WP Handbuch 2012, Band I

WP Handbuch 2012

Wirtschaftsprüfung, Rechnungslegung, Beratung

Band I

bearbeitet von

Wirtschaftsprüfer Markus Burghardt
Wirtschaftsprüfer Dr. Frank Ellenbürger
Wirtschaftsprüfer Dr. Hans Friedrich Gelhausen
Wirtschaftsprüfer Prof. Dr. Georg Kämpfer
Wirtschaftsprüfer Dr. Ernst-Thomas Kraft
Wirtschaftsprüfer Prof. Dr. Klaus-Peter Naumann
Wirtschaftsprüfer Prof. Dr. Martin Plendl
Wirtschaftsprüfer Prof. Dr. Joachim Schindler
Wirtschaftsprüfer Prof. Dr. Wienand Schruff

herausgegeben vom

Institut der Wirtschaftsprüfer
in Deutschland e.V.

in 14. Auflage seit 1945

IDW VERLAG GMBH

Düsseldorf 2012

Bibliografische Information der deutschen Bibliothek

Die Deutsche Bibliothek verzeichnet diese Publikation in der Deutschen Nationalbibliografie: detaillierte bibliografische Daten sind im Internet über http://www.d-nb.de abrufbar.

ISBN 978-3-8021-1483-0

© 2012 IDW Verlag GmbH, Tersteegenstr. 14, 40474 Düsseldorf

Die IDW Verlag GmbH ist ein Unternehmen des Instituts der Wirtschaftsprüfer in Deutschland e.V. (IDW).

www.idw-verlag.de

Das Werk einschließlich aller seiner Teile ist urheberrechtlich geschützt. Jede Verwertung außerhalb der engen Grenzen des Urheberrechtsgesetzes ist ohne vorherige schriftliche Einwilligung des Verlages unzulässig und strafbar. Dies gilt insbesondere für Vervielfältigungen, Übersetzungen, Mikroverfilmungen und die Einspeicherung und Verbreitung in elektronischen Systemen. Es wird darauf hingewiesen, dass im Werk verwendete Markennamen und Produktbezeichnungen dem marken-, kennzeichen- oder urheberrechtlichen Schutz unterliegen.

Die Angaben in diesem Werk wurden sorgfältig erstellt und entsprechen dem Wissensstand bei Redaktionsschluss. Da Hinweise und Fakten jedoch dem Wandel der Rechtsprechung und der Gesetzgebung unterliegen, kann für die Richtigkeit und Vollständigkeit der Angaben in diesem Werk keine Haftung übernommen werden. Gleichfalls werden die in diesem Werk abgedruckten Texte und Abbildungen einer üblichen Kontrolle unterzogen; das Auftreten von Druckfehlern kann jedoch gleichwohl nicht völlig ausgeschlossen werden, so dass für aufgrund von Druckfehlern fehlerhafte Texte und Abbildungen ebenfalls keine Haftung übernommen werden kann.

Satz: Merlin Digital GmbH, Essen

Druck und Verarbeitung: Druckerei C.H.Beck, Nördlingen

Elektronische Fassung: doctronic GmbH & Co KG, Bonn

PN 31670/0/0   KN 11195

Vorwort

Rechnungsleger, Prüfer und Berater sind mit unterschiedlichen Aufgaben, aber regelmäßig an entscheidenden Schaltstellen in und außerhalb von Unternehmen tätig. Um der Verantwortung für die Steuerung oder die Abbildung von wirtschaftlichen Prozessen oder deren angemessene Kommunikation gerecht werden zu können, benötigen die Beteiligten verlässliche Normen und Rahmenbedingungen. Das wirtschaftliche Umfeld wiederum unterliegt ständigen Veränderungen. Dies hat zur Folge, dass Regelwerke hinterfragt und auf ihre Zweckdienlichkeit hin geprüft werden müssen. In der derzeitigen wissens- und medienorientierten Gesellschaft werden solche Entwicklungen immer auch von der Fachliteratur begleitet. Allerdings benötigt die sachgerechte und belastbare Auslegung und Kommentierung von Vorschriften und deren Anwendung in der Praxis ein Mindestmaß an Bewährungszeit. Für Autoren und Herausgeber stellt sich daher regelmäßig die Frage, wann die Neuauflage des WP-Handbuchs erscheinen kann und soll, um sowohl den berechtigten Erwartungen der Nutzer an die Aktualität als auch an die Qualität der Darstellungen gerecht zu werden.

Zwischen Erscheinen der Vorauflage und der vorliegenden Neuauflage sind mehr als fünf Jahre vergangen. In diesen Zeitraum fallen Veränderungen infolge der geplanten und von allen Beteiligten bewusst herbeigeführten weltweiten Harmonisierung von Rechnungslegungs- und Prüfungsstandards. Andere Entwicklungen wurden dagegen von Faktoren bestimmt, die nicht vorhersehbar waren. Vor allem die Finanzmarkt- und Wirtschaftskrise hat – zumindest vorübergehend – vieles in Frage gestellt, was lange als angemessen bei der internen Unternehmenskontrolle, der Bewertung oder der Abschlussprüfung gegolten hat. Besonders das Argument, die Fair Value-Bewertung wirke bei eingeschränkter Marktliquidität krisenverschärfend, hat eine kontroverse Diskussion über die Aufgaben und Verantwortung der Rechnungslegung angestoßen. Dies hatte Auswirkungen auch auf das Ziel der nationalen Gesetzgebung, Unternehmen in Deutschland Bilanzierungsregeln anzubieten, die den International Financial Reporting Standards weitgehend gleichwertig, aber einfacher und kostengünstiger anzuwenden sind. Letztlich ist es gelungen, mit dem „Bilanzrechtsmodernisierungsgesetz" dem Namen des Gesetzes gerecht zu werden, indem das deutsche Bilanzrecht sowohl mit Augenmaß für Bewährtes als auch mit dem Mut zu notwendigen Reformen modernisiert und an das internationale Bilanzrecht angepasst wurde.

Erste Erfahrungen bei der Anwendung des neuen Rechts liegen mittlerweile vor und haben ihren Niederschlag im WP-Handbuch gefunden, indem entsprechende Neuregelungen identifiziert, deren praktische Konsequenzen erläutert und ggf. weiterführende Literaturhinweise gegeben werden. Dies gilt besonders für die Darstellungen in den Kapiteln E, F und M, die vollständig überarbeitet wurden. Wegen branchenspezifischer Besonderheiten wurden auch die Ausführungen in den Kapiteln J, K, L in wesentlichen Punkten überarbeitet und an die aktuellen Entwicklungen angepasst; Kapitel N wurde im Hinblick auf die anhaltenden tiefgreifenden Änderungen der IFRS in wesentlichen Punkten neu gefasst. Auch die Ausführungen zur Prüfungstechnik und zum Prüfungsergebnis berücksichtigen die aktuellen Entwicklungen, u.a. im Zusammenhang mit der ISA-Anwendung sowie dem IT-Einsatz im Prüfungsbereich.

Aus dem Verfasserkreis der Vorauflage sind aus Altersgründen WP/StB Dipl.-Kfm. Hans Wagener, WP/StB Prof. Dr. Gerhard Geib, WP/StB Prof. Dr. Wolfgang Grewe und WP/StB/RA Prof. Dr. Harald Wiedmann ausgeschieden; Verfasser der entsprechenden Kapitel in der Neuauflage sind WP Markus Burghardt (Kapitel J), WP/StB Dr. Frank

Ellenbürger (Kapitel K), WP/StB Prof. Dr. Martin Plendl (Kapitel Q) und WP/StB/CA Prof. Dr. Joachim Schindler (Kapitel R).

Die Darstellungen im WP-Handbuch berücksichtigen den Stand der Gesetzgebung, Rechtsprechung und Literatur bis mindestens 01.10.2011.

Zu den einzelnen Kapiteln ist folgendes hervorzuheben:

Kapitel A: *Der Beruf des Wirtschaftsprüfers*

Kapitel B: *Berufsorganisationen*

Kapitel C: *Andere prüfende und beratende Berufe*

Kapitel D: *Übersicht über die Rechtsgrundlagen von Prüfungen in der Wirtschaft und in Verwaltungen*

Die Regulierung der Tätigkeit des Wirtschaftsprüfers ist seit Herausgabe der 13. Auflage weiter fortgeschritten und hat zu neuen tiefgreifenden Veränderungen geführt.

Zu nennen sind etwa das Berufsaufsichtsreformgesetz aus dem Jahr 2007 und das Bilanzrechtsmodernisierungsgesetz (BilMoG) aus dem Jahr 2009. Mit dem Berufsaufsichtsreformgesetz wurde die anlassunabhängige Sonderuntersuchung als Instrument der Berufsaufsicht eingeführt. Darüber hinaus ist das Verbot eines Erfolgshonorars auf die Kerntätigkeiten des Wirtschaftsprüfers beschränkt worden. Weitere Liberalisierungen haben sich im Bereich der Werbung insoweit ergeben, als nur noch die allgemeinen Wettbewerbsbestimmungen des Gesetzes gegen den unlauteren Wettbewerb (UWG) die Grenze zulässiger Werbung darstellen. Das BilMoG, mit dem die EU-Abschlussprüferrichtlinie endgültig umgesetzt wurde, beinhaltet zahlreiche Neuerungen bei den berufsrechtlichen Rahmenbedingungen sowohl im HGB als auch in der WPO. Für die Praxis bedeutsam ist u. a. die Ausdehnung der Unabhängigkeitsanforderungen auf alle Mitglieder eines Netzwerks. Andere Rechtsgebiete haben sich ebenfalls weiterentwickelt. So wurde mit dem Rechtsdienstleistungsgesetz die Erbringung von Rechtsdienstleistungen in Teilbereichen liberalisiert. Des Weiteren erfuhr die Berufssatzung für WP und vBP erhebliche Änderungen wie etwa konkretisierende Regelungen zur Unabhängigkeit in Netzwerken. Zu berücksichtigen war die neue Rechtsprechung, z.B. zur Einordnung der Sozietät und zur zivilrechtlichen Haftung des WP.

Im Bereich der Steuerberater ist das Achte Gesetz zur Änderung des Steuerberatungsgesetzes zu nennen, dessen Schwerpunkt vor allem die Anpassung des StBerG an die Richtlinie über die Anerkennung von Berufsqualifikationen und die Anpassung von verschiedenen Vorschriften an die berufsrechtlichen Regelungen der Wirtschaftsprüfer und Rechtsanwälte bildet. Eine weitere Neuerung ist die Einführung des sog. Syndikus-Steuerberaters.

Die Zusammenstellung der Prüfungsvorschriften in Abschnitt D wurde aktualisiert.

Verfasser: WP/StB Prof. Dr. Klaus-Peter Naumann, Düsseldorf

              Mitarbeiter: RA Manfred Hamannt, RA/Master of Laws (LL.M.) Dr. Daniela Kelm, StB/RA Marita Rindermann, WP/StB Dipl.-Kfm. Ulrich Schneiß, StB Dr. Ute Siebler, alle Düsseldorf

Vorwort

Kapitel E: Erläuterungen zu den für alle Kaufleute geltenden Vorschriften zum Jahresabschluss

Kapitel F: Erläuterungen zu den für Kapitalgesellschaften sowie bestimmte Personenhandelsgesellschaften geltenden ergänzenden Vorschriften zum Jahresabschluss und zum Lagebericht sowie Erläuterungen zum Abhängigkeitsbericht

Kapitel G: Erläuterungen zu den für eingetragene Genossenschaften geltenden ergänzenden Vorschriften zum Jahresabschluss und zum Lagebericht

Kapitel H: Erläuterungen zu den Vorschriften zum Jahresabschluss und zum Lagebericht nach dem Publizitätsgesetz

Die Abschnitte E bis H wurden vollständig überarbeitet und um die gesetzlichen Neuregelungen ergänzt. Der Schwerpunkt der Überarbeitung lag in der Einarbeitung der umfangreichen Neuregelungen und Änderungen, die sich durch das BilMoG ergaben und die die tiefgreifendste Gesetzesänderung im Bereich des Handelsbilanzrechts seit dem Bilanzrichtliniengesetz (BiRiLiG) 1985 darstellen.

Neben der Kostenentlastung für bestimmte kleine und mittelständische Unternehmen lag der thematische Schwerpunkt des BilMoG in der Modernisierung des deutschen Handelsbilanzrechts, um auch den nicht-kapitalmarktorientierten Unternehmen eine gleichwertige, aber kostengünstigere Alternative zu den internationalen Rechnungslegungsstandards zu bieten. Ferner erfolgte eine Anpassung des Handelsbilanzrechts an Richtlinien der EU („Abschlussprüferrichtlinie" sowie „Abänderungsrichtlinie").

Durch das BilMoG ergaben sich insb. folgende, den handelsrechtlichen Jahresabschluss betreffende Neuregelungen bzw. Änderungen bestehender Vorschriften:

- Ansatz selbstgeschaffener immaterieller Vermögensgegenstände des Anlagevermögens (§§ 248 Abs. 2, 255 Abs. 2a HGB),
- Bildung von Bewertungseinheiten nach § 254 HGB,
- realitätsnähere Bewertung von Rückstellungen, insbesondere für Altersversorgungsverpflichtungen durch die Berücksichtigung von Lohn-, Gehalts- und Rententrends sowie Verwendung eines marktgerechten, laufzeitadäquaten Zinssatzes (§ 253 Abs. 2 Satz 2 bis 5 HGB),
- besondere Bewertungs- und Ausweisvorschriften für Deckungsvermögen (§§ 246 Abs. 2, 253 Abs. 1 Satz 4, 255 Abs. 4, 266 Abs. 3 E. HGB),
- Bilanzierung latenter Steuern nach dem international üblichen Temporary-Konzept (§ 274 HGB),
- Behandlung eigener Anteile (§ 272 Abs. 1a, 1b, 4 HGB) sowie zentrale Regelung einer Ausschüttungs- bzw. Abführungssperre (§ 268 Abs. 8 HGB, § 301 AktG).

Zu nennen sind ferner:

- Die Ergänzung der Anhangangaben, z.B. zu Art und Zweck sowie Risiken von nicht in der (Konzern-)Bilanz enthaltenen Geschäften (§ 285 Nr. 3a HGB), den Gründen für die planmäßige Abschreibung des Geschäfts- oder Firmenwerts über eine Nutzungsdauer von mehr als fünf Jahren (§ 285 Nr. 13 HGB), zu Abschlussprüferhonoraren (§ 285 Nr. 17 HGB) sowie zu nicht zu marktüblichen Bedingungen zustande gekommenen Geschäften mit nahestehenden Unternehmen und Personen (§ 285 Nr. 21 HGB),
- Erweiterung der Lageberichterstattung, z.B. um einen Bericht über das rechnungslegungsbezogene interne Kontroll- und Risikomanagementsystem bei kapitalmarkt-

orientierten Unternehmen (§ 289 Abs. 5 HGB) und die Erklärung zur Unternehmensführung (§ 289a HGB).

Weiter waren gegenüber der Vorauflage die Ergänzungen zu Übernahmehindernissen in § 289 HGB aufgrund des Übernahmerichtlinie-Umsetzungsgesetzes sowie zum Bilanzeid durch das Transparenzrichtlinie-Umsetzungsgesetz, die Änderungen, z.B. in den §§ 264 Abs. 3, 264b HGB durch das Gesetz über elektronische Handelsregister und Genossenschaftsregister (EHUG) und auch die Änderungen durch das Gesetz zur Angemessenheit der Vorstandsvergütung (VorstAG) in die Kommentierung einzuarbeiten.

Schließlich wurden auch die seit dem Erscheinen der Vorauflage verabschiedeten *IDW Stellungnahmen zur Rechnungslegung* und *IDW Rechnungslegungshinweise* sowie die einschlägige Literatur und Rechtsprechung eingearbeitet. Dabei konnten auch erste Praxiserfahrungen aus der Aufstellung und Prüfung von Jahresabschlüssen nach den Vorschriften des BilMoG berücksichtigt werden.

Verfasser: WP/RA Dr. Hans Friedrich Gelhausen, Frankfurt am Main

Mitarbeiter: WP/StB/CPA Dipl.-Kfm. Michael Deubert, RA Dr. Christian Feldmüller, WP Dipl.-Kfm. Dr. Gerd Fey, Ass. Stephan Heinz, Dipl.-Kfm. Dr. Tim Hoffmann, Dipl.-Kfm. Dr. André Klöcker, M.B.A. (USA), WP/StB Dipl.- Wirtsch.-Ing. Dr. Stefan Lewe, WP/StB Dipl.-Kfm. Dr. Jörg Meinen, Martin Kaspar LL.B., Dipl.-Kfm. Michael Peun, WP/StB Dipl.-Kfm. Norbert Ries, WP/StB Dipl.-Kfm. Dirk Rimmelspacher, Sandra Roland LL.M., WP/StB Dipl.- Hdl. Dr. Norbert Roß, alle Frankfurt am Main, WP/StB/RA Dr. Henning Hönsch, Berlin, RAin Annette Körn, StB M.A. Benjamin Küstermann, WP/StB Dipl.-Kfm. Rüdiger Möhler, alle Stuttgart

Kapitel J: *Erläuterungen zu den für Kreditinstitute geltenden ergänzenden Vorschriften zur Rechnungslegung und Prüfung*

Die Erläuterungen in Kapitel J wurden insgesamt überarbeitet und um die gesetzlichen Neuregelungen ergänzt. Bei den Vorschriften zum Jahresabschluss lag der Schwerpunkt der Überarbeitung in der Berücksichtigung des BilMoG, daneben wurden die grundlegenden neuen Bestimmungen für Zahlungsinstitute eingearbeitet. Bei den Erläuterungen zum Konzernabschluss für Kreditinstitute ergaben sich Änderungen aus den zwischenzeitlichen Anpassungen des IAS 39 sowie insbesondere durch den neuen IFRS 9 Financial Instruments. Neu aufgenommen in Kapitel J wurden Erläuterungen zum Zwischen- und Konzernzwischenabschluss von Kreditinstituten. Die Ausführungen zur Prüfung wurden vor allem an die neu gefasste Prüfungsberichtsverordnung (PrüfbV) für Kredit- und Finanzdienstleistungsinstitute angepasst. Aufgrund der umfänglichen Änderungen bzw. Neuerungen der Vorschriften zur Rechnungslegung und Prüfung (Investmentgesetz, Investment-Prüfungsberichtsverordnung, Investment-Rechnungslegungs- und Bewertungsverordnung) von Kapitalanlagegesellschaften und deren Sondervermögen sowie von Investment-Aktiengesellschaften wurden die diesbezüglichen Erläuterungen gegenüber der Vorauflage vollständig überarbeitet.

Verfasser: WP/StB Dipl.-Kfm. Markus Burghardt, Frankfurt/Main

Mitarbeiter: StB Dr. Katja Barz, WP/StB Dipl. Kfm. Arno Kempf, StB Dipl.-Kfm. Georg Lange, WP/StB Dr. Angelika Meyding-Metzger, WP Ass. Martina Rangol, Dipl.-Volkswirtin Hiltrud Thelen-Pischke, Frankfurt am Main und Stuttgart

Vorwort

Kapitel K: *Erläuterungen zu den für Versicherungsunternehmen geltenden ergänzenden Vorschriften zur Rechnungslegung und Prüfung*

Die Erläuterungen in Kapitel K wurden aufbauend auf der Vorauflage aktualisiert. In diesem Kapitel sind die grundsätzlichen Vorschriften zur Rechnungslegung und Prüfung von Versicherungsunternehmen insoweit dargestellt, als sie von den allgemeinen Regeln abweichen. Dabei werden auch spezifische Fragen der Prüfungstechnik bei Versicherungsunternehmen behandelt. Die Bilanzierung von Versicherungsverträgen nach International Financial Reporting Standards (IFRS 4) wird ebenfalls in diesem Kapitel mitbehandelt.

Bei der Überarbeitung wurden vor allem die Änderungen des Handelsrechts durch das BilMoG sowie verschiedene aufsichtsrechtliche Änderungen, insbesondere des VAG, der BerVersV und der DeckRV, Änderungen bei der Bewertung von Kapitalanlagen gemäß § 341c HGB, sowie die berufsrechtlichen Verlautbarungen zur Rechnungslegung und Prüfung von Schadenrückstellungen berücksichtigt.

Verfasser: WP/StB Dipl.-Kfm. Dr. Frank Ellenbürger, München

Mitarbeiter: Dipl.-Kfm. Dr. Joachim Kölschbach, Dipl.-Kffr. Dr. Bettina Hammers, beide Köln

Kapitel L: *Erläuterungen zu den für Wirtschaftsbetriebe, nichtwirtschaftliche Einrichtungen und Kernverwaltungen der öffentlichen Hand geltenden Vorschriften zur Rechnungslegung und Prüfung*

Die Erläuterungen wurden unter Berücksichtigung neuer Gesetze auf Bundes- und Landesebene, Rechtsprechung und Literatur sowie Verlautbarungen des Berufsstandes aktualisiert. Wegen der zunehmenden Bedeutung der „Doppik" wurden die Vorschriften zur Rechnungslegung und Prüfung für Wirtschaftsbetriebe und nichtwirtschaftliche Einrichtungen einerseits und der Kernverwaltungen der öffentlichen Hand andererseits getrennt dargestellt.

Verfasser: WP/StB Prof. Dr. Georg Kämpfer, Frankfurt/Main

Mitarbeiter: WP/StB Dipl.-Kfm. Michael Poullie, Düsseldorf

Kapitel M: *Erläuterungen zur Rechungslegung und Prüfung im Konzern nach dem Handelsgesetzbuch*

Bei der Überarbeitung von Kapitel M sind insbesondere die durch das BilMoG verursachten Änderungen berücksichtigt. Die Ausführungen zur Prüfung des Konzernabschlusses nach HGB wurden um einen Ausblick auf die nach ISA 600 erforderlichen Maßnahmen des Konzern-Abschlussprüfers erweitert.

Die handelsrechtliche Konzernrechungslegung ist durch das BilMoG in Teilen grundlegend geändert worden. In diesem Zusammenhang wurden zahlreiche Wahlrechte abgeschafft, wie zum Beispiel bei der Erstkonsolidierungsmethode, der Behandlung eines Geschäfts- oder Firmenwerts oder hinsichtlich des Erstkonsolidierungszeitpunkts. Ferner wurden die beiden bisherigen Konzepte (Konzept der einheitlichen Leitung und der tatsächlichen Kontrolle) durch das Konzept der möglichen Beherrschung ersetzt und damit auch die Konsolidierung von Zweckgesellschaften in das HGB eingeführt, um die sachgerechte Darstellung von Risiken im handelsrechtlichen Konzernabschluss zu erreichen.

An anderen Stellen wurde allerdings auch bewusst auf eine weitere Annäherung an die IFRS verzichtet. So wurde etwa für die Währungsumrechnung das Konzept der funktionalen Währung, welches bisher nach DRS 14 für den handelsrechtlichen Konzernabschluss anzuwenden war, nicht durch das BilMoG übernommen und stattdessen die modifizierte Stichtagskursmethode gesetzlich kodifiziert.

Verfasser:	WP Dipl.-Kfm. Prof. Dr. Wienand Schruff, Berlin
	Mitarbeiter: WP/StB Dipl.-Kfm. Prof. Dr. Winfried Melcher, WP/StB Dipl.- Ökonom Alexander Murer, WP/StB Dipl.-Kfm. Volker Specht

Kapitel N: Rechnungslegung nach IFRS

Das Kapitel wurde im Hinblick auf die seit Erscheinen der Vorauflage weiter anhaltenden tiefgreifenden Änderungen der IFRS umfangreich überarbeitet. Die für das Geschäftsjahr 2011 verbindlichen Standards des IASB werden – entsprechend der Vorgehensweise in der Vorauflage – für die Anwendung im Konzernabschluss eines deutschen Mutterunternehmens eingehend erläutert. § 292a HGB ist infolge des Bilanzrechtsreformgesetzes (BilReG) und der EU-VO Nr. 1606/2002 zur Anwendung internationaler Rechnungslegungsstandards überholt, die Vorschrift wird deshalb nicht mehr erläutert.

Zu den berücksichtigten Veränderungen gehören insbesondere die Bilanzierung von kündbaren Eigenkapitalinstrumenten, die vor dem Hintergrund der Finanzkrise geänderten Vorschriften zur Bewertung, Wertminderung, Saldierung und Umgliederung von Finanzinstrumenten, die Änderungen zu Unternehmenszusammenschlüssen hinsichtlich Erwerbszeitpunkt und günstigem Kauf, der Berücksichtigung von Fremdkapitalkosten sowie neue Ausnahmen bei der erstmaligen Anwendung der IFRS. Zudem wurde eine Übersicht der wesentlichen Abweichungen der IFRS für SME (small and medium sized entities) gegenüber den bestehenden (full) IFRS aufgenommen.

Daneben wurden auch konzeptionelle und terminologische Änderungen wie etwa „Gesamtergebnisrechnung" statt „Gewinn- und Verlustrechnung" oder „Nicht beherrschende Anteile" statt „Minderheiten" berücksichtigt.

Als Ausblick sind die erst in späteren Geschäftsjahren anzuwendenden Standards zu Finanzinstrumenten (IAS 39 Replacement, IFRS 9), Ergebnis je Aktie sowie zur Darstellung des Abschlusses kurz dargestellt worden.

Verfasser:	WP Dipl.-Kfm. Prof. Dr. Wienand Schruff, Berlin
	Mitarbeiter: WP/StB Dipl.-Kfm. Prof. Dr. Winfried Melcher, WP/StB/CPA Dipl.-Kfm. Martin Bornhofen, WPin/StBin Dipl.-Kffr. Christina Koellner, WP/StB Dipl.-Ökonom Alexander Murer, WP/StB Dipl.-Kfm. Jürgen Ramsauer, WPin M.Sc. Tina Shiffa, WP/StB Dipl.-Kfm. Thomas Skowronek, WP/StB Dipl.-Kfm. Volker Specht, WP/StB Dipl.-Kfm. Michael Wesemann

Kapitel O: Erläuterungen zur Rechnungslegung und Prüfung im Konzern nach dem Publizitätsgesetz

Im Kapitel O wurden Anpassungen aufgrund von Änderungen des PublG sowie des HGB durch das BilMoG vorgenommen. Die Verpflichtung zur Aufstellung eines Konzernab-

Vorwort

schlusses ist durch das BilMoG nunmehr ebenso wie im HGB an die Möglichkeit der Beherrschung geknüpft. Im Übrigen sind die Ausführungen im Wesentlichen unverändert geblieben.

Verfasser: WP Dipl.-Kfm. Prof. Dr. Wienand Schruff, Berlin

Mitarbeiter: WP/StB/RA Dr. Holger Seidler

Kapitel P: Ausgestaltung und Prüfung des Risikofrüherkennungssystems

Der Schwerpunkt der Überarbeitung der Kommentierung zur Ausgestaltung und zur Prüfung des Risikofrüherkennungssystems lag in der Berücksichtigung neuer bzw. geänderter *IDW Prüfungsstandards*, der einschlägigen Literatur sowie der durch das BilMoG bedingten Änderungen, durch die vor allem die Pflichten des Aufsichtsrats zur Überwachung des Risikomanagements konkretisiert wurden. Mittlerweile etablierte Industriestandards zur Ausgestaltung des Risikofrüherkennungssystems wurden ebenfalls eingearbeitet.

Verfasser: WP/RA Dr. Hans Friedrich Gelhausen, Frankfurt am Main

Mitarbeiter: WP/StB Dipl.-Kfm. Uwe Herre, Frankfurt am Main, StB Dr. Alexander Lenz, Düsseldorf, Dipl.-Kfm. Thomas Tempel, Stuttgart

Kapitel Q: Das Prüfungsergebnis

Das Kapitel wurde aufgrund der Fortentwicklung der Grundsätze ordnungsmäßiger Berichterstattung und der Grundsätze für die ordnungsmäßige Erteilung von Bestätigungsvermerken bei Abschlussprüfungen sowie aufgrund von Änderungen infolge des BilMoG überarbeitet. Grundlagen der Darstellungen sind die einschlägigen *IDW Prüfungsstandards* und *IDW Prüfungshinweise* zur Berichterstattung sowie zur Erteilung von Bestätigungsvermerken und Bescheinigungen, die praxisbezogen erläutert werden. Auf die aktuelle Entwicklung der International Standards on Auditing (ISA) zum Prüfungsergebnis wird eingegangen. Die Darstellungen zu rechtsform- und branchenspezifischen sowie sonstigen Prüfungen und prüferischen Tätigkeiten wurden erweitert und aktualisiert. Vollständig überarbeitet wurden die Ausführungen zur Berichterstattung bei der Erstellung von Jahresabschlüssen aufgrund der Neufassung von *IDW S 7*. Bei Formulierungsempfehlungen für Bestätigungsvermerke und Bescheinigungen wird – soweit möglich – auf die jeweiligen *IDW Verlautbarungen* verwiesen. Darüber hinaus enthält das Kapitel weitere an die Rechtsentwicklung angepasste Formulierungsempfehlungen für Bestätigungsvermerke und Bescheinigungen.

Verfasser: WP/StB Dipl.-Kfm. Prof. Dr. Martin Plendl, München

Mitarbeiter: WP/StB Dipl.-Kfm. Andreas Kling, WP/StB Dipl.-Kfm. Benjamin Schimmel, WPin Dipl.-Kffr. Dr. Cornelia Stanke, alle München

Kapitel R: Prüfungstechnik

Das Kapitel wurde umfassend überarbeitet und an die aktuellen Entwicklungen angepasst. Im Hinblick auf den fortschreitenden Einsatz der IT in den Unternehmen wurden die Ausführungen zur Prüfung der IT im Rahmen der Jahresabschlussprüfung wesentlich ergänzt. Mit § 317 Abs. 5 HGB ist erstmals die Anwendung der ISA bei der Durchführung von Abschlussprüfungen vorgesehen, sofern diese von der Europäischen Kommission im Rahmen des Komitologieverfahrens angenommen wurden. Obgleich die deutschen Prüfungsstandards eine hohe Übereinstimmung mit den ISA aufweisen und derzeit noch keine ISA von der Europäischen Kommission für verbindlich erklärt wurden, enthält das Kapitel Verweise auf die Internationalen Prüfungsstandards. Neu aufgenommen wurden Abschnitte zur Prüfung von geschätzten Werten sowie zu den Besonderheiten der Prüfung von Jahresabschlüssen von kleinen und mittelgroßen Unternehmen. Der zunehmenden Bedeutung von Compliance-Management-Systemen wurde in einem eigenen Abschnitt Rechnung getragen.

Verfasser: WP/StB/CA Dipl. Kfm. Prof. Dr. Joachim Schindler, Berlin

Mitarbeiter: WP/StB Dipl. Kffr. Verena Brandt, Düsseldorf, WP/StB/RA Dr. Jochen Haußer, Hamburg, WP/StB Michael Linden, Düsseldorf, WP/StB Dipl. Kfm. (FH) Andreas Pöhlmann, Berlin, WP/StB Dipl. Kfm. Dr. Dirk Rabenhorst, Berlin, WP Dipl. Ing. Dipl. Wirt.-Ing. Wolf Schröder, Berlin, WP/StB Dipl. Kfm. Wolfgang Schubert, München

Kapitel S: *Die Bezüge des Vorstands und des Aufsichtsrats einer Gesellschaft*

Wesentliche Änderungen des Aktiengesetzes, insbesondere durch das VorstAG, haben eine umfassende Überarbeitung des Kapitels S erforderlich gemacht. Die Darstellung der Bezüge des Aufsichtsrats und Vorstands wurden erweitert und an die aktuelle Diskussion angepasst.

Verfasser: WP/StB/RA Dr. Ernst-Thomas Kraft, Frankfurt/ Main

Kapitel T: *Unternehmensverbindungen*

Kapitel T wurde im aktienrechtlichen Teil eingehend überarbeitet und aktualisiert sowie an die aktuelle Rechtsprechung angepasst. Eine wesentliche Überarbeitung erforderte der rechnungslegungsbezogene Begriff der verbundenen Unternehmen infolge des BilMoG. Dieser Teil wurde weitestgehend neu gefasst.

Verfasser: WP/StB/RA Dr. Ernst-Thomas Kraft, Frankfurt /Main

Mitarbeiter: WP/StB/RA Dr. Thorsten Kuhn, Nackenheim

Kapitel U: *Nichtigkeit und Anfechtbarkeit von Hauptversammlungsbeschlüssen und des festgestellten Jahresabschlusses*

Bei der Überarbeitung des Kapitels U wurden zahlreiche Änderungen des Gesetzes, die sich durch das ARUG sowie auch durch das BilMoG und das FamFG ergeben haben, sowie die neuere Rechtsprechung und das aktuelle Schrifttum berücksichtigt. In diesem Zusammenhang wurde insbesondere die Darstellung zum aktienrechtlichen Freigabeverfahren erweitert und an die neue Gesetzeslage angepasst.

Verfasser: WP/RA Dr. Hans Friedrich Gelhausen, Frankfurt/Main

Mitarbeiter: Ass. Stephan Heinz, Frankfurt/Main

Kapitel V: Organpflichten bei Unterbilanz und Überschuldung der AG und GmbH

Das Kapitel wurde unter Berücksichtigung der Rechtsänderungen zur Finanzmarktkrise sowie der weiteren Entwicklung in der Literatur und Rechtsprechung aktualisiert und erweitert.

Verfasser: WP/StB/RA Dr. Ernst-Thomas Kraft, Frankfurt/Main

Mitarbeiter: WP/StB/RA Dr. Thorsten Kuhn, Nackenheim

Anhang 1: Tabellen zur Zinseszinsrechnung

Anhang 1 wurde aktualisiert.

Bearbeiter: WP/StB Dipl.-Kfm. Horst Kreisel, Düsseldorf

Anhang 2: Grundformeln für die Renten- und Todesfallversicherung

Anhang 2 wurde aktualisiert und berücksichtigt die aktuellen Sterbetafeln.

Verfasser: WP/RA Dr. Hans Friedrich Gelhausen, Frankfurt am Main

Mitarbeiter: Aktuar DAV/Sachverständiger IVS Dipl.-Physiker Dr. Bernd Hackenbroich, Düsseldorf, Aktuarin DAV/Sachverständige IVS Dipl.-Math. Stephanie Egert, Essen, WP/StB Dipl.-Kfm. Norbert Ries Frankfurt am Main

Anhang 3: Die fachlichen Verlautbarungen des IDW

Anhang 3 wurde aktualisiert. Berücksichtigt sind die bis zum 31.12.2011 verabschiedeten IDW Verlautbarungen.

Bearbeiterin: Dr. Petra Wiedefeldt, Düsseldorf

Gesamtredaktion: StB Dipl.-Kfm. Dr. Helmut Klaas, Düsseldorf

Düsseldorf, im April 2012   Die Verfasser

Inhaltsverzeichnis
(Auszug)[1]

Vorwort V

Berufsrechtlicher Teil

Kapitel A: *Der Beruf des Wirtschaftsprüfers*
- I. Allgemeines 1
- II. Die Entwicklung des Berufsrechts 2
- III. Berufsbild und Aufgaben des Wirtschaftsprüfers 6
- IV. Zugang zum Beruf 15
- V. Wirtschaftsprüfungsgesellschaften 29
- VI. Die Berufsausübung 46
- VII. Berufspflichten 64
- VIII. Qualitätssicherung und -kontrolle, Berufsaufsicht und Berufsgerichtsbarkeit 116
- IX. Auftragsdurchführung 175
- X. Haftung 182
- XI. Vergütungsregelungen 214
- XII. Hilfsberufe 220
- XIII. Schrifttumsverzeichnis 220

Kapitel B: *Berufsorganisationen*
- I. Das Institut der Wirtschaftsprüfer in Deutschland e.V. (IDW) .. 225
- II. Wirtschaftsprüferkammer 233
- III. Internationale Berufsorganisationen 240
- IV. Schrifttumsverzeichnis 246

Kapitel C: *Andere prüfende und beratende Berufe*
- I. Vereidigte Buchprüfer 247
- II. Steuerberater 250
- III. Schrifttumsverzeichnis 266

Kapitel D: *Übersicht über die Rechtsgrundlagen von Prüfungen in der Wirtschaft und in Verwaltungen*
- I. Vorschriften im Bereich der privaten Wirtschaft 267
- II. Vorschriften im Bereich der öffentlichen Wirtschaft . 272
- III. Prüfungsvorschriften für bestimmte Einrichtungen und sonstige Prüfungsvorschriften 274
- IV. Prüfungsvorschriften für die Kernverwaltungen der öffentlichen Hand 275

Fachlicher Teil

Kapitel E: *Erläuterungen zu den für alle Kaufleute geltenden Vorschriften zum Jahresabschluss*
- I. Allgemeines 277
- II. Bilanzierungsgrundsätze 280

---
1 Das vollständige Verzeichnis siehe Seiten XXI ff.

III.	Vorschriften zu Deckungsvermögen, Sonderposten mit Rücklageanteil, Rückstellungen und Rechnungsabgrenzungsposten	314
IV.	Bewertungsvorschriften (§§ 252 bis 256 HGB)	367
V.	Gliederungsvorschriften	466
VI.	Handelsbilanz und Steuerbilanz	472
VII.	Bilanzänderung und Bilanzberichtigung	474
VIII.	Schrifttumsverzeichnis	477

Kapitel F: *Erläuterungen zu den für Kapitalgesellschaften sowie bestimmte Personenhandelsgesellschaften geltenden ergänzenden Vorschriften zum Jahresabschluss und zum Lagebericht sowie Erläuterungen zum Abhängigkeitsbericht*

I.	Ergänzende Vorschriften für die Rechnungslegung bestimmter Unternehmen	509
II.	Allgemeine Grundsätze	532
III.	Die Bilanz	543
IV.	Die Gewinn- und Verlustrechnung	639
V.	Der Anhang	686
VI.	Zusätzliche Jahresabschlussbestandteile bei bestimmten kapitalmarktorientierten Unternehmen gemäß § 264 Abs. 1 S. 2 HGB	793
VII.	Der Lagebericht	797
VIII.	Bilanzeid	839
IX.	Aufstellung und Prüfung des Abhängigkeitsberichts	848
X.	Schrifttumsverzeichnis	877

Kapitel G: *Erläuterungen zu den für eingetragene Genossenschaften geltenden ergänzenden Vorschriften zum Jahresabschluss und zum Lagebericht*

I.	Pflicht zur Aufstellung eines Jahresabschlusses und eines Lageberichts	901
II.	Jahresabschluss	902
III.	Lagebericht	906
IV.	Schrifttumsverzeichnis	906

Kapitel H: *Erläuterungen zu den Vorschriften zum Jahresabschluss und zum Lagebericht nach dem Publizitätsgesetz*

I.	Allgemeines	907
II.	Voraussetzungen der Rechnungslegungspflicht	908
III.	Jahresabschluss	916
IV.	Lagebericht	926
V.	Schrifttumsverzeichnis	926

Kapitel J: *Erläuterungen zu den für Kreditinstitute geltenden ergänzenden Vorschriften zur Rechnungslegung und Prüfung*

I.	Jahresabschluss und Lagebericht	930
II.	Konzernabschluss	1023
III.	Zwischen- und Konzernzwischenabschluss	1078
IV.	Prüfung	1081
V.	Depotprüfung und Depotbankprüfung sowie Prüfung nach § 36 WpHG	1112

Inhaltsverzeichnis

VI.	Erläuterungen zu den für Kapitalanlagegesellschaften und deren Sondervermögen sowie Investment-Aktiengesellschaften geltenden Vorschriften zur Rechnungslegung und Prüfung ...	1122
VII.	Erläuterungen zu den für Bausparkassen geltenden ergänzenden Vorschriften zur Rechnungslegung und Prüfung	1176
VIII.	Schrifttumsverzeichnis	1191

Kapitel K: *Erläuterungen zu den für Versicherungsunternehmen geltenden ergänzenden Vorschriften zur Rechnungslegung und Prüfung*

I.	Einleitung......................................	1195
II.	Einteilung der Versicherungsunternehmen..............	1196
III.	Rechnungslegung...............................	1201
IV.	Prüfung.......................................	1338
VI.	Schrifttumsverzeichnis	1377

Kapitel L: *Erläuterungen zu den für Wirtschaftsbetriebe, nichtwirtschaftliche Einrichtungen und Kernverwaltungen der öffentlichen Hand geltenden Vorschriften zur Rechnungslegung und Prüfung*

I.	Vorschriften zur Rechnungslegung und Prüfung für Wirtschaftsbetriebe und nichtwirtschaftliche Einrichtungen der öffentlichen Hand...	1381
II.	Vorschriften zur Rechnungslegung und Prüfung für die Kernverwaltungen der öffentlichen Hand	1403
III.	Schrifttumsverzeichnis	1415

Kapitel M: *Erläuterungen zur Rechnungslegung und Prüfung im Konzern nach dem Handelsgesetzbuch*

I.	Leitgedanken der Konzernrechnungslegung.............	1417
II.	Pflicht zur Aufstellung eines Konzernabschlusses und Konzernlageberichts...............................	1421
III.	Abgrenzung des Konsolidierungskreises	1456
IV.	Konzernbilanz..................................	1463
V.	Konzern-Gewinn- und Verlustrechnung	1553
VI.	Konzernergebnis	1567
VII.	Konzernanhang.................................	1571
VIII.	Kapitalflussrechnung	1598
IX.	Eigenkapitalspiegel	1608
X.	Segmentberichterstattung.........................	1610
XI.	Konzernlagebericht	1616
XII.	Prüfung.......................................	1623
XIII.	Schrifttumsverzeichnis	1639

Kapitel N: *Rechnungslegung nach IFRS*

I.	Rechtliche Grundlagen der Rechnungslegung nach IFRS in Deutschland	1645
II.	Grundlagen der Rechnungslegung nach IFRS............	1650
III.	Ansatz- und Bewertungsgrundsätze nach IFRS...........	1663
IV.	Ansatz und Bewertung einzelner Posten im IFRS-Abschluss ..	1677
V.	Die Erstellung von Konzernabschlüssen nach IFRS	1837
VI.	Weitere Elemente des IFRS-Abschlusses und sonstige Angaben.	1870
VII.	Zwischenberichterstattung	1891

	VIII.	Erstmalige Anwendung der IFRS	1897
	IX.	IFRS für SME	1917
	X.	Schrifttumsverzeichnis	1929

Kapitel O: *Erläuterungen zur Rechnungslegung und Prüfung im Konzern nach dem Publizitätsgesetz*
- I. Vorbemerkungen ... 1933
- II. Voraussetzungen für die Verpflichtung zur Konzernrechnungslegung ... 1934
- III. Aufstellung von Konzernabschlüssen und Konzernlageberichten ... 1945
- IV. Prüfung ... 1957
- V. Schrifttumsverzeichnis ... 1958

Kapitel P: *Ausgestaltung und Prüfung des Risikofrüherkennungssystems*
- I. Vorbemerkung ... 1961
- II. Ausgestaltung des Risikofrüherkennungssystems nach § 91 Abs. 2 AktG ... 1963
- III. Prüfung des Risikofrüherkennungssystems ... 1979
- IV. Schrifttumsverzeichnis ... 2001

Kapitel Q: *Das Prüfungsergebnis*
- I. Allgemeines ... 2005
- II. Berichterstattung über die Jahresabschlussprüfung von Kapitalgesellschaften und diesen gleichgestellten Gesellschaften ... 2007
- III. Berichterstattung über die Konzernabschlussprüfung von Kapitalgesellschaften und diesen gleichgestellten Gesellschaften ... 2159
- IV. Besonderheiten bei der Berichterstattung über Abschlussprüfungen nach dem Publizitätsgesetz sowie über freiwillige Abschlussprüfungen ... 2182
- V. Besonderheiten bei der Berichterstattung über Abschlussprüfungen von Unternehmen bestimmter Rechtsformen bzw. Branchen ... 2203
- VI. Besonderheiten der Berichterstattung bei anderen gesetzlich vorgeschriebenen oder berufsüblichen Prüfungen ... 2255
- VII. Erteilung von Bescheinigungen ... 2309
- VIII. Gutachterliche Tätigkeiten ... 2354
- IX. Vereinbarte Untersuchungshandlungen („Agreed-Upon Procedures") ... 2365
- X. Formulierungsempfehlungen für Bestätigungsvermerke und Versagungsvermerke bei Abschlussprüfungen ... 2368
- XI. Schrifttumsverzeichnis ... 2384

Kapitel R: *Prüfungstechnik*
- I. Vorbemerkungen ... 2399
- II. Planung der Abschlussprüfung ... 2409
- III. Berücksichtigung von Verstößen im Rahmen der Abschlussprüfung ... 2446
- IV. Durchführung der Abschlussprüfung ... 2465
- V. Besonderheiten der Abschlussprüfung kleiner und mittelgroßer Unternehmen ... 2604

	VI.	Einsatz der Informationstechnologie im Rahmen der Abschlussprüfung 2610
	VII.	Abschlussprüfung bei teilweiser Auslagerung der Rechnungslegung auf Dienstleistungsunternehmen 2638
	VIII.	Verwertung der Arbeit Dritter 2641
	IX.	Vollständigkeitserklärung.......................... 2649
	X.	Durchführung von Gemeinschaftsprüfungen (Joint Audit) ... 2650
	XI.	Nachweis der Prüfungsdurchführung und Berichterstattung... 2652
	XII.	Schrifttumsverzeichnis 2659

Kapitel S: *Die Bezüge des Vorstands und des Aufsichtsrates einer Aktiengesellschaft*
    I.   Vorstandsbezüge 2665
    II. Aufsichtsratsbezüge 2691
    III. Schrifttumsverzeichnis 2697

Kapitel T: *Unternehmensverbindungen*
    I.   Allgemeines 2703
    II. Verbundene Unternehmen im Aktiengesetz und im Handelsgesetzbuch.............................. 2704
    III. Die für verbundene Unternehmen geltenden Vorschriften 2709
    IV. Unternehmensverbindungen im Aktiengesetz............. 2719
    V. Verbundene Unternehmen im Dritten Buch des Handelsgesetzbuches................................... 2825
    VI. Schrifttumsverzeichnis 2851

Kapitel U: *Nichtigkeit und Anfechtbarkeit von Hauptversammlungsbeschlüssen und des festgestellten Jahresabschlusses*
    I.   Allgemeines 2861
    II. Nichtigkeit von Hauptversammlungsbeschlüssen 2862
    III. Anfechtung von Hauptversammlungsbeschlüssen 2880
    IV. Nichtigkeit des festgestellten Jahresabschlusses 2901
    V. Anfechtung der Feststellung des Jahresabschlusses durch die Hauptversammlung 2921
    VI. Schrifttumsverzeichnis 2923

Kapitel V: *Organpflichten bei hälftigem Kapitalverlust, Zahlungsunfähigkeit und Überschuldung der AG und GmbH*
    I.   Verlust in Höhe der Hälfte des Grund- oder Stammkapitals ... 2927
    II. Organpflichten bei Zahlungsunfähigkeit und Überschuldung.. 2932
    III. Pflichten des Abschlussprüfers 2952
    IV. Schrifttumsverzeichnis 2953

Anhang 1: *Zinseszinsrechnung*
    I. Erläuterung und Anwendungsbeispiele................. 2957
    II. Tabellen...................................... 2973

Anhang 2: *Grundformeln für die Renten- und Todesfallversicherung*
    I.   Rechnungsgrundlagen, Bezeichnungen und Kommutationswerte 2981
    II. Barwerte und Einmalprämien 2987
    III. Jahresprämien................................. 2998

	IV.	Prämienreserven, Teilwert und Anwartschaftsbarwertverfahren. 3000
	V.	Schrifttumsverzeichnis.......................... 3008

Anhang 3: *Die fachlichen Verlautbarungen des IDW*
           I.   Entstehung................................. 3009
           II. Bedeutung................................. 3011
           III. Zeitliche Übersicht.......................... 3012
           IV. Schrifttumsverzeichnis....................... 3056

Anhang 4: *Dauerkalender*
           Dauerkalender für die Jahre 1901-2099................... 3057

Abkürzungsverzeichnis 3059

Zentrales Schrifttumsverzeichnis........................ 3079

Stichwortverzeichnis 3085

Inhaltsverzeichnis

Vorwort V
Auszug aus dem Inhaltsverzeichnis XV

Berufsrechtlicher Teil

Kapitel A

Der Beruf des Wirtschaftsprüfers

I. Allgemeines 1
II. Die Entwicklung des Berufsrechts 2
   1. Historischer Überblick 2
   2. Geltendes Recht 2
III. Berufsbild und Aufgaben des Wirtschaftsprüfers 6
   1. Das Berufsbild 6
      a) Prüfungstätigkeit 6
      b) Steuerberatung 7
      c) Wirtschafts-/Unternehmensberatung 7
      d) Gutachter-/Sachverständigentätigkeit 8
      e) Treuhandtätigkeit 8
      f) Rechtsberatungs-/-besorgungsbefugnis 8
   2. Vereinbare und unvereinbare Tätigkeiten 11
      a) Vereinbare Tätigkeiten 11
         aa) Ausübung eines anderen freien Berufs 11
         bb) Lehr- und Vortragstätigkeit 11
         cc) Angestellter von Berufsorganisationen/beruflichen Vereinigungen 12
         dd) Schriftstellerische/künstlerische Tätigkeit ... 12
         ee) Aufsichtsratsfunktionen 12
      b) Unvereinbare Tätigkeiten 13
         aa) Gewerbliche Tätigkeiten 13
         bb) Unzulässige Anstellungsverhältnisse 14
         cc) Öffentlich-rechtliche Dienst- oder Amtsverhältnisse ... 15
IV. Zugang zum Beruf 15
   1. Normales WP-Examen 16
      a) Zulassungsverfahren 16
      b) Zulassungsvoraussetzungen 16
         aa) Vorbildung 16
         bb) Praktische Tätigkeiten 17
         cc) Reihenfolge 19
         dd) Befreiung vom Nachweis der Prüfungstätigkeit ... 20
      c) Nachweis der Zulassungsvoraussetzungen und verbindliche Auskunft 20
      d) Prüfungsverfahren 20
      e) Verkürzung des WP-Examens 22
         aa) Verkürzte Prüfung für Steuerberater 22
         bb) Verkürzte Prüfung für vereidigte Buchprüfer ... 23
   2. Zugang zum WP-Beruf in Sonderfällen 23
      a) Erleichterte Bestellung als Wirtschaftsprüfer gem. §§ 131c ff. WPO ... 23
      b) Eignungsprüfung nach dem 9. Teil der WPO 23

			c) Eignungsprüfung nach § 134a Abs. 3 WPO a.F.	24

- c) Eignungsprüfung nach § 134a Abs. 3 WPO a.F. 24
- d) Berücksichtigung von Studienleistungen 24
- 3. Bestellung als Wirtschaftsprüfer 25
- 4. Erlöschen sowie Rücknahme/Widerruf der Bestellung 26
  - a) Erlöschen der Bestellung. 26
  - b) Rücknahme/Widerruf. 27
    - aa) Rücknahme 27
    - bb) Widerruf 27
- 5. Wiederbestellung 28
- 6. Gebühren 29
- V. Wirtschaftsprüfungsgesellschaften 29
  - 1. Errichtung einer Wirtschaftsprüfungsgesellschaft 30
    - a) Zulässige Rechtsformen 30
    - b) Gesetzliche Vertretung 31
      - aa) Berufung von vereidigten Buchprüfern, Steuerberatern und Rechtsanwälten als gesetzliche Vertreter. 32
      - bb) Ausnahmen für besonders befähigte Personen 32
      - cc) Ausnahmen für Angehörige ausländischer Prüferberufe aus Drittstaaten 32
      - dd) Zahlenmäßige Beschränkung der Nicht-WP, WPK-Mitgliedschaft 33
      - ee) Versagung der Ausnahmegenehmigung 33
      - ff) Umfang der Befugnisse von Nicht-WP 33
    - c) Gesellschafter. 34
      - aa) Beschränkter Gesellschafterkreis 34
      - bb) Kapitalbindung/Mehrheitserfordernisse 35
    - d) Berufsrechtliche Sondervorschriften für Kapitalgesellschaften 36
      - aa) Vinkulierung der Anteile. 36
      - bb) Mindestkapital und Kapitaleinzahlung. 36
    - e) Firma 37
      - aa) Orts- und Regionalangaben 38
      - bb) Hinweise auf Wirtschaftsgruppen und Branchen 38
      - cc) Verwendung von Personennamen 38
      - dd) Verwendung der Firma bei Neugründung 39
      - ee) Altfirmierungen 39
  - 2. Erlöschen sowie Rücknahme und Widerruf der Anerkennung 39
    - a) Erlöschen. 39
      - aa) Verzicht. 39
      - bb) Auflösung 40
        - (1) Insolvenz der Wirtschaftsprüfungsgesellschaft. 40
        - (2) Umwandlung 41
        - (3) Verschmelzung. 41
        - (4) Spaltung 42
        - (5) Vermögensübertragung. 42
        - (6) Formwechsel 42
    - b) Rücknahme und Widerruf. 43
      - aa) Fortfall von Anerkennungsvoraussetzungen 43
      - bb) Vermögensverfall 44
      - cc) Verstoß gegen Publizitätspflichten 44
  - 3. Altgesellschaften 44

	a)	Kapitalbeteiligung Berufsfremder	45
	b)	Gesetzliche Vertretung	46
4.	Gebühren		46
VI.	Die Berufsausübung		46
1.	Berufssitz		46
2.	Zweigniederlassungen		47
3.	Art der Berufsausübung		49
	a)	Allgemeines	49
	b)	Einzelpraxis	49
	c)	Gemeinschaftliche Berufsausübung in Form der GbR (Sozietät)	49
	d)	Partnerschaftsgesellschaft	51
		aa) Allgemeines	51
		bb) „Einfache Partnerschaftsgesellschaft"	52
	e)	Bürogemeinschaften	53
	f)	Kooperation	53
	g)	Anstellungsverhältnis	54
		aa) Allgemeines	54
		bb) Abgrenzung Anstellungsverhältnis/selbständige Tätigkeit	55
		cc) Wettbewerbsbeschränkungen	55
	h)	Freie Mitarbeit	56
4.	Berufssiegel		56
5.	Berufsbezeichnung		57
6.	Berufshaftpflichtversicherung		59
7.	Handakten		61
	a)	Allgemeines	61
	b)	Begriff	61
	c)	Aufbewahrungspflicht	62
	d)	Verjährung und Aufbewahrungspflicht	62
	e)	Herausgabepflicht/Zurückhaltungsrecht	63
8.	Berufsregister		63
9.	Datenschutz		63
10.	Beurlaubung		64
VII.	Berufspflichten		64
1.	Allgemeines		64
2.	Berufspflichten und Bilanzrecht		65
3.	Einzelne Berufspflichten		66
	a)	Unabhängigkeit	66
		aa) Besorgnis der Befangenheit	67
		bb) Auswirkungen bei gemeinsamer Berufsausübung oder Kooperationen	81
		cc) Auswirkungen der Zugehörigkeit zu einem Netzwerk	81
		dd) Rechtsfolgen bei Verstößen gegen Unabhängigkeitsanforderungen	83
	b)	Unparteilichkeit	84
	c)	Wechsel zu einem Mandanten i.S. des § 319a HGB	85
	d)	Verschwiegenheit	86
		aa) Allgemeines	86
		bb) Betroffener Personenkreis	86
		cc) Inhalt und Umfang	87
		dd) Ausnahmen von der Verschwiegenheitspflicht	89

XXIII

	e)	Gewissenhaftigkeit		93
	f)	Eigenverantwortlichkeit		96
	g)	Berufswürdiges Verhalten		98
		aa)	Sachlichkeitsgebot	98
		bb)	Unterrichtung des Auftraggebers über Gesetzesverstöße	99
		cc)	Vermeidung pflichtwidrigen Verhaltens	99
		dd)	Verbot eines Erfolgshonorars	100
		ee)	Verbote bei der Honorargestaltung für gesetzliche Jahresabschlussprüfungen	100
		ff)	Verbot der Provisionszahlung für die Auftragsvermittlung	101
		gg)	Mandantenschutzklauseln	101
		hh)	Berufswürdiges Verhalten gegenüber Berufskollegen	105
		ii)	Ausbildung des Berufsnachwuchses und der Mitarbeiter	106
		jj)	Aufstellung eines Transparenzberichts	106
	h)	Werbung		108
		aa)	Allgemeines	108
		bb)	Zulässige Werbung und ihre Grenzen	109
VIII.	Qualitätssicherung und -kontrolle, Berufsaufsicht und Berufsgerichtsbarkeit			116
	1.	Allgemeines		116
	2.	Interne Qualitätssicherung und Externe Qualitätskontrollen zur Überwachung der Einhaltung der Berufspflichten		116
		a)	Qualitätssicherung in der Wirtschaftsprüferpraxis	116
			aa) Überblick über die gesetzlichen und berufsständischen Anforderungen an die Qualitätssicherung in der Wirtschaftsprüferpraxis	116
			bb) Grundlagen der Fortentwicklung der Anforderungen an die Qualitätssicherung in der Wirtschaftsprüferpraxis	118
			cc) Struktur und Geltungsbereich der Qualitätssicherungsregeln	120
			(1) Gesetzliche Pflicht zur Einrichtung, Überwachung und Durchsetzung eines Qualitätssicherungssystems	120
			(2) Ergänzung der allgemeinen und besonderen Berufspflichten in der Berufssatzung WP/vBP	120
			(3) VO 1/2006	122
			dd) Inhalt der VO 1/2006	123
			(1) Bestandteile des Qualitätssicherungssystems	123
			(2) Synoptische Darstellung der Anforderungen der VO 1/2006 – ausgehend von den Bestimmungen der BS WP/vBP	125
		b)	Externe Qualitätskontrollen	142
			aa) Arten externer Qualitätskontrolle	142
			bb) Externe Qualitätskontrollen nach §§ 57a ff. WPO	143
			(1) Einführung und Fortentwicklung der externen Qualitätskontrollen in Deutschland	143
			(2) Verwaltung des Verfahrens bei der WPK	145
			(3) Registrierung, Auswahl und Beauftragung der Prüfer für Qualitätskontrolle	147
			(a) Registrierung der Prüfer für Qualitätskontrolle	147
			(b) Auswahl der Prüfer für Qualitätskontrolle	149
			(4) Auftragsannahme, Prüfungsplanung und -durchführung	151

(5) Berichterstattung über die Ergebnisse der Qualitätskontrolle und Teilnahmebescheinigung 156
(6) Auflagen zur Beseitigung von Qualitätsmängeln 161
cc) Anlassunabhängige Sonderuntersuchungen 162
dd) Öffentliche Überwachung von externen Qualitätskontrollen
nach §§ 57a ff. WPO und anlassunabhängigen Sonderuntersuchungen im Kontext der Überlegungen zur Fortentwicklung
des deutschen Aufsichtssystems 162
3. Berufsaufsicht 164
   a) Allgemeines 164
   b) Berufsaufsicht 164
      aa) Allgemeines 165
      bb) Verfahrensgrundsätze 165
      cc) Rüge 168
      dd) Verwaltungsgerichtliche Überprüfung von Maßnahmen der
          Berufsaufsicht 170
   c) Übergang zum berufsgerichtlichen Ermittlungsverfahren 170
   d) Untersagungsverfügung der WPK 170
   e) Zivilrechtliche Unterlassungsklage 170
4. Berufsgerichtsbarkeit 171
   a) Zuständigkeit 171
   b) Berufsgerichtliches Verfahren 171
   c) Verjährung 173
   d) Berufsgerichtliche Maßnahmen 173
   e) Rechtsmittel 173
      aa) Berufung 173
      bb) Revision 173
   f) Untersagungsverfügung 174
5. Sicherung von Beweisen; vorläufiges Berufsverbot 174
IX. Auftragsdurchführung 175
   1. Allgemeines 175
   2. Auftragserteilung 175
   3. Persönliche Erledigung 177
   4. Beauftragung von Sozietäten 177
   5. Beauftragung von Wirtschaftsprüfungsgesellschaften 179
   6. Herausgabepflicht, Zurückbehaltungsrecht, Aufrechnung 179
      a) Herausgabepflicht 179
      b) Zurückbehaltungsrecht 180
      c) Aufrechnung 181
   7. Auftragsbeendigung 181
      a) Allgemeines 181
      b) Gesetzlich vorgeschriebene Abschlussprüfung 182
X. Haftung 182
   1. Allgemeines 182
   2. Haftung gegenüber dem Auftraggeber 183
      a) Allgemeines 183
      b) Haftung des Abschlussprüfers aus § 323 HGB 184
         aa) Pflichtverletzung 184
         bb) Schaden und Kausalität 185
         cc) Verschulden 186

	dd)	Darlegungs- und Beweisfragen.	187
	ee)	Ersatzberechtigte.	188
	ff)	Ersatzverpflichtete.	188
	gg)	Haftungsbegrenzung bei gesetzlich vorgeschriebener Abschlussprüfung.	188
	c)	Schadensersatz wegen verspäteter Auftragsablehnung.	189
	d)	Haftung aus unerlaubter Handlung (§§ 823 ff. BGB).	190
3.	Haftung gegenüber Dritten.		191
	a)	Allgemeines.	191
	b)	Vertrag mit Schutzwirkung zugunsten Dritter.	192
	c)	Drittschadensliquidation.	197
	d)	Auskunftsvertrag.	198
	e)	Prospekthaftung.	199
	f)	Ansprüche aus rechtsgeschäftlichen oder rechtsgeschäftsähnlichen Schuldverhältnissen (§ 311 Abs. 2 und 3 BGB).	201
	g)	Dritthaftung aus unerlaubter Handlung (§§ 823 ff. BGB).	202
	h)	Haftung des gerichtlichen Sachverständigen.	203
4.	Haftung von Sozietäten.		203
5.	Haftungsbeschränkung.		206
6.	Mitverschulden.		209
7.	Verjährung.		210
	a)	Voraussetzungen.	210
	b)	Sekundärhaftung.	212
	c)	Verjährung bei Mehrfachqualifikation.	213

XI.	Vergütungsregelungen.	214
	1. Allgemeines.	214
	2. Vergütung für die Prüfung des Jahresabschlusses privatwirtschaftlicher Unternehmen.	214
	3. Gebühren für die Pflichtprüfung des Jahresabschlusses gemeindlicher Betriebe.	215
	4. Sonstige Prüfungen.	217
	5. Steuerberatergebührenverordnung (StBGebV).	217
	6. Tätigkeit als Sachverständiger für Gerichte und Behörden.	217
	7. Sonstige Tätigkeiten.	218
	8. Verjährung von Vergütungsansprüchen.	219
	9. Gerichtsstand für Honorarklagen.	219
XII.	Hilfsberufe.	220
	1. Allgemeines.	220
	2. Prüfer und Prüfungsgehilfen.	220
	3. Fachgehilfen in steuer- und wirtschaftsberatenden Berufen.	220
XIII.	Schrifttumsverzeichnis.	220
	1. Verzeichnis der Monographien, Kommentare und Beiträge in Sammelwerken.	220
	2. Verzeichnis der Beiträge in Zeitschriften.	222

Kapitel B

Berufsorganisationen

I.	Das Institut der Wirtschaftsprüfer in Deutschland e.V. (IDW).	225
	1. Entwicklung.	225

	2.	Aufgaben	227
	3.	Mitgliedschaft	228
	4.	Organe	228
	5.	Facharbeit	229
	6.	Aus- und Fortbildung	231
	7.	Kommunikation und Medien	232
	8.	IDW Verlag GmbH	233
	9.	IDW Akademie mbH	233
	10.	Hilfskasse	233
II.	Wirtschaftsprüferkammer		233
	1.	Aufgaben	233
	2.	Interne Organisation	236
	3.	Abschlussprüferaufsichtskommission	237
		a) Aufgaben	237
		b) Zusammensetzung und Organisation	238
		c) Staatsaufsicht	239
	4.	Arbeitsgemeinschaft für das wirtschaftliche Prüfungswesen	239
	5.	Versorgungswerk für Wirtschaftsprüfer und vereidigte Buchprüfer	239
III.	Internationale Berufsorganisationen		240
	1.	International Federation of Accountants (IFAC)	240
	2.	International Financial Reporting Standards Foundation (IFRS Foundation)/International Accounting Standards Board (IASB)	243
	3.	Fédération des Experts Comptables Européens (FEE)	245
IV.	Schrifttumsverzeichnis		246
	1.	Verzeichnis der Monographien	246
	2.	Verzeichnis der Beiträge in Zeitschriften	246

Kapitel C

Andere prüfende und beratende Berufe

I.	Vereidigte Buchprüfer		247
	1.	Entwicklung	247
	2.	Geltendes Recht	248
		a) Einleitung	248
		b) Zugang zum Beruf des vereidigten Buchprüfers	249
		c) Inhalt der beruflichen Tätigkeit	249
II.	Steuerberater		250
	1.	Entwicklung	250
	2.	Geltendes Recht	251
		a) Einleitung	251
		b) Hilfeleistung in Steuersachen	257
		c) Zugang zum Beruf des Steuerberaters	258
		aa) Zulassungsvoraussetzungen	258
		bb) Anforderungen an das Examen	259
		(1) Normalexamen (§ 37 StBerG)	259
		(2) Prüfung in Sonderfällen (§ 37a StBerG)	259
		(3) Befreiung von der Prüfung	260
		cc) Verfahrensfragen	260
		d) Inhalt der beruflichen Tätigkeit	261
		e) Allgemeine Berufspflichten	263

		f) Steuerberatungsgesellschaften	265
III.	Schrifttumsverzeichnis		266
	1.	Verzeichnis der Monographien, Kommentare und Beiträge in Sammelwerken	266
	2.	Verzeichnis der Beiträge in Zeitschriften	266

Kapitel D
Übersicht über die Rechtsgrundlagen von Prüfungen in der Wirtschaft und in Verwaltungen

I.	Vorschriften im Bereich der privaten Wirtschaft			267
	1.	Prüfungsvorschriften für Unternehmen bestimmter Rechts- und Gestaltungsformen		267
		a)	Aktiengesellschaften und Kommanditgesellschaften auf Aktien	267
		b)	Gesellschaften mit beschränkter Haftung	268
		c)	Kapitalgesellschaften & Co.	269
		d)	Genossenschaften	269
		e)	Rechtsfähige Vereine	269
		f)	Stiftungen	270
	2.	Prüfungsvorschriften des Publizitätsgesetzes		270
	3.	Prüfungsvorschriften für Betriebe bestimmter Wirtschaftszweige		270
		a)	Kreditinstitute, Finanzdienstleistungsinstitute und Investmentgesellschaften	270
		b)	Versicherungsunternehmen	271
		c)	Wohnungsunternehmen	271
		d)	Krankenhäuser	271
		e)	Elektrizitäts-/Gasversorgungsunternehmen	271
		f)	Verwertungsgesellschaften	272
		g)	Kunsthändler, Versteigerer	272
		h)	Werkstätten für behinderte Menschen	272
		i)	Parteien	272
		j)	Makler, Darlehens- und Anlagevermittler, Bauträger, Baubetreuer	272
		k)	Bergbau, eisen- und stahlerzeugende Industrie	272
II.	Vorschriften im Bereich der öffentlichen Wirtschaft			272
	1.	Prüfungsvorschriften bei Beteiligung einer Gebietskörperschaft an einem Unternehmen in der Rechtsform des privaten Rechts		272
		a)	bei Beteiligung des Bundes	272
		b)	bei Beteiligung eines Landes	272
		c)	bei Beteiligung einer Gemeinde bzw. eines Gemeindeverbandes	272
	2.	Prüfungsvorschriften für Unternehmen in der Rechtsform einer juristischen Person des öffentlichen Rechts		273
		a)	des Bundes	273
		b)	sonstiger Gebietskörperschaften	273
		c)	Sparkassen	273
		d)	Studentenwerke	273
		e)	Rundfunkanstalten	273
	3.	Prüfungsvorschriften für Wirtschaftsbetriebe ohne eigene Rechtspersönlichkeit		273
		a)	der Länder	273
		b)	der Gemeinden und Gemeindeverbände	274

III.	Prüfungsvorschriften für bestimmte Einrichtungen und sonstige Prüfungsvorschriften.	274
IV.	Prüfungsvorschriften für die Kernverwaltungen der öffentlichen Hand	275

Fachlicher Teil

Kapitel E

Erläuterungen zu den für alle Kaufleute geltenden Vorschriften zum Jahresabschluss

I.	Allgemeines		277
II.	Bilanzierungsgrundsätze		280
	1.	Vollständigkeitsgebot (§ 246 Abs. 1 HGB)	280
		a) Inventar und Inventur	282
		b) Bilanzierbarkeit	285
	2.	Verrechnungsverbot (§ 246 Abs. 2 S. 1 HGB)	299
	3.	Verrechnungsgebot (§ 246 Abs. 2 S. 2 und 3 HGB)	300
	4.	Ansatz immaterieller Vermögensgegenstände	305
	5.	Bilanzierungsverbote (§ 248 Abs. 1 und 2 S. 2 HGB)	309
	6.	Ansatzstetigkeit (§ 246 Abs. 3 HGB)	310
	7.	Angabe von Haftungsverhältnissen (§ 251 HGB)	311
III.	Vorschriften zu Deckungsvermögen, Sonderposten mit Rücklageanteil, Rückstellungen und Rechnungsabgrenzungsposten		314
	1.	Deckungsvermögen (§ 246 Abs. 2 S. 2 HGB)	314
	2.	Sonderposten mit Rücklageanteil (§ 247 Abs. 3 HGB a.F.)	315
	3.	Rückstellungen (§ 249 HGB)	317
		a) Allgemeines	317
		b) Rückstellungen für ungewisse Verbindlichkeiten und für drohende Verluste aus schwebenden Geschäften	322
		c) Pensionsrückstellungen	347
		aa) Handelsrechtlich	347
		bb) Steuerrechtlich	356
		d) Rückstellungen für im Geschäftsjahr unterlassene Aufwendungen für Instandhaltung	360
		e) Rückstellungen für im Geschäftsjahr unterlassene Aufwendungen für Abraumbeseitigung	360
		f) Rückstellungen für ohne rechtliche Verpflichtung zu erbringende Gewährleistungen	361
		g) Aufwandsrückstellungen (§ 249 Abs. 2 HGB a.F.)	361
	4.	Rechnungsabgrenzungsposten (§ 250 HGB)	361
	5.	Latente Steuern	365
IV.	Bewertungsvorschriften (§§ 252 bis 256 HGB)		367
	1.	Allgemeine Bewertungsgrundsätze (§ 252 HGB)	367
		a) Grundsatz der Bilanzidentität (§ 252 Abs. 1 Nr. 1 HGB)	367
		b) Grundsatz der Unternehmensfortführung (§ 252 Abs. 1 Nr. 2 HGB)	367
		c) Grundsatz der Einzelbewertung (§ 252 Abs. 1 Nr. 3 HGB)	368
		d) Grundsatz der Vorsicht (§ 252 Abs. 1 Nr. 4 HGB)	369
		e) Grundsatz der Periodenabgrenzung (§ 252 Abs. 1 Nr. 5 HGB)	372
		f) Grundsatz der Bewertungsstetigkeit (§ 252 Abs. 1 Nr. 6 HGB)	372

	g) Abweichungen von den allgemeinen Bewertungsgrundsätzen (§ 252 Abs. 2 HGB)	374
2.	Anschaffungs- und Herstellungskosten, beizulegender Zeitwert, Abschreibungen und Wertaufholungen (§§ 253 und 255 HGB)	375
	a) Allgemeines	375
	b) Anschaffungskosten (§ 255 Abs. 1 HGB)	376
	c) Herstellungskosten (§ 255 Abs. 2, 2a und 3 HGB)	383
	d) Beizulegender Zeitwert (§ 255 Abs. 4 HGB)	390
	e) Abschreibungen	393
	f) Abschreibungen auf Vermögensgegenstände des Umlaufvermögens nach § 253 Abs. 4 HGB	412
	g) Wertaufholungsgebot (§ 253 Abs. 5 HGB)	414
3.	Bewertungseinheiten (§ 254 HGB)	415
	a) Voraussetzungen für die Bildung von Bewertungseinheiten	417
	b) Bilanzielle Abbildung von Bewertungseinheiten	422
4.	Bewertungsvereinfachungsverfahren (§ 256 HGB)	425
5.	Währungsumrechnung (§ 256a HGB)	428
6.	Bewertung bestimmter Vermögensgegenstände	429
	a) Immaterielle Vermögensgegenstände	429
	aa) Entgeltlich erworbene Konzessionen, gewerbliche Schutzrechte und ähnliche Rechte und Werte	430
	bb) Selbst geschaffene immaterielle Vermögensgegenstände	431
	cc) Geschäfts- oder Firmenwert	433
	b) Grundstücke und Gebäude	435
	c) Technische Anlagen und Maschinen, andere Anlagen, Betriebs- und Geschäftsausstattung	445
	d) Beteiligungen	445
	e) Vorräte	457
	f) Anzahlungen	458
	g) Forderungen	458
	h) Wertpapiere	461
	i) Wechsel	462
	j) Kassenbestand, Guthaben bei Kreditinstituten	462
	k) Sonstige Vermögensgegenstände	462
7.	Bewertung von Rückstellungen (§ 253 Abs. 1 S. 2 HGB)	463
8.	Bewertung von Verbindlichkeiten (§ 253 Abs. 1 S. 2 HGB)	463
V.	Gliederungsvorschriften	466
1.	Allgemeines	466
2.	Gliederung der Bilanz	468
3.	Gliederung der Gewinn- und Verlustrechnung	471
VI.	Handelsbilanz und Steuerbilanz	472
VII.	Bilanzänderung und Bilanzberichtigung	474
VIII.	Schrifttumsverzeichnis	477
1.	Verzeichnis der Monographien, Kommentare und Beiträge in Sammelwerken	477
2.	Verzeichnis der Beiträge in Zeitschriften	484

Kapitel F

Erläuterungen zu den für Kapitalgesellschaften sowie bestimmte Personenhandelsgesellschaften geltenden ergänzenden Vorschriften zum Jahresabschluss und zum Lagebericht sowie Erläuterungen zum Abhängigkeitsbericht

I.	Ergänzende Vorschriften für die Rechnungslegung bestimmter Unternehmen	509
	1. Überblick über die zusätzlich anzuwendenden Vorschriften	509
	2. Freiwilliger IFRS-Einzelabschluss nach § 325 Abs. 2a HGB für Zwecke der Offenlegung	510
	3. Anwendungsbereich	514
	a) Rechtsformen	514
	b) Kapitalmarktorientierte Kapitalgesellschaft	515
	c) Befreiung bei Einbeziehung in einen Konzernabschluss	517
	aa) Befreiung nach § 264 Abs. 3 ggf. i.V.m. Abs. 4 HGB	517
	bb) Befreiung nach § 264b HGB	524
	d) Größenabhängige Erleichterungen	528
	aa) Größenklassen	528
	bb) Art der Erleichterungen	530
II.	Allgemeine Grundsätze	532
	1. Allgemeine Bilanzierungsgrundsätze	532
	a) Zur Generalnorm des § 264 Abs. 2 HGB	532
	b) Sonstige allgemeine Bilanzierungsgrundsätze	533
	2. Allgemeine Gliederungsgrundsätze (§ 265 HGB)	533
	a) Darstellungsstetigkeit (§ 265 Abs. 1 HGB)	534
	b) Angabe von Vorjahresbeträgen (§ 265 Abs. 2 HGB)	534
	c) Vermerk der Mitzugehörigkeit zu anderen Posten der Bilanz (§ 265 Abs. 3 HGB)	535
	d) Gliederung bei Vorliegen mehrerer Geschäftszweige, für die unterschiedliche Gliederungsvorschriften gelten (§ 265 Abs. 4 HGB)	535
	e) Untergliederung von Posten und Hinzufügung neuer Posten (§ 265 Abs. 5 HGB)	535
	f) Änderung der Gliederung und der Bezeichnung von Posten (§ 265 Abs. 6 HGB)	536
	g) Zusammenfassung von Posten (§ 265 Abs. 7 HGB)	537
	h) Leerposten (§ 265 Abs. 8 HGB)	538
	3. Ausschüttungs- und Abführungssperre (§ 268 Abs. 8 HGB)	538
	a) Übersicht	538
	b) Ausschüttungssperre	539
	c) Abführungssperre	541
III.	Die Bilanz	543
	1. Bewertungsvorschriften	543
	2. Gliederungsvorschriften	544
	3. Anlagengitter (§ 268 Abs. 2 HGB)	544
	4. Eigenkapitalausweis von Personenhandelsgesellschaften i.S.d. § 264a HGB (§ 264c Abs. 2 HGB)	547
	5. Aktienoptionsprogramme	549
	a) Virtuelle Aktienoptionen (Stock Appreciation Rights)	550
	b) Virtuelle Aktien (Phantom Stocks)	553
	c) Optionen auf den Erwerb ausgegebener Aktien	554

	d)	Optionen auf den Erwerb junger Aktien	555
	e)	Besonderheiten bei Erfüllungswahlrecht der Gesellschaft.	558
6.	Latente Steuern		558
	a)	Grundlagen	558
	b)	Ansatz.	559
		aa) Grundlagen	559
		bb) Erfolgsneutral entstandene temporäre Differenzen	561
		cc) Verlust- und Zinsvorträge	563
	c)	Bewertung.	565
	d)	Ausweis.	566
	e)	Sonderfragen	566
		aa) Personenhandelsgesellschaften.	566
		bb) Ausländische Betriebsstätten	568
		cc) Ertragsteuerliche Organschaft	569
		dd) Investmentfondsanteile.	571
7.	Die einzelnen Posten der Bilanz		572
	AKTIVA		573
	A. Anlagevermögen.		573
	A.I. Immaterielle Vermögensgegenstände.		573
	A.I.1. Selbst geschaffene gewerbliche Schutzrechte und ähnliche Rechte und Werte		573
	A.I.2. Entgeltlich erworbene Konzessionen, gewerbliche Schutzrechte und ähnliche Rechte und Werte sowie Lizenzen an solchen Rechten und Werten		574
	A.I.3. Geschäfts- oder Firmenwert.		574
	A.I.4. Geleistete Anzahlungen		575
	A.II. Sachanlagen.		575
	A.II.1. Grundstücke, grundstücksgleiche Rechte und Bauten einschließlich der Bauten auf fremden Grundstücken .		575
	A.II.2. Technische Anlagen und Maschinen		577
	A.II.3. Andere Anlagen, Betriebs- und Geschäftsausstattung		577
	A.II.4. Geleistete Anzahlungen und Anlagen im Bau		578
	A.III. Finanzanlagen		578
	A.III.1. Anteile an verbundenen Unternehmen		578
	A.III.2. Ausleihungen an verbundene Unternehmen		578
	A.III.3. Beteiligungen.		580
	A.III.4. Ausleihungen an Unternehmen, mit denen ein Beteiligungsverhältnis besteht		580
	A.III.5. Wertpapiere des Anlagevermögens		582
	A.III.6. Sonstige Ausleihungen.		583
	B. Umlaufvermögen.		584
	B.I. Vorräte		584
	B.I.1. Roh-, Hilfs- und Betriebsstoffe.		584
	B.I.2. Unfertige Erzeugnisse, unfertige Leistungen		584
	B.I.3. Fertige Erzeugnisse und Waren		584
	B.I.4. Geleistete Anzahlungen		584
	B.II. Forderungen und sonstige Vermögensgegenstände		587
	B.II.1. Forderungen aus Lieferungen und Leistungen		587
	B.II.2. Forderungen gegen verbundene Unternehmen		588

	B.II.3.	Forderungen gegen Unternehmen, mit denen ein Beteiligungsverhältnis besteht.	588
	B.II.4.	Sonstige Vermögensgegenstände	590
B.III.	Wertpapiere		592
	B.III.1.	Anteile an verbundenen Unternehmen	592
	B.III.2.	Sonstige Wertpapiere	592
B.IV.	Kassenbestand, Bundesbankguthaben, Guthaben bei Kreditinstituten und Schecks		592

C. Rechnungsabgrenzungsposten. 593
D. Aktive latente Steuern 593
E. Aktiver Unterschiedsbetrag aus der Vermögensverrechnung 594

P A S S I V A 595

A. Eigenkapital 595
    A.I. Gezeichnetes Kapital 595
    A.II. Kapitalrücklage 610
    A.III. Gewinnrücklagen 615
        A.III.1 Gesetzliche Rücklage 616
        A.III.2. Rücklage für Anteile am herrschenden Unternehmen 619
        A.III.3. Satzungsmäßige Rücklagen 620
        A.III.4. Andere Gewinnrücklagen 621
    A.IV. Gewinnvortrag/Verlustvortrag 624
    A.V. Jahresüberschuss/Jahresfehlbetrag 624
    A.IV. Bilanzgewinn/Bilanzverlust 624
B. Rückstellungen 632
    B. 1. Rückstellungen für Pensionen und ähnliche Verpflichtungen . 632
    B. 2. Steuerrückstellungen. 632
    B. 3. Sonstige Rückstellungen 633
C. Verbindlichkeiten 634
    C. 1. Anleihen, davon konvertibel 635
    C. 2. Verbindlichkeiten gegenüber Kreditinstituten 636
    C. 3. Erhaltene Anzahlungen auf Bestellungen. 636
    C. 4. Verbindlichkeiten aus Lieferungen und Leistungen 636
    C. 5. Verbindlichkeiten aus der Annahme gezogener Wechsel und der Ausstellung eigener Wechsel 636
    C. 6. Verbindlichkeiten gegenüber verbundenen Unternehmen . . . 637
    C. 7. Verbindlichkeiten gegenüber Unternehmen, mit denen ein Beteiligungsverhältnis besteht. 637
    C. 8. Sonstige Verbindlichkeiten, davon aus Steuern davon im Rahmen der sozialen Sicherheit. 637
D. Rechnungsabgrenzungsposten 638
E. Passive latente Steuern. 638

IV. Die Gewinn- und Verlustrechnung 639
  1. Allgemeines 639
    a) Verbindlichkeit der Gliederungsschemata 640
    b) Verrechnungsgebot bei Vorliegen von Deckungsvermögen 642
    c) Grundsatz der Darstellungsstetigkeit 643
    d) Erleichterungen für kleine und mittelgroße Gesellschaften 643
    e) Erträge und Aufwendungen aus Gewinngemeinschaften, Gewinnabführungs- und Teilgewinnabführungsverträgen sowie aus Verlustübernahme 644

	f)	Außerordentliche und periodenfremde Posten	645
	g)	Gemeinsamkeiten und Unterschiede zwischen dem Gesamtkosten- und dem Umsatzkostenverfahren	647
	h)	Besonderheiten bei Personenhandelsgesellschaften i.S.d. § 264a HGB.	648
2.	Inhalt der einzelnen Posten bei Gliederung nach dem Gesamtkosten- verfahren (§ 275 Abs. 2 HGB).		649
	Nr. 1	Umsatzerlöse.	649
	Nr. 2	Erhöhung oder Verminderung des Bestands an fertigen und unfertigen Erzeugnissen	651
	Nr. 3	Andere aktivierte Eigenleistungen	652
	Nr. 4	Sonstige betriebliche Erträge	653
	Nr. 5	Materialaufwand	655
	Nr. 5a	Aufwendungen für Roh-, Hilfs- und Betriebsstoffe und für bezogene Waren.	655
	Nr. 5b	Aufwendungen für bezogene Leistungen.	656
	Nr. 6	Personalaufwand	656
	Nr. 6a	Löhne und Gehälter	656
	Nr. 6b	Soziale Abgaben und Aufwendungen für Altersversorgung und für Unterstützung	658
	Nr. 7a	Abschreibungen auf immaterielle Vermögensgegenstände des Anlagevermögens und Sachanlagen	660
	Nr. 7b	Abschreibungen auf Vermögensgegenstände des Umlauf- vermögens, soweit diese die in der Gesellschaft üblichen Abschreibungen überschreiten	661
	Nr. 8	Sonstige betriebliche Aufwendungen	661
	Nr. 9	Erträge aus Beteiligungen, davon aus verbundenen Unter- nehmen	663
	Nr. 9a	Erträge aus Gewinngemeinschaften, Gewinnabführungs- und Teilgewinnabführungsverträgen	665
	Nr. 10	Erträge aus anderen Wertpapieren und Ausleihungen des Fi- nanzanlagevermögens, davon aus verbundenen Unternehmen .	666
	Nr. 11	Sonstige Zinsen und ähnliche Erträge, davon aus verbundenen Unternehmen.	667
	Nr. 12	Abschreibungen auf Finanzanlagen und auf Wertpapiere des Umlaufvermögens	669
	Nr. 12a	Aufwendungen aus Verlustübernahme	669
	Nr. 13	Zinsen und ähnliche Aufwendungen, davon an verbundene Unternehmen	670
	Nr. 14	Ergebnis der gewöhnlichen Geschäftstätigkeit	671
	Nr. 15	Außerordentliche Erträge.	671
	Nr. 16	Außerordentliche Aufwendungen	672
	Nr. 17	Außerordentliches Ergebnis	672
	Nr. 18	Steuern vom Einkommen und vom Ertrag	672
	Nr. 19	Sonstige Steuern	674
	Nr. 19a	Erträge aus Verlustübernahme.	675
	Nr. 19b	Aufgrund einer Gewinngemeinschaft, eines Gewinnabführungs- oder eines Teilgewinnabführungsvertrags abgeführte Gewinne .	676
	Nr. 19c	Vergütung für Genussrechtskapital.	676
	Nr. 19d	Bedienung eines Besserungsscheins	676

Nr. 20	Jahresüberschuss/Jahresfehlbetrag	676
Nr. 21	Vermögensminderung aufgrund von Abspaltungen	678
Nr. 22	Gewinnvortrag/Verlustvortrag aus dem Vorjahr	678
Nr. 23	Entnahmen aus der Kapitalrücklage	678
Nr. 24a	Entnahmen aus der gesetzlichen Rücklage	679
Nr. 24b	Entnahmen aus der Rücklage für Anteile an einem herrschenden oder mehrheitlich beteiligten Unternehmen	679
Nr. 24c	Entnahmen aus satzungsmäßigen Rücklagen	679
Nr. 24d	Entnahmen aus anderen Gewinnrücklagen	679
Nr. 24e	Entnahmen aus Genussrechtskapital	679
Nr. 25	Ertrag aus der Kapitalherabsetzung	680
Nr. 26	Einstellungen in die Kapitalrücklage nach den Vorschriften über die vereinfachte Kapitalherabsetzung und im Fall der vereinfachten Einziehung	680
Nr. 27a	Einstellungen in die gesetzliche Rücklage	680
Nr. 27b	Einstellungen in die Rücklage für Anteile an einem herrschenden oder mehrheitlich beteiligten Unternehmen	680
Nr. 27c	Einstellungen in satzungsmäßige Rücklagen	681
Nr. 27d	Einstellungen in andere Gewinnrücklagen	681
Nr. 27e	Wiederauffüllung des Genussrechtskapitals	681
Nr. 28	Aufwand aus dem Erwerb eigener Anteile	681
Nr. 29	Bilanzgewinn/Bilanzverlust	681
Nr. 30	Ertrag aufgrund höherer Bewertung gemäß dem Ergebnis der Sonderprüfung/gemäß gerichtlicher Entscheidung	682

3. Inhalt der einzelnen Posten bei Gliederung nach dem Umsatzkostenverfahren (§ 275 Abs. 3 HGB) ... 682

Nr. 1	Umsatzerlöse	682
Nr. 2	Herstellungskosten der zur Erzielung der Umsatzerlöse erbrachten Leistungen	682
Nr. 3	Bruttoergebnis vom Umsatz	684
Nr. 4	Vertriebskosten	684
Nr. 5	Allgemeine Verwaltungskosten	685
Nr. 6	Sonstige betriebliche Erträge	685
Nr. 7	Sonstige betriebliche Aufwendungen	686
Nrn. 8 bis 19	Alle übrigen GuV-Posten des Umsatzkostenverfahrens	686

V. Der Anhang ... 686
 1. Allgemeines ... 686
 2. Grundsätze der Berichterstattung ... 689
 3. Allgemeine und freiwillige Abschlusserläuterungen ... 693
 4. Übersicht über die gesetzlichen Vorschriften, die Angaben im Anhang vorschreiben ... 695
 5. Angabe der Bilanzierungs- und Bewertungsmethoden (§ 284 Abs. 2 Nr. 1 HGB) ... 699
   a) Angabe von Bilanzierungsmethoden ... 700
   b) Angabe von Bewertungsmethoden ... 701
 6. Angabe der Grundlagen für die Umrechnung in Euro (§ 284 Abs. 2 Nr. 2 HGB) ... 704
 7. Angabe der Abweichungen von Bilanzierungs- und Bewertungsmethoden (§ 284 Abs. 2 Nr. 3 HGB) ... 705

8. Angabe der Abweichungen beim Aufbau und bei der Gliederung der Bilanz (§ 265 Abs. 1 S. 2 HGB).................................. 708
9. Angaben zu nicht vergleichbaren oder angepassten Vorjahresbeträgen (§ 265 Abs. 2 S. 2 und 3 HGB).................................. 708
10. Angaben zur Gliederung nach verschiedenen Gliederungsvorschriften (§ 265 Abs. 4 S. 2 HGB).................................. 709
11. Angabe der Posten, die im Hinblick auf § 265 Abs. 7 Nr. 2 HGB in der Bilanz zusammengefasst sind.................................. 709
12. Angabe der Unterschiedsbeträge bei Anwendung von Bewertungsvereinfachungsverfahren (§ 284 Abs. 2 Nr. 4 HGB).................................. 709
13. Angaben zum Posten „Aufwendungen für die Ingangsetzung und Erweiterung des Geschäftsbetriebs" (Art. 67 Abs. 5 S. 1 EGHGB i.V.m. § 269 S. 1 zweiter Hs. HGB a.F.).................................. 710
14. Angabe der Gründe für eine Nutzungsdauer eines Geschäfts- oder Firmenwerts von mehr als fünf Jahren (§ 285 Nr. 13 HGB)......... 710
15. Angaben zu antizipativen Abgrenzungsposten unter den sonstigen Vermögensgegenständen (§ 268 Abs. 4 S. 2 HGB).............. 711
16. Angaben zur Einbeziehung von Fremdkapitalzinsen in die Herstellungskosten (§ 284 Abs. 2 Nr. 5 HGB).................... 712
17. Angaben zu aktiven und passiven latenten Steuern (§ 285 Nr. 29 HGB). 712
18. Angaben zu „Sonstigen Rückstellungen" (§ 285 Nr. 12 HGB)....... 713
19. Angaben zu nicht passivierten Pensionsverpflichtungen und ähnlichen Verpflichtungen – Fehlbetrag (Art. 28 Abs. 2, Art. 48 Abs. 6 EGHGB) . 714
20. Fehlbetragsangabe für Pensionsrückstellungen (Art. 67 Abs. 2 EGHGB) 715
21. Angaben zu den Restlaufzeiten und Sicherheiten der Verbindlichkeiten (§ 285 Nrn. 1 und 2 HGB).................................. 716
22. Angaben zu antizipativen Abgrenzungsposten unter den Verbindlichkeiten (§ 268 Abs. 5 S. 3 HGB).................................. 717
23. Angaben zu nicht in der Bilanz enthaltenen Geschäften (§ 285 Nr. 3 HGB).................................. 718
24. Angaben zu sonstigen finanziellen Verpflichtungen (§ 285 Nr. 3a HGB) 721
25. Angaben zu unterbliebenen Abschreibungen auf Finanzanlagen (§ 285 Nr. 18 HGB i.V.m. §§ 253 Abs. 3 S. 4 HGB).............. 724
26. Angaben zu nicht zum beizulegenden Zeitwert bilanzierten derivativen Finanzinstrumenten (§ 285 Nr. 19 HGB).................... 727
27. Angaben zu den Finanzinstrumenten des Handelsbestands i.S.d. § 340e Abs. 3 S. 1 HGB (§ 285 Nr. 20 HGB).................... 730
28. Angaben zu Forschungs- und Entwicklungskosten (§ 285 Nr. 22 HGB). 730
29. Angaben zu Bewertungseinheiten (§ 285 Nr. 23 HGB)............ 731
30. Angaben zu Pensionsrückstellungen und ähnlichen Verpflichtungen (§ 285 Nr. 24 HGB).................................. 734
31. Angaben zur Verrechnung von Vermögensgegenständen des Deckungsvermögens und Schulden aus Altersversorgungsverpflichtungen (§ 285 Nr. 25 HGB).................................. 736
32. Angaben zu Investmentvermögen (§ 285 Nr. 26 HGB)............ 738
33. Angaben zur Einschätzung des Risikos der Inanspruchnahme aus Eventualverbindlichkeiten (§ 285 Nr. 27 HGB)................ 741
34. Angaben zu den nach § 268 Abs. 8 HGB ausschüttungsgesperrten Beträgen (§ 285 Nr. 28 HGB).............................. 742
35. Sonstige Angaben zu Einzelposten der Bilanz................ 744

Inhaltsverzeichnis

36. Angaben, die alternativ in der Bilanz oder im Anhang gemacht werden können 744
37. Angabe der Bilanzierungs- und Bewertungsmethoden (§ 284 Abs. 2 Nr. 1 HGB) 745
38. Angabe der Grundlagen für die Umrechnung in Euro (§ 284 Abs. 2 Nr. 2 HGB) 746
39. Angabe der Abweichungen von Bilanzierungs- und Bewertungsmethoden (§ 284 Abs. 2 Nr. 3 HGB) 746
40. Angabe der Abweichungen beim Aufbau und bei der Gliederung der GuV (§ 265 Abs. 1 S. 2 HGB) 746
41. Angaben zu nicht vergleichbaren oder angepassten Vorjahresbeträgen (§ 265 Abs. 2 S. 2 und 3 HGB) 746
42. Angaben zur Gliederung nach verschiedenen Gliederungsvorschriften (§ 265 Abs. 4 S. 2 HGB) 746
43. Angabe der Posten, die im Hinblick auf § 265 Abs. 7 Nr. 2 HGB in der GuV zusammengefasst sind 746
44. Aufgliederung der Umsatzerlöse (§ 285 Nr. 4 HGB) 747
45. Angabe des Material- und des Personalaufwandes bei Anwendung des Umsatzkostenverfahrens (§ 285 Nr. 8 HGB) 748
46. Angabe über die Beeinflussung des Jahresergebnisses durch die Vornahme oder Beibehaltung steuerrechtlicher Abschreibungen und die Bildung von Sonderposten mit Rücklageanteil sowie Angaben über daraus resultierende künftige Belastungen (Art. 67 Abs. 3 S. 1, Abs. 4 S. 1 EGHGB i.V.m. § 285 S. 1 Nr. 5 HGB a.F.) 749
47. Angaben zu steuerrechtlichen Abschreibungen des Geschäftsjahrs (Art. 67 Abs. 4 S. 1 EGHGB i.V.m. § 281 Abs. 2 S. 1 HGB a.F.) 750
48. Angaben darüber, wie die Ertragsteuern das ordentliche und das außerordentliche Ergebnis belasten (§ 285 Nr. 6 HGB) 750
49. Angaben zu außerordentlichen und zu periodenfremden Erträgen und Aufwendungen (§ 277 Abs. 4 S. 2 und 3 HGB) 751
50. Angaben, die alternativ in der GuV oder im Anhang gemacht werden können 752
51. Sonstige Angaben zu Einzelposten der GuV 752
52. Angaben, die nur von AG und KGaA zu machen sind (§ 240 S. 3 AktG) 752
53. Angaben zu bestimmten anderen Sachverhalten 753
    a) Angaben zur Zahl der beschäftigten Arbeitnehmer (§ 285 Nr. 7 HGB) 753
    b) Angaben zu den Bezügen von Vorstand/Geschäftsführung, Aufsichtsrat und Beirat (§ 285 Nr. 9a HGB) 754
        aa) Angabe der Gesamtbezüge nach Personengruppen 754
        bb) Gesonderte Angabe der Bezüge der einzelnen Vorstandsmitglieder börsennotierter AG 758
        cc) Unterlassen von Angaben 764
    c) Angaben zu den Bezügen früherer Mitglieder von Vorstand/Geschäftsführung, Aufsichtsrat und Beirat sowie zu Pensionsverpflichtungen für diesen Personenkreis (§ 285 Nr. 9b HGB) 765
    d) Angaben zu Vorschüssen, Krediten, Haftungsverhältnissen, die zugunsten von Mitgliedern von Vorstand/Geschäftsführung, Aufsichtsrat und Beirat gewährt wurden (§ 285 Nr. 9c HGB) 766
    e) Angabe der Mitglieder von Vorstand/Geschäftsführung und Aufsichtsrat (§ 285 Nr. 10 HGB) 768

XXXVII

	f)	Angaben zu bestimmten Unternehmen, an denen die Gesellschaft Anteile hält (§ 285 Nr. 11 HGB).............................	768
		aa) Angaben zu Unternehmen, an denen ein Anteilsbesitz von 20% oder mehr besteht.............................	768
		bb) Angaben zu Beteiligungen an großen Kapitalgesellschaften, die 5 % der Stimmrechte überschreiten................	770
		cc) Anwendung der Schutzklausel (§ 286 Abs. 3 HGB).......	770
	g)	Angaben zum Bestehen einer unbeschränkten persönlichen Haftung (§ 285 Nr. 11a HGB)....................................	771
	h)	Angaben zu Mutterunternehmen der Gesellschaft (§ 285 Nr. 14 HGB)	772
	i)	Angaben zu einem ausländischen Mutterunternehmen, wenn dessen Konzernabschluss befreiende Wirkung haben soll (§ 291 Abs. 2 Nr. 3 HGB, § 2 Abs. 1 Nr. 4 KonBefrV i.V.m. § 292 HGB)........	773
	j)	Angaben über die Entsprechenserklärung zum DCGK (§ 285 Nr. 16 HGB i.V.m. § 161 AktG)...........................	773
	k)	Angaben zum Honoraraufwand für den Abschlussprüfer i.S.d. § 319 Abs. 1 S. 1 und 2 HGB (§ 285 Nr. 17 HGB).............	774
	l)	Angaben zu Geschäften mit nahe stehenden Unternehmen und Personen (§ 285 Nr. 21 HGB)...........................	777
		aa) Nahe stehende Unternehmen und Personen.............	778
		bb) Angabepflichtige Geschäfte.......................	780
		cc) Angaben zu den Geschäften.......................	782
		dd) Verhältnis zu anderen Angabepflichten................	782
		ee) Befreiung von der Angabepflicht....................	783
54.	Zusätzliche Angaben, die von AG und KGaA zu machen sind........		783
	a)	Angaben zu Vorratsaktien (§ 160 Abs. 1 Nr. 1 AktG).........	783
	b)	Angaben zu eigenen Aktien (§ 160 Abs. 1 Nr. 2 AktG).........	784
	c)	Angaben zu verschiedenen Aktiengattungen (§ 160 Abs. 1 Nr. 3 AktG)...................................	785
	d)	Angaben zu einem genehmigten Kapital (§ 160 Abs. 1 Nr. 4 AktG) .	785
	e)	Angaben zu Bezugsrechten, Wandelschuldverschreibungen und vergleichbaren Wertpapieren (§ 160 Abs. 1 Nr. 5 AktG).........	785
	f)	Angaben zu Genussrechten, Rechten aus Besserungsscheinen und ähnlichen Rechten (§ 160 Abs. 1 Nr. 6 AktG)...............	786
	g)	Angaben zu wechselseitigen Beteiligungen (§ 160 Abs. 1 Nr. 7 AktG)	786
	h)	Angabe der Beteiligungen, die der Gesellschaft nach § 20 Abs. 1 oder 4 AktG oder nach § 21 Abs. 1 oder 1a WpHG mitgeteilt worden sind (§ 160 Abs. 1 Nr. 8 AktG)...........................	787
	i)	Angaben nach einer Sonderprüfung wegen unzulässiger Unterbewertung (§ 261 Abs. 1 S. 3 und 4, Abs. 2 S. 1 AktG)............	788
55.	Zusätzliche Angaben, die von Personenhandelsgesellschaften i.S.d. § 264a HGB zu machen sind...............................		788
	a)	Angabe der nicht gesondert ausgewiesenen Ausleihungen, Forderungen und Verbindlichkeiten gegenüber Gesellschaftern (§ 264c Abs. 1 HGB)...................................	788
	b)	Angabe nicht geleisteter Hafteinlagen (§ 264c Abs. 2 S. 9 HGB) . . .	789
	c)	Angabe der persönlich haftenden Gesellschaften (§ 285 Nr. 15 HGB).	790
56.	Zusätzliche Angaben, die von kapitalmarktorientierten oder börsennotierten Gesellschaften zu machen sind.....................		791

57. Zusätzliche Angaben zur Vermittlung des in § 264 Abs. 2 S. 1 HGB geforderten Bildes ... 791
58. Schutzklausel ... 793

VI. Zusätzliche Jahresabschlussbestandteile bei bestimmten kapitalmarktorientierten Unternehmen gemäß § 264 Abs. 1 S. 2 HGB ... 793
　1. Kapitalflussrechnung ... 795
　2. Eigenkapitalspiegel ... 795
　3. Segmentberichterstattung ... 796

VII. Der Lagebericht ... 797
　1. Allgemeines ... 797
　2. Grundsätze der Berichterstattung ... 800
　3. Berichterstattung nach § 289 Abs. 1 HGB ... 802
　　a) Angaben zu Geschäftsverlauf und Lage der Gesellschaft (§ 289 Abs. 1 S. 1 bis 3 HGB) ... 802
　　b) Angaben zur voraussichtlichen Entwicklung der Gesellschaft (§ 289 Abs. 1 S. 4 HGB) ... 804
　　c) Erklärung zum Inhalt des Lageberichts (§ 289 Abs. 1 S. 5 HGB) ... 809
　4. Angaben nach § 289 Abs. 2 HGB ... 809
　　a) Angaben zu Vorgängen von besonderer Bedeutung nach Schluss des Geschäftsjahrs (§ 289 Abs. 2 Nr. 1 HGB) ... 809
　　b) Angaben zu Risiken aus der Verwendung von Finanzinstrumenten (§ 289 Abs. 2 Nr. 2 HGB) ... 810
　　c) Angaben zu dem Bereich Forschung und Entwicklung (§ 289 Abs. 2 Nr. 3 HGB) ... 813
　　d) Angaben zu bestehenden Zweigniederlassungen der Gesellschaft (§ 289 Abs. 2 Nr. 4 HGB) ... 814
　　e) Nur für börsennotierte AG: Angaben zum Vergütungssystem (§ 289 Abs. 2 Nr. 5 HGB) ... 814
　5. Nur für große Kapitalgesellschaften: Angaben über nichtfinanzielle Leistungsindikatoren (§ 289 Abs. 3 HGB) ... 815
　6. Nur für bestimmte börsennotierte AG und KGaA: Übernahmerelevante Zusatzangaben (§ 289 Abs. 4 HGB) ... 817
　　a) Allgemeines ... 817
　　b) Zusammensetzung des gezeichneten Kapitals (§ 289 Abs. 4 S. 1 Nr. 1 HGB) ... 818
　　c) Stimmrechts- und Übertragungsbeschränkungen (§ 289 Abs. 4 S. 1 Nr. 2 HGB) ... 818
　　d) Direkte und indirekte Beteiligungen am Kapital mit mehr als 10% der Stimmrechte (§ 289 Abs. 4 S. 1 Nr. 3 HGB) ... 819
　　e) Art und Inhaber von Aktien mit Sonderrechten (§ 289 Abs. 4 S. 1 Nr. 4 HGB) ... 819
　　f) Art der Stimmrechtskontrolle bei Arbeitnehmerbeteiligung (§ 289 Abs. 4 S. 1 Nr. 5 HGB) ... 819
　　g) Vorschriften zur Ernennung und Abberufung von Vorstandsmitgliedern und Änderung der Satzung (§ 289 Abs. 4 S. 1 Nr. 6 HGB) ... 820
　　h) Vorstandsbefugnisse zur Ausgabe und Rückkauf von Aktien (§ 289 Abs. 4 S. 1 Nr. 7 HGB) ... 820
　　i) Wesentliche Vereinbarungen für einen Kontrollwechsel infolge eines Übernahmeangebots (§ 289 Abs. 4 S. 1 Nr. 8 HGB) ... 821

j) Entschädigungsvereinbarungen für Vorstandsmitglieder und Arbeitnehmer im Falle eines Übernahmeangebots (§ 289 Abs. 4 S. 1 Nr. 9 HGB). ... 821
7. Nur für kapitalmarktorientierte Kapitalgesellschaften: Angaben zum internen Kontroll- und Risikomanagementsystem bezogen auf den Rechnungslegungsprozess (§ 289 Abs. 5 HGB) ... 822
8. Nur für AG und KGaA: Aufnahme der Schlusserklärung aus dem sog. Abhängigkeitsbericht in den Lagebericht (§ 312 Abs. 3 S. 3 AktG) ... 824
9. Erklärung zur Unternehmensführung (§ 289a HGB) ... 825
   a) Anwendungsbereich ... 825
   b) Verpflichteter Personenkreis ... 826
   c) Ort und Form der Erklärung ... 828
   d) Zeitpunkt der Abgabe und Offenlegung der Erklärung ... 830
   e) Einbeziehung in die Abschlussprüfung ... 832
   f) Erklärungsinhalt ... 834
   g) Rechtliche Bedeutung und Sanktionen ... 837

VIII. Bilanzeid ... 839
1. Grundlagen ... 839
2. Anwendungsbereich ... 839
   a) Betroffene Unternehmen ... 839
   b) Verpflichteter Personenkreis ... 840
3. Erklärungsinhalt ... 841
4. Form, Ort und Zeitpunkt der Erklärungsabgabe ... 842
5. Prüfung und Offenlegung ... 844
6. Verbindung mit anderen Versicherungen ... 844
7. Sanktionen ... 845

IX. Aufstellung und Prüfung des Abhängigkeitsberichts ... 848
1. Allgemeines ... 848
2. Verpflichtung zur Aufstellung ... 850
   a) Voraussetzungen ... 850
   b) Sonderfragen bei mehrstufig abhängigen Unternehmen ... 853
   c) Sonderfragen bei Änderung der rechtlichen Verhältnisse während des Geschäftsjahrs ... 854
3. Umfang der Berichtpflicht ... 856
   a) Kreis der einzubeziehenden Unternehmen ... 856
   b) Berichtspflichtige Rechtsgeschäfte und Maßnahmen ... 858
      aa) Rechtsgeschäfte ... 859
      bb) Maßnahmen ... 861
      cc) Veranlassung oder Interesse ... 862
   c) Beurteilung und Schlusserklärung ... 864
4. Betriebswirtschaftliche Beurteilungsmaßstäbe ... 866
   a) Die Preisvergleichsmethode ... 867
   b) Die Absatzpreismethode ... 868
   c) Die Kostenaufschlagsmethode ... 868
   d) Besondere Problemfälle ... 869
5. Prüfung ... 870
   a) Gegenstand der Prüfung ... 870
   b) Prüfungsdurchführung ... 873
   c) Prüfungsbericht und Bestätigungsvermerk ... 874
   d) Prüfung durch den Aufsichtsrat ... 876

Inhaltsverzeichnis G

  e) Sonderprüfung gemäß § 315 AktG. 876
X. Schrifttumsverzeichnis 877
 1. Verzeichnis der Monographien und Beiträge in Sammelwerken. 877
 2. Verzeichnis der Beiträge in Zeitschriften 881

Kapitel G

Erläuterungen zu den für eingetragene Genossenschaften geltenden ergänzenden Vorschriften zum Jahresabschluss und zum Lagebericht

I. Pflicht zur Aufstellung eines Jahresabschlusses und eines Lageberichts . . . 901
II. Jahresabschluss 902
 1. Anwendung der §§ 242 ff. HGB 902
 2. Ergänzende Vorschriften für die Bilanz und die Gewinn- und Verlustrechnung 902
  a) Anwendung der für Kapitalgesellschaften geltenden Vorschriften . . 902
  b) Ergänzende Vorschriften zur Bilanz (§ 337 HGB) 903
   aa) Geschäftsguthaben 903
   bb) Rücklagen 904
  c) Ergänzende Vorschriften zur Gewinn- und Verlustrechnung. 904
 3. Ergänzende Vorschriften für den Anhang 905
III. Lagebericht. 906
IV. Schrifttumsverzeichnis 906
 1. Verzeichnis der Monographien und Beiträge in Sammelwerken. 906
 2. Verzeichnis der Beiträge in Zeitschriften 906

Kapitel H

Erläuterungen zu den Vorschriften zum Jahresabschluss und zum Lagebericht nach dem Publizitätsgesetz

I. Allgemeines 907
II. Voraussetzungen der Rechnungslegungspflicht. 908
 1. Rechtsformen 908
 2. Beginn und Ende der Rechnungslegungspflicht sowie Größenmerkmale 909
  a) Bilanzsumme. 910
  b) Umsatzerlöse. 911
  c) Zahl der Beschäftigten. 912
 3. Befreiung bei Einbeziehung in einen Konzernabschluss. 913
III. Jahresabschluss 916
 1. Anwendung der §§ 242 ff. HGB 916
 2. Ergänzende Vorschriften für die Bilanz und die Gewinn- und Verlustrechnung 917
  a) Anwendung der für Kapitalgesellschaften geltenden Vorschriften . . 917
  b) Allgemeine Grundsätze für die Gliederung (§ 265 HGB). 918
  c) Gliederung der Bilanz (§ 266 HGB) 918
  d) Eigenkapital (§ 272 HGB) 919
  e) Gliederung der Gewinn- und Verlustrechnung (§ 275 HGB). 919
  f) Vorschriften zu einzelnen Posten der Gewinn- und Verlustrechnung (§ 277 HGB). 921
 3. Aufstellung eines Anhangs 921

		4.	Rechnungslegungspflichten für kapitalmarktorientierte Unternehmen (§ 5 Abs. 2a PublG)	922
		5.	Nichtaufnahme des Privatvermögens bei Einzelkaufleuten und Personenhandelsgesellschaften in den Jahresabschluss (§ 5 Abs. 4 PublG)	923
		6.	Anlage zur Bilanz bei Einzelkaufleuten und Personenhandelsgesellschaften (§ 5 Abs. 5 S. 3 PublG)	925
IV.	Lagebericht			926
V.	Schrifttumsverzeichnis			926
		1.	Verzeichnis der Monographien und Beiträge in Sammelwerken	926
		2.	Verzeichnis der Beiträge in Zeitschriften	927

Kapitel J

Erläuterungen zu den für Kreditinstitute geltenden ergänzenden Vorschriften zur Rechnungslegung und Prüfung

I.	Jahresabschluss und Lagebericht			930
	1.	Überblick über die anzuwendenden Vorschriften für Kreditinstitute, Finanzdienstleistungsinstitute und Zahlungsinstitute		930
	2.	Anwendungsbereich der ergänzenden Vorschriften		934
	3.	Allgemeines zum Jahresabschluss und Lagebericht		935
	4.	Aufstellungsfrist und Offenlegung		936
	5.	Allgemeine Bilanzierungsgrundsätze		937
	6.	Grundsätze für die Gliederung der Bilanz und der Gewinn- und Verlustrechnung		937
		a) Überblick		937
		b) Anwendung allgemeiner Gliederungsgrundsätze		938
		c) Formblätter		939
		d) Ergänzende Vorschriften für die Gliederung und den Ausweis		941
			aa) Fristengliederung	941
			bb) Forderungen an verbundene Unternehmen und Unternehmen, mit denen ein Beteiligungsverhältnis besteht, Verbindlichkeiten gegenüber verbundenen Unternehmen und Unternehmen, mit denen ein Beteiligungsverhältnis besteht	942
			cc) Nachrangige Vermögensgegenstände und Schulden	943
			dd) Wertpapiere	944
			ee) Anteilige Zinsen	946
	7.	Besondere Bilanzierungsgrundsätze für Kreditinstitute		947
		a) Pensionsgeschäfte		947
			aa) Bilanzierung von echten Pensionsgeschäften	948
			bb) Bilanzierung von unechten Pensionsgeschäften	949
		b) Wertpapierleihgeschäfte		949
		c) Gemeinschaftsgeschäfte		951
			aa) Bar-Gemeinschaftskredite	951
			bb) Aval-Gemeinschaftskredite	952
		d) Treuhandgeschäfte		952
		e) Ausnahmen vom Verrechnungsverbot		955
			aa) Bilanz	955
			bb) Gewinn- und Verlustrechnung	955
			(1) Verrechnung gemäß § 340c Abs. 1 HGB (Nettoertrag oder Nettoaufwand des Handelsbestands)	956

Inhaltsverzeichnis

		(2)	Verrechnung gemäß § 340c Abs. 2 HGB, § 33 RechKredV (Ergebnis aus Finanzanlagen)	957
		(3)	Verrechnung gemäß § 340f Abs. 3 HGB, § 32 RechKredV (Überkreuzkompensation)	957
	f)	Angabe von Haftungsverhältnissen		958
8.	Bilanzierungsverbote und -wahlrechte			959
9.	Vorschriften zu Rückstellungen und Rechnungsabgrenzungsposten			959
10.	Erläuterungen zu den Posten der Bilanz			959
	a)	Aktivseite		960
		aa)	Aktivposten Nr. 1: Barreserve	960
		bb)	Aktivposten Nr. 2: Schuldtitel öffentlicher Stellen und Wechsel, die zur Refinanzierung bei Zentralnotenbanken zugelassen sind	961
		cc)	Aktivposten Nr. 3: Forderungen an Kreditinstitute	962
		dd)	Aktivposten Nr. 4: Forderungen an Kunden	963
		ee)	Aktivposten Nr. 5: Schuldverschreibungen und andere festverzinsliche Wertpapiere	965
		ff)	Aktivposten Nr. 6: Aktien und andere nicht festverzinsliche Wertpapiere	966
		gg)	Aktivposten Nr. 6a: Handelsbestand	967
		hh)	Aktivposten Nr. 7: Beteiligungen	968
		ii)	Aktivposten Nr. 8: Anteile an verbundenen Unternehmen	968
		jj)	Aktivposten Nr. 9: Treuhandvermögen	968
		kk)	Aktivposten Nr. 10: Ausgleichsforderungen gegen die öffentliche Hand einschließlich Schuldverschreibungen aus deren Umtausch	968
		ll)	Aktivposten Nr. 11: Immaterielle Anlagewerte	969
		mm)	Aktivposten Nr. 12: Sachanlagen	969
		nn)	Aktivposten Nr. 13: Ausstehende Einlagen auf das gezeichnete Kapital	969
		oo)	Aktivposten Nr. 14: Sonstige Vermögensgegenstände	970
		pp)	Aktivposten Nr. 15: Rechnungsabgrenzungsposten	970
		qq)	Aktivposten Nr. 16: Aktive latente Steuern	970
		rr)	Aktivposten Nr. 17: Aktiver Unterschiedsbetrag aus der Vermögensverrechnung	971
		ss)	Aktivposten Nr. 18: Nicht durch Eigenkapital gedeckter Fehlbetrag	971
	b)	Passivseite		971
		aa)	Passivposten Nr. 1: Verbindlichkeiten gegenüber Kreditinstituten	971
		bb)	Passivposten Nr. 2: Verbindlichkeiten gegenüber Kunden	972
		cc)	Passivposten Nr. 3: Verbriefte Verbindlichkeiten	974
		dd)	Passivposten Nr. 3a: Handelsbestand	975
		ee)	Passivposten Nr. 4: Treuhandverbindlichkeiten	976
		ff)	Passivposten Nr. 5: Sonstige Verbindlichkeiten	976
		gg)	Passivposten Nr. 6: Rechnungsabgrenzungsposten	976
		hh)	Passivposten Nr. 7: Rückstellungen	977
		ii)	Passivposten Nr. 8: Sonderposten mit Rücklageanteil (aufgehoben)	977
		jj)	Passivposten Nr. 9: Nachrangige Verbindlichkeiten	977

XLIII

		kk)	Passivposten Nr. 10: Genussrechtskapital	977
		ll)	Passivposten Nr. 11: Fonds für allgemeine Bankrisiken	978
		mm)	Passivposten Nr. 12: Eigenkapital	978
	c)	Passivposten unter dem Bilanzstrich	979
		aa)	Überblick	979
		bb)	Passivposten Nr. 1 unter dem Bilanzstrich: Eventualverbindlichkeiten.	979
			(1) Passivposten Nr. 1 Buchstabe a) unter dem Bilanzstrich: Eventualverbindlichkeiten aus weitergegebenen abgerechneten Wechseln	980
			(2) Passivposten Nr. 1 Buchstabe b) unter dem Bilanzstrich: Verbindlichkeiten aus Bürgschaften und Gewährleistungsverträgen.	980
			(3) Passivposten Nr. 1 Buchstabe c) unter dem Bilanzstrich: Haftung aus der Bestellung von Sicherheiten für fremde Verbindlichkeiten	980
		cc)	Passivposten Nr. 2 unter dem Bilanzstrich: Andere Verpflichtungen.	981
			(1) Passivposten Nr. 2 Buchstabe a) unter dem Bilanzstrich: Rücknahmeverpflichtungen aus unechten Pensionsgeschäften.	981
			(2) Passivposten Nr. 2 Buchstabe b) unter dem Bilanzstrich: Platzierungs- und Übernahmeverpflichtungen	981
			(3) Passivposten Nr. 2 Buchstabe c) unter dem Bilanzstrich: Unwiderrufliche Kreditzusagen	981
11.	Erläuterungen zu den Posten der Gewinn- und Verlustrechnung	982
	a)	Erträge	982
		aa)	Zinserträge (Formblatt 2 Spalte Erträge Nr. 1 bzw. Formblatt 3 Nr. 1)	982
		bb)	Laufende Erträge aus … (Formblatt 2 Spalte Erträge Nr. 2 bzw. Formblatt 3 Nr. 3).	983
		cc)	Erträge aus Gewinngemeinschaften, Gewinnabführungs- oder Teilgewinnabführungsverträgen (Formblatt 2 Spalte Erträge Nr. 3 bzw. Formblatt 3 Nr. 4)	983
		dd)	Provisionserträge (Formblatt 2 Spalte Erträge Nr. 4 bzw. Formblatt 3 Nr. 5)	983
		ee)	Nettoertrag des Handelsbestands (Formblatt 2 Spalte Erträge Nr. 5 bzw. Formblatt 3 Nr. 7)	984
		ff)	Erträge aus Zuschreibungen zu Forderungen und bestimmten Wertpapieren sowie aus der Auflösung von Rückstellungen im Kreditgeschäft (Formblatt 2 Spalte Erträge Nr. 6 bzw. Formblatt 3 Nr. 14)	985
		gg)	Erträge aus Zuschreibungen zu Beteiligungen, Anteilen an verbundenen Unternehmen und wie AV behandelten Wertpapieren (Formblatt 2 Spalte Erträge Nr. 7 bzw. Formblatt 3 Nr. 16)	986
		hh)	Sonstige betriebliche Erträge (Formblatt 2 Spalte Erträge Nr. 8 bzw. Formblatt 3 Nr. 8)	986
		ii)	Erträge aus der Auflösung von Sonderposten mit Rücklageanteil (Formblatt 2 Spalte Erträge Nr. 9 bzw. Formblatt 3 Nr. 9) .	987

Inhaltsverzeichnis

   jj) Außerordentliche Erträge (Formblatt 2 Spalte Erträge Nr. 10 bzw. Formblatt 3 Nr. 20) 987
   kk) Erträge aus Verlustübernahme (Formblatt 2 Spalte Erträge Nr. 11 bzw. Formblatt 3 Nr. 25) 987
   ll) Jahresfehlbetrag (Formblatt 2 Spalte Erträge Nr. 12 bzw. Formblatt 3 Nr. 27) 987
  b) Aufwendungen 987
   aa) Zinsaufwendungen (Formblatt 2 Spalte Aufwendungen Nr. 1 bzw. Formblatt 3 Nr. 2) 987
   bb) Provisionsaufwendungen (Formblatt 2 Spalte Aufwendungen Nr. 2 bzw. Formblatt 3 Nr. 6) 988
   cc) Nettoaufwand des Handelsbestands (Formblatt 2 Spalte Aufwendungen Nr. 3 bzw. Formblatt 3 Nr. 7) 989
   dd) Allgemeine Verwaltungsaufwendungen (Formblatt 2 Spalte Aufwendungen Nr. 4 bzw. Formblatt 3 Nr. 10) 989
   ee) Abschreibungen und Wertberichtigungen auf immaterielle Anlagewerte und Sachanlagen (Formblatt 2 Spalte Aufwendungen Nr. 5 bzw. Formblatt 3 Nr. 11) 990
   ff) Sonstige betriebliche Aufwendungen (Formblatt 2 Spalte Aufwendungen Nr. 6 bzw. Formblatt 3 Nr. 12) 990
   gg) Abschreibungen und Wertberichtigungen auf Forderungen und bestimmte Wertpapiere sowie Zuführungen zu Rückstellungen im Kreditgeschäft (Formblatt 2 Spalte Aufwendungen Nr. 7 bzw. Formblatt 3 Nr. 13) 990
   hh) Abschreibungen und Wertberichtigungen auf Beteiligungen, Anteile an verbundenen Unternehmen und wie Anlagevermögen behandelte Wertpapiere (Formblatt 2 Spalte Aufwendungen Nr. 8 bzw. Formblatt 3 Nr. 15) 991
   ii) Aufwendungen aus Verlustübernahme (Formblatt 2 Spalte Aufwendungen Nr. 9 bzw. Formblatt 3 Nr. 17) 991
   jj) Einstellungen in Sonderposten mit Rücklageanteil (Formblatt 2 Spalte Aufwendungen Nr. 10 bzw. Formblatt 3 Nr. 18) 991
   kk) Außerordentliche Aufwendungen (Formblatt 2 Spalte Aufwendungen Nr. 11 bzw. Formblatt 3 Nr. 21) 991
   ll) Steuern vom Einkommen und vom Ertrag (Formblatt 2 Spalte Aufwendungen Nr. 12 bzw. Formblatt 3 Nr. 23) 991
   mm) Sonstige Steuern, soweit nicht unter Posten Nr. 6 ausgewiesen (Formblatt 2 Spalte Aufwendungen Nr. 13 bzw. Formblatt 3 Nr. 24) 991
   nn) Aufgrund einer Gewinngemeinschaft, eines Gewinnabführungs- oder eines Teilgewinnabführungsvertrags abgeführte Gewinne (Formblatt 2 Spalte Aufwendungen Nr. 14 bzw. Formblatt 3 Nr. 26) 992
   oo) Jahresüberschuss (Formblatt 2 Spalte Aufwendungen Nr. 15 bzw. Formblatt 3 Nr. 27) 992
  c) Posten der Ergebnisverwendung 992
12. Bewertungsvorschriften 993
  a) Übersicht 993
  b) Bewertung der Vermögensgegenstände 994
   aa) Anlage- und Umlaufvermögen 994

		bb)	Bewertung der Vermögensgegenstände des Anlagevermögens	994

bb) Bewertung der Vermögensgegenstände des Anlagevermögens ... 994
cc) Bewertung der Vermögensgegenstände des Umlaufvermögens ... 995
    (1) Forderungen ... 995
    (2) Wertpapiere ... 996
c) Wertaufholungsgebot ... 997
d) Finanzinstrumente des Handelsbestands ... 997
e) Bewertung der Rückstellungen und Verbindlichkeiten, Ansatz des Eigenkapitals ... 999
f) Vorsorgereserven für allgemeine Bankrisiken nach § 340f HGB ... 1000
g) Fonds für allgemeine Bankrisiken nach § 340g HGB ... 1001
h) Währungsumrechnung ... 1003
    aa) Hierarchie der Vorschriften ... 1003
    bb) Fremdwährungsumrechnung gem. § 340h HGB i.V.m. § 256a HGB ... 1004
    cc) Kriterium der besonderen Deckung in derselben Währung ... 1005
    dd) Umrechnung von nicht abgewickelten Termingeschäften ... 1007
        (1) Umrechnung mit dem ungespaltenen Terminkurs ... 1007
        (2) Umrechnung mit dem gespaltenen Terminkurs ... 1007
    ee) Behandlung von Aufwendungen und Erträgen aus der Währungsumrechnung im Jahresabschluss ... 1008
        (1) Erträge aus der Währungsumrechnung von Vermögensgegenständen und Verbindlichkeiten mit einer Restlaufzeit von einem Jahr oder weniger ... 1008
        (2) Erträge aus der Währungsumrechnung von Vermögensgegenständen, Verbindlichkeiten oder Termingeschäften bei besonderer Deckung in derselben Währung ... 1009
        (3) Bilanzielle Abbildung von Bewertungseinheiten i.S.v. § 254 HGB ... 1009
    ff) Ausweis von Umrechnungsergebnissen bei Kreditinstituten ... 1009
    gg) Angaben im Anhang ... 1010
13. Anlagenspiegel ... 1011
14. Anhang ... 1011
  a) Allgemeines ... 1011
  b) Übersicht über die gesetzlichen Vorschriften, die Angaben im Anhang vorschreiben ... 1012
    aa) Pflichtangaben ... 1012
        (1) Allgemeine Angaben ... 1012
        (2) Angaben zur Bewertung ... 1014
        (3) Angaben zur Bilanz/zu Bilanzvermerken ... 1014
        (4) Angaben zur Gewinn- und Verlustrechnung ... 1017
        (5) Angaben für bestimmte Kreditinstitute ... 1018
            (a) Kreditgenossenschaften ... 1018
            (b) Sparkassen ... 1019
            (c) Girozentralen ... 1019
            (d) Genossenschaftliche Zentralbanken ... 1019
            (e) Deutsche Genossenschaftsbank (DZ BANK AG) ... 1019
            (f) Pfandbriefbanken ... 1019
        (6) Rechtsformspezifische Angaben ... 1020
    bb) Wahlpflichtangaben ... 1021
        (1) Allgemeine Angaben ... 1021

			(2)	Angaben zur Bilanz/zu den Bilanzvermerken	1021

15. Lagebericht 1021
16. Erläuterungen zu den für Finanzdienstleistungsinstitute geltenden zusätzlichen ergänzenden Vorschriften zur Rechnungslegung und Prüfung 1021
    a) Vorbemerkung 1021
    b) Überblick 1021
    c) Einzelheiten 1022
        aa) Bilanz 1022
            (1) Aktivseite 1022
                (a) Aktivposten Nr. 3 Forderungen an Kreditinstitute .. 1022
                (b) Aktivposten Nr. 4 Forderungen an Kunden 1022
            (2) Passivseite 1022
                (a) Passivposten Nr. 1 Verbindlichkeiten gegenüber Kreditinstituten 1022
                (b) Passivposten Nr. 2 Verbindlichkeiten gegenüber Kunden 1022
        bb) Gewinn- und Verlustrechnung 1022
            (1) Ertrag des Handelsbestands (Formblatt 2 Spalte Erträge Nr. 5 bzw. Formblatt 3 Nr. 7a) 1022
            (2) Aufwand des Handelsbestands (Formblatt 2 Spalte Erträge Nr. 5 bzw. Formblatt 3 Nr. 7b) 1023
        cc) Anhang 1023
        dd) Lagebericht 1023
    d) Prüfung 1023
        aa) Vorschriften und Allgemeines 1023
        bb) Prüfungsbericht 1023

II. Konzernabschluss 1023
  1. Aufstellungspflicht gem. § 340i Abs. 1 und Abs. 3 HGB 1023
  2. Befreiungsmöglichkeiten von der Aufstellungspflicht 1025
  3. Anzuwendende Vorschriften 1026
  4. Aufstellungsfrist und Offenlegung 1027
  5. Konzernabschluss nach IFRS 1027
    a) Anzuwendende Vorschriften 1027
    b) Konsolidierungskreis 1028
    c) Konzernbilanz und Konzern-Gesamtergebnisrechnung 1030
        aa) Besonderheiten der Bilanzierung und Bewertung 1030
        bb) Vorschriften von IAS 39 bzw. IFRS 9 für Finanzinstrumente . 1030
            (1) Zugangsvorschriften 1030
            (2) Kategorisierung von Finanzinstrumenten 1031
                (a) Vorschriften gemäß IAS 39 1031
                (b) Vorschriften gemäß IFRS 9 1036
            (3) Bewertungsvorschriften 1037
                (a) Vorschriften gemäß IAS 39 1037
                (b) Vorschriften gemäß IFRS 9 1041
            (4) Bilanzierung von Sicherungszusammenhängen (Hedge accounting) 1042
            (5) Abgangsvorschriften 1048
            (6) Vorschriften und Grundsätze zur Gliederung 1050
                (a) Erläuterungen zu ausgewählten Posten der Aktivseite 1055

			(b)	Erläuterungen zu ausgewählten Posten der Passivseite.............................	1059

- (b) Erläuterungen zu ausgewählten Posten der Passivseite 1059
- (c) Erläuterungen zu ausgewählten Posten der Gewinn- und Verlustrechnung 1062
- (d) Erläuterungen zu ausgewählten Posten des sonstigen Ergebnisses 1065
- (7) Inhalt der notes 1065
- (8) Kapitalflussrechnung 1071
- 6. Konzernabschluss nach HGB 1072
  - a) Anzuwendende Vorschriften 1072
  - b) Konsolidierungskreis 1072
  - c) Konsolidierungsmaßnahmen 1074
  - d) Konzernbilanz und Konzern-Gewinn- und Verlustrechnung 1074
    - aa) Vorschriften und Grundsätze zur Gliederung 1074
    - bb) Besonderheiten der Bewertung 1075
      - (1) Stille Reserven 1075
      - (2) Währungsumrechnung im Konzern 1075
  - e) Weitere Bestandteile des Konzernabschlusses 1076
    - aa) Konzernanhang 1076
    - bb) Kapitalflussrechnung 1077
  - f) Konzernlagebericht 1078
- III. Zwischen- und Konzernzwischenabschluss 1078
  - 1. Aufstellung 1078
  - 2. Prüferische Durchsicht 1080
- IV. Prüfung 1081
  - 1. Prüfung des Jahresabschlusses 1081
    - a) Größen- und rechtsformunabhängige Prüfungspflicht 1081
    - b) Überblick über die anzuwendenden Vorschriften 1081
    - c) Prüfungsvorschriften der §§ 316 bis 324a HGB 1082
    - d) Ergänzende Prüfungsvorschriften in § 340k HGB 1082
      - aa) Abschlussprüfer bei KI, FDLI und ZI 1082
      - bb) Abschlussprüfer bei Kreditgenossenschaften 1082
      - cc) Abschlussprüfer bei Sparkassen 1083
      - dd) Frist für den Abschluss der Prüfung 1083
      - ee) Frist für die Feststellung des Jahresabschlusses 1083
      - ff) Einrichtung eines Prüfungsausschusses 1084
    - e) Institutsspezifische Vorschriften des KWG 1084
      - aa) Einreichung des festgestellten Jahresabschlusses 1084
      - bb) Einreichung des Prüfungsberichts 1084
      - cc) Bestellung des Abschlussprüfers bei Kredit- und Finanzdienstleistungsinstituten in besonderen Fällen 1084
        - (1) Bestellung eines anderen Abschlussprüfers 1085
        - (2) Bestellung des Abschlussprüfers durch das Registergericht 1085
      - dd) Besondere Pflichten des Prüfers 1086
        - (1) Überblick 1086
        - (2) Bankaufsichtsrechtliche Prüfungspflichten 1086
          - (a) Wirtschaftliche Verhältnisse 1086
          - (b) Bankaufsichtsrechtliche Anzeigepflichten 1086
          - (c) Bankaufsichtsrechtliche Anforderungen 1087

Inhaltsverzeichnis J

			(d) Sonstige bankaufsichtsrechtliche Vorschriften	1087
			(e) Berichterstattung	1088
		(3)	Anzeige-, Erläuterungs- und Auskunftspflichten für den Abschlussprüfer	1088
	f)	Institutsspezifische Vorschriften der PrüfbV		1089
	g)	Prüfungsbericht		1090
		aa)	Einleitung	1090
		bb)	Gliederung	1091
		cc)	Angaben zum Institut	1092
			(1) Feststellungen gem. § 321 Abs. 1 HGB bzw. Prüfungsergebnis	1092
			(2) Rechtliche, wirtschaftliche und organisatorische Grundlagen	1092
		dd)	Aufsichtliche Vorgaben	1093
			(1) Risikomanagement und Geschäftsorganisation	1093
			(2) Handels- und Anlagebuch	1094
			(3) Eigenmittel, Solvenzanforderungen und Liquiditätslage.	1094
			(4) Offenlegung	1095
			(5) Anzeigewesen	1095
			(6) Vorkehrungen zur Verhinderung von Geldwäsche und Terrorismusfinanzierung sowie von sonstigen strafbaren Handlungen	1096
			(7) Gruppenangehörige Unternehmen – Ausnahmen	1098
			(8) Kreditgeschäft	1099
		ee)	Abschlussorientierte Berichterstattung	1101
			(1) Lage des Instituts	1101
			(a) Geschäftliche Entwicklung	1101
			(b) Vermögenslage	1101
			(c) Ertragslage	1102
			(d) Risikolage und Risikovorsorge	1102
			(e) Feststellungen, Erläuterungen zur Rechnungslegung	1102
			(2) Angaben zu Institutsgruppen, Finanzholding-Gruppen, Finanzkonglomeraten sowie Konzernprüfungsberichten .	1102
			(3) Sondergeschäfte	1105
			(a) Pfandbriefgeschäft	1105
			(b) Bausparkassen	1105
			(c) Finanzdienstleistungsinstitute	1107
			(d) Factoring	1109
			(e) Leasing	1109
			(f) Depotprüfung	1109
			(4) Zusammenfassende Schlussbemerkung und Bestätigungsvermerk	1110
		ff)	Anlagen	1110
	2.	Prüfung des Konzernabschlusses und Konzernprüfungsbericht		1111
V.	Depotprüfung und Depotbankprüfung sowie Prüfung nach § 36 WpHG...			1112
	1.	Depotprüfung und Depotbankprüfung		1112
	2.	Prüfung nach § 36 WpHG		1116
VI.	Erläuterungen zu den für Kapitalanlagegesellschaften und deren Sondervermögen sowie Investment-Aktiengesellschaften geltenden Vorschriften zur Rechnungslegung und Prüfung			1122

XLIX

1. Vorbemerkung... 1122
2. Rechnungslegung und Prüfung der Kapitalanlagegesellschaften...... 1123
   a) Rechnungslegung der Kapitalanlagegesellschaften............ 1123
   b) Prüfung der Kapitalanlagegesellschaften................... 1124
   c) Grundsätze der Rechnungslegung von Sondervermögen......... 1128
   d) Jahresbericht... 1129
      aa) Verantwortlichkeit, Zielsetzung und Bestandteile......... 1129
      bb) Tätigkeitsbericht................................. 1130
      cc) Vermögensaufstellung............................. 1130
      dd) Ertrags- und Aufwandsrechnung..................... 1134
      ee) Verwendung der Erträge des Sondervermögens.......... 1136
      ff) Entwicklung des Fondsvermögens.................... 1138
      gg) Vergleichende Übersicht der letzten drei Geschäftsjahre.... 1140
      hh) Anteilklassen..................................... 1140
      ii) Sonstige Angaben................................. 1140
      jj) Während des Berichtszeitraums abgeschlossene Geschäfte,
          soweit sie nicht mehr in der Vermögensaufstellung erscheinen 1141
      kk) Halbjahres-, Zwischen- und Abwicklungsbericht......... 1142
   e) Bewertung und Anteilpreisermittlung bei Sondervermögen...... 1143
      aa) Allgemeine Bewertungsgrundsätze................... 1143
      bb) Bewertung auf Basis von handelbaren Kursen........... 1145
      cc) Bewertung auf Basis geeigneter Bewertungsmodelle...... 1146
      dd) Bewertung von Vermögensgegenständen mit dem Charakter
          einer unternehmerischen Beteiligung.................. 1148
      ee) Bewertung von Investmentanteilen und Bankguthaben sowie
          Verbindlichkeiten................................. 1151
      ff) Besonderheiten bei der Bewertung von Immobilien....... 1152
      gg) Besonderheiten bei der Bewertung von Beteiligungen an
          Immobilien-Gesellschaften.......................... 1155
   f) Ertragsausgleich....................................... 1159
   g) Fondsverschmelzung................................... 1159
   h) Einreichungs- und Veröffentlichungspflichten................ 1160
   i) Prüfung von Sondervermögen............................ 1161
      aa) Prüfungspflicht und Prüfungsgegenstand............... 1161
      bb) Prüfungsbericht................................... 1161
      cc) Spezielle Vorschriften für Immobilien- und Infrastruktur-
          Sondervermögen.................................. 1165
3. Rechnungslegung und Prüfung von Investment-Aktiengesellschaften.. 1167
   a) Allgemeines.. 1167
   b) Rechnungslegung der Investment-Aktiengesellschaft.......... 1168
   c) Prüfung der Investment-Aktiengesellschaft.................. 1173
VII. Erläuterungen zu den für Bausparkassen geltenden ergänzenden
Vorschriften zur Rechnungslegung und Prüfung..................... 1176
1. Jahresabschluss... 1176
   a) Überblick über die anzuwendenden Vorschriften............. 1176
   b) Anwendungsbereich der ergänzenden Vorschriften............ 1176
   c) Grundsätze für die Gliederung der Bilanz und Gewinn- und
      Verlustrechnung....................................... 1176
   d) Erläuterungen zu Posten der Bilanz....................... 1177
      aa) Aktivseite.. 1177

Inhaltsverzeichnis

    (1) Aktivposten Nr. 3 Forderungen an Kreditinstitute 1177
    (2) Aktivposten Nr. 4 Forderungen an Kunden 1178
    (3) Aktivposten Nr. 6 Aktien und andere nicht
      festverzinsliche Wertpapiere 1178
  bb) Passivseite 1179
    (1) Passivposten Nr. 1 Verbindlichkeiten gegenüber Kredit-
      instituten 1179
    (2) Passivposten Nr. 2 Verbindlichkeiten gegenüber Kunden 1179
    (3) Passivposten Nr. 7 Rückstellungen 1180
    (4) Passivposten Nr. 7a Fonds zur bauspartechnischen
      Absicherung 1181
    (5) Passivposten Nr. 1 Buchstabe b) unter dem Bilanzstrich:
      Verbindlichkeiten aus Bürgschaften und Gewähr-
      leistungsverträgen 1182
    (6) Passivposten Nr. 2 Buchstabe c) unter dem Bilanzstrich:
      Unwiderrufliche Kreditzusagen 1182
  e) Erläuterungen zu Posten der Gewinn- und Verlustrechnung 1182
    aa) Zinserträge (Formblatt 2 Spalte Erträge Nr. 1 bzw. Formblatt 3
      Nr. 1) 1182
    bb) Provisionserträge (Formblatt 2 Spalte Erträge Nr. 4 bzw.
      Formblatt 3 Nr. 5) 1183
    cc) Aufwendungen 1184
      (1) Zinsaufwendungen (Formblatt 2 Spalte Aufwendungen
        Nr. 1 bzw. Formblatt 3 Nr. 2) 1184
      (2) Provisionsaufwendungen (Formblatt 2 Spalte Auf-
        wendungen Nr. 2 bzw. Formblatt 3 Nr. 6) 1184
 f) Anhang 1185
 g) Lagebericht 1186
 2. Prüfung 1187
  a) Vorschriften und Allgemeines 1187
  b) Besondere Pflichten des Prüfers 1187
  c) Prüfungsbericht 1187
    aa) Einleitung 1187
    bb) Allgemeiner Teil 1188
    cc) Datenübersicht 1191
VIII. Schrifttumsverzeichnis 1191
 1. Verzeichnis der Monographien, Kommentare und Beiträge in
  Sammelwerken 1191
 2. Verzeichnis der Beiträge in Zeitschriften 1192

Kapitel K

Erläuterungen zu den für Versicherungsunternehmen geltenden ergänzenden Vorschriften zur Rechnungslegung und Prüfung

I. Einleitung 1195
II. Einteilung der Versicherungsunternehmen 1196
 1. Grundlagen 1196
 2. Versicherungs-Aktiengesellschaft 1198
 3. Versicherungsverein auf Gegenseitigkeit 1198

	4.	Kleinere Versicherungsvereine auf Gegenseitigkeit im Sinne des § 53 VAG	1199
	5.	Öffentlich-rechtliche Versicherungsunternehmen	1200
	6.	Versicherungsunternehmen mit Sitz im Ausland	1200

III. Rechnungslegung ... 1201
   1. Überblick über das Regelungssystem ... 1201
   2. Einzelabschluss ... 1203
      a) Gesetzliche Grundlagen ... 1203
         aa) Versicherungs-Aktiengesellschaften, Versicherungsvereine auf Gegenseitigkeit und öffentlich-rechtliche Versicherungsunternehmen ... 1203
            (1) Handelsgesetzbuch ... 1203
            (2) Versicherungsaufsichtsgesetz ... 1210
            (3) Aktiengesetz ... 1212
         bb) Niederlassungen ausländischer Versicherungsunternehmen ... 1213
         cc) Kleinere Vereine i.S.d. § 53 VAG ... 1213
      b) Verordnungen ... 1214
         aa) Verordnung über die Rechnungslegung von Versicherungsunternehmen (RechVersV) ... 1214
            (1) Grundlagen ... 1214
            (2) Bilanz und Gewinn- und Verlustrechnung ... 1214
            (3) Anhang ... 1215
            (4) Lagebericht ... 1216
         bb) Verordnung über die Rechnungslegung von Pensionsfonds ... 1216
      c) Einzelne Posten des Jahresabschlusses ... 1217
         aa) Bilanz ... 1217
            (1) Aktiva ... 1217
               A. Ausstehende Einlagen auf das gezeichnete Kapital ... 1217
               B. Immaterielle Vermögensgegenstände ... 1217
                   I. Selbst geschaffene gewerbliche Schutzrechte und ähnliche Rechte und Werte nach § 248 Abs. 2 HGB ... 1218
                   II. Entgeltlich erworbene Konzessionen, gewerbliche Schutzrechte und ähnliche Rechte und Werte sowie Lizenzen an solchen Rechten und Werten ... 1218
                   III. Geschäfts- oder Firmenwert ... 1218
                   IV. Geleistete Anzahlungen ... 1219
               C. Kapitalanlagen (gemeinsame Vorschriften für alle Kapitalanlagen) ... 1219
                   1. Ausweis der Kapitalanlagen in verbundenen Unternehmen und Beteiligungen ... 1219
                   2. Postenzusammenfassung ... 1220
                   3. Bewertung ... 1221
                   4. Muster 1 ... 1222
                   5. Angabe der Zeitwerte ... 1223
                   6. Angabe des Gesamtbetrags der sonstigen finanziellen Verpflichtungen ... 1225

Inhaltsverzeichnis K

I. Grundstücke, grundstücksgleiche Rechte und Bauten einschließlich der Bauten auf fremden Grundstücken	1227
II. Kapitalanlagen in verbundenen Unternehmen und Beteiligungen	1228
II.1. Anteile an verbundenen Unternehmen	1228
II.3. Beteiligungen	1228
II.2. und II.4. Ausleihungen an verbundene Unternehmen bzw. an Unternehmen, mit denen ein Beteiligungsverhältnis besteht	1230
III. Sonstige Kapitalanlagen	1232
1. Aktien, Investmentanteile und andere nicht festverzinsliche Wertpapiere	1232
2. Inhaberschuldverschreibungen und andere festverzinsliche Wertpapiere	1237
3. Hypotheken-, Grundschuld- und Rentenschuldforderungen	1239
4. Sonstige Ausleihungen	1240
a) Namensschuldverschreibungen	1240
b) Schuldscheinforderungen und Darlehen	1242
c) Darlehen und Vorauszahlungen auf Versicherungsscheine	1243
d) Übrige Ausleihungen	1243
5. Einlagen bei Kreditinstituten	1244
6. Andere Kapitalanlagen	1244
IV. Depotforderungen aus dem in Rückdeckung übernommenen Versicherungsgeschäft	1245
D. Kapitalanlagen für Rechnung und Risiko von Inhabern von Lebensversicherungspolicen	1246
E. Forderungen	1246
I. Forderungen aus dem selbst abgeschlossenen Versicherungsgeschäft	1247
1. Versicherungsnehmer	1247
2. Versicherungsvermittler	1248
3. Mitglieds- und Trägerunternehmen	1249
II. Abrechnungsforderungen aus dem Rückversicherungsgeschäft	1250
III. Sonstige Forderungen	1251
F. Sonstige Vermögensgegenstände	1251
I. Sachanlagen und Vorräte	1252
II. Laufende Guthaben bei Kreditinstituten, Schecks und Kassenbestand	1252
III. Andere Vermögensgegenstände	1253
G. Rechnungsabgrenzungsposten	1253
H. Aktive latente Steuern	1254
I. Aktiver Unterschiedsbetrag aus der Vermögensverrechnung	1254
J. Nicht durch Eigenkapital gedeckter Fehlbetrag	1255
(2) Passiva	1255

LIII

- A. Eigenkapital 1255
  - I. Gezeichnetes Kapital 1255
  - II. Kapitalrücklage 1256
  - III. Gewinnrücklagen 1257
  - IV. Gewinnvortrag/Verlustvortrag 1258
  - V. Jahresüberschuss/Jahresfehlbetrag 1258
- B. Genussrechtskapital 1258
- C. Nachrangige Verbindlichkeiten 1259
- D. Sonderposten mit Rücklageanteil 1259
- E. Versicherungstechnische Rückstellungen .. 1260
  - 1. Allgemeine Bilanzierungsgrundsätze ... 1260
  - 2. Ausweis 1261
  - 3. Anteile für das in Rückdeckung gegebene Versicherungsgeschäft 1262
  - 4. Näherungs- und Vereinfachungsverfahren 1263
  - 5. Nullstellungsmethode oder Standardsystem ... 1263
  - 6. Zeitversetzte Bilanzierung 1264
    - I. Beitragsüberträge 1265
    - II. Deckungsrückstellung 1268
      - 1. Vorbemerkung 1268
      - 2. Lebensversicherung 1269
      - 3. Krankenversicherung 1271
      - 4. Schaden-Unfallversicherung 1272
      - 5. Übernommenes Versicherungsgeschäft . 1272
      - 6. Abgegebenes Versicherungsgeschäft .. 1272
      - 7. Gewinn- und Verlustrechnung 1272
      - 8. Anhang 1273
    - III. Rückstellung für noch nicht abgewickelte Versicherungsfälle 1273
    - IV. Rückstellung für erfolgsabhängige und erfolgsunabhängige Beitragsrückerstattung . 1282
    - V. Schwankungsrückstellung und ähnliche Rückstellungen 1286
    - VI. Sonstige versicherungstechnische Rückstellungen 1289
      - (1) Stornorückstellungen 1290
      - (2) Rückstellung für drohende Verluste ... 1290
      - (3) Rückstellungen aufgrund Verpflichtungen aus der Mitgliedschaft zur Verkehrsopferhilfe e.V. 1292
- F. Versicherungstechnische Rückstellungen im Bereich der Lebensversicherung, soweit das Anlagerisiko von Versicherungsnehmern getragen wird 1293
- G. Andere Rückstellungen 1294
  - I. Rückstellungen für Pensionen und ähnliche Verpflichtungen 1294
  - II. Steuerrückstellungen 1294
  - III. Sonstige Rückstellungen 1294
- H. Depotverbindlichkeiten aus dem in Rückdeckung gegebenen Versicherungsgeschäft 1295

Inhaltsverzeichnis **K**

        I. Andere Verbindlichkeiten.................. 1295
        K. Rechnungsabgrenzungsposten.............. 1296
            I. Passive Latente Steuern................ 1297
bb) Gewinn- und Verlustrechnung.................... 1297
    (1) Vorbemerkungen........................... 1297
        (a) Anwendung von Formblättern für die Gewinn- und Verlustrechnung......................... 1297
        (b) Spartenerfolgsrechnung................... 1297
        (c) Brutto- oder Nettoausweis................ 1298
        (d) Umsatz- oder Erfolgsausweis.............. 1298
        (e) Primär- oder Sekundärprinzip.............. 1298
        (f) Kostenverteilung........................ 1298
    (2) Die versicherungstechnische Gewinn- und Verlustrechnung der Schaden- und Unfall- sowie Rückversicherungsunternehmen...................... 1303
        (a) Posten der GuV......................... 1303
            1. Verdiente Beiträge für eigene Rechnung..... 1303
            2. Technischer Zinsertrag für eigene Rechnung .. 1304
            3. Sonstige versicherungstechnische Erträge für eigene Rechnung..................... 1305
            4. Aufwendungen für Versicherungsfälle für eigene Rechnung..................... 1305
            5. Veränderung der übrigen versicherungstechnischen Netto-Rückstellungen......... 1306
            6. Aufwendungen für die erfolgsabhängige und erfolgsunabhängige Beitragsrückerstattung für eigene Rechnung..................... 1306
            7. Aufwendungen für den Versicherungsbetrieb für eigene Rechnung................. 1307
            8. Sonstige versicherungstechnische Aufwendungen für eigene Rechnung.......... 1307
            10. Veränderung der Schwankungsrückstellung und ähnlicher Rückstellungen............ 1307
        (b) Anhangangaben........................ 1307
    (3) Die versicherungstechnische Gewinn- und Verlustrechnung der Lebens- und Krankenversicherungsunternehmen................................. 1310
        (a) Vorbemerkung......................... 1310
        (b) Posten der Gewinn- und Verlustrechnung und Anhangangaben........................ 1310
            1. Verdiente Beiträge für eigene Rechnung..... 1310
            2. Beiträge aus der Brutto-Rückstellung für Beitragsrückerstattung..................... 1312
            3. Erträge aus Kapitalanlagen............... 1312
            4. Nicht realisierte Gewinne aus Kapitalanlagen.. 1313
            5. Sonstige versicherungstechnische Erträge für eigene Rechnung..................... 1313
            6. Aufwendungen für Versicherungsfälle für eigene Rechnung..................... 1313

LV

| | | | 7. | Veränderung der übrigen versicherungstechnischen Netto-Rückstellungen . . . . | 1314 |

        7. Veränderung der übrigen versicherungstechnischen Netto-Rückstellungen 1314
        8. Aufwendungen für erfolgsabhängige und erfolgsunabhängige Beitragsrückerstattung für eigene Rechnung. 1314
        9. Aufwendungen für den Versicherungsbetrieb für eigene Rechnung 1314
      10. Aufwendungen für Kapitalanlagen 1314
      11. Nicht realisierte Verluste aus Kapitalanlagen . . . 1315
      12. Sonstige versicherungstechnische Aufwendungen für eigene Rechnung 1315
    (4) Die nichtversicherungstechnischen Posten 1315
    (5) Überblick über das Formblatt 4 RechVersV 1320
  3. Interne Rechnungslegung gegenüber der Aufsichtsbehörde 1321
  4. Konzernabschluss 1323
    a) Konzernverbindungen in der Versicherungswirtschaft 1323
    b) Gesetzliche Grundlagen 1324
      aa) Verpflichtung zum Konzernabschluss 1324
      bb) Fristen 1326
      cc) Auf den Konzernabschluss und -lagebericht anzuwendende Regelungen 1326
      dd) Konzernbilanz 1328
      ee) Konzern-Gewinn- und Verlustrechnung 1329
      ff) Konzernanhang. 1330
      gg) Konzernlagebericht 1332
      hh) Offenlegung. 1332
    c) Einzelfragen. 1333
      aa) Konsolidierungskreis 1333
      bb) Vollständigkeit und einheitliche Bilanzierung 1333
      cc) Einheitliche Bewertung 1334
      dd) Kapitalkonsolidierung 1335
      ee) Zwischenergebniseliminierung. 1336
      ff) Schuldenkonsolidierung 1337
IV. Prüfung 1338
  1. Jahresabschlussprüfung 1338
    a) Rechtsgrundlagen 1338
      aa) Gesetzliche Vorschriften 1338
      bb) PrüfV 1343
    b) Prüfungstechnik 1344
      aa) Stellungnahmen des Versicherungsfachausschusses des IDW . 1344
      bb) Prüfungsmethode 1344
      cc) IT-Systemprüfung/Prüfung des internen Kontrollsystems. . . . 1345
      dd) Prüfung der nichtversicherungstechnischen Posten 1346
      ee) Prüfung der versicherungstechnischen Rückstellungen 1347
        (1) Beitragsüberträge 1347
        (2) Rückstellung für noch nicht abgewickelte Versicherungsfälle 1347
          (a) Schaden- und Unfallversicherungsunternehmen. . . . 1347
          (b) Lebensversicherungsunternehmen 1350
          (c) Krankenversicherungsunternehmen 1351

			(d) Alle Versicherungsunternehmen	1352
			(3) Deckungsrückstellung	1352
			(4) Rückstellung für Beitragsrückerstattung	1354
			(5) Schwankungsrückstellung	1355
			(6) Rückstellung für drohende Verluste aus Versicherungsgeschäften	1355
			(7) Besonderheiten für in Rückdeckung übernommenes bzw. in Rückdeckung gegebenes Versicherungsgeschäft	1356
		c)	Prüfungsbericht	1356
			aa) Gliederung	1356
			bb) Allgemeine Vorschriften	1357
			cc) Pensionsfonds	1364
			dd) Sachverständigenprüfverordnung	1365
		d)	Bestätigungsvermerk	1365
	2.	Konzernabschlussprüfung und Prüfungsbericht		1365
V.	Internationale Rechnungslegung von Versicherungsunternehmen			1366
	1.	Vorbemerkung		1366
	2.	Bilanzierung von Versicherungsverträgen nach IFRS		1366
		a)	Einleitung	1366
		b)	Anwendungsbereich und Definition von Versicherungsverträgen	1367
			aa) Anwendungsbereich	1367
			bb) Definition	1368
			cc) Versicherungsrisiko	1368
			dd) Signifikantes Versicherungsrisiko	1368
			ee) Versichertes Ereignis	1369
		c)	Zerlegung von Versicherungsverträgen	1370
			aa) Entflechtung der Einlagenkomponente	1370
			bb) Eingebettete Derivate	1370
		d)	Bilanzierungsmethoden	1371
		e)	Sonderregeln für Verträge mit Überschussbeteiligung	1373
			aa) Versicherungsverträge mit Überschussbeteiligung	1373
			bb) Finanzinstrumente mit Überschussbeteiligung	1374
		f)	Anhangangaben	1375
VI.	Schrifttumsverzeichnis			1377
	1.	Verzeichnis der Monographien, Kommentare und Beiträge in Sammelwerken		1377
	2.	Verzeichnis der Beiträge in Zeitschriften		1379

Kapitel L

Erläuterungen zu den für Wirtschaftsbetriebe, nichtwirtschaftliche Einrichtungen und Kernverwaltungen der öffentlichen Hand geltenden Vorschriften zur Rechnungslegung und Prüfung

I.	Vorschriften zur Rechnungslegung und Prüfung für Wirtschaftsbetriebe und nichtwirtschaftliche Einrichtungen der öffentlichen Hand		1381
	1.	Begriffe	1381
	2.	Rechtsgrundlagen	1382
		a) Vorbemerkungen	1382
		b) Bundesebene	1382
		c) Länder- und Kommunalebene	1382

		3.	Rechnungslegung	1387
			a) Besonderheiten bei Wirtschaftsbetrieben der öffentlichen Hand in privater Rechtsform	1387
			b) Besonderheiten bei Eigenbetrieben	1387
			c) Besonderheiten bei rechtsfähigen Anstalten des öffentlichen Rechts (Kommunalunternehmen)	1391
			d) Branchenspezifische Besonderheiten	1391
			aa) Verkehrsbereich	1392
			bb) Versorgungsbereich	1392
			cc) Entsorgungsbereich	1393
			dd) Krankenhäuser und Pflegeeinrichtungen	1394
			ee) Wohnungsunternehmen	1395
			ff) Andere Branchen	1395
		4.	Prüfung	1396
			a) Besonderheiten bei Wirtschaftsbetrieben der öffentlichen Hand in privater Rechtsform	1396
			aa) Erweiterung der Prüfungs- und Berichtspflicht	1396
			bb) Prüfungen durch öffentliche Prüfungseinrichtungen	1396
			b) Besonderheiten bei Eigenbetrieben	1397
			aa) Erweiterung der Prüfungs- und Berichtspflicht	1397
			bb) Auswahl und Bestellung der Abschlussprüfer	1397
			cc) Prüfungsbericht und Bestätigungsvermerk	1397
			dd) Prüfungen durch örtliche und überörtliche Prüfungseinrichtungen	1398
			c) Besonderheiten bei rechtsfähigen Anstalten des öffentlichen Rechts (Kommunalunternehmen)	1399
			d) Prüfung der Ordnungsmäßigkeit der Geschäftsführung und der wirtschaftlichen Verhältnisse	1399
			aa) Einheitlicher IDW Prüfungsstandard	1399
			bb) Anwendungshinweise	1399
			cc) Fragenkatalog	1400
			e) Public-Corporate-Governance-Kodex	1403
	II.	Vorschriften zur Rechnungslegung und Prüfung für die Kernverwaltungen der öffentlichen Hand		1403
		1.	Reformierung des öffentlichen Rechnungswesens	1403
		2.	Rechtsgrundlagen	1405
			a) Vorbemerkungen	1405
			b) Länder- und Kommunalebene	1405
			c) Bundesebene	1408
			d) Bundesrechnungshof und Haushaltsgrundsätzemodernisierungsgesetz	1409
			e) International Public Sector Accounting Standards	1409
		3.	Rechnungslegung	1412
		4.	Prüfung	1414
	III.	Schrifttumsverzeichnis		1415
		1.	Verzeichnis der Monographien und Beiträge in Sammelwerken	1415
		2.	Verzeichnis der Beiträge in Zeitschriften	1415

Kapitel M
Erläuterungen zur Rechnungslegung und Prüfung im Konzern nach dem Handelsgesetzbuch

I.	Leitgedanken der Konzernrechnungslegung.	1417
	1. Aufgaben des Konzernabschlusses	1417
	2. Einheitstheorie	1418
	3. Anzuwendende Vorschriften	1419
	4. Grundsatz der Stetigkeit	1420
II.	Pflicht zur Aufstellung eines Konzernabschlusses und Konzernlageberichts	1421
	1. Grundsatz	1421
	2. Konzept des beherrschenden Einflusses (Control-Konzept)	1422
	a) Definition des Mutter-Tochter-Verhältnisses (§ 290 Abs. 1 HGB)	1422
	b) Präsenzmehrheit bei Hauptversammlungen	1423
	c) Potenzielle Stimmrechte.	1424
	d) Rechtsform des Mutterunternehmens	1424
	e) Sitz des Mutterunternehmens	1426
	3. Unwiderlegbare Beherrschungsvermutungen des § 290 Abs. 2 HGB	1426
	a) Grundsatz	1426
	b) Mehrheit der Stimmrechte	1427
	c) Recht zur Besetzung der Mehrheit der Leitungsorgane	1428
	d) Beherrschender Einfluss aufgrund Beherrschungsvertrag oder Satzungsbestimmung.	1429
	e) Zweckgesellschaften	1429
	aa) Begriff der Zweckgesellschaft	1430
	bb) Mehrheit der Risiken und Chancen.	1430
	cc) Unternehmenseigenschaft	1431
	dd) Mehrfache Konzernzugehörigkeit von Zweckgesellschaften	1432
	ee) Ausnahme für Spezial-Sondervermögen	1433
	f) Zurechnung von Rechten (Mittelbare Tochterunternehmen).	1433
	g) Teilkonzernabschlüsse (Stufenkonzept)	1434
	4. Befreiende Konzernabschlüsse und Konzernlageberichte.	1435
	a) Grundsatz.	1435
	b) Mutterunternehmen mit Sitz im Inland/innerhalb des EWR	1435
	aa) Befreiender Konzernabschluss eines Mutterunternehmens	1435
	bb) Konsolidierungskreis	1436
	cc) Inhalt.	1437
	dd) Prüfung	1439
	ee) Anhang	1440
	ff) Offenlegung	1440
	gg) Grenzen der Befreiungsmöglichkeit	1441
	c) Mutterunternehmen mit Sitz außerhalb des EWR.	1442
	5. Größenabhängige Befreiungen.	1445
	a) Grundsatz.	1445
	b) Abgrenzung des Konsolidierungskreises	1447
	c) Größenmerkmale	1447
	aa) Bilanzsumme	1447
	bb) Umsatzerlöse.	1448
	cc) Anzahl der Arbeitnehmer.	1449
	d) Beginn und Dauer der Befreiung	1449

		e) Nichtanwendbarkeit der Befreiungsregel	1450
	6.	Abschlussstichtag, Konzerngeschäftsjahr, Geschäftsjahr der einbezogenen Unternehmen	1450
		a) Abschlussstichtag	1450
		b) Geschäftsjahr der einbezogenen Unternehmen	1450
		c) Zwischenabschlüsse	1451
		d) Verzicht auf Zwischenabschlüsse	1453
		aa) Zu berücksichtigende/anzugebende Vorgänge	1453
		bb) Art der Berücksichtigung/Angabe	1454
	7.	Fristen	1455
III.	Abgrenzung des Konsolidierungskreises		1456
	1.	Grundsatz	1456
	2.	Konsolidierungspflicht	1457
	3.	Konsolidierungswahlrechte	1457
		a) Beschränkungen in der Ausübung der Rechte	1457
		b) Unverhältnismäßig hohe Kosten oder Verzögerungen	1459
		c) Beabsichtigte Weiterveräußerung	1460
		d) Tochterunternehmen von geringer Bedeutung	1461
		e) Angaben im Konzernanhang	1461
		f) Anwendung der Equity-Methode	1461
		g) Stetigkeit der Abgrenzung	1462
IV.	Konzernbilanz		1463
	1.	Inhalt der Konzernbilanz	1463
		a) Zusammenfassung der Einzelbilanzen	1463
		b) Grundsatz der Vollkonsolidierung	1463
	2.	Gliederung	1463
		a) Grundsatz	1463
		b) Entsprechende Anwendung von Gliederungsvorschriften für die Einzelbilanz	1464
		aa) Anzuwendende Vorschriften	1464
		bb) Anlagespiegel im Konzernabschluss	1466
		c) Gesetzlich vorgeschriebene Abweichungen gegenüber der Einzelbilanz	1468
		d) Systembedingte Abweichungen	1469
	3.	Bilanzansatz	1470
		a) Grundsatz	1470
		b) Notwendige Anpassungen	1471
		c) Systembedingte Anpassungen	1472
		d) Freiwillige Anpassungen	1472
		e) Ausnahmen von der Anpassungspflicht	1473
		f) Erstmalige Anwendung von § 300 HGB	1473
	4.	Bewertung	1474
		a) Grundsatz	1474
		b) Notwendige Bewertungsanpassungen	1475
		c) Ausnahmen von der Anpassungspflicht	1476
		d) Erstmalige Anwendung der einheitlichen Bewertung	1476
	5.	Fremdwährungsumrechnung	1477
		a) Bedeutung und anzuwendende Normen	1477
		b) Währungsumrechnung nach § 308a HGB	1478
		c) Währungsumrechnung und Konsolidierungsmaßnahmen	1479

Inhaltsverzeichnis

		aa)	Kapitalkonsolidierung	1479
		bb)	Geschäfts- oder Firmenwert und aufgedeckte stille Reserven und Lasten	1480
		cc)	Schuldenkonsolidierung	1481
		dd)	Zwischenergebniseliminierung	1482
		ee)	Quotenkonsolidierung	1482
		ff)	Equity-Methode	1482
	d)	Sonderfragen der Währungsumrechnung		1482
		aa)	Latente Steuern bei der Währungsumrechnung	1482
		bb)	Bewertungseinheiten	1483
		cc)	Besonderheiten der Umrechnung hochinflationärer Währungen	1483
6.	Überleitung von der Einzelbilanz zur Konzernbilanz			1484
	a)	Einführung einer Handelsbilanz II		1484
	b)	Form und Inhalt der Handelsbilanz II		1484
	c)	Ergebnisauswirkung in der Handelsbilanz II		1485
	d)	Fortschreibung der Handelsbilanz II		1486
7.	Eliminierung von Zwischenergebnissen			1486
	a)	Grundsatz		1486
	b)	Konzernanschaffungs- und Konzernherstellungskosten		1487
	c)	Pflichteliminierung von Zwischenergebnissen		1490
	d)	Ausnahmen von der Eliminierungspflicht		1490
	e)	Zwischenergebniseliminierung bei abnutzbaren Anlagegegenständen		1491
	f)	Erstmalige Eliminierung von Zwischenergebnissen		1491
8.	Kapitalkonsolidierung			1492
	a)	Grundsatz		1492
	b)	Konsolidierungspflichtige Anteile		1493
	c)	Erstkonsolidierung nach der Neubewertungsmethode		1494
		aa)	Wertansatz des konsolidierungspflichtigen Kapitals	1494
			(1) Grundlagen	1494
			(2) Ansatz von Bilanzposten des erworbenen Unternehmens	1495
			(3) Bewertung von Bilanzposten des erworbenen Unternehmens	1496
		bb)	Behandlung aktiver Unterschiedsbeträge	1498
		cc)	Behandlung passiver Unterschiedsbeträge	1498
		dd)	Ausweis verbleibender Unterschiedsbeträge	1499
		ee)	Stichtag der Erstkonsolidierung	1501
		ff)	Vorläufige Erstkonsolidierung	1502
	d)	Folgekonsolidierungen		1503
		aa)	Grundlagen	1503
		bb)	Fortschreibung der Zurechnungen zu Vermögensgegenständen und Schulden	1504
		cc)	Abschreibung des Geschäfts- oder Firmenwerts	1504
		dd)	Auflösung passiver Unterschiedsbeträge	1506
		ee)	Rücklagenveränderungen bei einbezogenen Tochterunternehmen	1507
	e)	Ausgleichsposten für Anteile anderer Gesellschafter		1507
	f)	Veränderungen im Buchwert der konsolidierungspflichtigen Anteile		1508
		aa)	Zugänge und Abgänge	1508
		bb)	Abschreibungen und Zuschreibungen	1509

LXI

g) Veränderungen des konsolidierungspflichtigen Kapitals.......... 1510
h) Ausstehende Einlagen................................. 1511
    aa) Ausstehende Einlagen des Mutterunternehmens.......... 1511
    bb) Ausstehende Einlagen der Tochterunternehmen.......... 1511
i) Eigene Anteile und Rückbeteiligung...................... 1512
j) Gegenseitige Beteiligungen............................ 1513
k) Kapitalkonsolidierung in mehrstufigen Konzernen............ 1514
    aa) Grundsatz..................................... 1514
    bb) Behandlung der Unterschiedsbeträge aus der Erstkonsolidierung und des Ausgleichspostens anderer Gesellschafter bei Beteiligung Dritter................................ 1514
    cc) Ausschaltung einer Konzernstufe.................... 1515
l) Konsolidierungsmaßnahmen bei Ausscheiden aus dem Konsolidierungskreis................................. 1515
m) Wechsel der Konsolidierungsmethode..................... 1516
    aa) Übergang auf die Quotenkonsolidierung............... 1516
    bb) Übergang auf die Equity-Methode................... 1516
    cc) Übergang auf die Anschaffungskostenbewertung......... 1517
9. Schuldenkonsolidierung................................... 1517
  a) Grundsatz... 1517
  b) Rückstellungen..................................... 1518
  c) Rechnungsabgrenzungsposten.......................... 1518
  d) Eventualverbindlichkeiten und Haftungsverhältnisse.......... 1519
  e) Drittschuldverhältnisse................................ 1520
  f) Erfolgswirksame Schuldenkonsolidierung.................. 1521
  g) Erstmalige Schuldenkonsolidierung...................... 1521
10. Berücksichtigung latenter Steuern aus der Konsolidierung.......... 1522
  a) Grundsatz... 1522
  b) Temporäre Differenzen aus Konsolidierungsmaßnahmen....... 1525
    aa) Kapitalkonsolidierung............................ 1525
    bb) Eliminierung von Zwischenergebnissen................ 1527
    cc) Schuldenkonsolidierung........................... 1528
    dd) Aufwands- und Ertragskonsolidierung................. 1528
    ee) Equity-Methode und Quotenkonsolidierung............. 1528
  c) Outside Basis Differences.............................. 1529
  d) Ansatz latenter Steuern aus Konsolidierungsmaßnahmen........ 1530
  e) Bewertung latenter Steuern aus Konsolidierungsmaßnahmen..... 1531
    aa) Maßgeblicher Steuersatz........................... 1531
    bb) Abzinsungsverbot................................ 1532
    cc) Fortschreibung latenter Steuern..................... 1532
  f) Ausweis latenter Steuern aus der Konsolidierung............. 1534
    aa) Konzernbilanz.................................. 1534
    bb) Konzern-Gewinn- und Verlustrechnung............... 1534
11. Equity-Methode... 1534
  a) Grundsatz... 1534
  b) Assoziierte Unternehmen.............................. 1536
    aa) Voraussetzungen................................ 1536
    bb) Maßgeblicher Einfluss............................ 1536
    cc) Bereiche des maßgeblichen Einflusses................ 1537
    dd) Intensität und Dauer des maßgeblichen Einflusses........ 1538

	c)	Anwendungsbereich der Equity-Methode	1538
	d)	Konsolidierung nach der Buchwertmethode	1539
		aa) Erstkonsolidierung	1539
		bb) Folgekonsolidierungen	1542
	e)	Übernahme von anteiligen Ergebnissen bei Anwendung der Equity-Methode	1542
		aa) Ermittlung des Beteiligungsergebnisses	1542
		bb) Anpassungen an einheitliche Bilanzierungs- und Bewertungsmethoden	1543
		cc) Eliminierung von Zwischenergebnissen	1544
		dd) Abschreibungen und Auflösungen von Unterschiedsbeträgen	1545
	f)	Negativer Wert der Beteiligung	1545
	g)	Außerplanmäßige Abschreibungen auf eine Beteiligung	1546
	h)	Abweichender Abschlussstichtag des assoziierten Unternehmens	1546
	i)	Konzernabschluss des assoziierten Unternehmens als Grundlage für die Equity-Methode	1547
	j)	Abweichungen zwischen dem Wert der Beteiligung im Einzel- und Konzernabschluss	1547
	k)	Methodenwechsel	1548
		aa) Erwerb oder erstmalige Einbeziehung eines assoziierten Unternehmens	1548
		bb) Erwerb weiterer Anteile ohne Statusänderung als assoziiertes Unternehmen	1549
		cc) Übergang von der Equity-Methode zur Vollkonsolidierung	1549
		dd) Übergang von der Equity-Methode zur Anschaffungskostenmethode	1550
12.	Quotenkonsolidierung		1550
	a)	Grundsatz	1550
	b)	Begriff des Gemeinschaftsunternehmens	1550
	c)	Bestimmung der zu konsolidierenden Anteile	1552
	d)	Konsolidierungstechnik	1552
	e)	Änderung der Beteiligungsquote	1553
V. Konzern-Gewinn- und Verlustrechnung			1553
1.	Grundsatz		1553
2.	Entsprechende Anwendung der Vorschriften über die Einzel-Gewinn- und Verlustrechnung		1554
3.	Systembedingte Abweichungen von der Gliederung der Einzel-Gewinn- und Verlustrechnung		1556
4.	Gesamtkostenverfahren		1557
	a)	Konsolidierung der Innenumsatzerlöse	1557
		aa) Grundsatz	1557
		bb) Innenumsatzerlöse aus Lieferungen	1558
		cc) Innenumsatzerlöse aus Leistungen	1560
	b)	Konsolidierungen anderer Erträge und Verluste	1560
		aa) Grundsatz	1560
		bb) Andere Erträge aus Lieferungen	1560
		cc) Andere Verluste aus Lieferungen	1561
		dd) Andere Erträge aus Leistungen	1561
	c)	Ergebnisübernahmen innerhalb des Konsolidierungskreises	1561
		aa) Erträge aus Beteiligungen	1561

		bb)	Ergebnisübernahmen aufgrund von Ergebnisübernahme-verträgen	1562
	5.	Umsatzkostenverfahren		1563
		a)	Grundsatz	1563
		b)	Konsolidierung der Innenumsatzerlöse	1563
			aa) Innenumsatzerlöse aus Lieferungen	1563
			bb) Innenumsatzerlöse aus Leistungen	1565
		c)	Konsolidierungen anderer Erträge und Verluste	1565
		d)	Ergebnisübernahmen innerhalb des Konsolidierungskreises	1565
	6.	Ergebnisübernahmen im Rahmen der Equity-Methode		1565
		a)	Grundsatz	1565
		b)	Ausweis	1566
		c)	Berücksichtigung der steuerlichen Konsequenzen	1566
	7.	Anteile anderer Gesellschafter am Gewinn/Verlust		1566
VI.	Konzernergebnis			1567
	1.	Grundsatz		1567
	2.	Eliminierung von Zwischenergebnissen		1567
	3.	Erfolgswirksame Schuldenkonsolidierung		1568
	4.	Erfolgswirksame Kapitalkonsolidierung		1569
	5.	Ergebnisübernahme aus Beteiligungen		1569
	6.	Ergebnisübernahme von assoziierten Unternehmen		1570
	7.	Anteile anderer Gesellschafter am Konzernergebnis		1570
	8.	Ergebnisvortrag und Gewinnrücklagen		1570
VII.	Konzernanhang			1571
	1.	Grundsatz		1571
	2.	Tabellarische Übersicht der gesetzlichen Angabepflichten für den Konzernanhang		1573
	3.	Angabepflichten zum Konsolidierungs- und Beteiligungsbereich		1576
		a)	Grundsatz	1576
		b)	Konsolidierte Tochterunternehmen	1577
		c)	Nichtkonsolidierte Tochterunternehmen	1577
		d)	Assoziierte Unternehmen	1578
		e)	Gemeinschaftsunternehmen	1578
		f)	Unternehmen, an denen ein Anteilsbesitz von mindestens 20% besteht	1578
		g)	Beteiligungen an großen KapGes., die 5% der Stimmrechte überschreiten	1579
		h)	Schutzklausel	1580
	4.	Angabepflichten zu den Konsolidierungsmethoden		1580
		a)	Kapitalkonsolidierung (Purchase-Methode)	1580
		b)	Kapitalkonsolidierung bei Interessenzusammenführung	1580
		c)	Quotenkonsolidierung	1580
		d)	Equity-Methode	1581
		e)	Abweichung von Konsolidierungsmethoden	1581
	5.	Angabepflichten zu Bilanzierungs- und Bewertungsmethoden sowie zu einzelnen Posten der Konzernbilanz und Konzern-Gewinn- und Verlustrechnung		1581
		a)	Bilanzierungs- und Bewertungsmethoden	1581
		b)	Währungsumrechnung	1582

- c) Abweichung von Bilanzierungs-, Bewertungs- und Konsolidierungsmethoden ... 1583
  - aa) Grundsatz ... 1583
  - bb) Abweichungen vom vorhergehenden Konzernabschluss (Stetigkeit) ... 1583
  - cc) Abweichungen in Teilbereichen des Konzernabschlusses ... 1584
    - (1) Abweichungen von den angewandten Bewertungsmethoden des Mutterunternehmens ... 1584
    - (2) Ausnahmen vom Gebot der einheitlichen Bewertung ... 1585
- d) Restlaufzeit und Besicherung von Verbindlichkeiten ... 1585
- e) Aufgliederung der Umsatzerlöse ... 1586
- f) Personalaufwand ... 1587
- g) Eigene Anteile ... 1587
- h) Derivative Finanzinstrumente ... 1588
- i) Zu Finanzanlagen gehörende Finanzinstrumente ... 1588
- j) Mit dem beizulegenden Zeitwert bewertete Finanzinstrumente ... 1588
- k) Gesamtbetrag der Forschungs- und Entwicklungskosten ... 1588
- l) Bewertungseinheiten ... 1588
- m) Rückstellungen für Pensionen und ähnliche Verpflichtungen ... 1589
- n) Verrechnung von Vermögensgegenständen und Schulden nach § 246 Abs. 2 HGB ... 1589
- o) Anteile oder Anlageaktien an Investmentvermögen ... 1590
- p) Planmäßige Abschreibung des Geschäfts- oder Firmenwerts aus der Kapitalkonsolidierung über einen Zeitraum von mehr als fünf Jahren ... 1590
- q) Latente Steuern ... 1590
- r) Änderungen des Konsolidierungskreises ... 1591
- s) Fehlender Zwischenabschluss ... 1591
- t) Verweis auf die entsprechende Anwendung der Vorschriften zum Anhang des Jahresabschlusses ... 1591

6. Sonstige Angabepflichten ... 1591
   - a) Erleichterungen für Tochterunternehmen bezüglich der Aufstellung, Prüfung und Offenlegung des Jahresabschlusses und des Lageberichts ... 1591
   - b) Nicht in der Konzernbilanz enthaltene Geschäfte ... 1591
   - c) Sonstige finanzielle Verpflichtungen ... 1592
   - d) Haftungsverhältnisse gegenüber nicht konsolidierten Unternehmen ... 1592
   - e) Zahl der beschäftigten Arbeitnehmer ... 1593
   - f) Gesamtbezüge, Vorschüsse und Kredite sowie Haftungsübernahmen für Organmitglieder des Mutterunternehmens ... 1594
   - g) Corporate-Governance-Erklärung ... 1596
   - h) Honorar des Abschlussprüfers ... 1596
   - i) Zusätzliche Angaben zur Vermittlung des in § 297 Abs. 2 Satz 2 HGB geforderten Bildes ... 1597
   - j) Berichterstattung über Beziehungen zu nahe stehenden Personen (Related Parties) ... 1597

VIII. Kapitalflussrechnung ... 1598
1. Geltungsbereich und anwendbare Regelungen ... 1598
2. Aufgaben und Grundsätze der Kapitalflussrechnung ... 1599
3. In eine Konzern-Kapitalflussrechnung einzubeziehende Unternehmen ... 1600
4. Abgrenzung des Finanzmittelfonds ... 1601

	5. Aufstellungstechniken der Konzernkapitalflussrechnung	1602
	6. Das Aktivitätsformat der Kapitalflussrechnung.	1604
	a) Beschreibung der drei Tätigkeitsbereiche	1604
	b) Laufende Geschäftstätigkeit.	1604
	c) Investitionstätigkeit	1605
	d) Finanzierungstätigkeit	1606
	e) Abgrenzungsprobleme zwischen den drei Bereichen.	1606
	7. Bereinigung um zahlungsunwirksame Veränderungen des Finanzmittelfonds	1607
	8. Wechselkurseinflüsse auf die Darstellung der Cashflows	1607
IX.	Eigenkapitalspiegel	1608
X.	Segmentberichterstattung	1610
	1. Grundlagen.	1610
	2. Segmentberichterstattung nach DRS 3	1612
	a) Segmentierungsgrundsätze	1612
	b) Kongruenz der Segmentdaten mit den Bilanz- und GuV-Daten	1614
	c) Angabe- und Erläuterungspflichten.	1614
	d) Stetigkeitsgrundsatz.	1615
XI.	Konzernlagebericht	1616
	1. Grundsatz.	1616
	2. Geschäftsverlauf und Lage des Konzerns (§ 315 Abs. 1 S. 1 bis S. 4 HGB)	1618
	3. Voraussichtliche Entwicklung (§ 315 Abs. 1 S. 5 HGB)	1619
	4. Versicherung der gesetzlichen Vertreter (§ 315 Abs. 1 S. 6 HGB)	1620
	5. Einzelangaben (§ 315 Abs. 2 HGB)	1620
	a) Vorgänge von besonderer Bedeutung nach Schluss des Geschäftsjahres (§ 315 Abs. 2 Nr. 1 HGB)	1621
	b) Risiken im Zusammenhang mit Finanzinstrumenten (§ 315 Abs. 2 Nr. 2 HGB).	1621
	c) Forschung und Entwicklung des Konzerns (§ 315 Abs. 2 Nr. 3 HGB)	1621
	d) Grundzüge des Vergütungssystems (§ 315 Abs. 2 Nr. 4 HGB).	1622
	e) Internes Kontrollsystem und Risikomanagementsystem (§ 315 Abs. 2 Nr. 5 HGB)	1622
	6. Übernahmerechtliche Angaben und Erläuterungen (§ 315 Abs. 4 HGB) .	1622
XII.	Prüfung.	1623
	1. Prüfungspflicht und Prüfungsberechtigte.	1623
	2. Bestellung des Konzernabschlussprüfers	1624
	3. Gegenstand und Umfang der Prüfung.	1625
	a) Prüfung der Konzernrechnungslegung	1625
	b) Prüfung der Jahresabschlüsse	1625
	4. Prüfungs- und Auskunftsrechte	1626
	5. Dokumentations- und Vorlagepflichten	1627
	6. Berichterstattung.	1627
	7. Ausblick: Besondere Überlegungen zu Konzernabschlussprüfungen nach ISA 600 (Revised & Redrafted)	1627
	a) Anwendungsbereich und -zeitpunkt.	1627
	b) Konzeptionelle Grundlagen: Prüfungsrisiko der Konzernabschlussprüfung.	1628
	c) Feststellung von Risiken	1629
	aa) Verstehen des Konzerns, seiner Teilbereiche und des jeweiligen Umfelds	1629

		bb)	Verstehen der Abschlussprüfer der TU und anderer Teilbereichsprüfer	1630
	d)		Festlegung der Wesentlichkeitsgrenzen	1631
	e)		Reaktion auf festgestellte Risiken	1632
		aa)	Festlegung der Art der Untersuchungen, die zu den Finanzinformationen von Teilbereichen durchzuführen sind	1632
		bb)	Einbindung in die Tätigkeit der APr. von TU und anderer Teilbereichsprüfer	1633
		cc)	Konsolidierungsprozess	1634
		dd)	Ereignisse nach dem Abschlussstichtag	1635
	f)		Beurteilung von erlangten Prüfungsnachweisen auf ausreichenden Umfang und Eignung	1635
	g)		Kommunikation	1636
		aa)	Kommunikation mit den APr. von TU und anderen Teilbereichsprüfern	1636
		bb)	Kommunikation mit dem Konzernmanagement und dem AR des MU	1637
	h)		Dokumentation	1638
XIII.	Schrifttumsverzeichnis			1639
1.	Verzeichnis der Monographien und Beiträge in Sammelwerken			1639
2.	Verzeichnis der Beiträge in Zeitschriften			1640

Kapitel N

Rechnungslegung nach IFRS

I.	Rechtliche Grundlagen der Rechnungslegung nach IFRS in Deutschland		1645
	1. Konzernabschluss kapitalmarktorientierter Mutterunternehmen		1645
		a) Anwendungsbereich	1645
		b) Anwendung der von der EU übernommenen IFRS	1647
		c) Anwendung einzelner Vorschriften des HGB	1648
	2. Konzernabschlüsse nicht kapitalmarktorientierter Mutterunternehmen		1648
	3. Befreiende Offenlegung eines IFRS-Einzelabschlusses		1649
II.	Grundlagen der Rechnungslegung nach IFRS		1650
	1. Normative Grundlagen		1650
	2. Zwecke der Rechnungslegung nach IFRS		1652
	3. Grundprinzipien der Rechnungslegung		1652
		a) Zugrunde liegende Annahme	1653
		b) Die qualitativen Anforderungen an die Rechnungslegung	1653
		aa) Grundlegende qualitative Anforderungen	1653
		bb) Unterstützende qualitative Anforderungen	1654
		cc) Beschränkung entscheidungsnützlicher Informationen	1655
		c) Allgemeine Merkmale eines IFRS-Abschlusses	1655
		aa) Vermittlung eines den tatsächlichen Verhältnissen entsprechenden Bilds	1655
		bb) Periodenabgrenzung	1656
		cc) Saldierung von Posten	1656
		dd) Häufigkeit der Berichterstattung	1657
	4. Bestandteile der Rechnungslegung		1657
	5. Gliederungsvorschriften		1658
		a) Gliederung der Bilanz	1658

		b)	Gliederung der Gesamtergebnisrechnung	1659
			aa) Allgemein	1659
			bb) Periodenergebnis (profit or loss)	1660
			cc) Sonstiges Ergebnis (other comprehensive income)	1661
			dd) Ausblick	1662
III.	Ansatz- und Bewertungsgrundsätze nach IFRS			1663
	1. Ansatz von Posten in der Bilanz und der Gesamtergebnisrechnung			1663
		a) Die Definition der Abschlussposten (Elements of Financial Statements)		1663
			aa) Vermögenswerte	1663
			bb) Schulden	1664
			cc) Eigenkapital	1665
			dd) Erträge	1665
			ee) Aufwendungen	1665
		b) Erfassung von Abschlussposten		1666
			aa) Der Begriff Erfassung	1666
			bb) Generelle Erfassungskriterien	1666
			cc) Erfassung von Bilanzposten	1667
			dd) Erfassung von Aufwendungen und Erträgen	1667
	2. Bewertung von Bilanzposten			1667
		a) Allgemeine Bewertungsgrundsätze		1667
		b) Wertbegriffe und Wertkonzeptionen		1668
		c) Anschaffungskosten und Herstellungskosten		1670
			aa) Definition	1670
			bb) Berücksichtigung von Fremdkapitalkosten	1673
			cc) Behandlung von Zuwendungen der öffentlichen Hand (Zuschüsse)	1674
		d) Währungsumrechnung im Einzelabschluss		1675
		e) Ereignisse nach dem Abschlussstichtag		1675
		f) Ausblick		1675
IV.	Ansatz und Bewertung einzelner Posten im IFRS-Abschluss			1677
	1. Immaterielle Vermögenswerte			1677
		a) Definition und Ansatz		1677
		b) Bewertung		1679
		c) Anhangangaben		1681
	2. Sachanlagen			1682
		a) Definition und Abgrenzung		1682
		b) Ansatz		1682
		c) Zugangsbewertung		1683
		d) Folgebewertung		1684
			aa) Bewertungswahlrecht	1684
			bb) Bewertung zu fortgeführten Anschaffungs- und Herstellungskosten	1684
			cc) Neubewertung	1685
		e) Ausbuchung		1687
		f) Anhangangaben		1687
	3. Als Finanzinvestition gehaltene Immobilien			1689
		a) Definition und Abgrenzung		1689
		b) Ansatz		1690
		c) Zugangsbewertung		1690

	d)	Folgebewertung	1691
		aa) Bewertungswahlrecht	1691
		bb) Modell des beizulegenden Zeitwerts	1691
		cc) Anschaffungskostenmodell	1692
	e)	Übertragungen	1692
	f)	Abgänge	1692
	g)	Anhangangaben	1692
	h)	Ausweis	1693
4.	Wertminderung von Vermögenswerten		1693
	a)	Begriff und Anwendung	1693
	b)	Pflicht zur Durchführung von Wertminderungstests	1695
		aa) Anlassbezogene Wertminderungstests	1695
		bb) Regelmäßige Wertminderungstests	1696
	c)	Ermittlung des erzielbaren Betrags und Erfassung von Wertminderungen	1697
		aa) Vorbemerkungen	1697
		bb) Beizulegender Zeitwert abzgl. der Verkaufskosten	1698
		cc) Nutzungswert	1699
	d)	Ermittlung von erzielbarem Betrag und Buchwert bei zahlungsmittelgenerierenden Einheiten	1702
	e)	Erfassung von Wertminderungsaufwand bei einer zahlungsmittelgenerierenden Einheit	1704
	f)	Wertaufholung (Aufhebung eines Wertminderungsaufwands)	1705
	g)	Angabepflichten	1705
5.	Leasing		1708
	a)	Leasingverhältnisse	1708
	b)	Klassifizierung von Leasingverhältnissen	1710
	c)	Leasingverhältnisse im Abschluss des Leasingnehmers	1711
	d)	Leasingverhältnisse im Abschluss des Leasinggebers	1713
	e)	Sale-and-lease-back-Transaktionen	1714
	f)	Exkurs: Zusammenhang zwischen der Klassifizierung von Leasingverhältnissen nach IAS 17 und einer etwaigen Konsolidierungspflicht von Zweckgesellschaften nach SIC-12	1715
	g)	Aktuelle Entwicklung der Regelungen zur Bilanzierung von Leasingverhältnissen	1716
6.	Zur Veräußerung gehaltene langfristige Vermögenswerte		1717
	a)	Definition und Abgrenzung	1717
	b)	Klassifizierung	1718
	c)	Erstmalige Bewertung nach IFRS 5 zum Zeitpunkt der Klassifizierung	1719
		aa) Bewertung einzelner Vermögenswerte	1719
		bb) Bewertung von Veräußerungsgruppen	1720
		cc) Bewertung von Tochterunternehmen, Gemeinschaftsunternehmen und assoziierten Unternehmen	1720
		dd) Bewertung von zur Ausschüttung gehaltenen Vermögenswerten	1721
	d)	Folgebewertung	1721
	e)	Planänderungen	1721
	f)	Ausweis und Anhangangaben	1722
7.	Vorräte		1723

- a) Zielsetzung und Anwendungsbereich. 1723
- b) Bewertung. 1723
  - aa) Anschaffungs- oder Herstellungskosten von Vorräten 1723
  - bb) Verfahren zur Bewertung und Zuordnung der Anschaffungs- oder Herstellungskosten 1724
  - cc) Wertminderung. 1725
- c) Zeitliche Erfassung von Aufwand. 1726
- d) Anhangangaben 1726
- 8. Fertigungsaufträge 1726
  - a) Zielsetzung und Anwendungsbereich. 1726
  - b) Arten von Fertigungsaufträgen. 1727
  - c) Zusammenfassung und Segmentierung von Fertigungsaufträgen. ... 1727
  - d) Erfassung von Fertigungsaufträgen. 1728
    - aa) Auftragserlöse 1728
    - bb) Auftragskosten 1729
    - cc) Voraussetzungen für die Anwendung der Percentage-of-completion-Methode 1730
    - dd) Messung des Fertigstellungsgrads. 1731
    - ee) Erfassung in Bilanz und im Periodenergebnis 1731
    - ff) Erfassung erwarteter Verluste. 1732
  - e) Ausweis und Anhangangaben. 1732
- 9. Forderungen und sonstige Vermögenswerte 1733
  - a) Forderungen und sonstige Vermögenswerte als Finanzinstrumente im Sinne von IAS 32 und IAS 39. 1733
  - b) Forderungen aus Lieferungen und Leistungen 1734
    - aa) Erstmaliger Ansatz und Ausbuchung. 1734
    - bb) Bewertung. 1734
    - cc) Erfassung von Wertminderungen 1734
    - dd) Anhangangaben 1735
  - c) Ausweis von Forderungen und sonstigen Vermögenswerten in der Bilanz. 1735
- 10. Eigenkapital 1736
  - a) Einführung. 1736
  - b) Definition und Klassifizierung. 1736
  - c) Kündbare Instrumente und bei Liquidation entstehende Verpflichtungen. 1739
    - aa) Kündbare Instrumente 1739
    - bb) Bei Liquidation entstehende Verpflichtungen 1741
    - cc) Umgliederung und Bedeutung der Regelungen für den Konzernabschluss 1742
  - d) Ansatz, Bewertung und Ausweis. 1743
  - e) Anhangangaben 1744
  - f) Aufstellung der Eigenkapitalveränderungsrechnung 1745
- 11. Rückstellungen 1745
  - a) Leistungen an Arbeitnehmer 1745
    - aa) Definition und Abgrenzung. 1745
    - bb) Kurzfristig fällige Leistungen an Arbeitnehmer ... 1746
    - cc) Leistungen nach Beendigung des Arbeitsverhältnisses 1747
      - (1) Abgrenzungskriterium für leistungsorientierte und beitragsorientierte Pläne 1747

			(2)	Ansatz, Bewertung und Angabepflichten für beitragsorientierte Versorgungspläne.	1747

- (2) Ansatz, Bewertung und Angabepflichten für beitragsorientierte Versorgungspläne. 1747
- (3) Ansatz, Bewertung und Angabepflichten für leistungsorientierte Verpflichtungen. 1748
- (4) Gemeinschaftliche Pläne mehrerer Arbeitgeber und gemeinschaftlich verwaltete Pläne. 1754
- dd) Andere langfristig fällige Leistungen an Arbeitnehmer 1755
- ee) Leistungen aus Anlass der Beendigung des Arbeitsverhältnisses 1755
- ff) Ausblick. 1756
- b) Steuerrückstellungen. 1757
- c) Sonstige Rückstellungen, Eventualschulden und Eventualforderungen. 1758
  - aa) Begriffsdefinitionen 1758
  - bb) Sonstige Rückstellungen 1759
    - (1) Ansatz. 1759
    - (2) Bewertung 1760
    - (3) Einzelfälle 1762
    - (4) Darstellung und Angaben. 1764
  - cc) Eventualschulden. 1764
  - dd) Eventualforderungen. 1764
  - ee) Ausblick. 1765
- 12. Verbindlichkeiten 1765
  - a) Verbindlichkeiten als Finanzinstrumente im Sinne von IAS 32 und IAS 39. 1765
  - b) Ansatz und Bewertung von Verbindlichkeiten. 1766
    - aa) Erstmaliger Ansatz und Ausbuchung 1766
    - bb) Bewertung 1766
    - cc) Anhangangaben. 1766
  - c) Ausweis von Verbindlichkeiten in der Bilanz 1766
- 13. Latente Steuern. 1768
  - a) Konzeptionelle Grundlagen 1768
  - b) Erfassung von latenten Steuerschulden und latenten Steueransprüchen. 1768
  - c) Bewertung. 1770
  - d) Ausweis. 1770
  - e) Anhangangaben. 1771
- 14. Finanzinstrumente. 1772
  - a) Begriff und Anwendungsbereich. 1772
  - b) Abgrenzung von Eigen- und Fremdkapital. 1774
  - c) Erfassung und Ausbuchung von Finanzinstrumenten 1774
  - d) Bewertung von Finanzinstrumenten 1776
    - aa) Kategorisierung von finanziellen Vermögenswerten und finanziellen Verbindlichkeiten. 1776
    - bb) Zugangsbewertung von Finanzinstrumenten 1780
    - cc) Folgebewertung von Finanzinstrumenten 1780
    - dd) Anzuwendende Wertmaßstäbe 1781
      - (1) Aktiver Markt – notierter Kurs 1781
      - (2) Kein aktiver Markt – Bewertungsverfahren 1781
      - (3) Kein aktiver Markt – Eigenkapitalinstrumente 1781

LXXI

	ee)	Wertminderungen	1782
		(1) Zu fortgeführten Anschaffungskosten bewertete finanzielle Vermögenswerte	1783
		(2) „Zur Veräußerung verfügbare finanzielle Vermögenswerte"	1784
		(3) Zu Anschaffungskosten bewertete finanzielle Vermögenswerte	1785
	ff)	Umgliederung	1785
		(1) Umgliederung in die Kategorie oder aus der Kategorie „erfolgswirksam zum beizulegenden Zeitwert bewertete finanzielle Vermögenswerte"	1786
		(2) Umgliederung aus der Kategorie „bis zur Endfälligkeit zu haltende Finanzinvestitionen"	1787
		(3) Umgliederung aus der Kategorie „Kredite und Forderungen"	1787
		(4) Umgliederung aus der Kategorie „zur Veräußerung verfügbare finanzielle Vermögenswerte"	1788
		(5) Sonderfall: Bewertung zu Anschaffungskosten	1788
e)	Eingebettete Derivate		1788
f)	Micro Hedge Accounting		1790
g)	Macro Hedge Accounting		1794
h)	Ausweis		1795
i)	Saldierungsvorschriften		1796
j)	Anhangangaben		1797
k)	Ausblick		1806
l)	IAS 39 Replacement Project / IFRS 9 Finanzinstrumente		1807
	aa)	Einführung	1807
	bb)	Finanzielle Vermögenswerte	1808
	cc)	Finanzielle Verbindlichkeiten	1811
	dd)	Bewertung	1812
	ee)	Anhangangaben	1812
	ff)	Erstanwendung von IFRS 9 und Übergangsvorschriften	1813
	gg)	Vorgeschlagenes Modell zu Wertminderungen	1813
	hh)	Vorgeschlagene Neuregelungen zur Bilanzierung von Sicherungsbeziehungen	1814

15. Versicherungsverträge ... 1815
    a) Überblick ... 1815
    b) Anwendungsbereich ... 1815
16. Anteilsbasierte Vergütung ... 1815
    a) Definition und Abgrenzung ... 1815
    b) Erfassung ... 1816
    c) Bewertung anteilsbasierter Vergütung ... 1817
        aa) Anteilsbasierte Vergütung mit Ausgleich durch Eigenkapitalinstrumente ... 1817
        bb) Anteilsbasierte Vergütung mit Barausgleich ... 1819
        cc) Kombinationsmodelle ... 1820
    d) Anteilsbasierte Vergütungen zwischen Unternehmen einer Gruppe ... 1821
    e) Anhangangaben ... 1821
17. Aufwendungen und Erträge in der Gesamtergebnisrechnung ... 1823
    a) Erträge ... 1823

		aa)	Zielsetzung und Anwendungsbereich	1823

        aa) Zielsetzung und Anwendungsbereich 1823
        bb) Höhe der zu erfassenden Erlöse 1823
        cc) Abgrenzung des Geschäftsvorfalls 1823
        dd) Transaktionsarten im Regelungsbereich des IAS 18 1824
            (1) Erlöse aus dem Verkauf von Gütern 1824
                (a) Gewährleistungen 1825
                (b) Aufschiebende und auflösende Bedingungen 1825
                (c) Installationsleistungen und Endkontrollen des Kunden 1826
                (d) Verkäufe mit späterer Lieferung. 1827
                (e) Beteiligung von Zwischenhändlern 1827
                (f) Mehrkomponentenverträge 1828
                (g) Franchise-Verträge 1829
                (h) Sukzessivlieferverträge 1830
                (i) Verträge über die Errichtung von Immobilien 1830
            (2) Erlöse aus der Erbringung von Dienstleistungen 1831
            (3) Erlöse aus Zinsen, Lizenzgebühren und Dividenden . . . 1831
            (4) Abgrenzung von Vorabentgelten des Kunden von Zuschüssen zu Investitionen 1832
        ee) Anhangangaben 1833
        ff) Ausblick 1833
    b) Außerordentliche und ungewöhnliche Aufwendungen und Erträge . 1834
    c) Aufwendungen und Erträge im Zusammenhang mit aufgegebenen Geschäftsbereichen 1835
    d) Änderungen von Schätzungen, Änderungen von Bilanzierungs- und Bewertungsmethoden und Korrektur von Fehlern 1835
V. Die Erstellung von Konzernabschlüssen nach IFRS 1837
  1. Überblick und Grundkonzeption 1837
  2. Aufstellungspflicht 1837
  3. Vollkonsolidierungskreis 1838
    a) Beherrschung (control) 1838
    b) Konsolidierungswahlrechte und -verbote 1840
  4. Ansatz und Bewertung im Konzernabschluss 1841
  5. Währungsumrechnung 1842
  6. Inflationsrechnung 1844
  7. Kapitalkonsolidierung 1845
    a) Grundlagen 1845
    b) Identifizierung des Erwerbers 1846
    c) Erwerbszeitpunkt 1847
    d) Ansatz und Bewertung der erworbenen identifizierbaren Vermögenswerte, der übernommenen Schulden und aller nicht beherrschenden Anteile an dem erworbenen Unternehmen 1848
        aa) Ansatz der erworbenen identifizierbaren Vermögenswerte, der übernommenen Schulden und aller nicht beherrschenden Anteile an dem erworbenen Unternehmen 1848
        bb) Bewertung der erworbenen identifizierbaren Vermögenswerte, der übernommenen Schulden und aller nicht beherrschenden Anteile an dem erworbenen Unternehmen . . 1850
    e) Ansatz und Bewertung des Geschäfts- oder Firmenwerts oder eines Gewinns aus einem Erwerb zu einem Preis unter Marktwert 1851
        aa) Übertragene Gegenleistung 1851

			bb)	Geschäfts- oder Firmenwert.	1851
			cc)	Erwerb zu einem Preis unter Marktwert (günstiger Kauf)	1853
		f)		Spezielle Arten von Unternehmenszusammenschlüssen.	1854
		g)		Ansatz und Bewertung nach dem erstmaligen Ansatz	1854
			aa)	Vorläufige Bilanzierung (provisional accounting).	1854
			bb)	Bewertung nach dem Bewertungszeitraum (subsequent measurement).	1855
		h)		Ausscheiden eines Tochterunternehmens aus dem Konsolidierungskreis	1855
		i)		Nicht beherrschende Anteile	1856
	8.			Schuldenkonsolidierung	1856
	9.			Zwischenergebniseliminierung	1857
	10.			Aufwands- und Ertragskonsolidierung	1857
	11.			Besonderheiten bei latenten Steuern im Konzernabschluss	1857
	12.			Ansatz und Bewertung von Anteilen an assoziierten Unternehmen (associates).	1858
	13.			Ansatz und Bewertung von Anteilen an Joint Ventures	1860
	14.			Aufgegebene Geschäftsbereiche	1861
		a)		Definition und Abgrenzung.	1861
		b)		Klassifizierung.	1862
		c)		Bewertung.	1863
		d)		Gesonderte Ausweisvorschriften.	1863
		e)		Änderungen eines Veräußerungsplans	1864
	15.			Anhangangaben.	1864
		a)		Anhangangaben nach IAS 27 im Konzernabschluss	1864
		b)		Anhangangaben nach IFRS 3 bei Unternehmenszusammenschlüssen	1865
		c)		Assoziierte Unternehmen (IAS 28).	1867
		d)		Anteile an Joint Ventures (IAS 31).	1868
	16.			Ausblick.	1869
VI.				Weitere Elemente des IFRS-Abschlusses und sonstige Angaben	1870
	1.			Kapitalflussrechnung	1870
	2.			Aufstellung der Veränderungen des Eigenkapitals	1872
	3.			Segmentberichterstattung.	1873
		a)		Anwendungsbereich.	1873
		b)		Bestimmung der berichtspflichtigen Geschäftssegmente	1874
			aa)	Abgrenzung der Geschäftssegmente	1874
			bb)	Bestimmung der berichtspflichtigen Geschäftssegmente	1876
		c)		Bilanzierungs- und Bewertungsmethoden.	1878
		d)		Angaben zu Geschäftssegmenten	1879
			aa)	Überblick	1879
			bb)	Allgemeine Informationen	1879
			cc)	Informationen über den Gewinn oder Verlust sowie über die Vermögenswerte und Schulden	1880
			dd)	Überleitungsrechnungen.	1881
			ee)	Angaben auf Unternehmensebene.	1881
	4.			Erläuterung der Bilanzierungs- und Bewertungsmethoden im Anhang.	1882
	5.			Ergebnis je Aktie	1884
		a)		Zwecksetzung und Anwendungsbereich des Standards	1884
		b)		Begriffsbestimmung.	1885
		c)		Ermittlung des Ergebnisses je Aktie.	1885

		aa)	Unverwässertes Ergebnis je Aktie	1885
		bb)	Verwässertes Ergebnis je Aktie	1886
	d)	Ausweis und Anhangangaben		1887
	e)	Ausblick		1887
6.	Angaben über Beziehungen zu nahe stehenden Unternehmen und Personen			1888
	a)	Definition und Abgrenzung		1888
	b)	Angabepflichten		1890
		aa)	Angaben zu bestimmten Beziehungen zu nahe stehenden Unternehmen und Personen	1890
		bb)	Angaben zur Vergütung der Mitglieder des Managements in Schlüsselpositionen	1890
		cc)	Angaben zu Geschäftsvorfällen mit nahe stehenden Unternehmen und Personen	1891

VII. Zwischenberichterstattung ... 1891
   1. Anwendungsbereich ... 1891
   2. Bestandteile eines Zwischenberichts ... 1892
   3. Umfang der Anhangangaben ... 1893
   4. Darzustellende Berichtsperioden ... 1894
   5. Bilanzierungs- und Bewertungsmethoden ... 1895

VIII. Erstmalige Anwendung der IFRS ... 1897
   1. Zielsetzung und Anwendungsbereich ... 1897
   2. Grundsätze ... 1898
   3. Ausnahmen von den anzuwendenden Grundsätzen ... 1899

	a)	Befreiungen von anderen IFRS		1899
		aa)	Grundlagen	1899
		bb)	Unternehmenszusammenschlüsse	1900
			(1) Anwendungsbereich	1900
			(2) Befreiung bereits in den Konzernabschluss einbezogener Tochterunternehmen	1900
			(3) Erstmals zu konsolidierende Tochterunternehmen	1902
			(4) Währungsumrechnung von Abschlüssen ausländischer Geschäftsbetriebe	1902
		cc)	Beizulegender Zeitwert oder Neubewertung als Ersatz für Anschaffungs- und Herstellungskosten	1903
		dd)	Leistungen an Arbeitnehmer	1904
		ee)	Kumulierte Umrechnungsdifferenzen	1905
		ff)	Zusammengesetzte Finanzinstrumente	1906
		gg)	Vermögenswerte und Schulden von Tochterunternehmen, assoziierten Unternehmen und Joint Ventures	1906
			(1) Tochterunternehmen wird nach dem Mutterunternehmen IFRS-Erstanwender	1906
			(2) Mutterunternehmen wird nach dem Tochterunternehmen IFRS-Erstanwender	1907
		hh)	Klassifizierung (designation) von früher angesetzten Finanzinstrumenten	1908
		ii)	Anteilsbasierte Vergütungen	1909
			(1) Anteilsbasierte Vergütung durch Eigenkapitalinstrumente	1909
			(2) Anteilsbasierte Vergütung mit Barausgleich	1909
		jj)	Versicherungsverträge	1909

		kk)	In den Anschaffungskosten von Sachanlagen enthaltene Entsorgungsverpflichtungen	1910
		ll)	Fremdkapitalkosten	1910
		mm)	Leasingverhältnisse	1910
		nn)	Nach IFRIC 12 bilanzierte Vermögenswerte	1911
		oo)	Übertragung von Vermögenswerten durch Kunden (IFRIC 18)	1911
		pp)	IFRIC 19	1911
		qq)	Möglichkeiten und Grenzen der Kombination der dargestellten Befreiungswahlrechte	1911
	b)		Verpflichtende Ausnahmen von der retrospektiven Anwendung	1912
		aa)	Ausbuchung finanzieller Vermögenswerte und finanzieller Schulden	1912
		bb)	Bilanzierung von Sicherungsbeziehungen	1912
		cc)	Schätzungen	1913
		dd)	Nicht beherrschende Anteile	1913
	c)		Kurzzeitige Befreiungen	1914

4. Darstellung und Angaben 1914
   a) Grundlagen 1914
   b) Vergleichsinformationen 1915
   c) Erläuterungen des Übergangs auf IFRS und Überleitungsrechnungen 1915
      aa) Überleitungsrechnungen 1915
      bb) Angaben zur Klassifizierung von Finanzinstrumenten 1915
      cc) Neubewertung 1916
      dd) Zwischenberichterstattung 1916

IX. IFRS für SME 1917
   1. Einführung 1917
   2. Anwendungsbereich 1918
   3. Wesentliche Abweichungen zwischen IFRS-SME und bestehenden IFRS 1918
X. Schrifttumsverzeichnis 1929
   1. Verzeichnis der Monographien und Beiträge in Sammelwerken 1929
   2. Verzeichnis der Beiträge in Zeitschriften 1930

Kapitel O

Erläuterungen zur Rechnungslegung und Prüfung im Konzern nach dem Publizitätsgesetz

I. Vorbemerkungen 1933
II. Voraussetzungen für die Verpflichtung zur Konzernrechnungslegung 1934
   1. Gesamtkonzernabschluss 1934
      a) Mutter-Tochter-Verhältnis 1934
      b) Mögliche Ausübung beherrschenden Einflusses durch ein Unternehmen 1934
      c) Unterordnungs- und Gleichordnungskonzern 1936
      d) Sitz im Inland 1937
      e) Größenmerkmale 1937
         aa) Grundsatz 1937
         bb) Maßgeblichkeit der in den Konzernabschluss einbezogenen Unternehmen 1938
         cc) Bilanzsumme 1939
         dd) Außenumsatzerlöse 1940

Inhaltsverzeichnis

		ee)	Anzahl der Arbeitnehmer	1940
	f)		Beginn und Dauer der Rechnungslegungspflicht	1941
	2.	Teilkonzernabschluss		1941
		a)	Pflicht zur Aufstellung eines Teilkonzernabschlusses	1941
		b)	Befreiung von der Verpflichtung zur Aufstellung eines Teilkonzernabschlusses	1942
			aa) Grundsatz	1942
			bb) Befreiung einer Personenhandelsgesellschaft	1942
			cc) Befreiung einer Kapitalgesellschaft bzw. Kapitalgesellschaft & Co.	1944
	3.	Abgrenzung des PublG gegenüber HGB/KWG		1944
III.	Aufstellung von Konzernabschlüssen und Konzernlageberichten			1945
	1.	Grundsätze		1945
	2.	Aufstellungspflicht/Stichtag/Zwischenabschluss/Frist		1947
	3.	Abgrenzung des Konsolidierungskreises		1948
	4.	Aufstellung der Konzernbilanz		1948
		a)	Gliederung	1948
			aa) Sinngemäße Anwendung der Vorschriften des HGB	1948
			bb) Vorgeschriebene abweichende Gliederung	1949
			cc) Zulässige abweichende Gliederung	1950
		b)	Privatvermögen und private Schulden	1950
		c)	Bilanzansatz und Bewertung	1951
	5.	Aufstellung der Konzern-Gewinn- und Verlustrechnung		1951
		a)	Konsolidierungsgrundsätze	1951
		b)	Gliederung	1951
			aa) Sinngemäße Anwendung der Vorschriften des HGB	1951
			bb) Vorgeschriebene abweichende Gliederung	1952
			cc) Zulässige abweichende Gliederung	1952
			dd) Anlage zur Konzernbilanz	1952
			(1) Außenumsatzerlöse	1953
			(2) Beteiligungserträge	1953
			(3) Löhne, Gehälter, soziale Abgaben sowie Aufwendungen für Altersversorgung und Unterstützung	1953
			(4) Bewertungs- und Abschreibungsmethoden einschließlich wesentlicher Änderungen	1953
			(5) Zahl der Beschäftigten	1954
		c)	Private Aufwendungen und Erträge	1954
	6.	Aufstellung des Konzernanhangs		1954
		a)	Grundsatz	1954
		b)	Angaben zum Konsolidierungsbereich und zum Beteiligungsbesitz	1954
		c)	Angaben zu den Konsolidierungsmethoden	1954
		d)	Angaben zu Bilanzierungs- und Bewertungsmethoden sowie zu einzelnen Posten der Konzernbilanz und Konzern-Gewinn- und Verlustrechnung	1955
		e)	Sonstige Angaben	1955
	7.	Konzernlagebericht		1956
	8.	Besonderheiten bei Nichteinbeziehung des Mutterunternehmens		1956
IV.	Prüfung			1957
	1.	Prüfungspflicht und Prüfungsbefugnis		1957
	2.	Bestellung des Konzernabschlussprüfers		1957

LXXVII

		3. Gegenstand und Umfang der Prüfung	1957
		4. Bestätigungsvermerk	1958
		5. Prüfungsbericht	1958
V.		Schrifttumsverzeichnis	1958
		1. Verzeichnis der Monographien und Beiträge in Sammelwerken	1958
		2. Verzeichnis der Beiträge in Zeitschriften	1958

Kapitel P

Ausgestaltung und Prüfung des Risikofrüherkennungssystems

I.	Vorbemerkung	1961
II.	Ausgestaltung des Risikofrüherkennungssystems nach § 91 Abs. 2 AktG	1963
	1. Allgemeines	1963
	2. Organisatorische Konzeption und Regelkreislauf des Risikofrüherkennungssystems	1968
	a) Unternehmensziele und Erfolgsfaktoren	1970
	b) Risikoidentifikation	1971
	c) Risikoanalyse/-bewertung	1974
	d) Risikokommunikation	1976
	e) Überwachung	1978
III.	Prüfung des Risikofrüherkennungssystems	1979
	1. Allgemeines	1979
	2. Prüfungsanlässe	1980
	a) Unmittelbare Prüfung des Risikofrüherkennungssystems	1980
	aa) Gesetzliche Pflicht zur Prüfung des Risikofrüherkennungssystems	1980
	bb) Freiwillige Prüfung des Risikofrüherkennungssystems	1981
	cc) Sonderauftrag zur Prüfung des Risikofrüherkennungssystems	1982
	b) Mittelbare Prüfung des Risikofrüherkennungssystems	1983
	aa) Prüfung des Risikofrüherkennungssystems im Zusammenhang mit § 321 Abs. 1 S. 3 HGB	1983
	bb) Prüfung des Risikofrüherkennungssystems im Zusammenhang mit der Prüfung der Fortbestandsprognose	1983
	cc) Prüfung des Risikofrüherkennungssystems im Zusammenhang mit der Prüfung des LB (Risiken und Chancen der künftigen Entwicklung)	1984
	3. Prüfungsgegenstand, -art und -umfang	1987
	4. Prüfungsziele	1989
	5. Prüfungsplanung	1989
	6. Prüfungsdurchführung	1992
	a) Bestandsaufnahme	1992
	b) Beurteilung der Eignung	1994
	c) Prüfung der Wirksamkeit	1997
	7. Prüfungsbericht und Bestätigungsvermerk	1998
	a) Prüfungsbericht	1998
	b) Bestätigungsvermerk	2001
IV.	Schrifttumsverzeichnis	2001
	1. Verzeichnis der Monographien, Kommentare und Beiträge in Sammelwerken	2001
	2. Verzeichnis der Beiträge in Zeitschriften	2003

Kapitel Q

Das Prüfungsergebnis

I.	Allgemeines			2005
II.	Berichterstattung über die Jahresabschlussprüfung von Kapitalgesellschaften und diesen gleichgestellten Gesellschaften			2007
	1. Prüfungsbericht			2007

- a) Grundlagen. 2007
  - aa) Rechtliche Bedeutung des Prüfungsberichts. 2007
  - bb) Aufgaben des Prüfungsberichts. 2013
- b) Allgemeine Berichtsgrundsätze. 2016
  - aa) Grundsatz der Wahrheit. 2016
  - bb) Grundsatz der Vollständigkeit. 2017
  - cc) Grundsatz der Unparteilichkeit. 2021
  - dd) Grundsatz der Klarheit. 2021
- c) Aufbau und Gliederung des Prüfungsberichts. 2022
- d) Inhalt des Prüfungsberichts. 2026
  - aa) Prüfungsauftrag. 2026
  - bb) Grundsätzliche Feststellungen. 2027
    - (1) Lage des Unternehmens. 2028
      - (a) Stellungnahme zur Lagebeurteilung der gesetzlichen Vertreter. 2028
      - (b) Entwicklungsbeeinträchtigende oder bestandsgefährdende Tatsachen 2033
    - (2) Unregelmäßigkeiten 2036
      - (a) Unregelmäßigkeiten in der Rechnungslegung. 2036
      - (b) Sonstige Unregelmäßigkeiten 2038
    - (3) Umfang und Grenzen der Berichterstattung über Entwicklungsbeeinträchtigungen, Bestandsgefährdungen und Unregelmäßigkeiten 2040
      - (a) Umfang und Grenzen der Feststellungspflicht 2040
      - (b) Form der Berichterstattung. 2041
  - cc) Gegenstand, Art und Umfang der Prüfung 2043
    - (1) Gegenstand der Prüfung. 2043
    - (2) Art und Umfang der Prüfung 2045
    - (3) Aufklärungs- und Nachweispflichten der gesetzlichen Vertreter. 2047
  - dd) Feststellungen und Erläuterungen zur Rechnungslegung. . . . 2048
    - (1) Ordnungsmäßigkeit der Rechnungslegung. 2049
      - (a) Buchführung und weitere geprüfte Unterlagen 2049
      - (b) Jahresabschluss. 2050
      - (c) Lagebericht. 2053
    - (2) Gesamtaussage des Jahresabschlusses. 2054
      - (a) Feststellungen zur Gesamtaussage des Jahresabschlusses. 2054
      - (b) Wesentliche Bewertungsgrundlagen. 2056
      - (c) Änderungen in den Bewertungsgrundlagen 2058
      - (d) Sachverhaltsgestaltende Maßnahmen 2059
    - (3) Aufgliederungen und Erläuterungen. 2060
      - (a) Gesetzliche Grundlagen. 2060

			(b)	Erfordernis, Art und Umfang	2061

            (b) Erfordernis, Art und Umfang 2061
            (c) Darstellung der Vermögenslage 2063
            (d) Darstellung der Finanzlage 2065
            (e) Darstellung der Ertragslage 2066
        ee) Feststellungen zum Risikofrüherkennungssystem. 2069
        ff) Feststellungen aus Erweiterungen des Prüfungsauftrags. 2071
        gg) Wiedergabe des Bestätigungsvermerks und Unterzeichnung
            des Prüfungsberichts 2072
        hh) Anlagen zum Prüfungsbericht 2074
            (1) Obligatorische Berichtsanlagen 2074
            (2) Fakultative Berichtsanlagen................. 2074
                (a) Rechtliche Verhältnisse................. 2074
                (b) Wirtschaftliche Grundlagen................ 2076
                (c) Sonstige Aufgliederungen und Erläuterungen 2077
    e) Sonderfragen der Berichterstattung...................... 2077
        aa) Vorlage des Prüfungsberichts...................... 2077
        bb) Berichterstattung über Zwischenprüfungen.............. 2078
        cc) Berichterstattung über Nachtragsprüfungen 2079
        dd) Berichterstattung bei Bestellung mehrerer Abschlussprüfer
            (Joint Audit)................................. 2080
        ee) Berichterstattung bei Kündigung von Prüfungsaufträgen 2081
        ff) Mängel des Prüfungsberichts...................... 2082
2. Bestätigungsvermerk 2083
    a) Grundlagen 2083
        aa) Übersicht und allgemeine Grundsätze für die Erteilung 2083
        bb) Aufgabenstellung und Aussagefähigkeit................ 2086
        cc) Rechtliche Wirkung und tatsächliche Bedeutung 2089
    b) Inhalt und Bestandteile des Bestätigungsvermerks 2091
        aa) Allgemeines................................. 2091
        bb) Überschrift................................. 2092
        cc) Einleitender Abschnitt 2093
            (1) Prüfungsgegenstand......................... 2093
            (2) Nennung des geprüften Unternehmens............. 2095
            (3) Bezeichnung des Geschäftsjahres 2096
            (4) Abgrenzung der Verantwortung für die Aufstellung und
                für die Prüfung 2096
            (5) Bezeichnung der Rechnungslegungsvorschriften 2097
            (6) Formulierungsempfehlung 2098
        dd) Beschreibender Abschnitt 2098
            (1) Beschreibung von Art und Umfang der Prüfung....... 2098
            (2) Formulierungsempfehlung 2101
        ee) Beurteilung durch den Abschlussprüfer 2101
            (1) Inhalt und Formen des Prüfungsurteils.............. 2101
            (2) Uneingeschränkter Bestätigungsvermerk 2103
                (a) Einwendungsfreiheit und Übereinstimmung mit den
                    gesetzlichen Vorschriften 2103
                (b) Einhaltung der Generalnorm 2105
                (c) Zutreffende Darstellung der Unternehmenslage im
                    Lagebericht 2109

Inhaltsverzeichnis

		(d) Zutreffende Darstellung der Chancen und Risiken der zukünftigen Entwicklung im Lagebericht	2111
		(e) Formulierungsempfehlung	2112
	(3)	Eingeschränkter Bestätigungsvermerk	2113
		(a) Voraussetzungen und Abgrenzung zur Versagung	2113
		(b) Gegenstand von Einwendungen	2114
		(c) Wesentlichkeit der Einwendungsgründe	2117
		(d) Begründung und Darstellung der Tragweite der Einschränkung	2118
		(e) Formulierungsempfehlungen	2119
	(4)	Versagungsvermerk	2122
		(a) Voraussetzung für die Versagung	2122
		(b) Begründung der Versagung	2123
		(c) Formulierungsempfehlungen	2124
	(5)	Einschränkungs-/Versagungsgründe im Einzelnen	2126
	(6)	Bestätigungsvermerk und Nichtigkeit des Jahresabschlusses	2130
ff)	Ergänzungen des Prüfungsurteils		2131
gg)	Hinweise zur Beurteilung des Prüfungsergebnisses		2132
	(1)	Allgemeines	2132
	(2)	Hinweise auf bei der Prüfung festgestellte Besonderheiten	2132
		(a) Hinweis auf verbleibende wesentliche Unsicherheiten	2133
		(b) Hinweis zur Erfüllung der Generalnorm	2133
		(c) Hinweis aufgrund ergänzender Rechnungslegungsnormen des Gesellschaftsvertrags oder der Satzung	2133
		(d) Hinweis aufgrund prognostischer Aussagen im Lagebericht	2134
		(e) Hinweis auf abweichende Prüfungsergebnisse bei Gemeinschaftsprüfungen (Joint Audit)	2134
		(f) Hinweis aufgrund zulässiger Inanspruchnahme von § 264 Abs. 3 HGB	2134
		(g) Sonstige	2135
hh)	Hinweis auf Bestandsgefährdungen		2135
c)	Erteilung des Bestätigungsvermerks/Versagungsvermerks		2137
d)	Sonderfälle von Bestätigungsvermerken bei Abschlussprüfungen		2140
aa)	Bedingte Erteilung von Bestätigungsvermerken		2140
	(1)	Voraussetzung und Auswirkungen	2140
	(2)	Anwendungsbeispiele	2141
		(a) Kapitaländerung im Zusammenhang mit Sanierungen	2141
		(b) Ausstehende Feststellung des Vorjahresabschlusses	2141
		(c) Maßnahmen zur Sicherung des Fortbestands	2142
bb)	Tatsachen nach Erteilung des Bestätigungsvermerks		2142
	(1)	Erforderliche Maßnahmen	2142
	(2)	Bestätigungsvermerk bei Nachtragsprüfungen	2143
	(3)	Bestätigungsvermerke bei Gemeinschaftsprüfungen (Joint Audit)	2146
	(4)	Widerruf von Bestätigungsvermerken bei Abschlussprüfungen	2146
cc)	Bestätigungsvermerk bei erstmaliger Pflichtprüfung		2149
dd)	Weitere Einzelfragen		2150

			(1)	Veröffentlichung des Bestätigungsvermerks	2150
			(2)	Bestätigungsvermerk bei Inanspruchnahme von Aufstellungs- und Offenlegungserleichterungen........	2151
			(3)	Meinungsverschiedenheiten	2151
			(4)	Übersetzungen des Bestätigungsvermerks	2152
		e)	Bestätigungsvermerke nach ISA....................		2152
	3.	Kommunikation mit dem Aufsichtsorgan			2156
III.	Berichterstattung über die Konzernabschlussprüfung von Kapitalgesellschaften und diesen gleichgestellten Gesellschaften.........				2159
	1.	Prüfungsbericht...............................			2159
		a)	Vorbemerkung.......................		2159
		b)	Aufbau und Gliederung des Konzernprüfungsberichts...........		2161
		c)	Inhalt des Konzernprüfungsberichts.....................		2162
			aa)	Prüfungsauftrag	2163
			bb)	Grundsätzliche Feststellungen	2163
			(1)	Stellungnahme zur Lagebeurteilung des Konzerns durch die gesetzlichen Vertreter	2163
			(2)	Entwicklungsbeeinträchtigende oder bestandsgefährdende Tatsachen und Unregelmäßigkeiten	2164
			cc)	Gegenstand, Art und Umfang der Prüfung	2164
			(1)	Gegenstand der Prüfung....................	2165
			(2)	Art und Umfang der Prüfung...................	2165
			(3)	Aufklärungs- und Nachweispflichten der gesetzlichen Vertreter	2166
			dd)	Feststellungen und Erläuterungen zur Konzernrechnungslegung	2166
			(1)	Konsolidierungskreis und Konzernabschlussstichtag ...	2166
				(a) Abgrenzung des Konsolidierungskreises	2166
				(b) Konzernabschlussstichtag.................	2167
			(2)	Ordnungsmäßigkeit der in den Konzernabschluss einbezogenen Abschlüsse.....................	2167
			(3)	Konzernbuchführung und weitere geprüfte Unterlagen ..	2168
			(4)	Ordnungsmäßigkeit des Konzernabschlusses	2169
			ee)	Konzernlagebericht........................	2169
			ff)	Gesamtaussage des Konzernabschlusses	2170
			gg)	Aufgliederungen und Erläuterungen	2170
			hh)	Feststellungen zum Risikofrüherkennungssystem..........	2170
			ii)	Wiedergabe des Bestätigungsvermerks, Unterzeichnung und Vorlage des Konzernprüfungsberichts	2171
			jj)	Anlagen zum Konzernprüfungsbericht................	2171
			(1)	Obligatorische Berichtsanlagen	2171
			(2)	Fakultative Berichtsanlagen..................	2171
		d)	Zusammengefasster Prüfungsbericht.....................		2172
		e)	Besonderheiten der Berichterstattung über die Prüfung von nach internationalen Rechnungslegungsstandards aufgestellten Einzel- und Konzernabschlüssen........................		2173
	2.	Bestätigungsvermerk			2174
		a)	Allgemeines..............................		2174
		b)	Besonderheiten des Bestätigungsvermerks zum Konzernabschluss..		2174
			aa)	Einleitender Abschnitt	2174

		bb)	Beschreibender Abschnitt	2175

- bb) Beschreibender Abschnitt 2175
- cc) Beurteilung durch den Abschlussprüfer. 2175
- c) Einzelfragen zum Bestätigungsvermerk bei Konzernabschlüssen .. 2177
  - aa) Zusammengefasster Bestätigungsvermerk 2177
  - bb) Konzernabschlüsse nach § 315a HGB. 2178
- d) Sonderfälle von Bestätigungsvermerken bei Konzernabschlussprüfungen. 2179
- e) Bestätigungsvermerke nach ISA 2179
- 3. Kommunikation mit dem Aufsichtsorgan 2181
- IV. Besonderheiten bei der Berichterstattung über Abschlussprüfungen nach dem Publizitätsgesetz sowie über freiwillige Abschlussprüfungen 2182
  - 1. Allgemeines. 2182
  - 2. Unternehmen, die unter das Publizitätsgesetz fallen 2183
    - a) Prüfungsbericht. 2183
      - aa) Grundsätze der Berichterstattung. 2183
      - bb) Besonderheiten des Prüfungsberichts zum Jahresabschluss .. 2183
        - (1) Gliederung 2183
        - (2) Stellungnahme zur Lagebeurteilung der gesetzlichen Vertreter. 2184
        - (3) Berichterstattung über Bestandsgefährdungen oder Entwicklungsbeeinträchtigungen und über Unregelmäßigkeiten 2184
        - (4) Ordnungsmäßigkeit des Jahresabschlusses. 2185
        - (5) Gesamtaussage des Jahresabschlusses. 2185
        - (6) Aufgliederungen und Erläuterungen. 2186
        - (7) Lagebericht. 2186
      - cc) Besonderheiten des Prüfungsberichts zum Konzernabschluss 2186
    - b) Bestätigungsvermerk. 2187
      - aa) Bestätigungsvermerk zum Jahresabschluss 2187
        - (1) Allgemeines. 2187
        - (2) Besonderheiten des Bestätigungsvermerks. 2187
          - (a) Überschrift 2187
          - (b) Einleitender Abschnitt. 2187
          - (c) Beschreibender Abschnitt 2188
          - (d) Beurteilung durch den Abschlussprüfer. 2188
          - (e) Ergänzungen des Prüfungsurteils 2190
          - (f) Beurteilung des Prüfungsergebnisses 2190
          - (g) Hinweis auf Bestandsgefährdungen 2191
        - (3) Einzelfragen 2191
          - (a) Zulässige Inanspruchnahme von § 5 Abs. 6 PublG . 2191
          - (b) Inanspruchnahme von Offenlegungserleichterungen 2192
          - (c) Nachtragsprüfungen 2192
      - bb) Bestätigungsvermerk zum Konzernabschluss 2193
    - c) Kommunikation mit dem Aufsichtsorgan. 2194
  - 3. Unternehmen, die sich einer freiwilligen Abschlussprüfung unterziehen 2195
    - a) Prüfungsbericht. 2195
      - aa) Prüfungsbericht bei freiwilligen Prüfungen, zu denen ein Bestätigungsvermerk i.S.v. § 322 HGB erteilt werden soll... 2195
        - (1) Grundsätze der Berichterstattung. 2195
        - (2) Besonderheiten des Prüfungsberichts 2196

			(a)	Adressierung und Gliederung.	2196
			(b)	Stellungnahme zur Lagebeurteilung der gesetzlichen Vertreter	2196
			(c)	Berichterstattung über Bestandsgefährdungen, Entwicklungsbeeinträchtigungen und Unregelmäßigkeiten.	2196
			(d)	Gesamtaussage des Jahresabschlusses	2197
			(e)	Aufgliederungen und Erläuterungen	2197
			(f)	Lagebericht	2198
			(3)	Unterzeichnung des Prüfungsberichts	2198
		bb)	Prüfungsbericht bei freiwilligen Prüfungen, zu denen eine Bescheinigung erteilt werden soll	2198
	b)	Bestätigungsvermerk.	2199
		aa)	Voraussetzungen für die Erteilung eines Bestätigungsvermerks	2199
		bb)	Besonderheiten des Bestätigungsvermerks	2199
			(1)	Zum Jahresabschluss	2200
			(2)	Zum Konzernabschluss	2201
		cc)	Einzelfragen.	2202
	c)	Kommunikation mit dem Aufsichtsorgan	2202

V. Besonderheiten bei der Berichterstattung über Abschlussprüfungen von Unternehmen bestimmter Rechtsformen bzw. Branchen 2203
  1. Allgemeines 2203
  2. Kreditinstitute und Finanzdienstleistungsinstitute 2203
     a) Vorschriften für alle Institute 2203
     b) Finanzdienstleistungsinstitute. 2205
     c) Spezialkreditinstitute 2206
  3. Zahlungsinstitute und E-Geld-Institute 2207
  4. Finanzierungsleasing- und Factoringinstitute 2209
  5. Kapitalanlagegesellschaften und Investmentaktiengesellschaften 2211
     a) Kapitalanlagegesellschaften. 2211
     b) Sondervermögen. 2214
     c) Investmentaktiengesellschaften. 2217
  6. Versicherungsunternehmen 2218
  7. Genossenschaften. 2227
  8. Stiftungen. 2231
  9. Vereine 2235
  10. Spendensammelnde Organisationen 2237
  11. Öffentliche Unternehmen. 2238
  12. Energieversorgungsunternehmen. 2241
  13. Krankenhäuser 2243
  14. Pflegeeinrichtungen 2248
  15. Verwertungsgesellschaften. 2248
  16. Kapitalbeteiligungsgesellschaften 2250
  17. Vereine und Kapitalgesellschaften im Berufsfußball 2251
  18. Wohnungsunternehmen. 2253

VI. Besonderheiten der Berichterstattung bei anderen gesetzlich vorgeschriebenen oder berufsüblichen Prüfungen. 2255
  1. Aktienrechtliche Prüfungen 2255
     a) Aktienrechtliche Gründungsprüfungen und gleichartige Prüfungen . 2255
        aa) Ergebnis der externen aktienrechtlichen Gründungsprüfung . . 2255

		bb)	Ergebnis der Nachgründungsprüfung	2258
		cc)	Ergebnis der Prüfung von Kapitalerhöhungen mit Sacheinlagen	2260
	b)	Prüfung des Abhängigkeitsberichts.		2260
		aa)	Grundlagen.	2260
		bb)	Inhalt des Prüfungsberichts.	2261
		cc)	Prüfungsvermerk	2264
	c)	Aktienrechtliche Sonderprüfungen.		2268
		aa)	Allgemeines	2268
		bb)	Allgemeine Sonderprüfung nach den §§ 142 ff. AktG	2268
		cc)	Sonderprüfung nach den §§ 258 ff. AktG wegen unzulässiger Unterbewertung.	2269
		dd)	Sonderprüfung nach § 315 AktG	2274
	d)	Kapitalerhöhung aus Gesellschaftsmitteln		2274
2.	Prüfungen nach dem Umwandlungsgesetz			2275
	a)	Allgemeines		2275
	b)	Ergebnis der Verschmelzungsprüfung.		2276
		aa)	Ablauf der Verschmelzung.	2276
		bb)	Inhalt des Verschmelzungsprüfungsberichts	2277
		cc)	Erklärung zur Angemessenheit des vorgeschlagenen Umtauschverhältnisses	2281
	c)	Berichterstattung im Rahmen der verschmelzungsbedingten Nachgründungsprüfung.		2282
	d)	Weitere Prüfungen im Zusammenhang mit Umwandlungen.		2282
	e)	Verschmelzungs-Schlussbilanz		2283
3.	Prüfung der Rechnungslegung im Falle der Liquidation bzw. der Insolvenz.			2283
	a)	Eröffnungsbilanz		2283
	b)	Zwischenrechnungslegung.		2285
	c)	Schlussrechnungslegung		2286
	d)	Rechnungslegung im Insolvenzverfahren.		2287
4.	Prüfungen nach Spezialgesetzen.			2289
	a)	Prüfung der Wertpapierdienstleistungsunternehmen nach § 36 Abs. 1 WpHG		2289
	b)	Depotprüfung		2295
	c)	Prüfung nach dem Geldwäschegesetz		2297
	d)	Prüfung nach der Makler- und Bauträgerverordnung		2300
5.	Prüfung des Rechenschaftsberichts einer politischen Partei.			2304
6.	Prüfung von handelsrechtlichen Abschlüssen von Gebietskörperschaften			2308

VII. Erteilung von Bescheinigungen. ... 2309
    1. Grundlagen ... 2309
    2. Prüferische Durchsicht von Abschlüssen ... 2314
    3. Prüfung einer vorläufigen IFRS-Konzerneröffnungsbilanz ... 2315
    4. Erstellung von Jahresabschlüssen durch Wirtschaftsprüfer ... 2315
    5. Bescheinigungen und Berichterstattung zu anderen Prüfungstätigkeiten ... 2320
       a) Konsolidierte Abschlüsse. ... 2320
       b) Vermögensübersicht ... 2321
       c) Bescheinigung der Richtigkeit. ... 2322
       d) Prüfung von Softwareprodukten. ... 2322
       e) Projektbegleitende Prüfung von IT-Projekten ... 2325
       f) Prüfung des dienstleistungsbezogenen internen Kontrollsystems. ... 2327

g) Prüfung oder prüferische Durchsicht von Berichten im Bereich
der Nachhaltigkeit 2329
h) Prüfung der ordnungsgemäßen Entgeltentrichtung an Duale Systeme . 2332
i) Prüfung der „Vollständigkeitserklärung" für in den Verkehr
gebrachte Verkaufsverpackungen (VerpackV) 2334
j) Erneuerbare Energien und Energieeffizienz (EEG, KWK-G) 2337
k) Werkstätten für behinderte Menschen 2341
l) Prüfungen nach heimrechtlichen Vorschriften 2342
m) Prüfungen nach weiteren krankenhausrechtlichen Vorschriften 2344
   aa) Prüfung der Verwendung pauschaler Fördermittel nach
      Landeskrankenhausrecht 2344
   bb) Prüfungen nach § 17a Abs. 7 S. 2 KHG 2345
   cc) Prüfungen nach § 4 Abs. 3 S. 7 KHEntgG 2346
   dd) Prüfungen nach § 4 Abs. 10 S. 11 KHEntgG 2347
n) Bescheinigungen nach dem Investmentsteuergesetz (InvStG) 2348
   aa) Bescheinigungen nach § 5 Abs. 1 S. 1 Nr. 3 InvStG 2348
   bb) Bescheinigung nach § 17a Satz 1 Nr. 2 InvStG 2352
o) Sonstige 2353

VIII. Gutachterliche Tätigkeiten 2354
  1. Berichterstattung über Prospektbeurteilungen 2354
  2. Sanierungskonzepte 2359
  3. Umsetzung des § 87 AktG i.d.F. des VorstAG 2361
IX. Vereinbarte Untersuchungshandlungen („Agreed-Upon Procedures") 2365
X. Formulierungsempfehlungen für Bestätigungsvermerke und Versagungsvermerke bei Abschlussprüfungen 2368
  1. Uneingeschränkter Bestätigungsvermerk aufgrund einer gesetzlichen
Jahresabschlussprüfung 2368
  2. Uneingeschränkter Bestätigungsvermerk aufgrund einer gesetzlichen
Konzernabschlussprüfung 2369
  3. Uneingeschränkter zusammengefasster Bestätigungsvermerk aufgrund
einer gesetzlichen Abschlussprüfung des Konzerns und des Mutterunternehmens im Falle zusammengefasster Lageberichterstattung 2370
  4. Uneingeschränkter Bestätigungsvermerk aufgrund einer gesetzlichen
Abschlussprüfung bei einem nach § 315a HGB aufgestellten Konzernabschluss und Konzernlagebericht 2371
  4a. Uneingeschränkter Bestätigungsvermerk aufgrund einer gesetzlichen
Abschlussprüfung, die unter ergänzender Beachtung der ISA durchgeführt wurde, bei einem nach § 315a HGB aufgestellten Konzernabschluss und Konzernlagebericht 2372
  5. Uneingeschränkter Bestätigungsvermerk aufgrund einer gesetzlichen
Abschlussprüfung bei einem nach § 315a HGB aufgestellten Konzernabschluss, der auch den IFRS insgesamt entspricht 2374
  6. Uneingeschränkter Bestätigungsvermerk bei einem freiwillig
aufgestellten Konzernabschluss, der den IFRS entspricht 2375
  7. Uneingeschränkter Bestätigungsvermerk aufgrund der freiwilligen
Prüfung eines Jahresabschlusses ohne Lagebericht 2376
  8. Eingeschränkter Bestätigungsvermerk aufgrund einer gesetzlichen
Jahresabschlussprüfung im Falle wesentlicher Beanstandungen des
Jahresabschlusses ohne Auswirkungen auf die Aussage zur
Generalnorm des § 264 Abs. 2 HGB 2377

	9.	Eingeschränkter Bestätigungsvermerk aufgrund einer gesetzlichen Jahresabschlussprüfung im Falle wesentlicher Beanstandungen mit Auswirkungen auf die Aussage zur Generalnorm des § 264 Abs. 2 HGB und den Lagebericht................................	2378
	10.	Eingeschränkter Bestätigungsvermerk aufgrund einer gesetzlichen Jahresabschlussprüfung im Falle wesentlicher Beanstandungen des Lageberichts..	2379
	11.	Eingeschränkter Bestätigungsvermerk aufgrund einer gesetzlichen Jahresabschlussprüfung im Falle fehlender Lageberichterstattung....	2380
	12.	Eingeschränkter Bestätigungsvermerk aufgrund einer gesetzlichen Jahresabschlussprüfung im Falle von Prüfungshemmnissen mit Auswirkungen auf den Lagebericht................................	2381
	13.	Versagungsvermerk aufgrund einer gesetzlichen Jahresabschlussprüfung im Falle von Einwendungen...............	2383
	14.	Versagungsvermerk aufgrund einer gesetzlichen Jahresabschlussprüfung im Falle von Prüfungshemmnissen.........	2384
XI.	Schrifttumsverzeichnis..		2384
	1.	Verzeichnis der Monographien und Beiträge in Sammelwerken......	2384
	2.	Verzeichnis der Beiträge in Zeitschriften.....................	2389

Kapitel R

Prüfungstechnik

I.	Vorbemerkungen..		2399
	1.	Zielsetzung der Abschlussprüfung..........................	2399
	2.	Gegenstand und Umfang der Abschlussprüfung................	2400
		a) Gesetzliche Abschlussprüfung...........................	2400
		b) Freiwillige Abschlussprüfungen.........................	2402
	3.	Gegenstand und Umfang sonstiger Prüfungen.................	2402
	4.	Auswahl der Prüfungshandlungen............................	2402
	5.	Verantwortlichkeit der Unternehmensorgane.................	2404
	6.	Entwicklung der Abschlussprüfung..........................	2406
	7.	Überblick über die Phasen der Abschlussprüfung............	2408
II.	Planung der Abschlussprüfung......................................		2409
	1.	Prüfungsplanung durch den Abschlussprüfer.................	2409
		a) Gegenstand und Zweck der Planung.......................	2409
		b) Projektmanagement und Prüfungsplanung..................	2409
		c) Planung als prüfungsbegleitender Prozess...............	2410
		d) Sachliche Planung.....................................	2411
		aa) Überblick...	2411
		bb) Informationen als Grundlage der Planung............	2411
		cc) Beurteilung der Fortführung der Unternehmenstätigkeit....	2413
		dd) Entwicklung der Prüfungsstrategie..................	2420
		(1) Grundsatz.....................................	2420
		(2) Einschätzung des Prüfungsrisikos..............	2421
		(3) Festlegung von Wesentlichkeitsgrenzen.........	2425
		(4) Plausibilitätsbeurteilungen...................	2427
		ee) Planung von Art und Umfang der Prüfungshandlungen....	2427
		(1) Grundsatz.....................................	2427
		(2) Prüfung des IKS...............................	2428

			(3)	Aussagebezogene Prüfungshandlungen	2431
				(a) Analytische Prüfungshandlungen	2431
				(b) Einzelfallprüfungen	2431
			(4)	Anwendung von Stichproben	2432
				(a) Verfahren mit bewusster Auswahl	2433
				(b) Verfahren mit Zufallsauswahl	2434
				(c) Statistische Schätzverfahren	2435
				(d) Statistische Testverfahren	2436
		ff)	Besonderheiten bei Erstprüfungen.		2436
	e)	Zeitplanung			2438
	f)	Personelle Planung			2440
	g)	Erstellung und Dokumentation des Prüfungsplans			2441
2.	Vorbereitung der Abschlussprüfung durch das zu prüfende Unternehmen				2443

III. Berücksichtigung von Verstößen im Rahmen der Abschlussprüfung. 2446
  1. Einleitung. 2446
  2. Merkmale von Verstößen 2447
  3. Verantwortung für die Aufdeckung von Verstößen und kritische Grundhaltung des Abschlussprüfers 2451
  4. Vorgehensweise zur Berücksichtigung von Verstößen 2453
      a) Erörterungen im Prüfungsteam. 2453
      b) Prüfungshandlungen zur Erkennung und Beurteilung von Risiken . . 2454
          aa) Befragungen der gesetzlichen Vertreter und anderer Führungskräfte sowie weiterer geeigneter Personen im geprüften Unternehmen 2455
          bb) Befragungen des Aufsichtsorgans. 2457
          cc) Einschätzung von Risikofaktoren für Verstöße. 2457
          dd) Berücksichtigung ungewöhnlicher oder unerwarteter Verhältnisse sowie anderer Informationen. 2458
      c) Erkennung und Beurteilung der Risiken von Verstößen 2458
      d) Risiken von Verstößen im Zusammenhang mit der Umsatzrealisierung 2459
      e) Reaktionen auf Risiken wesentlicher falscher Angaben aufgrund von Verstößen. 2459
      f) Berücksichtigung des Risikos von „Management Override" 2461
      g) Mitteilungspflichten bei vermuteten oder aufgedeckten Verstößen . . 2461
      h) Pflicht zur Berichterstattung im PrB und Bestätigungsvermerk 2463
IV. Durchführung der Abschlussprüfung. 2465
  1. Prüfung der Rechtsgrundlagen und der rechtlichen Verhältnisse des Unternehmens 2465
  2. Verstehen des Unternehmens und seines Umfelds einschließlich des IKS . 2468
      a) Einleitung 2468
          aa) Unternehmensumfeld. 2468
          bb) Merkmale des Unternehmens. 2469
          cc) Unternehmensziele und -strategien und Geschäftsrisiken 2469
          dd) Messung und Überwachung des wirtschaftlichen Erfolgs 2470
          ee) Internes Kontrollsystem 2470
      b) Instrumente zur Beurteilung der Geschäftstätigkeit und des rechtlichen und wirtschaftlichen Umfelds 2470
      c) Ergebnisse der Analyse der Geschäftstätigkeit und des rechtlichen und wirtschaftlichen Umfelds. 2471
      d) Risiken aus dem Einsatz von Informationstechnologie (IT). 2472

			aa)	Vorbemerkungen	2472
			bb)	Bedeutung von IT-Risikoindikatoren für die Risikoeinschätzung	2473
				(1) Risikoindikator „Abhängigkeit"	2473
				(2) Risikoindikator „Änderungen"	2474
				(3) Risikoindikator „Know-how und Ressourcen"	2475
				(4) Risikoindikator „Geschäftliche Ausrichtung"	2475
			cc)	Konkretisierung von IT-Risikoindikatoren	2476
			dd)	Branchen-Fokus und rechtliche Rahmenbedingungen	2477
			ee)	Vorgehensweise zur Identifikation von IT-Fehlerrisiken und Überleitung zur prozessorientierten Abschlussprüfung	2478
	3.	Systemprüfung			2478
		a)	Begriff und Aufgaben des internen Kontrollsystems		2478
		b)	Internes Kontrollsystem und risikoorientierte Abschlussprüfung		2480
		c)	Prüfung des Aufbaus des IKS (Aufbauprüfung)		2481
			aa)	Durchführung der Aufbauprüfung	2481
			bb)	Systemerfassung und -beurteilung	2483
				(1) Erfassen der relevanten Kontrollmaßnahmen	2484
				(2) Beurteilen der Angemessenheit des internen Kontrollsystems	2490
				(3) Prüfung der Implementierung der Kontrollmaßnahmen	2491
				(4) Prüfungshandlungen im Rahmen der Aufbau- und Implementierungsprüfung	2492
		d)	Beurteilung der festgestellten Fehlerrisiken		2492
		e)	Funktionsprüfungen des internen Kontrollsystems		2492
		f)	Ergebnisse der Systemprüfung		2496
		g)	Kommunikation mit dem Management und dem Aufsichtsorgan		2497
		h)	Systemprüfungen in ausgewählten Teilbereichen des Unternehmens		2497
			aa)	Beschaffung/ Einkauf	2498
			bb)	Produktions- und Lagermanagement	2500
			cc)	Personalmanagement	2503
			dd)	Beteiligungsmanagement	2507
			ee)	Finanzmanagement	2509
			ff)	Investitions- und Instandhaltungsmanagement	2512
			gg)	Rechnungswesen/Jahresabschlusserstellung	2516
	4.	Analytische Prüfungshandlungen			2518
		a)	Begriff und Komponenten der analytischen Prüfungshandlungen		2518
			aa)	Prognose	2519
			bb)	Vergleich	2520
			cc)	Beurteilung	2520
		b)	Arten analytischer Prüfungshandlungen		2521
			aa)	Trend- und Kennzahlenanalysen	2521
			bb)	Plausibilitätsprüfungen	2523
		c)	Anwendungsbereich analytischer Prüfungshandlungen		2524
			aa)	Prüfungsplanung	2524
			bb)	Prüfungsdurchführung	2524
			cc)	Abschließende Gesamtdurchsicht	2526
			dd)	Berücksichtigung von Verstößen	2526
		d)	Grenzen und Probleme analytischer Prüfungshandlungen		2527
	5.	Einzelfallprüfungen			2528

a)	Einleitung			2528
b)	Prüfung der Gliederungsgrundsätze			2528
c)	Prüfung der Bilanz			2529
	aa)	Grundsätzliches zur Prüfungstechnik bei der Prüfung der Bilanz		2529
	bb)	Prüfung der Aktiva		2530
		(1) Prüfung der immateriellen Vermögensgegenstände		2530
		(2) Prüfung der Sachanlagen		2532
			(a) Prüfung der Bestandsführung	2532
			(b) Prüfung der Anschaffungs-/ Herstellungskosten	2532
			(c) Prüfung der Zugänge	2532
			(d) Prüfung der Abgänge	2534
			(e) Prüfung der Zuschreibungen	2534
			(f) Prüfung der Abschreibungen	2535
		(3) Prüfung der Finanzanlagen		2535
			(a) Prüfung der Anteile an verbundenen Unternehmen	2535
			(b) Prüfung der Beteiligungen	2537
			(c) Prüfung der Ausleihungen	2538
			(d) Prüfung der Wertpapiere des AV	2538
		(4) Prüfung der Vorräte		2538
			(a) Prüfung der Roh-, Hilfs- und Betriebsstoffe	2538
			(b) Prüfung der unfertigen Erzeugnisse und Leistungen, der fertigen Erzeugnisse sowie der Waren	2544
			(c) Prüfung der geleisteten Anzahlungen	2544
		(5) Prüfung der Forderungen		2545
			(a) Prüfung der Forderungen aus Lieferungen und Leistungen	2545
			(b) Prüfung der Forderungen gegen verbundene Unternehmen	2549
			(c) Prüfung der Forderungen gegen Unternehmen, mit denen ein Beteiligungsverhältnis besteht	2550
			(d) Prüfung der sonstigen Vermögensgegenstände	2550
			(e) Prüfung der Restlaufzeit	2551
		(6) Prüfung der Wertpapiere		2551
		(7) Prüfung der flüssigen Mittel		2552
			(a) Prüfung des Scheckbestandes	2552
			(b) Prüfung des Kassenbestandes	2552
			(c) Prüfung des Bundesbankguthabens sowie der Guthaben bei Kreditinstituten	2553
			(d) Prüfung der aktiven Rechnungsabgrenzung	2554
		(8) Prüfung der aktiven latenten Steuern		2554
		(9) Prüfung des aktiven Unterschiedsbetrag aus der Vermögensverrechnung		2555
	cc)	Prüfung der Passiva		2555
		(1) Prüfung des Eigenkapitals		2555
		(2) Prüfung der Rücklagen		2557
		(3) Prüfung der Rückstellungen		2558
			(a) Allgemeine Prüfungshandlungen	2558
			(b) Prüfung der Pensionsrückstellungen	2558
			(c) Prüfung der anderen Rückstellungen	2561

Inhaltsverzeichnis

	(4) Prüfung der Verbindlichkeiten...................	2562
	(a) Prüfung der Anleihen.....................	2562
	(b) Prüfung der Verbindlichkeiten gegenüber Kreditinstituten.............................	2562
	(c) Prüfung der erhaltenen Anzahlungen auf Bestellungen	2562
	(d) Prüfung der Verbindlichkeiten aus Lieferungen und Leistungen........................	2563
	(e) Prüfung der Wechselverbindlichkeiten.........	2563
	(f) Prüfung der Verbindlichkeiten gegenüber verbundenen Unternehmen und der Verbindlichkeiten gegenüber Unternehmen, mit denen ein Beteiligungsverhältnis besteht..................	2564
	(g) Prüfung der sonstigen Verbindlichkeiten........	2564
	(h) Prüfung der Angabe der Restlaufzeiten und der pfandrechtlichen Sicherungen...............	2564
	(5) Prüfung der passiven Rechnungsabgrenzung........	2565
	(6) Prüfung der passiven latenten Steuern.............	2565
	(7) Prüfung der vermerkpflichtigen Haftungsverhältnisse ..	2565
	dd) Prüfung von off-balance sheet-Geschäften............	2565
d)	Prüfung der Gewinn- und Verlustrechnung................	2568
	aa) Grundsätzliches zur Prüfungstechnik bei der Prüfung der Gewinn- und Verlustrechnung.....................	2568
	bb) Zusammenhang zwischen Bilanzprüfung und Prüfung der Gewinn- und Verlustrechnung.....................	2569
e)	Prüfung des Anhangs.............................	2570
	aa) Grundsätzliches zur Prüfung des Anhangs.............	2570
	bb) Prüfung der Angaben zu Einzelposten der Bilanz und der Gewinn- und Verlustrechnung...................	2571
	cc) Prüfung der Angaben zu den angewandten Bilanzierungs- und Bewertungsmethoden......................	2571
	dd) Prüfung der sonstigen Angaben....................	2571
f)	Berücksichtigung von Beziehungen zu nahe stehenden Personen ..	2573
	aa) Allgemeines................................	2573
	bb) Prüfung der Beziehungen mit nahe stehenden Personen	2574
6. Prüfung von geschätzten Werten in der Rechnungslegung einschließlich von Zeitwerten................................		2576
a) Allgemeines....................................		2576
b) Prüfungshandlungen bei geschätzten Werten.................		2577
	aa) Prüfungshandlungen zur Beurteilung von Fehlerrisiken im Zusammenhang mit geschätzten Werten..............	2577
	bb) Prüfungshandlungen als Reaktion auf die beurteilten Fehlerrisiken im Zusammenhang mit geschätzten Werten ...	2578
c) Abschließende Beurteilung und Berichterstattung.............		2579
d) Die Prüfung von Zeitwerten..........................		2580
7. Prüfung des Risikofrüherkennungssystems.....................		2581
a) Prüfungspflicht des Risikofrüherkennungssystems nach § 317 Abs. 4 HGB bei börsennotierten Aktiengesellschaften..........		2581
b) Umfang der Prüfung des Risikofrüherkennungssystems bei anderen Gesellschaften.............................		2583
8. Exkurs: Prüfung von Compliance Management Systemen..........		2584

XCI

9. Prüfung des Lageberichts........................ 2589
   a) Grundlagen.................................. 2589
   b) Maßstab für die Prüfung/ Hinweise zur Prüfungsdurchführung.... 2590
      aa) Einklang des LB mit dem JA und Vermittlung einer zutreffenden Vorstellung von der Lage des Unternehmens... 2590
      bb) Einklang des LB mit den bei der Prüfung gewonnenen Erkenntnissen............................ 2591
   c) Prüfungsgegenstand.......................... 2591
      aa) Prüfung der Angaben zum Geschäftsverlauf einschließlich des Geschäftsergebnisses und zur Lage der Gesellschaft.... 2591
      bb) Prüfung der Darstellung der Chancen und Risiken der künftigen Entwicklung....................... 2593
      cc) Exkurs: Zusammenhang zwischen Darstellung der Risiken der künftigen Entwicklung und Risikofrüherkennungssystem. 2595
      dd) Prüfung der Berichterstattung über Vorgänge von besonderer Bedeutung nach Schluss des Geschäftsjahres........... 2596
      ee) Prüfung der Berichterstattung über Finanzrisiken......... 2597
      ff) Prüfung der Angaben zum Bereich Forschung und Entwicklung 2597
      gg) Prüfung der Angabe bestehender Zweigniederlassungen.... 2598
      hh) Prüfung der Angabe nichtfinanzieller Leistungsfaktoren.... 2598
      ii) Prüfung der Schlusserklärung des Vorstands im Abhängigkeitsbericht............................... 2599
      jj) Prüfung der übernahmerechtlichen Angaben............ 2599
      kk) Prüfung der Beschreibung der wesentlichen Merkmale des internen Kontroll- und des Risikomanagementsystems im Hinblick auf den Rechnungslegungsprozess........... 2600
      ll) Exkurs: Auswirkungen der Erklärung zur Unternehmensführung auf die Abschlussprüfung................. 2600
10. Prüfung aufgrund eines erweiterten Prüfungsauftrags.............. 2601
11. Berücksichtigung von Ereignissen nach dem Abschlussstichtag....... 2602
    a) Ereignisse zwischen Abschlussstichtag und Erteilung des Bestätigungsvermerks........................... 2602
    b) Ereignisse nach der Erteilung des Bestätigungsvermerks........ 2603
V. Besonderheiten der Abschlussprüfung kleiner und mittelgroßer Unternehmen 2604
   1. Allgemeines................................. 2604
   2. Feststellung und Beurteilung von Fehlerrisiken................. 2604
   3. Feststellung und Durchführung von Prüfungshandlungen als Reaktion auf die beurteilten Fehlerrisiken...................... 2608
   4. Die Prüfung des Lageberichts........................ 2609
VI. Einsatz der Informationstechnologie im Rahmen der Abschlussprüfung... 2610
   1. Einleitung in die Informationstechnologie (IT)................ 2610
      a) Notwendigkeit des IT-Einsatzes...................... 2610
      b) Zusatznutzen des IT-Einsatzes....................... 2610
   2. Rahmenbedingungen des IT-Einsatzes..................... 2611
      a) Technische Plattformen.......................... 2611
      b) Dokumentation des IT-Einsatzes..................... 2611
      c) Verschwiegenheit im Rahmen des IT-Einsatzes............. 2612
      d) Qualitätssicherung bei und durch den IT-Einsatz........... 2613
   3. Erforderliche Infrastruktur für den IT-Einsatz................ 2613
   4. Reichweite des IT-Einsatzes im Rahmen der Abschlussprüfung...... 2615

5. Beispiele für den IT-Einsatz in den einzelnen Abschnitten des Prüfungsprozesses.. 2617
   a) IT-Einsatz im Rahmen der Prüfungsplanung................ 2617
   b) IT-Einsatz im Rahmen der Prüfungsdurchführung............ 2618
      aa) Verständnis des Unternehmens und seines Umfelds....... 2618
      bb) Systemprüfung............................... 2619
      cc) Analytische Prüfungshandlungen................... 2619
      dd) Einzelfallprüfungen............................ 2620
      ee) IT-gestützte Berichterstellung..................... 2621
   c) Prüfung der Einhaltung der Grundsätze der Sicherheit und Ordnungsmäßigkeit bei IT-gestützten Geschäftsprozessen........ 2621
      aa) Vorbemerkungen............................. 2621
      bb) Grundsätze ordnungsmäßiger Buchführung bei Einsatz von IT 2623
          (1) IT-Sicherheitsanforderungen................... 2623
          (2) Spezifische Anforderungen an die Ordnungsmäßigkeit.. 2624
              (a) Vorbemerkungen...................... 2624
              (b) Beleg-, Journal- und Kontenfunktion.......... 2626
              (c) Dokumentation und Nachvollziehbarkeit des Rechnungslegungsverfahrens................ 2627
      cc) IT-Systemprüfungen im Rahmen von Abschlussprüfungen.. 2628
          (1) Ziele und Umfang von IT-Systemprüfungen.......... 2628
          (2) Planung der Prüfung und Einordnung in die Prüfungsstrategie................................. 2629
          (3) Durchführung von IT-Systemprüfungen............ 2631
              (a) Prüfung des IT-Umfeldes und der IT-Organisation... 2631
              (b) Prüfung der IT-Infrastruktur................ 2632
              (c) Prüfung von IT-Anwendungen............... 2635
              (d) Prüfung von IT-gestützten Geschäftsprozessen.... 2637

VII. Abschlussprüfung bei teilweiser Auslagerung der Rechnungslegung auf Dienstleistungsunternehmen................................ 2638
  1. Einführung.. 2638
  2. Feststellung und Beurteilung des Kontrollrisikos................. 2639
   a) Feststellung des Kontrollrisikos........................ 2639
   b) Beurteilung des Kontrollrisikos........................ 2640
      aa) Bericht eines externen Prüfers des Dienstleistungsunternehmens................................... 2640
      bb) Durchführung von Systemprüfungen beim Dienstleistungsunternehmen................................... 2641
  3. Auswirkungen auf den Prüfungsbericht und Bestätigungsvermerk.... 2641

VIII. Verwertung der Arbeit Dritter................................. 2641
  1. Grundsatz.. 2641
  2. Prüfungsergebnisse anderer externer Prüfer...................... 2642
  3. Prüfungsergebnisse der Internen Revision...................... 2645
  4. Verwertung der Arbeit von Sachverständigen.................... 2646

IX. Vollständigkeitserklärung................................... 2649
X. Durchführung von Gemeinschaftsprüfungen (Joint Audit).......... 2650
XI. Nachweis der Prüfungsdurchführung und Berichterstattung.......... 2652
  1. Allgemeines... 2652
  2. Arbeitspapiere... 2652
   a) Begriff und Zweck................................. 2652

XCIII

		b)	Systematischer Aufbau der Arbeitspapiere	2653

b) Systematischer Aufbau der Arbeitspapiere 2653
c) Inhalt der Arbeitspapiere. 2654
3. Schlussbesprechung 2656
4. Prüfungsbericht und Bestätigungsvermerk. 2657
5. Zusätzliche Instrumente der Berichterstattung 2657
   a) Management Letter 2657
   b) Berichterstattung im Rahmen von Sitzungen des Aufsichtsrats/Prüfungsausschusses 2658
XII. Schrifttumsverzeichnis. 2659
1. Verzeichnis der Monographien, Kommentare und Beiträge in Sammelwerken 2659
2. Verzeichnis der Beiträge in Zeitschriften 2661

Kapitel S

Die Bezüge des Vorstands und des Aufsichtsrates einer Aktiengesellschaft

I. Vorstandsbezüge. 2665
1. Allgemeines 2665
2. Gesamtbezüge. 2666
3. Angemessenheit. 2667
4. Variable Vergütungsmodelle 2671
   a) Allgemeines zur ergebnisabhängigen Tantieme 2672
   b) Jahresüberschuss als Bemessungsgrundlage 2673
   c) Dividendenabhängige Tantieme 2676
   d) Ziel- oder Ermessenstantieme. 2677
   e) Stock Options. 2678
      aa) Ausgabevoraussetzungen 2679
      bb) Anforderungen an die inhaltliche Ausgestaltung 2679
      cc) Verwendung eigener Aktien. 2682
      dd) Angemessenheit 2682
      ee) Höchstbetrag 2683
      ff) Repricing 2683
   f) Virtuelle Eigenkapitalinstrumente 2684
   g) Abfindungszahlungen. 2684
   h) Bilanzielle Behandlung. 2686
   i) Steuerrechtliche Behandlung beim Empfänger. 2688
5. D & O-Versicherungen 2688
6. Herabsetzung von Bezügen der Vorstandsmitglieder 2689
II. Aufsichtsratsbezüge. 2691
1. Allgemeines 2691
2. Arten und inhaltliche Anforderungen an Aufsichtsratsbezüge 2692
3. Variable Vergütungen 2693
   a) Allgemeines. 2693
   b) Beteiligung am Unternehmensergebnis. 2693
      aa) Bilanzgewinn als Bemessungsgrundlage 2694
      bb) Abzug der Vorstandstantieme. 2694
      cc) Abzug der Aufsichtsratstantieme 2695
      dd) Abzug der Mindestdividende 2695
   c) Aktienoptionen und andere variable Vergütungsbestandteile. 2695
4. Herabsetzung der AR-Bezüge 2697

III.	Schrifttumsverzeichnis	2697
	1. Verzeichnis der Monographien, Kommentare und Beiträge in Sammelwerken	2697
	2. Verzeichnis der Beiträge in Zeitschriften	2698

Kapitel T
Unternehmensverbindungen

I.	Allgemeines	2703
II.	Verbundene Unternehmen im Aktiengesetz und im Handelsgesetzbuch	2704
	1. Grundlagen	2704
	2. Keine verschiedenen Arten von Unternehmensverbindungen im HGB	2705
	3. Verhältnis des aktienrechtlichen Begriffs der verbundenen Unternehmen zu dem Begriff der verbundenen Unternehmen in § 271 Abs. 2 HGB	2705
	4. Die Einbeziehung oder mögliche Einbeziehung in einen Konzernabschluss als zusätzliche Voraussetzung für Unternehmensverbindungen in § 271 Abs. 2 HGB	2707
	5. Geltung der Vermutungswirkungen des AktG	2708
	6. Übersicht	2709
III.	Die für verbundene Unternehmen geltenden Vorschriften	2709
	1. Der Anwendungsbereich des § 15 AktG	2709
	a) Gemeinsame Vorschriften für alle i.S.v. § 15 AktG verbundenen Unternehmen	2709
	b) Vorschriften mit Geltungsbereich speziell für einzelne Gruppen verbundener Unternehmen	2710
	aa) Gemeinsame Vorschriften für mit Mehrheit beteiligte und in Mehrheitsbesitz stehende Unternehmen (§ 16 AktG) sowie herrschende und abhängige Unternehmen (§ 17 AktG)	2711
	bb) Vorschriften ausschließlich für mit Mehrheit beteiligte und in Mehrheitsbesitz stehende Unternehmen (§ 16 AktG)	2712
	cc) Vorschriften ausschließlich für herrschende und abhängige Unternehmen (§ 17 AktG)	2713
	dd) Gemeinsame Vorschriften für herrschende und abhängige Unternehmen (§ 17 AktG) und Konzernunternehmen (§ 18 AktG)	2714
	ee) Vorschriften ausschließlich für Konzernverhältnisse (§ 18 AktG)	2715
	ff) Vorschriften für wechselseitig beteiligte Unternehmen	2715
	gg) Vorschriften für Vertragsteile eines Unternehmensvertrages (§§ 291, 292 AktG)	2715
	c) Verknüpfungen zwischen den verschiedenen Formen von Unternehmensverbindungen durch gesetzliche Vermutungen	2716
	2. Der Anwendungsbereich des § 271 Abs. 2 HGB im Dritten Buch des HGB	2716
	3. Die im Dritten Buch des HGB anzuwendenden Vorschriften der §§ 16 bis 19 AktG	2717
	4. Im AktG anzuwendende Vorschriften des HGB	2718
	5. Verbundene Unternehmen in anderen Rechtsvorschriften	2719
IV.	Unternehmensverbindungen im Aktiengesetz	2719
	1. Verbundene Unternehmen	2719

XCV

2. Der Begriff „Unternehmen" 2720
   a) Allgemeines. 2720
   b) Körperschaften und Anstalten des öffentlichen Rechts als
      Unternehmen 2723
3. Der Begriff „verbundene Unternehmen" 2725
   a) Die Struktur des Begriffs. 2725
   b) Überlagerung von Unternehmensverbindungen 2726
   c) Ausländische Unternehmen als Partner einer Unternehmens-
      verbindung. 2726
4. In Mehrheitsbesitz stehende Unternehmen und mit Mehrheit
   beteiligte Unternehmen 2727
   a) Allgemeines. 2727
   b) Die Mehrheit der Anteile. 2728
      aa) Berechnung der Mehrheitsbeteiligung 2728
      bb) Unmittelbare Mehrheitsbeteiligung 2731
      cc) Mittelbare Mehrheitsbeteiligung. 2732
   c) Die Mehrheit der Stimmrechte 2736
      aa) Berechnung der Mehrheit 2736
      bb) Unmittelbare Mehrheitsbeteiligung 2736
      cc) Mittelbare Mehrheitsbeteiligung. 2737
5. Abhängige und herrschende Unternehmen. 2737
   a) Allgemeines. 2737
   b) Der Abhängigkeitsbegriff 2738
      aa) Einheitliche Begriffsbestimmung in § 17 AktG 2738
      bb) Die Beherrschungsmöglichkeit. 2739
      cc) Beständigkeit der Einflussmöglichkeit. 2739
      dd) Die Beherrschungsmittel. 2740
      ee) Verbotsrechte als Beherrschungsmittel. 2742
      ff) Verflechtung der Verwaltungen als Beherrschungsmittel 2743
      gg) Minderheitsbeteiligung; Präsenzmehrheit in der Haupt-
          versammlung 2743
      hh) Die mittelbare (mehrstufige) Abhängigkeit 2743
      ii) Abhängigkeit von mehreren (untereinander unabhängigen)
          Unternehmen 2744
      jj) Treuhandverhältnisse 2747
      kk) Abhängigkeit und Gleichordnungskonzern 2747
   c) Die Abhängigkeitsvermutung (§ 17 Abs. 2 AktG). 2747
      aa) Keine Ausübung von Beherrschungsmacht. 2748
          (1) Beschränkung der Mehrheitsrechte durch Satzungs-
              gestaltung 2749
          (2) Beschränkungen der Mehrheitsrechte durch Vertrag 2749
      bb) Die Maßgeblichkeit des Gesamtbildes der Beziehungen 2751
      cc) Widerlegung bei mehrstufigen Beteiligungen 2752
      dd) Besonderheiten bei GmbH und Personengesellschaften..... 2753
6. Konzern und Konzernunternehmen 2753
   a) Allgemeines. 2753
   b) Konzernbegriff. 2754
   c) Die Zusammenfassung unter einheitlicher Leitung 2754
   d) Der Unterordnungskonzern 2759
   e) Der Gleichordnungskonzern 2760

			f)	Besondere Fälle	2761
				aa) Gemeinschaftsunternehmen	2761
				bb) Ein Unternehmen als Obergesellschaft verschiedener Konzerne?	2764
				cc) Verbindung zwischen Gleichordnungskonzern und Unterordnungskonzern	2764
				dd) Konzern im Konzern?	2765
				ee) Joint Ventures, Arbeitsgemeinschaften	2765
				ff) Holdinggesellschaften	2766
				gg) Konzernverhältnis bei treuhänderisch gehaltenen Beteiligungen	2767
		7.	Wechselseitig beteiligte Unternehmen		2767
			a)	Allgemeines	2767
			b)	Rechtsform der Unternehmen und Sitzvoraussetzungen	2768
			c)	Ermittlung der wechselseitigen Beteiligungen	2769
				aa) Allgemeines	2769
				bb) Zurechnung	2770
			d)	Abhängige und beherrschte wechselseitig beteiligte Unternehmen	2772
				aa) Allgemeines	2772
				bb) Mehrheitsbeteiligung	2772
				cc) Abhängigkeit	2773
			e)	Rechtsfolgen der wechselseitigen Beteiligung	2773
		8.	Faktische Konzernierung		2774
			a)	Konzernbildung	2775
			b)	Der faktische Konzern	2779
			c)	Rechtsfolgen bei Bestehen eines faktischen Konzerns	2782
		9.	Unternehmensverträge		2786
			a)	Die einzelnen Unternehmensverträge	2788
				aa) Beherrschungsvertrag	2789
				bb) Gewinnabführungsvertrag	2793
				cc) Gewinngemeinschaft	2794
				dd) Teilgewinnabführungsvertrag	2795
				ee) Betriebspacht- und Betriebsüberlassungsvertrag	2796
			b)	Abschluss, Änderung und Beendigung von Unternehmensverträgen	2797
				aa) Abschluss	2797
				bb) Änderung	2801
				cc) Beendigung	2802
			c)	Sicherung der Gesellschaft und der Gläubiger	2804
			d)	Abschluss von Unternehmensverträgen mit GmbH	2811
			e)	Sicherung der außenstehenden Aktionäre	2813
				aa) Der Ausgleichsanspruch	2814
				bb) Der Abfindungsanspruch	2820
V.	Verbundene Unternehmen im Dritten Buch des Handelsgesetzbuches				2825
	1.	Bedeutung des Begriffs der verbundenen Unternehmen im Dritten Buch des Handelsgesetzbuches			2825
	2.	Begriff des „Unternehmens" im Dritten Buch des HGB			2825
		a)	Kein allgemeingültiger Unternehmensbegriff und keine Bindung an den Unternehmensbegriff des AktG		2826
		b)	Bestimmung des Unternehmensbegriffs für die Rechnungslegung im Dritten Buch des HGB für Tochterunternehmen		2827

- c) Bestimmung des Unternehmensbegriffs für die Rechnungslegung im Dritten Buch des HGB für Mutterunternehmen 2827
- d) Ausländische Unternehmen 2828
3. „Verbundene Unternehmen" i.S.d. § 271 Abs. 2 HGB 2828
  - a) Die Struktur des Begriffs „verbundene Unternehmen". 2828
  - b) Die Definitionen in § 271 Abs. 2 HGB – Überblick. 2829
  - c) Mutter- oder Tochterunternehmen nach § 290 HGB 2830
    - aa) Mutterunternehmen 2830
    - bb) Tochterunternehmen 2831
      - (1) Unternehmensverbindungen gem. § 290 Abs. 1 HGB ... 2831
      - (2) Insbesondere Unternehmensverbindungen durch Zurechnung gem. § 290 Abs. 3 HGB. 2831
      - (3) Unternehmensverbindungen bei treuhänderisch gehaltener Mehrheitsbeteiligung bei § 290 Abs. 3 HGB. . 2833
      - (4) Unternehmensverbindungen bei Stimmbindung oder Entherrschung?. 2833
      - (5) Unternehmensverbindungen bei §§ 291, 292 HGB 2834
  - d) Einbeziehung in den Konzernabschluss nach den Vorschriften über die Vollkonsolidierung 2834
    - aa) Maßgeblichkeit des pflichtmäßigen Konsolidierungskreises für die Unternehmensverbindungen. 2834
    - bb) Einbeziehung nach den Vorschriften über die Vollkonsolidierung 2834
  - e) Der weitestgehende Konzernabschluss eines obersten Mutterunternehmens (§ 271 Abs. 2 HGB, 1. Fallgruppe). 2834
    - aa) Pflicht zur Aufstellung eines Konzernabschlusses 2835
      - (1) Grundlagen der Pflicht zur Aufstellung eines Konzernabschlusses. 2835
      - (2) Qualifikation als verbundene Unternehmen bei Nichterfüllung der Pflicht zur Aufstellung eines Konzernabschlusses. 2836
      - (3) Qualifikation als verbundene Unternehmen bei unterlassener Abschlussprüfung 2836
      - (4) Qualifikation als verbundene Unternehmen auch in den Fällen, in denen größenbedingt keine Pflicht zur Aufstellung eines Konzernabschlusses besteht. 2836
    - bb) Kreis der verbundenen Unternehmen i.S.d. § 271 Abs. 2 HGB, 1. Fallgruppe 2836
      - (1) Unternehmensverbindung bei aufgestelltem Konzernabschluss nach § 290 HGB. 2837
      - (2) Unternehmensverbindung bei aufgestelltem Konzernabschluss nach § 315a HGB in Verbindung mit internationalen Rechnungslegungsstandards 2837
      - (3) Unternehmensverbindungen, wenn der vorgeschriebene Konzernabschluss nicht (vollständig) aufgestellt wird ... 2837
    - cc) Konzernabschluss auf unterer Stufe. 2837
    - dd) Zwei oberste Mutterunternehmen nebeneinander 2838
  - f) Unternehmensverbindungen bei befreiendem Konzernabschluss nach §§ 291, 292 HGB (2. Fallgruppe). 2840

	aa)	Befreiende Konzernabschlüsse durch Mutterunternehmen mit Sitz im Inland............................	2841
		(1) Befreiende Konzernabschlüsse, die aufgrund gesetzlicher Verpflichtung aufgestellt werden.........	2841
		(2) Unternehmensverbindungen, wenn ein befreiender Konzernabschluss zwar nicht verpflichtend, aber möglich ist.	2841
		(a) Kapitalgesellschaften und Personengesellschaften i.S.d. § 264a HGB	2842
		(b) Unternehmen anderer Rechtsform	2842
		(3) Kreis der verbundenen Unternehmen bei § 271 Abs. 2 HGB, 2. Fallgruppe, bei Mutterunternehmen mit Sitz im Inland	2843
		(a) Maßgeblichkeit des pflichtmäßigen Konsolidierungskreises für die Unternehmensverbindungen ..	2843
		(b) Kreis der verbundenen Unternehmen bei Aufstellung des Konzernabschlusses nach internationalen Rechnungslegungsstandards (§ 315a HGB)	2843
	bb)	Befreiende Konzernabschlüsse durch Mutterunternehmen mit Sitz im Ausland	2843
		(1) Keine gesetzliche Verpflichtung zur Aufstellung eines befreienden Konzernabschlusses	2843
		(2) Möglichkeit zur Aufstellung eines befreienden Konzernabschlusses	2843
		(3) Kreis der verbundenen Unternehmen bei befreiendem Konzernabschluss eines ausländischen Mutterunternehmens................................	2844
		(a) Unternehmensverbindungen mit dem zu befreienden Mutterunternehmen und seinen Tochterunternehmen	2844
		(b) Unternehmensverbindungen mit den anderen in den befreienden Konzernabschluss einzubeziehenden Unternehmen......................	2844
	cc)	Voraussetzung eines befreienden Konzernabschlusses	2845
		(1) Grundlagen der Verpflichtung zur Aufstellung eines Konzernabschlusses	2845
		(2) Bedeutung einer größenbedingten Befreiung des zu befreienden Mutterunternehmens................	2846
		(3) Bedeutung einer Befreiung nach § 290 Abs. 5 HGB. ...	2847
		(4) Bedeutung des § 291 Abs. 3 HGB	2847
	g)	Verbundene Unternehmen in einem Beispielsfall..............	2848
	h)	Nicht vom Wortlaut des § 271 Abs. 2 HGB erfasste Fälle	2849
	aa)	Nichterreichen der Größenmerkmale von § 293 HGB	2849
	bb)	Mutterunternehmen im einstufigen Konzern ist keine Kapitalgesellschaft mit Sitz im Inland................	2849
	cc)	Konzernabschlüsse nach dem PublG	2850
	dd)	Gleichordnungskonzern........................	2850
	i)	Erweiterte Auslegung von § 271 Abs. 2 HGB................	2850
VI.	Schrifttumsverzeichnis		2851
	1. Verzeichnis der Monographien und Beiträge in Sammelwerken......		2851
	2. Verzeichnis der Beiträge in Zeitschriften		2853

Kapitel U

Nichtigkeit und Anfechtbarkeit von Hauptversammlungsbeschlüssen und des festgestellten Jahresabschlusses

- I. Allgemeines.. 2861
- II. Nichtigkeit von Hauptversammlungsbeschlüssen................. 2862
  - 1. Nichtigkeitsgründe.. 2862
    - a) Allgemeine Nichtigkeitsgründe des § 241 AktG............. 2863
      - aa) § 241 Nr. 1 AktG.................................. 2863
      - bb) § 241 Nr. 2 AktG.................................. 2864
      - cc) § 241 Nr. 3 AktG.................................. 2865
      - dd) § 241 Nr. 4 AktG.................................. 2868
      - ee) § 241 Nr. 5 AktG.................................. 2868
      - ff) § 241 Nr. 6 AktG.................................. 2868
    - b) Zusätzliche Nichtigkeitsgründe für einzelne Hauptversammlungsbeschlüsse... 2870
      - aa) § 192 Abs. 4 AktG................................. 2870
      - bb) § 212 AktG.. 2870
      - cc) § 217 Abs. 2 S. 4 AktG............................ 2870
      - dd) § 228 Abs. 2 S. 1 AktG............................ 2870
      - ee) § 234 Abs. 3 AktG................................. 2870
      - ff) § 235 Abs. 2 AktG................................. 2870
    - c) Nichtigkeit von Aufsichtsratswahlen (§ 250 AktG)......... 2871
      - aa) § 250 Abs. 1 erster Halbsatz AktG................. 2871
      - bb) § 250 Abs. 1 Nr. 1 AktG........................... 2871
      - cc) § 250 Abs. 1 Nr. 2 AktG........................... 2871
      - dd) § 250 Abs. 1 Nr. 3 AktG........................... 2872
      - ee) § 250 Abs. 1 Nr. 4 AktG........................... 2872
    - d) Nichtigkeit von Gewinnverwendungsbeschlüssen (§ 253 AktG)... 2873
      - aa) § 241 AktG.. 2873
      - bb) § 173 Abs. 3 AktG................................. 2873
      - cc) § 217 Abs. 2 AktG................................. 2873
      - dd) § 253 Abs. 1 AktG................................. 2873
  - 2. Feststellung der Nichtigkeit von Hauptversammlungsbeschlüssen.... 2873
    - a) Nichtigkeitsklage gem. § 249 AktG........................ 2873
    - b) Besonderheiten der Nichtigkeitsklage hinsichtlich Aufsichtsratswahlen.. 2877
    - c) Geltendmachung der Nichtigkeit in anderer Weise.......... 2878
  - 3. Heilung der Nichtigkeit von Hauptversammlungsbeschlüssen...... 2878
    - a) Heilung durch Eintragung in das Handelsregister.......... 2879
      - aa) § 242 Abs. 1 AktG................................. 2879
      - bb) § 242 Abs. 2 AktG................................. 2879
      - cc) § 242 Abs. 3 AktG................................. 2880
    - b) Heilung von Gewinnverwendungsbeschlüssen................. 2880
    - c) Von der Heilung ausgeschlossene Fälle.................... 2880
- III. Anfechtung von Hauptversammlungsbeschlüssen.................. 2880
  - 1. Anfechtungsgründe... 2880
    - a) Allgemeine Anfechtungsgründe............................. 2881
      - aa) § 243 Abs. 1 AktG................................. 2881
      - bb) § 243 Abs. 2 AktG................................. 2884

		cc)	§ 243 Abs. 1 und 4 i.V.m. § 131 AktG (Informationspflichtverletzung)	2885

        cc) § 243 Abs. 1 und 4 i.V.m. § 131 AktG (Informationspflichtverletzung) 2885
        dd) § 241 Abs. 1 AktG i.V.m. §§ 8, 14, 16 UmwG (Anfechtung bei Umwandlungsvorgängen) 2887
    b) Anfechtungsgründe bei Aufsichtsratswahlen 2889
        aa) § 251 Abs. 1 S. 1 AktG 2889
        bb) § 251 Abs. 1 S. 2 AktG 2889
    c) Anfechtungsgründe bei Gewinnverwendungsbeschlüssen (§ 254 AktG) 2889
    d) Anfechtungsgründe bei Kapitalerhöhungsbeschlüssen gegen Einlagen (§ 255 AktG) 2890
  2. Bestätigung anfechtbarer Hauptversammlungsbeschlüsse 2891
  3. Einwand des Rechtsmissbrauchs 2892
  4. Verfahren zur Anfechtung von Hauptversammlungsbeschlüssen 2893
    a) Anfechtungsbefugnis 2894
    b) Klagefrist 2895
    c) Klagegegner, Zustellung 2895
    d) Verhältnis zu anderen Rechtsbehelfen 2896
    e) Zuständigkeit 2896
    f) Bekanntmachung 2896
    g) Darlegungs- und Beweislast/Kausalität 2897
    h) Aktienrechtliches Freigabeverfahren 2898
    i) Sonstige Verfahrensfragen 2899
    j) Besonderheiten der Anfechtungsklage hinsichtlich Aufsichtsratswahlen 2900
    k) Besonderheiten der Anfechtungsklage hinsichtlich Gewinnverwendungsbeschlüssen 2900

IV. Nichtigkeit des festgestellten Jahresabschlusses 2901
  1. Nichtigkeitsgründe 2903
    a) Allgemeine Nichtigkeitsgründe des § 256 Abs. 1 AktG 2904
        aa) § 256 Abs. 1 Nr. 1 AktG 2904
        bb) § 256 Abs. 1 Nr. 2 AktG 2905
        cc) § 256 Abs. 1 Nr. 3 AktG 2906
        dd) § 256 Abs. 1 Nr. 4 AktG 2908
    b) Besonderer Nichtigkeitsgrund bei Feststellung durch die Verwaltung. 2910
    c) Besondere Nichtigkeitsgründe bei Feststellung des Jahresabschlusses durch die Hauptversammlung 2911
        aa) § 173 Abs. 3 AktG 2911
        bb) § 234 Abs. 3 AktG 2911
        cc) § 235 Abs. 2 AktG 2911
        dd) § 256 Abs. 3 AktG 2911
    d) Verstöße gegen Gliederungsvorschriften und Nichtbeachtung von Formblättern 2912
    e) Verstöße gegen Bewertungsvorschriften 2913
  2. Feststellung der Nichtigkeit des Jahresabschlusses 2916
  3. Heilung der Nichtigkeit 2918
  4. Beseitigung der Nichtigkeit 2920

V. Anfechtung der Feststellung des Jahresabschlusses durch die Hauptversammlung 2921

VI. Schrifttumsverzeichnis 2923

		1. Verzeichnis der Monographien und Beiträge in Sammelwerken	2923
		2. Verzeichnis der Beiträge in Zeitschriften	2923

Kapitel V

Organpflichten bei hälftigem Kapitalverlust, Zahlungsunfähigkeit und Überschuldung der AG und GmbH

I.	Verlust in Höhe der Hälfte des Grund- oder Stammkapitals.	2927
	1. Grundlagen der Organpflichten	2927
	2. Feststellung eines Verlusts in Höhe der Hälfte des Grund- oder Stammkapitals.	2927
	a) Berücksichtigung stiller Reserven	2927
	b) Fortführungsprinzip	2929
	c) Ausschüttungssperre nach § 268 Abs. 8 HGB	2929
	d) Einzelne Posten der Bilanz	2930
	aa) Latente Steuern	2930
	bb) Ansprüche aus stillen Gesellschaften oder Genussrechten	2930
	cc) Sonderposten mit Rücklageanteil	2930
	dd) Gesellschafterdarlehen	2930
	ee) Pensionsverbindlichkeiten	2930
	ff) Sozialplan- oder Interessenausgleichsverbindlichkeiten	2931
	3. Organpflichten bei einem Verlust in Höhe der Hälfte des Grund- oder Stammkapitals	2931
	4. Folgen einer Pflichtverletzung	2932
	a) Strafbarkeit	2932
	b) Schadensersatzpflichten	2932
II.	Organpflichten bei Zahlungsunfähigkeit und Überschuldung	2932
	1. Grundlagen der Organpflichten	2932
	2. Vorliegen einer Zahlungsunfähigkeit	2933
	3. Vorliegen einer Überschuldung	2935
	a) Feststellung der Überschuldung	2935
	aa) Methoden der Feststellung der Überschuldung	2935
	bb) Rechtsprechung des BGH vor Inkrafttreten der InsO	2936
	cc) Regelung des § 19 Abs. 2 InsO	2937
	dd) Regelung des § 19 Abs. 2 InsO bis 31.12.2013	2938
	b) Fortbestehensprognose	2938
	c) Ansatz und Bewertung von Aktiva im Überschuldungsstatus bei negativer Fortbestehensprognose	2939
	aa) Ansatz bei negativer Fortbestehensprognose	2939
	bb) Bewertung bei negativer Fortbestehensprognose	2940
	d) Ansatz und Bewertung von Aktiva im Überschuldungsstatus bei positiver Fortbestehensprognose	2940
	aa) Ansatz bei positiver Fortbestehensprognose	2940
	bb) Bewertung bei positiver Fortbestehensprognose	2941
	e) Ansatz von Verbindlichkeiten	2941
	aa) Verbindlichkeiten gegenüber Gesellschaftern	2942
	bb) Beseitigung der Überschuldung durch Rangrücktritt	2942
	f) Berücksichtigung der Pensionsverpflichtungen als Schuldposten	2943
	g) Berücksichtigung der Verbindlichkeiten aus Interessenausgleich, Sozialplan und Nachteilsausgleich (§§ 112, 113 BetrVerfG)	2944

Anhang

		h)	Verpflichtungen aus Vorruhestand und Altersteilzeit und Zusagen auf Jubiläumszuwendungen	2946
	4.		Organpflichten bei Zahlungsunfähigkeit oder Überschuldung	2947
		a)	Pflicht zur Beantragung des Insolvenzverfahrens	2947
		b)	Pflicht zur Unterlassung von Zahlungen	2948
		c)	Pflichten zur Abführung von Sozialabgaben und Steuern	2949
	5.		Folgen einer Pflichtverletzung	2949
		a)	Verletzung der Pflicht zur Beantragung des Insolvenzverfahrens	2949
		b)	Verletzung der Pflicht zur Unterlassung von Zahlungen	2951
		c)	Verletzung der Pflichten zur Abführung von Sozialversicherungsbeiträgen und Steuern	2951
III.	Pflichten des Abschlussprüfers			2952
	1.	Hinweispflichten		2952
	2.	Prüfungsbericht		2952
	3.	Bestätigungsvermerk		2953
IV.	Schrifttumsverzeichnis			2953
	1.	Verzeichnis der Monographien, Kommentare und Beiträge in Sammelwerken		2953
	2.	Verzeichnis der Beiträge in Zeitschriften		2954

Anhang 1

Zinseszinsrechnung

I.	Erläuterung und Anwendungsbeispiele		2957
	1.	Allgemeines	2957
	2.	Endwert eines Kapitals	2959
	3.	Barwert eines Kapitals	2961
	4.	Endwert einer Rente	2962
	5.	Barwert einer Rente	2963
	6.	Unterjährige Zinsabrechnung	2965
	7.	Annuität und Tilgungsplan	2968
	8.	Disagio, Effektivverzinsung	2970
	9.	Anleihenkurs	2972
II.	Tabellen		2973
	1.	Barwert einer nachschüssigen Rente	2973
	2.	Barwert einer nachschüssigen monatlichen Rente 1 bei monatlicher Zinsabrechnung	2976

Anhang 2

Grundformeln für die Renten- und Todesfallversicherung

I.	Rechnungsgrundlagen, Bezeichnungen und Kommutationswerte			2981
II.	Barwerte und Einmalprämien			2987
	1.	Erlebensfallversicherung		2987
	2.	Lebenslängliche und abgekürzte Leibrenten		2988
		a)	Sofort beginnende lebenslängliche Leibrente	2989
		b)	Aufgeschobene lebenslängliche Leibrente	2989
		c)	Abgekürzte Leibrente	2990
		d)	Unterjährige Leibrenten	2991

Anhang   Inhaltsverzeichnis

     3. Anwartschaftsbarwerte für Rentenzahlungen 2992
        a) Anwartschaft auf Altersrente 2992
        b) Anwartschaft auf Invalidenrente 2992
        c) Anwartschaft auf Invaliden- und Altersrente 2994
        d) Anwartschaften auf Hinterbliebenenrente 2994
     4. Todesfallversicherung 2996
III. Jahresprämien 2998
     1. Lebenslängliche Prämienzahlung 2999
     2. Abgekürzte Prämienzahlung 2999
IV. Prämienreserven, Teilwert und Anwartschaftsbarwertverfahren 3000
     1. Prämienreserven 3000
     2. Teilwertverfahren 3002
     3. Anwartschaftsbarwertverfahren 3007
V. Schrifttumsverzeichnis 3008
     1. Verzeichnis der Monographien 3008
     2. Verzeichnis der Beiträge in Zeitschriften 3008

Anhang 3

Die fachlichen Verlautbarungen des IDW

I. Entstehung 3009
II. Bedeutung 3011
III. Zeitliche Übersicht 3012
     1. IDW Fachgutachten 3013
     2. Stellungnahmen des Vorstands des Instituts der Wirtschaftsprüfer 3017
     3. Stellungnahmen des Hauptfachausschusses 3017
     4. Stellungnahmen zu Fragen des neuen Aktienrechts 3026
     5. Stellungnahme des Arbeitskreises Weltbilanz 3028
     6. Stellungnahmen des Bankenfachausschusses 3028
     7. Stellungnahmen des Fachausschusses für kommunales Prüfungswesen . 3034
     8. Stellungnahmen des Krankenhausfachausschusses 3036
     9. Stellungnahmen des Versicherungsfachausschusses 3037
     10. Stellungnahmen des Fachausschusses für moderne Abrechnungssysteme . 3040
     11. Stellungnahmen des Wohnungswirtschaftlichen Fachausschusses 3041
     12. Stellungnahmen des Sonderausschusses Bilanzrichtlinien-Gesetz 3043
     13. Stellungnahmen des Fachausschusses Recht 3043
     14. IDW Prüfungsstandards 3044
     15. IDW Prüfungshinweise 3049
     16. IDW Stellungnahmen zur Rechnungslegung 3051
     17. IDW Rechnungslegungshinweise 3054
     18. IDW Standards 3056
IV. Schrifttumsverzeichnis 3056

Anhang 4

Dauerkalender

Dauerkalender für die Jahre 1901-2099 3057

Inhaltsverzeichnis **Anhang**

Abkürzungsverzeichnis 3059

Zentrales Schrifttumsverzeichnis 3079

Stichwortverzeichnis 3085

Kapitel A

Der Beruf des Wirtschaftsprüfers

I. Allgemeines

WP ist, wer als solcher gem. § 15 WPO v. 24.07.1961[1] **öffentlich** bestellt ist. Die Bestellung setzt den Nachweis der persönlichen und fachlichen Eignung im Zulassungs- bzw. Prüfungsverfahren voraus (§ 1 Abs. 1 WPO); eine prüfungsbefreite Bestellung ist im Gegensatz zum StB-Beruf nicht möglich. Die nach Maßgabe der WPO bestellten WP sind zugleich WP im Genossenschaftswesen i.S.d. GenG[2].

Der WP übt einen **freien Beruf** aus, seine Tätigkeit ist also nicht gewerblicher Natur. Ungeachtet dessen kann aufgrund besonderer Umstände im Einzelfall die konkrete berufliche Betätigung zu gewerblichen Einkünften i.S.v. § 15 EStG und zur Gewerbesteuerpflicht führen[3].

Das Tätigwerden als **WPG** setzt voraus, dass die Gesellschaft zuvor durch die Wirtschaftsprüferkammer als WPG anerkannt worden ist. Die **Anerkennung** bedarf des Nachweises, dass die Gesellschaft von WP verantwortlich geführt wird (§ 1 Abs. 3 WPO). Die Voraussetzungen für die Anerkennung sind in den §§ 27 ff. WPO festgelegt[4].

WPG bieten natürlichen Personen die Möglichkeit, sich zur Berufsausübung in einer Kapital-, Personenhandels- oder Partnerschaftsgesellschaft zusammenzuschließen. Sie sind zugleich selbst Träger von Rechten und Pflichten und können insb. als APr. bestellt werden. Zu beachten bleibt, dass WPG immer nur durch natürliche Personen mit der entsprechenden beruflichen Qualifikation handeln können. Diese Voraussetzung verdeutlicht § 32 WPO, der die Unterzeichnung gesetzlich vorgeschriebener Bestätigungsvermerke sowie sonstige den Berufsangehörigen gesetzlich vorbehaltene Erklärungen, die von WPG erteilt werden, den WP vorbehält[5]. Bei Berufsausübung innerhalb von WPG bleibt der Charakter der freiberuflichen Tätigkeit erhalten, und zwar selbst dann, wenn WPG wegen der Rechtsform ohne Rücksicht auf die Art der Betätigung gewerbesteuerpflichtig sind[6] und IHK-Pflichtmitgliedschaft besteht[7].

---

1   BGBl. I, S. 1049.
2   Für vor dem Inkrafttreten bestellte und nicht zur Prüfung von Genossenschaften berechtigte WP vgl. die Darstellung im WP Handbuch 1996, Bd. I, A Tz. 1.
3   BFH v. 12.12.2001, BStBl. II 2002, S. 202 m.w.N.; v. 01.02.1990, BB, S. 1254; BFH v. 11.05.1989, DB, S. 1905, DStR, S. 538; des Weiteren können auch Freiberufler zur Fremdenverkehrsabgabe herangezogen werden; BVerfG v. 18.08.1989, WPK-Mitt. 1990, S. 91.
4   Vgl. dazu im Einzelnen Tz. 118.
5   Eine Ausnahme gilt für die Prüfung mittelgroßer GmbH und GmbH & Co. KG, bei denen außer WP auch vBP, die zur Vertretung der WPG nach außen berechtigt sind (insb. Vorstandsmitglieder, Geschäftsführer), den BestV für die WPG unterzeichnen dürfen (s. Tz. 132).
6   Daran hat sich auch nach der Entscheidung des BVerfG, nach der eine sachliche USt-Befreiung unabhängig davon zu gewähren ist, ob der Berufsträger in Einzelpraxis oder in einer Personenhandelsgesellschaft tätig wird (BVerfG v. 10.11.1999, DStR, S. 1984), nichts geändert. Ähnlich aber auch die Auffassung des BGH (Urt. v. 28.09.1998, WPK-Mitt. 1999, S. 70) hinsichtlich der Verjährung von Honoraransprüchen einer WPG zum alten Recht; wegen der Änderung der Verjährungsvorschriften durch das Schuldrechtsmodernisierungsgesetz, BGBl. I 2001, S. 3138, hat diese Entscheidung keine Bedeutung mehr). Wegen der für WPG in der Rechtsform der OHG oder KG gegebenen faktischen Möglichkeiten, die Gewerbesteuerpflicht im Einzelfall zu vermeiden, s. BFH v. 09.07.1964, BStBl. III, S. 530; BFH v. 18.05.2000, BStBl. II, S. 498; zur Gewerbesteuerpflicht einer WPG in der Rechtsform der OHG oder KG im Allgemeinen vgl. *Schmidt, L.*, EStG[30], § 18, Rz. 41 a.E. und Rz. 105.
7   BVerwG v. 25.10.1977, NJW 1978, S. 904, BVerfG v. 07.12.2001, WPK-Mitt. 2002, S. 171.

II. Die Entwicklung des Berufsrechts

1. Historischer Überblick[8]

5   Die Entwicklung des Berufsstandes nahm ihren Weg von der internen Revision und Kontrolle der Betriebe über die freiberuflich tätigen **Revisoren** und die **gerichtlichen Sachverständigen** zu den qualifizierten freiberuflich tätigen **Bücherrevisoren**. Um die Wende des 19. zum 20. Jahrhundert entstanden außerdem, vornehmlich zum Zwecke der Prüfung und Beratung von Großunternehmen, die ersten **Treuhandgesellschaften**.

6   Im Zuge der Weltwirtschaftskrise der 30er Jahre des 20. Jahrhunderts wurden Aktiengesellschaften und Unternehmen anderer Rechtsform kraft Gesetzes einer **Abschlussprüfung** durch qualifizierte und unabhängige Prüfer unterworfen[9]. Die erste VO des Reichspräsidenten über Aktienrecht, Bankenaufsicht und über eine Steueramnestie v. 15.12.1931[10] zur Durchführung der aktienrechtlichen Vorschriften bestimmte zugleich, dass die Befähigung zur Ausübung der Tätigkeit als Bilanzprüfer i.S.d. neu geschaffenen Bestimmungen über die Pflichtprüfung nur die auf Grund der als Anlage hierzu erlassenen **Ländervereinbarung** öffentlich bestellten WP und die mit der Berechtigung zur WP-Tätigkeit bei der Hauptstelle für die öffentlich bestellten WP eingetragenen WPG besitzen.

7   Mit der Ländervereinbarung wurden Grundsätze für die öffentliche Bestellung als WP aufgestellt und Rahmenvorschriften für das Prüfungs- und Bestellungsverfahren erlassen, die die Hauptstelle für die öffentlich bestellten WP später ausbaute und auf das Verfahren für die Zulassung von WPG ausdehnte. Die Ländervereinbarung war notwendig, weil § 36 RGewV den Ländern das Recht vorbehielt, die Einrichtungen zu benennen, die öffentliche Bestellungen vornehmen durften.

8   Das damit geschaffene **erste Berufsrecht** bezweckte eine Auslese persönlich und fachlich geeigneter Personen für den WP-Beruf. Die Aufstellung von **strengen Berufsgrundsätzen** und die Einrichtung einer **Berufsgerichtsbarkeit** gewährleisteten gleichzeitig die Einhaltung der Berufspflichten.

9   Die in Tz. 6 erwähnte Verordnung von 1931 blieb, ergänzt durch einige organisatorische Änderungen[11], bis zum Jahre 1945 gültig und bildete die Grundlage für die nach 1945 zunächst in den einzelnen Ländern bzw. Besatzungszonen geschaffenen Neuregelungen. Eine vollständige Übersicht über diese Regelungen gab § 139 WPO v. 24.07.1961 i.d.F. v. 05.11.1975, der die bis zum Inkrafttreten der WPO geltenden berufsrechtlichen Nachkriegsregelungen für WP und vBP in der BRD und in Berlin aufgehoben hat. Vgl. zur Entwicklung des WP-Berufs im 20. Jahrhundert „75 Jahre Wirtschaftsprüfer im IDW – Rückblicke" (herausgegeben vom IDW anläßlich seines 75jährigen Bestehens).

2. Geltendes Recht

10 Die **WPO** v. 24.07.1961 trat am 01.11.1961 in Kraft und löste nach einer über zehnjährigen Gesetzgebungsarbeit die seit 1945 in den einzelnen Ländern unterschiedlichen Rechtsvorschriften durch eine **bundeseinheitliche Gesetzgebung** zum Berufsrecht der

---

8   S. dazu auch C Tz. 1.
9   Verordnung des Reichspräsidenten über Aktienrecht, Bankenaufsicht und über eine Steueramnestie, v. 19.09.1931, RGBl. I, S. 493.
10 RGBl. I 1931, S. 760.
11 Verordnung über den Zusammenschluß auf dem Gebiet des wirtschaftlichen Prüfungs- und Treuhandwesens, v. 23.03.1943, RGBl. I, S. 157 sowie weitere auf Grund der Ermächtigung des § 9 dieser VO ergangene Anordnungen, RWMBl. 1943, S. 352, 354 und RAnz. 1943 Nr. 139.

Die Entwicklung des Berufsrechts A

WP und vBP ab. Einzelne Bestimmungen der WPO wurden im Zuge der Verabschiedung bzw. Änderung anderer Gesetze, u.a. im strafrechtlichen Bereich, in den Jahren 1964, 1968, 1970 und 1974 geändert[12]. Eine erste Reform beinhaltete das Ges. zur Änderung der WPO und anderer Gesetze v. 20.08.1975[13]; die Neufassung der WPO wurde unter dem 05.11.1975 bekannt gemacht[14].

Zu wesentlichen Änderungen des Berufsrechts führte das **BiRiLiG**[15], mit dem neben der 4. und 7. auch die 8. EG-RL in deutsches Recht transformiert wurden. Insb. die Umsetzung der 8. EG-RL (sog. Prüferrichtlinie), die inzwischen durch die reformierte Richtlinie 2006/43/EG des Europäischen Parlaments und des Rates vom 17.05.2006 über Abschlussprüfungen von Jahresabschlüssen und konsolidierten Abschlüssen, zur Änderung der Richtlinien 78/660/EWG und 83/349/EWG des Rates und zur Aufhebung der Richtlinie 84/253/EWG des Rates (nachlesbar unter www.wpk.de, Rubrik „Rechtsvorschriften") abgelöst wurde, bedingte weitere Anpassungen der WPO an neue rechtliche Gegebenheiten für die **Zulassung zum WP-Examen, die Anerkennung von WPG** und **Führung des Berufsregisters**.   11

Außerdem wurde der im Jahre 1961 geschlossene Zugang zum Beruf des vBP wieder geöffnet, allerdings in einer gegenüber der früheren Regelung modifizierten Form (C Tz. 5).

Mit dem **Zweiten Gesetz zur Änderung der WPO** v. 20.07.1990[16] wurde u.a. die sog. **Hochschuldiplomrichtlinie**, die eine wechselseitige Anerkennung entsprechender Berufsqualifikationen im EG-Bereich vorsieht, in nationales Recht umgesetzt. Als Folge des Einigungsvertrages v. 31.08.1990 (Ges. v. 23.09.1990)[17] wurden die neuen Bundesländer in den unmittelbaren Geltungsbereich der WPO einbezogen. Die Zugangserleichterungen aufgrund der Hochschuldiplomrichtlinie gelten seit dem 01.01.1994 auch für Angehörige der Staaten, die zwar nicht der EU, aber dem **EWR-Abkommen**[18] beigetreten sind, z.B. Norwegen und Island sowie nach dem **Freizügigkeitsabkommen** v. 01.06.2002[19] auch für Staatsangehörige der Schweiz.   12

Eine Neuordnung des Berufsrechts fand im Rahmen eines **Dritten Gesetzes zur Änderung der WPO** vom 15.07.1994[20] statt, das zum 01.01.1995 in Kraft getreten ist. Auf Grund der Rechtsprechung des BVerfG[21] zur rechtlichen Qualität standesrechtlicher Regelungen wurde es u.a. erforderlich, die bisher in den Berufsrichtlinien. enthaltenen Regelungen in eine förmliche **Berufssatzung** (§ 57 Abs. 3 und 4 WPO) zu überführen. Eine Änderung erfuhr auch § 10 Abs. 2 WPO durch den Fortfall des Erfordernisses der **deutschen Staatsangehörigkeit** für die Zulassung zum Berufsexamen bzw. der **Gegen-**   13

---

12 Art. 12 Nr. 4 des Gesetzes zur Änderung der Strafprozessordnung und des Gerichtsverfassungsgesetzes v. 19.12.1964, BGBl. I, S. 1067; Art. 61 des Einführungsgesetzes zum Gesetz über Ordnungswidrigkeiten v. 24.05.1968, BGBl. I, S. 503; Art. 14 des Gesetzes zur Änderung v. Kostenermächtigungen, sozialversicherungsrechtlichen und anderen Vorschriften v. 23.06.1970, BGBl. I, S. 805; Art. 172 des EGStGB, BGBl. I 1974, S. 469; Art. 14 des Gesetzes zur Ergänzung des Ersten Gesetzes zur Reform des Strafverfahrensrechts v. 20.12.1974, BGBl. I, S. 3686.
13 BGBl. I, S. 2258.
14 BGBl. I, S. 2803.
15 BGBl. I 1985, S. 2355.
16 BGBl. I, S. 1462.
17 BGBl. II, S. 885.
18 BGBl. I 1993, S. 512, 2436.
19 Abl.EG, Nr. L 114, S. 6.
20 BGBl. I, S. 1569.
21 BVerfG v. 14.07.1987, NJW 1988, S. 191, ZIP 1988, S. 1559.

seitigkeit aufgrund des zum Jahresende 1994 in Kraft getretenen Gesetzes zu dem Übereinkommen v. 15.04.1994 zur Errichtung der Welthandelsorganisation und zur Änderung anderer Gesetze vom 30.08.1994[22].

14 Mit dem **Vierten Gesetz zur Änderung der WPO**[23] ist die externe Qualitätssicherung für APr. eingeführt worden (Tz. 499 ff.). Daneben wurden der WPK weitere Aufgaben übertragen. Mit Wirkung vom 01.01.2002 werden u.a. Bestellungen von WP (Tz. 105) und die Anerkennung von WPG (Tz. 118) von der WPK vorgenommen.

15 Mit dem **Wirtschaftsprüferexamens-Reformgesetz** (WPRefG)[24] hat der Gesetzgeber die Organisation des WP-Zulassungs- und des Prüfungsverfahrens auf die WPK übertragen. Dazu wurde eine selbständige Prüfungsstelle für das WP-Examen als unabhängige Verwaltungseinheit bei der WPK eingerichtet, die ab dem 01.01.2004 an Stelle der bis dahin zuständigen obersten Landesbehörde für Wirtschaft über die Zulassung zum WP-Examen entscheidet und das WP-Examen durchführt. Die Prüfungsstelle unterstützt die ebenfalls neu geschaffene **Aufgabenkommission**. Dieser obliegt es u.a., die Prüfungsaufgaben der schriftlichen Prüfung festzulegen. Diese Zuständigkeitsregelung vereinheitlicht bundesweit das WP-Examen, wobei seine Staatlichkeit erhalten bleibt (Näheres s. Tz. 79) Ein weiterer Schwerpunkt dieser **5. WPO-Novelle** war die Schaffung von Voraussetzungen, die eine Möglichkeit zur Anrechnung von im Hochschulstudium erbrachten Leistungen auf das WP-Examen bieten. Mit dem WPRefG wurden Ermächtigungsgrundlagen (§§ 8a, 13b) zum Erlass entsprechender Verordnungen in die WPO eingefügt (vgl. Tz. 96).

Mit diesem Gesetz ist zudem der Zugang zum **Beruf des vereidigten Buchprüfers** geschlossen worden, in dem die Regelungen zur Zulassung zur Prüfung zum vBP aufgehoben wurden. Eine entsprechende Übergangsregelung erlaubte nur noch solchen Bewerbern, die ihren Antrag auf erstmalige Zulassung zur vBP-Prüfung bis zum 31.12.2004 eingereicht hatten, das vBP-Examen ablegen. Auch die Regelung, die eine verkürzte Prüfung durch vBP ermöglichte (§ 13a WPO), wurde befristet (vgl. im Einzelnen C Tz. 6).

16 Veränderungen brachte das Gesetz auch im Bereich der **Berufsaufsicht**. So schaffte es den bisherigen **Vorrang des strafgerichtlichen vor dem berufsgerichtlichen Verfahren** (Tz. 574) ab und erweiterte den Sanktionskatalog der WPK für Berufspflichtverletzungen, die zu einer Rüge führen. Neben der Rüge kann die WPK seither auch eine Geldbuße erheben (Tz. 576). Den Berufsgerichten wurde die Möglichkeit eröffnet, für eine bestimmte Zeit die berufliche Tätigkeit insgesamt (befristetes Berufsverbot) oder auf bestimmten Teilgebieten zu untersagen. Darüber hinaus wurde die sog. **Untersagungsverfügung** (§ 68a WPO) als weitere Sanktionsmaßnahme eingeführt (Tz. 583). Außerdem wurde die bisherige Regelung eingeschränkt, nach der berufsgerichtliche Verhandlungen grundsätzlich nicht öffentlich sind. Betrifft die Anschuldigung Pflichtverletzungen, die im Zusammenhang mit gesetzlich vorgeschriebenen Jahresabschlussprüfungen stehen, ist in der Hauptverhandlung des berufsgerichtlichen Verfahrens die **Öffentlichkeit** herzustellen.

17 Das **APAG**[25] war ein Einschnitt in die Struktur der beruflichen Selbstverwaltung. Durch dieses Gesetz wurde die sogenannte **Abschlussprüferaufsichtskommission** (APAK) eingerichtet. Sie ist ausschließlich mit Berufsfremden besetzt und führt die Aufsicht über die Erledigung der Kernaufgaben durch die Wirtschaftsprüferkammer, wie z.B. die Be-

---
22 BGBl. II, S. 1438.
23 Das Vierte Gesetz zur Änderung der WPO (BGBl. I 2000, S. 1769) ist am 01.01.2001, teilw. am 01.01.2002 in Kraft getreten.
24 V. 01.12.2003, BGBl. I, S. 2446.
25 APAG, BGBl. I 2004, S. 3846; vgl. dazu auch *Schmidt/Kaiser*, WPK-Magazin 3/2004, S. 38.

rufsaufsicht und die Qualitätskontrolle. Dabei ist die APAK nicht auf eine reine Systemaufsicht beschränkt, sondern kann im Einzelfall die endgültigen Entscheidungen vorgeben; sie trägt damit die Letztverantwortung. Damit sie ihre Aufgaben sachgerecht wahrnehmen kann, hat ihr der Gesetzgeber umfassende Informations- und Einsichtsrechte eingeräumt (im Einzelnen vgl. B Tz. 59). Die Entscheidungen werden aber von der WPK bekanntgegeben. Im APAG ist außerdem das System der Qualitätskontrolle weiterentwickelt worden. Änderungen betreffen das Verfahren der Prüferauswahl (s. Tz. 515), daneben wurde auch für den Qualitätskontrollprüfer die Besorgnis der Befangenheit ausdrücklich als Ausschlussgrund im Gesetz verankert (vgl. im Einzelnen Tz. 515).

Das Berufsaufsichtreformgesetz (**BARefG**)[26] hatte einen wesentlichen Schwerpunkt in der Stärkung der Berufsaufsicht durch die Wirtschaftsprüferkammer. Gleichzeitig wurden damit europarechtliche Vorgaben der reformierten EU-Abschlussprüferrichtlinie vom 17.05.2006[27] in nationales Recht umgesetzt. Darüber hinaus wurden mit diesem Gesetz (auch als siebte WPO-Novelle bezeichnet) Maßnahmen zur Deregulierung und weiteren Liberalisierung des Berufsrechts getroffen, was eine Fülle von Einzeländerungen in der WPO mit sich brachte. Eine wesentliche Neuerung bei der Berufsaufsicht war die Einführung der sog. Anlassunabhängigen Sonderuntersuchungen (vgl. Tz. 553). Außerdem wurden die Ermittlungs- und Sanktionsmöglichkeiten der WPK erheblich erweitert. Ihr wurde etwa die Befugnis eingeräumt, Praxisräume von Berufsangehörigen zu betreten und Unterlagen zu sichten. Des Weiteren wurde das Recht der Berufsangehörigen, sich in berufsaufsichtlichen Angelegenheiten auf die Verschwiegenheitspflicht zu berufen, in Fällen gesetzlich vorgeschriebener Abschlussprüfung eingeschränkt (vgl. Tz. 565.). Als Deregulierungsmaßnahme ist die Verlängerung der Gültigkeitsdauer der Teilnahmebescheinigung der Externen Qualitätskontrolle von 3 auf 6 Jahre einzuordnen. Sie gilt jedoch nur für Berufsangehörige, die keine Jahresabschlussprüfungen bei Unternehmen im Sinne des § 319a HGB durchführen. Mit dem BARefG wurden zwei weitere Rechtsformen für die Errichtung von Wirtschaftsprüfungsgesellschaften vom Gesetzgeber zugelassen. WPG können seither auch in der Rechtsform der GmbH & Co. KG sowie als Europäische Gesellschaft (SE) errichtet werden (vgl. zu den Rechtsformen Tz. 120). In Umsetzung von Art. 40 der reformierten EU-Abschlussprüferrichtlinie wurden Wirtschaftsprüfer und Wirtschaftsprüfungsgesellschaften zur Aufstellung eines jährlichen Transparenzberichts verpflichtet (§ 55c WPO, s. Tz. 429). Zu den weiteren Einzelheiten dieses umfangreichen Gesetzes vgl. *Naumann/Hamannt*, WPg 2007, S. 901; *Weidmann*, WPK-Magazin 3/2007, S. 55 sowie zum Referentenentwurf *Heininger/Bertram*, DB 2006, S. 905[28].

Weitere Quelle des Berufsrechts ist die **Berufssatzung** der WPK[29] v. 11.06.1996 (BAnz., S. 7509 u. S. 11077), die in den WPK-Mitt. 1996, S. 176 erstmalig bekannt gemacht worden ist. Sie ist mit Wirkung vom 15.09.1996 in Kraft getreten und hat inzwischen zahlreiche Änderungen erfahren. Sie gilt derzeit mit den Änderungsbeschlüssen des Beirats der WPK v. 06.11.2009, die am 12.02.2010 in Kraft getreten sind[30]. Daneben sind zu bestimmten Einzelbereichen Rechtsverordnungen erlassen worden, z. B. zur Berufshaftpflichtversicherung, der Siegelgestaltung, zum Prüfungsverfahren und zu Voraus-

---

26 In Kraft getreten am 06.09.2007, BGBl. I, S. 2178.
27 S. Tz. 11.
28 Ein guter Überblick der Schwerpunkte des BARefG findet sich auch im Gesetzentwurf der Bundesregierung, BT–Drs.16/2858, S. 20.
29 Die geltende BS WP/vBP kann auf der Homepage der WPK www.wpk.de unter der Rubrik „Rechtsvorschriften" heruntergeladen werden.
30 BAnz. 2010, S. 453.

setzungen der Anerkennung von Studiengängen und über die Anrechnung von Prüfungsleistungen aus Studiengängen beim WP-Examen.

20 Ein Ende der Regulierung des Wirtschaftsprüferberufs ist nicht absehbar. So hat die EU-Kommission ein sog. Grünbuch zur Abschlussprüfung[31] herausgegeben, mit dem eine Konsultation zu weiteren Regulierungsmaßnahmen auf europäischer Ebene eingeleitet wurde. Die Stellungnahme des IDW v. 08.12.2010 ist auf der IDW Homepage abrufbar (s. Fn. 31).

III. Berufsbild und Aufgaben des Wirtschaftsprüfers

1. Das Berufsbild

21 Das Berufsbild des WP umfasst eine Vielzahl von Aufgaben, die nach Bedeutung und Umfang grundsätzlich gleichwertig sind, auch wenn im Einzelfall bestimmte Tätigkeiten überwiegen.

a) Prüfungstätigkeit

22 Die berufliche Tätigkeit des WP wird maßgeblich durch die Vorbehaltsaufgabe geprägt, durch Gesetz vorgeschriebene Prüfungen von JA bestimmter Unternehmen durchzuführen und BestV über die Vornahme und das Ergebnis solcher Prüfungen zu erteilen bzw. zu versagen (§ 2 Abs. 1 WPO). Eine gesetzliche Prüfungspflicht wird sowohl durch Bundes- als auch durch Landesgesetze begründet und betrifft Unternehmen unterschiedlichster Rechtsformen, Größe und Branchen[32]. Die Durchführung der Prüfung des JA dient einerseits Kontrollfunktionen, z.B. hinsichtlich der Ordnungsmäßigkeit der Buchführung oder der Berichterstattung über die Lage des Unternehmens einschl. der Prüfung, ob Risiken der zukünftigen Entwicklung zutreffend dargestellt sind; andererseits ist nach § 316 Abs. 1 HGB Voraussetzung dafür, dass der Jahresabschluss festgestellt werden kann. Unterbleibt die gesetzlich vorgeschriebene Prüfung des JA, so ist dessen Feststellung nicht möglich; auch können die zivil-, straf- und steuerrechtlichen Auswirkungen einer unterlassenen Pflichtprüfung überaus schwerwiegend sein[33].

23 Wegen der besonderen Befähigung zum gesetzlichen APr. werden WP regelmäßig auch die sog. **freiwilligen**, d.h. nicht gesetzlich vorgeschriebenen **Prüfungen** von JA übertragen. Häufig besteht bei den nicht kraft Gesetzes prüfungspflichtigen Unternehmen aufgrund Satzung/Gesellschaftsvertrag, entsprechender Beschlussfassung der Gesellschafter oder aufgrund kreditvertraglicher Abreden die Pflicht, eine Prüfung des JA durch WP vornehmen zu lassen, so dass die Bezeichnung als „freiwillige" Prüfung mitunter irreführend ist[34].

24 Zur Prüfungstätigkeit i.S.v. § 2 Abs. 1 WPO zählen etwa die **Gründungsprüfung** (§ 33 AktG), **Sonderprüfungen** gem. § 142 AktG, die Verschmelzungsprüfung gem. § 9 ff. UmwG sowie sonstige betriebswirtschaftliche Prüfungen, z.B. die Prüfung der Kreditwürdigkeit eines Unternehmens, **Unterschlagungsprüfungen**, die Prüfung der Finanz-

---

31 Grünbuch der EU-Kommission v. 13.10.2010, KOM(2010) 561, Weiteres Vorgehen im Bereich der Abschlussprüfung: Lehren aus der Krise, s. www.idw.de, Rubrik „Grünbuch "Abschlussprüfung" der EU-Kommission"; s. auch Tz. 557.
32 Eine Zusammenstellung von gesetzlichen Bestimmungen, die Prüfungen vorschreiben, enthält Kap. D.
33 Wegen der möglichen zivil- und steuerrechtlichen Folgen s. U Tz. 192 (Nach BFH v. 08.10.2008 – I R 61/07 –, BStBl. II 2011, S. 62) führt die abweichende Bilanzierung in HB und StB trotz Maßgeblichkeit nicht zur Unwirksamkeit der StB).
34 OLG München v. 10.07.1996, DB, S. 1666, BB, S. 1824, WPK-Mitt., S. 346.

Berufsbild und Aufgaben des Wirtschaftsprüfers **A**

dienstleister[35], MaBV-Prüfungen, die Prüfung nach § 11 EEG sowie die **Bucheinsicht** nach § 166 HGB. Dazu rechnen auch das Öko- bzw. **Umwelt-Audit**, soweit es die betriebswirtschaftliche Seite betrifft[36]. Zu den betriebswirtschaftlichen Prüfungen gehören ebenso die **Qualitätskontrolle** im Berufsstand der WP und vBP durch die Einführung der externen Qualitätskontrolle[37], **Nachhaltigkeitsprüfungen** oder die jährliche Prüfung von Ratingagenturen nach § 17 Abs. 5 WpHG (eingeführt durch das AG zur EU-RatingV v. 24.06.2010, BGBl. I S. 786 ff.).

b) Steuerberatung

Zu den beruflichen **Vorbehaltsaufgaben**, die ebenfalls das Berufsbild maßgeblich kennzeichnen, zählt die **unbeschränkte (geschäftsmäßige) Hilfeleistung in Steuersachen**, also die Steuerberatung (C Tz. 56 ff.). Dazu sind WP nach Maßgabe von § 2 Abs. 2 WPO i.V.m. §§ 3, 12 StBerG ausdrücklich befugt. Sie umfasst für WP das Recht der Vertretung der Steuerpflichtigen vor den FG und dem BFH sowie ausnahmsweise vor den VG, soweit die Überprüfung steuerrechtlich relevanter Verwaltungsakte Gegenstand des Verfahrens ist[38]. Handelt es sich dagegen um eine reine Rechtssache (Tz. 32), wie beim Verfahren auf Gewährung v. **Investitionszulagen**, können WP (und StB) daher nicht vor dem Bundesamt für Wirtschaft bzw. den VG als Bevollmächtigte bei Streitigkeiten über **Erschließungsbeiträge**[39] auftreten[40]. Entsprechendes gilt für die Vertretung. Vgl. zur Befugnis zur Rechtsberatung im Allgemeinen Tz. 32. 25

WPG sind als Bevollmächtigte vor Finanzbehörden (§ 80 AO) und als **Prozessbevollmächtigte** vor den FG[41] sowie seit 2001 auch vor dem BFH (s. § 62a FGO[42]) zugelassen. 26

c) Wirtschafts-/Unternehmensberatung

Die Beratung in wirtschaftlichen Angelegenheiten, welche die **Unternehmensberatung** umfasst, gehört unbestritten zu den Berufsaufgaben im engeren Sinne. Durch die dritte WPO-Novelle ist dieser Bereich deshalb in Angleichung an die Rechtsprechung[43] aus dem Katalog der vereinbaren Tätigkeiten (§ 43a Abs. 4 WPO) herausgenommen und den das Berufsbild prägenden Gebieten (§ 2 WPO) zugeordnet worden. Zur Wirtschafts- bzw. Unternehmensberatung zählt etwa die Existenzgründungsberatung sowie die Beratung der Mandanten in Personalangelegenheiten. Nach bisherigem Verständnis beschränkt sich diese auf den Bereich „Führungskräfte", der allerdings nicht eindeutig bestimmt ist. Zur **Personalberatung** gehört die fachliche Überprüfung von Bewerbern, die in den Bereichen Rechnungswesen, Finanzen und Steuern tätig werden sollen; hier ist die Sachkunde des WP mitunter ebenfalls gefragt. 27

---

35 Gem. § 35 WpHG.
36 *Förschle*, WPK-Mitt. 1994, S. 1.
37 S. Tz. 499.
38 BayVGH v. 27.08.1984, StB 1985, S. 181.
39 OVG Münster v. 27.06.1991, StB, S. 402.
40 BVG v. 12.03.1985, NJW, S. 1972.
41 BFH v. 10.03.1969, BStBl. II, S. 435, Nds. FG v. 15.12.1986, EFG 1987, S. 363, BFH v. 22.01.1991, DB, S. 1104.
42 § 62a wurde durch das 2. FGOÄndG v. 19.12.2000 (BGBl. I, S. 1757) in die FGO eingefügt. Bis zum 21.12.2000 waren WPG nicht als Bevollmächtigte vor dem BFH zugelassen.
43 BFH v. 04.12.1980, DB 1981, S. 670, BB 1981, S. 349, ZIP 1981, S. 204; BGH v. 11.03.1987, DB, S. 1247, BB, S. 1062.

d) Gutachter-/Sachverständigentätigkeit

28 Zum unmittelbaren Berufsbild gehört die Tätigkeit als Gutachter oder Sachverständiger in allen Bereichen der **wirtschaftlichen Betriebsführung** (§ 2 Abs. 3 Nr. 1 WPO), einem sehr umfassenden Bereich, zu dem z.b. die **Unternehmensbewertung** zählt[44] oder die Tätigkeit als Gerichtsgutachter. Der WP erfüllt im Bereich Unternehmensbewertung alle Anforderungen, die IHK für die Anerkennung als Sachverständiger auf diesem Gebiet verlangen, ohne weiteres aufgrund seiner in einem staatlichen Berufsexamen nachgewiesenen Kenntnisse.

e) Treuhandtätigkeit

29 Zu den Berufsaufgaben im engeren Sinne rechnet schließlich die **treuhänderische Verwaltung** (§ 2 Abs. 3 Nr. 3 WPO), allerdings nur solche auf gesetzlicher bzw. rechtsgeschäftlicher Grundlage, insoweit besteht auch Versicherungsschutz im Rahmen der obligatorischen Berufshaftpflichtversicherung[45].

30 Die Fülle der zum Berufsbild gehörenden **treuhänderischen Funktionen** kann nur beispielhaft aufgezählt werden; dazu gehören u.a. die Tätigkeit als Testamentsvollstrecker[46], Nachlassverwalter, Pfleger, Vormund, Insolvenzverwalter[47], Liquidator, Nachlasspfleger und Betreuer. In Betracht kommt auch die Übernahme der Treuhänderfunktion nach den §§ 70 ff. VAG, allerdings nur für natürliche Personen. Zum Bereich der Treuhandtätigkeit zählt auch die Funktion als Zustellungsadresse. Vergleichbar sind die Funktion als steuerlicher Repräsentant i.S.d. § 17 InvStG und die Stellung als **Fiskalvertreter** i.S.d. § 22a UStG.

31 Soweit die Treuhandverwaltung eine Organstellung oder ein Anstellungsverhältnis in einem gewerblichen Unternehmen erfordert, können derartige Funktionen mit Ausnahmegenehmigung der WPK vorübergehend übernommen werden (§ 43a Abs. 3 Nr. 2 WPO). Voraussetzung hierfür ist, dass ein Anstellungsverhältnis für die Übernahme der Treuhandfunktion notwendig ist und nur vorübergehende Zeit dauert. Ein Beispiel für derartige Fälle ist die Tätigkeit als **Notgeschäftsführer**[48]. Es handelt sich insoweit um eine Ausnahme vom Verbot der gewerblichen Treuhandtätigkeit, die grundsätzlich nicht erlaubt ist[49].

Zu beachten ist, dass einzelne Treuhandtätigkeiten auch zu gewerblichen Einkünften führen können[50].

f) Rechtsberatungs-/besorgungsbefugnis

32 Die im begrenzten Umfang bestehende Befugnis zur Rechtsbesorgung/-beratung ist zwar nicht ausdrücklich in § 2 Abs. 3 WPO aufgeführt, hat für die tägliche Berufsarbeit aber

---

[44] BVerwG v. 10.06.1983, MittBl.WPK Nr. 106 (9/1983), S. 19.
[45] OLG Hamm v. 17.03.1993, StB, S. 390.
[46] Nach § 5 Abs. 2 Nr. 1 RDG (s. dazu Tz. 32) ist die Testamentsvollstreckung, die seit jeher zum Tätigkeitsbild des WP gehört, stets eine erlaubte Nebenleistung. Dadurch ist der Diskussion über die Zulässigkeit der Testamentsvollstreckung durch WP oder StB der Boden entzogen.
[47] Zur Auswahl von Insolvenzverwaltern durch die Amtsgerichte vgl. BVerfG v. 03.08.2004, AnwBl., S. 588.
[48] BayObLG v. 28.09.1995, DB, S. 2364, BB, S. 2388.
[49] OLG Düsseldorf v. 27.09.1988, WPK-Mitt. 1989, S. 91.
[50] Zum Risiko der Gewerbesteuerpflicht bei Treuhandtätigkeit s. BFH v. 21.04.1994, DB, S. 1651; BFH v. 10.08.1994, BB 1995, S. 27; BFH v. 11.08.1994, ZIP, S. 1877, WPK-Mitt. 1995, S. 56. S. dazu auch *Schmidt, L.*, EStG[30], § 18 Rz. 142, 155; Zur Vervielfältigungstheorie s. BFH v. 15.12.2010 – VIII R 50/09 –, www.bundesfinanzhof.de, Rubrik „Entscheidungen".

erhebliche Bedeutung[51]. Mit dem am 01.07.2008 in Kraft tretenden RBerNG[52] hat der Gesetzgeber die **außergerichtliche Rechtsberatung** auf neue Grundlagen gestellt und das bisherige RberG[53] abgelöst. Das RBerNG brachte jedoch keine vollständige Regulierung des Rechtsberatungsmarktes, sondern ist als Verbotsgesetz mit Erlaubnisvorbehalt ausgestaltet, um den verbraucherschützenden Charakter des Gesetzes zu erhalten[54]. Das Gesetz regelt im RDG (Art. 1 RBerNG) jedoch nur die Befugnis, außergerichtliche Rechtsdienstleistungen zu erbringen. Rechtsdienstleistungen sind alle Tätigkeiten in konkreten fremden Angelegenheiten, sobald sie eine rechtliche Prüfung des Einzelfalls erfordern (§ 2 Abs. 1 RDG). Rechtsdienstleistungen sind nicht die Erstattung wissenschaftlicher Gutachten, die Tätigkeit als Schiedsrichter, die Mediation, die Erteilung von allgemeinen Rechtsauskünften und die Erledigung von Rechtsangelegenheiten innerhalb verbundener Unternehmen (§ 2 Abs. 3 RDG). In Angelegenheiten, mit denen der WP beruflich befasst ist, darf er auch die rechtliche Bearbeitung übernehmen, soweit diese als Nebenleistung zu seinem Berufs- oder Tätigkeitsbild gehört (§ 5 Abs. 1 S. 1 RDG). Rechtsberatungsleistungen, die den Voraussetzungen der Vorgängerbestimmung (Art. 1 S. 5 Nr. RberG) bereits entsprachen, sind ohne weiteres auch zukünftig erlaubt. Mit dem Berufs- und Tätigkeitsbild des WP hängt unmittelbar zusammen die **Sanierungsberatung**, die auch die Verhandlung über einen Erlass von Forderungen mit den Gläubigern beinhaltet[55]. Gleichermaßen als zulässig zu beurteilen ist die Abfassung eines **Unternehmenskaufvertrages** durch den WP[56] und die in Begleitung der Verkaufsberatung erfolgende Bewertung betriebswirtschaftlicher Kennzahlen[57]. Ebenso gestattet ist eine Beratung, deren Schwerpunkt wirtschaftlich-technischer Natur ist[58]. Nach Auffassung des OLG Düsseldorf gehört zum Berufsbild des WP auch die beratende Tätigkeit im Zusammenhang mit Umwandlungen i.S.d. UmwG[59]. Dem ist uneingeschränkt beizupflichten, weil sich gerade bei Umwandlungen die für die WP typischen Tätigkeitsgebiete (Bilanzierung, betriebswirtschaftliche und damit zusammenhängende gesellschaftsrechtliche sowie steuerliche Beratung) überschneiden und sich die Interdependenzen zwischen diesen Fachbereichen, die unstreitig zum Berufsbild gehören, besonders deutlich bei Umstrukturierungen zeigen. Wie oben dargelegt, beschränkt sich das Berufs- und Tätigkeitsbild des WP nicht etwa nur auf die Vorbehaltsaufgaben, z.B. Pflichtprüfungen[60], sondern ist wesentlich umfassender. Bei der Abgrenzung einer zulässigen von einer unzulässigen Rechtsdienstleistung kommt es darauf an, ob die Tätigkeit überwiegend auf wirtschaftlichem Gebiet liegt und auf der **Wahrnehmung wirtschaftlicher Belange** beruht oder ob es wesentlich um die **Klärung einer konkreten, fremden Rechtsangelegenheit** geht[61]. Sind nur wirtschaftliche Belange zu besorgen und ist vom Auftraggeber eine rechtliche Prüfung ausdrücklich ausgeschlossen oder nicht üblich, ist das RDG nicht an-

---

51   Zur Rechtslage vor dem 01.07.2008 und den damit verbundenen schwierigen Abgrenzungsfragen vgl. WP Handbuch 2006, Bd. I, A Tz. 32.
52   Gesetz zur Neuregelung des Rechtsberatungsrechts (RberNG) v. 12.12.2007, Art. 1, BGBl. I, S. 2840.
53   V. 13.12.1935, RGBl. I, S. 1478.
54   Vgl. Begr. z. Gesetzesentwurf der BReg v. 30.11.2006, BT-Drs. 16/3655, S. 30.
55   BGH v. 04.11.1987, DStR 1988, S. 398, NJW 1988, S. 561.
56   OLG Hamburg v. 05.04.1989, WPK-Mitt. 1990, S. 44.
57   OLG Koblenz v. 18.06.1998, WPK-Mitt. 1999, S. 267.
58   OLG Frankfurt v. 19.02.1999, WPK-Mitt., S. 266.
59   23.01.1997 (Az. 13 U 233/95), GI, S. 226.
60   BGH v. 04.11.1987, NJW 1988, S. 561, WM 1988, S. 26.
61   BGH v. 18.05.1995, NJW, S. 3122 m.w.N.; s. auch BGH v. 16.12.2002, NJW 2003, S. 1252 zur Nichtigkeit von Treuhandverträgen wegen Verstoßes gegen das RberG durch den Treuhänder im Rahmen von Immobilienfonds.

wendbar⁶². Als erlaubte Nebenleistungen gelten solche Rechtsdienstleistungen, die im Zusammenhang mit der Testamentsvollstreckung, Haus- und Wohnungsverwaltung und der Fördermittelberatung erbracht werden (§ 5 Abs. 2 RDG). Diese Fälle sind damit vom Gesetzgeber im Wege einer unwiderleglichen Vermutung dem Streit entzogen⁶³. Dagegen wird eine vom Berufs- und Tätigkeitsbild des WP völlig losgelöste Bearbeitung einer einzelnen Rechtsangelegenheit nicht von der Vorschrift des § 5 Abs. 1 RDG erfasst. Dies ist etwa bei der Ausarbeitung eines Arbeitsvertrags für einen Auszubildenden der Fall.

33 Das RDG regelt die Rechtsdienstleistungsbefugnis weder allumfassend noch abschließend (vgl. § 1 Abs. 2 RDG). In anderen Gesetzen geregelte Rechtsberatungsbefugnisse haben Vorrang⁶⁴. Dies gilt insb. für die Vertretung von Mandanten in gerichtlichen Verfahren. Zur Vertretung im Statusfeststellungsverfahren nach § 7a SGB IV vgl. WPK-Magazin 1/2010, S. 24. Dabei ist unerheblich, dass diese Rechtsstreitigkeiten steuerliche Vorfragen oder Folgen mit sich bringen.

34 Die beruflichen Tätigkeiten im Bereich der Rechtsberatung bzw. Rechtsbesorgung sind mit der Hauptleistung abzurechnen. Dabei dürfen keine Bedenken dagegen bestehen, sie auch gesondert zu benennen, soweit der Charakter der Nebenleistung erkennbar bleibt. Bestehen Zweifel darüber, ob eine Rechtsberatung oder die Vertretung des Mandanten durch den WP zulässig ist, sollte der Mandant entweder selbst seine Rechte wahren oder einen RA hinzuziehen. Die nur interne Hinzuziehung eines RA durch den WP reicht allerdings – wie bisher – nicht aus (Vgl. BT-Drs. 16/3655, Begr. S. 51; so auch BGH v. 03.07.2008 – III ZR 260/07 –, www.bundesgerichtshof.de, Rubrik „Entscheidungen", m.w.N. (zum alten Recht) sowie C Tz. 60.). Das ist insb. bei der Einlegung außergerichtlicher Rechtsmittel innerhalb bestimmter Fristen zu beachten. Ist die Notwendigkeit der Einschaltung eines RA absehbar, kann der WP sich vom Auftraggeber bevollmächtigen lassen, in dessen Namen ggf. einen entsprechenden Auftrag zu vergeben.

35 Ist ein Verstoß gegen § 5 Abs. 1 RDG zu bejahen, hat dies gem. § 134 BGB die **Nichtigkeit des gesamten Vertrages** zur Folge⁶⁵, und zwar auch dann, wenn er zugleich erlaubte Tätigkeiten beinhaltet. (Vgl. BGH v. 03.07.2008, Tz. 34 sowie v. 17.02.2000, NJW, S. 1560.). Auf Grund der Nichtigkeit besteht kein Honoraranspruch⁶⁶. Allerdings kann gleichwohl ein **vertraglicher Haftungsanspruch** des Auftraggebers gegeben sein⁶⁷. Eine unerlaubte Rechtsdienstleistung führt grundsätzlich auch zum Verlust des Versicherungsschutzes aus der Berufshaftpflichtversicherung. Die Haftpflichtversicherer haben allerdings zur alten Rechtslage gegenüber der BStBK erklärt, dass dies nur bei bewusster Überschreitung der Grenze zur unerlaubten Rechtsberatung gilt⁶⁸.

---

62 Vgl. *Henssler/Prütting*, BRAO, § 2, Rn. 10.
63 S. BT-Drs. 16/3655, Begr. S. 54.
64 S. *Henssler/Prütting*, BRAO, § 1 RDG, Rn. 9.
65 Ausnahmsweise kann trotz nicht zulässiger Rechtsberatung ein Vergütungsanspruch gegeben sein, wenn dem Berufsangehörigen der Verstoß gegen das RberG nicht bewusst war, BGH v. 17.02.2000, BB, S. 740, DB, S. 1459 (zum alten Recht) oder der Leistungsempfänger sonst eine befugte Person beauftragt hätte und dafür eine entsprechende Vergütung hätte zahlen müssen, BGH v. 26.01.2006 – IX ZR 225/04 –, www.bundesgerichtshof.de, Rubrik „Entscheidungen". Einer Rückforderung kann der Grundsatz von Treu und Glauben entgegenstehen, BGH v. 01.02.2007, NJW, S. 1130. Vgl. zu den Rechtsfolgen umfassend *Kleine-Cosack*, RDG², Rn. 141.
66 OLG Düsseldorf v. 23.01.1997, GI, S. 226.
67 BGH v. 30.09.1999, NJW 2000, S. 69.
68 S. *Koslowski/Gehre*, StBerG⁶, § 33, Rn. 18.

2. Vereinbare und unvereinbare Tätigkeiten

Das Berufsbild und der Umfang der beruflichen Tätigkeit werden nicht nur durch die prägenden Berufsaufgaben bestimmt. Auch diejenigen Tätigkeiten, die das Gesetz als vereinbar (oder unvereinbar) mit der Tätigkeit des WP erklärt, beschreiben den Umfang der beruflichen Aktivitäten und tragen zur Abgrenzung bei. Nachfolgend werden nur die wesentlichen Tätigkeiten aufgezeigt.

a) Vereinbare Tätigkeiten

Die mit der Ausübung des WP-Berufs vereinbaren Tätigkeiten ergeben sich aus § 43a Abs. 4 WPO. Die Wahrnehmung einer vereinbaren Tätigkeit setzt voraus, dass der Berufsangehörige daneben die Möglichkeit aufrecht erhalten muss, z. B. in eigener Praxis als WP tätig zu werden.

aa) Ausübung eines anderen freien Berufs

Zu den vereinbaren Tätigkeiten gehört die gleichzeitige Ausübung eines freien Berufs auf den Gebieten der Technik oder des Rechtswesens sowie eines nach § 44b Abs. 1 WPO sozietätsfähigen Berufs (§ 43a Abs. 4 Nr. 1 WPO).Vereinbar mit dem WP-Beruf sind damit die Ausübung des Berufs als **StB**, **RA** und **Patentanwalt**. Dieser freiberuflichen Tätigkeit in eigener Praxis gleichgestellt und damit zulässig ist die Funktion als **gesetzlicher Vertreter** einer **BPG**, **StBG** oder einer **Rechtsanwaltsgesellschaft** (§ 43a Abs. 2 WPO).

Zulässig ist ebenfalls auch die gleichzeitige Tätigkeit als WP und **Anwaltsnotar**. Mit Beschluss v. 08.04.1998[69] hat das BVerfG entgegen der früheren Rechtsprechung des BVerfG und des BGH[70] das Verbot einer Sozietät zwischen Anwaltsnotaren und WP als Verstoß gegen Art. 3 Abs. 1 GG gewertet, so lange der Anwaltsnotar selbst StB sein darf und auch nicht gehindert ist, sich mit Nur-StB zur gemeinsamen Berufsausübung zusammenzuschließen. Zur Sozietät mit einem Anwaltsnotar s. Tz. 203.

Auch die Tätigkeit als freiberuflicher **Architekt**[71], **beratender Ingenieur** u.ä. dürfte statthaft sein. Entsprechende Berufsbezeichnungen dürfen geführt werden, wenn sie amtlich verliehen worden sind (§ 18 Abs. 2 WPO).

Zu den freiberuflichen Tätigkeiten auf den Gebieten der Technik oder des Rechtswesens wird häufig auch die Betätigung als **öffentlich bestellter Sachverständiger** zählen. Berufsrechtlich bestehen gegen den Hinweis auf diese öffentliche Bestellung keine Bedenken (§ 13a S. 2 BS WP/vBP).

bb) Lehr- und Vortragstätigkeit

Das Berufsrecht (§ 43a Abs. 4 Nr. 2, 6, 7 WPO) gestattet dem WP auch Lehrtätigkeit; dazu gehört nicht nur die Betätigung an wissenschaftlichen Instituten und als **Lehrer an Hochschulen** (Universitäten und Fachhochschulen), sondern auch die **Vortragstätigkeit** bei Veranstaltungen, die der Unterrichtung, fachlichen Fortbildung oder der Ausbildung zum Beruf dienen. Dabei ist es grundsätzlich gleichgültig, wer als Veranstalter auftritt (s. dazu Tz. 43). Außer Zweifel steht seit dem dritten Änderungsgesetz zur WPO, dass die Tätigkeit als **beamteter Hochschullehrer** zulässig ist (§ 43a Abs. 3 Nr. 3 i.V.m. § 43a Abs. 4 Nr. 2 WPO).

---

69 NJW 1998, S. 2269.
70 Zu den Nachweisen vgl. BVerfG v. 08.04.1998, NJW, S. 2269.
71 BVerfG v. 04.04.1990, WPK-Mitt., S. 272.

43 Ausdrücklich als vereinbar erklärt das Gesetz die **Durchführung** von Lehr- und Vortragsveranstaltungen zur Vorbereitung auf die Examina als WP, vBP und StB sowie zur Fortbildung der Mitglieder der WPK (§ 43a Abs. 4 Nr. 6 WPO). Diese Betätigung wurde trotz ihres gewerblichen Charakters seit jeher aus Sicht des Berufsrechts als zulässig angesehen. Allerdings bleibt zu beachten, dass die Durchführung von Vorbereitungsveranstaltungen für andere Berufsexamina, z.b. als RA, nicht genannt ist. Wegen der Unzulässigkeit der Betätigung als sonstiger Seminarveranstalter s. Tz. 49.

cc) Angestellter von Berufsorganisationen/beruflichen Vereinigungen

44 Hinsichtlich der Tätigkeit als Angestellter der WPK oder einer freiwilligen Vereinigung von mehrheitlich WPK-Mitgliedern, deren ausschließlicher Zweck die Vertretung der beruflichen Belange der WP, vBP etc. ist, z.b. des IDW oder des DBV, ist durch Gesetz klargestellt, dass sie zulässig ist (§ 43a Abs. 4 Nrn. 3 und 4 WPO). Gestattet wird auch eine Tätigkeit beim DRSC (§ 342 Abs. 1 HGB) und bei der Deutschen Prüfstelle für Rechnungslegung (§ 342b Abs. 1 HGB). Gleiches würde für eine Angestelltentätigkeit bei dem Rechnungslegungsbeirat i.s.v. § 342a HGB gelten, falls ein solcher vom BMJ eingerichtet würde. Nach wie vor unstatthaft bleibt aber die Tätigkeit als gesetzlicher Vertreter (auch ehrenamtlich) oder Angestellter einer gewerblich tätigen Organisation, auch wenn sie, wie die DATEV, auf berufsständischer Basis errichtet ist; es fehlt insoweit eine dem § 58 Abs. 2 Nr. 5 a StBerG entsprechende Vorschrift.

45 Die Einbeziehung der Tätigkeit als Geschäftsführer einer ausschließlich aus sozietätsfähigen Personen i.S.d. § 44 b Abs. 1 WPO bestehenden **Europäischen Wirtschaftlichen Interessenvereinigung EWIV** (§ 43a Abs. 4 Nr. 5 WPO) entspricht der berufsrechtlich gegebenen Möglichkeit der Mitgliedschaft in einer solchen Organisation, deren Zweck allerdings nicht auf die Berufsausübung, sondern nur auf Hilfsgeschäfte gerichtet sein darf[72].

dd) Schriftstellerische/künstlerische Tätigkeit

46 Zu den vereinbaren Tätigkeiten gehört auch die freie schriftstellerische und künstlerische Betätigung (§ 43a Abs. 4 Nr. 7 WPO); unter die schriftstellerische Betätigung fallen sowohl fachliterarische als auch belletristische Werke. Vertragliche Verpflichtungen, deren Gegenstand die schriftstellerische oder künstlerische Tätigkeit bildet, z.B. gegenüber einem Verlag oder Kunsthändler, sind unschädlich. Die Entgeltlichkeit bzw. Gewinnerzielungsabsicht wirkt sich auf die Zulässigkeit der Betätigung nicht aus. WP/WPG dürfen auch als **Herausgeber** tätig werden, nicht aber als **Verleger**, weil in letzterem Fall eine gewerbliche Betätigung vorliegt. Der nicht gewerbsmäßig betriebene eigenhändige Verkauf selbstgemalter Bilder oder anderer Kunstwerke wäre hingegen berufsrechtlich zulässig. Vereinbar mit dem Beruf des WP ist auch die Tätigkeit als Angestellter eines Prüfungsverbandes nach § 26 Abs. 2 KWG. Aufgabe eins solchen Verbandes ist die Prüfung, ob die einem seiner Mitgliedsinstitute die Gefahr eines Entschädigungsfalles i.S.v. § 9 Abs. 1 des Einlagensicherungs- und Anlegerentschädigungsgesetzes[73] besteht.

ee) Aufsichtsratsfunktionen

47 Obwohl in § 43a Abs. 4 WPO nicht ausdrücklich erwähnt, aber ohne Zweifel zulässig ist die Mitgliedschaft/Tätigkeit in Kontrollorganen (**Aufsichtsrat, Beirat**) privater bzw. öf-

---

72 Wegen der steuerlichen Behandlung der EWIV s. BMF-Schreiben v. 15.11.1988, WPK-Mitt. 1989, S. 56, wegen der Unzulässigkeit als reiner Sachfirma OLG Frankfurt v. 18.05.1993, WM, S. 1097.
73 EAEG v. 16.07.1998, BGBl. I, S. 1842.

fentlich-rechtlicher Unternehmen[74]. Ohne Bedeutung für die Übernahme einer solchen Funktion ist, ob das Unternehmen gewerbliche oder hoheitliche Aktivitäten entfaltet[75]. Allerdings werden Risiken aus diesen Tätigkeiten nicht von der **Berufshaftpflichtversicherung**, mit der sich eine Klärung insoweit empfiehlt, abgedeckt. Zu beachten ist, dass die aufgrund der Zugehörigkeit zu einem AR **geschuldete Beratung** nicht auch ohne weiteres Gegenstand eines gesonderten Beratungsvertrages zwischen der AG und dem als Aufsichtsratsmitglied tätigen Berater sein kann, entsprechende Verträge vielmehr der Gefahr der **Nichtigkeit** ausgesetzt sind[76]. Etwaige Ausschlussgründe i.S.v. § 319 Abs. 3 Nrn. 2 und 3 HGB betreffen die gleichzeitige Funktion als **APr.**, nicht generell die Zulässigkeit einer Mitgliedschaft in diesen Kontroll- bzw. Beratungsgremien. Unbedenklich dürfte es dagegen sein, wenn der APr. zu den Sitzungen eines solchen Kontrollgremiums als Berater zugezogen wird. Zu den zulässigen Tätigkeiten eines WP zählt auch die Übernahme der Funktion eines **Datenschutzbeauftragten** (MittBl. WPK Nr. 71/1977, S. 6). Dem APr. nicht erlaubt ist jedoch die **Übernahme der internen Revision** (§ 319 Abs. 3 Nr. 3 HGB)[77].

b) Unvereinbare Tätigkeiten

Als Angehöriger eines freien Berufes, dem durch Gesetz die Durchführung bestimmter Aufgaben zugewiesen ist, hat sich der WP der Tätigkeiten zu enthalten, welche die Einhaltung der Berufspflichten gefährden können. Infolgedessen dürfen solche Tätigkeiten nicht übernommen werden, anderenfalls ist die Bestellung zum WP zu widerrufen. 48

aa) Gewerbliche Tätigkeiten

Grundsätzlich unstatthaft ist gem. § 43a Abs. 3 Nr. 1 WPO jede **gewerbliche Betätigung**[78], auch die gelegentliche. Das Verbot der Unvereinbarkeit der Ausübung eines freien Berufs mit erwerbswirtschaftlicher Betätigung ist verfassungsrechtlich nicht zu beanstanden, wenn sich die Gefahr einer Interessenkollision bei gleichzeitiger Ausübung beider Berufe deutlich absehen lässt und mit Hilfe von Berufsausübungsregeln nicht zu bannen ist[79]. Das ist beim Betreiben eines gewerblich tätigen Einmann-Unternehmens ebenso wie bei der Übernahme der Stellung eines persönlich haftenden Gesellschafters bei einer OHG oder KG zu bejahen. Gleiches gilt, wenn das entsprechende Vermögen oder die Gesellschaftsanteile auf einem Erbfall beruhen. Zu den gewerblichen Betätigungen gehören sog. **Provisionsgeschäfte**, die durch die eigentliche Berufstätigkeit ausgelöst sein können. Ein Beispiel ist die entgeltliche Vermittlung von Kapitalanlagen, insb. von Beteiligungen an Steuersparmodellen. Ohne Belang ist auch, ob die Vermittlungsprovision, deren Vereinbarung u.U. sittenwidrig oder treuwidrig sein kann[80], als solche bezeichnet oder in mittelbarer Form, nämlich als sog. Beratungshonorar, vom Anbieter oder Vertreiber der Vermögensanlagen vergütet wird. Ebenfalls unzulässig ist die geschäftsmäßige entgeltliche **Arbeitnehmerüberlassung**, und zwar auch dann, wenn die Behörden der Arbeitsverwaltung eine Erlaubnis nach dem AÜG erteilt haben. Die **Durchführung von** 49

---

74 Zu den Fragestellungen, die sich für Berufsangehörige aus einer Mitgliedschaft in einem Beirat ergeben können, vgl. *IDW*, Unternehmensfortführung.
75 LG Potsdam v. 17.01.1997, Stbg, S. 225.
76 BGH v. 27.04.2009 – II ZR 160/08 –, www.bundesgerichtshof.de, Rubrik „Entscheidungen", m.w.N.
77 S. dazu Tz. 298.
78 Zum berufsrechtlichen Gewerbebegriff vgl. *Hense/Ulrich*, WPO, § 43a, Rn. 59.
79 BVerfG v. 21.11.1995, DB 1996, S. 89; WPK-Mitt. 1996, S. 116.
80 BGH v. 25.02.1987, NJW, S. 1108, zu den möglichen Haftungs- und Versicherungsfolgen in diesen Fällen s. BGH v. 11.04.1987, NJW-RR, S. 1380 und besonders v. 26.09.1990, NJW-RR 1991, S. 145.

Seminarveranstaltungen für Nichtmandanten stellt ebenso eine gewerbliche Betätigung dar und ist nur ausnahmsweise unter den engen Voraussetzungen des § 43a Abs. 4 Nr. 6 WPO (Tz. 43) als vereinbar mit dem Beruf des WP anzusehen[81]; wird die Veranstaltung jedermann gegen Entgelt angeboten, liegt grundsätzlich ein Verstoß gegen das Verbot gewerblicher Tätigkeit vor. Allerdings schlägt die Veranstaltung von Seminaren erst bei einem gewissen Umfang und entsprechender Nachhaltigkeit in eine gewerbliche Tätigkeit um[82]. Die Mitantragstellung bei Aktienemissionen nach § 71 BörsG[83] ist als unzulässig einzustufen.

50 Nicht unter das Verbot der gewerblichen Betätigung fällt die **Beteiligung am Kapital** eines gewerblichen Unternehmens, z.b. als Aktionär, GmbH-Gesellschafter oder Kommanditist, und zwar auch dann nicht, wenn, wie regelmäßig bei der Kommanditbeteiligung, die daraus erzielten Erträge gewerbliche Einkünfte i.S.d. § 15 EStG darstellen. Die Anlage oder Verwaltung des eigenen Vermögens fällt aus Sicht des Berufsrechts grundsätzlich nicht unter den Begriff der gewerblichen Betätigung[84]. Eine Darlehensgewährung an einen einzelnen Mandanten stellt jedenfalls bei einem Steuerberatungsmandant noch keine gewerbliche Tätigkeit dar[85]; bei einem APr. dürfte sich aber die Frage nach der Besorgnis der Befangenheit stellen. Gehört zum eigenen Vermögen jedoch ein gewerbliches Unternehmen, z.B. aufgrund Erbfalls, so ist eine Tätigkeit in diesem Unternehmen, die über die Wahrnehmung von Gesellschafterrechten hinausgeht, grundsätzlich unzulässig; wegen der möglichen Gestattung einer Notgeschäftsführung s. Tz. 31. Zur Vorratsgesellschaft s. Tz. 51.

bb) Unzulässige Anstellungsverhältnisse

51 Untersagt sind alle berufsfremden Anstellungsverhältnisse (§ 43a Abs. 3 Nr. 2 WPO), und zwar gleichgültig, ob es sich um die Stellung als gesetzlicher Vertreter (Vorstand, Geschäftsführer, persönlich haftender Gesellschafter), gewillkürter Vertreter (Prokurist, Handlungsbevollmächtigter) oder um ein Angestelltenverhältnis ohne herausgehobene Funktion oder Vertretungsmacht handelt. Dabei kommt es allein auf die Eintragung als Geschäftsführer ins Handelsregister an[86]. Die Tätigkeit eines WP als Syndikus gestattet die WPO – anders als die BRAO und das StBerG – derzeit nicht. Das gilt auch bei einem Angestelltenverhältnis im Dienste einer sog. **Vorratsgesellschaft**[87], Vermögensverwaltungs-Treuhand- und Unternehmensberatungsgesellschaft[88] oder bei einem hochschulnahen Institut in der Rechtsform einer GmbH[89] sowie bei der Übernahme einer Funktion als gesetzlicher Vertreter nur „pro forma", aber ohne Ausnahmegenehmigung[90]. Es kommt bei diesem Verbot nicht darauf an, ob sich bei der nach dem Anstellungsvertrag

---

81 BVerfG v. 21.11.1995, DB 1996, S. 89, WPK-Mitt. 1996, S. 116; zur Abgrenzung s. auch LG Berlin v. 05.01.1999, WPK-Mitt., S. 109 m. Anm.
82 BGH v. 25.02.2003, WPK-Mitt., S. 257; der BGH hat die Durchführung von vier Seminaren (zusammen mit einer Bank) noch nicht als gewerblich eingestuft.
83 Hessischer VGH v. 19.03.1996, WPK-Mitt., S. 223.
84 So auch *Hense/Ulrich*, WPO, § 43a, Rn. 72; soweit dort der Eindruck erweckt wird, die Rechtsprechung des BFH zum gewerblichen Grundstückshandel führe auch berufsrechtlich zu einer gewerblichen Betätigung, ist dem zu widersprechen. Die Rechtsprechung des BFH beruht auf rein steuerlichen Erwägungen.
85 BGH v. 10.07.1986, NJW, S. 1495.
86 VG Berlin v. 30.08.2007, WPK-Magazin 4/2007, S. 69.
87 LG München v. 31.08.1992, Stbg 1993, S. 78, LG Hamburg v. 17.08.1993, StB, S. 387.
88 BGH v. 04.03.1996, DB, S. 1509, NJW, S. 1833; VG Berlin v. 30.08.2007, WPK-Magazin 4/2007, S. 69.
89 S. WPK-Magazin 1/2009, S. 27.
90 LG Münster v. 10.04.1992, DStR 1993, S. 738.

zu erbringenden Tätigkeit um eine gewerbliche Betätigung i.S.d. § 43a Abs. 3 Nr. 1 WPO handelt.

Das Verbot des § 43a Abs. 3 Nr. 2 WPO betrifft nicht nur Anstellungsverhältnisse bei gewerblichen Unternehmen (z.b. als Leiter des Rechnungswesens), sondern auch **Anstellungsverhältnisse bei sozietätsfähigen Personen** (vBP, StB, RA) oder – falls die Ausnahmeregelung nicht greift (Tz. 38, 53) – bei entsprechenden Berufsgesellschaften (BPG, StBG, Rechtsanwaltsgesellschaften). Vom Verbot des berufsfremden Anstellungsverhältnisses umfasst sind auch **ehrenamtliche Tätigkeiten** in gewerblichen Unternehmen, z.b. als Mitglied des Vorstandes einer Genossenschaft[91] oder eines genossenschaftlichen Kreditinstitutes[92]. Entsprechendes gilt für Anstellungsverhältnisse bei nicht gewerblichen Organisationen, z.b. **Wirtschafts- oder Berufsverbänden** (ausgenommen Berufsorganisationen von WP, vBP oder eine EWIV, s. Tz. 44, 45), gemeinnützigen Organisationen und Idealvereinen. Nicht vom Verbot erfasst ist die Funktion als gesetzlicher Vertreter eines Idealvereins oder einer gemeinnützigen Stiftung, weil insoweit kein Anstellungsverhältnis, sondern regelmäßig nur eine ehrenamtliche Tätigkeit im nicht gewerblichen Bereich vorliegt; auf die Höhe einer etwaigen Aufwandsentschädigung kommt es dabei nicht an. 52

Eine Ausnahme vom Verbot der gewerblichen Tätigkeit gilt für die Übernahme der Funktion als **gesetzlicher Vertreter einer BPG, StBG** oder einer **Rechtsanwaltsgesellschaft** (§ 43a Abs. 2 S. 1 WPO), weil insoweit eine Tätigkeit ausgeübt wird, die der freiberuflichen Tätigkeit als vBP, StB oder RA (§ 43a Abs. 4 Nr. 1 WPO) entspricht . Ebenso gestattet ist die Tätigkeit als zeichnungsberechtigter Vertreter bzw. Angestellter eines Angehörigen eines ausländischen Prüferberufs oder einer ausländischen Prüfungsgesellschaft; als „zeichnungsberechtigte Vertreter" (Tz. 218) sind auch die gesetzlichen Vertreter ausländischer Prüfungsgesellschaften anzusehen (§ 4 a Abs. 2 S. 2 WPO). 53

cc) Öffentlich-rechtliche Dienst- oder Amtsverhältnisse

Gem. § 44a WPO **unvereinbar** mit dem WP-Beruf ist die Übernahme eines öffentlich-rechtlichen Dienst- oder Amtsverhältnisses, z.B. als **Wahlbeamter** oder als **Minister**. Ausgenommen von diesem Verbot sind ehrenamtlich ausgeübte Funktionen sowie die Tätigkeit als Lehrer an Hochschulen und an wissenschaftlichen Instituten (Tz. 42). Die WPK kann die Übernahme eines öffentlich-rechtlichen Dienst- oder Anstellungsverhältnisses gestatten, wenn die Wahrnehmung der Berufspflichten dadurch nicht gefährdet wird. Auf Antrag des betroffenen WP kann die WPK stattdessen einen Vertreter für diesen bestellen. Auch die Möglichkeit der Beurlaubung (§ 46 WPO, Tz. 264) kommt in einem solchen Fall in Betracht. 54

Nicht vom Verbot des § 44a WPO betroffen und damit zulässig ist die Übernahme eines Mandats als **Abgeordneter** des Bundestages, eines Landtages oder eines Gemeindeparlaments; in diesen Fällen besteht kein öffentlich-rechtliches Amtsverhältnis. 55

IV. Zugang zum Beruf

Eine **Bestellung** zum WP kann nur nach „bestandener Prüfung" erfolgen (§ 15 WPO). Neben dem Normalexamen (§§ 12 ff. WPO) gibt es besondere Eignungsprüfungen 56

---

91 BGH v. 29.02.1988, WM, S. 662.
92 BFH v. 17.05.2011 – VII R 47/10 –, www.bundesfinanzhof.de, Rubrik „Entscheidungen" (StB als Vorstandsmitglied einer Genossenschaftsbank).

(§§ 131g ff. WPO) für Angehörige vergleichbarer Prüferberufe aus den anderen EG-Staaten bzw. den Mitgliedsstaaten des **EWR-Abkommens** und der Schweiz (Tz. 12).

57 Eine Darstellung des Zulassungs- und Prüfungsverfahrens findet sich in der Broschüre „Wege zum Beruf", die auf der Website des IDW zum download bereit steht. Infolgedessen beschränken sich die folgenden Ausführungen auf wesentliche Punkte des Examens und auf Hinweise zu Besonderheiten, die sich aufgrund der bisherigen Praxis ergeben haben.

1. Normales WP-Examen

58 Für das WP-Examen ist auch nach der Reform des WP-Examens durch das WPRefG v. 01.12.2003[93] ein gesondertes **Zulassungsverfahren** vorgesehen; die Einzelheiten über die Zulassung sind in den §§ 5 bis 11 WPO geregelt.

a) Zulassungsverfahren

59 Über die Zulassung zur WP-Prüfung entscheidet die **Prüfungsstelle** für das Wirtschaftsprüfungsexamen **bei der WPK** (Prüfungsstelle) auf Antrag (§ 7 WPO). Die Prüfungsstelle ist eine selbständige Verwaltungseinheit bei der WPK, die bei der Erfüllung ihrer Aufgaben nicht an Weisungen gebunden ist (§ 5 Abs. 2 WPO). Bei der Erledigung ihrer gesetzlichen Aufgaben kann die Prüfungsstelle die Landesgeschäftsstellen der WPK einbeziehen. Die Prüfungsstelle macht von dieser Möglichkeit Gebrauch. Die Landesgeschäftsstellen der WPK führen für die Prüfungsstelle das Zulassungsverfahren durch und organisieren die schriftlichen und mündlichen Examen an ihrem jeweiligen Sitz. Zur Erledigung dieser Aufgaben sind die Landesgeschäftsstellen der WPK ausschließlich der Prüfungsstelle unterstellt.

Der Antrag auf Zulassung ist schriftlich und grundsätzlich an die Prüfungsstelle/Landesgeschäftsstelle der WPK zu richten, in deren Zuständigkeitsbereich der Bewerber wohnt (§ 7 i.V.m. § 5 Abs. 3 WPO). Geht der Antrag bei der Hauptgeschäftsstelle der WPK ein, werden die Fristen[94] ebenfalls gewahrt[95].

b) Zulassungsvoraussetzungen

60 Die Zulassung zur Prüfung setzt eine bestimmte Vorbildung (§ 8 WPO) und eine für die Ausübung des Berufs genügende praktische Ausbildung (§ 9 WPO) voraus.

aa) Vorbildung

61 Im Hinblick auf die vielfältigen und erheblichen beruflichen Anforderungen geht die WPO von einer **akademischen Vorbildung**[96] des Bewerbers aus, lässt aber Ausnahmen zu. Dementsprechend ist gem. § 8 Abs. 1 WPO Zulassungsvoraussetzung, dass der Bewerber den Abschluss einer Hochschulausbildung im In- oder Ausland nachweist. Wurde das Studium im Ausland abgeleistet, muss das Abschlusszeugnis einem deutschen Hochschulabschluss gleichwertig sein (§ 8 Abs. 3 WPO). Zur Frage der Gleichwertigkeit kön-

---

93 Vgl. dazu Tz. 15.
94 Die Fristen für die Antragstellung werden auf der Internetseite der WPK veröffentlicht.
95 S. *Hense/Ulrich*, WPO, § 7, Rn. 3.
96 94,9 % der WP haben ein Hochschulstudium abgeschlossen, davon die überwiegende Anzahl (ca. 79,4 %) ein solches der Betriebswirtschaft (WPK-Statistiken zum 01.07.2011, abrufbar von der Homepage der WPK, www.wpk.de unter der Rubrik „Beruf WP/vBP").

nen Informationen bei der Zentralstelle für ausländisches Bildungswesen (eine Einrichtung der ständigen Konferenz der Kultusminister der Länder) eingeholt werden[97]. Eine bestimmte Ausrichtung des Studiums wird nicht mehr verlangt[98]. Welche Bildungseinrichtungen als Hochschule anerkannt sind, richtet sich nach § 1 Hochschulrahmengesetz i.V.m. dem jeweiligen Landesrecht.

Das Fehlen eines abgeschlossenen Hochschulstudiums kann durch den Nachweis bestimmter praktischer Tätigkeiten ersetzt werden, und zwar 62

- gem. § 8 Abs. 2 Nr. 1 WPO durch eine **10jährige Bewährung als Mitarbeiter eines WP, vBP**, einer **WPG, BPG**, eines genossenschaftlichen Prüfungsverbandes, der Prüfungsstelle eines Sparkassen- und Giroverbandes oder einer überörtlichen Prüfungseinrichtung für Körperschaften und Anstalten des öffentlichen Rechts; Eine Ausbildungszeit wird nicht angerechnet;
- gem. § 8 Abs. 2 Nr. 2 WPO durch eine mindestens **5jährige Berufsausübung als vBP oder StB**; es findet keine Anrechnung von Tätigkeiten als StBv. statt; für vBP/RA ist die Vorschrift des § 8 Abs. 2 Nr. 2 WPO ohne Interesse, weil diese Bewerber über ein abgeschlossenes rechtswissenschaftliches Studium verfügen, das Fehlen eines geeigneten Hochschulstudiums also nicht ersetzen müssen.

bb) Praktische Tätigkeiten

Hinsichtlich der praktischen Tätigkeiten schreibt die WPO nur **Mindestzeiten** vor. Alle Bewerber mit abgeschlossener Hochschulausbildung haben gem. § 9 Abs. 1 WPO wenigstens drei Jahre **praktische Ausbildung** (im Gesetz als „Tätigkeit" bezeichnet) nachzuweisen. Beträgt allerdings die Regelstudienzeit der Hochschulausbildung weniger als acht Semester, verlängert sich die erforderliche praktische Ausbildungszeit auf insgesamt vier Jahre (§ 9 Abs. 1 S. 3 WPO). Im Zulassungsverfahren muss die Regelstudienzeit nachgewiesen werden (§ 1 Abs. 1 S. 2 Nr. 4 WiPrPrüfV). Bewerber, die einen Studiengang nach § 8a WPO abgeleistet haben, werden auch zugelassen, wenn sie noch nicht drei Jahre praktische Tätigkeit nachweisen können (§ 9 Abs. 1 S. 4 letzter Halbsatz i.V.m. § 9 Abs. 6 S. 2 WPO). In diesem Fall muss die dreijährige praktische Tätigkeit jedenfalls bis zur Bestellung als WP nachgewiesen werden (§ 15 S. 4 WPO). 63

Der Begriff „**Prüfungstätigkeit**" ist in § 9 Abs. 2 S. 1 i.V.m. Abs. 2 S. 4 WPO definiert. Es muss sich danach um eine Teilnahme an Abschlussprüfungen und Mitwirkung an der Abfassung von Prüfungsberichten handeln. Daher ist die Prüfungstätigkeit erfüllt, wenn der Bewerber materielle Buch- und Bilanzprüfungen nach betriebswirtschaftlichen Grundsätzen in fremden Unternehmen durchgeführt hat. Diese Tätigkeit kann erbracht werden als Angestellter oder freier Mitarbeiter einer auf dem Gebiete des wirtschaftlichen Prüfungs- und Treuhandwesens tätigen Person oder Gesellschaft bzw. Prüfungseinrichtung (z.B. eines genossenschaftlichen Prüfungsverbandes); s. im einzelnen § 9 Abs. 3 WPO. 64

Bestimmte Tätigkeiten **können** auf die Tätigkeit i.S.v. § 9 Abs. 1 WPO **angerechnet werden**. Als anrechnungsfähig sieht das Gesetz (§ 9 Abs. 5 WPO) an die Tätigkeit als 65

- StB,
- **Revisor** in größeren Unternehmen (so z.B. als Mitarbeiter der internen Revision oder der Konzernrevision); insoweit besteht eine Ausnahme vom Erfordernis der Prüfungstätigkeit in „fremden" Unternehmen;

---

97 www.anabin.de.
98 Der sog. Fakultätsvorbehalt ist durch das WPRefG v. 01.12.2003 (s. Tz. 15) aufgehoben worden.

- Mitarbeiter bei einem **Prüfungsverband** nach § 26 Abs. 2 KWG;
- Prüfer im **öffentlichen Dienst**, sofern der Bewerber selbständig Prüfungen von größeren Betrieben durchgeführt hat (z.B. im Rahmen der Prüfungsdienste der Finanzbehörden);
- Mitarbeiter der **WPK** oder einer **Personenvereinigung** i.S.v. § 43a Abs. 4 Nr. 4 WPO; falls die Tätigkeit mit der Prüfungstätigkeit i.s.v. § 2 Abs. 1 WPO im Zusammenhang gestanden hat; oder als
- Mitarbeiter des **DRSC** und der nach § 342 b HGB eingerichteten **Prüfstelle**.

66 Die in § 9 Abs. 5 WPO enumerativ aufgezählten Arten der Beschäftigung können nur bis zur Höchstdauer von 1 Jahr angerechnet werden. In der Praxis wird von der Möglichkeit der Anrechnung insb. bei der Tätigkeit als StB regelmäßig Gebrauch gemacht.

67 Auf die Tätigkeit i.S.v. § 9 Abs. 1 WPO anzurechnen ist auch eine im **Ausland** abgeleistete Tätigkeit. Allerdings werden im Ausland abgelegte Examina beim normalen WP-Examen nicht berücksichtigt, sondern nur mittelbar bei der Eignungsprüfung nach dem neunten Teil der WPO (Tz. 93); derartige ausländische Berufsqualifikationen begründen auch keine Befugnisse im Vorbehaltsbereich der gesetzlichen Abschlussprüfung (Tz. 22).

68 Bewerber müssen mindestens zwei Jahre Prüfungstätigkeit bei einer Person, Gesellschaft oder Institution ableisten, die zur Durchführung gesetzlich vorgeschriebener Abschlussprüfungen befugt ist, also bei WP, vBP, WPG, BPG oder Prüfungseinrichtungen, bei denen WP tätig sind, z.B. genossenschaftlichen Prüfungsverbänden oder der Prüfungsstelle eines Sparkassen- oder Giroverbandes (§ 9 Abs. 3 WPO). Während dieser Prüfungstätigkeit i.S.v. § 9 Abs. 2 WPO muss der Bewerber **überwiegend**[99] an **Abschlussprüfungen** teilgenommen und beim **Abfassen der PrB** mitgewirkt haben; er soll auch an der Durchführung gesetzlich vorgeschriebener Prüfungen (sog. Pflichtprüfungen) teilgenommen haben. Zu beachten ist das Erfordernis der Teilnahme an Abschlussprüfungen, die Mitwirkung an einer gutachterlichen Beurteilung eines JA reicht also nicht aus. Eine überwiegende Teilnahme an Abschlussprüfungen in einem Zeitraum von zwei Jahren ist gegeben, wenn der Bewerber mindestens 53 Wochen derartiger Prüfungstätigkeit nachweist.

69 Die besondere Prüfungstätigkeit i.S.v. § 9 Abs. 2 WPO kann nicht in eigener Praxis erbracht werden[100]. Diese Möglichkeit hat der Gesetzgeber im Rahmen des WPRefG abgeschafft, um eine sachgerechte Ausbildung im Kernbereich der Prüfungstätigkeit sicherzustellen[101]. Im Regelfall wird diese Prüfungstätigkeit jedoch als Mitarbeiter einer Person oder Einrichtung i.s.v. § 9 Abs. 3 WPO abgeleistet. Das Wort „Mitarbeit" ist nicht im Sinne eines Anstellungsverhältnisses zu verstehen, sondern umfasst auch die Tätigkeit als freier Mitarbeiter eines WP oder vBP bzw. einer WPG. Maßgebend ist, dass der Bewerber während des geforderten Zeitraums an der Durchführung von Abschlussprüfungen tatsächlich beteiligt war.

70 Die Anforderungen an den zeitlichen **Nachweis** sind nachvollziehbar und schlüssig darzulegen. Der WP, bei dem die Tätigkeit abgeleistet wurde, hat hierüber eine den Anforderungen der Zulassung genügende Bescheinigung auszustellen und zwar auch dann, wenn das Arbeitsverhältnis bereits beendet ist.

---

99   Das Merkmal „überwiegend" ist im Rahmen der Änderung des WPRefG v. 01.12.2003 (s. Tz. 15) eingefügt worden.
100 Anders wohl *Hense/Ulrich*, WPO, § 9, Rn. 14.
101 Begründung zum RegE des WPRefG, BT-Drs. 15/1241, S. 31 r.Sp.

Zugang zum Beruf   A

Je nach Vorbildung des Bewerbers ist die Ausgestaltung der praktischen Tätigkeit faktisch   71
vorgegeben, soweit es die Mindestzeiten betrifft; die folgenden Beispiele machen dies
deutlich.

Bewerber mit Hochschulabschluss i.S.v. § 8 Abs. 1 WPO mit einer mindestens acht-
semestrigen Regelstudienzeit können die praktische Ausbildung unterschiedlich ableisten, z.B.

– 3 Jahre bei WP, vBP etc.

oder

– 2 Jahre bei WP etc., 1 Jahr nach § 9 Abs. 5 WPO.

Für **Hochschulabsolventen**, deren Regelstudienzeit der Hochschulausbildung weniger   72
als acht Semester beträgt, verlängert sich die Ausbildungszeit um ein Jahr auf vier Jahre.
Für **Bewerber ohne Hochschulabschluss** i.S.v. § 8 Abs. 2 Nr. 1 WPO, die das Fehlen des
Hochschulstudiums durch eine Bewährung in 10jähriger Mitarbeit bei einem WP, vBP
einer WPG, BPG oder einer Prüfungseinrichtung mit WP ausgleichen (Tz. 62), kommt die
Anrechnung anderer Tätigkeiten auf diese Mindestzeit nicht in Betracht; evtl. Tätigkeiten
bei einem StB oder in einem gewerblichen Unternehmen zählen insoweit nicht, werden
also zusätzlich erbracht. Während der 10-Jahresfrist kann die gesamte Mindestprüfungstätigkeit von 2 Jahren abgeleistet werden, allerdings erst ab dem sechsten Jahr der Mitarbeit; es ist also nicht erforderlich, diese besonderen Zeiten der praktischen Tätigkeit
zusätzlich zur 10jährigen Bewährung als Mitarbeiter nachzuweisen. Eine **Anrechnung
des** (inzwischen abgeschafften) **Grundwehrdienstes** findet nicht statt[102].

Bewerber ohne Hochschulabschluss i.S.v. § 8 Abs. 2 Nr. 2 WPO, also mit **vBP- und/oder**   73
StB-Qualifikation, erfüllen durch die 5 Jahre Berufsausübung automatisch das Erfor-
dernis der einjährigen Tätigkeit i.S.v. § 9 Abs. 1 WPO; auf die vorhergehenden Zeiten der
Ausbildung zum vBP oder StB kommt es daher nicht an.

Bewerbern mit **StB-Qualifikation** kann gem. § 9 Abs. 5 WPO ein Jahr Berufstätigkeit als   74
Prüfungstätigkeit angerechnet werden. Die Prüfungstätigkeit i.S.v. § 9 Abs. 2 WPO muss
zwar wie von allen anderen Bewerbern nachgewiesen, kann aber wie von vBP erst während der 5 Mindestjahre i.S.v. § 8 Abs. 2 Nr. 2 WPO erbracht werden. Die praktische
Ausbildung nach § 9 Absätze 1 und 2 WPO kann auch im Rahmen einer **Teilzeitbeschäftigung** abgeleistet werden. Eine solche Teilzeitbeschäftigung wird im Verhältnis von
Teilzeit- zur Vollzeitbeschäftigung berücksichtigt.

cc) Reihenfolge

Die WPO schreibt nunmehr wie das StBerG (§ 36 Abs. 1 Nr. 1 und 2 s. C Tz. 45) in be-   75
stimmtem Umfang eine **zeitliche Abfolge** für das Erbringen der Vorbildung und der
praktischen Tätigkeiten vor. Die Prüfungstätigkeit gem. § 9 Abs. 2 WPO muss nach Abschluss der Hochschulausbildung bzw. während oder nach dem Erwerb der Qualifikation
als StB oder vBP abgeleistet werden. Bewerber ohne Studium bzw. ohne die Qualifikation
als StB oder vBP (§ 8 Abs. 2 Nr. 1 WPO) müssen die gesamte Mindestprüfungstätigkeit
von zwei Jahren nach dem fünften Jahr der Mitarbeit erbringen.

---

102 A.A. Hessischer VGH v. 11.09.1997, MittBl.WPK 1998, S. 176 sowie v. 19.07.1999, WPK-Mitt. 2000,
     S. 211.

dd) Befreiung vom Nachweis der Prüfungstätigkeit

76 Die WPO sieht nur für eine Fallgruppe von Bewerbern die Befreiung vom Nachweis der Prüfungstätigkeit vor. Die Möglichkeit, den Nachweis der Prüfungstätigkeit durch den Nachweis anderer Tätigkeiten zu ersetzen, hat der Gesetzgeber im Rahmen der Transformation der 8. EU-Richtlinie in Ausübung eines entsprechenden Wahlrechts (Art. 9 Buchst. a) eröffnet. Nach § 9 Abs. 4 WPO (früher § 9 Abs. 1 S. 2 WPO) entfällt der Nachweis der Prüfungstätigkeit für Bewerber, die – im Zeitpunkt des Antrages auf Zulassung – seit mindestens 15 Jahren, also ununterbrochen, den Beruf als vBP oder StB ausüben; eine Tätigkeit als StBv. kann bis zu 10 Jahren angerechnet werden. Diese Bewerber müssen dementsprechend weder eine Bescheinigung über Prüfungstätigkeit noch PrB vorlegen (§ 2 Abs. 2 Nr. 5 PrüfO WP). Im übrigen erfüllen diese Bewerber wegen der Dauer der beruflichen Tätigkeit die sonstigen Zulassungsvoraussetzungen, gleichen u.a. auch das Fehlen eines abgeschlossenen Hochschulstudiums aus.

c) Nachweis der Zulassungsvoraussetzungen und verbindliche Auskunft

77 Die Erfüllung der Zulassungsvoraussetzungen ist gegenüber der Prüfungsstelle bei der WPK nachzuweisen. Einzelheiten dazu regelt die WiPrPrüfV (vgl. Tz. 79 ff.). Daher schreibt § 1 WiPrPrüfV vor, dass bestimmte Unterlagen dem Antrag auf Zulassung beizufügen sind. Zu diesen Unterlagen gehören u.a. die Zeugnisse über Hochschulprüfungen, über die Regelstudienzeit und ein Nachweis über die Prüfungstätigkeit nach § 9 Abs. 2 WPO. S. dazu auch Tz. 82.

78 Über die Erfüllung einzelner Voraussetzungen für die Zulassung zum Examen, für die Befreiung von Zulassungsvoraussetzungen und für die Anrechnung von Studienleistungen (vgl. dazu Tz. 96) erteilt die Prüfungsstelle bei der WPK auf Antrag eine verbindliche Auskunft (§ 6 WPO)[103]. Über den Zulassungsantrag entscheidet die Prüfstelle durch Bescheid. Bis zu dieser Entscheidung kann der Antrag zurückgenommen werden. Wird dem Antrag entsprochen, entsteht ein Prüfungsrechtsverhältnis und das Prüfungsverfahren beginnt[104].

d) Prüfungsverfahren

79 Das WP-Examen selbst ist in den §§ 12 bis 14 a WPO nur in Grundzügen normiert; die Einzelheiten des Prüfungsverfahrens regelt eine gem. § 14 WPO vom BMWi ohne Zustimmung des Bundesrates erlassene Rechtsverordnung, die Wirtschaftsprüferprüfungsverordnung (WiPrPrüfV). Die Prüfungsverfahren sind durch diese WiPrPrüfV v. 20.07.2004[105] sowie durch die Verlagerung der Zuständigkeit der Prüfungsstelle bei der WPK (für das gesamte Zulassungs-, Prüfungs- und Bestellungsverfahren) durch das WPRefG (s. Tz. 15) neu geregelt und in der genannten Verordnung zusammengefasst worden.

80 Die Prüfung wird vor einer **Prüfungskommission** abgelegt, die bei der Prüfungsstelle eingerichtet ist und der Mitglieder aus folgenden Bereichen angehören (§ 2 WiPrPrüfV):

- ein Vertreter einer obersten Landesbehörde (Vorsitzendes Mitglied)
- ein Hochschullehrer für BWL
- ein Mitglied mit der Befähigung zum Richteramt

---

103 Das Instrument der verbindlichen Auskunft hat der Gesetzgeber im Rahmen des WPRefG v. 01.12.2003 (s. Tz. 15) ausdrücklich in die WPO aufgenommen.
104 Vgl. im Einzelnen *Hense/Ulrich*, WPO, § 7, Rn. 8 ff.
105 BGBl. I 2004, S. 1707; zuletzt geändert durch Gesetz v. 03.09.2007, BGBl. I, S. 2178.

Zugang zum Beruf A

- ein Vertreter der Finanzverwaltung
- ein Vertreter der Wirtschaft
- zwei WP

Die Prüfung gliedert sich in einen **schriftlichen und mündlichen Teil**; an alle Bewerber 81 sind ohne Rücksicht auf ihren beruflichen Werdegang gleiche Anforderungen zu stellen (§ 12 Abs. 3 WPO). Es ist also nicht zulässig, Bewerber wegen der Art der Vorbildung (z.B. wegen des Nachweises oder des Fehlens des abgeschlossenen Hochschulstudiums) zu bevorzugen oder zu benachteiligen. Zum **Prüfungsverfahren und -ablauf** regelt die WiPrPrüfV u.a. folgende Einzelheiten:

- welche **Unterlagen** mit dem Zulassungsantrag einzureichen sind (§ 1 WiPrPrüfV, s. Tz. 77)
- Zuständigkeit und Besetzung der Aufgaben- und Widerspruchskommission (§§ 8, 9 WiPrPrüfV)
- auf welche **Gebiete** sich die Prüfung erstreckt (§ 4 WiPrPrüfV)
- wie die **schriftliche und die mündliche Prüfung** zu gestalten sind (§§ 7, 15 WiPrPrüfV)
- wie die Prüfungsleistungen zu bewerten sind einschließlich der **Benotung** im einzelnen (§§ 11-13 WiPrPrüfV)
- wann eine **Ergänzungsprüfung** abzulegen ist (§ 19 WiPrPrüfV)
- wie sich der **Rücktritt** von der Prüfung auswirkt (§ 21 WiPrPrüfV)
- wie oft die **Wiederholung** der Prüfung möglich ist (§ 22 WiPrPrüfV)
- ob ein **Zulassungsantrag** gestellt werden muss (§ 22 WiPrPrüfV) oder eine **Meldung** (Ergänzungsprüfung) ausreicht (§ 19 Abs. § WiPrPrüfV)

Eine ausführliche Erläuterung der einzelnen Vorschriften erscheint entbehrlich, weil die WiPrPrüfV selbst detaillierte Regelungen enthält; jedoch ist auf einige wichtige Einzelheiten hinzuweisen.

Der Bewerber muss ein **qualifiziertes Zeugnis** des WP/der WPG bzw. der Prüfungsein- 82 richtung, bei dem/der er seine Prüfungstätigkeit nach § 9 Abs. 2 WPO abgeleistet hat (Tz. 64), vorlegen, aus dem sich der Nachweis der Prüfungstätigkeit eindeutig und lückenlos ergibt. Eine Pflicht, zwei PrB oder Gutachten vorzulegen, besteht nicht. Allerdings ist die Prüfungsstelle berechtigt, im Einzelfall die Vorlage von PrB zu verlangen (§ 1 Abs. 2 S. 2 WiPrPrüfV).

Dem Ergebnis der **schriftlichen Prüfung** kommt erhöhte Bedeutung zu. So ist die Ge- 83 samtprüfung bereits nicht bestanden, wenn für die schriftliche Prüfung nicht mindestens die Gesamtnote 5,00 erteilt worden ist (§ 13 Abs. 2 WiPrPrüfV); dasselbe gilt, wenn die Aufsichtsarbeiten aus dem Gebiet Wirtschaftliches Prüfungswesen, Unternehmensbewertung und Berufsrecht im Durchschnitt nicht mindestens mit der Gesamtnote 5,00 bewertet worden sind (§ 13 Abs. 3 WiPrPrüfV).

Bei der Bildung der **Prüfungsgesamtnote** muss mindestens ein Wert von 4,00 auf jedem 84 Prüfungsgebiet erreicht werden (§ 18 Abs. 1 WiPrPrüfV). Dabei hat das Ergebnis der schriftlichen Prüfung ein größeres Gewicht als das Ergebnis der mündlichen Prüfung; das Verhältnis der Bewertung der schriftlichen zu derjenigen der mündlichen Prüfung (§ 17 WiPrPrüfV) beträgt 60 : 40 mit der Folge, dass nicht genügende Leistungen im schriftlichen Teil nur durch überdurchschnittliche Leistungen in der mündlichen Prüfung ausgeglichen werden können.

85 Der **Rücktritt** (§ 21 WiPrPrüfV) von der Prüfung **ohne triftigen Grund**[106] hat das Nichtbestehen der Prüfung zur Folge. Der triftige Grund muss der Prüfungsstelle bei der WPK unverzüglich mitgeteilt[107] und nachgewiesen werden. Wird eine Krankheit als triftiger Grund behauptet, kann die Vorlage eines amtsärztlichen Attests verlangt werden (§ 21 Abs. 2 WiPrPrüfV). Ist ein Bewerber also zweimal ohne triftigen Grund zurückgetreten und beim dritten Versuch erfolglos geblieben, so hat er keine Möglichkeit mehr, das Examen erneut abzulegen.

86 Hat der Bewerber zwar eine Prüfungsnote von mindestens 4,00 erreicht, aber auf einem oder mehreren Prüfungsgebieten eine schlechter bewertete Leistung erbracht, so muss er auf diesen Gebieten eine **Ergänzungsprüfung** (§ 19 Abs. 1 WiPrPrüfV) ablegen[108]. Sie besteht aus einem schriftlichen und mündlichen Teil (ohne Kurzvortrag). Für die Ergänzungsprüfung ist eine erneute Zulassung nicht erforderlich. Diese stellt also keine Wiederholung der Prüfung dar, so dass kein weiterer Zulassungsantrag verbraucht wird. Die Bewerber haben sich aber innerhalb eines Jahres nach der Mitteilung des Prüfungsergebnisses zur Ablegung der Ergänzungsprüfung zu melden (nicht antreten!), jedoch kann die Prüfungsstelle auf Antrag Ausnahmen zulassen (§ 19 Abs. 3 WiPrPrüfV). Das Unterlassen dieser Meldung innerhalb der Jahresfrist gilt als Rücktritt von der Prüfung (§ 21 Abs. 1 S. 2 WiPrPrüfV).

87 Eine **gerichtliche Überprüfung** der Entscheidungen des Prüfungsausschusses ist möglich[109] und zwar ohne Einschränkungen. Zu den Grenzen einer gerichtlichen Überprüfung (bei StB) s. BFH v. 05.10.1999, BB 2000, S. 86 sowie BVerfG v. 20.05.1998, WPK-Mitt. 1999, S. 75. Selbst bei einer verfassungswidrigen Prüfungsentscheidung steht einem Bewerber ein Entschädigungsaufwand nicht zu[110]. Wegen der an die WPK für Zulassung und Prüfung zu entrichtenden Gebühren s. Tz. 116.

e) Verkürzung des WP-Examens

88 Die WPO sieht für StB und vBP Möglichkeiten vor, das Examen in verkürzter Form abzulegen; dabei entfallen bestimmte Prüfungsgebiete im Rahmen der schriftlichen und der mündlichen Prüfung.

aa) Verkürzte Prüfung für Steuerberater

89 Gem. § 13 WPO **entfällt** für Bewerber, die StB sind oder die Prüfung als StB bestanden haben, die schriftliche und mündliche **Prüfung im Steuerrecht** (§ 4 Abschn. D WiPrPrüfV). Der Bewerber muss also nicht als StB bestellt sein, ein mit Erfolg abgelegtes StB-Examen reicht aus. Die Erleichterung gilt auch für diejenigen StB, die gem. § 38 StBerG prüfungsbefreit bestellt worden sind. Der Antrag auf Prüfungsverkürzung muss mit dem Antrag auf Zulassung gestellt werden (§ 1 Abs. 1 Nr. 8 WiPrPrüfV), kann also z.B. im Falle des Nichtbestehens des WP-Examens auf dem Gebiete des Steuerrechts nicht nachgeholt werden.

---

106 VG Aachen v. 20.07.1988, MittBl.WPK Nr. 131/1988, S. 20; VG Karlsruhe v. 01.04.1989, WPK-Mitt., S. 140; VG Koblenz v. 05.08.1996, WPK-Mitt. 1997, S. 75.
107 Dass es dabei auf jeden Tag ankommt, zeigt der Fall des VG Berlin v. 29.08.2007, WPK-Magazin 3/2008, S. 61 f.
108 Zu einem weiteren Fall der Ergänzungsprüfung s. § 19 Abs. 2 PrüfO.
109 BVerfG v. 17.04.1991, NJW, S. 2005, BVerwG v. 09.12.1992, WPK-Mitt. 1993, S. 143, wegen der mündlichen Prüfung s. BVerfG v. 14.02.1996, NJW 1997, S. 1434; BFH v. 30.04.1996, DStR, S. 1708.
110 BGH v. 21.10.1993, NJW 1994, S. 2229; anders aber bei Voreingenommenheit eines Prüfers BGH v. 03.03.1983, NJW, S. 2241.

Zugang zum Beruf   A

bb) Verkürzte Prüfung für vereidigte Buchprüfer

Gem. § 13a WPO waren auf Antrag weitere Möglichkeiten der **Examensverkürzung für** 90
vBP vorgesehen. Die verkürzte Prüfung für vBP war durch das WPRefG[111] bis zum
31.12.2007 befristet und gleichzeitig der Zugang zum Beruf des vBP durch Streichung der
entsprechenden Zulassungsregeln zum vBP (§ 131 bis § 131d WPO) geschlossen worden
(§ 13a Abs. 2 WPO)[112]. Die verkürzte Prüfung nach § 13a WPO wird seit dem 01.01.2010
nicht mehr durchgeführt.

2. Zugang zum WP-Beruf in Sonderfällen

Neben dem normalen WP-Examen (einschließlich der Verkürzungsmöglichkeiten) sieht 91
die WPO einige Möglichkeiten vor, im Rahmen besonderer Prüfungsverfahren, die gegenüber dem Normalexamen geringere Anforderungen stellen, die fachliche Eignung als
WP nachzuweisen und damit die Voraussetzungen für die Bestellung (§ 15 WPO) zu erbringen.

a) Erleichterte Bestellung als Wirtschaftsprüfer gem. §§ 131c ff. WPO

Wegen der Einführung der Prüfungspflicht für bestimmte GmbH durch das BiRiLiG war 92
vBP, StB und RAe, die über prüfungspflichtige GmbH in der Klientel verfügten, zeitlich
befristet die Möglichkeit eingeräumt worden, im Rahmen einer Übergangsregelung erleichtert die WP-Qualifikation zu erwerben. Anträge auf Zulassung zur Prüfung konnten
bis zum **31.12.1989** gestellt werden; dieser Sonderzugang hat sich durch Zeitablauf erledigt. Im Rahmen der Umsetzung der Kapitalgesellschaften und Co.-Richtlinie durch das
KapCoRiLiG v. 24.02.2000 (BGBl. I, S. 154) hat der Gesetzgeber eine solche Übergangsregelung aus Rechtsgründen nicht vorgesehen[113].

b) Eignungsprüfung nach dem 9. Teil der WPO

Durch die Umsetzung der **Hochschuldiplomrichtlinie** im Rahmen des Zweiten Gesetzes 93
zur Änderung der WPO ist für **Angehörige vergleichbarer Berufe aus den Mitgliedstaaten der EG und des EWR-Abkommens** sowie aus der **Schweiz** (Tz. 12) die Möglichkeit geschaffen worden, durch ein gegenüber dem Normalexamen erleichtertes Examen[114] die fachliche Eignung für die Ausübung des WP-Berufes nachzuweisen und damit
die Bestellung als WP zu erreichen (§§ 131g ff. WPO). Die Einzelheiten der Eignungsprüfung regeln § 25 WiPrPrüfV. Ob die Möglichkeit der Eignungsprüfung auch für deutsche Staatsangehörige besteht, ist zweifelhaft[115]. Nach der Auffassung des BFH[116] können
Bewerber, die ihre berufsqualifizierende Ausbildung in Deutschland erhalten haben und
Anspruch auf Zulassung zur Steuerberaterprüfung haben, nicht zur Eignungsprüfung nach
§ 37a StBerG zugelassen werden. Grundsätzlich für die Zulassung deutscher Staatsangehöriger zur Eignungsprüfung sprechen sich – insb. wegen des Wortlauts der Vorschrift –
Hense/Ulrich aus[117].

---

111 S. Tz. 15.
112 Zur Verfassungsmäßigkeit der Schließung des Zugangs zum vBP-Beruf sowie zur Abschaffung des verkürzten WP-Examens für vBP vgl. C Tz. 7.
113 BT-Drucks. 14/1806 v. 15.10.1999, S. 157 u. 14/2353 v. 14.12.1999, S. 41.
114 Eine prüfungsbefreite Bestellung als WP kommt auch für diesen Personenkreis nicht in Betracht, OVG Berlin-Brandenburg v. 15.02.2011, WPK-Magazin 2/2011, S. 38.
115 FG Düsseldorf v. 21.11.1994, Stbg. 1995, S. 312.
116 Beschluss v. 12.04.2005 – VII B 294/04 –, www.bundesfinanzhof.de, Rubrik „Entscheidungen".
117 *Hense/Ulrich*, WPO, § 131g, Rn. 4.

94 Über die Zulassung entscheidet die Prüfungsstelle bei der WPK, an die auch der **Zulassungsantrag** zu richten ist. Zu den dem Antrag beizufügenden Unterlagen vgl. § 25 Abs. 2 und 3 WiPrPrüfV.

Bei dieser Eignungsprüfung handelt es sich in erster Linie um eine sog. **Rechtsprüfung**. Gegenstand der Prüfung sind die besonderen nationalen Rechtsvorschriften, die für die Berufsausübung Bedeutung haben, wie z.B. die der 4. und 7. EG-Richtlinie nicht entsprechenden Rechnungslegungsvorschriften des HGB, die steuer- und wirtschaftsrechtlichen Vorschriften sowie das Berufsrecht. Die Prüfung gliedert sich in eine **schriftliche Prüfung**, bestehend aus nur zwei Aufsichtsarbeiten, sowie eine **mündliche Prüfung**. Die Prüfung wird naturgemäß **in deutscher Sprache** abgenommen.

c) Eignungsprüfung nach § 134a Abs. 3 WPO a.F.

95 Bewerber, die nach den in der **früheren DDR** geltenden Vorschriften die Befugnis erlangt hatten, nach Abschluss eines postgradualen Studiums an der Humboldt-Universität Berlin die Bezeichnung „Wirtschaftsprüfer" zu führen, konnten im Rahmen einer gegenüber dem Normalexamen erleichterten Eignungsprüfung ihre fachliche Qualifikation für die Berufsausübung als WP i.S.d. WPO nachweisen und damit die Voraussetzungen für die Bestellung als WP schaffen. Diese Regelung wurde, weil sie sich durch Zeitablauf erledigt hatte, durch das Gesetz zur Reform des Zulassungs- und Prüfungsverfahrens des WP-Examens v. 01.12.2003, BGBl. I, S. 2446, aufgehoben[118].

d) Berücksichtigung von Studienleistungen

96 Mit den §§ 8a, 13b WPO, die unter bestimmten Voraussetzungen die **Berücksichtigung von Studienleistungen beim WP-Examen** ermöglichen, wurden die Ermächtigungsgrundlagen für den Erlass einer Verordnung in das Gesetz aufgenommen. Die Wirtschaftsprüfungsexamens-Anrechnungsverordnung (WPAnrV)[119] regelt das Verfahren für die Umsetzung der §§ 8a, 13b WPO.

97 § 8a WPO gibt Hochschulen die Möglichkeit, **Studiengänge** einzurichten, die als zur Ausbildung von WP besonders geeignet anerkannt werden können. Die in diesen Studiengängen erbrachten Studienleistungen sollen teilw. die Prüfungsleistungen im Wirtschaftsprüfungsexamen ersetzen. Ein solcher Studiengang erfolgt in einem **zweijährigen Masterstudium**, das auf die Prüfungsgebiete des § 4 WiPrPrüfV ausgerichtet ist. Die Vermittlung der theoretischen Grundlagen des Berufes wurde damit weitgehend in das Masterstudium verlagert. Der Zugang zum Masterstudium setzt neben einem dreijährigen Bachelor-Studium und einer mindestens einjährigen Berufspraxis in der Wirtschaftsprüfung das Bestehen einer Zugangsprüfung an der Hochschule voraus. Der erfolgreiche Abschluss des Masterstudiums berechtigt zu einer Befreiung von den Prüfungsgebieten Angewandte Betriebswirtschaftslehre, Volkswirtschaftslehre und Wirtschaftsrecht. Das Wirtschaftsprüfungsexamen verkürzt sich damit auf vier Klausuren, jeweils zwei Klausuren in den Prüfungsgebieten Wirtschaftliches Prüfungswesen, Unternehmensbewertung, Berufsrecht und Steuerrecht.

98 Die nach § 8a WPO für das Masterstudium erforderliche **Akkreditierung** erfolgt auf Grundlage eines Referenzrahmens, der das Anforderungsprofil hinsichtlich der zu ver-

---

118 Zur früheren Rechtslage vgl. WP Handbuch 2000, Bd. I, A Tz. 84.
119 VO über die Voraussetzungen der Anerkennung von Studiengängen nach § 8a der WPO und über die Anrechnung von Prüfungsleistungen aus Studiengängen nach § 13b der WPO (Wirtschaftsprüferexamens-Anrechnungsverordnung, WPAnrV) v. 27.05.2005, BGBl. I, S. 1520.

mittelnden Qualifikation vorgibt und von den berufsständischen Organisationen und Vertretern der Hochschule erarbeitet wird.

§ 13b WPO eröffnet daneben die Möglichkeit, bestimmte **berufsspezifische Studienleistungen**, die in einem Bachelorstudium erbracht werden, auf die entsprechenden Prüfungsleistungen im Wirtschaftsprüfungsexamen **anzurechnen** und das Berufsexamen um maximal drei Klausuren zu verkürzen. Eine Befreiung kann für die Prüfungsgebiete Angewandte Betriebswirtschaftslehre, Volkswirtschaftslehre und/oder Wirtschaftsrecht erfolgen. Dies setzt den Nachweis voraus, dass die Studienleistungen in Inhalt, Umfang und Form den Anforderungen im Wirtschaftsprüfungsexamen entsprechen. Die inhaltliche **Gleichwertigkeit** wird auf Grundlage des Referenzrahmens von der Prüfungsstelle im Rahmen der Zulassung zum WP-Examen beurteilt. Die Anrechnung kann nur für Prüfungsleistungen erfolgen, die nach Inkrafttreten der WPAnrV erbracht wurden. 99

Der Umfang, in dem Studienleistungen anerkannt werden, ist also nach § 8a und § 13b WPO gleich. Beide Wege berechtigen zu einer Befreiung von den genannten Prüfungsgebieten unter der Voraussetzung, dass die Gleichwertigkeit der Studienleistungen nachgewiesen wird. Ein Studiengang nach § 8a WPO erfüllt diese Voraussetzung ohne weiteres. Nach § 13b WPO ist der Nachweis der Gleichwertigkeit für das jeweilige Prüfungsgebiet zu erbringen, für das eine Befreiung beantragt wird. 100

Die Absolventen des besonderen **Studiengangs nach § 8a WPO** sind außerdem dadurch zusätzlich begünstigt, dass ihre **Zulassung zum Berufsexamen** unmittelbar nach dem Abschluss des Masterstudiums erfolgen kann. Die Zulassung zum Masterstudium setzt bereits eine einjährige Prüfungstätigkeit voraus. Die **Bestellung** zum WP kann aber erst nach Ableistung von zwei weiteren Jahren Berufspraxis nach dem Berufsexamen erfolgen. 101

3. Bestellung als Wirtschaftsprüfer

Die **Bestellung** als WP (§ 15 WPO) erfolgt auf Antrag. Der Antrag ist nicht an Fristen gebunden; wird er jedoch nicht innerhalb von 5 Jahren nach bestandener Prüfung gestellt, so finden die Vorschriften über die Wiederbestellung (§ 23 Abs. 2 und 3 WPO, Tz. 114) entsprechende Anwendung. Das bedeutet, dass im Einzelfall der Bewerber sich der Prüfung oder Teilen derselben nochmals unterziehen muss, wenn die pflichtgemäße Ausübung des Berufes ansonsten nicht gewährleistet erscheint. 102

Die Bestellung muss versagt werden, wenn in der Person des Bewerbers Gründe für eine Versagung der Bestellung zum WP vorliegen. Nach § 16 Abs. 1 WPO sind zwingende Versagungsgründe 103

– die Verwirkung der Grundrechte,
– das Fehlen der Fähigkeit, öffentliche Ämter zu bekleiden,
– der **fehlende** Nachweis einer vorläufigen Deckungszusage für den Abschluss einer Berufshaftpflichtversicherung; die Vorlage der vorläufigen Deckungszusage ist entbehrlich, wenn der Bewerber nach der Bestellung ausschließlich als Angestellter oder Organmitglied in einer Berufsgesellschaft tätig sein wird;
– ein Verhalten des Berufsangehörigen, das eine Ausschließung aus dem Beruf rechtfertigen würde,
– die Tatsache, dass die ordnungsgemäße Ausübung aus gesundheitlichen oder anderen Gründen nicht nur vorübergehend nicht möglich ist; falls erforderlich, kann die Prüfungsstelle dem Bewerber auf seine Kosten die Vorlage eines (amts)ärztlichen Gutachtens aufgeben (§ 16a Abs. 1 WPO); kommt der Bewerber der Anordnung auf Vor-

lage eines solchen Gutachtens ohne ausreichenden Grund nicht nach, gilt der Antrag auf Bestellung als zurückgenommen (§ 16a Abs. 3 WPO);
– die Ausübung einer Tätigkeit, die mit dem Beruf nach §§ 43 Abs. 2 S. 1 oder 43 a Abs. 3 WPO **unvereinbar** ist[120] (Tz. 48 ff.)

und

– die Feststellung, dass sich der Bewerber in nicht geordneten wirtschaftlichen Verhältnissen, insb. in Vermögensverfall, befindet; Letzteres wird vermutet, wenn ein Insolvenzverfahren über das Vermögen eröffnet wurde oder eine Eintragung in das vom Insolvenz- oder Vollstreckungsgericht zu führende Schuldnerverzeichnis (§ 26 Abs. 2 InsO, § 915 ZPO) vorliegt, vgl. dazu im Einzelnen Tz. 112. Anders als beim Widerruf der Bestellung (s. Tz. 112) ist die Bestellung zum WP auch dann zu versagen, wenn trotz des Vermögensverfalls die Interessen Dritter (z. B. Mandanten) nicht gefährdet sind.

104 Die Bestellung kann versagt werden, wenn der Bewerber sich so verhalten hat, dass sein Verhalten die Besorgnis begründet, er werden den Berufspflichten als WP nicht genügen (§ 16 Abs. 2 WPO). Davon ist insb. dann auszugehen, wenn das frühere Verhalten begründeten Anlass für die Sorge gibt, dass zukünftig Berufspflichtverletzungen drohen (vgl. dazu *Hense/Ulrich*, WPO, § 16, Rn. 30 ff.).

105 Bestellungsbehörde ist die WPK. Gegen ihre Bescheide im Bestellungs-, Anerkennungs- und Widerrufsverfahren ist Klage vor dem Verwaltungsgericht ohne Durchführung eines Vorverfahrens statthaft (§ 41 WPO). Die Bestellung erfolgt durch Aushändigung der **Berufsurkunde**; vorher haben die Bewerber den Berufseid zu leisten, dessen Text in § 17 Abs. 1 WPO festgelegt ist. Eine Bestellung in elektronischer Form ist ausgeschlossen.

106 Die Bestellung als WP stellt ein **höchstpersönliches Recht** dar; die Berufsqualifikation und die darauf beruhenden Befugnisse können daher nicht auf andere Personen übertragen werden.

4. Erlöschen sowie Rücknahme/Widerruf der Bestellung
a) Erlöschen der Bestellung

107 Das Erlöschen der Bestellung kann auf **Tod, Verzicht** oder **Ausschließung** aus dem Beruf beruhen. Es hat kraft Gesetzes (§ 19 WPO) zur Folge, dass alle Rechte und Pflichten aus der Bestellung ohne weiteres enden. Insb. endet die **Pflichtmitgliedschaft** bei der WPK, aber auch die Befugnis zur Führung der Berufsbezeichnung WP. Aufsichtsrechtliche oder berufsgerichtliche Maßnahmen sind nach Erlöschen der Bestellung nicht mehr möglich.

Wegen der unter Tz. 106 erwähnten Höchstpersönlichkeit erlischt die Bestellung als WP durch den Tod des Berufsangehörigen unmittelbar (§ 19 Abs. 1 Nr. 1 WPO).

108 Sie erlischt weiterhin durch **Verzicht** (§ 19 Abs. 1 Nr. 2 WPO), der schriftlich[121] gegenüber der WPK zu erklären ist (§ 19 Abs. 2 WPO). Es besteht die Möglichkeit, den Verzicht zu einem konkreten künftigen Termin auszusprechen; es kann allerdings nicht rückwirkend auf die Bestellung verzichtet werden. Ist der Verzicht nicht zu einem bestimmten Zeitpunkt erklärt worden, wird er mit dem Eingang der schriftlichen Verzichtserklärung bei der WPK wirksam.

---
120 OVG RhldPf. v. 29.03.1994, WPK-Mitt., S. 192.
121 Zur Form der Verzichtserklärung vgl. *Hense/Ulrich*, WPO, § 19, Rn. 8.

Zugang zum Beruf   A

Die Bestellung erlischt schließlich auch durch die rkr. **Ausschließung** aus dem Beruf (§ 19 **109**
Abs. 1 Nr. 3 WPO), die nur im berufsgerichtlichen Verfahren (Tz. 586, 592) ausgesprochen werden kann (§§ 68 Abs. 1 Nr. 4 WPO). Nicht ausdrücklich geregelt ist das Erlöschen der Bestellung bei einem zeitweiligen Berufsverbot (§ 68 Abs. 1 Nr. 3 WPO). Die Möglichkeit der Wiederbestellung nach acht Jahren seit dem rechtskräftigen Ausschluss aus dem Beruf zeigt, dass auch der Ausschluss gem. § 19 Abs. 1 Nr. 3 WPO nicht auf Dauer ausgelegt ist. Im Hinblick darauf ist auch bei einem Berufsverbot von bis zu fünf Jahren analog § 19 Abs. 1 Nr. 3 WPO ein Erlöschen der Bestellung gerechtfertigt.

b) Rücknahme/Widerruf

Zu einem Fortfall der Bestellung führen nach § 20 WPO auch ihre Rücknahme sowie ihr   **110**
Widerruf.

aa) Rücknahme

Gem. § 20 Abs. 1 WPO ist die Bestellung allerdings nur mit Wirkung für die Zukunft (ex **111**
nunc) zurückzunehmen, wenn nachträglich Tatsachen bekannt werden, bei deren Kenntnis die Bestellung hätte versagt werden müssen. Solche Tatsachen liegen z.B. vor, wenn der WP die Zulassung zur Prüfung oder die Bestellung als WP durch arglistige Täuschung, Drohung, Bestechung oder durch Angaben erwirkt hat, die in wesentlicher Beziehung unrichtig oder unvollständig waren. Die Zulassung zum Examen und die Bestellung als WP sind Verwaltungsakte, die den jeweiligen Bewerber begünstigen. Solche Verwaltungsakte können schon nach allgemeinem Verwaltungsrecht nur zurückgenommen werden, wenn sie erschlichen worden sind. Diese allgemeine Regelung greift § 20 Abs. 1 WPO auf, um ein Verbleiben solcher Personen im Beruf zu verhindern.

bb) Widerruf

Die Bestellung **muss** (ex nunc) nach § 20 Abs. 2 WPO widerrufen werden, wenn der WP   **112**

- nicht eigenverantwortlich i.S.v. von § 44 Abs. 1 WPO tätig ist oder unvereinbare Tätigkeiten (§§ 43a Abs. 2 und 3 WPO) ausübt, z.B. sich gewerblich betätigt oder ein unzulässiges Anstellungsverhältnis (Tz. 51) eingegangen ist; wenn die Annahme gerechtfertigt ist, dass der Berufsangehörige künftig eigenverantwortlich tätig sein oder die unvereinbare Tätigkeit dauernd aufgegeben wird, ist von einem Widerruf abzusehen (§ 20 Abs. 4 S. 1 WPO);
- infolge strafgerichtlicher Verurteilung die Fähigkeit zur Bekleidung öffentlicher Ämter verloren hat (§ 45 StGB); in derartigen Fällen findet auch kein berufsgerichtliches Verfahren mehr statt, weil der Betreffende nach dem Widerruf nicht mehr dem Beruf angehört; allerdings ist gem. §§ 109, 110 WPO die Sicherung von Beweisen (Tz. 595) möglich, um ein berufsgerichtliches Verfahren bei Wiederbestellung nach Fortfall der Sanktionen des § 45 StGB (§ 23 Abs. 1 Nr. 3 WPO) durchführen zu können;
- aus gesundheitlichen Gründen, etwa wegen körperlicher Gebrechen, geistiger Schwäche oder einer Sucht, nicht nur vorübergehend unfähig ist, den Beruf ordnungsgemäß auszuüben; eine nur vorübergehende Erkrankung, sei sie auch noch so schwer, führt nicht zum Widerruf, auch wenn sie die Ausübung des Berufs in tatsächlicher Hinsicht verhindert;
- nicht die vorgeschriebene Berufshaftpflichtversicherung (§ 54 WPO) unterhält; dieser Widerrufsgrund hat durchaus praktische Bedeutung; der Widerruf ist auch auszusprechen, wenn eine Versicherungslücke entstanden ist, die durch eine Rückwärtsver-

sicherung nicht geschlossen werden kann[122]; kann angenommen werden, dass die Berufshaftpflichtversicherung künftig laufend unterhalten wird, ist vom Widerruf abzusehen (§ 20 Abs. 4 S. 1 WPO); auch bei Versicherungslücken von nur kurzer Dauer drohen berufsrechtliche Sanktionen[123];
- sich nicht in geordneten wirtschaftlichen Verhältnissen befindet, es sei denn, dass dadurch die Interessen der Auftraggeber oder anderer Personen nicht gefährdet sind; von nicht geordneten wirtschaftlichen Verhältnissen ist gem. § 20 Abs. 2 Nr. 5 i.V.m. § 16 Abs. 1 Nr. 7 WPO auszugehen, wenn über das Vermögen eines WP ein Insolvenzverfahren eröffnet[124] oder er in das vom Insolvenzgericht oder vom Vollstreckungsgericht zu führende Verzeichnis eingetragen ist[125]; für die mögliche Behauptung, dass trotz Vermögensverfall Interessen von Auftraggeber oder Dritten nicht gefährdet sind, trägt der Berufsangehörige die Darstellungslast[126]; zur Frage, inwieweit das Eingehen von Anstellungsverhältnissen und dabei eingegangene Beschränkungen die Gefährdung der Interessen Dritter ausschließen können, vgl. OVG Berlin/Brandenburg v. 02.03.2009 – OVG 12 N 70.08 u. OVG 12 N 65.08 – WPK-Magazin 2/2009, S. 34 f.;
- keine berufliche Niederlassung nach § 3 Abs. 1 S. 1 WPO unterhält;
- nach der Entscheidung des Bundesverfassungsgerichts ein Grundrecht verwirkt hat (§ 20 Abs. 2 Nr. 7 WPO).

113 Der Widerruf der Bestellung ist – ebenso wie die Rücknahme – ein rechtsgestaltender Verwaltungsakt. Für die Beurteilung des Widerrufs kommt es auf die Sach- und Rechtslage zum Zeitpunkt des Abschlusses des Verwaltungsverfahrens (also die Entscheidung der WPK) an. Spätere Entwicklungen sind nicht zu berücksichtigen[127]. Mit der Bestandskraft des Verwaltungsakts endet die Mitgliedschaft in der WPK und alle Rechte und Pflichten aus der Bestellung als WP erlöschen. Berufsrechtliche und berufsgerichtliche Sanktionen sind nicht mehr möglich; entsprechende Verfahren sind nach § 103 Abs. 3 Nr. 1 WPO einzustellen.

5. Wiederbestellung

114 § 23 WPO eröffnet die Möglichkeit der Wiederbestellung, und zwar dann, wenn

- die Bestellung durch Verzicht erloschen ist,
- die rkr. Ausschließung im Gnadenwege aufgehoben worden ist oder seit der rkr. Ausschließung mindestens 8 Jahre vergangen sind; dieser Fall betrifft nur die dauerhafte Ausschließung aus dem Beruf auf Grund eines Gerichtsurteils; bei der nur vorübergehenden Ausschließung nach § 68 Abs. 1 Nr. 5 WPO[128] ist eine Wiederbestellung auf entsprechenden Antrag unmittelbar nach Ablauf der Ausschlussfrist vorzunehmen, sofern keine Versagungsgründe vorliegen[129];

---

122 VG Dessau v. 23.07.1997, WPK-Mitt., S. 320.
123 LG Berlin v. 22.12.2006, WPK-Magazin 1/2008, S. 48 u. v. 31.10.2007 WPK-Magazin 1/2008, S. 47.
124 OVG Berlin v. 27.05.2004, WPK-Magazin 3/2004, S. 43; v. 03.09.2004, WPK-Magazin 4/2004, S. 46; VG Berlin v. 30.08.2007, WPK-Magazin 4/2007, S. 70; BFH v. 28.08.2003, WPK-Magazin 2/2004, S. 54 für StB. Vgl. auch OVG NRW v. 29.07.2004, AnwBl. 2005, S. 72. S. auch WPK-Magazin 2/2008, S. 22.
125 Wegen der Widerlegbarkeit der Vermutung des Vermögensverfalls BFH v. 22.08.1995, DStR 1996, S. 1911, NJW 1996, S. 2598.
126 OVG Berlin v. 27.05.2004, WPK-Magazin 3/2004, S. 43. Auf die Einschätzung des Mandanten kommt es dabei nicht an, BFH v. 27.10.2010 – VII V 92/10 –, www.bundesfinanzhof.de, Rubrik „Entscheidungen".
127 BVerwG v. 17.08.2005, WPK-Magazin 1/2006, S. 48.
128 Eingeführt durch das Gesetz zur Reform des Zulassungs- und Prüfungsverfahrens des WP-Examens v. 01.12.2003, BGBl. I, S. 2446.
129 BVerfGE 266, S. 337. Diese Regelung ist auf Grund einer Entscheidung des BVerfG v. 04.04.1984 durch das Zweite Gesetz zur Änderung der Wirtschaftsprüferordnung v. 20.07.1990, BGBl. I, S. 1462, eingeführt worden.

Wirtschaftsprüfungsgesellschaften A

– die Bestellung nach § 20 WPO zurückgenommen oder widerrufen worden ist, die dafür maßgebenden **Gründe** aber **nicht mehr bestehen**; praxisrelevant ist nach bisherigen Erfahrungen der Fortfall der Widerrufsgründe nach § 20 Abs. 2 Nrn. 1 und 4 WPO, also die Beendigung eines unzulässigen Anstellungsverhältnisses, oder der Nachweis der erforderlichen Berufshaftpflichtversicherung.

Eine **erneute Prüfung** ist grundsätzlich nicht erforderlich; sie kann (auch partiell) von der WPK aber angeordnet werden, wenn berechtigte Zweifel bestehen, ob der Bewerber (noch) in der Lage ist, den Beruf pflichtgemäß auszuüben[130]. Solche Zweifel sind gerechtfertigt, wenn der Bewerber schon vor langer Zeit[131] aus dem Beruf ausgeschieden ist und präsentes Wissen der geltenden Vorschriften für die praktische Berufsarbeit, also insb. im Gesellschafts-, Steuer-, Berufsrecht oder Prüfungswesen, fehlt und aufgrund der bisherigen Tätigkeit nicht gewährleistet erscheint, dass er mit der Berufsarbeit eines WP vertraut geblieben ist. So ist etwa die Funktion eines kaufmännischen Geschäftsführers eines gewerblichen Unternehmens zur Tätigkeit des WP grundverschieden mit der Folge, dass Zweifel an der Befähigung zur pflichtgemäßen Berufsausübung gerechtfertigt sind. 115

6. Gebühren

Für die Verfahren der **Zulassung, Prüfung, Bestellung** und **Wiederbestellung** sind nach der gem. § 61 Abs. 2 WPO vom Beirat der WPK beschlossenen Gebührenordnung an die WPK Gebühren zu entrichten und zwar u.a. für: 116

– verbindliche Auskünfte über Erfüllung der Zulassungsvoraussetzungen (§ 3 Abs. 1 Nr. 1 GebO[132]) 50 €
– die Zulassung zum Examen (§ 3 Abs. 1 Nr. 2 GebO) 500 €
– das Prüfungsverfahren als WP (§ 3 Abs. 1 Nr. 3 GebO), 2.200 €
 für Ergänzungsprüfungen die Hälfte (§ 3 Abs. 1 Nr. 4 GebO) 1.100 €
– die Bestellung (§ 3 Abs.2 Nr 1 GebO) 230 €
– das Wiederbestellungsverfahren (§ 3 Abs. 2 Nr. 2 GebO) 400 €
– die Eignungsprüfung als WP oder vBP nach dem Neunten Teil der WPO 1.100 €.

V. Wirtschaftsprüfungsgesellschaften

WPG bieten zum einen die Möglichkeit, sich zur Berufsausübung zusammenzuschließen, zum anderen sind WPG selbst Träger von in der WPO niedergelegten Rechten und Pflichten (s. § 56 WPO). Ihr Fortbestand ist abhängig von den Voraussetzungen der jeweiligen Rechtsform auch dann gewährleistet, wenn die in ihr tätigen natürlichen Personen wechseln. Voraussetzung für die Anerkennung als WPG und deren Aufrechterhaltung ist, dass die Gesellschaft **von WP verantwortlich geführt** wird (§ 1 Abs. 3 WPO), ein Merkmal der Freiberuflichkeit, die auch bei der Tätigkeit in einer WPG nicht entfällt. Diese verantwortliche Führung wird durch Beherrschungs- und/oder Gewinnabführungsverträge, die nur steuerlichen Zwecken dienen und die fachliche Weisungsfreiheit des WP (§ 44 Abs. 1 WPO) unberührt lassen, nicht beeinträchtigt. Dasselbe gilt für 117

---

130 Vgl. VG Düsseldorf v. 15.10.1996, MittBl. WPK 1998, S. 179; VG Arnsberg v. 13.06.2001, WPK-Mitt. 2002, S. 307.
131 Wird die Wiederbestellung innerhalb von 5 Jahren nach Erlöschen der Bestellung beantragt, ist eine Prüfung nicht erforderlich. (S. *Hense/Ulrich*, WPO, § 23, Rn. 17.)
132 GebO – Gebührenordnung der WPK in der am 06.11.2009 vom Beirat der WPK beschlossenen Fassung, sie kann unter www.wpk.de unter der Rubrik „Rechtsvorschriften" heruntergeladen werden.

Betriebsführungsabsprachen, also für ein Tätigwerden zwar im eigenen Namen, aber für Rechnung einer anderen WPG.

1. Errichtung einer Wirtschaftsprüfungsgesellschaft

118 Das **Verfahren** und die **Voraussetzungen** für die **Anerkennung** als WPG regeln §§ 27 ff. WPO. Zuständig für die Anerkennung von Wirtschaftsprüfungsgesellschaften ist die WPK (§ 29 Abs. 1 WPO). Ein Merkblatt, das bei der Geschäftsstelle der WPK angefordert werden kann, unterrichtet über die wesentlichen Einzelheiten und enthält Musterverträge für WPG bzw. für WPG/StBG in der Rechtsform der GmbH, der Partnerschaftsgesellschaft (PartG) und der GmbH & Co. KG[133]. Im Hinblick auf dieses ausführliche Informationsmaterial beschränken sich die nachfolgenden Hinweise auf wichtige Besonderheiten, die bei der Errichtung einer WPG und im Anerkennungsverfahren Schwierigkeiten bereiten können. Zu beachten ist, dass auf Grund der **EU-Abschlussprüferrichtlinie**[134] eine Reihe von Änderungen bei der Zusammensetzung des Gesellschafterkreises, der Mehrheitserfordernisse und der Besetzung der geschäftsführenden Organe durch das BARefG[135] im Gesetz verankert wurden.

119 Die **Anerkennung** als WPG stellt einen (öffentlich-rechtlichen) Verwaltungsakt dar, welcher der Bestellung als WP (Tz. 106) vergleichbar ist. Diese Anerkennung kann daher ebenso wenig wie eine Berufsqualifikation übertragen werden.

a) Zulässige Rechtsformen

120 Nach § 27 WPO können WPG in der Rechtsform der **AG, SE (Europäische Gesellschaft), GmbH, KGaA, OHG, KG** und als **Partnerschaftsgesellschaft** (PartG) errichtet werden. Bei OHG und KG ist Voraussetzung, dass sie wegen der Treuhandtätigkeit als Handelsgesellschaften in das HR eingetragen worden sind. Mit der Treuhandtätigkeit kann die in § 105 HGB vorausgesetzte Gewerblichkeit grundsätzlich erfüllt werden. Nach der Entscheidung des BGH v. 18.07.2011 – Az.: AnwZ (Brfg) 18/10 – (www.bundesgerichtshof.de, Rubrik „Entscheidungen") ist es aus handelsrechtlicher Sicht unschädlich, wenn neben einer schwerpunktmäßigen gewerblichen Tätigkeit auch freiberufliche Dienstleistungen erbracht werden. Nach der im Zivilrecht herrschenden Meinung reicht nur eine überwiegende Treuhandtätigkeit für eine Eintragung ins Handelsregister aus[136]. Bei dieser Sichtweise wird die Möglichkeit der Errichtung einer KG oder GmbH & Co. KG nach den handelsrechtlichen Vorgaben entschieden; die berufliche Anerkennung ist nur eine Folgeentscheidung[137]. Trotz der Eintragung im Handelsregister üben auch die als WPG anerkannten OHG und KG eine freiberufliche Tätigkeit i.S.d. WPO aus[138]. Die Eintragung im Handelsregister begründet nur die widerlegbare Vermutung, dass gewerbliche Einkünfte vorliegen. Die Vermutung kann durch den Nachweis widerlegt werden, dass kein Handelsgewerbe betrieben wird[139]. Eine KG, die Einkünfte i.S.d. Handelsrechts

---

133 Die Merkblätter können auch von der Website der WPK (www.wpk.de) unter der Rubrik „Berufsregister" heruntergeladen werden.
134 S.Tz. 11.
135 Tz. 18.
136 Vgl. *Tersteegen*, NZG 2010, S. 651 ff.
137 Vgl. zum Ganzen, auch zu möglichen Haftungsfolgen einer zu Unrecht eingetragenen KG, *K. Schmidt*, DB 2011, S. 2477 m.w.N.
138 Zur Gewerbesteuerpflicht vgl. *Schmidt, L.*, EStG[30], § 18, Rz. 41; zu deren Vermeidung bei OHG und KG s. Fn. 6.
139 BFH v. 19.03.1981, BStBl. II, S. 527, v. 07.11.1991, BStBl. II 1993, S. 324.

aus selbständiger Tätigkeit erzielt, kann trotz ihrer Eintragung im Handelsregister kein abweichendes Wj. haben[140].

Seit dem 01.07.1995 besteht die Möglichkeit für WP, nicht für WPG, sich ggf. mit Angehörigen bestimmter anderer freier Berufe in einer PartG zusammenzuschließen und für diese neue Gesellschaftsform die Anerkennung als WPG zu erlangen. Wegen Einzelheiten zu dieser Rechtsform s. Tz. 209 ff. **121**

Nicht als WPG anerkannt werden können **Gesellschaften bürgerlichen Rechts**, also Sozietäten, weil diese nicht in § 27 Abs. 1 WPO erwähnt sind[141]. Daran ändert auch die geänderte Rechtsprechung des BGH nichts, nach der GbR Träger von Rechten und Pflichten sein, klagen und verklagt werden können[142]. **Mischformen** aus Personenhandelsgesellschaft und Kapitalgesellschaft, also AG & Co sowie GmbH & Co KG, sind nunmehr zulässig. Diese Gesellschaften erfüllen nach Änderung der Anerkennungsvoraussetzungen durch das BilMoG[143] (§ 28 Abs. 1 S. 2 WPO), der zufolge gesetzliche Vertreter auch Berufsgesellschaften sein können, die berufsrechtlichen Anforderungen für eine Anerkennung (wegen der handelsrechtlichen Voraussetzungen s. Tz. 120). Es reicht daher aus, dass eine WPG (oder eine in einem anderen Mitgliedstaat der EU oder in einem Vertragsstaat des EWR zugelassene Prüfungsgesellschaft) die Stellung als gesetzlicher Vertreter (phG) der Personenhandelsgesellschaft übernimmt. **122**

Ebenfalls nicht als WPG anerkannt werden kann die **Europäische wirtschaftliche Interessenvereinigung** (EWIV)[144]; der Zweck dieser besonderen Rechtsform darf nicht auf die Berufstätigkeit selbst gerichtet sein, sondern sich nur auf sog. Hilfsgeschäfte erstrecken[145]. **123**

Die **stille Gesellschaft** (§§ 230 HGB) ist im Katalog des § 27 WPO nicht aufgeführt, so dass auch sie nicht als WPG anerkannt werden kann. Die **stille Beteiligung** wird von der WPO nicht angesprochen; gegen deren Möglichkeit[146] spricht der Wortlaut sowohl von § 28 Abs. 4 als auch von § 38 Abs. 1 Nr. 2d WPO. Im Übrigen könnten nur die in § 28 Abs. 4 S. 1 Nr. 1 WPO genannten Personen eine solche stille Beteiligung halten. Entstünde durch eine stille Gesellschaft eine wirtschaftliche (oder persönliche) Abhängigkeit, wäre sie gem. § 134 BGB nichtig[147]. **124**

b) Gesetzliche Vertretung

Gem. § 28 Abs. 1 WPO muss die Mehrheit der gesetzlichen Vertreter aus Berufsangehörigen oder in einem anderen EU- oder EWR-Mitgliedstaat zugelassenen Abschlussprüfern bestehen; mindestens einer davon muss seine **berufliche Niederlassung in der Niederlassung oder zumindest** am Sitz, d.h. in der politischen Gemeinde der Gesellschaft haben (§ 19 Abs. 2 Berufssatzung)[148]. Zu beachten bleibt, dass § 50 Abs. 1 S. 2 StBerG für StBG eine abw. Regelung enthält. Danach reicht es aus, dass ein gesetzlicher **125**

---

140 BFH v. 18.05.2000, DStR, S. 1431.
141 VG Düsseldorf v. 29.10.1964, WPg 1965, S. 321.
142 BGH v. 29.01.2001, NJW, S. 1056.
143 V. 25.05.2009, BGBl. I, S. 1102.
144 Eingeführt mit dem EWIV-Ausführungsgesetz, BGBl. I 1988, S. 514.
145 *Meyer-Landrut*, WPK-Mitt. 1989, S. 56; *Klein-Blenkers*, DB 1994, S. 2224; *Neye*, DB 1997, S. 861; zur steuerlichen Behandlung der EWIV s. BMF v. 15.11.1988, WPK-Mitt. 1989, S. 32.
146 Für die uneingeschränkte Zulässigkeit im Anwendungsbereich des StBerG *Koslowski/Gehre*, StBerG[6], § 49, Tz. 10.
147 BGH v. 24.09.1979, NJW 1980, S. 638.
148 So auch VG Hannover v. 25.08.1993, WPK-Mitt. 1994, S. 65.

Vertreter seinen Berufssitz entweder am Sitz der Gesellschaft oder in dessen Nahbereich hat. Damit kann eine doppelte berufliche Niederlassung mit unterschiedlichen Adressen entstehen, wenn nicht am Sitz der Gesellschaft, sondern nur im „Nahbereich" ein gesetzlicher Vertreter seinen beruflichen Sitz hat[149]. Auf den Wohnsitz kommt es nicht an.

126 Der Umfang der **Vertretungsmacht** wird von der Satzung bzw. dem Gesellschaftsvertrag bestimmt. Die WPO selbst enthält insoweit keine konkreten Vorschriften. Ist jedoch nur ein gesetzlicher Vertreter mit WP-Qualifikation vorhanden, so muss dieser Allein- bzw. Einzelvertretungsrecht haben, weil die Gesellschaft ansonsten beruflich nicht handlungsfähig ist (§§ 1 Abs. 3 S. 2, 32 WPO).

aa) Berufung von vereidigten Buchprüfern, Steuerberatern und Rechtsanwälten als gesetzliche Vertreter

127 Um die Zusammenarbeit mit Angehörigen anderer Berufe zu ermöglichen, aber auch wegen der vielfachen gleichzeitigen Anerkennung einer WPG als StBG, sieht § 28 Abs. 2 S. 1 WPO die Möglichkeit vor, vBP, StB und RAe neben WP bzw. EU-Abschlussprüfern als gesetzliche Vertreter von WPG zu berufen. Einer Ausnahmegenehmigung bedarf es bei diesen Personen nicht.

bb) Ausnahmen für besonders befähigte Personen

128 Nach § 28 Abs. 2 S. 2 WPO kann die WPK auf Antrag genehmigen, dass **besonders befähigte Personen**, die nicht bereits von § 28 Abs. 2 S. 1 WPO erfasst sind und einen mit dem Beruf des WP nach § 43a Abs. 4 Nr. 1 WPO vereinbaren Beruf ausüben, neben WP als gesetzliche Vertreter berufen werden. Zum Kreis der besonders befähigten Personen, welche die Merkmale der §§ 43a Abs. 4 Nr. 1, 44b Abs. 1 WPO erfüllen, zählen etwa Ingenieure und Umweltgutachter. Die Erteilung der Berechtigung zur Übernahme einer Organstellung bzw. der Stellung eines persönlich haftenden Gesellschafters darf trotz Vorliegens der besonderen Befähigung bei fehlender **Zuverlässigkeit** versagt werden.

cc) Ausnahmen für Angehörige ausländischer Prüferberufe aus Drittstaaten

129 Zur Förderung der internationalen Zusammenarbeit können gem. § 28 Abs. 3 WPO auch in einem Drittstaat (d.h. kein Mitgliedstaat der EU; unter § 28 Abs. 3 WPO fallen aber auch nicht die in einem Vertragsstaat des EWR anerkannten Prüfer und Prüfungsgesellschaften; sie sind von § 28 Abs. 2 WPO erfasst.) ermächtigte oder bestellte sachverständige Prüfer mit Ausnahmegenehmigung der WPK als gesetzliche Vertreter von WPG berufen werden, wenn sie über eine **adäquate Berufsqualifikation** verfügen. Adäquanz ist für Drittstaatsprüfer gegeben, wenn die Voraussetzungen für ihre Bestellung oder Ermächtigung den Vorschriften der WPO im Wesentlichen entsprechen. Diese Gleichwertigkeit ist für Personen mit Prüfungsberechtigung auf Grundlage der Vorschriften in den USA und für Chartered Accountants (CA), die nach britischem Muster in einem dem Commonwealth angehörenden Staat ihre Prüfungsbefugnis erhalten haben, regelmäßig zu bejahen[150]. Die Regelungen für Drittstaatenprüfer gelten auch für RA, StB und Patentanwälte anderer Staaten, wenn diese einen nach Ausbildung und Befugnissen der BRAO, des StBerG oder der Patentanwaltsordnung entsprechenden Beruf ausüben (§ 28 Abs. 3 letzter S. WPO).

---

149 S. BFH v. 31.08.1995, DStR 1996, S. 604.
150 Ebenso *Hense/Ulrich*, WPO, § 28, Rn. 40.

dd) Zahlenmäßige Beschränkung der Nicht-WP, WPK-Mitgliedschaft

Die **Anzahl** der gesetzlichen Vertreter einer WPG, die nicht zugelassene Abschlussprüfer in einem EU-Mitgliedstaat oder einem Vertragsstaat des EWR sind, darf die Anzahl der WP nicht erreichen; hat die WPG nur zwei gesetzliche Vertreter, so genügt ausnahmsweise Parität (§ 28 Abs. 1 S. 3 WPO). Das bedeutet nach dem insoweit eindeutigen Gesetzeswortlaut, dass z.B. bei einer WPG in der Rechtsform der GmbH bei zwei Geschäftsführern nur einer die Qualifikation als EU-Abschlussprüfer besitzen muss (nicht notwendigerweise als WP). § 1 Abs. 3 S. 2 WPO dürfte insoweit durch diese Spezialvorschrift überlagert werden[151]. Zu beachten bleibt, dass auch stellv. VO-Mitglieder bzw. Geschäftsführer gesetzliche Vertreter sind. Gesetzliche Vertreter ohne Abschlussprüferqualifikation i. S. v. § 28 Abs. 1 S. 1 WPO haben die Berufspflichten nach §§ 43 WPO zu beachten (§ 56 Abs. 1 WPO) und gehören der WPK als Pflicht-Mitglieder mit entsprechenden Rechten und Pflichten an (§ 58 Abs. 1 WPO).

130

ee) Versagung der Ausnahmegenehmigung

Im Rahmen der Genehmigung zur Übernahme der Stellung als gesetzlicher Vertreter einer WPG ist bei den besonders befähigten Personen auch die **persönliche Zuverlässigkeit** zu prüfen[152]. Bei dieser Prüfung wird man sich an den Tatbeständen, bei denen eine Bestellung zu versagen, zurückzunehmen oder zu widerrufen wäre (s. Tz. 111 ff.), ausrichten können.

131

Da für gesetzliche Vertreter von WPG ohne WP/vBP-Qualifikation gem. § 56 Abs. 1 WPO die in den §§ 43 WPO genannten Berufspflichten sinngemäß gelten, führt auch eine unzulässige Tätigkeit i.S.v. §§ 43 Abs. 2, 43a Abs. 3 WPO, z.B. ein Anstellungsverhältnis bei einem gewerblichen Unternehmen, zur Versagung der Ausnahmegenehmigung.

ff) Umfang der Befugnisse von Nicht-WP

Art und Umfang des Rechts von Nicht-WP zur Vertretung der WPG ist in der WPO nicht allgemein geregelt. Nach § 1 Abs. 3 WPO muss eine WPG jederzeit den Nachweis erbringen können, dass sie von WP verantwortlich geführt wird, so dass ein generelles Alleinvertretungsrecht für Nicht-WP grundsätzlich nicht in Betracht kommt (z. Ausnahme s. Tz. 130). Dies schließt nicht aus, dass ein Nicht-WP die WPG nach außen rechtsgeschäftlich vertreten darf. Eine Vertretung der WPG durch Nicht-WP ist jedoch grundsätzlich nicht möglich in Fällen der **gesetzlich vorgeschriebenen Prüfung von Jahresabschlüssen bzw. Konzernabschlüssen** sowie anderen WP vorbehaltenen Tätigkeiten. Nach § 32 WPO ist die Erteilung von entsprechenden Bestätigungsvermerken (bzw. Versagungen), bei übernommenen Prüfungsaufträgen den WP vorbehalten. Eine Ausnahme davon gilt für die Prüfung des JA **mittelgroßer GmbH und KG** i.S.d. KapCoRiLiG; hier können auch vertretungsberechtigte vBP den Bestätigungsvermerk unterzeichnen. Diese Befugnis besteht aber nicht, wenn die GmbH oder KG i.S.d. KapCoRiLiG nach den Größenmerkmalen des § 267 HGB zwar nur klein oder mittelgroß ist, aus Rechtsgründen aber die Vorschriften für große Kapitalgesellschaften anzuwenden sind. Wird unter Missachtung von § 32 WPO ein gesetzlich vorgeschriebener BestV nur von einem Nicht-WP unterzeichnet, können sowohl die gesetzlichen Vertreter mit WP-Qualifikation als auch der Nicht-WP wegen Nichtbeachtung des Gebotes der Gewissenhaftigkeit berufsrechtlich

132

---

151 A.A. *Hense/Ulrich*, WPO, § 1, Rn. 39. Einzuräumen ist, dass eine solche WPG in ihren beruflichen Aktivitäten eingeschränkt ist, z.B. wegen § 32 WPO (s. Tz. 132) keinen BestV erteilen kann.
152 So auch *Hense/Ulrich*, WPO, § 28, Rn. 28.

belangt werden. Im Übrigen führt ein solches Testat zur Nichtigkeit des JA[153]. Diese Nichtigkeit kann allerdings gem. § 256 Abs. 6 S. 1 AktG nicht mehr geltend gemacht werden, wenn seit der Bekanntmachung nach § 325 Abs. 2 HGB im Bundesanzeiger 6 Monate verstrichen sind. Die Mitunterzeichnung durch einen Nicht-WP dürfte zivilrechtlich dagegen unbedeutend sein.

133 Entsprechendes gilt für den Vorbehaltsbereich der geschäftsmäßigen Hilfeleistung in Steuersachen, also die Steuerberatung; durch die Funktion als gesetzlicher Vertreter wird das Fehlen der persönlichen Befugnis gem. § 3 StBerG nicht ausgeglichen.

134 Abgesehen von den in Tz. 132 dargestellten Besonderheiten richtet sich die **Vertretungsbefugnis** von Nicht-WP bei WPG nach deren jeweiliger **Rechtsform**. Bei AG vertritt der VO die Gesellschaft nach außen (§ 78 Abs. 1 AktG), wobei bei einem mehrgliedrigen VO **Gesamtvertretungsbefugnis** besteht (§ 78 Abs. 2 AktG). Die Satzung der AG kann allerdings bestimmen, dass VO-Mitglieder die Gesellschaft allein oder in Gemeinschaft mit einem Prokuristen vertreten können (§ 78 Abs. 3 AktG). Eine **Alleinvertretung** kann sich im Einzelfall auch durch Abreden oder Rechtsschein ergeben. Bei GmbH gilt Entsprechendes für Geschäftsführer (vgl. § 35 GmbHG).

135 Zu beachten bleibt, dass die Aufnahme von Nicht-WP als gesetzliche Vertreter einer WPG nicht zu einer Erweiterung der **Tätigkeitsbefugnisse** der WPG führen kann. Nimmt etwa eine WPG in der Rechtsform der GmbH einen Rechtsanwalt als Geschäftsführer auf, erlangt sie damit nicht die Befugnis zur uneingeschränkten Rechtsbesorgung, sondern unterliegt weiterhin den Beschränkungen des § 5 RDG (dazu s. Tz. 32).

c) Gesellschafter

aa) Beschränkter Gesellschafterkreis

136 Seit dem 01.01.1986 ist die Errichtung von WPG[154] mit berufsfremder Kapitalbeteiligung grundsätzlich nicht mehr möglich. Der **Kreis der zulässigen Gesellschafter** einschließlich der Kommanditisten ist in § 28 Abs. 4 S. 1 Nr. 1 und Nr. 1a WPO **abschließend** aufgezählt[155], und umfasst WP (auch wenn er gem. § 46 WPO beurlaubt ist[156]), WPG, EU-, EWR-Abschlussprüfer bzw. -Prüfungsgesellschaften, vBP, StB, StBv., Rechtsanwälte, besonders befähigte Personen i.S.d. § 28 Abs. 2 WPO sowie in einem Drittstaat ermächtigte oder bestellte sachverständige Prüfer i.S.v. § 28 Abs. 3 WPO (s. im Einzelnen Tz. 125 ff.). Die Gesellschafterfähigkeit von Angehörigen wirtschaftsnaher freier Berufe (vBP, StB, RAe, StBv.) sowie gesetzlicher Vertreter ohne WP-Qualifikation i.S.v. § 28 Absätze 2 und 3 WPO hängt – anders als bei WP – auch davon ab, dass mindestens die Hälfte dieser Personen **in der Gesellschaft tätig** ist (§ 28 Abs. 4 Nr. 1a WPO)[157]. Eine Tätigkeit nur für die Gesellschaft (z.B. als freier Mitarbeiter) reicht insoweit nicht aus. Der Nachweis der Tätigkeit in der Gesellschaft ist erbracht durch die Übernahme der Funktion als gesetzlicher Vertreter (Vorstand, Geschäftsführer, persönlich haftender Gesellschafter, Partner). Bei gewillkürten Vertretern (Prokurist, Handlungsbevollmächtigter) ist es aber nicht ausgeschlossen, dass – ebenso wie in den anderen Fällen – die Tätigkeit in der Gesellschaft

---

153 § 256 Abs. 1 Nr. 3 AktG, der analog für GmbH gilt.
154 Zur Übergangslösung für zu diesem Zeitpunkt bereits bestehende WPG s. Tz. 178.
155 Zur Verfassungsmäßigkeit v. § 28 Abs. 4 WPO s. BVerfG v. 17.03.1988, MittBl.WPK Nr. 131/1988, S. 12.
156 *Hense/Ulrich*, WPO, § 28, Rn. 47.
157 Diese Vorschrift wurde durch das WPRefG v. 01.12.2003, BGBl. I, S. 2446 mit Wirkung ab dem 01.01.2004 eingefügt.

gesondert nachgewiesen werden muss, was durch die Vorlage eines Anstellungsvertrages geschehen kann[158].

Die **Gesellschafterfähigkeit einer WPG** bei einer anderen WPG setzt voraus, dass erstere selbst die Anforderungen des § 28 Abs. 4 WPO erfüllt, und zwar nicht nur hinsichtlich der Kapitalbeteiligung, sondern auch in Bezug auf die übrigen Erfordernisse. Deshalb sind sog. Altgesellschaften (Tz. 178 ff.) als Gesellschafter einer WPG ausgeschlossen[159]. Mangels Nennung in § 28 Abs. 4 Nr. 1 WPO können weder BPG, StBG, genossenschaftliche Prüfungsverbände sowie Prüfungseinrichtungen i. S.v. § 9 Abs. 5 WPO Gesellschafter einer WPG sein. **137**

bb) Kapitalbindung/Mehrheitserfordernisse

Zu beachten ist weiterhin, dass bei Kapitalgesellschaften die **Mehrheit der Anteile** WP, in einem Mitgliedstaat der EU oder in einem Vertragsstaat des EWR zugelassenen Abschlussprüfern oder Prüfungsgesellschaften und/oder WPG gehören muss und zwar bezogen auf die Summe ihrer Beteiligungen (§ 28 Abs. 4 S. 1 Nr. 3 WPO); das gilt auch für das Kommanditkapital (§ 28 Abs. 1 Nr. 4 WPO). Das Mehrheitsgebot gilt weiterhin für die Stimmrechte (§ 28 Abs. 4 S. 1 Nr. 5 WPO). Bei Partnerschaftsgesellschaften (Tz. 209), die als WPG anerkannt werden, ist eine Beteiligung von Prüfungsgesellschaften ausgeschlossen. **138**

In § 28 Abs. 4 Nr. 3a WPO ist mit Wirkung vom 01.01.2004 geregelt worden, dass auch andere Personen als WP oder WPG sich an einer WPG beteiligen können, **ohne in der WPG tätig zu sein.** Allerdings darf dieser Personenkreis nur einen **Anteil von weniger als 25 v.H.** am Kapital der WPG (Minderheitenbeteiligung) halten. Als Kapitaleigner sind diejenigen Personen zugelassen, die auch Geschäftsführer/Vorstand einer WPG sein können (s. Tz. 125). **139**

Zulässige Gesellschafter i.S.v. § 28 Abs. 4 S. 1 Nr. 1 und 1a WPO können sich zum Zweck des Haltens ihrer Anteile an einer WPG auch zu einer **GbR** zusammenschließen. Die Höhe der jeweiligen Beteiligung an der WPG bestimmt sich in diesem Fall nach der Beteiligung an dieser BGB-Gesellschaft. Nach dem Wortlaut des Gesetzes (§ 28 Abs. 4 S. 2 WPO) darf diese GbR nur den Zweck haben, die Anteile an dieser WPG zu halten, und es wird in der Praxis u.U. beanstandet, wenn der Vertrag dieser BGB-Gesellschaft gleichzeitig auch die gemeinschaftliche Berufsausübung vorsieht. Über das gemeinschaftliche Halten der Anteile kann weder der Kreis der zulässigen Gesellschafter erweitert noch das Mehrheitserfordernis zugunsten der WP und WPG aufgehoben werden. **140**

Als zulässige Gesellschafter gelten weiterhin **Stiftungen** und **eingetragene Vereine**, wenn sie ausschließlich **141**
- der **Altersversorgung** von in der WPG tätigen Personen und deren Hinterbliebenen dienen oder
- die Berufsausbildung, Berufsfortbildung oder die Wissenschaft fördern und
- die zur gesetzlichen Vertretung berufenen Organe der Stiftung oder des Vereins **mehrheitlich WP** sind (§ 28 Abs. 4 S. 3 WPO).

Die genannten Stiftungen und Vereine gelten nur als zulässige Gesellschafter, nicht aber als WP bzw. WPG und können daher nicht Mehrheitsgesellschafter einer WPG sein.

---

158 Nach Auffassung der Bund-/Länder-Referenten für das wirtschaftliche Prüfungswesen reichte die Erteilung einer Prokura als Nachweis der Tätigkeit in der Gesellschaft nicht aus (WPK-Mitt. 1998, S. 66). Die Zuständigkeit für diese Frage liegt heute allerdings ausschließlich bei der WPK.
159 *Hense/Ulrich*, WPO, § 28, Rn. 48.

142 Es ist im Zweifel nicht erforderlich, dass die Stiftungen oder eingetragenen Vereine ausschließlich der Altersversorgung nur der Personen dienen, die in der betreffenden WPG tätig sind. Das Wort „ausschließlich" bezieht sich nur auf den Bereich der Altersversorgung, bedeutet also, dass die betreffende Versorgungseinrichtung daneben keinen weiteren, abw. Zweck haben darf. Es ist aber nicht ausgeschlossen, dass zum Kreise der Empfänger von Versorgungsleistungen auch solche Personen zählen, die nicht unmittelbar bei der betreffenden WPG, sondern bei Mutter-, Tochter- oder Schwestergesellschaften beschäftigt sind. Infolgedessen ist es durchaus möglich, dass miteinander verbundene WPG eine gemeinschaftliche Einrichtung für die Altersversorgung unterhalten, die zum Kreis der – zulässigen – Gesellschafter bei der Obergesellschaft zählen kann.

143 Die Möglichkeit einer WPG, **eigene Anteile** zu halten, ist begrenzt. Sie kommt nur in Betracht, wenn nach erfolgter Anerkennung – ohne Berücksichtigung der eigenen Anteile – die Beteiligungsverhältnisse § 28 Abs. 4 WPO entsprechen, und zwar bezogen auf das Gesamtkapital; es müssen also mehr als die Hälfte des Gesamtkapitals/der Stimmrechte WP/WPG gehören/zustehen[160].

d) Berufsrechtliche Sondervorschriften für Kapitalgesellschaften

144 Soweit die WPO nichts anderes bestimmt, gelten für WPG die jeweiligen Vorschriften der für die gewählte Rechtsform einschlägigen Gesetze, also das AktG, das GmbHG, das HGB, die VO Statut SE und das PartGG. Die berufsrechtlichen Besonderheiten der WPO für Kapitalgesellschaften sind nachfolgend dargestellt.

aa) Vinkulierung der Anteile

145 Bei AG und KGaA müssen die Aktien auf den Namen lauten; ihre Übertragung muss an die **Zustimmung der Gesellschaft** gebunden sein (Vinkulierung, § 28 Abs. 5 S. 1 WPO). Dieses Zustimmungsgebot gilt auch für die Übertragung von Geschäftsanteilen an GmbH (§ 28 Abs. 5 S. 2 WPO). Für KG-Anteile gibt es kein Vinkulierungserfordernis. Die Vinkulierung erfolgt nicht kraft Gesetzes; vielmehr muss die Satzung bzw. der Gesellschaftsvertrag sie ausdrücklich vorschreiben. Die Zustimmung der Gesellschaft wird von den gesetzlichen Vertretern erteilt. Eine Zustimmung der Gesellschafter, des Aufsichtsrats oder der Gesellschafterversammlung reicht nicht aus, kann aber zusätzlich durch die Satzung bzw. den Gesellschaftsvertrag vorgesehen werden (§ 68 Abs. 2 AktG, § 15 Abs. 5 GmbHG).

bb) Mindestkapital und Kapitaleinzahlung

146 Hinsichtlich des Mindestkapitals gelten die jeweiligen Vorschriften des AktG und des GmbHG[161]. Darüber hinaus bestimmt jedoch § 28 Abs. 6 S. 1 WPO, dass das Stammkapital **mindestens 25.000 €** betragen muss. Ansonsten bleiben die jeweiligen Vorschriften über die Mindesteinzahlung (§ 36a AktG, § 7 Abs. 2 S. 1 GmbHG) unberührt. Bei Antragstellung muss nachgewiesen werden, dass der Wert der einzelnen Vermögensgegenstände abzgl. der Schulden mindestens dem gesetzlichen Mindestbetrag des Grund- oder Stammkapitals entspricht (§ 28 Abs. 6 S. 2 WPO).

Der Wortlaut des Gesetzes schließt **Sachgründungen** nicht aus[162]; sie spielen in der Praxis wegen des besonderen Aufwandes aber nur eine geringe Rolle.

---

160 S. auch *Hense/Ulrich*, WPO, § 28, Rn. 50.
161 Die Regelung des § 28 Abs. 6 S. 1 WPO bei GmbH ist durch die Novellierung des GmbHG in 1980 gegenstandslos geworden, weil das Mindeststammkapital immer 25.000 € betragen muss (§ 5 Abs. 1 GmbHG).
162 S. auch *Hense/Ulrich*, WPO, § 28, Rn. 87 f.

e) Firma

Bei der Wahl der Firma sind nach der weitgehenden Liberalisierung durch das BARefG[163] die berufsrechtlichen Erfordernisse[164] sowie die Vorschriften des UWG zu berücksichtigen, wodurch die Gestaltungsmöglichkeiten eingeschränkt werden. Weiter bleibt zu beachten, dass die Gesellschaft nur unter einer **einheitlichen Firma** anerkannt wird. Eine abweichende Firmierung für Zweigniederlassungen, die ansonsten im gewerblichen Bereich möglich ist, scheidet u.a. schon wegen des Verstoßes gegen § 133 WPO aus. Zulässig ist aber der Zusatz „Zweigniederlassung" und die Angabe des Orts der Zweigniederlassung.

147

Die WPO schreibt in § 31 WPO vor, dass die Bezeichnung „**Wirtschaftsprüfungsgesellschaft**" in die Firma aufzunehmen ist, damit also notwendiger Firmenbestandteil wird. Die Bezeichnung „Wirtschaftsprüfungsgesellschaft" ist durch § 133 WPO geschützt. Da die Anerkennung als WPG der Bestellung als WP entspricht, die Bezeichnung WPG also eine Qualifikation bedeutet (Tz. 119), ergibt sich daraus, dass die Bezeichnung unverändert, d.h. ungekürzt, ungebrochen und auch nicht in Verbindung mit anderen Wörtern, in die Firma eingefügt werden muss (§ 29 Abs. 1 S. 2 BS WP/vBP). **Unzulässig** sind daher Wortverbindungen wie

148

– Wirtschaftsprüfungs- und Steuerberatungsgesellschaft

oder

– Wirtschaftsprüfungs- und Treuhandgesellschaft

sowie Kombinationen zwischen Qualifikationen und Rechtsform wie

– Wirtschaftsprüfungsgesellschaft mbH,

weil es nur WPG, nicht aber WPG mit beschränkter Haftung o.ä. gibt.

Es ist weiterhin nach § 29 Abs. 1 S. 1 BS WP/vBP vorgeschrieben, den Bestandteil WPG bzw. WPG/StBG nach der Rechtsform anzuführen, so dass eine korrekte Firmierung wie folgt lautet:

– X Treuhand GmbH Wirtschaftsprüfungsgesellschaft

bzw.

– X Treuhand GmbH Wirtschaftsprüfungsgesellschaft/Steuerberatungsgesellschaft.

Den Gesellschaften mit der Anerkennung als WPG und/oder StBG und/oder Rechtsanwaltsgesellschaft bleibt es überlassen, in welcher Reihenfolge die Anerkennungen aufgeführt werden.

Nach § 29 Abs. 2 BS WP/vBP besteht ein Verbot, in der Firma auf berufsfremde Unternehmen sowie Unternehmensgruppen hinzuweisen. Zulässig sind aber gemeinsame Firmierungs- und Namensbestandteile mit Unternehmen, deren Unternehmensgegenstand mit der Tätigkeit einer Berufsgesellschaft zumindest teilw. vereinbar ist[165]. Zum Fall der Firmierung einer als WPG/StBG anerkannten Partnerschaftsgesellschaft, bei der auch RAe beschäftigt sind, s. WPK-Magazin 2/2011, S. 29.

149

---

163 Gesetz zur Neuregelung des Kaufmanns- und Firmenrechts und zur Änderung anderer handels- und gesellschaftsrechtlicher Vorschriften (Handelsrechtsreformgesetz) v. 22.06.1998, BGBl. I, S. 1474.
164 Bei WPG, die zugleich als StBG anerkannt werden wollen, sind auch §§ 24 f. Berufsordnung BStBK zu beachten.
165 S. Begründung zu § 29 Abs. 2 BS WP/vBP.

aa) Orts- und Regionalangaben

150 Ortsangaben in der Firma sind im Zweifel zulässig, wenn sie in substantivischer Form erfolgen und damit nur der Firmensitz angegeben wird[166], z.B.

– Treuhand A-Dorf GmbH Wirtschaftsprüfungsgesellschaft.

Es ist jedoch zu beanstanden, wenn sie in attributiver Weise erscheinen, also

– A-Dorfer Treuhand GmbH Wirtschaftsprüfungsgesellschaft,

und damit den Eindruck einer herausragenden Bedeutung der Gesellschaft für diesen Ort erwecken[167].

151 Ob diese Verwendungsregeln auch für **Regional-, Landes- oder gar Bundesbezeichnungen** gelten, ist sehr zweifelhaft. Die Aufnahme von Landes- oder Bundesbezeichnungen in die Firma kommt für Neugründungen regelmäßig nicht in Betracht, weil es an der nach Größe und Bedeutung erforderlichen Sonderstellung fehlt, die eine solche anspruchsvolle Firmierung rechtfertigen könnte, und zwar gleichgültig, ob sie in substantivischer oder attributiver Form erfolgt[168]. Ob im Falle von Umwandlungen, insb. Verschmelzungen die Größe des Zusammenschlusses eine solche Firmierung erlaubt, kann nur aufgrund der Umstände des Einzelfalles beurteilt und entschieden werden. Zu beachten ist in diesem Zusammenhang, dass bereits die IHK und auch die Registerrichter eine restriktive Haltung einnehmen und infolgedessen besonders anspruchsvolle Firmierungen schon im Zweifel an der ablehnenden Haltung dieser beteiligten Stellen scheitern.

bb) Hinweise auf Wirtschaftsgruppen und Branchen

152 Ob und in welcher Form Hinweise auf bestimmte Wirtschaftsgruppen, z.B. den Mittelstand, zulässig sind, lässt sich nur nach Maßgabe des Einzelfalles beurteilen. Als nicht zulässig ist die Firmierung

– Revisions-Treuhandgesellschaft für den Mittelstand

oder

– Fachberatung für den Automobilhandel

anzusehen, weil insoweit sowohl eine besondere Qualifikation und Zuständigkeit für diese Wirtschaftsgruppe als auch eine Spezialisierung für Fragen und Probleme des Mittelstandes behauptet wird. Zulässig ist hingegen der Firmenbestandteil „Mittelstandstreu", weil einem solchen Kürzel keine unzulässige Werbewirkung zukommt, v.a. dann nicht, wenn es nur einer von mehreren markanten Firmenbestandteilen ist[169].

cc) Verwendung von Personennamen

153 Nach § 29 Abs. 3 S. 1 BS WP/vBP dürfen Namen von Personen i.S.v. § 28 Abs. 4 S. 1 Nr. 1 WPO neben WP-Namen aufgenommen werden, wenn ihre Zahl die der WP-Namen nicht erreicht. Besteht der Name oder die Firma nur aus zwei Gesellschafternamen, muss ein Name des WP oder der (beteiligten) WPG verwendet werden (§ 29 Abs. 3 S. 2 letzter Teilsatz BS WP/vBP). Nicht ausdrücklich geregelt ist die Zulässigkeit der Verwendung nur eines Namens eines Nicht-WP. Bei nur einem Namen wird der Rechtsverkehr davon

---

166 Nieders. FG v. 13.06.1996, EFG, S. 1125.
167 BGH v. 19.10.1989, BB, S. 2349, WPK-Mitt. 1990, S. 47; BFH v. 13.05.1987, StB, S. 277.
168 Kreisgericht Gera-Stadt v. 11.06.1993, WPK-Mitt., S. 186.
169 BayVGH v. 11.04.1989, StB, S. 371.

ausgehen, dass ein WP Namensträger ist. Entspricht dies nicht den wirklichen Umständen, liegt im Zweifel eine Irreführung i.S.v. § 3 UWG vor. Anders die Entscheidung des OLG Oldenburg[170], die aber vom Vorliegen einer Sachfirma ausging. Eine andere Beurteilung kann in Betracht kommen, wenn der Name des Nicht-WP aus tatsächlichen Gründen, u.a. wegen der Schreibweise, wie ein Sach- oder Phantasiewort anzusehen ist[171]. Die Rechtsprechung zur Firmierung von Nur-StBG[172] gibt Anhaltspunkte, dürfte wegen der abweichenden Beteiligungsregeln (nach § 50a StBerG muss nicht zwingend ein StB am Gesellschaftskapital beteiligt sein) insoweit nicht ohne weiteres anwendbar sein.

Bei der Verwendung von Personennamen gilt, dass die **Namen Verstorbener** zwar fortgeführt werden können (vgl. § 29 Abs. 3 S. 3 BS WP/vBP), bei Neugründung aber nicht mehr verwendet werden dürfen. Führt eine WPG den Namen eines verstorbenen WP in der Firma fort, kann sie bei einer Neugründung einer anderen WPG als **Gesellschafterin** und **Namensgeberin** mitwirken, weil die WPG als selbständiges Rechtssubjekt ein Eigenleben führt, das sich auch auf die Firma erstreckt. 154

dd) Verwendung der Firma bei Neugründung

Ist eine WPG im Rahmen einer **Neugründung** Namensgeberin, so muss die neue WPG nicht die volle Firma der WPG-Gesellschafterin übernehmen, die Verwendung eines Firmenbestandteiles reicht aus. 155

ee) Altfirmierungen

Soweit die Firmierungen von bestehenden WPG vor Inkrafttreten der jeweiligen gesetzlichen oder satzungsmäßigen Vorschriften den Erfordernissen der WPO oder der BS WP/vBP nicht oder nicht völlig entsprechen, handelt es sich um sog. Altgesellschaften, die hinsichtlich der Firma **Bestandsschutz** genießen (vgl. § 29 Abs. 4 BS WP/vBP) und somit die alte Firma fortführen können. 156

2. Erlöschen sowie Rücknahme und Widerruf der Anerkennung

a) Erlöschen

Die Anerkennung als WPG erlischt kraft Gesetzes durch Verzicht oder Auflösung (§ 33 Abs. 1 Nr. 1 und 2 WPO). Eines Verwaltungsaktes, der etwa das Erlöschen feststellt, bedarf es nicht. Das Erlöschen der Anerkennung entspricht dem in § 19 Abs. 1 WPO geregelten Erlöschen der Bestellung als WP. 157

aa) Verzicht

Nach § 33 Abs. 1 Nr. 2 WPO erlischt die Anerkennung als WPG durch **Verzicht auf die Anerkennung**, der schriftlich von den gesetzlichen Vertretern gegenüber der WPK zu erklären ist und mit Eingang bei dieser wirksam wird. Die Gesellschaft (AG, SE, KGaA, GmbH, OHG, KG, GmbH & Co. KG oder Partnerschaftsgesellschaft) besteht im rechtlichen Sinne fort, muss aber die Firma ändern. Es entfällt die Befugnis zur Führung der Bezeichnung „Wirtschaftsprüfungsgesellschaft". Desweiteren müssen evtl. andere, nunmehr unzulässige Firmenbestandteile wie „Revision" oder „Prüfung" aus der Firma entfernt werden, weil die Verwendung derartiger Hinweise durch Nicht-WPG firmen- 158

---

170 OLG Oldenburg v. 24.02.1994, WPK-Mitt., S. 196.
171 OLG Frankfurt v. 06.04.1995, WPK-Mitt., S. 183, BB, S. 1473; OLG Karlsruhe v. 01.02.2001, NJW, S. 1584.
172 BFH v. 27.07.1993, StB, 1994 S. 13; s. dazu auch *Koslowski/Gehre*, StBerG[6], § 53, Rn. 3 ff.

rechtlich unzulässig ist[173]. Die bisher in der Gesellschaft tätigen WP haben zur Vermeidung eines unzulässigen Anstellungsverhältnisses (§ 43a Abs. 3 Nr. 2 WPO, s. Tz. 51) auszuscheiden; dies gilt nicht, soweit die Gesellschaft weiterhin über die Anerkennung als StBG oder Rechtsanwaltsgesellschaft verfügt oder die Rechtsform der PartG hat, und die WP die Funktion als gesetzlicher Vertreter bzw. Partner ausüben (§ 43a Abs. 2 WPO).

159 Mit dem Verlust der Anerkennung als WPG verliert die Gesellschaft zugleich die Befugnis zur Durchführung von WP bzw. WPG vorbehaltenen Tätigkeiten, z.B. die Befähigung zum APr. i.S.v. § 319 Abs. 1 HGB. Allerdings enden für die Gesellschaft mit dem Verzicht auch grundsätzlich die Berufspflichten (§ 56 WPO) und die Pflichtmitgliedschaft bei der WPK (§ 58 Abs. 1 WPO). Die WPG ist im Berufsregister zu löschen (§ 39 Nr. 2 WPO). Sind Aufträge zur Durchführung gesetzlich vorgeschriebener JA im Zeitpunkt des Verzichts auf die Anerkennung als WPG noch nicht ausgeführt (z.B. der Prüfungsbericht noch nicht ausgeliefert), fällt für das zu prüfende Unternehmen der gesetzliche APr. weg i.S.d. § 318 Abs. 4 S. 2 HGB. Zu den möglichen Rechtsfolgen eines solchen Wegfalls vgl. ADS[6], § 318, Tz. 37, 46, 414. Erlischt zugleich die Anerkennung als StBG (§ 54 StBerG), ist ggf. von der zuständigen Berufskammer ein Abwickler zur Erledigung der schwebenden Angelegenheiten zu bestellen (§§ 55, 70 StBerG). Die Pflicht zur Verschwiegenheit der bei der früheren WPG tätigen Personen bleibt bestehen (s. Tz. 350).

bb) Auflösung

160 Die Anerkennung erlischt nach § 33 Abs. 1 Nr. 1 WPO auch durch **Auflösung**. Die Auflösung von Gesellschaften setzt einen entsprechenden Beschluss der Hauptversammlung bzw. der Gesellschafter entsprechend der für die jeweilige Rechtsform geltenden Vorschriften und ggf. der gesellschaftsvertraglichen Abreden oder die Eröffnung des Insolvenzverfahrens voraus (§ 262 AktG für AG und SE, § 289 AktG für KGaA, §§ 60 ff. GmbHG für GmbH, § 131 HGB für OHG, § 161 Abs. 2 i.V.m. § 131 HGB für KG und §§ 9, 10 PartGG ggf. i.V.m. §§ 131 ff. HGB für Partnerschaftsgesellschaften). Die Auflösung kann aber nicht rückwirkend beschlossen werden. Die Auflösung ist der WPK unverzüglich anzuzeigen (§ 33 Abs. 2 S. 2 WPO).

161 Beschließt die Gesellschaft ihre Liquidation und liegen bis zur Löschung im Handelsregister bzw. Partnerschaftsregister die Anerkennungsvoraussetzungen der WPO weiterhin vor, bleibt die Gesellschaft bis zur Löschung als Berufsgesellschaft existent. Es sind mehrere Fallkonstellationen mit z.T. weitreichenden berufsrechtlichen Auswirkungen denkbar.

(1) Insolvenz der Wirtschaftsprüfungsgesellschaft

162 Durch die Eröffnung des Insolvenzverfahrens wird die Gesellschaft aufgelöst (§ 262 Abs. 1 Nrn. 3 und 4 AktG, § 60 Abs. 1 Nr. 4 GmbHG, § 131 Abs. 1 Nr. 3 und Abs. 2 Nr. 1 HGB, § 9 PartGG i.V.m. § 131 Abs. 1 Nr. 3 und Abs. 2 Nr. 1 HGB). Es kann als **Berufspflichtverletzung** angesehen werden, wenn über das Vermögen einer WPG das Insolvenzverfahren eröffnet wird. Ein solcher Vorfall ist möglicherweise als Verletzung des Gebots zur gewissenhaften Berufsausübung zu werten[174]. Ein Verstoß gegen Berufspflichten kann vermieden werden, indem vor Eröffnung des Insolvenzverfahrens auf die Anerkennung als WPG verzichtet wird.

---

173 OLG Bamberg v. 14.02.1990, WPK-Mitt., S. 101, LG München I v. 28.07.1993, WPK-Mitt., S. 187, LG Bielefeld v. 05.05.2004, WPK-Magazin 3/2004, S. 44.
174 WPK , Berufsgerichtliche Entscheidungen Bd. I, S. 42.

(2) Umwandlung

Durch das am 01.01.1995 in Kraft getretene Umwandlungsgesetz haben sich für das Berufsrecht nur geringfügige Änderungen ergeben. Bei einem Teil der Umwandlungsarten (Verschmelzung, Spaltung, Vermögensübertragung) tritt die Auflösung (§§ 2, 123, 174 UmwG) und damit auch der Verlust der Anerkennung als WPG ein; beim Formwechsel (§§ 190 ff. UmwG) bleibt – wie bisher – die Gesellschaft bestehen[175] und damit auch prima facie die Anerkennung erhalten. Die Beteiligung von Nicht-WPG (z.b. BPG und StBG) an der Umwandlung ist berufsrechtlich dann ohne Bedeutung, wenn eine (bestehende!) WPG als übernehmender Rechtsträger auftritt; eine andere Beurteilung gilt, falls eine gewerblich tätige Gesellschaft an der Verschmelzung beteiligt ist[176], selbst wenn die gewerbliche Betätigung nach der Verschmelzung nicht fortgeführt werden soll. Wichtig ist aber, dass auch im Rahmen von Umwandlungen die Voraussetzungen für die Anerkennung als WPG, insb. die Anforderungen des § 28 Abs. 4 WPO, aufrechterhalten werden müssen (Tz. 125 ff.).

163

(3) Verschmelzung

Werden Rechtsträger i.S.v. § 3 Abs. 1 Nrn. 1 und 2 UmwG, die zugleich WPG sind, nach § 2 Nr. 1 UmwG verschmolzen, **erlischt für die übertragende WPG die Anerkennung** durch Auflösung. Das gesamte Vermögen einschl. der Verbindlichkeiten geht kraft Gesetzes (§ 20 Abs. 1 Nr. 1 UmwG) auf die übernehmende WPG im Wege der Gesamtrechtsnachfolge über, abweichende Regelungen sind insoweit nicht möglich. Eine der übertragenden WPG erteilte Teilnahmebescheinigung i.S.d. § 319 Abs. 1 S. 3 HGB erlischt[177]. Ausnahmen sind allenfalls für Rechte und Pflichten denkbar, die aufgrund ihrer Eigenart nicht auf einen Gesamtrechtsnachfolger übergehen können oder deren Erlöschen ausdrücklich bestimmt ist[178]. Sog. höchstpersönliche Rechte, die nur im Hinblick auf eine bestimmte Person begründet werden, gehen daher nicht im Wege der Gesamtrechtsnachfolge über. Die Stellung als gesetzlicher APr. gehört zwar grundsätzlich zu den höchstpersönlichen Rechten. Allerdings ist die Höchstpersönlichkeit bei WPG eingeschränkt, weil der Auftrag zur Durchführung der Jahresabschlussprüfung gerade nicht einem einzelnen WP, sondern der WPG als einer organisatorischen Einheit mit gebündeltem Fachwissen und von einzelnen Personen unabhängiger Kontinuität übertragen wird. Dies gilt insb. seit der Gesetzgeber in § 319 a Abs. 1 Nr. 4 HGB unter bestimmten Voraussetzungen ein zwingendes Auswechseln derjenigen Berufsangehörigen vorgeschrieben hat, die den BestV unterzeichnen. Bei dieser Sachlage wird der Wille der Vertragsparteien bei der Abschlussprüfung regelmäßig darauf gerichtet sein, dass die Stellung als gesetzlicher APr. auf den übernehmenden Rechtsträger übergeht[179]. Einer Neubestellung des APr. bedarf es in Verschmelzungsfällen daher jedenfalls dann nicht, wenn nicht ausdrücklich vereinbart wurde, dass die Jahresabschlussprüfung durch einen bestimmten WP durchzuführen ist und dieser der übernehmenden WPG nicht mehr zur Verfügung steht. Ungeachtet dessen kann in derartigen Fällen eine Ersatzbestellung der übernehmenden WPG nach § 318 Abs. 4 HGB in Betracht kommen. Zu beachten ist, dass eine Teilnahmebescheinigung für

164

---

175 LG Berlin v. 26.02.1997, DB, S. 969.
176 OLG Hamm v. 26.09.1996, DB 1997, S. 268, NJW, S. 666; die Entscheidung beruht auf der Annahme einer Nichtigkeit gem. § 134 BGB, weil die Verschmelzung einer StBG mit einer Gesellschaft des Handelsrechts gegen das Berufsrecht (§ 57 StBerG) verstoße. Das OLG Hamm gibt allerdings keine Begründung dafür, warum ein Verstoß gegen berufsrechtliche Vorschriften ohne weiteres als Fall des § 134 BGB angesehen wird; grundsätzlich anderer Auffassung, BGH v. 03.06.2004, DB, S. 1605; s. dazu Tz. 336.
177 VG Berlin v. 17.03.2011, WPK-Magazin 2/2011, S. 41.
178 Vgl. RG v. 27.05.1932, RGZ 136, S. 313.
179 So auch ADS⁶, § 319, Tz. 33.

das Qualitätskontrollverfahren bei der Verschmelzung nicht auf die aufnehmende WPG übergeht (VG Berlin v. 17.03.2011, WPK-Magazin 2/2011, S. 41 ff., nrkr.).

165 Findet eine **Verschmelzung durch Neugründung** statt (§ 2 Nr. 2 UmwG), **verlieren** beide bisher bestehenden WPG ihre Anerkennung durch Auflösung. Ist die neue Gesellschaft vor Wirksamwerden der Verschmelzung als WPG anerkannt, kann sie das berufliche Geschäft fortführen. Für diesen Fall gelten die Darlegungen zur Verschmelzung durch Aufnahme entsprechend[180]. Fehlt es der neu gegründeten Gesellschaft an einer Anerkennung als WPG, so kann sie nicht als APr. tätig werden, so dass für einen noch nicht erledigten Auftrag zur Durchführung einer gesetzlich vorgeschriebenen Abschlussprüfung die bisherige WPG als „weggefallen" i.S.v. § 318 Abs. 4 S. 2 HGB anzusehen ist. Es können auch negative berufsrechtliche Folgen eintreten. Führt eine WPG, die nicht als APr. gewählt und bestellt worden ist, anstelle der gewählten und bestellten WPG die Jahresabschlussprüfung durch, so stellt dies auch einen Verstoß gegen das Gebot der Gewissenhaftigkeit dar[181].

166 Wird nicht auf eine bestehende WPG bzw. BPG verschmolzen, ist der Mandatsübergang gefährdet, soweit die Anerkennung als WPG bzw. BPG Grundlage der Aufträge war.

(4) Spaltung

167 Bei der Spaltung (§ 123 UmwG) gelten die Ausführungen zu Tz. 164 bis 166 entsprechend. Voraussetzung ist aber, dass stets eine (bereits bestehende) WPG als **übernehmender Rechtsträger** zur Verfügung steht.

(5) Vermögensübertragung

168 Die Vermögensübertragung nach den §§ 174 ff. UmwG ist berufsrechtlich ohne Bedeutung, weil WPG nicht zum Kreis der nach § 175 UmwG beteiligten Rechtsträger zählen. Die entgeltliche Überlassung des Geschäftsbetriebes oder nur des Mandantenstammes durch Verkauf oder Verpachtung[182] bleibt unberührt.

(6) Formwechsel

169 Wird lediglich nach § 190 UmwG die **Rechtsform gewechselt**, erfolgt keine Auflösung der formwechselnden Gesellschaft. Damit liegt auch weder ein Grund für ein Erlöschen der Anerkennung vor, noch tritt ein Identitätsverlust ein, eine im Hinblick auf § 318 Abs. 4 S. 2 HGB wichtige Folge. Allerdings drohen bei Fortfall von Anerkennungsvoraussetzungen, z.B. durch Nichtbeachtung der Anforderungen des § 28 WPO, der Widerruf der Anerkennung nach § 34 Abs. 1 Nr. 2 WPO (Tz. 170 ff.). Desweiteren ist ein Formwechsel nur unter Rechtsträgern in der in von § 27 WPO abschließend aufgezählten Rechtsform möglich; die Einbeziehung der Partnerschaftsgesellschaft in das UmwG ist nachgeholt worden (§ 191 Abs. 1 Nr. 1 UmwG)[183]. Wegen der Anzeige- und Meldepflichten hinsichtlich der durch den Formwechsel bedingten Änderungen des Gesellschaftsvertrages/der Satzung s. Tz. 175.

---

180 ADS[6], § 319, Tz. 33 a.E.
181 WPK, Berufsgerichtliche Entscheidungen Bd. I, S. 44.
182 Ausweislich des § 28 Abs. 4 Berufsordnung StB in der ab 01.01.2011 geltenden Fassung ist der Abschluss eines Pachtvertrages über Praxen von StB nicht mehr berufswidrig.
183 Gesetz zur Änderung des Umwandlungsgesetzes, des Partnerschaftsgesellschaftsgesetzes und anderer Gesetze v. 22.07.1998, BGBl. I, S. 1878.

b) Rücknahme und Widerruf

§ 34 WPO beschreibt mehrere Tatbestände, bei deren Verwirklichung die Anerkennung als WPG zurückzunehmen oder zu widerrufen ist. Dabei fehlt es allerdings an der im Verwaltungsrecht üblichen Unterscheidung zwischen Rücknahme und Widerruf. **170**

aa) Fortfall von Anerkennungsvoraussetzungen

Die Anerkennung muss **mit Wirkung für die Zukunft** widerrufen werden, wenn nachträglich Anerkennungsvoraussetzungen entfallen, und zwar gleichgültig, ob dies auf tatsächlichen oder rechtlichen Gründen beruht. Für die Praxis v.a. von Bedeutung sind die Fälle, dass **171**

- die Organe der Gesellschaft durch das **Ausscheiden von gesetzlichen Vertretern mit WP-Qualifikation** nicht mehr ordnungsgemäß besetzt sind,
- sich die **Kapitalbeteiligung** in unzulässiger Weise verändert hat oder
- der **Gesellschaftsvertrag/die Satzung geändert** und dabei zwingendes Recht nicht beachtet worden ist.

Das zur gesetzlichen Vertretung berufene Organ ist z.B. nicht mehr ordnungsgemäß besetzt, wenn die Zahl der Nicht-WP die Zahl der WP und EU-/EWR-Abschlussprüfer erreicht oder gar übersteigt (§ 28 Abs. 2 und 3 WPO). Welche Gründe dieses Missverhältnis auslösen (z.B. Tod, Kündigung, Verlust der WP-Qualifikation durch Rücknahme/Widerruf der Bestellung, Ausschließung aus dem Beruf oder Verzicht auf die Bestellung), ist ohne Bedeutung. Verringert sich die Zahl der gesetzlichen Vertreter auf zwei, so bleibt die Anerkennungsvoraussetzung erhalten, wenn mindestens ein gesetzlicher Vertreter WP bzw. EU-/EWR-Abschlussprüfer ist (s. Tz. 130). **172**

Das Vertretungsorgan ist auch dann nicht mehr ordnungsgemäß besetzt, wenn ihm noch eine Person i.S.v. § 28 Abs. 2 u. 3 WPO angehört, der die Eignung zur Vertretung und Geschäftsführung einer WPG im berufsgerichtlichen Verfahren aberkannt worden ist (§ 71 S. 2 WPO); insoweit erlischt die Ausnahmegenehmigung nach § 28 Abs. 2 oder 3 WPO kraft Gesetzes.

Die Kapitalbeteiligung verändert sich in unzulässiger Weise, wenn Personen als Gesellschafter aufgenommen werden, die nicht zum Kreis der zulässigen Gesellschafter (Tz. 136 ff.) gehören, und zwar ohne Rücksicht auf die Höhe deren Beteiligung. Entsprechendes gilt, wenn ein bisher zulässiger Gesellschafter seine **Gesellschafterfähigkeit** verliert, z.B. die Bestellung als WP erlischt, die Anerkennung als WPG widerrufen wird oder die erforderliche Tätigkeit in der Gesellschaft endet. Damit soll vermieden werden, dass die Anerkennung durch nur vorübergehende, der Umgehung dienende Gestaltungen erlangt wird. Für sog. **Altgesellschaften** (s. Tz. 178) kann allerdings aus § 134a Abs. 2 S. 2 WPO entnommen werden, dass ein Fortfall der Gesellschafterfähigkeit nicht den Widerruf der Anerkennung auslöst. Hier scheidet das Umgehen von Anerkennungsvoraussetzungen aus, sodass gegen die unterschiedliche Behandlung keine rechtlichen Bedenken bestehen. **173**

Der Gesellschaft ist vor dem Widerruf eine angemessene **Anpassungsfrist** zu gewähren, binnen derer der dem Gesetz entsprechende Zustand herbeigeführt werden muss. Ist die Mehrheit der gesetzlichen Vertreter mit WP-Qualifikation nicht mehr gegeben, darf die Anpassungsfrist 2 Jahre nicht überschreiten. Haben sich bei der Kapitalbeteiligung durch **Erbfall** (Tz. 183) für die Aufrechterhaltung der Anerkennung schädliche Veränderungen ergeben, muss die Anpassungsfrist **mindestens 5 Jahre** betragen (§ 34 Abs. 1 Nr. 2 WPO). Ist einem gesetzlichen Vertreter die Berufsqualifikation entzogen worden, und zwar gleichgültig auf welche Weise, oder hat ein gesetzlicher Vertreter ohne WP-Qualifi- **174** kation die Eignung zur Vertretung und Geschäftsführung durch berufsgerichtliche Entscheidung verloren, muss die WPG zur Vermeidung des Widerrufs ihrer Anerkennung der betreffenden Person unverzüglich jede Vertretungs- und Geschäftsführungsbefugnis entziehen.

175 Wird die **Satzung/der Gesellschaftsvertrag** geändert, so ist dies der WPK anzuzeigen. Eine öffentlich beglaubigte Abschrift der jeweiligen Urkunde sowie der Eintragung im Handelsregister sind beizufügen bzw. nachzureichen (§ 29 Abs. 2 WPO). Werden durch die Änderung Anerkennungsvoraussetzungen beseitigt, z.B. die Vinkulierung der Aktien oder Geschäftsanteile (§ 28 Abs. 5 WPO) aufgehoben, die Firma unter Nichtbeachtung von § 31 WPO oder der Gesellschaftszweck unter Nichtbeachtung von § 43a Abs. 3 Nr. 1 WPO geändert, so ist die Anerkennung ebenfalls zu widerrufen, falls nicht fristgerecht die schädlichen Umstände beseitigt werden.

Ob durch eine Veränderung der Firma, bei der § 29 BS WP/vBP nicht beachtet wird, auch eine Anerkennungsvoraussetzung nachträglich entfällt, ist zweifelhaft. Ein solches Handeln führt aber jedenfalls zu Maßnahmen der Berufsaufsicht, wenn die neue Firmierung nicht zulässig ist (Tz. 147 f.).

bb) Vermögensverfall

176 Die Anerkennung als WPG ist zu widerrufen, wenn die Gesellschaft in Vermögensverfall geraten ist, es sei denn, dass dadurch die Interessen der Auftraggeber oder anderer Personen nicht gefährdet sind (§ 34 Abs. 2 WPO). Insoweit besteht eine Parallele zum Widerruf der Bestellung eines WP gem. § 20 Abs. 2 Nr. 5 WPO (Tz. 112). Im Hinblick darauf, dass ein Vermögensverfall bei einer WPG die Unabhängigkeit erheblich beeinträchtigen kann und regelmäßig eine abstrakte Gefährdung der Interessen der Auftraggeber oder anderer Personen darstellt[184], sollte der Gesetzgeber unabhängig von den Interessen Dritter de lege ferenda bei diesem Tatbestand einen Widerruf der Anerkennung vorsehen. Ist eine WPG im amtl. Schuldnerverzeichnis eingetragen, begründet dies einen hinreichenden Verdacht des Vermögensverfalls, so dass die Anerkennung zurückgenommen werden kann[185].

cc) Verstoß gegen Publizitätspflichten

177 Auch für Berufsgesellschaften gelten abhängig von Rechtsform und Größe Publizitätspflichten. Ihre Nichtbeachtung gefährdet zwar nicht die Anerkennung, kann aber berufsrechtlich geahndet werden[186].

3. Altgesellschaften

178 Als Altgesellschaften i.S.d. folgenden Ausführungen gelten solche WPG, die vor dem 01.01.1986 anerkannt waren und bei denen die Kapitalbeteiligung bzw. Stimmrechte nicht den ab dem 01.01.1986 geltenden Vorschriften entsprechen (§ 134a Abs. 2 WPO). Die Anerkennung dieser WPG bleibt zunächst bestehen. Die Frist zur Anpassung der Besetzung der **gesetzlichen Vertretung** (Vorstand, Geschäftsführung etc.) an das zahlenmäßige Erfordernis des § 28 Abs. 1 WPO (Tz. 125 ff.) ist zum Jahresende 1994 abgelaufen. Fehlt diese Anpassung, ist die Anerkennung zu widerrufen (§ 134a Abs. 1 S. 3 WPO).

---
184 VG Frankfurt v. 17.06.1999, WPK-Mitt., S. 197.
185 VG München v. 08.11.1988, MittBl.WPK Nr. 133/1989, S. 20, v. 02.03.1999, WPK-Mitt., S. 198; s. auch Tz. 112.
186 WPK, WPK-Mitt. 1999, S. 161.

Wirtschaftsprüfungsgesellschaften A

a) Kapitalbeteiligung Berufsfremder

Für Altgesellschaften mit unzulässigen Gesellschaftern besteht **kein genereller Anpassungszwang**; bis zum 31.12.1987 waren sogar beliebige Änderungen hinsichtlich der Beteiligung und Stimmrechte möglich. Werden jetzt, also nach Ablauf dieser Frist, der Bestand der Gesellschafter oder das Verhältnis ihrer Beteiligungen oder Stimmrechte durch **Rechtsgeschäft** oder aufgrund **Erbfalls verändert** und die nunmehr geltenden **Regelungen des § 28 Abs. 4 WPO nicht beachtet**, so **entfällt** nachträglich eine Voraussetzung für die **Anerkennung** mit der Folge, dass gem. § 34 Abs. 1 Nr. 2 WPO diese zu widerrufen ist (Tz. 171 ff.). Da § 28 Abs. 4 WPO sowohl den Kreis der zulässigen Gesellschafter abschließend bestimmt, als auch bestimmte Mehrheiten vorschreibt, ist bei Veränderungen immer zu berücksichtigen, dass beiden Anforderungen genügt wird. Es gelten folgende Regeln: 179

– Veränderung der Beteiligung

Entspricht die Beteiligung dem nunmehr geltenden Recht, so gelten dieselben Anforderungen wie für WPG, die nach dem 01.01.1986 anerkannt worden sind. **Beteiligungsveränderungen** innerhalb der WP/WPG-Gesellschafter sind ohne Einschränkung zulässig, solange es bei der Mehrheitsbeteiligung von WP/WPG insgesamt bleibt. Dasselbe gilt für Veränderungen im Kreise der übrigen zulässigen Gesellschafter; deren Gesamtbeteiligung darf aber nicht die Hälfte des Grund-, Stamm- oder Kommanditkapitals erreichen. 180

Stehen Beteiligungen ganz oder anteilig zur **Übertragung** an, muss zunächst dem WP/WPG-Mehrheitserfordernis (§ 28 Abs. 4 S. 1 Nr. 3 WPO) genügt werden; erst danach kommen Personen aus dem Kreise der übrigen zulässigen Gesellschafter (vBP, StB, RA etc.) als Erwerber in Betracht. 181

Eine Pflicht zur Beachtung des neuen Rechts besteht aber nur, soweit Beteiligungen übertragen werden oder im Wege des Erbfalls übergehen. Will z.B. nur einer von mehreren nicht zum Kreis der nach § 28 WPO zulässigen Gesellschafter gehörenden Erben seinen Anteil oder Teile davon veräußern, so hat dies für die übrigen unzulässigen Beteiligungen keine Bedeutung. Es besteht auch keine Notwendigkeit, den berufsfremden Anteil insgesamt zu übertragen.

Ändern sich im Rahmen einer **Kapitalerhöhung** weder der Gesellschafterkreis noch die Beteiligungs- bzw. Stimmrechtsverhältnisse, wirkt sich dies nicht negativ auf die Anerkennung aus. Dasselbe gilt, wenn sich dabei die Beteiligung der WP/WPG bzw. der zulässigen Gesellschafter erhöht, weil insoweit eine partielle Anpassung an das geltende Recht stattfindet, also § 28 Abs. 4 WPO beachtet wird. 182

Wird aufgrund eines **Erbfalls**[187] eine bis dahin zulässige Beteiligung unzulässig, muss die nach § 34 Abs. 1 Nr. 2 WPO zu gewährende Anpassungsfrist auch bei einer Altgesellschaft mindestens 5 Jahre betragen, um den Erben ausreichend Zeit zu geben, die Beteiligung bestmöglich zu veräußern (Tz. 174). Entsprach diese Altgesellschaft schon dem neuen Recht, so wirkt sich diese Änderung für die Gesellschaft allerdings nachteilig aus, weil sie selbst ihre Gesellschaftereignung i.S.v. § 28 Abs. 4 S. 1 Nr. 1 WPO verliert. 183

– Veränderung bei Gesellschaftern

Die Aufnahme unzulässiger Gesellschafter ist nicht mehr zulässig, auch nicht bei Verschmelzung oder Spaltung (Tz. 164, 167), und führt zum Fortfall einer Anerkennungs- 184

---

[187] S. dazu *Mayr*, ZEV 1996, S. 321; *Haibt*, WPK-Mitt. 2000, S. 10; *Sistermann*, ZEV 1998, S. 166; *Wollny*.

voraussetzung, sofern nicht innerhalb der Anpassungsfrist nach § 34 Abs. 1 Nr. 2 WPO die vom Gesetz geforderten Verhältnisse hergestellt werden. Übernimmt z.b. eine WPG, die unzulässige Gesellschafter hat und damit selbst unzulässige Gesellschafterin ist, Anteile einer anderen WPG, so kann etwa die übernehmende WPG ihre Kapitalseite dem neuen Recht anpassen. Die Übernahme **eigener Anteile** (Tz. 143) kommt so lange nicht in Betracht, wie unzulässige Beteiligungen bestehen, weil die WPG als unzulässige Gesellschafterin sich auch nicht an einer anderen WPG beteiligen kann.

b) Gesetzliche Vertretung

185 Wegen der Anpassung des Zahlenverhältnisses bei der gesetzlichen Vertretung s. Tz. 178.

4. Gebühren

186 Für das **Anerkennungsverfahren** sowie für die Erteilung von **Ausnahmegenehmigungen** sind Gebühren an die WPK zu entrichten; im einzelnen fallen folgende Beträge an:

– für das Verfahren auf Anerkennung als WPG (§ 3 Abs. 3 Nr. 1 GebO) 1.050 €
– für das Verfahren auf Erteilung einer Ausnahmegenehmigung nach § 28 Abs. 2 S. 2 und 3 WPO (Genehmigung für besonders befähigte Personen oder ausländische Prüfer), § 3 Abs. 3 Nr. 2 GebO 270 €

Wird für mehrere Personen gleichzeitig die Erteilung einer Ausnahmegenehmigung beantragt, so handelt es sich dennoch um mehrere Verfahren, so dass die Gebühr entsprechend oft gezahlt werden muss.

Wird einer der genannten Anträge zurückgenommen oder zurückgewiesen, ermäßigt sich die jeweilige Gebühr auf die Hälfte (§ 3 Abs. 3 S. 2 GebO).

Für die übrigen Verwaltungsakte (§§ 34, 35) enthält die GebO keine Gebührenbestimmungen.

VI. Die Berufsausübung

187 WP können ihre beruflichen Tätigkeiten grundsätzlich nach den eigenen Vorstellungen gestalten. Die WPO enthält für die Berufsausübung aber **Mindestanforderungen** und auch Einschränkungen, die sich zwangsläufig aus der Freiberuflichkeit einerseits und den besonderen beruflichen Befugnissen im Bereich der gesetzlich vorgeschriebenen Abschlussprüfung (und der Steuerberatung) andererseits ergeben.

1. Berufssitz

188 Der Beruf kann ohne räumliche Beschränkungen ausgeübt werden; die WPO gewährt sowohl **Niederlassungs-** als auch **Dienstleistungsfreiheit**. Der WP kann daher seine berufliche NL (Berufssitz) sowohl im Inland als auch im Ausland begründen. Er ist durch die WPO auch nicht gehindert, bei Berufssitz im Inland Dienstleistungen im Ausland zu erbringen; allerdings bleibt das evtl. entgegenstehende Recht des Gastlandes davon unberührt.

Jeder WP hat nur eine berufliche NL, die von der Art der Berufsausübung bestimmt wird. Bei selbständiger Tätigkeit (§ 43a Abs. 1 WPO) befindet sich der Berufssitz an der Anschrift der eigenen Praxis, und zwar ohne Rücksicht auf deren Größe (§ 3 Abs. 1 S. 2

Die Berufsausübung A

WPO). Übernimmt ein WP die Funktion als gesetzlicher Vertreter einer WPG (§ 28 Abs. 1 WPO) oder als Niederlassungsleiter (§ 47 WPO) eines WP, vBP oder einer WPG bzw. BPG, so befindet sich sein Berufssitz an der jeweiligen Anschrift der von ihm geleiteten Haupt- oder Zweigniederlassung (s. aber Tz. 196). Ansonsten bestimmt sich der Berufssitz des im Anstellungsverhältnis tätigen WP durch den **Anstellungsvertrag**, im Zweifel also nach dem Berufssitz seines Arbeitgebers (§ 3 Abs. 1 S. 3 WPO lässt dies nur schwer erkennen). Die Tatsache, dass ein WP nur eine einzige berufliche NL haben kann, schließt nicht aus, dass er unter Wahrung der Gewissenhaftigkeit und Eigenverantwortlichkeit in weiteren beruflichen Funktionen tätig wird, z.b. **mehrere Dienstverhältnisse** unterhält oder gleichzeitig selbständig und im Anstellungsverhältnis tätig ist.

Für die berufliche Praxis von Bedeutung ist, dass der Bewerber bereits mit dem Antrag auf Bestellung anzugeben hat, wie er ab der Bestellung tätig sein will. Beabsichtigt er eine selbständige Tätigkeit, muss er den Nachweis einer ausreichenden **Berufshaftpflichtversicherung** erbringen (§ 16 Abs. 1 S. 2 WPO). Nach der Bestellung hat der WP unmittelbar eine berufliche Niederlassung zu begründen und zu unterhalten (§ 3 Abs. 1 S. 1 WPO) sowie unverzüglich die Anschrift der beruflichen NL, also des Berufssitzes, zum Berufsregister zu melden (§ 38 Abs. 1 Nr. 1c WPO). Begründet ein WP nicht unmittelbar nach seiner Bestellung eine berufliche Niederlassung und meldet diese nicht an die WPK, liegt hierin ein Grund für die Versagung (richtiger: Widerruf) der Bestellung (§ 16 Abs. 1 Nr. 4 WPO, vgl. Tz. 112). **189**

Allerdings ist es nicht möglich, **an verschiedenen Orten Alleinfunktionen** zu übernehmen, z.B. in A eine eigene Praxis zu unterhalten, in B als alleiniger gesetzlicher Vertreter der WPG X aufzutreten und in C die Zweigniederlassung der WPG Y zu leiten; ebenso wenig ist es zulässig, innerhalb einer politischen Gemeinde unter verschiedenen Anschriften derartige Alleinfunktionen auszuüben[188]. Keine Bedenken bestehen hingegen, wenn sich eigene Praxis, Sitz der WPG X und Zweigniederlassung der WPG Y an derselben Adresse befinden und eine organisatorische Einheit bilden[189]. **190**

Bei **WPG** ist die berufliche Niederlassung, d.h. der Sitz der Gesellschaft, der Sitz der Hauptniederlassung, der von der Satzung bzw. dem Gesellschaftsvertrag festgelegt wird. Bei Mehrfachqualifikation ist eine Aufteilung nach den unterschiedlichen Berufsqualifikationen auf örtlich verschiedene Niederlassungen möglich[190]. **191**

2. Zweigniederlassungen

WP und WPG dürfen **Zweigniederlassungen** im In- und Ausland errichten (§ 3 Abs. 3 WPO); bei WP ist die Zahl der Zweigniederlassungen im Inland seit dem 01.01.1995 nicht mehr auf eine einzige beschränkt. Jede neben der beruflichen Niederlassung **kundgemachte Anschrift** begründet das Bestehen einer Zweigniederlassung i.S.v. §§ 3, 47 WPO (§ 19 Abs. 1 BS WP/vBP). **192**

Eine Zweigniederlassung i.S.v. § 47 WPO liegt jedoch nur dann vor, wenn in dem entsprechenden Büro zugleich Kernaufgaben des WP entweder angeboten oder wahrgenommen werden. Gliedert aber ein Berufsangehöriger Tätigkeiten, die nicht zu den Kerntätigkeiten des WP gehören, bewusst durch geeignete Maßnahmen räumlich und organisatorisch aus, ist § 47 WPO auf die ausgegliederte Einheit nicht anzuwenden[191]. **193**

---

[188] LG Düsseldorf v. 25.06.1992, DStR, S. 1600.
[189] Vgl. die Begründung zu § 11 BS WP/vBP; s. auch BFH v. 31.08.1995, BStBl. II 1997, S. 629.
[190] BVerwG v. 22.08.2000, WPK-Mitt. 2001, S. 70.
[191] BGH v. 12.10.2004, WPK-Magazin 1/2005, S. 48; so im Wesentlichen bereits BVerwG v. 22.08.2000, WPK-Mitt. 2001, S. 70.

Denkbar ist dies etwa für die Tätigkeit als Insolvenzverwalter[192], wohl auch für Testamentsvollstreckung und andere vereinbare Tätigkeiten. Allerdings darf in dieser Zweigniederlassung der WP-Titel nicht geführt werden.

194 Zweigniederlassungen von WP oder WPG müssen nach § 47 WPO von einem am Ort der Zweigniederlassung beruflich ansässigen WP geleitet werden. Gegen die grundsätzliche Pflicht, die **Leitung einer Niederlassung** einem WP zu übertragen, bestehen verfassungsrechtlich keine Bedenken[193]. Allerdings hat das BVerfG für § 34 Abs. 2 StBerG es als ausreichend angesehen, dass der Leiter einer Beratungsstelle auch am Hauptsitz tätig sein kann; er darf aber nicht zugleich Leiter der Hauptniederlassung sein[194]. Dieses Verständnis wird auch für die Regelung des § 47 WPO zu beachten sein. Eine berufliche Niederlassung im Nahbereich der Zweigniederlassung ist im Gegensatz zu § 34 Abs. 2 S. 2 StBerG (dazu BFH v. 31.08.1995, BStBl. II 1997, S. 629) nicht zulässig.

195 Von dem **Leitungserfordernis** kann die WPK bei Zweigniederlassung von WP (also **nicht** für solche von WPG) **auf Antrag** Ausnahmen zulassen (§ 47 S. 2 WPO), allerdings nur in besonderen Fällen, z.B. beim Erwerb einer Praxis an einem anderen Ort. Diese Ausnahmegenehmigungen erfordern im Einzelfall atypische Umstände[195] und werden regelmäßig befristet erteilt. Dabei hat die WPK nach pflichtgemäßem Ermessen zu entscheiden. Kostennachteile für die Anstellung eines Niederlassungsleiters reichen für eine Ausnahmegenehmigung nicht aus. Nach der Gesetzesbegründung zur Neufassung von § 47 WPO sollen derartige Ausnahmegenehmigungen in Betracht kommen, wenn der Umfang des Geschäftsbetriebes der Zweigniederlassung die Leitung durch einen WP nicht erforderlich macht[196]. Dieser Auffassung kann in dieser Allgemeinheit nicht gefolgt werden, insb. steht ihr die Pflicht zur eigenverantwortlichen Berufsausübung entgegen. Die in Tz. 193 dargestellte Rechtsprechung bietet ggf. andere Möglichkeiten. Gleichzeitige Ausnahmegenehmigungen für mehrere Zweigniederlassungen eines WP kommen ebenfalls nicht in Betracht[197]. Hartnäckiges Hinwegsehen über das Leitungserfordernis wird als Berufspflichtverletzung geahndet[198].

196 Zweigniederlassungen von WPG müssen gem. § 47 S. 1 WPO immer von einem beruflich ortsansässigen WP geleitet werden; Ausnahmen sind nicht möglich. Ob an dieser stringenten Sichtweise nach der Entscheidung des BVerfG v. 17.12.2001[199] festgehalten werden kann, erscheint zweifelhaft.

Bei Fortfall des Niederlassungsleiters kann nur in entsprechender Anwendung von § 34 Abs. 1 Nr. 2 WPO eine angemessene Anpassungsfrist gewährt werden. Das Wohnsitzerfordernis auch für den Niederlassungsleiter (die sog. Residenzpflicht) ist seit dem 01.01.1995 entfallen. Wegen des Verbots der abweichenden Firmierung einer Zweigniederlassung s. Tz. 147, zur Siegelführung Tz. 231. Eine Zweigniederlassung kann nicht zum APr. bestellt werden (s. WPK-Magazin 4/2006, S. 32).

---

192 BGH v. 12.10.2004, WPK-Magazin 1/2005, S. 48.
193 BVerfG v. 17.12.2001 – 1 BvR 381/01 –, www.bundesverfassungsgericht.de, Rubrik „Entscheidungen".
194 BVerfG v. 17.12.2001 – 1 BvR 381/01 –, www.bundesverfassungsgericht.de, Rubrik „Entscheidungen".
195 BVerwG v. 22.08.2000, WPK-Mitt. 2001, S. 69.
196 Ebenso OVG NRW v. 28.01.2000, WPK-Mitt., S. 198, 200.
197 So im Ergebnis auch VG Düsseldorf v. 13.05.1997, WPK-Mitt., S. 234.
198 Vgl. KG Berlin v. 08.09.1999, WPK-Mitt. 2000, S. 66.
199 S. Tz. 194.

Die Berufsausübung A

3. Art der Berufsausübung
a) Allgemeines

Ein WP kann seinen Beruf sowohl **selbständig** (in eigener Praxis) als auch im An- 197
stellungsverhältnis ausüben (§ 43a Abs. 1 WPO). Die selbständige Tätigkeit kennzeichnen das eigene Unternehmensrisiko, die Verfügungsfreiheit über die eigene Arbeitskraft sowie die im Wesentlichen freigestaltete Tätigkeit und Arbeitszeit[200]. Zulässig ist die gleichzeitige Tätigkeit in eigener Praxis und im **Anstellungsverhältnis**. Es besteht kein berufsrechtliches Verbot, mehrere Anstellungsverhältnisse zu begründen oder mehreren beruflichen Zusammenschlüssen (z.b. Sozietäten) anzugehören. Ist ein Berufsangehöriger ausschließlich als Geschäftsführer oder Vorstand einer WPG tätig, so stellt dies auch dann keine selbständige Tätigkeit dar, wenn kein Gehalt gezahlt, sondern stattdessen Honorarabrechnungen mit offenem USt-Ausweis ausgestellt werden. Denn auch bei einer solchen Gestaltung des Anstellungsverhältnisses bleibt der Berufsangehörige gesellschaftsrechtlich den Weisungen der Gesellschafter unterworfen[201].

Befindet sich der WP nicht in einem (zulässigen) Anstellungsverhältnis, so gilt er als 198
selbständig tätig mit der Folge, das Bestehen einer dem Gesetz entsprechenden Berufshaftpflichtversicherung (s. Tz. 243) nachweisen zu müssen (§ 54 Abs. 1 WPO). Zur **Auswirkung der Arbeitslosigkeit** eines bisher angestellten WP und der Ausnahme von der Pflicht zur Unterhaltung einer Berufshaftpflichtversicherung vgl. Tz. 243.

Ein WP ist selbst dann selbständig tätig, wenn er **gesetzlicher Vertreter** einer Nur-StBG, 199
BPG oder Rechtsanwaltsgesellschaft oder Partner einer nicht als WPG anerkannten PartG ist, weil er in diesen Fällen befugt bleiben muss, gesetzlich vorgeschriebene Prüfungen durchzuführen (§ 43a Abs. 2 S. 1 WPO). Auch für diesen Fall besteht die Notwendigkeit, den **Nachweis der Berufshaftpflichtversicherung** für diese gesetzlich vermutete Tätigkeit in eigener Praxis zu erbringen. Dasselbe gilt, wenn er zeichnungsberechtigter Vertreter oder zeichnungsberechtigter Angestellter eines Angehörigen eines ausländischen Prüferberufes oder einer ausländischen Prüfungsgesellschaft i.S.v. § 43a Abs. 2 S. 2 WPO (Tz. 53) ist.

b) Einzelpraxis

Der WP bestimmt, in welcher organisatorischen Form er seine **selbständige Tätigkeit** 200
ausübt. Auch § 3 Abs. 1 WPO begründet keine Pflicht, besondere **Praxisräume** einzurichten oder ein Praxisschild anzubringen; die Praxis kann sich daher in der Wohnung befinden. Umgekehrt besteht keine Notwendigkeit, den **Wohnsitz** am Ort der beruflichen Niederlassung zu nehmen. Allerdings erfordert ein Tätigwerden in eigener Praxis organisatorische Mindestanforderungen insb. Qualitätssicherungsmaßnahmen i.S.v. § 55b WPO, um die gewissenhafte Berufsausübung sicherzustellen.

c) Gemeinschaftliche Berufsausübung in Form der GbR (Sozietät)

WP können sich zur gemeinschaftlichen Berufsausübung örtlich oder überörtlich zusam- 201
menschließen. Das Gesetz gestattet einen solchen Zusammenschluss in der Form der GbR (Sozietät) oder der Partnerschaftsgesellschaft, wobei letztere zusätzlich als Berufsgesellschaft (s. Tz. 209) anerkannt sein kann (§ 44b Abs. 1 WPO). Bei einer solchen gemeinschaftlichen Berufsausübung handelt es sich ebenfalls um eine **selbständige Tätigkeit** in eigener Praxis i.S.v. § 43a Abs. 1 WPO. Ein Mitglied einer Sozietät ist kein Arbeitnehmer,

---
200 BSG v. 28.01.1999, BB, S. 1662.
201 Vgl. BFH v. 09.10.1996, BStBl. II 1997, S. 255.

49

und zwar auch dann nicht, wenn er kein Vollpartner ist[202]. Der Umfang der Zusammenarbeit bestimmt sich nach den vertraglichen Abreden; es ist daher durchaus möglich, neben der Tätigkeit in der Sozietät auch eine Einzelpraxis zu unterhalten, sofern die gesamte selbständige Tätigkeit unter derselben Anschrift ausgeübt wird. Die Wahrnehmung mehrerer Funktionen führt allein nicht dazu, dass sich die Zahl der beruflichen Niederlassungen (Berufssitze) vermehrt. Des weiteren ist zu beachten, dass eine gemeinsame Berufsausübung nicht ohne weiteres eine gemeinschaftliche Auftragsübernahme zur Folge hat bzw. voraussetzt (Tz. 609). Es ist zu beachten, dass eine **gemeinsame Berufsausübung** für die Annahme von Aufträgen zur Durchführung einer gesetzlich vorgeschriebenen Jahresabschlussprüfung (§ 319 Abs. 3 S. 1 HGB, s. Tz. 327) und darüber hinaus von Bedeutung sein kann.

202 Eine gemeinschaftliche Berufsausübung in Form einer gemischten Sozietät ist mit natürlichen und juristischen Personen sowie mit Personengesellschaften möglich, wenn diese der **Berufsaufsicht** einer Berufskammer eines freien Berufs in Deutschland unterliegen und zur **Zeugnisverweigerung** nach § 53 Abs. 1 S. 1 Nr. 3 StPO berechtigt sind (§ 44 b Abs. 1 WPO). Darüber hinaus ist die gemeinsame Berufsausübung auch mit ausländischen sachverständigen Prüfern i.S.d. § 28 Abs. 3 WPO sowie mit RAen, StB und Patentanwälten anderer Staaten zulässig (§ 44 b Abs. 2 WPO). Dies gilt jedoch nur, wenn die genannten Personen nach Ausbildung und Befugnissen im wesentlichen den Anforderungen der WPO entsprechen und zudem die Gegenseitigkeit gewahrt ist. Eine Sozietät mit **ausländischen Berufsträgern** i.S.v. § 44 b Abs. 2 WPO sollte allerdings nur eingegangen werden, wenn auch diese ein **Zeugnisverweigerungsrecht** besitzen. Zur Berufshaftpflichtversicherung s. Tz. 249.

203 Zulässig ist demnach eine Sozietät mit vBP, StB, StBv., RA, Patentanwälten und Anwaltsnotaren; mit letzteren allerdings nur in ihrer Eigenschaft als Anwalt[203].

204 Die Mitglieder einer Sozietät können in verschiedenen politischen Gemeinden ansässig sein.

205 **Nicht sozietätsfähig** sind nach wie vor Angehörige nicht verkammerter freier Berufe, auch wenn sie Tätigkeiten ausüben, die mit dem WP-Beruf gem. § 43a Abs. 4 Nr. 1 WPO vereinbar sind. Zu diesem Personenkreis gehören insb. Unternehmensberater oder ein nicht zum StB bestellter Dipl.-Finanzwirt[204]. Das gleiche gilt für Angehörige verkammerter freier Berufe, wenn diesen kein Zeugnisverweigerungsrecht nach der StPO zusteht. Hierzu könnten etwa nach Landesrecht verkammerte Ingenieure zählen, sofern sie sich nicht auf ein Zeugnisverweigerungsrecht als Berufshelfer i.S.d. § 53a StPO stützen können. Zur Vermeidung entsprechender Unsicherheiten kann eine berufliche Zusammenarbeit mit den genannten Berufsträgern im Rahmen einer WPG in Betracht kommen, vorausgesetzt der entsprechende Angehörige eines nicht sozietätsfähigen Berufs erhält die Genehmigung nach § 28 Abs. 2 WPO, als besonders befähigte Person eine Gesellschafter- bzw. Organstellung in einer WPG zu übernehmen (s. Tz. 128).

206 **Sozietäten zwischen natürlichen und juristischen Personen**, also Berufsgesellschaften, sowie Personengesellschaften, sind aus WP-Sicht zulässig (§ 44b Abs. 1 WPO), wenn-

---

202 BAG v. 15.04.1993, DB, S. 1622.
203 So ausdrücklich § 44b Abs. 1 S. 2 WPO. Ein Verbot von Sozietäten zwischen Anwaltsnotaren und WP ohne entsprechende gesetzliche Regelung wurde vom BVerfG als verfassungswidrig angesehen, BVerfG v. 08.04.1998, WPK-Mitt., S. 245. Der Gesetzgeber hat durch Gesetz zur Änderung der BRAO, der Patentanwaltsordnung und anderer Gesetze v. 31.03.1998, BGBl. I, S. 2600, die Entscheidung des BVerfG umgesetzt und § 9 BNotO entsprechend angepasst.
204 BFH v. 15.05.1997, DStRE 1998, S. 476.

Die Berufsausübung **A**

gleich selten. Mit in einem ausländischen Staat errichteten juristischen Personen oder Personengesellschaften ist die gemeinsame Berufsausübung aber nur möglich, wenn diese dort als sachverständige Prüfer bestellt oder ermächtigt sind. Bei den übrigen in § 44b Abs. 2 S. 2 WPO genannten Berufsträgern anderer Staaten ist die Aufnahme in eine Sozietät nur als juristische Person möglich. Zu berücksichtigen ist, dass weder für StB (§ 56 Abs. 1 StBerG) noch für RAe (§ 59a Abs. 1 BRAO) eine Sozietät mit juristischen Personen zugelassen wird.

Die für Sozietäten geltenden Bestimmungen sind auch auf die Rechtsfigur der „**Schein-** 207 **sozietät**" anzuwenden. Dies folgt aus der entsprechenden Erweiterung der Überschrift von § 44b WPO[205]. Eine Scheinsozietät ist dadurch gekennzeichnet, dass Berufsträger nach außen durch gemeinsames Kanzleischild, Briefkopf, Stempel u.ä. den Anschein einer Sozietät erwecken, obwohl zwischen ihnen nur ein Anstellungsverhältnis oder ein freies Mitarbeiterverhältnis besteht[206]. Ein solcher Zusammenschluss erzeugt gegenüber dem Rechtsverkehr den Anschein, dass ein einzeln handelndes Mitglied der „Scheinsozietät" alle anderen Mitglieder vertritt, was insb. zur Anwendung der Grundsätze der Anscheins- und Duldungsvollmacht mit den entsprechenden Konsequenzen, etwa für die Haftung, führt[207].

WP müssen eine gemeinsame Berufsausübung unverzüglich beenden, wenn sie auf Grund 208 des Verhaltens eines Mitglieds der Sozietät ihren eigenen beruflichen Pflichten nicht mehr uneingeschränkt nachkommen können (§ 44b Abs. 5 WPO).

d) Partnerschaftsgesellschaft

aa) Allgemeines[208]

Die **Partnerschaftsgesellschaft** (PartG) ist eine eigene, der OHG vergleichbare Rechts- 209 form, die der Gesetzgeber ausschließlich Angehörigen Freier Berufe[209] zur Organisation ihrer beruflichen Zusammenarbeit zur Verfügung stellt. Die PartG kann in zweifacher Art am Rechtsverkehr teilnehmen: als **anerkannte Berufsgesellschaft oder als einfache PartG**. Mitglieder einer einfachen PartG können nach Aufnahme einer ausdrücklichen Regelung in die WPO durch das Gesetz zur Änderung der Bundesnotarordnung und anderer Gesetze[210] auch WP sein (§ 44b Abs. 1 WPO; WPG sind nach PartGG keine zulässigen Partner)[211]. Unter einer einfachen oder Nur-PartG wird eine solche verstanden, die nicht zugleich als WPG, BPG oder StBG anerkannt ist. Zu den allgemeinen Anforderungen an eine PartG, die als WPG anerkannt wird, vgl. Tz. 120. Ähnlich wie bei Sozietäten (Tz. 207) ist auch eine Schein-PartG möglich. Allerdings ist es im Gegensatz zur Sozietät nicht zu beanstanden, wenn ein Scheinpartner auf Briefbögen aufgeführt wird[212].

Die PartG ist rechtsfähig, kann klagen und verklagt sowie ins Grundbuch eingetragen 210 werden (§ 7 Abs. 2 PartGG i.V.m. § 124 HGB). Sie wird im Verhältnis zu Dritten wirksam

---

205 Vgl. die Gesetzesbegründung zur Änderung des § 44b WPO, BT-Drs. 15/1241, S. 36 r. Sp.
206 BGH v. 12.10.2000, NJW 2001, S. 165.
207 S. dazu Tz. 687.
208 Auf eine ausführliche Darstellung des PartG kann im Hinblick auf die vorliegenden Monographien und sonstige Literatur verzichtet werden.
209 Zur Definition des Begriffs „Freier Beruf" vgl. § 1 Abs. 1 PartGG; diese Definition ist allerdings für die Anwendung des § 18 EStG nicht präjudizierend, BT-Drucks. 12/6152, S. 10, BFH v. 03.03.1998, BFH/NV, S. 1206.
210 V. 31.08.1998, BGBl I, S. 2585.
211 Entsprechenden Zweifelsfragen (vgl. WP Handbuch 1996, Bd. I, A Tz. 218) ist damit die Grundlage entzogen.
212 OLG München v.18.01.2001, WPK-Mitt. 2002, S. 154.

51

mit ihrer Eintragung im Partnerschaftsregister, das grundsätzlich bei dem Amtsgericht, in dessen Bezirk die PartG ihren Sitz nimmt (§ 4 PartGG i.V.m. § 106 Abs. 1 HGB), geführt wird[213]. Nach § 1 Abs. 3 PartGG können die Berufsgesetze Sonderregelungen für PartG vorsehen. Ein abweichendes Wj. kann für PartGG nicht vereinbart werden[214]. Die PartG kann ähnlich wie Personenhandelsgesellschaften, jedoch unter Berücksichtigung ihrer partnerschaftlichen Struktur an Umwandlungen beteiligt sein[215]. Ist eine Sozietät in eine PartG umgewandelt worden und scheidet danach ein Partner aus, der noch als Sozius der Sozietät die Fortführung seines Namens gestattet hat, ist auch der PartG diese Namensfortführung erlaubt[216]. Zur Firmierung s. auch Tz. 149.

211 Grundsätzlich haften für Verbindlichkeiten das Vermögen der PartG und daneben die Partner als Gesamtschuldner. Die Haftungsbestimmung ist aber mit Wirkung zum 01.08.1998[217] deutlich verbessert worden, wodurch die PartG an Attraktivität für die freien Berufe gewonnen hat. Durch diese Gesetzesänderung ist das Einstehenmüssen für berufliche Fehler anderer Partner, wie es für die Sozietät typisch ist (Tz. 686 ff.), erheblich eingeschränkt worden. Waren nur einzelne Partner mit der Bearbeitung eines Auftrages befasst, haften kraft Gesetzes neben der Partnerschaft nur diese (§ 8 Abs. 2 PartGG). Daher entfällt die bei Sozietäten weiterhin bestehende Notwendigkeit einer entsprechenden Vereinbarung mit dem Mandanten über eine Konzentration der Haftung auf einen bestimmten Sozius (s. dazu Tz. 697).

bb) „Einfache Partnerschaftsgesellschaft"

212 Es bleibt zu beachten, dass die „einfache Partnerschaft" mangels Anerkennung als WPG im Bereich der gesetzlichen Abschlussprüfung nicht tätig werden kann; sie ist auch nicht zur Siegelführung nach § 48 WPO befugt (Tz. 226). Die persönlichen Befugnisse der Partner nach § 319 Abs. 1 HGB sowie § 48 Abs. 1 WPO stehen der Partnerschaft nicht zu. Für Zusammenschlüsse von WP ist aber die Anerkennung als WPG (Tz. 120) möglich, für interprofessionell zusammengesetzte Partnerschaften besteht diese Möglichkeit ebenfalls; allerdings sind in beiden Fällen die in § 28 WPO genannten Voraussetzungen (Tz. 125) zu beachten. Gehen WP eine einfache PartG ein, müssen sie dafür Sorge tragen, dass sie zur Durchführung von gesetzlich vorgeschriebenen Abschlussprüfungen berechtigt bleiben, etwa durch Betreiben einer Einzelpraxis neben der PartG. S. auch WPK-Magazin 1/2007, S. 22.

213 Trotz der grundsätzlich gegebenen Zulässigkeit einer gemeinsamen Berufsausübung in einer PartG waren die Möglichkeiten dieser Gesellschaft, gegenüber Auftraggebern tätig zu werden, begrenzt. Nach der Entscheidung des BFH v. 23.07.1998[218] fehlte der einfachen Partnerschaftsgesellschaft die Befugnis zur Steuerberatung, auch wenn die Partner als StB bestellt sind. Dieses Urt. hat der Gesetzgeber korrigiert. Nach § 3 Nr. 3 StBerG i.d.F. des 7. Änderungsgesetzes des StBerG[219] wird ausdrücklich bestimmt, dass einfache Partnerschaftsgesellschaften zur uneingeschränkten Hilfeleistung in Steuersachen befugt sind, wenn die Partner diese Befugnis nach § 3 Nr. 1 und 4 StBerG besitzen. Damit hat der

---

213 Aufgrund landesrechtlicher Vorschriften wird die Führung des Partnerschaftsregisters in den Bundesländern bei einem oder mehreren Amtsgerichten konzentriert.
214 BMF v. 21.12.1994, DB 1995, S. 183.
215 Vgl. *Neye*, DB 1998, S. 1649.
216 BGH v. 18.02.2002, NJW, S. 2093.
217 Gesetz zur Änderung des Umwandlungsgesetzes, des Partnerschaftsgesellschaftsgesetzes und anderer Gesetze, v. 22.07.1998, BGBl. I, S. 1878.
218 BStBl. II, S. 692, DStR, S. 1630.
219 7. StBÄndG, BGBl. I 2000, S. 874.

Gesetzgeber der einfachen PartG ein für die Berufspraxis wesentliches Betätigungsfeld eröffnet[220].

e) Bürogemeinschaften

Mit den Angehörigen sozietätsfähiger Berufe können WP eine Bürogemeinschaft begründen. Für StB ist die Zulässigkeit ausdrücklich im Gesetz verankert[221]. Es handelt sich dabei meist um eine GbR in der Form einer sog. **Innengesellschaft**[222]. Deren Zweck ist auf die gemeinschaftliche Nutzung sachlicher oder personeller Ressourcen (z.B. Telefonzentrale, Schreibbüro, Bibliothek, Büroräume), nicht aber auf ein Auftreten nach außen gerichtet. Vielmehr betreiben die Mitglieder einer Bürogemeinschaft ihren jeweiligen Beruf selbständig und auf eigene Rechnung und Gefahr[223]. Ihr Umfang richtet sich im einzelnen nach den vertraglichen Absprachen. Treten Personen, die lediglich eine Bürogemeinschaft vereinbart haben, im Rahmen der Berufsausübung dennoch gemeinschaftlich auf (etwa durch gemeinsamen Briefbogen), so werden sie u.U. als **(Schein-) Sozien** behandelt. Daraus ergeben sich einschneidende Folgen hinsichtlich der gesamtschuldnerischen Haftung bei Berufsversehen oder gar strafrechtlichen Handlungen[224]. Bei der gemeinschaftlichen Nutzung des Personals droht, falls nur ein Gesellschafter Arbeitgeber ist, wegen evtl. Entgeltzahlungen für Personalüberlassung Gewerbesteuerpflicht; dasselbe gilt, wenn die einer Einzelpraxis/Sozietät angegliederte WPG das Personal des WP/der Sozietät gegen Entgelt mitnutzt. **214**

f) Kooperation

In der Praxis sind immer häufiger Formen der Zusammenarbeit von WP mit anderen, im In- oder Ausland ansässigen Berufsträgern unter der Bezeichnung „in Zusammenarbeit mit" oder „Kooperationspartner" anzutreffen. Der Begriff der Kooperation ist zwar wettbewerbsrechtlich anerkannt[225], eine gesetzliche Definition fehlt jedoch. Auf diese Art der Zusammenarbeit darf auf dem Briefbogen jedenfalls unter Wettbewerbsaspekten hingewiesen werden[226]. Mit einer solchen auch berufsrechtlich zulässigen Kooperation soll in der Regel kund getan werden, dass aufgrund bestehender Absprachen die entsprechenden Berufsträger in die Abwicklung von Dienstleistungen, sei es nur in einschlägigen Einzelfällen oder im Rahmen eines auf Dauer angelegten Zusammenwirkens, bei Bedarf einbezogen werden können und damit die eigene Leistungsfähigkeit erhöht wird. Auf eine Kooperation darf hingewiesen werden. **215**

Bei einer Kooperation handelt es sich grundsätzlch nicht um eine gemeinsame Berufsausübung i.S.v. § 319 Abs. 3 S. 1 HGB (zur Abgrenzung zum Netzwerk s. Tz. 328 ff.), gleichwohl sind auch im Rahmen einer Kooperation die **Berufspflichten** zu befolgen. § 44b WPO findet auf deren Mitglieder allerdings keine unmittelbare Anwendung. Die Mitglieder einer Kooperation schließen die entsprechenden Verträge mit Mandanten nur jeweils mit Wirkung für sich selbst ab[227]. Zur Vermeidung einer **Haftung** für durch den **216**

---

220 Zu Versicherungsfragen bei einer Partnerschaft ohne Anerkennung als Berufsgesellschaft s. *Gladys*, Stbg. 2004, S. 336.
221 § 56 Abs. 2 StBerG; zur Bürogemeinschaft eines RA mit einer StBG s. BGH v. 29.09.2003, NJW, S. 3548.
222 Tritt sie aber im Rechtsverkehr gegenüber Dritten, etwa einem Vermieter, auf, ist sie insoweit zugleich Außengesellschaft.
223 BT-Drs. 12/6753, S. 16.
224 BGH v. 08.07.1999, NJW, S. 3040.
225 OLG Köln v. 22.11.1996, AnwBl. 1997, S. 120.
226 BGH v. 21.01.1993, NJW, S. 1331.
227 *Kunz*, in: Kraus, Sozietätsrecht², § 1, Rn. 13.

Kooperationspartner verursachte Schadensersatzansprüche ist darauf zu achten, dass nach außen (z.b. Gestaltung des Briefbogens) nicht der Eindruck einer Sozietät (Scheinsozietät, Tz. 207) erweckt wird. In einem solchen Fall läge auch **irreführende Werbung** vor[228]. Bei der Gestaltung des **Briefbogens** einer Sozietät ist darauf zu achten, dass die Aufnahme von Kooperationspartnern im Kopf des Briefbogens nicht zu einer Irreführung über die wahren Berufe (und damit Befugnisse) der Sozietätsmitglieder führt[229]. Zu den **Berufshaftpflichtfragen** vgl. WPK-Mitt. 1999, S. 87.

g) Anstellungsverhältnis
aa) Allgemeines

217 Mit dem WP-Beruf grundsätzlich unvereinbar ist jede Tätigkeit aufgrund eines Anstellungsvertrags, so dass es auch einen Syndikus-WP (anders als bei RA und StB) nicht gibt. **Ausnahmsweise** gestattet sind aber Anstellungsverhältnisse bei WP und WPG sowie bei den übrigen in § 43a Abs. 1 WPO genannten Prüfungseinrichtungen. Zugelassen wird darüber hinaus eine Tätigkeit als Angestellter bei einem Angehörigen eines ausländischen Prüferberufs oder einer ausländischen Prüfungsgesellschaft, wenn für deren Berufsausübung der WPO vergleichbare Voraussetzungen gegeben sind (§ 43a Abs. 2 WPO). Zu beachten ist, dass ein Anstellungsverhältnis zu einer Sozietät (GbR) trotz ihrer in der Rechtsprechung inzwischen anerkannten Teilrechtsfähigkeit[230] wegen des Wortlauts von § 43a Abs. 1 WPO nicht zulässig ist.

218 Als Angestellter muss der WP in den o.g. Fällen zeichnungsberechtigt sein. **Zeichnungsberechtigung** ist bei einem Anstellungsverhältnis zu einer handelsrechtlichen Berufsgesellschaft außer durch Organstellung bei Prokura (§ 48 HGB) oder Handlungsvollmacht (§ 54 HGB) oder einer über die genannten Vertretungserfordernisse hinausgehende[231] (General-)Vollmacht ohne weiteres gegeben. Zeichnungsberechtigung wird auch zu bejahen sein, wenn der angestellte WP zwar nicht generell vertretungsbefugt ist, aber in einer Reihe von Einzelfällen entsprechend ermächtigt ist. Bei einer Partnerschaftsgesellschaft ist eine vergleichbare Vollmacht (keine Prokura) zu erteilen. Eine nur zur Vertretung in einem Einzelfall erteilte Vollmacht (§ 164 BGB) reicht für eine Zeichnungsberechtigung i.S.d. § 43a Abs. 1 (und 2) WPO nicht aus. Ist der WP bei einem Einzelpraxisinhaber angestellt, ist zu berücksichtigen, dass eine Vertretung des Praxisinhabers bei gesetzlich vorgeschriebenen Jahresabschlussprüfungen aufgrund der Höchstpersönlichkeit der Stellung als gesetzlicher APr. nicht möglich ist. Auf eine Zeichnungsberechtigung kommt es nicht an, wenn das Anstellungsverhältnis bei den in § 43a Abs. 3 Nr. 2 WPO genannten Einrichtungen besteht. In diesen Fällen handelt es sich nur um eine vereinbare Tätigkeit, die neben eine nach § 43a Abs. 1 und 2 WPO zulässige berufliche Tätigkeit tritt. Nicht gestattet ist ein Anstellungsverhältnis bei StB, vBP oder RAen, bei den entsprechenden Berufsgesellschaften (StBG, BPG, Rechtsanwaltsgesellschaft) ist nur eine Stellung als gesetzlicher Vertreter (s. Tz. 38) zulässig.

219 Wird die berufliche Tätigkeit als gesetzlicher Vertreter einer BPG, StBG oder Rechtsanwaltsgesellschaft ausgeübt, verlangt das Gesetz, dass **daneben die Befugnis** bestehen bleibt, Aufträge zur **Durchführung gesetzlich vorgeschriebener Prüfungen** zu übernehmen und abzuwickeln (§ 43a Abs. 2 WPO). Das sollte auch ausdrücklich vereinbart

---

228 Vgl. z.B. OLG Düsseldorf v. 27.09.1990, NJW 1991, S. 46 u. OLG München v. 12.10.1995, NJW-RR 1996, S. 1149.
229 BGH v. 23.09.2002, NJW 2003, S. 346.
230 BGH v. 29.01.2001, NJW, S. 1056.
231 BGHZ 36, S. 292/295.

Die Berufsausübung A

werden. In diesen Fällen bedarf es auch für diesen Tätigkeitsbereich einer Abdeckung durch eine Berufshaftpflichtversicherung nach Maßgabe des § 54 WPO. Zur Ausgestaltung eines Anstellungsverhältnisses enthält die WPO im übrigen keine Vorschriften.

bb) Abgrenzung Anstellungsverhältnis/selbständige Tätigkeit

Für ein Anstellungs- und damit Beschäftigungsverhältnis spricht die **Weisungsbefugnis** des Arbeitgebers und die Einbindung des Arbeitnehmers in die betriebliche Organisation des Arbeitgebers[232]. Ob diese Voraussetzungen gegeben sind, hängt von einer Gesamtwürdigung aller Umstände des Einzelfalles (§ 7a Abs. 2 SGB IV), insb. den vertraglichen Vereinbarungen und von der tatsächlichen Vertragsdurchführung ab. Auf die Vertragsbezeichnung kommt es nicht an. Ein Beschäftigungsverhältnis ist in Abgrenzung zur selbständigen Tätigkeit wesentlich gekennzeichnet durch ein Direktionsrecht des Arbeitgebers, welches Inhalt, Durchführung, Zeit, Dauer, Ort der Ausführung oder sonstige Umstände und Einzelheiten der zu erbringenden Tätigkeit betreffen kann[233]. Je weniger Freiraum für die Erbringung der geschuldeten Leistung rechtlich oder tatsächlich besteht, desto eher ist ein Beschäftigungsverhältnis anzunehmen. Die persönliche Abhängigkeit kann sich aus einer detaillierten und den Freiraum für die Erbringung der geschuldeten Leistung stark einschränkenden rechtlichen Vertragsgestaltung oder tatsächlichen Vertragsdurchführung ergeben. Ein Anstellungsverhältnis wird daher zu bejahen sein, wenn eine Bindung an Dienststunden besteht, (zulässige) Weisungen des Praxisinhabers zu befolgen sind und ein fester Arbeitsplatz (insb. Berufssitz nach § 3 Abs. 1 WPO) beim Arbeitgeber vorhanden ist. Die alleinige Tatsache der Zugehörigkeit zu einem freien Beruf steht der Annahme eines Arbeitsverhältnisses nicht entgegen. Zur Klärung, ob ein Beschäftigungsverhältnis vorliegt, können Arbeitgeber und Arbeitnehmer bei der Deutschen Rentenversicherung Bund schriftlich eine Entscheidung beantragen (§ 7a SGB IV)[234]. 220

Gebraucht ein nicht selbständig tätiger WP außerhalb seiner privaten Sphäre allerdings einen **Geschäftsbriefbogen**, der üblicherweise nur im Rahmen der Tätigkeit in eigener Praxis Verwendung findet und u.a. Bankverbindungen sowie die üblichen geschäftlichen Kommunikationsangaben (Telefax, e-mail etc.) enthält, so erweckt er den **Anschein des Bestehens einer eigenen Praxis**. Das hat zur Folge, dass der Nachweis der Berufshaftpflichtversicherung erbracht werden muss und sich persönliche Haftungsrisiken ergeben können, die ggf. nicht durch die Berufshaftpflichtversicherung des Arbeitgebers gedeckt sind. Ein solches Risiko besteht nicht, wenn der WP im Einzelfall zwar im eigenen Namen, aber für Rechnung seines Dienstherrn tätig wird und über diesen insoweit Versicherungsschutz genießt. 221

cc) Wettbewerbsbeschränkungen

Für WP im Anstellungsverhältnis sind vertragliche Wettbewerbsbeschränkungen, insb. **Mandantenschutzklauseln** ebenso üblich wie bedeutsam. Einem WP im Anstellungsverhältnis ist es aufgrund seiner Treuepflichten grundsätzlich verwehrt, in Konkurrenz zu seinem Arbeitgeber, auch für eigene Rechnung, tätig zu werden. Für die Zeit nach Beendigung der Beschäftigung werden häufig Wettbewerbsbeschränkungen vereinbart. Diese sind zwar zulässig, unterliegen aber rechtlichen Schranken. Hinzuweisen ist v.a. auf die Regelungen des § 74 HGB, die im Bereich der Anstellungsverhältnisse von Ange- 222

---

232 So ausdrücklich im Anschluss an die ständige Rspr. des BAG jetzt § 7 Abs. 1 letzter S. SGB IV i.d.F. des Gesetzes zur Förderung der Selbständigkeit v. 20.12.1999, BGBl. I 2000, S. 2; zur Rspr. des BAG s. Urt. v. 15.11.1999, DB 2000, S. 1618 zum Arbeitnehmerstatus von Versicherungsvertretern.
233 BGH v. 21.10.1998, NJW 1999, S. 648; v. 27.01.2000, NJW-RR, S. 1436.
234 Eingeführt durch das Gesetz zur Förderung der Selbständigkeit v. 20.12.1999, BGBl. I 2000, S. 2.

hörigen freier Berufe ebenfalls grundsätzlich zu beachten sind[235]. Wird ein Wettbewerbsverbot nicht oder nicht wirksam vereinbart, darf ein Arbeitnehmer zu seinem Arbeitgeber in Wettbewerb treten. Eine nachvertraglich begründete Verschwiegenheits- und Treuepflicht des Arbeitnehmers begründet keine Ansprüche auf Unterlassung von Wettbewerbshandlungen[236]. Vgl. zu Mandantenschutzvereinbarungen im Einzelnen Tz. 411 ff.

h) Freie Mitarbeit

223 Bei der echten freien Mitarbeit handelt es sich um eine **selbständige Tätigkeit** mit der Besonderheit, dass Auftraggeber des WP nicht ein Mandant, sondern ein Berufskollege (bzw. eine Berufsgesellschaft) ist, der den WP als freien Mitarbeiter bei der Durchführung von Aufträgen einsetzt. Der freie Mitarbeiter wird wie ein sog. Subunternehmer tätig. Ist er allerdings wie ein Angestellter in die Praxis des Auftraggebers integriert (Dauerbeschäftigung, feste Arbeitszeiten, kein eigenes Büro), so liegt im Zweifel ein **Dienst-/Arbeitsverhältnis** vor[237], was bedeutet, dass Sozialversicherungspflicht besteht sowie Lohnsteuer einbehalten und abgeführt werden muss. In einem derartigen Fall ist es nicht möglich, dass der Arbeitnehmer die Vergütung als Honorar für freiberufliche Tätigkeit abrechnet und der Arbeitgeber den Vorsteuerabzug geltend macht. Zur Abgrenzung der Arbeitnehmereigenschaft und dem freien Mitarbeiterverhältnis kommt es darauf an, ob der freie Mitarbeiter im Verhältnis zu seinem Vertragspartner (also nicht gegenüber dem Mandanten) die zu erledigenden Arbeiten frei ausführt[238]. Für freie Mitarbeiter, die von ihrem Auftraggeber wirtschaftlich abhängig sind, gelten die Wettbewerbsregeln der §§ 74 ff. HGB, insbes. die gleichen Anforderungen an Mandantenschutzklauseln wie bei Angestellten[239] (vgl. dazu Tz. 418).

224 Hinsichtlich der Berufshaftpflichtversicherung gilt, dass der freie Mitarbeiter in diejenige des Auftraggebers einbezogen ist, also insoweit hinsichtlich möglicher Schäden aus den Auftragsverhältnissen des Auftraggebers zu dessen Mandanten wie ein Angestellter behandelt wird, selbstverständlich nur im Rahmen der jeweils erteilten Aufträge. Daneben erbrachte selbständige Tätigkeiten des freien Mitarbeiters müssen in jedem Fall durch eine **eigene Berufshaftpflichtversicherung**, die den gesetzlichen Mindestanforderungen entspricht, abgesichert sein. S. dazu auch WPK-Magazin 1/2007, S. 22/23.

4. Berufssiegel

225 WP und WPG sind gem. § 48 WPO i.V.m. § 18 BS WP/vBP befugt und verpflichtet, ein Berufssiegel zu führen. Die Siegelführungsbefugnis beruht ausschließlich auf der WP-Qualifikation bzw. der Anerkennung als WPG. **Andere Berufsbezeichnungen** als WP dürfen nicht im Siegel enthalten sein, auch wenn sie ansonsten geführt werden dürfen (§ 18 Abs. 2 WPO); zulässig ist aber die Erwähnung von **akademischen Graden oder Titeln**. Bei dem Siegel einer WPG bzw. WPG/StBG bleibt zu beachten, dass die **gesamte Firma** im äußeren Ring des Siegels anzugeben ist, also auch der Rechtsformhinweis (AG, GmbH, Partnerschaftsgesellschaft etc.) und der evtl. Firmenbestandteil „Steuerberatungsgesellschaft" (§ 53 StBerG); im inneren Ring darf nur die Bezeichnung „Wirt-

---

235 S. *Palandt*, BGB[70], § 611, Rn. 43a.
236 BAG v. 19.05.1998, ZIP 1999, S. 295.
237 BSG v. 17.10.1969, MittBl.WPK Nr. 33/1970, S. 19, AnwBl. 1970, S. 52. Wegen der arbeitsrechtlichen Abgrenzung zwischen Arbeitsverhältnis und freier Mitarbeit s. BAG v. 09.11.1994, BB 1995, S. 1293, sowie *Wetzling/Kempf*, WPK-Mitt. 1994, S. 150; *Eckart*, DStR 1997, S. 705; *Späth*, Inf. 1998, S. 217.
238 OLG Köln v. 03.12.2001, DStR 2003, S. 1505.
239 BGH v. 10.04.2003, NJW, S. 1864.

Die Berufsausübung   A

schaftsprüfungsgesellschaft" erscheinen. Form, Größe, Art und Beschriftung des Siegels ergeben sich aus der BS WP/vBP[240].

Gemeinschaftliche Siegel, z.B. von in einer Sozietät zusammengeschlossenen WP sind nicht zulässig; dasselbe gilt für Partner einer PartG, die nicht als WPG anerkannt ist (Tz. 212). Zur Siegelführung bei einer einfachen PartG vgl. WPK-Magazin 4/2005, S. 29.   226

Das Siegel **muss** benutzt werden, wenn WP in ihrer Berufseigenschaft Erklärungen abgeben, die ihnen gesetzlich vorbehalten sind (§ 48 Abs. 1 S. 1 WPO), also z.B. bei der Erteilung eines BestV gem. § 322 HGB. Die Pflicht der Siegelführung hängt nach dem Gesetzeswortlaut nur davon ab, dass WP Erklärungen abgeben, die ihnen gesetzlich vorbehalten sind. Zu Einzelfällen der Siegelpflicht s. die Begründung zu § 18 BS WP/vBP.   227

Das Siegel **darf** verwendet werden, wenn Erklärungen über sonstige Prüfungsergebnisse (BestV bei freiwilligen Prüfungen/Bescheinigungen) abgegeben oder Gutachten erstattet werden[241]. Aus der Befugnis zur Siegelführung erwächst keine Befugnis zur **Beglaubigung** i.S.d. Beurkundungsgesetzes[242]. WP dürfen weder öffentliche (§ 129 BGB) noch amtliche Beglaubigungen vornehmen. Zu nichtamtlichen Beglaubigungen von fremden Schriftstücken sind sie aber im finanzgerichtlichen Verfahren ebenso berechtigt wie Rechtsanwälte (vgl. WPK-Mitt., 4/2008, S. 42).   228

Das Siegel darf nur vom Berufsangehörigen selbst verwendet werden, also nicht von einem anderen WP, z.B. einem Partner oder einem Angestellten, geschweige denn von einem Nicht-WP. Erteilt eine WPG einen BestV, so darf nur das Siegel der WPG, nicht aber das persönliche Siegel des unterzeichnenden WP beigefügt werden, weil dieser nur als Vertreter der WPG eine entsprechende Erklärung abgibt. Ist ein WP als Geschäftsführer einer StBG tätig, darf er in dieser Eigenschaft das Berufssiegel nicht verwenden.   229

Nur im **Anstellungsverhältnis** tätige WP (Tz. 217) benötigen im Regelfall kein Siegel, sie kommen nicht als Auftragnehmer in Betracht. Ausnahmen sind denkbar für den Bereich der Gerichtsgutachtertätigkeit, weil eine Vielzahl von Gerichten nur natürliche Personen als Gerichtsgutachter bestellt, nicht aber juristische Personen.   230

Für **Zweigniederlassungen** von WP und WPG können gesonderte Siegel verwendet werden, bei denen nach oder unter dem Ort des Berufs- bzw. Gesellschaftssitzes der Ort der Zweigniederlassung mit dem Zusatz „Zweigniederlassung" enthalten ist (§ 18a Abs. 3 und 4 BS WP/vBP).   231

Nach § 18 Abs. 4 BS WP/vBP ist die Verwendung/Führung **siegelimitierender Rundstempel** dem WP verboten[243]. Soweit er jedoch nur unter einer anderen Berufsqualifikation (StB/RA) zulässigerweise auftritt[244], greift dieses Verbot nicht.   232

5. Berufsbezeichnung

Alle WP haben gem. § 18 Abs. 1 WPO im beruflichen Verkehr, also bei allen Tätigkeiten, zu der sie aufgrund der WP-Qualifikation befugt sind, die **Berufsbezeichnung „Wirtschaftsprüfer"** zu führen. Auf die Art und Weise der Berufsausübung (in eigener Praxis, als Geschäftsführer einer WPG oder im Anstellungsverhältnis) kommt es nicht an. Besondere Bedeutung in der Praxis hat dieses Gebot für die steuerberatende Tätigkeit; es ist   233

---

240 § 18a BS WP/vBP enthält die Einzelheiten zur Gestaltung des Berufssiegels.
241 Zur Siegelführung bei Stiftungen s. WPK-Magazin 3/2005, S. 32.
242 OVG Münster v. 02.01.1978, MittBl.WPK Nr. 89/1980, S. 21.
243 Vgl. dazu im einzelnen WPK-Mitt. 1999, S. 158.
244 S. Tz. 193.

grundsätzlich nicht zulässig, diesen Bereich „abzuspalten" und nur mit der Qualifikation als StB aufzutreten. Diese Möglichkeit kommt allenfalls in Betracht, wenn die steuerberatende Tätigkeit organisatorisch (etwa auf eine Zweigniederlassung), ausgegliedert wird (s. Tz. 193). Auch als WP mit zulässigen Anstellungsverhältnissen (gesetzliche Vertreter) bei StBG haben Berufsangehörige ihre Berufsbezeichnung zu führen. Die Berufsbezeichnung ist gesetzlich geschützt (vgl. § 132a StGB).

234 Eine **Ausnahme** besteht für diejenigen beruflichen Tätigkeiten, bei denen die Befugnisse nicht auf der WP-Qualifikation, sondern ausschließlich auf anderen Berufsqualifikationen, z.B. als RA, RB oder Patentanwalt, beruhen. Hier ist es möglich, nur unter der maßgebenden Berufsbezeichnung aufzutreten, also einen gesonderten Briefbogen zu verwenden, der nur die Bezeichnung als RA, RB und/oder Patentanwalt ausweist; s. hierzu auch Tz. 236.

235 Wird der WP im Rahmen **gesetzlich vorgeschriebener Prüfungen** tätig, bei denen seine Befugnisse ausschließlich auf der WP-Qualifikation beruhen und die Verwendung des Berufssiegels vorgeschrieben ist, so darf er nur die Bezeichnung „Wirtschaftsprüfer" führen; weitere Berufsbezeichnungen dürfen nicht erwähnt werden, auch wenn sie nach § 18 Abs. 2 WPO ansonsten geführt werden dürfen. Insoweit besteht eine Parallele zum RA/Notar, der bei Notartätigkeit ausschließlich unter der Berufsbezeichnung „Notar" aufzutreten hat und dessen Siegelführungsbefugnis ausschließlich auf der Notarbestellung beruht. Akademische Grade und Titel dürfen geführt werden.

236 Bei **gemeinschaftlicher Berufsausübung** in einer Sozietät müssen alle Mitglieder der Sozietät unter ihrem Namen und ihren Berufsbezeichnungen auftreten (§ 28 Abs. 3 BS WP/vBP). Allerdings ist es möglich, dass ein WP/RA bzw. ein WP/StB/RA ausschließlich in seiner RA-Eigenschaft einer Sozietät aus Rechtsanwälten ohne weitere Berufsqualifikationen angehört, weil dieser Bereich der beruflichen Betätigung von der des WP in der Regel eindeutig abgetrennt werden kann. In einem solchen Fall darf der Berufsangehörige dort nur als RA in Erscheinung treten; tritt er jedoch gleichzeitig auch als WP (oder als StB) im Rahmen der Kundmachung auf, so ist im Außenverhältnis eine **gemischte Sozietät** (Tz. 202) gegeben mit den daraus resultierenden Pflichten, u.a. hinsichtlich des Nachweises einer ausreichenden Berufshaftpflichtversicherung für den Fall einer gesamtschuldnerischen Inanspruchnahme für von Sozien verursachten Schäden (Tz. 250).

237 Sozietäten dürfen eine firmen- oder namensähnliche **Kurzbezeichnung** verwenden, bei der nicht alle ihrer Mitglieder genannt werden[245]. Zulässig ist aber nur eine einheitliche Kurzbezeichnung (§ 28 Abs. 2 BS WP/vBP[246]). Bei dieser Kurzbezeichnung dürfen alle Berufsqualifikationen aufgeführt werden, die in der Sozietät insgesamt vorkommen. Allerdings müssen bei der Verwendung von Kurzbezeichnungen alle Partner an anderer Stelle mit ihren persönlichen Berufsqualifikationen auf dem Briefbogen aufgeführt werden[247], um den Anschein des unbefugten Führens geschützter Berufsbezeichnungen zu vermeiden (§ 132 a StGB). Bei einer überörtlichen Sozietät sind die jeweiligen beruflichen Niederlassungen gesondert auf dem Briefbogen aufzuführen (§ 28 Abs. 3 BS WP/vBP).

---

245 S. auch BGH v. 11.03.2004, NJW, S. 1651 für Rechtsanwaltssozietäten und BGH v. 27.12.2001, NJW 2002, S. 608 (Zulässigkeit der Buchstabenfolge einer EWIV).
246 Ebenso § 9 Abs. 5 Berufssatzung BStBK, §§ 9, 10 Berufsordnung RA.
247 Gegen die Pflicht nach § 10 Abs. 1 Berufsordnung RA, bei Verwendung einer Kurzbezeichnung die Namen sämtlicher Gesellschafter auf dem Briefbogen aufzuführen, bestehen keine verfassungsrechtlichen Bedenken (BVerfG v. 13.06.2002 -1 BvR 736/02 –, www.bundesverfassungsgericht.de, Rubrik „Entscheidungen").

Die Berufsausübung | A

Nach § 11 PartGG ist der **Zusatz „Partnerschaft"** oder **„und Partner"** allein den Partnerschaftsgesellschaften (Tz. 209) vorbehalten. Diese Regelung soll der Gefahr einer Verwechslung der freiberuflichen Partnerschaft mit GbR oder anderen Kooperationen von Angehörigen freier Berufe oder Gewerbetreibenden vorbeugen[248]. Nachdem die Übergangsfrist mit dem 30.06.1997 abgelaufen ist, dürfen neugegründete GbR (oder andere Gesellschaften) insb. den Zusatz „und Partner" nicht führen[249]. Bei Inkrafttreten des PartGG (01.07.1995) bestehende GbR, OHG und KG müssen seit dem 01.07.1997 ebenso wie Kapitalgesellschaften aufgrund der für sie geltenden Vorschriften bei Fortführung des Zusatzes „und Partner" (oder ähnlicher Wortverbindungen) die Rechtsform ausdrücklich angeben (§ 11 S. 3 PartGG). 238

Folgende Kurzformen sind üblich:

– A, B und C
– A, B und Kollegen
– A, B und Sozien
– A, B und C WP/StB/RA (RAe)

Bei **Praxisschildern** (und **Praxisstempeln**) von Sozietäten genügen die Kurzbezeichnungen (§ 28 Abs. 4 BS WP/vBP), weil eine Aufschlüsselung wie auf dem Briefbogen im Regelfall aus tatsächlichen, d.h. räumlichen Gründen[250] nicht möglich ist. 239

Bei **überörtlichen Sozietäten** ist darauf zu achten, dass eindeutig zu erkennen sein muss, wo der jeweilige Sozius seinen Berufssitz hat; ein Auftreten unter einer einzigen Anschrift erweckt den unrichtigen und damit unzulässigen Anschein, als ob alle Sozien unter der angegebenen Anschrift ihren Berufssitz unterhielten. Das gilt insb. für den Fall, dass sich zwei in derselben politischen Gemeinde unter verschiedenen Adressen ansässige Sozietäten zu einer sog. **intraurbanen Sozietät** zusammengeschlossen haben[251]. 240

Bei **WPG** schreibt § 31 WPO lediglich die Aufnahme des Wortes „Wirtschaftsprüfungsgesellschaft" in die **Firma** vor (Tz. 148). Zu beachten ist, dass bei gleichzeitiger Anerkennung als StBG auch die Bezeichnung „Steuerberatungsgesellschaft" notwendiger Firmenbestandteil ist (§ 53 StBerG) mit der Folge, dass WPG/StBG auch im Vorbehaltsbereich der gesetzlich vorgeschriebenen Prüfungen mit der vollen Firma, also ebenfalls mit der Bezeichnung „Steuerberatungsgesellschaft" in Erscheinung treten (müssen). Wegen der Gestaltung der Firma der WPG s. Tz. 147 ff. 241

Die **Zweigniederlassung** einer WPG darf **keine abweichende Firma** führen; sie hat keine eigene Anerkennung und ist daher an die Firmierung gebunden, die der Anerkennung zugrunde gelegen hat (Tz. 148). Eine besondere Kennzeichnung als Zweigniederlassung ist, abgesehen vom Siegel (Tz. 231), nicht erforderlich, weil sich diese bei Beachtung der allgemeinen gesetzlichen Vorschriften (z.B. § 80 AktG, § 35a GmbHG) aus dem Geschäftsbriefbogen ergibt. 242

6. Berufshaftpflichtversicherung

Jeder selbständig tätige WP sowie jede WPG muss gem. § 54 Abs. 1 WPO eine eigene Berufshaftpflichtversicherung zur Deckung der sich aus den beruflichen Tätigkeiten[252] 243

---

248 Begründung zum Regierungsentwurf des PartGG, BT-Drucks. 12/6152, S. 23.
249 BGH v. 21.04.1997, NJW, S. 1854,; KG Berlin v. 27.04.2004 WPK-Magazin 3/2004, S. 50.
250 BGH v. 25.11.1994, BB 1995, S. 275.
251 BGH v. 05.05.1994, NJW, S. 2288, DB, S. 1772, BB, S. 1445.
252 Zur Frage der Prospekthaftung und des Deckungsschutzes aus der Berufshaftpflichtversicherung vgl. *Hartmann/Schwope*, WPK-Mitt. 1993, S. 46.

ergebenden Haftpflichtgefahren für Vermögensschäden unterhalten. Dies gilt auch bei Arbeitslosigkeit des selbständigen Berufsangehörigen. Allerdings wird ein bisher im Anstellungsverhältnis beschäftigter WP nicht mit Eintritt in die Arbeitslosigkeit selbständig. In diesem Fall besteht jedenfalls solange keine Pflicht zum Abschluss einer Berufshaftpflichtversicherung, wie der Berufsangehörige nicht während der Arbeitslosigkeit als WP beruflich tätig wird[253].

244 Die **Mindestversicherungssumme** für den einzelnen Schadensfall muss den in § 323 Abs. 2 S. 1 HGB bezeichneten Umfang betragen, z.Z. also 1.000.000 €, und für eine unbeschränkte Zahl von Schadensfällen zur Verfügung stehen; damit scheidet insoweit eine Beschränkung der **Jahreshöchstleistung** der Versicherung auf einen bestimmten Betrag aus. Einzelheiten des Inhalts der Versicherungsbedingungen regelt die gem. § 54 Abs. 2 WPO mit Wirkung vom 01.01.1999 erlassene Verordnung über die Berufshaftpflichtversicherung v. 18.12.1998[254]. Ein Selbstbehalt von maximal 1 v.H. der Mindestversicherungssumme (also höchstens 10.000 €) ist zulässig.

245 Die sog. **Serienschadenklausel** nach § 3 Abs. 2 WPBHV, die in Nr. 9 Abs. 2 der AAB aufgenommen ist, erlaubt die Beschränkung der Leistung des Versicherers auf einen einmaligen Höchstbetrag, wenn bestimmte Sachverhaltskonstellationen vorliegen. Diese Klausel greift jedoch nicht ein, wenn mehrere Anleger eines Erwerbermodells wegen desselben Fehlverhaltens Schadenersatz beanspruchen oder sich bei der steuerlichen Beratung der Fehler alljährlich wiederholt[255].

246 Das **Fehlen** einer Berufshaftpflichtversicherung führt nicht nur zur Versagung (Tz. 103) bzw. zum Widerruf der Bestellung (Tz. 112), sondern wird auch als Berufspflichtverletzung verfolgt[256]. Eine schuldhaft verursachte Versicherungslücke, z.B. durch Nichtzahlung der Versicherungsprämie, ist eine Berufspflichtverletzung, und zwar selbst dann, wenn die Lücke später rückwirkend geschlossen wird[257].

247 Zu beachten bleibt, dass durch § 54 Abs. 1 WPO nur die **Mindestversicherungssumme** vorgeschrieben ist; versichert sich ein WP oder eine WPG höher, so geschieht dies freiwillig. Infolgedessen muss auch nur die Mindestsumme von derzeit 1.000.000 € unbeschränkt zur Verfügung stehen; für eine **freiwillige Höherversicherung** ist eine Beschränkung der Jahreshöchstleistung zulässig. Ob mit der Mindestsumme allerdings die Risiken aus der Praxis ausreichend abgedeckt sind, hat der WP im Rahmen seiner Eigenverantwortung zu beurteilen und zu entscheiden.

248 Eine **Pflicht zur Erhöhung der Mindestversicherungssumme** auf das Vierfache (derzeit also von 1 Mio. € auf 4 Mio. €) tritt ein, wenn der WP von der in § 54a Abs. 1 Nr. 2 WPO vorgesehenen Möglichkeit Gebrauch macht, durch vorformulierte Vertragsbedingungen (AAB) den Anspruch des Auftraggebers auf Ersatz eines fahrlässig verursachten Schadens zu beschränken (Tz. 696); wegen der Einzelheiten wird auf das WPK-Sonderrundschreiben v. 15.12.1994 sowie *Maxl/Struckmeier* (WPK-Mitt. 1999, S. 78) verwiesen. Für den Bereich der gesetzlich vorgeschriebenen Prüfungen, insbes. Jahresabschlussprüfungen nach §§ 316 ff. HGB kommt diese Haftungsbeschränkungsmöglichkeit wegen § 323 Abs. 2 HGB nicht in Betracht (Tz. 650).

---

253 BVerfG v. 28.03.2002 – 1 BvR 1082/00 –, www.bundesverfassungsgericht.de, Rubrik „Entscheidungen"; a.A. WPK-Magazin 1/2006, S. 30.
254 Abgedruckt in WPK-Mitt. 1999, S. 36.
255 BGH v. 15.05.1991, BB, S. 1376, DB, S. 1723; LG Köln v. 01.06.1988, MittBl.WPK Nr. 132, S. 20.
256 LG Düsseldorf v. 12.11.1990, WPK-Mitt. 1991, S. 37; LG Düsseldorf v. 28.02.1992, DStR, S. 36; LG Berlin v. 31.10.2007, WPK-Magazin 1/2008, S. 47.
257 LG Düsseldorf v. 11.03.1994, WPK-Mitt., S. 188; vgl. auch WPK-Magazin 1/2005, S. 33.

Bei **gemeinschaftlicher Berufsausübung** in einer WP-Sozietät (auch Scheinsozietät) haben alle Mitglieder der Sozietät den Nachweis des Mindestversicherungsschutzes zu erbringen (vgl. KG v. 08.03.2000, WPK-Mitt., S. 201); keine Rolle spielt es, ob dies im Rahmen einer Gemeinschaftspolice oder durch Einzelpolicen erfolgt. — 249

Übt ein WP seinen Beruf im Rahmen einer **gemischten Sozietät** (Tz. 202) aus, also (auch) mit Sozien ohne WP- bzw. vBP-Qualifikation, so ist er zum Nachweis gegenüber der WPK verpflichtet, dass die Berufshaftpflichtversicherung auch bei gesamtschuldnerischer Inanspruchnahme für von anderen (Nicht-WP)Sozien verursachte Schäden für jeden Schadensfall uneingeschränkt zur Verfügung steht[258]. — 250

Die Berufshaftpflichtversicherung deckt grundsätzlich nicht nur die Risiken aus dem Vorbehaltsbereich der Abschlussprüfung, sondern aus der **gesamten zulässigen Tätigkeit**[259]. Im Einzelnen ergibt sich ihr Umfang aus der Risikobeschreibung des Versicherers. Allerdings gleicht eine hohe Gesamtversicherungssumme die Deckungslücke nicht aus, die durch eine Begrenzung des Versicherungsschutzes auf eine Jahreshöchstleistung geschaffen wird. Es besteht immer die Gefahr, dass diese Jahreshöchstleistung durch die Vielzahl der Haftungsfälle aufgezehrt wird mit der Folge, dass für nachfolgende Schäden kein Versicherungsschutz mehr besteht. — 251

7. Handakten

a) Allgemeines

Im Rahmen des Dritten Änderungsgesetzes zur WPO (Tz. 13) ist eine Regelung über Handakten aufgenommen worden (§ 51 b WPO), die § 66 StBerG und § 50 BRAO weitgehend entspricht. Die Bestimmung legt Zweck, Inhalt sowie Dauer der Aufbewahrungspflicht von Handakten fest und gewährt dem Berufsangehörigen zudem ein besonderes Zurückbehaltungsrecht. — 252

§ 51 b Abs. 1 WPO begründet die Pflicht zur Anlegung von Handakten zu dem Zweck, ein zutreffendes Bild über die entfaltete Tätigkeit geben zu können. WP haben also eine Dokumentation über ihre Tätigkeit anzulegen. Diese Pflicht ist eine Konkretisierung der Gewissenhaftigkeit nach § 43 Abs. 1 WPO. Die Dokumentationspflicht für das Qualitätssicherungssystem ergibt sich aus dem mit Wirkung vom 01.01.2005 neu geschaffenen § 55b WPO[260]. — 253

b) Begriff

Die WPO verwendet den Begriff „**Handakten**" mit zweifacher Bedeutung: Die Handakten i.S.v. § 51 b Abs. 1 WPO (ebenso wie die Handakten i.S.v. § 62 WPO, die in Aufsichts- und Beschwerdesachen ggf. der WPK vorzulegen sind) umfassen sowohl die Schriftstücke, die der WP im Rahmen seiner beruflichen Tätigkeit vom oder für den Auftraggeber erhalten hat, als auch den Briefwechsel mit dem Auftraggeber und die zu internen Zwecken gefertigten Arbeitspapiere. Aufbewahrungs- und ggf. herausgabepflichtig sind jedoch nur Handakten i.S.v. § 51 b Abs. 2 und 3 WPO. Dazu zählen nur die Schrift- — 254

---

258 Es ist seit dem 01.01.2004 also nicht mehr erforderlich, dass auch die Nicht-WP-Sozien die für WP geltenden Mindestanforderungen bei der Berufshaftpflichtversicherung erfüllen.
259 Zu den Risiken bei Rechtsberatung s. Tz. 32.
260 Zur Dokumentationspflicht im Rahmen der Qualitätssicherung vgl. Tz. 489.

stücke, die der WP vom oder für den Auftraggeber erhalten hat (§ 51 b Abs. 4 WPO), die Arbeitspapiere aber gerade nicht[261].

c) Aufbewahrungspflicht

255 Die gesetzliche Aufbewahrungspflicht für die Handakten i.S.v. § 51 b Abs. 2 und 3 WPO beträgt zehn Jahre[262]. Die Aufbewahrungspflicht beginnt mit der (rechtlichen) Beendigung des Auftrags, bei Prüfungsaufträgen also mit der Unterzeichnung des BestV oder der Bescheinigung. Umstritten ist, ob ein über einen längeren Zeitraum laufendes Vertragsverhältnis als Einheit[263] anzusehen ist oder in Teilabschnitte[264] zerlegt werden kann. Berufsangehörige können sich der Aufbewahrungspflicht entledigen, indem sie den Auftraggeber auffordern, die Handakten in Empfang zu nehmen. Wenn der Auftraggeber dieser Aufforderung binnen 6 Monaten nach Erhalt nicht nachkommt, endet die Aufbewahrungspflicht. Sie kann auch durch eine vertragliche Vereinbarung verkürzt werden. Sowohl die Aufforderung zur Empfangnahme als auch eine Abrede über die Verkürzung der Aufbewahrungsdauer sollten aus Nachweisgründen schriftlich dokumentiert werden. Entsprechendes gilt, falls sich der WP zum Führen der Handakten der EDV bedient (§ 51b Abs. 5 S. 1 WPO).

256 Für die übrigen Handakten, z.B. die Kopien von Schreiben an den Auftraggeber und die **Arbeitspapiere** (s. dazu *IDW PS 460* n.F., *FN-IDW 2008*, S. 178), enthält die WPO keine Regelung zur Dauer der Aufbewahrung. In anderen Gesetzen (HGB, AO) enthaltene Bestimmungen über die Pflichten zur Aufbewahrung von Geschäftsunterlagen bleiben unberührt und sind auch vom WP zu beachten. Werden Unterlagen, die nach anderen Gesetzen noch aufzubewahren sind, an den Auftraggeber vor Ablauf der entsprechenden Fristen zurückgegeben, empfiehlt sich ein Hinweis auf die fortbestehenden Aufbewahrungspflichten. Unklar ist, unter welchen Voraussetzungen Arbeitspapiere in einem Zivilprozess nach § 142 ZPO vorgelegt werden müssen[265].

257 Eine **Aktenvernichtung** ist erst nach dem **Ende der Aufbewahrungspflicht** zulässig. Von der Aktenvernichtung ausgeschlossen sind Unterlagen und Belege (Urkunden, Steuerbescheide etc.), die im Eigentum des Mandanten stehen; sie sind an diesen zu übergeben. Über die Vernichtung der Handakten ist eine Niederschrift anzufertigen, aus der sich ergibt, welche Akten wann, wo und von wem vernichtet worden sind, damit jederzeit der Nachweis über den Verbleib bzw. die Vernichtung der Handakten geführt werden kann. Bei der Vernichtung von Akten ist darauf zu achten, dass die Verschwiegenheitspflicht nicht verletzt wird.

d) Verjährung und Aufbewahrungspflicht

258 Die Aufbewahrungspflicht bzw. das Recht zur Aktenvernichtung haben keinen Einfluss auf die allgemeinen Verjährungsfristen des BGB, die ausnahmslos auch für die berufliche

---

261 AG Charlottenburg v. 30.08.1996, NJW 1997, S. 1450. Zur Frage, welche Unterlagen im Einzelnen zu den Handakten zählen, s. *Dohle/Peitscher*, DStR 2000, S. 1265. Zur Vorlage von Arbeitspapieren im Zivilprozess s. Tz. 256.
262 Diese Aufbewahrungspflicht deckt sich nicht mit denen, die nach anderen Vorschriften, etwa § 147 AO, für den Auftraggeber gelten. Für StB bestimmt § 30 Berufssatzung BStBK ggf. eine dementsprechende längere Aufbewahrungsfrist.
263 *Koslowski/Gehre*, StBerG^6, § 66, Rn. 7.
264 *Kuhls/Meurers/Maxl* u.a., StBerG^2, § 66, Rn. 11.
265 Zur Bedeutung der Arbeitspapiere in Zivilprozessen *Ebke*, Arbeitspapiere; s. dazu die Buchbesprechung von *Stadler*, WPK-Magazin 1/2004, S. 54, die im Gegensatz zu Ebke eine Vorlage der Arbeitspapiere im Haftungsprozess generell bejaht.

Tätigkeit des WP gelten[266]. Der Berufsangehörige hat daher im Rahmen seiner Eigenverantwortung das Risiko zu berücksichtigen, nach Vernichtung der Handakten in **Beweisnot** zu geraten.

e) Herausgabepflicht/Zurückhaltungsrecht

Zur Herausgabepflicht von Handakten bzw. Unterlagen, die zu diesen gehören, an den Auftraggeber und ein möglicherweise bestehendes Zurückhaltungsrecht s. Tz. 617 ff. **259**

8. Berufsregister

Die WPK führt ein Berufsregister (§§ 37 bis 40 WPO). Darin werden WP sowie WPG und sonstige berufliche Zusammenschlüsse (Sozietäten, einfache Partnerschaftsgesellschaften, EWIV) mit bestimmten **beruflichen und persönlichen Daten** eingetragen. Das Register ist **öffentlich**, kann also von jedermann ohne den Nachweis eines berechtigten Interesses eingesehen werden. Die dort verzeichneten Pflichtangaben genießen keinen **Datenschutz**; sie dürfen aber nicht gegen den Willen des Kammermitgliedes in ein von der WPK veröffentlichtes **Mitgliederverzeichnis** aufgenommen werden (§ 37 Abs. 4 WPO). **260**

Eintragungen und **Löschungen** werden von Amts wegen vorgenommen. Die Mitglieder der WPK sind verpflichtet, **unverzüglich Tatsachen**, die zu einer Eintragung, Veränderung oder Löschung führen, schriftlich der WPK **mitzuteilen** (§ 40 Abs. 2 WPO). Kommt ein Berufsangehöriger dieser Verpflichtung nicht nach, ist die WPK berechtigt, ein Zwangsgeld bis zur Höhe von 1.000 € (ggf. mehrfach) festzusetzen (§ 42 Abs. 2 i.V.m. § 62a WPO). Falls entsprechende Mitteilungen (§§ 22, 35 WPO) von Behörden, insb. anderen Berufskammern oder von Gerichten, v.a. der HR, der WPK übermittelt werden, sind auch diese im Berufsregister zu berücksichtigen. **261**

Für **WPG** ist es wichtig, Veränderungen in der **gesetzlichen Vertretung** und im **Gesellschafterbereich** mitzuteilen, weil von diesen Daten u.U. das Fortbestehen der Anerkennung als WPG abhängt (Tz. 171). Darüber hinaus können mögliche Auftraggeber das Berufsregister auch mit dem Ziel einsehen, Ausschlussgründe i.S.d. § 319 HGB (z.B. die fehlende Teilnahme an der Qualitätskontrolle, vgl. Tz. 499) zu klären. Schon deshalb liegen unverzügliche Korrektur- und Änderungsanzeigen im Interesse der Berufsangehörigen. **262**

9. Datenschutz

Im Rahmen des Dritten WPO-Änderungsgesetzes (Tz. 13) ist ein Abschn. „**Datenschutz**" in die WPO (§§ 36a, 36b) eingefügt worden. In § 36a WPO[267] wird das Recht der WPK geregelt, personenbezogene Daten, auch von **WP-Kandidaten**, zu erheben, soweit sie für Entscheidungen über die Zulassung zur Prüfung, die Rücknahme oder den Widerruf der Zulassung zur Prüfung, die Bestellung, die Wiederbestellung, die Anerkennung sowie Rücknahme oder Widerruf der Anerkennung bzw. einer Genehmigung nach § 28 Abs. 2 und 3 WPO erforderlich sind. **263**

Weiterhin ist die WPK befugt, Gerichten und Behörden, v.a. anderen Berufskammern und dem Versorgungswerk für WP und vBP die benötigten personenbezogenen Daten zu übermitteln.

---

266 Zur Verjährung s. Tz. 708 ff.
267 Die Regelungen werden durch das WPRefG in § 36a (früher §§ 36a und 36b) WPO zusammengeführt.

10. Beurlaubung

264 Die WPO ermöglicht den Berufsangehörigen unter bestimmten Voraussetzungen eine Beurlaubung (§ 46 WPO). Sie wird von der WPK auf Antrag des Berufsangehörigen gewährt.

265 Eine Beurlaubung ist nur möglich, wenn ein WP beabsichtigt, vorübergehend eine unvereinbare Tätigkeit i.S.v. § 43a Abs. 3 WPO auszuüben. Vorübergehend i.S.v. § 46 Abs. 1 WPO ist eine solche unvereinbare Tätigkeit aber nur, wenn der Zeitpunkt der Beendigung schon bei Beginn feststeht. Die Möglichkeit einer kurzfristigen Beendigung durch Kündigung reicht nicht aus; eine vereinbarte Probezeit gilt aber noch als vorübergehend[268]. S. auch Merkblatt zur Beurlaubung, www.wpk.de/beufsregister/beurlaubung asp.

Zu den mit dem Beruf unvereinbaren Tätigkeiten wird auf Tz. 48 ff. verwiesen.

266 Während der Zeit der Beurlaubung ruht die **WPK-Mitgliedschaft**; der Berufsangehörige darf weder die **Berufsbezeichnung** „Wirtschaftsprüfer" führen noch eine WP vorbehaltene Tätigkeit ausüben. Befugnisse aufgrund einer evtl. fortbestehenden StB- oder RA-Qualifikation bleiben von der Beurlaubung unberührt.

267 Die **Dauer der Beurlaubung** soll zunächst höchstens ein Jahr betragen; Verlängerungen sind statthaft, doch soll die Gesamtzeit drei aufeinander folgende Jahre nicht übersteigen. Da es sich um Sollvorschriften handelt, ist es in Ausnahmefällen möglich, die Beurlaubung auch für einen längeren Zeitraum auszusprechen. Im Gegensatz zur Wiederbestellung (§ 23 Abs. 2 WPO) kann der Berufsangehörige nach Ende der Beurlaubung seine Tätigkeit als WP, ohne dass im Einzelfall eine mündliche Prüfung verlangt werden könnte, wieder aufnehmen.

268 Während der Beurlaubung ruht die Mitgliedschaft in der WPK, damit die **Beitragspflicht**; es besteht wegen des Verbots der WP-Tätigkeit auch keine Verpflichtung, während der Beurlaubung eine **Berufshaftpflichtversicherung** zu unterhalten. Allerdings bleiben beurlaubte WP der **Berufsgerichtsbarkeit** nach Maßgabe der WPO unterworfen (§ 58 Abs. 1 S. 3 WPO).

VII. Berufspflichten

1. Allgemeines

269 Zum Kernbestand eines jeden Berufsgesetzes gehören die Regelungen zu den Berufspflichten. Darunter sind die bei der Berufsausübung zu beachtenden gesetzlichen Ge- und Verbote zu verstehen. Die **WPO** enthält selbst die wesentlichen Vorschriften. Die aufgrund einer entsprechenden Ermächtigung (§ 57 Abs. 4 WPO) erlassene **BS WP/vBP**[269] konkretisiert einzelne dieser Berufspflichten. Die Berufssatzung, die aufgrund der Rspr. des BVerfG[270] zur Rechtsqualität von Standesrichtlinien von kammerangehörigen Berufen erforderlich wurde, regelt als untergesetzliche Norm[271] Einzelheiten zu den Bereichen, in denen die Ermächtigungsgrundlage solche Regelungen dem Satzungsgeber gestattet. Die Satzungsbestimmungen haben für die Mitglieder der WPK materiell-recht-

---

268 So auch *Hense/Ulrich*, WPO, § 46, Rn. 4.
269 Satzung über die Rechte und Pflichten bei der Ausübung der Berufe des WP und des vBP v. 11.06.1996, BAnz., S. 11267, zuletzt geändert durch Beschluss des WPK-Beirats v. 06.11.2009, BAnz., S. 453 und in Kraft ab 12.02.2010, abrufbar unter www.wpk.de, Rubrik „Rechtsvorschriften".
270 BVerfG v. 14.07.1987, BVerfGE 76, 171 und 196.
271 BVerfG v. 14.12.1999, WPK-Mitt. 2000, S. 63.

lichen Charakter und sind zu befolgen. Sie unterscheiden sich von Gesetzen durch die Art des Zustandekommens (Beschlüsse des Beirats statt formeller Gesetzgebungsverfahren).

Die eigenständigen Normierungen der Berufssatzung sind jedoch nur dann zu beachten, wenn sie sich **im Rahmen der Ermächtigungsgrundlage** halten. Fehlt eine solche, gehen die Regelungen darüber hinaus, oder verstoßen sie etwa gegen Gesetze, sind sie nichtig und damit gegenstandslos[272]. Als nichtig hat das BVerfG[273] Bestimmungen in der Berufsordnung der Rechtsanwälte eingestuft, die ein kollegiales Verhalten von Rechtsanwälten zu Lasten des Mandanten oder unter bestimmten Voraussetzungen die Mandatsniederlegung bei Sozietätswechsel[274] forderten. 270

Bestehen Zweifel, ob ein bestimmtes Handeln den berufsrechtlichen Pflichten entspricht, empfiehlt sich eine Klärung, etwa durch Unterrichtung der WPK. Hinsichtlich erlaubter bzw. verbotener Tätigkeiten darf sich nach Auffassung des OLG Frankfurt[275] der Berufsangehörige nicht auf sein eigenes Urt. verlassen. 271

Die Einhaltung der Berufspflichten ist, soweit sie sich auf einen konkreten Auftrag beziehen (wie etwa die Unabhängigkeit), von der Entscheidung über die Auftragsannahme an bis zu deren Erledigung und bei einzelnen Berufspflichten (Verschwiegenheit) darüber hinaus zu gewährleisten. Dem dient die Einrichtung des Qualitätssicherungssystems nach § 55b WPO (Tz. 467). 272

2. Berufspflichten und Bilanzrecht

Die WPO normiert die unmittelbaren Berufspflichten des WP. Aber auch dem **Bilanzrecht** lassen sich unmittelbar oder zumindest mittelbar Anforderungen an die Berufsausübung entnehmen. Die Tatbestände des § 319 HGB regeln die Auswahl des Apr., **Befangenheits- und Ausschlussgründe**, die bei jeder gesetzlichen JAP im privaten wie im öffentlich-rechtlichen Bereich zu beachten sind. Die **besonderen Ausschlussgründe** des § 319a HGB sind ausschließlich bei Abschlussprüfungen kapitalmarktorientierter Unternehmen i.S.d. § 264d HGB zu beachten[276]. Diese besonderen Ausschlussgründe berücksichtigen, dass die Beurteilung der Besorgnis der Befangenheit auch aus Sicht eines verständigen Dritten bei der Prüfung kapitalmarktorientierter Unternehmen kritischer ausfällt mit der Folge, dass strengere Maßstäbe anzulegen sind[277]. Durch den i.R. des BilMoG[278] neu eingefügten § 319b HGB wird sichergestellt, dass die Unabhängigkeitsregelungen bei Zugehörigkeit zu einem Netzwerk (Tz. 328 ff.) auch von diesem zu beachten sind. Die Regelung trägt dem Umstand Rechnung, dass die Unabhängigkeit des WP gefährdet erscheint, wenn zwischen seinem Netzwerk und dem zu prüfenden Unternehmen eine finanzielle oder geschäftliche Beziehung oder eine sonstige Verbindung besteht, die auch die Erbringung zusätzlicher Leistungen, die keine Prüfungsleistungen sind, umfasst[279]. Mit Aufnahme der Netzwerkklausel hat die Umsetzung der Vorgaben der **EU-Abschlussprüferrichtlinie**[280] zur Unabhängigkeit ihren Abschluss gefunden. Die Vor- 273

---

272 BVerfG v. 14.12.1999, WPK-Mitt. 2000, S. 63.
273 Vgl. BVerfG v. 14.12.1999, WPK-Mitt. 2000, S. 63.
274 BVerfG v. 03.07.2003, NJW, S. 2520.
275 OLG Frankfurt/M. v. 28.02.1996, DStR, S. 1304.
276 Die Unabhängigkeitsregelungen sind durch das Bilanzrechtsreformgesetz v. 04.12.2005, BGBl. I, S. 3166 umfassend überarbeitet und neu gefasst worden.
277 Vgl. Regierungsbegründung zu § 319a HGB, BT-Drs. 15/3419 v. 24.06.2004, S. 50 r. Sp.
278 V. 28.05.2009, BGBl. I, S. 1102.
279 Vgl. Regierungsbegründung zu § 319b HGB, BT-Drs. 16/10067 v. 21.05.2008, S. 89 r. Sp.
280 Richtlinie 2006/43/EG des Europäischen Parlaments und des Rates v. 17.05.2006, Abl.EU, Nr. L 157, S. 87 ff.

schriften der §§ 319, 319a und 319b HGB konkretisieren die Richtlinienregelungen unter Berücksichtigung der bisherigen nationalen Rechtslage sowie der EU-Empfehlung zur Unabhängigkeit des Abschlussprüfers[281]. Daneben werden auch Elemente des US-amerikanischen Sarbanes-Oxley Act vom 30.07.2002[282] berücksichtigt. Die EU-Kommission hat am 13.10.2010 das Grünbuch „Weiteres Vorgehen im Bereich der Abschlussprüfung: Lehren aus der Krise"[283] veröffentlicht, sodass mit weiteren Anforderungen an die Berufspflichten gerechnet werden muss.

274 Berufsrecht und Bilanzrecht stimmen insoweit überein, als der Begriff „**Besorgnis der Befangenheit**" sowohl in § 49 2. Hs. WPO und § 319 Abs. 2 HGB sowie weiterhin in § 318 Abs. 3 HGB verwendet wird. Die Verwendung desselben Begriffes führt dazu, dass bei einer Verwirklichung der **Ausschlusstatbestände** der §§ 319 Abs. 3, 319 a, 319b Abs. 1 HGB zugleich berufsrechtlich ein **Tätigkeitsverbot** besteht. Auch berufsrechtlich wird die Besorgnis der Befangenheit in diesen Fällen also unwiderleglich vermutet (vgl. § 22a Abs. 2 BS WP/vBP). Die Befangenheitsgründe der §§ 319 Abs. 3 und 319b Abs. 1 S. 2 HGB gelten sinngemäß ebenfalls bei sog. freiwilligen Prüfungen, bei denen ein dem Bestätigungsvermerk in § 322 HGB nachgebildetes Testat erteilt wird[284]. Dagegen sind die Ausschlussgründe des § 319a HGB auf den in der Vorschrift vorgegebenen Anwendungsbereich begrenzt, gelten also nicht darüber hinaus (§ 22a Abs. 4 BS WP/vBP).

275 Neben §§ 318 Abs. 3, 319 und 319a HGB normiert **§ 323 Abs. 1 HGB** weitere Pflichten für den APr. Dieser ist danach bei der Durchführung einer Prüfung zur Gewissenhaftigkeit, Unparteilichkeit und Verschwiegenheit verpflichtet. Inhaltlich stimmen diese Regelungen mit den Berufspflichten des § 43 Abs. 1 WPO überein.

3. Einzelne Berufspflichten
a) Unabhängigkeit

276 Der Beruf des WP muss unabhängig ausgeübt werden (§ 43 Abs. 1 S. 1 WPO). Die Unabhängigkeit ist eine **Kardinaltugend**[285] für jeden Berufsangehörigen und ihre Wahrung seine elementare Pflicht. Sie ist auch international als Anforderung an den prüfenden Beruf anerkannt und in der 8. EG-Richtlinie[286] (Art. 24) verankert, wobei allerdings die Ausgestaltung dieser Berufspflicht den einzelnen Staaten überlassen wird.

277 Nach der **EU-Empfehlung zur Unabhängigkeit des APr.**[287] und dem **IESBA**[288] **Code of Ethics for Professional Accountants**[289] umfasst die Unabhängigkeit sowohl die innere als auch die äußere Unabhängigkeit. **Innere Unabhängigkeit** (= Unbefangenheit) meint

---

281 S. Regierungsbegründung zum BilReG BT-Drs. 15/3419 v. 24.06.2004, S. 26.
282 Sarbanes-Oxley Act of 2002, 107th Congress 2d Session, Report 107-610; s. dazu v. *Hulle/Lanfermann*, WPg 2003, S. 102 sowie *Emmerich/Schaum*, WPg 2003, S. 677. Zur Auslegung des Sarbanes-Oxley Act durch die SEC zur Unabhängigkeit des APr. s. SEC, Final rule: Strengthening the Commission's Requirements Regarding Auditor Independence v. 28.01.2003, www.sec.gov/rules/final/33-8183.htm (Stand: 04.10.2006).
283 Das Grünbuch setzt sich mit Ansatz, Rolle und Bedeutung der Abschlussprüfung in Folge der Krise auseinander. Im Bereich der Unabhängigkeitsregelungen wird vor allem zur Diskussion gestellt, ob dem AP die Beratung von Prüfungsmandanten generell untersagt und ob neben der internen zusätzlich eine externe Rotation eingeführt werden soll.
284 § 22a Abs. 1 S. 2 BS WP/vBP.
285 *Röhricht*, WPg 2001, Sonderheft S. S 80.
286 84/253/EWG, Abl.EG, Nr. L 126, S. 20., abgedr. in *Biener/Berneke*, S. 858. Auch die EU-Abschlussprüferrichtlinie (s. Fn. 280) enthält in Art. 22 und 40 entsprechende Regelungen.
287 EU-Empfehlung zur Unabhängigkeit des APr. in der EU-Grundprinzipien, Abl.EG, Nr. L 191, S. 22-57; s. dazu *Niehues*, WPK-Mitt. 2002, S. 182.
288 International Ethics Standards Board for Accountants.
289 Hrsg. im Juli 2009, in Kraft getreten 01.01.2011, www.ifac.org.

die innere Einstellung, die ausschließlich die zur Erfüllung des vorliegenden Auftrags relevanten Aspekte in Betracht zieht. Die **äußere Unabhängigkeit** (das Nichtbestehen der Besorgnis der Befangenheit) wird aufgefasst als Vermeidung von Tatsachen und Umständen, die so schwer ins Gewicht fallen, dass ein sachverständiger und informierter Dritter die Fähigkeit des APr. zur objektiven Wahrnehmung seiner Aufgaben in Zweifel ziehen würde. Unabhängigkeit in einem umfassenderen Sinne bedeutet, dass der WP in objektiver und subjektiver Hinsicht seine Feststellungen unbeeinflusst von sachfremden Erwägungen und ohne Rücksichtnahme auf eigene Belange oder Interessen Dritter treffen kann[290]. Dabei sind äußere Gründe, die zumindest die Besorgnis der Befangenheit auslösen (äußere Unabhängigkeit i.S.d. EU-Empfehlung) können, ein entscheidendes Beurteilungsmerkmal.

aa) Besorgnis der Befangenheit

Die Berufsangehörigen müssen ihre Unbefangenheit gewährleisten. Unbefangen ist, wer sich sein Urteil frei von unsachgemäßen Erwägungen bildet (§ 21 Abs. 2 BS WP/vBP). Insb. die im öffentlichen Interesse wahrgenommene Funktion des APr.[291] verlangt, dass der WP bei seinen Feststellungen, Beurteilungen und Entscheidungen **frei von Einflüssen, Bindungen und Rücksichten** ist, und zwar gleichgültig, ob sie persönlicher, wirtschaftlicher oder rechtlicher Natur sind. Er muss alles vermeiden, was bei objektiver Betrachtung Misstrauen in seine unabhängige und neutrale Stellung begründet. Demgemäß bestimmt § 49 2. Hs. WPO (ebenso § 21 Abs. 1 BS WP/vBP), dass der WP seine Tätigkeit zu versagen hat, wenn die Besorgnis der Befangenheit bei der Durchführung eines Auftrags besteht. Ebenso schließt § 319 Abs. 2 HGB (i.d.F. des BilReG[292]) einen WP als APr. aus, wenn Gründe vorliegen, nach denen die Besorgnis der Befangenheit besteht. Sie wird in den Fällen der gesetzlichen Ausschlusstatbestände der §§ 319 Abs. 3, 319a, 319b Abs. 1 S. 2 HGB **unwiderleglich vermutet**. Darüber hinaus kann der bestellte APr. wegen Besorgnis der Befangenheit unter den Voraussetzungen des § 318 Abs. 3 HGB vom Gericht durch einen anderen WP ersetzt werden (s. dazu Tz. 338). 278

Die Unbefangenheit kann insb. durch **Eigeninteressen, Selbstprüfung, Interessenvertretung sowie persönliche Vertrautheit** beeinträchtigt werden[293]. Das Vorliegen solcher Umstände führt außerhalb der Ausschlusstatbestände der §§ 319 Abs. 3, 319a, 319b Abs. 1 S. 2 HGB dann nicht zu einer Beeinträchtigung der Unbefangenheit, wenn die Umstände selbst für die Urteilsbildung offensichtlich unwesentlich oder zusammen mit Schutzmaßnahmen insgesamt als unbedeutend zu werten sind. Umstände, die die Unbefangenheit beeinflussen, können sich insb. aus Beziehungen **geschäftlicher, finanzieller oder persönlicher Art** ergeben (§ 319 Abs. 2 HGB, § 21 Abs. 2 BS WP/vBP). 279

Ob bei Vorliegen bestimmter Sachverhalte die Besorgnis der Befangenheit zu bejahen ist, beurteilt sich **aus Sicht eines verständigen Dritten**; auf die eigene Einschätzung des Berufsangehörigen oder die bloße Behauptung eines Betroffenen kommt es nicht an. Dabei sind die im Einzelfall getroffenen **Schutzmaßnahmen** in die Wertung einzubeziehen[294]. Zu derartigen Maßnahmen im Einzelnen s. Tz. 319. Bei der Prüfung, ob gesetzliche Ausschlusstatbestände verwirklicht worden sind, bleiben solche Schutz- 280

---

290 Vgl. *Forster*, S. 325/326. Eine ähnliche Definition findet sich nunmehr auch in der BS WP/vBP zum Begriff der Unbefangenheit vgl. Tz. 278.
291 S. Erwägungsgrund 9 der EU-Abschlussprüferrichtlinie, Fn. 280.
292 V. 04.12.2005, BGBl. I, S. 3166.
293 EU-Empfehlung zur Unabhängigkeit des APr. in der EU-Grundprinzipien, Abl.EG, Nr. L 191, A: Rahmenkonzept 3. sowie im Anhang unter 3.
294 So auch die Regierungsbegründung zu § 319 Abs. 2 HGB, BT-Drs. 15/3419 v. 24.06.2004, S. 38 r. Sp.

maßnahmen allerdings außer Betracht (s. auch § 22a Abs. 2 letzter S. BS WP/vBP), können also die Verwirklichung dieser Tatbestände nicht verhindern. Ebenso wenig stehen gesetzliche Ausschlussgründe zur Disposition der zu prüfenden Gesellschaft, sodass eine Bestellung des WP zum APr. in Kenntnis der Ausschlussgründe letztere nicht beseitigt.

– **Eigeninteresse**

281 Berührt die Tätigkeit die eigenen, meist finanziellen Interessen des WP, ist seine unbefangene Urteilsfähigkeit in Frage gestellt. Sind darüber hinaus seine finanziellen Belange mit denen des Auftraggebers verknüpft, ist die Besorgnis der Befangenheit kaum zu vermeiden. Deshalb ist es dem WP nach § 2 Abs. 2 BS WP/vBP ausdrücklich untersagt,

– für Tätigkeiten nach § 2 Abs. 1 und 3 Nr. 1 und 3 WPO **Vereinbarungen** zu schließen, durch welche die Höhe der Vergütung vom Ergebnis der Tätigkeit als WP/vBP abhängig gemacht wird (§ 55a Abs. 1 WPO),

– für Tätigkeiten nach § 2 Abs. 2 WPO Vereinbarungen zu schließen, durch welche die Höhe der Vergütung vom Ausgang der Sache oder vom Erfolg der Tätigkeit des WP/vBp abhängig gemacht wird oder nach denen der WP/vBp einen Teil der zu erzielenden Steuerermäßigung, Steuerersparnis oder Steuervergütung als Honorar erhält; dies gilt nicht bei Vereinbarungen im Einzelfall, wenn der Auftraggeber aufgrund seiner wirtschaftlichen Verhältnisse bei verständiger Betrachtung ohne die **Vereinbarung eines Erfolgshonorars** von der Rechtsverfolgung abgehalten würde (§ 55a Abs. 1 S. 1, Abs. 2 WPO);

– die Vergütung für gesetzlich vorgeschriebene Abschlussprüfungen über die oben (1. Spiegelstrich) genannten hinaus an **weitere Bedingungen** zu knüpfen; diese darf auch nicht von der Erbringung zusätzlicher Leistungen für das geprüfte Unternehmen beeinflusst oder bestimmt sein (§ 55 Abs. 1 S. 3 WPO);

– einen Teil der Vergütung oder sonstige **Vorteile für die Vermittlung von Aufträgen**, gleichviel, ob im Verhältnis zu einem WP/vBP oder Dritten abzugeben oder entgegenzunehmen (§ 55 Abs. 2 WPO),

– **Mandantenrisiken** zu übernehmen oder

– **Versorgungszusagen** von Auftraggebern anzunehmen.

282 § 319 Abs. 3 S. 1 HGB greift die wirtschaftliche Abhängigkeit ebenfalls auf und bestimmt, dass als APr. ausgeschlossen ist, wer bei dem zu prüfenden Unternehmen im **Anstellungsverhältnis** tätig (Nr. 2) oder wegen des **Honorarvolumens** als von dem zu prüfenden Unternehmen wirtschaftlich abhängig anzusehen ist (Nr. 5). Diese wirtschaftliche Abhängigkeit ist nach Auffassung des Gesetzgebers erreicht, wenn der APr. in den letzten fünf Jahren jeweils mehr als 30 v.H. der Gesamteinnahmen seiner beruflichen Tätigkeit aus der Prüfung und Beratung der zu prüfenden Kapitalgesellschaft und Unternehmen, an denen diese mehr als 20 v.H. der Anteile besitzt, bezogen hat und diese Relation auch im laufenden Geschäftsjahr zu erwarten ist. Bei kapitalmarktorientierten Unternehmen i.S.v. § 319a Abs. 1 HGB beträgt die Umsatzgrenze 15 v.H. In **Härtefällen** kann die WPK einem Berufsangehörigen trotz Überschreitens dieser Grenze gestatten, als APr. bei der entsprechenden Gesellschaft tätig zu werden (§ 319 Abs. 3 Nr. 5 letzter Hs. HGB). Für Prüfer **kapitalmarktorientierter Unternehmen** i.S.v. § 319a Abs. 1 HGB ist eine Härtefallregelung nicht vorgesehen.

Die in § 319 Abs. 3 S. 1 Nr. 5 HGB (früher § 319 Abs. 2 Nr. 8 HGB) enthaltene Umsatzbegrenzung ist verfassungsrechtlich unbedenklich[295].

---

295 BVerfG v. 17.03.1988, MittBl.-WPK Nr. 131, S. 12.

Berufspflichten   A

Eigene finanzielle Interessen hat auch, wer **Anteile** an der zu prüfenden Kapitalgesell- **283**
schaft oder an einem mit diesem verbundenen Unternehmen besitzt (§ 319 Abs. 3 S. 1
Nr. 1 HGB). Zu den Anteilen gehören auch solche, die nur **treuhänderisch** gehalten
werden. Unwesentliche Beteiligungen an einem **Fonds** mit wechselndem Bestand, auf
den der Anleger keinen Einfluss ausüben kann (z.B. Investmentfonds), bleiben davon
unberührt[296].

Die Vorschrift des § 319 Abs. 3 S. 1 Nr. 1 HGB schließt ebenso Berufsangehörige ein, die **284**
zwar keine Anteile halten, aber andere **nicht nur unwesentliche Interessen** an dem zu
prüfenden Unternehmen besitzen[297]. Solche Interessen können bestehen, wenn der APr.
aus anderen als in § 319 Abs. 3 Nr. 5 HGB geregelten Gründen vom wirtschaftlichen Gedeihen
bzw. Fortbestand des Auftraggebers abhängig ist. In diesen Fällen dürften seine
Interessen im Allgemeinen auch als wesentlich einzustufen sein. Das ist bei den nach § 2
Abs. 2 Nr. 6 BS WP/vBP verbotenen **Versorgungszusagen** gegeben, kann aber auch bei
anderen Sachverhalten der Fall sein, etwa bei der Aufnahme eines **Darlehens** von dem
Mandanten oder bei einer **Bürgschaft** durch diesen für den WP. Umgekehrt dürfen auch
keine **Mandantenrisiken** übernommen werden, z.B. eine Bürgschaft, Schuldscheine oder
Schuldverschreibungen **für den Auftraggeber.** Die Unabhängigkeit ist ebenfalls nicht
gewährleistet, wenn ein WP dem andauernden Druck einer **wirtschaftlichen Notlage**
ausgesetzt ist. In diesem Fall liegt die Gefahr nahe, dass jedes Mandat ohne Rücksicht
darauf angenommen wird, ob es mit der gebotenen Sorgfalt bearbeitet wird und der Berufsangehörige
sich dabei von sachfremden Erwägungen leiten lässt[298]. Die Rechtsprechung
sieht in einem solchen Fall keine Schutzmaßnahme darin, dass der in wirtschaftliche
Not geratene WP noch als Angestellter unter Aufsicht eines anderen WP tätig
werden kann[299]. Solche Fallkonstellationen führen dann auch zur Besorgnis der Befangenheit
i.S.v. § 319 Abs. 2 HGB. Zu weiteren Fällen des Eigeninteresses vgl. § 23 BS WP/
vBP.

Nicht nur finanzielle Eigeninteressen können die Besorgnis der Befangenheit auslösen, **285**
sondern auch sonstige eigene Belange. Nach § 23 Abs. 2 BS WP/vBP können solche aus
Pflichtverletzungen aus vorangegangenen Tätigkeiten resultieren, sofern ein Verdeckungsrisiko
besteht. Dabei reicht die abstrakte Möglichkeit der Haftung allerdings
nicht aus[300]. Einen Fall des Verdeckungsrisikos nahm der BGH in seiner Entscheidung
v. 25.11.2002[301] an. Danach führt der Umstand, dass der APr. in einem der Prüfung
vorausgehenden Verschmelzungsgutachten auf Erschwernisse bei der Wertermittlung, die
eine sachgemäße Ermittlung der Verschmelzungswertrelation unmöglich machen, nicht
hinweist, zu einem **Verdeckungsrisiko.** Auf Grund einer solchen unsachgemäßen Wertermittlung
könne eine Mitverantwortung für eine Wertberichtigung in Milliardenhöhe, die
auf nicht erkannten Risiken bei der Gesellschaft beruht, nicht ausgeschlossen werden.
Dies führe zur Besorgnis der Befangenheit, insb. wenn der APr. sich in der Öffentlichkeit
bereits erheblichen Angriffen ausgesetzt sehe. Bei einem derartigen Sachverhalt bestehe
die Versuchung, schon aus natürlicher Selbstrechtfertigungstendenz und dem Bemühen

---

296 Beschlussempfehlung und Bericht des Rechtsausschusses zum BilReG, BT-Drs. 15/4054 v. 27.10.2004, S. 38
     r. Sp. Der Rechtsausschuss weist zugleich darauf hin, dass finanzielle Interessen dann nicht verwirklicht sind,
     wenn sie nur einen laufenden Vergütungs- oder Verzinsungsanspruch betreffen.
297 Vgl. Regierungsbegründung zum BilReG, BT-Drs. 15/3419 v. 24.06.2004, S. 38/39.
298 OLG Düsseldorf v. 10.08.1988, Stbg. 1989, S. 128.
299 OVG Berlin v. 03.09.2004, WPK-Magazin 4/2004, S. 46.
300 S. dazu im Einzelnen Erläuterungen zu § 23 Abs. 2 BS WP/vBP.
301 NJW 2003, S. 970, s. zu dem Urteil *Gelhausen/Kuss*, NZG 2003, S. 424; *Knorr*, in: FS Röhricht, S. 935,
     Lanferman/Lanfermann, DStR 2003, S. 900; *Marx*, NZG 2003, S. 424 (HypoVereinsbank), DB 2003,
     S. 431, *W. Müller*, WPg 2003, S. 741; *Schüppen*, WPg 2003, S. 750.

um Ansehenswahrung, die gegebenen Risiken im Bestätigungsvermerk und Lagebericht als nicht gravierend und ungefährlich darzustellen. Zu rechtlichen und praktischen Aspekten dieser Entscheidung s. insb. *Gelhausen/Kuss*[302] und *Knorr*[303].

– **Selbstprüfung**

286 Besorgnis der Befangenheit und damit eine Unvereinbarkeit der Prüfungs- und sonstigen Tätigkeit beim selben Auftraggeber erwächst auch aus dem Umstand, dass der WP einen Sachverhalt zu beurteilen hat, an dessen Entstehung er selbst unmittelbar beteiligt und diese Beteiligung nicht von nur untergeordneter Beteiligung war (Selbstprüfungsverbot, § 23a BS WP/vBP). Schädlich ist die Prüfungstätigkeit aber nur dann, wenn sie der sonstigen Tätigkeit nachfolgt. Geht die Prüfungstätigkeit etwa der Beratung des Mandanten voraus, ist die Prüfungstätigkeit ohnehin zulässig.

287 Eine unzulässige Mitwirkung liegt naturgemäß nicht vor bei Maßnahmen, die wesentlicher Bestandteil der Prüfungstätigkeit sind oder sich aus ihr ergeben. Das gilt namentlich für die Berichtigungen eines vorgelegten Jahresabschlusses, die aus der **Korrekturfunktion** der Prüfung folgen. Es gehört zu dieser Funktion, dass aufgedeckte Mängel beseitigt werden. Wird in diesem Zusammenhang eine Umbuchungsliste erstellt, liegt auch darin keine schädliche Mitwirkung[304]. Zu möglichen Ausnahmen von diesem Grundsatz s. Tz. 300.

288 Ein Fall der Selbstprüfung ist gegeben, wenn der APr. bei der **Führung der Bücher** oder der **Aufstellung des zu prüfenden Jahresabschlusses** der Kapitalgesellschaft mitwirkt, soweit diese Mitwirkung über eine Prüfungstätigkeit hinausgeht und nicht nur von untergeordneter Bedeutung ist (§ 319 Abs. 3 S. 1 Nr. 3 Buchst. a HGB). Der Ausschluss bei der Mitwirkung an der Aufstellung des JA bzw. der Führung der Bücher ist auch im internationalen Bereich verankert[305]. Ein Verstoß gegen das Selbstprüfungsverbot ist auch zu bejahen, wenn die Erstellung von Teilen des JA vom APr. übernommen und etwa Abschreibungen und Wertberichtigungen erst vom Prüfer ermittelt werden[306]. Kritisch gesehen werden muss auch die Übernahme von Teilbereichen der Buchführung, etwa der verantwortlichen Übernahme der gesamten **Lohn- und Gehaltsbuchführung** (s. dazu auch Tz. 294).

289 Eine schädliche Mitwirkung i.S.v. § 319 Abs. 3 S. 1 Nr. 3 Buchst. a HGB ist von einer zulässigen Beratung abzugrenzen. Mit seiner richtungweisenden Entscheidung v. 21.04.1997[307] zur Zulässigkeit von **Abschlussprüfung und gleichzeitiger Beratung** desselben Mandanten stellt der BGH dabei maßgeblich auf das Merkmal der funktionalen Entscheidungszuständigkeit ab. Danach liegt eine unschädliche Beratung so lange vor, wie sich der Prüfer in seiner Rolle als Berater darauf beschränkt, Handlungsmöglichkeiten und ihre Konsequenzen aufzuzeigen, während die Entscheidung dem Mandanten selbst vorbehalten bleibt. Stellt das so beratene Unternehmen den Jahresabschluss in eigener Verantwortung und Entscheidungszuständigkeit gem. § 242 HGB selbst auf, bleibt die Prüfungsbefugnis des APr. selbst dann erhalten, wenn der Mandant seinem Rat folgt. Da der Rat des WP nur eine **Entscheidungshilfe** darstellt, wird bei der nachfolgenden Prüfung des Jahresabschlusses eine fremde Leistung und Entscheidung und nicht die eigene

---

302 NZG 2003, S. 424; s. auch *Ebke*, Befangenheit, S. 517.
303 *Knorr*, in: FS Röhricht, S. 941.
304 Vgl. *Röhricht*, WPg 1998, S. 153/156, Verlautbarung des Vorstands der WPK zur Abgrenzung von Prüfung und Erstellung (§ 319 Abs. 2 Nr. 5 HGB), WPK-Mitt. 1996, S. 196.
305 S. etwa EU-Empfehlung zur Unabhängigkeit des APr. (Fn. 287) Anhang unter A 3.
306 S. OLG Köln v. 01.07.1992, BB, S. 2108.
307 DB, S. 1394, NJW, S. 2178, WPg, S. 566, ZIP, S. 1162.

überprüft. Ein Verstoß gegen das Selbstprüfungsverbot liegt im Regelfall erst dann vor, wenn seine Beratung über die Darstellung von Alternativen zum Zwecke der Entscheidungshilfe hinausgeht und er selbst an Stelle des Mandanten eine unternehmerische Entscheidung trifft. So lange dem Mandanten die Entscheidungskompetenz verbleibt, dem Rat zu folgen oder nicht, kann sogar eine alternativlose Empfehlung innerhalb der zulässigen Grenzen bleiben. In einem solchen Fall kommt der Rat nämlich einer zulässigen Teilprüfungsentscheidung i.S. einer Prüfung vorbereitenden Beratung gleich. Der BGH hat damit dem Prüfer auch den Weg geebnet zu einer konkreten und nicht nur abstrakt allgemeinen Beratung. Diese Entscheidung deckt sich auch mit der vom Berufsstand vertretenen Auffassung[308] und steht in Einklang mit der Abschlussprüferrichtlinie[309].

Unzulässige Mitwirkung liegt danach also vor, wenn der Berater an Stelle des Leitungsorgans des Unternehmens die **unternehmerische Entscheidung** ganz oder teilw. trifft. Dagegen führt die Tatsache, dass eine Beratung Einfluss oder Auswirkung auf unternehmerische Entscheidungen hat, nicht zur verbotenen Mitwirkung. **290**

Unzweifelhaft ist nach der Entscheidung des BGH[310], dass der APr. eine umfassende **Steuerberatungsleistung** gegenüber der zu prüfenden Gesellschaft erbringen kann (zu den Einschränkungen nach § 319a Abs. 1 S. 1 Nr. 2 HGB vgl. Tz. 310), wozu auch die Beratung bei der Körperschaftsteuerrückstellung gehört[311]. Sofern allerdings bei der Bildung von Rückstellungen Entscheidungsspielräume gegeben sind, müssen diese vom Unternehmen selbst wahrgenommen werden. Das gleiche gilt für Hilfestellungen zur Berechnung der Pensionsrückstellung[312]. Ansonsten läuft der APr. Gefahr, den Ausschlusstatbestand des § 319 Abs. 3 S. 1 Nr. 3 Buchst. d HGB (Tz. 302) zu verwirklichen. Allerdings wird die Grenze zur unzulässigen Mitwirkung überschritten, wenn der Prüfer eine sog. **Einheitsbilanz**, die also zugleich Handels- und Steuerbilanz ist, erstellt[313] und prüft. Die Einheitsbilanz dürfte durch die Neuregelungen des BilMoG[314] an Bedeutung verlieren. **291**

Kein Streit besteht darüber, dass der APr. im Rahmen seines Beanstandungsrechts und seiner Korrekturfunktion[315] auf Änderungen der Buchführung und des Jahresabschlusses mit dem Ziel hinzuwirken hat, um einen Bestätigungsvermerk erteilen zu können. Daher kann der Entscheidung des LG Berlin[316] in dieser Allgemeinheit nicht zugestimmt werden. Das LG hatte vorgenommene Korrekturen als unzulässige Erstellung gewertet, wenn im Vergleich des zur Prüfung vorgelegten Abschlusses zu dem testierten Abschluss erhebliche Unterschiede in den einzelnen Bilanzpositionen bestehen. Der Prüfer kann und muss ggf. auch **erhebliche Korrekturen** im Rahmen der Prüfung veranlassen. Es gehört zu seiner Korrekturfunktion, dass aufgedeckte Mängel beseitigt werden. Der APr. hat im Rahmen seines Beanstandungsrechts auf Änderungen der Buchführung und des JA mit dem Ziel hinzuwirken, einen Bestätigungsvermerk erteilen zu können. Einwirkungen des **292**

308 Vgl. ADS[6], § 319, Tz. 63; Verlautbarung des WPK-Vorstands zur Abgrenzung von Prüfung und Erstellung, WPK-Mitt. 1996, S. 196.
309 S. Erwägungsgrund 11 der EU-Abschlussprüferrichtlinie (Fn. 280).
310 V. 21.04.1997, DB, S. 1394, NJW, S. 2178, WPg, S. 566, ZIP, S. 1162.
311 BGH v. 21.04.1997, DB, S. 1394, NJW, S. 2178, WPg, S. 566, ZIP, S. 1162.
312 *Heni*, DStR 1997, S. 1210/1213; *Dörner*, in FS Stehle, S. 96; *Röhricht*, WPg 1998, S. 153/161 m.w.N.
313 *Röhricht*, WPg 1998, S. 153; ADS[6], § 319, Tz. 132 m.w.N.; zur Kompetenz für die Erstellung der Handelsbilanz und der Ausübung von Wahlrechten im Allgemeinen s. auch BGH v. 29.03.1996, BB, S. 1105, DB, S. 926.
314 V. 28.05.2009, BGBl. I, S. 1102.
315 Vgl. BeBiKo[7], § 319, Rn. 49.
316 Vgl. LG Berlin v. 06.07.1996, Stbg, S. 413.

APr. zur Mängelbeseitigung im vorgelegten JA und zur Richtigstellung der Buchführung und Rechnungslegung sind Teil seiner Prüfungsaufgabe und damit gestattet[317]. Allenfalls dann, wenn die vom Unternehmen vorgelegten Zahlen völlig unbrauchbar sind, dürfte die Grenze zur Erstellung überschritten werden[318]. Nach Auffassung des OLG Brandenburg muss ein Unternehmen in der Lage sein, einen vollständigen JA vorzulegen. Dabei dürfe es sich auch externer Personen bedienen, solange diese nicht der Einflussnahme des APr. unterliegen. Das zur Prüfung vorzulegende Zahlenwerk müsse inhaltlich und formal den gesetzlichen Anforderungen entsprechen sowie von dem zuständigen Organ in gutem Glauben aufgestellt worden sein[319]. Vgl. aber auch Tz. 297.

293 Zulässig ist die Beratung zur Gestaltung der **Arbeits- und Ablauforganisation** sowie zur Nutzung von Organisationshilfen, wie Buchführungssystemen, und auch die allgemeine Zurverfügungstellung einer Beraternummer bei der DATEV[320].

294 Statthaft dürfte etwa sein, **technische Unterstützung** zu leisten, sofern auf das Zahlenwerk kein Einfluss genommen wird. Kritischer gesehen werden muss hingegen die Übernahme von Teilbereichen der Buchführung. So geht etwa die verantwortliche Übernahme der gesamten **Lohn- und Gehaltsbuchführung über technische Hilfestellungen hinaus**[321].

295 Als einen Fall der unzulässigen Selbstprüfung i.S.d. § 319 Abs. 3 Nr. 3a HGB wird vor dem Hintergrund des neu gefassten § 317 Abs. 3 S. 2 HGB die Prüfung eines Konzernabschlusses angesehen, wenn der Konzern-Apr. den **Jahresabschluss eines Tochterunternehmens**, das in den JA des Konzerns eingeht, erstellt hat[322].

296 Die Besorgnis der Befangenheit führt bei **MaBV-Prüfungen** zum Ausschluss, wenn der Prüfer die zu prüfenden Aufzeichnungen selbst – ganz oder teilw. – erstellt hat; grundsätzlich nicht schädlich ist hingegen die Mitwirkung bei der steuer-/handelsrechtlichen Buchführung in diesen Fällen. Ebenso wenig bestehen grundsätzliche Bedenken gegen eine Vereinbarkeit der Erstellung des JA und einer Prüfung nach § 36 Abs. 1 WpHG, weil diese Prüfung nicht den JA zum Gegenstand hat und nicht auf die Buchführung zurückgreift. Dasselbe gilt für die Durchführung unterschiedlicher Prüfungsaufträge in demselben Unternehmen, sofern nicht kraft Gesetzes, wie z.B. im Falle der **Sonderprüfung** nach § 258 Abs. 1 AktG, Verhinderung (§ 258 Abs. 4 AktG) gegeben ist. Infolgedessen kann der spätere APr. einer AG auch als deren **Gründungsprüfer** (§ 33 AktG) tätig werden. Ebenfalls bestehen grundsätzlich u.E. gegen die Übernahme der **Sacheinlageprüfung** und der **Verschmelzungsprüfung**[323] durch den APr. keine Bedenken. Weiterhin ist es möglich, dass der APr. gleichzeitig eine **Mittelverwendungskontrolle** vornimmt. Auch sind **due-diligence-Aufträge** mit der Abschlussprüfung vereinbar, vgl. dazu FAR, FN-IDW 1998, S. 287. Keine Bedenken bestehen gegen die Bestellung als gerichtlicher Sachverständiger im Spruchstellenverfahren[324].

297 Tätigkeiten von **untergeordneter Bedeutung** gem. § 319 Abs. 3 S. 1 letzter Hs. HGB sind für die Verwirklichung der Ausschlusstatbestände des § 319 Abs. 3 S. 1 Nr. 3 Buchst. a)

---

317 Vgl. nur *Röhricht*, WPg 1998, S. 153/156.
318 *Röhricht*, WPg 1998, S. 153.
319 OLG Brandenburg v. 10.07.2001 – 11 U 37/00 –, GmbHR, S. 8 mit Anm. von *Römermann*.
320 Ähnlich EU-Empfehlung zur Unabhängigkeit des APr. in der EU (Fn. 287) B. 7.2.1.2.; s. BeBiKo[7], § 319, Rn. 49 m.w.N.
321 BeBiKo[7], § 319, Rn. 50; s. auch WPK-Magazin 3/2009, S. 36/37.
322 WPK-Magazin 1/2010, S. 26 und 3/2010, S. 37.
323 V. 25.11.2002, NJW 2003, S. 970.
324 OLG Düsseldorf v 24.05.2006, WM, S. 2137.

bis d) HGB unschädlich. Diese Einschränkung ist erstmals durch das BilReG eingeführt worden[325]. Welche Tätigkeiten von ihr erfasst werden, ist allerdings unklar. Die Tätigkeit muss für die Abschlussprüfung unter dem **Gesichtspunkt der Selbstprüfung** von untergeordneter Bedeutung sein, was unter Berücksichtigung aller Umstände des Einzelfalls unter Einschluss von Schutzmaßnahmen zu beurteilen ist. Daraus folgt, dass Wesentlichkeitsüberlegungen zu einzelnen Bilanzpositionen nicht allein ausschlaggebend sind.

Für die Stellung als APr. schädlich ordnet § 319 Abs. 3 S. 1 Nr. 3 Buchst. b HGB die Mitwirkung bei der **Durchführung der internen Revision** in verantwortlicher Position ein[326]. Auch in diesem Ausschlussgrund sieht der Gesetzgeber – internationalen Vorgaben folgend[327] – einen Anwendungsfall des Selbstprüfungsverbots, weil der APr. das IKS (den Teil, der sich auf die Rechnungslegung bezieht) beurteilen muss[328]. Unklar ist, wann eine Mitwirkung in verantwortlicher Position vorliegt. Jedenfalls sollte der APr. darauf achten, dass die Unternehmensleitung die Verantwortung für das gesamte IKS übernimmt, die Aufgaben und Tätigkeiten der Internen Revision festlegt sowie deren Feststellungen und Empfehlungen umsetzt[329]. Wirkt der APr. unter Berücksichtigung der dargelegten Verantwortung in Teilbereichen der internen Revision mit oder übernimmt er einzelne Prüfungstätigkeiten auf diesem Gebiet, ist dies zulässig[330]. Nicht miteinander vereinbar sind auch die Funktionen als APr. und **Datenschutzbeauftragter** (Tz. 47). **298**

Bei der Prüfung von Unternehmen i.S. des § 319a HGB – und nur bei diesen – wird die Besorgnis der Befangenheit wegen der **Erbringung von Rechts- oder Steuerberatungsleistungen** unwiderleglich vermutet, wenn diese über das Aufzeigen von Gestaltungsalternativen hinausgehen und sich auf die Darstellung der Vermögens-, Finanz- und Ertragslage in dem zu prüfenden Jahresabschluss unmittelbar und nicht nur unwesentlich auswirken[331]. **299**

Mit diesem Ausschlusstatbestand sollen Fälle erfasst werden, in denen der Prüfer selbst gestaltend tätig wird und dem Mandanten ein **Produkt** liefert, das die Darstellung der Vermögens-, Finanz- und Ertragslage deutlich verändert. Als Beispiel führt die Regierungsbegründung die Empfehlung des APr. an, bestimmte Risiken auf sog. Zweckgesellschaften, die nicht im Konzernabschluss erfasst werden, auszulagern[332]. Kennzeichnend für ein schädliches Produkt i.S. der Regierungsbegründung dürfte sein, dass es vom APr. gerade zum Zweck der Bilanzgestaltung entwickelt und meist mehreren Mandanten angeboten wird[333]. Im Übrigen sind die einzelnen Merkmale des in § 319a Abs. 1 S. 1 Nr. 2 HGB normierten Ausschlusstatbestandes ausgesprochen auslegungsbedürftig[334]. Auch **300**

---

325 BilReG v. 04.12.2004, BGBl. I, S. 3166.
326 So im Ergebnis bereits FAR, FN-IDW 1997, S. 627.
327 Sarbanes-Oxley Act (Fn. 282) sec. 201; EU-Empfehlung zur Unabhängigkeit des APr. (Fn. 287), B. 7.2.4.
328 S. Regierungsbegründung zum BilReG, BT-Drs. 15/3419, S. 39 l.Sp.
329 *Peemöller/Oehler*, BB 2004, S. 539, vgl. auch BeBiKo[7], § 319, Rn. 58.
330 Vgl. auch § 23a Abs. 4 BS WP/vBP.
331 Weder die EU-Abschlussprüferrichtlinie (Fn. 280) noch die EU-Empfehlung zur Unabhängigkeit des APr. (Fn. 287) noch der Sarbanes-Oxley Act (Fn. 280) untersagen die Steuerberatung durch den APr. Allerdings enthält die Final rule der SEC zur Unabhängigkeit (Fn. 280) ein ähnliches Verbot bei bestimmten Steuergestaltungen (IOI. B. II).
332 Regierungsbegründung zum BilReG, BT-Drs. 15/3419, S. 41/42.
333 *Ring*, WPg 2005, S. 197, *Gelhausen/Fey/Kämpfer*, Kap. T, Tz. 203.
334 Kritisch dazu *Peemöller/Ochs*, BB 2004, S. 543.

aus diesem Grund hat das IDW die Streichung dieser Vorschrift empfohlen[335]. Beratungsleistungen, die Hinweise auf die **bestehende Rechtslage** geben oder die sich auf die **Beurteilung bereits verwirklichter Sachverhalte** beziehen, führen nicht zu einer Gefährdung der Unbefangenheit (§ 23a Abs. 7 BS WP/vBP). Ebenso zulässig sind Steuerberatungsleistungen mit dem Ziel der Reduzierung der Steuerlast[336].

301 Übernimmt der WP **Funktionen der Unternehmensleitung**, liegt darin stets ein Ausschlussgrund § 319 Abs. 3 S. 1 Nr. 3 Buchst. c) HGB. Das gilt unabhängig davon, auf welchem Gebiet diese Funktion übernommen wird. Ebenso ist nach der genannten Vorschrift derjenige ausgeschlossen, der gegenüber dem zu prüfenden Unternehmen Finanzdienstleistungen erbringt (s. auch § 23a Abs. 5 BS WP/vBP). Die Erbringung von Finanzdienstleistungen ist den Berufsangehörigen ohnehin durch das Verbot der gewerblichen Tätigkeit (Tz. 49) untersagt.

302 Als weiteren Fall der Selbstprüfung und Ausschlussgrund qualifiziert § 319 Abs. 3 S. 1 Nr. 3 Buchst. d) HGB das Erbringen von **eigenständigen versicherungsmathematischen** oder **Bewertungsleistungen**, die sich auf den zu prüfenden JA nicht nur unwesentlich auswirken[337]. Die Regelung erfasst nur **eigenständig** erbrachte Berufsleistungen und knüpft an das Urt. des BGH v. 25.11.2002[338] an, wonach die Erstattung des **Verschmelzungswertgutachtens** und die **Verschmelzungswertermittlung** den Berufsangehörigen nicht ohne weiteres von der Abschlussprüfung bei der Zielgesellschaft ausschließt. In dem der Entscheidung zugrunde liegenden Sachverhalt war nach Auffassung des BGH aber ein anderer Befangenheitsgrund gegeben (s. Tz. 285). Eine eigenständige Beratungsleistung ist zu bejahen, wenn der WP wichtige Annahmen für Bewertung, z.B. den Kapitalisierungszinsfuß, selbst festlegt[339]. Werden alle Berechnungsgrundlagen vom Unternehmen oder der durch die Sachlogik vorgegeben, fehlt es u.E. an der Eigenständigkeit. Besorgnis der Befangenheit ist zu bejahen, wenn das Ergebnis der eigenständigen Bewertung unmittelbar im JA wiederfindet[340]. Eine Aufstellung über Bewertungsleistungen und ihre Würdigung im Hinblick auf die mögliche Begründung der Besorgnis der Befangenheit s. BeBiKo[7], § 319, Rn. 65. Die Frage, ob sich Bewertungsleistungen wesentlich auf den zu prüfenden Jahresabschluss auswirken, ist für sämtliche im Geschäftsjahr erbrachten Bewertungsleistungen einheitlich zu beurteilen[341].

303 APr. von Unternehmen i.S.v. § 319a Abs. 1 S. 1 Nr. 3 HGB setzen sich der unwiderruflichen Vermutung der Befangenheit aus, wenn sie in dem zu prüfenden Geschäftsjahr an der **Entwicklung, Einrichtung und Einführung von Rechnungslegungsinformationssystemen** mitgewirkt haben, sofern diese Tätigkeit nicht von untergeordneter Bedeutung ist. Diese Regelung übernimmt entsprechende Vorschläge aus der EU-Empfeh-

---

335 *Ring*, WPg 2005, S. 197; kritisch auch *Erle*, in: FS Röhricht, S. 859, *Pfitzer/Orth/Hettich*, DStR 2004, S. 328. Nicht weit genug geht die Regelung u.a. *Baetge/Brötzmann*, Der Konzern 2004, S. 724 u. *Veltins*, DB 2004, S. 445; Ein Versuch, verschiedene für WP typische Tätigkeiten von § 319 Abs. 1 S. 1 Nr. 2 HGB abzugrenzen, unternehmen *H.Müller/K.Müller*, S. 162.
336 *Gelhausen/Fey/Kämpfer*, Kap. T, Tz. 203.
337 Dies geht auf sec. 201 (actuarial services) des Sarbanes-Oxley Act (Fn. 282) zurück, s. Regierungsbegründung, BT-Drs. 15/3419, S. 39. Kritisch zu dieser Regelung des zu großzügigen Interpretationsspielraums *Baetge/Brötzmann*, Der Konzern 2004, S. 724, so im Ergebnis schon OLG Hamburg v. 11.06.1992, BB, S. 1533.
338 NJW 2003, S. 970.
339 S. Regierungsbegründung, BT-Drs. 15/3419, S. 39.
340 S. Regierungsbegründung, BT-Drs. 15/3419, S. 39, so im Ergebnis schon OLG Hamburg v. 11.06.1992, BB, S. 1533.
341 BeBiKo[7], § 319, Rn. 66.

lung zur Unabhängigkeit des APr.[342] und aus dem Sarbanes-Oxley Act[343]. Zur Abgrenzung von zulässigen und unzulässigen Dienstleistungen des Apr. bei der Einführung von EDV-gestützten Systemen s. *IDW PS 850 Projektbegleitende Prüfung bei Einsatz von Informationstechnologie.*

– **Verhältnis der absoluten Ausschlussgründe zur allgemeinen Besorgnis der Befangenheit**

Sind Tatbestandsmerkmale des § 319 Abs. 3 HGB nicht vollständig erfüllt, kann Besorgnis der Befangenheit im Rahmen der Generalklausel nur dann bestehen, wenn **zusätzliche Umstände** eine nicht unbedeutende Gefährdung der Unbefangenheit begründen (§ 22a Abs. 3 BS WP/vBP)[344]. Solche Gefährdungen können sich z. B. aus der besonderen wirtschaftlichen Bedeutung des Sachverhalts ergeben. Darüber hinaus hat zur Reichweite der Ausschlussgründe des § 319 Abs. 3 HGB das LG Berlin mit Beschluss v. 25.02.2010, WPK-Magazin 2/2010, S. 54, gegen einen Rügebescheid der WPK ansatzweise Stellung genommen. In dem entschiedenen Fall ging es um die Frage, ob ein Berufsangehöriger von der JAP bei einer GmbH & Co. KG gem. § 319 Abs. 3 S. 1 Nr. 2 HGB ausgeschlossen ist, wenn ein als Sozius kundgemachter Berufskollege Mitglied im Beirat der Komplementär-GmbH der geprüften Gesellschaft ist. Das LG Berlin hat abweichend von der Wertung der WPK lediglich das Vorliegen einer allgemeinen Besorgnis der Befangenheit nach § 319 Abs. 2 HGB bejaht. Es sei zweifelhaft, ob rechtssystematisch eine Normverwirklichung der besonderen Ausschlusstatbestände des § 319 Abs. 3 S. 1 HGB bei Sachverhalten bejaht werden kann, die von diesem Wortlaut nicht unmittelbar erfasst sind. Außerdem sei der Beirat nicht ein solcher der geprüften Gesellschaft, sondern ihrer Komplementärin. Dieser Entscheidung kommt im Hinblick auf die unterschiedlichen Rechtsfolgen einer Subsumtion unter § 319 Abs. 3 oder § 319 Abs. 2 HGB (Schutzmaßnahmen, Regelung in § 22a BS WP/vBP) für die Praxis erhebliche Bedeutung zu.

304

Kritisch zu dem Beschluss, insb. zu der Frage der Anwendung des § 319 Abs. 3 S. 1 Nr. 2 HGB auf dem Aufsichtsrat gleichgestellte Gremien – *Gelhausen/Buchenau*, WPK-Magazin 2/2010, S. 42.

– **Interessenvertretung**

Eine Beratungstätigkeit, die über eine fachliche oder wissenschaftliche Sachaufklärung bzw. über eine gutachterliche Darstellung von Alternativen, also über eine Entscheidungshilfe hinausgeht, steht der gleichzeitigen Tätigkeit als APr. des beratenen Unternehmens aber entgegen, wenn durch die Beratertätigkeit der Eindruck erweckt wird, dass die Funktion des außenstehenden unbefangenen WP nicht mehr gegeben ist, weil der Berufsangehörige als **Interessenvertreter** des zu prüfenden Unternehmens auftritt.

305

Besorgnis der Befangenheit wegen Interessenvertretung kann sich ergeben, wenn der WP in anderer Angelegenheit beauftragt war, Interessen für oder gegen das zu prüfende, das zu begutachtende oder das den Auftrag erteilende Unternehmen zu vertreten (§ 23b Abs. 1 BS WP/vBP). Voraussetzung ist, dass die Interessenvertretung nicht von ganz untergeordneter Bedeutung, sondern von einigem Gewicht ist. Tritt der Berufsangehörige etwa als Generalbevollmächtigter[345] des zu prüfenden Unternehmens auf, ist die Interessenvertretung und eine unbefangene Abschlussprüfung aus Sicht eines verständigen Dritten offensichtlich nicht mehr vorstellbar. Im Übrigen ist ein Tätigwerden als Generalbevoll-

306

---

342 Fn. 287, B.7.2.2.
343 Fn. 282, Sec. 201.
344 Vgl. hierzu auch *Heidel/Schall*, § 319, Rn. 12.
345 S. Erläuterungen zu § 23b Abs. 2 BS WP/vBP.

mächtigter eine untersagte gewerbliche Tätigkeit und schon deshalb in der Praxis wohl kaum anzutreffen. Nichts anderes gilt, wenn WP für das Unternehmen Werbung betreiben oder deren Produkte anbieten und dadurch persönliche Gewinn- oder Honorarinteressen begründen (vgl. § 23b Abs. 2 BS WP/vBP). Hierdurch wird der Eindruck vermittelt, dass der Prüfer eine besonders enge berufliche Verflechtung mit dem Unternehmen eingegangen ist.

307 Eine vergleichbare Konstellation besteht, wenn der WP auftragsgemäß als Interessenvertreter des zu prüfenden Unternehmens nach außen auftritt; er ist daher als APr. des Bauträgers ausgeschlossen, wenn er gleichzeitig als Treuhänder der Bauherren fungiert.

308 Praktisch relevant sind Fälle, in denen **Treuhandfunktionen** für Gesellschafter des zu prüfenden Unternehmens wahrgenommen werden. Ist damit die Interessenwahrnehmung nur für einzelne Gesellschafter oder eine Gruppe von Gesellschaftern verbunden, lässt sich die Besorgnis der Befangenheit nicht vermeiden[346].

309 Für die Eignung als gesetzlicher APr. unschädlich ist es, wenn neben der Prüfung ergänzende **Kontrolltätigkeiten** im Auftrag von Gesellschaftern vorgenommen werden und alle anderen Gesellschafter zugestimmt haben. Eine solche Kontrolltätigkeit ist etwa die **Bucheinsicht** nach § 166 HGB.

310 Für den APr. – auch von kapitalmarktorientierten Unternehmen i.S.d. § 319a Abs. 1 HGB – statthaft ist nach wie vor die Betreuung des Mandanten in **außergerichtlichen wie gerichtlichen Verfahren**, insb. bei steuerlichen Betriebsprüfungen und Finanzgerichtsprozessen. Der Gesetzgeber hatte auf Grund der Kritik des Berufsstandes[347] in der Sache zu Recht auf ein zunächst vorgesehenes Verbot der gerichtlichen Vertretung von Kapitalmarktunternehmen[348] durch den APr. verzichtet. In den Fällen der gerichtlichen Vertretung werde die Unbefangenheit nicht in demselben Maße gefährdet, wie bei den übrigen Ausschlussgründen. Sei Besorgnis der Befangenheit im Einzelfall zu befürchten, könne § 319 Abs. 2 HGB zur Anwendung kommen[349].

311 Einen Sonderfall des Verbots der Wahrnehmung **widerstreitender Interessen** regelt § 53 WPO. Danach darf ein WP in derselben Sache für einen anderen Auftraggeber nur dann tätig werden, wenn der bisherige und der neue Auftraggeber damit einverstanden sind. Dies gilt auch, wenn eine Person, mit der der WP den Beruf gemeinsam ausübt, tätig war oder wird. Das bedeutet etwa, dass ein WP dann nicht für einen neuen Auftraggeber Dienstleistungen in derselben Sache erbringen darf, in der ein Sozietätspartner für einen früheren Auftraggeber bereits tätig war, und es am Einverständnis beider Auftraggeber fehlt. So ist es bspw. untersagt, für einen GmbH-Gesellschafter eine Unternehmensbewertung etwa zur Bemessung einer möglichen Abfindung durchzuführen, wenn bereits eine solche Unternehmensbewertung im Auftrag der GmbH erfolgte und das Einverständnis der GmbH nicht gegeben ist.

– **Persönliche Vertrautheit**

312 Neben geschäftlichen und finanziellen nennt § 319 Abs. 2 HGB Beziehungen persönlicher Art als Grund für die Besorgnis der Befangenheit. Es leuchtet unmittelbar ein, dass verwandtschaftliche, aber auch andere persönliche Beziehungen zu einer Vertrautheit

---

346 S. auch § 23 Abs. 3 BS WP/vBP.
347 *Ring*, WPg 2005, S. 201.
348 Vgl. § 319a Abs. 1 S. 1 Nr. 4 HGB i.d.F. des Regierungsentwurfs, BT-Drs. 15/3419, S. 10.
349 Beschlussempfehlung und Bericht des Rechtsausschusses des Deutschen Bundestages, BT-Drs. 15/4054, S. 39 r.Sp.

führen können, die eine unvoreingenommene Prüfung oder Urteilsbildung gefährden. Nach § 24 BS WP/vBP werden persönliche Beziehungen zu dem zu prüfenden, zu begutachtenden oder dem Auftrag erteilenden Unternehmen, den Mitgliedern der Unternehmensleitung oder Personen, die auf den Prüfungsgegenstand Einfluss haben, erfasst. Besteht eine solche **persönliche Vertrautheit**, wenn der WP/vBP in anderer Angelegenheit beauftragt war, Interessen für oder gegen das zu prüfende, das zu begutachtende oder das den Auftrag erteilende Unternehmen zu vertreten. Zum Tragen kommt dieser Befangenheitsgrund etwa in Fällen, in denen ein naher Familienangehöriger des WP (oder ein Lebenspartner) beim Prüfungsmandanten für die Führung der Bücher oder die Erstellung des JA verantwortlich ist oder unmittelbar Einfluss hierauf hat. Das gleiche gilt, wenn diese persönliche Vertrautheit zwischen Mitgliedern des Prüfungsteams oder deren nahen Familienangehörigen oder dem genannten Personenkreis des Unternehmens besteht[350]. Eine Besorgnis der Befangenheit unter dem Aspekt der persönlichen Vertrautheit kann sich auch bei einem Wechsel eines Mitarbeiters des APr. zu dem zu prüfenden Unternehmen ergeben. Vgl. dazu die Erläuterungen zu § 24 BS WP/vBP und B.3. der EU-Empfehlung zur Unabhängigkeit des APr.[351].

– **Personenkreis, der Besorgnis der Befangenheit auslösen kann**

Nicht nur der WP selbst, sondern auch andere Personen können die Umstände verwirklichen, die eine Besorgnis der Befangenheit nach § 319 Abs. 2 HGB oder gar einen Ausschlussgrund nach §§ 319 Abs. 3 (Sozietätsklausel), 319a Abs. 1 HGB begründen. Nach § 21 BS WP/vBP sind dies:

– Personen, mit denen der WP/vBP seinen **Beruf gemeinsam ausübt**
– Personen, mit denen der WP/vBP in einem **Netzwerk** verbunden ist
– Personen, soweit diese bei der Auftragsdurchführung beschäftigt sind
– **Ehegatten, Lebenspartner** oder **Verwandte** in gerader Linie des WP[352] oder für eine dieser Personen handelnde Vertreter
– Unternehmen, auf die der WP/vBP **maßgeblichen Einfluss** hat

Bei **Berufsgesellschaften** kann die Besorgnis der Befangenheit v.a. ausgelöst werden, wenn sie selbst, einer ihrer gesetzlichen Vertreter, ein Gesellschafter, der maßgeblichen Einfluss ausüben kann oder bei der Prüfung in verantwortlicher Position beschäftigt ist, oder andere beschäftigte Personen, die das Ergebnis der Prüfung beeinflussen können, oder Unternehmen, auf die die WPG oder Buchprüfungsgesellschaft maßgeblichen Einfluss hat, Sachverhalte nach § 319 Abs. 2 oder Abs. 3 HGB verwirklichen.

Diese Konstellation regelt ausdrücklich **§ 319 Abs. 4 HGB**, wonach u.a. ein Gesellschafter einer WPG, der die Tatbestände der §§ 319 Abs. 2 und 3 verwirklicht, die Prüfungsgesellschaft nur dann ausschließt, wenn er mehr als 20 v.H. der den Gesellschaftern zustehenden Stimmrechte besitzt und keine andere in § 319 Abs. 4 HGB genannte Funktion in der WPG ausübt. Die Vorschrift greift auch ein, wenn mehrere Gesellschafter, die zusammen mehr als 20. v.H. der den Gesellschaftern zustehenden Stimmrechte besitzen, **jeweils einzeln oder zusammen** die schädlichen Tatbestände verwirklichen. Durch die entsprechende Verweisung in § 319 Abs. 4 S. 1 HGB sind § 319 Abs. 2 und 3 (ebenso § 319a Abs. 1) HGB auch im Rahmen dieser Regelung für WPG zu beachten. Damit ist die sog. Sozietätsklausel des § 319 Abs. 3 S.1 HGB grundsätzlich auch bei Anwendung des

---

350 Vgl. EU-Empfehlung zur Unabhängigkeit des APr. (Fn. 287) B. 6.
351 Fn. 287.
352 § 21 der geltenden BS WP/vBP stellt zu Recht nicht mehr auf Angehörige i.S.d. § 15 AO ab, weil dieser einen zu großen, in der Berufspraxis kaum erfassbaren Personenkreis einschloss. So schon IDW Stellungnahme v. 07.07.1995, FN-IDW, S. 460.

§ 319 Abs. 4 HGB zu beachten. Dies kann dazu führen, dass etwa einem Geschäftsführer einer WPG, der zugleich Mitglied einer Sozietät ist, ein Ausschlusstatbestand zugerechnet wird, den nur einer seiner nicht an der WPG beteiligten oder dort beschäftigten Sozien verwirklicht. Inwieweit diese Sozietätsklausel im Einzelfall reicht, ist aber unklar. So sind Konstellationen denkbar, bei denen ein bis zu 20 v.H. beteiligter Gesellschafter unschädlich einen Ausschlusstatbestand erfüllt, aber gleichzeitig über die Anwendung der Sozietätsklausel ein Ausschlusstatbestand wirksam wird. Bei der Auslegung der Vorschrift wird darauf zu achten sein, dass Wertungswidersprüche bei der Anwendung dieser Norm auf vergleichbare Sachverhalte vermieden werden.

316 § 319 Abs. 4 und § 319b HGB stehen im **Verhältnis der Spezialität** zueinander, so dass eine Subsumtion unter § 319b HGB als Auffangtatbestand ausscheidet, wenn die Tatbestandsvoraussetzungen des § 319 Abs. 4 erfüllt sind. In diesen Fällen kommt die Exkulpationsmöglichkeit des § 319b Abs. 1 S. 1 HGB natürlich nicht zur Anwendung[353].

317 Für eine WPG kann sich gem. § 319 Abs. 2 i.V. mit Abs. 4 HGB und § 24 BS WP/vBP ein Befangenheitsrisiko auch daraus ergeben, dass ein ehemaliger **Prüfungspartner zum Prüfungsmandanten wechselt** und innerhalb der Karenzzeit von zwei Jahren bei dem Unternehmen eine wichtige Führungstätigkeit ausübt (vgl. i.E. hierzu Tz. 343). Diesem Risiko kann allerdings durch Schutzmaßnahmen begegnet werden, indem z.B. die Mitglieder des Prüfungsteams, die besonders enge Beziehungen zu dem Prüfungspartner hatten, für eine Übergangszeit in einem anderen Mandat eingesetzt werden[354].

318 In der Praxis ist dem Personenkreis, der die Besorgnis der Befangenheit verwirklicht, besondere Aufmerksamkeit zu widmen. V.a. § 319 Abs. 4 HGB, der über § 319a Abs. 1 S. 2 HGB auch bei Abschlussprüfungen i.S.v. § 319a HGB anzuwenden ist, muss **im Einzelfall besonders sorgfältig geprüft** werden, damit Ausschlusstatbestände und ihre Rechtsfolgen (dazu s. Tz. 335) vermieden und gegenüber Auftraggebern keine unrichtigen Unabhängigkeitserklärungen nach Ziff. 7.2.1 des DCGK[355] abgegeben werden.

– Schutzmaßnahmen

319 Gründe, die zu einer Besorgnis der Befangenheit i.S.v. § 319 Abs. 2 HGB führen können, lassen sich durch **Schutzmaßnahmen** in ihrer Wirkung in einem Maße mindern, dass auch ein verständiger und objektiver Dritter auf Grund solcher Maßnahmen eine Gefährdung der Unbefangenheit verneinen würde[356]. Die entsprechenden Maßnahmen und Verfahren müssen also geeignet sein, eine Gefährdung der Unbefangenheit der WP/vBP soweit abzuschwächen, dass die Gefährdung insgesamt als unwesentlich zu beurteilen ist. Hierzu können, je nach den vorliegenden Umständen, aus denen sich die Gefährdung ergibt, nach § 22 BS WP/vBP insb. gehören:

– Erörterungen mit **Aufsichtsgremien** des Auftraggebers
– Erörterungen mit **Aufsichtsstellen** außerhalb des Unternehmens
– Transparenzregelungen
– **Einschaltung** von Personen in den Prüfungsauftrag, die nicht schon anderweitig damit befasst sind
– **Beratung** mit Kollegen, die in Fragen der Unbefangenheit erfahren sind

---

353 Vgl. *Gelhausen/Fey/Kämpfer*, Kap. T, Tz. 121.
354 *Gelhausen/Fey/Kämpfer*, Kap. Z, Tz. 16
355 Zur Unabhängigkeitserklärung, s. *Auswirkungen des Deutschen Corporate Governance Kodex auf die Abschlussprüfung (IDW PS 345)*, WPg 2003, S. 1002, aktualisierte Fassung in WPg 2005, S. 516 sowie *Pfitzer/Orth/Wacker*, DB 2002, S. 753.
356 Die Berücksichtigung solcher Schutzmaßnahmen (safeguards) ist international üblich, vgl. EU-Empfehlung (Fn. 287) sowie IESBA Code of Ethics (Fn. 289).

– **personelle und organisatorische Maßnahmen**, durch die sichergestellt wird, dass Informationen aus der zusätzlichen Tätigkeit, die zu einer Befangenheit als APr. führen können, den für die Abschlussprüfung Verantwortlichen nicht zur Kenntnis gelangen (**Firewalls**).

Das Gebot der **Unbefangenheit** gilt nicht nur für den Bereich der Prüfungstätigkeit, sondern auch für die **Beratungstätigkeit**[357], wenngleich das Risiko der Befangenheit in diesem Tätigkeitsbereich weitaus geringer ist, weil nur das Verhältnis Mandant/Berater, nicht aber die Interessen Dritter oder der Öffentlichkeit berührt sind. Eine solche Befangenheit besteht, wenn der Berater am Ergebnis seines Rates aufgrund zu erwartender eigener Vermögensvorteile interessiert ist und damit nicht mehr objektiv verhandelt. Davon ist z.B. in Fällen auszugehen, in denen der Berater für die Empfehlung einer vermeintlich steuergünstigen Kapitalanlage von dem Vertreiber eine berufsrechtlich ohnehin unzulässige **Provision** erhält[358]. Hier ist der Berufsangehörige durch das finanzielle **Eigeninteresse** gehindert, seinem Mandanten den bestmöglichen Rat zu erteilen. Zu beachten ist allerdings, dass das Verbot zur Vereinbarung von Erfolgshonoraren, das ursprünglich die gesamte Berufstätigkeit des WP erfasste, im Rahmen des BARefG[359] gelockert worden ist (§§ 55, 55a WPO). Ungeachtet dessen bleibt zu beachten, dass der Berater die Sondervorteile herauszugeben hat, auch wenn sie ihm nicht unmittelbar, sondern über einen Strohmann zugeflossen sind[360]. Hinzu kommt, dass derjenige, der sich pflichtwidrig von einem Dritten eine Vermittlungsprovision gewähren lässt und die Zuwendung seinem Mandanten nicht offenbart, dem Mandanten einen durch die Anlageentscheidung entstandenen Schaden zu ersetzen hat. Das gilt selbst dann, wenn ihm kein weiteres Vergehen, etwa eine falsche Beratung anzulasten ist[361]. Dem Vorwurf des Treuebruchs kann der Betroffene nur entgehen, wenn er einem Mandanten das ihm erteilte Provisionsversprechen offenbart[362], wodurch die Befangenheit dem Mandanten erkennbar wird, so dass er seine Entscheidung in Kenntnis dieses Umstandes treffen kann. 320

Für den Beratungsbereich nicht außergewöhnlich ist auch das Risiko der Befangenheit wegen evtl. **Interessenkollision**[363] (§ 53 WPO, § 3 BS WP/vBP). In solchen Fällen besteht ein Verbot der Vertretung widerstreitender Interessen. Danach ist dem WP ein Tätigwerden untersagt, wenn er einen anderen Auftraggeber mit **widerstreitenden Interessen** (s. auch Tz. 311) in derselben Sache berät oder in der Vergangenheit beraten hat. Dieses Verbot der Vertretung widerstreitender Interessen gilt auch, wenn Personen, mit denen der Beruf gemeinsam ausgeübt wird oder in der Vergangenheit ausgeübt wurde, für einen anderen Auftraggeber in der selben Sache tätig sind oder waren. Solche widerstreitenden Interessen können z.B. auftreten bei der gleichzeitigen Beratung mehrerer Auftraggeber (Eheleute, Erbengemeinschaft, GmbH und ihre Gesellschafter etc.)[364]. 321

Bei derartigen Sachverhalten kann sich die ursprünglich gleichartige Interessenlage im Verlauf der Beratungstätigkeit aufgrund anderer Ereignisse (Scheidung, Auflösung einer solchen Gemeinschaft, Streit zwischen GmbH und Gesellschafter oder Geschäftsführer) verändern. Daraus kann sich die Notwendigkeit zur **Mandatsbeendigung** ergeben, weil 322

---

357 BGH v. 26.09.1990, BB, S. 2362, WPK-Mitt. 1991, S. 41.
358 BGH v. 20.05.1987, NJW-RR, S. 1381.
359 V. 03.09.2007, BGBl. I, S. 2178.
360 BGH v. 18.12.1990, BB 1991, S. 441.
361 BGH v. 19.06.1985, NJW, S. 2325, BGHZ 95, S. 81.
362 BGH v. 19.06.1985, NJW, S. 2325, BGHZ 95, S. 81.
363 Bayer. EGH v. 09.12.1980, MittBl. WPK, Nr. 97/1981, S. 6.
364 Bayer. EGH, MittBl. WPK, Nr. 97/1981, S. 6. Die gleichzeitige Beratung mehrerer Auftraggeber ist allerdings dann zulässig, wenn alle Auftraggeber damit einverstanden sind (§ 3 Abs. 1 S. 2 BS WP/vBP).

insoweit kein Wechsel des Auftraggebers mit der Möglichkeit einer einvernehmlichen Lösung nach § 53 WPO in Betracht kommt. Wird das Verbot der Wahrnehmung widerstreitender Interessen nicht beachtet, führt dies zum Verlust des Honoraranspruchs[365]. Von derselben Sache (i.S.v. § 53 WPO) kann nur gesprochen werden, wenn derselbe historische Vorgang von rechtlicher bzw. wirtschaftlicher Bedeutung sein kann. Dies ist z.B. nicht der Fall, wenn der Berufsangehörige früher als Insolvenz- bzw. Konkursverwalter mit einer Bank zu tun hatte und später für einen Schuldner dieser Bank Verkaufsverhandlungen mit Dritten führt[366].

– **Rotation**

323 Ein WP ist nach § 319a Abs. 1 S. 1 Nr. 4 HGB als APr. ausgeschlossen, wenn er für die JAP bei dem kapitalmarktorientierten Unternehmen in **sieben oder mehr Fällen verantwortlich** war. Sind seit der letzten Beteiligung des WP an der JAP zwei oder mehr Jahre vergangen, ist seine Mitwirkung an der Abschlussprüfung wieder zulässig (sog. **Cooling-off-Periode**)[367]. Verantwortlich für eine Prüfung ist nach der Legaldefinition des § 319a Abs. 1 Nr. 4 S. 5 HGB, wer den **Bestätigungsvermerk** nach § 322 HGB über die JAP **unterzeichnet** hat oder wer als WP von einer WPG als für die Durchführung einer Abschlussprüfung **vorrangig verantwortlich bestimmt** worden ist. Nicht vorausgesetzt wird, dass der WP die Stellung eines Partners in der WPG hat, auch angestellte WP fallen darunter. Wer zu diesem Personenkreis gehört, wird sich im Regelfall aus den Arbeitspapieren ergeben (§ 24a Abs. 2 BS WP/vBP). Ein Prüfer darf siebenmal unterzeichnen. Die Rotationspflicht tritt ab der achten Prüfung ein. Als ein Fall gilt auch die Unterzeichnung des Bestätigungsvermerks über die JAP eines Rumpfgeschäftsjahres, da eine Betriebsblindheit nicht durch reinen Zeitablauf, sondern durch häufige kontinuierliche Befassung mit dem Rechenwerk des geprüften Unternehmens entsteht[368]. Die Tätigkeit als verantwortlicher Prüfer in den Jahren vor dem Beginn der Kapitalmarktorientierung des Unternehmens wird dabei mitgezählt.

324 Die Regelung bezieht sich auf die JAP des Einzelabschlusses, sie gilt gemäß § 319a Abs. 2 HGB entsprechend für den Konzernabschluss. Für **Konzernabschlussprüfungen** wird der Begriff des **verantwortlichen Prüfungspartners** auf WP ausgedehnt, die auf der **Ebene bedeutender Tochtergesellschaften** als für die Durchführung einer JAP vorrangig verantwortlich bestimmt worden sind, wobei nicht vorausgesetzt wird, dass das Tochterunternehmen selbst kapitalmarktorientiert ist. Bedeutende Tochterunternehmen sind nach der Gesetzesbegründung[369] solche, deren Einbeziehung in den Konzernabschluss sich erheblich auf die Vermögens-, Finanz- und Ertragslage des Konzerns auswirkt. Dies soll regelmäßig angenommen werden, wenn das Tochterunternehmen mehr als 20 v.H. des Konzernvermögens hält oder mit mehr als 20 v.H. zum Konzernumsatz beiträgt. Für die Frage der Verantwortlichkeit kommt es nicht darauf an, ob der WP nur oder auch die HB II bzw. das **Reporting Package** prüft. Für die Frage der Rotationspflicht sind seine Tätigkeiten auf Ebene der bedeutenden Tochterunternehmen und auf Konzernebene zusammenzuzählen, nicht aber solche bei anderen bedeutenden Tochterunternehmen.

---

365 OLG Düsseldorf v. 23.01.1992, Stbg. 1993, S. 354.
366 OLG München v. 02.10.1996, NJW 1997, S. 1313.
367 Die durch das BilMoG v. 29.05.2009, BGBl. I, S. 1102, neu gefasste Regelung entspricht den Anforderungen des Art. 42 der EU-Abschlussprüferrichtlinie (Fn. 280). Im Übrigen wurden die wesentlichen Elemente der ursprünglichen Regelung zur sog. internen Rotation (§ 319 Abs. 3 Nr. 6 HGB a.F.; vgl. dazu ADS⁶, § 319, Tz. 194) weiterhin beibehalten.
368 WPK-Magazin 2/2011, S. 30.
369 Vgl. Regierungsbegründung zu § 319a, BT-DrS. 16/10067 v 21.05.2008, S. 89 r. Sp.

Berufspflichten   A

Durch die Anordnung der entsprechenden Anwendung für den Konzernabschluss in   325
§ 319a Abs. 2 HGB ist klar geregelt, dass sich bei **gleichzeitiger Prüfung von Jahres-,
Einzel- und Konzernabschluss** die Frage einer Mehrfachzählung nicht mehr stellt. Jahres-, Einzel- und Konzernabschluss dürfen jeweils siebenmal unterzeichnet werden. Die zum alten Recht vertretene Auffassung von *Staub*, HGB[4], § 319, Rn. 57 und LG Düsseldorf (Urt. v. 21.09.2005 n.v.), dass Einzel- und Konzernabschluss nicht als Einheit zu sehen sind mit der Folge, dass bei gleichzeitiger Prüfung beider Abschlüsse eine Unterzeichnung eines der BestV ab dem vierten Jahr nicht mehr zulässig ist, ist somit überholt (s. Begründung Beschlussempfehlung und Bericht Rechtsausschuss, BT-Drucks. 16/12407, S. 91).

Die Neuregelungen des § 319a HGB sind erstmals für JAP von nach dem 31.12.2008 beginnende Geschäftsjahre anzuwenden (§ 66 Abs. 2 S. 1 EGHGB). Für früher beginnende Geschäftjahre gilt § 319a Abs. 1 S. 1 Nr. 4 HGB a.F. (§ 66 Abs. 2 S. 2 EGHGB).

– **Sonstige Prüfungen**

Die Ausschlussgründe des §§ 319 Abs. 3, 319b Abs. 1 S. 2 HGB gelten berufsrechtlich für   326
alle gesetzlich vorgeschriebenen Prüfungen, auch wenn es an einer ausdrücklichen Verweisung fehlt, also nicht nur für JA, und zwar sowohl im privatrechtlichen wie auch im öffentlich-rechtlichen Bereich. Darüber hinaus führen diese Tatbestände bei freiwilligen Abschlussprüfungen, bei denen ein BestV erteilt wird, der dem bei Pflichtprüfungen zu erteilenden nachgebildet ist, zu einem Ausschluss als Prüfer (§ 22a Abs. 1 S. 2 BS WP/vBP).

bb) Auswirkungen bei gemeinsamer Berufsausübung oder Kooperationen

Liegt eine **gemeinsame Berufsausübung** vor, so wirken sich Ausschließungsgründe in   327
der Person eines Partners auch auf die übrigen Mitglieder des Zusammenschlusses und diesen selbst aus. Demzufolge erstrecken sich die in § 319 Abs. 3 HGB genannten Gründe für den Ausschluss als gesetzlicher APr. auch auf die Personen, mit denen der Beruf gemeinsam ausgeübt wird. Eine gemeinsame Berufsausübung ist bei Sozietäten und einfachen Partnerschaftsgesellschaften gegeben. Für das berufliche Zusammenwirken in einer anerkannten Berufsgesellschaft gilt § 319 Abs. 4 HGB. Der neu eingefügte § 319b HGB tritt neben die sog. Sozietätsklausel. Die Vorschriften stehen im Verhältnis der Spezialität zueinander, so dass eine Anwendung des § 319b HGB ausgeschlossen ist, wenn die Tatbestandsvoraussetzungen der Sozietätsklausel erfüllt sind[370].

Hervorzuheben ist, dass auch ein Verhinderungsgrund aus der Zeit vor dem beruflichen Zusammenschluss nachwirken kann; die übrigen Mitglieder werden dann durch Verhinderungsgründe in der Person des anderen Mitgliedes aus der Zeit vor dem Zusammenschluss „belastet" mit der Folge, dass auch sie als APr. oder Gutachter ausgeschlossen sind, weil ihr nunmehriger Partner persönlich verhindert ist. Dies gilt nicht nur beim Zusammenschluss in einer Sozietät oder einfachen Partnerschaftsgesellschaft, sondern auch bei der Errichtung bzw. der Fusion von Berufsgesellschaften.

cc) Auswirkungen der Zugehörigkeit zu einem Netzwerk

Mit § 319b HGB hat der Gesetzgeber in Umsetzung des Art. 22 Abs. 2 der EU-Abschlussprüferrichtlinie[371] eine weitere Vorschrift in das Gesetz aufgenommen, aufgrund   328

---

370 Vgl. *Gelhausen/Fey/Kämpfer*, Kap. T, Tz. 121.
371 Fn. 280.

der von einem Dritten verwirklichte Ausschlussgründe dem APr. zugerechnet werden. Der Personenkreis der Dritten wird auf Personen ausgeweitet, mit denen der Apr. in einem **Netzwerk** verbunden ist. Nach der Legaldefinition in § 319b Abs. 1 Satz 3 HGB liegt ein Netzwerk vor, wenn Personen bei ihrer Berufsausübung zur Verfolgung gemeinsamer wirtschaftlicher Interessen für eine gewisse Dauer zusammenwirken[372].

329 Auf die rechtliche Ausgestaltung des Netzwerks kommt es nicht an. Ein einmaliges oder nur gelegentliches **Zusammenwirken** reicht ebenso wenig für die Annahme eines Netzwerks aus wie eine Zusammenarbeit, die nicht die berufliche Tätigkeit betrifft. Weiterhin **zulässig** bleibt daher der Zusammenschluss in Form einer **Bürogemeinschaft**, die sachliche und ggf. personelle, nicht aber fachliche Ressourcen betrifft. Gleiches gilt für die Durchführung von **Gemeinschaftsprüfungen**, die gemeinschaftliche Erstellung von betriebswirtschaftlichen Gutachten sowie für die **Mitgliedschaft in Berufsverbänden**. Eine Kooperation, die die Netzwerkkriterien nicht erfüllt, führt nicht zur Zurechnung von Befangenheitstatbeständen; darauf, ob sie nach außen kundgemacht wird, kommt es damit nicht mehr an (vgl. Tz. 215).

330 Von der **Verfolgung gemeinsamer wirtschaftlicher Interessen** ist auszugehen, wenn die Netzwerkmitglieder die in Artikel 2 Nr. 7 der EU-Abschlussprüferrichtlinie genannten Kriterien erfüllen. Grund hierfür ist die Gleichrichtung der wirtschaftlichen Interessen der Netzwerkmitglieder. Solche werden bei gemeinsamer Gewinn- und Kostenteilung, gemeinsamem Eigentum sowie gemeinsamer Kontrolle oder gemeinsamer Geschäftsführung regelmäßig angenommen. Gleiches gilt bei gemeinsamen Qualitätssicherungsmaßnahmen und -verfahren sowie bei gemeinsamer Nutzung fachlicher Ressourcen, da solche Maßnahmen der Erzielung von Wettbewerbsvorteilen und damit der Steigerung des Geschäftsergebnisses dienen. Satzung und Organisationsstruktur geben im Allgemeinen Aufschluss über das Vorliegen eines Netzwerks. So kann etwa das Bestehen eines „worldwide" und eines „regional" board ein Merkmal für eine netzwerktypische Organisationsstruktur sein.

331 Besondere Bedeutung kommt der **Verwendung einer gemeinsamen Marke** zu. Sie führt zur Annahme eines Netzwerks, wenn der Außenauftritt der die Marke verwendenden Personen durch die verwandte Marke bestimmt wird[373]. Dies ist der Fall, wenn die Marke als Firmen- oder Namensbestandteil verwendet wird. Bei anderweitiger Verwendung ist auf den Gesamteindruck im geschäftlichen Verkehr abzustellen, der sich aus dem Briefbogen und insb. aus dem Internetauftritt ergeben kann. Hierbei ist von einem prägenden Außenauftritt auszugehen, wenn ein gemeinsames Logo oder ein gleichlautender Hinweis auf den Zusammenschluss auf dem Briefbogen oder im Internet auf der Startseite geführt wird. Dem Ort der Verwendung bzw. der graphischen Gestaltung kommt nur indizielle Bedeutung zu. Ein Netzwerk liegt ausnahmsweise aber nicht vor, wenn durch die Verwendung klar herausgestellt wird, dass sich die Zusammenarbeit z.B. auf die gegenseitige Empfehlung von Mandanten oder die enge Abstimmung bei der Abwicklung einzelner Aufträge beschränkt[374].

332 Die Verwirklichung eines der vorstehend genannten Merkmale reicht zur Begründung eines Netzwerks aus.

---

372 Die Definition übernimmt die Kriterien des Art. 2 Nr. 7 der EU-Abschlussprüferrichtlinie nicht wörtlich, sondern fasst sie zusammen, ohne deren Gehalt abzuändern, vgl. Regierungsbegründung zu § 319b v. 21.05.2008, BT-Drucks. 16/10067, S. 90 r. Sp.
373 Regierungsbegründung zu § 319b v. 21.05.2008, BT-Drucks. 16/10067, S. 90 r. Sp.
374 Erläuterungstext zu § 21 Abs. 4 S. 1 Nr. 2 BS WP/vBP; Zur Möglichkeit der Widerlegung der Annahme eines Netzwerks s. im Einzelnen WPK-Magazin 4/2010, S. 44.

Berufspflichten A

Bei den **Rechtsfolgen** ist zu unterscheiden: In Fällen der Verletzung des Selbstprüfungsverbots (§ 319 Abs. 3 Nr. 3, 319a HGB) erfolgt stets eine Zurechnung in Netzwerken. Demgegenüber werden dem APr. Sachverhalte der §§ 319 Abs. 2, 319 Abs. 3 Nr. 1, 2 und 4 HGB nicht zugerechnet, wenn das Netzwerkmitglied auf das Ergebnis der Prüfung keinen Einfluss nehmen kann. Unter Einflussnahme auf die JAP ist sowohl rechtlicher als auch faktischer Einfluss zu verstehen. Neben den vertraglichen Beziehungen kommt es daher auf die wirtschaftlichen Machtverhältnisse im Netzwerk an[375].

333

Eine Zurechnung von Sachverhalten, die zu einer übermäßigen Umsatzabhängigkeit (§ 23 Abs. 1 Nr. 2 BS WP/vBP) führen, ist ausgeschlossen.

Sofern ein Netzwerk vorliegt, müssen in der Praxis **organisatorische Vorkehrungen** getroffen werden, um die Unabhängigkeit im Netzwerk sicherzustellen (vgl. zu organisatorischen Vorkehrungen auch Tz. 337).

334

dd) Rechtsfolgen bei Verstößen gegen Unabhängigkeitsanforderungen

Die Rechtsfolgen eines Verstoßes gegen die Ausschlussgründe der §§ 319, 319a, 319b HGB ergeben sich nach § 318 Abs. 3 HGB und aus allgemeinen **zivilrechtlichen Grundsätzen**[376], sie treffen den Berufsangehörigen. Nach der Rspr. des BGH[377] bleibt der geprüfte JA wirksam. Dies folgt nunmehr auch unmittelbar aus § 256 Abs. 1 Nr. 3 AktG[378], der analog für GmbH gilt. Da die Verwirklichung des untersagten Tätigwerdens einen Verstoß gegen ein Verbot und zugleich eine Ordnungswidrigkeit i.S.v. § 334 Abs. 2 HGB darstellt, ist der **Prüfungsauftrag** nach § 134 BGB **nichtig**. Als Folge daraus hat der Prüfer seine Vergütung zurückzuerstatten (§ 812 BGB) bzw. keinen Anspruch darauf[379]. Der Anspruch auf Rückerstattung der Vergütung, der naturgemäß keinen Versicherungsschaden darstellt, verjährt in der Regelfrist der §§ 195, 199 BGB (vgl. dazu Tz. 708). Nichtigkeit soll nach dem Urteil des BGH v. 21.01.2010 – Xa ZR 175/07 allerdings dann nicht eintreten, wenn der Verbotstatbestand erst nach Abschluss des Prüfungsvertrages verwirklicht wird. Gleichwohl hat der BGH dem APr. einen Honoraranspruch mit der Begründung versagt, dass der Prüfungsvertrag auf eine rechtlich unmögliche Leistung gerichtet sei (§§ 275 Abs. 1, 326 Abs. 1 BGB). Der Prüfer könne weder über das Prüfungsergebnis berichten noch einen Bestätigungsvermerk erteilen. Der BGH hat in diesem Urteil, das eine freiwillige Prüfung betraf, die Berufssatzung für berufsrechtliche Zwecke unzutreffenderweise als Verbotsgesetz i.S. des § 134 BGB gewertet. Verkannt hat der BGH außerdem, dass nach der bisherigen unverändert fort geltenden Rspr. die rechtliche Unmöglichkeit der Erteilung eines Bestätigungsvermerks keine Auswirkung auf die Wirksamkeit des Jahresabschlusses hat. Das Urteil kann u.E. daher nicht auf gesetzliche JAP übertragen werden.

335

Liegt nur ein **Verstoß gegen § 319 Abs. 2 HGB** (und damit zugleich gegen § 49 Hs. 2 WPO) vor, führt nach der Kodifizierung des allgemeinen Befangenheitsgrundsatzes durch das BilReG auch eine solche Berufspflichtverletzung zur **Nichtigkeit** des Prüfungsvertrages nach § 134 BGB. Denn auch eine Verletzung des § 319 Abs. 2 HGB ist als Ordnungswidrigkeit i.S.v. § 334 Abs. 2 HGB sanktioniert. Die Entscheidung des BGH

336

---

375 *Heidel/Schall*, § 319b, Rn. 10.
376 Deshalb hat der Gesetzgeber auf eine ausdrückliche Regelung in § 319 HGB verzichtet, vgl. RegBegr. zum BilReG, BT-Drs. 15/3319, S. 37 r. Sp.
377 Vgl. dazu auch die Verlautbarung des VO der WPK, MittBl. WPK Nr. 122/1986, S. 7.
378 So auch die Regierungsbegründung, BT-Drs. 15/3419 v. 24.06.2004, S. 37 r. Sp.
379 S. *Gelhausen/Heinz*, WPg 2005, S. 693.

83

v. 03.06.2004[380], wonach allein ein Verstoß gegen § 49 Hs. 2 WPO nicht zur Nichtigkeit gem. § 134 BGB des schuldrechtlichen Vertrages über die Tätigkeit mit dem WP führe, dürfte damit in vielen Fällen bedeutungslos sein. In den Rechtsfolgen einer Befangenheit wegen Verstoßes gegen gesetzliche Ausschlussgründe (§§ 319 Abs. 3, 319a, 319b Abs. 1 S. 2 HGB, früher auch als absolute Befangenheitsgründe bezeichnet) und der allgemeinen Besorgnis der Befangenheit (§§ 319 Abs. 2, 319b Abs. 1 S. 1 HGB, früher auch als relative Befangenheitsgründe bezeichnet) besteht somit kein Unterschied mehr[381]. Die BGH-Entscheidung v. 03.06.2004[354] dürfte trotz der Entscheidung des BGH v. 21.01.2010 – Xa ZR 175/07 bei freiwilligen Prüfungen, bei denen nur ein Verstoß gegen § 49 Hs. 2 WPO vorliegt, weiterhin Anwendung finden. Nicht gefolgt werden kann der Auffassung des BGH, dass die berufsständischen Vorschriften (§ 22a BS WP/vBP) ein gesetzliches Verbot begründen. Ein Verstoß gegen diese Regelungen führt nicht zu einer Ordnungswidrigkeit i.S. des § 334 Abs. 2 HGB.

337 Um Konfliktfälle nach den gesetzlichen und berufsrechtlichen Bestimmungen zu vermeiden, sind insb. bei beruflichen Zusammenschlüssen eine regelmäßige gegenseitige Aufklärung, Abstimmung und entsprechende organisatorische Maßnahmen notwendig[382].

338 Eine weitere mögliche Konsequenz der Verwirklichung eines Befangenheitsgrundes ist die **Ersetzung des befangenen APr.** nach § 318 Abs. 3 HGB. Die Vorschrift regelt ein besonderes Gerichtsverfahren, das allerdings nur von bestimmten Personen durch einen entsprechenden Antrag in Gang gesetzt werden kann. Antragsberechtigt sind der gesetzliche Vertreter, der AR und Gesellschafter, bei AG und KGaA nur bei Erfüllung weiterer Voraussetzungen auch die Aktionäre (§ 318 Abs. 3 S. 1 HGB).

339 Ein solcher **Antrag** muss binnen **zwei Wochen** nach Wahl des APr. gestellt werden. Aktionäre können den Antrag darüber hinaus stellen, wenn sie gegen die Wahl des APr. bei der Beschlussfassung in der HV Widerspruch erklärt haben (§ 318 Abs. 3 S. 2 HGB). Für den Fall, dass der Befangenheitsgrund erst nach der Wahl eintritt oder bekannt wird, beginnt die Zweiwochenfrist an dem Tag, an dem der Antragsberechtigte von den die Befangenheit auslösenden Umständen Kenntnis erlangt hat oder ohne große Fahrlässigkeit hätte erlangen müssen. Für die Praxis bedeutsam dürfte die durch das BilReG[383] eingeführte **Antragsbefugnis von Aufsichtsbehörden** und die ausdrückliche Regelung sein, dass **nach Erteilung des BestV** der Antrag auf Ersetzung des befangenen APr. nicht mehr gestellt werden kann (§ 318 Abs. 3 S. 7 HGB). Durch das BilReG wurde die Möglichkeit, neben dem Antrag nach § 318 Abs. 3 HGB eine **Anfechtung des Wahlbeschlusses** gem. § 243 Abs. 1 AktG zu betreiben, abgeschafft (§ 243 Abs. 3 Nr. 2 AktG).

340 Das Ersetzungsverfahren nach § 318 Abs. 3 HGB (Tz. 339) gilt unmittelbar nur für **prüfungspflichtige Unternehmen**, so dass eine Abberufung des Prüfers bzw. eine Kündigung des Prüfungsauftrages bei nicht gesetzlich vorgeschriebenen Prüfungen auf diesem Wege nicht möglich ist.

b) Unparteilichkeit

341 Gem. § 43 Abs. 1 S. 2 WPO hat sich der WP bei der Prüfungstätigkeit und der Erstattung von Gutachten unparteiisch zu verhalten, ein Gebot, das vom WP in seiner Funktion als

---

380 DB 2004, S. 1605; kritisch zu dieser Entscheidung, *W. Müller*, NZG 2004, S. 1037.
381 S. dazu und zur Differenzierung zwischen anfänglichen und nachträglich eintretenden Befangenheitsgründen statt vieler *Gelhausen/Heinz*, WPg 2005, S. 693.
382 S. dazu *VO 1/2006*, 4.1.1, WPg 2006, S. 629/633.
383 Vgl. zum Ganzen *Gelhausen/Heinz*, WPg 2005, S. 693.

Prüfer oder Gutachter unbedingte **Neutralität** verlangt. Auch wenn er dabei widerstreitenden Interessen ausgesetzt ist, darf er einzelnen Interessen nicht verpflichtet sein. Er hat darauf zu achten, dass er keinen der Beteiligten benachteiligt oder bevorzugt (§ 20 Abs. 1 S. 1 BS WP/vBP). So verliert der WP die Eignung als Schiedsgutachter, wenn er statt des Schiedsgutachtens ein Gutachten im Interesse einer Partei erstattet[384]. Ein solches darf nach § 20 Abs. 2 BS WP/vBP allerdings nicht als Gutachten bezeichnet werden.

Die Neutralität muss in PrB und Gutachten auch zum Ausdruck kommen. Wesentliche Sachverhalte dürfen nicht verschwiegen werden oder im Rahmen der fachlichen Würdigung unberücksichtigt bleiben. Die fachliche Würdigung der ermittelten Fakten muss nachvollziehbar sein und darf nicht durch Sonderinteressen beeinflusst werden. Letzteres ist v.a. dann von Bedeutung, wenn der WP mehreren Auftraggebern gleichzeitig verpflichtet ist, z.B. in seiner Funktion als Treuhänder einer Vielzahl von Treugebern. 342

c) Wechsel zu einem Mandanten i.S. des § 319a HGB

Wechselt der APr. oder der verantwortliche Prüfungspartner i.S. des § 319a Abs. 1 S. 5, Abs. 2 S. 2 HGB (zum Begriff „verantwortlicher Prüfungspartner" vgl. Tz. 323) zu seinem bisherigen Prüfungsmandanten, einem kapitalmarktorientierten Unternehmen[385], darf er dort gem. § 43 Abs. 3 WPO zwei Jahre lang keine wichtige Führungstätigkeit ausüben. War der APr./verantwortliche Prüfungspartner nur auf Ebene bedeutender Tochterunternehmen (vgl. Tz. 324) tätig, bezieht sich das Tätigkeitsverbot auf das Mutterunternehmen und darüber hinaus auf das einzelne Tochterunternehmen, wenn es selbst kapitalmarktorientiert ist[386]. Für den Beginn der zweijährigen Cooling-off-Periode wird auf die Beendigung der Prüfungstätigkeit und damit im Regelfall auf den Zeitpunkt der Erteilung des Bestätigungsvermerks abzustellen sein, zu Ausnahmen hiervon vgl. *Gelhausen/Fey/Kämpfer*, Kap. Z, Tz. 42. Zu beachten ist, dass eine Mitwirkung an einer Nachtragsprüfung für ein vorangegangenes Geschäftsjahr die Zweijahresfrist erneut auslöst. Da die Cooling-off-Periode der Wahrung der Unabhängigkeit des aktuellen APr. dient, übt der vormalige APr. eine wichtige Führungstätigkeit aus, wenn er aufgrund seiner persönlichen Vertrautheit zum Prüfungsteam auf den aktuellen APr. Einfluss nehmen oder vergangenes Fehlverhalten verschleiern kann[387]. Ob eine solche Einflussnahmemöglichkeit besteht, hängt entscheidend von seiner Stellung im Unternehmen und dem Bereich ab, in dem er tätig wird. Dies betrifft vor allem die Übernahme einer leitenden Funktion im Rechnungswesen. Wegen der damit verbundenen Gesamtverantwortung ist aber auch eine Tätigkeit als Geschäftsführer oder Vorstand des Unternehmens innerhalb der Cooling-off-Periode unzulässig. Unkritisch ist dagegen die Übernahme anderer Tätigkeiten ohne Führungsverantwortung. Ein Verstoß gegen dieses Verbot wird nach § 133a WPO mit einer Geldbuße von bis zu 50.000 € geahndet. Da nicht auf die Übernahme, sondern auf die Ausübung der Tätigkeit abgestellt wird, handelt es sich um eine Dauerordnungswidrigkeit. Die Geldbuße kann daher auch mehrfach verhängt werden[388]. Zu den Auswirkungen für die Prüfungsgesellschaft, wenn der ehemalige Prüfungspartner die Cooling-off-Periode nicht einhält s. Tz. 317. 343

---

384 BGH v. 06.06.1994, NJW-RR, S. 1314, WM, S. 1778, DB, S. 2131.
385 Zum Begriff s. § 264d HGB.
386 Vgl. *Gelhausen/Fey/Kämpfer*, Kap. Z, Tz. 35.
387 Begr. RegE. BT-Drucks. 16/10067, S. 109.
388 Nach der Übergangsregelung des § 140 WPO gilt die Regelung nicht für Personen, die ihre Prüfungstätigkeit vor Inkrafttreten des BilMoG aufgegeben haben.

d) Verschwiegenheit
aa) Allgemeines

344 Die Pflicht zur **Verschwiegenheit** bildet das Fundament für das Vertrauen, das dem WP entgegengebracht wird; ohne dieses Vertrauen wäre die Erfüllung der beruflichen Aufgaben, v.a. in kritischen Phasen, nicht möglich. Dementsprechend ist die Verschwiegenheitspflicht nicht nur durch das Berufsrecht (§ 43 Abs. 1 S. 1 WPO), sondern auch durch die Verfassung[389], das Zivil- (§ 323 Abs. 1 HGB) und das Strafrecht (§ 203 StGB) sowie eine Vielzahl spezialgesetzlicher Normen vorgeschrieben und abgesichert[390].

bb) Betroffener Personenkreis

345 Die Pflicht zur Verschwiegenheit gilt unabhängig von der Art der Berufsausübung für **alle Berufsangehörigen**, also auch für den im Anstellungsverhältnis tätigen WP. Zu beachten ist in diesem Zusammenhang, dass die Gehilfen und Mitarbeiter, soweit sie nicht schon durch Gesetz zur Verschwiegenheit verpflichtet sind, von WP zur Verschwiegenheit verpflichtet werden müssen (§ 50 WPO, § 5 Abs. 3 BS WP/vBP).

346 Ob Personen, mit denen der Beruf innerhalb einer **Sozietät** oder **Partnerschaft** gemeinsam ausgeübt wird oder die in einer WPG zusammengeschlossen sind, als fremde Dritte anzusehen sind, ist nach den Umständen des Einzelfalles zu entscheiden. Bei einem Beratungsmandat sind im Regelfall alle Partner als beauftragt anzusehen[391], und zwar auch später eintretende[392], so dass sie als informationsberechtigt gelten. Eine abw. Beurteilung ist geboten, wenn das Mandat erkennbar auf einen der Partner beschränkt ist[393]. Bei einem Prüfungsauftrag, der einer gemischten Sozietät erteilt wird, ist gegenüber den Nicht-WP-Sozien (Partnern) Verschwiegenheit zu wahren, soweit sie nicht mit der Erledigung der Prüfung befasst werden und die Praxisorganisation nicht zu einer Offenbarung einzelner Umstände führt, mit der der Auftraggeber im Zweifel auch einverstanden sein dürfte. Dies gilt bei bestehenden Mandaten im Hinblick auf die Höchstpersönlichkeit des Auftrags auch für neu eintretende WP-Sozien oder Partner[394].

347 Vom Mandatsinhaber **eingesetzte Mitarbeiter**, und das können auch Partner oder Angehörige eines verbundenen Unternehmens oder im Einzelfall auch Dritte (z.B. der externe Berichtskritiker i.S.d. § 24d BS WP/vBP) sein, dürfen im notwendigen Rahmen unterrichtet werden bzw. Kenntnisse aus dem Auftrag erlangen[395]. Bei WPG entscheiden die gesetzlichen Vertreter, wer für die Durchführung des Auftrages eingesetzt wird und dementsprechend unterrichtet werden darf. Wie eingeschränkt aber der Ermessensspielraum ist, zeigt die Pflicht zur Verschwiegenheit gegenüber den Mitgliedern des eigenen AR einer WPG (§ 323 Abs. 3 HGB), die auch gegenüber den Gesellschaftern, nicht nur gegenüber den berufsfremden, gilt. Zur Verschwiegenheitspflicht freier Mitarbeiter s. WPK-Mitt. 2001, S. 30.

348 Verschwiegenheitspflicht besteht ebenfalls gegenüber **verbundenen WPG** bzw. den dort tätigen und nicht in die Abwicklung eines Mandats einbezogenen Personen. Dies gilt insb.

---
389 BVerfG v. 12.04.2005 – 2 BvR 1027/02 –; www.bundesverfassungsgericht.de, Rubrik „Entscheidungen".
390 Einen Katalog der einschlägigen Vorschriften enthält die Verpflichtungserklärung zur Verschwiegenheit gem. § 50 WPO, erhältlich bei der IDW Verlag GmbH.
391 BGH v. 04.02.1988, ZIP, S. 415, BB, S. 658; BGH v. 17.10.1989, WM 1990, S. 188, WPK-Mitt. 1990, S. 91.
392 BGH v. 05.11.1993, WM 1994, S. 355, NJW 1994, S. 257, BB 1994, S. 29.
393 BGH v. 07.06.1994, NJW, S. 2302.
394 Vgl. auch *IDW PS 208: Zur Durchführung von Gemeinschaftsprüfungen (joint audit)* (Stand 24.11.2012).
395 OLG Düsseldorf v. 11.10.1994, BB 1995, S. 143, WPK-Mitt. 1995, S. 101.

in Fällen, in denen dieselben Personen sowohl bei dem Mutter- als auch bei dem Tochterunternehmen tätig sind.

Gegenüber **Mitgliedern eines Netzwerks** i.S. des § 319b HGB ist ebenfalls Verschwiegenheit zu wahren. Davon ausgenommen sind Informationen, die der prüfende Netzwerkpartner benötigt, um seine Unabhängigkeit beurteilen und die Anforderungen des § 51b Abs. 4 S. 2 WPO erfüllen zu können (s. Tz. 388). 349

cc) Inhalt und Umfang

Alle Tatsachen und Umstände, die WP bei ihrer Berufstätigkeit anvertraut oder bekannt werden, dürfen **nicht unbefugt offenbart** werden (§ 9 BS WP/vBP). Zu diesen Tatsachen und Umständen gehören auch solche, die in einem mittelbaren oder inneren Zusammenhang mit der Tätigkeit stehen[396]. Die Berufsangehörigen haben zum Schutz der Vertraulichkeit auch durch **geeignete Vorkehrungen** dafür Sorge zu tragen, dass diese Tatsachen und Umstände Unbefugten nicht bekannt werden (vgl. § 9 Abs. 2 BS WP/vBP, vgl. auch Tz. 352 zur Auskunfts- und Vorlagepflicht gegenüber der Finanzverwaltung im Rahmen von Betriebsprüfungen, die steuerlichen Verhältnisse des WP zum Gegenstand haben). Verschwiegenheit ist **zeitlich unbegrenzt**[397] und gegenüber jedermann, auch gegenüber Berufskollegen (s. auch Tz. 345 ff.), zu bewahren. Sie besteht auch nach Verzicht auf die Bestellung, Beurlaubung oder Ausschluss aus dem Beruf fort. 350

Durch die Pflicht zur Verschwiegenheit wird der WP auch gehindert, geschützte Kenntnisse über Vermögensdispositionen Dritter für sich ausnutzen (§ 10 BS WP/vBP); insoweit enthält das Berufsrecht bereits das Verbot der Verwertung sog. **Insiderkenntnisse** für Entscheidungen, die das eigene Vermögen betreffen[398]. Ein Verbot von Insidergeschäften enthält auch § 14 WpHG. Dieses tritt neben die berufsrechtliche Verschwiegenheitspflicht (und diejenige aus § 323 HGB) und hat die Ausnutzung und Weitergabe von Insidertatsachen zum Gegenstand. Der Vorschrift des § 14 WpHG unterliegt z.B. der APr. einer börsennotierten Kapitalgesellschaft[399]. Zur Klarstellung ist aber festzuhalten, dass nur die Kenntnisse von Tatsachen und Sachverhalten dem Schutz der Verschwiegenheit und damit dem Verwertungsverbot unterliegen, nicht aber die aus der beruflichen Tätigkeit gewonnenen **Erfahrungen und Kenntnisse** in fachlicher und rechtlicher Hinsicht. Allerdings darf durch eine z.B. fachliterarische Verwertung der geschützte Bereich nicht verletzt werden. Es ist infolgedessen nicht zulässig, im Rahmen von Aufsätzen oder Vorträgen der Verschwiegenheit unterliegende fachliche Fragen oder tatsächliche Verhältnisse zu offenbaren, wenn dadurch der Auftraggeber erkennbar wird[400] und dieser in die Veröffentlichung nicht eingewilligt hat. 351

Gegenüber der Finanzverwaltung ist aufgrund der Verschwiegenheitspflicht von dem nach § 102 Abs. 1 Nr. 3 Buchst. b AO bestehenden Auskunftsverweigerungsrecht Gebrauch zu machen. Infolgedessen trifft den steuerlichen Berater keine Berichtigungspflicht, wenn er (nachträglich) von einem steuerunehrlichen Verhalten des Mandanten erfährt[401]. Trotz der gesetzlichen Verschwiegenheitspflicht kann bei StB und WP eine 352

---

396 BGH v. 07.04.2005 – 1 StR 3264/04 –, www.bundesgerichtshof.de, Rubrik „Entscheidungen".
397 § 9 Abs. 3 BS WP/vBP; BayObLG v. 02.03.1966, NJW, S. 1664; OLG Stuttgart v. 18.10.1992, NJW 1993, S. 1070; wegen der Auskunftspflicht gegenüber Erben s. OLG Koblenz v. 17.01.1991, DStR, S. 789.
398 Im Übrigen besteht auch nach § 323 Abs. 1 S. 2 HGB ein ausdrückliches Verwertungsverbot für Geschäfts- und Betriebsgeheimnisse des geprüften Unternehmens.
399 Zu Inhalt und Umfang des Verbots von Insidergeschäften nach § 14 WpHG vgl. auch ADS[6], § 323 HGB, Tz. 170.
400 Ebenso ADS[6], § 323 HGB, Tz. 36.
401 BGH v. 20.12.1995, WPK-Mitt. 1997, S. 74, Stbg. 1996, S. 410.

Außenprüfung angeordnet werden (BFH v. 08.04.2008, – VIII R 61/06 –, www.bundesfinanzhof .de, Rubrik „Entscheidungen"). Wegen der beruflichen Pflicht zur Verschwiegenheit besteht auch grundsätzlich keine Auskunftspflicht gegenüber der **Wertpapieraufsicht**[402]. Die Verschwiegenheitspflicht überlagert das nach § 16 Abs. 4 WpHG bestehende Auskunftsrecht des Bundesaufsichtsamtes für das Wertpapierwesen, weil ansonsten das Zeugnisverweigerungsrecht nach § 53 Abs. 1 Nr. 3 StPO unterlaufen werden könnte. Im **Enforcementverfahren** ist der APr. aber gegenüber der BaFin zur Vorlage seiner Arbeitspapiere verpflichtet, soweit sie für die Prüfung eines speziellen Fehlers der Rechnungslegung relevant sind[403].

353 **Kenntnisse**, die der WP im Rahmen seiner **beratenden Tätigkeit** über die oder von der Gegenseite erlangt, unterliegen ebenfalls der Verschwiegenheitspflicht. Seinem Auftraggeber gegenüber hat er aber im Hinblick auf die Verpflichtung zur bestmöglichen Durchführung des Auftrags diese Kenntnisse zu offenbaren. Ein typischer Fall für eine derartige Offenbarungspflicht ist gegeben, wenn der WP vom Auftraggeber als Zeuge über den Verlauf oder das Ergebnis von Verhandlungen benannt worden ist; hier kann sich die Gegenseite, weil insoweit nicht geschützt, nicht auf die Verschwiegenheitspflicht des WP berufen.

354 Betreut der WP **mehrere Mandanten** mit ggf. widerstreitenden Interessen, so ist die Verschwiegenheitspflicht bezogen auf jeden Mandanten zu beachten. Derartige Konstellationen treten z.B. auf, wenn sowohl der Kreditgeber als auch der Kreditnehmer Auftraggeber des WP sind und die Bewertung eines Kredites im Rahmen der Prüfung des Kreditgebers ansteht. Kenntnisse, die bei der Prüfung des JA bei dem einen Mandanten erlangt werden, dürfen nicht bei einem anderen Auftraggeber offenbart werden. Die Entscheidung des BGH v. 27.11.1990[404], wonach der Konflikt zwischen der Pflicht eines Kreditinstituts, Kunden auf Risiken (Konkursreife eines Bauträgers) hinzuweisen und der Pflicht zur Wahrung des Bankgeheimnisses durch eine Güterabwägung zu lösen ist, kann auf WP nicht übertragen werden.

355 Die Verschwiegenheitspflicht gilt auch für Wissen, das WP zufällig erwerben, sofern dieses **Zufallswissen** im Rahmen beruflicher Tätigkeit erlangt worden ist. Hiervon abzugrenzen ist etwaiges Zufallswissen, das ihm nur anlässlich seiner beruflichen Tätigkeit zur Kenntnis kommt (BGH v. 16.02.2011, NJW, S. 1077).

356 Nach wie vor umstritten ist, ob den WP bezüglich solcher Informationen, die er in Ausübung seines Berufs von einem Dritten erfährt und an deren Geheimhaltung dieser ein Interesse hat, auch dem **Dritten gegenüber** eine Verschwiegenheitspflicht trifft (bejahend OLG Köln, NJW 2000, S. 3656; verneinend: *Dahns*, NJW-Spezial 2011, S. 190).

357 Die Verschwiegenheitspflicht erstreckt sich auch auf den prozessualen Bereich (§ 53 Abs. 1 S. 1 Nr. 3 StPO, § 383 Nr. 6 ZPO, § 385 AO); hier hat der Berufsangehörige ein **Zeugnisverweigerungsrecht**, auf das er sich im Regelfall zu berufen hat. Das Zeugnisverweigerungsrecht des § 53 Abs. 1 S. 1 Nr. 3 StPO bezieht sich ebenso wie die Verschwiegenheitspflicht auf Tatsachen, die einem WP bei der Berufsausübung anvertraut oder bekannt geworden sind, die in unmittelbarem oder in einem inneren Zusammenhang mit ihr stehen, was weit auszulegen ist[405]. Das Zeugnisverweigerungsrecht dient wie § 53 Abs. 2 StPO zeigt, allerdings nur den Geheimhaltungsinteressen des Mandanten. Zum

---

402 *Wirth*, BB 1996, S. 1725.
403 OLG Frankfurt v. 12.02.2007, FN-IDW, S. 187.
404 NJW 1991, S. 693.
405 BGH v. 07.04.2005 – 1 StR 326/04 –, www.bundesgerichtshof.de, Rubrik „Entscheidungen".

Umfang des Zeugnisverweigerungsrechts eines StB vgl. BFH v. 14.05.2002 (WPK-Mitt., S. 309).

Gegenstände, auf die sich das **Zeugnisverweigerungsrecht** des WP bezieht, unterliegen nicht der Beschlagnahme (§ 97 Abs. 1 Nr. 3 StPO). Dazu zählen auch elektronisch gespeicherte Datenbestände. Da die Sicherstellung und Beschlagnahme von Datenträgern und der darauf gespeicherten Daten in das Grundrecht der Mandanten auf informationelle Selbstbestimmung eingreift und die vertrauliche Kommunikation zwischen Mandanten und Berater (ebenso Prüfer) beeinträchtigen kann, ist ein Datenzugriff nur in beschränktem Umfang verfassungsrechtlich zulässig[406]. So hat der BFH im Rahmen einer Interessenabwägung im Urt. v. 19.08.2009, BFH/NV 2010, S. 5, aufgrund besonderer Beziehungen zwischen Berufsgeheimnisträger und Mandant dem Ermittlungszweck Vorrang vor den geschützten Interessen des Einzelnen eingeräumt und die Beschlagnahme von Datenträgern bei dem Berufsgeheimnisträger zugelassen. Bei einem WP erstrecken sich das Zeugnisverweigerungsrecht sowie das **Beschlagnahmeverbot** auch auf Kenntnisse und Unterlagen, die aus zulässigen Tätigkeiten nach § 2 Abs. 2 und 3 WPO stammen und ist nicht auf die Prüfungstätigkeit nach § 2 Abs. 1 WPO beschränkt[407]. Ob eine WP-Tätigkeit allerdings mit der Begründung verneint werden kann, sie sei nur wie eine Innenrevision tätig geworden, ist auch in den Augen des BVerfG bedenklich[408]. 358

Durch die Verpflichtung zur Verschwiegenheit ist der WP gehalten, die Beschlagnahme sowohl seiner Akten oder Datenbestände als auch ihm anvertrauter Unterlagen im Rahmen des Möglichen zu verhindern. Da das Beschlagnahmeverbot die Gewährung optimaler professioneller Hilfe schützen will, gilt das Beschlagnahmeverbot auch für Unterlagen von **juristischen Personen**[409]. Allerdings bleibt zu beachten, dass in der Praxis die Beschlagnahmebeschränkungen oftmals dadurch praktisch wirkungslos werden, dass der Berufsangehörige zunächst der Mittäterschaft beschuldigt wird oder die gesuchten Unterlagen als Gegenstände, die durch eine Straftat hervorgebracht oder zu deren Begehung bestimmt oder daraus herrührend (§ 97 Abs. 2 S. 3 StPO), bezeichnet werden. 359

dd) Ausnahmen von der Verschwiegenheitspflicht

Die Pflicht zur Verschwiegenheit entfällt, wenn die Verschwiegenheitspflicht durch gesetzliche Regelungen durchbrochen wird oder der WP wirksam von ihr entbunden worden ist. Vgl. dazu auch WPK-Mitt. 2002, S. 30. 360

Eine **gesetzliche Durchbrechung** der Verschwiegenheitsverpflichtung findet sich in § 320 Abs. 3 S. 2 HGB für den Bereich der **Konzernabschlussprüfung**. Danach hat der Konzern-APr. Einsichts- und Auskunftsrechte gegenüber den APr. der Mutter- bzw. Tochterunternehmen mit der Folge, dass diese APr. Einsicht gewähren und Auskunft geben dürfen/müssen; einer gesonderten Entbindung von der Verschwiegenheitspflicht bedarf es in diesen Fällen nicht. Allerdings bestehen die Auskunftsrechte und Vorlagepflichten nur, soweit es für eine sorgfältige Prüfung notwendig ist[410]. Dazu gehören vor allem mündliche Erläuterungen und Unterlagen des geprüften Unternehmens, die der APr. des Tochter- oder Mutterunternehmens zu seinen Handakten genommen hat. In Arbeitspapiere, auf deren Herausgabe kein genereller Anspruch besteht, sollte nur gegen eine 361

---

406 BVerfG v. 12.04.2005 – 2 BvR 1027/02 –, www.bundesverfassungsgericht.de Rubrik „Entscheidungen".
407 LG Bonn v. 29.10.2001, FN-IDW 2002, S. 104.
408 Nichtannahmebeschluss v. 27.10.2003 – 2 BvR 2211/00 –, www.bundesverfassungsgericht.de, Rubrik „Entscheidungen".
409 *P. Schmitt*, wistra 1993, S. 9.
410 § 320 Abs. 2 S. 1 und S. 3 i.V.m. § 320 Abs. 3 letzter S. HGB.

Haftungsfreistellung, einen sog. Hold Harmless Letter, Einsicht gewährt werden. Wird der JA eines in den Konzernabschluss einbezogenen Tochterunternehmens freiwillig geprüft, gilt Entsprechendes[411].

362 Gem. § 320 Abs. 4 HGB[412] hat der bisherige APr. sowohl beim regulären als auch beim vorzeitigen **APr.-Wechsel** dem neuen APr. auf schriftliche Aufforderung hin über das Ergebnis der Prüfung zu berichten. Hierzu reicht die Übersendung einer Kopie des Berichts, den auch das geprüfte Unternehmen erhält. Eine Pflicht, Einsichtnahme in die Arbeitspapiere zu gestatten, ist damit nicht verbunden[413]..

363 Zur Frage der Zulässigkeit der **Datenerhebung, -verarbeitung und -nutzung** (§ 32 BDSG) im Rahmen gesetzlicher und freiwilliger JAP sowie zur Frage der Auftragsdatenverarbeitung (§ 11 Abs. 2 BDSG) vgl. FAR, FN-IDW 2010, S. 179.

364 Eine weitere Einschränkung der Verschwiegenheitspflicht besteht kraft Gesetzes (§ 57b Abs. 3 WPO) bei dem Verfahren der **externen Qualitätskontrolle** für die daran beteiligten Personen.

365 Eine weitere Durchbrechung der Verschwiegenheitspflicht enthält § 11 Abs. 3 GwG[414]. Danach sind u.a. WP und vBP verpflichtet, in bestimmten Fällen eine **Verdachtsanzeige** zu erstatten. Diese Pflicht besteht, wenn bei der beruflichen Tätigkeit Tatsachen festgestellt werden, die darauf schließen lassen, dass die Finanztransaktion einer **Geldwäsche** nach § 261 StGB dient. Zu den Einzelheiten der Verdachtsmeldepflicht sowie weiteren Pflichten auf Grund des GwG vgl. die Verlautbarung der WPK v. 30./31.08.2004[415].

366 Die in § 18a Abs. 2 UStG normierte Meldepflicht stellt ebenfalls eine gesetzliche Durchbrechung der Schweigepflicht dar. Der WP ist daher berechtigt und verpflichtet, bei der Erbringung von Dienstleistungen an Mandanten im EU-Ausland die „**Zusammenfassende Meldung**" dem Bundeszentralamt für Steuern im Umfang der gesetzlichen Anforderungen zu ermitteln, ohne dass hierfür eine Entbindung durch den Mandanten erforderlich ist[416].

367 Von der Verschwiegenheitspflicht kann wirksam nur **entbinden, wer** von ihr **geschützt** werden soll, i.d.R. also der **Auftraggeber**. Sind mehrere Personen Auftraggeber, z.B. Eheleute, müssen alle den WP von der Verschwiegenheitspflicht befreien. Bei juristischen Personen entscheidet über die Entbindung von der Verschwiegenheitspflicht das zur Geschäftsführung **befugte Organ** (bei der AG der Vorstand, bei der GmbH die Geschäftsführer usw.). Dies gilt auch dann, wenn der Vertrag über die Durchführung einer Jahresabschlussprüfung mit dem AR zu schließen ist (s. dazu Tz. 604)[417]. Werden beide Parteien eines Zivilprozesses beraten, so ist der WP beiden gegenüber verpflichtet; die Entbindung nur einer Partei reicht nicht aus[418]. Ist der Auftraggeber verstorben, können seine **Erben** den WP von der Schweigepflicht entbinden, sofern nicht Umstände betroffen sind, die die persönliche Sphäre des früheren Auftraggebers betreffen[419].

---

411 ADS⁶, § 320 HGB, Tz. 66.
412 Die Vorschrift ist anzuwenden auf Prüfungen von Jahres- und Konzernabschlüssen für nach dem 31.12.2008 beginnende Geschäftsjahre, Art. 66 Abs. 2 S. 1 EGHGB.
413 Regierungsbegründung zu § 320, BT-DrS. 16/10067 v. 21.05.2007, S. 91 r. Sp.
414 V. 08.08.2002, BGBl. I, S. 3105.
415 www.wpk.de, Rubrik „Praxishinweise", „Bekämpfung der Geldwäsche".
416 WPK-Magazin 3/2010, S. 33.
417 Vgl. auch ADS⁶, § 323 HGB, Tz. 34 m.w.N.
418 BGH v. 20.04.1993, WM, S. 653, ZIP, S. 735.
419 So auch *Koslowski/Gehre*, StBerG⁶, § 57, Rn. 68.

Berufspflichten A

Nicht abschließend geklärt ist die Frage, ob im **Insolvenzverfahren** über das Vermögen 368
einer juristischen Person der Insolvenzverwalter allein den WP wirksam von der Verschwiegenheitspflicht entbinden kann. Für den **strafrechtlichen Bereich** gilt, dass insoweit die gesetzlichen Vertreter persönlich den Schutz der Verschwiegenheit genießen[420], eine Befreiungserklärung des Insolvenzverwalters also nicht ausreicht. Auch vor den Arbeitsgerichten reicht die Entbindungserklärung des Insolvenzverwalters nicht aus[421]. Hingegen wird die Möglichkeit des Insolvenzverwalters, von der Verschwiegenheitspflicht zu befreien, überwiegend bejaht, falls es um **Regressansprüche** der früheren Mandantin gegen die ehemaligen gesetzlichen Vertreter in einem Zivilprozess geht[422].

Im Hinblick auf die bestehenden Unsicherheiten ist anzuraten, sich auf die Verschwiegenheitspflicht und ggf. das Zeugnisverweigerungsrecht zu berufen. Andernfalls besteht die Gefahr, sich nach § 203 StGB strafbar zu machen.

Liegt eine solche **gesetzliche Durchbrechung** oder eine **Entbindung** vor, ist der **WP zur** 369
Offenbarung befugt. Erfolgt die Entbindung im Rahmen eines gerichtlichen Verfahrens, so muss der WP aussagen (§ 53 Abs. 2 StPO, § 385 Abs. 2 ZPO, § 102 Abs. 3 AO); dasselbe gilt, wenn ein Dritter den Auftrag erteilt und von der Verschwiegenheitspflicht entbunden hat[423]. Ein Zeugnisverweigerungsrecht aus persönlichen Gründen (z.B. als Angehöriger gem. § 52 Abs. 1 Nr. 3 StPO) bleibt davon allerdings unberührt.

Über das **Zeugnisverweigerungsrecht der Mitarbeiter** im Strafverfahren entscheidet 370
der WP in seiner Funktion als Dienstherr (§ 53a Abs. 1 S. 2 StPO); wird der Mitarbeiter von der Verschwiegenheitspflicht befreit, muss er aussagen (§ 53a Abs. 2 StPO). Auch **freie Mitarbeiter** eines WP oder einer WPG haben als Hilfspersonen i.S.v. § 53a Abs. 2 StPO ein Zeugnisverweigerungsrecht. Unklar ist aber, durch wen sie von der Verschwiegenheitspflicht entbunden werden können. In einem staatsanwaltlichen Ermittlungsverfahren oder Prozeß sollten sich freie Mitarbeiter aber auf den Standpunkt stellen, dass auch eine Entbindung durch ihren Auftraggeber (WP, WPG) erforderlich ist[424].

Auch wenn eine gesetzliche Durchbrechung oder eine wirksame Entbindung von der 371
Verschwiegenheitspflicht gegeben ist, kann der WP u.U. zum Schweigen berechtigt sein. So besteht z.B. keine Verpflichtung, bei von anderen WP durchgeführten due diligence-Aufträgen das **eigene Know how** etwa durch Vorlage von Arbeitspapieren diesen gegenüber preiszugeben[425].

Soweit das betroffene Unternehmen selbst **Umstände öffentlich** macht, z.B. durch Ver- 372
öffentlichungen im Handelsregister, besteht keine Verschwiegenheitspflicht. Sie hat im Zweifel aber Vorrang[426]; das gilt v.a. dann, wenn nicht zweifelsfrei fest steht, dass die öffentlich gemachten Umstände tatsächlich vom Unternehmen selbst autorisiert sind.

Eine Befugnis zur Offenbarung von der Verschwiegenheitsverpflichtung unterliegenden 373
Tatsachen oder Umständen kann sich auch aus der **Wahrnehmung berechtigter eigener Interessen** ergeben. So können Honorare eingeklagt werden, ohne dass darin eine Ver-

---

420 OLG Schleswig v. 27.05.1980, NJW 1981, S. 294; dagegen OLG Oldenburg v. 28.05.2004, ZIP, S. 1968 und Beschluss des AG Bochum v. 04.06.2010 n.v., für Entbindung allein durch den Insolvenzverwalter.
421 LAG RhldPf v. 08.07.2004 – 4 Sa 1287/03 – (n.v.).
422 OLG Nürnberg v. 19.07.1976, MittBl. WPK Nr. 68/1976, S. 17, NJW 1977, S. 303; BGH v. 30.11.1989, BB 1990, S. 91, WPK-Mitt. 1990, S. 93; OLG Düsseldorf v. 6.10.1993, ZIP, S. 1807. S. dazu auch *Braun/Uhlenbruck*, S. 772 m.w.N. und WPK-Mitt. 1989, S. 16.
423 LG Mannheim v. 07.03.1984, MittBl. WPK Nr. 110/1984, S. 11.
424 WPK, WPK-Mitt. 2001, S. 30.
425 Vgl. dazu FAR, FN-IDW 1998, S. 287.
426 Vgl. dazu MünchKomm. HGB, § 323, Rn. 56.

letzung der Verschwiegenheitspflicht zu sehen ist, weil sonst die Berufsangehörigen insoweit schutzlos wären. Auch in Regress- oder Strafverfahren gegen WP[427] sowie bei berufsaufsichtlichen Verfahren (Tz. 558 ff.) liegen solche berechtigten eigenen Interessen vor. Zu beachten bleibt allerdings, dass nur in dem zur Wahrung der berechtigten Belange notwendigen Umfang offenbart werden darf[428].

374 Im Rahmen von bei WP stattfindenden **Betriebsprüfungen**[429] kann sich der WP aufgrund der ihm obliegenden Mitwirkungspflicht bei Auskunfts- und Vorlageverlangen sowie beim Datenzugriff der Finanzverwaltung aber nur eingeschränkt auf seine Verschwiegenheitspflicht berufen. In diesem Zusammenhang unterscheidet der BFH in seinem Urt. v. 28.10.2009, DStR 2010, S. 950 mit Anm. Mutschler, zwischen **mandantenbezogenen** und solchen **Unterlagen**, durch die nichts offenbart wird, was dem WP in seiner beruflichen Eigenschaft anvertraut oder bekannt geworden ist. Demgegenüber dürfen Unterlagen, die Mandanteninformationen enthalten, nur vorgelegt werden, wenn der Mandant auf die Geheimhaltung seiner Identität verzichtet hat. Bereits der unterschriebene Mitwirkungsvermerk in der Steuererklärung gilt als Verzicht[430]. Anderenfalls muss der WP Vorkehrungen zum Identitätsschutz treffen. Dazu gehört nicht nur das Schwärzen entsprechender Unterlagen, der WP muss vielmehr auch die Daten seiner Buchhaltung so aufbereiten, dass der Verschwiegenheitspflicht unterliegende Informationen i.R. des Datenzugriffs nach § 147 Abs. 6 AO nicht zur Kenntnis der Finanzverwaltung gelangen können[431]. Die Frage, ob ein umfassender Datenzugriff auch dann zulässig ist, wenn der WP es versäumt hat, solche Vorkehrungen zu treffen[432], liegt dem BFH unter dem Az. VIII R 44/09 zur Entscheidung vor. Bis zur Klärung dieser Rechtsfrage sollte sich der WP in Zweifelsfällen auf seine Verschwiegenheitspflicht berufen.

375 Ob bei öffentlichen Angriffen oder Vorwürfen, insb. bei **Presseveröffentlichungen** die Verschwiegenheitspflicht durchbrochen werden kann, ist nicht geklärt, dürfte aber nur in besonderen Ausnahmefällen in Betracht kommen[433].

376 Im Rahmen des BARefG[434] hat der Gesetzgeber die **Abtretung von Honoraransprüchen** gelockert. Nach § 55 Abs. 3 WPO ist der Personenkreis, an den eine Abtretung ohne Zustimmung des Auftraggebers zulässig ist, erweitert worden. Neben WP, Berufsgesellschaften und Berufsausübungsgemeinschaften gehören nun auch alle Berufsangehörigen anderer freier Berufe dazu, die einer gesetzlichen Verschwiegenheitspflicht unterliegen. Mithin ist die Abtretung oder die Übertragung einer Vergütungsforderung zur Einziehung an einen WP, z.B. einen Praxiserwerber, wie auch an einen RA oder StB ohne Zustimmung des Mandanten wirksam. Im Gegensatz zu der entsprechenden Vorschrift des § 64 Abs. 2 StBerG, der ebenfalls ohne weitere Voraussetzungen eine Abtretung an sämtliche in § 3 Nr. 1 bis 3 StBerG genannten Berufsgeheimnisträger gestattet, beschränkt § 49b Abs. 4 BRAO den Kreis der Abtretungsempfänger auf Rechtsanwälte und Berufsausübungsgemeinschaften i.S. des § 59a BRAO.

---

427 LG München I v. 19.11.1980, DStR 1982, S. 179.
428 KG v. 07.10.1993, NJW 1994, S. 462.
429 Zur Zulässigkeit von Betriebsprüfungen bei Berufsgeheimnisträgern vgl. BFH v. 08.04.2008, BStBl. II 2009, S. 579.
430 BFH v. 08.04.2008, BStBl. II 2009, S. 579.
431 Empfehlungen der BStBK zum Verhalten bei der EDV-gestützten Betriebsprüfung, Beihefter zu DStR 03/2002.
432 So FG Nürnberg v. 30.07.2009 6 K 1286/2008, EFG, S. 1991 mit Anm. *Matthes* (Rev. unter Az. VIII R 44/09 anhängig).
433 ADS[6], § 323 HGB, Tz. 36; BeBiKo[7], § 323, Rn. 32 sowie MünchKomm. HGB, § 323, Rn. 59.
434 V. 03.09.2007, BGBl. I, S. 2178.

Berufspflichten A

Die Abtretung von Vergütungsforderungen oder die Übertragung ihrer Einziehung an andere Personen, insb. an ein Inkassobüro, ist grds. weiterhin unzulässig. Ausnahmsweise ist sie wirksam, wenn die Forderung rechtskräftig festgestellt worden ist oder wenn der Auftraggeber zugestimmt hat. Eines erfolglosen Vollstreckungsversuchs bedarf es nicht mehr. Die entsprechenden Vorschriften für StB und RAe verlangen bei einer Abtretung an Dritte ausdrücklich die Einholung einer schriftlichen Einwilligung des Auftraggebers sowie die Aufklärung des Mandanten über ihre Informationspflicht gegenüber dem neuen Gläubiger oder Einziehungsermächtigten (§ 64 Abs. 2 StBerG; § 49b Abs. 4 BRAO). 377

Darüber hinaus ist bei der Anwendung des § 64 Abs. 2 StBerG die Berufsordnung der BStBK zu beachten, wonach eine Abtretung unter StB ohne Zustimmung des Auftraggebers über das Gesetz hinaus nur zulässig sein soll, wenn beim abtretenden StB berechtigte eigene Interessen vorliegen (§ 46 Abs. 2 Berufsordnung BStBK). Tritt ein RA ohne ausdrückliche Zustimmung des Auftraggebers eine Honorarforderung an einen anderen RA ab, der die Angelegenheit auf Grund früherer Befassung zulässiger Weise bereits umfassend kennen gelernt hat, so verstößt diese Zession nicht gegen §§ 134 BGB, 203 Abs. 1 Nr. 3 StGB und ist wirksam[435]. 378

Trotz des grds. Verbots der Honorarabtretung bleibt eine **Pfändung von Honorarforderungen** zulässig. Allerdings muss sich nach Auffassung des BGH der Berufsangehörige als Schuldner aufgrund seiner Verschwiegenheitspflicht darauf beschränken, lediglich Namen und Anschrift des Drittschuldners, den Grund der Forderung und Beweismittel zu bezeichnen. Auf sonstige insb. uneingeschränkte schutzwürdige persönliche Daten des Mandanten erstreckt sich die Auskunftspflicht eines zur Verschwiegenheit verpflichteten Schuldners nicht[436]. 379

Im Rahmen eines **Praxiskaufs** besteht ebenfalls Verschwiegenheitspflicht. Sie besteht ausnahmsweise nicht, wenn der Erwerber zuvor als Mitarbeiter die Angelegenheiten der Mandanten umfassend kennen gelernt hat, oder wenn er als Sozius zuvor in der Praxis eingetreten war[437]. In allen anderen Fällen empfiehlt sich, bei den Vertragsverhandlungen dem potentiellen Erwerber zunächst nur anonymisierte Unterlagen, z.B. Mandantenlisten, zur Kenntnis zu bringen; bei der Übertragung einer Praxis ist in der Regel ohnehin die Zustimmung der Auftraggeber zum Mandatsübergang erforderlich. Gegen eine Abtretung von Honoraransprüchen i.R. eines Praxisverkaufs bestehen aufgrund der Neuregelung in § 55 Abs. 3 WPO sowie § 64 Abs. 2 StBerG und § 49b Abs. 4 BRAO (Tz. 377) keine Bedenken mehr. 380

e) Gewissenhaftigkeit

Gem. § 43 Abs. 1 S. 1 WPO hat der WP seinen Beruf gewissenhaft auszuüben. Der Grundsatz der **Gewissenhaftigkeit** wird insb. durch §§ 4 bis 8 BS WP/vBP konkretisiert. Nach § 4 BS WP/vBP sind WP bei der Durchführung ihrer Aufgaben an das Gesetz gebunden und haben die für die Berufsausübung geltenden Bestimmungen sowie die gesetzlichen Regeln zu beachten. Mandate dürfen nur übernommen werden, wenn der WP über die dafür erforderliche Sachkunde und die zur Bearbeitung erforderliche Zeit verfügt. 381

---

[435] BGH v. 11.11.2004, BRAK-Mitt. 2005, S. 34.
[436] BGH v. 25.03.1999, NJW, S. 1544, ZIP, S. 621.
[437] BGH v. 11.12.1991, NJW 1992, S. 737, Stbg. 1992, S. 205; BGH v. 17.05.1995, ZIP, S. 1016, NJW, S. 2026, DStR, S. 1360 m. Anm. *Grotte*, DB, S. 1853; BGH v. 22.05.1996, NJW, S. 2087, WM, S. 1815, DB, S. 1513; BGH v. 19.08.1995, NJW, S. 2915, BB, S. 2499, ZIP, S. 1678, WM, S. 1841; BGH v. 13.06.2001, NJW, S. 2462, DStR, S. 1263; BGH v. 11.11.2004, NJW 2005, S. 507.

Aufträge müssen ordnungsgemäß durchgeführt und zeitgerecht erledigt werden[438], was durch eine Gesamtplanung sowie durch weitere geeignete organisatorische Maßnahmen[439] sicherzustellen ist.

382 Die Verpflichtung, sich fortzubilden (§ 43 Abs. 2 S. 4 WPO)[440], ergibt sich ebenfalls aus der Pflicht zur Gewissenhaftigkeit. In Abkehr von seiner bisherigen Haltung hat der Gesetzgeber im Rahmen des BARefG[441] die WPK ermächtigt, Regelungen zu Art, Umfang und Nachweis der allgemeinen **Fortbildungspflicht** der Berufsangehörigen zu treffen (§ 57 Abs. 4 Nr. 1 Buchst. l WPO). Nach § 4a BS WP/vBP können WP ihre Fortbildungsverpflichtung durch Teilnahme an Fortbildungsmaßnahmen als Hörer oder als Dozent sowie durch Selbststudium erfüllen. Die Fortbildung soll einen Umfang von 40 Stunden nicht unterschreiten. Hiervon müssen 20 Stunden auf die Teilnahme an Fachveranstaltungen entfallen. Zur **Fortbildung des Qualitätskontrollprüfers** s. § 20 der SaQK, Tz. 514. Zur gewissenhaften Berufsausübung gehört auch, bei der Einstellung von Mitarbeitern deren fachliche und persönliche Eignung zu prüfen, sie über die Berufspflichten zu unterrichten und für ihre angemessene praktische und theoretische Aus- und Fortbildung zu sorgen (§§ 5 und 6 BS WP/vBP).

383 Als nach § 4 BS WP/vBP zu beachtende **fachliche Regeln** sind GOB, die Verlautbarungen des DRSC (Standards) und insb. die von den Fachgremien des IDW verabschiedeten Prüfungsstandards (*IDW PS*) und Stellungnahmen zur Rechnungslegung (*IDW RS*) sowie die Prüfungs- und Rechnungslegungshinweise (*IDW PH und IDW RH*) anzusehen. Werden vom BMJ bekanntgemachte Standards des DRSC zur Konzernrechnungslegung beachtet, wird vermutet, dass damit zugleich die GoB zur Konzernrechnungslegung befolgt werden (§ 342 Abs. 2 HGB), so dass insoweit auch eine gewissenhafte Berufsausübung gegeben ist[442].

384 Die fachlichen Verlautbarungen des IDW geben die Fachmeinung von dem Vertrauen des Berufs getragener besonders erfahrener und sachverständiger Berufsangehöriger wieder. Sie werden vor ihrer Verabschiedung als Entwurf in den Fachnachrichten des Instituts und im Supp. der Fachzeitschrift „Die Wirtschaftsprüfung" veröffentlicht, um Gelegenheit zu Anregungen aus dem Mitgliederkreis zu geben. Außerdem erscheinen sie als Loseblattausgabe, CD-ROM und als einzelne Broschüre bei der IDW Verlag GmbH, Düsseldorf.

385 Den von den Fachausschüssen des IDW herausgegebenen **Standards und Hinweisen** kommt gerade im Hinblick auf diese Art der Meinungsbildung, die sich von der sonstigen Fachmeinung dadurch signifikant unterscheidet, ein **besonderes Gewicht** zu. Der WP hat sie sich schon deshalb bei seinen eigenverantwortlichen Entscheidungen stets zu vergegenwärtigen. Er wird ohne gewichtige Gründe von ihnen nicht abweichen, d.h. er hat zu prüfen, ob die Grundsätze eines Standards oder eines Hinweises in dem von ihm zu bearbeitenden Fall anzuwenden sind. Dies ergibt sich schon daraus, dass Gerichte diese Verlautbarungen, die zweifellos keine Rechtsnormen darstellen, als Verkehrs- und Berufspflicht ansehen und ihnen damit mittelbar einen Verbindlichkeitscharakter beimessen

---

438 Fehlt es z.B. an einer zeitgerechten Erledigung eines Auftrags, kann dies eine Rüge wegen eines Verstoßes gegen die gewissenhafte Berufsausübung nach sich ziehen (LG Berlin v. 18.10.2004, WPK-Magazin 2/2005, S. 36).
439 Vgl. dazu insb. § 32 Nr. 7 BS WP/vBP.
440 Ausdrücklich in das Gesetz aufgenommen durch das Dritte Gesetz zur Änderung der WPO v. 15.07.1994, BGBl. I, S. 1569.
441 V. 03.09.2007, BGBl. I, S. 2178.
442 Vgl. zur Einrichtung des DRSC *Ernst*, WPg 1998, S. 1025.

Berufspflichten   **A**

werden[443]. Beachtet ein APr. ohne gewichtige Gründe die Grundsätze eines Standards oder eines Hinweises nicht, so muss er damit rechnen, dass dies zu seinem Nachteil – und zwar sowohl zivil- als auch berufsrechtlich – ausgelegt werden kann.

Ungeachtet der Pflicht zur Beachtung fachlicher Regeln ist zur Rechtslage festzustellen, **386** dass weder die WPK als Aufsichtsbehörde noch ein Gericht konkrete Weisungen für die Rechtsanwendung im Einzelfall erteilen darf. Die eigene fachliche Meinung und Überzeugung des Berufsangehörigen vermag ein Dritter nicht zu ersetzen. Eine solche Maßnahme würde die Eigenverantwortlichkeit des Berufsangehörigen erheblich beeinträchtigen. Dies folgt auch aus der Unabhängigkeit des WP, die insoweit der des Notars[444] vergleichbar ist. Nach der ständigen Rspr. des BGH in Notariatssachen wird das **Recht zur Aufsichtsführung** durch die **sachliche Unabhängigkeit** begrenzt. Eine Entscheidung des Notars in der Sache, seine Einschätzung der materiellen Gültigkeit von Amtshandlungen oder der Zweckmäßigkeit in der inhaltlichen Gestaltung von Rechtsgeschäften unterliegen keiner Kontrolle oder Weisung[445] durch die Berufsaufsicht. Nichts anderes gilt für WP.

Auch für fachliche **Verlautbarungen internationaler Berufsorganisationen** (wie IFAC, **387** IASC) vgl. B Tz. 67) gilt, dass sie keine unmittelbaren Rechtswirkungen entfalten. Unmittelbar anzuwendendes Recht sind hingegen die internationalen Standards, wenn und soweit sie nach dem Verfahren in Art. 26 Abs. 1 Abschlussprüferrichtlinie durch die EU-Kommission in **EU-Recht** umgesetzt worden sind (s. B Tz. 87).

Auch die in den Bd. I und II der Berufsgerichtlichen Entscheidungen sowie in den WPK- **388** Mitt. bzw. dem WPK-Magazin veröffentlichten Fälle geben entsprechende Hinweise. Zur gewissenhaften Berufsausübung gehören z.B. die Klärung, ob eine wirksame Bestellung als APr. vorliegt[446] sowie eine funktionierende Fristenkontrolle. Bei beruflichen Zusammenschlüssen, insb. überörtlichen, ist die Verantwortlichkeit der einzelnen Berufsangehörigen zu klären bzw. zu beachten[447]. Des Weiteren enthält § 26 BS WP/vBP bei vorzeitiger Beendigung eines Prüfungsauftrages sowohl für den bisherigen Prüfer als auch den Nachfolger konkrete Informationspflichten, soweit dem die Verschwiegenheitspflicht nicht entgegensteht.

Ausfluss der Pflicht zur Gewissenhaftigkeit sind auch die Maßnahmen zur **Sicherung der** **389** **Qualität der Berufsarbeit**, die allerdings nicht auf den fachlichen Bereich beschränkt sind. Die Berufssatzung enthält in §§ 24a nähere Regelungen zur internen Qualitätssicherung für den Bereich der Prüfungstätigkeit (§ 2 Abs. 1 WPO). Die BS WP/vBP (§ 32) verlangt u.a. eine sachgerechte Prüfungsplanung zur Gewährleistung eines in sachlicher, personeller und zeitlicher Hinsicht ordnungsgemäßen Prüfungsablaufs, Prüfungsanweisungen an Mitarbeiter und zur Sicherung der gewissenhaften Abwicklung von Prüfungsaufträgen eine praxisinterne Nachschau. Die Notwendigkeit der Qualitätssicherung beschränkt sich aber nicht auf den Bereich Abschlussprüfung, sondern betrifft alle im Einzelfall übernommenen beruflichen Tätigkeiten und deren Abwicklung, was durch den Wortlaut des § 55b WPO verdeutlicht wird[448]. Zur Qualitätssicherung s. Tz. 467.

---

443 So *Hopt*, WPg 1986, S. 461, 498/500; zum Verbindlichkeitscharakter von IDW Verlautbarungen ausführlich *Krein*, S. 138 mit umfassenden Nachweisen. Zum Meinungsstand s. auch MünchKomm. HGB, § 323, Rn. 22 ff.
444 Vgl. etwa BGH v. 15.03.1997, NJW 1998, S. 142; BGH v. 02.08.1993, NJW-RR 1994, S. 181; BGH v. 13.12.1971, NJW 1972, S. 541; OLG Hamm v. 26.11.1975, NJW 1976, S. 974.
445 BGH v. 02.08.1993, NJW-RR 1994, S. 181.
446 LG Köln v. 13.09.1991, DB 1992, S. 266, BB 1992, S. 181, WPK-Mitt. 1992, S. 88.
447 BGH v. 24.03.1994, NJW, S. 1878, BB, S. 1173.
448 FN-IDW 1994, S. 493, WPK-Mitt. 4/1994, Beil., WPg 1995, S. 824.

390 Eine ordnungsgemäße Prüfungsplanung umfasst auch die **Überprüfung der Unabhängigkeit** des Abschlussprüfers. Bei gesetzlichen JAP hat der Berufsangehörige die zur Überprüfung seiner Unabhängigkeit i.S. der §§ 319 Abs. 2 bis 5 und 319a HGB ergriffenen Maßnahmen, seine Unabhängigkeit gefährdende Umstände und ergriffene Schutzmaßnahmen schriftlich zu dokumentieren (§ 51b Abs. 4 WPO). Entsprechende Vorkehrungen zur Sicherstellung der Unabhängigkeit sind v.a. in einem Netzwerk (§ 319b HGB, s. Tz. 334) zu treffen.

391 Nicht jede leichte Fahrlässigkeit im Rahmen der beruflichen Tätigkeit, die zum Schadenersatz führt, stellt auch eine Verletzung des beruflichen Gewissenhaftigkeitsgebotes dar; jedenfalls das **grob fahrlässige oder gar vorsätzliche Abweichen** von Gesetz, Rspr. und fachlichen Regeln ist als Verletzung der Berufspflicht zur gewissenhaften Berufsausübung einzustufen. Das LG Berlin verlangt in seinem Beschluss v. 12.05.2006 (WPK-Magazin 1/2007, S. 49) eine objektive Fehlentscheidung des Berufsangehörigen, der eine gewisse über den Bagatellbereich hinausgehende Wertigkeit zukommt. Entlastend wertet das Gericht, dass bei der Ausübung eines Freien Berufs in fachlichen Fragen regelmäßig verschiedene Auffassungen und Handhabungen vertretbar oder doch zumindest nicht fernliegend sind[449].

f) Eigenverantwortlichkeit

392 Der WP ist gehalten, seinen Beruf **eigenverantwortlich** auszuüben (§ 43 Abs. 1 S. 1 WPO, § 11 BS WP/vBP). Er hat sein Handeln in eigener Verantwortung zu bestimmen, sich selbst ein Urteil zu bilden und seine Entscheidungen selbst zu treffen. Er muss die Tätigkeit seiner Mitarbeiter so überblicken und beurteilen können, dass er sich selbst eine auf Kenntnis beruhende eigene fachliche Überzeugung bilden kann (vgl. § 12 BS WP/vBP). Der Katalog der Formen und Funktionen eigenverantwortlicher Berufsausübung findet sich in § 43a Abs. 1 und 2 WPO (Tz. 197 ff.).

393 Die Eigenverantwortlichkeit als Berufspflicht wird als Negativdefinition beschrieben. Der WP, nicht nur der zeichnungsberechtigte, darf **keinen fachlichen Weisungen** unterliegen, die ihn verpflichten, insb. PrB und Gutachten auch dann zu unterzeichnen, wenn sich ihr Inhalt nicht mit seiner Überzeugung deckt (§ 44 Abs. 1 S. 1 WPO). Das Gesetz schützt zudem den Berufsangehörigen bei der Einhaltung seiner Berufspflicht zur Eigenverantwortlichkeit, indem es Weisungen, die entgegenstehende Verpflichtungen enthalten, für unzulässig und damit unbeachtlich erklärt (§ 44 Abs. 1 S. 2 WPO). Zugleich verpflichtet es gesetzliche Vertreter von WPG ohne WP-Qualifikation sowie die Mitglieder des AR der WPG, von einer Einflussnahme auf die Durchführung von Abschlussprüfungen abzusehen, durch die die Eigenverantwortlichkeit und die Unabhängigkeit des verantwortlichen WP beeinträchtigt werden könnten. Diese Schutzvorschrift ist v.a. für diejenigen WP von Bedeutung, die im Anstellungsverhältnis tätig sind, für das im Allgemeinen ein Direktionsrecht des Arbeitgebers typisch ist oder denen nach Gesellschaftsrecht einzuhaltende Vorgaben erteilt werden könnten. Auf Grund der gesetzlichen Pflicht zur Eigenverantwortlichkeit gelten angestellte WP stets als **leitende Angestellte** i.S.d. BetrVerfG, auch wenn sie selbst nicht Arbeitgeberfunktionen wahrnehmen[450]. Dies ist nunmehr auch in § 45 S. 2 WPO klargestellt worden. Zwischenzeitlich hat das BAG mit Beschluss vom 29.06.2011, 7 ABR 15/10, DB 2012, S. 465 entschieden, dass diese Regelung nicht gegen den allgemeinen Gleichheitssatz des Art. 3 Abs. 1 GG verstößt. § 45

---

449 Kritisch hierzu WPK-Magazin 1/2007, S. 50, insb. auch zu der Frage der Aufteilbarkeit eines Berufsvergehens, vgl. hierzu auch *Wulff*, WPK-Magazin 1/2007, S. 38.

450 BAG v. 28.01.1975, WPg, S. 319.

Berufspflichten A

S. 2 WPO ist in Verbindung mit § 45 S. 1 WPO verfassungskonform einschränkend so zu verstehen, dass die Bereichsausnahme des § 5 Abs. 3 S. 2 BetrVG für angestellte WP mit Prokura gilt.

Mit dem Gebot der Eigenverantwortlichkeit vereinbar ist es, sich bei der Erledigung beruflicher Aufgaben der **Mithilfe von fachlich vorgebildeten Mitarbeitern**[451] zu bedienen[452]. Allerdings dürfen die anfallenden Arbeiten nicht ausschließlich den Mitarbeitern überlassen werden, insb. dürfen Mitarbeiter ohne entsprechende Berufsqualifikation nicht für den WP nach außen auftreten, etwa durch Unterzeichnung der Gebührenrechnung, vielmehr muss der WP als Berufsträger an der praktischen Arbeit in ausreichendem Umfang selbst teilnehmen, auch wenn die Mitarbeiter jedenfalls in Teilbereichen die Arbeit des Berufsträgers ersetzen können[453]. Gelegentliche Stichproben genügen nicht[454]. Letztlich muss die Tätigkeit aber immer noch den „Stempel der Persönlichkeit" des WP tragen[455]. Sofern WP persönlich über das „Ob" der Erforderlichen Einzelakte der jeweiligen Tätigkeit entscheiden, nimmt der BFH selbst dann keine gewerbliche Tätigkeit an, wenn mehrere qualifizierte Mitarbeiter beschäftigt werden[456]. Reine Hilfstätigkeiten von fachlich nicht vorgebildetem Personal (Schreibkräfte, Telefonistin etc.) bleiben für die Beurteilung der Eigenverantwortlichkeit außer Betracht[457]. Bei beruflichen Zusammenschlüssen (z.B. Sozietät, Partnerschaftsgesellschaft) gilt das Gebot der Eigenverantwortlichkeit für den übernommenen Tätigkeitsbereich. **394**

Im Bereich der **Vorbehaltsaufgaben** und insb. bei der Steuerberatung gilt, dass eine Vertretung durch Angestellte ohne persönliche Befugnis, z.B. gem. § 3 StBerG, unzulässig ist[458]. Dieselbe Beurteilung greift Platz, wenn ein Berufsangehöriger es zulässt, dass nicht zur Steuerberatung Befugte in seinem Büro steuerliche Angelegenheiten Dritter selbständig erledigen und sich dabei seines Namens bzw. seiner Berufsqualifikation bedienen[459]. Für Berufsgesellschaften gilt Entsprechendes. In diesen Fällen besteht das Risiko, dass ein Handeln durch persönlich nicht befugte Personen wegen fehlender Befugnis zur unbeschränkten Hilfestellung in Steuersachen i.S.v. § 3 StBerG sich als Verstoß gegen ein gesetzliches Verbot (§ 5 StBerG) darstellt und Nichtigkeit gem. § 134 BGB zur Folge hat[460]. **395**

Bei Verneinung der Eigenverantwortlichkeit wegen übermäßigen Einsatzes von Hilfskräften droht im Übrigen die Gewerbesteuerpflicht auch für die ansonsten freiberufliche Tätigkeit[461]. **396**

Die Eigenverantwortlichkeit ist nicht davon abhängig, dass dem angestellten WP einer WPG auch **Prokura** erteilt wird (§ 45 WPO); es handelt sich insoweit nur um eine Sollvorschrift, und es bestehen keine berufsrechtlichen Bedenken, einem angestellten WP erst nach einer gewissen Zeit der beruflichen Bewährung die Rechtsstellung eines Prokuristen **397**

---

451 Zum Begriff vgl. BFH v. 21.03.1995, BStBl. II, S. 732.
452 So auch § 18 Abs. 1 Nr. 1 S. 3 EStG.
453 Vgl. BFH v. 05.07.1997, BStBl. II, S. 681.
454 BFH v. 20.12.2000, BStBl. II 2002, S. 478.
455 So für das Steuerrecht BFH v. 01.02.1990, BStBl. II, S. 507.
456 BFH v. 15.12.2010, BStBl. II 2011, S. 606 ff.
457 *Schmidt, L.*, EStG[30], § 18, Rz. 23.
458 LG Düsseldorf v. 11.05.1993, DB, S. 1179, Stbg., S. 397.
459 LG Berlin v. 15.05.1992, DStR 1993, S. 36.
460 BGH v. 21.03.1996, NJW, S. 1954 m.w.N.
461 BFH v. 05.06.1997, BStBl. II, S. 681; BFH v. 21.03.1995, BStBl. II, S. 732 m.w.N., DB, S. 2146, s. dazu auch *Frick/Spatscheck*, DB 1995, S. 239 sowie *Korn*, DStR 1995, S. 1249.

einzuräumen. Nach § 3 Abs. 2 letzter S. Berufsordnung BStBK steht es der Eigenverantwortlichkeit eines angestellten StB nicht entgegen, wenn die Zeichnungsberechtigung begrenzt oder eine Mitzeichnung (z.B. durch Geschäftsführer bei einer Berufsgesellschaft) vereinbart ist. Gleiches wird für einen WP im Angestelltenverhältnis gelten können.

398 Im Rahmen der **gemeinsamen Berufsausübung** (Tz. 201 ff.) mit Nicht-WP hat der WP darauf zu achten, dass er hinsichtlich der Entscheidung, Aufträge zur Durchführung gesetzlich vorgeschriebener Prüfungen anzunehmen, nicht von der Zustimmung seiner Sozien/Partner abhängig sein darf. Darin läge ein Eingriff in seine Eigenverantwortlichkeit. Insoweit gelten die Erläuterungen zu Tz. 393 entsprechend. Nicht erforderlich ist allerdings, dass das Honorar aus dieser Tätigkeit ausschließlich dem WP zufließt; es ist durchaus denkbar, dass die entsprechenden Einnahmen auf Grund interner Vereinbarung allen Mitgliedern eines beruflichen Zusammenschlusses zustehen.

399 Die BS WP/vBP untersagt die Übernahme beruflicher Tätigkeiten, wenn die geforderte berufliche Verantwortung nicht getragen werden kann oder soll (§ 11 Abs. 2). Diese Regelung spricht v.a. Fälle an, in denen WP **mehrere Funktionen** übernehmen, etwa eine eigene Praxis unterhalten und zugleich noch als Angestellter bei einer WPG oder Leiter einer Niederlassung eines anderen WP tätig werden oder Mitglied einer Sozietät sind. Bei solchen Mehrfachfunktionen ist der Grundsatz der Eigenverantwortlichkeit nur gewahrt, wenn jede der übernommenen Tätigkeiten unter Beachtung der Berufspflichten tatsächlich und nicht nur pro forma ausgeübt sowie persönlich übersehen werden kann[462]. Als grober Verstoß gegen die Eigenverantwortlichkeit wird z.B. die Übernahme der Geschäftsführerstellung und der Mehrheit des Kapitals anzusehen sein, wenn damit nur die Anerkennung als Berufsgesellschaft erreicht werden soll[463].

g) Berufswürdiges Verhalten

400 Der WP hat sich sowohl innerhalb als auch außerhalb der Berufstätigkeit des Vertrauens und der Achtung würdig zu erweisen, die der Beruf erfordert, und sich der besonderen Berufspflichten bewusst zu sein, die ihm aus der Befugnis erwachsen, gesetzlich vorgeschriebene Bestätigungsvermerke zu erteilen (§ 43 Abs. 2 S. 2 und 3 WPO). Von WP als Angehörigen eines staatlich geregelten freien Berufs, dem wichtige, auch im öffentlichen Interesse liegende Aufgaben im Bereich der Prüfung und Steuerberatung vorbehalten sind, wird daher ein korrektes Verhalten nicht nur gegenüber Mandanten, Kollegen und Mitarbeitern, sondern auch gegenüber Dritten und der WPK erwartet[464]. Die BS WP/vBP enthält in §§ 13 und 14 einige Verhaltensregeln, die den allgemein gehaltenen Gesetzeswortlaut näher ausgestalten.

aa) Sachlichkeitsgebot

401 Aus dem Gebot, sich jeder Tätigkeit zu enthalten, die mit dem Beruf oder dessen Ansehen unvereinbar ist, wird auch die Pflicht abgeleitet, sich **sachlich zu äußern** (§ 13 Abs. 1 BS WP/vBP). Das Sachlichkeitsgebot dürfte dann verletzt sein, wenn WP sich in beruflichen Angelegenheiten beleidigend oder herabsetzend äußern oder bewusst die Unwahrheit verbreiten (vgl. § 5 Abs. 1 S. 2 Berufsordnung BStBK). Dagegen verlangt das Sachlich-

---

462 Ähnlich auch § 8 Berufsordnung BStBK.
463 Vgl. Begründung zu § 11 BS WP/vBP.
464 Zur Bedeutung ethischer Anforderungen und Grundsätze für die Beratung im Allgemeinen vgl. *Ludewig*, WPg 2003, S. 1093.

keitsgebot keine Beschränkung auf nüchterne Darstellung nach außen[465]. Berufsrechtlichen Sanktionen wegen Verstoßes gegen das Sachlichkeitsgebot dürften aber im Hinblick auf die **Freiheit der Berufsausübung** und der **Meinungsfreiheit** (Art. 12 Abs. 1 S. 2 und 5 GG) enge Grenzen gezogen sein. Sie sind nur insofern gerechtfertigt, als die Einschränkung dieser Grundrechte durch sachgerechte und vernünftige Erwägungen des Gemeinwohls begründet ist und dem **Grundsatz der Verhältnismäßigkeit** genügt, d.h. zur Erreichung des angestrebten Zwecks geeignet, erforderlich und für den Berufsangehörigen zumutbar ist[466]. Zu einem Fall einer gegen das Sachlichkeitsgebot verstoßenden Anwaltswerbung s. OLG Frankfurt v. 14.10.2004, NJW 2005, S. 1283. Der BGH hat die Nichtzulassungsbeschwerde gegen diese Entscheidung nicht zur Entscheidung angenommen. Das Urteil hat auch nach der Liberalisierung des Werberechts (Tz. 436 ff.) weiterhin Bedeutung, da eine gegen das Sachlichkeitsgebot verstoßende Werbung zugleich eine unlautere Wettbewerbshandlung i.s. des § 3 UWG darstellt.

bb) Unterrichtung des Auftraggebers über Gesetzesverstöße

WP sind verpflichtet, Auftraggeber auf **Gesetzesverstöße**, die sie bei Wahrnehmung ihrer Aufgaben festgestellt haben, aufmerksam zu machen (§ 13 Abs. 2 BS WP/vBP). Die Pflicht zur Unterrichtung des Mandanten setzt einen vom WP gelegentlich seiner Berufstätigkeit festgestellten (also nicht auf privaten Kenntnissen beruhenden) Gesetzesverstoß voraus. Es ist nicht Aufgabe des WP, gezielt nach solchen Verstößen zu forschen[467]. Wenngleich der Wortlaut der Bestimmung dies nicht erkennen lässt, soll die Unterrichtungspflicht erst bei **erheblichen Gesetzesverstößen**, nicht aber bei Bagatellsachverhalten zum Tragen kommen[468]. Nicht erkannte Gesetzesverstöße können vom WP nicht festgestellt werden, so dass insoweit auch eine Pflicht zur Unterrichtung entfällt. Die Art und Weise der Unterrichtung des Auftraggebers über festgestellte Gesetzesverstöße bleibt dem einzelnen Berufsangehörigen überlassen. In schwerwiegenden Fällen empfiehlt sich eine schriftliche Darstellung gegenüber dem Mandanten, bei mündlicher Unterrichtung sollte diese dokumentiert werden. Die Unterrichtungspflicht über festgestellte Gesetzesverstöße ist bei allen beruflichen Tätigkeiten zu beachten. Für die Jahresabschlussprüfung gilt darüber hinaus § 321 Abs. 1 S. 3 HGB, der die Redepflicht des APr. beschreibt[469]. **402**

cc) Vermeidung pflichtwidrigen Verhaltens

Gem. § 49 WPO hat der WP seine Tätigkeit zu versagen, wenn sie für eine **pflichtwidrige Handlung** in Anspruch genommen werden soll. Das gilt nicht nur für die Bereiche des Strafrechts und der Ordnungswidrigkeiten, so z.B. die Beihilfe zu Vermögens- oder Steuerdelikten, sondern auch für den Bereich des Berufsrechts. Ein Auftrag darf nicht übernommen bzw. durchgeführt werden, wenn dabei berufsrechtliche Gebote bzw. Verbote, z.B. das Gebot der Gewissenhaftigkeit, verletzt werden. Selbstverständlich stellen eigene Straftaten, z.B. Vermögens- oder Steuerdelikte in eigener Sache, ebenfalls Pflichtverletzungen dar[470]. Zu den berufsrechtlichen Folgen eines Verstoßes s. Tz. 572. **403**

---

465 So ausdrücklich BVerfG v. 26.10.2004 – 1 BvR 981/00 –, www.bundesverfassungsgericht.de, Rubrik „Entscheidungen".
466 Vgl. BVerfG v. 03.11.1982, BVerfGE 61, S. 291/312; zur noch erlaubten Wortwahl s. etwa BVerfG v. 14.07.1987, BVerfGE 76, S. 171, Anwaltsgerichtshof (AGH) Hamm v. 19.11.1996, BRAK-Mitt. 1997, S. 261.
467 Vgl. Begründung zu § 13 BS WP/vBP.
468 Begründung zu § 13 BS WP/vBP; kritisch zu dieser Unterrichtungspflicht IDW, Stellungnahme zum Entwurf einer Berufssatzung, v. 07.07.1995, FN-IDW, S. 460.
469 Vgl. dazu im einzelnen Q Tz. 87.
470 BGH v. 25.04.1994, StB 1995, S. 227; BGH v. 06.05.1993, DStR 1994, S. 479, NJW 1994, S. 206.

dd) Verbot eines Erfolgshonorars

404 Die Honorarregelungen sind i.r. des BARefG[471] grundlegend überarbeitet und die in § 55 WPO enthaltene Ermächtigung zum Erlass einer Gebührenordnung ist ersatzlos aufgehoben worden.

405 Für die Praxis bedeutsam ist die Liberalisierung im Bereich der Vergütungsgestaltung. Der Anwendungsbereich des **Verbots eines Erfolgshonorars**, das ursprünglich die gesamte Berufstätigkeit des WP (§ 55a Abs. 1 WPO a.f.) erfasste, beschränkt sich nunmehr auf die **Kerntätigkeiten des WP** (§ 55 WPO), also auf betriebswirtschaftliche Prüfungen, steuerberatende Tätigkeiten (zu Ausnahmen s. Tz. 406), die Tätigkeit als Sachverständiger sowie die treuhänderische Verwaltung (§ 2 Abs. 1, 2 und 3 Nr. 1 und 3 WPO). Ein Erfolgshonorar liegt vor, wenn das Entstehen des Honoraranspruchs vom Eintritt eines bestimmten Erfolges, also einer Bedingung, abhängt und/oder ein bestimmter Teil des Erfolges als Honorar (quota litis) ausbedungen wird. Durch ein solches Erfolgshonorar wird zumindest Besorgnis der Befangenheit begründet. So schließt die Absprache, eine Vergütung nur im Falle der Erteilung eines uneingeschränkten Bestätigungsvermerkes zahlen zu müssen, aus objektiver Sicht eine unbefangene Prüfung und Berichterstattung aus.

406 Für **steuerberatende Tätigkeiten** wurde in § 55a WPO eine Regelung geschaffen, die in Ausnahmefällen die Vereinbarung von Erfolgshonoraren zulässt (entsprechende Regelungen enthalten § 9a StBerG und § 49b BRAO)[472]. Diese Ausnahmeregelung geht zurück auf den Beschluss des BVerfG vom 12.12.2006, 1 BvR 2576/04, NJW 2007, S. 242 f., über die Verfassungsbeschwerde einer RAin. Das BVerfG hat festgestellt, dass das gesetzliche Verbot mit dem Grundrecht auf freie Berufsausübung insoweit nicht vereinbar ist, als die BRAO keine Ausnahmen vorsieht und damit das Verbot selbst dann zu beachten ist, wenn der RA mit der Vereinbarung eines Erfolgshonorars besonderen Umständen in der Person des Auftraggebers Rechnung trägt, die diesen sonst davon abhielten, seine Rechte zu verfolgen. Die Vereinbarung über das Erfolgshonorar muss den formalen Anforderungen des § 55a Abs. 2 und 3 WPO genügen. Anderenfalls erhält der WP nur die nach BGB bemessene Vergütung.

407 Die Vereinbarung eines unzulässigen Erfolgshonorars stellt eine gegen §§ 134, 138 BGB verstoßende und damit nichtige Absprache dar[473].

ee) Verbote bei der Honorargestaltung für gesetzliche Jahresabschlussprüfungen

408 In Umsetzung von Art. 25b der EU-Abschlussprüferrichtlinie[474] sowie der Empfehlungen des IESBA Code of Ethics for Professional Accountants[475] hat der Gesetzgeber i.R. des BARefG[476] zur Wahrung der Unabhängigkeit weitere Regelungen zur **Honorargestaltung bei gesetzlichen JAP** getroffen. Gem. § 55 Abs. 1 S. 2 1. Alt. WPO darf die Vergütung nicht an weitere Bedingungen geknüpft sein. Da die Gestaltungsformen eines Erfolgshonorars bereits unter § 55 Abs. 1 S. 1, Abs. 2 Nr. 1 WPO fallen, verbleibt für die Regelung nur ein geringer sachlicher Anwendungsbereich. Untersagt sind z.B. Gestaltungen, die die Höhe der Vergütung von einem Erfolgsmoment abhängig machen, das

---
471 V. 03.09.2007, BGBl. I, S. 2178.
472 Eingefügt mit dem am 1.7.2008 in Kraft getretenen Gesetz zur Neuregelung des Verbots der Vereinbarung von Erfolgshonoraren v. 16.06.2008, BGBl. I S. 1000.
473 Vgl. OLG Hamburg v. 05.04.1989, WPK-Mitt. 1990, S. 44.
474 Fn. 280.
475 Vgl. Tz. 289.
476 V. 03.09.2007, BGBl. I, S. 2178; Regierungsbegründung zu § 55 WPO BT-DrS. 16/2858 v. 04.10.2006, S. 28 r. Sp.

Berufspflichten   A

nicht unmittelbar an das Ergebnis der Tätigkeit des WP/vBP anknüpft (Anknüpfung an einen Sanierungserfolg oder an die Durchführung eines geplanten Börsengangs). Zulässig ist es demgegenüber, mit dem Mandanten einen Honorarnachlass für evtl. Folgeprüfungen zu vereinbaren oder die Erstprüfung zu einem entsprechend niedrigeren Stundensatz durchzuführen[477].

Ferner darf die Vergütung nicht von der Erbringung zusätzlicher Leistungen für das geprüfte Unternehmen beeinflusst oder bestimmt sein (§ 55 Abs. 1 S. 2 2. Alt. WPO). Die Regelung enthält kein Verbot zusätzlicher Leistungen neben der Abschlussprüfung, sondern setzt deren Zulässigkeit voraus und bestätigt damit die Vereinbarkeit von Prüfung und Beratung. Untersagt ist aber eine Quersubventionierung, wenn neben der JAP weitere Leistungen für das geprüfte Unternehmen erbracht werden. Indiz für eine solche verbotswidrige Verknüpfung ist ein Missverhältnis zwischen den Vergütungen für die Prüfungsleistung und die sonstigen Leistungen. Vereinbart der WP allerdings sehr niedriges Prüfungshonorar, weil er sich vermutlich Vorteile aus späteren Aufträgen verspricht, muss der Berufsangehörige der WPK auf Verlangen nachweisen, dass für die Prüfung eine angemessene Zeit aufgewandt und qualifiziertes Personal eingesetzt wurde (§ 55 Abs. 1 S. 3 WPO). Die Regelung dürfte in der Praxis nur schwer umzusetzen sein, da sie von der Berufssatzung nicht näher konkretisiert wird. So sind z.B. die in § 55 Abs. 1 S. 3 genannten Aufgriffskriterien[478] und die Anforderungen an den Qualitätsnachweis unklar. In Rn. 21 zu § 55a des Kommentars zur WPO, *Hense/Ulrich*, werden als Kriterien für die Beurteilung eines erheblichen Missverhältnisses Unternehmensgröße, Branchenzugehörigkeit, Komplexität, Auslandsbezug, Konzernstruktur etc. genannt.

409

ff) Verbot der Provisionszahlung für die Auftragsvermittlung
Für alle Bereiche der beruflichen Tätigkeit des WP gesetzlich verboten ist die Abgabe und die Entgegennahme eines Teiles der Vergütung oder sonstiger Vorteile für die Vermittlung von Aufträgen, und zwar ohne Rücksicht darauf, ob dies im Verhältnis zu einem WP oder einem Dritten, z.B. einem Angehörigen sozietätsfähiger Berufe, geschieht (§ 55 Abs. 2 WPO). Untersagt ist jede Form der Vergütung, auch eine verdeckte[479], ebenso die Gewährung von Geschenken[480] und Gutscheinen für künftige Beratungsleistungen[481]. Vom **Verbot der Provisionszahlung** nicht betroffen ist die entgeltliche Übertragung von Praxen oder Teilpraxen[482], wobei aber die Notlage eines Berufskollegen, seiner Erben oder eines Vermächtnisnehmers nicht ausgenutzt werden darf (§ 14 Abs. 1 BS WP/vBP).

410

gg) Mandantenschutzklauseln
Mandantenschutzklauseln untersagen einem Arbeitnehmer nach Beendigung des Beschäftigungsverhältnisses Mandanten des früheren Arbeitgebers zu betreuen, wobei das Verbot regelmäßig sowohl bei einer Tätigkeit als Angestellter als auch bei selbständiger Berufsausübung gilt.

411

---

477 *Hense/Ulrich*, WPO, § 55a, Rn. 21.
478 Die nach der Gesetzesbegründung als Anhaltspunkt für eine Bewertung genannten Stundensätze für Pflichtprüfungen kommunaler Eigenbetriebe als Untergrenze werden seit 2007 nicht mehr festgelegt (s. Tz. 729 ff.).
479 BGH v. 21.03.1996, NJW, S. 1954.
480 OLG Thüringen v. 12.02.2003, DStRE, S. 700.
481 KG Berlin v. 08.06.2006, WPK-Magazin 4/2006, S. 58.
482 A.A. für Verkauf einer Teilpraxis *Koslowski/Gehre*, StBerG[6], § 9, Rn. 3.

412 Mandantenschutzklauseln sind **Wettbewerbsverbote** i.S.d. §§ 74 ff. HGB, auch wenn sie den Wettbewerb zwischen Arbeitgeber und Arbeitnehmer nur in begrenztem Umfang, nämlich für den Bereich der Klientel des Arbeitgebers, unterbinden.

413 Mandantenschutzvereinbarungen mit Angestellten, also auch mit angestellten WP, bedürfen der **Schriftform** (§ 74 Abs. 1 HGB) und sind bedingungsfeindlich[483]. Eine unzulässige Bedingung liegt nicht vor, wenn der Arbeitgeber sich vorbehalten hat, den Umfang des Verbots vor Beendigung des Dienstverhältnisses zu konkretisieren[484]. Derartige Vereinbarungen sind nur wirksam, wenn gleichzeitig die Zahlung einer **Karenzentschädigung** in gesetzlich vorgeschriebener Mindesthöhe, also 50 v.H. der zuletzt bezogenen vertragsmäßigen Leistungen, zugesagt wird (§ 74 Abs. 2 HGB). Das gilt auch für den Fall, dass eine Berufsordnung ein zeitlich begrenztes Wettbewerbsverbot enthält; ebenso wenig kann die allgemeine Standesauffassung zur Begründung einer Konkurrenzschutzklausel herangezogen werden[485]. An dieser Beurteilung ändert sich auch nichts dadurch, dass eine solche Standesauffassung Eingang in eine Satzung (Berufsordnung) eines verkammerten Berufs gefunden hat[486]. Die Anforderungen des § 74 HGB an die Abrede über ein Wettbewerbsverbot sind auch dann zu beachten, wenn es im Rahmen eines Vertrages über die **Aufhebung eines Arbeitsverhältnisses** nachträglich vereinbart wird[487].

414 **Wettbewerbsbeschränkungen** werden weder durch den Eintritt des Mitarbeiters in den Ruhestand[488] noch durch die einvernehmliche Auflösung des Dienst-/Arbeitsverhältnisses[489] gegenstandslos. Infolgedessen können auch Pensionäre oder arbeitsunfähig gewordene Arbeitnehmer[490] Zahlung von **Karenzentschädigung** verlangen. Eine Versorgungszusage kann die Anrechnung der Karenzentschädigung auf die Betriebsrente vorsehen. Es ist jedoch zweifelhaft, ob die Betriebsrente als weiterer Erwerb nach § 74c HGB auf die Karenzentschädigung anzurechnen ist[491]. Allerdings besteht für Pensionäre trotz Zahlung einer Betriebsrente kein automatisches Wettbewerbsverbot, etwa aufgrund nachvertraglicher Treuepflicht; bei Konkurrenztätigkeit darf die Betriebsrente weder gekürzt noch einbehalten werden[492]. Eine Arbeitsunfähigkeitsrente ist nicht anzurechnen, da der Versicherungscharakter der Leistung im Vordergrund steht (BAG v. 23.11.2004, ZIP 2005, S. 823). Wegen der Lohnersatzfunktion des Arbeitslosengeldes erfolgt zwar eine Anrechnung, allerdings begrenzt auf den Auszahlungsbetrag (Nettobetrag)[493]. Davon unberührt bleibt ein etwaiger Schadenersatzanspruch wegen Verletzung der Verschwiegenheitspflicht.

415 Ob tatsächlich Karenzentschädigung gezahlt werden muss, hängt von der Höhe des **anderweitigen Erwerbs** des früheren Mitarbeiters während des Zeitraums, für den die Entschädigung gezahlt wird, ab (§ 74c HGB). Je nach den Verhältnissen des Einzelfalls (z.B.

---

483 BAG v. 10.01.1989, BB, S. 1124; BAG v. 05.09.1995, ZIP 1996, S. 558, DB 1996, S. 784, NJW 1996, S. 1980; *Bauer/Diller*, DB 1997, S. 94.
484 LAG Düsseldorf v. 03.08.1993, BB, S. 2382, DB 1994, S. 1041.
485 BGH v. 13.06.1996, NJW 1997, S. 799, WM 1997, S. 86.
486 Das dürfte etwa für § 33 Abs. 1 und 2 Berufsordnung StB gelten; so auch *Koslowski/Gehre*, StBerG⁶, § 57, Rn. 86.
487 BAG v. 03.05.1994, BB, S. 2282, ZIP, S. 1975, NJW 1995, S. 151.
488 BAG v. 30.10.1984, DB 1985, S. 709, WM 1985, S. 584.
489 LAG Ba.-Wü. v. 22.09.1995, DB 1996, S. 434.
490 BAG v. 23.11.2004, ZIP 2005, S. 823, BB 2006, S. 1118.
491 BAG v. 26.02.1985, WM, S. 1326, *Bauer/Diller*, BB 1997, S. 990.
492 BAG v. 15.06.1993, BB 1994, S. 1078, DB 1994, S. 887, ZIP 1994, S. 642.
493 BAG v. 24.09.2003, NZA, S. 1332.

bei einer erheblichen Gehaltsverbesserung des früheren Angestellten) kann sich die Entschädigung vermindern oder ganz entfallen. Über die Höhe seines Erwerbs hat der ausgeschiedene Mitarbeiter ggf. Auskunft zu erteilen. Dies gilt auch, wenn die Höhe der an einen aus einer Wettbewerbsabrede Begünstigten zu zahlenden Entschädigung von dem aus einem Mandat erzielten Honorar abhängt; die Verschwiegenheitspflicht steht dem nicht entgegen[494]. Wird der frühere Mitarbeiter jedoch selbständig tätig, so kann aufgrund steuerrechtlicher Möglichkeiten (z.b. durch Abschreibung eines entgeltlich erworbenen Praxiswertes) eine solche Minderung des Einkommens eintreten, dass die Karenzentschädigung zu zahlen ist[495]. Der Anspruch auf Karenzentschädigung entfällt bei Kündigung des Arbeitsverhältnisses vor Beginn der Beschäftigung und Nichtaufnahme der Tätigkeit[496]. Eine für den Verlust des Arbeitsplatzes zugesagte Abfindung ist keine Karenzentschädigung[497]. Die Aufnahme eines Studiums berührt den Anspruch auf Karenzentschädigung nicht.

Der mit dem Angestellten vereinbarte Mandantenschutz darf die **Dauer von 2 Jahren** nicht übersteigen (§ 74a Abs. 1 S. 3 HGB). Des Weiteren ist es nicht möglich, alle ehemaligen Mandate zu sperren, weil dies nicht dem berechtigten geschäftlichen Interesse des Arbeitgebers[498] dienen dürfte (§ 74a Abs. 1 S. 1 HGB). Im Zweifel können Gegenstand einer Wettbewerbsabrede nur solche Mandanten sein, mit denen die geschäftlichen Beziehungen zum Zeitpunkt der Beendigung des Arbeitsverhältnisses noch bestehen, bzw. nicht endgültig beendet sind. Zu Mandanten, die noch in der **Akquisitionsphase** sind, vgl. OLG Köln v. 05.10.2000, NZG 2001, S. 165. 416

Vorbereitungen für den **Aufbau einer Existenz** als selbständiger WP darf der Arbeitnehmer aber auch während des Bestehens eines Beschäftigungsverhältnisses treffen; allerdings ist es ihm untersagt, in dieser Zeit Beziehungen zu (auch nur möglichen) Mandanten seines Dienstherrn vorzubereiten[499]. Ob es möglich ist, den Mitarbeitern zu untersagen, in die Dienste eines Mandanten zu treten, erscheint im Hinblick auf § 74a Abs. 1 S. 2 HGB zweifelhaft, weil damit das berufliche Fortkommen erheblich behindert wird; im übrigen würde dies nicht nur eine Mandantenschutzklausel, sondern ein echtes Wettbewerbsverbot bedeuten. 417

Höchstrichterlich noch nicht entschieden ist, ob Wettbewerbsabreden mit **freien Mitarbeitern** (Tz. 223) zu ihrer Gültigkeit der Zusage von Karenzentschädigung bedürfen. Bei echter freier Mitarbeit, die nur fallweise vorkommt und auf die Bearbeitung bestimmter Aufträge beschränkt sein dürfte, erscheint die Zusage von Karenzentschädigung entbehrlich[500]. Ist hingegen die freie Mitarbeit einer Angestelltentätigkeit sehr angenähert, muss von der Anwendung des § 74 Abs. 2 HGB ausgegangen werden[501]. Wegen des vergleichbaren Schutzbedürfnisses wie bei kaufmännischen Angestellten gelten die §§ 74 ff. HGB jedenfalls für wirtschaftlich abhängige freie Mitarbeiter[502]. 418

Berufsrechtlich zulässig ist es, mit dem Mitarbeiter einen aufschiebend bedingten Vertrag über die **Veräußerung einer Praxis** bzw. Teilpraxis abzuschließen, der erst wirksam wird, 419

---

494 BGH v. 21.04.1993, NJW-RR, S. 1468.
495 BAG v. 13.11.1975, WM 1976, S. 820.
496 BAG v. 03.05.1994, BB, S. 2282, ZIP, S. 1975, NJW 1995, S. 151.
497 BAG v. 26.05.1992, DB, S. 1194, WM, S. 820.
498 BAG v. 01.08.1995, NJW 1996, S. 1364, DB 1996, S. 481; BGH v. 21.01.1997, DB, S. 279.
499 *Palandt*, BGB[70], § 611, Rn. 42 m.w.N.
500 So *Michalski/Römermann*, ZIP 1994, S. 433; a.A. LG Frankfurt/M. v. 13.01.1992, Stbg. 1993, S. 477.
501 OLG München v. 18.10.1996, BB 1997, S. 224; v. 22.01.1997, BB, S. 1015.
502 BGH v. 10.04.2003, NJW, S. 1864.

wenn der Mitarbeiter im Zuge des Ausscheidens Mandanten übernimmt. Allerdings liegen noch keine Erfahrungen vor, ob eine solche Abrede zivilrechtlich zulässig ist oder als Umgehung der §§ 74 ff. HGB gewertet wird[503]. Das Risiko der Wertung als Umgehung besteht dann, wenn der vom Mitarbeiter zu zahlende Kaufpreis das übliche Entgelt für eine Praxis oder Teilpraxis erheblich übersteigt, weil dadurch der „Strafcharakter" und damit die Umgehung der §§ 74 ff. HGB evident werden dürfte.

420 Wettbewerbsabreden bzw. Mandantenschutzvereinbarungen unter **Mitgliedern einer Sozietät**, Partnern einer PartG oder mit gesetzlichen Vertretern von WPG bedürfen zu ihrer Wirksamkeit nicht der Zusage einer Karenzentschädigung[504]; neben § 138 BGB sind die in § 74a Abs. 1 HGB genannten Einschränkungen aber zu beachten[505]. Hat die vereinbarte Wettbewerbsklausel mit einem geschäftsführenden WP zum Ziel, diesen nach Beendigung seines Anstellungsverhältnisses als Konkurrenten der Gesellschaft auszuschalten, ist sie insoweit nichtig[506]. Der Geschäftsführer einer GmbH muss sich seinen anderweitigen Verdienst nicht auf die Karenzentschädigung anrechnen lassen[507]. Nach der nunmehr ständigen Rspr. des BGH[508] darf ein in einem Sozietätsvertrag vereinbartes Wettbewerbsverbot den Verpflichteten in seinem **Recht auf freie Berufsausübung aus Art. 12 GG** nicht übermäßig beschränken und nach **Ort, Zeit und Gegenstand** nicht über die schutzwürdigen Interessen des Begünstigten hinausgehen[509]. Infolgedessen sind derartige Wettbewerbsverbote unwirksam, wenn sie sich als faktische Berufsverbote auswirken[510]. Ein sittenwidriges Wettbewerbsverbot ist gegeben, wenn im Rahmen einer nachvertraglichen Wettbewerbsabrede einem ausscheidenden Mitglied einer GbR auferlegt wird, im **Umkreis von 30 km** vom Sitz der Praxis keinerlei konkurrierende Tätigkeit auszuüben[511]. Gegen § 138 BGB verstößt auch die Klausel „Es besteht grundsätzlich Mandantenschutz für die Sozietät"[512]. Das gilt ebenso, wenn die in § 74a Abs. 1 S. 3 HGB festgelegte **Maximaldauer von 2 Jahren überschritten** oder regionale bzw. branchenbezogene Verbote vereinbart werden[513].

421 Die vorgenannten Einschränkungen[514] gelten auch für Wettbewerbsabreden, die im Rahmen einer **Praxisveräußerung** oder beim **Ausscheiden** aus einer Freiberuflersozietät[515] getroffen werden[516]. Eine Wettbewerbsbeschränkung, die über die Dauer von zwei Jahren

---

503 BAG v. 10.12.1985, DB 1986, S. 1829; *Bauer/Diller*, DB 1995, S. 426; *Gaul*, DB 1995, S. 874.
504 BGH v. 26.03.1984, NJW, S. 2366, DB, S. 1717; nach BGH v. 07.07.2008, – II ZR 81/07 –, www.bundesgerichtshof.de, Rubrik „Entscheidungen", gilt der Grundsatz der bezahlten Karenz gem. § 74 Abs. 2 HGB nicht für Geschäftsführer einer GmbH.
505 BGH v. 29.10.1990, DB, S. 258, NJW 1991, S. 699; BGH v. 19.10.1993, NJW 1994, S. 384, DB 1994, S. 34.
506 BGH v. 09.05.1986, NJW, S. 1717, BB, S. 808, DB, S. 1263.
507 BGH v. 28.04.2008, DB, S. 1558, GmbHR, S. 930 mit Anm. *Menke*.
508 BGH v. 29.09.2003, NJW 2004, S. 66; vgl. dazu insb. die Darstellung von *Krämer*, in: FS Röhricht, S. 335.
509 Vgl. BGH v. 14.07.1997, NJW, S. 3089 m.w.N.; v. 18.07.2005, – II 159/03 –, www.bundesgerichtshof.de, Rubrik „Entscheidungen".
510 BGH v. 15.03.1989, DB, S. 1620.
511 BGH v. 14.07.1997, NJW, S. 3089.
512 OLG Hamburg v. 07.10.1998, NZG 1999, S. 342.
513 BGH v. 08.05.1968, DB, S. 1263; BGH v. 26.03.1984, DB, S. 1717, ZIP, S. 954; BGH v. 29.01.1996, DStR, S. 1254, Stbg. 1997, S. 19, WPK-Mitt. 1997, S. 150; BGH v. 08.05.2000, NJW, S. 2584; BGH v. 29.09.2003, NJW 2004, S. 66.
514 Nach Auffassung des AK „Gesellschaftsverträge" des IDW war ein dreijähriges zwischen den Mitgliedern einer Sozietät verabredetes Wettbewerbsverbot mit der damaligen Rspr. des BGH vereinbar; vgl. § 18 des Musters eines Gesellschaftsvertrages einer WP-Sozietät, Düsseldorf 1999. Mit seiner Entscheidung v. 08.05.2000, NJW, S. 2584, hat sich der BGH aber auch in diesen Fällen für eine Höchstdauer von zwei Jahren ausgesprochen.
515 BGH v. 29.09.2003, NJW 2004, S. 66.
516 BGH v. 28.04.1986, ZIP, S. 1056.

hinausgeht, dürfte generell von der Rechtsprechung nicht mehr als hinnehmbar akzeptiert werden.

Eine sittenwidrige Beschränkung der Berufsausübungsfreiheit aus Art. 12 GG kann auch gegeben sein, wenn dem Betroffenen **schwer erträgliche finanzielle Lasten** auferlegt werden. Das ist etwa der Fall, wenn der Verpflichtete aus einer Mandantenschutzklausel an den Berechtigten das Jahreshonorar, das der Mandant im Durchschnitt der letzten drei Jahre gezahlt hat, abführen muss[517]. Nicht ohne weiteres auf Wettbewerbsabsprachen mit gesetzlichen Vertretern anwendbar ist z.B. § 75a HGB; infolgedessen entfällt auch durch den **nachvertraglichen Verzicht auf das Wettbewerbsverbot** die Verpflichtung zur Zahlung von vereinbarter Karenzentschädigung[518]. Allerdings sind die Partner eines beruflichen Zusammenschlusses nicht gehindert, für den Fall der Teilung der Praxiseinrichtung und der Möglichkeit der „Mitnahme" von Mandanten einen Abfindungsanspruch vertraglich auszuschließen[519].

422

Ein **Praxisverkauf** begründet nicht automatisch Mandantenschutz zugunsten des Erwerbers. Der Verkäufer ist auch nicht verpflichtet, die aus der Betreuung wieder übernommener Mandanten erzielten Honorare an den Erwerber der Praxis herauszugeben, falls diese Mandanten zuvor das zum Erwerber bestehende Mandatsverhältnis durch Kündigung beendet hatten; in einem solchen Fall entsteht dem Praxisübernehmer kein Schaden[520]. Zu einem Wettbewerbsverbot, das anlässlich des Ausscheidens eines Gesellschafters aus einer Kapitalgesellschaft zwecks Aufteilung deren Geschäftsbetriebs vereinbart werden kann, vgl. BGH v. 19.10.1993 (NJW 1994, S. 384, DB 1994, S. 34). Zu beachten bleibt, dass das Risiko des späteren Mandatsverlustes zu Lasten des Erwerbers geht, sofern keine Revisionsklausel vereinbart ist, die spätere Kürzungen des Kaufpreises zulässt.

423

Verstößt ein vereinbartes Wettbewerbsverbot gegen § 138 BGB, kann es im Wege der **geltungserhaltenden Reduktion** (Analogie zu § 139 BGB) auf das noch vertretbare Maß zurückgeführt werden. Dies kommt etwa bei einer zeitlichen Überdehnung[521] eines ansonsten zulässigen Wettbewerbsverbots in Betracht mit der Folge, dass die Laufzeit auf den zu billigenden Zeitraum (zwei Jahre) verkürzt wird[522]. Ob eine geltungserhaltende Reduktion bei einer unangemessenen örtlichen oder gegenständlichen Beschränkung in Betracht kommt, erscheint fraglich[523]. Ist eine entsprechende Klausel aber nicht nur wegen eines einzigen Punktes, sondern wegen mehrerer Bestandteile sittenwidrig, scheidet eine geltungserhaltende Reduktion aus, so dass die Nichtigkeit alle Teile der Vereinbarung erfasst[524].

424

hh) Berufswürdiges Verhalten gegenüber Berufskollegen

Die Pflicht, sich kollegial zu verhalten, wird in der WPO nicht ausdrücklich als Berufspflicht aufgeführt[525]. Sie ergibt sich aber aus der Verpflichtung, sich jeder Tätigkeit zu

425

---

517 BGH v. 29.01.1996, DStR, S. 1254, WPK-Mitt. 1997, S. 150.
518 OLG Düsseldorf v. 22.08.1996, BB, S. 2377, DB, S. 2273.
519 BGH v. 06.12.1993, DB, 1994 S. 469.
520 BGH v. 23.03.1988, NJW, S. 3018, ZIP, S. 719, WM, S. 903.
521 Beträgt die Dauer sieben Jahre, ist die Wettbewerbsabrede aber unwirksam, eine geltungserhaltende Reduktion nicht mehr möglich, OLG Stuttgart v. 01.08.2001, NJW 2002, S. 1431.
522 BGH v. 29.10.1990, NJW 1991, S. 699 m.w.N., v. 08.05.2000, NJW, S. 2584.
523 Verneinend *Krämer*, in: FS Röhricht, S. 335.
524 BGH v. 14.07.1997, NJW, S. 3089.
525 § 52 S. 1 WPO, der zu berufswürdigem Verhalten bei der Auftragsannahme verpflichtete, ist durch das BARefG ersatzlos aufgehoben worden.

enthalten, die mit dem Ansehen des Berufs unvereinbar ist. Dieses Gebot ist vor allem bedeutsam, wenn der Auftraggeber bisher von einem anderen WP betreut wurde oder nach wie vor betreut wird. Ob der andere WP zu unterrichten ist, muss im Hinblick auf die generelle Verschwiegenheitspflicht (Tz. 344) sorgfältig geprüft werden; eine gegenteilige Anweisung des Auftraggebers genießt Vorrang. Für die Unterrichtung des Mandatsnachfolgers bei einem Prüfungsauftrag gilt § 26 Abs. 3 BS WP/vBP, wonach der Mandatsvorgänger verpflichtet ist, dem Mandatsnachfolger auf schriftliche Anfrage z. B. die Begründung der Kündigung und den Bericht über das Ergebnis der bisherigen Prüfung zu erläutern.

426 In diesem Zusammenhang ist auf § 14 Abs. 3 BS WP/vBP hinzuweisen, wonach WP weder bei der Gründung einer eigenen Praxis noch bei einem Wechsel des Arbeitgebers Mandanten ihres bisherigen Arbeitgebers veranlassen dürfen, ihnen Aufträge zu übertragen. Noch weiter geht § 19 Berufsordnung BStBK. Danach soll jede Maßnahme, die darauf gerichtet ist, einen anderen StB aus einem Auftrag zu verdrängen, berufswidrig sein. Abgesehen davon, dass Mandantenschutzklauseln und Wettbewerbsabreden keine Handhabe für die Abwerbung von Mandanten bieten, hat das Berufsrecht nicht die Aufgabe, Wettbewerb unter den Berufsangehörigen zu untersagen[526]. Unzulässig wird der Wettbewerb erst, wenn unlautere Mittel eingesetzt werden (z. B. Herabsetzung des Kollegen).

427 Wird ein WP auf Veranlassung Dritter, z.B. staatlicher Stellen oder Kreditinstitute, tätig, so darf er seine Einschaltung **nicht** dazu ausnutzen, den bisherigen Prüfer oder Berater des Unternehmens **aus dem Mandat zu verdrängen**. Andererseits ist das Gebot der Gewissenhaftigkeit ohne Einschränkung zu beachten, auch wenn dadurch Fehler von Kollegen aufgedeckt werden.

ii) Ausbildung des Berufsnachwuchses und der Mitarbeiter

428 WP sind nach § 15 BS WP/vBP gehalten, an der **Ausbildung des Berufsnachwuchses** im Rahmen ihrer Möglichkeiten mitzuwirken. Die Verpflichtung ist ein berufliches Selbstverständnis, enthält aber nur ein allgemeines Postulat und beinhaltet somit keine konkrete Pflicht, Anstellungs- oder Ausbildungsverhältnisse abzuschließen[527]. Zu beachten ist weiterhin, dass ein Teil der praktischen Ausbildung zum WP bei Berufsangehörigen erfolgen muss (§ 9 Abs. 2 WPO, Tz. 68). Der Bundesminister für Wirtschaft und Arbeit ist im Übrigen ermächtigt, die Berufsausbildung durch eine VO nach Maßgabe von § 137 WPO mit der Folge eines Beschäftigungszwanges zu regeln. Bisher hat der Beruf seinen Verpflichtungen in diesem Bereich genügt, so dass der Erlass dieser VO entbehrlich war. Entsprechendes gilt für die Ausbildung von Mitarbeitern, insb. von Fachgehilfen. Auch hier gilt, dass die Ausbildungsbefugnis nach § 90 BBiG zugleich als eine allgemeine Verpflichtung zu verstehen ist.

jj) Aufstellung eines Transparenzberichts

429 WP und WPG, die im Jahr mindestens ein Unternehmen von öffentlichem Interesse gem. § 319a Abs. 1 S. 1 HGB prüfen, sind verpflichtet, jährlich spätestens drei Monate nach Ende des Kalenderjahres auf ihrer Internetseite einen **Transparenzbericht** zu veröffentlichen (§ 55c WPO). Die Vorschrift ist i.R. des BARefG[528] in Umsetzung von Art. 40 der EU-Abschlussprüferrichtlinie eingefügt worden. Der Transparenzbericht dient dazu, der

---

[526] Zu Recht kritisch zur Regelung des § 19 Berufsordnung BStBK *Koslowski/Gehre*, StBerG[6], § 57, Rn. 86.
[527] Begründung zu § 15 BS WP/vBP.
[528] V. 03.09.2007, BGBl. I, S. 2178.

Berufspflichten　　　　　　　　　　　　　　　　　　　　　　　　　　　　　　　　　　　A

Öffentlichkeit die Gesellschafts-, Aufsichts- und Qualitätsstruktur von Berufsangehörigen in eigener Praxis und von Wirtschaftsprüfungsgesellschaften darzustellen. Er muss folgende Mindestangaben enthalten:

1. eine Beschreibung der Rechtsform und der Eigentumsverhältnisse
2. sofern die Einbindung in ein Netzwerk vorliegt, eine Beschreibung dessen organisatorischer und rechtlicher Struktur
3. eine Beschreibung des internen Qualitätssicherungssystems sowie eine Erklärung des oder der Berufsangehörigen oder Geschäftsführungsorgans zur Durchsetzung des internen Qualitätssicherungssystems
4. das Ausstellungsdatum der letzten Teilnahmebescheinigung (§ 57a Abs. 6 S. 7)
5. eine Liste der in Satz 1 genannten Unternehmen, bei denen im vorangegangenen Kalenderjahr eine gesetzlich vorgeschriebene Abschlussprüfung durchgeführt wurde
6. eine Erklärung über die Maßnahmen zur Wahrung der Unabhängigkeit einschließlich der Bestätigung, dass eine interne Überprüfung der Einhaltung von Unabhängigkeitsanforderungen stattgefunden hat
7. Informationen über die Vergütungsgrundlagen der Organmitglieder und leitenden Angestellten

Darüber hinaus hat der Transparenzbericht von WPG noch folgende Informationen zu enthalten:　　**430**

8. eine Beschreibung der Leitungsstruktur (Geschäftsführungs- und Aufsichtsorgane)
9. eine Erklärung darüber, wie die Gesellschaft ihre Berufsangehörigen zur Erfüllung der Fortbildungspflicht anhält (interne Fortbildungsgrundsätze und -maßnahmen)
10. Finanzinformationen, welche die Bedeutung der Gesellschaft widerspiegeln, in Form des im Sinne des § 285 Nr. 17 des Handelsgesetzbuchs nach Honoraren aufgeschlüsselten Gesamtumsatzes

§ 55c WPO ist eine Berufspflicht, die bereits dann verletzt ist, wenn der Transparenzbericht nicht vollständig oder nicht fristgerecht veröffentlicht wird. Die WPK überprüft regelmäßig die Einhaltung der Anforderungen des § 55c WPO und stellt aufgrund der bei Durchsicht getroffenen Feststellungen Gestaltungshinweise auf ihrer Homepage ein (abrufbar unter www.wpk.de/praxishinweise/transparenzbericht.asp.)[529]. Die folgenden Ausführungen beschränken sich daher auf einige wesentliche Gesichtspunkte.　　**431**

Die Frage, ob für das abgelaufene Kalenderjahr ein Transparenzbericht aufzustellen ist und welche Prüfungen in die Liste nach Nr. 5 aufzunehmen sind, entscheidet sich nach den in dem betreffenden Jahr erteilten Bestätigungs- oder Versagungsvermerken. Weder lösen daher begonnene Prüfungen eine Aufstellungspflicht aus noch sind aktuelle, in Arbeit befindliche Mandate in die Liste aufzunehmen[530].　　**432**

§ 13b BS WP/vBP stellt klar, dass auch die variablen Bestandteile einschließlich erfolgsabhängiger Komponenten der Vergütungen von Organmitgliedern und leitenden Angestellten anzugeben sind. Dabei sollte auch dargestellt werden, nach welchen wesentlichen Parametern sie bestimmt werden (z.B. Niederlassungserfolg, Geschäftserfolg der jeweiligen Einheit, interne Aufgabenverteilung etc.). Die Angabe der individuellen Bezüge der　　**433**

529　Ferner hat der Fachausschuss Recht des IDW 2007 Hinweise zum Transparenzbericht erarbeitet, die bei der Geschäftsstelle des IDW angefordert werden können.
530　So grundsätzlich auch *Naumann/Hamannt*, WPg 2007, S. 901 und *Pfitzer/Oser/Wader*, WPK-Magazin 4/2007, S. 54; anders noch *Hense/Ulrich*, WPO, § 55c, Rn. 7, 16.

genannten Personen wird nicht verlangt. Zum Kreis der leitenden Angestellten vgl. Tz. 393.

434 Der Transparenzbericht muss in Bezug auf die gesetzlichen (Mindest-)Angaben aus sich heraus verständlich sein. Allerdings kann auf andere öffentlich allgemein zugängliche Informationsquellen (z.b. Gesetzesbestimmungen) oder auf Unternehmensinformationen (z.b. Satzungstext) Bezug genommen werden, wenn diese leicht zugänglich sind. Eine laufende Aktualisierung ist nicht vorgeschrieben, die im Geschäftsjahr eingetretenen bzw. vorgenommenen Änderungen müssen erst im folgenden Transparenzbericht dargestellt werden, ohne dass auf sie besonders hinzuweisen ist.

435 Der Transparenzbericht ist in einer den §§ 126, 126a BGB entsprechenden Form zu unterzeichnen und **elektronisch zu veröffentlichen**. Ist eine elektronische Veröffentlichung nicht möglich, kann der Bericht bei der WPK hinterlegt und dort von Dritten eingesehen werden.

h) Werbung
aa) Allgemeines

436 Eines der Ziele der Novellierung von WPO, StBerG und BRAO im Jahre 1994 war es, die bestehenden Werbeverbote zu lockern und an die Regeln anzugleichen, die in anderen Ländern gelten, v.a. in den Mitgliedstaaten des Europäischen Binnenmarktes, um u.a. die Wettbewerbssituation dieser freien Berufe zu verbessern. Das Verbot der berufswidrigen Werbung wurde zwar aufrechterhalten, es war allerdings einschränkend auszulegen[531]. Ein weiterer Anlass für die Novellierung war die Rspr. des **BVerfG** aus dem Jahre 1987 (BVerfG v. 14.07.1987, NJW 1988, S. 191, ZIP 1988, S. 1559) zum Standesrecht der RAe. Diese Entscheidung führte zu einer Reihe von Folgeentscheidungen, die sich u.a. mit der Zulässigkeit der Informationswerbung, vor allem bei StB und RAe, sowohl unter berufs- als auch unter wettbewerbsrechtlichen Aspekten befassen und im Ergebnis ein aus Art. 12 Abs. 1 S. 1 GG abzuleitendes **Recht auf Werbung** sowohl gegenüber den Gerichten als auch gegenüber den Kammern der freien Berufe durchgesetzt haben[532]. Besonders erwähnenswert ist die Entscheidung des BVerfG zur Zulässigkeit einer Straßenbahnwerbung[533].

437 Aufgrund der Kritik der EU-Kommission an den einschränkenden Regulierungen bei den Werbemöglichkeiten von Freiberuflern und der Aufforderung, Maßnahmen zur Reduzierung solcher nicht zu rechtfertigenden Regeln zu ergreifen[534], hat der Gesetzgeber i.R. des BARefG[535] § 52 WPO sprachlich positiv gefasst und für den Berufsstand der WP den Grundsatz verankert, dass Werbung grundsätzlich zulässig ist. Mit dieser Änderung wird den Forderungen des BVerfG entsprochen, das in seiner grundlegenden Entscheidung v. 14.07.1987[536] ausdrücklich betont hat, dass auch freiberuflich Tätige sich wie alle anderen Staatsbürger mit Informationen an die Öffentlichkeit wenden dürfen und grundsätzlich von einem durch **Art. 12 GG garantierten Recht zur Werbung** ausgegangen

---

531 Reg Begr. Zum BaRefG v. 03.09.2007, BT-Drs. 16/2858, S. 27 r. Sp.
532 S. nur BVerfG v. 16.11.2004 – 1 BrR 981/00; v. 13.07.2005 – 1 BvR 191/05 – (Sympathiewerbung); v. 26.10.2004 – 1 BvR 981/00 – alle Entscheidungen abrufbar unter www.bundesverfassungsgericht.de, Rubrik „Entscheidungen".
533 V. 26.10.2004 – 1 BvR 981/00 – www.bundesverfassungsgericht.de, Rubrik „Entscheidungen".
534 Mitteilung der EU-Kommission vom 09.02.2004 mit dem Titel „Bericht über den Wettbewerb bei freiberuflichen Dienstleistungen" [KOM (2004) 83 endg. – nicht im Amtsblatt veröffentlicht]; Follow-up v. 05.09.2005 KOM(2005) 405 endg.
535 V. 03.09.2007, BGBl. I, S. 2178 sowie Reg.Begr. BT-Drs. 16/2858, S. 20, 27.
536 NJW 1988, S. 191, 194.

werden kann, das nur durch Gesetz beschränkbar und vor gesetzlich nicht gedeckten Eingriffen geschützt ist[537]. Die Grenzen zulässiger Werbung ergeben sich aus den allgemeinen Wettbewerbsbestimmungen des **Gesetzes gegen den unlauteren Wettbewerb** (UWG). Dies hat der Gesetzgeber im 2. Halbsatz des § 52 WPO nochmals klargestellt. Die Neuregelung entspricht der Tendenz der neueren BGH-Rspr, die Werbemaßnahme vorrangig unter wettbewerbsrechtlichen Gesichtspunkten würdigt. So hat der BGH in seinem Urt. v. 29.07.2009 (NJW 2010, S. 1968)[538] zum Standesrecht der StB die Abkehr vom Berufsrecht verdeutlicht. Bei einer verfassungsrechtlichen Prüfung am Maßstab des Art. 12 Abs. 1 GG und der danach gebotenen Gemeinwohlprüfung sei kein Platz mehr für über das UWG hinausgehende berufsrechtliche Werbeverbote.

Die **anderen Berufsgesetze** sind bisher nicht entsprechend liberalisiert worden. Im StBerG wird unverändert zwischen erlaubter (§ 57a) und berufswidriger Werbung (§ 57 Abs. 1) unterschieden (C Tz. 37); § 43b BRAO befasst sich allein mit der erlaubten Werbung. § 52 WPO unterscheidet sich somit grundlegend von den gesetzlichen Vorschriften der StB und RAe und enthält die liberalste Regelung zur Werbung von Freiberuflern in Deutschland. Die Berufssatzung bzw. die Berufsordnungen, die die gesetzlichen Vorschriften näher ausgestalten und im Streitfall wesentliche Erkenntnisquelle für die Berufsanschauung sein können[539], weisen aufgrund der unterschiedlichen gesetzlichen Vorgaben erhebliche Abweichungen auf[540]. Diese Unterschiede sind v.a. für Berufsangehörige mit mehreren Qualifikationen und Sozietäten oder Partnerschaftsgesellschaften mit Angehörigen verschiedener Berufe von Bedeutung[541] und führen nicht selten zu Erschwernissen für diese interprofessionellen Zusammenschlüsse. **438**

Aufgrund der auf dem Recht auf Werbung aus Art. 12 GG beruhenden Rechtsprechung des BVerfG und der Fachgerichte dürften die einschränkenden Regelungen im StBerG und in der BRAO aber weiter an Bedeutung verlieren. Dies macht insb. auch die Entscheidung des BGH v. 29.07.2009 (vgl. Tz. 437) deutlich. **439**

bb) Zulässige Werbung und ihre Grenzen

§ 52 WPO gestattet dem WP, für seine Dienstleistungen zu werben. Der deklaratorische Zusatz „sofern sie nicht unlauter ist" stellt die ohnehin bestehenden Lauterbarkeitsgrenzen zulässiger Werbung klar. Die **Regelungen des UWG** in der seit dem 29.07.2009[542] geltenden Fassung bilden die einzigen Einschränkungen. Das Berufsrecht unterscheidet nicht mehr zwischen Kundmachung und berufswidriger Werbung. Ferner ist die bisher im Einzelfall schwer vorzunehmende Grenzziehung zwischen erlaubter und berufswidriger Werbung obsolet geworden. Aufgrund der Änderung des § 52 WPO sind die Satzungsermächtigung der WPK zum Erlass näherer Bestimmungen zur Werbung in § 57 Abs. 4 Nr. 4 WPO und in Folge dessen auch die bisher in der BS WP/vBP enthaltenen Vorschriften der §§ 31 – 36 aufgehoben worden. Der Erläuterungstext zu § 4 Abs. 2 1. Alt. BS WP/vBP, wonach WP Leistungen nur anbieten dürfen, wenn sie über die dafür erforder- **440**

---

537 BVerfG v. 01.12.1999, BRAK-Mitt. 2000, S. 89.
538 Vgl. zu dem Urteil *Kleine-Cosack*, NJW 2010, S. 1921.
539 BGH v. 03.12.1998, NJW 1999, S. 2444.
540 Es ist beabsichtigt, die Berufsordnung der StB an die neuere Rechtsprechung zur Werbung anzupassen. Demgegenüber wurde auf dem 68. Deutschen Juristentag beschlossen, spezielle konkretisierende Regelungen zur Werbung beizubehalten, um der besonderen Stellung und Funktion der RAe gerecht zu werden – NJW-Spezial 2010, S. 638.
541 Ein kritischer Vergleich der Werberechte von WP, StB, RA findet sich in *Kleine-Cosack*, Werberecht. Vgl. zum Ganzen auch *Jaeger*, AnwBl. 2000, S. 475.
542 BGBl. I, S. 2413.

liche Sachkunde und die zur Bearbeitung nötige Zeit verfügen, stellt die Grundsätze der für die Praxis bedeutsamen Regelungen unlauterer Werbung, der §§ 5 und 7 UWG, dar.

441 **Werbung** ist ein Verhalten, das darauf angelegt ist, andere dafür zu gewinnen, die Leistung desjenigen, für den geworben wird, in Anspruch zu nehmen. Entscheidend ist für diese Beurteilung die **Verkehrsanschauung**, nicht die Auffassung des Werbenden und auch nicht die Auffassung des Berufsstands[543]. Nach der Verkehrsauffassung liegt Werbung vor, wenn sich jemand mit positiven Bewertungen der eigenen Fähigkeiten und Leistungen oder mit Aufforderungen zur Inanspruchnahme der Leistungen an das Publikum wendet. Das Verhalten muss darauf angelegt sein, weiter bekannt zu werden und umsatzfördernd zu wirken. Treten solche Wirkungen nur als Reflex auf, fehlt es bereits an einer Werbung[544]. Den Begriff der Werbung in diesem Sinne erfüllen nicht die im beruflichen Verkehr zu führenden Berufsbezeichnungen und Pflichtkundmachungen nach GmbHG, AktG oder PartGG (Tz. 238) sowie Teledienstgesetz und Dienstleistungsinformationspflichten-Verordnung.

442 Untersagt ist WP jede **unlautere Werbung** i.S.d. UWG. Das UWG dient dem Schutz der Mitbewerber, der Verbraucher sowie der sonstigen Marktteilnehmer vor unlauteren Werbemaßnahmen. Werbung findet daher dort eine Grenze, wo der Umworbene davor bewahrt werden muss, durch Nötigung, Belästigung oder Ausnutzung einer Notlage in seiner Freiheit beeinträchtigt zu werden, eine eigene Entscheidung über die Auftragserteilung zu treffen (§§ 4 Nr. 1, 7 UWG). Als unzumutbar belästigend und damit als unzulässig wird Werbung daher angesehen, wenn erkennbar ist, dass der angesprochene Marktteilnehmer die Werbung nicht wünscht.

443 § 5 UWG untersagt eine irreführende Werbung. Nach der Legaldefinition liegt eine Irreführung vor, wenn die Werbung unwahre Angaben oder sonstige zur Täuschung geeignete Angaben über bestimmte in § 5 UWG aufgezählte Umstände enthält. Das Irreführungsverbot ist allerdings auch bei Freiberuflern verfassungs- und europarechtskonform restriktiv auszulegen. Irreführende Werbung ist aber z.B. gegeben, wenn Dienstleistungen angeboten werden, die aus Zeit- oder sonstigen Gründen nicht oder nicht in der beworbenen Weise erbracht werden können[545]. Darunter fällt auch die Werbung mit Dienstleistungen, zu deren Erbringung der WP aufgrund rechtlicher Beschränkungen nicht befugt ist (Abfassung von Arbeitsverträgen).

444 Für die berufliche Praxis dürften die nachfolgend dargestellten Einzelthemen von Bedeutung sein, bei denen es sich im Grundsatz schon bisher um zulässige Werbung handelte, bei denen aber durch die Neuregelung die **Methoden**, mit denen der WP werben darf, weiter **liberalisiert** worden sind:

445 Gegen die Verwendung von **Firmenzeichen** (Embleme, Logogramme, Signets, Kurzbezeichnungen) und Dienstleistungsmarken bestehen keine rechtlichen Bedenken. Da nach Auffassung des BVerfG[546] selbst Notare ein Logo benutzen dürfen und solche auch bei Behörden inzwischen gebräuchlich sind, dürfte ihnen ein werbender Charakter schon kaum anhaften. Damit besteht insb. für WP und WPG, die einem entsprechenden Verbund angehören, die Möglichkeit, auf die bestehende **corporate identity** auch durch Verwendung einer Kurzbezeichnung[547] hinzuweisen. Unzulässig kann die Verwendung eines

---

543 BVerfG v. 17.04.2000, AnwBl., S. 449, WPK-Mitt., S. 196.
544 BGH v. 07.10.1991, NJW 1992, S. 45.
545 Vgl. Erläuterungen zu § 4 BS WP/vBP.
546 BVerfG v. 24.07.1997, NJW, S. 2510.
547 BGH v. 11.03.2004, NJW, S. 1651; BGH v. 17.12.2001, NJW 2002, S. 608.

Berufspflichten **A**

Logos allerdings sein, wenn die Gefahr einer Irreführung des Rechtsverkehrs i.S. des § 5 UWG besteht. Dies kann der Fall sein, wenn ein WP als Logo ein Zeichen verwendet, das der Rechtsverkehr mit Leistungen verbindet, die nicht zu seinem Berufsbild gehören. So hat das OLG Lüneburg die Verwendung eines §-Zeichens als Logo durch einen WP als irreführend angesehen[548].

Stellenanzeigen dienen der Rekrutierung von Mitarbeitern. In dem damit verbundenen Herausstellen der Praxis bzw. der Berufsgesellschaft liegt ohnehin allenfalls ein bedeutungsloser Werbenebeneffekt[549], so dass bereits das Vorliegen von Werbung in Zweifel gezogen werden kann[550]. In Stellenanzeigen sind aber auch werbende Angaben zulässig, da ansonsten der Zweck der Anzeige, potenzielle Mitarbeiter für die WP-Praxis/WPG zu interessieren, allzu leicht verfehlt würde. Dies gilt darüber hinaus auch deshalb, weil die Berufsangehörigen bei der Anwerbung von Mitarbeitern im Wettbewerb mit gewerblichen Unternehmen stehen. Im Gegensatz zur früheren Rechtsprechung[551] liegt auch dann keine unzulässige Werbung mehr vor, wenn mit der Anzeige mögliche Mandanten in anpreisender Form angesprochen werden sollen. Gleiches gilt für die Verwendung optischer Merkmale, z.B. großformatiger Bilder, durch die der Anzeigentext völlig in den Hintergrund tritt und der Eindruck einer PR-Anzeige erweckt wird, sowie für eine ganzseitige Stellenanzeige, bei der nicht die Stellenbeschreibung, sondern die Darstellung des Stellenanbieters als Dienstleister im Vordergrund steht[552]. **446**

Zeitungsanzeigen sind zulässig und können ohne jeden Anlass geschaltet werden[553]. Gestattet sind dabei auch die Verwendung von Bildern, Grafiken, **Slogans**[554] **und Sprachwitz**. Nicht beanstandet werden auch wertende Selbst-(Urteile) wie „Optimale Interessenvertretung"[555]. Werbung mit früheren sportlichen Leistungen, damit **Image-werbung**, ist von Art. 12 GG gedeckt[556], ebenso eine sog. **Sympathiewerbung**[557]. Zulässig sind auch Hinweise auf **Selbstverständlichkeiten** wie der Fortbildung[558]. Sachaussagen sind nicht erforderlich[559]. Nicht beanstandet hat das OLG Nürnberg eine Werbung mit Umsatzzahlen einer WP-/StB- und Anwaltspraxis[560]. Eine Zeitungsanzeige[561] (oder Plakat), die auf **Sponsoring** eines Berufsangehörigen aufmerksam macht, ist bereits nach BVerfG (v. 17.04.2000, WPK-Mitt., S. 196, AnwBl., S. 449) ebenfalls zulässig. **447**

Praxisbroschüren, Rundschreiben und ähnliche Informationsmittel sind zulässig. In diesen Broschüren können Arbeits- bzw. Tätigkeitsgebiete der Praxis genannt werden. Auf Kenntnisse und Erfahrungen in bestimmten Branchen darf hingewiesen oder die betreuten Branchen dürfen aufgezählt werden. Praxisbroschüren oder Faltblätter mit ähn- **448**

---

548 OVG Lüneburg v. 08.12.2005, NJW 2006, S. 3799.
549 Vgl. BVerfG v. 04.02.1993, AnwBl., S. 344; BGH v. 8.11.1995, AnwBl. 1996, S. 232, WM 1996, S. 68; OLG Nürnberg v. 22.12.1992, NJW 1993, S. 1338.
550 Zu Anzeigen vgl. *Kleine-Cosack*, Werberecht, Rn. 987 ff.
551 BVerfG v. 08.11.1995, AnwBl. 1996, S. 232, WM 1996, S. 68.
552 So noch LG Düsseldorf v. 21.12.1993, WPK-Mitt. 1994, S. 188.
553 So schon BGH v. 09.03.1995, NJW, S. 2358; OLG Dresden v. 05.07.1995, DStR, S. 1567; OLG Nürnberg v. 23.02.1995, WPK-Mitt., S. 179; BVerfG v. 12.09.2001, AnwBl. 2002, S. 60.
554 BVerfG v. 28.02.2003, NJW, S. 1635; BVerfG v. 12.09.2001, AnwBl. 2002, S. 60.
555 BVerfG v. 28.02.2003, NJW, S. 1307.
556 BVerfG v. 04.08.2003, NJW, S. 2816.
557 Vgl. BVerfG v. 13.07.2005 – 1 BvR 191/05 –, www.bundesverfassungsgericht.de, Rubrik „Entscheidungen".
558 BVerfG v. 12.09.201, AnwBl. 2002, S. 60.
559 *Hense/Ulrich*, WPO, § 52, Rn. 34.
560 V. 22.06.2004, AnwBl., S. 526.
561 S. dazu auch § 14 Abs. 1 Berufssatzung BStBK.

lichem Informationsmaterial darf an Mandaten und Nichtmandanten überlassen werden. Das gleiche gilt für Rundschreiben, in denen etwa auf Grund aktueller Gesetzgebung oder Rechtsprechung auf Beratungsbedarf hingewiesen wird[562]. Angaben wie sie in Anzeigen zulässig sind, können auch in Broschüren u.ä. aufgenommen werden (Tz. 447).

449 **Werbung durch diverse,** z.T. auch banale oder suggestive, **Fragen** an den Umworbenen zur laufenden Beratung sind zulässig[563]. Der Umstand, dass durch die Fragen Bedenken beim Adressaten im Hinblick auf die in Anspruch genommenen Dienstleistungen auftauchen können, reicht nicht aus, um eine wettbewerbsrechtlich unzulässige Herabsetzung gem. § 4 Nr. 7 UWG anzunehmen. Werden nur Fragen gestellt, ist auch eine Irreführung i.s. des § 5 UWG in der Regel anders als bei Behauptungen nicht gegeben. Als zulässig hat der BGH daher Fragen anerkannt wie „Können Sie die Höhe Ihrer Steuerberatungsgebühren selbst bestimmen?" oder „Hat Ihr Steuerbüro einen Abhol- und Bringdienst für Ihre Buchführung?". In dem Angebot darzustellen, wie die Umworbenen „zuviel Steuerberatungshonorare sowie Steuern und Abgaben zumindest für die Zukunft einsparen können", sieht der BGH allerdings einen Verstoß gegen §§ 4 Nr. 7 und 5 UWG. Damit werde unterstellt, dass die von Mitbewerbern steuerlich Beratenen bisher zuviel Honorar und Abgaben gezahlt hätten. Nicht abschließend geklärt ist, ob das Angebot einer **kostenlosen Erstberatung** zulässig ist (nicht beanstandet BGH v. 29.07.2009, NJW 2010, S. 1968 – zustimmend *Kleine-Cosack*, NJW 2010, S. 1921; a.A. BGH, NJW 2009, S. 534). Das für RA aus § 49b Abs. 1 BRAO i.V. mit RVG hergeleitete Verbot einer kostenlosen Beratung findet auf WP jedenfalls keine Anwendung, da es keine Gebührenordnung gibt.

450 Schon bisher nicht zu beanstanden war die **Überlassung von Räumen an einen Seminarveranstalter**[564] sowie die Teilnahme als Aussteller an einer **Fachmesse,** auf der die betreffende StBG Informationsmaterial bereitgehalten hat[565]. Diese Beurteilung dürfte nun auch für die Teilnahme an einer Publikumsmesse gelten.

451 **Spezialisierungshinweise** waren nach der Rspr. des BVerfG schon bisher und sind auch weiterhin gestattet[566]. So sind Fachgebietsbezeichnungen ohne weiteres erlaubt, wenn diese in einem gesetzlich vorgeschriebenen Verfahren rechtmäßig erworben worden sind (§ 13a Abs. 2 BS WP/vBP). Zu den statthaften Fachgebietsbezeichnungen gehören jene, die WP, die zugleich als RA oder als StB zugelassen sind, in der jeweiligen Eigenschaft erworben haben. Allerdings ist das jeweils andere Berufsrecht zu beachten. So darf z.B. ein RA gem. § 43c Abs. 1 BRAO nicht mehr als drei Fachanwaltsbezeichnungen führen. Steuerberater dürfen die in der am 01.08.2007 in Kraft getretenen Fachberaterverordnung vorgesehenen Fachberaterbezeichnungen „Fachberater für internationales Steuerrecht" und „Fachberater für Zölle und Verbrauchsteuern" führen. Diese werden von den Steuerberaterkammern verliehen und dürfen nur zusammen mit der Berufsbezeichnung „Steuerberater" geführt werden. Darüber hinaus ist auch das Führen der vom DStV verliehenen Bezeichnung für vereinbare Tätigkeiten berufsrechtlich zulässig, allerdings nicht als Zusatz zur Berufsbezeichnung, wohl aber räumlich abgesetzt von dieser und dem Namen des

---

562 BGH v. 15.03.2001, NJW, S. 2886.
563 BGH v. 29.07.2009, NJW 2010, S. 1968.
564 So schon LG Berlin v. 05.01.1999 selbst für den Fall, dass die Räume einer WPG gehören, deren Angestellte als Referenten bei der Veranstaltung auftreten, und der Seminarveranstalter für dieses Seminar wirbt, WPK-Mitt., S. 109, mit Anm.
565 BGH v. 03.12.1998, NJW 1999, S. 2444, BB, 1999 S. 1028; diese Rspr. bestätigt BVerfG v. 11.11.1999, BRAK-Mitt. 2000, S. 89; ebenso OLG Saarbrücken v. 05.04.2000, NJW, S. 2826 bezüglich der Teilnahme eines RA an einer Kreisleistungsschau.
566 BVerfG v. 28.07.2004, AnwBl., S. 586, danach ist die Bezeichnung „Spezialist für Verkehrsrecht" auf dem Briefkopf zulässig.

Berufspflichten   A

StB, z.B. bei Geschäftspapieren in der Seiten- oder Fußleiste[567]. Die Bezeichnung muss „Fachberater für ... (DStV e.V.)" lauten, um die Verleihung durch eine private Institution deutlich zu machen und um wettbewerbsrechtlich relevante Verwechslungen i.S. des § 5 UWG mit amtlich verliehenen Bezeichnungen zu vermeiden. Auch dürfen vergleichbare ausländische Berufsbezeichnungen, ebenso solche für vereinbare Tätigkeiten zusätzlich zum WP-Titel geführt werden. Zulässig ist auch ein Hinweis auf die Registrierung als **Prüfer für Qualitätskontrolle** nach § 57a Abs. 3 WPO sowie ein Hinweis auf die Teilnahme am Qualitätskontrollverfahren, wenn eine Teilnahmebescheinigung erteilt worden ist. Gestattet ist auch die – verkürzte oder auszugsweise – Veröffentlichung von Qualitätskontrollberichten zu Werbezwecken. Unter Beachtung der wettbewerbsrechtlichen Regelungen der §§ 3 und 5 UWG gilt dies auch für die Werbung mit Ergebnissen einer Sonderuntersuchung[568]. Als irreführende Werbung eines Rechtsanwalts hat das OLG Bremen die Aussage „Erster Fachanwalt für ..." gewertet[569]. Unbeachtlich war hierbei, ob der RA tatsächlich der erste RA war, der die entsprechende Fachanwaltsbezeichnung verliehen bekommen hatte. Die Führung der Bezeichnung „Testamentsvollstrecker" oder „Zertifizierter Testamentsvollstrecker" ist aber an bestimmte Voraussetzungen geknüpft[570].

Zu den Spezialisierungshinweisen zählt auch die Kundgabe von **Tätigkeits- und Interessenschwerpunkten**. Einschränkende Bestimmungen enthält die geltende Berufssatzung nicht mehr. Zur Kritik an den früheren Regelungen s. WP Handbuch 2000, Bd. I, A Tz. 330; s. auch *Kleine-Cosack*, AnwBl. 2005, S. 275.   452

Als **Tätigkeitsschwerpunkte** können etwa gesetzliche Vorbehaltsaufgaben, spezielle Beratungs- oder Gutachtergebiete genannt werden. Zulässig ist auch der Hinweis auf die Betreuung bestimmter Branchen[571]. Eine entsprechende Kundgabe beruht lediglich auf der eigenen Einschätzung und Selbstdarstellung des werbenden Berufsträgers, ihr muss aber ein objektiv nachprüfbarer Sachverhalt zugrunde liegen[572]. Nur dadurch ist gewährleistet, dass potenzielle Mandanten in angemessener Form und zutreffend Auskunft darüber erhalten, mit welchen Tätigkeitsfeldern sich der Berufsangehörige tatsächlich vorwiegend befasst. Diesen Informationsgehalt haben **Schwerpunktangaben** allerdings nur, wenn sie einen bestimmten Tätigkeitsbereich hinreichend konkret hervortreten lassen, so dass auch ein Leser zumindest laienhaft nachvollziehen kann, womit sich der WP beschäftigt[573].   453

Gestattet ist die Aufnahme in **Verzeichnisse**, in denen auch Informationen über die berufliche Tätigkeit gegeben werden dürfen. Zu diesen Verzeichnissen gehören nationale und internationale Branchentelefonbücher, Adressverzeichnisse, Telefonbücher u.ä. Nicht als Werbung anzusehen ist die Angabe des Berufs bei Aufnahme in Fernsprechbücher, die auch bei nicht selbständig tätigen WP zulässig ist.   454

---

567   BFH v. 23.02.2010 – VII R 24/09, DStR, S. 895, für die Bezeichnung „Fachberater für Sanierung und Insolvenzordnung (DStV e.V.) –; kritisch hierzu *Kleine-Cosack*, NJW 2010, S. 1921. Das BVerfG hat die Entscheidung des BFH mit Beschluss v. 09.06.2010 – 1 BvR 1198/10 bestätigt, DStR 2010, S. 1694 mit Anm. *Hund*.
568   WPK-Magazin 3/2010, S. 32 mit weiteren Hinweisen.
569   Urt. v. 11.01.2007, NJW, S. 1539.
570   OLG Nürnberg v. 28.05.2010, DStR, S. 1590, gestattet Bezeichnung „Testamentsvollstrecker" oder „Zertifizierter Testamentsvollstrecker" nur, wenn Tätigkeit regelmäßig erbracht wird, wobei eine höchstens zweimalige Tätigkeit hierfür nicht ausreiche – Rev. Az. BGH I ZR 113/10.
571   *Maxl*, WPK-Mitt. 1998, S. 114/117.
572   BGH v. 26.05.1997, NJW, S. 2682, ZIP, S. 1514.
573   Vgl. BGH v. 26.05.1997, NJW, S. 2522.

455 Zur Gestaltung von **Geschäftsbriefbögen** und **Praxisschildern** s. § 13a Abs. 1 BS WP/vBP[574]. Im Rahmen des Gesetzes über elektronische Handelsregister und Genossenschaftsregister sowie das Unternehmensregister (EHUG)[575] sind die in den §§ 37a Abs. 1 S. 1, 125a Abs. 1 S. 1 HGB, 35a Abs. 1 S. 1 GmbHG, 80 Abs. 1 AktG, 7 Abs. 5 PartGG enthaltenen **Pflichtangaben für Geschäftsbriefe auf den elektronischen Geschäftsverkehr** ausgedehnt worden.

456 Eine **Werbung im Internet** ist erlaubt, insb. ist die Einrichtung einer Home-Page oder die Aufnahme in ein Online-Verzeichnis gestattet[576]. Grundsätzlich können – neben den nach § 6 S. 1 **Teledienstleistungsgesetz** und den nach der Dienstleistungs-Informationspflichten-Verordnung (v. 12.03.2010, BGBl. I, S. 267) erforderlichen Angaben[577] – auf der Homepage die Aussagen und Hinweise aufgenommen werden, die in anderen Medien (Anzeigen, Praxisbroschüren) ebenfalls zulässig sind. Gegen die Einrichtung oder Beteiligung an so genannten Internet-Foren, in denen Probleme geschildert und Lösungen in Zusammenarbeit mit anderen Besuchern erarbeitet werden können, dürften keine wettbewerbsrechtlichen Bedenken bestehen, solange keine herabsetzenden oder verunglimpfenden Äußerungen über Mitbewerber gemacht werden (§ 6 Abs. 2 Nr. 5 UWG). Berufsrechtlich nicht zu beanstanden ist selbst die Versteigerung von Dienstleistungen in einem Internetauktionshaus, da die Informationsübermittlung dadurch gekennzeichnet ist, dass nur derjenige, der die entsprechende Internetseite aufruft, davon Kenntnis nimmt[578]. Zur Versendung von elektronischen Werbebriefen (E-mails) s. Tz. 460.

457 **Persönliche Angaben** über die Zugehörigkeit zu Organen und Ausschüssen von Berufskammern und -vereinigungen (Imagewerbung) dürfen verwendet werden. Entsprechendes gilt für **Funktions- und Tätigkeitsbezeichnungen**, die nicht praxis- oder gesellschaftsbezogen sind, sowie für Hinweise auf ein früheres **öffentlich-rechtliches Beschäftigungsverhältnis** oder auf eine **frühere Berufstätigkeit**. Es ist schon fraglich, ob diese Angaben überhaupt geeignet sind, einen Werbeeffekt zu erzielen, zumal es sich um **wahrheitsgemäße Angaben** über tatsächliche Umstände handeln wird. Unbedenklich ist auch ein Hinweis auf eine frühere Tätigkeit im öffentlichen Dienst u.ä., wie z.B. „Stadtdirektor a.D."[579] oder „Regierungspräsident i.e.R."[580 und 581].

458 Beim **Umgang mit den Medien** bestehen ebenfalls keine Beschränkungen mehr. So ist eine Darstellung des Dienstleistungsangebotes in Rundfunk und Fernsehen bei Beachtung der allgemein geltenden Grundsätze des UWG gestattet[582]. Für den Berufsangehörigen, der ein fachliches **Interview** gegeben hat, besteht keine Verpflichtung, durch geeignete Auflagen im Rahmen vertraglicher Bindung die Form und Aufmachung des Beitrags zu kontrollieren[583].

---

574 Die entsprechenden Regelungen für StB finden sich in § 8 Berufsordnung BStBK sowie in § 10 (Briefbögen) Berufsordnung RA.
575 V. 10.11.2006, BGBl. I, S. 2553.
576 S. WPK-Mitt. 1996, S. 334; OLG Koblenz v. 13.02.1997, ZIP, S. 377; LG Nürnberg-Fürth v. 12.02.1997, Stbg., S. 233; *Disterer*, WPK-Mitt. 1998, S. 22.
577 Dazu gehören neben den üblichen Geschäftsangaben die Benennung der Aufsichtsbehörde und der geltenden berufsrechtlichen Vorschriften sowie der Berufshaftpflichtversicherung; vgl. im einzelnen www.wpk.de unter der Rubrik „Praxishinweise".
578 Beschluss des BverfG v. 19.02.2008, NJW, S. 1298.
579 So schon AnwG Hamm v. 06.05.1999, BRAK-Mitt., S. 275.
580 So schon OLG Karlsruhe v. 24.10.1991, GRuR 1992, S. 180.
581 Vgl. dazu auch *Kleine-Cosack*, Werberecht.
582 Für eine grundsätzliche Zulässigkeit der Rundfunkwerbung bereits OLG München v. 23.04.1998, AnwBl., S. 478; s. auch OLG Dresden v. 18.04.1997, Stbg. 1998, S. 125 (Fernsehwerbung).
583 BVerfG v. 17.09.1993, NJW 1994, S. 123, Stbg. 1994, S. 115.

Berufspflichten A

Vergleichende Werbung ist nach § 6 UWG zulässig, wenn bestimmte Voraussetzungen eingehalten werden. Der Vergleich darf nicht irreführend i.s. des § 5 UWG sein und keinen der Tatbestände des § 6 Abs. 2 UWG erfüllen. So muss der Vergleich vor allem objektiv sein und sich auf wesentliche, relevante, nachprüfbare und typische Eigenschaften oder auf den Preis beziehen. Eine Herabsetzung von Mitbewerbung ist selbstverständlich nicht gestattet. **459**

Unaufgeforderte **Telefon-, Telefax-** und **E-Mail-Werbung** ist unzulässig, sofern keine Einwilligung des Empfängers vorliegt (§ 7 Abs. 2 und 3 UWG)[584]. Demgegenüber ist unaufgeforderte Briefwerbung grundsätzlich erlaubt, es sei denn, der Empfänger wünscht diese in einer für den Absender erkennbaren Weise nicht (§ 7 Abs. 2 Nr. 1 UWG). **460**

Eine auf die Erteilung eines Auftrages im Einzelfall gerichtete Werbemaßnahme ist nur noch unzulässig, wenn die Grenze zur Aufdringlichkeit überschritten wird (vgl. Tz. 442). Dies ist z. B. der Fall, wenn der Umworbene in einem konkreten Einzelfall der Beratung und Vertretung bedarf und der Werbende dies in Kenntnis der Umstände zum Anlass für seine Werbung nimmt[585]. Demgegenüber dürften keine Bedenken mehr gegen eine Zeitungsanzeige mit dem Text "... sucht laufend Mandate für Bilanzen, Steuererklärungen"[586], bestehen. Auch das **unaufgeforderte Ansprechen** möglicher Auftraggeber bzw. Dritter, die als **Auftragsvermittler** in Betracht kommen, z.B. StB mit prüfungspflichtiger Klientel, dürfte unter Beachtung der o.g. Einschränkungen nunmehr zulässig sein. Dazu gehören z.B. entsprechende Angebote in Zeitungsanzeigen, auch unter Chiffre. Davon abzugrenzen ist die „eindringliche Erinnerungswerbung", die der BGH in dem Schreiben eines StB mit dem Inhalt „Sie haben bisher nicht auf unser Angebot reagiert. Verschenken sie kein Geld! Fordern Sie Ihren Beratungsanspruch!" angenommen hat[587]. Ein Wettbewerbsverstoß i.S. der §§ 3, 4 Nr. 11 UWG liegt bei einer Verletzung von telekommunikationsbezogenen Vorschriften vor, da diese Bestimmungen als Verbraucherschutzvorschrift[588] ausgestaltet sind. **461**

Werbung Dritter zugunsten eines WP bzw. einer WPG, z.B. durch sog. Verbandsrundschreiben oder durch Aktivitäten ausländischer Partner eines internationalen beruflichen Verbundes, ist in dem Umfang zulässig, wie eine eigene Werbung des WP für sich und seine Praxis zulässig ist. Es gelten auch insoweit die allgemeinen Regelungen des UWG. WP verstoßen allerdings gegen ihre Pflicht zum berufswürdigen Verhalten gem. § 43 Abs. 2 WPO, wenn sie eine unlautere Werbung durch Dritte veranlassen oder zulassen. **462**

Eine solche **Drittwerbung** liegt vor, wenn nicht als WPG anerkannte Schwester-, Tochter- und Enkelgesellschaften von WPG mit weitgehend übereinstimmender Firmierung Werbung betreiben, die der WPG verboten wäre. Die für die Leitung der WPG verantwortlichen WP haben daher dafür zu sorgen, dass das Verbot der berufswidrigen Werbung nicht durch verbundene bzw. kooperierende Firmen unterlaufen wird; sie müssen sich diese Verstöße unmittelbar zurechnen lassen. Ein Verbund darf auch nicht mit Dienstleistungen (z.B. Rechtsberatung) werben, die nur einer seiner Mitglieder erbringen kann[589]. **463**

---

584 S. Erläuterungen zu § 31 BS WP/vBP. So auch BGH v. 11.03.2004, WPK-Magazin 3/2004, S. 46.
585 So auch schon OLG Koblenz v. 13.04.1999, WPK-Mitt. 2000, S. 68.; a.A. wohl OLG München v. 29.03.2000, NJW, S. 2344.
586 So noch Schlesw.-Holst. OLG v. 12.10.1999, DStR, Beihefter zu H. 48.
587 BGH v. 29.07.2009, NJW 2010, S. 1968.
588 BGH v. 20.07.2006, MDR 2007, S. 40.
589 OLG Dresden v. 18.04.2000, WPK-Mitt., 2001, S. 74.

464 Erlaubt ist die Werbung mit dem Namen und der Berufsqualifikation durch Dritte dann, wenn Produkte oder Dienstleistungen mit Berufsbezug, z.B. Computerprogramme zur Prüfungsabwicklung oder Steuerberatung, von Dritten beworben werden[590].

465 Da der Gesetzgeber mit der Änderung des § 52 WPO auf die Kritik der EU-Kommission an den einschränkenden Regulierungen bei den Werbemöglichkeiten von Freiberuflern die nationalen Beschränkungen aufgehoben und damit Wettbewerbsgleichheit mit Berufsangehörigen aus anderen EU-Mitgliedstaaten geschaffen hat, dürften sich für die Werbung bei beruflicher Tätigkeit im **EU-Ausland** keine Besonderheiten mehr ergeben.

VIII. Qualitätssicherung und -kontrolle, Berufsaufsicht und Berufsgerichtsbarkeit

1. Allgemeines

466 Den Maßnahmen der Qualitätssicherung und -kontrolle, der Berufsaufsicht sowie der Berufsgerichtsbarkeit ist gemeinsam, dass sie alle der Sicherung der Qualität der Arbeit und der Einhaltung der Berufspflichten der WP/vBP dienen. Sie sind jedoch in Bezug auf ihre rechtliche Einordnung sowie die Sanktionierung von Berufspflichtverletzungen zu differenzieren. Im Folgenden werden zunächst die interne Qualitätssicherung sowie die externen Qualitätskontrollen dargestellt, welche jeweils überwiegend präventive Funktionen haben. Dies wird im System der externen Qualitätskontrolle nach §§ 57a ff. WPO auch an den bei festgestellten Pflichtverstößen zur Verfügung gestellten Maßnahmen erkennbar (Auflage, Sonderprüfung bzw. Widerruf der Teilnahmebescheinigung)[591]. Demgegenüber ist die im Anschluss daran dargestellte Berufsaufsicht mit einem berufsaufsichtlichen Verfahren verbunden.

2. Interne Qualitätssicherung und Externe Qualitätskontrollen zur Überwachung der Einhaltung der Berufspflichten

a) Qualitätssicherung in der Wirtschaftsprüferpraxis

aa) Überblick über die gesetzlichen und berufsständischen Anforderungen an die Qualitätssicherung in der Wirtschaftsprüferpraxis

467 Der WP muss nach § 43 Abs. 1 S. 1 WPO seinen Beruf unabhängig, gewissenhaft, verschwiegen und eigenverantwortlich ausüben. Um dies zu gewährleisten, muss er seine Praxis so organisieren, dass ausreichende Gewähr dafür besteht, dass der WP und seine Mitarbeiter sich bei der Abwicklung von Aufträgen an diese Pflichten halten.

Anforderungen an die Qualität von Wirtschaftsprüferleistungen sind daneben in weiteren **gesetzlich festgelegten Berufspflichten** (u.a. §§ 43 ff. WPO, §§ 316 ff. HGB) und in den Regelungen der **BS WP/vBP**[592], die ebenfalls rechtsverbindlichen Charakter haben, festgelegt[593].

---

590 Vgl. § 13 Abs. 3 BS WP/vBP sowie die dazu gegebene Begründung.
591 Vgl. *Hense/Ulrich*, WPO, vor §§ 57a ff., Rn. 3.
592 S. Fn. 269.
593 Vgl. Tz. 269.

Qualitätssicherung und -kontrolle, Berufsaufsicht und Berufsgerichtsbarkeit **A**

Dieses Grundgerüst gesetzlicher und untergesetzlicher Normen bildet den strukturellen **468**
Rahmen, der vom Berufsstand durch fachliche Verlautbarungen, insb. durch *IDW Prüfungsstandards* und *IDW Prüfungshinweise* sowie die *Gemeinsame Stellungnahme der WPK und des IDW: „Anforderungen an die Qualitätssicherung in der Wirtschaftsprüferpraxis"* (*VO 1/2006*)[594] ergänzt und konkretisiert wird.

Die *VO 1/2006* legt in generalisierender Form die Grundsätze und Maßnahmen zur Qua- **469**
litätssicherung dar, die in Wirtschaftsprüferpraxen eingeführt werden sollen. Sie stellt aber nicht abschließend die in der Wirtschaftsprüferpraxis zu treffenden Regelungen dar. Das interne Qualitätssicherungssystem ist vielmehr in Abhängigkeit von den Verhältnissen des Einzelfalls auf die Verhinderung des Eintritts bzw. die Aufdeckung von qualitätsgefährdenden Risiken auszurichten, die zu wesentlichen Verstößen gegen Berufspflichten führen können (vgl. *VO 1/2006*, Tz. 4 und 19)[595]. Für die konkrete Ausgestaltung sind deshalb insb. die Größe, der gegenwärtige und zukünftige Tätigkeitsbereich sowie die Risikostruktur der Wirtschaftsprüferpraxis von Bedeutung (vgl. *VO 1/2006*, Tz. 4, § 31 Abs. 1 S. 1 BS WP/vBP). Die Anforderungen der *VO 1/2006* an die Einrichtung eines internen Qualitätssicherungssystems beziehen sich auf die folgenden Bereiche:

– Regelungen zur allgemeinen Praxisorganisation:
  – Beachtung der allgemeinen Berufspflichten (insb. berufliche Unabhängigkeit, Unparteilichkeit und Vermeidung der Besorgnis der Befangenheit)
  – Annahme, Fortführung und vorzeitige Beendigung von Aufträgen
  – Mitarbeiterentwicklung (Einstellung, Aus- und Fortbildung, Beurteilung, Bereitstellung von Fachinformationen)
  – Gesamtplanung aller Aufträge
  – Umgang mit Beschwerden und Vorwürfen
– Regelungen zur Auftragsabwicklung bei betriebswirtschaftlichen Prüfungen:
  – Organisation der Auftragsabwicklung
  – Einhaltung der gesetzlichen Vorschriften und der fachlichen Regeln für die Auftragsabwicklung
  – Anleitung des Prüfungsteams
  – Einholung von fachlichem Rat (Konsultation)
  – laufende Überwachung der Auftragsabwicklung
  – abschließende Durchsicht der Auftragsergebnisse
  – auftragsbezogene Qualitätssicherung (Berichtskritik, auftragsbegleitende Qualitätssicherung)
  – Lösung von Meinungsverschiedenheiten
  – Abschluss der Dokumentation der Auftragsabwicklung und Archivierung der Arbeitspapiere
– Regelungen zur Nachschau

Die Erfüllung der Berufspflichten im Zusammenhang mit der Abwicklung von Prü- **470**
fungsaufträgen wird in den vom IDW verabschiedeten Prüfungsstandards (*IDW PS*) konkretisiert, die von den Berufsangehörigen im Rahmen ihrer Eigenverantwortlichkeit zu befolgen sind[596]. Es handelt sich bei den IDW Prüfungsstandards wie auch bei der *VO 1/2006* und den angeführten gesetzlichen und untergesetzlichen Normen um allge-

---

594 Zur Ausgestaltung der Qualitätssicherung nach der *VO 1/2006* s. etwa *Schmidt/Pfitzer/Lindgens*, WPg 2006, S. 1193 ff.
595 Vgl. *S. Schmidt*, S. 116; WP Handbuch 2008 Bd. II, Q Tz. 49.
596 Zum Verfahren der Entwicklung von Prüfungsstandards durch das IDW und zu deren Bedeutung vgl. *IDW PS 201*, Tz. 28 ff.

mein anerkannte Grundsätze ordnungsmäßiger Abschlussprüfung (**GoA**)[597]. Das interne Qualitätssicherungssystem muss auch sicherstellen, dass die GoA beachtet werden.

471 Sowohl die BS WP/vBP (§ 33) als auch die *VO 1/2006* schreiben vor, dass die Angemessenheit und die Wirksamkeit des internen Qualitätssicherungssystems durch eine Nachschau überwacht wird. Im Rahmen der Nachschau soll festgestellt werden, ob das Qualitätssicherungssystem die Einhaltung der Qualitätsnormen bei der Praxisorganisation und der Abwicklung einzelner Prüfungsaufträge gewährleistet. Eine Überwachung durch Praxisfremde ist mit der Nachschau nicht verbunden[598].

472 Die genannten gesetzlichen und berufsständischen Normen dienen überwiegend unmittelbar der Sicherung der Qualität der Tätigkeiten des WP und zielen dafür jeweils auf die **Bestimmungsfaktoren der Qualität** ab: Urteilsfreiheit, Urteilsfähigkeit und sachgerechte Urteilsbildung des WP[599]. Darüber hinaus haben WP **weitere Berufspflichten** zu beachten, die nicht unmittelbar der Sicherung der Qualität der Tätigkeiten des WP dienen, sondern den Erwartungen der Öffentlichkeit an die Transparenz der Arbeit des WP Rechnung tragen und das Vertrauen in den WP-Beruf insgesamt stärken. Hierzu gehören zum Beispiel die Pflicht zu berufswürdigem Verhalten (§ 43 Abs. 2 WPO, s. Tz. 425 ff.), zur Versagung pflichtwidriger Handlungen (§ 49 WPO), zur Veröffentlichung eines Transparenzberichtes bei Prüfern von Unternehmen i.S.d. § 319a Abs. 1 HGB (§ 55c WPO, Tz. 429 ff.), zum Umgang mit fremden Vermögenswerten (§ 8 BS WP/vBP) und zur Siegelführung bei Abgabe von Erklärungen bei Vorbehaltsaufgaben bzw. zum Verbot der Siegelführung bei Aufträgen, bei denen es sich nicht um Prüfungen oder Gutachten handelt (§ 18 BS WP/vBP)[600].

bb) Grundlagen der Fortentwicklung der Anforderungen an die Qualitätssicherung in der Wirtschaftsprüferpraxis

473 Die Fortentwicklung der Anforderungen an die Qualitätssicherung in der Wirtschaftsprüferpraxis steht im Zusammenhang mit internationalen und nationalen Regulierungsmaßnahmen zur Verstärkung der Überwachung von Rechnungslegung und Abschlussprüfung. Die **Gesetzgeber in den USA und in Europa** haben damit in der Vergangenheit auf Unternehmenszusammenbrüche und schwerwiegende Verstöße gegen Bilanzierungsregeln reagiert, die von den Abschlussprüfern vermeintlich nicht oder erst verspätet aufgedeckt wurden[601]. Von besonderer Bedeutung waren hierbei der US-amerikanische Sarbanes-Oxley Act, der teilw. auch unmittelbare Auswirkungen auf die berufliche Tätigkeit der APr. in Deutschland hat, sowie die umfassende Überarbeitung der 8. EG-Richtlinie durch die EU-Richtlinie 2006/43/EG (Abschlussprüferrichtlinie)[602]. Mit derselben Argumentation hat die EU-Kommission vor dem Hintergrund der jüngsten Ereignisse der Finanzkrise in ihrem Grünbuch zur Abschlussprüfung die Frage aufgeworfen,

---

597 Vgl. *Hopt*, WPg 1986, S. 498. Es wird auch auf das Urteil des OLG Braunschweig v. 11.02.1993 (11 U 27/92) (WPK-Mitt. 1995, S. 210) hingewiesen; *Naumann* (GoA), Stichwort „Grundsätze ordnungsmäßiger Abschlussprüfung (GoA)".
598 Vgl. *Marks/Schmidt*, WPg 1998, S. 975/979.
599 Vgl. *S. Schmidt*, S. 12 f.; *Pfitzer/Schneiß*, in: FS Baetge, S. 1085/1090 ff.; hinsichtlich einer ausführlichen Zusammenstellung der in HGB, WPO, BS WP/vBP, *VO 1/2006* sowie den *IDW Prüfungsstandards* und *IDW Prüfungshinweisen* enthaltenen Anforderungen an die Qualität, systematisiert nach deren Bestimmungsfaktoren der Urteilsfreiheit, Urteilsfähigkeit und sachgerechten Urteilsbildung, s. WP Handbuch 2008 Bd. II, Q Tz. 8 ff., 35 ff.
600 Vgl. Tz. 225 ff.
601 Vgl. *Schmidt/Pfitzer/Lindgens*, WPg 2005, S. 321; *Pfitzer/Oser/Orth*, S. 1.
602 Vgl. Richtlinie 2006/43/EG des Europäischen Parlaments und des Rates v. 17.05.2006 über Abschlussprüfungen von Jahresabschlüssen und konsolidierten Abschlüssen, zur Änderung der Richtlinien 78/660/EWG und 83/349/EWG des Rates und zur Aufhebung der Richtlinie 84/253/EWG des Rates, Abl.EU, Nr. L 157/87.

| Qualitätssicherung und -kontrolle, Berufsaufsicht und Berufsgerichtsbarkeit | A |

„inwieweit der derzeitige Rechtsrahmen als passend und angemessen zu betrachten ist" und zu einer umfassenden Diskussion im Bereich der Abschlussprüfung aufgerufen[603].

Der **deutsche Gesetzgeber** hat mit dem Bilanzrechtsformgesetz (BilReG), dem Bilanzkontrollgesetz (BilKoG) und dem Abschlussprüferaufsichtsgesetz (APAG), welche Teil des Maßnahmenkatalogs der Bundesregierung zur Stärkung der Unternehmensintegrität und des Anlegerschutzes waren[604], sowie zuletzt mit dem Berufsaufsichtsreformgesetz (BARefG)[605], dem Gesetz zur Neuregelung des Verbots der Vereinbarung von Erfolgshonoraren[606] sowie dem Bilanzrechtsmodernisierungsgesetz (BilMoG)[607] ebenfalls Neuregelungen geschaffen, die u.a. die Zielsetzung verfolgen, das Vertrauen in die Tätigkeit des WP in der Öffentlichkeit und bei den Adressaten von Jahresabschlüssen zu stärken (vgl. Tz. 502)[608]. Durch das BilMoG wurden mit Blick auf die Berufspflichten von WP insb. die Ausdehnung des handelsrechtlichen Unabhängigkeitsbegriffs auf das Netzwerk des Abschlussprüfers, die Erweiterung der internen Rotationspflicht auf die verantwortlichen Prüfungspartner, die Berichterstattung des Abschlussprüfers über seine Unabhängigkeit im Prüfungsbericht und zusätzliche Informationspflichten des Abschlussprüfers bei Niederlegung oder Kündigung des Prüfungsauftrags eingeführt[609]. **474**

Diese gesetzlichen Neuerungen haben entsprechende **Anpassungen in** der **BS WP/vBP** sowie in den **IDW Prüfungsstandards** notwendig gemacht[610]. Zuletzt wurden die Regelungsaufträge aus der siebten WPO-Novelle (BARefG) umgesetzt. Die entsprechenden Änderungen sind in die siebte Änderung der BS WP/vBP eingegangen[611]. **475**

Auf internationaler berufsständischer Ebene hat die **International Federation of Accountants (IFAC)** den International Standard on Auditing (ISA) 220 (rev.)[612] sowie den International Standard on Quality Control 1 (ISQC 1)[613], auf denen die *VO 1/2006* basiert, im März 2009 im Rahmen des sog. Clarity-Projekts neu gefasst. Der überarbeitete **ISQC 1** „Quality Control for Firms That Perform Audits and Reviews of Financial Statements, And Other Assurance and Related Services Engagements"[614] umfasst wie bisher Regeln **476**

---

603 Vgl. Grünbuch der EU-Kommission v. 13.10.2010: Weiteres Vorgehen im Bereich der Abschlussprüfung: Lehren aus der Krise, KOM (2010) 561 endgültig, S. 1, abrufbar unter: http://ec.europa.eu/internal_market/consultations/docs/2010/audit/green_paper_audit_de.pdf.

604 Vgl. BMJ, Maßnahmenkatalog der Bundesregierung zur Stärkung der Unternehmensintegrität und des Anlegerschutzes, Pressemitteilung v. Februar 2003 .

605 Gesetz vom 03.09.2007, verkündet am 05.09.2007, BGBl. I, S. 2178 ff.

606 Gesetz vom 12.06.2008, verkündet am 16.06.2008, BGBl. I, S. 1000 ff.

607 Gesetz vom 25.05.2009, verkündet am 28.05.2009, BGBl. I, S. 1102 ff.

608 Vgl. *Pfitzer/Schnepel*, in: Kirsch/Baetge, Vom BiRiLiG zum BilMoG, S. 131/137 ff.; *Schmidt/Pfitzer/Lindgens*, WPg 2005, S. 321; in Bezug auf das BilMoG s. Entwurf eines Gesetzes zur Modernisierung des Bilanzrechts (Bilanzrechtsmodernisierungsgesetz – BilMoG), BT-Drs. 16/10067 v. 30.07.2008, S. 2 unter Punkt E. Sonstige Kosten, wonach mit der Umsetzung der Abschlussprüferrichtlinie ein Gewinn an Objektivität und Vertrauen in die Qualität der Abschlussprüfung beabsichtigt wird.

609 Die Änderungen, die aufgrund der Abschlussprüferrichtlinie mit dem BilMoG in das deutsche Recht umgesetzt wurden, waren erstmals anzuwenden auf Geschäftsjahre, die nach dem 31.12.2008 beginnen.

610 Zu einem Überblick über die Auswirkungen des BilMoG auf die gesetzlichen Vorschriften zur Abschlussprüfung sowie auf die Prüfungsstandards s. *Kuhn/Stibi*, WPg 2009, S. 1157; hinsichtlich der Änderungen der *IDW Prüfungsstandards* durch das BilMoG s. FN-IDW 2009, S. 533; zur Berücksichtigung der Änderungen im Rahmen der internen Qualitätssicherung, Prüfungsplanung und Prüfungsdurchführung s. *IDW*, Praxishandbuch[6].

611 Die siebte Änderung der BS WP/vBP ist am 06.11.2009 vom Beirat der WPK verabschiedet worden und am 12.02.2010 in Kraft getreten.

612 IFAC, 2005 Handbook of International Auditing, Assurance and Ethics Pronouncements, S. 256 ff.

613 IFAC, 2005 Handbook of International Auditing, Assurance and Ethics Pronouncements, S. 148 ff.

614 IFAC, Handbook of International Quality Control, Auditing, Review, Other Assurance, and Related Services Pronouncements, 2010 Part I, S. 36 ff. Die Regelungen des ISQC 1 in der Fassung des Clarity-Projekts sind in den Wirtschaftsprüferpraxen bis zum 15.12.2009 umzusetzen.

zur Qualitätssicherung bei der Organisation der beruflichen Tätigkeit in Wirtschaftsprüferpraxen. **ISA 220** „Quality Control for An Audit of Financial Statements"[615] regelt die Umsetzung der im ISQC 1 auf Praxisebene festgelegten Anforderungen zur Qualitätssicherung bei der Abwicklung von Prüfungen (audits of historical financial information)[616]. Der Standard ISA 220 richtet sich an die in der Wirtschaftsprüferpraxis tätigen Berufsangehörigen und Mitarbeiter, während die Regelungen des ISQC 1 in erster Linie die für die Gestaltung des Qualitätssicherungssystems verantwortliche Praxisleitung ansprechen[617].

477 Als IFAC-Mitglieder sind IDW und WPK nach dem **Statement of Membership Obligations No. 1 „Quality Assurance"** verpflichtet, zur Umsetzung und Einhaltung dieser IFAC-Verlautbarungen beizutragen. Im Falle einer Übernahme der ISA könnte die EU-Kommission den ISQC 1 als verbindlich vorschreiben oder von der in ISA 220, Tz. 2 eröffneten Möglichkeit Gebrauch machen, gleichwertige nationale Bestimmungen auch nach einer möglichen ISA-Adoption beizubehalten.

cc) Struktur und Geltungsbereich der Qualitätssicherungsregeln

(1) Gesetzliche Pflicht zur Einrichtung, Überwachung und Durchsetzung eines Qualitätssicherungssystems

478 Mit dem am 01.01.2005 in Kraft getretenen APAG[618] wurde erstmals eine **gesetzliche Pflicht zur Einrichtung eines Qualitätssicherungssystems** geschaffen, mit dem die Einhaltung der Berufspflichten in allen Tätigkeitsbereichen der WP-Praxis gewährleistet werden soll. Nach § 55b S. 1 WPO hat der WP die Regelungen, die zur Einhaltung der Berufspflichten erforderlich sind, zu schaffen sowie ihre Anwendung zu überwachen und durchzusetzen (Qualitätssicherungssystem). Nach S. 2 ist das Qualitätssicherungssystem zu dokumentieren[619]. Die Pflicht zur Einrichtung eines Qualitätssicherungssystems bezieht sich auf den gesamten Tätigkeitsbereich der WP-Praxis[620].

(2) Ergänzung der allgemeinen und besonderen Berufspflichten in der Berufssatzung WP/vBP

479 Die gesetzliche Verpflichtung zur Einrichtung, Überwachung und Durchsetzung eines Qualitätssicherungssystems wird durch die Aufnahme von allgemeinen Grundsätzen zur Qualitätssicherung in den Teilen 1, 2 und 4 der BS WP/vBP ergänzt. So betrifft Teil 1 der BS WP/vBP **die allgemeinen Berufspflichten,** wie z.B. Regelungen zur beruflichen Unabhängigkeit, Gewissenhaftigkeit, fachlichen Fortbildung, Qualifikation, Aus- und Fortbildung der Mitarbeiter, Verschwiegenheit etc.

---

615 IFAC, Handbook of International Quality Control, Auditing, Review, Other Assurance, and Related Services Pronouncements, 2010 Part I, S. 123 ff. ISA 220 in der Fassung des Clarity-Projekts ist erstmals bei Prüfungsaufträgen zu beachten, die Berichtsperioden betreffen, die am oder nach dem 15.12.2009 beginnen.
616 Vgl. *Naumann*, S. 67/73.
617 Vgl. ISQC 1.2, IFAC, 2010 Handbook of International Quality Control, Auditing, Review, Other Assurance and Related Services Pronouncements, Part I.
618 Gesetz v. 27.12.2004, BGBl. I, S. 3846 ff.
619 Die Verantwortlichkeit für WP und WPG, ein internes Qualitätssicherungssystem einzurichten, ergab sich bis zur Einführung des § 55b WPO nur mittelbar aus der Pflicht, gem. §§ 57a ff. WPO, ein solches alle drei Jahre prüfen zu lassen, ohne dass die entsprechende Berufspflicht normiert war, vgl. Bundesregierung, Begründung zu dem Gesetzentwurf zur Fortentwicklung der Berufsaufsicht über APr. in der Wirtschaftsprüferordnung APAG, BT-Drs. 15/3983 v. 20.10.2004, S. 12.
620 Vgl. *IDW PS 140*, Tz. 3.

Qualitätssicherung und -kontrolle, Berufsaufsicht und Berufsgerichtsbarkeit **A**

In Teil 2 der BS WP/vBP, der **besondere Berufspflichten bei der Durchführung von** **480**
Prüfungen und der Erstattung von Gutachten enthält, wurden die internationalen
Vorgaben des ISQC 1 und des ISA 220 (rev.)[621] zur Qualitätssicherung bei der Auftragsabwicklung in das Berufsrecht übernommen, so insb. die Regelungen zur auftragsbegleitenden Qualitätssicherung (§ 24d Abs. 2 S. 1 BS WP/vBP), zur **Einholung fachlichen Rats** in Zweifelsfragen (§ 24b Abs. 2 BS WP/vBP) sowie zur **Verfolgung begründeter Beschwerden oder Vorwürfe** von Mandanten, Mitarbeitern oder Dritten (§ 24c BS WP/vBP).

WP, die gesetzliche Abschlussprüfungen von Unternehmen i.S.d. § 319a Abs. 1 HGB **481**
durchführen, sind verpflichtet, bei diesen Aufträgen eine **auftragsbegleitende Qualitätssicherung** durchzuführen (§ 24d Abs. 2 S. 1 BS WP/vBP). Darüber hinaus hat die WP-Praxis zu regeln, ob und unter welchen Voraussetzungen andere betriebswirtschaftliche Prüfungen einer auftragsbegleitenden Qualitätssicherung unterliegen sollen (§ 24d Abs. 3 BS WP/vBP). Die auftragsbegleitende Qualitätssicherung dient der Beurteilung, ob die Behandlung wesentlicher Sachverhalte angemessen ist und ob Anhaltspunkte vorliegen, die darauf hindeuten, dass der Auftrag nicht unter Beachtung der fachlichen Regeln und gesetzlichen Anforderungen durchgeführt wird (§ 24d Abs. 2 S. 2 BS WP/vBP). Von der grundsätzlich bei allen siegelgeführten betriebswirtschaftlichen Prüfungen durchzuführenden **Berichtskritik** (§ 24d Abs. 1 BS WP/vBP) unterscheidet sich die auftragsbegleitende Qualitätssicherung u.a. dadurch, dass diese prüfungsbegleitend erfolgen soll, d.h. den gesamten Prüfungsprozess von der Auftragsannahme bis zur Berichterstattung begleitet, während die Berichtskritik nach Fertigstellung des Berichtsentwurfs durchgeführt wird.

Im Zuge der siebten Änderung der BS WP/vBP wurde der in § 319b HGB durch das BilMoG neu eingeführte Zurechnungstatbestand des Netzwerks durch die geänderten §§ 21 Abs. 4, 22a BS WP/vBP in die Berufssatzung integriert sowie der bisherige Zurechnungstatbestand der kundgemachten Kooperation aufgegeben, da dieser vom Netzwerktatbestand weitgehend mit umfasst wird. Des Weiteren sind die Regelungen in § 24d Abs. 2 S. 5 und 7 BS WP/vBP infolge des BilMoG dergestalt angepasst worden, dass entsprechend der für die Abschlussprüfung eines Unternehmens von öffentlichem Interesse geltenden Regelungen (§ 319a Abs. 1 S. 1 Nr. 4 HGB) eine Person auch als auftragsbegleitender Qualitätssicherer ausgeschlossen ist, wenn sie bei dem Unternehmen bereits sieben Mal als solcher oder als verantwortlicher Prüfungspartner tätig war. Ferner ist der Anwendungsbereich der Pflichten bei Wechsel des Abschlussprüfers in § 26 BS WP/vBP erweitert worden und erfasst jetzt alle Fälle des regulären und des außerordentlichen Prüferwechsels. In § 26 Abs. 4 BS WP/vBP wurde eine korrespondierende Pflicht des Mandatsnachfolgers vorgesehen, sich den Bericht über die vorangegangene Abschlussprüfung vorlegen zu lassen.

Die §§ 31–33 des 4. Teils der BS WP/vBP enthalten **besondere Regelungspflichten zur** **482**
Sicherung der Qualität der Berufsarbeit in den Aufgaben nach § 2 Abs. 1 WPO. Mit diesen Bestimmungen wird die Berufspflicht zur **Einführung, Überwachung, Durchsetzung und Dokumentation eines Qualitätssicherungssystems** nach § 55b WPO konkretisiert[622].

---

621 IFAC, 2005 Handbook of International Auditing, Assurance and Ethics Pronouncements, S. 148 ff. und 256 ff.
622 Die WPK ist gem. § 57 Abs. 4 Nr. 5 WPO ermächtigt, besondere Berufspflichten zur Sicherung der Qualität der Berufsarbeit (§ 55b WPO) zu regeln.

121

§ 31 BS WP/vBP verdeutlicht, dass sich die berufsrechtlich erforderlichen Regelungen eines Qualitätssicherungssystems an dem Tätigkeitsbereich und den individuellen Verhältnissen der Wirtschaftsprüferpraxis zu orientieren haben. Demnach sind an das Qualitätssicherungssystem eines in eigener Praxis tätigen Berufsangehörigen berufsrechtlich andere Anforderungen zu stellen als an das Qualitätssicherungssystem einer großen, international tätigen WPG.

Das für alle Tätigkeitsbereiche der WP-Praxis einzurichtende Qualitätssicherungssystem umfasst für betriebswirtschaftliche Prüfungen, bei denen das Siegel verwendet wird, mindestens die in § 32 der BS WP/vBP genannten Regelungen (vgl. Tz. 492). Die Entscheidung, welche konkreten Regelungen eingeführt werden, hat sich an den Erfordernissen der WP-Praxis zu orientieren (vgl. Erläuterungen zu §§ 31 und 32 der BS WP/vBP).

§ 33 BS WP/vBP erläutert die Verpflichtung des WP/vBP, eine **Nachschau** mit dem Ziel durchzuführen, die Angemessenheit und Wirksamkeit des Qualitätssicherungssystems zu beurteilen. Die Nachschau bezieht sich auf die Praxisorganisation unter Einschluss der Frage, ob die Regelungen der Praxis zur Abwicklung von einzelnen Prüfungsaufträgen eingehalten wurden. Sie muss in angemessenen Abständen sowie bei gegebenem Anlass stattfinden (§ 33 Abs. 1 S. 3 BS WP/vBP). Da sich das Qualitätssicherungssystem der WP-Praxis kontinuierlich weiterentwickelt und sich die Verhältnisse und Rahmenbedingungen verändern, ist es grundsätzlich erforderlich, die Nachschau als permanenten Prozess zu verstehen[623]. Die Durchführung einer externen Qualitätskontrolle entbindet die WP-Praxis zwar nicht von der internen Nachschau. Die Ergebnisse der externen Qualitätskontrolle können jedoch bei der Planung von Art und Umfang der Nachschau verwertet werden (vgl. § 33 Abs. 2 S. 2 BS WP/vBP). Z.B. kann bei entsprechend positiver Beurteilung der Angemessenheit und Wirksamkeit des Qualitätssicherungssystems der Umfang der Auftragsstichprobe gesenkt werden.

Grundsätzlich muss die Nachschau der Abwicklung einzelner Aufträge durch fachlich und persönlich geeignete Personen erfolgen, die nicht an der Auftragsabwicklung oder der auftragsbezogenen Qualitätssicherung beteiligt waren. Steht in der WP-Praxis eine solche Person nicht zur Verfügung, kann die Nachschau – zumindest in Einzelpraxen – auch im Sinne einer „**Selbstvergewisserung**" erfolgen (vgl. Erläuterungen zu § 33 BS WP/vBP). Zu den weiteren Voraussetzungen s. Tz. 492 (4.7.).

Die bei der Nachschau getroffenen Feststellungen dienen als Grundlage für die Fortentwicklung des Qualitätssicherungssystems (§ 33 Abs. 3 BS WP/vBP). Sie sind daraufhin zu untersuchen, ob sie auf Mängel im Qualitätssicherungssystem zurückzuführen sind oder ob es sich um einzelne, nicht das Qualitätssicherungssystem betreffende Fehler handelt. Bei Mängeln im Qualitätssicherungssystem sind Maßnahmen zur ihrer Beseitigung zu ergreifen.

(3) VO 1/2006

483 Von den Vorständen des IDW und der WPK wurde am 27.03.2006 die *VO 1/2006* verabschiedet. In dieser Stellungnahme werden die gesetzlichen und satzungsmäßigen Anforderungen zur Qualitätssicherung inhaltlich konkretisiert und die internationalen Standards zur Qualitätssicherung umgesetzt. Die *VO 1/2006* sieht vor, dass die **Regelungen zur Qualitätssicherung bei der Organisation der WP-Praxis und deren Überwachung** in

---

623 Vgl. *Schmidt, A./Pfitzer/Lindgens*, WPg 2005, S. 321/342. Nach den Erläuterungen zu § 33 der BS WP/vBP ist die Nachschau zumindest alle drei Jahre durchzuführen. In der Praxis hat sich jedoch eine zumindest jährliche Nachschau als sinnvoll erwiesen, vgl. *Poll*, S. 161/166.

Qualitätssicherung und -kontrolle, Berufsaufsicht und Berufsgerichtsbarkeit   A

allen Tätigkeitsbereichen der Wirtschaftsprüferpraxis zu beachten sind[624]; insoweit werden auch Nicht-Prüfungsleistungen, insb. Beratungstätigkeiten der Wirtschaftsprüferpraxis, in die Pflicht zur Qualitätssicherung einbezogen. Da die Praxisorganisation die Grundlage für alle Tätigkeitsbereiche der Wirtschaftsprüferpraxis bildet, unterliegt diese in ihrer Gesamtheit der Qualitätssicherung. Dies entspricht den Anforderungen der Öffentlichkeit und den eigenen Ansprüchen des Berufsstands. Berufliche Fehlleistungen des WP können auch außerhalb der Abschlussprüfung bei seinen Auftraggebern und der Öffentlichkeit erhebliche Zweifel an der Eignung des WP als APr. auslösen[625], da das Ansehen des WP durch die Qualität der Gesamtheit der von ihm erbrachten Tätigkeiten geprägt wird.

Die Anforderungen der *VO 1/2006* zur **Qualitätssicherung bei der Auftragsabwicklung**[626] erstrecken sich auf sämtliche Arten betriebswirtschaftlicher Prüfungen nach § 2 Abs. 1 WPO. Damit wird zum einen den internationalen Standards zur Qualitätssicherung Rechnung getragen, deren Geltungsbereich alle sog. „assurance and related services engagements" betreffen. Zum anderen erfolgt eine Annäherung an den Prüfungsgegenstand der externen Qualitätskontrolle, bei der das Qualitätssicherungssystem insoweit beurteilt wird, als es die Qualität der Berufsausübung in den Prüfungen nach § 2 Abs. 1 WPO, bei denen das Berufssiegel geführt wird oder zu führen ist, sichern soll. Der Anwendungsbereich der *VO 1/2006* schließt auch die Prüfung von finanziellen Informationen und die Berichterstattung hierüber nach zuvor mit dem Auftraggeber festgelegten Anforderungen (sog. „agreed upon procedures engagements") sowie umfassende Beurteilungen oder Plausibilitätsbeurteilungen im Zusammenhang mit der Erstellung von Jahresabschlüssen ein, vgl. *IDW S 7*, Tz. 25. Auch bei Erstellungen ohne Beurteilungen (Auftragsart 1 i.S.d. *IDW S 7*) sind die in der *VO 1/2006* beschriebenen Regelungen zur Auftragsabwicklung bei betriebswirtschaftlichen Prüfungen entsprechend der Ausgestaltung des Qualitätssicherungssystems der WP-Praxis sinngemäß anzuwenden. Steuerberatungsleistungen gem. § 2 Abs. 2 WPO und Tätigkeiten gem. § 2 Abs. 3 WPO, u.a. betriebswirtschaftliche Beratungsleistungen, unterliegen nach der *VO 1/2006* in Einklang mit den internationalen Standards dagegen nicht den besonderen Regelungen zur Qualitätssicherung bei der Auftragsabwicklung.

484

dd) Inhalt der *VO 1/2006*

(1) Bestandteile des Qualitätssicherungssystems

Der **Umfang und** die konkrete **Ausgestaltung** des Qualitätssicherungssystems hängen maßgeblich von der Art und Größe, dem gegenwärtigen und zukünftigen Tätigkeitsbereich sowie den qualitätsgefährdenden Risiken der WP-Praxis ab. Kleine und mittelgroße WP-Praxen werden im Allgemeinen eine geringere Differenzierung und Formalisierung hinsichtlich der Qualitätssicherungsregeln und deren Dokumentation benötigen als größere WP-Praxen (vgl. *IDW PS 140*, Tz. 14; *VO 1/2006*, Tz. 4). So kann es in Bezug auf die Dokumentation des Qualitätssicherungssystems in WP-Praxen mit geringer Aufgabendelegation und einfachen organisatorischen Strukturen ggf. ausreichend sein, wenn anhand der Dokumentation der durchgeführten Maßnahmen zur Qualitätssicherung deutlich wird, dass die Praxis angemessene Regelungen zur Einhaltung der Berufspflichten getroffen hat und deren Einhaltung nachvollzogen werden kann (*VO 1/2006*, Tz. 24). Die Verantwortung der Praxisleitung für das Qualitätssicherungssystem erstreckt sich auch auf die Durchsetzung der Regelungen, die ein solches System ausmachen, was bei Verstößen

485

---
624 Vgl. *VO 1/2006*, Tz. 5.
625 Vgl. *Naumann*, S. 67/72.
626 Vgl. Abschn. 4 der *VO 1/2006*.

das Abstellen von Missständen und ggf. die Verhängung von Sanktionen bedeutet. Des Weiteren werden in der *VO 1/2006* zusätzliche konkrete Hinweise zur Umsetzung der Anforderungen insb. bei der Gesamtplanung aller Aufträge, der Berichtskritik, der auftragsbegleitenden Qualitätssicherung sowie der Nachschau gegeben, die für kleine WP-Praxen mit einer geringen Anzahl an qualifizierten Mitarbeitern von besonderer Relevanz sind[627].

486 Den allgemeinen Ausführungen der *VO 1/2006* zur Einrichtung, Durchsetzung und Überwachung eines Qualitätssicherungssystems[628] durch die Leitung der Wirtschaftsprüferpraxis liegt der Gedanke zugrunde, dass hierbei die Grundsätze für die Einrichtung eines internen Kontrollsystems[629] anzuwenden sind[630]. Nach der *VO 1/2006* besteht ein internes Qualitätssicherungssystem aus den **Grundkomponenten**[631]:

– Qualitätsumfeld
– Feststellung und Einschätzung qualitätsgefährdender Risiken
– Regelungen zur Qualitätssicherung
– Kommunikation und Dokumentation der Regelungen zur Qualitätssicherung sowie
– Überwachung der Angemessenheit und Wirksamkeit der Regelungen zur Qualitätssicherung (u.a. Nachschau)

487 Der Aufbau und die Förderung eines positiven **Qualitätsumfelds**, das die Beachtung gesetzlicher und berufsständischer Regelungen in den Mittelpunkt allen Handelns stellt und damit die Qualität der Berufsausübung unterstützt[632], ist primär die Aufgabe der Praxisleitung und der mandatsverantwortlichen WP. Es stellt die Grundlage für die übrigen Bestandteile eines wirksamen Qualitätssicherungssystems dar[633]. Ein wirksames Qualitätsumfeld hängt somit maßgeblich von der Integrität[634] und den Verhaltensweisen der Entscheidungsträger in der Wirtschaftsprüferpraxis ab[635]. Das Qualitätsumfeld wird darüber hinaus entscheidend von der Bereitschaft aller Mitarbeiter der Wirtschaftsprüferpraxis beeinflusst, ihre Tätigkeit gewissenhaft und sorgfältig auszuüben. Wenn die Mitarbeiter sich mit den Qualitätszielen identifizieren und bereit sind, die Berufspflichten zu beachten, kann der Überwachungsaufwand durch die Praxisleitung ggf. deutlich reduziert werden[636].

488 Die **Feststellung und Analyse der qualitätsgefährdenden Risiken** stellt einen kontinuierlichen Prozess dar und bildet die Grundlage für die Festlegung von Regelungen zur Qualitätssicherung, mit denen die qualitätsgefährdenden Risiken gesteuert und bewältigt werden sollen[637]. Qualitätsgefährdende Risiken können sich aus dem Umfeld der WP-Praxis sowie aus praxisinternen Sachverhalten ergeben. Dabei sind Struktur und Größe der Praxis zu berücksichtigen, da sie für die Ermittlung von qualitätsgefährdenden Risiken von Bedeutung sind. **Beispiele** für Sachverhalte, die sich qualitätsgefährdend auswirken

---

627 Vgl. *Schmidt, A./Pfitzer/Lindgens*, WPg 2006, S. 1193/1194 ff.
628 Vgl. Abschn. 3 der *VO 1/2006*.
629 Vgl. *IDW EPS 261 n.F.*, Tz. 19 ff.
630 Zur Übertragung der Grundsätze interner Kontrollsysteme auf die Einrichtung interner Qualitätssicherungssysteme vgl. WP Handbuch 2008 Bd. II, Q, Tz. 64 und 103 ff.
631 Vgl. *VO 1/2006*, Tz. 14.
632 Vgl. *VO 1/2006*, Tz. 15; IDW, Praxishandbuch⁶, Kapitel A, S. 5; *Schmidt, A./Pfitzer/Lindgens*, WPg 2005, S. 321/327.
633 Vgl. *S. Schmidt*, S. 113.
634 Vgl. WP Handbuch 2008 Bd. II, Q Tz. 105; Ludewig, WPg 2003, S. 1093/1099.
635 Vgl. *VO 1/2006*, Tz. 16; *Naumann*, S. 67/81; WP Handbuch 2008 Bd. II, Q Tz. 105 ff.
636 Vgl. *Pfitzer/Schneiß*, in: FS Baetge, S. 1085/1100.
637 Vgl. *S. Schmidt*, S. 116; WP Handbuch 2008 Bd. II, Q Tz. 112 ff.

können, sind etwa das Ausbildungsniveau der Mitarbeiter, der Einsatz unangemessener (IT-)Hilfsmittel zur Prüfungsunterstützung, eine uneinheitliche Qualitätsstruktur der WP-Praxis bei einer größeren Anzahl von Organisationseinheiten, die übermäßige Gewichtung der Auftragsakquisition zu Lasten der Qualität von Prüfungsentscheidungen, unverhältnismäßige Kostensenkungen im Prüfungsbereich (z.B. durch Reduzierung von erfahrenen Fachkräften), risikoreiche Aufträge etc.[638].

Das Risiko eines Verstoßes gegen Berufspflichten ist dann als gering einzustufen, wenn die **Regelungen zur Steuerung und Überwachung der Qualität** in der Wirtschaftsprüferpraxis ausreichend Gewähr dafür bieten, dass Mängel in der Berufsausübung aufgrund von qualitätsgefährdenden Risiken verhindert oder aufgedeckt und behoben werden[639]. Die von der Wirtschaftsprüferpraxis geschaffenen Regelungen müssen in angemessenem Umfang **dokumentiert** und den Mitarbeitern **zur Kenntnis gebracht** werden, damit eine einheitliche und wirksame Anwendung der Regelungen sichergestellt ist. Zur Information der Mitarbeiter über die Regelungen zur Qualitätssicherung muss die Wirtschaftsprüferpraxis geeignete Kommunikationswege, z.B. Rundschreiben oder interne Schulungsmaßnahmen einrichten[640]. 489

Die Angemessenheit und Wirksamkeit des Qualitätssicherungssystems ist zu **überwachen**[641], um die Einhaltung der für die Wirtschaftsprüferpraxis geltenden Qualitätsnormen zu gewährleisten. Zu unterscheiden ist zwischen der **prozessunabhängigen Überwachung** im Rahmen der Nachschau und **prozessintegrierten Überwachungsmaßnahmen** (z.B. laufende Überwachung der Auftragsabwicklung und abschließende Durchsicht der Auftragsergebnisse durch den verantwortlichen WP oder die auftragsbegleitende Qualitätssicherung durch einen nicht an der Auftragsabwicklung beteiligten WP). Im Rahmen der Nachschau soll außerhalb des jeweiligen Auftragsprozesses das System der Qualitätssicherung, also auch das vorhandene System der im Prozess integrierten Kontrollen überprüft werden. Die Nachschau soll Verbesserungspotenziale zur Fortentwicklung des internen Qualitätssicherungssystems identifizieren und deren Umsetzung überwachen[642]. 490

(2) Synoptische Darstellung der Anforderungen der *VO 1/2006* – ausgehend von den Bestimmungen der BS WP/vBP

In § 32 der BS WP/vBP werden die Bereiche aufgezählt, in denen die Wirtschaftsprüferpraxis mindestens Regelungen zur Qualitätssicherung vorsehen soll, wenn sie betriebswirtschaftliche Prüfungen durchführt und dabei das Berufssiegel verwendet. Nach der Satzungsbegründung hat sich die Leitung der Wirtschaftsprüferpraxis bei der Entscheidung, welche konkreten Regelungen geschaffen werden sollen, an den Erfordernissen der Wirtschaftsprüferpraxis zu orientieren. Anhaltspunkte für die individuelle Ausgestaltung des Qualitätssicherungssystems liefert Abschn. 4 der *VO 1/2006*, der Regelungen zur Steuerung und Überwachung der Qualität in der Wirtschaftsprüferpraxis beschreibt. Diese untergliedern sich in Regelungen zur Qualitätssicherung bei der allgemeinen Praxisorganisation, Regelungen zur Qualitätssicherung bei der Auftragsabwicklung und Regelungen zur Überwachung der Angemessenheit und Wirksamkeit des Qualitätssicherungssystems (Nachschau). 491

---

638 Vgl. *IDW PS 140*, Tz. 38; *Pfitzer/Schneiß*, in: FS Baetge, S. 1085/1098 ff.
639 Vgl. *VO 1/2006*, Tz. 19.
640 Vgl. *Naumann*, S. 67/80.
641 Vgl. §§ 31 Abs. 1 S. 3, 33 BS WP/vBP.
642 Vgl. *Poll*, S. 161/165.

492 Die folgende Übersicht enthält – zugeordnet zu den korrespondierenden Bestimmungen der BS WP/vBP – eine Darstellung der wesentlichen Anforderungen der *VO 1/2006*.

BS WP/vBP	VO 1/2006
§ 31	**3. Einrichtung, Durchsetzung und Überwachung eines Qualitätssicherungssystems**
	– Das Qualitätssicherungssystem muss die Regelungen umfassen, die nach dem Tätigkeitsbereich und den Verhältnissen der WP-Praxis zur Einhaltung der Berufspflichten erforderlich sind. – Festlegung und Dokumentation der Verantwortlichkeiten für die Qualitätssicherung in der WP-Praxis. Sofern die Praxisleitung Aufgaben auf einzelne Partner/Mitarbeiter delegiert, ist darauf zu achten, dass diese Personen über ausreichende Kompetenzen und Erfahrungen sowie persönliche Autorität und hierarchische Stellung verfügen. – Förderung eines Qualitätsumfelds, das eine hohe Qualität der Berufsausübung und damit die Beachtung der gesetzlichen und berufsständischen Anforderungen unterstützt – Qualitätsgefährdende Risiken sind kontinuierlich festzustellen und zu analysieren, um auf dieser Grundlage angemessene und wirksame Regelungen zur Qualitätssicherung treffen zu können. – Die Praxisleitung hat die Mitarbeiter klar und in angemessener Weise auf die Regelungen zur Qualitätssicherung hinzuweisen. – In den Mitarbeiterbeurteilungen und bei Entscheidungen über Beförderungen und Gehaltsentwicklung muss die Beachtung der Regelungen des Qualitätssicherungssystems zum Ausdruck kommen. – Es sind Verfahren einzuführen, die eine Untersuchung möglicher Verstöße gegen Berufspflichten und die Regelungen zur Qualitätssicherung sowie ggf. die Verhängung von Sanktionen beinhalten. – Das Qualitätssicherungssystem ist in schriftlicher oder elektronischer Form zu dokumentieren. Die Dokumentation muss es einem fachkundigen Dritten ermöglichen, sich in angemessener Zeit ein Bild von dem Qualitätssicherungssystem zu verschaffen. – Die Dokumentation ist mindestens so lange aufzubewahren, wie dies für die interne Überwachung oder einen externen Nachweis der Angemessenheit und Wirksamkeit des Qualitätssicherungssystems erforderlich ist. – Die Angemessenheit und Wirksamkeit des Qualitätssicherungssystems ist praxisintern zu überwachen.
§ 32 Nr. 1	**4.1. Beachtung der allgemeinen Berufspflichten** **4.1.1. Unabhängigkeit, Unparteilichkeit und Vermeidung der Besorgnis der Befangenheit**
	Verantwortlichkeiten – Festlegung der Verantwortung für die Untersuchung und Lösung von Unabhängigkeitsgefährdungen

Qualitätssicherung und -kontrolle, Berufsaufsicht und Berufsgerichtsbarkeit A

BS WP/vBP	VO 1/2006
	Information und Kommunikation – Verpflichtung der Mitarbeiter bzw. externer Personen (z.B. externer Berichtskritiker, Experten etc.)[643] zur unverzüglichen Kommunikation möglicher Unabhängigkeitsgefährdungen – Unterrichtung der Mitarbeiter sowie ggf. weiterer Personen, welche die Unabhängigkeitsvorschriften beachten müssen, über die Anforderungen an die berufliche Unabhängigkeit – mindestens jährliche oder anlassbezogene Befragung der Mitarbeiter zu finanziellen, persönlichen oder kapitalmäßigen Bindungen[644] **Risikobeurteilungen/Maßnahmen zur Vermeidung von Unabhängigkeitsgefährdungen** – laufende Feststellung und Analyse von Gefährdungen der Unabhängigkeit – Festlegung geeigneter Kriterien, nach denen alle Prüfungsleistungen dahingehend beurteilt werden, ob Maßnahmen zur Vermeidung von Unabhängigkeitsgefährdungen und zur Vermeidung eines im Zeitablauf eintretenden Qualitätsverlustes (Betriebsblindheit) erforderlich sind – Festlegung von Regelungen, mit denen die interne Rotation bei der Prüfung von Unternehmen i.S.v. § 319a HGB gewährleistet wird **Maßnahmen bei Unabhängigkeitsgefährdungen** – Ergreifung von Schutzmaßnahmen bei festgestellten Unabhängigkeitsgefährdungen – interne Disziplinar- sowie Fortbildungsmaßnahmen bei bewussten Verstößen gegen Unabhängigkeitsregelungen **Dokumentation** – Dokumentation der Einhaltung der Unabhängigkeitsvorschriften einschließlich der eingeführten Regelungen und der Lösung von Unabhängigkeitsfragen
	4.1.2. Gewissenhaftigkeit
	– Einführung von Regelungen, die eine gewissenhafte Abwicklung der Aufträge gewährleisten – Einführung der geltenden gesetzlichen und fachlichen Regeln unter Berücksichtigung der jeweiligen Besonderheiten in der WP-Praxis (z.B. durch Schulungen, interne Informationsveranstaltungen, Arbeitshilfen, Muster-Berichte und ähnliche Hilfsmittel)
	4.1.3. Verschwiegenheit
	Einführung von Regelungen zur Einhaltung der Verschwiegenheitspflicht, z.B.: – schriftliche Verpflichtung der Mitarbeiter bei Abschluss des Arbeitsvertrags – Regelungen zur Sicherung der Arbeitspapiere gegen unbefugten Zugriff
	4.1.4. Eigenverantwortlichkeit
	Überwachung der Arbeitsbelastung und Verfügbarkeit der auftragsverantwortlichen WP zur Gewährleistung ausreichender zeitlicher Reserven, z.B.:

---

643 Nach der Neufassung des ISQC 1.12 (f) sind bei Prüfungen eingesetzte externe Sachverständige des WP (z.B. Gutachter) im Gegensatz zur Definition der *VO 1/2006*, Tz. 8 ausdrücklich nicht Mitglied des Prüfungsteams, so dass externe Sachverständige nach den internationalen Verlautbarungen nicht den gleichen strengen Unabhängigkeitsanforderungen unterliegen wie das Prüfungsteam. Das Einholen einer Erklärung dürfte aber dennoch erforderlich sein.

644 Nach den Begründungstexten zu § 32 BS WP/vBP ist davon auszugehen, dass in der Regel eine jährliche Befragung ausreicht. Dies steht in Einklang mit der internationalen Regelung des ISQC 1.24, wonach die Unabhängigkeitsbestätigung jährlich einzuholen ist.

BS WP/vBP	VO 1/2006
	– Einhaltung eines angemessenen Verhältnisses der verantwortlichen WP zu den übrigen fachlichen Mitarbeitern – sachgerechter Einsatz von erfahrenen und weniger erfahrenen Mitarbeitern sowie von Spezialisten
	4.1.5. Berufswürdiges Verhalten
	Einführung von Regelungen zur Einhaltung z.B. folgender Berufspflichten: – Ablehnung von Aufträgen, wenn die Tätigkeit des WP für eine pflichtwidrige Handlung in Anspruch genommen werden soll (§ 49 WPO) – Beachtung des grundsätzlichen Verbotes der Vereinbarung von Erfolgshonoraren (§§ 55 Abs. 1, 55a Abs. 1 WPO), von Pauschalhonoraren (§ 27 BS WP/vBP) und von Provisionszahlungen (§ 55 Abs. 2 WPO) – Sicherung der Angemessenheit der Vergütung der beruflichen Tätigkeit bei Vereinbarung und Abrechnung (§ 27 Abs. 1 BS WP/vBP) – kollegiales Verhalten bei der Übernahme von Aufträgen – Beachtung des Verbotes der Ausübung einer gewerblichen Tätigkeit (§ 43a Abs. 3 Nr. 1 WPO)
§ 32 Nr. 2 und 3	**4.2. Auftragsannahme und -fortführung sowie vorzeitige Beendigung von Aufträgen**
	– Regelung und Dokumentation der Zuständigkeiten für die Annahme, Fortführung und Beendigung von Aufträgen – Einführung von Regelungen, die mit hinreichender Sicherheit gewährleisten, dass Aufträge nur angenommen bzw. fortgeführt werden, • nachdem eine Analyse der Integrität des Mandanten und der mit dem Auftrag verbundenen Risiken vorgenommen wurde. • nachdem die Pflichten nach dem Geldwäschegesetz erfüllt wurden. • wenn ausreichende Erfahrung und Kompetenz sowie personelle und zeitliche Ressourcen in der WP-Praxis vorhanden sind. • bei denen die allgemeinen Berufspflichten, insb. der Grundsatz der Unabhängigkeit, eingehalten werden können. – Beurteilung der Mandats- und Auftragsrisiken auch bei Folgeaufträgen, insb. in Bezug auf neue Geschäftstätigkeiten des Mandanten – Feststellung vor Auftragsannahme oder -fortführung, ob Interessenkonflikte mit bestehenden Mandaten drohen – auch nach Annahme eines Auftrags Beobachtung von Hinweisen, die Zweifel an Integrität des Mandanten wecken könnten – Pflicht zur Information der Praxisleitung oder der sonstigen zuständigen Personen von Sachverhalten, die zur vorzeitigen Beendigung von Mandaten führen können – Regelungen zur Niederlegung des Mandates – bei Prüferwechsel[645] während der Auftragsdurchführung: • Pflicht zur Einholung von Informationen über die Gründe für den Wechsel durch den Mandatsnachfolger • Auftrag darf vom Mandatsnachfolger nur angenommen werden, wenn Mandant den Vorprüfer von dessen Verschwiegenheitspflicht gegenüber der WP-Praxis befreit und der Mandatsvorgänger das Ergebnis der bisherigen Prüfung vorgelegt und erläutert hat.

---

645 Nach § 26 Abs. 4 BS WP/vBP hat sich der Mandatsnachfolger im Falle eines Prüferwechsels ohne Widerruf oder Kündigung des Prüfungsauftrags den Bericht über die vorangegangene Abschlussprüfung vorlegen zu lassen. Der Mandatsvorgänger ist dem Mandatsnachfolger auf dessen schriftliche Anfrage zur Vorlage verpflichtet.

Qualitätssicherung und -kontrolle, Berufsaufsicht und Berufsgerichtsbarkeit A

BS WP/vBP	VO 1/2006
§ 32 Nr. 4	**4.3. Mitarbeiterentwicklung** **4.3.1. Einstellung von Mitarbeitern**
	– Prüfung der fachlichen und persönlichen Eignung der Bewerber bei Einstellung – Entwicklung und einheitliche Anwendung von Einstellungskriterien in Abhängigkeit von der Mandanten- und Auftragsstruktur – schriftliche Verpflichtung der Mitarbeiter vor Dienstantritt auf die Einhaltung der Vorschriften zur Verschwiegenheit, zum Datenschutz, zu den Insiderregeln und zum Qualitätssicherungssystem
§ 32 Nr. 5	**4.3.2. Aus- und Fortbildung von fachlichen Mitarbeitern**
	– Ziel: Förderung der fachlichen und persönlichen Kompetenz – Festlegung von Aus- und Fortbildungsmaßnahmen unter Berücksichtigung der aktuellen und zukünftigen Tätigkeitsbereiche – einzelne Maßnahmen: Vorbereitung auf Berufsexamina, interne und externe Fortbildungsveranstaltungen, Teilnahme an Diskussionsgruppen zu fachlichen Themen – „Coaching" durch erfahrene Mitarbeiter, „Training-on-the-job" – Anhalten der Fachkräfte zur Lektüre der einschlägigen Fachliteratur[646]
§ 32 Nr. 6	**4.3.3. Beurteilung von fachlichen Mitarbeitern**
	– Regelmäßige Beurteilung der Mitarbeiter – Festlegung eines systematischen Beurteilungsverfahrens, z.B. persönliche und fachliche Ziele, Beurteilungskriterien, Beurteilungsfrequenz – Information der Mitarbeiter darüber, dass die persönliche Entwicklung in der WP-Praxis von der Qualität der Arbeit und der Beachtung der Regelungen des Qualitätssicherungssystems abhängt – Dokumentation und Aufbereitung der Ergebnisse der Beurteilungen für die Einsatzplanung
§ 32 Nr. 8	**4.3.4. Organisation der Fachinformation**
	– Sicherstellung einer ausreichenden und rechtzeitigen Fachinformation auf den Gebieten der beruflichen Betätigung
§ 32 Nr. 7	**4.4. Gesamtplanung aller Aufträge**
	– Festlegung von Regelungen, die sicherstellen, dass die übernommenen und erwarteten Aufträge ordnungsgemäß und zeitgerecht abgewickelt werden können – Art und Umfang der Gesamtplanung bestimmen sich nach den Gegebenheiten der WP-Praxis sowie der Anzahl, dem Volumen und dem Schwierigkeitsgrad der durchzuführenden Aufträge (ggf. Zusammenfassung zu Auftragsgruppen). – In WP-Praxen mit organisatorisch getrennten Geschäftsbereichen oder mit Niederlassungen kann die Gesamtplanung nach Geschäftsbereichen oder Niederlassungen erfolgen.

---

646 Zur Fortbildungspflicht der WP wird auf die *IDW Stellungnahme: Zur beruflichen Fortentwicklung der Wirtschaftsprüfer im IDW (VO 1/1993)* hingewiesen.
Die gesetzliche Pflicht der WP/vBP zur Fortbildung wird in § 4a der BS WP/vBP näher erläutert. Danach erfüllen WP/vBP ihre Fortbildungsverpflichtung durch Teilnahme an näher umschriebenen Fortbildungsmaßnahmen als Hörer oder als Dozent sowie durch Selbststudium. Die Fortbildung soll einen Umfang von 40 Stunden jährlich nicht unterschreiten. Hiervon müssen 20 Stunden auf die Fortbildungsmaßnahmen entfallen; diese sind unter Bezeichnung von Art und Gegenstand für Nachweiszwecke zu dokumentieren (§ 4a Abs. 5 BS WP/vBP).

BS WP/vBP	VO 1/2006
§ 32 Nr. 11	**4.5. Umgang mit Beschwerden und Vorwürfen**
	– Einführung von Regelungen zu einem angemessenen Umgang mit Beschwerden oder Vorwürfen von Mitarbeitern, Mandanten oder Dritten – Praxisleitung muss dafür sorgen, dass Beschwerden von Mitarbeitern ohne Besorgnis vor persönlichen Nachteilen zur Kenntnis gebracht werden können. – Untersuchungen durch die Praxisleitung oder unter der Leitung einer von dieser bestimmten qualifizierten Person, die nicht mit dem Sachverhalt befasst war – Deuten Untersuchungsergebnisse auf Schwächen im Aufbau oder der Wirksamkeit des Qualitätssicherungssystems hin, sind Maßnahmen zur Beseitigung dieser Schwächen zu ergreifen.
§ 32 Nr. 10	**4.6. Auftragsabwicklung** **4.6.1. Organisation der Auftragsabwicklung**
	– für jeden Auftrag Bestimmung und Dokumentation eines verantwortlichen WP (§ 24a Abs. 2 BS WP/vBP), dem dem Mandanten z.B. im Auftragsbestätigungsschreiben mitzuteilen ist – Sicherstellung, dass der verantwortliche WP über erforderliche Erfahrungen und Kenntnisse sowie über ausreichende zeitliche Reserven verfügt – Schaffung von Regelungen, die dafür sorgen, dass nur solche Mitarbeiter den Aufträgen zugeordnet werden, die über die jeweils erforderlichen Fähigkeiten verfügen – Feststellung durch verantwortlichen WP, ob Voraussetzungen für die Annahme bzw. Fortführung des Auftrags vorliegen und die diesbezüglichen Untersuchungen dokumentiert sind – Erfassung und Analyse von Informationen zur Sicherstellung, dass die für die Auftragsabwicklung relevanten Unabhängigkeitsbestimmungen der WP-Praxis eingehalten werden – Bei Vorliegen von Unabhängigkeitsgefährdungen hat verantwortlicher WP geeignete Maßnahmen (ggf. unter Einschaltung der Praxisleitung) zu ergreifen, um die Gefährdungen auszuschließen bzw. auf ein akzeptables Maß zu reduzieren. – Dokumentation der Feststellungen und Erörterungen von Unabhängigkeitsgefährdungen durch verantwortlichen WP – Definition der Auftragsziele durch den verantwortlichen WP
§ 32 Nr. 10	**4.6.2. Einhaltung der gesetzlichen Vorschriften und der fachlichen Regeln für die Auftragsabwicklung**
	– Einführung von Regelungen, die mit hinreichender Sicherheit gewährleisten, dass bei der Auftragsabwicklung einschließlich Berichterstattung die gesetzlichen Vorschriften und fachlichen Regeln (bei Abschlussprüfungen die *IDW Prüfungsstandards*) beachtet werden – Regelungen sollen Umsetzung der Vorschriften und Standards bei allen Aufträgen gewährleisten (z.B. sachgerechte zeitliche, personelle und sachliche Planung des Auftrags). – Regelungen sind regelmäßig auf Aktualisierungsbedarf zu untersuchen. – Regelungen in der WP-Praxis sollten organisatorisch sicherstellen, dass Änderungen in Gesetzgebung, Rechtsprechung und fachlichen Regeln in die Vorgaben zur Prüfungsdurchführung und Berichterstattung (z.B. Musterberichte) zeitnah Eingang finden.
§ 32 Nr. 10	**4.6.3. Anleitung des Prüfungsteams**
	– Der verantwortliche WP hat klar strukturierte und verständliche Prüfungsanweisungen zu erteilen, um die Mitglieder des Prüfungsteams mit ihren Aufgaben vertraut zu machen.

BS WP/vBP	*VO 1/2006*
	– Regelungen zur Anleitung des Prüfungsteams beinhalten u.a. Informationen der Teammitglieder über • den Auftrag und die Auftragsdurchführung einschließlich Berichterstattung, • das Geschäft des Mandanten, • mögliche Prüfungsrisiken und besondere Problembereiche sowie • die Verantwortlichkeiten der einzelnen Teammitglieder. – Mitglieder des Prüfungsteams müssen ihre Aufgaben unter Beachtung der Berufspflichten wahrnehmen. – Förderung eines fachlichen Austauschs der weniger erfahrenen Mitglieder des Prüfungsteams über die sich ergebenden Fragen und Zweifelsfälle mit erfahreneren Teammitgliedern durch den verantwortlichen WP
§ 32 Nr. 10	**4.6.4. Einholung von fachlichem Rat (Konsultation)**
	– Schaffung einer Kultur in der Wirtschaftsprüferpraxis, in der Konsultation als Stärke angesehen wird – Einführung von Regelungen, die mit hinreichender Sicherheit gewährleisten, dass • bei für das Prüfungsergebnis bedeutsamen Zweifelsfragen eine angemessene Konsultation stattfindet, • ausreichende Ressourcen für die erforderlichen Konsultationen zur Verfügung stehen, • Art, Umfang und Ergebnisse der Konsultationen dokumentiert werden und • die Konsultationsergebnisse umgesetzt werden. – Das Konsultationsverfahren muss gewährleisten, dass die konsultierten Personen über die notwendigen fachlichen und persönlichen Kompetenzen und Erfahrungen verfügen und ihnen alle notwendigen Fakten zur Verfügung stehen. – Die Dokumentation muss ausreichend vollständig und detailliert sein. – Abstimmung der Dokumentation der Konsultationsergebnisse zwischen Konsultiertem und Konsultant[647] – Der verantwortliche WP muss dafür sorgen, dass die Konsultationsregelungen beachtet und die Konsultationsergebnisse umgesetzt und dokumentiert werden.
§ 32 Nr. 10	**4.6.5. Laufende Überwachung der Auftragsabwicklung**
	– Regelungen der Praxis müssen darauf gerichtet sein, dass der verantwortliche WP • sich an der Prüfungsdurchführung in einem Umfang beteiligt, dass er ein eigenverantwortliches Urteil bilden kann sowie • in angemessener Weise laufend überwacht, ob die Mitarbeiter die ihnen übertragenen Aufgaben in sachgerechter Weise erfüllen und ob hierfür genügend Zeit zur Verfügung steht. – Die Überwachung der Auftragsabwicklung umfasst die Verfolgung des Auftragsfortschritts und die Sicherstellung, dass • gesetzliche und berufsständische Anforderungen eingehalten werden, • alle kritischen Fragen rechtzeitig kommuniziert und gelöst werden, • die notwendigen Konsultationen durchgeführt und die Konsultationsergebnisse umgesetzt und dokumentiert werden.

---

[647] Gem. Tz. 104 der *VO 1/2006* „sollte" die Dokumentation der Ergebnisse wichtiger Konsultationen abgestimmt werden, die Neufassung des ISQC 1.34 sieht eine Pflicht zur Abstimmung vor. Materiell bestehen allerdings keine Unterschiede zwischen den jeweiligen Anforderungen. Darüber hinaus entbindet die Abstimmung der Konsultationsergebnisse den verantwortlichen WP nicht von seiner Pflicht zur eigenverantwortlichen Entscheidung.

BS WP/vBP	VO 1/2006
§ 32 Nr. 10	**4.6.6. Abschließende Durchsicht der Prüfungsergebnisse**
	– Beurteilung der Prüfungsergebnisse durch verantwortlichen WP vor Beendigung der Aufträge und Auslieferung der Berichterstattung[648] – Würdigung der Arbeiten, der Dokumentation und der geplanten Berichterstattung durch den verantwortlichen WP oder durch ein anderes erfahrenes Mitglied des Prüfungsteams – Werden Mängel festgestellt, sind diese vor Auslieferung der Berichterstattung an den Mandanten zu beheben. – Verantwortlicher WP hat Umfang und Zeitpunkt der Durchsicht der Prüfungsergebnisse zu dokumentieren. – Bei Übergang des Mandats auf anderen WP hat der Nachfolger die bis zum Zeitpunkt des Wechsels durchgeführten Arbeiten durchzusehen.
§ 32 Nr. 12	**4.6.7. Auftragsbezogene Qualitätssicherung** **4.6.7.1. Berichtskritik** **Anwendungsbereich** – grundsätzlich Pflicht bei Prüfungen, bei denen das Siegel geführt wird oder zu führen ist (§ 24d Abs. 1 BS WP/vBP) – Absehen von Berichtskritik ist unter bestimmten Umständen möglich, wenn mit dem Auftrag besonders niedrige Risiken verbunden sind und in der WP-Praxis Regelungen und Hilfsmittel zur Einhaltung der gesetzlichen Vorschriften und der fachlichen Regeln für die Auftragsabwicklung in der erforderlichen Qualität vorhanden sind[649], sodass eine Berichtskritik nach pflichtgemäßem Ermessen des verantwortlichen WP nicht erforderlich ist. **Art und Umfang** – Überprüfung anhand des Prüfungsberichts, ob die für die Erstellung von Prüfungsberichten geltenden fachlichen Regeln eingehalten wurden – Plausibilitätsprüfung anhand des Prüfungsberichts, ob die dargestellten Prüfungshandlungen Verstöße gegen gesetzliche Vorschriften und fachliche Regeln erkennen lassen und die Prüfungsergebnisse nachvollziehbar sind – Hinzuziehung der Arbeitspapiere, wenn Darstellungen im Bericht selbst nicht ausreichen **Zeitpunkt** – nach Durchführung der wesentlichen Prüfungshandlungen und der Erstellung des Berichts – vor Auslieferung des Prüfungsberichts **Person des Berichtskritikers** – WP-Praxis hat Kriterien festzulegen, die eine Person erfüllen muss, um für die Übernahme der Berichtskritik geeignet zu sein. – Berichtskritik darf nur von fachlich und persönlich geeigneten Personen wahrgenommen werden, die nicht an der Erstellung des Prüfungsberichts mitgewirkt haben und die an der Prüfungsdurchführung nicht wesentlich beteiligt waren.

---

648 In Einklang mit den internationalen Verlautbarungen ist in Bezug auf materielle Fragestellungen, die für die Prüfung wesentlich sind, davon auszugehen, dass nach der *VO 1/2006* der auftragsverantwortliche WP die Durchsicht der Prüfungsdokumentation bis zur Erteilung des BestVs materiell abgeschlossen haben muss, wenn diese bereits vor Auslieferung des Prüfungsberichts erfolgt. So muss auch nach der Neufassung des ISA 220.17 die Durchsicht der Arbeitspapiere am oder vor dem Datum des BestVs erfolgt sein. Aufgrund der nationalen Besonderheit der Berichtskritik führen die Ausführungen in *VO 1/2006*, Tz. 110 den Zeitpunkt der Auslieferung der Berichterstattung an.

649 So empfiehlt es sich nach *VO 1/2006*, Tz. 93 z.B., durch Regelungen organisatorisch sicherzustellen, dass Änderungen in der Gesetzgebung, der Rechtsprechung und der fachlichen Regeln in die Vorgaben für die Abfassung von Prüfungsberichten (z.B. Musterberichte) zeitnah Eingang finden.

Qualitätssicherung und -kontrolle, Berufsaufsicht und Berufsgerichtsbarkeit   A

BS WP/vBP	VO 1/2006
§ 32 Nr. 12	**4.6.7.2.-4.6.7.5. Auftragsbegleitende Qualitätssicherung** **Anwendungsbereich** – verpflichtend bei gesetzlichen Abschlussprüfungen von Unternehmen i.S.d. § 319a Abs. 1 HGB (§ 24d Abs. 2 BS WP/vBP) – Darüber hinaus hat die WP-Praxis Kriterien festzulegen, anhand derer zu entscheiden ist, welche sonstigen Aufträge einer auftragsbegleitenden Qualitätssicherung unterliegen (§ 24d Abs. 3 BS WP/vBP)[650]. **Art und Umfang** – Absicherung der Leistungsqualität durch objektive Beurteilung der wichtigsten fachlichen Entscheidungen des Prüfungsteams – materielle Würdigung der Prüfungsdurchführung – Schließt stets Gespräche mit dem verantwortlichen WP und Durchsicht ausgewählter Teile der Arbeitspapiere mit ein. – Mindestbeurteilung bei Abschlussprüfungen von Unternehmen i.S.d. § 319a HGB umfasst: • Beachtung der Regelungen für Auftragsannahme bzw. -fortführung • Prozess der Auftragsabwicklung in Übereinstimmung mit den Regelungen der WP-Praxis • bedeutsame Risiken, die vom Prüfungsteam festgestellt wurden und die Auswirkungen dieser Risiken auf die weitere Auftragsabwicklung • wichtige Beurteilungen des Prüfungsteams, insb. im Hinblick auf die festgestellten Risiken • Vornahme der erforderlichen Konsultationen • mögliche Mängel in der Ordnungsmäßigkeit des Prüfungsgegenstands (z.B. i.R.e. Abschlussprüfung festgestellte wesentliche falsche Angaben im geprüften Jahresabschluss) • Ordnungsmäßigkeit der Berichterstattung und der Dokumentation – Praxisleitung ist über Feststellungen zu informieren, die auf Schwächen im Qualitätssicherungssystem hindeuten. **Zeitpunkt** – prozessbegleitend: • umfasst alle Prüfungsphasen[651]. • vor Auslieferung der Berichterstattung Klärung aller offenen Fragen (einschließlich Berichtskritik)[652] **Person** – fachlich und persönlich geeignete Personen – Um die notwendige Objektivität zu gewährleisten, soll der Qualitätssicherer • nicht vom für den Auftrag verantwortlichen WP bestimmt werden, • nicht anderweitig an der Auftragsabwicklung beteiligt sein und • keine Entscheidungen für das Auftragsteam treffen.

---

650 Bei dieser Festlegung sind üblicherweise die Risikomerkmale eines Auftrags in die Betrachtung einzubeziehen. Sofern die Kriterien im konkreten Fall vorliegen, ergibt sich daraus eine Pflicht („bedingte Pflicht" zur auftragsbegleitenden Qualitätssicherung), vgl. *Pfitzer/Schneiß*, in: FS Baetge, S. 1085/1112.

651 Die auftragsbegleitende Qualitätssicherung beginnt mit der „Auftragsannahme", sie umfasst insb. auch die Untersuchungen des Prüfungsteams zur Feststellung der Unabhängigkeit (*VO 1/2006*, Tz. 127).

652 In Einklang mit den internationalen Verlautbarungen ist in Bezug auf die materielle Tätigkeit des auftragsbegleitenden Qualitätssicherers davon auszugehen, dass diese bereits im Zeitpunkt des Abschlusses der materiellen Prüfungshandlungen beendet sein muss. So muss nach der Neufassung des ISQC 1 die auftragsbegleitende Qualitätssicherung spätestens im Zeitpunkt des Abschlusses der materiellen Prüfungshandlungen (Datum des BestVs) abgeschlossen sein (ISQC 1.12 (d), .36). Aufgrund der nationalen Besonderheit der Berichtskritik nehmen die Ausführungen in *VO 1/2006*, Tz. 126 sowie in der Satzungsbegründung zu § 24d Abs. 2 BS WP/vBP auf den Zeitpunkt der Auslieferung der Berichterstattung Bezug.

BS WP/vBP	VO 1/2006

	– Ferner darf die Person des Qualitätssicherers nicht in sieben oder mehr Fällen entweder für die Abschlussprüfung bei dem Unternehmen als verantwortlicher Prüfungspartner i.S.d. § 319a Abs. 1 S. 5 HGB bestimmt gewesen sein oder die auftragsbegleitende Qualitätssicherung bei der Prüfung des Jahresabschlusses durchgeführt haben.
	Dies gilt nicht, wenn seit ihrer letzten Beteiligung an der Prüfung bzw. der letzten auftragsbegleitenden Qualitätssicherung bei der Prüfung des Jahresabschlusses zwei oder mehr Jahre vergangen sind. Entsprechendes gilt für die Durchführung der auftragsbegleitenden Qualitätssicherung bei der Prüfung eines Konzernabschlusses (vgl. § 24d Abs. 2 S. 5-7 BS WP/vBP).
	– ggf. Beauftragung einer externen qualifizierten Person, wenn in der WP-Praxis keine geeignete Person zur Verfügung steht
	– Bei Prüfungen von Unternehmen i.S.d. § 319a HGB muss die auftragsbegleitende Qualitätssicherung i.d.R. durch einen WP erfolgen, der über Erfahrungen in der Prüfung von Unternehmen entsprechender Bedeutung verfügt.
	– Konsultation des Qualitätssicherers ist in gewissem Umfang unschädlich, sofern dessen Objektivität gewahrt bleibt.
	– Wenn die Objektivität des bisherigen Qualitätssicherers beeinträchtigt ist (z.B. wegen Art und Umfang der Konsultation), muss ein neuer Qualitätssicherer beauftragt werden.
	– Mitunterzeichner darf über die Tätigkeit als Qualitätssicherer nicht in die Abwicklung des Auftrags eingebunden sein.
	– Verantwortlicher WP muss feststellen, ob ein Qualitätssicherer entsprechend den Regelungen der WP-Praxis benannt ist, bei Veränderungen der Rahmenbedingungen ist ggf. nachträglich ein Qualitätssicherer einzusetzen.
	
	Dokumentation
	– Die Dokumentation der auftragsbegleitenden Qualitätssicherung dient dem Nachweis, dass diese
	  • entsprechend den Vorgaben der WP-Praxis durchgeführt wurde und
	  • vor Auslieferung der Berichterstattung[653] an den Mandanten abgeschlossen war.

§ 32 Nr. 10 und 12	**4.6.8. Lösung von Meinungsverschiedenheiten**
	– Einführung von Regelungen zur Vorgehensweise bei Meinungsverschiedenheiten zu bedeutsamen Zweifelsfragen, die z.B. aus der Konsultation oder der auftragsbegleitenden Qualitätssicherung resultieren – Regelungen sollen u.a. eine rechtzeitige Feststellung der betreffenden Sachverhalte und einzelne Schritte zur Konfliktlösung unter Einbeziehung der Praxisleitung sowie deren Dokumentation umfassen. – Meinungsverschiedenheiten, die nach Abschluss des Konsultationsprozesses weiter bestehen, müssen unter Beachtung des Grundsatzes der Eigenverantwortlichkeit des verantwortlichen WP entschieden werden, bevor die Berichterstattung an den Mandanten erfolgt[654]. – Der verantwortliche WP muss dafür sorgen, dass die den Meinungsverschiedenheiten zugrunde liegenden Sachverhalte und deren Lösung in den Arbeitspapieren dokumentiert werden.

---

653 S. hierzu bereits die Ausführungen in der vorangegangenen Fn.
654 In Einklang mit den internationalen Verlautbarungen ist auch hier in Bezug auf Fragestellungen, die für das Ergebnis der Prüfung materiell sind, davon auszugehen, dass Meinungsverschiedenheiten bis zum Datum des BestVs abschließend geklärt sein müssen, da zu diesem Zeitpunkt die materiellen Prüfungshandlungen beendet sind. So darf nach ISQC 1 der BestV nicht datiert werden, bis bestehende Meinungsverschiedenheiten zu fachlichen Fragen geklärt sind (ISQC 1.44), vgl. hierzu die Ausführungen in den beiden vorangegangenen Fn.

Qualitätssicherung und -kontrolle, Berufsaufsicht und Berufsgerichtsbarkeit A

BS WP/vBP	VO 1/2006
§ 32 Nr. 10	**4.6.9. Abschluss der Dokumentation der Auftragsabwicklung und Archivierung der Arbeitspapiere** **4.6.9.1. Abschluss der Auftragsdokumentation**
	– Einführung von Regelungen, die einen zeitnahen Abschluss der Auftragsdokumentation nach Auslieferung der Berichterstattung gewährleisten – Bei Abschlussprüfungen sollte der Zeitraum in der Regel 60 Tage nach Erteilung des Bestätigungsvermerks nicht überschreiten.
	4.6.9.2. Gewissenhafter Umgang mit den Arbeitspapieren
	– Einführung von Regelungen, die einen gewissenhaften Umgang mit den Arbeitspapieren zum Ziel haben: • vertrauliche und sichere Aufbewahrung der Arbeitspapiere • Verfügbarkeit der Arbeitspapiere • Feststellbarkeit, von wem und wann die Arbeitspapiere angelegt, geändert und durchgesehen wurden – Die Arbeitspapiere müssen vor unbefugter Veränderung bzw. Vernichtung, Verlust und Beschädigung sowie unbefugter Einsichtnahme geschützt werden. – mögliche Vorkehrungen: • Mitarbeiteranweisungen • Verwendung von Passwortschutz und Datensicherungen für elektronische Arbeitspapiere • Zugriffsbeschränkungen
	4.6.9.3. Archivierung der Arbeitspapiere
	– Einführung von Regelungen zur sicheren Archivierung der Arbeitspapiere während des Aufbewahrungszeitraums – Arbeitspapiere müssen während der gesamten Aufbewahrungszeit verfügbar und zugänglich sein sowie lesbar gemacht werden können. – Befugten Dritten muss Einsicht in die Arbeitspapiere gewährt werden, z.B. für Zwecke der externen Qualitätskontrolle.
	4.6.9.4. Eigentum an den Arbeitspapieren
	Die Arbeitspapiere stehen im Eigentum der WP-Praxis. Ob die WP-Praxis Arbeitspapiere oder Auszüge daraus Mandanten oder Dritten zugänglich macht, hat die Praxisleitung unter Berücksichtigung der geltenden Rechtsvorschriften nach den Umständen des jeweiligen Einzelfalls pflichtgemäß zu entscheiden.
§ 32 Nr. 13	**4.7. Nachschau**
	Ziel der Nachschau – Die Nachschau umfasst die in angemessenen Abständen sowie bei gegebenem Anlass stattfindende Beurteilung der Angemessenheit und Wirksamkeit des Qualitätssicherungssystems einschließlich der Einhaltung der Regelungen für die Auftragsabwicklung (§ 33 BS WP/vBP). **Verantwortlichkeit und Anforderungen an die mit der Nachschau beauftragten Personen** – Die Verantwortung für die Nachschau liegt bei der Praxisleitung, die mit der Organisation und Durchführung Personen beauftragen kann, die über die erforderliche Erfahrung, Kompetenz und Autorität verfügen.

BS WP/vBP	VO 1/2006

	– Die mit der Durchführung von Auftragsprüfungen betrauten Mitarbeiter dürfen weder an der Auftragsdurchführung noch an der auftragsbegleitenden Qualitätssicherung beteiligt gewesen sein.
	– Selbstvergewisserung in kleinen WP-Praxen möglich, wenn keine entsprechend geeigneten Mitarbeiter zur Verfügung stehen und Heranziehung eines Externen nach Art und Umfang der in der Praxis abgewickelten Aufträge unzumutbar wäre (vgl. auch Begründungstexte zu § 33 BS WP/vBP) (nicht bei Nachschau von Prüfungen von Unternehmen i.S.d. § 319a HGB)[655]
	– Bei Beauftragung eines externen WP muss sichergestellt werden, dass dieser über ausreichende Kenntnisse und Erfahrungen verfügt.
	Planung der Nachschau
	– Aufstellung eines Nachschauplans und praxisindividueller Arbeitsprogramme der Nachschau (als Grundlage kann auf die Checklisten des *IDW PH 9.140* zur Durchführung der Qualitätskontrolle[656] zurückgegriffen werden)
	– Die Auftragsprüfung kann periodisch durchgeführt werden, wobei ein Nachschauzyklus den Zeitraum von drei Jahren nicht überschreiten darf[657].
	– Auf Grundlage interner Risikobeurteilungen sind qualitative Kriterien festzulegen, bei deren Vorliegen ein Auftrag in die Nachschau einbezogen wird.
	– Einige Auftragsprüfungen sind ohne Vorankündigung beim Auftragsteam vorzunehmen.
	– Innerhalb des festzulegenden Nachschauzyklus müssen alle mandatsverantwortlichen WP mindestens mit einem Auftrag in die Nachschau einbezogen werden (§ 33 Abs. 2 S. 3 BS WP/vBP).
	– Unterliegt die WP-Praxis einer externen Qualitätskontrolle, können die Ergebnisse bei der Planung von Art und Umfang der Nachschau verwertet werden[658].
	Art und Umfang der Nachschau
	– Nachschau der Elemente des Qualitätssicherungssystems laufend in angemessenen Abständen sowie bei gegebenem Anlass
	– Beurteilung des Qualitätssicherungssystems umfasst mindestens die Analyse
	  • neuerer Entwicklungen der gesetzlichen und berufsständischen Anforderungen und der Art und Weise, wie diese Anforderungen im Qualitätssicherungssystem berücksichtigt werden,
	  • der (zumindest) jährlichen Unabhängigkeitsabfrage in der WP-Praxis,
	  • des Aus- und Fortbildungsprogramms und der von den Mitarbeitern durchgeführten Aus- und Fortbildungsmaßnahmen,
	  • der Regelungen zur Annahme, Fortführung und Beendigung von Mandaten,
	  • der Maßnahmen zum Umgang mit Beschwerden und Vorwürfen
	  • der Kommunikation von festgestellten Mängeln des Qualitätssicherungssystems an die Praxisleitung und

---

[655] Eine entsprechende Regelung hatte das IDW in seiner Eingabe gegenüber dem IAASB zu den geänderten Entwürfen ISA 220 und ISQC 1 mit Schreiben v. 15.02.2008 angeregt (abrufbar auf der Homepage des IDW unter der Rubrik „IDW Aktuell"). Eine solche Regelung wurde jedoch nicht in die internationalen Verlautbarungen aufgenommen.

[656] *IDW Prüfungshinweis: Checklisten zur Durchführung der Qualitätskontrolle (IDW PH 9.140)* (Stand: 12.04.2007).

[657] Die in den Begründungstexten zur BS WP/vBP enthaltene Formulierung, dass die Nachschau „wenigstens alle drei Jahre durchzuführen ist", darf nicht dahingehend missverstanden werden, dass die Nachschau ungeachtet eines veränderten Praxisumfelds und ungeachtet der bestehenden qualitätsgefährdenden Risiken der WP-Praxis stets nur alle drei Jahre durchzuführen ist. In der Praxis hat sich eine zumindest jährliche Nachschau als sinnvoll und vorzugswürdig erwiesen, vgl. *Poll*, S. 161/166.

[658] Vgl. Tz. 482.

Qualitätssicherung und -kontrolle, Berufsaufsicht und Berufsgerichtsbarkeit A

BS WP/vBP	VO 1/2006

	• der Korrektur von festgestellten Mängeln des Qualitätssicherungssystems und der Umsetzung von Verbesserungsvorschlägen aus früheren Nachschaumaßnahmen.
	– Art und Umfang der Nachschau müssen in einem angemessenen Verhältnis zu den abgewickelten Prüfungsaufträgen stehen (§ 33 Abs. 2 S. 2 1. Hs. BS WP/vBP).
	
	Würdigung der Nachschauergebnisse
	– Die bei der Nachschau getroffenen Feststellungen sind Grundlage für die Fortentwicklung des Qualitätssicherungssystems (§ 33 Abs. 3 S. 2 BS WP/vBP).
	– Im Rahmen der Nachschau aufgedeckte Verstöße sind daraufhin zu untersuchen, ob sie auf wesentliche Mängel im Qualitätssicherungssystem zurückzuführen sind oder ob es sich um Einzelfehler handelt.
	– Bei festgestellten Mängeln im Qualitätssicherungssystem sind Verbesserungsvorschläge zu entwickeln.
	– Festgestellte Schwächen im Qualitätssicherungssystem und Verbesserungsvorschläge sind der Praxisleitung mitzuteilen, der die Aufgabe zukommt, Maßnahmen zur Beseitigung der Mängel und zur Umsetzung der Verbesserungsvorschläge zu ergreifen.
	– Werden Schwächen in dem Teil des Qualitätssicherungssystems festgestellt, der die Wahrung der Unabhängigkeit betrifft, sind die für Fragen der Unabhängigkeit zuständigen Personen zu informieren und die Mängel abzustellen.
	
	Berichterstattung und Dokumentation über die Nachschau
	– mindestens jährlicher Bericht der Nachschauergebnisse an die Praxisleitung
	– Im Rahmen von Auftragsprüfungen aufgedeckte Verstöße gegen Regelungen zur Qualitätssicherung bei der Auftragsabwicklung oder gegen gesetzliche oder berufsständische Anforderungen sind verantwortlichem WP mitzuteilen. Schwerwiegende Verstöße sind in den Bericht an die Praxisleitung aufzunehmen.
	– Organisation, Durchführung und Ergebnisse der Nachschau sind zu dokumentieren (§ 33 Abs. 3 S. 1 BS WP/vBP).
	– Dokumentation der Nachschau umfasst mindestens
	  • Nachschaurichtlinien,
	  • Planung der Nachschau,
	  • Ergebnisse der Beurteilung der einzelnen Elemente des Qualitätssicherungssystems,
	  • festgestellte Schwächen im Qualitätssicherungssystem und deren mögliche Auswirkungen,
	  • Entscheidungsgrundlagen für die Durchführung von Maßnahmen zur Verbesserung des Qualitätssicherungssystems sowie
	  • ggf. Einzelheiten zu den entwickelten Verbesserungsvorschlägen.
	– Information der Mitarbeiter über die ihren Arbeitsbereich betreffenden Feststellungen
	– bei mit anderen WP-Praxen gemeinsam organisiertem Qualitätssicherungssystem mindestens jährlich Informationsaustausch über den Umfang und die Ergebnisse der Nachschau

493 Um eine unmittelbare Umsetzung der *VO 1/2006* zu erleichtern, hat das IDW in 2006 erstmals das **IDW Praxishandbuch zur Qualitätssicherung** veröffentlicht, das inzwischen in der 6. Auflage[659] erschienen ist. Das Praxishandbuch enthält eine jährlich vom IDW aktualisierte Erstellungshilfe für die Entwicklung eines eigenen Qualitätssicherungshandbuchs, das an die praxisindividuellen Verhältnisse angepasst werden soll. Diese Erstellungshilfe wird durch entsprechende Arbeitshilfen, Formblätter und Muster ergänzt. Zudem wird der risikoorientierte Prüfungsansatz, wie er den *IDW Prüfungs-*

---
659 Vgl. IDW, Praxishandbuch[6].

standards zugrunde liegt, für den Fall der Abschlussprüfung kleiner und mittelgroßer Unternehmen konkret erläutert und mit zahlreichen Arbeitshilfen unterlegt. Das IDW Praxishandbuch zur Qualitätssicherung enthält auf der CD-ROM folgende Arbeitshilfen:

Arbeits-hilfen- Nr.	Beschreibung
Kapitel A. Qualitätssicherung	
A-4.1.(1)	Merkblatt zur Unterrichtung über die Berufsgrundsätze
A-4.1.1.(1)	Erklärung zur berufsrechtlichen Unabhängigkeit und zur Einhaltung der Qualitätssicherungsregelungen (bei Einstellung neuer Mitarbeiter)
A-4.1.1.(2)	Erklärung zur berufsrechtlichen Unabhängigkeit (jährliche Abfrage)
A-4.1.3.(1)	Verpflichtungserklärung für Gehilfen und Mitarbeiter von Angehörigen der wirtschaftsprüfenden und der steuerberatenden Berufe zur Verschwiegenheit
A-4.1.3.(2)	Verhaltensregeln für die Benutzung von DV-Systemen zur Datensicherheit
A-4.2.(1)	Übernahme und Fortführung eines Auftrages (Entscheidungs- und Dokumentationshilfe)
A-4.2.(2)	Übersicht zu den Unabhängigkeitsvorschriften
A-4.2.3.(1)	Auftragsbestätigungsschreiben Abschlussprüfung
A-4.2.3.(2)	Auftragsbestätigungsschreiben Steuerberatung
A-4.2.3.(3)	Auftragsbestätigungsschreiben Jahresabschlusserstellung
A-4.2.3.(4)	Auftragsbestätigungsschreiben Prüferische Durchsicht von Abschlüssen
A-4.2.3.(5)	Auftragsbestätigungsschreiben Externe Qualitätskontrolle
A-4.2.(4)	**Bestimmung der Größenklassen nach § 267 HGB**
A-4.3.(1)	Bewerberbeurteilung
A-4.3.(2)	Merkblatt: Maßnahmen bei der Einstellung von Mitarbeitern
A-4.3.(3)	Beurteilung Probezeit
A-4.3.(4)	Mitarbeiterbeurteilung
A-4.3.(5)	Mitarbeiteraus- und Fortbildungsstatistik für das Jahr
A-4.3.(6)	Mitarbeiteraus- und Fortbildungsprofil (für den Einsatz in der personellen Auftragsplanung)
A-4.3.(7)	**Nachweis der Fortbildungsmaßnahmen**
A-4.4.(1)	Bedarfsmeldung Einzelauftrag/Auftragsgruppe (für den Einsatz in der personellen Auftragsplanung)
A-4.4.(2)	Auftragsplanung Einzelauftrag
A-4.4.(3)	Kapazitätsplanung

Qualitätssicherung und -kontrolle, Berufsaufsicht und Berufsgerichtsbarkeit   **A**

Arbeits-hilfen- Nr.	Beschreibung
A-4.4.(4)	Mitarbeitereinsatzplanung (monatlich)
A-4.6.2.(1)	**Zeitliche Prüfungsplanung**
A-4.6.5.(1)	Nachweisbogen zur laufenden Überwachung und abschließenden Durchsicht der Auftragsergebnisse
A-4.6.5.(2)	Zusammenstellung wesentlicher Punkte für den Wirtschaftsprüfer
A-4.6.5.(3)	Berichtigungen
A-4.6.5.(4)	Nicht gebuchte Prüfungsdifferenzen
A-4.6.7.(1)	Durchführung der Berichtskritik (Checkliste)
A-4.6.7.(2)	Durchführung der Auftragsbegleitenden Qualitätssicherung (Checkliste)
A-4.7.(1)	Planung der Nachschau der allgemeinen Praxisorganisation
A-4.7.(2)	Planung der Nachschau der Auftragsabwicklung
A-4.7.(3)	Auftragsliste
A-4.7.(4)	Gliederungsvorschlag zum Nachschaubericht
A-4.7.(5)	**Durchführung der Nachschau – Allgemeine Praxisorganisation**
A-4.7.(6)	**Durchführung der Nachschau – Auftragsabwicklung**
Kapitel B. Risikoorientiertes Prüfungsvorgehen	
Meilenstein 1: Auftrags- bzw. Mandatsmanagement	
B-1.1.	Mandantenstammblatt
B-1.2.	Auftragsstammblatt
B-1.3.	Korrekturvorschlagsliste
B-1.4.	Prüffeld-Deckblatt
B-1.5.	Arbeitspapierindex
B-1.6.	Berichtsbegleitbogen
B-1.7.	Dauerakte
B-1.8.	Bereitstellung von Unterlagen für die Abschlussprüfung
Meilenstein 2: Informationsbeschaffung und vorläufige Risikoeinschätzung	
B-2.1.	Geschäftstätigkeit sowie wirtschaftliches und rechtliches Umfeld des Mandanten
B-2.2.	Rechnungslegungspolitik des Mandanten
B-2.3.	Analyse aktueller finanzwirtschaftlicher Informationen

Arbeits-hilfen- Nr.	Beschreibung
B-2.4.	Beurteilung der Annahme zur Unternehmensfortführung
B-2.5.	Beurteilung des Risikos wesentlicher falscher Angaben in der Rechnungslegung aufgrund von Verstößen
B-2.6.	Rechtsanwaltbestätigung (Deutsch – Englisch)
B-2.7.	Durchführung vorbereitender analytischer Prüfungshandlungen
B-2.8.	**Leitfaden zur Durchführung von Befragungen im Rahmen der Abschlussprüfung**
B-2.9.	**Prüfung der Angaben und Erläuterungen im Zusammenhang mit nahe stehenden Personen**
B-2.10.	Liste der nahe stehenden Personen und Unternehmen
Meilenstein 3: Besprechung im Prüfungsteam, vorläufige Festlegung der Wesentlichkeit und Beurteilung der Fehlerrisiken	
B-3.1.	Wesentlichkeitsgrenzen für die Abschlussprüfung
Meilenstein 4: Auswertung rechnungslegungsrelevanter Prozesse und interner Kontrollen	
B-4.1.	Beurteilung des rechnungslegungsbezogenen internen Kontrollsystems auf Unternehmensebene für die vorläufige Risikoeinschätzung
B-4.1.1.	**Leitfaden zur Dokumentation der Prüfung des internen Kontrollsystems**
B-4.1.2.	**Leitfaden zur Durchführung eines Walk-through**
B-4.2.1. B-4.2.2.	Buchführungs- und Abschlussprozess – Aufbau IKS
B-4.3.1. B-4.3.2.	Aufnahme und Beurteilung des IT-Systems (komplex – nicht komplex)
B-4.4.1. – B-4.4.3.	Anlagenbereich – Aufbau IKS
B-4.5.1. – B-4.5.3.	Einkauf – Aufbau IKS
B-4.6.1. – B-4.6.3.	Vorräte und Materialwirtschaft – Aufbau IKS
B-4.7.1. – B-4.7.3.	Produktion – Aufbau IKS
B-4.8.1. – B-4.8.3.	Verkaufsbereich – Aufbau IKS
B-4.9.1. – B-4.9.3.	Personalbereich – Aufbau IKS

Qualitätssicherung und -kontrolle, Berufsaufsicht und Berufsgerichtsbarkeit A

Arbeits-hilfen- Nr.	Beschreibung
Meilenstein 5: Festlegung der abschließenden Prüfungsstrategie und des abschließenden Prüfungsprogramms	
B-5.1.	Zusammenfassende Risikobeurteilung/Prüfungsstrategie und Beurteilung der erreichten Prüfungssicherheit
B-5.2.	Planungsleitfaden für die Prüfung von nicht komplexen Unternehmen
Meilenstein 6: Validierung der internen Kontrollen (Funktionsprüfungen)	
B-6.1. – B-6.8.	Nachweis der Funktionsprüfungen (Kontrolltests) für die einzelnen IKS-Bereiche
Meilenstein 7: Aussagebezogene Prüfungshandlungen	
B-7.1. – B-7.27.	Vorschläge für aussagebezogene Prüfungshandlungen (Bilanz und GuV)
B-7.28. – B-7.30.	Saldenbestätigungen (Forderungen, Verbindlichkeiten, Bankbestätigung, von Dritten verwahrtes Vermögen, Leasing, Versicherungen, Sachverständige, Auswertung) Deutsch – Englisch
B-7.31.	Inventurprüfung Stichtagsinventur
B-7.32.	Inventurprüfung Permanente Inventur
Meilenstein 8: Abschließende Prüfungshandlungen	
B-8.1.-JA, B-8.1.-KA	Checklisten(automation) zur Prüfung von Anhang/Konzernanhang nach HGB und DRS
B-8.2.-JA, B-8.2.-KA	Checklisten(automation) zur Prüfung des Lageberichts/Konzernlageberichts nach HGB und DRS
B-8.3.	Prüfung von Ereignissen nach dem Abschlussstichtag
Meilenstein 9: Berichterstattung und Archivierung	
B-9.1.	Leitfaden für die Prüfung der Offenlegung
Kapitel C: Besonderheiten bei Konzernabschlussprüfungen	
C-2.	**Leitfaden zur Organisation und Dokumentation der Konzernabschlussprüfung**
C-3.	**Bestimmung der Wesentlichkeitsgrenzen für die Konzernabschlussprüfung**
C-4.	**Group Audit Instructions (Component Auditor's Confirmations, Early Warning Memorandum, Audit/Review Report, Completion Memorandum, Summary of Unadjusted Differences, Tax Review Memorandum, Management Letter, Subsequent Events Memorandum, Letter of Representation) – Englisch**

Abbildung 7: Arbeitshilfen des IDW Praxishandbuchs zur Qualitätssicherung 2011/2012

b) Externe Qualitätskontrollen
aa) Arten externer Qualitätskontrolle

494 Bei **externen Qualitätskontrollen** handelt es sich um die Prüfung des internen Qualitätssicherungssystems von Wirtschaftsprüferpraxen oder von Teilaspekten des Qualitätssicherungssystems durch einen anderen Berufsangehörigen oder eine Berufsgesellschaft oder durch Angestellte einer für das Verfahren verantwortlichen Organisation (Monitoring- oder Inspection-Verfahren)[660].

495 Verfahren zur **Prüfung des Qualitätssicherungssystems durch Berufsangehörige/ Berufsgesellschaften (sog. Peer Review)** bestehen in einer Reihe größerer Industrienationen teilw. schon seit vielen Jahren[661]. Beispielsweise betreibt in den USA das American Institute of Certified Public Accountants (AICPA) einen Peer Review für nicht bei dem Public Company Accounting Oversight Board (PCAOB) registrierte Mitglieder und für die Teilbereiche der beim PCAOB registrierten Wirtschaftsprüferpraxen, die nicht den Qualitätskontrollen des PCAOB unterliegen[662]. Beim PCAOB registrierte Berufsangehörige unterliegen grundsätzlich sog. **inspections** durch Mitarbeiter des PCAOB[663]. Auch in Großbritannien unterliegen die Berufsangehörigen einem Inspektionsverfahren, das unter der Aufsicht des im Jahr 2004 neu gegründeten Financial Reporting Council (FRC) und dessen Professional Oversight Board for Accountancy (POBA) durch die Audit Inspection Unit (AIU) durchgeführt wird[664].

496 In Deutschland umfasst das bisherige System der Überwachung im Berufsstand der Wirtschaftsprüfer **zwei Arten externer Qualitätskontrollen**: die externe Qualitätskontrolle nach §§ 57a ff. WPO durch einen anderen Berufsträger sowie die anlassunabhängigen Sonderuntersuchungen durch die WPK, welche im internationalen Kontext als Qualitätskontrollen im weiteren Sinn zu verstehen sind[665]. Die beiden Arten unterscheiden sich v.a. hinsichtlich der Frage der operativen Erstzuständigkeit, ihrem persönlichen und sachlichen Anwendungsbereich, ihrem Untersuchungsziel und -ergebnis, dem Kontrollzyklus, der Person des Qualitätskontrollprüfers sowie der Verwertbarkeit der erlangten Informationen im Berufsaufsichtsverfahren.

497 Ziel der **externen Qualitätskontrolle nach §§ 57a ff. WPO** ist die Abgabe eines Gesamturteils darüber, ob das Qualitätssicherungssystem die Einhaltung der gesetzlichen und berufsständischen Anforderungen insgesamt sowie bei der Durchführung einzelner Aufträge hinreichend sicherstellt. Sie bezieht sich somit auf das gesamte Qualitätssicherungssystem einschließlich der Nachschau. Gem. § 57a Abs. 2 WPO erstreckt sie sich auf betriebswirtschaftliche Prüfungen i.S.v. § 2 Abs. 1 WPO, bei denen das Berufssiegel geführt wird oder zu führen ist. Als Ergebnis hat der Prüfer für Qualitätskontrolle ein Gesamturteil über die Ordnungsmäßigkeit des in der geprüften Praxis angewendeten Qualitätssicherungssystems abzugeben. Zur Durchführung einer Qualitätskontrolle verpflichtet sind Wirtschaftsprüfer, die gesetzliche Abschlussprüfungen durchführen. Die externen Qualitätskontrollen nach §§ 57a ff. WPO sind in bestimmten Kontrollzyklen

---

660 Vgl. *Hense/Ulrich*, WPO, Vor §§ 57a ff., Rn. 2; *Pfitzer/Schneiß*, in: FS Baetge, S. 1085/1113.
661 Vgl. WP Handbuch 2008 Bd. II, Q Tz. 248 ff.; International Organization of Securities Commissions (IOSCO), Survey Report on Regulation and Oversight of Auditors, April 2005, S. 20, abrufbar unter: http://www.iosco.org/library/pubdocs/pdf/IOSCOPD199.pdf.
662 Vgl. WP Handbuch 2008 Bd. II, Q Tz. 255.
663 Zu dem Verfahren der „inspections" des PCAOB vgl. WPH 2008 Bd. II, Q Tz. 285 ff.
664 Einzelheiten sind auf der Website des ICAEW abrufbar: http://apps.icaew.com/index.cfm/route/156367/icaew_ga/en/Library/Links/Accounting_and_auditing/The_profession_Organisations/UK_Standards_and_-Regulation.
665 Vgl. *Hense/Ulrich*, WPO, § 66a, Rn. 50.

Qualitätssicherung und -kontrolle, Berufsaufsicht und Berufsgerichtsbarkeit **A**

durchzuführen, die aus ihnen gewonnenen Informationen dürfen im Berufsaufsichtsverfahren grundsätzlich nicht verwertet werden.

Die **anlassunabhängigen, d.h. stichprobenartigen Sonderuntersuchungen nach § 62b WPO** − im Sprachgebrauch der EU-Kommission[666] sog. Inspektionen − stellen ein berufsaufsichtliches Instrument dar, das wie die externe Qualitätskontrolle nach §§ 57a ff. WPO grundsätzlich präventiv ausgerichtet ist. Bei den Sonderuntersuchungen führt kein Berufsangehöriger, sondern die WPK in Stichproben und ohne besonderen Anlass berufsaufsichtliche Untersuchungen durch. Im Gegensatz zur externen Qualitätskontrolle nach §§ 57a ff. WPO ist der persönliche Anwendungsbereich der Sonderuntersuchungen auf die Prüfer von Unternehmen von öffentlichem Interesse beschränkt. Während die Qualitätskontrolle nach §§ 57a ff. WPO die Angemessenheit und Wirksamkeit des Qualitätssicherungssystems der WP-Praxis im Rahmen einer Systemprüfung beurteilt, liegt der Schwerpunkt der Sonderuntersuchungen darin, ausgewählte Aspekte bei der Abwicklung von Abschlussprüfungen und Teilbereiche des Qualitätssicherungssystems zu überprüfen. Entsprechend wird als Ergebnis der Sonderuntersuchungen nicht wie bei der externen Qualitätskontrolle nach §§ 57a ff. WPO ein abschließendes Gesamturteil getroffen, sondern es werden einzelne Feststellungen zu den untersuchten Teilbereichen berichtet[667]. Feststellungen, die bei Sonderuntersuchungen gemacht werden, sind im Gegensatz zu Feststellungen aus externen Kontrollen nach §§ 57a ff. WPO im Rahmen des berufsaufsichtlichen Verfahrens zu verwerten. **498**

bb) Externe Qualitätskontrollen nach §§ 57a ff. WPO

(1) Einführung und Fortentwicklung der externen Qualitätskontrollen in Deutschland

In Deutschland wurde mit Inkrafttreten des Wirtschaftsprüferordnungs-Änderungsgesetzes am 01.01.2001 die gesetzliche Grundlage für die externe Qualitätskontrolle geschaffen. WP, vBP und Berufsgesellschaften, die gesetzliche Abschlussprüfungen durchführen, haben nach § 57a Abs. 1 WPO die Pflicht, sich einer Qualitätskontrolle zu unterziehen. Sie sind nach § 319 Abs. 1 S. 3 HGB als APr. ausgeschlossen, wenn sie gegen diese Pflicht verstoßen. **499**

Ziel der externen Qualitätskontrolle nach §§ 57a ff. WPO ist die Beurteilung, ob das interne Qualitätssicherungssystem die gesetzlichen und berufsständischen Anforderungen erfüllt. Die Prüfung der Durchführung einzelner Aufträge dient dabei dem Zweck, die Umsetzung des in der Praxis eingeführten Qualitätssicherungssystems in der Auftragsabwicklung zu beurteilen. Es ist nicht Sinn und Zweck des Verfahrens, einen geprüften Abschluss auf seine Richtigkeit nach Art einer zweiten Abschlussprüfung zu prüfen. Dagegen verfolgen z.B. die vom PCAOB durchgeführten inspections nicht allein das Ziel festzustellen, ob das Qualitätssicherungssystem einer registrierten Prüfungsgesellschaft angemessen und funktionsfähig ist, sondern dienen auch der Überprüfung der Einhaltung der gesetzlichen, regulatorischen und beruflichen Standards bei der Abwicklung einzelner Aufträge in der Vergangenheit. **500**

Zur Erhöhung der Akzeptanz des Verfahrens der Qualitätskontrolle nach §§ 57a ff. WPO in der Öffentlichkeit wurde bei Einführung des Verfahrens ein **Qualitätskontrollbeirat** bei der WPK eingerichtet. Dem Qualitätskontrollbeirat oblagen die folgenden Aufgaben: **501**

---

666 Vgl. Empfehlung der Kommission v. 06.05.2008 zur externen Qualitätssicherung bei Abschlussprüfern und Prüfungsgesellschaften, die Unternehmen von öffentlichem Interesse prüfen (2008/362/EG), Abl.EU, Nr. L 120; s. hierzu die Ausführungen in Tz. 555 f.
667 Vgl. *Pfitzer/Schneiß*, in: FS Baetge, S. 1085/1116.

(1) Überwachung der Angemessenheit und Funktionsfähigkeit des Verfahrens der Qualitätskontrolle,
(2) Abgabe von Empfehlungen zur Fortentwicklung und zur Verbesserung des Verfahrens der Qualitätskontrolle und
(3) jährliche Erstellung eines öffentlichen Berichts.

Die Mitglieder des Qualitätskontrollbeirats hatten zur Erfüllung ihrer Aufgaben Informationsrechte gegenüber der Kommission für Qualitätskontrolle und der geprüften Wirtschaftsprüferpraxis sowie das Recht zur Teilnahme an Sitzungen der Kommission für Qualitätskontrolle und an einzelnen Qualitätskontrollen (§ 57f Abs. 3 WPO a.F.).

502 Eine einschneidende Änderung erfolgte im Rahmen des am 01.01.2005 in Kraft getretenen APAG durch die Einführung der **Abschlussprüferaufsichtskommission (APAK) als öffentliche Fachaufsicht über die WPK**[668]. Mit dem APAG wurde durch die sechste WPO-Novelle 2005 im Vorgriff auf die Abschlussprüferrichtlinie[669] erstmals eine vom Berufsstand unabhängige öffentliche Fachaufsicht über die Abschlussprüfung eingeführt. Die Einführung der APAK ist vor dem Hintergrund internationaler und nationaler Unternehmensskandale zu sehen, in deren Zusammenhang die Öffentlichkeit auch die Rolle der Abschlussprüfer kritisch beurteilte. Als Maßnahme, um das öffentliche Vertrauen in die gesetzliche Abschlussprüfung wiederherzustellen, wurde insb. die Notwendigkeit einer vom Berufsstand unabhängigen öffentlichen Aufsicht gesehen[670]. Seitdem ist für die öffentliche Überwachung des Verfahrens der Qualitätskontrolle die APAK zuständig, die durch personelle und inhaltliche Erweiterung aus dem Qualitätskontrollbeirat hervorgegangen ist. Die APAK hat neben den genannten Rechten und Pflichten des bisherigen Qualitätskontrollbeirats das fachbezogene **Weisungsrecht** über Entscheidungen der Kommission für Qualitätskontrolle der WPK (§ 66a Abs. 4 WPO). Dies entspricht den Vorgaben der Abschlussprüferrichtlinie, die in Art. 29 Abs. 1 Buchst. a) i.V.m. Art. 32 vorsieht, dass die Qualitätskontrolle einem System der öffentlichen Aufsicht unterliegen muss, dem die „Letztverantwortung" („ultimate responsibility") zukommt.

Im Rahmen des APAG hat der Gesetzgeber auch **Empfehlungen des Qualitätskontrollbeirats** zur Steigerung der Wirksamkeit und Transparenz des Systems der Qualitätskontrolle aufgegriffen und durch Ergänzungen der §§ 57a ff. WPO umgesetzt. Der Qualitätskontrollbeirat hatte u.a. Empfehlungen zur Verbesserung der Aussagekraft und Vollständigkeit der Berichterstattung über durchgeführte Qualitätskontrollen, zu einer speziellen Fortbildungspflicht des Prüfers für Qualitätskontrolle sowie zu den Auswahlmodalitäten und Unabhängigkeitsvoraussetzungen des Prüfers für Qualitätskontrolle gegeben.

503 Mit dem BARefG – der **siebten WPO-Novelle**[671], die im September 2007 in Kraft getreten ist – wurden die Ermittlungszuständigkeit und -kompetenzen sowie Sanktionsmöglichkeiten der WPK erheblich erweitert. So wurden – neben der Einführung anlassunabhängiger Sonderuntersuchungen bei Abschlussprüfern von Unternehmen von öffentlichem Interesse (§ 62b WPO) – insb. die Auskunfts- und Vorlagepflichten neu ge-

---

668 Das derzeitige deutsche System wird aufgrund seiner Kombination aus Peer-Review und öffentlicher Aufsicht über das System der Qualitätskontrolle international auch als Monitored Peer-Review bezeichnet, vgl. *Hense/Ulrich*, WPO, Vor §§ 57a ff., Rn. 2.
669 Vgl. Richtlinie 2006/43/EG des Europäischen Parlaments und des Rates v. 17.05.2006 über Abschlussprüfungen von Jahresabschlüssen und konsolidierten Abschlüssen, Abl.EU, Nr. L 157.
670 Vgl. *Hense/Ulrich*, WPO, § 66a, Rn. 1 f.
671 Vgl. *Naumann/Hamannt*, WPg 2007, S. 901 ff.

fasst[672]. Ferner wurde der bisher einheitlich dreijährige Kontrollturnus für die WP-Praxen, die keine Abschlussprüfungen bei Unternehmen i.S.d. § 319a HGB durchführen, auf sechs Jahre verlängert (§ 57a Abs. 6 S. 8 WPO). Für WP-Praxen, die Abschlussprüfungen bei Unternehmen i.S.d. § 319a HGB durchführen, bleibt es bei dem dreijährigen Kontrollzyklus. Diese Differenzierung der Zeitabstände für externe Qualitätskontrollen entspricht den Vorgaben der Abschlussprüferrichtlinie (Art. 29 und 43)[673].

(2) Verwaltung des Verfahrens bei der WPK
Nach § 57 Abs. 2 Nr. 14 WPO ist es Aufgabe der WPK, das Verfahren der Qualitätskontrolle zu betreiben. Dies umfasst v.a. die Überwachung der Einhaltung der drei- bzw. sechsjährigen Kontrollfrequenz, die Registrierung der Prüfer für Qualitätskontrolle, die Entgegennahme und Auswertung der Qualitätskontrollberichte, die Ausstellung von Bescheinigungen über die Teilnahme am Verfahren, die Erteilung von Auflagen oder die Anordnung von Sonderprüfungen bei festgestellten Mängeln im Qualitätssicherungssystem sowie die Information der APAK (vgl. § 57e WPO). Innerhalb der WPK ist hierfür die **Kommission für Qualitätskontrolle** zuständig. Bei dieser handelt es sich um ein Organ der WPK i.S.d. § 59 Abs. 1 WPO. Der Kommission für Qualitätskontrolle obliegt auch die Erteilung von Ausnahmen von der Pflicht zur Teilnahme am Verfahren und die Bescheidung von Widersprüchen gegen Entscheidungen im Zusammenhang mit der Qualitätskontrolle. Bei den Entscheidungen der Kommission für Qualitätskontrolle handelt es sich um Verwaltungsakte der WPK im Sinne des Verwaltungsrechts.

504

Die Mitglieder der Kommission für Qualitätskontrolle sind nach § 57b Abs. 1 S. 1 WPO zur Verschwiegenheit verpflichtet. Gem. § 57e Abs. 1 S. 3 WPO sind sie unabhängig und nicht weisungsgebunden.

505

Nach dem Willen des Gesetzgebers sollte die konkrete Ausgestaltung des Systems der Qualitätskontrolle nicht im Gesetz erfolgen, sondern durch den Berufsstand im Rahmen einer Satzungsermächtigung geregelt werden. § 57c Abs. 1 WPO ermächtigt daher die WPK zum Erlass einer **Satzung für Qualitätskontrolle (SaQK)**. Diese hat gem. § 57c Abs. 2 WPO näher zu regeln:

506

– die Voraussetzungen und das Verfahren der Registrierung der Prüfer für Qualitätskontrolle

– die Ausschlussgründe für die Tätigkeit als Prüfer für Qualitätskontrolle wegen fehlender Unabhängigkeit

– die Abwicklung des Qualitätskontrollverfahrens innerhalb der WPK

– die Berechnung der Frist, nach deren Ablauf eine erneute Qualitätskontrolle zu erfolgen hat

– die Maßnahmen der Kommission für Qualitätskontrolle im Falle der Aufdeckung von Mängeln im Qualitätssicherungssystem

– Inhalt und Gliederung des Qualitätskontrollberichts

– Inhalt und Aufbau der Unabhängigkeitsbestätigung nach § 57a Abs. 6 S. 2 WPO

– Umfang und Inhalt der Fortbildungsverpflichtung der Prüfer für Qualitätskontrolle und das Verfahren zum Nachweis der Erfüllung dieser Verpflichtung

---
672 Vgl. *Pfitzer/Schnepel*, in: Kirsch/Baetge, Vom BiRiLiG zum BilMoG, S. 131/138; WP Handbuch 2008 Bd. II, Q Tz. 409.
673 Vgl. WP Handbuch 2008 Bd. II, Q Tz. 166.

Die SaQK wird vom Beirat der WPK unter Einbindung der APAK beschlossen[674] und bedarf zu ihrer Wirksamkeit der Genehmigung des BMWi im Einvernehmen mit dem BMJ (§ 57c Abs. 1 S. 2 WPO).

507 Nach § 14 SaQK hat die Kommission für Qualitätskontrolle jährlich einen Tätigkeitsbericht zu erstellen, in dem die Ergebnisse der durchgeführten Qualitätskontrollen anonymisiert dargestellt werden[675]. Der Bericht muss u.a. auch eine Statistik zur Gesamtzahl der durchgeführten Qualitätskontrollen mit Angabe der Zahl der Prüfungsurteile mit und ohne Einschränkung und der Zahl der Versagungen enthalten. Weiterhin sind in dem Bericht die am häufigsten festgestellten Mängel in den Qualitätssicherungssystemen sowie die entsprechenden Maßnahmen der Kommission für Qualitätskontrolle darzustellen. Der Tätigkeitsbericht ist an die APAK zu richten und dem Vorstand sowie dem Beirat der WPK zur Kenntnis zu bringen. Nach Billigung durch die APAK wird der Tätigkeitsbericht im WPK-Magazin veröffentlicht[676].

508 Aus den veröffentlichten Tätigkeitsberichten der Kommission für Qualitätskontrolle (KfQK) ergeben sich – für die hier betrachteten Jahre ab 2006 – folgende **Ergebnisse der Auswertungen von Qualitätskontrollberichten**:

	2010	2009	2008	2007	2006
Von der KfQK ausgewertete Qualitätskontrollberichte, beschlossene Maßnahmen und Fälle des Widerrufs der Teilnahmebescheinigung					
Anzahl der durch die KfQK ausgewerteten Qualitätskontrollberichte	367	492	697	644	2042
Bei KfQK mit versagtem Urteil eingegangen	–	–	4	2	3
Von der KfQK ohne Maßnahmen abgeschlossene Qualitätskontrollen	349 (95 %)	439 (89 %)	628 (90,1 %)	565 (88,1 %)	1936 (94,8 %)
Von der KfQK beschlossene Maßnahmen:					
– Auflagen	9 (2,5 %)	28 (5,7 %)	39 (5,6 %)	58 (9,0 %)	75 (3,6 %)
– Sonderprüfungen	2 (0,5 %)	9 (1,8 %)	16 (2,3 %)	7 (1,1 %)	4 (0,2 %)
– Auflagen und Sonderprüfungen zugleich	5 (1,4 %)	16 (3,2 %)	14 (2,0 %)	11 (1,7 %)	26 (1,3 %)
Widerruf der Teilnahmebescheinigung aufgrund schwerwiegender Verstöße (z.B. wenn keine angemessene Zeit für Durchführung der Qualitätskontrolle aufgewandt wurde[677], Besorgnis der Befangenheit des PfQK)	2 Fälle	4 Fälle	1 Fall	3 Fälle	1 Fall

---

674 Die SaQK ist am 17.01.2001 vom Beirat der WPK verabschiedet worden und am 14.02.2001 in Kraft getreten. Zuletzt geändert wurde die SaQK am 06.11.2009. Seit der siebten WPO-Novelle ist gem. § 66a Abs. 1 S. 2 WPO vor Erlass der Satzung die Stellungnahme der APAK einzuholen und dem BMWi vorzulegen.
675 Die Tätigkeitsberichte sind abrufbar unter: http://www.wpk.de/qk/kommission-taetigkeitsberichte.asp.
676 Vgl. WP Handbuch 2008 Bd. II, Q Tz. 170.
677 S. hierzu auch WPK-Mitt. 3/2011, S. 33 f.

Qualitätssicherung und -kontrolle, Berufsaufsicht und Berufsgerichtsbarkeit **A**

In allen betrachteten Jahren wurde insb. die nicht konsequente Umsetzung des risikoorientierten Prüfungsansatzes (IKS-Prüfung, analytische Prüfungshandlungen, IT-Prüfung) beanstandet. Weitere festgestellte Mängel betrafen in 2008, 2009 und 2010 in vielen Fällen auch eine unzureichende Dokumentation von Prüfungshandlungen sowie Regelungen des Qualitätssicherungssystems zur auftragsbezogenen Qualitätssicherung (Berichtskritik sowie auftragsbegleitende Qualitätssicherung), die nicht den Anforderungen der BS WP/vBP entsprachen. So wurde oftmals ein unzulässiger Verzicht auf die Berichtskritik oder eine Durchführung der Berichtskritik durch ungeeignete oder an der Auftragsabwicklung beteiligte Personen beanstandet. Ferner wurde etwa auch bemängelt, dass die Berichtskritik im Wege der nur i.R.d. Nachschau zulässigen „Selbstvergewisserung" durchgeführt wurde. Des Weiteren ergaben sich in 2008 und 2009 häufige Feststellungen zur Einholung von Bestätigungen Dritter.

In 2009 und 2010 betrafen weitere festgestellte Mängel der Qualitätssicherungssysteme nachfolgende Bereiche:

– Regelungen zur Unabhängigkeit, Vermeidung der Besorgnis der Befangenheit
– Auftragsannahme/-fortführung (fehlende Teilnahmebescheinigung)
– Beachtung der Rechnungslegungsregeln bei der Prüfung von Konzern-/Jahresabschlüssen nach IFRS
– Wirksamkeit einzelner Regeln zur Auftragsabwicklung, z.B. Beurteilung der Unternehmensfortführung, Beziehungen zu nahe stehenden Personen etc.

Die Kommission ist als Organ der WPK personell und organisatorisch von der Berufs- **509** aufsicht durch den Vorstand der WPK getrennt (§ 7 SaQK). Dieser darf Informationen, die im Rahmen der Qualitätskontrolle bekannt werden, nicht verwerten (§ 57e Abs. 5 WPO) (sog. Firewall). Damit soll der Tatsache Rechnung getragen werden, dass die Berufsangehörigen im Rahmen der Qualitätskontrolle eine Pflicht zur Mitwirkung trifft (§ 57d WPO) und dem rechtsstaatlichen Grundsatz des Selbstbelastungsverbots entsprochen werden[678]. Eine Ausnahme von dem **Grundsatz der strikten Trennung** sieht § 57e Abs. 4 S. 1 WPO in Verbindung mit § 13 SaQK vor. Danach hat die Kommission für Qualitätskontrolle den Vorstand der WPK zu unterrichten, wenn ein Widerruf der Bestellung als WP oder der Anerkennung als WP-Gesellschaft in Betracht zu ziehen ist. Die solchermaßen mitgeteilten Tatsachen dürfen im Rahmen eines berufsaufsichtlichen Verfahrens nach den §§ 61a ff. WPO und dem Sechsten Teil der WPO jedoch nicht verwertet werden.

(3) Registrierung, Auswahl und Beauftragung der Prüfer für Qualitätskontrolle
(a) Registrierung der Prüfer für Qualitätskontrolle

Qualitätskontrollen sind durch bei der WPK registrierte und von der geprüften Praxis un- **510** abhängige Prüfer für Qualitätskontrolle durchzuführen (§ 57a Abs. 3 und 4 WPO). Prüfer für Qualitätskontrolle können nach § 130 Abs. 3 S. 2 i.V.m. § 57a WPO auch vereidigte Buchprüfer und Buchprüfungsgesellschaften sein. Sie dürfen allerdings nur im Rahmen ihres Vorbehaltsbereiches, d.h. bei anderen vereidigten Buchprüfern und Buchprüfungsgesellschaften tätig werden. Die Registrierung als Prüfer für Qualitätskontrolle wird im Berufsregister vermerkt (§ 38 Nr. 1 Buchst. i und Nr. 2 Buchst. g WPO)[679].

---

678 Zum Verwertungsverbot sowie zu einer Verweigerung der Mitwirkungspflichten einer geprüften Praxis unter Berufung auf das Selbstbelastungsverbot s. WP Handbuch 2008 Bd. II, Q Tz. 171, 224.
679 Auf der Internetseite der WPK besteht die Möglichkeit, in dem „WP Verzeichnis Online" u.a. nach registrierten Prüfern für Qualitätskontrolle zu suchen. Das Verzeichnis ist abrufbar unter: www.wpk.de/wpverzeichnis/auswahl.asp.

511 **Voraussetzung für** die **Registrierung** ist gem. § 57a Abs. 3 S. 2 WPO zunächst eine mindestens **dreijährige verantwortliche Tätigkeit** im Bereich der Abschlussprüfung nach Bestellung zum WP (Nr. 1). Gem. § 1 der SaQK sind dabei alle Tätigkeiten anzuerkennen, die im Bereich der Abschlussprüfung von einem Wirtschaftsprüfer ausgeübt werden. Dazu gehören z.B. auch Facharbeit und die auftragsbezogene Qualitätssicherung nach § 24d BS WP/vBP.

Nach der Regierungsbegründung zum WPOÄG wird als Berufserfahrung nur die Tätigkeit nach der Bestellung anerkannt[680]. Dabei müssen die Tätigkeiten nicht zwingend im Rahmen einer eigenverantwortlichen Tätigkeit, sondern können z.b. auch als Prüfungsleiter ausgeübt worden sein[681]. Es genügt eine Tätigkeit im Bereich der Abschlussprüfung, eine überwiegende Tätigkeit im Bereich der Abschlussprüfung ist nicht erforderlich[682]. Über diese Tätigkeiten im Bereich der Abschlussprüfung ist ein Nachweis zu führen (§ 4 Abs. 1 S. 1 SaQK). Da die Kenntnisse nicht veralten sein dürfen, sollen im Allgemeinen bei Antragstellung die Tätigkeiten im Bereich der Abschlussprüfung nicht länger als drei Jahre zurückliegen[683].

512 Als weitere Voraussetzung für die Registrierung werden **Kenntnisse in der Qualitätssicherung** verlangt (Nr. 2). Nach § 2 Abs. 1 SaQK umfassen die Kenntnisse die Grundsätze der internen Qualitätssicherung, die in der WPO, im HGB und in der BS WP/vBP niedergelegt und in fachlichen Regelungen konkretisiert sind, sowie die Grundsätze für eine ordnungsmäßige Durchführung der Qualitätskontrolle. Die Kenntnisse in der Qualitätssicherung können durch Vorlage einer Bescheinigung über die Teilnahme an einem von der WPK anerkannten Schulungskurs nachgewiesen werden (§ 4 Abs. 3 S. 1 SaQK)[684]. Ein solcher Schulungskurs muss mindestens 16 Unterrichtseinheiten à 45 Minuten umfassen und die Inhalte entsprechend § 2 Abs. 2 S. 2 Nr. 1-5 SaQK aufweisen. Die Teilnahme an einem Schulungskurs soll nach § 2 Abs. 4 SaQK zum Zeitpunkt des Registrierungsantrages bei der WPK nicht länger als drei Jahre zurückliegen.

513 Zudem darf der Prüfer in den letzten fünf Jahren **nicht wegen Verletzung einer Berufspflicht** berufsgerichtlich **verurteilt** worden sein, wenn die der Verurteilung zugrunde liegende Berufspflichtverletzung seine Eignung als Prüfer für Qualitätskontrolle ausschließt (Nr. 3).

514 Nach § 57a Abs. 3 S. 2 Nr. 4 WPO muss der Prüfer für Qualitätskontrolle nach erstmaliger Registrierung eine spezielle **Fortbildung über die Qualitätssicherung nachweisen** – erstmalig nach Ablauf von drei Jahren nach der Registrierung bei der Annahme des dann folgenden Auftrags zur Durchführung einer Qualitätskontrolle[685]. Diese Fortbildungsverpflichtung erfüllt ein Prüfer für Qualitätskontrolle nach § 20 Abs. 1 S. 1 SaQK, wenn er an einer von der WPK anerkannten einschlägigen Fortbildungsveranstaltung teilnimmt oder sie als Dozent leitet[686]. Die Fortbildungsverpflichtung beträgt wenigstens 24 Unter-

---

680 Vgl. Entwurf eines Gesetzes zur Änderung von Vorschriften über die Tätigkeit der Wirtschaftsprüfer (Wirtschaftsprüferordnungs-Änderungsgesetz – WPOÄG) (BT-Drs. 14/3649), Begründungstext zu § 57a Abs. 3 WPO.
681 Vgl. *Hense/Ulrich*, WPO, § 57a, Rn. 56.
682 Vgl. Entwurf WPOÄG (BT-Drs. 14/3649), Begründungstext zu § 57a Abs. 3 WPO.
683 Vgl. WP Handbuch 2008 Bd. II, Q Tz. 173.
684 Vgl. *Hense/Ulrich*, WPO, § 57a, Rn. 58.
685 S. hierzu das Merkblatt der WPK für die Einreichung von Fortbildungsnachweisen, abrufbar unter: http://www.wpk.de/qk/fortbildungsnachweise.asp; vgl. auch *IDW PS 140*, Tz. 20; WPK-Mitt. 2/2008, S. 24.
686 Eine Liste anerkannter Fortbildungsveranstaltungen zur speziellen Fortbildung von Prüfern für Qualitätskontrolle ist auf der Homepage der WPK abrufbar unter: http://www.wpk.de/pdf/WPK_QK—Anerkannte_Fortbildungsveranstaltungen.pdf.

Qualitätssicherung und -kontrolle, Berufsaufsicht und Berufsgerichtsbarkeit A

richtseinheiten à 45 Minuten innerhalb eines Zeitraums von drei Jahren (vgl. §§ 20 f. SaQK). Die Fortbildungsverpflichtung erfüllt ein Prüfer für Qualitätskontrolle ferner auch durch seine Tätigkeit als Mitglied der Kommission für Qualitätskontrolle (§ 20 Abs. 1 S. 5 SaQK). Andere Möglichkeiten, z.B. die Mitarbeit in Fachgremien des IDW, werden von der Kommission für Qualitätskontrolle als Nachweis nicht anerkannt[687].

Als Prüfer für Qualitätskontrolle kann auch eine **Berufsgesellschaft** beauftragt werden. In diesem Fall müssen die genannten Voraussetzungen von mindestens einem Vorstandsmitglied bzw. Geschäftsführer, persönlich haftendem Gesellschafter oder – bei einer Partnerschaftsgesellschaft – einem Partner der Gesellschaft und von dem für die Durchführung der Qualitätskontrolle verantwortlichen WP erfüllt werden (§ 57a Abs. 3 S. 4-5 WPO).

(b) Auswahl der Prüfer für Qualitätskontrolle

Der Prüfer für Qualitätskontrolle ist als Wirtschaftsprüfer, der betriebswirtschaftliche Prüfungen nach § 2 Abs. 1 WPO durchführt, verpflichtet, die allgemeinen Berufsgrundsätze der Unabhängigkeit, der Gewissenhaftigkeit, der Verschwiegenheit sowie der Eigenverantwortlichkeit zu beachten (§ 43 Abs. 1 S. 1 WPO, §§ 20 ff. BS WP/vBP). Der **Berufsgrundsatz der Unabhängigkeit** wird in § 57a Abs. 4 WPO für die externe Qualitätskontrolle gesetzlich geregelt[688]. Danach darf ein Wirtschaftsprüfer oder eine Wirtschaftsprüfungsgesellschaft nicht Prüfer für Qualitätskontrolle sein, wenn kapitalmäßige, finanzielle oder persönliche Bindungen zu der zu prüfenden Praxis oder sonstige Umstände bestehen, welche die **Besorgnis der Befangenheit** begründen. Wechselseitige Prüfungen sind ebenfalls ausgeschlossen. Das Verbot der wechselseitigen Prüfung darf auch nicht durch Einschaltung einer weiteren Partei umgangen werden. Dies wird in § 6 Abs. 6 S. 2 SaQK konkretisiert, indem das Vorliegen einer wechselseitigen Prüfung auch dann angenommen wird, wenn sich mehr als zwei Praxen im Ring mit der Qualitätskontrolle beauftragen (Ringprüfung), es sei denn, dass auch aus Sicht eines objektiven Dritten die Besorgnis der Befangenheit nicht besteht. Ferner wird auch der Fall zu wechselseitigen Prüfungen gezählt, dass die zu prüfende Praxis bei dem Prüfer für Qualitätskontrolle die Prüfung des Jahresabschlusses durchgeführt hat (§ 6 Abs. 6 S. 3 SaQK).

515

Fehlende Unabhängigkeit des Prüfers für Qualitätskontrolle führt nach § 57e Abs. 2 S. 6 WPO zur Nichtigkeit der Qualitätskontrolle. Aufgrund der Bedeutung, die der Gesetzgeber der Unabhängigkeit und Unbefangenheit des Prüfers für Qualitätskontrolle beimisst, wurde § 57e Abs. 2 WPO um S. 4 ergänzt, wonach ein Verstoß gegen das Gebot des § 57a Abs. 4 WPO zwingend zu einem **Widerruf der Teilnahmebescheinigung** führt. Zwar folgt diese Rechtsfolge bereits nach § 57e Abs. 2 S. 6 WPO, wonach die Teilnahmebescheinigung nicht erteilt wird, wenn die Qualitätskontrolle unter schwerwiegendem Verstoß gegen eine der in §§ 57a bis 57d WPO genannten Vorschriften durchgeführt wurde. Die Rechtsfolge des § 57e Abs. 2 S. 6 WPO ist im Unterschied zu S. 4 jedoch an eine Ermessensentscheidung der Kommission für Qualitätskontrolle geknüpft, die nur in „schwerwiegenden" Fällen die Nichtigkeit der Qualitätskontrolle und den Widerruf der Teilnahmebescheinigung festzustellen hat. Der Gesetzgeber verdeutlicht hiermit, dass er einen Verstoß gegen die Unabhängigkeit und Unbefangenheit stets als schwerwiegend betrachtet.

516

Der Prüfer für Qualitätskontrolle wird von der zu prüfenden Praxis eigenverantwortlich beauftragt (§ 57a Abs. 6 S. 5 WPO). Durch das APAG wurde das **Auswahlverfahren** neu

517

---

687 Vgl. WP Handbuch 2008 Bd. II, Q Tz. 176.
688 Vgl. WP Handbuch 2008 Bd. II, Q Tz. 184.

geregelt. Bis dahin wurde die WPK in das Rechtsverhältnis zwischen Prüfer für Qualitätskontrolle und geprüfter WP-Praxis nicht einbezogen. Das APAG greift Art. 29 Abs. 1 Buchst. e) der Abschlussprüferrichtlinie auf, welcher die Mitgliedstaaten verpflichtet, im Rahmen der Ausgestaltung des Verfahrens der Qualitätskontrolle sicherzustellen, dass die Auswahl der Prüfer für Qualitätskontrolle nach einem objektiven Verfahren erfolgt, um Unabhängigkeitsgefährdungen zwischen den Qualitätskontrollprüfern und der überprüften WP-Praxis auszuschließen. Die zu prüfende Praxis hat nach § 57a Abs. 6 S. 1 bis 2 WPO i.V.m. § 8a SaQK für die **Auswahl des Prüfers für Qualitätskontrolle** bis zu drei Vorschläge für mögliche Prüfer bei der Kommission für Qualitätskontrolle einzureichen. Der Vorschlag soll mindestens vier Wochen vor der Beauftragung bei der WPK eingehen. Die Vorschläge müssen nach § 8a Abs. 1 SaQK neben dem bzw. den vorgeschlagenen Prüfer(n) für Qualitätskontrolle bei Berufsgesellschaften auch jeweils den Berufsangehörigen benennen, der die Qualitätskontrolle verantwortlich leiten wird. Den Vorschlägen ist zudem eine **Unabhängigkeitsbestätigung** des bzw. der vorgeschlagenen Prüfer für Qualitätskontrolle beizufügen. Nach § 19 Abs. 1 S. 2 SaQK muss die Unabhängigkeitsbestätigung die in der Anlage zur Satzung genannten Angaben enthalten (Bestätigung, dass keine Ausschlussgründe nach § 57a Abs. 4 WPO i.v.m. § 6 SaQK vorliegen, keine Besorgnis der Befangenheit nach § 49 WPO besteht und die Unparteilichkeit nach § 43 Abs. 1 WPO gewahrt ist). Sofern die zu prüfende Praxis und der vorgesehene Prüfer für Qualitätskontrolle gemeinsame Abschlussprüfungen (Joint Audits) durchführen, sind diese Tatsache sowie das Verhältnis des anteiligen Honorars aus den gemeinsamen Abschlussprüfungen zum Gesamtumsatz des Prüfers für Qualitätskontrolle im vergangenen Jahr in der Unabhängigkeitsbestätigung anzugeben.

518 Von den Vorschlägen kann die Kommission in angemessener Frist und unter Angabe der Gründe einzelne oder alle ablehnen (**Widerspruchsrecht**). Liegen Ausschlussgründe nach § 57a Abs. 4 WPO vor, hat die Kommission für Qualitätskontrolle gem. § 8a Abs. 2 SaQK den oder die Vorschläge zwingend abzulehnen. Die Kommission kann ferner Vorschläge ablehnen, wenn konkrete Anhaltspunkte dafür vorliegen, dass die ordnungsgemäße Durchführung der Qualitätskontrolle einschließlich der Berichterstattung nicht gewährleistet ist (§ 8a Abs. 3 SaQK). Hiervon wird die Kommission z.B. Gebrauch machen, wenn sie über negative Erfahrungen mit dem vorgeschlagenen Prüfer für Qualitätskontrolle verfügt[689].

519 Beabsichtigt die Kommission, einen Prüfer abzulehnen, muss sie dies innerhalb von vier Wochen seit Einreichung des Vorschlags der zu prüfenden Praxis mitteilen, sonst gelten die Vorschläge als genehmigt. Die **Vier-Wochenfrist** beginnt mit der vollständigen Vorlage der Unterlagen (Benennung der Prüfer, bei Berufsgesellschaften Benennung der verantwortlichen Berufsangehörigen sowie Unabhängigkeitsbestätigung) (§ 57a Abs. 6 S. 3, 2. Hs. WPO i.V.m. § 8a Abs. 4 SaQK). Bei Ablehnung hat die zu prüfende Praxis nach § 57a Abs. 6 S. 4 WPO das Recht, bis zu drei neue Vorschläge einzureichen.

520 Nach § 9 SaQK müssen von der beauftragenden Praxis über die Erteilung des Auftrags zur Durchführung einer Qualitätskontrolle unverzüglich schriftliche **Mitteilungen an die WPK** unter Nennung des Prüfers für Qualitätskontrolle, des voraussichtlichen Beginns und des Prüfungszeitraums erfolgen. Dies ist u.a. für eine Teilnahme der APAK an Qualitätskontrollen und Schlussbesprechungen hierüber erforderlich. Die Kündigung des Auftrags aus wichtigem Grund nach § 57a Abs. 7 WPO sowie Änderungen bezüglich der Durchführung des Auftrags sind der WPK ebenfalls unverzüglich mitzuteilen.

---

689 Vgl. WP Handbuch 2008 Bd. II, Q Tz. 191; *Hense/Ulrich*, WPO, § 57a, Rn. 115.

Qualitätssicherung und -kontrolle, Berufsaufsicht und Berufsgerichtsbarkeit **A**

(4) Auftragsannahme, Prüfungsplanung und -durchführung

Zur Durchführung von Qualitätskontrollen und zur Berichterstattung über die Prüfungsergebnisse hat das IDW im Jahr 2002 den *IDW PS 140* herausgeben, der zuletzt im Jahr 2008 aufgrund der Änderungen durch die sechste Änderung der BS WP/vBP und der dritten Änderung der SaQK in einer Neufassung verabschiedet wurde[690]. Zur Qualitätssicherung bei der Planung und Durchführung von Qualitätskontrollen hat das IDW als zusätzliches Hilfsmittel die aus dem *IDW PS 140* abgeleiteten Checklisten des *IDW PH 9.140*[691] entwickelt. Nach *IDW PS 140* setzt sich der **Prozess der Qualitätskontrolle aus** folgenden **fünf Teilprozessen** zusammen: Prüfung der Eignungsvoraussetzungen als Qualitätskontrollprüfer, Auftragsannahme, Planung und Durchführung der Qualitätskontrolle (einschließlich Schlussbesprechung und Dokumentation) sowie Berichterstattung einschließlich Darstellung und Würdigung der Prüfungsfeststellungen. **521**

Voraussetzung für die **Auftragsannahme**[692] zur Durchführung einer Qualitätskontrolle ist, dass der Prüfer die im Zusammenhang mit der Auswahl des Qualitätskontrollprüfers dargestellten Eignungskriterien (Tz. 516 ff.) erfüllt und die Kommission für Qualitätskontrolle keinen Gebrauch von ihrem Widerspruchsrecht gemacht hat[693]. Aus Nachweisgründen sollte eine schriftliche Auftragsbestätigung eingeholt werden. Ferner hat der Qualitätskontrollprüfer bereits vor Auftragsannahme Informationen über die Ergebnisse der letzten Qualitätskontrolle einzuholen[694]. **522**

Der Planung und Durchführung der Qualitätskontrolle ist der allgemeine **risikoorientierte Prüfungsansatz** zugrunde zu legen[695]. Als **Unterlagen** in Zusammenhang mit der **Prüfungsplanung**[696] muss der Prüfer insb. auch den letzten Qualitätskontrollbericht und den Auflagenerfüllungsbericht gem. § 57e Abs. 2 S. 1 WPO sowie den Schriftverkehr und Ergebnisse von anlassunabhängigen Sonderuntersuchungen (s. Tz. 554) daraufhin durchsehen, ob sich hieraus Hinweise auf konkrete Qualitätsrisiken ergeben, die bei der Prüfungsplanung zu berücksichtigen sind. Der Prüfer hat außerdem die seit der vorangegangenen Qualitätskontrolle von der Praxisleitung getroffenen Maßnahmen zur Beseitigung festgestellter Mängel bzw. zur Umsetzung der Empfehlungen zur Verbesserung des Qualitätssicherungssystems zu beurteilen um festzustellen, ob sich daraus Auswirkungen auf die Planung und Durchführung der Qualitätskontrolle ergeben[697]. **523**

Die **Durchführung**[698] **der Qualitätskontrolle** muss im Wesentlichen vor Ort in der Wirtschaftsprüferpraxis erfolgen. Werden Nicht-WP bei der Prüfung eingesetzt, muss sich der verantwortliche Qualitätskontrollprüfer selbst in einem angemessenen Umfang an der **524**

---

690 IDW, FN-IDW 2008, S. 152 ff.
691 Der *IDW PH 9.140* enthält folgende Checklisten:
• zur Vorbereitung der Qualitätskontrolle (Hinweise für die zu prüfende WP-Praxis)
• für die Planung der Qualitätskontrolle
• zur Beurteilung der Regelungen zur Steuerung und Überwachung der Qualität in der WP-Praxis
• zur Beurteilung, ob die Regelungen zur Auftragsabwicklung eingehalten wurden – getrennt nach Abschlussprüfungen, Konzernabschlussprüfungen sowie sonstigen betriebswirtschaftlichen Prüfungen, bei denen das Siegel geführt wird oder zu führen ist.
692 Vgl. *IDW PS 140*, Tz. 23-30.
693 Vgl. *IDW PS 140*, Tz. 23 ff.
694 Vgl. *IDW PS 140*, Tz. 27 und 28.
695 Zur Umsetzung des allgemeinen risikoorientierten Prüfungsansatzes s. IDW, Praxishandbuch[6], Kapitel B; hinsichtlich einer Übersicht über die in dem Praxishandbuch enthaltenen Arbeitshilfen s. Tz. 493. Zur risikoorientierten Vorgehensweise bei Qualitätskontrollprüfungen s. ferner WP Handbuch 2008, Bd. II, Q Tz. 325 ff.
696 Vgl. *IDW PS 140*, Tz. 31-46.
697 Vgl. *IDW PS 140*, Tz. 41.
698 Vgl. *IDW PS 140*, Tz. 47-78.

Prüfung beteiligen[699]. Die geprüfte Praxis ist verpflichtet, dem Prüfer für Qualitätskontrolle Zutritt zu den Praxisräumen zu gewähren sowie Aufklärungen und Nachweise zu geben, soweit dies für eine sorgfältige Prüfung erforderlich ist (§ 57d WPO). In diesem Rahmen ist deshalb die **Verschwiegenheitspflicht** der geprüften Praxis nach § 43 Abs. 1 S. 1 WPO und § 323 Abs. 1 S. 1 HGB eingeschränkt (§ 57b Abs. 3 WPO). Der Prüfer für Qualitätskontrolle und seine Gehilfen, die Mitglieder der Kommission für Qualitätskontrolle und der APAK sowie die Bediensteten der WPK unterliegen der besonderen Verschwiegenheitspflicht nach § 57b Abs. 1 WPO.

525 Nach § 57a Abs. 2 S. 1 WPO dient die externe Qualitätskontrolle der Überwachung, ob die Regelungen zur Qualitätssicherung nach Maßgabe der gesetzlichen Vorschriften und der Berufssatzung eingehalten werden. **Prüfungsgegenstand** der Qualitätskontrolle ist das in einer Wirtschaftsprüferpraxis eingeführte Qualitätssicherungssystem (s. Tz. 478 ff., 485 ff.), soweit es zur Durchführung betriebswirtschaftlicher Prüfungen i.S.v. § 2 Abs. 1 WPO, bei denen das Siegel geführt wird oder zu führen ist, dient (§ 57a Abs. 2 S. 2 WPO). Der Prüfer für Qualitätskontrolle hat zu beurteilen, ob das interne Qualitätssicherungssystem mit hinreichender Sicherheit die ordnungsgemäße Abwicklung von betriebswirtschaftlichen Prüfungen i.S.d. § 2 Abs. 1 WPO, bei denen das Berufssiegel geführt wird oder zu führen ist, gewährleistet. Eine solche Beurteilung setzt eine Prüfung der Angemessenheit und Wirksamkeit des internen Qualitätssicherungssystems hinsichtlich der allgemeinen Praxisorganisation, der Auftragsabwicklung sowie der internen Nachschau voraus[700].

526 Zur Prüfung der **Angemessenheit** des internen Qualitätssicherungssystems hat der Prüfer festzustellen, ob die in der Praxis eingeführten Regelungen zur allgemeinen Praxisorganisation, zur Abwicklung von Prüfungsaufträgen und zur internen Nachschau der Struktur und den wirtschaftlichen und rechtlichen Rahmenbedingungen der Wirtschaftsprüferpraxis entsprechen und mit hinreichender Sicherheit gewährleisten, dass Verstöße gegen Berufspflichten verhindert bzw. Risiken für Verstöße gegen Berufspflichten zeitnah erkannt werden und darauf in geeigneter Weise reagiert wird[701]. Dabei ist die Verhältnismäßigkeit der Anforderungen zu berücksichtigen, da Umfang und konkrete Ausgestaltung des Qualitätssicherungssystems maßgeblich von der Art und Größe, dem Tätigkeitsbereich sowie den qualitätsgefährdenden Risiken der WP-Praxis abhängen[702]. Die Regelungen sind in einem fortlaufenden Prozess zeitnah an die Veränderungen der wirtschaftlichen und rechtlichen Rahmenbedingungen anzupassen[703]. Der Prüfung einer erforderlichen Weiterentwicklung des Qualitätssicherungssystems im Zeitablauf kommt als Konsequenz aus der Verlängerung des Kontrollzyklus von drei auf sechs Jahre für die Nicht-§ 319a-HGB-Prüfer (s. Tz. 503) eine besondere Bedeutung zu. Zur Beurteilung der **Wirksamkeit** des internen Qualitätssicherungssystems hat der Prüfer für Qualitätskontrolle festzustellen, ob die eingeführten Regelungen in der Praxis von den Berufsangehörigen und den fachlichen Mitarbeitern zur Kenntnis genommen sowie in der täglichen

---

699 Nach den Ausführungen der WPK wird es als nicht ausreichend angesehen, wenn der Prüfer für Qualitätskontrolle seine Tätigkeit, insb. im Bereich der Prüfung der Auftragsabwicklung, auf eine ausschließlich überwachende Tätigkeit beschränkt und die Qualitätskontrolle in wesentlichen Teilen von den Nicht-WP durchgeführt wird, vgl. WPK-Mitt. 3/2011, S. 34. Hinsichtlich entsprechender Erläuterungen im Qualitätskontrollbericht bei Einsatz von Nicht-WP s. Tz. 539.
700 Vgl. *IDW PS 140*, Tz. 12.
701 Vgl. *IDW PS 140*, Tz. 13.
702 Vgl. *IDW PS 140*, Tz. 14.
703 Vgl. *IDW PS 140*, Tz. 13.

Arbeit eingehalten werden⁷⁰⁴. Hierzu hat er im erforderlichen Umfang Funktionsprüfungen durchzuführen.

Interne Regelungen zur Qualitätssicherung, die eine Wirtschaftsprüferpraxis **über** die gesetzlich und satzungsmäßig **erforderlichen Anforderungen hinaus** trifft, sind zwar Bestandteil des der Qualitätskontrolle unterliegenden Qualitätssicherungssystems, soweit sie sich auf die Abwicklung betriebswirtschaftlicher Prüfungen i.S.v. § 2 Abs. 1 WPO beziehen, bei denen das Berufssiegel geführt wird. Diese weitergehenden Regelungen sind jedoch nicht Bestandteil der Urteilsbildung des Prüfers für Qualitätskontrolle⁷⁰⁵. 527

Zu Beginn der Prüfungsdurchführung verschafft sich der Prüfer einen **Überblick über das Qualitätssicherungssystem** im Wege der Durchsicht eines etwaigen Qualitätssicherungshandbuchs, von Anweisungen etc. sowie durch Gespräche mit den zuständigen Praxisverantwortlichen und Mitarbeitern. Liegt keine angemessene Dokumentation der anzuwendenden Regelungen vor (s. Tz. 485), so hat sich der Prüfer gleichwohl, z.B. durch Gespräche mit der Praxisleitung und durch das Nachvollziehen von durchgeführten Maßnahmen, von dem Vorhandensein eines Qualitätssicherungssystems zu überzeugen⁷⁰⁶. 528

Als Prüfungshandlungen für die **Beurteilung der allgemeinen Praxisorganisation** kommen v.a. die Einsicht von Akten und Organisationsunterlagen (z.B. Qualitätssicherungshandbücher, Regelungen zur Berücksichtigung der Unabhängigkeitsanforderungen, Formblätter etc.), die Beobachtung von Arbeitsabläufen, Befragungen der Praxisleitung und der Mitarbeiter etc. in Betracht⁷⁰⁷. 529

Zur **Feststellung** der Funktion der Regelungen, die eine **ordnungsgemäße Abwicklung von Aufträgen** gewährleisten sollen, sind sog. **Auftragsprüfungen** (engagement reviews)⁷⁰⁸ durchzuführen. Vor Beginn der Auftragsprüfungen muss sich der Prüfer über den Prüfungsansatz der WP-Praxis zur Durchführung betriebswirtschaftlicher Prüfungen informieren und dessen Angemessenheit beurteilen. Hierbei muss er sich auch mit den eingesetzten (IT-)Hilfsmitteln zur Prüfungsdurchführung auseinandersetzen. Dabei können vorliegende Bescheinigungen externer WP nach den allgemeinen Grundsätzen⁷⁰⁹ verwertet werden. Sodann hat der Prüfer für Qualitätskontrolle eine **Auswahl aus den** von der Praxis insgesamt seit der letzten Qualitätskontrolle durchgeführten **betriebswirtschaftlichen Prüfungen**, bei denen das Berufssiegel geführt wurde oder hätte geführt werden müssen, vorzunehmen⁷¹⁰. Im Mittelpunkt werden dabei gesetzliche und freiwillige Abschlussprüfungen sowie Abschlusserstellungen mit Beurteilungen i.S.d. *IDW S 7* stehen. Dabei ist auch die von der Wirtschaftsprüferpraxis selbst vorgenommene Klassifizierung der Aufträge nach Risikogesichtspunkten zu berücksichtigen⁷¹¹. Von der 530

---

704 Vgl. *IDW PS 140*, Tz. 15.
705 Vgl. *IDW PS 140*, Tz. 53 und 95; *Müller*, S. 107/119.
706 Vgl. *IDW PS 140*, Tz. 50.
707 Vgl. *IDW PS 140*, Tz. 56 ff.
708 Vgl. *IDW PS 140*, Tz. 60 ff.
709 Vgl. *IDW EPS 320 n.F.* sowie *IDW PS 880*. Zu dem gegenüber *IDW PS 320* geänderten Anwendungsbereich des *IDW EPS 320 n.F.* sowie zu allgemeinen Grundsätzen für die Verwertung der Arbeit von anderen Abschlussprüfern s. *IDW*, Praxishandbuch⁶, Kapitel B, Abschn. 4.2.1.3.
710 Nach § 48 Abs. 1 S. 1 WPO sind WP/WPG verpflichtet, ein Siegel zu benutzen, wenn sie Erklärungen abgeben, die den Berufsangehörigen gesetzlich vorbehalten sind. Darüber hinaus können sie gem. S. 2 ein Siegel führen, wenn sie in ihrer Berufseigenschaft Erklärungen über Prüfungsergebnisse abgeben oder Gutachten erstellen, s. im Einzelnen Tz. 225 ff.
711 Vgl. *IDW PS 140*, Tz. 60 ff.

Praxis auferlegte Beschränkungen bei der Auswahl von Aufträgen dürfen vom Prüfer für Qualitätskontrolle grundsätzlich nicht akzeptiert werden.

531 Die **Beurteilung der internen Nachschau**[712] basiert grundsätzlich auf der Dokumentation der Nachschau der WP-Praxis. Der Prüfer beurteilt hierbei u.a., ob die interne Nachschau den in § 33 BS WP/vBP sowie den in der *VO 1/2006* enthaltenen Anforderungen entspricht und ob die Empfehlungen der internen Nachschau in geeigneter Weise umgesetzt wurden. Eine wirksame Nachschau kann eine **Reduzierung des Prüfungsumfangs** bei der Qualitätskontrolle zur Folge haben[713].

532 Zudem sind bei Berufsangehörigen, die Abschlussprüfungen von Unternehmen des öffentlichen Interesses durchführen, i.R.d. Qualitätskontrolle nach *IDW PS 140*, Tz. 65 ggf. Erkenntnisse aus Sonderuntersuchungen zu verwerten. Nach den **Grundsätzen der WPK zur Nutzung der Erkenntnisse aus Sonderuntersuchungen**[714] ist davon auszugehen, dass die von der Sonderuntersuchung durchgeführten Untersuchungshandlungen im Bereich der Praxisorganisation und der Auftragsabwicklung regelmäßig eine hinreichende Grundlage bilden, um die Ordnungsmäßigkeit des Qualitätssicherungssystems in den untersuchten Teilbereichen feststellen zu können. Dabei hat sich der Prüfer für Qualitätskontrolle davon zu überzeugen, dass die Stabilität des Qualitätssicherungssystems gewährleistet ist und keine sonstigen Anhaltspunkte gegen die Erkenntnisse aus der Sonderuntersuchung sprechen. Soweit im Rahmen der Sonderuntersuchung Teilbereiche des Qualitätssicherungssystems nicht geprüft wurden, gelten für diese Bereiche die allgemeinen Grundsätze für die Durchführung von Qualitätskontrollen. Bei der Berichterstattung über Art und Umfang der Qualitätskontrolle hat der Qualitätskontrollprüfer darzulegen, in welchem Umfang er Feststellungen aus Sonderuntersuchungen berücksichtigt hat.

533 Fraglich könnte sein, ob es sich hierbei tatsächlich um ein Wahlrecht oder um eine Pflicht zur Verwertung von Erkenntnissen aus Sonderuntersuchungen handelt. Es wird davon auszugehen sein, dass der Abschlussprüfer im Sinne einer wirtschaftlichen und effektiven Prüfung eine risikoorientierte Vorgehensweise wählt, die eine weitestmögliche Nutzung der Ergebnisse der Sonderuntersuchung erlaubt. Die Hinweise der WPK enthalten allerdings keine konkreten Hinweise für das **Vorgehen zur Verwertung der Erkenntnisse**. Im Sinne einer weitestmöglichen Nutzung der Ergebnisse der Sonderuntersuchungen wird davon auszugehen sein, dass der Prüfer für Qualitätskontrolle zunächst feststellt, ob das Qualitätssicherungssystem seit der zuletzt durchgeführten Sonderuntersuchung wesentlich verändert worden ist und dass er bei den Teilbereichen mit wesentlichen Änderungen eigene Prüfungshandlungen im Hinblick auf die Änderungen vornimmt, soweit dies nach den Grundsätzen des *IDW PS 140* erforderlich ist. Anhand des Berichts der Sonderuntersuchung kann der Prüfer für Qualitätskontrolle ferner feststellen, welche der im Wesentlichen unveränderten Teilbereiche des Qualitätssicherungssystems in der Sonderuntersuchung abgedeckt wurden. Bei einer Nutzung der Ergebnisse der Sonderuntersuchungen wird der Qualitätskontrollprüfer die unveränderten Teilbereiche, die i.R.d. Sonderuntersuchung zu negativen Feststellungen geführt haben, im Sinne einer risikoorientierten Vorgehensweise grundsätzlich ebenfalls in die Qualitätskontrolle einbeziehen. Dabei erscheint es sinnvoll, die Prüfungshandlungen auf die in der Sonderuntersuchung festgestellten Schwachstellen sowie darauf zu konzentrieren, welche Maßnahmen die WP-Praxis unternommen hat, um diese Schwächen zu beheben. In Bezug auf die unveränderten

---

712 Vgl. *IDW PS 140*, Tz. 75 ff.
713 Vgl. *IDW PS 140*, Tz. 64.
714 S. Grundsätze der WPK zur Nutzung der Erkenntnisse aus den Sonderuntersuchungen im Rahmen anderer berufsrechtlicher Kontrollen, abrufbar unter: http://www.wpk.de/qk/sonderuntersuchungen.asp.

Qualitätssicherung und -kontrolle, Berufsaufsicht und Berufsgerichtsbarkeit A

Teilbereiche, die Gegenstand der Sonderuntersuchung waren und zu keinen oder lediglich unbedeutenden Feststellungen geführt haben, wird davon auszugehen sein, dass unter Risikoaspekten bei Nutzung der Ergebnisse der Sonderuntersuchung lediglich in wesentlich geringerem Umfang Prüfungshandlungen vorzunehmen sind. Auch wenn eine solche risikoorientierte Vorgehensweise i.S. einer wirtschaftlichen und effektiven Prüfung geboten ist, bleibt allerdings festzuhalten, dass nach *IDW PS 140* keine Pflicht, sondern lediglich ein Wahlrecht zur Verwertung der Ergebnisse von Sonderuntersuchungen besteht[715].

Liegen bei einzelnen Auftragsabwicklungen in Teilbereichen keine aussagekräftigen Arbeitspapiere vor, hat der Prüfer kritisch zu hinterfragen, ob die **unzureichende oder fehlende Dokumentation** auf eine mangelnde Ausgestaltung oder Anwendung der Regelungen des Qualitätssicherungssystems **bei der geprüften Praxis** hindeutet. Mündliche Auskünfte der Wirtschaftsprüferpraxis stellen für sich genommen im Regelfall keine ausreichenden Nachweise für durchgeführte Prüfungshandlungen dar. Der Prüfer muss deshalb kritisch hinterfragen, ob eine im Einzelfall festgestellte fehlende Dokumentation auf eine mangelnde Ausgestaltung oder Anwendung der Regelungen des Qualitätssicherungssystems hindeutet. Ein Mangel im Qualitätssicherungssystem wird insb. dann anzunehmen sein, wenn der Prüfer für Qualitätskontrolle derartige Dokumentationsmängel in mehreren Fällen feststellt[716]. 534

Beruft sich die zu prüfende Praxis für bestimmte, vom Prüfer ausgewählte Aufträge auf die Gefahr einer möglichen Selbstbelastung und legt sie deshalb die Arbeitspapiere ungeachtet ihrer grundsätzlichen Mitwirkungspflicht (§ 57d S. 1 WPO) nicht vor, hat der Prüfer entsprechend dem risikoorientierte Prüfungsansatz **alternative Prüfungshandlungen** vorzunehmen, um ausreichende und angemessene Prüfungsnachweise für das Prüfungsurteil zu erhalten[717]. Im Falle von **Prüfungshemmnissen**, die durch die fehlende Mitwirkung sowie durch Umstände eintreten können, die vom Auftraggeber nicht zu verantworten sind (z.B. Beschlagnahme von Akten durch die Staatsanwaltschaft), muss der Prüfer für Qualitätskontrolle entscheiden, ob sein Prüfungsurteil einzuschränken oder zu versagen ist[718]. 535

Stellt der Prüfer einen Sachverhalt fest, der auf einen Mangel im Qualitätssicherungssystem zurückzuführen sein kann, ist durch weitere Prüfungshandlungen zu klären, ob es sich hierbei um eine Einzelfeststellung handelt. Dabei kommen als mögliche **Prüfungshandlungen zur Einordnung von Beanstandungen** als Einzelfeststellungen einerseits oder Systemmängel andererseits z.B. die Einschätzung der Ursache des beanstandeten Sachverhalts oder die Prüfung, ob im Rahmen der durchgeführten Nachschau vergleichbare Feststellungen identifiziert wurden, in Betracht (vgl. Tz. 543)[719]. 536

Wenn der Prüfer für Qualitätskontrolle bei der Beurteilung der Abwicklung von Aufträgen auf wesentliche Fehler im Abschluss oder Lagebericht stößt, die vom Abschlussprüfer nicht entsprechend den allgemein anerkannten Grundsätzen ordnungsmäßiger Auftragsdurchführung gewürdigt wurden, ist dies gegenüber der Praxisleitung unverzüglich zu **kommunizieren** (insb. wenn der Widerruf eines Bestätigungsvermerks geboten sein könnte). Nach Beendigung der Prüfungshandlungen und vor Abgabe des Qualitätskontrollberichts muss der Prüfer die Prüfungsergebnisse mit der Leitung der WP-Praxis 537

---

715 Vgl. auch *IDW PH 9.140*, Tz. 10.
716 Vgl. *IDW PS 140*, Tz. 73.
717 *IDW PS 140*, Tz. 39; RegBegr. zum Wirtschaftsprüferordnungs-Änderungsgesetz, BT-Drs. 14/3649, S. 28.
718 Vgl. *IDW PS 140*, Tz. 39, 108 ff.
719 Vgl. *IDW PS 140*, Tz. 55.

erörtern. Diese ist in der Schlussbesprechung über alle Feststellungen, die Auswirkungen auf den Qualitätskontrollbericht haben, zu informieren[720].

538 Der Prüfer für Qualitätskontrolle hat die Auftragsannahme, Prüfungsplanung und -durchführung sowie die Prüfungsergebnisse der Qualitätskontrolle zu **dokumentieren**[721].

(5) Berichterstattung über die Ergebnisse der Qualitätskontrolle und Teilnahmebescheinigung

539 Nach Abschluss seiner Prüfungshandlungen hat der Prüfer für Qualitätskontrolle einen **Qualitätskontrollbericht** zu verfassen, dessen Adressat die geprüfte Praxis und die Kommission für Qualitätskontrolle ist (§ 57a Abs. 5 S. 2 Nr. 1 WPO). Nach § 57a Abs. 6 S. 6 WPO leitet der Prüfer für Qualitätskontrolle der WPK nach Abschluss der Prüfung eine Ausfertigung des Qualitätskontrollberichts unverzüglich zu; dies soll auch in elektronischer Form erfolgen[722].

Nach § 57a Abs. 5 S. 2, 1. Hs. WPO enthält der Qualitätskontrollbericht folgende **Mindestbestandteile**:

- Nennung der Kommission für Qualitätskontrolle und der geprüften WP-Praxis als Empfänger des Berichts
- eine Beschreibung von Gegenstand, Art und Umfang der Prüfung
- eine nach Prüfungsart gegliederte Angabe der Stundenzahl
- die Zusammensetzung und Qualifikation der Prüfer für Qualitätskontrolle
- eine Beurteilung des Prüfungsergebnisses

Werden bei der Qualitätskontrolle Nicht-WP eingesetzt, ist nach der KfQK im Qualitätskontrollbericht über den Umfang des zeitlichen Einsatzes, die Qualifikation und berufliche Erfahrung des einzelnen Nicht-WP sowie dessen Einsatzbereich zu berichten[723].

Die WPK hat unter Berücksichtigung von § 57a Abs. 5 S. 2, 2. Hs. WPO und den Vorschriften zum Qualitätskontrollbericht in § 18 SaQK einen **Hinweis zur Berichterstattung über eine Qualitätskontrolle** herausgegeben. Danach hat der Qualitätskontrollbericht ausführliche Angaben zu folgenden Punkten zu enthalten[724]:

- Adressat
- Auftrag und Prüfungsgegenstand
- Angaben zur Wirtschaftsprüferpraxis
- Beschreibung des Qualitätssicherungssystems (Beschreibung der allgemeinen Regelungen zur Steuerung und Überwachung der Qualität in der WP-Praxis, der Regelungen zur Auftragsabwicklung bei betriebswirtschaftlichen Prüfungen sowie zur Nachschau)
- Art und Umfang der Qualitätskontrolle
- Maßnahmen aufgrund der in der vorangegangenen Qualitätskontrolle festgestellten Mängel

---

720 Vgl. *IDW PS 140*, Tz. 71, 78 f.
721 Hinsichtlich der Anforderungen an die Arbeitspapiere gilt *IDW PS 460 n.F.* entsprechend. Vgl. *IDW PS 140*, Tz. 80 f.
722 Vgl. *Hense/Ulrich*, WPO, § 57a, Rn. 122. Zur Übersendung von Qualitätskontrollberichten per E-Mail an die WPK s. WPK-Mitt. 3/2011, S. 31.
723 Vgl. WPK-Mitt. 3/2011, S. 34.
724 Zu den im Einzelnen geforderten Angaben s. Hinweis der Kommission für Qualitätskontrolle zur Berichterstattung über eine Qualitätskontrolle, Stand 24.03.2011, abrufbar unter: www.wpk.de/qk/kommission-hinweise.asp; vgl. auch *IDW PS 140*, Tz. 85 ff.

Qualitätssicherung und -kontrolle, Berufsaufsicht und Berufsgerichtsbarkeit **A**

- Darstellung und Würdigung der für das Prüfungsurteil relevanten Prüfungsfeststellungen als Mängel im Qualitätssicherungssystem und der Prüfungshemmnisse
- Empfehlungen zur Beseitigung festgestellter wesentlicher Mängel
- Prüfungsurteil
- Ort, Datum, Unterschrift des Prüfers für Qualitätskontrolle, Berufssiegel[725]

Der Prüfer hat die **bestehenden Regelungen des Qualitätssicherungssystems sowie** **540** **ihre Fortentwicklung** seit der letzten Qualitätskontrolle zu beschreiben. Dabei ist auf die allgemeinen Regelungen zur Steuerung und Überwachung der Qualität in der WP-Praxis, die Regelungen zur Auftragsabwicklung bei betriebswirtschaftlichen Prüfungen sowie die Regelungen zur Nachschau jeweils gesondert einzugehen. In Bezug auf die Regelungen zur Steuerung und Überwachung der Qualität in der WP-Praxis sollte vorab beschrieben werden, durch welche Maßnahmen die Regelungen durchgesetzt werden, z.B. durch die Festlegung von Verantwortlichkeiten für die Qualitätssicherung und Information und Schulung der Mitarbeiter. In der Beschreibung sind die in der WP-Praxis implementierten, d.h. tatsächlich eingeführten, und vor dem Hintergrund der Organisation der Praxis **relevanten Regelungen** (z.B. zur Sicherstellung der Unabhängigkeit bei Mitgliedschaft in einem Netzwerk) darzustellen, um der Kommission für Qualitätskontrolle ein aussagefähiges Bild über das Qualitätssicherungssystem zu vermitteln. Hierbei hat der Prüfer insb. auch auf die Regelungen zur Auftragsabwicklung einzugehen[726].

Im Qualitätskontrollbericht sind ferner die **begründeten Schlussfolgerungen (Prü-** **541** **fungsfeststellungen)** darzustellen, die einen Einfluss auf die Urteilsfindung haben, damit die Kommission für Qualitätskontrolle die Ableitung des Prüfungsurteils durch den Prüfer nachvollziehen und würdigen kann[727]. Der Abschlussprüfer hat die für das Prüfungsurteil relevanten Prüfungsfeststellungen zur Angemessenheit und Wirksamkeit des in der Wirtschaftsprüferpraxis eingeführten Qualitätssicherungssystems für die zu beurteilenden Regelungsbereiche (vgl. Tz. 526) darzustellen. Dabei ist insb. auch darauf einzugehen, ob die überprüften Aufträge in Übereinstimmung mit den in der Wirtschaftsprüferpraxis eingeführten Regelungen zur Auftragsabwicklung durchgeführt worden sind, soweit diese nicht über die nach den gesetzlichen und satzungsmäßigen Vorschriften notwendigen Regelungen hinausgehen[728].

Vor dem Hintergrund der in der Praxis häufig anzutreffenden Abgrenzungsprobleme **542** zwischen den anlässlich der Qualitätskontrolle festgestellten Einzelbeanstandungen und Systemmängeln sowie zwischen wesentlichen und nicht wesentlichen Systemmängeln hat der HFA die Systematik der im Qualitätskontrollbericht vorzunehmenden Darstellung und **Würdigung der Prüfungsfeststellungen** weiter präzisiert[729]. Damit wurde auch dem in der Vergangenheit geäußerten Anliegen der Kommission für Qualitätskontrolle Rechnung getragen, dass sie zur Erfüllung der ihr übertragenen Aufgaben Informationen über alle festgestellten Mängel benötigt, ungeachtet ob diese als wesentlich eingestuft werden[730].

---

725 Für die Berichterstattung kann die *IDW Arbeitshilfe: Zur Erstellung eines Qualitätskontrollberichts für die externe Qualitätskontrolle nach §§ 57a ff. WPO*, Stand Mai 2008, verwendet werden, s. Beiheft zu FN-IDW 5/2008. In dieser Arbeitshilfe sind der *IDW PS 140* mit Stand v. 22.02.2008 sowie der Hinweis der Kommission für Qualitätskontrolle der WPK mit Stand Dezember 2007 zugrunde gelegt. Die Kommission für Qualitätskontrolle hat ihren Hinweis mit Datum v. 24.03.2011 überarbeitet.
726 Vgl. *IDW PS 140*, Tz. 90.
727 Vgl. *IDW PS 140*, Tz. 83, 95.
728 Vgl. *IDW PS 140*, Tz. 95.
729 Vgl. dazu *Plendl/Schneiß*, WPg 2005, S. 545/551.
730 Vgl. WPK Tätigkeitsbericht 2003, www.wpk.de/qk/kommission-taetigkeitsberichte.asp, S. 8.

543 Der Prüfer hat im Rahmen der Darstellung und Würdigung der Prüfungsfeststellungen Beanstandungen, die ihm bei der Qualitätskontrolle bekannt werden, daraufhin zu untersuchen, ob es sich um Einzelfeststellungen handelt, die nicht das Qualitätssicherungssystem betreffen, oder ob Beanstandungen des Qualitätssicherungssystems vorliegen. Handelt es sich um eine **Einzelbeanstandung**, hat der Prüfer dies und die Gründe für diese Beurteilung in den Arbeitspapieren zu dokumentieren. Sofern der Prüfer bei der Würdigung einer Beanstandung zunächst Zweifel bezüglich der Abgrenzung hatte, sind die Gründe hierfür, die ergänzenden Prüfungshandlungen und die abschließende Würdigung der Beanstandung im Qualitätskontrollbericht darzustellen. **Beanstandungen des Qualitätssicherungssystems** sind danach zu unterscheiden, ob es sich um **geringfügige Beanstandungen** des Qualitätssicherungssystems oder um **Systemmängel** handelt, wobei Systemmängel noch hinsichtlich ihrer **Wesentlichkeit** zu unterscheiden sind (vgl. *IDW PS 140*, Tz. 97 ff.). Unabhängig davon, ob vom Prüfer als wesentlich eingestuft oder nicht, sind alle Systemmängel im Qualitätskontrollbericht anzugeben (vgl. *IDW PS 140*, Tz. 100, 104). Im Falle festgestellter wesentlicher Mängel ist das Prüfungsurteil einzuschränken oder zu versagen. Als mögliche **Prüfungshandlungen zur Beurteilung**, ob es sich um einen Mangel im Qualitätssicherungssystem oder um eine **Einzelfeststellung** handelt, kommen in Betracht:

- die Einschätzung der Ursache des beanstandeten Sachverhalts
- die Prüfung, ob die festgestellten Sachverhalte auch bei anderen in der Stichprobe berücksichtigten Aufträgen auftreten sowie ggf. eine Ausweitung der Auftragsstichprobe
- die Würdigung der Steuerungs- und Überwachungsmaßnahmen der WP-Praxis in Bezug auf den festgestellten Sachverhalt
- die Prüfung, ob im Rahmen der durchgeführten Nachschau vergleichbare Feststellungen identifiziert wurden und welche Schritte in diesem Zusammenhang veranlasst wurden
- die Einholung von fachlichem Rat

544 Als **Beurteilungsmaßstab für** die Abgrenzung der das Qualitätssicherungssystem betreffenden **Beanstandungen** ist deren möglicher **Einfluss auf die ordnungsgemäße Leistungserbringung** durch die Wirtschaftsprüferpraxis heranzuziehen. Dabei ist auf die Sicht eines verständigen Dritten abzustellen. Es ist demnach aus der Sicht eines verständigen Dritten die Wahrscheinlichkeit zu beurteilen, ob die festgestellte Beanstandung dazu führen kann, dass die beruflichen Leistungen der Wirtschaftsprüferpraxis nicht entsprechend den gesetzlichen und berufsständischen Anforderungen erbracht wird (vgl. *IDW PS 140*, Tz. 99 ff.)[731]:

---

[731] Vgl. *Plendl/Schneiß*, WPg 2005, S. 545/551. Hinsichtlich häufig festgestellter Mängel s. die Ergebnisse der Auswertungen der Qualitätskontrollberichte im jährlichen Tätigkeitsbericht der Kommission für Qualitätskontrolle der WPK (vgl. hierzu Tz. 508); s. ferner die von der WPK veröffentlichten Beispiele für Mängel des Qualitätssicherungssystems, abrufbar unter: www.wpk.de/qk/maengel.asp.

Qualitätssicherung und -kontrolle, Berufsaufsicht und Berufsgerichtsbarkeit   A

	Geringfügige Beanstandung des Qualitätssicherungssystems	Mangel des Qualitätssicherungssystems	Wesentlicher Mangel des Qualitätssicherungssystems
Gefahr der Beeinträchtigung der beruflichen Leistungen des WP (mangelnde Übereinstimmung mit gesetzlichen und satzungsmäßigen Anforderungen)	Keine erkennbare Gefahr einer Beeinträchtigung	Gefahr einer Beeinträchtigung ist erkennbar (nicht nur entfernte Wahrscheinlichkeit)	Konkrete Gefahr einer Beeinträchtigung ist erkennbar
Auswirkungen auf das Prüfungsurteil der Qualitätskontrolle	keine	keine	Einschränkung oder Versagung des Prüfungsurteils je nach Eingrenzbarkeit auf Teile des Qualitätssicherungssystems
Berichterstattung/ Dokumentation	Arbeitspapiere	Arbeitspapiere und Qualitätskontrollbericht	Arbeitspapiere und Qualitätskontrollbericht

Übersicht: Abgrenzung der Feststellungen des Prüfers für Qualitätskontrolle bei der Würdigung der Prüfungsfeststellungen.

Die im **Qualitätskontrollbericht** vorzunehmende **Darstellung und Würdigung der** 545
Prüfungsfeststellungen als **Mängel** im Qualitätssicherungssystem umfasst (*IDW PS 140*, Tz. 102):

- den zugrunde liegenden Sachverhalt
- die Gründe für die Beurteilung durch den Prüfer, einschließlich der Feststellung, ob die Angemessenheit oder die Wirksamkeit des Qualitätssicherungssystems betroffen ist
- die Angabe, welcher Teil des Qualitätssicherungssystems betroffen ist
- die Angabe, welche Vorschriften des Gesetzes oder der BS WP/vBP verletzt sind

Einzelfeststellungen zu Berufspflichtverletzungen, die keinen Systemmangel darstellen, 546
sind für die Beurteilung des Qualitätssicherungssystems grundsätzlich unerheblich. Ungeachtet dessen empfiehlt die Kommission für Qualitätskontrolle, bei Berufspflichtverletzungen, die als Einzelfeststellungen qualifiziert wurden, im Qualitätskontrollbericht darzustellen, wie im Qualitätssicherungssystem hierauf reagiert wurde[732]. Eine Berichtspflicht ergibt sich nach *IDW PS 140*, Tz. 97 jedoch nur, sofern der Prüfer bei der Würdigung einer Beanstandung zunächst Zweifel bezüglich der Abgrenzung hatte (s. Tz. 544).

Das **Prüfungsurteil** über die Durchführung der Qualitätskontrolle ist – anders als der 547
Bestätigungsvermerk – Bestandteil des Qualitätskontrollberichts[733]. Es ist so zu formulieren, dass es klar zum Ausdruck bringt, ob das in der Praxis eingeführte Qualitätssicherungssystem im Einklang mit den gesetzlichen und satzungsmäßigen Anforderungen steht und mit hinreichender Sicherheit eine ordnungsgemäße Abwicklung von betriebs-

---

732 Vgl. den Hinweis zur Berichterstattung der WPK, abrufbar unter: www.wpk.de/qk/kommission-hinweise.asp, Fn. 8.
733 S. hierzu auch den Hinweis der WPK, dass das Prüfungsurteil im Qualitätskontrollbericht nicht in Anführungszeichen gesetzt werden sollte, da ansonsten der Eindruck entsteht, es handele sich hierbei nur um eine Wiedergabe des Prüfungsurteils, das an anderer Stelle erteilt worden sei, vgl. WPK-Mitt. 3/2011, S. 31.

wirtschaftlichen Prüfungen nach § 2 Abs. 1 WPO, bei denen das Siegel geführt wird oder zu führen ist, gewährleistet[734]. Einschränkungen oder Versagungen des Prüfungsurteils sind eindeutig als solche zu bezeichnen (§ 57a Abs. 5 S. 3 WPO)[735]. Im Falle von festgestellten wesentlichen Mängeln im Qualitätssicherungssystem oder wesentlichen Prüfungshemmnissen ist das Prüfungsurteil einzuschränken oder zu versagen und eine Begründung hierfür in den Qualitätskontrollbericht aufzunehmen (§ 57a Abs. 5 S. 4 und 5 WPO). Bei eingeschränktem Prüfungsurteil hat der Prüfer zudem **Empfehlungen zur Beseitigung der Mängel** zu geben (§ 57a Abs. 5 S. 6 WPO).

548 Bei eingeschränktem oder versagtem Prüfungsurteil soll der WPK nach § 10 Abs. 1 S. 3 SaQK eine **schriftliche Stellungnahme von der geprüften WP-Praxis zu den Feststellungen** und Empfehlungen **des Qualitätskontrollprüfers** zugeleitet werden. Dabei ist zu jedem festgestellten Mangel anzugeben, welche Maßnahmen wann ergriffen werden bzw. wurden. Soweit die WP-Praxis den Feststellungen und/oder Empfehlungen des Prüfers nicht folgt, wird empfohlen, in der Stellungnahme die abweichende Auffassung anzugeben und zu begründen[736].

549 Nach Eingang des Qualitätskontrollberichtes erteilt die WPK unverzüglich eine **Bescheinigung über die Teilnahme am Verfahren der Qualitätskontrolle**, sofern das Prüfungsurteil nicht versagt wurde (§ 57a Abs. 6 S. 7 WPO)[737]. Die Teilnahmebescheinigung wird von der WPK gem. § 57a Abs. 6 S. 8 WPO auf sechs Jahre bzw. bei Prüfern von § 319a HGB-Mandaten auf drei Jahre befristet[738]. Das Vorliegen einer solchen Teilnahmebescheinigung ist nach § 319 Abs. 1 S. 3 HGB Voraussetzung für die Durchführung von gesetzlichen Abschlussprüfungen, es sei denn, die WPK hat zur Vermeidung von Härtefällen eine Ausnahmegenehmigung i.S.d. § 57a Abs. 1 S. 2 WPO erteilt[739]. Die Teilnahmebescheinigung oder Ausnahmegenehmigung muss in berufsrechtlicher Hinsicht nach § 57a Abs. 1 S. 1 WPO spätestens im Zeitpunkt der Annahme des Auftrags zur Durchführung einer gesetzlich vorgeschriebenen Abschlussprüfung vorliegen[740]. In handelsrechtlicher Hinsicht muss eine wirksame Bescheinigung oder Ausnahmegenehmigung bereits bei der Wahl des Abschlussprüfers durch das vertretungsberechtigte Organ vorhanden sein[741]. Die Erteilung der Bescheinigung wird nach § 38 Nr. 1 Buchst. h bzw. Nr. 2 Buchst. f WPO im **Berufsregister** vermerkt. Sofern die Kommission für Qualitätskontrolle beabsichtigt, eine Teilnahmebescheinigung nicht zu erteilen, muss die WPK den Vorgang vor Entscheidungsbekanntgabe der APAK vorlegen (§ 57a Abs. 6 S. 10 WPO). Die APAK hat im Rahmen ihrer fachbezogenen Aufsicht das Recht, die Entscheidung der Kommission für Qualitätskontrolle unter Angabe der Gründe zur nochmaligen Prüfung an diese zurückzuverweisen. Bei Nichtabhilfe kann sie unter Aufhebung der Entscheidung der WPK Weisung erteilen (§ 66a Abs. 4 WPO).

---

734 Formulierungsempfehlungen für uneingeschränkte, eingeschränkte oder versagte Prüfungsurteile enthält *IDW PS 140* in Anlage 1.
735 Vgl. *IDW PS 140*, Tz. 108.
736 Vgl. *IDW PS 140*, Tz. 114 ff.
737 Zu den Prüfungshandlungen der WPK vor Erteilung oder Versagung der Bescheinigung, insb. auch in den Fällen, in denen das Prüfungsurteil durch den Qualitätskontrollprüfer eingeschränkt oder versagt wurde, s. WP Handbuch 2008 Bd. II, Q Tz. 212, 220 ff.
738 Hinsichtlich eines Beispiels zur Berechnung der Befristung einer Teilnahmebescheinigung für die Qualitätskontrolle s. WPK-Mitt. 2/2011, S. 28.
739 Zur befristeten Erteilung von Ausnahmegenehmigungen s. Hinweis der Kommission für Qualitätskontrolle der WPK zur Erteilung von Ausnahmegenehmigungen i.s.v. § 57a Abs. 1 S. 2 WPO, http://www.wpk.de/pdf/Hinweis_der_KfQk–Ausnahmegenehmigungen.pdf.
740 Vgl. Fortbildungsnachweise der WPK, S. 2; *Hense/Ulrich*, WPO, § 57a, Rn. 132.
741 Vgl. *IDW PS 140*, Tz. 6; a.A. BeBiKo[7], § 319 HGB Rn. 17, wonach auch handelsrechtlich auf den Zeitpunkt der Annahme des Prüfungsauftrags abzustellen ist.

Qualitätssicherung und -kontrolle, Berufsaufsicht und Berufsgerichtsbarkeit **A**

Sofern berechtigte Zweifel der Kommission für Qualitätskontrolle an einer ordnungsge- 550
mäßen Durchführung der Qualitätskontrolle entstehen, die auch im Zuge der Auswertung
des Qualitätskontrollberichts nicht ausgeräumt werden können, liegt ein schwerwiegender
Verstoß bei der Durchführung der Qualitätskontrolle vor, der nach § 57e Abs. 2 S. 6 WPO
zwingend zum **Widerruf** der Teilnahmebescheinigung führt.

(6) Auflagen zur Beseitigung von Qualitätsmängeln
Stellt der Prüfer für Qualitätskontrolle Mängel im internen Qualitätssicherungssystem der 551
geprüften Praxis fest, wird die Kommission für Qualitätskontrolle im Qualitätskontrollbericht über Art und Umfang der Verletzung der Berufspflichten informiert. Zudem nimmt
sie die vom Prüfer entwickelten Empfehlungen zur Beseitigung wesentlicher Mängel zur
Kenntnis. Sind die **Empfehlungen des Prüfers** nach Auffassung der Kommission ausreichend, wird sie in der Regel auf weitere Maßnahmen verzichten, sofern sichergestellt
ist, dass die Praxis die Empfehlungen zeitnah umsetzt.

Unabhängig davon hat die Kommission für Qualitätskontrolle nach § 57e Abs. 2 WPO das 552
Recht, bei Vorliegen von Mängeln, festgestellten Berufsrechtsverletzungen wegen Mängeln im Qualitätssicherungssystem oder bei einer nicht ordnungsgemäß durchgeführten
Qualitätskontrolle im Wege eines Verwaltungsaktes Auflagen zur Beseitigung der
festgestellten Mängel zu erteilen, eine Sonderprüfung anzuordnen oder eine bereits aus-
gestellte Teilnahmebescheinigung zu widerrufen. Dabei ist die Kommission für Qualitätskontrolle nicht an das Urteil des Qualitätskontrollprüfers gebunden, wie die Regelungen des § 57e Abs. 2 S. 5-6 WPO zeigen, s. auch Tz. 551[742]. Gegenstand von **Auflagen**
kann das Schaffen fehlender oder unzureichender Regelungen des Qualitätssicherungssystems oder auch die Anwendung bestehender Regelungen sein. Zielrichtung ist es, die
Angemessenheit und Wirksamkeit des Qualitätssicherungssystems herzustellen[743]. Eine
Sonderprüfung wird angeordnet, wenn die Wirksamkeit von Regelungen des Qualitätssicherungssystems vor der nächsten turnusmäßigen Qualitätskontrolle geprüft oder ein
Sachverhalt aufgeklärt werden soll[744]. Der Anordnung einer Sonderprüfung steht nicht
entgegen, dass die Gründe für die Anordnung der Sonderprüfung nicht vom Kläger zu
vertreten sind, sondern auf Unzulänglichkeiten des Qualitätskontrollberichts beruhen. In
einem solchen Fall können allerdings die durch eine Sonderprüfung entstehenden Kosten
einen Schadensersatzanspruch gegen den Prüfer für Qualitätskontrolle begründen[745].
Nach § 17 Abs. 1 der SaQK trifft die Kommission für Qualitätskontrolle ihre Entscheidung über Maßnahmen unter Berücksichtigung der Auffassung der APAK. Zur
Durchsetzung der verhängten Maßnahmen (Auflagen, Sonderprüfung, Aushändigung
einer widerrufenen Teilnahmebescheinigung durch die WP-Praxis) kann ein Zwangsgeld
in Höhe von bis zu 25.000 € festgesetzt werden. Das Zwangsgeld kann wiederholt festgesetzt werden. Erfüllt die WP-Praxis – trotz einer wiederholten Festsetzung eines
Zwangsgeldes – die Auflagen und sonstigen verhängten Maßnahmen nicht fristgerecht

---

742 Vgl. WPK-Magazin 3/2010, S. 48 f. In dem von der WPK geschilderten Fall warf schon der Qualitätskontrollbericht Fragen auf, die vom Prüfer für Qualitätskontrolle nicht – wie es geboten gewesen wäre – beantwortet werden konnten. Zudem passte die vom Qualitätskontrollprüfer getroffene Aussage, dass er keine wesentlichen Mängel festgestellt habe, nicht dazu, dass er dennoch unter der Überschrift „Empfehlungen des
Prüfers zur Beseitigung festgestellter wesentlicher Mängel im Qualitätssicherungssystem" Ratschläge erteilt
hat.
743 Vgl. *Hense/Ulrich*, WPO, § 57e, Rn. 11.
744 Vgl. WPK Tätigkeitsbericht 2009, S. 6, abrufbar unter: http://www.wpk.de/pdf/Taetigkeitsbericht-KfQK-
2009.pdf
745 Vgl. WPK-Magazin 3/2010, S. 48.

oder nicht vollständig, hat die Kommission für Qualitätskontrolle in letzter Konsequenz die Teilnahmebescheinigung zu widerrufen (§ 57e Abs. 3 WPO)[746].

Werden im Rahmen der Qualitätskontrolle Mängel festgestellt, die zum **Widerruf der Bestellung** oder der Anerkennung als Berufsgesellschaft führen können, hat die Kommission für Qualitätskontrolle den Vorstand der WPK zu informieren (§ 57e Abs. 4 WPO). Die mitgeteilten Tatsachen unterliegen allerdings einem Verwertungsverbot im berufsaufsichtlichen Verfahren.

Ist ein Berufsangehöriger oder eine Berufsgesellschaft mit einer Entscheidung der Kommission für Qualitätskontrolle nicht einverstanden, kann **Widerspruch gegen die Entscheidung** eingelegt (§ 57e Abs. 1 S. 5 Nr. 6 WPO) und Klage beim Verwaltungsgericht erhoben werden. Gegen die Widerspruchsentscheidung ist der Verwaltungsrechtsweg eröffnet.

cc) Anlassunabhängige Sonderuntersuchungen

553 Die anlassunabhängigen Sonderuntersuchungen nach § 62b WPO stellen ein berufsaufsichtliches Instrument dar, das wie die externe Qualitätskontrolle nach §§ 57a ff. WPO vorwiegend präventiv ausgerichtet ist. Die Sonderuntersuchungen werden durch die WPK in Stichproben und ohne besonderen Anlass bei den WP-Praxen durchgeführt, die gesetzlich vorgeschriebene Abschlussprüfungen bei Unternehmen von öffentlichem Interesse im Sinne des § 319a Abs. 1 S. 1 HGB vornehmen. Sonderuntersuchungen sind auf die Feststellung ausgerichtet, ob die betroffenen Praxen in den untersuchten Teilbereichen die zu beachtenden Berufspflichten eingehalten haben. Der Schwerpunkt der Sonderuntersuchungen liegt darin, ausgewählte Aspekte bei der Abwicklung von gesetzlich vorgeschriebenen Abschlussprüfungen und Teilbereiche des Qualitätssicherungssystems zu überprüfen[747]. Da die Sonderuntersuchungen zugleich eine besondere Ermittlungsmethode im berufsaufsichtlichen Verfahren darstellen, sind für sie auch die Verfahrensgrundsätze im Rahmen der Berufsaufsicht relevant (Tz. 567).

dd) Öffentliche Überwachung von externen Qualitätskontrollen nach §§ 57a ff. WPO und anlassunabhängigen Sonderuntersuchungen im Kontext der Überlegungen zur Fortentwicklung des deutschen Aufsichtssystems

554 Gem. § 66a Abs. 1 S. 1 WPO fallen alle von der WPK nach § 4 Abs. 1 S. 1 WPO in mittelbarer Staatsverwaltung zu erfüllenden Aufgaben – und damit auch die Qualitätskontrolle – unter den sachlichen **Anwendungsbereich der öffentlichen fachbezogenen Aufsicht durch die APAK** (s. auch die allgemeinen Ausführungen zur Berufsaufsicht in Tz. 558). Der APAK obliegt die Letztverantwortung für jede in ihrem Zuständigkeitsbereich getroffene Entscheidung der WPK. In persönlicher Hinsicht wird der Überwachungsbereich der APAK auf die Aufgaben beschränkt, welche die WPK gegenüber Berufsangehörigen und WPG wahrnimmt, die zur Durchführung gesetzlich vorgeschriebener Abschlussprüfungen befugt sind oder solche ohne diese Befugnis tatsächlich durchführen. Ein typisches Element dieser Fachaufsicht ist das Weisungsrecht der übergeordneten Stelle als Ausdruck ihrer Letztverantwortung. Die Fachaufsicht der APAK bildet die Grundlage der unabhängigen öffentlichen Aufsicht i.S.d. Abschlussprüferrichtlinie[748]. In der **grenzüberschreitenden Zusammenarbeit mit öffentlichen Aufsichten** für WP ist hingegen in § 66a Abs. 8 und 10 i.V.m. § 57 Abs. 6 S. 1 und Abs. 8 S. 1

---

746 Zu den Maßnahmen nach § 57e Abs. 2 WPO s. auch WP Handbuch 2008 Bd. II, Q Tz. 218 f.
747 Vgl. *Pfitzer/Schneiß*, in: FS Baetge, S. 1085/1116.
748 Vgl. *Hense/Ulrich*, WPO, § 66a, Rn. 26 ff.

WPO die vorrangige Zuständigkeit der APAK gegenüber der WPK explizit geregelt. Die WPK ist hier lediglich zuständig, soweit nicht der Zuständigkeitsbereich der APAK betroffen ist (Subsidiarität). Die APAK kann sich allerdings bei Bedarf im Innenverhältnis der Hilfe der WPK bedienen[749].

Ergänzend zu den Regelungen der Abschlussprüferrichtlinie veröffentlichte die EU-Kommission im Mai 2008 ihre „**Empfehlung zur externen Qualitätssicherung bei Abschlussprüfern und Prüfungsgesellschaften, die Unternehmen von öffentlichem Interesse prüfen**"[750]. Diese soll den Mitgliedstaaten Leitlinien für den Aufbau eines unabhängigen und wirksamen Inspektionssystems auf der Grundlage der Abschlussprüferrichtlinie an die Hand geben, sie enthält u.a. nähere Ausführungen zur Unabhängigkeit der öffentlichen Aufsicht und der Inspektionen. Die Empfehlung betrifft zwar in erster Linie die Aufsicht über Abschlussprüfer der Unternehmen von öffentlichem Interesse, die darin enthaltenen Überlegungen insb. zur Unabhängigkeit der Berufsaufsicht einschließlich der präventiven Überprüfung der Qualitätssicherungssysteme lassen sich jedoch großteils auf die Überwachung aller Abschlussprüfer übertragen.

555

Das in Deutschland derzeit geltende Konzept der Letztverantwortlichkeit und Letztentscheidungsbefugnis der APAK stellt eine mittelbare öffentliche Aufsicht in Form der Fachaufsicht der APAK über die WPK dar[751]. Für die weitere konsequente Umsetzung der Abschlussprüferrichtlinie sowie der Empfehlung der EU-Kommission zur Qualitätskontrolle der Abschlussprüfer von Unternehmen von öffentlichem Interesse bestehen **Überlegungen zur Fortentwicklung des deutschen Aufsichtssystems**[752]. So sieht die Empfehlung der EU-Kommission bezüglich der Durchführung der Sonderuntersuchungen bei Abschlussprüfern von Unternehmen von öffentlichem Interesse entsprechend der internationalen Praxis vor, dass diese ausschließlich durch die öffentliche Aufsichtsstelle durchgeführt werden sollten (Nr. 5 der Empfehlung) oder – soweit diese zusammen mit einer anderen geeigneten Stelle vorgenommen werden – zumindest wesentliche originäre Zuständigkeiten bei der öffentlichen Aufsichtsstelle verbleiben sollten (Nr. 6 der Empfehlung). Die von APAK, WPK und IDW gemeinsam vorgelegten Vorschläge zur Fortentwicklung der Berufsaufsicht in Deutschland zielen somit v.a. auf die Entwicklung eines vollständig berufsstandsunabhängigen Aufsichtssystems ab, wonach die bislang in der Erstzuständigkeit der WPK liegenden Bereiche der präventiven und repressiven Berufsaufsicht (mit Ausnahme des Widerrufsverfahrens) auf die APAK übertragen werden sollen. Des Weiteren zielen die Überlegungen u.a. darauf ab, einheitliche Qualitätskontrollanforderungen für alle Wirtschaftsprüfer zu entwickeln. Das bisherige Nebeneinander der externen Qualitätskontrolle nach §§ 57a ff. WPO und der anlassunabhängigen Sonderuntersuchungen würde dann durch ein methodologisch einheitliches „Inspektionsverfahren" ersetzt[753].

556

---

749 Vgl. *Hense/Ulrich*, WPO, § 57, Rn. 116 f., § 66a, Rn. 72 ff.
750 Empfehlung der Kommission v. 06.05.2008 zur externen Qualitätssicherung bei Abschlussprüfern und Prüfungsgesellschaften, die Unternehmen von öffentlichem Interesse prüfen (2008/362/EG), Abl.EU, Nr. L 120, S. 20.
751 Vgl. Schreiben von APAK, WPK und IDW an das BMWi zur Fortentwicklung des deutschen Aufsichtssystems für Wirtschaftsprüfer und vereidigte Buchprüfer v. 19.01.2010, abrufbar unter: http://www.idw.de/idw/portal/d595254/index.jsp, S. 2.
752 S. hierzu APAK, WPK und IDW; WPK-Magazin 1/2010, S. 6 ff. Jedenfalls kurzfristig ist jedoch nicht mit einer gesetzgeberischen Initiative in diesem Bereich zu rechnen, vgl. WPK-Magazin 3/2010, S. 12; *Pfitzer/Schnepel*, in: Kirsch/Baetge, Vom BiRiLiG zum BilMoG, S. 131/145 ff.; *Pfitzer/Maxl*, WPK-Magazin 4/2009, S. 49 ff.
753 Vgl. APAK, WPK und IDW, S. 2 f.

557 Im Oktober 2010 hat die EU-Kommission ein **Grünbuch zur Abschlussprüfung**[754] veröffentlicht, welches eine Konsultation zur Rolle der gesetzlichen Abschlussprüfung sowie zum Umfeld ihrer Durchführung in Europa zum Gegenstand hat. Darin fordert die EU-Kommission analog zu den bisherigen Empfehlungen zur Aufsicht bei Abschlussprüfern von Unternehmen des öffentlichen Interesses für die gesamte Berufsaufsicht, dass die nationalen Aufsichtssysteme vom Berufsstand der Wirtschaftsprüfer vollständig unabhängig sein sollen[755]. Des Weiteren soll nach den Überlegungen der Kommission die Beaufsichtigung von Prüfungsgesellschaften in Europa auf einer stärker integrierten Basis erfolgen, die nationalen Kontrollsysteme sollen enger zusammenarbeiten[756].

3. Berufsaufsicht

a) Allgemeines

558 Zu den wichtigsten Aufgaben einer berufsständischen Selbstverwaltung in der Form einer öffentlich-rechtlichen Kammer gehört es, die Erfüllung der ihren Mitgliedern obliegenden Pflichten zu überwachen und bei bestimmten Berufspflichtverletzungen Sanktionen (Rüge, Verhängung eines Bußgeldes) zu ergreifen. Gerade bei den freien Berufen, die verantwortungsvolle, für das Gemeinwohl wichtige Aufgaben in der Rechtspflege, im Gesundheitswesen oder weiteren Bereichen wahrnehmen, kommt es zum Schutze der Allgemeinheit wie auch des Berufsstandes selbst darauf an, die Einhaltung normativ vorgegebener Standards zu überwachen und sicherzustellen[757]. Die **Berufsaufsicht** über WP/vBP obliegt gem. § 57 Abs. 2 WPO der WPK, wobei in diesem Bereich der APAK das Letztentscheidungsrecht zusteht (§ 66a Abs. 4 WPO); die APAK ist also in alle Entscheidungen der WPK innerhalb der Berufsaufsicht einzubeziehen (vgl. B Tz. 59).

559 Ein weiteres Kennzeichen beruflicher Selbstverwaltung ist die Existenz einer gesonderten **Berufsgerichtsbarkeit**. Diese ist zwar im Hinblick auf die Gewaltenteilung organisatorisch der allgemeinen Gerichtsbarkeit zugeordnet. Berufsangehörige wirken aber als ehrenamtliche Beisitzer mit und stellen damit sicher, dass der Beruf auch insoweit in die Kontrolle des Verhaltens seiner Mitglieder eingebunden ist. Die Berufsgerichte ahnden Pflichtverletzungen, die wegen ihrer Schwere im Rahmen des Rügeverfahrens durch die WPK nicht ausreichend sanktioniert werden können. Zu den Einzelheiten s. Tz. 585 ff.

560 Mit dem **Ausscheiden aus dem Beruf** (Tz. 107) endet nicht nur die Kammermitgliedschaft, sondern auch die Berufsaufsicht durch die WPK und die Zuständigkeit der Berufsgerichtsbarkeit. Gem. § 46 WPO beurlaubte Berufsangehörige, die zwar während der Beurlaubung weder als WP tätig sein noch die Berufsbezeichnung führen dürfen, unterliegen gleichwohl der Berufsaufsicht und der Berufsgerichtsbarkeit auch während der Beurlaubung (Tz. 264 ff.).

b) Berufsaufsicht

561 Die Berufsaufsicht ist vergleichbar der Disziplinargewalt im Beamtenrecht; es handelt sich also nicht um ein Verfahren mit strafrechtlichem Charakter.

---

754 Vgl. Grünbuch der EU-Kommission v. 13.10.2010: Weiteres Vorgehen im Bereich der Abschlussprüfung: Lehren aus der Krise, KOM (2010) 561 endgültig.

755 Vgl. Grünbuch der EU-Kommission v. 13.10.2010: Weiteres Vorgehen im Bereich der Abschlussprüfung: Lehren aus der Krise, KOM (2010) 561 endgültig, Abschnitt 1, S. 4; vgl. hierzu ebenso die Entschließung des Europäischen Parlaments vom 13.09.2011 zu dem weiteren Vorgehen im Bereich der Abschlussprüfung: Lehren aus der Krise, P7_TA(2011) 0359, Tz. 24.

756 Vgl. Grünbuch der EU-Kommission v. 13.10.2010: Weiteres Vorgehen im Bereich der Abschlussprüfung: Lehren aus der Krise, KOM (2010) 561 endgültig, Abschnitt 4, S. 16 f.

757 *Tettinger*, S. 137/138.

aa) Allgemeines

Der Gesetzgeber hat mit dem BARefG[758] die Ermittlungs- und Sanktionsmöglichkeiten erheblich erweitert. Der WPK sollten insb. „zusätzliche, geeignetere und durchsetzungsstärkere Instrumente" für ihre Ermittlungen zur Verfügung gestellt werden[759]. Neu eingeführt wurde außerdem die sog. **anlassunabhängige Sonderuntersuchung** (§ 61a, S. 2 Nr. 2 i.V.m. § 62b WPO, s. Tz. 553), die neben die bereits bisher der WPK obliegenden Ermittlungspflicht bei konkreten Anhaltspunkten für einen Verstoß gegen Berufspflichten (sog. Disziplinaraufsicht[760] § 61a S. 1 Nr. 1 WPO) trat. In allen Entscheidungen im Rahmen der Berufsaufsicht, also sowohl bei anlassabhängigen wie bei anlassunabhängigen Aufsichtsmaßnahmen, steht der APAK die Letztentscheidungsbefugnis zu.

bb) Verfahrensgrundsätze

Die Berufsaufsicht ist Angelegenheit des **Vorstands** bzw. der entsprechenden **Vorstandsabteilung** (§ 61a WPO i.V.m. § 8 Organisationssatzung WPK). Er handhabt das Recht, Berufspflichtverletzungen durch Ausspruch einer Rüge zu ahnden. Eine **Rüge** kommt aber als Maßnahme der Berufsaufsicht nur in Betracht, wenn keine schwere Schuld des WP vorliegt und die Ahndung durch die Berufsgerichtsbarkeit nicht zu erwarten ist (§ 63 Abs. 1 S. 1 2. Halbsatz WPO, Tz. 572 ff.). 562

Die WPK ermittelt im Berufsaufsichtsverfahren von Amts wegen. Im Berufsaufsichtsverfahren treffen die Mitglieder der WPK erhebliche Mitwirkungspflichten. So haben WP vor der WPK zu erscheinen, wenn sie zur **Anhörung** geladen werden, und grundsätzlich Auskunft[761] zu erteilen sowie ihre Handakten und sonstige Unterlagen, die für das Aufsichts- oder Beschwerdeverfahren von Bedeutung sein können, vorzulegen (§ 62 WPO). Die Pflicht zur **Auskunft und Vorlage von Unterlagen** (Tz. 254) besteht allerdings nicht, wenn und soweit dadurch der Berufsangehörige die **Verpflichtung zur Verschwiegenheit** verletzen würde (§ 62 Abs. 2 S. 1 WPO). Die Auskunft (nicht aber die Vorlage von Unterlagen) kann darüber hinaus verweigert werden, wenn und soweit sich durch die Auskunft für den Berufsangehörigen die Gefahr ergäbe, selbst wegen einer Straftat, Ordnungswidrigkeit oder Berufspflichtverletzung verfolgt zu werden. Der Gesetzgeber hat mit diesem Auskunftsverweigerungsrecht den Grundsatz des „**nemo tenetur se ipse accusare**" gesetzlich verankert[762]. Das Auskunftsverweigerungsrecht des § 62 Abs. 2 S. 2 WPO kommt nur zum Tragen, wenn sich das betroffene Mitglied der WPK hierauf ausdrücklich beruft. 563

Von der Verschwiegenheitspflicht kann der Berufsangehörige vom Mandanten entbunden werden. Beruht das Ermittlungsverfahren der WPK auf einer Beschwerde des Mandanten, kann hierin, zumindest soweit die Beschwerde konkrete Tatsachen und Umstände benennt, von einer konkludenten Entbindung von der Verschwiegenheitspflicht ausgegangen werden[763]. Eine Durchbrechung der Verschwiegenheitspflicht ist ebenfalls zulässig, wenn und soweit der Berufsangehörige dadurch in Wahrnehmung seiner eigenen beruflichen Interessen handelt, etwa um unrichtige Darstellungen von Sachverhalten auf- 564

---

758 BGBl. I 2007, S. 2178; vgl. auch Tz. 18 m.w.N.
759 Vgl. BT-Drs. 16/2858, S. 1.
760 Zur Bezeichnung s. *Hense/Ulrich*, WPO, § 61a, Rn. 1.
761 Ein ausdrückliches Auskunfts- und Einsichtsrecht regelt davon unabhängig für Sozietätsverträge § 44b Abs. 3 WPO und für Gesellschaftsverträge und Satzungen von Berufsgesellschaften § 29 Abs. 2 WPO.
762 Vgl. dazu auch BVerfG v. 08.10.1974, BVerfGE 38, S. 105 und BGH v. 27.02.1978, BGHSt 27, S. 374.
763 So generell *Koslowski/Gehre*, StBerG⁶, § 80, Rn. 15.

zuklären⁷⁶⁴. Gemäß § 62 S. 3 WPO sind Berufsangehörige auf das Recht zur Auskunftsverweigerung hinzuweisen⁷⁶⁵. Beruft sich der Berufsangehörige nicht auf sein Recht zur Verweigerung der Auskunft und zur Vorlage von Unterlagen, regelt § 62 Abs. 2 letzter S. WPO ausdrücklich die Pflicht, dass richtige und vollständige Auskünfte zu erteilen und richtige und vollständige Unterlagen vorzulegen sind⁷⁶⁶.

565 Das **Recht zur Verweigerung von Auskünften und zur Vorlage von Unterlagen** ist jedoch **eingeschränkt**. Es gilt gem. § 62 Abs. 3 WPO nicht für persönliche Mitglieder der WPK, die zur Durchführung gesetzlich vorgeschriebener Abschlussprüfungen befugt sind oder ohne diese Befugnis solche Prüfungen tatsächlich durchführen. Diese Befugnis fehlt etwa, wenn ein WP (oder vBP) nicht über die Teilnahmebescheinigung nach § 319 Abs. 1 S. 3 HGB verfügt⁷⁶⁷. Weitere Voraussetzung für diese partielle Aussetzung des Rechts auf Verschwiegenheit ist, dass der Inhalt der Auskunft und die vorzulegenden Unterlagen mit der Prüfung eines Unternehmens in Zusammenhang stehen, das der gesetzlichen Prüfungspflicht unterliegt. In den entsprechenden Fällen verpflichtet das Gesetz den Berufsangehörigen zur Auskunft und zur Vorlage von Unterlagen. Eine Entbindung von der Verschwiegenheitspflicht ist insoweit nicht erforderlich. Zu beachten ist, dass nach dem Wortlaut diese Regelung nicht nur Berufspflichtverletzungen betrifft, die bei der gesetzlich angeordneten Jahres- oder Konzernabschlussprüfung begangen werden⁷⁶⁸. Vielmehr werden auch Verstöße erfasst, die bei anderen betriebswirtschaftlichen Prüfungen dieser Unternehmen vorgekommen sind, z. B. bei der prüferischen Durchsicht gem. § 37w Abs. 5 WpHG oder den Prüfungen für den Grünen Punkt. Das Recht der Aussageverweigerung wegen der Gefahr der Selbstbelastung (Tz. 563) bleibt aber auch in diesen Fällen bestehen (§ 62 Abs. 3 S. 2 WPO).

Die 7. WPO-Novelle (Tz. 18) hat der WPK eine weitere Ermittlungsmöglichkeit eröffnet. Ihre Angestellten sowie andere Personen, derer sich die WPK für die Berufsaufsicht bedient, sind zum **Betreten und zur Besichtigung von Geschäftsräumen** der Berufsangehörigen berechtigt⁷⁶⁹. Sie können dabei, was regelmäßig bezweckt sein wird, Unterlagen einsehen und daraus Ablichtungen und Abschriften fertigen. Unterlagen im Original dürfen also nicht mitgenommen oder beschlagnahmt werden. Das Betreten und Besichtigen der Geschäftsräume ist nur innerhalb der üblichen Geschäftszeiten erlaubt. Das Durchsuchen der Geschäftsräume ist wegen des Wortlauts der Vorschrift nicht gestattet. Zu Einzelfragen dieser Vorschrift s. Hense/Ulrich, WPO, § 62 Tz. 55 ff.

566 Die bei den Ermittlungsmaßnahmen der WPK gegebenen Auskünfte und vorgelegten Unterlagen unterliegen einer ebenfalls mit der 7. WPO-Novelle⁷⁷⁰ eingeführten **Verwertungsbeschränkung**. Diese dürfen nur für Zwecke des Aufsichtsverfahrens verwertet werden, das dem Ermittlungsverfahren zugrunde liegt. Im Übrigen besteht ein striktes Verwertungsverbot (§ 62 Abs. 5 WPO). Dieses verhindert insb. die Verwertung der Aussagen und die Auswertung der vorgelegten Unterlagen im Strafverfahren. Geht das Berufsaufsichtsverfahren dagegen in ein Berufsgerichtsverfahren über (vgl. Tz. 580 ff.), gilt das Verwertungsverbot nicht.

---

764 So auch *Hense/Ulrich*, WPO, § 62, Rn. 37.
765 *Koslowski/Gehre*, StBerG⁶, § 80, Rn. 16.
766 Zur verfassungsrechtlichen Problematik dieser Vorlagepflicht s. *Hense/Ulrich*, WPO, § 62, Rn. 42.
767 Die Bescheinigung über die wirksame Teilnahme an der Qualitätskontrolle nach § 57a WPO ist nicht erforderlich, wenn die WPK eine Ausnahmegenehmigung erteilt hat (§ 319 Abs. 1 S. 3 letzter Hs. HGB).
768 Vgl. *Hense/Ulrich*, WPO, § 62, Rn. 53 ff.
769 Eine ähnliche Befugnis enthält z. B. § 29 GewO. Kritisch wegen des Fehlens einer richterlichen Anordnung für die Ausweitung dieser Befugnisse, *Fölsing*, ZCG 2007, S. 215 ff.
770 Vgl. *Hense/Ulrich*, WPO, § 62, Rn. 53 ff.

Qualitätssicherung und -kontrolle, Berufsaufsicht und Berufsgerichtsbarkeit   A

Die in § 62 WPO normierten Pflichten gelten nicht nur bei Berufsaufsichtsverfahren, die 567
auf Anhaltspunkten für eine konkrete Berufspflichtverletzung beruhen, sondern auch bei **anlassunabhängigen Sonderuntersuchungen** (dazu s. Tz. 553). Ebenso sind die Vorschriften zum Zwangsgeld auch im letztgenannten Berufsaufsichtsverfahren anzuwenden (§ 62b Abs. 2 i.V.m. § 62 u. § 62a WPO).

Zu beachten ist, dass die WPK den Berufsangehörigen zur Erfüllung der Erscheinungs-, 568
Auskunfts- und Vorlagepflicht nach § 62 WPO durch ein (ggf. mehrfaches) **Zwangsgeld** anhalten kann (§ 62a WPO). Ein solches Zwangsgeld muss vorher schriftlich angekündigt werden. Gegen seine Festsetzung kann die Entscheidung des Kammergerichts beantragt werden. Der Beschluss des Kammergerichts ist nicht anfechtbar (§ 62a Abs. 3 WPO).

§ 64 WPO stellt sicher, dass die im Rahmen eines Berufsaufsichtsverfahrens offenbarten 569
Tatsachen und Umstände vor Offenlegung geschützt werden. Alle Mitglieder der WPK-Gremien sowie die Mitarbeiter der WPK sind hinsichtlich der Angelegenheiten, die sie im Rahmen ihrer Tätigkeiten über Berufsangehörige erfahren, gegenüber jedermann zur **Verschwiegenheit** verpflichtet. Das gilt v.a. für Verfahren der Berufsaufsicht, aber auch für andere Vorfälle, die im Rahmen der Kammerarbeit bekannt werden. Infolgedessen werden Beschwerdeführer grundsätzlich nicht darüber unterrichtet[771], ob eine und falls ja, welche Maßnahme der Berufsaufsicht ergriffen worden ist. Zulässig ist allerdings die Unterrichtung darüber, dass keine Berufspflichtverletzung festgestellt worden ist, weil eine derartige Nachricht den Berufsangehörigen lediglich begünstigt. Gestattet ist auch die Mitteilung über die Abgabe der Sache an die Generalstaatsanwaltschaft (Tz. 580), allerdings ohne Angabe der Gründe. Nicht erfasst von der Verschwiegenheitspflicht nach § 64 WPO sind die Tatsachen und Mitteilungen, die im Berufsregister eingetragen und damit allgemein zugänglich sind (§ 37 WPO).

Für das Rügeverfahren (Tz. 572 ff.) ist in der WPO ein **Akteneinsichtsrecht** nicht vorgesehen. Infolgedessen kann Personen, die etwa zur Untermauerung eigener Schadensersatzansprüche gegen einen WP um Informationen ersuchen, eine solche Akteneinsicht nicht gestattet werden. Den betroffenen Berufsangehörigen ist jedoch Akteneinsicht nach allgemeinen Grundsätzen des Verwaltungsverfahrens zu gewähren (Hense/Ulrich, WPO, § 63, Rn. 35).

Die **Verschwiegenheitspflicht** der innerhalb der WPK mit einer Angelegenheit befassten 570
Personen gilt auch für Verfahren **vor Gerichten und Behörden**. Hier dürfen Aussagen nur mit entsprechender Genehmigung des Vorstandes erfolgen, über deren Erteilung nach pflichtgemäßem Ermessen zu entscheiden ist. Die Genehmigung soll allerdings nur versagt werden, wenn Rücksichten auf die Stellung oder die Aufgaben der WPK oder berechtigte Belange der Personen, über welche die Tatsachen bekannt geworden sind, es unabweisbar erfordert. Die Verschwiegenheitspflicht des § 64 WPO gilt unbegrenzt und ist auch nach dem Ausscheiden aus den entsprechenden Gremien zu beachten.

Für das **berufsgerichtliche Verfahren** muss im Regelfall die Aussagegenehmigung erteilt werden, vor allem, wenn es auf Betreiben der WPK eingeleitet worden ist. Die Genehmigungspflicht des § 64 Abs. 2 und 3 WPO gilt nicht für die Übermittlung von Daten an andere Behörden (insb. an andere Berufskammern) und Gerichte von Amts wegen nach § 36a WPO. In diesen Fällen ist die Verschwiegenheitspflicht durch die genannte gesetzliche Regelung ausdrücklich durchbrochen.

Der Vorstand wird im Rahmen der Berufsaufsicht **von Amts wegen** (§ 36a Abs. 1 WPO), 571
auf **Anzeige** bzw. **Beschwerde** oder aufgrund einer **Mitteilung von Gerichten, Berufs-**

---

771 Vgl. dazu *Hense/Ulrich*, WPO, § 64, Rn. 10 ff.

kammern, anderen Behörden oder der DPR tätig. Mit Mitteilungen in Strafsachen (MiStra.) unterrichten Strafverfolgungsbehörden bzw. die Strafgerichtsbarkeit die WPK über die Erhebung der Anklage oder die Verurteilung im strafgerichtlichen Verfahren, soweit Berufsangehörige betroffen sind. Weitere Erkenntnisquellen für die WPK sind die Durchsicht des BAnz. und die Auswertung von öffentlichen Publikationen. Die WPK ist zudem berechtigt, auch Personen, die nicht Mitglied der WPK sind (**Nichtkammerangehörige**) um Auskünfte zu bitten, allerdings sind diese Personen nicht zur Auskunft verpflichtet (§ 64 Abs. 4 WPO)[772].

cc) Rüge

572 Nach § 63 Abs. 1 S. 1 WPO kann der Vorstand das Verhalten eines WP rügen, wenn er die ihm obliegenden Pflichten verletzt hat, keine schwere Schuld vorliegt und ein Antrag auf Einleitung eines berufsgerichtlichen Verfahrens nicht erforderlich erscheint. Die **Verletzung von Berufspflichten** ist etwa bei Verstößen gegen die Unabhängigkeit, Gewissenhaftigkeit oder die Verschwiegenheitspflicht gegeben. Ein Fehlverhalten außerhalb der beruflichen Betätigung kann als Grund für eine Rüge nur in Betracht kommen, wenn nach den Umständen des Einzelfalls das Verhalten des Berufsangehörigen in besonderem Maße geeignet ist, Achtung und Vertrauen in einer für die Berufsausübung oder für das Ansehen des Berufs bedeutsamen Weise zu beeinträchtigen (§ 63 Abs. 1 S. 2 i.V.m. § 67 Abs. 2 WPO).

Ein Rügeverfahren setzt neben der Feststellung eines pflichtwidrigen Verhaltens ein **schuldhaftes Handeln** unterhalb der Schwelle der schweren Schuld voraus. Die frühere Differenzierung zwischen geringer und mittlerer Schuld spielt für die Zuständigkeit der WPK keine Rolle mehr. Gerügt werden können der entsprechenden Änderung durch das BARefG[773] alle Berufspflichtverletzungen bis zur schweren Schuld. Schuldhaft ist jedes fahrlässige oder vorsätzliche Handeln des Berufsangehörigen. Schwere Schuld kommt insb. bei vorsätzlichen Pflichtverletzungen in Betracht, wobei zudem das Ausmaß des verursachten Schadens oder frühere Berufspflichtverletzungen in die Beurteilung einzubeziehen sind[774]. Wird eine schwere Schuld angenommen und ist ein berufsgerichtliches Verfahren zu erwarten, muss die WPK die Angelegenheit an die Generalstaatsanwaltschaft beim Kammergericht Berlin abgeben (§ 84a WPO). Die Entscheidung darüber, ob die Voraussetzungen einer Rüge gegeben sind, liegt im pflichtgemäßen Ermessen des WPK-Vorstands bzw. der Vorstandsabteilung.

573 Im Rügeverfahren gilt § 69a WPO entsprechend (§ 63 Abs. 1 S. 2 WPO). Hat ein Gericht eine Strafe oder eine andere Berufskammer eine berufsrechtliche Maßnahme in Form einer Rüge verhängt, so ist von einer Rüge wegen desselben Verhaltens grundsätzlich abzusehen. Es sei denn, diese ist zusätzlich erforderlich, um den WP zur Erfüllung seiner Pflichten anzuhalten und das Ansehen des Berufes zu wahren.

574 Mit Inkrafttreten des WPRefG[775] wurde der Vorrang des Strafverfahrens für das Verfahren vor dem Berufsgericht **aufgehoben**, sodass seither seine analoge Anwendung für das Rügeverfahren entfällt. Das Rügeverfahren und strafgerichtliche Verfahren können daher nebeneinander durchgeführt werden.

---

772 Diese Möglichkeit ist durch das WPRefG v. 01.12.2003 mit Wirkung vom 01.01.2004 geschaffen worden.
773 S. Tz. 18.
774 Vgl. im Einzelnen *Hense/Ulrich*, WPO, § 63, Rn. 22.
775 BGBl. I 2003, S. 2446, in Kraft getreten am 01.01.2004.

Qualitätssicherung und -kontrolle, Berufsaufsicht und Berufsgerichtsbarkeit   A

Ist der Berufsangehörige, dem eine schuldhafte Pflichtverletzung vorgeworfen wird, ein sogenannter Mehrfachberufler (WP/StB, WP/RA, WP/StB/RA), kann er mehreren Berufsrechten unterliegen. Für das berufsgerichtliche Verfahren regelt § 83a WPO, dass in diesem Verfahren u. a. nur entschieden wird, wenn die Pflichtverletzung mit der Ausübung des WP-Berufs im Zusammenhang steht (s. Tz. 589). Mangels einer entsprechenden Regelung im Rügeverfahren ist diese Vorschrift analog anzuwenden (so auch *Hense/Ulrich*, WPO, § 61a, Rn. 16). Infolgedessen wird über die Pflichtverletzung eines WP/StB, WP/RA oder WP/StB/RA im Rahmen der Berufsaufsicht nach der WPO nur entschieden, wenn die vorgeworfene Pflichtverletzung überwiegend mit der **Ausübung des WP-Berufs** zusammenhängt. Ein solcher Zusammenhang ist etwa gegeben, wenn Pflichtverletzungen im Rahmen von Prüfungstätigkeiten zu beurteilen und zu ahnden sind. Wird hingegen einem WP/StB eine Pflichtverletzung im Rahmen seiner steuerberatenden Tätigkeit vorgeworfen, besteht Verfolgungsvorrang nach Maßgabe des StBerG. Entsprechendes gilt, wenn gegen einen WP/RA Vorwürfe erhoben werden, die seiner Anwaltstätigkeit zuzuordnen sind.

Eine Rüge darf nicht mehr erteilt werden, wenn das **berufsgerichtliche Verfahren** eingeleitet ist oder seit der Pflichtverletzung mehr als fünf Jahre vergangen sind (§ 63 Abs. 2 S. 1 WPO); dasselbe gilt, während das Verfahren nach § 87 WPO (Antrag des Berufsangehörigen auf Einleitung des berufsgerichtlichen Verfahrens, Tz. 578) anhängig ist. Umgekehrt kann das Rügeverfahren nicht nachträglich durch einen Antrag des WP auf Einleitung des berufsgerichtlichen Verfahrens nochmals überprüft bzw. gegenstandslos gemacht werden (§ 87 Abs. 1 S. 2 WPO).   575

Vor Ausspruch der Rüge ist das **rechtliche Gehör** zu gewähren. Dies geschieht meist schriftlich, die persönliche Anhörung des Betroffenen (Tz. 563) bildet die Ausnahme. Wegen der Letztentscheidungsbefugnis der APAK in Berufsaufsichtsangelegenheiten (Tz. 558) ist sie in die Rügeentscheidung vor deren Bekanntgabe an den Berufsangehörigen einzubinden.   576

Der **Rügebescheid** ist zu begründen und dem betroffenen WP zuzustellen; eine Abschrift des Rügebescheides ist dem Generalstaatsanwalt (beim Kammergericht Berlin) zuzuleiten. Die Rüge kann mit einer **Geldbuße** von bis zu 50.000 €[776] verbunden werden (§ 63 Abs. 1 S. 3 WPO). Die Festsetzung der Höhe des Bußgelds liegt im pflichtgemäßen Ermessen der WPK und erlaubt die differenzierte Berücksichtigung der Umstände des Einzelfalls.

Gegen den Rügebescheid kann binnen eines Monats nach Zustellung beim Vorstand der WPK **Einspruch** erhoben werden, über den auch der Vorstand selbst entscheidet (§ 63 Abs. 5 WPO). Gegen den abweisenden Einspruchsbescheid kann der WP innerhalb eines Monats nach Zustellung schriftlich die Entscheidung der Kammer für WP-Sachen beim LG Berlin beantragen (§ 63a Abs. 1 WPO), die endgültig entscheidet (§ 63a Abs. 3 S. 4 WPO).   577

Sieht sich ein WP dem Vorwurf einer Berufspflichtverletzung ausgesetzt, kann er einen **Antrag auf Einleitung eines berufsgerichtlichen Verfahrens** bei der Generalstaatsanwaltschaft beim Kammergericht Berlin stellen (**Selbstanzeige**). Ziel dieses Verfahrens ist die Befreiung vom Verdacht einer Pflichtverletzung. Dieses Verfahren gem. § 87 WPO kann nicht mehr beantragt werden, wenn die WPK den Berufsangehörigen   578

---

776   Die Anhebung von 10.000 € auf 50.000 € mit dem BARefG (Tz. 18) spiegelt die durch dieses Gesetz erweiterte Zuständigkeit für mittelschwere Fälle wider.

bereits gerügt hat (§ 87 Abs. 1 S. 2 WPO). Dieses Verfahren hat in der Praxis bislang keine Bedeutung, sodass hier auf die Darstellung von Einzelheiten verzichtet werden kann[777].

dd) Verwaltungsgerichtliche Überprüfung von Maßnahmen der Berufsaufsicht

579 Es besteht auch die Möglichkeit, im Verfahren vor den Verwaltungsgerichten die Rechtmäßigkeit des Handelns der Berufskammer im Rahmen der Aufsicht überprüfen zu lassen. Das gilt zwar nicht für das Rügeverfahren, weil hier der Rechtsweg zu den Zivilgerichten durch die §§ 63, 63a WPO vorgegeben ist, wohl aber bei **Belehrungen** i.S.v. § 57 Abs. 2 Nr. 1 WPO[778]. Derartige Belehrungen sind kein Verwaltungsakt, sondern sog. Schlichtes Verwaltungshandeln.

c) Übergang zum berufsgerichtlichen Ermittlungsverfahren

580 Hält der Vorstand der WPK das Fehlverhalten eines WP für so schwer, dass der Ausspruch einer Rüge nicht mehr als ausreichend erscheint, wird die Angelegenheit an die **Generalstaatsanwaltschaft** (beim Kammergericht Berlin) abgegeben. Diese prüft eigenständig, ob ein berufsgerichtliches Verfahren einzuleiten ist (§ 85 WPO). Will die Generalstaatsanwaltschaft dem Vorschlag des Vorstandes nicht entsprechen, so hat sie ihre Entschließung unter Angabe der Gründe mitzuteilen; der Vorstand kann binnen eines Monats nach Bekanntmachung beim Kammergericht Berlin die gerichtliche Entscheidung beantragen.

581 Ein Aufsichtsvorgang kann von der **Generalstaatsanwaltschaft** an die WPK zur Weiterbehandlung im Rahmen der Berufsaufsicht zurückgegeben werden, wenn die weiteren Ermittlungen der Generalstaatsanwaltschaft ergeben haben, dass eine berufsgerichtliche Ahndung zwar nicht in Betracht kommt, weil das Verschulden des WP dafür nicht ausreicht, wohl aber der Ausspruch einer Rüge angezeigt ist.

582 Die **Generalstaatsanwaltschaft** hat auch die Möglichkeit, einen Vorfall, der zum Ausspruch einer Rüge geführt hat, aufzugreifen und im Rahmen eines berufsgerichtlichen Verfahrens weiterzuverfolgen, falls nach ihrer Auffassung die Berufspflichtverletzung durch die Rüge nicht ausreichend geahndet worden ist (§ 69 Abs. 1 WPO); von dieser Möglichkeit ist bisher kaum Gebrauch gemacht worden. Wird der WP in einem derartigen berufsgerichtlichen Verfahren freigesprochen oder ergeht ein Urteil, das auf eine berufsgerichtliche Maßnahme lautet, wird der Rügebescheid unwirksam; dasselbe gilt, wenn die Eröffnung des Hauptverfahrens abgelehnt worden ist, weil eine schuldhafte Pflichtverletzung nicht festgestellt werden konnte (§ 69 Abs. 2 WPO).

d) Untersagungsverfügung der WPK

583 In bestimmten Fällen kann die WPK ebenso wie das Berufsgericht (s. Tz. 594) über die Erteilung einer Rüge hinaus andauerndes pflichtwidriges Verhalten untersagen (§ 63 Abs. 1 S. 1 i.V.m § 68a WPO). Zu den Einzelheiten dieser Untersagungsverfügung vgl. *Hense/Ulrich*, WPO, § 63, Rn. 65 ff.

e) Zivilrechtliche Unterlassungsklage

584 Rechtsfähige Verbände zur Förderung gewerblicher oder selbständiger beruflicher Interessen sind nach § 8 Abs. 3 Nr. 2 UWG befugt, auf **Unterlassung von unlauteren Wett-**

---
[777] Zu den Detailfragen dieser Vorschrift s. *Hense/Ulrich*, WPO, § 87, Rn. 1 ff.
[778] OVG Münster v. 17.11.1989, WPK-Mitt. 1990, S. 10; OLG Stuttgart v. 28.02.1992, StB, S. 212.

Qualitätssicherung und -kontrolle, Berufsaufsicht und Berufsgerichtsbarkeit **A**

bewerbshandlungen i.S. von § 3 UWG zu klagen. Zu den rechtsfähigen Verbänden gehören auch die Kammern der freien Berufe, also auch die WPK. Mit einer solchen Klage kann einem Berufsangehörigen wettbewerbswidriges Verhalten, z.B. irreführende Werbung i.S. des § 5 UWG untersagt werden. Dabei ist eine solche gerichtliche Untersagung unabhängig vom Verschulden des Berufsangehörigen möglich. In Betracht kommen solche Unterlassungsansprüche v.a. bei der Verletzung von berufsrechtlichen Regelungen, die die Außendarstellung betreffen, die Verletzung solcher Regelungen kann zu Wettbewerbsnachteilen für rechtstreue Berufsangehörige führen[779]. Die WPK hat damit ein Mittel in der Hand, das im Verhältnis zur Belehrung, Rüge oder Einleitung eines berufsgerichtlichen Verfahrens schneller wirkt. Auch unter dem Gesichtspunkt eines möglichst schonenden Umgangs mit ihren Mitgliedern kann es den Berufskammern grundsätzlich nicht verwehrt werden, die ihr zustehenden zivilrechtlichen Ansprüche auf dem dafür von der Rechtsordnung vorgesehenen Wege, zu der auch die Klage auf die Unterlassung wettbewerbswidriger Handlungen zählt, durchzusetzen[780]. Unter **Verhältnismäßigkeitsgesichtspunkten** kann es nach Auffassung des BVerfG[781] aber erforderlich sein, das Vorgehen der WPK auf die milderen Mittel des Aufsichtsrechts zu beschränken.

4. Berufsgerichtsbarkeit
a) **Zuständigkeit**

Bei schwerwiegendem Fehlverhalten von WP reicht eine Rüge als Sanktion nicht aus, es ist das berufsgerichtliche Verfahren einzuleiten (s. Tz. 572, 580 ff.). Die Berufsgerichtsbarkeit ist Bestandteil der **ordentlichen Gerichtsbarkeit**, um den verfassungsrechtlichen Anforderungen an die Gewaltenteilung zu genügen. Dem steht die Mitwirkung ehrenamtlicher Beisitzer aus dem Berufsstand nicht entgegen, weil diese Beisitzer weder gleichzeitig dem Vorstand oder dem Beirat der WPK angehören noch bei der WPK im Haupt- oder Nebenberuf (§ 76 Abs. 2 WPO) tätig sein dürfen. Die Berufsgerichtsbarkeit ist wie folgt aufgebaut: **585**

- 1. Instanz: **Kammer für WP-Sachen beim LG Berlin**, weil in dessen Bezirk die WPK ihren satzungsmäßigen Sitz hat (§ 72 Abs. 1 WPO)
- 2. Instanz: **Senat für WP-Sachen beim Kammergericht Berlin**[782] (§ 73 WPO)
- 3. Instanz: **Senat für WP-Sachen beim BGH** (§ 74 WPO)

In der ersten und der zweiten Instanz nimmt die Generalstaatsanwaltschaft beim Kammergericht Berlin die Aufgaben der Staatsanwaltschaft wahr (§§ 84, 106 WPO); in der dritten Instanz ist der Generalbundesanwalt zuständig (§ 108 WPO). In jeder Instanz gehören dem Spruchkörper als ehrenamtliche Vertreter jeweils zwei WP an, die nach Maßgabe der jeweils einschlägigen Regelung an der Entscheidung beteiligt sind. Zur Berufung der ehrenamtlichen Richter s. § 75 WPO.

b) **Berufsgerichtliches Verfahren**

Im berufsgerichtlichen Verfahren sind über die Regelungen der WPO hinaus ergänzend die Vorschriften der **StPO** (und des GVG) sinngemäß anzuwenden (s. § 127 WPO), den- **586**

---
779 BVerfG v. 26.10.2004 – 1 BVR 981/00 –, www.bundesverfassungsgericht.de, Rubrik „Entscheidungen".
780 BGH v. 25.10.2001, NJW 2002, S. 2039; die Entscheidung beruht noch auf § 13a UWG a.F., der noch keine ausdrückliche Klagebefugnis der Kammer vorsah. Das BVerfG hat jedoch in seiner Entscheidung v. 26.10.2004 – 1 BVR 981/00 –, www.bundesverfassungsgericht.de, Rubrik „Entscheidungen" bestätigt, dass auch nach alter Rechtslage eine Wettbewerbsklage gegen Kammermitglieder zulässig war.
781 BVerfG v. 26.10.2004 – 1 BVR 981/100, www.bundesverfassungsgericht.de, Rubrik „Entscheidungen".
782 Die Stellung des OLG nimmt in Berlin das Kammergericht ein.

noch handelt es sich um ein Disziplinar- und nicht um ein Strafverfahren. Das berufsgerichtliche Verfahren wird gem. § 85 WPO durch Einreichen der **Anschuldigungsschrift** der Staatsanwaltschaft bei Gericht eingeleitet. Über die Eröffnung des Hauptverfahrens entscheidet das Gericht der ersten Instanz (§ 95 WPO). Die Eröffnung des Verfahrens kann vom WP nicht angefochten werden. Er kann sich aber dem Verfahren dadurch entziehen, dass er auf seine Bestellung nach § 19 WPO (s. Tz. 108) verzichtet. Gem. § 103 WPO ist in diesem Fall das Verfahren einzustellen.

587 Die **Hauptverhandlung** kann in Abwesenheit des WP geführt werden, wenn er ordnungsgemäß geladen und entsprechend belehrt worden ist (§ 98 WPO); eine öffentliche Ladung ist allerdings nicht zulässig. Die Hauptverhandlung ist grundsätzlich nicht öffentlich. Auf Antrag der Staatsanwaltschaft kann, auf Antrag des WP muss die Öffentlichkeit hergestellt werden. Die Hauptverhandlung ist jedoch immer in den Fällen **öffentlich**, in denen die dem Berufsangehörigen vorgeworfene Pflichtverletzung im Zusammenhang mit der Durchführung einer **Prüfung nach § 316 HGB** steht (§ 99 Abs. 1 S. 3 WPO)[783]. Zutritt zur nichtöffentlichen Verhandlung haben u.a. Vertreter der WPK.

Eine **Verhaftung** des WP ist im berufsgerichtlichen Verfahren nicht zulässig; er darf weder vorläufig festgenommen noch vorgeführt werden. Ebenso wenig darf er zur Vorbereitung eines Gutachtens über seinen psychischen Zustand in ein psychiatrisches Krankenhaus eingeliefert werden (§ 82 WPO). Zu Verteidigern im berufsgerichtlichen Verfahren vor dem Landgericht und dem Kammergericht können auch WP gewählt werden. Im berufsgerichtlichen Verfahren wird dem Beschuldigten und dem Vorstand der WPK und von ihm beauftragten Personen **Akteneinsicht** gewährt (§ 82b WPO).

588 Das berufsgerichtliche Verfahren ist unabhängig von anderen Gerichtsverfahren durchzuführen, insb. ist durch das WPRefG[784] der Vorrang des Strafverfahrens aufgehoben worden. Nach § 83b WPO kann das berufsgerichtliche Verfahren nur noch **in zwei Fällen ausgesetzt** werden, nämlich wenn

1. in einem anderen gesetzlich geregelten Verfahren ein Sachverhalt aufzuklären oder eine Rechtsfrage zu entscheiden ist, ohne deren Beurteilung eine Entscheidung im berufsgerichtlichen Verfahren nicht möglich ist oder

2. der rechtskräftige Abschluss eines anderen gesetzlich geregelten Verfahrens, in dem über einen Sachverhalt oder eine Rechtsfrage zu entscheiden ist, deren Beurteilung für die Entscheidung im berufsgerichtlichen Verfahren von Bedeutung ist, innerhalb von sechs Monaten zu erwarten ist.

589 Hat ein Berufsangehöriger **mehrere Berufsqualifikationen**, wird im berufsgerichtlichen Verfahren nach der WPO nur dann entschieden, wenn die Pflichtverletzung überwiegend mit der Ausübung des WP-Berufs im Zusammenhang steht (§ 83a Abs. 1 WPO). Bei einem solchen bereichsspezifischen disziplinarischen Überhang sperrt der Freispruch nach einer Berufsordnung nicht die Verfolgung einer möglichen Pflichtverletzung nach einer anderen Berufsordnung[785].

---

783 Diese generelle Ausnahme im Grundsatz der nicht öffentlichen Hauptverhandlung ist durch das WPRefG v. 01.12.2003, BGBl. I, S. 2446 eingeführt worden.
784 S. Tz. 574.
785 BGH v. 12.10.2004, DStR 2005, S. 213. Ein genereller Vorrang der Berufsgerichtsbarkeit der Rechtsanwälte vor dem WP besteht nicht, LG Berlin v. 07.11.2008, WPK-Magazin 2/2009, S. 35.

Qualitätssicherung und -kontrolle, Berufsaufsicht und Berufsgerichtsbarkeit **A**

c) Verjährung

Die Verfolgung einer Pflichtverletzung **verjährt in 5 Jahren**; dies gilt nicht, sofern ein 590
Tätigkeitsverbot, ein befristetes Berufverbot oder Ausschließung aus dem Beruf gerechtfertigt gewesen wäre (§ 70 S. 1 WPO). In diesen Fällen tritt keine Verjährung ein. Ist aber vor Ablauf der Verjährungsfrist wegen desselben Sachverhalts ein Strafverfahren eingeleitet worden, wird der Ablauf der Verjährungsfrist für die Dauer des Strafverfahrens gehemmt (§ 70 Abs. 2 WPO).

d) Berufsgerichtliche Maßnahmen

Die Hauptverhandlung schließt mit einem Urteil ab, das auf **Freispruch**, **Verurteilung** 591
oder **Einstellung** des Verfahrens lauten kann (§ 103 WPO). Berufsgerichtliche Maßnahmen im Falle der Verurteilung sind gem. § 68 Abs. 1 WPO

1. die Geldbuße (bis zu 500.000 €)[786],
2. das Verbot, auf bestimmten Tätigkeitsgebieten für die Dauer von einem Jahr bis zu fünf Jahren tätig zu werden (vgl. zu einem solchen Fall WPK-Magazin 4/2004, S. 47),
3. ein befristetes Berufsverbot (auf allen Tätigkeitsgebieten) von ein bis fünf Jahren und
4. die **Ausschließung aus dem Beruf**.

Eine Verurteilung führt damit wenigstens zu einer Geldbuße. Die befristeten Tätigkeitsverbote sind durch das WPRefG[787] eingeführt worden. Eine ausdrückliche Regelung zur **Wiederaufnahme des Verfahrens** enthält § 83c WPO.

e) Rechtsmittel

aa) Berufung

Gegen das Urteil der Kammer für Wirtschaftsprüfersachen beim LG ist gem. § 105 WPO 592
die **Berufung** an den Senat für Wirtschaftsprüfersachen beim Kammergericht zulässig.
Sie muss binnen einer Woche nach Verkündung des Urteils **bei der Kammer für Wirtschaftsprüfersachen beim LG** schriftlich eingelegt werden. Ist das Urteil nicht in Anwesenheit des WP verkündet worden, so beginnt diese sehr kurze Frist für diesen mit der Zustellung der Entscheidung. Die Berufung muss binnen einer Woche nach Ablauf der Frist für die Einlegung oder wenn zu diesem Zeitpunkt das Urteil noch nicht zugestellt war, nach dessen Zustellung (§ 317 StPO) schriftlich begründet werden.

bb) Revision

Gegen ein Urteil des Senats für Wirtschaftsprüfersachen beim Kammergericht ist grund- 593
sätzlich die **Revision** an den BGH möglich. Diese ist aber nur zulässig, wenn

1. das Urteil auf Ausschließung aus dem Beruf lautet,
2. wenn der Senat für WP-Sachen beim Kammergericht entgegen einem Antrag der Generalstaatsanwaltschaft nicht auf Ausschließung erkannt hat,
3. wenn der Senat für WP-Sachen beim Kammergericht die Revision im Urteil ausdrücklich zugelassen hat (§ 107 Abs. 1 WPO).

Die **Zulassung der Revision** ist nur statthaft, wenn in der zweiten Instanz über Rechtsfragen oder Fragen der Berufspflichten entschieden worden ist, die von grundsätzlicher Bedeutung sind.

---

786 Die Höhe der Geldbuße ist durch das BARefG (s. Tz. 18) von 100.000 € auf 500.000 € angehoben worden; gleichzeitig sind die Warnung und der Verweis entfallen.
787 V. 01.12.2003, BGBl. I, S. 2446.

Die Nichtzulassung der Revision kann selbständig durch Beschwerde innerhalb eines Monats nach Zustellung des Urteils angefochten werden (§ 107 Abs. 3 WPO). Die Beschwerde ist beim Kammergericht einzulegen.

Auch die Revision ist **binnen einer Woche** nach Verkündung des Urteils beim Kammergericht schriftlich einzulegen; ist das Urteil nicht in Anwesenheit des WP verkündet worden, so beginnt für ihn die Frist auch in diesem Fall erst mit der Zustellung (§ 107a WPO). Vom WP können die Revisionsanträge und deren Begründung nur schriftlich angebracht werden (§ 107a Abs. 2 WPO). Die Revision muss ebenfalls binnen einer Woche nach Ablauf der Frist für die Einlegung oder wenn zu diesem Zeitpunkt das Urteil noch nicht zugestellt war, nach dessen Zustellung (§ 107a Abs. 3 i.V.m. § 345 Abs. 1 S. 2 StPO) **schriftlich** angebracht werden (§ 107a Abs. 2 WPO).

f) Untersagungsverfügung

594 Das Instrument der **Untersagungsverfügung**[788] eröffnet dem Gericht (ebenso der WPK, s. Tz. 583) neben einer berufsgerichtlichen Maßnahme bei bestimmten Sachverhaltskonstellationen die Möglichkeit, einem Berufsangehörigen ein noch andauerndes pflichtwidriges Verhalten zu untersagen (§ 68a WPO). Des weiteren kann das Gericht die künftige Vornahme von Pflichtverletzungen, deretwegen bereits eine berufsgerichtliche Maßnahme, eine Rüge oder eine Belehrung erfolgte, untersagen. Verstößt der Berufsangehörige gegen diese Untersagung, kann gegen ihn ein **Ordnungsgeld** für jeden Fall der Zuwiderhandlung verhängt werden. Das einzelne Ordnungsgeld kann bis zu 100.000 € betragen.

5. Sicherung von Beweisen; vorläufiges Berufsverbot

595 Wird ein berufsgerichtliches Verfahren gegen einen WP eingestellt, weil seine Bestellung als WP erloschen oder zurückgenommen ist und er damit der Berufsgerichtsbarkeit nicht mehr unterliegt (Tz. 107 ff.), so kann auf **Antrag der Generalstaatsanwaltschaft** die **Sicherung der Beweise** angeordnet werden, wenn zu erwarten ist bzw. war, dass auf Ausschließung aus dem Beruf erkannt worden wäre (§ 109 WPO, Tz. 114). Eine solche Beweissicherung ist vor allem dann angebracht, wenn damit zu rechnen ist, dass der Ausgeschiedene die Wiederbestellung als WP (§ 23 WPO) betreiben wird; damit soll vermieden werden, dass sich der Betreffende durch vorübergehendes Ausscheiden aus dem Beruf der befürchteten berufsgerichtlichen Ahndung durch Ausschließung aus dem Beruf (§ 68 Abs. 1 Nr. 4 WPO) entzieht.

596 Gem. § 111 WPO kann gegen einen WP ein **vorläufiges Berufsverbot** verhängt werden, wenn dringende Gründe für die Annahme vorhanden sind, dass gegen ihn auf Ausschließung aus dem Beruf erkannt werden wird. Ein solcher Antrag auf Erlass eines Berufsverbotes kann schon vor Einleitung des berufsgerichtlichen Verfahrens (§ 85 WPO) gestellt werden. Die Verhängung eines Berufsverbotes kann auch im Rahmen eines strafgerichtlichen Verfahrens erfolgen (§ 70 StGB); es handelt sich insoweit aber um ein von der WPO getrenntes Verfahren, bei dem der Berufsstand auch nicht durch ehrenamtliche Beisitzer beteiligt ist.

---

788 Eingeführt mit dem WPRefG v. 01.12.2003, BGBl. I, S. 2446.

IX. Auftragsdurchführung

1. Allgemeines

Die Abwicklung beruflicher Aufträge richtet sich nach den Bestimmungen des BGB und bei gesetzlich vorgeschriebenen JAP zudem nach § 323 HGB. Die einzelnen, möglicherweise sehr unterschiedlichen Tätigkeiten, lassen sich i.d.R. als **Dienst-** (§ 611 BGB) **oder Werkvertrag** (§ 631 BGB) **in der Form des Geschäftsbesorgungsvertrages** (§ 675 BGB) qualifizieren. Ob im Einzelfall ein Dienstvertrag vorliegt, z.b. im Bereich der steuerlichen Beratung, oder ob ein Werkvertrag zu erfüllen ist, z.b. bei der Abschlussprüfung (BGH v. 01.02.2000, DB, S. 2028), oder ob es sich um **Mischformen** handelt, kann im Hinblick auf mögliche Rechtsfolgen[789] von Bedeutung sein. Die Unterscheidung zwischen Dienst- und Werkvertrag kann etwa wegen denkbarer Unterschiede hinsichtlich der Vergütungsregeln oder der besonderen Verjährungsvorschrift des § 634a BGB (Werkvertrag) relevant werden. **Buchhaltungsarbeiten** einschl. des Entwurfs des JA ist entweder ein Werkvertrag oder ein typengemischter Vertrag[790]. 597

Es ist zulässig (§ 54a WPO), der Auftragsdurchführung **Allgemeine Auftrags-/Geschäftsbedingungen** zugrunde zu legen; von WP und WPG werden im Regelfall die Allgemeinen Auftragsbedingungen für WP und WPG (AAB)[791] verwendet, weil diese insb. bezüglich der Haftungsbeschränkung (Tz. 650 ff.) den berufsrechtlichen Anforderungen (§ 54a Abs. 1 Nr. 2 WPO) entsprechen. Die AAB müssen spätestens bei der Auftragsannahme Bestandteil der vertraglichen Absprache werden; das spätere Beifügen, z.B. zum PrB, wird im Allgemeinen nicht ausreichen, um sie wirksam zu vereinbaren und zur rechtlichen Grundlage der Auftragsdurchführung zu machen. S. auch *IDW Prüfungsstandard: Beauftragung des Abschlussprüfers (IDW PS 220)*[792]. 598

2. Auftragserteilung

Für die Auftragserteilung bzw. -annahme ist gesetzlich eine besondere Form oder ein besonderes Verfahren nicht vorgesehen[793]. Allerdings empfiehlt es sich, die erteilten Aufträge **schriftlich** zu bestätigen, damit im Streitfall, etwa wegen der Haftung oder des Honorars, ein eindeutiger Nachweis über den Inhalt des Auftrags möglich ist. Im Zweifel wirken sich Unklarheiten über den Umfang des Auftrages und die daraus resultierenden Pflichten zum Nachteil des Berufsangehörigen aus. Insb. gilt in Beratungsfällen die Vermutung, dass der Mandant sich bei sachgerechter Belehrung beratungsgemäß verhalten hätte[794]. Zwar muss derjenige, der einen StB wegen fehlerhafter oder unzureichender Beratung auf Schadensersatz in Anspruch nimmt, u.a. die behauptete Pflichtverletzung beweisen. Etwaige Schwierigkeiten, mit denen der Beweis eines in einem Unterlassen bestehenden Verhaltens verbunden sein kann, sind dadurch auszugleichen, dass der Berufsangehörige zunächst im einzelnen darzulegen hat, in welcher Weise er seine Beratungspflichten seiner Ansicht nach erfüllt hat. Begnügt er sich stattdessen mit einem bloßen Bestreiten des Klägervortrags, so gilt das Vorbringen des Mandanten als zugestanden[795]. 599

---

789 S. zur Rechtslage vor Inkrafttreten des Schuldrechtsmodernisierungsgesetzes (01.01.2002), BGBl. I 2001, S. 3138; BGH v. 07.03.2002, NJW, S. 1571.
790 BGH v. 07.03.2002, NJW, S. 1571; BGH v. 01.02.2000, DB, S. 916, WPK-Mitt., S. 129.
791 Stand: 01.01.2002; erhältlich bei der IDW Verlag GmbH, Düsseldorf.
792 WPg 2009, Supp. 4; FN-IDW 2009, S. 533.
793 Zur Entwicklung s. WPK-Mitt. 2000, S. 159 (r. Spalte).
794 BGH v. 07.05.1992, DB, S. 2028, NJW, S. 1110.
795 BGH v. 10.12.1998, NJW-RR 1999, S. 641, WPK-Mitt. 1999, S. 88.

600 Hinsichtlich der auch durch den Auftragsumfang bestimmten Haftung haben diese Beratungspflichten zur Folge, dass der WP im Regelfall – auch ohne ausdrücklichen Auftrag – umfassend verpflichtet ist, auf rechtliche und sachliche Risiken und Probleme hinzuweisen, die ihm als Fachmann bei der Durchführung des Auftrages auffallen. Vor allem im Bereich der Steuerberatung ist davon auszugehen, dass bei einem ohne besonderer Konkretisierung erteilten Auftrag **alle sich aufdrängenden Fragen** steuerrechtlicher Art zu erledigen sind[796]. Eine andere Beurteilung kommt nur dann in Betracht, wenn ein auf bestimmte Aufgaben beschränkter Auftrag erteilt worden ist; der Berufsangehörige hat den Mandanten aber auf eine außerhalb des Auftrages liegende Fehlentscheidung hinzuweisen, wenn er sie kennt oder sie für einen durchschnittlichen Berater ersichtlich ist[797].

601 Im **Honorarrechtsstreit** hat der **WP** hingegen darzulegen und unter Beweis zu stellen, dass er im behaupteten Umfang beauftragt und auch tätig geworden ist. Bei einer Vergütungsabrede auf Stundenbasis (Tz. 719) muss der WP die angefallenen Stunden darlegen und deren Anfall unter Beweis stellen; letzteres kann auch durch Zeugen geschehen[798].

602 Verfügt der Berufsangehörige über **mehrere Berufsqualifikationen**, so empfiehlt sich vorab die Klärung, in welcher Berufseigenschaft er beauftragt wird. Handelt es sich um eine Vorbehaltsaufgabe, die nur einer bestimmten Qualifikation zugeordnet werden kann, wie z.B. die gesetzliche Abschlussprüfung dem WP oder die reine Rechtsberatung und -besorgung dem RA, ist die Zuordnung ohne Schwierigkeiten möglich. Bei der Steuerberatung ist aber nach § 3 Nr. 1 StBerG eine dreifache Zuordnung (StB, RA, WP) denkbar; dasselbe gilt für den übrigen Bereich der beruflich erlaubten, aber nicht eindeutig durch Gesetz einer Berufsgruppe zugewiesenen Tätigkeiten.

603 Fehlt eine besondere Vereinbarung, so ist entscheidend, wo nach dem Willen der Parteien der **Schwerpunkt der vertraglichen Verpflichtung** liegen soll[799] und welche Berufsordnung die Grundlage für diese vertraglichen Verpflichtungen bildet[800]. Zur Einordnung der Insolvenzverwaltertätigkeit s. BGH v. 12.10.2004[801].

604 Besondere Sorgfalt ist bei der Erteilung von Aufträgen zur **Durchführung gesetzlich vorgeschriebener Abschlussprüfungen** geboten[802]. Der WP hat sich zu vergewissern, dass er selbst die Voraussetzungen für eine Bestellung als gesetzlicher APr. nach § 319 Abs. 1 S. 3 HGB (Teilnahmebescheinigung an der Qualitätskontrolle) erfüllt und rechtswirksam als Prüfer bestellt worden ist. Die Bestellung des APr. vollzieht sich in zwei Stufen: Zunächst erfolgt seine **Wahl als APr.** durch das zuständige Gesellschaftsorgan (§ 318 Abs. 1 S. 1 und 2 HGB)[803], anschließend haben die gesetzlichen Vertreter oder bei Zuständigkeit des AR[804] dieser unverzüglich den **Prüfungsauftrag** zu erteilen, der dann

---

796 BGH v. 09.11.1995, WM 1996, S. 71; BGH v. 09.01.1996, DB, S. 1336, WM, S. 551; BGH v. 15.04.1997, DB, S. 1274.
797 BGH v. 26.01.1995, NJW, S. 958, BB, S. 537, WM, S. 721, DB, S. 624; BGH v. 11.05.1995, BB, S. 1611, DB, S. 2110, DStR 1997, S. 135.
798 BGH v. 01.02.2000, DB, S. 2028, WPK-Mitt., S. 129.
799 BGH v. 25.02.1994, NJW, S. 1405, BB, S. 599, WM, S. 504.
800 BGH v. 25.03.1987, NJW, S. 3136, WM, S. 928; BGH v. 21.04.1982, NJW, S. 1866, BGHZ 83, S. 328.
801 AnwBl. 2005, S. 149.
802 S. dazu insb. *IDW PS 220*, FN-IDW 2009, S. 533; WPg 2009 Supp. 4.
803 Bei OHG und KG ist, falls der Gesellschaftsvertrag keine anderweitige Regelung enthält, die Gesellschafterversammlung zuständig, BGH v. 24.03.1980, WM, S. 526; das gilt auch hinsichtlich der Feststellung des JA, BGH v. 29.03.1996, ZIP, S. 370.
804 Zu den Fällen, in denen der AR für die Erteilung des Prüfungsauftrags zuständig ist und zu den Einzelheiten dieses Auftrags s. ADS[6], § 318, Tz. 142/146 sowie *Gelhausen*, AG 1997, Sonderheft August, S. 73.

vom APr. angenommen wird. Das mit Annahme des Prüfungsauftrags zustande gekommene Auftragsverhältnis zwischen Gesellschaft und APr. ist nach h.M. ein Geschäftsbesorgungsvertrag mit werkvertraglichem Charakter (§ 675 BGB)[805]. Durch wirksame Bestellung erhält der WP im konkreten Einzelfall die Stellung als **gesetzlicher APr**.[806]. Fehlt die Wahl oder die Erteilung des Prüfungsauftrags, kommt ein wirksamer Prüfungsvertrag nicht zustande[807]. Rechtsfolge ist die **Nichtigkeit** des Jahresabschlusses gem. § 256 Abs. 1 Nr. 2 AktG, deren Geltendmachung nicht durch Zeitablauf ausgeschlossen ist (d.h. keine Heilung nach § 256 Abs. 6 AktG). Zu beachten ist, dass die Bestellung sich immer nur auf den **Jahresabschluss eines GJ** beziehen kann und nicht mehrere GJ Gegenstand einer Beschlussfassung des Bestellungsorgans sein darf. Denkbar ist aber der Abschluss einer **Rahmenvereinbarung**, nach der ein WP für mehrere GJ APr. sein soll[808].

Der einmal gewählte und beauftragte APr. kann seitens der Gesellschaft nicht **gekündigt** werden. Er kann nur unter den Voraussetzungen des § 318 Abs. 3 oder 4 HGB vom Gericht durch einen anderen APr. ersetzt werden, woraufhin die Gesellschaft gem. § 318 Abs. 1 S. 5 HGB den Prüfungsauftrag gegenüber dem „alten" Prüfer widerrufen kann (als zivilrechtliche Folge der gerichtlichen Ersetzung, vgl. Tz. 626). Die nach früherem Recht mögliche **Anfechtungsklage** gegen den Wahlbeschluss ist neben der gerichtlichen Ersetzung gem. § 318 Abs. 3 oder 4 HGB nach geltendem Recht nicht mehr möglich (§ 243 Abs. 3 Nr. 2 AktG)[809]. Auch dann, wenn etwa vor Beginn oder Beendigung der Abschlussprüfung die Anteilseigner der Gesellschaft wechseln, bleibt der bestellte WP gesetzlicher APr. Wird der WP in der **Gründungsurkunde** einer AG für das erste Geschäftsjahr bestellt (§ 30 AktG), ersetzt dies die Wahl. 605

3. Persönliche Erledigung

Im Regelfall hat der WP den ihm übertragenen Auftrag **persönlich** durchzuführen; ob er sich von anderen Personen mit entsprechenden Befugnissen vertreten lassen kann, hängt vom Inhalt des jeweiligen Auftrags ab. Eine **höchstpersönliche** Verpflichtung ist bei der Bestellung als gesetzlicher APr. gegeben. Hier ist eine Stellvertretung durch einen anderen WP nicht möglich. Ist der als APr. gewählte und beauftragte WP verhindert, die Prüfung durchzuführen, so muss entweder ein anderer APr. gewählt oder durch das Gericht bestellt werden (§ 318 Abs. 4 S. 2 HGB). Eine gleichartige Höchstpersönlichkeit gilt auch für die Durchführung eines vom Gericht erteilten Gutachterauftrages[810]. 606

Diese höchstpersönliche Verpflichtung des WP bedeutet aber nicht, dass er den gesamten Auftrag allein durchführen muss; es ist wie bei allen anderen Aufträgen möglich, Hilfspersonen, z. B. Sozien und/oder Mitarbeiter, einzusetzen, die nach den Anweisungen des WP und unter seiner Aufsicht an der Erledigung des Auftrages mitwirken (vgl. Tz. 394). 607

4. Beauftragung von Sozietäten

Schließen sich WP untereinander oder WP und Angehörige anderer sozietätsfähiger Berufe zur **gemeinsamen Berufsausübung** (Tz. 201) zusammen, so bekunden sie damit im 608

---

805 ADS[6], § 318, Tz. 191 f.; BeBiKo[7], § 318, Rn. 14.
806 *IDW PS 220*, Tz. 4.
807 Vgl. LG Köln v. 13.09.1991, DB 1992, S. 266, WPK-Mitt. 1992, S. 88; LG Berlin v. 27.10.1994, WPK-Mitt. 1995, S. 180.
808 S. dazu ADS[6], § 318, Tz. 54.
809 S. dazu *Gelhausen/Heinz*, WPg 2005, S. 693.
810 OLG Frankfurt/Main v. 18.05.1983, ZIP, S. 1000.

Regelfall ihren Willen, alle Aufträge gemeinschaftlich entgegenzunehmen und durchzuführen[811]. Eine solche gemeinschaftliche Auftragsannahme und -durchführung durch die Sozien ist, insb. seit der BGH die Rechts- und Parteifähigkeit der GbR allgemein anerkannt hat[812], ohne Einschränkung möglich, falls alle Mitglieder dieses beruflichen Zusammenschlusses über die notwendigen Befugnisse verfügen, z.B. über die Befugnis zur uneingeschränkten Steuerberatung (§§ 3, 12 StBerG), oder besondere berufliche Befugnisse für die Auftragsannahme nicht erforderlich sind, z.b. bei der Unternehmensberatung oder Treuhandtätigkeit. Dementsprechend gelten im Regelfall alle Sozien als berechtigt und verpflichtet, den Auftrag durchzuführen, und zwar auch solche, die erst später eingetreten sind. Eine Ausnahme gilt insoweit bei der Abwicklung einer gesetzlich vorgeschriebenen Prüfung[813] (Tz. 610). Sind für die Übernahme eines Mandats besondere berufliche Befugnisse erforderlich und weisen nicht alle Sozien einer gemischten Sozietät diese Befugnisse auf, konnte nach alter Rspr. des BGH (s. BGH-Urteil vom 26.01.2006 – IX ZR 225/04) die Sozietät nicht Vertragspartner sein mit der Folge, dass ein entsprechender Vertrag nichtig war. Diese Rspr. hat der BGH mit Urteil vom 09.12.2010 – IX ZR 44/10 aufgegeben, weil u.a. die Mandatserteilung an die gemischte Sozietät im haftungsrechtlichen Interesse des Mandanten liegt (der Mandant gewinnt die rechtsfähige Sozietät als unmittelbaren Haftungsschuldner, wenn er dieser und nicht dem befugten Gesellschafter das Mandat erteilt). Demnach durfte sich im zu entscheidenden Fall eine Sozietät bestehend aus Anwälten und Steuerberatern zur Erbringung anwaltlicher Dienstleistungen verpflichten. Die tatsächliche Erbringung der Dienstleistungen ist jedoch weiterhin den dazu befugten Sozien vorbehalten; insofern bleibt es bei der alten Rechtsprechung (s. BGH v. 09.12.2010, DB 2011, S. 171).

609 Besonderheiten gelten, wenn der Auftrag höchstpersönlicher Natur ist, weil nur ein bestimmter Sozius beauftragt worden ist und nur dieser den Auftrag durchführen soll (Tz. 606). Eine solche Konstellation ist bei jedem beliebigen Auftrag denkbar, also nicht nur in den Vorbehaltsbereichen der gesetzlichen Abschlussprüfung sowie der Steuer- und der Rechtsberatung.

610 Im Bereich der **gesetzlichen Abschlussprüfung** ist diese Höchstpersönlichkeit immer gegeben. Dabei ist zu beachten, dass nur WP-Sozien über die uneingeschränkte Befugnis zur Durchführung gesetzlich vorgeschriebener Abschlussprüfungen verfügen können, Sozien ohne diese Qualifikation hingegen nicht wählbar sind (§§ 318 Abs. 1, 319 Abs. 1 HGB). Wird dennoch ein APr. gewählt, dem die entsprechende Qualifikation für die gesetzlich vorgeschriebene Abschlussprüfung fehlt, ist der „geprüfte" JA nach § 256 Abs. 1 Nr. 3 AktG nichtig[814].

611 Im Einzelfall ist von Bedeutung, ob nur ein Sozius oder alle WP-Sozien als Prüfer gewählt worden sind und dementsprechend beauftragt werden müssen. Ist die „Sozietät"[815] gewählt und beauftragt, so sind im Zweifel alle Mitglieder der Sozietät mit WP-Qualifikation jeweils höchstpersönlich bestellt mit der Folge, dass alle den Auftrag durchführen, also alle den PrB und den BestV unterzeichnen (§§ 321, 322 HGB) und siegeln[816] (§ 48 Abs. 1

---

811 BGH v. 04.02.1988, ZIP, S. 415, BB, S. 658; BGH v. 17.10.1989, WM 1990, S. 188, WPK-Mitt. 1990, S. 91; BGH v. 19.01.1995, NJW, S. 1841.
812 BGH v. 18.02.2002, NJW, S. 1207; s. zur Reichweite der neuen BGH-Rspr. aber auch Tz. 611.
813 Vgl. zur Bestellung mehrerer Personen zum gesetzlichen APr. *IDW PS 208*, WPg 1999, S. 707.
814 S. dazu U Tz. 195.
815 *Hense/Ulrich*, WPO, § 32, Rn. 6. Eine Sozietät kann als solche nicht zum gesetzlichen APr. bestellt werden, vgl. auch LG Berlin v. 09.05.2011, WPK-Magazin 3/2011, S. 45.
816 Zur Siegelführung s. Tz. 225 ff.

Auftragsdurchführung A

S. 1 WPO) müssen[817]. Fehlt die Unterschrift eines Partners unter dem PrB und dem BestV, so ist die Prüfung nicht im vorgeschriebenen Umfang durchgeführt worden, weil nicht alle bestellten APr. mitgewirkt haben. Nach § 316 Abs. 1 S. 2 HGB kann der JA in diesem Fall nicht festgestellt werden. Ob die mit Urteil vom 09.12.2010 geänderte Rechtsprechung des BGH (vgl. Tz. 608) zur Folge hat, dass die Sozietät Auftragnehmer eines „der Sozietät" erteilten Auftrags zur gesetzlichen Abschlussprüfung (und somit unmittelbarer Haftungsschuldner für das beauftragende Unternehmen) sein kann, erscheint angesichts der Höchstpersönlichkeit der gesetzlich angeordneten Abschlussprüfung zweifelhaft. Mögliche weitere Auswirkungen sind noch nicht geklärt. Zur Haftung von Sozietäten s. Tz. 686 ff.

Eine PartG kann nur als gesetzlicher APr. bestellt werden, wenn sie als WPG anerkannt worden ist (s. Tz. 118).

Bei großen beruflichen Zusammenschlüssen ist eine solche Auftragsdurchführung nicht nur unzweckmäßig, sondern auch faktisch kaum möglich. Es ist daher üblich, dass nur ein WP-Sozius als Prüfer gewählt und bestellt wird; die übrigen WP-Sozien werden – in beliebiger Reihenfolge – als Ersatzprüfer gewählt und beauftragt, so dass der Fortbestand des Auftrags im Rahmen des Möglichen und Zulässigen gesichert ist. **612**

Treten im Einzelfall die nicht als APr. bestellten WP-Sozien wegen der Gestaltung der Briefbogen bzw. der Berichtsmappen im PrB in Erscheinung oder unterzeichnen sie zusätzlich den BestV, weil sie an der Prüfung mitgewirkt haben, so ist dies für die Wirksamkeit des BestV ohne Auswirkungen, sofern der als APr. bestellte WP-Sozius den PrB und den BestV unterzeichnet. **613**

Sozien ohne WP-Qualifikation dürfen hingegen weder den BestV noch den PrB mit unterzeichnen; insoweit findet § 32 WPO (Tz. 132) entsprechende Anwendung. **614**

5. Beauftragung von Wirtschaftsprüfungsgesellschaften

Soweit WPG beauftragt werden, richtet sich die konkrete Auftragsdurchführung nach den in der WPG geltenden Vertretungsregeln. Im Übrigen gilt hinsichtlich der Auftragsdurchführung dasselbe wie für WP und Sozietäten. Bei gesetzlich vorgeschriebenen Prüfungen sowie bei sonstigen Erklärungen im Vorbehaltsbereich dürfen BestV und PrB grundsätzlich nur **von vertretungsberechtigten WP** unterzeichnet werden (§ 32 WPO); wegen der Ausnahme bei mittelgroßen GmbH und GmbH & Co. KG s. Tz. 132. Die Vertretungsberechtigung des WP kann auf der gesetzlichen Vertretungsmacht und damit der Organstellung (gesetzliche Vertreter, d.h. Vorstand, Komplementäre, Partner) oder auf gewillkürter Vertretungsmacht (z.B. Prokura) beruhen; zulässig ist es auch, einen nicht in der Gesellschaft tätigen WP für den Einzelfall entsprechend zu ermächtigen. **615**

6. Herausgabepflicht, Zurückbehaltungsrecht, Aufrechnung
a) Herausgabepflicht

Grundsätzlich hat der WP alles, was er zur Ausführung des Auftrags erhält und was er aus der Geschäftsbesorgung erlangt hat, gem. §§ 667, 675 BGB an den Auftraggeber herauszugeben. Der Herausgabeanspruch des Auftraggebers wird grundsätzlich fällig mit der Ausführung des Auftrags (Erreichen des Auftragszwecks), jedenfalls mit der Beendigung des Auftragsverhältnisses[818]. Der Umfang dessen, was herauszugeben ist, wird durch die **616**

---

817 Vgl. dazu auch *IDW PS 208*.
818 *Palandt*, BGB[70], § 667, Rn. 8.

spezialgesetzliche Regelung[819] des § 51b WPO, aus dessen Abs. 2 sich auch eine berufsrechtliche Pflicht zur Herausgabe ableiten lässt[820], konkretisiert. Herauszugeben sind alle **Schriftstücke**, die der WP aus Anlass seiner beruflichen Tätigkeit **von dem oder für den Auftraggeber erhalten hat**, also grundsätzlich die Unterlagen i.S.v. § 51b Abs. 2 und 3 WPO (Tz. 256). Es besteht aber auch die Pflicht, **Datenbestände** auf den Mandanten (oder auf den Insolvenzverwalter) zu überspielen[821]. Nicht zu den herausgabepflichtigen Unterlagen zählen der **Briefwechsel** zwischen WP und seinem Auftraggeber, die Schriftstücke, die dieser bereits in Urschrift oder in Abschrift erhalten hat, sowie die zu internen Zwecken gefertigten **Arbeitspapiere**. Dies sieht § 51b Abs. 4 WPO vor, der die herausgabepflichtigen Handakten i.S.v. § 51b Abs. 3 WPO (Handakten i.e.S.) inhaltlich bestimmt. Hinzu kommt, dass die Arbeitspapiere des WP sein prüferisches Know how dokumentieren, das auch den Schutz des Art. 12 GG genießt. Der WP kommt seiner Herausgabeverpflichtung nach, wenn er dem Mandanten die Handakten an seinem Berufssitz zur Verfügung stellt. Hält der WP vom Mandanten überlassene Unterlagen vertragswidrig zurück, kann dies u.U. einen Schadensersatzanspruch des Mandanten auslösen[822].

b) Zurückbehaltungsrecht

617 WP können nach § 51b Abs. 3 WPO an den herauszugebenden Unterlagen ein **Zurückbehaltungsrecht** geltend machen, sofern ihnen noch Vergütungsansprüche oder Auslagenersatz zustehen. Das gilt nicht, falls dies nach den Umständen unangemessen wäre (§ 51b Abs. 3 S. 2 WPO), z.B. wegen eines nur geringen Betrages. Gegenüber dem Insolvenzverwalter kann sich der WP nicht auf sein Zurückbehaltungsrecht wegen seiner Honorarforderungen berufen[823].

618 Mit Entscheidung vom 30.07.1997[824] hat der BGH das Zurückbehaltungsrecht nach § 50 Abs. 1 S. 1 BRAO a.F. erheblich eingeschränkt. Nach dieser Entscheidung besteht das Zurückbehaltungsrecht nur wegen der Honorarforderung aus der **konkreten Angelegenheit**, auf die sich auch die zurückbehaltene Handakte bezieht. Handakten, die eine andere Angelegenheit betreffen, dürfen auch dann nicht zurückbehalten werden, wenn es sich insgesamt um einen einheitlichen Lebenssachverhalt handelt. Diese Auslegung wird auch für § 51b Abs. 3 WPO Bedeutung haben, so dass etwa wegen rückständiger Forderungen aus der Durchführung einer Abschlussprüfung Geschäftspapiere, die im Zusammenhang mit der Steuerberatung des Vorjahres stehen, nicht zurückbehalten werden dürfen[825].

619 Für **Arbeitsergebnisse** (also die Dienstleistung oder der werkvertragliche Erfolg), die aufgrund des Auftrages geschuldet werden, gilt, sofern nichts anderes vereinbart ist, die Pflicht/das Recht zur Zug-um-Zug-Herausgabe gegen das vereinbarte Honorar[826]. Der WP kann sich insoweit auf das in § 273 BGB normierte Zurückbehaltungsrecht berufen, bis seine Honoraransprüche befriedigt sind. Im Einzelfall kann die Berufung auf das Recht zur Zurückbehaltung der eigenen Leistung rechtsmissbräuchlich sein, wenn z.B. die Honorarforderung gegen den Mandanten nur gering oder ausreichend gesichert oder auch

---

819 BGH v. 03.07.1997, NJW, S. 2944, WM, S. 2087.
820 Mit der Folge, dass die Herausgabeverweigerung eine Berufspflichtverletzung darstellen kann, vgl. *Hense/Ulrich*, WPO, § 51b, Rn. 35.
821 LG München I v. 10.05.1988, DStR 1989, S. 398; OLG Celle v. 12.10.1988, DStR 1989, S. 398; LG Bielefeld v. 11.07.1991, Stbg. 1994, S. 46; LG Essen v. 24.05.1996, ZIP, S. 1878.
822 S. zu einem solchen Sachverhalt BGH v. 27.09.2001, NJW 2002, S. 825.
823 BGH v. 25.10.1988, NJW 1989, S. 1216.
824 NJW, S. 2944, WM, S. 2087.
825 Vgl. dazu auch *Fiala/v. Walter*, DStR 1998, S. 694.
826 BGH v. 17.02.1988, ZIP, S. 442, BB, S. 656; BGH v. 25.10.1988, WM, S. 1755, ZIP, S. 1474, BB, S. 2428.

Auftragsdurchführung A

sehr streitig ist oder wenn durch die Zurückbehaltung dem Mandanten ein unverhältnismäßig hoher Schaden drohen würde[827]. Der Mandant kann aber durch Hinterlegung des streitigen Betrages das Zurückbehaltungsrecht gegenstandslos werden lassen.

c) Aufrechnung

Die Möglichkeiten der **Aufrechnung** mit Ansprüchen des Mandanten, z.b. auf Herausgabe von Treugut, sind sehr begrenzt[828]. Durchlaufende fremde Gelder sind unverzüglich an den Empfangsberechtigten weiterzuleiten. Die Entnahme von Honoraren, Vorschüssen und Auslagenersatz aus fremden Vermögenswerten (Treugut, Gelder auf Anderkonten) ist nur mit Ermächtigung des Treugebers/Berechtigten zulässig (so auch § 8 Abs. 2 S. 2 BS WP/vBP). 620

Rechtlich umstritten ist, ob und wie der Berufsangehörige seine Honorarforderung im Falle **drohender Insolvenz** des Mandanten absichern kann, ohne sich einer Anstiftung oder Beihilfe zur vom Mandanten begangenen Gläubigerbegünstigung (§ 283c StGB) strafbar zu machen[829]. Die Abtretung der Honorarforderung kann bei drohender Insolvenz des Mandanten auch sittenwidrig nach § 138 BGB sein[830]. 621

7. Auftragsbeendigung

a) Allgemeines

Das Auftragsverhältnis endet durch Erbringung der geschuldeten Leistung (Erfüllung) oder durch Kündigung. 622

Die Beendigung des Auftrags durch Erledigung und somit Zweckerreichung ist im Regelfall unproblematisch. Schwierigkeiten können auftreten, wenn Mängel oder eine andere Unvollständigkeit der Leistung behauptet werden. Ob und inwieweit in einem solchen Fall Ergänzungen oder eine Nacherfüllung erforderlich sind, ist von den Umständen des Einzelfalls abhängig und richtet sich nach den Vorschriften des BGB. 623

Da es sich bei den beruflichen Tätigkeiten des WP regelmäßig um Dienste höherer Art handelt, die auf einem besonderen Vertrauensverhältnis beruhen, ist außerhalb der gesetzlichen Abschlussprüfung eine **Kündigung** grundsätzlich nicht nur aus wichtigem Grund (§ 626 BGB), sondern jederzeit möglich (§ 627 BGB: fristlose Kündigung bei Vertrauensstellung). Während das Recht zur Kündigung aus wichtigem Grund (§ 626 Abs. 1 BGB) nicht abgedungen werden kann, ist es hingegen möglich, das jederzeitige Kündigungsrecht nach § 627 BGB durch **vertragliche Vereinbarung** auszuschließen[831]. Zweifelhaft ist, ob eine solche Abrede über den Ausschluss der jederzeit möglichen Kündigung im Rahmen von AAB/AGB zulässig ist[832]. 624

Für Werkverträge gilt hinsichtlich der Kündigung § 649 BGB, wonach (außerhalb der Geltung des § 318 Abs. 3 HGB) dem Auftraggeber ein jederzeitiges Kündigungsrecht zusteht. 625

---
827 Vgl. *Hense/Ulrich*, WPO, § 51b, Rn. 54.
828 BGH v. 04.03.1993, DB, S. 1353.
829 BGH v. 29.09.1988, DB 1989, S. 474.
830 BGH v. 16.03.1995, ZIP, S. 630, DB, S. 1459.
831 OLG Düsseldorf v. 22.11.1990, StB 1991, S. 52, WPK-Mitt. 1991, S. 89; BGH v. 19.11.1992, WM 1993, S. 515; OLG Hamm v. 04.03.1994, Stbg., S. 570.
832 Vgl. *Palandt*, BGB[70], § 627, Rn. 5 m.w.N. (nach der h.M. grundsätzlich nicht möglich).

b) Gesetzlich vorgeschriebene Abschlussprüfung

626 Eine **Ausnahme** von der Kündigungsmöglichkeit nach den §§ 626, 627, 649 BGB besteht für den Bereich der **gesetzlich vorgeschriebenen Abschlussprüfung**. Dem gem. § 318 Abs. 1 HGB bestellten APr. kann der Auftrag nicht durch Kündigung seitens des zu prüfenden Unternehmens entzogen werden. Der APr. kann vielmehr nur aus den in § 318 Abs. 3 HGB genannten Gründen auf Antrag der insoweit Berechtigten **durch das Gericht abberufen** und durch einen anderen Prüfer ersetzt werden. Der Widerruf des Prüfungsauftrages nach § 318 Abs. 1 S. 5 HGB stellt daher keine Kündigung, sondern nur die notwendige zivilrechtliche Folge der gerichtlichen Abberufung dar.

Zur Auswirkung eines Insolvenzantrags auf die Rechnungslegungs- und Prüfungspflicht vgl. *Müller/Gelhausen* in FS Claussen, S. 687 sowie den Beschluss des OLG Dresden v. 30.09.2009, Az. 13 W 0281/09.

627 Demgegenüber kann der **WP** den angenommenen Prüfungsauftrag **kündigen**, allerdings nur **aus wichtigem Grund** (§ 318 Abs. 6 S. 1 HGB). **Meinungsverschiedenheiten** fachlicher Art zwischen dem APr. und der zu prüfenden Gesellschaft sind jedoch kein wichtiger Grund für die Kündigung. Als wichtiger Grund können die massive Behinderung bei der Durchführung des Prüfungsauftrages oder die endgültige Weigerung des Unternehmens, vereinbarte à-Konto-Zahlungen sowie sämtliche weiteren Zahlungen zu leisten, in Betracht kommen[833]. Liegt ein wichtiger Grund i.S.v. § 318 Abs. 6 S. 1 HGB vor und ist daher eine Kündigung angezeigt, ist diese gegenüber dem Unternehmen **schriftlich** zu begründen; über das Ergebnis seiner bisherigen Prüfung hat der APr. zu **berichten** (§ 318 Abs. 6 S. 3 u. 4 HGB). Über die Kündigung sind der AR, die HV bzw. die Gesellschafter von den gesetzlichen Vertretern zu unterrichten (§ 318 Abs. 7 HGB). Sowohl der APr. als auch die gesetzlichen Vertreter der Gesellschaft müssen außerdem der WPK die Kündigung oder den Widerruf des Prüfungsauftrags schriftlich und mit Begründung mitteilen (§ 318 Abs. 8 HGB). Hat der AR zuständigkeitshalber den Prüfungsauftrag erteilt, ist, wie sich aus § 318 Abs. 7 S. 5 HGB ergibt, ihm gegenüber zu kündigen. In diesem Fall obliegt dem AR die Unterrichtungspflicht gegenüber den übrigen Beteiligten; die Unterrichtungspflicht gegenüber der WPK besteht zusätzlich für den APr.

628 Hinsichtlich der Pflichten bei vorzeitiger Beendigung eines Prüfungsauftrages enthält § 26 BS WP/vBP konkrete berufsrechtliche Gebote (s. Tz. 362).

X. Haftung

1. Allgemeines

629 Die berufliche Tätigkeit des WP ist wie jede andere Berufstätigkeit mit dem Risiko verbunden, bei der Erbringung seiner Dienstleistung die dabei zu beachtenden Pflichten zu verletzen. Welche Anforderungen sich im Einzelfall ergeben, hängt von der konkret geschuldeten Tätigkeit und den sie bestimmenden Merkmalen ab. Die Verpflichtung, für einen im Rahmen der beruflichen Tätigkeit verursachten Schaden einzustehen, kann sich aus Vertrag (z.B. Dienst- oder Werkvertrag, der eine Geschäftsbesorgung zum Gegenstand hat, § 675 BGB) oder aus den Vorschriften über die unerlaubten Handlungen (insb. § 823 Abs. 2 BGB i.V.m. einem Schutzgesetz oder § 826 BGB) ergeben; für Schäden im Zusammenhang mit einer gesetzlich vorgeschriebenen JAP kommt eine spezielle Haftung des APr. aus § 323 HGB in Betracht. Derartige Schadensersatzansprüche stehen in erster Linie dem Auftraggeber als Vertragspartner, möglicherweise in Ausnahmefällen aber

---

833 Vgl. zum Vorliegen eines wichtigen Grundes BeBiKo[7], § 318, Rn. 34; ADS[6], § 318, Tz. 435 ff.

Haftung

auch Dritten, also Nichtmandanten zu. Die wirtschaftlichen Folgen der Haftungsrisiken werden durch die in § 54 WPO vorgeschriebene Berufshaftpflichtversicherung erheblich abgemildert.

Der **Haftungsumfang** ist grundsätzlich unbeschränkt. Eine Begrenzung der Ersatzpflicht ergibt sich aus § 323 Abs. 2 HGB (Tz. 650) oder seiner sinngemäßen Anwendung aufgrund gesetzlicher Verweise (z.b. in § 49 AktG für den Gründungsprüfer), im Übrigen aus einer § 54a WPO genügenden Individualabrede oder Verwendung von AAB (s. Tz. 598). 630

Der WP haftet aber generell nicht für Verbindlichkeiten des Auftraggebers. So entsteht aus dem Steuerberatungsvertrag keine Haftung für Steuerschulden des Mandanten[834]; sie kommt nur in Betracht, wenn er auch als Verfügungsberechtigter i.S.d. § 35 AO anzusehen ist. Entsprechendes gilt für die Überprüfung der Überschuldung und die Insolvenzantragspflicht; insoweit liegen originäre, nicht delegierbare Verpflichtungen des Mandanten vor[835]. Allerdings kommt u.U. in Betracht, dass der steuerliche Berater dem Mandanten den durch ein Bußgeld entstandenen Schaden ersetzen muss[836]. 631

2. Haftung gegenüber dem Auftraggeber

a) Allgemeines

Der WP haftet bei einer schuldhaften Pflichtverletzung dem Auftraggeber für den dadurch verursachten Schaden. Dabei hat er für die eigene schuldhafte Verletzung der ihm obliegenden Pflichten ebenso einzustehen (§ 276 BGB) wie für das Verschulden seiner Erfüllungsgehilfen (§ 278 BGB). Im Hinblick auf die gleichgelagerten Haftungsfolgen ist es unerheblich, ob es sich im Einzelfall um die Durchführung eines Dienst- oder Werkvertrages handelt. 632

Wegen der Fülle möglicher **Pflichtverletzungen** auf den breitgefächerten Tätigkeitsgebieten des WP, vor allem im Beratungsbereich, kann an dieser Stelle keine erschöpfende Darstellung gegeben werden, zumal auch eine umfassende Typisierung der Aufträge kaum möglich ist. Einen Überblick bieten die Literatur sowie die inzwischen recht umfangreiche Rspr., die im Zusammenhang mit den einzelnen Fragestellungen angeführt werden. Die Voraussetzungen für die Haftung für schuldhafte Pflichtverletzungen im Rahmen von gesetzlich vorgeschriebenen JAP werden näher unter Tz. 635 ff. erläutert. 633

Wichtig ist eine **eindeutige Auftragsbeschreibung** (Tz. 599), damit Inhalt und Umfang der zu erbringenden beruflichen Leistungen und die sie bestimmenden Merkmale für die Vertragspartner und ggf. die Gerichte eindeutig erkennbar sind. In jedem Fall empfiehlt sich schon aus Beweisgründen eine **Dokumentation** des Auftragsinhalts, etwa durch ein Auftragsbestätigungsschreiben (vgl. dazu *IDW Arbeitshilfen*, A-4.2.3.(1) bis A-4.2.3.(5), CD-ROM zum IDW Praxishandbuch zur Qualitätssicherung[6].). Die Konkretisierung des Auftragsinhalts ist insb. bei Dienstleistungen für ausländische Mandanten oder grenzüberschreitenden Tätigkeiten sowie bei einem sog. **letter of comfort** von besonderer Bedeutung (vgl. FAR, FN-IDW 1999, S. 382). 634

---

[834] VG München v. 21.03.1991, NJW 1992, S. 388.
[835] OLG Schleswig-Holstein v. 28.05.1993, Stbg. 1994, S. 183.
[836] BGH v. 14.11.1996, WM 1997, S. 328, WPK-Mitt. 1997, S. 67.

b) Haftung des Abschlussprüfers aus § 323 HGB
aa) Pflichtverletzung

635 Verletzen der APr., seine Gehilfen oder die bei der Prüfung mitwirkenden gesetzlichen Vertreter einer WPG vorsätzlich oder fahrlässig ihre Pflichten bei der Durchführung einer gesetzlich vorgeschriebenen Jahresabschlussprüfung, sind sie der geprüften Gesellschaft und ggf. einem mit ihr verbundenen Unternehmen zum Ersatz des daraus entstandenen Schadens verpflichtet (§ 323 Abs. 1 S. 3 HGB). Unter Pflichten i.s. dieser Vorschrift werden alle Anforderungen gefasst, die nach Sinn und Zweck der gesetzlichen Regelung über die Abschlussprüfung (also §§ 316 ff. HGB) an den Prüfer und die übrigen Verpflichteten zu stellen sind. Dabei kommt es nicht auf subjektive Vorstellungen, sondern auf einen **objektiven Maßstab** an. Dieser aus der Verkehrsanschauung zu gewinnende Maßstab bestimmt sich wesentlich danach, was für die betreffenden Kreise als angemessen gilt[837]. Hat der Schuldner sich so verhalten, wie es kompetente Fachleute empfohlen[838] haben, kann ihm daraus i.d.R. kein Vorwurf gemacht werden[839]. Erforderlich ist das Maß an Umsicht und Sorgfalt, das nach dem Urteil besonnener und gewissenhafter Angehöriger des in Betracht kommenden Verkehrskreises zu beachten ist[840].

636 Pflichtverletzungen können sich im Rahmen der Pflichtprüfung schon wegen des Wortlauts des § 323 Abs. 1 HGB insb. durch einen Verstoß gegen die Pflicht zur Gewissenhaftigkeit, Verschwiegenheit, Neutralität oder durch einen Verstoß gegen das Verbot der Verwertung von Geschäfts- und Betriebsgeheimnissen ergeben. So dürfte ein Verstoß gegen die Sorgfaltspflicht in dem dargelegten Sinne z.B. gegeben sein, wenn auf die **Einholung einer Saldenbestätigung** (zur Rechtsnatur vgl. OLG München v. 02.10.1996, BB, S. 2512, s. auch BGH v. 14.07.2004, VIII ZR 356/03 und v. 10.12.2009, VII ZR 42/08[841], zur Pflicht, den Rücklauf eingeforderter Bankbestätigungen zu verfolgen, www.bundesgerichtshof.de, Rubrik „Entscheidungen") generell verzichtet wird oder aus dem im Rahmen einer Stichprobe aufgedeckten Fehler die Prüfung auf diesem Prüffeld nicht intensiviert wird[842]. Allerdings besteht keine Verpflichtung, jeden Buchungsvorgang umfassend zu prüfen. Daher reicht es für die Geltendmachung eines Schadensersatzanspruches auch nicht aus zu behaupten, der APr. habe überhaupt nicht geprüft. Erforderlich ist vielmehr, dass ein bestimmtes Fehlverhalten genau bezeichnet wird[843].

637 Entdeckt der APr. gelegentlich der Prüfung offenkundig schwerwiegende Gesetzesverstöße, hat er darüber nach § 321 Abs. 1 S. 3 HGB (und § 13 Abs. 2 BS WP/vBP) den Auftraggeber zu unterrichten (vgl. *IDW PS 210*, Tz. 12, 57).

638 Die Ausführung eines Auftrages umfasst nur dann Prüfungshandlungen, die gezielt auf die Aufdeckung von Buchfälschungen und sonstigen Unregelmäßigkeiten gerichtet sind, wenn dies ausdrücklich Auftragsgegenstand ist oder sich bei der Durchführung von Prüfungen im Einzelfall dazu ein Anlass ergibt. Daher hat die Rspr. z.B. das Aufdecken von **Unterschlagungen** nicht ohne weiteres als Gegenstand der Abschlussprüfung angesehen[844]. Das gleiche gilt bei der Prüfung des JA eines Krankenhauses für von der Kranken-

---

837 *Palandt*, BGB[70], § 276, Rn. 17.
838 Zu diesen „Empfehlungen" gehören die Standards und Hinweise des IDW (s. Tz. 383 ff.). Davon geht als selbstverständlich etwa das OLG Braunschweig, Urt. v. 11.02.1993, WPK-Mitt. 1995, S. 209, aus.
839 BGH v. 09.11.1981, NJW 1982, S. 992.
840 BGH v. 15.11.1971, NJW 1972, S. 151.
841 Vgl. zu diesem Urteil und zum Aspekt des Mitverschuldens Tz. 707.
842 ADS[6], § 323, Tz. 81 mit weiteren Beispielen.
843 OLG Braunschweig v. 11.02.1993, WPK-Mitt. 1995, S. 209.
844 OLG Karlsruhe v. 12.02.1975, StB, S. 137; OLG Braunschweig v. 11.02.1993, WPK-Mitt. 1995, S. 209; OLG Düsseldorf v. 27.06.1996, WPK-Mitt., S. 342.

hausverwaltung gemachte Fehler bei den Kosten- und Leistungsnachweisen[845]. Allerdings hat der APr. auf Grundlage der Risikobeurteilung und unter Berücksichtigung ihrer Ergebnisse seine Prüfungshandlungen so durchzuführen, dass er hinsichtlich der Aufdeckung von falschen Angaben aufgrund von Vermögensschädigungen (z.B. Unterschlagung), die für den JA wesentlich sind, eine hinreichende Aufdeckungssicherheit erhält[846]. Gezielte Prüfungshandlungen zur Aufdeckung von Unterschlagungen sind nicht Gegenstand der JAP[847].

Eine Pflichtverletzung wird durch den **Widerruf des BestV** (s. dazu Q Tz. 608) nicht beseitigt. Inwieweit ein Widerruf sich auf Kausalität zwischen Pflichtverletzung und Eintritt eines Schadens auswirkt, kann nur nach den Umständen des Einzelfalls beurteilt werden. Zur Darlegungs- und Beweislast für die Pflichtverletzung s. Tz. 647. 639

bb) Schaden und Kausalität

Eine Schadensersatzpflicht des WP setzt neben der Pflichtverletzung die Entstehung eines Schadens im Sinne einer Vermögensminderung voraus. Ob ein Schaden entstanden ist, richtet sich nach §§ 249 ff. BGB. Zu Einzelfragen der Schadensentstehung s. Tz. 709 ff. Ein solcher ist etwa zu bejahen, wenn aufgrund eines uneingeschränkt testierten JA, der einen Gewinn statt richtigerweise einen Verlust ausweist, die HV eine Gewinnausschüttung beschließt und die ausgeschüttete Dividende von den Aktionären nicht zurückverlangt werden kann (§ 62 Abs. 1 S. 1 AktG)[848]. Dies gilt auch dann, wenn in eben genanntem Fall überhöhte Erfolgsprämien an Organmitglieder gezahlt werden[849]. Eine Ersatzpflicht kommt ggf. erst dann in Betracht, wenn das Eigenkapital der Gesellschaft nachhaltig geschädigt ist[850]. 640

Für einen Ersatzanspruch ist auch erforderlich, dass die Pflichtverletzung **ursächlich** für einen bestimmten Schaden ist (**Kausalzusammenhang**[851]). Der Ursachenzusammenhang zwischen der Pflichtverletzung und dem Eintritt eines daraus erwachsenden allgemeinen Vermögensschadens ist die sog. haftungsausfüllende Kausalität. Nach der von Rspr. und Lit. anerkannten Adäquanztheorie begründen nur solche Kausalverläufe eine Haftung, bei denen die Pflichtverletzung **adäquat** kausal für den Schaden ist[852]. Zur Bejahung des Kausalzusammenhangs reicht demnach eine überwiegende, auf gesicherter Grundlage beruhende Wahrscheinlichkeit[853] aus. Die Möglichkeit des Schadenseintritts darf nicht außerhalb aller Wahrscheinlichkeit liegen, eine lückenlose Dokumentation ist dazu nicht erforderlich[854]. Das Ergebnis darf nur nicht greifbarer Anhaltspunkte ermangeln und völlig in der Luft hängen[855]. 641

Der Einwand des WP, dass der Schaden auch entstanden wäre, wenn er keine Pflicht verletzt hätte (sog. **rechtmäßiges Alternativverhalten**), führt regelmäßig zum Ausschluss 642

---

845 LG Hamburg v. 18.02.1994, Stbg., S. 460.
846 *IDW PS 210,* Tz. 40.
847 OLG München v. 09.11.2000, WPK-Mitt. 2001, S. 30.
848 BGH v. 28.10.1993, NJW 1994, S. 323, DB 1994, S. 926.
849 *Staub,* HGB[5], Rn. 35.
850 So BeBiKo[7], § 323, Rn. 107.
851 Dazu im Allgemeinen *Palandt,* BGB[70], Vorbem. v. § 249, Rn. 24.
852 *Palandt,* BGB[70], Vorbem. v. § 249, Rn. 26 ff. m.w.N.
853 BGH v. 30.03.2000, WM, S. 1351; BGH v. 03.12.1999, NJW 2000, S. 509 m.w.N.
854 BGH v.07.03.2001, NJW-RR, S. 887.
855 BGH v. 07.09.1998, BB, S. 2336, WM, S. 2252, NJW-RR 1999, S. 19 m.w.N.; zur Bedeutung hypothetischer Schadensursachen vgl. ADS[6], § 323, Tz. 100.

der Ersatzpflicht[856]. Die Darlegungs- und Beweislast, dass der Schaden auch bei rechtmäßigem Alternativverhalten eingetreten wäre, trägt der Schädiger[857], d.h. der WP. Für dessen Verteidigung reicht es nicht aus, dass der Schaden bei rechtmäßigem Alternativverhalten nur aufgrund hypothetischer Ereignisse ebenfalls eingetreten wäre[858]. Für die Beurteilung der Rechtmäßigkeit des Alternativverhaltens kommt es auf die Rechtslage an, die zum Zeitpunkt des behaupteten schädigenden Verhaltens galt[859].

cc) Verschulden

643 Eine Ersatzpflicht für eine schädigende Pflichtverletzung besteht nur dann, wenn die Pflichtverletzung schuldhaft, d.h. **vorsätzlich oder fahrlässig** begangen worden ist (§ 323 Abs. 1 S. 3 HGB). Unter **Vorsatz** ist das Wissen und Wollen des pflichtwidrigen Erfolges, also der Pflichtverletzung, zu verstehen; der eingetretene Schaden braucht nach st. Rspr. vom Vorsatz nicht umfasst zu sein[860]. Wie im Strafrecht umfasst der Begriff des Vorsatzes auch den bedingten Vorsatz (dolus eventualis), d.h. es reicht aus, dass der Schädiger die Pflichtverletzung für möglich hält und billigend in Kauf nimmt[861]. Das Vertrauen des APr. darauf, dass die von ihm erkannte und gewollte, jedenfalls in Kauf genommene Pflichtverletzung nicht zu einem Schaden führt, schließt sein Verschulden demnach nicht aus[862].

644 Nach § 276 Abs. 2 BGB handelt fahrlässig, wer die im Verkehr erforderliche Sorgfalt außer Acht lässt. Fahrlässigkeit setzt Voraussehbarkeit und Vermeidbarkeit der Pflichtverletzung voraus[863]. Ein fahrlässiges Handeln in diesem Sinne wird bei einem Verstoß gegen den Grundsatz der Gewissenhaftigkeit (Tz. 381 ff.), der zugleich die im Verkehr erforderliche Sorgfalt konkretisiert, anzunehmen sein.

645 Unterschieden wird zwischen **grober und einfacher (leichter) Fahrlässigkeit.** Grobe Fahrlässigkeit ist zu bejahen, wenn die im Verkehr erforderliche Sorgfalt in besonders schwerem Maße verletzt wird. Das ist der Fall, wenn ganz naheliegende Überlegungen nicht angestellt oder beiseite geschoben werden und dasjenige unbeachtet bleibt, was im gegebenen Fall jedem einleuchten müsste[864]. Grobe Fahrlässigkeit ist dadurch geprägt, dass eine subjektiv schlechthin unentschuldbare Pflichtverletzung vorliegt, die das gewöhnliche Maß der einfachen Fahrlässigkeit i.S.d. § 276 Abs. 2 BGB erheblich übersteigt[865]. Während der Maßstab der einfachen Fahrlässigkeit ein ausschließlich objektiv-abstrakter ist, sind bei der groben Fahrlässigkeit auch subjektive, in der Person des Handelnden liegende Umstände zu berücksichtigen[866]. Die Unterscheidung zwischen grober und einfacher Fahrlässigkeit ist für die Haftung nach § 323 HGB zwar ohne Relevanz, jedoch werden grob fahrlässige Fehler regelmäßig berufsrechtliche Sanktionen nach sich ziehen (s. Tz. 391). Zur Bedeutung der Unterscheidung zwischen Vorsatz und Fahr-

---

856 MünchKomm. HGB, § 323, Rn. 69; *Staub*, HGB[5], § 323, Rn. 34.
857 BGH v. 18.03.2005, NJW, S. 1718; *Palandt*, BGB[70], Vorbem. v. § 249, Rn. 66.
858 BGH v. 27.04.1995, NJW-RR, S. 937.
859 BGH v. 28.09.2000, NJW 2001, S. 146.
860 *Palandt*, BGB[70], § 276, Rn. 10 m.w.N.
861 St. Rspr., vgl. BGH v. 17.09.1985, NJW 1986, S. 180; BGH v. 27.04.1985, NJW-RR, S. 936.
862 *Baetge/Kirsch/Thiele*, Bilanzrecht, § 323, Rn. 50.
863 *Palandt*, BGB[70], § 276, Rn. 12.
864 BGH v. 15.11.2002, NJW-RR, S. 1108.
865 Vgl. nur BGH v. 29.09.1992, NJW, S. 3235, MDR 1993, S. 41.
866 *Palandt*, BGB[70], § 277, Rn. 5.

Haftung A

lässigkeit im Rahmen einer Vereinbarung zur Beschränkung der Haftung vgl. Tz. 694.
Zum Mitverschulden vgl. Tz. 707.

Ist Auftragnehmer eines Prüfungsauftrages eine **WPG**, wird ihr das Verschulden der für 646
sie handelnden **gesetzlichen Vertreter** als eigenes Verschulden zugerechnet[867]. Soweit
sich der APr. bei der Durchführung der Abschlussprüfung der Mitwirkung von Erfüllungsgehilfen bedient, haftet er für deren Verschulden wie für eigenes (vgl. § 278 BGB).
Daneben haften die Gehilfen selbst aus § 323 HGB.

dd) Darlegungs- und Beweisfragen

Nach allgemeinen prozessrechtlichen Grundsätzen muss jede Partei die für sie günstigen 647
Tatumstände darlegen und beweisen. Die einen Schadensersatzanspruch einklagende
Gesellschaft trifft demnach grundsätzlich die Darlegungs- und **Beweislast** dafür, dass und
in welcher Höhe ihr ein Schaden entstanden ist und dieser Schaden auf einer Pflichtverletzung des APr. beruht[868]. Sie hat deshalb im Einzelnen darzulegen und grundsätzlich zu
beweisen, warum der APr. bestimmte Fehler habe bemerken und feststellen müssen[869].
Beweiserleichterungen können sich für den Anspruchsteller durch die Anwendung der
Regeln des sog. Anscheinsbeweises ergeben[870]. Die **Grundsätze des Anscheinsbeweises**
kommen aber nur zum Tragen, wenn ein Sachverhalt gegeben ist, der es rechtfertigt, von
einem typischen Geschehensablauf auszugehen[871]. Im Hinblick auf die Komplexität und
Unterschiedlichkeit der Prüfungsabläufe, die gerade auf die Besonderheiten des einzelnen
Unternehmens auszurichten sind, werden solche typischen Geschehensabläufe nur ausnahmsweise gegeben sein können[872]. Daher bleibt es bei der Abschlussprüfung bei dem
Grundsatz, dass derjenige Pflichtverletzung und Schaden beweisen muss, der den Anspruch geltend macht. Das gilt auch dann, wenn der testierte Jahresabschluss unrichtig ist.
Allein aus der Unrichtigkeit folgt noch keine schuldhafte Pflichtverletzung des APr. Insb.
kann ein Fehler im JA in erster Linie auf dem Verhalten derer beruhen, die den JA aufzustellen haben (Vorstand, Geschäftsführer)[873]. Legt der Geschädigte konkret dar, worin der
Fehler des APr. bestand und kann er diesen beweisen, obliegt es dem Berufsangehörigen,
die Behauptungen substantiiert zu bestreiten und seinerseits Beweise für einen möglichen
anderen Geschehensablauf vorzutragen. Für diesen Fall zeigt sich besonders die Notwendigkeit einer ordnungsgemäßen Dokumentation der Prüfungshandlungen. Wen die
Darlegungs- und Beweislast hinsichtlich des **Verschuldens** trifft, ist umstritten. Mit Hinweis auf § 280 Abs. 1 S. 2 BGB wird vertreten, dass bei Vorliegen einer objektiven
Pflichtverletzung des APr. dessen Verschulden zu vermuten sei und dass dies auch für die
Vorsatzhaftung gelte[874]. Diese Beweislastumkehr zu ungunsten des APr. würde bedeuten,
dass der APr. mit zum Teil gravierenden Folgen haftet, wenn er nicht beweisen kann, dass
sein Handeln nicht vorsätzlich war. Somit trüge der Prüfer schon das Risiko des non liquet.
Dies ist jedoch mit der gesetzgeberischen Intention des § 323 HGB, das Haftungsrisiko

---

867 Insoweit ist nicht § 278, sondern § 31 BGB anzuwenden, vgl. *Palandt*, BGB[70], § 278, Rn. 6, ADS[6], § 323, Tz. 97.
868 OLG Braunschweig v. 11.02.1993, WPK-Mitt. 1995, S. 209; OLG Hamburg v. 25.09.1996, WPK-Mitt. 1997, S. 33; ADS[6], § 323, Tz. 101.
869 OLG Hamburg v. 25.09.1996, WPK-Mitt. 1997, S. 33.
870 OLG Hamburg v. 25.09.1996, WPK-Mitt. 1997, S. 33.
871 BGH v. 30.09.1993, NJW, S. 3259.
872 So auch ADS[6], § 323, Tz. 101; BeBiKo[7], § 323, Rn. 102.
873 OLG Hamburg v. 25.09.1996, WPK-Mitt. 1997, S. 33.
874 *Baetge/Kirsch/Thiele*, Bilanzrecht, § 323, Rn. 54 (differenzierend: soweit Haftung für Gehilfen bzw. der gesetzlichen Vertreter in Rede steht, ist Geschädigter für Verschulden darlegungs- und beweisbelastet); *Zimmer* in Großkomm. HGB, Bd. 3/2, § 323, Rn. 34.

des APr. angemessen zu begrenzen, nicht vereinbar[875]. Eine Beweislastumkehr ist deshalb – in Abweichung von der in der Vorauflage geäußerten Ansicht – nicht vorzunehmen; wenn überhaupt, kann sie höchstens in Bezug auf den Vorwurf fahrlässigen Handelns in Betracht kommen[876]. Allerdings trifft den APr. die Darlegungs- und Beweislast für alle anspruchsverneinenden Umstände sowie für die ihn günstigen Einreden und Einwendungen. So muss er ggf. beweisen, dass er von der Verschwiegenheitspflicht entbunden oder zur Verwertung von Geschäftsgeheimnissen berechtigt war oder dass der Anspruch verjährt ist[877].

ee) Ersatzberechtigte

648 Die Schadensersatzpflicht des APr. besteht gegenüber der geprüften Kapitalgesellschaft (oder Kapitalgesellschaft & Co. KG) und/oder gegenüber einem verbundenen Unternehmen, wenn dieses aufgrund der Verletzung einer ihm gegenüber bestehenden Pflicht[878] einen Schaden erlitten hat (vgl. § 323 Abs. 1 S. 3 HGB). Wer als **verbundenes Unternehmen** zu qualifizieren ist, richtet sich nach § 271 Abs. 2 HGB[879].

ff) Ersatzverpflichtete

649 Nach § 323 Abs. 1 S. 1 und 3 HGB sind der APr., seine Gehilfen und die bei der Prüfung mitwirkenden gesetzlichen Vertreter einer WPG zum Ersatz des durch eine fahrlässige oder vorsätzliche Pflichtverletzung entstandenen Schadens verpflichtet. Der Umstand, dass der APr. auch für seine Gehilfen (gem. § 278 BGB) und eine WPG zudem für das Verschulden ihrer bei der Prüfung mitwirkenden gesetzlichen Vertreter (gem. § 31 BGB) einzustehen hat (s. Tz. 632), lässt eine eigene Haftung dieser Personen unberührt[880]. Die in § 323 Abs. 1 S. 1 HGB genannten Personen haften als Gesamtschuldner (§ 323 Abs. 1 S. 4 HGB)[881], allerdings kann der Ersatzberechtigte den gesamten Schadensbetrag nur einmal, aber nach seinem Belieben von jedem der Schuldner ganz oder zum Teil, fordern (§ 421 BGB). Die Gesamtschuldner sind gem. § 426 BGB untereinander zum Ausgleich verpflichtet, wobei eine ggf. sich aus dem Arbeitsverhältnis ergebende modifizierte Risikoverteilung zu berücksichtigen ist[882]. Zur Haftung von in einer Sozietät zusammengeschlossenen WP s. Tz. 686 ff.

gg) Haftungsbegrenzung bei gesetzlich vorgeschriebener Abschlussprüfung

650 Für fahrlässige Pflichtverletzungen enthält § 323 Abs. 2 HGB eine **gesetzliche Haftungsbeschränkung**, wodurch die Ersatzpflicht des APr. und seiner Gehilfen gegenüber dem geprüften Unternehmen bei **fahrlässiger Pflichtverletzung** auf 1 Mio. € begrenzt ist. Handelt es sich bei dem geprüften Unternehmen um eine AG, deren Aktien zum Handel im regulierten Markt[883] zugelassen sind, erhöht sich die gesetzliche Haftungsobergrenze auf 4 Mio. €. § 323 Abs. 2 HGB findet durch entsprechende Verweisung für fast alle ge-

---

875 BeBiKo[7], § 323, Rn. 106; *Quick*, BB 1992, 1677.
876 ADS[6], § 323, Tz. 104 (Beweislastumkehr für Vorsatz verstößt außerdem gegen das verfassungsrechtliche Übermaßverbot).
877 ADS[6], § 323, Tz. 105.
878 S. dazu ADS[6], § 323, Tz. 154.
879 BGH v. 03.06.2004, DB, S. 1605. Kritisch dazu *W. Müller*, NZG 2004, S. 1037. Zum Umfang dieser Haftung und zur Auswirkung der Haftungsbegrenzung des § 323 Abs. 2 S. 1 u. 2 HGB, vgl. ADS[6], § 323, Tz. 156.
880 Zur möglichen Einschränkung der Haftung von Arbeitnehmern s. MünchKomm. HGB, § 323, Rn. 78.
881 Zur Haftung mehrerer APr. im Rahmen einer Gemeinschaftsprüfung s. ADS[6], § 323, Tz. 161.
882 *Baetge/Kirsch/Thiele*, Bilanzrecht, § 323, Rn. 48.
883 Zum Begriff s. BeBiKo[7], § 323, Rn. 130.

setzlich vorgeschriebenen Abschlussprüfungen sowie andere gesetzlich vorgeschriebene Prüfungen (sinngemäß) Anwendung (wie z.B. bei Gründungs-, Nachgründungs- und Sonderprüfungen nach dem AktG, vgl. die Verweise in §§ 49, 53, 144, 258 Abs. 5 S. 1 AktG). Die Haftungsbeschränkung erstreckt sich nur auf die Haftung für Pflichtverletzungen bei diesen gesetzlich vorgeschriebenen Prüfungen, nicht hingegen auf Schadensersatzansprüche im Rahmen einer freiwilligen Prüfung oder einer Erweiterung des Prüfungsauftrags um zusätzliche, über die Pflichtprüfung hinausgehende Prüfungsinhalte[884]. Zur Anwendung des § 323 Abs. 2 HGB bei der Prüfung von Parteien s. FAR (FN-IDW 2003, S. 167). Zu den Auswirkungen bei unterschiedlichem Verschulden des APr. einerseits und der Prüfungsgehilfen bzw. gesetzlichen Vertreter andererseits s. ADS[6], § 323, Anm. 131.

Die Haftung nach § 323 HGB kann durch Vertrag weder **ausgeschlossen** noch weiter beschränkt werden (§ 323 Abs. 4 HGB); dennoch getroffene Vereinbarungen sind wegen des Verstoßes gegen ein gesetzliches Verbot gem. § 134 BGB nichtig. Hingegen bleibt es möglich, dass der Ersatzberechtigte dem Ersatzverpflichteten die entstandene (nicht aber generell eine künftige, noch unbekannte) Schuld erlässt (Erlassvertrag gem. § 397 BGB)[885]. Eine Erweiterung des Haftungstatbestands bzw. eine **Erhöhung** der Haftungsgrenze ist zwar durch § 323 Abs. 4 HGB nicht ausgeschlossen. Jedoch ist es **berufsrechtlich nicht zulässig**, abw. von § 323 Abs. 1 S. 1 HGB eine höhere Haftung anzubieten oder zuzusagen (§ 16 BS WP/vBP). Ein derartiger Wettbewerb um Pflichtprüfungsaufträge ist als unlauter und daher berufswidrig anzusehen. Im Übrigen würde die Berufshaftpflichtversicherung die Deckung der erweiterten Haftung grundsätzlich ablehnen, so dass es zu schwerwiegenden Haftungsfolgen für den APr. kommen könnte[886]. Im Rahmen freiwilliger Abschlussprüfungen und anderer Vertragsverhältnisse findet zwar § 323 HGB keine Anwendung, so dass auch die Haftungsbeschränkung des § 323 Abs. 2 HGB nicht greift. Insofern kann die Haftung jedoch durch eine vertragliche Haftungsvereinbarung (individuell gem. § 54a Abs. 1 Nr. 1 WPO oder durch Verwendung vorformulierter Vertragsbedingungen gem. § 54a Abs. 1 Nr. 2 WPO) beschränkt werden. Zur – nicht für den Bereich der gesetzlich vorgeschriebenen Prüfungen geltenden – Regelung des § 54a WPO s. Tz. 248, 598.

651

c) Schadensersatz wegen verspäteter Auftragsablehnung

Einen besonderen gesetzlichen Haftungstatbestand enthält § 51 WPO, der § 663 BGB nachgebildet, im Verhältnis zu diesem aber als lex specialis anzusehen ist. Danach haftet der WP auch für Schäden, die durch eine **nicht rechtzeitige Ablehnung** eines Auftrages entstehen, und zwar gleichgültig, ob es sich um einen Prüfungs- oder Beratungsauftrag handelt. Die Ablehnung kommt etwa in Betracht, wenn bei einem Prüfungsauftrag ein Ausschlussgrund i.S.v. §§ 319 Abs. 2 oder 3, 319a, 319b HGB vorliegt oder die Annahme eines Auftrags zur Wahrnehmung widerstreitender Interessen (§ 53 WPO, § 3 BS WP/vBP) führen würde. Die Ablehnung des Auftrags ist unverzüglich, d.h. ohne schuldhaftes Zögern (§ 121 BGB) zu erklären, um eine Schadensersatzpflicht zu vermeiden. Je nach den Umständen des Einzelfalls ist schnelles Handeln erforderlich, etwa wenn der Ablauf von Rechtsmittelfristen droht. Grundsätzlich ist dem WP aber eine angemessene Frist zur Prüfung zuzugestehen, um die sachgerechte Prüfung der ggf. vorliegenden Ablehnungsgründe zu ermöglichen. Ist hierfür ein längerer Zeitraum erforderlich, etwa weil die Besorgnis der fehlenden Unabhängigkeit eines Netzwerkmitglieds nicht binnen weniger

652

---

884 *Baumbach/Hopt*[32], § 323, Rn. 9.
885 Vgl. ADS[6], § 323, Tz. 148 (Verzicht oder Vergleich).
886 ADS[6], § 323, Tz. 147.

Tage ausgeräumt werden kann, sollte dem potentiellen Auftraggeber eine Nachricht zum **Zwischenstand** erteilt werden[887]. Zu beachten ist, dass das Haftungsrisiko auch für WP besteht, deren Praxis ruht (z. B. wegen Beurlaubung nach § 46 WPO).

653 Der Schadensersatzanspruch aus § 51 WPO ist ein gesetzlich geregelter Fall des Verschuldens bei der Vertragsanbahnung nach § 311 Abs. 2 BGB (sog. culpa in contrahendo[888]), für den die Regelverjährung nach § 195 BGB (drei Jahre) gilt. Für StB besteht mit § 63 StBerG eine inhaltlich übereinstimmende Regelung zur unverzüglichen Auftragsablehnung.

d) Haftung aus unerlaubter Handlung (§§ 823 ff. BGB)

654 Für den WP kommt schließlich auch eine **deliktische Haftung** in Betracht. Zwar scheidet eine Haftung nach § 823 Abs. 1 BGB grundsätzlich aus, weil die dort genannten Rechtsgüter durch eine Berufspflichtverletzung des WP regelmäßig nicht verletzt werden können. Insb. ist das Vermögen des Auftraggebers durch diese Vorschrift nicht geschützt; eine Schadenersatzpflicht z.B. wegen fahrlässiger Körperverletzung oder Sachbeschädigung von Akten kann hier außer Betracht bleiben.

655 Durchaus möglich erscheint aber eine Haftung nach § 823 Abs. 2 BGB i.V.m. der Verletzung eines Schutzgesetzes[889]. Schutzgesetze i.S.v. § 823 Abs. 2 BGB sind z.B. §§ 332, 333 HGB und §§ 403, 404 AktG (Verletzung der Berichtspflicht bzw. der Geheimhaltungspflicht), wobei allerdings §§ 403, 404 AktG von §§ 332, 333 HGB als den spezielleren Regeln im Bereich der gesetzlichen Abschlussprüfung verdrängt werden[890]. Anerkannte Schutzgesetze des StGB sind insb. §§ 263, 264, 264a, 266, 267, 283 – 283d StGB[891] (Betrugsdelikte, Untreue, Urkundenfälschung, Insolvenzstraftaten), bei denen auch das Risiko einer Mittäterschaft, Anstiftung oder Beihilfe droht, oder für § 203 StGB (Verletzung von Privatgeheimnissen). Die Vorschriften der WPO und der Berufssatzung sind grundsätzlich keine Schutzgesetze i.S.d. § 823 Abs. 2 BGB, da sie sich als berufsrechtliche Standespflichten allein an den Berufsangehörigen richten [892]. Rechnungslegungsvorschriften des HGB sind ebenfalls keine Schutzgesetze (LG Bonn v. 15.05.2001, WPK-Mitt., S. 344).

656 Eine weitere deliktische Haftungsgrundlage bildet § 826 BGB, vor allem für die Haftung gegenüber Dritten (Tz. 684). Eine **sittenwidrige Schädigung** i.S.d. Vorschrift setzt voraus, dass dem WP in einem solchen Maße Leichtfertigkeit nachgewiesen werden kann, dass sie als Gewissenlosigkeit zu beurteilen ist[893]. Ein solches Verhalten kann etwa bei einem aus Gefälligkeit und ohne Durchführung der erforderlichen Prüfungshandlungen erteilten BestV der Fall sein[894]. Der **Schädigungsvorsatz**, der getrennt von der Sittenwidrigkeit festzustellen ist, muss sich darauf beziehen, dass durch die Handlung einem anderen (jedoch keiner konkreten Person) ein Schaden zugefügt wird. Der Schädiger muss die Schadensfolgen vorausgesehen und gewollt, jedenfalls aber billigend in Kauf ge-

---

887 *Hense/Ulrich*, WPO, § 51, Rn. 7.
888 BGH v.19.04.1967, NJW, S. 1567.
889 *Baetge/Kirsch/Thiele*, Bilanzrecht, § 323, Rn. 60 (Anspruchskonkurrenz zu § 323 HGB); a.A. ADS[6], § 323, Tz. 175 (§ 323 HGB verdrängt als Sonderregelung die Deliktshaftung nach §§ 823 ff. BGB); wohl auch *Ebke*, Dritthaftung, S. 37; offen gelassen in BeBiKo[7], § 323, Rn. 155 (s. aber Tz. 173 ff.).
890 BGH v. 25.04.1961, BB, S. 652, DB, S. 837.
891 S. dazu allgemein *Niewerth*.
892 Vgl. BGH v. 03.06.2004, DB, S. 1605; ADS[6], § 323, Tz. 185; BeBiKo[7], § 323, Rn. 178.
893 Vgl. BGH v. 12.12.1978, WM 1979, S. 326.
894 Vgl. BGH v. 26.09.2000, WM, S. 2114; BeBiKo[7], § 323, Rn. 184.

Haftung   A

nommen haben⁸⁹⁵. Es reicht aus, wenn der APr. in Betracht zieht, dass ein Dritter im Vertrauen auf den BestV Vermögensdispositionen trifft, die zu einem Schaden führen⁸⁹⁶. Die Fehlerhaftigkeit des Jahresabschlusses reicht hingegen nicht aus, ein leichtfertiges und gewissenloses Verhalten des APr. oder gar seinen Schädigungsvorsatz zu begründen⁸⁹⁷.

Eher theoretisch als praktisch kann sich eine Haftung aus § 824 BGB (**Kreditgefährdung**) ergeben. § 824 BGB schützt die wirtschaftliche Wertschätzung von Personen und Unternehmen, die sog. **Geschäftsehre**, vor Beeinträchtigungen durch Verbreitung unwahrer Tatsachenbehauptungen schützt. Ein Ersatzanspruch ist etwa dann denkbar, wenn der APr. zur Begründung einer Einschränkung oder Verweigerung des BestV bewusst wahrheitswidrig eine für die Geschäftsehre des Geschädigten nachteilige Behauptung angibt⁸⁹⁸.   657

Für die deliktische Haftung ist zu beachten, dass im Regelfall **kein Versicherungsschutz** besteht, weil die in Betracht kommenden Anspruchsgrundlagen regelmäßig vorsätzliches Handeln voraussetzen, das nicht von der Berufshaftpflichtversicherung abgedeckt wird.   658

Der APr. ist für einen durch seinen Gehilfen widerrechtlich zugefügten Schaden (durch eine unerlaubte Handlung i.S.v. §§ 823 ff. BGB) nach **§ 831 BGB** verantwortlich. Danach haftet er – ohne Rücksicht auf das Verschulden des Gehilfen – unmittelbar für das eigene vermutete Verschulden beim Einsatz von Hilfspersonen. Gem. § 831 Abs. 1 S. 2 BGB ist dem Geschäftsherrn aber eine **Exkulpationsmöglichkeit** gegeben: Der APr. kann sich demnach gegenüber dem Geschädigten dadurch entlasten, dass er beweist, dass er bei der Auswahl und Überwachung des Gehilfen die im Verkehr erforderliche Sorgfalt beachtet hat oder dass der Schaden auch bei Anwendung dieser Sorgfalt entstanden wäre. Die Haftung der Gehilfen gem. § 323 Abs. 1 HGB besteht daneben (s. Tz. 649).   659

Im Falle der **Praxisveräußerung** verbleibt es bei der Haftung des bisherigen Mandatsinhabers; der Erwerber haftet nicht anstelle des Praxisveräußerers, auch nicht neben ihm, für dessen Vertragsverletzungen⁸⁹⁹ oder unerlaubte Handlungen nach §§ 823 ff. BGB. Schließt sich ein RA mit einem bisher in Einzelpraxis tätigen anderen RA zu einer Sozietät zusammen, so haftet er nach Auffassung des BGH – auch unter Berücksichtigung der neueren Rspr. des BGH zur Rechtsnatur der BGB-Gesellschaft – nicht analog §§ 28 Abs. 1 S. 1 i.V.m. 128 S. 1 HGB für die in der bisherigen Praxis des Einzelanwalts begründeten Verbindlichkeiten⁹⁰⁰. Es besteht auch keine Haftung für angebliche Fehler eines gleichnamigen ausländischen Partners⁹⁰¹. Gleiches gilt für den WP.   660

3. Haftung gegenüber Dritten

a) Allgemeines

Eine zentrale Problematik besteht in der Frage, unter welchen Voraussetzungen welchem Dritten in welcher Höhe gehaftet werden muss. Eine Haftung gegenüber einem Dritten, mit dem also kein Mandatsverhältnis besteht, ist von der Rspr. vor allem im Hinblick auf die für den Schutz des Vermögens unzureichenden Vorschriften über die unerlaubten   661

---

895 *Palandt*, BGB⁷⁰, § 826, Rn. 11, mit Fallgruppen sittenwidrigen Verhaltens in Rn. 20 ff.
896 Vgl. BGH v. 26.11.1986, DB, S. 828.
897 BGH v. 26.09.2000, WM, S. 2114; OLG Düsseldorf v. 19.11.1998, NZG 1999, S. 902; *Seibt/Wollenschläger*, DB 2011, S. 1381.
898 ADS⁶, § 323, Tz. 189; BeBiKo⁷, § 323, Rn. 181.
899 OLG Düsseldorf v. 31.10.1990, StB 1991, S. 139.
900 BGH v. 22.01.2004, NJW, S. 836 m.w.N.; s. auch Tz. 686 ff.
901 OLG Düsseldorf v. 09.12.1994, BB 1995, S. 2234.

Handlungen entwickelt worden. Dabei bedient sich der BGH insb. des Rechtsinstituts des Vertrages mit Schutzwirkung zugunsten Dritter. Daneben kommt als Rechtsgrundlage für eine Haftung eine Drittschadensliquidation, insb. aber ein Auskunftsvertrag, eine Prospekthaftung sowie eine Haftung wegen sittenwidriger Schädigung i.S.v. § 826 BGB in Betracht. Unklar ist, in welchen Fällen eine sog. Expertenhaftung nach § 311 Abs. 3 BGB gegenüber Dritten begründet werden kann.

662 Im Rahmen dieser Darstellung kann nur ein Überblick über die wichtigsten Voraussetzungen und Merkmale der Anspruchsgrundlagen gegeben werden, die zu Schadensersatzleistungen von WP gegenüber Dritten führen können. Zur Vertiefung muss auf die einschlägigen Abhandlungen in der Literatur verwiesen werden[902].

b) Vertrag mit Schutzwirkung zugunsten Dritter

663 Über den sog. **Vertrag mit Schutzwirkung zugunsten Dritter**[903] kann auch ein Nichtmandant, der in den zwischen WP und Mandant geschlossenen Vertrag einbezogen wurde und dessen Vermögen durch eine Pflichtverletzung des WP beeinträchtigt wurde, einen Schadensersatzanspruch geltend machen. Voraussetzung für das Vorliegen eines Vertrags mit Schutzwirkung zugunsten Dritter ist nach st. Rspr.[904] und Literatur[905], dass erstens eine Vertrags- oder **Leistungsnähe** des Dritten zur zwischen Schuldner (z.B. WP) und Gläubiger (z.B. Mandant) vereinbarten vertraglichen Leistung vorliegt. D.h. der Dritte muss mit der Hauptleistung des WP bestimmungsgemäß und nicht nur zufällig in Berührung kommen und somit den Gefahren der Leistungserbringung in ähnlicher Weise wie der Mandant ausgesetzt sein. Zweitens muss der Vertragsgläubiger (z.B. Mandant) ein **Einbeziehungsinteresse** zugunsten des Dritten haben, d.h. die Leistung des Vertragsgläubigers muss nach dem Willen der Parteien dem Dritten bestimmungsgemäß zugute kommen. Drittens muss das Kriterium der **Erkennbarkeit** erfüllt sein, d.h. dem Vertragsschuldner (z.B. WP) müssen die Drittbezogenheit seiner Leistung und der geschützte Kreis der einzubeziehenden Dritten (nicht hingegen deren Identität) erkennbar sein. Schließlich muss viertens der einzubeziehende Dritte ein **Schutzbedürfnis** haben. Ein solches liegt etwa dann nicht vor, wenn dem Dritten ein inhaltsgleicher Anspruch gegen eine andere Person als dem Vertragsgläubiger zusteht. Dabei soll es nach Ansicht des BGH auf die Durchsetzbarkeit dieses Anspruchs nicht ankommen[906]. Eine Einbeziehung Dritter ist grundsätzlich bei jedem Vertrag möglich, da WP und Mandant aufgrund der herrschenden Privatautonomie ausdrücklich oder konkludent eine solche Zusatzabrede treffen können. Somit können etwa Aufträge zur Durchführung einer freiwilligen Jahres-

---

902 S. etwa *Canaris*, ZHR 1999, S. 206; *Ebke* Dritthaftung; *Ebke*, WPK-Mitt. 1997, S. 108; MünchKomm. HGB, § 323, Rn. 85 ff.; *Ebke*, WPK-Mitt. 1996, Sonderheft April, S. 17; WPK-Mitt. 1996, Sonderheft April, S. 2; *Ebke/Scheel*, WM 1991, S. 389; *Feddersen*, WM 1999, S. 105; *Fliess*, WPK-Mitt. 1992, S. 49; *Hirte*; *Joecks*, BFuP 2004, S. 239; *Lang*, WPg 1989, S. 57; *Otto/Mittag*, WM 1996, S. 325/327; *Quick*, BB 1992, S. 1675; *Quick*, DBW 2000, S. 60; *Schüppen*, DB 1998, S. 1317; *Weber*, NZG 1999, S. 1; *Zugehör*, NJW 2000, S. 1601 (verständlicher Überblick über die Rspr.); *Zugehör*, WM Sonderbeilage 3/2006; *Seibt/Wollenschläger*, DB 2011, S. 1378.

903 Ob die Rechtsgrundlage für das Institut des Vertrags mit Schutzwirkung zugunsten Dritter in einer richterlichen Rechtsfortbildung, einer Analogie zu § 328 Abs. 2 BGB, in einer ergänzenden Vertragsauslegung nach §§ 133, 157 BGB oder im Gewohnheitsrecht zu sehen ist, kann dahin stehen, da die Haftung hiernach jedenfalls anerkannt ist (vgl. BGH v. 11.01.1974, NJW, S. 2074 dogmatische Herleitung für Haftungsfrage „gleichgültig").

904 BGH v. 15.02.1978, DB, S. 836; BGH v. 02.07.1996, WM, S. 1739; ausführlich OLG Köln v. 13.11.2008, DB 2009, S. 278; OLG Düsseldorf v. 02.06.2009, DB, S. 2369.

905 *Palandt*, BGB[70], § 328, Rn. 17 ff.; *Wiedmann*[2], § 323, Rn. 26; *Ebke*, JZ 1998, S. 93; *Feddersen*, WM 1999, S. 109; *Seibt/Wollenschläger*, DB 2011, S. 1381.

906 BGH v. 16.07.2004, WM , S. 1827; gegen das Ausreichen eines „nur wertlosen Anspruchs" *Zugehör*, NJW 2008, S. 1106.

Haftung A

abschlussprüfung, zur Erstellung eines Jahresabschlusses sowie sonstige Prüfungs-, Gutachten- oder Beratungsverträge einen Vertrag mit Schutzwirkung zugunsten Dritter darstellen. Ob die Voraussetzungen für das Vorliegen eines Vertrags mit Schutzwirkung zugunsten Dritter erfüllt sind, ist im jeweiligen Einzelfall zu prüfen.

Der Auftrag zur Durchführung einer **gesetzlichen Abschlussprüfung** (§§ 316 ff. HGB) **664** führt grundsätzlich nicht zu einer Haftung aus einem Vertrag mit Schutzwirkung zugunsten Dritter. Aus § 323 Abs. 1 S. 3 HGB können dem Wortlaut nach nur Ansprüche der geprüften Kapitalgesellschaft und ggf. verbundener Unternehmen resultieren (s. Tz. 648). Auch die in § 323 Abs. 1 S. 3 HGB zum Ausdruck kommende gesetzliche Intention, die Haftung des APr. zu begrenzen, belegt, dass es grundsätzlich nicht zu einer Haftung gegenüber Dritten kommen soll[907] (bspw. kommt auch eine Einbeziehung stiller Beteiligter an dem Unternehmen in die Schutzwirkung des Prüfungsauftrags bei der gesetzlichen Abschlussprüfung nicht in Betracht[908]). Dieser Auffassung hat sich der BGH[909] im Grundsatz angeschlossen. Gleichwohl hält er es für möglich, dass unter dem Gesichtspunkt des Vertrags mit Schutzwirkung zugunsten Dritter ein Haftungsanspruch von Dritten entstehen kann. Das könne der Fall sein, wenn sich für den mit der gesetzlich vorgeschriebenen Abschlussprüfung beauftragten APr. hinreichend deutlich und klar ergibt, dass von ihm anlässlich dieser Prüfung eine besondere Leistung begehrt wird, von der gegenüber einem Dritten (z. B. Kreditgeber oder Kaufinteressent), der auf seine Sachkunde vertraut, Gebrauch gemacht werden soll. § 323 HGB entfalte insofern keine Sperrwirkung gegenüber einer Dritthaftung des APr., vielmehr bleibt neben § 323 Abs. 1 HGB ein Rückgriff auf den Vertrag mit Schutzwirkung zugunsten Dritter möglich[910]. Demgegenüber hat der Rechtsausschuss des Deutschen Bundestages in seiner Beschlussempfehlung zum KonTraG[911] ausdrücklich ausgeführt, dass eine Regelung zur Dritthaftung derzeit nicht erforderlich sei, da schon der bisherige Wortlaut des § 323 HGB nur der geprüften Kapitalgesellschaft oder einem verbundenen Unternehmen einen Schadensersatzanspruch gewähre und damit den Anspruch eines Dritten ausschließe, was auch von der Rspr. (LG Frankfurt[912]) bestätigt werde.

Mit Urteil vom 06.04.2006 hat der BGH wiederum die grundsätzliche Anwendbarkeit des Vertrags mit Schutzwirkung zugunsten Dritter im Bereich von Pflichtprüfungen bekräftigt[913]. Einschränkend weist er aber darauf hin, dass an die Einbeziehung Dritter in den Schutzbereich eines Prüfauftrags **strenge Anforderungen** zu stellen sind. Eine restriktive Haltung sei auch im Hinblick auf das Gesetzgebungsverfahren zum KonTraG geboten. Der Prüfauftrag hätte im zu entscheidenden Fall deshalb nur dann Schutzwirkung zugunsten eines Dritten entfaltet, wenn für den Prüfer zumindest erkennbar gewesen wäre,

---

907 LG Mönchengladbach v. 31.05.1990, NJW-RR 1991, S. 415; LG Frankfurt v. 08.04.1997, BB, S. 1682; LG Hamburg v. 22.06.1998, WM 1999, S. 139; OLG Nürnberg v. 18.01.2005, WPK-Magazin 2005, S. 38; ADS⁶, § 323, Tz. 177; *Ebke/Scheel*, WM 1991, S. 389/395; *Lang*, WPg 1989, S. 57; s. dazu auch *Feddersen*, WM 1999, S. 105.
908 OLG Nürnberg v. 18.01.2005, WPK-Magazin 2005, S. 38.
909 BGH v. 02.04.1998, DB, S. 1075, NJW, S. 1948; s. auch OLG Düsseldorf v. 19.11.1998, NZG 1999, S. 901 u. OLG Celle v. 05.01.2000, NZG, S. 613.
910 Zum Meinungsstreit über eine Sperrwirkung vgl. *Seibt/Wollenschläger*, DB 2011, S. 1382.
911 BT-Drucks. 13/10038 v. 04.03.1998, S. 25.
912 LG Frankfurt v. 08.04.1997, WPK-Mitt., S. 236.
913 BGH v. 06.04.2006, DB, S. 1105; zustimmend *Lettl*, NJW 2006, S. 2817.

dass ein bestimmter Investor für seine Entscheidung auf das Prüfungsergebnis wartet[914]. Dies schließt die Einbeziehung einer **unbekannten Vielzahl von Personen** in den Schutzbereich des Prüfauftrags aus. Ohne eine Vereinbarung der Vertragsparteien, dass gegenüber einem bestimmten Dritten eine Schutzpflicht begründet werden soll, einen direkten Kontakt des Prüfers mit dem Dritten oder einer besonderen Erklärung des Prüfers gegenüber dem Dritten kommt eine Haftung des Prüfers aus Vertrag mit Schutzwirkung zugunsten Dritter nicht in Betracht[915].

665 Hohe Anforderungen hatte der BGH[916] bereits im Jahre 2005 gestellt, als er die Frage zu entscheiden hatte, ob ein Prüfvertrag für eine **freiwillige JAP** Schutzwirkungen zugunsten eines Dritten entfaltet. Im zu entscheidenden Fall forderten Kapitalanleger, die verbriefte Genussrechte an einer später insolventen GmbH gezeichnet hatten, vom APr. Schadensersatz wegen eines mangelhaften uneingeschränkten BestV und einer fehlerhaften Erklärung zur Vorprüfung des nächsten Jahresabschlusses. Für die freiwillige Prüfung, die gem. §§ 316 ff. HGB durchgeführt wurde, hat der BGH den Maßstab angelegt, den er auch an eine gesetzliche Pflichtprüfung anlegt, weil „billigerweise" nur ein Drittschutz wie bei einer Pflichtprüfung zu erwarten sei[917]. Angesichts der unüberschaubaren Anzahl von Genussrechtserwerbern sah der BGH keine Anhaltspunkte für eine Bereitschaft des APr., die Haftung gegenüber den Anlegern zu übernehmen, und lehnte einen Schadensersatzanspruch nach den Regeln des Vertrag mit Schutzwirkung zugunsten Dritter ab[918]. Ähnlich restriktiv entschied das OLG Düsseldorf[919], dass eine Bank keinen Schadensersatzanspruch gegen den APr. wegen Kreditgewährung aufgrund eines fehlerhaften Jahresabschlusses nach den Grundsätzen des Vertrags mit Schutzwirkung zugunsten Dritter hat, wenn es für den Prüfer nicht erkennbar war, dass von ihm im Drittinteresse (Bank) eine besondere Leistung über die Erbringung der Prüfungsleistung hinaus erwartet wird und der Dritte aufgrund dieser Leistung eine bestimmte Kreditentscheidung trifft. Für eine solche Erkennbarkeit der Drittbezogenheit der Leistung reicht es weder aus, dass der Prüfer bei einem Gespräch seiner Mandantin mit ihrer Bank anwesend war, noch dass der Prüfer damit rechnen musste, dass der Jahresabschluss der Bank zugeleitet werden würde.

666 Der Auftrag zur **Erstellung eines Jahresabschlusses**[920] kann nach den strengen Anforderungen des BGH nur dann ein Vertrag mit Schutzwirkung zugunsten Dritter sein, wenn für den Prüfer erkennbar ist, dass der von ihm erstellte Abschluss einem Dritten vorgelegt werden soll, der daraufhin eine Vermögensdisposition trifft[921]. Fehlt es an dem Kriterium der Erkennbarkeit der Drittbezogenheit, wird zugunsten des erstellenden WP anzunehmen sein, dass er seine Leistungen allein im Interesse des ihn beauftragenden Unternehmens erbringt. Allein die Kenntnis des WP, dass der Jahresabschluss auch anderen Dritten vorgelegt wird, reicht für das Vorliegen der Voraussetzung „Erkennbarkeit" nicht aus[922].

---

914 BGH v. 06.04.2006, DB, S. 1107. Der Senat sieht diese Anforderung im entschiedenen Fall, in dem ein Erwerber von Aktien (einer später insolventen AG) Schadensersatz wegen eines angeblich mangelhaften uneingeschränkten Testats einer WPG beansprucht hatte, als nicht erfüllt an. Ebenfalls strenge Anforderungen an die Annahme der Einbeziehung eines Dritten: BGH v. 30.10.2008, DB, S. 2756; OLG München v. 12.11.2009 – 23 U 2516/09 (keine Einbeziehung des Finanzierungsgläubigers in den Schutzbereich des Prüfungsvertrags).

915 ADS[6], § 323, Tz. 201; vgl. auch BeBiKo[7], § 323, Rn. 200.

916 BGH v. 15.12.2005, NJW-RR 2006, S. 611 ("Genussrechte-Entscheidung").

917 Gegen eine Analogie zur gesetzlichen Abschlussprüfung und für eine erheblich niedrigere Haftungsschwelle *Seibt/Wollenschläger*, DB 2011, S. 1384 m.w.N.

918 BGH v. 15.12.2005, NJW-RR 2006, S. 611; so auch OLG Bremen v. 30.08.2006, GmbHR 2007, S. 96.

919 OLG Düsseldorf v. 02.06.2009, DB, S. 2369.

920 *IDW HFA 4/1996*, WPg 2006, 1456.

921 Vgl. zur Haftung eines StB BGH v. 21.01.1993, WM, S. 897.

922 BeBiKo[7], § 323, Rn. 204.

Haftung A

In einem weiteren Fall, in dem der WP vom Bundesaufsichtsamt für das Kreditwesen (BAK, heutige BaFin) beauftragt wurde, eine **Sonderprüfung nach § 44b KWG** durchzuführen, hat der BGH den drittschützenden Charakter des Auftragsverhältnisses zwischen Behörde und WP ebenfalls verneint: der Prüfbericht der WPG sollte nicht als Entscheidungsgrundlage für Vermögensdispositionen, sondern allein als Grundlage für das weitere behördliche Vorgehen des BAK dienen. Ein Vertrag mit Schutzwirkung zugunsten Dritter sei außerdem auch deshalb nicht anzunehmen, weil das BAK sich lediglich anderer Personen zur Durchführung seiner hoheitlichen Aufgaben bediene und deshalb etwa Prüfungsumfang und Prüfungsgegenstand selbst festlegt[923]. **667**

Wird der WP als Gutachter beauftragt, kann sich ebenfalls eine Haftung aus Vertrag mit Schutzwirkung zugunsten Dritter ergeben. So nimmt der BGH in st. Rspr. eine stillschweigende Einbeziehung Dritter in den Schutzbereich eines Vertrages insb. bei Aufträgen zur **Erstattung von Gutachten** an, wenn der Beauftragte über besondere, vom Staat anerkannte Sachkunde verfügt, wie z.B. ein öffentlich bestellter Sachverständiger, ein WP oder StB, und wenn das Gutachten vertragsgemäß einem Dritten vorgelegt werden soll[924]. Dies ist z.B. der Fall bei der Erstattung eines Gutachtens durch einen öffentlich-bestellten Sachverständigen zum Wert eines Grundstücks[925] oder dann, wenn ein WP vertragsgemäß ein Gutachten über die Kreditwürdigkeit des Auftraggebers erstellt hat, das als Basis für die Entscheidung eines Kreditgebers dienen soll. Als Dritte, die in den Schutzbereich eines Gutachtenauftrags einbezogen sind, kommen aber auch eine namentlich nicht bekannte Vielzahl privater Kreditgeber oder Kapitalanleger in Betracht, wenn der Gutachter nach dem Inhalt des ihm erteilten Gutachtenauftrags wusste oder damit rechnen musste, dass der Auftraggeber das Gutachten zur Erlangung von in der Höhe begrenzten Krediten verwenden wird[926]. Schutzwirkungen zugunsten der an einer Kapitalerhöhung teilnehmenden Altgesellschafter kann ein Vertrag mit einer GmbH zur Vorbereitung der für eine Kapitalerhöhung erforderlichen Erklärungen und Beurkundungen entfalten[927]. Die Haftung besteht auch dann, wenn der Auftraggeber die Unrichtigkeit des Gutachtens arglistig herbeigeführt hat[928]. Zur Schutzwirkung eines Vertrages zugunsten Dritter bei Gutachten vgl. auch OLG Düsseldorf v. 16.04.2002 (WPK-Mitt. 2003, S. 266). **668**

Nach BGH v. 08.06.2004[929] kann auch ein Bericht über eine **Prospektprüfung**, der einem Werbeprospekt für eine Kapitalanlage Vollständigkeit und Richtigkeit, Plausibilität und Glaubhaftigkeit bescheinigt, die Voraussetzungen des Vertrags mit Schutzwirkung zugunsten Dritter erfüllen. Dieser Anspruch kann neben dem aus Prospekthaftung geltend gemacht werden, was wegen der längeren Verjährungsfrist nach altem Recht (§ 51a WPO a.F.) von Bedeutung war[930]. Entsprechendes gilt, wenn der WP an den **Kreditverhandlungen** beteiligt war und die Richtigkeit des von ihm erstellten Zahlenwerks bekräftigt hat[931]. In gleich drei Urteilen vom 14.06.2007[932] zur Begutachtung von Verkaufspros- **669**

---

923 BGH v. 26.06.2001, DB, S. 2090; s. auch BGH v. 07.05.2009, DB, S. 1400.
924 BGH v. 02.11.1984, NJW, S. 355; v. 13.11.1997, DB 1998, S. 515.
925 BGH v. 26.06.2001, DB, S. 2090.
926 BGH v. 20.04.2004, NJW, S. 3035.
927 BGH v. 02.12.1999, NJW 2000, S. 725.
928 BGH v. 10.11.1994, WM 1995, S. 205, NJW 1995, S. 392.
929 DB, S. 2153, NJW, S. 3420.
930 BGH v. 08.06.2004, DB, S. 2153, NJW, S. 3420.
931 OLG Hamm v. 27.10.1994, WM 1995, S. 2042; BGH v. 19.12.1996, DB 1997, S. 572, NJW 1997, S. 1235; WPK-Mitt. 1997, S. 146.
932 BGH v. 14.06.2007, NJW-RR, S. 1329, 1332, 1479.

pekten[933] hat der BGH bestätigt, dass eine Einbeziehung von Kapitalanlegern in den Schutzbereich des Prospekt-Prüfungsvertrags nach den Grundsätzen des Vertrags mit Schutzwirkung zugunsten Dritter in Betracht kommt. In den gleichgelagerten Fällen hatte eine WPG im Auftrag einer von der Fondsgesellschaft eingeschalteten Bank den fehlerhaften Emissionsprospekt angeblich mangelhaft geprüft. Nach Ansicht des BGH setzt die Annahme eines Vertrag mit Schutzwirkung zugunsten Dritter voraus, dass der Experte ein konkretes Vertrauen des Dritten – und nicht nur dessen typisiertes Vertrauen wie im Rahmen der Prospekthaftung – in Anspruch genommen hat. Hierfür muss der einzelne Anleger konkrete Kenntnis vom Inhalt des Prospektgutachtens (nicht jedoch vom Namen des WP) haben. Die drei Prospektprüfungsurteile des BGH vom 14.06.2007 werden als eine Art Rückschritt gegenüber dem „strengeren" Urteil des BGH v. 06.04.2006[934] angesehen, da eine unbekannte Vielzahl von Kapitalanlegern in den Schutzbereich des Prüfungsvertrags einbezogen wird[935]. Die diesbezügliche Entwicklung in der Rspr. bleibt abzuwarten.

670 Mit Urteil vom 09.04.2003 hat das OLG Hamm[936] ebenfalls entschieden, dass eine Dritthaftung des APr. nur in den engen Grenzen des BGH-Urt. v. 02.04.1998 (NJW, S. 1948, DB, S. 1075) in Betracht kommt. In diesem Zusammenhang betont das Gericht die Bedeutung der Ziff. 7 der AAB, wonach die Weitergabe des Ergebnisses der Tätigkeit des WP (z.B. der Prüfungsbericht) von der Zustimmung des Berufsangehörigen abhängt. Diese Bestimmung der AAB sei nicht zu beanstanden und überlasse es gerade den Parteien des Prüfungsvertrages, den Umfang der Dritthaftung zu bestimmen. In Konsequenz dieser Entscheidung ist besonders sorgfältig zu prüfen, ob der WP der **Weitergabe des Ergebnisses seiner Tätigkeit** (z.B. Prüfungsbericht, Gutachten) an Dritte zustimmt. Bei einer Weitergabe gegen seine Zustimmung oder ohne seine Kenntnis kann demnach eine Dritthaftung nicht ohne weiteres begründet werden. Auch ein Auskunftsvertrag (s. Tz. 675 ff.) kann hierdurch nicht zustande kommen. Die Übersendung von **Mehrexemplaren** eines Prüfungsberichts kann nicht als (konkludentes) Einverständnis zu einer Weitergabe an Dritte gewertet werden, weil solche Mehrexemplare regelmäßig für interne Zwecke verwendet werden, worauf der Berufsangehörige in seinem Übersendungsschreiben aber ausdrücklich hinweisen sollte.

671 Bejaht man die Haftung aus einem Vertrag mit Schutzwirkung zugunsten Dritter, ist auch nach Auffassung des BGH v. 02.04.1998[937] die **Haftungsbeschränkung** des § 323 Abs. 2 HGB (Tz. 650) zu berücksichtigen, da Dritte mittels eines abgeleiteten Anspruchs aus einem Vertrag mit Schutzwirkung zugunsten Dritter nicht besser stehen dürfen als der ursprünglich Berechtigte. Die Geltendmachung der Haftungsbeschränkung des Schuldners auch gegenüber dem Dritten basiert auf **§ 334 BGB** in **analoger** Anwendung, wonach Einwendungen aus dem Vertrag auch gegenüber dem einbezogenen Dritten entgegengehalten werden können. Dies gilt auch für den Einwand gesetzlicher oder vertraglich vereinbarter Haftungsbeschränkungen[938].

672 Zu beachten ist allerdings, dass die Erhebung von Einwendungen analog § 334 BGB gegenüber dem Dritten nicht möglich ist, wenn die Parteien (z.B. WP und Mandant) diese Möglichkeit abbedungen haben. Nach der Rspr. und Lit. können die Parteien § 334 BGB auch stillschweigend abbedungen haben, wenn dies die Auslegung des individuellen

---

933 Zur Beurteilung von Verkaufsprospekten vgl. *IDW S 4*, WPg 2006, S. 919.
934 BGH v. 06.04.2006, DB, S. 1105.
935 *Zugehör*, NJW 2008, S. 1109.
936 WPK-Magazin 1/2004, S. 50, ebenso OLG Düsseldorf v. 12.06.2003, WPK-Magazin 4/2004, S. 50.
937 BGH v. 02.04.1998, NJW, S. 1948, DB, S. 1075.
938 BeBiKo[7], § 323, Rn. 208.

Vertrags ergibt[939]. Bei einer gesetzlichen Abschlussprüfung wird man eine solche Abbedingung nicht annehmen können, da der APr. nicht willentlich gegen das für ihn geltende Berufsrecht verstoßen wird, indem er entgegen § 16 der Berufssatzung eine über die gesetzliche Höchstgrenze hinausgehende Haftung übernimmt[940].

Schließlich stellt sich die Frage, ob der WP ein **Mitverschulden seines Auftraggebers** (z.B. wegen fehlerhafter Angaben) dem Dritten, der Schadensersatz aus einem Vertrag mit Schutzwirkung zugunsten Dritter fordert, entgegenhalten kann. Bei einem Vertrag mit Schutzwirkung zugunsten Dritter ist dem Dritten entsprechend dem Rechtsgedanken der §§ 334, 846 BGB das Mitverschulden des Gläubigers (z.B. Auftraggeber) anzurechnen; dieses darf grundsätzlich nicht dem Schuldner angelastet werden[941]. Aufgrund des dispositiven Charakters des § 334 HGB kann die Möglichkeit, dem Dritten etwa das Mitverschulden des Auftraggebers aus dem Vertrag entgegenzuhalten, durch die Parteien (auch konkludent) abbedungen werden. Dies kann z.B. dann der Fall sein, wenn ein Experte (z.B. Bausachverständiger[942]) offensichtlich fehlerhafte Angaben des Auftraggebers nicht hinterfragt und verwendet, obwohl erkennbar ist, dass der Dritte auf die Prüfung genau dieser Angaben vertraut. Im Übrigen kann dem Dritten auch sein **eigenes Mitverschulden** angerechnet werden[943]. 673

c) Drittschadensliquidation

Zu dem rechtlichen Instrumentarium, das als Anspruchsgrundlage für die Geltendmachung eines bei einem Dritten entstandenen Schadens dient, zählt die gesetzlich nicht geregelte sog. **Drittschadensliquidation**. Sie ist dadurch gekennzeichnet, dass aufgrund einer zufälligen Schadensverlagerung der Vertragspartner zwar einen vertraglichen Anspruch, aber keinen Schaden, der geschädigte Dritte den Schaden, aber keinen Anspruch hat[944]. In einem solchen Fall kann der Vertragspartner ausnahmsweise den Schaden des Dritten geltend machen, wenn das durch den Vertrag geschützte Interesse infolge der rechtlichen Beziehung zu einem Außenstehenden so auf diesen verlagert ist, dass der Schaden ihn und nicht den Vertragspartner (Gläubiger) trifft[945]. Der Vertragsgläubiger kann dann die Leistung des Schadensersatzes an sich oder an den Dritten verlangen[946]. Zu einem solchen Fall bei einem anwaltlichen Treuhandauftrag vgl. BGH v. 04.12.1997[947]. Eine Haftung des WP aus diesem Rechtsinstitut dürfte in der Praxis selten vorkommen[948], da es sich meist entweder um eine Risikohäufung und nicht – wie es aber für eine Drittschadensliquidation erforderlich ist – um eine Risikoverlagerung handeln wird[949] oder um eine Konstellation, in dem der Schaden von vornherein nicht in der Person des Gläubigers eintreten und deshalb auch nicht von diesem (zufällig) auf einen Dritten verlagert werden 674

---

939 BGH v. 10.11.1094, BB 1995, S. 170; *Palandt*, BGB[70], § 254, Rn. 56.
940 BeBiKo[7], § 323, Rn. 208.
941 *Palandt*, BGB[70], § 254, Rn. 56 m.w.N. zur Rspr.; *Canaris*, ZHR 1999, S. 216; *Grunewald*, ZGR 1999, S. 588.
942 BGH v. 13.11.1997, BB 1998, S. 339.
943 Vgl. BeBiKo[7], § 323, Rn. 209.
944 *Palandt*, BGB[70], Vorbem. v. § 249, Rn. 105.
945 Vgl. nur BGH v. 04.12.1997, NJW 1998, S. 1864, s. dazu auch *Zugehör*, NJW 2000, S. 1601/1605.
946 BGH v. 08.12.1986, NJW-RR 1987, S. 880, WM 1987, S. 581 m.w.N.
947 NJW 1998, S. 1864.
948 Zur Abgrenzung zum Vertrag mit Schutzwirkung zugunsten Dritter vgl. *Zugehör*, NJW 2000, S. 1601/1605; zum Ausschluss der Drittschadensliquidation wg. des Vorrangs des Vertrag mit Schutzwirkung zugunsten DritterVertrag mit Schutzwirkung zugunsten DritterVertrag mit Schutzwirkung zugunsten Dritter *Palandt*, BGB[70], Vorbem. v. § 249, Rn. 109.
949 *Baumbacht/Hopt*[32], § 347, Rn. 21.

kann. Letzteres war der Fall, der dem Urteil des BGH v. 07.05.2009[950] zugrunde lag: Die BaFin (Gläubiger) hatte einen WP (Schuldner) mit der Prüfung eines ihrer Aufsicht unterliegenden Instituts nach § 44 Abs. 1 S. 2 KWG betraut und die Vermögenseinbuße der Entschädigungseinrichtung (Dritter) konnte nur bei dieser, nicht bei der BaFin entstehen. Deshalb lehnte der BGH das Vorliegen einer zufälligen Schadensverlagerung ab.

d) Auskunftsvertrag

675   Eine Haftung gegenüber einem Dritten für die Erteilung eines Rates oder einer Auskunft kommt in Betracht, wenn ein **eigenständiger Auskunftsvertrag** zwischen dem Geber einer Auskunft und deren Empfänger ausdrücklich oder stillschweigend durch schlüssiges Verhalten (konkludent)[951] zustande kommt[952]. Nach ständiger Rspr. ist der stillschweigende Abschluss eines Auskunftsvertrages und damit eine vertragliche Haftungsgrundlage bei falscher Auskunft regelmäßig zu bejahen, wenn unter Berücksichtigung der Gesamtumstände des Einzelfalls und der Verkehrsauffassung die Auskunft für den Empfänger erkennbar von erheblicher Bedeutung ist und er sie zur Grundlage wesentlicher Vermögensverfügungen machen will[953]. Das gilt insb. in Fällen, in denen der Auskunftsgeber besonders sachkundig oder ein eigenes wirtschaftliches Interesse bei ihm im Spiel ist[954].

Entscheidend ist, dass beide Parteien nach dem objektiven Inhalt ihrer Erklärungen die Auskunft zum Vertragsgegenstand machen und sich somit rechtlich binden wollen (sog. Rechtsbindungswille). Dies ist bei der Vereinbarung einer Vergütung regelmäßig der Fall, aber auch bei einer unentgeltlichen Auskunft möglich. Ein Rechtsbindungswille kann sich allein aus der Tatsache der Auskunftserteilung jedoch nicht ergeben. In der Regel ist ein Kontakt zwischen dem Auskunftsgeber und dem Auskunftsempfänger erforderlich[955], allerdings kann ein Vertrag auch ohne einen solchen Kontakt zustande kommen[956].

676   Die Gefahr, dass ein **Auskunftsvertrag durch schlüssiges Verhalten** zustande kommt, besteht für WP als berufsmäßige Sachkenner v.a. dann, wenn sie im Rahmen der Interessenwahrnehmung von Mandanten, ohne als deren Bevollmächtigte zu handeln, Auskünfte erteilen oder Erklärungen abgeben, was z.B. bei **Kreditverhandlungen** mit Banken[957] oder im Rahmen der Vorbereitung von **Unternehmenskaufverträgen**[958] aber auch bei einer **Bescheinigung über die Kreditwürdigkeit** des Mandanten der Fall sein kann. Dabei spielen auch weitere Umstände, wie etwa das eigene wirtschaftliche Interesse am Geschäftsabschluss oder die Einbeziehung in Verhandlungen als unabhängige neutrale Person eine Rolle[959]. Nicht ausreichend für die Annahme eines Auskunftsvertrages ist die **Überlassung des Prüfungsberichts** an einen Beteiligungsinteressenten ohne Zustim-

---

950   BGH v. 07.05.2009, DB, S. 1400.
951   S. etwa BGH v. 15.06.1993, NJW, S. 3073 m.w.N.
952   *Zugehör*, WM, Sonderbeilage 3/2006, S. 43.
953   BGH v. 16.10.1990, NJW 1991, S. 353 m.w.N.; BGH v. 15.06.1993, NJW, S. 3073; BGH v. 13.02.1992, NJW, S. 2080; BGH v. 19.09.1985, WM, S. 1531.
954   BGH v. 16.09.1989, NJW 1990, S. 513 m.w.N.
955   BGH v. 29.01.2009, WM, S. 400 ff.; MünchKomm. HGB², § 323, Rn. 127; BeBiKo⁷, § 323, Rn. 212; *Grunewald*, ZGR 1999, S. 586.
956   Vgl. BGH v. 12.02.1979, NJW, S. 1595; v. 22.09.1982, NJW 1983, S. 276; v. 07.07.1998, NJW-RR, S. 1344; vgl. zu den vielen Indizien für einen Vertragsabschluss *Palandt*, BGB⁷⁰, § 675, Rn. 36 f. m.w.N. zur Rspr.
957   BGH v. 16.06.1962, NJW, S. 1500.
958   Vgl. OLG Stuttgart v. 25.07.1995, WPK-Mitt., S. 223 mit Anm. von *Siebert*, WPK-Mitt. 1996, S. 235; der BGH hat die Revision gegen das Urteil des OLG Stuttgart nicht angenommen, weil er es im Ergebnis (ggf. auch aufgrund eines Auftragsverhältnisses) für zutreffend hielt; BGH v. 28.05.1997, BB, S. 1685.
959   S. BGH v. 13.02.1992, NJW, S. 2080 m.w.N. zu den angesprochenen Fällen.

Haftung A

mung des WP[960]. Nach Auffassung des LG Frankfurt[961] schränkt sich die Annahme eines vertraglichen Auskunftsanspruches mit dem APr. auf die Fälle ein, in denen der APr. auf Verlangen von Dritten hinzugezogen wird und dann unter Berufung auf seine Sachkunde und Prüfungstätigkeit Erklärungen oder Zusicherungen unmittelbar gegenüber Dritten abgibt.

Kommt es (stillschweigend) zu einem Auskunftsvertrag mit einem Dritten, haftet der WP dem Dritten nach § 280 BGB auf Schadensersatz wegen schuldhafter Pflichtverletzung; für den Vorsatz genügt, dass der Auskunftsgeber die Unrichtigkeit der Auskunft kennt[962]. Bei verschuldeter **fehlerhafter Auskunft** muss er den Schaden ersetzen, der dem Auskunftsempfänger aufgrund des Vertrauens auf die Richtigkeit und Vollständigkeit entstanden ist[963]. Zu beachten ist, dass eine Haftungsbeschränkung nur dann eingreifen kann, wenn sie wirksam vereinbart wurde[964], was bei – ggf. überraschend zustande gekommenen – konkludenten Auskunftsverträgen selten der Fall sein wird. Der Geschädigte muss den Vertragsabschluss, die Unrichtigkeit der Aussage sowie grundsätzlich auch den Ursachenzusammenhang zwischen Vertragsverletzung und Schaden darlegen und beweisen[965]. Der Ersatzanspruch **verjährt** gem. § 195 BGB nach drei Jahren. Zusammenfassend kann nur empfohlen werden, bei Auskünften gegenüber Dritten äußerste Zurückhaltung zu üben oder Auskunft und Rat nur auf der Grundlage klarer vertraglicher Abreden einschl. ausdrücklicher Haftungsbestimmungen zu erteilen. 677

e) Prospekthaftung

Die Rspr. hat verdeutlicht, dass die **öffentliche Bestellung** und **Vereidigung**[966], die **Verwendung des Berufssiegels**[967] und die **Zugehörigkeit zu einem Beruf**, dem wegen seiner fachlichen Qualifikation **besonderes Vertrauen** entgegengebracht wird[968], die Verantwortlichkeit gegenüber Dritten und damit das Haftungsrisiko diesen gegenüber erhöht. Hinsichtlich der Anwendbarkeit der für den öffentlich bestellten und vereidigten Sachverständigen geltenden Dritthaftung sind die Funktionen des WP als gesetzlicher APr. und als Sachverständiger nach § 2 Abs. 3 WPO von Bedeutung. 678

Neben der spezialgesetzlichen Prospekthaftung[969] besteht eine **bürgerlich-rechtliche Prospekthaftung**, bei der die Zugehörigkeit zu einem Beruf, der kraft Ausbildung und Aufgabenstellung allseits Vertrauen genießt, eine maßgebende Rolle spielt. Auch die Befugnis zur Führung eines Berufssiegels und dessen Verwendung im konkreten Fall indizieren aus der Sicht des Empfängers von WP-Erklärungen die Zuverlässigkeit und Richtigkeit der gegebenen Informationen. Die bürgerlich-rechtliche Prospekthaftung wurde von der Rspr. auf dem Gedanken der Vertrauenshaftung für Vollständigkeit und Richtigkeit von Prospekten in Anlehnung an gesetzliche Prospekthaftungsregeln entwickelt[970]. 679

---

960 OLG Saarbrücken v. 12.07.1978, BB, S. 1434; BeBiKo[7], § 323, Rn. 212.
961 Urt. v. 08.04.1997, WPK-Mitt., S. 236; OLG Düsseldorf v. 02.06.2009, DB, S. 2370.
962 *Palandt*, BGB[70], § 675, Rn. 40.
963 *Palandt*, BGB[70], § 675, Rn. 41; *Zugehör*, WM, Sonderbeilage 3/2006, S. 43 f. (Ersatz des sog. negativen Interesses).
964 S. BeBiKo[7], § 323, Rn. 213.
965 *Palandt*, BGB[70], § 675, Rn. 44.
966 BGH v. 23.01.1985, WM, S. 450; BGH v. 24.09.1991, WM, S. 2034; *Litbarski*, ZIP 1996, S. 812.
967 BGH v. 19.03.1986, WM, S. 711.
968 BGH v. 23.11.1983, DB 1984, S. 288, WM 1984, S. 19; BGH v. 08.12.1994, NJW 1995, S. 1213.
969 Zur spezialgesetzlichen Prospekthaftung des WP insb. nach (§ 13 Verkaufsprospektgesetz i.V.m.) §§ 44 ff. BörsG, § 127 InvG oder § 12 WpÜG, die im Regelfall (auch in analoger Anwendung) mangels Prospektvertraulichkeit nicht in Betracht kommt, vgl. BeBiKo[7], § 323, Rn. 231.
970 *Palandt*, BGB[70], § 311, Rn. 19, 67 ff.; *Zugehör*, WM, Sonderbeilage 3/2006, S. 47.

Die **bürgerlich-rechtliche Prospekthaftung i.e.S.** knüpft an ein (enttäuschtes) typisiertes Vertrauen von Anlegern an: Neben den Prospektverantwortlichen i.S.d. BörsenG und des Verkaufsprospektgesetzes können zusätzlich diejenigen haften, die als berufsmäßige Sachkenner eine **Garantenstellung** einnehmen, mit ihrer Zustimmung als Fachleute im Prospekt angeführt werden und durch diese erkennbare Mitwirkung am Prospekt nach außen einen besonderen Vertrauenstatbestand schaffen, wobei ihre Eigenständigkeit auf die ihnen selbst zuzurechnenden Prospektaussagen beschränkt ist[971]. Dies gilt insb. für als unabhängige Treuhänder im Prospekt genannte Berufsangehörige[972], aber auch für die Prospektprüfung[973]. Eine erkennbare Mitwirkung am Inhalt des Prospekts und damit eine Garantenstellung respektive Prospekthaftung des WP hat das OLG Nürnberg[974] in dem Fall **verneint**, in dem in Emissionsprospekten die von dem WP geprüften und uneingeschränkt testierten Bilanzen und Gewinn- und Verlustrechnungen abgedruckt waren. Ebenso wenig kommt nach Ansicht des BGH eine Haftung des WP in Betracht, wenn Prüfberichte ohne Kenntnis des WP und vertragswidrig für die Werbung genutzt werden[975]. In einem anderen Fall hat der BGH entschieden, dass der WP, dessen BestV in den Prospekt aufgenommen wurde, nicht verpflichtet ist, den Prospekt zu aktualisieren[976].

680 Neben der sich aus einer Garantenstellung ergebenden Haftung ist die Haftung als „**Hintermann**" ein weiterer Fall der Prospekthaftung i.e.S. Nach st. Rspr. kann sich die Prospektverantwortlichkeit auch für Personen neben den Initiatoren, Gründern und Gestaltern der Gesellschaft ergeben, wenn diese Personen hinter der Gesellschaft stehen und auf ihr Geschäftsgebaren oder die Gestaltung des konkreten Modells besonderen Einfluss ausüben und deshalb Mitverantwortung tragen[977]. Dabei kommt es nicht darauf an, dass die „Hintermänner" nach außen erkennbar in Erscheinung getreten sind[978]. Demnach haftet ein WP, der im Rahmen eines Kapitalanlagemodells die **Mittelverwendungskontrolle** übernimmt, sie aber tatsächlich nicht in dem den Anlegern versprochenem Umfang durchführt und dennoch die Ordnungsmäßigkeit der Mittelverwendung bestätigt, jedenfalls dann, wenn er in das Kapitalanlagesystem als Kontrollorgan eingebunden ist. Dem Mittelverwendungskontrolleur muss allerdings als „**Hintermann**" faktisch eine Schlüsselfunktion zukommen, die mit derjenigen der Geschäftsleitung vergleichbar ist[979]. Zur Überprüfung eines Mittelverwendungskontrollvertrags als vorformulierte Vertragsbedingungen nach §§ 307 ff. BGB s. BGH v. 19.11.2009, DB, S. 2778.

681 Im Gegensatz zur bürgerlich-rechtlichen Prospekthaftung i.e.S. knüpft die **bürgerlich-rechtliche Prospekthaftung i.w.S.** an ein besonderes persönliches (statt typisiertes) Vertrauen an und folgt damit unmittelbar aus § 311 Abs. 2 und 3 BGB[980] (vgl. zur Haftung

---

971 BGH v. 22.05.1980, NJW, S. 1840; BGH v. 31.05.1990, NJW, S. 2461, DB, S. 1913, WPK-Mitt., S. 275 m.w.N.; BGH v. 01.12.1994, NJW 1995, S. 1025; BGH v. 27.01.2004, NJW, S. 1379.
972 BGH v. 01.06.1994, NJW, S. 2226, DB, S. 2024, WM, S. 1371.
973 BGH v. 31.05.1990, NJW, S. 2461, DB, S. 1913, WPK-Mitt., S. 275.
974 OLG Nürnberg v. 18.01.2005, WPK-Magazin, S. 38.
975 BGH v. 26.09.2000, NJW 2001, S. 360.
976 BGH v. 15.12.2005, ZIP 2006, S. 854.
977 BGH v. 01.12.1994, NJW 1995, S. 1025; BGH v. 27.01.2004, NJW, S. 1376; BGH v. 12.02.2004, NJW, S. 1732; BGH v. 14.06.2007, NJW-RR, S. 1479.
978 BGH v. 07.12.2009, DStR 2010, S. 235.
979 BGH v. 14.06.2007, DB, S. 1631; so auch BGH v. 19.11.2009 – III ZR 109/08, DB 2010, S. 219 (Prospekthaftung i.e.S. im zu entscheidenden Fall aber verneint, weil Mittelverwendungskontrolleur keine maßgeblichen Einflussmöglichkeiten auf die Gestaltung des Prospekts hatte; auch Prospekthaftung i.w.S. verneint; allerdings Haftung wegen Verstoßes gegen Hinweis- und Kontrollpflichten aus dem Mittelverwendungskontrollvertrag bejaht).
980 *Palandt*, BGB[70], § 311, Rn. 19, 71 (sog. uneigentliche Prospekthaftung); *Zugehör*, WM, Sonderbeilage 3/2006, S. 49.

gem. § 311 Abs. 2 BGB auch Tz. 683). Wer im Zuge von Vertragshandlungen als künftiger Vertragspartner, Vertreter, Sachwalter oder Garant das persönliche Vertrauen eines Anlegers in Anspruch nimmt, haftet für Mängel des bei den Vertragsverhandlungen verwendeten Prospekts[981]. Erforderlich für die Begründung eines solchen Vertrauens ist allerdings ein persönlicher Kontakt zwischen den Beteiligten, der im Regelfall zwischen WP und Anleger nicht vorliegen wird[982].

Anspruchsberechtigt ist der Anleger, zu dem keine unmittelbare vertragliche Beziehung besteht. Die Haftung kann dadurch vermieden werden, dass die Mitwirkung des WP also nicht im Prospekt erwähnt wird und somit der Vertrauenstatbestand nicht zur Entstehung kommt[983]. Die dargestellte Vertrauenshaftung gilt nicht für die Tätigkeit als Pfleger, Betreuer, Vormund etc.[984]

682

Zur Behandlung der Ansprüche aus Prospekthaftung durch die **Berufshaftpflichtversicherung** vgl. *Hartmann/Schwope*, WPK-Mitt. 1993, S. 46.

f) Ansprüche aus rechtsgeschäftlichen oder rechtsgeschäftsähnlichen Schuldverhältnissen (§ 311 Abs. 2 und 3 BGB)

Mit dem Schuldrechtsmodernisierungsgesetz[985] (SMG) ist eine Rechtsgrundlage für das bis dahin ungeschriebene Rechtsinstitut der culpa in contrahendo ins BGB aufgenommen worden. Die Haftung aus einem Verschulden vor Vertragsschluss hat seitdem in § 311 Abs. 2 BGB ihre normative Grundlage. § 311 Abs. 2 BGB formuliert die (von Rspr. und Lehre im Wege der Rechtsfortbildung schon vor dem SMG anerkannten) Fallgruppen der c.i.c. in drei Tatbestände, in denen ein Schuldverhältnis mit dem allgemeinen Pflichtenrahmen des § 241 Abs. 2 BGB entsteht: Aufnahme von Vertragsverhandlungen, Anbahnung eines Vertrags und ähnliche geschäftliche Kontakte[986]. Die Haftung aus c.i.c. trifft grundsätzlich nur die Parteien des angebahnten Vertrages, ausnahmsweise haften Vertreter oder Gehilfen dann, wenn sie am Vertragsschluss ein unmittelbares eigenes wirtschaftliches Interesse haben oder wenn sie besonderes persönliches Vertrauen in Anspruch genommen haben und dadurch die Vertragsverhandlungen bzw. den Vertragsschluss erheblich beeinflussen[987]. Zur bürgerlich-rechtlichen Prospekthaftung i.w.S. als Anwendungsfall der c.i.c. vgl. Tz. 681.

683

Anknüpfend an die von der Rspr. zur c.i.c. entwickelten Grundsätze, besteht mit § 311 Abs. 3 BGB die normative Grundlage für eine Dritthaftung. § 311 Abs. 3 S. 1 BGB bestimmt, dass ein Schuldverhältnis mit dem Pflichtenrahmen des § 241 Abs. 2 BGB auch zu Personen entstehen kann, die nicht selbst Vertragspartei sind. Ein solches Schuldverhältnis soll insb. begründet werden, wenn ein Dritter besonderes Vertrauen für sich in Anspruch nimmt und dadurch Vertragsverhandlungen oder gar den Vertragsschluss zwischen zwei anderen Parteien erheblich beeinflusst (§ 311 Abs. 3 S. 2 BGB). Bei einem weiten Verständnis dieser Vorschrift[988] bietet sie genügend Auslegungsspielraum, um alle Fälle der Dritthaftung zu erfassen. Gegen dieses weite Verständnis kann die Begründung

---

981 *Palandt*, BGB[70], § 311, Rn. 71 m.w.N. zur Rspr.
982 BeBiKo[7], § 323, Rn. 234.
983 Vgl. *IDW S 4*, Tz. 23, 24, 26.
984 BGH v. 08.12.1994, NJW 1995, S. 1213.
985 BGBl. I 2001, S. 3138.
986 Zu den drei Fallgruppen mit jeweiligen Beispielen vgl. *Palandt*, BGB[70], § 311, Rn. 22 ff.
987 *Palandt*, BGB[70], § 311, Rn. 60.
988 So *Canaris*, JZ 2001, S. 520, der eine solche sog. Expertenhaftung befürwortet.

zum Regierungsentwurf des SMG[989] und somit die Entstehungsgeschichte der Norm angeführt werden. Mit § 311 Abs. 3 BGB sollte nur der von der Rspr. und Wissenschaft entwickelte Rechtszustand wiedergegeben werden. Die Auslegung sollte den Gerichten überlassen bleiben. Nach Auffassung des Rechtsausschusses sollte mit dieser Norm keine allgemeine Dritthaftung gesetzlich verankert werden[990]. Die überwiegende Meinung hält deshalb § 311 Abs. 3 S. 2 BGB nicht in den Fällen für anwendbar, in denen nach bisheriger Rspr. die Grundsätze des Vertrages mit Schutzwirkung zugunsten Dritter eingreifen[991]. Die allgemeine Funktion des APr. wird danach also nicht ausreichen, um den Tatbestand des § 311 Abs. 3 S. 2 BGB zu verwirklichen[992].

g) Dritthaftung aus unerlaubter Handlung (§§ 823 ff. BGB)

684 Der WP kann einem Dritten – wie auch seinem Mandanten – gegenüber aus unerlaubter Handlung gem. §§ 823 ff. BGB auf Schadensersatz haften. Für eine Haftung aus § 823 Abs. 2 BGB i.V.m. eines Schutzgesetz muss der WP nicht selbst Täter sein, sondern es reicht eine Tatbeteiligung als Gehilfe, Anstifter oder Mittäter. Eine Ersatzpflicht nach § 826 BGB (sittenwidrige vorsätzliche Schädigung) gegenüber Dritten tritt nur ein, wenn die Pflichtverletzung als leichtfertig und anstößig zu wertendes Verhalten des WP den Schaden herausgefordert hat; für strafbare Handlungen der gesetzlichen Vertreter der geprüften Gesellschaft unter Ausnutzung des Testats ist der WP hingegen nicht verantwortlich[993]. Bemerkenswert ist, dass der BGH diese Rechtsauffassung des OLG Karlsruhe gebilligt und die Annahme der Revision abgelehnt hat[994]. War hingegen der pflichtwidrig erteilte BestV dazu bestimmt, die **Kreditgewährung** durch einen Dritten zu beeinflussen, haftet der APr. dem Kreditinstitut nach § 826 BGB[995]. Eine solche Haftung nach § 826 BGB kommt auch in Betracht, wenn der Berufsangehörige nur als „verlängerter Arm" des Auftraggebers tätig war, jedoch erhebliche Zweifel an der Richtigkeit der Angaben des Mandanten bestanden. Der Sittenverstoß erfordert keine positive Kenntnis der Unrichtigkeit, es genügt schon leichtfertiges Handeln[996]. Der Vorwurf der Sittenwidrigkeit kann auch bei der Mitwirkung an der Verletzung vertraglicher Pflichten liegen, allerdings nur dann, wenn schwerwiegende Verstöße gegen das Anstandsgefühl vorliegen, die mit den Grundbedürfnissen loyaler Rechtsgesinnung unvereinbar sind. Dies kommt bei kollusivem Zusammenwirken mit dem Vertragsschuldner gerade zur Vereitelung der Ansprüche des Vertragsgläubigers in Betracht[997]. Dass ein Sachverständiger ein fehlerhaftes Gutachten erstattet, reicht ohne das Hinzukommen weiterer, den Sittenverstoß begründender Umstände nicht aus[998]. Im Gegensatz zur Sittenwidrigkeit, für die fahrlässiges Handeln ausreicht, erfordert § 826 BGB in Bezug auf den Schaden **Vorsatz**. Dabei wird aber regelmäßig aus einem besonders leichtfertigen Verhalten des Schädigers auf seinen (bedingten) Vorsatz zur Schadenszufügung geschlossen[999].

---

989 BT-Drs. 14//4040, S. 162.
990 BT-Drs. 14/7052, S. 25.
991 BGH v. 03.12.2007, DStR 2008, S. 518; *Palandt*, BGB[70], § 311, Rn. 60, § 328, Rn. 34; BeBiKo[7], § 323, Rn. 225 ff. (mit zusätzlichem zutr. Hinweis auf die Wertentscheidung des § 323 HGB, bei einer Pflichtprüfung den Kreis von Anspruchsberechtigten zu beschränken).
992 So im Ergebnis auch *Seibt/Wollenschläger*, DB 2011, S. 1380.
993 OLG Karlsruhe v. 07.02.1985, WM, S. 940, ZIP, S. 409.
994 BGH v. 14.01.1986, ZIP, Nr. 3 S. III.
995 OLG Oldenburg v. 06.03.1980, VersR 1981, S. 88.
996 BGH v. 17.09.1985, NJW 1986, S. 180, DB, 1986 S. 422.
997 BGH v. 19.10.1993, NJW 1994, S. 128, ZIP 1994, S. 121.
998 BGH v. 24.09.1991, NJW, S. 3282, VersR, S. 1413.
999 *Palandt*, BGB[70], § 826, Rn. 10.

h) Haftung des gerichtlichen Sachverständigen

Häufig werden WP auch als **sachverständige Gutachter von Gerichten** ernannt. Für diese Tätigkeit hat der Gesetzgeber eine eigene Haftungsnorm geschaffen. § 839a BGB (eingefügt durch das Schadensänderungsgesetz vom 19.07.2002[1000]) bestimmt, dass vom Gericht ernannte Sachverständige zum Schadensersatz verpflichtet sind, wenn sie vorsätzlich oder grob fahrlässig ein unrichtiges Gutachten erstatten und dadurch einem Verfahrensbeteiligten durch eine auf dem Gutachten beruhende gerichtliche Entscheidung ein Schaden entsteht. Diese spezielle Haftungsvorschrift ist nur auf gerichtliche Sachverständige anzuwenden. Die Bestellung zum gerichtlichen Sachverständigen muss in einem gerichtlichen Verfahren erfolgen. Die Norm greift somit nicht (auch nicht in analoger Anwendung) bei der Hinzuziehung von Sachverständigen im Schiedsverfahren oder Verwaltungsverfahren[1001]. Die Unrichtigkeit des Gutachtens kann sich aus der Annahme eines unzutreffenden – nicht durch das Gericht vorgegebenen – Sachverhalts (etwa aufgrund fehlerhafter oder unvollständiger Befunderhebung) oder daraus ergeben, dass der Gutachter aus dem Sachverhalt die falschen Schlüsse zieht. Der Gutachter muss die Unrichtigkeit vorsätzlich (Tz. 643) oder grob fahrlässig (Tz. 645) herbeigeführt haben. Das unrichtige Gutachten muss zu einer gerichtlichen Entscheidung führen, die – auf dem Gutachten basierend – einen Schaden bei einem der am Verfahren Beteiligten (mit-)verursacht. Endet das Verfahren ohne eine gerichtliche Entscheidung, etwa weil die Parteien sich vergleichen, kommt eine Haftung aus dieser Vorschrift nicht in Betracht[1002].

685

4. Haftung von Sozietäten

Der Zusammenschluss von WP mit Berufskollegen oder anderen sozietätsfähigen Personen zur gemeinsamen Berufsausübung in einer Sozietät (Tz. 201, 608) hatte im Regelfall auch die gesamtschuldnerische Haftung für Pflichtverletzungen aus Aufträgen zur Folge, die der Sozietät übertragen werden[1003]. In st. Rspr. ging der BGH davon aus[1004], dass der Mandatsvertrag im Zweifel mit allen der Sozietät angehörigen Anwälten geschlossen wird. Wer eine Sozietät beauftrage, wolle sich gerade die Vorteile zu Nutze machen, die eine Sozietät bietet. Im Ergebnis handele es sich um eine Haftung aus dem Mandatsvertrag mit der Sozietät. Ob diese Sichtweise nach der grundlegenden Entscheidung des BGH v. 29.01.2001[1005] zur Rechtsnatur der BGB-Gesellschaft bei freiberuflichen Sozietäten noch aufrecht erhalten wird, ist fraglich. Nach dieser neueren Rspr. wird die Sozietät – nach dem Modell der OHG – als solche Vertragspartner. Die Gesellschafter haften für alle vertraglichen, quasivertraglichen und gesetzlichen Verbindlichkeiten der Sozietät mit ihrem persönlichen Vermögen. Als Folge dieses Ansatzes haftet ein neu in eine GbR eintretender Gesellschafter für bei seinem Eintritt bereits bestehende Verbindlichkeiten der Gesellschaft neben den bisherigen Gesellschaftern persönlich[1006]. Allerdings hat der BGH in einer weiteren Entscheidung ausdrücklich offen gelassen, ob diese Rspr. auch für berufliche Haftungsfragen gilt. Wegen der in § 8 Abs. 2 (Tz. 209) PartGG zum Ausdruck kommenden Auffassung des Gesetzgebers nehmen diese besonderen Fälle möglicher-

686

1000 BGBl. I, S. 2674.
1001 *Palandt*, BGB[70], § 839a, Rn. 1a.
1002 *Palandt*, BGB[70], § 839a, Rn. 4.
1003 BGH v. 06.07.1971, BGHZ 56, S. 355.
1004 Grundsatzurteil v. 06.07.1971, NJW, S. 1801.
1005 NJW 2001, S. 1056.
1006 BGH v. 07.04.2003, NJW, S. 1803; BGH v. 17.10.2006, DB, S. 2806.

687 Nach der Rspr. des BGH[1009] kann diese persönliche Haftung eines Gesellschafters für die im Namen einer GbR begründeten Verpflichtungen auch nicht durch den Namenszusatz „mbH" beschränkt werden (zur Beschränkung durch AAB s. Tz. 598). Dies gilt bei Erteilung des Mandats an die Sozietät für den Aufgabenbereich, den alle Mitglieder der Sozietät aufgrund ihrer persönlichen Befugnisse bearbeiten können, z.B. die Steuerberatung[1010], die Wirtschaftsberatung und die Treuhandtätigkeit[1011], ohne jede Einschränkung. Die Haftung trifft sogar **Scheinsozien** (Tz. 207), bei denen nur nach außen der Anschein erweckt wird, einer Sozietät anzugehören[1012].

688 Für die im Betrieb eines bisherigen Einzel-WP begründeten Verbindlichkeiten haftet ein Berufsangehöriger, der sich mit dem bisherigen Einzel-WP zusammengeschlossen hat, jedoch nicht[1013]. Fraglich ist, inwieweit ein in eine bestehende Sozietät **neu eintretender Gesellschafter** für **Altverbindlichkeiten** der Gesellschaft analog § 130 HGB in Anspruch genommen werden kann[1014]. Bei einem Eintritt in eine Publikums-GbR bejaht der BGH die persönliche Haftung des Neugesellschafters nur unter der Voraussetzung, dass dieser die Verbindlichkeiten der Gesellschaft kennt oder sie bei auch nur geringer Aufmerksamkeit hätte erkennen können[1015]. Das LG Hamburg[1016] hat ausgeführt, dass kein Grund ersichtlich sei, anwaltliche Haftungsansprüche bei der Haftung für Altverbindlichkeiten einer GbR anders zu behandeln als Gewährleistungsansprüche von Dienstleistern, die nach der st. Rspr. zu Altverbindlichkeiten zählen. Auch aus § 8 Abs. 2 PartGG folgt nur, dass in den übrigen Gesellschaftsformen neben der PartG eine grundsätzliche Mithaftung neu eintretender Gesellschafter vorgesehen ist. Schließlich führt der Vergleich zu § 28 HGB zu dem Schluss, Berufshaftungsverbindlichkeiten unter die Verbindlichkeiten i.S.d. § 130 HGB zu subsumieren.

689 Die Auslegungsregel, dass ein Sozius ein ihm angetragenes Mandat regelmäßig zugleich im Namen der übrigen Sozietätsmitglieder annimmt, lässt **Ausnahmen** zu. Eine solche liegt vor, wenn ein Anwalt der Sozietät mit einer Tätigkeit betraut wird, die außerhalb seiner eigentlichen anwaltlichen Aufgaben liegt[1017]. Eine weitere Ausnahme ist gegeben, wenn in einer Sozietät aus RA und WP/StB eine Rechtsberatung bzw. die Rechtsbesorgung übernommen wird, die befugterweise nur von dem RA erledigt werden kann und die Befassung des WP mit dieser Angelegenheit zu einem Verstoß gegen das Rechtsberatungsgesetz führen würde[1018]. Bei Sozietäten mit Angehörigen unterschiedlicher Berufe (interprofessionelle oder gemischte Sozietät) sind im Zweifel nur

---

1007 BGH v. 07.04.2003, NJW, S. 1803.
1008 Zur Gesamtproblematik s. *Borgmann/Junk/Grams*, Kap. VII Rn. 1-23.
1009 V. 27.09.1999, NJW 3483, ZIP, S. 1755 mit Anm. Altmeppen; so für Freierufler-Sozietät bereits BayObLG v. 24.09.1998, AnwBl. 1999, S. 482 und bei versteckter Anbringung des Hinweises „mit beschränkter Gesellschafterhaftung" wegen Verstoß gegen § 1 UWG schon BGH v. 25.06.1992, NJW, S. 3037, DB, S. 2083.
1010 BGH v. 04.02.1988, ZIP, S. 315, BB, S. 658, BGH v. 21.04.1982, NJW, S. 1866, BGHZ 83, S. 328.
1011 BGH v. 10.03.1988, NJW-RR 1299, WM, S. 986: jedenfalls bei RAen, wenn die Treuhandtätigkeit mit der eigentlichen Rechtsberatung zusammenhängt.
1012 BGH v. 24.01.1991, NJW, S. 1225; BGH v. 08.07.1999, NJW, S. 3040, WM, S. 1846: Auf dem Briefkopf aufgeführte freie Mitarbeiterin; OLG Köln v. 18.12.2003, MDR, S. 900.
1013 Vgl. BGH v. 22.01.2004, NJW, S. 836.
1014 Zum Streitstand s. *Palandt*, BGB[70], § 736, Rn. 5 f. m.w.N. (Haftung analog § 130 HGB bejahend).
1015 BGH v. 17.10.2006, DB, S. 2806.
1016 V. 11.05.2004, NJW, S. 3495.
1017 BGH v. 25.02.1998 III ZR 194/86 (n.v.), zitiert in BGH v. 16.12.1999, NJW 2000, S. 1333.
1018 BGH v. 16.12.1999, NJW 2000, S. 1333.

Haftung   A

diejenigen Sozien zur Leistung verpflichtet und in der Lage, die auf dem zu bearbeitenden
Sachgebiet befugter Weise tätig werden können.

Diese Auffassung ist auch im Bereich der **gesetzlichen Abschlussprüfung** ausschlagge-   690
bend. Auftragnehmer kann und darf nur der als APr. gewählte WP sein (§ 318 Abs. 1
HGB), und nur dieser ist in der Lage, den Prüfungsauftrag wirksam durchzuführen und
den BestV zu erteilen, der Grundlage für die Feststellung des JA ist (§ 316 Abs. 1 S. 2
HGB). Eine Stellvertretung durch die Partner scheidet aus; eine andere Beurteilung greift
allenfalls ein, wenn die übrigen WP-Partner als Ersatzprüfer gewählt sind und der als APr.
gewählte WP an der Durchführung des Auftrags gehindert oder weggefallen ist (§ 318
Abs. 4 S. 2 HGB) mit der Folge, dass der als Ersatzprüfer gewählte WP die Stellung des
gesetzlichen APr. übernimmt.

Bei **gemischten Sozietäten** stellt die Mitzeichnung der Sozien ohne WP-Qualifikation   691
bereits einen Verstoß gegen Berufsrecht dar (Tz. 614). Weiterhin ist zu berücksichtigen,
dass diese Sozien mangels Befugnis (§ 319 Abs. 1 HGB, Tz. 610) nicht als APr. bestellt
werden können. Aus der Stellung als Sozius erwachsen auch keine weiteren beruflichen
Befugnisse. Sollte unter Verkennung oder Missachtung dieser Gegebenheiten ein Sozius
ohne WP-Qualifikation persönlich die Durchführung eines Pflichtprüfungsauftrages
übernehmen, so kann dies zwar zu einer Haftung wegen fehlerhafter Berufsausübung
führen[1019]; es handelt sich aber nicht um den Fall der Mithaftung für Fehler des WP-Part-
ners bei der Durchführung einer gesetzlich vorgeschriebenen Abschlussprüfung (denkbar
ist hingegen eine Haftung aus § 323 Abs. 1 S. 2 HGB, wenn der Sozius ohne WP-Qualifikation als Prüfungsgehilfe i.S.v. Abs. 1 S. 1 HGB tätig war). Dementsprechend entfällt
eine Mithaftung des WP für Fehler, die dem RA-Partner im Vorbehaltsbereich der
Rechtsberatung unterlaufen[1020]. Schließlich ist zu berücksichtigen, dass bei Tätigkeiten,
die eindeutig ausschließlich anderen Berufen vorbehalten sind, im Zweifel auch kein
Versicherungsschutz im Rahmen der Berufshaftpflichtversicherung besteht.

Zweifel an der gemeinsamen Beauftragung und damit der Mithaftung sind geboten, wenn   692
ein Auftrag einem bestimmten Sozius erteilt wird mit der Maßgabe, diesen höchstpersönlich zu erledigen. In einem solchen Fall kann davon ausgegangen werden, dass
aufgrund der Entscheidung des Mandanten keine gemeinschaftliche Erledigung stattfinden soll. Dies hat zur Folge, dass dann auch keine gemeinsame Haftung angenommen
werden kann. Entsprechendes gilt bei von der Natur der Sache her **höchstpersönlichen
Aufträgen**, z.B. als Gerichtsgutachter, Insolvenzverwalter, Testamentsvollstrecker, Auf-
sichtsratmitglied u.a. tätig zu werden, bei denen eine Stellvertretung durch Partner ausscheidet[1021] oder bei Schadenersatzansprüchen eines Sozius aus nur mit dem WP-Beruf
vereinbaren Tätigkeiten.

Bei der **PartG** ist die Rechtslage kraft Gesetzes vorgezeichnet. Hier haftet die PartG mit   693
ihrem Vermögen und daneben der mit der Bearbeitung des Auftrages befasste Partner (s.
Tz. 209). Die gesetzliche Regelung zur Haftungskonzentration (§ 8 Abs. 2 PartGG)
kommt hingegen nicht zur Anwendung, wenn z.B. alle Partner den Auftrag bearbeitet
haben[1022]. Zu Einzelheiten der Haftung der PartG vgl. *Borgmann/Jungk/Grams*, Kap. VII
Rn. 30.

1019 Vgl. etwa BGH v. 30.09.1999, NJW 2000, S. 69.
1020 OLG Köln v. 03.05.1996, StB 1997, S. 77.
1021 OLG Düsseldorf v. 31.01.1996, MDR 1997, S. 700.
1022 Vgl. *Michalski/Römermann*, PartGG³, § 8, Rn. 30.

205

5. Haftungsbeschränkung

694 Grundsätzlich haftet ein WP für berufliche Pflichtverletzungen, die zu einem Schaden führen, in unbegrenzter Höhe. Eine **Haftungsbegrenzung** ist möglich, wenn sie **gesetzlich** vorgesehen (s. dazu Tz. 650 f.) oder zwischen den Parteien vereinbart ist. Eine Beschränkung wegen vorsätzlich verursachter Schäden im Vorhinein verbietet § 276 Abs. 3 BGB. Dagegen kann die Haftung wegen fahrlässig verursachter Schäden entweder durch schriftliche Vereinbarung im Einzelfall (sog. Individualabrede) oder durch vorformulierte Vertragsbedingungen (Allgemeine Auftragsbedingungen – AAB) begrenzt werden[1023], § 54a Abs. 1 Nr. 1 u. 2 WPO. Die Wirksamkeit von **vertraglich vereinbarten Haftungsbeschränkungen** ist vor dem Hintergrund besonders wichtig, dass ansonsten der WP – ggf. unbewusst – unbegrenzt haftet.

695 Im Falle einer **Individualabrede** darf die Mindesthöhe der gesetzlich vorgesehenen Deckungssumme – z.Z. 1 Mio. € je Schadensfall – zwar überschritten, aber nicht unterschritten werden (§ 54a Abs. 1 Nr. 1 WPO). Die weiteren Voraussetzungen für eine wirksame Individualabrede können kaum verlässlich beschrieben werden[1024]. Keinesfalls darf eine solche Vereinbarung einseitig vorgegeben sein, vielmehr muss sie „ausgehandelt" werden[1025]. Außerdem verlangt die für die Individualvereinbarung gem. § 54a Abs. 1 Nr. 1 WPO geforderte Schriftform eine von beiden Parteien unterschriebene Erklärung (§ 126 Abs. 2 BGB). Die bloße Dokumentation der Abrede durch den WP reicht demnach nicht aus. Die Haftungsbegrenzung muss für jedes einzelne Mandat, d.h. auch für jeden einzelnen Auftrag eines Mandanten, individuell vereinbart werden[1026].

696 Werden **vorformulierte Vertragsbedingungen**, d.h. die beispielsweise die vom IDW Verlag herausgegebenen „Allgemeinen Auftragsbedingungen für Wirtschaftsprüfer und Wirtschaftsprüfungsgesellschaften vom 1. Januar 2002" (AAB) verwendet, darf eine Haftungsbegrenzung nicht unter dem vierfachen Betrag der Mindesthöhe der Deckungssumme der Berufshaftpflichtversicherung (also z.Z. 4 Mio. €) mit dem Vertragspartner vereinbart werden (vgl. § 54 Abs. 1 Nr. 2 WPO). Eine unter diesem Mindesthaftungsbetrag vereinbarte Haftungsbegrenzung ist durch AAB nicht zulässig bzw. nicht wirksam vereinbart mit der ggf. gravierenden Folge einer unbeschränkten Haftung des WP. Gleichwohl besteht die Möglichkeit der Verwendung von AAB ohne Haftungsbegrenzungsklausel mit einer zusätzlichen individualvertraglich vereinbarten (ausgehandelten) Haftungsbegrenzung, für die jedoch der gem. § 54a Abs. 1 Nr. 1 WPO geltende Mindesthaftungsbetrag von z.Z. 1 Mio. € nicht unterschritten werden darf. Weiter ist bei der Verwendung von AAB für die Wirksamkeit der Haftungsbeschränkung erforderlich, dass tatsächlich in der vereinbarten Höhe Versicherungsschutz besteht (§ 54a Abs. 1 Nr. 2 WPO). Besteht Versicherungsschutz etwa nur i.H.v. 1 Mio. €, ist die Haftungsbegrenzung der AAB unwirksam mit der Folge einer unbeschränkten Haftung des WP. Zur umstr. Vereinbarung einer Jahreshöchstleistung (sog. Maximierung) vgl. *Hense/Ulrich*, WPO, § 54a, Rn. 20. Zur wirksamen Verwendung, d.h. Einbeziehung der AAB in den Vertrag durch ausdrücklichen Hinweis bei Vertragsschluss mit der Möglichkeit der Kenntnisnahme durch den Vertragspartner vgl. *Palandt*, BGB[70], § 305, Rn. 24 ff.

697 Darüber hinaus kann neben der Beschränkung der Haftungssumme die persönliche Haftung von Mitgliedern einer Sozietät durch vorformulierte Bedingungen oder auch (erst

---

1023 Überblick über Praxisfragen in WPK-Magazin 2007, S. 43 ff.
1024 Vgl. dazu *Wolf*, WPK-Mitt. 1998, S. 197 m.w.N.
1025 Vgl. § 305 Abs. 1 S. 3 BGB; zu den Anforderungen des **Aushandelns** s. BGH v. 03.11.1999, NJW 2000, S. 1110; BGH v. 17.02.2010, ZIP, S. 628; *v. Westfalen*, ZIP 2010, S. 1110; WPK-Magazin 2007, S. 45.
1026 *Hense/Ulrich*, WPO, § 54a, Rn. 14.

recht) individualvertraglich[1027] auf einzelne namentlich bezeichnete Sozien, die die vertragliche Leistung erbringen sollen, beschränkt werden (**Haftungskonzentration**, § 54a Abs. 2 WPO). Einer solchen Abrede[1028] sollte, sofern sie durch AAB verwendet wird, der Mandant ggf. durch gesonderte Erklärung zustimmen, damit sie nicht als „überraschende Klausel" i.S.v. § 305c Abs. 1 BGB unwirksam ist[1029]. Die Vereinbarung einer Haftungskonzentration auf das Gesellschaftsvermögen der Sozietät ist hingegen nicht möglich[1030]. Für PartG gilt die Sonderregelung der Haftungskonzentration in § 8 Abs. 2 PartGG für Verbindlichkeiten aus der Mandatsbearbeitung.

Die durch § 54a WPO eröffneten Möglichkeiten der vertraglichen Haftungsbegrenzung haben Bedeutung für **alle beruflichen Tätigkeiten** außerhalb der gesetzlich vorgeschriebenen Abschlussprüfungen, bei denen § 323 HGB weder unmittelbar noch analog zur Anwendung kommt. Haftungsbegrenzungsabreden sind also insb. bei freiwilligen Prüfungen, Steuerberatung, Gutachtenerstellungen, Unternehmensberatungen etc. gesondert zu treffen. Dem tragen auch die AAB Rechnung, die in Nr. 9 Abs. 1 die Anwendung des § 323 HGB und in Nr. 9 Abs. 2 die übrigen Sachverhalte ansprechen. **698**

Die nach § 54a WPO möglichen Beschränkungen der Inanspruchnahme wegen Schadensersatzes bezieht sich auf **alle fahrlässig** (nicht vorsätzlich, vgl. § 276 Abs. 3 BGB) verursachten Schäden. Der Wortlaut des § 54a WPO unterscheidet nicht zwischen grober und einfacher Fahrlässigkeit unterschieden, so dass beide Grade fahrlässigen Verhaltens und somit auch grob fahrlässiges Verhalten unter diese Regelung fallen[1031] und zwar unabhängig davon, ob die Haftungsbeschränkung individuell ausgehandelt oder durch AAB vereinbart wurde. Im Gegensatz dazu wird bei RA insofern zwischen der Verwendung vorformulierter Vertragsbedingungen und schriftlicher Vereinbarung unterschieden: Während die Haftung bei Verwendung vorformulierter Vertragsbedingungen gem. § 51a Abs. 1 Nr. 2 BRAO ausdrücklich nur auf Fälle einfacher Fahrlässigkeit beschränkbar ist, ist bei individualvertraglicher Vereinbarung eine solche Einschränkung nicht vorgegeben und somit eine (individuelle) Haftungsbeschränkung auch für Fälle grober Fahrlässigkeit möglich[1032]. **699**

Im Hinblick auf den Vorrang von § 54a Abs. 1 Nr. 2 WPO vor § 309 Nr. 7 BGB (Unwirksamkeit eines Haftungsausschlusses bei grobem Verschulden; früher § 11 Abs. 7 AGBG) ist davon auszugehen, dass auch mit **Nicht-Kaufleuten** eine Beschränkung der Haftung bei grobem Verschulden durch AAB/AGB vereinbart werden kann, zumal § 54a Abs. 1 WPO (und auch § 67a Abs. 1 StBerG) im Gegensatz zu § 51a Abs. 1 BRAO nicht zwischen einfacher und grober Fahrlässigkeit unterscheidet. **700**

Für **Abreden mit Unternehmen** spielt die Unterscheidung zwischen einfacher und grober Fahrlässigkeit ohnehin keine Rolle, weil § 309 Nr. 7 BGB nach § 310 Abs. 1 BGB für Absprachen mit Kaufleuten etc. keine Anwendung findet und somit auch im kaufmännischen Verkehr eine Haftungsbeschränkung bei grobem (wie bei einfachem) Verschulden grundsätzlich zulässig ist. Allerdings sind Einzelfälle denkbar, in denen eine solche Haftungsbeschränkung wegen Sittenwidrigkeit nach § 138 BGB unwirksam ist, **701**

1027 *Hense/Ulrich*, WPO, § 54a, Rn. 24.
1028 Zu den unterschiedlichen Anforderungen für StB s. C Tz. 34.
1029 *Hense/Ulrich*, WPO, § 54a, Rn. 26.
1030 *Hense/Ulrich*, WPO, § 54a, Rn. 25.
1031 So auch BeBiKo[7], § 323, Rn. 166.
1032 Zur Haftungsbegrenzung durch schriftliche Vereinbarung gem. § 51a Abs. 1 Nr. 1 BRAO s. BGH v. 04.12.1997, NJW 1998, S. 1866.

weil sog. Kardinalpflichten verletzt worden sind und der vorhersehbare Schaden weit höher ist als die vereinbarte Haftungssumme[1033].

702   Durch die Entscheidung des BGH v. 27.09.1999[1034] ist Unsicherheit darüber entstanden, ob **Sozietäten** (GbR) noch unter **Verwendung von vorformulierten Vertragsbedingungen** Haftungsbeschränkungen wirksam vereinbaren können. Nach Auffassung des höchsten deutschen Zivilgerichts ist die kraft Gesetzes gegebene persönliche Haftung eines Gesellschafters einer GbR ausschließlich durch individualvertragliche Vereinbarung und damit weder durch AGB[1035] noch durch eine Firmierung als „GbRmbH" ausschließbar[1036]. Nach Goette[1037] hat der BGH dies auch so entscheiden wollen. In der Literatur werden vereinzelt Ausnahmen von der Unzulässigkeit einer Haftungsbeschränkung durch AGB anerkannt[1038]. Auch der BGH hat später Ausnahmen zugelassen[1039]. Für den Bereich von WP, StB und RA muss ebenfalls gelten, dass Haftungsbeschränkungen durch AGB/AAB grundsätzlich zulässig sind. Mit § 54a WPO (ebenso § 67a StBerG und § 51a BRAO) hat der Gesetzgeber bewusst eine Regelung ins Gesetz aufgenommen, nach der – bei Einhaltung bestimmter Voraussetzungen – Haftungsbeschränkungen ausdrücklich auch durch vorformulierte Vertragsbedingungen allgemein zulässig sind. Diese Regelung ist daher als lex specialis zu den gesellschaftsrechtlichen Regeln der §§ 705, 714 BGB anzusehen und hat damit gegenüber diesen Bestimmungen Vorrang. Zu dem enthält § 54a Abs. 2 WPO ebenso wie § 67a Abs. 2 StBerG und § 51a Abs. 2 BRAO, den besonderen Fall der Haftungsbeschränkung[1040] für eine Sozietät, und zwar auch[1041] durch vorformulierte Vertragsbedingungen. Diese Regelung liefe vollständig leer, wenn Sozien die Möglichkeit der Haftungsbeschränkung durch AAB über gesellschaftsvertragliche Regeln wieder genommen würde. Im Übrigen wäre ein anderes Verständnis eine unvertretbare Benachteiligung der Sozietät gegenüber den anderen Formen der beruflichen Zusammenarbeit.

703   Ob ein **völliger Haftungsausschluss** für Berufsversehen in besonderen Fällen noch zulässig ist, erscheint im Hinblick auf § 54a Abs. 1 WPO zweifelhaft; denkbar ist er nur für solche berufsrechtlich zulässigen Tätigkeiten, für die kein Schutz im Rahmen der Berufshaftpflichtversicherung besteht und anderweitiger Versicherungsschutz nicht möglich oder – aus Kostengründen – unzumutbar ist.

704   Sowohl die berufliche Sorgfaltspflicht als auch die Fürsorgepflicht gegenüber dem Auftraggeber können es u.U. erforderlich machen, auch **nach Auftragserteilung** auf ein – inzwischen erkennbar – gewordenes höheres Risiko hinzuweisen und die Vereinbarung einer entsprechend höheren Haftung anzubieten.

1033 BGH v. 11.11.1992, ZIP 1993, S. 46.
1034 NJW, S. 3483, ZIP, S. 1755.
1035 OLG Stuttgart v. 09.11.2001, BB, S. 2607.
1036 Der Hinweis auf eine Haftungsbeschränkung ausschl. im Briefbogen kann sogar als Verstoß gegen das UWG gewertet werden; vgl. BGH v. 25.06.1992, DB, S. 2083.
1037 Urteilsanm. in DStR 1999, S. 1707.
1038 *Palandt*, BGB[70], § 714, Rn. 18; großzügig auch *Ulmer*, ZIP 2003, S. 1117 ff. oder *Michalski*, NZG 2000, S. 355 (Gläubiger kennt Haftungsbeschränkung auf Gesellschaftsvermögen und erklärt sich einverstanden); *Hasenkamp*, BB 2004, S. 230 (GbR mit ideeller Zielsetzung).
1039 BGH v. 21.01.2002, DB, S. 1042 (wenn der Geschäftspartner nach den Umständen mit einer Haftungsbeschränkung rechnen musste, was bei einer Publikums-GbR der Fall sein kann).
1040 Die Gesetzesbegründung zu § 54a Abs. 2 WPO spricht ausdrücklich von „Haftungsbeschränkung".
1041 Wegen dieses offenen Wortlauts können Sozietäten erst recht individualvertraglich eine Haftungsbeschränkung gem. § 54a Abs. 2 WPO vereinbaren, vgl. zutr. *Hense/Ulrich*, WPO, § 54a, Rn. 24.

Haftung

705 Schwierigkeiten tatsächlicher und rechtlicher Art bestehen hinsichtlich der Möglichkeiten, die **Haftung Dritten gegenüber zu beschränken**, weil im Regelfall keine vorherigen Kontakte bestehen. Eine Ausnahme ist für den Fall denkbar, dass der WP an Verhandlungen mit Dritten, z.B. dem Kreditgeber, teilnimmt und hierbei mit dem Dritten, der sich später auf eine Haftung aus Auskunftsvertrag berufen könnte, vorab die Begrenzung seiner Haftung für derartige Auskünfte im Rahmen eines Auskunftsvertrages (Tz. 675 f.) vereinbart. Eine solche individuelle oder durch Verwendung der AAB vereinbarte Haftungsbegrenzung unterliegt den Anforderungen des § 54a Abs. 1 WPO. Auch bei der Prospektprüfung bietet es sich an, mit dem potentiellen Anleger eine **Auskunftsvereinbarung** inklusive Haftungsbeschränkung zu treffen (vgl. *IDW S 4*, Tz. 25).

706 Die Möglichkeiten, dem Dritten gegenüber eine mit dem Mandanten vereinbarte Haftungsbeschränkung geltend zu machen, werden unterschiedlich beurteilt[1042]; die Rspr. schließt eine solche Möglichkeit zumindest nicht aus. Für diese Drittwirkung der Haftungsbeschränkung spricht auch der Umstand, dass der Dritte nicht besser gestellt werden soll als der Auftraggeber[1043]. Zur Möglichkeit des Einwands gesetzlicher oder vertraglich vereinbarter Haftungsbeschränkungen bei Vertrag mit Schutzwirkung zugunsten Dritter auch gegenüber dem Dritten s. Tz. 671 f. Es empfiehlt sich, zusätzlich zur Einbeziehung bei Vertragsschluss auch der schriftlichen beruflichen Erklärung (PrB, Gutachten etc.) stets ein **Exemplar der AAB** beizufügen, um dem Empfänger unmissverständlich aufzuzeigen, dass die Haftung für diese Erklärung (PrB, Gutachten etc.) beschränkt ist.

6. Mitverschulden

707 Der Auftraggeber muss sich **eigenes Fehlverhalten** bei der Geltendmachung von Schadensersatzansprüchen anrechnen lassen (§ 254 BGB) mit der Folge, dass sein Anspruch verkürzt oder beseitigt wird. D.h. je nach Lage des Falles kann jegliche Haftung des Berufsangehörigen entfallen[1044], eine Haftungsverteilung (mit Rücksicht in erster Linie auf das Maß der beiderseitigen Verursachung des Schadens sowie in zweiter Linie auf den Umfang des wechselseitigen Verschuldens[1045]) in Betracht kommen oder den Schädiger die volle Haftung treffen[1046]. Das gilt sowohl für den Bereich der Abschlussprüfung[1047] als auch für die Steuerberatung[1048]. Hat der Auftraggeber den WP vorsätzlich getäuscht, so kann dieses dolose Handeln ein nur fahrlässiges Versehen[1049] des WP überlagern mit der Folge, dass der Mandant den Schaden selbst zu tragen hat. Es wäre ein grober Verstoß gegen Treu und Glauben, wenn der Gesellschaft, deren persönlich haftender Gesell-

---

1042 Bejahend *Ebke/Scheel*, WM 1991, S. 389; zweifelnd *Lang*, WPg 1989, S. 57.
1043 Für eine Wirkung der Haftungsbegrenzung des § 323 HGB gegenüber Dritten BGH v. 02.04.1998, DB, S. 1075, NJW, S. 1948; so auch LG Mönchengladbach v. 31.05.1990, NJW-RR 1991, S. 415; s. auch Tz. 671.
1044 Str. für die Haftung des gesetzlichen APr.: Gegen eine vollständige Freizeichnung LG Bonn v. 31.05.2007 – 2 O 7/01, n.v., Rn. 141/2 (besondere Verantwortung und ausdrücklich zugewiesene Kontrolltätigkeit des APr.); dem folgend *Fölsing*, ZCG 2010, S. 81 f.; eine vollständige Freizeichnung bei Vorsatz der Geschäftsführung und einfacher Fahrlässigkeit des APr. hält die Versicherungsstelle Wiesbaden für möglich, WPK-Magazin 1/2010, S. 41; eine vollständige Freizeichnung nicht ausschließend *Pöschke*, DStR 2010, S. 775.
1045 BGH v. 10.12.2009, WM 2010, S. 185 u. v. 25.03.2003, NJW, S. 1931; *Palandt*, BGB[70], § 254, Rn. 58 f.
1046 *Palandt*, BGB[70], § 254, Rn. 64.
1047 OLG Frankfurt v. 07.11.1979 (n. v., v. BGH bestätigt); OLG Köln v. 14.12.1990, VersR, S. 564, WPK-Mitt. 1991, S. 131; OLG Hamm v. 17.02.1993 (v. BGH bestätigt), Stbg. 1995, S. 315; BGH v. 23.10.1997, NJWE-VHR 1998, S. 39.
1048 OLG Hamburg v. 06.05.1988, ZIP, S. 1551; vgl. auch BGH v. 28.10.1993, DB 1994, S. 779 (Ein StB, der seine Aufklärungspflicht verletzte, woraufhin sein Mandant keinen weiteren, objektiv gebotenen fachkundigen Rat einholte, musste $^3/_5$ des Schadens seines Mandanten ersetzen.).
1049 BGH v. 01.07.1991, NJW-RR, S. 1312 m.w.N.

schafter oder der besonderes Vertrauen genießende Buchhaltungsleiter[1050] zur Täuschung der Gläubiger veranlasst hat, die Möglichkeit gegeben würde, von ihrem StB oder WP Schadensersatz zu verlangen, weil dieser auf die Richtigkeit der Angaben, die sich aus Vollständigkeitserklärungen ergeben können, vertraute (unzulässige Rechtsausübung gem. § 242 BGB, Fallgruppe des widersprüchlichen Verhaltens, venire contra factum proprium)[1051]. Es ist jedoch zu beachten, dass der BGH bei der Anwendung des § 254 Abs. 1 BGB im Rahmen der Haftung des Abschlussprüfers nach eigenen Angaben „mehr Zurückhaltung als sonst üblich" für geboten hält, weil es die vorrangige Aufgabe des APr. sei, Fehler in der Rechnungslegung des Unternehmens aufzudecken und daraus drohende Schäden von diesem abzuwenden[1052]. Im zu entscheidenden Fall hatte der Prüfer den Geschäftsführer zur Einholung von Bankbestätigungen aufgefordert und, obwohl der Geschäftsführer dieser Aufforderung nicht vollständig nachkam, die Vollständigkeit der Buchhaltung und des Jahresabschlusses bestätigt. Da der Prüfer sich aber entschieden hatte, Bankbestätigungen einzuholen, oblag ihm auch die Rücklaufkontrolle. Selbst wenn er zur Einholung der Bankbestätigungen nicht verpflichtet gewesen sei, hätte er dem Verdachtsmoment nachgehen müssen[1053]. Die vom BGH angenommene Mitverschuldensquote der Gesellschaft (die sich das Verhalten des Geschäftsführers analog § 31 BGB zurechnen lassen muss) von 2/3 berücksichtigt auch Verursachungsbeiträge des Geschäftsführers, die vor der Prüfung des Jahresabschlusses liegen (Einrichtung „schwarzer Konten"). Auch bei einer vorsätzlichen Irreführung des Prüfers kann dessen Haftung somit (teilweise) bestehen bleiben. Jedenfalls darf sich der Berufsangehörige nicht auf die Angaben des Mandanten verlassen, wenn Anhaltspunkte für deren Unrichtigkeit vorliegen[1054]. Wenn sich der WP leichtfertig und gewissenlos über erkannte Bedenken hinweg gesetzt oder auf unerlässliche Prüfungshandlungen bewusst verzichtet hat, kann sogar eine deliktische Haftung gem. § 826 BGB in Betracht kommen (Tz. 656). Jedenfalls hat der BGH ein leichtfertiges Handeln gem. § 826 BGB in dem Fall für möglich gehalten, in dem der Prüfer offenbar seine kritische Distanz gegenüber der Geschäftsleitung der von ihm zu prüfenden Gesellschaft aufgegeben hatte und wesentliche Positionen ungeprüft ließ[1055].

7. Verjährung

a) Voraussetzungen

708 Bei Ersatzansprüchen gegen WP gelten seit dem 01.01.2004[1056] für die **Verjährung** die **allgemeinen Regeln des BGB**. Nach § 195 BGB beträgt die regelmäßige Verjährungsfrist drei Jahre. Im Unterschied zum bisherigen Recht beginnt der Lauf der Verjährungsfrist erst mit Schluss des Jahres, in dem – erstens – der **Anspruch entstanden** ist **und** – zweitens – der Gläubiger (Auftraggeber) **von den den Anspruch begründenden Umständen und der Person des Schuldners** (WP) **Kenntnis** erlangt oder ohne grobe Fahrlässigkeit erlangen musste. Dem berechtigten Interesse der Berufsangehörigen daran, nicht auf un-

---

1050 Schuldhaftes Verhalten von Organen ist gem. § 31 BGB ohne Entlastungsmöglichkeit, das von Hilfspersonen des Auftraggebers gem. § 831 BGB mit der dort gegebenen Entlastungsmöglichkeit zu berücksichtigen (*Palandt*, BGB[70], § 254, Rn. 49).
1051 OLG Köln v. 14.12.1990, VersR, S. 564, WPK-Mitt. 1991, S. 131; BeBiKo[7], § 323, Rn. 122.
1052 BGH v. 10.12.2009, WM 2010, S. 185, vgl. auch BGH v. 23.10.1997, NJWE-VHR 1998, S. 40.
1053 BGH v. 10.12.2009, WM 2010, S. 185. (Der BGH äußert sich nicht abschließend zu der Frage, ob der APr. verpflichtet ist, Salden- und andere Bestätigungen über Drittbeziehungen einzuholen.)
1054 S. auch OLG Köln v. 09.06.1993, DStR 1994, S. 443.
1055 BGH v. 26.09.2000, BGHZ 145, S. 187.
1056 Durch das WPRefG wurde die Spezialregelung zur Verjährung von vertraglichen Ansprüchen gegen WP (§ 51a WPO a.F.) aufgehoben.

absehbare Zeit einem Ersatzanspruch ausgesetzt zu sein, trägt die generelle Regelung des § 199 Abs. 3 BGB Rechnung. Danach verjähren u.a. Ansprüche auf Ersatz von Vermögensschäden, wenn die Voraussetzungen für die Regelverjährung nicht vorliegen, spätestens in zehn Jahren von ihrer Entstehung (d.h. Schadenseintritt) an oder in 30 Jahren von der Pflichtverletzung an, wenn ein Schaden noch nicht entstanden ist. Maßgeblich ist dabei die **früher endende Frist**. Die 30jährige Frist kann etwa zum Tragen kommen bei Beratungsfehlern im Zusammenhang mit langfristig wirkenden Regelungen zur Unternehmensnachfolge, bei denen ein Schaden auch nach Ablauf von 30 Jahren überhaupt erst entstehen kann.

Der **Schaden ist entstanden**, wenn er erstmals geltend gemacht werden kann und notfalls im Wege der Klage durchsetzbar[1057] ist. Nicht erforderlich ist es, dass der Anspruch bereits beziffert werden und Gegenstand einer Leistungsklage sein kann. Notwendig, aber auch ausreichend ist eine Verschlechterung der Vermögenslage, wobei die Höhe und das endgültige Bestehenbleiben des Schadens noch nicht feststehen müssen[1058]. Besteht die schädigende Pflichtverletzung in einer unklaren Vertragsgestaltung, so entsteht der Schaden, sobald der Vertragsgegner aus dem für ihn vermeintlich günstigen Vertragsinhalt Rechte gegen seinen Vertragspartner herleitet (BGH v. 17.02.2000, NJW, S. 1489 m.w.N.). 709

Besteht nur ein **Schadensrisiko** im Sinne einer bloßen Gefährdung ohne eine Vermögensverschlechterung, ist der Schaden noch nicht eingetreten[1059]. Daraus ergibt sich für eine gesetzlich vorgeschriebene **Abschlussprüfung**, dass der Schaden bei einem fehlerhaft zu hoch ausgewiesenen Gewinn erst mit dem Gewinnverwendungsbeschluss gegeben ist und nicht bereits mit der Abfassung des entsprechenden Prüfungsberichts[1060]. Hat der WP steuerliche Nachteile seines Mandanten verschuldet, ist für den Verjährungsbeginn regelmäßig die Bekanntgabe des belastenden **Steuerbescheides** entscheidend; dessen Bestandskraft oder Unanfechtbarkeit ist für den Verjährungsbeginn nicht erforderlich[1061]. Dies gilt auch dann, wenn der Steuerbescheid noch keine Steuerfestsetzung enthält, sondern Besteuerungsgrundlagen selbstständig feststellt, die für die nachfolgende Steuerfestsetzung gem. § 182 AO bindend sind (BHG v. 07.02.2008 – IX ZR 198/06 – www. Bundesgerichtshof.de, Rubrik „Entscheidungen"). Wird es aber pflichtwidrig unterlassen, dem Mandanten die Einlegung eines Einspruchs gegen den Steuerbescheid zu empfehlen, beginnt die Verjährung erst mit der Bestandskraft des Bescheides. Fehlt es an einer ordnungsgemäßen Einspruchsbegründung, ist für den Beginn der Verjährung die Bekanntgabe des Einspruchsbescheids[1062] entscheidend. Die zitierten Entscheidungen sind unter der Geltung der früheren Sonderregelungen in den Berufsgesetzen (§ 68 StBerG a.F., § 51b BRAO a.F., § 51a WPO a.F.) ergangen. Nach dem Wortlaut des § 199 Abs. 1 S. 1 BGB beginnt die regelmäßige Verjährungsfrist erst mit dem Schluss des Jahres, in dem der Anspruch entstanden ist und der Gläubiger Kenntnis erlangt hat oder hätte erlangen müssen. Daher legt das Datum des Steuerbescheides nicht den Beginn der Verjährung, sondern nur das Jahr fest, mit dessen Schluss die Verjährung beginnt. 710

Ist die **Verjährung eingetreten**[1063], berechtigt dies den anspruchsverpflichteten WP dazu, die Leistung (Ersatz des Schadens) zu verweigern (vgl. § 214 Abs. 1 BGB). Die Ver- 711

1057 BGH v. 17.02.1971, NJW, S. 979; BGH v. 23.03.1987, NJW, S. 1887; *Palandt*, BGB[70], § 199, Rn. 3.
1058 BGH v. 23.03.1987 NJW, S. 1887; BGH v. 28.10.1993, DB 1994, S. 926, NJW 1994, S. 323; BGH v. 17.02.2000, WM, S. 1345.
1059 BGH v. 20.01.1982, NJW, S. 1285, DStR, S. 299 zu § 68 StBerG, der insoweit § 51a WPO entspricht.
1060 BGH v. 28.10.1993, DB 1994, S. 926, NJW 1994, S. 323.
1061 BGH v. 11.05.1995, NJW, S. 2108, DB, S. 2111.
1062 BGH v. 20.06.1996, BB, S. 1859, NJW-RR 1997, S. 50.
1063 S. dazu *Palandt*, BGB[70], § 214, Rn. 1 f.

jährung tritt ein, wenn die Verjährungsfrist unter Berücksichtigung etwaiger Hemmungen (z.b. durch Klageerhebung oder Beginn des schiedsrichterlichen Verfahrens, § 204 BGB, s. auch §§ 205 ff. BGB) und der Verwirklichung von Tatbeständen eines Neubeginns der Verjährung (die frühere „Unterbrechung" wurde durch „Neubeginn" ersetzt und auf die Fälle des Anerkenntnisses und der Beantragung oder Vornahme gerichtlicher oder behördlicher Vollstreckungshandlungen beschränkt, § 212 BGB) abgelaufen ist. Das Leistungsverweigerungsrecht steht nach Vollendung der Verjährung dem Schuldner grundsätzlich[1064] dauerhaft zu, er muss sich aber darauf berufen.

b) Sekundärhaftung

712 Auf den Eintritt der Verjährung kann sich der Schuldner ausnahmsweise nicht berufen, wenn die Voraussetzungen der vom BGH entwickelten sog. **Sekundärhaftung** vorliegen[1065]. Nach dieser Rechtsprechung, die für Architekten[1066] und RA[1067] entwickelt und auf StB[1068] übertragen wurde, besteht für den Berufsangehörigen die Verpflichtung, den Auftraggeber auf einen gegen ihn als als Auftragnehmer gerichteten Schadensersatzanspruch und dessen kurze (dreijährige) Verjährungsfrist hinzuweisen. Unterlässt der Berufsangehörige trotz eines entsprechenden Anlasses diesen Hinweis, macht er sich erneut schadensersatzpflichtig, wodurch der sog. sekundäre Schadensersatzanspruch des Mandanten entsteht. Solange dieser neue Sekundäranspruch, für den die zivilrechtlichen Verjährungsregeln ebenfalls gelten, nicht seinerseits verjährt ist, kann sich der Ersatzverpflichtete nicht auf die Verjährung des ersten (primären) Schadensersatzanspruches berufen[1069]. Ob diese Sekundärhaftung auch für den WP gilt, war lange Zeit umstritten[1070]. Mit Urteil vom 10.12.2009 – VII ZR 42/08 (WM 2010, S. 185) **verneint** der BGH diese Frage jedenfalls **für den als Jahresabschlussprüfer tätigen WP**, da dessen Berufsbild nicht mit dem des RA und StB vergleichbar sei. Der APr. habe seinen Auftraggeber nicht umfassend rechtlich zu beraten, sondern seine Beratungs- und Prüfungspflicht beschränke sich auf den zu prüfenden JA und die dazugehörigen Unterlagen. Er sei im Übrigen unparteiischer Dritter, der eine im öffentlichen Interesse liegende Funktion wahrnehme. Außerdem seien die Interessen des Auftraggebers insofern nicht in dem Maße wie bei Auftraggebern für RA und StB beeinträchtigt, als die Verjährungsfrist eines Schadensersatzanspruchs gegen den WP gem. § 51a WPO a.F. bzw. § 323 Abs. 5 HGB a.F. fünf (statt – bei RA und StB – drei) Jahre beträgt. Welche Auswirkungen diesbezüglich allerdings der Umstand hat, dass nunmehr für die Verjährung der Schadensersatzansprüche gegen RA, StB und WP einheitlich § 199 BGB gilt, hat der BGH offen gelassen. Das ist bedauerlich, da die Frage, ob die Sekundärhaftung auch nach Änderung der Verjährungsbestimmungen des BGB durch das **SMG**[1071] insgesamt noch eine Rechtfertigung hat, vom

---

1064 Ausnahmsweise kann das Leistungsverweigerungsrecht, z.B. wegen zu langen Abwartens der Geltendmachung, gem. § 242 BGB verwirkt sein; vgl. zur Verwirkung als Fall der unzulässigen Rechtsausübung wegen widersprüchlichen Verhaltens (venire contra factum proprium) *Palandt*, BGB[70] § 242, Rn. 87 ff.
1065 Grundlegend BGH v. 23.05.1985, NJW, S. 2250, BGHZ 94, S. 380; st. Rspr. s. BGH v. 12.12.2002, NJW 2003, S. 822.
1066 BGH v. 16.03.1978, BGHZ 71, 144; zuletzt BGH v. 23.07.2009, NJW, S. 3360.
1067 BGH v. 23.05.1985, NJW, S. 2250, BGHZ 94, S. 380, m.w.N.
1068 BGH v. 25.09.1990, NJW-RR 1991, S. 92; BGH v. 28.01.1995, DB, S. 2468; BGH v. 20.06.1996, BB, S. 1859, DB 1997, S. 40.
1069 BGH v. 12.12.2002, NJW 2003, S. 822.
1070 Bejahend: OLG Hamburg, WPK.-Mitt. 1990, S. 45; LG Köln, GI 1990, S. 68; verneinend: OLG Düsseldorf, MDR 2008, S. 775; LG Mannheim, GI 1991, S. 140 f.; *Zugehör*, DStR 2001, S. 1665.
1071 BGBl. I 2001, S. 3138.

Haftung

Gesetzgeber[1072] und in der Literatur[1073] schon länger diskutiert wird. Die Entwicklung bleibt weiterhin abzuwarten.

Der sekundäre Schadensersatzanspruch entsteht im Augenblick der Verjährung des primären Anspruchs[1074]. Der Hinweis auf den Schadensersatzanspruch gegen sich selbst ist zu geben, wenn vor Ablauf des Primäranspruchs ein begründeter Anlass zur Prüfung besteht, ob dem Mandanten durch einen auf einer eigenen Pflichtverletzung beruhenden Fehler ein Schaden zugefügt wurde[1075]. Auf die Sekundärverjährung hat es keinen Einfluss, wenn der Mandant selbst nach seinen Kenntnissen die Möglichkeit eines Regressanspruchs und den Zeitpunkt der Verjährung hätte erkennen müssen[1076]. 713

Die Hinweispflicht entfällt, wenn der Mandant wegen der Haftungsfrage anwaltlich beraten wird[1077] oder auf anderem Wege vom Schadensersatzanspruch und dessen Verjährung Kenntnis erlangt hat[1078]. Nach Beendigung des Auftrags entfällt die Pflicht zur Überprüfung der eigenen Tätigkeit ebenfalls, sofern nicht vor Eintritt der Primärverjährung ein neuer Auftrag über denselben Gegenstand erteilt wird[1079]. 714

Wird auf den sog. Sekundäranspruch und dessen Verjährung nicht hingewiesen, entsteht **kein** weiterer „**Tertiäranspruch**"[1080]. 715

Eine vertragliche Verkürzung der Verjährungsfrist oder eine Verlängerung der Frist bis zu 30 Jahren ist nach § 202 BGB möglich, da die neuen Verjährungsfristen grundsätzlich **dispositiv**[1081] sind. Daher dürften auch **Ausschlussfristen** für die Geltendmachung eines Schadensersatzanspruches grundsätzlich[1082] zulässig bleiben. Unzulässig ist hingegen etwa die Verkürzung der Verjährungsfrist bei vorsätzlichen Pflichtverletzungen (vgl. § 202 Abs. 1 BGB). 716

c) Verjährung bei Mehrfachqualifikation

Nach Aufhebung der entsprechenden Sonderregelungen in den Berufsordnungen der RA, StB und WP gelten die Verjährungsvorschriften der §§ 195 ff. BGB für alle Angehörigen dieser Berufe gleichermaßen, sodass es auf die Zugehörigkeit zu verschiedenen Berufen für die Frage der Verjährung nicht mehr ankommt. 717

1072 Nach Auffassung des Gesetzgebers besteht für dieses Rechtsinstitut seit 01.01.2002 kein Bedürfnis mehr (BT-Drs. 15/3653, S. 14 r.Sp. letzter S.).
1073 S. nur *Sontheimer*, DStR 2005, S. 834.
1074 BGH v. 20.06.1996, BB, S. 1859, DB 1997, S. 40, NJW-RR 1997, S. 50 m.w.N.
1075 BGH v. 21.09.1995, DB, S. 2597, NJW 1996, S. 48 m.w.N.
1076 BGH v. 15.04.1999, NJW, S. 2183, DStR, S. 1159.
1077 Dabei kommt es nicht darauf an, ob dem Berater die Prüfung eines solchen Anspruchs durch einen RA bekannt ist, BGH v. 12.12.2002, NJW 2003, S. 822.
1078 BGH v. 21.09.1995, DB, S. 2597, NJW 1996, S. 48; BGH v. 20.06.1996, BB, S. 1859, DB 1997, S. 40, NJW-RR 1997, S. 50.
1079 BGH v. 20.06.1996, BB, S. 1859, DB 1997, S. 40, NJW-RR 1997, S. 50.
1080 BGH v. 23.05.1985, NJW, S. 2250.
1081 *Palandt*, BGB^{70}, § 202, Rn. 1.
1082 Zu Schranken für die Erschwerung oder Erleichterung der Verjährung vgl. *Palandt*, BGB^{70}, § 202, Rn. 8 ff. (Individualverträge) und 14 ff. (AGB); gegen die Zulässigkeit einer Vereinbarung der gesetzlichen Verjährung wg. § 323 Abs. 4 HGB vgl. *Staub*, HGB^5, § 323, Rn. 39 m.w.N.

XI. Vergütungsregelungen

1. Allgemeines

718 WP erbringen ihre beruflichen Leistungen geschäftsmäßig gegen Entgelt. Gesetzliche Vorgaben für die Höhe ihrer Vergütung, wie die StBGebV für StB und das RVG[1083] für RAe, bestehen für WP nicht. Die früher in § 55 WPO a.f. vorgesehene Möglichkeit, mit Zustimmung des Bundesrates eine GebO für den Bereich der gesetzlich vorgeschriebenen Prüfungen zu erlassen, ist durch das BARefG[1084] weggefallen, da von dieser Ermächtigung kein Gebrauch gemacht worden ist. § 55 WPO verbietet die Vereinbarung eines Erfolgshonorars ausdrücklich nur noch für Tätigkeiten nach § 2 Abs. 1, 2 und 3 Nr. 1 und 3 WPO, also betriebswirtschaftliche Prüfungen, steuerberatende Tätigkeiten (zu Ausnahmen hiervon s. § 55a WPO) und die Tätigkeit als Sachverständiger sowie die treuhänderische Verwaltung. Zulässig ist demnach ein Erfolgshonorar für die Beratung und Interessenwahrnehmung in wirtschaftlichen Angelegenheiten gem. § 2 Abs. 3 Nr. 2 WPO (vgl. zum Erfolgshonorar Tz. 404 ff.).

719 Da die Vergütung für WP vorbehaltene Tätigkeiten nicht durch eine Gebührenordnung vorgegeben ist, empfiehlt sich ihre (schriftliche) Vereinbarung. Fehlt eine solche, gilt die übliche Vergütung als vereinbart (§ 612 Abs. 2 BGB für Dienstverträge, § 632 Abs. 2 BGB für Werkverträge). Ist eine übliche Vergütung nicht feststellbar oder gibt sie nur einen Rahmen vor, kann der WP die Höhe der Vergütung gem. §§ 315, 316 BGB nach billigem Ermessen bestimmen[1085]. Eine auf Stundenbasis vereinbarte Vergütung von über 400 DM (~ 200 €) pro Stunde ist nach der Entscheidung des OLG Hamm v. 16.10.2000 (n.v.) für eine Tätigkeit als Sachverständiger nicht zu beanstanden.

2. Vergütung für die Prüfung des Jahresabschlusses privatwirtschaftlicher Unternehmen

720 Die durch Erl. des Reichswirtschaftsministers v. 11.04.1939 geschaffene GebO für Pflichtprüfungen (zuletzt abgedruckt im WP Handbuch 1985/86, Bd. I, S. 137) wird, obgleich z.T. – etwa hinsichtlich der Höhe der darin genannten Mindestgebühren – bereits bei Inkrafttreten der WPO überholt[1086] – für die Berechnung des Honorars für (gesetzlich vorgeschriebene oder freiwillige) Prüfungen des JA gelegentlich noch als Grundlage angewendet. Dabei werden zum einen der **zeitliche Einsatz** der eingesetzten Fachkräfte, abgestuft nach der beruflichen Qualifikation und Erfahrung, und zum anderen eine **Wertgebühr**, die sich an der Bilanzsumme des geprüften Unternehmens orientiert, vereinbart bzw. abgerechnet. Die früher übliche Berechnung des zeitlichen Einsatzes nach Tagewerken ist weitgehend durch eine Berechnung von Stundensätzen abgelöst worden, wodurch sich Auseinandersetzungen über die zeitliche Dauer eines Tagewerkes bzw. Arbeitstages erübrigen. Eine Abrede über die Abrechnung allein nach Stundensätzen ist eine hinreichend bestimmte, wirksame Vergütungsvereinbarung[1087].

721 Da aus kartellrechtlichen Gründen **Gebührenverlautbarungen** nicht mehr herausgegeben werden, müssen die Berufsangehörigen die Höhe ihrer Stundensätze auf der Basis einer Eigenkalkulation ermitteln. Gegenüber der letzten Verlautbarung des IDW aus dem Jahre 1971 hat sich aufgrund der zwischenzeitlichen Kostensteigerungen die tatsächliche

---

[1083] RVG v. 05.05.2004, BGBl. I S. 788.
[1084] V. 03.09.2007, BGBl. I, S. 2178.
[1085] Vgl. *Palandt*, BGB[70], § 612, Rn. 10, § 632, Rn. 17.
[1086] BT-Drs. 201 v. 13.02.1958, S. 59 (Begründung zu § 68 WPO).
[1087] BGH v. 01.02.2000, WPK-Mitt., S. 129.

Vergütungsregelungen **A**

Bandbreite der Stundensätze erheblich erweitert[1088]. Dasselbe gilt für die Eingruppierung der Mitarbeiter, für die eine weitergehende Staffelung nach Qualifikation und Erfahrung üblich geworden ist.

Bei der Berechnung der **Wertgebühr** wird allerdings das Berechnungsschema aus 1939 nicht mehr vollständig angewendet. Dies gilt etwa für die Berücksichtigung von Verlusten oder Verlustvorträgen, weil dies bei sog. Verlustzuweisungsgesellschaften zu einer nicht gerechtfertigten Kürzung der Wertgebühr, u.U. sogar zu deren Fortfall, führen könnte. **722**

Veränderungen haben sich auch bei der Berechnung von **Auslagen** und **Schreibgebühren** ergeben; im Hinblick auf die völlig veränderte Kostenlage werden sowohl die Auslagen für Porti berechnet als auch die Kosten für Schreibarbeiten durch entsprechende Zeitgebühren oder ähnlich angemessene Vergütungen in Rechnung gestellt. **723**

Üblich ist inzwischen auch eine Berechnung allein nach – erhöhten – Zeitgebühren[1089]; damit entfällt eine eigenständige Fortentwicklung der zuletzt verlautbarten Wertgebührentabelle. **724**

Auch als nunmehr berufsrechtlich zulässig, wenngleich grundsätzlich nicht unbedenklich[1090], werden **Pauschalhonorare** angesehen (§ 27 BS WP/vBP[1091]). Ein solches darf für einen Prüfungsauftrag aber nur vereinbart werden, wenn es angemessen ist und wenn festgelegt wird, dass bei Eintritt für den Prüfer nicht vorhersehbarer Umstände im Bereich des Auftraggebers, die zu einer erheblichen Erhöhung des Prüfungsumfanges führen, das Honorar entsprechend zu erhöhen ist. Entsprechendes wird auch für freiwillige Prüfungen gelten können. Die ergänzende Vereinbarung soll sicherstellen, dass die unparteiische und gewissenhafte Prüfung auch bei Auftreten besonderer Prüfungserschwernisse gewährleistet ist[1092]. Fehlt die ergänzende Vereinbarung, handelt es sich um ein berufsrechtlich nicht zulässiges Festhonorar. **725**

Zu den Regelungen zur Honorargestaltung bei gesetzlichen JAP gem. § 55 Abs. 1 WPO s. Tz. 408 f. **726**

3. Gebühren für die Pflichtprüfung des Jahresabschlusses gemeindlicher Betriebe

Entsprechend der Handhabung im ehemaligen Lande Preußen[1093] gaben die **meisten Länder** Erlasse heraus, in denen den Gemeinden Gebührensätze für die Prüfung ihrer Betriebe durch WP bzw. WPG an die Hand gegeben wurden (sog. Nichtbeanstandungsgrenzen); es handelte sich um Zeitgebühren, deren Höhe i.d.R. jährlich angepasst wurde. Der wesentliche Inhalt der Ländererlasse war einheitlich; Abweichungen konnten jedoch im Detail, z.B. bei dem Entgelt für die Vervielfältigung der Berichte, bestehen. **727**

Bis einschl. 2006 wurde die Pflichtprüfung kommunaler Eigenbetriebe überwiegend auf der Basis von Stundensätzen abgerechnet, die von den Innenministerien der Länder für die nachgeordneten Behörden vorgegeben wurden und auf deren Höhe die WPK nach ihren Möglichkeiten Einfluss nahm. So wurde ein nach der Qualifikation der eingesetzten Prüfer differenzierter Gebührensatz pro Stunde, der für alle Prüfungsleistungen anzuwenden **728**

1088 Vgl. dazu WPK-MittBl. Nr. 122/1986, S. 8, die dort genannten Beträge dürften aber nicht mehr zeitgemäß sein.
1089 So auch in dem vom BGH v. 01.02.2000 (WPK-Mitt., S. 129) entschiedenen Fall.
1090 ADS[6], § 318, Tz. 227; BeBiKo[7], § 318, Rn. 16.
1091 Anders noch MittBl. WPK Nr. 29/1969, S. 16.
1092 ADS[6], § 318, Tz. 227.
1093 Vgl. die Anweisung des RuPrMdI v. 25.03.1935, VGP 816, an die Gemeindeprüfungsämter in Preußen, abgedruckt im WP Handbuch 1985/86, Bd. I, S. 141.

215

war, zugrunde gelegt. Für 2006 wurden zwischen der WPK und dem Vorsitzenden des Unterausschusses „Kommunale Wirtschaft und Finanzen" **letztmalig** folgende Stundensätze vereinbart:

Qualifikationsstufe 1 (WP)	90,90 €
Qualifikationsstufe 2 (StB, RA, vBP, erfahrene Prüfer mit mindestens zweijähriger Berufserfahrung, EDV-Prüfer, sonstige sachverständige Gutachter)	70,20 €
Qualifikationsstufe 3 (Prüfer, Prüfungsassistenten mit weniger als zwei Jahren Berufserfahrung).	53,35 €

729   Da die öffentliche Hand zunehmend Festpreisangebote erwartet, bei denen Stundensätze nur noch Orientierungscharakter haben können, hat die WPK das bisherige Verfahren nicht mehr fortgesetzt. Daher können die Honorarverhandlungen bei Aufträgen zur Durchführung von Pflichtprüfungen bei kommunalen Eigenbetrieben ohne einen Verweis auf eine angebliche Preisverständigung zwischen öffentlicher Hand und Beruf geführt werden[1094]. Dementsprechend hat das Land NRW mit Erlass vom 13.07.2007[1095] die Gemeindeprüfungsanstalt, die Bezirksregierungen, die Landschaftsverbände und den Regionalverband über die neue Rechtslage informiert und darauf hingewiesen, dass es ab sofort den einzelnen Kommunen überlassen bleibt, die Vertragsbedingungen in eigener Verantwortung auszuhandeln. Dabei wird angeregt, auf die unterschiedlichen Preis-Leistungsverhältnisse zu achten. Die nachfolgenden Bundesländer haben letztmalig für 2006 Gebühren der Wirtschaftsprüfer für Pflichtprüfungen kommunaler Unternehmen veröffentlicht:

730   Bayern:

Bekanntmachung des Bayerischen Staatsministeriums des Innern v. 11.07.1985, Nr. I B 4 – 3.036 – 19/1, MABl. Bay., S. 343, zuletzt geändert durch Bek. des MdI v. 28.08.2006 AllMBl. 2006, S. 302.

Brandenburg:

Runderlass Nr. 1/2006 v. 20.02.2006 des Ministeriums des Inneren an alle Landräte und Oberbürgermeister im Land Brandenburg (www.brandenburg.de/land/mi/kommunales/runderlasse/2006).

Nordrhein-Westfalen:

Gebührensatzung der Gemeindeprüfungsanstalt Nordrhein-Westfalen Bek. d. Gemeindeprüfungsanstalt NRW v. 07.12.2006, MBl. NRW 2006, S. 841

Rheinland-Pfalz:

Honorarordnung für die Pflichtprüfung kommunaler Betriebe

RdSchr. des Ministeriums des Innern und für Sport v. 10.06.1985, 384-06-2, MBl., S. 245, berichtigt S. 358, zuletzt geändert durch RdSchr. des MdI v. 13.01.2006.

Baden-Württemberg:

1094 Vgl. www.wpk.de unter der Rubrik „Praxishinweise".
1095 Runderlass des IM NW v. 13.07.2007 35-49.02.03-77.1 -8382/07 – www.wpk.de unter der Rubrik „Praxishinweise".

Vergütungsregelungen **A**

In Baden-Württemberg ist bereits mit Wirkung vom 28.07.1999 § 115 GemO BaWü über die Jahresabschlussprüfung bei wirtschaftlichen Unternehmen, die als Eigenbetriebe geführt werden, aufgehoben worden[1096].

4. Sonstige Prüfungen

Für Sonderprüfungen, z.B. die Prüfung des Abhängigkeitsberichtes sowie Prüfungen nach § 16 MaBV werden üblicherweise nur Zeitgebühren berechnet; soweit es den Einsatz der Mitarbeiter betrifft, wird die Höhe des Stundensatzes unter Berücksichtigung der fachlichen Qualifikation und Erfahrung nach pflichtgemäßem Ermessen ermittelt. Es empfiehlt sich auch in diesen Fällen eine vorherige Vereinbarung über die Höhe der Stundensätze zu treffen, um spätere Auseinandersetzungen über deren Angemessenheit zu vermeiden.   **731**

5. Steuerberatergebührenverordnung (StBGebV)

Für WP/StB bzw. WPG/StBG ist die StBGebV als gesetzliche Gebührenregelung maßgebend, soweit es die steuerberatende Tätigkeit angeht (C Tz. 68)[1097]. Ein WP/StB hat daher im Bereich der Steuerberatung **kein Honorar-Wahlrecht**[1098] und auch die formalen Vorschriften der StBGebV sind zu beachten, z.B. die §§ 4, 9 und 14[1099].   **732**

Für Nur-WP bzw. Nur-WPG stellt nach Auffassung des OLG Düsseldorf die StBGebV eine Taxe i.S.d. §§ 612, 632 BGB dar[1100], die zur Anwendung kommt, falls keine vertragliche Vereinbarung über die Honorarberechnung vorliegt. Ausdrücklich anderer Ansicht ist das KG Berlin, das wegen des Wortlauts des § 612 Abs. 2 BGB die StBGebV nicht als Taxe qualifiziert (Urt. v. 14.09.2009, WPK-Magazin 1/2010, S. 35 ff.).

6. Tätigkeit als Sachverständiger für Gerichte und Behörden

Die Tätigkeit als Sachverständiger für ein Gericht, die Staatsanwaltschaft oder Verwaltungsbehörden erfolgt nicht auf vertraglicher Basis, sondern in einem öffentlich-rechtlichen Verhältnis. Die Vergütung für die Erstattung von Sachverständigengutachten wird im Justizvergütungs- und -entschädigungsgesetz (JVEG)[1101] geregelt. Das noch dem Vorgängergesetz, dem Zeugen- und Sachverständigen-Entschädigungsgesetz (ZuSEG)[1102] zugrunde liegende Entschädigungsprinzip ist durch das JVEG abgeschafft worden. Stattdessen wird die gerichtliche Tätigkeit von Sachverständigen auf der Basis eines leistungsgerechten Vergütungsmodells honoriert, das sich am Leitbild des selbstständig und hauptberuflich Tätigen orientiert. Die Leistungen werden klar definierten Honorargruppen mit festen Stundensätzen zugeordnet, deren Höhe allerdings immer noch deutlich unter den auf dem freien Markt üblichen Entgelten liegt.   **733**

1096 Art. 1 Nr. 16 des Gesetzes zur Änderung gemeindewirtschaftsrechtlicher Vorschriften und anderer Gesetze v. 19.07.1999, GBl., S. 292.
1097 OLG Hamm v. 22.06.1988, BB, S. 1499; OLG Düsseldorf v. 30.10.1990, StB 1991, S. 139.
1098 OLG Bremen v. 31.05.1994, StB, S. 460, Stbg., S. 502.
1099 BGH v. 19.10.1995, NJW-RR 1996, S. 375, WM 1996, S. 73, DB 1996, S. 210; OLG Düsseldorf v. 22.04.1993, Stbg. 1994, S. 158; OLG Köln v. 22.04.1993, Stbg., S. 504, OLG Köln v. 07.01.1994, StB 1995, S. 229; OLG Düsseldorf v. 08.02.1996, Stbg. 1997, S. 77; OLG Köln v. 08.05.1996, BB, S. 2219; zur Unterzeichnung von Honorarrechnungen, s. *Ueberfeldt/Keller*, DStR 2010, S. 1644.
1100 OLG Düsseldorf v. 06.04.1989, WPK-Mitt., S. 87.
1101 V. 05.05.2004, BGBl. I, 718.
1102 Außer Kraft getreten am 30.06.2004.

734 Gem. § 8 Abs. 1 Nr. 1 JVEG erhält der Sachverständige ein Honorar für seine Leistungen (§§ 9 bis 11 JVEG). § 9 Abs. 1 S. 1 JVEG enthält zehn Honorargruppen, beginnend mit 50 € in Schritten von 5 € bis zu einer Höhe von 95 €. Im Rahmen einer Anlage 1 zu § 9 JVEG wird eine feste Zuordnung von Leistungen auf einzelnen Sachgebieten zu den Honorargruppen vorgenommen. Leistungen auf nicht genannten Sachgebieten sind gem. § 9 Abs. 1 S. 3 JVEG unter Berücksichtigung der allgemein für Leistungen dieser Art außergerichtlich und außerbehördlich vereinbarten Stundensätze einer Honorargruppe nach billigem Ermessen zuzuordnen. Aus dem Bereich der WP-Tätigkeit wird in der Anlage lediglich die Unternehmensbewertung als Leistung aufgeführt, die der Honorargruppe 10 zugeordnet wird und deren Stundensatz 95 € beträgt. Wird der WP in anderen Bereichen als Sachverständiger tätig, ist die Höhe der Vergütung daher nach § 9 Abs. 1 S. 3 JVEG zu bestimmen.

735 Gem. § 13 JVEG besteht die Möglichkeit, eine **höhere** als die in § 9 JVEG bestimmte **Vergütung** zu erhalten, falls sich die Parteien dem Gericht gegenüber damit einverstanden erklärt haben und ein ausreichender Betrag an die Staatskasse gezahlt ist[1103]. Die Erklärung nur einer Partei genügt, wenn sie sich auf den Stundensatz nach § 9 JVEG bezieht und das Gericht zustimmt; die Zustimmung soll nur erteilt werden, wenn das Eineinhalbfache des nach § 9 JVEG maximal zulässigen Honorars nicht überschritten wird. Ein solche besondere Vergütung muss vorab vereinbart werden; die Erfahrung hat gezeigt, dass nachträgliche Änderungen hinsichtlich der Höhe der Vergütung nicht erreichbar sind.

736 Vergütet wird der Zeitaufwand, der objektiv für die sachgerechte Erarbeitung und Erstattung des Gutachtens erforderlich gewesen ist[1104]. Neben der Vergütung für die aufgewendete Zeit kann der Sachverständige den Ersatz seiner Aufwendungen und eine Entschädigung für Aufwand verlangen, soweit sie zur Erledigung seines Auftrages notwendig waren (vgl. dazu insb. §§ 5 bis 12 JVEG). Die Vergütung oder Entschädigung wird nur **auf Antrag** des Sachverständigen gewährt; der Antrag muss **innerhalb von drei Monaten** nach Beendigung seiner Zuziehung gegenüber dem Gericht etc. geltend gemacht werden, ansonsten erlischt der Anspruch (§ 2 JVEG). Die Frist kann auf begründeten Antrag allerdings verlängert werden. Wird der Antrag zurückgewiesen, erlischt der Anspruch, wenn die Dreimonatsfrist abgelaufen und der Antrag nicht binnen zwei Wochen ab Bekanntgabe der Entscheidung geltend gemacht worden ist (§ 2 Abs. 1 JVEG).

737 Aktuelle gerichtliche Entscheidungen über die Gewährung einer höheren Entschädigung liegen nicht vor; zu berücksichtigen ist, dass beim wirksamen Zustandekommen einer Vereinbarung über eine höhere Entschädigung gerichtliche Entscheidungen im Regelfall nicht erforderlich sind. Die Erfahrung zeigt weiterhin, dass im Bereich der Zivilgerichtsbarkeit durchaus die Möglichkeit gegeben ist, eine höhere Entschädigung für die Gerichtsgutachtertätigkeit zu erhalten; Schwierigkeiten treten dann auf, wenn der Fiskus als Schuldner der Entschädigung in Betracht kommt, also z.B. in Strafverfahren und in Sozialgerichtsverfahren.

7. Sonstige Tätigkeiten

738 Wegen der Berechnung des Honorars für die Tätigkeit als **Nachlassverwalter**, **Testamentsvollstrecker** oder **Vermögensverwalter** wird auf die einschlägigen Darstellungen

---

1103 So zu § 7 ZuSEG OLG Koblenz v. 10.08.1994, WPK-Mitt., S. 246; LG Köln v. 04.12.1996, DB 1997, S. 369.

1104 Zu den Tätigkeiten, die zur ordnungsgemäßen Durchführung eines solchen Gutachterauftrages gehören können, s. *K. Müller*, WPK-Mitt. 1991, Sonderheft Oktober S. 1/47, dessen Ausarbeitung auch unter Geltung des JVEG noch Bedeutung zukommt.

Vergütungsregelungen **A**

verwiesen[1105]. Der **Insolvenzverwalter** hat nach § 63 S. 1 InsO Anspruch auf Vergütung für seine Geschäftsführung und Erstattung angemessener Auslagen. Die entsprechende Festsetzung erfolgt durch das Insolvenzgericht (§ 64 Abs. 1 InsO). Für die Vergütung des vorläufigen Insolvenzverwalters gelten die gleichen Grundsätze wie für den endgültigen Verwalter (§§ 21 Abs. 2 Nr. 1, 63 bis 65 InsO)[1106].

8. Verjährung von Vergütungsansprüchen

Vergütungsgsansprüche des WP unterfallen der **Regelverjährung** der §§ 195, 199 BGB (Tz. 708). Zur Bedeutung von Abschlagszahlungen für die Verjährung vgl. BGH v. 02.11.1996[1107]. **739**

9. Gerichtsstand für Honorarklagen

Die Frage, welches Gericht bei Honorarklagen örtlich zuständig ist, beantwortet sich danach, an welchem Ort der WP seine Leistung zu erbringen hat (§ 29 Abs. 1 ZPO). Dies wiederum richtet sich nach dem Inhalt des Vertragsverhältnisses. Die Leistungen des WP werden meist im Rahmen von Werk- oder Dienstverträgen, die eine Geschäftsbesorgung zum Gegenstand haben, erbracht (s. Tz. 597). Bei Jahresabschlussprüfungen wird die Leistung im Zweifel an dem Ort erbracht, an dem der BestV gem. § 322 Abs. 5 HGB unterzeichnet wird. **740**

Für RAe hat der BGH mit Urt. v. 11.11.2003[1108] ausdrücklich unter Aufgabe bisheriger Rspr. entschieden, dass Gebührenforderungen von Rechtsanwälten nicht gem. § 29 ZPO am Gericht des Kanzleisitzes geltend gemacht werden können. Für den WP-Bereich gibt es nur einige Entscheidungen[1109], die den Gerichtsstand des Berufssitzes für maßgeblich halten. Von einer gefestigten Rechtsprechung kann aber angesichts der BGH-Entscheidung v. 11.11.2003[1110] nicht ausgegangen werden. Hinzu kommt, dass die Rechtsprechung für den StB-Bereich uneinheitlich ist[1111]. **741**

Zu Beweisfragen bei Honorarstreit s. Tz. 601.

Eine **Vereinbarung des Gerichtsstandes** im Rahmen von AAB/AGB verstößt nach herrschender Auffassung jedenfalls im nicht kaufmännischen Verkehr gegen § 307 BGB[1112] und Art. 17 Abs. 1 S. 2 EuGVÜ[1113]. Auch unter Kaufleuten sind Gerichtsstandsvereinbarungen mit rechtlichen Unsicherheiten belastet[1114]. Dementsprechend sehen auch die AAB für WP und WPG v. 01.01.2002 eine Vereinbarung des Gerichtsstandes nicht vor; desgleichen enthalten sie keine Regelung über den Erfüllungsort, weil dies eine indirekte Gerichtsstandsvereinbarung bedeuten könnte. **742**

1105 Zur Vergütung des Testamentsvollstreckers s. etwa *Reimann*, WPK-Mitt. 1996, Sonderheft April, S. 10; zur Honorierung als Vermögensverwalter, *Reimann*, WPK-Mitt. 1998, Sonderheft Dezember, S. 1/29.
1106 Zur Vergütung des Insolvenzverwalters s. im einzelnen *Braun/Uhlenbruck*, S. 154, 261, 277.
1107 DB 1997, S. 423, NJW 1997, S. 516, WM 1997, S. 330.
1108 WPK-Magazin 2004, S. 51.
1109 AG Dürkheim v. 28.11.1985, MittBl. WPK. Nr.119/1986, S. 29; LG Köln v. 15.05.1990, WPK-Mitt., S. 157.
1110 WPK-Magazin 2004, S. 51.
1111 Bejahend LG Darmstadt v. 01.03.1984, AnwBl., S. 503, MittBl. WPK Nr. 113, S. 10, verneinend OLG Düsseldorf v. 09.10.1986, StB, S. 309.
1112 *Palandt*, BGB[70], § 307, Rn. 93.
1113 BGH v. 09.03.1994, DStR, S. 716.
1114 *Palandt*, BGB[70], § 307, Rn. 93.

219

XII. Hilfsberufe

1. Allgemeines

743 Der WP kann die ihm übertragenen beruflichen Aufgaben oft nur mit Hilfe fachlich ausgebildeter Mitarbeiter bewältigen; die WPO enthält jedoch keine Regelungen zur Ausbildung und Qualifikation dieser Fachmitarbeiter. Allerdings bestimmt die Berufssatzung, dass WP bei der Einstellung von Mitarbeitern deren fachliche und persönliche Eignung zu prüfen haben (§ 5 Abs. 1 BS WP/vBP).

2. Prüfer und Prüfungsgehilfen

744 Für den Bereich der Prüfungstätigkeit entspricht es der Üblichkeit, **Absolventen eines Hochschulstudiums** als Prüfungs- bzw. Revisionsassistenten einzustellen und auszubilden. Nach dieser Ausbildung, die zeitlich nicht festgelegt ist, werden die Mitarbeiter als Prüfer eingesetzt, die je nach persönlicher Fähigkeit selbständig arbeiten, jedoch unter der stetigen Anleitung und Aufsicht durch den WP. Zur Wahrung der gewissenhaften und eigenverantwortlichen Berufsausübung soll der WP nur so viele Mitarbeiter einsetzen, wie er im Rahmen der täglichen Arbeit auch tatsächlich anleiten und beaufsichtigen kann[1115].

745 Die **Ausbildung** der Prüfungsassistenten bzw. Prüfer richtet sich in der Praxis zuerst an den Anforderungen der WPO für die Zulassung zum Examen aus. WP haben für eine angemessene praktische und theoretische Ausbildung des Berufsnachwuchses und die Fortbildung aller Mitarbeiter zu sorgen. Darüber hinaus sollen Mitarbeiter in angemessenen Abständen beurteilt werden (§ 6 BS WP/vBP).

3. Fachgehilfen in steuer- und wirtschaftsberatenden Berufen

746 Seit der Schaffung des Ausbildungsberufes im Jahre 1949 wirken WP an der Ausbildung der Fachgehilfen mit. Durch das BBiG v. 14.08.1969 ist die WPK erstmals mit der Ausbildung des Gehilfenberufes betraut worden; sie ist gem. § 89 BBiG ebenso wie die regionalen StBK zuständige Stelle für die Verwaltung und Betreuung der Ausbildungsverhältnisse.

Von der in § 89 Abs. 1 S. 2 BBiG gegebenen Möglichkeit, die Aufgaben auf eine andere zuständige Stelle zu übertragen, hat die WPK Gebrauch gemacht und mit Zustimmung der Aufsichtsbehörden ihre Rechte und Pflichten auf die regionalen StBK übertragen; das gilt auch für die neuen Bundesländer. Die Übertragung dieser Aufgaben erfolgte im Hinblick auf die Stellung der WPK als bundesunmittelbare Körperschaft des öffentlichen Rechts und die verhältnismäßig geringe Zahl der Ausbildungsverhältnisse bei Nur-WP und Nur-WPG. Die WPK ist auf Bundesebene weiterhin beratend tätig und wirkt bei der Erörterung allgemein interessierender Fragen im Bereich des Ausbildungswesens mit. Durch die VO über die Berufsausbildung zu Fachgehilfen in steuer- und wirtschaftsberatenden Berufen v. 15.02.1978 ist die Ausbildung des Gehilfenberufes neu geregelt worden; mit der VO wurde zugleich der zugehörige Ausbildungsrahmenplan geschaffen und veröffentlicht.

XIII. Schrifttumsverzeichnis

1. Verzeichnis der Monographien, Kommentare und Beiträge in Sammelwerken

Borgmann/Junk/Grams, Anwaltshaftung, 4. Aufl., München 2005; *Braun/Uhlenbruck*, Unternehmensinsolvenz, Düsseldorf 1997; *Dörner*, Inwieweit schließen sich Erstellung,

---

1115 S. Tz. 394.

Beratung und Prüfung von Jahresabschlüssen gegenseitig aus?, in: Wagner (Hrsg.), Steuerberatung im Spannungsfeld von Betriebswirtschaft und Recht, FS Stehle, Stuttgart 1997, S. 81; *Ebke*, Wirtschaftsprüfer und Dritthaftung, Bielefeld 1983; *Ebke*, Die Arbeitspapiere des WP und StB im Zivilprozess, Köln 2003; *Ebke*, Einmal befangen, immer befangen? Bemerkungen zu Auslegung und Anwendung des § 318 Abs. 3 Satz 1 HGB, in: Fuchs (Hrsg.), Wirtschafts- und Privatrecht im Spannungsfeld von Privatautonomie, Wettbewerb und Regulierung : Festschrift für Ulrich Immenga zum 70. Geburtstag, FS Immenga, München 2004, S. 517; *Erle*, Die Besorgnis der Befangenheit des Abschlussprüfers und ihre Auswirkungen auf die Abschlussprüfung und den testierten Jahresabschluss, in: Crezelius (Hrsg.), Festschrift für Volker Röhricht zum 65. Geburtstag : Gesellschaftsrecht, Rechnungslegung, Sportrecht, FS Röhricht, Köln 2005, S. 833; *Forster*, Gedanken zur passiven Sicherung der Unabhängigkeit des Abschlussprüfers, in: Baetge (Hrsg.), Bilanzfragen, FS Leffson, Düsseldorf 1976, S. 325; *Heidel/Schall* (Hrsg.), Handelsgesetzbuch : Handkommentar, Baden-Baden 2011, *Henssler/Prütting* (Hrsg.), Bundesrechtsanwaltsordnung, 3. Aufl., München 2010; *Hirte*, Berufshaftung, München 1996; *IOSCO*, Survey Report on Regulation and Oversight of Auditors, April 2005; *Kleine-Cosack*, Das Werberecht der rechts- und steuerberatenden Berufe, München 2004; *Kleine-Cosack*, Rechtsdienstleistungsgesetz, 2. Aufl., Heidelberg 2008; *Knorr*, Fehlleistungen des Abschlussprüfers als Befangenheitsgrund, in: Crezelius (Hrsg.), Festschrift für Volker Röhricht zum 65. Geburtstag : Gesellschaftsrecht, Rechnungslegung, Sportrecht, FS Röhricht, Köln 2005, S. 935; *Krämer*, Nachvertragliche Wettbewerbsverbote im Spannungsfeld von Berufs- und Vertragsfreiheit, in: Crezelius (Hrsg.), Festschrift für Volker Röhricht zum 65. Geburtstag: Gesellschaftsrecht, Rechnungslegung, Sportrecht, FS Röhricht, Köln 2005, S. 335; *Kraus u.a.*, Sozietätsrecht, 2. Aufl., München 2006; *Krein*, Die Haftung des Abschlussprüfers gegenüber der Gesellschaft wegen Nichtaufdeckung von Unrichtigkeiten und Verstößen gegen gesetzliche Vorschriften im Jahresabschluss (Diss.), Köln 2000; *Lindgens*, Aus der Arbeit der Kommission für Qualitätskontrolle, in: Marten/Quick/Ruhnke (Hrsg.), Externe Qualitätskontrolle im Berufsstand der Wirtschaftsprüfer, Düsseldorf 2004, S. 41; *Müller*, Beurteilung der Praxisorganisation im Rahmen der externen Qualitätskontrolle, in: Marten/Quick/Ruhnke (Hrsg.), Externe Qualitätskontrolle im Berufsstand der Wirtschaftsprüfer, Düsseldorf 2004, S. 107; *Müller, H. P./Gelhausen*, Zur handelsrechtlichen Rechnungslegungs- und Prüfungspflichten nach § 155 InsO bei Kapitalgesellschaften, in: Martens (Hrsg.), Festschrift für Carsten Peter Claussen zum 70. Geburtstag, FS Claussen, Köln 1997, S. 687; *Müller, H./Müller, K.*, Prüfung und Beratung aus einer Hand, in: Endres u.a. (Hrsg.), Die Internationale Unternehmensbesteuerung im Wandel, Symposion für Otto Jacobs zum 65. Geburtstag, München 2005, S. 162; *Naumann*, Stand und Weiterentwicklung der Normen zur Qualitätssicherung und Qualitätskontrolle, in: Marten/Quick/Ruhnke (Hrsg.), Externe Qualitätskontrolle im Berufsstand der Wirtschaftsprüfer, Düsseldorf 2004, S. 67; *Niewerth*, Die strafrechtliche Verantwortung des Wirtschaftsprüfers, Bayreuth 2003; *Pfitzer/Oser/Orth*, Reform des Aktien-, Bilanz- und Aufsichtsrechts, Stuttgart 2005; *Pfitzer/Schneiß*, Die Sicherung und Überwachung der Qualität in der Wirtschaftsprüferpraxis, in: Kirsch (Hrsg.), Rechnungslegung und Wirtschaftsprüfung : Festschrift zum 70. Geburtstag von Jörg Baetge, FS Baetge, Düsseldorf 2007, S. 1085; *Pfitzer/Schnepel*, Aktuelle Überlegungen zur Stärkung der Berufsaufsicht in Deutschland, in: Kirsch/Baetge (Hrsg.), Vom BiRiLiG zum BilMoG : eine Standortbestimmung der Bilanzierung und Prüfung in Deutschland, Düsseldorf 2009, S. 131; *Poll*, Beurteilung der internen Nachschau im Rahmen der externen Qualitätskontrolle, in: Marten/Quick/Ruhnke (Hrsg.), Externe Qualitätskontrolle im Berufsstand der Wirtschaftsprüfer, Düsseldorf 2004, S. 161; *Sahner/Clauß/Sahner*, Qualitätskontrolle in der Wirtschaftsprüfung, Köln 2002; *Schmidt*,

Externe Qualitätskontrollen zur Sicherung der Qualität der Abschlussprüfung, Düsseldorf 2000; *Tettinger*, Kammerrecht, München 1997; *Wollny*, Unternehmens- und Praxisübertragungen : Kauf, Verkauf, Anteilsübertragung, Nachfolgeregelungen im Zivil- und Steuerrecht, Herne 2001; *WPK*, Berufsgerichtliche Entscheidungen sowie Rügen in Wirtschaftsprüfersachen, Bd. I, Düsseldorf 1978; *WPK*, Berufsgerichtliche Entscheidungen sowie Rügen in Wirtschaftsprüfersachen, Bd. II, Düsseldorf 1993; *WPK*, Berufsaufsicht der Wirtschaftsprüferkammer über WP/vBP, Berlin 2002.

2. Verzeichnis der Beiträge in Zeitschriften

Baetge/Brötzmann, Neue Regelungen des Regierungsentwurfs zum Bilanzrechtsreformgesetz zur Stärkung der Unabhängigkeit des Abschlussprüfers, Der Konzern 2004, S. 724; *Bauer/Diller*, Wechselwirkungen zwischen Wettbewerbstätigkeit, Ruhestand und betrieblicher Altersversorgung, BB 1997, S. 990; *Bauer/Diller*, Indirekte Wettbewerbsverbote, DB 1995, S. 426; *Bauer/Diller*, Zulässige und unzulässige Bedingungen in Wettbewerbsverboten, DB 1997, S. 94; *Canaris*, Die Reform des Rechts der Leistungsstörungen, JZ 2001, S. 520; *Canaris*, Die Reichweite der Expertenhaftung gegenüber Dritten, ZHR 1999, S. 206; *Dahns*, Verschwiegenheitspflicht des als Strafverteidiger tätigen Anwalts, NJW-Spezial 2011, S. 190; *Disterer*, WWW-Präsenz als Informationsangebot von Wirtschaftsprüfern und vereidigten Buchprüfern, WPK-Mitt. 1998, S. 22; *Dohle/Peitscher*, Das Zurückbehaltungs- und Leistungsverweigerungsrecht an der Handakte des Rechtsanwalts, Steuerberaters und Wirtschaftsprüfers, DStR 2000, S. 1265; *Duesing*, Unterlassene Pflichtprüfung bei GmbH und GmbH & Co. KG, GmbH-StB 1999, S. 350; *Ebke*, Risikoeinschätzung und Haftung des Wirtschaftsprüfers und vereidigten Buchprüfers -international-, WPK-Mitt. 1996, Sonderheft April, S. 97; *Ebke*, Zum Ausschluß der Dritthaftung im Rahmen des Entwurfs eines Gesetzes zur Kontrolle und Transparenz im Unternehmensbereich (KonTraG), WPK-Mitt. 1997, S. 108; *Ebke/Scheel*, Die Haftung des Wirtschaftsprüfers für fahrlässig verursachte Vermögensschäden Dritter, WM 1991, S. 389; *Eckert*, Arbeitnehmer oder „freier Mitarbeiter", DStR 1997, S. 705; *Emmerich/Schaum*, Auswirkungen des Sarbanes-Oxley Act auf deutsche Abschlussprüfer, WPg 2003, S. 677; *Ernst*, KonTraG und KapAEG sowie aktuelle Entwicklungen zur Rechnungslegung und Prüfung in der EU, WPg 1998, S. 1025; *Fachausschuss Recht (FAR) IDW*, Hinweise zur rechtlichen Gestaltung von due diligence-Aufträgen, FN-IDW 1998, S. 287; *Feddersen*, Die Dritthaftung des Wirtschaftsprüfers nach § 323 HGB, WM 1999, S. 105; *Fiala/v. Walter*, Die Handakte des Steuerberaters, Wirtschaftsprüfers und Rechtsanwalts, DStR 1998, S. 694; *Fliess*, Die Haftung des Wirtschaftsprüfers unter Berücksichtigung internationaler Entwicklung, WPK-Mitt. 1992, S. 49; *Fölsing*, Anlassunabhängige Sonderuntersuchungen der Wirtschaftsprüferkammern, ZCG 2007, S. 215; *Förschle*, Umwelt-Audit als Betätigungsfeld für Wirtschaftsprüfer, WPK-Mitt. 1994, S. 1; *Frick/Spatscheck*, Werden die Steuerberater gewerbesteuerpflichtig?, DB 1995, S. 239; *Gaul*, Neues zum nachvertraglichen Wettbewerbsverbot, DB 1995, S. 874; *Gelhausen*, Reform der externen Rechnungslegung und ihrer Prüfung durch den Wirtschaftsprüfer, AG 1997, Sonderheft August S. 73; *Gelhausen/Buchau*, Besorgnis der Befangenheit bei Mitgliedschaft im Beirat der Komplementärgesellschaft der geprüften GmbH & Co. KG, WPK-Magazin 2/2010, S. 42; *Gelhausen/Heinz*, Der befangene Abschlussprüfer, seine Ersetzung und sein Honoraranspruch, WPg 2005, S. 693; *Gelhausen/Kuss*, Vereinbarkeit von Abschlussprüfung und Beratungsleistungen durch den Abschlussprüfer, NZG 2003, S. 424; *Gladys*, Partner einer Partnerschaft ohne Anerkennung als Berufsgesellschaft (§ 43a Abs. 2 WPO), Stbg 2004, S. 336; *Graf von Westphalen*, Stellen vs. Aushandeln von AGB-Klauseln im unternehmerischen Geschäftsverkehr – der BGH weist die Lösung, ZIP 2010, S. 1110; *Haibt*, Der Erbfall als berufsrechtliches Problem bei Wirtschaftsprüfungsgesellschaften, WPK-Mitt. 2000, S. 10; *Hartmann/Schwope*, Prospekthaftung – ein typisches Berufsrisiko des Wirtschaftsprüfers, WPK-Mitt. 1993, S. 46; *Heininger/Bertram*, Der Referentenentwurf zur 7. WPO-Novelle (BARefG), DB 2006, S. 905; *Heni*, Zur Risikolage des Abschlußprüfers bei Mißachtung des Selbstprüfungsverbots, DStR 1997, S. 1210; *Hense*, Rechtsfolgen nichtiger Jahresabschlüsse und Konsequenzen für Folgeabschlüsse, WPg 1993, S. 716; *Hopt*, Die Haftung des Wirtschaftsprüfers, WPg 1986, S. 461; *IDW*, Entwurf einer Satzung über die Rechte und Pflichten bei der Ausübung des Wirtschaftsprüfers und des vereidigten Buchprüfers (Berufssatzung), FN-IDW 1995, S. 460; *Jaeger*, Die freien Berufe und die verfassungsrechtliche Berufsfreiheit, AnwBl. 2000, S. 475; *Joecks*, Handelsrechtliche Abschlussprüfung und das Recht, BFuP 2004, S. 239; *Kiss*, Die Haftung berufsmäßiger Sachkenner gegenüber Dritten, WM 1999, S. 117; *Klein-Blenkers*, Wirtschaftliche Bedeutung und rechtliche Fragen zur Europäischen Wirtschaftlichen Interessenvereinigung, DB 1994, S. 2224; *Kleine-Cosack*, Zusammenbruch der Stufenleiter, AnwBl. 2005, S. 275; *Korn*, Probleme bei der ertragsteuerrechtlichen Abgrenzung zwischen freier Berufstätigkeit und Gewerbe, DStR 1995, S. 1249; *Krawitz/Leukel*, Qualitätssicherung in der Wirtschaftsprüferpraxis, DStR 1998, S. 1930; *Kuhn/Stibi*, Änderung der IDW Prüfungsstandards aufgrund des Bilanzrechtsmodernisierungsgesetzes (BilMoG), WPg 2009, S. 1157; *Lanfermann/Lanfermann*, Besorgnis der Befangenheit des Abschlussprüfers, DStR 2003, S. 900; *Lang*, Zur Drittshaftung der Wirtschaftsprüfer, WPg 1989, S. 57; *Littbarski*, Strenge Haftung des Sachverständigen – Sicherheit für den Auftraggeber, ZIP 1996, S. 812; *Ludewig*, Zur Berufsethik der Wirtschaftsprüfer, WPg 2003, S. 1093; *Marks/Schmidt*, Einführung einer externen Qualitätskontrolle im Berufsstand der deutschen Wirtschaftsprüfer, WPg 1998, S. 975 ; *Marx*, Beratungsleistungen des Abschlussprüfers erneut auf dem Prüfstand, DB 2003, S. 431; *Maxl*, Ausgewählte Fragen zum Werberecht der Wirtschaftsprüfer und vereidigten Buchprüfer, WPK-Mitt. 1998, S. 114; *Maxl/Struckmeier*, Neue Deckungssumme und Versicherungsbedingungen in der Berufshaftpflichtversicherung, WPK-Mitt. 1999, S. 78; *Mayr*, Rechtsnachfolge bei Freiberufler-Gesellschaften, ZEV 1996, S. 321; *Meyer-Landrut*, Die Europäische Wirtschaftliche Interessenvereinigung (EWIV) als neues Instrument für grenzüberschreitende Kooperation, WPK-Mitt. 1989, S. 56; *Michalski/Römermann*, Wettbewerbsbeschränkungen zwischen Rechtsanwälten, ZIP 1994, S. 433; *Müller, K.*, Wirtschaftsprüfer und vereidigte Buchprüfer als Sachverständige und Gutachter, WPK-Mitt. 1991, Sonderheft Oktober, S. 1; *Müller, W.*, Der befangene Wirtschaftsprüfer im Unternehmensverbund, NZG 2004, S. 1037; *Müller, W.*, Zur Unabhängigkeit des Abschlussprüfers und zu einigen Quisquilien in der Hauptversammlung, WPg 2003, S. 741; *Naumann/Hamannt*, Reform des Berufsrechts der Wirtschaftsprüfer durch das BARefG, WPg 2007, S. 901; *Neye*, Die Europäische Wirtschaftliche Interessenvereinigung, DB 1997, S. 861; *Neye*, Die Änderungen im Umwandlungsrecht nach den handels- und gesellschaftsrechtlichen Reformgesetzen in der 13. Legislaturperiode, DB 1998, S. 1649; *Niehues*, Unabhängigkeit des Abschlussprüfers – Empfehlung der EU-Kommission – Hintergrund und Überblick, WPK-Mitt. 2002, S. 182; *Niehus*, Qualitätssicherung in der Wirtschaftsprüfung: Ein Berufsstand verpflichtet sich, DB 1996, S. 385; *Otto/Mittag*, Die Haftung des Jahresabschlußprüfers gegenüber Kreditinstituten, WM 1996, S. 325; *Peemöller/Oehler*, Referentenentwurf eines Bilanzrechtsreformgesetzes, BB 2004, S. 539; *Pfitzer/Orth/Hettich*, Stärkung der Unabhängigkeit des Abschlussprüfers?, DStR 2004, S. 328; *Pfitzer/Orth/Wader*, Die Unabhängigkeitserklärung des Abschlussprüfers gegenüber dem Aufsichtsrat im Sinn des Deutschen Corporate Governance Kodex, DB 2002, S. 753; *Pink*, Rechnungslegungspflichten in der Insolvenz der Kapitalgesellschaft, ZIP 1997, S. 177; *Plendl/Schneiß*, Die Durchführung von Qualitätskontrollen nach der Neufassung des *IDW PS 140*, WPg 2005, S. 545; *Pohl*, Risikoeinschätzung und Haftung des

Wirtschaftsprüfers und vereidigten Buchprüfers – national –, WPK-Mitt. 1996, Sonderheft April, S. 2; *Quick,* Die Haftung des handelsrechtlichen Abschlußprüfers, BB 1992, S. 1675; *Quick,* Nationale und internationale Haftungsrisiken deutscher Abschlußprüfer, DBW 2000, S. 60; *Rauch,* Konsequenzen der unterlassenen Pflichtprüfung einer GmbH, BB 1997, S. 35; *Reimann,* Wirtschaftsprüfer und vereidigte Buchprüfer als Testamentsvollstrecker, WPK-Mitt. 1996, Sonderheft Juli, S. 3; *Reimann,* Nachlassplanung als Beratungsaufgabe für Wirtschaftsprüfer und vereidigte Buchprüfer, WPK-Mitt. 1998, Sonderheft Dezember, S. 3; *Ring,* Gesetzliche Neuregelungen der Unabhängigkeit des Abschlußprüfers, WPg 2005, S. 197; *Röhricht,* Beratung und Abschlussprüfung, WPg 1998, S. 153; *Röhricht,* Unabhängigkeit des Abschlussprüfers, WPg 2001, Sonderheft, S. S 80; *Schlechtriem,* Summenmäßige Haftungsbeschränkungen in Allgemeinen Geschäftbedingungen, BB 1984, S. 1177; *Schmidt, A./Pfitzer/Lindgens,* VO 1/2006 : Überarbeitung des Standards der Qualitätssicherung, WPg 2006, S. 1193; *Schmidt, A./Pfitzer/Lindgens,* Qualitätssicherung in der Wirtschaftsprüferpraxis, WPg 2005, S. 321; *Schmidt, K.,* Die Anwalts-GmbH & Co. KG, DB 2011, S. 2477; *Schmidt, M./Kaiser,* Öffentliche Aufsicht über Abschlußprüfer, WPK-Magazin 3/2004, S. 38; *Schmidt, P.,* Probleme des Zeugnisverweigerungsrechts (§ 53 1 Nr. 3 StPO, 383 I Nr. 6 ZPO) und des Beschlagnahmeverbots (§ 97 StPO) bei Beratern juristischer Personen – Zugleich ein Beitrag zu der Entbindungsbefugnis des Konkursverwalters, wistra 1993, S. 9; *Schüppen,* Aktuelle Fragen der Wirtschaftsprüfer-Haftung, DB 1998, S. 1317; *Schüppen,* Von Allweiler zu HVB, WPg 2003, S. 750; *Schwedhelm/Kamps,* Unerlaubte Rechtsbesorgung durch Steuerberater und Steuerbevollmächtigte und ihre Folgen, AnwBl. 1998, S. 245; *Seibt/Wollenschläger,* Dritthaftung des Abschlussprüfers kapitalmarktorientierter Unternehmen, DB 2011, S. 1378; *Seitz,* Rechtsfolgen der unterlassenen Pflichtprüfung bei einer mittelgroßen GmbH, DStR 1991, S. 315; *Siebert,* Vertragliche Erweiterung der Haftung des gesetzlichen Abschlußprüfers, WPK-Mitt. 1996, S. 235; *Sistermann,* Steuerliche Behandlung der Rechtsnachfolge bei Freiberufler-Gesellschaften, ZEV 1998, S. 166; *Sontheimer,* Die neuen Verjährungsfristen für die StB- und RA-Haftung und im Gesellschaftsrecht, DStR 2005, S. 834; *Späth,* Die Beschäftigung freier Mitarbeiter durch Steuerberater unter besonderer Berücksichtigung haftungs- und versicherungsrechtlicher Aspekte, Inf. 1998, S. 217; *Ueberfeldt/Keller,* Wer darf die Honorarrechnung des Steuerberaters unterzeichnen, DStR 2010, S. 1644; *van Hulle/Lanfermann,* Europäische Entwicklungen zur Abschlussprüfung vor dem Hintergrund des Sarbanes-Oxley Act, WPg 2003, Sonderheft S. S 102; *Veltins,* Verschärfte Unabhängigkeitsanforderungen an Abschlussprüfer, DB 2004, S. 445; *Weber,* Die Haftung des Abschlußprüfers gegenüber Dritten, NZG 1999, S. 1; *Weidmann,* Die Siebte WPO-Novelle, WPK-Magazin 3/2007, S. 55; *Wetzling/Kempf,* Der freie Mitarbeiter im Tätigkeitsbereich des Wirtschaftsprüfers und Steuerberaters, WPK-Mitt. 1994, S. 150; *Wirth,* Keine Auskunftspflicht der Rechtsanwälte, Wirtschaftsprüfer und Steuerberater gegenüber der Wertpapieraufsicht, BB 1996, S. 1725; *Wolf,* Haftungsbegrenzung durch Individualvereinbarungen, WPK-Mitt. 1998, S. 197; *Wulff,* Die Einheitlichkeit des Berufsvergehens, WPK-Magazin 1/2007, S. 38; *Zugehör,* Berufliche „Dritthaftung", NJW 2000, S. 1601; *Zugehör,* Die neue Rechtsprechung des Bundesgerichtshofs zur zivilrechtlichen Haftung der Rechtsanwälte und steuerlichen Berater, WM 2006, Sonderbeil. 3; *Zugehör,* Schwerpunkte der zivilrechtlichen Steuerberaterhaftung, DStR 2001, S. 1613; *Zugehör,* Uneinheitliche Rechtsprechung des BGH zum (Rechtsberater-)Vertrag mit Schutzwirkung zu Gunsten Dritter, NJW 2008, S. 1105.

Kapitel B

Berufsorganisationen

I. Das Institut der Wirtschaftsprüfer in Deutschland e.V. (IDW)

1. Entwicklung

Die berufsorganisatorischen Reformbestrebungen im Revisions- und Treuhandwesen[1] gehen auf die Jahreswende 1929/30 zurück und stehen im Zusammenhang mit der Einführung der Pflichtprüfung für Aktiengesellschaften und Wirtschaftsbetriebe der öffentlichen Hand. Das im August 1930 ins Leben gerufene „**Institut für das Revisions- und Treuhandwesen**" wurde am 15.02.1932, nachdem die Pflichtprüfung dem inzwischen geschaffenen Berufsstand der WP übertragen worden war[2], in das „Institut der Wirtschaftsprüfer" umgebildet, das bald darauf als alleinige Berufsorganisation des WP-Berufes mit der Ermächtigung ausgestattet wurde, die berufliche Selbstverwaltung und die sich hieraus ergebenden öffentlichen Aufgaben wahrzunehmen. Das ehemalige Institut war seinerzeit mithin Pflichtorganisation der WP und WPG, der Dienstaufsicht des RWM unterstellt und hatte hierdurch öffentlich-rechtlichen Charakter. 1

1943 wurde das Institut in die **Reichskammer der Wirtschaftstreuhänder** überführt. Nach Ende des II. Weltkriegs hat der Berufsstand schon bald die Initiative ergriffen, um – der früheren Tradition folgend – die Facharbeit wieder aufzunehmen und in neuen Berufsvertretungen die Aufgaben des ehemaligen Instituts der Wirtschaftsprüfer fortzuführen. So wurde am 19.02.1954 das „Institut der Wirtschaftsprüfer in der Nord-Rheinprovinz und Westfalen e.V." mit Sitz in Düsseldorf gegründet. Weitere Institute der Wirtschaftsprüfer entstanden auf Landesebene in Bayern, Berlin und Bremen[3]. Ferner schlossen sich in Hessen WP und vBP in der „Kammer der Wirtschaftsprüfer und vereidigten Bücherrevisoren für Hessen e.V." und in Württemberg-Baden WP, vBP und StB in der „Kammer der Wirtschaftsprüfer, vereidigten Bücherrevisoren und Steuerberater Württemberg-Baden e.V." zusammen. In der späteren Entwicklung übernahm das **Institut der Wirtschaftsprüfer, Düsseldorf**, die für den gesamten Berufsstand wichtige einheitliche Facharbeit sowie die Wahrnehmung berufspolitischer Aufgaben, zu denen auch die Bestrebungen nach einem bundeseinheitlichen Berufsrecht gehörten. Die Landesorganisationen in Bayern, Berlin, Hessen und Württemberg-Baden erwarben für ihre Mitglieder die korporative Mitgliedschaft im Institut der Wirtschaftsprüfer, Düsseldorf, während die WP im übrigen Bundesgebiet eine unmittelbare Mitgliedschaft unterhielten. Auf dem ersten Wirtschaftsprüfertag am 26.01.1955 gab sich das Institut den Namen „**Institut der Wirtschaftsprüfer in Deutschland e.V.**". 2

Mit dem Zeitpunkt des Inkrafttretens der WPO am 01.11.1961 fand aufgrund einer besonders hierfür im Jahre 1954 geschaffenen Satzungsbestimmung die korporative Mitgliedschaft von Zusammenschlüssen der WP auf Landesebene ihr Ende. Die bis dahin mittelbare Mitgliedschaft von WP und WPG wurde kraft Satzung in eine unmittelbare überführt; gleichzeitig lösten sich das „Institut der Wirtschaftsprüfer in Bayern e.V." und die „Kammer der Wirtschaftsprüfer und vereidigten Bücherrevisoren für Hessen e.V." auf, während die „Kammer der Wirtschaftsprüfer, vereidigten Bücherrevisoren und Steuerberater Württemberg-Baden e.V." nach Umbenennung in „Vereinigung der WP, vBP und 3

---

1 Zur Entwicklung vgl. C Tz. 1.
2 Vgl. A Tz. 6.
3 In Bremen als Vereinigung der Wirtschaftsprüfer.

StB in Baden-Württemberg e.V." sich bezüglich ihres Aufgabenbereichs auf die Pflege des Zusammenhalts innerhalb dieser Berufsgruppen im dortigen Bereich beschränkte.

4   Mit der **Neuordnung des Berufsrechts** und der damit eingeleiteten Zusammenführung der Berufsstände der WP und vBP – bei gleichzeitiger Schließung des vBP-Berufs – wurde schließlich eine korporative Mitgliedschaft des „Bundesverbandes der vereidigten Buchprüfer – Verband Deutscher Bücherrevisoren – VDB (öffentlich bestellte Prüfer) e.V." im IDW mit einer Erweiterung der Satzung durch einen neuen § 16 anlässlich des 5. Wirtschaftsprüfertages am 02.02.1962 ermöglicht, von welcher der Bundesverband mit Wirkung vom 01.10.1962 Gebrauch machte. Durch Beschluss der Mitgliederversammlung vom 14.11.1968 wurde der **Bundesverband der vereidigten Buchprüfer** zum 31.12.1968 **aufgelöst** und durch eine Ergänzung des § 16 der IDW Satzung allen damals bestellten vBP der Erwerb der außerordentlichen Mitgliedschaft beim IDW ermöglicht. Diese vBP hatten das Recht, die fachlichen Einrichtungen des IDW unmittelbar in Anspruch zu nehmen und an den Wirtschaftsprüfertagen als Gäste teilzunehmen sowie einen Sprecher und einen Stellvertreter als stimmberechtigte Mitglieder in den Verwaltungsrat des IDW zu entsenden, solange die Zahl der außerordentlichen vBP-Mitglieder 50 nicht unterschritt. Im Jahre 1984 ist diese Zahl unterschritten worden.

5   Mit dem Inkrafttreten des **BiRiLiG** am 01.01.1986 wurde der Beruf des vBP neben dem WP als zweiter prüfender Beruf wieder eingeführt. VBP haben seitdem insbesondere das Recht, die Pflichtprüfung des Jahresabschlusses bei der sog. mittelgroßen GmbH durchzuführen. Der **Berufsstand des vBP** wurde für solche StB und RA **wiedereröffnet,** die zusätzliche Anforderungen erfüllten, insbesondere ein (während der Übergangszeit erleichtertes) Zusatzexamen ablegten. Außerdem wurde bestimmten vBP, StB und RA, die einen Besitzstand bei den mit dem BiRiLiG prüfungspflichtig werdenden GmbH hatten, die Möglichkeit eingeräumt, die Zusatzqualifikation als WP zu erwerben, wenn sie eine Übergangsprüfung ablegten.

Mit Einführung der Prüfungspflicht für **haftungsbeschränkte Personenhandelsgesellschaften** durch das KapCoRiLiG vom 24.02.2000 wurde den vBP zugleich das Recht eingeräumt, auch die nunmehr gesetzlich vorgeschriebene Abschlussprüfung mittelgroßer haftungsbeschränkter Personenhandelsgesellschaften durchzuführen. Eine mit der Übergangsregelung des BiRiLiG vergleichbare Übergangsregelung, mit deren Hilfe es RA und StB möglich geworden war, in erleichterter Form Zugang zur Prüfung als vBP oder WP zu erhalten, wurde im Rahmen des KapCoRiLiG in Ermangelung einer entsprechenden EU-Vorgabe nicht eingeführt.

6   Im Zuge der Wiedereinführung des Berufs des vBP wurde Anfang 1986 der **Bundesverband der vereidigten Buchprüfer e.V. (BvB)** wiedergegründet. Die seit 1987 bestehende fachliche Zusammenarbeit zwischen IDW und BvB endete im Jahr 2004 durch außerordentliche Kündigung durch das IDW.

7   Im Dezember 2004 hat das IDW mit dem neu gegründeten **Deutscher Buchprüferverband e.V. (DBV)**[4] eine Kooperationsvereinbarung geschlossen. Die Zusammenarbeit beider Verbände erstreckt sich auf die Fachgebiete, die zu den gemeinsamen Tätigkeitsbereichen der WP und der vBP gehören. Auf Grund dieser Zusammenarbeit können die Mitglieder des DBV u.a. die FN-IDW kostenlos beziehen, unentgeltlich an den Veranstaltungen in den Landesgruppen teilnehmen und auch die weitere Leistungen des IDW für seine Mitglieder in Anspruch nehmen.

---

4   Vgl. C Tz. 5.

Das Institut der Wirtschaftsprüfer in Deutschland e.V. (IDW) **B**

Das heutige Institut der Wirtschaftsprüfer in Deutschland e.V. (IDW), Düsseldorf, ist die Vereinigung der deutschen WP und WPG auf der Grundlage **freiwilliger Mitgliedschaft**[5]. 8

2. Aufgaben

Das IDW fördert die **Fachgebiete** des WP und tritt für die **Interessen** des WP-Berufs ein. Insbesondere hat das IDW für die Aus- und Fortbildung zu sorgen und entsprechende Maßnahmen durchzuführen sowie für einheitliche Grundsätze der unabhängigen, eigenverantwortlichen und gewissenhaften Berufsausübung einzutreten und deren Einhaltung durch die Mitglieder sicherzustellen. Hierbei kann das IDW zu Fach- und Berufsfragen, die den gesamten WP-Beruf angehen, auch gutachtlich Stellung nehmen. 9

Die Wahrung der Interessen des Berufsstands beinhaltet auch den Aufbau und die Aufrechterhaltung von Kontakten zu nationalen und internationalen Institutionen, die auf das rechtliche Umfeld der Berufsausübung gestaltend einwirken, wie etwa der deutsche und europäische Gesetzgeber. Daneben steht das IDW im Meinungsaustausch mit den für das Leistungsangebot des Berufsstands relevanten Marktteilnehmern und der allgemeinen Öffentlichkeit. Die Aktivitäten des IDW gegenüber den genannten Gruppen sind darauf gerichtet, den Berufsstand vor Überreglementierung zu schützen und damit den Charakter des WP als freier und selbstverwalteter Beruf zu wahren. Dabei sind jedoch der Grundsatz der Einheit des Berufs ebenso zu beachten wie die gerechtfertigten Erwartungen, die dem Berufsstand aufgrund seiner besonderen öffentlichen Vertrauensfunktion entgegengebracht werden.

Hauptaugenmerk richtet das IDW in seiner Tätigkeit darauf, für seine Mitglieder die Anforderungen an eine einheitliche Berufsausübung auf qualitativ hohem Niveau zu präzisieren und nach außen zu verdeutlichen, welchen Qualitätsanforderungen und welcher Selbstkontrolle sich die Mitglieder des IDW unterziehen. 10

Um dem Anspruch des IDW als **Qualitätsgemeinschaft** zu genügen sowie zur Abgrenzung von anderen prüfenden und beratenden Berufen, übernehmen IDW Mitglieder freiwillig eine in der Satzung des IDW festgeschriebene[6] umfassende Selbstverpflichtung. 11

Diese Selbstverpflichtung schließt ein: 12

- die vom IDW herausgegebenen **Grundsätze zur Qualitätssicherung** in der WP-Praxis zu beachten und anzuwenden sowie ihre Beachtung und Anwendung durch Mitarbeiter sicherzustellen und zu überwachen.
- im Rahmen ihrer beruflichen **Eigenverantwortlichkeit** die von den Fachausschüssen des IDW abgegebenen *IDW Fachgutachten (IDW FG), IDW Prüfungsstandards (IDW PS), IDW Stellungnahmen zur Rechnungslegung (IDW RS)* und *IDW Standards (IDW S)* (s. Tz. 23) zu beachten. Zu berücksichtigen ist dabei, dass die *IDW FG, IDW PS* und *IDW RS* die Erfahrungen des Berufsstands wiedergeben und insofern ein antizipiertes Sachverständigengutachten über die Berufspflichten des WP darstellen. Beachtet ein APr. die Grundsätze eines *IDW FG, IDW PS* oder *IDW RS* nicht oder lässt er die Nichtbeachtung durch das geprüfte Unternehmen ohne Widerspruch zu, ohne dass dafür gewichtige Gründe vorliegen, so muss er damit rechnen, dass dies ggf. in Regressfällen, in einem Verfahren der Berufsaufsicht oder in einem Strafverfahren zu seinem Nachteil ausgelegt werden kann[7]. Die Mitglieder des IDW haben deshalb

---

5 Eingetragen beim Amtsgericht in Düsseldorf – Vereinsregister – Geschäftsnummer 89 VR 3850.
6 Diese Verpflichtung wurde anlässlich der Mitgliederversammlungen (Wirtschaftsprüfertage) am 14.09.1990 und am 09.11.1993 in die Satzung des IDW aufgenommen.
7 Vgl. *IDW PS 201*, Tz. 13 u. 29.

227

sorgfältig zu prüfen, ob die in einem *IDW FG, IDW PS, IDW RS* oder *IDW S* aufgestellten Grundsätze bei ihrer Tätigkeit und in dem von ihnen zu beurteilenden Fall anzuwenden sind. Abweichungen von diesen Grundsätzen sind schriftlich und an geeigneter Stelle (z.b. im Prüfungsbericht) hervorzuheben und zu begründen[8].

- im Rahmen ihrer Berufspflicht zur **Fortbildung** neben dem notwendigen Literaturstudium an Fortbildungsmaßnahmen teilzunehmen, deren Art und Umfang in der Eigenverantwortlichkeit des WP liegen und deren Mindeststandard durchschnittlich 40 Stunden pro Jahr nicht unterschreiten darf.
- stets ihre **Unabhängigkeit**, insbesondere ihre finanzielle Unabhängigkeit gegenüber dem Mandanten, zu wahren und die übrigen vom IDW herausgegebenen Berufsgrundsätze zu beachten.

3. Mitgliedschaft

13 Ordentliches Mitglied im IDW können WP und WPG sein. Dem IDW gehören ca. 85% der WP Deutschlands als **ordentliche Mitglieder** an. Als außerordentliche Mitglieder werden ehemalige WP, die Prüfungsstellen der Sparkassen- und Giroverbände sowie Vorstandsmitglieder, Geschäftsführer, persönlich haftende Gesellschafter und Partnerschaftsgesellschafts-Partner von WPG, die nicht WP sind, sowie in der IDW Satzung speziell genannte Personen geführt. Der Mitgliederstand des IDW zum 01.01.2012 stellt sich wie folgt dar:

- ordentliche Mitglieder: WP: 12.247
                            WPG: 1.027
                            gesamt: 13.274
- außerordentliche Mitglieder: 958
- Ehrenmitglieder: 11
- Gesamt: 14.243

14 Persönlichkeiten, die sich außergewöhnliche Verdienste um den Beruf des WP erworben haben, können zu **Ehrenmitgliedern** ernannt werden.

Ehrenmitglieder am 01.01.2012 sind:

- Prof. Dr. Dr. h.c. Jörg Baetge
- Dr. Karl-Hermann Baumann
- WP Prof. Dr. Dr. h.c. Karl-Heinz Forster
- Ministerialdirektor a.D. Ulrich Geisendörfer
- WP Prof. Dr. Dr. h.c. Hans Havermann
- WP/StB Prof. Dr. Dr. h.c. Rainer Ludewig
- Prof. Dr. Dr. h.c. mult. Adolf Moxter
- Präsident des BFH a. D. Prof. Dr. Klaus Offerhaus
- WP/StB/RA Dr. Harald Ring
- WP/StB Prof. Dr. Eberhard Scheffler
- WP Dr. Dietrich W. Schulze zur Wiesch

4. Organe

15 **Organe** des Instituts sind:

- der Wirtschaftsprüfertag (Mitgliederversammlung i.S.d. BGB)
- der Verwaltungsrat

---

8   Vgl. ebenda.

Das Institut der Wirtschaftsprüfer in Deutschland e.V. (IDW) **B**

– der Vorstand

Seit der auf dem 25. Wirtschaftsprüfertag am 28.11.2001 beschlossenen Neustrukturierung des IDW setzt sich der **Vorstand** aus sechs ehrenamtlichen und drei geschäftsführenden Mitgliedern zusammen. Die geschäftsführenden Mitglieder des Vorstands, die von den ehrenamtlichen Vorstandsmitgliedern berufen werden, führen die Geschäfte des IDW, soweit der Vorstand für besondere Geschäfte nichts anderes beschließt. Zu den Aufgaben des (Gesamt-)Vorstands gehört die Entscheidung über die grundsätzliche Ausrichtung der Berufspolitik. Er ist für alle Entscheidungen und Maßnahmen zuständig, die nicht nach der Satzung anderen Organen zugewiesen sind. 16

Der **Verwaltungsrat** ist zuständig für: 17

– die Wahl der ehrenamtlichen Mitglieder des Vorstandes
– die Wahl des Vorsitzers des HFA
– die Festsetzung des Wirtschaftsplanes
– den Erlass der Beitragsordnung
– die Genehmigung des Jahresabschlusses und des Geschäftsberichts sowie die Entlastung des Vorstandes
– die Bestellung des APr.
– die Ernennung von Ehrenmitgliedern
– die Ernennung von Mitgliedern des Beirats der Hilfskasse sowie die Änderung der Satzung der Hilfskasse
– die Errichtung, Verlegung und Aufgabe von Landesgeschäftsstellen

Dem **Wirtschaftsprüfertag** obliegen u.a. die Wahl von sieben Mitgliedern des Verwaltungsrats sowie der Mitglieder des Ehrenrates, die Entgegennahme des Berichts von Vorstand und Verwaltungsrat über die Entwicklung des Berufsstandes und des IDW sowie über andere wichtige Fragen, die Entlastung des Verwaltungsrates sowie Satzungsänderungen. 18

Auf Länderebene sind **Landesgruppen** mit Landesgeschäftsstellen in Berlin, Frankfurt am Main, Hamburg, Leipzig, München und Stuttgart eingerichtet, die die Hauptgeschäftsstelle (Sitz in Düsseldorf) bei Durchführung der ihr obliegenden Aufgaben unterstützen, jedoch keine rechtliche Selbständigkeit besitzen. 19

Landesgruppen sind zugleich Wahlkörper für den Verwaltungsrat. In den Landesgruppen werden insgesamt 50 der 57 Mitglieder des Verwaltungsrates gewählt. Sieben Mitglieder des Verwaltungsrates werden vom Wirtschaftsprüfertag ohne Rücksicht auf den Ort ihres beruflichen Wohnsitzes gewählt (s. Tz. 18).

5. Facharbeit

Die **Facharbeit** umfasst die Behandlung von Grundsatzfragen aus allen Tätigkeitsgebieten des WP. Sie richtet sich sowohl an die Mitglieder als auch an die interessierte Öffentlichkeit sowie an entsprechende nationale und internationale Institutionen. So wird das IDW beispielsweise vom deutschen Gesetzgeber in Gesetzgebungsverfahren einbezogen, die für den Berufsstand von Bedeutung sind oder für die im Berufsstand besondere Sachkunde besteht. Im Zusammenhang mit seiner Facharbeit führt das IDW auch Fachveranstaltungen, insbesondere Symposien, durch. 20

Die Facharbeit dient der einheitlichen und fachgerechten Berufsausübung. Dabei stehen die **Beratung einzelner Mitglieder** in fachlichen Zweifelsfragen von grundsätzlicher Bedeutung und die Herausgabe von **fachlichen Verlautbarungen**, insbesondere von 21

IDW FG, IDW PS, IDW RS und *IDW S* sowie die Hilfestellung bei der praktischen Berufsarbeit im Vordergrund.

22 Mitglieder haben die Möglichkeit, schriftliche oder telefonische Fachanfragen an das IDW zu richten. Der Austausch mit den Fachexperten des IDW ist eine wichtige Hilfestellung für die praktische Berufsausübung und wird daher von den IDW Mitgliedern intensiv genutzt.

23 Die von den Fachausschüssen des IDW verabschiedeten *IDW FG, IDW PS, IDW RS* und *IDW S*[9] legen die Berufsauffassung der WP zu fachlichen Fragen der Rechnungslegung und Prüfung sowie zu sonstigen Gegenständen und Inhalten der beruflichen Tätigkeit dar oder tragen zu ihrer Entwicklung bei. Im Bereich der Rechnungslegung handelt es sich um fachliche Äußerungen zu ausgewählten Fragen, zu denen keine allgemein anerkannten Rechnungslegungsstandards bestehen oder in denen existierende Normen auslegungsbedürftig sind. Im Bereich der Prüfung bilden sie die für die deutsche Berufspraxis maßgeblichen Grundsätze ordnungsmäßiger Abschlussprüfung. Der WP hat daher sorgfältig zu prüfen, ob die Grundsätze eines *IDW FG, IDW PS, IDW RS* oder *IDW S* in dem von ihm zu bearbeitenden Fall anzuwenden sind[10] (s. Tz. 12).

Entwürfe von *IDW FG, IDW PS, IDW RS* und *IDW S* werden veröffentlicht, um allen Berufsangehörigen und – darüber hinaus – allen interessierten Kreisen Gelegenheit zur Meinungsäußerung zu geben und damit die *IDW FG, IDW PS, IDW RS* und *IDW S* auf eine breite Berufsauffassung zu stützen (sog. *due process*). Außerdem erfolgt eine Erörterung mit Sachkundigen aus den führenden Verbänden der Wirtschaft, den Gewerkschaften, den Hochschulen und anderen Interessierten. Diese Erörterung gibt vor der abschließenden Verabschiedung des *IDW PS*, der *IDW RS* bzw. des *IDW S* durch den zuständigen Ausschuss nochmals Gelegenheit zu einem weiteren Gedankenaustausch.

24 Fachliche Probleme von grundsätzlicher Bedeutung werden vom **Hauptfachausschuss (HFA)** beraten. Der HFA hat die Aufgabe, die einheitliche Behandlung und das gemeinsame Vorgehen des Berufsstands der WP zu fachlichen Fragen in den Bereichen der Prüfung und Rechnungslegung sowie der Unternehmensbewertung und anderer betriebswirtschaftlicher Aspekte zu fördern. Die Arbeit des HFA betrifft sowohl Fragen, die in der Praxis bislang unterschiedlich beantwortet werden, als auch neu auftretende Problembereiche. Der HFA verabschiedet fachliche Verlautbarungen. Des Weiteren hat der HFA die Aufgabe, Eingaben des IDW zu Gesetzesvorhaben sowie zu Verlautbarungsentwürfen anderer nationaler, europäischer und internationaler Standardsetter vorzubereiten, um die Auffassung des IDW geltend zu machen und zur Fortentwicklung fachlicher Regelungen beizutragen. Mitglieder aus den Fachgremien des IDW vertreten den Berufsstand zu dem betreffenden Thema auch auf internationaler Ebene.

25 Fragen aus speziellen Tätigkeitsgebieten oder Wirtschaftszweigen werden in besonderen **Fachausschüssen** behandelt:

- BFA: Bankenfachausschuss
- FAIT: Fachausschuss für Informationstechnologie
- FAR: Fachausschuss Recht
- FAUB: Fachausschuss für Unternehmensbewertungen und Betriebswirtschaft
- FAS: Fachausschuss Sanierung und Insolvenz
- IFA: Immobilienwirtschaftlicher Fachausschuss

---

9 Vgl. *IDW Prüfungsstandards* (*IDW PS*), *IDW Stellungnahmen zur Rechnungslegung* (*IDW RS*) einschließlich der zugehörigen Entwürfe und Hinweise, Losebls., Düsseldorf, sowie die Übersicht in Anhang 3.
10 Vgl. unter Gewissenhaftigkeit A Tz. 383.

Das Institut der Wirtschaftsprüfer in Deutschland e.V. (IDW)   **B**

- KHFA: Krankenhausfachausschuss
- ÖFA: Fachausschuss für öffentliche Unternehmen und Verwaltungen
- StFA: Steuerfachausschuss
- VFA: Versicherungsfachausschuss

Diese Fachausschüsse können zur Lösung von Teilfragen Arbeitskreise und Arbeitsgruppen einrichten[11].

In den Fachgremien des IDW sind Mitglieder aus allen Segmenten des Berufsstands vertreten, die für das jeweilige Fachgremium über die entsprechenden praktischen Erfahrungen verfügen, ein wissenschaftliches Interesse an den Themen des jeweiligen Gremiums haben und bereit sind, sich ehrenamtlich für die Belange des Berufsstands einzusetzen. Dadurch ist sichergestellt, dass die fachlichen Äußerungen des IDW das vielfältige praktische Know-how des Berufsstands erfassen.   26

6. Aus- und Fortbildung

Die fachliche Fortbildung gehört gem. § 43 Abs. 2 S. 4 WPO zu den Berufspflichten des WP. Die fachliche Förderung des WP und seines beruflichen Nachwuchses ist daher auch eine der satzungsmäßigen Aufgaben des IDW. IDW Mitglieder haben sich in der Satzung freiwillig zu Fortbildungsmaßnahmen im Umfang von mindestens 40 Stunden pro Jahr verpflichtet. Der Interpretation der Satzungsbestimmung dient die *VO 1/1993: Zur beruflichen Fortbildung der Wirtschaftsprüfer im IDW*. Aktuelle Fragen der Aus- und Fortbildung werden im Ausschuss für Aus- und Fortbildung (AAF) behandelt.   27

Das Aus- und Fortbildungsprogramm des IDW umfasst zahlreiche Angebote.

Ausbildung   28

- **Berufsbegleitende Ausbildung**
  Das Programm der Berufsbegleitenden Ausbildung ist für Berufsanfänger konzipiert. Innerhalb der ersten Jahre der Berufstätigkeit werden Grund- und Spezialkenntnisse in den Fachgebieten vermittelt, die mit den Tätigkeitsbereichen des WP eng verknüpft sind. Das Kursangebot umfasst die Themengebiete Prüfungswesen, Steuerrecht, Betriebswirtschaftslehre und Wirtschaftsrecht.
- **Studienlehrgänge zur Vorbereitung auf das WP-Examen**
  Ausgehend von den Anforderungen der WiPrPüfV werden die Lehrgangsteilnehmer in den Prüfungsgebieten wirtschaftliches Prüfungswesen, Unternehmensbewertung und Berufsrecht, angewandte Betriebswirtschaftslehre und Wirtschaftsrecht praxisbezogen auf das WP-Examen vorbereitet.

Fortbildung   29

- **Arbeitstagungen Baden-Baden**
  Die jährlich durchgeführte Arbeitstagung dient neben der Darstellung aktueller Themen im Rahmen von Vorträgen vornehmlich dem Meinungs- und Erfahrungsaustausch der Berufsangehörigen in verschiedenen Diskussionsgruppen.
- **Veranstaltungen der IDW Landesgruppen**
  Im Rahmen von Vortrags- und Diskussionsveranstaltungen werden die Berufsangehörigen laufend über aktuelle Entwicklungen in allen Tätigkeitsbereichen des WP informiert. Die Veranstaltungen werden in Halbtages- bzw. Abendveranstaltungen de-

---

[11] Eine aktuelle Übersicht über die Fachgremien des IDW kann unter www.idw.de, Rubrik: Wir über uns/Fachgremien aufgerufen werden.

zentral in den Landesgruppen durchgeführt. Darüber hinaus werden von einzelnen Landesgruppen jährlich ein- bzw. mehrtägige Fachveranstaltungen durchgeführt.

— **Seminare der IDW Akademie**
Die Seminare werden mit dem Ziel veranstaltet, zusammenhängende, praxisrelevante Fragen unter wirtschaftsrechtlichen, steuerrechtlichen sowie Bilanzierungs- und Prüfungsaspekten darzustellen. Es werden aktuelle Kenntnisse in den verschiedenen Fachgebieten vermittelt sowie neue Lösungen und Entwicklungen aufgezeigt. Die Seminare werden in vielfältigen Formaten organisiert – von Mehrtagesplenarveranstaltungen bis hin zu Tagesseminaren mit Workshop-Charakter.

7. Kommunikation und Medien

30 Für seine Mitglieder gibt das IDW monatlich die **IDW Fachnachrichten (FN-IDW)** heraus. Die IDW Fachnachrichten dokumentieren die Tätigkeit des IDW und die Arbeitsergebnisse seiner Fachgremien. Abgedruckt werden alle Verlautbarungen des IDW. Ferner wird über wichtige Entwicklungen auf den Gebieten Wirtschafts-, Steuer- und Berufsrecht der WP berichtet. Die Inhalte werden durch einen Veranstaltungskalender und Hinweise auf Aus- und Fortbildungsveranstaltungen des IDW und der IDW Akademie ergänzt.

31 Die Zeitschriftenausgabe wird durch Inhalte der **IDW Homepage** (www.idw.de) ergänzt. Im Internet werden u. a. alle IDW Eingaben gegenüber Gesetzgebern, Aufsichtsbehörden, nationalen und internationalen Fachgremien und Institutionen im Volltext publiziert. Aktuelle Informationen können Mitglieder auch im Mitgliederbereich des IDW im Internet abrufen. Neben den Sitzungsprotokollen der Fachausschüsse informiert das IDW hier zusammenfassend über die Arbeitsergebnisse der IDW Fach- und Satzungsgremien, über Entwicklungen in der Rechnungslegung und Abschlussprüfung sowie über Neuigkeiten aus dem Berufs-, Unternehmens-, Kapitalmarkt- und Steuerrecht. Angeboten werden auch interaktive Kommunikationsmöglichkeiten, wie der IDW Live Dialog, sowie verschiedene E-Mail-Dienste für Mitglieder oder auch die Internetgemeinschaft insgesamt und die Medien. Auch das Aus- und Fortbildungsprogramm ist online recherchier- und buchbar; Unterlagen und Videomitschnitte von Veranstaltungen können ebenfalls im Mitgliederbereich abgerufen werden.

32 In der Hauptgeschäftsstelle steht allen Mitgliedern des IDW ein leistungsfähiges **Info-Center** mit umfangreicher Fachbibliothek zur Verfügung. Die Präsenzbibliothek verfügt über fast 40.000 Monographien, Festschriften, Kommentare und andere Nachschlagewerke. Hinzu kommen ca. 150 in- und ausländische Fachzeitschriften. Genutzt werden kann zudem ein Online-Katalog mit einem Nachweis von über 60.000 Dokumenten. Für die E-Mail-Dienste werden im Infocenter arbeitstäglich über 50 Websites und Pressemitteilungen wichtiger Institutionen durchsucht und alle Aktivitäten des IDW erfasst.

33 Als eigenes Fachorgan gibt das IDW die Zeitschrift „**Die Wirtschaftsprüfung**" (**WPg**) heraus, die in halbmonatlicher Folge in der IDW Verlag GmbH, Düsseldorf, erscheint. Das Editorial fokussiert dabei auf aktuelle und grundsätzliche Fragen. In der Rubrik „Kompakt" wird Aktuelles informativ aufbereitet und mit Hinweisen auf vertiefende Quellen versehen. Die traditionellen Aufsätze sind wichtiger Bestandteil jeder Ausgabe. Durch Interviews werden Fachinformationen zudem authentisch vermittelt. Veröffentlichungen in der Rubrik „Steuern und Recht" sowie Literaturhinweise ergänzen das redaktionelle Angebot. Die Zeitschriftenausgabe wird ergänzt durch den Online-Auftritt unter www.wpg.de.

34 Darüber hinaus gibt das IDW monatlich die Fachzeitschrift „**Die Unternehmensbesteuerung**" (**Ubg**) heraus. Sie richtet sich an WP, StB, Fachanwälte für Steuerrecht sowie

Leiter der Abteilung Steuern/Rechnungswesen in Unternehmen und zeichnet sich durch eine kompakte und hochqualitative Darstellung praxisrelevanter Themen aus.

8. IDW Verlag GmbH

Am 18.09.1950 wurde die heutige **IDW Verlag GmbH** als „Verlagsbuchhandlung des Instituts der Wirtschaftsprüfer (IDW)" gegründet. Die Anbindung an die hochwertigen fachlichen Arbeitsergebnisse, die sich der Berufsstand der WP über das IDW selbst geschaffen hat, und die konsequente Auswahl von Publikationen und Autoren mit hoher fachlicher Kompetenz haben dem IDW Verlag ein besonderes Renommee als Fachverlag für Rechnungslegung, Wirtschaftsprüfung, Steuerrecht und Betriebswirtschaft eingebracht. 35

9. IDW Akademie mbH

Die IDW Akademie mbH ist – mit Ausnahme der IDW Landesgruppenveranstaltungen – Träger aller Aus- und Fortbildungsmaßnahmen des IDW (Tz. 28 und 29). Sie ist Tochtergesellschaft der IDW Verlag GmbH und seit 2007 Rechtsnachfolgerin der 1989 geschaffenen WPA Wirtschaftsprüfer-Akademie mbH des IDW. 36

10. Hilfskasse

Seit 1951 unterhält das IDW eine Hilfskasse für die Unterstützung unverschuldet in Not geratener Berufsangehöriger und ihrer Hinterbliebenen für den Fall von Krankheit, Gebrechlichkeit oder Tod. 37

II. Wirtschaftsprüferkammer

Die WPK ist zur Erfüllung der beruflichen Selbstverwaltungsaufgaben des Berufsstandes gebildet worden; sie hat sich anlässlich der ersten Mitgliederversammlung am 08.12.1961 konstituiert[12]. Die WPK ist eine Körperschaft des öffentlichen Rechts und nimmt die ihr (allein) durch Gesetz zugewiesenen Aufgaben in mittelbarer Staatsverwaltung[13] wahr (§ 4 Abs. 1 WPO i.d.F. des APAG[14]). 38

1. Aufgaben

Die Aufgaben der WPK werden durch §§ 4, 57 WPO näher bestimmt, ergeben sich darüber hinaus auch aus einzelnen Vorschriften der WPO. 39

Danach erfüllt die WPK die ihr durch Gesetz zugewiesenen Aufgaben, hat die **beruflichen Belange** der **Gesamtheit der Mitglieder** zu wahren und die **Erfüllung der beruflichen Pflichten** zu überwachen (§ 57 Abs. 1 WPO)[15]. Dabei ist der Begriff der Wahrung der Belange der Gesamtheit qualitativ und nicht quantitativ zu verstehen[16].

---

12 Die Darstellung der Aufgaben und der Organisation der WPK ist auf deren Homepage (www.wpk.de) abrufbar.
13 Zur rechtlichen Einordnung der WPK vgl. insbesondere das Wortprotokoll über die 78. Sitzung des BT-Ausschusses für Wirtschaft und Arbeit am 30.11.2004 – Protokoll 15/78 sowie Material für die Presse vom Presse- und Informationsamt der Bundesregierung v. 20.12.2004.
14 Gesetz zur Fortentwicklung der Berufsaufsicht über Abschlussprüfer in der Wirtschaftsprüferordnung (Abschlussprüferaufsichtsgesetz – APAG) v. 27.12.2004, BGBl. I, S. 3846, in Kraft getreten am 01.01.2005.
15 Zur Berufsaufsicht s. A Tz. 558.
16 VG Berlin v. 18.01.1999, WPK-Mitt. 1999, S. 206.

40 Der Wahrung der **Belange** der Gesamtheit der Mitglieder diente es z.B., das Interesse der Berufsangehörigen an einem berufsständischen **Versorgungswerk** zu ermitteln und, falls vorhanden, in die Tat umzusetzen[17]. Dasselbe gilt für die Herausgabe eines Mitgliederverzeichnisses, in dem alle Berufsangehörigen mit ihren beruflichen Daten erscheinen[18]. Zu den beruflichen Belangen zählen hingegen nicht die wirtschaftlichen Interessen einzelner Mitglieder oder Mitgliedergruppen; hier sind die freiwilligen Vereinigungen gefordert[19]. Mit der Stellung als in mittelbarer Staatsverwaltung tätiger Körperschaft des öffentlichen Rechts ist die Aufgabe, gesellschaftliche Kräfte der Gemeinschaft der Berufsangehörigen zu decken und gegenüber dem Staat zu vertreten, nicht vereinbar[20].

41 Im Hinblick auf die Unterschiedlichkeit der Mitgliedergruppen unterliegt die WPK dem **Gebot der Neutralität** mit der Folge, dass es ihr nicht möglich ist, für eine der Mitgliedergruppen gegen eine andere tätig zu werden. Äußert sich die WPK zulässigerweise im Rahmen ihrer gesetzlichen Aufgabenstellung, hat sie dabei das höchstmögliche Maß an Objektivität und die notwendige Sachlichkeit und Zurückhaltung zu wahren sowie das durch Gesetz und Satzung vorgegebene Verfahren einzuhalten[21]. Jedes Mitglied der WPK als einem öffentlich-rechtlichen Zwangsverband kann daher auch die Einhaltung der durch die gesetzlich normierte und damit begrenzte Aufgabenstellung verlangen[22].

42 In § 57 Abs. 2 WPO sind die Aufgaben der WPK genannt. Eine weitere findet sich in § 319 Abs. 3 Nr. 5 HGB. Durch diese Vorschrift ist der WPK die Möglichkeit gegeben, von der Anwendung der Honorarklausel, die zum Ausschluss als APr. führt, Ausnahmegenehmigungen zu erteilen[23].

43 Die **Beratung und Belehrung** der Mitglieder in Fragen der **Berufspflichten** nach § 57 Abs. 2 Nr. 1 WPO korrespondiert mit der in Nr. 4 dieser Vorschrift enthaltenen Befugnis, die Berufsaufsicht auszuüben und das Rügerecht wahrzunehmen. Diese Aufgabe dient aber nicht der Wahrung individueller Belange, sondern dem öffentlichen Interesse. Dritte haben daher keinen Anspruch gegen die Berufskammer auf ein Einschreiten im Rahmen der Berufsaufsicht[24]. Kammermitglieder haben einen Anspruch auf Auskunft bzw. Belehrung in berufsrechtlichen Angelegenheiten, um die Verletzung von Berufspflichten zu vermeiden. Zu diesen gehören allerdings nicht fachliche Fragen zur Anwendung materiellen Rechts, z.B. Auslegungsprobleme zu Rechnungslegungsvorschriften oder Fragen der Prüfungsdurchführung. Die WPK kann die eigenverantwortliche Entscheidung der Berufsangehörigen nicht ersetzen, erst Recht keine Weisung erteilen[25] oder Entscheidungen der Berufsangehörigen, die in der Bandbreite zulässigen Ermessens liegen, durch eine andere ersetzen.

44 Die **Vermittlungstätigkeit** nach § 57 Abs. 2 Nrn. 2 und 3 WPO bei Streitigkeiten zwischen Berufsangehörigen oder zwischen WP und Mandanten setzt voraus, dass alle Beteiligten mit einer solchen Vermittlung einverstanden sind. Eine **Zwangsschlichtung** kommt nicht in Betracht; im Übrigen ist der – erfolglose – Versuch der Vermittlung keine

---

17 VG Düsseldorf v. 01.09.1988, OVG Münster v. 17.11.1988, beide WPK-Mitt. 132, S. 13.
18 VG Düsseldorf v. 05.04.1991, WPK-Mitt., S. 139.
19 BVerwG v. 10.06.1986, NJW 1987, S. 337, OVG Bremen v. 16.03.1993, StB, S. 448.
20 *Redeker*, zu den Thesen von Prof. Dr. J. Salzwedel zum Thema „Das Tätigkeitsfeld der Wirtschaftsprüferkammer und seine Grenzen", Beilage zu FN-IDW 3/1991, S. 84a.
21 BVerwG v. 23.06.2010, 8 C 20.09, www.bverwg.de, WPK-Magazin 4/2010, S. 61.
22 VG Berlin v. 18.01.1999, WPK-Mitt., S. 206.
23 Vgl. dazu A Tz. 720.
24 BVerwG v. 20.10.1992, Stbg. 1994, S. 458.
25 BGH v. 13.12.1971, NJW 1972, S. 541, OLG Hamm v. 26.11.1975, NJW 1976, S. 974.

Klagbarkeitsvoraussetzung[26]. Es ist auch nicht Aufgabe der WPK, zivilrechtliche Streitfragen in Honorar-, Herausgabe- oder Regressangelegenheiten zu entscheiden oder ein Präjudiz zu schaffen.

Die in § 57 Abs. 2 Nr. 7 WPO angesprochene **Gutachtertätigkeit** bezieht sich zum einen auf Fragen des Berufsrechts, zum anderen aber auch auf Fragen der Üblichkeit bzw. Angemessenheit des beanspruchten Honorars. Die WPK wird insoweit aber nicht als Privatgutachter tätig, sondern erteilt die notwendigen Auskünfte, um gerichtliche Auseinandersetzungen zu vermeiden. 45

Die WPK ist zuständige Stelle i.S.v. § 89 BBiG, soweit es den Ausbildungsberuf „**Fachgehilfe in steuer- und wirtschaftsberatenden Berufen**" angeht (§ 57 Abs. 2 Nr. 8 WPO); sie hat diese Aufgabe mit Zustimmung der Aufsichtsbehörden auf die regionalen StBK übertragen. Zum einen wird damit die Einheitlichkeit der Ausbildung und der Betreuung der Ausbildungsverhältnisse gesichert, nicht zuletzt wegen der Vielzahl der Doppelqualifikationen als WP/StB bzw. vBP/StB; zum anderen entspricht diese Lösung einer wirtschaftlichen und sparsamen Verwaltung. 46

Das Vorschlagsrecht der WPK für die ehrenamtlichen Beisitzer der Berufsgerichte und die Führung des Berufsregisters durch die WPK (§ 57 Abs. 2 Nrn. 11 und 12 WPO) kennzeichnen die in § 4 WPO verankerte berufliche Selbstverwaltung. 47

Entsprechendes gilt für die in § 57 Abs. 2 Nr. 10 WPO genannte Förderung sowohl der beruflichen **Fortbildung** der Mitglieder als auch der **Ausbildung** des Berufsnachwuchses. Zu beachten bleibt in diesem Zusammenhang, dass es Aufgabe der Berufsangehörigen selbst ist, für die eigene Fortbildung und die Ausbildung des Berufsnachwuchses zu sorgen; die WPK kann allenfalls subsidiär Hilfestellung leisten, z.B. bei feststellbarem Bedarf Dritte zur Durchführung bestimmter Veranstaltungen veranlassen. 48

Hinzuweisen ist auch auf die Aufgabe, **Fürsorgeeinrichtungen** für WP und vBP sowie deren Hinterbliebene zu schaffen (§ 57 Abs. 2 Nr. 13 WPO). Dazu gehört insbesondere das berufsständische Versorgungswerk (Tz. 40, 64). 49

Mit Inkrafttreten des Wirtschaftsprüferordnungs-Änderungsgesetzes (WPOÄG) vom 19.12.2000[27] wurde der WPK auch die Aufgabe übertragen, ein System der Qualitätskontrolle zu betreiben. Vgl. hierzu A Tz. 496.

Durch das Dritte Änderungsgesetz zur WPO wurde § 57 Abs. 3 WPO eingefügt, der die WPK ermächtigt, nach Anhörung der Arbeitsgemeinschaft für das wirtschaftliche Prüfungswesen (Tz. 63) eine sog. **Berufssatzung** zu erlassen (s. A Tz. 13). Die Beschlussfassung obliegt dem Beirat der WPK. In § 57 Abs. 4 WPO ist der Rahmen der Regelungsbefugnis bestimmt. Die Berufssatzung bedarf im Gegensatz zur Organisationssatzung (Tz. 55) zwar nicht der Genehmigung durch das BMWi, allerdings steht diesem das Recht zu, die Berufssatzung und seine Änderungen innerhalb einer bestimmten Frist ganz oder teilw. aufzuheben. Die Berufssatzung ist am 15.09.1996 (BAnz., S. 7509, *11077) erstmalig in* Kraft getreten und zuletzt mit Wirkung vom 12.02.2010 (BAnz., S. 453) geändert worden. 50

Der WPK sind durch das am 01.01.2004 in Kraft getretene WPRefG[28] Aufgaben übertragen worden, die früher den Wirtschaftsministerien der Länder bzw. den Wirtschaftssenatoren der Stadtstaaten oblagen. Zu nennen sind u.a. die Zulassung zum WP-Examen 51

---

26 BGH v. 17.02.1986, WM, S. 575.
27 Vgl. BGBl. I, S. 1769.
28 WPRefG, v. 01.12.2003, BGBl. I, S. 2446.

und dessen Durchführung (vgl. A Tz. 56), die Bestellung der Berufsangehörigen und die Anerkennung von WPG oder BPG (s. dazu A Tz. 102, 118) sowie die Rücknahme bzw. der Widerruf von Bestellungen bzw. Anerkennungen (§ 57 Abs. 2 Nr. 15 WPO).

Außerdem ist der WPK gem. § 57 Abs. 2 Nr. 15 WPO die zuständige Behörde für WP/vBP zur Durchführung des Geldwäschegesetzes (Geldwäschebekämpfungsgesetz v. 15.08.2002, BGBl. I, S. 3105).

2. Interne Organisation

52 Mitglieder der WPK sind kraft Gesetzes (§ 58 Abs. 1, § 128 Abs. 3 WPO) alle WP, vBP, WPG, BPG sowie alle gesetzlichen Vertreter von WPG bzw. BPG ohne WP/vBP-Qualifikation (§ 28 Abs. 2 und 3 WPO), also auch die in einer als WPG anerkannten Partnerschaft zusammengeschlossenen Partner. Für genossenschaftliche Prüfungsverbände, Prüfungsstellen der Sparkassen- und Giroverbände sowie überörtliche Prüfungseinrichtungen für öffentliche Körperschaften besteht die Möglichkeit der **freiwilligen Mitgliedschaft**; diese freiwilligen Mitglieder sind allerdings weder der Berufsaufsicht noch der Berufsgerichtsbarkeit unterworfen, wohl aber die in diesen Einrichtungen tätigen WP und vBP.

53 Der **Mitgliederstand**[29] der WPK hat sich wie folgt entwickelt:

	01.12.1961	01.01.1986	01.01.1990	01.01.1995	01.01.2000	01.01.2005	01.01.2012
WP	1.590	4.836	6.344	7.994	9.984	12.244	14.124
WPG	196	991	1.215	1.541	1.879	2.221	2.710
vBP	1.151	89	2.782	4.233	4.094	4.009	3.476
BPG	7	1	32	108	166	143	121
N-WP/vBP in WPG/BPG	66	470	439	564	726	773	816
Pflichtmitglieder	3.010	6.387	11.039	14.440	16.849	19.390	21.247
Freiwillige Mitglieder	8	28	28	30	32	38	50
Gesamtzahl	3.018	6.415	11.067	14.470	16.881	19.428	21.297

54 **Organe** der WPK sind gem. § 59 WPO

- der Beirat,
- der Vorstand und
- die Kommission für Qualitätskontrolle.

Der **Beirat** wurde bis zum Jahr 2008 von der **WP-Versammlung** gewählt. Mit dem 4. Gesetz zur Änderung der WPO[30] – Wahlrecht der WPK – ist das Wahlrecht der WPK geändert worden. Ab 2011 werden die Mitglieder des Beirats der WPK per Briefwahl gewählt, die Präsenzwahl in der WP-Versammlung wurde abgeschafft. Einzelheiten der Wahl bestimmt die Wahlordnung v. 25.01.2011[31]. Die Wirtschaftsprüfer-Versammlung wurde ersetzt durch die Möglichkeit für den WPK-Vorstand, in Versammlungen auf Landesebene Bericht zu erstatten. Eine bundesweite Wirtschaftsprüfer-Versammlung ist u.a. einzuberufen, wenn 5 v.H. der Mitglieder dies verlangen (s. im Einzelnen § 59 Abs. 4

---

29 Der jeweils aktuelle Mitgliederstand findet sich unter www.wpk.de, Rubrik: Beruf WP/vBP/Statistiken.
30 BGBl. I 2000, S. 1769.
31 S. im Einzelnen WPK Sonderheft 2011.

Wirtschaftsprüferkammer **B**

WPO). Der **Vorstand** und die **Kommission für Qualitätskontrolle** (s. § 57e WPO) werden vom Beirat gewählt. Zum Mitglied des Beirates und damit des Vorstandes kann nur gewählt werden, wer persönlich Mitglied der WPK ist, also keine WPG oder BPG. Der Präsident und der Vorsitzer des Beirates müssen WP sein (§ 59 Abs. 1 S. 4 WPO), die Zahl der Nicht-WP darf die Zahl der WP weder im Beirat noch im Vorstand erreichen (§ 59 Abs. 2 S. 4 und 5 WPO). Durch diese Regelung ist sichergestellt, dass der WP-Beruf in der Selbstverwaltungsorganisation nicht von anderen Mitgliedergruppen majorisiert wird.

Die Organisation und Verwaltung der WPK sind in einer nach § 60 WPO erlassenen **55** **(Organisations-)Satzung** geregelt, die ebenso wie ihre Änderungen der Zustimmung des Bundesministeriums für Wirtschaft und Technologie (BMWi) bedarf.

Als **Körperschaft öffentlichen Rechts** trifft die WPK Entscheidungen durch den Erlass von **Verwaltungsakten**. Solche sind z.B. die Zulassung (oder deren Versagung) zum WP-Examen, die Bestellung oder ihr Widerruf, die Anerkennung einer Berufsgesellschaft, die Teilnahmebescheinigung im Rahmen der Qualitätskontrolle, die Genehmigung der Tätigkeit des Notgeschäftsführers etc. Verwaltungsakte der WPK können nach Durchführung eines Widerspruchsverfahrens (zuständig WPK) im verwaltungsgerichtlichen Verfahren überprüft werden. Eines solchen Vorverfahrens bedarf es bei Bescheiden über die Bestellung als WP bzw. über die Anerkennung als Berufsgesellschaft nicht (§ 41 WPO).

Die Kammermitglieder sind verpflichtet, nach Maßgabe einer vom Beirat beschlossen **56** Beitragsordnung Beitrag zu zahlen (§ 61 Abs. 1 WPO); die **Beitragsordnung** bedarf ebenso wie die Organisationssatzung der Zustimmung des BMWi (§ 61 Abs. 1 S. 2 WPO)[32]. Bei der Festlegung der Beiträge sind das Äquivalenzprinzip und der Gleichheitssatz zu beachten (so BVerwG 26.04.2006 – 6 C 19.05 –, BVerwGE 125, § 384 ff. m.w.N.). Beitragsbescheide können von den Mitgliedern im verwaltungsgerichtlichen Verfahren angegriffen werden.

Mit Wirkung zum 01.01.2002 hat die WPK erstmals eine **Gebührenordnung** erlassen. **57** Gebühren werden (neben den Kammerbeiträgen) für die Inanspruchnahme besonderer Tätigkeiten der WPK erhoben. Zu den Gebührentatbeständen (§ 3 Gebührenordnung WPK) gehören etwa Anträge auf Zulassung zur Prüfung als WP, die Bestellung zum WP oder die Anerkennung als WPG oder BPG[33]. Gegen die Gebührenfestsetzung ist der Rechtsbehelf des Widerspruchs gegeben, über den der Vorstand (bzw. eine Vorstandsabteilung) der WPK durch Widerspruchsbescheid entscheidet. Bei Gebühren, die im Rahmen des Zulassungs- oder Prüfungsverfahrens erlassen wurden, entscheidet über den Rechtsbehelf die Widerspruchskommission. Gegen diese Bescheide kann innerhalb einer Frist von einem Monat Klage vor dem Verwaltungsgericht Berlin erhoben werden (§ 5 Gebührenordnung).

3. Abschlussprüferaufsichtskommission

a) Aufgaben

Einen tiefgreifenden Einschnitt in die berufsständische Selbstverwaltung hat das APAG **58** gebracht. Das APAG sieht die Einrichtung einer besonderen **Abschlussprüferaufsichtskommission (APAK)** vor, deren Aufgabe in einer öffentlichen fachbezogenen Aufsicht über die WPK in bestimmten Bereichen besteht (§ 66a Abs. 1 WPO). Diese Aufsicht be-

---

32 Die jeweils aktuelle Fassung der Beitragsordnung sowie der Organisationssatzung finden sich unter www.wpk.de, Rubrik: Rechtsvorschriften.

33 Die vollständige Gebührenordnung in der aktuellen Fassung findet sich ebenda, s. auch A Tz. 718.

trifft die Aufgaben nach § 4 Abs. 1 S. 1 WPO; das sind die Prüfung und Eignungsprüfung (also alle Erscheinungsformen des WP-Examens), die Bestellung zum WP bzw. vBP, die Anerkennung von WPG bzw. BPG, der Widerruf der Bestellung oder Anerkennung und die Registrierung der Berufsangehörigen in dem von der WPK geführten öffentlichen Register, die Berufsaufsicht, die Qualitätskontrolle und der Erlass von Berufsausübungsregelungen. Die genannten Aufgaben der WPK unterliegen der APAK grundsätzlich nur insoweit, als die WPK diese Aufgaben gegenüber Berufsangehörigen bzw. Berufsgesellschaften wahrnimmt, die zur Durchführung gesetzlich vorgeschriebener Abschlussprüfungen befugt sind oder sie ohne diese Befugnis tatsächlich durchführen.

59 Das Gesetz gewährt der APAK ein **fachbezogenes Weisungsrecht** über die WPK, soweit diese Verwaltungsaufgaben in mittelbarer Staatsverwaltung gegenüber dem in § 66a Abs. 1 S. 1 WPO genannten Kreis der Berufsangehörigen wahrnimmt[34/35]. Die Aufsicht erstreckt sich darauf, ob die WPK ihre in mittelbarer Staatsverwaltung stehenden Aufgaben gegenüber den Berufsangehörigen, die gesetzlich vorgeschriebene Abschlussprüfungen durchführen, geeignet, ordnungsgemäß und verhältnismäßig durchführt. Bei der Erledigung ihrer Aufgaben kann die APAK u.a. an Sitzungen der WPK und deren Organen (beratend) teilnehmen, aber auch im Einzelfall eine Entscheidung der WPK aufheben und eine Weisung erteilen, wie inhaltlich zu entscheiden ist. Die APAK trägt damit die **Letztverantwortung** für Maßnahmen, die die WPK im Zuständigkeitsbereich der APAK trifft. Sie hat deshalb ein weitreichendes **Informations-** und **Einsichtsrecht**, kann Entscheidungen der WPK an diese zur erneuten Prüfung zurückverweisen (also eine Zweitprüfung veranlassen) und bei Nichtabhilfe unter Aufhebung der Entscheidung der WPK Weisungen erteilen. Inhalt, Umfang und Intensität ihrer Nachprüfungen obliegen ihrem pflichtgemäßen Ermessen[36].

60 Zu den Aufgaben der APAK gehört auch die **Kooperation mit anderen inländischen Aufsichtsstellen** (z.B. der BaFin oder der nach § 342b HGB eingerichteten Prüfstelle für Rechnungslegung). Ebenso arbeitet sie mit den für die Berufsaufsicht zuständigen **ausländischen Stellen** anderer Staaten zusammen. Diese Zusammenarbeit dient insbesondere dazu, mögliche Verstöße gegen Berufspflichten untersuchen zu können[37]. Die Einzelheiten dazu sind in der Geschäftsordnung (Tz. 61) zu regeln.

b) Zusammensetzung und Organisation

61 Die APAK besteht aus mindestens sechs und höchstens zehn Mitgliedern, die ehrenamtlich tätig sind. Sie dürfen in den letzten fünf Jahren vor Ernennung **nicht** persönlich **Mitglieder der WPK** gewesen sein, also in diesem Zeitraum nicht als WP oder vBP bestellt oder gesetzlicher Vertreter einer Berufsgesellschaft gewesen sein. Sie sollen in den Bereichen Rechnungslegung, Finanzwesen, Wirtschaft, Wissenschaft, Aufsicht oder Rechtsprechung tätig sein oder tätig gewesen sein. Das BMWi ernennt die Mitglieder der APAK für die Dauer von vier Jahren. Die Mitglieder der APAK sind **unabhängig** und **nicht weisungsgebunden**. Eine aktuelle Aufstellung ihrer Mitglieder kann unter www.apak-aoc.de, Rubrik: Über die APAK/Mitglieder, abgerufen werden.

---

34 Vgl. Begründung zum Gesetzentwurf, BT-Drs. 15/3983, S. 11 l. Sp.
35 Hintergrund für die Einrichtung der APAK war die öffentliche Diskussion um die Unabhängigkeit des APr. und die Qualität der Abschlussprüfung. So wurde in den USA durch den sog. Sarbanes Oxley Act (s. A Tz. 273) eine berufsstandsunabhängige Aufsicht (Public Company Accounting Oversight Board – PCAOB) errichtet.
36 Vgl. Gesetzesbegründung BT-Drs. 15/3983, S. 16 l. Sp.
37 § 66a Abs. 8 WPO bezeichnet diese Art des Tätigwerdens als Sonderuntersuchung.

Die APAK gibt sich eine Geschäftsordnung, deren Erlass oder Änderungen der Genehmigung des BMWi bedürfen. Bei der Erledigung ihrer Aufgaben kann sich die APAK der WPK bedienen. Über ihre Tätigkeit und ihr Arbeitsprogramm hat sie jährlich öffentlich Bericht zu erstatten.

c) Staatsaufsicht

Die WPK unterliegt außerdem der **Staatsaufsicht** durch das **BMWi** (§ 66 S. 1 WPO); es hat zu überwachen, dass die WPK ihre Aufgaben im Rahmen der geltenden Gesetze und Satzungen erfüllt (Rechtsaufsicht). Es ist ihm – anders als der APAK (vgl. Tz. 59) – jedoch nicht möglich, z.B. in einer Aufsichtssache eine andere Entscheidung als die WPK zu treffen und durchzusetzen oder der WPK eine entsprechende Anweisung zu erteilen. Die Rechtsaufsicht erfasst auch die neu eingerichtete Prüfungsstelle (§ 5 WPO) und die APAK (§ 66a WPO). 62

4. Arbeitsgemeinschaft für das wirtschaftliche Prüfungswesen

Gem. § 65 WPO bilden WPK und DIHK eine nicht rechtsfähige Arbeitsgemeinschaft für das wirtschaftliche Prüfungswesen mit Geschäftsstelle beim DIHK in Berlin. Die Arbeitsgemeinschaft behandelt Fragen, die gemeinsame Belange der Wirtschaft sowie der WP und vBP betreffen. 63

Die Arbeitsgemeinschaft hat sich ihre eigene Satzung gegeben. Sowohl der DIHK als auch der Berufsstand ist durch je vier Delegierte vertreten; als ständige Gäste nehmen der Präsident der WPK, falls er nicht zugleich Delegierter ist, sowie der Referent für WP-Angelegenheiten des BMWi an den Sitzungen teil.

Zu den Fragen, die gemeinsame Belange i.S.v. § 65 WPO berühren, gehören u.a. die Beschlussfassung über die Berufssatzung (§ 57 Abs. 3 WPO) sowie deren jeweilige Änderungen.

5. Versorgungswerk für Wirtschaftsprüfer und vereidigte Buchprüfer

Ein bundeseinheitliches Versorgungswerk konnte wegen der ausschließlichen Gesetzgebungszuständigkeit der Bundesländer für diesen Bereich nicht geschaffen werden. Daher ist von der Möglichkeit Gebrauch gemacht worden, **Versorgungswerke auf Landesebene** zu errichten. Das erste Versorgungswerk für den Berufsstand entstand im Jahre 1993 in Nordrhein-Westfalen; das Gesetz mit Begründung ist in den WPK-Mitt. 1993, S. 106, abgedruckt. Diesem Versorgungswerk sind inzwischen alle Bundesländer mit Ausnahme des Saarlandes durch Staatsverträge beigetreten[38]. 64

Das WPVG NW und die Staatsverträge sehen eine **Pflichtmitgliedschaft** grundsätzlich aller WP, vBP und gesetzlichen Vertreter von WPG und Buchprüfungsgesellschaften vor. Das Versorgungswerk der Wirtschaftsprüfer und der vereidigten Buchprüfer im Lande Nordrhein-Westfalen (**WPV**) hat v.a. die Aufgabe, seinen Mitgliedern und sonstigen Leistungsberechtigten eine Alters-, Invaliditäts- und Hinterbliebenenversorgung zu gewähren. Das WPV erbringt seine Leistungen ohne staatliche Zuschüsse ausschließlich aus eigenen Mitteln. Das WPV ist eine **öffentlich-rechtliche Versorgungseinrichtung** eigener Art, das neben den anderen Systemen der Pflichtversorgung (bundesgesetzliche Rentenversicherung- Angestelltenversicherung, Arbeiterrentenversicherung, Handwerkversicherung etc.) steht. 65

---

38 Die Rechtsgrundlagen des Versorgungswerkes einschl. der Texte der Staatsverträge sind im Internet unter www.wpv.eu, Rubrik: Rechtsgrundlagen, hinterlegt.

B	Berufsorganisationen

66 **Finanzierungsverfahren** des WPV ist das sog. „Offene Deckungsplanverfahren". Bei diesem Verfahren werden Kapitalbeträge pauschal zur Deckung der Verpflichtungen angesammelt. Die Finanzierung wird planmäßig unter Berücksichtigung auch des gesetzlich festgelegten künftigen Zugangs zum Versorgungswerk vorgenommen. Es besteht keine Äquivalenz zwischen Beitrag und Leistung für jedes einzelne Mitglied, sondern nur zwischen der Summe aller Beiträge und der Summe aller Leistungen für die Gesamtzahl der Mitglieder. Die von den Mitgliedern eingezahlten Beiträge werden auf der Grundlage des Versicherungsaufsichtsgesetzes des Landes Nordrhein-Westfalen (VAG NRW) sowie der Verordnung zu den Grundsätzen der Versicherungsaufsicht über die berufsständischen Versorgungswerke der Freien Berufe in Nordrhein-Westfalen (Versorgungswerkeverordnung VersWerkVO NRW) nach denselben Grundsätzen angelegt, die für private Versicherungsunternehmen gelten. Die Rechtsaufsicht über das WPV sowie die Versicherungsaufsicht obliegt dem Finanzministerium des Landes Nordrhein-Westfalen.

III. Internationale Berufsorganisationen

67 Die vielfältige internationale Arbeit des IDW vollzieht sich in einer Reihe von internationalen Berufsorganisationen. Diese sind entweder weltweit tätig – so die International Federation of Accountants (IFAC) und die IFRS Foundation mit dem International Accounting Standards Board (IASB) – oder regional – wie die Fédération des Experts Comptables Européens (FEE) im europäischen Bereich.

Die Verlautbarungen der IFAC sind zurzeit an die nationalen Mitgliedsorganisationen gerichtet und verpflichten deshalb die Berufsangehörigen nicht unmittelbar (vgl. zu den Verpflichtungen im Einzelnen die folgenden Abschnitte 1. und 2.).

1. International Federation of Accountants (IFAC)

68 Die International Federation of Accountants (IFAC) wurde am 07.10.1977 anlässlich des XI. Internationalen Accountants-Kongresses in München mit der Zielsetzung gegründet, weltweit eine Harmonisierung der Accountancy-Berufe herbeizuführen. Zu diesem Zweck werden Arbeiten durchgeführt, deren Ziel die Feststellung internationaler fachlicher, ethischer und ausbildungsbezogener Richtlinien für den Accountants-Beruf ist, Kontakte mit den verschiedensten internationalen Gremien sowie nationalen und regionalen Berufsorganisationen gepflegt und in jeweils 5jährigem Abstand Kongresse organisiert[39]. Der XVIII. Weltkongress der Accountants fand im Jahr 2010 in Kuala Lumpur statt.

69 Der IFAC, die ihren Sitz in New York hat, gehören derzeit 164 Berufsorganisationen (Mitglieder und Assoziierte) aus 125 Ländern an – darunter für Deutschland das IDW und die WPK. In der IFAC sind insgesamt mehr als 2,5 Millionen Berufsangehörige aus den verschiedensten Tätigkeitsbereichen zusammengeschlossen.

70 Die Mitgliedsorganisationen der IFAC haben sich verpflichtet, ihre Mitglieder über die von der IFAC herausgegebenen Verlautbarungen sowie die Internationalen Rechnungslegungsstandards (IFRS) zu informieren und darauf hinzuwirken, dass diese Verlautbarungen in nationale Vorschriften oder Grundsätze transformiert werden, wenn und soweit dies unter nationalen Gegebenheiten möglich ist. Diese Pflichten sind in sieben sog. Statements of Membership Obligations (SMOs) festgelegt, deren Einhaltung durch regelmäßige Meldungen an die IFAC überwacht wird.

---

39 Zur Gründung, Zielsetzung und Arbeitsweise der IFAC vgl. FN-IDW 1977, S. 313.

Internationale Berufsorganisationen B

Bereits die *IDW-Fachgutachten* von 1988 erfüllten in Verbindung mit der *Vorstands-Stellungnahme VO 1/1995* die in den **International Standards on Auditing (ISA)** dargelegten Grundsätze[40]. Dies erfolgte aufgrund der genannten von IDW und WPK eingegangenen Verpflichtung aus der Mitgliedschaft in der IFAC.

71

1998 begann das IDW, die ISA in deutsche Prüfungsgrundsätze so zu transformieren, dass sie den ISA auch in Umfang und Detaillierungsgrad entsprachen. Hierbei werden die ISA nicht übersetzt, sondern in einer dem deutschen Denken und Sprachgebrauch entsprechenden, systematisierten Form als deutsche Prüfungsgrundsätze formuliert.

Das für Standards für Prüfungen und verwandte Dienstleistungen zuständige Gremium der IFAC – das International Auditing and Assurance Standards Board (IAASB) – hat sämtliche ISA einem sog. Clarity-Prozess unterzogen. Ziel des Clarity-Projekts war eine geänderte Struktur und deutlichere Terminologie der ISA zu erreichen – mit dem Ergebnis, dass eine klare Unterscheidung zwischen zwingenden Anforderungen und reinen Erläuterungen sichergestellt werden konnte. Im Rahmen des Clarity-Projekts wurden mehrere ISA aber auch inhaltlichen Änderungen unterzogen, die vom IDW nach und nach in die IDW Prüfungsstandards transformiert wurden bzw. werden.

Nach § 26 (1) der **Abschlussprüferrichtlinie** sollen gesetzliche Abschlussprüfungen künftig unter unmittelbarer Anwendung der internationalen Prüfungsstandards durchgeführt werden, nachdem die Standards von der EU-Kommission angenommen wurden (*„adoption"*) und damit zum Bestandteil europäischen Rechts geworden sind. Damit erhalten die ISA Gesetzescharakter und werden nach der – in Deutschland bereits erfolgten – Transformation der Richtlinie durch die Mitgliedstaaten für die Durchführung gesetzlicher Abschlussprüfungen unmittelbar verbindlich (§ 317 Abs. 5 HGB). Allerdings ist die Verpflichtung zur Anwendung der ISA davon abhängig, dass die ISA von der EU-Kommission förmlich angenommen werden. Der Zeitpunkt dieser Annahme ist derzeit unklar, könnte allerdings im Rahmen der Umsetzung der Vorschläge des sog. Grünbuchs der EU-Kommission v. 13.10.2010 „Weiteres Vorgehen im Bereich der Abschlussprüfung: Lehren aus der Krise" (s. A Tz. 273) erfolgen.

72

Vor dem Hintergrund der schon heute zu beobachtenden praktischen Relevanz der ISA und ihrer zukünftigen Annahme für europäische Abschlussprüfungen hat das IDW, gemeinsam mit dem österreichischen Institut (iwp) und der Schweizer Treuhandkammer, eine deutsche Übersetzung der ISA (einschl. ISQC 1) erarbeitet. Diese Übersetzung wurde der EU-Kommission zur Sicherung einer sachgerechten amtlichen Übersetzung zur Verfügung gestellt. Die EU-Kommission hat die Übersetzung nach einer detaillierten Überprüfung genehmigt.

Um den gestiegenen Erwartungen an eine Weltorganisation gerecht werden zu können, hat die IFAC in den letzten 10 Jahren für ihre Struktur und Arbeitsweise tiefgreifende Reformmaßnahmen beschlossen mit dem Ziel, durch eine stärkere Einbindung aller an der Abschlussprüfung interessierten Kreise einschließlich der Berufsaufsichtsstellen in die Standard-Setting-Aktivitäten das Vertrauen in den Berufsstand der Accountants zu stärken.

73

Die wesentlichen Organe der IFAC-Struktur sind:

Der **Council** ist die Mitgliederversammlung der IFAC. Ihm gehören jeweils ein Delegierter jeder Mitgliedsorganisation an. Er kommt jährlich einmal zusammen. Zu seinen Aufgaben gehören u.a.: die Wahl der Board-Mitglieder, des Präsidenten sowie des Deputy

74

---
[40] Vgl. *IDW*, ISA.

President (der in der Regel nach 2 Jahren automatisch Präsident wird), die Entgegennahme der Tätigkeitsberichte der einzelnen Gremien und Ausschüsse, die Entscheidung in Mitgliedsfragen (Aufnahme/Ausschluss), die Verabschiedung des Budget, die Bestimmung des Beitragsrahmens und die Entscheidung über Satzungsänderungen.

75 Dem **Board** gehören 21 Mitglieder aus 18 Ländern und der Präsident an. Die Board-Mitglieder werden auf Vorschlag des Nominating Committee für die Amtszeit von 3 Jahren (Wiederwahl möglich) gewählt, wobei jährlich 1/3 der Board-Mitglieder neu benannt wird, was zu einer ständigen Rotation führt. Die Zusammensetzung des Board soll der Beitragshöhe der einzelnen IFAC-Mitgliedsorganisationen Rechnung tragen, was durch eine bestimmte Schlüsselung der Sitzverteilung im Board gewährleistet wird. Die Aufgabe des Board besteht im wesentlichen darin, alle notwendigen Initiativen einzuleiten und zu überwachen sowie konkrete Schritte zu unternehmen, damit die von IFAC formulierten Ziele seiner Gremien und Ausschüsse erreicht werden.

76 Die **Officers** der IFAC sind der Präsident und der Deputy President, die laufenden Geschäfte werden von einem **Chief Executive Officer** geführt.

77 Das IFAC Board wird durch vier Komitees unterstützt. Das **Nominating Committee** erarbeitet Vorschläge für die personelle Besetzung der verschiedenen Gremien. Es setzt sich zusammen aus dem Präsidenten, dem Deputy President sowie vier weiteren auf Vorschlag des Board vom Council für jeweils zwei Jahre ernannten Mitgliedern. Weiterhin gibt es ein **Audit Committee**, ein **Planning and Finance Committee** sowie ein **Public Policy and Regulatory Advisory Committee**.

78 Zur Verwirklichung ihrer Zielsetzung hat die IFAC vier unabhängige Gremien zur Erarbeitung und Verabschiedung von Standards eingerichtet. Besondere Bedeutung hat das **International Auditing and Assurance Standards Board** (IAASB), das sich mit Standards zur Prüfung und verwandten Dienstleistungen sowie Qualitätssicherungsstandards befasst. Des Weiteren bestehen unabhängige Gremien für Aus- und Fortbildung, Berufsgrundsätze und Finanzberichterstattung im öffentlichen Sektor.

79 Das **Forum of Firms** (FoF) ist ein Zusammenschluss grenzüberschreitend tätiger WPG bzw. deren Netzwerke. Es wurde in 2002 auf Initiative der großen internationalen WPG eingerichtet und hat sich zur Aufgabe gesetzt, in enger Zusammenarbeit mit IFAC weltweit auf eine Verbesserung der Bilanzierungs- und Prüfungsstandards sowie Berufsgrundsätze hinzuwirken. Hierdurch sollen die Interessen der internationalen Investoren geschützt und der grenzüberschreitende Kapitalfluss gefördert werden. Außerdem sollen im Bereich der Qualitätskontrolle Verbesserungen erreicht werden. Als Executive Committee des FoF ist das **Transnational Auditors Committee** (TAC) u.a. verantwortlich für die Organisation einer externen Qualitätskontrolle, dem sich die Mitgliedsgesellschaften des FoF zu unterziehen haben. Finanziert wird die Arbeit des FoF und des TAC weitgehend von den großen Prüfungsgesellschaften.

Schwerpunkt der jüngsten Reformen der IFAC-Struktur stellt die Einführung eines **Public Interest Oversight Board** (PIOB) dar, dem die Überwachung des Standard-Setting-Prozesses durch die einzelnen Standard-Setting-Gremien der IFAC obliegt. Das PIOB überwacht auch die Maßnahmen, mit denen die IFAC sicherstellen will, dass ihre Verlautbarungen von den Mitgliedsorganisationen bzw. deren Mitglieder beachtet werden (Compliance-Prozess) und stimmt der Wahl der Mitglieder der Standard-Setting–Gremien (außer dem Public Sector Committee) durch den IFAC Board zu. Die Vertreter des PIOB werden durch die **Monitoring Group of the Regulators (MGR)** benannt. Die MGR besteht u.a. aus Vertretern der IOSCO, des Basel Committee on Banking Supervision, der

Internationale Berufsorganisationen   B

EU-Kommission, der International Association of Insurance Supervisors und der Weltbank. Aufgabe der MGR ist es, die Aktivitäten des PIOB beratend zu begleiten und als Bindeglied den Dialog zwischen den internationalen Regulatoren und dem Berufsstand der Accountants zu fördern.

Die Interessen der Öffentlichkeit werden im Standard-Setting-Prozess von IFAC den Standard-Setting-Gremien darüber hinaus durch die **Consultative Advisory Groups** (CAG) bei allen Standard-Setting-Gremien berücksichtigt. Das PIOB hat die Möglichkeit, über die CAGs auch fachlichen Input in den Standard-Setting-Prozess der Gremien einzubringen.

Um die Interessen des Berufsstandes der Accountants in Regulierungsfragen gegenüber dem PIOB und der MGR zu vertreten, wurde in 2003 die **IFAC Leadership Group** (ILG) eingerichtet, der ausschließlich Vertreter des Berufsstandes angehören.

2. International Financial Reporting Standards Foundation (IFRS Foundation)/ International Accounting Standards Board (IASB)

1973 wurde das International Accounting Standards Committee (IASC) (= Vorgängerorganisation der IFRS-Foundation) als privatrechtlicher Verein mit Sitz in London mit dem Ziel gegründet, im Interesse der Öffentlichkeit Rechnungslegungsstandards zu entwickeln und deren weltweite Akzeptanz und Einhaltung zu fördern. Das IASC setzte sich allgemein für die Verbesserung und insbesondere weltweite Harmonisierung der Rechnungslegungsgrundsätze ein. 80

Die **Gründungsmitglieder** des IASC waren ausnahmslos Berufsorganisationen, für Deutschland das IDW und die WPK. Die ursprünglichen Mitglieder des IASC hatten sich verpflichtet, ihre eigenen Mitglieder über die von IASC herausgegebenen International Accounting Standards (IAS), zu informieren und sich um die nationale Verwendung der IAS zu bemühen. 81

Im Laufe der Zeit hat sich das IASC zu einer Organisation entwickelt, in der ein breites Spektrum der Interessen nicht nur der Rechnungsleger, sondern auch der Adressaten der Rechnungslegung (Finanzanalysten etc.) vertreten ist und Berücksichtigung findet. Im Jahr 2000 erfolgte die Neuorganisation des IASC, die u.a. die bis dato bestehende Mitgliederidentität zwischen IFAC und IASC aufgab. Das IASC wird seit dieser Neuorganisation nicht durch einzelne Mitgliedsorganisationen getragen, sondern ist nach US-amerikanischem Vorbild als eine Stiftung organisiert, in der die einzelnen Berufsorganisationen als solche keinerlei aktive Funktion mehr haben. Für Deutschland haben damit künftig IDW und WPK keine unmittelbaren Verpflichtungen mehr gegenüber dem IASC; als Mitglieder der IFAC sind sie allerdings unverändert verpflichtet, über die internationalen Rechnungslegungsgrundsätze zu informieren und sich um deren nationale Verwendung zu bemühen. Seit der Neuorganisation des IASB in 2000 werden alle neuen Einzelstandards als International Financial Reporting Standards (IFRS, bislang IAS) bezeichnet. Darüber hinaus wurde die Gesamtheit aller Standards von IAS in IFRS umbenannt. 82

Infolge der Überarbeitung der Satzung im Jahr 2010 wurde das IASC in **International Financial Reporting Standards Foundation (IFRS Foundation)** umbenannt. Die wichtigsten Gremien der IFRS Foundation sind die **Trustees**, das Monitoring Board und das **International Accounting Standards Board (IASB)**: 83

Die insgesamt 22 **Trustees** sind für die Überwachung und Finanzierung des IASB, die Einhaltung des förmlichen Verfahrens der Entwicklung und Überarbeitung von Standards sowie für die Benennung eigener Mitglieder, Mitglieder des IASB und weiterer Gremien verantwortlich. Auch entscheiden sie über Satzungsänderungen. Die Amtszeit der einzelnen Trustees beträgt jeweils 3 Jahre mit einmaliger Wiederwahlmöglichkeit. Die Trustees sollen in ihrer Zusammensetzung u.a. die nationale Herkunft und den beruflichen Hintergrund widerspiegeln.

84 Das **Monitoring Board** besteht aus 5 permanenten Mitgliedern und einem nicht stimmberechtigten Beobachter. Es handelt sich dabei ausschließlich um Vertreter großer internationaler Organisationen (z.B. SEC, Europäische Kommission, IOSCO etc.). Das Monitoring Board wurde durch Satzungsänderung von den Trustees im Jahr 2009 mit dem Ziel gegründet, die Transparenz und öffentliche Rechenschaftspflicht der IFRS Foundation zu verbessern, ohne die Unabhängigkeit des Standardsetzungsprozesses einzuschränken. Dementsprechend überwacht und berät das Monitoring Board die Trustees bei der Erfüllung ihrer Aufgaben, nimmt an deren Nominierungsprozess teil und bestätigt die Ernennung neuer Trustees.

85 Dem **IASB**, das aus 15 unabhängigen Mitgliedern besteht, obliegt die alleinige Verantwortung und Kompetenz für den Standardsetzungsprozess. Bei der Besetzung des IASB und der Nominierung neuer Mitglieder haben die Trustees eine ausgeglichene Zusammensetzung des Board u.a. aus Wirtschaftsprüfern, Rechnungslegern, Analysten und Akademikern mit hoher fachlicher Kompetenz und Erfahrung sicherzustellen. Darüber hinaus ist künftig ein in der Satzung festgelegter geographischer Proporz einzuhalten. Die Amtszeit der 15 Board-Mitglieder beträgt jeweils fünf Jahre mit der Möglichkeit der einmaligen Wiederwahl. Das notwendige Quorum für die Verabschiedung von Standards beträgt 9 von 15 Stimmen. Die Mitgliederzahl soll laut Satzung bis zum 01.07.2012 auf 16 ansteigen, das notwendige Quorum für die Verabschiedung von Standards beträgt dann 10 von 16 Stimmen.

86 Neben den Trustees, dem Monitoring Board und dem IASB gibt es als Nachfolgegremium des **Standing Interpretations Committee (SIC)** das **IFRS Interpretations Committee** (vor Umbenennung in Folge der Satzungsänderung im Jahr 2010: International Financial Reporting Interpretations Committee (IFRIC). Die vorrangige Aufgabe des IFRS Interpretations Committee ist es, in wichtigen Zweifelsfällen bindende Interpretationen zu bestehenden Standards des IASB zu entwickeln, die der Zustimmung des IASB bedürfen. Daneben besteht ein sog. IFRS Advisory Council (vor Satzungsänderung im Jahr 2010: Standards Advisory Council), das sich aus einer Vielzahl von Interessengruppen und Organisationen (z.B. einzelnen Standard Settern, EU-Kommission, OECD, etc.) zusammensetzt und sowohl den IASB als auch die Trustees berät.

87 Nach der sog. **IFRS-Verordnung** der EU vom 19.07.2002[41] müssen europäische kapitalmarktorientierte Unternehmen ihren Konzernabschluss grundsätzlich seit 2005 nach den IFRS aufstellen und veröffentlichen. Für die Konzernabschlüsse der übrigen europäischen Unternehmen sowie für die Einzelabschlüsse gewährt die IFRS-Verordnung den EU-Mitgliedstaaten die Option, IFRS-Abschlüsse wahlweise zuzulassen oder vorzuschreiben. Mit dem Bilanzrechtsreformgesetz hat der deutsche Gesetzgeber das Wahlrecht zur Anwendung der IFRS im Konzernabschluss nicht kapitalmarktorientierter Unternehmen an diese Unternehmen weitergegeben[42]. Auch für den im BAnz. offen zu legenden Einzelabschluss wird künftig die Anwendung der IFRS anstelle der handelsrechtlichen Grundsätze gestattet, allerdings ist ergänzend für gesellschaftsrechtliche Zwecke ein HGB-Jahresabschluss aufzustellen[43].

---

41 Vgl. ABl.EG 2002, Nr. L 243, S. 1.
42 Vgl. § 315a Abs. 1 HGB.
43 Vgl. § 324a HGB.

Internationale Berufsorganisationen **B**

Ziel des IFRS Foundation ist es, dass ein nach den IFRS aufgestellter Abschluss künftig nicht nur in Europa, sondern weltweit an allen Börsen einschließlich der US-amerikanischen Börsen als Börsenzulassungsvoraussetzung anerkannt wird. Zu diesem Zweck hat das IASB im Oktober 2002 mit dem US-amerikanischen Standard Setter, dem Financial Accounting Standards Board (FASB) eine Vereinbarung getroffen, nach der beide Standard Setter künftig im Interesse einer Angleichung der IFRS und der US-GAAP enger zusammenarbeiten werden. Diese sog. Konvergenzvereinbarung wurde 2006 und 2008 aktualisiert und sieht den Abschluss gemeinsamer Projekte bis Ende 2011 vor. Im Anschluss will die US-amerikanischer Wertpapier- und Börsenaufsicht (Securities and Exchange Commission, SEC) eine Entscheidung treffen, ob IFRS-Abschlüsse auch für US-amerikanische Unternehmen zulässig werden. Bereits seit November 2007 erkennt die SEC IFRS-Abschlüsse ausländischer Emittenten an. Die bis dato notwendigen Überleitungen des Nettogewinns und des Nettovermögens auf US-GAAP-Werte sind entfallen. **88**

Derzeit ist die Anwendung der IFRS in fast 120 Ländern vorgeschrieben oder gestattet. Nahezu alle großen Volkswirtschaften haben Zeitpläne für eine Konvergenz mit IFRS oder eine Übernahme der IFRS in naher Zukunft festgelegt. **89**

3. Fédération des Experts Comptables Européens (FEE)

Mit Wirkung vom 01.01.1987 wurden in Lausanne die 1951 in Paris gegründete Union Européenne des Experts Comptables Economiques et Financiers (UEC) und die 1958 ins Leben gerufene Groupe d'Etudes des Experts Comptables de la C.E.E. zur Fédération des Experts Comptables Européens (FEE) mit Sitz in Brüssel zusammengeschlossen. Unter Einschluss der korrespondierenden Mitgliedsorganisationen aus Israel, Estland und Kroatien sind in der FEE derzeit 45 der führenden Berufsorganisationen aus 33 europäischen Ländern zusammengeschlossen. Für Deutschland ist das „Institut der Wirtschaftsprüfer in Deutschland e.V." Mitglied. Die in der FEE zusammenarbeitenden Berufsorganisationen vertreten mehr als 500.000 Mitglieder, davon stammen ca. 95% aus den Ländern der EU, von denen wiederum ungefähr 45% freiberuflich tätig sind. **90**

Organe der FEE sind **91**

- die **Mitgliederversammlung**, die alle 2 Jahre zusammentritt,
- der **Council** sowie
- das **Executive Committee**

Der **Council** setzt sich zusammen aus jeweils einem Delegierten pro Mitgliedsland, dem ein Fachberater zur Seite steht. Er ist zuständig für die Entscheidung in politischen und strategischen Fragen sowie die Verabschiedung der offiziellen Meinungsäußerungen der FEE einschließlich der Stellungnahmen und Empfehlungen, soweit er letzteres nicht an das Executive Committee delegiert hat. Zur Vorbereitung dieser Dokumente kann der Council Arbeitskreise und ad hoc-Task Forces einrichten. **92**

Das **Executive Committee** führt die Geschäfte der FEE und setzt die Beschlüsse des Council um. Ihm gehören der Präsident und der Deputy-Präsident, die von der Mitgliederversammlung für die Dauer von zwei Jahren gewählt werden, der Chief Executive Officer (CEO) sowie mindestens zwei Vize-Präsidenten an, die vom Council aus dessen Mitte benannt werden. **93**

Aufgabe der FEE ist es zum einen, Meinungen des europäischen Berufstandes zu gesellschafts-, steuer-, und berufsrechtlichen Fragen gegenüber den Organen der EU, den mit berufsrelevanten Fragen befassten internationalen Gremien sowie den nationalen Re- **94**

gierungssachverständigen zum Ausdruck zu bringen. Zum anderen sollen zu Problemen, die im Hinblick auf eine Verwirklichung des Rom-Vertrages aus der Sicht des Berufsstandes von besonderer Bedeutung sind, der EU-Kommission Anregungen und Lösungsvorschläge unterbreitet werden.

95 Um die Harmonisierung der Rechnungslegung in Europa zu fördern, pflegt FEE einen regen Gedankenaustausch mit verschiedenen internationalen, an der Erstellung und Nutzung von Jahresabschlüssen beteiligten Gremien, wie beispielsweise IFAC, IASB, OECD und WTO. So war FEE neben BUSINESS EUROPE und anderen europäischen Verbänden wesentlich an der Gründung der **European Financial Reporting Advisory Group (EFRAG)**, der als beratendem Ausschuss im Rahmen des so genannten *endorsement* der IFRS/IAS eine wesentliche Rolle zukommt, beteiligt. Des Weiteren unterstützt und fördert sie die Entwicklung des Rechnungswesens und des Berufsstandes in den Ländern Osteuropas. Im Hinblick auf die zunehmende internationale Ausrichtung der beruflichen Tätigkeiten sowohl von Einzelpersonen als auch von Berufsgesellschaften widmet sich FEE seit einiger Zeit den Fragen der Liberalisierung auf europäischer – aber auch im Rahmen der GATS-Verhandlungen – auf weltweiter Ebene.

IV. Schrifttumsverzeichnis

1. Verzeichnis der Monographien

IDW (Hrsg.), Abschlussprüfung nach International Standards on Auditing (ISA) : Vergleichende Darstellung deutscher unter internationaler Prüfungsgrundsätze, Düsseldorf 1998; *IDW*, Tätigkeitsbericht 2010/2011

2. Verzeichnis der Beiträge in Zeitschriften

Gemeinsame Stellungnahme der WPK und des IDW: Anforderungen an die Qualitätssicherung in der Wirtschaftsprüferpraxis (VO 1/2006), WPg 2006, S. 629, FN-IDW 2006 S. 317; *Redeker*, Stellungnahmen zu den Thesen von Prof. Dr. J. Salzwedel zum Thema „Das Tätigkeitsfeld der Wirtschaftsprüferkammer und seine Grenzen", FN-IDW 1991, Beil. zu H. 3, S. 84a.

Kapitel C
Andere prüfende und beratende Berufe
I. Vereidigte Buchprüfer
1. Entwicklung

Das wirtschaftliche Prüfungs- und Treuhandwesen hat seine Wurzeln im Berufsstand der Bücherrevisoren[1]. Schon im späten Mittelalter zogen die großen Handelshäuser gelegentlich fremde, unabhängige Revisoren zur Prüfung der Bücher heran. Die Hansestadt Hamburg erließ 1753 zum Zweck einer ordnungsmäßigen Konkursabwicklung erstmals eine Verordnung mit genauen Bestimmungen über die **Beeidigung des Bücherrevisors** (Fallitenordnung)[2]. Nachdem das Allgemeine Landrecht für die preußischen Staaten harte Strafen für den Bankrott durch Verfälschung der Handelsbücher eingeführt hatte, war die Zuhilfenahme von Revisoren insbesondere bei Bankhäusern nicht außergewöhnlich[3].

Durch die zunehmende Verbreitung des kaufmännischen Rechnungswesens wuchs die Zahl entsprechender Sachverständiger, die nicht selten von Gerichten beauftragt und beeidigt wurden. Nach Einführung der Gründungsprüfung für Aktiengesellschaften (1884) erließen wenig später die **Hansestädte** Lübeck (1887), Hamburg (1888) und Bremen (1889) die ersten gesetzlichen Vorschriften über die Ernennung von Bücherrevisoren. Durch das Preußische Handelskammergesetz vom 10.08.1897 wurde das Recht der Vereidigung von Handelssachverständigen auf Bücherrevisoren ausgedehnt und eine Novelle der **Reichsgewerbeordnung** im Jahre 1900 führte zur namentlichen Erwähnung der Bücherrevisoren in § 36 dieses Gesetzes.

In der Folgezeit wurde das Recht zur **Vereidigung** von Bücherrevisoren weitgehend den Industrie- und Handelskammern übertragen. Der DIHT legte 1929 auf Betreiben des Verbandes deutscher Bücherrevisoren in Normativbestimmungen das Zulassungs- und Prüfungsverfahren sowie die Grundsätze der Berufsausübung fest, die Ende 1937 durch reichseinheitliche Bestimmungen über die Verleihung der berufsständischen Bezeichnung Wirtschaftstreuhänder NSRB und die öffentliche Bestellung und Vereidigung als Bücherrevisor abgelöst wurden. Die „Verordnung über den Zusammenschluss auf dem Gebiet des wirtschaftlichen Prüfungs- und Treuhandwesens" vom 23.03.1943 brachte für den gesamten prüfenden Beruf einschneidende Veränderungen. Unter anderem wurde die bisherige Berufsbezeichnung „vereidigter Bücherrevisor" durch die Berufsbezeichnung „vereidigter Buchprüfer" ersetzt und die Führung der Bezeichnung „Bücherrevisor" verboten. Gleichzeitig wurden vereidigte Buchprüfer (ebenso wie WP und WPG) in der Reichskammer der Wirtschaftstreuhänder zusammengeschlossen und ihre öffentliche Bestellung dem Reichswirtschaftsminister zugeordnet. Außerdem wurde der Begriff „Bücherrevisor" in § 36 **Reichsgewerbeordnung** gestrichen. Diese Streichung war der Abschluss einer mit der Entscheidung des RFH vom 13.06.1928[4] eingeleiteten Entwicklung, nach der Bücherrevisoren nicht zu den Gewerbetreibenden, sondern zu den **Freien Berufen** zählen.

Nach 1945 entstanden in den Ländern – entsprechend den Vorstellungen der Besatzungsmächte – unterschiedliche Berufsordnungen für die Angehörigen des wirtschaftlichen Prüfungs- und Treuhandwesens. § 139 WPO (i.d.F. v. 1961) vermittelt einen Überblick

---
1 Zur Geschichte insgesamt vgl. *Gerhard*.
2 Teilweiser Abdruck bei *Voss*, S. 10.
3 Siehe *Penndorf*, Die Betriebswirtschaft 1932, S. 312.
4 StuW 1928, Sp. 92.

über diese Zersplitterung des Berufsrechts bis zum Inkrafttreten der WPO 1961. Schon in der ersten Legislaturperiode des Deutschen Bundestages wurde ein Versuch unternommen, das Berufsrecht der vereidigten Buchprüfer neu zu regeln, dieses Vorhaben wurde jedoch zurückgestellt. 1954 wurde ein Gesetzentwurf über die Berufsordnung der vereidigten Buchprüfer (gemeinsam mit entsprechenden Entwürfen für die Berufsordnung der WP und der steuerberatenden Berufe) in den gesetzgebenden Gremien beraten[5]. Die Sorge um den Fortbestand des Berufsstandes, genährt durch das hohe Durchschnittsalter und die Anzahl der Berufsangehörigen sowie durch Nachwuchsmangel, veranlassten den Gesetzgeber, vom Erlass einer Berufsordnung für vBP Abstand zu nehmen. Vielmehr wurde der Zugang zu dieser **Berufsgruppe geschlossen** und für die Berufsangehörigen eine Übergangsprüfung zum WP, die im Jahre 1968 auslief, vorgesehen. Die speziellen berufsrechtlichen Bestimmungen für vBP wurden unmittelbar in die WPO übernommen und vBP sowie BPG der WPK angeschlossen.

2. Geltendes Recht

a) Einleitung

5   Mit dem BiRiLiG vom 19.12.1985[6] wurde der Berufsstand der vereidigten Buchprüfer **wieder eröffnet**. Diese Lösung der Prüferfrage beruht auf dem Vorschlag des Rechtsausschusses des Deutschen Bundestages, der damit für die unterschiedlichen Auffassungen von Bundesregierung und Bundesrat den entscheidenden Kompromiss fand. Die Bundesregierung hatte sich für die Beibehaltung eines Prüferberufs (WP) ausgesprochen, während der Bundesrat einen zweiten abgestuften Prüferberuf verlangte, der im StBerG verankert sein sollte[7]. Zur weiteren Entstehungsgeschichte zur Lösung dieser Prüferfrage wird auf die Ausführungen in der 9. Aufl.[8] verwiesen. Am 01.07.2010 betrug die Zahl der bestellten vBP 3.630 und die der BPG 121. Zu den statistischen Angaben wird im Übrigen auf die Übersicht unter B Tz. 53 verwiesen. VBP gehören kraft Gesetzes der WPK an. Sie haben sich privatrechtlich zu einem großen Teil im Deutschen Buchprüferverband e.V. (DBV) organisiert, der fachlich auf vertraglicher Grundlage eng mit dem IDW zusammenarbeitet.

6   Mit dem WPRefG[9] hat der Gesetzgeber einschneidende Änderungen für den Beruf des vBP umgesetzt. Der Zugang zum Beruf des vBP wurde geschlossen. Zum vBP-Examen konnten nach § 139a WPO[10] nur Bewerber zugelassen werden, die ihren Zulassungsantrag bis zum 31.12.2004 formgerecht eingereicht hatten. Die Prüfung musste bis spätestens 31.12.2006 abgeleistet worden sein (§ 139a Abs. 3 S. 1 WPO[11]).

7   Neben der Schließung des Zugangs zum vBP-Beruf befristete § 13a Abs. 2 WPO[12] die Möglichkeit für vBP, eine verkürzte Prüfung zum Erwerb der WP-Qualifikation abzulegen. Entsprechende Anträge auf erstmalige Zulassung zum verkürzten WP-Examen (vgl. A Tz. 90) mussten bis spätestens 31.12.2007 gestellt werden. Die Examina mussten

---

5   BT-Drs. 11/783, 784, 785 und BT-Drs. 11/205.
6   BGBl. I, S. 2355.
7   BT-Drs. 10/307, S. 47 bzw. S. 140.
8   WP Handbuch 1985/86, Bd. II, S. 1 und die dort angegebenen Quellennachweise.
9   Gesetz zur Reform des Zulassungs- und Prüfverfahrens des Wirtschaftsprüfungsexamens, BGBl. I 2003, S. 2445.
10 I.d.F. des WPRefG.
11 I.d.F. des WPRefG.
12 I.d.F. des WPRefG.

spätestens bis zum 31.12.2009 absolviert sein. Zur Verfassungsmäßigkeit der gesetzlichen Regelungen für vBP vgl. *Pieroth/Aubel*[13].

Die Wiedereröffnung des Berufsstands der vBP und damit die Schaffung eines zweiten Prüferberufes fand zunächst ihren Niederschlag in § 319 Abs. 1 HGB. Danach können Abschlussprüfer von JA und LB mittelgroßer GmbH i.S.d. § 267 Abs. 2 HGB sowie von mittelgroßen Personenhandelsgesellschaften i.S.d. § 264a Abs. 1 HGB auch vBP und BPG sein. 8

b) Zugang zum Beruf des vereidigten Buchprüfers

Im Hinblick auf die Schließung des Zugangs zum Beruf des vBP und der am 31.12.2004 auslaufenden Möglichkeiten zum Erwerb der vBP-Qualifikation wird auf eine Darstellung der Zugangsvoraussetzungen zum vBP verzichtet. Es kann insoweit grundsätzlich auf die Ausführungen im WP Handbuch, Bd. I 2000, B Tz. 7 verwiesen werden.

c) Inhalt der beruflichen Tätigkeit

§ 129 WPO beschreibt den Inhalt der Tätigkeit der vBP wie folgt: 9

„(1) Vereidigte Buchprüfer haben die berufliche Aufgabe, Prüfungen auf dem Gebiet des betrieblichen Rechnungswesens, insbesondere Buch- und Bilanzprüfungen, durchzuführen. Sie können über das Ergebnis ihrer Prüfungen Prüfungsvermerke erteilen. Zu den Prüfungsvermerken gehören auch Bestätigungen und Feststellungen, die vereidigte Buchprüfer aufgrund gesetzlicher Vorschriften vornehmen. Zu den beruflichen Aufgaben des vereidigten Buchprüfers gehört es insbesondere, die Prüfung des Jahresabschlusses von mittelgroßen Gesellschaften mit beschränkter Haftung und Personenhandelsgesellschaften im Sinne § 264a des Handelsgesetzbuchs (§ 267 Abs. 2 des Handelsgesetzbuchs) nach § 316 Abs. 1 S. 1 des Handelsgesetzbuchs durchzuführen.

(2) Vereidigte Buchprüfer sind befugt, ihre Auftraggeber in steuerlichen Angelegenheiten nach Maßgabe der bestehenden Vorschriften zu beraten und zu vertreten. In Angelegenheiten, die das Abgabenrecht fremder Staaten betreffen, sind sie zur geschäftsmäßigen Hilfe in Steuersachen befugt; die entsprechenden Befugnisse Dritter bleiben unberührt.

(3) Vereidigte Buchprüfer sind weiter befugt:

1. unter Berufung auf ihren Berufseid auf den Gebieten des betrieblichen Rechnungswesens als Sachverständige aufzutreten;
2. in wirtschaftlichen Angelegenheiten zu beraten und fremde Interessen zu wahren;
3. zur treuhänderischen Verwaltung."

Die Befugnis zum gesetzlichen APr. bezieht sich auf **mittelgroße GmbH und Personenhandelsgesellschaften** i.S.d. § 264a HGB, soweit diese nicht – ggf. schon vor Inkrafttreten des BiRiLiG – nach anderen gesetzlichen Bestimmungen (z.B. des KWG oder des VAG) prüfungspflichtig sind. VBP können auch **Prüfungen nach § 16 MaBV** durchführen, sie sind zudem berechtigt, Prüfungen im Rahmen des Wertpapierhandelsgesetzes oder in einigen Bundesländern (z.B. Schleswig-Holstein) bei Stiftungen vorzunehmen[14], oder u.a. auch in bestimmten Fällen als Verschmelzungsprüfer tätig zu werden (s. § 11 Abs. 1 UmwG). Ist eine WPG mit der Jahresabschlussprüfung beauftragt worden, darf der **Bestätigungsvermerk** von vBP unterzeichnet werden, soweit diese be- 10

---

13 *Pieroth/Aubel*.
14 Vgl. *Gersdorf/Klaas*, Rn. 206.

11 VBP gehören ebenso wie WP zu dem Personenkreis, dem Rechtsdienstleistungen erlaubt sind, wenn sie als Nebenleistung zum Berufs- oder Tätigkeitsbild des vBP gehören[15].

12 **Buchprüfungsgesellschaften** bedürfen ebenso wie WPG einer besonderen Anerkennung (§ 128 Abs. 1 S. 2 WPO). Ihnen stehen die gleichen Rechtsformen offen wie WPG, das sind die AG, KGaA, GmbH, OHG, KG, die GmbH & Co. KG, die Partnerschaftsgesellschaft (vgl. § 27 i.V.m. § 130 Abs. 2 WPO) sowie die Europäische Gesellschaft (SE). Die Anerkennung setzt voraus, dass die Mitglieder des Vorstands, der Geschäftsführung oder die persönlich haftenden Gesellschafter vBP[16] sind, wobei entsprechend § 28 Abs. 2 WPO Ausnahmen zugelassen werden (vgl. dazu A Tz. 128).

13 Hinsichtlich der **Rechte und Pflichten** der vBP und BPG gelten nach § 130 WPO die entsprechenden Bestimmungen für WP und WPG analog. Auf die diesbezüglichen Ausführungen in Kap. A kann daher verwiesen werden.

II. Steuerberater

1. Entwicklung

14 Das Bedürfnis für einen steuerberatenden Beruf entstand Ende des 19. Jahrhunderts durch die **Miquelsche Steuerreform**, mit der die Steuererklärungspflicht eingeführt und erlaubt wurde, sich hierbei durch „Bevollmächtigte" vertreten zu lassen[17]. Eine erste namentliche Erwähnung findet sich im „Gesetz über die **Zulassung zum Steuerberater**" v. 06.05.1933 (RGBl. I, S. 257), das allerdings vom nationalsozialistischen Gedankengut geprägt war[18]. Das „Gesetz zur Verhütung von Missbräuchen auf dem Gebiet der Rechtsberatung (Rechtsberatungsgesetz)" v. 13.12.1935 (RGBl. I, S. 1478) brachte die Einführung des § 107a in die RAO, mit dem die rechtlichen Grundlagen für die Berufstätigkeit der „Helfer in Steuersachen" geschaffen wurden. Allgemeine Bestimmungen über die Zulassung von StB waren Gegenstand der Verordnung vom 18.02.1937[19], gleichzeitig erging ein Runderlass des Reichsfinanzministers[20], der i.V.m. einer wenig später erlassenen Steuerberaterprüfungsordnung[21] nähere Zulassungs- und Prüfungsvoraussetzungen enthielt. Die Zulassungsvoraussetzungen zum StB wurden durch einen weiteren RdF-Erlass im Jahre 1941[22] neu geregelt. Für StBG i.S.d. § 107 Abs. 3 Ziff. 2 RAO, die von einem Oberfinanzpräsidenten oder Landesfinanzamt allgemein zugelassen waren, enthielt die Verordnung vom 18.02.1937 eine Schutzbestimmung insoweit, als nur diese die Bezeichnung „Steuerberatungsgesellschaft" führen durften.

15 „Helfer in Steuersachen" i.S.d. § 107a Abs.1 RAO erhielten ihre Tätigkeitserlaubnis von einem Finanzamt grundsätzlich nur für einen örtlich begrenzten Bereich. Für die Erteilung

---

15 Zum Inhalt dieser Befugnis s. A Tz. 32.
16 Durch die Neufassung des § 130 Abs. 2 WPO im Rahmen des 3. Änderungsgesetzes zur WPO wurde ausdrücklich geregelt, dass bei BPG die Stellung von vBP auch von WP eingenommen werden können, also BPG auch von WP gegründet werden können.
17 Zur Geschichte des steuerberatenden Berufs insgesamt vgl. *Mittelsteiner/Pausch/Kumpf*.
18 *Pausch*, StB 1983, S. 135.
19 RGBl. I, S. 247.
20 RStBl. I 1937, S. 314.
21 RStBl. I 1937, S. 457.
22 RStBl. I 1941, S. 143.

dieser Erlaubnis wurden geringere fachliche Anforderungen gestellt als für die Zulassung als StB, insb. entfiel eine Fachprüfung[23].

Durch die Verordnung über die **Reichskammer der Steuerberater** vom 12.06.1943[24] wurden die StB, die Helfer in Steuersachen, die StBG und die Steuerhelfergesellschaften in dieser Reichskammer zusammengefasst; sie gehörten nach der zweiten Verordnung über die Reichskammer der Steuerberater vom 08.07.1943[25] dieser als Zwangsmitglieder an. Nach 1945 sind länderweise unterschiedliche Vorschriften über die Zulassung und Prüfung als StB sowie über die Berufsausübung erlassen worden.

2. Geltendes Recht

a) Einleitung

Mit dem „Gesetz über die Rechtsverhältnisse der Steuerberater und Steuerbevollmächtigten (**Steuerberatungsgesetz**)" v. 16.08.1961[26] wurde das Berufsrecht dieser beiden Berufsgruppen bundeseinheitlich geregelt, wobei der Steuerbevollmächtigte den „Helfer in Steuersachen" ablöste. Gleichzeitig wurden bestimmte einengende Regelungen (z.B. die Beschränkung auf einen örtlichen Wirkungskreis) aufgehoben. Das Gesetz trat ebenso wie die WPO am 01.11.1961 in Kraft.

Eine grundlegende Strukturänderung brachte das **2. Gesetz zur Änderung des Steuerberatungsgesetzes** v. 11.08.1972[27]. Der bis dahin zweigleisige steuerberatende Beruf wurde im **Einheitsberuf „Steuerberater-** zusammengefasst. StBv. konnten im Rahmen eines Übergangsverfahrens in einer bestimmten Frist StB werden. Zugleich wurde der Beruf des StBv. (nach Ablauf einer Übergangsfrist) geschlossen. Darüber hinaus legte dieses Gesetz die **Vorbildungsvoraussetzungen** für den Zugang zum Beruf des StB neuen Rechts fest. Schließlich wurden auch die beiden Berufskammern (auf regionaler und auf Bundesebene) mit Wirkung zum 01.01.1975 zusammengefasst.

Das **3. Änderungsgesetz**, mit dem die Neubezeichnung „Steuerberatungsgesetz (StBerG)" eingeführt wurde, enthielt die Festlegung des Umfangs der zulässigen Tätigkeit sogen. **Lohnsteuerhilfevereine**, allgemeine Vorschriften über die **Hilfeleistung in Steuersachen** sowie die Streichung des § 107a RAO. Seit diesem Änderungsgesetz sind alle Vorschriften, die die geschäftsmäßige Hilfeleistung in Steuersachen zum Gegenstand haben und die Ausübung entsprechender Tätigkeiten durch dazu befugte Personen bzw. Vereinigungen betreffen, im StBerG zusammengefasst. Soweit dieser Regelungsbereich betroffen ist, gilt das StBerG auch für WP, WPG, vBP und BPG.

Mit dem „**Vierten Gesetz zur Änderung des Steuerberatungsgesetzes**" v. 09.06.1989[28] zog der Gesetzgeber die Konsequenzen aus den Entscheidungen des BVerfG zum sogen. **Buchführungsprivileg** der steuerberatenden Berufe. Nach dieser Rechtsprechung waren die Regelungen des StBerG insoweit mit Art. 12 GG unvereinbar, als sie das geschäftsmäßige Kontieren von Belegen und die geschäftsmäßige Erledigung laufender Lohnbuchhaltungsarbeiten sowie die Werbung dafür Personen untersagten, die eine kaufmän-

---

23 Vgl. *Mittelsteiner/Pausch/Kumpf*, S. 260.
24 RGBl. I, S. 374.
25 RGBl. I, S. 385.
26 BGBl. I, S. 1301.
27 BGBl. I, S. 1401.
28 BGBl. I, S. 1062.

nische Gehilfenprüfung bestanden haben²⁹. In §§ 6 Nr. 4 und 8 Abs. 1 S. 2 StBerG sind entsprechende Regelungen eingefügt worden, so dass diese Tätigkeiten vom Verbot der unbefugten Hilfeleistung in Steuersachen grundsätzlich nicht betroffen sind, sofern sie vom dazu befähigten Personenkreis erbracht werden. Die Einrichtung der Finanz- und Lohnbuchhaltung³⁰ und die Aufstellung des JA³¹ zählen jedoch weiterhin zum Buchführungsprivileg der steuerberatenden Berufe.

21   Mit der Einführung der **Kapitalbindung** auch bei StBG brachte das Vierte Änderungsgesetz eine bedeutsame Neuerung. Die entsprechende Vorschrift (§ 50a StBerG) war zwar § 28 Abs. 4 WPO (vgl. dazu A Tz. 137) nachgebildet, enthielt aber einen wesentlichen Unterschied: Nur noch natürliche Personen, nicht aber Berufsgesellschaften (StBG, WPG, BPG) konnten sich an einer StBG beteiligen. Dieses **Beteiligungsverbot** konnte im Einzelfall dazu führen, dass bei Doppelgesellschaften (WPG/StBG oder BPG/StBG) die Anerkennung als StBG zurück gegeben oder eine StBG in eine WPG oder BPG umgestaltet werden musste. Für StBG, die den Anforderungen des neuen § 50a StBerG nicht genügten, wurde eine Besitzstandsregelung geschaffen. Jedoch war bei einer Veränderung des Gesellschafterbestands, der Beteiligungsverhältnisse oder der Stimmrechte nach dem 31.12.1990 darauf zu achten, dass die Gesellschafter insgesamt die Voraussetzungen des § 50a StBerG erfüllten (vgl. § 155 Abs. 4 StBerG). Mit dem „7. StBÄndG" (Tz. 36) wurde das Beteiligungsverbot für StBG an StBG wieder aufgegeben³².

22   Darüber hinaus wurden mit dem 4. Änderungsgesetz Zweifelsfragen geklärt, die vor allem die **Zulassungsvoraussetzungen** für den steuerberatenden Beruf, die Tätigkeit der Lohnsteuerhilfevereine, die Beratungsbefugnisse der berufsständischen Vereinigungen der Land- und Forstwirtschaft, die Zulassung Berufsfremder zur beschränkten Hilfeleistung in Steuersachen und das Verfahren bei der Anerkennung „Landwirtschaftlicher Buchstellen" betrafen³³.

23   Bereits anderthalb Jahre nach Inkrafttreten des 4. Änderungsgesetzes wurde insb. durch die Transformation der sog. **Hochschuldiplom-Richtlinie** ein weiteres Änderungsgesetz erforderlich. Mit dem Fünften Gesetz zur Änderung des Steuerberatungsgesetzes wurde die EG-RL über eine allgemeine Regelung zur Anerkennung der Hochschuldiplome, die eine mindestens dreijährige Berufsausbildung abschließen³⁴, für die steuerberatenden Berufe in deutsches Recht umgesetzt. Damit haben **Angehörige der Mitgliedstaaten** der EU, die Inhaber eines Diploms i.S.d. Richtlinie sind, Zugang zum Beruf des StB. Die Einzelheiten über die Zulassung und den Inhalt der StB-Prüfung regeln die §§ 36 ff. StBerG (vgl. Tz. 44). Weitere Regelungen betreffen Erweiterungen bei der Aufsicht über Lohnsteuerhilfevereine, die Offenbarung geschützter Daten für berufsrechtliche Zwecke und eine ausdrückliche Regelung über die Zulässigkeit der gemeinsamen Berufsausübung von StB in einer GbR (§ 55a, jetzt § 56 StBerG).

24   Außerdem wurde eine besondere Regelung (§ 12a, jetzt § 12 StBerG) eingefügt, nach der StB, StBv. und StBG (seit dem „Sechsten Gesetz zur Änderung des Steuerberatungsgesetzes" gilt diese Vorschrift auch ausdrücklich für RA, WP, vBP, WPG und BPG), geschäftsmäßig Hilfe in Steuersachen auch in Angelegenheiten leisten dürfen, die das

---

29 BVerfG v. 18.06.1980, BGBl. I, S. 2036, v. 27.01.1982, BGBl. I, S. 545.
30 Vgl. BFH v. 12.01.1988, BStBl. II, S. 380.
31 OLG München v. 11.07.1985, StB 1986, S. 10.
32 Die Möglichkeit einer Beteiligung von Berufsgesellschaften an StBG entspricht einer immer wieder erhobenen Forderung des *IDW*, vgl. z.B. IDW Stellungnahme v. 14.02.1989, FN-IDW, S. 106.
33 Zu den Einzelheiten vgl. *Mittelsteiner*, DStR 1989, S. 403.
34 Abl.EG 1989, Nr. L 19 S. 16.

Abgabenrecht fremder Staaten betreffen. Diese Regelung dürfte rein deklaratorischen Charakter haben und naturgemäß in anderen Staaten bedeutungslos sein. Sie ist zwischenzeitlich[35] auch in § 129 Abs. 2 WPO aufgenommen worden.

Hervorzuheben ist eine Änderung des § 34 StBerG. Danach wird bei Einrichtung einer auswärtigen (später: weiteren) Beratungsstelle in einem anderen EG-Mitgliedstaat auf das Leitungserfordernis durch einen StB oder StBv. generell verzichtet. Damit gilt insoweit für diese Fälle nur noch das Berufsrecht des Gaststaates. Sofern eine **auswärtige Beratungsstelle in den neuen Bundesländern** errichtet wurde, konnten diese bis zum 31.12.1993 auch von einem StB oder StBv. geleitet werden, der seine berufliche Niederlassung nicht am Ort der Beratungsstelle (oder in dessen Nahbereich) hatte. Die genannten Neuregelungen gelten sinngemäß auch für StBG (vgl. § 72 StBerG). Zu den späteren Änderungen des § 34 StBerG vgl. Tz. 30. 25

Mit dem „Fünften Gesetz zur Änderung des Steuerberatungsgesetz" sind auch die Anforderungen an die **praktische Vorbildung** geändert worden; es reichte für die Zulassung zur StB-Prüfung seither eine mindestens dreijährige[36] hauptberufliche Tätigkeit „auf dem Gebiet des Steuerwesens" nicht mehr aus. Im Hinblick auf die weite Rechtsprechung des BFH[37], nach der auch Randbereiche des Steuerrechts (Betriebswirtschaft, Volkswirtschaft, Berufsrecht) zum Gebiet des Steuerwesens gehörten, fordert der Gesetzgeber jetzt eine praktische Tätigkeit „auf dem Gebiet der von den Bundes- oder Landesfinanzbehörden verwalteten Steuern" (§ 36 StBerG). Durch diese Neufassung soll sichergestellt werden, dass die praktische Vorbildung sich tatsächlich auf den Kernbereich der Berufstätigkeit des späteren StB bezieht[38]. Bei den Bescheinigungen für das Zulassungsverfahren muss dieser Kernbereich deutlich werden, dh. im Zweifel auch genauer beschrieben werden als in der Vergangenheit. Tätigkeiten auf dem Gebiet der Betriebswirtschaft oder als Buchhalter erfüllen i.d.R. diese Voraussetzungen des § 36 StBerG nicht[39]. Dagegen ist die Prüfung der handelsrechtlichen JA als eine Tätigkeit i.S.d. § 36 StBerG anzuerkennen[40]. 26

Durch das **Einigungsvertragsgesetz** vom 23.09.1990 wurden mit Wirkung ab 01.01.1991 das StBerG und die hierzu ergangenen Rechtsverordnungen auch auf dem Gebiet der neuen Bundesländer in Kraft gesetzt. Gleichzeitig wurde aber bestimmt (§ 40a StBerG), dass nach dem 06.02.1990 und vor dem 01.01.1991 dort bestellte StB und StBv. nur als vorläufig bestellt gelten. Außerdem haben StBv. mit der vorläufigen Bestellung nur das Recht, in dem Gebiet des Bezirks, in dem sie bestellt wurden, Hilfe in Steuersachen zu leisten. Über die Aufrechterhaltung der Bestellung haben die obersten Landesfinanzbehörden nach dem 31.12.1994 zu entscheiden. Die endgültige Bestellung durfte allerdings nicht versagt werden, wenn der Betroffene an einem Seminar i.S.d. § 157 StBerG (Übergangsseminar vom StBv. zum StB) erfolgreich teilgenommen hat. Eine vorläufige Bestellung erlosch spätestens mit dem 31.12.1997 (§ 40a Abs. 1 S. 6 StBerG). Diese Vorschrift ist durch das „Gesetz zur Änderung von Vorschriften über die Tätigkeit der Steuerberater (7. StBÄndG)" mit Wirkung v. 01.07.2000 aufgehoben worden. Weitere Regelungen zur vorläufigen und endgültigen Bestellung von StB und StBv. in den neuen Bundesländern traf das Steueränderungsgesetz 1992[41]. 27

---

35 Änderung durch das Dritte Änderungsgesetz zur WPO v. 18.07.1994, BGBl. I, S. 1569.
36 Zur Absenkung dieser Vorbildungszeit durch das Siebte StBÄndG s. Tz. 36.
37 Vgl. BFH v. 24.01.1989, BStBl. II, S. 337 u. v. 07.11.1995, BStBl. II 1996, S. 331.
38 S. die Gesetzesbegründung, BT-Drs. 11/7665, S. 9 li. Sp.
39 Vgl. BFH v. 25.10.1994, BStBl. II 1995, S. 210.
40 BMF v. 03.03.1997 – IV A 4 – S 0850 – 19/97.
41 V. 25.02.1992, BGBl. I, S. 297.

28 Mit dem „**Sechsten Gesetz zur Änderung des Steuerberatungsgesetzes**" sind am 01.07.1994 eine Fülle von Neuerungen in Kraft getreten[42]. Diese waren durch die Beschlüsse des BVerfG v. 14.07.1987[43] zur fehlenden Rechtsnormqualität des anwaltlichen Standesrechts ausgelöst worden. Daraus ergab sich auch für den steuerberatenden Beruf die Notwendigkeit, seine Berufsordnung der Rechtsprechung des BVerfG anzupassen und umfassend auf eine gesetzliche Grundlage zu stellen. Neben diesen neuen Rahmenbedingungen (insb. einer Satzungsermächtigung) enthielt das Sechste Änderungsgesetz im Wesentlichen neue bzw. geänderte Regelungen zum Berufszugang, zu Anforderungen an StBG, zur Berufsausübung, zur Organisation der StBK und zur Beschleunigung berufsgerichtlicher Verfahren.

29 Der **Berufszugang** für Teilzeitbeschäftigte wurde erschwert. Bei einer Teilzeitbeschäftigung mit mehr als der Hälfte der regelmäßigen Arbeitszeit verlängerte sich die notwendige praktische Vorbildungszeit entsprechend. Eine Teilzeitbeschäftigung von weniger als der Hälfte der regelmäßigen Arbeitszeit war allerdings von der Anrechnung ausgeschlossen (§ 36 Abs. 3 StBerG).

Diese Bestimmung ist durch das 7. StBÄndG neugefasst und in der Weise vereinfacht worden, dass sich die geforderte praktische Tätigkeit in einem Umfang von mindestens 16 Wochenstunden auf das Gebiet der von Bundes- oder Landesfinanzbehörden verwalteten Steuern erstrecken muss. Damit erübrigt sich eine besondere Regelung für Teilzeitbeschäftigte.

30 Eine Änderung erfuhr auch die Regelung zur „**auswärtigen Beratungsstelle**". Der Begriff „auswärtige" wurde in „**weitere**" geändert. Diese Änderung hat zur Folge, dass ein Berufsangehöriger unter Berücksichtigung der übrigen Voraussetzungen[44] nunmehr auch in einer politischen Gemeinde mehrere Beratungsstellen einrichten kann.

31 Als neue Rechtsform für den Zusammenschluss von Berufsangehörigen in einer StBG wurde die **Partnerschaftsgesellschaft** (vgl. A Tz. 120) zugelassen. Inwieweit die Partnerschaftsgesellschaft die Möglichkeit zu einer zulässigen gemeinschaftlichen Berufsausübung mit anderen Freiberuflern (RA, WP, vBP) außerhalb einer StBG eröffnete, war zweifelhaft, denn § 56 StBerG erwähnt diese neue Rechtsform nicht. Nach der Entscheidung des BFH v. 23.07.1998 (BStBl. II, S. 692, DStR, S. 1639) fehlt der Nur-Partnerschaftsgesellschaft aber die Befugnis zur Steuerberatung. Zur Lösung dieses Problems s. Tz. 39 (unter 2.) sowie A Tz. 212.

32 Mit dem 4. Änderungsgesetz war für StBG eine **Kapitalbindung** eingeführt worden (vgl. Tz. 21), verbunden mit einer Übergangsvorschrift für Alt-StBG. Diese Kapitalbindungsvorschriften sind ausgedehnt worden auf mittelbar an StBG beteiligte Kapitalgesellschaften. Ändert sich der Bestand der Gesellschafter in der Beteiligungsgesellschaft, an der berufsfremde Gesellschafter beteiligt sind, so besteht die Verpflichtung, einen den Kapitalbindungsvorschriften des § 50a StBerG entsprechenden Zustand herzustellen. Die Anpassungsverpflichtung entfällt in bestimmten Fällen, z.B. wenn die Beteiligungsgesellschaft die Kapitalbindungsvorschriften der WPO erfüllt, was bei WPG regelmäßig der Fall sein dürfte (vgl. im Einzelnen § 155 Abs. 5 StBerG). Wegen der Zulassung von Kapital (Berufs-)gesellschaften als Anteilseigner ab 01.07.2000 s. Tz. 36.

---

[42] Zu den Änderungen im Einzelnen vgl. *Mittelsteiner*, DStR 1994, Beiheft zu Heft 37.
[43] NJW 1988, S. 191/196.
[44] Vgl. dazu Tz. 61.

Das 6. Änderungsgesetz brachte im Anschluss an die Entscheidungen des BVerfG[45] auch **33** eine Neuregelung zum Bereich der **Werbung**. Nach § 57a StBerG ist Werbung nicht berufswidrig und damit erlaubt, „soweit sie über die berufliche Tätigkeit in Form und Inhalt sachlich unterrichtet und nicht auf die Erteilung eines Auftrags im Einzelfall gerichtet ist". Diese Vorschrift unterscheidet sich grundlegend von § 52 WPO, den der Gesetzgeber im Rahmen des BaRefG sprachlich positiv gefasst und für den Berufsstand der WP den Grundsatz verankert hat, dass Werbung grundsätzlich zulässig ist (A Tz. 440)[46].

Erstmalig wurde für StB und StBv. die Möglichkeit einer vertraglichen **Haftungs-** **34** **begrenzung** und **-konzentration** gesetzlich geregelt. Die Regelung des § 67a StBerG entspricht im Wesentlichen § 54a WPO[47], allerdings beträgt die Mindestversicherungssumme für die Berufshaftpflichtversicherung nur 250.000 € (für WP/vBP 1.000.000 €). Eine Besonderheit besteht für den Fall der **Haftungskonzentration** auf einoder mehrere Mitglieder einer Sozietät. Sie kann durch vorformulierte Vertragsbedingungen vereinbart werden, wobei die Mitglieder der Sozietät, die das Mandat betreuen, namentlich benannt werden müssen. Die Wirksamkeit dieser Vereinbarung ist – abw. von § 54a Abs. 2 WPO – zusätzlich davon abhängig, dass die **Zustimmungserklärung** zu dieser Haftungskonzentration vom Auftraggeber unterschrieben sein muss und keine weitere Erklärung beinhalten darf (vgl. § 67a Abs. 2 StBerG). Für den Fall, dass in einer aus WP und StB bestehenden Sozietät von dieser Haftungskonzentration Gebrauch gemacht werden soll, ist auf diese besondere Anforderung zu achten.

Die Entscheidungen des BVerfG v. 14.07.1987 haben auch zu Konsequenzen für das **35** Standesrecht der StB geführt. Der BStBK ist eine **Satzungsermächtigung** eingeräumt worden (§ 86 StBerG). Die Verabschiedung der Satzung (Berufsordnung) obliegt der Satzungsversammlung als einem Organ der BStBK. Die Zusammensetzung dieser Satzungsversammlung ist gesondert geregelt; ihr gehören an die Präsidenten der StBK und der Präsident der BStBK sowie gesondert zu wählende Delegierte der Berufskammern (vgl. § 86a StBerG). Die Satzung der BStBK trat am 01.09.1997 in Kraft. Erste Satzungsänderungen erfolgten, nachdem zuvor das BMF als zuständige Aufsichtsbehörde einige Regelungen beanstandet hatte, mit Wirkung zum 01.05.1999 (s. DStR, S. 342). Die letzte Änderung erfolgte durch Beschluss der Satzungsversammlung v. 08.09.2010[48].

Durch das im Wesentlichen zum 01.07.2000 in Kraft getretene **7. StBÄndG**[49] wurde eine **36** Vielzahl von Änderungen in das StBerG eingefügt. Sie haben u.a. eine Erweiterung des Personenkreises, der zur Steuerberatung befugt ist (§ 3 StBerG, s. Tz. 39), eine Übertragung von neuen Aufgaben auf die StBK (Bestellung der StB), die Absenkung der Vorbildungszeit für Bewerber zum StB-Examen (von drei auf zwei Jahre für Hochschulabgänger und von vier auf drei Jahre für Fachhochschulabgänger, s. Tz. 44) und eine Lockerung der Kapitalbindung bei StBG zum Gegenstand. Die Kapitalbindung wurde insoweit gelockert, als nunmehr auch StBG an StBG beteiligt sein können (§ 50a Abs. 1 Nr. 1 StBerG). Zu weiteren Einzelheiten der mit dem Siebten StBerÄndG in Kraft getretenen Änderungen vgl. *Maxl*, NWB 2000, F. 30, S. 1287 sowie *Ruppert*, DStR 2000, S. 1843.

---

45 Vgl. Fn. 43.
46 Es ist beabsichtigt, die Berufsordnung der StB an die neuere Rechtsprechung zur Werbung anzupassen.
47 Zum Inhalt vgl. deshalb A Tz. 605.
48 DStR, S. 2659. Die aktuelle Fassung der Berufsordnung BStBK findet sich auch auf der Homepage der BStBK (unter www.bstbk.de) unter der Rubrik „Downloads", „Berufsrechtliches Handbuch".
49 V. 24.06.2000, BGBl. I, S. 874.

Durch das „Gesetz zur Umsetzung von EU-Richtlinien in nationales Steuerrecht und zur Änderung weiterer Vorschriften (Richtlinienumsetzungsgesetz – EURLUmsG)", BGBl. I 2004, S. 3310, wurde das StBerG geringfügig geändert. Die Änderungen betrafen nur die Erweiterung der Befugnisse derLStHV (vgl. Tz. 43).

37 Am 12.04.2008 ist das Achte Gesetz zur Änderung des Steuerberatungsgesetzes (8. StBerGÄndG)[50] in Kraft getreten, dessen Schwerpunkt v.a. die Anpassung des StBerG an die Richtlinie über die Anerkennung von Berufsqualifikationen[51] und die Anpassung von verschiedenen Vorschriften an die berufsrechtlichen Regelungen der WP und RAe bildet. StB können nunmehr mit allen partnerschaftsfähigen Berufen i.S. des § 1 Abs. 2 PartGG, d.h. mit allen freien Berufen Kooperationen eingehen (§ 56 Abs. 5 StBerG). Dazu gehören neben WP und RAe u.a. Ärzte, Ingenieure, Architekten sowie mit Unternehmensberatern (beratende Volks- und Betriebswirte). Einer solchen Kooperation darf keine gemeinsame Auftragsannahme zu Grunde liegen. Außerdem obliegt es der eigenverantwortlichen Entscheidung des StB, die erforderlichen Maßnahmen zur Einhaltung der Berufspflichten zu treffen[52]. (Zu Kooperationen von WP s. A Tz. 215). Der Kreis der Personen, mit denen StB und StBv. eine Bürogemeinschaft bilden dürfen, ist auf LStHV und berufsständische Vereine der Land- und Forstwirtschaft erweitert worden. Außerdem wurden die für eine StBG zulässigen Rechtsformen um die GmbH & Co. KG erweitert (§ 50 StBerG).

Das Verbot der gewerblichen Tätigkeit ist zwar aufrecht erhalten worden. Die StBK können aber eine gewerbliche Tätigkeit neben der StB-Tätigkeit erlauben, wenn durch die Tätigkeit keine Verletzung der Berufspflichten zu erwarten ist (§ 57 Abs. 4 Nr. 1 StBerG). Hervorzuheben ist die Einführung des sog. Syndikus-Steuerberaters. Nach § 58 S. 2 Nr. 5a StBerG dürfen StB gleichzeitig als Angestellte in Unternehmen und als selbständige StB in eigener Praxis tätig sein. Die Fortbildungspflicht der StB ist nunmehr auch im Gesetz, in § 57 Abs. 2a StBerG, verankert. In diesem Zusammenhang darf die BStBK gem. § 86 Abs. 2 Nr. 7 StBerG unverbindliche Fortbildungsempfehlungen zu Art und Umfang der Fortbildung herausgeben. Die BStBK hat von dieser Ermächtigung bisher keinen Gebrauch gemacht. Das Erstellen von USt-Voranmeldungen und die Einrichtung der Buchführung bleiben weiterhin StB vorbehalten. Von der noch im Referentenentwurf vorgesehenen Ausweitung dieser Dienstleistungen auf geprüfte Bilanzbuchhalter und Steuerfachwirte ist im Laufe des Gesetzgebungsverfahrens wieder Abstand genommen worden.

Die Regelungen zur Abtretung von Gebührenforderungen in § 64 Abs. 2 StBerG sind an die im Rahmen des BaRefG[53] geänderten Regelungen in § 55 Abs. 3 WPO angepasst und gelockert worden. Es wird daher auf die Erläuterungen unter A Tz. 376 verwiesen. Besonderheiten bestehen insoweit, als es der schriftlichen Einwilligung des Mandanten bedarf und dieser vor der Einwilligung über die Informationspflicht des StB oder StBv gegenüber dem neuen Gläubiger oder Einziehungsermächtigten aufzuklären ist (§ 64 Abs. 2 S. 2 und 3 StBerG). Die Frist zur Aufbewahrung der Handakten ist von sieben auf zehn Jahre verlängert worden (vgl. auch § 51b Abs. 2 WPO).

38 Außerdem ist die Steuerberaterprüfung neu gestaltet worden. Während für die Organisation der Steuerberaterprüfung die StBK zuständig sind, erfolgt die Abnahme der Prüfung durch die für die Finanzverwaltung zuständige oberste Landesbehörde. Gleichzeitig sind

---

50 V. 08.04.2008, BGBl. I, S. 666.
51 EU-RL 2005/36/EG des Europäischen Parlaments und des Rates v. 07.09.2005 über die Anerkennung von Berufsqualifikationen, Abl. EG Nr. L 255, S. 22.
52 *Koslowski/Gehre*, StBerG[6], § 56, Rn. 37.
53 V. 03.09.2007, BGBl. I, S. 2178.

Steuerberater C

auch die Zulassungsvoraussetzungen zur Steuerberaterprüfung an die neuen Bachelor- und Masterstudienlehrgänge angepasst worden (§ 36 StBerG). So wird für die Zulassung zur Prüfung nicht mehr ein Hochschulstudium mit einer Regelstudienzeit von mindestens acht Semestern vorausgesetzt.

b) Hilfeleistung in Steuersachen

Der Gesetzgeber erlaubt die geschäftsmäßige Hilfeleistung in Steuersachen nur denjenigen Personen und Vereinigungen, die hierzu ausdrücklich befugt sind. Dabei ist es unerheblich, ob die Tätigkeit hauptberuflich, nebenberuflich, entgeltlich oder unentgeltlich ausgeübt wird. Eine unentgeltliche Hilfeleistung in Steuersachen ist allerdings für Angehörige i.S.d. § 15 AO zulässig (s. § 6 Nr. 2 StBerG). Die **Befugnis zur unbeschränkten geschäftsmäßigen Hilfeleistung in Steuersachen** (§ 3 StBerG) behält der Gesetzgeber den Angehörigen folgender Berufe bzw. bestimmten Berufsgesellschaften vor: 39

1. StB, StBv., RA, niedergelassene europäische RA, WP und vBP,
2. PartG, deren Partner ausschließlich die in Nummer 1 und 4 genannten Personen sind,
3. StBG, Rechtsanwaltsgesellschaften, WPG und BPG,

Soweit StB, StBv., StBG vor dem 01.01.1991 in den **neuen Bundesländern** bestellt bzw. anerkannt waren, haben sie – vorbehaltlich der Regelung des § 40a StBerG (vgl. Tz. 27) – ebenfalls die Befugnis zur unbeschränkten Hilfeleistung in Steuersachen.

Neben den genannten Berufsträgern hat der Gesetzgeber einer Reihe von weiteren Personen bzw. Einrichtungen die **Befugnis zur beschränkten Hilfeleistung in Steuersachen** ausdrücklich zugestanden; § 4 StBerG enthält eine abschließende Aufzählung. Genannt sind dort u.a. Notare, Patentanwälte, Verwahrer und Verwalter fremden Vermögens, genossenschaftliche Prüfungs- und Spitzenverbände, Berufsvertretungen, ausländische Kreditinstitute sowie öffentlich bestellte versicherungsmathematische Sachverständige. Die in § 4 bezeichneten Personen und Vereinigungen dürfen allerdings nur im Rahmen ihrer Befugnisse bzw. innerhalb ihrer Zuständigkeit geschäftsmäßig Hilfe in Steuersachen leisten (§ 5 Abs. 1 S. 2 StBerG). Verstöße gegen § 5 StBerG können mit einem Bußgeld (§ 160 Abs. 2 StBerG) geahndet werden. Darüber hinaus kann das FA die Hilfeleistung in Steuersachen untersagen (§ 7 Abs. 1 StBerG). 40

Vom **Verbot der unbefugten Hilfeleistung in Steuersachen** (§ 5 StBerG) sind bestimmte Tätigkeiten, z.B. die Erstattung wissenschaftlicher Gutachten und die Durchführung mechanischer Arbeitsgänge bei der Führung der Bücher und Aufzeichnungen, wieder **ausgenommen** (§ 6 StBerG), also zulässig. 41

Im Bereich der **ehemaligen DDR** waren auch sogen. „Stundenbuchhalter" zur beschränkten Hilfeleistung in Steuersachen befugt[54]. Ein durch das Einigungsvertragsgesetz eingefügter Abs. 2 in § 12 StBerG[55] stellt sicher, dass dieser Personenkreis auch weiterhin bei der Führung von Büchern und Aufzeichnungen, die für die Besteuerung von Bedeutung sind, Hilfe in Steuersachen leisten kann. 42

Zur beschränkten Hilfeleistung in Steuersachen befugt sind auch LStHV. §§ 13-31 StBerG regeln ihre Aufgaben, das Anerkennungsverfahren, Rechte und Pflichten sowie die Aufsicht, die den OFD obliegt, ggf. aber auf die für die Finanzverwaltung zuständigen ober- 43

---

54 § 3 der Anordnung über die Zulassung zur Ausübung der selbständigen Tätigkeit als Helfer in Steuersachen und die Registrierung von Stundenbuchhaltern vom 07.02.1990, (DDR) Gbl. 1, Nr. 12 S. 92.
55 Diese Regelung wurde durch das 7. StBÄndG aufgehoben und eine Bestandsschutzregelung für die Stundenbuchhalter in § 157 Abs. 2 StBerG aufgenommen.

sten Landesbehörden übertragen werden kann (§ 31 Abs. 2 StBerG). Einzelheiten über das Anerkennungsverfahren und die Führung des Verzeichnisses der LStHV nach § 30 Abs. 1 StBerG sind in der „Verordnung zur Durchführung der Vorschriften über die Lohnsteuerhilfevereine (DVLStHV)" v. 15.07.1975[56] geregelt. Sie wurde ergänzt durch eine „Verordnung über Art und Inhalt der zulässigen Hinweise auf die Befugnisse zur Hilfe in Steuersachen (WerbVOStBerG)"[57], die sich im Wesentlichen mit der Werbung durch LStHV befasste. Inhalt und Umfang der Beratungsbefugnisse der LStHV, die durch das 4. Änderungsgesetz vom 09.06.1989 (vgl. Tz. 22) erweitert wurden, ist Gegenstand der gleichlautenden Erlasse der obersten Finanzbehörden der Länder v. 06.12.1989 (BStBl. I, S. 465). Zuletzt sind die Befugnisse der LStHV durch das EURLUmsG, insoweit erweitert worden, als eine Hilfeleistung zulässig ist, wenn die in § 4 Nr. 11b StBerG aufgeführten Einkünfte nach § 3 Nr. 12 oder 26a EStG in voller Höhe steuerfrei sind. Außerdem erstreckt sich die Befugnis auch auf die mit haushaltsnahen Beschäftigungsverhältnissen i.S.d. § 35a EStG zusammenhängenden Arbeitgeberaufgaben.

c) Zugang zum Beruf des Steuerberaters
aa) Zulassungsvoraussetzungen

44 Die Bestellung zum StB (zum Verfahren s. §§ 40 ff. StBerG) erfordert grundsätzlich das Bestehen einer Prüfung (§ 35 StBerG). Die Vorbildungsvoraussetzungen für die Zulassung zur Prüfung (§ 36 StBerG) wurden im Rahmen des 4. (vgl. Tz. 22), 5. (vgl. Tz. 26), 7. (vgl. Tz. 36) und 8. Änderungsgesetzes (vgl. Tz. 37) zum Teil neu gefasst. § 36 StBerG bestimmt:

(1) Die Zulassung zur Steuerberaterprüfung setzt voraus, dass der Bewerber

1. ein wirtschaftswissenschaftliches oder rechtswissenschaftliches Hochschulstudium oder ein anderes Hochschulstudium mit wirtschaftswissenschaftlicher Fachrichtung erfolgreich abgeschlossen hat und
2. danach praktisch tätig gewesen ist. Die praktische Tätigkeit muss grundsätzlich zwei Jahre, bei einer Regelstudienzeit des Hochschulstudiums von weniger als vier Jahren mindestens drei Jahre betragen.

(2) Ein Bewerber ist zur Steuerberaterprüfung auch zuzulassen, wenn er

1. eine Abschlussprüfung in einem kaufmännischen Ausbildungsberuf bestanden oder eine andere gleichwertige Vorbildung besitzt und nach Abschluss der Ausbildung zehn Jahre oder im Falle der erfolgreich abgelegten Prüfung zum geprüften Bilanzbuchhalter oder Steuerfachwirt sieben Jahre praktisch tätig gewesen ist oder
2. der Finanzverwaltung als Beamter des gehobenen Dienstes oder als vergleichbarer Angestellter angehört oder angehört hat und bei ihr mindestens sieben Jahre als Sachbearbeiter oder in mindestens gleichwertiger Stellung praktisch tätig gewesen ist.

45 Zu beachten ist, dass die Zulassungsvoraussetzungen nach § 36 StBerG eine bestimmte Reihenfolge (erst Fachhochschule bzw. Studium, danach Ausbildung bzw. praktische Tätigkeit) der Vorbildung zwingend vorsehen[58]. Die Erfüllung von weiteren Anforderungen wie Wohnsitz in einem EU-Mitgliedstaat, geordnete wirtschaftliche Verhältnisse oder das Fehlen von Versagungsgründen ist seit dem 01.07.2000 nicht mehr im Rahmen

---

[56] BGBl. I, S. 1906.
[57] Vom 25.11.1976, BGBl. I, S. 3245. Die WerbVOStBerG ist durch Art. 8 des 7. StBerÄndG aufgehoben worden.
[58] Zur Übergangsregelung vgl. § 157a Abs. 3 StBerG.

der Zulassung, sondern nur noch bei der Bestellung zum StB zu prüfen (§ 40 Abs. 2 und 3 StBerG).

bb) Anforderungen an das Examen

Mit der Prüfung hat der Bewerber darzutun, dass er in der Lage ist, den Beruf eines StB ordnungsgemäß auszuüben (§ 37 Abs. 1 StBerG). Unterschieden werden können das Normalexamen und die Prüfung in Sonderfällen.

(1) Normalexamen (§ 37 StBerG)

Die Prüfung besteht in einem schriftlichen Teil aus **drei Aufsichtsarbeiten** und einer **mündlichen** Prüfung. Sie ist vor einem **Prüfungsausschuss**, der bei der **obersten Landesfinanzbehörde** zu bilden ist, abzulegen, in deren Bereich der Bewerber zur Prüfung zugelassen wurde. Die Zuständigkeit kann auf einen Prüfungsausschuss bei einer anderen für die Finanzverwaltung zuständigen obersten Landesbehörde einvernehmlich übertragen werden (§ 37b Abs. 4 StBerG). Nach § 37 Abs. 3 StBerG sind **Prüfungsgebiete** der StB-Prüfung nunmehr:

1. Steuerliches Verfahrensrecht,
2. Steuern vom Einkommen und Ertrag,
3. Bewertungsrecht, Erbschaftsteuer und Grundsteuer,
4. Verbrauch- und Verkehrsteuern, Grundzüge des Zollrechts
5. Handelsrecht sowie Grundzüge des Bürgerlichen Rechts, des Gesellschaftsrechts, des Insolvenzrechts und des Rechts der Europäischen Gemeinschaft,
6. Betriebswirtschaft und Rechnungswesen,
7. Volkswirtschaft,
8. Berufsrecht.

(2) Prüfung in Sonderfällen (§ 37a StBerG)

Das Gesetz kennt zwei Fälle, in denen der Inhalt der Prüfung von der Normalprüfung nach § 37a StBerG abweicht.

Auf Antrag können **WP und vBP** oder Personen, die die entsprechenden Examina bestanden haben und nicht bestellt sind, die **Prüfung in verkürzter Form** ablegen, wobei die in § 37 Abs. 3 Nr. 5 bis 7 StBerG genannten Prüfungsgebiete entfallen (§ 37a Abs. 1 StBerG). Die für WP und vBP verkürzte Prüfung besteht aus **zwei schriftlichen Aufsichtsarbeiten** und einer mündlichen Prüfung.

Dem Antrag von WP oder vBP auf eine verkürzte Prüfung ist eine Bescheinigung der WPK beizufügen, aus der sich ergibt, dass der Bewerber WP oder vBP ist oder, falls die Bewerber nicht zum WP oder vBP bestellt sind, dass sie das entsprechende Examen bestanden haben (§ 5 DVStB).

Daneben ist für diejenigen **Bewerber aus der Schweiz, einem EWR-Staat oder aus einem EU-Mitgliedstaat**, die nach § 37a Abs. 2 StBerG aufgrund der EG-Richtlinie über die gegenseitige Anerkennung von Berufsqualifikationen[59] einen Anspruch auf Erleichterung im Rahmen der sogen. Eignungsprüfung haben, eine verkürzte Prüfung vorgesehen. Diese **Eignungsprüfung** erstreckt sich allerdings nur auf die zur Berufsausübung notwendigen Rechtskenntnisse der in § 37 Abs. 3 StBerG aufgezählten Gebiete. Es wird grundsätzlich also kein Einzelnachweis darüber gefordert, dass alle nach dem Gesetz und

---

[59] Vgl. Tz. 37.

nach der DVStB verlangten Kenntnisse im jeweiligen Prüfungsgebiet bereits vorhanden sind. Die Prüfung in einem der genannten Prüfungsgebiete entfällt, wenn durch Diplom oder gleichwertige Prüfungszeugnisse einer staatlichen oder staatlich anerkannten Universität, einer Hochschule oder einer anderen Ausbildungseinrichtung die geforderten Kenntnisse nachgewiesen werden (§ 37a Abs. 4 StBerG i.V.m. § 5 Abs. 2 Nr. 5 DVStB). Zu den Anforderungen an den Nachweis im Einzelnen vgl. § 37a Abs. 4 StBerG.

50 Die Prüfung in Sonderfällen gliedert sich ebenso wie die Prüfung nach § 37 StBerG in einen **schriftlichen** und einen **mündlichen** Teil, allerdings besteht die schriftliche Prüfung nur aus **zwei Klausurarbeiten**. Im Übrigen gelten für die Prüfung nach § 37a StBerG grundsätzlich dieselben Vorschriften wie für die normale Steuerberaterprüfung.

(3) Befreiung von der Prüfung

51 Nach § 38 Abs. 1 StBerG sind von der StB-Prüfung zu befreien:

– Professoren, die an einer deutschen Hochschule mindestens 10 Jahre auf dem Gebiet der von den Bundes- oder Landesfinanzbehörden verwalteten Steuern gelehrt haben,

– ehemalige Finanzrichter, die mindestens 10 Jahre auf dem Gebiet der von den Bundes- oder Landesfinanzbehörden verwalteten Steuern tätig gewesen sind,

– ehemalige Beamte und Angestellte des höheren Dienstes der Finanzverwaltung mit mindestens 10jähriger Tätigkeit auf dem Gebiet der von den Bundes- oder Landesfinanzbehörden verwalteten Steuern als Sachgebietsleiter oder mindestens in gleichwertiger Stellung,

– ehemalige Beamte und Angestellte des gehobenen Dienstes mit mindestens 15jähriger Tätigkeit als Sachbearbeiter oder in gleichwertiger Stellung auf dem Gebiet der von den Bundes- oder Landesfinanzbehörden verwalteten Steuern,

– ehemalige Beamte und Angestellte des höheren bzw. gehobenen Dienstes der gesetzgebenden Körperschaften sowie der obersten Rechnungsprüfungsbehörden des Bundes und der Länder, sofern sie mindestens zehn bzw. fünfzehn Jahre überwiegend auf dem Gebiet der von den Bundes- und Landesfinanzbehörden verwalteten Steuern als Sachgebietsleiter bzw. Sachbearbeiter oder mindestens in gleichwertiger Stellung tätig gewesen sind.

cc) Verfahrensfragen

52 Über die Anträge auf Zulassung zur oder Befreiung von der Prüfung als Steuerberater und über die organisatorische Durchführung der Prüfung entscheidet die StBK, in deren Bezirk der Bewerber im Zeitpunkt der Antragstellung vorwiegend beruflich tätig ist oder, sofern der Bewerber keine Tätigkeit ausübt, er seinen Wohnsitz hat (§ 37b Abs. 1 StBerG). Der Zulassungsausschuss erteilt auf Antrag auch eine **verbindliche Auskunft** darüber, ob die Voraussetzungen für die Zulassung zur Prüfung oder eine Befreiung gegeben sind (§ 38a StBerG i.V.m. § 7 DVStB). Mit dem 7. StBÄndG wurde ein **Überdenkungsverfahren**, nach dem die Prüfer des StB-Examens unter bestimmten Voraussetzungen ihre Bewertung der Prüfungsleistungen überdenken müssen, eingeführt (§ 29 DVStB).

53 Für die Bearbeitung von **Anträgen** auf Zulassung, Befreiung, verbindliche Auskunft hat der Bewerber zukünftig jeweils eine Gebühr von 200 € gleichzeitig mit der Antragstellung an die zuständige StBK zu entrichten. Die Prüfungsgebühr beträgt 1.000 € (vgl. § 39 StBerG mit weiteren Regelungen zu den Gebühren).

Steuerberater | C

Die Zulassung zur Prüfung, die Prüfungsentscheidung oder die Befreiung von der Prüfung ist zurückzunehmen, wenn | 54

- sie durch unlautere Mittel (z.B. Täuschung, Bestechung) erwirkt worden ist,
- sie durch unrichtige oder unvollständige Angaben erwirkt worden ist oder
- die Rechtswidrigkeit der Zulassung dem Begünstigten bekannt oder infolge grober Fahrlässigkeit nicht bekannt war.

Betreffen die Gründe für die Zurücknahme nur die Zulassung (z.B. gefälschte Nachweise über die praktische zweijährige Tätigkeit nach § 36 Abs. 1 StBerG), ist gleichwohl die Prüfungsentscheidung ebenfalls zurückzunehmen (§ 39a Abs. 1 S. 2 StBerG). Die Steuerberaterprüfung gilt in diesen Fällen als nicht bestanden.

Die Bestellung als StB erfolgt durch die zuständige StBK, wobei sich die Zuständigkeit nach der beabsichtigten beruflichen Niederlassung des Bewerbers richtet (§ 40 Abs. 1 StBerG). Unter Umständen kann die Bestellung auch versagt werden (§ 40 Abs. 2 StBerG). Die Versagungsgründe entsprechen in etwa denen des § 16 WPO (s. dazu A Tz. 103). Der Bewerber wird durch die Aushändigung der **Berufsurkunde** als StB bestellt. Anders als bei WP legen StB keinen Berufseid ab, sondern haben lediglich die Versicherung abzugeben, dass sie die Pflichten eines StB gewissenhaft erfüllen werden (§ 41 StBerG). | 55

Im beruflichen Verkehr haben die Berufsangehörigen die Berufsbezeichnung StB zu führen (§ 43 StBerG). Für die Führung anderer Berufsbezeichnungen gelten ähnliche Anforderungen, wie sie in § 18 WPO (s. dazu A Tz. 233) vorgesehen sind. Verzichtet ein StB wegen hohen Alters oder körperlicher Gebrechen auf die Rechte aus der Bestellung, so kann ihm die StBK auf Antrag gleichwohl gestatten, sich weiterhin StB zu nennen (§ 47 Abs. 2 StBerG). § 18 Abs. 4 WPO enthält eine entsprechende Regelung[60].

d) Inhalt der beruflichen Tätigkeit

Das materielle Berufsrecht der StB, StBv. und StBG enthält der zweite Teil des StBerG (Steuerberaterordnung, §§ 32-158). | 56

StB leisten **geschäftsmäßige Hilfe in Steuersachen** und üben einen **freien Beruf** aus (§ 32 StBerG). Nach § 33 StBerG haben StB bzw. StBv. die Aufgabe, im Rahmen ihres Auftrags ihre Auftraggeber in Steuersachen zu beraten, sie zu vertreten und ihnen bei der Bearbeitung ihrer Steuerangelegenheiten und bei der Erfüllung ihrer steuerlichen Pflichten Hilfe zu leisten. Dazu gehören auch die Hilfeleistungen in **Steuerstrafsachen** und in **Bußgeldsachen** wegen einer Steuerordnungswidrigkeit sowie die **Hilfeleistung bei der Erfüllung von Buchführungspflichten,** die aufgrund von Steuergesetzen bestehen, insb. die Aufstellung von Steuerbilanzen und deren steuerrechtliche Beurteilung. | 57

Keine berufstypische und damit freiberufliche Tätigkeit ist für StB die Vermittlung von Eigentumswohnungen gegenüber Vertriebsunternehmen oder Initiatoren[61]. Auch eine Insolvenzverwaltertätigkeit von StB kann nicht immer als freiberuflich i.S.v. § 18 Abs. 1 Nr. 1 u. 3 EStG eingestuft werden[62]. Zur Testamentsvollstreckung s. A Tz. 30. | 58

Das zum 01.07.2008 ist in Kraft getretene Rechtsdienstleistungsgesetz (RDG)[63] erlaubt StB Rechtsdienstleistungen im Rahmen von Nebentätigkeiten zu erbringen. Die Regelung | 59

---

60 Vom *IDW* angeregt in der IDW Stellungnahme zum APAG v. 13.05.2004 (n.v.).
61 BFH v. 09.08.1983, BStBl. II 1984, S. 129.
62 BFH v. 11.08.1994, ZIP, S. 1877.
63 V. 12.12.2007, BGBl. I, S. 2840; zuletzt geändert durch Artikel 9 Abs. 2 Ges. v. 30.07.2009, BGBl. I, S. 2449.

in § 5 RDG ist weiter gefasst als die bisherige Regelung in Artikel 1 § 5 RberG zur „Annexrechtsberatung". Erlaubt sind nunmehr im Zusammenhang mit einer anderen Tätigkeit erbrachte Rechtsdienstleistungen, wenn sie als Nebenleistung zum Berufs- oder Tätigkeitsbild gehören. Die Frage ist nach dem Inhalt und Umfang der Nebenleistung, ihrem sachlichen Zusammenhang mit der Hauptleistung sowie der für die Haupttätigkeit erforderlichen Rechtskenntnisse zu beurteilen. Nach der neuen Rechtslage kommt es zwar nicht mehr darauf an, dass die Dienstleistung ohne die rechtsberatende oder rechtsbesorgende Tätigkeit nicht ordnungsgemäß erbracht werden kann. Ein Zusammenhang mit einer Hauptdienstleistung ist aber auch künftig erforderlich. Welche Tätigkeiten aufgrund des RDG zulässig sind, kann allerdings nicht abstrakt beantwortet werden, sondern ist nach den Umständen des Einzelfalls zu beurteilen. Als stets zulässige rechtsdienstleistende Nebenleistungen werden gem. § 5 Abs. 2 RDG Testamentsvollstreckung, Haus- und Wohnungsverwaltung und Fördermittelberatung fingiert.

60 Die Abgrenzung zwischen gestatteter und **unerlaubter Rechtsberatung** ist weiterhin schwierig und wird erst durch die Rechtsprechung konkretisiert werden, wobei davon auszugehen ist, dass die bisherige Rechtsprechung zur unzulässigen Rechtsberatung in weiten Teilen anwendbar bleiben wird[64]. Zu beachten ist, dass bei unerlaubter Rechtsberatung wegen Verstoßes gegen das RDG der entsprechende Vertrag nach § 134 BGB nichtig ist und ein **Honoraranspruch** grundsätzlich nicht besteht[65]. Eine Ausnahme (und damit die Bejahung eines Vergütungsanspruchs) kommt aus ungerechtfertigter Bereicherung (§ 812 BGB) aber in Betracht, wenn dem StB nicht bewusst war, dass er gegen ein gesetzliches Verbot verstößt[66]. Darüber hinaus kann in diesen Fällen der **Versicherungsschutz gefährdet** sein[67]. Trotz eines wegen Verstoßes gegen das RDG nichtigen Auftrages haftet der StB nach vertragsrechtlichen Grundsätzen, wenn ihm bei Erledigung des rechtlich untersagten Geschäftes ein steuerlicher Fehler unterläuft[68]. Ein Verstoß gegen das RDG ist auch dann nicht ausgeschlossen, wenn der StB intern einen Rechtsanwalt hinzuzieht[69].

61 StB können sog. **weitere Beratungsstellen unterhalten,** soweit dadurch die Erfüllung der Berufspflichten nicht beeinträchtigt wird (§ 34 Abs. 2 StBerG). Die weitere Beratungsstelle muss von einem **anderen** StB oder StBv. geleitet werden[70]. Von dem Erfordernis der Leitung der weiteren Beratungsstelle durch einen anderen StB oder StBv. kann die StBK eine Ausnahme zulassen (§ 34 Abs. 2 S. 4 StBerG; zu den möglichen Ausnahmen s. § 49 Abs. 3 Berufsordnung BStBK). Die Regelungen zur Beratungsstelle gelten auch für Niederlassungen von StBG (§ 72 i.V.m. § 34 StBerG). Eine allgemeine Ausnahme von Leitungserfordernissen durch StB sieht § 34 Abs. 2 StBerG bei weiteren Beratungsstellen vor, die in einem anderen EU-Mitgliedstaat, einem anderen EWR-Vertragsstaat oder in der Schweiz liegen.

---

64 Vgl. BFH v. 11.08.1994, BB, S. 2256; ein Überblick über die Rechtsentwicklung und Rechtsprechungsbeispiele findet sich bei *Schwedhelm/Kamps*, AnwBl. 1998, S. 245. Zur Abgrenzung vgl. *Koslowski/Gehre*, StBerG[6], § 33 Rn. 13 m.w.N.; s. auch A Tz. 32.
65 Vgl. im Einzelnen A Tz. 35.
66 BGH v. 17.02.2000, BB, S. 740.
67 Vgl. A Tz. 35 a.E.
68 BGH v. 30.09.1999, NJW 2000, S. 69.
69 OLG Hamm v. 28.08.1985, DB 1986, S. 32.
70 OVG Nürnberg v. 13.02.1980, StB, S. 163; s. dazu aber die Ausführungen unter A Tz. 194.

e) Allgemeine Berufspflichten

StB müssen ihren Beruf unabhängig, eigenverantwortlich, gewissenhaft, verschwiegen und unter Verzicht auf berufswidrige Werbung ausüben (§ 57 Abs. 1 StBerG). Sie müssen sich außerdem jeder Tätigkeit enthalten, die mit ihrem Beruf oder mit dem Ansehen des Berufs nicht vereinbar ist. Sie haben sich auch außerhalb der Berufstätigkeit des Vertrauens und der Achtung würdig zu erweisen, die ihr Beruf erfordert (§ 57 Abs. 2 StBerG). **62**

Die Vorschrift legt zum einen die Pflichten bei der Berufsausübung (Abs. 1) fest und beschreibt darüber hinaus eine allgemeine Verhaltensregel (Abs. 2). Ähnliche Vorschriften finden sich auch in anderen Berufsordnungen, z.B. in § 43 Abs. 1 und 2 WPO. Dies bedeutet jedoch nicht, dass diese Vorschriften inhaltlich gleich zu verstehen sind. Bei der Auslegung muss vielmehr das jeweilige Berufsbild berücksichtigt werden. Für den steuerberatenden Beruf hat die Satzungsversammlung der BStBK eine Satzung[71] über die Rechte und Pflichten bei der Ausübung der Berufe der StB und StBv. herausgegeben, die den Inhalt der Berufspflichten beschreibt und konkretisiert[72]. **63**

Eine eigenverantwortliche Tätigkeit i.S.d. § 57 Abs. 1 StBerG üben nur aus **64**

1. selbständige StB oder StBv.,
2. zeichnungsberechtigte Vertreter einer StB, eines StBv. oder einer StBG,
3. Angestellte, die nach § 58 StBerG mit dem Recht der Zeichnung Hilfe in Steuersachen leisten.

Trotz Zeichnungsberechtigung fehlt es allerdings an einer eigenverantwortlichen Tätigkeit, wenn eine Bindung an Weisungen besteht, durch die die Freiheit zu pflichtgemäßem Handeln i.S.v. § 57 StBerG genommen wird (vgl. § 60 StBerG).

Mit dem Beruf eines StB sind u. a. folgende **Tätigkeiten** ohne weiteres **vereinbar** (§ 57 Abs. 3 StBerG): **65**

1. die Tätigkeit als WP oder vBP;
2. eine freiberufliche Tätigkeit, die die Wahrnehmung fremder Interessen einschließlich der Beratung zum Gegenstand hat;
3. eine wirtschaftsberatende, gutachterliche oder treuhänderische Tätigkeit sowie die Erteilung von Bescheinigungen über die Beachtung steuerrechtlicher Vorschriften in Vermögensübersichten und Erfolgsrechnungen;
4. die Tätigkeit eines Lehrers an wissenschaftlichen Hochschulen und Instituten sowie Fachhochschulen; dies gilt nicht für Lehrer an staatlichen verwaltungsinternen Fachhochschulen mit Ausbildungsgängen für den öffentlichen Dienst;
5. eine freie, schriftstellerische Tätigkeit sowie eine freie Vortrags- und Lehrtätigkeit;
6. die Durchführung von Lehr- und Vortragsveranstaltungen zur Vorbereitung auf die StB-Prüfung sowie die Prüfung als WP und vBP und zur Fortbildung der Mitglieder des StBK und deren Mitarbeiter.

Durch das 8. StBerÄndG ist der sog. Syndikus-Steuerberater eingeführt worden (§ 58 S. 2 Nr. 5a StBerG). Mit dem Beruf des StB ist somit auch eine Tätigkeit als Angestellter in einem Unternehmen vereinbar. Anders als bei RAe wird die Zulassung des Syndikus-Steuerberaters auf originäre Steuerberatungstätigkeiten i.S. des § 33 StBerG, d.h. auf Hilfeleistungen in Steuersachen beschränkt. Zudem darf der angestellte StB seinen Arbeitgeber nicht in seiner Eigenschaft als StB in Steuersachen vertreten. Mit Urteil vom **66**

---

71 Zur rechtlichen Bedeutung vgl. A Tz. 269.
72 Berufsordnung der Bundessteuerberaterkammer (BOStB) v. 02.07.1997, zuletzt geändert durch Beschluss v. 21.12.2004, DStR 2005, S. 536; s. auch Tz. 35.

09.08.2011, BStBl. II 2012, S. 51, hat der BFH entschieden, dass eine Tätigkeit als vollzeitbeschäftigter Syndikus-Steuerberater mit dem Beruf des Steuerberaters vereinbar ist. Ein sog. „Feierabendsteuerberater" werde auch dann nicht in seiner Pflicht zur unabhängigen Berufsausübung beeinträchtigt, wenn er die selbständige Steuerberatertätigkeit nur als Nebenberuf in beschränktem Umfang ausübt. Auch ein hauptberuflicher Steuerberater sei weder an Mindestarbeitszeiten, noch an eine Mindestmandantenzahl oder einen Mindestmandatsumfang gebunden. Damit dürfte auch keine Pflicht mehr zur Vorlage einer Freistellungserklärung des Arbeitgebers bestehen, mit der dieser bestätigt, dass der Syndikus-Steuerberater jederzeit und ohne vorherige Absprache mit seinem Arbeitgeber seinen Arbeitsplatz für Angelegenheiten seiner eigenen Kanzlei verlassen kann. Bei einer Mandatsübernahme muss der Syndikus-Steuerberater den Mandanten auf seine Angestelltentätigkeit hinweisen. Schließlich muss er gem. § 67 S. 1 StBerG eine Berufshaftpflichtversicherung unterhalten. Für den Berufsstand der WP ist die Einführung des Syndikus-Wirtschaftsprüfers nicht vorgesehen.

67 Darüber hinaus ist das Verbot der gewerblichen Tätigkeit gelockert worden. Nach der Neufassung des § 57 Abs. 4 Nr. 1 StBerG kann die zuständige StBK Ausnahmen von diesem Verbot zulassen, soweit hierdurch eine Verletzung von Berufspflichten nicht zu erwarten ist. Welche gewerblichen Tätigkeiten im Einzelnen zugelassen werden, ist bisher nicht geklärt. Denkbar ist, dass mit der Neuregelung die Möglichkeit eröffnet wird, für einen begrenzten Zeitraum eine Notgeschäftsführung für Gewerbebetriebe zu übernehmen. Zulässig ist auch eine Angestelltentätigkeit bei Personen i.S.v. § 3 Nr. 1 bis 3 StBerG, also insb. StB, StBv., StBG, RA, WP, WPG, vBP, BPG. Darüber hinaus zählt § 58 Abs. 1 StBerG eine Reihe von weiteren Tätigkeiten auf, die StB als Arbeitnehmer ausüben dürfen; auf diese Aufzählung kann verwiesen werden. Diese Vorschrift ist als abschließende Aufzählung zu verstehen, gegen die nach Auffassung des BFH auch keine verfassungsrechtlichen Bedenken bestehen[73].

68 Bei ihrer beruflichen Tätigkeit sind StB an die vom BMF im Wege der RVO aufgrund der Ermächtigung in § 64 StBerG erlassene **Gebührenordnung**[74] gebunden. Die Höhe der Gebühren darf den Rahmen des Angemessenen nicht übersteigen und muss sich an dem Zeitaufwand, dem Wert des Objekts und der Art der Aufgabe ausrichten. Die Gebührenregelungen beziehen sich allerdings nur auf die Tätigkeiten, die das Berufsbild des StB i.S.d. § 33 StBerG prägen. Für Tätigkeiten, die mit dem Beruf des StB lediglich vereinbar sind (§ 57 Abs. 3 StBerG), gelten sie nicht. Für die **Vertretung in finanzgerichtlichen** und verwaltungsgerichtlichen **Verfahren** sowie für den Beistand in Steuerstrafverfahren oder Bußgeldverfahren verweist die StBGebV auf die entsprechenden Bestimmungen der BRAGO. Eine Abweichung von der StBGebV ist zulässig, eine entsprechende Vereinbarung muss aber die Anforderungen des § 4 StBGebV beachten.

69 StB ist es grundsätzlich auch weiterhin untersagt, für steuerberatende Tätigkeiten ein Erfolgshonorar zu vereinbaren. Aufgrund des Beschlusses des BVerfG v. 12.12.2006[75], wurde in § 9a StBerG[76] wie auch in § 55a WPO (s. auch A Tz. 405 ff.) und in § 9b BRAO eine Ausnahmeregelung geschaffen. Danach ist StB die Vereinbarung eines Erfolgshonorars gestattet, wenn der Auftraggeber aufgrund seiner wirtschaftlichen Verhältnisse bei verständiger Betrachtung ohne die Vereinbarung eines Erfolgshonorars von der Rechts-

---

[73] BFH v. 04.08.1987, BStBl. II, S. 790.
[74] V. 17.12.1981, BGBl. I, S. 1442, zuletzt geändert durch Kostenrechtsmodernisierungsgesetz v. 05.05.2004, BGBl. I, S. 718.
[75] NJW 2007, S. 242f.
[76] Eingefügt mit dem am 01.07.2008 in Kraft getretenen Gesetz zur Neuregelung des Verbots der Vereinbarung von Erfolgshonoraren v. 16.06.2008, BGBl. I, S. 1000.

verfolgung abgehalten würde. Dabei darf für den Fall des Misserfolgs vereinbart werden, dass keine oder eine geringere als die gesetzliche Vergütung zu zahlen ist, wenn für den Erfolgsfall ein angemessener Zuschlag auf die gesetzliche Vergütung vereinbart wird. Die Vereinbarung muss den formalen Anforderungen des § 9a Abs. 3 und 4 StBerG genügen, deren Nichtbeachtung dazu führt, dass der StB keine höhere als die gesetzliche Vergütung fordern kann. Da § 9a StBerG nur für Hilfeleistungen in Steuersachen die Vereinbarung eines Erfolgshonorars untersagt, bedeutet das, dass im Bereich der Wirtschafts- und Unternehmensberatung erfolgsabhängige Vergütungsabreden zulässig sind.

f) Steuerberatungsgesellschaften

StB können sich zu ihrer Berufsausübung auch der StBG bedienen. Zulässige Rechtsformen sind die AG, KGaA, GmbH sowie die OHG, die KG, die PartG[77] und die GmbH & Co. KG (§§ 49, 50 StBerG). Die Anerkennung der StBG setzt nach §§ 50, 50a StBerG aber voraus, dass **70**

a. die Mitglieder des Vorstands, die Geschäftsführer, die persönlich haftenden Gesellschafter StB sind und mindestens ein Mitglied des Vorstands, ein Geschäftsführer oder ein persönlich haftender Gesellschafter seine berufliche Niederlassung am Sitz der Gesellschaft oder in dessen Nahbereich hat;
b. bei AG, KGaA die Aktien auf den Namen lauten;
c. die Übertragung von Aktien bzw. Geschäftsanteilen an die Zustimmung der Gesellschaft gebunden ist;
d. die Gesellschaft von StB verantwortlich geführt wird[78];
e. Gesellschafter ausschließlich StB, RA, niedergelassene europäische RA, WP, vBP, StBv. oder in der Gesellschaft tätige Personen sind, deren Tätigkeit als Vorstandsmitglied, Geschäftsführer, persönlich haftender Gesellschafter nach § 50 Abs. 3 StBerG genehmigt worden ist oder StBG, die die Voraussetzungen dieses Absatzes erfüllen (vgl. Tz. 36) sind;
f. Anteile an einer StBG nicht für Rechnung eines Dritten gehalten werden;
g. bei Kapitalgesellschaften die Anteile Personen i.S.v. e) gehören;
h. bei KG die im Handelsregister eingetragenen Einlagen von Personen i.S.v. e) übernommen worden sind;
i. StB, RA, WP, vBP oder StBv. zusammen die Mehrheit der Stimmrechte der Aktionäre, Kommanditaktionäre, Gesellschafter einer GmbH, OHGisten oder Kommanditisten zusteht und
j. im Gesellschaftsvertrag bestimmt ist, dass zur Ausübung von Gesellschafterrechten nur Gesellschafter bevollmächtigt werden können, die StB, RA, WP, vBP oder StBv. sind.

Neben StB können gem. § 50 Abs. 2 StBerG auch RA, niedergelassene europäische RA, WP, vBP und StBv. **Mitglieder des Vorstands, Geschäftsführer oder persönlich haftende Gesellschafter** von StBG sein; einer Ausnahmegenehmigung bedarf es dazu nicht. Außer dem schon angesprochenen Personenkreis können auch besonders befähigte Personen mit einer anderen Ausbildung neben StB Vorstandsmitglieder, Geschäftsführer etc. sein (§ 50 Abs. 3 StBerG). Dies setzt allerdings eine besondere Genehmigung der zuständigen StBK voraus. Die Zahl der in § 50 Abs. 2 und 3 StBerG genannten Personen darf aber die Zahl der StB im Vorstand, unter den Geschäftsführern oder unter den persönlich haftenden Gesellschaftern nicht übersteigen (§ 50 Abs. 4 StBerG). Für StBG gelten die Vorschriften über die weitere Beratungsstelle (§ 34 StBerG), die allgemeinen Berufs- **71**

---

77 Zum PartGG kann auf die Ausführungen in A Tz. 120, 209 verwiesen werden.
78 BFH v. 26.03.1981, DStR, S. 538.

pflichten (§ 57 StBerG) sowie die §§ 62 bis 64 und 66 bis 71 StBerG sinngemäß (s. § 72 StBerG). Die Bezeichnung „Steuerberatungsgesellschaft" ist zwingend **in die Firma** aufzunehmen, insoweit gelten grundsätzlich die gleichen Regeln wie bei WPG und BPG[79].

III. Schrifttumsverzeichnis

1. Verzeichnis der Monographien, Kommentare und Beiträge in Sammelwerken

Gerhard, 60 Jahre Berufsorganisation der vereidigten Buchprüfer (Bücherrevisoren), Stuttgart 1956; *Gersdorf/Klaas*, Arbeitsfelder für vereidigte Buchprüfer, in: Küting (Hrsg.), Saarbrücker Handbuch der betriebswirtschaftlichen Beratung, 4. Aufl. 2008, S. 27; *Mittelsteiner/Pausch/Kumpf*, Illustriertengeschichte des steuerberatenden Berufs, 2. Aufl., Köln 1986; *Pieroth/Aubel*, Der vBP im Verfassungs- und Europarecht, Heidelberg 2004; *Voss*, Handbuch für das Revisions-und Treuhandwesen, Stuttgart 1930.

2. Verzeichnis der Beiträge in Zeitschriften

Goez, Die Neuregelung des Steuerberatungsrechts durch das 8. StBerÄndG, DB 2008, S. 971; *Maxl*, Siebtes Steuerberatungsänderungsgesetz, NWB 2000, F. 30, S. 1287; *Mittelsteiner*, Viertes Gesetz zur Änderung des Steuerberatungsgesetzes, DStR 1989, S. 403; *Mittelsteiner*, Das neue Berufsrecht der Steuerberater, DStR 1994, Beiheft zu Heft 37; *Pausch*, Zum Gesetz über die Zulassung von Steuerberatern nach Hitlers Machtergreifung, StB 1983, S. 135; *Penndorf*, Entwicklung des Revisionswesens in Deutschland, DBW 1932, S. 311; *Ruppert*, Siebtes Steuerberatungsänderungsgesetz, DStR 2000, S. 1843; *Schwedhelm/Kamps*, Unerlaubte Rechtsbesorgung durch Steuerberater und Steuerbevollmächtigte und ihre Folgen, AnwBl. 1998, S. 245; *Schmidt-Keßeler,* Das Achte Steuerberatungsänderungsgesetz, DStR 2008, S. 525.

---

[79] Vgl. A Tz. 147.

Kapitel D

Übersicht über die Rechtsgrundlagen von Prüfungen in der Wirtschaft und in Verwaltungen

Eine Vielzahl gesetzlicher Bestimmungen schreibt auf verschiedenen Gebieten Prüfungen vor, die die Überwachung wirtschaftlicher Betätigung im weitesten Sinne bezwecken.

Dabei stellt eine Gruppe von Prüfungen vornehmlich auf die Feststellung ab, ob die Betriebe nach betriebswirtschaftlichen und kaufmännischen Grundsätzen gem. diesbezüglicher Vorschriften geführt werden, während bei anderen Prüfungen zu bestätigen ist, ob die im öffentlichen Interesse erlassenen Vorschriften eingehalten worden sind. Allerdings lässt sich diese Unterscheidung nicht streng durchführen. Eine nicht geringe Anzahl von Prüfungen dient gleichzeitig beiden Zwecken.

Die nachstehende Übersicht weist zunächst die wichtigsten Rechtsgrundlagen für die im Bereich der Wirtschaft vorgeschriebenen Prüfungen nach. Angeführt werden einschlägige Vorschriften für Unternehmen verschiedener Rechts- und Gestaltungsformen und nach dem Publizitätsgesetz, dem folgen Vorschriften für bestimmte Wirtschaftszweige und für die Betriebe der öffentlichen Hand mit eigener und ohne eigene Rechtspersönlichkeit sowie weitere Prüfungsbestimmungen für bestimmte Einrichtungen. Abschließend werden für die Prüfung der Kernverwaltungen der öffentlichen Hand relevante Vorschriften genannt.

Eine besondere Stellung nehmen die Vorschriften über die Prüfung des Jahresabschlusses und des Konzernabschlusses ein. Zu beachten ist, dass mehrere Prüfungen vorgesehen sein können und dass für die Prüfung von Unternehmen bestimmter Wirtschaftszweige, z.B. Kreditinstitute, Versicherungsunternehmen und Wirtschaftsbetriebe der öffentlichen Hand, besondere Vorschriften gelten, die von den Bestimmungen für die Rechtsform abweichen bzw. darüber hinausgehen.

I. Vorschriften im Bereich der privaten Wirtschaft

1. Prüfungsvorschriften für Unternehmen bestimmter Rechts- und Gestaltungsformen

a) Aktiengesellschaften und Kommanditgesellschaften auf Aktien[1]

Abschlussprüfungen

§ 316 Abs. 1, § 317 Abs. 4 HGB, § 171 Abs. 1 AktG
   Prüfung des Jahresabschlusses und des Lageberichts, Prüfung der Pflichten gem. § 91 Abs. 2 AktG (Risikofrüherkennungssystem)[2]
§ 316 Abs. 2 HGB, § 171 Abs. 1 AktG
   Prüfung des Konzernabschlusses und des Konzernlageberichts
§ 316 Abs. 3 HGB
   Nachtragsprüfung des Jahres-/Konzernabschlusses und des Lage-/Konzernlageberichts
§ 209 Abs. 1 und 3 AktG
   Prüfung der einer Kapitalerhöhung aus Gesellschaftsmitteln zugrunde gelegten Bilanz

---

[1] Für die KGaA gelten gem. § 278 Abs. 3 AktG grundsätzlich die Vorschriften des Ersten Buchs des AktG, d.h. die §§ 1-277.
[2] Zur Befreiung von der Beachtung der §§ 264 – 289 HGB vgl. § 264 Abs. 3 HGB.

§ 270   Abs. 2 S. 2 und Abs. 3 AktG
Prüfung der Eröffnungsbilanz und des Erläuterungsberichts sowie des Jahresabschlusses und des Lageberichts bei Abwicklung

§ 8   Abs. 1 und 3 UBGG
Prüfung des Jahresabschlusses kleiner Gesellschaften i.S.d. § 267 Abs. 1 HGB sowie der Einhaltung der Vorschriften des UBGG

3   Prüfung besonderer Vorgänge

§ 33   Abs. 2 AktG i.V.m. § 34, § 35, § 49 AktG
externe Gründungsprüfung

§ 52   Abs. 4 AktG
Nachgründungsprüfung

§ 293b AktG i.V.m. § 293c, § 293d, § 293e AktG
Prüfung des Unternehmensvertrags

§ 313   AktG i.V.m. § 312, § 314 Abs. 2, 4 AktG
Prüfung des Abhängigkeitsberichts

§ 9   UmwG i.V.m. §§ 10 bis 12, § 60, § 67, § 78 S. 1, § 122f UmwG
Prüfung des Verschmelzungsvertrags/-plans

§ 36   Abs. 1 S. 1 UmwG i.V.m. §§ 9 bis 12, § 56, § 73, § 75 Abs. 2, § 78 S. 1 UmwG; § 33 Abs. 2 AktG
externe Gründungsprüfung (Verschmelzung durch Neugründung)

§ 17   Abs. 2 S. 2 UmwG
Prüfung der (Schluss-)Bilanz der/des übertragenden Rechtsträger/-s (Verschmelzung)

§ 30   Abs. 2, § 125, § 208, § 225 UmwG
Prüfung der Barabfindung (Verschmelzung oder Spaltung)

§ 69   Abs. 1, § 78 S. 1, § 125, § 142 UmwG i.V.m. § 183 Abs. 3 AktG
Prüfung der Sacheinlage (Verschmelzung oder Spaltung)

§ 144   UmwG i.V.m. § 33 Abs. 2 AktG
externe Gründungsprüfung (Spaltung)

§ 159   Abs. 2 und 3 UmwG i.V.m. § 33 Abs. 2 AktG
externe Gründungsprüfung (Ausgliederung aus dem Vermögen eines Einzelkaufmanns)

§ 197, § 220 Abs. 3, § 245 Abs. 1 bis 3, § 264 Abs. 3 UmwG i.V.m. § 33 Abs. 2 AktG
externe Gründungsprüfung (Formwechsel)

§ 183   Abs. 3, § 194 Abs. 4, § 205 Abs. 5, § 206, § 209 Abs. 1 und 3 AktG
Prüfung der Sacheinlagen bei Kapitalbeschaffungsmaßnahmen

§ 142   AktG i.V.m. §§ 143 bis 146 AktG
Sonderprüfung von Vorgängen bei der Gründung, der Geschäftsführung und bei Maßnahmen der Kapitalbeschaffung und Kapitalherabsetzung

§ 258   Abs. 1 AktG i.V.m. §§ 259 bis 261a AktG
Sonderprüfung wegen unzulässiger Unterbewertung oder Unvollständigkeit des Anhangs

§ 315   AktG
Sonderprüfung der Beziehungen zu verbundenen Unternehmen

4 b) Gesellschaften mit beschränkter Haftung

§ 316   Abs. 1 HGB, § 52 Abs. 1 GmbHG i.V.m. § 171 Abs. 1 AktG
Prüfung des Jahresabschlusses und des Lageberichts

§ 316 Abs. 2 HGB, § 52 Abs. 1 GmbHG i.V.m. § 171 Abs. 1 AktG
Prüfung des Konzernabschlusses und des Konzernlageberichts

§ 316 Abs. 3 HGB
Nachtragsprüfung des Jahres-/Konzernabschlusses und des Lage-/Konzernlageberichts

§ 57e, § 57f Abs. 2 GmbHG
Prüfung der (Erhöhungssonder-)Bilanz (Kapitalerhöhung aus Gesellschaftsmitteln)

§ 9, §§ 10 bis 12, § 48, § 122f UmwG
Prüfung des Verschmelzungsvertrags/-plans

§ 9, §§ 10 bis 12, § 125 UmwG
Prüfung des Umtauschverhältnisses (Spaltung)

§ 17 Abs. 2 S. 2 UmwG
Prüfung der (Schluss-)Bilanz der/des übertragenden Rechtsträger/-s (Verschmelzung)

§ 197, § 245 Abs. 1 UmwG i.V.m. § 33 Abs. 2 AktG analog
externe Gründungsprüfung (Formwechsel)

§ 71 Abs. 2 S. 2 und Abs. 3 GmbHG
Prüfung der Eröffnungsbilanz und des Erläuterungsberichts sowie des Jahresabschlusses und ggf. des Lageberichts bei Liquidation

c) Kapitalgesellschaften & Co. 5

§ 316 Abs. 1 i.V.m. § 264a Abs. 1 HGB
Prüfung des Jahresabschlusses und des Lageberichts[3]

§ 316 Abs. 2 i.V.m. § 264a Abs. 1 HGB
Prüfung des Konzernabschlusses und des Konzernlageberichts

d) Genossenschaften 6

§ 38 Abs. 1 S. 3, § 48 Abs. 2, § 53 GenG
Prüfung der Einrichtungen, der Vermögenslage und der Geschäftsführung sowie des Jahresabschlusses und des Lageberichts

§ 11a Abs. 1 GenG
Gründungsprüfung durch das Gericht

§ 9 Abs. 1, § 81 UmwG
Prüfung der Verschmelzung und Gutachten des Prüfungsverbandes

§ 9 Abs. 1, § 125 UmwG
Prüfung der Spaltung

§ 197, § 259, § 264 Abs. 2 UmwG
Prüfung und Gutachten des Prüfungsverbandes bei Formwechsel

e) Rechtsfähige Vereine 7

§ 9 Abs. 1, § 100 UmwG
Prüfung des Verschmelzungsvertrags

§ 9 Abs. 1, § 125 UmwG
Prüfung der Spaltung

§ 277, § 264 Abs. 2 UmwG
Prüfung bei Formwechsel

---

3 Zur Befreiung von der Beachtung der §§ 264 – 289 HGB vgl. § 264b HGB.

8 f) Stiftungen

Stiftungsgesetze der Länder[4] (z.B. **NW**: § 7 Abs. 1 Stiftungsgesetz NRW)
Prüfung des Jahresabschlusses

9   2. Prüfungsvorschriften des Publizitätsgesetzes

§ 6	Abs. 1 und 2, § 7 PublG
	Prüfung des Jahresabschlusses und des Lageberichts[5]
§ 8	Abs. 3, § 14 Abs. 1 S. 2 PublG i.V.m. § 316 Abs. 3 HGB
	Nachtragsprüfung des Jahres-/Konzernabschlusses und des Lageberichts/Konzernlageberichts
§ 14	Abs. 1 PublG
	Prüfung des Konzern- bzw. Teilkonzernabschlusses und -lageberichts

3. Prüfungsvorschriften für Betriebe bestimmter Wirtschaftszweige

10 a) Kreditinstitute, Finanzdienstleistungsinstitute und Investmentgesellschaften

§ 340k	Abs. 1, 2 HGB, § 317 HGB, § 29 KWG i.V.m. der PrüfbVPrüfung des Jahresabschlusses und des Lageberichts bzw. des Konzernabschlusses und des Konzernlageberichts, Prüfung des Zwischenabschlusses und der wirtschaftlichen Verhältnisse sowie besonderer Obliegenheiten des Instituts
§ 29	Abs. 2 S. 1 KWG
	Prüfung der Einhaltung der Verpflichtungen nach dem Geldwäschegesetz
§ 29	Abs. 2 S. 2 KWG
	Prüfung des Depotgeschäfts
§ 30	KWG
	Bestimmung von Prüfungsinhalten
§ 44	Abs. 1 KWG
	Auskünfte und Prüfungen von Instituten etc. durch die BaFin
§ 44a	Abs. 2 KWG
	Prüfung der an eine ausländische Bankenaufsicht übermittelten Daten
§ 44b	KWG
	Prüfung der Inhaber bedeutender Beteiligungen
§ 36	Abs. 1 WpHG i.V.m. der WpDPV
	Prüfung von Meldepflichten und Verhaltensregeln bei Instituten, die das Depotgeschäft betreiben
§ 13	Bausparkassengesetz
	Prüfung des Jahresabschlusses
§ 19d	InvG
	Prüfung des Jahresabschlusses und des Lageberichts einer Kapitalanlagegesellschaft
§ 44	Abs. 5 InvG
	Prüfung des Berichts des Sondervermögens der Kapitalanlagegesellschaft
§ 19f	InvG
	Besondere Pflichten des Abschlussprüfers einer Kapitalanlagegesellschaft

---

4 S. z.B. *Burhenne/Neuhoff,* Recht der gemeinnützigen Organisationen und Einrichtungen, Berlin 1975 – (Loseblattsammlung).

5 Zur Befreiung von der Aufstellungs- und Prüfungspflicht vgl. § 5 Abs. 6 PublG i.V.m. § 264 Abs. 3 HGB.

§ 110a InvG
Prüfung des Jahresabschlusses und des Lageberichts einer Investmentaktiengesellschaft

b) Versicherungsunternehmen 11

§ 341k HGB, § 57, § 60, § 64 VAG
Prüfung des Jahresabschlusses und des Lageberichts bzw. des Konzernabschlusses und des Konzernlageberichts sowie besonderer Obliegenheiten des Versicherungsunternehmens; Prüfung der Erfüllung der Anzeigepflichten und Verpflichtungen nach dem Geldwäschegesetz

§ 157 Abs. 2 VAG
Prüfung des Geschäftsbetriebs und der Vermögenslage bestimmter kleinerer VVaG

§ 47 Abs. 3 S. 2 VAG
Prüfung der Eröffnungsbilanz, des Erläuterungsberichts sowie des Jahresabschlusses und des Lageberichts bei Abwicklung eines großen VVaG

§ 33 Abs. 2 AktG, § 295 UmwG
Gründungsprüfung bei Formwechsel eines VVaG in eine AG

§ 9 Abs. 1 und 2, § 30 Abs. 2, § 60, § 69 Abs. 1, § 75 Abs. 2 i.V.m. § 178 Abs. 1 und 2, § 179, § 186 S. 1, § 188 Abs. 1 und 2 UmwG Prüfung der Vermögensübertragung (Vollübertragung) unter Versicherungsunternehmen

§ 125, § 142, § 144 i.V.m. § 179, § 184, § 189 UmwG
Prüfung der Vermögensübertragung (Teilübertragung) unter Versicherungsunternehmen

§ 2 Abs. 1 Nr. 13b AnlV
Prüfung des Jahresabschlusses und Lageberichts von Unternehmen, bei denen gebundenes Vermögen angelegt wird

c) Wohnungsunternehmen 12

§ 316 Abs. 1 und 2 HGB, Art. 25 EGHGB
Prüfung des Jahresabschlusses und des Lageberichts bzw. des Konzernabschlusses und Konzernlageberichts von ehemals gemeinnützigen Wohnungsunternehmen

§ 158, § 167 BauGB
Prüfung von Wohnungsunternehmen zur Bestätigung als Sanierungsträger oder Entwicklungsträger

§ 4 Abs. 5 Nr. 3 AltSchG
Prüfung von Wohnungsunternehmen, die einen Antrag auf Teilentlastung gem. § 4 Altschuldenhilfegesetz (AltSchG) gestellt haben

d) Krankenhäuser[6] 13

Krankenhausgesetze der Länder (z.B. **NW**: § 30 KHGG NRW)
Prüfung des Jahresabschlusses und des Lageberichts

e) Elektrizitäts-/Gasversorgungsunternehmen 14

§ 6b Abs. 1 EnwG
Prüfung des Jahresabschlusses

---

6 Nur spezielle Vorschriften für Krankenhäuser. Bestehen keine speziellen Vorschriften, gelten die Vorschriften für die Rechtsform des Krankenhauses.

D   Grundlagen der vorgeschriebenen Prüfungen

15 f) Verwertungsgesellschaften

§ 9   Abs. 4 und 7 Urheberrechtswahrnehmungsgesetz
Prüfung des Jahresabschlusses und des Lageberichts

16 g) Kunsthändler, Versteigerer

§ 26   Abs. 7 UrhG
Prüfung der Beteiligung des Urhebers am Veräußerungserlös

17 h) Werkstätten für behinderte Menschen

§ 12   Abs. 1 WVO
Prüfung der Buchführung, der Betriebsabrechnung und des Jahresabschlusses einschließlich der Ermittlung des Arbeitsergebnisses, seiner Zusammensetzung im Einzelnen gem. § 12 Abs. 4 WVO und seiner Verwendung

18 i) Parteien

§ 23   Abs. 2, § 29 Abs. 1 PartG
Jährliche Prüfung des Rechenschaftsberichts

19 j) Makler, Darlehens- und Anlagevermittler, Bauträger, Baubetreuer

§ 16   MaBV
Prüfung der Pflichten gem. §§ 2 bis 14 MaBV

20 k) Bergbau, eisen- und stahlerzeugende Industrie

§ 4   Abs. 1 MErgGBE
Prüfung des Umsatzverhältnisses nach § 3 MErgGBE
§ 2   Abs. 3 Stahlinvestitionszulagengesetz
Prüfung der Tragfähigkeit des Umstrukturierungsprogramms

II. Vorschriften im Bereich der öffentlichen Wirtschaft

1. Prüfungsvorschriften bei Beteiligung einer Gebietskörperschaft an einem Unternehmen in der Rechtsform des privaten Rechts

21 a) bei Beteiligung des Bundes

§ 53   Abs. 1 HGrG, § 65 Abs. 1 Nr. 4 bzw. § 67 BHO
Prüfung des Jahresabschlusses und des Lageberichts sowie der Ordnungsmäßigkeit der Geschäftsführung

22 b) bei Beteiligung eines Landes

§ 53   Abs. 1 HGrG, § 65 Abs. 1 Nr. 4 bzw. § 67 LHO des Landes, in Berlin auch § 94 Abs. 3 LHO
Prüfung des Jahresabschlusses und des Lageberichts sowie der Ordnungsmäßigkeit der Geschäftsführung

23 c) bei Beteiligung einer Gemeinde bzw. eines Gemeindeverbandes

§ 53   Abs. 1 HGrG; **BaWü.:** §§ 103 Abs. 1 Nr. 5b, 105 Abs. 1 Nr. 1 GO; **Bay.:** Art. 94 Abs. 1 Nr. 2 und 3 GO; **Bran.:** § 96 Abs. 1 und 3 KVerf; **Hes.:** §§ 122 Abs. 1 S. 1 Nr. 4, 123 Abs. 1 Nr. 1 GO; **MV:** § 73 Abs. 1 Nr. 2 und Abs. 2 KV, **Nds.:** § 158 KomVG; **NW:** §§ 108 Abs. 1 Nr. 8, 112 GO; **RhldPf.:** § 89 GO; **Saar:** §§ 110

Vorschriften im Bereich der öffentlichen Wirtschaft **D**

Abs. 1 Nr. 4, 111 KSVG; **Sachs.**: § 96 GO; **Sachs.Anh.**: § 121 GO; **SchlH**: § 11 Abs. 1 KPG; § 102 Abs. 1 GO; **Thür.**: § 75 Abs. 4 KO
Prüfung des Jahresabschlusses und Lageberichts sowie der Ordnungsmäßigkeit der Geschäftsführung

2. Prüfungsvorschriften für Unternehmen in der Rechtsform einer juristischen Person des öffentlichen Rechts

a) des Bundes 24

§ 55   Abs. 2 HGrG, § 112 Abs. 2 i.V.m. § 65 Abs. 1 Nr. 4 BHO
Prüfung des Jahresabschlusses und des Lageberichts sowie der Ordnungsmäßigkeit der Geschäftsführung

b) sonstiger Gebietskörperschaften 25

§ 55   Abs. 2 HGrG; § 112 Abs. 2 i.V.m. § 65 Abs. 1 Nr. 4 LHO des Landes; **Bay.**: § 112 Abs. 3 LHO; **NW** und **RhldPf.**: § 112 Abs. 2 und 3 LHO
Prüfung des Jahresabschlusses sowie der Ordnungsmäßigkeit der Geschäftsführung

c) Sparkassen 26

Sparkassengesetze der Länder (z.B. **NW**: § 24 SpkG)
Prüfung des Jahresabschlusses

d) Studentenwerke 27

Studentenwerksgesetze der Länder (z.B. **NW**: § 10 Abs. 4 Studentenwerksgesetz)

e) Rundfunkanstalten 28

Rundfunkgesetze der Länder (z.B. **NW**: § 42, § 43 Abs. 2 WDRG)
Prüfung des Jahresabschlusses sowie der Ordnungsmäßigkeit und der Wirtschaftlichkeit der Haushalts- und Wirtschaftsführung

3. Prüfungsvorschriften für Wirtschaftsbetriebe ohne eigene Rechtspersönlichkeit

a) der Länder 29

Berlin:

§ 113   i.V.m. § 94 Abs. 3 LHO
Prüfung des Jahresabschlusses

Hamburg:

§ 113   LHO HH
Prüfung des Jahresabschlusses

Bremen:

§ 32   BremSVG
Prüfung des Jahresabschlusses

D   Grundlagen der vorgeschriebenen Prüfungen

30   **b) der Gemeinden und Gemeindeverbände**

BaWü.: § 111 GO, **Bay.**: Art. 107 GO; **Bran.**: §§ 117, 118 GO oder § 106 Abs. 1 KVerf; **Hes.**: § 27 Abs. 2 EigBG; **Meck.Vorp.**: § 11 KPG; **Nds.**: § 157 KomVG, § 29 EigVO; **NW:** § 106 GO; **RhldPf.**: § 89 GO; **Saar:** § 124 Abs. 1 KSVG; **Sachs.**: § 18 EigBG; **Sachs.Anh.**: § 131 GO; **SchlH**: § 24 EigVO, §§ 8, 10 KPG; **Thür.**: § 85 KO
Prüfung des Jahresabschlusses

III. Prüfungsvorschriften für bestimmte Einrichtungen und sonstige Prüfungsvorschriften

31 *Beispiele*

§ 6a	Abs. 1 Nr. 3 KWK-G
	Prüfung der Angaben eines Wärmenetzbetreibers im Zusammenhang mit dem Antrag auf Förderung des Neu- oder Ausbaus eines Wärmenetzes
§ 8	Abs. 1 S. 8 KWK-G
	Prüfung der Angaben eines Anlagenbetreibers (u.a. nach den anerkannten Regeln der Technik ermittelten KWK-Strommengen)
§ 9	Abs. 6 S. 2 i.V.m. Abs. 2 KWK-G
	Prüfung der von Netzbetreibern geleisteten Zuschlagszahlungen sowie der an Letztverbraucher ausgespeisten Strommengen
§ 9	Abs. 7 S. 4 KWK-G
	Prüfung, ob der Stromkostenanteil am Umsatz des Letztverbrauchers im Kalenderjahr 4 v.H. überstieg
§ 41	Abs. 2 S. 1 bzw. § 42 EEG
	Prüfung der Erfüllung bestimmter Voraussetzungen durch sog. stromintensive Unternehmen des produzierenden Gewerbes oder Schienenbahnen im Rahmen der besonderen Ausgleichsregelung der § 40 ff. EEG
§ 41	Abs. 5 S. 4 EEG
	Prüfung der Bilanz und Gewinn- und Verlustrechnung eines selbständigen Unternehmensteils
§ 50	EEG
	Prüfung der Endabrechnungen der Netzbetreiber (§ 47 Abs. 1 Nr. 2 EEG), der Elektrizitätsversorgungsunternehmen (§ 49 EEG) sowie der Übertragungsnetzbetreiber (§ 48 EEG) im Rahmen der bundesweiten Ausgleichsregelung
§ 9	Abs. 1 Gesetz über die Kreditanstalt für Wiederaufbau i.V.m. § 340k HGB
	Prüfung des Jahresabschlusses und des Lageberichts sowie Prüfung des Konzernabschlusses und des Konzernlageberichts
§ 12	Abs. 3 Filmförderungsgesetz
	Prüfung der Rechnungslegung der Filmförderungsanstalt
§ 21	Abs. 2 Erdölbevorratungsgesetz
	Prüfung der Rechnung des Erdölbevorratungsverbandes
§ 16	Heimsicherungsverordnung
	Prüfung der Einhaltung der Pflichten der Träger von Alten- und Altenwohn- sowie Pflegeheimen gem. §§ 5 bis 15 der VO
§ 12	Abs. 1 Werkstättenverordnung
	Prüfung der Buchführung, der Betriebsabrechnung und des Jahresabschlusses der Werkstätte

Prüfungsvorschriften für die Kernverwaltungen der öffentlichen Hand **D**

Prüfung der „Vollständigkeitserklärung" für in den Verkehr gebrachte Verkaufsver- **32**
packungen

§ 10 Abs. 1 VerpackV
Prüfung der „Vollständigkeitserklärung" für in den Verkehr gebrachte Verkaufsverpackungen; zudem kann eine Bescheinigung über die Prüfung der Einhaltung vertraglicher Pflichten gegenüber den dualen Systemen auf privatrechtlicher Grundlage erteilt werden.

IV. Prüfungsvorschriften für die Kernverwaltungen der öffentlichen Hand
der Gemeinden und Gemeindeverbände 33

BaWü.: § 110 Abs. 1 GO, **Bay.**: Art. 103 Abs. 1 GO; **Bran.**: § 104 Abs. 1 und 2 KVerf; **Hes.**: § 128 Abs. 1 GO; **Meck.Vorp.**: § 3a Abs. 1 und 2 KPG; **Nds.**: § 156 KomVG; **NW**: § 101 Abs. 1 GO; **RhldPf.**: § 113 Abs. 1 und 2 GO; **Saar**: § 101 Abs. 1 und § 122 Abs. 1 KSVG; **Sachs.**: § 104 Abs. 1 GO; **Sachs.Anh.**: § 130 Abs. 1 und 2 GO; **SchlH**: § 95n Abs. 1 GO; **Thür.**: § 24 Abs. 1 und 2 KDG Prüfung des Jahresabschlusses und ggf. des Rechenschafts- bzw. Lageberichts i.d. R. durch das zuständige Rechnungsprüfungsamt; teilweise wird vom Gesetz eine Heranziehung Dritter für die Prüfungsdurchführung zugelassen (z.B. **Bay.**: Art. 103 Abs. 3 GO; **Bran.**: § 102 Abs. 2 KVerf; **Meck.Vorp.**: § 1 Abs. 5 KPG; **NW**: § 103 Abs. 5 GO; **RhldPf.**: § 112 Abs. 5 GO; **Saar**: § 121 Abs. 3 KSVG; **Sachs.**: § 103 Abs. 1 GO; **Thür.**: § 22 Abs. 5 KDG)

Kapitel E
Erläuterungen zu den für alle Kaufleute geltenden Vorschriften zum Jahresabschluss

Die Vorschriften über die Handelsbücher und den JA des Kaufmanns sind im Dritten Buch **1**
„Handelsbücher" des HGB zusammengefasst (§§ 238–339 HGB). Es enthält in seinem
ersten Abschnitt Vorschriften über den JA für alle Kaufleute (§§ 242–256a HGB)[1]. Diese
Vorschriften sind maßgeblich für die Rechnungslegung von **Einzelkaufleuten** und nicht-
kapitalistischen **Personenhandelsgesellschaften**[2]. Sie sind aber auch von KapGes.
(AG, KGaA, GmbH), diesen gleichgestellten kapitalistischen Personenhandelsgesellschaften i.S.d. § 264a HGB (OHG und KG ohne natürliche Personen als Vollhafter) sowie
von eingetragenen Genossenschaften (eG) zu beachten, soweit nicht die weiteren Abschnitte des Dritten Buches ergänzende oder abw. Bestimmungen enthalten (§§ 264–335b
bzw. 336–339 HGB)[3].

Kredit- und Finanzdienstleistungsinstitute sowie **Versicherungsunternehmen** haben **2**
außerdem die ergänzenden Vorschriften der §§ 340–340o bzw. 341–341p HGB zu beachten, vgl. dazu Kap. J und K. Zu weiteren ergänzenden Vorschriften für **Wirtschaftsbetriebe der öffentlichen Hand** vgl. Kap. L[4].

I. Allgemeines

Jeder Kaufmann hat mit Ausnahme von Kleinbetrieben (vgl. Tz. 4) für den Schluss eines **3**
jeden GJ innerhalb der einem ordentlichen Geschäftsgang entsprechenden Zeit (§ 243
Abs. 3 HGB; dies entspricht bei normalem Geschäftsgang einer Frist von sechs bis neun
Monaten; bei unvorhergesehenen Ereignissen – keine Krisensituationen – auch zwölf
Monaten[5]) eine **Bilanz** und eine **Gewinn- und Verlustrechnung** aufzustellen, die zusammen den JA bilden (§ 242 HGB)[6]. Ein (für KapGes. und Personenhandelsgesellschaften i.S.d. § 264a HGB obligatorischer) Anh. braucht nicht erstellt zu werden. Die
Erstellung eines Berichts, in dem die Lage des Unternehmens erörtert und der JA erläutert
wird, kann bei größeren Unternehmen empfehlenswert sein.

Erleichterungen von den Buchführungspflichten ergeben sich nach § 242 Abs. 4 HGB für **4**
Kleinbetriebe von Einzelkaufleuten i.S.d. § 241a HGB[7]. Danach sind Einzelkaufleute,

---

[1] Zu ergänzenden Vorschriften des PublG für bestimmte große Unternehmen vgl. Kap. H.
[2] Zur Rechnungslegung bei Personenhandelsgesellschaften vgl. *IDW ERS HFA 7 n.F.*
[3] Für KapGes. und Personenhandelsgesellschaften i.S.d. § 264a HGB vgl. Kap. F, für eG, Kap. G; zu weiteren Publizitätspflichten börsennotierter Unternehmen vgl. *Schwark/Zimmer*; zur Europäischen Wirtschaftlichen Interessenvereinigung (EWIV) und zur Europäischen AG (SE) vgl. WP Handbuch 2008 Bd. II, Kap. J.
[4] Vgl. ferner zur Rechnungslegung von Börsenmaklern *Mohr/Krumb*, WPg 1992, S. 491; zu Spenden sammelnden Organisationen *IDW RS HFA 21*; zur Rechnungslegung von Stiftungen *IDW RS HFA 5*; zu Joint Ventures *IDW St/HFA 1/1993*, WPg 1993, S. 441 (insb. zur GbR); zu politischen Parteien vgl. *IDW RS HFA 12*; zu Vereinen vgl. *IDW RS HFA 14*; zu Partnerschaftsgesellschaften vgl. *Seibert*, DB 1994, S. 2381 (keine Rechnungslegungspflicht nach § 242 HGB).
[5] Vgl. ADS[6], § 243 HGB, Tz. 43; gl.A. *Baetge/Fey, D./Fey, G.* in HdR[5], § 243, Rn. 93; *Förschle/Usinger* in BeBiKo[7], § 243, Rn. 93 (spätestens nach 12 Monaten); zu den Rechnungslegungsfristen auch *Blumers*, DB 1986, S. 2033; *Mundt*.
[6] Aus der Literatur zum JA vgl. ADS[6]; *Baetge/Kirsch/Thiele*, Bilanzrecht; BeBiKo[7]; Staub, HGB[4]; BHdR HWRP[3]; Kölner Komm. AktG[2]; *Glade*, Praxishandbuch[2]; *Gross/Schruff/v. Wysocki*, Jahresabschluss[2]; BoHdR[2]; HdR[5]; *Hoffmann/Lüdenbach*, Bilanzierung[2]; *Leffson*, HURB; *Baumbach/Hopt*, HGB[34]; Münch-Komm. AktG[2]; MünchKomm. HGB[2]; HdJ; Wiedmann, Bilanzrecht[2].
[7] Vgl. *Gelhausen/Fey/Kämpfer*, BilMoG, Kap. A; *Budde/Heusinger-Lange*, BilMoG, S. 69 ff.; *Ellerich/Swart* in HdR[5], § 242, Rn. 15 ff.; *Kirsch/Harms/Siegel* in Baetge/Kirsch/Thiele, Bilanzrecht, § 242, Rn. 110; *Winkeljohann/Philipps* in BeBiKo[7], § 242, Rn. 14; *Petersen/Zwirner*, KoR 2009, Beihefter 1, S. 7.

| E | Für alle Kaufleute geltende Vorschriften zum Jahresabschluss |

die an den Abschlussstichtagen von zwei aufeinander folgenden GJ nicht mehr als 500 T€ Umsatzerlöse und 50 T€ Jahresüberschuss aufweisen (§ 241a S. 1 HGB), von der Pflicht zur Aufstellung eines handelsrechtlichen JA befreit (§ 242 Abs. 4 S. 1 HGB). Im Fall der Neugründung gilt dies bereits, wenn die Werte des § 241a S. 1 HGB am ersten Abschlussstichtag nach der Neugründung nicht überschritten werden.

5   Der JA muss in **deutscher Sprache** und in **Euro** (§ 244 HGB) aufgestellt werden, selbst wenn die zugrundeliegende Buchführung in einer anderen (lebenden) Sprache oder (gültigen) Währung geführt wird (§ 239 Abs. 1 S. 1 HGB)[8]. Je nach der Größe eines Unternehmens kann es im Interesse der Übersichtlichkeit des JA (§ 243 Abs. 2 HGB) sachgerecht sein, die in Euro anzugebenden Beträge auf volle €, T€ oder Mio. € (üblicherweise mit einer Nachkommastelle) zu runden. Der JA ist vom Kaufmann bzw. von allen persönlich haftenden Gesellschaftern unter Angabe des Datums zu unterzeichnen (§ 245 HGB)[9].

6   Der JA ist nach den **Grundsätzen ordnungsmäßiger Buchführung** (GoB)[10] aufzustellen und muss **klar und übersichtlich** sein (§ 243 Abs. 1 und 2 HGB). Die GoB bestimmen z.B. den Zeitpunkt der Bilanzierung (Gewinnrealisierung) oder die Bilanzierung schwebender Geschäfte. Sie finden auch überall dort Anwendung, wo verschiedene Methoden zur Auswahl stehen (z.B. Abschreibungsmethode, Berechnung der Herstellungskosten). Besonders erwähnt sind die GoB in den Vorschriften über die Buchführungspflicht und Handelsbücher (§§ 238, 239 HGB), über die Inventurvereinfachungsverfahren (§ 241 HGB), über die Aufstellung des JA (§ 243 HGB) und über die Bewertungsvereinfachungsverfahren (§ 256 HGB). Soweit für Wertansätze ein Schätzungsrahmen besteht, der durch den Bilanzierenden auszufüllen ist, spricht das Gesetz nicht von GoB, sondern davon, dass der Wertansatz „nach **vernünftiger kaufmännischer Beurteilung**" gefunden werden müsse (§ 253 Abs. 1 S. 2 HGB).

Über § 5 Abs. 1 EStG, der auf die handelsrechtlichen GoB verweist, finden die GoB auch Eingang in die steuerliche Gewinnermittlung von Kaufleuten und bestimmten anderen Gewerbetreibenden[11].

7   Die Frage, wie die GoB zu ermitteln sind, war in der Vergangenheit umstritten. Nach der **induktiven Methode** sollte die Anschauung ordentlicher, ehrenwerter Kaufleute festzustellen sein, wobei es nicht entscheidend darauf ankam, ob die tatsächlichen Gepflogenheiten mit diesen Anschauungen übereinstimmten. Die induktive Methode kann nach der h.M. nicht als alleinige Ermittlungsmethode für die GoB angesehen werden[12].

8   Nach der **deduktiven Methode**, die lange Zeit als h.M. angesehen wurde[13], sind die GoB aus den Zwecken der Rechnungslegung (z.B. Information, Gläubigerschutz) abzuleiten,

---

8   Vgl. ADS[6], § 244 HGB n.F., Tz. 9; *Winkeljohann/Klein* in BeBiKo[7], § 239, Rn. 2; *Quick/Wolz* in Baetge/Kirsch/Thiele, Bilanzrecht, § 239, Rn. 11. Zur Anforderung an das Buchführungssystem bei einer an den IFRS ausgerichteten Buchhaltung vgl. *HFA*, FN-IDW 2004, S. 38 (jederzeitige Nachvollziehbarkeit hinsichtlich der für Ansatz, Bewertung, Ausweis nach HGB erforderlichen Buchungen); die dort formulierte Anforderung dürfte auch für eine Fremdwährungsbuchhaltung gelten.

9   Vgl. ADS[6], § 245 HGB, Tz. 9; *Erle*, WPg 1987, S. 637; *Merkt* in Baumbach/Hopt, HGB[34], § 245, Rn. 1 f.

10 Vgl. *Leffson*, GoB[7], mit umfangreichen Literaturnachweisen; *Kruse*, GoB; ferner ADS[6], § 243 HGB, Tz. 2, und § 264 HGB, Tz. 86; *Moxter*, Rechnungslegung; *Baetge* in HWR[3], Sp. 860; *Müller, W.*, Kodifizierung; *Beisse*, BFuP 1990, S. 499; *Ballwieser*, S. 43; *Müller, W.*, Europäischer Gerichtshof.

11 Vgl. Tz. 608 sowie *Günkel* in WP-HdU[3], Abschn. B, Rn. 345 ff.; *Weber-Grellet* in Schmidt, L., EStG[30], § 5, Rn. 26; *Stobbe* in HHR, EStG/KStG, § 5 EStG, Rn. 101 ff.; *Kirchhoff/Söhn/Mellinghoff*, EStG, § 5, A 71 ff.; *Hoffmann* in Littmann, EStG, §§ 4, 5, Rn. 325 ff.; *Buciek* in Blümich, EStG, § 5 EStG, Rn. 180 ff.; *Tonner* in Bordewin/Brandt, EStG, § 5, Rn. 51 ff.; R 5.2 EStR 2008.

12 Vgl. statt vieler ADS[6], § 243 HGB, Tz. 13.

13 Vgl. statt vieler *Leffson*, GoB[7], S. 29; *Schneider*, StuW 1983, S. 141; *Kämpfer; Beisse*, BFuP 1990, S. 499.

Allgemeines

wobei als Entscheidungshilfen in Frage kommen[14]: Gesetz und die zugrundeliegenden EG-Richtlinien, Rechtsprechung des BGH (RG), des EuGH, des BFH, die Stellungnahmen des IDW zur Rechnungslegung *(IDW St/HFA, IDW RS* u.a.) einschließlich der zugehörigen Hinweise *(IDW RH)*[15], gutachtliche Stellungnahmen des DIHT und der Industrie- und Handelskammern, die gesicherten Erkenntnisse der Betriebswirtschaftslehre, die Fachliteratur sowie die Bilanzierungspraxis ordentlicher Kaufleute. Im Hinblick auf die Konzernrechnungslegung sind im Übrigen die vom Deutschen Standardisierungsrat (DSR) beim Deutschen Rechnungslegungs Standards Committee (DRSC) entwickelten Standards (DRS) grds. als GoB zu beachten (vgl. § 342 HGB sowie M Tz. 791, 849)[16], soweit sie nicht gesetzliche Wahlrechte einschränken oder den HGB-Vorschriften widersprechen[17]. Die Regelung des § 342 Abs. 2 HGB (GoB-Vermutung) gilt nicht für den handelsrechtlichen JA. Daher kommt den DRS für den JA nicht die gleiche Bedeutung zu wie für den KA, auch wenn die Anwendung der Standards für den JA ausdrücklich empfohlen wird[18]. Die deduktive Methode wird v.a. wegen der mangelnden Eindeutigkeit der Ableitungsbasis für die GoB kritisiert[19].

Zunehmende Bedeutung erlangt die sog. **hermeneutische Methode**, nach der alle Einflusselemente auf die Rechnungslegung Berücksichtigung bei der Auslegung kodifizierter und der Ableitung nicht kodifizierter GoB finden sollen und sich die Ergebnisse in das Gesamtsystem der GoB sowie in das System der übrigen kodifizierten Vorschriften einfügen müssen[20]. Dabei sind als Kernelemente insb. Wortlaut und Wortsinn, Bedeutungszusammenhang und Entstehungsgeschichte von gesetzlichen Vorschriften sowie vom Gesetzgeber oder mit der Berichterstattung verfolgte Zwecke von Bedeutung. Auch die hermeneutische Methode wird in der Literatur kritisiert[21]. 9

Auch die internationalen Rechnungslegungsgrundsätze (**International Financial Reporting Standards – IFRS**) des IASB[22] können Anhaltspunkte bei der Ermittlung von GoB und bei der Auslegung des Gesetzes bieten. Der EuGH vertritt die Auffassung, dass die dem deutschen Handelsbilanzrecht zu Grunde liegenden EG-Richtlinien auch unter Berücksichtigung der jeweils geltenden IFRS auszulegen seien[23]. Die Gesetzesbegründung zum BilMoG stellt jedoch klar, dass eine unmittelbare Anwendung der IFRS zur 10

---

14 Vgl. auch *IDW PS 201*, Tz. 7 ff.
15 Vgl. *IDW PS/IDW RS*; eine Übersicht der z.Z. geltenden Standards, Stellungnahmen und Hinweise mit Angabe paralleler Fundstellen in WPg und FN-IDW ist im Anhang 4 abgedruckt.
16 Vgl. *Förschle* in BeBiKo[7], § 342, Rn. 17 m.w.N.; *Böcking/Dutzi* in Baetge/Kirsch/Thiele, Bilanzrecht, § 342, Rn. 1 ff.; *Hoffmann/Lüdenbach*, Bilanzierung[2], § 342, Rn. 3 f.
17 Vgl. auch *IDW PS 450*, Tz. 134.
18 Vgl. auch krit. *HFA*, FN-IDW 2003, S. 524 (zu DRS 10 und 12).
19 Vgl. *Schneider*, StuW 1983, S. 148.
20 Vgl. *Baetge/Kirsch* in HdR[5], Kap. 4, Rn. 18 ff.; *Baetge/Fey, D./Fey, G.* in HdR[5], § 243, Rn. 11 ff.; *Thiele/Stellbrink/Ziesemer* in Baetge/Kirsch/Thiele, Bilanzrecht, Einführung, Rn. 46; *Graf* in MünchKomm. AktG[2], § 238 HGB, Rn. 31; *Baetge/Zülch* in HdJ, Abt. I/2, Rn. 23 ff.
21 Vgl. *Moxter*, JA nach neuem Recht, S. 363 (Zirkularitätsproblem); *Schneider*, S. 92 (Unklarheit in der Bedeutung der Kernelemente).
22 Vgl. zur Organisation, Zielsetzung und Arbeitsweise des International Accounting Standards Board (IASB) und zur Anwendung der IFRS durch den Wirtschaftsprüfer B Tz. 85; *IDW PS 201*, Tz. 17, WPg 2000, S. 710 (711). Zur Rechnungslegung nach IFRS vgl. Kap. N; dazu auch ADS International; PwC Deutsche Revision (Hrsg.).
23 Vgl. EuGH v. 07.01.2003, DB, S. 181; einschränkend wohl BFH v. 15.09.2004, DB 2005, S. 311; hierzu auch *Schulze-Osterloh*, BB 2005, S. 483 (488).

Auslegung handelsrechtlicher Rechnungslegungsvorschriften nicht in Betracht kommt[24]. Vgl. zur Rechnungslegung nach IFRS im Einzelnen Kap. N.

11 Auch die praktische Anwendung der **vernünftigen kaufmännischen Beurteilung** kann Schwierigkeiten bereiten. Anders als bei der Ermittlung der GoB geht es jedoch nicht um die Gewinnung von Grundsätzen oder Regeln, sondern um die Begrenzung oder Bezeichnung eines bestehenden Bewertungsspielraums, der sich aus den unterschiedlichen Beurteilungen vernünftig urteilender Kaufleute ergeben kann. Eine vernünftige Beurteilung berücksichtigt sowohl Chancen wie Risiken, bedenkt den Grundsatz der Vorsicht (§ 252 Abs. 1 Nr. 4 HGB), ist in sich schlüssig und willkürfrei, d.h. aus den objektiven Gegebenheiten des Falls logisch ableitbar[25].

12 Der Grundsatz der **Klarheit und Übersichtlichkeit** (§ 243 Abs. 2 HGB) bezieht sich in erster Linie auf die äußere Gestaltung des JA (Gliederung und Lesbarkeit)[26]. Er hat besondere Bedeutung in den Fällen, in denen keine bestimmte Gliederung der Bilanz und der GuV vorgeschrieben ist[27], sondern sie dem Kaufmann überlassen bleibt. Vgl. im Einzelnen dazu Tz. 594.

II. Bilanzierungsgrundsätze

1. Vollständigkeitsgebot (§ 246 Abs. 1 HGB)[28]

13 § 246 Abs. 1 S. 1 HGB bestimmt, dass in der Bilanz sämtliche **Vermögensgegenstände**[29] und **Schulden**[30] anzusetzen sind, ferner die **RAP** sowie in der GuV sämtliche **Aufwendungen** und **Erträge**, soweit gesetzlich nichts anderes bestimmt ist[31].

14 In S. 2 wird hierzu ergänzt, dass **Vermögensgegenstände** grds. in die Bilanz des rechtlichen Eigentümers aufzunehmen sind, bei Auseinanderfallen von rechtlichem und wirtschaftlichem Eigentum jedoch bei demjenigen auszuweisen sind, dem sie wirtschaftlich zuzurechnen sind[32]. Das Steuerrecht ordnet nach § 39 Abs. 1 AO die Zurechnung von

---

24 Vgl. Begr. RegE BilMoG, BT-Drucks. 16/10067, S. 32, 33 f., wonach mit dem BilMoG das Ziel verfolgt wird, den Unternehmen eine Alternative zu den IFRS zu bieten, wobei wichtige Komponenten der IFRS nur teilweise in die handelsrechtliche Rechnungslegung integriert werden, und die IFRS nicht unterschiedslos und vollumfänglich zur Anwendung kommen; vgl. auch *Hennrichs*, S. 581 (595 ff.) (keine interpretatorische Einstrahlung der IFRS in das HGB).
25 Vgl. ADS[6], Vorbem. zu §§ 252 bis 256 HGB, Tz. 21; ADS[6] § 253 HGB, Tz. 188, 559; *Leffson*, HURB, S. 351. Zur Bilanzpolitik und ihren Grenzen vgl. auch *Hoffmann*; *Hinz*.
26 Vgl. ADS[6], § 243 HGB, Tz. 24; *Förschle/Usinger* in BeBiKo[7], § 243, Rn. 51; *Baetge/Fey, D./Fey, G.* in HdR[5], § 243 HGB, Rn. 41 ff.; *Hoffmann/Lüdenbach*, Bilanzierung[2], § 243, Rn. 18.
27 Gliederungsvorschriften oder Formblätter bestehen für AG, KGaA, GmbH, Personenhandelsgesellschaften i.S.d. § 264a HGB, eG, dem PublG unterliegende Unternehmen sowie für Unternehmen, die in bestimmten Branchen tätig sind, z.B. KI und FI (vgl. Kap. J), VU (vgl. Kap. K), Krankenhäuser und Pflegeeinrichtungen, Verkehrsunternehmen und Wohnungsunternehmen (vgl. Kap. L, Tz. 42, 34 und 47). Zu den Verordnungen über Formblätter für bestimmte Wirtschaftszweige nach § 330 HGB vgl. ADS[6], § 330 HGB, Tz. 2; *Förschle/Lawall* in BeBiKo[7], § 330 HGB, Rn. 20.
28 Vgl. *Leffson*, GoB[7], S. 219; ADS[6], § 246 HGB, Tz. 9; *Freericks*; *Baetge*, WPg 1987, S. 126; BGH v. 16.01.1995, BB, S. 976; *Ballwieser* in MünchKomm. HGB[2], § 246, Rn. 10 ff.
29 Vgl. zur Begriffsbestimmung und Abgrenzung u.a. ADS[6], § 246 HGB, Tz. 9; *Ellrott/Krämer* in BeBiKo[7], § 247, Rn. 12; *Thiele* in Baetge/Kirsch/Thiele, Bilanzrecht, § 246 HGB, Rn. 31; *Baetge/Kirsch/Thiele*, Bilanzen[10], S. 154 ff.; *Tiedchen*; *Döllerer*, S. 702 f.; *Janke*, StuW 1994, S. 214 (221 ff.); *Lutz*, S. 81 ff.; *Westerfelhaus*, DB 1995, S. 885 ff.; *Hennrichs* in MünchKomm. AktG[2], § 246 HGB, Rn. 16 ff.; zur erforderlichen Erfassung von Sonderbetriebsvermögen BFH v. 23.10.1990, BStBl. II 1991, S. 401; *Wichmann*, BB 1991, S. 2117 f.
30 Vgl. zur Begriffsbestimmung und Abgrenzung u.a. ADS[6], § 246 HGB, Tz. 102; *Kozikowski/Schubert* in BeBiKo[7], § 247, Rn. 201; *Thiele* in Baetge/Kirsch/Thiele, Bilanzrecht, § 246 HGB, Rn. 101.
31 Vgl. zu Ausnahmen ADS[6], § 246 HGB, Tz. 448; mit einer Übersicht über die Einschränkungen des Vollständigkeitsgebotes *Kußmaul* in HdR[5], § 246 HGB, Rn. 17.
32 Vgl. *Gelhausen/Fey/Kämpfer*, BilMoG, Kap. B, Rn. 8 ff.

Bilanzierungsgrundsätze E

Wirtschaftsgütern ebenfalls grds. nach dem rechtlichen Eigentum an, unter den Voraussetzungen des § 39 Abs. 2 Nr. 1 AO aber überlagernd nach dem wirtschaftlichen Eigentum[33]; wegen Bilanzierungsverboten und -wahlrechten siehe Tz. 92, 102.

Für **Schulden** ergänzt S. 3, dass diese in der Bilanz des Schuldners aufzunehmen sind. **15**
Dies entspricht einer rechtlichen Betrachtungsweise, schließt eine Passivierung bei dem wirtschaftlich Verpflichteten aber nicht aus[34]. Der **Geschäfts- oder Firmenwert** wird in S. 4 für handelsbilanzielle Zwecke durch eine gesetzliche Fiktion zum zeitlich begrenzt nutzbaren Vermögensgegenstand erklärt (vgl. im Einzelnen Tz. 93)[35].

Aufgrund des Vollständigkeitsgebots in S. 1 müssen bereits voll abgeschriebene, aber **16** noch vorhandene Vermögensgegenstände mit einem **Merkposten** erscheinen, wobei es bei Vorliegen mehrerer hierfür in Betracht kommender Vermögensgegenstände als ausreichend angesehen wird, wenn der betreffende Bilanzposten insgesamt mit 1,– € ausgewiesen wird.

Bei **Einzelkaufleuten** sind nur die Vermögensgegenstände und Schulden auszuweisen, **17** die dem Geschäft des Einzelkaufmanns gewidmet sind[36]. Dieser Grundsatz ist für das unter das PublG fallende Unternehmen eines Einzelkaufmanns in § 5 Abs. 4 PublG ausdrücklich festgestellt. Sind Einlagen eines Einzelkaufmanns durch private Schuldaufnahmen finanziert, so sollten diese als Schulden in die Bilanz aufgenommen werden[37]. Für Zweifelsfälle gilt die – widerlegbare – Vermutung des § 344 Abs. 1 HGB, dass Rechtsgeschäfte eines Kaufmanns zum Betrieb seines Handelsgewerbes gehören.

Bei **Personenhandelsgesellschaften** (OHG, KG) sind nur diejenigen Vermögensgegen- **18** stände zu bilanzieren, die bei wirtschaftlicher Betrachtung Gesellschaftsvermögen sind, auch wenn sie nicht betrieblich genutzt werden[38]. Vermögensgegenstände, die einzelnen Gesellschaftern gehören, dürfen daher grds. nicht bilanziert werden, auch nicht bei betrieblicher Nutzung und auch dann nicht, wenn sie einkommensteuerlich notwendiges Betriebsvermögen sind[39]. Als Schulden sind nur solche Schulden zu passivieren, die Gesamthandsverbindlichkeiten darstellen[40], d.h. im Namen der Gesellschaft begründet wurden. Verbindlichkeiten der Gesamthand gegenüber ihren Gesellschaftern sind als Fremdkapital zu behandeln, soweit sie nicht in vollem Umfang zur Verlustdeckung herange-

---

33 Die Bestimmungen des Handelsbilanz- und des Steuerrechts sollen sich insoweit inhaltlich entsprechen; vgl. Begr. Beschlussempfehlung und Bericht des Rechtsausschusses, BT-Drucks. 16/12407, S. 84.
34 Vgl. *Gelhausen/Fey/Kämpfer*, BilMoG, Kap. B, Rn. 4; *Kußmaul* in HdR[5], § 246, Rn. 14; *Merkt* in Baumbach/ Hopt, HGB[34], § 246, Rn. 13.
35 Vgl. *Gelhausen/Fey/Kämpfer*, BilMoG, Kap. B, Rn. 5; *Hoffmann/Lüdenbach*, Bilanzierung[2], § 246, Rn. 279; *Kußmaul* in HdR[5], § 246, Rn. 19; *Kußmaul/Gräbe*, S. 383 (385); *Merkt* in Baumbach/Hopt, HGB[34], § 246, Rn. 8; *Theile*, S. 42; *Engel-Ciric*, BRZ 2009, S. 445; *Van Hall* in Kessler/Leinen/Strickmann, Handbuch BilMoG[2], S. 134; *Velte*, StuW 2010, S. 93 (95).
36 Zur handelsrechtlichen Abgrenzung von Betriebs- und Privatvermögen vgl. *Leffson*, HURB, S. 337; ADS[6], § 246 HGB, Tz. 425; *Förschle/Kroner* in BeBiKo[7], § 246, Rn. 55; *Förschle/Kropp* in Budde/Förschle/Winkeljohann, Sonderbilanzen[4], Kap. B, Rn. 96 ff., 103 ff.; *Hoffmann/Lüdenbach*, Bilanzierung[2], § 246, Rn. 130 ff.
37 Vgl. ADS[6], § 246 HGB, Tz. 429; vgl. auch H Tz. 71.
38 Vgl. *IDW ERS HFA 7 n.F.*, Tz. 10; ADS[6], § 246 HGB, Tz. 432; *Förschle/Kroner* in BeBiKo[7], § 246 HGB, Rn. 63; a.A. *Schulze-Osterloh*, Personengesellschaft, S. 129 (134 ff.); zur Rechnungslegung bei Personenhandelsgesellschaften vgl. auch *Freidank/Eigenstätter*, S. 29 ff.
39 Vgl. aber zur Bilanzierung von quoad sortem (zur Nutzung und dem Werte nach) eingebrachten Vermögensgegenständen als Gesellschaftsvermögen; ADS[6], § 246 HGB, Tz. 439; *Reinhardt*, DStR 1991, S. 468 ff.; zum steuerlichen Betriebsvermögen (StB der Gesellschaft, Ergänzungsbilanzen, Sonderbilanzen) vgl. *Wacker* in Schmidt, L., EStG[30], § 15, Rn. 401, 460, 506; *Förschle/Kropp/Siemers* in Budde/Förschle/Winkeljohann, Sonderbilanzen[4], Kap. C, Rn. 163 ff.
40 Vgl. *IDW ERS HFA 7 n.F.*, Tz. 20; zur grundsätzlichen Passivierungspflicht von Rückstellungen für Pensionszusagen an Gesellschafter vgl. *IDW ERS HFA 7 n.F.*, Tz. 18.

E Für alle Kaufleute geltende Vorschriften zum Jahresabschluss

zogen werden können und im Konkurs- oder Liquidationsfall nicht nachrangig zu bedienen sind[41].

19 Zur Frage, ob es hinsichtlich der **Zurechenbarkeit** von Vermögensgegenständen und Schulden auf die tatsächlichen Kenntnisse des Kaufmanns ankommt oder auf die Kenntnis, die er bei Anwendung der Sorgfalt eines ordentlichen Kaufmanns hätte haben müssen, vgl. *Döllerer*, BB 1986, S. 97 ff. (zugleich Kritik des BFH-Urt. v. 23.05.1984, BStBl. II, S. 723).

a) Inventar und Inventur

20 Grundlage der Aufnahme von Vermögensgegenständen und Schulden in die Bilanz ist das **Inventar**. Jeder Kaufmann ist – soweit keine Befreiungsmöglichkeit nach § 241a HGB gegeben ist (vgl. Tz. 4) – verpflichtet, nicht nur bei Beginn seines Handelsgewerbes seine Grundstücke, seine Forderungen und Schulden, den Betrag seines baren Geldes sowie seine sonstigen Vermögensgegenstände genau zu verzeichnen (Inventar) und dabei den Wert der einzelnen Vermögensgegenstände anzugeben, sondern auch zum Ende jedes GJ wiederum eine **Inventur**[42] durchzuführen und ein Inventar aufzustellen (§ 240 Abs. 1 und 2 HGB). Zur körperlichen Bestandsaufnahme im Rahmen der einzelnen Inventurverfahren vgl. *IDW St/HFA 1/1990*.

21 Unter bestimmten Voraussetzungen sind Erleichterungen und Vereinfachungen zulässig[43]:

– **Festwertverfahren** für Vermögensgegenstände des Sachanlagevermögens sowie für Roh-, Hilfs- und Betriebsstoffe, sofern sie regelmäßig ersetzt werden, ihr Bestand in Größe, Wert und Zusammensetzung nur geringen Veränderungen unterliegt und ihr Gesamtwert für das Unternehmen von nachrangiger Bedeutung ist (§ 240 Abs. 3 S. 1 i.V.m. § 256 S. 2 HGB; vgl. Tz. 478)[44]; **Gruppenbewertung** für gleichartige Vermögensgegenstände des Vorratsvermögens und für andere gleichartige oder annähernd gleichwertige bewegliche Vermögensgegenstände und Schulden (§ 240 Abs. 4 i.V.m. § 256 S. 2 HGB)[45]. Die Gruppenbewertung dient der Vereinfachung der Bewertungsarbeiten und ist unabhängig davon, ob der Bestand mengenmäßig durch Zählen, Wiegen, Messen oder ein geeignetes Schätzverfahren aufgenommen wird. Voraussetzung ist, dass ein gewogener Durchschnittswert sachgerecht ermittelt werden kann[46]. Dieser ist bei der Bewertung anzuwenden. Wegen der für mittelgroße und große KapGes.

---

41 Vgl. *IDW ERS HFA 7 n.F.*, Tz. 13; WP Handbuch 2008 Bd. II, Kap. L, Tz. 308 ff.
42 Vgl. *Bäuerle*, BB 1986, S. 846 ff.; *Petersen/Zwirner* in BHdR, A 210 bis 230; *Hachmeister/Zeyer* in HdJ, Abt. I/14; *Küting/Leinen*, StuB 2000, S. 437 ff.; *Meyer zu Lösebeck*, WPg 1988, S. 153 ff., 201 ff.; *Quick*, S. 15 ff. m.w.N.; zur Inventur im Krankenhaus vgl. *Neubert/Schiller*, ZIR 1987, S. 160 ff.; wegen Aufnahmetechniken vgl. ferner *Harrmann*, DB 1984, S. 2377 ff.; wegen nur zweijähriger Inventur beim Wechsel der Aufnahmeverfahren *Janssen*, WPg 1978, S. 296 ff.; zur handelsrechtlichen Zulässigkeit der ausgeweiteten Stichtagsinventur vgl. ADS[6], § 240 HGB, Tz. 38 (i.d.R. zehn Tage vor und nach dem Stichtag).
43 Vgl. *Gans/Quick*, DStR 1995, S. 306 ff. und S. 1162 ff.
44 Zu den Anwendungsvoraussetzungen vgl. ADS[6], § 240 HGB, Tz. 75; *Winkeljohann/Philipps* in BeBiKo[7], § 240, Rn. 71; *Knop* in HdR[5], Rn. 54 ff.; *Hachmeister/Zeyer* in HdJ, Abt. I/14, Rn. 363 ff.; *Hoffmann/Lüdenbach*, Bilanzierung[2], § 240, Rn. 23 f.; krit. zum Festwertverfahren *Funk*, S. 73 ff.; hierzu auch *Bäcker*, DStZ 1989, S. 400 ff.; *Büttner/Wenzel*, DB 1992, S. 1893 ff.
45 Vgl. zum Anwendungsbereich und zu den Anwendungsvoraussetzungen im Einzelnen ADS[6], § 240 HGB, Tz. 118; *Hoffmann/Lüdenbach*, Bilanzierung[2], § 240, Rn. 34; *Streim* in BoHdR[2], § 240 HGB, Rn. 64 ff.; *Leffson*, HURB, S. 205 ff. und S. 216 ff.; *Winkeljohann/Philipps* in BeBiKo[7], § 240, Rn. 130; zur Anwendung der Gruppenbewertung bei Wertpapieren ferner *Knop* in HdR[5], § 240 HGB, Rn. 79 f.; zur Anwendung auf im Umlaufvermögen bilanzierte Grundstücke *Trappmann*, DB 1996, S. 391 f.; zur Gruppenbildung bei Gebäuden vgl. *IDW RS WFA 1*, Tz. 7 und 25.
46 Vgl. ADS[6], § 240 HGB, Tz. 129.

vorgeschriebenen Anhangangabe erheblicher Unterschiedsbeträge zu den Börsen- oder Marktpreisen vgl. F Tz. 739.
- **Stichprobeninventur** mit Hilfe anerkannter mathematisch-statistischer Verfahren unter Beachtung der GoB (§ 241 Abs. 1 HGB); vgl. *IDW St/HFA 1/1990*, Abschn. C IV sowie *IDW St/HFA 1/1981* mit Anm. zur alten Fassung von *Uhlig*, WPg 1981, S. 461 ff.[47];
- **Verzicht auf körperliche Bestandsaufnahme** zum Abschlussstichtag, wenn die Feststellung von Art, Menge und Wert der Vermögensgegenstände durch ein anderes, den GoB entspr. Verfahren gesichert ist, z.B. durch permanente Inventur (§ 241 Abs. 2 HGB)[48];
- **vor- oder nachverlegte Stichtagsinventur** (§ 241 Abs. 3 HGB)[49]. Voraussetzungen sind die Aufstellung eines besonderen Inventars und ein den GoB entspr. Fortschreibungs- oder Rückrechnungsverfahren.

Nach *IDW St/HFA 1/1990* sind Stichprobeninventur, permanente Inventur und zeitlich vor- oder nachverlegte Inventur allerdings nicht zulässig bei besonders **wertvollen Beständen** und Beständen mit **unkontrollierbarem Schwund**.

Wegen Besonderheiten der Inventur bei **automatisch gesteuerten Lagersystemen** vgl. *Stiegert*, WPg 1972, S. 213 f.; *Betriebswirtschaftlicher Ausschuss des Verbandes der Chemischen Industrie e.V.*, WPg 1972, S. 214 ff.; *AWV*, Sequentialtest; *IDW St/HFA 1/1990*, Abschn. D. II.[50]. Wegen Einzelheiten der systemgestützten Werkstattinventur vgl. *IDW St/HFA 1/1990*, Abschn. D. III.; ferner *AWV*, Anerkannte Methoden; *Bruse/Riedliger*, DB 1987, S. 2001 ff.[51]. Wegen Besonderheiten der **Kombination von Inventurverfahren** vgl. *IDW St/HFA 1/1990*, Abschn. D. I.; *Hachmeister/Zeyer* in HdJ, Abt. I/14, Rn. 250 ff.[52]

22

Von den **Steuerbehörden** wird grds. eine **jährliche körperliche Aufnahme** aller Gegenstände des **beweglichen AV** für notwendig erachtet (vgl. R 5.4 EStR 2008). In das danach anzufertigende Bestandsverzeichnis müssen (bis auf die nachfolgenden Ausnahmen) **sämtliche** Gegenstände des beweglichen AV aufgenommen werden, auch soweit sie bereits voll abgeschrieben sind. Die genaue Bezeichnung des Gegenstands und der Bilanzwert am Abschlussstichtag müssen aus ihm ersichtlich sein. **Geringwertige Anlagegüter** (§ 6 Abs. 2 S. 1 EStG), die sofort voll abgeschrieben worden sind, sind nur, wenn

23

---

47 Zu Fragestellungen aus dem Bereich der Stichprobeninventur vgl. *AWV*, Stichprobenverfahren; *AWV*, Permanente Inventur; *AWV*, Sequentialtests; *AWV*, Stichprobeninventur; *Weiss/Schmidt*, DB 1987, S. 2006 ff.; *Ibert*, WPg 1986, S. 467 ff.; *Broermann*; *Burkel*, BB 1987, S. 29 ff.; *Reinecke/Schmelter*, ZIR 1987, S. 41 ff.; *Bruse u.a.*, StBp. 1988, S. 101 ff. und 129 ff.; *Korn*, BB 1988, S. 2210 ff.; *Angele*; *Eckmann/Peters*, DB 1990, S. 1832 ff.; *Göbel*, WPg 1992, S. 677 ff.; *Jaspers*, DB 1995, S. 985 ff.; *Jaspers*, DB 2000, S. 2545 f.; *Gans/Quick*, DStR 1995, S. 1162 ff.; *Eckmann/Peters*, DB 1996, S. 488 ff.; *Jaspers*, WPg 2010, S. 692 ff.; *Quick* in Baetge/Kirsch/Thiele, Bilanzrecht, § 241 HGB, Rn. 11 ff.; *Hachmeister/Zeyer* in HdJ, Abt. I/14, Rn. 204 ff.; wegen umfangreicher älterer Literatur siehe WP Handbuch 1992 Bd. I, Fn. 34 zu Kap. E, Tz. 15.

48 Vgl. hierzu *IDW St/HFA 1/1990*, Abschn. C. III.; ADS[6], § 241 HGB, Tz. 19; *Hoffmann/Lüdenbach*, Bilanzierung[2], § 241, Rn. 16 ff.; *Quick* in Baetge/Kirsch/Thiele, Bilanzrecht, § 241 HGB, Rn. 41 ff.; *Weiss/Heiden* in HdR[5], § 241 HGB, Rn. 38 ff.

49 Vgl. *IDW St/HFA 1/1990*, Abschn. C. II.; ADS[6], § 241 HGB, Tz. 32; *Hoffmann/Lüdenbach*, Bilanzierung[2], § 241, Rn. 20 ff.; *Winkeljohann/Philipps* in BeBiKo[7], § 241, Rn. 50; *Weiss/Heiden* in HdR[5], § 241 HGB, Rn. 25 ff.

50 Vgl. ferner *Weiss/Heiden* in HdR[5], § 241 HGB, Rn. 49 ff.; *Horchler*, WPg 1977, S. 58 ff.; *Kraushaar/Müller*, WPg 1979, S. 7 ff.; *Martienß*, ZfB 1980, S. 47 ff.; *Plüschke/Zimmermann*, WPg 1981, S. 317 ff.; *Petersen/Zwirner* in BHdR, A 220, Rn. 110 ff.

51 Zur warenwirtschaftssystem-gestützten Inventur vgl. *Hachmeister/Zeyer* in HdJ, Abt. I/14, Rn. 200 ff.; *Quick* in Baetge/Kirsch/Thiele, Bilanzrecht, § 241 HGB, Rn. 57 ff.

52 Vgl. zur Kombination der Stichprobeninventur mit „traditionellen" Inventurvereinfachungsverfahren *Jaspers*, BB 1996, S. 45 ff.

deren Wert 150 € übersteigt, in ein besonderes, laufend zu führendes Verzeichnis aufzunehmen; das Verzeichnis braucht nicht geführt zu werden, wenn diese Angaben aus der Buchführung ersichtlich sind (ein gesonderter Bilanzausweis ist nicht erforderlich)[53]. Anlagegüter, die in einem **Sammelposten** erfasst werden (§ 6 Abs. 2a EStG), sind ebenfalls nicht in das jährliche Bestandsverzeichnis aufzunehmen[54]. Des Weiteren brauchen auch Gegenstände des beweglichen AV, die zulässigerweise mit dem **Festwert** angesetzt worden sind, nicht in das jährliche Bestandsverzeichnis aufgenommen zu werden[55]. Grds. brauchen Gegenstände, die eine **geschlossene Anlage** bilden (z.B. die einzelnen Teile eines Hochofens, einer Breitbandstraße sowie ihr Zubehör, die Überlandleitungen einschließlich der Masten usw. eines Elektrizitätswerks), nicht mit ihren einzelnen Teilen aufgenommen zu werden, sondern können als Gesamtanlage eingetragen werden, vorausgesetzt, dass eine einheitliche AfA auf die Gesamtanlage vorgenommen wird. Gegenstände der **gleichen Art**, die im gleichen Zeitraum angeschafft worden sind, die gleiche Nutzungsdauer und gleiche Anschaffungskosten haben und nach der gleichen Methode abgeschrieben werden, können unter Angabe der Stückzahl im Bestandsverzeichnis zusammengefasst werden (R 5.4 Abs. 2 EStR 2008).

24 Eine **jährliche körperliche Bestandsaufnahme** kann für steuerliche Zwecke **unterbleiben**, wenn ein fortlaufendes Bestandsverzeichnis geführt wird, in das jeder Zugang und jeder Abgang laufend eingetragen werden und das die Ermittlung der am Abschlussstichtag vorhandenen Gegenstände erlaubt. Das Bestandsverzeichnis, das auch in Form einer Anlagenkartei geführt werden kann, muss den Tag des Zugangs, die Höhe der AHK, die Höhe des Bilanzwerts zum Abschlussstichtag und den Tag des Abgangs enthalten. Auf die gesonderte Angabe des Bilanzwerts kann unter bestimmten Voraussetzungen verzichtet werden (R 5.4 Abs. 4 EStR 2008). Daneben kann das FA weitere Erleichterungen bewilligen (R 5.4 Abs. 5 EStR 2008).

25 An die Bestandsaufnahme des **Vorratsvermögens** werden nach R 5.3 EStR 2008 grds. die gleichen Anforderungen wie nach dem HGB gestellt. Die Warenbestandsaufnahme muss die Gewähr der vollständigen Erfassung der Bestände und die Möglichkeit der Kontrolle bieten[56]. Die Bewertung muss nachgeprüft werden können. Unangemessene Anforderungen dürfen jedoch nicht gestellt werden. Der Bestand an Betriebsstoffen kann u.U. geschätzt werden[57].

26 Die Bestandsaufnahme braucht nicht am Abschlussstichtag, sondern kann durch **vor- oder nachverlegte** (zeitverschobene) **Stichtagsinventur** oder **permanente Inventur** durchgeführt werden. Beide Formen der Inventur setzen die Erstellung eines besonderen Inventars voraus. Die Anforderungen an das besondere Inventar gehen aus R 5.4 Abs. 2 EStR 2008 hervor. Auch bei permanenter Inventur ist in jedem WJ eine körperliche Aufnahme erforderlich[58]. Für besonders wertvolle Wirtschaftsgüter und für Bestände, bei denen durch Schwund, Verdunsten usw. unkontrollierbare Abgänge eintreten, die nicht annähernd zutreffend geschätzt werden können, sind die permanente Inventur und die vor- oder nachverlegte Inventur nicht zulässig (R 5.3 Abs. 3 EStR 2008).

---

53 § 6 Abs. 2 S. 4 f. EStG, R 5.4 Abs. 1 S. 3 EStR 2008.
54 R 5.4 Abs. 1 S. 3 EStR 2008.
55 R 5.4 Abs. 1 S. 3 EStR 2008, vgl. auch Abs. 3.
56 Vgl. BFH v. 06.12.1955, BStBl. III 1956, S. 82.
57 Vgl. BFH v. 21.05.1957, BStBl. III, S. 237.
58 Vgl. R 5.3 Abs. 1 EStR 2008, H 5.3 EStH 2009.

b) Bilanzierbarkeit

In der Bilanz dürfen nur **Vermögensgegenstände** bilanziert werden, die nach den handelsrechtlichen Grundsätzen (Einzelveräußer- bzw. -verwertbarkeit) bilanzierbar sind und die nicht einem ausdrücklichen Bilanzierungsverbot unterliegen[59]. Bei wem Bilanzierbarkeit vorliegt, richtet sich im Zweifel nicht nach dem rechtlichen Eigentumsbegriff, sondern nach der wirtschaftlichen Zugehörigkeit (§ 246 Abs. 1 S. 2 HGB)[60]. Mit schuldrechtlicher Rückwirkung auf einen in zurückliegenden GJ liegenden Zeitpunkt geschlossene Verträge[61] betreffen nicht die dingliche Rechtsstellung und auch nicht das wirtschaftliche Eigentum zum (zurückliegenden) Abschlussstichtag. Solche rückwirkenden Verträge können nur schuldrechtliche Ausgleichsansprüche begründen. Davon abzugrenzen ist die zugelassene Rückwirkung bei Gesamtrechtsnachfolge[62].

Bilanzierbare **Schulden** liegen vor, wenn eine Inanspruchnahme aus quantifizierbaren rechtlichen, wirtschaftlichen oder faktischen Verpflichtungen sicher oder wahrscheinlich[63] erscheint und die Verpflichtung eine wirtschaftliche Belastung des Bilanzierenden darstellt[64] (vgl. Tz. 149 ff.). Nach § 246 Abs. 1 S. 3 HGB hat der Schuldner seine Schulden in der Bilanz anzusetzen. Schuldner im bilanzrechtlichen Sinne ist im Regelfall der rechtlich Verpflichtete; es kann jedoch zu einer davon abweichenden Passivierungspflicht kommen, z.B. im Fall von Treuhandverhältnissen[65].

Schwebende, beiderseits noch nicht erfüllte Geschäfte[66] sind nicht bilanzierungspflichtig, solange und soweit sich Anspruch und Verpflichtung ausgleichen; zur Angabepflicht nach § 285 Nr. 3a HGB vgl. F Tz. 783. Voraussehbare Verluste sind im Rahmen der Bewertung der eigenen Leistungen oder durch die Bildung von Rückstellungen zu berücksichtigen (vgl. Tz. 150). Noch nicht verwirklichte Gewinne sind nach § 252 Abs. 1 Nr. 4 zweiter Hs. HGB grds. nicht aktivierbar[67]; die Gewinnrealisierung tritt i.d.R. erst ein, wenn unter Berücksichtigung der bürgerlich-rechtlichen Vorschriften die geschuldete Leistung an den Gläubiger bewirkt wurde[68].

---

59 Vgl. im Einzelnen ADS[6], § 246 HGB, Tz. 20 bis 26.

60 Vgl. ADS[6], § 246 HGB, Tz. 190 und 260; *Gelhausen/Fey/Kämpfer*, BilMoG, Kap. B, Rn. 8 ff.; *Förschle/Kroner* in BeBiKo[7], § 246, Rn. 5; *Henckel/Krenzer*, StuB 2009, S. 492 ff.; *Hoffmann/Lüdenbach*, Bilanzierung[2], § 246, Rn. 147; *Lutz/Schlag* in HdJ, Abt. I/4, Rn. 85; *Kußmaul* in HdR[5], § 246 HGB, Rn. 7; zur Frage der steuerlichen Zurechnung vgl. § 39 AO; BFH v. 27.09.1988, BStBl. II 1989, S. 414; *Weber-Grellet* in Schmidt, L., EStG[30], § 5, Rn. 150 ff.; zum Gleichlauf der handels- und der steuerrechtlichen Vorschriften zweifelnd *Herzig/Briesemeister*, WPg 2010, S. 76 f.; zum Übergang des wirtschaftlichen Eigentums bei Sale-and-Buy-Back-Geschäften, vertraglichen Nebenabreden und gesellschaftsrechtlichen Gestaltungen vgl. *IDW ERS HFA 13*.

61 Zu rückwirkenden Verträgen *Gross*, Kaufverträge, S. 253 (263 ff.).

62 Vgl. zur Übernahmebilanzierung bei Umwandlungen *Förschle/Hoffmann* in Budde/Förschle/Winkeljohann, Sonderbilanzen[4], Kap. K, Rn. 15.

63 Zum Grad der wahrscheinlichen Inanspruchnahme vgl. *Moxter*, BB 1998, S. 2464 ff.

64 Vgl. ADS[6], § 246 HGB, Tz. 103; *Baetge*, Passivierungsgrundsatz, S. 27 ff.; *Lutz/Schlag* in HdJ, Abt. I/4, Rn. 124 ff.; hierzu auch *Böcking*, S. 33 ff.

65 Vgl. *Gelhausen/Fey/Kämpfer*, BilMoG, Kap. B, Rn. 20 ff.

66 Vgl. *IDW RS HFA 4*, Tz. 2 ff.; *Bieg; Friederich*, mit umfassendem Literaturnachweis; *Vellguth; Crezelius*, S. 81 ff.; *Woerner*, BB 1988, S. 769 ff.; *Woerner*, Der schwebende Vertrag, S. 33 ff.; *Nieskens*, FR 1989, S. 537 ff.; vgl. ferner steuerlich *Bauer; Gerlt; Weber-Grellet* in Schmidt, L., EStG[30], § 5, Rn. 76 m.w.N.; *Günkel* in WP-HdU[3], B Rn. 200; *Rade/Stobbe* in HHR, EStG/KStG, § 5 EStG, Rn. 1850; *Hoffmann* in Littmann, EStG, §§ 4, 5, Rn. 890b.

67 Vgl. *Vellguth*, S. 31 ff.; *Leffson*, GoB[7], S. 247 ff.; *Friederich*, S. 47; ADS[6], § 246 HGB, Tz. 186, ADS[6], § 252 HGB, Tz. 82; *Gelhausen, Biener, Berneke*, BiRiLiG, Erl. zu § 246 HGB, S. 66 ff.; *Siegel*, S. 585 ff.; einen Literaturüberblick gibt *Kußmaul* in HdR[5], § 246 HGB, Rn. 11; zu Wärmelieferungsverträgen *Mellwig/Hastedt*, DB 1992, S. 1589 (1592 ff.); wegen langfristiger Fertigung vgl. Tz. 317; steuerlich *Weber-Grellet* in Schmidt, L., EStG[30], § 5, Rn. 78, 608.

68 Vgl. BFH v. 08.12.1982, BStBl. II 1983, S. 369; BFH v. 02.03.1990, BStBl. II, S. 733; BFH v. 07.07.1992, BFH/NV 1993, S. 461.

29 **Miet- und Pachtverträge**[69] sind als solche nicht zu bilanzieren. Aus diesen Verträgen resultierende Pacht- und Mietvorauszahlungen sind in die Bilanz einzustellen. Ist die Gesellschaft Vermieter, so ist für erhaltene Mietvorauszahlungen i.d.R. ein Ausweis unter den RAP geboten[70]. Die passivierten Vorauszahlungen sind in Höhe des im GJ jeweils auf sie entfallenden Mietanteils zu tilgen. Zur Bilanzierung des Erbbaurechts vgl. F Tz. 240.

30 Errichtete Bauwerke oder sonstige Anlagen kann der **Pächter** aktivieren und bis zum entschädigungsfreien Anfall an den Verpächter laufend abschreiben[71]; in wesentlichen Fällen ist eine Kennzeichnung des fremden Eigentums angebracht. Zur Behandlung von Ein- und Umbauten des Mieters oder Pächters in der StB vgl. Tz. 516. Erneuerungsverpflichtungen sowie Verpflichtungen zur Rückgabe des eisernen Bestands i.S.d. Pachtrechts (§ 587 BGB) sind beim Pächter ggf. unter den Passiven zu berücksichtigen. Zur Bilanzierung der sog. Substanzerhaltungspflicht bei Pachtverträgen vgl. steuerlich *Weber-Grellet* in Schmidt, L., EStG[30], § 5, Rn. 702 mit Nachweisen der BFH-Rechtsprechung; *Rosenberg* in HHR, EStG/KStG, § 5 EStG, Rn. 1404[72].

31 Bei Vorliegen von Leasingverträgen[73] richtet sich die Bilanzierung danach, ob das wirtschaftliche Eigentum beim Leasingnehmer oder beim Leasinggeber liegt. Das wirtschaftliche Eigentum liegt beim **Leasingnehmer**, wenn von vornherein ein Eigentumsübergang nach Ablauf der Mietzeit vereinbart ist (sog. Mietkauf-Verträge; Behandlung wie Ratenkauf-Verträge). Wirtschaftliches Eigentum des Leasingnehmers wird ferner angenommen werden können, wenn ihm der Leasinggegenstand steuerlich zugerechnet wird (vgl. Tz. 34)[74]. Zur Bilanzierung beim Leasingnehmer vgl. im Einzelnen *Gelhausen/Weiblen* in HdJ, Abt. I/5, Rn. 165 ff.; zu Sale-and-Lease-Back vgl. *IDW ERS HFA 13 n.F.*, Tz. 70 ff.

32 Beim **Anlagen-Contracting** betreibt der Contractor im eigenen Namen eine Anlage zur Energieerzeugung auf dem Gelände oder in der näheren Umgebung der Produktionsstätten des Contracting-Nehmers. Gleichzeitig wird ein Energieliefervertrag mit einer festen Laufzeit zwischen den beiden Vertragsparteien abgeschlossen, wobei es unter wirtschaftlicher Betrachtungsweise sachgerecht sein kann, den Vertrag in die beiden Komponenten Energielieferung und Nutzungsüberlassung der Anlage (Leasingverhältnis) aufzuspalten. Wird die Anlage rechtlich oder faktisch für die Dauer des Energieliefervertrags (fast) ausschließlich für den Contracting-Nehmer eingesetzt, kann dies ein Indiz für das Vorliegen eines gesondert zu betrachtenden Leasingverhältnisses sein. Die Finanzverwaltung hat die Anwendbarkeit der Leasingerlasse auf Contractingverhältnisse bereits mehrfach explizit verneint, da beim Anlagen-Contracting nicht der Vermögensge-

---

69 Vgl. ADS[6], § 246 HGB, Tz. 183, sowie ADS[6], § 266 HGB, Tz. 44; *Heitmüller/Hellen* in HdR[5], Kap. 6, Rn. 101 ff.; *Mittelbach; Knoppe*. Wegen Anhangangaben nach § 285 Nr. 3a HGB bei KapGes. sowie ihnen gleichgestellten Personenhandelsgesellschaften i.S.d. § 264a HGB vgl. F Tz. 789.

70 Vgl. ADS[6]. § 266 HGB, Tz. 63.

71 Vgl. zu den Voraussetzungen für die Annahme wirtschaftlichen Eigentums aufgrund schuldrechtlicher Vereinbarungen BGH v. 06.11.1995, DB 1996, S. 155 (auf gemietetem Grundstück errichtetes Gebäude); ADS[6], § 246 HGB, Tz. 398; *Ekkenga*, ZGR 1997, S. 262; *Kusterer*, DStR 1996, S. 438; *Kupsch*, BB 1981, S. 212 ff.; *Crezelius*, DB 1983, S. 2019 ff.; *Dusemond/Heusinger-Lange/Knop* in HdR[5], § 266 HGB, Rn. 27 ff.; *Kozikowski/Roscher/Schramm* in BeBiKo[7], § 253, Rn. 428.

72 Vgl. im Übrigen und zur Bilanzierung bei der Verpachtung von ganzen Betrieben *Knoppe*; RdVfg. OFD Kiel v. 07.12.1988, DStR 1989, S. 470 (zur Substanzerhaltung); Vfg. OFD Hannover v. 11.09.1985, StEK § 5 EStG, Rückst. Nr. 95.

73 Vgl. *Forster*, S. 147 ff.; *Gelhausen/Weiblen* in HdJ, Abt. I/5; *Hoffmann/Lüdenbach*, Bilanzierung[2], § 246, Rn. 166 ff.; *Tacke*, Leaseuropa (Europäische Vereinigung der Verbände von Leasinggesellschaften)/Coopers & Lybrand; *Heurung/Sabel* in BHdR, B 710; *Eckstein/Feinen* (Hrsg.); *Hennrichs* in MünchKomm. AktG[2], § 246 HGB, Rn. 162 ff. Zu den rechtlichen Grundlagen vgl. *Flume*, DB 1991, S. 265 ff.; *Zahn*, DB 1992, S. 2482 und S. 2537.

74 Vgl. krit. *Kühne/Melcher*, DB 2009, Beilage 5, S. 15(18); *Lüdenbach/Hoffmann*, StuB 2009, S. 287 (289 f.)

Bilanzierungsgrundsätze E

genstand selbst zur Nutzung überlassen wird, sondern dem Contracting-Nehmer lediglich die mit der Anlage erzeugte Energie zur Verfügung gestellt wird.[75] Für handelsrechtliche Zwecke ist das wirtschaftliche Eigentum an der Anlage anhand allgemeiner Grundsätze zu beurteilen.[76]

Die meisten Leasingverträge sind so abgefasst, dass die Frage der Zurechenbarkeit zum Leasingnehmer verneint werden kann oder doch sehr zweifelhaft ist. Es ist inzwischen allgemeine handelsrechtliche Übung, in Fällen, in denen nach den steuerlichen Erlassen das wirtschaftliche Eigentum des Leasingnehmers verneint wird, grds. von einer Bilanzierung beim Leasingnehmer Abstand zu nehmen[77]; die entspr. Vermögensgegenstände verbleiben in der Bilanz des **Leasinggebers**. Auch das Gesetz geht offensichtlich davon aus, wenn es für den Anh. der KapGes. die Angabe von aus der Bilanz nicht ersichtlichen finanziellen Verpflichtungen fordert (§ 285 Nr. 3a HGB) und aus der Begr. erkennbar ist, dass darunter auch Verpflichtungen aus Leasingverträgen fallen können (siehe hierzu F Tz. 783). Grundsätze für die Bilanzierung beim Leasinggeber enthält die *IDW St/HFA 1/ 1989*[78]. Danach ist das Leasingvermögen i.d.R. dem AV zuzuordnen und dort gesondert auszuweisen[79]. Es ist mit den *AHK* AHK anzusetzen und planmäßig sowie ggf. außerplanmäßig abzuschreiben; sog. Vertragsbeschaffungskosten sind nicht aktivierbar. Die Stellungnahme enthält darüber hinaus weitere Maßgaben zur planmäßigen (Beginn, Methodenwahl) und außerplanmäßigen Abschreibung, zur ertragswirksamen Vereinnahmung von Leasingentgelten[80], zur Risikovorsorge und zur Behandlung von Erlösen aus dem Verkauf zukünftig fälliger Leasingraten an Dritte (Forfaitierung)[81]. 33

Steuerlich ist die Bilanzierung von Leasingverträgen in vier sog. Leasingerlassen geregelt. Zwei grundlegende Erlasse betreffen die Bilanzierung von Vollamortisationsverträgen (Finanzierungs-Leasing im steuerlichen Sinne) über bewegliche Wirtschaftsgüter (BMF-Schreiben v. 19.04.1971, BStBl. I, S. 264) und über unbewegliche Wirtschaftsgüter 34

---

75 Vgl. FinMin. Schleswig-Holstein v. 13.09.2005; FinMin Berlin v. 22.05.2006; OFD Koblenz v. 13.01.2006.
76 Vgl. ADS[6], § 246 HGB, Tz. 262 ff.
77 Vgl. Begr. RegE BilMoG, BT-Drucks. 16/10067, S. 47; *Gelhausen/Fey/Kämpfer*, BilMoG, Kap. B, Rn. 11; ADS[6], § 246 HGB, Tz. 392; *Förschle/Kroner* in BeBiKo[7], § 246, Rn. 37; *Grewe*, WPg 1990, S. 161 ff.; teilw. krit. *Stobbe*, BB 1990, S. 518 ff.
78 Vgl. mit Anm. hierzu *Grewe*, WPg 1990, S. 161 ff.; zur Bilanzierung beim Leasinggeber im Einzelnen ferner *Gelhausen/Weiblen* in HdJ, Abt. I/5, Rn. 47 ff.; zur vorzeitigen Kündigung vgl. *Bähr/Weigell*, DB 1989, S. 1633 ff.
79 Vgl. *Gelhausen/Weiblen* in HdJ, Abt. I/5, Rn. 73 f.; *Dusemond/Heusinger-Lange/Knop* in HdR[5], § 266 HGB, Rn. 39, 58.
80 Zur ertragswirksamen Abgrenzung von Leasingraten, auch beim Leasingnehmer, vgl. grundlegend *Forster*, S. 147 ff.; *Gelhausen/Weiblen* in HdJ, Abt. I/5, Rn. 83 ff., sowie ADS[6], § 250 HGB, Tz. 121; hierzu auch *Hastedt*. Zur Vereinnahmung bei Cross-Border-Leasing (auch Lease-In-Lease-Out-Transaktionen) vgl. *Gelhausen/Weiblen* in HdJ, Abt. I/5, Rn. 142 ff.; teils abw. *Roß/Drögemüller*, WPg 2002, S. 185 (187 f.); ferner *Biagosch*, DB 1998, Beilage 6, S. 7 ff.; *Henkenborn*, S. 123 ff.; *Völker*, WPg 2002, S. 669 ff.; *Pschera/Hödl-Adick*, KStZ 2002, S. 210 ff.; *Sester*, WM 2005, S. 1833 ff.; steuerlich Verfügung der OFD Hannover v. 30.11.1998, DB 1999, S. 71; Erl. SenFin v. 22.04.1999, DB, S. 1631.
81 Vgl. ADS[6], § 250 HGB Tz. 138; *Gelhausen/Weiblen* in HdJ, Abt. I/5, Rn. 108 ff.; *Heitmüller/Hellen* in HdR[5], Kap. 6, Rn. 182 ff.; *Hoffmann/Lüdenbach*, Bilanzierung[2], § 246, Rn. 188; *Grewe*, WPg 1990 S. 161 ff.; *Liß-mann*, DB 1991 S. 1479; *Haarmann*, S. 321 ff.; *Blauberger*, DStR 1994 S. 148; *Bink*, StBp. 1994 S. 193; *Lemm*, StBp. 1995 S. 37 f.; steuerrechtlich vgl. Tz. 45. Zur Refinanzierung mittels ABS-Transaktionen vgl. *IDW RS HFA 8*; *Gelhausen/Weiblen* in HdJ, Abt. I/5, Rn. 108; vgl. auch Tz. 58.

(BMF-Schreiben v. 21.03.1972, BStBl. I, S. 188)[82]. Zwei weitere Erlasse regeln die Bilanzierung von Teilamortisationsverträgen (BMF-Schreiben v. 22.12.1975, DB 1976, S. 172, über bewegliche Wirtschaftsgüter und v. 23.12.1991, BStBl. I 1992, S. 13, über unbewegliche Wirtschaftsgüter).

35 Grds. gilt für alle Fälle des Finanzierungs-Leasings (sog. **Vollamortisationsverträge** = während einer unkündbaren Grundmietzeit sind Raten in einer Höhe zu entrichten, die mindestens die AHK sowie alle Nebenkosten des Leasinggebers decken) über **bewegliche Wirtschaftsgüter** folgendes Zurechnungsschema:

Grundmietzeit in v.H. der betriebsgewöhnlichen Nutzungsdauer	Zurechnung zum
< 40	Leasingnehmer
40 – 90	Leasinggeber
> 90	Leasingnehmer

36 Als **betriebsgewöhnliche Nutzungsdauer** i.S.d. Leasingerlasse ist grds. der in den amtlichen AfA-Tabellen angegebene Zeitraum zugrunde zu legen[83]. Für handelsrechtliche Zwecke ist hierbei jedoch zu beachten, dass die amtlichen AfA-Tabellen die technische Nutzungsdauer der Vermögensgegenstände erfassen. Für handelsrechtliche Zwecke ist jedoch auf die voraussichtliche wirtschaftliche Nutzungsdauer abzustellen[84]. Sofern Anhaltspunkte dafür vorliegen, dass die in den amtlichen AfA-Tabellen angegebene Nutzungsdauer von der tatsächlichen wirtschaftlichen Nutzungsdauer des Vermögensgegenstandes abweicht, ist für das Verhältnis von Grundmietzeit zu betriebsgewöhnlicher Nutzungsdauer auf die abweichende wirtschaftliche Nutzungsdauer abzustellen. Bei gebrauchten Vermögensgegenständen ist zudem der bisherige Nutzungszeitraum bei der Bestimmung der Restnutzungsdauer zu berücksichtigen.

37 Handelt es sich um Verträge mit **Kaufoption** oder **Mietverlängerungsoption**, so ist die Zurechnung bei einer Grundmietzeit von 40 v.H. bis 90 v.H. der betriebsgewöhnlichen Nutzungsdauer auch noch von der Höhe des Options-Kaufpreises bzw. der Anschlussmiete abhängig; für die Zurechnung gilt folgendes Schema:

---

82   Vgl. BFH-Urt. v. 26.01.1970, BStBl. II, S. 264; dem folgend für Immobilien BFH-Urt. v. 30.05.1984, BStBl. II, S. 825; BFH v. 08.08.1990, BStBl. II 1991, S. 70; vgl. zur Bewertung bei Zurechnung zum Leasingnehmer im Übrigen auch BMF-Schr. v. 19.03.1973, BB, S. 506, DB, S. 798 (Höhe des Zinssatzes bei der Aufteilung der Leasing-Raten in einen Zins- und Kostenanteil sowie in einen Tilgungsanteil); BMF-Schr. v. 13.12.1973, BB, S. 1616 und DB, S. 2485 (Aufteilung der Leasing-Raten in einen Zins- und Kostenanteil sowie in einen Tilgungsanteil); BMF-Schr. v. 12.12.1974, BB 1975, S. 23 und FR 1975, S. 64 (Anschaffungskosten beim Mobilien-Leasing – Steuerliche Behandlung der Nebenkosten); BMF-Schr. v. 09.06.1987, BStBl. I, S. 440 (Betriebsgewöhnliche Nutzungsdauer und RBW bei Wirtschaftsgebäuden; zur Absenkung der Abschreibung von 4 v.H. auf 3 v.H. durch das StSenkG und dem sich daraus ergebenden Absetzungszeitraum von 33 Jahren und 4 Monaten siehe BMF-Schr. v. 10.09.2002, DB, S. 2245). Zur einheitlichen Beurteilung der Zurechnungsfrage durch die zuständigen Finanzämter vgl. BMF-Schr. v. 22.12.1975, EStK, § 4 EStG 1.1; *Weber-Grellet* in Schmidt, L., EStG[30], § 5, Rn. 721 m.w.N.
83   Vgl. BMF-Schr. v. 19.04.1971, BStBl. I, S. 264.
84   Vgl. *IDW*, FN-IDW 2001, S. 449.

Bilanzierungsgrundsätze E

Kaufoption Restbuchwert bzw. niedrigerer gemeiner Wert im Zeitpunkt der Veräußerung	Mietverlängerungsoption Wertverzehr für den Zeitraum der Anschlussmiete	Zurechnung zum
≤ Kaufpreis	≤ Summe der Anschlussmieten	Leasinggeber
> Kaufpreis	> Summe der Anschlussmieten	Leasingnehmer

Wertverzehr ist der Betrag, der sich auf Basis des RBW bzw. des niedrigeren gemeinen Wertes und der Restnutzungsdauer lt. AfA-Tabelle ergibt. Der RBW wird unter Anwendung linearer AfA nach den amtl. AfA-Tabellen ermittelt. **38**

Bei den **Spezial-Leasing**-Verträgen, d.h. Verträgen über Gegenstände, die speziell auf die Verhältnisse des Leasingnehmers zugeschnitten sind und später anderweitig nicht wirtschaftlich sinnvoll verwendet werden können (in der Praxis kaum anzutreffen), findet stets eine Zurechnung zum Leasingnehmer statt.

Bei Finanzierungs-Leasing-Verträgen über **unbewegliche Wirtschaftsgüter** sind die Zurechnungskriterien für Gebäude sowie für Grund und Boden getrennt zu prüfen[85]. **39**

Der **Grund und Boden** ist – auch im Falle des Spezial-Leasings – grds. dem Leasinggeber zuzurechnen. Nur bei Vorliegen einer Kaufoption (nicht so bei der Mietverlängerungsoption) richtet sich die Zurechnung von Grund und Boden nach der Zurechnung des Gebäudes.

Für **Gebäude** gilt grds. folgendes Zurechnungsschema:

Grundmietzeit in v.H. der betriebsgewöhnlichen Nutzungsdauer bzw. ggf. eines kürzeren Erbbaurechtszeitraumes	Zurechnung zum
< 40	Leasingnehmer
40 – 90	Leasinggeber
> 90	Leasingnehmer

Sofern die AfA für das Gebäude nach § 7 Abs. 4 S. 1 Nr. 1 EStG bemessen wird, gilt als betriebsgewöhnliche Nutzungsdauer ein Zeitraum von 33 Jahren und 4 Monaten (vgl. BMF-Schreiben v. 10.09.2002, DB, S. 2245).

Bei Verträgen mit **Kauf- oder Mietverlängerungsoption** ist die Zurechnung im Falle einer Grundmietzeit von 40 v.H. bis 90 v.H. der betriebsgewöhnlichen Nutzungsdauer bzw. ggf. eines kürzeren Erbbaurechtszeitraumes auch noch von der Höhe des Options-Kaufpreises bzw. der Anschlussmiete abhängig; für die Zurechnung gilt folgendes Schema: **40**

---
[85] Siehe dazu *Gabele/Kroll*, DB 1991, S. 241 ff.

Kaufoption Gesamtbuchwert bzw. niedrigerer gemeiner Wert des Grundstücks im Zeitpunkt der Veräußerung	Mietverlängerungsoption 75 v.H. des üblicherweise für ein nach Art, Lage und Ausstattung vergleichbares Grundstück zu zahlenden Mietentgeltes	Zurechnung zum
≤ Gesamtkaufpreis	< Anschlussmiete	Leasinggeber
> Gesamtkaufpreis	≥ Anschlussmiete	Leasingnehmer

Bei der Ermittlung des Gesamtbuchwerts des Grundstücks ist der RBW des Gebäudes unter Anwendung der linearen AfA zu ermitteln.

41 Bei **Spezial-Leasing**-Verträgen (vgl. Tz. 38) ist das Gebäude stets dem Leasingnehmer zuzurechnen.

42 Soweit steuerlich kein Finanzierungs-Leasing vorliegt (bei sog. Non-pay-out- oder **Teilamortisationsverträgen**, bei denen die vereinbarten Leasing-Raten regelmäßig nur einen Teil der AHK des Leasinggebers decken – in der Praxis dürften diese Verträge sowohl beim Mobilien- als auch beim Immobilien-Leasing überwiegen), ist die Zurechnung durch die BMF-Schreiben v. 22.12.1975, DB 1976, S. 172 (zu beweglichen Wirtschaftsgütern), und BMF-Schreiben v. 23.12.1991, BStBl. I 1992, S. 13 (zu unbeweglichen Wirtschaftsgütern) geregelt[86].

43 Danach ist die Zurechnung von **beweglichen Leasinggegenständen** grds. nach den allgemeinen Prinzipien zu entscheiden, wonach z.B. in Fällen einer 90% der betriebsgewöhnlichen Nutzungsdauer überschreitenden Grundmietzeit eine Zurechnung zum Leasingnehmer geboten ist[87]. Von besonderer Bedeutung ist in diesen Fällen die Verteilung der Chancen und Risiken aus der Verwertung des Leasinggegenstands nach Ablauf der Mietzeit; bei Andienungsrecht seitens des Leasinggebers ohne Kaufoption des Leasingnehmers oder bei Aufteilung eines Mehrerlöses aus der Verwertung durch den Leasinggeber im Verhältnis von (mind.) 25% für den Leasinggeber und (höchstens) 75% für den Leasingnehmer erfolgt Zurechnung beim Leasinggeber[88].

44 Bei **unbeweglichen Leasinggegenständen** wird für die Zurechnung auf das Gebäude abgestellt. Die Beurteilung der Zurechnung von Grund und Boden folgt grds. der des Gebäudes. Das Gebäude ist bei einer Grundmietzeit bis 90% der betriebsgewöhnlichen Nutzungsdauer grds. dem Leasinggeber zuzurechnen. Ausnahmen (Zurechnung zum Leasingnehmer) gelten bei Spezial-Leasing (vgl. Tz. 38) sowie bei

– Verträgen mit einer Grundmietzeit von mehr als 90% der betriebsgewöhnlichen Nutzungsdauer (entspr. dem Finanzierungs-Leasing, vgl. Tz. 39) oder
– Verträgen mit Kauf- oder Mietverlängerungsoption (unabhängig von der Grundmietzeit) bei zu niedrigem Kaufpreis oder zu niedriger Anschlussmiete (ebenfalls

---

86 Vgl. *Zahn*, DB 1992, S. 2482; *Kaligin*, DStZ 1985, S. 235; *Meier, N.*, FR 1986, S. 137; *Schulz*, BB 1986 S. 2173; *Weber-Grellet* in Schmidt, L., EStG³⁰, § 5, Rn. 724 ff. m.w.N.
87 Vgl. *Gelhausen/Weiblen* in HdJ, Abt. I/5, Rn. 35.
88 Vgl. BMF-Schr. v. 22.12.1975, DB 1976, S. 173. Zur Rückstellung bei Rückzahlungspflichten des Leasinggebers am Ende der Vertragslaufzeit vgl. BFH-Urt. v. 15.04.1993, FR, S. 838 ff.; *Böcking*, ZfbF 1989, S. 491; *Kozikowski/Schubert* in BeBiKo⁷, § 249, Rn. 100 (Leasingverträge); hierzu auch *Bordewin*, DB 1988, S. 413 f.; *Bordewin*, DB 1988, S. 1241; *Rohse*, DB 1988, S. 1239 ff.; *Knaus*, BB 1988, S. 666.

Bilanzierungsgrundsätze E

entspr. dem Finanzierungs-Leasing, vgl. Tz. 40) oder bei besonderen **Verpflichtungen** des Leasingnehmers (Übernahme typischer Eigentümerrisiken u.ä.)[89].

Eine Bilanzierung **noch nicht fälliger Mietforderungen** durch den Leasinggeber neben 45
den Leasinggegenständen sowie die in diesem Fall notwendige Berücksichtigung der seitens des Leasinggebers zu erbringenden Leistungen wird im BMF-Schreiben v. 13.05.1980, BB, S. 815 abgelehnt[90]. Werden die Leasing-Forderungen verkauft, hat der Leasinggeber den Forfaitierungserlös mittels eines passiven RAP steuerlich grds. linear über die restliche Grundmietzeit zu verteilen[91]. Gegen eine lineare Auflösung des Postens als allein zulässige Methode[92] bestehen jedoch aus handelsbilanzieller Sicht Bedenken[93]. Gewerbesteuerrechtlich sind passivierte Verpflichtungen einer Nutzungsüberlassung von Mietgegenständen nach Verkauf der Mietforderungen an KI keine Dauerschulden, wenn das Bonitätsrisiko vollständig auf den Käufer übergeht. Verbleibt hingegen das Risiko teilw. beim Verkäufer, liegt eine sog. unechte Forfaitierung vor. In einem solchen Fall ist von einem Darlehensverhältnis und von gewerbesteuerlichen Dauerschulden auszugehen[94]. Diese Grundsätze sind nach BMF-Schreiben v. 24.04.2010 weiter anwendbar. Bei einer Forfaitierung ab dem 01.01.2008 gelten jedoch die neuen gewerbesteuerlichen Hinzurechnungsvorschriften.

Nach der seit 2008 geltenden Regelung der gewerbesteuerlichen Hinzurechnungen ist bei 46
der echten Forfaitierung, bei der das Bonitätsrisiko auf den Käufer übergeht, nach § 8 Nr. 1 Buchst. a S. 3 GewStG der Aufwand aus der Differenz der über die Laufzeit zu erwartenden Raten (zum Nominalwert) und des vom Käufer erhaltenen Erlöses mit 25% hinzuzurechnen[95]. Wertminderungen, die bereits bei der Forderungsbewertung im Zeitpunkt des Vertragsschlusses berücksichtigt wurden, wirken sich nicht auf die Höhe der Hinzurechnung aus. Sie sind kein Finanzierungsaufwand[96].

Wurden in einem Leasingvertrag mit mehrjähriger Laufzeit **degressive Leasingraten** 47
vereinbart, ist die Summe der während der vertraglichen Laufzeit geschuldeten Raten grds. in jährlich gleichbleibenden Beträgen auf die Laufzeit zu verteilen (nicht bei Mietverträgen mit Mietänderungsklauseln; vgl. BMF-Schreiben v. 28.06.2002, DB, S. 1530). Zu diesem Zweck sind die über den rechnerischen Jahresaufwand hinaus gehenden Bestandteile der Leasingraten beim Leasingnehmer als RAP zu aktivieren und in den Jahren, in denen die Leasingraten den rechnerischen Jahresaufwand unterschreiten, erfolgs-

---

89 Vgl. im Einzelnen BMF-Schr. v. 23.12.1991, BStBl. I 1992, S. 13 ff., Abschn. II.2.b)dd); krit. *Zahn*, DB 1992, S. 2482 und S. 2537; vgl. ferner *Sobotka*, BB 1992, S. 827; *Toth*, BB 1994, S. 263; *Dewitz-Krebs*, BB 1994, S. 552. Zu Fragen der bilanziellen Zurechnung bei Forfaitierung des Anspruchs auf Leasingraten vgl. Erl. Sächs. Staatsmin. d. Finanzen v. 21.12.1993, DStR 1994, S. 208.
90 So auch *Döllerer*, BB 1982, S. 777 ff.; *Weber-Grellet* in Schmidt, L., EStG[30], § 5, Rn. 736. Demgegenüber mit abw. Denkanstößen *Forster*, S. 152; vgl. zur Diskussion auf der internationalen Ebene *Helmschrott*; *Waßmer/Helmschrott*, DB 2000, S. 2025 f.
91 Vgl. *Weber-Grellet* in Schmidt, L., EStG[30], § 5, Rn. 732; vgl. auch *Link*, DB 1988, S. 616; *Bink*, DB 1994, S. 1304; Hess. FG v. 04.07.1995, EFG 1996, S. 259, BFH v. 24.07.1996, BStBl. II 1997, S. 122.
92 So *Groove*, DB 1984, S. 889 ff.; *Bink*, DB 1987, S. 1106.
93 Vgl. *Grewe*, WPg 1990, S. 161 ff.; *Lißmann*, DB 1991, S. 1479; *Blauberger*, DStR 1994, S. 148; ebenso *Gelhausen/Weiblen* in HdJ, Abt. I/5, Rn. 112 ff.; ADS[6], § 250 HGB, Tz. 139, *Moxter*, DStR 1997, S. 433; zur grds. Möglichkeit einer nichtlinearen Abschreibung von RAP, besonders i.Z.m. finanzierungsbedingten Zinseffekten siehe *Babel*, ZfbF 1998, S. 792 ff.
94 Vgl. BFH v. 05.05.1999, WM, S. 1763; BMF-Schr. v. 09.01.1996, BStBl. I, S. 9; dazu ferner BFH v. 24.07.1996, BStBl. II 1997, S. 722.
95 Vgl. BMF-Schr. v. 04.07.2008, BStBl. I, S. 718.
96 Vgl. *Hofmeister* in Blümich, EStG, § 8 GewStG, Rn. 75.

wirksam aufzulösen[97]. Ähnlich sind geleistete Vormieten, erhöhte Erstmieten sowie andere Sonderzahlungen über die Laufzeit des Vertrags aktiv abzugrenzen[98].

48 **Treuhandschaften**[99] sind nach dem Grundsatz des § 246 Abs. 1 S. 2 HGB, wonach im Zweifel die wirtschaftliche Zugehörigkeit, nicht das juristische Eigentum entscheidet, grds. beim Treugeber und nicht beim Treuhänder zu bilanzieren[100]. Dies gilt auch für den Fall, dass der Treuhänder das Treugut zu treuen Händen für den Treugeber von einem Dritten erworben oder selbst hergestellt hat[101]. Der Treuhänder hat das treuhänderisch gehaltene Vermögen demgegenüber vorzugsweise als „Treuhandvermögen" unter der Bilanz („unter dem Strich") auszuweisen; bei KapGes. kommt alternativ auch eine entspr. Angabe im Anh. in Betracht[102]. Im Auftrag des Treugebers übernommene Verpflichtungen sind allerdings dann beim Treuhänder gesondert auszuweisen, wenn er die Verpflichtung Dritten gegenüber im eigenen Namen eingegangen ist; der ihm aus dem Treuhandvertrag zustehende Anspruch gegen den Treugeber auf Freistellung von der Verbindlichkeit oder auf Erstattung seiner Auslagen (§ 257 BGB) ist dann zu aktivieren[103].

49 Bei **Sicherungstreuhandschaften** (Sicherungsübereignung und Sicherungsabtretung) ist das Sicherungsgut beim wirtschaftlichen Eigentümer, i.d.R. dem Sicherungsgeber, zu bilanzieren[104]. Ein getrennter Ausweis in dessen Bilanz ist i.d.R. nicht erforderlich[105]. Besicherungen fremder Verbindlichkeiten sind unter der Bilanz des Sicherungsgebers zu vermerken (§ 251 S. 1 HGB). Zu diesen zählen beim Einzelkaufmann auch aus dem Betriebsvermögen stammende Sicherheiten, die für eigene private Schulden gewährt werden.

50 Werden zur Sicherung allerdings **Bareinlagen** erbracht, sind sie – auch nach Streichung des entspr. Gesetzeswortlauts durch das BilMoG – grds. beim Sicherungsnehmer zu bilanzieren, während der Sicherungsgeber entspr. Rückforderungsansprüche auszuweisen hat. Etwas anderes gilt jedoch dann, wenn Geld vom Sicherungsnehmer auf **Treuhandkonten** verwaltet wird. In diesem Fall geht das Geld nicht unterscheidungslos im

---

97 Vgl. BFH v. 12.08.1982, BStBl. II, S. 696, BMF-Schr. v. 10.10.1983, BStBl. I, S. 431, mit Einschränkungen; zur Kritik vgl. *Döllerer*, ZGR 1983, S. 407 ff.; *Hauber*, BB 1983, S. 740 ff.; *Mathiak*, StuW 1983, S. 69 ff.; *Meilicke*, DB 1983, S. 737 ff.; *Forster*, S. 152 f.; *IDW St/HFA 1/1989*, Abschn. D. 2. f.; *Runge*, DB 1990, S. 959; krit. bei Mobilienleasing BFH v. 28.02.2001, BB, S. 1576.

98 Vgl. BFH v. 12.08.1982, BStBl. II, S. 696, BMF-Schr. v. 10.10.1983, BStBl. I, S. 431; zust. *Döllerer*, ZGR 1983, S. 408; zur Behandlung progressiver Leasingraten siehe *Gelhausen/Weiblen* in HdJ, Abt. I/5, Rn. 88 ff.

99 Vgl. wegen der verschiedenen Formen WP Handbuch 2008 Bd. II, Kap. H; ferner ADS[6], § 246 HGB, Tz. 274; *Liebich/Mathews*; *Wöhe/Richter* in HdR[5], Kap. 6, Rn. 301 ff.; *Eden*; *Roß*; *Kreutziger* in BHdR, B 775, Rn. 9 ff. Zu Contractual Trust Arrangements vgl. Tz. 244.

100 Vgl. *IDW ERS HFA 13 n.F.*, Tz. 49 ff.; *Gelhausen/Fey/Kämpfer*, BilMoG, Kap. B, Rn. 15 ff.; ADS[6], § 246 HGB, Tz. 280; *Roß*, S. 117 f.; *Liebich/Mathews*, S. 76 ff.; *Serick*, S. 103; *Kirsten/Matheja*; *Mathews*, BB 1987, S. 642 ff.; *Mathews*, BB 1989, S. 455 ff.; *Mathews*, BB 1992, S. 738 ff.; *Hennrichs* in MünchKomm. AktG[2], § 246 HGB, Rn. 146; *Hoffmann/Lüdenbach*, Bilanzierung[2], § 246, Rn. 197; steuerlich vgl. WP Handbuch 2008 Bd. II, Kap. H, Tz. 72 ff.; *Weber-Grellet* in Schmidt, L., EStG[30], § 5, Rn. 154; ferner die Kommentierungen zu § 39 AO sowie den Erlass Senator für Finanzen Berlin v. 15.07.1987, DStR, S. 663.

101 Vgl. dazu mit beachtlichen Gründen ADS[6], § 246 HGB, Tz. 282; *Förschle/Kroner* in BeBiKo[7], § 246, Rn. 11.

102 Vgl. dazu in Abwägung mit anderen bisher üblichen Ausweisformen ADS[6], § 246 HGB, Tz. 287; *Kreutziger* in BHdR, B 775, Rn. 45; nach *Förschle/Kroner* in BeBiKo[7], § 246, Rn. 12, *Hennrichs* in MünchKomm. AktG[2], § 246 HGB, Rn. 147; *Hoffmann/Lüdenbach*, Bilanzierung[2], § 246, Rn. 197 kann dagegen weder ein Ausweis noch eine Angabe in der Bilanz des Treuhänders gefordert werden. Wegen besonderer Vorschriften für KI vgl. § 6 RechKredV; vgl. hierzu J Tz. 109.

103 Vgl. *Gelhausen/Fey/Kämpfer*, BilMoG, Kap. B, Rn. 23; ADS[6], § 246 HGB, Tz. 294; ADS[6], § 246 HGB, Tz. 414; *Liebich/Mathews*, S. 84 f.; *Mathews*, BB 1987, S. 642 ff., mit Angaben zur Rechtsprechung; *Kupsch* in BoHdR[2], § 246 HGB, Rn. 42.

104 Zur steuerlichen Zurechnung vgl. § 39 Abs. 2 Nr. 1 AO.

105 Vgl. ADS[6], § 246 HGB, Tz. 270; ebenso *Förschle/Kroner* in BeBiKo[7], § 246, Rn. 20; ebenso auch *Mathews*, BB 1992, S. 738; wegen der Angaben über Sicherheiten für eigene Verbindlichkeiten nach § 285 Nr. 1b und Nr. 2 HGB (für KapGes.) vgl. F Tz. 767 f.

Bilanzierungsgrundsätze   E

Vermögen des Treuhänders auf und ist daher nach den allgemeinen Grundsätzen zur Bilanzierung von Treuhandvermögen (vgl. Tz. 48) beim Treuhänder als Treuhandvermögen „unter dem Strich" oder im Anh. anzugeben und vom Treugeber zu bilanzieren.

Unter **Eigentumsvorbehalt** gelieferte Gegenstände (§ 449 BGB) sind grds. beim Erwerber zu bilanzieren[106]; der Lieferant bilanziert die Gegenforderung. Unter EV gekaufte Sachen dürfen jedoch dann vom Erwerber nicht mehr ausgewiesen werden, wenn der EV geltend gemacht ist[107].   51

Zur **Kommission** vgl. F Tz. 274.   52

Grundstücke sind beim Erwerber unter folgenden Voraussetzungen, die kumulativ erfüllt sein müssen, in der Bilanz anzusetzen (wirtschaftliches Eigentum; vgl. *IDW St/WFA 1/ 1994*):   53

– Zum Abschlussstichtag muss ein formgültiger Vertrag abgeschlossen sein (§ 311b BGB);
– bis zum Abschlussstichtag muss der Übergang von Besitz, Gefahr, Nutzen und Lasten (§ 446 BGB) erfolgt sein;
– erforderliche Genehmigungen (z.B. nach Grundstücksverkehrsordnung) müssen bis zur Bilanzaufstellung erteilt oder sicher zu erwarten sein;
– bei Bilanzaufstellung müssen die Bewilligung und der Antrag auf Eintragung ins Grundbuch vorliegen und die Eintragung sicher erscheinen; falls eine Auflassung gem. §§ 873, 925 BGB noch nicht erklärt wurde, muss bei Bilanzaufstellung eine Auflassungsvormerkung gem. § 883 BGB eingetragen sein[108].

Die Bilanzierung von **Wertpapieren** ist auch vor Erlangung des rechtlichen Eigentums oder Miteigentums (§§ 18 Abs. 3, 24 DepG) möglich[109]. Üblich ist die Bilanzierung bei Erteilung der Abrechnung durch die Bank.   54

Zur Bilanzierung bei den verschiedenen Formen des Factoring (Forderungsverkauf durch Abtretung i.S.d. §§ 433, 398 BGB) vgl. *Borgel*, S. 147 (148 ff.), mit weiteren Literaturhinweisen, und *Strickmann* in HdR[5], Kap. 6, Rn. 401 ff.[110] Die Frage des **bilanziellen Abgangs** einer Forderung ist nach *IDW RS HFA 8* zu beurteilen. Danach ist es für den Übergang des wirtschaftlichen Eigentums an Forderungen entscheidend, dass der Veräußerer keine Bonitätsrisiken aus den veräußerten Forderungen mehr trägt und diese vollständig auf den Erwerber übergehen (vgl. detaillierter E Tz. 59). Die Beurteilung des bilanziellen **Zugangs** richtet sich dagegen nach den allgemeinen Vorschriften zur Zurechnung von wirtschaftlichem Eigentum. Beim **echten Factoring** (mit vollständiger Übernahme des Ausfallrisikos durch den Forderungskäufer) scheiden die verkauften Forderungen i.d.R. mit der Abtretung aus dem Vermögen und der Bilanz des Forderungsverkäufers (Anschlusskunde, Zedent) aus, statt dessen entstehen Forderungen an den Forderungskäufer (Factor, Zessionar), die unter Beachtung der Abreden im Einzelnen (Zinsregelung, Sperrbeträge) und unter Berücksichtigung etwaiger Veritätsrisiken der   55

---

106 Vgl. *Gelhausen/Fey/Kämpfer*, BilMoG, Kap. B, Rn. 18.
107 Zur Bilanzierung der Rückabwicklung vgl. ADS[6], § 246 HGB, Tz. 268.
108 Ebenso ADS[6], § 246 HGB, Tz. 204; vgl. hierzu auch *Dörner*, WPg 1995, S. 113 ff.; zu Gebäuden auf fremdem Grund und Boden vgl. *Neufang/Körner*, BB 2010, S. 1503 ff.
109 Vgl. ADS[6], § 246 HGB, Tz. 211; zu Sale-and-Buy-Back Geschäften sowie Besonderheiten bei Wertpapiertransaktionen vgl. *IDW ERS HFA 13 n.F.*, Tz. 1 ff. und 37 ff.
110 Vgl. zu den bilanziellen Fragen auch *Bette*; *Brink*; zur älteren Literatur vgl. WP Handbuch 2000 Bd. I, Kap. E, Fn. 94. Steuerlich vgl. *Batzer/Lickteig*, StBp. 2000, S. 137 ff.; zur Gewerbesteuer *Papperitz*, DStR 1993, S. 1841; BFH v. 24.01.1991, BFH/NV, S. 406; BFH 26.08.2010, BFH/NV 2011, S. 143; zur USt *Walter*, BB 2004, S. 136.

übertragenen Forderungen (evtl. pauschal; nach Forderungsausgleich durch den Factor als Rückstellung) zu bilanzieren sind[111].

56 Verbleibt das Ausfallrisiko dagegen beim Forderungsverkäufer (**unechtes Factoring**)[112], so hat dieser für den Fall, dass die Forderungsabtretung nicht offengelegt wird, die verkauften Forderungen unverändert bis zur Tilgung auszuweisen und gleichzeitig eine Verbindlichkeit gegenüber dem Factor zu passivieren (*IDW RS HFA 8*, Tz. 41). Wird die Forderungsabtretung dem Schuldner der Forderung dagegen angezeigt (offene Zession), hat der Forderungsverkäufer i.d.R. keine Kenntnis über die weitere Entwicklung der Forderungen. In diesem Fall ist deshalb eine Bilanzierung wie beim echten Factoring vorzuziehen und das beim Forderungsverkäufer verbleibende Ausfallrisiko als Verbindlichkeit aus Gewährleistungsverträgen unter der Bilanz zu vermerken oder eine Rückstellung zu bilden, falls mit Ausfällen der verkauften Forderungen zu rechnen ist[113].

57 Zum 31.12.2006 war das **Körperschaftsteuerguthaben** als sonstiger Vermögensgegenstand in Höhe des Barwerts zu aktivieren, wobei für die Diskontierung ein fristadäquater risikofreier Zinssatz zu verwenden war[114]. Das Körperschaftsteuerguthaben resultiert aus der Differenz der Thesaurierungsbelastung (Steuersatz: 40 %) und der Ausschüttungsbelastung der Gewinne (Steuersatz: 30 %) aus der Zeit vor der Systemumstellung 2001. Nach § 37 Abs. 4 KStG wurde das aus der Zeit des Anrechnungsverfahrens noch vorhandene Körperschaftsteuerguthaben letztmals zum 31.12.2006 ermittelt. Ab 2008 wird das Körperschaftsteuerguthaben gleichmäßig in zehn Jahresbeträgen erstattet. Im Zeitpunkt des Erhalts wird in Höhe des in der Auszahlung enthaltenen Zinsanteils ein Gewinn realisiert. Dieser ist jedoch, analog der Aktivierung des Körperschaftsteuerguthabens, bei der Einkommensermittlung zu neutralisieren. Das Gleiche gilt für Gewinnminderungen i.Z.m. dem Körperschaftsteuerguthaben (BMF-Schreiben v. 14.01.2008; BFH v. 15.07.2008, BFH/NV, S. 1771). Durch das JStG 2010 v. 08.12.2010 wurde u.a. § 36 KStG rückwirkend zum 01.01.2010 geändert. Soweit diese Änderung zu einer Erhöhung des Körperschaftsteuerguthabens führt, ist handelsrechtlich die erfolgswirksame Aktivierung des Anspruchs auf Auszahlung des Erhöhungsbetrags zum 31.12.2010 geboten. Dabei ist bei der Diskontierung der Zinssatz nach den Verhältnissen zum 31.12.2010 zugrunde zu legen.

58 Zur bilanziellen Behandlung sog. **Asset-Backed-Securities** (ABS)-Gestaltungen vgl. *IDW RS HFA 8*[115]. Hierbei werden Vermögensgegenstände (i.d.R. Forderungen) auf eine Zweckgesellschaft[116] (sog. Special Purpose Entity (SPE) oder Special Purpose Vehicle (SPV)) übertragen. Diese refinanziert sich über die Begebung von Schuldtiteln am Kapitalmarkt und tilgt aus dem Refinanzierungserlös die Kaufpreisverbindlichkeit. Zum Abgang der Vermögensgegenstände kommt es beim veräußernden Unternehmen nur dann, wenn das wirtschaftliche Eigentum auf die Zweckgesellschaft übergeht. Im Regelfall der Forderungsveräußerung kommt es dabei neben der zivilrechtlichen Veräußerung v.a. auf den Übergang des Bonitätsrisikos an. Notwendige, wenn auch nicht hinreichende Bedin-

---

111 Vgl. ADS[6], § 246 HGB, Tz. 318 und § 266 HGB, Tz. 123.
112 Zur Unterscheidung zwischen echtem und unechtem Factoring vgl. auch BFH v. 10.12.1981, BStBl. II 1982, S. 200.
113 Vgl. ADS[6], § 246 HGB, Tz. 322; *Ellrott/Roscher* in BeBiKo[7], § 247, Rn. 113; *Claussen* in Kölner Komm. AktG[2], § 246 HGB, Rn. 21; *Hoffmann/Lüdenbach*, Bilanzierung[2], § 246, Rn. 204; zum Bilanzvermerk vgl. *Fey*, WPg 1992, S. 1 (6 f.).
114 Vgl. *HFA*, FN-IDW 2007, S. 107.
115 Vgl. ADS[6], § 246 HGB, Tz. 324; *Förschle/Kroner* in BeBiKo[7], § 246, Rn. 29; zur steuerlichen Behandlung vgl. *Becker/Lickteig*, StBp. 2000, S. 321 ff.; zur USt *Walter*, BB 2004, S. 136 ff.; zur GewSt BFH v. 26.08.2010, FR 2011, S. 192 ff.
116 Vgl. zum Begriff *Gelhausen/Fey/Kämpfer*, BilMoG, Kap. Q, Rn. 58 ff.

gung für den Übergang des wirtschaftlichen Eigentums an Forderungen ist ein zivilrechtlich wirksames und auf Dauer angelegtes, endgültiges Rechtsgeschäft (vgl. *IDW RS HFA 8*, Tz. 10). Unter dem Bonitätsrisiko ist das Risiko zu verstehen, dass der Zahlungsanspruch aus der veräußerten Forderung aus Gründen, die nicht im Bestand der Forderung liegen, nicht durchgesetzt werden kann. Es ist vom Risiko, dass eine Forderung rechtlich nicht besteht oder ihr Einreden entgegenstehen, dem sog. Veritätsrisiko, abzugrenzen.

Häufig wird der Veräußerer für die Abwälzung aller Bonitätsrisiken auf den Erwerber einen Abschlag beim Kaufpreis hinnehmen. Ob das Bonitätsrisiko vollständig übergewälzt worden ist, hängt dann von der Ausgestaltung des bonitätsbedingten Kaufpreisabschlags ab. Entscheidend ist insb., ob es sich um einen endgültigen oder einen variablen (ggf. auch ganz oder teilweise verdeckten) Kaufpreisabschlag handelt und ob ein variabler Kaufpreisabschlag angemessen ist oder nicht. Endgültige sowie angemessene variable Kaufpreisabschläge hindern den Übergang des wirtschaftlichen Eigentums nicht, während unangemessen hohe variable Kaufpreisabschläge zu einer in diesem Sinne schädlichen Zurückbehaltung von Bonitätsrisiken führen (vgl. *IDW RS HFA 8*, Tz. 18 ff. und 21 ff., zu revolvierenden Transaktionen siehe *IDW RS HFA 8*, Tz. 30). Den Übergang des wirtschaftlichen Eigentums können dabei im Einzelfall auch Gestaltungen hindern, die das **Bonitätsrisiko** ganz oder in wesentlichen Teilen **beim Veräußerer** belassen[117], wie eine Put-Option, Ausfallgarantien, vereinbarte spätere Kaufpreisabschläge in Abhängigkeit von tatsächlichen Forderungsausfällen, ein Total Return Swap oder eine Beteiligung des Veräußerers an der Zweckgesellschaft. Kommt es hiernach nicht zum Abgang des wirtschaftlichen Eigentums beim Veräußerer, hat dieser die Forderungen weiter anzusetzen und bis zu deren Erfüllung in Höhe der zufließenden liquiden Mittel eine Verbindlichkeit zu passivieren; die besicherte Verbindlichkeit ist bei KapGes. und ihnen gleichgestellten Personengesellschaften nach § 285 Nr. 1lit. b) und Nr. 2 HGB im Anh. anzugeben (vgl. F Tz. 765). 59

Auch bei Pensionsgeschäften[118] richtet sich die Vermögenszuordnung nach dem wirtschaftlichen Eigentum. Für Kredit- und Finanzdienstleistungsinstitute gelten die Bestimmungen des § 340b HGB. Obwohl diese Vorschriften formal nur von Kredit- und Finanzdienstleistungsinstituten anzuwenden sind, bringen sie hinsichtlich der Behandlung von Pensionsgeschäften in der Bilanz GoB zum Ausdruck. Sie sind daher von **allen Kaufleuten** zu beachten, wenn diese an Pensionsgeschäften untereinander oder mit KI beteiligt sind[119]. Steuerlich ist nach der h.M. das Pensionsgut beim Pensionsnehmer auszuweisen. Der Große Senat des BFH hat die Frage in seinem Beschluss v. 29.11.1982, 60

---

117 Vgl. *IDW ERS HFA 13 n.F.*, Tz. 48 ff.; *IDW RS HFA 8*, Tz. 16 ff. und 21 ff.

118 Vgl. hierzu *IDW ERS HFA 13 n.F.*, Tz. 19 ff., 22 ff.; ADS[6], § 246 HGB, Tz. 331; *Förschle/Kroner* in BeBiKo[7], § 246, Rn. 24; *Jahn/Claussen*, DB 1991, S. 1129; *v.Treubarg/Scharpf*, DB 1991, S. 1233 ff.; *Hinz*, BB 1995, S. 971; *HFA*, FN-IDW 1983, S. 124 (allgemeine Gültigkeit der Grundsätze zur Gewinnrealisierung); *Forster/Gross*, S. 49 (69); *Meyer-Sievers*, WPg 1988, S. 291 ff.; zur Gewinnrealisierung bei Beherrschung vgl. *Seifried*, DB 1990, S. 1473 ff. und S. 1525 ff.; zu Wertpapierpensionsgeschäften vgl. *Häuselmann/Wiesenbart*, DB 1990, S. 2129 ff.; zur Behandlung bei VU auch *IDW RS HFA 1*, Tz. 13; zur Abgrenzung von der Wertpapierleihe (Bilanzierung wie Sachdarlehen) vgl. ADS[6], § 246 HGB, Tz. 353; *Kümpel/Peters*, AG 1994, S. 525 ff. Steuerlich vgl. *Stobbe*, BB 1990, S. 518; *Waschbusch*, BB 1993, S. 172; *Hamacher*, WM 1990, S. 1441; *Häuselmann*, BB 2000, S. 1287; *Weber-Grellet* in Schmidt, L., EStG[30], § 5, Rn. 270 (Pensionsgeschäfte); *Schild*, S. 604 f.; *Bullinger/Radke*, Zinsabschlag, Rn. 1438; *Oho/v. Hülst*, DB 1992, S. 2582; *Richter/Sailer/Khuepach* in HHR, EStG/KStG, § 5 EStG, Rn. 242; *Scholtz* in WP-HdU[3], E Rn. 34 ff.; zur bilanzsteuerrechtlichen Unterscheidung zwischen Wertpapierleihgeschäft und echtem Wertpapierpensionsgeschäft vgl. BMF-Schr. v. 03.04.1990, DB, S. 863; BMF-Schr. v. 27.10.1992, DStR 1993, S. 165; a.A. *Dötsch/Pung* in DJPW, KSt, § 20 EStG, Rn. 123 m.w.N.

119 Vgl. ADS[6], § 246 HGB, Tz. 336 (auch zur Verteilung von Unterschiedsbeträgen über die Laufzeit); *Stobbe*, BB 1990, S. 518 (523); zur Zurechnungsfrage ebenso *Förschle/Kroner* in BeBiKo[7], § 246, Rn. 26; *Weber-Grellet* in Schmidt, L., EStG[30], § 5, Rn. 270 (Pensionsgeschäfte); zur älteren Literatur vgl. WP Handbuch 2000 Bd. I, Kap. E, Fn. 102.

BStBl. II 1983, S. 272, offengelassen; die Finanzverwaltung hat sich der h.M. angeschlossen[120].

61 **Echte Pensionsgeschäfte** liegen nach § 340b Abs. 2 HGB vor, wenn der Pensionsnehmer verpflichtet ist, die betreffenden Vermögensgegenstände (z.B. Wertpapiere, Forderungen) zurückzuübertragen. Nach § 340b Abs. 4 HGB ist in diesen Fällen der Pensionsgeber weiterhin zur Aktivierung des Pensionsgutes verpflichtet. Gleichzeitig hat er die Zahlungsverpflichtungen für den Rückerwerb in Höhe des für die Übertragung erhaltenen Betrags zu passivieren[121]. Der Pensionsnehmer bilanziert den hingegebenen Geldbetrag als Forderung. Zur Angabe des Buchwerts der Pensionsgegenstände im Anh. des Pensionsgebers (§ 340b Abs. 4 S. 4 HGB) vgl. F Tz. 767.

62 Bei **unechten Pensionsgeschäften** ist der Pensionsnehmer nicht zur Rückgabe des Vermögensgegenstands verpflichtet, aber er besitzt ein Andienungsrecht (§ 340b Abs. 3 HGB). In diesem Fall ist nach Abs. 5 S. 1 der Vorschrift das Pensionsgut dem Pensionsnehmer zuzurechnen[122], während der Pensionsgeber nach S. 2 die Höhe seiner Verpflichtung im Fall der Rückübertragung im Anh. anzugeben hat[123]. Für drohende Verluste aus der Rücknahmepflicht ist ggf. nach § 249 Abs. 1 S. 1 HGB eine Rückstellung zu bilden.

63 Für die Bilanzierung **derivativer Finanzinstrumente**[124] existieren gesetzliche Regelungen für Institute (vgl. J Tz. 328 ff., 336 ff.) und für die Bildung von Bewertungseinheiten (§ 254 HGB; Tz. 443 ff.). Im Übrigen gelten die allgemeinen GoB (vgl. Tz. 3), insb. für Drohverlustrückstellungen. Für einige Grundtypen derivater FI haben sich inzwischen weitgehend anerkannte Grundsätze zur Bilanzierung herausgebildet[125]. Diese gelten auch für eingebettete Derivate, die nach *IDW RS HFA 22* abzuspalten und getrennt zu bilanzieren sind (vgl. Tz. 64 f.)[126]. Zu den derivativen FI können bei KapGes. Anhangangaben insb. nach § 285 Nr. 19 HGB notwendig sein (vgl. F Tz. 806)[127]; vgl. Tz. 826 zu Anhangangaben bei Bildung von Bewertungseinheiten.

64 Bei eingebetteten Derivaten handelt es sich um mit einem Basisinstrument (z.B. Darlehensforderung oder -verbindlichkeit) zu einem **strukturierten Finanzinstrument** verbundene Derivate (z.B. Swaps oder Optionen)[128]. Wegen ihrer vertraglichen Verbindung zu einer Einheit sind strukturierte FI im handelsrechtlichen JA grds. als einheitlicher Vermögensgegenstand bzw. als einheitliche Verbindlichkeit zu bilanzieren[129]. Entsprechend

---

120 Vgl. BMF-Schr, v. 26.10.1992, DStR, S. 1687; BMF-Schr. v. 27.10.1992, DStR 1993, S. 165; vgl. auch *Häuselmann/Wagner*, FR 2003, S. 331 ff.; a.A. *Dötsch/Pung* in DJPW, KSt, § 20 EStG, Rn. 121, 122 m.w.N.
121 Vgl. ADS[6], § 246 HGB, Tz. 336; *Förschle/Kroner* in BeBiKo[7], § 246, Rn. 25; *Hoffmann/Lüdenbach*, Bilanzierung[2], § 246, Rn. 233; *Rau*, BB 2000, S. 2338 ff.
122 Vgl. ADS[6], § 246 HGB, Tz. 344; *Förschle/Kroner* in BeBiKo[7], § 246, Rn. 26; *Stobbe*, BB 1990, S. 518 ff. m. w.N.; *Waschbusch*, BB 1993, S. 172 ff.; *IDW ERS HFA 13 n.F.*, Tz. 22 ff.; steuerlich *Bullinger/Radke*, Zinsabschlag, Rn. 1438; *Häuselmann*, NWB, F 3, S. 8707; *Dötsch/Pung* in DJPW, KSt, § 20 EStG, Rn. 124; *Weber-Grellet* in Schmidt, L., EStG[30], § 5, Rn. 270 (Pensionsgeschäfte); a.A. *Oho/v.Hülst*, DB 1992, S. 2582.
123 Vgl. *Gelhausen/Fey/Kämpfer*, BilMoG, Kap. O, Rn. 53.
124 Vgl. zum Begriff *IDW RS HFA 35*, Tz. 34 sowie zu Anhangangaben *IDW RH HFA 1.005*.
125 Zur Definition und den verschiedenen Formen derivativer FI vgl. F Tz. 807; zur Bildung von Bewertungseinheiten vgl.Tz. 443 ff.; zur Bilanzierung nach allgemeinen Grundsätzen vgl. *PwC* (Hrsg.), Derivative FI; zu strukturierten Produkten (*compound instruments*) vgl. *IDW RS HFA 22*; *Hoffmann/Lüdenbach*, Bilanzierung[2], § 246, Rn. 216 ff.; *Scharpf/Luz*, S. 653 ff.; *Wiechens/Varain*, BB 2008, S. 2338 ff.; zur Erfassung drohender Verluste vgl.Tz. 96 und 210 m.w.N. Zur steuerlichen Behandlung vgl. *Weber-Grellet* in Schmidt, L., EStG[30], § 5, Rn. 270 (Finanzprodukte).
126 Vgl. *IDW RS HFA 22*, Tz. 20.
127 Vgl. *Barckow*, S. 108 ff.
128 Vgl. *IDW RS HFA 22*, Tz. 2.
129 Vgl. *IDW RS HFA 22*, Tz. 9.

sind in diesem Fall in Abhängigkeit von der Art des jeweiligen Basisinstruments die allgemeinen Bilanzierungsgrundsätze anzuwenden[130].

Weisen strukturierte FI durch das eingebettete Derivat im Vergleich zum Basisinstrument allerdings wesentlich erhöhte oder zusätzliche (andersartige) Risiken oder Chancen auf, handelt es sich wirtschaftlich um zwei verschiedene Instrumente, die grds. **getrennt** voneinander **zu bilanzieren** sind[131]. Hierbei handelt es sich bspw. um mit einem Basisinstrument verbundene Derivate, die einem über das Zinsrisiko hinausgehenden Marktpreisrisiko (z.B. Währungskurs- oder Aktienkursrisiko) oder neben dem Bonitätsrisiko des Emittenten weiteren Risiken (z.B. Wetterderivate, Credit Linked Notes) unterliegen[132]. Sind die Voraussetzungen für eine getrennte Bilanzierung gegeben, sind die Bestandteile strukturierter FI unter Beachtung der jeweils maßgeblichen handelsrechtlichen Grundsätze jeweils als einzelne Vermögensgegenstände oder Verbindlichkeiten zu bilanzieren[133]. Beim erstmaligen Ansatz sind die Anschaffungskosten des strukturierten FI im Verhältnis der beizulegenden Zeitwerte der einzelnen Bestandteile (Basisinstrument und eingebettetes Derivat) zuzuordnen[134]. Können einzelne Bestandteile des strukturierten FI nicht separat bewertet werden, so bestimmt sich der Wert, der den eingebetteten Derivaten zuzuordnen ist, aus der Differenz zwischen dem beizulegenden Zeitwert des strukturierten FI insgesamt und dem beizulegenden Zeitwert des Basisinstruments (Restwertmethode)[135]. 65

Bei Optionsgeschäften aktiviert der **Optionsinhaber** die für das Optionsrecht gezahlte Optionsprämie unter den sonstigen Vermögensgegenständen und bewertet sie während der Laufzeit nach den allgemeinen Grundsätzen[136], soweit das Optionsgeschäft nicht einen Teil einer Bewertungseinheit darstellt (vgl. Tz. 443 ff.). Bei Verfall ist das Optionsrecht aufwandswirksam auszubuchen. Erlischt das Optionsrecht durch Glattstellung, ist ein etwaiger Buchgewinn oder -verlust erfolgswirksam zu erfassen. Zu den Anschaffungskosten bei Ausübung einer Kaufoption und physischer Lieferung vgl. Tz. 323; bei Barausgleich (*cash settlement*) mindert die Ausbuchung des Optionsrechts den erfolgswirksam zu vereinnahmenden Ertrag. Bei Ausübung einer Verkaufsoption und physischer Lieferung oder Barvergütung mindert die Optionsprämie den Veräußerungserfolg. 66

Der **Stillhalter eines Optionsgeschäfts** passiviert die erhaltene Optionsprämie unter den sonstigen Verbindlichkeiten[137]. Zur Bildung einer Rückstellung für drohende Verluste aus schwebenden Geschäften vgl. Tz. 96. Bei Verfall des Optionsrechts wird eine noch passivierte Optionsprämie ertragswirksam. Bei Ausübung einer Kaufoption und physischer Lieferung durch den Stillhalter erhöht die Optionsprämie den Veräußerungserlös; bei Ausübung einer Verkaufsoption und physischer Lieferung an den Stillhalter mindert die Optionsprämie die Anschaffungskosten beim Stillhalter[138]. Bei Barausgleich durch den Stillhalter oder Untergang der Verpflichtung durch Glattstellung mindert die Ausbuchung 67

---

130 Vgl. im Einzelnen *IDW RS HFA 22*, Tz. 11 ff., Tz. 23.
131 Vgl. *IDW RS HFA 22*, Tz. 10; zur in diesen Fällen ausnahmsweise einheitlichen Bilanzierung beim Erwerber bzw. Gläubiger vgl. *IDW RS HFA 22*, Tz. 14.
132 Vgl. zu weiteren Beispielen *IDW RS HFA 22*, Tz. 16; *Schaber u.a.*, S. 16 ff.
133 Vgl. *IDW RS HFA 22*, Tz. 18, 24.
134 Vgl. *IDW RS HFA 22*, Tz. 19.
135 Vgl. *IDW RS HFA 22*, Tz. 19; dazu im Einzelnen *Schaber u.a.*, S. 39 ff.
136 Vgl. *IDW ERS BFA 6*; Tz. 12 f.; ADS[6], § 246 HGB, Tz. 371 ff.; *Scharpf* in HdR[5], Kap. 6, Rn. 804, 809; *Förschle/Usinger* in BeBiKo[7], § 254, Rn. 71 ff.; *Breker; Windmöller/Breker*, WPg 1995, S. 389 ff.; *Scharpf/Luz*, S. 340 ff.; *Bieg*, StB 2003, S. 288 ff., 324 ff., 377 ff.
137 Vgl. BFH v. 18.12.2002, DStZ 2003, S. 350; hierzu BMF-Schr. v. 12.01.2004, DStR, S. 228.
138 Unter Wesentlichkeitsgesichtspunkten kann bei Optionsausübung auch die generelle Erfassung der Prämie in der GuV in Betracht kommen; vgl. *IDW ERS BFA 6*, Tz. 24.

der sonstigen Verbindlichkeit zusammen mit dem Verbrauch einer ggf. gebildeten Drohverlustrückstellung den Aufwand aus dem Barausgleich oder der Glattstellung. Eine ggf. gebildete Drohverlustrückstellung ist erfolgswirksam aufzulösen, soweit sie nicht verbraucht wurde[139].

68 **Forwards** oder **Futures** sind Termingeschäfte, die i.d.R. durch Differenzausgleich erfüllt werden[140]. Soweit es nicht zu anfänglichen Zahlungen (z.B. Initial Margin bei Futures) kommt, ergeben sich bei Abschluss der Geschäfte wegen der Ausgeglichenheitsvermutung regelmäßig zunächst keine bilanziellen Auswirkungen. Eine als Sicherheitsleistung gezahlte Initial Margin[141] ist gem. § 246 Abs. 1 S. 1 HGB ebenso zu aktivieren wie eine während der Laufzeit gezahlte Variation Margin; eine erhaltene Variation Margin führt zur Passivierung einer Verbindlichkeit. Zur Bildung einer Rückstellung für drohende Verluste aus schwebenden Geschäften oder Abschreibung der Variation Margin vgl. Tz. 210. Bei Abrechnung von Forwards oder Futures sind, ggf. bisher als Variation Margin erfasste, Erfolgsbeiträge realisiert und Ausgleichszahlungen unter Berücksichtigung gebildeter Drohverlustrückstellungen erfolgswirksam zu erfassen. Eine zurückgewährte Initial Margin wird erfolgsneutral gegen die bilanzierte Forderung oder Verbindlichkeit erfasst. Kommt es zur physischen Lieferung des Basiswertes, bestimmen sich die Anschaffungskosten nach dem Kontraktpreis (Settlement-Preis zzgl./abzgl. Variation Margin)[142].

69 Bei Swapgeschäften sind v.a. Zins-, Währungs- und kombinierte Zins/Währungsswaps zu unterscheiden[143]. Kommt es bei **Zinsswaps** zu keinen anfänglichen Zahlungen (anders bei sog. Upfront-Zinsswaps[144]), liegen bei Abschluss schwebende Geschäfte vor, die wegen der Ausgeglichenheitsvermutung zunächst zu keinen bilanziellen Konsequenzen führen. Bei Abschluss von **Währungsswaps** oder kombinierten **Zins/Währungsswaps** ist ggf. ein Tausch der Kapitalbeträge bilanziell zu erfassen; zugeflossene Valuten sind mit den Anschaffungskosten anzusetzen (zur Währungsumrechnung vgl. Tz. 573). Zur Bildung von Bewertungseinheiten mit Swaps und zur Berücksichtigung drohender Verluste vgl. Tz. 208 und Tz. 443 ff. Bei vorzeitiger Auflösung eines Swaps bestimmt sich die Erfolgswirkung nach der geleisteten/erhaltenen Ausgleichszahlung, korrigiert um für den Swap evtl. gebildete Rückstellungen.

70 Zu Zinsbegrenzungsverträgen (**Caps, Floors, Collars**)[145] vgl. ADS[6], § 246 HGB, Tz. 381; zu **Kreditderivaten** (Credit Default Swap, Total Return Swap, Credit Linked Note) vgl. *IDW RS BFA 1*[146].

139 Vgl. *IDW ERS BFA 6*, Tz. 24; vgl. auch *Scharpf/Luz*, S. 423, 425; teilw. abw. *Scharpf* in HdR[5], Kap. 6, Rn. 813; *Windmöller/Breker*, WPg 1995, S. 389 (396 f.); *Förschle/Usinger* in BeBiKo[7], § 254, Rn. 77.

140 Vgl. *IDW ERS BFA 5*, Tz. 3 ff.; ADS[6], § 246 HGB, Tz. 376; *Scharpf* in HdR[5], Kap. 6, Rn. 830 ff., 871; *Förschle/Usinger* in BeBiKo[7], § 254, Rn. 100 ff.; *Kuhner* in Baetge/Kirsch/Thiele, Bilanzrecht, § 246, Rn. 836; *Oestreicher*, Zinstermínkontrakte; *Beckmann*, *Göttgens/Prahl*, WPg 1993, S. 503 ff.; *Grünewald/Menninger*; *Franke/Menichetti*, DBW 1994, S. 193 ff.; *Eilenberger*, BFuP 1995, S. 125 ff.; *Klemke/Luz*, S. 507 ff., 579 f.; *Dombeck*, WPg 2002, S. 1064 ff.; *Bieg*, StB 2003, S. 92 ff.

141 Wie eine Initial Margin bei Futures werden vergleichbare Ausgleichszahlungen bei anderen Geschäften behandelt.

142 Vgl. *IDW ERS BFA 5*, Tz. 19.

143 Vgl. ADS[6], § 246 HGB, Tz. 378; *Hoffmann/Lüdenbach*, Bilanzierung[2], § 246, Rn. 212 f.; *Scharpf* in HdR[5], Kap. 6, Rn. 849 ff., 872 ff.; auch zu anderen Swapinstrumenten *Scharpf/Luz*, S. 439 ff.; vgl. auch *Eisele/Knobloch*, DStR 1993, S. 577 ff.; *Eilenberger*, BFuP 1995, S. 125 ff.; *Maulshagen/Maulshagen*, BB 2000, S. 243 ff.; *Menninger*, S. 245 (247 f.); *Bieg*, StB 2003, S. 209 ff., 259 ff.

144 Vgl. *Scharpf/Luz*, S. 487 f.

145 Vgl. *Scharpf* in HdR[5], Kap. 6, Rn. 819 ff.; *Förschle/Usinger* in BeBiKo[7], § 254, Rn. 90 ff.; *Hoffmann/Lüdenbach*, Bilanzierung[2], § 246, Rn. 214 f.; *Häuselmann*, BB 1990, S. 2149 ff.; *Sondermann/Sandmann*, ZfB 1990, S. 1205 ff.; *Eisele/Knobloch*, DStR 1993, S. 577 ff.; *Burkhardt*, S. 145 ff.; *Strieder*, DB 1996, S. 1198 f.; *Scharpf/Luz*, S. 541 ff.; *Dombeck*, WPg 2002, S. 1064 ff.

146 Vgl. *Ausschuss für Bilanzierung im BdB*, WPg 2000, S. 677.

Bilanzierungsgrundsätze   E

Bzgl. der bilanziellen Auswirkung von **Sicherungszusammenhängen** (Micro-Hedges, Portfolio-Hedges und Macro-Hedges) vgl. *IDW RS HFA 35* und Tz. 463 ff.   71

Wegen der Aktivierung von **Bilanzierungshilfen** vgl. F Tz. 303 (Abgrenzung latenter Steuern). Eine Aktivierung gewinnerhöhender Steuervergünstigungen (Verteilung größeren Erhaltungsaufwands bei bestimmten Gebäuden und Baudenkmalen über mehrere Jahre gem. §§ 11a Abs. 1 und 11b i.V.m. § 4 Abs. 8 EStG, Verteilung eines erhöhten Pensionsrückstellungsbedarfs (Drittelung) gem. § 6a Abs. 4 S. 2 bis 5 EStG) ist handelsrechtlich unzulässig[147].   72

2. Verrechnungsverbot (§ 246 Abs. 2 S. 1 HGB)[148]

§ 246 Abs. 2 S.1 HGB verbietet generell die Verrechnung von Posten der Aktivseite mit Posten der Passivseite, von Aufwendungen mit Erträgen[149] sowie von Grundstücksrechten mit Grundstückslasten. Bilanz und GuV sind als **Bruttorechnungen** gedacht. Durch eine Saldierung von Posten würde die Übersicht über die Vermögens- und die Ertragslage zumindest beeinträchtigt, wenn nicht sogar verlorengehen, und es würde der Grundsatz der Klarheit und Übersichtlichkeit (§ 243 Abs. 2 HGB) verletzt. Das Verrechnungsverbot tritt damit auch der Bilanzverschleierung (§ 331 HGB, § 256 Abs. 5 S. 1 Nr. 2 AktG) entgegen. Nicht unter das Saldierungsverbot fällt die **offene Absetzung** bestimmter einzelner Posten in einer Vorspalte der Bilanz (z.B. die Absetzung erhaltener Anzahlungen von den Vorräten gem. § 268 Abs. 5 S. 2 HGB)[150].   73

Neben dem durch das BilMoG neu in das HGB eingeführten Verrechnungsgebot des § 246 Abs. 2 S. 2 HGB von bestimmten Vermögensgegenständen mit den dazugehörigen Altersversorgungsverpflichtungen oder vergleichbaren langfristig fälligen Verpflichtungen (vgl. Tz. 78 ff.) bestehen weiterhin einige weitere **Einschränkungen des Verrechnungsverbots**. Eine wichtige Ausnahme für die GuV ergibt sich aus § 276 HGB, der kleinen und mittelgroßen KapGes. und ihnen gleichgestellten Personenhandelsgesellschaften i.S.d. § 264a HGB[151] (§ 267 Abs. 1 und 2 HGB) gestattet, die Umsatzerlöse mit bestimmten anderen Erträgen und Aufwendungen zu einem Posten „**Rohergebnis**" zusammenzufassen (vgl. F Tz. 483). Die gleiche Saldierungsmöglichkeit dürfte auch Einzelkaufleuten und nicht unter § 264a HGB fallenden Personenhandelsgesellschaften mit natürlichen Personen als Vollhafter zuzugestehen sein, sofern diese nicht als Großunternehmen Sondervorschriften (wie z.B. § 5 Abs. 1 PublG) unterliegen[152].   74

Auch bei Forderungen und Verbindlichkeiten können **Saldierungen** in Betracht kommen. Sofern es sich um gleichartige Forderungen und Verbindlichkeiten zwischen denselben Personen handelt, sollte eine Verrechnung immer dann vorgenommen werden, wenn die   75

---

147 Vgl. *IDW RS HFA 30*, Tz. 63.
148 Vgl. ADS [6], § 246 HGB, Tz. 454 ff.; *Förschle/Kroner* in BeBiKo[7], § 246, Rn. 215 ff.; *Ballwieser* in MünchKomm. AktG[2], § 246 HGB, Rn. 140 ff.; zur Bildung von Bewertungseinheiten vgl. *IDW RS HFA 35* sowie Tz. 295.
149 Vgl. ADS[6], § 246 HGB, Tz. 454 ff.; ADS[6], § 275 HGB, Tz. 9 f.
150 Vgl. hierzu und zu Besonderheiten bei KapGes. ADS[6], § 246, Tz. 455 ff.; zum offenen Vorspaltenabzug des Freistellungsanspruchs aus einer schuldrechtlichen Erfüllungsübernahme im Innenverhältnis von der dazugehörigen Schuld vgl. ADS[6], § 246, Tz. 418.
151 Vgl. F Tz. 20 f.
152 Vgl. auch *Förschle/Kroner* in BeBiKo[7], § 246, Rn. 115; enger ADS[6], § 247 HGB, Tz. 92; *Baetge/Fey, D./Fey, G.* in HdR[5], § 243 HGB, Rn. 61 ff.; zu weiteren Ausnahmen vom Verrechnungsverbot in der GuV vgl. ADS[6], § 246 HGB, Tz. 465 ff., sowie *Förschle/Kroner* in BeBiKo[7], § 246, Rn. 115.

299

Forderungen und Verbindlichkeiten sich aufrechenbar gegenüberstehen (§ 387 BGB)[153]. Sind Forderung und Verbindlichkeit noch nicht fällig, wird eine Saldierung nicht als zulässig angesehen werden können[154]. Ungleichartige Forderungen und Verbindlichkeiten, auch langfristige Forderungen gegen kurzfristige Verpflichtungen, unterliegen stets dem Verrechnungsverbot[155]. Eine generelle Saldierungsmöglichkeit besteht ebenfalls gem. § 274 HGB für aktive und passive Steuerlatenzen (vgl. F Tz. 170 ff.).

76 Bei **Gesamtschulden** (vgl. § 421 BGB) hat jeder Verpflichtete nach Maßgabe des Verrechnungsverbots des § 246 Abs. 2 S. 1 HGB grds. die Verbindlichkeit in voller Höhe zu passivieren und etwaige Rückgriffsansprüche gegen die übrigen Gesamtschuldner nach den allgemein handelsrechtlichen Grundsätzen zu aktivieren (Bruttodarstellung)[156]. Bestehen jedoch zwischen den Schuldnern im Innenverhältnis Vereinbarungen, dass jeder die Schuld anteilig zu erbringen hat, so genügt es, wenn jeder Beteiligte die Verbindlichkeit in Höhe seines Anteils passiviert (Nettodarstellung); dies gilt jedoch nur, solange von der Vollwertigkeit der Rückgriffsansprüche ausgegangen werden kann und der Bilanzierende noch nicht auf einen höheren oder den vollen Betrag der Gesamtschuld in Anspruch genommen wurde[157].

77 Liegt eine **Schuldmitübernahme,** auch **Schuldbeitritt** oder **kumulative Schuldübernahme** genannt, vor, entsteht eine Gesamtschuldnerschaft gem. § 421 BGB mit den in Tz. 76 genannten Folgen. Hat sich jedoch der Beitretende im Innenverhältnis zur Erfüllung der Gesamtschuld verpflichtet (Erfüllungsübernahme im Innenverhältnis), so hat dieser die Freistellungsverpflichtung in vollem Umfang zu passivieren[158]. Der primäre Schuldner (Erstverpflichtete) bleibt weiterhin rechtlich zur Erbringung der Gesamtschuld verpflichtet und hat diese grds. weiterhin als Schuld zu passivieren und einen Freistellungsanspruch gegen den Übernehmer zu aktivieren (Bruttodarstellung). Auf den Ansatz der genannten Posten darf der freigestellte Erstverpflichtete nur dann verzichten (Nettodarstellung), wenn seine Inanspruchnahme aus der Verpflichtung nach dem Gesamtbild der jeweiligen Verhältnisse so gut wie ausgeschlossen ist[159].

3. Verrechnungsgebot (§ 246 Abs. 2 S. 2 und 3 HGB)

78 Mit der Vorschrift des § 246 Abs. 2 S. 2 HGB wurde durch das BilMoG – vergleichbar mit der Absetzung von Planvermögen (*plan assets*) beim Ausweis von Pensionsrückstellungen nach den internationalen Rechnungslegungsstandards – eine neue Ausnahme von dem grundsätzlichen handelsrechtlichen Saldierungsverbot (vgl. Tz. 73) kodifi-

---

153 H.M., vgl. ADS[6], § 246 HGB, Tz. 465 ff.; *Förschle/Kroner* in BeBiKo[7], § 246, Rn. 106 ff.; für eine Saldierungspflicht bei Abrechnungs- und Kontokorrentverhältnissen *Kußmaul* in HdR[5], § 246 HGB, Rn. 24; F Tz. 300.

154 Vgl. auch ADS[6], § 246 HGB, Tz. 466 f.; *Förschle/Kroner* in BeBiKo[7], § 246, Rn. 108 f.

155 Wegen weiterer Einzelheiten vgl. ADS[6], § 246 HGB, Tz. 466 f.; *Hoffmann/Lüdenbach*, Bilanzierung[2], § 246, Rn. 283 ff.; *Castan* in BHdR, B 141, Rn. 20 ff.; *Schäfer*, S. 86 ff.; *Hüttemann*, S. 46 ff.; wegen weiterer Ausnahmen (z.B. nach den §§ 277 Abs. 1 und 2, 274 HGB) vgl. ADS[6], § 275 HGB, Tz. 189; *Glade*, Praxishandbuch[2], § 246 HGB, Rn. 35 ff.; *Kußmaul* in HdR[5], § 246 HGB, Rn. 23 ff.

156 Vgl. ADS[6], § 246 HGB, Tz. 419.

157 Vgl. ADS[6], § 246 HGB, Tz. 420, sowie auch *Förschle/Kroner* in BeBiKo[7], § 246, Rn. 109; *IDW RS HFA 30,* Tz. 99.

158 Vgl. ADS[6], § 246 HGB, Tz. 422.

159 Vgl. ADS[6], § 246 HGB, Tz. 422, sowie auch *IDW RS HFA 30*, Tz. 101 ff.; zu weiteren Ausnahmen zum Verrechnungsverbot in der Bilanz vgl. ADS[6], § 246 HGB, Tz. 465 ff., sowie *Förschle/Kroner* in BeBiKo[7], § 246, Rn. 105 ff.

ziert[160]. Nach § 246 Abs. 2 S. 2 erster Hs. HGB sind Vermögensgegenstände, die dem Zugriff aller Gläubiger entzogen sind und ausschließlich der Erfüllung von Schulden aus Altersversorgungsverpflichtungen oder vergleichbaren langfristig fälligen Verpflichtungen dienen, zwingend mit den dazugehörigen Schulden zu verrechnen. Das **Verrechnungsgebot** umfasst nach § 246 Abs. 2 S. 2 zweiter Hs. HGB auch die Saldierung der Aufwendungen und Erträge aus der Auf- und Abzinsung der Schulden (§ 277 Abs. 5 S. 1 HGB) mit den dazugehörigen Aufwendungen und Erträgen aus dem zu verrechnenden Vermögen innerhalb des Finanzergebnisses[161].

Die Vorschrift des § 246 Abs. 2 S. 2 HGB setzt zunächst das Bestehen von **Altersversorgungsverpflichtungen** oder vergleichbaren langfristig fälligen Verpflichtungen gegenüber Mitarbeitern[162] des Unternehmens voraus, für die vor Saldierung mit etwaigem Deckungsvermögen nach § 246 Abs. 1 S. 1 HGB und § 249 Abs. 1 S. 1 HGB i.V.m. Art. 28 EGHGB handelsrechtlich eine Schuld passiviert wird[163]. Altersversorgungsverpflichtungen umfassen alle unmittelbaren oder mittelbaren Zusagen zur Gewährung von Leistungen der Alters-, Invaliditäts- und Hinterbliebenenversorgung i.S.d. § 1 Abs. 1 i.V.m. § 17 Abs. 1 S. 2 BetrAVG[164]. 79

Zu den „**vergleichbaren langfristig fälligen Verpflichtungen**" gegenüber Mitarbeitern zählen neben den Altersteilzeitverpflichtungen und den Schulden aus Lebensarbeitszeitmodellen[165] auch Verpflichtungen zur Gewährung von Übergangs-, Sterbe- und Überbrückungsgeldern, Beihilfen sowie Verpflichtungen aus Dienstjubiläen[166]. Wesentliches Merkmal dieser Verpflichtungen ist neben der Langfristigkeit ein gewisser Versorgungscharakter der versprochenen Leistungen oder die Abhängigkeit der Schuld von bestimmten biometrischen Ereignissen (z.B. Alter, Invalidität, Tod)[167]. 80

Bei den zu verrechnenden Vermögensgegenständen gem. § 246 Abs. 2 S. 2 HGB muss es sich um **aktivierbare Vermögensgegenstände** handeln, die ohne die genannte Ausnahmevorschrift gem. § 246 Abs. 1 S. 2 HGB im handelsrechtlichen JA des Unternehmens angesetzt werden müssten[168]. Als Deckungsvermögen kommen grds. sowohl finanzielle Vermögensgegenstände (z.B. Bankguthaben, Wertpapiere, Forderungen, An- 81

---

160 Vgl. zu den „*plan assets*" gem. IAS 19 auch *PwC*, Manual of Accounting - IFRS 2011, Chapter 11, S. 11041 ff.; *Wielenberg/Blecher* in MünchKomm. BilR, IAS 19, Rn. 52 ff.; *Mühlenberger/Schwinger/Wildner* in Thiele/v. Keitz/Brücks, Internat. Bilanzrecht, IAS 19, Rn. 231 ff. Zu den Unterschieden zwischen Deckungsvermögen gem. § 246 Abs. 2 S. 2 HGB und *plan assets* gem. IAS 19.7. vgl. *Gelhausen/Fey/Kämpfer*, BilMoG, Kap. C, Rn. 8; *IDW RS HFA 30*, Tz. 30.

161 Vgl. zu Einzelheiten F Tz. 479 sowie *IDW RS HFA 30*, Tz. 85 ff.; *Gelhausen/Fey/Kämpfer*, BilMoG, Kap. C, Rn. 78 ff.

162 Zu den „Mitarbeitern" eines Unternehmens zählen in diesem Zusammenhang sowohl die Arbeitnehmer im arbeitsrechtlichen Sinn als auch Personen, die auf der Grundlage einer anderen Rechtsgrundlage Leistungen für die Gesellschaft erbringen. Hierzu gehören z.B. gesetzliche Vertreter von KapGes. (Vorstandsmitglieder oder Geschäftsführer), Mitglieder eines gesellschaftsrechtlichen Aufsichtsorgans (z.B.AR, Beirat) sowie freie Mitarbeiter (vgl. *IDW RS HFA 30*, Tz. 7; *Gelhausen/Fey/Kämpfer*, BilMoG, Kap. C, Rn. 10 f.).

163 Vgl. *Gelhausen/Fey/Kämpfer*, BilMoG, Kap. C, Rn. 88 ff.

164 Vgl. *IDW RS HFA 30*, Tz. 7 f.; *Gelhausen/Fey/Kämpfer*, BilMoG, Kap. C, Rn. 12 m.w.N.; nicht zu den Altersversorgungsverpflichtungen i.S. einer Gesellschaft gehören gem. *IDW RS HFA 30*, Tz. 103 Verpflichtungen aus der Freistellung von Altersversorgungsverpflichtungen anderer Unternehmen. Für die Benennung von Freistellungsverpflichtungen bei einem Schuldbeitritt mit Erfüllungsübernahme im Innenverhältnis als Pensionsrückstellungen in besonderen Fällen vgl. *Ellrott/Rhiel* in BeBiKo[7], § 249, Rn. 220.

165 Vgl. Begr. RegE BilMoG, BT-Drucks. 16/10067, S. 48.

166 Vgl. *IDW RS HFA 30*, Tz. 8 f.; *Gelhausen/Fey/Kämpfer*, BilMoG, Kap. C, Rn. 13 ff.

167 Vgl. *IDW RS HFA 30*, Tz. 8; *Gelhausen/Fey/Kämpfer*, BilMoG, Kap. I, Rn. 66 sowie Kap. C, Rn 13 ff.

168 Vgl. *Gelhausen/Fey/Kämpfer*, BilMoG, Kap. C, Rn. 21.

sprüche aus Rückdeckungsversicherungen) als auch Sachanlagen (z.B. Grundstücke und Gebäude, technische Anlagen) in Betracht, soweit es sich nicht um betriebsnotwendiges Vermögen handelt[169]. Empfangene Patronatserklärungen, erhaltene Bürgschaften oder Garantien dagegen können kein Deckungsvermögen darstellen, solange hieraus kein aktivierbarer Anspruch und damit ein Vermögensgegenstand entstanden ist[170].

82 Eine Einschränkung hinsichtlich der Eignung der Vermögensgegenstände als Deckungsvermögen kann sich dadurch ergeben, dass dieses Vermögen gem. § 246 Abs. 2 S. 2 HGB ausschließlich der Erfüllung von Schulden aus Altersversorgungsverpflichtungen oder vergleichbaren langfristig fälligen Verpflichtungen dienen muss (**Zweckexklusivität**)[171]. Hierzu müssen die Vermögensgegenstände jederzeit zur Erfüllung der dazugehörigen Verpflichtungen eingesetzt werden können (jederzeitige Verwertbarkeit). Diese Voraussetzung wird bei **betriebsnotwendigen Gegenständen des Anlagevermögens**[172] im Regelfall nicht erfüllt sein, da diese definitionsgemäß zur Fortführung der Unternehmenstätigkeit erforderlich sind[173].

83 Ebenfalls müssen aufgrund der geforderten Zweckexklusivität des Deckungsvermögens **laufende Erträge** sowie **Erträge aus der Realisierung stiller Reserven** der betreffenden Vermögensgegenstände für die Erfüllung der dazugehörigen Verpflichtungen Verwendung finden[174]. Auch muss eine **Rückübertragung** des auf einen Treuhänder übertragenen Vermögens auf das Unternehmen grds. ausgeschlossen sein, solange die dazugehörigen Verpflichtungen noch bestehen und diese Beträge zur Erfüllung der Schulden benötigt werden[175]. Davon ausgenommen sind Erstattungen des Treuhänders von verauslagten Altersversorgungsleistungen u.ä. seitens des Arbeitgebers sowie Rückgewährungen bei Überdotierungen des Deckungsvermögens[176].

84 Deckungsvermögen bzw. zweckgebundenes Vermögen i.S.d. § 246 Abs. 2 S. 2 HGB muss ferner dem Zugriff aller Gläubiger entzogen sein, sodass zum einen nur im Verhältnis zu Dritten **unbelastete Vermögensgegenstände** zur Verrechnung herangezogen werden können[177]. Ferner müssen diese Vermögensgegenstände auf der Grundlage ihrer Zweckbestimmung **von dem übrigen Vermögen** des Unternehmens **getrennt** sein (z.B. durch dauerhafte Verpfändung an die Mitarbeiter oder durch Übertragung auf einen rechtlich selbstständigen Treuhänder)[178]. Die Vermögenstrennung muss so ausgestaltet sein, dass das zweckgebundene Vermögen bei der Insolvenz des Unternehmens oder im Rahmen der Zwangsvollstreckung dem Zugriff aller Unternehmensgläubiger, die nicht Gläubiger der begünstigten Altersversorgungs- oder vergleichbarer langfristiger Verpflichtungen sind,

---

169 Vgl. *Bertram u.a.*, WPg 2011, S. 57 (60).
170 Vgl. *IDW RS HFA 30*, Tz. 26.
171 Vgl. *Gelhausen/Fey/Kämpfer*, BilMoG, Kap. C. Rn. 44 ff.; *Scheffler* in BHdR, B 233, Rn. 260 f.
172 Vermögensgegenstände sind dann betriebsnotwendig anzusehen, wenn diese nicht veräußert werden können, ohne dass dadurch die eigentliche Unternehmensaufgabe berührt bzw. eingeschränkt wird (z.B. Fabrikationsgebäude, Produktionsmaschinen; vgl. *IDW RS HFA 30*, Tz. 28 f.; Bürogebäude dagegen können im Einzelfall Deckungsvermögen darstellen.).
173 Vgl. *IDW RS HFA 30*, Tz. 28 f.; *Neubeck* in Bilanzrechtsreform, Rn. 176.
174 Vgl. *IDW RS HFA 30*, Tz. 25; *Gelhausen/Fey/Kämpfer*, BilMoG, Kap. C, Rn. 23.
175 Vgl. *IDW RS HFA 30*, Tz. 33; *Gelhausen/Fey/Kämpfer*, BilMoG, Kap. C, Rn. 33; *Bertram u.a.*, WPg 2011, S. 57 (60).
176 Vgl. *IDW RS HFA 30*, Tz. 33; *Scheffler* in BHdR, B 233, Rn. 260 f.
177 Vgl. *IDW RS HFA 30*, Tz. 27.
178 Vgl. *Gelhausen/Fey/Kämpfer*, BilMoG, Kap. C, Rn. 23 ff. m.w.N.; Begr. Beschlussempfehlung und Bericht des Rechtsausschusses, BT-Drucks. 16/12407, S. 84 f.

Bilanzierungsgrundsätze   E

entzogen ist (**Vollstreckungs- bzw. Insolvenzsicherheit**)¹⁷⁹. Für Zwecke des § 246 Abs. 2 S. 2 HGB kann von einer Insolvenzsicherheit bzw. -festigkeit von Vermögensgegenständen dann ausgegangen werden, wenn die Voraussetzungen des § 7e Abs. 2 SGB IV erfüllt sind¹⁸⁰.

Sofern den Arbeitnehmern bei Insolvenz des Unternehmens ein **Aussonderungsrecht** 85 (§ 47 InsO) an Vermögensgegenständen zusteht, ist die Insolvenzfestigkeit bzw. -sicherheit der Ansprüche gegeben¹⁸¹. Wird ein wirtschaftlich vergleichbarer Schutz des Anspruchsberechtigten durch ein **Absonderungsrecht** (§ 49 InsO) erreicht, so ist ebenfalls von der erforderlichen Insolvenzsicherheit auszugehen¹⁸². Unbefristete und nicht unter einer aufschiebenden Bedingung stehende Verpfändungen von Vermögensgegenständen (z.B. Wertpapierdepots, Rückdeckungsversicherungsansprüche ohne Rückkaufsrecht) begründen im Regelfall ein Absonderungsrecht¹⁸³. Dies gilt nach herrschender handelsrechtlicher Auffassung grds. auch für die Übertragung von Vermögensgegenständen auf einen rechtlich selbstständigen Rechtsträger (Treuhänder) im Rahmen einer doppelseitigen Treuhandlösung oder anderer Treuhandmodelle (sog. CTA-Konstruktionen; Contractual Trust Arrangement; vgl. auch Tz. 244)¹⁸⁴.

Die nach § 246 Abs. 2 S. 2 Halbsatz 1 HGB verpflichtend vorgeschriebene Saldierung 86 betrifft nur den Ausweis der betroffenen Posten, sodass sowohl die einzelnen Gegenstände des Deckungsvermögens als auch die dazugehörigen Schulden nach § 252 Abs. 1 Nr. 3 HGB grds. **einzeln zu bewerten** sind. Gibt es in einem Unternehmen mehrere Versorgungspläne, wobei nur einer durch Deckungsvermögen unterlegt ist, ist für die Festlegung des Saldierungsbereichs eine Zuordnung der zweckgebundenen Vermögensgegenstände zu den dazugehörigen Verpflichtungen auf Basis einer Gesamtbetrachtung erforderlich¹⁸⁵. Eine Gesamtbetrachtung kann jedoch nur insoweit handelsrechtlich zulässig sein, als das Deckungsvermögen einer bestimmten Gruppe von Alterversorgungsver-

---

179 Vgl. Begr. Beschlussempfehlung und Bericht des Rechtsausschusses, BT-Drucks. 16/12407, S. 84 f.; *IDW RS HFA 30*, Tz. 23; *Gelhausen/Fey/Kämpfer*, BilMoG, Kap. C, Rn. 34 ff. m.w.N.
180 Vgl. Begr. Beschlussempfehlung und Bericht des Rechtsausschusses, BT-Drucks. 16/12407, S. 84 f. Die Vorschrift des § 7e Abs. 2 SGB IV betrifft die Insolvenzsicherung von Wertguthaben der Arbeitnehmer, die im Rahmen von Arbeitszeitkontenmodellen aufgebaut wurden. Von den hier aufgeführten Sicherungsvarianten können für Zwecke des § 246 Abs. 2 S. 2 HGB nur die Verfahren zur Anwendung gelangen, bei denen Realwerte zur Sicherung von Ansprüchen der Arbeitnehmer herangezogen werden, da anderenfalls keine zu aktivierenden Vermögensgegenstände vorliegen würden (z.B. Übertragung von Vermögensgegenständen auf einen Treuhänder, schuldrechtliche Verpfändung von Vermögensgegenständen mit ausreichender Sicherung gegen Kündigung).
181 Vgl. *IDW RS HFA 30*, Tz. 23; *Gelhausen/Fey/Kämpfer*, BilMoG, Kap. C, Rn. 39 m.w.N.
182 Vgl. *IDW RS HFA 30*, Tz. 24.
183 Vgl. *IDW RS HFA 30*, Tz. 24; *Gelhausen/Fey/Kämpfer*, BilMoG, Kap. C, Rn. 40; *Ries*, WPg 2010, S. 811 (820 f.). Sofern dem Unternehmen ein Verwertungsrecht an den Vermögensgegenständen vorbehalten bleibt, kann die geforderte Zweckexklusivität und die Insolvenzsicherheit des Vermögens nur dann gegeben sein, wenn sich hierdurch die Rechtsposition des begünstigten Mitarbeiters nicht verschlechtert, d.h. der Umfang des Deckungsvermögens nicht vermindert wird (Surrogationsklausel; vgl. *IDW RS HFA 30*, Tz. 24).
184 Vgl. *IDW RS HFA 30*, Tz. 24; *Gelhausen/Fey/Kämpfer*, BilMoG, Kap. C., Rn. 34 ff. m.w.N.; *Scheithauer/Sartoris* in Kolvenbach/Sartoris, Bilanzielle Auslagerung von Pensionsverpflichtungen², S. 318 (327 ff.); *Ganter* in MünchKomm. InsO², § 27, Rn. 389; *Hasenburg/Hausen*, DB 2009, Beil. 5, S. 38 (41 ff.); *Rolfs/Schmid*, ZIP 2010, S. 701 (704 bis 708). Diese Auffassung wird unter der herrschenden Literaturmeinung auch i.Z.m. den Anforderungen an die Insolvenzsicherheit von Treuhandmodellen u.ä. zur Anerkennung von *plan assets* gem. IAS 19.7 vertreten; vgl. hierzu *Mühlenberger/Schwinger*, S. 59 ff. m.w.N.; *Küppers/Louven*, BB 2004, S. 337 (340 bis 346); *Küppers/Louven/Schröder*, BB 2005, S. 763 ff.; *Passarge*, DB 2005, S. 2746 (2746 bis 2750). Höchstrichterliche Rechtsprechung zum Vollstreckungs- und Insolvenzschutz im Rahmen von CTA-Konstruktionen liegt bislang nicht vor; daher kann nicht ausgeschlossen werden, dass ein Treuhandmodell in einem konkreten Rechtsfall vom BGH abweichend zu der dargestellten herrschenden Literaturmeinung beurteilt wird und die Insolvenzfestigkeit einer Konstruktion trotz Bestehens eines Absonderungsrechts verneint wird.
185 Vgl. *Gelhausen/Fey/Kämpfer*, BilMoG, Kap. C, Rn. 51.

pflichtungen zugeordnet ist. Unzulässig ist es dagegen, den beizulegenden Zeitwert von Deckungsvermögen mit Schulden zu verrechnen, zu deren Absicherung diese Vermögensgegenstände nicht bestimmt sind.

87 Das Verrechnungsgebot des § 246 Abs. 2 S. 2 HGB wird ergänzt durch die Bewertungsvorschrift des § 253 Abs. 1 S. 4 HGB, nach der das zweckgebundene Vermögen zum **beizulegenden Zeitwert** (§ 255 Abs. 4 HGB; vgl. Tz. 371 ff.) anzusetzen ist[186]. Die sich hierdurch im Vergleich zu den AHK bzw. zum bisherigen Buchwert ergebenden Wertunterschiede sind ergebniswirksam zu erfassen.

88 Durch § 246 Abs. 2 S. 2 HGB wird kein neuer Bilanzposten geschaffen, sofern der Gesamtwert des Deckungsvermögens den Buchwert der dazugehörigen Schulden unterschreitet. Sind Pensions- bzw. Altersversorgungsverpflichtungen betroffen, so sollte für den Ausweis des passivischen Saldos gem. § 265 Abs. 1 und 6 HGB eine Anpassung der Bezeichnung des Bilanzpostens (§ 266 Abs. 3 B Nr. 1 HGB) erfolgen (z.B. „Rückstellungen für Pensionen und ähnliche Verpflichtungen nach Verrechnung des Deckungsvermögens")[187]. Soweit die beizulegenden Zeitwerte des Deckungsvermögens den Erfüllungsbetrag der dazugehörigen Verpflichtungen übersteigen, ist dieser Unterschiedsbetrag gem. § 246 Abs. 2 S. 3 HGB in einem gesonderten Aktivposten **„Aktiver Unterschiedsbetrag aus der Vermögensverrechnung"** in der Bilanz anzusetzen (§ 266 Abs. 2 E HGB; vgl. zu Einzelheiten F Tz. 110 und 305)[188].

89 Zur Vermeidung der Ausschüttung bzw. Abführung unrealisierter Gewinne durch die zulässige Hebung „stiller Reserven" durch Überschreiten der Anschaffungs-/Herstellungskosten im Rahmen der Zeitwertbewertung besteht für KapGes. eine sog. **Ausschüttungs- und Abführungssperre** gem. § 268 Abs. 8 S. 3 HGB und § 301 S. 1 AktG (vgl. F Tz. 102 ff.)[189].

90 Zu den einzelnen **Anhangangaben** vgl. F Tz. 847 ff..

91 **Steuerrechtlich** dürfen gem. § 5 Abs. 1a EStG Posten der Aktivseite nicht mit Posten der Passivseite verrechnet werden, sodass die unter den genannten Voraussetzungen handelsrechtlich gem. § 246 Abs. 2 S. 2 HGB gebotene Verrechnung von Altersversorgungsrückstellungen mit dem dazugehörigen Deckungsvermögen für die StB keine Wirkung entfaltet. Trotz eines fehlenden expliziten Verrechnungsverbots sollte auch die in diesem Zusammenhang handelsrechtlich gem. § 246 Abs. 2 S. 2 HGB vorgeschriebene Verrechnung von bestimmten Aufwendungen und Erträgen steuerrechtlich nicht vorzunehmen sein[190]. Ebenso ist gem. § 6 Abs. 1 Nr.1 und 2 EStG die Bewertung des Deckungsvermögens in der StB auf die Anschaffungs- bzw. Herstellungskosten beschränkt,

---

[186] Vgl. *IDW RS HFA 30*, Tz. 67 f.; zur Ermittlung des beizulegenden Zeitwertes im Rahmen des dreistufigen Verfahrens gem. § 255 Abs. 4 HGB vgl. *Ellrott/Brendt* in BeBiKo[7], § 255 HGB, Rn. 514 ff.; *Gelhausen/Fey/Kämpfer*, BilMoG, Kap. C, Rn. 54 ff. m.w.N. sowie Kap. C, Rn. 100 ff.; *Richter/Künkele/Zwirner* in Bilanzrecht, § 255 HGB, Rn. 268 ff. Bei Fortführung der AHK eines Vermögensgegenstandes als beizulegender Zeitwert gem. § 255 Abs. 4 S. 4 HGB sind im Rahmen der Folgebewertung immer die für das Umlaufvermögen geltenden Vorschriften zu beachten, vgl. *Gelhausen/Fey/Kämpfer*, BilMoG, Kap. C, Rn. 61 f. Zur Ermittlung des beizulegenden Zeitwertes von Ansprüchen aus Rückdeckungsversicherungen vgl. *IDW RS HFA 30*, Tz. 68; zur Bewertung im Rahmen der sog. Entwidmung von Gegenständen des Deckungsvermögens vgl. *IDW RS HFA 30*, Tz. 70, sowie *Gelhausen/Fey/Kämpfer*, BilMoG, Kap. C, Rn. 63 f.

[187] Vgl. *Gelhausen/Fey/Kämpfer*, BilMoG, Kap. C, Rn. 73.

[188] KapGes. und nach § 264a HGB gleichgestellte Personenhandelsgesellschaften haben diese Überdeckung als „aktiver Unterschiedsbetrag aus der Vermögensverrechnung" gem. § 266 Abs. 2 E HGB auszuweisen; vgl. *IDW RS HFA 30*, Tz. 35.

[189] Vgl. *IDW ERS HFA 30*, Tz. 70; *Gelhausen/Fey/Kämpfer*, BilMoG, Kap. C, Rn. 88 ff. sowie Kap. N, Rn. 4 ff.; *Ries*, WPg 2010, S. 811 (822 f.); *Gelhausen/Althoff*, WPg 2009, S. 584 ff. und 629 ff.

[190] Vgl. *Kreidl/Adrian* in BeBiKo[7], § 274, Rn. 209; *Kolb/Neubeck/Bauschuss*, StuB 2011, S. 57 (58) m.w.N.

Bilanzierungsgrundsätze

sodass die Bewertung dieser Vermögensgegenstände zum beizulegenden Zeitwert nur für die handelsrechtliche Rechnungslegung gilt. Aus dieser unterschiedlichen Bewertung des Deckungsvermögens dürften im Regelfall latente Steuern gem. § 274 HGB in der HB resultieren.

4. Ansatz immaterieller Vermögensgegenstände

Zu den **immateriellen Vermögensgegenständen** des AV[191] i.S.d. § 248 Abs. 2 HGB rechnen Konzessionen, gewerbliche Schutzrechte (Patente, Marken-, Urheber- und Verlagsrechte, Geschmacks- und Gebrauchsmuster sowie Warenzeichen)[192] und ähnliche Rechte und Werte (z.B. Produktionsverfahren, Import- und Vermarktungserlaubnis nach der REACH-Verordnung, EDV-Programme, Rezepte, Know-how)[193] sowie Lizenzen an solchen Rechten und Werten (§ 266 Abs. 2 A I 1 und 2 HGB)[194].

92

Darüber hinaus stellt der entgeltlich erworbene (derivative) **Geschäfts- oder Firmenwert** per gesetzlicher Fiktion (§ 246 Abs. 1 S. 4 HGB) einen immateriellen Vermögensgegenstand (§ 266 Abs. 2 A I 3 HGB) dar. Für ihn besteht eine Ansatzpflicht[195]. Der selbst geschaffene (originäre) Geschäfts- oder Firmenwert ist ebenfalls kein Vermögensgegenstand und mangels gesetzlicher Fiktion nicht aktivierbar[196]. Ebenso ist auch der unentgeltlich erworbene Geschäfts- oder Firmenwert nicht ansetzbar[197].

93

Sofern Einzelverwertbarkeit[198] gegeben ist, ergibt sich nach § 246 Abs. 1 S. 1 HGB eine grundsätzliche Ansatzpflicht für immaterielle Vermögensgegenstände (abstrakte Aktivierbarkeit).[199] Für selbst geschaffene immaterielle Vermögensgegenstände des AV wird

94

---

191 Vgl. im Einzelnen ADS[6], § 266 HGB, Tz. 28; *Baetge u.a.* in HdR[5], § 248 HGB, Rn. 42; *Förschle/Usinger* in BeBiKo[7], § 248, Rn. 10; *Leffson*, HURB, S. 246 ff.; sowie *Kuhner* in HdJ, Abt. II/1; *Kronner*.
192 Zur Bilanzierung von Fernsehrechten vgl. *Herzig/Söffing*, WPg 1994, S. 601 ff.
193 Vgl. Verordnung (EG) Nr. 1907/2006 des Europäischen Parlaments und des Rates vom 18.12.2006 (REACH). Die Erlaubnis zur Herstellung und Vermarktung eines Stoffes wird nur dann als eigenständiger Vermögensgegenstand aktiviert, sofern keine AHK eines anderen Vermögensgegenstands (bspw. Patent oder Lizenz) vorliegen. Vgl. zu Software *IDW RS HFA 11*; vgl. auch *Treiber*, DStR 1993, S. 887 ff.; *Kessler*, BB 1994, Beilage 12; *Kort*, DB 1994, S. 1505; *Fischer/Vielmeyer*, BB 2001, S. 1294; *Hoffmann*, DStR 2002, S. 1458; *Köhler/Benzel/Traurmann*, DStR 2002, S. 926; *Küting/Pilhofer/Kirchhof*, WPg 2002, S. 73; *Frizlen/Möhre*, KoR 2001, S. 233; *Peter*, DB 2003, S. 1341; *Haun/Golücke*, BB 2004, S. 651; *Staufenberg/Marquardt*, DStR 2002, S. 195; *Baetge u.a.* in HdR[5], § 248 HGB, Rn. 22; *Hoffmann/Lüdenbach*, Bilanzierung[2], § 246, Rn. 19 f.; BMF-Schr. v. 20.01.1992, BB, S. 531 f.; H 5.5 EStH 2010; BGH v. 14.07.1993, DB, S. 1871 f. (Software = Sache); zu Internetauftritten *Siegler*; *Leidig/Herzog*, StuB 2001, S. 800; *Schick/Nolte*, DB 2002, S. 541; *Schmittmann*, StuB 2007, S. 217 ff.
194 Zur Aktivierungsfähigkeit von Nutzungsrechten vgl. *Kußmaul/Ollinger*, StuW 2011, S. 282 ff.; wegen Güterfernverkehrsgenehmigungen vgl. *IDW St/HFA 1/1992* (mit Ergänzung, FN-IDW 1999, S. 365); BFH v. 10.08.1989, BStBl. II 1990, S. 15; über Auftragsbestände BFH v. 01.02.1989, BFH/NV, S. 778; BFH v. 15.12.1993, BFH/NV 1994, S. 543 m.w.N.; *Flies*, DB 1996, S. 846 ff.; *Siegel*, DStR 1997, S. 941; *Köhler*, DStR 1997, S. 297 ff.; *Förschle/Kropp/Schellhorn*, Budde/Förschle/Winkeljohann, Sonderbilanzen[4], Kap. D, Rn. 139; über immaterielle Vermögensgegenstände insgesamt *Husemann*, insb. S. 246 bis 300; *Zeitler*, DStR 1988, S. 303 ff.; *Metze*, S. 35 ff.; *Kähler/Lange*, BB 1993, S. 613 ff.; sowie *Kuhner* in HdJ, Abt. II/1; *AK „Immaterielle Vermögenswerte"*, DB 2003, S. 1233 ff.; *AK „Immaterielle Vermögenswerte"*, DB 2008, S. 1813 ff.; *Schmidbauer*, DStR 2003, S. 2035 ff.; *Sommerhoff*, S. 27 ff.
195 Vgl. *Coenenberg*, Jahresabschluss[21], S. 181; *Gelhausen/Fey/Kämpfer*, BilMoG, Kap. E, Rn. 10; *Engel-Ciric*, BRZ 2009, S. 445; *Velte*, StuW 2010, S. 93 (95); zu Anhangangaben vgl. F Tz. 744 ff.
196 Vgl. Begr. RegE BilMoG, BT-Drucks. 16/10067, S. 47; ADS[6], § 246 HGB, Tz. 15 ff.
197 Vgl. *Gelhausen/Fey/Kämpfer*, BilMoG, Kap. E, Rn. 9.
198 Vgl. Begr. RegE BilMoG, BT-Drucks. 16/10067, S. 50.
199 Vgl. *Gelhausen/Fey/Kämpfer*, BilMoG, Kap. E, Rn. 38; *Laubach/Kraus/Bornhofen*, DB 2009, Beilage 5, S. 19 (20 f.); *Sommerhoff*, S. 70 m.w.N.

Bilanzierungsgrundsätze   E

Voraussetzungen für die Aktivierung **selbst geschaffener immaterieller Vermögensgegenstände des AV**[213] sind das Vorliegen oder das wahrscheinliche Entstehen eines einzeln verwertbaren immateriellen Vermögensgegenstands[214] sowie die Abgrenzbarkeit der Entwicklungsphase i.S.d. § 255 Abs. 2a S. 2 HGB, wobei als Orientierungshilfe auf die Kriterien nach IAS 38.57 (vgl. dazu N Tz. 144) zurückgegriffen werden darf (zu unentgeltlich erworbenen immateriellen Vermögensgegenständen des AV vgl. Tz. 100)[215]. Der Übergang von der Forschungs- zur Entwicklungsphase markiert den Zugangszeitpunkt des selbst geschaffenen immateriellen Vermögensgegenstands[216]. Voraussetzung für die Ausübung des Aktivierungswahlrechts ist der Nachweis durch eine entsprechende Dokumentation, die sich grds. in die Dokumentation der grundlegenden, unternehmens- oder produktspezifischen Ansatzregeln und des jeweiligen Forschungs- und Entwicklungsprojekts unterteilen lässt[217]. Wird von dem Aktivierungswahlrecht des § 248 Abs. 2 S. 1 HGB Gebrauch gemacht, so hat dies die Ansatzpflicht passiver latenter Steuern nach § 274 HGB (vgl. F Tz. 170 ff.) zur Folge[218].   **96**

Ein selbst geschaffener immaterieller Vermögensgegenstand des AV liegt bei eigener **Herstellung** im bilanzierenden Unternehmen vor (§ 255 Abs. 2a HGB)[219]. Werden laufende Forschungs- und Entwicklungsarbeiten isoliert oder im Rahmen von Unternehmenserwerben im Wege eines asset-deals bzw. einer Vermögensübertragung durch Einzel- oder Gesamtrechtsnachfolge erworben, so handelt es sich nicht um selbst geschaffene, sondern um aktivierungspflichtige entgeltlich erworbene immaterielle Vermögensgegenstände. Wesensänderungen erworbener immaterieller Vermögensgegenstände führen nur dann zu einem eigenen Herstellungsvorgang, wenn das Herstellungsrisiko beim Erwerber liegt; dies gilt entsprechend für die Beurteilung, ob Erweiterungen oder wesentliche Verbesserungen zu nachträglichen Herstellungskosten (§ 255 Abs. 2 HGB) führen[220].   **97**

Das Aktivierungswahlrecht wird für bestimmte selbst geschaffene immaterielle Vermögensgegenstände des AV eingeschränkt. Nach § 248 Abs. 2 S. 2 HGB besteht ein aus-   **98**

---

213   Vgl. zur Ansatzstetigkeit Rn. 107; *Gelhausen/Fey/Kämpfer*, BilMoG, Kap. E, Rn. 41.

214   Vgl. Begr. RegE BilMoG, BT-Drucks. 16/10067, S. 60; *Baumbach/Hopt*, HGB[35], § 255 Rn. 22; *Coenenberg*, Jahresabschluss[21], S. 177 f.; *Gelhausen/Fey/Kämpfer*, BilMoG, Kap. E, Rn. 42; *Henckel/Lüdke/Ludwig*, DB 2008, S. 198; *Kozikowski/F. Huber* in BeBiKo[7], § 247, Rn. 380; *Laubach/Kraus/Bornhofen*, DB 2009, Beilage 5, S. 19 (22); *Mindermann/Brösel* in Petersen/Zwirner, BilMoG, S. 390 (392); *Van Hall/Kessler* in Kessler/Leinen/Strickmann, Handbuch BilMoG[2], S. 138 (145, 148 ff.); *Seidel/Grieger/Muske*, BB 2009, S. 1286 (1287); a.A. Begr. Beschlussempfehlung und Bericht des Rechtsausschusses, BT-Drucks. 16/12407, S. 85 ; *Baetge/Kirsch/Thiele*, Bilanzen[10], S. 246; *Baetge u.a.* in HdR[5], § 248 HGB, Rn. 18; *Schülke*, DStR 2010, S. 992 (996 ff.); *Sommerhoff*, S. 76.

215   Vgl. *Gelhausen/Fey/Kämpfer*, BilMoG, Kap. E, Rn. 42, 46 sowie Rn. 58 ff.; *Henckel/Lüdke/Ludwig*, DB 2008, S. 198; *Kozikowski/F. Huber* in BeBiKo[7], § 247, Rn. 380; *Laubach/Kraus/Bornhofen*, DB 2009, Beilage 5, S. 19 (22); *Seidel/Grieger/Muske*, BB 2009, S. 1286 (1287 ff.); *Kreher u.a.*, DB 2009, Beilage 5, S. 99 (105); *Mindermann/Brösel* in Petersen/Zwirner, BilMoG, S. 390 (392); *Mindermann*, StuB 2010, S. 658 (659); *Lüdenbach/Hoffmann*, StuB 2009, S. 287 (293); *Theile*, S. 56 ff.; v. *Eitzen/Moog/Pyschny*, KoR 2010, S. 357 ff.; *Van Hall/Kessler* in Kessler/Leinen/Strickmann, Handbuch BilMoG[2], S. 138 (148 ff.); *Weinand/Wolz*, KoR 2010, S. 130 (132).

216   Vgl. Begr. RegE BilMoG, BT-Drucks. 16/10067, S. 60; *Tran*, KoR 2011, S. 538 f.

217   Vgl. im Einzelnen *Gelhausen/Fey/Kämpfer*, BilMoG, Kap. E, Rn. 85 ff.; *Arbeitskreis „Immaterielle Werte im Rechnungswesen"*, DB 2008, S. 1816.

218   Vgl. *Gelhausen/Fey/Kämpfer*, BilMoG, Kap. E, Rn. 48; *Küting/Ellmann* in Küting/Pfitzer/Weber, Bilanzrecht[2], S. 263 (275); zu Anhangangaben vgl. Tz. 751 ff.

219   Vgl. *Baetge u.a.* in HdR[5], § 248 HGB, Rn. 29; *Gelhausen/Fey/Kämpfer*, BilMoG, Kap. E, Rn. 49.

220   Vgl. *Gelhausen/Fey/Kämpfer*, BilMoG, Kap. E, Rn. 52, 55; in Bezug auf Software vgl. *IDW RS HFA 11*, Tz. 15, 16.

drückliches **Ansatzverbot** für selbst geschaffene Marken, Drucktitel, Verlagsrechte, Kundenlisten oder vergleichbare immaterielle Vermögensgegenstände des AV[221].

99 Bei den in § 248 Abs. 2 S. 2 HGB genannten „**vergleichbaren immateriellen Vermögensgegenständen**" handelt es sich um solche Vermögensgegenstände, bei denen eine zweifelsfreie Abgrenzung der Herstellungskosten von auf den selbst geschaffenen Geschäfts- oder Firmenwert entfallenden Ausgaben nicht möglich ist[222]. Entsprechend unterliegen Ausgaben für immaterielle Vermögensgegenstände des AV mit Vertriebscharakter dem Aktivierungsverbot des § 248 Abs. 2 S. 2 HGB[223]. Indes sind selbst geschaffene gewerbliche Schutzrechte und ähnliche Rechte und Werte nach § 266 Abs. 2 A.I.1. HGB gesondert auszuweisen[224] und somit zweifelsfrei aktivierbar.

100 Nicht ausdrücklich gesetzlich geregelt ist die bilanzielle Behandlung von **unentgeltlich erworbenen immateriellen Vermögensgegenständen des Anlagevermögens**. Hierunter fallen z.b. Übertragungen im Rahmen von Schenkungen[225], Sachzuschüssen[226] oder Sachzuzahlungen[227] in die Kapitalrücklage nach § 272 Abs. 2 Nr. 4 HGB[228]. Hier erscheint es aufgrund des ähnlichen Charakters sachgerecht, die Anwendung des Aktivierungswahlrechts für selbst geschaffene immaterielle Vermögensgegenstände des AV analog für unentgeltlich erworbene immaterielle Vermögensgegenstände des AV zuzulassen[229].

101 In der **StB** gilt für nicht entgeltlich erworbene immaterielle Anlagewerte ein Aktivierungsverbot (§ 5 Abs. 2 EStG)[230]. Das handelsrechtliche Aktivierungswahlrecht des § 248 Abs. 2 HGB führt nicht zu einem Aktivierungsgebot in der StB[231]. Immaterielle Wirtschaftsgüter des AV sind körperlich nicht fassbare Werte, die nicht zu den Sachanlagen oder Finanzanlagen zählen oder Wirtschaftsgüter des Umlaufvermögens sind. Hierzu gehören nicht nur Rechte, sondern u.a. auch Fabrikationsverfahren, Know-how und EDV-Programme[232] sowie besondere Vorteile, die durch einen verlorenen Zuschuss erworben worden sind[233]. Zur Behandlung eines Zuschusses für eine öffentliche Verkehrseinrichtung vgl. BFH v. 18.09.1975, BStBl. II, S. 874; wegen Abfindung für die Nichtübernahme eines branchenfremden Warenlagers vgl. BFH v. 28.08.1974, BStBl. II 1975, S. 56; die für die Entlassung aus einem belastenden Vertrag gezahlte Entschädigung erhöht den Geschäftswert, ist aber mangels abgeleiteten Erwerbs nicht zu aktivieren, vgl.

---

221 Vgl. im Einzelnen *Baetge u.a.* in HdR[5], § 248 HGB, Rn. 27; *Förschle/Usinger* in BeBiKo[7], § 248, Rn. 15 ff.; *Merkt* in Baumbach/Hopt, § 248, Rn. 4; *Van Hall/Kessler* in Kessler/Leinen/Strickmann, Handbuch BilMoG[2], S. 138 (143 ff.); *Sommerhoff*, S. 86 ff.

222 Vgl. Begr. RegE BilMoG, BT-Drucks. 16/10067, S. 50; Begr. Beschlussempfehlung und Bericht des Rechtsausschusses, BT-Drucks. 16/12407, S. 85.

223 Vgl. *Gelhausen/Fey/Kämpfer*, BilMoG, Kap. E, Rn. 82.

224 Vgl. zum Inhalt des Bilanzpostens F Tz. 229 ff. sowie ADS[6], § 266 HGB, Tz. 28; *Kozikowski/F. Huber* in BeBiKo[7], § 247, Rn. 375 ff.

225 Vgl. ADS[6], § 248 HGB, Tz. 19.

226 Vgl. *HFA 2/1996*, Abschn. 1.

227 Vgl. F Tz. 368.

228 Vgl. ADS[6], § 248 HGB, Tz. 21.

229 Vgl. *Gelhausen/Fey/Kämpfer*, BilMoG, Kap. E, Rn. 91; *Mindermann/Brösel* in Petersen/Zwirner, BilMoG, S. 390 (391); *Mindermann*, StuB 2010, S. 658; a.A. (für Aktivierungspflicht) *Baetge u.a.* in HdR[5], § 248 HGB, Rn. 32; *Sommerhoff*, S. 88.

230 Vgl. R 5.5. Abs. 2 EStR 2008.

231 Vgl. BMF-Schr. v. 12.03.2010, BStBl. I, S. 239, Rn. 3.

232 Vgl. *Bormann*, WPg 1991, S. 8; BFH v. 01.06.1989, BStBl. II, S. 830; BFH v. 03.07.1987, BStBl. II, S. 728 und S. 787; BFH v. 05.02.1988, BStBl. II, S. 737; BFH v. 02.09.1988, BStBl. II 1989, S. 160; zur Einordnung von Filmen BFH v. 20.09.1995, DStR, S. 1951; BMF-Schr. v. 23.02.2001, BStBl. I, S. 175, unter Berücksichtigung der Änderung durch BMF-Schr. v. 05.08.2003, BStBl. I, S. 406, R 5.5 Abs. 1 EStR 2008.

233 A.A. auch hinsichtlich Abstandszahlungen *Kupsch*, WPg 1977, S. 663 ff.

Bilanzierungsgrundsätze E

BFH v. 23.06.1981, BStBl. II 1982, S. 56[234]. Ein immaterielles Wirtschaftsgut ist entgeltlich erworben, wenn es durch einen Hoheitsakt oder nach dem Inhalt eines Rechtsgeschäfts für eine bestimmte Gegenleistung übergegangen ist oder eingeräumt wurde[235]. In diesem Sinne können z.B. nicht aktiviert werden: Von der Schallplattenindustrie hergestellte Tonträger[236]; selbst geschaffene Patente[237]; Aufwendungen für einen selbst geschaffenen Nutzungsvorteil, z.B. Beiträge zum Ausbau einer öffentlichen Straße oder zum Bau einer städtischen Kläranlage[238]; eine Kundenkartei, die im Rahmen einer Betriebsübernahme erworben worden ist, wenn dafür kein besonderes Entgelt vereinbart und als solches gezahlt ist[239]; schwebende Arbeitsverträge mit im Unternehmen tätigen Arbeitnehmern[240]; Pensionszusagen nach dem BetrAVG[241]. Zu weiteren Fragen (z.B. zu Einlage, Entnahme, Erwerb durch verdeckte Gewinnausschüttung und verdeckte Einlage) vgl. *Weber-Grellet* in Schmidt, L., EStG[30], § 5, Rn. 190 m.w.N.

5. Bilanzierungsverbote (§ 248 Abs. 1 und 2 S. 2 HGB)

In § 248 HGB bestimmt das Gesetz, welche Posten nicht in die Bilanz aufgenommen werden dürfen[242]: 102

- Aufwendungen für die Gründung des Unternehmens (Abs. 1 Nr. 1),
- für die Beschaffung des EK (Abs. 1 Nr. 2),
- Aufwendungen für den Abschluss von Versicherungsverträgen (Abs. 1 Nr. 3),
- selbst geschaffene Marken, Drucktitel, Verlagsrechte, Kundenlisten oder vergleichbare immaterielle Vermögensgegenstände des AV (Abs. 2 S. 2).

Der Begriff **Gründungsaufwendungen** ist weit auszulegen und umfasst alle Ausgaben, die durch das rechtliche Entstehen des Unternehmens verursacht werden. Es sind darunter somit nicht nur die Gründungskosten i.e.S. wie Personalkosten, Kosten der Anmeldung u.ä. zu verstehen, sondern auch alle Vorbereitungskosten, soweit sie nicht zur Schaffung von 103

---

234 Vgl. ebenso BFH v. 14.10.1971, BStBl. II 1972, S. 34, für die Entlassung aus einem benachteiligenden Erbbaurechts-Verpflichtungsvertrag; nicht zu aktivieren sind auch die Zahlungen eines neuen Mieters an den Vormieter dafür, dass er bestimmte Wirtschaftsgüter nicht übernehmen muss, vgl. BFH v. 28.08.1974, BStBl. II 1975, S. 56; dagegen stellen die Entschädigungszahlungen an Mieter oder Pächter für die vorzeitige Räumung eines Grundstücks zur Errichtung eines Gebäudes Herstellungskosten des Gebäudes dar, vgl. BFH v. 09.02.1983, BStBl. II, S. 451 (anders noch BFH v. 02.03.1970, BStBl. II, S. 382, immaterielles Wirtschaftsgut); ebenso Aufwendungen für die Ablösung der Verpflichtung zur Errichtung von Stellplätzen, vgl. BFH v. 08.03.1984, BStBl. II, S. 702; die Abfindung, die der Inhaber eines Handelsgeschäfts an einen atypischen stillen Gesellschafter gegen vorzeitiger Aufhebung des Gesellschaftsverhältnisses zahlt, sind Anschaffungskosten für die Anteile an den erworbenen Wirtschaftsgütern, vgl. BFH v. 10.08.1978, BStBl. II 1979, S. 74.
235 Vgl. BFH v. 26.02.1975, BStBl. II, S. 445; BFH v. 08.11.1979, BStBl. II 1980, S. 276; R 5.5 Abs. 2 EStR 2008. Dabei ist es nicht erforderlich, dass das Wirtschaftsgut bereits vor dem Abschluss des Rechtsgeschäfts bestanden hat. Es kann auch erst durch den Abschluss des Rechtsgeschäfts entstehen, z.B. bei entgeltlich erworbenen Belieferungsrechten (R 5.5 Abs. 2 S. 3 EStR 2008).
236 Vgl. BFH v. 28.05.1979, BStBl. II, S. 734.
237 Vgl. BFH v. 08.11.1979, BStBl. II 1980, S. 146.
238 Vgl. BFH v. 26.02.1980, BStBl. II, S. 687; BFH v. 25.08.1982, BStBl. II 1983, S. 38.
239 Vgl. BFH v. 25.11.1981, BStBl. II, S. 189.
240 Vgl. BFH v. 07.11.1985, BStBl. II 1986, S. 176.
241 Vgl. BFH v. 14.12.1988, BStBl. II 1989, S. 323.
242 Vgl. zum Abschluss von Versicherungsverträgen ADS[6], § 248 HGB, Tz. 24 ff.; *Förschle/Usinger* in BeBiKo[7], § 248, Rn. 7; *Baetge u.a.* in HdR[5], § 248 HGB, Rn. 13 ff.; *Hoffmann/Lüdenbach*, Bilanzierung[2], § 248, Rn. 5; zum Gründungsaufwand bei Formwechsel vgl. auch *Wolfsteiner*, S. 467 ff.; *IDW ERS HFA 41*, Tz. 17.

konkreten Vermögensgegenständen geführt haben[243]. Das Bilanzierungsverbot bezieht sich auch auf die Erfassung von Gründungsaufwendungen als RAP[244].

104 Das Bilanzierungsverbot der Aufwendungen für die **Beschaffung des Eigenkapitals** nach § 248 Abs. 1 Nr. 2 HGB (anlässlich der Gründung oder einer Kapitalerhöhung/Einlage) bezieht sich nicht nur auf unmittelbar für diesen Zweck entstandene Aufwendungen, sondern auch auf Zahlungen, die an Dritte geleistet werden, z.B. an Kapitalvermittlungsunternehmen[245].

105 Unter das Ansatzverbot für **Aufwendungen aus dem Abschluss von Versicherungsverträgen** nach § 248 Abs. 1 Nr. 3 HGB fallen sowohl die unmittelbar durch den Abschluss von Versicherungsverträgen verursachten Aufwendungen, z.B. Verwaltungskosten (für Antragsprüfung, Policierung etc.) und Abschlussprovisionen, als auch mittelbar damit im Zusammenhang stehende Aufwendungen, wie Werbekosten oder Kosten für die Schulung von Außendienstmitarbeitern. Das Verbot gilt auch für die Bildung eines RAP[246]. Die Anwendung des sog. Zillmer-Verfahrens im Rahmen der Bewertung von Deckungsrückstellungen bei VU stellt dagegen keinen Verstoß gegen das Aktivierungsverbot dar[247].

106 Hinsichtlich des Bilanzierungsverbots für bestimmte selbst geschaffene **immaterielle Vermögensgegenstände** des AV (§ 248 Abs. 2 S. 2 HGB) vgl. Tz. 98 f.

6. Ansatzstetigkeit (§ 246 Abs. 3 HGB)

107 Nach dem durch das BilMoG neu eingeführten § 246 Abs. 3 S. 1 HGB sind erstmals neben den Bewertungsmethoden (Bewertungsstetigkeit nach § 252 Abs. 1 Nr. 6 HGB) auch die auf den vorhergehenden JA angewandten **Ansatzmethoden** beizubehalten (zeitliche Ansatzstetigkeit). Bei vergleichbaren Posten sind danach außerdem die gleichen Ansatzmethoden anzuwenden (sachliche Ansatzstetigkeit). „Ansatzmethoden" umfassen das planvolle Vorgehen bei der Ausübung von Ansatzwahlrechten[248] einerseits und bei der Ausübung von Ermessensspielräumen[249] im Rahmen der Entscheidung über den Ansatz von Vermögensgegenständen, Schulden, RAP und Sonderposten andererseits, sofern die Ausübung ein bestimmtes Verfahren bzw. eine Systematik zugrunde liegt[250]. **Durchbrechungen** der Ansatzstetigkeit sind nach § 246 Abs. 3 S. 2 HGB nur unter den Voraussetzungen des § 252 Abs. 2 HGB zulässig[251].

108 Vgl. zur Ansatzstetigkeit bei **Altersversorgungsverpflichtungen** Tz. 223 f.

---

243 Vgl. ADS[6], § 248 HGB, Tz. 5; *Bordewin*, DStZ 1986, S. 79 (84); *Kirsch* in BoHdR[2], § 248 HGB, Rn. 16 ff.
244 Vgl. *Förschle/Usinger* in BeBiKo[7], § 248, Rn. 1; zur Berücksichtigung von Gründungsaufwendungen in der Eröffnungsbilanz vgl. ADS[6], § 248 HGB, Tz. 6a (Posten eigener Art); dagegen auch für eine direkte Verrechnung mit einem Ausgabeaufgeld *Förschle/Kropp/Schellhorn* in Budde/Förschle/Winkeljohann, Sonderbilanzen[4], Kap. D, Rn. 148.
245 Vgl. im Einzelnen ADS[6], § 248 HGB, Tz. 10.
246 Vgl. *Perlet*, S. 833 (844).
247 Vgl. ADS[6], § 248 HGB, Tz. 27; *Baetge u.a.* in HdR[5], § 248, Rn. 16; *Hoffmann/Lüdenbach*, Bilanzierung[2], § 248, Rn. 5; *Hömberg/König* in Baetge/Kirsch/Thiele, Bilanzrecht, § 248, Rn. 63; *Kußmaul* in HdR[5], Kap. 6, Rn. 19; ausführlich zum Zillmer-Verfahren *Stuirbrink u.a.*, in Beck Vers-Komm., § 341 f. HGB, Rn. 31.
248 Vgl. zu den bestehenden Ansatzwahlrechten *IDW RS HFA 38*, Tz. 7.
249 Vgl. zu Beispielen für bestehende Ermessensspielräume *IDW RS HFA 38*, Tz. 7; *Gelhausen/Fey/Kämpfer*, BilMoG, Kap. G, Rn. 12; *Hoffmann/Lüdenbach*, Bilanzierung[2], § 246, Rn. 293; *Küting/Tesche*, DStR 2009, S. 1491 (1494 f.).
250 Vgl. *IDW RS HFA 38*, Tz. 7.
251 Vgl. zur Stetigkeitsdurchbrechung *IDW RS HFA 38*, Tz. 15.

Bilanzierungsgrundsätze E

Das dem Grundsatz der Ansatzstetigkeit unterliegende Aktivierungswahlrecht des § 274 Abs. 1 S. 2 HGB für **aktive latente Steuern** bezieht sich entsprechend der zugrunde liegenden Gesamtdifferenzenbetrachtung (vgl. F Tz. 177) auf den Saldo (Abgrenzungsspitze) der voraussichtlichen künftigen Steuerbe- und -entlastungen und nicht auf einzelne, aktive latente Steuern auslösende Sachverhalte[252]. 109

Effekte aus der **Änderung von Ansatzmethoden** sind erfolgswirksam zu erfassen[253]. Änderungen im Ansatz von Posten gegenüber dem vorhergehenden JA führen nicht zu einer Anpassung der Vorjahreszahlen gem. § 265 Abs. 2 S. 1 HGB, sondern sind im Rahmen der **Anhangangaben** von § 284 Abs. 2 Nr. 3 HGB[254] darzustellen[255]. 110

7. Angabe von Haftungsverhältnissen (§ 251 HGB)

Haftungsverhältnisse des Unternehmens sind, soweit sie nicht durch entspr. Rückstellungen und Verbindlichkeiten berücksichtigt werden müssen, unter der Bilanz auf der Passivseite zu **vermerken** (§ 251 S. 1 HGB), d.h. nachrichtlich außerhalb der Hauptspalte anzugeben. Als Haftungsverhältnisse kommen in Betracht[256]: 111

- Verbindlichkeiten aus der Begebung und Übertragung von Wechseln (Wechselobligo),
- Verbindlichkeiten aus Bürgschaften, Wechsel- und Scheckbürgschaften,
- Verbindlichkeiten aus Gewährleistungsverträgen,
- Haftungsverhältnisse aus der Bestellung von Sicherheiten für fremde Verbindlichkeiten.

Das **Scheckobligo** braucht nicht genannt zu werden[257].

Alle Haftungsverhältnisse dürfen zusammen **in einem Betrag** angegeben werden (§ 251 S. 1 zweiter Hs. HGB); es genügt die Bezeichnung „Haftungsverhältnisse". Dies gilt nicht für KapGes. und Personenhandelsgesellschaften i.S.d. § 264a HGB; sie haben die weitergehenden Bestimmungen in § 268 Abs. 7 HGB zu beachten, d.h. **gesonderte Nennung** jeder der vier Gruppen von Haftungsverhältnissen einschließlich bestimmter zusätzlicher Angaben unter der Bilanz oder im Anh. (vgl. im Einzelnen F Tz. 463). Diese Unternehmen müssen außerdem sonstige finanzielle Verpflichtungen (§ 285 Nr. 3a HGB) im Anh. angeben (vgl. dazu F Tz. 783). 112

In das **Wechselobligo** sind alle Abschnitte einzubeziehen, aus denen die Gesellschaft als Ausstellerin (Art. 9 Abs. 1 WG) oder Indossantin (Art. 15 Abs. 1 WG) haftet[258]. In der Praxis wird für die Berechnung des angabepflichtigen Betrags regelmäßig von der Wechselsumme ausgegangen; Nebenkosten bleiben im Allgemeinen außer Betracht. Für die Frage der Nennung ist nicht maßgebend, ob es sich um Akzeptanten von größerer oder geringerer Bonität handelt. Entscheidend ist vielmehr, ob ein wechselrechtliches Obligo 113

---

252 Vgl. *Gelhausen/Fey/Kämpfer*, BilMoG, Kap. G, Rn. 11.
253 Vgl. *IDW RS HFA 38*, Tz. 16.
254 Vgl. zu Angaben im Anh. F Tz. 722 ff. sowie *IDW RS HFA 38*, Tz. 18 ff.
255 Vgl. *IDW RS HFA 38*, Tz. 17; *IDW RS HFA 39*, Tz. 5.
256 Vgl. im Einzelnen ADS[6], § 251 HGB, Tz. 37 ff.; *Ellrott* in BeBiKo[7], § 251, Rn. 14 ff.; *Fey* in HdR[5], § 251 HGB, Rn. 39 ff.; *Baetge/Kirsch/Thiele*, Bilanzen[10], S. 553; *Wiehn* in BHdR, B 250, Rn. 5; *Birck/Meyer*, Bankbilanz[3], S. II/377 ff.; *Bordt* in HdJ, Abt. III/9, Rn. 37 ff.; *Fey, G.*, S. 68 ff.; *Fey*, WPg 1992, S. 1 ff. (mit empirischen Ergebnissen); *Krumnow*, KI[2], § 26 RechKredV; *Stuirbrink/Schuster* in Beck Vers-Komm., § 51 RechVersV, Rn. 12 ff.; zur Abgrenzung von passivierungspflichtigen Schulden vgl. EuGH v. 07.01.2003, DB, S. 181.
257 Vgl. strenger *Ellrott* in BeBiKo[7], § 251, Rn. 14 (Angabe wird nicht empfohlen).
258 Vgl. *Baetge/Kirsch/Thiele*, Bilanzen[10], S. 554; *Krüger*, S. 50; zum Haftungsausschluss vgl. ADS[6], § 251 HGB, Tz. 38.

besteht. Auch Akzepte öffentlicher Auftraggeber sind daher hier zu nennen (ebenso *HFA*, WPg 1951, S. 19). Die Frage der Bonität der Akzeptanten ist bei der Bemessung etwa erforderlicher Rückstellungen zu berücksichtigen.

114 Zu den **Bürgschaftsverbindlichkeiten** gehören Bürgschaften aller Art, auch Rückbürgschaften, Ausfallbürgschaften sowie (wegen § 778 BGB) Kreditaufträge. Wegen der Einzelheiten bei Wechsel- und Scheckbürgschaften vgl. ADS[6], § 251 HGB, Tz. 49, 58. Bei bürgschaftsähnlichen Rechtsverhältnissen handelt es sich i.d.R. um Verbindlichkeiten aus Gewährleistungsverträgen[259]. Zur Abgrenzung der Bürgschaft von einem Garantieversprechen (gesonderte Angaben nur zwingend bei KapGes.) vgl. BGH v. 08.03.1967, WPg, S. 263, und *Bordt* in HdJ, Abt. III/9, Rn. 47 m.w.N. Die Schuldmitübernahme ist von der Bürgschaft nicht immer klar abgrenzbar. Dient sie primär der Absicherung des Gläubigers und ist im Innenverhältnis mit dem (ersten) Schuldner vereinbart, dass dieser weiterhin primär zur Leistung verpflichtet ist, so ist diese sog. Schuldmitübernahme zu Sicherungszwecken als Gewährleistung anzusehen[260] Bezweckt die Schuldmitübernahme dagegen die Befreiung des Hauptschuldners, so ist sie wie eine Erfüllungsübernahme als eigene Schuld zu passivieren[261]. Bürgschaften Dritter zugunsten des Unternehmens gehören nicht hierher. Wegen der Behandlung von Bürgschaften für Verpflichtungen, die aus dem Gewinn oder dem Liquidationsüberschuss zu tilgen sind, vgl. ADS[6], § 251 HGB, Tz. 55[262].

115 Hat sich die Gesellschaft in **unbeschränkter Höhe** verpflichtet, gilt zur Bestimmung der Risikohöhe hilfsweise der Betrag des Abschlussstichtags[263]. Haftet das Unternehmen gesamtschuldnerisch, so ist der volle Betrag anzugeben; jedoch können Rückgriffsrechte vermerkt werden. Bei anteiliger Haftung ist nur der Anteil zu vermerken. Da der Sinn und Zweck der Vorschrift darin liegt, die am Abschlussstichtag vertraglich begründeten Risiken in vollem Umfang im JA zu zeigen, sind Höchstbetragsbürgschaften grds. mit dem Höchstbetrag anzugeben, wenn eine Inanspruchnahme in voller Höhe möglich ist[264].

116 Bei dem Begriff des **Gewährleistungsvertrags** i.S.v. § 251 HGB handelt es sich ebenso wie bei dem Begriff der Haftungsverhältnisse um einen bilanzrechtlichen Begriff. Die im Schrifttum und von der Rechtsprechung (vgl. Entscheidung des RG, Bd. 90, S. 416) in anderem Zusammenhang herausgestellten Begriffsmerkmale sind daher für die Vermerkpflicht nicht zwingend, aber i.d.R. auch im Bilanzrecht zutreffend.

117 Unter die Vermerkpflicht fallen vertraglich übernommene Gewährleistungen für fremde Leistungen und grds. auch für eigene Leistungen. Als Gewährleistungen **für fremde Leistungen** kommen in Betracht bürgschaftsähnliche Rechtsverhältnisse, z.B. Schuldmitübernahme, nicht passivierungspflichtige Freistellungsverpflichtungen jeder Art und sonstige Gewährleistungen für Dritte wie Kurs- und Ausbietungsgarantien[265] oder Patro-

---

259 Vgl. ADS[6], § 251 HGB, Tz. 48, 59 ff.; *Kleindiek* in Staub, HGB[4], § 251, Rn. 17 ff.
260 Vgl. ADS[6], § 251 HGB, Tz. 65; *Bordt* in HdJ, Abt. III/9, Rn. 55; *Fey* in HdR[5], § 251 HGB, Rn. 52.
261 Vgl. ADS[6], § 246 HGB, Tz. 420 ff.; *Fey* in HdR[5], § 251 HGB, Rn. 52.
262 Zu den Angabepflichten bei der AG nach § 160 Abs. 1 Nr. 6 AktG vgl. ADS[6], § 160 AktG, Tz. 54 ff.; für andere Rechtsformen vgl. *Fey, G.*, S. 146 ff.
263 Vgl. ADS[6], § 251 HGB, Tz. 52; ähnlich *Kleindiek* in Staub, HGB[4], § 251, Rn. 24; für verbale Angaben *Fey, G.*, S. 170.
264 Vgl. ADS[6], § 251 HGB, Tz. 56 m.w.N.; *Fey* in HdR[5], § 251 HGB, Rn. 76; *Kleindiek* in Staub, HGB[4], § 251, Rn. 24; a.A. aus zivilrechtlicher Sicht *Ellrott* in BeBiKo[7], § 251, Rn. 23; *Bordt* in HdJ, Abt. III/9, Rn. 64; *Hennrichs* in MünchKomm. AktG[2], § 251 HGB, Rn. 25; *Hoffmann/Lüdenbach*, Bilanzierung[2], § 251, Rn. 17.
265 Vgl. *Birck/Meyer*, Bankbilanz[3], S. II/396 und II/412; a.A. *Herfurth*, WPg 1977, S. 349 ff.

Bilanzierungsgrundsätze   E

natserklärungen (vgl. hierzu *IDW RH HFA 1.013*)[266]; für Nachhaftungen bei Spaltungen besteht hingegen keine Vermerkpflicht (*IDW ERS HFA 43*, Tz. 29)[267]. Für Gewährleistungen für fremde Leistungen ist grds. der jeweilige Stand der Hauptschuld am Abschlussstichtag maßgebend. Nicht zu den Gewährleistungsverpflichtungen zählen auf Dritte unter Hingabe von Vermögensgegenständen übertragene Verbindlichkeiten, wenn diese bei fehlender Zustimmung des Gläubigers weiterhin beim ursprünglichen Schuldner passiviert bleiben[268].

Bei Gewährleistungen für **eigene Leistungen** kann es sich um unselbstständige (anlässlich des Verkaufs gegebene Zusicherungen) oder um selbstständige Garantiezusagen handeln. Sie sind nur insoweit vermerkpflichtig, als Zusagen bei dem Unternehmen normalerweise nicht zu erwarten sind; branchenübliche Gewährleistungen brauchen daher nicht einbezogen zu werden; zu Rückstellungen vgl. Tz. 122[269]. Ist das Risiko nicht bezifferbar, so sind entsprechende Erläuterungen in einer Fußnote (oder bei KapGes. und Personengesellschaften i.S.d. § 264a HGB im Anh., vgl. F Tz. 864 ff.) zu geben[270]. **118**

Als Haftungsverhältnisse aus der Bestellung von **Sicherheiten für fremde Verbindlichkeiten** kommen z.B. Grundpfandrechte, Sicherungsübereignungen oder Verpfändungen beweglicher Sachen und Rechte in Betracht. Hierzu zählen grds. auch i.Z.m. der Forfaitierung von Leasingraten sicherungsübereignete Leasinggegenstände[271]; solange in diesen Fällen jedoch entspr. Beträge als Verbindlichkeiten oder RAP passiviert sind, erscheint eine zusätzliche Angabe überflüssig[272]. Bei einem Einzelkaufmann besteht ferner eine Vermerkpflicht, wenn betriebliche Vermögensgegenstände als Sicherheiten für seine privaten Schulden dienen[273]. Grds. ist der Betrag der gesicherten Verbindlichkeiten anzugeben[274]. Nach § 251 HGB sind nur Haftungsverhältnisse aus der Bestellung von Sicherheiten für fremde Verbindlichkeiten angabepflichtig. Da zur Sicherheitsleistung nur der an der Spaltung beteiligte Rechtsträger verpflichtet ist, gegen den sich der Anspruch richtet, entsteht durch die Sicherheitsleistung eines an der Spaltung beteiligten Rechtsträgers nach § 133 Abs. 1 S. 2 i.V.m. §§ 22 und 125 UmwG aus diesem Grunde kein nach § 251 HGB anzugebendes Haftungsverhältnis (vgl. *IDW ERS HFA 43*, Tz. 30). **119**

Angaben über **Fehlbeträge bei Pensionsverpflichtungen** und ähnlichen Verpflichtungen sind nach Art. 28 Abs. 2 EGHGB nur für KapGes. und Personenhandelsgesellschaften i.S.d. § 264a HGB vorgeschrieben (vgl. F Tz. 759). Sie brauchen von anderen Unternehmen nicht gemacht zu werden, jedoch ist die Angabe bei Fehlbeträgen, die von Bedeutung **120**

---

266 Vgl. ADS[6], § 251 HGB, Tz. 78 ff.; auch *Bordt* in HdJ, Abt. III/9, Rn. 71 ff.; *Fey* in HdR[5], § 251 HGB, Rn. 54 ff.; *Hoffmann/Lüdenbach*, Bilanzierung[2], § 251, Rn. 26 ff.; a.A. *Küffner*, DStR 1996, S. 145 (146 ff.) (Ausweis als sonstiges Haftungsverhältnis im Anh.).
267 Vgl. anders noch *Ellrott* in BeBiKo[7], § 251, Rn. 36; zur Vermerkpflicht bei einem Betriebsübergang (§ 613a Abs. 2 BGB) vgl. *HFA*, FN-IDW 1996, S. 528; ADS[6], § 251 HGB, Tz. 66 (Übernahme von Pensionsverpflichtungen).
268 Vgl. *HFA*, WPg 1989, S. 626 f.; abw. *Küting/Pfuhl*, DB 1989, S. 1245 ff.
269 Vgl. ADS[6], § 251 HGB, Tz. 62; *Hoffmann/Lüdenbach*, Bilanzierung[2], § 251, Rn. 32; *Kleindiek* in Staub, HGB[4], § 251, Rn. 12, 18; *Fey*, WPg 1992, S. 1 (2 f.).
270 Vgl. ADS[6], § 251 HGB, Tz. 109; *Kleindiek* in Staub, HGB[4], § 251, Rn. 25 (sofern Betrag nicht zumindest plausibel schätzbar); abw. für Einzelkaufleute und Personenhandelsgesellschaften (verbale Angaben lediglich wünschenswert) *Ellrott* in BeBiKo[7], § 251, Rn. 11.
271 Vgl. *HFA*, FN-IDW 1989, S. 113; *Ellrott* in BeBiKo[7], § 251, Rn. 45; dazu auch *Schnoor*, DB 1988, S. 2421.
272 Vgl. ADS[6], § 251 HGB, Tz. 98; *Fey* in HdR[5], § 251 HGB, Rn. 61; *Hoffmann/Lüdenbach*, Bilanzierung[2], § 251, Rn. 36.
273 Vgl. ADS[6], § 251 HGB, Tz. 96; ebenso *Wiehn* in BHdR, B 250, Rn. 131.
274 Vgl. ADS[6], § 251 HGB, Tz. 95; zum Ansatz des Zeitwertes des Sicherungsgegenstandes bei Unterdeckung vgl. *Fey*, WPg 1992, S. 1 (4 f.).

121 Die Haftungsverhältnisse i.S.d. § 251 HGB sind auch dann anzugeben, wenn ihnen gleichwertige **Rückgriffsforderungen** gegenüberstehen (§ 251 S. 2 HGB). Die Rückgriffsforderungen selbst können, brauchen jedoch nicht unter der Bilanz auf der Aktivseite vermerkt zu werden.

sind, wünschenswert[275]. Dies sollte auch für die aus Art. 67 Abs. 1 S. 1 EGHGB resultierende Unterdeckung aus der durch BilMoG geänderten Bewertung der Pensionsrückstellungen gelten[276]. Werden etwaige Fehlbeträge freiwillig angegeben, so dürfen sie nicht in den Betrag der Haftungsverhältnisse einbezogen, sondern müssen gesondert genannt werden.

III. Vorschriften zu Deckungsvermögen, Sonderposten mit Rücklageanteil, Rückstellungen und Rechnungsabgrenzungsposten

122 Die für alle Kaufleute geltenden Vorschriften des HGB enthalten unter den Ansatzvorschriften für den JA spezielle Vorschriften zu den Vermögensgegenständen, die ausschließlich der Erfüllung von Schulden aus Altersversorgungsverpflichtungen oder vergleichbaren langfristig fälligen Verpflichtungen dienen (sog. „Deckungsvermögen"), zu Rückstellungen und zu RAP. Ferner sind noch Bilanzierungsvorschriften des bisherigen HGB für bestimmte Bilanzposten zu beachten, die unter BilMoG nicht mehr neu gebildet, jedoch auf der Grundlage von Übergangsvorschriften auch nach Änderung der bisherigen Rechtslage beibehalten bzw. fortgeführt werden dürfen (z.B. Sonderposten mit Rücklageanteil i.S.d. § 247 Abs. 3 HGB a.F. und Aufwandsrückstellungen gem. § 249 Abs. 1 S. 3 und Abs. 2 HGB a.F.).

1. Deckungsvermögen (§ 246 Abs. 2 S. 2 HGB)

123 Unter dem „**Deckungsvermögen**" gem. § 246 Abs. 2 S. 2 HGB sind Vermögensgegenstände zu verstehen, die dem Zugriff aller Unternehmensgläubiger entzogen sind und ausschließlich der Erfüllung von Schulden aus Altersversorgungsverpflichtungen oder vergleichbaren langfristig fälligen Verpflichtungen dienen (Zweckexklusivität). Bei Vorliegen der gesetzlichen Voraussetzungen (vgl. im Einzelnen Rn 79 ff.) sind diese Vermögensgegenstände verpflichtend mit den dazugehörigen Schulden (Verbindlichkeiten oder Rückstellungen) zu verrechnen. Darüber hinaus ist das Deckungsvermögen gem. § 253 Abs. 1 S. 4 HGB zum beizulegenden Zeitwert anzusetzen (vgl. Tz. 87).

124 Das **Saldierungsgebot** umfasst auch die Verrechnung der Aufwendungen und Erträge aus der Ab- bzw. Aufzinsung der Verpflichtungen (§ 277 Abs. 5 S. 1 HGB) mit den dazugehörigen Aufwendungen und Erträgen aus dem zu verrechnenden Vermögen innerhalb des Finanzergebnisses[277]. Soweit der Buchwert des zweckgebundenen Vermögens den abgezinsten Erfüllungsbetrag der dazugehörigen Schulden übersteigt, ist dieser Betrag nach § 246 Abs. 2 S. 3 i.V.m. § 266 Abs. 2 E. HGB unter einem **gesonderten Aktivposten** („Aktiver Unterschiedsbetrag aus der Vermögensverrechnung") auszuweisen (vgl. Tz. 88; zur Abführungs- und Ausschüttungssperre vgl. Tz. 89).

---

275 Vgl. *Ellrott* in BeBiKo[7], § 251, Rn. 50.
276 Vgl. *Ellrott* in BeBiKo[7], § 251, Rn. 50.
277 Vgl. *Gelhausen/Fey/Kämpfer*, BilMoG, Kap. C, Rn. 78 ff.; *IDW RS HFA 30*, Tz. 85 ff.

2. Sonderposten mit Rücklageanteil (§ 247 Abs. 3 HGB a.F.)

Passivposten, die für Zwecke der Steuern vom Einkommen und vom Ertrag zulässig sind, durften als „Sonderposten mit Rücklageanteil" nach der bisherigen Rechtslage in der HB gebildet werden (§ 247 Abs. 3 HGB a. F.)[278]. Dieses Ansatzwahlrecht bestand unabhängig davon, ob die Bildung in der HB Voraussetzung für die Anerkennung bestimmter steuerlicher Vorteile war; Einschränkungen galten insoweit nur für KapGes. und Personenhandelsgesellschaften i.S.d. § 264a HGB, da für diese der Grundsatz der umgekehrten Maßgeblichkeit galt[279]. Als Sonderposten mit Rücklageanteil kamen in erster Linie die sog. **steuerfreien Rücklagen** (§§ 247 Abs. 3, 273 HGB a.F.) in Betracht, daneben aber auch **steuerrechtliche Abschreibungen**, die keinem Abwertungsbedarf nach handelsrechtlichen Grundsätzen Rechnung tragen sollten (§§ 254, 279 Abs. 2, 281 Abs. 1 HGB a.F.)[280].

125

Durch das BilMoG wurde mit Neufassung des § 5 Abs. 1 EStG die **umgekehrte Maßgeblichkeit** abgeschafft sowie die entsprechenden handelsrechtlichen Öffnungsklauseln (§§ 247 Abs. 3, 254 S. 1, 273, 279 Abs. 2, 280 Abs. 2 und 3, 281 HGB a.F.) **aufgehoben**[281]. Somit dürfen keine neuen Sonderposten mit Rücklageanteil mehr gebildet (§ 247 Abs. 3 HGB a.F.) und keine steuerlichen Sonderabschreibungen oder erhöhte Absetzungen (§ 254 HGB a.F.) mehr vorgenommen werden. Jedoch dürfen Sonderposten mit Rücklageanteil, die zum Zeitpunkt des Übergangs auf BilMoG bestanden, beibehalten (Art. 67 Abs. 3 S. 1 HGB) und rein steuerlich begründete Abschreibungen fortgeführt werden (Art. 67 Abs. 4 S. 1 EGHGB)[282].

126

Werden steuerfreie Rücklagen im Rahmen der Umstellung auf BilMoG innerhalb des Sonderpostens mit Rücklageanteil i.S.d. § 247 Abs. 3 HGB a.F. beibehalten, finden in Folgejahren für diesen Posten die **bis zum Inkrafttreten des BilMoG geltenden Regelungen** gem. Art. 67 Abs. 3 S. 1 EGHGB weiterhin **Anwendung**[283]. So sind die Sonderposten nach Maßgabe der jeweiligen steuerrechtlichen Vorschriften aufzulösen (§ 247 Abs. 3 S. 2 HGB a.F.)[284]. Danach darf z.B. die Übertragung von unversteuerten Rücklagen entweder durch eine aktivisch vorzunehmende außerplanmäßige Abschreibung der Anschaffungs- bzw. Herstellungskosten des Ersatzgegenstands oder durch eine Einstellung des Übertragungsbetrags als Sonderabschreibung in den Sonderposten mit Rücklageanteil nach § 281 Abs. 1 S. 1 HGB a.F. erfolgen[285]. Ferner sind die Ansatz- und die Bewertungsstetigkeit bei der Fortführung des Postens (§§ 246 Abs. 2, 252 Abs. 1 Nr. 6 HGB)[286]

127

---

278 Vgl. zur bisherigen Rechtslage ADS⁶, § 247 HGB, Tz. 127 ff.; WP Handbuch 2006 Bd. I, Kap. E, Tz. 79 ff. m.w.N.

279 Vgl. zur umgekehrten Maßgeblichkeit vor Inkrafttreten des BilMoG *Hennrichs* in MünchKomm AktG², § 273 HGB, Rn. 6 ff.; *Dziadkowski/Henselmann* in BHdR, B 120, Rn. 110 m.w.N.

280 Vgl. zu Einzelheiten der bisherigen Rechtslage WP Handbuch 2006 Bd. I, Kap. E Tz. 80 ff.; *Briese/Suermann*, DB 2010, S. 121 (121 f.); *Gelhausen/Fey/Kämpfer*, BilMoG, Kap. D, Rn. 7 ff.

281 Vgl. *Winkeljohann/Buchholz* in BeBiKo⁷, § 274, Rn. 125 ff.; *Gelhausen/Fey/Kämpfer*, BilMoG, Kap. D, Rn. 3; *Arbeitskreis Bilanzrecht der Hochschullehrer Rechtswissenschaft*, DB 2009, S. 2570 ff.; *Döring/Heger*, DStR 2009, S. 2064 (2064 f.); *Scheffler*, StuB 2010, S. 295 ff.

282 Vgl. *IDW RS HFA 28*, Tz. 3; zu den genannten Übergangsvorschriften vgl. im Einzelnen: *Gelhausen/Fey/Kirsch*, WPg 2010, S. 24 (28 ff.); *Briese/Suermann*, DB 2010, S. 121 (122 ff.); *Theile*, StuB 2009, S. 749 (750 ff.); *IDW RS HFA 28*, Tz. 3 und 8 ff.

283 Vgl. ADS⁶, § 273 HGB, Tz. 21 ff., sowie § 281 HGB, Tz. 44 ff.

284 Vgl. ADS⁶, § 273 HGB, Tz. 25.

285 Vgl. *IDW RS HFA 28*, Tz. 18; *Gelhausen/Fey/Kirsch*, WPg 2010, S. 24 (29 f.); ADS⁶, § 281 HGB, Tz. 3, sowie § 273 HGB, Tz. 21 ff.

286 Eine Stetigkeitsdurchbrechung ist nur in Ausnahmefällen, z.B. zur besseren Vermittlung eines den tatsächlichen Verhältnissen entsprechenden Bildes der Vermögens-, Finanz- und Ertragslage der Gesellschaft gem. § 252 Abs. 2 ggf. i.V.m. § 246 Abs. 2 S. 2 HGB zulässig (vgl. *IDW St/HFA 3/1997*, Abschn. 3; *IDW RS HFA 38*, Tz. 14 f., sowie *Briese/Suermann*, DB 2010, S. 121 (123)).

sowie die Angabepflichten nach §§ 273 S. 2, 285 S. 1 Nr. 5 HGB a.F. im Anh. des Unternehmens zu beachten[287].

128 Sofern nach Art. 67 Abs. 4 S. 1 EGHGB niedrigere Wertansätze von Vermögensgegenständen fortgeführt wurden, die auf **Abschreibungen gem. §§ 254, 279 Abs. 2 HGB a.F.** beruhen, finden für diese Posten im Rahmen der Folgebilanzierung die bis zum Inkrafttreten des BilMoG geltenden Vorschriften – einschl. der Angabepflichten nach § 285 S. 1 Nr. 5 HGB a.F. und § 281 Abs. 1 S. 2 und Abs. 2 HGB a.F. – weiterhin Anwendung (vgl. auch Tz. 127)[288]. Dies gilt auch dann, wenn die steuerrechtlichen Abschreibungen auf der Grundlage des § 281 Abs. 1 S. 1 HGB a.F. in einen Sonderposten mit Rücklageanteil eingestellt wurden[289].

129 Wahlrechte, die nur steuerlich bestehen, können nunmehr unabhängig vom handelsrechtlichen Wertansatz ausgeübt werden (vgl. § 5 Abs. 1 S. 1 zweiter Hs. EStG)[290]. Die Ausübung des steuerlichen Wahlrechts wird nicht durch die Maßgeblichkeit der handelsrechtlichen GoB (§ 5 Abs. 1 S. 1 erster Hs. EStG) beschränkt. Die **umgekehrte Maßgeblichkeit** (§ 5 Abs. 1 S. 2 EStG a.F.) wurde mit dem BilMoG **aufgehoben**[291]. Hiervon sind insb. betroffen:

– Rücklage für Ersatzbeschaffung gem. R 6.6 Abs. 4 EStR 2008[292],
– Rücklage zur Übertragung stiller Reserven bei der Veräußerung bestimmter Anlagegüter gem. § 6b EStG (Reinvestitionsrücklage)[293],
– Rücklage für Zuschüsse gem. R 6.5 Abs. 4 EStR 2008[294],
– Kompensationsrücklage gem. R 6.11 EStR 2008.

130 **Voraussetzung** für die Ausübung der genannten **steuerlichen Wahlrechte** ist nach § 5 Abs. 1 S. 2 EStG die Aufnahme der Wirtschaftsgüter, die nicht mit dem handelsrechtlich maßgeblichen Wert in der steuerlichen Gewinnermittlung ausgewiesen werden, in besondere, laufend zu führende Verzeichnisse. Nach § 5 Abs. 1 S. 3 EStG müssen die Verzeichnisse den Tag der Anschaffung oder Herstellung, die Anschaffungs- und Herstellungskosten, die Vorschrift des steuerlichen Wahlrechts und die vorgenommenen Abschreibungen enthalten.

131 Eine **Rücklage zur Übertragung stiller Reserven** bei der Veräußerung bestimmter Anlagegüter ist nur in Höhe des begünstigten Gewinns zulässig (§ 6b Abs. 3 EStG)[295]. Wurde

---

287 Vgl. *IDW RS HFA 28*, Tz. 12 und 18.
288 Vgl. *IDW RS HFA 28*, Tz. 19.
289 Vgl. zur bisherigen Rechtslage ADS[6], § 281 HGB, Tz. 9 ff. m.w.N. Zur Beibehaltung von Sonderposten gem. § 281 Abs. 1 S. 1 HGB a.F. vgl. auch *Gelhausen/Fey/Kirsch*, WPg 2010, S. 24 (30).
290 BMF-Schr. v. 12.03.2010, BStBl. I, S. 239; *Künkele/Zwirner*, DStR 2010, S. 2263 (2264 ff.); *Anzinger/Schleiter*, DStR 2010, S. 395 (398 ff.); *Scheffler*, StuB 2009, S. 836 ff.; *ders.*, StuB 2010, S. 295 ff.; *Wehrheim/Fross*, DStR 2010, S. 1348 ff.
291 Vgl. *Theile*, DStR 2009, S. 2384 ff.; *Döring/Heger*, DStR 2009, S. 2064 (2064 ff.); *Niemeyer/Froitzheim*, DStR 2011, S. 538 ff.
292 Vgl. *Weber-Grellet* in Schmidt, L., EStG[30], § 5, Rn. 501 m.w.N.
293 Vgl. *Loschelder* in Schmidt, L., EStG[30], § 6b, Rn. 85; zur Übertragung von § 6b-Rücklagen von einer KapGes. auf eine Tochterpersonengesellschaft vgl. Tz. 424 ff.
294 Vgl. *Kulosa* in Schmidt, L., EStG[30], § 6, Rn. 71 ff.
295 Zu den Übertragungsmöglichkeiten im Einzelnen Tz. 424 f.; zur Behandlung unterschiedlicher Veräußerungsgewinne nach HB und StB vgl. ADS[6], § 247 HGB, Tz. 143; zur Unzulässigkeit einer Rücklage für Ersatzbeschaffung bei Gewinnschätzung BFH v. 04.02.1999, DB, S. 939; ferner BMF-Schr. v. 21.09.1999, DB, S. 1929; zur Übertragung von einer Personenhandelsgesellschaft auf eine KapGes. vgl. *Eisele/Knobloch*, DB 2005, S. 1349 ff. Vgl. auch *Kulosa* in Schmidt L., EStG[30], § 6, Rn. 101 ff.; *Jahndorf/Kleinmanns*, DStR 2010, S. 1697 ff.; vgl. zur Diskussion hinsichtlich der Übertragung der § 6b-Rücklage auf teilfertige Gebäude vgl. *Klein, D.*, DStR 2011, S. 400 f.

die Möglichkeit einer Übertragung stiller Reserven auf Reinvestitionsgüter nicht genutzt, so ist der Sonderposten spätestens nach der jeweils maßgebenden gesetzlichen Frist gewinnerhöhend aufzulösen (§ 6b Abs. 3 S. 5 EStG). Bei dieser Auflösung des Sonderpostens wird der (zu versteuernde) Gewinn für jedes volle WJ, in dem die Rücklage bestanden hat, zusätzlich um 6% des aufzulösenden Betrags erhöht (§ 6b Abs. 7 EStG)[296].

3. Rückstellungen (§ 249 HGB)

a) Allgemeines

Rückstellungen[297] dienen der Erfassung von dem Grunde und/oder der Höhe nach ungewissen Verbindlichkeiten (sog. **Verbindlichkeitsrückstellungen** für Erfüllungsrückstände u.ä.), von drohenden Verlusten aus schwebenden Geschäften (sog. **Drohverlustrückstellungen**) sowie von bestimmten gesetzlich bestimmten Innenverpflichtungen (sog. **Aufwandsrückstellungen**). 132

Mit der Aufhebung der bisherigen Wahlrechte nach § 249 Abs.1 S. 3 HGB a.F. (Rückstellungen für unterlassene Aufwendungen für Instandhaltung, die nach Ablauf des dritten Monats im folgenden GJ nachgeholt werden) und § 249 Abs. 2 HGB a.F. (Rückstellungen für ihrer Eigenart nach genau umschriebene Aufwendungen, die dem GJ oder einem früheren GJ zuzuordnen sind und wahrscheinlich oder sicher anfallen werden) durch das BilMoG dürfen für diese Sachverhalte keine neuen Rückstellungen mehr gebildet werden[298]. Nach Art. 67 Abs. 3 HGB dürfen diese **Aufwandsrückstellungen**, soweit sie in dem letzten JA vor dem Übergang auf das HGB i.d.F. des BilMoG enthalten waren, aber beibehalten bzw. fortgeführt werden (vgl. *IDW RS HFA 28*, Tz. 8 f.). Die Beibehaltung der Aufwandsrückstellungen führt dazu, dass die zum Übergangszeitpunkt bestehenden Werte für die genannten Rückstellungen in den Folgejahren auf der Grundlage der Ansatz- und Bewertungsstetigkeit (§§ 246 Abs. 3, 252 Abs. 1 Nr. 6 HGB) und der bis zum Inkrafttreten des BilMoG geltenden Bilanzierungs- und Bewertungsgrundsätze (*IDW RS HFA 28*, Tz. 16) zweckentsprechend zu verbrauchen oder wegen Wegfall des Rückstellungsgrunds gem. § 249 Abs. 3 S. 2 HGB a.F. bzw. § 249 Abs. 2 S. 2 HGB erfolgswirksam aufzulösen sind. 133

Eine Erhöhung der Aufwandsrückstellungen in den **Folgejahren** ist handelsrechtlich unzulässig[299]; dies gilt auch für eine Fortsetzung einer vor Inkrafttreten des BilMoG begonnenen Ansammlung einer Aufwandsrückstellung. Eine Stetigkeitsdurchbrechung ist nur in Ausnahmefällen – z.B. zur besseren Vermittlung eines den tatsächlichen Verhältnissen entsprechenden Bildes der Vermögens-, Finanz- und Ertragslage – gem. § 252 Abs. 2 ggf. i.V.m. § 246 Abs. 3 S. 2 HGB zulässig (*IDW RS HFA 28*, Tz. 12). Wird unter diesen Voraussetzungen eine zunächst gem. Art. 67 Abs. 3 EGHGB beibehaltene Aufwandsrückstellung in Folgejahren ohne Entfall des Rückstellungsgrunds aufgelöst, so ist dieser Betrag – in analoger Anwendung des Art. 67 Abs. 7 EGHGB – in der GuV als au- 134

---

[296] Zu Einzelfragen und zur Belastungswirkung des Gewinnzuschlages vgl. *Loschelder* in Schmidt, L., EStG[30], § 6b, Rn. 97 m.w.N.

[297] Vgl. ADS[6], Erl. zu § 249 HGB sowie § 253 HGB, Tz. 175 ff.; *Kozikowski/Schubert* in BeBiKo[7], Erl. zu § 249; *Herzig/Köster* in HdJ, Abt. III/5; *Scheffler* in BHdR, B 233; *Mayer-Wegelin/Kessler/Höfer* in HdR[5], Erl. zu § 249 HGB; *Kleindiek* in Staub, HGB[4], Erl. zu § 249; *Weinand/Wolz*, KoR 2011, S. 161 ff.; steuerlich *Weber-Grellet* in Schmidt, L., EStG[30], § 5, Rn. 30, 60 ff.; R 5.7 EStR 2008; vgl. auch BFH v. 25.08.1989, BStBl. II, S. 893; *Blenkers/Cziszl/Gerl; Mayr*, BB 2002, S. 2323; *Weber-Grellet*, DB 2002, S. 2180; *Sielaff*, DStR 2008, S. 369 ff.; *Rätke*, StuB 2008, S. 477 ff.

[298] Zur bisherigen Rechtslage vgl. ADS[6], § 249 HGB, Tz. 188 ff.; zur Abgrenzung zwischen Aufwandsrückstellungen und Rückstellungen für ungewisse Verbindlichkeiten vgl. auch *Schubert*, S. 62 ff.

[299] Vgl. *IDW RS HFA 28*, Tz. 17; *Gelhausen/Fey/Kämpfer*, BilMoG, Kap. F, Rn. 19 ff.

ßerordentlicher Ertrag zu zeigen[300]. Da nach der neuen Rechtslage keine Rückstellungen mehr für Großreparaturen oder in bestimmten Zeitabständen anfallende Generalüberholungen (§ 249 Abs. 2 HGB a.F.) mehr gebildet werden dürfen, kommt der komponentenbezogenen planmäßigen Abschreibung von bestimmten Gegenständen des Sachanlagevermögens eine größere Bedeutung zu (vgl. hierzu *IDW RH HFA 1.016*).

135 Die **ungewissen Verbindlichkeiten** müssen am Abschlussstichtag rechtlich entstanden oder wirtschaftlich bereits verursacht[301] sein; darüber hinaus kann sich ein Rückstellungserfordernis daraus ergeben, dass sich der Kaufmann aus tatsächlichen oder wirtschaftlichen Gründen einer Verpflichtung nicht entziehen kann, ohne zur Leistung rechtlich verpflichtet zu sein (faktische Verpflichtung[302]).
Genau bestimmbare Schulden sind als Verbindlichkeiten auszuweisen; ggf. ist nur der ungewisse Teil unter den Rückstellungen zu erfassen[303]. Der Ansatz von Rückstellungen darf nicht deshalb unterbleiben, weil ggf. gleichwertige Rückgriffsrechte bestehen[304] (Saldierungsverbot, § 246 Abs. 2 S. 1 HGB; zur Ausnahme des § 246 Abs. 2 S. 2 HGB vgl. Tz. 74 ff.).

136 Das HGB nennt in § 249 Abs. 1 HGB im Einzelnen die Zwecke, für die Rückstellungen **obligatorisch** zu bilden sind, nämlich:

– Rückstellungen für ungewisse Verbindlichkeiten (einschl. Pensionsrückstellungen für sog. Neuzusagen),
– Rückstellungen für drohende Verluste aus schwebenden Geschäften,
– Rückstellungen für im GJ unterlassene Aufwendungen für Instandhaltung, die im folgenden GJ innerhalb von drei Monaten nachgeholt werden,
– Rückstellungen für im GJ unterlassene Aufwendungen für Abraumbeseitigung, die im folgenden GJ nachgeholt werden,
– Rückstellungen für Gewährleistungen, die ohne rechtliche Verpflichtung erbracht werden.

Fakultativ können auch Pensionsrückstellungen für sog. Altzusagen, für mittelbare Pensionsverpflichtungen sowie für ähnliche unmittelbare oder mittelbare Verpflichtungen (Art. 28 Abs. 1 EGHGB) gebildet werden (Passivierungswahlrecht). Bei der Ausübung

---

300 Vgl. *IDW RS HFA 28*, Tz. 27.
301 Vgl. ADS[6], § 249 HGB, Tz. 63 ff.; § 253 HGB, Tz. 208 ff.; *Mayer-Wegelin/Kessler/Höfer* in HdR[5], § 249 HGB, Rn. 35 ff. m.w.N.; *Kleindiek* in Staub, HGB[4], § 249, Rn. 33 ff.; *Koziol/Schubert* in BeBiKo[7], § 249, Rn. 34 ff.; vgl. auch BFH v. 27.06.2001, DStR, S. 1384; abl. zu diesem Urt. *HFA*, FN-IDW 2002, S. 119 (220); Nichtanwendungserlass BMF-Schr. v. 21.01.2003, DB, S. 239; vgl. zum Urt. auch *Kessler*, DStR 2001, S. 1903 ff.; *Christiansen*, DStR 2002, S. 1637 ff.; *Koths*, DB 2001, S. 1849; *Koths*, DB 2002, S. 708 f.; *Siegel*, DB 2002, S. 707 f.; *Siegel*, DStR 2002, S. 1636 ff.; *Mayr*, BB 2002, S. 2323 ff.; *Schellhorn*, BFuP 2003, S. 306 ff.; *Weber-Grellet*, DB 2002, S. 2180 ff.; krit. auch *Hennrichs* in MünchKomm. HGB[2], § 249 HGB, Rn. 21; vgl. bestätigend BFH v. 05.06.2002, DB, S. 2351; vgl. weiterhin *Naumann*, WPg 1991, S. 529; *Moxter*, Passivierungszeitpunkt, S. 427 ff.; *Siegel*, S. 585 ff.; *Schulze-Osterloh*, Aufwendungen, S. 653 ff.; *Gelhausen/Fey*, BFuP 1993, S. 593 ff.; *Christiansen*, BFuP 1994, S. 25 ff.; *Clemm*, S. 167 ff.; *Woerner*, Passivierung, S. 483 ff.; *Mayer-Wegelin*, DB 1995, S. 1241 ff.; *Moxter*, ZfbF 1995, S. 311 ff. m.w.N.; *Rätke*, StuB 2008, S. 477 ff.; *Schubert*, S. 98 ff.
302 Vgl. *Scheffler* in BHdR, B 233, Rn. 109; ADS[6], § 249 HGB, Tz. 52 ff. Zur Rückstellung für Gewährleistungen, die ohne rechtliche Verpflichtung erbracht werden, vgl. Tz. 263 f.
303 Vgl. ADS[6], § 253 HGB, Tz. 66. Zur Rückstellungsbildung i.Z.m. bedingten Verbindlichkeiten vgl. ADS[6], § 246 HGB, Tz. 121 ff.
304 Vgl. ADS[6], § 253 HGB, Tz. 207; *Scheffler* in BHdR, B 233, Rn. 54 und 146; zu den Voraussetzungen, bei deren Vorliegen rechtlich noch nicht entstandene Rückgriffsansprüche bei der Bewertung von Rückstellungen zu berücksichtigen sind (wechselseitige Kausalität) vgl. *IDW RS HFA 4*, Tz. 19; ADS[6], § 253 HGB, Tz. 207; zur offenen Absetzung von Rückgriffsansprüchen mit dem Erfüllungsübernahme in einer Vorspalte auf der Passivseite vgl. ADS[6], § 246 HGB, Tz. 418 und 455; zur Saldierung von Ansprüchen aus einem Schuldbeitritt mit einer Erfüllungsübernahme im Innenverhältnis mit der zugrunde liegenden Verpflichtung vgl. Tz. 76 f. sowie ADS[6], § 246 HGB, Tz. 422.

Rückstellungen

dieser Passivierungswahlrechte ist der Grundsatz der Ansatzstetigkeit (§ 246 Abs. 2 HGB) zu beachten[305].

Für andere als die vorbezeichneten Zwecke dürfen Rückstellungen **nicht** gebildet werden (§ 249 Abs. 2 S. 1 HGB).

Rückstellungen sind in Höhe des nach **vernünftiger kaufmännischer Beurteilung** notwendigen Erfüllungsbetrags anzusetzen (§ 253 Abs. 1 S. 2 HGB). Die Rückstellungsbildung muss den tatsächlichen (objektiven) wirtschaftlichen Verhältnissen Rechnung tragen. Die vernünftige kaufmännische Beurteilung schließt den Grundsatz der Vorsicht (§ 252 Abs. 1 Nr. 4 HGB) mit ein. **137**

Der durch das BilMoG neu in das Gesetz eingefügte Begriff des „**Erfüllungsbetrags**" dient der Klarstellung, dass bei der Rückstellungsbewertung die Verhältnisse zu berücksichtigen sind, die am Abschlussstichtag zum Zeitpunkt der voraussichtlichen Begleichung der Verpflichtung erwartet werden („Abschaffungsbetrag" einer Schuld)[306]. Diese Forderung bedingt die Berücksichtigung erwarteter künftiger Preis- und Kostensteigerungen bei der Bewertung der Rückstellungen[307]. Dieser Grundsatz gilt sowohl für die Bewertung von Geldleistungs- als auch von Sachleistungsverpflichtungen[308]. Es sind nur solche Kosten- und Preissteigerungen bei der Bestimmung des Erfüllungsbetrags einer Verpflichtung zu berücksichtigen, die in sich schlüssig und aus den objektiven Umständen des jeweiligen Einzelfalls abgeleitet sind und somit von einem sachverständigen Dritten nachvollzogen werden können[309]. Kosten- und Preisermäßigungen gehen dann in die Bestimmung des Erfüllungsbetrags einer Verpflichtung ein, wenn diese nachweislich so gut wie sicher eintreten werden[310]. **138**

Mit der Neufassung des § 253 Abs. 2 S. 1 HGB wurde durch das BilMoG eine verpflichtende **Abzinsung** aller Rückstellungen eingeführt, die zum Abschlussstichtag eine voraussichtliche Restlaufzeit von mehr als einem Jahr aufweisen[311]. Die gesetzliche Abzinsungspflicht des Erfüllungsbetrags betrifft sämtliche längerfristigen Rückstellungen, d.h. auch Sachleistungsverpflichtungen sowie Verbindlichkeitsrückstellungen, losgelöst davon, ob sie einen Zinsanteil enthalten oder nicht[312]. Der erstmalige Ansatz einer längerfristigen Rückstellung erfolgt sachgerechterweise ohne Buchung eines Zinsertrags in Höhe des abgezinsten notwendigen Erfüllungsbetrags (Nettodarstellung). Für kurzfristige Rückstellungen (Rückstellungen bis zu einem Jahr) ist von einem Abzinsungswahlrecht auszugehen[313]. Die gem. § 253 Abs. 2 HGB anzuwendenden Abzinsungszinssätze, die grds. aus den durchschnittlichen Marktzinssätzen der vergangenen sieben Jahre unter Berücksichtigung der jeweiligen Restlaufzeit der Verpflichtung abzuleiten **139**

---

305 Vgl. *Fey/Ries/Lewe*, BB 2010, S. 1011 (1012 ff.).
306 Vgl. Begr. RegE BilMoG, BT-Drucks. 16/10067, S. 52.
307 Vgl. *Gelhausen/Fey/Kämpfer*, BilMoG, Kap. I, Rn. 16; *Kessler* in Kessler/Leinen/Strickmann, Handbuch BilMoG², S. 274 ff.; *Kozikowski/Schubert* in BeBiKo⁷, § 253, Rn. 158 ff.; *Wüstemann/Koch*, BB 2010, S. 1075 ff.
308 Zur Bewertung von ungewissen Sachleistungsverpflichtungen vgl. *Gelhausen/Fey/Kämpfer*, BilMoG, Kap. I, Rn. 25 ff. m.w.N.
309 Vgl. *Gelhausen/Fey/Kämpfer*, BilMoG, Kap. I, Rn. 18 f.; *IDW RS HFA 4*, Tz. 39 f.
310 Vgl. *Gelhausen/Fey/Kämpfer*, BilMoG, Kap. I, Rn. 20; *Scheffler* in BHdR, B 233, Rn. 64.
311 Die „Restlaufzeit" einer Rückstellung wird grds. durch den Zeitpunkt der voraussichtlichen Inanspruchnahme bestimmt; hinsichtlich der Ermittlung der Restlaufzeit bei Pensionsrückstellungen vgl. *IDW RS HFA 30*, Tz. 55.
312 Vgl. zu Einzelheiten i.Z.m. der Abzinsung von Rückstellungen *Zwirner*, BC 2010, S. 407 ff.; *Kropp/Wirtz*, DB 2011, S. 541 ff.; *Wüstemann/Koch*, BB 2010, S. 1075 ff.
313 Vgl. *Gelhausen/Fey/Kämpfer*, BilMoG, Kap. I, Rn. 44 f. m.w.N.; *IDW RS HFA 4*, Tz. 42.

sind, werden von der Deutschen Bundesbank nach Maßgabe der Rückstellungsabzinsungsverordnung (RückAbzinsV) ermittelt und monatlich bekannt gegeben[314].

140 Bei einer **größeren Anzahl** dem Grunde nach ungewisser Verbindlichkeiten kann die Wahrscheinlichkeit, nur aus einem Teil der Verbindlichkeiten in Anspruch genommen zu werden, berücksichtigt werden[315]. Schwierigkeiten bei der Bewertung, etwa wegen der Ungewöhnlichkeit des Risikos oder der Ungewissheit eines Prozessausgangs, dürfen nicht zur Unterlassung notwendiger Rückstellungen führen[316].

141 Dem Rückstellungserfordernis kann je nach Lage des Einzelfalls durch Bildung von **Einzelrückstellungen, Sammelrückstellungen** (§ 240 Abs. 4 i.V.m. § 256 S. 2 HGB)[317] oder durch **kombinierte Bildung** von Einzel- und Sammelrückstellungen Rechnung getragen werden[318]. Auch steuerlich sind Rückstellungen in pauschaler Form ausdrücklich zugelassen (vgl. § 6 Abs. 1 Nr. 3a EStG); allgemeine Risiken, die dem Betrieb eines Unternehmens eigentümlich und deshalb generell mit ihm verbunden sind, dürfen jedoch nicht berücksichtigt werden, auch nicht als Pauschalrückstellung[319].

142 Die Rückstellungen sind in jedem GJ darauf zu untersuchen, ob und inwieweit sie für die im Gesetz genannten Zwecke noch zulässig sind. Eine **Auflösung** kommt nur in Betracht, soweit der Grund für die Rückstellung entfallen ist (§ 249 Abs. 2 S. 2 HGB). Das ist der Fall, wenn die Rückstellung nicht oder nicht in der bisherigen Höhe neu gebildet werden könnte; insoweit besteht dann auch eine Auflösungspflicht (GoB). Zur Nachholpflicht in Vj. unterlassener Dotierungen vgl. ADS[6], § 253 HGB, Tz. 181, sowie *IDW RS HFA 6*[320]. Steuerlich vgl. R 5.7 Abs. 13 EStR 2008.

143 **Steuerlich** können Rückstellungen nur für – dem Grunde und/oder der Höhe nach – ungewisse Verbindlichkeiten, für bestimmte selbstständig bewertbare Betriebslasten (unterlassene Instandhaltung, Abraum) sowie für Gewährleistungen, die ohne rechtliche Verpflichtung erbracht werden, gebildet werden[321]; stets ist Voraussetzung, dass mit einer Inanspruchnahme ernsthaft zu rechnen ist[322]. Aufgrund des Maßgeblichkeitsgrundsatzes ist, soweit steuerliche Sondervorschriften dem nicht entgegenstehen (z.B. § 5 Abs. 2a, 3, 4, 4a, 4b und 6, § 6a EStG), eine Rückstellung in der StB zu passivieren, wenn für die HB eine Passivierungspflicht besteht. Besteht handelsrechtlich ein Wahlrecht zur Bildung

---

314 Vgl. *Mayer-Wegelin/Kessler/Höfer* in HdR[5], § 249 HGB, Rn. 328 ff.; zur Ausnahmeregelung des § 253 Abs. 2 S. 2 HGB, nach der Rückstellungen für Altersversorgungsverpflichtungen oder vergleichbare langfristig fällige Verpflichtungen pauschal mit einem durchschnittlichen Marktzins abgezinst werden dürfen, der sich bei einer unterstellten Restlaufzeit von 15 Jahren ergibt, vgl. Tz. 231.

315 Vgl. ADS[6], § 253 HGB, Tz. 192; *Kozikowski/Schubert* in BeBiKo[7], § 253, Rn. 154 ff.

316 Vgl. ADS[6], § 253 HGB, Tz. 195; BGH v. 05.06.1989, DB, S. 1863.

317 Gleichartige oder annähernd gleichwertige ungewisse Verbindlichkeiten können gem. § 240 Abs. 4 HGB zu einer Gruppe zusammengefasst und auf der Grundlage von Erfahrungswerten oder nachprüfbaren Schätzungen bewertet werden (z.B. pauschale Garantie- und Gewährleistungsrückstellungen); vgl. *Scheffler* in BHdR, B 233, Rn. 90 ff.; *Kozikowski/Schubert* in BeBiKo[7], § 253, Rn. 162. Zu einer pauschalen Beurteilung aller für die Bewertung relevanter Gesichtspunkte vgl. EuGH v. 07.01.2003, DB, S. 181; restriktiv hierzu BFH v. 15.09.2004, DB 2005, S. 311.

318 Vgl. ADS[6], § 253 HGB, Tz. 182 ff.; ferner *Perlet/Baumgärtel*, S. 389 (396 ff.); *Kozikowski/Schubert* in BeBiKo[7], § 253, Rn. 162 ff. m.w.N.

319 Vgl. BFH v. 26.04.1966, BFHE 86, S. 114 m.w.N.; BFH v. 30.06.1983, BStBl. II 1984, S. 263; BFH v. 22.11.1988, BStBl. II 1989, S. 359.

320 Vgl. auch *Kozikowski/Schubert* in BeBiKo[7], § 249, Rn. 19.

321 Vgl. dazu R 5.7 EStR 2008; zu Abweichungen zwischen handelsrechtlicher und steuerrechtlicher Rückstellungsbildung vgl. *Lauth*, S. 379; *Gelhausen/Fey*, BB 1994, S. 603; *Schön*, BB 1994, Beilage 9; *Mayr*, BB 2002, S. 2323; *Herzig/Briesemeister*, DB 2009, S. 1 f.; *Herzig*, DB 2008, S. 1389 ff.; *Ortmann-Babel/Bolik*, BB 2010, S. 2099 (2102 ff.); *Petersen/Zwirner/Künkele*, StuB 2008, S. 693 (694 ff.).

322 Vgl. R 5.7 Abs. 6 EStR 2008; BFH v. 12.12.1991, BStBl. II 1992, S. 600; BFH v. 22.01.1992, BStBl. II, S. 488; BFH v. 02.10.1992, BStBl. II 1993, S. 153.

Rückstellungen E

einer Rückstellung, darf die Rückstellung steuerrechtlich nicht gebildet werden[323]. Rückstellungen für nicht abziehbare Aufwendungen (§§ 10 KStG, 4 Abs. 5 EStG) müssen auch in der StB gebildet werden. Die entspr. Aufwendungen sind jedoch bei der Einkommensermittlung nicht abziehbar.

Das BilMoG hat die sog. **umgekehrte Maßgeblichkeit** abgeschafft[324]. Steuerliche **144** Wahlrechte können ab dem VZ 2009 abweichend vom Handelsrecht ausgeübt werden. Nach § 5 Abs. 1 S. 2 EStG ist für die Ausübung steuerlicher Wahlrechte ab dem VZ 2009 Voraussetzung, dass die Wirtschaftsgüter, die nicht mit dem handelsrechtlich maßgeblichen Wert in der steuerlichen Gewinnermittlung ausgewiesen werden, in besondere, laufend zu führende Verzeichnisse aufgenommen werden. In den Verzeichnissen sind der Tag der Anschaffung oder Herstellung, die AHK, die Vorschrift des ausgeübten steuerlichen Wahlrechts und die vorgenommenen Abschreibungen nachzuweisen, vgl. § 6 Abs. 1 S. 3 EStG.

Rückstellungen für drohende Verluste aus schwebenden Geschäften dürfen steuerlich **145** für WJ, die nach dem 31.12.1996 enden, **nicht mehr gebildet** werden (§ 5 Abs. 4a i.V.m. § 52 Abs. 13 EStG)[325]. In seinem Urteil vom 16.02.2009 hat der BFH im Hinblick auf die Passivierung „angeschaffter" Drohverlustrückstellungen entschieden, dass Rückstellungen, die beim Veräußerer aufgrund von Rückstellungsverboten nicht bilanziert waren, beim Erwerber, der die Verbindlichkeiten im Zuge eines Betriebserwerbs gegen Schuldfreistellung übernommen hat, keinem Passivierungsverbot unterliegen, sondern als ungewisse Verbindlichkeiten auszuweisen und von ihm auch an den nachfolgenden Abschlussstichtagen nach § 6 Abs. 1 Nr. 3 EStG 1997 mit ihren Anschaffungskosten oder ihrem höheren Teilwert zu bilanzieren sind[326].

Weitere **Sondervorschriften** in § 5 EStG betreffen Rückstellungen für Patentverlet- **146** zungen u.ä. (Abs. 3; eingeschränkt), Jubiläumsrückstellungen (Abs. 4; eingeschränkt)[327], Rückstellungen für AHK (Abs. 4b S. 1; unzulässig) und Rückstellungen für Entsorgungsverpflichtungen radioaktiver Reststoffe und Anlagenteile (Abs. 4b S. 2; eingeschränkt). Zur steuerlichen Behandlung von Pensionsrückstellungen vgl. Tz. 245 ff.

Auch für die **Bewertung** von Rückstellungen hat der Gesetzgeber in § 6 Abs. 1 Nr. 3a **147** EStG **steuerliche Sondervorschriften** erlassen[328]. Danach ist bei Rückstellungen für gleichartige Verpflichtungen die Wahrscheinlichkeit zu berücksichtigen, dass der Steuerpflichtige nur zu einem Teil in Anspruch genommen wird. Ferner wird vorgeschrieben, Rückstellungen für Sachleistungsverpflichtungen mit den Einzelkosten und den angemessenen Teilen der notwendigen Gemeinkosten zu bewerten sowie künftige Vorteile, die mit der Erfüllung der Verpflichtung voraussichtlich verbunden sein werden, bei ihrer Be-

---

323 Vgl. H 5.7 Abs. 1 EStR 2008 m.w.N.; krit. *Hoffmann/Nacke* in Littmann, EStG, §§ 4, 5 EStG, Rn. 345; *Kruse*, Bilanzierungswahlrechte, S. 113; *Esser*, S. 151; Vgl. auch *Weber-Grellet* in Schmidt, L., EStG[30], § 5, Rn. 30.
324 Vgl. BMF-Schr. v. 12.03.2010, BStBl. I, S. 650; *Prinz*, DB 2011, S. 492 ff.; *Scheffler*, StuB 2009, S. 836 ff.; *Scheffler*, StuB 2010, S. 295 ff.
325 Vgl. hierzu *Cattelaens*, DB 1997, S. 2294; *Doralt*, DB 1998, S. 1357 f.; *Eckstein/Fuhrmann*, DB 1998, S. 529 ff.; *Herzig/Rieck*, BB 1998, S. 311; *Naumann*, BB 1998, S. 527 (Besonderheiten beiKI); ferner *Groh*, DB 1999, S. 978.
326 Vgl. BFH v. 16.12.2009, DStR 2010, S. 265; *Schultz*, DB 2010, S. 364 f.; *Prinz/Adrian*, StuB 2011, S. 171 ff.
327 Wegen Zweifeln an der Verfassungsmäßigkeit der Einschränkungen für die VZ 1988 bis 1992 vgl. BFH v. 10.11.1999, DB 2000, S. 400.
328 Vgl. *Roser/Tesch/Seemann*, FR 1999, S. 1345 ff.; *Köster*, § 6 EStG, Rn. 55; *Weber-Grellet*, DB 2000, S. 165; R 6.11 EStR 2008.

wertung zu berücksichtigen, soweit diese nicht als Forderungen zu aktivieren sind[329]. Schließlich sind Rückstellungen für Verpflichtungen, für deren Entstehen im wirtschaftlichen Sinne der laufende Betrieb ursächlich ist, zeitanteilig in gleichen Raten anzusammeln[330]; Rückstellungen für Verpflichtungen sind mit einem Zinssatz von 5,5% abzuzinsen[331]. Für WJ, die nach dem 31.12.2009 beginnen, wurde § 6 Nr. 3a Buchst f EStG neu eingeführt. Nach dem BilMoG sind handelsrechtlich Rückstellungen gem. § 253 Abs.1 S. 2 HGB mit dem (ggf. abgezinsten) Erfüllungsbetrag zu bewerten. Dieser Wert enthält auch die mutmaßlichen Kostensteigerungen bis zum Erfüllungszeitpunkt. Dieser Bewertungsvorgabe soll steuerlich nicht gefolgt werden. Durch den neu eingeführten § 6 Abs. 1 Nr. 3a Buchst f EStG verbleibt es bei der (bislang schon gültigen) Bewertung auf der Grundlage der Verhältnisse am Abschlussstichtag[332].

148 Für nicht mehr benötigte Rückstellungen besteht auch im Steuerrecht ein **Auflösungszwang**[333], und zwar auch dann, wenn eine Rückstellung erfolgsneutral in einer Eröffnungsbilanz gebildet wurde[334] oder das FA jahrelang die Rückstellungsbildung duldete, ohne eine bindende Zusage zu geben[335].

b) Rückstellungen für ungewisse Verbindlichkeiten und für drohende Verluste aus schwebenden Geschäften

149 Wesensmerkmale der Rückstellungen für ungewisse Verbindlichkeiten sind zum einen der **Schuldcharakter**, d.h. das Vorliegen einer Verpflichtung gegenüber einem Dritten[336], und zum anderen die **Ungewissheit** über Bestehen, Entstehen und/oder Höhe der Verbindlichkeit. Ist nur ungewiss, wem ggü. eine Verbindlichkeit besteht oder wann sie fällig wird, so liegt darin keine Ungewissheit i.S.d. § 249 HGB[337]. Für den Begriff der Verbindlichkeit gilt in diesem Zusammenhang primär die wirtschaftliche Betrachtungs-

---

329 Gegenzurechnen sind künftige Vorteile, die mit der Verpflichtung in einem unmittelbaren Zusammenhang stehen; zu Kriterien siehe BFH v. 17.02.1993, BStBl. II, S. 440, und v. 08.02.1995, BStBl. II, S. 412. Diese Vorteile können auf einem bestehenden Rückgriffsanspruch beruhen; ferner genügt es, wenn der Steuerpflichtige im Hinblick auf die künftigen Vorteile bereits Verträge mit Dritten abgeschlossen hat, vgl. Finanzausschuss, BT-Drs. 14/443, S. 23. Entfernt liegende Chancen oder optimistische Beurteilungen der zukünftigen Entwicklung begründen die Möglichkeit einer Verrechnung dagegen nicht; dazu im Einzelnen *Köster*, § 6 EStG, Rn. R 65 ff.; *Kulosa* in Schmidt, L., EStG[30], § 6, Rn. 476.

330 Hierunter sind nach der Begr. nur die Verpflichtungen zu verstehen, bei denen die am Abschlussstichtag (rechtlich) feststehende Verpflichtung unter wirtschaftlichen Gesichtspunkten auf die WJ verteilt werden muss, die für das Entstehen der Verpflichtung ursächlich sind; Beispiel ist die Rückstellung für eine Entfernungsverpflichtung. Hiervon abzugrenzen sind Verpflichtungen, deren Umfang tatsächlich in jedem Jahr ansteigt; bei der Verpflichtung zur Rekultivierung greift die Vorschrift daher z.B. nicht, vgl. Finanzausschuss, BT-Drs. 14/443, S. 23; ferner *Stobbe/Loose*, FR 1999, S. 418.

331 Das Abzinsungsgebot gilt unabhängig davon, ob die Rückstellungen im Rahmen der Bewertung anzusammeln sind, vgl. Finanzausschuss, BT-Drs. 14/443, S. 24; zur Abzinsung von Rückstellungen ausführlich *Roser/Tesch/Seemann*, FR 1999, S. 1345 ff.; *Kropp/Wirtz*, DB 2011, S. 541 ff.; *Rogall/Spengel*, DB 2000, S. 1234 ff.; *Hauber/Kiesel*, BB 2000, S. 1511 ff.; *Beiser*, DB 2001, S. 296 ff.; sowie im Übrigen *Köster*, § 6 EStG, Rn. R 75; ferner *Schroeder*; *Gosch*, WPg 1994, S. 73(75 ff.); *Herzig*, DB 1994, S. 1429; *Hahn*, DStZ 1994, S. 321 und 353; *Heddäus*, S. 29; BFH v. 15.07.1998, DStR, S. 1461 (Abzinsung einer Rückstellung für Sparprämien).

332 *Hoffmann* in Littmann, EStG, § 6 EStG, Rn. 673b.

333 Zur Auflösung von Rückstellungen in der StB vgl. R 5.7 Abs. 13 EStR 2008; *Weber-Grellet* in Schmidt, L., EStG[30], § 5, Rn. 423.

334 Vgl. BFH v. 17.01.1973, BStBl. II, S. 320.

335 Vgl. BFH v. 16.03.1967, BStBl. III, S. 389.

336 Vgl. hierzu ADS[6], § 249 HGB, Tz. 42 ff.; *Mayer-Wegelin/Kessler/Höfer* in HdR[5], § 249 HGB, Rn. 32 ff.; *Scheffler* in BHdR, B 233, Rn. 105 ff.

337 Vgl. ADS[6], § 249 HGB, Tz. 71 ff.

Rückstellungen

weise[338]. Nicht erforderlich ist, dass der Gläubiger Kenntnis von seinem Anspruch hat[339]. Für Rückstellungen aufgrund ö.-r. Verpflichtungen gelten grds. keine strengeren Maßstäbe als bei anderen ungewissen Verbindlichkeiten[340]. Für künftig zu aktivierende Ausgaben (AHK) sind grds. keine Rückstellungen zu bilden[341]. Eine Saldierung wahrscheinlich oder sicher zu leistender Ausgaben mit unrealisierten Erträgen ist grds. unzulässig[342]. Zu sog. Ansammlungsrückstellungen vgl. ADS[6], § 253 HGB, Tz. 208 ff.[343].

Rückstellungen für drohende Verluste aus schwebenden Geschäften[344] sind in § 249 Abs. 1 S. 1 HGB ausdrücklich genannt. Zum Begriff der schwebenden Geschäfte (gegenseitige auf einen Leistungsaustausch gerichtete Verträge vor Erfüllung der Sachleistung) und zum Beginn und Ende des Schwebezustandes (rechtswirksamer Abschluss des Vertrags bzw. Erfüllung Sachleistung) vgl. *IDW RS HFA 4*, Tz. 2 ff. Sieht der Vertrag eine abschnittsweise Erbringung von Sachleistungen vor, so endet der Schwebezustand für den vollzogenen Leistungsaustausch mit Erbringung der einzelnen Teilleistungen; sind solche Vereinbarungen nicht ersichtlich, ist auf die Gesamterfüllung des einheitlichen Vertrags abzustellen (ganzheitliche Vertragsbetrachtung)[345]. Vorbehaltlich besonderer Vereinbarungen zwischen den Vertragsparteien sind Dauerschuldverhältnisse nur insoweit schwebende Geschäfte, als diese noch nicht abgewickelt sind[346]. **150**

Drohverlustrückstellungen sind zu bilden, wenn mit dem **Eintritt eines Verlusts** ernsthaft zu rechnen ist, d.h. der Wert der Leistungsverpflichtung des Bilanzierenden den beizulegenden Wert seines Gegenleistungsanspruchs voraussichtlich übersteigt (Verpflichtungsüberschuss)[347]. Der Verlust gilt dann nach dem Imparitätsprinzip als entstanden (§ 252 Abs. 1 Nr. 4 HGB)[348]. Die bloße Möglichkeit eines Verlusteintritts, für den jedoch keine konkrete Anhaltspunkte vorliegen, genügt nicht. Bei der Schätzung der Höhe des Verlusts ist § 253 Abs. 1 S. 2 HGB zu beachten. Drohende Verluste sind danach nicht nur in dem Umfang zurückzustellen, der sich nach den Wertverhältnissen des Abschlussstichtags ergibt, sondern in dem Umfang, der am Abschlussstichtag aufgrund (objektiv) vorhersehbarer Kosten- und Preissteigerungen bis zur Beendigung des Schwebezustandes **151**

---

338 Vgl. ADS[6], § 246 HGB, Tz. 110; hierzu auch *Mayer-Wegelin/Kessler/Höfer* in HdR[5], § 249 HGB, Rn. 38 ff.; *Kleindiek* in Staub, HGB[4], § 249, Rn. 33 ff.; *HFA*, FN-IDW 2002, S. 119 (220); *Kozikowski/Schubert* in BeBiKo[7], § 249, Rn. 34 ff.
339 Vgl. ADS[6], § 253 HGB, Tz. 206; *Mayer-Wegelin/Kessler/Höfer* in HdR[5], § 249 HGB, Rn. 53 ff.; wohl auch *Kleindiek* in Staub, HGB[4], § 249, Rn. 24.
340 Vgl. *HFA*, WPg 1992, S. 326 ff.; ADS[6], § 249 HGB, Tz. 50 f.; *Mayer-Wegelin/Kessler/Höfer* in HdR[5], § 249 HGB, Rn. 57 ff.; *Kleindiek* in Staub, HGB[4], § 249, Rn. 29; *Gelhausen/Fey*, DB 1993, S. 593; *Bertram* in Haufe HGB Kommentar[2], § 249, Rn. 28 f.
341 Vgl. auch ADS[6], § 249 HGB, Tz. 175 m.w.N.; *Kozikowski/Schubert* in BeBiKo[7], § 249, Rn. 24; *Mayer-Wegelin/Kessler/Höfer* in HdR[5], § 249 HGB, Rn. 75; steuerlich besteht ebenfalls ein ausdrückliches Passivierungsverbot, vgl. § 5 Abs. 4b EStG.
342 Vgl. *HFA*, WPg 1992, S. 326 (329); ADS[6], § 253 HGB, Tz. 207 m.w.N.; *IDW RS HFA 4*, Tz. 19.
343 Vgl. *Kozikowski/Schubert* in BeBiKo[7], § 249, Rn. 35, sowie § 253, Rn. 162 ff.
344 Vgl. ADS[6], § 249 HGB, Tz. 135 ff.; *Kozikowski/Schubert* in BeBiKo[7], § 249, Rn. 51 ff.; *Mayer-Wegelin/Kessler/Höfer* in HdR[5], § 249 HGB, Rn. 61 ff.; vgl. auch *WFA*, FN-IDW 2002, S. 342 f. (Mietpreisbindung); *Hoffmann*, StuB 2003, S. 499 ff.; *Rogler/Jacob*, BB 2000, S. 2407 ff., sowie *Wulf/Roessle*, DB 2001, S. 393 ff. (Bauwirtschaft); *Hofer*, DB 2003, S. 1069 ff.; zur älteren Literatur vgl. WP Handbuch 2006 Bd. 1, Kap. E, Fn. 243.
345 Vgl. *IDW RS HFA 5*, Tz. 13; *Kozikowski/Schubert* in BeBiKo[7], § 249, Rn. 55 f.
346 Vgl. *IDW RS HFA 4*, Tz. 13 f.; *Scheffler* in BHdR, B 233, Rn. 335; *Kozikowski/Schubert* in BeBiKo[7], § 249, Rn. 76.
347 Zur Abgrenzung von Verbindlichkeits- und Drohverlustrückstellung vgl. *IDW RS HFA 4*, Tz. 17 ff.; *Moxter*, DB 1997, S. 1477 ff.; *Moxter*, DStR 1998, S. 519 ff.; *Schönborn*, BB 1998, S. 1099 ff.; *Hahne/Sievert*, DStR 2003, S. 1992 ff.; *Hofer*, DB 2003, S. 1069 (1071 f.).
348 Vgl. ADS[6], § 253 HGB, Tz. 243 f.; § 252 HGB, Tz. 74 f.; *Scheffler* in BHdR, B 233, Rn. 328 f.; hierzu auch *Leffson*, HURB, S. 394.

zu erwarten ist³⁴⁹. Positive und negative Erwartungen, die in ursächlichem wirtschaftlichen Zusammenhang mit dem dem schwebenden Geschäft zugrunde liegenden Vertrag stehen, sind dabei ggf. miteinander zu verrechnen; vage, nicht unmittelbar aus demselben Geschäft resultierende Vorteile dürfen jedoch nicht mit den zu erwartenden negativen Erfolgsbeiträgen saldiert werden³⁵⁰. Der so ermittelte Erfüllungsbetrag der Schuld ist gem. § 253 Abs. 2 HGB abzuzinsen, soweit die Verpflichtung eine Restlaufzeit von mehr als einem Jahr aufweist³⁵¹. Zum Vorrang der verlustfreien Bewertung (dazu Tz. 431) vor der Bildung einer Drohverlustrückstellung vgl. *IDW RS HFA 4*, Tz. 20³⁵². In der StB wird die Bildung von Rückstellungen für drohende Verluste aus schwebenden Geschäften gem. § 5 Abs. 4a EStG nicht anerkannt.

152 Bei der Ermittlung des Drohverlusts gilt der Grundsatz der **Einzelbewertung** eines Vertragsverhältnisses (§§ 246 Abs. 2 S. 1 und 252 Abs. 1 Nr. 3 HGB). Dieser Grundsatz wird durchbrochen, wenn schwebende Geschäfte gem. § 254 HGB mit FI zu einer Bewertungseinheit zusammengefasst werden.

153 Bei schwebenden **Beschaffungsgeschäften** über **bilanzierungsfähige Vermögensgegenstände** bestimmen sich Rückstellungspflicht und Bewertung danach, ob bei bis zum Abschlussstichtag erfolgter Lieferung verpflichtend eine außerplanmäßige Abschreibung nach § 253 Abs. 3 und 4 HGB vorzunehmen gewesen wäre³⁵³; in Abhängigkeit vom Gegenstand des Beschaffungsgeschäfts ist der beizulegende Wert des Gegenleistungsanspruchs auf der Grundlage der Maßgeblichkeit des Beschaffungs-, des Absatzmarkts oder der sog. doppelten Maßgeblichkeit zu ermitteln (vgl. hierzu Tz. 895 ff., 428 ff.)³⁵⁴. Da bei Waren der Beitrag zum Unternehmenserfolg im Regelfall durch den Absatzpreis objektiv ermittelt werden kann (eindeutige Erfolgszurechnung), sollte hier die beschaffungsseitige Wertfindung dann unterbleiben, wenn die entsprechenden Vermögensgegenstände mit an Sicherheit grenzender Wahrscheinlichkeit zu einem höheren Wert als zu den Anschaffungskosten veräußert werden können³⁵⁵.

154 Bei schwebenden **Beschaffungsgeschäften** über **nicht bilanzierungsfähige Leistungen** ist eine Rückstellung nur dann sachgerecht, wenn der Beitrag der Gegenleistung zum Unternehmenserfolg hinter dem Wert der im Rahmen des schwebenden Geschäfts zu er-

---

349 Vgl. *IDW RS HFA 4*, Tz. 38 ff.
350 Vgl. *IDW RS HFA 4*, Tz. 25 ff.; ADS⁶, § 249 HGB, Tz. 142 f., § 253 HGB, Tz. 245; *Scheffler* in BHdR, B 233, Rn. 332 ff.; *Kozikowski/Schubert* in BeBiKo⁷, § 249, Rn. 63 ff.; *Kleindiek* in Staub, HGB⁴, § 249, Rn. 56 f., hierzu auch *Moxter*, BB 1993, S. 2481 ff.; *Herzig*, DB 1994, S. 1429 ff.; *Karrenbrock*, WPg 1994, S. 97 ff.; *Kessler*, DStR 1994, S. 567 ff.; *Siegel*, BB 1994, S. 2237 ff. Zum Kompensationsbereich vgl. auch GrS BFH v. 23.06.1997, DB, S. 1897 ff.; dazu auch *Herzig/Rieck*, DB 1997, S. 1881 ff.; *Küting/Kessler*, DStR 1997, S. 1665 ff.; *Weber-Grellet*, DB 1997, S. 2233 ff.; *Korth*, S. 639 ff.; *Heddäus*, S. 131 ff.; *Babel*, ZfB 1998, S. 825 ff.; *Hommel* in Baetge/Kirsch/Thiele, Bilanzrecht, § 249, Rn. 130 ff.
351 Vgl. *IDW RS HFA 4*, Tz. 28. Bei drohenden Verlusten aus schwebenden börsennotierten Derivaten wird es als zulässig angesehen, die gebotene Drohverlustrückstellung in Höhe des negativen beizulegenden Zeitwertes (§ 255 Abs. 4 S. 1 HGB) des betreffenden Derivats ggf. abzüglich einer passivierten Optionsprämie anzusetzen, so dass sich in diesen Fällen eine Abzinsung erübrigt (*IDW RS HFA 4*, Tz. 44).
352 Vgl. auch *HFA*, FN-IDW 2002, S. 66 f.; ADS⁶, § 249 HGB, Tz. 138 m.w.N.; *Kozikowski/Schubert* in BeBiKo⁷, § 249, Rn. 68.; *Herzig/Köster* in HdJ, Abt. III/5, Rn. 317.
353 Vgl. *IDW RS HFA 4*, Tz. 30 f.; vgl. auch *Kozikowski/Schubert* in BeBiKo⁷, § 249, Rn. 69 ff.; *Hoffmann/Lüdenbach*, Bilanzierung², § 249, Rn. 138; *Bertram* in Haufe HGB Kommentar², § 249, Rn. 143 ff.; *Mayer-Wegelin/Kessler/Höfer* in HdR⁵, § 249 HGB, Rn. 68; *Kleindiek* in Staub, HGB⁴, § 253, Rn. 28.
354 Vgl. *IDW RS HFA 4*, Tz. 30 f.; ADS⁶, § 253, Tz. 488 ff.; *Scheffler* in BHdR, B 233, Rn. 358 ff. Die „doppelte Maßgeblichkeit" (auch als „doppeltes Niederstwertprinzip" bezeichnet) besagt, dass jeweils der niedrigere Wert aus der Beurteilung nach dem Beschaffungs- bzw. Absatzmarkt als Wertansatz gem. § 253 Abs. 4 S. 1 HGB anzusetzen ist (vgl. *Ellrott/Roscher*, BeBiKo⁷, § 253, Rn. 519). Dieses Prinzip soll insb. bei Handelswaren Anwendung finden.
355 Vgl. *Kozikowski/Schubert* in BeBiKo⁷, § 249, Rn. 70; *Mayer-Wegelin/Kessler/Höfer* in HdR, § 249, Rn. 192 ff.; a.A. ADS⁶, § 253, Tz. 247; *Kessler* in WPg 1996, S. 2 ff.; *Schubert*, S. 53 f.

Rückstellungen E

bringenden eigenen Leistung zurückbleibt; kann der Beitrag zum Unternehmenserfolg nicht hinreichend zuverlässig ermittelt werden, kommt eine Rückstellungsbildung nur bei vollends fehlender oder nicht nennenswerter Nutzungs- und Verwertungsmöglichkeit im Unternehmen in Betracht[356]. Der Grund ist darin zu sehen, dass eine an den Wiederbeschaffungskosten orientierte Ermittlung der Gegenleistung nicht sachgerecht ist, da hierdurch nicht ausgeschlossen werden kann, dass entgegen der Zielsetzung des Imparitätsprinzips nicht nur zukünftige Verluste, sondern auch zukünftig entgehende Gewinne antizipiert werden können[357].

Rückstellungen für drohende Verluste aus schwebenden **Absatzgeschäften** sind auf der Basis von Vollkosten (jedoch ohne allgemeine Verwaltungs- und Vertriebskosten; vgl. auch § 255 Abs. 2 S. 2 HGB) zu bilden[358]. Kalkulatorische Kosten sind bei der Rückstellungsbemessung nicht zu berücksichtigen, da diese nicht zu bilanziellen Verlusten führen[359]. Im Übrigen hat der erstmalige Ansatz einer Drohverlustrückstellung in Höhe des abgezinsten Erfüllungsbetrags, d.h. zum Barwert, zu erfolgen (Nettodarstellung)[360]. 155

Für den Ansatz und die Bemessung von **Verlustrückstellungen bei Dauerschuldverhältnissen** ist auf den Leistungsaustausch während der Restlaufzeit des jeweiligen Vertrags abzustellen (vgl. auch Tz. 151); für die Bewertung gelten dabei die allg. Grundsätze für die Bewertung von Drohverlustrückstellungen (vgl. Tz. 149 ff.)[361]. Auch bei Arbeitsverhältnissen besteht handelsrechtlich keine unwiderlegbare Vermutung der generellen Ausgeglichenheit[362]; vielmehr hängt die Einschätzung der Ausgeglichenheit eines Arbeitsvertrags von einem **Vergleich mit der üblichen Arbeitsleistung** für die jeweilige Entlohnung ab, wobei die Grundsätze über die Bildung von Drohverlustrückstellungen bei nicht bilanzierungsfähigen Leistungen heranzuziehen sind (vgl. Tz. 154)[363]. 156

Steuerlich dürfen Rückstellungen für ungewisse Verbindlichkeiten nur gebildet werden[364], wenn die Verbindlichkeit auf einer Verpflichtung ggü. einem Dritten oder einer ö.-r. Verpflichtung beruht, die Verpflichtung bereits vor dem Abschlussstichtag verursacht ist und mit einer Inanspruchnahme aus der Verbindlichkeit ernsthaft zu rechnen ist[365]. Für eine am Abschlussstichtag rechtlich noch nicht entstandene Verbindlichkeit kann eine Rückstellung dann gebildet werden, wenn das künftige Entstehen der Verbindlichkeit wahrscheinlich[366] ist und die künftig zu leistenden Ausgaben wesentlich bereits im abge- 157

356 Vgl. *IDW RS HFA 4*, Tz. 32.
357 Vgl. *IDW RS HFA 4*, Tz. 32.
358 Vgl. *IDW RS HFA 4*, Tz. 33 ff.; *Scheffler* in BHdR, B 233, Rn. 377; *Kozikowski/Schubert* in BeBiKo[7], § 253, Rn. 168 ff.; *Kleindiek* in Staub, HGB[4], § 253, Rn. 31.
359 Vgl. ADS[6], § 253 HGB, Tz. 253.
360 Vgl. *IDW RS HFA 4*, Tz. 43.
361 Vgl. auch *IDW RS HFA 4*, Tz. 14; ferner *Kozikowski/Schubert* in BeBiKo[7], § 249, Rn. 76; *Mayer-Wegelin/Kessler/Höfer* in HdR[5], § 249 HGB, Rn. 116, 182; zu Rückstellungen aus Wohnungsvermietung *IDW RS WFA 1*.
362 Vgl. *Kozikowski/Schubert* in BeBiKo[7], § 249, Rn. 77.
363 Vgl. hierzu auch ADS[6], § 249 HGB, Tz. 142 und 158; *Kozikowski/Schubert* in BeBiKo[7], § 249, Rn. 100 Stichwort „Altersfreizeit und -mehrurlaub" sowie „Arbeitnehmer"; *Mayer-Wegelin/Kessler/Höfer* in HdR[5], § 249 HGB, Rn. 216 ff.; zur Rückstellungspflicht bei Altersteilzeitvereinbarungen vgl.Tz. 164.
364 Zu den Voraussetzungen der Rückstellungsbildung vgl. R 5.7 Abs. 2 bis 5 EStR 2008; *Prinz*, DB 2011, S. 492 ff.
365 Vgl. BFH v. 12.12.1991, BStBl. II 1992, S. 600; BFH v. 22.01.1992, BStBl. II, S. 488; BFH v. 02.10.1992, BStBl. II 1993, S. 153, vgl. auch BFH v. 27.06.2001, BStBl. II, S. 121, und Nichtanwendungserlass des BMF-Schr. v. 21.01.2003, BStBl. I, S. 125. Grundlegend zur Rückstellungsbildung bei faktischer Verpflichtung BFH v. 15.03.1999, FR, S. 801 f.; *Stuhrmann*, NJW 1999, S. 1657 f.; *Weber-Grellet*, BB 2006, S. 35 (35 f.); BMF-Schr. v. 11.05.2010, BStBl. I, S. 495.
366 R 5.7 Abs. 5 EStR 2008. Vgl. auch BFH v. 19.05.1983, BStBl. II, S. 670, sowie BFH v. 01.08.1984, BStBl. II 1985, S. 44; BFH v. 02.10.1992, BStBl. II 1993, S. 153.

laufenen oder in vorausgegangenen WJ wirtschaftlich verursacht sind[367]. Die ungewissen Verbindlichkeiten können auf Vertrag (einschließlich Dauerschuldverhältnissen)[368], Vertragsangebot[369] oder Gesetz (einschließlich öffentlichem Recht[370]) beruhen, werden jedoch nur insoweit berücksichtigt, als sie am Abschlussstichtag Belastungen darstellen, deren wirtschaftliche Ursachen in der Vergangenheit gelegt sind, d.h. der Tatbestand, auf dem die Verpflichtung beruht, muss im Wesentlichen erfüllt sein[371]. Belastungen aus gesetzlichen Neuregelungen sind zu berücksichtigen, wenn am Abschlussstichtag das Entstehen des Gesetzes gesichert ist.

Zur steuerlichen Unzulässigkeit von Drohverlustrückstellungen vgl. Tz. 144. Bei **schwebenden Geschäften** ist eine Rückstellung nur zulässig, wenn in der Vergangenheit das Gleichgewicht der Vertragsbeziehung durch Erfüllungsrückstände gestört ist[372].

158 Als **Rückstellungen** für ungewisse Verbindlichkeiten und für drohende Verluste aus schwebenden Geschäften kommen insb. in Betracht (alphabetische Aufzählung):

159 *Abbruchkosten*

Für vertragliche und hinreichend konkretisierte ö.-r. Verpflichtungen zum Abbruch von Gebäuden auf fremden Grund und Boden besteht eine Rückstellungspflicht[373]. Der unter Berücksichtigung erwarteter Kostensteigerungen ermittelte Erfüllungsbetrag der Verpflichtung (§ 253 Abs. 1 S. 2 HGB) ist verursachungsgerecht über die Jahre der voraussichtlichen Nutzung des Gebäudes bzw. der Vertragslaufzeit anzusammeln[374]. Die Rückstellung ist gem. § 253 Abs. 2 HGB abzuzinsen.

160 *Abfallbeseitigung und -recycling*

Die §§ 22 – 26 Kreislaufwirtschafts- und Abfallgesetz (KrW-/AbfG)[375] regeln die allgemeine Produktverantwortung von Herstellern, Be- und Verarbeitern sowie Vertreibern. Danach sind diese u.a. für die Rücknahme und Entsorgung von Verpackungen, gebrauchten Produkten und Materialien sowie für die Verwertung und Beseitigung der Abfälle verantwortlich (§ 22 Abs. 2 Nr. 5 KrW-/AbfG). Konkrete ö.-r. Pflichten ergeben sich

---

367 Vgl. dazu R 5.7 Abs. 4 EStR 2008; *Weber-Grellet* in Schmidt, L., EStG[30], § 5, Rn. 381 ff. m.w.N. Zur wirtschaftlichen Verursachung vgl. aber Fn. 365, 301. Vgl. auch FG Münster v. 17.09.1998, EFG 1999, S. 63, zu Rückstellungen einer Sparkasse für künftige Beihilfeleistungen, die wirtschaftlich durch das frühere Beschäftigungsverhältnis veranlasst seien, siehe jedoch Nichtanwendungserlass OFD v. 17.09.1998, EFG 1999, S. 63; BFH v. 15.03.1999, FR, S. 801, mit Anm. von *Weber-Grellet*, FR 1999, S. 806; vgl. auch BFH v. 30.01.2002, BB, S. 1687.
368 Vgl. *Wörner*, S. 177 ff.; *Rohse*, DStR 1985, S. 462 ff.
369 Vgl. BFH v. 16.11.1982, BStBl. II 1983, S. 361 (bindendes Vertragsangebot, wenn mit der Annahme sicher zu rechnen ist).
370 Zu einem Katalog zulässiger und nicht zulässiger Rückstellungen für ö.-r. Verpflichtungen siehe H 5.7 Abs. 4 EStR 2008.
371 Vgl. R 5.7 Abs.4 EStR 2008; dabei ist der Steuerpflichtige verpflichtet, zur Rechtfertigung der von ihm begehrten Rückstellungen konkrete Tatsachen darzulegen, soweit das nach den betrieblichen Verhältnissen zumutbar ist. Ist das nicht in ausreichendem Maß geschehen, geht das zu seinen Lasten, vgl. BFH v. 30.04.1998, BFH/NV, S. 1217.
372 Vgl. R 5.7 Abs. 8, EStR 2008; BFH v. 26.05.1993, BStBl. II, S. 855; BFH v. 03.12.1991, BStBl. II 1993, S. 89; BFH v. 12.12.1990, BStBl. II 1991, S. 479; *Christiansen*, DStR 2007, S. 869 ff.
373 Vgl. ADS[6], § 253 HGB, Tz. 240; *Kozikowski/Schubert* in BeBiKo[7], § 249, Rn. 100 („Abbruchkosten"); BFH v. 19.02.1975, BStBl. II, S. 600; BFH v. 12.12.1991, BStBl. II 1992, S. 600; BFH v. 28.03.2000, BStBl. II, S. 612; steuerlich auch *Rätke*, StuB 2007, S. 473.
374 Vgl. ADS[6], § 253 HGB, Tz. 240; *Bertram* in Haufe HGB Kommentar[2], § 249, Rn. 190; zur steuerlichen Behandlung vgl. auch *Weber-Grellet* in Schmidt, L.; EStG[30], § 5, Rn. 550 („Abbruch") m.w.N.
375 BGBl. I 1994, S. 2705; i.Z.m. dem Erfordernis der Umsetzung einer neuen EG-Abfallrahmenrichtlinie (Richtlinie 2008/98/EG vom 19.11.2008 über Abfälle und zur Aufhebung bestimmter Richtlinien – AbfRRL) ist eine Novellierung des KrW-AbfG vorgesehen; vgl. zur bisherigen Rechtslage *Queitsch* m.w.N.; *Brandt/Ruchay*; *Fluck*; *Kunig/Paetow/Versteyl*.

aber regelmäßig erst durch Verordnungen oder weitere gesetzliche Regelungen, die Einzelheiten zum Entstehen und zum Umfang der Verpflichtungen, den zu entsorgenden Erzeugnissen, zur Kostentragung und zur Ausführung der erforderlichen Maßnahmen bestimmen[376]. Derartige produktbezogene Verpflichtungen sind grds. dann verursacht und rückstellungspflichtig, sobald die jeweiligen Produkte in Verkehr gebracht worden sind[377]. Die Verpflichtung zur Bildung einer Rückstellung für die Aufwendungen i.Z.m. nicht mehr genutzten Produkten kann sich in Ermangelung von gesetzlichen Regelungen auch aus der Selbstverpflichtungserklärung eines brancheneigenen Zentralverbands (z.B. Erklärung der Unternehmen der Bauindustrie zur Entsorgung von Bauabfällen) ergeben. Zu Besonderheiten hinsichtlich der Entsorgung von „Elektroschrott" vgl. Tz. 179.

Abfindungen 161

Für zum Abschlussstichtag bestehende rechtliche oder faktische Verpflichtungen zur Gewährung von Abfindungszahlungen an Mitarbeiter (z.B. i.Z.m. der Beendigung von Arbeitsverhältnissen im Rahmen von Sozialplanmaßnahmen) sind Rückstellungen für ungewisse Verbindlichkeiten zu bilden[378].

Abrechnungsverpflichtungen 162

Sind Bauleistungen am Abschlussstichtag bereits abgenommen (§ 640 BGB), aber noch nicht abgerechnet (§ 14 VOB/B), so ist für die Abrechnungskosten eine Rückstellung für ungewisse Verbindlichkeiten zu bilden[379]. Dies gilt auch für Abrechnungsverpflichtungen von Versorgungsunternehmen[380].

Altersfreizeit und -mehrurlaub 163

Haben ältere Mitarbeiter (z.B. ab Vollendung des 60. Lebensjahres) neben ihrem arbeitsvertraglichen Jahresurlaub einen zusätzlichen jährlichen Anspruch auf bezahlte Freizeitgewährung, so führt dies grds. nicht zu einer Unausgeglichenheit von Leistung und Gegenleistung aus einem Arbeitsverhältnis. Die Bildung einer Rückstellung für drohende Verluste aus schwebenden Geschäften kommt daher im Regelfall nicht in Frage[381]. Als zusätzliches Entgelt für die erbrachte Arbeitsleistung des Mitarbeiters in einem be-

---

376 Vgl. z.B. Batteriegesetz (BattG); Verpackungsverordnung (VerpackV); Altölverordnung (AltölV); Altholzverordnung (AltholzV); Verordnung über die Entsorgung gebrauchter halogenierter Lösemittel (HKWAbfV). Auf der Grundlage des Altfahrzeuggesetzes (AltfahrzeugG) und der Altfahrzeugverordnung (AltfahrzeugV) sind Hersteller und gewerbliche Importeure zur unentgeltlichen Rücknahme und Entsorgung von ihnen in Verkehr gebrachten Fahrzeuge verpflichtet (vgl. zu Einzelheiten Art. 53 EGHGB); *HFA*, FN-IDW 2002, S. 665 (666); *Hug/Roß/Seidler*, DB 2002, S. 1013 ff.; *Hoffmann/Lüdenbach*, Bilanzierung[2], § 249 HGB, Rn. 70 ff.

377 Vgl. ADS[6], § 249 HGB, Tz. 49 ff.; § 253 HGB, Tz. 230; *Kozikowski/Schubert* in BeBiKo[7], § 249, Rn. 100 (Stichworte: „Abfall", „Altreifen", „Entsorgung", „Produktverantwortung", „Umweltschutzverpflichtungen"), *Mayer-Wegelin/Kessler/Höfer* in HdR[5], § 249 HGB, Rn. 98 ff., 109 ff., Rn. 229 (Stichwort: „Altlastensanierung"); *Scheffler* in BHdR, B 233, Rn. 107 ff., 525, 536, 580 ff.; *Bertram* in Haufe HGB Kommentar[2], § 249, Rn. 106 ff., 190, 230, 281. Steuerlich vgl. *Weber-Grellet* in Schmidt, L., EStG[30], § 5, Rn. 550 (Entsorgung); *Fatouros*, DB 2005, S. 117 ff.; *Zühlsdorff/Geißler*, BB 2005, S. 1097 (1099 ff.); *Christiansen*, DStR 2008, S. 735 ff.

378 Vgl. ADS[6], § 249 HGB, Tz. 116; *Bertram* in Haufe HGB Kommentar[2], § 249, Tz. 192; *Wenk/Jagosch*, DStR 2009, S. 1712, steuerlich *Weber-Grellet* in Schmidt, L., EStG[30], § 5 EStG, Rn. 550 („Abfindung").

379 Vgl. *HFA*, FN-IDW 1985, S. 162; ADS[6], § 249 HGB, Tz. 59, § 253 HGB, Tz. 234; *Kozikowski/Schubert* in BeBiKo[7], § 249, Rn. 100 (Stichwort: „Abrechnungskosten") mit Hinweisen auf die Steuerrechtsprechung; *Bertram* in Haufe HGB Kommentar[2], § 249, Rn. 192; ferner *Döllerer*, DStR 1987, S. 67 ff.; EStR, amtl. Hinweise 2009, H 5.7 (3); BFH v. 25.02.1986, BStBl. II, S. 788 ff.

380 Vgl. BFH v. 18.01.1995, BB, S. 1289.

381 Vgl. *IDW RS HFA 4*, Tz. 32; *Bertram* in Haufe HGB Kommentar[2], § 249, Rn. 197; *Kozikowski/Schubert* in BeBiKo[7], § 249, Rn 100 („Altersfreizeit und -mehrurlaub"); wohl für die Bildung einer Drohverlustrückstellung *Kessler* in HdR[5], § 249 HGB, Rn. 221.

stimmten GJ führt die Gewährung von Altersfreizeit/-mehrurlaub zu einer Aufwandserfassung in der jeweiligen Periode.

164 *Altersteilzeit*

Zur bilanziellen Behandlung von Altersteilzeitvereinbarungen, die mit Bezugnahme auf oder in Anlehnung an die Regelungen des Altersteilszeitgesetzes (ATG)[382] abgeschlossen werden, vgl. *IDW RS HFA 3* [383]. Verpflichtungen, für die Rückstellungen zu bilden sind, ergeben sich bei entspr. Vereinbarungen zum einen aus den sog. Aufstockungsbeträgen (Zuschüsse zum regulären Arbeitsentgelt während der Altersteilzeit einschließlich zusätzlicher Beiträge zur Rentenversicherung) und zum anderen bei der Altersteilzeit nach dem sog. Blockmodell in Form von Erfüllungsrückständen.

Nach *IDW RS HFA 3* haben die vereinbarten **Aufstockungsbeträge** Abfindungscharakter und sind in Höhe des gesamten Barwerts der voraussichtlichen Verpflichtung bereits dann zurückzustellen, sobald der Arbeitgeber aus einem dem Mitarbeiter unterbreiteten Angebot zur vorzeitigen Beendigung des Arbeitsverhältnisses nachweisbar verpflichtet ist und sich der Abfindungsverpflichtung nicht mehr entziehen kann[384]. Diese Verpflichtung kann sich sowohl aus einem Tarifvertrag als auch aus Betriebs- und Individualvereinbarungen ergeben. Einige Tarifverträge begründen Ansprüche auf den Abschluss von Altersteilzeitvereinbarungen nur dann, sofern die Arbeitnehmer auf der Grundlage gesondert abzuschließender tarifvertraglicher Regelungen einen dauerhaften Beitrag zur Finanzierung der Mehraufwendungen des Arbeitgebers aus der Altersteilzeit erbringen (z.B. Gehaltsverzicht oder Verlängerung der Arbeitszeiten ohne vollen Entgeltausgleich i.Z.m. „Tarifverträgen zum flexiblen Übergang in die Rente"; TV FlexÜ). In diesen Fällen sind Rückstellungen für die rechtliche Verpflichtung zur Zahlung künftiger Aufstockungsbeträge nur für solche Altersteilzeitvereinbarungen zu bilden, die voraussichtlich in dem Zeitraum abgeschlossen werden können, für den die Arbeitnehmer sich zur Leistung ihres Finanzierungsbeitrags unwiderruflich verpflichtet haben[385]. Zu beachten ist ferner, dass ohne rechtsverbindliche Unterzeichnung des TV FlexÜ durch die beteiligten Tarifparteien keine rechtliche Verpflichtung für den Arbeitgeber besteht, sodass bis zu diesem Zeitpunkt keine Rückstellung zu bilden ist[386].

Wird die Altersteilzeit nach Maßgabe des **Blockmodells** vereinbart, ist zusätzlich zu berücksichtigen, dass die Arbeitnehmer in einer ersten (Beschäftigungs-)Phase die volle Arbeitsleistung erbringen, in dieser Zeit aber nur entspr. der vereinbarten Teilzeit – unter

---

382 BGBl. I 1996, S. 1078.
383 Vgl. dazu auch *Förster/Heger*, DB 1998, S. 141 ff.; *Büchele*, BB 1998, S. 1731 ff.; *Büchele*, BB 1999, S. 1483 ff.; *Förschle/Naumann*, DB 1999, S. 157; *Höfer* in HdR[5], § 249 HGB, Rn. 615 ff.; *Hoffmann/Lüdenbach*, Bilanzierung[2], § 249 HGB, Rn. 83 ff.; *Kozikowski/Schubert* in BeBiKo[7], § 249, Rn. 100 (Stichwort: „Altersteilzeit"). Zur inhaltlichen Ausgestaltung von Altersteilzeit-Arbeitsverhältnissen vgl. *Schaefer*, BB 1997, S. 1887; *Wulf/Petzold*, DB 2001, S. 2157 ff.; *Hampel*, DB 2004, S. 706 ff.
384 Vgl. *IDW RS HFA 3*, Tz. 5, 9 und 13; *Kozikowski/Schubert* in BeBiKo[7], § 249, Rn. 100 (Stichwort: „Altersteilzeit") m.w.N. Rechtlich entsteht die Verpflichtung zur Leistung der Aufstockungsbeträge mit Abschluss der jeweiligen Altersteilzeitvereinbarung. Die Rückstellungspflicht für die Abfindungsleistungen kann handelsrechtlich bereits vor diesem Zeitpunkt bestehen. Dies gilt sowohl für das sog. „Blockmodell" als auch für den Fall, dass der Arbeitnehmer während des gesamten Altersteilzeitraums mit einer reduzierten täglichen Arbeitszeit tätig wird (sog. „kontinuierliches Altersteilzeitmodell"). Hinzuweisen ist darauf, dass vor dem Hintergrund der Änderungen des IAS 19 (rev. 2011) zur Definition und zum Erfassungszeitpunkt der "termination benefits" (vgl. hierzu *Scharr/Feige/Beyer*, KoR 2012, S. 14 ff.) zurzeit (Januar 2012) in den zuständigen Fachgremien Diskussionen stattfinden, ob zukünftig handelsrechtlich noch an der Behandlung von Aufstockungsbeträgen als Abfindungsleistungen festgehalten werden kann oder ob nach einer entsprechenden Anpassung des *IDW RS HFA 3* diese als Bestandteil des für die erhaltene Arbeitsleistung zu gewährenden Entgelts ratierlich über den Erdienenszeitraum aufwandsmäßig zu erfassen sind.
385 Vgl. *HFA*, FN-IDW 2009, S. 62; *HFA*, FN-IDW 2010, S. 166.
386 Vgl. *IDW*, FN-IDW 2009, S. 62.

Rückstellungen E

Berücksichtigung einer zweiten Freistellungsphase – entlohnt werden. Dadurch baut sich ein Erfüllungsrückstand auf, dem ab Beginn der Altersteilzeit durch Rückstellung Rechnung zu tragen ist[387].

Ein Anspruch auf **Erstattung** der gezahlten Aufstockungsbeträge durch die Bundesagentur für Arbeit kann handelsrechtlich erst dann aktiviert werden, wenn alle gesetzlichen Anspruchsvoraussetzungen (einschl. der Wiederbesetzung des freigewordenen Arbeitsplatzes) erfüllt sind[388]. Vor Erfüllung der Leistungsvoraussetzungen können die Erstattungsbeträge – abweichend zur steuerlichen Verfahrensweise – nicht rückstellungsmindernd berücksichtigt werden[389].

Steuerlich hängen Zeitpunkt und Umfang der Rückstellungsbildung für Verpflichtungen aus Altersteilzeitvereinbarungen von dem zwischen Arbeitgeber und Arbeitnehmer konkret vereinbarten Teilzeitmodell ab. Wird vereinbart, dass der Arbeitnehmer während der gesamten Zeitspanne der Altersteilzeit seine Arbeitsleistung um ein bestimmtes Maß reduziert, ohne dass die Vergütung entspr. stark gemindert wird (**kontinuierliches Arbeitszeitmodell**), so kommt die Bildung einer Rückstellung in der StB nicht in Betracht. Zur steuerlichen Behandlung des sog. „**Blockmodells**"[390] in Steuerbilanzen, die nach dem 20.11.2005 aufgestellt werden, hat das BMF – ausgehend vom Urteil des BFH v. 30.11.2005[391] – mit Schreiben vom 28.03.2007 (geändert durch Schreiben des BMF v. 11.03.2008)[392] Stellung genommen[393]. Danach hat der Arbeitgeber für die Verpflichtung, in der sog. „Freistellungsphase" weiterhin Vergütungen (einschl. der sog. Aufstockungsbeträge und sonstiger Nebenleistungen) zu zahlen, während der „Arbeitsphase" eine Rückstellung ratierlich anzusammeln[394]. Bei der Bemessung des Rückstellungsbetrags sind künftige Vorteile, die mit der Erfüllung der Verbindlichkeit voraussichtlich verbunden sein werden, wertmindernd zu berücksichtigen. Die Rückstellung ist gem. § 6 Abs. 1 Nr. 3a Buchst. e EStG mit einem Zinssatz von 5,5 % p.a. abzuzinsen. Aus Vereinfachungsgründen kann die Rückstellung auch nach den Grundsätzen des Pauschalwertverfahrens ermittelt werden.

Arbeitslosengeld nach § 147a SGB III 165

Nach § 147a SGB III sind Arbeitgeber unter bestimmten Voraussetzungen verpflichtet, an ältere ehemalige Arbeitnehmer gezahltes Arbeitslosengeld zu erstatten[395]. Für diese ö.-r. Verpflichtungen ist bei Erfüllung der gesetzlichen Tatbestände eine Rückstellung zu bilden.

---

387 Vgl. *IDW RS HFA 3*, Tz. 16, sowie die in Fn. 371 zitierte Literatur; zu Besonderheiten i.Z.m. dem Vorliegen von Deckungsvermögen gem. § 246 Abs. 2 S. 2 HGB vgl. *Zwirner*, BB 2011, S. 619 ff.
388 Vgl. *IDW RS HFA 3*, Tz. 14 f.; *Bertram* in Haufe, HGB Kommentar[2], § 249, Rn. 198.
389 Vgl. *IDW RS HFA 3*, Tz. 16; *Bertram* in Haufe, HGB Kommentar[2], § 249, Rn. 198; *Scheffler* in BHdR, B 233, Rn. 496; *Kozikowski/Schubert* in BeBiKo[7], § 249, Rn. 100 „Altersteilzeit".
390 Im sog. „Blockmodell" wird die Altersteilzeitphase grds. in zwei gleich große Zeitblöcke aufgeteilt. In der ersten Phase erbringt der Arbeitnehmer in dem ursprünglich vereinbarten Umfang seine Arbeitsleistung (Arbeitsphase) und wird in der zweiten Phase (Freistellungsphase) vollständig von seiner Arbeitspflicht freigestellt.
391 Vgl. BFH Urteil v. 30.11.2005, DStR 2006, S. 367 ff.
392 Vgl. BMF-Schr. v. 28.03.2007, BStBl. I, S. 297, sowie BMF-Schr., BStBl. I 2008, S, 496.
393 Zur bisherigen Verfahrensweise vgl. WP Handbuch 2006 Bd. I, Kap. E, Tz. 111 m.w.N.
394 Vgl. *Wellisch/Quast*, BB 2006, S. 763 ff.; *Hirsch/Veit*, StuB 2006, S. 344 ff.; *Lieb/Rhiel*, BC 2007, S. 241 ff.; *Euler/Binger*, DStR 2007, S. 177 ff.; *Heger*, BB 2007, S. 1043 ff.
395 Zur Regelung vgl. *Eckert*, DStR 1999, S. 721 (722 ff.); *Lunk*, NZA 2001, S. 648 ff.; *Gaul*, BB 2003, S. 2457 ff.; *Zimmer*, DStR 2004, S. 644 ff. Zum Nachweis für das Entfallen einer Erstattungspflicht gem. § 147a Abs. 2 Nr. 2 SGB III wegen unzumutbarer Belastung vgl. noch zu § 128 AFG *HFA*, FN-IDW 1995, S. 10; steuerlich vgl. auch *Weber-Grellet* in Schmidt, L., EStG[30], § 5, Rn. 550 (Arbeitslosengeld).

166 *Aufbewahrungspflichten*

Künftige Kosten aus der Erfüllung gesetzlicher oder vertraglicher Aufbewahrungspflichten für Geschäftsunterlagen (§ 257 HGB, § 147 AO) führen zu einer Rückstellung für ungewisse Verbindlichkeiten[396]. Die Kosten der Aufbewahrung resultieren aus der Geschäftstätigkeit der abgelaufenen GJ. Die Rückstellung ist nach § 253 Abs.1 S. 2 HGB in Höhe des nach vernünftiger kaufmännischer Beurteilung notwendigen Erfüllungsbetrags, d.h. unter Berücksichtigung der voraussichtlich im Erfüllungszeitpunkt geltenden Kostenverhältnisse, zu bewerten. Zu berücksichtigen sind sowohl intern als auch extern anfallende Aufwendungen[397].

167 *Ausgleichsanspruch des Handelsvertreters*

Zum Umfang des Ausgleichsanspruchs vgl. § 89b HGB. Im Regelfall ist davon auszugehen, dass der Anspruch des Handelsvertreters auf Erhalt einer Ausgleichszahlung durch die von ihm während seiner Vertragslaufzeit geschaffenen Kundenbeziehungen begründet ist und somit ein zusätzliches Entgelt für seine Tätigkeit darstellt. Damit wäre der Ausgleichsanspruch wirtschaftlich vor Beendigung des Vertragsverhältnisses mit dem Handelsvertreter begründet. Ist nach vernünftiger kaufmännischer Beurteilung mit einem späteren Ausgleichsanspruch des Handelsvertreters zu rechnen, so ist für diesen Zweck mit einer ratierlichen Ansammlung einer Verbindlichkeitsrückstellung gem. § 249 Abs. 1 S. 1 HGB (Passivierungspflicht) bis zum voraussichtlichen Ende der Vertragsbeziehung zu beginnen[398]. Der Erfüllungsbetrag der Verpflichtung ist gem. § 253 Abs. 2 HGB abzuzinsen (Barwertansatz).

Für die aus § 89b EStG resultierende Verpflichtung zur Zahlung eines Ausgleichbetrags an den Handelsvertreter darf **steuerlich** erst nach Vertragsbeendigung eine Rückstellung gebildet werden[399].

168 *Ausstehende Rechnungen*

Liegen zum Zeitpunkt der Bilanzaufstellung noch keine Rechnungen für bis zum Abschlussstichtag empfangene Lieferungen oder Leistungen vor, sind Rückstellungen zu bilden, soweit die Höhe der Verpflichtungen nicht feststeht; ansonsten ist eine Verbindlichkeit zu passivieren[400].

169 *Bergschäden*

Zur Haftung für Bergschäden vgl. die §§ 114 ff. BBergG (BGBl. I 1980, S. 1310)[401]. Eine Rückstellung kommt dort in Betracht, wo an der Erdoberfläche unmittelbar oder mittelbar

---

396 Vgl. *IDW RH HFA 1.009*, Tz. 4 und 7; hierzu auch *HFA*, FN-IDW 2003, S. 93; *Kessler* in HdR[5], § 249 HGB, Rn. 350 (7); *Krupske*, StB 2003, S. 442 f.; *Roß/Drögemüller*, WPg 2003, S. 219 ff.; *Kozikowski/Schubert* in BeBiKo[7], § 249 HGB, Rn. 100 („Aufbewahrung von Geschäftsunterlagen"); steuerlich BFH v. 19.08.2002, BB 2003, S. 43; *Weber-Grellet* in Schmidt, L., EStG[30], § 5, Rn. 550 (Aufbewahrungspflichten) m.w.N.

397 Vgl. zur Bewertung, die auf Vollkostenbasis zu erfolgen hat, auch *IDW RH HFA 1.009*, Tz. 8 f.

398 Vgl. (für handelsrechtliche Passivierungspflicht, soweit für ehemalige Tätigkeit geleistet) *Kozikowski/Schubert* in BeBiKo[7], § 249 HGB, Rn. 100 (Stichwort: Handelsvertreter - Ausgleichsanspruch); *Mayer-Wegelin/Kessler/Höfer* in HdR[5], § 249 HGB, Rn. 149 ff. und Rn. 229 (Stichwort: „Ausgleichsansprüche von Handelsvertretern"); *Scheffler* in BHdR, B 233, Rn. 526 ff.; *Bertram* in Haufe HGB Kommentar[2], § 249, Rn. 205; zur Bewertung vgl. ADS[6], § 253 HGB, Tz. 235; eine Rückstellung vor Vertragsbeendigung ablehnend *Beiser*, DB 2002, S. 2178 f.); *Otto*, DB 2004, S. 1900 ff.

399 Vgl. H 5.7 Abs. 5 EStR 2008 (Ausgleichsanspruch Handelsvertreter); BMF-Schr. v. 21.05.2005, BStBl. I, S. 802; BFH-Urt. v. 24.01.2001, DB, S. 349; *Weber-Grellet* in Schmidt, L., EStG[30], § 5, Rn. 550 (Ausgleichsverpflichtung) m.w.N.; vgl. auch *Otto*, BB 2005, S. 1324 ff.

400 Vgl. *Kozikowski/Schubert* in BeBiKo[7], § 249, Rn. 100 (Stichwort: „Ausstehende Rechnungen").

401 Vgl. hierzu *Heinemann; Schulte*, NJW 1990, S. 2734 f.

Rückstellungen   E

durch den Bergbau Sachschäden entstehen, die von den Bergbauunternehmen ausgeglichen werden müssen. Es sind zu unterscheiden:

1. Rückstellungen für Bergschäden, die bereits entstanden sind, der Höhe nach aber noch nicht feststehen;
2. Rückstellungen für künftige Bergschäden, die bereits durch Abbauhandlungen verursacht, aber noch nicht entstanden oder erkannt sind.

Für beide Arten von Bergschäden sind nach den GoB angemessene Rückstellungen erforderlich[402]. Die Höhe der Rückstellung für entstandene Schäden ist mit den wahrscheinlichen Kosten ihrer Beseitigung zu bemessen (Erfüllungsbetrag gem. § 253 Abs. 1 S. 2 HGB, der gem. § 253 Abs. 2 HGB abzuzinsen ist); für Dauerschäden, die nicht beseitigt werden können (z.B. Versumpfungen), ist der Barwert der künftigen, u.U. „ewigen" Belastungen (z.B. aus dem Betrieb von Pumpwerken) zurückzustellen. Rückstellungen für verursachte, aber noch nicht entstandene oder erkannte Bergschäden werden nach Erfahrungswerten bemessen. Üblich ist ein Ansatz mit dem fünffachen durchschnittlichen Jahresaufwand für die Schadensbeseitigung in den letzten zehn Jahren.

Die steuerliche Behandlung folgt der handelsrechtlichen. Die Finanzverwaltung hat die Bildung von Rückstellungen auch für noch nicht entstandene, jedoch bereits verursachte Bergschäden zugelassen[403].

Berufsgenossenschaftsbeiträge   **170**

Eine Rückstellung ist für die zu leistenden Beiträge des abgelaufenen GJ zu bilden. Zu den Berufsgenossenschaftsbeiträgen[404] zählt auch die Umlage für das Insolvenzgeld nach §§ 358 ff. SGB III.

Besserungsverpflichtungen   **171**

Zu Besserungsverpflichtungen vgl. F Tz. 342 und F Tz. 446.

Betriebliche Berufsausbildung   **172**

Im Schrifttum wird eine Rückstellungsbildung für Ausbildungsverhältnisse unter dem Gesichtspunkt der fehlenden Gleichwertigkeit von Leistung und Gegenleistung überwiegend bejaht[405]. Für betrieblich veranlasste Ausbildungskosten darf wegen der Ausgeglichenheitsvermutung keine Rückstellung gebildet werden, während für außerbetrieblich veranlasste Kosten (sog. Überausbildung) der Ansatz von Rückstellungen geboten sein kann[406]. Der BFH hat die Bildung einer Rückstellung wegen zu erwartender Ausbil-

---

402 Vgl. ADS[6], § 253 HGB, Tz. 211; *Kozikowski/Schubert* in BeBiKo[7], § 249, Rn. 100 (Bergschäden) m.w.N.
403 Vgl. FG Münster v. 28.09.1972, EFG 1973, S. 59 (rkr.); *Bordewin*, BB 1979, S. 156; *Emmerich*, DB 1978, S. 2133; BMF-Schr. v. 18.04.1980, BStBl. I, S. 230; BMF-Schr. v. 09.12.1999, BStBl. I, S. 1127; die Rückstellung für Bergschäden ist gewerbesteuerrechtlich keine Dauerschuld, vgl. BFH v. 14.11.1968, BStBl. II 1969, S. 266.
404 Steuerlich vgl. BFH v. 03.06.1992, BStBl. II, S. 792; BFH v. 13.11.1991, BStBl. II 1992, S. 336; *Kulla*, StBp. 1976, S. 80; vgl. hierzu auch *Kozikowski/Schubert* in BeBiKo[7], § 249, Rn. 100 („Berufsgenossenschaftsbeiträge").
405 Vgl. hierzu *Mayer-Wegelin/Kessler/Höfer* in HdR[5], § 249 HGB, Rn. 217, 350 (9) m.w.N.; *Kozikowski/Schubert* in BeBiKo[7], § 249, Rn. 10 („Ausbildungskosten"); *Brezing*, DB 1980, S. 896 f.; *HFA*, FN-IDW 1982, S. 125.
406 Vgl. *IDW RS HFA 4*, Tz. 32; ADS[6], § 249 HGB, Tz. 159; ADS[6], § 253 HGB, Tz. 263; *Herzig/Köster* in HdJ, Abt. III/5, Rn. 394; *Bertram* in Haufe HGB Kommentar[2], § 249, Rn. 213.

dungskosten im Rahmen eines Berufsausbildungsverhältnisses abgelehnt[407]; steuerlich ist auch § 5 Abs. 4a EStG zu beachten (Unzulässigkeit von Drohverlustrückstellungen).

173 *Bußgelder*

Ist wegen Rechtsverstößen, die bis zum Abschlussstichtag begangen wurden, mit der Verhängung von Bußgeldern zu rechnen (z.b. Sanktionen des Kartell- oder Umweltrechts), so besteht hierfür eine Rückstellungspflicht[408].

174 *Datenbereinigung*

Aufgrund von Bestimmungen des Datenschutzgesetzes oder privatrechtlichen Vereinbarungen können Verpflichtungen zum Löschen von gespeicherten Daten entstehen; die dadurch entstehenden Aufwendungen sind i.d.R. im GJ der Speicherung zurückzustellen[409].

175 *Dekontaminierungskosten*

Aufgrund ö.-r. Verpflichtungen (z.B. nach dem Atomgesetz) sind sowohl für die Kosten der Stilllegung und Beseitigung von Kernkraftwerken (zeitanteilig) als auch für die Kosten der Entsorgung bestrahlter Brennelemente (zeitanteilig oder abbrandabhängig – unter Berücksichtigung des wiedergewinnbaren verwertbaren Materials) Rückstellungen zu bilden[410]. Bei der Ermittlung des Erfüllungsbetrags der Verpflichtung sind gem. § 253 Abs. 1 S. 1 HGB Kosten- und Preissteigerungen zu berücksichtigen; die Abzinsung hat unter Beachtung des § 253 Abs. 2 HGB zu erfolgen. Die Rückstellungen werden mit bestimmten, in § 5 Abs. 4b S. 2 EStG bezeichneten Ausnahmen auch steuerlich dem Grunde nach anerkannt, wenn sich aus dem Gesetz oder der Verfügung der zuständigen Behörde eine inhaltlich bestimmte Handlungspflicht innerhalb eines bestimmten Zeitraums ergibt und die Handlungspflicht sanktionsbewehrt ist[411]. Zur Bewertung vgl. auch § 6 Abs. 3a EStG.

176 *Demografiefonds*

Tarifverträge können vorsehen, dass Arbeitgeber in jedem GJ einem unternehmensinternen virtuellen sog. Demografiefonds einen bestimmten Betrag pro Mitarbeiter zur Verfügung stellen müssen. Diese Mittel stellen bei wirtschaftlicher Betrachtung einen zusätzlichen Lohn- und Gehaltsbestandteil der Mitarbeiter für das jeweilige GJ dar und sind entweder zur Aufstockung von Langzeitarbeitskonten, der Finanzierung von Altersteilzeitvereinbarungen, Teilrenten, Berufsunfähigkeitsversicherungen oder für Zwecke der betrieblichen Altersversorgung der Mitarbeiter zu verwenden. Die konkrete Ver-

---

407 Vgl. Urt. v. 25.01.1984, BStBl. II, S. 344; v. 03.02.1993 BStBl. II, S. 441; krit. *Felix*, BB 1993, S. 892; *Küting/Kessler*, DStR 1993, S. 1045; vgl. auch *Ellrott/Rhiel* in BeBiKo[7], § 249, Rn. 100 (Ausbildungskosten) m.w.N.; *Weber-Grellet* in Schmidt, L., EStG[30], § 5, Rn. 550 (Ausbildungskosten).

408 Vgl. ADS[6], § 249 HGB, Tz. 133; *Mayer-Wegelin/Kessler/Höfer* in HdR[5], § 249 HGB, Rn. 229 (20); zu EU-Geldbußen *Lüdecke/Skala*, BB 2004, S. 1436; zur Haftung der Muttergesellschaft für Verstöße der Tochter vgl. *Riesenkampff*, S. 359; steuerlich für Zeiträume vor der Aufdeckung des Verstoßes unzulässig, vgl. FG München v. 04.04.1990, EFG, S. 565; im Übrigen wegen § 4 Abs. 5 Nr. 8 S. 4 EStG nur insoweit zulässig, als mit Bußgeld wirtschaftlicher Vorteil abgeschöpft wird (Feststellungslast trägt Steuerpflichtiger), vgl. FG BaWü v. 18.11.1993, EFG 1994, S. 608 (rkr.); BVerfG v. 23.01.1990, BStBl. II, S. 483 = BVerfGE 81 S. 228; *Weber-Grellet* in Schmidt, L., EStG[30], § 5, Rn. 550 (Geldbuße).

409 Vgl. *Blenkers/Czisz/Gerl*, S. 261.

410 Vgl. ADS[6], § 253 HGB, Tz. 211 f.; *Kozikowski/Schubert* in BeBiKo[7], § 249, Rn. 100 (Stichwort: „Atomanlagen") m.w.N.; *Herzig/Köster* in HdJ, Abt. III/5, Rn. 424; *Herzig*, DB 1990, S. 53 ff.; *Siegel*, BB 1993, S. 326 (334); *Kessler*, IStR 2006, S. 98 ff.; *Führich*, WPg 2006, S. 1271 ff. und 1349 ff.; teilw. abw., Passivierung der vollen Entsorgungskosten bereits ab erstmaliger Aktivität des Brennelementes, *Siegel*, BFuP 1994, S. 1 (16). Zum Ansammlungszeitraum siehe steuerlich § 6 Abs. 1 Nr. 3a Buchst. d EStG.

411 Vgl. BFH v. 19.10.1993, BStBl. II, S. 891 m.w.N.; *Heintzen*, StuW 2001, S. 71 ff.

Rückstellungen **E**

wendung dieser Mittel wird i.d.R. durch den Abschluss gesonderter Betriebs- oder Tarifvereinbarungen festgelegt. Die Zurverfügungstellung eines solchen jährlichen Beitrags begründet im Regelfall auf der Grundlage des bestehenden Arbeitsverhältnisses bereits eine hinreichend konkretisierte rechtliche oder wirtschaftliche Außenverpflichtung des Unternehmens, für die eine Rückstellung für ungewisse Verbindlichkeiten gem. § 249 Abs. 1 S. 1 HGB in Höhe des jeweils zur Verfügung gestellten Beitrags zu bilden ist. Gleichwohl kann sich durch die konkrete Zweckbestimmung des Demografiefonds für eine der vorgesehenen Verwendungsarten eine erforderliche Risikovorsorge ergeben, die den jährlichen Demografiebeitrag^2 überschreitet.

Deputatverpflichtungen **177**

Hierzu gehören auch der Höhe nach ungewisse Verpflichtungen zum Erbringen von ähnlichen wiederkehrenden Leistungen. Soweit es sich im Einzelfall um Verpflichtungen im Rahmen von Pensionsverpflichtungen handelt, besteht für „Altzusagen" (vgl. Tz. 222 f.) ein Passivierungswahlrecht (Art. 28 Abs. 1 EGHGB)^{412}. Verpflichtungen zu Deputatleistungen gehören nicht zu den pensionsähnlichen Verpflichtungen, für die gem. Art. 28 Abs. 2 EGHGB ein Passivierungswahlrecht besteht^{413}.

Einkaufskontrakte **178**

Müssten bestellte, aber noch nicht gelieferte Vermögensgegenstände am Abschlussstichtag nach § 253 Abs. 3 und 4 HGB außerplanmäßig abgeschrieben werden, wenn sie schon im Bestand wären, so ist eine Rückstellung für drohende Verluste aus schwebenden Geschäften im Umfang des hypothetischen Abschreibungsbetrages zu bilden. Vgl. zu schwebenden Beschaffungsgeschäften über bilanzierungsfähige Vermögensgegenstände auch *IDW RS HFA 4*, Tz. 30 f. sowie im Übrigen Tz. 153 f. Zur Bildung von Bewertungseinheiten gem. § 254 HGB vgl. Tz. 443 ff. Steuerlich sind Rückstellungen nach § 5 Abs. 4a EStG (Verbot der Drohverlustrückstellungen) nicht zulässig.

Elektroschrott **179**

Das Elektro- und Elektronikgerätegesetz (ElektroG)^{414} führt für bestimmte Unternehmen (Hersteller) zu einer Verpflichtung zur Rücknahme und Entsorgung von Altgeräten (sog. „Elektroschrott"). Das Be- bzw. Entstehen einer Entsorgungsverpflichtung beim Hersteller ist davon abhängig, ob die Rücknahme von privaten Haushalten oder gewerblichen Nutzern erfolgt und ob die Altgeräte als Neugeräte ab dem 24.11.2005 (sog. „neue Altgeräte") oder vor dem genannten Datum in Verkehr gebracht wurden (sog. „historische Altgeräte")^{415}. Sofern die Altgeräte vom Hersteller zurückzunehmen sind, kann sich die Entsorgungsverpflichtung bereits mit Inverkehrbringen der Geräte ergeben, sodass zu diesem Zeitpunkt die voraussichtlichen Aufwendungen für die Entsorgung durch eine Rückstellungsbildung zu erfassen sind (z.B. bei „neuen Altgeräten", die seitens des Herstellers von gewerblichen Nutzern zurückgenommen werden). Richtet sich bei Teilnahme des Herstellers an einem sog. „Umlageverfahren" der Umfang der Rücknahmeverpflichtung bzw. die Höhe der darauf entfallenden Entsorgungsaufwendungen nach seinem Marktanteil an den betroffenen Produktgruppen im Rücknahmezeitpunkt und kann sich daher das Unternehmen der Verpflichtung zur Entsorgung von bereits in der Ver-

---

412 Vgl. hierzu auch *Kozikowski/Schubert* in BeBiKo^7, § 249, Rn. 100 (Stichwort: „Deputat"); ADS^6, § 249 HGB, Tz. 82 (zur Angabepflicht von Fehlbeträgen aus sog. „Altzusagen" für KapGes.).
413 Vgl. ADS^6, § 249 HGB, Tz. 116.
414 Gesetz über das Inverkehrbringen, die Rücknahme und die umweltverträgliche Entsorgung von Elektro- und Elektronikgeräten (Elektro- und Elektronikgerätegesetz - ElektroG) vom 16.03.2005, BGBl. I, S. 762 ff. (zuletzt geändert am 11.08.2010).
415 *Hoffmann/Lüdenbach*, Bilanzierung^2, § 249, Rn. 65 ff.

gangenheit veräußerten Produkten durch einen Marktaustritt entziehen, so wird es – sofern das Vorliegen einer faktischen Verpflichtung verneint werden kann – als zulässig angesehen, die Entsorgungsaufwendungen erst bei Belastung durch die Umlage zu erfassen (z.B. bei historischen Altgeräten, die von privaten Haushalten zurückgegeben werden)[416].

180 *Emissionsrechte*

Nach § 6 Abs. 1 TEHG sind Unternehmen für ein KJ zur Abgabe einer Anzahl von Emissionsberechtigungen (Zertifikaten) verpflichtet, die den von ihnen in diesem Zeitraum verursachten CO_2-Emissionen entspricht. Für diese Verpflichtung ist eine Rückstellung für ungewisse Verbindlichkeiten gem. § 249 Abs. 1 S. 1 HGB zu bilden[417]. Bei der Bewertung dieser Abgabeverpflichtung sind die Grundsätze zur Bewertung von Sachleistungsverpflichtungen anzuwenden[418]. Hierbei ist davon auszugehen, dass zunächst die unentgeltlich ausgegebenen Emissionszertifikate zur Erfüllung der Abgabeverpflichtung Verwendung finden[419].

181 *Entgelt- bzw. Gebührenabsenkung*

Bei Abfall- und Abwasserbetrieben sowie bei Energieversorgungsunternehmen kann sich infolge von gesetzlichen Vorschriften zur Gebührenerhebung (z.B. § 6 Abs. 2 S. 2 KAG NRW) bzw. zur Festsetzung von Leistungsentgelten (z.B. § 5 Abs. 1 ARegV) die Verpflichtung zur Gebühren- bzw. Entgeltabsenkung ergeben. Dies ist dann der Fall, wenn der Bilanzierende in einem GJ mehr Gebühren bzw. Entgelte vereinnahmt hat, als er nach den gesetzlichen Regelungen hätte erzielen dürfen. Für diese Verpflichtung zur Entgeltabsenkung ist eine Rückstellung für ungewisse Verbindlichkeiten gem. § 249 Abs. 1 S. 1 HGB zu bilden[420].

182 *ERA-Anpassungsfonds*

Aufgrund eines Entgeltrahmentarifvertrags (ERA-TV) der Metall- und Elektroindustrie in einem sog. Anpassungsfonds einbehaltene Mittel sind als Rückstellung für ungewisse Verbindlichkeiten zu erfassen, soweit sie auf Verpflichtungen des Arbeitgebers beruhen, die als Gegenleistung im Rahmen der Tätigkeit der Arbeitnehmer während der Ansparphase entstanden sind und denen der Arbeitgeber sich nicht entziehen kann (Auszahlungspflicht für die einbehaltenen Mittel)[421]. Der Arbeitgeberanteil zur Sozialversicherung ist in die Bewertung einzubeziehen[422].

---

416 Vgl. hierzu ElektroG, BGBl. I 2005, S. 762 ff.; zur Bilanzierung auch DRSC, Rechnungslegungs Interpretation (RIC) Nr. 2, Verpflichtung zur Entsorgung von Elektro- und Elektronikgeräten; *Hoffmann/Lüdenbach*, Bilanzierung², § 249 HGB, Rn. 65 ff.; *HFA*, FN-IDW 2006, S. 367 (368); *Oser/Roß*, WPg 2005, S. 1069 ff.

417 Vgl. im Einzelnen *IDW RS HFA 15*; *Klein/Völker-Lemkuhl*, DB 2004, S. 332 ff.; *Streck/Binnewies*, DB 2004, S. 1116 ff.; *Völker-Lemkuhl*, DB 2005, S. 785 ff.; steuerlich: BMF-Schr. v. 06.12.2005, BStBl. I, S. 1047; *Zimmermann*, StuB 2006, S. 369.

418 Vgl. *IDW RS HFA 15*, Tz. 18; ADS⁶, § 253 HGB, Tz. 118 ff.; *Gelhausen/Fey/Kämpfer*, BilMoG, Kap. I, Rn. 26 ff.

419 Vgl. *IDW RS HFA 15*, Tz. 18. Zur steuerlichen Behandlung vgl. BMF-Schr. v. 06.12.2005; BStBl. I, S. 1047.

420 Vgl. zur Behandlung von Kostenüberdeckungen und Kostenunterdeckungen gem. § 6 Abs. 2 S. 2 KAG NRW (Kommunalabgabengesetz NRW) *IDW*, FN-IDW 2001, S. 240 f.; zur Passivierung von Verpflichtungen aus einem sog. „negativen" Regulierungskonto gem. § 5 ARegV (Verordnung über die Anreizregulierung der Energieversorgungsnetze) *IDW*, FN-IDW 2010, S. 2; zur Bildung einer Rückstellung für sog. „Mehrerlöse" im Strom- und Gasbereich vgl. *Hruby*, DStR 2010, S. 127 ff.; zur steuerlichen Bildung von Rückstellungen für sog. Verrechnungsverpflichtungen vgl. BMF-Schreiben v. 28.11.2011 – IV G 6 – S 2137/09/10004, StuB, S. 960.

421 Vgl. hierzu *HFA*, FN-IDW 2004, S. 38.

422 Vgl. hierzu *HFA*, FN-IDW 2004, S. 304 (305). Zur steuerlichen Behandlung vgl. BMF-Schr. v. 02.04.2007, BStBl. I, S. 301.

Rückstellungen **E**

Garantieverpflichtungen **183**

Garantierückstellungen, mit denen das Risiko künftiger kostenloser Nacharbeiten oder Ersatzlieferungen (Nacherfüllung), aus Minderung oder Rücktritt und Schadensersatzleistungen aufgrund gesetzlicher oder vertraglicher Gewährleistung erfasst werden soll, können als Einzelrückstellung oder als Pauschalrückstellung gebildet werden[423]. Wegen der Rückstellung für Gewährleistungen, die ohne rechtliche Verpflichtung erbracht werden (§ 249 Abs. 1 S. 2 Nr. 2 HGB), vgl. Tz. 263 f.

Gruben- und Schachtversatz **184**

Die Rückstellungspflicht ergibt sich aufgrund ö.-r. Verpflichtungen zur Verfüllung (BBergG v. 13.08.1980, BGBl. I, S. 1310)[424]. Die Rückstellung ist ratierlich nach Maßgabe des Abbaus der Bodenschätze zu bilden; diejenige für Schachtverfüllung ist über die voraussichtliche Nutzungsdauer der Schächte anzusammeln; zur Abzinsung vgl. § 253 Abs. 2 HGB. Vgl. auch Stichwort Wiederherstellungsverpflichtungen Tz. 218).

Haftungsrisiken **185**

Rückstellungen kommen insb. in Betracht für drohende Inanspruchnahmen aus Wechseloblig, Bürgschaften[425], Gewährleistungsverträgen[426], Dividenden- und ähnlichen Garantien (vgl. auch Stichwort Verlustabdeckung, Tz. 216 f.), Haftung für Verbindlichkeiten Dritter und anderen Haftungsverhältnissen; soweit eine Inanspruchnahme nicht droht, ist nur ein Vermerk unter der Bilanz erforderlich (§ 251 HGB; vgl. Tz. 111 ff.)[427]. Auch drohende Inanspruchnahmen aus verschuldensunabhängiger Produkthaftung sind durch Rückstellungen zu berücksichtigen[428]. Weiterhin kommen Rückstellungen aus Haftpflichtverbindlichkeiten, z.B. aus unerlaubter Handlung (§ 823 BGB), aus Kraftfahrzeug- oder Tierhaltung (Gefährdungshaftung) oder aus Drittschadensliquidation in Betracht. In allen Fällen kommen Einzel- und Pauschalrückstellungen in Frage[429].

Diese Rückstellungen werden dem Grunde nach auch **steuerlich** anerkannt[430]. Rückstellungen aus der gesetzlichen Haftpflicht einschließlich Gefährdungshaftung sowie aus der Drittschadensliquidation dürfen steuerlich jedoch grds. nur als Einzelrückstellungen **186**

---

423 Vgl. ADS[6], § 253 HGB, Tz. 223 ff.; *Kozikowski/Schubert* in BeBiKo[7], § 249, Rn. 100 (Stichwort: „Gewährleistung") m.w.N.; *Mayer-Wegelin/Kessler/Höfer* in HdR[5], § 249 HGB, Rn. 229 (29); *Scheffler* in BHdR, B 233, Rn. 531 ff.; steuerlich vgl. H 5.7 Abs. 5 EStR 2008; *Weber-Grellet* in Schmidt, L., EStG[30], § 5, Rn. 550 (Gewährleistung) m.w.N.

424 Vgl. ADS[6], § 253 HGB, Tz. 212; *Kozikowski/Schubert* in BeBiKo[7], § 249, Rn. 100 (Stichwort: „Gruben- und Schachtversatz" und „Rekultivierung"); *Mayer-Wegelin/Kessler/Höfer* in HdR[5], § 249 HGB, Rn. 137, 139, 229 (32), 350 (14), nicht eindeutig bezgl. ratierlicher Bildung einer Rückstellung für Schachtverfüllung: *Emmerich*, DB 1978, S. 2133 ff.; *Bordewin*, BB 1979, S. 156 f.; *Herzig/Köster* in HdJ, Abt. III/5, Rn. 396, 418 m.w. N. Steuerlich vgl. *Weber-Grellet* in Schmidt, L., EStG[30], § 5, Rn. 550 (Rekultivierung) m.w.N.

425 Vgl. *Kozikowski/Schubert* in BeBiKo[7], § 249, Rn. 100 (Stichwort: „Bürgschaft"); *Eifler*, S. 174 ff.; BFH v. 15.10.1998, DB 1999, S. 311 f.; *Scheffler* in BHdR, B 233, Rn. 539 f.

426 Vgl. ADS[6], § 253 HGB, Tz. 223 ff.; *Eifler*, S. 153 ff.

427 Vgl. *Fey, G.*, S. 62 ff.; BFH v. 17.01.1963, BStBl. III, S. 237, und v. 12.06.1964, DB, S. 1505 (betreffend Schadensersatz); *Schubert*, S. 81 ff.

428 Vgl. *Kozikowski/Schubert* in BeBiKo[7], § 249, Rn. 100 (Stichwort: „Produzentenhaftung/Produkthaftung"); *Herzig/Köster* in HdJ, Abt. III/5, Rn. 434; *Scheffler* in BHdR, B 233, Rn. 537 f.; *Mayer-Wegelin/Kessler/Höfer* in HdR[5], § 249 HGB, Rn. 229 (49); *Herzig/Hötzel*, BB 1991, S. 99 ff.; *Busch,*; *Schwarz*, DStR 1994, S. 194 ff. (auch steuerlich); zur Bewertung bei Deckung durch Versicherungen vgl. *Liedmeier*, DB 1989, S. 2133 ff. Vgl. zum ProdHaftG v. 15.12.1989, BGBl. S. 2198, *Schmidt-Salzer*, S. 143 ff.; *Frietsch*, DB 1990, S. 29 ff.; *v. Westphalen*, NJW 1990, S. 83 ff., jeweils m.w.N.; *Funk/Müller*, BB 2010, S. 2163.

429 Vgl. hierzu ADS[6], § 253 HGB, Tz. 224; *Beier/Grimme*, BB 1995, S. 1686.

430 Vgl. zum Wechseloblig: *Weber-Grellet* in Schmidt, L., EStG[30], § 5, Rn. 550 (Wechseloblig) m.w.N.; zu Bürgschaften: ebd. (Bürgschaft) m.w.N.; zu Garantien und Haftpflicht: ebd. (Haftpflichtverbindlichkeiten) m.w.N.; *Jörissen*, Stbg. 1990, S.182.

gebildet werden[431]; nur soweit es sich um die Haftung gegenüber Auftraggebern handelt, ist die Zulässigkeit von Pauschalrückstellungen anerkannt (vgl. grundlegend BFH v. 26.04.1966, BFHE 86, S. 114; zuletzt BFH v. 30.06.1983, BStBl. II 1984, S. 263). Einer Rückstellung wegen drohender Schadensersatzverpflichtung ist ein etwaiger Versicherungsanspruch aus einer Haftpflichtversicherung gegenüberzustellen[432]. Daran ändert es nichts, wenn der Ersatzanspruch erst in dem Zeitpunkt entsteht, in welchem der Haftende den Schadensersatzanspruch entweder anerkennt oder zum Schadensersatz rechtskräftig verurteilt wird[433].

187 *Heimfall*

Soweit Heimfallverpflichtungen bestehen (u.a. bei Energieversorgungs- und Verkehrsunternehmen), ist ihnen in erster Linie durch eine entspr. Bemessung der planmäßigen Abschreibungen Rechnung zu tragen. Eine Rückstellungspflicht besteht insoweit, als bei der Übergabe der Anlagen noch bestimmte Ausgaben erforderlich sind[434].

188 *IFRS-Umstellung*

Art. 4 der EU-IAS-Verordnung[435] und § 315a Abs. 2 HGB verpflichten Unternehmen, die geregelte Kapitalmärkte i.S.d. EU-Rechts in Anspruch nehmen oder einen Antrag auf Zulassung zu einem organisierten Markt i.S.v. § 2 Abs. 1 S. 1 WpHG gestellt haben, ihre KA nach IFRS aufzustellen (vgl. N Tz. 1). Da sich diese Pflicht aus der Notierung von Wertpapieren am jeweiligen Abschlussstichtag ergibt oder mit der Stellung eines Antrags auf Zulassung zum Handel bis zum Abschlussstichtag verbunden ist, ist zuvor eine rechtliche Verpflichtung nicht entstanden; eine frühere wirtschaftliche Verursachung liegt mangels Vergangenheitsbezugs ebenfalls nicht vor[436]. Mithin ist für Umstellungskosten eine Rückstellung nach § 249 Abs. 1 HGB grds. nicht zu bilden[437].

189 *Jahresabschluss- und Prüfungskosten*

Rückstellungen sind erforderlich, soweit die Erstellung, Prüfung und Veröffentlichung von JA und LB aufgrund ö.-r. oder privatrechtlicher (z.B. durch Gesellschaftsvertrag) Verpflichtung erfolgt (vgl. *IDW RH HFA 1.009*). Unter dem Aspekt der wirtschaftlichen Verursachung ist es dabei unmaßgeblich, ob die Jahresabschlusskosten Verbindlichkeiten gegenüber Dritten begründen oder als interne Aufwendungen anfallen[438]. Dies gilt auch für die Kosten der betrieblichen Steuererklärungen[439].

Steuerlich sind Rückstellungen für die gesetzliche Verpflichtung zur Aufstellung, Prüfung und Veröffentlichung von JA und LB ebenfalls zulässig[440]; das Gleiche gilt für die

---

431 Vgl. Fn. 364.
432 Vgl. *Weber-Grellet* in Schmidt, L., EStG[30], § 5, Rn. 550 (Haftpflichtverbindlichkeiten).
433 Vgl. BFH v. 14.04.1982, BFH/NV 1993, S. 11.
434 Vgl. ADS[6], § 253 HGB, Tz. 376; *Kozikowski/Schubert* in BeBiKo[7], § 249, Rn. 100 (Stichwort: „Heimfall"); *Scheffler* in BHdR, B 233, Rn. 544. Steuerlich vgl. *Hoffmann* in Littmann, §§ 4, 5 Anh. 3 (Heimfallverpflichtung); *Weber-Grellet* in Schmidt, L., EStG[30], § 5, Rn. 550 (Heimfallverpflichtung) jeweils m.w.N.
435 Verordnung (EG) Nr. 1606/2002 des Europäischen Parlaments und des Rates vom 19.07.2002 betreffend die Anwendung internationaler Rechnungslegungsstandards v. 19.07.2002, Abl.EG Nr. L 243, S. 1.
436 Vgl. *Bertram* in Haufe HGB Kommentar[2], § 249, Rn. 254.
437 A.A. *Cebul/Leibfried*, BuW 2003, S. 313 ff.
438 Vgl. ADS[6], § 253 HGB, Tz. 233; *Kozikowski/Schubert* in BeBiKo[7], § 249, Rn. 100 (Stichwort: „Jahresabschluss"); *Mayer-Wegelin/Kessler/Höfer* in HdR[5], § 249 HGB, Rn. 229 (36), 350 (16) und (23); *Scheffler* in BHdR, B 233, Rn. 566 ff.
439 Vgl. ADS[6], § 253 HGB, Tz. 233.
440 Vgl. *Weber-Grellet in* Schmidt, L., EStG[30], § 5, Rn. 550 (JA) m.w.N.

Erstellung der Steuererklärung für die Betriebssteuern des abgelaufenen Jahres[441]. Eine Rückstellung für Kosten der HV wird demgegenüber weiterhin abgelehnt[442].

Jubiläumszahlungen, Treuegelder **190**

Jubiläumszahlungen, die den Mitarbeitern aus Anlass von Dienstjubiläen (z.B. 10, 25 und 40 Dienstjahre) zugesagt oder aufgrund einer betrieblichen Übung gezahlt werden, sind grds. als nachträgliche Vergütung für die Arbeitsleistungen während des Jubiläumszeitraums anzusehen und dementsprechend in den einzelnen Perioden anteilig zurückzustellen[443]. Für künftige Zahlungen aus Anlass eines Firmenjubiläums brauchen i.d.R. keine Rückstellungen gebildet zu werden, solange nicht ein entsprechender, bekannt gemachter Beschluss vorliegt[444].

Wegen der besonderen **steuerlichen** Voraussetzungen für die Bildung einer Rückstellung **191** für Jubiläumszuwendungen vgl. § 5 Abs. 4 EStG (vgl. auch H 5.7 Abs. 5 EStR 2008 (Jubiläumsrückstellung))[445]. Nach dieser Vorschrift dürfen Rückstellungen für die Verpflichtung zu einer Zuwendung anlässlich eines Dienstjubiläums nur gebildet werden, wenn das Dienstverhältnis mindestens zehn Jahre bestanden hat, das Dienstjubiläum das Bestehen des Dienstverhältnisses von mindestens 15 Jahren voraussetzt, die Zusage schriftlich erteilt ist und der Zuwendungsberechtigte seine Anwartschaft nach dem 31.12.1992 erworben hat.

Latente Steuern **192**

Zu den latenten Steuern vgl. Tz. 281 ff. und F Tz. 170 ff.

Leasingverhältnisse **193**

Rückstellungen für drohende Verluste aus schwebenden Leasinggeschäften sind dann zu bilden, wenn aus Sicht des Bilanzierenden ein Verpflichtungsüberschuss zu erwarten ist (vgl. Tz. 149 ff.)[446]. Im Fall der Zurechnung des Leasingobjekts zum Leasinggeber ist dies beim **Leasingnehmer** der Fall, wenn die noch zu erbringenden Leasingraten den quantifizierbaren Beitrag der Nutzung des Leasinggegenstands für den Unternehmenserfolg übersteigen (vgl. dazu auch Tz. 151 ff.). Eine Rückstellung ist darüber hinaus i.d.R. auch dann geboten, wenn die Leasingraten progressiv verlaufen und die noch zu erbringenden Leasingraten den Wert der Nutzungsüberlassung übersteigen[447]; hierbei handelt es sich aber nicht um einen Drohverlust, sondern um einen Erfüllungsrückstand aus der progressiven Mietgestaltung, der unter den Rückstellungen für ungewisse Verbindlichkeiten auszuweisen ist[448].

---

441 Vgl. H 5.7 Abs. 4 EStR 2008 (Rückstellungen für ö.-f. Verpflichtungen); *Weber-Grellet* in Schmidt, L., EStG[30], § 5, Rn. 550 (Steuererklärung), jeweils m.w.N.
442 Vgl. H 31c Abs. 4 EStR 2008 (Rückstellungen für ö.-r. Verpflichtungen).
443 Vgl. *HFA*, WPg 1994, S. 27; *Kozikowski/Schubert* in BeBiKo[7], § 249, Rn. 100 (Stichwort: „Jubiläumszuwendungen"); ADS[6], § 249 HGB, Tz. 61, 116; *Mayer-Wegelin/Kessler/Höfer* in HdR[5], § 249 HGB, Rn. 229 (37); *Hoffmann/Lüdenbach*, Bilanzierung[2], § 249 HGB, Rn. 157 f. Zur Bewertung vgl. ADS[6], § 253 HGB, Rn. 236.
444 Vgl. *Mayer-Wegelin/Kessler/Höfer* in HdR[5], § 249 HGB, Rn. 229 (37); vgl. auch BFH v. 29.11.2000, WPg 2001, S. 509.
445 Vgl. *Weber-Grellet* in Schmidt, L., EStG[30], § 5, Rn. 406 ff. m.w.N.; BMF-Schr. v. 08.12.2008, BStBl. I, S. 1013; *Veit*, StuB 2009, S. 102.
446 Zu Rückstellungen für Leasing-Rücknahmeverpflichtungen vgl. *IDW RS HFA 4*, Tz. 32; *Mayer-Wegelin/Kessler/Höfer* in HdR[5], § 249 HGB, Rn. 229 (39); *Wulf/Petzold*, DStR 2004, S. 2116 ff.
447 Vgl. ADS[6], § 253 HGB, Tz. 259; *Gelhausen/Weiblen* in HdJ, Abt. I/5, Rn. 168.
448 Zur Rückstellungsbildung bei progressiver Miete vgl. auch *Schönborn*, BB 1998, S. 1099 ff.

Beim **Leasinggeber** sind Rückstellungen zu bilden, wenn die zukünftigen Aufwendungen aus einem Leasingvertrag (Abschreibungen, Zinsen, Verwaltungskosten) durch die zukünftig fälligen (evtl. degressiven) Leasingraten nicht gedeckt sind[449], wobei ggf. zunächst eine außerplanmäßige Abschreibung des aktivierten Leasinggegenstandes vorzunehmen ist. Der Leasinggeber hat ggf. auch Bonitäts- und Restwertrisiken zurückzustellen, soweit diese nicht in Form von außerplanmäßigen Abschreibungen auf Leasinggegenstände oder Abschreibungen auf Forderungen berücksichtigt werden[450]. Vgl. auch Stichwort „Mietverhältnisse", Tz. 195.

194 *Leihemballagen*

Werden vom Lieferanten sowohl die Leihemballagen (Pfandgut, Säcke etc.), als auch Pfandgeldforderungen für unterwegs befindliches Leergut aktiviert bzw. Pfandgelder vereinnahmt, so müssen in Höhe der Pfandgeldforderungen bzw. der vereinnahmten Beträge Rückstellungen für die Rückzahlungsverpflichtungen gebildet werden[451]. Steht die Höhe der Verpflichtungen fest (z.B. bei Führung von Pfandkonten), so sind sie als Verbindlichkeiten auszuweisen[452].

195 *Mietverhältnisse*

Der **Vermieter** hat einen Drohverlust nur zu passivieren, soweit Wertminderungen nicht bereits durch eine außerplanmäßige Abschreibung des Mietobjektes zu berücksichtigen sind[453]. Bei Mietverhältnissen droht nach der Rechtsprechung des BFH[454] aus der Sicht des Vermieters ein Verlust dann, wenn – bezogen auf die restliche Mietzeit – der Anspruch auf Mietzins zusammen mit einem möglichen Veräußerungserlös die mit dem Gegenstand verbundenen Aufwendungen (Abschreibungen, Erhaltung, Finanzierung), jeweils abgezinst auf den Abschlussstichtag, nicht deckt.

Der **Mieter** hat eine Drohverlustrückstellung zu bilden, soweit zurechenbare Erträge, i.d.R. aus einer Weitervermietung, den Mietaufwand nicht decken oder, wenn eine Zurechnung von Erträgen nicht möglich ist, sofern er die Mietsache nicht mehr in nennenswertem Umfang nutzen und auch nicht anderweitig verwerten kann (vgl. Tz. 150 ff.)[455]. Der Umstand, dass gleichwertige Räume zwischenzeitlich zu günstigeren Konditionen angemietet werden können, reicht für eine Rückstellungsbildung allein nicht aus, weil hierbei nicht ausgeschlossen werden kann, dass statt drohender Verluste zukünftig entgehende Gewinne zurückgestellt würden; vgl. *IDW RS HFA 4*, Tz. 32. Ist mit dem Mietverhältnis eine Pflicht zum Betrieb eines bestimmten Geschäfts oder einer bestimmten Niederlassung

---

449 Vgl. für den Fall extrem degressiver Leasingraten *Gelhausen/Weiblen* in HdJ, Abt. I/5, Rn. 85 f. (passive Rechnungsabgrenzung).

450 Vgl. *Gelhausen/Weiblen* in HdJ, Abt. I/5, Rn. 116 ff.; zu Rückzahlungspflichten des Leasinggebers wegen einer Beteiligung des Leasingnehmers am Verwertungserlös vgl. *Bordewin*, DB 1988, S. 413 f.; *Knaus*, BB 1988, S. 666 ff.; *Rohse*, DB 1988, S. 1239 ff.; *Böcking*, ZfbF 1989, S. 491 ff.; *Moxter*, Rückstellungen, S. 3 ff.; *Siegel*, S. 585 (599 ff.); auch nach BFH v. 15.04.1993, BB, S. 1912, ist eine Rückstellung zulässig; anders noch BFH v. 08.10.1987, BStBl. II 1988, S. 57; vgl. steuerlich auch *Weber-Grellet* in Schmidt, L., EStG[30], § 5, Rn. 721 ff. m.w.N.

451 Vgl. *Mayer-Wegelin/Kessler/Höfer* in HdR[5], § 249 HGB, Rn. 229 (48); vgl. auch H 5.7 Abs. 3 EStR 2008; BMF-Schr. v. 13.06.2005, BStBl. I, S. 715; BFH v. 25.04.2006, BStBl. II, S. 749.

452 Vgl. ADS[6], § 266 HGB, Tz. 115; *Herzig/Köster* in HdJ, Abt. III/5, Rn. 441; *Kozikowski/Schubert* in BeBiKo[7], § 249, Rn. 100 (Stichwort: Leergut). Vgl. steuerlich auch Vfg. OFD Hannover v. 26.09.2001, WPg, S. 1347; zur Ausgleichsverpflichtung wegen nicht zurückgegebenen Leerguts BMF-Schr. v. 23.04.2001, BB, S. 1526; *Weber-Grellet* in Schmidt, L., EStG[30], § 5 EStG, Rn. 550 (Leergut); BFH v. 06.10.2009, BStBl. II, S. 2474.

453 Zur Bewertung vermieteter Wohngebäude vgl. *IDW RS WFA 1*; WFA, FN-IDW 2002, S. 342 f. (Mietpreisbindung); vgl. zur Rückstellungsbildung auch *Ruter/Mokler/Serf*, DB 2001, S. 209 ff.

454 Vgl. Urt. v. 19.07.1983, BStBl. II 1984, S. 56; krit. dazu *Paus*, DStZ 1984, S. 450 ff.; vgl. auch BFH v. 11.02.1988, BStBl. II, S. 661, sowie *Kozikowski/Schubert* in BeBiKo[7], § 249, Rn. 100 (Mietverträge) m.w.N.

455 Vgl. auch *Herzig/Köster* in HdJ, Abt. III/5, Rn. 428; BFH v. 07.10.1997, DStR 1998, S. 802 f.

bzw. Filiale verbunden, kann sich aus der Erfüllung der Betriebspflicht die Notwendigkeit zur Bildung einer Rückstellung für Drohverluste ergeben.

Optionsgeschäfte **196**

Der Verkäufer (Stillhalter) einer Option hat eine Rückstellung für drohende Verluste aus schwebenden Optionsgeschäften zu passivieren, soweit der Wert der Option am Abschlussstichtag die passivierte Optionsprämie übersteigt[456]. Sachgerecht ist es, den Wert der Option nach der sog. **Glattstellungsmethode** zu ermitteln. Danach ergibt sich der (beizulegende Zeit-)Wert der Option aus dem Betrag, der am Abschlussstichtag für die Glattstellung des Risikos aus der Stillhalterposition durch den Kauf einer gegenläufigen Option aufgewendet werden müsste. Ist eine physische Abwicklung des Geschäfts möglich und eine Glattstellung vor Ablauf der Optionsfrist nicht wahrscheinlich, ist alternativ eine Wertermittlung nach der sog. **Ausübungsmethode** zulässig. Danach wird eine Ausübung der Option am Abschlussstichtag fingiert und der (innere) Wert der Option deshalb als Differenz zwischen dem aktuellen Wert am Abschlussstichtag und dem vereinbarten Basispreis (Bezugspreis) ermittelt. Soweit Deckung durch vorhandene Bestände oder Gegenkontrakte besteht und entspr. Bewertungseinheiten gebildet werden (§ 254 HGB), darf von Rückstellungen abgesehen werden, soweit der Sicherungszusammenhang effektiv ist[457]. Zur Abzinsung der hier betrachteten Drohverlustrückstellungen gem. § 253 Abs. 2 HGB vgl. *IDW RS HFA 4*, Tz. 41 ff.

Pachterneuerung **197**

Für Verpflichtungen zur Erneuerung bzw. Ersatzbeschaffung von Pachtgegenständen (z.B. Anlagen, Einrichtungen, Gebäudeteile) sind zeitanteilig Rückstellungen in Höhe der voraussichtlichen Wiederbeschaffungskosten zu dotieren[458]. Zur Abzinsung vgl. § 253 Abs. 2 HGB.

Patent- und Markenzeichenverletzungen **198**

In der HB sind Rückstellungen für (wahrscheinlich) erfolgte, aber dem Inhaber der Rechte noch nicht bekannt gewordene Verletzungen geboten[459]. **Steuerlich** dürfen Rückstellungen wegen Patent-, Urheber- und ähnlichen Schutzrechte erst gebildet werden, wenn der Rechtsinhaber Ansprüche geltend gemacht hat oder ernsthaft mit einer Inanspruchnahme zu rechnen ist, vgl. § 5 Abs. 3 EStG. Werden Ansprüche, mit deren Geltendmachung gerechnet worden ist, vom Berechtigten nicht erhoben, so besteht steuerlich Auflösungszwang in der Bilanz des dritten, auf die erstmalige Bildung der Rückstellung folgenden WJ (vgl. R 5.7 Abs. 10 EStR 2008)[460].

---

[456] Vgl. zur Bilanzierung von Optionsgeschäften Tz. 66 f. Vgl. im Einzelnen auch *IDW RS BFA 6*, Tz. 18; ADS[6], § 246 HGB, Tz. 371 ff., § 253 HGB, Tz. 272; *Prahl/Naumann* in HdJ, Abt. II/10, Rn. 129 ff.; *Scharpf* in HdR[5], Kap. 6, Rn. 802 ff., v. *Treuberg/Scharpf*, DB 1991, S. 665 ff., *Breker; Windmöller/Breker*, WPg 1995, S. 389 ff.; *Winter*, BB 1995, S. 1631 (Over The Counter-Zinsoptionen); zur Behandlung im JA von VU ferner *IDW RS VFA 1*, Tz. 15.

[457] Vgl. zur Bildung von Bewertungseinheiten Tz. 70.

[458] Vgl. hierzu *Mayer-Wegelin/Kessler/Höfer* in HdR[5], § 249 HGB, Rn. 229 (44); *Westerfelhaus*, DB 1992, S. 2365 ff.; *Gelhausen/Fey*, DB 1993, S. 593 ff.; *Sundermeier*, BB 1993, S. 824 ff.; BFH v. 03.12.1991, BStBl. II 1993, S. 89, *Weber-Grellet* in Schmidt, L., EStG[30], § 5 EStG, Rn. 550 (Pachterneuerung).

[459] Vgl. hierzu *van Venrooy*, StuW 1991, S. 28 ff.; zur Bewertung im Einzelnen ADS[6], § 253 HGB, Tz. 231; *Mayer-Wegelin/Kessler/Höfer* in HdR[5], § 249 HGB, Rn. 229 (45); vgl. auch *Perlet/Baumgärtel*, S. 389 (392) für Pauschalrückstellung; *Schülen*, WPg 1983, S. 658 ff.; *Lauth*, S. 379 (386).

[460] Vgl. *Kozikowski/Schubert* in BeBiKo[7], § 249, Rn. 100 (Patentverletzung); *Herzig/Köster* in HdJ, Abt. III/5, Rn. 431; *Weber-Grellet* in Schmidt, L., EStG[30], § 5, Rn. 391; vgl. auch *Christiansen*, StBp. 1989, S. 12; *Eifler*, S. 172.

199 *Pensions-Sicherungs-Verein*

Durch eine Änderung des Betriebsrentengesetzes wurde ab 2006 das Finanzierungsverfahren des Pensions-Sicherungs-Vereins (PSV) von einem Rentenumlageverfahren auf volle Kapitaldeckung umgestellt[461]. Danach werden nicht nur die laufenden Betriebsrenten eines Jahres, sondern auch die unverfallbaren Anwartschaften der eingetretenen Insolvenzen eines Jahres durch die laufende Beitragserhebung ausfinanziert[462]. Einer gesonderten handelsrechtlichen Rückstellung für Pensionsanwartschaften aus am Stichtag bereits eingetretenen, aber noch nicht umgelegten Insolvenzfällen, bedarf es somit nicht mehr[463]. Im Zuge der durch die Änderung des Umlageverfahrens erforderlichen Nachfinanzierung wurde ein Sonderbeitrag erhoben, der von den beitragspflichtigen Unternehmen – erstmals ab dem 31.03.2007 – auch in 15 Jahresraten entrichtet werden darf. Den Barwert der noch ausstehenden Teilzahlungen hat der Bilanzierende in diesem Fall als Verbindlichkeit anzusetzen (vgl. § 253 Abs. 2 S. 3 HGB)[464].

200 *Pensionsverpflichtungen*

Vgl. Tz. 221 ff.

201 *Provisionen*

Provisionsverpflichtungen sind i.d.R. mit Ausführung des vermittelten Geschäfts passivierungspflichtig[465]. Dies gilt auch im Steuerrecht[466]. Soweit eine Provision nicht nur für die Vermittlung eines Geschäfts, sondern für später zu erbringende Leistungen, z.B. Betreuungs- oder Wartungsleistungen, gezahlt wird, hat der Provisionsempfänger hierfür eine Rückstellung zu bilden, die bei zeitbezogenen Leistungen pro rata temporis aufzulösen ist[467].

202 *Prozessrisiko*

Eine Rückstellung ist zu bilden für in Aussicht stehende oder bereits schwebende Prozesse[468]. Bei erwarteten oder anhängigen **Passivprozessen** sind neben den Prozesskosten die wahrscheinlichen Schadensersatzverpflichtungen und Bußgelder (vgl. Tz. 173) zu berücksichtigen[469]. Ist die Gesellschaft dagegen Klägerin (**Aktivprozess**), so beschränkt sich die Rückstellung i.d.R. auf das Kostenrisiko; ebenso BFH-Urt. v. 27.05.1964, BStBl. III, S. 478 (in Höhe der Kosten bis zu der am Abschlussstichtag angerufenen Instanz). Ist nach vernünftiger kaufmännischer Beurteilung davon auszugehen, dass unter Berücksichtigung der konkreten Umstände des Einzelfalls der Prozess in die nächste Instanz gehen wird, so ist dieser Umstand handelsrechtlich bei der Rückstellungsbemessung zu

---

461 Vgl. *HFA*, FN-IDW 2007, S. 107 (108); *Hoffmann/Lüdenbach*, Bilanzierung², § 249 HGB, Rn. 97.
462 Vgl. *Scheffler* in BHdR, B 233, Rn. 506 ff.
463 Vgl. zur bisherigen Rechtslage WP-Handbuch 2006 Bd. I, Kap. E, Tz. 143 ff.
464 Vgl. *HFA*, FN-IDW 2007, S. 107 (108).
465 Vgl. *Kozikowski/Schubert* in BeBiKo⁷, § 249, Rn. 100 (Stichwort: „Provisionen"); im Einzelnen *Herzig/Köster* in HdJ, Abt. III/5, Rn. 435.
466 Vgl. *Weber-Grellet* in Schmidt, L., EStG³⁰, § 5, Rn. 550 (Provisionen) m.w.N. zum Meinungsstand; vgl. auch BMF-Schr. v. 21.06.2005, DB, S. 1418 (Provisionsfortzahlung an Handelsvertreter).
467 Vgl. BFH v. 28.07.2004, DB, S. 2614.
468 Vgl. *Eifler*, S. 191 ff. m.w.N.; BGH v. 05.06.1989, ZIP, S. 1324 ff.; *Mayer-Wegelin/Kessler/Höfer* in HdR⁵, § 249 HGB, Rn. 229 (52) sowie Rn. 350 (21); zur Bewertung im Einzelnen, auch zu Musterprozessen, vgl. ADS⁶, § 253 HGB, Tz. 194, 232; hierzu auch *Osterloh-Konrad*, DStR 2003, S. 1631 ff., 1675 ff.; gegen die Bildung von Rückstellungen für höhere Instanzen: *Kozikowski/Schubert* in BeBiKo⁷, § 249, Rn. 100 (Stichwort: Prozesskosten); a.A. ADS⁶, § 253 HGB, Tz. 232, sowie *Scheffler* in BHdR, B 233, Rn. 573; *Sielaff*, DStR 2008, 369 (371 ff.).
469 Vgl. auch BGH v. 05.06.1989, DB, S. 1863; *Scheffler* in BHdR, B 233, Rn. 572.

Rückstellungen **E**

berücksichtigen[470]. Für Prozesse, die noch nicht anhängig sind, dürfen steuerlich Prozesskosten nicht zurückgestellt werden, die tatsächliche Rechtsmitteleinlegung nach dem Abschlussstichtag kann als „werterhellender" Faktor gewertet werden, vgl. BFH v. 06.12.1995, DB 1996, S. 1499[471].

Schadenrückstellungen **203**

Zu Schadenrückstellungen bei VU vgl. K Tz. 392. Zur Übernahme von Produkt- und Haftungsrisiken für andere Unternehmen, etwa andere Konzernunternehmen, vgl. Tz. 183 (Garantieverpflichtungen) und Tz. 185 (Haftungsrisiken).

Sozialplanverpflichtungen **204**

Bei Stilllegungen, Betriebseinschränkungen und anderen Betriebsänderungen sind nach den §§ 111, 112, 112a BetrVerfG Sozialpläne aufzustellen, die i.d.R. Abfindungszahlungen an die ausscheidenden Arbeitnehmer vorsehen. Rückstellungen kommen auch vor Aufstellung derartiger Pläne in Betracht, wenn ernsthaft mit Stilllegungen oder Betriebseinschränkungen und daher bereits am Abschlussstichtag mit bestimmbaren Abfindungszahlungen zu rechnen ist[472]. Sie sind spätestens zu bilden, wenn entsprechende Beschlüsse seitens der zuständigen Organe des Unternehmens vorliegen und die Unterrichtung des Betriebsrats bevorsteht.

Steuern und Abgaben, für die das Unternehmen Steuerschuldner ist **205**

Zurückzustellen sind die vom Unternehmen geschuldeten Beträge, die bis zum Ablauf des GJ wirtschaftlich oder rechtlich entstanden sind (bei Personengesellschaften vgl. hierzu auch *IDW ERS HFA 7 n.F.*, Tz. 21 ff. und 30). Entscheidend ist die Entstehung der Steuerschuld, was nach Steuerrecht zu beurteilen ist; bestandskräftig veranlagte Steuern sind als sonstige Verbindlichkeiten auszuweisen[473].

Auch für Steuern, die erfahrungsgemäß aufgrund von **steuerlichen Außenprüfungen** nachzuzahlen sind, ist durch entspr. Rückstellungen Vorsorge zu treffen[474] (Ausweis unter den sonstigen Rückstellungen[475]; steuerlich jedoch nicht anerkannt, vgl. BFH v. 13.01.1966, BStBl. III, S. 189)[476]. Auch bei konkreten Beanstandungen durch den Betriebsprüfer oder bei nicht rechtskräftigen Bescheiden kann unter Beachtung des Vorsichtsprinzips eine Verpflichtung zu passivieren sein[477]. Bei der Ermittlung des Erfül-

---

470 Vgl. *Scheffler* in BHdR, B 233, Rn. 573.
471 Vgl. auch *Kozikowski/Schubert* in BeBiKo[7], § 249, Rn. 100 (Prozesskosten), und *Weber-Grellet* in Schmidt, L., EStG[30], § 5, Rn. 550 (Prozesskosten) jeweils m.w.N.; siehe auch FG Münster v. 04.08.1993, rkr., EFG 1994, S. 88; *Stengel*, BB 1993, S. 1403.
472 Vgl. ADS[6], § 249 HGB, Tz. 133, § 253 HGB, Tz. 266; *Kozikowski/Schubert* in BeBiKo[7], § 249, Rn. 100 („Sozialplan"); *Herzig/Köster* in HdJ, Abt. III/5, Rn. 446; hierzu auch *Prinz*, DB 2007, S. 353; *Böckem/von Heynitz*, BC 2010, S, 398; *Biener*, DB 1977, S. 313 ff. und S. 365 ff.; *Zilias*, WPg 1979, S. 573; *Scheidt*, DB 1987, S. 598 (Rückstellung nur für zusätzliche oder vorzeitige Verpflichtungen); *Hartung*, BB 1988, S. 1421 ff.; zur Quantifizierung von Sozialplanaufwendungen *Haje*, DB 1980, S. 793 ff.; steuerlich R 5.7 Abs. 9 EStR 2008; Schmidt, L.[30], § 5, Rn. 550 (Sozialplan) m.w.N.
473 Wegen Steuern im JA vgl. auch ADS[6], § 266 HGB, Tz. 206 f., sowie § 253 HGB, Tz. 215 ff.; *Walz* in BHdR, B 338; *Mayer-Wegelin/Kessler/Höfer* in HdR[5], § 249 HGB, Rn. 229 (64) und Rn. 350 (24).
474 Vgl. ADS[6], § 253 HGB, Tz. 216; ADS[6] § 266 HGB, Tz. 210 (erwartete Risiken); strenger *Mayer-Wegelin/Kessler/Höfer* in HdR[5], § 249 HGB, Rn. 229 (64); konkrete Anhaltspunkte im Einzelfall; ähnlich *Scheffler* in BHdR, B 233, Rn. 477, sowie *Kozikowski/Schubert* in BeBiKo[7], § 229, Rn. 100 („Betriebsprüfungsrisiko"). Zu Steuerrückstellung für Verrechnungspreisrisiken vgl. *Andresen*, WPg 2003, S. 593 ff.
475 A.A. (Ausweis unter den Steuerrückstellungen) ADS[6], § 266 HGB, Tz. 210; *Kozikowski/Schubert* in BeBiKo[7], § 266, Rn. 201.
476 Anders, wenn mit der Betriebsprüfung bereits begonnen wurde und bereits bestimmte Beanstandungen getroffen wurden, vgl. *Weber-Grellet* in Schmidt, L., EStG[30], § 5, Rn. 550 (Betriebsprüfung) m.w.N.
477 Vgl. auch *HFA*, FN-IDW 2004, S. 37, in Bezug auf die Bedeutung des BMF-Schr. v. 28.04.2003, DB, S. 1027.

lungsbetrags langfristiger Rückstellungen für das Betriebsprüfungsrisiko sind gem. § 253 Abs. 1 S. 2 HGB – wie bei anderen Geldleistungsverpflichtungen – auch die voraussichtlich auf die Steuerschuld bis zum voraussichtlichen Erfüllungszeitpunkt entfallenden Zinsen (z.B. gem. § 233a AO) einzubeziehen. Bei wirtschaftlicher Betrachtungsweise haben diese Zinsen den Charakter von Preissteigerungen bezogen auf die zugrunde liegende Verpflichtung. Der so ermittelte Erfüllungsbetrag ist dann nach § 253 Abs. 2 HGB mit dem von der Bundesbank vorgegebenen laufzeitadäquaten Rechnungszinssatz zu diskontieren.

Steuerliche **Nebenleistungen** nach § 3 Abs. 4 AO (z.B. Säumniszuschläge) sind grds. nicht unter Steuerrückstellungen, sondern unter „sonstige Rückstellungen" zu erfassen[478], sofern diese nicht zum Erfüllungsbetrag der ungewissen Steuerschuld zu zählen sind.

206 Zur Passivierung von Rückstellungen für latente Steuern vgl. im Einzelnen Tz. 281 ff. und F Tz. 170 ff.

207 Die Berechnung der **Körperschaftsteuerrückstellung** hat nach dem Wechsel vom Anrechnungsverfahren zum Halbeinkünfteverfahren grds. unabhängig von der Ausschüttungspolitik der Gesellschaft zu erfolgen, weil danach unabhängig von der Ergebnisverwendung ein einheitlicher Steuersatz Anwendung findet[479].

Bei der Berechnung der **Körperschaftsteuerrückstellung** ist seit dem VZ 2008 zu berücksichtigen, dass der Gewerbesteueraufwand steuerlich nicht mehr abzugsfähig ist, vgl. § 4 Abs. 5b EStG. Zudem beträgt gem. § 23 Abs. 1 KStG ab dem VZ 2008 der Körperschaftsteuersatz 15%. Körperschaftsteuerguthaben aus der Zeit des Anrechnungsverfahrens waren nach § 37 Abs. 4 Abs. 1 KStG letztmalig auf den 31.12.2006 zu ermitteln. Zum 31.12.2006 fand die Aktivierung des Körperschaftsteuerguthabens mit dem Barwert statt (vgl. hierzu Tz. 57 f.).

Bei der Berechnung der **Gewerbesteuerrückstellung** ist zu beachten, dass die Gewerbesteuer nicht mehr abzugsfähig ist. Die Gewerbesteuermesszahl wurde von 5% auf 3,5% gesenkt, vgl. § 11 Abs. 2 GewStG.

208 *Swapgeschäfte*

Für isolierte Swaps kommt es zur Rückstellungsbildung, wenn ein Verpflichtungsüberschuss zu erwarten ist, der sich in einem negativen Marktwert zeigt[480]. Liegen Bewertungseinheiten nach § 254 HGB vor (vgl. Tz. 71), kann innerhalb der Position auf eine Rückstellungsbildung verzichtet werden, soweit sich positive und negative Effekte ausgleichen. Bei bilanzpostenbezogenen Swaps sind bei Vorliegen der Voraussetzungen für die Zusammenfassung zu Bewertungseinheiten die allgemeinen Bewertungsgrundsätze für das aus der Zusammenfassung von Bilanzposten und Swap entstandene synthetische Produkt zu beachten und daher ggf. Abwertungen nach § 253 Abs. 3 S. 3, Abs. 4 HGB vorzunehmen.

---

478 Vgl. *Scheffler* in BHdR, B 233, Rn. 472; zur Erfassung der Aussetzungszinsen unter den Steuerrückstellungen gem. § 237 AO vgl. *HFA*, FN-IDW 1994, S. 193 (194); hierzu auch ADS[6], § 253 HGB, Tz. 212; vgl. auch BFH v. 08.11.2000, BB 2001, S. 569; a.A. *Mayer-Wegelin/Kessler/Höfer* in HdR[5], § 249 HGB, Rn. 229 (64); Ausweis unter den „sonstigen Rückstellungen").
479 Vgl. *Mayer-Wegelin/Kessler/Höfer* in HdR[5], § 249 HGB, Rn. 350 (24).
480 Vgl. hierzu ADS[6], § 246 HGB, Tz. 378 ff.; *PwC* (Hrsg.), Derivative FI, S. 201 ff., 213 ff.; *Scharpf* in HdR[5], Kap 6, Rn. 872 ff.; *Scharpf/Luz*, S. 490 ff.; zum Meinungsstreit auch *Scharpf* in HdR[5], Kap. 6, Rn. 849 ff. Vgl. auch *BFA*, FN-IDW 1986, S. 447 f.; *Förschle/Kroner* in BeBiKo[7], § 246, Rn. 17 f.; *Kozikowski/Schubert* in BeBiKo[7], § 249, Rn. 100 (Swapgeschäfte); *Prahl/Naumann* in HdJ, Abt. II/10, Rn. 95 ff.; *Happe*; *Jutz*; *Windmöller*, S. 883 ff.; *Wenger/Kaserer/Bayer*, DStR 1995, S. 948 ff.; *Maulshagen/Maulshagen*, BB 2000, S. 243 ff.

Rückstellungen | E

Tantiemen, Gratifikationen u.ä. 209

Gewinnabhängige Vergütungen, die sich nach dem Ergebnis des letzen GJ bemessen, sind auch dann zurückzustellen, wenn sie erst im folgenden GJ zugesagt und ausgezahlt werden[481]. Wenn eine Auszahlung der Vergütung erst nach Ablauf mehrerer Jahre unter der Voraussetzung weiterer Betriebszugehörigkeit vorgenommen werden soll (Sperrfrist), ist wegen der Anknüpfung an das Ergebnis eines abgelaufenen GJ eine Rückstellung unter Berücksichtigung der gesetzlich vorgeschriebenen Abzinsung (§ 253 Abs. 2 HGB) und – bei einer größeren Anzahl von Zusagen – eines Abschlags für voraussichtliche Fluktuation zu bilden[482]. Steht jedoch der Zukunftsbezug der Vergütung über die Festlegung einer Sperrfrist hinaus im Vordergrund, könnte eine ratierliche Rückstellungsbildung über den Leistungszeitraum in Betracht kommen[483]. Bei abweichendem GJ sind bereits erdiente Weihnachtsgratifikationen zurückzustellen, wenn ein Rechtsanspruch auf Zahlung besteht[484]. Wegen Jubiläumszahlungen und Treuegeldern vgl. Tz. 190 f. und wegen Aktienoptionsprogrammen F Tz. 143 ff.

Termingeschäfte 210

Für offene Positionen aus Termingeschäften[485] sind grds. Rückstellungen zu bilden, wenn mit Verlusten zu rechnen ist; vgl. auch Tz. 68. Werden bei Futures Variation Margins geleistet und aktiviert, ist es zulässig, diese zunächst abzuschreiben. Bei geschlossenen Positionen[486] kann von einer Rückstellungsbildung abgesehen werden.

Umsatzboni und Rabatte 211

Zurückzustellen sind die Beträge, die Umsätze des abgelaufenen GJ betreffen. Voraussichtliche Skontoabzüge sind aktivisch bei den Forderungen abzusetzen[487].

Umweltschutz 212

Für bis zum Abschlussstichtag entstandene **Umweltschäden**, die aufgrund ö.-r. (z.B. Atomgesetz; Bundesimmissionsschutzgesetz mit Ausführungsverordnungen und Technischen Anleitungen; Chemikaliengesetz; Gentechnikgesetz; Kreislaufwirtschafts- und Abfallgesetz mit Verordnungen; Polizei- und Ordnungsrecht; Wasserhaushaltsgesetz;

---

481 Vgl. ADS[6], § 253 HGB, Tz. 265, § 249 HGB, Tz. 61, 158 ff.; *Kozikowski/Schubert* in BeBiKo[7], § 249, Rn. 100 (Stichwort: „Gratifikationen"); *Scheffler* in BHdR, B 233, Rn. 501 f.; *Bertram* in Haufe HGB Kommentar[2], § 249, Rn. 236; *Hommel* in Baetge/Kirsch/Thiele, Bilanzrecht, § 249, Rn. 276, 284; wegen der steuerlich grds. vorliegenden Anerkennung vgl. BFH v. 07.07.1983, BStBl. II, S. 753; ferner *Weber-Grellet* in Schmidt, L., EStG[30], § 5, Rn. 550 (Gratifikation); zur Berechnung vgl. *Schmithausen*, DB 1986, S. 1794; *Schedlbauer*, DB 1987, S. 997.
482 Vgl. *Perlet/Baumgärtel*, S. 389 (391); vgl. BFH v. 07.07.1983, BStBl. II, S. 753; so wohl auch für den JA *Mayer-Wegelin/Kessler/Höfer* in HdR[5], § 249 HGB, Rn. 148, 350 (13) m.w.N.
483 Vgl. auch zu F Tz. 143 ff. Nicht eindeutig *Kozikowski/Schubert* in BeBiKo[7], § 249, Rn. 100 (Stichwort: „Gratifikationen").
484 Vgl. *Kozikowski/Schubert* in BeBiKo[7], § 249, Rn. 100 (Stichwort: „Weihnachtsgratifikation"); *Scheffler* in BHdR, B 233, Rn. 519.
485 Vgl. im Einzelnen *IDW St/BFA 2/1993 sowie IDW ERS BFA 5*; ADS[6], § 246 HGB, Tz. 377, § 249 HGB, Tz. 163 ff., § 253 HGB, Tz. 270; *PwC* (Hrsg.), Derivative FI, S. 172 ff. und 29 ff.; *Scheffler* in BHdR, B 233, Rn. 358 ff.; *Scharpf* in HdR[5], Kap. 6, Rn. 833 ff.; *Prahl/Naumann* in HdJ, Abt. II/10, Rn. 76, 90; *Oestreicher*, Zinsterminkontrakte; *Göttgens/Prahl*, WPg 1993, S. 503 ff.; *Beckmann/Grünewald*; *Menninger/Rabenhorst*, DB 1994, S. 741 ff.; Elkart, S. 365 ff.; *Werner/Husmann*, BuW 1997, S. 764 ff.
486 Vgl. zur Bildung von Bewertungseinheiten Tz. 71 sowie *Gelhausen/Fey/Kämpfer*, BilMoG, Kap. H.
487 Vgl. *Eifler*, S. 166 ff. Steuerlich vgl. *Kozikowski/Schubert* in BeBiKo[7], § 249, Rn. 100 (Stichwort: „Bonus"); BFH v. 27.06.1990, BStBl. II, S. 878; zum Skontoabzug bei der Vorratsbewertung vgl. BFH v. 30.03.1989, BB, S. 1730; *Beiser*, DStR 1991, S. 174; *Groh*, BB 1991, S. 2334 ff.

Umwelthaftungsgesetz; Bodenschutzgesetz[488]; Umweltschadensgesetz[489]; entspr. landesrechtliche Vorschriften), privatrechtlicher oder faktischer Verpflichtungen beseitigt werden müssen[490], sind Rückstellungen zu bilden[491]. Die Verpflichtungen sind nach den allgemeinen Grundsätzen für ungewisse Verbindlichkeiten (vgl. Tz. 149) mit den wahrscheinlich entstehenden Aufwendungen zu bewerten (Erfüllungsbetrag gem. § 253 Abs. 1 S. 2 HGB)[492] und gem. § 253 Abs. 2 HGB abzuzinsen.

Im Verhältnis zur **außerplanmäßigen Abschreibung** eines belasteten Vermögensgegenstandes ist nach § 249 Abs. 1 HGB vorrangig eine Rückstellung in Höhe der voraussichtlichen wirtschaftlichen Belastung zu bilden, wenn die Wertminderung durch die Erfüllung der Sanierungspflicht vollständig beseitigt werden kann und somit nur vorübergehender Natur ist. Eine außerplanmäßige Abschreibung ist nach § 253 Abs. 3 S. 3 HGB dann erforderlich, wenn die Wertminderung dauerhaft ist, weil sie trotz Sanierung nicht vollständig behoben werden kann[493].

Zu Abfallbeseitigung und -recycling vgl. Tz. 160; zu Maßnahmen der Schadensverhütung ADS[6], § 249 HGB, Tz. 120 ff.;[494] zur Dekontaminierung Tz. 175; zu Instandhaltung und Abraumbeseitigung Tz. 260 ff.; zur Rekultivierung Tz. 218; zum Schachtversatz Tz. 184. Auch für **Umweltabgaben** (z.B. Emissionsabgaben, Produktabgaben) und abzuliefernde Emissionsrechte (*IDW ERS HFA 15*; vgl. Tz. 180) ist eine Passivierung erforderlich, soweit sie dem abgelaufenen GJ zuzurechnen sind[495].

213 *Ungewisse Risiken*

Rückstellungen für ungewisse Risiken sind nach § 249 Abs. 1 HGB nur insoweit zulässig, als mit ihnen im Einzelnen erfasste Risiken abgedeckt werden oder plausible Annahmen

---

488 Vgl. zum Aufbau und Inhalt des Gesetzes *Knopp/Albrecht*, BB 1998, S. 1853 ff.; *Vierhaus*, NJW 1998, S. 1262 ff.; zur bilanziellen Erfassung *Eilers/Geisler*, BB 1998, S. 2411 ff.
489 Zur bilanziellen Erfassung *Schubert*, WPg 2008, S. 505 ff.
490 Vgl. hierzu *Herzig*, DB 1990, S. 1341 ff.; *Bartels*, BB 1991, S. 2044 ff.; *Kupsch*, BB 1992, S. 2320 ff.; *Rürup*, S. 519 ff.; *Wanieck*, S. 25 ff.; *Eilers*; *Roeder*, DB 1993, S. 1933 ff.; *Blenkers/Czisz/Gerl*, S. 89 f.; *Köster*; *Claussen/Korth*, S. 105 ff.; *Rödl/Layer u.a.*, DStR 1995, S. 428.
491 Vgl. ADS[6], § 249 HGB, Tz. 118 ff.; *Kozikowski/Schubert* in BeBiKo[7], § 249, Rn. 100 (Stichwort: „Altlastensanierung"; „Anpassungsverpflichtungen"; „Atomanlagen"; „Entsorgung"; „Rekultivierung"; „Umweltschutzverpflichtungen"); *Mayer-Wegelin/Kessler/Höfer* in HdR[5], § 249 HGB, Rn. 58, 92 ff., 350 (25); *Scheffler* in BHdR, B 233; Rn. 574 ff.; *Schmidbauer*, BB 2000, S. 1130 ff.; *Schmidt/Roth*, DB 2004, S. 553 ff.; zu umfangreicher weiterer Literatur vgl. WP Handbuch 2006 Bd. I, Kap. E, Tz. 157; steuerlich nicht zulässig, wenn die Tatsachen der zuständigen Behörde bekannt sind oder deren Kenntnisnahme unmittelbar bevorsteht, vgl. BFH v. 19.10.1993, BStBl. II, S. 891, BFH v. 19.11.2003, BB 2004, S. 319, sowie FG Münster v. 21.10.1994, EFG 1995, S. 197 (rkr.); zust. *Gschwendtner*, DStZ 1994, S. 257; *Groh*, DB 1993, S. 1833; *Luig*, BB 1993, S. 2051; *Luig*, BB 1992, S. 2180; *Schmidbauer*, BB 2000, S. 1130; vgl. auch *Weber-Grellet* in Schmidt, L., EStG[30], § 5, Rn. 550 (Umweltschäden); *Schubert*, S. 254 ff.
492 Vgl. ADS[6], § 253 HGB, Tz. 241 (auch zur Unbeachtlichkeit steuerlicher Einschränkungen); *HFA*, WPg 1992, S. 326, WPg 1993, S. 249, WPg 1994, S. 545; hierzu auch *Crezelius*, DStZ 1994, S. 1353 ff.; *Kessler*, Passivierungszeitpunkt, S. 427; *Sarrazin*, WPg 1993, S. 1 ff.; *Herzig* (Hrsg.), Umweltlasten; *Kessler* in HdR[5], § 249 HGB, Rn. 350 (25); zur Abgrenzung zwischen Abschreibung und Rückstellung vgl. *Bartels*; *Budde*, S. 101 ff.; *Förschle/Scheffels*, DB 1993, S. 1197 ff.; *Rautenberg*, WPg 1993, S. 265 ff.; *Bordewin*, DB 1994, S. 1685 ff.; *Herzig*, Umweltschutzrückstellungen, S. 67 ff.; *Bäcker*, BB 1995, S. 503 (505 ff.).
493 Vgl. IDW, WPg 1992, S. 326; IDW, WPg 1993, S. 250; IDW, WPg 1994, S. 545.
494 A.A. *Kozikowski/Schubert* in BeBiKo[7], § 249, Rn. 100 (Stichwort: „Anpassungsverpflichtungen"); *Mayer-Wegelin/Kessler/Höfer* in HdR[5], § 249 HGB, Rn. 105 ff. (Rückstellungspflicht, soweit nicht Herstellungskostenaktivierung); a.A. auch BFH-Urt. v. 27.06.2001, DB 2001, S. 1698; hierzu abl. *HFA*, FN-IDW 2001, S. 220; Nichtanwendungserlass BMF-Schr. v. 21.01.2003, DB, S. 239, vgl. zum Urt. auch *Kessler*, DStR 2001, S. 1903 ff.; *Mayr*, BB 2002, S. 2323 ff.; *Schellhorn*, BFuP 2003, S. 306 ff.; *Weber-Grellet*, DB 2002, S. 2180 ff.; vgl. bestätigend BFH v. 05.06.2002, DB, S. 2351.
495 Vgl. hierzu auch *Völker-Lehmkuhl*, DB 2005, S. 785 ff.; *Dißars*, Inf. 2005, S. 478 ff.; *Rogler*, KoR 2005, S. 255 ff.

Rückstellungen   E

über wahrscheinliche Inanspruchnahmen getroffen werden können[496]. Die Bildung derartiger Rückstellungen steht somit in einem engen Zusammenhang mit den Grundsätzen, nach denen die übrigen Rückstellungen gebildet worden sind. Der Ansatz willkürlich bemessener Beträge ist unzulässig.

Urlaubsverpflichtungen, Arbeitszeitguthaben   214

Rückstellungen für **Urlaubsverpflichtungen** sind in Höhe der zum Zeitpunkt der Erfüllung voraussichtlich zu zahlenden Lohn- und Gehaltsanteile einschließlich Sozialabgaben, Nebenverpflichtungen (Urlaubsgeld, Altersversorgung, Verwaltungsaufwand etc.) und aperiodischer Entgeltbestandteile (Tantiemen, Gratifikationen) zu bilden, soweit am Abschlussstichtag noch ein Anspruch auf Urlaub oder Barabgeltung besteht oder das Unternehmen unbeschadet der rechtlichen Regelung beabsichtigt, den rückständigen Urlaub zu gewähren oder abzugelten[497]. Die steuerliche Anerkennung der Rückstellung dem Grunde nach ist durch die BFH-Rechtsprechung klargestellt[498]. Bei abweichendem WJ ist die Rückstellung zeitanteilig zu bemessen[499]. Für Verpflichtungen des Arbeitgebers aus Arbeitszeitgutgaben der Mitarbeiter (**Arbeitszeitkonten**) ist eine Rückstellung nach den Grundsätzen für Urlaubsverpflichtungen zu bilden[500].

Verdienstsicherung für ältere Arbeitnehmer   215

Wird älteren Arbeitnehmern tarif- oder einzelvertraglich unter sozialen Gesichtspunkten eine höhere Vergütung zugesichert, als es den Merkmalen ihrer Tätigkeit entspricht, so kann hierin im Einzelfall eine zusätzliche Vergütung für früher geleistete Tätigkeiten liegen, namentlich wenn die höhere Entlohnung[501] an die Dauer der bisherigen Zugehörigkeit zum Unternehmen geknüpft ist. Unter diesem Gesichtspunkt kann im Falle einer hinreichenden Konkretisierung und Objektivierung eine Rückstellung für den Betrag der Mehrentlohnung in Betracht kommen[502]. Eine höhere Entlohnung kann auch in bezahlter Altersfreizeit zu sehen sein. Zur Altersteilzeit vgl. Tz. 164.

Verlustabdeckung und Ausgleichszahlungen   216

Hierunter fallen drohende Verpflichtungen von MU zur Verlustabdeckung bei Vorliegen von **Beherrschungs- und Gewinnabführungsverträgen** nach § 302 Abs. 1 AktG oder bei Pacht- und anderen Überlassungsverträgen nach § 302 Abs. 2 AktG oder entspre-

---

496 Vgl. hierzu auch *Perlet/Baumgärtel*, S. 389 (395 ff.); vgl. hierzu auch *Hennrichs* in MünchKomm. AktG², § 249 HGB, Rn. 28; zum Ausweis ungewisser Steuerrisiken bei KapGes. vgl. F Tz. 438.

497 Vgl. *HFA*, WPg 1992, S. 330; ADS⁶, § 249 HGB, Tz. 158 ff., § 253 HGB, Tz. 264; *Ries*, WPg 2010, S. 811 (813 f.); *Scheffler* in BHdR, B 233, Rn. 512 ff.; *Mayer-Wegelin/Kessler/Höfer* in HdR⁵, § 249 HGB, Rn. 159, 229 (68); 350 (26); wegen Überstunden, Lohnfortzahlung im Krankheitsfall vgl. *Kozikowski/Schubert* in BeBiKo⁷, § 249 HGB, Rn. 100 (Stichwort: „Lohnfortzahlung im Krankheitsfall"; „Gleitzeitüberhänge").

498 Vgl. BFH v. 10.03.1993, BStBl. II, S. 446; BFH v. 08.07.1992, BStBl. II, S. 910; vgl. auch BFH v. 08.02.1995, DB, S. 1053 (zur Frage der Saldierung mit Ansprüchen gegen Ausgleichskasse; Rev.); *Weber-Grellet* in Schmidt, L., EStG³⁰, § 5, Rn. 550 (Urlaub), m.w.N. auch zum Meinungsstand; *Ries*, WPg 2010, S. 811 (812 ff.).

499 Vgl. BFH v. 26.06.1980, BStBl. II, S. 506; *Hoffmann/Lüdenbach*, Bilanzierung², § 249 HGB, Rn. 96; *Brezing*, S. 120; *Weber-Grellet* in Schmidt, L., EStG³⁰, § 5, Rn. 550 (Urlaub); a.A. *Mayer-Wegelin/Kessler/Höfer* in HdR⁵, § 249 HGB, Rn. 161.

500 Vgl. zur Erfassung von Ansprüchen aus negativen Arbeitszeitkonten vgl. HFA, FN-IDW 2009, S. 322 f., *Ries*, WPg 2010, S. 811 (815 f.).

501 Vgl. hierzu *Kozikowski/Schubert* in BeBiKo⁷, § 249, Rn. 100 (Stichwort: „Altersfreizeit und -mehrurlaub", „Verdienstsicherung") m.w.N.

502 Vgl. auch *Herzig/Köster* in HdJ, Abt. III/5, Rn. 454; *Schülen*, WPg 1983, S. 658 ff. (Passivierungspflicht für Barwert der künftigen Mehrleistungen bei Beschluss über andersartigen Arbeitnehmereinsatz); *Mayer-Wegelin/Kessler/Höfer* in HdR⁵, § 249, Rn. 229 (69).

chenden Verträgen zwischen Unternehmen anderer Rechtsform[503]. Die Rückstellung braucht sich grds. nur auf ein Jahr zu erstrecken; bei nachhaltiger Ertragslosigkeit ist jedoch nach h.M. der Barwert der voraussichtlichen Zahlungen für den Zeitraum bis zur frühest möglichen Kündigung des Unternehmensvertrags zurückzustellen[504]; zur Beteiligungsbewertung vgl. Tz. 532 ff. Steuerlich dürfen Organträger keine Rückstellung bilden, vgl. BFH v. 26.01.1977, BStBl. II, S. 441 (§§ 14 ff. KStG)[505].

217 *Vorruhestandsverpflichtungen*

Mit Vorruhestandsleistungen soll dem Arbeitnehmer das Ausscheiden aus einem Unternehmen vor Erreichen des eigentlichen Pensionsalters erleichtert werden. Solche Leistungsverpflichtungen, die im Regelfall den Zeitraum nach Beendigung des Arbeitsverhältnisses betreffen, haben Abfindungscharakter[506]. Rückstellungen für Vorruhestandsverpflichtungen sind – ähnlich wie als Abfindungen anzusehende Aufstockungsbeträge zur Altersteilzeit – versicherungsmathematisch auf der Grundlage des § 253 Abs. 1 S. 2 und Abs. 2 HGB zu bewerten[507].

218 *Wiederherstellungsverpflichtungen und ähnliche Verpflichtungen*

Hierzu gehören Verpflichtungen zur Wiederherstellung des ursprünglichen Zustandes gepachteter Anlagen[508], Wiederauffüllungsverpflichtungen, Rekultivierungsverpflichtungen[509], Entfernungsverpflichtungen[510] u.ä. Rückstellungen sind insoweit zu bilden, als es sich um Verpflichtungen gegenüber Dritten handelt[511]. Vgl. auch Tz. 212.

219 *Zuschüsse*

Rückstellungen kommen für **bedingt rückzahlbare** Zuschüsse dann in Betracht, wenn die Rückzahlung nicht an den Gewinn der Gesellschaft geknüpft ist, sondern an einen Erlös bzw. Erfolg aus dem geförderten Vorhaben, wie bei bestimmten staatlichen Zuwendungen; Rückstellungen sind in diesen Fällen dann erforderlich, wenn mit dem Eintritt der Bedingungen, an die die Rückzahlungsverpflichtung geknüpft ist, gerechnet werden muss (vgl. *IDW St/HFA 1/1984* für Zuwendungen der öffentlichen Hand sowie

---

503 Vgl. *Zöllner* in Baumbach/Hueck, GmbHG[19], Anh. Konzernrecht, Rn. 128; *Hüffer*, AktG[9], § 302 AktG, Rn. 10.

504 Vgl. ADS[6], § 249 HGB, Tz. 133, § 253 HGB, Tz. 267 f.; *Scheffler* in BHdR B 233, Rn. 550 ff.; *Petersen/Künkele/Zwirner* in Petersen/Zwirner/Brösel, Bilanzrecht, § 249 HGB, Rn. 340 („Verlustausgleichsverpflichtung"); *Betram* in Haufe HGB Kommentar[2], § 249, Rn. 316 f. m.w.N.; teilw. abw. *Kozikowski/Schubert* in BeBiKo[7], § 249, Rn. 100 („Verlustausgleichsverpflichtungen" und „Verlustübernahme", Beschränkung auf Geschäftsjahresverlust); zum Charakter der Rückstellung vgl. *IDW RS HFA 4*, Tz. 4 (Verbindlichkeits-, keine Drohverlustrückstellung).

505 Vgl. H 62 KStR 2004; BFH v. 16.06.1990, BStBl. II, S. 797; *Weber-Grellet* in Schmidt, L., EStG[30], § 5, Rn. 550 (Verlustübernahme).

506 Vgl. ADS[6], § 249 HGB, Tz. 116; *HFA*, FN-IDW 1997, S.611.

507 Vgl. *Kessler* in HdR[5], § 249 HGB, Rn. 116; *Ellrott/Rhiel* in BeBiKo[7], § 249, Rn. 154, 268 ff.; steuerlich vgl. *Weber-Grellet* in Schmidt, L., EStG[30], § 5 EStG, Rn. 550 (Vorruhestandsgeld).

508 Vgl. *Kozikowski/Schubert* in BeBiKo[7], § 249, Rn. 100 (Stichwort: „Substanzerhaltung"); *Mayer-Wegelin/Kessler/Höfer* in HdR[5], § 249 HGB, Rn. 229 (44), 350 (18); *Scheffler* in BHdR, B 233, Rn. 545 ff.; *Sundermeier*, BB 1993, S. 824 ff.

509 Zur Bewertungsproblematik von Rekultivierungsverpflichtungen vgl. ADS[6], § 253 HGB, Tz. 209 ff.; *Mayer-Wegelin/Kessler/Höfer* in HdR[5], § 249 HGB, Rn. 114 f., 350 (22); zur Wiederaufforstung vgl. *Schindler*, StBp. 1988, S. 205 ff.; zur Rekultivierung von Mülldeponien vgl. *Schindler*, BB 1985, S. 239 ff.; *Kozikowski/Schubert* in BeBiKo[7], § 249, Rn. 100 (Stichwort: „Rekultivierung") m.w.N.; steuerlich vgl. *Weber-Grellet* in Schmidt, L., EStG[30], § 5, Rn. 550 (Rekultivierung) m.w.N.; BMF-Schr. v. 25.07.2005, WPg, S. 939.

510 Vgl. ADS[6], § 253 HGB, Tz. 240; *Kozikowski/Schubert* in BeBiKo[7], § 249, Rn. 100 (Stichwort: „Abbruchkosten", „Entfernungsverpflichtung"); *Lüdenbach*, BB 2003, S. 835 ff.; *Hommel*, Der Konzern 2003, S. 746 ff.; *Hommel/Wich*, KoR 2004, S. 16 ff.; vgl. auch BFH v. 28.03.2000, DB, S. 1595.

511 Zur Abgrenzung von Aufwandsrückstellungen vgl. *Gelhausen/Fey*, DB 1993, S. 593 ff.

Rückstellungen   E

auch *IDW St/HFA 2/1996* für private Zuschüsse)[512]. Kann der Zuschussgeber (einseitig) auf eine Rückzahlung des Zuschusses verzichten, darf von der Rückstellungsbildung erst dann abgesehen werden, wenn die Verzichtserklärung vorliegt. Steuerlich ist eine bedingte Rückzahlungspflicht vor Bedingungseintritt weder als Verbindlichkeit noch als Rückstellung auszuweisen[513]. Rückstellungen kommen ferner für **Ertragszuschüsse und Baukostenzuschüsse** bei Versorgungsunternehmen in Betracht, die handelsrechtlich grds. zeitanteilig zu vereinnahmen sind[514].

Zuweisungen an Unterstützungskassen   220

Für Verpflichtungen aus Subsidiärhaftung gegenüber Unterstützungskassen besteht gem. Art. 28 EGHGB ein Passivierungswahlrecht (bei KapGes. und Personenhandelsgesellschaften i.S.d. § 264a HGB Angabe des Fehlbetrags im Anh.)[515]. I.Z.m. der Dotierung einer Unterstützungskasse ist handelsrechtlich nur dann eine Rückstellung (§ 249 Abs. 1 S. 1 HGB) zu bilden, wenn eine Außenverpflichtung vorliegt und auch die übrigen Voraussetzungen für die Bildung einer Rückstellung für ungewisse Verbindlichkeiten vorliegen. Steuerrechtlich dagegen kommt bei Vorliegen der Voraussetzungen des § 4d Abs. 2 EStG (im Folgejahr „innerhalb eines Monats nach Aufstellung oder Feststellung der Bilanz" geleistete Zuwendungen[516]) in Betracht.

c) Pensionsrückstellungen
aa) Handelsrechtlich

Laufende Pensionen und Anwartschaften auf Altersversorgungsleistungen sowie ver-   221
gleichbare langfristige Verpflichtungen (vgl. Tz. 80) zählen zu den „ungewissen Verbindlichkeiten" i.S.d. § 249 Abs. 1 S. 1 HGB. Bei Pensionsverpflichtungen[517] ist zwischen sog. **Alt-** und **Neuzusagen** zu unterscheiden. Für Altzusagen i.S.d. Art. 28 Abs. 1 S. 1 EGHGB gilt ein Passivierungswahlrecht, für Neuzusagen besteht dagegen nach § 249 Abs. 1 S. 1 HGB uneingeschränkte Passivierungspflicht, vgl. *IDW RS HFA 30*,

---

512 Vgl. im Einzelnen *Kozikowski/Schubert* in BeBiKo[7], § 249, Rn. 100 (Stichwort: „Zuwendungen, bedingt rückzahlbare"); ADS[6], § 255 HGB, Tz. 56 ff. (auch zur notwendigen Passivierung bei zweifelhafter Erfüllung der Verbleibensvoraussetzungen); *Groh*, DB 1988, S. 2417 ff.; *Jansen*; *Förschle/Scheffels*, DB 1993, S. 2393; zur Angabepflicht nicht passivierter Verpflichtungen im Anh. oder unter der Bilanz vgl. *Fey*, WPg 1992, S. 1 (8).
513 Vgl. BFH v. 22.01.1992, BStBl. II, S. 488; *Weber-Grellet* in Schmidt, L., EStG[30], § 5, Rn. 550 (Zuschüsse).
514 Vgl. *IDW St/HFA 2/1996*, Abschn. 21; *IDW*, WPg 2005, S. 122; ADS[6], § 255 HGB, Tz. 62; vgl. auch das steuerliche Wahlrecht (sofortige Erfolgsrealisierung oder Kürzung der Anschaffungs- bzw. Herstellungskosten) in R 6.5 Abs. 2 EStR 2008; ferner *Weber-Grellet* in Schmidt, L., EStG[30], § 5, Rn. 550 (Zuschüsse) m.w.N.; BMF-Schr. v. 11.02.2009, BStBl. I, S. 397 (auch für den handelsrechtlichen JA); *Eisolt*, BB 2004, S. 1079 ff.
515 Vgl. Tz. 225 ff.; *IDW RS HFA 30*, Tz. 37 und 78; ADS[6], § 249 HGB, Tz. 107 ff., § 253 HGB, Tz. 333; *Ellrott/Rhiel* in BeBiKo[7], § 249, Rn. 252 f.; *Gelhausen/Fey/Kämpfer*, BilMoG, Kap. I, Rn 108 ff.
516 Vgl. hierzu auch BMF-Schr. v. 16.01.1994, BB, S. 827, und v. 19.07.1995, BB, S. 1741.
517 Vgl. zur Bilanzierung von Pensionsrückstellungen *IDW RS HFA 30*; *Hoffmann/Lüdenbach*, Bilanzierung[2], § 249 HGB, Rn. 106 ff.; *Petersen/Künkele/Zwirner* in Petersen/Zwirner/Brösel, Bilanzrecht, § 249 HGB, Rn. 162 ff.; *Bertram* in Haufe HGB Kommentar[2], § 249, Rn. 46 ff.; *Gelhausen/Fey/Kämpfer*, BilMoG, Kap. C und I; *Höfer* in HdR[5], § 249 HGB, Rn. 600 ff.; ADS[6], § 249 HGB, Tz. 79 ff.; *Heger/Weppler* in HdJ, Abt. III/7; *Heubeck*; *Thoms-Meyer*; *Scheffler* in BHdR, B 233, Rn. 150 ff.; *Petersen*; *Feld*, WPg 2003, S. 573 ff., 638 ff.; *Orthmann*; *Petersen*; *Schmidbauer*, DStR 2003, S. 795; *Bertram u.a.*, WPg 2011, 57 ff.; zu Pensionen von Gesellschaftergeschäftsführern *Ellrott/Rhiel* in BeBiKo[7], § 249, Rn. 241 ff.; *IDW RS HFA 7*, Tz. 19 (Personenhandelsgesellschaften); zur Bilanzierung und Bewertung von Pensionsverpflichtungen gegenüber Beamten und deren Hinterbliebenen *IDW RS HFA 23*; vgl. zum öffentlichen Dienst auch *HFA*, FN-IDW 2002, S. 119 (220) (Aufwand zur Sanierung der Versorgungsanstalt des Bundes und der Länder); *Vogelpoth/Dörschell/Fuhrmann*, WPg 2003, S. 1193; zu wertpapiergebundenen Versorgungszusagen vgl. *Gelhausen/Fey/Kämpfer*, BilMoG, Kap. I, Rn. 95 ff.; *Ries*, WPg 2010, 811 (818 f.); *Vevers/Nolte*, DB 2002, S. 1281 ff., sowie *Knoll*, StuB 2003, S. 307 ff., sowie *Kiesewetter*, BB 2003, S. 1220 ff., sowie *Wellisch/Schwinger/Mühlberger*, DB 2003, S. 628 ff.

Tz. 11 ff.[518]. Die Passivierungspflicht besteht für **unmittelbare Zusagen**, aus denen das Unternehmen rechtlich oder faktisch verpflichtet ist. Dies gilt auch für Anwartschaften, wenn mit dem Eintritt des Versorgungsfalls zu rechnen ist[519]. Ein Passivierungswahlrecht besteht für alle **mittelbaren** Verpflichtungen aus Pensionszusagen sowie für **ähnliche** unmittelbare oder mittelbare Verpflichtungen (Art. 28 Abs. 1 S. 2 EGHGB)[520]. Für Verpflichtungen des Arbeitgebers aus **arbeitnehmerfinanzierten Pensionszusagen** (Entgeltumwandlung, *deferred compensation*), d.h. Austausch von Barlohn durch Anwartschaften auf betriebliche Altersvorsorge, besteht ebenfalls eine Passivierungspflicht, soweit ein Erfüllungsrückstand des Arbeitgebers vorliegt und die Pensionsverpflichtungen nicht von künftigen Leistungen des Arbeitnehmers abhängen[521].

222 Eine **Altzusage** liegt vor, wenn ein Pensionsberechtigter (Pensionär oder Anwärter) seinen Rechtsanspruch vor dem 01.01.1987 erworben hat oder sich ein vor diesem Zeitpunkt erworbener Rechtsanspruch nach dem 31.12.1986 erhöht (Art. 28 Abs. 1 S. 1 EGHGB)[522]. Wodurch der Rechtsanspruch erworben wurde, ob durch eine Einzel- oder eine Kollektivzusage des Unternehmens, ist gleichgültig. Es muss durch die Zusage immer eine Direktbeziehung zwischen Unternehmen und Pensionsberechtigtem entstanden sein. Ist diese vor dem 01.01.1987 entstanden, so wird der Charakter einer Altzusage auch durch spätere Änderungen der Gestaltungsform nicht geändert, auch nicht dadurch, dass eine Einzelzusage an die Stelle einer Kollektivzusage tritt. Ist eine nur mittelbare Verpflichtung des Unternehmens (z.B. nach den Regelungen einer Unterstützungskasse, die solche Zusagen ohne Rechtsanspruch erteilt) nach dem 31.12.1986 in eine unmittelbare Zusage des Unternehmens umgewandelt worden, so liegt im Regelfall einer bestehenden Subsidiärhaftung ebenfalls eine Altzusage vor. In diesem Fall handelt es sich lediglich um einen Wechsel der Durchführungsform, der den arbeitsrechtlichen Verpflichtungsgehalt der Pensionszusage nicht berührt[523].

223 Das Wahlrecht, für Altzusagen Pensionsrückstellungen zu bilden, stellt nach der Systematik des Gesetzes ein **Ansatzwahlrecht** dar. Das Passivierungswahlrecht kann nicht so verstanden werden, dass einmal passivierte Beträge nach Belieben aufgelöst werden können[524]. Dem steht schon § 249 Abs. 2 S. 2 HGB entgegen. Der durch das BilMoG neu eingeführte Grundsatz der Ansatzstetigkeit (§ 246 Abs. 3 S. 1 HGB) bedingt, dass der Bilanzierende abweichend zur bisherigen Rechtslage nicht jeweils von GJ zu GJ neu entscheiden darf, ob die zusätzlich durch die Versorgungsberechtigten jährlich erdienten Erhöhungen der Ansprüche aus Altzusagen passiviert werden oder nicht (gewisse Ein-

---

518 Vgl. auch ADS[6], § 249 HGB, Tz. 80 ff.; *Scheffler* in BHdR, B 233, Rn. 154; *Ellrott/Rhiel* in BeBiKo[7], § 249, Rn. 260 ff.
519 Vgl. zu Einzelheiten hinsichtlich des Ansatzes von Altersversorgungsverpflichtungen (z.B. Auswirkungen aus der Vereinbarung von Wartezeitklausel und Widerrufsvorbehalten sowie der möglichen Kündigung von Arbeitsverhältnissen auf die Bilanzierung von Pensionsverpflichtungen) auch *IDW RS HFA 30*, Tz. 15 ff.
520 Zum Unterschied zwischen den „pensionsähnlichen Verpflichtungen" i.S.d. Art. 28 Abs. 1 S. 2 zweiter Hs. EGHGB und den im Verhältnis zu den Altersversorgungsverpflichtungen „vergleichbaren langfristig fälligen Verpflichtungen" i.S.d. § 246 Abs. 2 S. 2 HGB vgl. *Gelhausen/Fey/Kämpfer*, BilMoG, Kap. C, Rn. 15.
521 Vgl. *Ellrott/Rhiel* in BeBiKo[7], § 249, Rn. 157; *Heger/Weppler* in HdJ, Abt. III/7, Rn. 18; steuerl. vgl. R 6a Abs. 12 EStR 2008; *Weber-Grellet* in Schmidt, L., EStG[30], § 6a, Rn. 16, 44 f. Aus Entgeltumwandlung resultierende Pensionsverpflichtungen sind nach den gleichen Grundsätzen zu bewerten wie arbeitgeberfinanzierte Altersversorgungszusagen; die arbeitnehmerfinanzierte Pensionszusage ist grds. in allen Durchführungswegen möglich; vgl. *Heger/Weppler* in HdJ, Abt. III/7, Rn. 18; *Meyer/Janko/Hinrichs*, DB 2009, S. 533 ff.; *Grabner/Bode*, DB 2001, S. 481 ff.
522 Vgl. zu Einzelheiten ADS[6], § 249 HGB, Tz. 87 ff.; *Höfer* in HdR[5], § 249 HGB, Rn. 641 ff.
523 Vgl. ADS[6], § 249 HGB, Tz. 89 ff.; *Höfer* in HdR[5], § 249 HGB, Rn. 647 ff.; *Ellrott/Rhiel*, in BeBiKo[7], § 249, Rn. 168. m.w.N.
524 Vgl. *IDW RS HFA 30*, Tz. 13.

schränkung des Ansatzwahlrechts gem. Art. 28 Abs. 1 EGHGB)[525]. Werden in einem GJ erstmals zusätzlich erdiente Versorgungsansprüche eines Mitarbeiters passiviert, so müssen auch für vergleichbare Altzusagen entsprechende Beträge zurückgestellt werden (sachliche Stetigkeit)[526]. Ebenfalls bindet diese Entscheidung den Bilanzierenden für nachfolgende Jahre hinsichtlich der Ausübung des Bilanzierungswahlrechts (zeitliche Stetigkeit)[527]. Diese Bindungswirkung für die Zukunft gilt auch, wenn für einen bestimmten Personenkreis in der Vergangenheit erdiente, jedoch bislang nicht passivierte Beträge in einem späteren GJ „nachträglich" passiviert bzw. zurückgestellt werden (sog. „Nachholung").

Für die Bewertung gebildeter Pensionsrückstellungen gilt der Grundsatz der Bewertungsstetigkeit (§ 252 Abs. 1 Nr. 6 HGB, vgl. Tz. 306 ff.), d.h. die Bewertungsmethode ist sowohl für vergleichbare Sachverhalte als auch im Zeitablauf grds. fortzuführen[528]. Im Hinblick auf die bislang zulässige unbeschränkte und von GJ zu GJ mögliche unterschiedliche Ausübung des Passivierungswahlrechts des Art. 28 Abs. 1 EGHGB (freie Entscheidung über die Höhe des Zuführungsbetrags) wurde es in der Vergangenheit als zulässig angesehen, im Rahmen der Folgebilanzierung von einer Fortschreibung der einmal gebildeten Rückstellungen für Altzusagen und für mittelbare Versorgungszusagen aufgrund von Veränderungen des Erfüllungsbetrags oder von Aufzinsungen (rechnerische Fortschreibung des Rückstellungsbetrags) abzusehen[529]. Eine solche Verfahrensweise ist bei Anwendung des HGB i.d.F. des BilMoG nicht mehr möglich, weil nunmehr auch die Ansatzentscheidung stetig auszuüben ist[530]. Für die sich ergebenden nicht passivierten **Fehlbeträge** aus den Altzusagen besteht bei KapGes. und Personenhandelsgesellschaften i.S.d. § 264a HGB eine Angabepflicht im Anh. (Art. 28 Abs. 2 EGHGB)[531].

224

Als **mittelbare Verpflichtungen** kommen namentlich Pensionen und Anwartschaften in Betracht, die über besondere Rechtsträger – insb. Unterstützungs- und Pensionskassen, Pensionsfonds und Direktversicherungen – gewährt und erfüllt werden[532]. Sofern das Vermögen der jeweiligen Versorgungseinrichtung zur Erfüllung der Verpflichtungen nicht ausreicht, erwirbt der Begünstigte einen unmittelbaren Anspruch gegenüber dem die mittelbare Versorgungszusage erklärenden Unternehmen aus der sog. Subsidiärhaftung des § 1 Abs. 1 S. 3 BetrAVG[533]. In Höhe dieser Unterdeckung (auch „Fehlbetrag" genannt), die sich aus der Differenz zwischen dem Wert der Pensionsverpflichtung gem. § 253 HGB und dem zum Verkehrswert bewerteten Vermögen der Versorgungseinrichtung[534] ergibt, besteht ein Passivierungswahlrecht gem. Art. 28 Abs. 1 S. 2 erster Hs. EGHGB.

225

---

525 Vgl. *IDW RS HFA 38*, Tz. 14 f.; *Fey/Ries/Lewe*, BB 2010, S. 1011 (1011 f.).
526 Vgl. *Fey/Ries/Lewe*, BB 2010, S. 1011 (1013 f.).
527 Vgl. (auch zur Durchbrechung) *IDW RS HFA 38*, Tz. 14 f.
528 Vgl. *IDW RS HFA 38*, Tz. 8 ff.
529 Vgl. WP Handbuch 2006 Bd. I, Kap. E, Tz. 170.
530 Vgl. *IDW RS HFA 30*, Tz. 12; *Fey/Ries/Lewe*, BB 2010, S. 1011 (1012).
531 Vgl. hierzu *IDW RS HFA 30*, Tz. 90 f.; *Schulte*, BB 1986, S. 1817 (1818).
532 Vgl. im Einzelnen *IDW RS HFA 30*, Tz. 36 ff.; *Kemper* in BetrAVG Kommentar, § 1, Rn. 75 ff.; *Veit* in Altersvorsorge, 5 D, Rn. 2 ff.; ADS[6], § 249 HGB, Tz. 105 ff.; Ellrott/Rhiel in BeBiKo[7], § 249, Rn. 266 ff.; *Heger/Weppler* in HdJ, Abt. III/7, Rn. 40 ff.; *Höfer* in HdR[5], § 249 HGB, Rn. 791 ff. m.w.N.; zur Bewertung *IDW RS HFA 30*, Tz. 78; *Gelhausen/Fey/Kämpfer*, BilMoG, Kap. I, Rn 108 ff.; zu Pensionskassen und Direktversicherungen vgl. ADS[6], § 249 HGB, Tz. 110 ff.; *Jurk* in Kolvenbach/Sartoris, Bilanzielle Auslagerung von Pensionsverpflichtungen[2], S. 232 ff.; zur rückgedeckten Gruppenunterstützungskasse vgl. *Grande* in Altersvorsorge, 5 J, Rn. 119 ff. Zur Dotierung durch den Arbeitgeber vgl. *Schaub*, § 84, Rn. 17 ff.; zum Widerruf von Unterstützungsleistungen vgl. *Schaub*, § 83 Rn. 330 ff.
533 Vgl. *IDW RS HFA 30*, Tz. 36 f.; *Gelhausen/Fey/Kämpfer*, BilMoG, Kap. I, Rn 108 ff.
534 Vgl. *IDW RS HFA 30*, Tz. 78; *Gelhausen/Fey/Kämpfer*, BilMoG, Kap. I, Rn. 109 ff.

226 Eine mittelbare Versorgungszusage kann dadurch überlagert werden, dass der Arbeitgeber gegenüber den begünstigten Mitarbeitern eine **Garantie** für die Erfüllung der Verpflichtungen der Unterstützungskasse erklärt. Losgelöst von der für KapGes. und ihnen gleichgestellte Personenhandelsgesellschaften i.S.d. § 264a HGB bestehenden Verpflichtung zur Angabe der Unterdeckung gem. Art. 28 Abs. 2 EGHGB im Anh. bzw. KAnh. begründet eine solche Einstandserklärung für fremde Verbindlichkeiten zumindest eine Angabeverpflichtung im Anh. gem. § 251 HGB. Verfügt die Versorgungseinrichtung (z.B. Unterstützungskasse) nicht über ein ausreichendes Vermögen zur Erfüllung sämtlicher eingegangenen Verpflichtungen, so ergibt sich für den Arbeitgeber trotz der Vorschrift des Art. 28 Abs. 1 EGHGB eine Verpflichtung zur Bildung einer Rückstellung für ungewisse Verbindlichkeit gem. § 249 Abs. 1 S. 1 HGB aus der Einstandsverpflichtung für fremde Verbindlichkeiten (vgl. Tz. 135 ff.).

227 Mittelbare Pensionsverpflichtungen werden aufgrund der Subsidiärhaftung des Arbeitgebers außerdem für Versorgungsverpflichtungen aus der **Zusatzversorgung** der **Arbeitnehmer des öffentlichen Dienstes** begründet[535]. Dies gilt auch dann, wenn diese Zusatzversorgung im sog. Umlagevermögen durch einen externen Versorgungsträger durchgeführt wird[536].

228 Was unter **ähnlichen unmittelbaren** oder **mittelbaren Verpflichtungen** (Art. 28 Abs. 1 S. 2 EGHGB) zu verstehen ist, lassen das Gesetz und die Begründung offen[537]. Die Begriffe sind eng auszulegen, da es sich um Ausnahmetatbestände handelt, für die auch ein Passivierungswahlrecht besteht[538]. Hier einzuordnen sind zugesagte Versorgungsleistungen des Unternehmens mit Bezug zu Leib und Leben des Berechtigten, die jedoch nicht als Altersversorgungsverpflichtungen anzusehen sind. Vorruhestandsleistungen und Abfindungszahlungen stehen primär i.Z.m. der Beendigung des Arbeitsverhältnisses und dienen nicht zuerst der Versorgung der betroffenen Mitarbeiter im Hinblick auf Alter, Tod und Invalidität; sie zählen daher nicht zu den pensionsähnlichen Verpflichtungen i.S.d. Art. 28 Abs. 1 S. 2 EGHGB, sondern zu den ungewissen Verbindlichkeiten, für die eine Passivierungspflicht gilt[539]. Überbrückungsgelder, die bei Eintritt des Versorgungsfalls während eines gewissen Zeitraums gezahlt werden, sowie Deputatverpflichtungen, bei denen es sich wirtschaftlich nur um eine spezielle Zahlungsform für Pensionen handelt, sollten wie Pensionsverpflichtungen (Art. 28 Abs. 1 S. 1 EGHGB) behandelt werden[540]. Wird ein Rechtsanspruch erst nach dem 31.12.1986 eingeräumt, so besteht Passivierungspflicht, in den anderen Fällen ein Passivierungswahlrecht. Unumstrittene Anwen-

---

535 Vgl. *HFA*, FN-IDW 1998, S. 291 (292); *HFA*, FN-IDW 1999, S. 294 (295); zur bilanziellen Berücksichtigung der Subsidiärverpflichtung aus der sog. Zusatzversorgung im öffentlichen Dienst vgl. auch *Hansmeyer*, WPg 1994, S. 690 ff.; *Weber/Küpper*, DB 1995, S. 437 ff.; *Uttenreuther/Puskas*, DB 1996, S. 741 ff.; zur Behandlung des sog. "Sanierungsgeldes" vgl. *HFA*, FN-IDW 2002, S. 219, sowie BFH v. 27.01.2010, BStBl. II, S. 1017.
536 Zur abweichenden steuerlichen Sichtweise vgl. auch BMF-Schr. vom 26.10.2010, BStBl. I, S. 138.
537 Zum Unterschied zwischen den "ähnlichen Verpflichtungen" i.S.d. Art. 28 Abs. 2 S. 2 HGB und den „langfristigen Verpflichtungen, die vergleichbar zu den Altersversorgungsverpflichtungen" i.S.d. § 246 Abs. 2 S. 2 HGB sind, vgl.Tz. 80, sowie *Gelhausen/Fey/Kämpfer*, BilMoG, Kap. C, Rn. 13 ff.; *IDW RS HFA 30*, Tz. 8 f.; *Höfer* in HdR[5], § 249 HGB, Rn. 605 ff.
538 Vgl. *IDW RS HFA 30*, Tz. 9; ADS[6], § 249 HGB, Tz. 114, die den Begriff der „ähnlichen Verpflichtungen" als „im Wesentlichen sinnentleert" bezeichnen; vgl. auch *Ellrott/Rhiel* in BeBiKo[7], § 249, Rn. 162 f. sowie 268; *Heger/Weppler* in HdJ, Abt. III/7, Rn. 54 f.; *Höfer* in HdR[5], § 249 HGB, Rn. 605 ff.
539 Vgl. ADS[6], § 249 HGB, Tz. 116 f.; *Ellrott/Rhiel* in BeBiKo[7], § 249, Rn.162; *Heger/Weppler* in HdJ, Abt. III/7, Rn. 59; *HFA*, WPg 1984, S. 331.
540 Vgl. ADS[6], § 249 HGB, Tz. 116; *Petersen/Künkele/Zwirner* in Petersen/Zwirner/Brösel, Bilanzrecht, § 249 HGB, Rn. 171; *Heger/Weppler* in HdJ, Abt. III/7, Rn. 61; *Kleindiek* in Staub, HGB[4,] § 249, Rn. 41. Vgl. zu Überbrückungsgeldern und Kosten der Pensionsverwaltung *Schülen*, WPg 1983, S. 658 (662); zu Beihilfeverpflichtungen vgl. BFH v. 30.01.2002, BB, S. 1687 (keine „ähnliche" Verpflichtung, sondern Verbindlichkeitsrückstellung); hierzu *Höfer/Pisters*, DB 2002, S. 2288.

Rückstellungen E

dungsfälle für pensionsähnliche Verpflichtungen i.S.d. § Art. 28 Abs. 1 S. 2 EGHGB sind bislang nicht bekannt geworden[541].

Die nachfolgenden **Bewertungsgrundsätze** gelten sowohl für unmittelbare und mittelbare Altersversorgungszusagen als auch für die sog. „vergleichbaren langfristig fälligen Verpflichtungen". Auch für Rentenverpflichtungen, für die eine Gegenleistung nicht mehr zu erwarten ist (z.B. bei aktiven Rentenempfängern und mit unverfallbaren Anwartschaften aus dem Unternehmen ausgeschiedenen früheren Mitarbeitern), die zum Barwert anzusetzen sind, finden diese Grundsätze Anwendung (§ 253 Abs. 1 S. 2 i.V.m. Abs. 2 S. 3 HGB). 229

Ausgangspunkt der Bewertung von Altersversorgungsverpflichtungen – diese hat nach dem Grundsatz der Einzelbewertung (§ 252 Abs. 1 Nr. 3 HGB) anhand der individuellen Daten des jeweils Berechtigten zu erfolgen – ist die Ermittlung des nach vernünftiger kaufmännischer Beurteilung notwendigen künftigen **Erfüllungsbetrags** der Verpflichtung (§ 253 Abs. 1 S. 2 HGB)[542], wobei der Umfang der hierbei zu berücksichtigenden Einflussfaktoren wesentlich von der Art der Versorgungszusage und der darin vereinbarten Leistungsformeln abhängt[543]. Neben Rententrends bzw. erwarteten Rentenanpassungen sind auch zukünftig erwartete Lohn- und Gehaltsteigerungen mit in die Bewertung einzubeziehen, sofern die Höhe der späteren Pensionszahlungen von dem Lohn- und Gehaltsniveau bei Eintritt des Leistungsfalls abhängt[544]. Die genannten Trendannahmen, müssen ebenso wie die zu berücksichtigenden Karrieretrends in der Lohn- und Gehaltsentwicklung, die prognostizierten Beitragsbemessungsgrenzen in der gesetzlichen Rentenversicherung, die unterstellten Fluktuations-, Sterbe- und Invaliditätswahrscheinlichkeiten sowie die übrigen Bewertungsparameter auf begründeten Erwartungen und hinreichend objektiven Hinweisen (insb. auf Erwartungswerten) beruhen[545]. Die pauschale Berücksichtigung der Fluktuation i.S.d. § 6a EStG (Bildung von Pensionsverpflichtungen erst ab Vollendung eines bestimmten Alters) ist handelsrechtlich unzulässig[546]. Nicht zu berücksichtigen sind mögliche Steigerungen des Verpflichtungsumfangs, die ihre Ursache in externen, singulären Ereignissen haben und wertbegründenden Charakter aufweisen (z.B. nach dem Abschlussstichtag verabschiedete gesetzliche Vorschriften, mögliche zukünftige Änderungen der Versorgungsordnung und der Pensionsformel)[547]. 230

Zu den allgemeinen Grundsätzen zur **Abzinsung** von Erfüllungsbeträgen gem. § 253 Abs. 2 S. 1 HGB zur Ermittlung des Rückstellungsbetrags vgl. Tz. 138 f. Für die Abzinsung von Altersversorgungsverpflichtungen und vergleichbaren langfristig fälligen Verpflichtungen besteht gem. § 253 Abs. 2 S. 2 HGB ein stetig auszuübendes Wahlrecht, an- 231

---

541 Vgl. *IDW RS HFA 30*, Tz. 9.
542 Vgl. *IDW RS HFA 30*, Tz. 51 ff.
543 Vgl. *Gelhausen/Fey/Kämpfer*, BilMoG, Kap. I, Rn. 71.
544 Vgl. *IDW RS HFA 30*, Tz. 51 ff.; *Scheffler* in BHdR, B 233, Rn. 215 ff.; *Bertram/Harth* in Haufe HGB Kommentar[2], § 253, Rn. 94 ff. Zur Ermittlung des Erfüllungsbetrages bei Verpflichtungen aus langfristigen Wertguthaben vgl. *Ries*, WPg 2010, S. 811 (818 f.).
545 Vgl. *IDW RS HFA 30*, Tz. 51 f. sowie 62 ff.; *Gelhausen/Fey/Kämpfer*, BilMoG, Kap. I, Rn. 71 ff.; *Ellrott/Rhiel* in BeBiKo[7], § 249 HGB, Rn. 195 ff.; *Höfer* in HdR[5], § 249 HGB, Rn. 673 ff.; vgl. zu den Anforderungen an die versicherungsmathematischen Parameter auch *IDW RS HFA 30*, Tz. 62 ff.; *Scheffler* in BHdR, B 233, Rn. 225 ff.; zur Berücksichtigung von Rententrends vgl. *Höfer* in HdR[5], § 249 HGB, Rn. 674, *Scheffler* in BHdR, B 233, Rn. 223 ff. Zur Bilanzierung von Rentenanpassungen nach § 16 BetrAVG *IDW, IDW St/HFA 3/ 1993*, WPg 2004, S. 24 ff.; *Höfer* in HdR[5], § 249 HGB, Rn. 689 ff.
546 Vgl. *Gelhausen/Fey/Kämpfer*, BilMoG, Kap. I, Rn. 77 f.
547 Vgl. *IDW RS HFA 30*, Tz. 52; *Bertram/Harth* in Haufe HGB Kommentar[2], § 253, Rn. 91. Zur Berücksichtigung von Rückstellungsauflösungen i.Z.m. der Änderung von Bewertungsparametern vgl. *Gelhausen/Fey/ Kämpfer*, BilMoG, Kap. I, Rn. 21.

stelle der laufzeitadäquaten Abzinsungssätze aus Vereinfachungsgründen den durchschnittlichen Marktzinssatz anzusetzen, der sich bei einer angenommenen Restlaufzeit von 15 Jahren ergibt[548]. Nach der Regierungsbegründung zum BilMoG[549] steht die Anwendung dieser Vereinfachungsregelung unter dem Vorbehalt, dass der JA unverändert ein den tatsächlichen Verhältnissen entsprechendes Bild der Vermögens-, Finanz- und Ertragslage der Gesellschaft vermitteln muss. Gem. *IDW RS HFA 30*, Tz. 57, wird daher empfohlen, im Fall deutlich kürzerer (z.b. überwiegend ältere Rentenempfänger im Bestand, kurzfristige Verpflichtungen aus Altersteilzeitvereinbarungen) oder deutlich längerer Restlaufzeiten als 15 Jahre (z.B. überwiegend junge Anwärter auf Leistungen der betrieblichen Altersversorgung) von der tatsächlichen Restlaufzeit[550] der Verpflichtungen auszugehen[551]. Dabei kann die Restlaufzeit jeweils einheitlich für sachlich abgegrenzte Gruppen von Versorgungsberechtigten ermittelt werden[552].

232 Der Rückstellungsbetrag für Altersversorgungsverpflichtungen und hierzu vergleichbar langfristig fällige Verpflichtungen ist – vorbehaltlich der Anwendung des § 253 Abs. 1 S. 3 HGB – nach den allgemeinen Regelungen und Verfahren der Versicherungsmathematik zu ermitteln, wobei diese Berechnungen nach dem **Stichtagsprinzip** (§ 252 Abs. 1 Nr. 3 HGB) zum jeweiligen Abschlussstichtag durchzuführen sind[553]. Gleichwohl wird es als zulässig angesehen, wenn Pensionsgutachten mit Blickrichtung auf den Abschlussstichtag auf einer Datenbasis erstellt werden, die bis zu drei Monate vor dem Abschlussstichtag erhoben werden (vgl. *IDW RS HFA 30*, Tz. 65). Treten jedoch zwischen dem Zeitpunkt der Erhebung der Datenbasis bzw. Erstellung des Gutachtens und dem Abschlussstichtag noch wesentliche Änderungen und Abweichungen ein, so ist eine Anpassung der Pensionsberechnung erforderlich.

233 Die handelsrechtlichen Vorschriften schreiben kein bestimmtes versicherungsmathematisches Berechnungsverfahren vor, jedoch muss dieses – in Abhängigkeit von der Art der Versorgungszusage – eine den GoB entsprechende und damit **verursachungsgerechte Ansammlung** und Ermittlung des Erfüllungsbetrags gewährleisten und im Zeitablauf stetig angewandt werden (§ 252 Abs. 1 Nr. 6 HGB). **Laufende Betriebsrentenverpflichtungen** sowie Altersversorgungsverpflichtungen gegenüber ausgeschiedenen Anwärtern sind mit dem Barwert der noch zu leistenden Pensionszahlungen anzusetzen (§ 253 Abs. 2 S. 3 HGB)[554]. Bei **Pensionsanwartschaften** von aktiven Mitarbeitern hat die Mittelansammlung für die erteilten Pensionszusagen unter Beachtung des jeweiligen Pensionsplans im Regelfall über die Dauer der Betriebszugehörigkeit des Mitarbeiters (Aktivitätsperiode) zu erfolgen. Für die Ermittlung des Rückstellungsbetrags für Verpflichtungen aus über die Lebensarbeitszeit zu erdienenden Anwartschaften kommen insb. das versicherungsmathematische **Teilwertverfahren** (ein Gleichverteilungsver-

---

548 Vgl. zu Einzelheiten *IDW RS HFA 30*, Tz. 55 ff.; *Gelhausen/Fey/Kämpfer*, BilMoG, Kap. I, Rn. 85 ff.; *Höfer* in HdR[5], § 249 HGB, Rn. 679 f.
549 Vgl. Begr. RegE BilMoG, BT-Drucks. 16/10067, S. 55.
550 Gem. *IDW RS HFA 30*, Tz. 55, wird unter der Restlaufzeit einer Altersversorgungsverpflichtung nicht die voraussichtliche Dauer bis zu ihrer vollständigen Abwicklung, sondern die Duration i.S.d. versicherungsmathematischen Schwerpunkts aller künftigen Zahlungen an den Versorgungsempfänger verstanden.
551 Vgl. auch *Gelhausen/Fey/Kämpfer*, BilMoG, Kap. I, Rn. 87. Gegen eine Anwendung der Vereinfachungsregelung, sofern hierdurch kein den tatsächlichen Verhältnissen entsprechendes Bild der Vermögens-, Finanz- und Ertragslage der Gesellschaft vermittelt wird *Scheffler* in BHdR, B 233, Rn. 238 f.
552 Vgl. *IDW RS HFA 30*, Tz. 57.
553 Vgl. *IDW RS HFA 30*, Tz. 60; *Gelhausen/Fey/Kämpfer*, BilMoG, Kap. I, Rn. 93 f.
554 Vgl. *IDW RS HFA 30*, Tz. 60.

fahren) oder das **Anwartschaftsbarwertverfahren** (*projected unit credit method* i.S.d. IAS 19; ein Ansammlungsverfahren) in Betracht[555].

In der Wahl der **versicherungsmathematischen Bewertungsmethode** ist der Bilanzierende jedoch im Hinblick auf eine den handelsrechtlichen GoB entsprechende verursachungs- und sachgerechte Verrechnung des Aufwands aus der Pensionszusage über den Zeitraum, in dem der Mitarbeiter seine Arbeitsleistung erbringt, nicht vollkommen frei[556]. So führt eine Gleichverteilung des Pensionsaufwands und damit die Anwendung des Teilwertverfahrens bei Versorgungszusagen, die auf einer einmaligen Entgeltumwandlung beruhen, im Regelfall zu wirtschaftlich und sachlich unzutreffenden Ergebnissen[557]. Die angewandten Bewertungsmethoden sind grds. im Zeitablauf beizubehalten (§ 252 Abs. 1 Nr. 6 HGB).

234

Die gem. § 6a EStG nach der steuerlichen **Teilwertmethode** oder gem. IAS 19 nach der *projected unit credit method* ermittelten Rückstellungswerte sind nicht als handelsrechtlich zulässige Verfahren anzusehen, auch wenn es sich dabei um Teilwertverfahren bzw. Anwartschaftsbarwertverfahren handelt. Insb. unterschiedlich vorgeschriebene Bewertungsparameter (z.B. Höhe des Rechnungszinssatzes, Berücksichtigung von Gehalts- und Rententrends) sowie Sonderregelungen zur Verrechnung von versicherungsmathematischen Gewinnen gem. IFRS führen dazu, dass die genannten Wertansätze für Zwecke der Erstellung der HB nicht übernommen werden dürfen[558].

235

Abweichend zu den allgemeinen Grundsätzen zur Bewertung von Rückstellungen (Ermittlung des Erfüllungsbetrags der Verpflichtung (§ 253 Abs. 1 S. 2 HGB) und dessen Abzinsung (§ 253 Abs. 2 S. 1 und 2 HGB); vgl. Tz. 138 f.) sind Altersversorgungsverpflichtungen und vergleichbare langfristig fällige Verpflichtungen[559], deren Höhe sich ausschließlich nach dem beizulegenden Zeitwert von Wertpapieren i.S.d. § 266 Abs. 2 A.III.5 HGB[560] bestimmt, zum beizulegenden Zeitwert dieser Wertpapiere[561] anzusetzen (§ 253 Abs. 1 S. 3 HGB; „**wertpapiergebundene Versorgungszusagen**")[562]. Gem. *IDW RS HFA 30*, Tz. 74 sind Altersversorgungszusagen, deren Höhe sich ausschließlich nach dem beizulegenden Zeitwert eines Rückdeckungsversicherungsanspruchs bestimmt, wie wertpapiergebundene Versorgungszusagen zu behandeln. Dies muss auch für Altersversorgungsverpflichtungen gelten, deren Höhe sich ausschließlich nach bestimmten Festgeldguthaben richtet.

236

---

555 Vgl. *IDW RS HFA 30*, Tz. 61; *Scheffler* in BHdR, B 233, Rn. 246 ff.
556 Vgl. *Gelhausen/Fey/Kämpfer*, BilMoG, Kap. I, Rn. 81 f.; *IDW RS HFA 30*, Tz. 61.
557 Vgl. *IDW RS HFA 30*, Tz. 61; *Gelhausen/Fey/Kämpfer*, BilMoG, Kap. I, Rn. 81 ff.
558 Vgl. *IDW RS HFA 30*, Tz. 63; *Gelhausen/Fey/Kämpfer*, BilMoG, Kap. I, Rn. 83 f.
559 Ausgehend von den Begr. Beschlussempfehlung und Bericht des Rechtsausschusses, BT-Drucks 16/12407, S. 85, erscheint es sachgerecht, dass nicht nur die Altersversorgungsverpflichtungen, sondern auch die sog. „vergleichbare langfristig fälligen Verpflichtungen" in den Anwendungsbereich des § 253 Abs. 1 S. 3 HGB einbezogen werden; vgl. *Gelhausen/Fey/Kämpfer*, BilMoG, Kap. I, Rn. 95; *Ries*, WPg 2010, 811 (818).
560 Zu den Wertpapieren zählen sowohl festverzinsliche Kapitalmarktpapiere (z.B. Obligationen, öffentliche Anleihen, Wandelschuldverschreibungen, Pfandbriefe), als auch gewinnabhängige Kapitalmarktpapiere (z.B. Aktien, Investmentanteile); vgl. *Gelhausen/Fey/Kämpfer*, BilMoG, Kap. I, Rn. 98; *IDW RS HFA 30*, Tz. 73.
561 Zur Bewertung von Wertpapieren zum beizulegenden Zeitwert vgl.Tz. 371 ff., sowie *IDW RS HFA 30*, Tz. 67 f.; *Gelhausen/Fey/Kämpfer*, BilMoG, Kap. C, Rn. 54 ff. m.w.N. Zur Bewertung von Rückdeckungsversicherungsansprüchen vgl. *IDW RS HFA 30*, Tz. 68; *Thierer*, DB 2011, S. 189 ff.
562 Vgl. *IDW RS HFA 30*, Tz. 71 ff.; *Gelhausen/Fey/Kämpfer*, BilMoG, Kap. I, Rn. 95 ff.; *Höfer* in HdR[5], § 249 HGB, Rn. 764 ff.; *Scheffler* in BHdR, B 233, Rn. 230 ff.; *Ries*, WPg 2010, S. 811 (818 f.). Zur Abzinsung von ungewissen Verbindlichkeiten aus wertpapiergebundenen Versorgungszusagen vgl. *Ries*, WPg 2010, S. 811 (819) m.w.N.; zu Rückdeckungsversicherungsansprüchen als Deckungsvermögen vgl. *Ellrott/Rhiel* in BeBiKo[7], § 249, Rn. 204.

237 Sieht die wertpapiergebundene Altersversorgungszusage einen **Mindestbetrag** bzw. eine **Mindestgarantie** vor, so darf dieser Betrag, der nach den allgemeinen Bewertungsgrundsätzen für Rückstellungen zu ermitteln ist, jedoch nicht unterschritten werden[563].

238 § 253 Abs. 1 S. 3 HGB setzt nicht voraus, dass die Wertpapiere tatsächlich von dem Bilanzierenden im Bestand gehalten werden[564]. Befinden sich die **Wertpapiere im wirtschaftlichen Eigentum des Bilanzierenden**, so sind diese grds. zu Anschaffungskosten (§§ 253 Abs. 1 i.V.m. 255 Abs. 1 HGB) zu bewerten. Erfüllen die genannten Vermögensgegenstände jedoch die Voraussetzungen für das Vorliegen von Deckungsvermögen (§ 246 Abs. 2 S. 2 HGB; vgl. Tz. 123 ff.), so sind diese zum beizulegenden Zeitwert anzusetzen (§§ 253 Abs. 1 S. 4 i.V.m. 255 Abs. 4 HGB). In diesem Sonderfall ist es als sachgerecht anzusehen, dass die aus der Zeitwertbewertung des Vermögens resultierenden Erträge nicht der Ausschüttungs- und Abführungssperre gem. § 268 Abs. 8 S. 3 HGB und § 301 S. 1 AktG unterliegen[565]. Stellen die im Bestand gehaltenen Wertpapiere kein Deckungsvermögen dar, so können die Voraussetzungen für die Bildung von Bewertungseinheiten gem. § 254 HGB vorliegen[566].

239 Eine **Auflösung** von Pensionsrückstellungen, auch aufgrund des Passivierungswahlrechts gebildeter Pensionsrückstellungen (Art. 28 EGHGB), ist nur zulässig, soweit der Grund für die Rückstellungen entfallen ist (§ 249 Abs. 2 S. 2 HGB), vgl. Tz. 142[567].

240 Bei einem (Teil-)**Betriebsübergang** nach § 613a BGB gehen die Rechte und Pflichten aus den zum Zeitpunkt des Betriebsübergangs bestehenden Arbeitsverhältnissen und damit auch die Altersversorgungsverpflichtungen sowie die vergleichbar langfristig fälligen Verpflichtungen gegenüber den aktiven Beschäftigten auf das übernehmende Unternehmen über[568]. Somit wird der übertragende Rechtsträger grds. von den genannten Verpflichtungen befreit und hat die hierfür gebildeten Personalrückstellungen aufzulösen[569]. Im Rahmen der gesamtschuldnerischen Haftung nach § 613a Abs. 2 BGB hat das übertragende Unternehmen jedoch in Höhe des Teils der Verpflichtung, der im Innenverhältnis vereinbarungsgemäß von ihm zu tragen ist, eine Rückstellung zu passivieren[570]. Der Restbetrag der Verpflichtung ist entsprechend seinem Charakter als Gewährleistungsverpflichtung nach §§ 251, 268 Abs. 7 HGB unter der Bilanz oder im Anh. anzugeben[571].

241 Liegt keine wirksame befreiende Schuldübernahme von Altersversorgungsverpflichtungen vor, besteht jedoch zwischen dem Arbeitgeber (primär Verpflichteter) und einem Dritten eine Vereinbarung, die als **Schuldbeitritt mit einer Erfüllungsübernahme im Innenverhältnis** zu qualifizieren ist, so bestimmt sich die handelsrechtliche Behandlung im JA des Arbeitgebers nach den für eine Gesamtschuld bestehenden Bilanzierungsgrundsätzen[572]. Als **primär verpflichtetes Unternehmen** bleibt der Arbeitgeber

---

563 Vgl. *IDW RS HFA 30*, Tz. 71; *Gelhausen/Fey/Kämpfer*, BilMoG, Kap. I, Rn. 96.
564 Vgl. *Gelhausen/Fey/Kämpfer*, BilMoG, Kap. I, Rn. 95.
565 Vgl. *IDW RS HFA 30*, Tz. 75; *Ries*, WPg 2010, S. 811 (821 ff.).
566 Vgl. hierzu *IDW RS HFA 30*, Tz. 76; *Gelhausen/Fey/Kämpfer*, BilMoG, Kap. C, Rn. 52 ff.; *Ries*, WPg 2010, S. 811 (823 f.).
567 Zum Verbrauch nach der versicherungsmathematischen oder buchhalterischen Auflösungsmethode vgl. ADS[6], § 253 HGB, Tz. 339; *Ellrott/Rhiel* in BeBiKo[7], § 249, Rn. 235.
568 Vgl. *IDW RS HFA 30*, Tz. 96; ADS[6], § 249 HGB, Tz. 92; vgl. auch *Metz*, BB 2009, S. 2244 ff.; *Kleffmann/Reich*, BB 2009, S. 214 ff.; *Wellisch/Quiring/Bleckmann*, NWB Fach 17, S. 2027 ff.
569 Vgl. *IDW RS HFA 30*, Tz. 96.
570 Vgl. *IDW RS HFA 30*, Tz. 99; *HFA*, FN-IDW 1998, S. 528.
571 Vgl. *IDW RS HFA 30*, Tz. 99; *HFA*, FN-IDW 1998, S. 528; ADS[6], § 246 HGB, Tz. 419 f.
572 Vgl. ADS[6], § 246 HGB, Tz. 419 ff.; *Schmitz/Wilhelm* in Kolvenbach/Sartoris, Bilanzielle Auslagerung von Pensionsverpflichtungen[2], S. 180 ff.; *Heger*, BB 2006, S. 539 ff.; *Wellisch/Bleckmann*, BAV 2006, S. 142 ff.

zwar rechtlich weiterhin zur gesamten Leistung verpflichtet, hat jedoch die bislang gebildeten Pensionsrückstellungen aufzulösen, wenn seine Inanspruchnahme aus der Verpflichtung so gut wie ausgeschlossen ist[573]. Dies ist der Fall, wenn durch die getroffenen Vereinbarungen, die dem Arbeitnehmer einen unmittelbaren Zahlungsanspruch an den beitretenden Schuldner einräumen und unter Berücksichtigung der konkreten Umstände bei den Beteiligten, insb. der Bonität des Beitretenden, mit einer wirtschaftlichen und finanziellen Belastung des primär Verpflichteten aus den betrachteten Versorgungszusagen mit an Sicherheit grenzender Wahrscheinlichkeit nicht mehr gerechnet werden muss[574]. Werden diese Voraussetzungen nicht erfüllt, hat der primäre Schuldner die Verpflichtungen unverändert zu passivieren und einen Freistellungsanspruch gegen den Schuldbeitretenden zu aktivieren[575].

Der **Schuldbeitretende** hat für die eingegangene Freistellungsverpflichtung eine Rückstellung für ungewisse Verbindlichkeiten gem. § 249 Abs. 1 S. 1 HGB zu passivieren; hierbei handelt es sich nicht um eine Altersversorgungsverpflichtung oder um eine vergleichbare langfristig fällige Verpflichtung, sondern um eine „sonstige Rückstellung" i.S.d. § 266 Abs. 3 B Nr. 3 HGB[576]. Für Freistellungsverpflichtungen finden somit die gesetzlichen Regelungen des § 246 Abs. 2 S. HGB (Saldierung mit Deckungsvermögen) und des Art. 67 Abs. 1 S. 1 HGB (Verteilung des Mehraufwands aus der erstmaligen Neubewertung von Pensionsrückstellungen gem. BilMoG) grds. keine Anwendung. 242

Eine ergebniswirksame Auflösung der Pensionsrückstellung aufgrund eines **Wechsels des Durchführungswegs** von einer unmittelbaren in eine mittelbare Zusage ist nur insoweit zulässig, wie sich das Unternehmen seiner Verpflichtung entledigt hat[577]. Dies kann bspw. durch Leistung einer Einmalzahlung an ein VU oder an eine Pensionskasse in Verbindung mit dem Einverständnis des Arbeitnehmers zum Erlöschen seiner Ansprüche gegen das Unternehmen und Ersatz durch Ansprüche gegen das VU oder die Pensionskasse geschehen. Ein Unterschiedsbetrag zwischen dem höheren Einmalbetrag und dem bislang passivierten Rückstellungsbetrag ist sofort aufwandswirksam zu erfassen[578]. Bei Einschaltung einer Unterstützungskasse ist wegen der Subsidiärhaftung des Trägers eine Verminderung der Rückstellung maximal nur im Umfang des der Unterstützungskasse zur Verfügung gestellten Vermögens zulässig; das Passivierungswahlrecht gem. Art. 28 Abs. 1 S. 2 EGHGB ist hier nicht einschlägig[579]. 243

Bei **Contractual Trust Arrangements** (CTA, vgl. Tz. 85)[580], insb. im Wege der Überführung von Vermögensgegenständen vom verpflichteten Unternehmen auf einen rechtlich selbstständigen Treuhänder in Verbindung mit Errichtung eines doppelseitigen Treu- 244

---

573 Vgl. *IDW RS HFA 30*, Tz. 101.
574 Hinsichtlich der bestehenden Gesamtschuld ist ein Vermerk nach § 251 HGB geboten (vgl. Tz. 111 f.).
575 Vgl. *IDW RS HFA 30*, Tz 101 f.; ADS[6], § 246 HGB, Tz. 422; *Schmitz/Wilhelm* in Kolvenbach/Sartoris, Bilanzielle Auslagerung von Pensionsverpflichtungen[2], S. 182 ff.; zur Bewertung vgl. *IDW RS HFA 30*, Tz. 104.
576 Vgl. *IDW RS HFA 30*, Tz. 103.
577 Vgl. hierzu *IDW RS HFA 30*, Tz. 46 ff.; *HFA*, FN-IDW 2004, S. 584; ferner *Jaeger*, BB 2000, S. 1518 ff.; *Förster*, BetrAV 2001, S. 133 ff.; *Schanz*, BB 2002, S. 2655 ff.; *Sieger/Aleth*, DB 2002, S. 1487 ff. (Pensionsgesellschaft); *Friedrich/Weigel*, DB 2003, S. 2564 ff.; sowie *Oecking*, BetrAV 2003, S. 43 ff., und *Meier/Bätzel*, DB 2004, S. 1437 ff. (Pensionsfonds); *Louven/Weng*, BB 2006, S. 619 ff.; *Wellisch/Gellrich/Quiring*, BB 2010, S. 623 ff.; zur Gründung bzw. Ausgliederung von sog. „Rentnergesellschaften" vgl. *Klemm/Hamisch*, BB 2005, S. 2409 ff.; *Höfer/Küpper*, DB 2009, S. 118 ff.; *Baum/Humpert*, BB 2009, S. 950 ff.
578 Vgl. *IDW RS HFA 30*, Tz. 46.
579 Vgl. *IDW RS HFA 30*, Tz. 47.
580 Vgl. hierzu auch *Scheithauer/Sartoris* in Kolvenbach/Sartoris, Bilanzielle Auslagerung von Pensionsverpflichtungen[2], S. 328 ff.; *Rolfs/Schmid*, ZIP 2010, S. 701 ff.; *Klemm*, DStR 2004, S. 613 ff.; *Klemm*, DStR 2005, S. 1291 ff.; *Küppers/Louven*, BB 2004, S. 337 ff.; *Passage* in Altersvorsorge, 5 R, Rn. 65 ff.

handverhältnisses[581], kommt es nicht zur Auflösung der Pensionsrückstellung, da der Verpflichtungsumfang des Unternehmens hiervon nicht berührt wird[582]. Soweit das Unternehmen das wirtschaftliche Eigentum an den Treugütern zurück behält, hat es diese zu bilanzieren; der Ausweis einer Geldforderung kann entsprechend § 246 Abs. 1 S. 2 HGB dann in Betracht kommen, wenn Barmittel übertragen wurden, die nicht in anderen Vermögensgegenständen, z.b. in Wertpapieren oder Spezialfonds, angelegt werden[583]. Zu den Voraussetzungen dafür, dass Treuhandvermögen als Deckungsvermögen i.S.d. § 246 Abs. 2 S. 2 HGB zu qualifizieren ist und zu den bilanziellen Konsequenzen vgl. Tz. 124.

bb) Steuerrechtlich[584]

245 Die steuerliche Bewertung von Pensionsrückstellungen nach **§ 6a EStG** bleibt von den handelsrechtlichen Neuregelungen unberührt. Die in der Bilanzierungspraxis vormals häufig anzutreffende Übernahme des steuerlichen Teilwerts für den handelsbilanziellen Ausweis von Pensionsrückstellungen ist nach dem BilMoG allerdings nicht mehr möglich, da die steuerlichen Bewertungsparameter (z.B. Lohn- und Gehaltsniveau zum Abschlussstichtag, fester Zinssatz von 6% pa.) nicht mehr den handelsrechtlichen Vorschriften entsprechen[585].

246 Pensionsrückstellungen, für die handelsrechtlich eine Passivierungspflicht besteht (Neuzusagen) sind im Rahmen des § 6a EStG wegen des **Maßgeblichkeitsprinzips** auch steuerrechtlich passivierungspflichtig[586]. Die besonderen steuerlichen Ansatz- und Bewertungsvorschriften des § 6a EStG schränken jedoch die Maßgeblichkeit des handelsrechtlichen Passivierungsgebots ein[587].

247 Die **steuerliche Anerkennung** von Pensionsverpflichtungen setzt die Rechtsverbindlichkeit der Verpflichtung voraus. Diese kann z.B. auf Einzelvertrag, Gesamtzusage (Pensionsordnung), Betriebsvereinbarung oder Tarifvertrag beruhen (R 6a Abs. 2 S. 2 EStR 2008). Ob eine rechtsverbindliche Verpflichtung vorliegt, ist im Zweifel nach arbeitsrechtlichen Grundsätzen zu beurteilen (R 6a Abs. 1 S. 4, Abs. 2 S. 3 EStR 2008).

248 Für die **Pensionszusage** ist Schriftform erforderlich (§ 6a Abs. 1 Nr. 3 EStG, R 6a Abs. 7 sowie H 6a Abs. 7 EStR 2008). Dabei genügt bei Gesamtzusagen eine schriftliche Bekanntmachung in geeigneter Form, z.B. durch ein Protokoll über den Aushang im Betrieb. Für Pensionsverpflichtungen, die auf betrieblicher Übung oder auf dem Grundsatz der Gleichbehandlung beruhen, kann wegen der fehlenden Schriftform keine Rückstellung gebildet werden. Im Übrigen darf die Pensionszusage nicht von zukünftigen gewinn-

---

581 Vgl. hierzu WP Handbuch 2008 Bd. II, Kap. H, Tz. 3 ff.; ADS[6], § 246 HGB, Tz. 27.
582 Vgl. auch *Scheithauer/Sartoris* in Kolvenbach/Sartoris, Bilanzielle Auslagerung von Pensionsverpflichtungen[2], Abschn. K, S. 319 ff.
583 Vgl. *Schnitker/Döring*, BB 2007, S. 596 ff.; siehe auch ADS[6], § 246 HGB, Tz. 280.
584 Vgl. R 6a EStR 1998; BMF-Schr. v. 15.05.2009, BStBl. I 2010, S. 597, Rn. 9 ff.; *Ellrott/Rhiel* in BeBiKo[7], § 249, Rn. 209 ff. m.w.N.; *Kammler/Höfling* in PwC/Deutsche Rentenversicherung, Altersvorsorge, 5 K., Rn. 1 ff.; *Uckermann*,, S. 149 ff.; *Höfer/Veit/Verhuven*, BetrAVG, Bd. II, S. 129 ff.; *Andresen u. a.*, Arbeitsrecht der betrieblichen Altersversorgung, Bd. I, Teil 5B, Rz. 10 ff.; WP-HdU[3], Abschn. O, Rn. 32 ff.; *Weber-Grellet* in Schmidt, L.[30], § 6a; *Heger/Weppler* in HdJ, Abt. III/7; zur Berücksichtigung von Renten aus der gesetzlichen Rentenversicherung vgl. BMF-Schr. v. 15.03.2007, BStBl. I, S. 290; zu Pensionsrückstellungen bei Inanspruchnahme der Teilrente vgl. BMF-Schr. v. 25.04.1995, BB, S. 977; zur Bewertung von Pensionsverpflichtungen vgl. auch BMF-Schr. v. 16.06.2008, BStBl. I, S. 681; BMF-Schr. v. 16.12.2005, BStBl. I, S. 1054; zum Schuldbeitritt bei Pensionszusagen vgl. BMF-Schr. v. 16.12.2005, BStBl. I, S. 1052; *Gosch*, DStR 2001, S. 882 ff.
585 Vgl. *IDW RS HFA 30*, Tz. 63; *Gelhausen/Fey/Kämpfer*, BilMoG, Kap. I, Rn. 69.
586 Vgl. R 6a Abs. 1 S. 2 EStR 2008; vgl. auch *Weber-Grellet* in Schmidt, L., EStG[30], § 6a, Rn. 2 f.
587 Vgl. BMF-Schr. v. 12.03.2010, BStBl. I, S. 239, Rn. 9 ff. (geändert durch BMF-Schr. v. 22.06.2010, BStBl. I, S. 597).

Rückstellungen E

abhängigen Bezügen abhängen oder einen steuerschädlichen Vorbehalt vorsehen (§ 6a Abs. 1 Nr. 2 EStG, R 6a Abs. 3 bis 6 sowie H 6a Abs. 6 EStR 2008). Haftungsbeschränkungen für den Fall der Übertragung oder Aufgabe eines Einzelunternehmens beim Ausscheiden von persönlich haftenden Gesellschaftern oder Kommanditisten von Personenhandelsgesellschaften können steuerschädlich sein[588].

Eine Pensionsrückstellung für **Anwartschaften** darf erstmalig für das Jahr gebildet werden, in dem die Pensionszusage erteilt wird, frühestens jedoch für das WJ, bis zu dessen Mitte der Pensionsberechtigte das 27. Lebensjahr vollendet (§ 6a Abs. 2 Nr. 1 EStG; ab dem 01.01.2009). Ist die Erlangung einer Pensionszusage formell von dem Ablauf einer Vorschaltzeit abhängig gemacht worden, so entsteht für den Betrieb eine rechtsverbindliche Pensionsverpflichtung schon mit Beginn dieser Vorschaltzeit[589]. Bei Eintritt des Versorgungsfalles kann eine Pensionsrückstellung ohne Berücksichtigung eines Mindestalters gebildet werden (§ 6a Abs. 2 Nr. 2 EStG). **249**

Pensionsverpflichtungen dürfen höchstens mit dem **Teilwert** angesetzt werden (§ 6a Abs. 3 EStG). Als Teilwert einer Pensionsanwartschaft gilt vor Beendigung des Dienstverhältnisses eines Pensionsberechtigten der Barwert der künftigen Pensionsleistungen am Schluss des WJ abzgl. des sich auf denselben Zeitpunkt ergebenden Barwerts betragsmäßig gleichbleibender Jahresbeträge bis zum vorgesehenen Zeitpunkt des Eintritts des Versorgungsfalls; die Jahresbeträge sind so zu ermitteln, dass ihr Barwert zu Beginn des Dienstverhältnisses gleich dem Barwert der Pensionsverpflichtung zum gleichen Zeitpunkt ist. Hierbei ist als Beginn des Dienstverhältnisses einerseits grds. der tatsächliche Dienstantritt im Rahmen des bestehenden Dienstverhältnisses anzusehen (BFH v. 25.05.1988, BStBl. II, S. 720)[590]. Als Zeitpunkt des Eintritts des Versorgungsfalls andererseits ist grds. das vertraglich vereinbarte Pensionsalter zu Grunde zu legen[591]. Hat das Dienstverhältnis bereits vor Vollendung des 28. Lebensjahrs bestanden, gilt es als zu Anfang des WJ begonnen, bis zu dessen Mitte der Pensionsberechtigte das 28. Lebensjahr vollendet (§ 6a Abs. 3 S. 2 Nr. 1 S. 6 EStG). Spezielle Berechnungsvorschriften für den Teilwert gelten dann, wenn ein Unternehmen Pensionsverpflichtungen unter gleichzeitiger Übernahme von Vermögenswerten übernimmt (R 6a Abs. 13 EStR 2008). Nach Beendigung des Dienstverhältnisses unter Aufrechterhaltung der Pensionsanwartschaft sowie nach Eintritt des Versorgungsfalls gilt als Teilwert einer Pensionsverpflichtung der Barwert der künftigen Pensionsleistungen am Bewertungsstichtag (§ 6a Abs. 3 S. 2 Nr. 2 EStG). **250**

Der **Rechnungszinsfuß** zur Ermittlung der Pensionsrückstellungen beträgt für WJ, die nach dem 31.12.1981 enden, 6 v.H. Für die Berechnung des Teilwerts sind die anerkannten Regeln der Versicherungsmathematik zu Grunde zu legen (§ 6a Abs. 3 EStG). **251**

Für die Bildung der Pensionsrückstellung sind die **Verhältnisse am Abschlussstichtag** maßgebend. Zu diesem Zweck sind die Pensionsverpflichtungen grds. auf der Basis einer körperlichen Bestandsaufnahme (Feststellung der pensionsberechtigten Personen und der Höhe ihrer Pensionsansprüche) für den Abschlussstichtag festzustellen. Änderungen der Bemessungsgrundlagen, die erst nach dem Abschlussstichtag wirksam werden, sind zu **252**

---

588 Vgl. R 6a Abs. 6 EStR 2008; vgl. auch BMF-Schr. v. 29.01.2008, BStBl. I, S. 317.
589 Vgl. BMF-Schr. v. 07.08.1978, BStBl. I, S. 340; Vorschaltzeiten sind Mindestdienstzeiten oder andere zeitbezogene Merkmale, die in einer Versorgungsregelung für das Wirksamwerden eines Pensionsanspruchs vorgesehen sind.
590 Zur Berücksichtigung von Vordienstzeiten siehe R 6a Abs. 11 EStR 2008; vgl. auch BMF-Schr. v. 31.10.1997, BStBl. I, S. 1020.
591 Zu den Alternativen (höheres Pensionsalter und Zeitpunkt der frühestmöglichen Inanspruchnahme der vorzeitigen Altersrente aus der gesetzlichen Rentenversicherung) siehe R 6a Abs. 11 EStR 2008.

berücksichtigen, wenn sie am Abschlussstichtag bereits feststehen (R und H 6a Abs. 17 EStR 2008). Der für die Berechnung der Pensionsrückstellungen maßgebende Personenstand kann im Rahmen der vorverlegten Stichtagsinventur auf einen Tag innerhalb von drei Monaten vor oder zwei Monaten nach dem Abschlussstichtag vorgenommen werden. Voraussetzung ist, dass die Pensionsverpflichtungen für den Abschlussstichtag ordnungsgemäß bewertet werden können (siehe dazu R 6a Abs. 18 EStR 2008).

253 Ist in den Pensionszusagen die volle oder teilw. **Anrechnung** der **Sozialversicherungsrente** auf die betriebliche Rente oder eine Begrenzung der Gesamtversorgung aus betrieblicher Rente und Sozialversicherungsrente vorgesehen, so dürfen die Pensionsrückstellungen in diesen Fällen nur auf der Grundlage der von den Unternehmen tatsächlich zu zahlenden Beträge berechnet werden. Da die genaue Berücksichtigung der Sozialversicherungsrenten in der Praxis erhebliche Schwierigkeiten bereitet, wurde von der Finanzverwaltung die Anwendung eines Näherungsverfahrens zugelassen (vgl. BMF-Schr. v. 15.03.2007, BStBl. I, S. 290).

254 Eine Pensionsrückstellung darf in einem WJ höchstens um den Unterschied zwischen dem Teilwert der Pensionsverpflichtung am Schluss des WJ und dem Teilwert am Schluss des vorangegangenen WJ **erhöht** werden[592]. Beruht der Unterschiedsbetrag auf der erstmaligen Anwendung neuer, geänderter oder anderer biometrischer Rechnungsgrundlagen[593], erhöht sich der Barwert der künftigen Pensionsleistungen um mehr als 25 v.H. oder darf in dem WJ mit der Pensionsrückstellung frühestens begonnen werden (Erstjahr), so kann der Unterschiedsbetrag (nur) auf (mindestens) drei WJ verteilt zugeführt werden. Das gleiche gilt, wenn am Schluss des WJ, in dem das Dienstverhältnis des Pensionsberechtigten unter Aufrechterhaltung seiner Pensionsanwartschaft endet oder der Versorgungsfall eintritt, die Pensionsrückstellung bis zur Höhe des Teilwerts gebildet wird (§ 6a Abs. 4 EStG). Unterlassene Zuführungen unterliegen grds. einem **Nachholverbot**. Die durch die Nichtzuführung entstandenen Fehlbeträge dürfen jedoch in dem WJ nachgeholt werden, in dem das Dienstverhältnis unter Aufrechterhaltung der Anwartschaft endet oder in dem der Versorgungsfall eintritt (R 6a Abs. 20 EStR 2008 m.w.N).

255 In der StB sind Pensionsrückstellungen nur anzusetzen, sofern die Voraussetzungen des § 6a Abs. 1 und 2 EStG erfüllt sind. Darüber hinaus ist der **Bewertungsvorbehalt** des § 6a Abs. 3 und 4 EStG zu beachten, sodass die steuerliche Bewertung der Pensionsrückstellungen vom handelsrechtlichen Wertansatz abweichen darf. Die Regelungen in R 6a Abs. 20 S. 2 ff., wonach der handelsrechtliche Ansatz der Pensionsrückstellungen in der StB nicht überschritten werden durfte, sind als Folge des BilMoG nicht weiter anzuwenden[594].

256 Nach dem **Eintritt des Versorgungsfalls** ist die Pensionsrückstellung in jedem WJ um den Unterschied der versicherungsmathematischen Barwerte am Schluss des WJ und am Schluss des vorangegangenen WJ zu mindern. Die laufenden Pensionszahlungen sind dabei als Betriebsausgaben abzusetzen. Ist eine Pensionsrückstellung während der Anwartschaftszeit nur unzureichend gebildet worden, so darf sie nach Eintritt des Versorgungsfalls erst gemindert werden, wenn der Barwert der künftigen Pensionsleistungen die bis dahin gebildete Rückstellung unterschreitet. Bei der Herabsetzung einer Pensionsleistung oder dem Übergang auf eine Hinterbliebenenrente darf eine Auflösung nur bis zum Barwert der herabgesetzten Leistung bzw. dem Barwert der Hinterbliebenenrente erfolgen (R 6a Abs. 22 S. 4 EStR 2008).

---

[592] Vgl. R 6a Abs. 20 EStR 2008.
[593] Dazu BMF-Schr. v. 13.04.1999, FR, S. 550.
[594] Vgl. BMF-Schreiben v. 12.03.2010, BStBl. I, S. 239, Rn. 10.

257 Besonderheiten bestehen bei Pensionsrückstellungen für beherrschende **Gesellschaftergeschäftsführer**[595] von KapGes. (vgl. R 6a Abs. 8 und 9 EStR 2008 sowie R 38 und H 38 KStR 2004). Danach sind Rückstellungen für Pensionszusagen an (beherrschende) Gesellschaftergeschäftsführer dem Grunde nach steuerlich anzuerkennen, soweit die Voraussetzungen des § 6a EStG erfüllt sind und die Pensionszusage betrieblich veranlasst ist. Erforderlich ist eine klare und im Voraus gegebene schriftliche Zusage, die ernsthaft, erdienbar, finanzierbar und angemessen ist [596]. Besondere Bedeutung hat in diesem Zusammenhang die Dauer der tatsächlichen oder zu erwartenden Dienstleistung bis zur vertraglich vorgesehenen Altersgrenze. So ist das Kriterium der Erdienbarkeit nicht erfüllt, wenn der Zeitraum zwischen dem Zeitpunkt der Zusage der Pension und dem vorgesehenen Zeitpunkt des Eintritts in den Ruhestand weniger als zehn Jahre beträgt (BFH v. 21.12.1994, BStBl. II 1995, S. 419). Ebenso ist die Voraussetzung einer Finanzierbarkeit zu verneinen, wenn bei einem unmittelbar nach dem Abschlussstichtag eintretenden Versorgungsfall der Barwert der künftigen Pensionsleistung am Ende des WJ auch nach Berücksichtigung einer Rückdeckungsversicherung zu einer Überschuldung in der Bilanz führen würde (BFH v. 20.12.2000, DStR 2001, S. 893). Ernsthaft ist eine Pensionszusage nur, wenn die vertragliche Altersgrenze mindestens 60 Jahre beträgt. Da die Rechtsprechung[597] jedoch bei beherrschenden Gesellschaftergeschäftsführern grds. von einem Ruhestandsalter von 65 Jahren ausgeht, ist für die Berechnung der Pensionsrückstellung dort mindestens eine Altersgrenze von 65 Jahren zu Grunde zu legen, wenn nicht besondere Gründe ein niedrigeres Endalter rechtfertigen (BFH v. 23.01.1991, BStBl. II, S. 785). Schließlich muss die vertraglich zugesagte Pension in einem angemessenen Verhältnis zu den jeweils letzten Aktivbezügen stehen (dazu BMF-Schr. v. 07.01.1998, DB, S. 597; BFH v. 17.05.1995, BFH/NV 1996, S. 596)[598]. Pensionszusagen an Gesellschaftergeschäftsführer einer Personenhandelsgesellschaft dürfen im Rahmen der zweistufigen Gewinnermittlung von Personengesellschaften gebildet werden, müssen aber durch einen zeit- und betragsgleichen Aktivposten in der Sonderbilanz des begünstigten Gesellschafters wieder ausgeglichen werden (BFH v. 02.12.1997, BFH/NV 1998, S. 779)[599].

258 Wird bei einem **Handelsvertreter** vereinbart, dass der Ausgleichsanspruch nach § 89b HGB anzurechnen ist, so darf die Pensionsrückstellung nur für den Restanspruch gebildet werden; andernfalls ist die Pension auf den Ausgleichsanspruch anzurechnen (§ 89b Abs.1 Nr. 3 HGB), sodass sich die Pensionsverpflichtung des Unternehmens durch den Ausgleichsanspruch nicht mindert (R 6a Abs. 16 EStR 2008).

259 Besteht eine **Rückdeckungsversicherung**, so sind der Versicherungsanspruch und die Pensionsverpflichtung getrennt zu bilanzieren (wegen Einzelheiten vgl. R und H 6a Abs. 23 EStR 2008)[600].

---

595 Vgl. *Höfer*, DStR 2003, S. 274 m.w.N.; *Ellrot/Rhiel* in BeBiKo[7], § 249 HGB, Rn. 24; *Weber/Grellet* in Schmidt, L., EStG[30], § 6a EStG, Rn. 17 ff.; *Uckermann*, Betriebliche Altersversorgung und Zeitwertkonten, S. 149 ff.
596 Siehe dazu BFH v. 29.10.1997, BStBl. II 1999, S. 318; vgl. auch *Cramer*, DStR 1998, S. 1657.
597 Vgl. BFH v. 29.10.1997, BStBl. II 1999, S. 318.
598 Vgl. auch *Weber-Grellet* in Schmidt, L., EStG[30], § 6a, Rn. 17; zum Problemkreis der Erdienbarkeit von Pensionszusagen vgl. *Cramer*, BB 1994, S. 1461 ff., mit Nachweisen der Rechtsprechung; zur Ernsthaftigkeit vgl. *Cramer*, BB 1995, S. 919 ff.; die Kriterien der Wartezeit sind Gegenstand des BMF-Schr. v. 14.05.1999, BStBl. I, S. 512; zum Komplex der Pensionszusagen an Gesellschaftergeschäftsführer vgl. zuletzt *Mahlow*, DB 1999, S. 2590 ff.
599 Damit ist die frühere Auffassung vom Verbot der Passivierung überholt, vgl. BFH-Urt. v. 16.02.1967, BStBl. III, S. 222, BFH v. 21.12.1972, BStBl. II 1973, S. 298, BFH v. 08.01.1975, BStBl. II, S. 437; dazu *Paus*, BB 1993, S. 692. Zur Pensionsrückstellung bei Personengesellschaftern vgl. *Söffing*, BB 1999, S. 40 und S. 96; *Ellrott/Rhiel* in BeBiKo[7], § 249 HGB, Rn. 243 f.
600 Zur Rückdeckung auch BMF-Schr. v. 17.07.1995, StED, S. 485; BFH v. 25.02.2004, BStBl. II, S. 654.

d) Rückstellungen für im Geschäftsjahr unterlassene Aufwendungen für Instandhaltung

260 Nach der Aufhebung des Passivierungswahlrechts des § 249 Abs. 1 S. 3 HGB a.F. (vgl. Tz. 133) beschränkt sich die Zulässigkeit der Bildung von Rückstellungen für im GJ unterlassene Aufwendungen für Instandhaltung[601] auf solche Maßnahmen, die im folgenden GJ innerhalb von drei Monaten nachgeholt werden (Passivierungspflicht nach § 249 Abs. 1 S. 2 Nr. 1 HGB; vgl. Tz. 136 u. 261). In der StB sind passivierungspflichtige Rückstellungen ebenfalls anzusetzen[602].

261 Die Bildung der Rückstellungen ist an folgende **Voraussetzungen** geknüpft:

– Es muss ein **unterlassener Aufwand** vorliegen. Typische Fälle sind offensichtliche Schäden oder nicht eingehaltene Wartungspläne[603]. Die Verursachung einer später nach weiterem Gebrauch notwendig werdenden Reparatur genügt nicht;
– der Aufwand muss grds. **im Geschäftsjahr**, für das bilanziert wird, unterlassen worden sein; eine Nachholung für in früheren GJ unterlassenen Aufwand ist aber nach h.M. zulässig bzw. geboten, wenn die Unterlassung auch das vergangene GJ betrifft[604];
– die Arbeiten müssen **innerhalb von drei Monaten** (§ 249 Abs. 1 S. 2 Nr. 1 HGB) vollständig nachgeholt (beendet) werden[605]. Erscheint die Nachholung innerhalb des ersten Quartals des folgenden GJ bei vernünftiger kaufmännischer Beurteilung ausgeschlossen, so kommt eine Rückstellungsbildung nach der hier erörterten Vorschrift nicht in Betracht.

Im Vj. zulässigerweise gebildete Rückstellungen, die im folgenden GJ nicht in Anspruch genommen wurden, sind aufzulösen.

Zur **Bewertung** vgl. ADS[6], § 253 HGB, Tz. 281 ff.

e) Rückstellungen für im Geschäftsjahr unterlassene Aufwendungen für Abraumbeseitigung

262 Es besteht auch ohne Vorliegen einer ö.-r. Verpflichtung **Rückstellungspflicht**, soweit die unterlassenen Aufwendungen im folgenden GJ nachgeholt werden (§ 249 Abs. 1 S. 2 Nr. 1 HGB)[606]. Hinsichtlich der Voraussetzungen gelten die Ausführungen zu den im GJ unterlassenen Aufwendungen für Instandhaltungen sinngemäß[607]. Hat eine Abraumbeseitigung aufgrund einer ö.-r. Verpflichtung zu erfolgen, so fällt dieser Sachverhalt bereits

---

601 Vgl. hierzu auch *Bertram* in Haufe HGB Kommentar[2], § 249, Rn. 171 ff.; *Petersen/Künkele/Zwirner* in Petersen/Zwirner/Brösel, Bilanzrecht, § 249 HGB, Rn. 145 ff.; ADS[6], § 249 HGB, Tz. 166 ff.; *Kozikowski/Schubert* in BeBiKo[7], § 249, Rn. 101 ff.; *Herzig/Köster* in HdJ, Abt. III/5, Rn. 336 ff.; *Mayer-Wegelin/Kessler/Höfer* in HdR[5], § 249 HGB, Rn. 75 ff.; *Kußmaul*, DStR 1987 ff., S. 675; zur Bauinstandhaltung vgl. IDW St/WFA 1/1990.
602 Vgl. dazu R 5.7 (11) EStR 2008; vgl. auch *Weber-Grellet* in Schmidt, L., EStG[30], § 5, Rn. 550 (Instandhaltung).
603 Vgl. ADS[6], § 253 HGB, Tz. 283; *Herzig/Köster* in HdJ, Abt. III/5, Rn. 339.
604 Vgl. ADS[6], § 249 HGB, Tz. 177, § 253 HGB, Tz. 278; auch *Mayer-Wegelin/Kessler/Höfer* in HdR[5], § 249 HGB, Rn. 78; a.A. *Herzig/Köster* in HdJ, Abt. III/5, Rn. 344; *Scheffler* in BHdR, B 233, Rn. 228 (keine Nachholung für in Vj. unterlassene Instandhaltungen).
605 Vgl. ADS[6], § 249 HGB, Tz. 252 ff.; *Kozikowski/Schubert* in BeBiKo[7], § 249, Rn. 107.
606 Steuerrechtlich vgl. auch *Weber-Grellet* in Schmidt, L., EStG[30], § 5, Rn. 550 (Abraum); *Kozikowski/Schubert* in BeBiKo[7], § 249, Rn. 111 (Abraumbeseitigung) m.w.N.; *Herzig/Köster* in HdJ, Abt. III/5, Rn. 351.
607 Vgl. zur Durchbrechung der Begrenzung auf das folgende GJ und zur Bewertung ADS[6], § 249 HGB, Tz. 166 ff., § 253 HGB, Tz. 286 f.; *Scheffler* in BHdR, B 233, Rn. 451; hierzu auch *Krämer*, BFuP 1987, S. 348.

unter die allgemeine Pflicht zum Ansatz von Rückstellungen für ungewisse Verbindlichkeiten gem. § 249 Abs. 1 S. 1 HGB[608].

f) Rückstellungen für ohne rechtliche Verpflichtung zu erbringende Gewährleistungen

Nach § 249 Abs. 1 S. 2 Nr. 2 HGB besteht **Rückstellungspflicht**. Unter diese Vorschrift fallen nur Rückstellungen für solche Gewährleistungen, die eindeutig ohne rechtliche Verpflichtung erbracht werden. Ist dagegen – wie in der Praxis häufig – unklar, ob eine Gewährleistungspflicht besteht, und werden deshalb sog. „Kulanzleistungen" erbracht, um präjudizierende Urt. oder um Streitigkeiten im Interesse der Geschäftsbeziehungen zu vermeiden, so handelt es sich in Wirklichkeit um Rückstellungen für ungewisse Schulden[609]. **263**

Steuerlich sind Rückstellungen für Kulanzleistungen nur zulässig, wenn sich der Kaufmann den Gewährleistungen aus geschäftlichen Erwägungen nicht entziehen kann. Geschäftliche Erwägungen sind anzunehmen, wenn der Kaufmann aufgrund pflichtgemäßen Ermessens damit rechnen muss, dass die Kulanzleistungen in Zukunft bewilligt werden müssen (R und H 5.7 Abs. 12 EStR 2008)[610]. Rückstellungen für künftige Reparaturen, die aus Kulanzgründen unter Selbstkosten ausgeführt, aber nicht wie die üblichen Garantieleistungen als Ausfluss eines Kaufvertrags übernommen werden, sind dagegen nicht anerkannt[611]. **264**

g) Aufwandsrückstellungen (§ 249 Abs. 2 HGB a.F.)

Durch die Aufhebung der Vorschrift des § 249 Abs. 2 HGB a.F. dürfen nach Inkrafttreten des BilMoG keine Aufwandsrückstellungen i.S. d. genannten Vorschrift mehr neu gebildet werden. Zur Behandlung der beibehaltenen Posten, die sich aus dem letzten JA vor dem Übergang auf das HGB i.d.F. des BilMoG ergeben, vgl. Tz. 133 f.[612]. **265**

4. Rechnungsabgrenzungsposten (§ 250 HGB)

Nach § 250 HGB sind als RAP auszuweisen (**Aktivierungs- bzw. Passivierungspflicht**) **266**

– auf der Aktivseite Ausgaben vor dem Abschlussstichtag, **soweit** sie Aufwand für eine bestimmte Zeit nach diesem Tag darstellen (§ 250 Abs. 1 HGB),

– auf der Passivseite Einnahmen vor dem Abschlussstichtag, **soweit** sie **Ertrag für** eine bestimmte Zeit nach diesem Tag darstellen (§ 250 Abs. 2 HGB).

---

608 Vgl. ADS[6], § 249 HGB, Tz. 166; *Kozikowski/Schubert* in BeBiKo[7], § 249, Rn. 111; steuerlich R 4.7 Abs. 11 EStR 2008.

609 Vgl. zur Konkurrenz mit Rückstellungen für ungewisse Verbindlichkeiten wegen sog. faktischer Verpflichtungen ADS[6], § 249 HGB, Tz. 182 ff.; hierzu auch BGH v. 28.01.1991, BB, S. 507, sowie hierzu *Claussen*, ZGR 1992, S. 254; wegen Einschränkung auf Gewährleistungen für eigene Lieferungen und Leistungen, die dem Bilanzierenden angelastet werden können, *Kozikowski/Schubert* in BeBiKo[7], § 249, Rn. 113; weitergehend ADS[6], § 249 HGB, Tz. 184 (Einstehen für Lieferungen und Leistungen von Konzernunternehmen); *Herzig/Köster* in HdJ, Abt. III/5, Rn. 359.

610 Vgl. auch *Weber-Grelle*t in Schmidt, L., EStG[30], § 5, Rn. 550 (Kulanz); R 5.7 Abs. 12 EStR 2008.

611 BFH v. 06.04.1965, BStBl. III, S. 383; vgl. auch BFH v. 04.12.1963, HFR 1964, S. 196; wegen Ausgleichsleistung eines Händlers an Werkstätten für Mehrkosten des Wartungsdienstes vgl. BFH v. 02.12.1965, BStBl. III 1966, S. 144 (abgelehnt); BFH v. 03.07.1980, BStBl. II, S. 648 (Rückstellung für Dauerwartungsvertrag); BFH v. 10.12.1992, BStBl. II 1994, S. 158 (Rückstellung für Nachbetreuungsleistungen an Hör- und Sehhilfen – abgelehnt); aus dem Schrifttum vgl. *Nolte*, FR 1960, S. 231; *Stumpe*, FR 1961, S. 238; *Müller*, FR 1966, S. 7; *Horlemann*, BB 1984, S. 2162.

612 Vgl. hierzu auch *Gelhausen/Fey/Kämpfer*, BilMoG, Kap. F, Rn. 16 ff.

267 Zulässig ist nur der Ausweis **transitorischer Posten** im engeren Sinne, d.h. bei denen dem Unternehmen nach dem Abschlussstichtag eine konkrete Gegenleistung zusteht[613]. Transitorische Posten im weiteren Sinn (z.B. Reklamefeldzug) dürfen nicht bilanziert werden[614]. Antizipative Aktiva und Passiva (Erträge und Aufwendungen des abgelaufenen GJ, die erst später zu Einnahmen oder Ausgaben führen) sind, soweit sie die Kriterien für den Ansatz von Forderungen oder ähnlicher Ansprüche bzw. Verpflichtungen haben, als sonstige Vermögensgegenstände bzw. als Verbindlichkeiten oder Rückstellungen zu bilanzieren (vgl. F Tz. 757)[615].

268 Die Aktivierung bzw. Passivierung als RAP setzt grds. einen **Zahlungsvorgang** vor dem Abschlussstichtag voraus. Hierzu zählen bare (Kasse) und unbare (Bank) Zahlungsvorgänge sowie die Hergabe und Entgegennahme von Schecks, Wechseln u. dgl. Den Zahlungsvorgängen gleichgestellt sind Einbuchungen von Forderungen und Verbindlichkeiten[616].

269 Die Ausgabe muss Aufwand, die Einnahme Ertrag für eine **bestimmte Zeit** nach dem Abschlussstichtag darstellen. Das Merkmal des bestimmten Zeitraums muss sich unmittelbar aus dem Sachverhalt ergeben. Anfang und Ende des Zeitraums müssen eindeutig festliegen, d.h. kalendermäßig bestimmt oder aus anderen Größen eindeutig ableitbar sein; es genügt nicht, wenn das Ende des Zeitraums durch ein künftiges, terminlich noch ungewisses Ereignis bestimmt wird[617]. Rechnungsabgrenzungen können über mehrere GJ hinweg reichen. Im Allgemeinen werden den RAP gegenseitige Verträge zu Grunde liegen, bei denen Leistung und Gegenleistung ihrer Natur nach zeitbezogen sind, zeitlich aber auseinanderfallen.

270 Zu den **transitorischen Abgrenzungsposten** gehören z.B. Vorauszahlungen von Miete[618], Pacht, Versicherungsprämien, Beiträgen, Zinsen, Honoraren, Gebühren, Lagerkosten sowie von bestimmten Provisionen und Zuschüssen (vgl. wegen Einzelheiten und weiterer Beispiele ADS[6], § 250 HGB, Tz. 53 f., 117 f.; zur Bildung von RAP i.Z.m. privaten Zuschüssen vgl. *IDW St/HFA 2/1996*, Abschn. 2111. und 3111.). Auch Werbeaufwendungen können bei Vorliegen der gesetzlichen Voraussetzungen abgegrenzt werden, z.B. bei Vorauszahlungen für eine regelmäßig wiederkehrende Werbemaßnahme (z.B. Erscheinen von Anzeigen) oder für Miete von Werbeflächen für einen bestimmten Zeitraum. Vorauszahlungen auf Kataloge, die im nächsten Jahr geliefert werden, sind Anzahlungen[619]. Besondere Abgrenzungsfragen können sich bei **Leasingverträgen** ergeben, vgl. hierzu *IDW St/HFA 1/1989* (betr. den Leasinggeber) sowie ADS[6], § 250 HGB, Tz. 119 f.[620]. Zur Rechnungsabgrenzung i.Z.m. Genussrechten vgl. *IDW St/HFA 1/1994*.

---

[613] Vgl. ADS[6], § 250 HGB, Tz. 6 ff.; *Bertram* in Haufe HGB Kommentar[2], § 250, Rn. 1 ff.; *Heine/Zenger* in Petersen/Zwirner/Brösel, Bilanzrecht, § 250 HGB, Rn. 2 ff.; vgl. zum Meinungsstand auch AK „Steuern und Revision" im Bund der Wirtschaftsakademiker e.V., DStR 1999, S. 2135.

[614] Vgl. ADS[6], § 250 HGB, Tz. 8 ff.; *Ellrott/Krämer* in BeBiKo[7], § 250, Rn. 23.

[615] Zu den Angabepflichten im Anh. im Hinblick auf antizipative Abgrenzungsposten nach § 268 Abs. 4 S. 2, Abs. 5 S. 3 HGB vgl. im Einzelnen F Tz. 748 (Aktivseite) und F Tz. 771 (Passivseite).

[616] Vgl. ADS[6], § 250 HGB, Tz. 25 ff.; *Ellrott/Krämer* in BeBiKo[7], § 250, Rn. 18 f.

[617] Vgl. ADS[6], § 250 HGB, Tz. 31 ff.; für weite Auslegung bei passiven RAP *Beisse*, S. 67 ff.; dem folgend *Crezelius*, DB 1998, S. 633 (637 f.) (Schätzung passiver RAP anhand statistischer Daten); hierzu auch *Hartung*, S. 213 ff.; *Baumbach/Hueck*, GmbHG[17], § 42 GmbHG, Rn. 151; für bestimmbaren Mindestzeitraum als ausreichendes Kriterium *Herzig/Söffing*, BB 1993, S. 465 ff.; nach *Trützschler* in HdR[5], § 250 HGB, Rn. 25, z.Z. keine h.M. vorhanden; nach *Ellrott/Krämer* in BeBiKo[7], § 250, Rn. 21, h.M. für enge Auslegung.

[618] Vgl. auch *HFA*, WPg 1992, S. 540 (zur Realisierung von Mieterträgen).

[619] Vgl. ADS[6], § 250 HGB, Tz. 54; zur Abgrenzung von den Anzahlungen ADS[6], § 250 HGB, Tz. 14.

[620] Vgl. hierzu auch *Gelhausen/Weiblen* in HdJ, Abt. I/5, Rn. 79, 85, 108, 151 und 166; zur Bildung und (linearen) Auflösung passiver RAP bei Forfaitierung von Leasingraten BFH v. 24.07.1996, WiB 1997, S. 39 ff.

Rechnungsabgrenzungsposten   E

Zur Abgrenzung realisierter Erfolgsbeiträge bei rollierend abgeschlossenen Sicherungsgeschäften vgl. *Göttgens/Prahl*, WPg 1993, S. 503 ff.; hierzu auch Tz. 70[621].

Für die o.g. RAP besteht grds. Bilanzierungspflicht. Bei geringen sowie bei regelmäßig wiederkehrenden bedeutungslosen Beträgen (z.B. Kfz-Steuern) kann jedoch unter dem Gesichtspunkt der **Wesentlichkeit** auf eine Bilanzierung verzichtet werden[622]. 271

Durch das BilMoG wurde das Wahlrecht zur aktiven Abgrenzung von als Aufwand berücksichtigten **Zöllen und Verbrauchsteuern**, die auf am Abschlussstichtag auszuweisende Vorräte entfallen (§ 250 Abs. 1 S. 2 Nr. 1 HGB a.F.), aufgehoben. Soweit eine Aktivierung der durch den Herstellungsprozess verursachten Zölle und Verbrauchsteuern im Rahmen der Vorratsbewertung gem. § 255 Abs. 2 HGB nicht in Betracht kommt, sind diese nunmehr als Aufwendungen des GJ zu behandeln. 272

Das steuerlich motivierte Wahlrecht zur Einstellung des **Umsatzsteueraufwands** auf erhaltene Anzahlungen (§ 250 Abs. 1 S. 2 Nr. 2 HGB a.F.) in einen aktiven RAP wurde durch das BilMoG ebenfalls aufgehoben. Danach sind erhaltene Anzahlungen nunmehr ohne die Umsatzsteuer auszuweisen (Nettomethode); die Umsatzsteuer hierauf wird handelsrechtlich nicht mehr aufwandswirksam, sondern allein als Verbindlichkeit erfasst[623]. Sofern im Rahmen der Umstellung auf BilMoG die RAP gem. § 250 Abs. 1 S. 2 EGHGB beibehalten wurden, finden für diese Posten die bis zum Inkrafttreten des BilMoG geltenden Vorschriften weiterhin Anwendung (Art. 67 Abs. 3 S. 1 EGHGB)[624]. 273

Lediglich für ein **Disagio** bzw. **Rückzahlungsagio** besteht noch ein Wahlrecht, solche Beträge in einen aktiven RAP (§ 250 Abs. 3 HGB) einzustellen. Ein Disagio liegt dann vor, wenn der Rückzahlungsbetrag einer Verbindlichkeit höher als der Ausgabebetrag, d. h. der dem Unternehmen zugeflossene Betrag, ist. Der Unterschiedsbetrag darf (Aktivierungswahlrecht) unter die RAP aufgenommen werden[625]. Die Art der Verbindlichkeit ist ohne Bedeutung; die Vorschrift gilt also nicht nur für Anleihen. Das Wahlrecht kann nur im Ausgabejahr in Anspruch genommen werden; der Grundsatz der Ansatzstetigkeit (§ 246 Abs. 3 HGB) wird – abweichend zur bisherigen Rechtslage – im Regelfall der Abgrenzung nur eines Teilbetrags des Disagios entgegen stehen[626]. Zur abw. Bilanzierung von **Zero-Bonds** vgl. *IDW St/HFA 1/1986* (Passivierung des Ausgabebetrags und ratierliche „Zuschreibung" der Zinsverpflichtung)[627]. 274

Bei Aktivierung ist der Betrag durch planmäßige jährliche **Abschreibungen**, die auf die gesamte Laufzeit der Verbindlichkeit verteilt werden können, zu tilgen (§ 250 Abs. 3 S. 2 HGB)[628]. Die planmäßige Abschreibung muss mindestens jährlich den Betrag vorsehen, der sich bei einer Verteilung des Disagios entspr. der vereinbarten Kapitalinanspruchnahme ergibt[629]; Tilgungsmaßstab ist dabei das Verhältnis der auf die einzelnen Jahre 275

---

621 Vgl. hierzu auch *Oestreicher*, Zinsterminkontrakte, S. 293 ff.; *Grünewald*, S. 275 ff.; *Menninger*, S. 162 f.
622 Vgl. ADS[6], § 250 HGB, Tz. 44.
623 Vgl. *Gelhausen/Fey/Kämpfer*, BilMoG, Kap. F, Rn. 35; vgl. zur Nettomethode auch ADS[6], § 250 HGB, Tz. 74 ff.
624 Vgl. *IDW RS HFA 28*, Tz. 16; siehe auch *Gelhausen/Fey/Kämpfer*, BilMoG, Kap. F, Rn. 36 ff.
625 Vgl. ADS[6], § 250 HGB, Tz. 84 ff.; *Ellrott/Krämer* in BeBiKo[7], § 250, Rn. 35 ff.; *Heine/Zenger* in Petersen/Zwirner/Brösel, Bilanzrecht, § 250 HGB, Rn. 32 ff.; *Bertram* in Haufe HGB Kommentar[2], § 250, Rn. 14 ff.; steuerlich vgl. *Weber-Grellet* in Schmidt, L., EStG[30], § 5, Rn. 270 (Disagio).
626 A.A. ADS[6], § 250 HGB, Tz. 85.
627 Vgl. hierzu auch ADS[6], § 253 HGB, Tz. 85 ff.; *Baxmann*, WPg 1990, S. 452 ff.; *Kußmaul*, DStR 1990, S. 697 ff.; *Siegel*, WPg 1990, S. 449 ff.; *Beckmann*, BB 1991, S. 938 ff.; *Groh*, StuW 1991, S. 297 ff.; *Wagner/Wangler*, DB 1992, S. 2405 ff.; steuerlich vgl. BMF-Schr. v. 05.03.1987, BStBl. I, S. 394.
628 Vgl. *Bertram* in Haufe HGB Kommentar[2], § 250, Rn. 19 ff. m.w.N.
629 Vgl. ADS[6], § 250 HGB, Tz. 90 ff. (zu verschiedenen Darlehensformen).

entfallenden Zinsen zu den Gesamtzinsen. Höhere planmäßige oder freiwillige außerplanmäßige Abschreibungen[630] sind zulässig. Eine außerplanmäßige Abschreibung kann notwendig werden, wenn die Verbindlichkeit oder Anleihe vorzeitig zurückgezahlt wird oder sich das Zinsniveau wesentlich ermäßigt[631]. Wegen der besonderen Ausweis- und Angabepflichten nach den §§ 268 Abs. 6 und 277 Abs. 3 S. 1 HGB für KapGes. und Personenhandelsgesellschaften i.S.d. § 264a HGB vgl. F Tz. 302.

276 Die **steuerlichen** Vorschriften über die Bilanzierung von RAP (§ 5 Abs. 5 EStG) stimmen mit denen des HGB grds. überein. Auch in der StB kommen grds. nur transitorische Posten in Betracht (R 5.6 Abs. 1 EStR 2008); antizipative RAP dürfen nur in den Fällen des § 5 Abs. 5 S. 2 EStG ausgewiesen werden[632]. Nach ständiger Rechtsprechung des BFH setzt der aktive RAP grds. voraus, dass einer Vorleistung des Kaufmanns eine noch nicht erbrachte zeitbezogene[633] Gegenleistung des Vertragspartners[634] gegenübersteht. Dabei ist auf das einzelne Vertragsverhältnis abzustellen; allerdings ist die Bildung von RAP nicht auf Fälle des gegenseitigen Vertrags i.S.d. §§ 320 ff. BGB beschränkt[635]. So kann ein passiver RAP auch bei einer Leistung auf ö.-r. Grundlage veranlasst sein, wenn das vom Empfänger erwartete Verhalten zeitraumbezogen und wirtschaftlich die Gegenleistung für z.B. eine öffentliche Subvention ist (BFH v. 14.07.1988, BStBl. II 1989, S. 189).

277 Voraussetzung für die Bildung eines RAP ist ebenso wie in der HB, dass die vor dem Abschlussstichtag angefallenen Ausgaben oder Einnahmen Aufwand oder Ertrag für eine **bestimmte Zeit** nach dem Abschlussstichtag darstellen, vgl. dazu R 5.6 Abs. 2 EStR 2008[636]. Ob die Bildung eines RAP auch dann zulässig und geboten ist, wenn das Ende des Zeitraums kalendermäßig nicht bestimmt ist, erscheint zweifelhaft[637]. Die Rechtsprechung[638] des BFH lässt es genügen, dass die Zahlung rechnerisch einem Mindestzeitraum zuzuordnen ist (vgl. BFH v. 11.07.1980, BStBl. II, S. 559); folgerichtig sieht es der BFH als ausreichend an, wenn die Dauer der Verpflichtung berechenbar ist (vgl. BFH v. 05.04.1984, BStBl. II, S. 552). Zeitlich unbefristete, d.h. immerwährende Leistungen, sind wie zeitlich begrenzte Leistungen zu behandeln (vgl. BFH v. 24.03.1982, BStBl. II, S. 643; ebenso BMF-Schr. v. 15.03.1995, DB, S. 651). Zur passivischen Abgrenzung von Kreditgebühren bei Teilzahlungsgeschäften (nach der Zinsstaffelmethode)[639] und zur Bildung einer Rückstellung für Verwaltungskosten (unzulässig) vgl. BFH v. 17.07.1974,

---

630 Vgl. ADS[6], § 250 HGB, Tz. 98 ff., § 253 HGB, Tz. 149; *Ellrott/Krämer* in BeBiKo[7], § 250, Rn. 49 ff.; *Babel*, ZfbF 1998, S. 778 (796 ff.).

631 Vgl. ADS[6], § 250 HGB, Tz. 98; *Ellrott/Krämer* in BeBiKo[7], § 250, Rn. 49.

632 Vgl. R 5.6 Abs. 3 EStR 2008. Zu den transitorischen Posten grundlegend *Crezelius*, DB 1998, S. 633; zum Verhältnis der antizipativen RAP zu den anderen Aktivposten *Weber-Grellet* in Schmidt, L., EStG[30], § 5, Rn. 244.

633 Kein passiver RAP: BFH v. 07.03.1973, BStBl. II, S. 565 (sog. bauspartechnische Abgrenzung); BFH v. 11.07.1973, BStBl. II, S. 840 (Ertragswertentschädigung); BFH v. 13.06.1986, BStBl. II, S. 841 (Entschädigung für Verzicht auf Rechtsanspruch); BFH v. 08.10.1987, BStBl. II 1988, S. 57 (Verpflichtung des Leasinggebers gegenüber einem Leasingnehmer); a.A. BFH v. 15.04.1993, BFH/NV 1994, S. 303. Aktiver RAP: BFH v. 19.01.1978, BStBl. II, S. 262 (Verwaltungsgebühr für Kredit, Bearbeitungsgebühr für Bankbürgschaft); BFH v. 09.12.1993, HFR 1994, S. 462 (Nutzungsentschädigung für Duldungsleistung); BFH v. 10.12.1992, BStBl. II 1994, S. 158 (Nachbetreuungsleistung an Hör- und Sehhilfen).

634 Kein aktiver RAP: BFH v. 04.03.1976, BStBl. II 1977, S. 380 (Provision).

635 Vgl. BFH v. 22.07.1982, BStBl. II, S. 655 (gesetzliche Abfindung zwecks Stilllegung). Die gegenseitigen Verpflichtungen können ihre Grundlage auch im öffentlichen Recht haben, BFH v. 05.04.1984, BStBl. II, S. 552 (Ertragszuschüsse).

636 Zum Begriff der bestimmten Zeit bei passiven Abgrenzungsposten vgl. *Crezelius*, DB 1998, S. 633.

637 Zur Kritik vgl. *Weber-Grellet* in Schmidt, L., EStG[30], § 5, Rn. 250 m.w.N.; vgl. auch *Ellrott/Krämer* in BeBiKo[7], § 250, Rn. 21; BFH v. 25.10.1994, FR 1995, S. 408.

638 Vgl. hierzu auch *Rose*, S. 141.

639 Vgl. BFH v. 31.05.1967, BStBl. III, S. 607; wegen vereinfachter pauschaler Berechnungsmethode vgl. Erlass OFD Berlin, StEK § 5 EStG, Abschn. Bilanz Nr. 27.

BStBl. II, S. 684; zur Übernahme einer Baulast vgl. BFH v. 03.05.1983, BStBl. II, S. 572 (Rechnungsabgrenzung mangels Zeitbezogenheit der Leistung unzulässig).

Steuerlich besteht für RAP grds. ein **Aktivierungs- bzw. Passivierungsgebot**. Zur Abgrenzung regelmäßig wiederkehrender, der Höhe nach bedeutungsloser Posten vgl. *Döllerer*, BB 1969, S. 1445 (Wahlrecht); ebenso FG Nds. v. 02.02.1981, EFG, S. 552, rkr. (wiederkehrende Betriebs- und Kfz-Versicherungen). 278

Das **Disagio** ist steuerlich zu aktivieren und während der Laufzeit der Verbindlichkeit abzuschreiben[640]. Bei kürzerer Zinsfestschreibung ist es auf diesen Zeitraum zu verteilen[641]. Im Falle einer Umschuldung ist das alte Disagio durch eine außerplanmäßige Abschreibung zu tilgen, soweit es nicht bei wirtschaftlicher Betrachtung als zusätzliche Gegenleistung für das neue oder veränderte Darlehen anzusehen ist, vgl. BFH v. 13.03.1974, BStBl. II, S. 359; bei Betriebsaufgabe ist das Disagio gewinnmindernd aufzulösen, vgl. BFH v. 12.07.1984, BStBl. II, S. 713; FG Hamburg v. 29.06.1988, EFG 1989, S. 224. Zur Abgrenzung des Darlehensdamnums (Disagio) bei KI vgl. BMF-Schr. v. 24.11.1977, BB, S. 1745. 279

Wegen **Abschlusskosten für Versicherungsverträge** vgl. Tz. 105 (Ansatzverbot gem. § 248 Abs. 1 Nr. 3 HGB); dieses Ansatzverbot gilt nach § 5 Abs. 1 EStG i.V.m. § 8 Abs. 1 KStG auch für das Steuerrecht[642]. 280

5. Latente Steuern

Sofern § 274 HGB (vgl. F Tz. 171) **nicht freiwillig angewandt** wird[643] (zum Übergang auf das *temporary*-Konzept vgl. Tz. 288), haben Unternehmen, die in ihrem JA ausschließlich die für alle Kaufleute geltenden Vorschriften (§§ 242 bis 256a HGB) beachten müssen, Rückstellungen für passive latente Steuern anzusetzen, wenn die Voraussetzungen hierfür nach § 249 Abs. 1 S. 1 HGB erfüllt sind (vgl. Tz. 149). Entsprechendes gilt bei kleinen KapGes. und Personenhandelsgesellschaften i.S.d. § 264a HGB, die nach § 274a Nr. 5 HGB von der Anwendung des § 274 HGB befreit sind. 281

Rückstellungen für passive latente Steuern sind in diesen Fällen zu bilden, wenn die Umkehr von zeitlichen Bilanzierungs- und Bewertungsunterschieden zwischen HB und StB zu einer Steuerbelastung führen wird[644]. Zeitliche Differenzen, deren Umkehr von einer unternehmerischen Entscheidung abhängt, z.B. Verkauf des betr. Vermögensgegenstandes, oder sonst erst bei Liquidation des Unternehmens eintritt (sog. quasi-permanente Differenzen) sind dabei nicht zu berücksichtigen, weil eine daraus resultierende Steuerbelastung zuvor noch keinen Schuldcharakter hat. Im Ergebnis entspricht die Bilanzierung latenter Steuern – außerhalb des Anwendungsbereichs des § 274 HGB – im Wesentlichen dem bisherigen *timing*-Konzept, danach sind grds. nur solche Differenzen zwischen den handelsrechtlichen Wertansätzen von Vermögensgegenständen, Schulden und RAP in die Ermittlung latenter Steuern einzubeziehen, deren Entstehung und Umkehr zu **zeitlichen Ergebnisdifferenzen**[645] zwischen HB und StB führt. Dementsprechend sind auch per- 282

---

640 Vgl. auch *Weber-Grellet* in Schmidt, L., EStG[30], § 5, Rn. 270 (Disagio). Zur Berechnung BFH v. 19.01.1978, BStBl. II, S. 262, H 6.10 EStR 2008 (Damnum).
641 Vgl. BFH v. 21.04.1988, BStBl. II 1989, S. 722.
642 Ebenso *Baumgärtel/Stockman* in HHR, EStG/KStG, § 5 EStG, Rn. 1467.
643 Vgl. zur Zulässigkeit *IDW RS HFA 7 n.F.*, Tz. 21; so auch schon die bisher h.M. z.B. ADS[6], § 274 HGB, Tz. 7; 6.
644 Vgl. *IDW RS HFA 7 n.F.*, Tz. 24; vgl. zum Meinungsstand *Graf von Kanitz*, WPg 2011, S. 895 ff.; *Müller/Kreipl*, DB 2011, S. 1701 ff.
645 Vgl. ADS[6], § 274 HGB, Tz. 16.

manente Ergebnisdifferenzen, z.B. nicht abzugsfähige Betriebsausgaben (§ 4 Abs. 5 EStG)[646] nicht bei der Bilanzierung latenter Steuern zu berücksichtigen.

283 Rückstellungen für passive latente Steuern können daneben aber auch für **erfolgsneutral entstehende zeitliche Differenzen** zu bilden sein. Dies ist z.B. dann der Fall, wenn bei Einlagevorgängen in der StB die bisherigen Wertansätze (Buchwerte) des Übertragenden fortgeführt und in der HB höhere (Zeit-)Werte angesetzt werden. Für die voraussichtliche Steuerbelastung ist – unter Berücksichtigung etwaiger aktiver zeitlicher Differenzen im übergehenden (Rein-)Vermögen – eine Rückstellung für latente Steuern zu bilden. Dies ergibt sich aus den allgemeinen Grundsätzen für die Bilanzierung von Anschaffungsvorgängen[647]. Die Erfassung der latenten Steuerverpflichtung bildet aus Sicht des Übernehmers einen Teil seiner Gegenleistung (AK gem. § 255 Abs. 1 HGB) für das übernommene (Rein-)Vermögen und ist deshalb zur Vermeidung einer Überbewertung der Sacheinlage erfolgsneutral zu Lasten des durch die Einlage geschaffenen EK zu passivieren.

284 Auch außerhalb des Anwendungsbereichs des § 274 HGB gilt eine Gesamtdifferenzenbetrachtung. Eine **Rückstellung** für passive latente Steuern nach § 249 Abs. 1 S. 1 HGB ist danach nur zu bilden, wenn sich ein Überhang zu versteuernder über die abzugsfähigen zeitlichen Differenzen ergibt[648]. Bei der Ermittlung eines Passivüberhangs sind auch die wirtschaftlichen Vorteile aus steuerlichen Verlust- und Zinsvorträgen rückstellungsmindernd zu berücksichtigen[649]. Der Ansatz eines Überhangs abzugsfähiger zeitlicher Differenzen als **aktive latente Steuern** kommt dagegen bei den in Tz. 281 genannten Unternehmen nicht in Betracht, weil es sich hierbei nicht um einen Vermögensgegenstand handelt[650].

285 Die Bewertung der Rückstellung für passive latente Steuern hat mit dem **unternehmensindividuellen Steuersatz** im Zeitpunkt der Umkehr der zeitlichen Differenz zu erfolgen. Dies ergibt sich in entsprechender Anwendung des § 253 Abs. 1 S. 2 HGB (vgl. Tz. 138), wonach Rückstellungen mit ihrem Erfüllungsbetrag zu bewerten sind[651]. Auf eine **Abzinsung** der Rückstellung darf jedoch, entgegen der Regelung in § 253 Abs. 2 S. 1 HGB, im Hinblick auf die Schwierigkeit und Komplexität der Bestimmung des Umkehrzeitpunkts verzichtet werden (vgl. F Tz. 198)[652].

286 Der **Ausweis** von Rückstellungen für passive latente Steuern hat in der **Bilanz** entweder gesondert unter dem Posten „Rückstellungen" (§ 266 Abs. 3 lit. B. HGB i.V.m. § 265 Abs. 5 HGB) oder durch Einbeziehung in den Posten „Steuerrückstellungen" (§ 266 Abs. 3 lit. B. Nr. 2 HGB) zu erfolgen, wobei dann der Betrag der latenten Steuern aus Gründen der Klarheit und Übersichtlichkeit der Darstellung (§ 243 Abs. 2 HGB) durch einen „Davon-Vermerk" anzugeben ist. Umfasst der JA auch einen Anh. oder wird dieser freiwillig aufgestellt, darf der Betrag der latenten Steuern, die im Posten Steuerrückstellungen enthalten sind, auch im Anh. angegeben werden[653]. Bei einem Ausweis als Sonderposten am Ende der Passivseite (§ 266 Abs. 3 lit. E HGB analog), ist die Posten-

---

646 Vgl. *Gelhausen/Fey/Kämpfer*, BilMoG, Kap. M, Rn. 9.
647 Vgl. *Förschle/Hoffmann* in Budde/Förschle/Winkeljohann, Sonderbilanzen⁴, Kap. K, Rn. 37.
648 Vgl. *IDW RS HFA 7 n.F.*, Tz. 24.
649 Vgl. *Wendthold/Wesemann*, DB 2009, Beil. 5, S. 64 (72).
650 Vgl. *Kühne/Melcher/Wesemann*, WPg 2009, S. 1057 (1061).
651 Vgl. *Gelhausen/Fey/Kämpfer*, BilMoG, Kap. M, Rn. 56.
652 Vgl. *Wendthold/Wesemann*, DB 2009, Beil. 5, S. 64 (72).
653 Vgl. *Gelhausen/Fey/Kämpfer*, BilMoG, Kap. M, Rn. 57.

bezeichnung anzupassen, z.B. „Rückstellung für passive latente Steuern", damit deutlich wird, dass dieser nicht die passiven latenten Steuern i.S.v. § 274 HGB enthält[654].

Erfolgswirksam zu erfassende Veränderungen der Rückstellung für latente Steuern sind in der **GuV** im Posten „Steuern vom Einkommen und Ertrag" (§ 275 Abs. 2 Nr. 18 bzw. Abs. 3 Nr. 17 HGB) zu erfassen. Ein gesonderter Ausweis der Aufwendungen oder Erträge aus der Veränderung latenter Steuern, wie er sich nach § 274 Abs. 2 S. 3 HGB ergibt, ist für die in Tz. 281 genannten Unternehmen nicht vorgeschrieben. **287**

Unternehmen, die zuvor nur zur Bildung von Rückstellungen für latente Steuern verpflichtet waren (vgl. Tz. 282), haben bei einem verpflichtenden oder freiwilligen **Übergang auf das *temporary*-Konzept** nach § 274 HGB zur Erfassung der daraus resultierenden Aufwendungen und Erträge auch in GJ nach der Umstellung auf das BilMoG Art. 67 Abs. 6 EGHGB entsprechend anzuwenden (vgl. F Tz. 171)[655]. **288**

IV. Bewertungsvorschriften (§§ 252 bis 256 HGB)

Die Bewertungsvorschriften der §§ 252 bis 256 HGB gelten für Kaufleute aller Rechtsformen. Die früher für KapGes. und Personenhandelsgesellschaften i.S.d. § 264a HGB geltenden ergänzenden Bewertungsvorschriften (§§ 279 bis 282 HGB a.F.) sind durch das BilMoG aufgehoben worden. **289**

1. Allgemeine Bewertungsgrundsätze (§ 252 HGB)

In § 252 HGB sind allgemeine Bewertungsgrundsätze kodifiziert. Es handelt sich hierbei um allgemein anerkannte GoB[656]. **290**

a) Grundsatz der Bilanzidentität (§ 252 Abs. 1 Nr. 1 HGB)

Bilanzidentität (auch als formelle Bilanzkontinuität bezeichnet) bedeutet, dass die Wertansätze in der Anfangsbilanz des GJ mit denen der Schlussbilanz des vorhergehenden GJ übereinstimmen müssen[657]. Wird – was in der Praxis die Regel ist – eine Anfangsbilanz nicht aufgestellt, so treten an ihre Stelle die Eröffnungsbuchungen (= Vorträge) des neuen GJ. Zu Änderungen früherer JA vgl. *IDW RS HFA 6* sowie Tz. 615 ff.; sie rechtfertigen keine Durchbrechung[658]. **291**

Steuerrechtlich soll § 4 Abs. 1 EStG die Bilanzidentität sicherstellen[659].

b) Grundsatz der Unternehmensfortführung (§ 252 Abs. 1 Nr. 2 HGB)

Im **Regelfall** ist bei der Bewertung von der Fortführung der Unternehmenstätigkeit auszugehen (sog. Going Concern-Prinzip)[660]. Diese Annahme hat Bedeutung insb. für die Bewertung des AV sowie für Ansatz und Bewertung von Rückstellungen. So sind für die Gegenstände des AV keine Einzelveräußerungswerte oder niedrigere Zeitwerte anzu- **292**

---

654 Vgl. *Gelhausen/Fey/Kämpfer*, BilMoG, Kap. M, Rn. 57; a.A. Ausweis als Sonderposten nur in den Fällen des § 274 HGB: *Kühne/Melcher/Wesemann*, WPg 2009, S. 1057 (1061).
655 Vgl. dazu *IDW RS HFA 28*, Tz. 52 ff.
656 So auch RegBegr. zu § 259 HGB-E, BT-Drs. 10/317, S. 87; vgl. hierzu auch *Baetge/Kirsch* in HdR[5], Kap. 4, Rn. 1 ff.; *Winkeljohann/Büssow* in BeBiKo[7], § 252, Rn. 1 ff.; zur Rechnungslegung nach internationalen Grundsätzen vgl. N Tz. 33.
657 Zu Ausnahmen vgl. ADS[6], § 252 HGB, Tz. 15 ff.
658 Vgl. ADS[6], § 252 HGB, Tz. 20; *Winkeljohann/Büssow* in BeBiKo[7], § 252, Rn. 6.
659 Vgl. *Heinicke* in Schmidt, L., EStG[30], § 4, Rn. 697.
660 Vgl. hierzu *Leffson*, GoB[7], S. 187 f.; *Luik*, Going-Concern, S. 61 ff.; *Farr*, S. 163 ff.; *Nonnenmacher*, S. 1313 (1328 ff.); *Lück*, DB 2001, S. 1945 ff.; *Groß*, WPg 2004, S. 1357 ff. und 1433 ff.; *IDW PS 270*, Tz. 7 ff.; zum Verhältnis zwischen Fortführungsprinzip und Stichtagsprinzip *Schulze-Osterloh*, DStR 2007, S. 1006 ff.

setzen, sondern es ist nach § 253 Abs. 3 HGB zu bewerten. Bei der Bemessung der Rückstellungen sind alle Verpflichtungen und Risiken, die mit einer Einstellung der Unternehmenstätigkeit verbunden sein würden (z.b. Sozialpläne, Abwicklungskosten), unberücksichtigt zu lassen.

293 Stehen der Annahme der Unternehmensfortführung jedoch **tatsächliche oder rechtliche Gegebenheiten entgegen**[661], müssen Ansatz und Bewertung an diesen ausgerichtet werden. Im Fall der stillen Abwicklung sind daher für die zur Veräußerung vorgesehenen Vermögensgegenstände die voraussichtlichen Nettoveräußerungserlöse anzusetzen (Zeitwerte bei Einzel-, Teil- oder Gesamtveräußerung); die fortgeführten AHK dürfen jedoch nicht überschritten werden[662]. Sämtliche aus der zu erwartenden Einstellung der Unternehmenstätigkeit zwangsläufig folgenden Verpflichtungen sind zu berücksichtigen, dabei dürfen Rückstellungen nicht mit zu erwartenden Erlösen aus der Einstellung der Unternehmenstätigkeit saldiert werden[663]. Auch bei einer bevorstehenden Stilllegung einzelner Werke oder Betriebsteile ist die Bewertung insoweit auf diesen Fall auszurichten[664]. Für den Fall der **Auflösung der Gesellschaft** mit anschließender Abwicklung/Liquidation (§ 264 Abs. 1 AktG, § 66 Abs. 1 GmbHG) vgl. die speziellen Bewertungsbestimmungen in § 270 Abs. 2 AktG, § 71 Abs. 2 GmbHG; zu Einzelheiten der Rechnungslegung im Insolvenzverfahren vgl. *IDW RH HFA 1.010, 1.011* und *1.012*[665]. Zur steuerlichen Bewertung von Sachwerten im Rahmen der Schlussverteilung oder während des Abwicklungszeitraums vgl. BFH v. 14.12.1965, BStBl. III 1966, S. 152[666].

c) Grundsatz der Einzelbewertung (§ 252 Abs. 1 Nr. 3 HGB)

294 Für die Bewertung im JA gilt der Grundsatz der Einzelbewertung, d.h. jeder Vermögensgegenstand und jeder Schuldposten ist bei der Aufstellung der Bilanz grds. wertmäßig einzeln zu berücksichtigen[667]. Wertminderungen dürfen also nicht mit Wertsteigerungen bei anderen Gegenständen kompensiert werden (vgl. auch § 246 Abs. 2 S. 1 HGB); zur einheitlichen Bewertung abnutzbarer Vermögensgegenstände, die komponentenweise planmäßig abgeschrieben werden, vgl. *IDW RH HFA 1.016*, Tz. 10. Das Verrechnungsverbot gilt auch für Vermögensgegenstände, die naturgemäß nur gemeinsam genutzt werden können, wie Grundstücke und Gebäude im AV (vgl. *IDW RS WFA 1*, Tz. 12). Der Grundsatz erfordert, die Chancen und Risiken eines jeden Vermögensgegenstands für sich

---

661 Vgl. im Einzelnen *IDW PS 270*, Tz. 9 ff.; WP Handbuch 2008 Bd. II, Kap. L Tz. 150 ff.; *IDW S 2*; *IDW PS 800*; *IDW St/FAR 1/1996*; ADS[6], § 252 HGB, Tz. 28; *Winkeljohann/Büssow* in BeBiKo[7], § 252, Rn. 14 ff.; *Fülbier/Kuschel/Selchert* in HdR[5], § 252 HGB, Rn. 49 ff.; *Gross*, Unternehmensfortführungsannahme, S. 243 ff.; *Sarx*, Unternehmensfortführung, S. 561 ff.; zu Sanierungsmaßnahmen vgl. *Förschle/Heinz* in Budde/Förschle/Winkeljohann, Sonderbilanzen[4], Kap. Q, Rn. 20 ff.; *IDW St/FAR 1/1991*; *IDW S 6*; zur rückwirkenden Berücksichtigung von Sanierungsmaßnahmen im handelsrechtlichen JA vgl. ADS[6], § 252 HGB, Tz. 47.

662 Vgl. *IDW RS HFA 17*, Tz. 20, darüber hinaus im Einzelnen zu Ansatz (Tz. 6 ff.), Bewertung (Tz. 18 ff.), Ausweis (Tz. 33 ff.) sowie Angabepflichten im Anh. und LB (Tz. 39 ff.); vgl. auch *Berger*, StuB 2005, S. 381 ff.

663 Vgl. *IDW RS HFA 17*, Tz. 13 und 23; *Förschle/Deubert* in Budde/Förschle/Winkeljohann, Sonderbilanzen[4], Kap. T, Rn. 125 ff.

664 Vgl. ADS[6], § 252 HGB, Tz. 36.

665 Vgl. ausführlich ADS[6], § 270 AktG, Tz. 44 ff.; *Förschle/Deubert* in Budde/Förschle/Winkeljohann, Sonderbilanzen[4], Kap. T, Rn. 140 ff.; *Förschle/Deubert*, DStR 1996, S. 1743 (1747 ff.) für analoge Anwendung auf Unternehmen anderer Rechtsform *Winkeljohann/Büssow* in BeBiKo[7], § 252, Rn. 19; im Ergebnis ähnlich ADS[6], § 252 HGB, Tz. 35; *Förschle/Deubert* in Budde/Förschle/Winkeljohann, Sonderbilanzen[4], Kap. S, Rn. 95; vgl. im Einzelnen *Sarx*, Abwicklungs-Rechnungslegung, S. 547 ff.

666 Ausführlich zur Besteuerung aufgelöster KapGes. *Förschle/Deubert* in Budde/Förschle/Winkeljohann, Sonderbilanzen[4], Kap. T, Rn. 140 ff.

667 Vgl. zum Grundsatz der Einzelbewertung ADS[6], § 252 HGB. Tz. 48 ff.; *Winkeljohann/Büssow* in BeBiKo[7], § 252, Rn. 22 ff.; *Naumann/Breker* in HdJ, Abt. I/7, Rn. 148 ff.; steuerlich R 6.8 Abs. 3 EStR 2008; *Kulosa* in Schmidt, L., EStG[30], § 6, Rn. 7; *Christiansen*, DStR 2003, S 264.

Bewertungsvorschriften   E

zu beurteilen und die Bewertung nach den individuellen Gegebenheiten auszurichten; zur Berücksichtigung von Synergieeffekten bei der Beteiligungsbewertung vgl. *IDW RS HFA 10*, Tz. 5 f. Das kann dazu führen, dass ansonsten gleiche Vermögensgegenstände im Hinblick auf besondere Eigenarten, Ausstattungen sowie Nutzungs- und Verwendungsmöglichkeiten unterschiedlich zu bewerten sind. Aus dem Grundsatz der Einzelbewertung lässt sich dagegen nicht folgern, dass gleiche Vermögensgegenstände bei gleicher Sachlage willkürlich verschieden bewertet werden dürfen (vgl. *IDW RS HFA 38*, Tz. 4). Dem steht (auch im Zeitablauf gesehen) der Grundsatz der Bewertungsstetigkeit entgegen (§ 252 Abs. 1 Nr. 6 HGB, vgl. Tz. 306 ff.).

Gesetzlich geregelte **Ausnahmen** vom Grundsatz der Einzelbewertung sind insb. die Gruppenbewertung (vgl. Tz. 482) und die Festbewertung (vgl. Tz. 478 ff.)[668], die Bildung von Bewertungseinheiten (vgl. Tz. 443 ff.) sowie die Bewertung wertpapiergebundener Versorgungszusagen (vgl. Tz. 236 ff.). Wegen der Frage eines zwar nicht tatsächlichen, aber wirtschaftlichen Identitätsnachweises, insb. bei Wertpapieren, vgl. ADS[6], § 252 HGB, Tz. 51, ADS[6], § 256 HGB, Tz. 7 ff., ADS[6], § 255 HGB, Tz. 110 ff.   295

Zum Grundsatz der **Bewertung nach den Verhältnissen des Abschlussstichtags** (Stichtagsprinzip), der ebenfalls in § 252 Abs. 1 Nr. 3 HGB festgelegt wird, vgl. Tz. 303 sowie ADS[6], § 252 HGB, Tz. 38 ff., insb. zur Unterscheidung wertaufhellender und wertbegründender Ereignisse nach dem Abschlussstichtag.   296

d) Grundsatz der Vorsicht (§ 252 Abs. 1 Nr. 4 HGB)

Für die Bewertung gilt das Prinzip der Vorsicht[669]. Namentlich sind alle **Verluste**, die bis zum Abschlussstichtag entstanden sind, sowie alle **vorhersehbaren Risiken** zu berücksichtigen. Risiken und Chancen sind vorsichtig abzuschätzen. Faktoren, die zu einer niedrigeren Bewertung führen, ist ggf. ein größeres Gewicht beizulegen; die Schätzung darf aber andererseits nicht unbegründet sein oder nur auf subjektiven Vorstellungen des Bilanzierenden beruhen. Im Zweifel ist die vernünftige kaufmännische Beurteilung (vgl. Tz. 11) maßgebend.   297

Das Vorsichtsprinzip hat seinen Niederschlag in einer Reihe von Vorschriften und Bilanzierungsgrundsätzen gefunden. So ist eine höhere Bewertung als zu den AHK grds. ausgeschlossen (sog. **Anschaffungswertprinzip**, § 253 Abs. 1 HGB). In engem Zusammenhang hiermit steht das **Realisationsprinzip**, wonach Gewinne nur zu berücksichtigen sind, wenn sie am Abschlussstichtag realisiert sind (§ 252 Abs. 1 Nr. 4 zweiter Hs. HGB). Die Realisierung von Erträgen setzt grds. den Abschluss eines Verkaufsakts oder eines ähnlichen Vorgangs voraus[670]. In bestimmten Ausnahmefällen verlangt das Gesetz aber unabhängig von Markttransaktionen eine Bewertung zu einem ggf. über die AHK hinausgehenden Wert, insb. bei der Bewertung von Vermögensgegenständen des Deckungsvermögens (§§ 246 Abs. 2 S. 2 i.V.m. 253 Abs. 1 S. 4 HGB) (vgl. Tz. 78 ff.) und von FI des Handelsbestandes bei KI (§ 340e Abs. 3 S. 1 HGB) zum beizulegenden Zeitwert (vgl. Tz. 371 ff.) und bei der Umrechnung von auf fremde Währung lautenden Vermögensgegenständen mit einer Restlaufzeit von höchstens einem Jahr zum Devisenkassamittelkurs am Abschlussstichtag (§ 256a HGB) (vgl. Tz. 483 ff.).   298

---

668 Vgl. hierzu ADS[6], § 252 HGB, Tz. 57, § 253 HGB, Tz. 103, 184 und 533 (insb. zu pauschalen Bewertungsverfahren bei Forderungen und Rückstellungen).
669 Vgl. hierzu *Leffson*, GoB[7], S. 465 ff.; *Leffson*, HURB, S. 403 ff.; *Naumann/Breker* in HdJ, Abt. I/7, Rn. 168 ff., zur Plausibilität von Schätzwerten vgl. auch *IDW PS 314*.
670 Vgl. ADS[6], § 252 HGB, Tz. 82, und § 246 HGB, Tz. 186. Steuerlich vgl. BFH v. 12.05.1993, BStBl. II, S. 786; *Weber-Grellet* in Schmidt, L., EStG[30], § 5, Rn. 77 bis 80, 601 m.w.N.

Bei der Bewertung von nach § 254 HGB in eine Bewertungseinheit einbezogenen Grundgeschäften und Sicherungsinstrumenten nach der „Durchbuchungsmethode" ist eine ertragswirksame Erfassung von Zeitwertänderungen ebenfalls zulässig (vgl. Tz. 465 ff.).

299 Zur anteiligen Gewinnrealisierung bei **langfristiger Fertigung** vgl. Tz. 317, zu Grenzfällen – z.B. Pensionsgeschäften, Sale-lease-back-Geschäften[671], konzerninternen Geschäften[672], Lizenzen[673] – vgl. ADS[6], § 246 HGB, Tz. 203 ff. und Tz. 260 ff.; zu ABS-Transaktionen vgl. *IDW RS HFA 8*; zu weiteren sachverhaltsgestaltenden Maßnahmen vgl. *IDW ERS HFA 13 n.F.* Im Fall sog. **Mehrkomponentengeschäfte** ist es i.d.R. sachgerecht, die Realisierung nach den Einzelkomponenten differenziert vorzunehmen[674].

300 Ferner sind Ausfluss des Vorsichtsprinzips v.a.

- das **Imparitätsprinzip**, wonach unrealisierte Verluste auszuweisen sind[675] (vgl. § 253 Abs. 3 S. 3, Abs. 4 HGB),
- die **Bilanzierungsverbote** (§ 248 Abs. 1 und Abs. 2 S. 2 HGB),
- die **Ansatzwahlrechte**, z.B. für das Disagio (§ 250 Abs. 3 HGB oder aktive latente Steuern (§ 274 Abs. 1 S. 2 HGB) sowie
- bestimmte **Bewertungsvorschriften**, z.B. Methodenwahlrechte wie § 253 Abs. 3 S. 2 HGB, das Abwertungswahlrecht nach § 253 Abs. 3 S. 4 HGB oder das Zuschreibungsverbot eines entgeltlich erworbenen Geschäfts- oder Firmenwerts (§ 253 Abs. 5 S. 2 HGB).

301 Durch das BilMoG erfährt das Vorsichtsprinzip mehrere **Einschränkungen**. Neben der Aufhebung bisheriger Ansatz- und Bewertungswahlrechte (z.B. Ansatz von Aufwandsrückstellungen oder des derivativen Geschäfts- oder Firmenwertes; Abwertungs- und Beibehaltungswahlrecht) gehören dazu insb. die Einführung des Ansatzwahlrechts für selbst geschaffene immaterielle Vermögensgegenstände des AV (§ 248 Abs. 2 S. 1 HGB; vgl. Tz. 496 ff.) und für aktive latente Steuern auf steuerliche Verlustvorträge (§ 274 Abs. 1 S. 4 HGB; F Tz. 186 ff.), die generelle Pflicht zur Abzinsung von Rückstellungen[676], die verpflichtende Bewertung von Vermögensgegenständen des Deckungsvermögens zum beizulegenden Zeitwert (§ 253 Abs. 1 S. 4 HGB; vgl. Tz. 371 ff.) sowie die Zulässigkeit der Bildung von Bewertungseinheiten im Fall der Absicherung von mit hoher Wahrscheinlichkeit erwarteten Transaktionen (§ 254 Abs. 1 HGB; vgl. Tz. 451). Bei Ansatz unsicherer (unrealisierter) Werte wird die Kapitalerhaltung zumindest bei KapGes. durch die gesetzliche Ausschüttungssperre gewährleistet (vgl. F Tz. 102 ff.).

---

671 Zur Gewinnrealisierung bei Sale-lease-back-Geschäften vgl. auch *Gelhausen/Weiblen* in HdJ, Abt. I/5, Rn. 180 ff.; *Hoffmann*, DB 1996, Beilage 8, S. 19 ff.; *IDW ERS HFA 13 n.F.*, Tz. 70 f.
672 Vgl. hierzu auch *Bär*; *Menger*, GmbHR 1987, S. 397 ff.; *Seifried*, DB 1990, S. 1473 ff. und S. 1525 ff.; *Weber*, DStR 1994, S. 592 ff.; *Löcke*, BB 1998, S. 415 (419 ff.).
673 Vgl. *Brebeck/Herrmann*, S. 64 ff.
674 Vgl. *Winkeljohann/Büssow* in BeBiKo[7], § 252, Rn. 44; *Lüdenbach/Hoffmann*, DStR 2006, S. 153 ff.; *Hoffmann/Lüdenbach*, Bilanzierung[2], § 252, Rn. 122 ff.
675 Vgl. hierzu *Fey, D.*; *Kupsch*, S. 339 ff.; *Groh*, DB 1999, S. 978 ff.; *Moxter*, Rechnungslegung, S. 55 ff.
676 Vgl. *AK Bilanzrecht der Hochschullehrer Rechtswissenschaft*, BB 2008, S. 209 ff.; *Kessler* in Kessler/Leinen/Strickmann, Handbuch BilMoG[2], S. 324 ff.

Bewertungsvorschriften								E

Die **willkürliche Bildung stiller Reserven** ist unzulässig[677], daneben insb. auch die – vor BilMoG noch zulässigen – folgenden Formen der Bildung stiller Reserven: Abschreibungen aufgrund voraussichtlicher Wertschwankungen der nächsten Zukunft, Abschreibungen im Rahmen der vernünftigen kaufmännischen Beurteilung, die nicht nach § 253 HGB zulässig sind, Passivierung von Rückstellungen für Innenverpflichtungen (Ausnahme: Rückstellungen für Instandhaltung, die im folgenden GJ innerhalb von drei Monaten, oder für Abraumbeseitigung, die im folgenden GJ nachgeholt werden). **302**

Maßgebend für die Bemessung der Wertansätze ist der **Abschlussstichtag** (§ 252 Abs. 1 Nr. 3 HGB)[678]. Rückstellungen sind zu ihrem abgezinsten Erfüllungsbetrag im Zeitpunkt der voraussichtlichen Inanspruchnahme, der am Abschlussstichtag nach vernünftiger kaufmännischer Beurteilung notwendig ist, anzusetzen (vgl. Tz. 137 ff.), Verbindlichkeiten zu ihrem am Abschlussstichtag feststehenden Erfüllungsbetrag im Fälligkeitszeitpunkt (vgl. Tz. 582 ff.). Ereignisse, die erst nach dem Abschlussstichtag, aber vor Aufstellung des JA bekannt geworden sind, müssen im JA berücksichtigt werden, wenn sie bis zum Abschlussstichtag verursacht wurden, ungeachtet dessen, ob sie sich positiv oder negativ auswirken (**Wertaufhellungsprinzip**)[679]. Wegen bis zum Abschlussstichtag eingetretener Vorgänge, die sich erst allmählich im neuen GJ auswirken, vgl. ADS[6], § 252 HGB, Tz. 41. **303**

Steuerlich haben die Finanzverwaltung und die höchstrichterliche Rechtsprechung die Berücksichtigung verlustbringender Ereignisse, die nach dem Abschlussstichtag eingetreten sind, grds. abgelehnt. Eine Bewertung mit einem unter dem Börsen- oder Marktpreis des Abschlussstichtags liegenden Teilwert kommt jedoch für Waren, deren Preise in erhöhtem Maße durch Spekulationen auf dem Weltmarkt bestimmt werden und deshalb erheblichen Preisschwankungen unterliegen, ausnahmsweise in Betracht, wenn die Stichtagspreise auf ungewöhnlichen Umständen beruhen. In diesen Fällen muss anhand der Preisentwicklung der letzten vier bis sechs Wochen vor und nach dem Abschlussstichtag geprüft werden, ob am Abschlussstichtag eine Herabsetzung der Preise wegen allgemeiner Preisrückgänge sicher voraussehbar war[680]. Dies ist z.B. der Fall, wenn die Preise eine ständig fallende Tendenz zeigen, wenn sich eindeutig feststellen lässt, dass die das Absinken der Preise nach dem Abschlussstichtag verursachenden Tatsachen schon am Abschlussstichtag gegeben waren oder wenn die Preise vor oder nach dem Stichtag wesentlich niedriger liegen. Ein Abschlag ist jedoch nicht gerechtfertigt, wenn die Preise nicht nur vor und nach dem Stichtag, sondern auch sonst regelmäßig starke Schwankungen zeigen. In diesem Fall wird man nicht davon ausgehen können, dass der Stichtagspreis ein ungewöhnlicher Preis oder Zufallspreis ist. Im Übrigen ist eine Teilwertabschreibung generell nur (noch) insoweit möglich, als nachgewiesen werden kann, dass der **304**

---

677 Vgl. zum Willkürverbot Begr., BT-Drs.10/4268, S. 100; ADS[6], § 252 HGB, Tz. 126 ff.; *Baetge/ Fey, D./ Fey, G.* in HdR[5], § 243 HGB, Rn. 34 ff.
678 Vgl. ADS[6], § 252 HGB, Tz. 38 ff.; *Winkeljohann/Büssow* in BeBiKo[7], § 252, Rn. 27 ff.; *Moxter*, Rückstellungen, S. 165 ff.
679 Vgl. *IDW PS 203*, Tz. 7 f.; *Kropff*, Wertaufhellungen, S. 21 ff.; *Tillmann*, GmbHR 1999, S. 905 ff.; *Küting/ Kaiser*, WPg 2000, S. 577 ff.; *Kropff*, WPg 2000, S. 1137 ff.; *Moxter*, DStR 2008, S. 469 ff. Nach der Rechtsprechung des EuGH v. 07.01.2003, DB, S. 181 (185) ist eine Risikominderung aufgrund einer Kreditrückzahlung nach dem Abschlussstichtag ein wertbegründendes Ereignis.
680 Vgl. BFH v. 17.07.1956, BStBl. III, S. 379; wegen der Verpflichtung zur Berücksichtigung der bis zur Bilanzerstellung erlangten besseren Erkenntnis und zum Unterschied zwischen wertaufhellenden und wertbeeinflussenden Tatsachen vgl. *Weber-Grellet* in Schmidt, L., EStG[30], § 5, Rn. 81; BFH v. 03.07.1991, BB, S. 2010; BFH v. 22.10.1991, BFH/NV 1992, S. 449; Nach der Rechtsprechung des BFH ist ein nach dem Abschlussstichtag ergangenes Urteil eine wertbegründende Tatsache, die folglich bei der Bewertung zum Abschlussstichtag nicht zu berücksichtigen ist, BFH v. 27.11.1997, BStBl. II 1998, S. 375. Grundlegend zur Wertaufhellung *Hoffmann*, BB 1996, S. 1157 ff.; *Moxter*, DStR 2008, S. 469 ff.

niedrigere Wertansatz auf einer dauerhaften Wertminderung beruht (§ 6 Abs. 1 Nr. 2 S. 2 EStG)[681].

e) Grundsatz der Periodenabgrenzung (§ 252 Abs. 1 Nr. 5 HGB)

305 Dieser Grundsatz besagt im System doppelter Buchführung Selbstverständliches: Aufwendungen und Erträge des GJ sind im Gegensatz zur Erfassung in einer Einnahmen-/Ausgabenrechnung unabhängig von den Zeitpunkten der entsprechenden Zahlungen im JA zu berücksichtigen[682]; maßgebend für die Zurechnung zu einer bestimmten Berichtsperiode ist das Verursachungsprinzip. Der Grundsatz der Periodenabgrenzung nach § 252 Abs. 1 Nr. 5 HGB allein rechtfertigt allerdings nicht den Ansatz von (Abgrenzungs-)Posten; beim Ansatz von Bilanzposten sind die Kriterien für die Bilanzierbarkeit von Vermögensgegenständen, Schulden, RAP oder Sonderposten (vgl. Tz. 27 ff.) sowie die Kriterien für die Bestimmung des Zeitpunkts der Erfassung von Erträgen und Aufwendungen nach dem Realisations- bzw. dem Imparitätsprinzip (Grundsatz der Vorsicht, vgl. Tz. 297 ff.) zu beachten. § 252 Abs. 1 Nr. 5 HGB enthält auch das Gebot der **Pagatorik**, d.h. rein kalkulatorische Kosten, die zu keinem Zeitpunkt zu Zahlungen führen, dürfen in der handelsrechtlichen Rechnungslegung nicht erfasst werden[683].

f) Grundsatz der Bewertungsstetigkeit (§ 252 Abs. 1 Nr. 6 HGB)

306 Der Grundsatz der Bewertungsstetigkeit[684] verlangt bei der Bewertung der im JA ausgewiesenen Vermögensgegenstände, Schulden, RAP und Sonderposten die Beibehaltung der auf den vorhergehenden JA angewandten Bewertungsmethoden (**zeitliche Stetigkeit**; zur sachlichen Stetigkeit vgl. Tz. 308). Nach dem BilMoG ist § 252 Abs. 1 Nr. 6 HGB von einer Soll- in eine Muss-Vorschrift umformuliert worden. Die Vorschrift ist von besonderer Bedeutung für KapGes. und Personenhandelsgesellschaften i.S.d. § 264a HGB, deren JA ein den tatsächlichen Verhältnissen entsprechendes Bild der Vermögens-, Finanz- und Ertragslage zu vermitteln hat (§ 264 Abs. 2 HGB). Sie soll die Vergleichbarkeit aufeinanderfolgender JA sicherstellen und verhindern, dass die Ertragslage durch Änderungen der Bewertungsmethoden nach der einen oder anderen Seite hin beeinflusst wird. Der Grundsatz der Bewertungsstetigkeit engt die Auswahl unter mehreren an sich zulässigen Bewertungsmethoden auf eine ein, nämlich ceteris paribus auf die des Vj.

307 Unter dem Begriff **„Bewertungsmethode"** i.S.d. § 252 Abs. 1 Nr. 6 HGB sind bestimmte, in ihrem Ablauf definierte Verfahren der Wertfindung zu verstehen, die den GoB entsprechen (vgl. im Einzelnen *IDW RS HFA 38* und DRS 13.6); der Begriff schließt auch die Abschreibungsmethoden ein. Das Gebot der Bewertungsstetigkeit greift dann ein, wenn es nebeneinander mehrere gesetzlich zulässige Verfahren gibt oder wenn bei der Bewertung Schätzungs- oder Ermessensspielräume eingeräumt sind. In beiden Fällen ist der Kaufmann grds. an die im vorhergehenden JA angewandten Methoden gebunden. Zwin-

---

681 Dazu *Kessler*, DB 1999, S. 2577 (2578); BMF-Schr. v. 25.02.2000, BStBl. I, S. 372; zur dauerhaften Wertminderung bei börsennotierten Anteilen vgl. BMF-Schr. vom 26.03.2009, BStBl. I, S. 514, und BFH v. 26.09.2007, BStBl. 2009 II, S. 294.
682 Vgl. ADS[6], § 252 HGB, Tz. 94 ff. (auch zu Ausnahmen); *Leffson*, GoB[7], S. 301 ff.; *Moxter*, Periodengerechte Gewinnermittlung, S. 447 ff.; *Chmielewicz*; dazu auch *HFA*, FN-IDW 2006, S. 781 (783 f.) (Abgrenzung von Mietaufwendungen).
683 Vgl. ADS[6], § 252 HGB, Tz. 95; hierzu auch *Krümmel*, S. 307 ff.; *Baetge/Kirsch* in HdR[5], Kap. 4, Rn. 72; *Baetge/Fey, D./Fey, G.* in HdR[5], § 243 HGB, Rn. 32.
684 Vgl. ADS[6], § 252 HGB, Tz. 103; *Naumann/Breker* in HdJ, Abt. I/7, Rn. 218 ff.; *Leffson*, GoB[7], S. 432 ff.; *Baetge/Kirsch/Thiele*, Bilanzen[11], S. 117 f.; *Gelhausen/Fey/Kämpfer*, BilMoG, Kap. G, Rn. 13 ff.; *Küting/Tesche*, DStR 2009, S. 1491 ff.; *Wiechers*, BBK 2011, S. 172 ff.; steuerlich vgl. auch *Kulosa* in Schmidt, L., EStG[30], § 6, Rn. 12 bis 17.

gende Abweichungen von im Vorjahresabschluss angewandten Bewertungsmethoden, die sich aus den speziellen Bewertungsvorschriften (§§ 253 bis 256a HGB) ergeben (z.B. außerplanmäßige Abschreibungen abnutzbarer Anlagegegenstände, niedrigere Bewertung von Vermögensgegenständen des UV wegen gesunkener Börsen- oder Marktpreise), berühren das Stetigkeitsprinzip nicht. In diesen Fällen liegen daher auch keine Ausnahmefälle i.S.d. § 252 Abs. 2 HGB vor.

Der Grundsatz steht teilweise in Konkurrenz zu anderen allgemeinen Bewertungsgrundsätzen, insb. zum Grundsatz der **Vorsicht**; diesem gebührt in Zweifelsfällen der Vorrang.

Der Grundsatz der Bewertungsstetigkeit erstreckt sich, wie der Einleitungssatz von § 252 Abs. 1 HGB deutlich macht, auf alle in einem JA zu bewertenden Vermögensgegenstände, Schulden, RAP und Sonderposten[685], also nicht nur auf die im Vj. vorhanden gewesenen, sondern auch auf die im GJ neu entstandenen oder zugegangenen. Auch diese sind nach den gleichen Methoden zu bewerten, die auf den vorhergehenden JA angewandt wurden. Bewertungsobjekte, die vergleichbaren Nutzungs- und Risikobedingungen unterworfen sind, können somit nicht willkürlich nach unterschiedlichen Methoden bewertet werden (**sachliche Stetigkeit**)[686]. Eine Einschränkung des Grundsatzes der Einzelbewertung (§ 252 Abs. 1 Nr. 3 HGB; vgl. Tz. 294 ff.) liegt darin nicht. 308

Zweifelhaft ist, ob das Stetigkeitsgebot auch in Fällen zu beachten ist, in denen auf Bewertungsmethoden aus **mehr als ein Jahr zurückliegenden JA** zurückgegriffen werden müsste. Der Wortlaut der Vorschrift gebietet dies nicht, doch entspricht es ihrem Sinn, auch zwischenzeitlich nicht relevant gewesene Bewertungsmethoden fortzuführen, soweit nicht geänderte Verhältnisse (= begründeter Ausnahmefall) für eine andere Bewertungsmethode sprechen. 309

Dagegen unterliegt der übernehmende Rechtsträger im Rahmen einer **Verschmelzung oder Spaltung**, wenn er vom Wahlrecht des § 24 UmwG Gebrauch macht und die Buchwerte des übertragenden Rechtsträgers als Anschaffungskosten ansetzt (Buchwertfortführung), hinsichtlich der Bewertungsmethoden des übertragenden Rechtsträgers nicht dem Stetigkeitsgebot (vgl. *IDW ERS HFA 42*, Tz. 57, und *IDW ERS HFA 43*, Tz. 25). Mit der Wahl der Buchwertfortführung wird aus der Sicht des übernehmenden Rechtsträgers nur die Zugangsbewertung festgelegt, für die Folgebilanzierung gelten die allgemeinen Ansatz-, Bewertungs- und Ausweisgrundsätze. 310

Zum Grundsatz der **Ansatzstetigkeit** (§ 246 Abs. 3 HGB) vgl. Tz. 107 ff. Auch für einmal ausgeübte Ansatzwahlrechte (z.B. nach §§ 248 Abs. 2 S. 1, 250 Abs. 3, 274 Abs. 1 S. 2 HGB oder Art. 28 Abs. 1 EGHGB) gilt das Stetigkeitsgebot hinsichtlich der Bewertung der aktivierten oder passivierten Posten. 311

Das mit dem Grundsatz der Bewertungsstetigkeit verfolgte Ziel der Sicherung der Vergleichbarkeit aufeinanderfolgender JA verbietet einerseits einen sachlich unbegründeten Wechsel. Auf der anderen Seite soll den Kaufleuten auch nicht verwehrt sein, in **begründeten Ausnahmefällen** (§ 252 Abs. 2 HGB) die Bewertungspolitik (als Teil der Bilanzpolitik) an veränderte Verhältnisse anzupassen und mit der Wahl der entsprechenden Bewertungsmethoden dem Ziel eines sachlich zutreffenden, klaren und übersichtlichen JA (§ 243 Abs. 1 und 2 HGB) nahezukommen. Bei KapGes. und Personenhandelsgesell- 312

---

685 Zur Anwendung des Grundsatzes der Bewertungsstetigkeit auch auf RAP und Sonderposten vgl. *IDW RS HFA 38*, Tz. 4.

686 Vgl. *IDW RS HFA 38*, Tz. 4 und 14; ADS[6], § 252 HGB, Tz. 107 und 129 f. (Grundsatz der Einheitlichkeit der Bewertung); *Fülbier/Kuschel/Selchert* in HdR[5], § 252 HGB, Rn. 140 ff.; im Einzelnen hierzu *Patzak*; *Selchert*, DB 1995, S. 1573 ff.

schaften i.S.d. § 264a HGB kommt hinzu, dass auch die Generalnorm des § 264 Abs. 2 HGB zu Änderungen von Bewertungsmethoden Veranlassung geben kann.

313 Unter Berücksichtigung dieser Gesichtspunkte kommen nach *IDW RS HFA 38, Tz. 15*, **Durchbrechungen** der Bewertungsstetigkeit nur dann in Betracht, wenn die Abweichung

- durch eine Änderung der rechtlichen Gegebenheiten (insb. Änderung von Gesetz und Gesellschaftsvertrag/Satzung, Änderung der handels- und steuerrechtlichen Rechtsprechung) veranlasst wurde,
- unter Beachtung der GoB ein besseres Bild der Vermögens-, Finanz- und Ertragslage vermitteln soll,
- dazu dient, Bewertungsvereinfachungsverfahren in Anspruch zu nehmen,
- im JA zur Anpassung an konzerneinheitliche Bilanzierungsrichtlinien erfolgt,
- erforderlich ist, um steuerliche Ziele zu verfolgen.

Der Anpassung an konzerneinheitliche Bilanzierungsrichtlinien steht es gleich, wenn der übertragende Rechtsträger im Rahmen einer **Verschmelzung oder Spaltung** mit Buchwertfortführung bereits in der Übertragungsschlussbilanz (Jahresbilanz oder gesonderte Verschmelzungs- oder Spaltungsschlussbilanz[687]) die Bewertungsmethoden des übernehmenden Rechtsträgers anwendet[688].

314 Im älteren Schrifttum[689] wurden **weitere Fälle** genannt, in denen eine Durchbrechung der Stetigkeit in Betracht kommen soll. Hierzu gehören die im Rahmen der handelsrechtlichen Bilanzierungs- und Bewertungsgrundsätze erfolgende Anpassung an die Ergebnisse einer steuerlichen Außenprüfung (vgl. auch *IDW RS HFA 6, Tz. 33)*; die Einleitung von Sanierungsmaßnahmen; wesentliche Veränderungen in der Gesellschafterstruktur; Wechsel des Managements[690]; eine grundlegend andere Einschätzung der Unternehmensentwicklung; mengenmäßig erhebliche Bestandsveränderungen, sofern die bisher angewandten Bewertungsmethoden für die Bewertung des neuen Bestands unangemessen sind; technische Umwälzungen von Relevanz für das Unternehmen; Produktionsumstellungen und Aufnahme neuer Produkte; wesentliche Veränderungen des Beschäftigungsgrads; Änderungen im Rechnungswesen[691]. Die enge Auslegung der gesetzlichen Ausnahmevorschrift des § 252 Abs. 2 H+GB, wie sie vom HFA (und für Zwecke des KA vom DRSC) vertreten wird, trägt allerdings zur besseren Vergleichbarkeit der JA im Zeitablauf und damit zu einem besseren Einblick in die Vermögens-, Finanz- und Ertragslage des Unternehmens bei.

315 Jeder Fall einer Unterbrechung der Bewertungsstetigkeit führt bei KapGes. und Personenhandelsgesellschaften i.S.d. § 264a HGB zu einer Angabepflicht nach § 284 Abs. 2 Nr. 3 HGB im **Anhang** (vgl. F Tz. 722 ff.).

g) Abweichungen von den allgemeinen Bewertungsgrundsätzen (§ 252 Abs. 2 HGB)

316 Das Gesetz gestattet durch § 252 Abs. 2 HGB, in begründeten **Ausnahmefällen** von den allgemeinen, in Abs. 1 aufgeführten Bewertungsgrundsätzen abzuweichen. Solche Abweichungen sind v.a. bei den Nr. 3, 4 und 6 denkbar. Die in Betracht kommenden Ab-

---

[687] Vgl. zur Schlussbilanz nach § 17 Abs. 2 UmwG *IDW ERS HFA 42*, Tz. 7 ff. und *IDW ERS HFA 43*, Tz. 7 ff.
[688] Vgl. *IDW ERS HFA 42*, Tz. 16; *Budde/Zerwas* in Budde/Förschle/Winkeljohann, Sonderbilanzen[4], Kap. H, Rn. 104.
[689] Vgl. ADS[6], § 252 HGB, Tz. 113; zur Vermeidung einer Verlustanzeige nach §§ 49 Abs. 3 GmbHG, 92 Abs. 1 AktG (abl.) *Winkeljohann/Büssow* in BeBiKo[7], § 252, Rn. 62 m.w.N.
[690] Abl., auch bei Veränderungen in der Gesellschafterstruktur, *Pittroff/Schmidt/Siegel* in BHdR, B 161, Rn. 69; *Kleindiek* in Staub, HGB[4], § 252, Rn. 47.
[691] Vgl. *Fülbier/Kuschel/Selchert* in HdR[5], § 252 HGB, Rn. 150.

weichungen bei den Nr. 3 und 6 sind oben bei den jeweiligen Grundsätzen erörtert (vgl. Tz. 295, 313).

Hinsichtlich der Nr. 4 kommt ein Abweichen außer in den Fällen der ausdrücklich vorgeschriebenen Bewertung zum beizulegenden Zeitwert (vgl. Tz. 371 ff.) insb. hinsichtlich des zweiten Halbsatzes (Berücksichtigung von Gewinnen erst, wenn sie realisiert sind) bei **langfristiger Fertigung** in Betracht. Erstreckt sich ein Auftrag über mehrere GJ (z.B. langfristige Bauaufträge oder Aufträge über die Errichtung schlüsselfertiger Fabriken oder Großanlagen), so kann – es im Interesse der Klarheit des JA – bei KapGes. und Personenhandelsgesellschaften i.S.d. § 264a HGB der Generalnorm des § 264 Abs. 2 HGB – begründet sein, in vorsichtiger Weise eine Teilgewinnrealisierung auf Basis einer (auch internen) Teilauftragsabrechnung – ggf. nur bis zum Betrag der angefallenen, ansonsten nicht aktivierbaren Aufwendungen – vorzunehmen[692]. Zu den Voraussetzungen im Einzelnen vgl. ADS[6], § 252 HGB, Tz. 88. 317

2. Anschaffungs- und Herstellungskosten, beizulegender Zeitwert, Abschreibungen und Wertaufholungen (§§ 253 und 255 HGB)
a) Allgemeines

Für die Bewertung der Vermögensgegenstände gilt der Grundsatz der **Bestimmtheit des Wertansatzes**, d.h. die einzelnen Vermögensgegenstände sind mit einem einer bestimmten Bewertungsmethode folgenden Wert in der Bilanz anzusetzen[693]. Des Weiteren gilt der Grundsatz der **Methodenfreiheit**, d.h. zur Ermittlung von Wertansätzen kann jede den GoB entsprechende Bewertungs- oder Abschreibungsmethode gewählt werden, soweit sie im Einzelfall nicht gegen das Gebot der Klarheit und Übersichtlichkeit des JA (§ 243 Abs. 2 HGB) verstößt bzw. – bei KapGes. sowie Personenhandelsgesellschaften i.S.d. § 264a HGB – gegen die Generalnorm des § 264 Abs. 2 HGB. 318

Zur Ermittlung der AHK (Zugangsbewertung) gibt es, sofern sie nicht individuell ermittelt werden, folgende **Verfahren**: die Durchschnittsmethode, die Verbrauchsfolgeverfahren nach § 256 S. 1 HGB (Lifo- und Fifo-Verfahren, vgl. Tz. 474 ff.), die Gruppenbewertung (vgl. Tz. 482), die Festbewertung (vgl. Tz. 478 ff.) und die retrograde Ermittlung durch Abzug der Bruttospanne vom Verkaufspreis[694]. Am weitesten verbreitet ist die **Durchschnittsmethode**. Der (gewogene) Durchschnittspreis kann aus Anfangsbestand und Zugängen laufend, monatlich oder jährlich ermittelt werden; mit diesem Preis werden Abgänge und Endbestand bewertet. 319

Für Vermögensgegenstände bilden die (ggf. fortgeführten) AHK grds. die Obergrenze („höchstens", § 253 Abs. 1 S. 1 HGB). Eine darüber hinausgehende Bewertung – auch auf der Basis von Wiederbeschaffungswerten[695] – ist unzulässig (**Anschaffungswertprinzip**), es sei denn, das Gesetz sieht eine Bewertung zu einem ggf. über die AHK hinausgehenden Wert vor (Bewertung von Vermögensgegenständen des Deckungsvermögens 320

---

692 Vgl. ADS[6], § 246 HGB, Tz. 198, § 252 HGB, Tz. 86 ff. (Bewertungswahlrecht bei Vorliegen der Voraussetzungen); ebenso *Ellrott/Brendt* in BeBiKo[7], § 255, Rn. 460; a.A. (mit dem Handelsbilanzrecht nicht vereinbar) *Marx/Löffler* in BHdR, B 700, Rn. 85; für strenge Beibehaltung des Realisationsprinzips *Baetge/Ziesemer* in Baetge/Kirsch/Thiele, Bilanzrecht, § 252, Rn. 205; *Kohl*; *Schmidt/Walter*, DB 1994, S. 2353 ff.; *Leuschner*, S. 377 ff.; wegen älterer Literatur siehe WP Handbuch 1992 Bd. I, Fn. 382 zu Kap. E, Tz. 207; vgl. auch BFH v. 05.05.1976, BStBl. II, S. 541; *Weber-Grellet* in Schmidt, L., EStG[30], § 5, Rn. 270 (langfristige Fertigung) m.w.N.
693 Vgl. ADS[6], § 252 HGB, Tz. 124 f.
694 Vgl. ADS[6], § 255 HGB, Tz. 109 ff.
695 Die Bundesregierung hat bei Verabschiedung der 4. EG-Richtlinie zu Protokoll gegeben, dass sie die in Art. 33 zugelassenen Bewertungsmethoden aus währungs- und wirtschaftspolitischen Gründen ablehnt und deshalb solche Bewertungsmethoden für handelsrechtliche JA nicht zulassen wird.

nach § 246 Abs. 2 S. 2 HGB zum beizulegenden Zeitwert, § 253 Abs. 1 S. 4 HGB (vgl. Tz. 371 ff.); Umrechnung von auf fremde Währung lautenden Vermögensgegenständen mit einer Restlaufzeit von höchstens einem Jahr zum Devisenkassamittelkurs am Abschlussstichtag, § 256a HGB (vgl. Tz. 487 ff.)), oder lässt sie zu, wie bei der Bewertung von in eine Bewertungseinheit einbezogenen Vermögensgegenständen nach der „Durchbuchungsmethode", § 254 HGB (vgl. Tz. 465 ff.). Die AHK sind jeweils um planmäßige oder außerplanmäßige Abschreibungen insoweit zu vermindern, wie sie geboten oder zugelassen sind (Folgebewertung nach § 253 Abs. 1 S. 1 i.V.m. Abs. 3 und 4 HGB).

b) Anschaffungskosten (§ 255 Abs. 1 HGB)

321 Das Bilanzrecht enthält in § 255 Abs. 1 HGB eine formelle Definition der **Anschaffungskosten**. Danach sind Anschaffungskosten die Ausgaben, die im Rahmen des Erwerbs anfallen, einschließlich der Nebenkosten und der nachträglichen Anschaffungskosten, abzgl. Anschaffungspreisminderungen.

322 Bei Gegenständen des AV sind den Anschaffungskosten noch diejenigen Ausgaben hinzuzurechnen, die durch das **Versetzen in einen betriebsbereiten Zustand**[696] anfallen, soweit sie dem Vermögensgegenstand einzeln zugerechnet werden können. „Einzeln zurechenbar" bedeutet, dass nur solche Kosten hinzugerechnet werden dürfen, die direkt auf das Versetzen in einen betriebsbereiten Zustand zurückgehen[697]; Gemeinkosten erfüllen diese Voraussetzung definitionsgemäß i.d.R. nicht, ebenso wenig der Probebetrieb ganzer Werkseinheiten (z.B. Kraftwerke). Ausgaben, die der Entscheidung zum Erwerb dienen (z.B. Aufwendungen für ein Wertgutachten), gehören nicht zu den Anschaffungskosten[698]. Steuerlich vgl. R 6.2 EStR 2008[699]. Zu den Anschaffungskosten gehören als **Nebenkosten**[700] i.S.d. § 255 Abs. 1 S. 2 HGB z.B. Provisionen, Courtagen, Kommissionskosten, Eingangsfrachten, Transportkosten, Speditionskosten, Vermittlungs-, Makler- und Gutachtergebühren, Wiegegelder, Montage-, Fundamentierungs-, Inspektions- und Abnahmekosten, Rollgelder, Transportversicherungsprämien, Verzollungskosten, Lagergelder, Anfuhr- und Abladekosten, Steuern und Abgaben, Notariats-, Gerichts- und Registerkosten. Auch Grunderwerbsteuer, Anlieger- und Erschließungsbeiträge sowie Abfindungen für die Auflösung von Mietverträgen oder Grunddienstbarkeiten bei erworbenen Grundstücken zählen hierzu. Abbruchkosten sind Anschaffungskosten des Grund und Bodens, wenn der Erwerb mit Abbruchabsicht geschehen ist[701]. Mit dem Erwerb verbundene Reparaturarbeiten und Prozesskosten zählen zu den Nebenkosten, wenn der Kaufpreis entsprechend niedriger bemessen ist[702]. Eine **Pauschalierung** von direkt zuzurechnenden Anschaffungskosten ist aus Vereinfachungsgründen zulässig, z.B. bei Eingangsfrachten, Verpackungskosten oder Transportversicherungen[703].

---

696 Vgl. zum Begriff auch *Moxter*, Rechnungslegung, S. 164 f.
697 Vgl. ADS[6], § 255 HGB, Tz. 12 ff.; a.A. *Göbel* in BoHdR[2], § 255 HGB, Rn. 36 (auch Schlüsselung zulässig).
698 Vgl. ADS[6], § 255 HGB, Tz. 22; *Ellrott/Brendt* in BeBiKo[7], § 255, Rn. 71.
699 Vgl. *Kulosa* in Schmidt, L., EStG[30], § 6, Rn. 31; *Stobbe* in HHR, EStG/KStG, § 6 EStG, Rn. 273; *Ehmcke* in Blümich, EStG, § 6 EStG, Rn. 269; BFH v. 13.04.1998, BStBl. II, S. 892; zur Abgrenzung zwischen Anschaffungskosten und Erhaltungsaufwand bei Gebäuden vgl. BMF-Schr. v. 18.07.2003, BStBl. I, S. 386.
700 Vgl. ADS[6], § 255 HGB, Tz. 21 ff.; *Ellrott/Brendt* in BeBiKo[7], § 255, Rn. 70 ff.; *Kulosa* in Schmidt, L., EStG[30], § 6, Rn. 51; nach BFH v. 13.04.1988, BStBl. II, S. 892, muss bei einem Gasvorrat eine Zahlung für die Lieferbereitschaft des Lieferanten zu den Anschaffungskosten des Beziehers gerechnet werden; *Moxter*, DStR 1999, S. 51 ff. (Erwerb von Nutzungsrechten); zum Anschaffungskostenbegriff vgl. auch BFH v. 17.10.2001, BStBl. II 2002, S. 349, danach soll für die Aktivierbarkeit des Aufwendungen die Zweckbestimmung des Aufwendungen genügen, nicht auf einen bloßen kausalen oder zeitlichen Zusammenhang an.
701 Vgl. ADS[6], § 255 HGB, Tz. 24; steuerlich vgl. H 6.4 EStR 2008 (Abbruchkosten); *Kulosa* in Schmidt, L., EStG[30], § 6, Rn. 213 (Gebäudeabbruch).
702 Vgl. ADS[6], § 255 HGB, Tz. 23 und 25.
703 Vgl. hierzu ADS[6], § 255 HGB, Tz. 30; *Wohlgemuth* in HdJ, Abt. I/9, Rn. 28.

Bewertungsvorschriften E

Als **Anschaffungsnebenkosten** kommen beim Erwerb eines Vermögensgegenstands durch **323**
Ausübung eines **Optionsrechts** auch die Ausgaben für den Erwerb der Kaufoption in
Betracht (vgl. hierzu auch *IDW RS BFA 6)*. Beim Erwerb von Vermögensgegenständen
aufgrund von **Termingeschäften** ist grds. der vereinbarte Terminpreis maßgebend (vgl.
IDW RS BFA 5)[704]. Wegen weiterer Einzelheiten vgl. ADS[6], § 255 HGB, Tz. 74 f. und
§ 246 HGB, Tz. 371 ff.[705]

Fremdkapitalzinsen sind nur insoweit als Nebenkosten aktivierbar (Wahlrecht in ent- **324**
sprechender Anwendung des § 255 Abs. 3 HGB)[706], wie die Kredite dazu dienen, die
Herstellung zu beschaffender Neuanlagen mit längerer Bauzeit durch Anzahlungen oder
Vorauszahlungen zu finanzieren[707]. Es muss ein enger Zusammenhang zwischen den
Fremdfinanzierungskosten und den Investitionen bestehen und die Amortisation durch
die künftige Ertragskraft der Anlagen erwartet werden können. Auch steuerlich sind
Fremdkapitalzinsen unter den gleichen Voraussetzungen (vgl. R 6.3 Abs. 4 EStR 2008)
aktivierbar[708]. In anderen Fällen ist eine Aktivierung der Finanzierungskosten des Kaufpreises nicht zulässig[709]. Zu den Anschaffungskosten der einzelnen Vermögensgegenstände rechnet grds. auch eine umsatzsteuerrechtlich **nicht abziehbare Vorsteuer** (§ 15
Abs. 2 UStG)[710]. Soweit eine spätere Berichtigung nach § 15a UStG zur Nichtabzugsfähigkeit von Vorsteuern führt, wird nach den Grundsätzen *des IDW RH HFA 1.017*,
Tz. 12 i.d.R. aus Vereinfachungsgründen von einer Nachaktivierung abgesehen werden
können.

Vom Anschaffungspreis sind alle **Anschaffungspreisminderungen** abzuziehen (§ 255 **325**
Abs. 1 S. 3 HGB), wie z.B. in Anspruch genommene Skonti[711], Rabatte, zurückgewährte
Entgelte und Nachlässe aller Art, auch Boni[712]. Die Abzugsbeträge können ggf. pau-
schaliert werden. Im Falle längerfristiger zinsloser oder unterverzinslicher Lieferanten-
kredite und bei Teilzahlungsgeschäften/Ratenkäufen ist der Kaufpreis auf den **Barwert** im
Zeitpunkt des Zugangs abzuzinsen[713].

I.Z.m. dem Erwerb oder der Herstellung von Vermögegensgegenständen erhaltene **Sub- 326
ventionen und Zuschüsse** sind entweder von den AHK abzusetzen oder durch Bildung

---

704 Vgl. hierzu auch *Rabenhorst*, DB 1994, S. 741 ff.; *Eilenberger*, BFuP 1995, S. 125 ff.; zur Einbeziehung von Aufwendungen für Sicherungsinstrumente in die Anschaffungskosten *Zielke*, S. 507 ff.
705 Vgl. auch *Franke/Menichetti*, DBW 1994, S. 193 ff.
706 Vgl. ADS[6], § 255 HGB, Tz. 38; a.A. *Knop/Küting* in HdR[5], § 255 HGB, Rn. 39 f. (Aktivierungspflicht); *Wohlgemuth* in HdJ, Abt. I/9, Rn. 38 (ebenso); *Wohlgemuth/Radde*, WPg 2000, S. 906 f.(ebenso); *Ellrott/Brendt* in BeBiKo[7], § 255, Rn. 501 (Aktivierungsverbot); *Kahle* in Baetge/Kirsch/Thiele, Bilanzrecht, § 255, Rn. 80 (ebenso).
707 Vgl. ADS[6], § 255 HGB, Tz. 35 ff.; a.A. *Kupsch*, S. 93 (113), der zwischen Erstattung von Finanzierungs-kosten des Veräußerers (Anschaffungskosten) und Kosten des Erwerbers zur Geldbeschaffung (keine An-schaffungskosten) unterscheidet; ähnlich auch *Elrott/Brendt* in BeBiKo[7], § 255, Rn. 501, sowie *Ballwieser* in MünchKomm. HGB[2], § 255, Rn. 15 (tatsächliche Weiterberechnung durch Veräußerer entscheidend).
708 Vgl. BFH v. 07.11.1989, BStBl. II 1990, S. 460; zur gewerbesteuerlichen Behandlung vgl. *Köhler*, StBp. 1996, S. 287.
709 Vgl. BFH v. 07.11.1989, BStBl. II 1990, S. 460; *Köhler*, StBp. 1992, S. 220.
710 Vgl. *IDW RH HFA 1.017*, Tz. 11; ADS[6], § 255 HGB, Tz. 20.
711 Vgl. steuerlich H 6.2 EStR 2008, sowie BFH v. 27.02.1991, BStBl. II, S. 456; hierzu auch *Rückle*, Skonto, S. 353 (Abzug auch bei nicht in Anspruch genommenem Skonto); *Moxter*, Rechnungslegung, S. 168 (Abzug nur der ausgenutzten Skonti); *Ehmcke* in Blümich, EStG, § 6 EStG, Rn. 325.
712 Vgl. ADS[6], § 255 HGB, Tz. 49 ff.; a.A. hinsichtlich des Abzugs von Boni *Knop/Küting* in HdR[5], § 255 HGB, Rn. 62; *Kleindiek* in Staub, HGB[4], § 255, Rn. 12. Zur Behandlung von Konventionalstrafen des Lieferanten (Anschaffungspreisminderung nur, soweit nicht zur Kompensation von Ergebnisbelastungen) vgl. ADS[6], § 255 HGB, Tz. 55.
713 Vgl. ADS[6], § 255 HGB, Tz. 78 f.; *Knop/Küting* in HdR[5], § 255 HGB, Rn. 77 ff. Zu Anschaffungskosten von Leasinggegenständen bei deren Zurechnung zum Leasingnehmer vgl. *Gelhausen/Weiblen* in HdJ, Abt. I/5, Rn. 174 ff.; zur Zurechnung von Leasinggegenständen allg. vgl. Tz. 31 ff.

eines Passivpostens zu neutralisieren[714]. Eine sofortige erfolgswirksame Vereinnahmung kann nur in Ausnahmefällen als sachgerecht angesehen werden (z.b. bei Sanierungen, Prämiencharakter der Zuwendung, außerplanmäßiger Abschreibung des bezuschussten Vermögensgegenstands)[715]. Bei bedingt rückzahlbaren Zuschüssen ist zu beachten, dass sie unter bestimmten Voraussetzungen (z.B. bei Erfüllen von Bedingungen wie Gewinnerzielung des Unternehmens, Erfolg des geförderten Projekts[716]) Passivierungspflichten auslösen, vgl. Tz. 219. Zu weiteren Einzelheiten vgl. bei Zuwendungen der öffentlichen Hand *IDW St/HFA 1/1984* und bei privaten Zuschüssen *IDW St/HFA 2/1996*; zu Baukostenzuschüssen bei Energieversorgungsunternehmen *IDW*, WPg 2004, S. 374 f., WPg 2005, S. 122[717]; wegen Zuwendungen von Gesellschaftern auch ADS[6], § 255 HGB, Tz. 56.

327 **Steuerrechtlich** besteht nach R 6.5 Abs. 2 EStR 2008 ein Wahlrecht, Zuschüsse entweder sofort erfolgswirksam zu vereinnahmen oder sie von den AHK abzusetzen[718]. Zulagen nach dem InvZulG werden im Gegensatz zu Zuschüssen steuerfrei sofort vereinnahmt (vgl. H 6.5 EStR 2008), die AHK also nicht gekürzt, vgl. § 12 InvZulG 2007[719].

328 Bei **Zuschüssen**, die bei späteren Zahlungen des Zuschussgebers **für Leistungen des Zuschussempfängers** verrechnet werden sollen (z.B. Bauzuschüsse von Mietern, die auf künftige Miete angerechnet werden, Zuschüsse zu Forschung und Entwicklung oder zur Beschaffung von Werkzeugen und Formen, die bei künftigen Bestellungen verrechnet werden), handelt es sich um Verpflichtungen des Zuschussempfängers, die zu passivieren sind (erhaltene Anzahlungen, Rückstellungen, ggf. passive RAP)[720].

Steuerlich sind Mieterzuschüsse grds. sofort zu vereinnahmen. Auf Antrag können sie im Falle der Anrechnung auf Miete für bestimmte Zeit als RAP und im Falle der Anrechnung auf Miete für unbestimmte Zeit als zinsloses Darlehen passiviert werden[721]. Die Passivposten sind jeweils in Höhe der Anrechnung auf die Mietzahlung aufzulösen. Die AfA ist in beiden Fällen von den ungekürzten Herstellungskosten vorzunehmen[722]. Zuschüsse aus öffentlichen Mitteln zur Durchführung bestimmter Baumaßnahmen mindern die Herstellungskosten[723].

329 **Nachträgliche Ausgaben** (z.B. anschaffungsnahe Ausgaben zur Erweiterung und Verbesserung, rückwirkende Kaufpreiserhöhung, bspw. aufgrund einer *Earn Out*-Klausel,

---

714 Vgl. *IDW St/HFA 1/1984 i.d.F. 1990*; ferner ADS[6], § 255 HGB, Tz. 56 ff.; *Ellrott/Brendt* in BeBiKo[7], § 255, Rn. 117 f.
715 A.A. *Ellrott/Brendt* in BeBiKo[7], § 255, Rn. 115 (generelles Wahlrecht zur Vereinnahmung); ebenso OLG Saarbrücken v. 21.09.1988, BB 1989, S. 2428; *Knop/Küting* in HdR[5], § 255 HGB, Rn. 69 (Wahlrecht zur Vereinnahmung steuerfreier Zulagen).
716 Steuerlich vgl. BFH v. 11.04.1990, DB, S. 1642, dazu Anm., DStR 1990, S. 484.
717 Steuerlich vgl. BMF-Schr. v. 27.05.2003, BStBl. I, S. 361; *Weber-Grellet* in Schmidt, L., EStG[30], § 5, Rn. 550.
718 Nach BFH v. 14.07.1988, BStBl. II 1989, S. 189, mindern nicht rückzahlbare Zuschüsse nach § 10 KHG grds. die AHK; wg. Zuschüssen für Maschinen an einem öffentlich geförderten Arbeitsplatz vgl. BFH v. 22.01.1992, BStBl. II, S. 488.
719 Vgl. auch *Laicher*, DStR 1993, S. 292. Weiterführend *Küting*, DStR 1996 S. 276 und S. 313. Zum Zeitpunkt der Anschaffung eines Wirtschaftsgutes im Kontext des § 3 S. 3 InvZulG BFH v. 25.09.1996, BStBl. II 1998, S. 70. Siehe auch OFD Kiel, Vfg. v. 06.07.1999, FR, S. 1085.
720 Vgl. *IDW St/HFA 2/1996*, Abschn. 21; ADS[6], § 255 HGB, Tz. 61; *Förschle/Scheffels*, DB 1993, S. 2393 ff.; *Mattausch*, S. 335 ff. (Entwicklungs-/Gemeinschaftsprojekte; steuerlich BFH v. 08.10.1970, BStBl. II 1971, S. 51; vgl. auch BFH v. 31.01.1973, BStBl. II, S. 305: keine Rückstellung für künftige Preisabschläge.
721 Vgl. *v. Wallis* in HHR, EStG/KStG, § 5 EStG, Rn. 1243; R 21.5 Abs. 3 EStR 2008; ebenso ist der verlorene Mieterzuschuss zu behandeln, vgl. BFH v. 28.10.1980, BStBl. II 1981, S. 161.
722 Vgl. R 21.5 Abs. 3 EStR 2008.
723 BFH v. 26.03.1991, BStBl. II 1992, S. 999; BFH v. 23.03.1995, BB, S. 1724; Vfg. OFD Hannover v. 22.01.1993, EStK § 21 EStG, Nr. 1.4.

Bewertungsvorschriften | E

erhöhte Anschaffungsnebenkosten, Ausgaben für den Ersatz von Anlagenkomponenten im Fall deren komponentenweiser planmäßiger Abschreibung (vgl. Tz. 390), im Rahmen der Abfindung ausscheidender Gesellschafter einer Personenhandelsgesellschaft vergütete stille Reserven) gehören nach § 255 Abs. 1 S. 2 HGB zu den (nachträglichen) Anschaffungskosten[724]. Nachträgliche Anschaffungskostenminderungen stellen im Jahr des Erwerbs Minderungen der Zugänge, später Abgänge dar[725].

Die Anschaffungskosten beim **Kauf auf Rentenbasis**[726] entsprechen grds. dem Barwert der Rente, der nach versicherungsmathematischen Grundsätzen gem. den vertraglichen Bedingungen (z.B. Lebenserwartung des Veräußerers) und unter Verwendung des laufzeitadäquaten durchschnittlichen Marktzinssatzes der vergangenen sieben Jahre (§ 253 Abs. 2 S. 3 HGB)[727] zu ermitteln ist; sie sind im Folgenden unabhängig von der Entwicklung der Rentenverpflichtung[728]. Ebenso wenig führen Ausgaben aufgrund von im Rahmen der Kaufpreisfinanzierung vereinbarten **Wertsicherungsklauseln** später zu einer Änderung der Anschaffungskosten[729]. **330**

Besteht die Gegenleistung für den Erwerb von Vermögensgegenständen ganz oder teilw. in der **Übernahme bestehender Schulden**, Lasten oder sonstiger Verpflichtungen, bilden diese einen Bestandteil der Anschaffungskosten des erworbenen Vermögens. Geht der Erwerber unmittelbar i.Z.m. dem Erwerb von Vermögensgegenständen (Sachleistungs-)Verpflichtungen gegenüber dem Veräußerer oder Dritten ein (z.B. für Umweltschutz- oder Infrastrukturmaßnahmen im Interesse des Veräußerers oder der Öffentlichkeit), zählen die dadurch entstehenden Ausgaben ebenfalls zu den Anschaffungskosten. Im Hinblick auf die erforderliche Erfolgsneutralität des Anschaffungsvorgangs sind diese Schulden stets zu passivieren; dies gilt auch dann, wenn als Gegenleistung Pensionsverpflichtungen übernommen werden, für die sonst das Passivierungswahlrecht gem. Art. 28 Abs. 1 EGHGB gelten würde[730]. **331**

Anschaffungskosten in **Fremdwährung** sind bei Barkäufen und Anzahlungen mit dem tatsächlich aufgewandten €-Betrag umzurechnen; bei Zielkäufen werden die Anschaffungskosten grds. durch die Umrechnung der Verbindlichkeiten zum Geldkurs im Zeitpunkt der Erstverbuchung (Zugang/Rechnungserhalt) bestimmt[731]; danach eintretende Devisenkursänderungen wirken sich nicht mehr auf die Bewertung des Vermögensge- **332**

---

724 Vgl. dazu ADS[6], § 255 HGB, Tz. 42 ff.; *Ellrott/Brendt* in BeBiKo[7], § 255, Rn. 22 sowie 375 ff. (zur Abgrenzung von nachträglichen Herstellungskosten und Erhaltungsaufwand); *IDW RH HFA 1.016*, Tz. 6 (zu nachträglichen Anschaffungskosten im Fall der komponentenweisen planmäßigen Abschreibung von Sachanlagen); *IDW ERS HFA 7 n.F.*, Tz. 57 (zur Aktivierung von im Rahmen der Abfindung ausscheidender Gesellschafter einer Personenhandelsgesellschaft vergüteten stillen Reserven); *Risthaus*, BB 1997, S. 2453 ff.; *Nordmeyer*, S. 373 ff.
725 Vgl. ADS[6], § 253 HGB, Tz. 430, § 268 HGB, Tz. 58; *Lorson* in HdR[5], § 268 HGB, Rn. 86; *Kozikowski/Huber* in BeBiKo[7], § 268, Rn. 52. Steuerlich vgl. H 6.2 EStR 2008.
726 Dazu gehört auch der Ratenkauf; vgl. ADS[6], § 253 HGB, Tz. 16.
727 Vgl. *Kozikowski/Schubert* in BeBiKo[7], § 253, Rn. 184; *Gelhausen/Fey/Kämpfer*, BilMoG, Kap. J, Rn 14.
728 Vgl. ADS[6], § 255 HGB, Tz. 65; *Kozikowski/Schubert* in BeBiKo[7], § 253, Rn. 187; *Husemann*, S. 89. Steuerlich vgl. R 6.2 und H 6.2 EStR 2008; vgl. auch BFH v. 20.01.1971, BStBl. II, S. 302 (versicherungsmathematische Grundsätze); StEK EStG § 7 Nr. 153); BFH v. 05.02.1969, BStBl. II, S. 334; BFH v. 02.05.2001, BFH/NV 2002, S. 10.
729 Vgl. ADS[6], § 255 HGB, Tz. 66; *Ellrott/Brendt* in BeBiKo[7], § 255, Rn. 65; steuerlich *Kulosa* in Schmidt, L., EStG[30], § 6, Rn. 443 f. m.w.N. (Rente und Wertsicherungsklauseln); FG Nds. v. 03.11.1993, EFG 1994, S. 653 (rkr.).
730 Vgl. ADS[6], § 255 HGB, Tz. 67 m.w.N.; ebenso *IDW ERS HFA 42*, Tz. 36 zur Abbildung der Verschmelzung nach dem Anschaffungskostenprinzip.
731 Vgl. *HFA*, WPg 1986, S. 664 ff.; zur Währungsumrechnung im KA vgl. *HFA*, WPg 1998, S. 549 ff., sowie M Tz. 280 ff.; ADS[6], § 255 HGB, Tz. 63 f.; abw. *Küting/Mojadadr* in HdR[5], § 256a HGB, Rn. 45 (Zeitpunkt der Lieferung). Steuerlich vgl. H 6.2 EStR 2008: Maßgebend ist der Wechselkurs im Anschaffungszeitpunkt (BFH v. 16.01.1977, BStBl. II 1978, S. 233).

genstands aus. Aus Praktikabilitätsgründen erscheint eine Umrechnung zum Devisenkassamittelkurs zulässig, auch wenn § 256a HGB formal nur die Folgebewertung regelt[732].

333 Eine Aufteilung der Anschaffungskosten ist notwendig, wenn für den Erwerb mehrerer Gegenstände ein **Gesamtkaufpreis** gezahlt wird. Grds. Aufteilungsmaßstab ist der Zeitwert der erworbenen Gegenstände. Zur Frage der Aufteilung beim Kauf ganzer Betriebe vgl. ADS[6], § 255 HGB, Tz. 106 ff.[733]. **Steuerlich** gilt die Divisionsmethode (Aufteilung nach dem Verhältnis der Teilwerte)[734]. Dies gilt im Zweifel auch für gezahlte Überpreise, vgl. BFH v. 16.12.1981, BStBl. II 1982, S. 320. Eine willkürliche Aufteilung der Anschaffungskosten, insb. eine nicht den tatsächlichen Werten entspr. Aufteilung der Anschaffungskosten auf verschiedene Vermögensgegenstände kann ebenso wie die Aufteilung eines Betrags auf mehrere Rechnungen den Tatbestand der Steuerhinterziehung erfüllen[735].

334 Zu Anschaffungskosten bei **Zwangsversteigerungen** vgl. ADS[6], § 255 HGB, Tz. 76 (bei Erwerb durch Sicherungsnehmer ggf. Aufstockung des Kaufpreises zzgl. Nebenkosten um den Betrag der ausgefallenen Forderung; Obergrenze: Zeitwert des Vermögensgegenstands); steuerlich vgl. BFH v. 11.11.1987, BStBl II 1988, S. 424. Bei **unentgeltlichem Erwerb** (z.B. Schenkung, Erbschaft) von Gegenständen ist eine Aktivierung höchstens zum Zeitwert zulässig. Es handelt sich hierbei um ein Aktivierungswahlrecht; deshalb ist der Ansatz von Zwischenwerten unzulässig[736]. Steuerlich gilt für unentgeltlichen Erwerb in Abhängigkeit davon, ob ganze (Teil-)Betriebe oder einzelne Vermögensgegenstände angeschafft wurden, § 6 Abs. 3 bzw. 4 EStG; vgl. *Kulosa* in Schmidt, L., EStG[30], § 6, Rn. 134. Zum Ansatz einer wesentlichen Beteiligung bei der aufnehmenden KapGes., wenn die Beteiligung durch verdeckte Einlage übertragen wurde, vgl. *Weber-Grellet* in Schmidt, L., EStG[30], § 17, Rn. 90, 110.

335 Bei **Sacheinlagen** (Erwerb gegen Gewährung von Gesellschaftsrechten) ist beim Empfänger grds. der für die Begebung der Anteile vereinbarte Ausgabebetrag, höchstens aber der Zeitwert des Einlagegegenstands, als Anschaffungskosten anzusetzen. Falls der Ausgabebetrag unter dem Zeitwert des eingelegten Vermögensgegenstands liegt, besteht für den übersteigenden Betrag grds. ein Bewertungswahlrecht (vgl. *IDW ERS HFA 42*, Tz. 42[737]; zur Bildung einer entspr. Kapitalrücklage für den den Nennbetrag der Anteile übersteigenden Betrag vgl. F Tz. 364 f.)[738].

---

732 Vgl. *Küting/Mojadadr* in HdR[5], § 256a HGB, Rn. 41; *Gelhausen/Fey/Kämpfer*, BilMoG, Kap. J, Rn. 71 (Frage der Wesentlichkeit); a.A. (verpflichtende Umrechnung zum Devisenkassamittelkurs schon bei der Ersterfassung) *Ellrott/Brendt* in BeBiKo[7], § 255, Rn. 258.

733 Zur Angabepflicht der angewandten Methode bei KapGes. (und Personenhandelsgesellschaften i.S.d. § 264a HGB) vgl. ADS[6], § 255 HGB, Tz. 108.

734 Vgl. *Kulosa* in Schmidt, L., EStG[30], § 6, Rn. 118 m.w.N.; *Ellrott/Brendt* in BeBiKo[7], § 255, Rn. 83.

735 Vgl. hierzu *Bilsdorfer*, DB 1986, S. 923 f.; *Pfleger*, DB 1986, S. 925 f.; *Meilicke*, DB 1986, S. 2045 ff.

736 Vgl. ADS[6], § 255 HGB, Tz. 83 f.; *Ellrott/Brendt* in BeBiKo[7], § 255, Rn. 99 ff.; a.A. (Aktivierungspflicht) *Knop/Küting* in HdR[5], § 255 HGB, Rn. 107; *Kahle* in Baetge/Kirsch/Thiele, Bilanzrecht, § 255, Rn. 75; wegen älterer Literatur vgl. WP Handbuch 2000 Bd. I, Fn. 556 zu Kap. E, Tz. 249.

737 Vgl. auch *IDW ERS HFA 18 n.F.*, Tz. 9 für Sacheinlagen in Personenhandelsgesellschaften; ADS[6], § 255 HGB, Tz. 95 ff.; *Förschle/Hoffmann* in Budde/Förschle/Winkeljohann, Sonderbilanzen[4], Kap. K, Rn. 44; für eine Pflicht zum Ansatz des Zeitwertes *Tiedchen* in MünchKomm. AktG[2], § 255 HGB, Rn. 44, sowie *Kahle* in Baetge/Kirsch/Thiele, Bilanzrecht, § 255, Rn. 37; *Wohlgemuth* in HdJ, Abt. I/9, Rn. 81 (Zweifel sachgerecht); steuerlich *Weber-Grellet* in Schmidt, L., EStG[30], § 5, Rn. 636; R 4.3 EStR 2008, H 4.3 EStR 2008; BFH v. 04.10.1966, BStBl. III, S. 690, und BFH v. 13.09.1967, BStBl. II 1968, S. 20. Zur Beurteilung des Firmenwertes als Sacheinlage vgl. Beschluss LG Köln v. 26.02.1959, AG 1960, S. 23; zur Bewertung *Mutter*, BB 1994, S. 472. Wegen verdeckter Sacheinlagen vgl. *Groh*, DB 1997, S. 1683 ff., sowie F Tz. 333. Vgl. ferner zur Bewertung von Sacheinlagen mit vorgeleisteten Ausgaben *Lutz/Matschke*, WPg 1992, S. 741 ff.; für eine Bewertung der Sacheinlage zum Zeitwert *Angermeyer*, DB 1998, S. 145 (146).

738 Vgl. zur von der Ausübung des Bewertungswahlrechts beim Empfänger unabhängigen handelsrechtlichen Gewinnrealisierung beim Einlegenden *IDW ERS HFA 18 n.F.*, Tz. 9; ADS[6], § 253 HGB, Tz. 44.

Bewertungsvorschriften   E

In die Kapitalrücklage nach § 272 Abs. 2 Nr. 4 HGB einzustellende **Sachzuzahlungen** **336**
sowie ertragswirksam zu vereinnahmende **Sachzuschüsse** sind ebenfalls in Höhe des
vereinbarten Betrags, höchstens aber zum Zeitwert des zugewendeten Vermögensgegenstands
anzusetzen[739]. Gleiches gilt für **Sachübernahmen** (Ansatz in Höhe der vereinbarten
Vergütung, aber höchstens zum Zeitwert der übernommenen Sache; § 27 AktG,
§ 5 Abs. 4 GmbHG)[740].

Im Vergleich zum beizulegenden Zeitwert **überhöhte Anschaffungskosten** dürfen zu- **337**
nächst aktiviert werden[741]. Es wird dann jedoch eine außerplanmäßige Abschreibung gem.
§ 253 Abs. 3 S. 3 HGB oder eine niedrigere Bewertung nach § 253 Abs. 4 S. 1 und 2 HGB
erforderlich sein. In der StB kommt in diesem Fall eine Abschreibung auf den Teilwert in
Betracht[742]. Beruhen die überhöhten Anschaffungskosten auf gesellschaftsrechtlichen
Gründen (z.B. Bezüge von Konzernunternehmen), kann die Differenz zwischen den angemessenen
Anschaffungskosten und dem gezahlten Preis sowohl handels- als auch
steuerrechtlich zu verdeckten Gewinnausschüttungen führen[743]. Als Anschaffungskosten
darf in diesem Fall nur der Zeitwert angesetzt werden, während der Unterschiedsbetrag
ggf. nach den rechtsformspezifischen Vorschriften (z.B. § 57 AktG, §§ 30 f. GmbHG) als
Rückgewähranspruch zu aktivieren ist.

Bei **Tauschgeschäften** können die Anschaffungskosten handelsrechtlich grds. nach drei **338**
Methoden bestimmt werden (Wahlrecht)[744]: Bei der „Buchwertfortführung" wird der
eingetauschte Vermögensgegenstand mit dem Buchwert des hingegebenen Gegenstands
angesetzt; bei der „Gewinnrealisierung" mit dem (höheren) Zeitwert des hingegebenen
Gegenstands, höchstens aber mit dem vorsichtig geschätzten Zeitwert des eingetauschten
Gegenstands; bei der „ergebnisneutralen Behandlung" mit dem Buchwert des hingegebenen
Gegenstands zzgl. Ertragsteuerbelastung. Ein Ansatz anderer Zwischenwerte ist
unzulässig (Methodenbestimmtheit).

Steuerlich werden der Tausch sowie tauschähnliche Vorgänge (offene Einlage in eine **339**
Kapital- oder Personengesellschaft)[745] dem Kauf grds. gleichgestellt. Bei Erwerb einzelner
Wirtschaftsgüter im Tauschwege bemessen sich die Anschaffungskosten nach dem

---

739   Vgl. *IDW St/HFA 2/1996*, Abschn. 22; ADS[6], § 255 HGB, Tz. 84 (Ansatz zum Zeitwert); zur Unterscheidung zwischen Zuzahlungen und Zuschüssen vgl. F Tz. 368.
740   Vgl. ADS[6], § 255 HGB, Tz. 103.
741   Vgl. ADS[6], § 255 HGB, Tz. 18; sowie für Bezüge von Konzernunternehmen und von Gesellschaftern ADS[6], § 255 HGB, Tz. 71 (insoweit Zeitwert als Obergrenze); a.A. *Ellrott/Brendt* in BeBiKo[7], § 255, Rn. 20, und *Wohlgemuth* in HdJ, Abt. I/9, Rn. 12 (Aktivierungspflicht auch überhöhter Anschaffungskosten).
742   Vgl. BFH v. 07.02.2002, BStBl. II, S. 294 (nur anteilige Einbeziehung eines Überpreises in Teilwertabschreibung bei Grundstücken).
743   Vgl. ADS[6], § 255 HGB, Tz. 71 f.; hierzu auch *Beck u.a.*, DB 1994, S. 2557 (2558); *Schulze-Osterloh*, StuW 1994, S. 131 ff.; *Wassermeyer*, GmbHR 1999, S. 18 ff.; steuerlich str., gleicher Auffassung BFH v. 13.03.1985, BFH/NV 1986, S. 116; *Wassermeyer*, FR 1993, S. 793; FG München v. 16.11.2004, 6-K-1777/02; a.A. *Schulze zur Wiesche*, StBp. 1993, S. 269 jeweils m.w.N.
744   Vgl. im Einzelnen ADS[6], § 255 HGB, Tz. 89 ff.; *Göbel* in BoHdR[2], § 255 HGB, Rn. 58 f.; *Ellrott/Brendt* in BeBiKo[7], § 255, Rn. 130 ff.; *Kleindiek* in Staub, HGB[4], § 255, Rn.13; *Kahle* in Baetge/Kirsch/Thiele, Bilanzrecht, § 255, Rn. 72; unklar, im Ergebnis aber wohl ebenso, *Knop/Küting* in HdR[5], § 255 HGB, Rn. 110 ff.; abw. *Wohlgemuth* in HdJ, Abt. I/9, Rn. 61 ff. (Zeitwert des hingegebenen Gegenstandes); *Wohlgemuth/Radde* in BHdR, B 162, Rn. 51 ff. (ebenso); zum Tausch immaterieller Anlagewerte vgl. *Wohlgemuth*, BB 2005, S. 248 HGB, Tz. 16. Zur Methodenangabe im Anh. von KapGes. (und Personenhandelsgesellschaften i.S.d. § 264a HGB) vgl. ADS[6], § 255 HGB, Tz. 93.
745   Vgl. zur Einlage in KapGes. *Kulosa* in Schmidt, L., EStG[30], § 6, Rn. 569 (Gesellschaftsrechtliche Einlagen); BFH v. 24.03.1983, BStBl. II 1984, S. 233, BFH v. 23.01.1986, BStBl. II, S. 623, BFH v. 11.09.1991, BStBl. II 1992, S. 404, BFH v. 07.07.1998, BStBl. II 1999, S. 209; zur Einlage in PersGes. vgl. BFH v. 29.10.1987, BStBl. II 1988, S. 374, BFH v. 21.06.1994, BStBl. II, S. 856; der Tausch von Unternehmenseinheiten sowie von Mitunternehmeranteilen ist dagegen nach § 16 EStG zu beurteilen.

gemeinen Wert der hingegebenen Gegenstände (§ 6 Abs. 6 EStG)[746]. Damit wird der Tausch von Wirtschaftsgütern des Betriebsvermögens ertragsteuerlich für alle Wirtschaftsgüter und alle Gewinneinkunftsarten als gewinnrealisierender Umsatzakt normiert. Die aufgrund des Tauschgutachtens des BFH (BFH-Gutachten v. 16.02.1958, BStBl. III 1959, S. 30) ursprünglich bestehende Ausnahme, nach der der Tausch von art-, wert- oder funktionsgleichen Anteilen an KapGes. steuerfrei blieb, ist seit dem Inkrafttreten des § 6 Abs. 6 S. 1 EStG durch das Steuerentlastungsgesetz 1999/2000/2002 vom 24.03.1999 (BGBl. I, S. 402) überholt[747]. Zum Tausch bei verzögerter Gegenleistung vgl. BFH v. 14.12.1982, BStBl. II 1983, S. 303 (Gewinnrealisierung mit der wirtschaftlichen Vertragserfüllung durch den Veräußerer).

340 Bei Übertragungen von Vermögensgegenständen anlässlich der **Verschmelzung oder Spaltung** von Unternehmen nach den Vorschriften des Umwandlungsgesetzes gelten die allgemeinen Vorschriften (§§ 253 Abs. 1, 255 Abs. 1 HGB), ergänzt durch § 24 UmwG; vgl. hierzu *IDW ERS HFA 42* und *IDW ERS HFA 43*[748]. Erfolgt eine Kapitalerhöhung, ist nach den allgemeinen Vorschriften als Anschaffungskosten der übernommenen Vermögensgegenstände grds. der Betrag der vom Übernehmer gewährten Anteile und der ggf. festgesetzten Zuzahlungen anzusetzen (Obergrenze: Zeitwert der Vermögensgegenstände, ggf. Geschäfts- oder Firmenwert; zur Aufteilung vgl. Tz. 333)[749]; gehören dem Übernehmer die Anteile des übertragenden Rechtsträgers, bestimmen sich die Anschaffungskosten nach den Grundsätzen für Tauschgeschäfte[750]. Nach § 24 UmwG ist in beiden Fällen (mit und ohne Kapitalerhöhung) aber auch die Buchwertfortführung zulässig (Wahlrecht); in diesem Fall gelten die Werte in der Schlussbilanz des übertragenden Rechtsträgers (§ 17 Abs. 2 UmwG) als Anschaffungskosten. Ergibt sich aufgrund der Buchwertfortführung ein Verlust, ist dieser sofort als Aufwand zu erfassen (vgl. *IDW ERS HFA 42*, Tz. 66 und 68)[751]. Wegen der steuerlichen Behandlung von Umwandlungsvorgängen vgl. *Winkeljohann/Fuhrmann*.

341 Die Anschaffungskosten der **Roh-, Hilfs- und Betriebsstoffe** sowie der **Waren**[752] umfassen alle Ausgaben bis zum Fabriklager einschließlich der Anschaffungsnebenkosten. Materialgemeinkosten, auch wenn sie unmittelbar den Materialbezügen zugerechnet werden können, sind nach § 255 Abs. 1 S. 1 HGB als Anschaffungsnebenkosten nicht

---

746 Vgl. BFH v. 11.10.1960, BStBl. III, S. 492, v. 08.07.1964, BStBl. III, S. 561, BFH v. 14.06.1967, BStBl. III, S. 574, BFH v. 25.01.1984, BStBl. II, S. 422. Zum Tausch von immateriellen Werten vgl. BFH v. 27.05.1970, BStBl. II, S. 743 (mit Zusammenfassung der Rechtsprechung zur Gewinnverwirklichung beim Tausch), sowie die anerkennenden Urt. des BFH v. 18.12.1970, BStBl. II 1971, S. 237 und BFH v. 13.07.1971, BStBl. II, S. 731; *Kulosa* in Schmidt, L., EStG[30], § 6, Rn. 731.

747 Zur Kritik vgl. *IDW*, WPg 1999, S. 26 (31); *Eckstein* in HHR, EStG/KStG, § 6, Rn. 1483; OFD Düsseldorf v. 11.05.2004, BB, S. 1678 (Tauschgutachten nicht mehr anwendbar).

748 Vgl. auch *Förschle/Hoffmann* in Budde/Förschle/Winkeljohann, Sonderbilanzen[4], Kap. K, Rn. 15 ff.; *Knop/Küting* in HdR[5], § 255 HGB, Rn. 86 ff.; *Ellrott/Brendt* in BeBiKo[7], § 255, Rn. 44; *Mujkanovic*, BB 1995, S. 1735 ff.; *Müller, W.*, WPg 1996, S. 857 ff.; *Müller, W.*, Anschaffungskosten, S. 243 ff.; *Naumann*, S. 683 (689); *Scherrer*, S. 743 (745); *Habersack/Koch/Winter*; zur analogen Anwendung des Wahlrechts des § 24 UmwG im Fall der Anwachsung vgl. *IDW ERS HFA 42*, Tz. 79; ADS[6], § 255 HGB, Tz. 101; *Förschle/Hoffmann* in Budde/Förschle/Winkeljohann, Sonderbilanzen[4], Kap. K, Rn. 7; a.A. (Buchwertfortführung bei Anwachsung unzulässig) *Förschle/Kropp* in Budde/Förschle/Winkeljohann, Sonderbilanzen[4], Kap. B, Rn. 110.

749 Vgl. *IDW ERS HFA 42*, Tz. 40 ff.

750 Vgl. *IDW ERS HFA 42*, Tz. 44 ff.; *Förschle/Hoffmann* in Budde/Förschle/Winkeljohann, Sonderbilanzen[4], Kap. K, Rn. 52.

751 Vgl. dazu auch Begr., BT-Drs. 12/6699, S. 93; *IDW*, WPg 1992, S. 613 ff.; ferner *Förschle/Hoffmann* in Budde/Förschle/Winkeljohann, Sonderbilanzen[4], Kap. K, Rn. 91 ff.; *Mujkanovic*, BB 1995, S. 1735 ff.; *Streck u.a.*, GmbHR 1995, S. 161 (166).

752 Zur retrograden Ermittlung der Anschaffungskosten durch Abzug der Bruttospanne vom Verkaufspreis vgl. ADS[6], § 255 HGB, Tz. 114 f.; steuerlich *Kulosa* in Schmidt, L., EStG[30], § 6, Rn. 41, 252.

Bewertungsvorschriften E

aktivierbar[753]. Treten bei länger lagernden Waren durch die Lagerung Wertsteigerungen ein (z.b. Holz, Wein, Spirituosen, Käse), ist die Aktivierung von Betriebs- und Verwaltungskosten zulässig, wenn die Kosten voraussichtlich durch die künftigen Verkaufserlöse gedeckt sind[754].

c) Herstellungskosten (§ 255 Abs. 2, 2a und 3 HGB)[755]

§ 255 Abs. 2 HGB definiert die Herstellungskosten (S. 1) und zählt die in sie einzurechnenden und einrechenbaren Kosten und Aufwendungen abschließend auf. Die einzelnen Teile der Herstellungskosten sind teils **aktivierungspflichtig** (S. 2), teils besteht für sie ein **Einbeziehungswahlrecht** (S. 3). Herstellungskosten sind diejenigen Ausgaben, die durch den **Verbrauch** von Gütern und die **Inanspruchnahme** von Diensten für die Herstellung eines Vermögensgegenstandes, seine Erweiterung oder für eine über seinen ursprünglichen Zustand hinausgehende wesentliche Verbesserung entstehen[756]. Zu Herstellungskosten sind in erster Linie **unfertige** und **fertige Erzeugnisse** zu bewerten, aber auch **selbst erstellte Vermögensgegenstände des AV** sowie Ausgaben für **Überholungen, Reparaturen** u. dgl., soweit diese zu einer Erweiterung oder über den ursprünglichen Zustand hinausgehenden wesentlichen Verbesserung eines Vermögensgegenstands führen[757]. 342

Falls vom Ansatzwahlrecht nach § 248 Abs. 2 S. 1 HGB Gebrauch gemacht wird, sind die Herstellungskosten eines **selbst geschaffenen immateriellen Vermögensgegenstandes des AV** die bei dessen Entwicklung anfallenden Ausgaben. Entwicklung ist die Anwendung von Forschungsergebnissen oder von anderem Wissen für die Neu- bzw. Weiterentwicklung von Gütern oder Verfahren mittels wesentlicher Änderungen (§ 255 Abs. 2a S. 2 HGB). Ob die Ausgaben während der Entwicklungsphase zu aktivieren oder aktivierbar sind, bestimmt sich nach § 255 Abs. 2a S. 1 HGB i.V.m. § 255 Abs. 2 HGB (vgl. Tz. 497 ff.)[758]. Das Ansatz- und das Bewertungswahlrecht sind stetig auszuüben (§§ 246 Abs. 3, 252 Abs. 1 Nr. 6 HGB). 343

Herstellungskosten i.S.d. Bilanzrechts sind immer nur tatsächlich angefallene (**pagatorische**) **Ausgaben**, nicht dagegen rein kalkulatorische Kosten (Zusatzkosten). Sie sind i.d.R. an Hand der Kostenrechnung und der Betriebsabrechnung zu ermitteln und können insoweit kalkulatorischer Natur sein[759]. Ist die Ermittlung der Herstellungskosten in anderer Weise (z.B. durch einfache Divisionskalkulation) nicht möglich, gehört eine ent- 344

---
753 Vgl. ADS[6], § 255 HGB, Tz. 26; *Ellrott/Brendt* in BeBiKo[7], § 255, Rn. 201.
754 Vgl. ADS[6], § 255 HGB, Tz. 29; *Ellrott/Brendt* in BeBiKo[7], § 255, Rn. 207.
755 Vgl. hierzu *IDW RS HFA 31*; ADS[6], § 255 HGB, Tz. 115 ff.; *Ellrott/Brendt* in BeBiKo[7], § 255, Rn. 330 ff.; *Mellwig*, S. 397 ff.; *Graumann*, BBK 2011, S. 121 ff.; zur Herstellung von Rechten *Wichmann*, BB 1986, S. 28 ff.; zur Herstellung von Beteiligungen *Wichmann*, BB 1992, S. 1241 ff.; zur Herstellung von Filmen *Wriedt/Fischer*, DB 1993, S. 1683 ff.; zur Herstellung von Software *Kessler*, BB 1994, Beilage 8.
756 Zu nachträglichen Herstellungskosten im Fall der komponentenweisen planmäßigen Abschreibung von Sachanlagen vgl. *IDW RH HFA 1.016*, Tz. 6.
757 Zur Abgrenzung von Herstellungs- und Erhaltungsaufwand vgl. ADS[6], § 255 HGB, Tz. 118; *Ellrott/Brendt* in BeBiKo[7], § 255, Rn. 382 ff.; hierzu auch *IDW St/WFA 1/1996*; *Scharfenberg*, DStR 1997, S. 473 ff.; *König*, BuW 1997, S. 169 ff.; zum Herstellungsbegriff ferner *Klein*, S. 277 ff.; *Baetge*, Herstellungskosten, S. 53 ff.
758 Vgl. *Gelhausen/Fey/Kämpfer*, BilMoG, Kap. E, Rn. 93 ff.; *Ellrott/Brendt* in BeBiKo[7], § 255, Rn. 480 ff.; *AK „Immaterielle Werte im Rechnungswesen" der Schmalenbach-Gesellschaft für Betriebswirtschaft e.V.*, DB 2008, S. 1813 ff.; *Hennrichs*, DB 2008, S. 537 ff.; *Mindermann*, WPg 2008, S. 273 ff.; *Seidel/Grieger/Muske*, BB 2009, S. 1286 ff.; *Küting/Ellmann*, DStR 2010, S. 1300 ff.
759 Zur Bedeutung der Kostenrechnung für die Bestimmung der Wertuntergrenze der Herstellungskosten vgl. *Knop/Küting/Weber*, DB 1985, S. 2517 ff.; hierzu auch *Baetge/Sell*, S. 263 (275) (Herstellungskostenermittlung bei Einsatz der Prozesskostenrechnung).

sprechend ausgebaute innerbetriebliche Abrechnung zu den Buchführungspflichten nach § 238 Abs. 1 HGB.

345 Zu Sonderfragen der Ermittlung der Herstellungskosten bei **verschiedenen Kalkulationsmethoden** (Divisionskalkulation, Äquivalenzziffernrechnung, Zuschlagskalkulation etc.) vgl. ADS⁶, § 255 HGB, Tz. 237 ff.[760].

346 Die Herstellungskosten setzen sich nach § 255 Abs. 2 S. 2 HGB aus den **Materialkosten**, den **Fertigungskosten** und den **Sonderkosten der Fertigung** sowie angemessenen Teilen der **Material- und Fertigungsgemeinkosten** und der **Abschreibungen auf die Fertigungsanlagen** zusammen. Für angemessene Teile der Kosten der allgemeinen Verwaltung einschließlich sozialer Aufwendungen und der Aufwendungen für eine betriebliche Altersversorgung besteht ein Aktivierungswahlrecht (§ 255 Abs. 2 S. 3 HGB).

347 **Fremdkapitalzinsen** gehören grds. nicht zu den Herstellungskosten (§ 255 Abs. 3 S. 1 HGB). Sie dürfen jedoch im Rahmen der Herstellungskosten angesetzt werden (Wahlrecht), soweit es sich um Zinsen für Fremdkapital handelt, das in zeitlicher und sachlicher Hinsicht zur Finanzierung der Herstellung eines Vermögensgegenstands verwendet wird (Objekt- oder ähnliche Finanzierung, vgl. *IDW RS HFA 31*, Tz. 23)[761]; der Ansatz ist auf den Zeitraum der Herstellung begrenzt (§ 255 Abs. 3 S. 2 HGB). Zur Einbeziehung von Fremdkapitalzinsen i.Z.m. zur Veräußerung vorgesehenen bebauten Grundstücken vgl. *IDW RS HFA 31*, Tz. 26. Kosten der Kapitalbeschaffung (z.B. Bereitstellungszinsen) sind nicht aktivierbar[762].

348 **Forschungs-** und **Vertriebskosten** dürfen nicht in die Herstellungskosten einbezogen werden (§ 255 Abs. 2 S. 4 HGB). Das gilt auch für die sog. Sondereinzelkosten des Vertriebs (vgl. Tz. 363).

349 Im Einzelnen ergibt sich danach folgendes **Schema** für die Berechnung der Herstellungskosten:

---

[760] Zur Ermittlung der Herstellungskosten aus der Teilkostenrechnung vgl. *Möllers*, BFuP 1973, S. 142 ff.; zur Bewertung mit den Herstellungskosten der Deckungsbeitragsrechnung vgl. *Layer*, ZfbF 1969, S. 131 ff.; zur Verwendbarkeit von Plankosten vgl. *Wohlgemuth*; *Buchner/Adam/Bruns*, ZfB 1974, S. 71 ff. (unzulässig); *Freidank*, DB 1983, S. 1375 ff. und S. 1454 ff.

[761] Vgl. ADS⁶, § 255 HGB, Tz. 201 ff.; *Esser/Gebhardt*, WPg 2007, S. 639 ff.; zur Angabepflicht bei KapGes. und Personenhandelsgesellschaften i.S.d. § 264a HGB vgl. F Tz. 749 f.

[762] Vgl. *IDW RS HFA 31*, Tz. 27; *Naumann/Breker* in HdJ, Abt. I/7, Rn. 314; a.A. ADS⁶, § 255 HGB, Tz. 207 (grds. anteilig einrechenbar); *Oestreicher* in BHdR, B 163, Rn. 212 (ebenso).

Bewertungsvorschriften · **E**

Herstellungskostengem. § 255 Abs. 2 und 3 HGB	Aktivie-rungspflicht	Aktivie-rungswahlrecht	Aktivie-rungsverbot
1. Materialkosten			
Fertigungsmaterial	X		
Materialgemeinkosten	X		
2. Fertigungskosten			
Fertigungslöhne	X		
Fertigungsgemeinkosten einschl. Abschreibungen auf Fertigungsanlagen	X		
Entwicklungs-, Konstruktions- und Versuchskosten	X	X^{763}	
Sondereinzelkosten der Fertigung	X		
Sondergemeinkosten der Fertigung	X		
Zinsen für Fremdkapital, das zur Finanzierung der Herstellung eines Vermögensgegenstandes verwendet wird		X	
3. Verwaltungskosten			
Kosten der allgemeinen Verwaltung		X	
Aufwendungen für soziale Einrichtungen und freiwillige soziale Leistungen		X	
Aufwendungen für betriebliche Altersversorgung		X	
4. Herstellungskosten			
Summe Ziff. 1 bis 3			
5. Fremdkapitalverzinsung			
soweit nicht unter Ziff. 2 fallend			X
6. Forschungskosten			X
7. Vertriebskosten			X

Aktivierungspflichtige **Materialkosten** (Fertigungsmaterial) sind alle unmittelbar für den **350** Herstellungsgegenstand erfassbaren Rohstoffe, ferner die im Betrieb selbst gefertigten Halb- und Teilerzeugnisse, wiederverwendete Abfälle, fremdbezogene Leistungen, Teile und Handelswaren usw. Hilfsstoffe (vgl. unten bei Fertigungsgemeinkosten) haben mit den Roh-/Werkstoffen gemeinsam, dass sie für die Leistung verbraucht werden, z.B. Säuren, Katalysatoren. Anderweitig verwertbare Abfälle sind als Kostengutschriften zu berücksichtigen. Die Ermittlung des Werkstoffverbrauchs setzt eine ordnungsgemäße Aufzeichnung und Überwachung voraus. Grds. ist für die Bewertung der verwendeten Werkstoffe von den AHK auszugehen (vgl. hierzu ADS⁶, § 255 HGB, Tz. 145 f.).

Aktivierungspflichtige **Fertigungskosten** (Fertigungslöhne) sind alle bei der Fertigung **351** des herzustellenden Gegenstands erfassbaren und direkt zurechenbaren Produktions-,

---

763 Das Aktivierungswahlrecht besteht für die Entwicklungskosten selbst geschaffener immaterieller Vermögensgegenstände des AV (vgl.Tz. 343).

Werkstatt- und Verarbeitungslöhne einschl. Nebenkosten, wie Zuschläge, Prämien, bezahlte Ausfallzeiten u.ä.[764] Hierzu rechnen nicht nur die eigentlichen Arbeitslöhne, sondern auch die Aufwendungen für Werkmeister, Lohnbuchhalter, Techniker, Zeichner, soweit sie sich auf die einzelnen Erzeugnisse aufteilen lassen.

352 Aktivierungspflichtige **Sondereinzelkosten der Fertigung** sind z.B. Ausgaben für Modelle, Schablonen, Spezialwerkzeuge, Gebühren für Fertigungslizenzen sowie auftrags- oder objektgebundene Aufwendungen für Planung, Entwicklung[765], Konstruktion und Versuche. Eine Aktivierungspflicht besteht auch für **Sondergemeinkosten der Fertigung**. Angefallene Zölle und Verbrauchsteuern (z.B. Mineralölsteuer, Biersteuer) sind als Sonderkosten der Fertigung aktivierungspflichtig, soweit sie der Herstellung der Verkehrsfähigkeit der Vorräte dienen; andernfalls greift das Aktivierungsverbot für Vertriebskosten (§ 255 Abs. 2 S. 4 HGB)[766].

353 **Material- und Fertigungsgemeinkosten** müssen insoweit einbezogen werden, wie sie angemessen, d.h. ihrer Höhe und der Sache nach gerechtfertigt, sind und auf den Zeitraum der Herstellung entfallen; andernfalls besteht ein Aktivierungsverbot. „Angemessen" sind die bei normaler Beschäftigungslage anfallenden Kosten, soweit sie den Kriterien wirtschaftlicher Geschäftsführung genügen (vgl. *IDW RS HFA 31*, Tz. 20)[767]. Wegen offenbarer Unterbeschäftigung oder (Teil-)Stilllegungen nicht gedeckte Gemeinkosten dürfen ebenso wenig wie unwirtschaftliche Kosten Grundlage der Zurechnung sein. „Angemessen" bedeutet außerdem, dass nur derjenige Teil der Gemeinkosten einem bestimmten Produkt zuzurechnen ist, der bei ordnungsgemäßer Kostenverrechnung auf das Produkt entfällt. Die Zurechnung muss also vernünftigen, betriebswirtschaftlichen Kriterien entsprechen. Eine willkürliche, nur nach der „Verträglichkeit" ausgerichtete Zurechnung ist dadurch ausgeschlossen, doch kann es Fälle geben, in denen die Erlösfähigkeit eine Rolle auch bei der Zurechnung von Gemeinkosten spielt (z.B. bei Kuppelprodukten)[768].

354 Der **Zeitraum der Herstellung** beginnt mit dem Anfall direkt oder indirekt zurechenbarer Ausgaben und endet grds. mit der Fertigstellung, d.h. der Möglichkeit, den Vermögensgegenstand bestimmungsgemäß zu verwenden (*IDW RS HFA 31*, Tz. 7). Herstellungsbezogene Ausgaben für Vorbereitungshandlungen dürfen aktiviert werden, wenn sich die Existenz des betreffenden Vermögensgegenstands bis zur Aufstellung des JA konkretisiert hat[769]; andernfalls ist eine Nachaktivierung im Rahmen einer Abschlussänderung nach den Grundsätzen des *IDW RS HFA 6* zulässig. In Unterbrechungszeiten angefallene Aufwendungen dürfen grds. nicht einbezogen werden (*IDW RS HFA 31*, Tz. 10).

355 Unter **Materialgemeinkosten** fallen in erster Linie die Kosten folgender Abteilungen: Einkauf, Warenannahme, Material- und Rechnungsprüfung, Lagerhaltung, Materialverwaltung und -bewachung. Außerdem zählen dazu innerbetriebliche Transportkosten und

---

764 Zu Lohnnebenkosten vgl. ADS[6], § 255 HGB, Tz. 147.
765 Zur Bilanzierung von Entwicklungskosten in der Automobilzulieferindustrie vgl. *HFA*, FN-IDW 2009, S. 694.
766 Vgl. *IDW RS HFA 31*, Tz. 29; *Gelhausen/Fey/Kämpfer*, BilMoG, Kap. F, Rn. 32; ADS[6], § 255 HGB, Tz. 153; *Ellrott/Brendt* in BeBiKo[7], § 255, Rn. 470. Für die Branntweinsteuer Herstellungskostencharakter bejahend BFH v. 05.05.1983, BStBl. II, S. 559; *Kulosa* in Schmidt, L., EStG[30], § 6, Rn. 54.
767 Vgl. ADS[6], § 255 HGB, Tz. 160 ff., Tz. 222 ff.; *Knop/Küting* in HdR[5], § 255 HGB, Rn. 222 ff.; *Egger* S. 813 (823); *Wohlgemuth/Ständer*, WPg 2003, S. 203 (207). Steuerlich vgl. R 6.3 Abs. 6 EStR 2008.
768 Vgl. ADS[6], § 255 HGB, Tz. 156 ff., 244 f.; zu den Herstellungskosten bei Kuppelproduktion vgl. auch *Hartung*, BB 1997, S. 1627 ff.; *Moxter*, Rechnungslegung, S. 200 ff.
769 Zur fehlenden Konkretisierung des Herstellungsbeginns aufgrund eines „*Letters of Intent*" vgl. *HFA*, FN-IDW 2009, S. 694; vgl. auch *Witteler/Lewe*, DB 2009, S. 2445 ff. (zu Abbruch- und Entsorgungskosten).

Bewertungsvorschriften **E**

Versicherungskosten. Zur Abgrenzung der Materialgemeinkosten von Kosten für die allgemeine Verwaltung und Anschaffungsnebenkosten vgl. ADS[6], § 255 HGB, Tz. 172.

Die **Fertigungsgemeinkosten** können negativ dahin umschrieben werden, dass darunter alle Kosten für die Leistung fallen, die nicht direkt als Kosten für Werkstoffe und Fertigungslöhne oder als Sonderkosten verrechnet werden können und auch nicht als Verwaltungs- oder Vertriebskosten zu betrachten sind. Dabei ist insb. die Abgrenzung zwischen Fertigungsgemeinkosten und Verwaltungskosten schwierig. **356**

Zu den Fertigungsgemeinkosten können z.B. folgende Kosten gehören: die Kosten für Energie, Brennstoffe, Hilfsstoffe (d.h. Stoffe, die nach ihrer Art und Bedeutung weder Werkstoffe noch Betriebsstoffe sind, insb. solche, die sich als Werkstoffe mengenmäßig nicht ansetzen lassen wie Säuren, Rostschutz), Betriebsstoffe, laufende Instandhaltung (Reparaturen) von Betriebsbauten, Betriebseinrichtungen, Maschinen, Vorrichtungen, Werkzeugen usw., Abschreibungen auf Fertigungsanlagen (vgl. Tz. 358), sonstige Kosten wie Sachversicherungsprämien, Post- und Fernsprechgebühren, Reiseauslagen usw., soweit auf den Bereich der Fertigung anrechenbar, Übernahmepersonal des Auftraggebers, Meister, Lohnbüro, Arbeitsvorbereitung[770], Werkstattkonstrukteure usw., Hilfslöhne für Lagerbetrieb, Förderwesen, Kraftanlagen, Reinigung der Anlagen, Kontrolle der Fertigung, Pförtner, Wach- und Sicherheitsdienst usw. Wegen Einzelheiten zu Entwicklungs-, Versuchs- und Konstruktionskosten vgl. ADS[6], § 255 HGB Tz. 151[771]. **357**

Als Unterfall der Fertigungsgemeinkosten ist die Einbeziehung von **Abschreibungen auf Fertigungsanlagen** (= Wertverzehr des AV, soweit er durch die Fertigung veranlasst ist)[772] in ähnlicher Weise eingeschränkt wie allgemein unter Tz. 353 erläutert. Die Abschreibungen müssen auf den Fertigungszeitraum entfallen und durch die Fertigung veranlasst sein. Abschreibungen auf technisch nicht notwendige Reserveanlagen, auf nicht genutzte Anlagen oder auf Anlagen des Vertriebsbereichs dürfen deshalb in die Herstellungskosten genauso wenig eingerechnet werden wie außerplanmäßige Abschreibungen nach § 253 Abs. 3 S. 3 HGB (vgl. *IDW RS HFA 31*, Tz. 22). Von den nach diesen Grundsätzen festgestellten Abschreibungen dürfen angemessene Teile berücksichtigt werden, d.h. auch hier ist grds. auf eine Normalauslastung abzustellen. Werden Anlagen jedoch ausnahmsweise im Mehrschichtbetrieb genutzt oder in anderer Weise stärker als bei einer Normalauslastung, vermindert dies die einem einzelnen Produkt zurechenbaren Kosten. **358**

Ein **Einbeziehungswahlrecht** besteht nach § 255 Abs. 2 S. 3 HGB für angemessene Teile der Kosten der allgemeinen Verwaltung sowie angemessene Aufwendungen für soziale Einrichtungen des Betriebs, für freiwillige soziale Leistungen und für die betriebliche Altersversorgung, soweit diese auf den Zeitraum der Herstellung entfallen[773]. Zu den **allgemeinen Verwaltungskosten** zählen nicht die Kosten für die Verwaltung des Material-, Fertigungs- und Vertriebsbereichs. Verwaltungskosten, die im Material- oder Fertigungsbereich anfallen, sind als Material- bzw. Fertigungsgemeinkosten aktivierungspflichtig (*IDW RS HFA 31*, Tz. 17); im Vertriebsbereich anfallende Verwaltungskosten dürfen nicht aktiviert werden. **Aufwendungen für soziale Betriebseinrichtungen** entstehen v.a. für Kantinen sowie für Einrichtungen zur Freizeitgestaltung und medizinischen Versorgung. Als **freiwillige soziale Leistungen** sind insb. Zuwendungen anlässlich von Jubiläen, Fei- **359**

---

770 Vgl. hierzu auch *Knop/Küting* in HdR[5], § 255 HGB, Rn. 237 ff..
771 Vgl. hierzu *Nonnenmacher*, DStR 1993, S. 1231 ff.; *HFA*, FN-IDW 2009, S. 694.
772 Zur Aktivierung kalkulatorischer statt bilanzieller Abschreibungen vgl. mit Beispielen ADS[6], § 255 HGB, Tz. 184 (grds. kalkulatorische Abschreibungen, soweit niedriger als Bilanzabschreibungen); *Ellrott/Brendt* in BeBiKo[7], § 255, Rn. 428; *Ekkenga* in Kölner Komm. Rechnungslegungsrecht, § 255 HGB, Rn. 112; *Knop/Küting* in HdR[5], § 255 HGB, Rn. 243 ff. (grds. planmäßige bilanzielle Abschreibungen).
773 Vgl. hierzu auch *Freidank/Velte*, StuW 2010, S. 356 ff.

ertagen oder Betriebsausflügen sowie freiwillige Beihilfen anzusehen. **Aufwendungen für betriebliche Altersversorgung** sind hauptsächlich Zuführungen zu Pensionsrückstellungen sowie Aufwendungen i.Z.m. Pensions- und Unterstützungskassen sowie Direktversicherungen. Zu weiteren Einzelheiten vgl. ADS[6], § 255 HGB, Tz. 192 ff.

360 Zu den Herstellungskosten gehören **nicht**: außerordentliche (betriebsfremde) und periodenfremde Aufwendungen, gewinnabhängige Aufwendungen (KSt, GewESt, Tantieme)[774], ferner Forschungskosten, Vertriebskosten und Delkredere. Dagegen sind nicht gewinnabhängige Steuern, wie Grundsteuer u.ä., anteilig (für Vermögensgegenstände des Fertigungsbereichs) zu den Fertigungsgemeinkosten zu rechnen.

361 **Eigenkapitalzinsen** dürfen nicht aktiviert werden, mit Ausnahme der bei langfristiger Fertigung zulässigen Aktivierung anteiliger Gewinne (vgl. Tz. 317). Wegen Fremdkapitalzinsen vgl. Tz. 347.

362 **Forschungskosten** dürfen nicht in die Herstellungskosten einbezogen werden (§ 255 Abs. 2 S. 4 HGB). Forschungskosten sind die Ausgaben, die bei der eigenständigen und planmäßigen Suche nach neuen wissenschaftlichen oder technischen Erkenntnissen oder Erfahrungen allgemeiner Art anfallen, über deren technische Verwertbarkeit und wirtschaftliche Erfolgsaussichten grds. keine Aussagen getroffen werden können (§ 255 Abs. 2a S. 3 HGB). Dazu zählen z.B. Ausgaben für Grundlagenforschung[775].

363 Die **Vertriebskosten** dürfen ebenfalls nicht in die Herstellungskosten eingerechnet werden (§ 255 Abs. 2 S. 4 HGB). Zu den Vertriebskosten gehören Kosten für Marktforschung, Werbung und Absatzförderung, Gehälter, Löhne und andere Kosten der Verkaufs- und Versandabteilung. Auch die Aktivierung von Sondereinzelkosten des Vertriebs (z.B. vorausbezahlte Provisionen) ist unzulässig[776].

Exkurs: Herstellungskosten in der Steuerbilanz[777]

364 Die Material- und Fertigungsgemeinkosten[778] gehören ebenso wie der Materialverbrauch und die Fertigungslöhne stets zu den **aktivierungspflichtigen** Aufwendungen[779]. Für die Zuordnung der Aufwendungen zum Material- und Fertigungsbereich ist der Ort des Kostenanfalls im Betrieb entscheidend. Von daher zählen etwa zu den aktivierungspflichtigen Fertigungsgemeinkosten jene Verwaltungskosten, die auf den Fertigungsbereich entfallen (z.B. die Kosten für das Lohnbüro, soweit in ihm die Löhne und Gehälter der in der Fertigung tätigen Arbeitnehmer abgerechnet werden; R 6.3 Abs. 2 EStR 2008). Der Wertverzehr des AV ist grds. mit dem Betrag anzusetzen, der bei Bilanzierung des AV als Absetzung für Abnutzung angesetzt wurde. Soweit das bilanzierte AV geometrisch degressiv abgeschrieben wird, dürfen die Herstellungskosten der Erzeugnisse jedoch wahlweise auf

---

774 A.A. für vertraglich vereinbarte Erfolgsbeteiligungen von Arbeitnehmern des Fertigungsbereichs *Oestreicher* in BHdR, B 163, Rn. 108.

775 Vgl. ADS[6], § 255 HGB, Tz. 151; *Ellrott/Brendt* in BeBiKo[7], § 255, Rn. 485; *Gelhausen/Fey/Kämpfer*, BilMoG, Kap. E, Rn. 73.

776 Vgl. ADS[6], § 255 HGB, Tz. 211; *Knop/Küting* in HdR[5], § 255 HGB, Rn. 268 ff.; *Kahle* in Baetge/Kirsch/ Thiele, Bilanzrecht, § 255, Rn. 201; *Ekkenga* in Kölner Komm. Rechnungslegungsrecht, § 255 HGB, Rn. 124 ff.; teilw. ebso. *Ellrott/Brendt* in BeBiKo[7], § 255, Rn. 449 f. (Aktivierung im Rahmen anteiliger Gewinne bei langfristiger Fertigung); zu Kosten der Auftragserlangung und -vorbereitung ADS[6], § 255 HGB, Tz. 213 f.; *Knop/Küting* in HdR[5], § 255 HGB, Rn. 194 f.; zur Aktivierung im Rahmen anteiliger Gewinne bei langfristiger Fertigung vgl. *Leuschner*, S. 377 ff.; *Krawitz*, DStR 1997, S. 886 (889).

777 Vgl. dazu R 6.3 EStR 2008; *Kulosa* in Schmidt, L., EStG[30], § 6, Rn. 151; *Stobbe* in HHR, EStG/KStG, § 6 EStG, Rn. 454; BFH v. 04.07.1990 – GrS, BStBl. II, S. 830: Herstellungskostenbegriff des Handelsrechts ist auch für das Steuerrecht maßgeblich.

778 Vgl. BFH v. 21.10.1993, BStBl. II 1994, S. 176; hierzu *Stobbe*, FR 1994, S. 105.

779 Vgl. BFH v. 21.10.1993, BStBl. II 1994, S. 176. Zum Umfang der Herstellungskosten vgl. *Kulosa* in Schmidt, L., EStG[30], § 6, Rn. 194.

Bewertungsvorschriften **E**

der Basis der linearen Absetzung für Abnutzung ermittelt werden. Bewertungsfreiheiten, Sonderabschreibungen und erhöhte Absetzungen müssen nicht, Teilwertabschreibungen dürfen bei der Berechnung der Herstellungskosten nicht berücksichtigt werden (R 6.3 Abs. 3 EStR 2008)[780]. Für Kosten für die allgemeine Verwaltung sowie Aufwendungen für die betriebliche Altersversorgung und andere freiwillige soziale Aufwendungen galt bislang auch steuerlich ein Aktivierungswahlrecht (R 6.3 Abs. 4 EStR 2008). Die Finanzverwaltung sieht nun aber im BMF-Schreiben zur Aufhebung der umgekehrten Maßgeblichkeit unter Berufung auf den BFH[781] und § 5 Abs. 6 EStG für diese Kosten steuerlich eine Aktivierungspflicht, da handelsrechtlich ein Aktivierungswahlrecht besteht[782]. Dadurch wird steuerlich der Herstellungskostenbegriff weiter gefasst und dies sogar entgegen der Einkommensteuerrichtlinien[783]. Allerdings ist für WJ, die vor der Veröffentlichung neuer geänderter Einkommensteuerrichtlinien enden, nicht zu beanstanden, wenn weiterhin nach R 6.3 Abs. 4 EStR 2008 verfahren wird[784]. Kosten ungenutzter Kapazität gehören nicht zu den Herstellungskosten, es sei denn, dass sich die Schwankung der Kapazität aus der Art der Produktion (z.B. bei einer Zuckerfabrik) ergibt (R 6.3 Abs. 6 EStR 2008). Zur Ermittlung der Herstellungskosten bei Kuppelproduktion vgl. BFH v. 01.10.1975, BStBl. II 1976, S. 202[785]. Vertriebskosten sind in keinem Fall Bestandteile der Herstellungskosten.

Sonderkosten, z.B. Entwicklungs- und Entwurfskosten, Lizenzgebühren usw., **können** zu den Herstellungskosten gehören, soweit sie zur Fertigstellung im Einzelnen aufgewendet werden. Bei derart fertigungsbezogenen Vorbereitungsmaßnahmen spielt es keine Rolle, ob mit dem nach außen erkennbaren Herstellungsvorgang selbst begonnen ist (z.B. Planungskosten[786], Schaffung eines Abraumvorrats[787]). Als nicht fertigungsbezogen müssen solche Vorarbeiten angesehen werden, deren bezwecktes Ergebnis noch nicht mit einem konkreten Erzeugnis so in Zusammenhang steht, dass es als dessen unmittelbare Vor- oder Zwischenstufe anzusehen ist. Deshalb gehören Forschungskosten grds.[788] **nicht** zu den Herstellungskosten. Aufgrund der Neufassung des § 248 Abs. 2 i.V.m. § 255 Abs. 2a S. 1 HGB durch das BilMoG sind nun jedoch Entwicklungskosten als Herstellungskosten eines selbst geschaffenen immateriellen Vermögensgegenstandes des AV handelsrechtlich aktivierbar (Aktivierungswahlrecht für diese VG). Zwar besteht grds. aufgrund der Maßgeblichkeit der HB bei Aktivierungswahlrechten ein Aktivierungsgebot, allerdings steht der Aktivierung der Aufwendungen als immaterielles Wirtschaftsgut § 5 Abs. 2 EStG entgegen[789]. Daher sind steuerlich auch weiterhin Forschungs- und Entwicklungskosten nicht aktivierbar[790].

365

---

780 Zur Frage der Aktivierungspflicht für Fixkosten vgl. *Conradi*, BB 1979, S. 978.
781 Urteil v. 21.10.1993, BStBl. 1994 II, S. 176.
782 Vgl. BMF-Schr. v. 12.03.2010, BStBl. I, S. 239, Rn.8.
783 Vgl. *Kaminski*, DStR 2010, S. 771, so auch *Wehrheim/Fross*, DStR 2010, S. 1348 (1350).
784 Vgl. BMF-Schr. v. 22.06.2010, BStBl. I, S. 597.
785 Im Einzelnen ADS[6], § 255 HGB, Tz. 244; *Bachem*, BB 1997, S. 1037; *Hartung*, BB 1997, S. 1627.
786 BFH v. 11.03.1976, BStBl. II, S. 614 (für Gebäude); hat der Steuerpflichtige Aufwendungen für die Planung eines bestimmten Gebäudes getragen, das er später nicht errichtet, so gehören diese Aufwendungen nur dann zu den Herstellungskosten eines später errichteten anderen Gebäudes, wenn dem Herstellungsvorgang tatsächlich erbrachte Leistungen zu Grunde liegen, vgl. BFH v. 08.09.1998, BStBl. II 1999, S. 20, BFH v. 29.11.1983, BStBl. II 1984, S. 303, BFH v. 29.11.1983, BStBl. II 1984, S. 306; *Kulosa* in Schmidt, L., EStG[30], § 6, Rn. 208.
787 Vgl. BFH v. 23.11.1978, BStBl. II 1979, S. 143 (Beginn der Herstellung).
788 Grundlegend zu den Forschungs- und Entwicklungskosten in HB und StB *Hottmann*, StBp. 1982, S. 286.
789 Vgl. FG BaWü. Außensenate Freiburg v. 24.03.1994, 3K 220/89 (rkr.), Lexinf. 109471.
790 Vgl. BMF-Schr. vom 12.03.2010, DStR, S. 601, Rn. 3.

366 Bei der Abgrenzung von Herstellungskosten und Vertriebskosten ist davon auszugehen, dass die Verpackung grds. nicht mehr zu den Herstellungskosten rechnet; dies gilt nicht, wenn und soweit die Warenumschließung auf Grund der Eigenart des Produkts erforderlich ist, um es absatzfähig zu machen[791].

367 Die Steuern vom Einkommen gehören steuerlich nicht zu den abziehbaren Betriebsausgaben und damit auch nicht zu den Herstellungskosten (R 6.3 Abs. 5 S. 1 EStR 2008).

368 Hinsichtlich der Gewerbe(ertrag)steuer hatte der Steuerpflichtige bisher ein Wahlrecht, ob er sie in die Herstellungskosten einrechnen will. Da durch die Unternehmensteuerreform 2008 die Gewerbesteuer nun auch keine Betriebsausgabe mehr ist (§ 4 Abs. 5b EStG), kann diese nicht mehr zu den Herstellungskosten gerechnet werden[792]. Zölle und Verbrauchsteuern gehören dagegen grds. zu den Herstellungskosten[793].

369 Fremdkapitalzinsen (Finanzierungskosten) gehören grds. nicht zu den Herstellungskosten. Erstreckt sich die Herstellung jedoch über einen längeren Zeitraum und wird nachweislich in unmittelbarem Zusammenhang mit der Herstellung ein Kredit aufgenommen, so können die Zinsen in die Herstellungskosten einbezogen werden. Voraussetzung hierfür ist, dass in der HB entsprechend verfahren wird (R 6.3 Abs. 4 EStR 2008)[794].

370 Wegen Einzelheiten zu den Herstellungskosten eines Gebäudes vgl. Tz. 514.

d) Beizulegender Zeitwert (§ 255 Abs. 4 HGB)

371 Der beizulegende Zeitwert ist ein weiterer **Wertmaßstab** neben den Anschaffungs- und den Herstellungskosten. Mit dem beizulegenden Zeitwert zu bewerten sind insb. Vermögensgegenstände des Deckungsvermögens i.S.d. § 246 Abs. 2 S. 2 HGB (§ 253 Abs. 1 S. 4 HGB; vgl. Tz. 78 ff.), Rückstellungen für wertpapiergebundene Versorgungszusagen i.S.d. § 253 Abs. 1 S. 3 HGB (vgl. Tz. 236 ff.), Vermögensgegenstände und Verbindlichkeiten im KA i.R.d. Erstkonsolidierung von Tochter- und assoziierten Unternehmen (§§ 301 Abs. 1 S. 2, 312 Abs. 2 S. 1 HGB; vgl. M Tz. 368 und Tz. 558), FI des Handelsbestandes bei KI (abzüglich eines Risikoabschlags; § 340e Abs. 3 S. 1 HGB; vgl. J Tz. 328 ff.) sowie bestimmte FI für Zwecke der Anhangangaben nach § 285 Nr. 18 und 19 HGB (vgl. F Tz. 797 ff.). Grds. handelt es sich um einen Wertmaßstab für Zwecke der Folgebewertung.

372 Der **beizulegende Zeitwert** i.S.d. § 255 Abs. 4 HGB ist derjenige Betrag, zu dem ein Vermögensgegenstand zwischen sachverständigen, vertragswilligen (d.h. unter gewöhnlichen Umständen agierenden) und voneinander unabhängigen Geschäftspartnern getauscht oder eine Verbindlichkeit beglichen werden könnte[795]. Der beizulegende Zeitwert entspricht nicht dem für außerplanmäßige Abschreibungen maßgeblichen **beizulegenden Wert** nach § 253 Abs. 3 S. 3 und Abs. 4 S. 2 HGB, da bei seiner Ermittlung weder unter-

---

791 Vgl. BFH v. 03.03.1978, BStBl. II, S. 412/413 (Bier, Milch, Seifenpulver; es wird zwischen der Innen- und Außenverpackung unterschieden); BFH v. 02.02.1990, BStBl. II, S. 593 (Einmalkanülen) m.w.N.; vgl. auch *Kulosa* in Schmidt, L., EStG[30], § 6, Rn. 203.
792 Vgl. R 6.3 Abs. 5 S. 2 EStR 2008.
793 Vgl. BFH v. 13.04.1988, BStBl. II, S. 892; BFH v. 05.03.1983, BStBl. II, S. 559.
794 Zur Rechtslage bei Überschusseinkünften BFH v. 07.11.1989, BStBl. II 1990, S. 460, der ein Wahlrecht zur Einbeziehung von Bauzeitzinsen in die Herstellungskosten ablehnt; so auch FG Nürnberg v. 27.03.2002, EFG, S. 1033. Grds. gegen ein Aktivierungswahlrecht auch *Pyszka*, DStR 1996, S. 809.
795 Vgl. *IDW RS BFA 2*, Tz. 33 und 38; *IDW PS 315*, Tz. 7.

Bewertungsvorschriften **E**

nehmensspezifische Faktoren oder Synergieeffekte zu berücksichtigen sind, noch der Wert nach Beschaffungs- oder Absatzmarkt differenziert zu ermitteln ist[796].

Der beizulegende Zeitwert eines Vermögensgegenstandes kann oberhalb seiner Anschaffungskosten liegen. Ist ein Vermögensgegenstand zum beizulegenden Zeitwert zu bewerten, gilt in diesem Fall die **Anschaffungskostenobergrenze** nach § 253 Abs. 1 S. 1 HGB nicht[797]. Insoweit wird auch das **Realisationsprinzip** (§ 252 Abs. 1 Nr. 4 HGB) ausgedehnt (vgl. Tz. 298). **373**

Der beizulegende Zeitwert ist nach folgendem **zweistufigen Verfahren** zu ermitteln: **374**

– Besteht ein aktiver Markt, entspricht der beizulegende Zeitwert dem Marktpreis (§ 255 Abs. 4 S. 1 HGB).
– Besteht kein aktiver Markt, ist der beizulegende Zeitwert mit Hilfe allgemein anerkannter Bewertungsmethoden zu ermitteln (§ 255 Abs. 4 S. 2 HGB).

Ein **aktiver Markt** liegt vor, wenn der Marktpreis an einer Börse, von einem Händler, von einem Broker, von einer Branchengruppe, von einer Preisberechnungsstelle oder von einer Aufsichtsbehörde leicht und regelmäßig erhältlich ist und auf aktuellen und regelmäßig auftretenden Markttransaktionen zwischen unabhängigen Dritten beruht; diese Bedingungen sind kumulativ zu erfüllen[798]. Sind z.B. in einem „engen Markt", d.h. einem Markt mit nur geringem Handel, keine aktuellen Marktpreise verfügbar oder werden nur kleine Volumina im Verhältnis zum Gesamtvolumen der emittierten Aktien gehandelt und fehlt es deshalb an regelmäßigen Markttransaktionen, liegt kein aktiver Markt vor. Ob verfügbare Marktpreise aktuell sind bzw. ob Markttransaktionen regelmäßig stattfinden, ist im Einzelfall markt- und produktabhängig zu beurteilen[799]. **375**

Ein **„organisierter Markt"** i.S.d. § 2 Abs. 5 WpHG ist i.d.R. ein aktiver Markt; dazu gehören bspw. die Börsensegmente „Amtlicher Markt" und „Geregelter Markt" an den deutschen Wertpapierbörsen, die Eurex Deutschland oder die EEX (Europäische Energiebörse), auch dann, wenn die Preise durch sog. Market Maker ermittelt werden[800]. Bei OTC-Geschäften (außerbörslichen Geschäften) kann ein aktiver Markt vorliegen; allerdings ist im Einzelfall zu beurteilen, ob die genannten Kriterien erfüllt sind. **376**

Besteht ein aktiver Markt, ist der **notierte Marktpreis** maßgebend. Paketzu- oder -abschläge dürfen nicht vorgenommen werden[801]. Fehlt es an einer Preisnotierung am Abschlussstichtag, darf die letzte Preisnotierung herangezogen werden. Gibt es mehrere Preisnotierungen, z.B. aufgrund des Handels an verschiedenen Börsen, ist es sachgerecht, den Marktpreis desjenigen aktiven Markts zu verwenden, der für das Unternehmen am vorteilhaftesten ist und zu dem es unmittelbaren Zugang hat[802]. **377**

Besteht kein aktiver Markt, ist der beizulegende Zeitwert mit Hilfe **allgemein anerkannter Bewertungsmethoden** zu ermitteln. Dazu gehören bspw. **378**

---
796 Vgl. *IDW RH HFA 1.005*, Tz. 11; *Gelhausen/Fey/Kämpfer*, BilMoG, Kap. C, Rn. 55; *Küting/Trappmann/Ranker*, DB 2007, S. 1709 ff. (zum Unterschied zwischen dem beizulegenden Wert und dem Fair Value).
797 Vgl. *IDW RS BFA 2*, Tz. 35.
798 Vgl. *IDW RS BFA 2*, Tz. 39; *IDW RS HFA 9*, Tz. 67.
799 Vgl. *IDW RS BFA 2*, Tz. 41 (auch zu Indikatoren für das Vorliegen eines nicht aktiven Markts); *IDW RS HFA 9*, Tz. 68; zur Abgrenzung eines aktiven von einem nichtaktiven Markt vgl. auch *Goldschmidt/Weigel*, WPg 2009, S. 192 (194 f.).
800 Vgl. *IDW RS HFA 9*, Tz. 80.
801 Vgl. *IDW RS BFA 2*, Tz. 37; *Ellrott/Brendt* in BeBiKo[7], § 255, Rn. 517.
802 Vgl. *IDW RS HFA 9*, Tz. 79.

- die Ableitung aus Marktpreisen der einzelnen Bestandteile des zu bewertenden Vermögensgegenstands;
- Ableitung aus dem Marktpreis eines vergleichbaren Vermögensgegenstands oder
- die Anwendung von anerkannten betriebswirtschaftlichen Bewertungsmodellen, im Fall der Bewertung von FI z.B. Discounted Cash Flow-Modelle oder Optionspreismodelle[803].

Ziel der Anwendung solcher Bewertungsverfahren ist es, den mit ihrer Hilfe ermittelten beizulegenden Zeitwert an den Marktpreis anzunähern, wie er sich am Bewertungsstichtag zwischen unabhängigen Geschäftspartnern bei Vorliegen normaler Geschäftsbedingungen ergeben hätte. Dazu sind, soweit vorhanden, aktuelle, am Markt beobachtbare Daten anzuwenden, darüber hinaus bei Anwendung eines Bewertungsmodells eines zu verwenden, das üblicherweise von Marktteilnehmern zur Bewertung verwendet wird[804].

379 In Ausnahmefällen kann der beizulegende Zeitwert **nicht** nach § 255 Abs. 4 S. 1 oder 2 HGB **verlässlich ermittelt** werden, z.B. dann, wenn kein aktiver Markt existiert und die angewandte Bewertungsmethode zu einer Bandbreite möglicher Werte führt, die Abweichung der Werte voneinander signifikant ist und eine Gewichtung der Werte nach Eintrittswahrscheinlichkeiten gar nicht oder nicht sinnvoll möglich ist[805]. In diesen Fällen gelten nicht die allgemeinen Bewertungsvorschriften nach § 253 HGB, sondern die speziellen Bewertungsvorschriften nach § 255 Abs. 4 S. 3 und 4 HGB. Danach sind die AHK unter Beachtung des § 253 Abs. 4 HGB fortzuführen; dabei gilt der zuletzt nach § 255 Abs. 4 S. 1 oder 2 ermittelte beizulegende Zeitwert als AHK i.S.d. § 255 Abs. 4 S. 3 HGB (fiktive AHK). Durch den ausschließlichen Verweis auf § 253 Abs. 4 HGB und nicht auch auf § 253 Abs. 3 HGB hat die Bewertung in diesen Fällen zwingend nach dem **strengen Niederstwertprinzip** zu erfolgen[806], d.h. es ist auch dann auf den niedrigeren beizulegenden Zeitwert außerplanmäßig abzuschreiben, wenn es sich bei den zu bewertenden Vermögensgegenständen um Gegenstände des AV handelt und die Wertminderung voraussichtlich nur vorübergehend ist. Außerdem sind im Fall abnutzbarer Anlagegegenstände ggf. nur außerplanmäßige Abschreibungen auf den niedrigeren beizulegenden Wert vorzunehmen und keine planmäßigen Abschreibungen nach § 253 Abs. 3 S. 1 HGB[807].

380 Ist eine **Bewertung** zum beizulegenden Zeitwert **nicht mehr zulässig** – z.B. im Fall der Zweckänderung von Vermögensgegenständen des Deckungsvermögens –, gelten nicht mehr die speziellen Bewertungsvorschriften nach § 255 Abs. 4 S. 3 und 4 HGB, sondern die allgemeinen Bewertungsregeln des § 253 HGB[808]. Im Fall zweckgeänderter abnutzbarer Anlagegegenstände führt dies z.B. zu einer Bewertung zu fortgeführten (ursprünglichen, nicht fiktiven) AHK (§ 253 Abs. 1 S. 1 i.V.m. Abs. 3 HGB).

---

803 Vgl. *IDW RS BFA 2*, Tz. 43; *IDW RH HFA 1.005*, Tz. 7; *Ellrott/Brendt* in BeBiKo[7], § 255, Rn. 519; zu Discounted Cash Flow-Modellen vgl. *IDW S 1 i.d.F. 2008*, Tz. 124; *IDW RH 1.014*, Tz. 31; *Helke/Wiechers/Klaus*, DB 2009, Beilage 5, S. 30 ff.; zu Optionspreismodellen vgl. *Franke/Hax*, S. 374 ff.; *Rudolph/Schäfer*, S. 316 ff.; *Hull*, S. 202 ff. und S. 268 ff.; zur Bewertung von Nicht-Finanzinstrumenten *Scharpf/Schaber/Märkl* in HdR[5], § 255 HGB, Rn. 442.

804 Vgl. *IDW RS BFA 2*, Tz. 43; für eine sich daraus ergebende, IAS 39 vergleichbare Bewertungshierarchie marktorientierter Vergleichsverfahren vor Bewertungsmodellen vgl. *Scharpf/Schaber/Märkl* in HdR[5], § 255 HGB, Rn. 440; *Tichy/Brinkmann* in Haufe HGB Kommentar[2], § 255, Rn. 234; *Böcking/Torabian*, BB 2008, S. 265 (266 ff.); *Nguyen*, ZfgK 2009, S. 230 (232).

805 Vgl. *IDW RS BFA 2*, Tz. 45.

806 Vgl. *Gelhausen/Fey/Kämpfer*, BilMoG, Kap. C, Rn. 60; *IDW RS BFA 2*, Tz. 45 (zum strengen Niederstwertprinzip).

807 Vgl. *Gelhausen/Fey/Kämpfer*, BilMoG, Kap. C, Rn. 62.

808 Vgl. *Gelhausen/Fey/Kämpfer*, BilMoG, Kap. C, Rn. 64; *Ellrott/Brendt* in BeBiKo[7], § 255, Rn. 522.

Bewertungsvorschriften   E

Im **Steuerrecht** erfolgt die Bewertung einzelner Wirtschaftsgüter nach § 6 EStG grds. mit   381
den AHK. Bei voraussichtlich dauernder Wertminderung darf der niedrigere Teilwert angesetzt werden (§ 6 Nr. 1 S. 2 EStG). Der Teilwert ist nach § 6 Abs. 1 Nr. 1 S. 3 EStG der
Betrag, den ein Erwerber des ganzen Betriebs im Rahmen des Gesamtkaufpreises bei
Fortführung des Betriebs für das einzelne Wirtschaftsgut ansetzen würde. Im Unterschied
zum Teilwert berücksichtigt der beizulegende Zeitwert nicht den wertbestimmenden Einfluss der Betriebszugehörigkeit eines Vermögensgegenstandes. Zudem kennt die handelsrechtliche Bewertung nach dem beizulegenden Zeitwert keine Obergrenze bei Wertsteigerungen. Für die steuerliche Bewertung bilden die Anschaffungskosten nach § 6
Abs. 1 Nr. 1 und Nr. 2 EStG die Obergrenze.

Für KI existiert mit § 6 Abs. 1 Nr. 2b EStG eine steuerliche Sonderregelung zu den genannten steuerlichen Bewertungsvorschriften für FI des Handelsbestands. Für diese ist
zwingend der beizulegende Zeitwert anzusetzen, auch wenn er die Anschaffungskosten
übersteigt. Umgekehrt ist für den Ansatz des gesunkenen Werts auch keine voraussichtlich
dauernde Wertminderung notwendig (§ 6 Abs. 1 Nr. 2b S. 2 EStG)[809].

e) **Abschreibungen**[810] **auf Vermögensgegenstände des AV nach § 253 Abs. 3 HGB**

Die Vermögensgegenstände des AV sind grds. zu den AHK zu bewerten (§ 253 Abs. 1 S. 1   382
HGB). Bei Vermögensgegenständen, deren Nutzung zeitlich begrenzt ist (abnutzbare
Vermögensgegenstände des AV), sind die AHK um **planmäßige Abschreibungen** zu
vermindern (§ 253 Abs. 3 S. 1 HGB). Ist Vermögensgegenständen des AV ein niedrigerer
Wert beizulegen, sind bei voraussichtlich dauernder Wertminderung **außerplanmäßige
Abschreibungen** vorzunehmen (§ 253 Abs. 3 S. 3 HGB). Bei Finanzanlagen dürfen sie
auch bei voraussichtlich nicht dauernder Wertminderung vorgenommen werden (§ 253
Abs. 3 S. 4 HGB), während in diesem Fall bei anderen Vermögensgegenständen des AV
ein Abschreibungsverbot besteht.

Planmäßige Abschreibungen sind bei allen Gegenständen des AV zu verrechnen, deren   383
Nutzung zeitlich begrenzt ist. Der Plan muss die AHK auf die GJ verteilen, in denen der
Gegenstand voraussichtlich genutzt werden kann (§ 253 Abs. 3 S. 2 HGB).

Zu den Gegenständen, deren **Nutzung zeitlich begrenzt** ist, rechnen in erster Linie alle   384
Verschleißanlagen wie technische Anlagen und Maschinen, die Betriebs- und Geschäftsausstattung, ferner Gebäude und andere Baulichkeiten, Grundstücke mit auszubeutenden
Bodenschätzen sowie die immateriellen Anlagewerte (Konzessionen, gewerbliche
Schutzrechte und ähnliche Rechte und Werte, Lizenzen an solchen Rechten und Werten
sowie nach § 246 Abs. 1 S. 4 HGB der entgeltlich erworbene Geschäfts- oder Firmenwert).

Als **Abschreibungsmethoden** kommen in erster Linie die lineare und die degressive   385
Abschreibungsmethode, ferner die Abschreibung nach der Inanspruchnahme und verschiedene Mischformen sowie die Sofortabschreibung geringwertiger oder kurzlebiger
Anlagegüter in Betracht. Vgl. zu Einzelheiten ADS[6], § 253 HGB, Tz. 384 ff. Die progressive Abschreibungsmethode ist nur in Ausnahmefällen anzuwenden (besonders
langlebige Anlagen, die erst allmählich in die Nutzung „hineinwachsen").

Geringwertige Anlagegüter dürfen sofort abgeschrieben werden. An den steuerlichen   386
Höchstsatz (410 € nach § 6 Abs. 2 S. 1 EStG), ist die handelsrechtliche Sofortab-

---

809 *Lippross* in Basiskommentar Steuerrecht, § 6 EStG, Rn. 293; *Helios/Schlotter*, DStR 2009, S. 547.
810 Vgl. *Breidert*; *Eibelshäuser*, S. 153 (159); wegen älterer Literatur siehe WP Handbuch 1992 Bd. I, Fn. 454 zu
    Kap. E, Tz. 255.

schreibung nicht gebunden[811]. Wird steuerlich nach § 6 Abs. 2a EStG für geringwertige Wirtschaftsgüter ein Sammelposten gebildet und dieser über fünf Jahre gewinnmindernd aufgelöst, darf dieser Sammelposten auch in die HB übernommen werden, wenn der Posten insgesamt unwesentlich ist. In diesen Fällen ist auch eine Sofortabschreibung der in diesem Posten enthaltenen AHK nicht zu beanstanden[812].

387 Die **degressive Abschreibungsmethode** darf angewendet werden, wenn dadurch der Werteverzehr des Vermögensgegenstands sachgerecht dargestellt wird[813]. Eine bestimmte Form ist für diese Abschreibungsmethode nicht vorgeschrieben. Üblich ist die geometrisch-degressive Abschreibungsmethode, bei der stets der gleiche Abschreibungssatz auf den Buchwert zu Beginn des Jahres bezogen wird. Eine andere Form der degressiven Abschreibung ist die digitale Abschreibung (Abschreibung mit jährlich in gleicher Höhe fallenden Abschreibungsbeträgen, arithmetische Degression). Die Degression der Abschreibung lässt sich ggf. dadurch mildern, dass der Ausgangswert, auf den der (verringerte) Abschreibungssatz zu beziehen ist, um einen festen Betrag erhöht wird. Auch eine Kombination zwischen linearer und degressiver Abschreibungsmethode ist zulässig; dabei kommt der degressiven Abschreibung mit planmäßigem Übergang auf die lineare Abschreibung eine eigenständige Bedeutung zu[814]. An die steuerliche Zulässigkeit und die steuerlichen Höchstsätze (vgl. Tz. 407) ist die degressive Abschreibungsmethode in der HB nicht gebunden[815].

388 Die Wahl der Abschreibungsmethode muss den **GoB** entsprechen (§ 243 Abs. 1 HGB)[816]. Abschreibungsverlauf und Werteverzehr sollen insoweit übereinstimmen, als nicht das Risiko einer technischen Überalterung sowie höherer Reparaturaufwendungen bei zunehmendem Alter zu berücksichtigen sind[817]. Alle diese Faktoren lassen sich im Einzelfall naturgemäß nur schwer abschätzen und für die künftigen Jahre vorherbestimmen. Daher können jeweils mehrere Abschreibungsmethoden nebeneinander zulässig sein[818]. Bei beweglichen Anlagegütern ist vielfach sowohl die lineare als auch die degressive Abschreibungsmethode anwendbar. Handelsrechtlich unzulässig wäre die Wahl einer Methode, bei der sich der Werteverzehr aller Voraussicht nach konträr zum Abschreibungsverlauf entwickeln würde[819]. Auch wenn die degressive Abschreibungsmethode für die Abbildung des Werteverzehrs nicht sachgerecht ist, kann ihre Fortführung handelsrechtlich aus steuerlichen Gründen nach Art. 67 Abs. 4 S. 1 EGHGB für solche Vermögensgegenstände zulässig sein, die in GJ vor der erstmaligen Anwendung des BilMoG angeschafft oder hergestellt worden sind[820].

---

811 Vgl. ADS[6], § 253 HGB, Tz. 410; *Kozikowski/Roscher/Schramm* in BeBiKo[7], § 253, Rn. 275; *Böhlmann/Keller*, BB 2007, S. 2732 (2734 ff.); *Wagner/Staats*, DB 2007, S. 2395 ff.; *Ortmann-Babel/Bolik*, BB 2008, S. 1217 ff.
812 Vgl. *HFA*, FN-IDW 2007, S. 506; a.A. *Mujkanovic*, StuB 2008, S. 25 (27 ff.); *Rade/Kropp*, WPg 2008, S. 13 (22 ff.).
813 Vgl. *IDW RH 1.015*, Tz. 5; ADS[6], § 253 HGB, Tz. 385.
814 Vgl. ADS[6], § 253 HGB, Tz. 398.
815 Vgl. ADS[6], § 253 HGB, Tz. 395 (mit Angabe einer Begründung bei wesentlichem Übersteigen der steuerlichen Höchstsätze).
816 Vgl. hierzu mit grds. Überlegungen *Schneider*, WPg 1974, S. 365 ff.
817 Vgl. ADS[6], § 253 HGB, Tz. 385.
818 Vgl. ADS[6], § 253 HGB, Tz. 387; zur einheitlichen Bewertung art- und funktionsgleicher Vermögensgegenstände vgl.Tz. 306.
819 Vgl. *Leffson*, GoB[7], S. 314; *Kozikowski/Roscher/Schramm* in BeBiKo[7], § 253, Rn. 239.
820 Vgl. *IDW RH HFA 1.015*, Tz. 9.

Bei der Schätzung der (betriebsindividuellen) **Nutzungsdauer** sind sowohl technische als auch wirtschaftliche Entwertungsfaktoren zu berücksichtigen[821]. Bei immateriellen Vermögensgegenständen des AV sind häufig die rechtlichen Vereinbarungen maßgeblich für die Nutzungsdauer. Insb. in Branchen, in denen die Produktionsverfahren laufend technischen Änderungen unterliegen oder in denen das Aufkommen neuer Produkte die Umstellung oder den Abbruch vorhandener Anlagen fordert, ist die wirtschaftliche Nutzungsdauer oft kürzer zu veranschlagen als die technische[822]. Zur Mehrschichtnutzung vgl. ADS[6], § 253 HGB, Tz. 413. 389

Besteht eine abnutzbare Sachanlage aus wesentlichen Komponenten mit unterschiedlichen wirtschaftlichen Nutzungsdauern, die physisch separierbar sind, ist es zulässig, die Sachanlage **komponentenweise** planmäßig abzuschreiben, d.h. den Betrag der planmäßigen Abschreibung der Sachanlage als Summe der auf die einzelnen Komponenten entfallenden planmäßigen Abschreibungen zu ermitteln (vgl. *IDW RH HFA 1.016*). Der Ersatz einer Komponente stellt in diesem Fall einen Teilzugang dar, der als nachträgliche AHK zu aktivieren und über die Nutzungsdauer der Komponente abzuschreiben ist; die ersetzte Komponente ist als Teilabgang zu erfassen. Großreparaturen und Inspektionen sind von der komponentenweisen planmäßigen Abschreibung ausgenommen, da es insoweit an einem physischen Austausch wesentlicher separierbarer Komponenten fehlt[823]. Bewertungsobjekt für außerplanmäßige Abschreibungen nach § 253 Abs. 3 S. 3 HGB bleibt auch bei der Komponentenabschreibung der gesamte Vermögensgegenstand i.S.v. § 246 Abs. 1 S. 1 HGB. 390

Die Abschreibung soll den Werteverzehr erfassen, den der Abschreibungsgegenstand während der Nutzungsdauer erleidet. Grds. ist daher im Abschreibungsplan ein **Restwert** zu berücksichtigen[824]. Da die Schätzung des Restwerts jedoch schwierig ist und die Ausbau-, Abbruch- oder Veräußerungskosten den Restwert häufig ganz oder zum überwiegenden Teil aufzehren, wird überwiegend von einer Berücksichtigung des Restwerts abgesehen. Eine andere Handhabung ist nur erforderlich, wenn der voraussichtliche Restwert im Vergleich zu den AHK von erheblicher Bedeutung ist und nicht durch die erwarteten Ausbau-, Abbruch- oder Veräußerungskosten aufgezehrt wird; steuerlich vgl. Tz. 412. 391

Unterjährige **Anlagenzugänge** sind grds. zeitanteilig abzuschreiben; Rundungen auf volle Monate, die Anwendung der (steuerlich nicht mehr anerkannten) Halbjahresregel (Jahresabschreibung bei Zugängen im ersten, Halbjahresabschreibung bei Zugängen im zweiten Halbjahr) und andere sachgerechte Vereinfachungsformen sind zulässig. Die Abschreibung hat grds. mit der Lieferung (Abnahme, ggf. zzgl. angemessener Zeiten für die Versetzung in den betriebsbereiten Zustand) bzw. mit der Fertigstellung zu beginnen[825]. Vermögensgegenstände, die vor Ablauf der planmäßigen Nutzungsdauer **veräußert** werden, sind im GJ der Veräußerung bis zu diesem Zeitpunkt noch anteilig plan- 392

---

821 Vgl. ADS[6], § 253 HGB, Tz. 366 ff.; zur Anwendbarkeit der amtl. Afa-Tabellen im JA vgl. *HFA*, FN-IDW 2001, S. 447 (449); zu älterer Literatur WP Handbuch 1992 Bd. I, Fn. 463 zu Kap. E, Tz. 261; *Moxter*, Bilanzrechtsprechung, S. 249 ff.; zur Nutzungsdauer von Wohngebäuden vgl. *IDW St/WFA 1/1993*; zur Abschreibungsbemessung bei Leasinggegenständen vgl. *IDW St/HFA 1/1989* Abschn. C.; *Scheiterle*, DB 1990, S. 2182.

822 Vgl. *HFA*, FN-IDW 2001, S. 447 (449); *HFA*, FN-IDW 2010, S. 355 f.

823 Vgl. *IDW RH HFA 1.016*; *Mujkanovic/Raatz*, KoR 2008, S. 245 ff.; *Hommel/Rößler*, BB 2009, S. 2526 ff.; *Husemann*, WPg 2010, S. 507 ff.; *Keller/Gütlbauer*, StuB 2011, S. 11 ff.; kritisch *Herzig/Briesemeister/Joisten/Vossel*, WPg 2010, S. 561 ff.

824 Vgl. ADS[6], § 253 HGB, Tz. 415 ff.; einschränkend *Wohlgemuth* in BoHdR[2], § 253 HGB, Rn. 156.

825 Vgl. ADS[6], § 253 HGB, Tz. 439, wonach ein Abschreibungsbeginn auch auf einen nur unwesentlich späteren Zeitpunkt der tatsächlichen Ingebrauchnahme zulässig ist; a.A. (tatsächliche Ingebrauchnahme unerheblich) *Kuhner* in HdJ, Abt. II/1, Rn. 337; *Brösel/Olbrich* in HdR[5], § 253 HGB, Rn. 458 ff.

mäßig abzuschreiben. Aus Vereinfachungsgründen wird hiervon abgesehen werden können, wenn es sich um Veräußerungen in den ersten Monaten des GJ handelt und die Beträge vergleichsweise gering sind. Relativ unbedeutende Restbuchwerte können in die Schlussabschreibung einbezogen werden[826].

393 Der Grundsatz der **Planmäßigkeit** der Abschreibung (§ 253 Abs. 3 S. 1 und 2 HGB) sowie der Grundsatz der Bewertungsstetigkeit (§ 252 Abs. 1 Nr. 6 HGB) erfordern, dass die einmal gewählte Methode nicht in jedem folgenden Jahr gewechselt wird und ferner art- und funktionsgleiche Vermögensgegenstände nach derselben Methode abgeschrieben werden (vgl. *IDW RS HFA 38*; dazu auch Tz. 306 ff.). Ein sachlich begründeter **Wechsel** zwischen verschiedenen Abschreibungsmethoden ist jedoch zulässig (§ 252 Abs. 2 HGB[827]). Der Wechsel kann auch schon in der Methode enthalten sein (z.B. Übergang von der degressiven zur linearen Abschreibungsmethode in dem Jahr, in dem der lineare Abschreibungsbetrag den degressiven übersteigt, vgl. *IDW RS HFA 38*, Tz. 12 sowie Tz. 387).

394 Stellt sich heraus, dass die **Nutzungsdauer** ursprünglich **zu lang** geschätzt war, muss eine Korrektur erfolgen (vgl. hierzu auch *IDW RS HFA 6*). Ist der am Abschlussstichtag beizulegende Wert niedriger als der bisherige Buchwert, ist eine außerplanmäßige Abschreibung nach § 253 Abs. 3 S. 3 HGB erforderlich; andernfalls ist der bisherige Buchwert auf die verkürzte restliche Nutzungsdauer zu verteilen[828]. War die Nutzungsdauer ursprünglich **zu kurz** geschätzt worden, ist eine Neuschätzung nur dann geboten, wenn andernfalls bei Fortführung des bisherigen Abschreibungsplans der Grundsatz der Klarheit des JA (§ 243 Abs. 2 HGB; bei KapGes. und Personenhandelsgesellschaften i.S.d. § 264a HGB: die Generalnorm des § 264 Abs. 2 HGB) beeinträchtigt würde. In diesem Fall ist der sich ergebende restliche Buchwert grds. auf die neu geschätzte Restnutzungsdauer zu verteilen. Ein vorübergehendes Aussetzen der Abschreibung ist unzulässig, weil damit der im Begriff der planmäßigen Abschreibung enthaltene Grundsatz der **Regelmäßigkeit** durchbrochen wird[829]. **Zuschreibungen** zur Rückgängigmachung von planmäßigen Abschreibungen sind grds. nur nach den Grundsätzen zur Änderung fehlerhafter JA zulässig[830].

395 **Außerplanmäßige Abschreibungen** nach § 253 Abs. 3 S. 3 und 4 HGB auf den niedrigeren beizulegenden Wert kommen sowohl bei Vermögensgegenständen des AV, deren Nutzung zeitlich begrenzt ist, als auch bei anderen Vermögensgegenständen des AV in Betracht. Zu der zweiten Kategorie von Vermögensgegenständen des AV rechnen in erster Linie Grundstücke (soweit nicht betrieblich ausgebeutet), Anlagen im Bau und Anzahlungen auf Anlagen sowie die Vermögensgegenstände des Finanzanlagevermögens (Beteiligungen, Wertpapiere, Ausleihungen)[831]. Bei einer voraussichtlich dauernden Wertminderung besteht eine Pflicht zur außerplanmäßigen Abschreibung unabhängig von der Art des Anlagegegenstandes (§ 253 Abs. 3 S. 3 HGB) und unabhängig von Rechtsform

---

826 Vgl. ADS[6], § 253 HGB, Tz. 443.
827 Vgl. zur Angabepflicht bei KapGes. (und bei Personenhandelsgesellschaften i.S.d. § 264a HGB) F Tz. 691 ff.; zur Ausschüttung einer angemessenen Dividende als hinreichende Begründung ADS[6], § 253 HGB, Tz. 435; a.A. *Kahle/Heinstein* in HdJ, Abt. II/2, Rn. 106.
828 Vgl. ADS[6], § 253 HGB, Tz. 423 ff.; ähnlich *Kozikowski/Roscher/Schramm* in BeBiKo[7], § 253, Rn. 262; *Tiedchen* in MünchKomm. AktG[2], § 253 HGB, Rn. 40.
829 Vgl. ADS[6], § 253 HGB, Tz. 419; *Kahle/Heinstein* in HdJ, Abt. II/2, Rn. 109.
830 Vgl. *HFA*, FN-IDW 2010, S. 355 f., zu Ausnahmen vgl. ADS[6], § 253 HGB, Tz. 605.
831 Zur Bewertung von Beteiligungen allg. vgl. *IDW RS HFA 10*; zur Beurteilung der Dauerhaftigkeit von Wertminderungen vgl. *IDW RS VFA 2*, Tz. 14, sowie *VFA*, FN-IDW 2002, S. 667, *HFA*, FN-IDW 2007, S. 107 (109), und *HFA*, FN-IDW 2008, S. 195; zu außerplanmäßigen Abschreibungen auf das Finanzanlagevermögen vgl. *Fey/Mujkanovic*, WPg 2003, S. 212 ff.; *Küting*, DB 2005, S. 1121 ff.; *Schmidt*, BB 2011, S. 2475.

Bewertungsvorschriften E

oder Größe des bilanzierenden Unternehmens[832]. Bei einer voraussichtlich nur vorübergehenden Wertminderung besteht ein Abschreibungswahlrecht für Finanzanlagen (§ 253 Abs. 3 S. 4 HGB), während für andere Anlagegegenstände eine außerplanmäßige Abschreibung verboten ist. Zur Pflicht für KapGes. und Personenhandelsgesellschaften i.S.d. § 264a HGB, außerplanmäßige Abschreibungen gesondert auszuweisen oder im Anh. anzugeben (§ 277 Abs. 3 S. 1 HGB), vgl. F Tz. 546.

Zur Bestimmung des (ggf. niedrigeren) **beizulegenden Werts** nach § 253 Abs. 3 S. 3 HGB vgl. allgemein ADS[6], § 255 HGB, Tz. 452 ff. (zur Unterscheidung vom beizulegenden Zeitwert vgl. Tz. 372)[833]. Zur Bewertung von Wohngebäuden vgl. *IDW RS WFA 1*, Tz. 8 ff. Zur Bewertung immaterieller Vermögenswerte vgl. auch *IDW S 5*. Zur Bewertung von Beteiligungen vgl. *IDW RS HFA 10* i.V.m. *IDW S 1*. Zur Bewertung von FI bei illiquiden Märkten vgl. *IDW RH 1.014*, Tz. 25 ff.[834]. Bei Sachanlagen mit komponentenweiser planmäßiger Abschreibung ist der beizulegende Wert weiterhin für den Vermögensgegenstand insgesamt zu bestimmen[835]. **396**

Beispiele einer nur **vorübergehenden** (voraussichtlich nicht dauernden) **Wertminderung** i.S.v. § 253 Abs. 3 S. 4 HGB sind ein zeitweiliger Rückgang von Börsenkursen, Anlauf- oder zeitweilige Verluste von Beteiligungsgesellschaften oder lediglich durch die Abschreibungsmethode bedingte zeitweilige Unterschiede zwischen Buchwert und Zeitwert. **397**

Von einer voraussichtlich **dauernden Wertminderung** i.S.v. § 253 Abs. 3 S. 3 HGB ist bei abnutzbaren Anlagegegenständen auszugehen, wenn der beizulegende Wert voraussichtlich während eines erheblichen Teils der Restnutzungsdauer unterhalb des planmäßigen Restbuchwerts liegt[836]. Als zeitlicher Grenzwert für diesen „erheblichen Teil" kann auch handelsrechtlich die halbe Restnutzungsdauer zum Zeitpunkt der Wertminderung herangezogen werden, allerdings bilden auch bei langlebigen Vermögensgegenständen drei bis fünf Jahre die Obergrenze[837]. Sachgerecht ist, die Beurteilung, ob und inwieweit sich der beizulegende Wert und der planmäßige Restbuchwert innerhalb dieses Zeitraums annähern und die Wertminderung deshalb voraussichtlich nur vorübergehend ist, anhand des künftigen beizulegenden Werts vorzunehmen, sofern dieser verlässlich geschätzt werden kann. Aus Vorsichtsgründen ist im Zweifel von einer voraussichtlich dauernden Wertminderung auszugehen. Erhebliche Wertminderungen aus besonderem Anlass (z.B. physische Schäden aufgrund von Katastrophen, technischer Fortschritt, gesunkener Ertragswert oder mangelnde Bonität des Schuldners[838]) sind regelmäßig dauernd[839]. **398**

Bestehen die Gründe, die zu einer außerplanmäßigen Abschreibung geführt haben, zu einem späteren Abschlussstichtag nicht mehr fort, muss die Wertaufholung im erforderlichen Umfang durch eine Zuschreibung abgebildet werden (§ 253 Abs. 5 S. 1 HGB – **399**

---

832 Vgl. ADS[6], § 253 HGB, Tz. 476 ff.; *Kozikowski/Roscher/Schramm* in BeBiKo[7], § 253, Rn. 300 ff.; *Brösel/Olbrich* in HdR[5], § 253, Rn. 571 ff.

833 Vgl. auch *Kozikowski/Roscher/Schramm* in BeBiKo[7], § 253, Rn. 308.

834 Zur Bewertung von Wertpapieren in Folge der Finanzkrise vgl. *Häuselmann*, BB 2008, S. 2617 ff.

835 Vgl. *IDW RH HFA 1.016*, Tz. 10.

836 Vgl. ADS[6], § 253 HGB, Tz. 477 ff.; *Kahle/Heinstein* in HdJ, Abt. II/2, Rn. 181 ff.; *Hoffmann/Lüdenbach*, DB 2009, S. 577 ff.

837 Vgl. *Kahle/Heinstein* in HdJ, Abt. II/2, Rn. 181 (halbe Restnutzungsdauer); *Kozikowski/Roscher/Schramm* in BeBiKo[7], § 253, Rn. 315 (halbe Restnutzungsdauer oder fünf Jahre); *Brösel/Olbrich* in HdR[5], § 253 HGB, Rn. 600 (ebenso); *IDW RS WFA 1*, Tz. 11 (drei bis fünf Jahre für Wohngebäude); *HFA*, FN-IDW 2007, S. 107 (109) (drei bis fünf Jahre für langlebige abnutzbare Anlagegegenstände).

838 Vgl. *IDW RH HFA 1.014*, Tz. 26.

839 Bei Schadstoffbelastungen liegt eine dauernde Wertminderung vor, wenn eine Werterhöhung ohne Tätigwerden des Bilanzierenden nicht zu erwarten ist; vgl. *Siegel*, DB 1995, S. 537 ff.

Wertaufholungsgebot; vgl. Tz. 438 ff.), es sei denn, es handelt sich um einen Geschäfts- oder Firmenwert, für den ein Wertaufholungsverbot besteht (§ 253 Abs. 5 S. 2 HGB).

400 Abschreibungen können sowohl in **direkter Form** (durch Absetzung auf der Aktivseite) als auch in **indirekter Form** (als Wertberichtigung auf der Passivseite) vorgenommen werden[840]. Bei KapGes. und Personenhandelsgesellschaften i.S.d. § 264a HGB sowie dem PublG unterliegenden Gesellschaften ist, wie sich auch aus § 268 Abs. 2 HGB ergibt, lediglich die direkte Form zulässig.

Exkurs: Abschreibungen in der Steuerbilanz[841]

401 In der StB sind bei Wirtschaftsgütern des AV, die der Abnutzung unterliegen, die AHK um die Absetzungen für Abnutzung (AfA) zu vermindern. Daneben sind mit der Absetzung für Substanzverringerung (§ 7 Abs. 6 EStG), der Absetzung für außergewöhnliche Abnutzung (§ 7 Abs. 1 S. 7 EStG), der Teilwertabschreibung (§ 6 Abs. 1 Nr. 1 und Nr. 2 EStG) sowie verschiedenen Möglichkeiten einer Sonderabschreibung und erhöhten Absetzung weitere Formen steuerlicher Abschreibung zulässig[842]. Während die Absetzung für Substanzverringerung (AfS) bei bestimmten Unternehmen anstelle der regelmäßigen Absetzung für Abnutzung vorgenommen werden kann, berücksichtigen die Absetzung für außergewöhnliche Abnutzung (AfaA) und die Teilwertabschreibung (vgl. Tz. 414) außergewöhnliche Wertminderungen. Sonderabschreibungen (vgl. Tz. 421) und erhöhte Absetzungen (vgl. Tz. 422) sind dagegen von der wirtschaftlichen und technischen Nutzungsdauer eines Wirtschaftsguts unabhängig. Sie sind aufgrund verschiedener wirtschaftspolitischer Zielsetzungen neben (Sonderabschreibung) oder anstelle (erhöhte Absetzungen) der AfA zulässig.

402 Die **AfaA** dient der Berücksichtigung von Wertminderungen bei abnutzbaren Wirtschaftsgütern, die ihre Ursache in außergewöhnlichen technischen oder wirtschaftlichen Vorgängen haben. Als besondere Umstände für eine außergewöhnliche technische Abnutzung kann ein erhöhter Verschleiß oder Substanzverbrauch durch Beschädigung oder Zerstörung oder, bei Gebäuden, auch den teilw. oder vollständigen Abbruch in Betracht kommen. Dagegen soll die **Abschreibung auf den niedrigeren Teilwert** außergewöhnliche Wertminderungen erfassen, um Wirtschaftsgüter des AV oder Umlaufvermögens mit dem niedrigeren Teilwert anzusetzen. Durch die Teilwertabschreibung werden in erster Linie Wertminderungen berücksichtigt, deren Ursache in sinkenden Wiederbeschaffungskosten oder einer mangelhaften Rentabilität des Wirtschaftsguts liegen. Praktisch dürfte der Unterschied zwischen AfaA und der Abschreibung auf den niedrigeren Teilwert häufig nicht sehr groß sein, da eine außergewöhnliche technische oder wirtschaftliche Abnutzung i.d.R. zugleich den Teilwert mindert. Allerdings sind bei Wirtschaftsgütern, die nach der degressiven Methode abgeschrieben werden, AfaA nicht zulässig (§ 7 Abs. 2 S. 4 EStG), sodass Wertminderungen nur insoweit berücksichtigt werden können, als sie eine Teilwertabschreibung rechtfertigen. Eine reine Minderung des Marktwertes, die die Nutzung eines Wirtschaftsguts nicht berührt, berechtigt nicht zur AfaA; die AfaA setzt

---

840 Vgl. ADS[6], § 253 HGB, Tz. 352; *Kozikowski/Roscher/Schramm* in BeBiKo[7], § 253, Rn. 209; *Kahle/Heinstein* in HdJ, Abt. II/2, Rn. 97; a.A. *Glade*, Praxishandbuch[2], § 253 HGB, Rn. 11.
841 Die Ausführungen in diesem Exkurs umfassen ausschließlich die steuerrechtlichen Abschreibungen; aufgrund des Wegfalls des § 254 HGB a.F. durch BilMoG sind diese handelsrechtlich nicht mehr anwendbar.
842 Zu Teilwertabschreibung und Wertaufholungsgebot vgl. *Sorg*, BBK, F. 30, S. 941; *Cattelaens*, DB 1999, S. 1185; *Kessler*, DB 1999, S. 2577; *Stuhrmann*, NJW 1999, S. 1657; BMF-Schr. v. 25.02.2000, BStBl. I, S. 372, und BMF-Schr. v. 26.03.2009, BStBl. I, S. 514.

außergewöhnliche Umstände voraus, die im Jahr ihrer Geltendmachung die wirtschaftliche Nutzbarkeit sinken lassen[843]. Soweit der Grund für eine AfaA in späteren WJ entfällt, ist bei Gewinnermittlung durch Bestandsvergleich eine entsprechende Zuschreibung vorzunehmen (§ 7 Abs. 1 S. 7 EStG). Wegen der verschiedenen Möglichkeiten steuerlicher Abschreibungen vgl. die vorstehende **Übersicht**.

Für die steuerliche Gewinnermittlung sind die steuerlichen Vorschriften über die **Absetzung für Abnutzung** vorrangig (§ 5 Abs. 6 EStG). Besteht indessen ein steuerliches Wahlrecht zwischen mehreren Abschreibungsverfahren, ist aufgrund des Maßgeblichkeitsprinzips die in der HB gewählte Methode zu wählen. Vgl. zur Maßgeblichkeit der HB für die StB nach § 5 Abs. 1 EStG bei AfA nach § 7 Abs. 4 und 5 EStG BMF-Schreiben v. 30.12.1994, DB 1995 S. 298, bei AfA nach § 7 Abs. 2 BFH v. 24.01.1990, BStBl. II, S. 681[844]. Durch den Wegfall der umgekehrten Maßgeblichkeit können nun steuerliche Abschreibungen nun völlig losgelöst von der HB ausgeübt werden, allerdings müssen die betroffenen Wirtschaftsgüter in entsprechende Verzeichnisse aufgenommen werden (§ 5 Abs. 2 S. 2 und 3 EStG)[845].

403

Die AfA ist grds. nach der betriebsgewöhnlichen Nutzungsdauer zu bemessen (§ 7 Abs. 1 S. 2 EStG). **Betriebsgewöhnliche Nutzungsdauer** ist der Zeitraum, in dem ein Wirtschaftsgut unter Berücksichtigung der betriebstypischen Beanspruchung nutzbar ist. Dabei ist für die Schätzung der Nutzungsdauer regelmäßig von dem Zeitraum auszugehen, in dem sich das Wirtschaftsgut technisch abnutzt. Anhaltspunkte hierfür geben die vom BMF herausgegebenen AfA-Tabellen. Eine von der technischen Nutzungsdauer abw. kürzere wirtschaftliche Nutzungsdauer kommt als betriebsgewöhnliche Nutzungsdauer nur in Betracht, wenn das Wirtschaftsgut erfahrungsgemäß vor Ablauf der technischen Nutzungsdauer objektiv wirtschaftlich wertlos wird[846]. Bei Gebäuden (§ 7 Abs. 4, 5 EStG) und dem Geschäfts- oder Firmenwert (§ 7 Abs. 1 S. 3 EStG) ist die Abschreibungsdauer durch das Gesetz geregelt. Danach beträgt der Abschreibungsprozentsatz bei Wirtschaftsgebäuden, die zu einem Betriebsvermögen gehören und für die der Bauantrag nach dem 31.03.1985 gestellt worden ist, jährlich vier v.H. (= 25 Jahre), sofern mit der Herstellung der Wirtschaftsgebäude vor dem 01.01.2001 begonnen wurde oder die Anschaffung der Gebäude aufgrund eines vor dem 01.01.2001 rechtswirksam abgeschlossenen, obligatorischen Vertrags erfolgt ist, in den Fällen einer späteren Anschaffung oder Herstellung jährlich 3 v.H. (= 33 1/3 Jahre)[847]. Bei Gebäuden, die diese Voraussetzungen hinsichtlich ihrer Zugehörigkeit zum Betriebsvermögen und des Zeitpunkts des Bauantrags nicht erfüllen, beträgt die Absetzung grds. 2 v.H. (= 50 Jahre) oder 2,5 v.H. jährlich (= 40 Jahre). Alternativ dazu darf, soweit die Voraussetzungen hierzu erfüllt sind (§ 7 Abs. 5 EStG), die Absetzung in fallenden Staffelsätzen vorgenommen werden. Ist die tatsächliche Nutzungsdauer geringer als die fingierte, so darf anstelle der fingierten die

404

---

843 Vgl. BFH v. 08.07.1980, BStBl. II, S. 437. Vgl. auch *Kulosa* in Schmidt, L., EStG[30], § 7, Rn. 122. Baumängel vor Fertigstellung eines Gebäudes rechtfertigen selbst dann keine AfaA, wenn noch während der Bauzeit Gebäudeteile wieder abgerissen werden müssen; die Kosten dafür zählen zu den Anschaffungskosten des Gebäudes, BFH v. 30.08.1994, IV R 23/92, Lexinf. 126619; ebenso wenig rechtfertigen vorübergehende Rentabilitätseinbußen eine AfaA, wenn die ursprünglich geplante Rentabilität durch geeignete Maßnahmen wiederhergestellt werden kann, vgl. FG München v. 29.10.1997, EFG 1998, S. 178; Mängel eines Gebäudes im Zeitpunkt seiner Anschaffung rechtfertigen ebenfalls keine AfaA, BFH v. 14.12.2004, BStBl. II, S. 592.

844 Zur Ermittlung der betriebsgewöhnlichen Nutzungsdauer BFH v. 19.11.1997, BStBl. II 1998, S. 59; BMF-Schr. v. 15.06.1999, DB, S. 1427.

845 Vgl. *Kulosa* in Schmidt, L., EStG[30], § 7, Rn. 15

846 Vgl. BFH-Urt. v. 19.11.1997, BStBl. II 1998, S. 59; die von der Rechtsprechung aufgestellten Grundsätze zur Ermittlung der betriebsgewöhnlichen Nutzungsdauer führten zu einer Überarbeitung des AfA-Tabellen, vgl. BMF-Schr. v. 06.12.2001, BStBl. I, S. 850.

847 Vgl. § 52 Abs. 21b S. 1 EStG.

Übersicht über die steuerlichen

Rechtgrundlage	Geltungsbereich	Absetzungsmethode	
§ 7 Abs. 1 S. 1 EStG	alle abnutzbaren Wirtschaftsgüter außer Gebäuden	linear	Verteilung auf die betriebsgewöhnliche Nutzungsdauer
§ 7 Abs. 2 EStG	bewegliche Wirtschaftsgüter des AV einschließlich Betriebsvorrichtungen	degressiv	gleich bleibender v.H.-Satz vom Buchwert
§ 7 Abs. 4 EStG S. 1 Nr. 1 S. 1 Nr. 2	Wirtschaftsgebäude (Bauantrag nach dem 31.03.1985)Übrige Gebäude	linear	gleich bleibender Satz von 3 v.H.[a]
	a) Nach dem 31.03.1924 fertiggestellt	linear	gleich bleibender Satz von 2 v.H.[a]
	b) Vor dem 01.01.1925 fertiggestellt	linear	gleich bleibender Satz von 2,5 v.H.[a]
§ 7 Abs. 4 S. 2 EStG (§ 11c EStDV)	Gebäude mit einer Nutzungsdauer von weniger als 33 Jahren, 40 Jahren bzw. 50 Jahren	linear	Verteilung auf tatsächliche Nutzungsdauer
§ 7 Abs. 5 EStG S. 1 Nr. 1	im Inland belegene neue Gebäude; Bauantrag oder rechtswirksamer obligatorischer Vertrag vor dem 01.01.1994	degressiv	fallende v.H.-Sätze 10 / 5 / 2,5[b]
S. 1 Nr. 2	im Inland belegene neue Geschäftsgebäude im Privatvermögen oder neue Wohngebäude; Bauantrag oder rechtswirksamer obligatorischer Vertrag vor dem 01.01.1995	degressiv	fallende v.H.-Sätze 5 / 2,5 / 1,25[b]
S. 1 Nr. 3	im Inland belegene neue Wohngebäude; Bauantrag oder rechtswirksamer obligatorischer Vertrag nach dem 28.02.1989; Voraussetzung: keine erhöhte AfA oder Sonderabschreibungen durch den Hersteller	degressiv	fallende v.H.-Sätze 7 / 5 / 2 / 1,25[b]
§§ 7c, 7d, 7h, 7i, 7k EStG	verschiedene Wirtschaftsgüter (vgl. Tz. 422)	Erhöhte Absetzungen (statt Normal-AfA)	

[a] Die Anwendung niedrigerer Sätze ist ausgeschlossen.
[b] Im Jahr der Anschaffung kann die degressive AfA in voller Höhe, im Jahr der Veräußerung nur zeitanteilig geltend gemacht werden; vgl. BFH v. 15.03.1994, BFH/NV, S. 780.

Bewertungsvorschriften

Abschreibungsmöglichkeiten

	Fortführung der AfA	
bei nachträglichen AHK	*nach Teilwertabschreibung*	*Nach Absetzung für außergewöhnliche Abnutzung*
Verteilung des um die nachträglichen AHK erhöhten Buchwerts auf die neu zu schätzende Restnutzungsdauer (R 7.3 Abs. 5 und R 7.4 Abs. 9 S. 1 EStR 2008)	Verteilung des Teilwerts auf die Restnutzungsdauer[e]	Verteilung des Restbuchwerts auf die Restnutzungsdauer
Anwendung des für die neu zu schätzende Restnutzungsdauer maßgeblichen v.H.-Satzes auf den erhöhten Buch- oder Restwert (R 7.3 Abs. 5, 74 Abs. 10 S. 1 EStR 2008)	Anwendung des (unveränderten) maßgebenden v.H.-Satzes auf den Teilwert, falls Restnutzungsdauer nicht verkürzt[f]	entfällt (AfaA ist nach § 7 Abs. 2 S. 4 EStG unzulässig)
Anwendung des gleichbleibenden AfA-Satzes von 3 v.H. oder 2,5 v.H. bzw. 2 v.H. auf die erhöhten AHK (R 7.3 Abs. 5 und R 7.4 Abs. 9 S. 1 EStR 2008)[c]	Anwendung des gleichbleibenden AfA-Satzes von 3 v.H. oder 2,5 v.H. bzw. 2 v.H. auf die gekürzten AHK (§ 11c Abs. 2 S. 2 EStDV)	wie nebenstehend (§ 11c Abs. 2 S. 1 EStDV)
Verteilung des um die nachträglichen Herstellungskosten erhöhten Buchwerts auf die Restnutzungsdauer oder Anwendung des (unveränderten) maßgebenden v.H.-Satzes auf den erhöhten Buchwert (R 7.3 Abs. 5, 7.4 Abs. 9 S. 1 und 2 EStR 2008)	Anwendung des bisherigen AfA-Satzes auf die gekürzten Anschaffungskosten oder Herstellungskosten (§ 11c Abs. 2 S. 2 EStDV)	wie nebenstehend (§ 11c Abs. 2 S. 1 EStDV)
Anwendung des maßgebenden v.H.-Satzes auf die erhöhten AHK (R 7.3 Abs. 5 und R 7.4 Abs. 9 S. 2 EStR 2008)[d]	Anwendung des maßgebenden v.H.-Satzes auf die gekürzten Herstellungskosten (§ 11c Abs. 2 S. 2 EStDV)	wie nebenstehend (§ 11c Abs. 2 S. 1 EStDV)
Im Begünstigungszeitraum: Anwendung des gleichbleibenden v.H.-Satzes auf die erhöhten Anschaffungs- und Herstellungskosten (R 7a Abs. 3 EStR 2008), soweit keine Sonderregelungen anzuwenden sind (§ 7a Abs. 1 EStG)		

c) Wird auf diese Weise die volle Absetzung innerhalb der tatsächlichen Nutzungsdauer nicht erreicht, so kann die AfA vom Zeitpunkt der Beendigung der nachträglichen Herstellungsarbeiten an nach der Restnutzungsdauer des Gebäudes bemessen werden (H 7.4 EStR 2008).

d) Im Jahr der Veräußerung nur zeitanteilig; vgl. H 7.4 Abs. 8 EStR 2008.

e) Vgl. *Nolde* in HHR, EStG/KStG, § 7 EStG, Rn. 24; *Brandis* in Blümich, EStG, § 7 EStG, Rn. 288.

f) Vgl. *Kulosa* in Schmidt, L., EStG[30], § 7, Rn. 83.

tatsächliche Nutzungsdauer, das ist der Zeitraum, in dem das Gebäude voraussichtlich seiner Zweckbestimmung entsprechend genutzt werden kann (§ 11c Abs. 1 EStDV), zu Grunde gelegt werden. Als betriebsgewöhnliche Nutzungsdauer des Geschäfts- oder Firmenwerts gilt ein Zeitraum von 15 Jahren. Eine erhöhte AfA infolge erhöhter technischer Abnutzung bei Übergang von der Einschicht- zur Mehrschichtarbeit ist zulässig, soweit dadurch die Nutzungsdauer einer Anlage (die normalerweise einschichtig genutzt wird) verkürzt wird. Sie ist in den o.g. AfA-Tabellen für den linearen Satz bei ganzjährig doppelschichtiger Benutzung mit einem um 25%, bei drei- oder vierfacher Schicht mit einem um 50% höheren Satz angegeben. Außergewöhnliche Einwirkungen von Chemikalien, Nässe usw. können außerdem berücksichtigt werden. Wegen Besonderheiten der Gebäudeabsetzungen vgl. Tz. 529.

405 Eine einheitliche AfA für einen Bestand von Wirtschaftsgütern mit unterschiedlicher betriebsgewöhnlicher Nutzungsdauer (Sammelabschreibung) ist nicht zulässig. Ebenso sind verschieden bemessene AfA für einzelne Teile eines einheitlichen Wirtschaftsguts nicht möglich, vgl. Beschluss des Großen Senats des BFH v. 26.11.1973 – GrS 5/71 (BStBl. II 1974, S. 132) zur gesonderten Abschreibung von Gebäudeteilen, die nicht Betriebsvorrichtungen sind; s. auch H 7.1 EStR 2008; zur Abgrenzung in Fällen von sog. „geschlossenen Fertigungsanlagen" vgl. *Rohse/Stich*, StBp. 1972, S. 181. Für den Fall, dass zwischen einem Gebäude und einer Betriebsvorrichtung eine so enge Verbindung besteht, dass bei Beseitigung der Betriebsvorrichtung das Gebäude auch nicht teilw. erhalten werden kann, ist die kürzere Nutzungsdauer der Betriebsvorrichtung maßgebend.

406 Nach § 7 Abs. 1 EStG sind Wirtschaftsgüter des AV regelmäßig in gleichbleibenden Jahresbeträgen (**lineare** Abschreibung) abzuschreiben. Alternativ dazu können **bewegliche** Wirtschaftsgüter des AV (einschl. Betriebsvorrichtungen) entweder (geometrisch) degressiv (§ 7 Abs. 2 S. 1 EStG) oder, wenn der Steuerpflichtige den auf das einzelne Jahr entfallenden Umfang der Leistung nachweist, nach der auf das betreffende Jahr entfallenden **Leistung** (§ 7 Abs. 1 S. 6 EStG)[848] abgeschrieben werden.

407 **Degressive** Absetzungen für Abnutzung sind in der Form der Buchwertabschreibung (§ 7 Abs. 2 S. 2 EStG) zulässig.

Für Wirtschaftsgüter, die nach dem 31.12.2008 und vor dem 01.01.2011 angeschafft oder hergestellt wurden, ist der bei der degressiven Abschreibung anzuwendende AfA-Satz allerdings auf das Zweieinhalbfache des linearen Satzes, höchstens jedoch 25 v.H. des jeweiligen Buchwerts begrenzt. Für zwischen dem 01.01.2008 und dem 31.12.2008 angeschaffte oder hergestellte WG ist die degressive Abschreibung nicht zulässig (§§ 7 Abs. 2 S. 2 EStG a.F. i.V.m. 52 Abs. 21a EStG).

Wird degressiv abgeschrieben, sind Absetzungen für außergewöhnliche technische oder wirtschaftliche Abnutzung nicht zulässig (§ 7 Abs. 2 S. 4 EStG). Über die degressiv abgeschriebenen Wirtschaftsgüter sind Aufzeichnungen zu führen, aus denen der Tag der Anschaffung oder Herstellung, die AHK, die voraussichtliche Nutzungsdauer und die Höhe der jährlichen AfA ersichtlich sind (§ 7 Abs. 2 S. 3 i.V.m. § 7a Abs. 8 EStG). Bei zulässigem späterem Übergang von der degressiven zur linearen AfA bemisst diese sich nach dem noch vorhandenen Restwert und der Restnutzungsdauer. Ein späterer Übergang von der linearen zur degressiven AfA ist nicht zulässig (§ 7 Abs. 3 EStG). Ein Übergang von der degressiven zur linearen AfA ist, um progressive Abschreibungsverläufe auszu-

---

848 Vgl. R 7.4 Abs. 5 EStR 2008; ein Wechsel zwischen Leistungs-AfA und linearer AfA ist, sofern nicht völlig willkürlich, zulässig, vgl. *Kulosa* in Schmidt, L., EStG[30], § 7, Rn. 115.

schließen, spätestens dann vorzunehmen, wenn der Satz der degressiven AfA unter den der linearen sinkt.

Immaterielle Wirtschaftsgüter dürfen nicht degressiv abgeschrieben werden, da nach R 7.1 Abs. 2 S. 1 EStR 2008 zu den beweglichen Wirtschaftsgütern nur Sachen (§ 90 BGB) zählen (BFH v. 06.08.1964, BStBl. III, S. 575)[849]. Auch Teile eines **Gebäudes**, die selbstständig abschreibbar sind, zählen nicht zu den beweglichen Wirtschaftsgütern, falls es sich bewertungsrechtlich nicht um Betriebsvorrichtungen handelt (vgl. R 7.1 Abs. 6 EStR 2008)[850]. 408

Gebäude dürfen degressiv abgeschrieben werden, jedoch nur mit den gesetzlich vorgeschriebenen fallenden v.H.-Sätzen (§ 7 Abs. 5 S. 1 EStG; vgl. hierzu die Übersicht nach Tz. 400)[851]; ein Wechsel zwischen den AfA-Methoden nach § 7 Abs. 4 und Abs. 5 EStG sowie zwischen den Methoden des § 7 Abs. 5 EStG ist nicht zulässig (H 7.4 EStR 2008)[852]. Für Geschäftsgebäude mit Herstellungsbeginn nach dem 31.12.1993 entfällt die Möglichkeit der degressiven AfA. 409

Bei Betrieben, die einen Verbrauch der **Substanz** mit sich bringen (Bergbauunternehmen, Steinbrüche), sind sowohl die lineare AfA als auch AfS zulässig (§ 7 Abs. 6 EStG; vgl. *Brandis*, in Blümich, EStG, § 7 EStG, Rn. 585). 410

Die AfA nach § 7 EStG **beginnt** im Fall der Anschaffung mit der Lieferung[853] und im Fall der Herstellung mit der Fertigstellung (§ 9a EStDV); auf die Ingebrauchnahme kommt es nicht an[854]. Gebäudeteile, die aufgrund ihrer unterschiedlichen Funktion selbstständig nutzungsfähige Wirtschaftsgüter sind, sind fertiggestellt, sobald diese Teile bestimmungsgemäß nutzbar sind (H 7.4 EStR 2008). Im **Anschaffungs- oder Herstellungsjahr** ist bei der degressiven wie bei der linearen AfA nur eine anteilige Absetzung (pro rata temporis) möglich (§ 7 Abs. 1 S. 4 EStG). 411

Nach dem Beschluss des Großen Senats des BFH v. 07.12.1967, BStBl. II 1968, S. 268, ist die AfA grds. so zu bemessen, dass nach Ablauf der betriebsgewöhnlichen Nutzungsdauer die AHK bis auf einen Erinnerungswert von 1,– € voll abgesetzt sind. Eine Abschreibung bei den beweglichen Anlagegütern nur bis auf den **Altmaterial- bzw. Schrottwert** ist dann vorzunehmen, wenn dieser – wie das im Allgemeinen bei Gegenständen von großem Gewicht oder aus wertvollem Material der Fall ist – im Vergleich zu den AHK erheblich ist[855]. 412

Eine **unterbliebene**, zu niedrige oder überhöhte AfA/AfS ist grds. in der Weise zu korrigieren, dass der Restbuchwert nach der bis dahin angewandten Abschreibungsmethode auf die Restnutzungsdauer verteilt wird (H 7.4 EStR 2008)[856]. Auf diese Weise werden unterlassene Abschreibungen innerhalb der betriebsgewöhnlichen Nutzungsdauer nachgeholt und überhöhte Abschreibungen ausgeglichen. Im Gegensatz dazu sind bei Gebäuden die AHK durch Anwendung konstanter oder fallender Abschreibungsprozentsätze 413

---

849   Zur Kritik siehe *Babel*, ZfbF 1998, S. 789.
850   Zur steuerlichen Bilanzierung eines Gesamtgebäudes BMF-Schr. v. 30.12.1994, FR 1995, S. 121; *Wilhelm*, BB 1996, S. 1319; Replik zu Wilhelm *Pyszka*, BB 1996, S. 1979.
851   Zur AfA bei Grundstücken im Miteigentum vgl. BFH v. 23.11.1995, BStBl. II 1996, S. 193; vgl. auch *Schoor*, BBK, F. 12 S. 6279.
852   Vgl. BFH v. 10.03.1987, BStBl. II, S. 618.
853   Die Lieferung ist erfolgt, wenn im entscheidenden Zeitpunkt zumindest die wirtschaftliche Verfügungsmacht (wirtschaftliches Eigentum) übergegangen ist, vgl. FG Hamburg v. 22.01.1998, EFG, S. 765.
854   Vgl. *Nolde* in HHR, EStG/KStG, § 7 EStG, Rn. 160 m.w.N. (str.).
855   *Kulosa* in Schmidt, L., EStG[30], § 7, Rn. 72; a.A. *Nolde* in HHR, EStG/KStG, § 7 EStG, Rn.155.
856   Vgl. *Kulosa* in Schmidt, L., EStG[30], § 7, Rn. 6 bis 11.

auf die Nutzungsdauer zu verteilen. Ist die AfA überhöht vorgenommen worden oder unterblieben, darf die Abschreibung nicht dadurch korrigiert werden, dass ein höherer oder niedrigerer als der gesetzlich vorgeschriebene v.H.-Satz angesetzt wird. Vielmehr sind weiterhin die gesetzlich vorgeschriebenen v.H.-Sätze anzuwenden, sodass sich ein anderer Abschreibungszeitraum als 25, 33 1/3, 40 oder 50 Jahre ergibt; ist die AfA jedoch unterblieben, um unberechtigte Steuervorteile zu erlangen, darf sie nicht nachgeholt werden (H 7.4 EStR 2008, unterlassene oder überhöhte AfA).

414 Für die Anlagenbewertung in der StB ist neben der AfA der **Teilwert**[857] bedeutsam. Ist der Teilwert aufgrund einer **dauerhaften Wertminderung** niedriger als die ggf. fortgeführten AHK, so kann der Teilwert angesetzt werden (§ 6 Abs. 1 Nr. 1 S. 2 EStG)[858]. Dabei ist Teilwert der Betrag, den ein Erwerber des ganzen Betriebs bei dessen Fortführung für das einzelne Wirtschaftsgut im Rahmen des Gesamtkaufpreises ansetzen würde (§ 6 Abs. 1 Nr. 1 S. 3 EStG). Über den Wortlaut der steuerlichen Vorschrift („kann") hinaus ist aufgrund der Maßgeblichkeit der handelsrechtlichen GoB das Niederstwertgebot zu beachten. Ist nach dem Niederstwertprinzip eine Abschreibung auf den niedrigeren beizulegenden Wert vorzunehmen, besteht diese Abschreibungspflicht auch in der StB[859]. Bei **vorübergehender Wertminderung** darf nach § 6 Abs. 1 Nr. 1 S. 2 und Nr. 2 S. 2 EStG der Teilwert **nicht** angesetzt werden. Eine Teilwertabschreibung ist nur bei einem Wertverlust zulässig, der mindestens während der halben Restnutzungsdauer des Wirtschaftsguts andauert[860].

Von einer voraussichtlich dauernden Wertminderung bei börsennotierten Aktien, die als Finanzanlage gehalten werden, ist auszugehen, wenn der Börsenwert zum Abschlussstichtag unter die Anschaffungskosten gesunken ist und zum Zeitpunkt der Bilanzerstellung keine konkreten Anhaltspunkte für eine alsbaldige Wertaufholung vorliegen[861].

415 Die Ermittlung des Teilwerts in der Praxis ist oft mit erheblichen Schwierigkeiten verbunden. Um die Ermittlungsproblematik im täglichen Geschäft zu umgehen, haben der RFH und, ihm folgend, der BFH, „**Vermutungen** zur Teilwertermittlung" entwickelt, die auf rein kasuistischen Entscheidungen der praktisch wichtigsten Fälle beruhen. Ihren Ausgangspunkt haben die Teilwertvermutungen in der Trennung zwischen Wirtschaftsgütern, die für den Betrieb einen Nutzen bringen, und Gegenständen, die für den Betrieb bedeutungslos geworden sind und zum Verkauf stehen. Für Wirtschaftsgüter der ersten Gruppe gilt die Vermutung, dass ihr Teilwert grds. den Wiederbeschaffungskosten entspricht. Für diese Vermutung spricht, dass ein Erwerber des gesamten Betriebs für ein Wirtschaftsgut keine höheren Werte bei der Bemessung des Gesamtkaufpreises ansetzen würde als den Preis, den er bei der Wiederbeschaffung auf dem Markt dafür bezahlen müsste. Bei Wirtschaftsgütern, die für den Betrieb entbehrlich geworden sind, wird der Teilwert durch den Einzelveräußerungspreis markiert. Gestützt wird diese Vermutung durch die Überlegung, dass ein Erwerber des ganzen Betriebs für ein Wirtschaftsgut, das er nicht wiederbeschaffen würde, mindestens den Betrag aufwendet, den er bei der Einzelveräußerung für dieses Wirtschaftsgut erzielen kann.

---

857 Vgl. *Winkeljohann* in HHR, EStG/KStG, § 6 EStG, Rn. 572 mit Literaturangabe; ferner *Hoffmann* in Littmann, EStG, § 6, Rn. 400; *Ehmcke* in Blümich, EStG, § 6 EStG, Rn. 540; *Kulosa* in Schmidt, L., EStG[30], § 6, Rn. 231; R 6.3 Abs. 1 und 2 EStR 2008 für Vorratsvermögen.
858 Zu Teilwertabschreibung und Wertaufholung vgl. BMF-Schr. v. 25.02.2000, BStBl. I, S. 372, DB 2000, S. 546; *Sorg*, BBK, F. 30 S. 941; *Cattelaens*, DB 1999, S. 1185; *Kessler*, DB 1999, S. 2577.
859 Im Einzelnen *Oestreicher*, Abwertung, S. 284.
860 BFH v. 29.04.2009, BStBl. II, S. 899.
861 BFH v. 26.09.2007, BStBl. II, S. 294, weitere Anwendbarkeit bestätigt durch BMF v. 23.04.2010 „Schreiben zur Eindämmung der Normenflut" IV A 6 - O-1000 /09/10095.

Bewertungsvorschriften **E**

Zur **Vereinfachung** der Teilwertermittlung kann nach der Rechtsprechung des BFH für die aktiven Wirtschaftsgüter, die für die Fortführung des Betriebs bedeutsam sind, angenommen werden, dass der Teilwert im Zeitpunkt der Anschaffung oder Herstellung den tatsächlichen AHK entspricht[862]. Ferner kann für die nichtabnutzbaren Wirtschaftsgüter des AV (z.B. Beteiligungen) angenommen werden, dass ihr Teilwert auch an späteren Abschlussstichtagen grds. den AHK entspricht. Für Wirtschaftsgüter des abnutzbaren AV gilt, dass ihr Teilwert an späteren Abschlussstichtagen grds. den fortgeschriebenen AHK entspricht. Dagegen sind für Wirtschaftsgüter des Umlaufvermögens zur Bestimmung des Teilwerts stets die Wiederbeschaffungs- oder Wiederherstellungskosten vom Abschlussstichtag zu ermitteln. **416**

Allerdings wird der Teilwert den für den Teilwert bestehenden Vermutungen nicht definitiv gleichgesetzt. Vielmehr können diese Teilwertvermutungen dadurch **widerlegt** werden, dass der Steuerpflichtige konkrete Tatsachen und Umstände darlegt, aus denen hervorgeht, dass der Teilwert den Teilwertvermutungen nicht entspricht (z.B. dass sich die Anschaffung oder Herstellung des Wirtschaftsguts als Fehlmaßnahme herausgestellt hat bzw. dass bei Wirtschaftsgütern des AV die tatsächlichen Wiederbeschaffungskosten und bei Vorräten die voraussichtlich erzielbaren Verkaufspreise gesunken sind)[863]. **417**

Bei der Inanspruchnahme von **erhöhten Absetzungen und Sonderabschreibungen** ist die Rahmenvorschrift des § 7a EStG zu beachten[864]. § 7a EStG regelt u.a. die Behandlung von nachträglichen Anschaffungs- und Herstellungskosten im Begünstigungszeitraum (Abs. 1) sowie die Sonderabschreibungen und erhöhten Absetzungen für Anzahlungen und Teilherstellungskosten (Abs. 2). Werden bei Wirtschaftsgütern erhöhte Absetzungen in Anspruch genommen, so müssen nach Abs. 3 in jedem Jahr des Begünstigungszeitraums mindestens Absetzungen in Höhe der normalen AfA (§ 7 Abs. 1 oder 4 EStG) verrechnet werden. Bei der Inanspruchnahme von Sonderabschreibungen ist die planmäßige AfA nach der linearen Methode vorzunehmen (§ 7a Abs. 4 EStG). Das in § 7a Abs. 5 EStG enthaltene Kumulationsverbot für Sonderabschreibungen und erhöhte Absetzungen schließt nicht aus, dass gleichzeitig andere Vergünstigungen (z.B. Investitionszulage) in Anspruch genommen werden. Ist ein Wirtschaftsgut mehreren Beteiligten zuzurechnen, so dürfen erhöhte Absetzungen und Sonderabschreibungen grds. nur einheitlich vorgenommen werden; sind die Voraussetzungen nur bei einzelnen Beteiligten erfüllt, so dürfen die erhöhten Absetzungen und Sonderabschreibungen anteilig für diese Beteiligten vorgenommen werden, jedoch nur einheitlich (§ 7a Abs. 7 EStG)[865]. **418**

Für geringwertige Anlagegüter, die einer selbstständigen Nutzung fähig sind, wurde im Rahmen der Unternehmensteuerreform 2008 der sog. Sammelposten (§ 6 Abs. 2a EStG) eingeführt. Bei der steuerlichen Behandlung von geringwertigen Anlagegütern ist wie folgt zu differenzieren: **419**

– Wirtschaftsgüter, die nach dem 31.12.2007 und vor dem 01.01.2010 angeschafft, hergestellt oder in das Betriebsvermögen eingelegt wurden:

---

862 Diese Vermutung gilt grds. auch für überhöhte oder erzwungene Aufwendungen, vgl. BFH v. 04.03.1998, BFH/NV, S. 1086.
863 Vgl. R 6.7 EStR 2008. Zu den Teilwertvermutungen und deren Widerlegung vgl. allg. *Kulosa* in Schmidt, L., EStG³⁰, § 6, Rn. 241 sowie 244; für Beteiligungen BFH v. 27.07.1988, BStBl. II, 1989, S. 274.
864 Vgl. *Kulosa* in Schmidt, L., EStG³⁰, § 7a, Rn. 1. Zur Geltendmachung von Sonderabschreibungen bei Betriebsprüfungen vgl. OFD Hannover, Vfg. v. 07.04.1997, DStR, S. 871.
865 Zu den mit Sonderabschreibungen und erhöhten Absetzungen verbundenen besonderen Aufzeichnungspflichten siehe § 7a Abs. 8 EStG.

405

- Aufwendungen bis 150 € sind zwingend in voller Höhe als Betriebsausgaben abzuziehen. Für Aufwendungen von mehr als 150 € und nicht mehr als 1.000 € ist zwingend ein Sammelposten zu bilden[866]. Dieser Sammelposten ist jahresbezogen mit jeweils einem Fünftel gewinnmindernd zum Ende des jeweiligen WJ aufzulösen[867].
- Wirtschaftsgüter, die nach dem 31.12.2009 angeschafft, hergestellt oder in das Betriebsvermögen eingelegt wurden:
Aufwendungen für Wirtschaftsgüter bis 1.000 € sind grds. durch Absetzungen für Abnutzung nach § 7 ff. EStG gem. der betriebgewöhnlichen Nutzungsdauer gewinnmindernd als Betriebsausgaben abzuziehen.

a) Aufwendungen bis 150 €

Abweichend von diesem Grundsatz dürfen Aufwendungen bis 150 € nach § 6 Abs. 2 EStG sofort als Betriebsausgaben abgezogen werden. Das Wahlrecht ist wirtschaftsgutbezogen und darf individuell in Anspruch genommen werden. Bei Anwendung des § 6 Abs. 2 EStG bestehen keine Aufzeichnungspflichten.

b) Aufwendungen von mehr als 150 € bis 410 €

Aufwendungen von mehr als 150 € und nicht mehr als 410 € dürfen in voller Höhe als Betriebsausgaben nach § 6 Abs. 2 EStG abgezogen werden. Nach § 6 Abs. 2 S. 4 und 5 EStG ist das Wirtschaftsgut unter Angabe des Tages der Anschaffung, Herstellung oder Einlage und der AHK in ein besonderes, laufend geführtes Verzeichnis aufzunehmen. Die Aufwendungen dürfen alternativ in einem Sammelposten nach § 6 Abs. 2a EStG erfasst werden. Dieses Wahlrecht ist wirtschaftsjahrbezogen und darf nur einheitlich für alle Wirtschaftsgüter eines WJ für Aufwendungen von mehr als 150 € und nicht mehr als 1.000 € ausgeübt werden.

c) Aufwendungen von mehr als 410 € und nicht mehr als 1.000 €

Diese Aufwendungen dürfen in einem Sammelposten erfasst werden. Das Wahlrecht ist wirtschaftsjahrbezogen und darf nur einheitlich ausgeübt werden.

Die für die Ermittlung der angeführten Grenzbeträge maßgebenden AHK sind um einen darin enthaltenen Vorsteuerbetrag (§ 9b Abs. 1 EStG) zu vermindern. Ob der Vorsteuerbetrag umsatzsteuerrechtlich abziehbar ist oder nicht, spielt hierbei keine Rolle (vgl. R 9b Abs. 2 EStR 2008). Führen nachträgliche Anschaffungskosten in späteren WJ dazu, dass die 410/150 € -Grenze überschritten wird, bleibt es gleichwohl beim Sofortabzug. Die nachträglichen AHK stellen dann laufende Betriebsausgaben dar[868]. Nachträgliche Anschaffungskosten von Wirtschaftsgütern i.S.v. § 6 Abs. 2a EStG erhöhen den Sammelposten des WJ, in dem die Aufwendungen entstehen[869]. Vom Lieferanten gewährte Skonti und Rabatte mindern ebenfalls die Anschaffungskosten; wie die Skonti und Rabatte vom Erwerber des Anlageguts buchmäßig behandelt werden, ist dabei ohne Bedeutung[870]. Ein gesonderter Ausweis in der Bilanz ist nicht erforderlich[871]. Die Bewertungsfreiheit darf nach Auffassung der Finanzverwaltung nur in Anspruch genommen werden, wenn die Inanspruchnahme keinen Missbrauch darstellt; ein Missbrauch liegt nicht vor, wenn die im **betriebsnotwendigen Umfang** beschafften Anlagegüter zunächst als Vorrat

---

866   BMF-Schr. v. 30.09.2010, BStBl. I, S. 755, Rn. 8 bis 13.
867   BMF-Schr. v. 30.09.2010, BStBl. I, S. 755, Rn. 14 bis 18.
868   Vgl. R 6.13 Abs. 4 EStR 2008.
869   Vgl. R 6.13 Abs. 5 S. 2 EStR 2008.
870   Zur Kürzung der Anschaffungskosten um Skonti vgl.Tz. 325.
871   Zur Inventarisierung vgl. Tz. 23.

auf Lager genommen werden[872]. Die Bewertungsfreiheit kann auch nicht versagt werden, wenn es sich um die Neueinrichtung eines Betriebs handelt.

420 Für die Beurteilung der **selbstständigen Nutzungsfähigkeit** kommt es nach § 6 Abs. 2 S. 2 und 3 EStG darauf an, dass das Anlagegut nicht Teil eines einheitlichen Ganzen (Maschine, Produktionsanlage usw.) ist. Wirtschaftsgüter, die nach ihrer betrieblichen Zweckbestimmung nur zusammen mit anderen Wirtschaftsgütern des AV genutzt werden können, gelten dann als **nicht** selbstständig nutzungsfähig, wenn sie mit anderen Wirtschaftsgütern des AV in einen ausschließlichen betrieblichen Nutzungszusammenhang eingefügt und technisch aufeinander abgestimmt sind. Beispiele sind technisch aufeinander abgestimmte und genormte Einzelteile eines Gerüsts (BFH v. 18.12.1956, BStBl. II 1957, S. 27), Werkzeuge oder Kühlkanäle, wenn sie für ihre betriebliche Nutzung mit entsprechenden Werkzeugmaschinen oder Kühlgeräten verbunden sind (BFH v. 28.02.1961, BStBl. III, S. 383, BFH v. 17.04.1985, BStBl. II 1988, S. 126)[873]. Dabei ist es unerheblich, ob das Wirtschaftsgut aus dem bisherigen Nutzungszusammenhang gelöst und in einen anderen Nutzungszusammenhang eingefügt werden kann (§ 6 Abs. 2 S. 3 EStG)[874]. Werden technisch aufeinander abgestimmte Wirtschaftsgüter nach ihrer betrieblichen Zweckbestimmung auch ohne die anderen Wirtschaftsgüter genutzt (Müllbehälter eines Müllabfuhrunternehmers), sind gemeinsam genutzte Wirtschaftsgüter technisch nicht aufeinander abgestimmt (Paletten, Einrichtungsgegenstände), oder stehen Wirtschaftsgüter, die nach ihrer Zweckbestimmung nur mit anderen Wirtschaftsgütern gemeinsam genutzt werden können, nicht in einem einheitlichen Nutzungszusammenhang (Bestecke, Wäsche oder Schallplatten), bleiben sie dagegen selbstständig bewertungsfähig[875].

421 An **Sonderabschreibungen** sind u.a. zulässig:

Begünstigte Anlagegüter und Maßnahmen	Rechtsgrundlage	Abschreibungszeitraum	Abschreibungen in v.H. der AHK	Besonderheiten
Neue bewegliche Anlagegüter kleiner und mittlerer Betriebe	§ 7g EStG	Jahr der Anschaffung oder Herstellung und folgende vier Jahre	bis zu insgesamt 20 v.H.	Betriebsvermögen nicht mehr als 235.000 €, in 2009/2010 nicht mehr als 335.000 €; Verbleibensfrist 1 Jahr in einer inländischen Betriebsstätte; (fast) ausschließlich betrieblich genutzt

---

872 Vgl. StEK § 6 Abs. 2 EStG Nr. 27.
873 Grundlegend BFH v. 16.12.1958, BStBl. III 1959, S. 77.
874 Vgl. *Kulosa* in Schmidt, L., EStG^{30}, § 6, Rn. 597.
875 Weitere Beispiele vgl. in H 6.13 EStR 2008.

Begünstigte Anlagegüter und Maßnahmen	Rechtsgrundlage	Abschreibungszeitraum	Abschreibungen in v.H. der AHK	Besonderheiten
Inländische Handelsschiffe, Schiffe, die der Seefischerei dienen	§ 82f EStDV	Jahr der Anschaffung oder Herstellung und folgende vier Jahre	bis zu insgesamt 40 v.H.	wie zu 1. Bei Anschaffung vor dem 01.01.1996 nur im Fall des Erwerbs in ungebrauchtem Zustand vom Hersteller, nach dem 31.12.1995 nur im Falle des Erwerbs bis zum Ablauf des vierten des auf die Fertigstellung folgenden WJ. Handelsschiffe und Schiffe der Seefischerei dürfen innerhalb eines Zeitraumes von acht Jahren, Luftfahrzeuge innerhalb eines Zeitraumes von sechs Jahren nach ihrer Anschaffung oder Herstellung nicht veräußert werden. Anwendung für Handelsschiffe nur, wenn diese vor dem 01.01.1999 angeschafft oder hergestellt werden und der Kaufvertrag oder Bauantrag vor dem 25.04.1996 abgeschlossen worden ist.
Inländische Luftfahrzeuge			bis zu insgesamt 30 v.H.	
Investitionen im Fördergebiet	§ 4 FördergebietsG	Jahr der Anschaffung oder Herstellung und folgende vier Jahre		Begünstigungen von Anzahlungen und Teilherstellungskosten; keine Luftfahrzeuge; priv. Nutzung < 10%; Verbleibensfrist = 3 Jahre;
abnutzbare bewegliche Anlagegüter			bis zu insgesamt 50 v.H. oder 40 v.H. (je nach Investitions- und Zahlungszeitpunkt)	

Bewertungsvorschriften

Begünstigte Anlagegüter und Maßnahmen	Rechtsgrundlage	Abschreibungszeitraum	Abschreibungen in v.H. der AHK	Besonderheiten
abnutzbare unbewegliche Wirtschaftsgüter sowie Modernisierungen			bis zu insgesamt 50 v.H., 25 v.H. o. 20 v.H. (je nach Investitions- und Zahlungszeitpunkt)	Sonderabschreibungen letztmals bei Anschaffung/Herstellung vor dem 01.01.1999
Modernisierungsmaßnahmen sowie andere nachträgliche Herstellungsarbeiten an unbeweglichen Wirtschaftsgütern			bis zu insgesamt 50 v.H., 25 v.H. o. 20 v.H. (je nach Investitions- und Zahlungszeitpunkt)	

An **erhöhten Absetzungen** sind u.a. zulässig:

Begünstigte Anlagegüter und Maßnahmen	Rechtsgrundlage	Abschreibungszeitraum	Abschreibungen in v.H. der AHK	Besonderheiten
Bewegliche und unbewegliche Wirtschaftsgüter, die dem Umweltschutz dienen (Bescheinigungsverfahren)	§ 7d EStG	Jahr der Anschaffung, Herstellung o. Fertigstellung der nachträglichen Herstellungsarbeiten und folgende WJ	erstes Jahr bis zu 60 v.H. und folgende Jahre jeweils bis zu 10 v.H.	Absetzungen auf Anzahlungen und Teilherstellungskosten möglich; auch Nachholung von nicht in Anspruch genommenen erhöhten Absetzungen möglich; Anwendungszeitraum: Anschaffung oder (nachträgliche) Herstellung vor dem 01.01.1991
Gebäude in Sanierungsgebieten und städtebaulichen Entwicklungsbereichen	§ 7h EStG	Jahr der Herstellung und folgende sieben[876] Jahre und in den folgenden vier Jahren	jeweils bis zu 9 v.H. jeweils bis zu 7 v.H.	Bemessungsgrundlage: Herstellungskosten für Modernisierungs- und Instandsetzungsmaßnahmen; unbefristet
Gebäude, die Baudenkmäler sind, und Gebäude als Teil einer geschützten Gebäudegruppe	§ 7i EStG	Jahr der Herstellung und folgende sieben[877] Jahre und in den folgenden vier Jahren	jeweils bis zu 9 v.H. jeweils bis zu 7 v.H.	AfA nur von den Herstellungskosten der Baumaßnahmen, die nach Art und Umfang zur Erhaltung des Gebäudes als Baumaßnahmen, die nach Art und Umfang zur Erhaltung des Gebäudes als Baudenkmal oder zur sinnvollen Nutzung erforderlich sind. Bescheinigung erforderlich; unbefristet

---

[876] Rechtslage bis 31.12.2003: bis zu 10% der Herstellungskosten jeweils im Jahr der Herstellung und in den folgenden neun Jahren.

[877] Rechtslage bis 31.12.2003: bis zu 10% der Herstellungskosten jeweils im Jahr der Herstellung und in den folgenden neun Jahren.

E   Für alle Kaufleute geltende Vorschriften zum Jahresabschluss

Begünstigte Anlagegüter und Maßnahmen	Rechts-grundlage	Abschreibungs-zeitraum	Abschreibungen in v.H. der AHK	Besonderheiten
In Berlin (West)	§ 14d Abs. 1 Nr. 1 Berlin FG	Jahr der Fertigstellung folgende zehn Jahre danach jährlich	jeweils bis 20 v.H. jeweils bis zu 5,5 v.H. 3,5 v.H. des Restwerts	Bemessungsgrundlage: AHK, auch für Teilherstellungskosten und Anzahlungen. Inanspruchnahme öffentlicher Mittel unschädlich. Nutzung zu fremden Wohnzwecken. Fertigstellung vor 01.01.1993

423 Nach Ablauf des Begünstigungszeitraums bemessen sich die AfA für Gebäude, selbstständige Gebäudeteile sowie Eigentumswohnungen und Teileigentum nach dem Restwert und dem nach § 7 Abs. 4 EStG unter Berücksichtigung der Restnutzungsdauer maßgeblichen Vomhundertsatz; bei anderen Wirtschaftsgütern ist der Restwert auf die Restnutzungsdauer zu verteilen (§ 7a Abs. 9 EStG).

424 Nach § 6b EStG[878] kann bei der Veräußerung bestimmter Güter des AV der bei der Veräußerung entstandene Gewinn (vgl. § 6b Abs. 2 EStG) voll oder teilw. auf bestimmte, im WJ der Veräußerung oder im vorangegangenen WJ angeschaffte oder hergestellte Wirtschaftsgüter übertragen werden[879]. Der Anschaffung oder Herstellung von Gebäuden steht deren Erweiterung, Ausbau oder Umbau gleich. Der Abzug ist in diesem Fall nur von dem Aufwand für die Erweiterung, den Ausbau oder den Umbau der Gebäude zulässig.

425 Im Einzelnen ergeben sich für nach dem 31.12.1998 vorgenommene Veräußerungen folgende Übertragungsmöglichkeiten:

von \ auf	Grund und Boden	Aufwuchs auf und Anlagen in Grund und Boden*	Gebäude
Grund und Boden	100 v.H.	100 v.H.	100 v.H.
Aufwuchs auf und Anlagen in Grund und Boden*	–	100 v.H.	100 v.H.
Gebäude	–	–	100 v.H.
Abnutzb. bewegl. AV mit einer betriebsgew. Nutzungsd. von mind. 25 Jahren	–	–	–

* Wenn der Aufwuchs oder die Anlagen zu einem land- oder forstwirtschaftlichen Betrieb gehören.

---

878 Vgl. R 41a bis c EStR 1998; für Veräußerungen vor dem 01.01.1999 gelten R 41a bis c EStR 1998; für Veräußerungen nach dem 31.12.1998 und vor dem 01.01.2002 gelten R 41a bis c EStR 1999/2001 (§ 52 Abs. 18 EStG); bei Veräußerungen nach dem 31.12.2001 gilt R 41b EStR 2003 und § 6b i.d.F. v. 20.12.2001 (§ 52 Abs. 18a EStG); bei Veräußerungen nach dem 31.12.2005 gelten R 6b.1, 6b.2 und 6b.3 EStR 2008 und § 6v i.d.F. v. 26.04.2006, *Loschelder* in Schmidt, L., EStG[30], § 6b, Rn. 1; vgl. zum frühestmöglichen Zeitpunkt der Ersatzbeschaffung BFH v. 14.11.1990, BStBl. II 1991, S. 222; zur Zwangsauflösung bis zur Höhe der voraussichtlich entstehenden Herstellungskosten BGH v. 25.09.1990, FR 1991, S. 168. Zum Zeitpunkt der Bildung einer Rücklage vgl. BFH v. 07.07.1992, BFH/NV 1993, S. 461.

879 Zu Abgrenzungsproblemen zwischen Veräußerung und Entnahme vgl. BFH v. 29.06.1995, BStBl. II 1996, S. 60. Zur Übertragung eines nach § 6b EStG begünstigten Veräußerungsgewinns von einer KapGes. auf Wirtschaftsgüter einer PersGes. OFD Berlin, Vfg. v. 03.03.1999, FR, S. 716. Zu Rechtsänderungen *Strahl*, KÖSDI 1999, S. 12165.

Bewertungsvorschriften **E**

426 Weitere Voraussetzung ist, dass der Steuerpflichtige den Gewinn durch Betriebsvermögensvergleich ermittelt (§ 4 Abs. 1 oder § 5 EStG), die veräußerten Wirtschaftsgüter mindestens sechs Jahre ununterbrochen zum AV eines Betriebs des Steuerpflichtigen gehört haben[880], der Veräußerungsgewinn bei der Ermittlung des im Inland steuerpflichtigen Gewinns nicht außer Ansatz bleibt und der Abzug in der Buchführung verfolgt werden kann. Der nach Vornahme des Abzugs verbleibende Betrag gilt als AHK des Wirtschaftsguts (§ 6b Abs. 6 EStG). Soweit kein Abzug im Jahr der Veräußerung oder des vorangegangenen WJ vorgenommen wurde, kann eine gewinnmindernde Rücklage gebildet werden. Soweit diese Rücklage nicht innerhalb der folgenden vier Jahre aufgebraucht wird, ist sie gewinnerhöhend aufzulösen. Dieser Zeitraum verlängert sich bei neu hergestellten Gebäuden auf sechs Jahre, sofern mit ihrer Herstellung vor Schluss des vierten auf die Bildung der Rücklage folgenden Jahres begonnen wurde (§ 6b Abs. 3 EStG). Wird die Rücklage gewinnerhöhend aufgelöst, ohne dass sie auf Wirtschaftsgüter übertragen wurde, so ist der Gewinn außerbilanziell für jedes Jahr ihres Bestehens um 6% der Rücklage zu erhöhen (§ 6b Abs. 7 EStG)[881].

§ 6b Abs. 10 EStG beinhaltet für Steuerpflichtige, die keine Körperschaften, Personenvereinigungen oder Vermögensmassen sind, für Gewinne aus der Veräußerung von Anteilen an KapGes. weitere Übertragungsmöglichkeiten:

von	auf	AK für Anteile an KapGes.	AK/HK für Gebäude	AK/HK für abnutzbare bewegliche Wirtschaftsgüter
Anteile an KapGes.		100 v.H.	soweit nicht nach § 3 Nr.40 S. 1 Buchst. a und b EStG steuerfrei	soweit nicht nach § 3 Nr.40 S. 1 Buchst. a und b EStG steuerfrei

Die Übertragungsmöglichkeiten für Gewinne aus der Veräußerung von Anteilen an KapGes. sind auf 500.000 € begrenzt[882].

427 Scheidet ein Wirtschaftsgut im Laufe eines WJ infolge höherer Gewalt (z.B. Brand, Diebstahl)[883] oder infolge oder zur Vermeidung eines behördlichen Eingriffs (z.B. drohende Enteignung, Inanspruchnahme für Verteidigungszwecke)[884] gegen Entschädigung aus dem Betriebsvermögen aus und wird im Laufe desselben WJ ein funktionsgleiches Ersatzwirtschaftsgut angeschafft oder hergestellt, kann die mit dem Abgang des Wirtschaftsguts verbundene Gewinnverwirklichung vermieden werden, indem die aufgedeckten Reserven erfolgswirksam auf das **Ersatzwirtschaftsgut** übertragen werden

---

880 Bei PersGes. soll diese Sechsjahresfrist insoweit nicht gewahrt sein, als die Wirtschaftsgüter infolge des vorherigen Ausscheidens eines Gesellschafters anteilig Gegenstand eines teilentgeltlichen Veräußerungsgeschäfts waren, vgl. Hess. FG v. 04.11.1997, EFG 1998, S. 806; Rechtsauffassung bestätigt durch BFH v. 07.11.2000 (Az. VIII R 27/98); bei Veräußerungen bis zum 31.12.1998 war § 6b EStG bei Mitunternehmerschaften personenbezogen; für Veräußerungen nach dem 31.12.1998 bis zum 31.12.2001 galt die rechtsträgerbezogene Betrachtungsweise, die für Veräußerungen nach dem 31.12.2001 wieder aufgegeben wurde; die Rechtslage vor dem 01.01.1999 ist wieder gültig; hierzu *Schlenker* in Blümich, EStG, § 6b EStG, Rn. 151; *Loschelder* in Schmidt, L., EStG[30], § 6b, Rn. 12 und 43.

881 Vgl. auch *Loschelder* in Schmidt, L., EStG[30], § 6b, Rn. 87.

882 Zu Einzelheiten zu § 6b Abs. 10 EStG vgl. *Loschelder* in Schmidt, L., EStG[30], § 6b, Rn. 95 ff.

883 Zur Einstufung eines Verkehrsunfalls als höhere Gewalt vgl. BFH v. 14.10.1999, BStBl. II 2001, S. 130.

884 Zum Begriff „höhere Gewalt" vgl. BFH v. 18.09.1987, BStBl. I 1988, S. 330, sowie R 6.6 Abs. 2 EStR 2008; zu den Voraussetzungen für die Bildung einer Rücklage für Ersatzbeschaffung rechtfertigenden behördlichen Eingriffs vgl. BFH v. 08.10.1975, BStBl. II 1976, S. 186; BFH v. 15.05.1975, BStBl. II, S. 692 (betreffend Material- und Konstruktionsschäden); BFH v. 21.02.1978, BStBl. II, S. 428 (betreffend vereinbartes Wiederverkaufsrecht einer Gemeinde); BFH v. 14.11.1990, BStBl. II 1991, S. 222 (betreffend Bebauungsplan); *Söffing*, FR 1980, S. 66 (betreffend gesetzlichen Zwang – § 71c Abs. 1 AktG).

(R 6.6, H 6.6 EStR 2008)[885]. Soweit eine Ersatzbeschaffung im Laufe des WJ nicht vorgenommen wird, darf eine Rücklage für Ersatzbeschaffung gebildet werden in Höhe der Differenz zwischen dem Buchwert des ausgeschiedenen Wirtschaftsguts und der Entschädigung. Voraussetzung ist, dass eine Ersatzbeschaffung in der Periode, in der das Wirtschaftsgut aus dem Betriebsvermögen ausgeschieden ist, ernstlich beabsichtigt oder geplant ist (BMF-Schreiben v. 30.04.1990, BStBl. I, S. 222). Die Bildung dieser steuerfreien Rücklage ist auf die Periode beschränkt, in der das Wirtschaftsgut ausgeschieden ist[886]. Sie ist im Zeitpunkt der Ersatzbeschaffung durch eine Übertragung auf die AHK des Ersatzwirtschaftsguts aufzulösen (R 6.6 Abs. 4 EStR 2008). Die Bildung der § 6b-Rücklage und der Rücklage für Ersatzbeschaffung sind steuerliche Wahlrechte, die nach BilMoG aufgrund des Wegfalls der umgekehrten Maßgeblichkeit unabhängig vom handelsrechtlichen Wertansatz ausgeübt werden dürfen[887]. Der in die Rücklage nach § 6b EStG eingestellte begünstigte Gewinn, der in einem Einzelunternehmen entstanden ist, darf auf Wirtschaftsgüter übertragen werden, die zum Betriebsvermögen einer Personengesellschaft gehören, an der das Unternehmen als Mitunternehmer beteiligt ist[888]. Weitere steuerliche Möglichkeiten zur Übertragung stiller Reserven bestehen nach dem Gesetz über steuerliche Maßnahmen bei der **Stilllegung von Steinkohlenbergwerken** v. 11.04.1967 (zuletzt geändert durch das Steueränderungsgesetz 1979 v. 30.11.1978, BGBl. I, S. 1849).

f) Abschreibungen auf Vermögensgegenstände des Umlaufvermögens nach § 253 Abs. 4 HGB

428 Die Vermögensgegenstände des Umlaufvermögens sind mit den AHK anzusetzen (§ 253 Abs. 1 S. 1 HGB), vermindert um die in Abs. 4 der gleichen Vorschrift bestimmten Abschreibungen. Abschreibungen sind danach vorzunehmen (**Abschreibungspflicht**), um Vermögensgegenstände mit einem niedrigeren Wert anzusetzen,

– der sich aus einem Börsen- oder Marktpreis des Abschlussstichtags ergibt (S. 1), oder
– der ihnen, soweit ein Börsen- oder Marktpreis nicht festzustellen ist, am Abschlussstichtag beizulegen ist (S. 2).

429 Das in den Bestimmungen des § 253 Abs. 4 S. 1 und 2 HGB zum Ausdruck kommende **strenge Niederstwertprinzip** führt zur Berücksichtigung unrealisierter Verluste bei der Bewertung (zur Bildung von Drohverlustrückstellungen für schwebende Beschaffungsgeschäfte über bilanzierbare Vermögensgegenstände vgl. *IDW RS HFA 4*, Tz. 30). Nach den Vorschriften des BilMoG bildet der nach § 253 Abs. 4 HGB ermittelte niedrigere Wert die Wertuntergrenze; Abschreibungen auf darunter liegende Werte (z.B. im Rahmen einer vernünftigen kaufmännischen Beurteilung, wie sie nach § 253 Abs. 4 HGB a.F. vor BilMoG zulässig war) sind unzulässig. Für den vom Börsen- oder Marktpreis abzuleitenden

---

885 Zum Erfordernis der Funktionsgleichheit des Ersatzwirtschaftsguts vgl. BFH v. 22.01.2004, BStBl. II, S. 419. Zur Unzulässigkeit einer Rücklage für Ersatzbeschaffung im Falle der Gewinnschätzung BFH v. 04.02.1999, BStBl. II, S. 602; BMF-Schr. v. 21.09.1999, BStBl. I, S. 835. Zur Zulässigkeit einer Rücklage für Ersatzbeschaffung bei Wechsel der Gewinnermittlungsart BFH v. 29.04.1999, DStZ, S. 652. Zum Vorsteuerabzug bei Rücklage für Ersatzbeschaffung BFH v. 24.06.1999, FR, S. 1001 = DB, S. 1931. Zur AfA-Bemessung bei Ersatzwirtschaftsgütern vgl. *Kulosa* in Schmidt, L., EStG[30], § 6, Rn. 111.
886 Zur analogen Anwendung bei Gewinnermittlung durch Überschussrechnung, nach Durchschnittssätzen und Gewinnschätzung vgl. R 6.6 Abs. 5, 6 EStR 2008; für Gewinnschätzung anders BFH v. 04.02.1999, DB, S. 939.
887 BMF-Schr. v. 12.03.2010, BStBl. I, S. 239.
888 BMF-Schr. v. 29.02.2008, BStBl. I, S. 495.

Bewertungsvorschriften   **E**

Wert oder den den Vermögensgegenständen beizulegenden Wert kann der Beschaffungs- oder Absatzmarkt maßgeblich sein. Es gelten nachfolgende Grundsätze[889].

Der **Beschaffungsmarkt** ist maßgeblich für Roh-, Hilfs- und Betriebsstoffe sowie für unfertige und fertige Erzeugnisse, soweit auch Fremdbezug möglich wäre. Der **Absatzmarkt** ist grds. maßgeblich für unfertige und fertige Erzeugnisse sowie für Überbestände an Roh-, Hilfs- und Betriebsstoffen[890]. Sowohl Beschaffungs- als auch Absatzmarkt sind grds. maßgeblich für Handelswaren und für Überbestände an unfertigen und fertigen Erzeugnissen[891] (sog. doppelte Maßgeblichkeit vgl. aber Tz. 435). **430**

Bei einer Bewertung vom Beschaffungsmarkt her sind die **Wiederbeschaffungskosten** anzusetzen[892]. Die üblicherweise anfallenden Anschaffungsnebenkosten sind hinzuzurechnen und evtl. Anschaffungskostenminderungen abzuziehen. Der Bewertung vom Absatzmarkt her liegt der Grundsatz der **verlustfreien Bewertung** zu Grunde (§ 252 Abs. 1 Nr. 4 HGB)[893]. Noch anfallende Aufwendungen sind vom vorsichtig geschätzten Verkaufserlös abzusetzen. **431**

Als **Börsenpreis** gilt der an einer Börse amtlich oder im Freiverkehr festgestellte Preis, soweit Umsätze stattgefunden haben; **Marktpreis** ist derjenige Preis, der an einem Handelsplatz für Waren einer bestimmten Gattung von durchschnittlicher Art und Güte zu einem bestimmten Zeitpunkt im Durchschnitt gewährt wurde (vgl. auch Tz. 377)[894]. Zufallskurse, die am Abschlussstichtag unter dem allgemeinen Kursniveau liegen, sind grds. zu berücksichtigen, höhere Zufallskurse nicht (Berücksichtigung von Durchschnittskursen)[895]. Gleiches gilt für sog. Spotmarktpreise (z.B. für Mineralöl), soweit davon ausgegangen werden kann, dass sich am Spotmarkt der gesamte laufende Bedarf decken ließe. **432**

Bei dem **Wert,** der Vermögensgegenständen des UV am Abschlussstichtag nach § 253 Abs. 4 S. 2 HGB **beizulegen ist,** handelt es sich um den Wiederbeschaffungs- oder Reproduktionskostenwert, wenn für die Bewertung der Beschaffungsmarkt maßgeblich ist, und um den Verkaufswert abzgl. der noch anfallenden Aufwendungen, wenn sich die Bewertung nach dem Absatzmarkt richtet. Ist die doppelte Maßgeblichkeit zu beachten, ist der niedrigere der beiden Werte anzusetzen. Bei den Wiederbeschaffungskosten sind in angemessenem Umfang Nebenkosten zu berücksichtigen (§ 255 Abs. 1 S. 2 HGB). Die Wiederbeschaffungskosten sind nur bei verwendbaren Materialien anzusetzen; erforderliche Absetzungen für einen schlechten Zustand und die eingeschränkte Verwendbarkeit sind ggf. bei einzelnen Vermögensgegenständen oder pauschal für ganze Lagerpositionen **433**

---

889 Vgl. ADS[6], § 253 HGB, Tz. 488 ff. mit näherer Erläuterung; *Ellrott/Roscher* in BeBiKo[7], § 253, Rn. 516 ff.; *Wohlgemuth* in BoHdR[2], § 253 HGB, Rn. 326 ff.; *Brösel/Olbrich* in HdR[5], § 253 HGB, Rn. 625 ff.; *Thiele/ Prigge* in Baetge/Kirsch/Thiele, Bilanzrecht, § 253, Rn. 386; ebenso *Tiedchen* in MünchKomm. AktG[2], § 253 HGB, Rn. 74; z.T. a.A. (im Regelfall absatzmarktorientierte Bewertung) *Leffson,* WPg 1967, S. 57 ff.; *Fülling,* S. 213 (219); *Schulte,* WPg 1979, S. 505 ff.; *Fey, D.,* S. 23 ff.; *Mellwig* in BHdR, B 164, Rn. 47.

890 Zur Bewertung von Rohstoffüberbeständen vgl. auch ADS[6], § 253 HGB, Tz. 499.

891 So auch *Ellrott/Roscher* in BeBiKo[7], § 253, Rn. 517 und 519; a.A. *Wehrheim* in BHdR, B 164, Rn. 115 (nur Absatzmarkt relevant); *Ballwieser* in MünchKomm. HGB[2], § 253, Rn. 60 (dto.); *Seethaler,* BB 1997, S. 2575 ff.

892 Zu Vorräten aus Fremdwährungsgebieten vgl. *Kammerl,* DB 1991, S. 821 f.

893 Vgl. ADS[6], § 253 HGB, Tz. 495; *Ellrott/Roscher* in BeBiKo[7], § 253 HGB, Rn. 521 ff.; *Niehues,* DStR 1995, S. 168 ff.; *Kessler,* DStR 1995, S. 839 ff.; *Wilke/Kesselmeier,* DStR 1996, S. 6 ff.

894 Wegen Einzelheiten vgl. ADS[6], § 253 HGB, Tz. 504 ff.; *Wohlgemuth* in HdJ, Abt. I/11, Rn. 10 ff.; *Ekkenga* in Kölner Komm. Rechnungslegungsrecht, § 253 HGB, Rn. 126 ff.

895 Vgl. ADS[6], § 253 HGB, Tz. 511 f.; a.A. *Ballwieser* in MünchKomm. HGB[2], § 253, Rn. 59 (Berücksichtigung auch von über dem allgemeinen Kursniveau liegenden Zufallskursen am Stichtag).

vorzunehmen (sog. Gängigkeitsabschläge)[896]. Liegt der Bewertung der voraussichtliche Verkaufserlös zu Grunde, ist dieser zur verlustfreien Bewertung um Erlösschmälerungen, Verpackungskosten und Kapitaldienstkosten zu kürzen (retrograde Bewertung)[897]. Bei unfertigen Erzeugnissen sind auch die noch entstehenden Produktionskosten zu berücksichtigen[898]. Der Abschlag eines fiktiven Gewinns ist im Rahmen der verlustfreien Bewertung aufgrund des Wegfalls der umgekehrten Maßgeblichkeit handelsrechtlich unzulässig, auch wenn ein solcher Abschlag für steuerliche Zwecke im Rahmen der Teilwertermittlung als zulässig angesehen wird.

434 Obwohl unfertige und fertige Erzeugnisse grds. nach den Verhältnissen des Absatzmarkts zu bewerten sind, ist es auch zulässig, **gesunkene Reproduktionskosten** zu berücksichtigen. Die Ermittlung der Herstellungskosten muss dann auf der Grundlage der Preise und Kosten des Abschlussstichtags vorgenommen werden; dies gilt für alle Kostenarten[899].

435 Auf eine **Abwertung** von Handelswaren auf die niedrigeren Wiederbeschaffungskosten darf dann **verzichtet** werden, wenn die Handelswaren (so gut wie) sicher zu einem höheren Wert als den Anschaffungskosten veräußert werden können[900]. Entsprechend darf auf die Abwertung von Roh-, Hilfs- und Betriebsstoffen verzichtet werden, wenn es sich um Auftragsmaterial handelt, dessen Anschaffungskosten durch den für den Auftrag insgesamt vereinbarten Preis gedeckt sind[901].

436 Auch die Vermögensgegenstände des Umlaufvermögens sind nach den Verhältnissen am Abschlussstichtag zu bewerten (§ 252 Abs. 1 Nr. 3 und 4 HGB). Abschreibungen auf einen Wert, der im Hinblick auf voraussichtliche **künftige Wertschwankungen** unter dem nach § 253 Abs. 4 HGB zum Abschlussstichtag ermittelten Wert liegt, sind unzulässig.

437 Wegen Bewertung des Vorratsvermögens in der StB vgl. Tz. 563.

g) Wertaufholungsgebot (§ 253 Abs. 5 HGB)

438 Bestehen die Gründe für außerplanmäßige Abschreibungen auf Vermögensgegenstände des AV (§ 253 Abs. 3 S. 3 und 4 HGB) und für Abschreibungen auf Vermögensgegenstände des Umlaufvermögens (§ 253 Abs. 4 HGB) nicht mehr, darf der aufgrund dieser Abschreibungen niedrigere Wertansatz nicht beibehalten werden, d.h. es besteht ein **Wertaufholungsgebot** (§ 253 Abs. 5 S. 1 HGB).

439 Ob eine (teilweise oder vollständige) Zuschreibung vorzunehmen ist, hängt nicht davon ab, ob die für die Vornahme der Abschreibungen ursprünglich maßgebenden Gründe später tatsächlich weggefallen sind, sondern nur davon, ob die Vermögensgegenstände

---

[896] Vgl. ADS[6], § 253 HGB, Tz. 517 ff.; *Ellrott/Roscher* in BeBiKo[7], § 253, Rn. 554 ff.; *Kleinbach*, DB 1995, S. 601 ff. (auch steuerlich); *Seethaler*, BB 1997, S. 2575 ff.; *Marten/Köhler*, BB 2001, S. 2520 ff.; BFH v. 28.09.1962, BStBl. III, S. 510 ff.; BFH v. 24.2.1994, BStBl. II, S. 514 ff.

[897] Vgl. ADS[6], § 253 HGB, Tz. 524 ff.; *Patek*, BFuP 2011, S. 282 ff. vgl. auch BFH v. 29.04.1999, DStR, S. 1479 ff. (zur verlustfreien Bewertung von Waren, deren Verkaufspreise bewusst nicht kostendeckend kalkuliert werden).

[898] Zur Bewertung mit Vollkosten oder Teilkosten vgl. ADS[6], § 253 HGB, Tz. 528 f. (eingeschränktes Wahlrecht, bei KapGes. und Personenhandelsgesellschaft i.S.d. § 264a HGB Angabe der Methode im Anh.); *Wohlgemuth* in HdJ, Abt. I/11, Rn. 34 f. (grds. Teilkosten); *Brösel/Olbrich* in HdR[5], § 253 HGB, Rn.643 ff.; *Ellrott/Roscher* in BeBiKo[7], § 253, Rn. 524 (Vollkosten); *Köhler*, StBp. 1998, S. 231 ff.; für Vollkosten bei der Bewertung von Drohverlustrückstellungen für schwebende Absatzgeschäfte auch *IDW RS HFA 4*, Tz. 35.

[899] Vgl. ADS[6], § 253 HGB, Tz. 494 und 521.

[900] Vgl. *Kozikowski/Schubert* in BeBiKo[7], § 249, Rn. 70.

[901] Vgl. ADS[6], § 253 HGB, Tz. 540.

Bewertungsvorschriften **E**

nach den Verhältnissen des Abschlussstichtags einen höheren beizulegenden Wert aufweisen[902].

Planmäßige Abschreibungen, die zwischenzeitlich vorzunehmen gewesen wären, sind für die Bestimmung des **Wertaufholungsbetrags** zu berücksichtigen. Die Wertaufholung darf nach § 253 Abs. 1 S. 1 HGB die fortgeführten AHK grds. nicht übersteigen, d.h. sie darf zu keinem höheren Betrag führen, als er sich ergeben hätte, wenn die in Tz. 438 genannten Abschreibungen nicht vorgenommen worden wären (zu den gesetzlich vorgeschriebenen Ausnahmen, in denen die Anschaffungskosten überschritten werden, vgl. Tz. 298). Zur Berechnung (mit Beispielen) vgl. ADS[6], § 280 HGB, Tz. 30 ff. Wegen der Möglichkeit, bei KapGes. **Rücklagen** in Höhe des Eigenkapitalanteils vorgenommener Wertaufholungen zu dotieren (§ 58 Abs. 2a AktG, § 29 Abs. 4 GmbHG), vgl. F Tz. 397 f. **440**

Ausgenommen vom Wertaufholungsgebot sind entgeltlich erworbene **Geschäfts- oder Firmenwerte**, für die ein ausdrückliches Wertaufholungsverbot besteht (§ 253 Abs. 5 S. 2 HGB). **441**

Auch **steuerlich** besteht ein **generelles Wertaufholungsgebot** (vgl. § 6 Abs. 1 Nr. 1 S. 4 und Nr. 2 S. 3 und § 7 Abs. 1 S. 6 EStG)[903]. **442**

3. Bewertungseinheiten (§ 254 HGB)

Grds. sind Vermögensgegenstände und Schulden einzeln zu bewerten (§ 252 Abs. 1 Nr. 3 HGB); Aufwendungen und Erträge dürfen nicht verrechnet werden (§ 246 Abs. 2 S. 1 HGB). Die Möglichkeit, **Grundgeschäfte und Sicherungsinstrumente** zu Bewertungseinheiten **zusammenzufassen**, ist eine gesetzlich geregelte Ausnahme von diesen Grundsätzen. § 254 S. 1 HGB regelt die Voraussetzungen für die zulässige Bildung von Bewertungseinheiten sowie die bilanziellen Folgen ihrer Bildung für sich ausgleichende Wertänderungen und Zahlungsströme (sog. hedge accounting; vgl. hierzu *IDW RS HFA 35*). **443**

Als **Bewertungseinheit** wird die Zusammenfassung von Vermögensgegenständen, Schulden, schwebenden Geschäften oder mit hoher Wahrscheinlichkeit erwarteten Transaktionen (Grundgeschäfte) mit FI (Sicherungsinstrumente) zum Ausgleich gegenläufiger Wertänderungen oder Zahlungsströme aus dem Eintritt vergleichbarer Risiken bezeichnet. Sind diese Voraussetzungen kumulativ erfüllt und wird tatsächlich eine Bewertungseinheit für bilanzielle Zwecke gebildet, ist diese so abzubilden, als ob ein einheitliches neues Bewertungsobjekt bestünde. Auf die einzelnen Komponenten der Bewertungseinheit sind dann **444**

- der Einzelbewertungsgrundsatz (§ 252 Abs. 1 Nr. 3 HGB),
- das Realisationsprinzip (§ 252 Abs. 1 Nr. 4 HGB),
- das Anschaffungswertprinzip (§ 253 Abs. 1 S. 1 HGB),
- die Grundsätze für die Bildung von Drohverlustrückstellungen (§ 249 Abs. 1 HGB) sowie
- die Grundsätze für die Währungsumrechnung (§ 256a HGB)

---

902 Vgl. ADS[6], § 280 HGB, Tz. 13 ff.; *Winkeljohann/Taetzner* in BeBiKo[7], § 253, Rn. 637 ff.; *Zündorf* in HdR[5], § 253 HGB, Rn. 775 ff.
903 Vgl. dazu *Cattelaens*, DB 1999, S. 1185; *Rödder*, DStR 1999, S. 1019 (zur Wertaufholung bei Beteiligungen und Umstrukturierung); *Schmitz*, DB 1999, S. 1974; *Herzig/Rieck*, WPg 1999, S. 305 (309); *Sorg*, BBK, F. 30 S. 941; *Stuhrmann*, NJW 1999, S. 1657; *Kessler*, DB 1999, S. 2577 (Wertaufholung in der Kreditwirtschaft); BMF-Schr. v. 11.02.2009, BStBl. I, S. 397.

415

nicht mehr anzuwenden⁹⁰⁴. Sind die Voraussetzungen des § 254 S. 1 HGB nicht kumulativ erfüllt, sind Grundgeschäft und Sicherungsinstrument einzeln zu bewerten.

445 Der Gesetzeswortlaut lässt offen, ob die Entscheidung des Unternehmens zur Bildung einer Bewertungseinheit nach § 254 S. 1 HGB durch die Sicherungsentscheidung im Risikomanagement des Unternehmens vorgegeben wird oder ob es sich um eine davon unabhängige, eigenständige Entscheidung für die handelsrechtliche Rechnungslegung handelt. Aufgrund der fehlenden eindeutigen Regelung und aufgrund des Regelungskontexts innerhalb der Bewertungsvorschriften kann die Bildung einer Bewertungseinheit auch bei Vorliegen sämtlicher Voraussetzungen nicht verlangt werden, sondern wird lediglich empfohlen⁹⁰⁵. Von einem **handelsbilanziellen Wahlrecht** ist selbst dann auszugehen, wenn es sich bei der Sicherungsbeziehung um einen sog. perfekten Micro-Hedge handelt, d.h. um eine „maßgeschneiderte Absicherung" in der Art, dass das Unternehmen das Grundgeschäft in dessen Zugangszeitpunkt gegen ein bestimmtes Risiko in voller Höhe und über die gesamte Laufzeit des Grundgeschäfts absichert⁹⁰⁶. Wird eine für Zwecke des Risikomanagements eingegangene Sicherungsbeziehung allerdings nicht für bilanzielle Zwecke nachvollzogen, müssen KapGes. und Personenhandelsgesellschaften i.S.d. § 264a HGB darüber nach § 289 Abs. 2 Nr. 2 Buchst. a HGB im **Lagebericht** berichten (vgl. F Tz. 1129) ⁹⁰⁷. Aufgrund der jeweils bewussten Entscheidung des bilanzierenden Unternehmens zur Zusammenfassung von Grundgeschäft(en) und Sicherungsinstrument(en) zu einer Bewertungseinheit gilt der Grundsatz der sachlichen Stetigkeit für gleichartige Sachverhalte nicht, allerdings der Grundsatz der zeitlichen Stetigkeit für einmal gebildete Bewertungseinheiten⁹⁰⁸.

446 § 254 HGB lässt die Bildung aller Arten von Bewertungseinheiten (Micro-Hedges, Portfolio-Hedges und Macro-Hedges) zu, wenn auch mit teilweise unterschiedlichen Voraussetzungen. Nach der Begründung zum Regierungsentwurf des BilMoG können diese wie folgt voneinander abgegrenzt werden⁹⁰⁹:

- **Micro-Hedge**: Absicherung des Risikos aus einem einzelnen Grundgeschäft durch ein einzelnes Sicherungsinstrument;
- **Portfolio-Hedge**: Absicherung des Risikos mehrerer gleichartiger (hinsichtlich der Risiken homogener) Grundgeschäfte durch ein oder mehrere Sicherungsinstrumente;
- **Macro-Hedge**: Absicherung der risikokompensierenden Wirkung einer Gruppe von Grundgeschäften gegen das netto verbleibende Risiko.

Aufgrund der teilweise unterschiedlichen Auslegung der Begriffe wird für KapGes. und Personenhandelsgesellschaften i.S.d. § 264a HGB empfohlen, die getroffene Abgrenzung i.R.d. **Anhangangaben** nach § 285 Nr. 23 HGB zu erläutern⁹¹⁰.

447 § 254 HGB bezieht sich auf die Absicherung finanzieller Risiken⁹¹¹; diese umfassen Wert- und Zahlungsstromänderungsrisiken. Ein **Wertänderungsrisiko** (sog. Fair Value-Risiko)

---

904 Vgl. *IDW RS HFA 35*, Tz. 4.
905 Vgl. *IDW RS HFA 35*, Tz. 12; *Förschle/Usinger* in BeBiKo⁷, § 254, Rn. 5 (ggf. Erläuterungspflicht im Anh. nach § 264 Abs. 2 S. 2; *Gelhausen/Fey/Kämpfer*, BilMoG, Kap. H, Rn. 86; a.A. (Pflicht) *Scharpf* in HdR⁵, § 254 HGB, Rn. 3; *Glaser/Hachmeister*, BB 2011, S. 555; *Löw/Scharpf/Weigel*, WPg 2008, S. 1011 (1016).
906 Vgl. *Gelhausen/Fey/Kämpfer*, BilMoG, Kap. H, Rn. 87; zur Definition eines perfekten Micro-Hedges vgl. *IDW RS HFA 35*, Tz. 17.
907 Vgl. *IDW RS HFA 35*, Tz. 101.
908 Vgl. *IDW RS HFA 35*, Tz. 12 und 15.
909 Vgl. BT-Drucks. 16/10267, S. 58.
910 Vgl. *IDW RS HFA 35*, Tz. 20.
911 Vgl. *IDW RS HFA 35*, Tz. 21.

Bewertungsvorschriften **E**

ist das Risiko, dass sich der Zeitwert eines Grundgeschäfts über einen bestimmten Betrachtungszeitraum negativ ändert. Einem solchen unterliegen z.b. festverzinsliche Forderungen oder Fremdwährungsverbindlichkeiten. Ein **Zahlungsstromänderungsrisiko** (sog. Cash Flow-Risiko) ist das Risiko, dass die tatsächliche Höhe künftiger Zahlungen aus einem Grundgeschäft von der ursprünglich erwarteten Höhe negativ abweicht. Einem solchen unterliegen z.b. variabel verzinsliche Verbindlichkeiten oder mit hoher Wahrscheinlichkeit erwartete Transaktionen.

a) Voraussetzungen für die Bildung von Bewertungseinheiten

Die Bildung einer Bewertungseinheit nach § 254 S. 1 HGB unterliegt folgenden, kumulativ zu erfüllenden **Voraussetzungen**:   **448**

– Vermögensgegenstände, Schulden, schwebende Geschäfte oder mit hoher Wahrscheinlichkeit erwartete Transaktionen als Grundgeschäft(e),
– FI als Sicherungsinstrument(e),
– Sicherungs- und Durchhalteabsicht,
– Wirksamkeit der Sicherungsbeziehung (einschl. Vergleichbarkeit der Risiken und Geeignetheit des Sicherungsinstruments) sowie
– Dokumentation der Sicherungsbeziehung.

Als **Grundgeschäfte** kommen   **449**

– Vermögensgegenstände,
– Schulden,
– schwebende Geschäfte sowie
– mit hoher Wahrscheinlichkeit erwartete Transaktionen in Betracht.

Hierbei kann es sich um **Vermögensgegenstände** sowohl finanzieller Art (z.B. Wertpapiere, Verbindlichkeiten oder Auslandsbeteiligungen außerhalb des Euro-Währungsraums[912]) wie auch nicht-finanzieller Art (z.B. Rohstoffe, Fertigerzeugnisse oder Sachanlagen) handeln. Vermögensgegenstände mit Forderungscharakter sind nur in dem Umfang als Grundgeschäft geeignet, wie sie nicht akut ausfallgefährdet sind[913]. Die **Schulden** i.S.v. § 246 Abs. 1 S. 1 HGB umfassen Verbindlichkeiten und Rückstellungen. RAP sind nicht absicherbar[914]. Zu den **schwebenden Geschäften** gehören auch derivative FI, unabhängig davon, ob sie freistehend oder in strukturierte FI eingebettet sind[915].   **450**

Bei **mit hoher Wahrscheinlichkeit erwarteten Transaktionen** handelt es sich um Rechtsgeschäfte, die zwar noch nicht abgeschlossen wurden, deren tatsächlicher künftiger Abschluss aber so wahrscheinlich ist, dass dem Zustandekommen nur noch außergewöhnliche Umstände entgegen stehen, die außerhalb des Einflussbereichs des Bilanzierenden liegen[916]. Derartige Rechtsgeschäfte müssen eindeutig identifizierbar in dem Sinne sein, dass   **451**

– der voraussichtliche Zeitpunkt des Zustandekommens,
– der Gegenstand sowie
– das Volumen

---

912 Zu Bewertungen bei Auslandsbeteiligungen vgl. *Hennrichs*, WPg 2010, S. 1185.
913 Vgl. *IDW RS HFA 35*, Tz. 30; *Gelhausen/Fey/Kämpfer*, BilMoG, Kap. H, Rn. 78; zur Sicherung des nicht ausfallbedrohten Teilbetrags vgl. *Scharpf* in HdR[5], § 254 HGB, Rn. 63.
914 Vgl. *Förschle/Usinger* in BeBiKo[7], § 254, Rn. 10; *Scharpf* in HdR[5], § 254 HGB, Rn. 56.
915 Vgl. *IDW RS HFA 35*, Tz. 31; zu eingebetteten Derivaten vgl. *IDW RS HFA 22*, Tz. 2.
916 Vgl. *IDW RS HFA 35*, Tz. 32.

der erwarteten Transaktion bekannt sind oder ausreichend verlässlich geschätzt werden können[917]. Indikatoren für die Beurteilung, ob eine Transaktion mit hoher Wahrscheinlichkeit eintreten wird, sind bspw. die Häufigkeit gleichartiger Transaktionen in der Vergangenheit, die tatsächliche Durchführung derartiger erwarteter Transaktionen in der Vergangenheit und/oder die finanzielle und operative Fähigkeit des bilanzierenden Unternehmens, derartige Transaktionen auch in der Zukunft vornehmen zu können[918]. Bewertungseinheiten mit Transaktionen, die mit hoher Wahrscheinlichkeit zu erwarten sind, werden als **antizipative Bewertungseinheiten** bezeichnet[919].

452 Als **Sicherungsinstrumente** sind nur (nicht akut ausfallgefährdete[920]) FI zulässig (§ 254 S. 1 HGB). Dabei handelt es sich bei **Finanzinstrumenten** um Vermögensgegenstände oder Schulden, die auf vertraglicher Basis zu Geldzahlungen oder zum Zugang bzw. Abgang in anderen FI führen[921]. Diese Definition umfasst originäre (z.B. Forderungen oder Verbindlichkeiten) und derivative (freistehende und eingebettete) FI (z.B. Swaps, Forwards, Futures oder Optionen) einschl. Eigenkapitaltitel (z.B. eigene Aktien[922]). Noch nicht kontrahierte, sondern lediglich erwartete FI oder Sachleistungsverpflichtungen sind danach als Sicherungsinstrumente unzulässig[923].

453 Als Sicherungsinstrumente zulässig sind auch **Termingeschäfte über den Erwerb oder die Veräußerung von Waren**; diese gelten nach § 254 S. 2 HGB als FI. Sie umfassen neben standardisierten Warentermingeschäften sämtliche schwebenden Beschaffungs- oder Absatzgeschäfte über handelbare Güter, unabhängig von der tatsächlichen Handelsabsicht des bilanzierenden Unternehmens und unabhängig davon, ob das schwebende Geschäft durch physische Lieferung erfüllt werden soll oder nicht[924].

454 Es ist zulässig, nur einen betraglichen oder zeitlichen **Teil eines Grundgeschäfts**[925] oder eines Sicherungsinstruments[926] oder ein **Teilrisiko** (z.B. nur den risikolosen Zins oder das Währungsrisiko mittels Option nur unter- oder oberhalb einer bestimmten Grenze[927]) in die Bewertungseinheit einzubeziehen, vorausgesetzt, auch für diesen Teil lassen sich Wert- oder Zahlungsstromänderungen verlässlich messen. Betraglich oder zeitlich nicht in die Bewertungseinheit einbezogene Teile von Grundgeschäft und Sicherungsinstrument sind nach den allgemeinen Regeln imparitätisch einzeln zu bewerten, dasselbe gilt für nicht gesicherte Teilrisiken.

---

917 Vgl. *IDW RS HFA 35*, Tz. 60.
918 Vgl. *IDW RS HFA 35*, Tz. 32 und Tz. 61; zu weiteren Indikatoren *Gelhausen/Fey/Kämpfer*, BilMoG, Kap. H, Rn. 20; zu Indikatoren nach IFRS vgl. *IDW RS HFA 9*, Tz. 322; für ein zweijähriges Verbot der Bildung antizipativer Bewertungseinheiten bei mehr als marginalen vorzeitigen Abgängen/Glattstellungen vgl. *Löw/Scharpf/Weigel*, WPg 2008, S. 1011 (1020).
919 Vgl. *IDW RS HFA 35*, Tz. 24. Zur Konkretisierung der Voraussetzungen für die Bildung von Bewertungseinheiten vgl. *IDW RS HFA 35*, Tz. 60 ff.; *Scharpf* in HdR⁵, § 254 HGB, Rn. 236 ff.; *Rimmelspacher/Fey*, WPg 2011, S. 805 ff.
920 Vgl. *IDW RS HFA 35*, Tz. 37.
921 Vgl. *IDW RS HFA 35*, Tz. 34.
922 Vgl. *Gelhausen/Fey/Kämpfer*, BilMoG, Kap. H, Rn. 35; *Scharpf* in HdR⁵, § 254 HGB, Rn. 98.
923 Vgl. *Gelhausen/Fey/Kämpfer*, BilMoG, Kap. H, Rn. 22.
924 Vgl. *Gelhausen/Fey/Kämpfer*, BilMoG, Kap. H, Rn. 29; *Scharpf* in HdR⁵, § 254 HGB, Rn. 400.
925 Vgl. *IDW RS HFA 35*, Tz. 33; *Gelhausen/Fey/Kämpfer*, BilMoG, Kap. H, Rn. 12; *Scharpf* in HdR⁵, § 254 HGB, Rn. 72.
926 Vgl. *IDW RS HFA 35*, Tz. 40; *Gelhausen/Fey/Kämpfer*, BilMoG, Kap. H, Rn. 39; *Scharpf* in HdR⁵, § 254 HGB, Rn. 131.
927 Vgl. *IDW RS HFA 35*, Tz. 28; *Förschle/Usinger* in BeBiKo⁷, § 254, Rn. 13; *Gelhausen/Fey/Kämpfer*, BilMoG, Kap. H, Rn. 39 und 70; *Scharpf* in HdR⁵, § 254 HGB, Rn. 72 ff. und 131 ff.

Bewertungsvorschriften **E**

Die Bildung einer Bewertungseinheit für bilanzielle Zwecke setzt eine **Sicherungsab-** **455** **sicht**, d.h. die Absicht, ein spezifiziertes Risiko abzusichern, voraus. Erforderlich ist außerdem eine **Durchhalteabsicht**, d.h. die Absicht, die Sicherungsbeziehung bis zur Erreichung des Sicherungszwecks aufrechtzuerhalten, verbunden mit der Fähigkeit, dies auch zu tun[928]. Die Durchhalteabsicht muss sich dabei nicht auf die gesamte Laufzeit des Grundgeschäfts und/oder des Sicherungsinstruments, sondern nur auf einen längeren, wirtschaftlich sinnvollen und mit der Sicherungsstrategie des bilanzierenden Unternehmens übereinstimmenden Zeitraum erstrecken[929]. Eine für bilanzielle Zwecke gebildete Bewertungseinheit darf (und muss) nach dem Grundsatz der zeitlichen Bewertungsstetigkeit vor Ablauf des ursprünglich beabsichtigten Sicherungszeitraums nur aufgelöst werden, wenn die Voraussetzungen für die Bildung einer Bewertungseinheit (vgl. Tz. 448 ff.) nicht mehr kumulativ erfüllt sind[930].

Die Bildung einer Bewertungseinheit für bilanzielle Zwecke setzt außerdem eine aus- **456** reichende **Wirksamkeit der Sicherungsbeziehung** voraus (sog. Hedge-Effektivität), d.h. den (betraglichen und zeitlichen) Ausgleich verlässlich gemessener gegenläufiger Wertänderungen oder Zahlungsströme in Bezug auf das abgesicherte Risiko in ausreichendem Umfang[931]. Dazu müssen Grundgeschäft und Sicherungsinstrument nach § 254 S. 1 HGB vergleichbaren Risiken unterliegen, das Sicherungsinstrument muss zur Absicherung gegen dieses vergleichbare Risiko geeignet und der Betrag der bisherigen Unwirksamkeit in Bezug auf das abgesicherte Risiko verlässlich rechnerisch ermittelbar sein[932].

Das **Risiko** des Sicherungsinstruments ist dann dem abzusichernden Risiko des Grund- **457** geschäfts **vergleichbar**, wenn es zum einen derselben Risikoart unterliegt, bspw. dem Zins-, Währungs-, Ausfall- (Bonitäts-) oder Preisänderungsrisiko[933], zum anderen beide Risiken entweder Wert- oder Zahlungsstromänderungsrisiken sind. Andernfalls wären gegenläufige Wertänderungen oder Zahlungsströme nur zufällig erzielbar. Eine vollständige Risikoidentität im Sinne einer Übereinstimmung sämtlicher risikobestimmender Parameter ist nicht erforderlich[934]. Zur Absicherung des vergleichbaren Risikos ist ein FI dann als Sicherungsinstrument **geeignet**, wenn es erfahrungsgemäß oder nachgewiesenermaßen zum angestrebten Sicherungserfolg, nämlich zu gegenläufigen Wertänderungen oder Zahlungsströmen, führt. Dies kann insb. dann fraglich sein, wenn das FI kein sog. plain vanilla-Geschäft (Standardgeschäft) ist, sondern besondere Ausstattungsmerkmale aufweist, die mit denen des Grundgeschäfts nicht (vollständig) übereinstimmen[935].

Die Wirksamkeit der Sicherungsbeziehung, d.h. die Vergleichbarkeit der Risiken und die **458** Geeignetheit des Sicherungsinstruments, die zum voraussichtlichen Ausgleich gegenläufiger Wertänderungen und Zahlungsströme führen, ist für den Zeitpunkt der Bildung der Bewertungseinheit und für jeden nachfolgenden Abschlussstichtag prospektiv nachzuweisen[936]. Eine IFRS vergleichbare **Mindestwirksamkeit** (Mindest-Hedge-Effektivi-

---

928 Zur Durchhaltefähigkeit als ergänzende Voraussetzung vgl. *Gelhausen/Fey/Kämpfer*, BilMoG, Kap. H, Rn. 44 f.; *Scharpf* in HdR[5], § 254 HGB, Rn. 225 f.
929 Vgl. *IDW RS HFA 35*, Tz. 47; *Gelhausen/Fey/Kämpfer*, BilMoG, Kap. H, Rn. 42; *Scharpf* in HdR[5], § 254 HGB, Rn. 77.
930 Vgl. *IDW RS HFA 35*, Tz. 47; *Gelhausen/Fey/Kämpfer*, BilMoG, Kap. H, Rn. 45.
931 Vgl. *IDW RS HFA 35*, Tz. 48.
932 Vgl. *IDW RS HFA 35*, Tz. 51.
933 Vgl. *IDW RS HFA 35*, Tz. 25.
934 Vgl. *IDW RS HFA 35*, Tz. 58.
935 Vgl. *IDW RS HFA 35*, Tz. 39; zu Beispielen nicht geeigneter Sicherungsinstrumente vgl. *Scharpf* in HdR[5], § 254 HGB, Rn. 126.
936 Vgl. *IDW RS HFA 35*, Tz. 50.

tät) der Sicherungsbeziehung ist gesetzlich nicht vorgeschrieben und auch nicht erforderlich, da der Betrag der bisherigen Unwirksamkeit der Sicherungsbeziehung imparitätisch aufwandswirksam zu erfassen ist (vgl. Tz. 468). Dennoch wird zumindest eine Wirksamkeit von mehr als 50 % zu fordern sein, damit die in § 254 S. 1 HGB geforderte Vergleichbarkeit der Risiken vorliegt[937].

459 § 254 HGB schreibt keine bestimmte **Methode zur prospektiven Beurteilung der Wirksamkeit** vor. Die gewählte Methode muss aber den Zielen und der Strategie des Risikomanagements gerecht werden, in Abhängigkeit von der Art der Sicherungsbeziehung, des abgesicherten Risikos und der einzelnen Komponenten der Sicherungsbeziehung betriebswirtschaftlich sinnvoll sein und grds. stetig angewendet werden[938]. Zulässig sind grds. die nach IFRS zulässigen Methoden ohne die danach im Einzelfall geltenden Einschränkungen[939]. Die Beurteilung der Wirksamkeit der Sicherungsbeziehung hat in Bezug auf das abgesicherte Risiko (bei mehreren abgesicherten Risiken pro abgesichertem Risiko)[940] zu erfolgen; Wertänderungen oder Zahlungsströme vom Grundgeschäft(en) oder Sicherungsinstrument(en) aufgrund anderer, nicht abgesicherter Risiken, dürfen nicht einbezogen werden, es sei denn, sie sind unwesentlich (z.B. bei perfekten Micro-Hedges)[941]. Bonitätsbedingte Wertänderungen des Sicherungsinstruments brauchen grds. nicht separiert zu werden[942]. Eine quantitative Beurteilung der prospektiven Wirksamkeit ist nicht zwingend erforderlich. So ist im Fall einer perfekten Sicherungsbeziehung bei Übereinstimmung aller wertbestimmenden Parameter von Grundgeschäft und Sicherungsinstrument im Hinblick auf das abgesicherte Risiko der Abgleich dieser Parameter ausreichend (sog. Critical Term Match-Methode)[943]. Wird die Wirksamkeit quantitativ ermittelt, ist ein positiver oder negativer Marktwert des Sicherungsinstruments im Zeitpunkt der Bildung der Bewertungseinheit nicht als Teil der Wertänderung des Sicherungsinstruments i.R.d. Effektivitätsmessung zu berücksichtigen, sondern das FI vor dessen Einbeziehung in die Bewertungseinheit letztmals imparitätisch einzeln zu bewerten[944].

460 Im Gegensatz zu IFRS ist der Nachweis einer ausreichenden **retrospektiven Wirksamkeit** der Sicherungsbeziehung keine Voraussetzung für die Bildung einer Bewertungseinheit für handelsrechtliche Zwecke[945]. Da die in § 254 S. 1 HGB genannten Bewertungsregeln aber nur in dem Umfang und für den Zeitraum nicht anzuwenden sind, wie sich die gegenläufigen Wertänderungen oder Zahlungsströme ausgleichen, ist zu jedem Abschlussstichtag der Betrag der bisherigen Unwirksamkeit der Sicherungsbeziehung in Bezug auf das abgesicherte Risiko rechnerisch zu ermitteln[946]. Dafür kommen insb. Dollar-Offset-Methoden, bspw. die Hypothetische Derivate-Methode in Betracht[947]. Darf die Critical Term Match-Methode für die Beurteilung der prospektiven Wirksamkeit ange-

---

937 Vgl. *Förschle/Usinger* in BeBiKo[7], § 254, Rn. 29; *Gelhausen/Fey/Kämpfer*, BilMoG, Kap. H, Rn. 59.
938 Vgl. *IDW RS HFA 35*, Tz. 52; *Gelhausen/Fey/Kämpfer*, BilMoG, Kap. H, Rn. 60 und 64 (zu grds. zulässigen Methoden); *Scharpf* in HdR[5], § 254 HGB, Rn. 194.
939 Vgl. *Förschle/Usinger* in BeBiKo[7], § 254, Rn. 42; *Gelhausen/Fey/Kämpfer*, BilMoG, Kap. H, Rn. 60; *Scharpf* in HdR[5], § 254 HGB, Rn. 197.
940 Vgl. *IDW RS HFA 35*, Tz. 50.
941 Vgl. *Scharpf* in HdR[5], § 254 HGB, Rn. 182; *Kopatschek/Struffert/Wolfgarten*, KoR 2010, S. 272 (276 f.).
942 Vgl. *IDW RS HFA 35*, Tz. 55.
943 Vgl. *IDW RS HFA 35*, Tz. 58.
944 Vgl. *IDW RS HFA 35*, Tz. 56; *Scharpf* in HdR[5], § 254 HGB, Rn. 199 und 202.
945 Vgl. *Gelhausen/Fey/Kämpfer*, BilMoG, Kap. H, Rn. 63; *Scharpf* in HdR[5], § 254 HGB, Rn. 175.
946 Vgl. *IDW RS HFA 35*, Tz. 50.
947 Vgl. *Scharpf* in HdR[5], § 254 HGB, Rn. 192 ff.; *Gelhausen/Fey/Kämpfer*, BilMoG, Kap. H, Rn. 102.

Bewertungsvorschriften   **E**

wendet werden, darf aus Wesentlichkeitsgründen auch auf eine rechnerische Ermittlung des Betrags der bisherigen Unwirksamkeit verzichtet werden[948].

Auch wenn die **Dokumentation** nicht zu den ausdrücklich in § 254 S. 1 HGB genannten Voraussetzungen für die Zulässigkeit der Bildung einer Bewertungseinheit für bilanzielle Zwecke gehört, ist sie aufgrund der allgemeinen Buchführungspflichten (§ 238 f. HGB)[949] und der Anhangangabepflichten (vgl. F Tz. 826 ff.) erforderlich[950]. Sie muss spätestens bis zur Aufstellung des Abschlusses, in dem die Bewertungseinheit erstmals bilanziell berücksichtigt werden soll, vorliegen[951]. Soll die Bewertungseinheit bilanziell mit Wirkung zu einem früheren Zeitpunkt gebildet werden, setzt dies den (nachträglichen) Nachweis der Voraussetzungen für diesen früheren Zeitpunkt voraus[952]. Der Umfang der Dokumentation hängt vom Einzelfall ab. Grds. sind insb. Angaben zur Art des abzusichernden Risikos, zu Sicherungszielen und zur Sicherungsstrategie des bilanzierenden Unternehmens, zur Identifikation und ggf. Beschreibung von Grundgeschäft(en) und Sicherungsinstrument(en), zur prospektiven Beurteilung der Wirksamkeit der Sicherungsbeziehung sowie zur rechnerischen Ermittlung des Betrags der bisherigen Unwirksamkeit erforderlich[953]. Die Art der Dokumentation kann explizit (eigenständige Darstellung), implizit (interne Anweisungen) oder kombiniert erfolgen[954]; dabei kann auf die für Zwecke des Risikomanagements[955] und/oder eines IFRS-Abschlusses[956] erstellte Dokumentation zurückgegriffen werden. **461**

Im Fall von **Portfolio- und Macro-Hedges** (vgl. Tz. 446) muss ergänzend ein angemessenes und wirksames Risikomanagementsystem vorhanden sein, aufgrund dessen das bilanzierende Unternehmen das abzusichernde Risiko identifiziert, bewertet, steuert und überwacht. Dabei sind die Anforderungen an das Risikomanagementsystem von der Art und dem Umfang der Grundgeschäfte und Sicherungsinstrumente sowie des abzusichernden Risikos abhängig[957]. Die prospektive Beurteilung der Wirksamkeit darf auf der Grundlage dieses Risikomanagementsystems und damit nach denselben Methoden erfolgen, wie sie der internen Risikosteuerung zugrunde liegen[958]. Die Dokumentation hat ergänzend Angaben zum Risikomanagementsystem sowie zur Gleichartigkeit (Homogenität) der Risiken mehrerer Grundgeschäfte und/oder Sicherungsinstrumente[959] zu enthalten[960]. **462**

---

948 Vgl. *IDW RS HFA 35*, Tz. 59; *Scharpf* in HdR[5], § 254 HGB, Rn. 314.
949 Vgl. *Gelhausen/Fey/Kämpfer*, BilMoG, Kap. H, Rn. 88.
950 Vgl. *IDW RS HFA 35*, Tz. 14.
951 Vgl. *IDW RS HFA 35*, Tz. 14; *Gelhausen/Fey/Kämpfer*, BilMoG, Kap. H, Rn. 89; a.A. (Dokumentation zwingend zu Beginn der Bewertungseinheit) *Scharpf* in HdR[5], § 254 HGB, Rn. 13 und 151; *Förschle/Usinger* in BeBiKo[7], § 254, Rn. 41; *Kessler* in Haufe HGB Kommentar[2], § 254, Rn. 19; *Scharpf/Schaber*, KoR 2008, S. 532 (536); *Löw/Scharpf/Weigel*, WPg 2008, S. 1011 (1017); *Driesch/von Oertzen*, IRZ 2010, S. 345 (351).
952 Vgl. *IDW RS HFA 35*, Tz. 43.
953 Vgl. *IDW RS HFA 35*, Tz. 43.
954 Vgl. *IDW RS HFA 35*, Tz. 46; zur impliziten Dokumentation vgl. *Scharpf* in HdR[5], § 254 HGB, Rn. 149.
955 Vgl. *IDW RS HFA 35*, Tz. 41.
956 Vgl. *Gelhausen/Fey/Kämpfer*, BilMoG, Kap. H, Rn. 93.
957 Vgl. *IDW RS HFA 35*, Tz. 20; zu aufbau- und ablauforganisatorischen Anforderungen an das Risikomanagementsystem vgl. *Gelhausen/Fey/Kämpfer*, BilMoG, Kap. H, Rn. 80.
958 Vgl. *IDW RS HFA 35*, Tz. 52.
959 Zu Sicherungsinstrumenten vgl. *Gelhausen/Fey/Kämpfer*, BilMoG, Kap. V, Rn. 19; *Scharpf* in HdR[5], § 254 HGB, Rn. 13.
960 Vgl. *IDW RS HFA 35*, Tz. 20 und 44.

b) Bilanzielle Abbildung von Bewertungseinheiten

463 Nach § 254 S. 1 HGB sind §§ 249 Abs. 1 HGB, 252 Abs. 1 Nr. 3 und 4, 253 Abs. 1 S. 1 und 256a HGB in dem Umfang und für den Zeitraum nicht anzuwenden, in dem sich die gegenläufigen Wertänderungen oder Zahlungsströme von Grundgeschäft(en) und Sicherungsinstrument(en) ausgleichen. Die Nichtanwendung der genannten Vorschriften bezieht sich dabei auf Grundgeschäft(e) und Sicherungsinstrument(e), d.h. auf die einzelnen Komponenten der Bewertungseinheit; die Bewertungseinheit insgesamt als neues einheitliches Bewertungsobjekt unterliegt dagegen sämtlichen Bewertungsvorschriften[961].

464 Hinsichtlich der Abbildung von Bewertungseinheiten in Bilanz und GuV ist zu unterscheiden zwischen

- sich ausgleichenden Wertänderungen oder Zahlungsströmen aufgrund des abgesicherten Risikos (= **wirksamer Teil** der Bewertungseinheit),
- sich nicht ausgleichenden Wertänderungen oder Zahlungsströmen aufgrund des abgesicherten Risikos (= **unwirksamer Teil** der Bewertungseinheit),
- Wertänderungen oder Zahlungsströmen aufgrund anderer, **nicht abgesicherter Risiken**[962].

465 Die gesetzliche Regelung des § 254 S. 1 HGB bezieht sich auf die sich ausgleichenden gegenläufigen Wertänderungen oder Zahlungsströme aufgrund des wirksam abgesicherten Risikos. Die Nichtanwendung der genannten Vorschriften lässt grds. zwei stetig anzuwendende Methoden zu, nach denen dieser wirksame Teil der Bewertungseinheit abgebildet werden darf[963]:

- die sog. „**Einfrierungsmethode**" (kompensatorische Bewertung), wonach die sich ausgleichenden Wertänderungen oder Zahlungsströme aufgrund des abgesicherten Risikos saldiert und weder in Bilanz noch in GuV erfasst werden; die Anwendung dieser Methode wird empfohlen;
- die sog. „**Durchbuchungsmethode**", wonach die sich ausgleichenden Wertänderungen oder Zahlungsströme aufgrund des abgesicherten Risikos unsaldiert bilanziert werden, sachgerechterweise ohne, zulässigerweise aber auch mit Berührung der GuV[964].

466 Der **Unterschied** zwischen den beiden Methoden besteht lediglich im saldierten oder unsaldierten Ausweis von sich ausgleichenden Wertänderungen oder Zahlungsströmen aufgrund des abgesicherten Risikos. Ihre Wahl hat dagegen keine Auswirkungen auf die Abbildung unwirksam oder gar nicht abgesicherter Wertänderungen oder Zahlungsströme.

467 Die Anwendung der **Durchbuchungsmethode** ist in den Fällen unzulässig, in denen sie gegen § 246 Abs. 1 S. 1 HGB verstößt, z.B. im Fall antizipativer Bewertungseinheiten[965],

---

961 Vgl. *IDW RS HFA 35*, Tz. 4.
962 Zu einem Zahlenbeispiel zur Trennung der Unwirksamkeit der Bewertungseinheit aufgrund des abgesicherten Risikos und aufgrund der nicht abgesicherten Risiken (zweistufige Bewertungstechnik) vgl. *IDW RS HFA 35*, Tz. 67.
963 Vgl. *IDW RS HFA 35*, Tz. 75; *Förschle/Usinger* in BeBiKo[7], § 254, Rn. 53; *Gelhausen/Fey/Kämpfer*, BilMoG, Kap. H, Rn. 98 ff.; *Kessler* in Haufe HGB Kommentar[3], § 254, Rn. 21; *Helke/Wiechens/Klaus*, DB 2009, Beil. 5, S. 30 (33); *Schmidt*, BB 2009, S. 882 (886); *Küting/Cassel*, KoR 2008, S. 769 (772); a.A. („Durchbuchung" grds. unzulässig) *Scharpf* in HdR[5], § 254 HGB, Rn. 13 und 303 ff.; *Löw/Scharpf/Weigel*, WPg 2008, S. 1011 (1019).
964 Vgl. *IDW RS HFA 35*, Tz. 81.
965 Zur Abbildung antizipativer Bewertungseinheiten vgl. *IDW RS HFA 35*, Tz. 92; *Gelhausen/Fey/Kämpfer*, BilMoG, Kap. H, Rn. 123; *Scharpf* in HdR[5], § 254 HGB, Rn. 373 ff.; *Rimmelspacher/Fey*, WPg 2011, S. 809 ff.

bei denen ein evtl. erwarteter Vorteil aus dem Grundgeschäft weder die Voraussetzungen eines Vermögensgegenstandes noch eines RAP erfüllt[966]. Eine generelle Unzulässigkeit der Durchbuchungsmethode für Bewertungseinheiten zur Absicherung von Zahlungsstromänderungsrisiken (Cash Flow-Hedges) ist nicht ersichtlich[967]. Verpflichtend ist die Durchbuchungsmethode dann anzuwenden, wenn die Bewertung des abgesicherten Postens zum beizulegenden Zeitwert vorgegeben ist, z.b. bei der Passivierung von Rückstellungen für wertpapiergebundene Versorgungszusagen nach § 253 Abs. 1 S. 3 HGB (vgl. Tz. 236 ff.). Wird die Durchbuchungsmethode verpflichtend oder freiwillig angewendet, sind im Fall der Absicherung von Vermögensgegenständen oder Schulden deren Buchwerte ohne Beachtung der Anschaffungskostenobergrenze entsprechend anzupassen[968].

468 Für die sich hinsichtlich des abgesicherten Risikos nicht ausgleichenden Wertänderungen oder Zahlungsströme (= **unwirksamer Teil der Bewertungseinheit**) fehlt es an einer ausdrücklichen gesetzlichen Bilanzierungsvorschrift. Nach dem Realisations- und Imparitätsprinzip (§ 252 Abs. 1 Nr. 4 HGB) und unter Berücksichtigung der Tatsache, dass es sich bei der Bewertungseinheit um ein neues einheitliches Bewertungsobjekt handelt, ist es aber sachgerecht, für einen aufgrund der Unwirksamkeit bis zum Abschlussstichtag entstandenen negativen Betrag (Verlustüberhang) aufwandswirksam eine (sonstige) Rückstellung zu passivieren, während ein positiver Betrag (Gewinnüberhang) nicht berücksichtigt werden darf[969]. Die Passivierung der Rückstellung für den Verlustüberhang ist dabei unabhängig davon vorzunehmen, ob der Verlustüberhang aus dem Grundgeschäft oder aus dem Sicherungsinstrument resultiert, da dies bei einer Betrachtung der Bewertungseinheit insgesamt als neues einheitliches Bewertungsobjekt unbeachtlich sein muss[970]; entsprechend ist der Verlustüberhang im Fall von Portfolio- oder Macro-Hedges abzubilden[971]. Der Aufwand ist entweder als sonstiger betrieblicher Aufwand oder in dem GuV-Posten zu erfassen, in dem die Wertänderung des Grundgeschäfts erfasst wird[972].

469 Wertänderungen aufgrund nicht **abgesicherter Risiken** sind nach den allgemeinen Grundsätzen einzeln und imparitätisch zu erfassen[973]; sie dürfen weder miteinander noch mit einem (positiven) Betrag der bisherigen Unwirksamkeit saldiert werden[974]. Dies gilt für nicht abgesicherte Risiken der einzelnen Komponenten der Bewertungseinheit, sei es, weil Risiken gar nicht abgesichert wurden, sei es, weil Risiken betraglich und/oder zeitlich inkongruent abgesichert wurden. Dies gilt aber auch für Wertänderungen aus Risiken, denen nur die Bewertungseinheit insgesamt als neues einheitliches Bewertungsobjekt unterliegt, z.B. das Festzinsänderungsrisiko, dem eine Bewertungseinheit mit einer gegen das variable Zinsänderungsrisiko abgesicherten Ausleihung als Grundgeschäft unterliegt[975].

470 Bei **Beendigung einer Sicherungsbeziehung** durch (zeitgleiche) Abwicklung von Grundgeschäft und Sicherungsinstrument ist es sachgerecht, die aus der Beendigung re-

---

966 Vgl. *IDW RS HFA 35*, Tz. 77.
967 Vgl. *Gelhausen/Fey/Kämpfer*, BilMoG, Kap. H, Rn. 123.
968 Vgl. *IDW RS HFA 35*, Tz. 80.
969 Vgl. *IDW RS HFA 35*, Tz. 66 und 82; für eine zwingende aufwandswirksame Erfassung (auch bei Absicherung gegen Zinsrisiken) vgl. auch *Scharpf* in HdR[5], § 254 HGB, Rn. 292 ff.; *Gelhausen/Fey/Kämpfer*, BilMoG, Kap. H, Rn. 123.
970 Vgl. *IDW RS HFA 35*, Tz. 6; *Gelhausen/Fey/Kämpfer*, BilMoG, Kap. H, Rn. 112.
971 Vgl. *IDW RS HFA 35*, Tz. 74.
972 Vgl. *IDW RS HFA 35*, Tz. 84.
973 Vgl. *IDW RS HFA 35*, Tz. 70.
974 Vgl. *IDW RS HFA 35*, Tz. 69.
975 Vgl. *Gelhausen/Fey/Kämpfer*, BilMoG, Kap. H, Rn. 114 und 135.

sultierenden Zahlungsströme, soweit sie sich ausgleichen, ohne Berührung der GuV zu erfassen[976]. Endet die Sicherungsbeziehung dagegen in der Form, dass Grundgeschäft und/oder Sicherungsinstrument fortbestehen, sind zum Zeitpunkt der Beendigung der Sicherungsbeziehung letztmals die für Bewertungseinheiten geltenden Bilanzierungsvorschriften anzuwenden; in der Folgezeit gelten für die verbleibenden Komponenten die allgemeinen Vorschriften[977]. Die bilanziellen Auswirkungen der Beendigung hängen in diesem Fall insb. von den abgesicherten Risiken (Wert- oder Zahlungsstromänderungsrisiken), von der Methode zur Abbildung des wirksamen Teils der Bewertungseinheit und von den verbleibenden Komponenten ab.

471 Endet bspw. eine Absicherung gegen Wertänderungsrisiken durch Veräußerung oder Glattstellung des Sicherungsinstruments, ist es im Fall der Anwendung der **Einfrierungsmethode** sachgerecht, die Ausgleichszahlung, soweit sie auf den wirksamen Teil der Bewertungseinheit entfällt, mit dem Buchwert des Grundgeschäfts zu verrechnen, den übrigen Teil mit dafür evtl. aktivierten oder passivierten Beträgen (z.B. aktivierte Optionsprämie oder Rückstellung für den Betrag der bisherigen Unwirksamkeit) zu verrechnen und den Restbetrag erfolgswirksam zu erfassen. Im Fall der Anwendung der **Durchbuchungsmethode** ist die Ausgleichszahlung dagegen sachgerechterweise zunächst mit dem Buchwert des Sicherungsinstruments zu verrechnen[978]. Wird hingegen das Sicherungsinstrument vor Erreichung des Sicherungszwecks abgewickelt, ist es sachgerecht, die auf den effektiven Teil der Sicherungsbeziehung entfallende Ausgleichszahlung bis zur Abwicklung des Grundgeschäfts ergebnisneutral abzugrenzen[979].

472 Endet eine Sicherungsbeziehung nicht mit der Abwicklung des Sicherungsinstruments, sondern wird unmittelbar ein **Anschlusssicherungsinstrument** abgeschlossen, ist es bei ansonsten unveränderten Voraussetzungen sachgerecht, die Bewertungseinheit unverändert nach § 254 HGB zu bilanzieren und die Ausgleichszahlung für das abgewickelte Sicherungsinstrument als Anschaffungskosten des Anschlusssicherungsinstruments zu behandeln[980].

473 **Steuerlich** sind Bewertungseinheiten in § 5 Abs. 1a EStG geregelt. Danach sind die Ergebnisse der in der handelsrechtlichen Rechnungslegung zur Absicherung finanzwirtschaftlicher Risiken gebildeten Bewertungseinheiten auch für die steuerliche Gewinnermittlung maßgebend[981]. Somit stellt diese Vorschrift eine besondere Ausprägung des Maßgeblichkeitsgrundsatzes dar. § 5 Abs. 1a EStG beinhaltet eine Pflicht zur Bildung von Bewertungseinheiten in der StB auch bei Macro- und Portfolio-Hedging. Insoweit besteht keine isolierte Bewertung zusammenhängender Positionen und kein isolierter Verlustausweis nach Maßgabe des Imparitätsprinzips[982].

Für eine handelsrechtlich zu bildende Drohverlustrückstellung für einen Verlustüberhang aufgrund der Unwirksamkeit der Bewertungseinheit regelt § 5 Abs. 4a S. 2 EStG, dass insoweit das steuerliche Verbot der Bildung von Drohverlustrückstellungen nicht gilt.

Werden Gewinne oder Verluste tatsächlich realisiert, sind diese unter Realisationsgesichtspunkten zu beurteilen. Zu beachten ist, dass die Vorschriften über die Gewinner-

---

976 Vgl. *IDW RS HFA 35*, Tz. 86; *Scharpf* in HdR⁵, § 254 HGB, Rn. 385.
977 Vgl. *Gelhausen/Fey/Kämpfer*, BilMoG, Kap. H, Rn. 143.
978 Vgl. *IDW RS HFA 35*, Tz. 87.
979 Vgl. *Gelhausen/Fey/Kämpfer*, BilMoG, Kap. H, Rn. 141; *Scharpf* in HdR⁵, § 254 HGB, Rn. 391.
980 Vgl. *Gelhausen/Fey/Kämpfer*, BilMoG, Kap. H, Rn. 142; *Scharpf* in HdR⁵, § 254 HGB, Rn. 393.
981 *Weber-Grellet* in Schmidt, L., EStG³⁰, § 5, Rn 70; OFD Niedersachsen vom 03. 12. 2010, S-2133-33-St 221/ St 222.
982 *Buciek* in Blümich, EStG, § 5 EStG, Rn. 231a.

mittlung, die Einkommensermittlung und die Verlustverrechnung (§§ 3 Nr. 40, 3c, 15 Abs. 4 EStG, § 8b KStG) vom Regelungsbereich der Bewertungseinheiten zu trennen sind[983]. Nach § 5 Abs. 1a S. 2 EStG ist zwar die Bewertung des Grundgeschäfts nur unter Berücksichtigung des Sicherungsinstruments vorzunehmen. Grundgeschäft und Sicherungsinstrument können bei Realisierung aber konkret zugeordnet werden und sind steuerlich getrennt zu würdigen[984]. Somit sind z.B. Gewinne aus der Veräußerung von Anteilen nach § 8b Abs. 2 KStG zu 95% steuerfrei, während Verluste aus dem Sicherungsinstrument als Betriebsausgabe steuerlich abzugsfähig sind. Andererseits sind Verluste aus der Veräußerung von Anteilen steuerlich unbeachtlich (§ 8b Abs. 3 KStG), während Gewinne aus dem Sicherungsgeschäft in vollem Umfang steuerpflichtig sind.

4. Bewertungsvereinfachungsverfahren (§ 256 HGB)

§ 256 HGB sichert in Satz 1 für die Bewertung gleichartiger Vermögensgegenstände des Vorratsvermögens die allgemeine handelsrechtliche Zulässigkeit zweier sog. **Verbrauchsfolgeverfahren** (Lifo und Fifo) und stellt in Satz 2 klar, dass die im Rahmen der Inventurvorschriften geregelten Verfahren der Festbewertung (§ 240 Abs. 3 HGB) und Gruppenbewertung (§ 240 Abs. 4 HGB) auch auf den JA anwendbar sind. Nach § 256 S. 1 HGB kann, soweit es den GoB entspricht, für den Wertansatz gleichartiger Vermögensgegenstände des Vorratsvermögens[985] unterstellt werden, dass die zuerst oder die zuletzt angeschafften oder hergestellten Vermögensgegenstände zuerst verbraucht oder veräußert worden sind[986]. Andere Verbrauchsfolgeverfahren, z.B. Hifo (highest-in-first-out) oder Loifo (lowest-in-first-out) sind nicht zulässig. 474

Bei Anwendung der Verbrauchsfolgeverfahren muss geprüft werden, ob das **Niederstwertprinzip** (§ 253 Abs. 4 HGB) beachtet ist. Die Verbrauchsfolge kann, bis auf seltene Ausnahmen (z.B. verderbliche Waren), unterstellt werden, braucht also grds. nicht mit der tatsächlichen Folge übereinzustimmen[987]. Voraussetzung für die Anwendung des Perioden-Lifo-Verfahrens ist, dass die Bestände zwischen den Stichtagen nicht regelmäßig geräumt werden und – für alle Verfahren – dass die Vermögensgegenstände gleichartig sind. **Gleichartigkeit** liegt vor, wenn Zugehörigkeit zur gleichen Warengattung oder Funktionsgleichheit gegeben ist. Daneben ist zur Erfassung von Strukturverschiebungen zwischen gering- und hochwertigen Vermögensgegenständen grds. auch **annähernde Preisgleichheit** erforderlich, es sei denn, dass diese auf andere Weise (z.B. durch geeignete Indexverfahren) sachgerecht berücksichtigt werden[988]. Wegen Einzelheiten zu diesen Verfahren vgl. ADS[6], § 256 HGB, Tz. 28 ff. Wegen **Anhangangaben** gem. § 284 Abs. 2 475

---

983 Vgl. BMF-Schr. v. 25.08.2010, DB, S. 2024.
984 Vgl. BMF-Schr. v. 25.08.2010, DB, S. 2024.
985 Für eine entspr. Anwendung auf andere Vermögensgegenstände des Umlaufvermögens (z.B. Wertpapiere) ADS[6], § 256 HGB, Tz. 24 f.; a.A. *Ellrott* in BeBiKo[7], § 256, Rn. 4; *Mayer-Wegelin* in HdR[5], § 256 HGB, Rn. 35; *Kleindiek* in Staub, HGB[4], § 256 Rn. 4.
986 Ausführlich hierzu ADS[6], § 256 HGB, Tz. 28 ff.; *Hundsdoerfer* in HdJ, Abt. II/4, Rn. 77 ff.; *Fülling*, S. 156 ff.; zum Lifo-Verfahren vgl. ADS[6], § 256 HGB, Tz. 31 ff.; *Ellrott* in BeBiKo[7], § 256, Rn. 62 ff.; *Mayer-Wegelin* in HdR[5], § 256 HGB, Rn. 41 ff.; wegen älterer Literatur zum Lifo-Verfahren vgl. WP-Handbuch 2006 Bd. I, Abschn. E, Fn. 743.
987 Vgl. ADS[6], § 256 HGB, Tz. 15 ff. m.w.N.; *Claussen* in Kölner Komm. Rechnungslegungsrecht, § 256 HGB, Rn. 5 f.; a.A. *Fülling*, S. 178 ff.
988 Vgl. ADS[6], § 240 HGB, Tz. 121 ff., § 256 HGB, Tz. 22 und 56 ff.; *Kleindiek* in Staub, HGB[4], § 256, Rn. 5; krit. zum Indexverfahren *Schneider/Siegel*, WPg 1995, S. 261 ff. (hierzu in einer Replik *Siepe/Husemann/Borges*, WPg 1995, S. 365 ff.); a.A. (annähernde Preisgleichheit keine Voraussetzung) *Ellrott* in BeBiKo[7], § 256, Rn. 23; *Knop* in HdR[5], § 240 HGB, Rn. 76. Vgl. auch BFH v. 20.06.2000, DStR, S. 1911 (Lifo-Bewertung nicht GoB-konform bei Vorräten mit hohen Erwerbsaufwendungen, wenn deren Anschaffungskosten identifizierbar und den Vermögensgegenständen zuordenbar); dies abl. *IDW*, FN-IDW 2002, S. 219 (220).

Nr. 4 HGB bei KapGes. und Personenhandelsgesellschaften i.S.d. § 264a HGB vgl. F Tz. 739 ff.

476 Nach § 6 Abs. 1 Nr. 2a EStG ist lediglich die **Lifo-Methode** auch **steuerlich** anerkannt[989]. Voraussetzung für die Anwendung dieser Methode für die StB ist, dass der Gewinn nach § 5 EStG ermittelt wird. Durch die Aufhebung der umgekehrten Maßgeblichkeit ist es nicht mehr notwendig, dass die gewählte Verbrauchs- oder Veräußerungsfolge auch in der handelsrechtlichen Jahresbilanz zu Grunde gelegt wird. Damit kann die Bewertung in der StB nach der Lifo-Methode völlig losgelöst von der HB erfolgen. Es muss allerdings für die abweichende Ausübung dieses Bewertungswahlrechts ggf. ein gesondertes Verzeichnis geführt werden (§ 5 Abs. 1 S. 2 EStG). Die Inanspruchnahme der Lifo-Methode ist beschränkt auf gleichartige Wirtschaftsgüter des Vorratsvermögens. Sie muss nicht auf das gesamte Vorratsvermögen angewandt werden, sondern kann auch auf die Bewertung der Materialbestandteile unfertiger oder fertiger Erzeugnisse bezogen werden, soweit diese Wirtschaftsgüter in der Buchführung getrennt erfasst werden und diese Vorgehensweise den handelsrechtlichen GoB entspricht. Eine Bewertung nach der Lifo-Methode ist ausgeschlossen, wenn Vorräte mit hohen Erwerbsaufwendungen betroffen sind, die Anschaffungskosten ohne Weiteres identifiziert und den einzelnen Wirtschaftsgütern ohne Schwierigkeiten zugeordnet werden können (H 6.9 EStR 2008). Eine analoge Anwendung auf andere Wirtschaftsgüter des Umlaufvermögens kommt jedoch steuerlich nicht in Betracht. Vgl. zu den Voraussetzungen und zum Anwendungsbereich im Einzelnen R 6.9 Abs. 1 und 2 EStR 2008. Für die Anwendung der Lifo-Methode können gleichartige Wirtschaftsgüter zu Gruppen zusammengefasst werden; hierzu und zum Begriff der Gleichartigkeit vgl. R 6.9 Abs. 3 EStR 2008[990]. Zulässig sind sowohl die permanente Lifo-Methode als auch die Perioden-Lifo-Methode (vgl. im Einzelnen R 6.9 Abs. 4 EStR 2008). Zur Frage des Wechsels auf eine andere Bewertungsmethode, der Abschreibung auf den niedrigeren Teilwert und der erstmaligen Anwendung der Lifo-Methode vgl. R 6.9 Abs. 5 bis 7 EStR 2008[991].

477 Da § 6 Abs. 1 Nr. 2a EStG nur auf die Lifo-Methode abstellt, sind andere Verbrauchsfolgeverfahren steuerlich – nach wie vor – nicht zugelassen; eine Bewertung nach der tatsächlichen Verbrauchsfolge wird dadurch aber nicht in Frage gestellt.

478 Wegen **Festbewertung** bei der Inventur (§ 240 Abs. 3 HGB) vgl. Tz. 21. Die Anwendung auf den JA (§ 256 S. 2 HGB) ist wie dort auf Vermögensgegenstände des Sachanlagevermögens sowie Roh-, Hilfs- und Betriebsstoffe beschränkt, die regelmäßig ersetzt werden, geringen Veränderungen unterliegen und insgesamt wertmäßig von nachrangiger Bedeutung für das Unternehmen sind[992]. Unter diesen Voraussetzungen kommt ein Festwert in erster Linie für Teile der Betriebs- und Geschäftsausstattung sowie für maschinelle Anlagen in Betracht, wie z.B. für Werkzeuge, Stanzen, Modelle, Formen, Hotelgeschirr und -bettwäsche, Schreib- und Rechenmaschinen, Laboratoriumseinrichtungen, Mess-

---

[989] Mit der Einführung der Lifo-Methode wollte der Gesetzgeber in erster Linie das Problem der Scheingewinnbesteuerung mildern. Vgl. *Kulosa* in Schmidt, L., EStG[30], § 6, Rn. 418; BMF-Schr. v. 03.04.1992, DB, S. 1103 (Tabakvorräte).

[990] Vgl. auch BMF-Schr. v. 28.03.1990, BStBl. I, S. 148 bzgl. der Gleichwertigkeit verschiedener Weinsorten.

[991] Zur Gruppenbildung vgl. *Hörtig/Uhlich*, DB 1994, S. 1045. Zur Notwendigkeit zukünftiger Zuschreibungen nach Maßgabe des § 6 Abs. 1 EStG *Diederich*, DStR 1999, S. 583; a.A. *Hötzel/Pelzer*, DStR 1998, S. 1866.

[992] Vgl. zu den Voraussetzungen ADS[6], § 240 HGB, Tz. 75 ff.; BMF-Schr. v. 08.03.1993, BStBl. I, S. 276 (durchschnittlicher Gesamtwert in den letzten fünf Jahren kleiner als 10% der Bilanzsumme); hierzu auch *Buchner*, BB 1995, S. 816 ff. (insb. zu sog. Wertigkeitsquoten bei abnutzbarem AV); dazu auch *Pooten*, BB 1996, S. 839 ff. Zum Wesen des Festwerts aus steuerlicher Sicht ferner BFH v. 23.03.1972, BStBl. II, S. 683; WP-HdU[3], Abschn. B, Rn. 832; *Kulosa* in Schmidt, L., EStG[30], § 6, Rn. 611, 614; *Stobbe* in HHR, EStG/KStG, § 6 EStG, Rn. 145; *Ehmcke* in Blümich, EStG, § 6 EStG, Rn. 48; *Hoffmann* in Littmann, EStG, § 6, Rn. 95; *Richter*, StBP 2009, S. 249 ff.

Bewertungsvorschriften E

und Prüfgeräte, Signal- und Gleisanlagen, Gerüst- und Schalungsteile. Wegen Angaben im **Anhang** von KapGes. und Personenhandelsgesellschaften i.S.d. § 264a HGB bei Anwendung der Festbewertung vgl. ADS^6, § 240 HGB, Tz. 110.

Orientierungsgröße für die Festbewertung sind die um Abschreibungen gekürzten AHK^{993}. Der Festwert kann solange beibehalten werden, wie die in ihm zusammengefassten Gütermengen ihrer Zahl oder ihrem Maß oder Gewicht nach nur geringe **Veränderungen** aufweisen. Werden aufgrund einer körperlichen Aufnahme Mehrmengen festgestellt, braucht der Festwert nicht geändert zu werden, wenn der ermittelte Wert den bisherigen Festwert nicht um mehr als 10 v.H. übersteigt (so auch die steuerliche Regelung der R 5.4 Abs. 4 EStR 2008 für Gegenstände des beweglichen AV und H 6.8 EStR 2008 für Roh-, Hilfs- und Betriebsstoffe). Bei Mindermengen sind immer Anpassungen erforderlich. 479

Die Messung der Festwertgröße erfolgt in der Praxis häufig über **Schlüsselgrößen** (Belegschaftsstärke, Länge des Gleisnetzes usw.). Zu beachten ist, dass diese sich u.a. durch Rationalisierung ändern können^{994}; ggf. sind daher Kontrollrechnungen in Betracht zu ziehen (z.B. Gegenüberstellung von Jahreszugängen und dem rechnerischen Abschreibungsbetrag^{995}). Die **Erhöhung** des Festwerts erfolgt durch Aufstockung (vgl. R 5.4 Abs. 3 S. 3 EStR 2008). Güter, die starken Wertschwankungen unterliegen, eignen sich nicht für die Festbewertung. Abnutzbare Anlagegüter müssen etwa gleiche Nutzungsdauern haben und sich auf die einzelnen Anschaffungsjahre ungefähr gleichmäßig verteilen, weil sonst die gesetzlichen Voraussetzungen (geringe Veränderung der Größe, des Werts und der Zusammensetzung des Bestands) nicht erfüllt sind. 480

Der Festwert soll i.d.R. alle drei Jahre durch eine **körperliche Bestandsaufnahme** überprüft werden (§ 240 Abs. 3 S. 2 HGB; vgl. hierzu auch *IDW St/HFA 1/1990)*. Es geht dabei v.a. darum, den mengenmäßigen Bestand festzustellen. Auch **steuerlich** gilt im Regelfall die Dreijahresfrist für die Bestandsaufnahme. Sie kann dort aber überschritten werden und ist spätestens an jedem fünften Abschlussstichtag vorzunehmen (vgl. R 5.4 Abs. 4 S. 1 EStR 2008). 481

Wegen **Gruppenbewertung** bei der Inventur (§ 240 Abs. 4 HGB) vgl. Tz. 21. Die Gruppenbewertung kommt auch im JA (§ 256 S. 2 HGB) für gleichartige Vermögensgegenstände des Vorratsvermögens in Betracht sowie für andere bewegliche Vermögensgegenstände, wenn sie annähernd gleichwertig sind. Die zu einer Gruppe zusammengefassten Vermögensgegenstände sind mit dem gewogenen Durchschnittswert anzusetzen. Nach § 240 Abs. 4 HGB kann die Gruppenbewertung auch für Schulden angewandt werden. Wegen Einzelheiten des Verfahrens vgl. ADS^6, § 240 HGB, Tz. 111; zur pauschalen Bewertung von Wohngebäuden vgl. *IDW RS WFA 1*, Tz. 7 und 25. Wegen Angaben im **Anhang** von KapGes. und Personenhandelsgesellschaften i.S.d. § 264a HGB zur Anwendung der Gruppenbewertung vgl. F Tz. 710 sowie zur Angabe eines Unterschiedsbetrages F Tz. 739 ff. Steuerlich ist die Gruppenbewertung ebenfalls anerkannt (vgl. R 6.8 Abs. 4 EStR 2008)^{996}. 482

---

993 Vgl. z.B. ADS^6, § 240 HGB, Tz. 99 ff. (auch zur Beachtung des Niederstwertprinzips und zum Ausweis von Veränderungen in Anlagespiegel und GuV); FM NW v. 12.12.1961, BStBl. II, S. 194, wonach bei einem Festwert für Gerüst und Schalungsteile 40 v.H. der Anschaffungskosten bzw. der niedrigeren Wiederbeschaffungskosten anzusetzen sind; ähnlich BMF-Schr. v. 26.02.1992, DStR, S. 542 ff. Zur Auswirkung von Abschreibungsänderungen auf die Höhe der Festwerte vgl. *Federmann*, DB 1983, S. 293 ff.

994 Vgl. ADS^6, § 240 HGB, Tz. 85 f.

995 Vgl. *Hax*, S. 198.

996 Vgl. dazu *Kulosa* in Schmidt, L., EStG^{30}, § 6, Rn. 414.

5. Währungsumrechnung (§ 256a HGB)

483 Vermögensgegenstände und Verbindlichkeiten, die nicht auf Euro, sondern auf fremde Währung lauten, sind i.R.d. **Folgebewertung**[997] zum Devisenkassamittelkurs am Abschlussstichtag ergebniswirksam umzurechnen (§ 256a S. 1 HGB); bei einer Restlaufzeit von bis zu einem Jahr sind dabei das Anschaffungswert- und das Realisationsprinzip nicht zu beachten (§ 256a S. 2 HGB). Zur Erstbewertung von Fremdwährungsgeschäften vgl. Tz. 332 und Tz. 587. Zur Umrechnung von Fremdwährungsabschlüssen im KA nach § 308a HGB vgl. Tz. 280 ff.

484 Unter die Währungsumrechnung nach § 256a HGB fallen insb. zum Abschlussstichtag noch nicht beglichene **Finanzforderungen und -verbindlichkeiten**, Sichteinlagen auf Bankkonten in fremder Währung sowie Betriebsvermögen ausländischer Zweigniederlassungen[998], das nach § 253 Abs. 3 und 4 HGB auf den niedrigeren beizulegenden Wert überprüft werden muss. Die Bewertung von Rückstellungen, deren Erfüllungsbetrag sich in fremder Währung bestimmt, richtet sich nach § 253 Abs. 1 S. 2 und Abs. 2 HGB; danach ist der Barwert des Erfüllungsbetrags mit dem jeweiligen Stichtagskurs, d.h. im Ergebnis mit dem Devisenkassakurs, umzurechnen[999]. Latente Steuern aus Wertunterschieden einer ausländischen Betriebsstätte sind zu jedem Abschlussstichtag zum Devisenkassamittelkurs umzurechnen[1000]. Eine Währungsumrechnung von RAP ist nicht erforderlich, da die Ausgaben bzw. Einnahmen bereits geleistet und somit im Zeitpunkt ihres Anfalls bereits in Euro umgerechnet wurden[1001].

485 Für die Währungsumrechnung ist nach § 256a S. 1 HGB der **Devisenkassamittelkurs** am Abschlussstichtag zu verwenden. Dabei handelt es sich um das arithmetische Mittel aus Geld- und Briefkurs des Devisenkassakurses am Abschlussstichtag, d.h. des Wechselkurses für auf ausländische Währung lautende Guthaben bei KI, Schecks und Wechsel, zu dem das Geschäft am Abschlussstichtag bei sofortiger Erfüllung abgewickelt würde[1002].

486 Haben Vermögensgegenstände und Verbindlichkeiten in fremder Währung eine **Restlaufzeit von mehr als einem Jahr**, sind bei der Währungsumrechnung das Realisationsprinzip (§ 252 Abs. 1 Nr. 4 zweiter Hs. HGB) und das Anschaffungswertprinzip (§ 253 Abs. 1 S. 1 HGB) zu beachten. Solche Vermögensgegenstände dürfen deshalb höchstens zu ihren (ggf. fortgeführten) AHK bewertet werden und sind bei Vorliegen eines niedrigeren beizulegenden Werts (§ 253 Abs. 3 und 4 HGB) abzuschreiben. Verbindlichkeiten mit einer Restlaufzeit von mehr als einem Jahr sind dagegen mindestens mit dem im Zugangszeitpunkt umgerechneten Erfüllungsbetrag zu passivieren.

487 Haben Vermögensgegenstände und Verbindlichkeiten in fremder Währung dagegen eine **Restlaufzeit von bis zu einem Jahr**, sind sie, ohne Beachtung des Realisations- und des Anschaffungswertsprinzips, immer zum Devisenkassamittelkurs am Abschlussstichtag umzurechnen (§ 256a S. 2 HGB), d.h. auch dann, wenn dies zum Ansatz unrealisierter

---

997 Vgl. *Gelhausen/Fey/Kämpfer*, BiMoG, Kap. J, Rn. 62; *Kessler* in Kessler/Leinen/Strickmann, Handbuch BilMoG², S. 415; *Küting/Mojadadr* in HdR⁵, § 256a HGB, Rn. 42.
998 Zur Währungsumrechnung ausländischer Zweigniederlassungen vgl. *Gelhausen/Fey/Kämpfer*, BilMoG, Kap. J, Rn. 92 ff.
999 Vgl. *Gelhausen/Fey/Kämpfer*, BilMoG, Kap. J, Rn. 80; *Küting/Mojadar* in HdR⁵, § 256a HGB, Rn. 86; *Hommel/Laas*, BB 2008, S. 1666 (1669).
1000 Vgl. *Gelhausen/Fey/Kämpfer*, BilMoG, Kap. J, Rn. 86; *Küting/Mojadadr* in HdR⁵, § 256a HGB, Rn. 87.
1001 Vgl. *Gelhausen/Fey/Kämpfer*, BilMoG, Kap. J, Rn. 81; *Küting/Mojadadr* in HdR⁵, § 256a HGB, Rn. 88; *Winnefeld*, Bilanzhandbuch⁴, Kap. M, Rn. 530.
1002 Vgl. *Kozikowski/Leistner* in BeBiKo⁷, § 256a, Rn. 11; *Küting/Mojadadr* in HdR⁵, § 256a HGB, Rn. 9; *Gelhausen/Fey/Kämpfer*, BilMoG, Kap. J, Rn. 65.

Gewinne oberhalb der (ggf. fortgeführten) AHK führt. Dies gilt für monetäre Posten ohne Restlaufzeit, z.B. Sichteinlagen auf Bankkonten, entsprechend[1003].

488 Umrechnungsdifferenzen aus der Währungsumrechnung nach § 256a HGB sind **ergebniswirksam** zu erfassen. KapGes. und Personenhandelsgesellschaften i.S.d. § 264a HGB haben diese gesondert unter den Posten „sonstige betriebliche Aufwendungen" bzw. „sonstige betriebliche Erträge" auszuweisen (§ 277 Abs. 5 S. 2 HGB; vgl. F Tz. 552) und über die Währungsumrechnung im **Anhang** zu berichten (§ 284 Abs. 2 Nr. 2 HGB; vgl. F Tz. 720 ff.).

489 Grds. ist § 256a HGB nach § 5 Abs. 1 S. 1 EStG auch für die StB zu beachten. Wenn aber in der HB aufgrund der reinen Stichtagsbewertung unrealisierte **Kursgewinne** auszuweisen sind, kommt es zur Durchbrechung der Maßgeblichkeit aufgrund des steuerlich zwingend zu beachtenden Anschaffungskostenprinzips[1004]. Aufgrund des Bewertungsvorbehalts (§ 5 Abs. 6 i.V.m. § 6 Abs. 1 Nr. 1 S. 1, Nr. 2 S. 2 EStG) kann es wegen § 256a S. 2 HGB nach wohl herrschender Meinung in der StB nicht zum Ausweis unrealisierter Währungsgewinne kommen[1005].

490 Aufgrund der Stichtagsumrechnung des § 256a S. 2 HGB kommt es in der HB zum Ausweis nicht realisierter **Kursverluste**. In der StB ist der Ansatz eines reduzierten Teilwerts nach § 6 Abs. 1 Nr. 2 EStG nur bei einer voraussichtlich dauernden Wertminderung zulässig. Das Erfordernis einer voraussichtlich dauernden Wertminderung führt dann zu einer Durchbrechung der Maßgeblichkeit, wenn die voraussichtlich dauernde Wertminderung nicht nachgewiesen wird. In diesem Fall sind zwingend die Anschaffungskosten anzusetzen. Wird hingegen die voraussichtlich dauernde Wertminderung nachgewiesen, besteht nach § 6 Abs. 1 Nr. 2 S. 2 EStG das Wahlrecht, den niedrigeren Wert anzusetzen. Eine Maßgeblichkeit des § 256a S. 2 HGB liegt somit nicht vor[1006].

6. Bewertung bestimmter Vermögensgegenstände

a) Immaterielle Vermögensgegenstände

491 Als immaterielle Vermögensgegenstände des AV werden im Gliederungsschema für die Bilanz der KapGes. (§ 266 HGB) neben entgeltlich erworbenen Konzessionen, gewerblichen Schutzrechten und ähnlichen Rechten und Werten sowie Lizenzen an solchen Rechten und Werten einschließlich der Anzahlungen hierauf auch selbst geschaffene gewerbliche Schutzrechte und ähnliche Rechte und Werte sowie der Geschäfts- oder Firmenwert bezeichnet[1007]. Nicht ausdrücklich im Gliederungsschema genannt werden selbst geschaffene immaterielle Vermögensgegenstände, die sich noch in der Entwicklung befinden, sowie unentgeltlich erworbene immaterielle Vermögensgegenstände. Sie fallen unter „selbst geschaffene gewerbliche Schutzrechte und ähnliche Rechte und Werte"[1008].

1003 Vgl. *Kozikowski/Leistner* in BeBiKo[7], § 256a, Rn. 54; *Gelhausen/Fey/Kämpfer*, BilMoG, Kap. J, Rn. 78.
1004 *Hübner/Leyh*, DStR 2010, S. 1951 ff.
1005 *Kulosa* in Schmidt, L., EStG[30], § 6, Rn. 22, *Kotzikowski/Leistner* in BeBiKo[7], § 256a, Rn. 51.
1006 *Hübner/Leyh*, DStR 2010, S. 1951 ff.; a.A. *Schüttler/Stolz/Jahr*, DStR 2010, S. 768 (Maßgeblichkeit des § 256a HGB für dieStB).
1007 Zu Wettbewerbsverboten vgl. *Ellrott/Brendt* in BeBiKo[7], § 255, Rn. 325; *Lüdenbach/Völkner*, BB 2008, S. 1162 (1166).
1008 Vgl. hierzu Begr. RegE BilMoG, BT-Drucks. 16/10567, S. 63; *Gelhausen/Fey/Kämpfer*, BilMoG, Kap. E, Rn. 119 ff.; *Kessler* in Kessler/Leinen/Strickmann, Handbuch BilMoG[2], S. 231.

aa) Entgeltlich erworbene Konzessionen, gewerbliche Schutzrechte und ähnliche Rechte und Werte

492 Für entgeltlich erworbene immaterielle Vermögensgegenstände besteht grds. Ansatzpflicht (§ 246 Abs. 1 S. 1 HGB)[1009]. Zu den Anschaffungskosten von entgeltlich erworbener **Standardsoftware** (einschl. ERP-Software) rechnen neben dem Kaufpreis auch die Customizing-Ausgaben, soweit sie entweder der Herstellung der Betriebsbereitschaft der Software dienen oder i.Z.m. Maßnahmen zur Erweiterung oder wesentlichen Verbesserung der Software anfallen, für die ein Dritter das Herstellungsrisiko trägt[1010]. Ausgaben i.Z.m. der Registrierung von Stoffen nach der **REACH-Verordnung**[1011] dürfen mangels Einzelzurechenbarkeit nicht als Anschaffungsnebenkosten erworbener Stoffe aktiviert werden[1012]; bei Erwerb eines Produktionsrechts (Nutzungsrecht am Know-how zur Produktion eines Stoffes) stellen sie jedoch Anschaffungsnebenkosten dar. Zur grds. Aktivierbarkeit von REACH-Ausgaben als eigenständiger immaterieller Vermögensgegenstand des AV vgl. Tz. 92, 95.

493 Zur Bewertung entgeltlich und unentgeltlich erworbener **Schadstoffemissionsrechte** vgl. *IDW RS HFA 15* (Zuordnung zum UV)[1013]. Ebenso sind **Ökopunkte** i.S.d. § 16 BNatSchG grds. nach den Vorschriften für das UV zu bewerten, unabhängig davon, ob sie zum Zweck der Erzielung von Spekulationsgewinnen oder zum Zweck des Verbrauchs für eigene künftige naturschädigende Eingriffe entgeltlich erworben bzw. mittels der Durchführung kompensierender Maßnahmen selbst erstellt wurden[1014] (vgl. zum Ansatz Tz. 94).

494 Immaterielle Vermögensgegenstände des AV unterliegen i.d.R. einer laufenden Wertminderung[1015]. Sie sind daher **planmäßig abzuschreiben** (§ 253 Abs. 3 S. 1 und 2 HGB). Die Nutzungsdauer ist vorsichtig anzusetzen, da derartige Werte schwer schätzbar sind und sich schnell verflüchtigen können[1016]; ggf. sollten für die ersten Jahre höhere Abschreibungen vorgenommen werden[1017]. Außerplanmäßige Abschreibungen nach § 253 Abs. 3 S. 3 HGB sind vorzunehmen, wenn eine **voraussichtlich dauernde Wertminderung** vorliegt (z.B. wegen neuer Erfindungen, die ein Patent wertlos machen)[1018]. Zuschreibungen sind geboten, wenn die Gründe für außerplanmäßige Abschreibungen nicht mehr bestehen (§ 253 Abs. 5 S. 1 HGB); vgl. dazu Tz. 438.

1009 Vgl. ADS[6], § 248 HGB, Tz. 12; *Kozikowski/F. Huber* in BeBiKo[7], § 247, Rn. 389; zur Abgrenzung des Erwerbs vom Dauerschuldverhältnis vgl. *Brebeck/Herrmann*, S. 65; hierzu auch *IDW RS HFA 11*, Tz. 23; *Niemann*, S. 13 f.

1010 Vgl. im Einzelnen *IDW RS HFA 11*, Tz. 17 ff. und Tz. 24 ff.; *Suermann*, S. 55; vgl. auch *Peter*, DB 2003, S. 1341 (Installation als Herstellungsvorgang); *Scharfenberg/Marquardt*, DStR 2004, S. 195; *Pergens/Niemann*, StuB 2004, S. 997; steuerlich BMF-Schr. v. 18.11.2005, BStBl. I, S. 1025.

1011 Verordnung (EG) Nr. 1907/2006 des Europäischen Parlaments und des Rates vom 18.12.2006.

1012 Vgl. *Roß/Drögemüller*, BB 2006, S. 1044 (1046 f.); zur Abgrenzung der mit REACH im Zusammenhang stehenden Ausgaben vgl. RIC Anwendungshinweis IFRS (2009/01).

1013 Vgl. *Hoffmann/Lüdenbach*, DB 2006, S. 57; *Patek*, WPg 2006, S. 1152; *Völker-Lehmkuhl*, DB 2005, S. 785; *Rogler*, KoR 2005, S. 255 (260); steuerlich BMF-Schr. v. 06.12.2005, BStBl. I, S. 1047.

1014 Vgl. *Junker/Weiler*, StB 2010, S. 268.

1015 Vgl. *HFA*, FN-IDW 2003, S. 524; ADS[6], § 253 HGB, Tz. 356; ausführlich *Kozikowski/Roscher/Schramm* in BeBiKo[7], § 253, Rn. 382 ff.; vgl. auch *Brösel/Olbrich* in HdR[5], § 253 HGB, Rn. 425 f.; *Sommerhoff*, S. 111 m.w.N.; zu sog. generic domains vgl. BFH v. 19.10.2006, BStBl. II 2007, S. 301; zu sog. qualified domains vgl. *Wübbelsmann*, DStR 2005, S. 1659 (1662 ff.).

1016 Vgl. im Einzelnen *Kuhner* in HdJ, Abt. II/1, Rn. 344 ff.; *Dawo*, S. 108; zu Güterfernverkehrskonzessionen *IDW St/HFA 1/1992* nebst Ergänzung, WPg 1992, S. 609, und WPg 1995, S. 713; *Marx*, BB 1994, S. 2379; zu Warenzeichen (Marken) vgl. *HFA*, FN-IDW 1997, S. 611; *Tafelmeier*, S. 129; zur Bilanzierung von Marken allg. auch *Gerpott/Thomas*, DB 2004, S. 2485; *Greinert*; zu Internetauftritten (Webdateien) *Siegler*, S. 143; *Schick/Nolte*, DB 2002, S. 541 (546).

1017 Vgl. *Brösel/Olbrich* in HdR[5], § 253 HGB, Rn. 497.

1018 Vgl. auch *Kozikowski/Roscher/Schramm* in BeBiKo[7], § 253, Rn. 386.

Steuerlich sind abnutzbare Wirtschaftsgüter des AV planmäßig abzuschreiben (§ 6 Abs. 1 **495** Nr. 1, § 7 EStG). Hierbei kommt für immaterielle Wirtschaftsgüter nur die **lineare Absetzung** in Betracht (R 7.1 Abs. 1 Nr. 2 EStR 2008). Immaterielle Wirtschaftsgüter sind abnutzbar, wenn sie einem wirtschaftlichen Werteverzehr unterliegen. Das ist insb. der Fall, wenn sie für ihre Inhaber zeitlich nur begrenzt verfügbar sind. Nicht abnutzbar sind allerdings solche zeitlich begrenzten Rechte, bei denen mit einer wiederkehrenden Verlängerung zu rechnen ist, sodass diese Rechte wirtschaftlich unbegrenzt zur Verfügung stehen[1019].

bb) Selbst geschaffene immaterielle Vermögensgegenstände

Für selbst geschaffene immaterielle Vermögensgegenstände des AV besteht grds. ein **496** **Ansatzwahlrecht** (§ 248 Abs. 2 S. 1 HGB)[1020]; für selbst geschaffene Marken, Drucktitel, Verlagsrechte, Kundenlisten oder vergleichbare Vermögensgegenstände des AV besteht dagegen ein Ansatzverbot (§ 248 Abs. 2 S. 2 HGB). Bei fremdvergebenen Entwicklungsaufträgen liegt ein eigener Herstellungsvorgang vor, wenn das bilanzierende Unternehmen das Risiko einer nicht erfolgreichen Realisierung (Herstellungsrisiko) trägt[1021].

Die Zugangsbewertung erfolgt mit den **Herstellungskosten** (§ 253 Abs. 1 S. 1 HGB), **497** deren Umfang durch § 255 Abs. 2a HGB konkretisiert wird. Zu den Herstellungskosten zählen grds. die vom Zeitpunkt des Übergangs von der Forschungs- zur Entwicklungsphase bis zum Ende der Entwicklungsphase anfallenden und gem. den allgemeinen Grundsätzen des § 255 Abs. 2 HGB einzubeziehenden Einzel- und Gemeinkosten sowie die nach § 255 Abs. 3 S. 2 HGB aktivierbaren Zinsen[1022]. Herstellungskosten für selbst geschaffene immaterielle Vermögensgegenstände des AV sind jedoch nur dann aktivierbar, wenn am Abschlussstichtag mit hoher Wahrscheinlichkeit davon ausgegangen werden kann, dass ein fertiger immaterieller Vermögensgegenstand entstehen wird[1023].

Ein sequentieller Ablauf von **Forschung und Entwicklung** erlaubt grds. eine klare Abgrenzung der einzubeziehenden Kosten. In der Praxis können sich jedoch die beiden **498** Phasen überschneiden oder im Zeitverlauf abwechseln[1024]. Gelingt den Kostenrechnungssystemen nicht mit vertretbarem Aufwand eine vollständige Zuordnung aller Ausgaben zu den Phasen der Forschung und der Entwicklung, so steht dies nicht der Ak-

---

[1019] Zur Abnutzbarkeit entgeltlich erworbener Warenzeichen (Marken) BMF-Schr. v. 12.07.1999, BStBl. I, S. 656 (grds. Nutzungsdauer von 15 Jahren); zu ERP-Software BMF-Schr. v. 18.11.2005, BStBl. I, S. 1025 (grds. Nutzungsdauer von fünf Jahren); zu Güterfernverkehrskonzessionen BMF-Schr. v. 12.03.1996, BStBl. II, S. 372; zu Belieferungsrechten (Abonnements) BFH v. 03.08.1993, BStBl. II 1994, S. 444; zu Zuckerrübenlieferrechten BFH v. 17.03.2010, BB, S. 1721; zu Milchlieferrechten BFH v. 29.04.2009, BB, S. 2195; zu weiteren Einzelfällen abnutzbarer und nicht abnutzbarer immaterieller Wirtschaftsgüter *Kulosa* in Schmidt, L., EStG[30], § 7, Rn. 30.

[1020] Zu unentgeltlich erworbenen Vermögensgegenständen vgl. *Gelhausen/Fey/Kämpfer*, BilMoG, Kap. E, Rn. 91 f.; zum Grundsatz der Ansatzstetigkeit vgl. *IDW RS HFA 38*; zur Abgrenzung ggü. Entwicklungskosten für Vermögensgegenstände des UV vgl. HFA, FN-IDW 2009, S. 694 (Bilanzierung von Entwicklungskosten in der Automobilzulieferindustrie).

[1021] Vgl. *Ellrott/Brendt* in BeBiKo[7], § 255, Rn. 490; *Kessler* in Kessler/Leinen/Strickmann, Handbuch BilMoG[2], S. 230; zum entgeltlichen Erwerb von Anwendungssoftware in Abgrenzung zur Eigenherstellung vgl. *IDW RS HFA 11*, Tz. 9 ff.

[1022] Vgl. zur Abgrenzung der Forschungs- von der Entwicklungsphase Begr. RegE BilMoG, BT-Drucks. 16/10067, S. 60; *Sommerhoff*, S. 107 m.w.N.; *Küting/Ellmann*, DStR 2010, S. 1300; *Kahle/Haas*, WPg 2010, S. 34 (37); zum Umfang der zu aktivierenden Kosten vgl. *Küting/Ellmann* in HdR[5], § 255 HGB, Rn. 390 ff.; *Kahle/Haas* in Baetge/Kirsch/Thiele, Bilanzrecht, § 255 HGB, Rn. 212 ff.

[1023] Vgl. Begr. RegE BilMoG, BT-Drucks. 16/10067, S. 60; *Gelhausen/Fey/Kämpfer*, BilMoG, Kap. E, Rn. 64 ff.; *Küting/Ellmann* in HdR[5], § 255 HGB, Rn. 396 ff.

[1024] Vgl. *Ellrott/Brendt* in BeBiKo[7], § 255, Rn. 488; *Hoffmann* in Lüdenbach/Hoffmann, IFRS[7], § 13, Rn. 34.

tivierung von eindeutig der Entwicklungsphase zuzuordnenden Ausgaben entgegen[1025]. Ist eine Unterscheidung insgesamt nicht verlässlich möglich oder ist das vorhandene Rechnungswesen nicht in der Lage, eine objektiv mögliche Trennung nachzuvollziehen, so ist eine Ausübung des Aktivierungswahlrechts insgesamt nicht zulässig (§ 255 Abs. 2a S. 4 HGB)[1026].

499 Selbst geschaffene immaterielle Vermögensgegenstände besitzen i.d.R. eine begrenzte Nutzungsdauer und sind daher **planmäßig abzuschreiben** (§ 253 Abs. 3 S. 1 und 2 HGB)[1027]. Das Ende der Entwicklungsphase bestimmt grds. unabhängig vom Nutzungsbeginn den Abschreibungsbeginn, es sei denn, es tritt in Ausnahmefällen bis zu einem zeitlich nachgelagerten Nutzungsbeginn keine rechtliche, technische oder wirtschaftliche Veralterung ein[1028].

500 **Außerplanmäßige Abschreibungen** auf den niedrigeren beizulegenden Wert sind nach den allgemeinen Vorschriften des § 253 Abs. 3 S. 3 HGB bei voraussichtlich dauernder Wertminderung vorzunehmen[1029]. Bei nur vorübergehender Wertminderung besteht dagegen ein Abwertungsverbot. Nach § 253 Abs. 5 S. 1 HGB besteht die Verpflichtung zur **Wertaufholung**, wenn die Gründe für außerplanmäßige Abschreibungen nicht mehr bestehen. Besteht kein aktiver Markt für den selbst geschaffenen immateriellen Vermögensgegenstand (z.B. neu entwickeltes Verfahren), sodass die Ermittlung des Wiederbeschaffungswertes problembehaftet ist, so kann der beizulegende Wert hilfsweise als Reproduktionswert oder Ertragswert bestimmt werden[1030]. Außerplanmäßige Abschreibungen sind analog zu der Behandlung von Anlagen im Bau auch bereits vor Ende der Entwicklungsphase geboten[1031].

501 **Steuerlich** ist für immaterielle Wirtschaftsgüter ein Aktivposten nur anzusetzen, wenn sie entgeltlich erworben wurden (§ 5 Abs. 2 EStG)[1032]. Das Aktivierungsverbot wird jedoch nicht wirksam, wenn ein Betrieb, Teilbetrieb oder Mitunternehmeranteil unentgeltlich übertragen wird. In diesem Fall hat der Erwerber das immaterielle Wirtschaftsgut mit dem Betrag anzusetzen, mit dem es beim Rechtsvorgänger aktiviert war (§ 6 Abs. 3 EStG). Keine Anwendung findet das Aktivierungsverbot ferner im Fall der Einlage. Selbst geschaffene oder unentgeltlich erworbene Wirtschaftsgüter, die aus dem Privatvermögen in ein Betriebsvermögen überführt werden, sind im Betriebsvermögen grds. mit dem Teil-

---

1025 Vgl. *Gelhausen/Fey/Kämpfer*, BilMoG, Kap. E, Rn. 78, 99. Zu den Anforderungen an ein adäquates Kostenrechnungssystem vgl. *v. Eitzen/Moog/Pyschny*, KoR 2010, S. 357 (360); *Seidel/Grieger/Muske*, BB 2009, S. 1286 (1289); *Hüttche*, StuB 2008, S. 163 (168).

1026 Vgl. *Ellrott/Brendt* in BeBiKo[7], § 255, Rn. 483; *Gelhausen/Fey/Kämpfer*, BilMoG, Kap. E, Rn. 78.

1027 Vgl. *Kessler* in Kessler/Leinen/Strickmann, Handbuch BilMoG[2], S. 196; keinen praktischen Anwendungsfall für einen nicht dem Ansatzverbot des § 248 Abs. 2 S. 2 HGB unterliegenden selbst geschaffenen immateriellen Vermögensgegenstand mit unbegrenzter Nutzungsdauer sieht auch *Arbeitskreis „Immaterielle Werte im Rechnungswesen"*, DB 2008, S. 1813 (1820); vgl. zu entgeltlich erworbenen immateriellen Vermögensgegenständen *HFA*, FN-IDW 10/2003.

1028 vgl. *Hoffmann/Lüdenbach*, Bilanzierung[2], § 253, Rn. 97; *Kessler* in Kessler/Leinen/Strickmann, Handbuch BilMoG[2], S. 197; *Arbeitskreis „Immaterielle Werte im Rechnungswesen"*, DB 2008, S. 1813 (1819).

1029 Vgl. *Kozikowski/Roscher/Schramm* in BeBiKo[7], § 253, Rn. 386 zu möglichen Gründen für einen außerplanmäßigen Abschreibungsbedarf.

1030 Vgl. *Kozikowski/Roscher/Schramm* in BeBiKo[7], § 253, Rn. 308 f.; *Brösel/Olbrich* in HdR[5], § 253 HGB, Rn. 581; zur möglichen Heranziehung der Grundsätze des IDW S 5 *Arbeitskreis „Immaterielle Werte im Rechnungswesen"*, DB 2008, S. 1813 (1820); dazu auch *Noodt* in Haufe HGB Kommentar[2], § 253, Rn. 238; *Mäder/Ehret*, BRZ 2009, S. 16 ff; zum Inhalt der grundlegenden Bewertungskonzepte vgl. *Moser*, S. 16 ff.

1031 Vgl. *Kozikowski/Roscher/Schramm* in BeBiKo[7], § 253, Rn. 381; *Gelhausen/Fey/Kämpfer*, BilMoG, Kap. E, Rn. 91 f.; analog zu Anlagen im Bau ADS[6], § 253 HGB, Tz. 357.

1032 Vgl. BFH v. 19.06.1997, BStBl. II, S. 808; dazu auch *Charlier*, NWB, F. 17a S. 1451 (1452); vgl. zur Abgrenzung zwischen Anschaffung und Herstellung von ERP-Software BMF-Schr. v. 18.11.2005, BStBl. I, S. 1025; *Groß/Georgius/Matheis*, DStR 2006, S. 339.

Bewertungsvorschriften E

wert zu erfassen (§ 6 Abs. 1 Nr. 5 EStG)[1033]. Wird ein immaterielles Wirtschaftsgut gegen Gewährung von Gesellschaftsrechten in eine KapGes. eingebracht, liegt eine tauschähnliche Anschaffung (entgeltlicher Erwerb) vor.

cc) Geschäfts- oder Firmenwert

Für den im Rahmen von Unternehmenserwerben im Wege der Einzelrechtsnachfolge (asset deals) entgeltlich erworbenen (derivativen) Geschäfts- oder Firmenwert gilt nach § 246 Abs. 1 S. 4 HGB eine **Ansatzpflicht** für alle Kaufleute[1034]; ein selbst erstellter (originärer) Geschäfts- oder Firmenwert ist dagegen nicht aktivierbar, weil es sich nicht um einen Vermögensgegenstand i.S.v. § 246 Abs. 1 S. 1 und § 248 Abs. 2 S. 1 HGB handelt. Angesetzt wird der Unterschiedsbetrag, um den die für die Übernahme eines Unternehmens bewirkte Gegenleistung den Wert des erworbenen Reinvermögens, d.h. der einzelnen Vermögensgegenstände des Unternehmens abzgl. der Schulden, im Zeitpunkt der Übernahme übersteigt[1035]. Liegt dagegen der Unternehmenskaufpreis unter dem Zeitwert der einzelnen Vermögensgegenstände abzgl. der Schulden, so ist zunächst sicherzustellen, dass die vorhandenen Schulden in vollem Umfang passiviert sind[1036]. Der verbleibende Minderwert ist im Rahmen eines willkürfreien Verfahrens vorrangig durch Abstockung der einzelnen nicht-monetären Vermögensgegenstände zu berücksichtigen[1037]. Als Verfahren kommt zunächst die proportionale Abstockung nach dem Verhältnis der Zeitwerte in Betracht; eine vorrangige Abstockung besonders risikobehafteter Vermögensgegenstände ist ebenfalls als zulässig zu erachten[1038]. Es erscheint sachgerecht, einen danach verbleibenden Betrag auf der Passivseite nach dem EK[1039] gesondert als negativen Geschäfts- oder Firmenwert auszuweisen, obwohl dieser Posten im Gliederungsschema des § 266 Abs. 3 HGB nicht vorgesehen ist[1040]. 502

Der Geschäfts- oder Firmenwert ist nach den Bewertungsregeln des § 253 Abs. 3 S. 1 und 2 HGB für Gegenstände des AV **planmäßig abzuschreiben**. Hierbei sind die individuelle betriebliche Nutzungsdauer und der individuelle Entwertungsverlauf zugrunde zu legen. Die Nutzungsdauer ist unabhängig von der steuerrechtlichen Regelung festzulegen. Zur Schätzung der Nutzungsdauer können die in DRS 4.33 für den KA genannten Faktoren sinngemäß für den JA herangezogen werden[1041]. Hinweise für eine sachgerechte Festlegung des Entwertungsverlaufs können die Ertragserwartungen der dem Kaufpreis zu- 503

1033 R 5.5 Abs. 3 S. 3 und 4 EStR 2008; wegen rechtlich ungeschützter, bereits publizierter Erfindungen (Teilwert 0 €) vgl. BFH v. 10.03.1993, BFH/NV, S. 595.

1034 Vgl. *Förschle/Kroner* in BeBiKo[7], § 246, Rn. 82; *Kußmaul* in HdR[5], § 246, Rn. 19; *van Hall* in Kessler/Leinen/Strickmann, Handbuch BilMoG[2], S. 134 ff.; zum Geschäfts- oder Firmenwert generell ADS[6], § 255 HGB, Tz. 257; *Kozikowski/F. Huber* in BeBiKo[7], § 247, Rn. 406 f.; *Richter* in HdJ, Abt. II/9, Rn. 10 ff.

1035 Zur Ermittlung vgl. ADS[6], § 255 HGB, Tz. 263 ff.; *Mujkanovic*, StuB 2010, S. 167; zur Zulässigkeit der Aufteilung des Geschäfts- oder Firmenwerts für Zwecke der individuellen Folgebewertung (in Anlehnung an DRS 4.20) *Gelhausen/Fey/Kämpfer*, BilMoG, Kap. E, Rn. 12 f.

1036 Z.B. Passivierung der Deckungslücke gem. Art. 28 Abs. 1 S. 2 EGHGB; vollständige Passivierung eines Umstellungseffekts infolge erstmaliger Anwendung der durch das BilMoG geänderten Vorschriften zur Bewertung von Pensionsrückstellungen (Art. 67 Abs. 1 S. 1 EGHGB); vgl. auch *IDW RS HFA 30*, Tz. 44).

1037 Vgl. ADS[6], § 255 HGB, Tz. 107 f.

1038 Vgl. ADS[6], § 255 HGB, Tz. 107 f.; a.A. (ausschließlich proportionale Abstockung zulässig) *Thiele/Kahling* in Baetge/Kirsch/Thiele, Bilanzrecht, § 255 HGB, Rn. 212 ff.

1039 Analog zum Ausweis des negativen Unterschiedsbetrags aus der Kapitalkonsolidierung gem. § 301 Abs. 3 S. 1 HGB.

1040 Vgl. ADS[6], § 255 HGB, Tz. 294 f.; *Noodt* in Haufe HGB Kommentar[2], § 246, Rn. 94 f.; hierzu auch *Moxter*, Geschäfts- oder Firmenwert, S. 853; *Groh*, S. 815; *Ossadnik*, BB 1994, S. 747; *Bachem*, BB 1995, S. 350; *Heurung*, DB 1995, S. 385.

1041 Vgl. *Kozikowski/Roscher/Schramm* in BeBiKo[7], § 253, Rn. 673; *Gelhausen/Fey/Kämpfer*, BilMoG, Kap. E, Rn. 19 f.

grunde liegenden Unternehmensbewertungen geben[1042]. Die Folgebewertung eines auf der Passivseite ausgewiesenen negativen Geschäfts- oder Firmenwerts ist analog zur Behandlung eines negativen Unterschiedsbetrags aus der Kapitalkonsolidierung gem. § 309 Abs. 2 HGB vorzunehmen (vgl. M Tz. 408 f.).

504 KapGes. und Personenhandelsgesellschaften i.S.d. § 264a HGB haben im **Anhang** die Gründe anzugeben, welche die Annahme einer betrieblichen Nutzungsdauer von mehr als fünf Jahren rechtfertigen (§ 285 Nr. 13 HGB)[1043]; vgl. F Tz. 744 ff. Davon unabhängig sind nach § 284 Abs. 2 Nr. 1 HGB die Methoden der Bilanzierung und Bewertung anzugeben; vgl. hierzu F Tz. 695 ff.

505 Bei **voraussichtlich dauernder Wertminderung** ist der Geschäfts- oder Firmenwert gem. § 253 Abs. 3 S. 3 HGB außerplanmäßig auf den niedrigeren beizulegenden Wert abzuschreiben[1044]. Ausgelöst werden kann die Pflicht zur außerplanmäßigen Abschreibung z.b. durch neue Erkenntnisse hinsichtlich der Verwertbarkeit erworbener Produkte oder den Wegfall von Umsätzen, die maßgeblich in die Bestimmung des Kaufpreises eingeflossen sind[1045]. Es gilt nach § 253 Abs. 5 S. 2 HGB ein **Wertaufholungsverbot**, um die (unzulässige) Aktivierung eines selbst geschaffenen Geschäfts- oder Firmenwerts zu vermeiden[1046].

506 In der **StB** ist ein originärer Geschäftswert ebenfalls nicht aktivierbar; das gilt auch für die Verbesserung des eigenen Geschäftswerts durch den Erwerb eines Unternehmens zwecks sofortiger Stilllegung[1047] oder der Anteile an einem Konkurrenzunternehmen zwecks Liquidation. Für den entgeltlich erworbenen (derivativen) Geschäftswert besteht dagegen Aktivierungspflicht in Höhe der Anschaffungskosten[1048]. Ein Geschäftswert kann nur mit der Übernahme eines Unternehmens im Ganzen oder eines mit einer gewissen Selbstständigkeit ausgestatteten Teilbetriebs erworben werden[1049]. Der Ansatz eines negativen Geschäftswerts ist nicht zulässig[1050].

507 Auf den Geschäfts- oder Firmenwert sind Absetzungen für Abnutzung (AfA) vorzunehmen, und zwar linear auf der Grundlage einer Nutzungsdauer von 15 Jahren (= 6 2/3% jährlich, § 7 Abs. 1 S. 3 EStG)[1051]. Abschreibungen auf einen aktivierten Geschäftswert

---

1042 Vgl. ADS[6], § 255 HGB, Tz. 282; *Kozikowski/Roscher/Schramm* in BeBiKo[7], § 253, Rn. 674; vgl. auch Begr. RegE BilMoG, BT-Drucks. 16/10067, S. 48.
1043 Ein Verweis auf die steuerliche Nutzungsdauer von 15 Jahren ist hier nicht ausreichend, vgl. Begr. RegE BilMoG, BT-Drucks. 16/10067, S. 70.
1044 Vgl. *Gelhausen/Fey/Kämpfer*, BilMoG, Kap. E, Rn. 23; ADS[6], § 255 HGB, Tz. 285; zur Wertfindung *Mujkanovic* StuB 2010, S. 167; *Noodt* in Haufe HGB Kommentar[2], § 253, Rn. 238.
1045 Vgl. *Kozikowski/Roscher/Schramm* in BeBiKo[7], § 253, Rn. 673; ADS[6], § 255 HGB, Tz. 284.
1046 Vgl. Begr. RegE BilMoG, BT-Drucks. 16/10067, S. 57; *Kozikowski/Roscher/Schramm* in BeBiKo[7], § 253, Rn. 676.
1047 Vgl. BFH v. 25.01.1979, BStBl. II, S. 369.
1048 Vgl. BMF-Schr. v. 20.11.1986, BStBl. I, S. 532; *Weber-Grellet* in Schmidt, L., EStG[30], § 5, Rn. 222; zu Einzelfragen des Geschäfts- oder Firmenwertes ferner *Schuhmann*, StBp. 1994, S. 50.
1049 BFH v. 17.03.1977, BStBl. II, S. 595.
1050 BFH v. 21.04.1994, BStBl. II, S. 745 (aber bei fehlender Abstockungsmöglichkeit Bilanzierung eines Ausgleichspostens in der Ergänzungsbilanz, der gegen künftige Gewinnanteile erfolgsmindernd abzuschreiben ist); hierzu auch *Preißer/Preißer*, DStR 2011, S. 133; *Weber-Grellet* in Schmidt, L., EStG[30], § 5, Rn. 226; ferner *Bachem*, BB 1993, S. 967 und S. 1976; *Ott*, DStR 1996, S. 2191; *Mujkanovic*, WPg 1994, S. 522; *Hoffmann*, DStR 1994, S. 1762; *Ossadnik* BB 1994, S. 747; *Heurung*, DB 1995, S. 385; *Pickhardt*, DStR 1997, S. 1095.
1051 Vgl. dazu BFH v. 28.09.1993, BStBl. II 1994, S. 449; *Weber-Grellet* in Schmidt, L., EStG[30], § 5, Rn. 227; BMF-Schr. v. 20.11.1986, BStBl. I, S. 532.

können außerdem auch durch Ansatz des niedrigeren Teilwerts[1052] vorgenommen werden; hierfür muss sich der Erwerb etwa als Fehlmaßnahme erwiesen haben oder die Rentabilität des erworbenen Unternehmens muss nachhaltig gesunken sein[1053].

b) Grundstücke und Gebäude

Grundstücke und grundstücksgleiche Rechte (z.B. Erbbaurecht, Bergwerkseigentum, Dauernutzungsrecht) sind mit den **Anschaffungskosten**, Gebäude mit den AHK nach Abzug angemessener Abschreibungen (vgl. Tz. 321 und Tz. 382) anzusetzen[1054]. Kosten für die besondere Herrichtung des Grundstücks wie Planierung, Entwässerung, Parzellierung, Melioration sowie auch Entkontaminierung zählen zu den AHK[1055]. Auch die Übernahme von Verpflichtungen gegenüber Dritten, die nicht unmittelbar zu einer Wertsteigerung des Grundstücks führen (z.B. Aufforstung, Lärmschutz und andere Infrastrukturmaßnahmen auf Nachbargrundstücken) stellen Anschaffungskosten dar, wenn die Verpflichtungsübernahme für den Erwerb erforderlich war[1056]. Bei Erwerb in der Zwangsversteigerung als Hypothekengläubiger deckt sich der Anschaffungspreis nicht ohne Weiteres mit dem Höchstgebot, da diesem Betrag ggf. ein begrenzter Forderungsausfall hinzugerechnet werden muss[1057]. Das Grundstück darf jedoch keinesfalls über dem Verkehrswert bewertet werden (vgl. Tz. 334). Jährlich zu entrichtende Erbbauzinsen stellen keine Anschaffungskosten des Erbbaurechts dar, sondern sind Nutzungsentgelte, die bei Fälligkeit als Aufwand zu verrechnen sind; vgl. auch F Tz. 240 (steuerlich). Bei Grundstücken, die nach Bebauung veräußert werden sollen und infolgedessen als einheitlicher Vermögensgegenstand des UV zu behandeln sind, dürfen unter den Voraussetzungen des § 255 Abs. 3 S. 2 HGB auch Zinsen für Fremdkapital, das zur Finanzierung des Erwerbs des Grund und Bodens aufgenommen wurde, in die Herstellungskosten einbezogen werden[1058]. Eine gemeinsame Bewertung von Grund und Boden sowie Gebäuden kommt jedoch nicht in Betracht, sofern diese zum AV gehören[1059].

508

Abbruchkosten können bei einem gekauften Grundstück als Anschaffungsnebenkosten angesehen werden, wenn das Grundstück in der Absicht erworben wurde, die alten abbruchreifen Baulichkeiten abzureißen und neue dafür zu errichten[1060]. Der aktivierte Betrag ist um die Erlöse für Abbruchmaterialien zu kürzen. Unerwartet hohe Abbruchkosten sind auf einen angemessenen Betrag zu kürzen. Stellt sich erst nach dem Kauf heraus, dass ein Neubau oder Umbau notwendig ist, dürfen Abbruchkosten nicht aktiviert werden. Anschaffungsnahe Aufwendungen i.Z.m. der erstmaligen Herstellung der Betriebsbereit-

509

1052 Vgl. *Stobbe* in HHR, EStG/KStG, § 6 EStG, Rn. 726; *Kulosa* in Schmidt, L., EStG[30], § 6, Rn. 315; *Wagner/Schomaker*, DB 1987, S. 1365; *Schuhmann*, StBp. 1994, S. 50 und S. 201 (Praxiswert); *Zwingmann*, BB 1994, S. 2314.

1053 Vgl. BFH v. 13.04.1983, BStBl. II, S. 667; FG BaWü. v. 21.06.1991, EFG 1992, S. 63. Ablehnend zur Zerlegung des Geschäftswertes *Weber-Grellet* in Schmidt, L., EStG[30], § 5, Rn. 230. Krit. *Zeitler*, DStR 1988, S. 303.

1054 Vgl. *Kahle/Heinstein* in HdJ, Abt. II/2, Rn. 61 ff.; *Kühnberger/Wilke*, S. 200 ff.; *Ranker*, S. 153 ff.; zu Nutzungsrechten an Grundstücken vgl. *Kußmaul*, StuW 1988, S. 46; zur Gebäudeabschreibung *Fugger*, DB 1987, S. 2473; zur Gruppenbildung bei der Bewertung von Wohngebäuden vgl. *IDW RS WFA 1*, Tz. 7.

1055 Vgl. *Ellrott/Brendt* in BeBiKo[7], § 255, Rn. 400.

1056 Vgl. zum finalen Anschaffungskostenbegriff ADS[6], § 255 HGB, Tz. 8.

1057 Vgl. im Einzelnen ADS[6], § 255 HGB, Tz. 76 m.w.N.; *Knop/Küting* in HdR[5], § 255 HGB, Rn. 119; krit. hierzu *Wohlgemuth* in HdJ, Abt. I/9, Rn. 94; steuerlich vgl. H 6.2 EStR 2008 (Zwangsversteigerung).

1058 Vgl. *IDW RS HFA 31*, Tz. 26.

1059 Vgl. HFA, FN-IDW 2005, S. 582; *IDW RS WFA 1*, Tz. 12.

1060 Vgl. ADS[6], § 255 HGB, Tz. 24 m.w.N.; *Ellrott/Brendt* in BeBiKo[7], § 255, Rn. 373 f.; *Schoor*, DStZ 1999, S. 255; teilw. a.A. *Brösel/Olbrich* in HdR[5], § 253 HGB, Rn. 90 ff. (Anschaffungsnebenkosten nur bei völliger Wertlosigkeit der Baulichkeiten im Erwerbszeitpunkt).

schaft des Gebäudes sind unter der Voraussetzung des § 255 Abs. 1 HGB als Anschaffungsnebenkosten zu aktivieren. Dazu gehören **Reparaturkosten** zur Beseitigung von Mängeln an Gebäudeteilen, die für die Nutzung unerlässlich sind, nicht aber Ausgaben für Schönheitsreparaturen[1061].

510 Werden nach erstmaliger Betriebsbereitschaft an bestehenden Gebäuden Baumaßnahmen durchgeführt, liegt aktivierungspflichtiger Herstellungsaufwand (**nachträgliche Herstellungskosten**) vor, wenn die Baumaßnahmen als Herstellung eines neuen Gebäudes anzusehen sind (im Fall einer Wiederherstellung des Gebäudes nach technischem/wirtschaftlichem Vollverschleiß oder im Fall einer nachhaltigen Wesensänderung), das Gebäude erweitert wird (z.B. durch Aufstockung oder Anbau) oder über den ursprünglichen Zustand und über eine zeitgemäße Erneuerung hinaus der Gebrauchswert des Gebäudes im Ganzen deutlich erhöht wird (§ 255 Abs. 2 S. 1 HGB), insb. im Fall einer wesentlichen Verlängerung der Nutzungsdauer oder der wesentlichen Verbesserung der Gebäudequalität[1062]. Diese Aktivierungsvoraussetzungen gelten auch für nach der erstmaligen Inbetriebnahme anfallende anschaffungsnahe Aufwendungen, unabhängig von deren zeitlicher Nähe oder deren Höhe[1063]. In allen anderen Fällen liegt nicht aktivierbarer **Erhaltungsaufwand** vor.

511 **Planmäßige Abschreibungen** sind bei unbebauten **Grundstücken** im Allgemeinen nicht erforderlich. Wertminderung durch Verschlechterung der Lage, Baubeschränkungen, Hochwasser, Erdbeben usw. ist durch **außerplanmäßige Abschreibungen** zu berücksichtigen[1064]. Bei betrieblich ausgebeuteten Grundstücken (Steinbrüche, Kohlenfelder, Kiesgruben usw.) sind auf den Anteil, welcher auf die auszubeutenden Bodenschätze entfällt, Abschreibungen entsprechend der Substanzverminderung vorzunehmen[1065]. Zur komponentenweisen planmäßigen Abschreibung von Sachanlagen vgl. *IDW RH HFA 1.016*[1066].

1061 Vgl. ADS⁶, § 255 HGB, Tz. 14 und 25 (Aktivierungspflicht von Reparaturkosten, soweit bei Grundstückserwerb beim Anschaffungspreis berücksichtigt; keine Aktivierbarkeit bei nachträglich erkannten Mängeln); allg. zur Abgrenzung zwischen Anschaffungs- und Herstellungskosten bei Reparaturen vgl. *Wohlgemuth* in HdJ, Abt. I/9, Rn. 48 f.

1062 Vgl. *IDW St/WFA 1/1996* (auch zur Behandlung von Ausgaben für zusammenhängende Baumaßnahmen); ADS⁶, § 255 HGB, Tz. 118; *Ellrott/Brendt* in BeBiKo⁷, § 255, Rn. 375 ff.; *Knop/Küting* in HdR⁵, § 255 HGB, Rn. 330 ff.; zu nachträglichen AHK im Fall der komponentenweisen planmäßigen Abschreibung von Sachanlagen *IDW RH HFA 1.016*, Tz. 6; zu steuerlichen Kriterien zur Abgrenzung zwischen Herstellungs- und Erhaltungsaufwand, die zur handelsrechtlichen Beurteilung herangezogen werden können, vgl. BFH v. 12.09.2001, BB 2002, S. 1350; BFH v. 22.01.2003, BStBl. II, S. 596; BMF-Schr. v. 18.07.2003, BStBl. I, S. 386; *Spindler*, DStR 2002, S. 2041.

1063 Vgl. ADS⁶, § 255 HGB, Tz. 42 und 14 (hier auch zur Abgrenzung von nachträglichen Anschaffungskosten zu nachträglichen Herstellungskosten); hierzu auch *Knop/Küting* in HdR⁵, § 255 HGB, Rn. 43 ff.

1064 Vgl. *Kozikowski/Roscher/Schramm* in BeBiKo⁷, § 253, Rn. 391; zur Unzulässigkeit der Verrechnung von gegenläufigen Wertentwicklungen von Grundstücken und Gebäuden vgl. *IDW*, FN-IDW 2005, S. 582; zur Berücksichtigung von Schadstoffbelastungen als Abschreibung oder Rückstellung vgl. *IDW*, WPg 1992, S. 250; *IDW*, WPg 1994, S. 545; dazu auch ADS⁶, § 253 HGB, Tz. 479; *Herzig*, WPg 1991, S. 610; *Bartels*, WPg 1992, S. 74; *Budde*, S. 101; *Streim*, BFuP 1994, S. 63; *Philips*; kein Konkurrenzverhältnis zwischen Abschreibung und Rückstellungsbildung sehen *Kozikowski/Schubert* in BeBiKo⁷, § 249, Rn. 100; steuerlich BMF-Schr. v. 11.05.2010, BStBl. I, S. 495. Zur Abgrenzung von aktivierungspflichtigen nachträglichen Herstellungskosten gem. § 255 Abs. 2 S. 1 HGB und Wertaufholungen gem. § 253 Abs. 5 S. 1 HGB bei Altlastensanierung vgl. *Herzig*, Das magische Dreieck, S. 227; *Siegel*, DB 1995, S. 537. Wegen ö.-r. Baulasten vgl. *Metzger/Neubacher*, BB 1995, S. 867.

1065 Vgl. *Kozikowski/Roscher/Schramm* in BeBiKo⁷, § 253, Rn. 390 und 393 (für Wahlrecht zwischen Leistungsabschreibung und linearer Abschreibung bei Ausbeutungsrechten). Steuerlich Absetzung für Substanzverringerung (AfS), vgl. R 7.5 EStR 2008.

1066 Vgl. *Herzig/Briesemeister/Joisten/Vossel*, WPg 2010, S. 561; *Keller/Gütlbauer*, StuB 2011, S. 11; *Hommel/Rößler*, BB 2009, S. 2526; *Husemann*, WPg 2010, S. 507.

BewertungsvorschriftenE

Zur Abschreibung auf **Wohngebäude** in der HB von Wohnungsunternehmen vgl. *IDW St/ WFA 1/1993*[1067]. Zu außerplanmäßigen Abschreibungen bei nicht rentierlichem Herstellungsaufwand bei Gebäuden vgl. *IDW St/WFA 1/1996*; zu außerplanmäßigen Abschreibungen bei strukturellem Leerstand bei zur Vermietung vorgesehenen Wohngebäuden vgl. *IDW RS WFA 1*; zu außerplanmäßigen Abschreibungen auf Wohngebäude aufgrund von Mietpreisbindungen im sozialen Wohnungsbau vgl. *WFA*, FN-IDW 2002, S. 342.

Bei Baulichkeiten, die **auf fremdem Grund und Boden** errichtet sind[1068], ist zu unterscheiden zwischen Baulichkeiten, die nach §§ 93, 94 und 946 BGB in das Eigentum des Grundstückseigentümers übergehen, und solchen, an denen der Berechtigte infolge nur vorübergehender Verbindung das Eigentum behält (§ 95 BGB)[1069]. Im ersten Fall müssen die Abschreibungen bei Ablauf des Vertrags mindestens auf den Betrag vorgenommen worden sein, den der Berechtigte vom Grundstückseigentümer mangels anderweitiger vertraglicher Abmachungen nach § 951 BGB als Vergütung für den durch die Verbindung eingetretenen Rechtsverlust verlangen kann (vgl. §§ 812 ff. BGB). Bleibt das Eigentum des Berechtigten dagegen erhalten, und ist eine Übernahme durch den Grundstückseigentümer nicht vorgesehen, so sind die Baulichkeiten bis zum Ablauf des Vertrags auf ihren Abbruchwert abzuschreiben. Bei Bestehen einer Verpflichtung zur Wiederherstellung des früheren Zustandes ist ggf. die Bildung einer Rückstellung erforderlich (vgl. Tz. 218). 512

Bewertung in der StB: Der **Grund und Boden**[1070] gehört zu den nicht abnutzbaren Wirtschaftsgütern; er ist mit den Anschaffungskosten anzusetzen. Dauerhafte Wertminderungen können jedoch durch Abwertung auf den Teilwert berücksichtigt werden[1071]. Die Bestimmung der Anschaffungskosten richtet sich nach den allgemeinen Grundsätzen. Zu den Anschaffungskosten gehören danach alle Aufwendungen, die geleistet werden, um das Grundstück zu erwerben und es in einen dem angestrebten Zweck entsprechenden, z.B. betriebsbereiten Zustand zu versetzen. Ob sie vor oder nach dem Erwerbszeitpunkt anfallen, spielt dabei keine Rolle. Neben dem Anschaffungspreis und den Anschaffungsnebenkosten sind auch die nachträglichen Anschaffungskosten zu berücksichtigen. Hierzu gehören v.a. die Aufwendungen für Maßnahmen, die die Benutzbarkeit des angeschafften Grundstücks erhöhen und seinen Wert steigern. Beispiele sind Erschließungsbeiträge für die Erstanlage einer Straße, Beiträge für den Erstanschluss an eine Kanalisation oder Aufwendungen für die Gas- und Stromversorgung[1072]. Bleibt das Grundstück in Substanz und Wesen unverändert, liegen sofort abziehbare Betriebsausgaben vor[1073]. Nach der Rechtsprechung gilt das auch, wenn die Ersetzung oder Modernisierung von Erschließungseinrichtungen zu einer Wertsteigerung des Grundstücks führt[1074]. Beziehen sich die Aufwendungen dagegen ausschließlich auf die erstmalige 513

1067 Zur Bewertung von nicht verkauften Eigentumswohnungen und Eigenheimen sowie von unbebauten Grundstücken in den JA von Wohnungsunternehmen (Umlaufvermögen) vgl. *IDW St/WFA 1/1975*. Zur Bewertung von Immobilien allg. vgl. *IDW PH 9.522.1*.
1068 Vgl. hierzu auch ADS[6], § 266 HGB, Tz. 42; BGH v. 06.11.1995, DStR 1996, S. 187; *Kusterer*, DStR 1996, S. 438; *Groh*, BB 1996, S. 1487.
1069 Vgl. auch *Kupsch*, BB 1981, S. 212, sowie *Crezelius*, DB 1983, S. 2019.
1070 Zum Begriff siehe *Kulosa* in Schmidt, L., EStG[30], § 6, Rn. 403.
1071 Vgl. *Kulosa* in Schmidt, L., EStG[30], § 6, Rn. 271 f.; zur retrograden Ermittlung des Teilwerts vgl. BFH v. 09.11.1994, FR 1995, S. 410; zu Teilwertabschreibungen bei schadstoffbelasteten Grundstücken vgl. BMF-Schr. v. 11.05.2010, BStBl. I, S. 495.
1072 Vgl. BFH v. 14.03.1989, BFH/NV, S. 633, und v. 10.05.1994, BFH/NV, S. 855, v. 03.07.1997, BStBl. II, S. 811.
1073 OFD Münster v. 01.02.1990, DB, S. 2240. Detailliert BFH v. 18.09.1964, BStBl. III 1965, S. 85.
1074 BFH v. 02.05.1990, BStBl. II 1991, S. 448; vgl. auch BFH v. 12.01.1995, DB, S. 1371 (auch zur Zweiterschließung), ergänzt durch BFH v. 06.05.2003, BStBl. II, S. 710. Siehe auch unter H 6.4 EStR 2008.

Nutzbarmachung eines Gebäudes, sind sie grds. den AHK des Gebäudes zuzurechnen[1075]. Freiwillige Zuschüsse des Steuerpflichtigen und Kostenbeiträge sind keine Anschaffungskosten[1076]. Ebenso wenig gehören Ausgaben für selbstständig zu aktivierende Wirtschaftsgüter, die i.Z.m. dem Grund und Boden angeschafft oder hergestellt werden, wie z.b. bei Grünanlagen[1077], Straßen-, Wege- und Hofbefestigungen[1078] sowie Umzäunungen von Betriebsgrundstücken[1079], ferner auch Abraumvorräte[1080] oder zeitlich befristete Nutzungsrechte für Grund und Boden, wie z.B. Nießbrauch[1081], Erbbaurecht[1082], Grunddienstbarkeiten, zu den Anschaffungskosten[1083].

514 **Gebäude**[1084] sind mit AHK (vgl. dazu Tz. 321) vermindert um die AfA anzusetzen. Liegt der Teilwert des Gebäudes dauerhaft unter den fortgeführten Anschaffungskosten, so darf auf den niedrigeren Teilwert abgeschrieben werden[1085]. Die AfA bemisst sich bei Gebäuden und Gebäudeteilen nach § 7 Abs. 4, 5 und 5a EStG (vgl. die Übersicht nach Tz. 404)[1086]. Hierzu ist jedes Gebäude grds. als eine alle Bestandteile umfassende Einheit anzusehen[1087]. Infolgedessen ist eine gesonderte AfA für solche Gebäudeteile, die in einem einheitlichen Nutzungszusammenhang mit dem Gebäude stehen (z.b. Heizungs-, Fahrstuhl- sowie Be- und Entlüftungsanlagen und Beleuchtungseinrichtungen[1088]), nicht zulässig[1089].

515 **Selbstständige Gebäudeteile**, die nicht in einem einheitlichen Nutzungs- und Funktionszusammenhang mit dem Gebäude stehen, sind gesondert abzuschreiben. Gebäudeteile in diesem Sinne[1090] sind: Betriebsvorrichtungen[1091], Einbauten, die zu einem vorübergehenden Zweck in ein Gebäude eingefügt werden (Scheinbestandteile)[1092], bestimmte Einbauten, die einem schnellen Wandel des modischen Geschmacks unterliegen

---

1075 BFH v. 08.03.1984, BStBl. II, S. 702 (Stellplatzablösegebühr); BFH v. 24.11.1967, BStBl. II 1968, S. 178 (Kanalstichgebühr – Gebäude-/Kanalanschlussgebühr – Grundstück).
1076 Vgl. BFH v. 24.10.1979, BStBl. II 1980, S. 187 (Abstandszahlung), bestätigt durch FG Hamburg v. 05.02.1987, EFG, S. 344; BFH v. 12.04.1984, BStBl. II, S. 489 (freiwillige Zuschüsse eines Gewerbetreibenden für Fußgängerzone); BFH v. 25.08.1982, BStBl. II 1983, S. 38 (Zuschuss zum Bau einer städtischen Kläranlage).
1077 Vgl. BFH v. 15.10.1965, BStBl. III 1966, S. 12.
1078 Vgl. BFH v. 27.01.1994, BStBl. II, S. 512.
1079 Vgl. BFH v. 01.07.1983, BStBl. II, S. 686.
1080 Vgl. BFH v. 23.11.1978, BStBl. II 1979, S. 143.
1081 Vgl. BMF-Schr. v. 15.11.1984, BStBl. I, S. 561.
1082 Vgl. BFH v. 23.11.1993, BStBl. II 1994, S. 292; BFH v. 04.06.1991, BStBl. II 1992, S. 70 (danach ist das Erbbaurecht als grundstücksgleiches Recht des Sachanlagevermögens zu behandeln); vgl. auch F Tz. 240.
1083 Vgl. Beschluss des Großen Senats des BFH v. 02.03.1970, BStBl. II 1970, S. 382; BFH v. 25.01.1979, BStBl. II, S. 369. Zu den Nutzungsrechten als materielle Wirtschaftsgüter vgl. BFH v. 30.01.1995, BStBl. II, S. 281, sowie im Anschluss hieran BFH v. 10.03.1999, BStBl. II, S. 523.
1084 Zur Frage, ob es sich bei einem Bauwerk um ein Gebäude handelt, vgl. R 7.1 Abs. 5 S. 2 EStR 2008.
1085 Vgl. BFH v. 29.04.2009, BStBl. II, S. 899 (Teilwert muss mindestens für die halbe Restnutzungsdauer unter dem planmäßigen Restbuchwert liegen); so auch BFH v. 14.03.2006, BStBl. II, S. 680; hierzu auch *Rätke*, StuB 2009, S. 755; *Hoffmann/Lüdenbach*, DB 2009, S. 577; *Kulosa* in Schmidt, L., EStG³⁰, § 6, Rn. 271.
1086 Vgl. zur Gebäude-AfA *Kulosa* in Schmidt, L., EStG³⁰, § 7, Rn. 150. Zur degressiven AfA für Gebäude nach § 7 Abs. 5 EStG vgl. auch Anlage 2 zu H 7.4 EStR 2008.
1087 Vgl. BFH GrS v. 26.11.1973, BStBl. II 1974, S. 132, bestätigt durch BFH v. 18.08.1977, BStBl. II, S. 882.
1088 Vgl. BFH v. 05.03.1974, BStBl. II, S. 353.
1089 Vgl. dazu *Kulosa* in Schmidt, L., EStG³⁰, § 6, Rn. 271.
1090 Vgl. R 4.2 Abs. 3 EStR 2008.
1091 R 7.1 Abs. 2 EStR 2008; vgl. BFH v. 18.03.1987, BStBl. II, S. 551 (vollautomatisches Hochregallager als Betriebsvorrichtung).
1092 R 7.1 Abs. 4 EStR 2008.

(Ladeneinbauten oder Schaufensteranlagen)[1093] sowie Mietereinbauten und sonstige selbstständige Gebäudeteile[1094]. Ein bautechnisch selbstständiger Anbau gilt grds. als selbstständiger Gebäudeteil[1095].

Betriebsvorrichtungen gelten stets als bewegliche Wirtschaftsgüter[1096] und sind nach § 7 Abs. 1 oder 2 EStG abzuschreiben. Zu den Einbauten für vorübergehende Zwecke rechnen u.a. auch die vom Vermieter oder Verpächter zur Erfüllung besonderer Bedürfnisse des Mieters oder Pächters eingefügten Anlagen, deren Nutzungszeit nicht länger als die Laufzeit des Vertragsverhältnisses ist. Zur bilanzsteuerrechtlichen Behandlung von **Mieterein- und -umbauten**[1097] hat die Finanzverwaltung mit BMF-Schreiben v. 15.01.1976, BStBl. I, S. 66, Stellung genommen (vgl. hierzu die Übersicht nach Tz. 516)[1098]. Aufwendungen des Mieters oder Pächters können danach als bewegliches Anlagegut (Scheinbestandteile, Betriebsvorrichtungen) oder als unbewegliches Anlagegut (sonstige Mieterein- oder -umbauten) zu behandeln sein. Es kann sich aber auch um Aufwendungen handeln, die nicht zu einem materiellen Wirtschaftsgut geführt haben; sie dürfen gem. § 5 Abs. 2 EStG nicht aktiviert werden.

516

1093 R 4.2 Abs. 3 Nr. 3 EStR 2008.
1094 R 4.2 Abs. 3 Nr. 4 EStR 2008. Vgl. zu diesen Fragen auch *Weber-Grellet* in Schmidt, L., EStG[30], § 5, Rn. 136.
1095 Vgl. BHF v. 17.09.2008, BFH/NV 2009, S. 370.
1096 R 7.1 Abs. 3 S. 2 EStR 2008. Vgl. auch BFH v. 19.08.1998, BStBl. II 1999, S. 18 (Fettabscheider); *Schoor*, BBK, F. 12 S. 6271; *Grützner*, BBK, F. 12 S. 6289 (6295).
1097 BFH v. 21.02.1978, BStBl. II, S. 345; BFH v. 28.07.1993, BStBl. II 1994, S. 164; BFH v. 11.06.1997, BStBl. II, S. 774; krit. *Crezelius*, DB 1983, S. 2019; *Paus*, DStZ 1994, S. 181. Siehe auch H 4.2 Abs. 3 EStR 2008.
1098 Vgl. *Weber-Grellet* in Schmidt, L., EStG[30], § 5, Rn. 270 (Mieterein- und -umbauten); *Hoffmann/Nacke* in Littmann, EStG, §§ 4, 5, Rn. 779. Vgl. auch *Grützner*, BBK, F. 12 S. 6289; BFH v. 15.10.1996, BStBl. II 1997, S. 533.

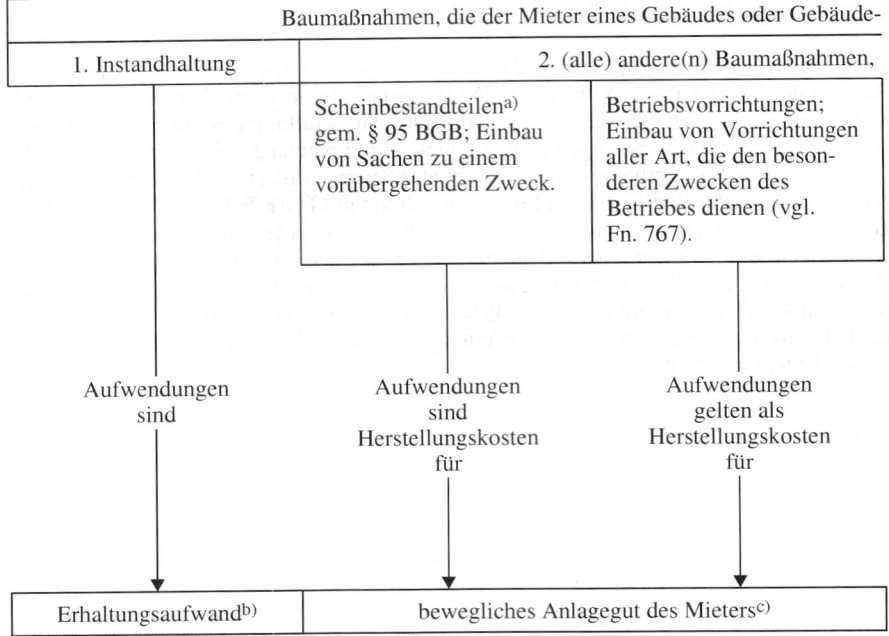

a) Bauwerke auf fremdem Grund, die in Ausübung eines obligatorischen Nutzungsrechts errichtet sind (§ 95 Abs. 1 S. 1 BGB), gelten als Gebäude i.S.v. § 7 Abs. 4 und 5 EStG, vgl. *BMF-Schreiben* v. 3.5.1985, BStBl. I S. 188.
b) Vgl. BFH v. 21.2.1978, BStBl. II S. 345.
c) BMF unterstellt wirtschaftliches Eigentum des Mieters an den von ihm geschaffenen Betriebsvorrichtungen, dazu BFH v. 7.10.1997, BStBl. II 1998 S. 331.
d) Dabei ist unerheblich, ob die Aufwendungen, hätte sie der Eigentümer getragen, nach dem Beschluss GrS v. 26.11.1973, BStBl. II 1974 S. 132, nicht zur Entstehung selbständiger Gebäudeteile geführt hätten; danach Aktivierung auch, wenn kein selbständiger Gebäudeteil geschaffen worden ist.
e) Vgl. BFH v. 26.2.1975, BStBl. II S. 443 (bedenklich, weil es auf das wirtschaftliche Eigentum nicht ankommt).

Bewertungsvorschriften E

nach dem BMF-Schreiben v. 15.1.1976 (BStBl. I S. 66)

teiles auf seine Rechnung vornehmen läßt, können betreffen:
diese können bestehen in der Schaffung von:
sonstigen Mietereinbauten und Mieterumbauten, d. h. alle Einbauten und Umbauten, die nicht als Scheinbestandteile oder Betriebsvorrichtungen zu qualifizieren sind.

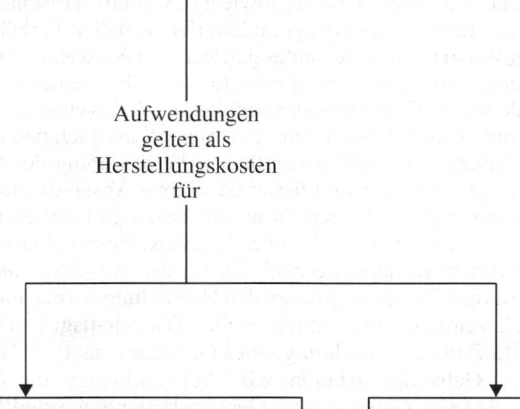

Aufwendungen gelten als Herstellungskosten für

unbewegliches materielles Anlagegut des Mieters unter der Voraussetzung, daß

entweder der Mieter wirtschaftlicher Eigentümer der Einbauten oder Umbauten[d)] ist; das ist i. d. R. der Fall, wenn
a) die umgebauten Sachen während der voraussichtlichen Mietdauer technisch oder wirtschaftlich verbraucht werden oder
b) der Mieter bei Beendigung des Mietvertrages vom Eigentümer mindestens Erstattung des gemeinen Werts der Einbauten oder Umbauten verlangen kann *oder* die Einbauten oder Umbauten unmittelbar den besonderen betrieblichen Zwecken des Mieters dienen und mit dem Gebäude nicht in einem einheitlichen Nutzungs- und Funktionszusammenhang stehen[e)].

immaterielles Anlagegut;

wenn die nebenstehenden Voraussetzungen für die Annahme des wirtschaftlichen Eigentums fehlen oder die Einbauten/Umbauten z.B. nicht in einer sachlichen Beziehung zum Betrieb des Mieters stehen; die Aufwendungen dürfen wegen § 5 Abs. 2 nicht aktiviert werden.

517 Gebäude auf fremdem Grund und Boden, die aufgrund eines eingeräumten Nutzungsrechts genutzt werden, sind vom Steuerpflichtigen wie materielle Wirtschaftsgüter mit ihren Herstellungskosten zu aktivieren, obwohl dem der Sache nach ein immaterielles Wirtschaftsgut zu Grunde liegt. Die ertragsteuerliche Behandlung dieser Nutzungsrechte richtet sich im betrieblichen Bereich nach den für Gebäude geltenden Vorschriften (§ 6b Abs. 1 S. 1 bis 3, Abs. 3 S. 3 und 5; § 7 Abs. 4, 5 und 5a EStG)[1099].

518 Die **Anschaffungskosten** eines Gebäudes[1100] bestehen aus dem vertraglich vereinbarten Kaufpreis sowie den mit dem Erwerb des Gebäudes verbundenen Anschaffungsnebenkosten. Wird ein bebautes Grundstück erworben, so ist zur Bestimmung dieser Anschaffungskosten der Kaufpreis für das bebaute Grundstück anhand objektiver Umstände auf die einzelnen Wirtschaftsgüter, die i.Z.m. dem Grundstück angeschafft wurden (Grund und Boden, aufstehendes Gebäude sowie ggf. weitere Wirtschaftsgüter), zu verteilen. Die Aufteilung des Kaufpreises erfolgt im Zweifel nach dem Verhältnis der Teilwerte. Zu den **Herstellungskosten** eines Gebäudes gehören alle Aufwendungen, die für die Herstellung des Gebäudes, seine Erweiterung oder für eine über seinen ursprünglichen Zustand hinausgehende wesentliche Verbesserung des Gebäudes entstehen[1101]. Eingeschlossen sind mithin sowohl vorbereitende Planungskosten[1102] als auch nachträgliche Aufwendungen, die mit der Erweiterung oder wesentlichen Verbesserung des Gebäudes im Zusammenhang stehen. Im Einzelnen sind ferner bestimmte Abstandszahlungen, anschaffungsnahe Aufwendungen, Aufwendungen für unselbstständige Gebäudeteile (Beispiele sind Fahrstühle oder Heizungsanlagen)[1103] oder Hausanschlusskosten zu den Herstellungskosten eines Gebäudes zu rechnen. So zählt der für den Anschluss an das Hochspannungsnetz gezahlte verlorene Zuschuss grds. zu den Herstellungskosten eines Fabrikgebäudes[1104]; er ist jedoch als selbstständiges immaterielles Wirtschaftsgut zu behandeln, wenn der Zuschuss nicht i.Z.m. der Errichtung eines Gebäudes steht[1105]. Nicht zu den Herstellungskosten eines Gebäudes gehören z.B. Aufwendungen für Gartenanlagen oder Einfriedungen, die keine Gebäude oder Gebäudebestandteile sind[1106]. Weitere Beispiele sind der Wert der eigenen Arbeitsleistung, Beiträge für eine Bauzeitversicherung oder verlorene Vorauszahlungen[1107].

519 Abstandszahlungen, die der Erwerber eines bebauten Grundstücks kurz nach dem Erwerb an den **Pächter** für die Räumung dieses Grundstücks vor Ablauf der vertraglich festgelegten Pachtzeit leistet, stellen keine Anschaffungskosten des Grundstücks, sondern Anschaffungskosten für ein selbstständig bewertbares (immaterielles) Wirtschaftsgut dar („uneingeschränkte Nutzungsmöglichkeit des Grundstücks schon vor vertraglicher Beendigung des bestehenden Pachtverhältnisses"), das zu aktivieren und auf den Zeitraum zwischen dem tatsächlichen Räumungstermin und dem ursprünglich vereinbarten Ablauf

---

1099 Vgl. BMF-Schr. v. 03.05.1985, BStBl. I, S. 188, BFH v. 13.07.1989, BFH/NV 1990, S. 422; BFH v. 15.03.1990, BStBl. II, S. 623; BFH v. 11.08.1993, BFH/NV 1994, S. 169; vgl. dazu auch *Weber-Grellet* in Schmidt, L., EStG[30], § 5, Rn. 270 (Bauten auf fremdem Grund und Boden); *Welzel*, DStZ 1989, S. 402; zum aktiven RAP bei Ausschluss des Anspruchs aus § 951 BGB vgl. BFH v. 20.05.1988, BStBl. II 1989, S. 269.
1100 Vgl. im Einzelnen *Kulosa* in Schmidt, L., EStG[30], § 6, Rn. 45.
1101 Vgl. zur Rechtsprechung H 6.4 EStR 2008; zur Abgrenzung von Anschaffungs- und Herstellungs- und Erhaltungsaufwendungen vgl. BMF-Schr. v. 18.07.2003, BStBl. I, S. 386.
1102 Vgl. BFH v. 29.11.1983, BStBl. II 1984, S. 303.
1103 Siehe im Einzelnen BFH v. 26.11.1973, BStBl. II 1974, S. 132.
1104 Zu den Erschließungsmaßnahmen bei den Herstellungskosten *Grützner*, BBK, F. 12 S. 6295.
1105 Vgl. BFH v. 26.06.1969, BStBl. II 1970, S. 35.
1106 Für Nachweise der nicht zu den Herstellungskosten gehörigen Aufwendungen vgl. H 6.4 EStR 2008.
1107 Vgl. BFH v. 04.07.1990, BStBl. II, S. 830.

des Pachtverhältnisses gleichmäßig zu verteilen (abzuschreiben) ist[1108]. Erfolgt die Zahlung allerdings, um ein aufstehendes Gebäude abzureißen und anschließend ein neues Gebäude zu errichten, handelt es sich bei der Ablösezahlung um Herstellungskosten des Gebäudes[1109].

Abbruchkosten von Gebäuden[1110], die bereits längere Zeit dem Betrieb dienten, sind sofort abzugsfähiger Betriebsaufwand[1111]; dies gilt auch dann, wenn der Abbruch zum Zwecke des anschließenden Neubaus erfolgt. Der Buchwert des abgebrochenen Gebäudes wird im Wege der Absetzung für außergewöhnliche Abnutzung nach § 7 Abs. 1 S. 7 EStG abgeschrieben[1112]. **520**

Wird **kurze Zeit nach dem Erwerb** ein technisch oder wirtschaftlich noch nicht verbrauchtes Gebäude abgebrochen, so ist zu unterscheiden, ob das Gebäude in der Absicht erworben wurde, es abzubrechen oder nicht[1113]. Der Buchwert ist sofort absetzbar, wenn bei Erwerb eine Abbruchabsicht nicht bestand; die Abbruchkosten sind Betriebsausgaben. Dies gilt auch dann, wenn der Abbruch zum Zwecke eines Neubaus durchgeführt wird. Wurde das Gebäude dagegen in Abbruchabsicht erworben, so kommt eine sofortige Absetzung nicht in Betracht; diente der Abbruch dem Bau eines neuen Gebäudes, so sind die Abbruchkosten und der Restbuchwert Herstellungskosten[1114]. Stand dagegen der Abbruch des Gebäudes nicht i.Z.m. der Herstellung eines neuen Wirtschaftsgutes, so sind die Abbruchkosten und der Buchwert des abgebrochenen Gebäudes nachträgliche Anschaffungskosten für den Boden. Zur Feststellung der Abbruchabsicht kommt es auf die tatsächlichen Verhältnisse an; wird innerhalb eines Zeitraums von drei Jahren nach Erwerb mit dem Abbruch begonnen[1115], spricht der erste Anschein dafür, dass in Abbruchabsicht[1116] erworben worden ist. Der Steuerpflichtige kann diesen Anscheinsbeweis entkräften, wenn er nachweist, dass der Abbruch aufgrund nicht vorhergesehener Umstände vorzunehmen war. **521**

Wird ein im Zeitpunkt des Erwerbs **objektiv wertloses Gebäude** erworben, so entfallen die Anschaffungskosten und die Abbruchkosten voll auf den Grund und Boden[1117]. Die Aktivierung eines Teils dieser Kosten beim Gebäude und die Abschreibung des Restbuchwerts beim Abbruch sind in diesem Falle nicht zulässig. **522**

Bei Aufwendungen im Anschluss an den Erwerb eines Gebäudes entstehen folgende Fragen: **523**

– Abgrenzung zwischen Herstellungs- und Erhaltungsaufwand (vgl. dazu Tz. 524),
– Behandlung anschaffungsnaher Aufwendungen (vgl. dazu Tz. 525 f.),

---

1108 Vgl. BFH v. 02.03.1970, BStBl. II, S. 382.
1109 Vgl. BFH v. 29.07.1970, BStBl. II, S. 810, v. 01.10.1975, BStBl. II 1976, S. 184; BFH v. 09.02.1983, BStBl. II, S. 451; sowie i.Z.m. Aufwendungen für die Ablösung der Verpflichtung zur Errichtung von Stellplätzen, BFH v. 08.03.1984, BStBl. II, S. 702, bestätigt durch BFH v. 06.05.2003, DB, S. 1551; zum Ganzen vgl. krit. *Kupsch*, WPg 1977, S. 663 (669).
1110 Vgl. H 6.4 EStR 2008; *Kulosa* in Schmidt, L., EStG[30], § 6, Rn. 213; zu Einzelheiten *Stobbe* in HHR, EStG/KStG, § 6 EStG, Rn. 670; differenziert *Grützner*, BBK, F. 12 S. 6289.
1111 Vgl. BFH v. 01.12.1992, BStBl. II 1994, S. 12.
1112 Vgl. BFH v. 31.08.1993, BFH/NV 1994, S. 232.
1113 Vgl. BFH v. 12.06.1978, BStBl. II, S. 620; vgl. bei Gebäudeerwerb in Abbruchabsicht zur Herstellung mehrerer Wirtschaftsgüter auch BFH v. 15.11.1978, BStBl. II 1979, S. 299. Siehe auch H 6.4 EStR 2008.
1114 Vgl. BFH v. 20.04.1993, BStBl. II, S. 504; *Heibel*, BB 1983, S. 540; krit. *Körner*, BB 1984, S. 1205; *Karrenbauer*, BB 1985, S. 2288; *Knobbe-Keuk*, S. 173.
1115 Zum Beginn der Dreijahresfrist vgl. BFH v. 06.02.1979, BStBl. II, S. 509.
1116 Zum Erwerb in Abbruchabsicht vgl. auch H 6.4 Nr. 3 EStR 2008.
1117 Vgl. BFH v. 15.02.1989, BStBl. II, S. 604, m.w.N. zum vollständigen Verbrauch eines Gebäudes.

– Behandlung von Erhaltungsaufwand i.Z.m. Herstellungsaufwand (vgl. dazu Tz. 527).

524 **Herstellungsaufwand** liegt vor, wenn durch die Aufwendungen das Gebäude in seiner Substanz vermehrt, in seinem Wesen verändert oder, von den üblichen Modernisierungen abgesehen, über seinen Zustand hinaus erheblich verbessert wird, ferner wenn der Nutzungswert erheblich erhöht oder die Nutzungsdauer wesentlich verlängert wird[1118]. Darunter fallen regelmäßig Umbauten[1119]. Generalüberholungen können aktivierungspflichtig sein, wenn die Aufwendungen im Verhältnis zum Buchwert des Wirtschaftsguts ungewöhnlich hoch sind und durch die Aufwendungen ein neues Wirtschaftsgut geschaffen bzw. das alte in seiner Substanz oder Wesensart geändert worden ist[1120]. Zum **Erhaltungsaufwand** gehören die durch die gewöhnliche Nutzung des Gebäudes verursachten Aufwendungen, insb. die Erneuerung von bereits vorhandenen Teilen[1121]. Ist ein Gebäude so sehr abgenutzt, dass es unbrauchbar geworden ist (Vollverschleiß), so wird durch die Instandsetzung unter Verwendung der übrigen noch nutzbaren Teile ein neues Wirtschaftsgut hergestellt[1122].

525 Nach § 6 Abs. 1 Nr. 1a EStG gehören auch Aufwendungen für Instandhaltungs- und Modernisierungsmaßnahmen, die innerhalb von drei Jahren nach der Anschaffung des Gebäudes durchgeführt werden (**anschaffungsnahe Aufwendungen**), zu den Herstellungskosten eines Gebäudes, wenn die Aufwendungen ohne die Umsatzsteuer 15% der Anschaffungskosten des Gebäudes übersteigen. Bei der Ermittlung des Umfangs der Aufwendungen sind alle Baumaßnahmen an einem Objekt heranzuziehen, die innerhalb des Drei-Jahreszeitraumes getätigt werden[1123].

526 Ob anschaffungsnaher Aufwand vorliegt, ist für die ersten drei Jahre nach dem Anschaffungszeitpunkt aus **Vereinfachungsgründen** nicht zu prüfen, wenn der Rechnungsbetrag der Aufwendungen (ohne Umsatzsteuer) für Instandsetzungen innerhalb der ersten drei Jahre insgesamt 15% der Anschaffungskosten des Gebäudes nicht übersteigt[1124]. Anderes gilt für die sog. Modernisierungsmodelle; dort stellen sämtliche Kosten für Renovierung und Modernisierung Anschaffungskosten dar[1125].

527 Fallen in engem räumlichen, zeitlichen und sachlichen **Zusammenhang mit Herstellungsaufwand** auch solche Aufwendungen an, die sonst als Erhaltungsaufwand angesehen werden, so gehören auch diese zum Herstellungsaufwand[1126]. Ein zeitlicher Zusammenhang alleine genügt nicht. So wird z.B. wegen fehlenden räumlichen Zusammenhangs der Erhaltungsaufwand für eine Dachreparatur nicht deshalb zu Herstellungsaufwand, weil gleichzeitig für einen Umbau des Erdgeschosses Herstellungsaufwand angefallen ist[1127].

1118 Vgl. BFH v. 16.02.1993, BStBl. II, S. 544. Vgl. auch R 7.3 Abs. 5 und H 6.4 i.V.m. R 21.1 Abs. 3 EStR 2008. Zur Abgrenzung *Kulosa* in Schmidt, L., EStG[30], § 6, Rn. 34 und 151 m.w.N. Siehe auch BMF-Schr. v. 18.07.2003, BStBl. I, S. 386.
1119 Vgl. BFH v. 19.08.1986, BFH/NV 1987, S. 147; BFH v. 19.06.1991, BStBl. II 1992, S. 73.
1120 Vgl. die Nachweise bei *Kulosa* in Schmidt, L., EStG[30], § 6, Rn. 164.
1121 Vgl. R 21.1 Abs. 1 EStR 2008. Vgl. auch BFH v. 13.09.1984, BStBl. II 1985, S. 49; ähnlich BFH v. 12.01.1995, BStBl. II, S. 633.
1122 Vgl. BFH v. 14.05.2003, BFH/NV, S. 1178.
1123 Vgl. *Kulosa* in Schmidt, L., EStG[30], § 6, Rn. 384; *Ehmcke* in Blümich, EStG, § 6 EStG, Rn. 414.
1124 Vgl. BFH v. 11.08.1989, BStBl. II 1990, S. 130.
1125 Vgl. BFH v. 18.04.1994, BFH/NV, S. 852, v. 30.07.1991, BStBl. II, S. 918.
1126 Vgl. BFH v. 30.07.1991, BStBl. II 1992, S. 28; H 21.1 EStR 2008.
1127 Vgl. BFH v. 14.10.1960, BStBl. III, S. 493.

Bewertungsvorschriften E

Ist für ein Wirtschaftsgut **nachträglicher Herstellungsaufwand** angefallen, so bemisst 528
sich die weitere AfA in den Fällen des § 7 Abs. 4 S. 1 und Abs. 5 EStG nach der bisherigen
Bemessungsgrundlage zzgl. der nachträglichen AHK und in den Fällen des § 7 Abs. 1,
Abs. 2 und Abs. 4 S. 2 EStG nach dem Buchwert oder Restwert zzgl. der nachträglichen
AHK[1128]. Dies führt bei Gebäuden, die nach typisierten Sätzen abgeschrieben werden (§ 7
Abs. 4 S. 1 und Abs. 5) zu einer Verlängerung der Abschreibungsdauer über die gesetzliche
Nutzungsdauer des § 7 Abs. 4 und 5 EStG hinaus[1129]; ebenso ist bei Aufstockung
eines Gebäudes zu verfahren[1130]. Zur Fortführung der AfA bei nachträglichen Herstellungskosten
und nach einer Teilwertabschreibung vgl. die Übersicht nach Tz. 400.

Besonderheiten i.Z.m. der AfA: Wegen einer Verkürzung der Nutzungsdauer[1131] und ih- 529
rer Auswirkungen auf die AfA vgl. DB 1970, S. 133; zur AfA bei abschnittsweisem Aufbau
vgl. DB 1970, S. 564; zur AfA in Rumpf-WJ vgl. DB 1987, S. 252; zur Bemessung
der AfA bei Gebäuden, die dem Einzelhandel dienen, vgl. Erlass FM Nds. v. 18.07.1966,
DB, S. 1253. Eine Verkürzung der Nutzungsdauer wegen beabsichtigten Abbruchs ist
unzulässig[1132].

c) Technische Anlagen und Maschinen, andere Anlagen, Betriebs- und Geschäftsausstattung

Die Bewertung erfolgt regelmäßig zu den Anschaffungskosten (§ 255 Abs. 1 HGB), d.h. 530
Kaufpreis zzgl. Nebenkosten wie Bezugskosten, Kosten der erstmaligen Aufstellung (z.B.
für Fundament, Montage), der Prüfung und Abnahme, auch einer evtl. erforderlichen
Konzessionserteilung, soweit die Kosten dem jeweiligen Vermögensgegenstand einzeln
zugeordnet werden können[1133] (vgl. Tz. 321); Anschaffungspreisminderungen sind abzuziehen.
Soweit die Gegenstände selbst erstellt worden sind, sind die Herstellungskosten
(vgl. Tz. 342) anzusetzen (§ 255 Abs. 2 HGB). Abschreibungen sind entsprechend den in
Tz. 382 erläuterten Grundsätzen vorzunehmen[1134].

In der StB erfolgt die Bewertung der Maschinen und maschinellen Anlagen sowie der 531
Betriebs- und Geschäftsausstattung nach § 6 Abs. 1 i.V.m. § 7 EStG mit den Anschaffungs-
bzw. Herstellungskosten vermindert um die AfA[1135]. Wegen Bemessung der
AfA einschließlich der Sonderabschreibungen und erhöhten Absetzungen vgl. Tz. 400.

d) Beteiligungen

Bei der Bewertung von Beteiligungen[1136] i.S.v. § 271 Abs. 1 HGB ist von den **An-** 532
schaffungskosten auszugehen, d.h. bei Erwerb von Dritten vom Kaufpreis zzgl. der an-

---

1128 Zu den nachträglichen Herstellungskosten vgl. R 7.3 Abs. 5, zum Beginn der Abschreibung R 7.4 Abs. 10 EStR 2008; *Kulosa* in Schmidt, L., EStG[30], § 7, Rn. 84.
1129 Vgl. BFH v. 03.07.1984, BStBl. II, S. 709 zu versehentlich unterlassenen Absetzungen; BFH v. 20.01.1987, BStBl. II, S. 491.
1130 Vgl. BFH v. 20.02.1975, BStBl. II, S. 412.
1131 Zur Bestimmung der Nutzungsdauer siehe H 7.4 EStR 2008.
1132 Vgl. BFH v. 15.12.1981, BStBl. II 1982, S. 385; ablehnend *Schürer-Waldheim*, StuW 1983, S. 217.
1133 Zu Abbruch- und Entsorgungskosten bei Investitionen in Infrastrukturnetze vgl. *Witteler/Lewe*, DB 2009, S. 2445.
1134 Vgl. hierzu *Kahle/Heinstein* in HdJ, Abt. II/2, Rn. 96 ff.
1135 Zur Aktivierung von Ersatzteilen und Reparaturen vgl. *Kulosa* in Schmidt, L., EStG[30], § 6, Rn. 188.
1136 Vgl. hierzu IDW RS HFA 10 i.V.m. IDW S 1 i.d.F. 2008; ADS[6], § 253 HGB, Tz. 42 ff.; *Ellrott/Brendt* in BeBiKo[7], § 255, Rn. 141 ff.; *Reimann*, DStR 1991, S. 910; *Herzig* (Hrsg.), Auslandsbeteiligungen; *Wichmann*, BB 1992, S. 1241; *Teichmann/Weber*, DStR 1993, S. 1270; *Schulze-Osterloh*, Beteiligungen, S. 608; *Fey/Mujkanovic*, WPg 2003, S. 212; *Naumann/Naumann*, WPg 2004, Sonderheft, S. 130.

445

gefallenen Nebenkosten wie Notariatskosten, Provisionen, Spesen, nicht der Entscheidungsfindung dienende Gutachterkosten[1137], ggf. abzgl. miterworbener Gewinnansprüche[1138]. Variable Kaufpreisbestandteile sind in Ausnahmefällen bereits zum Erwerbszeitpunkt bei der Bemessung der Anschaffungskosten mit ihrem Barwert zu berücksichtigen. Voraussetzung hierfür ist, dass die Kaufpreisanpassung wahrscheinlich ist und der Betrag verlässlich geschätzt werden kann[1139]. Überhöhte Kaufpreise stellen grds. Anschaffungskosten dar, ggf. gebildete Drohverlustrückstellungen mindern die Anschaffungskosten nicht[1140].

533 Bei **negativen Kaufpreisen**, d.h. bei Erwerb einer Beteiligung gegen Zuzahlung des Veräußerers, ist im Hinblick auf die zu fordernde Erfolgsneutralität des Anschaffungsvorgangs (Anschaffungskostenprinzip, § 253 Abs. 1 S. 1 HGB) eine sofortige erfolgswirksame Erfassung des Zuzahlungsbetrags i.d.R. nicht sachgerecht. Der Zuzahlungsbetrag ist vielmehr dahingehend zu untersuchen, ob hiermit Verpflichtungen übernommen werden, welche z.B. die Voraussetzungen für die Bildung einer Rückstellung nach § 249 Abs. 1 S. 1 HGB erfüllen. Sind die Voraussetzungen für die Passivierung nicht erfüllt, so ist zu prüfen, ob mit der Zuzahlung des Veräußerers vom Beteiligungserwerb abtrennbare selbstständige Leistungen des Erwerbers abgegolten oder vor dem Erwerb bestehende (Rechts-)Beziehungen abgewickelt werden[1141]. In diesen Fällen ist die Zuzahlung bei dem Erwerber je nach Art der Leistung/Beziehung entsprechend abzubilden[1142]. In allen anderen Fällen ist ein gesonderter Passivposten zu erfassen[1143] und nach dem EK auszuweisen[1144]; das Gliederungsschema der Bilanz ist in diesem Fall gem. § 265 Abs. 5 S. 2 HGB entsprechend zu erweitern. Dabei sollte aus der Postenbezeichnung ersichtlich werden, dass es sich dem Wesen nach um einen Korrekturposten zu dem Aktivposten Finanzanlagen handelt, z.B. „Ausgleichsposten für erhaltene Zuzahlungen auf erworbene Unternehmensanteile". Ein gesonderter Passivposten ist im Rahmen der Folgebewertung insb. dann aufzulösen, wenn Verluste aus der Beteiligung im JA des Erwerbers realisiert werden, sei es z.B. durch eine vertragliche Verlustübernahme, durch die aufwandswirksame Konkretisierung von Haftungsrisiken bei Beteiligungen an Personenhandelsgesellschaften (vgl. *IDW ERS HFA 18 n.F.*, Tz. 35 ff.), durch die Gewährung von aufwandswirksam zu erfassenden Sanierungszuschüssen (vgl. *IDW St/HFA 2/1996 i.d.F. 2010*, Abschn. 3.2.) oder spätestens bei Veräußerung der Beteiligung. Auf die Methode der erstmaligen Erfassung und die Folgebewertung ist im Rahmen der Angaben gem. § 284 Abs. 2 Nr. 1 HGB im Anh. einzugehen.

1137 Vgl. ADS[6], § 255 HGB, Tz. 22; hierzu BFH v. 27.03.2007, BStBl. II 2010, S. 159; *Peter/Graser*, DStR 2009, S. 2032; *Lohmann/Goldacker/Achatz*, BB 2008, S. 1592; FG Köln v. 06.10.2010, BB 2011, S. 174.

1138 Vgl. zu bereits entstandenen und noch nicht fälligen Gewinnansprüchen Tz. 553; *Brösel/Olbrich* in HdR[5], § 253 HGB, Rn. 113; dazu auch *Herrmann*, BB 1999, S. 2054, zum Bilanzierungszeitpunkt von Gewinnansprüchen *Moxter*, Bilanzrechtsprechung, S. 50 ff.

1139 Vgl. DRS 4.14; *Förschle/Deubert* in BeBiKo[7], § 301, Rn. 28; *Ewelt-Knauer/Knauer*, DStR 2011, S. 1918.

1140 Vgl. *Ellrott/Brendt* in BeBiKo[7], § 255, Rn. 312 (allg. zu Anschaffungskosten bei Terminkauf); ADS[6], § 255 HGB, Tz. 18.

1141 Vgl. *Förschle/Deubert* in BeBiKo[7], § 301, Rn. 455.

1142 Vgl. *Schiffers*, WPg 2006, S. 1279 (1280); zur Abgrenzung eines negativen Kaufpreises von der Vergütung einer sonstigen Leistung des Erwerbers vgl. *Lüdenbach/Völkner*, BB 2006, S. 1435 (1438 f.).

1143 Vgl. BFH v. 26.04.2006, BStBl. II, S. 656; *Schiffers*, WPg 2006, S. 1279 (1281 f.); *Schulze-Osterloh*, BB 2006, S. 1955; *Roser/Haupt*, GmbHR 2007, S. 78; *Ernsting*, GmbHR 2007, S. 135 (136); *Preißer/Bressler*, BB 2011, S. 427 (430).

1144 Analog zur Behandlung eines negativen Unterschiedsbetrags aus der Kapitalkonsolidierung nach § 301 Abs. 3 S. 1 HGB.

Bewertungsvorschriften E

Bei **Neugründung** umfassen die Anschaffungskosten den Betrag der Einlage zzgl. der 534
Nebenkosten[1145]. Falls bei Beteiligungen an **Personenhandelsgesellschaften**[1146] keine
Anschaffungskosten vorliegen (z.B. als Komplementär ohne Einlage), empfiehlt sich der
Ansatz eines Merkpostens[1147]. Wegen der Anschaffungskosten bei **Sacheinlagen** in Personenhandelsgesellschaften vgl. *IDW ERS HFA 18 n.F.*, Tz. 9 (Buchwert, höherer Zeitwert
oder ergebnisneutraler Wert unter Berücksichtigung einer evtl. Steuerbelastung), bei
Sacheinlagen generell ADS[6], § 253 HGB, Tz. 44. **Zuschüsse und Nachschüsse** dürfen
nur aktiviert werden, wenn sie zu einer dauernden Wertsteigerung der Beteiligungsgesellschaft führen[1148]. Ist der Zuschussgeber nur mittelbar an dem Zuschussempfänger beteiligt, führt die Zuschussgewährung im JA des Zuschussgebers bei entsprechender
Wertsteigerung zu nachträglichen Anschaffungskosten desjenigen Beteiligungsunternehmens, das seinerseits (direkt oder indirekt) an dem Zuschussempfänger beteiligt ist.
Das gleiche gilt für die JA dieses Beteiligungsunternehmens und von etwaigen Enkelgesellschaften („Durchbuchung entlang der gesamten Beteiligungskette"). Zur Beteiligung
bzw. Mitgliedschaft an Joint Ventures[1149] vgl. *IDW St/HFA 1/1993*.

Die Aktivierung nicht ausgeschütteter (thesaurierter) **Gewinne** von rechtlich selbst- 535
ständigen Beteiligungsgesellschaften in der Rechtsform der **Kapitalgesellschaft** ist grds.
nicht zulässig, da keine Gewinnrealisierung vorliegt[1150]. Die Realisierung eines Beteiligungsertrags setzt voraus, dass der Gesellschafter einen von der Beteiligung abgelösten
Auszahlungsanspruch auf den Gewinn erhält; hierzu ist regelmäßig ein Gewinnverwendungsbeschluss erforderlich, der die Gewinnausschüttung vorsieht. Unter bestimmten
Voraussetzungen ist der zur Ausschüttung vorgesehene Gewinn einer Tochtergesellschaft
bereits zeitgleich zu vereinnahmen; vgl. hierzu F Tz. 558 f.

Anders als bei juristischen Personen steht der anteilige Gewinn bei **Personenhandelsge-** 536
sellschaften den Gesellschaftern nach dem **gesetzlichen Regelstatut** bereits zum Abschlussstichtag ohne Gesellschafterbeschluss unmittelbar zu (vgl. §§ 120 bis 122, 161
Abs. 2, 167, 169 HGB)[1151]. Für die Realisierung des Gewinnanteils im JA des Gesellschafters bedarf es jedoch zum einen der Phasengleichheit der GJ, d.h. das GJ der Personenhandelsgesellschaft muss spätestens mit dem GJ des Gesellschafters enden. Zum anderen bedarf es einer Änderungsfestigkeit des JA der Personenhandelsgesellschaft, d.h.
der Gewinnanspruch muss durch Festlegen aller wesentlichen Bilanzierungs- und Bewertungsentscheidungen hinreichend konkretisiert sein[1152]. Auch ohne Feststellung des
JA der Beteiligungsgesellschaft innerhalb des für den Gesellschafter relevanten Wertaufhellungszeitraums ist bei Vorliegen eines vom Komplementär unterschriebenen JA

1145 Vgl. ADS[6], § 253 HGB, Tz. 44; *Hoffmann*, BB 1996, Beilage 16, S. 5; für eine Qualifizierung als Herstellungsvorgang *Ellrott/Brendt* in BeBiKo[7], § 255, Rn. 143 m.w.N.

1146 Zur (handelsrechtlichen) Bilanzierung von Beteiligungen an Personenhandelsgesellschaften vgl. *IDW ERS HFA 18 n.F.*; *Graf von Kanitz*, WPg 2007, S. 57 ff.

1147 Vgl. *Scheffler* in BHdR, B 213, Rn. 298; zu den erforderlichen Angaben im Anh. von KapGes. und Personenhandelsgesellschaften i.S.d. § 264a HGB vgl. *Ellrott* in BeBiKo[7], § 285, Rn. 258, sowie F Tz. 980 f. (Angabe von Name, Sitz und Rechtsform der Gesellschaft, deren Komplementär die Berichtsgesellschaft ist, nach § 285 Nr. 11a HGB).

1148 Ebenso ADS[6], § 253 HGB, Tz. 45; *IDW St/HFA 2/1996*, Abschn. 3.2. (nur bei Erhöhung des „inneren Werts"); weitergehend *Ekkenga* in Kölner Komm Rechnungslegungsrecht, § 255 HGB, Rn. 73; *Brösel/Olbrich* in HdR[5], § 253 HGB, Rn. 117 m.w.N. (grds. Anschaffungskosten, ggf. außerplanmäßige Abschreibung); vgl. auch *Ellrott/Brendt* in BeBiKo[7], § 255, Rn. 162; zu stehengelassenen Darlehen vgl. *Bachem*, DStZ 1992, S. 712.

1149 Vgl. hierzu auch *Kozikowski/Gutike* in BeBiKo[7], § 271, Rn. 12; ADS[6], § 271 HGB, Tz. 9; *Früh/Klar*, WPg 1993, S. 493; *Hebestreit*, DStR 1994, S. 834.

1150 Vgl. ADS[6], § 253 HGB, Tz. 46.

1151 Vgl. *IDW ERS HFA 18 n.F.*, Tz. 13.

1152 Vgl. *IDW ERS HFA 18 n.F.*, Tz. 15; *Graf von Kanitz*, WPg 2007, S. 57 (59).

sowie nach Beendigung der Prüfungshandlungen eines möglichen Abschlussprüfers die Änderungsfestigkeit insoweit anzunehmen, dass der sich aus dem JA ergebende Gewinnanteil als Mindestgewinnanteil durch die Gesellschafter vereinnahmt werden darf[1153]. Da den Kommanditisten bei „ergebnisverwendenden Bilanzierungsentscheidungen" laut BGH v. 29.03.1996[1154] eine materielle Bilanzierungskompetenz zusteht, sind diese befugt, ihre Gewinnanteile durch Änderung ergebniswirksamer Bilanzierungsmaßnahmen zu erhöhen[1155]. Die Vereinnahmung eines insoweit erhöhten Gewinns indes bedarf der Feststellung des geänderten JA der Personenhandelsgesellschaft innerhalb des für den Gesellschafter relevanten Wertaufhellungszeitraums.

537 Wenn die Gewinnanteile dagegen abweichend vom gesetzlichen Normalstatut durch Gesellschaftsvertrag oder Gesellschafterbeschluss der Verfügungsgewalt der einzelnen Gesellschafter entzogen sind (sog. **Vertragsstatut**), bedarf es darüber hinaus auch eines **Gewinnverwendungsbeschlusses**[1156]. Eine Forderung des Gesellschafters entsteht frühestens im Zeitpunkt einer solchen Beschlussfassung, es sei denn, es liegt eine für die Gewinnverwendung notwendige Mehrheit der Stimmrechte vor, sodass die BGH-Rspr.[1157] zur phasengleichen Gewinnvereinnahmung bei KapGes. analoge Anwendung findet[1158]. Bei Wiedereinlage eines vereinnahmten Gewinnanteils ist die Forderung als Zugang auf Beteiligungen umzubuchen (nachträgliche Anschaffungskosten)[1159], wenn dadurch der innere Wert der Beteiligung erhöht wird. Zur Gewinnvereinnahmung aus Gesellschaftsanteilen an **Joint Ventures** vgl. *IDW St/HFA 1/1993*, Abschn. 3.3.

538 Für Erträge aus Anteilen an Investmentfonds[1160] ist zu differenzieren: Handelt es sich nach den Vertragsbedingungen des Fonds (§ 43 Abs. 4 Nr. 6 InvG) um einen **thesaurierenden Fonds**, können Erträge aus dem Sondervermögen (vom Sondervermögen erzielte Veräußerungsgewinne, aber auch vom Sondervermögen realisierte Beteiligungserträge der Periode) beim Fondsinhaber erst bei Veräußerung/Rückgabe der Fondsanteile vereinnahmt werden. Auch wenn die zum Sondervermögen gehörenden Vermögensgegenstände – wie üblich – rechtlich im Miteigentum der Anleger stehen (vgl. § 30 Abs. 1 InvG), sind die Erträge den Fondsinhabern nicht unmittelbar zuzurechnen und daher nicht realisiert.

539 Wenn die Vertragsbedingungen dagegen vorsehen, dass die bis zum Fondsstichtag durch das Sondervermögen vereinnahmten Dividenden und Zinsen **ausgeschüttet** werden, und wenn der Abrechnungsstichtag des Sondervermögens nicht nach dem Stichtag des Bilanzierenden liegt, ist der Ausschüttungsanspruch am Abschlussstichtag dem Grunde nach entstanden[1161]. Wird die genaue Höhe des Fondsergebnisses, welches am Abschlussstichtag ggf. aufgrund einer noch ausstehenden Verrechnung von Verwaltungs-

---

1153 Vgl. *IDW ERS HFA 18 n.F.*, Tz. 15, 18; ebenso *Kirsch/Siefke/Ewelt* in Baetge/Kirsch/Thiele, § 275 HGB, Rn. 195.
1154 BGHZ 132, S. 263, DB 1996, S. 926 ff.; vgl. hierzu *Weber-Grellet*, DB 1996, S. 2089; *Rückle*, Jahresabschlußaufstellung, S. 433.
1155 Für die Aufgabe der Annahme eines Mindestgewinnanspruchs bedarf es konkreter Anhaltspunkte für den Beschluss gewinnmindernder Bilanzierungsentscheidungen der Gesellschafter vgl. *Graf von Kanitz*, WPg 2007, S. 57 (60); *IDW ERS HFA 18 n.F.*, Tz. 16 geht im Regelfall bei einer Änderung durch die Gesellschafter von einem höheren verteilbaren Gewinn aus; laut BGH-Urteil v. 15.01.2007, DB, S. 564 ist die Beschlussfassung über die Feststellung von einer allgemeinen Mehrheitsklausel im Gesellschaftsvertrag gedeckt (in diesem Punkt Abkehr vom BGH-Urteil v. 29.03.1996).
1156 Vgl. F Tz. 138.
1157 BHG-Urteil v. 12.01.1998, DB, S. 567 ff.; vgl. F Tz. 558 f.
1158 Vgl. *IDW ERS HFA 18 n.F.*, Tz. 20 f.
1159 Vgl. *IDW ERS HFA 18 n.F.*, Tz. 18; ADS⁶, § 253 HGB, Tz. 47.
1160 Zu den Anhangangaben nach § 285 Nr. 26 HGB vgl. F Tz. 853 ff.
1161 Vgl. dazu ADS⁶, § 246 HGB, Tz. 232 ff.

kosten noch nicht feststeht, während des für den Fondsinhaber maßgeblichen Wertaufhellungszeitraums durch die KAG bekannt gemacht, so ist der Anspruch auch der Höhe nach für eine Realisierung im bilanziellen Sinne hinreichend konkretisiert.

Bei sog. **grundsätzlich ausschüttenden Fonds** ist in den Vertragsbedingungen vereinbart, dass ihre Erträge ausgeschüttet werden, wenn nicht die KAG entscheidet, dass die Erträge ganz oder teilw. thesauriert werden sollen. Der Ausschüttungsanspruch ergibt sich in diesem Fall nicht bereits aus den Fondsbedingungen, sondern aus dem hinzutretenden Ausschüttungsbeschluss[1162]. Der Beschluss hat konstitutive Wirkung, sodass der Ertrag erst zu diesem Zeitpunkt in der GuV des Fondsinhabers zu erfassen ist. Ob es sich um einen Spezialfonds handelt, bei dem der Anleger alle Anteile oder zumindest die Mehrheit hält, oder ob es sich um einen Publikumsfonds handelt, spielt dabei keine Rolle.

540

Kapitalrückzahlungen und **Liquidationsraten** aus dem gezeichneten Kapital und aus den Kapitalrücklagen sind im Regelfall als Abgang auszuweisen[1163]; dies gilt auch grds. für Ausschüttungen nachprüfbar miterworbener Gewinnrücklagen und von Gewinnen, die aus der Realisierung von im JA der Beteiligungsgesellschaft zum Erwerbszeitpunkt vorhandenen stillen Reserven resultieren sowie für die Ausschüttung eines im Erwerbszeitpunkt ausgewiesenen Gewinnvortrags oder Bilanzgewinns[1164]. Abweichend hiervon kommt der Ausweis von anteiligen Buchgewinnen jedoch in Betracht, wenn der Erwerb der Beteiligung bzw. die Kapitalzuführung bereits längere Zeit zurück liegt, mit der Folge, dass die investierten Mittel zu einer Erhöhung des inneren Werts dieser Beteiligung geführt haben. In diesem Fall wäre es nicht sachgerecht, von einer Rückzahlung der Anschaffungskosten in voller Höhe auszugehen. Vielmehr ist der an das MU ausgeschüttete Betrag in einen erfolgsneutralen, den Beteiligungsbuchwert mindernden und einen erfolgswirksam zu erfassenden Teil aufzuteilen[1165]. Der erfolgsneutral als Minderung des Beteiligungsbuchwerts zu erfassende Teil der Kapitalrückzahlung richtet sich dabei nach dem Verhältnis, in dem sich durch die Kapitalrückzahlung der innere Wert der Beteiligung vermindert[1166]. Eine solche quotale Minderung des Beteiligungsbuchwerts erscheint auch sachgerecht, wenn ein Zusammenhang zwischen den bei Erwerb bestehenden Rücklagen und der Ausschüttung in Folge zwischenzeitlicher Thesaurierung nicht eindeutig nachgewiesen werden kann[1167]. Bei der Auflösung und Ausschüttung von eindeutig während der Gesellschaftszugehörigkeit des Bilanzierenden gebildeten Gewinnrücklagen handelt es sich grds. um Beteiligungserträge (u.U. außerplanmäßige Abschreibungen erforderlich, vgl. ADS[6], § 253 HGB, Tz. 49).

541

Um Kapitalrückzahlungen handelt es sich auch, wenn eine Personenhandelsgesellschaft in gesellschaftsrechtlich zulässiger Weise freie Liquidität an die Gesellschafter auszahlt, ohne dass es sich dabei um eine Ausschüttung von Gewinnen oder eine Auflösung von Rücklagen handelt (sog. **Liquiditätsausschüttungen**)[1168]. Eine erfolgswirksame Er-

542

1162 Vgl. *HFA*, FN-IDW, 2006, S. 276 f.

1163 Vgl. ADS[6], § 253 HGB, Tz. 48 ff.; vgl. analog die Grundsätze für Beteiligungen an Personenhandelsgesellschaften gem. *IDW ERS HFA 18 n.F.*, Tz. 25 ff.

1164 Vgl. *HFA*, FN-IDW 1999, S. 552 f.; *HFA*, FN-IDW 2000, S. 172; vgl. zu Personenhandelsgesellschaften *IDW ERS HFA 18 n.F.*, Tz. 26; *Graf von Kanitz*, WPg 2007, S. 57 (62).

1165 Vgl. ADS[6], § 253 HGB, Tz. 48.

1166 Vgl. *IDW ERS HFA 43*, Tz. 32; *IDW ERS HFA 13 n.F.*, Tz. 94.

1167 Vgl. *HFA*, FN-IDW 2000, S. 172; allg. zur Abgrenzungsschwierigkeit bei der Aufschlüsselung von Ausschüttungskomponenten *Müller*, DB 2000, S. 533 (535); zu Personenhandelsgesellschaften *IDW ERS HFA 18 n.F.*, Tz. 26.

1168 Vgl. *IDW ERS HFA 18 n.F.*, Tz. 27 ff.; *Graf von Kanitz* WPg 2007, S. 57 (62); zur Abgrenzung von Gewinnausschüttungen und Kapitalrückzahlungen bei Beteiligungen an Private Equity-Fonds vgl. *Rabenhorst/Fuhrländer*, DStR 2009, S. 444 (447).

fassung als Beteiligungsertrag kommt nicht in Betracht[1169]. Den Beteiligungsbuchwert übersteigende Ausschüttungen sind als Verbindlichkeit zu erfassen (vgl. *IDW ERS HFA 18 n.F.*, Tz. 28: „Erhaltene Vorschüsse auf künftig entstehende Erträge aus Personenhandelsgesellschaften"). Eine vollständige Erfassung des Ausschüttungsbetrags als Verbindlichkeit unter Verzicht auf eine vorherige Minderung des Beteiligungsbuchwerts erscheint zulässig, wenn es sich z.b. um eine Vorabausschüttung des im laufenden GJ erwirtschafteten Gewinns handelt, jedoch bis zum Ende des für den Gesellschafter relevanten Wertaufhellungszeitraums die Voraussetzungen für eine phasengleiche Gewinnvereinnahmung (änderungsfester JA der Beteiligungsgesellschaft; vgl. Tz. 536) noch nicht vorliegen.

543 Der Verkauf von **Bezugsrechten** führt zu einer Minderung des Beteiligungsansatzes, die nach der Gesamtwertmethode wie folgt zu ermitteln ist[1170]:

$$\text{Wertminderung} = \frac{\text{Kurswert des Bezugsrechts}}{\text{Kurswert der Altaktien}} \times \text{Buchwert der Altaktien}$$

Im Falle einer Ausübung des Bezugsrechts sind die neuen Aktien grds. mit dem Ausgabebetrag zzgl. des von den Altanteilen abzuschlagenden Bezugsrechts zu aktivieren[1171].

544 Für die Bewertung von **Gratisaktien** siehe § 220 AktG. Danach sind die Anschaffungskosten der alten Aktien nach dem Verhältnis der alten und der neuen Anteile am Grundkapital auf die alten und neuen Aktien zu verteilen (kein Ausweis als Zugang). Für die Kapitalerhöhung aus Gesellschaftsmitteln bei einer GmbH enthält § 57o GmbHG eine entsprechende Regelung[1172].

545 Bei **Auf- oder Abspaltung** (§ 123 Abs. 1, 2 UmwG) erhält der Gesellschafter anstelle der Anteile an der bisherigen Beteiligung Anteile an zwei oder mehr neuen Beteiligungen (Aufspaltung) oder zusätzlich zu den Anteilen an der bisherigen Beteiligung Anteile an einer oder mehreren neuen Beteiligungen (Abspaltung)[1173]. Da es sich um tauschähnliche Vorgänge handelt, bestimmen sich die Anschaffungskosten der neuen Beteiligung(en) nach den Tauschgrundsätzen (Wahlrecht zwischen Buchwertfortführung, Gewinnrealisierung oder erfolgsneutraler Behandlung; vgl. dazu Tz. 338)[1174]. Der Teilabgang der ursprünglichen Beteiligung aufgrund der Abspaltung (= Anschaffungskosten der neuen Beteiligung(en) bei Buchwertfortführung) ist dabei nach dem Verhältnis der Verkehrswerte des abgespaltenen Vermögens zum ursprünglichen Vermögen zu berechnen; vgl. *IDW ERS HFA 43*, Tz. 32. Die Verkehrswerte des abgespaltenen Vermögens bilden grds. auch den Verteilungsmaßstab für die Aufteilung der Anschaffungskosten bei der Buchwertfortführung bzw. bestimmen die Obergrenze bei Gewinnrealisierung. Die vorstehenden Grundsätze gelten unabhängig davon, ob die Abspaltung zu Lasten der Kapital- oder Gewinnrücklagen oder aufgrund einer (vereinfachten) Kapitalherabsetzung (§§ 139,

---

1169 Vgl. *Graf von Kanitz*, WPg 2007, S. 57 (63).
1170 Vgl. hierzu ADS[6], § 253 HGB, Tz. 50; *Hachmeister* in HdJ, Abt. II/3, Rn. 110; *Scheffler* in BHdR, B 213, Rn. 123; ferner *Mellwig*, DB 1986, S. 1417; zu älterer Literatur vgl. WP Handbuch 1992 Bd. I, Fn. 626 zu Kap. E, Tz. 361.
1171 Vgl. ADS[6], § 253 HGB, Tz. 51 (auch zur Vereinfachung bei Durchschnittsbewertung); ausführlich auch *Ehmcke* in Blümich, EStG, § 6 EStG, Rn. 869 ff.
1172 Vgl. ADS[6], § 253 HGB, Tz. 52; *Förschle/Kropp* in Budde/Förschle/Winkeljohann, Sonderbilanzen[4], Kap. E, Rn. 155.
1173 Vgl. hierzu auch WP Handbuch 2008 Bd. II, Kap. ETz. 108 ff.; *Klingberg* in Budde/Förschle/Winkeljohann, Sonderbilanzen[4], Kap. I, Rn. 170 ff. (Aufspaltung), Rn. 360 (Abspaltung und Ausgliederung). Zur nicht-verhältniswahrenden Abspaltung vgl. *Haritz/Wagner*, DStR 1997, S. 181; *Walpert*, DStR 1998, S. 361; LG Konstanz, DB 1998, S. 1297.
1174 Vgl. *IDW ERS HFA 43*, Tz. 31, 33, 34, 35 und 37.

145 UmwG) vorgenommen wird. Bei der **Ausgliederung** (§ 123 Abs. 3 UmwG) gelten die allgemeinen Grundsätze für die Bewertung einer Beteiligung, die gegen Sacheinlagen erworben wird (Tauschgrundsätze; vgl. Tz. 534)[1175].

Die **Abschreibung** von Beteiligungen richtet sich nach § 253 Abs. 3 S. 3 und 4 HGB. Außerplanmäßige Abschreibungen sind zulässig, wenn der Beteiligung am Abschlussstichtag ein Wert beizulegen ist, der unter den Anschaffungskosten oder dem letzten Bilanzansatz liegt. Eine voraussichtlich dauernde Wertminderung macht eine entsprechende Abschreibung erforderlich. Danach sind Abschreibungen z.B. notwendig, wenn Verluste eingetreten sind, mit deren Ausgleich in absehbarer Zeit nicht zu rechnen ist. Grds. gilt, dass Abschreibungen immer dann erforderlich sind, wenn der **innere Wert** der Beteiligung entsprechend **gesunken** ist[1176]. 546

Der Börsenkurs am Abschlussstichtag ist dabei ein wichtiger Orientierungswert, aber in Einzelfällen nur ein bedingt tauglicher Maßstab (z.B. wegen unternehmensspezifischer Kooperationsvorteile aus der Beteiligung, sog. Synergieeffekte). Der einer Beteiligung beizulegende Wert ist i.d.R. aus dem **Ertragswert**[1177] abzuleiten, d.h. aus der Summe der künftigen Ertragsüberschüsse aus dem betriebsnotwendigen und nicht betriebsnotwendigen Vermögen, diskontiert mit einem fristadäquaten[1178], ggf. um einen Risikozuschlag und um einen Wachstumsabschlag modifizierten Basiszinssatz. Sofern die Beteiligung an einem TU zu bewerten ist und dieses TU wiederum Anteile an einem TU hält, sind entsprechend dem Grundsatz der Bewertung der wirtschaftlichen Unternehmenseinheit[1179] die für den gesamten Teilkonzern prognostizierten Ertragsüberschüsse unter Berücksichtigung von Synergieeffekten zu diskontieren. Besteht ein Ergebnisabführungsvertrag, sind daraus resultierende Verlustübernahmeverpflichtungen, soweit als Rückstellung passiviert[1180], bei der Ermittlung der Ertragsüberschüsse zu berücksichtigen. Im Einzelnen vgl. *IDW RS HFA 10* (insb. zur Berücksichtigung von Synergieeffekten, noch nicht eingeleiteten Maßnahmen sowie Ertragsteuern aus Sicht der die Beteiligung haltenden Gesellschaft) i.V.m. *IDW S 1 i.d.F. 2008*[1181]. Der **Liquidationswert** bestimmt unabhängig von einer konkreten Liquidationsabsicht die Wertuntergrenze der Beteiligung, sofern der Liquidation keine rechtlichen oder tatsächlichen Gründe entgegenstehen[1182]. Zur Bewertung unter **Veräußerungsgesichtspunkten** vgl. *IDW RS HFA 10*, Tz. 11 ff.

Verlustzuweisungen bei Personenhandelsgesellschaften sind grds. bei der Bewertung der Anteile zu berücksichtigen. Drohen aus Beteiligungen (zusätzliche) Leistungs- 547

1175 Vgl. *IDW ERS HFA 43*, Tz. 37.
1176 Vgl. zur Wertfindung auch *IDW RS HFA 10 i.V.m. IDW S 1 i.d.F. 2008*; ADS[6], § 253 HGB, Tz. 465; *Scheffler* in BHdR, B 213, Rn. 135; *Fey/Mujkanovic*, WPg 2003, S. 212; *Küting*, DB 2005, S. 1121 ff. Zu Indizien und Aufgreifkriterien hinsichtlich der Beurteilung der voraussichtlichen Dauerhaftigkeit einer Wertminderung vgl. *IDW RS VFA 2*, Tz. 14; *VFA*, FN-IDW 2002, S. 667; zur Sicherung des Werts einer Beteiligung mittels Werthaltigkeitsgarantie (des Gesellschafters oder eines Dritten) zur Vermeidung von Abschreibungen vgl. *Förschle/Heinz* in Budde/Förschle/Winkeljohann, Sonderbilanzen[4], Kap. Q, Rn. 76; zum Zusammentreffen von Wertminderung und Kapitalrückzahlung vgl. *IDW ERS HFA 18 n.F.*, Tz. 31 ff.; *Graf von Kanitz*, WPg 2007, S. 57 (65).
1177 Vgl. *IDW RS HFA 10*, Tz. 3; dazu und zum neben dem Ertragswertverfahren anwendbaren Discounted Cash Flow-Verfahren (DCF-Verfahren), nach dem die erwarteten Zahlungen an die Kapitalgeber diskontiert werden, vgl. *IDW S 1 i.d.F. 2008*, Tz. 101 ff.; zur Bewertung von Anteilen an nachhaltig ertragsschwachen Unternehmen vgl. *Mujkanovic*, WPg 2010, S. 294.
1178 Vgl. *IDW S 1 i.d.F. 2008*, Tz. 117.
1179 Vgl. *IDW S 1 i.d.F. 2008*, Tz. 18 ff.
1180 Zur Bildung von Rückstellungen für Verpflichtungen aus Ergebnisabführungsverträgen vgl. Tz. 216.
1181 Zur Beteiligungsbewertung nach *IDW RS HFA 10* vgl. *Laas*, DB 2006, S. 457; *Rosenbaum/Gorny*, DB 2003, S. 837; *Hayn/Ehsen*, FB 2003, S. 205; *Kupke/Nestler*, BB 2003, S. 2671; *Franken/Schulte*, BB 2003, S. 2675.
1182 Vgl. *IDW S 1 i.d.F. 2008*, Tz. 5 i.V.m. Tz. 140; zur Bestimmung des Liquidationswerts vgl. WP Handbuch 2008 Bd. II, Kap. A, Tz. 385.

pflichten z.B. aus Verlustübernahmeverpflichtungen, so ist dies durch die Bildung von Rückstellungen zu berücksichtigen. Entsprechend der Grundsätze für die Behandlung von Ertragszuschüssen (vgl. Tz. 534) sind **Verlustübernahmen** als nachträgliche Anschaffungskosten der Beteiligung zu erfassen, soweit sie nicht nur der Werterhaltung bzw. Wiederherstellung des Werts dienen, sondern sich dadurch der innere Wert der Beteiligung erhöht. Andernfalls erfolgt eine sofortige Aufwandsverrechnung.

548 Bestehen die Gründe für eine außerplanmäßige Abschreibung nicht mehr, so besteht rechtsformunabhängig eine **Zuschreibungspflicht** nach § 253 Abs. 5 S. 1 HGB.

549 Noch **nicht voll eingezahlte Anteile** an KapGes. oder Personenhandelsgesellschaften sind mit den geleisteten Beträgen zzgl. ggf. eingeforderter Beträge zu aktivieren[1183]. Der Betrag der eingeforderten, aber noch nicht geleisteten Einlage ist als Resteinzahlungsverpflichtung zu passivieren[1184]. Für ausstehende noch nicht eingeforderte Einlagen kommt lediglich eine Anhangangabe nach § 285 Nr. 3a HGB in Betracht (bei KapGes. und Personenhandelsgesellschaften i.S.d. § 264a HGB)[1185]. Zur Bewertung von Beteiligungen bei **Versicherungsunternehmen** vgl. *IDW RS VFA 2* sowie K Tz. 150.

550 Für **Auslandsbeteiligungen** gelten die angeführten Grundsätze bei besonderer Betonung des Vorsichtsprinzips entsprechend. Eine Abwertung von Auslandsbeteiligungen ist auch im Fall von €-Aufwertungen dann erforderlich, wenn damit auch der (in € umgerechnete) innere Wert der Beteiligung (Ertragswert) nachhaltig unter den Buchwert gesunken ist[1186]; vgl. zur Währungsumrechnung im Einzelnen Tz. 483, zur Bildung von Bewertungseinheiten Tz. 448. Als weitere Abschreibungsgründe kommen Beschränkungen des Zahlungstransfers und besondere wirtschaftliche, politische oder soziale Risiken (z.B. drohende Enteignungen) in Betracht, soweit sie nicht bereits die Anschaffungskosten gemindert haben.

551 In der StB erfolgt die Bewertung von **Beteiligungen an Kapitalgesellschaften**[1187] zu den Anschaffungskosten; bei Sacheinlagen gilt als Anschaffungskosten der neuen Anteile der gemeine Wert der hingegebenen Wirtschaftsgüter, vgl. BFH vom 25.01.1984, BStBl. II, S. 422, im Anschluss an das sog. Tauschgutachten[1188]. Forderungsverzichte[1189] und Zuschüsse des Gesellschafters (verdeckte Einlagen)[1190] gelten als „zusätzliche Anschaffungskosten", die zu aktivieren sind[1191], und zwar bei Übertragung von Wirtschaftsgütern

---

1183 Vgl. *Brösel/Schmitz* in Bilanzrecht, § 253 HGB, Rn. 207; für Anteile an PersGes. vgl. *IDW ERS HFA 18 n.F.*, Tz. 8, bzw. zu ausstehenden Sacheinlagen Tz. 11.
1184 Vgl. für Anteile an PersGes. *IDW ERS HFA 18 n.F.*, Tz. 8; ausführlich *Graf von Kanitz*, WPg 2007, S. 57 (65 f.).
1185 Vgl. *IDW ERS HFA 18 n.F.*, Tz. 8; a.A. (grds. Pflicht zum Bruttoausweis) *Brösel/Olbrich* in HdR[5], § 253, Rn. 96.
1186 Vgl. ADS[6], § 253 HGB, Tz. 466; *Kozikowski/Leistner* in BeBiKo[7], § 256a, Rn. 90, 79 (von einer dauerhaften wechselkursbedingten Wertminderung ist nur in Ausnahmefällen, z.B. bei einer nachhaltigen Abwertung in Folge einer Währungsumstellung, auszugehen); *Herzig* (Hrsg.), Auslandsbeteiligungen; *Weber*, DStR 1993, S. 1270; *Ordelheide*, S. 331 (zu Substanz- und Ertragswertüberlegungen); zur Sicherung von Auslandsbeteiligungen gegen Währungsverluste vgl. *Hennrichs*, WPg 2010, S. 1185; hierzu auch *Kämpfer/Fey*, S. 187.
1187 Vgl. *Richter*, in HHR, EStG/KStG, § 6 EStG, Rn. 790; *Ehmcke*, in Blümich, EStG, § 6 EStG, Rn. 803; *Hoffmann* in Littmann, EStG, § 6, Rn. 550; *Weber-Grellet*, in Schmidt, L., EStG[30], § 5, Rn. 270 (Beteiligungen).
1188 Vgl. BFH v. 16.12.1958, BStBl. III 1959, S. 30.
1189 Vgl. BFH v. 16.04.1991, BStBl. II 1992, S. 234; BFH v. 07.07.1992, BStBl. II 1993, S. 333.
1190 Vgl. BFH v. 21.09.1989, BStBl. II 1990, S. 86; BFH v. 18.12.1990, BFH/NV 1992, S. 15; *Hoffmann*, BB 1992, S. 402.
1191 Vgl. BFH v. 09.03.1977, BStBl. II, S. 515 v. 10.09.1989, BStBl. II 1990, S. 86; *Groh*, DB 1988, S. 514, zur Überlassung von Nutzungsrechten; BFH v. 19.07.1994, BStBl. II 1995, S. 362, v. 24.07.1996, BStBl. II, S. 614; *Weber-Grellet*, DB 1998, S. 1532.

i.d.R. in Höhe des gemeinen Werts des übertragenen Wirtschaftsguts[1192]. Bei Verzicht auf eine nicht vollwertige Forderung ist zu unterscheiden, ob die Ausreichung der Darlehensmittel vor oder in der Krise erfolgt.[1193] Bei Ausreichung der Mittel vor der Krise kommt es zu nachträglichen Anschaffungskosten in Höhe des Teilwerts der Forderungen im Zeitpunkt des Verzichts; wurden die Mittel dagegen in der Krise zugeführt, sind Anschaffungskosten in Höhe des Nennwerts der Forderungen zu erfassen. Zur Höhe der nachträglichen Anschaffungskosten unterscheidet der BFH[1194] im einzelnen vier Fallgruppen, die auch im BMF-Schreiben vom 08.06.1999[1195] dargestellt werden. Diese vier Fallgruppen werden durch das BMF-Schreiben vom 21.10.2010 zur Auswirkung des Gesetzes zur Modernisierung des GmbH-Rechts und zur Bekämpfung von Missbräuchen (MoMiG) auf nachträgliche Anschaffungskosten gem. § 17 Abs. 2 EStG im Grundsatz weiterhin angewendet[1196]:

i. Darlehensgewährung in der Krise

In dieser Fallgruppe entsprechen die Anschaffungskosten dem Nennwert. Hier ergeben sich aufgrund des BMF-Schreibens vom 21.10.2010 keine Änderungen.

ii. Stehen gelassene Darlehen, bei denen es sich um Darlehen handelt, die vor der Krise gewährt, aber mit Rücksicht auf das Gesellschaftsverhältnis nicht abgezogen wurden.

In dieser Fallgruppe ist der gemeine Wert in dem Zeitpunkt anzusetzen, in dem der Gesellschafter das Darlehen mit Rücksicht auf das Gesellschaftsverhältnis nicht abzieht. Dies kann ein Wert unter dem Nennwert sein. Nach der durch das MoMiG geschaffenen Rechtslage kann ein stehen gelassenes Darlehen begrifflich nur noch vorliegen, wenn die Krise zeitlich vor dem Beginn des Anfechtungszeitraums nach § 6 AnfG entstanden ist. Ist die Krise erst nach dem Beginn des Anfechtungszeitraums entstanden, ist die Fallgruppe des krisenbestimmten Darlehens anzuwenden.

iii. Krisenbestimmtes Darlehen

– aufgrund vertraglicher Vereinbarungen:

Der Gesellschafter erklärt vor Eintritt der Krise mit bindender Wirkung, dass er das Darlehen auch in der Krise stehen lassen wird. Der Ausfall des Darlehens führt nach Auffassung des BFH zu Anschaffungskosten auf die Beteiligung in Höhe des Nennwerts des Darlehens. Diese Fallgruppe bleibt gemäß dem BMF-Schreiben vom 21.10.2010 unverändert.

– aufgrund der gesetzlichen Neuregelungen in §§ 39, 135 InsO sowie § 6 AnfG:

Nach neuer Rechtslage wird die Fallgruppe des krisenbestimmten Darlehens weiter unterteilt. Beruht die Krisenbindung des Darlehens auf den gesetzlichen Neuregelungen in §§ 39, 135 InsO sowie § 6 AnfG aufgrund des MoMiG, so ist davon auszugehen, dass die gesetzlichen Neuregelungen mit Beginn des Anfechtungszeitraums den darlehensgebenden Gesellschafter wirtschaftlich regelmäßig so stellen, als habe er eine Krisenbindung vereinbart[1197]. Die nachträglichen Anschaffungskosten bemessen

---

1192 Vgl. BFH v. 26.10.1987, BStBl. II 1988, S. 348, 355 m.w.N. Vgl. dazu *Koenen*, BB 1989, S. 1455; *Söffing*, DB 1989, S. 399.

1193 Vgl. Beschluss des GrS des BFH v. 09.06.1997, BStBl. II 1998, S. 307; *Strahl*, KÖSDI 1999, S. 11862 (11871); ferner *Krink/Maertins*, DB 1998, S. 833; *Hoffmann*, DStR 1997, S. 1625; *List*, NWB, F. 3, S. 10211.

1194 BFH v. 24.04.1997, BStBl. I 1999, S. 339; BFH v. 24.04.1997, BStBl. II 1999, S. 53; BFH v. 04.11.1997, BStBl. II 1999, S. 344.

1195 BMF-Schr. v. 08.06.1999, BStBl. I, S. 545.

1196 BMF-Schr. v. 21.10.2010, BStBl. I, S. 832.

1197 BMF-Schr. v. 21.10.2010, BStBl. I, S. 832.

sich bei dieser Fallgruppe nach dem gemeinen Wert im Zeitpunkt des Beginns des Anfechtungszeitraums.

iv. Finanzplandarlehen, das von vornherein in die Finanzplanung der Gesellschaft einbezogen ist.

Im Fall des Verlusts erhöhen sich die Anschaffungskosten der Beteiligung in Höhe des Nennwerts des Darlehens. Diese Fallgruppe bleibt gemäß BMF-Schreiben vom 21.10.2010 unverändert.

Das BMF-Schreiben vom 21.10.2010 ist in allen noch offenen Fällen anzuwenden, bei denen auf die Behandlung des Darlehens die Vorschriften des MoMiG anzuwenden sind.

552 Statt der Anschaffungskosten kann der **niedrigere Teilwert**[1198] angesetzt werden (§ 6 Abs. 1 Nr. 2 EStG). Wegen der Teilwertvermutung bei Kapitalerhöhung vgl. BFH v. 27.07.1988, BStBl. II 1989, S. 274; zur Teilwertabschreibung auf Auslandsbeteiligung vgl. BFH v. 14.03.1989, BStBl. II, S. 599[1199]. Ausschüttungen aus dem steuerlichen Einlagekonto mindern den Buchwert der Beteiligung ebenso wie eine Kapitalherabsetzung[1200].

553 Werden Anteile an einer KapGes. während des WJ der KapGes. entgeltlich erworben, sind sie auch dann mit dem Kaufpreis zu aktivieren, wenn darin der Gewinn des laufenden Jahres abgegolten wird; eine Abspaltung des **Gewinnbezugsrechts** ist mit steuerlicher Wirkung nicht möglich, auch wenn die Vertragsparteien ausdrücklich ein Entgelt für den noch nicht festgestellten Gewinn des laufenden (oder evtl. auch früheren) WJ vereinbart und damit die zwischen Veräußerer und Erwerber evtl. gem. § 101 BGB bestehende schuldrechtliche Ausgleichspflicht für den anteiligen laufenden Gewinn ausgeschlossen haben[1201]. Bei späterer Ausschüttung der „gekauften" Gewinnanteile kommt evtl. eine ausschüttungsbedingte Teilwertabschreibung in Betracht[1202]. Gesondert zu aktivieren ist aber ein miterworbener, durch Gewinnverwendungsbeschluss für frühere Jahre bereits entstandener Gewinnanspruch[1203]. Wegen der zeitlichen Zuordnung von Veräußerungen, die im Schnittpunkt der KJ (zum Jahreswechsel) erfolgen, vgl. BFH v. 02.05.1974, BStBl. II, S. 707.

Zur Frage, ob bei **Zukauf von Aktien** die Neuzugänge und der Altbestand eine einheitliche Beteiligung bilden, hat der BFH entschieden, dass eine Vermutung für die Aufstockung der Beteiligung spricht[1204]. Bei Erwerb von zusätzlichen Anteilen im Rahmen einer Kapitalerhöhung darf das gezahlte Aufgeld nicht anteilig den Anschaffungskosten der Altanteile zugeordnet werden[1205].

554 Für **Gratisanteile**, die aus einer Kapitalerhöhung aus Gesellschaftsmitteln gem. §§ 207 ff. AktG stammen, gilt für die Anschaffungskosten steuerlich die gleiche Regelung wie im Handelsrecht. Für Gratisanteile, die nicht aufgrund der genannten Bestimmung begeben

---

1198 Vgl. Nachweise bei *Kulosa*, in Schmidt, L., EStG³⁰, § 6, Rn. 278; *Küting/Kessler*, GmbHR 1995, S. 345; grds. zur Teilwertabschreibung im Verhältnis zur HB BMF-Schr. v. 12.03.2010, BStBl. I, S. 239; hierzu *Herzig/Briesemeister*, DB 2010, S. 917: kritisch *Schulze-Osterloh* in DStR 2011, S. 534.

1199 Vgl. dazu *Müller-Dott,*, S. 163; *Kaufmann*, RIW 1989, S. 806; *Wassermeyer*, FR 1989, S. 518; *Manke*, DStZ 1990, S. 4; vgl. auch § 8b Abs. 1 KStG und § 8 Nr. 10 GewStG; *Niemann*, StB 1995, S. 15; *Simon*, IStR 1995, S. 44; zur Behandlung in den neuen Bundesländern BMF-Schr. v. 25.06.1992, DB, S. 1499.

1200 Vgl. BFH v. 14.10.1992, BStBl. II 1993, S. 189.

1201 Vgl. BFH v. 20.12.2000, BStBl. II 2001, S. 409 und S. 815; *Leberfinger*, DStR 1991, S. 1205.

1202 Vgl. BFH v. 20.12.2000, BStBl. II 2001, S. 409. Vgl. auch § 8 Nr. 10 GewStG und § 8b KStG.

1203 Vgl. *Schmidt, L.*, FR 1986, S. 465.

1204 BFH v. 14.03.1973, BStBl. II, S. 397.

1205 Vgl. BFH v. 27.05.2009, DStR, S. 2661.

Bewertungsvorschriften   E

werden (z.B. Gratisanteile von ausländischen Beteiligungsgesellschaften), gelten praktisch die gleichen Grundsätze; der bisherige Bilanzansatz für den Altbesitz umfasst danach auch die hinzugekommenen Gratisanteile[1206]. Die Finanzverwaltung wendet die Rechtsprechung an mit der Maßgabe, dass bei Kapitalerhöhungen, die unter Verstoß gegen handelsrechtliche Vorschriften oder tatsächlich im Wege einer Doppelmaßnahme (Ausschüttung von Gewinn unter gleichzeitiger Wiedereinlage) erfolgen, die Fiktion der Doppelmaßnahme, wie sie im BFH-Urt. v. 17.09.1957, BStBl. III, S. 401, aufgestellt wurde, greift[1207].

Die Ermittlung des Buchwerts von **Bezugsrechten** ist nach dem grundlegenden BFH-Urt. v. 06.12.1968, BStBl. II 1969, S. 105, nach der sog. Gesamtwertmethode vorzunehmen, vgl. dazu Tz. 543[1208].   **555**

Der **Tausch** von Aktien führt grds. zur Gewinnrealisierung[1209]. Diese wird nur im Rahmen der §§ 13 und 20 UmwStG vermieden. Werden Anteile an KapGes. im Wege des Tauschs übertragen, handelt es sich gem. § 6 Abs. 6 S. 1 EStG seit dem 01.01.1999[1210] stets um einen zur Gewinnrealisierung führenden Veräußerungsvorgang, wenn die Veräußerung im Betriebsvermögen erfolgt oder die Voraussetzungen der §§ 17 oder 23 (bzw. für ab dem 01.01.2009 angeschaffte Anteile § 20 Abs. 2 Nr. 1) EStG erfüllt sind. Dabei sind die stillen Reserven in Höhe der Differenz zwischen dem gemeinen Wert und dem Buchwert des weggetauschten Wirtschaftsguts aufzudecken und nach Tarif zu versteuern.   **556**

Bei Vorliegen eines **Gewinnabführungsvertrags** ist eine Teilwertabschreibung dann möglich, wenn der innere Wert der Organgesellschaft trotz der Verlustübernahme durch den Organträger gesunken ist[1211].   **557**

Der **Teilwert** einer Beteiligung an einer KapGes. entspricht grds. den Wiederbeschaffungskosten[1212]. Ist die Beteiligung zum Verkauf an der Börse bestimmt oder erscheint der Erwerb einer gleich hohen Beteiligung an der Börse möglich, so entspricht der Börsenkurs den Wiederbeschaffungskosten. Wurde für die Beteiligung ein Paketzuschlag entrichtet, so richten sich die Wiederbeschaffungskosten grds. nicht nach dem Börsenkurs[1213]. Die Tatsache der Beherrschungsmöglichkeit, der Ausschaltung der Konkurrenz, des Ausgleichs von ungünstigen mit werterhöhenden Tatsachen ist bei der Bewertung jedoch zu berücksichtigen. Bei anderen Anteilen beeinflusst der Ertrag den Teilwert. Eine Teilwertabschreibung ist geboten, wenn durch Verluste eine nachhaltige Wertminderung   **558**

[1206] Vgl. BFH v. 21.01.1966, BStBl. III, S. 220; hierzu auch *Dinnies* v.d.*Osten*, GmbHR 1994, S. 307.
[1207] Vgl. Erl. FM NW v. 05.09.1974, v. 12.03.1975 und v. 26.01.1978 in *Baranowski* (Bearb.), S. 814. Zur Stockdividende vgl. *Loos*, RIW 1991, S. 124.
[1208] Vgl. auch *Kulosa* in Schmidt, L., EStG³⁰, § 6, Rn. 140 (Optionen) m.w.N.; bestätigend BFH v. 21.01.1999, BStBl. II, S. 638.
[1209] Vgl. dazu BFH v. 19.10.1998, DStZ 1999, S. 381. Zur Neuregelung des § 6 EStG *Hoffmann*, GmbHR 1999, S. 452; *Korn*, KÖSDI 1999, S. 12118.
[1210] Vgl. zum alten Recht, wonach art-, wert- und funktionsgleiche Anteile an KapGes. ohne Gewinnrealisierung getauscht werden konnten: Tauschgutachten BFH v. 16.12.1958, BStBl. III 1959, S. 30; hierzu siehe auch WP Handbuch 1996 Bd. I, Fn. 785 zu Kap. E Tz. 485.
[1211] Vgl. R 60 KStR 2004; vgl. auch *Dötsch/Buyer*, DB 1991, S. 10.
[1212] Zur Wertaufhellung bei Beteiligungen *Rödder*, DStR 1999, S. 1019.
[1213] Vgl. BFH v. 07.11.1990, BStBl. II 1991, S. 342; *Hoffmann*, BB 1991, S. 516.

eintritt oder sich das Beteiligungsengagement als Fehlmaßnahme erweist[1214]. Da sich der Teilwert nach den künftigen Ertragsaussichten richtet, rechtfertigen Anlaufverluste noch keine Teilwertabschreibung[1215]. Soweit eine Teilwertabschreibung in der StB auf Beteiligungen an KapGes durchzuführen ist, ist der Aufwand allerdings außerbilanziell zu neutralisieren (§ 8 Abs. 3 KStG). Somit haben Teilwertabschreibungen auf Beteiligungen an KapGes keinerlei einkommens- und damit keine steuermindernde Wirkung.

559 Zur Bewertung der Stammanteile an einer rechtsfähigen betrieblichen Unterstützungskasse vgl. BFH v. 14.01.1971, BStBl. II, S. 180. Der Teilwert entspricht i.d.R. den Anschaffungskosten.

Zur steuerlichen Behandlung von **Gesellschafterdarlehen** und der damit zusammenhängenden Vergütungen vgl. § 8a KStG[1216].

560 Der Wertansatz für die Beteiligung an einer **Personengesellschaft**, die als **Mitunternehmerschaft** (§ 15 Abs. 3 Nr. 1 und 2 EStG) zu qualifizieren ist, wird steuerlich durch die gesonderte und einheitliche Gewinnfeststellung (§ 180 Abs. 1 Nr. 2a AO) geprägt. Deshalb kommt dem Bilanzansatz für die steuerliche Gewinnermittlung keine eigenständige Bedeutung zu[1217]. Nach der Rechtsprechung handelt es sich bei der Beteiligung an der Personengesellschaft nicht um ein selbstständiges Wirtschaftsgut, sondern lediglich um die Verkörperung aller Anteile der zum Gesellschaftsvermögen gehörenden Wirtschaftsgüter[1218]. Auf den Beteiligungsansatz kann keine gewinnmindernde Teilwertabschreibung vorgenommen werden[1219]. Ebenso wenig ist die Überführung einer Beteiligung aus dem Betriebsvermögen eines Einzelunternehmers in das Privatvermögen als Entnahme zu qualifizieren, da er selbst weiterhin steuerlich an den einzelnen Wirtschaftsgütern beteiligt bleibt und damit kein Rechtsträgerwechsel stattfindet[1220].

561 Die Behandlung einer betrieblich veranlassten Beteiligung eines Gewerbetreibenden an einer **vermögensverwaltenden Personengesellschaft** ist strittig. Nach Auffassung der Finanzverwaltung hat aber der Gesellschafter grds. alle Wirtschaftsgüter der PersGes. anteilig im Rahmen seines eigenen Buchführungswerks zu erfassen und den Gewinnanteil, der sich für ihn aus den einzelnen Geschäftsvorfällen der Personengesellschaft ergibt, nach den Grundsätzen der Gewinnermittlung zu berechnen und anzusetzen[1221].

1214 Vgl. BFH v. 26.09.2007, BStBl. II 2009, S. 294 (zu Teilwertabschreibung auf börsennotierte Aktien im Anlagevermögen); hierzu auch *Patek*, FR 2008, S. 689; BMF-Schr. v. 26.03.2009, BStBl. I, S. 514 (zur Behandlung von Wertschwankungen innerhalb bestimmter Bandbreiten); hierzu FG Münster v. 31.08.2010 mit Anmerkungen v. *Kulosa*, DStR 2010, S. 2340 (2344); BFH v. 30.11.1978, BStBl. II 1979, S. 108; zu Abweichungen zwischen StB und HB *Bruckmeier/Zwirner/Busch*, DStR 2010, S. 237; zur Frage der Teilwertabschreibung trotz Mittelzuführung an die Tochtergesellschaft vgl. auch *Reuter*, BB 1982, S. 25; zur Wertaufholung nach ausschüttungsbedingter Teilwertabschreibung vgl. BFH v. 19.08.2009, BStBl. II 2010, S. 225.
1215 Vgl. BFH v. 27.07.1988, BStBl. II 1989, S. 274, der grds. von einer Anlaufphase von fünf Jahren ausgeht; zu weiteren Teilwertvermutungen vgl. *Kulosa* in Schmidt, L., EStG[30], § 6, Rn. 278.
1216 Vgl. hierzu die Erläuterungen im BMF-Schr. v. 04.07.2008, BStBl. I, S. 718, Rn. 79 bis 83.
1217 Vgl. BFH v. 06.11.1985, BStBl. II 1986, S. 333; vgl. dazu *Hoffmann*, BB 1988, Beilage 2; ferner *Richter*, in HHR, EStG/KStG, § 6 EStG, Rn. 825; *Hoffmann* in Littmann, EStG, § 6, Rn. 551.
1218 Vgl. BFH v. 25.02.1991, BStBl. II, S. 691; BFH v. 18.02.1993, BStBl. II 1994, S. 224; *Weber-Grellet* in Schmidt, L., EStG[30], § 5, Rn. 270 (Beteiligung an PersGes.) mit Überblick über die kontroverse Literatur.
1219 Vgl. BFH v. 06.11.1985, BStBl. II 1986, S. 333; vgl. auch *Reiss*, StuW 1986, S. 232; *Döllerer*, DStZ 1980, S. 259 (263).
1220 Vgl. *Weber-Grellet* in Schmidt, L., EStG[30], § 5, Rn. 270 (Beteiligung an PersGes.).
1221 Vgl. BMF-Schr. v. 29.04.1994, BStBl. I, S. 282; weitere Nachweise bei *Weber-Grellet* in Schmidt, L., EStG[30], § 5, Rn. 270 (Beteiligung an PersGes.).

Bewertungsvorschriften E

e) Vorräte

Vorräte sind zu den **Anschaffungs- oder Herstellungskosten** zu bewerten (vgl. Tz. 321 und 342), ggf. vermindert um notwendige **Abschreibungen** (vgl. Tz. 428). **562**

Steuerrechtlich sind Wirtschaftsgüter des Vorratsvermögens[1222] mit den AHK[1223] oder mit dem niedrigeren Teilwert[1224] anzusetzen (§ 6 Abs. 1 Nr. 2 EStG)[1225]. Das generelle **Wertaufholungsgebot** (vgl. dazu Tz. 438) erfasst auch die Wirtschaftsgüter des UV (§ 6 Abs. 1 Nr. 2 S. 3 EStG). Obergrenze für die Wertaufholung sind stets die früheren AHK, vermindert um etwaige AfA-Beträge, erhöhte Absetzungen u.ä. Ein höherer Wertansatz als die fortgeschriebenen AHK kommt damit auch dann nicht in Betracht, wenn der Teilwert nach einer zwischenzeitlichen Teilwertabschreibung nunmehr wieder eine Höhe über diesem Betrag erreicht hat. Zu den Anschaffungskosten gehören auch die Nebenkosten, soweit die Aufwendungen dem Wirtschaftsgut einzeln zugeordnet werden können[1226]. Die Minderung der Anschaffungskosten bei Inanspruchnahme von Skonti tritt erst bei Bezahlung ein, sodass die gelieferte, aber noch nicht bezahlte Ware mit dem Bruttoeinkaufspreis zu bewerten ist[1227]. **563**

Sind die AHK wegen Schwankungen der Einstandspreise im Laufe des WJ im Einzelnen nicht mehr feststellbar, so ist der Wert dieser Wirtschaftsgüter im Schätzungsweg zu ermitteln. Als zweckentsprechendes Schätzungsverfahren wird die **Durchschnittsbewertung** nach dem gewogenen Mittel der im Laufe des WJ erworbenen und ggf. zu Beginn des WJ vorhandenen Wirtschaftsgüter angesehen[1228]. Zur steuerrechtlichen Zulässigkeit der **Lifo-Methode** vgl. Tz. 476 und zur **Gruppenbewertung** vgl. Tz. 482. Roh-, Hilfs- und Betriebsstoffe können mit einem **Festwert** angesetzt werden (vgl. Tz. 478)[1229]. **564**

Für den **Teilwert** von Roh-, Hilfs- und Betriebsstoffen sowie für den Teilwert von Waren und Erzeugnissen gelten widerlegbare Vermutungen (Wiederbeschaffungskosten, Reproduktionskosten)[1230]. Bei Roh-, Hilfs- und Betriebsstoffen sowie Waren ist Ausgangspunkt für die Ermittlung der Wiederbeschaffungskosten der Markt- oder Börsenpreis; ein Zufallskurs ist jedoch nicht maßgeblich[1231]. **565**

Bei **Erzeugnissen** kann der niedrigere Teilwert[1232] nur angesetzt werden, wenn nachgewiesen wird, dass der Käufer des Betriebs weniger bezahlen würde als den üblichen Aufwand für die Herstellung der Erzeugnisse[1233]. Als unverkäuflich gekennzeichnete **Muster** sind mit den Herstellungskosten zu aktivieren, wenn nicht besondere Umstände vorliegen[1234]. Liegt der Börsen- oder Marktpreis bei selbst hergestellten Halbfabrikaten unter **566**

1222 BFH v. 02.12.1987, BStBl. II 1988, S. 502 (Schriftmetalle einer Druckerei).
1223 Zur Ermittlung der Herstellungskosten bei Erzeugnissen vgl.Tz. 364; zum Umfang der AHK unfertiger Erzeugnisse ferner BFH v. 21.10.1993, BStBl. II 1994, S. 176.
1224 Vgl. dazu R 6.8 Abs. 1 und 2 EStR 2008.
1225 Zur Bewertung von Warenvorräten in Handelsunternehmen *Fromm*, BB 1996, S. 2453.
1226 Vgl. BFH v. 13.10.1983, BStBl. II 1984, S. 101; zu Reisekosten im Warenbeschaffungsbereich BFH v. 24.02.1972, BStBl. II, S. 422.
1227 Vgl. dazu BFH v. 27.02.1991, BStBl. II, S. 456. Zu den Anschaffungskosten siehe auch H 6.2 EStR 2008.
1228 Vgl. R 6.8 Abs. 3 S. 3 EStR 2008.
1229 Zum Ansatz und zur Bemessung von Festwerten BMF-Schr. v. 08.03.1993, BStBl. I, S. 276.
1230 Vgl. BFH v. 24.02.1994, BStBl. II, S. 514.
1231 Vgl. R 6.8 Abs. 2 S. 10 EStR 2008.
1232 Zur Teilwertermittlung bei unfertigen Erzeugnissen vgl. *Erhard*, StBp. 1975, S. 28. Vgl. auch BFH v. 29.04.1999, BStBl. II, S. 681.
1233 Vgl. BFH v. 24.02.1994, BStBl. II, S. 514.
1234 Vgl. BFH v. 30.01.1980, BStBl. II, S. 327 (Ärztemuster der pharmazeutischen Industrie, keine Teilwertabschreibung); krit. *Kupsch*, DB 1983, S. 509; *Euler*, S. 155 (166).

567 Wertminderungen von Waren (z.B. wegen langer Lagerdauer, Unmodernwerdens etc.) rechtfertigen eine Teilwertabschreibung, wenn die voraussichtlich erzielbaren Verkaufserlöse die Selbstkosten zzgl. des durchschnittlichen Unternehmergewinns nicht erreichen[1235]. Dabei ist im Normalfall[1236] Voraussetzung für die Teilwertabschreibung, dass die Wertminderungen in Preisherabsetzungen ihren Ausdruck finden und darüber repräsentative Aufzeichnungen[1237] vorhanden sind[1238]. Bei Wirtschaftsgütern des UV, mit dessen Verkauf wirtschaftliche Vorteile für ein Unternehmen im Ganzen verbunden sind, hat eine Bewertung mit den Anschaffungskosten und nicht mit dem niedrigeren Teilwert zu erfolgen, wenn der Verkaufspreis bewusst nicht kostendeckend kalkuliert worden ist (sog. Verlustprodukte)[1239].

Den Herstellungskosten, so wird der niedrigere Preis so lange nicht als Teilwert angesehen, wie die eigene Herstellung keine Fehlmaßnahme ist.

568 Zur steuerlichen Bewertung von NE-Metallbeständen vgl. BFH-Gutachten v. 26.08.1960, BStBl. III 1961, S. 31[1240].

f) Anzahlungen

569 Bei geleisteten Anzahlungen handelt es sich um Vorleistungen auf im Übrigen noch schwebende Geschäfte. Sie sind grds. in Höhe des Anzahlungsbetrags anzusetzen; mit der Anzahlung geleistete USt ist nur insoweit unter den Anzahlungen zu aktivieren, als keine Verrechnung als Vorsteuer erfolgt[1241]. Die Bewertung erfolgt wie bei Forderungen[1242]; das gilt auch für die Einbeziehung des allgemeinen Kreditrisikos in die Pauschalwertberichtigung. **Steuerlich** sind Anzahlungen zu aktivieren, und zwar ohne Rücksicht auf die Aktivierbarkeit der angezahlten Lieferung oder Leistung[1243]. Soweit Anzahlungen der USt unterliegen (§ 13 Abs. 1 Nr. 1a S. 4 und Nr. 1b UStG), ist im Hinblick auf den Vorsteuerabzug (§ 15 Abs. 1 UStG) der Nettoausweis geboten. Nicht abziehbare Vorsteuerbeträge (§ 15 Abs. 2 UStG) sind jedoch in jedem Fall als Anzahlungen zu erfassen.

g) Forderungen

570 Die Bewertung von Forderungen[1244] richtet sich je nachdem, ob es sich um langfristige, zum **Anlagevermögen** (vgl. Tz. 600) gehörende Forderungen (insb. längerfristige Ausleihungen), oder um solche des **Umlaufvermögens** handelt, formal nach verschiedenen

---

1235 Vgl. BFH v. 27.10.1983, BStBl. II 1984, S. 35 m.w.N. Zur geänderten Rechtslage *Kulosa* in Schmidt, L., EStG[30], § 6, Rn. 260. Zur Teilwertabschreibung bei nicht kostendeckend kalkulierten Wirtschaftsgütern des Umlaufvermögens BFH. v. 29.04.1999, DStR, S. 1479.
1236 Vgl. BFH v. 13.10.1976, BStBl. II 1977, S. 540 (hier: Ausnahme bei Juwelier- und Goldschmiedegeschäft); BFH v. 27.10.1983, BStBl. II 1984, S. 35; BFH v. 24.02.1994, BStBl. II, S. 514; zu Ausnahmen auch BFH v. 05.06.1985, BFH/NV 1986, S. 204; krit. *Kallweit/Sisterhenn*, DB 1985, S. 2209.
1237 Vgl. BFH v. 06.11.1975, BStBl. II, S. 377; *Groh*, DB 1985, S. 1245.
1238 Vgl. weiter *Kulosa* in Schmidt. L., EStG[30], § 6, Rn. 260 .
1239 BFH v. 29.04.1999, DStR, S. 1479.
1240 Vgl. auch BMF-Schr. v. 02.06.1989, BStBl. I, S. 179; *Kronenwett/Maisenbacher*, FR 1987, S. 187.
1241 Vgl. *IDW RH HFA 1.017*, Tz. 11; *Winnefeld*, Bilanz-Handbuch[4], Abschn. M, Rn. 982.
1242 Zur Einbeziehung von Fremdkapitalzinsen vgl.Tz. 324; zur Währungsumrechnung von Anzahlungen auf Vermögensgegenstände des AV vgl. *Kozikowski/Roscher/Schramm* in BeBiKo[7], § 253, Rn. 451; zur Unzulässigkeit der Abschreibung wegen Unverzinslichkeit oder Wertminderung des zu erwerbenden Vermögensgegenstandes vgl. *Kozikowski/Roscher/Schramm* in BeBiKo[7], § 253, Rn. 452.
1243 Vgl. BFH v. 04.08.1976, BStBl. II, S. 675 m.w.N.; vgl. auch BFH v. 25.10.1994, BStBl. II 1995, S. 312.
1244 Vgl. ADS[6], § 253 HGB, Tz. 54 und 531 ff.; *Hachmeister* in HdJ, Abt. II/3, Rn. 224 ff. und 500 ff.; *Poullie* in HdJ, Abt. II/6, Rn. 131 ff.

Bewertungsvorschriften E

Vorschriften (§ 253 Abs. 3 S. 3 oder Abs. 4 HGB). Materiell besteht jedoch mit Ausnahme der Währungsumrechnung (vgl. Tz. 573) kein wesentlicher Unterschied.

571 Forderungen sind grds. mit ihrem **Nominalbetrag** anzusetzen[1245]. Zweifelhafte Forderungen sind mit ihrem wahrscheinlichen Wert anzusetzen, uneinbringliche abzuschreiben (§ 253 Abs. 3 S. 3 und Abs. 4 S. 2 HGB)[1246]. Unverzinsliche oder niedrig verzinsliche Forderungen sind mit dem Barwert (Abzinsung mit fristadäquatem Marktzins bei Zugang, z.B. landesüblicher Zinsfuß für Papiere mit entspr. Laufzeit) anzusetzen[1247], soweit nicht wegen Geringfügigkeit, kurzer Restlaufzeiten[1248] oder verdeckter Verzinsung in Form anderer konkreter Gegenleistungen[1249] darauf verzichtet werden darf. Auch für Darlehensforderungen gegen Betriebsangehörige ist handelsrechtlich der Ansatz des Barwerts bei unverzinslichen und niedrig verzinslichen Darlehen an Betriebsangehörige geboten[1250]. Bei Forderungen des AV (Ausleihungen) können auch vorübergehende Wertminderungen (z.B. bei Valutaforderungen) durch Abschreibungen berücksichtigt werden (§ 253 Abs. 3 S. 4 HGB). Bestehende Bürgschaften, Garantien, Delkredereversicherungen u.dgl. sind bei der Beurteilung der Werthaltigkeit von Forderungen zu berücksichtigen[1251]. Zur Berücksichtigung von Immobiliensicherheiten vgl. *IDW PH 9.522.1*. Zur Bildung von **Pauschalwertberichtigungen** vgl. ADS[6], § 253 HGB, Tz. 533[1252].

572 Bei Lieferungen mit **Rückgaberecht** ist eine Gewinnrealisation vor Ablauf der Rückgabefrist nicht zulässig; die Bewertung darf daher höchstens zu den AHK der gelieferten Waren abzgl. voraussichtlich anfallender Rücknahmekosten und abzgl. Wertminderungen infolge Beschädigungen zurückzunehmender Waren erfolgen. Aus praktischen Gründen wird man es jedoch bei Versandhandelsunternehmen auch als zulässig ansehen können, die Forderungen zum Nennbetrag auszuweisen, wenn in Höhe des Unterschieds zwischen Nennbetrag und dem an sich zu aktivierenden Betrag zzgl. der Rücknahmekosten und evtl. Wertminderungen wegen Beschädigung eine Rückstellung gebildet wird[1253]. Soweit es sich um wesentliche Beträge handelt, wird in diesem Fall auch ein Vermerk bei dem Bilanzposten Forderungen („davon / € ... mit Rückgaberecht) im Interesse der Bilanzklarheit geboten sein. Vorstehendes gilt grds. auch für Unternehmen mit statistisch zuverlässig ermittelbarer Rückgabequote, da eine Gewinnrealisation auch hier erst mit Wegfall des Rückgaberechts eintritt[1254].

573 Bei **Währungsforderungen** ist zusätzlich zum Bonitätsrisiko des Schuldners auch das Valutarisiko (nachteilige Änderung des Wechselkurses) zu berücksichtigen. Währungs-

---

1245 Vgl. ADS[6], § 253 HGB, Tz. 54; *Ellrott/Brendt* in BeBiKo[7], § 255, Rn. 252.
1246 Vgl. ADS[6], § 253 HGB, Tz. 531.
1247 Vgl. ADS[6], § 253 HGB, Tz. 54 (i.d.R. bereits als Anschaffungsbetrag sowie Tz. 532; *Ellrott/Roscher* in BeBiKo[7], § 253, Rn. 592 ff.; *Poullie* in HdJ, Abt II/6, Rn. 149 f.
1248 Vgl. zu vorgeschlagenen Grenzen ADS[6], § 253 HGB, Tz. 532; *Brösel/Olbrich* in HdR[5], § 253 HGB, Rn. 184 (ein Jahr); *Poullie* in HdJ, Abt. II/6, Rn. 149 (Einzelfallentscheidung nach Maßgabe der Generalnorm).
1249 Zu Beispielen konkreter Gegenleistungen vgl. *Marx/Recktenwald*, BB 1992, S. 1526.
1250 Vgl. HFA, FN-IDW 1990, S. 101; hierzu auch *Ellrott/Roscher* in BeBiKo[7], § 253, Rn. 594; *Poullie* in HdJ Abt II/6, Rn. 150; im Gegensatz zum Steuerrecht, vgl. BFH v. 30.11.1988, BStBl. II 1990, S. 117, sowie Übergangserlass des BMF-Schr. v. 17.01.1990, BStBl. I, S. 71.
1251 Vgl. ADS[6], § 253 HGB, Tz. 534; *Ellrott/Roscher* in BeBiKo[7], § 253, Rn. 590 f.
1252 Vgl. auch *Ellrott/Roscher* in BeBiKo[7], § 253, Rn. 576 ff.; *Jaudzims/Münch*, DB 1996, S. 2293; EuGH Rs. C 306/99, DB 2003, S. 181; BFH v.01.04.1958, BStBl. III, S. 291; BFH v. 22.11.1988, BStBl. II 1989, S. 359.
1253 Vgl. ADS[6], § 246 HGB, Tz. 57, § 277 HGB, Rn. 28; *Ellrott/Roscher* in BeBiKo[7], § 247, Rn. 90 f., und *Kozikowski/Schubert* in BeBiKo[7], § 249, Rn. 100; *Poullie* in HdJ, Abt. II/6, Rn. 167 (vorzugsweise pauschale Wertabschläge; Rückstellung weniger empfehlenswert; hierzu ausführlich *Piltz*, BB 1985, S. 1368 m.w.N; dazu auch ADS[6], § 277 HGB, Tz. 28, die für KapGes. (und für Personenhandelsgesellschaften i.S.d. § 264a HGB) in wesentlichen Fällen Angaben nach § 284 Abs. 2 Nr. 1 HGB (Bilanzierungsmethode) fordern.
1254 Vgl. ADS[6], § 252 HGB, Tz. 82.

forderungen aus erbrachten Lieferungen oder Leistungen sind bei Erstverbuchung grds. mit dem dann gültigen Devisenkassa**brief**kurs umzurechnen[1255]. Dagegen sind Forderungen aus Fremdwährungsdarlehen zum Zeitpunkt der Gewährung mit dem Devisenkassa**geld**kurs umzurechnen, da für die Auszahlung des Darlehens entsprechende Devisen beschafft werden müssen[1256]. Bei der Umrechnung im Rahmen der Folgebewertung[1257] ist für Währungsforderungen mit einer Restlaufzeit von über einem Jahr zum Abschlussstichtag der Devisenkassa**mittel**kurs zugrunde zu legen (§ 256a S. 1 HGB), wobei das Realisations- und Anschaffungskostenprinzip (§ 253 Abs. 1 S. 1 HGB und § 252 Abs. 1 Nr. 4 HGB) zu beachten sind. Kurzfristige Währungsforderungen (Restlaufzeit zum Abschlussstichtag von einem Jahr oder weniger) sind dagegen auch dann im Rahmen der Folgebewertung mit dem Devisenkassamittelkurs umzurechnen, wenn dies gegenüber dem Wertansatz im Zugangszeitpunkt zu einem höheren Wertansatz führt (§ 256a S. 2 HGB). Werden Geschäfte zur Absicherung von Fremdwährungsrisiken abgeschlossen (geschlossene Positionen), so richtet sich die Bilanzierung nach § 254 HGB (vgl. Tz. 448 ff.).

574 Die Bewertung der Forderungen in der **StB**[1258] erfolgt nach § 6 Abs. 1 Nr. 2 EStG nach den Grundsätzen über die Bewertung des UV; demnach sind Forderungen mit dem Anschaffungswert (= Nominalwert) zu bewerten[1259]. Eine Abschreibung auf den niedrigeren Teilwert kann nur mit den besonderen Verhältnissen, v.a. mit der derzeitigen Wirtschaftslage des Schuldners, begründet werden[1260]. Danach ist z.B. die Abschreibung einer Forderung auf den Teilwert unzulässig, wenn mit einem Ausfall der Forderung nicht zu rechnen ist[1261]. Fehlende oder niedrige Verzinslichkeit der Forderung kann ebenfalls zur Abschreibung führen; der wahrscheinliche Ausfall vereinbarter zukünftiger Zinsen berechtigt dagegen grds. nicht zu einer Wertberichtigung[1262]. Entspr. der bewertungsrechtlichen Regelung (§ 12 Abs. 3 S. 2 BewG) ist bei Forderungen mit einer Laufzeit von mehr als einem Jahr von einem Mindestzinssatz von 5,5% p.a. auszugehen[1263]. Im Übrigen dürfen Mahnkosten, Kosten der gerichtlichen Verfolgung und Zwangsvollstreckung ebenso berücksichtigt werden wie innerbetriebliche Verluste (Zinsen und Bearbeitungsaufwendungen) sowie etwaige Skontoabzüge[1264]. Ob eine Forderung zweifelhaft ist, entscheidet der Bilanzierende nach seinem Ermessen; er darf dabei die Grenze der Schätzung eines sorgfältigen Kaufmanns nicht überschreiten[1265]. Die tatsächlichen Forderungsaus-

---

1255 Vgl. *Kozikowski/Leistner* in BeBiKo[7], § 256a, Rn. 35: vereinfachende Umrechnung zum Devisenkassamittelkurs zulässig, soweit Auswirkung auf VFE-Lage nicht wesentlich; so auch *Gelhausen/Fey/Kämpfer*, BilMoG, Kap. J, Rn. 71; weitergehend *Küting/Mojadadr* in HdR[5], § 256a HGB, Rn. 41; vgl. zu den für die Zugangsbewertung weiterhin gültigen Grundsätzen der Währungsumrechnung nach alter Rechtslage (vor BilMoG) ADS[6], § 253 HGB, Tz. 95, sowie *HFA*, WPg 1986, S. 664.
1256 Vgl. *Kozikowski/Leistner* in BeBiKo[7], § 256a, Rn. 120.
1257 Vgl. allg. zur Währungsumrechnung im Rahmen der Folgebewertung Rn. 483 ff.
1258 Vgl. dazu *Kulosa* in Schmidt, L., EStG[30], § 6, Rn. 405 m.w.N.
1259 Vgl. u.a. BFH v. 23.11.1967, BStBl. II 1968, S. 176; BFH v. 17.05.1978, BStBl. II, S. 497; BFH v. 22.10.1991, BFH/NV 1992, S. 449.
1260 Vgl. BFH v. 17.02.1993, BStBl. II, S. 437; BFH v. 03.08.1993, BStBl. II 1994, S. 444; *Ehmcke* in Blümich, EStG, § 6 EStG, Rn. 901; *Hoffmann* in Littmann, EStG, § 6, Rn. 644; zu Forderungen bei Verhängung eines Handelsembargos OFD Münster v. 23.01.1991, DStR, S. 245. Vgl. auch BFH v. 04.02.1999, DB, S. 939. Nach BFH v. 12.10.1995, BStBl. II 1996, S. 402, ist der Tilgungsbetrag in vollem Umfang mit dem Buchwert der Forderung zu verrechnen, wenn eine teilw. wertberichtigte Forderung teilw. getilgt wird.
1261 Vgl. BFH v. 07.05.1998, BFH/NV, S. 1471.
1262 Vgl. BFH v. 24.10.2006, BStBl. II 2007, S. 469.
1263 Vgl. BFH v. 21.10.1980, BStBl. II 1981, S. 160; anders jedoch für Arbeitnehmerdarlehen BFH v. 30.11.1988, BStBl. II 1990, S. 117; BMF-Schr. v. 17.01.1990, BStBl. I, S. 71 (keine Abschreibung wegen Niedrigverzinslichkeit).
1264 Vgl. BFH v. 19.01.1967, BStBl. III, S. 336.
1265 Vgl. BFH v. 22.11.1988, BStBl. II 1989, S. 359, 362 (zur Pauschalwertberichtigung).

Bewertungsvorschriften **E**

fälle der Vergangenheit bieten einen wesentlichen Anhaltspunkt für zu erwartende Forderungsausfälle[1266]. Die Debitoren müssen nach gleichmäßigen Gesichtspunkten bewertet werden[1267]. Bei der Bewertung sind sog. wertaufhellende Tatsachen zu berücksichtigen, nicht aber die wertbeeinflussenden Tatsachen des nachfolgenden GJ[1268]. Die Wertaufhellung ist auch bei pauschal ermittelten Wertberichtigungen anerkannt. Delkredereversicherungen sind bei der Bewertung von Forderungen zu berücksichtigen[1269].

h) Wertpapiere

Grundlage der Bewertung von Wertpapieren sind die Anschaffungskosten einschließlich Nebenkosten[1270]. Die bis zum Abschlussstichtag aufgelaufenen Stückzinsen aus festverzinslichen Wertpapieren sind als sonstige Vermögensgegenstände zu aktivieren (Vollständigkeitsgebot, § 246 Abs. 1 S. 1 HGB)[1271]. Zur Bewertung von **Zero-Bonds** im JA des Erwerbers nach der Nettomethode (Anschaffungskosten zzgl. zeitanteilige Zinsforderung) vgl. *IDW St/HFA 1/1986*[1272]; zur bilanziellen Behandlung des sog. **Bondstripping** vgl. *IDW RH BFA 1.001*. Zur Bilanzierung von **Genussrechten** beim Inhaber *IDW St/HFA 1/1994*, Abschn. 3. Zur Bewertung von Wertpapieren bei **Versicherungsunternehmen** vgl. *IDW RS VFA 1*. Zur Bewertung von Wertpapieren des sog. Deckungsvermögens gem. § 253 Abs. 1 S. 4 i.V.m. § 246 Abs. 2 S. 2 HGB vgl. Tz. 87.

575

Abschreibungen sind je nachdem, ob es sich um Wertpapiere des AV oder des UV handelt, nach § 253 Abs. 3 S. 3 und 4 oder nach Abs. 4 HGB vorzunehmen. Für Wertpapiere des UV gilt das strenge Niederstwertprinzip, bei Wertpapieren des AV brauchen bei nur vorübergehender Wertminderung keine Abschreibungen vorgenommen zu werden (gemildertes Niederstwertprinzip)[1273], während bei voraussichtlich dauernder Wertminderung grds. die Pflicht zur Abschreibung besteht[1274]. Vergleichswert ist grds. der Börsen-

---

1266 Vgl. BFH v. 09.05.1961, BStBl. III, S. 336.
1267 Wegen Einzelheiten vgl. *Kleinle* in HHR, EStG/KStG, § 6 EStG, Rn. 929.
1268 Zur Berücksichtigung auch BMF-Schr. v. 29.04.1974, DStR, S. 347; zur retrospektiven Methode vgl. *Mittelbach*, Inf. 1978, S. 73.
1269 So auch *Kulla*, DStR 1980, S. 612; *Knüppe*, DB 1985, S. 2361; *Rohse*, StBp. 1985, S. 193; vgl. auch *v. Westphalen*, BB 1982, S. 711 (bei hermesgesicherten Auslandsforderungen); nach BFH v. 08.11.2000, BStBl. II 2001, S. 349, sind bei der Bewertung von Forderungen auch anderweitige Rückgriffsansprüche zu berücksichtigen, soweit sie einem Forderungsausfall unmittelbar nachfolgen und nicht bestritten sind.
1270 Vgl. zum Begriff ADS[6], § 266 HGB, Tz. 84 f.; *Dobler/Maul* in HdJ, Abt. II/7, Rn. 7 ff.; zu Bewertungsvereinfachungsverfahren mit teilw. unterschiedlichen Ansichten ADS[6], § 256 HGB, Tz. 24 f.; *Hachmeister* in HdJ, Abt. II/3, Rn. 152; *Dobler/Maul* in HdJ, Abt. II/7, Rn. 30 (Anwendung auf Wertpapiere zulässig); *Ellrott* in BeBiKo[7], § 256, Rn. 4; *Mayer-Wegelin* in HdR[5], § 256 HGB, Rn. 35 (sehen Anwendungsbereich auf Vorräte beschränkt); zu Anschaffungskosten bei Erwerb aufgrund von Terminkontrakten ADS[6], § 255 HGB, Tz. 75. Steuerlich vgl. *Kulosa* in Schmidt, L., EStG[30], § 6, Rn. 412.
1271 Vgl. *Ellrott/Roscher* in BeBiKo[7], § 247, Rn. 124.
1272 Vgl. auch *IDW RH BFA 1.001*, Tz. 9; ADS[6], § 246 HGB, S. 367; *Ellrott/Brendt* in BeBiKo[7], § 255, Rn. 176; steuerlich vgl. *Kulosa* in Schmidt, L., EStG[30], § 6, Rn. 140 (Zerobonds); BMF-Schr. v. 30.04.1993, BStBl. I, S. 343, und BMF-Schr. v. 05.03.1987, BStBl. I, S. 394; zu Zero-Bonds und Finanzinnovationen ferner *Kußmaul*, BB 1998, S. 1925; *Kußmaul*, WiSt. 1999, S. 62.
1273 Falls für Wertpapiere des AV bei nur vorübergehender Wertminderung keine Abschreibung vorgenommen wird, ist eine Anhangangabe nach § 285 Nr. 18 erforderlich (Buchwert, Zeitwert, Gründe für das Unterlassen, Anhaltspunkte für die nicht vorliegenden Dauerhaftigkeit).
1274 Vgl. zu Wertpapieren des AV *Fey/Mujkanovic*, WPg 2003, S. 212; zu Ausnahmen bei festverzinslichen Wertpapieren ADS[6], § 253 HGB, Tz. 473; zur Beurteilung der Dauerhaftigkeit von Wertminderung vgl. *VFA*, IDW 2002, S. 667; *HFA*, FN-IDW 2008, S. 195 f.; zur Bewertung von Wertpapieren bei illiquiden Märkten vgl. *IDW RH HFA 1.014* (FN-IDW 2009, S. 58 ff.); zur Bewertung von Verbriefungstiteln vgl. Positionspaier des IDW zu Bilanzierungs- und Bewertungsfragen i.Z.m. der Subprime-Krise (FN-IDW 2008, S. 1 ff.); zu Einzelfragen bei der Bewertung von Verbriefungstiteln vgl. *Struffert/Wolfgarten*, WPg 2010, S. 371 (376).

kurs des Abschlussstichtags, der bei Verkaufsabsicht um Verkaufsspesen zu kürzen ist[1275]. Ist eine alsbaldige Veräußerung jedoch nicht beabsichtigt, so dürfen neben dem Börsenkurs die Anschaffungsnebenkosten berücksichtigt werden[1276]. Bei gestiegenen Kursen ist der Wert höchstens bis zu den Anschaffungskosten zuzuschreiben; der niedrigere Wertansatz darf nicht beibehalten werden (§ 253 Abs. 5 S. 1 HGB; sog. Wertaufholungsgebot).

In der **StB** erfolgt die Bewertung nach den allgemeinen Grundsätzen gem. § 6 Abs. 1 Nr. 2 EStG[1277].

i) Wechsel

576 Die Bewertung erfolgt wie bei Forderungen; ggf. ist die Zahlungsfähigkeit auch der übrigen Wechselverpflichteten (Indossanten und Bürgen) zu berücksichtigen. Bestandswechsel sind mit dem Barwert anzusetzen; Ansprüche auf Erstattung von Diskont und Spesen sind als Forderungen zu aktivieren. Zum Vermerk des Obligos bei Weitergabe vgl. Tz. 113. Zur **steuerlichen** Bewertung von Wechselforderungen vgl. BFH v. 31.10.1963, HFR 1964, S. 114 (Besitzwechsel sind wie die ihnen zugrunde liegenden Forderungen zu bewerten)[1278].

j) Kassenbestand, Guthaben bei Kreditinstituten

577 Die Bewertung von **Kassenbeständen** erfolgt zum Nennwert, bei ausländischen Sorten in laufender Rechnung zum Devisenkassamittelkurs des Abschlussstichtags[1279]. **Guthaben bei Kreditinstituten** sind nach den für Forderungen geltenden Grundsätzen zu bewerten.

k) Sonstige Vermögensgegenstände

578 Die Bewertung richtet sich nach der Art des Vermögensgegenstands. Auszugehen ist von den **Anschaffungskosten**, ggf. vermindert um Abschreibungen nach § 253 Abs. 4 HGB. Bei der Bewertung von (Rückgriffs-)Forderungen aus Bürgschaftsübernahmen und Treuhandverhältnissen sowie aufgrund anderer Haftungsverhältnisse sind die zugrunde liegenden Vertragsverhältnisse zu berücksichtigen. Schadensersatzforderungen erstrecken sich grds. auf Naturalrestitution (§ 249 BGB). Unverzinsliche oder niedrig verzinsliche Darlehen sind grds. abzuzinsen[1280].

579 Zur Bewertung von **Optionsrechten** im JA des Erwerbers vgl. *IDW RS BFA 6*; Ansatz zu Anschaffungskosten in Höhe der Optionsprämie zzgl. Nebenkosten, ggf. Abzinsung sowie Abschreibung auf niedrigeren beizulegenden Wert, gesonderte Berücksichtigung des Risikos einer zweifelhaften Bonität des Stillhalters (vgl. auch Tz. 66)[1281]. Soweit es sich um Absicherungsgeschäfte im Rahmen von Bewertungseinheiten handelt vgl. Tz. 443 ff.

1275 Zu Wertpapieren mit geschlossenem Abnehmerkreis vgl. *IDW RS VFA 1*, Tz. 7; zur Sicherung mit Zinsfutures *Schneider*, BB 1995, S. 745.
1276 Vgl. ADS[6], § 253 HGB, Tz. 501 f. (auch zur zulässigen Praxis der Vernachlässigung der Nebenkosten und Verkaufsspesen); teilw. abw. *Ellrott/Roscher* in BeBiKo[7], § 253, Rn. 609 ff. (kein Bewertungswahlrecht); *Scheffler* in BHdR, B 216, Rn. 49 (keine Berücksichtigung von Anschaffungsnebenkosten).
1277 Vgl. auch *Kulosa* in Schmidt, L., EStG[30], § 6, Rn. 405 .
1278 Vgl. zu Wechselgeschäften auch *Veigel/Lentschik*, StWa. 1994, S. 205.
1279 Vgl. *Gelhausen/Fey/Kämpfer*, BilMoG, Kap. J, Rn. 78.
1280 Zu Einzelheiten vgl. Tz. 571, 574.
1281 Vgl. hierzu auch *Förschle/Usinger* in BeBiKo[7], § 254, Rn. 72; *Ellrott/Krämer* in BeBiKo[7] § 247, Rn. 124; *Prahl/Naumann* in HdJ, Abt. II/10, Rn. 118 ff.; *Scharpf* in HdR[3], Kap. 6, Rn. 809 ff., 870; *Eilenberger*, BFuP 1995, S. 125; *Windmöller/Breker*, WPg 1995, S. 389; zur Bewertung von Devisenoptionen *Schäfer, K.*, WiSt. 1991, S. 122; *Strieder/Ammedick*, DB 1999, S. 708.

Zur Behandlung sog. Marginleistungen bei **Financial Futures** vgl. *IDW RS BFA 5* (vgl. auch Tz. 68)[1282].

Personenhandelsgesellschaften können das **Anrechnungsguthaben** aus einbehaltener KapESt aus Gewinnausschüttungen von KapGes. nicht geltend machen; dieser Betrag gilt deshalb von den Gesellschaftern als entnommen und darf grds. nicht aktiviert werden, es sei denn, die Gesellschafter haben sich zur Wiedereinlage verpflichtet[1283].

580

Steuerlich sind nicht nur Erstattungsansprüche für überzahlte Steuern[1284], rechtliche Ansprüche auf Umsatzboni[1285], Schadensersatzansprüche[1286] usw. sondern auch wirtschaftlich bereits verursachte künftige Ansprüche zu aktivieren; damit sind aufgrund langjähriger Übung der Höhe nach feststehende Umsatzprämien auch dann aktivierungspflichtig, wenn kein Rechtsanspruch besteht[1287]. Wegen der Bewertung von Rückdeckungsansprüchen aus Lebensversicherungen vgl. R 6a Abs. 23 EStR 2008. Ein Anspruch auf Substanzerhaltung ist beim Verpächter mit dem Teilwert zu bilanzieren.

7. Bewertung von Rückstellungen (§ 253 Abs. 1 S. 2 HGB)

Vgl. hierzu Tz. 138 ff.

581

8. Bewertung von Verbindlichkeiten (§ 253 Abs. 1 S. 2 HGB)

Verbindlichkeiten stellen rechtlich oder wirtschaftlich entstandene Verpflichtungen gegenüber einem Dritten zu einer Leistung dar, deren Höhe zu einem Abschlussstichtag feststeht[1288]. Steht ein erheblicher Teil einer Schuld fest und ist nur ein kleiner, jedoch nicht unwesentlicher Teil ungewiss, so sollte der feststehende Anteil den Verbindlichkeiten und der ungewisse Teilbetrag den Rückstellungen zugeordnet werden[1289]. Nach dem BilMoG gelten für Rückstellungen und Verbindlichkeiten grds. verschiedene Bewertungsvorschriften. Verbindlichkeiten sind zu ihrem nicht abgezinsten Erfüllungsbetrag anzusetzen (§ 253 Abs. 1 S. 2 HGB)[1290]. Rentenverpflichtungen, für die eine Gegenleistung nicht mehr zu erwarten ist, sind dagegen zu ihrem Barwert anzusetzen, wobei hier die für Rückstellungen geltenden Abzinsungsregelungen Anwendung finden (§ 253 Abs. 2 S. 3 HGB; vgl. Tz. 139)[1291]. Wegen Zulässigkeit der Gruppenbewertung bei Verbindlichkeiten nach § 240 Abs. 4 HGB vgl. Tz. 21 und 421.

582

1282 Vgl. auch ADS⁶, § 246 HGB, Tz. 376 und § 253 HGB, Tz. 270; *Prahl/Naumann* in HdJ, Abt. II/10, Rn. 87; *Scharpf* in HdR⁵, Kap. 6, Rn. 833 ff.; *Förschle/Usinger* in BeBiKo⁷, § 254, Rn. 101; *Eilenberger*, BFuP 1995, S. 125; *Klemke*.
1283 Vgl. *IDW ERS HFA 7 n.F.*, Tz. 29; ADS⁶, § 246 HGB, Tz. 444; BGH-Urt.v. 30.01.1995, BB, S. 719.
1284 Vgl. BFH v. 28.04.1964, DB, S. 101.
1285 Vgl. BFH v. 25.09.1956, BStBl. III, S. 349.
1286 BFH v. 11.10.1973, BStBl. II 1974, S. 90; BFH v. 26.04.1989, BB, S. 1729; vgl. auch *Weber-Grellet* in Schmidt, L., EStG³⁰, § 5, Rn. 270 (Forderungen).
1287 Vgl. BFH v. 09.02.1978, BStBl. II, S. 370; zu einem Gegenbeispiel ferner BFH v. 06.12.1978, BStBl. II 1979, S. 262 (keine Aktivierung eines Anspruchs auf verbilligten Nachbezug von Rohstoffen).
1288 Vgl. zur Definition der Verbindlichkeiten und zur Abgrenzung von den Rückstellungen *Kozikowski/Schubert* in BeBiKo7, § 247, Rn. 201 ff.; ADS⁶, § 246 HGB, Tz. 102 ff. m.w.N.
1289 Vgl. ADS⁶, § 253 HGB, Tz. 66 und 74; zur Problematik hinsichtlich der Abgrenzung der Verbindlichkeiten zu den Rückstellungen für ungewisse Verbindlichkeiten vgl. auch *Bertram/Kessler* in Haufe HGB Kommentar², § 253, Rn. 34; *Hoffmann/Lüdenbach*, Bilanzierung², § 253, Rn. 29.
1290 Durch das BilMoG wurde der „Rückzahlungsbetrag" als bisheriger Bewertungsmaßstab für die Verbindlichkeiten durch den Begriff „Erfüllungsbetrag" ersetzt. Materielle Änderungen ergeben sich durch diese Begriffsänderung nicht (vgl. Begr. RegE BilMoG, BT-Drucks. 16/10067, S. 52).
1291 Vgl. *Gelhausen/Fey/Kämpfer*, BilMoG, Kap. C, Rn. 7 ff.; *Brösel/Olbrich* in HdR⁵, § 253 HGB, Rn. 251 ff.; *Baierl* in BHdR, Abschn. B 234, Rn. 63 ff.; *Ekkenga* in Kölner Komm. Rechnungslegungsrecht, § 253, Rn. 17 ff.; ADS⁶, § 253 HGB, Tz. 58; *Kozikowski/Schubert* in BeBiKo⁷, § 253, Rn. 51 ff.

583 Der **Erfüllungsbetrag** für Verbindlichkeiten i.S.d. § 253 Abs. 1 S. 2 HGB entspricht bei Geldleistungsverpflichtungen dem nicht abgezinsten Nennbetrag einer Schuld und bei Sachleistungsverpflichtungen dem voraussichtlich zur Erfüllung der Schuld aufzubringenden Geldbetrag (jeweils im Zeitpunkt der Fälligkeit)[1292]. Sofern zukünftig noch Schwankungen des Erfüllungsbetrags auftreten können (z.B. bei Sachleistungsverbindlichkeiten, Verbindlichkeiten mit einer Wertsicherungsklausel, Währungsverbindlichkeiten), sind bei dessen Bestimmung zunächst die Verhältnisse zum Zeitpunkt der Erstverbuchung zugrunde zu legen (vgl. auch Tz. 587 u. Tz. 592)[1293]. An den kommenden Abschlussstichtagen sind jedoch spätere Entwicklungen, die zu einem höheren Erfüllungsbetrag führen, bei der Bewertung der Verbindlichkeiten zu berücksichtigen[1294].

584 Bei Geldleistungsverpflichtungen ist der Erfüllungsbetrag i.d.R. identisch mit dem (Nominal-) Betrag, zu dem die Verbindlichkeit eingegangen wurde (Ausgabebetrag). Ein höherer Erfüllungsbetrag kann aus einem Auszahlungsdisagio oder einem Rückzahlungsagio resultieren, ein niedrigerer Erfüllungsbetrag (selten!) aus einem Rückzahlungsdisagio. **Auszahlungsdisagio** und Rückzahlungsagio dürfen (Wahlrecht) aktivisch abgegrenzt werden (§ 250 Abs. 3 HGB; vgl. Tz. 274)[1295]. Ein Rückzahlungsdisagio ist nach GoB zu passivieren (RAP, § 250 Abs. 2 HGB) und anteilmäßig während der Laufzeit der Verbindlichkeit zu vereinnahmen[1296].

585 Verbindlichkeiten sind – mit Ausnahme der Rentenverpflichtungen ohne Gegenleistung (vgl. Tz. 589) – unabhängig von ihrer Restlaufzeit handelsrechtlich nicht abzuzinsen[1297]. Dies gilt auch für **unverzinsliche** oder **niedrig verzinsliche Verbindlichkeiten**. Enthält z.B. ein gestundeter Kaufpreis für einen Vermögensgegenstand verdeckte Zinsen, so sind zwar die Anschaffungskosten nur mit dem Barwert der Kaufpreisschuld anzusetzen, jedoch ist die Kaufpreisschuld grds. mit dem vollen Erfüllungsbetrag auszuweisen (Bruttomethode)[1298]; der Unterschiedsbetrag darf gem. § 250 Abs. 3 S. 1 HGB als Zinsabgrenzung (aktiver RAP) erfasst werden[1299]. Gleichwohl wird es mit dem Hinweis auf die Nichtbilanzierung schwebender Kreditgeschäfte auch zulässig sein, die Kaufpreisverbindlichkeit ebenfalls mit dem Barwert anzusetzen und in den Folgejahren den Wertansatz der Verbindlichkeit um die jeweils aufgelaufenen Zinsen zu erhöhen (Nettomethode)[1300].

586 **Überverzinsliche** Verbindlichkeiten sind ebenfalls mit dem Rückzahlungsbetrag anzusetzen; eine Drohverlustrückstellung in Höhe des Barwerts der Zinsdifferenz kommt im Regelfall aufgrund fehlender Ertragszurechenbarkeit aus dem Einsatz der Verbindlichkeit grds. nicht in Betracht[1301]. Zur Bilanzierung von Verbindlichkeiten mit steigender Verzinsung vgl. *ADS*[6], § 253 HGB, Tz. 89, und *Kozikowski/Schubert* in BeBiKo[7], § 253,

---

1292 Vgl. *Gelhausen/Fey/Kämpfer*, BilMoG, Kap. C, Rn. 8 f. m.w.N.
1293 Vgl. ADS[6], § 253 HGB, Tz. 75; *Ekkenga* in Kölner Komm. Rechnungslegungsrecht, § 253, Rn. 22.
1294 Vgl. ADS[6], § 253 HGB, Tz. 75; *Brösel/Olbrich* in HdR[5], § 253 HGB, Rn. 260; *Baierl* in BHdR, B 234, Rn. 66; zur Berücksichtigung von Vereinbarungen über zukünftige Zu- oder Abschläge vgl. ADS[6], § 253 HGB, Tz. 73.
1295 Vgl. *Ellrott/Krämer* in BeBiKo[7], § 250, Rn. 35 ff.; steuerlich vgl. H 6.10 EStR 2008 (Damnum).
1296 Vgl. ADS[6], § 253 HGB, Tz. 77 u.148.
1297 Vgl. ADS[6], § 253 HGB, Tz. 81 ff.; *Gelhausen/Fey/Kämpfer*, BilMoG, Kap. I, Rn. 13 m.w.N.
1298 Vgl. ADS[6], § 253 HGB, Tz. 82; *Kozikowski/Schubert* in BeBiKo[7], § 253, Rn. 64.
1299 Vgl. *Gelhausen/Fey/Kämpfer*, BilMoG, Kap. C, Rn. 13; a.A. (für eine verpflichtende Aktivierung des Unterschiedsbetrages gem. § 250 Abs. 1 HGB) *Brösel/Olbrich* in HdR[5], § 253 HGB, Rn. 288.
1300 Vgl. *Kozikowski/Schubert* in BeBiKo[7], § 253, Rn. 66; *Brösel/Olbrich* in HdR[5], § 253, Rn. 288; *Tiedchen* in MünchKomm. AktG[2], § 253 HGB, Rn. 15.
1301 Vgl. IDW RS HFA 4, Tz. 32; a.A. (für eine Drohverlustrückstellung) *Brösel/Olbrich* in HdR[5], § 253 HGB, Rn. 268; *Kozikowski/Schubert* in BeBiKo[7], § 253, Rn. 60; *Tiedchen* in MünchKomm. AktG[2], § 253 HGB, Rn. 17; *Kleindiek* in Staub, HGB[4], § 253, Rn. 15.

Bewertungsvorschriften | E

Rn. 68. Zerobonds sind beim Emittenten nur mit dem Betrag zu passivieren, der am Abschlussstichtag geschuldet wird (Nettomethode), d.h. dem Ausgabebetrag zzgl. der aufgrund einer kapitalabhängigen Effektivzinsberechnung ermittelten Zinsschuld, die bis zum Abschlussstichtag entstanden ist (vgl. *IDW St/HFA 1/1986*)[1302].

Fremdwährungsverbindlichkeiten (Valutaschulden) sind zum Zeitpunkt der Erstverbuchung grds. mit dem zum Devisenkassageldkurs in Euro umgerechneten Erfüllungsbetrag anzusetzen (vgl. Tz. 483 ff.)[1303]. Die Verwendung von Durchschnitts- und Mittelkursen ist zulässig, soweit hieraus keine wesentlichen Auswirkungen auf die Vermögens-, Finanz- und Ertragslage der Gesellschaft resultieren[1304]. Im Rahmen der Folgebewertung sind die auf fremde Währung lautenden Verbindlichkeiten zum Abschlussstichtag zum dann geltenden Devisenkassamittelkurs umzurechnen (§ 256a S. 1 HGB). Bei Verbindlichkeiten mit einer Laufzeit von weniger als einem Jahr hat die Umbewertung ohne Beachtung des Realisations- und des Anschaffungskostenprinzips zu erfolgen (§ 256a S. 2 HGB). **587**

Eine erfolgsneutrale Kompensation von Kursverlusten bei Forderungen und Kursgewinnen bei Verbindlichkeiten (und umgekehrt) ist bei Bildung von **Bewertungseinheiten** (geschlossene Positionen gem. § 254 HGB) zulässig (vgl. Tz. 464 ff., sowie *IDW RS HFA 35*). **588**

Rentenverpflichtungen, für die das Unternehmen noch eine **gleichwertige Gegenleistung** zu erwarten hat, sind nach den Grundsätzen für schwebende Geschäfte zu behandeln, d.h. nicht zu passivieren (vgl. *IDW RS HFA 4*, Tz. 11). Hauptanwendungsfall sind Pensionsverpflichtungen gegenüber den im Unternehmen tätigen Arbeitnehmern (Pensionsanwartschaften); zur Bewertung der hierfür erforderlichen Rückstellungen für erdiente Anwartschaften vgl. Tz. 229 ff. Rentenverpflichtungen, für die eine **Gegenleistung nicht mehr zu erwarten** ist, sind nach § 253 Abs. 2 S. 3 HGB wie Rückstellungen zu bewerten (vgl. Tz. 138 ff.)[1305]. Danach ist der Erfüllungsbetrag der Rentenschuld grds. mit dem ihrer individuellen Restlaufzeit entsprechenden durchschnittlichen Marktzinssatz der vergangenen sieben GJ abzuzinsen, sofern die Rentenverpflichtung eine Restlaufzeit von mehr als einem Jahr aufweist (§ 253 Abs. 2 S. 1 HGB; zur vereinfachenden Ermittlung des Rechnungszinssatzes gem. § 253 Abs. 2 S. 2 HGB bei Rentenverbindlichkeiten, die auf Altersversorgungszusagen u.ä. beruhen, vgl. Tz. 231)[1306]. Der Barwert ist unter Berücksichtigung von Zinseszinsen nach mathematischen Grundsätzen zu ermitteln[1307]. **589**

Bei einem **Ratenkauf** ist grds. davon auszugehen – selbst wenn keine Zinszahlungen vereinbart wurden –, dass die Raten einen verdeckten Zinsanteil enthalten[1308]. Der erworbene Vermögensgegenstand ist folglich mit dem Barwert der Ratenzahlungen zum Anschaffungszeitpunkt anzusetzen (vgl. auch Tz. 585)[1309]. Unter Anwendung der Grundsätze für die Bewertung einer Rentenschuld, für die eine Gegenleistung nicht mehr **590**

1302 Vgl. *ADS*[6], § 253 HGB, Tz. 85 ff.; *Kozikowski/Schubert* in BeBiKo[7], § 253, Rn. 65; *Brösel/Olbrich* in HdR[5], § 253 HGB, Rn. 270.

1303 Vgl. *Gelhausen/Fey/Kämpfer*, BilMoG, Kap. J, Rn. 71; *Bertram/Kessler* in Haufe HGB Kommentar[2], § 253, Rn. 31; *Kozikowski/Leistner* in BeBiKo[7], § 256a, Rn. 181.

1304 Vgl. Begr. RegE BilMoG, BT-Drucks. 16/10067, S. 62; *Gelhausen/Fey/Kämpfer*, BilMoG, Kap. J, Rn. 72.

1305 Vgl. *Gelhausen/Fey/Kämpfer*, BilMoG, Kap. I, Rn. 14; *Brösel/Olbrich* in HdR[5], § 253 HGB, Rn. 333 ff.

1306 Vgl. *Brösel/Olbrich* in HdR[5], § 253 HGB, Rn. 333 f.; *Baierl* in BHdR, B 234, Rn. 68. Für die Zulässigkeit der Anwendung eines tatsächlich zwischen den Vertragsparteien vereinbarten Zinssatzes vgl. *Bertram/Kessler* in Haufe HGB Kommentar[2], § 253, Rn. 148; *Brösel/Olbrich* in HdR[5], § 253 HGB, Rn. 290.

1307 Vgl. *ADS*[6], § 253 HGB, Tz. 165 ff.

1308 Vgl. *Brösel/Olbrich* in HdR[5], § 253 HGB, Rn. 288 ff.; *ADS*[6], § 253 HGB, Tz. 83.

1309 Vgl. *ADS*[6], § 253 HGB, Tz. 83.

zu erwarten ist, ist die Kaufpreisverbindlichkeit während der Laufzeit grds. mit dem Barwert der noch ausstehenden Raten zu passivieren[1310].

591 Wegen Auswirkungen indexbezogener **Wertsicherungsklauseln** auf die Passivierung langfristiger Verbindlichkeiten vgl. *ADS*[6], § 253 HGB, Tz. 126 ff., sowie *Kozikowski/Schubert* in BeBiKo[7], § 253, Rn. 57 ff.

592 **Sachleistungsverbindlichkeiten** sind mit den Beschaffungskosten zum Zeitpunkt der Entstehung oder mit den höheren Stichtagspreisen zu bewerten[1311]; sind die zur Erfüllung benötigten Vermögensgegenstände bereits vorhanden, entspricht der Buchwert der Verbindlichkeit deren Buchwert (kompensatorische Bewertung)[1312]. Wie Sachleistungsverpflichtungen sind auch die sog. **Geldwertschulden** zu bewerten. Hierbei handelt es sich um Verbindlichkeiten, die zwar in Geld zu erfüllen sind, deren Höhe sich jedoch nach den Preisen von bestimmten Gütern oder Leistungen richtet[1313].

593 In der StB sind Verbindlichkeiten nach § 6 Abs. 1 Nr. 3 i.V.m. Nr. 2 EStG zu den Anschaffungskosten oder dem höheren Teilwert zu bewerten[1314] und grds. mit einem Zinssatz von 5,5 v.H. abzuzinsen. Ausgenommen sind kurzfristige Verbindlichkeiten (Laufzeit weniger als 12 Monate), verzinsliche Verbindlichkeiten und Verbindlichkeiten, die auf einer Anzahlung oder Vorausleistung beruhen. Die durch das Steuerentlastungsgesetz 1999/2000/2002 für nach dem 31.12.1998 endende WJ angeordnete Abzinsung ist auch für Verbindlichkeiten vorzunehmen, die bereits in Vorjahren angesetzt waren; wegen Übergangserleichterungen siehe § 52 Abs. 16 S. 11 EStG (gewinnmindernde Rücklage). Als Anschaffungskosten einer Verbindlichkeit gilt der Nennwert, d.h. der Erfüllungsbetrag[1315]. Betriebliche Leibrentenverpflichtungen sind mit dem Barwert anzusetzen[1316]; dabei ist im Regelfall als Rechnungszinsfuß 5,5 v.H. zu Grunde zu legen[1317]. Wird die Leibrentenverpflichtung als Gegenleistung für die Hingabe eines bestimmten Geldbetrags begründet, entspricht der Barwert der Rentenverpflichtung grds. dem Geldbetrag[1318].

V. Gliederungsvorschriften

1. Allgemeines

594 Während für den JA der KapGes. und Personenhandelsgesellschaften i.S.d. § 264a HGB (OHG und KG ohne natürliche Personen als Vollhafter) ausführliche Gliederungsvorschriften bestehen (§§ 265 ff., 264c HGB, vgl. F Tz. 83, 121, 135, 466)[1319], die im Grundsatz auch von den unter das PublG fallenden Gesellschaften und den Genossen-

---

1310 Vgl. *Kozikowski/Schubert* in BeBiKo[7], § 253, Rn. 67 und 185 ff.; *Gelhausen/Fey/Kämpfer*, BilMoG, Kap. I, Rn. 14. Für ein Wahlrecht, den vollen Erfüllungsbetrag der Schuld anzusetzen, *ADS*[6], § 253 HGB, Tz. 93.

1311 Vgl. *Brösel/Olbrich* in HdR[5], § 253 HGB, Rn. 320; *ADS*[6], § 253 HGB, Tz. 120 ff.; *Kozikowski/Schubert* in BeBiKo[7], § 253, Rn. 55; zu weiteren Einzelheiten hinsichtlich der Bewertung vgl. auch *Gelhausen/Fey/Kämpfer*, BilMoG, Kap. I, Rn. 10, sowie *Brösel/Olbrich* in HdR[5], § 253 HGB, Rn. 315.

1312 Vgl. *ADS*[6], § 253 HGB, Tz. 123; *Brösel/Olbrich* in HdR[5], § 253 HGB, Rn. 316.

1313 Vgl. *Gelhausen/Fey/Kämpfer*, BilMoG, Kap I, Rn. 11.

1314 Vgl. BMF-Schr. v. 23.08.1999, DB, S. 1730; *Kulosa* in Schmidt, L., EStG[30], § 6, Rn. 441; *Hoffmann* in Littmann, EStG, § 6, Rn. 676, sowie Moxter, BB 1998, S. 2564.

1315 Vgl. H 6.10 EStR 2008.

1316 Vgl. *Ehmcke* in Blümich, EStG, § 6 EStG, Rn. 962.

1317 Vgl. BFH v. 20.11.1969, BStBl. II 1970, S. 309. Zur Abzinsung vgl. *Kulosa* in Schmidt, L., EStG[30], § 6, Rn. 454; *Groh*, DB 2007, S. 2275.

1318 Vgl. BFH v. 31.01.1980, BStBl. II, S. 491.

1319 Vgl. zu einer empirischen Untersuchung zur formalen Gestaltung von Bilanz und GuV nach HGB *Meyer/Jahn*, StuB 2003, S. 1005.

schaften zu befolgen sind (§ 5 Abs. 1 PublG, vgl. H Tz. 46 ff.; § 336 Abs. 2 HGB, vgl. G Tz. 6), sind Einzelkaufleute und Personenhandelsgesellschaften mit natürlichen Personen als Vollhafter an keine bestimmte Gliederung gebunden, soweit sie nicht branchenbezogenen Vorschriften unterliegen (vgl. für KI Kap. J, für VU Kap. K und für Wirtschaftsbetriebe der öffentlichen Hand L Tz. 5, 22). § 247 Abs. 1 HGB bestimmt lediglich, dass in der Bilanz das AV und Umlaufvermögen, das EK und die Schulden sowie die RAP auszuweisen und **hinreichend aufzugliedern** sind. Außerdem gilt, dass

– Saldierungen zwischen Aktivposten und Passivposten sowie zwischen Aufwendungen und Erträgen grds. unzulässig sind (§ 246 Abs. 2 S. 1 HGB)[1320],
– der JA eines Kaufmanns sämtliche Vermögensgegenstände, Schulden, RAP, Aufwendungen und Erträge zu enthalten hat, die dem Kaufmann wirtschaftlich zuzurechnen sind (§ 246 Abs. 1 HGB),
– beim AV nur die Gegenstände auszuweisen sind, die bestimmt sind, dauernd dem Geschäftsbetrieb zu dienen (§ 247 Abs. 2 HGB),
– der JA den GoB (vgl. Tz. 6) zu entsprechen hat und klar und übersichtlich sein muss (§ 243 Abs. 1 und 2 HGB).

Der Grundsatz der **Klarheit und Übersichtlichkeit** gebietet, dass 595

– die Bezeichnung der einzelnen Posten klar und verständlich sein muss (gesetzliche Begriffsinhalte sind bindend),
– jeder Posten mit dem dazugehörigen, in Ziff. ausgedrückten Betrag eine eigene Zeile erhält,
– die Posten in sinnvoller Weise aufeinander folgen und untereinander gesetzt werden.

Es entspricht ferner den GoB, in aufeinanderfolgenden Jahren die **Form der Darstellung** 596
beizubehalten[1321].

Es ist üblich, die **Bilanz in Kontoform** mit den Vermögensposten auf der linken und den 597
Passivposten auf der rechten Seite aufzustellen. Eine Bilanz in Staffelform ist in Deutschland für KapGes. und diesen gleichgestellten Personenhandelsgesellschaften i.S.d. § 264a HGB (§ 266 Abs. 1 S. 1 HGB), eG (§ 336 Abs. 2 S. 1 HGB) und dem PublG unterliegende Unternehmen (§ 5 Abs. 1 S. 2 HGB) nicht zugelassen, was indes ihre Verwendung durch andere Kaufleute nicht grds. ausschließt[1322]. Für die **GuV** darf die **Kontoform oder Staffelform** gewählt werden (KapGes. und Personenhandelsgesellschaften i.S.d. § 264a HGB: nur Staffelform, vgl. § 275 Abs. 1 S. 1 HGB)[1323]. Ebenso besteht ein Wahlrecht zwischen der Anwendung des **Gesamtkostenverfahrens** und des **Umsatzkostenverfahrens** (vgl. F Tz. 466)[1324].

Die Angabe von **Vergleichszahlen** des Vj. ist nicht vorgeschrieben, aber zweckmäßig[1325]. 598
Falls zu einzelnen Posten zusätzliche Angaben gemacht werden sollen, können diese in

---

1320 Vgl. zu Ausnahmen vom Verrechnungsverbot *Castan* in BHdR, B 141, Rn. 23, 24 f.; *Förschle/Kroner* in BeBiKo[7], § 246, Rn. 100 ff.; *Braun* in Kölner Komm. Rechnungslegungsrecht, § 246 HGB, Rn. 91 ff.
1321 Vgl. *Leffson*, GoB[7], S. 433; *Bundessteuerberaterkammer*, StB 1988, S. 46; ADS[6], § 247 HGB, Tz. 34; *Förschle/Usinger* in BeBiKo[7], § 243, Rn. 65, *Förschle* in BeBiKo[7], § 247, Rn. 625; *Baetge/Fey, D./Fey, G.* in HdR[5], § 243 HGB, Rn. 49; *Castan* in BHdR, B 141, Rn. 34 ff.
1322 Vgl. *Castan* in BHdR, B 200, Rn. 21; *Hütten/Lorson* in HdR[5], § 247 HGB, Rn. 15; *Kleindiek* in Staub, HGB[4], § 247, Rn. 10; *Braun* in Kölner Komm. Rechnungslegungsrecht, § 247, Rn. 10.
1323 Vgl. *Förschle/Kropp*, DB 1989, S. 1037 und S. 1096; *Förschle* in BeBiKo[7], § 247, Rn. 660; ausführlich zu den beiden Varianten *Castan* in BHdR, B 300, Rn. 10 ff.; *Braun* in Kölner Komm. Rechnungslegungsrecht, § 247, Rn. 20.
1324 Vgl. ADS[6], § 247 HGB, Tz. 84; *Ballwieser* in MünchKomm. HGB[2], § 242, Rn. 22.
1325 Vgl. ADS[6], § 247 HGB, Tz. 30 (auch zum Vermerk von Leerposten i.S.v. § 265 Abs. 8 HGB und Mitzugehörigkeitsvermerken); *Castan* in BHdR, B 141, Rn. 48 (für die Angabe von Vorjahreszahlen als GoB).

Fußnoten untergebracht werden, sofern hierdurch nicht die Übersichtlichkeit leidet. Derartige Angaben können nach dem Grundsatz der Klarheit notwendig sein, damit sich ein sachverständiger Dritter in angemessener Zeit einen Überblick über die Unternehmenslage verschaffen kann (§ 238 Abs. 1 S. 2 HGB); die Erstellung eines Anh. i.S.d. §§ 284 ff. HGB ist nicht erforderlich. Wohl aber kann ein **Erläuterungsteil** zweckmäßig sein, der nicht den strengen Bestimmungen für den Anh. von KapGes. entsprechen muss[1326].

2. Gliederung der Bilanz

599 Anhaltspunkte für eine **hinreichende Aufgliederung** der Bilanz lassen sich aus den Gliederungsvorschriften für die kleine KapGes. gewinnen (§ 266 Abs. 1 S. 3 HGB)[1327].

Die Bilanz einer **Einzelfirma** könnte in etwa wie folgt aussehen:

Aktivseite	Passivseite
A. Anlagevermögen	A. Eigenkapital
1. Immaterielle Vermögensgegenstände	Stand 01.01.20...
2. Sachanlagen	Einlagen/Entnahmen
3. Finanzanlagen	Bilanzergebnis
	Stand 31.12.20...
B. Umlaufvermögen	B. Rückstellungen
1. Vorräte	
2. Forderungen und sonstige Vermögensgegenstände	C. Verbindlichkeiten
3. Wertpapiere	1. Warenschulden
4. Liquide Mittel	2. Wechselschulden
	3. Bankschulden
	4. Sonstige Verbindlichkeiten
C. Rechnungsabgrenzungsposten	D. Rechnungsabgrenzungsposten

Posten, unter denen keine Beträge auszuweisen sind, entfallen, es sei denn ihr Ausweis ist aufgrund der freiwilligen Angabe von Vorjahreszahlen erforderlich. **Weitere Aufgliederungen** oder „davon"-Vermerke können je nach absoluter oder relativer Bedeutung der ausgewiesenen Beträge sowie insb. zur Kenntlichmachung von Unternehmensverflechtungen in Betracht kommen oder erforderlich sein[1328].

600 Das **AV** umfasst alle Gegenstände, die dazu bestimmt sind, dauernd (d. h. mehrfach) dem Geschäftsbetrieb zu dienen (§ 247 Abs. 2 HGB). Aus Gründen der Klarheit und Übersichtlichkeit kann es sich empfehlen, freiwillig einen sog. **Anlagenspiegel** aufzu-

---

1326 Vgl. *Schellein*, WPg 1988, S. 693; *Bundessteuerberaterkammer*, StB 1988, S. 46; strenger *Leffson*, GoB[7], S. 315 (323).
1327 Vgl. ADS[6], § 247 HGB, Tz. 23; *Baumbach/Hopt*, HGB[35], § 243 Rn. 4; *Ellrott/Krämer* in BeBiKo[7], § 247, Rn. 5; *Hoffmann/Lüdenbach*, Bilanzierung[2], § 247, Rn. 10, halten Beachtung der Größenraster des § 267 HGB für sinnvoll; strenger *Baetge/Fey*, *D./Fey*, *G.* in HdR[5], § 243 HGB, Rn. 55; *Castan* in BHdR, B 200, Rn. 22 ff.; *Merkt* in Baumbach/Hopt, HGB[34], § 247, Rn. 2; *Bundessteuerberaterkammer*, StB 1988, S. 46 (grds. Schema für große KapGes.); zur Rechnungslegung nach internationalen Grundsätzen vgl. IAS 1, Presentation of Financial Statements; zu Einzelheiten vgl. N Tz. 33.
1328 Vgl. ADS[6], § 247 HGB, Tz. 36; *Ellrott/Krämer* in BeBiKo[7], § 247, Rn. 8.

Gliederungsvorschriften E

stellen[1329]. Die Darstellungsform kann sich dabei an der für mittelgroße und große KapGes. vorgesehenen Form (direkte Bruttomethode gem. § 268 Abs. 2 HGB, vgl. F Tz. 123) anlehnen; alternativ erscheint auch die relativ einfache, aber übersichtliche Form der direkten Nettomethode auf der Basis von Restbuchwerten (z.B. Vortrag, Zugänge, Abgänge, Umbuchungen, Abschreibungen des GJ, Endstand) anwendbar[1330]. Das **Sachanlagevermögen** könnte nach Grundstücken und Gebäuden, Maschinen sowie der sonstigen Betriebs- und Geschäftsausstattung untergliedert werden, die **Vorräte** nach Roh-, Hilfs- und Betriebsstoffen, nach unfertigen Erzeugnissen sowie nach fertigen Erzeugnissen, Waren. Bei den **Verbindlichkeiten** könnte eine Trennung nach langfristigen und nach anderen Verbindlichkeiten in Betracht kommen. Wesentliche **erhaltene Anzahlungen** könnten gesondert gezeigt oder von den Vorräten offen abgesetzt werden. Je größer ein Unternehmen ist, desto stärker wird das Bedürfnis nach und die Notwendigkeit zu einer weitergehenden Aufgliederung sein, bis die Größenmerkmale des PublG erreicht sind und die Gliederungsvorschriften für KapGes. verbindlich werden (§ 5 Abs. 1 S. 2 PublG; im Einzelnen vgl. H Tz. 46).

Außerhalb der Hauptspalte der Bilanz sind auf der Passivseite die in § 251 HGB aufgeführten **Haftungsverhältnisse** (vgl. Tz. 111) in einem Betrag zu vermerken; die Angabe von Rückgriffsforderungen in einem parallelen Vermerk auf der Aktivseite ist zulässig, aber nicht nötig. 601

Die gleichen Gliederungsgrundsätze gelten für die Bilanzen von **Personenhandelsgesellschaften (OHG, KG)**, soweit sie nicht unter § 264a HGB fallen. Diese haben darüber hinaus für einen den GoB entsprechenden, klaren und übersichtlichen Ausweis der **Kapitalanteile** und der sonstigen **Gesellschafterkonten** Sorge zu tragen[1331], wie er insb. in der Stellungnahme *IDW ERS HFA 7* n.F. beschrieben ist und – weitgehend identisch hierzu – für Personenhandelsgesellschaften i.S.d. § 264a HGB gesetzlich geregelt ist (vgl. § 264c HGB sowie dazu F Tz. 135). Insb. gilt danach: 602

– Das bilanzmäßige EK muss vom Fremdkapital klar unterschieden werden können[1332]; das EK umfasst als Verlustdeckungspotenzial Gesellschaftermittel, die bis zur vollen Höhe mit künftigen Verlusten zu verrechnen sind und die im Falle der Insolvenz der Gesellschaft nicht als Insolvenzforderung geltend gemacht werden können oder bei einer Liquidation erst nach Befriedigung aller Gesellschaftsgläubiger auszugleichen sind; dabei kommt es auf die Dauerhaftigkeit der Mittelüberlassung nicht an[1333];

– die Kapitalanteile persönlich haftender Gesellschafter können grds. zu einem Posten zusammengefasst werden[1334];

1329 Vgl. *Baetge/Fey, D./Fey, G.* in HdR[5], § 243 HGB, Rn. 58.
1330 Vgl. ADS[6], § 247 HGB, Tz. 43, § 268 HGB, Tz. 39; *Castan* in BHdR, B 200, Rn. 26; *Mundt*, S. 147/152; für eine entspr. Anwendung des § 268 Abs. 2 HGB bei der freiwilligen Aufstellung eines Anlagenspiegels *Bundessteuerberaterkammer*, StB 1988, S. 46; *Baetge/Fey, D./Fey, G.* in HdR[5], § 243 HGB, Rn. 58.
1331 Vgl. *Herrmann*, WPg 1994, S. 500; *Schopp*, BB 1987, S. 581; *Bundessteuerberaterkammer*, StB 1989, S. 364; *Schulze-Osterloh*, Personengesellschaft, S. 129 (135); *Freidank*, WPg 1994, S. 397; ausführlich ADS[6], § 247 HGB, Tz. 59; *Förschle/Hoffmann* in BeBiKo[7], § 247, Rn. 150; *Ischebeck/Nissen-Schmidt* in HdR[5], Kap 5, Rn. 11, 24; *Thiele*; *Kleindiek* in Staub, HGB[4], § 247, Rn. 17; *Winkeljohann/Schindhelm*, S. 37.
1332 Vgl. *IDW*, FN-IDW 2007, S. 442 f.; *Sieker*; *Kleindiek* in Staub, HGB[4], § 247, Rn. 12; *Ischebeck/Nissen-Schmidt* in HdR[5], Kap 5, Rn. 11.
1333 Vgl. *IDW ERS HFA 7 n.F.*, Tz. 14: BGH v. 21.03.1988, WM 1988, S. 750; *Schellein*, WPg 1988, S. 693 (698); *Graf von Kanitz*, WPg 2003, S. 324 (329); *Theile*, BB 2000, S. 555 (556); *Schiedermair/Maul*, S. 510; *Hütten/Lorson* in HdR[5], § 247, Rn. 35.
1334 Vgl. *IDW ERS HFA 7 n.F.*, Tz. 42; weitergehend für eine zwingende Zusammenfassung bei einer großen Zahl von Gesellschaftern *Castan* in BHdR, B 200, Rn. 51, *Hoffmann/Lüdenbach*, Bilanzierung[2], § 246, Rn. 83.

- positive und negative Kapitalanteile dürfen saldiert werden; dies gilt aufgrund der Vorschrift des § 264c Abs. 2 S. 4 HGB nicht für Personenhandelsgesellschaften i.S.d. § 264a HGB[1335];
- Gleiches gilt für die Kapitalanteile beschränkt haftender Gesellschafter[1336];
- nicht eingeforderte ausstehende Pflichteinlagen von Gesellschaftern sind auf der Passivseite offen von den Kapitalanteilen abzusetzen; eingeforderte Beträge sind analog § 272 Abs. 1 S. 3 Teilsatz 3 HGB unter den Forderungen gesondert auszuweisen und entsprechend zu bezeichnen[1337];
- aufgrund des Gesellschaftsvertrags oder durch Gesellschafterbeschluss gebildete Rücklagen sind innerhalb des EK gesondert auszuweisen[1338];
- der Ausweis des unverteilten Jahresüberschusses ist nur zulässig, soweit die Ergebnisverwendung noch von einem Gesellschafterbeschluss abhängt; ansonsten ist das Jahresergebnis den in Betracht kommenden Gesellschafterkonten gutzuschreiben; Verlustanteile sind dagegen stets von den Kapitalanteilen der Gesellschafter abzuschreiben[1339];
- wesentliche Forderungen und Verbindlichkeiten an und ggü. Gesellschaftern von Personenhandelsgesellschaften, die nicht die Regelung des § 264c Abs. 1 HGB beachten müssen, sind als solche getrennt auszuweisen oder durch Vermerk kenntlich zu machen[1340];
- zu bilanzieren sind diejenigen Vermögensgegenstände, die nach § 246 Abs. 1 HGB als Gesamthandsvermögen anzusetzen sind; als Schulden sind nur Verpflichtungen der Gesamthand auszuweisen[1341]; aus diesem Grund sind z.B. Steuerschulden eines Gesellschafters nicht als Schulden der Gesellschaft auszuweisen.

603 Persönlich haftende KapGes. dürften bei den hier behandelten Gesellschaften mit mindestens einer natürlichen Person als Vollhafter in der Regel nicht zu verzeichnen sein; ist dies doch der Fall und hält die Gesellschaft Anteile an der KapGes., sind diese als **Anteile an einer Komplementärgesellschaft** unter Angabe des Nennbetrags kenntlich zu machen (die Bildung eines passiven Ausgleichspostens, wie sie in § 264c Abs. 4 HGB für Personenhandelsgesellschaften i.S.d. § 264a HGB vorgeschrieben ist, kann jedoch nicht verlangt werden[1342]).

604 Personenhandelsgesellschaften, die nicht unter § 264a HGB fallen, sowie kleine Personenhandelsgesellschaften i.S.d. § 264a Abs. 1 HGB dürfen § 274 HGB über den Ansatz **latenter Steuern** (vgl. Tz. 281 ff.) freiwillig anwenden[1343]. In diesem Fall haben sie § 266 Abs. 2 D. (Aktive latente Steuern) bzw. Abs. 3 E. (Passive latente Steuern) HGB für den Bilanzausweis zu beachten (vgl. § 274 Abs. 1 S. 1 und 2 HGB)[1344].

1335 Vgl. *IDW ERS HFA 7 n.F.*, Tz. 42; *Kleindiek* in Staub, HGB[4], § 247, Rn. 21; ADS[6], § 247 HGB, Tz. 62; *Ischebeck/Nissen-Schmidt* in HdR[5], Kap. 5, Rn. 24.
1336 Vgl. *IDW ERS HFA 7 n.F.*, Tz. 42.
1337 Vgl. *IDW ERS HFA 7 n.F.*, Tz. 44; *Castan* in BHdR, B 200, Rn. 51, hält bei eingeforderten Pflichteinlagen alternativ auch eine Nennung auf der Passivseite für zulässig.
1338 Vgl. *IDW ERS HFA 7 n.F.*, Tz. 45; *Castan* in BHdR, B 200, Rn. 52; *Ischebeck/Nissen-Schmidt* in HdR[5], Kap 5, Rn. 26; *Braun* in Kölner Komm. Rechnungslegungsrecht, § 247 HGB, Rn. 42; *Hütten/Lorson* in HdR[5], § 247, Rn. 38.
1339 Vgl. *IDW ERS HFA 7 n.F.*, Tz. 46 ff.; *Förschle/Hoffmann* in BeBiKo[7], § 264c, Rn. 1, 41; *Graf von Kanitz*, WPg 2003, S. 333; *Bitter/Grashoff*, DB 2000, S. 833 (835); *Ischebeck/Nissen-Schmidt* in HdR[5], Kap 5, Rn. 27.
1340 Vgl. *IDW ERS HFA 7 n.F.*, Tz. 54; *Castan* in BHdR, B 200, Rn. 54.
1341 Vgl. *IDW ERS HFA 7 n.F.*, Tz. 10 und 20; *Ischebeck/Nissen-Schmidt* in HdR[5], Kap 5, Rn. 10.
1342 Vgl. *IDW ERS HFA 7 n.F.*, Tz. 16; *Castan* in BHdR, B 200, Rn. 55; *Förschle/Hoffmann* in BeBiKo[7], § 264c, Rn. 1.
1343 Vgl. *IDW ERS HFA 7 n.F.*, Tz. 21.
1344 Vgl. *IDW ERS HFA 7 n.F.*, Tz. 21.

3. Gliederung der Gewinn- und Verlustrechnung

605 Ebenso wenig wie für die Bilanz enthält das Gesetz für diejenigen Kaufleute, die nur die Vorschriften der §§ 238 bis 256 HGB zu beachten haben (insb. **Einzelkaufleute und Personenhandelsgesellschaften**, die nicht unter § 264a HGB fallen), spezielle Vorschriften über die Gliederung der GuV[1345] (wegen der Gliederung der GuV für KapGes. und Personenhandelsgesellschaften i.S.d. § 264a HGB vgl. F Tz. 466, für dem PublG unterliegende Unternehmen H Tz. 57 ff., für eG G Tz. 16, für KI J Tz. 256, für VU K Tz. 76, 516, und für Wirtschaftsbetriebe der öffentlichen Hand L Tz. 5, 22). Ein bestimmter Rahmen ist allerdings durch die allgemeinen Vorschriften vorgegeben. Die GuV muss

- sich als eine Gegenüberstellung von Aufwendungen und Erträgen darstellen (§ 242 Abs. 2 HGB),
- den GoB entsprechen (§ 243 Abs. 1 HGB),
- klar und übersichtlich sein (§ 243 Abs. 2 HGB),
- alle Aufwendungen und alle Erträge enthalten (§ 246 Abs. 1 HGB),
- Aufwendungen und Erträge unsaldiert ausweisen (§ 246 Abs. 2 HGB).

Freiheit besteht dagegen hinsichtlich der **Form der GuV** und der Gliederung. Sie kann sowohl in Kontoform als auch in Staffelform aufgestellt werden und nach dem GKV oder dem Umsatzkostenverfahren (vgl. F Tz. 497) gegliedert sein[1346]. Die Gliederung der GuV für Nicht-KapGes. sollte sich an den für KapGes. in § 275 HGB festgelegten Schemata für die Gliederung nach dem Gesamtkosten- oder dem Umsatzkostenverfahren orientieren[1347].

606 Eine **Mindestgliederung** von Aufwendungen und Erträgen ist erforderlich, da die GuV sonst gegen das Erfordernis der Klarheit und der Übersichtlichkeit verstoßen würde[1348]. Eine GuV, die auf der einen Seite alle Aufwendungen in einer Summe und auf der anderen Seite alle Erträge in einer Summe ausweist, entspricht nicht den GoB[1349]. Bei Anwendung des Gesamtkostenverfahrens sollte die GuV in Anlehnung an § 275 Abs. 2 HGB mindestens folgende Strukturelemente aufweisen[1350]:

	Betriebliches Ergebnis
+/–	Finanzergebnis
=	Ergebnis der gewöhnlichen Geschäftstätigkeit
+/–	Außerordentliches Ergebnis
–	Ergebnisabhängige Steuern
=	Jahresergebnis

1345 Vgl. ADS[6], § 247 HGB, Tz. 77; *Castan* in BHdR, B 300, Rn. 37; *Förschle* in BeBiKo[7], § 247, Rn. 601; *Ischebeck/Nissen-Schmidt* in HdR[5], Kap 5, Rn. 28; *Braun* in Kölner Komm. Rechnungslegungsrecht, § 247 HGB, Rn. 6.

1346 Vgl. ausführlich *Castan* in BHdR, B 300, Rn. 9 ff.; *Winkeljohann/Schindhelm*, S. 78; *Schulze-Osterloh*, ZHR 1986, S. 403; *Förschle/Kropp*, DB 1989, S. 1037; *Ischebeck/Nissen-Schmidt* in HdR[5], Kap 5, Rn. 30; zur Rechnungslegung nach internationalen Grundsätzen vgl. IAS 1, Presentation of Financial Statements; zu Einzelheiten vgl. N Tz. 63.

1347 Vgl. ADS[6], § 247 HGB, Tz. 81.

1348 Vgl. *Castan* in BHdR, B 300, Rn. 46; *Ischebeck/Nissen-Schmidt* in HdR[5], Kap 5, Rn. 30.

1349 Vgl. *Bundessteuerberaterkammer*, StB 1988, S. 46; *Merkt* in Baumbach/Hopt, HGB[34], § 247, Rn. 3.

1350 Vgl. ADS[6], § 247 HGB, Tz. 90; *Förschle* in BeBiKo[7], § 247, Rn. 622.

Hinsichtlich der weiteren erforderlichen Untergliederung der genannten Strukturelemente ist grds. von den in § 275 Abs. 2 HGB genannten Posten auszugehen[1351].

607 Bei **Personengesellschaften** kann in Abhängigkeit von der im Einzelfall zwischen der Gesellschaft und dem Gesellschafter getroffenen Vereinbarung die Vergütung für die Führung der Geschäfte der Gesellschaft entweder zu Personalaufwendungen führen oder bei der Gewinnverteilung zu berücksichtigen sein[1352]; entsprechendes gilt für die Verzinsung von Konten der Gesellschafter.

Sofern bei Personengesellschaften das Jahresergebnis nicht ersichtlich ist, sollte aus Gründen der Klarheit und der Übersichtlichkeit die **Verwendung des Jahresergebnisses** in Fortführung der GuV oder im Anh. entspr. der Stellungnahme *IDW ERS HFA 7 n.F.*, Tz. 54 dargestellt werden.

VI. Handelsbilanz und Steuerbilanz

608 Ausgangspunkt für die Ermittlung des steuerlichen Gewinns ist der Betriebsvermögensvergleich nach § 4 Abs. 1 S. 1 EStG. Bei Gewerbetreibenden, die auf Grund gesetzlicher Vorschriften verpflichtet sind, Bücher zu führen und regelmäßig Abschlüsse zu machen, oder die dies freiwillig tun, ist das Betriebsvermögen anzusetzen, das nach den handelsrechtlichen GoB auszuweisen ist (§ 5 Abs. 1 EStG)[1353]. Stellt der Steuerpflichtige keine gesonderte StB auf, ist die Grundlage für die steuerliche Gewinnermittlung die HB unter Beachtung der vorgeschriebenen steuerlichen Anpassungen (§ 60 Abs. 2 S. 1 EStDV). Die allgemeinen Grundsätze zur Aktivierung, Passivierung und Bewertung der einzelnen Bilanzposten wurden durch das BilMoG nicht geändert und sind für die steuerliche Gewinnermittlung maßgeblich. Grds. ist somit die HB für die StB maßgeblich[1354], es sei denn, im Rahmen der Ausübung eines steuerlichen Wahlrechts wird oder wurde ein anderer Ansatz gewählt.

609 Die materielle Maßgeblichkeit wird durch **steuerliche Wahlrechte** wie die Übertragung stiller Reserven nach § 6b EStG (Rücklagenbildung nach § 6b und § 6c EStG) oder die Rücklage für Ersatzbeschaffung nach R 6.6 EStR 2008 sowie durch steuerrechtlich abweichende Wahlrechte hinsichtlich der Abschreibungsmethoden oder der degressiven AfA nach § 7 Abs. 2 EStG (für VZ 2009 und 2010), der Inanspruchnahme von erhöhten Absetzungen (§§ 7h, 7i EStG) oder der Inanspruchnahme von Sonderabschreibungen nach § 7g EStG eingeschränkt.

610 Konnte bisher die **degressive Abschreibung** für bewegliche abnutzbare Wirtschaftsgüter des AV (bis VZ 2007) nach § 7 Abs. 2 EStG in der StB wegen der umgekehrten („formellen") Maßgeblichkeit (§ 5 Abs. 1 S. 2 EStG a.F.) nur dann angewendet werden, wenn in der HB entsprechend verfahren wurde, so können nunmehr steuerliche Wahlrechte unabhängig vom handelsrechtlichen Wertansatz ausgeübt werden[1355].

611 In der HB sind z.B. Vermögensgegenstände des AV und UV bei voraussichtlich dauernder Wertminderung nach § 253 Abs. 3 S. 3, Abs. 4 HGB abzuschreiben. Steuerlich besteht hingegen nach § 6 Abs. 1 Nr. 1 S. 2 und Nr. 2 S. 2 EStG das Wahlrecht, bei einer voraus-

---

1351 Vgl. ADS[6], § 247 HGB, Tz. 91; *Ballwieser* in MünchKomm. HGB[2], § 242, Rn. 23.
1352 Vgl. *IDW ERS HFA 7 n.F.*, Tz. 27; *Förschle* in BeBiKo[7], § 247, Rn. 646.
1353 Vgl. BMF-Schr. v. 12.03.2010, BStBl. I, S. 239; H 5.2 EStR 2008; BFH v. 24.06.1997, BStBl. II 1998, S. 51.
1354 Vgl. BMF-Schr. v. 12.03.2010, BStBl. I, S. 239; *Weber-Grellet* in Schmidt, L., EStG[30], § 5, Rn. 28; H 5.2 EStR 2008; *Winkeljohann/Buchholz* in BeBiKo[7], § 274, Rn. 121 ff.
1355 Vgl. BMF-Schr. v. 12.03.2010, BStBl. I, S. 239, Rn. 18.

sichtlich dauernden Wertminderung den Teilwert anzusetzen. Nach § 5 Abs. 1 S. 1 EStG ist die Ausübung steuerlicher Wahlrechte unabhängig von der HB. Dies führt zu einem **Auseinanderfallen von Handels- und Steuerbilanz**[1356]. Dass der Steuerpflichtige aufgrund der von der HB unabhängigen Ausübung des steuerlichen Wahlrechts auf die Teilwertabschreibung verzichten kann, wird in der Literatur kritisiert[1357]. Die unabhängige Ausübung des steuerlichen Wahlrechts steht jedoch im Einklang mit dem Gesetzeswortlaut[1358].

Besteht keine eigenständige Regelung für die StB, wirken **Bewertungswahlrechte**, die in der HB ausgeübt werden dürfen, wegen des maßgeblichen Handelsbilanzansatzes auch auf den Wertansatz in der StB[1359]. Handelsrechtlich ist der Kaufmann nach § 255 Abs. 2 S. 3 HGB berechtigt, angemessene Teile der Kosten der allgemeinen Verwaltung sowie angemessene Aufwendungen für die betriebliche Altersvorsorge und andere freiwillige soziale Aufwendungen bei der Berechnung der Herstellungskosten einzubeziehen. Bisher bestand nach R 6.3 Abs. 4 EStR 2008 steuerlich für diese Aufwendungen ein Aktivierungswahlrecht. Bei der steuerlichen Gewinnermittlung sind aber nach § 6 Abs. 1 Nr. 2 S. 1 EStG alle Aufwendungen, die ihrer Art nach Herstellungskosten sind, anzusetzen, also auch die in § 255 Abs. 2 S. 3 HGB aufgeführten Kosten. Somit sind abweichend von der Regelung des R 6.3 Abs. 4 EStR 2008 handelsrechtlich zwar aktivierbare, aber nicht aktivierungspflichtige Herstellungskostenbestandteile in der StB zwingend anzusetzen[1360]. Mit BMF-Schreiben vom 22.06.2010 hat das BMF eine Übergangsregelung in Tz. 25 dergestalt getroffen, dass nicht zu beanstanden ist, wenn für WJ, die vor der Veröffentlichung einer geänderten Richtlinienfassung enden, noch nach R 6.3 Abs. 4 EStR 2008 verfahren wird[1361]. 612

Handelsrechtliche Aktivierungsgebote und Aktivierungswahlrechte führen zu **Aktivierungsgeboten in der Steuerbilanz**, es sei denn, die Aktivierung ist in der StB aufgrund einer steuerlichen Regelung ausgeschlossen. Letzteres trifft z.B. auf selbst geschaffene immaterielle Wirtschaftsgüter des AV zu, die nach § 248 Abs. 2 S. 1 HGB aktiviert werden dürfen. Steuerlich ist nach § 5 Abs. 2 EStG eine Aktivierung dagegen ausgeschlossen. 613

Passivierungsverbote und Passivierungswahlrechte in der HB führen zu **Passivierungsverboten in der Steuerbilanz**[1362]. Für Pensionsverpflichtungen besteht nach § 249 Abs. 1 S. 1 HGB in der HB ein Passivierungsgebot, das auch für die steuerliche Gewinnermittlung gilt. Das handelsrechtliche Passivierungsgebot wird jedoch durch § 6a EStG eingeschränkt. Die steuerliche Bewertung kann somit vom handelsrechtlichen Wert abweichen. Die Regelung des R 6a Abs. 20 S. 2 bis 4 EStR 2008, wonach der handelsrechtliche Ansatz Bewertungsobergrenze ist, ist nicht weiter anzuwenden[1363]. Für laufende Pensionen und Anwartschaften auf Pensionen, die vor dem 01.01.1987 rechtsverbindlich zugesagt wurden, gilt weiterhin das handels- und steuerrechtliche Passivierungswahlrecht[1364]. 614

1356 Vgl. BMF-Schr. v. 12.03.2010, BStBl. I, S. 239, Rn. 15.
1357 Vgl. *AK Bilanzrecht der Hochschullehrer Rechtswissenschaft*, DB 2009, S. 2570 ff.
1358 Vgl. *Kaminski*, DStR 2010, S. 771 ff; *Kreidl/Adrian* in BeBiKo[7], § 274, Rn. 147 ff.
1359 Vgl. BMF-Schr. v. 12.03.2010, BStBl. I, S. 239, Rn. 5.
1360 Vgl. BMF-Schr. v. 12.03.2010, BStBl. I, S. 239, Rn. 8.
1361 Vgl. BMF-Schr. v. 22.06.2010, BB 2010, S. 1722; vgl. hierzu auch *Kaminski*, DStR 2010, S. 1395 ff.; WP-HdU[3], Abschn. E, Rn. 76; *Kreidl/Adrian* in BeBiKo[7], § 274, Rn. 178 ff.
1362 Vgl. BFH v. 03.02.1969, BStBl. II, S. 291.
1363 Vgl. BMF-Schr. v. 12.03.2010, BStBl. I, S. 239, Rn. 10.
1364 Vgl. BMF-Schr. v. 12.03.2010, BStBl. I, S. 239, Rn. 11.

VII. Bilanzänderung und Bilanzberichtigung

615 Bilanzänderungen können nur in gewissem Umfang im Rahmen der Vorschriften des Handels- und Steuerrechts durchgeführt werden. Das Bilanzsteuerrecht unterscheidet zwischen Bilanzänderung, d.h. der Ersetzung zulässiger Ansätze durch andere gleichfalls zulässige Ansätze, und Bilanzberichtigung als der Ersetzung unzulässiger Ansätze durch zulässige Ansätze[1365] (vgl. Tz. 619 ff.). Im Handelsrecht spricht man allgemein nur von einer Änderung des JA und versteht hierunter jede Änderung von Form und Inhalt eines JA nach erfolgter Feststellung, soweit es sich nicht lediglich um eine Korrektur eindeutiger Schreibversehen ohne inhaltliche Bedeutung handelt[1366]. Entsprechendes gilt für die Änderung des LB.

616 **Handelsrechtlich**[1367] kommen Änderungen fehlerhafter, ggf. nichtiger JA, aber auch gesetzlich zulässiger JA in Frage. Sie müssen grds. von denselben Organen beschlossen werden, die den ursprünglichen Abschluss festgestellt haben[1368]. Neben dieser **Rückwärtsänderung** besteht unter bestimmten Voraussetzungen auch die Möglichkeit, Fehler in neuer bzw. **laufender Rechnung** zu berichtigen[1369]. Bei einer Rückwärtsänderung prüfungspflichtiger JA gelten für die Berichterstattung und die Erteilung des Bestätigungsvermerks die Grundsätze über **Nachtragsprüfungen** (vgl. Q Tz. 309 ff. und 675 ff.).

617 **Nichtige** JA[1370] müssen grds. durch wirksame ersetzt werden[1371]. Hierbei handelt es sich vom Wortsinn her nicht um eine Bilanzänderung, sondern um die erstmalige Aufstellung eines wirksamen JA, da einem nichtigen JA keine Rechtswirkung zukommt[1372]. Die Ersetzung eines nichtigen JA durch einen fehlerfreien kommt insb. in Betracht, wenn die Nichtigkeit gerichtlich festgestellt ist. Eine Rückwärtsberichtigung bis zur Fehlerquelle ist jedoch dann entbehrlich, wenn inzwischen bereits die Heilung der Nichtigkeit eingetreten ist; in diesem Fall genügt die Korrektur des Fehlers in neuer Rechnung[1373]. In Abhängigkeit von der Art und der Schwere des Verstoßes und der materiellen Folgewirkungen des Mangels kann es nach h.M. auch bei noch nicht durch Zeitablauf geheilter Nichtigkeit genügen, die zur Nichtigkeit führenden Tatbestände im nächsten noch nicht festgestellten JA zu berichtigen[1374]. Die Fehlerkorrektur in laufender Rechnung lässt im Übrigen das Rechtsschutzbedürfnis für eine Feststellungsklage gegen die Gesellschaft auf Nichtigkeit des JA entfallen (vgl. U Tz. 254). Damit entfällt zugleich die Pflicht zur Rückwärtsänderung, auch wenn noch keine Heilung der Nichtigkeit eingetreten ist[1375]. Die Korrektur und deren Auswirkungen auf die Vermögens-, Finanz- und Ertragslage der Gesellschaft

---

1365 Vgl. *Ellrott/Schubert* in BeBiKo[7], § 253, Rn. 800; *Prinz*, S. 692.
1366 Vgl. *IDW RS HFA 6*, Tz. 2.
1367 Vgl. *IDW RS HFA 6*; ADS[6], § 172 AktG, Tz. 36, § 252 HGB, Tz. 19; *Ellrott/Schubert* in BeBiKo[7], § 253, Rn. 800 ff.; *Winnefeld*, Bilanz-Handbuch[4], Kap. I, Rn. V, Änderung von JA, S. 359; *Breker/Kuhn*, WPg 2007, S. 770; zu unzulässigen Änderungen *Müller, H.-P.*, S. 431.
1368 Vgl. *Ellrott/Schubert* in BeBiKo[7], § 253, Rn. 808.
1369 Vgl. *IDW RS HFA 6*, Tz. 8; ADS[6], § 252 HGB, Tz. 19; *Selchert* in HdR[5], § 252 HGB, Rn. 37.
1370 Vgl. § 256 AktG; hierzu auch ADS[6], § 256 AktG, Tz. 81, und UTz. 9 m.w.N.; *Hense*, WPg 1993, S. 716; zur Nichtigkeit von GmbH-JA vgl. *Brete/Thomsen*, GmbHR 2008, S. 176 (177 ff.).
1371 Vgl. *IDW RS HFA 6*, Tz. 15.
1372 Vgl. *IDW RS HFA 6*, Tz. 8; *Ellrott/Schubert* in BeBiKo[7], § 253, Rn. 806; ADS[6], § 256 AktG, Tz. 84.
1373 Vgl. *IDW RS HFA 6*, Tz. 15; ADS[6], § 172 AktG, Tz. 40, und § 256 AktG, Tz. 93.
1374 Vgl. *IDW RS HFA 6*, Tz. 16; ADS[6], § 256 AktG, Tz. 93, und § 172 AktG, Tz. 39; *Kropff* in MünchKomm. AktG[2], § 172 AktG, Rn. 51; *Kropff*, Nichtigkeit, S. 357; a.A. *Hennrichs*, ZHR 2004, S. 390; *Küting/Ranker*, WPg 2005, S. 1.
1375 Vgl. *IDW RS HFA 6*, Tz. 19; *Brete/Thomsen*, GmbHR 2008, S. 176 (180); *Müller, W.*, Änderung von JA, S. 359 (368 f.).

Bilanzänderung und Bilanzberichtigung E

einschließlich der quantitativen Auswirkungen auf die betroffenen Abschlussposten sind angemessen zu erläutern[1376]. **Fehlerhafte** JA, deren Mängel nicht so schwerwiegend sind, dass sie die Nichtigkeit zur Folge haben, können handelsrechtlich grds. immer in laufender Rechnung korrigiert werden. Eine Pflicht zur Rückwärtsänderung besteht nur dann, wenn durch den Mangel der JA kein den tatsächlichen Verhältnissen entsprechendes Bild der Vermögens-, Finanz- und Ertragslage vermittelt und eine zeitnahe Richtigstellung dieses Bilds nicht durch eine Korrektur im laufenden Abschluss erreicht werden kann[1377]. Für eine zeitnahe Information der Adressaten reicht es auch aus, wenn die Fehlerkorrektur (nachvollziehbar) bereits in einem Zwischenabschluss vorgenommen wird[1378]. Gleiches gilt auch für eine von der BaFin im Rahmen eines Enforcement-Verfahrens angeordnete Bekanntmachung festgestellter Fehler, mit der Folge, dass eine Fehlerkorrektur in laufender Rechnung ausreicht[1379]. Schließlich ist auch eine Ad-Hoc-Mitteilung nach § 15 WpHG, die inhaltlich den Anforderungen einer Fehlerbekanntmachung nach § 37q Abs. 2 WpHG genügt, für eine zeitnahe Information der JA-Adressaten ausreichend, sodass auch dadurch eine Rückwärtsberichtigung des Fehlers vermieden werden kann[1380].

In gewissem Umfang kann auch eine **Änderung** gesetzlich **zulässiger JA** erfolgen, wenn die Bilanzänderung aus gewichtigen rechtlichen, wirtschaftlichen oder insb. steuerlichen Gründen[1381] angebracht erscheint (z.B. Bekanntwerden erheblicher Verluste nach Feststellung des JA), nicht willkürlich ist und nicht den Grundsätzen von Treu und Glauben widerspricht[1382]. In Betracht kommt auch eine Änderung des JA aus anderen Gründen, z.B. bei wertaufhellenden Ereignissen negativer Art nach Feststellung des JA, sofern es in Anbetracht der damit verbundenen Verluste wirtschaftlich nicht vertretbar ist, den Abschluss unverändert zu lassen, die Einstellung von Beträgen in Gewinnrücklagen oder die Entnahme von Beträgen aus den genannten Rücklagen. Als wichtige steuerrechtliche Gründe werden z.B. die Anpassung der HB an das Ergebnis einer steuerlichen Betriebsprüfung genannt und ferner die Ausnutzung von steuerlichen Verlustvor- oder -rückträgen[1383]. Es bedarf in jedem Falle einer Abwägung des Interesses der Gesellschaft an der Änderung des JA mit dem Interesse der Öffentlichkeit an der Bestandskraft des JA. Unzulässig ist jedoch die Änderung eines fehlerfreien JA, wenn hierdurch Rechte Dritter beeinträchtigt würden, es sei denn, dass deren Einverständnis vorliegt[1384]. Aufgrund des geänderten JA können bei der AG von der HV zusätzliche Gewinnausschüttungen beschlossen werden, während andererseits aufgrund eines Gewinnverwendungsbeschlusses

618

1376 Vgl. *IDW RS HFA 6*, Tz. 15 und Tz. 25; für KapGes. und Personenhandelsgesellschaften i.S.v. § 264a HGB kann sich eine Erläuterungspflicht auch aus §§ 264 Abs. 2 S. 2, 265 Abs. 2 S. 2 und § 277 Abs. 4 HGB ergeben; zur analogen Anwendung von § 284 Abs. 2 Nr. 3 HGB in diesem Zusammenhang vgl. *Winnefeld*, Bilanz-Handbuch[4], Kap. I, Rn. 26; *Mattheus/Schwab*, BB 2004, S. 1099 (1101).
1377 Vgl. *IDW RS HFA 6*, Tz. 21; zum Umfang der Berichtigung vgl. *Ellrott/Schubert* in BeBiKo[7], § 253, Rn. 807; *IDW RS HFA 6*, Tz. 27.
1378 Vgl. *IDW RS HFA 6*, Tz. 18; ausführlich zur Zwischenberichterstattung *Winkeljohann/Küster* in Budde/Förschle/Winkeljohann, Sonderbilanzen[4], Kap. G, Rn. 10 ff.
1379 Vgl. *IDW RS HFA 6*, Tz. 20.
1380 Vgl. *Breker/Kuhn*, WPg. 2007, S. 770 (776 f.).
1381 Steuerlich ist die Ersetzung eines nicht fehlerhaften Bilanzansatzes durch einen anderen zulässigen Wert (Bilanzänderung nach der steuerrechtlichen Definition) nach Einreichung des Abschlusses beim FA aufgrund des § 4 Abs. 2 S. 2 EStG allerdings nur noch insoweit zulässig, als dadurch die aus einer Bilanzberichtigung resultierende Gewinnveränderung kompensiert werden kann. Fehlerhafte Bilanzen können dagegen steuerrechtlich unter Beachtung der Verfahrensvorschriften der AO berichtet werden (vgl. dazu Rn. 619; auch *Ellrott/Schubert* in BeBiKo[7], § 253, Rn. 835; *Prinz*, S. 692; *Grützner*, StuB 1999, S. 526; *Zugmaier*, Inf. 2001, S. 10.
1382 Vgl. *IDW RS HFA 6*, Tz. 9; *Ellrott/Schubert* in BeBiKo[7], § 253, Rn. 835; ADS[6], § 172 AktG, Tz. 49; zu älterer Literatur vgl. WP Handbuch 2006 Bd. I, Fn. 1084 zu Kap. E, Tz. 474.
1383 Vgl. *IDW RS HFA 6*, Tz. 33 ff.; *Ellrott/Schubert* in BeBiKo[7], § 253, Rn. 835.
1384 Vgl. *IDW RS HFA 6*, Tz. 10.

bereits an die Aktionäre verteilte Gewinne wegen der dadurch entstandenen Gläubigerrechte grds. nicht mehr zurückgefordert werden können[1385]. Ob sich die Höhe ergebnisabhängiger Ansprüche aus schuldrechtlichen Vereinbarungen verändert, richtet sich nach den getroffenen Vereinbarungen[1386].

619 Im **Steuerrecht**[1387] unterscheidet man die **Bilanzberichtigung**, die bei Verstößen gegen zwingende handelsrechtliche und steuerrechtliche Vorschriften oder gegen die GoB (Grundsatz der Maßgeblichkeit der HB für die StB, vgl. Tz. 608) in Betracht kommt (§ 4 Abs. 2 S. 1 EStG), und die **Bilanzänderung** im engeren Sinn, d.h. die nachträgliche Änderung einer nach Handels- und Steuerrecht zulässigen Bilanzgestaltung (§ 4 Abs. 2 S. 2 EStG). Der Regelungsbereich des § 4 Abs. 2 EStG bezieht sich allein auf die StB; ob und unter welchen Voraussetzungen und in welchem Umfang die HB geändert werden darf oder muss, richtet sich ausschließlich nach den handelsrechtlichen Vorschriften (vgl. Tz. 615 ff.).

620 Die **Bilanzänderung** nach § 4 Abs. 2 S. 2 EStG ist nur dann zulässig, wenn sie „in engem zeitlichen und sachlichen Zusammenhang" mit einer Bilanzberichtigung i.S.d. § 4 Abs. 2 S. 1 EStG steht. Ferner ist sie nur zulässig, soweit die Auswirkung „auf den Gewinn reicht", d.h. die aus der Bilanzberichtigung resultierende Gewinnveränderung kompensiert werden kann. Hierzu gehören auch Einlage-/Entnahmeveränderungen, nicht jedoch Gewinnveränderungen aus außerbilanziellen Gewinnerhöhungen[1388]. Auf eine Zustimmung seitens des FA kommt es nach § 4 Abs. 2 S. 1 EStG nicht an.

621 Bislang musste eine steuerliche Bilanzänderung auch in der HB vorgenommen werden, soweit dies der Grundsatz der (umgekehrten) Maßgeblichkeit erforderte. Mit deren Aufhebung durch das BilMoG, ist die Änderung der HB keine Voraussetzung mehr für die Änderung der StB[1389]. Wegen zeitgerechter Bildung von Rückstellungen für aufgrund einer Betriebsprüfung festgestellte Mehrsteuern vgl. jedoch BFH v. 19.12.1961, BStBl. III 1962, S. 64, und H 4.9 EStR 2008.

622 Zuständig für die **Bilanzberichtigung** ist wie nach Handelsrecht das für die Aufstellung der Bilanz zuständige Organ. Eine Bilanzberichtigung kommt nur dann in Betracht, wenn der Bilanzierende die am Abschlussstichtag gegebenen objektiven Verhältnisse bei Aufstellung der Bilanz nicht erkennen konnte; sie ist deshalb unzulässig, wenn erst spätere neue Erkenntnisse ergeben, dass der Bilanzansatz objektiv unzutreffend ist[1390]. Eine Bilanzberichtigung eröffnet deshalb auch nicht die Möglichkeit einer nachträglichen Sachverhaltsgestaltung[1391]. Die Bilanzberichtigung erfolgt „bis zur Fehlerquelle" zurück; praktisch wird hierbei die Anfangsbilanz des am weitesten zurückliegenden, noch nicht

---

1385 Vgl. ADS⁶, § 172 AktG, Tz. 63; *Ellrott/Schubert* in BeBiKo⁷, § 253, Rn. 836.
1386 Vgl. *IDW RS HFA 6*, Tz. 11.
1387 Vgl. R 4.4 EStR 2008; *Wied* in Blümich, EStG, § 4 EStG, Rn. 968 bis 970; *Hoffmann/Nacke* in Littmann, EStG, §§ 4, 5, Rn. 530; *Heinicke* in Schmidt, L., EStG³⁰, § 4, Rn. 680; *Wedelstädt*, DB 1993, S. 1543.
1388 Vgl. BMF-Schr. vom 13.08.2008, BStBl. I, S. 845.
1389 Vgl. *Ellrott/Schubert* in BeBiKo⁷, § 253, Rn. 845; *Gelhausen/Fey/Kämpfer*, BilMoG, Kap. D, Rn. 6 ff.
1390 Vgl. *Heinicke* in Schmidt, L., EStG³⁰, § 4, Rn. 681 m.w.N.; BFH v. 05.04.2006, BStBl. II, S. 688; BFH v. 12.11.1992, BStBl. II 1993, S. 392; BFH v. 11.10.1960, BStBl. III 1961, S. 3, v. 14.08.1975, BStBl. II 1976, S. 88, v. 23.05.1984, BStBl. II, S. 723; im Anschluss hieran FG Hamburg v. 07.03.1991, EFG 1992, S. 42; *Prinz*, DB 2010, S. 2634 (2635). Zur Anwendung des subjektiven Fehlerbegriffs vgl. Vorlagebeschluss GrS vom 07.04.2010, I R 77/08, DStR, S. 1015.
1391 Vgl. BFH v. 09.04.1981, BStBl. II, S. 620. Siehe auch H 4.4 EStR 2008. Eine vorgenommene Entnahme kann nicht im Wege der Bilanzberichtigung wieder eingebucht werden (BFH v. 18.04.1973, BStBl. II, S. 700).

bestandskräftig veranlagten WJ entsprechend berichtigt[1392]. Wird z.B. ein bestehender Bilanzansatz durch Änderung der Rechtsprechung falsch, so hat dies keine Rückwirkung auf frühere Jahre, sondern es muss eine Bilanzänderung des ersten Jahres, dessen Veranlagung noch geändert werden kann, erfolgen. Führt die Änderung der Rechtsprechung hingegen dazu, dass ein bisher falscher Bilanzansatz nun objektiv richtig ist, so ist ab dem Datum der BFH-Entscheidung (spätestens aber mit amtlicher Veröffentlichung) eine Bilanzberichtigung nicht mehr möglich[1393]. Nach Bestandskraft der Veranlagung ist eine Bilanzberichtigung nur im Rahmen der Vorschriften der §§ 164 Abs. 2, 172, 173 ff. AO zulässig, oder wenn die Bilanzberichtigung sich auf die Höhe der veranlagten Steuer nicht auswirken würde[1394]. Die Berichtigung eines unrichtigen Bilanzansatzes in einer Anfangsbilanz ist dann nicht zulässig, wenn diese Bilanz als Schlussbilanz der Veranlagung eines früheren Jahres zu Grunde gelegen hat, die nach den Vorschriften der AO nicht mehr berichtigt werden kann (Grundsatz des Bilanzenzusammenhangs), oder wenn der sich bei einer Berichtigung dieser Veranlagung ergebende höhere Steueranspruch wegen Verjährung erloschen wäre[1395]. Soweit eine Bilanzberichtigung nicht möglich ist, ist der falsche Bilanzansatz grds. in der Schlussbilanz des ersten Jahres, dessen Veranlagung geändert werden kann, erfolgswirksam richtig zu stellen[1396]. Wegen Bilanzberichtigung bei fehlender Veranlagung in den Vj. vgl. BFH v. 28.01.1992, BStBl. II, S. 881[1397].

Wegen wichtiger BFH-Urt. zum Problemkreis: Bilanzzusammenhang, -berichtigung und -änderung vgl. *Heinicke* in *Schmidt, L.*, EStG[30], § 4, Rn. 701 f. und 706.

623

VIII. Schrifttumsverzeichnis

1. Verzeichnis der Monographien, Kommentare und Beiträge in Sammelwerken

Andresen/Förster/Rößler/Rühmann, Arbeitsrecht der betrieblichen Altersversorgung, Bd. I, Köln, Loseblatt (Stand: Februar 2011); *Angele*, Anerkannte mathematisch-statistische Methoden zur Stichprobeninventur, München 1989; *AWV*, Stichprobenverfahren zur Inventur buchmäßig geführter Vorräte im Lagerbereich, Eschborn 1978; *AWV*, Permanente Inventur mit Stichproben, Eschborn 1982; *AWV*, Sequentialtest für die Inventur mit Stichproben bei ordnungsmäßiger Lagerbuchführung, Eschborn 1985; *AWV*, Stichprobeninventur in Vertriebseinrichtungen des Handels, Eschborn 1985; *AWV*, Warenwirtschaftssystemgestützte Inventur im Handel, Eschborn; *Baetge*, Zur Frage der Reichweite des Passivierungsgrundsatzes, in: Moxter (Hrsg.), Rechnungslegung, FS Forster, Düsseldorf 1992, S. 27; *Baetge*, Herstellungskosten: Vollaufwand versus Teilaufwand, in: Baetge (Hrsg.), Rechnungslegung, Prüfung und Beratung, FS Ludewig, Düsseldorf 1996, S. 53; *Baetge/Sell,* Zur Ermittlung der handelsrechtlichen Herstellungskosten bei Einsatz der Prozeßkostenrechnung, in: Möller (Hrsg.), Rechnungswesen als Instrumente für Führungsentscheidungen, FS Coenenberg, Stuttgart 1998, S. 263; *Bär*, Die Bilanzierung

---

1392 Zum Zeitpunkt der Bilanzberichtigung vgl. BFH v. 08.12.1988, BStBl. II 1989, S. 407, v. 16.05.1990, DStR, S. 708. Auch bei einer PersGes. ist eine fehlerhafte Gewinnverteilung in der ersten noch abänderbaren Schlussbilanz erfolgswirksam richtigzustellen, vgl. BFH v. 11.02.1998, BStBl. II, S. 825, und H 4.4 EStR 2008.
1393 BFH v. 05.06.2007, BStBl. II, S. 818; *OFD Hannover*, Vfg. v. 13.03.2008, DStR, S. 969; *Schoor*, DStZ 2007, S. 274 (275).
1394 Vgl. BFH v. 27.03.1962, BStBl. III, S. 273, und BFH v. 05.09.2001, BStBl. II 2002, S. 134.
1395 Vgl. Gr. Senat des BFH v. 29.11.1965, BStBl. III 1966, S. 142; sowie BFH v. 13.01.1977, BStBl. II, S. 472. Vgl. auch BFH v. 23.04.1998, BStBl. II, S. 443.
1396 Dieser Grundsatz gilt auch für den Fall, dass ein Einzelunternehmen zu Buchwerten in eine PersGes. eingebracht wurde (BFH v. 08.12.1988, BStBl. II 1989, S. 407; R 4.4 Abs. 1 S. 3 EStR 2008).
1397 Vgl. hierzu auch *Schmidt*, FR 1992, S. 616; *Mathiak*, DStR 1992, S. 1601; im Grundsatz bestätigend, wenn im Urteilsfall auch abweichend, BFH v. 12.10.1993, BStBl. II 1994, S. 174.

konzerninterner Vermögensbewegungen, Frankfurt u.a. 1984; *Baranowski (Bearb.)*, Praktiker-Handbuch 1994, Außensteuerrecht, 18. Aufl., Düsseldorf 1994; *Barckow*, Die Bilanzierung von derivativen Finanzinstrumenten und Sicherungsbeziehungen, Düsseldorf 2004; *Bartels*, Umweltrisiken und Jahresabschluss, Frankfurt 1992; *Bauer*, Schwebende Geschäfte im Steuerrecht, Erlangen/Nürnberg 1981; *Beckmann*, Termingeschäfte und Jahresabschluss, Köln 1993; *Beisse*, Wandlungen der Rechnungsabgrenzung, in: Förschle (Hrsg.), Rechenschaftslegung im Wandel, FS Budde, München 1995, S. 67; *Bette*, Das Factoring-Geschäft, Stuttgart 1999; *Bieg*, Schwebende Geschäfte in Handels- und Steuerbilanz, Frankfurt a.M./Bern 1977; *Blenkers/Czisz/Gerl*, Rückstellungen, Kissing 1994; *Böcking*, Verbindlichkeitsbilanzierung, Wiesbaden 1994; *Borgel*, Factoring in Buchführung, Bilanzierung und Steuerrecht, in: Hagemüller/Sommer/Brink (Hrsg.), Handbuch des nationalen und internationalen Factoring, 3. Aufl., Frankfurt a.M. 1997, S. 147; *Brandt/Ruchay*, Kreislaufwirtschafts- und Abfallrecht, München 2000; *Breidert*, Grundsätze ordnungsmäßiger Abschreibungen auf abnutzbare Anlagegegenstände, Düsseldorf 1994; *Brebeck/Herrmann*, Überlegungen zur handelsbilanziellen Behandlung von Lizenzen für die Nutzung immaterieller Vermögensgegenstände, in: Kirsch/Thiele (Hrsg.), Rechnungslegung und Prüfung, FS Baetge, Düsseldorf 2007, S. 65; *Breker*, Optionsrechte und Stillhalterverpflichtungen im handelsrechtlichen Jahresabschluß, Düsseldorf 1993; *Brezing*, Rückstellungen für Jubiläumszuwendungen, für rückständigen Urlaub und für künftige Beiträge an den Pensionssicherungsverein, in: Steuerberater-Jahrbuch 1987/88, Köln 1988, S. 111; *Brink*, Der Factoringvertrag, Köln 1998; *Broermann*, Stichprobeninventuren, Frankfurt a.M. 1987; *Budde*, Berücksichtigung von Umweltschäden und Altlasten bei der Bodenbewertung, in: Moxter (Hrsg.), Rechnungslegung, FS Forster, Düsseldorf 1992, S. 101; *Bullinger/Radke*, Handkommentar zum Zinsabschlag, Düsseldorf 1994; *Burckhardt*, Die Bilanzierung von Zinsbegrenzungsverträgen: Grundsätze und Probleme, in: Ballwieser (Hrsg.), Bilanzrecht und Kapitalmarkt, FS Moxter, Düsseldorf 1994, S. 145; *Busch*, Rückstellungen wegen Produkthaftung, Frankfurt/M. 1992; Chmielewicz, Die Bedeutung von Bilanzierungsprinzipien für die Gewinn- und Verlust- sowie Kosten- und Erlösrechnung in: Steffen (Hrsg.); Kosten und Erlöse: Orientierungsgrößen der Unternehmenspolitik, FS Laßmann, Stuttgart 1990, S. 315; *Claussen/Korth*, Altlasten – ein Umwelt- und Bilanzierungsproblem, in: Förschle (Hrsg.), Rechenschaftslegung im Wandel, FS Budde, München 1995, S. 105; *Clemm*, Zur Nichtpassivierung entstandener Verbindlichkeiten wegen nachträglicher wirtschaftlicher Verursachung (Realisation) oder: Wie dynamisch ist die Bilanz im Rechtssinne?, in: Ballwieser (Hrsg.), Bilanzrecht und Kapitalmarkt, FS Moxter, Düsseldorf 1994, S. 167; *Crezelius*, Das sogenannte schwebende Geschäft in Handels-, Gesellschafts- und Steuerrecht, in: Knobbe-Keuk (Hrsg.), Handelsrecht und Steuerrecht, FS Döllerer, Düsseldorf 1988, S. 81; *Dawo*, Immaterielle Güter in der Rechnungslegung nach HGB, IAS/IFRS und US-GAAP. Aktuelle Rechtslage und neue Wege der Bilanzierung und Berichterstattung, Herne 2003; Döllerer, Handelsrechtliche Entscheidungen des Bundesfinanzhofs, in: Kirchhof (Hrsg.), Steuerrecht, Verfassungsrecht, Finanzpolitik, FS Klein, Köln 1994, S. 699; *Eckstein/Feinen (Hrsg.)*, Leasing-Handbuch für die betriebliche Praxis, 7. Aufl., Frankfurt a.M. 2000; Eden, Treuhandschaft an Unternehmen und Unternehmensanteilen, 2. Aufl., Bielefeld 1989; *Egger*, Bewertung und Prüfung der fertigen und unfertigen Erzeugnisse unter besonderer Berücksichtigung der Unterbeschäftigung, in: Fischer (Hrsg.), Jahresabschluß und Jahresabschlußanalyse, FS Baetge, Düsseldorf 1997, S. 813; *Eibelshäuser*, Abschreibungen und Realisationsprinzip, in: Budde (Hrsg.); Handelsbilanzen und Steuerbilanzen, FS Beisse, Düsseldorf 1997, S. 153; *Eifler*, Grundsätze ordnungsmäßiger Bilanzierung für Rückstellungen, Düsseldorf 1976; *Eilers*, Rückstellungen für Altlasten und Umweltschutzverpflichtungen, München 1993; *Elkart*, Die Finanzinstrumente in der (externen) Rechnungslegung oder A Black Hole in the Balance Sheet, in: IDW (Hrsg.), Neuorientierung der Rechenschaftslegung, Bericht über die IDW-Fachtagung 1994, Düsseldorf 1995, S. 365; *Esser*, Aufwandsrückstellungen – Bestandsaufnahme und Ausblick, in: Steuerberater-Jahrbuch 1984/85, Köln 1985, S. 151; *Euler*, Gemeiner Wert und Teilwert – eine vergleichende Betrachtung, *in:* Raupach (Hrsg.), Werte und Wertermittlung im Steuerrecht, Köln 1984, S. 155; *Farr*, Insolvenzprophylaxe durch Wirtschaftsprüfung, Frankfurt a. M./Bern/New York 1986; *Fey, D.*, Imparitätsprinzip und GoB-System im Bilanzrecht 1986, Berlin 1987; *Fey, G.*, Grundsätze ordnungsmäßiger Bilanzierung für Haftungsverhältnisse, Düsseldorf 1989; *Fluck*, Kreislaufwirtschafts-, Abfall- und Bodenschutzrecht; Heidelberg 2000; *Forster*, Grundsätze für die Abgrenzung von Leasingraten, in: Knobbe-Keuk (Hrsg.), Handelsrecht und Steuerrecht, FS Döllerer, Düsseldorf 1988, S. 147; *Forster/Gross*, Probleme der Rechnungslegung und Prüfung von Kreditinstituten in den Stellungnahmen des Bankenfachausschusses des Instituts der Wirtschaftsprüfer, in: *Franke/Hax*, Finanzwirtschaft des Unternehmens und Kapitalmarkt, 6. Aufl., Berlin/Heidelberg 2004; *Freericks*, Bilanzierungsfähigkeit und Bilanzierungspflicht in Handels- und Steuerbilanz, Köln/Berlin/Bonn/München 1976; *Freidank/ Eigenstätter*, Handels- und steuerrechtliche Rechnungslegung von Personenhandelsgesellschaften, in: Freidank (Hrsg.), Die deutsche Rechnungslegung und Wirtschaftsprüfung im Umbruch, FS Strobel, München 2001, S. 29; *Friederich*, Grundsätze ordnungsmäßiger Bilanzierung für schwebende Geschäfte, Düsseldorf 1975; *Fülling*, Grundsätze ordnungsmäßiger Bilanzierung für Vorräte, Düsseldorf 1976; *Funk*, Festwerte in der Handelsbilanz – ein überholtes Instrument vereinfachender Bilanzierung?, in: Gross (Hrsg.), Der Wirtschaftsprüfer: im Schnittpunkt nationaler und internationaler Entwicklungen, FS v. Wysocki, Düsseldorf 1985, S. 73; *Gelhausen*, Das Realisationsprinzip im Handels- und im Steuerbilanzrecht, Frankfurt a.M. 1985; *Gerlt*, Die schwebenden Geschäfte im Bilanzsteuerrecht, Erlangen 1963; *Greinert*, Die bilanzielle Behandlung von Marken, Lohmar/Köln 2002; *Groh*, Negative Geschäftswerte in der Bilanz, in: Kirchhof (Hrsg.), Steuerrecht, Verfassungsrecht, Finanzpolitik, FS Klein, Köln 1994, S. 815; *Gross*, Zur Berücksichtigung rückwirkender Vereinbarungen in Kaufverträgen im Jahresabschluß, in: Moxter (Hrsg.), Rechnungslegung, FS Forster, Düsseldorf 1992, S. 253; *Gross*, Die Unternehmensfortführungsannahme als Bewertungskriterium, in: Förschle (Hrsg.), Rechenschaftslegung im Wandel, FS Budde, München 1995, S. 243; *Grünewald*, Finanzterminkontrakte im handelsrechtlichen Jahresabschluss, Düsseldorf 1993; *Haarmann*, Rechnungsabgrenzungsposten bei Forfaitierung von künftigen Leasingforderungen und ihre Auslösung, in: Beisse (Hrsg.), Festschrift für Karl Beusch zum 68. Geburtstag am 31. Oktober 1993, FS Beusch, Berlin/New York 1993, S. 321; *Habersack/ Koch/Winter*, Die Spaltung im neuen Umwandlungsrecht und ihre Rechtsfolgen, Heidelberg 1999; *Happe*, Grundsätze ordnungsmäßiger Buchführung für Swapvereinbarungen, Düsseldorf 1996; *Hartung*, Rechnungsabgrenzungsposten und richtlinienkonforme Auslegung, in: Ballwieser (Hrsg.), Bilanzrecht und Kapitalmarkt, FS Moxter, Düsseldorf 1994, S. 213; *Hastedt*, Gewinnrealisation beim Finanzierungsleasing, Wiesbaden 1992; *Hax*, Die Substanzerhaltung der Betriebe, Köln/Opladen 1957; *Heddäus*, Handelsrechtliche Grundsätze ordnungsmäßiger Bilanzierung für Drohverlustrückstellungen, Düsseldorf 1997; *Heinemann*, Der Bergschaden auf der Grundlage des preußischen Rechts, 2. Aufl., Berlin 1954; *Helmschrott*, Leasingbilanzierung im Umbruch, Aachen 2000; *Henkenborg*, Besteuerung und Bilanzierung grenzüberschreitender Mobilien-Leasingverträge unter Beteiligung eines deutschen Leasinggebers und eines US-amerikanischen Leasingnehmers, in: Poll (Hrsg.), Bilanzierung und Besteuerung der Unternehmen, FS Brönner, Stuttgart 2000, S. 123; *Hennrichs*, Bilanzrechtsmodernisierung – erste Grundsatzfragen aus handels- und gesellschaftsrechtlicher Sicht, in: Bitter u.a. (Hrsg.), Festschrift für

Karsten Schmidt, Köln 2009; *Herzig,* Umweltschutzrückstellungen und Bilanzierungsprinzipien, in: Baetge (Hrsg.), Umweltrisiken im Jahresabschluss, Düsseldorf 1994, S. 67; *Herzig,* Das Magische Dreieck der Umweltschutzbilanzierung, in: Ballwieser (Hrsg.), Bilanzrecht und Kapitalmarkt, FS Moxter, Düsseldorf 1994, S. 227; *Herzig (Hrsg.),* Vorratsbewertung nach der Lifo-Methode ab 1990, Köln 1990; *Herzig (Hrsg.),* Bewertung von Auslandsbeteiligungen, Köln 1992; *Herzig (Hrsg.),* Bilanzierung von Umweltlasten und Umweltschutzverpflichtungen, Köln 1994; *Heubeck,* Die Prüfung von Pensionsrückstellungen, Düsseldorf 1987; *Hinz,* Sachverhaltsgestaltungen im Rahmen der Jahresabschlusspolitik, Düsseldorf 1994; *Hoffmann,* Sachverhaltsgestaltende Jahresabschlusspolitik im Einzelabschluss bei gegebener Unternehmenskonstitution, Frankfurt u.a. 1993; *Husemann,* Grundsätze ordnungsmäßiger Bilanzierung für Anlagegegenstände, 2. Aufl., Düsseldorf 1976; *Hüttemann,* Grundsätze ordnungsmäßiger Bilanzierung für Verbindlichkeiten, 2. Aufl., Düsseldorf 1976; *Jahn,* Pensionsgeschäfte und ihre Behandlung im handelsrechtlichen Abschluss von Kapitalgesellschaften, Frankfurt a.M. 1990; *Jüttner,* GoB-System, Einzelbewertungsgrundsatz und Imparitätsprinzip, Frankfurt/M. u.a. 1993; *Jutz,* Swaps and Financial Futures und ihre Abbildung im JA, Stuttgart 1989; *Kammler/Höfling,* Betriebliche Altersvorsorge, in: PricewaterhouseCoopers/Deutsche Rentenversicherung Bund, Altersvorsorge, Beraten-Gestalten-Optimieren, Bonn 2009; *Kämpfer,* Deduktive Normengewinnung im Bilanzrecht, Frankfurt 1984; *Kämpfer/Fey,* Die Sicherung von Auslandsbeteiligungen gegen Währungsverluste im handelsrechtlichen Jahresabschluss, in: Wagner/Schildbach/Schneider (Hrsg.), Private und öffentliche Rechnungslegung, FS Streim, Wiesbaden 2008, S. 187; *Kirsten/Matheja,* Treuhand und Treuhänder im Steuerrecht, 2. Aufl. Herne/Berlin 1978; *Klein,* Der Herstellungsbegriff in § 225 Abs. 2 Satz 1 des Handelsgesetzbuches und seine Prägung durch den Bundesfinanzhof bei Gebäuden – zugleich ein Beitrag zur Interaktion zwischen Rechtsprechung und Gesetzgeber, in: Ballwieser (Hrsg.), Bilanzrecht und Kapitalmarkt, FS Moxter, Düsseldorf 1994, S. 277; *Klemke,* Die Bilanzierung von Futures und Optionen aus finanzwirtschaftlicher Sicht, Frankfurt 1997; *Knobbe-Keuk,* Bilanz- und Unternehmenssteuerrecht, 9. Aufl., Köln 1993; *Knoppe,* Betriebsverpachtung, Betriebsaufspaltung – Pachtverhältnisse gewerblicher Betriebe im Steuerrecht, Düsseldorf 1985; *Kohl,* Gewinnrealisierung bei langfristigen Aufträgen, Düsseldorf 1994; *Korth,* Zur Aufwands- und Ertragskompensation bei Rückstellungen, in: Martens (Hrsg.), Festschrift für Carsten Peter Claussen zum 70. Geburtstag, FS Claussen, Köln 1997, S. 639; *Köster,* Umweltschutzverpflichtungen im handelsrechtlichen Jahresabschluss und in der Steuerbilanz, Düsseldorf 1994; HHR, Steuerreform 1999/2000/2002, Köln 2001; *Kolvenbach/Sartoris,* Bilanzielle Auslagerung von Pensionsverpflichtungen, 2. Aufl., Stuttgart 2009; Kronner, GoB für immaterielle Anlagewerte und Tauschgeschäfte, Düsseldorf 1995; *Kropff,* Auswirkungen der Nichtigkeit eines Jahresabschlusses auf die Folgeabschlüsse, in: Förschle (Hrsg.), Rechenschaftslegung im Wandel, FS Budde, München 1995, S. 341; *Kropff,* Sind neue Erkenntnisse (Wertaufhellungen) auch noch bei der Feststellung des Jahresabschlusses zu berücksichtigen?, in: Baetge (Hrsg.), Rechnungslegung, Prüfung und Beratung, FS Ludewig, Düsseldorf 1996, S. 521; *Krüger,* Die Berücksichtigung der Haftungsverhältnisse bei der Rechnungslegung der Aktiengesellschaft, Düsseldorf 1961; *Krümmel,* Pagatorisches Prinzip und nominelle Kapitalerhaltung, in: Moxter (Hrsg.), Rechnungslegung, FS Forster, Düsseldorf 1992, S. 307; *Krumnow u.a.,* Rechnungslegung und Prüfung der Kreditinstitute, Stuttgart 1994; *Kruse,* Bilanzierungswahlrechte in der Steuerbilanz, in: Steuerberater-Jahrbuch 1976/77, Köln 1977, S. 113; *Kruse,* Grundsätze ordnungsmäßiger Buchführung, Rechtsnatur und Bestimmung, 3. Aufl., Köln 1978; *Kühnberger/Wilke,* Immobilienbewertung, Stuttgart 2010; *Kunig/Paetow/Versteyl,* Kreislaufwirtschafts- und Abfallgesetz, 2. Aufl., München 2003; *Kupsch,* Zur Problematik der Ermittlung von Anschaffungskosten, in: Steuerberater-Jahrbuch 1989/90, Köln 1990, S. 93; *Lauth,* Unterschiedliche Entwicklungstendenzen der Rückstellungsbildung in Handelsbilanz und Steuerbilanz, in: Steuerberater-Kongreßreport 1993, München 1993, S. 379; *Leaseurope/Coopers & Lybrand,* A practical guide to leasing, 4. Aufl., Brüssel 1994; *Leffson,* Die beiden Generalnormen, in: Havermann (Hrsg.), Bilanz- und Konzernrecht, FS Goerdeler, Düsseldorf 1987, S. 315; *Leuschner,* Gewinnrealisierung bei langfristiger Fertigung, in: Förschle (Hrsg.), Rechenschaftslegung im Wandel, FS Budde, München 1995, S. 377; *Liebich/Mathews,* Treuhand und Treuhänder in Recht und Wirtschaft, 2. Aufl., Herne 1983; *Luik,* Das Going-Concern-Prinzip im deutschen Bilanzrecht, in: Gross (Hrsg.), Der Wirtschaftsprüfer: im Schnittpunkt nationaler und internationaler Entwicklungen, FS v. Wysocki, Düsseldorf 1985, S. 61; *Luik,* Bilanzierung von Zusagen der betrieblichen Altersversorgung bei Wechsel des Durchführungswegs, in: Moxter (Hrsg.), Rechnungslegung, FS Forster, Düsseldorf 1992, S. 373; *Lutz,* Der Vermögensgegenstand – ein Abbild der Gewinnerwartung?, in: IDW (Hrsg.), Neuorientierung der Rechenschaftslegung, Bericht über die IDW-Fachtagung 1994,Düsseldorf 1995, S. 81; *Mathiak,* Handelsrechtliche Öffnungsklauseln und gewinnerhöhende Steuervergünstigungen, in: Ballwieser (Hrsg.), Bilanzrecht und Kapitalmarkt, FS Moxter, Düsseldorf 1994, S. 313; *Mellwig,* Herstellungskosten und Realisationsprinzip, in: Förschle (Hrsg.), Rechenschaftslegung im Wandel, FS Budde, München 1995, S. 397; *Menichetti,* Währungsrisiken bilanzieren und hedgen, Wiesbaden 1993; *Menninger,* Financial Futures und deren bilanzielle Behandlung, Frankfurt u.a. 1993, S. 162; *Menninger,* Finanzderivate und deren Abbildung nach HGB, IAS und US GAAP, in: Arnold (Hrsg.), Werte messen – Werte schaffen: von der Unternehmensbewertung zum Shareholder-Value Management, FS Maul, Wiesbaden 2000, S. 247; *Metze,* Immaterielle Vermögensgegenstände, in: Busse v. Colbe/Reinhard (Hrsg.), Erste Erfahrungen mit den neuen Rechnungslegungsvorschriften, Stuttgart 1990, S. 35; *Mittelbach,* Gewerbliche Miet- und Pachtverträge in steuerlicher Sicht, 4. Aufl., Herne/Berlin 1979; *Moxter,* Zum Sinn und Zweck des handelsrechtlichen Jahresabschlusses nach neuem Recht, in: Havermann (Hrsg.), Bilanz- und Konzernrecht, FS Goerdeler, Düsseldorf 1987, S. 363; *Moxter,* Periodengerechte Gewinnermittlung und Bilanz im Rechtssinne, in: Knobbe-Keuk (Hrsg.), Handelsrecht und Steuerrecht, FS Döllerer, Düsseldorf 1988, S. 447; *Moxter,* Rückstellungen: Neuere höchstrichterliche Rechtsprechung, in: Baetge (Hrsg.), Rückstellungen in der Handels- und Steuerbilanz, Düsseldorf 1991, S. 1; *Moxter,* Zum Passivierungszeitpunkt von Umweltschutzrückstellungen, in: Moxter (Hrsg.), Rechnungslegung, FS Forster, Düsseldorf 1992, S. 427; *Moxter,* Bilanzrechtliche Probleme beim Geschäfts- oder Firmenwert, in: Bierich (Hrsg.), Festschrift für Johannes Semler zum 70. Geburtstag am 28. April 1993: Unternehmen und Unternehmensführung im Recht, FS Semler, Berlin 1993, S. 853; *Moxter,* Grundsätze ordnungsmäßiger Rechnungslegung, Düsseldorf 2003; *Moxter,* Bilanzrechtsprechung, 6. Aufl., Tübingen 2007; *Mühlberger/Schwinger,* Betriebliche Altersversorgung und sonstige Leistungen an Arbeitnehmer nach IFRS, München 2006; *Mujkanovic,* Vermögenskauf einer Unternehmung in der Steuerbilanz, Wiesbaden 1994; *Mujkanovic,* Fair Value im Financial Statement nach IAS, Stuttgart 2002; Müller, H.-P., Zur Gewinn- und Verlustermittlung bei aktienrechtlichen Gewinnabführungsverträgen, in: Havermann (Hrsg.), Bilanz- und Konzernrecht, FS Goerdeler, Düsseldorf 1987, S. 375; *Müller, H.-P.,* Rechtsfolgen unzulässiger Änderungen von festgestellten Jahresabschlüssen, in: Förschle (Hrsg.), Rechenschaftslegung im Wandel, FS Budde, München 1995, S. 431; *Müller, J.,* Das Stetigkeitsprinzip im neuen Bilanzrecht, Frankfurt/M. 1988; *Müller, W.,* Die Grundsätze ordnungsmäßiger Bilanzierung und ihre Kodifizierung nach neuem Bilanzrecht, in: Mellwig (Hrsg.), Einzelabschluss und Konzernabschluss, Wiesbaden 1988, S. 3; *Müller, W.,* Die Änderung von Jahresabschlüssen, in: Westermann

(Hrsg.), Festschrift für Karlheinz Quack zum 65. Geburtstag: am 3. Januar 1991, FS Quack, Berlin/New York 1991, S. 359; *Müller, W.,* Anschaffungskosten und Buchwertverknüpfung bei der Verschmelzung: Freiräume und Grenzen bei der Bewertung, in: Ballwieser (Hrsg.), Rechnungslegung – Warum und Wie?, FS Clemm, München 1996, S. 243; *Müller, W.,* Der Europäische Gerichtshof und die deutschen Grundsätze ordnungsmäßiger Buchführung, in: Martens (Hrsg.), Festschrift für Carsten Peter Claussen zum 70. Geburtstag, FS Claussen, Köln 1997, S. 707; *Müller-Dott,* Teilwertabschreibungen auf Auslandsbeteiligungen, in: Steuerberater-Jahrbuch 1988/89, Köln 1989, S. 163; *Mundt,* Offene Fragen zur Bilanzierungspraxis von Personengesellschaften, in: IDW (Hrsg.), Personengesellschaft und Bilanzierung, Düsseldorf 1990, S. 147; *Naumann,* Zur Anwendung von § 24 UmwG in Verschmelzungsfällen, in: Baetge (Hrsg.), Rechnungslegung, Prüfung und Beratung, FS Ludewig, Düsseldorf 1996, S. 683; *Neubeck,* Bewertungseinheiten, in: Fischer/Günkel/Neubeck/Pannen, Die Bilanzrechtsreform 2010/11, 4. Aufl., Bonn 2010; *Niemann,* Immaterielle Wirtschaftsgüter im Handels- und Steuerrecht, 2. Aufl. Berlin 2006; *Nonnenmacher,* Sanierung, Insolvenz und Bilanz, in: Ballwieser (Hrsg.), Bilanzrecht und Kapitalmarkt, FS Moxter, Düsseldorf 1994, S. 1313; *Nordmeyer,* Anschaffungsnaher Aufwand im Handelsrecht, in: Fischer (Hrsg.), Jahresabschluß und Jahresabschlußanalyse, FS Baetge, Düsseldorf 1997, S. 373; *Oestreicher,* Grundsätze ordnungsmäßiger Bilanzierung für Zinsterminkontrakte, Düsseldorf 1992; *Oestreicher,* Handels- und Steuerbilanzen, 6. Aufl., Heidelberg 2003; *Ordelheide,* Der Einfluß von Abwertungen der Auslandswährung auf die Ermittlung des Erfolges ausländischer Beteiligungsunternehmen in Handels- und Steuerbilanz, in: Ballwieser (Hrsg.), Bilanzrecht und Kapitalmarkt, FS Moxter, Düsseldorf 1994, S. 331; *Orthmann,* Betriebliche Altersversorgung im Jahresabschluss nach HGB, US-GAAP und IAS, Berlin 2003; *Patzak,* Einheitliche Bewertung im Jahresabschluss von Kapitalgesellschaften, Frankfurt u.a. 1993; *Perlet,* Zur Umsetzung der Versicherungsbilanzrichtlinie in deutsches Recht, in: Ballwieser (Hrsg.), Bilanzrecht und Kapitalmarkt, FS Moxter, Düsseldorf 1994, S. 833; *Perlet/Baumgärtel,* Zur Bedeutung der Pauschalbewertung bei Rückstellungen für ungewisse Verbindlichkeiten, in: Budde (Hrsg.), Handelsbilanzen und Steuerbilanzen, FS Beisse, Düsseldorf 1997, S. 389; *Petersen,* Rechnungslegung für Pensionsverpflichtungen nach HGB, US-GAAP und IAS, Düsseldorf 2002; *Philips,* Kontaminierte Grundstücke im Jahresabschluss, Düsseldorf 1995; *Prinz,* Die handels- und steuerrechtliche Änderung von Bilanzen – Gemeinsamkeiten und Unterschiede, aktuelle Entwicklungen, in: Hommelhoff (Hrsg.), Gesellschaftsrecht, Rechnungslegung, Steuerrecht, FS Müller, München 2001, S. 692; *PwC* (Hrsg.), Derivative Finanzinstrumente in Industrieunternehmen, 4. Aufl., Frankfurt a.M. 2008; *PwC (Hrsg.),* Manual of Accounting – IFRS 2011, London 2011; *PwC Deutsche Revision (Hrsg.),* Internationale Rechnungslegung: IAS und HGB, 6. Aufl., Heidelberg 2003; *Queitsch,* Kreislaufwirtschafts- und Abfallgesetz, 2. Aufl., Köln 1999; *Quick,* Grundsätze ordnungsmäßiger Inventurprüfung, Düsseldorf 1991; *Ranker,* Immobilienbewertung nach HGB und IFRS, Berlin 2006; *Riesenkampff,* Haftet die Mutter für die Verstöße der Tochter gegen EG-Kartellrecht?, in: Lutter (Hrsg.), Festschrift für Martin Peltzer zum 70. Geburtstag, FS Peltzer, Köln 2001, S. 359; *Rose,* Die Rechnungsabgrenzungsposten im Lichte der neuen Rechtsprechung des Bundesfinanzhofs, in: Steuerberater-Jahrbuch 1983/84, Köln 1984, S. 141; *Roß,* Rechtsgeschäftliche Treuhandverhältnisse im Jahres- und Konzernabschluss, Düsseldorf 1994; *Rückle,* Jahresabschlußaufstellung und -feststellung bei Personengesellschaften, in: Budde (Hrsg.), Handelsbilanzen und Steuerbilanzen, FS Beisse, Düsseldorf 1997, S. 433; *Rückle,* Die Bilanzierung des Skontos – Ein Anwendungsfall der Grundsätze für verdeckte Zinsen, in: Ballwieser (Hrsg.), Bilanzrecht und Kapitalmarkt, FS Moxter, Düsseldorf 1994, S. 353; *Rürup,* Rückstellungen für Verpflichtungen aus Umwelthaftung, in:

Moxter (Hrsg.), Rechnungslegung, FS Forster, Düsseldorf 1992, S. 519; *Sarx,* Zur Abwicklungs-Rechnungslegung einer Kapitalgesellschaft, in: Moxter (Hrsg.), Rechnungslegung, FS Forster, Düsseldorf 1992, S. 547; *Sarx,* Grenzfälle des Grundsatzes der Unternehmensfortführung im deutschen Bilanzrecht, in: Förschle (Hrsg.), Rechenschaftslegung im Wandel, FS Budde, München 1995, S. 561; *Schaber u.a.,* Handbuch strukturierte Finanzinstrumente, 2. Aufl., Düsseldorf 2009; *Schäfer,* Grundsätze ordnungsmäßiger Bilanzierung für Forderungen, 2. Aufl., Düsseldorf 1977; *Scharpf/Luz,* Risikomanagement, Bilanzierung und Aufsicht von Finanzderivaten, 2. Aufl., Stuttgart 2002; *Schaub,* Arbeitsrechts-Handbuch, 13. Aufl., München 2009; *Schellein,* Bilanzierung von Beteiligungen an Personengesellschaften, in: IDW (Hrsg.), Personengesellschaft und Bilanzierung, Düsseldorf 1990, S. 193; *Scherrer,* Bilanzierung der Verschmelzung durch Aufnahme beim übernehmenden Rechtsträger, in: Martens (Hrsg.), Festschrift für Carsten Peter Claussen zum 70. Geburtstag, FS Claussen, Köln 1997, S. 743; *Schiedermair/Maul,* Bilanzierungs-, Prüfungs- und Offenlegungspflichten von haftungsbeschränkten & Co.-Gesellschaften nach Inkrafttreten des Kapitalgesellschaften & Co.-Richtlinie-Gesetzes, in: Hommelhoff (Hrsg.), Gesellschaftsrecht, Rechnungslegung, Steuerrecht, FS Müller, München 2001, S. 503; *Schild,* Bilanzierung von Pensionsgeschäften, in: Jahrbuch der Fachanwälte für Steuerrecht 1996/97, Herne/Berlin 1997, S. 604; *Schmidt-Salzer,* Das neue Produkthaftungsgesetz: Was ändert sich? Tatsächliche Auswirkungen?, in: IDW (Hrsg.), Bericht über die Fachtagung 1988 des Instituts der Wirtschaftsprüfer, Düsseldorf 1989, S. 143; *Schneider,* Betriebswirtschaftliche Analyse von Bundesfinanzhofurteilen als Grundlage einer Deduktion handelsrechtlicher GoB, in: Baetge (Hrsg.), Rechnungslegung, Prüfung und Beratung, FS Ludewig, Düsseldorf 1996, S. 921; *Schroeder,* Abzinsung von Rückstellungen und Verbindlichkeiten in der Steuerbilanz, Bergisch Gladbach/Köln 1990; *Schubert,* Der Ansatz von gewissen und ungewissen Verbindlichkeiten in der HGB-Bilanz, Düsseldorf 2007; *Schulze-Osterloh,* Die Personengesellschaft als Bilanzierungssubjekt und Bilanzierungsobjekt, in: IDW (Hrsg.), Personengesellschaft und Bilanzierung, Düsseldorf 1990, S. 129; *Schulze-Osterloh,* Der Ausweis von Aufwendungen nach dem Realisations- und dem Imparitätsprinzip, in: Moxter (Hrsg.), Rechnungslegung, FS Forster, Düsseldorf 1992, S. 653; *Schulze-Osterloh,* Ausweis und Bewertung von Beteiligungen an Kapitalgesellschaften im Jahresabschluß des Gesellschafters, in: Forster (Hrsg.), Aktien- und Bilanzrecht, FS Kropff, Düsseldorf 1997, S. 608; *Siegel,* Metamorphosen des Realisationsprinzips?, in: Moxter (Hrsg.), Rechnungslegung, FS Forster, Düsseldorf 1992, S. 585; *Siegler,* Die Bilanzierung von Webdateien, Düsseldorf 2001; *Sieker,* Eigenkapital und Fremdkapital der Personengesellschaft, Köln 1991; *Simon/Cors/Troll,* Handbuch der Grundstückswertermittlung, 5. Aufl., München 2003; *Sommerhoff,* Die handelsrechtliche Berichterstattung über das selbsterstellte immaterielle Anlagevermögen im Vergleich zu internationalen Rechnungslegungsnormen, Düsseldorf 2010; *Suermann,* Bilanzierung von Software, Saarbrücken 2007; *Tacke,* Leasing, 3. Aufl., Stuttgart 1999; *Tafelmeier,* Markenbilanzierung und Markenbewertung, Frankfurt 2009; *Teichmann,* Die Bilanzierung von Beteiligungen im handelsrechtlichen Jahresabschluss, Aachen 1993; *Theile,* Bilanzrechtsmodernisierungsgesetz, 2. Aufl., Herne 2009; *Thiele,* Das Eigenkapital im handelsrechtlichen Jahresabschluss, Düsseldorf 1998; *Tiedchen,* Der Vermögensgegenstand im Handelsbilanzrecht, Köln 1991; *Vellguth,* Grundsätze ordnungsmäßiger Bilanzierung für schwebende Geschäfte, Leipzig 1938; *Vogels,* Grundstücks- und Gebäudebewertung, 5. Aufl., Wiesbaden/Berlin 1995; *Wanieck,* Umweltrecht – Grenze und Vorgabe für Rückstellungen, in: Baetge (Hrsg.), Umweltrisiken im Jahresabschluß, Düsseldorf 1994, S. 25; *Windmöller,* Fragen zur Berücksichtigung der Zinsen in der Bankbilanzierung, in: Ballwieser (Hrsg.), Bilanzrecht und Kapitalmarkt, FS Moxter, Düsseldorf 1994, S. 883; *Win-*

keljohann/Fuhrmann, Handbuch Umwandlungssteuerrecht, 1. Auflage 2007, IDW-Verlag; *Winkeljohann/Schindhelm (Hrsg.)*, Das KapCoRiLiG, Herne/Berlin 2000; *Woerner*, Passivierung schwebender Dauerschuldverhältnisse in der Bilanz des Unternehmers, in: Steuerberater-Jahrbuch 1984/85, Köln 1985, S. 177; *Woerner*, Der schwebende Vertrag im Gefüge der Grundsätze ordnungsmäßiger Bilanzierung – Vollständigkeitsgebot, Vorsichtsprinzip, Realisationsprinzip, *in:* Mellwig (Hrsg.), Handelsbilanz und Steuerbilanz, Wiesbaden 1989, S. 33; *Woerner*, Zeitpunkt der Passivierung von Schulden und Verbindlichkeitsrückstellungen – Problematik der „wirtschaftlichen Verursachung", in: Ballwieser (Hrsg.), Bilanzrecht und Kapitalmarkt, FS Moxter, Düsseldorf 1994, S. 483; *Wohlgemuth*, Die Planherstellkosten als Bewertungsmaßstab der Halb- und Fertigfabrikate, Berlin 1969; *Wolfsteiner*, Gründungsaufwand beim Formwechsel, in: Westermann/Mock (Hrsg.), Festschrift für Gerold Bezzenberger zum 70. Geburtstag am 13. März 2000: Rechtsanwalt und Notar im Wirtschaftsleben, FS Bezzenberger, Berlin 2000, S. 467; *Zielke*, Internationale Aspekte der Bilanzierung derivater Geschäfte im Jahresabschluß von Industrieunternehmen, in: Ballwieser (Hrsg.), Bilanzrecht und Kapitalmarkt, FS Moxter, Düsseldorf 1994, S. 507.

2. Verzeichnis der Beiträge in Zeitschriften

AK „Bilanzrecht der Hochschullehrer Rechtswissenschaft", Zur Maßgeblichkeit der Handelsbilanz für die steuerliche Gewinnermittlung gem. § 5 Abs. 1 EStG i. d. F. durch das BilMoG, DB 2009, S. 2570; *AK „Bilanzrecht der Hochschullehrer Rechtswissenschaft"*, Stellungnahme zu dem Entwurf eines BilMoG: Einzelfragen zum materiellen Bilanzrecht, BB 2008, S. 209; *AK „Immaterielle Vermögenswerte" der* Schmalenbach-Gesellschaft – Deutsche Gesellschaft für Betriebswirtschaft e.V., Kategorisierung und bilanzielle Erfassung immaterieller Werte, DB 2001, S. 989; *AK „Immaterielle Werte im Rechnungswesen" der Schmalenbach-Gesellschaft"*, Leitlinien zur Bilanzierung selbstgeschaffener immaterieller Vermögensgegenstände des Anlagevermögens nach dem Regierungsentwurf des BilMoG, DB 2008, S. 1813*AK „Immaterielle Werte im Rechnungswesen"* der Schmalenbach-Gesellschaft, Freiwillige externe Berichterstattung über immaterielle Werte, DB 2003, S. 1233; *AK „Steuern und Revision" im BWA*, Gesetzeskonforme Definition des Rechnungsabgrenzungspostens – Eine Analyse vor dem Hintergrund des true and fair view, DStR 1999, S. 2135; *Andresen*, Ansatz von Steuerrückstellungen bei Verrechnungspreisrisiken aus Geschäftsbeziehungen mit dem beherrschenden Gesellschafter, WPg 2003, S. 593; *Angermeyer*, Handelsrechtliche Anschaffungskosten von Sacheinlagen, DB 1998, S. 145; *Anzinger/Schleiter*, Die Ausübung steuerlicher Wahlrechte nach dem BilMoG – eine Rückbesinnung auf den Maßgeblichkeitsgrundsatz, DStR 2010, S. 395; *Ausschuss für Bilanzierung im BdB*, Bilanzielle Erfassung und Offenlegung von Kreditderivaten, WPg 2000, S. 677; *Babel*, Zur Bewertbarkeit von aktiven Rechnungsabgrenzungsposten, ZfbF 1998, S. 778; *Babon*, Aktivierung von Lizenzrechten bei Einführung neuer Software-Systeme, StBp. 2001, S. 68; *Bachem*, Berücksichtigung negativer Geschäftswerte in Handels-, Steuer- und Ergänzungsbilanz, BB 1993, S. 967; *Bachem*, Bewertung von Rückstellungen für Buchführungsarbeiten, BB 1993, S. 2337; *Bachem*, Bilanzielle Herstellungskosten des Kuppelproduktvermögens, BB 1997, S. 1037; *Bachem*, Der „negative Geschäftswert" – eine Schimäre als Steuersparmodell?, BB 1993, S. 1976; *Bachem*, Eigenkapitalersatz durch Stehenlassen von Darlehen und nachträgliche Anschaffungskosten auf die Beteiligung, DStZ 1992, S. 712; *Bachem*, Zur Diskussion um den negativen Geschäftswert, BB 1995, S. 350; *Bäcker*, Die Möglichkeit der Bildung von Festwerten nach neuem Bilanzrecht, DStZ 1989, S. 400; *Bäcker*, Rückstellungen für die Altlastensanierung, BB 1995, S. 503; *Bähr/Weigell*, Auswirkungen der vorzeitigen Kündigung eines Leasingvertrags im Jahresabschluß, DB 1989, S. 1633; *Baetge,* Die neuen Ansatz- und Bewertungsvorschriften, WPg 1987, S. 126; *Bäuerle,* Körperliche Bestandsaufnahme bei der Einlagerungsinventur, BB 1986, S. 846; *Bardy,* Bilanzierung von Zuwendungen für Umweltschutzmaßnahmen, DB 1994, S. 1989; *Bartels,* Bilanzielle Berücksichtigung von Altlastenfällen, WPg 1992, S. 74; *Bartels,* Öffentlich-rechtliche Umweltschutzverpflichtungen, BB 1991, S. 2044; *Bartels,* Rückstellungen für öffentlich-rechtliche Umweltschutzverpflichtungen bei Altlastenfällen, BB 1992, S. 1095; *Barth/Kneisel,* Entgeltlich erworbene Warenzeichen in der Handels- und Steuerbilanz, WPg 1997, S. 473; *Batzer/Lickteig,* Steuerliche Behandlung von Factoring, StBp. 2000, S. 137 ff.; *Baum/Humpert,* Zur finanziellen Ausstattung einer durch Ausgliederung entstehenden reinen Rentnergesellschaft, BB 2009, S. 950; *Baxmann,* Zur Modifikation des Beibehaltungsrechts im Fall von Zerobonds – Erwiderung zur Stellungnahme von *Siegel,* WPg 1990, S. 452; *Beck* u.a., Aktuelle Fragen der Rückstellungsbilanzierung, DB 1994, S. 2557; *Becker/Lickteig,* Steuerrechtliche Einordnung von Asset Backed Securities, StBp. 2000, S. 321; *Beckmann,* Bilanzierung und Besteuerung von Zerobonds und Zerofloatern, BB 1991, S. 938; *Beier/Grimme,* Pauschalrückstellungen wegen Produkthaftung, BB 1995, S. 1686; *Beiser,* Der Ausgleichsanspruch des Handelsvertreters in der Handels- und Steuerbilanz, DB 2002, S. 2176; *Beiser,* Die Abzinsung von Verbindlichkeiten und Rückstellungen im Licht des Leistungsfähigkeitsprinzips, DB 2001, S. 296; *Beiser,* Sind verlorene Skonti Anschaffungskosten oder Finanzierungsaufwand?, DStR 1991, S. 174; *Beisse,* Rechtsfragen der Gewinnung von GoB, BFuP 1990, S. 499; *Benecke,* Existenzvernichtender Eingriff statt qualifiziert faktischer Konzern: Die neue Rechtsprechung des BGH zur Haftung von GmbH-Gesellschaftern, BB 2003, S. 1190; *Berger,* Auswirkungen einer Abkehr von der Going Concern-Prämisse auf den handelsrechtlichen Jahresabschluss, StuB 2005, S. 381; *Bertram/Johannleweling/Roß/Weiser,* Handelsrechtliche Bilanzierung von Altersversorgungsverpflichtungen nach IDW RS HFA 30, WPg 2011, S. 57; *BFA,* Über die 111. bis 118. Sitzung des BFA, FN-IDW 1986 S. 447; *Biagosch,* US-Lease-in/Lease-out Transaktionen – Alternative Finanzierungsform für die Öffentliche Hand, DB 1998,Beilage 6, S. 7; *Bieg,* Bilanzierung und Bewertung von Financial Futures (Teil 1), StB 2003, S. 92; *Bieg,* Bilanzierung und Bewertung von Financial Futures (Teil 2), StB 2003, S. 126; *Bieg,* Bilanzierung und Bewertung von Financial Swaps (Teil 1), StB 2003, S. 209; *Bieg,* Bilanzierung und Bewertung von Financial Swaps (Teil 2), StB 2003, S. 259; *Bieg,* Bilanzierung und Bewertung von Optionen und Zinsbegrenzungsvereinbarungen (Teil 1), StB 2003, S. 288; *Bieg,* Bilanzierung und Bewertung von Optionen und Zinsbegrenzungsvereinbarungen (Teil 2), StB 2003, S. 324; *Bieg,* Bilanzierung und Bewertung von Optionen und Zinsbegrenzungsvereinbarungen (Teil 3), StB 2003, S. 377; *Bilsdorfer,* Zur Aufteilung von Anschaffungskosten als Steuerhinterziehung, DB 1986, S. 923; *Bink,* Bilanzierung bei der Forfaitierung von Leasingforderungen, DB 1987, S. 1106; *Bink,* Bilanzierung bei der Forfaitierung von Leasing-Restwertansprüchen, DB 1994, S. 1304; *Bink,* Gewerbesteuerliche Aspekte der Forfaitierung künftiger Forderungen, StBp. 1994, S. 193; *Bischof,* Erfassung der ausschüttungsbedingten Änderung des Körperschaftsteueraufwands nach Handelsrecht und nach International Accounting Standards im Licht der §§ 37 und 38 KStG, DB 2002, S. 1565; *Bitter/Grashoff,* Anwendungsprobleme des Kapitalgesellschaften- und Co-Richtlinie-Gesetzes, DB 2000, S. 833; *Blauberger,* Die sachgerechte Auflösung des passiven Rechnungsabgrenzungspostens aus der Forfaitierung von Leasingforderungen, DStR 1994, S. 148; *Blumers,* Neue handels- und steuerrechtliche Bilanzierungsfristen und die Risiken der neuen Rechtslage, DB 1986, S. 2033; *Böckem/von Heynitz,* Aktuelle Praxisfälle zu Restrukturierungsrückstellungen in der Handelsbilanz, BC 2010, S. 398; *Böcking,* Der Grundsatz der Nettobilanzierung von Zero-Bonds, ZfbF 1986, S. 930; *Böcking,* Der Grundsatz umsatzbezogener Gewinnrealisierung beim Finanzierungsleasing, ZfbF 1989, S. 491; *Böcking/Torabian*, Zeitwertbilanzierung von Finanzinstrumenten des Handelsbestands nach dem Entwurf eines BilMoG, BB 2008, S. 265; *Böhlmann/Keller*, Sofortabschreibung geringwertiger Wirtschaftsgüter nach der Unternehmensteuerreform 2008, BB 2007, S. 2732; *Bordewin*, Bilanz und Gewinn- und Verlustrechnung nach neuem Recht, DStZ 1986, S. 79; *Bordewin*, Keine Rückstellung für Beteiligung des Leasingnehmers am Verwertungserlös – Rückkehr zu ehernen Prinzipien des Bilanzrechts (Teil I), DB 1988, S. 413; *Bordewin*, Keine Rückstellung für Beteiligung des Leasingnehmers am Verwertungserlös – Rückkehr zu ehernen Prinzipien des Bilanzrechts (Teil II), DB 1988, S. 1241; *Bordewin*, Rückstellungen für Grubenversatz und Schachtversatz, BB 1979, S. 156; *Bordewin*, Umweltschutzbedingte Aufwendungen in der Bilanz, DB 1994, S. 1685; *Bormann*, Software-Bilanzierung beim Hersteller, WPg 1991, S. 8; *Breker/Kuhn*, Änderung von Jahres- und Konzernabschlüssen – Eine Darstellung der Neuerungen aus der Überarbeitung von IDW RS HFA 6, WPg 2007, S. 770; *Brete/Thomsen*, Nichtigkeit und Heilung von Jahresabschlüssen der GmbH, GmbHR 2008, S. 176; *Brezing*, Nochmals: Zur Rückstellung für schwebende Ausbildungsverträge, DB 1980, S. 896; *Briese*, Zur Frage der Passivierung von Sozialplanverpflichtungen (Teil 1), DB 1977, S. 313; *Briese*, Zur Frage der Passivierung von Sozialplanverpflichtungen (Teil 2), DB 1977, S. 365; *Briese/Suermann*, Sonderposten mit Rücklagenanteil und steuerliche Abschreibungen im Jahresabschluss nach BilMoG, DB 2010, S. 121; *Bruckmeier/Zwirner/Busch*, Abschreibungen auf Anteile an Kapitalgesellschaften – Auswirkungen der Neuregelungen durch das BilMoG und steuerliche Implikationen, DStR 2010, S. 237; *Bruse u.a.*, Stichprobeninventur, StBp. 1988, S. 101; *Bruse/Riedlinger*, Ansätze zur Vereinfachung der Werkstattinventur, DB 1987, S. 2001; *Buchner*, Zur Bestimmung der Höhe des Festwerts bei Gegenständen des abnutzbaren Sachanlagevermögens, BB 1995, S. 816; *Buchner/Adam/Bruns*, Zur Bedeutung des Anschaffungswertprinzips für die Ermittlung der aktienrechtlichen Herstellungskosten, ZfB 1974, S. 71; *Büchele*, Bilanzierung von Verpflichtungen aus Altersteilzeitregelungen nach IAS und HGB, BB 1999, S. 1483; *Büchele*, Die Bilanzierung von Verpflichtungen aus Altersteilzeitverhältnissen in der Handelsbilanz, BB 1998, S. 1731; *Büttner/Wenzel*, Die Bewertung von Wirtschaftsgütern mit einem Festwert, DB 1992, S. 1893; *Bundessteuerberaterkammer*, Empfehlungen der Bundessteuerberaterkammer zur Gliederung des Jahresabschlusses von Kaufleuten, die ihr Unternehmen nicht in der Rechtsform einer Kapitalgesellschaft betreiben und die auch nicht unter die Vorschriften des Publizitätsgesetzes fallen, StB 1988, S. 46; *Bundessteuerberaterkammer*, Empfehlungen der Bundessteuerberaterkammer zum Ausweis des Eigenkapitals in der Handelsbilanz der Personenhandelsgesellschaften, StB 1989, S. 364; *Bunkel*, Zur Problematik der Lagerinventur mittels Stichprobeninventur: die unveränderte Zulässigkeit der Stichprobeninventur nach § 241 Abs. 1 HGB, BB 1987, S. 29; *Cattelaens*, Gesetz zur Fortsetzung der Unternehmenssteuerreform: Änderungen des EStG, DB 1997, S. 2294; *Cattelaens*, Steuerentlastungsgesetz 1999/2000/2002: Teilwertabschreibung und Wertaufholung, DB 1999, S. 1185; *Cebul/Leibfried*, Bildung von Rückstellungen für Umstellungskosten auf IAS/IFRS, BuW 2003, S. 313; *Charlier*, BFH-Rechtsprechung zum Bilanzsteuerrecht im 3. Und 4. Vierteljahr 1988, NWB, F. 17a, S. 1451; *Christiansen*, Das Erfordernis der wirtschaftlichen Verursachung ungewisser Verbindlichkeiten vor dem Hintergrund des Rechtsprechung des Bundesfinanzhofs – Versuch einer kritischen Analyse, BFuP 1994, S. 25; *Christiansen*, Ergänzender Versuch zur „Entziehbarkeit" von Missverständnissen – insbesondere zur Reichweite des Prinzips der Unternehmensfortführung, DStR 2002, S. 1637; *Christiansen*, Passivierung öffentlich-rechtlich normierter Verbindlichkeiten, DStR 2008, S. 735; *Christiansen*, Rückstellung für Patentverletzungen, StBp.1989, S. 12; *Christiansen*, Zum Grundsatz der Einzelbewertung – insbesondere zur Bildung so genannter Bewertungseinheiten, DStR 2003, S. 264; *Christiansen*, Zur Passivierung von Verbindlichkeiten: (Nicht-) Passivierung im Rahmen schwebender Geschäfte, DStR 2007. S. 869; *Claussen*, Das neue Rechnungslegungsrecht der Kreditinstitute, DB 1991, S. 1129; *Claussen*, Die Rückstellungsbildung aus wirtschaftlichen Gründen, ZGR 1992, S. 254; *Conradi*, Beinhaltet der steuerliche Herstellungskostenbegriff die Aktivierungspflicht von Fixkosten?, BB 1979, S. 978; *Cramer*, Erdienbarkeit von Pensionszusagen, BB 1994, S. 1461; *Cramer*, Ernsthaftigkeit von Pensionszusagen, BB 1995, S. 919; *Cramer*, Steuerliche Anerkennung von Pensionszusagen an Gesellschafter-Geschäftsführer am Tage des Dienstantritts, DStR 1998, S. 1657; *Crezelius*, „Aktienrechtliches Eigentum", DB 1983, S. 2019; *Crezelius*, Bestimmte Zeit und passive Rechnungsabgrenzung, DB 1998, S. 633; *Crezelius*, Zur Bildung von Rückstellungen für Umweltschutzmaßnahmen, DB 1992, S. 1353; *Dewitz-Krebs*, Die steuerliche Zurechnung des Leasingobjektes beim Immobilienleasing – Erwiderung auf *Toth*, BB 1994 S. 263, BB 1994, S. 552; *Diederich*, Teilwertabschreibung, Wertaufholung und Lifo-Verfahren – Grundsätzliche Anmerkungen und Replik zu *Hötzel–Pelzer*, DStR 1998, S. 1866, DStR 1999, S. 583; *Diem*, Besicherung von Gesellschaftsverbindlichkeiten als existenzvernichtender Eingriff des Gesellschafters, ZIP 2003, S. 1283; *Dinnies v. d. Osten*, Verdeckte Gewinnausschüttung an Inländer durch Kapitalerhöhung aus Gesellschaftsmitteln bei ausländischen Beteiligungsgesellschaften, GmbHR 1994, S. 307; *Dißars*, Schadstoffemissionsrechte in der Rechnungslegung nach HGB, Inf. 2005, S. 478; *Döllerer*, Ansatz und Bewertung von Rückstellungen in der neueren Rechtsprechung des Bundesfinanzhofs, DStR 1987, S. 67; *Döllerer*, Die Bilanzen der Personenhandelsgesellschaft und ihrer Gesellschafter – Chaos oder System?, DStZ 1980, S. 259; *Döllerer*, Die Rechtsprechung des Bundesfinanzhofs zum Steuerrecht der Unternehmen, ZGR 1983, S. 407; *Döllerer*, Grundsätze ordnungswidriger Bilanzierung, BB 1982, S. 777; *Döllerer*, Wahlrecht bei Aufstellung der Bilanz, BB 1969, S. 1445; *Döring/Heger*, Der Wegfall der umgekehrten Maßgeblichkeit nach BilMoG mit besonderem Blick auf die Bilanzierung von Pensionsverpflichtungen in Handels- und Steuerbilanz, DStR 2009, S.2064; *Dörner*, Aus der fachlichen und beruflichen Arbeit des IDW, WPg 1995, S. 113; *Dötsch/Buyer*, Die Grenzen der körperschaftsteuerlichen Anerkennung, DB 1991, S. 10; *Dombeck*, Die Bilanzierung von strukturierten Produkten nach deutschem Recht und nach den Vorschriften des IASB, WPg 2002, S. 1064; *Doralt*, Sind Rückstellungen steuerpolitisch gerechtfertigt?, DB 1998, S. 1357; *Driesch/von Oertzen*, Anwendungsfragen bei der Bilanzierung von Bewertungseinheiten nach § 254 HGB, IRZ 2010, S. 345; *Durchlaub*, Rückstellungen für Gewährleistung- und Ersatzansprüche, BB 1979, S. 825; *Eckert*, Abfindungen und Arbeitslosengeld: Auswirkungen der neuen Regelungen für Arbeitnehmer und Arbeitgeber, DStR 1999, S. 721; *Eckmann/Peters*, Durchführung der Stickprobeninventur, DB 1996, S. 488; *Eckmann/Peters*, Stickprobeninventur mit dem PC, DB 1990, S. 1832; *Eckstein/Fuhrmann*, Steuerliche Nichtanerkennung von Drohverlustrückstellungen – Abgrenzung zu anderen Rückstellungen, DB 1998, S. 529; *Eilenberger*, Finanzinnovationen im Jahresabschluß?, BFuP 1995, S. 125; *Eilers/Geisler*, Bundes-Bodenschutzgesetz: Bilanz- und steuerrechtliche Erfassung von Umweltschutzmaßnahmen, BB 1998, S. 2411; *Eisele/Knobloch*, Offene Probleme bei der Bilanzierung von Finanzinnovationen, DStR 1993, S. 577; *Eisele/Knobloch*, Zur Maßgeblichkeit der Handels- für die Steuerbilanz bei der Übertragung einer Reinvestitionsrücklage zwischen einer Personengesellschaft und der an ihr beteiligten Kapitalgesellschaft, DB 2005, S. 1349; *Eisolt*, Behandlung von Baukostenzuschüssen bei Versorgungsunternehmen, BB 2004, S. 1079; *Ekkenga*, Gibt es „wirtschaftliches Eigenturm" im Handelsbilanzrecht?, ZGR 1997, S. 262; *Emmerich*, Anmerkungen zu der Vulkan-Doktrin, AG 2004, S. 423; *Emmerich*, Zur Zulässigkeit der Bildung von Rückstellungen für Bergschäden, Gruben- und

Schachtversatz, DB 1978, S. 2133; *Engel-Ciric*, Bilanzierung des Geschäfts- oder Firmenwerts nach BilMoG, BRZ 2009, S. 445; *Erhard*, Teilwertermittlung bei unfertigen und fertigen Erzeugnissen, StBp. 1975, S. 28; *Erle*, Unterzeichnung und Datierung des Jahresabschlusses bei Kapitalgesellschaften, WPg 1987, S. 637; *Ernsting*, Bilanzierung eines negativen Kaufpreises im Rahmen eines Unternehmenserwerbs, GmbHR 2007, S. 135; *Ernsting*, Die Bilanzierung eines negativen Geschäfts- oder Firmenwerts nach Handels- und Steuerrecht, WPg 1998, S. 405; *Esser/Gebhardt*, Die Berücksichtigung von Fremdkapitalzinsen in den handelsrechtlichen Herstellungskosten, WPg 2007, S. 639; *Euler/Binger*, Rückstellungen für Altersteilzeit – Erfüllungsrückstand versus Verpflichtungsüberhang? – zu einem BFH-Urteil vom 30.11.2005, DStR 2007, S. 177; *Ewelt-Knauer/Knauer*, Variable Kaufpreisklauseln bei (Teil-)Unternehmenserwerben, DStR 2011, S. 1918; *Faatz/Seiffe*, Die Altlastenschätzung als Instrument bei der Bilanzierung kontaminierter Grundstücke, BB 1993, S. 2485; *FAIT*, 24. Sitzung des FAIT, FN-IDW 2001, S. 449; *Fatouros*, Rückstellungen für ungewisse Verbindlichkeiten – Beginn einer Kehrtwende in der Rechtsprechung?, DB 2005, S. 117; *Federmann*, Der Einfluß der Erhöhung der degressiven AfA durch das 2. HStruktG auf die Höhe der Festwerte für abnutzbares Anlagevermögen, DB 1983, S. 293; *Feld*, Die Bilanzierung von Pensionsrückstellungen nach HGB und IAS – Überblick über die wesentlichen Regelungen und Unterschiede unter Berücksichtigung von Abweichungen zwischen IAS und US-GAAP (Teil 1), WPg 2003, S. 573; *Feld*, Die Bilanzierung von Pensionsrückstellungen nach HGB und IAS – Überblick über die wesentlichen Regelungen und Unterschiede unter Berücksichtigung von Abweichungen zwischen IAS und US-GAAP (Teil 2), WPg 2003, S. 638; *Felix*, Eine Lehrlingsplatzsteuer des Bundesfinanzhofs?, BB 1993, S. 892; *Fey*, Probleme bei der Rechnungslegung von Haftungsverhältnissen – Off-balance-sheet-risks im handelsrechtlichen Jahresabschluss und in anderen Rechenschaftsberichten, WPg 1992, S. 1; *Fey*, Rechnungslegungs- und Prüfungspflichten Europäischer Wirtschaftlicher Interessenvereinigungen, DB 1992, S. 233; *Fey/Mujkanovic*, Außerplanmäßige Abschreibung auf das Finanzanlagevermögen, WPg 2003, S. 212; *Fey/Ries/Lewe*, Ansatzstetigkeit nach BilMoG für Pensionsverpflichtungen i.S.d. Art. 28 EGHGB, BB 2010, S. 1011; *Fischer/ Vielmeyer*, Bilanzierung der Aufwendungen für die Erstellung von Internetauftritten nach US-GAAP, IAS und HGB, BB 2001, S. 1294; *Flies*, Auftragsbestand und Firmenwert, DB 1996, S. 846; *Flume*, Die Rechtsfigur des Finanzierungsleasing, DB 1991, S. 265; *Förschle/Deubert*, Entsprechende Anwendung allgemeiner Vorschriften über den Jahresabschluß in der Liquidations- Eröffnungsbilanz, DStR 1996, S. 1743; *Förschle/Kropp*, Mindestinhalt der Gewinn- und Verlustrechnung für Einzelkaufleute und personenhandelsgesellschaften (Teil I), DB 1989, S. 1037; *Förschle/Naumann*, Bilanzielle Behandlung der Altersteilzeit nach deutschem Handelsrecht und nach den International Accounting Standards, DB 1999, S. 157; *Förschle/Scheffels*, Die Bilanzierung von Umweltschutzmaßnahmen aus bilanztheoretischer Sicht, DB 1993, S. 1197; *Förschle/Scheffels*, Die Bilanzierung von Zuschüssen, insbesondere für Werkzeugkosten, DB 1993, S. 2393; *Förster*, Ausgliederung von Pensionsverpflichtungen auf eine Pensionsgesellschaft, BetrAV 2001, S. 133 ; *Förster/Heger*, Altersteilzeit und betriebliche Altersversorgung, DB 1998, S. 141; *Franke/Menichetti*, Die Bilanzierung von Terminkontrakten und Optionen bei Einsatz im Risikomanagement, DBW 1994, S. 193; *Franken/Schulte*, Auswirkungen des IDW RS HFA 10 auf andere Bewertungsanlässe, BB 2003, S. 2675; *Freidank*, Der Ausweis des Eigenkapitals bei Personengesellschaften in der handelsrechtlichen Jahresabschlußrechnung, WPg 1994, S. 397; *Freidank*, Die Abweichungsverrechnung im Falle der Ableitung von aktien- und steuerrechtlichen Herstellungskosten aus Plankostensystemen (I), DB 1983, S. 1375; *Freidank*, Die Abweichungsverrechnung im Falle der Ableitung von aktien- und steuerrechtlichen Herstellungskosten aus Plankostensystemen (II), DB 1983, S. 1454; *Freidank/Velte*, Wahlrechte im Rahmen der handels- und steuerrechtlichen Herstellungskosten, StuW 2010, S. 356; *Friedrich/Weigel*, Übertragung von Pensionsverpflichtungen auf einen Pensionsfonds, DB 2003, S. 2564; *Frietsch*, Das Gesetz über die Haftung für fehlerhafte Produkte und seine Konsequenzen für den Hersteller, DB 1990, S. 29; *Frizlen/Möhre*, Aktivierung eigenentwickelter Programme in den Bilanzen der Softwarehersteller nach HGB und US-GAAP, KoR 2001, S. 233; *Fromm*, Zur Bewertung von Warenvorräten in Handelsunternehmen, BB 1996, S. 2453; *Früh/Klar*, Joint Ventures – Bilanzielle Behandlung und Berichterstattung, WPg 1993, S. 493; *Führich*, Theorie und Praxis der Rückstellungsbildung für die Entsorgung von Kernbrennelementen nach deutschem Bilanzrecht (Teil I), WPg 2006, S. 1271; *Führich*, Theorie und Praxis der Rückstellungsbildung für die Entsorgung von Kernbrennelementen nach deutschem Bilanzrecht (Teil II), WPg 2006, S. 1349; *Fülbier/Gassen*, Das Bilanzrechtsmodernisierungsgesetz (BilMoG): Handelsrechtliche GoB vor der Neuinterpretation, DB 2007, S. 2605; *Fugger*, Abschreibungsermittlung für Wirtschaftsgebäude in der Steuer- und Handelsbilanz, DB 1987, S. 2473; *Funk/Müller*, Produzenten- und Produkthaftungsrückstellungen nach HGB und IFRS, BB 2010, S. 2163; *Gabele/Kroll*, Grundlagen des Immobilien-Leasing, DB 1991, S. 241; *Gans/Quick*, Inventurvereinfachungen: Die Stichprobeninventur, insbesondere das Sequentialtestverfahren, DStR 1995, S. 1162; *Gans/Quick*, Inventurvereinfachungen: Vor- oder nachverlegte Inventur, permanente Inventur, DStR 1995, S. 306; *Gaul*, Aufhebungs- und Abwicklungsvertrag: Aktuelle Entwicklungen im Arbeits- und Sozialversicherungsrecht, BB 2003, S. 2457; *Gehrlein*, Haftung wegen existenzvernichtenden Eingriffs im Einzelfall, BB 2005, S. 613; *Gelhausen/Althoff*, Die Bilanzierung ausschüttungs- und abführungsgesperrter Beträge im handelsrechtlichen Jahresabschluss nach dem BilMoG (Teil I), WPg 2009, S. 584; *Gelhausen/Althoff*, Die Bilanzierung ausschüttungs- und abführungsgesperrter Beträge im handelsrechtlichen Jahresabschluss nach dem BilMoG (Teil II), WPg 2009, S.629; *Gelhausen/Fey*, Maßgeblichkeit der Staatsfinanzen für das Bilanzrecht?, BB 1994, S. 603; *Gelhausen/Fey*, Rückstellungen für ungewisse Verbindlichkeiten und Zukunftsbezogenheit von Aufwendungen, DB 1993, S. 593; *Gelhausen/Fey/Kirsch*, Übergang auf die Rechnungslegungsvorschriften des Bilanzrechtsmodernisierungsgesetzes, WPg 2010, S. 24; *Gerpott/Thomas*, Die Bilanzierung von Marken nach HGB, DRS, IFRS und US-GAAP, DB 2004, S. 2485; *Glaser/Hachmeister*, Pflicht oder Wahlrecht zur Bildung bilanzieller Bewertungseinheiten nach dem BilMoG, BB 2011, S: 555; *Göbel*, Stichprobeninventur mit homogradem Sequentialtest, WPg 1992, S. 677; *Goldschmidt/Weigel*, Die Bewertung von Finanzinstrumenten bei Kreditinstituten in illiquiden Märkten nach IAS 39 und HGB, WPg 2009, S. 192; *Gosch*, Die Finanzierbarkeit der Pensionszusage im Widerstreit von BMF und BFH – Bemerkungen zu den BFH-Urteilen vom 29. 11. 2000, I R 70/99 und 20. 12. 2000, I R 15/00, DStR 2001, S. 882; *Gosch*, Neue Entwicklungen in der Rechtsprechung des BFH, WPg 1994, S. 73; *Göttgens/Prahl*, Bilanzierung und Prüfung von Financial Futures und Forward Rate Agreements, WPg 1993, S. 503; *Grabner/Bode*, Betriebliche Altersversorgung aus Entgeltumwandlung, DB 2001, S. 481; *Graumann*, Aktivierung von Herstellungskosten: Die neue IDW-Stellungnahme RS HFA 31, BBK 2011, S. 121 ff.; *Grewe*, Grundfragen der Bilanzierung beim Leasinggeber: zur Stellungnahme HFA 1/1989, WPg 1990, S. 161; *Groh*, Altlastenrückstellungen: Trügerische Hoffnungen?, DB 1993, S. 1833; *Groh*, Bauten auf fremdem Grundstück: BGH versus BFH?, BB 1996, S. 1487; *Groh*, Die BFH-Rechtsprechung zur Aktivierungspflicht von beim Erwerb von Nutzungsrechten anfallenden Nebenkosten, DB 1997, S. 1683; *Groh*, Fragen zum Abzinsungsgebot, DB 2007, S. 2275; *Groh*, Nutzungseinlage, Nutzungsentnahme und Nutzungsausschüttung (Teil 2), DB 1988, S. 2417; *Groh*, Nutzungseinlage, Nutzungsentnahme und Nutzungsausschüttung (Teil 1), DB 1988, S. 514; *Groh*,

Steuerentlastungsgesetz 1999/2000/2002: Imparitätsprinzip und Teilwertabschreibung, DB 1999, S. 978; *Groh*, Unverzinsliche Darlehen in der Handels- und Steuerbilanz, StuW 1991, S. 297; *Groh*, Wertabschläge im Warenlager, DB 1985, S. 1245; *Groh*, Zur Bilanzierung des Skontos, BB 1991, S. 2334; *Groove*, Gewinnrealisierung bei Leasinggesellschaften mit Mobilienleasing, DB 1984, S. 889; *Groß*, Die Wahrung, Einschätzung und Beurteilung des „Going- Concern" in den Pflichten- und Verantwortungsrahmen von Unternehmensführung und Abschlussprüfung (Teil 1), WPg 2004, S. 1357; *Groß*, Die Wahrung, Einschätzung und Beurteilung des „Going- Concern" in den Pflichten- und Verantwortungsrahmen von Unternehmensführung und Abschlussprüfung (Teil 2), WPg 2004, S. 1433; *Groß/Georgius/Matheis*, Aktuelles zur bilanziellen Behandlung von ERP-Systemen – Die Gretchenfrage nach Anschaffung oder Herstellung, DStR 2006, S. 339; *Grützner*, Die Herstellkosten bei Gebäuden, BBK, F. 12, S. 6289; *Grützner*, StEntlG: Wegfall der Möglichkeit der Bilanzänderung, StuB 1999, S. 526; *Gschwendtner*, Rückstellungen für Altlasten – Zum BFH-Urteil vom 19. Oktober 1993 VIII R 19/92, DStZ 1994, S. 257; *Häuselmann*, Bewertungsalternativen für Wertpapiere in Folge der Finanzmarktkrise?, BB 2008, S. 2617; *Häuselmann*, Bilanzierung und Besteuerung von Zinsbegrenzungsverträgen, BB 1990, S. 2149; *Häuselmann*, Repo-Geschäfte in der Steuerbilanz, BB 2000, S. 1287; *Häuselmann/Wagner*, Pensions- und Wertpapierleihgeschäfte unter dem Halbeinkünfteverfahren, FR 2003, S. 331; *Häuselmann/Wiesenbart*, Die Bilanzierung und Besteuerung von Wertpapier-Leihgeschäften, DB 1990, S. 2129; *Hahn*, Zur Abzinsung von Rückstellungen für Sachleistungsverbindlichkeiten, DStZ 1994, S. 321 und 353; *Hahne/Sievert*, Abgrenzung von Drohverlustrückstellungen und Rückstellungen für ungewisse Verbindlichkeiten – Zugleich Anmerkungen zum BFH-Urteil vom 18.12.2002, DStR 2003, S. 1992; *Haje*, Quantifizierung von Sozialplanaufwendungen, DB 1980, S. 793; *Hamacher*, Steuerrechtliche Fragen der Geschäfte an der Deutschen Terminbörse, WM 1990, S. 1441; *Hampel*, Die Änderung des Altersteilzeitgesetzes durch Hartz III und IV, DB 2004, S. 706; *Hansmeyer*, Verpflichtungen aus der zusätzlichen Alters- und Hinterbliebenenversorgung für die Arbeitnehmer des öffentlichen Dienstes, WPg 1994, S. 690; *Haritz/Wagner*, Steuerneutralität bei nichtverhältniswahrender Abspaltung, DStR 1997, S. 181; *Harrmann*, Aufnahmetechniken bei der körperlichen Bestandsaufnahme von Vorräten, DB 1978, S. 2377; *Hartung*, Die Sozialplanrückstellung als Beispiel für die Bilanzierung und Bewertung eines Einzelrisikos, BB 1988, S. 1421; *Hartung*, Herstellungskosten bei Kuppelproduktion, BB 1997, S. 1627; *Hasenburg/Hausen*, Zur Umsetzung der HGB-Modernisierung durch das BilMoG: Bilanzierung von Altersversorgungsverpflichtungen (insbesondere aus Pensionszusagen) und vergleichbaren langfristig fälligen Verpflichtungen unter Einbeziehung der Verrechnung mit Planvermögen, DB 2009, Beilage 5, S. 38; *Hauber*, Aktivierung eines Teils der degressiven Mietzahlungen in der Bilanz des Leasingnehmers, BB 1983, S. 740; *Hauber/Kiesel*, Abzinsungsgebot nach § 6 Abs. 1 Nr. 3 EStG: Auswirkungen auf Verbindlichkeiten aus unverzinslichen Gesellschafterdarlehen, BB 2000, S. 1511; *Haun/Golücke*, ERP-Software: keine zwingende Aktivierungspflicht von Customizingkosten, BB 2004, S. 651; *Hayn/Ehsen*, Impairment Test im HGB: Beteiligungsbewertung gemäß IDW ERS HFA 10, FB 2003, S. 205; *Hebestreit*, Bau-Arbeitsgemeinschaften und HFA-Stellungnahme 1/1993, DStR 1994, S. 834; *Heger*, Altersteilzeit in der Steuerbilanz, BB 2007, S. 1043; *Heger*, Bilanzielle Behandlung des Schuldbeitritts in der betrieblichen Altersversorgung, BB 2006, S. 539; *Heibel*, Die Behandlung des Gebäudeabbruchs im Bilanzsteuerrecht, BB 1983, S. 540; *Heintzen*, Rückstellungen für die atomare Entsorgung auf der Grundlage des Steuerentlastungsgesetzes 1999/2000/2002, StuW 2001, S. 71; *Helios/Schlotter*, Steuerbilanzielle Behandlung von Finanzinstrumenten nach § 6 Abs. 1 Nr. 2b EStG i. d. F. des BilMoG, DStR 2009, S. 547; *Helke/Wiechens/Klaus*, Gegenüberstellung der Bewertungskonzeption von beizulegendem Wert und Fair Value im Sachanlagevermögen, DB 2009, Beilage 5, S. 30; *Henckel/Krenzer*, Zurechnung von Vermögensgegenständen anhand des wirtschaftlichen Eigentums gem. § 246 Abs. 1 HGB n. F. (BilMoG), StuB 2009, S. 492; *Henckel/Lüdke/Ludwig*, Behandlung von Forschungs- und Entwicklungskosten nach HGB und IFRS unter Berücksichtigung der durch das Bil-MoG geplanten Änderungen, DB 2008, S. 196; *Hennrichs*, BilMoG – Verhältnis zu IFRS und Gläubigerschutz, DB 2009, S. 127; *Hennrichs*, Fehlerhafte Bilanzen, Enforcement und Aktienrecht, ZHR 2004, S. 383; *Hennrichs,* Immaterielle Vermögensgegenstände nach dem Entwurf des Bilanzrechtsmodernisierungsgesetzes (BilMoG), DB 2008, S 537; *Hennrichs*, Prinzipien vs. Regeln – Quo vadis BilMoG?, DB 2008, S. 64; *Hennrichs,* Zur handelsrechtlichen Beurteilung von Bewertungseinheiten bei Auslandsbeteiligungen, WPg 2010, S. 1185; *Hense*, Rechtsfolgen nichtiger Jahresabschlüsse und Konsequenzen für Folgeabschlüsse, WPg 1993, S. 716; *Herfurth*, Ausbietungsgarantie = Kredit gemäß Paragraph 19 KWG und vermerkpflichtige Eventualverbindlichkeit, WPg 1977, S. 349; *Herrmann*, Veräußerung einer Beteiligung – Mitverkauf von Gewinn oder Ausschüttung an den Veräußerer, BB 1999, S. 2054; *Herrmann*, Zur Bilanzierung von Personenhandelsgesellschaften – Die Überarbeitung der HFA-Stellungnahme 1/1976, WPg 1994, S. 500; *Herzig*, Arbeitsverhältnisse, ZfB 1988, S. 219; *Herzig*, Konkurrenz von Rückstellungsbildung und Teilwertabschreibung bei Altlastenfällen, WPg 1991, S. 610; *Herzig*, Rückstellungen für ungewisse Verbindlichkeiten und Zukunftsbezogenheit von Aufwendungen, DB 1994, S. 1429; *Herzig*, Rückstellungen wegen öffentlich rechtlicher Verpflichtungen, insbesondere Umweltschutz, DB 1990, S. 1341; *Herzig*, Steuerliche Konsequenzen des Regierungsentwurfs zum BilMoG, DB 2008, S. 1339; *Herzig/Briesemeister*, Das Ende der Einheitsbilanz, DB 2009, S. 1; *Herzig/Briesemeister*, Reichweite und Folgen des Wahlrechtsvorbehalts § 5 Abs. 1 EStG, Stellungnahme zum BMF-Schreiben vom 12. 3. 2010, DB 2010, S. 917; *Herzig/Briesemeister*, Unterschiede zwischen Handels- und Steuerbilanz nach BilMoG – Unvermeidbare Abweichungen und Gestaltungsspielräume, WPg 2010, S. 63; *Herzig/Briesemeister/Joisten/Vossel*, Component approach im Handels- und Steuerbilanzrecht – Anmerkungen zu IDW RH HFA 1.016, WPg 2010, S. 561; *Herzig/Hötzel*, Rückstellungen wegen Produkthaftung, BB 1991, S. 99; *Herzig/Rieck*, Bilanzsteuerliche Aspekte des Wertaufholungsgebotes im Steuerentlastungsgesetz, WPg 1999, S. 305; *Herzig/Rieck*, Saldierungsbereich bei Drohverlustrückstellungen im Gefolge der Apothekerentscheidung, BB 1998, S. 311; *Herzig/Rieck*, Saldierungsbereich bei Drohverlustrückstellungen im Gefolge der Apothekerentscheidung, DB 1997, S. 1881; *Herzig/Söffing,* Bilanzierung und Abschreibung von Filmrechten, WPg 2010, S. 601 (Teil 1), S. 656 (Teil 2); *Herzig/Söffing*, Rechnungsabgrenzungsposten und die Lehre vom Mindestzeitraum, BB 1993, S. 465; *Heurung*, Der negative Geschäftswert im Bilanzrecht, DB 1995, S. 385; *HFA*, 113. Sitzung des HFA, FN-IDW 1983, S. 124; *HFA*, 118. Sitzung des HFA, FN-IDW 1985, S. 162; *HFA*, 132. Sitzung des HFA, FN-IDW 1989, S. 113; *HFA*, 147. Sitzung des HFA, FN-IDW 1994, S. 193; *HFA*, 155. Sitzung des HFA, FN-IDW 1996, S. 529; *HFA,* 159. Sitzung des HFA, FN-IDW 1997, S. 611; *HFA*, 161. und 162. Sitzung des HFA, FN-IDW 1998, S. 291; *HFA*, 168. Sitzung des HFA, FN-IDW 1999, S. 295; *HFA*, 170. Sitzung des HFA, FN-IDW 1999, S. 552; *HFA*, 171. Sitzung des HFA, FN-IDW 2000, S. 171; *HFA*, 177. Sitzung des HFA, FN-IDW 2001, S. 447; *HFA*, 180. Sitzung des HFA, FN-IDW 2002, S. 66; *HFA*, 181. Sitzung des HFA, FN-IDW 2002, S. 219; *HFA*, 183. und 184. Sitzung des HFA, FN-IDW 2002, S. 665; *HFA*, 188. Sitzung des HFA, FN-IDW 2003, S. 523 ; *HFA*, 191. Sitzung des HFA, FN-IDW 2004, S: 304; *HFA*, 193. Sitzung des HFA, FN-IDW 2004, S. 584; *HFA*, 198. Sitzung des HFA, FN-IDW 2005, S. 581; *HFA*, 201. Sitzung des HFA, FN-IDW 2006, S. 367; *HFA*, 204. Sitzung des HFA, FN-IDW 2006, S. 781; *HFA*, 205.

Sitzung des HFA, FN-IDW 2007, S. 107; *HFA*, 208. Sitzung des HFA, FN-IDW 2007, S. 506; *HFA*, 211. Sitzung des HFA, FN-IDW 2008, S. 195; *HFA*, 215. Sitzung des HFA, FN-IDW 2009, S. 322; *HFA*, 217. Sitzung des HFA, FN-IDW 2009, S. 694; *HFA*, Auswirkungen der Finanzmarkt- und Konjunkturkrise auf die Vornahme planmäßiger und außerplanmäßiger Abschreibungen im Sachanlagevermögen, FN-IDW 2010, S. 355; *HFA*, Bewertung unverzinslicher oder niedrigverzinslicher Darlehen an Betriebsangehörige im handelsrechtlichen Jahresabschluss, FN-IDW 1990, S. 101; *HFA*, Bilanzielle Behandlung von Leistungsverpflichtungen aus Vorruhestandsregelungen, WPg 1984, S. 331; *HFA, Bilanzielle Behandlung der Übertragung von Verbindlichkeiten*, WPg 1989, S. 626; *HFA*, Bilanzielle Konsequenzen des Tarifvertrags zum flexiblen Übergang in die Rente (TV Flex Ü), FN-IDW 2009, S. 62; *HFA,* Bildung von Rückstellungen für die Verpflichtung zur Aufbewahrung von Geschäftsunterlagen, FN-IDW 2003, S. 93; *HFA*, Entfall der Erstattungspflicht nach § 128 AFG, FN-IDW 1995, S. 10; *HFA*, Entwurf einer Stellungnahme: Zur Währungsumrechnung im Konzernabschluß, WPg 1998, S. 549; *HFA*, Geänderter Entwurf einer Verlautbarung: Zur Währungsumrechnung im Jahres- und Konzernabschluß, WPg 1986, S. 664; *HFA*, Rückstellungen für Kosten der betrieblichen Berufsausbildung, FN-IDW 1982, S. 125; *HFA*, Rückstellungspflicht für den ERA-Anpassungsfonds, FN-IDW 2004, S. 38; *Hinz*, Pensionsgeschäfte und Jahresabschlußpolitik, BB 1995, S. 971; *Hirsch/Veit*, Rückstellungen für Altersteilzeitverpflichtungen: BFH widerspricht BMF und IDW, StuB 2006, S. 344; *Höfer/Kaiser*, Pensionszusagen an beherrschende Gesellschafter-Geschäftsführer einer GmbH – Neues von der Finanzverwaltung und aus der Praxis, DStR 2003, S. 274; *Höfer/Kempkes*, Rückstellungen für Altersteilzeit, DB 1999, S. 2537; *Höfer/Küpper*, Die angemessene Dotierung von Rentnergesellschaften, DB 2009, S. 118; *Höfer/Pisters*, Rückstellungen für Krankheitsbeihilfen an Rentner in der Steuerbilanz, DB 2002, S. 2288; *Hörtig/Uhlich*, Vier Jahre Lifo: Wandel in der Gruppenstruktur, DB 1994, S. 1045; *Hötzel/Pelzer*, Das geplante Wertaufholungsgebot – Überraschende Reichweite der Neuregelung und Auswirkungen auf das Lifo-Verfahren, DStR 1998, S. 1866; *Hofer*, Bilanzierung der Grundstücksveräußerungen mit Mietpreiszusicherung, DB 2003, S. 1069; *Hoffmann*, Anmerkungen zum BFH-Urteil vom 07.11.1990, BB 1991, S. 515, BB 1991, S. 516; *Hoffmann*, Anmerkungen zum BFH-Urteil vom 18.12.1990, BB 1992, S. 401, BB 1992, S. 402; *Hoffmann*, Die Bilanzierung von Beteiligungen an Personengesellschaften, BB 1988, Beilage 2; *Hoffmann*, Die Einlagen in Kapitalgesellschaften als Bilanzierungsproblem beim Einlegenden, BB 1996, Beilage 16, S. 5; *Hoffmann*, Fragen und Gestaltungshinweise zur BFH-Entscheidung über den Forderungsverzicht des Gesellschafters – Vom Steuersparmodell zum BFH-Unikat –, DStR 1997, S. 1625; *Hoffmann*, Nochmals zur Bilanzierung von ERP-Software, DStR 2002, S. 1458; *Hoffmann,* Sale-and-lease-back-Geschäfte, DB 1996, Beilage 8, S. 19; *Hoffmann*, Übertragung von Wirtschaftsgütern im Rahmen des neuen § 6 Abs. 6 EStG – Gewollte und ungewollte (?) Besteuerungseffekte, GmbHR 1999, S. 452; *Hoffmann,* Verluste im Auftragsbestand von Bauunternehmungen, StuB 2003, S. 499; *Hoffmann*, Wertaufhellung – das Bilanzierungsproblem schlechthin, BB 1996, S. 1157; *Hoffmann*, Zur ertragsteuerlichen Behandlung eines negativen Kaufpreises bzw. Geschäftswertes, DStR 1994, S. 1762; *Hoffmann/Lüdenbach*, Das Realisationsprinzip – 1884 und heute, DStR 2004, S. 1758; *Hoffmann/Lüdenbach*, Die Bilanzierung von Treibhausgas-Emissionsrechten im Rechtsvergleich, DB 2006, S. 57; *Hoffmann/Lüdenbach*, Neues zur voraussichtlich dauernden Wertminderung des abnutzbaren Anlagevermögens, DB 2009, S. 577; *Hommel*, Rückstellung für Abbruchkosten nach HGB, IAS/IFRS und US-GAAP, Der Konzern 2003, S. 746; *Hommel/Laas*, Währungsumrechnung im Einzelabschluss – die Vorschläge des BilMoG-RegE, BB 2008, S. 1666; *Hommel/Rößler*, Komponentenansatz des IDW RH HFA 1.016 – eine GoB-konforme Konkretisierung der planmäßigen Abschreibungen, BB 2009, S. 2526; *Hommel/Wich*, Die Bilanzierung von Entfernungsverpflichtungen gemäß HGB und SFAS 143 in der kritischen Betrachtung, KoR 2004, S. 16; *Horchler*, Körperliche Bestandsaufnahme bei automatisch gesteuerten Lagersystemen, WPg 1977, S. 58; *Horlemann*, Rückstellungen für Garantie-/Haftpflichtverbindlichkeiten, Gesellschafterwitwenpensionen und Kosten der Außenprüfung, BB 1984, S. 2162; *Hottmann*, Forschungs- und Entwicklungskosten in Handels- und Steuerbilanz, StBp. 1982, S. 286; *Hruby*, Ansatz von Rückstellungen für Mehrerlösabschöpfung in der Handels- und in der Steuerbilanz, DStR 2010, S: 127; *Hübner, Leyh*, Währungsumrechnung und Folgebewertung nach BilMoG in Handelsbilanz und Steuerbilanz – Zugleich Erwiderung auf *Schüttler/Stolz/Jahr*, DStR 2010, S. 768, DStR 2010, S. 1951; *Hüttche*, Bilanzierung selbst erstellter immaterieller Vermögensgegenstände des Anlagevermögens im Lichte des BilMoG, StuB 2008, S. 163; *Hug/Roß/Seidler,,* Bilanzielle Bewältigung der Rückwirkungsproblematik durch das Altfahrzeug-Gesetz (AltfahrzeugG), BB 2000, S. 2511; *Hug/Roß/Seidler*, Bilanzielle Bewältigung der Rückwirkungsproblematik durch das Altfahrzeug-Gesetz (AltfahrzeugG), DB 2002, S. 1013; *Husemann*, Abschreibung eines Vermögensgegenstands entsprechend der Nutzungsdauer wesentlicher Komponenten, WPg 2010, S. 507; *Ibert*, Erfahrungen bei der Einführung und Überprüfung von Stichprobeninventurverfahren, WPg 1986, S. 467; *IDW,* 62. Sitzung des Arbeitskreises Personengesellschaften, FN-IDW 2007, S. 442; *IDW*, Entwurf eines Steuerentlastungsgesetzes 1999/2000/2002 (BT-Drks. 14/23), WPg 1999, S. 26; *IDW*, Bilanzsteuerrechtliche Behandlung der Verpflichtung zur Gewährung von Jahresurlaub, WPg 1992, S. 330; *IDW*, Entwurf eines BMF-Schreibens betreffend ertragsteuerliche Fragen im Zusammenhang mit schadstoffbelasteten Wirtschaftsgütern, WPg 1994, S. 545; *IDW*, Ertragsteuerliche Fragen im Zusammenhang mit der Sanierung schadstoffverunreinigter Wirtschaftsgüter, WPg 1992, S. 326; *IDW*, Ertragsteuerliche Fragen im Zusammenhang mit schadstoffbelasteten Wirtschaftsgütern, WPg 1993, S. 250; *IDW*, Ertragsteuerliche Behandlung von Baukostenzuschüssen bei Energieversorgungsunternehmen, WPg 2004, S. 374, WPg 2005, S. 122; *IDW*, Realisierung von Mieterträgen, WPg 1992, S. 540; *IDW*, Referentenentwurf eines Gesetzes zur Bereinigung des Umwandlungsrechts, WPg 1992, S. 613; *IDW*, Rückstellungen für Zuwendungen anläßlich eines Dienstjubiläums, WPg 1994, S. 27; *IVS Arbeitsgruppe „Rechnungslegung" des Fachausschusses Altersversorgung*, BetrAV 2003, S. 309; *Iwon*, Rückstellungen für Ausgleichsansprüche von Handelsvertretern, DStZ 1990, S. 303; *Jaeger*, Outsourcing von Pensionsrückstellungen, BB 2000, S. 1518; *Jahndorf/Kleinmanns*, Übertragung stiller Reserven ins Ausland – § 6b EStG im Lichte der Niederlassungsfreiheit, DStR 2010, S. 1697; *Janke*, Periodisierung, Objektivierung und Vorsicht bei Vermögensgegenständen und Schulden, StuW 1994, S. 214; *Janssen*, Die Zweijahresinventur des Vorratsvermögens, WPg 1978, S. 296; *Jaspers*, Behandlung von Bestandsdifferenzen bei der artikel- und stellplatzbezogenen Stichprobeninventur, DB 2000, S. 2545; *Jaspers*, Durchführung der Stichprobeninventur, DB 1995, S. 985; *Jaspers*, Inventur von Vertriebseinrichtungen des Handels mit Hilfe von Stichprobenverfahren, WPg 2010, S. 692; *Jaspers*, Zeitlich verlegte Stichtags- und permanente Stichprobeninventur, BB 1996, S. 45; *Jaudzims/Münch*, 1%-Grenze bei Pauschalwertberichtigungen nach dem Betriebsprüfungs-Rationalisierungserlaß, DB 1996, S. 2293; *Jonas*, Die Bilanzierung verlustbringender Organbeteiligungen, DB 1994, S. 1529; *Jörissen*, Verschärfte Produkthaftung — Pauschal-Rückstellungen möglich?, Stbg. 1990, S.182; *Junker/Weiler*, Die Bilanzierung von Ökopunkten, StB 2010, S. 268; *Kählert/Lange*, Zur Abgrenzung immaterieller von materiellen Vermögensgegenständen, BB 1993, S. 613; *Kahle/Haas*, Herstellungskosten selbst geschaffener immaterieller Vermögensgegenstände des Anlagevermögens, WPg 2010, S. 34; *Kaligin,* Zur Bestimmung des wirtschaftlichen Eigentümers beim Immobilien-leasing – unter Einbeziehung des sog. Kommunalleasing und des Spezialleasing, DStZ 1985, S. 235; *Kallweit/Sisterhenn*, Gedanken zur Findung des Teilwertabschlages bei der Warenbewertung im Einzelhandel, DB 1985, S. 2209; *Kaminski*, Neue Probleme mit § 5 Absatz 1 EStG i.d.F. des BilMoG auf Grund des BMF-Schreibens vom 12.3.2010, DStR 2010, S. 771; *Kaminski*, Umfang der steuerlichen Herstellungskosten: Klarstellung oder neue Zweifelsfragen? – Anmerkungen zum BMF-Schreiben vom 22.6.2010, DStR 2010, S. 1395; *Kammerl*, Der beizulegende Wert nach § 253 Abs. 3 HGB für Vorräte aus Fremdwährungsgebieten, DB 1991, S. 821; *Karrenbauer*, Der Gebäudeabbruch, BB 1985, S. 2288; *Karrenbrock*, Zum Saldierungsbereich und zur Abzinsung von Drohverlustrückstellungen, WPg 1994, S. 97; *Kaufmann*, Ausschüttungsbedingte Teilwertabschreibung auf Auslandsbeteiligungen, RIW 1989, S. 806; *Keller/Gütlbauer*, Der Komponentenansatz als teilweiser Ersatz für die Abschaffung der Aufwandsrückstellungen durch BilMoG, StuB 2011, S. 11; *Keller/Gütlbauer*, Der Komponentenansatz als teilweiser Ersatz für die Abschaffung der Aufwandsrückstellung durch BilMoG: Anmerkungen zu IDW RH HFA 1.016, StuB 2011, S. 11 ff.; *Kempf/Obermann*, Offene Fragen zur Abstockung beim Kauf von Anteilen an Personengesellschaften, DB 1998, S. 545; *Kessler*, Anpassungspflichten im Bilanzrecht: (Neue?) Grenzwerte für die wirtschaftliche Verursachung – Anmerkungen zum Urteil des I. BFH-Senats vom 27.6.2001, I R 45/97, DStR 2001, S. 1384, zu seinen Folgen und zu einigen zeitgenössischen Begleiterscheinungen, DStR 2001, S. 1903; *Kessler*, Der Hüter des Bilanzrechts auf Abwegen?, DStR 1996, S. 1228; *Kessler*, Die Drohverlustrückstellung auf dem höchstrichterlichen Prüfstand – Stellungnahme zum Vorlagebeschluß des X. Senats des BFH vom 26. 5. 1993, DStR 1994, S. 567; *Kessler*, Die Durchgriffshaftung der GmbH-Gesellschafter wegen „existenzgefährdender" Eingriffe – Zur dogmatischen Konzeption des Gläubigerschutzes in der GmbH, GmbHR 2002, S. 945; *Kessler*, Die verlustfreie (Niederst-)Bewertung des Vorratsvermögens – ein Sammelbecken von Meinungen und Mißverständnissen, DStR 1995, S. 839; *Kessler*, Drohverlustrückstellungen für schwebende Dauerbeschaffungsgeschäfte, WPg 1996, S. 2; *Kessler*, Entwicklungskosten für Software in den Bilanzen des Herstellers, BB 1994, Beilage 12; *Kessler*, Rückstellungen für atomare Entsorgung: Weder Fremdkörper noch Störfall im deutschen Steuerbilanzrecht, IStR 2006, S. 98; *Kessler*, Teilwertabschreibung und Wertaufholung in der Kreditwirtschaft nach dem Steuerentlastungsgesetz 1999/2000/2002, DB 1999, S. 2577; *Kiesewetter*, Welche Rückstellungsbildung für wertpapiergebundene Pensionszusagen ist im Halbeinkünfteverfahren begründet?, BB 2003, S. 1220; *Kleffmann/Reich*, Aktuelle Entwicklungen in der betrieblichen Altersversorgung beim Unternehmenskauf, BB 2009, S. 214; *Klein*, Übertragung der § 6b-Rücklage auf teilfertige Gebäude, DStR 2011, S. 400; *Klein/Völker-Lemkuhl*, Die Bilanzierung von Emissionsrechten nach den deutschen Grundsätzen ordnungsmäßiger Bilanzierung, BB 2004, S. 332; *Kleinbach*, Teilwertabschreibungen wegen langer Lagerdauer verneint – Ein BFH-Fehlurteil?, DB 1995, S. 601; *Klemm*, Contractual Trust Arrangements: Neue bilanzielle und lohnsteuerrechtliche Entwicklungen, DStR 2005, S. 1291; *Klemm*, Unterfallen Contractual Trust Arrangements den Beschränkungen der EU-Pensionsfondsrichtlinie?, DStR 2004, S. 613; *Klemm/Hamisch*, Das BAG ebnet den Weg für „Rentner-GmbHs", BB 2005, S. 2409; *Knaus*, Passivierungsverbot bei Rückzahlungspflichten des Leasinggebers?, BB 1988, S. 666; *Knoll*, Wertpapiergebundene Pensionszusagen, eine neue Imparität und die unvermutete Rückkehr des Korrespondenzprinzips, StuB 2003, S. 307; *Knop/Küting/Weber*, Die Bestimmung der Wertuntergrenze der Herstellungskosten nach dem Entwurf des Bilanzrichtlinien-Gesetzes, DB 1985, S. 2517; *Knopp/Albrecht*, Das neue Bundes-Bodenschutzgesetz und Altlasten, BB 1998, S. 1853; *Knüppe*, Die Berücksichtigung eine Delkrederversicherung bei der Forderungsbewertung, DB 1985, S. 2361; *Koenen*, Nutzungsüberlassungen zwischen

Schrifttumsverzeichnis

Schwestergesellschaften, BB 1989, S. 1455; *Köhler*, Ausgewählte Einzelprobleme bei der Aktivierung von Fremdkapitalzinsen, StBp. 1992, S. 220; *Köhler*, Bewertung von Erzeugnisbeständen nach den Grundsätzen der Vollkosten- und Nettoergebnisrechnung, StBp. 1998, S. 231; *Köhler*, Die Behandlung des Auftragsbestands beim Unternehmenskauf in Handels- und Steuerbilanz, DStR 1997, S. 297; *Köhler*, Hinzurechnung von Fremdkapitalzinsen, die als Herstellungskosten aktiviert sind, als Dauerschuldzinsen, StBp. 1996, S. 287; *Köhler/Benzel/Traurmann*, Die Bilanzierung von ERP-Software im Internetzeitalter, DStR 2002, S. 926; *König*, Abgrenzung von Herstellung- und Erhaltungsaufwendungen bei Instandsetzung und Modernisierung von Gebäuden unter Berücksichtigung der neuesten Verwaltungsauffassung, BuW 1997, S. 169; *Körner*, Gebäudeabbruch als Beginn der Herstellung eines Neubaus?, BB 1984, S. 1205; *Kolb/Neubeck/Bauschuss*, Bilanzierung von Pensionsrückstellungen bei Vorliegen von Deckungsvermögen, StuB 2011, S. 57; *Kopatschek/Struffert/Wolfgarten*, Bilanzielle Abbildung von Bewertungseinheiten nach BilMoG (Teil 1), KoR 2010, S. 272; *Kopatschek/Struffert/Wolfgarten*, Bilanzielle Abbildung von Bewertungseinheiten nach BilMoG (Teil 2), KoR 2010, S. 328; *Korn*, Die neuen Gewinnrealisierungsgebote des § 6 Abs. 5 und 6 EStG und Ausweichgestaltungen, KÖSDI 1999, S. 12118; *Korn*, Die Vollerhebungssicht im Rahmen der mathematisch-statistischen Verfahren zur Durchführung der Stichprobeninventur, BB 1988, S. 2210; *Kort*, Software – eine Sache?, DB 1994, S. 1505; *Koths*, Anpassungsrückstellungen aus der Sicht des I. Senats des BFH und aus der Sicht der GoB, DB 2002, S. 707; *Koths*, Recht so: Der I. BFH-Senat schafft Ordnung im ungewissen Rückstellungs-Terrain für öffentlich-rechtliche Anpassungsverpflichtungen, DB 2001, S. 1849; *Krämer*, Rückstellungen für Abraumbeseitigung und ihre Bedeutung für den Braunkohlenbergbau, BFuP 1987, S. 348; *Kraushaar/Müller*, Inventur bei automatisch gesteuerten Lagersystemen, WPg 1979, S. 7; *Krawitz*, Die bilanzielle Behandlung der langfristigen Auftragsfertigung und Reformüberlegungen unter Berücksichtigung internationaler Entwicklungen, DStR 1997, S. 886; *Kreher u.a.*, Zur Umsetzung der HGB-Modernisierung durch das BilMoG: Ausgewählte Anwendungsfragen zu aktienbasierter Mitarbeitervergütung, selbst geschaffenen immateriellen Vermögensgegenständen und der Bilanzierung von sonstigen Rückstellungen, DB 2009, Beilage 5, S. 99; *Krink/Maertins*, Gesellschaftsdarlehen im Handels- und Steuerrecht, DB 1998, S. 833; *Kronenwett/Maisenbacher*, LiFo-Bewertung in der NE- und edelmetallbearbeitenden und –verarbeitenden Industrie, FR 1987, S. 187; *Kropff*, Wann endet der Wertaufhellungszeitraum? – Eine Erwiderung zu Küting/Kaiser, WPg 2000, S. 577, WPg 2000, S. 1137; *Kropp/Wirtz*, Problembereiche bei der Abzinsung von Rückstellungen, DB 2011, S. 541; *Krupske*, Zur Bildung und Bewertung einer Rückstellung für Aufbewahrungskosten, StB 2003, S. 442; *Küffner*, Patronatserklärungen im Bilanzrecht, DStR 1996, S. 145; *Kühne/Melcher*, Zur Umsetzung der HGB-Modernisierung durch das BilMoG: Wirtschaftliche Zurechnung von Vermögensgegenständen und Schulden sowie Erträgen und Aufwendungen, DB 2009, Beilage 5, S. 15; *Kühne/Melcher/Wesemann*, Latente Steuern nach BilMoG – Grundlagen und Zweifelsfragen, WPg 2009, S. 1057; *Kümpel/Peters*, Aktuelle Rechtsfragen der Wertpapierleihe, AG 1994, S. 525; *Künkele/Zwirner*, Steuerbilanzpolitik: Ausweitung der Möglichkeiten durch das BilMoG, DStR 2010, S. 2263; *Küppers/Louven*, Outsourcing und Insolvenzsicherung von Pensionsverpflichtungen durch Contractual „Trust" Arrangements (CTA's), BB 2004, S. 337; *Küppers/Louven/Schröder*, Contractual Trust Arrangements – Insolvenzsicherung und Bilanzverkürzung, BB 2005, S. 763; *Kußmaul/Ollinger*, Zur Aktivierungsfähigkeit von Nutzungsrechten in Handels- und Steuerbilanz, StuW 2011, S. 282; *Küting*, Die Abgrenzung von vorübergehenden und dauernden Wertminderungen im nicht-abnutzbaren Anlagevermögen (§ 253 Abs. 2 Satz 3 HGB), DB 2005, S. 1121; *Küting*, Die Erfassung von erhaltenen und gewährten Zuwendungen im handelsrechtlichen Jahresabschluß (Teil I) – ein Grundlagenbeitrag ergänzt um eine empirische Analyse –, DStR 1996, S. 276; *Küting*, Die Erfassung von erhaltenen und gewährten Zuwendungen im handelsrechtlichen Jahresabschluß (Teil II), DStR 1996, S. 313; *Küting/Cassel*, Bilanzierung von Bewertungseinheiten nach dem Entwurf des BilMoG, KoR 2008, S. 769; *Küting/Ellmann*, Die Herstellungskosten von selbst geschaffenen immateriellen Vermögensgegenständen des Anlagevermögens, DStR 2010, S. 1300; *Küting/Kaiser*, Aufstellung oder Feststellung: Wann endet der Wertaufhellungszeitraum – Implikationen für die Anwendung des Wertaufhellungsprinzips bei Berichtigung, Änderung und Nichtigkeit des handelsrechtlichen Jahresabschlusses, WPg 2000, S. 577; *Küting/Kessler*, Grundsätze ordnungswidriger Verlustrückstellungsbildung – exemplifiziert an den Ausbildungskostenurteilen des BFH vom 25.1.1984 und vom 3.2.1993, DStR 1993, S. 1045; *Küting/Kessler*, Handels- und steuerbilanzielle Rückstellungsbildung: Ansatzprobleme, DStR 1989, S. 655; *Küting/Kessler*, Rückstellungsbildung nach der Entscheidung im „Apotheker-Fall" – Anmerkungen zum Beschluß des Großen Senats des BFH vom 23.6.1997, BFH 23.06.1997, Aktenzeichen GrS 2/93, DStR 1997, S. 1665; *Küting/Kessler*, Teilwertabschreibung auf Beteiligungen unter besonderer Berücksichtigung der höchstrichterlichen Finanzrechtsprechung, GmbHR 1995, S. 345; *Küting/Leinen*, Inventur des Vorratsvermögens, StuB 2000, S. 437; *Küting/Pfuhl*, „In-substance defeasance" – Vorzeitige Eliminierung von Verbindlichkeiten über einen derivativen Schuldner als neues Instrument der Bilanzpolitik?, DB 1989, S. 1245; *Küting/Pilhofer/Kirchhof*, Die Bilanzierung von Software aus der Sicht des Herstellers nach US-Gaap und IAS, WPg 2002, S. 73; *Küting/Ranker*, Die buchhalterische Änderung handelsrechtlicher Jahresabschlüsse, WPg 2005, S. 1; *Küting/Tesche*, Der Stetigkeitsgrundsatz im verabschiedeten neuen deutschen Bilanzrecht, DStR 2009, S. 1491; *Küting/Trappmann/Ranker*, Gegenüberstellung der Bewertungskonzeption von beizulegendem Wert und Fair Value im Sachanlagevermögen, DB 2007, S. 1709; *Kulla*, Rückstellungen für Beiträge zur Berufsgenossenschaft, StBp. 1976, S. 80; *Kulla*, Wertberichtigung auf Forderungen aus Lieferungen und Leistungen trotz Warenkreditversicherung, DStR 1980, S. 612; *Kulosa*, FG Münster, 31.08.2010: Typisierende Annahmen einer dauernden Wertminderung bei börsennotierten Aktien (mit Anmerkungen Kulosa), DStR 2010, S. 2340; *Kupke/Nestler*, Bewertung von Beteiligungen und sonstigen Unternehmensanteilen in der Handelsbilanz gemäß IDW RS HFA 10, BB 2003, S. 2671; *Kupsch*, Bilanzierung und Bewertung von Werbemittel in Handels- und Steuerbilanz, DB 1983, S. 509; *Kupsch*, Bilanzierung von Umweltlasten in der Handelsbilanz, BB 1992, S. 2320; *Kupsch*, Die bilanzielle Behandlung von Baumassnahmen auf fremden Grundstücken, BB 1981, S. 212; *Kupsch*, Sind Zuschüsse und Abstandszahlungen immaterieller Anlagewerte (Wirtschaftsgüter)?, WPg 1977, S. 663; *Kußmaul*, Berechtigung und Hauptanwendungsbereich der Aufwandsrückstellungen, DStR 1987, S. 675; *Kußmaul*, Bilanzierung von Nutzungsrechten an Grundstücken, StuW 1988, S. 46; *Kußmaul*, Gesellschafterfinanzierung in mittelständischen GmbH (Teil II), DStR 1990, S. 697; *Kußmaul*, Investition eines gewerblichen Anlegers in Zero-Bonds und Stripped Bonds, BB 1998, S. 1925; *Kußmaul*, Zero-Bonds und Stripped Bonds, WiSt. 1999, S. 62; *Kusterer*, Handelsrechtliche Bilanzierung von Bauten auf fremdem Grund und Boden, DStR 1996, S. 438; *Laas*, Werthaltigkeitsprüfungen für Unternehmensanteile in der Rechnungslegung, DB 2006, S. 457; *Laicher*, Zur bilanziellen Behandlung von Investitionszuschüssen und Investitionszulagen in Steuer- und Handelsbilanz, DStR 1993, S. 292; *Laubach/Kraus/Bornhofen*, Zur Durchführung der HGB-Modernisierung durch das BilMoG: Die Bilanzierung selbst geschaffener immaterieller Vermögensgegenstände, DB 2009, Beilage 5, S. 19; *Layer*, Die Herstellkosten der Deckungsbeitragsrechnung und ihre Verwendbarkeit in Handelsbilanz und Steuerbilanz für die Bewertung unfertiger und fertiger Erzeugnisse, ZfbF 1969, S. 131; *Leberfinger*, Die Bedeutung von § 101 BGB für die Zurechnung von Einkünften – Anmerkungen zum BFH-Urteil v. 30.4.1991, DStR 1991, S. 1205; *Leffson*, Die Niederstwertvorschrift des § 155 AktG, WPg 1967, S. 57; *Leidig/Herzog*, Bilanzierungsfragen von Internetauftritten und Websites, StuB 2001, S. 800; *Lemm*, Der passive Rechnungsabgrenzungsposten aufgrund der Forfaitierung von Leasingforderungen repräsentiert keinen Erfüllungsrückstand, StBp 1995, S. 37; *Lempenau/Söffing/Streim*, Rückstellungen für Ausbildungskosten, FR 1980, S. 182; *Lieb/Rhiel*, Aktuelles zur Altersteilzeit-Rückstellung in der Steuerbilanz: Umsetzungsempfehlungen zum BMF-Schreiben vom 28.3.2007, BC 2007, S. 241; *Liedmeier*, Rückstellungen wegen drohender Haftung bei bestehender Versicherungsdeckung, DB 1989, S. 2133; *Link*, Bilanzierung und Ertragsvereinnahmung bei der Forfaitierung von Leasingforderungen, DB 1988, S. 616; *Lißmann*, Passive Rechnungsabgrenzung durch Leasinggesellschaften, DB 1991, S. 1479; *List*, Forderungsverzicht eines Gesellschafters, NWB, F. 3, S. 10211; *Löcke*, Aktivierung konzernintern erworbener immaterieller Vermögensgegenstände des Anlagevermögens?, BB 1998, S. 415; *Löw/Scharpf/Weigel*, Auswirkungen des Regierungsentwurfs zur Modernisierung des Bilanzrechts auf die Bilanzierung von Finanzinstrumenten, WPg 2008, S. 1011; *Lohmann/Goldacker/Achatz*, Nebenkosten der Akquisition einer deutschen Kapitalgesellschaft – hauptsächlich steuerliche Betriebsausgaben!, BB 2008, S. 1592; *Loos*, Zur Auslegung von § 7 KapErhStG insbesondere bei „Stockdividenden", RIW 1991, S. 124; *Louven/Weng*, Die Ausgliederung von Pensionsverbindlichkeiten – neue Optionen bei Unternehmens(ver)käufen, BB 2006, S. 619; *Lück*, Das Going-Concern-Prinzip in Rechnungslegung und Jahresabschlussprüfung, DB 2001, S. 1945; *Lüdecke/Skala*, Bildung von Rückstellungen für EU-Geldbußen, BB 2004, S. 1436; *Lüdenbach*, Rückbauverpflichtungen nach internationaler Rechnungslegung und deutschem Bilanzrecht: Praktische Unterschiede und kritischer Rechtsvergleich, BB 2003, S. 835; *Lüdenbach/Hoffmann*, Die wichtigsten Änderungen der HGB-Rechnungslegung durch das BilMoG, StuB 2009, S. 287; *Lüdenbach/Hoffmann*, Erlösrealisierung bei Mehrkomponentengeschäften nach IFRS und HGB/EStG, DStR 2006, S. 153; *Lüdenbach/Völkner*, Abgrenzung des Kaufpreises von sonstigen Vergütungen bei der Erst- und Entkonsolidierung, BB 2006, S. 1435; *Lüdenbach/Völkner*, Unzutreffende Qualifizierung des Wettbewerbsverbots als immaterielles Vermögen, BB 2008, S. 1162; *Luig*, Ein Vorbescheid des Bundesfinanzhofs zu den Rückstellungen für Altlasten, BB 1993, S. 2051; *Luig*, Rückstellungen für Altlastensanierung, BB 1992, S. 2180; *Lunk*, Das Ende der Erstattungspflicht nach § 147a SGB III bei Vorliegen der Voaussetzungen für eine anderweitige Sozialleistung, NZA 2001, S. 648; *Lutz/Matschke*, Zur Bewertung von Sacheinlagen bei Gründung und Kapitalerhöhung unter dem Aspekt des Gläubigerschutzes, WPg 1992, S. 741; *Mäder/Ehret*, Bewertung selbst erstellter Software im Rahmen der Eigennutzung: Auswirkungen des BilMoG-E, BRZ 2009, S. 16; *Mahlow*, Pensionszusagen an Gesellschafter-Geschäftsführer, DB 1999, S. 2590; *Manke*, Teilwertabschreibung auf Beteiligungen an ausländischen Kapitalgesellschaften, DStZ 1990, S. 4; *Marten/Köhler*, Einfluss der Marktstruktur auf die Bewertung von Vermögensgegenständen, BB 2001, S. 2520; *Martienß*, Körperliche Bestandsaufnahme bei automatisch gesteuerten Hochregal-Lagersystemen ohne gekoppelte Bestandsfortschreibung, ZfB 1980, S. 47; *Marx*, Objektivierungserfordernisse bei der Bilanzierung immaterieller Anlagewerte, BB 1994, S. 2379; *Marx/Recktenwald*, Periodengerechtes Bilanzieren von unterverzinslichen Ausleihungen, BB 1992, S. 1526; *Mathews*, Bilanzierung von Treuhandvermögen, BB 1992, S. 738; *Mathews*, Das Treuhandvermögen und der Gesetzentwurf zur Durchführung der EG-Bankbilanzrichtlinie, BB 1989, S. 455; *Mathews*, Die Behandlung von Treuhandverhältnissen im Bilanzrichtlinien-Gesetz und in der Bankbilanzrichtlinie: Ordnungsgemäße Bilanzierung u. Bewertung im Jahresabschluß, BB

1987, S. 642; *Mathiak*, Rechtsprechung zum Bilanzsteuerrecht, StuW 1983, S. 69; *Mathiak*, Rechtsprechung zum Bilanzsteuerrecht, DStR 1992, S. 1601; *Mattheus/Schwab*, Fehlerkorrektur nach dem Rechnungslegungs-Enforcement: Private Initiative vor staatlichen Interventionen, BB 2004, S. 1099; *Maulshagen/Maulshagen*, Rechtliche und bilanzielle Behandlung von Swapgeschäften, BB 2000, S. 243; *Mayer-Wegelin*, Die wirtschaftliche Verursachung von Verbindlichkeitsrückstellungen, DB 1995, S. 1241; Mayr, Anpassungsverpflichtungen: Handels- und Steuerbilanz auf Distanz, BB 2002, S. 2323; *Meier, N.*, Zurechnung geleaster Immobilien bei „non-full-pay-out"-Leasingverträgen in der Form des sale-and-lease-back und unter Einschaltung einer GmbH & Co. KG, FR 1986, S. 137; *Meier/Bätzel*, Auslagerung von Pensionsrückstellungen auf einen Pensionsfonds, DB 2004, S. 1437; *Meilicke*, Bilanzsteuerliche Beurteilung degressiver Leasing-Raten, DB 1983, S. 737; *Meilicke*, Zur Aufteilung von Anschaffungskosten ohne Steuerhinterziehung, DB 1986, S. 2045; *Meißner*, Bilanzierung von Baukostenzuschüssen bei Versorgungsunternehmen, DB 2003, S. 2080; *Mellwig*, Zur Ermittlung der Anschaffungskosten von Aktien und Bezugsrechten, DB 1986, S. 1417; *Mellwig/Hastedt*, Gewinnrealisierung bei Unbestimmbarkeit der Gegenleistung – dargestellt am Beispiel des Wärmelieferungsvertrags, DB 1992, S. 1589; *Menger*, Die Gestaltung und Prüfung von Verrechnungspreisen im Inland und bei Auslandsbeziehungen, GmbHR 1987, S. 397; *Metz*, „Bilanzielle Auslagerung" von Versorgungsverbindlichkeiten nach BilMoG, BB 2009, S. 2244; *Metzger/Neubacher*, Bewertungs- und Prüfungsrisiken bei Grundstücken durch Baulasten, BB 1995, S. 867; *Meyer zu Lösebeck*, Prüfung der Vorratsinventur unter besonderer Berücksichtigung von Unterschlagungsrisiken, WPg 1988, S. 153; *Meyer/Janko/Hinrichs*, Arbeitgeberseitige Gestaltungsmöglichkeiten bei der Entgeltumwandlung, DB 2009, S. 533; *Meyer-Sievers*, Gewinnrealisierung bei Wertpapierpensionsgeschäften, WPg 1988, S. 291; *Mindermann*, Der Ansatz immaterieller Vermögensgegenstände des Anlagevermögens, StuB 2010, S. 658; *Mindermann*, Zur Aktivierung selbst erstellter immaterieller Vermögensgegenstände nach dem Entwurf eines Bilanzrechtsmodernisierungsgesetzes (BilMoG), WPg 2008, S. 273; *Mindermann*, Zur Aktivierung selbsterstellter immaterieller Vermögensgegenstände nach dem Entwurf eines Bilanzrechtsmodernisierungsgesetzes (BilMoG), WPg 2008, S. 273; *Mittelbach*, Forderungsbewertung nach der retrospektiven Methode, Inf. 1978, S. 73; *Möhrle*, Ökonomische Interpretation und bilanzielle Behandlung eines negativen derivativen Geschäftswertes, DStR 1999, S. 1414; *Möllers*, Kalkulatorische Kosten bei der Bewertung eigener Erzeugnisse, BFuP 1973, S. 142; *Mohr/Krumb*, Jahresabschluß und Jahresabschlußprüfung des Börsenmaklers, WPg 1992, S. 491; *Moxter*, Das Wertaufhellungsverständnis in der jüngeren höchstrichterlichen Rechtsprechung, DStR 2008, S. 469; *Moxter*, Die BFH-Rechtsprechung zu den Wahrscheinlichkeitsschwellen bei Schulden, BB 1998, S. 2464; *Moxter*, Die BFH-Rechtsprechung zur Aktivierungspflicht von beim Erwerb von Nutzungsrechten anfallenden Nebenkosten, DStR 1999, S. 51; *Moxter*, IFRS als Auslegungshilfe für handelsrechtliche GoB?, WPg 2009, S. 7; *Moxter*, Künftige Verluste in der Handels- und Steuerbilanz, DStR 1998, S. 509; *Moxter*, Rückstellungskriterien im Streit, ZfbF 1995, S. 311; *Moxter*, Saldierungs- und Abzinsungsprobleme bei Drohverlustrückstellungen, BB 1993, S. 2481; *Moxter*, Zur Abgrenzung von Verbindlichkeitsrückstellungen und (künftig grundsätzlich unzulässigen) Verlustrückstellungen, DB 1997, S. 1477; *Moxter*, Zur neueren Bilanzrechtsprechung des I. BFH-Senats, DStR 1997, S. 433; *Müller*, Ausschüttungen aus der Kapitalrücklage, DB 2000, S. 533; *Müller*, Steuerliche Anerkennung von Garantieverpflichtungen, FR 1966, S. 7; *Müller, W.*, Zweifelsfragen zum Umwandlungsrecht, WPg 1996, S. 857 ; *Müller/Kreipl*, Passive latente Steuern und kleine Kapitalgesellschaften, DB 2011, S. 1701 ff.; *Mujkanovic*, Der negative Geschäftswert in der Steuerbilanz des Erwerbers eines Betriebs oder Mitunternehmeranteils, WPg 1994, S. 522; *Mujkanovic*, Die Bewertung von Anteilen an nachhaltig ertragschwachen Unternehmen im handelsrechtlichen Jahresabschluss, WPg 1994, S. 294; *Mujkanovic*, Die Bilanzierung des derivaten Geschäfts- oder Firmenwerts, StuB 2010, S. 167; *Mujkanovic*, Geringwertige Wirtschaftsgüter nach HGB und IFRS vor dem Hintergrund der Unternehmensteuerreform 2008 und des BilMoG-E, StuB 2008, S: 25; *Mujkanovic*, Zur Bewertung bei Verschmelzung am Beispiel von AG und GmbH, BB 1995, S. 1735; *Mujkanovic/Raatz*, Der Component Approach nach IAS 16 im HGB-Abschluss?, KoR 2008, S. 245; *Mutter*, Der Geschäftswert – ein Chamäleon?, BB 1994, S. 472; *Nassall*, Der existenzvernichtende Eingriff in die GmbH: Einwendungen aus verfassungs- und insolvenzrechtlicher Sicht, ZIP 2003, S. 969; *Naumann*, Rechtliches Entstehen und wirtschaftliche Verursachung als Voraussetzung der Rückstellungsbilanzierung, WPg 1991, S. 529; *Naumann*, Zur Abgrenzung von künftig ertragsteuerrechtlich nicht mehr zu bildenden Drohverlustrückstellungen, insbesondere bei Kreditinstituten, BB 1998, S. 527; *Naumann/Naumann*, Folgebewertung von Beteiligungen im Jahresabschluss nach HGB und im Konzernabschluss nach IFRS, WPg 2004, Sonderheft S. 130; *Neubert/Schiller*, Zur Vorratsinventur im Krankenhaus: ein Praxisbericht d. Internen Revision, ZIR 1987, S. 160; *Neufang/Körner*, Gebäude auf fremden Grund und Boden versus Drittaufwand, BB 2010, S. 1503; *Niehues*, Verlustfreie Bewertung der Vorräte – Quo Vadis?, DStR 1995, S. 168; *Niemann*, Gesellschafterfremdfinanzierung und Beteiligung an ausländischen Gesellschaften (§§ 8a und 8b KStG), StB 1995, S. 15; *Niemeyer/Froitzheim*, Praxisfragen nach Aufgabe des umgekehrten Maßgeblichkeit, DStR 2011, S. 538; *Nieskens*, Schwebende Geschäfte und das Postulat es wirtschaftlichen Eigentums, FR 1989, S. 537; *Nolte*, Rückstellungen für Garantieverpflichtungen, FR 1960, S. 231; *Nonnenmacher*, Bilanzierung von Forschung und Entwicklung, DStR 1993, S. 1231; *Oecking*, Bilanzierung des neuen Durchführungswegs Pensionsfonds beim Arbeitgeber, BetrAV 2003, S. 43; *Oho/v. Hülst*, Steuerrechtliche Aspekte der Wertpapierleihe und des Repo-Geschäfts, DB 1992, S. 2582; *Ortmann-Babel/Bolik*, Chancen und Grenzen der steuerbilanziellen Wahlrechtsausübung nach BilMoG, BB 2010, S. 2099; *Ortmann-Babel/Bolik*, Lösungen für Praxisprobleme mit dem Sammelposten für geringwertige Wirtschaftsgüter, BB 2008, S. 1217; *Oser/Roß*, Rückstellungen aufgrund der Pflicht zur Rücknahme und Entsorgung von sog. Elektroschrott beim Hersteller, WPg 2005, S.1069; *Ossadnik*, Zur Diskussion um den „negativen Geschäftswert", BB 1994, S. 747; *Osterloh-Konrad*, Rückstellungen für Prozessrisiken in Handels- und Steuerbilanz – Kriterien der Risikokonkretisierung und ihre Anwendung auf die Prozesssituation (Teil I), DStR 2003, S. 1631; *Osterloh-Konrad*, Rückstellungen für Prozessrisiken in Handels- und Steuerbilanz – Kriterien der Risikokonkretisierung und ihre Anwendung auf die Prozesssituation (Teil II), DStR 2003, S. 1675; *Ott*, Negativer Firmenwert bei Abfindung eines Mitunternehmers unterhalb des Buchwerts?, BB 1993, S. 2191; *Otto*, Gestaltungsmöglichkeiten zur Aufwandsvorverlagerung für die Ausgleichsverpflichtung nach § 89 b HGB, BB 2004, S. 1900; *Otto*, Zahlungen auf den Handelsvertreterausgleichsanspruch nach § 89 b HGB: Anschaffungskosten eines Wirtschaftsguts, BB 2005, S. 1324; *Papperitz*, Factoring, Forfaitierung und gewerbesteuerliche Dauerschulden, DStR 1993, S. 1841; *Passarge*, Aktuelle Fragen zur Auslagerung von Pensionsverpflichtungen mittels Contractual Trust Agreements, DB 2005, S. 2746; *Patek*, Bilanzierung von Schadstoff-Emissionsrechten und Emissionsrechte-Abgabepflichten nach HGB, WPg 2006, S. 1152; *Patek*, Die Beurteilung der voraussichtlichen Dauerhaftigkeit von Wertminderungen börsennotierter Aktien des Finanzanlagevermögens, FR 2008, S. 689; *Patek*, Verlustfreie Bewertung von Vermögensgegenständen des Vorratsvermögens und schwebenden Geschäften in Handels- und Steuerbilanz, BFuP 2011, S. 282 ff.; *Pauka*, Berechnung der Gewerbesteuer-Rückstellung bei Anwendung des Staffeltarifs, DB 1992, S. 1837; *Paus*,

Abschreibungen auf Mietereinbauten – Anmerkungen zu dem BFH-Urteil vom 28. Juli 1993, DStZ 1994, S. 181; *Paus*, Pensionszusagen im Rahmen einer Personengesellschaft, BB 1993, S. 692; *Paus*, Rückstellungen wegen drohender Verluste aus der Vermietung eines Wirtschaftsguts, DStZ 1984, S. 450; *Pergens/Niemann*, Bilanzierung von Software beim Anwender nach HGB und IFRS, StuB 2004, S. 997; *Peter*, Zwischen Standard- und Individualsoftware: Bilanzielle Behandlung von ERP-Programmen, DB 2003, S. 1341; *Peter/Graser*, Zu kurz gegriffen: Due Diligence-Kosten als Anschaffungsnebenkosten beim Beteiligungserwerb, DStR 2009, S. 2032; *Petersen/Zwirner*, Rechnungslegung und Prüfung im Umbruch: Überblick über das neue deutsche Bilanzrecht, KoR 2009, Beihefter 1, S. 7; *Petersen/Zwirner/Künkele*, Rückstellungen nach BilMoG, StuB 2008, S. 693; *Pfleger*, Die Beeinflussung der Aufteilung von Anschaffungskosten auf mehrere Wirtschaftsgüter als legale bilanzpolitische Sachverhaltsgestaltung, DB 1986, S. 925; *Pickhardt*, Die Bilanzierung des negativen Geschäfts- oder Firmenwerts in Handels- und Steuerbilanz, DStR 1997, S. 1095; *Piltz*, Bewertung von Auslandsbeteiligungen bei gespaltenem Wechselkurs, StBp 1989, S. 133; *Piltz*, Die Gewinnrealisierung bei Kaufverträgen mit Rückgaberecht des Käufers, BB 1985, S. 1368; *Plüschke/Zimmermann*, Stichprobeninventur bei automatisch gesteuerten Lagersystemen, WPg 1981, S. 317; *Pooten*, Einzelbewertungsgrundsatz und erstmalige Festbewertung von Neubeständen des abnutzbaren Sachanlagevermögens, BB 1996, S. 839; *Preißer/Preißer*, Negativer Geschäftswert beim Asset Deal – Handelsrechtliche Überlegungen unter Einbeziehung der Steuersituation der Beteiligten, DStR 2011, S. 133; *Preißler/Bressler*, Bilanzierungsfragen beim negativen Geschäftswert im Falle des Share Deal, BB 2011, S: 427; *Prinz*, Restrukturierungsrückstellungen im Visier der Betriebsprüfung, DB 2007, S. 353; *Prinz*, Rückstellungen in der Steuerbilanz: Ein Gebot sachgerechter Leistungsfähigkeitsbesteuerung, DB 2011, S. 492; *Prinz*, Steuerbilanzielle Korrekturnormen im Blickpunkt: Zur „fehlerfreien" Gewinnermittlung, DB 2010, S. 2634; *Prinz/Adrian*, Angeschaffte Rückstellungen in der Steuerbilanz, StuB 2011, S. 171; *Pschera/Hödl-Adick*, Rückforderung staatlicher Zuwendungen als Folge von US-Cross-Border-Leasing-Transaktionen?, KStZ 2002, S. 210; *Pyszka*, Gebäudebilanzierung und -abschreibung in Handels- und Steuerbilanz – Replik zu dem Beitrag von *Sighard Wilhelm*, BB 1996, S.1319, BB 1996, S. 1979; *Pyszka*, Steuerliche Aspekte des handelsbilanziellen Aktivierungswahlrechtes für Fremdkapitalzinsen als Teil der Herstellungskosten, DStR 1996, S. 809; *Rabenhorst*, Anschaffungskosten bei der effektiven Erfüllung von Finanzterminkontrakten und bilanzielle Risikoberücksichtigung, DB 1994, S. 741; *Rabenhorst/Fuhrländer*, Gewinnvereinnahmung auf Seiten der an einem Private Equity-Fonds beteiligten Gesellschafter nach HGB und IFRS, DStR 2009, S. 444; *Rade/Kropp*, Jahresbezogener Sammelposten und Poolabschreibung des § 6 Abs. 2a EStG – endgültiger Abschied von der Einheitsbilanz?, WPg 2008, S. 13; *Rätke*, Rückstellung für öffentlich-rechtliche Abbruchverpflichtungen, StuB 2007 S. 473; *Rätke*, Rückstellungen für ungewisse Verbindlichkeiten – Das Kriterium der wirtschaftlichen Verursachung vor dem Bilanzstichtag, StuB 2008, S. 477; *Rätke*, Teilwertabschreibung auf abnutzbare Wirtschaftsgüter des Anlagevermögens, StuB 2009, S. 755; *Rau*, Wirtschaftliches Eigentum und Gewinnrealisierung bei echten Pensions- bzw. Repogeschäften, BB 2000, S. 2338; *Rautenberg*, Die bilanzielle Behandlung von Altlasten – Rückstellung oder Teilwertabschreibung?, WPg 1993, S. 265; *Reimann*, Die Bewegung von GmbH-Anteilen im Zivilrecht, DStR 1991, S. 910; *Reinecke/Schmelter*, Erfahrungen mit der Stichprobeninventur, ZIR 1987, S. 41; *Reinhardt*, Die Einlage quoad sortem und ihre Darstellung in der Handelsbilanz, DStR 1991, S. 588; *Reiss*, Ertragsteuerliche Behandlung von Gesamthandbeteiligungen und Beteiligungserträgen, StuW 1986, S. 232; *Reuter*, Beteiligungsabschreibung trotz Mittelzuführung an die Tochtergesellschaft, BB 1982, S. 25; *Richter*, Grundlagen, Wertbildung und -kontrolle bei Anwendung der Festwertmethode, StBP 2009, S 249; *Ries,* Die Bilanzierung von Arbeitszeitkonten nach dem Bilanzrechtsmodernisierungsgesetz (BilMoG), WPg 2010, S. 811; *Rimmelspacher/Fey,* Handelsrechtliche Bilanzierung antizipativer Bewertungseinheiten, WPg 2011, S. 805 ff.; *Risthaus,* Abgrenzung der Herstellungskosten von den Erhaltungsaufwendungen, BB 1997, S. 2453; *Rödder,* Wertaufholungsgebot betreffend Beteiligungen und Umstrukturierung – Praxisüberlegungen anhand eines Fallbeispiels, DStR 1999, S. 1019; *Roeder,* Rückstellungen für Umweltschutzmaßnahmen aufgrund öffentlich- rechtlicher Anpassungsverpflichtungen, DB 1993, S. 1933; *Rödl/Layer u.a.,* Umweltschutzrückstellungen aufgrund vertraglicher Sanierungsverpflichtungen, DStR 1995, S. 428; *Röfl/Layer u.a.,* Umweltschutzrückstellungen aufgrund vertraglicher Sanierungsverpflichtungen, DStR 1995, S. 428; *Rogall/ Spengel,* Abzinsung von Rückstellungen in der Steuerbilanz, BB 2000, S. 1234; *Rogler,* Bilanzierung von CO_2-Emissionsrechten, KoR 2005, S. 255; *Rogler/Jacob,* Bilanzierung unfertiger Bauten bei Bauunternehmen, BB 2000, S. 2407; *Rohse,* Keine Rückstellungen für Beteiligung des Leasingnehmers am Verwertungserlös – Rückkehr zu ehernen Prinzipien des Bilanzrechts?, DB 1988, S. 1239; *Rohse,* Rückstellungen für drohende Verluste aus schwebenden Geschäften, DStR 1985, S. 462; *Rohse,* Wertberichtigungen für Kundenforderungen und Rückstellungen für Wechsel- und Bürgschaftsobligo, StBp. 1985, S. 193; *Rolfs/Schmid,* Sicherung von Betriebsrenten durch Contractual Trust Agreements, ZIP 2010, S. 701; *Rosenbaum/Gorny,* Bewertung von Beteiligungen im handelsrechtlichen Jahresabschluss, DB 2003, S. 837; *Roser/Haupt,* Negative Kaufpreise – der BFH lässt viele Fragen offen, GmbHR 2007, S. 78; *Roser/Tesch/Seemann,* Grundsätze der Abzinsung von Rückstellungen, FR 1999, S. 1345; *Roß/Drögemüller,* Handelsrechtliche Behandlung von US-Lease-in/Lease-out-Transaktionen, WPg 2004, S. 185; *Roß/Drögemüller,* Keine Rückstellungen in der Handels- und Steuerbilanz für Registrierungskosten aufgrund der künftigen EU-Chemikalienverordnung („REACH"), BB 2006, S. 1044; *Roß/Drögemüller,* Rückstellungspflicht aufgrund gesetzlicher Aufbewahrungsfristen?, WPg 2003, S. 219; *Runge,* Leasing im Steuerrecht des letzten Jahrzehnts, DB 1990, S. 959; *Ruter/Mokler/Serf,* Rückstellung für drohende Verluste aus Mietverhältnissen im sozialen Wohnungsbau, DB 2001, S. 209; *Sarrazin,* Zweifelsfragen zur Rückstellungsbildung – dargestellt am Beispiel der Rückstellung wegen Schadstoffbelastung, WPg 1993, S. 1; *Schaefer,* Aufwands- und Kostenprognosen für Altersteilzeit-Arbeitsverhältnisse, BB 1997, S. 1887; *Schäfer,* Zur Bewertung von Devisenoptionen, WiSt. 1991, S. 122; *Schanz,* Passivierung von rückstellungsfinanzierten Versorgungsverpflichtungen nach dem Wechsel des Durchführungswegs, BB 2002, S. 2655; *Scharfenberg,* Zu der Abgrenzung von Herstellungs- und Erhaltungsaufwand bei der Instandsetzung und Modernisierung von Gebäuden, DStR 1997, S. 473; *Scharfenberg/Marquardt,* Die Bilanzierung von Customizing von ERP-Software, DStR 2004, S. 195; *Scharpf,* Variable Ausgleichszahlungen bei Gewinnabführungsvertrag mit einer GmbH?, DB 1990, S. 296; *Scharpf/Schaber,* Bilanzierung von Bewertungseinheiten nach dem § 254 HGB-E, KoR 2008, S. 532; *Scharr/Feige/Baier,* Die Auswirkungen des geänderten IAS 19 auf die Bilanzierung von defined benefit plans und termination benefits in der Praxis, KoR 2012, 9; *Schedlbauer,* Die Berechnung ertragsabhängiger Aufwendungen in Routine- und Sonderfällen, DB 1987, S. 997; *Scheffler,* Maßgeblichkeit der Handelsbilanz für die Steuerbilanz, StuB 2009, S. 836; *Scheffler,* Neuinterpretation des Maßgeblichkeitsprinzips, StuB 2010, S. 295; *Scheidt,* Die Zusätzlichkeit als Voraussetzung der Rückstellung für Sozialplanverpflichtungen am Beispiel der Verdienstverpflichtungen, DB 1987, S. 598; *Scheiterle,* Abschreibungen auf das „Vermietvermögen" der Leasingunternehmen, DB 1990, S. 2182; *Schellhorn,* Die Bildung von Rückstellungen für ungewisse Verbindlichkeiten nach dem Urteil des BFH vom 27. Juni 2001 im Kontext der Europäisierung und Internationalisierung der Rechnungslegung, BFuP 2003, S. 306; *Schellein*, Der Einfluß der §§ 264 – 289 HGB auf die Rechnungslegung der Personenhandelsgesellschaften, WPg 1988, S. 693; *Schick/Nolte*, Bilanzierung von Internetauftritten nach Handels- und Steuerrecht, DB 2002, S. 541; *Schiffers*, Bilanzielle Folgen bei Erwerb einer Beteiligung gegen Zuzahlung des Veräußerers, WPg 2006, S. 1279; *Schindler*, Bildung einer Rückstellung für Wiederaufforstungskosten, BB 1985, S. 239; *Schindler*, Zulässigkeit und Bewertung einer Rückstellung für Wiederaufforstungsverpflichtung nach neuester Auffassung der Finanzverwaltung, StBp. 1988, S. 205; *Schmidbauer*, Bilanzierung umweltschutzbedingter Aufwendungen im Handels- und Steuerrecht sowie nach IAS, BB 2000, S. 1130; *Schmidbauer*, Die Bilanzierung und Bewertung immaterieller Vermögensgegenstände bzw. Vermögenswerte in der deutschen Rechnungslegung sowie nach IAS vergleichende Darstellung unter Berücksichtigung von DRS 12 und ED IAS 36/38, DStR 2003, S. 2035; *Schmidbauer*, Die Bilanzierung von Pensionsrückstellungen und daraus resultierende Ergebnisrisiken – Vergleichende Betrachtung des deutschen Handels- und Steuerrechts unter Berücksichtigung von E-DRS 19 sowie der International Accounting Standards, DStR 2003, S. 795; *Schmidt*, Anm. zu BFH vom 28.1.1992 – VIII R 28/90 (Zur Nachversteuerung des negativen Kapitalkontos eines Kommanditisten, FR 1992, S. 617; *Schmidt*, Bewertungseinheiten nach dem BilMoG, BB 2009, S. 882; *Schmidt*, Pauschalrückstellungen für Produkthaftung, FR 1986, S. 293; *Schmidt*, Voraussichtliche dauernde Wertminderungen von börsennotierten Wertpapieren: neue Entwicklungen im Handels- und Steuerbilanzrecht, BB 2011, S. 2475; *Schmidt/Roth*, Bilanzielle Behandlung von Umweltschutzverpflichtungen, DB 2004, S. 553; *Schmidt/Walter*, Teilgewinnrealisierung bei langfristiger Fertigung in Handels- und Steuerbilanz, DB 1994, S. 2353; *Schmithausen*, Ermittlung der Rückstellungen für Gewerbesteuer und Tantieme, DB 1986, S. 1794; *Schmittmann*, Internet-Domain als nicht abnutzbares immaterielles Wirtschaftsgut, StuB 2007, S. 217; *Schmitz*, Steuerentlastungsgesetz 1999/2000/2002 und (umgekehrte) Maßgeblichkeit, DB 1999, S. 1974; *Schneider*, Abschreibungsverfahren und Grundsätze ordnungsmäßiger Buchführung, WPg 1974, S. 365; *Schneider*, Bilanzierung von festverzinslichen Wertpapieren und Zinsfutures durch Kreditinstitute bei getrennter Bewertung, BB 1995, S. 765; *Schneider*, Rechtsfindung durch Deduktion von Grundsätzen ordnungsmäßiger Buchführung aus gesetzlichen Jahresabschlusszwecken?, StuW 1983, S. 141; *Schneider/Siegel*, Das Index-Lifo-Verfahren als „Fortentwicklung" von Grundsätzen ordnungsmäßiger Buchführung?, WPg 1995, S. 261; *Schnitker/Döring*, Zurechnung des wirtschaftlichen Eigentums an Barvermögen im Rahmen von Contractual Trust Arrangements, BB 2007, S. 596; *Schnoor*, Ist § 251 HGB (Bestellung von Sicherheiten für fremde Verbindlichkeiten) nicht auf Leasinggesellschaften anzuwenden?, DB 1988, S. 2421; *Schön*, Der Bundesfinanzhof und die Rückstellungen, BB 1994, Beilage 9; *Schönborn*, Verbindlichkeitsrückstellungen bei progressiver Miete, BB 1998, S. 1099; *Schoor*, Behandlung des Restbuchwerts und der Abbruchkosten beim Abbruch von Gebäuden, DStZ 1999, S. 255; *Schoor*, Neues und Problematisches zur Bilanzberichtigung, DStZ 2007, S. 274; *Schopp*, Kapitalkonten und Gesellschafterdarlehen in den Abschlüssen von Personenhandelsgesellschaften – unter Berücksichtigung der GmbH & Co. KG, BB 1987, S. 581; *Schrell/Kirchner*, Fremdfinanzierte Unternehmenskäufe nach der KBV-Entscheidung des BGH: Sicherheitenpakete als existenzvernichtender Eingriff?, BB 2003, S. 1451; *Schubert*, Das neue Umweltschadensgesetz und mögliche Auswirkungen auf die Rückstellungsbilanzierung und –bewertung, WPg 2008, S. 505; *Schülen*, Entwicklungstendenzen bei der Bildung von Rückstellungen, WPg 1983, S. 658; *Schülke*, Zur Aktivierbarkeit selbstgeschaffener immaterieller Vermögensgegenstände, DStR 2010, S. 992; *Schürer-Waldheim*, Die Aufteilung eines Gesamtkaufpreises bei Erwerb von Grund und Gebäude im Betriebsvermögen, StuW 1983, S. 217; *Schüttler/Stolz/Jahr*, Die

Währungsumrechnung nach § 256a HGB n. F.: Wider die einseitige Maßgeblichkeit!, DStR 2010, S 768; *Schuhmann*, Ausgewählte Fragen des Firmen-/Geschäftswerts, StBp. 1994, S. 50; *Schuhmann*, Zur Abschreibung auf den erworbenen Praxiswert, StBp. 1994, S. 201; *Schulte*, Bergschadenersatzanspruch nach Grundwasserabsenkung, NJW 1990, S. 2734; *Schulte*, Bilanzierung von Gesellschafterforderungen und kapitalersetzenden Darlehen, BB 1986, S. 1817; *Schulte*, Imparitätsprinzip und Niederstwertvorschrift, WPg 1979, S. 505; *Schultz*, Kein Ertrag bei „angeschafften" Drohverlustrückstellungen, DB 2010, S. 364; *Schulz*, Wirtschaftliches Eigentum beim Immobilien-Leasing, BB 1986, S. 2173; *Schulze zur Wiesche*, Teilwertabschreibungen auf Auslandsbeteiligungen, FR 1987, S. 385; *Schulze zur Wiesche,* Verdeckte Gewinnausschüttung und Bilanz, StBp. 1993, S. 269; *Schulze-Osterloh*, Beseitigung des bilanziellen Kreditrisikos einer Forderung durch Tilgung bis zur Aufstellung des Jahresabschlusses, BB 2005, S. 483; *Schulze-Osterloh*, Die Rechnungslegung der Einzelkaufleute und Personenhandelsgesellschften nach dem Bilanzrichtlinien-Gesetz, ZHR 1986, S. 403; *Schulze-Osterloh*, Fortführungsprinzip und Stichtagsprinzip, DStR 2007, S. 1006; *Schulze-Osterloh*, Handelsrechtliche GoB und steuerliche Gewinnermittlung, Das Beispiel der Teilwertabschreibung, DStR 2011, S. 534; *Schulze-Osterloh*, Passiver Ausgleichsposten beim Erwerb von Anteilen an einer Kapitalgesellschaft gegen Zuzahlung des Verkäufers, BB 2006, S. 1955; *Schulze-Osterloh*, Verdeckte Gewinnausschüttung im Grenzgebiet zwischen Handels- und Steuerrecht, StuW 1994, S. 131; *Schwarz*, Die Zulässigkeit von Pauschalrückstellungen für Produkthaftungsinanspruchnahmen, DStR 1994, S. 194; *Seethaler,* Gängigkeitsabschläge bei der Warenlagerbewertung im Handel, BB 1997, S. 2575; *Seibert*, Die Partnerschaft für die Freien Berufe, DB 1994, S. 2381; *Seidel/Grieger/Muske*, Bilanzierung von Entwicklungskosten nach dem BilMoG, BB 2009, S. 1286; *Seifried*, Zur Frage der Gewinnrealisierung bei Ausgliederung einzelner Wirtschaftsgüter (Teil 1), DB 1990, S. 1473; *Seifried*, Zur Frage der Gewinnrealisierung bei Ausgliederung einzelner Wirtschaftsgüter (Teil 2), DB 1990, S. 1525; *Selchert*, Das Realisationsprinzip – Teilgewinnrealisierung bei langfristiger Auftragsfertigung, DB 1990, S. 797; *Selchert*, Uneinheitlichkeit bei der Bewertungseinheitlichkeit, DB 1995, S. 1573; *Sester*, US-Cross-Border-Leasing: eine Risikoanalyse, unter besonderer Berücksichtigung der Risiken aus der Insolvenz es US-Trusts und aus deliktsrechtlichen Klagen in den USA, WM 2003, S. 1833; *Siegel*, Anpassungsrückstellungen aus der Sicht des I. Senats des BFH und aus der Sicht der GoB, DB 2002, S. 707; *Siegel*, Das Realisationsprinzip als allgemeines Periodisierungsprinzip?, BFuP 1994, S. 1; *Siegel*, Der Auftragsbestand – Immaterieller Vermögensgegenstand oder schwebendes Geschäft, DB 1997, S. 941; *Siegel*, Rückstellungsbildung nach dem Going-Concern-Prinzip – eine unzweckmäßige Innovation, DStR 2002, S. 1636; *Siegel*, Saldierungsprobleme bei Rückstellungen und die Subventionswirkung des Maßgeblichkeitsprinzips, BB 1994, S. 2237; *Siegel*, Umweltschutz im Jahresabschluß, BB 1993, S. 326; *Siegel,* Umweltschutzbedingte Aufwendungen – Zur Diskussion ihrer Berücksichtigung im Jahresabschluß, DB 1995, S. 537; *Siegel*, Zur Bewertung von Zerobonds bei Inanspruchnahme des Beibehaltungswahlrechts – Stellungnahme zu einem Beitrag von Baxmann, WPg 1990, S. 449; *Siegel/Bareis*, Zum „negativen Geschäftswert" in Realität und Bilanz, BB 1994, S. 317; *Sieger/Aleth*, Die Ausgliederung von Pensionsverpflichtungen auf eine Pensionsgesellschaft, DB 2002, S. 1487; *Sielaff*, Das Objektivierungserfordernis bei der Bilanzierung von Rückstellungen, DStR 2008, S. 369; *Siepe/Husemann/Borges*, Ist das Index-Verfahren mit den Grundsätzen ordnungsmäßiger Buchführung vereinbar? – Eine Replik zu *Schneider/Siegel,* Das Index-Lifo-Verfahren als „Fortentwicklung" von Grundsätzen ordnungsmäßiger Buchführung?, WPg 1995, S. 365; *Simon*, Ausschüttungsbedingte Teilwertabschreibungen und Gewinnminderungen auf Beteiligungen an ausländischen Kapitalgesellschaften im Einkommen- und Körperschaftsteuergesetz

(Teil 1), IStR 1995, S. 44; *Sobotka*, Der neue Teilamortisationserlaß im Immobilien-Leasing, BB 1992, S. 827; *Söffing*, Nutzungsüberlassungen im Ertragsteuerrecht, DB 1989, S. 399; *Söffing*, Pensionsrückstellung für Personengesellschafter (Teil I), BB 1999, S. 40; *Söffing*, Pensionsrückstellung für Personengesellschafter (Teil II), BB 1999, S. 96; *Söffing*, Zur Anwendung des Abschn. 35 EStR (Rücklage für Ersatzbeschaffung) bei gesetzlichem Zwang, FR 1980, S. 66; *Sondermann/Sandmann*, Zur Bewertung von Caps und Floors, ZfB 1990, S. 1205; *Sorg*, Teilwertabschreibung und striktes Wertaufholungsgebot in der Steuerbilanz ab 1999, BBK, F. 30, S. 941; *Spindler*, Neuregelung des Kapitalmarkt- und Börsenrechts zum Anlegerschutz? – Zur gesellschafts- und wirtschaftsrechtlichen Abteilung des 64. Deutschen Juristentages, DStR 2002, S. 2041; *Staufenberg/Marquardt*, Die Bilanzierung des Customizing von ERP-Software, DStR 2004, S. 195; *Stengel*, Rückstellungen für Risiken aus Rechtsstreiten, BB 1993, S. 1403; *Stepan/Ortner*, Kosten und Erträge der betrieblichen Berufsausbildung, ZfB 1995, S. 351; *Stibi/Fuchs*, Zum Referentenentwurf des Bilanzrechtsmodernisierungsgesetzes (BilMoG): Erste Würdigung ausgewählter konzeptioneller Fragen, DB 2008, Beilage 1, S. 6; *Stibi/Fuchs*, Zur Umsetzung der HGB-Modernisierung durch das BilMoG: Konzeption des HGB – Auslegung und Interpretation der Grundsätze ordnungsmäßiger Buchführung unter dem Einfluss der IFRS?, DB 2009, Beilage 5, S. 9; *Stinner*, Steuerrechtliche Behandlung des Mobilien-Leasings, Steuerwarte 1994, S. 101; *Stobbe*, Eingeschränkte Maßgeblichkeit bei den Herstellungskosten, FR 1994, S. 105; *Stobbe*, Ist der Maßgeblichkeitsgrundsatz bei der Zurechnung des wirtschaftlichen Eigentums anwendbar?, BB 1990, S. 518; *Stobbe/Loose*, Steuerentlastungsgesetz 1999/2000/2002 – Auswirkungen auf die handels- und steuerrechtliche Gewinnermittlung, FR 1999, S. 411; *Strahl*, Steuerrechtsfolgen von Forderungsverzichten durch GmbH-Gesellschafter, KÖSDI 1999, S. 11862; *Strahl*, Übertragung stiller Reserven nach § 6b EStG und R 35 EStR – Rechtsänderungen und Problemfelder, KÖSDI 1999, S. 12165; *Streck u.a.*, Verschmelzung und Formwechsel nach dem neuen Umwandlungsgesetz, GmbHR 1995, S. 161; *Streck/Binnewies*, Gestaltungsmöglichkeiten, Bilanzierungs- und Steuerfragen zum Handel mit Berechtigungen zur Emission von Treibhausgasen nach dem Treibhausgas-Emissionshandelsgesetz (TEHG), DB 2004, S. 1116; *Streim*, Meinungen zum Thema: Realisationsprinzip und Rückstellungsbildung, BFuP 1994, S. 63; *Strieder*, Cap-Prämien im Jahresabschluß es Erwerbers bei veränderten Marktverhältnissen, DB 1996, S. 1198; *Strieder/Ammedick*, Probleme bei nicht börsengängigen Call-Optionen zum Ende der Laufzeit, DB 1999, S. 708; *Struffert/Wolfgarten*, Aktuelle Fragen der Bilanzierung von Verbriefungstransaktionen, WPg 2010, S. 371; *Stüttgen*, Die Berechnung der Gewerbesteuerrückstellung ab 1.1.1993, DB 1993, S. 950; *Stuhr/Bock*, Steuerrechtliche Behandlung öffentlich-rechtlich bedingter Umweltschutzverpflichtungen, DStR 1995, S. 1134; *Stuhrmann*, Die wesentlichen ertragsteuerlichen Änderungen durch das Steuerentlastungsgesetz 1999/2000/2002 vom 24.3.1999, NJW 1999, S. 1657; *Stumpe*, Rückstellungen für Kulanzen, FR 1961, S. 238; *Suchanek/Heyes,* Anwendungen zur Einführung eines neuen Softwaresystems, FR 2005, S. 184; *Sundermeier*, Rückstellungen für Verpflichtungen aus Pachtverträgen, BB 1993, S. 824; *Theile*, Ausweisfragen beim Jahresabschluß der GmbH & Co. KG nach neuem Recht, BB 2000, S. 555; *Theile*, Totenglocken für das Maßgeblichkeitsprinzip, DStR 2009, S. 2384; *Theile*, Übergang auf BilMoG im Jahresabschluss: Insbesondere niedrigere Wertansätze von Vermögensgegenständen, StuB 2009, S. 749; *Thierer*, Handelsrechtliche Bilanzierung von Rückdeckungsversicherungen beim Arbeitgeber, DB 2011, S. 189; *Tillmann*, Wertaufhellung und die zeitlichen Grenzen ihrer Berücksichtigung, GmbHR 1999, S. 905; *Toth*, Die steuerliche Zurechnung des Leasingobjektes beim Immobilien-Leasing, BB 1994, S. 263; *Tran*, Die Bilanzierung immaterieller Vermögensgegenstände nach BilMoG – normative Erkenntnisse empirischer Befunde, KoR 2011, S. 538; *Trapp-*

mann, Bewertungsvereinfachungsverfahren für Grundstücke zulässig?, DB 1996, S. 391; *Treiber*, Die Behandlung von Software in der Handels- und Steuerbilanz, DStR 1993, S. 887; *Urban*, Ansatz und Ausweis ausschüttungsbedingter Steueränderungen i.S.d. § 37 Abs. 2 bzw. § 38 Abs. 2 KStG im Jahresabschluss, INF 2003, S. 136; *Uttenreuther/Puskas*, Die Bilanzierung von Versorgungsverpflichtungen aus der Zusatzversorgung des öffentlichen Dienstes, DB 1996, S. 741; *v. Eitzen/Moog/Pyschny*, Forschungs- und Entwicklungskosten nach dem Bilanzrechtsmodernisierungsgesetz (BilMoG) unter Berücksichtigung des IAS 38, KoR 2010, S. 357; *von Kanitz*, Bilanzierung von Anteilen an Personenhandelsgesellschaften, WPg 2007, S. 57; *von Kanitz*, Rechnungslegung bei Personenhandelsgesellschaften – Anmerkungen zu IDW RS HFA 7, WPg 2003, S. 324; *von Treuberg/Scharpf*, DTB-Aktienoptionen und deren Abbildung im Jahresabschluß von Industrieunternehmen, DB 1991, S. 661; *von Treuberg/Scharpf*, Pensionsgeschäfte und deren Behandlung im Jahresabschluß von Kapitalgesellschaften nach § 340b HGB, DB 1991, S. 1233; *von Westphalen*, Bilanzrechtliche Bewertung Hermes-gesicherter Auslandsforderungen, BB 1982, S. 711; *von Westphalen*, Das neue Produkthaftungsgesetz, NJW 1990, S. 83; *van Venrooy*, Handelsbilanz – Rückstellungen wegen Patentverletzungen, StuW 1991, S. 28; *Vater*, Steuergestaltung bei international tätigen Personengesellschaften, StuW 2005, S. 61; *Veigel/Lentschig*, Wechselgeschäfte, StBp. 1994, S. 81; *Veit*, Rückstellungen für Zuwendungen anlässlich eines Dienstjubiläums, StuB 2009, S. 102; *Velte*, Handels- und steuerbilanzielle Qualifikation des derivativen Geschäfts- oder Firmenwerts, StuW 2010, S. 93; *Velte/Sepetauz*, BilMoG: Ansatzwahlrecht für selbst geschaffene immaterielle Anlagegüter, BC 2010, S. 349; *Vetter*, Rechtsfolgen existenzvernichtender Eingriffe, ZIP 2003, S. 601; *Vevers/Nolte*, Wertpapiergebundene Versorgungszusagen im Jahresabschluss, DB 2002, S. 1281; *VFA*, Bewertung von Kapitalanlagen bei Versicherungsunternehmen, FN-IDW 2002 S. 667; *Vierhaus*, Das Bundes-Bodenschutzgesetz, NJW 1998, S. 1262; *Völker*, US-Leasingtransaktionen und ihre bilanzielle Darstellung nach IAS, WPg 2002, S. 669; *Völker-Lehmkuhl*, Risiken des Abschlussprüfers durch den CO_2-Emissionshandel, DB 2005, S. 785; *Vogelpoth/Dörschell/Fuhrmann*, Die Bilanzierung von Pensionsverpflichtungen gegenüber Beamten und deren Hinterbliebenen – Das System der Versorgungskassen und seine bilanziellen Konsequenzen, WPg 2003, S. 1193; *Vollmer/Nick*, Die Zulässigkeit von Pauschalrückstellungen für Produkthaftpflichtrisiken, DB 1985, S. 53; *Wackerbarth*, Existenzvernichtungshaftung 2005: Unternehmerische Entscheidungen auf dem Prüfstand?, ZIP 2005, S. 877; *Wagner/Schomaker*, Die Abschreibung des Firmenwerts in Handels- und Steuerbilanz nach der Reform des Bilanzrechts, DB 1987, S. 1365; *Wagner/Staats*, Die Behandlung geringwertiger Wirtschaftsgüter im Handels-, Steuer- und Investitionszulagenrecht nach dem Unternehmensteuerreformgesetz 2008, DB 2007, S. 2395; *Wagner/Wangler*, Kombizins-Anleihen – Eine Finanzinnovation als Steuersparmodell?, DB 1992, S. 2405; *Walpert*, Zur Steuerneutralität der nicht-verhältniswahrenden Abspaltung von einer Kapitalgesellschaft auf Kapitalgesellschaften, DStR 1998, S. 361; *Walter*, Umsatzsteuer und Asset Backed Securitisation – Auswirkungen der Factoring-Rechtsprechung des EuGH, BB 2004, S. 136; *Waschbusch*, Die Rechnungslegung der Kreditinstitute bei Pensionsgeschäften, BB 1993, S. 172; *Wassermeyer*, Die Konkurrenz zwischen verdeckter Gewinnausschüttung und Bilanzrecht, FR 1993, S. 793; *Wassermeyer*, Teilwertabschreibung auf die Beteiligung an einer inländischen Kapitalgesellschaft, FR 1989, S. 518; *Wassermeyer*, Verdeckte Gewinnausschüttung bei einer GmbH & Co. KG, GmbHR 1999, S. 18; *Waßmer/Helmschrott*, Leasingbilanzierung nach dem G4+1 Positionspapier Fortschritt oder Rückschritt?, DB 2000, S. 2025; *Weber*, Die Bewertung von ausländischen Unternehmen, DStR 1993, S. 1270; *Weber*, Gewinnrealisierung durch Ausgliederung von Vermögensgegenständen auf Tochter- Personengesellschaften, DStR 1994, S. 592; *Weber/Küpper*,

Die Zusatzversorgung der Arbeitnehmer des öffentlichen Dienstes im Jahresabschluß ihres Arbeitgebers, DB 1995, S. 437; *Weber-Grellet*, Bilanzrecht im Lichte, Bilanzsteuerrecht im Schatten des EuGH, DB 1996, S. 2089; *Weber-Grellet*, Die Gewinnermittlungsvorschriften des Steuerentlastungsgesetzes 1999/2000/2002 – Ein Fortschritt?, BB 1999, S. 2659; *Weber-Grellet*, Die Gewinnermittlungsvorschriften des Steuerentlastungsgesetzes 1999/2000/2002 – Ein Fortschritt?, DB 2000, S. 165; *Weber-Grellet*, Die verdeckte Einlage, DB 1998, S. 1532; *Weber-Grellet*, Kommentar zu BFH, Beschluss v. 15.03.1999 – I B 95/98, FR 1999, S. 806; *Weber-Grellet*, Realisationsprinzip und Belastungsprinzip – Zum zeitlichen Ausweis von Ertrag und Aufwand, DB 1997, S. 2233; *Weber-Grellet*, Realisationsprinzip und Belastungsprinzip – Zum zeitlichen Ausweis von Ertrag und Aufwand, DB 2002, S. 2180; *Weber-Grellet*, Rechtsprechung des BFH zum Bilanzsteuerrecht im Jahr 2005, BB 2006, S. 35; *Wedelstädt*, Folgen von Bilanzberichtigung und Bilanzänderung auf bestandskräftige Steuerfestsetzungen nachfolgender Veranlagungszeiträume, DB 1993, S. 1543; *Wehrheim/Fross*, Erosion handelsrechtlicher GoB durch das Bilanzrechtsmodernisierungsgesetz, ZfB 2010, S. 71; *Wehrheim/Fross*, Plädoyer für eine Stärkung des Maßgeblichkeitsprinzips, DStR 2010, S. 1348; *Weinand/Wolz*, Forschungs- und Entwicklungskosten im Mittelstand, KoR 2010, S. 130; *Weinand/Wolz*, Rückstellungen nach BilMoG, KoR 2011, S. 161; *Weirich*, Bilanzänderungen aus der Sicht der Handelsbilanz, WPg 1976, S. 628; *Weiss/Schmidt*, Anmerkungen zur Zulässigkeit des Sequentialtests als Verfahren der Werkstattinventur, DB 1987, S. 2006; *Wellisch/Bleckmann*, Schuldbeitritt und unmittelbare Pensionsverpflichtungen, BetrAV 2006, S. 142; *Wellisch/Gellrich/Quiring*, Besteuerung, Bilanzierung und Finanzierung der Auslagerung von Direktzusagen auf Pensionsfonds, BB 2010, S. 623; *Wellisch/Quast*, Bilanzierung von Rückstellungen bei „verblockter" Altersteilzeit und Lebensarbeitskonten, BB 2006, S. 763; *Wellisch/Quiring/Bleckmann*, Entpflichtung von Pensionsverpflichtungen, NWB Fach 17, S. 2027; *Wellisch/Schwinger/Mühlberger*, Rückstellungen für wertpapiergebundene Pensionszusagen nach § 6a EStG, DB 2003, S. 628; *Welzel*, Immobiles Anlagevermögen auf Grund und Boden des Ehegatten des Betriebsinhabers, DStZ 1989, S. 402; *Wendthold/Wesemann*, Zur Umsetzung der HGB-Modernisierung durch das BilMoG: Bilanzierung von latenten Steuern im Einzel- und Konzernabschluss, DB 2009, Beil: 5, S. 64; *Wenger/Kaserer/Bayer*, Die erfolgskonforme Abbildung von Zins- und Währungsswap in der Handels- und Steuerbilanz, DStR 1995, S. 948; *Wenk/Jagosch*, Personalmaßnahmen in der Krise – Bilanzielle Abfindung nach HGB/IFRS, DStR 2009, S. 1712; *Werner/Husmann*, Bilanzierung von Financial Futures im Jahresabschluss der Kreditinstitute, BuW 1997, S. 764; *Weßling*, Ansparabschreibung auch für Großunternehmen?, BB 1994, S. 1823; *Westerfelhaus*, Eingeschränkte Bilanzierungsfähigkeit des Substanzwerterhaltungsanspruchs beim Verpächter, DB 1992, S. 2365; *Westerfelhaus*, Zwei-Stufen-Ermittlung zum bilanzierungsfähigen Vermögensgegenstand, DB 1995, S. 885; *WFA*, Auswirkungen von Mietpreisbindungen im sozialen Wohnungsbau auf die Bewertung von Wohngebäuden und die Bildung von Rückstellungen für drohende Verluste aus schwebenden Geschäften, FN-IDW 2002, S. 342; *Wichmann*, Das Sonderbetriebsvermögen in Buchführung und Bilanz, BB 1991, S. 2117; *Wichmann*, Die Rückdeckungsversicherung im handelsrechtlichen Jahresabschluss, BB 1989, S. 1228; *Wichmann*, Herstellung von Beteiligungen, BB 1992, S. 1241; *Wichmann*, Herstellung von Rechten – dargestellt am Beispiel des Nießbrauchs und der GmbH-Anteile, BB 1986, S. 28; *Wiechers*, Ansatz- und Bewertungstetigkeit im handelsrechtlichen Jahresabschluss, BBK 2011, S. 172 ff.; *Wiechens/Varain*, Bilanzierung strukturierter Finanzinstrumente nach IDW RS HFA 22,BB 2008, S. 2338; *Wilhelm*, Gebäudebilanzierung und -abschreibung in der Handels- und Steuerbilanz, BB 1996, S. 1319; *Wilke/Kesselmeier*, Die Teilwertermittlung von Handelswaren bei gesunkenen Verkaufspreisen, DStR 1996, S. 6;

Windmöller/Breker, Bilanzierung von Optionsgeschäften, WPg 1995, S. 389; *Winkler/ Hackmann*, BB 1985, S. 1103; *Winter*, Zur Rückstellungsdotierung bei OTC-Zinsoptionen, BB 1995, S. 1631; *Witteler/Lewe*, Abbruch- und Entsorgungskosten als Herstellungskosten von ortsgebundenen Folgeinvestitionen, DB 2009, S. 2445; *Woerner*, Die Gewinnrealisierung bei schwebenden Geschäften: Vollständigkeitsgebot, Vorsichts- u. Realisationsprinzip, BB 1988, S. 769; *Wohlgemuth/Radde*, Der Bewertungsmaßstab „Anschaffungskosten" nach HGB und IAS – Darstellung der Besonderheiten und kritische Gegenüberstellung, WPg 2000, S. 903; *Wohlgemuth/Ständer*, Der Bewertungsmaßstab „Herstellungskosten" nach HGB und IAS – Darstellung der Besonderheiten und kritische Gegenüberstellung, WPg 2003, S. 203; *Wriedt/Fischer*, Zur Bilanzierung von Filmvermögen, DB 1993, S. 1683; *Wübbelsmann*, Gedanken zur Diversifikation der Abschreibung einer Domain – Oder: Nachts sind alle Katzen grau, DStR 2005, S. 1659; *Wüstemann/Koch*, Zinseffekte und Kostensteigerungen in der Rückstellungsbewertung nach BilMoG, BB 2010, S. 1075; *Wulf/Petzold*, Bilanzierung von einzelvertraglichen oder durch Betriebsvereinbarung vereinbarten sowie von tarifvertraglichen Altersteilzeitverhältnissen, DB 2001, S. 2157; *Wulf/Petzold*, Bilanzierung von Leasing-Rücknahmeverpflichtungen in der Automobilbranche, DStR 2004, S. 2116; *Wulf/Roessle*, Bilanzierung und Bewertung unfertiger Bauaufträge bei Verlustgeschäften, DB 2001, S. 393; *Zahn*, Risiko des Leasinggebers und Vertragsgestaltung nach dem Immobilien-Erlaß vom 23.12.1991 (Teil 1), DB 1992, S. 2482; *Zahn*, Risiko des Leasinggebers und Vertragsgestaltung nach dem Immobilien-Erlaß vom 23.12.1991 (Teil 2), DB 1992, S. 2537; *Zeitler*, Der Firmenwert und verwandte immaterielle Wirtschaftsgüter in der Bilanz, DStR 1988, S. 303; ; *Zilias*, Interessenausgleich und Sozialplan unter arbeits- insolvenz- und bilanzrechtlichen Aspekten, WPg 1979, S. 573; *Zimmer*, Erstattung von Arbeitslosengeld: Arbeitgeber haften jetzt strenger, DStR 2004, S. 644; *Zimmermann*, Die Bilanzierung von Emissionsrechten in Informations-, Handels- und Steuerbilanzen – Ein kritischer Vergleich, StuB 2006, S. 369; *Zitzelsberger*, Überlegungen zur Einrichtung eines nationalen Rechnungslegungsgremiums in Deutschland, WPg 1998, S. 246; *Zühlsdorff/Geißler*, Abfallrechtliche Rückstellungen im Fokus des BFH, BB 2005, S. 1097; *Zugmaier*, Die Bilanzänderung nach § 4 Abs. 2 Satz 2 EStG, Inf. 2001, S. 10; *Zwingmann*, Der Geschäfts- und Firmenwert sowie der Unterschiedsbetrag aus der Kapitalkonsolidierung im Konzernabschluß, BB 1994, S. 2314; *Zwirner*, Besonderheiten der Behandlung von Altersteilzeitvereinbarungen nach BilMoG, BB 2011, S. 619; *Zwirner*, BilMoG: Abzinsung von Rückstellungen in Bezug auf die Restlaufzeit, BC 2010, S. 407

Kapitel F

Erläuterungen zu den für Kapitalgesellschaften sowie bestimmte Personenhandelsgesellschaften geltenden ergänzenden Vorschriften zum Jahresabschluss und zum Lagebericht sowie Erläuterungen zum Abhängigkeitsbericht

I. Ergänzende Vorschriften für die Rechnungslegung bestimmter Unternehmen

1. Überblick über die zusätzlich anzuwendenden Vorschriften

KapGes. sowie Personenhandelsgesellschaften i.S.d. § 264a HGB (vgl. hierzu im Einzelnen Tz. 20) haben bei der Aufstellung des JA **zusätzlich** zu den für alle Kaufleute geltenden Vorschriften (§§ 242 bis 256a HGB, vgl. Kap. E) die **ergänzenden Bestimmungen** der §§ 264 bis 289a HGB, z.T. abgestuft nach der Größe (§ 267 HGB, vgl. Tz. 70) oder abhängig von einer Kapitalmarktorientierung (§ 264d HGB, vgl. Tz. 24 ff.), zu beachten. AG und KGaA haben darüber hinaus noch einige ergänzende Vorschriften des AktG zu beachten (§§ 58, 150, 152, 158, 160 und – nur KGaA – § 286 AktG), GmbH die §§ 29 und 42 GmbHG. Für Personenhandelsgesellschaften i.S.d. § 264a HGB sind spezielle Regelungen in § 264c HGB enthalten. 1

Der JA von KapGes. und Personenhandelsgesellschaften i.S.d. § 264a HGB besteht grds. aus drei Teilen, der **Bilanz**, der **Gewinn- und Verlustrechnung** und dem **Anhang**. Alle drei Teile bilden eine Einheit (§ 264 Abs. 1 S. 1 HGB), d.h. überall dort, wo das Gesetz im Rahmen von Vorschriften für diese Gesellschaften von einem JA spricht, sind nicht nur Bilanz und GuV, sondern auch der Anh. gemeint. Das Gesetz enthält in §§ 264 ff. HGB spezielle Vorschriften zur Gliederung von Bilanz und GuV sowie zum Ansatz einzelner Posten. Außerdem sind in zahlreichen Bestimmungen sowie insb. in §§ 284 ff. HGB Angaben und Erläuterungen vorgeschrieben, die in den Anh. aufgenommen werden müssen. 2

Kapitalmarktorientierte KapGes. und Personenhandelsgesellschaften i.S.d. § 264a HGB (vgl. dazu Tz. 24), die nicht zur Aufstellung eines KA verpflichtet sind (vgl. M Tz. 21 ff.), haben den JA um eine **Kapitalflussrechnung** (Tz. 1069 ff.) und einen **Eigenkapitalspiegel** (Tz. 1072 ff.) zu erweitern, die mit den übrigen JA-Bestandteilen (Tz. 2) eine Einheit bilden (§ 264 Abs. 1 S. 2 erster Hs. HGB). Darüber hinaus dürfen sie ihren JA um eine **Segmentberichterstattung** (Tz. 1076 ff.) erweitern (§ 264 Abs. 1 S. 2 zweiter Hs. HGB). 3

Neben dem JA ist von mittelgroßen und großen Gesellschaften außerdem ein **Lagebericht** (§ 289 HGB) aufzustellen (§ 264 Abs. 1 S. 1 HGB; vgl. dazu Tz. 1080); kleine Gesellschaften sind hiervon gem. § 264 Abs. 1 S. 3 HGB befreit. 4

JA und LB sind innerhalb der ersten drei Monate nach Ablauf des GJ **aufzustellen** (§ 264 Abs. 1 S. 2 HGB). Für kleine Gesellschaften verlängert sich diese Frist (insofern nur für den JA) auf bis zu sechs Monate. Voraussetzung dafür ist, dass die spätere Aufstellung „einem ordnungsmäßigen Geschäftsgang entspricht" (§ 264 Abs. 1 S. 3 HGB); davon ist z.B. nicht auszugehen, wenn sich die kleine Gesellschaft in einer Krisensituation befindet, weil ihr die Zahlungsunfähigkeit oder die Überschuldung[1] droht. Eine Nichtbefolgung der 5

---

[1] Vgl. zu den Begriffen: WP Handbuch 2008 Bd. II, L Tz. 150 ff. und 204 ff.

Aufstellungspflicht kann vom BAJ, das von Amts wegen tätig wird, im Rahmen des **Ordnungsgeldverfahrens** nach §§ 335 S. 1 Nr. 1; 335b HGB geahndet werden[2]. Die Nichtbeachtung der Vorschriften über Form und Inhalt des JA, die Bewertung, die Gliederung, die in der Bilanz oder im Anh. zu machenden Angaben sowie über den Inhalt des LB stellt eine **Ordnungswidrigkeit** dar und kann mit einer Geldbuße bis zu 50 000 € geahndet werden (§ 334 HGB). Wegen der **Feststellung** des JA vgl. für die AG §§ 172, 173 AktG, für die KGaA § 286 Abs. 1 AktG, für die GmbH § 42a Abs. 2 GmbHG. Bei Personenhandelsgesellschaften ist die Feststellung des JA gesetzlich nicht geregelt. Nach der älteren[3] Rspr. handelte es sich um ein Grundlagengeschäft der Gesellschaft, für das die Mitwirkung aller persönlich haftenden Gesellschafter sowie bei KG auch der Kommanditisten erforderlich war. Dieses Einstimmigkeitserfordernis hat der BGH[4] inzwischen aufgegeben. Danach ist für die Feststellung des JA – vorbehaltlich abweichender gesellschaftsvertraglicher Regelungen – grds. eine einfache Mehrheit in der Gesellschafterversammlung ausreichend[5]. Ist der JA aufgrund gesetzlicher Vorschriften zu prüfen, so ist eine Feststellung erst nach erfolgter Prüfung möglich (§ 316 Abs. 1 S. 2 HGB).

6 Der JA ist in **deutscher Sprache** und **Euro** aufzustellen (§ 244 HGB). Die Pflicht zur Verwendung der deutschen Sprache und der gesetzlichen Währung gilt auch für den Anh., da er Teil des JA ist. Für den LB fehlt es an einer ausdrücklichen Bestimmung, aber es kann für ihn als Teil der nicht nur an die Gesellschafter, sondern auch an die Öffentlichkeit (§ 325 Abs. 1 und 2 HGB) gerichteten Rechnungslegung nichts anderes gelten. Wegen Rundung von Betragsangaben vgl. E Tz. 5.

7 Der festgestellte JA ist von den gesetzlichen Vertretern zu **unterzeichnen** (§ 245 S. 1 HGB); bei KapGes. sind dies die Vorstandsmitglieder bzw. Geschäftsführer, die den JA sämtlich zu unterschreiben haben, auch wenn sie erst nach dem Abschlussstichtag und bis zum Ende der Aufstellungsphase für den JA Organstellung erlangen[6], bei Personenhandelsgesellschaften i.S.d. § 264a HGB die Vorstandsmitglieder oder Geschäftsführer der vertretungsberechtigten Gesellschaft(en) (§ 264a Abs. 2 HGB). Zur Unterzeichnung des **„Bilanzeids"** nach § 264 Abs. 2 S. 3 HGB bei KapGes. und Personenhandelsgesellschaften i.S.d. § 264a HGB, die Inlandsemittent i.S.d. § 2 Abs. 7 WpHG sind, vgl. Tz. 1237 ff.

8 JA und LB mittelgroßer und großer Gesellschaften unterliegen der **Pflichtprüfung** durch einen APr. (§§ 316 bis 324 HGB). Über das Ergebnis der Prüfung hat der Prüfer schriftlich zu berichten und einen BestV abzugeben (vgl. hierzu Kap. Q). Für kleine Gesellschaften ist dagegen eine Jahresabschlussprüfung nicht vorgeschrieben (vgl. Tz. 77).

2. Freiwilliger IFRS-Einzelabschluss nach § 325 Abs. 2a HGB für Zwecke der Offenlegung

9 **Kapitalgesellschaften** sowie denen gleichgestellte Personenhandelsgesellschaften i.S.d. § 264a HGB (vgl. Tz. 20) können nach § 325 Abs. 2a S. 1 HGB freiwillig einen sog. **IFRS-Einzelabschluss** aufstellen und diesen nach erfolgter Prüfung dann anstelle ihres handelsrechtlichen JA zusammen mit weiteren Unterlagen gem. § 325 Abs. 1 S. 2 bis 4 HGB sowie § 325 Abs. 2b Nr. 1 und Nr. 2 HGB (vgl. Tz. 12) im eBAnz. veröffentlichen (sog. befreiende Offenlegung). Daneben sind der JA sowie die weiteren in § 325 Abs. 1

---

2 Vgl. *Kozikowski/H.P. Huber* in BeBiKo[7], § 335, Rn. 20.
3 Vgl. BGH v. 29.03.1996, DB, S. 926; dazu *Binz/Sorg*, DB 1996, S. 969 ff.; ADS[6], § 246 HGB, Tz. 226 m.w.N.
4 Vgl. BGH v. 15.01.2007, GmbHR, S. 437 ff.
5 Vgl. *Binz/Mayer*, DB 2007, S. 1739 ff.; *Priester*, DStR 2007, S. 28 ff.
6 Vgl. ADS[6], § 245 HGB, Tz. 12 m.w.N.; *Winkeljohann/Schellhorn* in BeBiKo[7], § 245, Rn. 2.

S. 2 bis 4 HGB genannten Unterlagen nach (§ 325 Abs. 2b Nr. 3 HGB) beim Betreiber des eBAnz. in elektronischer Form einzureichen. Der IFRS-Einzelabschluss, der eine reine Publizitätsfunktion[7] hat, soll es den Unternehmen ermöglichen „... sich dem Publikum ... besonders nachdrücklich als Unternehmen mit internationaler Rechnungslegung zu präsentieren"[8]. Für die gesellschaftsrechtliche Kapitalerhaltung und Ausschüttungsbemessung, als Grundlage für die Unternehmensbesteuerung sowie für aufsichtsrechtliche Zwecke ist dagegen auch weiterhin die Aufstellung eines **handelsrechtlichen Jahresabschlusses** sowie dessen Prüfung erforderlich[9].

Die Möglichkeit zur „befreienden" Offenlegung eines IFRS-Einzelabschlusses besteht auch für **eingetragene Genossenschaften** (§ 339 Abs. 2 HGB) sowie für Unternehmen, die unter das **PublG** fallen (§ 9 Abs. 1 S. 1 PublG); zu Einzelheiten H, Tz. 1. Gleiches gilt für **Kreditinstitute** (§ 340l Abs. 1 S. 1 i.V.m. Abs. 4 HGB) und **Versicherungsunternehmen** (§ 341l Abs. 1 S. 1 i.V.m. Abs. 3 HGB). 10

Die **Inanspruchnahme** des Unternehmenswahlrechts zur befreienden Offenlegung eines IFRS-Einzelabschlusses ist nach § 325 Abs. 2a S. 6 HGB jedoch dann **ausgeschlossen**, wenn die Anwendung der Schutzklausel nach § 286 Abs. 1 HGB (vgl. Tz. 1061) dazu führen würde, dass die nach IFRS gebotene Berichterstattung nicht vollständig erfolgen könnte, d.h. im Ergebnis gegen die internationalen Rechnungslegungsstandards verstoßen werden müsste, was dann zwangsläufig im Rahmen der Abschlussprüfung (§ 324a Abs. 1 HGB) zu einer Beanstandung gem. § 322 Abs. 4 HGB führen würde[10]. 11

Nach dem Wortlaut des § 325 Abs. 2a S. 1 HGB tritt der IFRS-Einzelabschluss bei der **Offenlegung im eBAnz.** lediglich an die Stelle des handelsrechtlichen JA (zu zusätzlichen Angabepflichten im **Anhang** vgl. Tz. 15). Nach § 325 Abs. 2 i.V.m. Abs. 1 S. 2 bis 4 HGB sind somit grds. folgende Unterlagen zusammen mit dem IFRS-Einzelabschluss offen zu legen: 12

– der **Lagebericht** gem. § 289 HGB (vgl. Tz. 16) und
– ggf. der **Bericht des Aufsichtsrats** (vgl. Tz. 17) sowie
– ggf. die **Erklärung zum DCGK** nach § 161 AktG.

Außerdem ist auch der vom APr. erteilte **Bestätigungsvermerk** bzw. Versagungsvermerk im eBAnz. offenzulegen, dies wäre grds. derjenige, der sich auf den handelsrechtlichen JA bezieht (§ 325 Abs. 2 i.V.m. Abs. 1 S. 2 HGB). Dessen Offenlegung geht jedoch die Regelung in § 325 Abs. 2b Nr. 1 HGB vor, die bestimmt, dass stattdessen der entsprechende Vermerk zum IFRS-Einzelabschluss im eBAnz. bekannt zu machen ist.

Schließlich ist nach § 325 Abs. 2b Nr. 2 HGB noch der **Ergebnisverwendungsvorschlag bzw. -beschluss** unter Angabe des handelsrechtlichen Jahresergebnisses im eBAnz. zu veröffentlichen. Begründet wird dies damit, dass „... die ggf. zu erwartende Ausschüttung erhebliche Bedeutung für die Einschätzung der Situation des Unternehmens ..."[11] hat. Die Regelung in § 325 Abs. 2b Nr. 2 HGB hat klarstellenden Charakter, weil sich die Verpflichtung zur Offenlegung der vorgenannten Unterlagen bereits aus § 325 Abs. 2 i.V.m. Abs. 1 S. 3 HGB ergibt. Damit wird aber zugleich unterstrichen, dass der IFRS-Einzel-

---

7   Vgl. AK „Bilanzrecht der Hochschullehrer Rechtswissenschaft", BB 2004, S. 547; *Fey/Deubert*, KoR 2006, S. 92.
8   RegBegr. BilReG, BT-Drs. 15/3419, S. 46.
9   Vgl. RegBegr. BilReG, BT-Drs. 15/3419, S. 45; *Hüttemann*, BB 2004, S. 203 (205); *Großfeld*, NZG 2004, S. 395. *Hüttche*, DStR 2004, S. 1189; zum Festhalten am handelsrechtlichen JA für gesellschafts- und steuerrechtliche Belange vgl. z.B. AK „Bilanzrecht der Hochschullehrer Rechtswissenschaft", BB 2002, S. 2372.
10 Vgl. RegBegr. BilReG, BT-Drs. 15/3419, S. 47; *Fey/Deubert*, KoR 2006, S. 92 (98 f.).
11 Begr. RegE BilReG, BT-Drs. 15/3419, S. 46.

abschluss und das dort ermittelte Jahresergebnis[12] ausschließlich eine Informationsfunktion haben, während der handelsrechtliche JA für die Ausschüttungsbemessung maßgeblich bleibt. Eine **Überleitung** des Jahresergebnisses, wie es sich nach IFRS ergibt, auf das handelsrechtliche Jahresergebnis bzw. die Erläuterung wesentlicher Ursachen für Ergebnisdifferenzen zwischen den beiden Abschlüssen ist **nicht geboten**, aber zulässig und erscheint insb. bei erheblichen Ergebnisunterschieden auch zweckmäßig[13]. Unabhängig davon besteht aber bei erstmaliger Aufstellung eines IFRS-Einzelabschlusses nach IFRS 1.24(a)(i) (amend. 2009) die Verpflichtung, das nach den handelsrechtlichen Vorschriften ausgewiesene EK auf das EK in der auf den Tag des Übergangs *(date of transition)* auf IFRS aufgestellten Eröffnungsbilanz überzuleiten[14].

13 Der für die Offenlegung im eBAnz. an die Stelle des handelsrechtlichen JA tretende IFRS-Einzelabschluss ist bei der Veröffentlichung ausdrücklich als „Einzelabschluss nach internationalen Rechnungslegungsstandards (IFRS)" oder „Einzelabschluss nach § 325 Abs. 2a HGB" zu bezeichnen[15]. Ferner sind die folgenden gesetzlichen Anforderungen zu erfüllen:

– Die ins EU-Recht übernommenen **internationalen Rechnungslegungsstandards** (IFRS; vgl. zum Komitologieverfahren N Tz. 10) müssen bei der Aufstellung des IFRS-Einzelabschlusses vollständig befolgt werden (§ 325 Abs. 2a S. 2 HGB).
– Zusätzlich müssen auch bestimmte **handelsrechtliche Vorschriften** beachtet werden (vgl. dazu Tz. 14).
– Der **Lagebericht** nach § 289 HGB (Tz. 1080) muss auch auf den IFRS-Einzelabschluss Bezug nehmen (§ 325 Abs. 2a S. 4 HGB; dazu Tz. 15).
– Der IFRS-Einzelabschluss muss nach § 324a HGB vom **Abschlussprüfer** des JA gem. §§ 316 ff. HGB geprüft werden. Außerdem muss der IFRS-Einzelabschluss vor seiner Offenlegung bei der AG durch den **Aufsichtsrat** (§ 171 Abs. 2 S. 4 i.V.m. Abs. 4 S. 1 AktG) und bei der GmbH durch die **Gesellschafter** (§ 46 Nr. 1a GmbHG) gebilligt werden[16].
– Ferner müssen der handelsrechtliche JA und LB mit dem dazu erteilten BestV des APr., der Bericht des AR, die Erklärung zum DCGK und der Ergebnisverwendungsvorschlag bzw. -beschluss gem. § 325 Abs. 1 S. 1 bis 4 HGB (Einreichung beim Betreiber des eBAnz.) offen gelegt werden (§ 325 Abs. 2b Nr. 3 HGB).

Für die befreiende Wirkung der Offenlegung kommt es darauf an, dass die Voraussetzungen nach § 325 Abs. 2b Nrn. 1 bis 3 HGB (vgl. Tz. 12) erfüllt sind. Werden die IFRS oder die nach § 325 Abs. 2a S. 3 HGB anwendbaren handelsrechtlichen Vorschriften nicht vollständig beachtet, hat dies Konsequenzen für die Abschlussprüfung und ggf. die Testatserteilung, nicht aber für die Frage, ob der Abschluss als (befreiender) IFRS-(Einzel-) Abschluss angesehen werden darf[17].

14 Zu den **handelsrechtlichen** (JA-)**Vorschriften**, die im IFRS-Einzelabschluss neben den internationalen Rechnungslegungsstandards (IFRS) anzuwenden sind, gehören zunächst solche Vorschriften die unabhängig von den angewandten Rechnungslegungsvorschriften Geltung beanspruchen[18]. Im Einzelnen sind dies:

---

12 Vgl. zur Möglichkeit eines Ausweises des Bilanzgewinns im IFRS-Einzelabschluss ADS-International, Abschn. 22, Tz. 42.
13 Vgl. dazu *Fey/Deubert*, KoR 2006, S. 92 (95 f.).
14 Vgl. ausführlich ADS-International, Abschn. 3a, Tz. 237 m.w.N.
15 Vgl. Begr. RegE BilReG, BT-Drs. 15/3419, S. 46.
16 Vgl. dazu *Fey/Deubert*, KoR 2006, S. 92 (99 f.).
17 Vgl. *Fey/Deubert*, KoR 2006, S. 92 (94 f.).
18 Vgl. Begr. RegE BilReG, BT-Drs. 15/3419, S. 47.

Ergänzende Vorschriften für die Rechnungslegung bestimmter Unternehmen   F

- Aufstellungsgrundsatz (§ 243 Abs. 2 HGB),
- Sprache und Währungseinheit (§ 244 HGB),
- Unterzeichnung (§ 245 HGB) und
- Aufbewahrungspflichten und -fristen (§ 257 HGB).

Inlandsemittenten i.S.d. § 2 Abs. 7 WpHG müssen ferner § 264 Abs. 2 S. 3 HGB (Bilanzeid) beachten (vgl. Tz. 1237 ff.).

Weiter gehören hierzu nationale Vorschriften, mit denen ausgewählte Regelungen aus EU-Richtlinien umgesetzt werden bzw. die im öffentlichen Interesse oder zur Vervollständigung der für die Adressaten relevanten Informationen erforderlich sind[19]. Hierbei handelt es sich um folgende **Anhangangaben**:   **15**

- Durchschnittliche Arbeitnehmerzahl (§ 285 Nr. 7 HGB; Tz. 913 ff.),
- Personalaufwand bei Anwendung des UKV (§ 285 Nr. 8 lit. b) HGB; Tz. 896 ff.),
- Organbezüge (§ 285 Nr. 9 HGB; Tz. 917 ff.),
- Angaben zu Organmitgliedern (§ 285 Nr. 10 HGB; Tz. 966 f.),
- Unternehmensbeteiligungen über 20 % (§ 285 Nr. 11 HGB; Tz. 970 ff.),
- Stellung als persönlich haftender Gesellschafter bei anderen Unternehmen (§ 285 Nr. 11a HGB; Tz. 980 ff.),
- größter und kleinster Konsolidierungskreis (§ 285 Nr. 14 HGB; Tz. 982 ff.),
- Angaben zu persönlich haftenden Gesellschaftern (§ 285 Nr. 15 HGB; Tz. 1054),
- Angaben zur „Entsprechenserklärung gem. § 161 AktG" (§ 285 Nr. 16 HGB; Tz. 990),
- Vergütung des APr. (§ 285 Nr. 17 HGB; Tz. 992),
- Schutzklausel im öffentlichen Interesse (§ 286 Abs. 1 HGB; Tz. 1061),
- Unterlassen der Angaben nach § 285 Nr. 11 und Nr. 11a HGB wegen untergeordneter Bedeutung oder zur Vermeidung erheblicher Nachteile (§ 286 Abs. 3 HGB; Tz. 1062),
- Unterlassen der Angaben nach § 285 Nr. 9 lit. a) S. 5 bis 8 HGB, wenn die HV dies beschlossen hat (§ 286 Abs. 5 HGB; Tz. 950 ff.).

Der in § 325 Abs. 2a S. 3 HGB enthaltene Verweis auf § 287 HGB a.F. (Anteilsbesitzliste) geht nach dessen Aufhebung durch das BilMoG (Art. 66 Abs. 5 EGHGB) ins Leere[20].

Die nach § 325 Abs. 2a S. 4 HGB erforderliche Bezugnahme im **Lagebericht** auf den IFRS-Einzelabschluss bedeutet nicht, dass es sich hierbei um einen gesonderten Bericht handelt. Aus den Materialien[21] zum BilReG geht vielmehr hervor, dass zu beiden Abschlüssen (handelsrechtlicher JA und IFRS-Einzelabschluss) ein einheitlicher LB zu erstellen ist. Die Erläuterungen und Hinweise nach § 325 Abs. 2a S. 4 HGB sind dabei nur in dem Umfang erforderlich, als dies über die Anhangangaben zum IFRS-Einzelabschluss hinaus zu dessen Verständnis erforderlich ist[22]. Sie sind im Hinblick auf die Klarheit und Übersichtlichkeit der Darstellung erkennbar von der Lageberichterstattung nach § 289 HGB i.e.S. abzugrenzen, z.B. durch Einfügung entsprechender Zwischenüberschriften oder sonstige Hervorhebungen. Bei Betragsangaben ist im (einheitlichen) LB ausschließlich auf den IFRS-Einzelabschluss und nicht den handelsrechtlichen JA Bezug zu nehmen, weil den Adressaten im eBAnz. nur der IFRS-Einzelabschluss zugänglich ist[23].   **16**

Wird für Zwecke des § 325 Abs. 2a HGB ein freiwilliger IFRS-Einzelabschluss aufgestellt, hat der **Aufsichtsrat** auch diesen Abschluss zu prüfen und über das Ergebnis seiner   **17**

---

19 Vgl. Begr. RegE BilReG, BT-Drs. 15/3419, S. 46.
20 Vgl. *Gelhausen/Fey/Kämpfer*, BilMoG, Kap. O, Rn. 274 ff.
21 Vgl. Begr. RegE BilReG, BT-Drs. 15/3419, S. 45.
22 Vgl. Begr. RegE BilReG, BT-Drs. 15/3419, S. 47.
23 Vgl. *Fey/Deubert*, KoR 2006, S. 92 (98).

Prüfung schriftlich an die HV zu berichten (§ 171 Abs. 1 S. 1 und Abs. 2 S. 1 i.V.m. Abs. 4 S. 1 AktG). Ferner muss der AR zum Ergebnis der Prüfung des IFRS-Einzelabschlusses Stellung nehmen und erklären, ob er diesen Abschluss billigt (§ 171 Abs. 2 S. 3 und 4 i.V. m. Abs. 4 S. 1 AktG). Der vollständige Bericht des AR ist beim Betreiber des eBAnz. einzureichen und unverzüglich dort bekannt machen zu lassen (§ 325 Abs. 1 S. 3 i.V.m. Abs. 2 HGB)[24].

3. Anwendungsbereich
a) Rechtsformen

18 Die allgemeinen Vorschriften der §§ 242 ff. HGB, die für alle Kaufleute gelten, werden in §§ 264 ff. HGB durch weitergehende, spezielle Vorschriften ergänzt. Diese gelten zunächst unmittelbar für **Kapitalgesellschaften**; dazu gehören die AG, die KGaA, die GmbH und die SE[25]. Daneben sind die Vorschriften – vorbehaltlich einzelner Sonderregelungen – auf die Rechnungslegung von **Genossenschaften** anzuwenden (§ 336 Abs. 2 HGB).

19 Aufgrund von Verweisungsnormen sind die speziellen Vorschriften darüber hinaus auch **geschäftszweigspezifisch** von Kredit- und Finanzdienstleistungsinstituten (§ 340a Abs. 1 HGB) sowie von VU (§ 341a Abs. 1 HGB), gleich welcher Rechtsform, anzuwenden. Ferner ist die entsprechende Anwendung der Vorschriften für KapGes. auch für solche Unternehmen vorgeschrieben, die unter das **PublG** fallen (§ 5 PublG).

20 Nach § 264a HGB sind die Vorschriften der §§ 264 bis 330 HGB auch auf bestimmte **offene Handelsgesellschaften** und **Kommanditgesellschaften** anzuwenden. Erfasst werden solche Gesellschaften, bei denen nicht wenigstens ein persönlich haftender Gesellschafter eine natürliche Person oder eine OHG, KG oder andere Personengesellschaft mit einer natürlichen Person als persönlich haftendem Gesellschafter ist[26]. In Deutschland sind dies insb. Ausgestaltungen der **KapGes. & Co. KG**, bei denen zur Beschränkung der Haftung gerade die Stellung des Komplementärs durch eine nur mit ihrem Reinvermögen (EK) haftende KapGes. übernommen wird und so im Ergebnis die Haftung einer natürlichen Person gerade vermieden wird.

21 Nicht in den Anwendungsbereich des § 264a HGB fallen dagegen alle OHG und KG, bei denen – unmittelbar oder mittelbar – eine natürliche Person die Stellung eines Vollhafters (Gesellschafter einer OHG, Komplementär einer KG) hat. Ob neben der natürlichen Person auch juristische Personen beteiligt sind, ist unerheblich. Bei zwei- oder **mehrstöckigen Gesellschaften** reicht es daher für eine Vermeidung der Sonderregelungen auf der untersten Stufe aus, wenn in dieser Gesellschaft oder in einer der Stufen darüber wenigstens eine **natürliche Person als Vollhafter** beteiligt ist (vgl. § 264a Abs. 1 letzte Alt. HGB: „oder sich die Verbindung von Gesellschaften in dieser Art fortsetzt", d.h. nach

---

24 Vgl. dazu *Fey/Deubert*, KoR 2006, S. 92 (99 f.).
25 Maßgebliche Rechtsgrundlage für SE ist die sog. SE-VO (Verordnung (EG) Nr. 2157/2001 des Rates v. 08.10.2001 über das Statut der Europäischen Gesellschaft (SE), ABl.EU, Nr. L 294, S. 1 (i.d.F des Art. 1 ÄndVO (EG) 1791/2006 v. 20.11.2006, ABl.EU, Nr. L 363, S. 1)), die unmittelbar in allen Mitgliedstaaten gilt. Sofern die SE-VO keine oder nur partielle Regelungen enthält, kommen die nationalen Ausführungsgesetze, d.h. in Deutschland das SE-Ausführungsgesetz (SEAG, BGBl. 2004, S. 3675) und das SE-Beteiligungsgesetz (SEBG, BGBl. 2004, S. 3686), sowie die Rechtsvorschriften für AG zur Anwendung (vgl. *Schäfer* in MünchKomm. AktG^2, SE-VO Art. 9, Rn. 18 ff.). Eine SE ist somit aufgrund der in der SE-VO geregelten Verweisung grds. nach dem einschlägigen Recht ihres Sitzstaats zu behandeln (vgl. Art. 9 Abs. 1 lit. c) ii), 10 SE-VO; *Knittel/Eble*, BB 2008, S. 2283; WP Handbuch 2008 Bd. II, J Tz. 11 ff.). Zu weiteren europäischen Gesellschaftsformen (SCE, EWIV, EPG etc.) siehe WP Handbuch 2008 Bd. II, J Tz. 65 ff.
26 Vgl. ADS^6, § 264a HGB n.F., Tz. 11.

Nr. 2 über den jeweiligen voll haftenden Gesellschafter nach oben)[27]. Dagegen bleibt § 264a HGB auf eine Gesellschaft höherer Stufe anwendbar, auch wenn an einer nachgeordneten Gesellschaft eine natürliche Person als Vollhafter beteiligt ist.

Maßgeblicher **Zeitpunkt** für die Beurteilung der Frage, ob eine natürliche Person als Vollhafter vorhanden ist, ist grds. der jeweilige Abschlussstichtag (§ 242 HGB)[28]. Tritt allerdings ein persönlich haftender Gesellschafter nach dem Abschlussstichtag in die Gesellschaft ein, entfällt mit dem Wegfall des Haftungsprivilegs zugleich die Pflicht zur Anwendung der ergänzenden Vorschriften für KapGes. (§§ 264 bis 330 HGB). Sofern zu diesem Zeitpunkt die Offenlegung des JA der Personenhandelsgesellschaft für ein vorangegangenes GJ noch nicht erfolgt ist, entfällt auch diese Verpflichtung ex nunc, mit der Folge, dass dessen Offenlegung nicht nachgeholt werden muss[29]. Wegen der Nichteinreichung von JA-Unterlagen bereits nach § 335 Abs. 3 und 4 HGB festgesetzte Ordnungsgelder werden dagegen wegen ihres Sanktionscharakters auch nach Beitritt eines Vollhafters nicht mehr rückwirkend aufgehoben[30]. Für einen wirksamen Eintritt als persönlich haftender Gesellschafter reicht bereits der Abschluss einer (gesellschafts-)vertraglichen Vereinbarung mit den Mitgesellschaftern aus, wenn die Gesellschaft ihre Geschäfte mit ausdrücklicher oder konkludenter Zustimmung des Eintretenden fortsetzt (§ 123 Abs. 2 HGB analog)[31]. Die Eintragung im HR hat unter dieser Voraussetzung nur deklaratorische Bedeutung. Das Ausscheiden des persönlich haftenden Gesellschafters nach dem Abschlussstichtag wirkt für Zwecke des § 264a HGB nicht zurück, und zwar auch dann nicht, wenn der Austritt vor Erfüllung der Rechnungslegungspflichten erfolgt[32]. 22

Über die Eigenschaft als natürliche Person hinausgehende besondere **Anforderungen an die Person des Vollhafters** bestehen nicht. Es kann sich um in- oder ausländische Personen handeln. Auch ist es gleichgültig, ob sie über die Mindestanforderungen hinausgehend in der Gesellschaft tätig sind. Ebenfalls ist eine Mindesteinlage nicht vorgeschrieben, so dass auch eine natürliche Person als Gesellschafter oder Komplementär ohne Einlage die Anwendbarkeit des § 264a HGB ausschließt. Entscheidend ist nur die volle Haftung mit dem eigenen Vermögen bzw. – wenn kein Vermögen vorhanden ist – der Erwerbsfähigkeit[33]. 23

b) Kapitalmarktorientierte Kapitalgesellschaft

Durch den im Zuge des BilMoG eingefügten § 264d HGB enthält das HGB nunmehr eine **Legaldefinition** für die „kapitalmarktorientierte KapGes."[34]. Nach § 264d HGB ist eine KapGes. kapitalmarktorientiert, wenn sie einen organisierten Markt i.S.d. § 2 Abs. 5 WpHG (vgl. Tz. 25) durch von ihr ausgegebene Wertpapiere i.S.d. § 2 Abs. 1 S. 1 WpHG (vgl. Tz. 26) in Anspruch nimmt oder die Zulassung solcher Wertpapiere zum Handel an einem organisierten Markt beantragt hat (vgl. Tz. 27). In den Anwendungsbereich des 24

---

27 Vgl. im Einzelnen ADS[6], § 264a HGB n.F., Tz. 38; *Förschle/Usinger* in BeBiKo[7], § 264a, Rn. 35 ff.
28 Vgl. ADS[6], § 264a HGB n.F., Tz. 34.
29 Vgl. *IDW ERS HFA 7 n.F.*, Tz. 4, unter Verweis auf LG Osnabrück v. 01.07.2005, BB, S. 2461; dazu auch *Förschle/Usinger* in BeBiKo[7], § 264a, Rn. 29; *von Kanitz*, WPg 2008, S. 1059 ff.; *Giedinghagen*, NZG 2007, S. 933.
30 Vgl. LG Bonn v. 13.11.2009, BB 2010, S. 306.
31 Vgl. *von Kanitz*, WPg 2003, S. 324 (326); *IDW ERS HFA 7 n.F.*, Tz. 5.
32 Vgl. ADS[6], § 264a HGB n.F., Tz. 36; *Ischebeck/Nissen-Schmidt* in HdR[5], § 264a, Rn. 14.
33 Vgl. ADS[6], § 264a HGB n.F., Tz. 29; *Hüttemann* in Staub, HGB[4], § 264a, Rn. 11.
34 Vgl. Begr. RegE BilMoG, BT-Drs. 16/10067, S. 63, sowie zur Liste der Vorschriften mit Bezugnahme auf § 264d HGB *Gelhausen/Fey/Kämpfer*, BilMoG, Kap. K, Rn. 59.

§ 264d HGB fallen KapGes. (AG, GmbH, KGaA, SE)[35] sowie die ihnen gleichgestellten Personenhandelsgesellschaften i.S.d. § 264a HGB. Außerdem nehmen das PublG und das GenG an verschiedenen Stellen Bezug auf § 264d HGB (vgl. dazu H Tz. 66 f.).

25 Ein **organisierter Markt** i.S.d. § 2 Abs. 5 WpHG[36] ist ein im Inland, in einem anderen Mitgliedstaat der EU oder einem EWR-Vertragsstaat betriebenes oder verwaltetes, durch staatliche Stellen genehmigtes, geregeltes und überwachtes multilaterales System, das die Interessen einer Vielzahl von Personen am Kauf und Verkauf von dort zum Handel zugelassenen FI innerhalb des Systems und nach festgelegten Bestimmungen in einer Weise zusammenbringt oder das Zusammenbringen fördert, die zu einem Vertrag über den Kauf dieser FI führt. In Deutschland umfasst der organisierte Markt i.S.d. § 2 Abs. 5 WpHG den regulierten Markt i.S.d. §§ 32 ff. BörsenG, jedoch nicht den privatrechtlich organisierten Freiverkehr. Nicht zu den organisierten Märkten gehören auch die Märkte in sog. Drittstaaten (z.B. USA, Japan oder Schweiz). Unternehmen, deren Wertpapiere ausschließlich zum Handel in einem dieser Staaten zugelassen sind, sind daher keine kapitalmarktorientierten KapGes. i.S.d. § 264d HGB[37].

26 **Wertpapiere** i.S.d. § 2 Abs. 1 S. 1 WpHG[38] sind, auch wenn keine Urkunden über sie ausgestellt sind, alle Gattungen von übertragbaren Wertpapieren, die ihrer Art nach auf Finanzmärkten handelbar sind, mit Ausnahme von Zahlungsmitteln, d.h. insb.:

(1) Aktien,
(2) andere Anteile an in- oder ausländischen juristischen Personen, PersGes. oder sonstigen Unternehmen, soweit sie Aktien vergleichbar sind, sowie Zertifikate, die Aktien vertreten,
(3) Schuldtitel:
   (a) insb. Genussscheine, Inhaber- und Orderschuldverschreibungen sowie Zertifikate, die Schuldtitel vertreten,
   (b) sonstige Wertpapiere, die zum Erwerb oder zur Veräußerung von Wertpapieren nach den Nrn. 1 und 2 berechtigen oder zu einer Barzahlung führen, die in Abhängigkeit von Wertpapieren, von Währungen, Zinssätzen oder anderen Erträgen, Waren, Indices oder Messgrößen bestimmt wird.

Anteile an Investmentvermögen, die von einer KAG oder einer ausländischen Investmentgesellschaft ausgegeben werden, sind nach § 2 Abs. 1 S. 2 WpHG ebenfalls Wertpapiere i.S.d. WpHG; weil sich § 264d HGB aber nur auf Wertpapiere i.S.d. § 2 Abs. 1 S. 1 WpHG bezieht, führt die Ausgabe von Anteilen an Investmentvermögen insofern nicht zu einer Kapitalmarktorientierung[39].

27 Eine **Inanspruchnahme des Kapitalmarkts** i.S.d. § 264d HGB liegt vor, wenn Wertpapiere (vgl. Tz. 26) des betr. Unternehmens am Abschlussstichtag zum Handel in einem organisierten Markt i.S.d. § 2 Abs. 5 WpHG (vgl. Tz. 25) zugelassen sind oder bis zu diesem Zeitpunkt ein entspr. Zulassungsantrag gestellt wurde. Nach Sinn und Zweck der Regelung entfallen aber die aus der Kapitalmarktorientierung folgenden, erweiterten Bilanzierungs- und Prüfungspflichten für den letzten noch offenen JA, wenn in dessen

---

35 Zur künftigen Rechtsform der Europäischen Privatgesellschaft (SPE) vgl. z.B. *Arens*, Der Konzern 2010, S. 395 ff.
36 Die EU-Kommission veröffentlicht jährlich im ABl.EU ein Verzeichnis aller geregelten Märkte i.S.v. Art. 4 Abs. 1 Nr. 14 Finanzmarktrichtlinie, die zugleich den Anforderungen an einen organisierten Markt i.S.v. § 2 Abs. 5 WpHG erfüllen.
37 Vgl. *Gelhausen/Fey/Kämpfer*, BilMoG, Kap. K, Rn. 41.
38 Vgl. ausführlich dazu *Gelhausen/Fey/Kämpfer*, BilMoG, Kap. K, Rn. 42 ff.
39 Vgl. *Ellerich* in HdR[5], § 264d HGB, Rn. 10.

Aufhellungsphase die Zulassung der Wertpapiere zum Handel in einem organisierten Markt endet. Wertpapiere, die von TU ausgegeben werden, vermitteln dem MU keine Kapitalmarktorientierung i.S.d. § 264d HGB[40].

c) Befreiung bei Einbeziehung in einen Konzernabschluss

KapGes., die **Tochterunternehmen** eines nach § 290 HGB zur Konzernrechnungslegung verpflichteten MU (vgl. Tz. 38) sind, können gem. § 264 Abs. 3 HGB unter bestimmten Voraussetzungen von der Anwendung der §§ 264 ff. HGB bzgl. Aufstellung, Prüfung und Offenlegung von JA und LB absehen (vgl. Tz. 29 ff.). Dasselbe gilt für Personenhandelsgesellschaften i.S.d. § 264a HGB nach § 264b HGB (vgl. Tz. 58) und für Unternehmen, die unter das PublG fallen nach § 5 Abs. 6 PublG (vgl. H Tz. 29). Die Regelung in § 264 Abs. 4 HGB enthält eine entsprechende Regelung für KapGes., deren MU einen KA nach §§ 11 ff. PublG aufstellt (vgl. Tz. 42). 28

aa) Befreiung nach § 264 Abs. 3 ggf. i.V.m. Abs. 4 HGB

Im Einzelnen sieht das Gesetz für KapGes. bei kumulativem Vorliegen der Voraussetzungen des § 264 Abs. 3 Nrn. 1 bis 4 HGB folgende **Befreiungen** vor: 29

- von der Pflicht zur Aufstellung eines **Anhangs**; der JA besteht danach nur aus Bilanz und GuV;
- von der Pflicht zur Aufstellung eines **Lageberichts**;
- von der Anwendung der **besonderen Ansatzvorschriften** sowie der **Gliederungsvorschriften** für KapGes.; es verbleibt bei der Anwendung der Vorschriften für alle Kaufleute;
- von der Pflicht zur **Prüfung** des JA;
- von der Pflicht zur **Offenlegung** des JA.

Die Erleichterung bzgl. der Aufstellung eines Anh. erstreckt sich auch auf **rechtsformspezifische Angabepflichten**, z.B. nach § 160 AktG. Sonstige rechtsformbezogene Angabe- und Offenlegungspflichten, wie die Erklärung zum *DCGK* nach § 161 AktG[41], bleiben davon unberührt. **Wahlpflichtangaben** (vgl. Tz. 877 ff.) sind bei Verzicht auf einen Anh. grds. in die Bilanz oder die GuV aufzunehmen[42], sofern nicht insgesamt auf diese Angaben verzichtet wird. 30

Ungeachtet eines Vorliegens aller Befreiungsvoraussetzungen (vgl. Tz. 43) ist die Beachtung der **Ausschüttungssperre** (§ 268 Abs. 8 HGB; vgl. Tz. 102 ff.) dennoch geboten, weil es sich hierbei um eine gesellschaftsrechtliche Kapitalerhaltungsvorschrift und nicht um eine „bloße" Bilanzierungsregelung handelt[43]. Ergibt sich die Verlustübernahmepflicht des MU nach Nr. 2 (vgl. Tz. 46 f.) aus einem EAV nach § 302 AktG (ggf. analog), tritt die **Abführungssperre** nach § 301 S. 1 AktG (ggf. analog) an die Stelle der Ausschüttungssperre[44]. 31

Der KapGes. steht es grds. frei, ob sie die durch § 264 Abs. 3 oder 4 HGB zugelassenen Befreiungen in vollem Umfang oder nur teilw., z.B. nur die Befreiung von der Offenle- 32

---

40 Vgl. *Gelhausen/Fey/Kämpfer*, BilMoG, Kap. K, Rn. 54.
41 Vgl. zu den Änderungen aufgrund des BilMoG *Gelhausen/Fey/Kämpfer*, BilMoG, Kap. Y, Rn. 85 ff.
42 Vgl. *Förschle/Deubert* in BeBiKo[7], § 264, Rn. 105.
43 Gl.A. *Gelhausen/Fey/Kämpfer*, BilMoG, Kap. N, Rn. 8; *Förschle/Deubert* in BeBiKo[7], § 264, Rn. 110; *Baetge/Commandeur/Hippel* in HdR[5], § 264 HGB, Rn. 54.
44 Vgl. dazu ausführlich *Gelhausen/Fey/Kämpfer*, BilMoG, Kap. N, Rn. 60 ff.; *Gelhausen/Althoff*, WPg 2009, S. 629 ff.

gungspflicht, in Anspruch nimmt[45]. Die Inanspruchnahme der Erleichterungen kann durch **satzungs- bzw. gesellschaftsvertragliche Regelungen** oder im Rahmen des Zustimmungsbeschlusses der Gesellschafter (vgl. Tz. 44) ganz oder teilw. eingeschränkt werden. Die Gesellschafter können jedoch eine zunächst beschlossene Beschränkung der Inanspruchnahme von Erleichterungen, z.B. Befreiung nur von der Offenlegung, nachträglich wieder erweitern, z.B. Befreiung auch von der Erstellung eines LB oder von der Prüfung des JA und LB. Diese Möglichkeit entfällt allerdings naturgemäß dann, wenn der Gegenstand der nachträglichen Ausweitung der Befreiung im Zeitpunkt der Beschlussfassung bereits verwirklicht ist, etwa die Prüfung des JA und LB bereits abgeschlossen ist. Für die nachträgliche Erweiterung des zuvor eingeschränkten Erleichterungsumfangs ist ein einstimmiger Gesellschafterbeschluss erforderlich. Etwas anderes gilt nur dann, wenn die vorherige Einschränkung – außerhalb der Zustimmung nach Nr. 1 (vgl. Tz. 51) – ebenfalls nur durch einen Mehrheitsbeschluss erfolgt ist.

33 Einschränkungen, insb. hinsichtlich der Befreiung von der **Prüfungspflicht**, können sich ferner ergeben, wenn der betreffende JA bzw. dessen Bilanz als Sonderbilanz zur Durchführung einer gesellschaftsrechtlichen Maßnahme, z.B. Kapitalerhöhung aus Gesellschaftsmitteln, Verschmelzung oder Spaltung, benötigt wird. Bei der **Kapitalerhöhung aus Gesellschaftsmitteln** steht die in § 57e Abs. 1 GmbHG bzw. § 209 Abs. 1 AktG zur Dokumentation und Kontrolle der Kapitalaufbringung angeordnete Prüfungspflicht einer Inanspruchnahme der Befreiung von der Pflicht zur Prüfung des JA gem. § 264 Abs. 3 HGB entgegen[46]. Von Bilanzierungserleichterungen kann bei der Aufstellung dagegen ohne Einschränkung Gebrauch gemacht werden, weil dies dem Sinn und Zweck, für den die Sonderbilanz verwendet wird, nicht entgegen steht. Soll die Kapitalerhöhung aus Gesellschaftsmitteln auf der Grundlage einer auf einen besonderen, vom regulären Abschlussstichtag abw. Stichtag aufgestellt werden (§ 57f GmbHG; § 209 Abs. 2 AktG), kann von den Erleichterungen nach § 264 Abs. 3 HGB kein Gebrauch gemacht werden, weil es zu diesem Stichtag an einer Einbeziehung in den KA des MU (§ 264 Abs. 3 Nr. 3 HGB; Tz. 52) fehlt. Soll die Jahresbilanz als Schlussbilanz des übertragenden Rechtsträgers bei einer **Verschmelzung oder Spaltung** verwendet werden, führt die in § 17 Abs. 2 S. 2 UmwG angeordnete entsprechende Anwendung der Vorschriften über die Bilanz und deren Prüfung dazu, dass nach § 264 Abs. 3 oder 4 HGB lediglich auf die reguläre Offenlegung des JA verzichtet werden kann[47].

34 Eine engere Regelung gilt aus aufsichtsrechtlichen Gründen außerdem für **Kreditinstitute** und **Versicherungsunternehmen**; für diese ist nur der Verzicht auf die Offenlegung zugelassen (§§ 340a Abs. 2 S. 4, 341a Abs. 2 S. 4 HGB; vgl. J Tz. 17; K Tz. 28)[48]. Im Ergebnis gänzlich ausgenommen von den Erleichterungen des § 264 Abs. 3 oder 4 HGB sind Unternehmen, an denen **Gebietskörperschaften** beteiligt sind, weil sich öffentlich-rechtliche Körperschaften grds. nur dann an einer KapGes. beteiligen dürfen, wenn gewährleistet ist, „dass der JA und der LB ... in entsprechender Anwendung der Vorschriften des Dritten Buchs des Handelsgesetzbuchs für große KapGes. aufgestellt und geprüft werden" (§ 65 Abs. 1 Nr. 4 BHO; ähnlich die entsprechenden landes- und kommunalrechtlichen Bestimmungen). Dies schließt sowohl eine Befreiung von den ergänzenden Vorschriften für die Aufstellung von JA und LB, als auch denjenigen für die Prüfung aus.

---

45 Vgl. ADS[6], § 264 HGB n.F., Tz. 4; *Förschle/Deubert* in BeBiKo[7], § 264, Rn. 106; *Dörner/Wirth*, DB 1998, S. 1525 (1530).
46 Vgl. im Einzelnen *Förschle/Kropp* in Budde/Förschle/Winkeljohann, Sonderbilanzen[4], Kap. E, Rn. 121 ff.
47 Gl.A. *Förschle/Deubert* in BeBiKo[7], § 264, Rn. 108; a.A. *Budde/Zerwas* in Budde/Förschle/Winkeljohann, Sonderbilanzen[4], Kap. H, Rn. 79, 132; *Reiner* in MünchKomm. HGB[2], § 264, Rn. 113.
48 Vgl. ADS[6], § 264 HGB n.F., Tz. 10; *Dörner/Wirth*, DB 1998, S. 1525 (1526).

Ergänzende Vorschriften für die Rechnungslegung bestimmter Unternehmen   F

Nach § 6b Abs. 1 S. 1 EnWG haben **Energieversorgungsunternehmen** – unabhängig 35
von ihrer Rechtsform – einen JA nach den für KapGes. geltenden Vorschriften aufzustellen, prüfen zu lassen und offenzulegen. Diese spezialgesetzliche Regelung, deren Zweck darin besteht, der Öffentlichkeit mehr Informationen über diese Unternehmen zu vermitteln, geht der Inanspruchnahme der Befreiungsmöglichkeiten nach den allgemeinen Vorschriften vor und schließt die Anwendung der Erleichterungsvorschriften (§ 264 Abs. 3 bzw. Abs. 4 oder § 264b HGB) für diese Unternehmen für den JA aus[49]. Für den LB kann dagegen von der Befreiungsmöglichkeit Gebrauch gemacht werden.

Die Befreiungen nach § 264 Abs. 3 oder 4 HGB führen zunächst zu einer Verminderung 36
der Informationen, die für die Adressaten des JA bereitgestellt werden. Dies gilt für die besonderen inhaltlichen Anforderungen, bei Verzicht auf die Offenlegung aber für die Informationen insgesamt. Diese Verminderung der Informationen wird nach der Absicht des Gesetzes dadurch aufgewogen, dass der JA der die Befreiung in Anspruch nehmenden KapGes. in den KA des MU einbezogen werden muss (§ 264 Abs. 3 Nr. 3 HGB; vgl. Tz. 52). Dies führt dazu, dass die TU für Zwecke der Konsolidierung zusätzlich zum JA, der nach den für alle Kaufleute geltenden Vorschriften aufgestellt wird, eine **Handelsbilanz II** unter Beachtung der besonderen Vorschriften für KapGes. aufstellen müssen. Außerdem müssen sie dem MU – soweit dies für die Erstellung von KAnh. und KLB erforderlich ist – die erforderlichen Informationen zur Verfügung stellen (vgl. M Tz. 680 ff., 875 ff.).

Wird von der Befreiung von der Pflicht zur Prüfung des JA Gebrauch gemacht, ist zu be- 37
denken, dass für den dann ungeprüften JA, bzw. bei Anpassungen an die konzerneinheitliche Bilanzierung und Bewertung (§§ 300, 308 HGB), für die HB II eine **Prüfungspflicht im Rahmen der Konzernabschlussprüfung** nach § 317 Abs. 3 i.V.m. Abs. 1 HGB (unter Beachtung der Wesentlichkeitsgrenzen der Konzernabschlussprüfung) besteht (vgl. *IDW PS 200*, Tz. 13; M Tz. 922). Im Ergebnis entfällt damit nicht die Prüfung des JA überhaupt, sondern nur die gesonderte Prüfung des JA durch einen hierfür ausdrücklich bestellten Prüfer (einschl. Erstellung eines gesonderten Prüfungsberichts sowie Erteilung eines BestV)[50].

Voraussetzung für die Befreiungen aus § 264 Abs. 3 HGB ist zunächst, dass die begüns- 38
tigte KapGes. **Tochterunternehmen** eines nach § 290 HGB zur Aufstellung eines KA verpflichteten MU ist (vgl. M Tz. 21). Da nach § 290 HGB nur MU **mit Sitz im Inland** zur Aufstellung eines KA verpflichtet sind, scheiden Unternehmen mit Sitz in der EU/im EWR oder im sonstigen Ausland als befreiende MU i.S.d. § 264 Abs. 3 HGB aus, auch wenn von ausländischen MU aufgestellte KA für Zwecke der Konzernrechnungslegung nach §§ 291 f. HGB befreiende Wirkung haben können (zur abw. Regelung in § 264b Nr. 1 HGB für Personenhandelsgesellschaften i.S.d. § 264a HGB vgl. Tz. 60).

Diese Voraussetzung (TU eines nach § 290 HGB zur Aufstellung eines KA verpflichteten 39
MU) ist auch dann erfüllt, wenn das (deutsche) MU gem. Art. 4 EU-VO bzw. § 315a Abs. 2 HGB einen KA **nach internationalen Rechnungslegungsstandards** (IFRS; vgl. N Tz. 1) aufzustellen hat bzw. freiwillig aufstellt[51]. Die Anwendung internationaler Rechnungslegungsstandards ändert nichts daran, dass das MU grds. nach § 290 HGB konzernrechnungslegungspflichtig ist (vgl. DRS 19, Tz. 4) und seinen KA – zumindest teilw. (§ 315a Abs. 1 HGB) – auch nach den Vorschriften des zweiten Abschnitts des

---

49 Vgl. *IDW RS ÖFA 2*, Tz. 4.
50 *AK „Externe Unternehmensrechnung der Schmalenbach-Gesellschaft"*, DB 1999, S. 493; zu Besonderheiten, wenn trotz Inanspruchnahme von Befreiungen ein Prüfungsauftrag erteilt wird, vgl. *IDW PH 9.200.1*, Tz. 4.
51 Vgl. *Förschle/Deubert* in BeBiKo[7], § 264, Rn. 142.

Dritten Buchs des HGB aufstellt. Damit ist auch die zusätzliche Voraussetzung des § 264 Abs. 3 Nr. 3 HGB (das TU muss in den KA „nach den Vorschriften dieses Abschnitts" einbezogen worden sein; vgl. dazu auch Tz. 41) insoweit erfüllt.

40 Die Grundvoraussetzung für die Inanspruchnahme der Befreiung aus § 264 Abs. 3 HGB (TU eines nach § 290 HGB zur Aufstellung eines KA verpflichteten MU) ist auch dann erfüllt, wenn es sich um einen **kleinen Konzern** i.S.d. § 293 HGB handelt oder das MU nach § 290 Abs. 5 HGB keinen KA aufstellen muss[52]. Allerdings ist in diesem Fall zusätzlich die Voraussetzung des § 264 Abs. 3 Nr. 3 HGB zu beachten (vgl. Tz. 52).

41 Für Nicht-KapGes., die als **Kreditinstitute** oder **Versicherungsunternehmen** nach § 340i Abs. 1 bzw. § 341i Abs. 1 HGB zur Aufstellung eines KA verpflichtet sind, kann bei formaler Auslegung des § 264 Abs. 3 HGB allein nach dem Wortlaut („... nach § 290 HGB zur Aufstellung verpflichtet ...") zweifelhaft sein, ob die Voraussetzung erfüllt ist. Nach Sinn und Zweck ist die Vorschrift des § 264 Abs. 3 HGB jedoch zweifelsfrei anwendbar[53].

42 Nach § 264 Abs. 4 HGB[54] ist Abs. 3 auch auf KapGes. anwendbar, die TU eines nach § 11 PublG zur Aufstellung eines KA verpflichteten MU sind. Voraussetzung für die befreiende Wirkung des **Konzernabschlusses nach § 11 PublG** ist, dass in diesem von dem Wahlrecht des § 13 Abs. 3 S. 1 PublG (Nichtangabe der Gesamtbezüge etc. für aktive Organmitglieder des MU und für deren Hinterbliebene nach § 314 Nr. 6 HGB i.V.m. § 13 Abs. 2 S. 1 PublG) kein Gebrauch gemacht wird[55].

43 Neben der Eigenschaft als TU i.S.d. § 290 HGB müssen für eine Inanspruchnahme der Befreiungen des § 264 Abs. 3 HGB **weitere Voraussetzungen** (kumulativ) erfüllt sein:

– Alle Gesellschafter des TU haben der Befreiung für das jeweilige GJ zugestimmt; der Beschluss ist nach § 325 HGB offengelegt worden (Nr. 1; dazu Tz. 44).

– Das MU ist zur Verlustübernahme nach § 302 AktG verpflichtet oder hat eine solche Verpflichtung freiwillig übernommen; die Erklärung ist ebenfalls nach § 325 HGB offen gelegt worden (Nr. 2; dazu Tz. 46).

– Das TU ist in den KA des MU nach den §§ 290 ff. HGB einbezogen worden (Nr. 3; dazu Tz. 53).

– Die Befreiung des TU wird im Anh. des vom MU aufgestellten und nach § 325 HGB durch Einreichung bei Betreiber der eBAnz. offengelegten KA angegeben (Nr. 4 lit. a); dazu Tz. 54).

– Die Befreiung des TU wird unter Bezugnahme auf die Befreiungsvorschrift und unter Angabe des MU im eBAnz. für das TU mitgeteilt (Nr. 4 lit. b); dazu Tz. 55).

44 Der **Zustimmungsbeschluss**[56] zur Inanspruchnahme der Befreiung (Nr. 1) muss **einstimmig** von allen Gesellschaftern (ggf. im Umlaufverfahren) gefasst werden. Gesellschafter, die zunächst ihre Zustimmung verweigert haben, können diese nachträglich erteilen. Umgekehrt kann eine ursprünglich erteilte Zustimmung nicht nachträglich (einseitig) durch den einzelnen Gesellschafter, sondern nur durch einen entsprechenden Mehrheitsbeschluss widerrufen werden. Dies gilt auch in den Fällen eines Gesellschaf-

---

52 Vgl. ADS[6], § 264 HGB n.F., Tz. 13.
53 Im Ergebnis ebenso *Förschle/Deubert* in BeBiKo[7], § 264, Rn. 117; *Dörner/Wirth*, DB 1998, S. 1525 (1526).
54 Eingefügt durch das KapCoRiLiG. Bereits vorher für eine analoge Anwendung von § 264 Abs. 3 HGB *AK „Externe Unternehmensrechnung der Schmalenbach-Gesellschaft"*, DB 1999, S. 493 (494).
55 Wenn der KA gem. §§ 11 ff. PublG die KapGes. zugleich von ihrer Pflicht zur Aufstellung eines (Teil-)KA gem. §§ 290 ff. HGB befreien soll, darf darüber hinaus die Regelung des § 5 Abs. 5 PublG (Aufstellung der Konzern-GuV nach den für das MU geltenden Vorschriften) in diesem KA nicht angewandt sein (§ 13 Abs. 3 S. 3 PublG; vgl. *Förschle/Deubert* in BeBiKo[7], § 264, Rn. 167; O Tz. 53).
56 Ausführlich zu Art und Form des Zustimmungsbeschlusses vgl. auch *Kraft*, S. 463 (466).

Ergänzende Vorschriften für die Rechnungslegung bestimmter Unternehmen   F

terwechsels[57]. Die Zustimmung kann nur für „... das jeweilige GJ ..." erteilt werden; dabei handelt es sich entweder um das GJ, dessen JA noch nicht erstellt ist (Vj.) oder dessen JA als nächster erstellt wird (lfd. Jahr). Dies schließt zugleich aus, dass Vorratsbeschlüsse für mehrere Jahre gefasst werden[58].

Der Zustimmungsbeschluss, d.h. die Tatsache, dass die Gesellschafter der Inanspruchnahme der Befreiungsmöglichkeiten nach § 264 Abs. 3 HGB für ein bestimmtes GJ zugestimmt haben, nicht aber dessen Wortlaut, muss nach § 325 HGB **offen gelegt** werden. Hierzu ist der Beschluss zunächst beim Betreiber des eBAnz. in elektronischer Form einzureichen und unmittelbar danach bekanntzumachen[59]. **45**

Eine Verpflichtung zur **Verlustübernahme gem. § 302 AktG** (Nr. 2) zwischen dem MU und einer KapGes. in der Rechtsform der AG wird sich insb. aus einem Beherrschungs- oder Gewinnabführungsvertrag (§ 291 Abs. 1 S. 1 AktG) ergeben[60]. Gleiches gilt für vertragliche Verpflichtungen entsprechend § 302 AktG in Beherrschungs- und Gewinnabführungsverträgen mit einer GmbH (vgl. auch § 17 S. 2 Nr. 2 KStG)[61]. **46**

Der **Unternehmensvertrag**, aus dem sich die Verpflichtung zur Verlustübernahme ergibt, muss wirksam abgeschlossen sein. Ein Abschluss bis zum Ende desjenigen GJ, für dessen JA die Erleichterungen erstmals in Anspruch genommen werden sollen, ist jedoch nicht erforderlich[62]; unter Gläubigerschutzgesichtspunkten (und zur Kompensation der entfallenden Informationen) reicht es aus, wenn die Verlustübernahmeverpflichtung dasjenige GJ betrifft, für dessen Vj. von der Befreiung (erstmals) Gebrauch gemacht werden soll. Umgekehrt folgt daraus, dass die Laufzeit des Vertrags mindestens bis zum Ende des (Rumpf-)GJ reichen muss, in dem für den Vorjahresabschluss von der Befreiung nach § 264 Abs. 3 HGB Gebrauch gemacht worden ist[63]. Endet ein EAV während des GJ, z.B. bei einer Kündigung aus wichtigem Grund, bleibt die Befreiung für das Vj. bestehen. Ausschlaggebend dafür ist, dass die Beendigung des EAV unverzüglich zur Eintragung ins HR anzumelden ist, wodurch die Adressaten zeitnah über den Wegfall der Verlustübernahmeverpflichtung unterrichtet werden (§ 298 AktG (ggf. analog)), und dass Verluste bis zur Vertragsbeendigung vom herrschenden Unternehmen auszugleichen sind. Im Ergebnis werden damit die Fälle der Beendigung eines EAV mit und ohne Bildung eines Rumpf-GJ für Zwecke des Abs. 3 gleich behandelt; in beiden Fällen bleibt die Befreiung für das letzte GJ, nicht dagegen für das (Rumpf-)GJ der Beendigung des EAV bestehen[64]. **47**

Im Unterschied zu vertraglichen Verlustübernahmevereinbarungen (Tz. 49) ist eine gesonderte Offenlegung der **gesetzlichen Verlustübernahmeverpflichtung** aus § 302 **48**

---

57 Vgl. ADS[6], § 264 HGB n.F., Tz. 34; *Förschle/Deubert* in BeBiKo[7], § 264, Rn. 122; a.A. *Kraft*, S. 463 (474) für den Fall, dass der Gesellschafterwechsel während des GJ erfolgt; in diesem Fall soll der Erwerber nicht an ein entsprechendes Votum seines Vorgängers gebunden sein.
58 Vgl. ADS[6], § 264 HGB n.F., Tz. 40; *Kraft*, S. 463 (472); a.A. *Luttermann* in MünchKomm. AktG[2], § 264 HGB, Rn. 179 (Zustimmungsbeschluss kann für mehrere GJ im Voraus gefasst werden).
59 Vgl. dazu *Förschle/Deubert* in BeBiKo[7], § 264, Rn. 126; zu den zeitlichen Anforderungen für das Vorliegen der Voraussetzung vgl. Nr. 1 vgl. Tz. 51.
60 Vgl. auch den Sonderfall des § 302 Abs. 2 AktG bei Betriebspacht- oder Betriebsüberlassungsverträgen; für eine analoge Anwendung der Nr. 2 bei Bestehen eines Eingliederungsvertrags nach § 319 AktG *AK „Externe Unternehmensrechnung der Schmalenbach-Gesellschaft"*, DB 1999, S. 493 (495); ausführlich auch *Giese/Rabenhorst/Schindler*, BB 2001, S. 512 (514).
61 Vgl. ADS[6], § 264 HGB n.F., Tz. 49; *Förschle/Deubert* in BeBiKo[7], § 264, Rn. 130; vgl. BMF v. 19.10.2010, DStR, S. 2193, zur Vereinbarung der Verlustübernahme nach § 302 AktG bei körperschaftsteuerlicher Organschaft mit einer GmbH.
62 A.A. *Dörner/Wirth*, DB 1998, S. 1525 (1528).
63 Vgl. ADS[6], § 264 HGB n.F., Tz. 55; *Baetge/Commandeur/Hippel* in HdR[5], § 264 HGB, Rn. 68.
64 Vgl. *Förschle/Deubert* in BeBiKo[7], § 264, Rn. 131.

AktG wohl nicht zwingend erforderlich, weil das Bestehen des Unternehmensvertrags und damit auch die Verpflichtung zur Verlustübernahme im HR eingetragen ist (§ 294 AktG) und § 264 Abs. 3 Nr. 2 HGB nur die Offenlegung einer „Erklärung" zur Verlustübernahme verlangt[65]. Aus Gründen der Klarheit und Übersichtlichkeit kann sich insb. bei mehrstufigen Konzernverhältnissen eine zusätzliche Bekanntmachung im eBAnz. nach § 325 HGB empfehlen.

49 Die Voraussetzung der Nr. 2 kann auch durch eine **freiwillige Verpflichtung** des MU zur isolierten **Verlustübernahme** für das betreffende GJ des TU (Tz. 47) erfüllt werden. Die freiwillige Verlustübernahmeerklärung muss nach § 325 HGB offen gelegt werden; vgl. dazu Tz. 45. Inhaltlich muss die erklärte Verlustübernahmeverpflichtung derjenigen aus § 302 AktG entsprechen, d.h. auf den Ausgleich eines sonst entstehenden Jahresfehlbetrags gerichtet sein und ggf. einen entsprechenden Zahlungsanspruch der KapGes. begründen[66]. Die freiwillige Verlustübernahmeerklärung wird nicht ins HR eingetragen. Wird sie für einen Zeitraum von mehreren GJ erklärt, muss diese Tatsache deshalb für jedes Jahr der Laufzeit nach § 325 HGB offengelegt werden[67].

50 Bei **mehrstufigen Konzernverhältnissen** können die Erleichterungen nach § 264 Abs. 3 HGB nur dann in Anspruch genommen werden, wenn das zur Verlustübernahme verpflichtete MU zugleich auch dasjenige MU ist, in dessen KA das TU einbezogen wird (Nr. 3). Dagegen genügt es nicht, wenn das direkte MU unterer Stufe, das wegen Inanspruchnahme der Befreiung gem. § 291 HGB keinen KA aufstellt, die Verlustübernahme erklärt, wenn diese Einstandspflicht – mangels einer entsprechenden Erklärung des oberen MU – nicht auf dieses durchschlägt[68]. Statt einer unmittelbaren Verlustübernahmeerklärung des den KA aufstellenden (obersten) MU reicht es aber auch aus, wenn sich diese Verpflichtung indirekt durch eine ununterbrochene Kette von Verlustübernahmeverpflichtungen oder sonstige gleichwertige vertragliche oder gesetzliche (Haftungs-)Verhältnisse bis zu dem § 264 Abs. 3 HGB anwendenden TU ergibt.

51 Die Voraussetzungen der Nrn. 1, 2 und 4 lit. b), die im Einflussbereich des TU liegen, sollten – sofern von inhaltlichen Erleichterungen Gebrauch gemacht werden soll, z.B. Verzicht auf die Aufstellung eines Anh. – **bis zum Ablauf der Aufstellungsfrist** des § 264 Abs. 1 S. 2 HGB (vgl. Tz. 4) für den JA, spätestens aber bis zu dessen Feststellung erfüllt sein[69]. Nur dann besteht eine hinreichende Sicherheit für die zur Aufstellung verpflichteten gesetzlichen Vertreter, dass sie von den Erleichterungen zulässigerweise Gebrauch machen dürfen und nur dann können die Gesellschafter den JA überhaupt feststellen. Zudem ist zu beachten, dass kein uneingeschränkter BestV erteilt werden darf, solange die Befreiungsvoraussetzungen nach Nr. 1 und/oder Nr. 2 noch nicht (vollständig) erfüllt sind[70]. Zur Erfüllung der Voraussetzung nach Nr. 1 ist es dabei ausreichend, wenn die Veröffentlichung des rechtzeitig gefassten Zustimmungsbeschlusses bis zur Bilanzaufstellung beim Betreiber des eBAnz. veranlasst wurde. Verzögerungen, die allein durch die betrieblichen Abläufe beim eBAnz. verursacht sind und damit außerhalb der Einfluss- und Risikosphäre der die Befreiung in Anspruch nehmenden KapGes. liegen, können

---

65 Vgl. ADS[6], § 264 HGB n.F., Tz. 61; *Förschle/Deubert* in BeBiKo[7], § 264, Rn. 132.
66 Vgl. ADS[6], § 264 HGB n.F., Tz. 52; *Förschle/Deubert* in BeBiKo[7], § 264, Rn. 133.
67 Ebenso *Förschle/Deubert* in BeBiKo[7], § 264, Rn. 133; a.A. *Müller* in Haufe HGB Kommentar[2], § 264, Rn. 95.
68 Vgl. ADS[6], § 264 HGB n.F., Tz. 21 und 48; *Förschle/Deubert* in BeBiKo[7], § 264, Rn. 135; *Giese/Rabenhorst/Schindler*, BB 2001, S. 512 (514); *Baetge/Commandeur/Hippel* in HdR[5], § 264 HGB, Rn. 73; a.A. *Dörner/Wirth*, DB 1998, S. 1525 (1529); *AK „Externe Unternehmensrechnung der Schmalenbach-Gesellschaft"*, DB 1999, S. 493 (495).
69 Vgl. ADS[6], § 264 HGB n.F., Tz. 45; gl.A. *Dörner/Wirth*, DB 1998, S. 1525 (1528); *Kraft*, S. 463 (471); *Förschle/Deubert* in BeBiKo[7], § 264, Rn. 127.
70 Vgl. *IDW PH 9.200.1*, Tz. 7; *Förschle/Deubert* in BeBiKo[7], § 264, Rn. 171.

dieser nicht zum Nachteil gereichen. Etwas anderes gilt jedoch dann, wenn sich die Offenlegung verzögert, weil die eingereichten Unterlagen unvollständig oder sonst fehlerhaft sind.

Soll dagegen lediglich auf die Offenlegung des JA verzichtet werden, reicht es aus, wenn diese Voraussetzungen innerhalb der regulären Offenlegungsfrist für den JA (§ 325 Abs. 1 S. 2 HGB), d.h. innerhalb von zwölf Monaten nach dem Abschlussstichtag, erfüllt werden[71]. Die Erfüllung der weiteren Voraussetzungen aus Nrn. 3 und 4 lit. a) kann dagegen für diesen Zeitpunkt noch nicht vorausgesetzt werden.

52 Die als TU zu qualifizierende KapGes. (vgl. Tz. 38) muss ferner tatsächlich **in den Konzernabschluss einbezogen** werden, d.h. sie muss gem. §§ 300 ff. HGB vollkonsolidiert (vgl. M Tz. 219) werden (Nr. 3). Unterbleibt die Einbeziehung als TU im Wege der Vollkonsolidierung, weil ein Konsolidierungswahlrecht (§ 296 HGB; vgl. M Tz. 192) ausgeübt wird, ist – insb. mit Rücksicht auf die explizite Regelung für vergleichbare Fälle, z.B. in § 291 Abs. 2 Nr. 1 HGB („... unbeschadet des § 296 einbezogen ...") – die Voraussetzung nach § 264 Abs. 3 Nr. 3 HGB nicht erfüllt[72]. Daran ändert sich auch nichts, wenn die gem. § 296 HGB nicht vollkonsolidierten TU stattdessen nach der Equity-Methode (§§ 311, 312 HGB; vgl. M Tz. 213) im KA bilanziert werden. Wird das Mutter-Tochterverhältnis i.S.d. § 290 HGB im Verlauf des GJ begründet, ist die Voraussetzung der Nr. 3 ebenfalls erfüllt, auch wenn die Erträge und Aufwendungen des TU erst ab dem Erwerbszeitpunkt in die Konzern-GuV einbezogen werden dürfen (§ 300 Abs. 2 HGB)[73].

53 Die Voraussetzung der Nr. 3 ist auch dann nicht erfüllt, wenn das MU von der Befreiung nach § 290 Abs. 5 HGB[74] oder der größenabhängigen Befreiung des § 293 HGB Gebrauch macht und **keinen Konzernabschluss** aufstellt. Stellt das unmittelbare MU nach § 291 HGB keinen eigenen KA auf (vgl. M Tz. 85), kann nur das den befreienden KA tatsächlich aufstellende MU höherer Stufe MU i.S.d. § 264 Abs. 3 HGB sein. Dies setzt voraus, dass es seinen Sitz im Inland hat und direkt oder indirekt ggü. der zu befreienden TochterKapGes. zur Verlustübernahme verpflichtet ist (vgl. oben Tz. 38 und 46).

54 Die **Tatsache** der Inanspruchnahme **der Befreiung** nach § 264 Abs. 3 HGB, nicht jedoch der Umfang, in dem davon Gebrauch gemacht worden ist, muss nach Nr. 4 lit. a) **im Konzernanhang** des MU angegeben werden. Dabei kann es sich empfehlen, die Angaben mit denjenigen nach § 313 Abs. 2 Nr. 1 HGB zu vollkonsolidierten TU (vgl. M Tz. 692) zu verbinden, z.B. durch Einfügung einer Zwischenüberschrift oder als Fußnote. Nimmt das MU für das TU, das von den Erleichterungen nach § 264 Abs. 3 HGB Gebrauch macht, auf Ebene des KA die Schutzklausel gem. § 313 Abs. 3 HGB (vgl. M Tz. 709) in Anspruch, darf auch die Angabe nach Nr. 4 lit. a) unterbleiben; die Mitteilung der Befreiung unter Angabe des MU nach Nr. 4 lit. b) bleibt davon aber unberührt[75].

55 Schließlich setzt die Inanspruchnahme von Erleichterungen nach Nr. 4 lit. b) voraus, dass die Befreiung der KapGes. im **elektronischen Bundesanzeiger** unter Bezugnahme auf die Befreiungsvorschrift und unter Angabe des MU mitgeteilt wird. Nach der Einführung des eBAnz. als zentraler Internetplattform für die Offenlegung durch das EHUG wird hierdurch für die nach dem 31.12.2005 beginnenden GJ (Art. 61 Abs. 5 S. 1 EGHGB) das

---

71 Vgl. *Giese/Rabenhorst/Schindler*, BB 2001, S. 512.
72 Vgl. ADS[6], § 264 HGB n.F., Tz. 70; *Förschle/Deubert* in BeBiKo[7], § 264, Rn. 141; *AK „Externe Unternehmensrechnung der Schmalenbach-Gesellschaft"*, DB 1999, S. 494; *Dörner/Wirth*, DB 1998, S. 1525 (1529).
73 Vgl. *Förschle/Deubert* in BeBiKo[7], § 264, Rn. 143; ebenso *von Kanitz*, WPg 2003, S. 324 (327).
74 Vgl. *Gelhausen/Fey/Kämpfer*, BilMoG, Kap. Q, Rn. 96 ff.
75 Ebenso *Förschle/Deubert* in BeBiKo[7], § 264, Rn. 154; a.A. LG Bonn v. 06.05.2010, Der Konzern, S. 435 (434): § 264 Abs. 3 Nr. 4 lit. a) HGB tritt nicht hinter § 313 Abs. 3 HGB zurück.

Auffinden „befreiender" KA durch die Adressaten des entfallenden JA gewährleistet. Ausreichend ist, wenn in der Mitteilung die Befreiungsvorschrift (§ 264 Abs. 3 ggf. i.V.m. Abs. 4 HGB) genannt wird; in welchem Umfang von Erleichterungen Gebrauch gemacht wird, gehört dagegen nicht zu ihrem Inhalt. Ferner müssen Firma und Sitz des MU angegeben werden, damit über das Unternehmensregister der von ihm veröffentlichte, befreiende KA von den Adressaten aufgefunden werden kann[76]. Zuständig für die Mitteilung sind die gesetzlichen Vertreter der KapGes., die von der Befreiung Gebrauch macht. Die Veröffentlichung der Befreiungsmitteilung kann jedoch auch durch das MU erfolgen, wenn sichergestellt ist, dass sie unter Eingabe der Firma der zu befreienden KapGes. als Suchergebnis im eBAnz. ausgegeben wird[77].

56 Ist die KapGes., die für ihren JA von Erleichterungen nach § 264 Abs. 3 ggf. i.V.m. Abs. 4 HGB Gebrauch macht, selbst MU i.S.d. § 290 HGB und will sie **zusätzlich** die **Befreiung nach § 291 HGB** in Anspruch nehmen, sind die hierfür u.a. erforderlichen Angaben im Anh. der KapGes. (Name und Sitz des MU, das den befreienden KA und KLB aufstellt, sowie der Hinweis auf die Befreiung von der Verpflichtung zur Aufstellung eines (Teil-) KA nach § 291 Abs. 2 Nr. 3 lit. a) und b) HGB) den Adressaten nicht zugänglich. Um Zweifel am Vorliegen der Befreiungsvoraussetzung nach § 291 HGB zu vermeiden, empfiehlt es sich, einen diesbezüglichen Hinweis in die Mitteilung nach Nr. 4 lit. b) mit aufzunehmen, weil dadurch zugleich dem Sinn und Zweck der vorgenannten Angaben im Anh. der KapGes. Rechnung getragen wird[78].

57 Wegen Besonderheiten bei der **Prüfung** eines JA, für den von § 264 Abs. 3 HGB teilw. Gebrauch gemacht wird, vgl. *IDW PH 9.200.1* sowie Q Tz. 549. Zu den Folgewirkungen für die Prüfung der Angaben nach § 264 Abs. 3 Nr. 4 lit. a) HGB im KAnh. vgl. *IDW PH 9.200.1*, Tz. 115.

bb) Befreiung nach § 264b HGB

58 Für **Personenhandelsgesellschaften i.S.d. § 264a HGB** enthält § 264b HGB die Möglichkeit zur Befreiung von der Anwendung der §§ 264 ff. HGB, die der für KapGes. geltenden Regelung des § 264 Abs. 3 HGB (dazu im Einzelnen oben Tz. 29) nachgebildet ist. Die Befreiung betrifft die Aufstellung eines Anh. und eines LB, die Anwendung der besonderen Ansatz- und Gliederungsvorschriften für KapGes., die Prüfung des JA und seine Offenlegung. Voraussetzung ist auch hier insb., dass die Personenhandelsgesellschaft in einen KA einbezogen ist und dieser den Adressaten des JA der Personenhandelsgesellschaft auf elektronischem Weg zugänglich gemacht wird. Wegen Besonderheiten für Personenhandelsgesellschaften i.S.d. § 264a HGB, die **Kreditinstitute** oder **Versicherungsunternehmen** sind, vgl. J Tz. 3 bzw. K Tz. 28. Zur Inanspruchnahme der Erleichterungen durch **Energieversorgungsunternehmen** vgl. Tz. 35 sowie für **Sonderbilanzen** vgl. Tz. 33.

59 Die Regelung in § 264b HGB geht im **Vergleich zu § 264 Abs. 3 HGB** weiter, indem der befreiende KA nicht notwendigerweise durch ein MU erstellt werden muss (Tz. 61) und außerdem auf das Vorliegen eines Zustimmungsbeschlusses der Gesellschafter und dessen Offenlegung sowie auf das Vorliegen einer besonderen Verlustübernahmeverpflichtung des MU (§ 264 Abs. 3 Nrn. 1 und 2 HGB; vgl. dazu Tz. 38, 46) verzichtet wird.

Ein zusätzlicher Schutz der Individualinteressen der Gesellschafter in Form eines **Zustimmungsbeschlusses** aller Gesellschafter zur Inanspruchnahme von Befreiungen ist in

---

76 Vgl. *Förschle/Deubert* in BeBiKo[7], § 264, Rn. 158 f.
77 Vgl. LG Bonn v. 22.12.2009, ZIP 2010, S. 675.
78 Ebenso *Förschle/Deubert* in BeBiKo[7], § 264b, Rn. 93.

Art. 57a der 4. EG-Richtlinie, auf die § 264b HGB zurückgeht, nicht vorgesehen[79]. Er war darüber hinaus auch bei Einfügung der Regelung im Zuge des KapCoRiLiG im Interesse der Einheitlichkeit des nationalen Rechts nicht erforderlich, weil den Gesellschaftern einer PersGes. nach der damals h.M.[80] ohnehin weitreichende Rechte in Bezug auf den handelsrechtlichen JA zustanden. Auch wenn inzwischen für die Feststellung des JA der PersGes. grds. eine Mehrheitsentscheidung ausreicht (vgl. auch Tz. 5), können die Gewinnbezugsrechte von Minderheitsgesellschaftern oder von Kommanditisten von dem für die Aufstellung des JA zuständigen persönlich haftenden Gesellschafter inzwischen nicht (mehr) durch einseitige Bilanzierungsentscheidungen, insb. Vornahme von Ermessensabschreibungen nach § 253 Abs. 4 HGB a.F. (vgl. WP Handbuch 2006 Bd. 1, E Tz. 346 ff.), verkürzt werden, so dass auch de lege ferenda keine Notwendigkeit besteht, dem Schutz der Individualinteressen der (Minderheits-)Gesellschafter durch eine Änderung des § 264b HGB Rechnung zu tragen[81].

Ein Mutter-Tochterverhältnis zur Personenhandelsgesellschaft i.S.d. § 264a HGB kann grds. durch die Komplementärgesellschaft, die kraft Gesetzes einer **unbeschränkten Haftung** unterliegt, vermittelt werden (§ 290 Abs. 2 Nr. 2 HGB; vgl. M Tz. 38)[82]; zwingend ist dies aber nicht, so dass auch die Einbeziehung in den KA eines Kommanditisten denkbar ist[83], für den keine unbeschränkte Haftung besteht. Außerdem wird die Komplementärgesellschaft regelmäßig nicht oberstes MU sein, das den befreienden KA aufstellt, so dass eine Haftungskette nicht besteht und aus Sicht der Gläubiger der Personenhandelsgesellschaft das Konzernvermögen – ebenso wie in den Fällen ohne besondere Verlustübernahmeverpflichtungen – grds. nicht als Haftungssubstrat zur Verfügung steht (vgl. dazu oben Tz. 50).

Der befreiende KA kann nach § 264b Nr. 1 HGB von einem **Mutterunternehmen** beliebiger Rechtsform mit Sitz im Inland oder in einem anderen EU- bzw. EWR-Vertragsstaat[84] aufgrund gesetzlicher Verpflichtung oder freiwillig[85] aufgestellt werden. KA von MU im sonstigen Ausland scheiden dagegen für eine Befreiung aus[86]. Damit können – anders als bei KapGes. (oben Tz. 38) – befreiende KA i.S.d. § 291 HGB als Grundlage für die Anwendung des § 264b HGB dienen, nicht dagegen solche nach § 292 HGB i.V.m. §§ 1 bis 4 KonBefrV. **60**

Außerdem kann die Befreiung nach dem klaren Wortlaut des § 264b Nr. 1 HGB auch in Anspruch genommen werden, wenn die Personenhandelsgesellschaft „in den KA eines anderen Unternehmens, das persönlich haftender Gesellschafter dieser Personenhandelsgesellschaft ist, einbezogen ist". Damit soll Komplementärgesellschaften, die **nicht Mutterunternehmen** sind, ein Wahlrecht zur Aufstellung eines befreienden KA eröffnet werden[87]. Das Gesetz geht somit davon aus, dass die Komplementärgesellschaft nicht zwangsläufig – eben wegen der Stellung als Komplementärin – als MU zu qualifizieren ist **61**

---

79 Vgl. Begr. RegE KapCoRiLiG, BT-Drs. 14/1806, S. 19.
80 Vgl. z.B. ADS[6], § 246 HGB, Tz. 226 unter Verweis auf BGH v. 29.03.1996, DB, S. 926.
81 Vgl. *Förschle/Deubert* in BeBiKo[7], § 264b, Rn. 3.
82 Vgl. DRS 19, Tz. 30.
83 Vgl. dazu ausführlich *Gelhausen/Weiblen* in HdJ, Abt. I/5, Rn. 191 ff.; *IDW ERS HFA 7 n.F.*, Tz. 58 ff.; *Gelhausen/Deubert/Klöcker*, DB 2010, S. 2005 (2007).
84 Vertragstaaten des Vertrags über den Europäischen Wirtschaftsraum sind derzeit Island, Liechtenstein und Norwegen.
85 Vgl. z.B. *Förschle/Deubert* in BeBiKo[7], § 264b, Rn. 23 m.w.N. zur h.M.
86 Vgl. ADS[6], § 264b HGB n.F., Tz. 15; *Förschle/Deubert* in BeBiKo[7], § 264b, Rn. 22.
87 Krit. *Schulze-Osterloh*, BB 2002, S. 1307 (1310) (nicht im Einklang mit der 7. EG-Richtlinie, deshalb keine Befreiung nach § 264b HGB).

und daher nach § 290 HGB nicht zur Aufstellung eines KA verpflichtet ist[88]. Dabei kommt es nicht darauf an, welche Rechtsform das Unternehmen des persönlich haftenden Gesellschafters hat und wo sich dessen Sitz befindet. Demnach kann auch eine Komplementärgesellschaft außerhalb der EU und des EWR einen KA aufstellen, der die Personenhandelsgesellschaft von der Anwendung der §§ 264 ff. HGB befreit[89]. Allerdings sind hierbei auch die inhaltlichen Anforderungen (§ 264b Nr. 2 HGB) zu beachten.

62 Die Personenhandelsgesellschaft muss nach § 264b Nr. 1 HGB in den KA im Wege der Vollkonsolidierung **einbezogen** sein. Dies ist – wie sich aus § 294 Abs. 1 HGB ergibt – auch dann der Fall, wenn die Personenhandelsgesellschaft selbst das MU ist, das den befreienden KA aufstellt[90]. Erfolgt dagegen wegen eines Einbeziehungswahlrechts nach § 296 HGB (vgl. M Tz. 192) keine Einbeziehung, ist die Voraussetzung der Nr. 1 nicht erfüllt (vgl. Tz. 52). Gleiches gilt, wenn assoziierte Personenhandelsgesellschaften at-equity nach § 312 HGB einbezogen werden oder Gemeinschaftsunternehmen quotal (§ 310 HGB) konsolidiert werden[91].

63 Die Befreiung setzt voraus, dass der KA bestimmte **inhaltliche Anforderungen** erfüllt (§ 264b Nr. 2 HGB); diese entsprechen denjenigen, die für einen befreienden KA nach § 291 Abs. 2 S. 1 Nr. 2 HGB i.V.m. § 2 Abs. 1 Nr. 2 KonBefrV erfüllt sein müssen (dazu im Einzelnen M Tz. 93).

Der KA und der KLB müssen nach dem jeweiligen Landesrecht des MU bzw. des persönlich haftenden Gesellschafters aufgestellt sein und im **Einklang mit der 7. EG-Richtlinie** stehen[92]. Dies trifft in erster Linie auf KA zu, die nach dem Recht eines Mitgliedstaats der EU oder eines EWR-Vertragsstaats aufgestellt worden sind. Gleiches gilt für IFRS-KA nach § 315a HGB, die entweder aufgrund einer ausdrücklichen Verpflichtung (Art. 4 EU-VO bzw. § 315a Abs. 2 HGB) oder freiwillig nach § 315a Abs. 3 HGB aufgestellt werden, sofern in diesen ausschließlich die in das EU-Recht übernommenen IAS / IFRS angewendet werden (vgl. zum Komitologieverfahren N Tz. 10). Wenn in einem IFRS-KA eines persönlich haftenden Gesellschafters mit Sitz in einem Drittland (zur Zulässigkeit vgl. Tz. 65) auch Standards angewandt werden, die ggf. (noch) nicht auf EU-Ebene legitimiert sind, muss – wie bisher – geprüft werden, ob dieser Abschluss im Einklang mit den EU-Vorschriften, insb. der 7. EG-Richtlinie, steht[93]. Das gilt auch in den Fällen, in denen im KA andere Rechnungslegungsvorschriften, insb. US-GAAP, angewandt werden.

64 Ferner müssen diese Unterlagen von einem i.S.d. APr.-Richtlinie[94] zugelassenen APr. **geprüft** worden sein. Bei KA von MU außerhalb der EU und des EWR stellt sich die Frage, ob die Prüfung durch einen dort zugelassenen APr. genügt, wenn dessen Befähi-

---

88 Vgl. zum Meinungsstand ADS[6], § 290 HGB, Tz. 116; *Gelhausen/Weiblen* in HdJ, Abt. I/5, Rn. 191 ff.; *Förschle/Deubert* in BeBiKo[7], § 264b, Rn. 26; *IDW ERS HFA 7 n.F.*, Tz. 58 ff.
89 Vgl. ADS[6], § 264b HGB n.F., Tz. 16 m.w.N.
90 Vgl. ADS[6], § 264b HGB n.F., Tz. 13; *Förschle/Deubert* in BeBiKo[7], § 264b, Rn. 33; *IDW ERS HFA 7 n.F.*, Tz. 6; *Ischebeck/Nissen-Schmidt* in HdR[5], § 264b HGB, Rn. 8; *Schulze-Osterloh*, BB 2002, S. 1307 (1309); LG Bonn v. 30.09.2009, BB 2010, S. 1209 (1208); a.A. *Thiele/Sickmann* in Baetge/Kirsch/Thiele, Bilanzrecht, § 264b HGB, Rn. 32.3.
91 Vgl. ADS[6], § 264b HGB n.F., Tz. 21; *IDW ERS HFA 7 n.F.*, Tz. 8.
92 Vgl. ADS[6], § 264b HGB n.F., Tz. 23.
93 Vgl. *Kozikowski/Ritter* in BeBiKo[7], § 292, Rn. 22; auch wenn DRS 1 „Befreiender KA nach § 292a HGB" (Beil. zu BAnz. v. 22.07.2003, S. 11, Rn. 17) zwischenzeitlich aufgehoben wurde (vgl. DRÄS 2, BAnz. v. 15.02.2005, S. 2381), sind die dort formulierten allgemeinen Grundsätze auch weiterhin im Rahmen der Einklangsprüfung anwendbar.
94 Richtlinie 2006/43/EG des Europäischen Parlaments und des Rates vom 17.05.2006, ABl.EU, Nr. L 157, S. 87 ff.

gung mit der eines nach der APr.-Richtlinie zugelassenen Prüfers gleichwertig ist. Auch wenn das Gesetz in § 264b Nr. 2 HGB eine solche Regelung nicht vorsieht, sollte die Regelung in § 292 Abs. 2 HGB i.V.m. § 2 Abs. 1 S. 1 Nr. 3 KonBefrV entsprechend angewendet werden können. Wird der KA von MU aus Drittländern aufgestellt, deren Wertpapiere an einer inländischen Börse zum Handel im regulierten Markt zugelassen sind, ist eine gleichwertige Befähigung des dafür zuständigen APr. nur gegeben, wenn dieser in einem Mitgliedstaat der EU oder im Drittland Aufsichts-, Qualitätssicherungs- sowie Überwachungs- und Sanktionssystemen unterliegt, die denen der APr.-Richtlinie gleichwertig sind[95]. Neben der gleichwertigen Befähigung des Prüfers ist ferner Voraussetzung, dass die Abschlussprüfung in einer den Anforderungen des HGB entsprechenden Weise erfolgt. Bei IFRS-KA nach § 315a HGB stellt sich dieses Problem nicht, da sie ohnehin von einem nach § 319 Abs. 1 S. 1 HGB zugelassenen APr. nach § 317 HGB geprüft werden müssen.

Außerdem müssen nach § 264b Nr. 2 HGB der nach den jeweiligen landesrechtlichen aufgestellte und geprüfte KA und der KLB **offen gelegt** worden sein, um befreiende Wirkung zu entfalten. **65**

Ferner muss die Tatsache der Befreiung der Personenhandelsgesellschaft nach § 264b Nr. 3 lit. a) HGB im **Konzernanhang** angegeben werden (vgl. dazu Tz. 58). Dies gilt auch, wenn der Wortlaut des § 264b Nr. 2 lit. a) HGB nur MU nennt, ebenso für den KA, der von einem persönlich haftenden Gesellschafter erstellt wird[96]. **66**

Die Befreiung nach § 264b HGB ist nur gegeben, wenn den **Adressaten** des entfallenden JA und LB die befreienden **Konzernrechnungslegungsunterlagen zugänglich** gemacht werden. § 264b Nr. 3 lit. a) HGB sieht dazu vor, dass der befreiende KA (und KLB) nach § 325 HGB durch Einreichung beim Betreiber des eBAnz. offengelegt werden müssen. Wird der befreiende KA von einem inländischen, zur Aufstellung eines KA verpflichteten MU aufgestellt, ist diese Voraussetzung automatisch erfüllt. In allen anderen Fällen, d.h. für freiwillig aufgestellte KA, die KA von EU-/EWR-MU oder die KA ausländischer persönlich haftender Gesellschafter, für die keine originäre Offenlegungspflicht nach § 325 HGB besteht, ist die Befreiungsvoraussetzung dagegen erst erfüllt, wenn der KA den Adressaten auf elektronischem Weg zugänglich gemacht wurde. Dies kann z.B. durch eine freiwillige Offenlegung im (deutschen) eBAnz. erfolgen. In Anknüpfung an Art. 57a Abs. 2 lit. b) 4. EG-Richtlinie, der eine Offenlegung des befreienden KA nach den jeweiligen landesrechtlichen Vorschriften ausreichen lässt, liegt auch für § 264b Nr. 3 lit. a) HGB die Auslegung nahe, dass eine zusätzliche Offenlegung im deutschen eBAnz. nicht erforderlich ist, wenn der KA von EU-/EWR-MU auf elektronischem Weg über ein dem eBAnz. entsprechendes ausländisches Register auf einer zentralen Internetseite oder über eine unternehmensspezifische Internetseite zugänglich sind[97]. Allerdings verlangt das BAJ, bestätigt durch das LG Bonn[98], die zusätzliche Offenlegung der befreienden Konzernrechnungslegungsunterlagen im deutschen eBAnz. und wohl auch in deutscher Sprache. **67**

Nach § 264b Nr. 3 HGB a.F. waren die befreienden Rechnungslegungsunterlagen „... in deutscher Sprache ..." zum HR der die Befreiung in Anspruch nehmenden Personenhandelsgesellschaft einzureichen. Diese Voraussetzung fehlt in § 264b Nr. 3 lit. a) HGB, so dass eine **Übersetzung** der befreienden KA und KLB von EU-/EWR-MU oder aus- **68**

---

95   Vgl. dazu ausführlich *Gelhausen/Fey/Kämpfer*, BilMoG, Kap. Q, Rn. 128 ff.
96   Gl.A. *Förschle/Deubert* in BeBiKo[7], § 264b, Rn. 50.
97   Gl.A. *Förschle/Deubert* in BeBiKo[7], § 264b, Rn. 56; vgl. auch *Kaya*, KoR 2010, S. 578 (581 f.).
98   Vgl. Urt. v. 08.12.2010, Der Konzern 2011, S. 126.

ländischen persönlich haftenden Gesellschaftern insofern **nicht** länger **erforderlich** ist[99]. Soll der übergeordnete KA die Personengesellschaft zugleich von ihrer Verpflichtung zur Aufstellung, Prüfung und Offenlegung eines KA gem. §§ 290 ff. HGB befreien, ist eine Übersetzung in die deutsche Sprache nach § 291 Abs. 1 S. 1 HGB bzw. § 292 HGB i.V.m. § 1 S. 1 KonBefrV jedoch weiterhin erforderlich.

69 Schließlich muss die **Befreiung** der Personenhandelsgesellschaft nach § 264b Nr. 3 lit. b) HGB im **elektronischen Bundesanzeiger** unter Bezugnahme auf die Befreiungsvorschrift und unter Angabe des MU mitgeteilt werden. Zweck der Regelung des § 264b Nr. 3 lit. b) HGB ist es, den Adressaten das Auffinden der befreienden Rechnungslegungsunterlagen zu erleichtern[100]. Aus diesem Grund muss die Mitteilung auch erfolgen, wenn der befreiende KA von einem persönlich haftenden Gesellschafter erstellt wird, auch wenn der Gesetzeswortlaut dies in diesem Fall nicht ausdrücklich verlangt[101]. Im Hinblick auf die Verwaltungspraxis des BAJ empfiehlt es sich, in dieser Mitteilung neben der Nennung von Name und Sitz des MU auch das GJ anzugeben, für das von der Befreiung Gebrauch gemacht wird, auch wenn hierzu nach § 264b HGB formal keine rechtliche Verpflichtung besteht[102]. In der Mitteilung ist ferner darauf hinzuweisen, wenn der befreiende KA nicht im UntReg. für das MU verfügbar ist, weil er nur freiwillig im eBAnz. offengelegt wurde. Ist der befreiende KA nicht über den eBAnz., sondern nur über eine vergleichbare ausländische Internetplattform oder die Website des MU bzw. persönlich haftenden Gesellschafters verfügbar, sind auch diese Fundorte in der Mitteilung nach § 264b Nr. 3 lit. b) HGB zu bezeichnen, damit das Auffinden des befreienden KA auch gewährleistet ist[103].

d) Größenabhängige Erleichterungen
aa) Größenklassen

70 Das Gesetz sieht in § 267 HGB drei Größenklassen vor, die für die Anwendung der Vorschriften über den JA von Bedeutung sind[104]:

	Bilanzsumme Mio. €	Umsatzerlöse Mio. €	Arbeitnehmer im Jahresdurchschnitt
Kleine Gesellschaften (Abs. 1)	≤ 4,840	≤ 9,680	≤ 50
Mittelgroße Gesellschaften (Abs. 2)	> 4,840 bis 19,250	> 9,680 bis 38,500	51 bis 250
Große Gesellschaften (Abs. 3)	> 19,250	> 38,500	> 250

71 Auszugehen ist von der Bilanzsumme und den Umsatzerlösen, wie sie in einem ordnungsgemäß aufgestellten JA ausgewiesen sind. Von der **Bilanzsumme** ist bei KapGes. ein auf der Aktivseite ausgewiesener Fehlbetrag i.S.d. § 268 Abs. 3 HGB abzusetzen

---

99 Vgl. *Förschle/Deubert* in BeBiKo[7], § 264b, Rn. 58.
100 Vgl. *Förschle/Deubert* in BeBiKo[7], § 264b, Rn. 60.
101 A.A. wohl *Kaya*, KoR 2010, S. 578 (582).
102 Vgl. *Förschle/Deubert* in BeBiKo[7], § 264b, Rn. 61.
103 Vgl. *Förschle/Deubert* in BeBiKo[7], § 264b, Rn. 62.
104 Die durch das BilMoG erhöhten Schwellenwerte sind erstmals für die Bestimmung der Größenklasse für das nach den 31.12.2007 beginnende GJ anzuwenden (vgl. Art. 66 Abs. 1 EGHGB). Eine „rückwirkende" Anwendung der geänderten Schwellenwerte fand jedoch insoweit statt, als bei der erstmaligen Anwendung der neuen Schwellenwerte (i.d.R. GJ 2008) die geänderten Schwellenwerte automatisch auf das jeweilige Vj. anzuwenden waren, was dazu führen konnte, dass die Rechtsfolgen aus dem i.d.R. Unterschreiten von Schwellenwerten bereits im Erstjahr eintraten (vgl. *Gelhausen/Fey/Kämpfer*, BilMoG, Kap. K, Rn. 68).

(§ 267 Abs. 1 Nr. 1 und Abs. 2 Nr. 1 HGB). Entsprechendes gilt bei Personenhandelsgesellschaften i.S.d. § 264a HGB für nicht durch Vermögenseinlagen gedeckte Verlustanteile oder Entnahmen persönlich haftender Gesellschafter und Kommanditisten, soweit keine Einzahlungsverpflichtung besteht und der Betrag deshalb gemäß § 264c Abs. 2 S. 5 und 6 HGB i.V.m. § 268 Abs. 3 HGB als Korrekturposten gesondert auf der Aktivseite auszuweisen ist. Andere Absetzungen, wie sie das PublG in § 1 Abs. 2 bzgl. unter den Rückstellungen oder Verbindlichkeiten ausgewiesener geschuldeter Verbrauchsteuern und Monopolabgaben vorsieht (vgl. dazu H Tz. 16), sind dagegen nicht zulässig.

Maßgebend für die **Umsatzerlöse** ist der in der GuV für die letzten zwölf Monate vor dem Abschlussstichtag unter dem Posten Nr. 1 ausgewiesene Betrag. Auch hier sind die nach dem PublG möglichen Absetzungen der in den Umsatzerlösen enthaltenen Verbrauchsteuern oder Monopolabgaben (vgl. dazu H Tz. 23) nicht zulässig. 72

Für die Ermittlung der Zahl der **Arbeitnehmer** gilt § 267 Abs. 5 HGB: Durchschnitt aus den Zahlen zum 31.03., 30.06., 30.09. und 31.12.; Arbeitnehmer, die im Ausland beschäftigt sind, sind einzurechnen, in der Berufsausbildung stehende dagegen nicht mitzuzählen. Die Arbeitnehmereigenschaft bestimmt sich nach den allgemeinen Grundsätzen des Arbeitsrechts[105]. 73

Die Einordnung in die Größenklassen ist davon abhängig, dass an zwei aufeinander folgenden Abschlussstichtagen mindestens zwei der drei Merkmale nicht überschritten werden (§ 267 Abs. 4 S. 1 HGB). Für den Fall einer **Umwandlung** (Verschmelzung, Spaltung, Formwechsel sowie den analogen Fall der Anwachsung[106]) oder Neugründung (rechtliche, aber auch wirtschaftliche Neugründung[107], durch Übernahme eines Geschäftsbetriebs bei Erstverwendung einer Vorratsgesellschaft oder Wiederverwendung einer Gesellschaft, deren Geschäftsbetrieb eingestellt war) treten die Rechtsfolgen schon bei einem einmaligen Über- oder Unterschreiten der Größenmerkmale am ersten Abschlussstichtag ein (§ 267 Abs. 4 S. 2 HGB). Bei Umwandlungen gilt dies nicht nur für den übernehmenden Rechtsträger, sondern auch für den übertragenden Rechtsträger, wenn dieser nach der Vermögensübertragung fortbesteht, z.B. bei Abspaltung oder Ausgliederung[108]. Schließlich gilt § 267 Abs. 4 S. 2 HGB in analoger Rechtsanwendung für die Einordnung von Personenhandelsgesellschaften i.S.d. § 264a HGB, wenn diese erstmals, z.B. aufgrund eines Gesellschafterwechsels, zur Anwendung der §§ 264 ff. HGB verpflichtet sind[109]. 74

Unabhängig von der tatsächlichen Größenordnung gilt eine **kapitalmarktorientierte Kapitalgesellschaft** i.S.d. § 264d HGB (vgl. Tz. 29 ff.) stets als große Gesellschaft (§ 267 Abs. 3 S. 2 HGB). Die „Zwei-Jahres-Regel" des § 267 Abs. 4 S. 1 HGB gilt nicht für die Fälle des § 267 Abs. 3 S. 2 HGB[110]; wenn z.B. die Notierung der Wertpapiere an einem organisierten Markt endet, ist die Gesellschaft bereits am nächsten JA-Stichtag aus- 75

---

105 Vgl. im Einzelnen ADS[6], § 267 HGB, Tz. 13; *Winkeljohann/Lawall* in BeBiKo[7], § 267, Rn. 9; sowie Tz. 915.
106 Gl.A. *Winkeljohann/Lawall* in BeBiKo[7], § 267, Rn. 29; *Knop* in HdR[5], § 267, Rn. 30.
107 Vgl. *Winkeljohann/Lawall* in BeBiKo[7], § 267, Rn. 23; zum Begriff der wirtschaftlichen Neugründung vgl. *Hüffer*, AktG[9], § 23, Rn. 27 ff. m.w.N.; auch BGH v. 07.07.2003, AG, S. 684, sowie v. 18.01.2010, ZIP, S. 621; *Heidinger*, ZGR 2005, S. 101; *Swoboda*, GmbHR 2005, S. 649; *Blöse*, GStB 2010, S. 170 (170 f.); *Schmidt, K.*, ZIP 2010, S. 857 (859).
108 Vgl. im Einzelnen ADS[6], § 267 HGB, Tz. 18; *Winkeljohann/Lawall* in BeBiKo[7], § 267, Rn. 25; falls der Gesetzgeber eine unterschiedliche Behandlung der übernehmenden Rechtsträger einerseits und der übertragenden Rechtsträger andererseits gewollt hätte, hätte er dies durch eine ausdrückliche Regelung zum Ausdruck gebracht, so wie z.B. in § 2 Abs. 1 S. 2 PublG (vgl. auch ADS[6], § 2 PublG, Tz. 19).
109 Vgl. *Förschle/Hoffmann* in BeBiKo[7], § 264c, Rn. 100.
110 Vgl. *Schellhorn*, DStR 2009, S. 2696 (2698).

schließlich nach § 267 Abs. 1 bis 3 i.V.m. Abs. 4 S. 1 HGB in die Größenklassen einzuordnen[111].

76 Unternehmen, an denen **Gebietskörperschaften** beteiligt sind, müssen grds. ebenfalls die Vorschriften für große Gesellschaften anwenden, soweit nicht weitergehende gesetzliche Vorschriften gelten oder andere gesetzliche Vorschriften entgegenstehen[112].

bb) Art der Erleichterungen

77 In folgenden Vorschriften sind **Erleichterungen** oder **Alternativen** für kleine oder auch mittelgroße Gesellschaften vorgesehen[113]:

		Kleine Gesellschaft	Mittelgroße Gesellschaft
1.	§ 264 Abs. 1 S. 4 erster Hs. HGB (Verzicht auf LB)	X	–
2.	§ 264 Abs. 1 S. 4 zweiter Hs. HGB (längere Aufstellungsfrist von sechs Monaten)	X	–
3.	§ 266 Abs. 1 S. 3 HGB (verkürzte Bilanz)	X	–
4.	§ 268 Abs. 2 HGB* (Verzicht auf ein Anlagengitter)	X	–
5.	§ 268 Abs. 4 S. 2 HGB* (keine Erläuterungspflicht antizipativer Aktiva)	X	–
6.	§ 268 Abs. 5 S. 3 HGB* (keine Erläuterungspflicht antizipativer Passiva)	X	–
7.	§ 268 Abs. 6 HGB* (Verzicht auf Sonderausweis oder Anhangangabe eines Disagios gem. § 250 Abs. 3 HGB)	X	–
8.	§ 274 HGB* (Abgrenzung latenter Steuern nach Maßgabe des Temporary-Konzepts)	X	–
9.	§ 276 S. 1 HGB (verkürzte GuV; zusammengefasster Ausweis des „Rohergebnisses")	X	X
10.	§ 277 Abs. 4 S. 2 und 3 i.V.m. § 276 S. 2 HGB (keine Erläuterungspflicht für a.o. und periodenfremde Aufwendungen/Erträge)	X	–
11.	§ 284 Abs. 2 Nr. 4 HGB** (keine Angabepflicht für Unterschiedsbeträge aus der Anwendung von Bewertungsvereinfachungsverfahren)	X	–
12.	§ 285 Nr. 2 HGB** (keine Angabepflicht für Restlaufzeit und Sicherheiten für jeden Posten der Verbindlichkeiten)	X	–
13.	§ 285 Nr. 3 HGB** (keine Angabepflicht zu nicht in der Bilanz enthaltenen Geschäften)	X	(–)[114]

---

111 Vgl. *Schellhorn*, S. 253 (255); *Winkeljohann/Lawall* in BeBiKo[7], § 267, Rn. 4.
112 Vgl. für Beteiligungen des Bundes § 65 Abs. 1 Nr. 4 BHO; entspr. für Beteiligungen der Länder die §§ 65 der jeweiligen LHO; zu den Fundstellen der einzelnen LHO vgl. L Tz. 4, sowie ADS[6], § 276 HGB, Tz. 4.
113 Vgl. die Erl. zu §§ 274a und 288 HGB in ADS[6], BeBiKo[7], sowie HdR[5].
114 Im Rahmen der Angaben zu nicht in der Bilanz enthaltenen Geschäften müssen deren Risiken und Vorteile nicht dargestellt werden.

Ergänzende Vorschriften für die Rechnungslegung bestimmter Unternehmen **F**

		Kleine Gesellschaft	Mittelgroße Gesellschaft
14.	§ 285 Nr. 3a HGB** (keine Angabepflicht sonstiger finanzieller Verpflichtungen)	X	–
15.	§ 285 Nr. 4 HGB** (keine Aufgliederung der Umsatzerlöse)	X	X
16.	§ 285 Nr. 6 HGB** (keine Aufteilung der Ertragsteuerbelastung auf ordentliches und a.o. Ergebnis)	X	–
17.	§ 285 Nr. 7 HGB** (keine Angabepflicht der durchschnittlichen Zahl der Beschäftigten)	X	–
18.	§ 285 Nr. 8 lit. a) HGB** (keine Angabepflicht des Materialaufwands bei Anwendung des UKV)	X	–
19.	§ 285 Nr. 9 lit. a) und lit. b) HGB** (keine Angabepflicht der Organbezüge)	X	–
20.	§ 285 Nr. 12 HGB** (keine Aufgliederungspflicht der sonstigen Rückstellungen)	X	–
21.	§ 285 Nr. 17 HGB** (keine Angaben zu Honoraren für den APr.)	X	X[115]
22.	§ 285 Nr. 19 HGB** (keine Angaben zu Art, Umfang, Zeitwert und Buchwert von nicht zum beizulegenden Zeitwert bewerteten FI)	X	–
23.	§ 285 Nr. 21 HGB** (keine Angabe der nicht marktüblichen Geschäfte)	X	(X)[116]
24.	§ 285 Nr. 22 HGB** (keine Angabe der Forschungs- und Entwicklungskosten)	X	–
25.	§ 285 Nr. 29 HGB** (keine Angaben zu latenten Steuern)	X	X
26.	§ 316 Abs. 1 S. 1 HGB (keine Prüfungspflicht)	X	–
27.	§ 319 Abs. 1 S. 2 HGB (erweiterte Auswahl der APr.)	–	X
28.	§§ 326, 327 HGB (Erleichterungen bei der Offenlegung)	X	X

(–) Angabepflicht mit Erleichterungen.

(X) Inanspruchnahme der Erleichterungsvorschrift teilweise ausgeschlossen.

* Jeweils i.V.m. § 274a HGB

** Jeweils i.V.m. § 288 HGB

Wegen größenabhängiger Befreiungen für den **Konzernabschluss** gelten andere Größenmerkmale (§ 293 HGB; vgl. M Tz. 131).

---

115 Werden die Angaben nach § 285 Nr. 17 HGB von mittelgroßen KapGes. nicht gemacht, sind diese auf schriftliche Anforderung der WPK zu übermitteln (vgl. Tz. 992).

116 Keine Angabepflicht für mittelgroße GmbH, KGaA sowie Personenhandelsgesellschaften i.S.d. § 264a HGB (vgl. Tz. 18 ff.).

II. Allgemeine Grundsätze

1. Allgemeine Bilanzierungsgrundsätze

a) Zur Generalnorm des § 264 Abs. 2 HGB

78 Die Vorschriften des HGB über den JA der KapGes. und bestimmter Personenhandelsgesellschaften enthalten in § 264 Abs. 2 S. 1 HGB eine **Generalnorm**, der der JA entsprechen soll[117]:

„Der JA der KapGes. hat unter Beachtung der Grundsätze ordnungsmäßiger Buchführung ein den tatsächlichen Verhältnissen entsprechendes Bild der Vermögens-, Finanz- und Ertragslage der KapGes. zu vermitteln."

Mit der auf Art. 2 Abs. 3 und 4 der 4. EG-Richtlinie zurückgehenden Fassung der Generalnorm sollten, wie in der RegBegr. betont ist[118], „trotz der anspruchsvolleren Formulierung" keine grds. Änderungen gegenüber der vormaligen aktienrechtlichen Bilanzierung bewirkt werden. Inhalt und Umfang des JA sind in erster Linie aus den Einzelvorschriften herzuleiten. Die Generalnorm ist nur heranzuziehen, wenn Zweifel bei Auslegung und Anwendung entstehen oder Lücken zu schließen sind[119]. Ein Außerkraftsetzen von Einzelvorschriften mit Verweis auf die Generalnorm („overriding") ist im deutschen Bilanzrecht nicht zulässig. Aus der Generalnorm können auch nicht ganz allgemein zusätzliche Anforderungen (z.B. bei Schätzungen oder der Ausübung von Wahlrechten) abgeleitet werden[120].

79 Zu den **Grundsätzen ordnungsmäßiger Buchführung** (GoB) vgl. E Tz. 6 ff. Wenn die GoB im Rahmen der Generalnorm ausdrücklich erwähnt werden, bedeutet dies, dass die Vermittlung des geforderten Bildes nur im Kontext mit den GoB verlangt wird, d.h. unter den (einschränkenden) Bedingungen der allgemeinen Bilanzierungs- und Bewertungsgrundsätze, insb. des Anschaffungswertprinzips, des Imparitätsprinzips und des Vorsichtsprinzips. Zeitwerte, die über den Anschaffungs- oder Herstellungskosten liegen, haben – soweit keine gesetzlichen Ausnahmen vorgesehen sind (insb. § 253 Abs. 1 S. 4 HGB); vgl. dazu E Tz. 320 – bei der Bilanzierung außer Acht zu bleiben. Lediglich in Zeiten erheblicher Preissteigerungen und Geldwertänderungen können ausnahmsweise ergänzende Angaben nach § 264 Abs. 2 S. 2 HGB in Betracht kommen, vgl. Tz. 1057 ff. sowie *IDW St/HFA 2/1975*.

80 Die **Vermögenslage** i.S.d. Vorschrift wird in erster Linie durch die Bilanz vermittelt, die **Ertragslage** durch die GuV, jeweils unter Einschluss der entsprechenden Angaben im Anh. (vgl. Tz. 693 ff.). Unter **Finanzlage** kann die Gesamtheit aller Aspekte verstanden werden, die sich auf die Finanzierung einer Gesellschaft beziehen, wie Finanzstruktur, Deckungsverhältnisse, Fristigkeiten, Finanzierungsspielräume, Investitionsvorhaben, schwebende Bestellungen und Kreditlinien sowie Angaben zu finanziellen Verpflichtungen. Wie die Aufzählung erkennen lässt, lassen sich wichtige Teilaspekte aus dem JA, in erster Linie aus der Bilanz, ggf. einer KFR[121] nach § 264 Abs. 1 S. 2 HGB (vgl. Tz. 685) und verschiedenen Angaben des Anh. ableiten. Diese sind gemeint, wenn § 264 Abs. 2

---

[117] Vgl. hierzu ADS[6], § 264 HGB, Tz. 52 ff.; *Winkeljohann/Schellhorn* in BeBiKo[7], § 264, Rn. 35 ff.; *Naumann/Breker* in HdJ, Abt. I/7, Rn. 71 ff.; *Baetge/Commandeur* in HdR[5], § 264 HGB, Rn. 9 ff.; *Winnefeld*, Bilanz-Handbuch[4], Kap. D, Rn. 409 ff.

[118] Vgl. BT-Drs. 10/317, S. 76.

[119] H.M., vgl. ADS[6], § 264 HGB, Tz. 59 mit umfangreichen Nachweisen.

[120] Ebenso ADS[6], § 264 HGB, Tz. 106 f.; a.A. *Baetge/Commandeur* in HdR[5], § 264 HGB, Rn. 36.

[121] Vgl. dazu *Gelhausen/Fey/Kämpfer*, BilMoG, Kap. K, Rn. 11 ff.; DRS 2 v. 29.10.1999 „Kapitalflussrechnung" i.d.F. DRÄS 4 v. 18.02.2010.

Allgemeine Grundsätze F

S. 1 HGB von der Vermittlung eines den tatsächlichen Verhältnissen entsprechenden Bildes der Finanzlage spricht[122].

Durch § 264 Abs. 2 S. 2 HGB wurde für die gesetzlichen Vertreter einer KapGes., die Inlandsemittent i.S.d. § 2 Abs. 7 WpHG (und keine KapGes. i.S.d. § 327a HGB) ist, die Pflicht eingeführt, bei Unterzeichnung des JA schriftlich zu versichern, dass – nach bestem Wissen – der JA ein den tatsächlichen Verhältnissen entsprechendes Bild vermittelt (sog. **Bilanzeid**)[123]. 81

b) Sonstige allgemeine Bilanzierungsgrundsätze

Die allgemeinen Bilanzierungsgrundsätze der §§ 242 ff. HGB gelten grds. auch für KapGes. und Personenhandelsgesellschaften i.S.d. § 264a HGB. Sie werden in den §§ 264 ff. HGB z.T. durch **spezielle Vorschriften** ersetzt oder verschärft. In Betracht kommen insb.: 82

– Pflicht zur Aufstellung, §§ 242 Abs. 1 und 2, 264 Abs. 1 S. 1 HGB,
– Aufstellungsgrundsätze, §§ 243 Abs. 1 und 2, 264 Abs. 1 S. 2 und 3 sowie Abs. 2 HGB,
– Sprache, Währungseinheit, § 244 HGB,
– Unterzeichnung, § 245 HGB,
– Vollständigkeit, Verrechnungsverbot, §§ 246, 264c Abs. 3 HGB (zu Ausnahmen vgl. E Tz. 74 ff.),
– Inhalt der Bilanz, § 247 Abs. 2 und 3 HGB,
– Bilanzierungsverbote, § 248 HGB.

Zum Inhalt dieser Vorschriften, soweit er für alle Kaufleute gilt, vgl. Kap. E. Dazu gehört auch der Grundsatz der Nichtaufnahme des Privatvermögens – obwohl im Gesetz nicht besonders erwähnt – der privaten Schulden sowie der hierauf entfallenden Aufwendungen und Erträge (vgl. E Tz. 17 f.), der in § 264c Abs. 3 S. 1 HGB für Personenhandelsgesellschaften i.S.d. § 264a HGB ausdrücklich bestimmt ist.

2. Allgemeine Gliederungsgrundsätze (§ 265 HGB)

Das HGB enthält für die Bilanz und die GuV der KapGes. und der Personenhandelsgesellschaften i.S.d. § 264a HGB bestimmte **Gliederungsschemata**[124] (§§ 266, 275 HGB; vgl. dazu im Einzelnen Tz. 121 f. und Tz. 467 ff.). Ihnen vorangestellt sind allgemeine Grundsätze für den Ausweis, die sowohl für die Bilanz als auch für die GuV gelten. Durch die Grundsätze des § 265 HGB wird der Grundsatz der Klarheit und Übersichtlichkeit für den JA von KapGes. konkretisiert. 83

Nach § 264 Abs. 1 S. 2 HGB müssen kapitalmarktorientierte KapGes. (§ 264d HGB), die nicht zur Aufstellung eines KA verpflichtet sind, ihren JA um eine **Kapitalflussrechnung** und einen **Eigenkapitalspiegel** erweitern, zusätzlich kann freiwillig eine **Segmentberichterstattung** erfolgen. Zur Gliederung dieser Bestandteile des JA enthält das Gesetz keine Vorschriften (vgl. dazu Tz. 1069 ff. (KFR), Tz. 1072 ff. (EK-Spiegel), Tz. 1076 ff. (SegBE)). Für den Ausweis gilt hier der Grundsatz der Klarheit und Übersichtlichkeit (§ 243 Abs. 2 HGB). 84

---

122 Vgl. im Einzelnen *IDW St/SABI 3/1986*.
123 Vgl. dazu *Fleischer*, ZIP 2007, S. 97 ff.; *Winkeljohann/Schellhorn* in BeBiKo[7], § 264, Rn. 61 ff.; *Ballwieser* in Baetge/Kirsch/Thiele, Bilanzrecht, § 264, Rn. 121.3 ff.
124 Vgl. zu Formblättern für bestimmte Geschäftszweige ADS[6], § 330 HGB, Tz. 10 ff.; *Förschle/Lawall* in BeBiKo[7], § 330, Rn. 20; zu staatlich getragenen Forschungseinrichtungen vgl. *Schulze*, DB 1987, S. 1849; zu Stiftungen *IDW RS HFA 5*, Tz. 43; zu Vereinen *Lutter*, BB 1988, S. 489; zu Spenden sammelnden Organisationen *IDW RS HFA 21*, Tz. 7 ff., 12 ff.

a) Darstellungsstetigkeit (§ 265 Abs. 1 HGB)

85 Die Form der Darstellung, insb. die Gliederung aufeinander folgender Bilanzen und GuV ist beizubehalten, es sei denn, dass besondere Umstände (z.b. Änderung der Konzernzugehörigkeit, Änderung des Leistungsprogramms, Beeinträchtigung der Klarheit und Übersichtlichkeit) Abweichungen erforderlich machen (§ 265 Abs. 1 S. 1 HGB). Ein willkürlicher **Wechsel zwischen verschiedenen Darstellungsformen** ist somit unzulässig (z.B. Gliederung der GuV nach GKV oder nach UKV; Gliederung des JA bei Vorliegen mehrerer Geschäftszweige, die die Beachtung verschiedener Gliederungsvorschriften bedingen; zusammengefasster oder weiter untergliederter Ausweis von Posten der Bilanz und der GuV). Ein auf Dauer beabsichtigter Übergang von einer Darstellungsform zu einer anderen ist nicht ausgeschlossen. Abweichungen sind in allen Fällen von Bedeutung im Anh. anzugeben und zu begründen[125] (§ 265 Abs. 1 S. 2 HGB; vgl. Tz. 732 f. und Tz. 885).

b) Angabe von Vorjahresbeträgen (§ 265 Abs. 2 HGB)

86 Zu jedem Posten der Bilanz und der GuV ist der entsprechende Vorjahresbetrag anzugeben (§ 265 Abs. 2 S. 1 HGB). Da diese Bestimmung den Zweck hat, eine Analyse der JA zu erleichtern, dürfte es ausreichend sein, die Vorjahresbeträge auf- oder abgerundet anzugeben[126]. Vorgeschrieben ist die Angabe zu jedem „Posten". Darunter fallen auch „davon"-Vermerke, die im Gliederungsschema selbst vorgeschrieben sind (z.B. § 266 Abs. 3 C.1. und 8. HGB). Für diese Posten sind die Vorjahresbeträge auch dann anzugeben, wenn sie statt in Bilanz und GuV im Anh. ausgewiesen werden[127]. An anderen Stellen des Gesetzes vorgeschriebene Angaben, Vermerke u.dgl. (z.B. § 268 Abs. 2 S. 3 und Abs. 5 S. 1 HGB) unterliegen dagegen nicht der Pflicht zur Angabe von Vorjahresbeträgen[128]. Fällt eine **Personenhandelsgesellschaft** erstmals, z.B. aufgrund eines Gesellschafterwechsels, in den Anwendungsbereich des § 264a HGB, brauchen Vorjahreszahlen nicht angegeben zu werden (vgl. Art. 48 Abs. 4 S. 2 EGHGB analog)[129]. In der ersten Jahresbilanz nach der **Gründung** sind als Vorjahreszahlen die Beträge der Eröffnungsbilanz gemäß § 242 Abs. 1 S. 1 HGB anzugeben.

87 Bei gegenüber dem Vj. **abw. Gliederung**, durch die die Beträge nicht mehr vergleichbar sind, kann der Vorjahresbetrag entweder beibehalten oder, was vorzuziehen ist, angepasst werden; in beiden Fällen sind entsprechende Angaben und Erläuterungen im Anh. vorgeschrieben (§ 265 Abs. 2 S. 2 und 3 HGB; vgl. Tz. 735 f.)[130]. Keine Anpassungs-, wohl aber eine Erläuterungspflicht im Anh. besteht ferner, wenn die Vorjahreszahlen aufgrund von **Verschmelzungen, Spaltungen** oder ähnlicher Vorgänge (z.B. Erwerb ganzer Unternehmen im Wege einer Sachübernahme oder Anwachsung) nicht vergleichbar sind[131].

88 Postenveränderungen aufgrund von **geänderten Ansatz- oder Bewertungsmethoden** oder Rechtsformwechseln[132] berühren die Vergleichbarkeit i.S.d. § 265 Abs. 2 HGB dagegen nicht (vgl. *IDW ERS HFA 39*, Tz. 3 ff., auch zur Vergleichbarkeit bei Rumpf-GJ).

---

125 Vgl. ADS[6], § 265 HGB, Tz. 23 f.; *Castan* in BHdR, B 141, Rn. 29; *Lenz/Fiebiger* in HdJ, Abt. I/6, Rn. 26.
126 Vgl. ADS[6], § 265 HGB, Tz. 29; *Lenz/Fiebiger* in HdJ, Abt. I/6, Rn. 28.
127 Vgl. hierzu auch *IDW ERS HFA 39*, Tz. 1.
128 Ebenso ADS[6], § 265 HGB, Tz. 28; weitergehend *Hütten/Lorson* in HdR[5], § 265 HGB, Rn. 31 (Angabepflicht auch im Anlagegitter nach § 268 Abs. 2 HGB).
129 Ebenso BeBiKo[5], Art. 48, Rn. 29.
130 Wegen Einzelheiten der Anpassung vgl. ADS[6], § 265 HGB, Tz. 33 ff.
131 Vgl. ADS[6], § 265 HGB, Tz. 30a; *IDW ERS HFA 39*, Tz. 7 f., 12 (vorzugsweise Angabe angepasster Vorjahreszahlen neben den tatsächlichen Vorjahreszahlen und den aktuellen Zahlen in der sog. Drei-Spaltenform).
132 Vgl. *Förschle/Hoffmann* in Budde/Förschle/Winkeljohann, Sonderbilanzen[4], Kap. L, Rn. 78.

Allgemeine Grundsätze **F**

Allerdings machen Änderungen von Ansatz- und Bewertungsmethoden Angaben im Anh. nach § 284 Abs. 2 Nr. 3 HGB erforderlich (vgl. Tz. 725 ff.).

c) Vermerk der Mitzugehörigkeit zu anderen Posten der Bilanz (§ 265 Abs. 3 HGB)
Für den Fall, dass ein Vermögensgegenstand oder eine Schuld unter **mehrere Posten** der 89 Bilanz fällt, ist die Mitzugehörigkeit zu anderen Posten bei dem Posten zu vermerken, unter dem der Ausweis erfolgt, wenn dies zur Aufstellung eines klaren und übersichtlichen JA erforderlich ist (§ 265 Abs. 3 S. 1 HGB). In unwesentlichen Fällen ist daher kein Vermerk notwendig. Statt des Vermerks ist auch eine entsprechende Angabe im Anh. möglich.

Liegt ein Fall der Mitzugehörigkeit zu verschiedenen Posten der Bilanz vor, so steht es der 90 Gesellschaft in dem durch § 264 Abs. 2 S. 1 HGB gezogenen Rahmen grds. frei, an welcher Stelle sie den Ausweis vornimmt. Allerdings sollte i.d.R. den Posten, die i.Z.m. **Unternehmensverbindungen** stehen, der Vorrang eingeräumt werden[133].

d) Gliederung bei Vorliegen mehrerer Geschäftszweige, für die unterschiedliche Gliederungsvorschriften gelten (§ 265 Abs. 4 HGB)
Ist eine KapGes. oder Personenhandelsgesellschaft i.S.d. § 264a HGB in **mehreren Ge-** 91 **schäftszweigen** tätig, für die unterschiedliche Gliederungsvorschriften bestehen (z.B. §§ 266, 275 HGB einerseits und Formblätter nach § 330 HGB für Bausparkassen, Hypotheken- oder Schiffspfandbriefbanken, andere KI (vgl. J Tz. 5, 42 ff.), VU (vgl. K Tz. 24, 39, 75), Krankenhäuser und Pflegeeinrichtungen, Verkehrs- oder Wohnungsunternehmen (vgl. L, Tz. 34 ff., 42 ff.) andererseits), so ist unter Beachtung des Grundsatzes der Klarheit und Übersichtlichkeit eine Grundgliederung zu wählen, die um Besonderheiten zu ergänzen ist[134]. Zusätzlich ist vorgeschrieben (§ 265 Abs. 4 S. 2 HGB), dass die Ergänzung im Anh. anzugeben und zu begründen ist (vgl. Tz. 737).

e) Untergliederung von Posten und Hinzufügung neuer Posten (§ 265 Abs. 5 HGB)
Das Gesetz verlangt in § 266 Abs. 1 S. 2 HGB (für die Bilanz) und in § 275 Abs. 1 S. 2 92 HGB (für die GuV), dass die in den jeweiligen Gliederungsschemata bezeichneten Posten gesondert und in der vorgeschriebenen (angegebenen) Reihenfolge ausgewiesen werden. Dies schließt, wie § 265 Abs. 5 S. 1 HGB zeigt, **Untergliederungen** nicht aus, soweit dabei die vorgeschriebene Gliederung und das Gebot der Klarheit und Übersichtlichkeit (§ 243 Abs. 2 HGB) beachtet werden. Unter Untergliederung ist in erster Linie die Aufgliederung eines im Gesetz vorgesehenen Postens nach einzelnen Bestandteilen zu verstehen[135]. Eine Untergliederung kann aber auch durch „davon"-Vermerke erfolgen[136], wie sie z.B. in § 275 Abs. 2 Nrn. 6 lit. b), 9, 10, 11 und 13 HGB vorgeschrieben sind. Eine **Zusammenfassung** gesetzlich vorgesehener Posten ist nur unter der in § 265 Abs. 7 Nr. 1 HGB bezeichneten Voraussetzung zulässig (vgl. Tz. 97 ff.).

Neue Posten dürfen zu den Gliederungsschemata der §§ 266, 275 HGB hinzugefügt 93 werden, wenn ihr Inhalt nicht von einem vorgeschriebenen Posten gedeckt wird (§ 265 Abs. 5 S. 2 HGB). Die Voraussetzung dafür wird im Allgemeinen nur im Bereich der

---

133 Vgl. ADS[6], § 265 HGB, Tz. 44.
134 Vgl. ADS[6], § 265 HGB, Tz. 49 (mit Beispielen).
135 Zur Aufgliederung der Posten „sonstige betriebliche Erträge" bzw. „sonstige betriebliche Aufwendungen" bei Unternehmen in Liquidation vgl. *Förschle/Deubert* in Budde/Förschle/Winkeljohann, Sonderbilanzen[4], Kap. T, Rn. 258; *IDW RS HFA 17*, Tz. 38.
136 Vgl. ADS[6], § 265 HGB, Tz. 58.

Sachanlagen gegeben sein (z.B. Schiffe, Flugzeuge, Eisenbahnen, Rohstoffvorkommen, Leasingvermögen, Bergwerksschächte und Grubenbaue, Energieversorgungsanlagen)[137]. Im Bereich der Finanzanlagen, der Forderungen, der Rückstellungen und der Verbindlichkeiten decken die „sonstigen" Posten den Inhalt anderer Posten weitgehend ab; ggf. kann im Rahmen des § 265 Abs. 6 HGB Abhilfe geschaffen werden. In Betracht kommen aber auch neue Posten für Genossenschafts- oder GmbH-Anteile oder besondere Schuldposten[138]. Unter Beachtung der Generalnorm des § 264 Abs. 2 S. 1 HGB kann in wesentlichen Fällen die **Pflicht** bestehen, neue Posten hinzuzufügen (z.B. als EK oder als FK qualifiziertes Genussrechtskapital, vgl. *IDW St/HFA 1/1994*, 2.1.3.; Tz. 355). Zu gesetzlich **vorgeschriebenen Erweiterungen** der Gliederungsschemata bei KapGes. vgl. ADS^6, § 265 HGB, Tz. 63 f., sowie hier die Erläuterung einschlägiger Posten in Tz. 226 ff. und Tz. 466 ff. (einschl. vorgeschriebener Erweiterungen für Personenhandelsgesellschaften i.S.d. § 264a HGB).

f) Änderung der Gliederung und der Bezeichnung von Posten (§ 265 Abs. 6 HGB)

94 Abweichungen von der **gesetzlichen Gliederung** und den Bezeichnungen der in den §§ 266, 275 HGB mit arabischen Zahlen versehenen Posten des JA kommen insoweit in Betracht, als dies wegen Besonderheiten einer Gesellschaft zur Aufstellung eines klaren und übersichtlichen JA erforderlich ist (§ 265 Abs. 6 HGB). Die Vorschrift ist insoweit, als es sich um eine Änderung der Gliederung (hinsichtlich der Reihenfolge) handelt, im Interesse der Vergleichbarkeit des JA mit dem anderer Unternehmen eng auszulegen. Es müssen bei der Gesellschaft sachlich begründete Besonderheiten vorliegen, die eine Anwendung der grds. auf die Gegebenheiten von Industrie- und Handelsunternehmen abgestellten Gliederungsschemata als unzweckmäßig erscheinen lassen; eine neue Gliederung hat insoweit Platz zu greifen, als dies durch das Erfordernis der Klarheit und Übersichtlichkeit des JA geboten ist. So ist z.B. bei Leasinggesellschaften der gesonderte Ausweis des Vermietvermögens erforderlich und die Gliederung der GuV hierauf abzustellen (vgl. *IDW St/HFA 1/1989*, Abschn. B.). Ferner kann es bei Holdinggesellschaften notwendig sein, in der GuV die Aufwendungen und Erträge aus dem Finanzbereich den Umsatzerlösen voranzustellen[139]. Es genügt für eine Anwendung des § 265 Abs. 6 HGB indes nicht, dass eine andere Gliederung gleichwertig gegenüber einer Gliederung nach den gesetzlichen Gliederungsschemata ist; die andere Gliederung ist nur dann zulässig, wenn sie im konkreten Fall, gemessen am Grundsatz der Klarheit und Übersichtlichkeit (§ 243 Abs. 2 HGB), „besser" als eine Gliederung nach den gesetzlichen Vorschriften ist.

95 Abweichungen von der **gesetzlichen Bezeichnung von Posten** dürften immer dann in Betracht kommen, wenn die neue Bezeichnung den Posteninhalt konkreter umfasst. Die Anpassung muss vorgenommen werden, wenn eine gesetzliche Bezeichnung irreführend wäre[140]. Liegen z.B. Anzahlungen auf Anlagen im Bau nicht vor, so ist die Postenbezeichnung von § 266 Abs. 2 A.II.4. HGB in „Anlagen im Bau" zu ändern. Ebenso ist die Bezeichnung des Postens „Kassenbestand, Bundesbankguthaben, Guthaben bei KI und Schecks" (§ 266 Abs. 2 B.IV. HGB) an seinen tatsächlichen Inhalt anzupassen. Die Gliederungsschemata für Bilanz und GuV enthalten noch weitere Posten dieser Art[141]. Von den

---

137 Vgl. ADS^6, § 265 HGB, Tz. 66 f.; zum Ausweis des Programmvermögens von Rundfunkanstalten vgl. *Forster*, WPg 1988, S. 321 ff.
138 Vgl. ADS^6, § 265 HGB, Tz. 66 f.; zu mezzaninen Finanzierungsformen vgl. *Küting/Kessler/Hayn*, B. in HdR^5, § 272 HGB, Rn. 185 ff.; *Bock*, DStR 2005, S. 1067 ff.; *Dürr*, S. 205 ff.; *Häger/Elkemann-Reusch*.
139 Vgl. ADS^6, § 265 HGB, Tz. 71.
140 Vgl. ADS^6, § 265 HGB, Tz. 76.
141 Vgl. ADS^6, § 265 HGB, Tz. 72; dort auch zu Ergänzungen (Tz. 77), Kurzbezeichnungen (Tz. 79) und engeren Bezeichnungen (Tz. 84).

Allgemeine Grundsätze   **F**

gesetzlichen Begriffen abw. Bezeichnungen, die nicht zu einer zutreffenderen Bestimmung des Posteninhalts führen, sind unzulässig.

Weder die **Buchstaben** noch die römischen und arabischen **Zahlen**, mit denen die Posten   96
der Bilanz und der GuV in den §§ 266, 275 HGB versehen sind, sind als Teil der Bezeichnung der Posten i.S.d. Vorschrift aufzufassen. Sie können daher, soweit dies nicht die Klarheit und Übersichtlichkeit beeinträchtigt, im konkreten Fall entfallen. Gruppenbezeichnungen mit Zwischensummen können auch durch Fett- oder Halbfettdruck hervorgehoben werden. Soll es grds. bei Buchstaben sowie römischen und arabischen Zahlen bleiben, so sind diese der tatsächlichen Reihenfolge der Posten anzupassen.

g) Zusammenfassung von Posten (§ 265 Abs. 7 HGB)

§ 265 Abs. 7 HGB lässt in zwei Fällen den **zusammengefassten Ausweis** von mit arabi-   97
schen Zahlen versehenen Posten der Bilanz und der GuV zu, nämlich wenn

– (Nr. 1) die Posten einen für die Vermittlung des in § 264 Abs. 2 HGB geforderten Bildes nicht erheblichen Betrag enthalten, oder

– (Nr. 2) wenn dadurch die Klarheit der Darstellung vergrößert wird.

Auch im ersten Ausnahmefall (Nr. 1) kommt nicht schlechthin die Zusammenfassung von   98
Posten, unter denen **unerhebliche Beträge** ausgewiesen werden, in Betracht. So wäre es z.B. unzulässig, die verschiedenen Formen der Gewinnrücklagen zusammenzufassen. Diese sind vielmehr stets als solche auszuweisen, sofern nicht von der zweiten Alternative Gebrauch gemacht wird. Vgl. wegen weiterer gesondert auszuweisender Einzelposten ADS^6, § 265 HGB, Tz. 89.

Die zweite Alternative (Nr. 2) erlaubt es, z.B. in der **Bilanz** sämtliche mit arabischen   99
Zahlen versehene Posten entfallen zu lassen, wenn die dadurch wegfallenden Posten (einschließlich der Vorjahresbeträge, vgl. Tz. 86) im Anh. gesondert angegeben werden. Auch die Restlaufzeitvermerke für Forderungen und Verbindlichkeiten können in den Anh. verlagert werden (ggf. auch unabhängig davon, ob die zugehörigen Posten in der Bilanz zusammengefasst werden, vgl. *IDW St/SABI 3/1986*). Das Erfordernis der größeren **Klarheit** dürfte bei Großunternehmen i.d.R. vorliegen[142], da eine Bilanz, die nur die mit römischen Zahlen versehenen Posten ausweist, in Anbetracht der Höhe der auszuweisenden Beträge wesentlich übersichtlicher sein kann[143]. Eine solche Handhabung setzt auf der anderen Seite eine sinnvolle und klare Gliederung des Anh. voraus (vgl. Tz. 672).

Für die **GuV** sind Zusammenfassungen, die sich auf die zweite Alternative stützen, nur in   100
begrenztem Umfang möglich, z.B. beim GKV die Posten nach § 275 Abs. 2 Nrn. 5 lit. a) und 5 lit. b) HGB, desgleichen Nrn. 6 lit. a) und 6 lit. b), desgleichen Nrn. 7 lit. a) und 7 lit. b). Auch die Posten Nr. 15 und Nr. 16 kommen für eine Zusammenfassung (unter Nr. 17) in Betracht. Weitere zulässige Zusammenfassungen in der Praxis großer Unternehmen betreffen das „Beteiligungsergebnis" (Posten Nr. 9 und einschlägige Sonderposten gem. § 277 Abs. 3 S. 2 HGB), das „Zinsergebnis" (Posten Nrn. 10, 11 und 13) und das „Finanzergebnis" (vorstehende Einzelposten, z.T. unter Einbeziehung von Nr. 12)[144].

---

142 A.A. *Korth* in Kölner Komm. Rechnungslegungsrecht, § 265 HGB, Fn. 34 zu Rn. 34.
143 Vgl. ausführlich *Emmerich*, WPg 1986, S. 698 m.w.N.
144 Vgl. ADS^6, § 265 HGB, Tz. 93.

h) Leerposten (§ 265 Abs. 8 HGB)

101 Leerposten brauchen nicht ausgewiesen zu werden, es sei denn, dass im **Vj**. ein Betrag unter dem Posten ausgewiesen wurde[145]; dann ist für den Posten der Vorjahresbetrag anzugeben (§ 265 Abs. 8 HGB); bei unwesentlichen Vorjahresbeträgen der mit arabischen Zahlen versehenen Posten kommt allerdings auch eine nachträgliche Zusammenfassung in Betracht[146].

3. Ausschüttungs- und Abführungssperre (§ 268 Abs. 8 HGB)
a) Übersicht

102 § 268 Abs. 8 HGB regelt für KapGes., dass bei einer Aktivierung selbst geschaffener immaterieller Vermögensgegenstände des Anlagevermögens, latenter Steuern oder Deckungsvermögen für Altersversorgungsverpflichtungen oder vergleichbare langfristig fällige Verpflichtungen oberhalb der AK Gewinne nur ausgeschüttet werden dürfen, wenn die nach der Ausschüttung verbleibenden frei verfügbaren Rücklagen zuzüglich eines Gewinnvortrags und abzüglich eines Verlustvortrags mindestens den insgesamt angesetzten Beträgen entsprechen, wobei passive latente Steuern den gesperrten Betrag in dem in § 268 Abs. 8 HGB konkretisierten Umfang mindern (**Ausschüttungssperre**). Die Ausschüttungssperre dient primär dem Gläubigerschutz. Sie soll verhindern, dass keine höheren Gewinnausschüttungen als diejenigen erfolgen, die ohne die Aktivierung der genannten Posten (vgl. Tz. 106) möglich gewesen wären[147]. Der Gesamtbetrag der gegen Ausschüttungen gesperrten Beträge ist nach § 285 Nr. 28 HGB im Anh. anzugeben und hinsichtlich seines jeweiligen Entstehungsgrundes aufzugliedern (vgl. Tz. 869 ff.).

103 Die Ausschüttungssperre gilt ausschließlich für KapGes.[148]. Bei teleologischer Auslegung kommt die Ausschüttungssperre trotz der formalen Verweisung bei **Personenhandelsgesellschaften i.S.d. § 264a HGB** nicht zur Anwendung. Die Regelung des § 268 Abs. 8 HGB wird insoweit durch die Bestimmung des § 172 Abs. 4 S. 3 HGB als lex specialis verdrängt[149], denn das durch diese Spezialvorschrift normierte Wiederaufleben der Kommanditistenhaftung[150] setzt die Möglichkeit einer Ausschüttung oder Entnahme dieser Beträge implizit voraus[151].

104 Für **Einzelkaufleute und Personenhandelsgesellschaften** ist keine der Ausschüttungssperre vergleichbare (d.h. entsprechende) Entnahmesperre vorgesehen[152]. Allerdings wurde durch das BilMoG die Vorschrift zum Wiederaufleben der Kommanditistenhaftung durch § 172 Abs. 4 S. 3 HGB dahingehend modifiziert, dass Beträge i.S.d. § 268 Abs. 8

---

145 Weiter einschränkend *Hütten/Lorson* in HdR[5], § 265 HGB, Rn. 125.
146 Vgl. ADS[6], § 265 HGB, Tz. 95.
147 Vgl. *Ellrott/F. Huber* in BeBiKo[7], § 268, Rn. 140; *Hoffmann/Lüdenbach*, Bilanzierung[2], § 268, Rn. 124.
148 Vgl. *Ellrott/F. Huber* in BeBiKo[7], § 268, Rn. 141.
149 Vgl. *IDW ERS HFA 7 n.F.*, Tz. 34.
150 Nach § 172 Abs. 4 S. 3 HGB sind bei der Berechnung des Kapitalanteils für die Beurteilung des Wiederauflebens der Außenhaftung eines Kommanditisten Beträge i.S.d. § 268 Abs. 8 HGB nicht zu berücksichtigen; siehe auch *IDW ERS HFA 7 n.F.*, Tz. 34.
151 Vgl. *Gelhausen/Fey/Kämpfer*, BilMoG, Kap. N, Rn. 4 f., die zudem darauf hinweisen, dass die Ausschüttungssperre „bei nach dem gesetzlichen Normalstatut (§§ 105 ff., 161 ff. HGB) organisierten Personenhandelsgesellschaften ins Leere [ginge], da bei diesen kein Gewinnverwendungsbeschluss erforderlich ist und der Gewinnanteil den Gesellschaftern automatisch zusteht sowie nach den Entnahmevorschriften entnommen werden kann"; ferner weisen die Verf. darauf hin, dass die Einführung einer Entnahmesperre auch nicht systemgerecht wäre, da bei Personenhandelsgesellschaften vor dem Hintergrund der unbeschränkten Haftung mindestens eines Gesellschafters keine Entnahmegrenzen bestehen; a.A. aber *Wehrheim/Rupp*, DB 2009, S. 356 (358); *Stahl/Burkhardt*, BBK 2010, S. 106 (107).
152 Vgl. *Gelhausen/Fey/Kämpfer*, BilMoG, Kap. N, Rn. 3.

Allgemeine Grundsätze	F

HGB von der Berechnung der Kapitalanteile der Kommanditisten nach § 172 Abs. 4 S. 2 HGB ausgenommen werden (vgl. Tz. 103)[153].

Durch § 301 S. 1 AktG strahlt § 268 Abs. 8 HGB auch auf den Höchstbetrag der Gewinnabführung von Aktiengesellschaften aus (**Abführungssperre**)[154]. In § 301 S. 1 AktG wird unter Bezugnahme auf § 268 Abs. 8 HGB der ausschüttungsgesperrte Betrag vom Höchstbetrag der Gewinnabführung ausgenommen. Für eine GmbH, die einem Gewinnabführungsvertrag unterliegt, gilt § 301 AktG entsprechend[155], so dass die Abführungssperre auch bei einer abhängigen GmbH zu beachten ist[156]. 105

b) Ausschüttungssperre

Die Ausschüttungssperre ist auf drei verschiedene Posten zu beziehen. Dabei handelt es sich um folgende Beträge[157]: 106

– Betrag aus der Aktivierung **selbst geschaffener immaterieller Vermögensgegenstände des Anlagevermögens** (§ 248 Abs. 2 HGB) abzüglich der hierfür gebildeten passiven latenten Steuern (vgl. Tz. 109).
– Betrag aus der Bewertung von Vermögensgegenständen i.S.d. § 246 Abs. 2 S. 2 HGB (sog. **Deckungsvermögen**; vgl. Tz. 123) zum beizulegenden Zeitwert, soweit dieser die AK übersteigt, abzüglich der hierfür gebildeten passiven latenten Steuern (vgl. Tz. 110).
– Betrag der in der Bilanz ausgewiesenen **aktiven latenten Steuern** (§ 274 Abs. 1 S. 2 HGB), soweit sie die passiven latenten Steuern übersteigen (vgl. Tz. 111).

Der Abzug der passiven latenten Steuern bei den beiden erstgenannten Beträgen dient dazu, Doppelerfassungen zu vermeiden. Die Passivierung der latenten Steuern nach § 274 Abs. 1 S. 1 HGB hat in diesen Fällen das Jahresergebnis bereits gemindert, so dass es insoweit keiner nochmaligen gläubigerschützenden Ausschüttungssperre mehr bedarf[158].

Eine Ausschüttung von Gewinnen ist nur dann zulässig, wenn die nach der Ausschüttung frei verfügbaren Rücklagen abzüglich eines Verlustvortrags oder zuzüglich eines Gewinnvortrags den insgesamt angesetzten Beträgen mindestens entsprechen. Unter den **frei verfügbaren Rücklagen** sind hierbei die jederzeit auflösbaren Gewinnrücklagen zuzüglich der bestehenden frei verwendbaren Kapitalrücklagen zu verstehen[159]. 107

---

153 Vgl. *Gelhausen/Fey/Kämpfer*, BilMoG, Kap. N, Rn. 82 ff.
154 Vgl. *Ellrott/F. Huber* in BeBiKo[7], § 268, Rn. 144.
155 Vgl. *Emmerich* in Scholz, GmbHG[10], Anhang § 13, Rn. 203 f.; *Emmerich* in Emmerich/Habersack, Aktien- und GmbH-Konzernrecht[6], § 301 AktG, Rn. 6; *Liebscher* in MünchKomm. GmbHG, § 13 Anh., Rn. 810; *Servatius* in Michalski, GmbHG[2], Syst. Darst. 4, Rn. 262.
156 Vgl. *Gelhausen/Fey/Kämpfer*, BilMoG, Kap. N, Rn. 2.
157 Vgl. *Petersen/Zwirner/Froschhammer*, KoR 2010, S. 334 (335); *Gelhausen/Fey/Kämpfer*, BilMoG, Kap. N, Rn. 23.
158 Vgl. *Ellrott/F. Huber* in BeBiKo[7], § 268, Rn. 143; *Wulf/Bosse* in Haufe HGB Kommentar[2], § 268, Rn. 86.
159 Ausführlich dazu *Gelhausen/Fey/Kämpfer*, BilMoG, Kap. N, Rn. 12 f.; ferner *Ellrott/F. Huber* in BeBiKo[7], § 268, Rn. 142; *Hoffmann/Lüdenbach*, Bilanzierung[2], § 268, Rn. 133.

108 Das **Berechnungsschema** zur Ermittlung des maximalen Ausschüttungsbetrags ergibt sich somit grds. wie folgt[160]:

	Jahresergebnis lt. Gewinn- und Verlustrechung (§ 275 Abs. 2 Nr. 20 oder Abs. 3 Nr. 19 HGB)
+	frei verfügbare Rücklagen (§ 266 Abs. 3 A.II. (teilweise), A.III.3. und ggf. A.III.4. HGB)
–	pflichtmäßige Einstellung aus dem Gewinn des laufenden Jahres in gebundene Rücklagen (§ 266 Abs. 3 A.III.1., 2., und ggf. 3. HGB)
+	Gewinnvortrag (§ 266 Abs. 3 IV. HGB)
–	Verlustvortrag (§ 266 Abs. 3 IV. HGB)
=	**maximaler Ausschüttungsbetrag ohne Ausschüttungssperre** i.S.d. § 268 Abs. 8 HGB
–	**gesperrter Betrag** i.S.d. § 268 Abs. 8 HGB als Saldo aus:
	+ Betrag aus der Aktivierung selbst geschaffener immaterieller Vermögensgegenstände des Anlagevermögens (§§ 246 Abs. 1 S. 1, 248 Abs. 2, 255 Abs. 2 S. 4 und Abs. 2a HGB)
	+ Gesamtbetrag aus der Bewertung von Gegenständen des Deckungsvermögens zum beizulegenden Zeitwert (§ 246 Abs. 2 S. 2 i.V.m. § 253 Abs. 1 S. 4 HGB)
	– Betrag der für die Tatbestände der Ausschüttungssperre i.S.d. § 268 Abs. 8 HGB gebildeten passiven latenten Steuern (§ 274 Abs. 1 S. 1 HGB)
	+ Betrag aus der Aktivierung latenter Steuern (§ 274 Abs. 1 S. 1 und 3 HGB) nach Abzug sonstiger passiver latenter Steuern
=	**maximal ausschüttbarer Betrag unter Berücksichtigung der Ausschüttungssperre** i.S.d. § 268 Abs. 8 HGB

109 Der Wert **selbst geschaffener immaterieller Vermögensgegenstände des Anlagevermögens** ist nur schwer objektivierbar[161]. Durch die Ausschüttungssperre trägt der Gesetzgeber diesem Umstand Rechnung[162]. Der Ausschüttungssperrbetrag knüpft an den Buchwert der betreffenden Vermögensgegenstände zum jeweiligen Abschlussstichtag an[163].

110 Beim **Deckungsvermögen** für Altersversorgungsverpflichtungen bezieht sich die Ausschüttungssperre auf die aus der Bewertung zum beizulegenden Zeitwert nach § 253 Abs. 1 S. 4 HGB resultierenden aufgedeckten stillen Reserven der Aktiva. Ein vorheriger Abzug der Schulden, deren Deckung die Vermögensgegenstände dienen, kommt nicht in Betracht[164]. Im Übrigen ist der relevante Betrag ausgehend von jedem einzelnen Vermögensgegenstand zu ermitteln, d.h. der gesperrte Betrag setzt sich aus den positiven Differenzen zwischen den beizulegenden Zeitwerten und (historischen[165]) AK der einzelnen Vermögensgegenstände zusammen, die insgesamt das Deckungsvermögen bilden. Eine Verrechnung positiver Beträge mit negativen Beträgen (anderer Vermögensgegenstände) ist ausgeschlossen[166]. Für die Folgeperioden ergibt sich hieraus zwingend, dass die ausschüttungsgesperrten Beträge für jeden Vermögensgegenstand in einer Nebenrech-

---

160 Vgl. *Gelhausen/Fey/Kämpfer*, BilMoG, Kap. N, Rn. 10; *Gelhausen/Althoff*, WPg 2009, S. 584 (586); *Stahl/Burkhardt*, BBK 2010, S. 106 (110).
161 Siehe dazu auch Begr. RegE BilMoG, BT-Drs. 16/10067, S. 64; *Haaker*, DStR 2008, S. 1750 (1752); *Laubach/Kraus/Bornhofen*, DB 2009, Beil. 5, S. 19 (20).
162 Vgl. *Bieg u.a.*, S. 111.
163 Vgl. *Gelhausen/Fey/Kämpfer*, BilMoG, Kap. N, Rn. 26.
164 Vgl. *Gelhausen/Fey/Kämpfer*, BilMoG, Kap. N, Rn. 29 f., unter Bezugnahme auf Beschlussempfehlung und Bericht des Rechtsausschusses.
165 Ausführlich dazu *Gelhausen/Fey/Kämpfer*, BilMoG, Kap. N, Rn. 33 ff.
166 Vgl. *Gelhausen/Fey/Kämpfer*, BilMoG, Kap. N, Rn. 31 f. Zustimmend *Petersen/Zwirner/Froschhammer*, KoR 2010, S. 334 (336).

nung zu erfassen sind¹⁶⁷. Der ausschüttungsgesperrte Betrag ist nicht mit dem ggf. positiven Betrag identisch, der sich durch Verrechnung des zum beizulegenden Zeitwert bewerteten Deckungsvermögens mit den zugehörigen Schulden ergibt (§ 246 Abs. 2 S. 2 zweiter Hs. HGB) und welcher nach § 266 Abs. 2 E. HGB als „Aktiver Unterschiedsbetrag aus der Vermögensverrechnung" auszuweisen ist¹⁶⁸.

Aktivierte latente Steuern sind nur in Höhe der nicht durch passive latente Steuern gedeckten Spitze ausschüttungsgesperrt¹⁶⁹. Dabei ist der Umfang der verrechenbaren passiven latenten Steuern auf jene passiven Latenzen beschränkt, die nicht bereits den unsicheren Beträgen i.S.d. § 268 Abs. 8 S. 1 und 3 HGB unmittelbar zuzuordnen sind und folglich dort mindernd berücksichtigt wurden¹⁷⁰. Der durch § 274 Abs. 1 S. 1 und 3 HGB im Hinblick auf die passiven latenten Steuern mögliche unsaldierte Ausweis (Bruttoausweis) oder saldierte Ausweis (Nettoausweis) hat für die Höhe der Ausschüttungssperre keine Bedeutung¹⁷¹. **111**

Der Ausweis des ausschüttungsgesperrten Betrags im JA ist gesetzlich nicht geregelt. Es ist deshalb vertretbar, ihn entweder in die **Rücklagen** einzustellen oder als **Gewinnvortrag** auszuweisen. Die Gesellschaft kann insoweit frei entscheiden¹⁷². Ob im Falle einer Rücklagendotierung diese bereits im Rahmen der Auf- und Feststellung des JA erfolgen darf, richtet sich nach den rechtsformbezogenen Vorschriften zu den Thesaurierungsmöglichkeiten der für die Auf- bzw. Feststellung des JA zuständigen Organe. Bei einer **AG** richten sich die Thesaurierungsmöglichkeiten der zuständigen Organe nach § 58 Abs. 2, 2a AktG. Da eine Rücklagenzuweisung ausschüttungsgesperrter Beträge demnach gesetzlich gerade nicht vorgeschrieben ist, wird hierdurch keine Möglichkeit zur Erweiterung der Kompetenzen des Aufstellungsorgans (und damit eine Rücklagendotierung gesperrter Beträge bereits bei Auf- und Feststellung) bewirkt¹⁷³. Anders ist es bei der **GmbH**. Hier ist es zulässig, dass die Geschäftsführer einen Beschluss der Gesellschafterversammlung zur Dotierung von Rücklagen nach § 29 Abs. 2 GmbHG antizipieren (Bilanzierung auf der Grundlage eines Gewinnverwendungsvorschlags)¹⁷⁴ und demzufolge gesperrte Beträge bereits bei Aufstellung des JA in die Rücklagen einstellen¹⁷⁵. **112**

c) Abführungssperre

Durch § 301 S. 1 AktG wird der nach § 268 Abs. 8 HGB ausschüttungsgesperrte Betrag ausdrücklich vom **Höchstbetrag der Gewinnabführung** ausgenommen. Nach Sinn und Zweck ist der im Gesetzeswortlaut hierbei verwendeten Passus „nach § 268 Abs. 8 HGB ausschüttungsgesperrter Betrag" dahingehend zu interpretieren, dass darunter jener Betrag zu verstehen ist, der fiktiv bei der abhängigen Gesellschaft nach § 268 Abs. 8 HGB gesperrt wäre, wenn kein Gewinnabführungsvertrag bestünde. Für die Berechnung des **113**

---

167 Vgl. *Gelhausen/Fey/Kämpfer*, BilMoG, Kap. N, Rn. 32, 37; *Petersen/Zwirner/Froschhammer*, KoR 2010, S. 334 (336).
168 Vgl. *Gelhausen/Fey/Kämpfer*, BilMoG, Kap. N, Rn. 30. Zur Problematik, ob der „Aktive Unterschiedsbetrag aus der Vermögensverrechnung" ausschließlich aufgedeckte stille Reserven beinhaltet oder auch Vermögensüberdeckungen beinhalten darf, die sich bereits auf Basis der AK von einzelnen Vermögensgegenständen ergeben, vgl. Tz. 305.
169 Vgl. *IDW ERS HFA 27*, Tz. 34.
170 Unstrittig; vgl. *Ellrott/F. Huber* in BeBiKo⁷, § 268, Rn. 143 m.w.N. sowie *Gelhausen/Fey/Kämpfer*, BilMoG, Kap. N, Rn. 50.
171 Vgl. *Lüdenbach*, StuB 2010, S. 588 (589).
172 Gl.A. *Gelhausen/Fey/Kämpfer*, BilMoG, Kap. N, Rn. 55.
173 Vgl. *Gelhausen/Fey/Kämpfer*, BilMoG, Kap. N, Rn. 56.
174 Vgl. *Müller* in Ulmer/Habersack/Winter, GmbHG, § 29, Rn. 26.
175 Vgl. *Gelhausen/Fey/Kämpfer*, BilMoG, Kap. N, Rn. 56.

Abführungssperrbetrags führt diese Sichtweise dazu, vorhandenes frei verwendbares EK bei der Ermittlung mindernd zu berücksichtigen[176].

114 Der Höchstbetrag der Gewinnabführung unter Berücksichtigung der Ausschüttungssperre nach § 268 Abs. 8 HGB ergibt sich nach folgendem **Schema**[177]:

	Jahresüberschuss lt. GuV (§ 275 Abs. 2 Nr. 20 oder Abs. 3 Nr. 19 HGB) **der abhängigen Gesellschaft vor Gewinnabführung**
–	Verlustvortrag aus dem Vj. (§ 301 S. 1 AktG)
–	pflichtgemäße Einstellung in die gesetzliche Rücklage (§ 300 AktG)
+	während der Vertragsdauer gebildete Gewinnrücklagen (§ 301 S. 2 AktG)
+	während der Vertragsdauer vorgetragener Gewinn (analog § 301 S. 2 AktG)
=	**maximaler Abführungsbetrag ohne Abführungssperre i.S.d. § 268 Abs. 8 HGB**
–	nach § 268 Abs. 8 HGB ausschüttungsgesperrter, nicht anderweitig gedeckter Betrag in Höhe des positiven Saldos aus Gesamtbetrag der Beträge i.S.d. § 268 Abs. 8 HGB
	+ Betrag aus der Aktivierung selbst geschaffener immaterieller Vermögensgegenstände des Anlagevermögens (§§ 246 Abs. 1 S. 1, 248 Abs. 2, 255 Abs. 2 S. 4 und Abs. 2a HGB)
	+ Betrag aus der Bewertung von Gegenständen des Deckungsvermögens zum beizulegenden Zeitwert (§ 246 Abs. 2 S. 2 i.V.m. § 253 Abs. 1 S. 4 HGB)
	– Betrag der für die Tatbestände der Ausschüttungssperre i.S.d. § 268 Abs. 8 HGB gebildeten passiven latenten Steuern (§ 274 Abs. 1 S. 1 HGB)
	+ Betrag aus der Aktivierung latenter Steuern (§ 274 Abs. 1 S. 1 und 3 HGB) nach Abzug sonstiger passiver latenter Steuern
–	andere frei verfügbare Eigenkapitalkomponenten der abhängigen Gesellschaft
	+ Kapitalrücklagen i.S.d. § 272 Abs. 2 Nr. 4 HGB
	+ vorvertragliche Gewinnrücklagen
	+ satzungsmäßige Gewinnrücklagen
	+ Gewinnvortrag (§ 266 Abs. 3 IV. HGB)
=	**unter Berücksichtigung der Abführungssperre maximal abführbarer Betrag i.S.d. § 301 AktG**

115 **Vorvertragliche Gewinnrücklagen** können den Höchstbetrag der Gewinnabführung nicht erhöhen (§ 301 S. 2 AktG Umkehrschluss). Gleichwohl ist fraglich, wie vorvertragliche Gewinnrücklagen bei der Ermittlung des ggf. abführungsgesperrten Betrags nach § 301 AktG zu berücksichtigen sind. Teilweise wird im Hinblick auf die Anerkennung der steuerlichen Organschaft (§ 14 i.V.m. § 17 KStG) die Auffassung vertreten, dass vorvertragliche (d.h. vororganschaftliche) Gewinnrücklagen bei der Ermittlung des ggf. abführungsgesperrten Betrags nach § 301 AktG nicht angerechnet werden dürfen, weil dies im Ergebnis – entgegen § 301 S. 2 AktG – deren Abführung an den anderen Vertragsteil bedeuten würde[178]. Demgegenüber wird in der handels- und gesellschaftsrechtlichen Literatur überwiegend die Auffassung vertreten, dass die Ausschüttungs- bzw. Abführungssperre ausschließlich dem Gläubigerschutz dient, weshalb auch vorvertragliche Gewinnrücklagen (und im Übrigen bei AG z.B. auch **vorvertragliche Kapitalrücklagen aus sonstigen Zuzahlungen** (§ 272 Abs. 2 Nr. 4 HGB) sowie **vorvertragliche Gewinnvorträge**) bei der Ermittlung des maximal abführbaren Betrags wie während der

---

176 Vgl. *Gelhausen/Althoff*, WPg 2009, S. 629 (630 f.).
177 Vgl. *Gelhausen/Fey/Kämpfer*, BilMoG, Kap. N, Rn. 64.
178 Vgl. *Simon*, NZG 2009, S. 1081 (1085 ff.); *Frotscher* in Frotscher/Maass, KStG, § 14, Rn. 211a.

Laufzeit des Vertrags entstandene Beträge zu berücksichtigen sind[179]. Mithin greift die Abführungssperre nicht, soweit die i.S.d. § 268 Abs. 8 HGB abführungsgesperrten Beträge auf Ebene der abhängigen Gesellschaft durch frei verfügbare Gewinnrücklagen gedeckt werden können, selbst wenn diese aus vorvertraglicher Zeit stammen.

Zur Frage, ob bei der Ermittlung des maximal abführbaren Betrags **passive latente Steuern** berücksichtigt werden dürfen, selbst wenn diese nur im Jahresabschluss des Organträgers[180], nicht aber im Jahresabschluss der Organgesellschaft passiviert wurden, gibt es geteilte Auffassungen[181]. Zum einen wird hierzu vertreten, auf den Abzug für Zwecke der Abführungssperre zu verzichten, mithin einen höheren (nicht geschmälert durch die auf Ebene des Organträgers passivierten latenten Steuern) Betrag abzuführen (sog. **Bruttomethode**)[182]. Zum anderen wird dafür plädiert, den maximal abführbaren Betrag, um die beim Organträger passivierten latenten Steuern zu kürzen (sog. **Nettomethode**)[183]. Nach gegenwärtigem Stand der Fachdiskussion wird man handelsrechtlich beide Auffassungen vertreten können. Solange hierzu allerdings keine verbindliche Auffassung der Finanzverwaltung existiert, dürfte es sich empfehlen, im Zweifel den maximal abführbaren Betrag nach der Bruttomethode zu bestimmen[184]. Die Abführungssperre erstreckt sich dagegen nicht auf (Ertrag-)**Steuerumlagen**, die bei der Organgesellschaft als Aufwand (vgl. Tz. 487) zu erfassen sind. 116

Gegen eine Einstellung des abführungsgesperrten Betrags in die **Gewinnrücklagen** bereits bei Aufstellung des JA bestehen keine Bedenken, da die Thesaurierung durch die Regelung des § 301 S. 1 AktG verpflichtend ist, mithin kein Gestaltungsspielraum im Rahmen der Gewinnverwendung besteht (§ 270 Abs. 2 HGB)[185]. 117

Die **Anhangangabe** nach § 285 Nr. 28 HGB (vgl. Tz. 869 ff.) ist durch die abhängige Gesellschaft auch bei Vorliegen eines Gewinnabführungsvertrags zu beachten, da sich § 301 S. 1 AktG hinsichtlich des abführungsgesperrten Betrags unmittelbar auf den Betrag der nach § 268 Abs. 8 HGB ausschüttungsgesperrten Erträge bezieht[186]. 118

III. Die Bilanz

1. Bewertungsvorschriften

Die **Bewertungsbestimmungen** sind in den §§ 244 (Bestimmung der maßgeblichen Währungseinheit) sowie 252 bis 256a HGB getroffen (vgl. E Tz. 289 ff.). Sie gelten auch für KapGes. und Personenhandelsgesellschaften i.S.d. § 264a HGB. 119

Zusätzliche Bewertungsvorschriften gelten für KapGes. und Personenhandelsgesellschaften i.S.d. § 264a HGB zum einen dann, wenn Sonderposten mit Rücklageanteil, die 120

---

179 Vgl. *Gelhausen/Fey/Kämpfer*, BilMoG, Kap. N, Rn. 68 f.; *Gelhausen/Althoff*, WPg 2009, S. 629 (631); *Ellrott/F. Huber*, in BeBiKo⁷, § 268, Rn. 144; *Küting u.a.*, GmbHR 2011, S. 1 (9); *Hoffmann/Lüdenbach*, Bilanzierung², § 268, Rn. 139; *Stephan* in Schmidt/Lutter, AktG², § 301, Rn. 18.
180 Zur grds. Passivierungspflicht beim Organträger DRS 18, Tz. 32; zu Steuerumlagevereinbarungen vgl. ebd., Tz. 35; *Lüdenbach/Freiberg*, BB 2010, S. 1971 (1973 f.); *Kühne/Melcher/Wesemann*, WPg 2009, S. 1057 (1059 f.).
181 Vgl. dazu u.a. *Dahlke*, BB 2009, S. 878 (880 ff.); *Loitz/Klevermann*, DB 2009, S. 409 (414 ff.); *Ellerbusch/Schlüter/Hofherr*, DStR 2009, S. 2443 (2445 ff.); *Petersen*, WPg 2011, S. 255 (260 f.).
182 Vgl. *Kröner/Bolik/Gageur*, Ubg 2010, S. 237 (241 f.).
183 Vgl. *Ellerbusch/Schlüter/Hofherr*, DStR 2009, S. 2443 (2445 ff.); *Herzig/Liekenbrock/Vossel*, Ubg 2010, S. 85 (97 f.).
184 So auch *Kröner/Bolik/Gageur*, Ubg 2010, S. 237 (241 f.).
185 Vgl. *Gelhausen/Fey/Kämpfer*, BilMoG, Kap. N, Rn. 75 f.
186 Vgl. *Gelhausen/Fey/Kämpfer*, BilMoG, Kap. O, Rn. 254.

durch den indirekten Ausweis allein steuerlich zulässiger Abschreibungen gem. § 281 Abs. 1 S. 1 HGB a.F. vor dem Zeitpunkt des Übergangs auf das HGB i.d.F. des BilMoG gebildet wurden, nach Art. 67 Abs. 4 S. 1 EGHGB fortgeführt werden[187]. In diesem Fall ist § 281 Abs. 1 S. 3 und Abs. 2 S. 2 HGB a.f. über die Auflösung des Sonderpostens weiterhin zu beachten (s. auch E Tz. 128)[188]. Zum anderen ist in dem Fall, in dem im Rahmen der Umstellung auf die durch das BilMoG geänderten handelsrechtlichen Vorschriften das Wahlrecht des Art. 67 Abs. 5 S. 1 EGHGB zur Fortführung der Bilanzierungshilfe für Aufwendungen für die Ingangsetzung und Erweiterung des Geschäftsbetriebs (§ 269 HGB a.F.) ausgeübt wurde, die Vorschrift des § 282 HGB a.f. über die jährliche Abschreibung in Höhe von mindestens einem Viertel weiterhin anzuwenden[189].

2. Gliederungsvorschriften

121 § 266 HGB bestimmt wie die Bilanz zu gliedern ist[190]. Die **Kontoform** ist danach für alle KapGes. und Personenhandelsgesellschaften i.S.d. § 264a HGB verbindlich (Abs. 1 S. 1). Die in Abs. 2 (Aktivseite) und Abs. 3 (Passivseite) bezeichneten Posten sind **gesondert** und in der vorgeschriebenen **Reihenfolge** auszuweisen (Abs. 1 S. 2). Kleine Gesellschaften (§ 267 Abs. 1 HGB) können die Bilanz in verkürzter Form aufstellen; dabei dürfen alle mit arabischen Zahlen bezeichneten Posten entfallen (Abs. 1 S. 3). Wegen der Untergliederung von Posten, Aufnahme neuer Posten, Änderung von Gliederung und Bezeichnung, Zusammenfassung und Weglassen von Posten nach § 265 Abs. 5 bis 8 HGB vgl. Tz. 92 ff.

122 Die **Vorschriften zu einzelnen Posten** der Bilanz und zu Bilanzvermerken (§ 268 HGB) zu bestimmten, nicht im Gliederungsschema aufgeführten Sonderposten (§§ 264c Abs. 4 und 274 HGB) sowie zu den Bestimmungen der §§ 270 bis 272 HGB werden bis auf das sog. Anlagengitter (§ 268 Abs. 2 HGB) und den EK-Ausweis von Personenhandelsgesellschaften i.S.d. § 264c Abs. 2 HGB i.Z.m. den Erläuterungen des Gliederungsschemas behandelt (vgl. Tz. 226 ff.).

3. Anlagengitter (§ 268 Abs. 2 HGB)

123 In der Bilanz oder im Anh. (Ausweiswahlrecht) ist die Entwicklung der einzelnen Posten des AV und – falls der Posten nach dem Übergang auf das HGB i.d.F. des BilMoG gem. Art. 67 Abs. 5 S. 1 EGHGB fortgeführt wurde – der Posten „Aufwendungen für die Ingangsetzung und Erweiterung des Geschäftsbetriebs" darzustellen (§ 268 Abs. 2 HGB). Dies geschieht üblicherweise in einem sog. **Anlagengitter** (Anlagenspiegel). Er kann in die Bilanz aufgenommen werden, doch dürften es die Bestimmungen über die im Anlagenspiegel aufzuführenden Beträge und der Grundsatz der Klarheit und Übersichtlichkeit i.d.R. nahelegen, die geforderten Angaben im **Anhang** oder als Anlage zur Bilanz zu machen[191]. **Kleine Gesellschaften** (vgl. § 267 Abs. 1 HGB; dazu Tz. 70 ff.) sind von der Aufstellung eines Anlagenspiegels befreit (§ 274a Nr. 1 HGB).

124 Für jeden einzelnen **Posten des AV**[192] sind aufzuführen (§ 268 Abs. 2 S. 2 HGB):

---

187 Vgl. *Gelhausen/Fey/Kämpfer*, BilMoG, Kap. D, Rn. 25.
188 Vgl. *IDW RS HFA 28*, Tz. 18.
189 Vgl. *IDW RS HFA 28*, Tz. 20; *Gelhausen/Fey/Kämpfer*, BilMoG, Kap. G, Rn. 49.
190 Vgl. *Küting/Busch*, StuB 2002, S. 885; *Meyer/Jahn*, StuB 2003, S. 1005; *Theile*, BB 2000, S. 555; *Dusmond/Heusinger-Lange/Knop* in HdR[5], § 266 HGB, Rn. 1 ff.
191 Vgl. *Kozikowski/F. Huber* in BeBiKo[7], § 268, Rn. 17; *Lorson* in HdR[5], § 268 HGB, Rn. 54.
192 Vgl. *Lorson* in HdR[5], § 268 HGB, Rn. 58; *Kahle/Heinstein* in HdJ, Abt. II/2, Rn. 291 ff.

- die gesamten AHK der am Beginn des GJ vorhandenen Vermögensgegenstände,
- die Zugänge des GJ,
- die Abgänge des GJ,
- die Umbuchungen während des GJ,
- die Zuschreibungen des GJ,
- die Abschreibungen in ihrer gesamten Höhe, d.h. die bisher aufgelaufenen Abschreibungen für die am Abschlussstichtag vorhandenen Vermögensgegenstände.

Es erscheint sinnvoll, neben diesen Angaben auch die Abschreibungen des GJ (besondere Angabepflicht nach § 268 Abs. 2 S. 3 HGB) in den Anlagenspiegel aufzunehmen (vgl. dazu Tz. 134). Der Anlagenspiegel ist, wie sich aus dem an erster und dem an letzter Stelle genannten Posten ergibt, eine **Bruttodarstellung** der Anlagenwerte. Sie zeigt die Gesamtsumme des im AV investierten Kapitals. Rechnerisch führt eine zutreffende Nennung der in § 268 Abs. 2 S. 2 HGB geforderten Angaben im Saldo zu dem Bilanzwert des jeweiligen Postens (Nettobuchwert), der in der Praxis häufig ebenfalls angegeben und den Vorjahresbuchwerten nach § 265 Abs. 2 HGB gegenübergestellt wird (sog. Neun-Spalten-Schema)[193].

Hinsichtlich der Angabe der **gesamten AHK** ist zu beachten, dass alle am Beginn des GJ vorhandenen Vermögensgegenstände in die Angabe einzubeziehen sind, auch wenn sie bereits voll abgeschrieben sind. **125**

Die **Zugänge** des GJ sind vollständig mit ihren Anschaffungs- oder Herstellungskosten[194] gem. § 255 Abs. 1 bis 3 HGB aufzuführen, eine Kürzung um die auf das GJ entfallenden Abschreibungen ist nicht zulässig. Die Zugänge sind auch dann aufzuführen, wenn die angeschafften Vermögensgegenstände im Jahr des Zugangs voll abgeschrieben werden (z.B. geringwertige Anlagegüter mit AK von bis zu 1.000,– €, sofern insgesamt von untergeordneter Bedeutung und nicht in einem Sammelposten erfasst)[195]; es bestehen keine Bedenken dagegen, sie regelmäßig bereits im Zugangsjahr als Abgang zu behandeln[196]. Wird ein steuerlich gem. § 6 Abs. 2a EStG gebildeter Sammelposten in den handelsrechtlichen JA übernommen, sind die betreffenden Vermögensgegenstände am Ende desjenigen GJ, in dem der Sammelposten vollständig abgeschrieben wurde, im Anlagenspiegel als Abgang zu erfassen[197]. Bei Anschaffungen bis zu 50,– € sieht die bisherige kaufmännische Praxis aus Vereinfachungsgründen zulässigerweise von einer Aktivierung ab; im Hinblick auf die steuerliche Wertgrenze in Bezug auf die Aufzeichnungspflicht gem. § 6 Abs. 2 S. 4 EStG und die Inflation erscheint eine Nichtaktivierung bei Vermögensgegenständen bis zu einem Wert von 150,– € zulässig, sofern diese insgesamt im Verhältnis zum übrigen Anlagevermögen nicht wesentlich sind[198]. **126**

Nachträgliche Anschaffungs- oder Herstellungskosten[199] für bereits aktivierte Vermögensgegenstände sind im Jahr ihres Anfalls als Zugänge zu erfassen; bei späterer **127**

---

193 Vgl. hierzu ADS[6], § 268 HGB, Tz. 45; *Kozikowski/F. Huber* in BeBiKo[7], § 268, Rn. 13; *Lorson* in HdR[5], § 268 HGB, Rn. 61.
194 Vgl. hierzu *Lüdenbach/Hoffmann*, StuB 2003, S. 145; *Wohlgemuth/Radde*, WPg 2000, S. 903.
195 Vgl. *HFA*, FN-IDW 2007, S. 506; *Kozikowski/Roscher/Schramm* in BeBiKo[7], § 253, Rn. 275; zu den steuerlichen Wertgrenzen (Sofortabschreibung bis max. 410,– €; Sammelposten ab 150,– € bis 1000,– €) vgl. § 6 Abs. 2 und 2a EStG; hierzu R 6.13 EStR 2008; BMF v. 30.09.2010, BStBl. I, S. 755.
196 Vgl. ADS[6], § 268 HGB, Tz. 77 (auch Fortführung über durchschnittliche Nutzungsdauer oder Fiktion des Abgangs im Folgejahr zulässig); so auch *Nordmeyer/Goebel* in BHdR, B 212, Rn. 106; vgl. im Einzelnen auch *Lorson* in HdR[5], § 268 HGB, Rn. 141 ff.
197 Vgl. *HFA*, FN-IDW 2007, S. 506.
198 So auch *Kozikowski/Roscher/Schramm* in BeBiKo[7], § 253, Rn. 275; *Kozikowski/F. Huber* in BeBiKo[7], § 268, Rn. 34; *Lorson* in HdR[5], § 268 HGB, Rn. 143; *Ortmann-Babel/Bolik*, BB 2008, S. 1217 (1221).
199 Zur Begriffsbestimmung vgl. *Wolff-Diepenbrock*, DB 2002, S. 1286; *Spindler*, DB 2004, S. 507.

Nachholung (z.B. Berichtigung einer in Vj. erfolgten sofortigen Aufwandsverrechnung i.Z.m. einer steuerlichen Außenprüfung) kann jedoch auch eine Erfassung als Zuschreibung in Betracht kommen (vgl. Tz. 131)[200]. Zur Berücksichtigung von **Festwerten** im Anlagenspiegel vgl. ADS[6], § 268 HGB, Tz. 78. Hinsichtlich der AK vgl. E Tz. 321, hinsichtlich der Bemessung der Herstellungskosten E Tz. 342

128 Wird im Rahmen einer **Verschmelzung** oder **Spaltung** (§§ 2 ff., 123 ff. UmwG) vom Wahlrecht des § 24 UmwG in der Weise Gebrauch gemacht, dass die Buchwerte des übertragenden Rechtsträgers als AK angesetzt werden, sind grds. diese (Netto-)Werte beim übernehmenden Rechtsträger als Zugangswerte im Anlagenspiegel zu erfassen[201]. Es bestehen jedoch keine Bedenken, statt dessen die ursprünglichen AHK sowie die kumulierten Abschreibungen des übertragenden Rechtsträgers in den Anlagenspiegel einzubeziehen, wenn die tatsächlichen (Netto-)AK dieser Zugänge anderweitig (z.B. im Anh.) kenntlich gemacht werden[202]. Darüber hinaus muss sichergestellt werden, dass die tatsächlichen AK des übernommenen Vermögens (Buchwerte des übertragenden Rechtsträgers) bei etwaigen späteren Zuschreibungen nicht überschritten werden.

129 Die **Abgänge** sind nicht mit Restbuchwerten aufzuführen, sondern mit den (Brutto-)Anschaffungs- oder Herstellungskosten, mit denen sie ursprünglich als Zugang aufgeführt worden sind. Bei Vermögensgegenständen, die aufgrund der Übergangsvorschrift in Art. 24 Abs. 6 S. 1 EGHGB bzw. Art. 48 Abs. 5 EGHGB bei erstmaliger Anwendung der Bestimmungen zu Buchwerten (= fiktive Anschaffungs- oder Herstellungskosten) in die Bruttodarstellung übernommen worden sind, sind diese Werte als Abgänge aufzuführen.

130 **Umbuchungen** stellen Ausweisänderungen dar. Sie kommen bei Anwendung des gesetzlichen Gliederungsschemas praktisch v.a. vom Posten „Geleistete Anzahlungen" (§ 266 Abs. 2 A.I. Nr. 4. HGB) bzw. „Geleistete Anzahlungen und Anlagen im Bau" (§ 266 Abs. 2 A.II Nr. 4. HGB) auf andere Posten des AV vor. Umgliederungen vom AV in das Umlaufvermögen und umgekehrt sind grds. im ersten Fall als Abgang und im zweiten Fall als Zugang zu behandeln. Ein Ausweis als Umbuchung ist aber ebenfalls zulässig[203].

131 **Zuschreibungen** sind Aufhebungen von in früheren Jahren vorgenommenen Abschreibungen auf Posten des AV (Reaktivierungen), insb. i.Z.m. dem Wertaufholungsgebot (§ 253 Abs. 5 S. 1 HGB). Die nach § 268 Abs. 2 HGB auszuweisenden Beträge des GJ sind im nächsten JA mit den aufgelaufenen Abschreibungen zu verrechnen oder in eine zusätzliche Spalte „Kumulierte Zuschreibungen" aufzunehmen[204]. Zuschreibungen können auch i.Z.m. einer Anpassung von Bilanzwerten an die Werte der StB sowie bei Fehlerberichtigungen in laufender Rechnung in Betracht kommen[205]. Nachaktivierungen (erstmalige Aktivierung von in früheren Jahren angefallenen, aber nicht als Anlagenzugang behandelten Werten) lassen sich im System des Anlagenspiegels des § 268 Abs. 2 HGB am einfachsten durch Einbeziehung (der Bruttowerte) in die Zugangsspalte er-

---

200 Vgl. im Einzelnen ADS[6], § 268 HGB, Tz. 55, sowie *Kozikowski/F. Huber* in BeBiKo[7], § 268, Rn. 45; teilw. abw. *Biener/Berneke*, BiRiLiG, Erl. zu § 268 HGB, S. 172; *Lorson* in HdR[5], § 268 HGB, Rn. 81.
201 Vgl. ausführlich zur Übernahmebilanzierung *Förschle/Hoffmann* in Budde/Förschle/Winkeljohann, Sonderbilanzen[4], Kap. K, Rn. 15 (Ansatz) und 85 (Bewertung).
202 Vgl. *IDW ERS HFA 42*, Tz. 57 ff.; Entsprechendes gilt auch bei Einbringungsvorgängen sowie beim Erwerb von verbundenen Unternehmen, vgl. ADS[6], § 268 HGB, Tz. 49.
203 Vgl. ADS[6], § 268 HGB, Tz. 59 (Wahlrecht mit Erläuterung in Bilanz oder Anh.); ähnlich *Lorson* in HdR[5], § 268, Rn. 88; *Kahle/Heinstein* in HdJ, Abt. II/2, Rn. 324.
204 Vgl. ADS[6], § 268 HGB, Tz. 62; *Lorson* in HdR[5], § 268 HGB, Rn. 99.
205 Vgl. auch *IDW RS HFA 6*; wegen Zuschreibungen zur Rückgängigmachung planmäßiger Abschreibungen in Ausnahmefällen vgl. ADS[6], § 253 HGB, Tz. 433, 605.

Die Bilanz F

fassen[206]; die Differenz zwischen Bruttowert und zu aktivierendem Nettowert erhöht den Betrag der insgesamt aufgelaufenen Abschreibungen. Werden jedoch nachträgliche AK bei bereits aktivierten Vermögensgegenständen in die Zuschreibungsspalte einbezogen (vgl. Tz. 127), so müssen die entsprechenden Werte im nächsten JA als Teil der gesamten Anschaffungs- oder Herstellungskosten aufgeführt werden (keine Verrechnung mit den kumulierten Abschreibungen)[207].

Die **Abschreibungen** sind **in ihrer gesamten Höhe** aufzuführen, d.h. es sind die im gerade abgelaufenen GJ sowie die in früheren GJ vorgenommenen Abschreibungen zusammen in einem Betrag zu nennen, und zwar je Posten für alle am Abschlussstichtag vorhandenen Vermögensgegenstände des AV. Der Betrag des Vj. ist somit um die für das abgelaufene GJ vorgenommenen Abschreibungen zu erhöhen; aufgelaufene Abschreibungen auf Abgänge sind dagegen abzusetzen. 132

Die im Anlagenspiegel aufzuführenden Abschreibungen umfassen die planmäßigen und außerplanmäßigen Abschreibungen nach § 253 Abs. 3 HGB sowie die allein steuerlich zulässigen Abschreibungen aus den ggf. gem. Art. 67 Abs. 4 S. 1 EGHGB fortgeführten Wertansätzen. Wenn ein nach Art. 67 Abs. 3 S. 1 EGHGB beibehaltener Sonderposten mit Rücklageanteil (z.B. nach § 6b EStG) zu allein steuerlich zulässigen Abschreibungen auf der Aktivseite der Bilanz verwandt wird, sind diese Abschreibungen ebenfalls aufzuführen[208]. 133

Außer den vorstehend erläuterten Angaben sind nach § 268 Abs. 2 S. 3 HGB die **Abschreibungen des Geschäftsjahres**[209] entweder in der Bilanz bei jedem Posten des AV und einem ggf. gem. Art. 67 Abs. 5 S. 1 EGHGB fortgeführten Posten nach § 269 HGB a.F. zu vermerken oder in entsprechender Aufgliederung im Anh. anzugeben (Ausweiswahlrecht). Dieses Wahlrecht kann unabhängig davon ausgeübt werden, ob die anderen Angaben zur Entwicklung des AV in der Bilanz oder im Anh. gemacht werden. Es erscheint allerdings sinnvoll und entspricht überwiegender Praxis, diese Angaben in den Anlagenspiegel aufzunehmen. Dies kann nachrichtlich in Form einer besonderen Spalte (im Anschluss an die kumulierten Abschreibungen oder die Restbuchwerte) oder in Form eines sog. Abschreibungsspiegels[210] erfolgen. 134

Wegen weiterer **Angabepflichten** zu den auf Posten des AV vorgenommenen oder unterlassenen Abschreibungen vgl. Tz. 706 ff.

4. Eigenkapitalausweis von Personenhandelsgesellschaften i.S.d. § 264a HGB (§ 264c Abs. 2 HGB)[211]

Zu den besonderen gesellschaftsrechtlichen Strukturen von Personenhandelsgesellschaften (OHG, KG) gehört u.a., dass es für die persönlich haftenden Gesellschafter **keine auf ihre Einlage beschränkte Haftung** gibt und dass Kapitalschutzregelungen nur teilw. (z.B. § 172 Abs. 4, 6 HGB) und mit anderem Wirkungsmechanismus als bei KapGes. 135

---

206 Vgl. *ADS*⁶, § 268 HGB, Tz. 55; *Kozikowski/F. Huber* in BeBiKo⁷, § 268 HGB, Rn. 45.
207 Vgl. *Kozikowski/F. Huber* in BeBiKo⁷, § 268, Rn. 46.
208 Vgl. hierzu auch *IDW RS HFA 28*, Tz. 18; *Gelhausen/Fey/Kämpfer*, BilMoG, Kap. D, Rn. 34 ff.
209 H.M.: Abschreibungen lt. GuV (einschließlich Abschreibungen auf Abgänge), vgl. *ADS*⁶, § 268 HGB, Tz. 68 (für Erläuterung bei Einbeziehung in das Anlagengitter); *Nordmeyer* in BeHdR, B 212, Rn. 101; *Lorson* in HdR⁵, § 268 HGB, Rn. 112; *Kozikowski/F. Huber* in BeBiKo⁷, § 268 HGB, Rn. 16.
210 Vgl. zur freiwilligen Aufstellung eines sog. Abschreibungsspiegels *ADS*⁶, § 268 HGB, Tz. 66.
211 Vgl. hierzu *IDW ERS HFA 7 n.F.*, Tz. 40 ff.; *Förschle/Hoffmann* in BeBiKo⁷, § 264c, Rn. 15 ff.; *ADS*⁶, § 264c HGB n.F., Tz. 12 ff.; *Ischebeck/Nissen-Schmidt* in HdR⁵, § 264c HGB, Rn. 8 ff.; *Hüttemann* in Staub, HGB⁴, § 264c, Rn. 6; *von Kanitz*, WPg 2003, S. 324 (330 ff.).

vorhanden sind. Zur Berücksichtigung dieser Besonderheiten wird die für KapGes. konzipierte Regelung zum Eigenkapitalausweis in § 266 Abs. 3 lit. A. HGB für Personenhandelsgesellschaften i.S.d. § 264a HGB durch eine besondere Regelung in § 264c Abs. 2 HGB angepasst. Diese Regelung hat hinsichtlich der notwendigen Gliederungstiefe und Postenbezeichnung auch Ausstrahlungswirkung auf den EK-Ausweis von Personenhandelsgesellschaften, die nicht unter den Anwendungsbereich des § 264a HGB (vgl. Tz. 21 f.) fallen[212].

136 Danach erhält der Posten EK in der Bilanz folgende **Gliederung**:

A. Eigenkapital
   I. Kapitalanteile (vgl. Tz. 344)
   II. Rücklagen (vgl. Tz. 375 und 410)
   III. Gewinnvortrag/Verlustvortrag (vgl. Tz. 423)
   IV. Jahresüberschuss/Jahresfehlbetrag (vgl. Tz. 423)

137 Dass § 264c Abs. 2 S. 1 HGB auch die Posten A.III. und A.IV. umfasst, führt bei Personenhandelsgesellschaften zu Auslegungsschwierigkeiten. Nach dem gesetzlichen Regelstatut (§ 120 Abs. 2 HGB für Gesellschafter einer OHG und i.V.m. § 161 Abs. 2 HGB für Komplementäre einer KG) werden **Gewinnanteile** dem Kapitalanteil des Gesellschafters zugeschrieben und **Verlustanteile** entsprechend davon abgeschrieben. Bei Kommanditisten ist die Zuschreibung allerdings nur insoweit möglich, als der Betrag der bedungenen Einlage nicht überschritten wird (§ 167 Abs. 2 HGB). Der übersteigende Betrag führt zu einer Auszahlungsverpflichtung (§ 169 Abs. 1 S. 2 HGB), die dem sog. Privatkonto des Kommanditisten, das Fremdkapitalcharakter hat, zuzuschreiben ist[213].

138 Zwar scheint die Regelung in § 264c Abs. 2 S. 1 HGB das Vorhandensein von Ergebnisvorträgen und unverteilten Jahresergebnissen bei Personenhandelsgesellschaften vorauszusetzen. An der gesellschaftsrechtlichen Ausgangslage hat sich jedoch nichts geändert. Hinzu kommt, dass für Personenhandelsgesellschaften i.S.d. § 264a HGB auch § 268 Abs. 1 HGB gilt, wonach die **vollständige oder teilw. Verwendung des Jahresergebnisses** bereits **bei der Aufstellung der Bilanz** berücksichtigt werden darf. Dabei ist jedoch anerkannt, dass solche Verwendungen, die aufgrund gesetzlicher oder vertraglicher Regelungen vorzunehmen sind, auch in der aufgestellten Bilanz bereits berücksichtigt werden müssen. Für die Einstellung in Kapital- oder Gewinnrücklagen ergibt sich dies unmittelbar aus § 270 HGB. Nichts anderes kann für die gesetzlich vorgesehene Zuschreibung von Gewinnanteilen zu den Kapitalkonten gelten.

139 Der Ausweis eines **unverteilten Jahresüberschusses** in der Bilanz kommt danach nur dann in Betracht, wenn im Gesellschaftsvertrag der Personenhandelsgesellschaft abweichend von den §§ 120 ff. ggf. i.V.m. §§ 161 Abs. 2, 167 HGB (gesetzliches Normalstatut) bestimmt ist, dass die Verwendung des Gewinns – ganz oder teilw. – von einer Beschlussfassung der Gesellschafter abhängig ist[214], für die auch mehrere Alternativen (Ausschüttung an Gesellschafter, Zuweisung zu einer (Gewinn-)Rücklage, Vortrag auf neue Rechnung) bestehen. Ein **Gewinnvortrag** kann in diesem Fall entstehen, wenn der Gewinnverwendungsbeschluss für das Vj. bis zum Abschlussstichtag entweder noch nicht gefasst worden ist oder einen Teil des Gewinns unverwendet gelassen hat. Ein **Bilanzgewinn** ist in dieser Konstellation dann auszuweisen, wenn Vorabausschüttungen auf den

---

212 Vgl. *IDW ERS HFA 7 n.F.*, Tz. 39; *von Kanitz*, WPg 2003, S. 324 (330); *Förschle/Hoffmann* in BeBiKo[7], § 264c, Rn. 1 (mit Ausnahme des Abs. 4 handelt es sich bei den Vorschriften des § 264c HGB um GoB).
213 Vgl. *IDW ERS HFA 7 n.F.*, Tz. 45.
214 Vgl. *IDW ERS HFA 7 n.F.*, Tz. 46; *Förschle/Hoffmann* in BeBiKo[7], § 264c, Rn. 41; ADS[6], § 264c HGB, Tz. 25.

Die Bilanz F

erwarteten Gewinn an die Gesellschafter geleistet wurden oder bereits bei der Aufstellung des JA Rücklagen gebildet werden dürfen oder müssen.

Fehlt eine von gesetzlichen Normalstatut abweichende Regelung im Gesellschaftsvertrag, sind **Gewinnanteile** der persönlich haftenden Gesellschafter bereits bei der Aufstellung der Bilanz ihren Kapitalanteilen zuzuschreiben[215]. Dabei ist der Ausweis des Zugangs in einer Vorspalte zulässig. In der GuV wird dagegen der unverteilte Jahresüberschuss ausgewiesen. Bei den Kommanditisten sind Beträge, die zu einer Überschreitung der bedungenen Einlage führen würden, als Verbindlichkeit zu passivieren (§§ 167 Abs. 2, 169 Abs. 1 S. 2 HGB). 140

Da Verluste von den Kapitalanteilen abzuschreiben sind (§ 264c Abs. 2 S. 1 und S. 6 HGB)[216] und – wenn diese nicht ausreichen – ggf. aktivisch ausgewiesen werden müssen (vgl. Tz. 137 und Tz. 307), besteht für den in § 264c Abs. 2 S. 1 HGB unter A.IV. vorgesehenen Ausweis eines **Jahresfehlbetrags** kein Raum[217]. Auch im Gesellschaftsvertrag kann nichts anderes vorgesehen werden. Dasselbe gilt für den Ausweis eines **Verlustvortrags** aus dem Vj. Ein **Bilanzverlust** kann sich folgerichtig nicht ergeben. 141

Auch wenn eine **Gewinnverwendungsrechnung** (entsprechend § 158 AktG) für Personenhandelsgesellschaften nicht vorgeschrieben ist, ist es sachgerecht, die aufgrund des Jahresergebnisses vorgenommenen Zu- oder Abschreibungen der Kapitalanteile in Fortführung der GuV oder im Rahmen einer Veränderungsrechnung im Anh. darzustellen, falls das Jahresergebnis aus der Bilanz nicht ersichtlich ist. In diese könnten auch Einlagen und Entnahmen des GJ aufgenommen werden[218]. Zur Aufstellung eines EK-Spiegels nach § 264 Abs. 1 S. 2 HGB, wenn die Personenhandelsgesellschaft i.S.d. § 264a HGB als kapitalmarktorientiertes Unternehmen i.S.d. § 264d HGB nicht zur Aufstellung eines KA verpflichtet ist, vgl. Tz. 1072 f. 142

5. Aktienoptionsprogramme

Nach § 192 Abs. 2 Nr. 3 AktG[219] ist der Beschluss von bedingtem Kapital zur Gewährung von Bezugsrechten an Arbeitnehmer und Mitglieder der Geschäftsführung der Gesellschaft oder eines verbundenen Unternehmens zulässig. Die Ausgabe solcher „reinen" Optionen zum Erwerb **neu geschaffener Aktien** ergänzt die bisher bestehenden Möglichkeiten, nämlich die Ausgabe von Wandelschuldverschreibungen (vgl. Tz. 366), die (verbilligte) Gewährung von **bereits bestehenden** und vom Unternehmen nach § 71 Abs. 1 Nr. 2 AktG zurückgekauften sog. „**Mitarbeiteraktien**" (einschl. der Einräumung von Optionen zur Übertragung solcher Aktien) und die Zusage von finanziellen Leistungen **(Barvergütungen)**, deren Höhe sich nach der Entwicklung des Aktienkurses der Gesellschaft bemisst (sog. Stock Appreciation Rights, SARs)[220]. Darüber hinaus kann vereinbart werden, dass das Recht auf eine der genannten variablen Zusatzentlohnungen nur dann besteht, wenn eine erfolgsabhängige Unternehmenskennzahl (z.B. der Börsenkurs der Aktien, Ergebnis vor Zinsen und Steuern) eine festgelegte Mindesthöhe (Hürde) überschreitet. Ferner sehen diese Vergütungssysteme i.d.R. vor, dass der Anspruch auf die 143

---

215 A.A. *Hoffmann/Lüdenbach*, Bilanzierung², § 264c, Rn. 31: kein Zuschreibungsgebot für persönlich haftende Gesellschafter.
216 Vgl. *IDW ERS HFA n.F.*, Tz. 47; *Winnefeld*, Bilanz-Handbuch⁴, Kap. L, Rn. 891; *Ischebeck/Nissen-Schmidt* in HdR², § 264c HGB, Rn. 40 und 50.
217 A.A. *Hoffmann/Lüdenbach*, Bilanzierung², § 264c, Rn. 27: Belastung kann nach Feststellung des JA erfolgen.
218 Vgl. dazu mit Beispiel *IDW ERS HFA 7 n.F.*, Tz. 54.
219 Vgl. hierzu *Umnuß/Ehle*, BB 2002, S. 1042 ff.; *Kessler/Suchan*, BB 2000, S. 2529 ff.
220 Vgl. *Sauter/Babel*, S. 26 ff.; *Pellens/Tomaszewski*, DB 2000, S. 1825 ff.; *Pellens/Crasselt/Rockholtz*, S. 3 ff.; *Leuner/Lehmeier/Rattler*, FB 2004, S. 258 ff.; *Adams*, ZIP 2002, S. 1325 ff.; *Pulz*, BB 2004, S. 1107 ff.

Zusatzleistung vom Arbeitnehmer erst nach Ablauf einer bestimmten Frist (Sperrfrist) geltend gemacht werden kann[221]. Für die Ausgestaltung von Vorstandsvergütungen bei börsennotierten AG ist durch Änderung des § 87 AktG im Rahmen des **VorstAG** normiert worden, dass die Vergütungsstruktur auf eine nachhaltige Unternehmensentwicklung auszurichten ist und variable Vergütungsbestandteile deshalb eine mehrjährige Bemessungsgrundlage haben sollen[222]. Vor dem Hintergrund der angestrebten Ausrichtung der Vergütung auf den längerfristigen Unternehmenserfolg wurde deshalb vom Gesetzgeber im Hinblick auf Aktienoptionen, die durch junge Aktien bedient werden sollen, als flankierende (generelle, nicht nur auf börsennotierte AGs beschränkte) Maßnahme die Wartefrist für die erstmalige Ausübung i.S.d. § 193 Abs. 2 Nr. 4 AktG auf mindestens vier Jahre ausgedehnt.

144 Die **handelsrechtliche Bilanzierung** der unternehmenswertabhängigen Entlohnungssysteme wird in wesentlichen Punkten in Ermangelung konkreter gesetzlicher Regelungen kontrovers diskutiert. Umstritten ist insb., ob und wann bei der Gewährung von Optionen auf junge Aktien der Vorteil des Optionsinhabers aus gestiegenen Aktienkursen beim Emittenten in der Handelsbilanz zu Aufwand führen muss und wie dieser ggf. zu bewerten ist[223]. Der nicht mehr zur Veröffentlichung vorgesehene Entwurf eines Rechnungslegungsstandards Nr. 11 „Bilanzierung von Aktienoptionsplänen und ähnliche Entgeltformen" (E-DRS 11) sah für Aktienoptionen grds. eine aufwandswirksame Erfassung der aktienbasierten Vergütungen vor. Eine einheitliche Auffassung zur Bilanzierung von Aktienoptionsplänen hat sich im Berufsstand der WP jedoch noch nicht herausgebildet[224]. Zu den erforderlichen Anhangangaben bei Aktienoptionsprogrammen vgl. Tz. 922, 927 f.[225]

a) Virtuelle Aktienoptionen (Stock Appreciation Rights)[226]

145 Als Stock Appreciation Right (SAR) wird die Zusage des Unternehmens bezeichnet, an den Berechtigten eine **Zahlung** zu leisten, deren Höhe der Differenz zwischen dem Basiskurs der Aktie bei Einräumung des Rechts (z. B. Börsenkurs) und dem Börsenkurs bei Ausübung der Option (Ausübungskurs) entspricht. Da die Einräumung eines SARs an

---

221 Zu den Ausgestaltungsformen der unternehmenswertabhängigen Vergütungsformen vgl. *Herzig*, DB 1999, S. 1 ff.; *Weber*, S. 25 ff.; *v. Rosen/Leven*, Rn. 8; *Kessler/Babel*, S. 38 ff.; *Kelle*, S. 13 ff.; *Meyer, C.H.*, S. 37 ff.

222 Vgl. zum VorstAG u.a. *Bauer/Arnold*, AG 2009, S. 717 ff.; *Thüsing*, AG 2009, S. 517 ff.; *Nikolay*, NJW 2009, S. 2640 ff.; *Bosse*, BB 2009, S. 1650 ff.; *Inwinkl/Schneider*, WPg 2009, S. 971 ff.; *Mertens*, AG 2011, S. 57 ff.; *Wollmert/Roß*, S. 81 (90 ff.).

223 Vgl. zum Meinungsstand u.a. *Förschle/Hoffmann* in BeBiKo[7], § 272, Rn. 501 ff. m.w.N.; *Kessler/Freisleben* in MünchKomm. AktG[2], § 158 AktG, §§ 275 bis 277 HGB, Rn. 70; *Ekkenga*, DB 2004, S. 1897 ff.; *Gelhausen/Hönsch*, WPg 2001, S. 69 ff.; *Herzig*, DB 1999, S. 1 ff.; *Lange*, StuW 2001, S. 137 ff.; *Herzig/Lochmann*, WPg 2001, S. 82 ff.; *Roß/Baumunk*, KoR 2003, S. 29 (31); *Esterer/Härteis*, WPg 2001, S. 87 ff.; *Hoffmann/Hönsch* in BHdR, B 712, Rn. 10; *Roß/Pommerening*, WPg 2002, S. 371 ff.; zur steuerlichen Diskussion hinsichtlich der Behandlung von Aktienoptionsplänen vgl. *Jacobs/Portner*, S. 215; *Herzig/Lochmann*, WPg 2002, S. 325; *Schröer/Rogall*, WPg 2002, S. 344; *Kußmaul/Weißmann*, StB 2001, S. 449, und StB 2002, S. 14; *Eberhartinger/Engelsing*, WPg 2001, S. 99; *Leuner*, DStR 2003, S.669; *Vater*, StuB 2004, S. 914; *Krain*, SteuStud 2004, S. 490, 542, 597 und 634; *Rode*, DStZ 2005, S. 404; *Walter*, DStR 2006, S. 1101.

224 Vgl. hierzu *IDW*, FN-IDW 2001, S. 557 ff.; vgl. zur kontroversen Diskussion auch *Knorr/Wiederhold*, WPg 2003, S. 49 ff.; *Gebhardt*, BB 2003, S. 675 ff.; *Kropp*, DStR 2002, S. 1919 ff. und 1960 ff.; *Lange*, StuB 2002, S. 100 ff.; *Lange*, WPg 2002, S. 354 ff.; *Thiele*, WPg 2001, S. 766 ff.; *Schruff*, S. 221 ff.; *Vater*, BuW 2000, S. 1033 ff.; *Hoffmann/Hönsch* in BHdR, B 712, Rn. 12 m.w.N.

225 Vgl. auch DRS 17, Tz. 34 ff.; *HFA*, FN-IDW 2008, S. 459.

226 Vgl. hierzu *Pellens/Crasselt*, WPg 1999, S. 765 ff.; *Pellens/Crasselt*, Entlohnungssysteme, S. 125 (130 ff.); *Schruff/Hasenburg*, BFuP 1999, S. 616 (622 ff.); *Hoffmann/Hönsch* in BHdR, B 712, Rn. 13; *Pellens/Crasselt*, Stock Options, S. 181 ff.

Mitarbeiter dazu dienen soll, durch Teilhabe an der Kursentwicklung des Unternehmens einen Anreiz zur Steigerung der Arbeitsleistung zu bieten[227], sehen die Bedingungen regelmäßig vor, dass das Recht erst nach Ablauf einer bestimmten Sperrfrist (sog. Vesting Period) ausgeübt werden kann. Üblich ist ferner die Festlegung eines Zeitraums, innerhalb dessen die Ausübung, d.h. die Fixierung der Berechnungsgrundlagen, erfolgen kann oder muss (Ausübungszeitraum oder sog. Exercise Period). Außerdem kann vorgesehen werden, dass die Zahlung nur geleistet wird, wenn eine bestimmte Kursschwelle (sog. Hurdle) überschritten bzw. wenn oder soweit ein Vergleichsindex übertroffen wird[228].

Da das SAR eine Geldzahlung an die Berechtigten (Arbeitnehmer, Organmitglieder) vorsieht, ist zweifelsfrei, dass die Zahlung als Personalaufwand (vgl. Tz. 533 ff.) zu behandeln ist[229]. Soweit es sich um eine Gegenleistung für **Arbeitsleistungen** handelt, die **in der Vergangenheit** erbracht worden sind, ist der Zahlungsbetrag zu schätzen und nach § 249 Abs. 1 S. 1 HGB in voller Höhe sofort aufwandswirksam als Rückstellung für ungewisse Verbindlichkeiten zu passivieren. **146**

I.d.R. werden SARs jedoch nicht zur Abgeltung vergangener Leistungen, sondern im Hinblick auf die **künftige Arbeitsleistung** zugesagt[230]. Indizien hierfür sind neben der angestrebten Motivationsförderung die übliche Vereinbarung einer Sperrfrist und die Regelung, dass das Recht entfällt oder zeitanteilig gekürzt wird, wenn der Berechtigte das Unternehmen verlässt oder verstirbt. Bei derartigen Zusagen betrifft der Zahlungsbetrag nicht die vergangene Periode, sondern die künftige Tätigkeit mit der Folge, dass das SAR bei Zusage am Beginn der Laufzeit Bestandteil eines ausgeglichenen schwebenden Geschäfts ist und eine Rückstellung zunächst noch nicht zu bilden ist[231]. Maßgeblicher Entlohnungs- bzw. Leistungszeitraum ist dabei im Zweifel die vereinbarte Sperrfrist[232] bzw. der Zeitpunkt, zu dem das SAR grds. erstmalig ausgeübt werden kann und damit unverfallbar wird[233]. Durch das Erbringen der Arbeitsleistung seitens des Mitarbeiters baut sich beim Unternehmen während der Sperrfrist ein Erfüllungsrückstand auf, so dass der Arbeitgeber im erstmöglichen Ausübungszeitpunkt die ausstehende Vergütung in voller Höhe aufwandswirksam passiviert haben muss[234]. Dieser Betrag bemisst sich zunächst nach der voraussichtlichen Kursdifferenz in diesem Zeitpunkt. Dies gilt auch dann, wenn sich ein längerer Ausübungszeitraum anschließt; Kursänderungen während dieses Zeitraums sind in der jeweiligen Periode bei der Rückstellungsbewertung zu erfassen. Wenn sich abzeichnet, dass die Ausübungshürde nicht bereits bis zum Ablauf der Sperrfrist, sondern erst innerhalb des sich anschließenden Ausübungszeitraums erreicht sein wird, muss die Rückstellung erst bis zu diesem späteren Zeitpunkt angesammelt sein (Verlängerung des Erdienungszeitraums)[235]. **147**

---

227 Vgl. *Kühnberger/Keßler*, AG 1999, S. 453 (455).
228 Da die Ausgestaltung dieser Entlohnungsform grds. der von reinen Optionen entspricht (der wesentliche Unterschied besteht darin, dass das Unternehmen bei SARs zur Zahlung eines Geldbetrags verpflichtet ist), wird insoweit auch von „virtuellen Optionen" auf Unternehmensanteile gesprochen; vgl. *Pellens/Crasselt*, Entlohnungssysteme, S. 125 (130 f.).
229 Ebenso *Pellens/Crasselt*, Entlohnungssysteme, S. 125 (134); *Schruff/Hasenburg*, BFuP 1999, S. 616 (625).
230 Vgl. *Meyer, C.H.*, S. 94; *Gelhausen/Hönsch*, WPg 2001, S. 69 (70).
231 Vgl. hierzu *IDW RS HFA 4*, Tz. 2.
232 Vgl. *Gelhausen/Hönsch*, WPg 2001, S. 69 (71 ff.); *Schruff/Hasenburg*, BFuP 1999, S. 616 (629); *Pellens/Crasselt*, Entlohnungssysteme, S. 125 (136).
233 Vgl. hierzu auch *Hoffmann/Hönsch* in BHdR, B 712, Rn. 19.
234 Vgl. *Schmidtbauer*, DStR 2000, S. 1482. Zur Abgrenzung zu Drohverlustrückstellungen vgl. *Meyer, C.H.*, S. 96 ff. m.w.N.; *Lange*, WPg 2002, S. 354 (359 ff.)
235 Vgl. *Roß/Baumunk*, Rn. 697; *Schruff/Hasenburg*, BFuP 1999, S. 616 (624).

148 Es ist umstritten, wie die Verbindlichkeitsrückstellung für gewährte SARs an den einzelnen Abschlussstichtagen bis zum erstmöglichen Ausübungszeitpunkt zu bewerten ist (§ 253 Abs. 1 S. 2 und Abs. 2 HGB)[236]. Grds. sollte auf den nach einem anerkannten Optionspreismodell[237] unter Berücksichtigung sämtlicher relevanten Parameter (Indexierung, Ausübungshürden etc.) ermittelten **Gesamtwert** der (virtuellen) Aktienoption am jeweiligen Abschlussstichtag abgestellt werden (vgl. zur alternativen Bewertung mit dem inneren Wert Tz. 151)[238]. In dieser Höhe besteht eine Leistungspflicht, weil sich das Unternehmen bzgl. seiner Zahlungspflicht durch den Erwerb einer entsprechenden Option absichern könnte. Der Gesamtwert der virtuellen Aktienoption stellt den Barwert der erwarteten Zahlung bei Ausübung (grds. Ablauf der Sperrfrist) dar und besteht aus dem inneren Wert (positive Differenz zwischen Basiskurs und aktuellem Börsenkurs) und aus dem Zeitwert der Option (Prämie zur Abgeltung des Kursänderungsrisikos des Stillhalters).

149 Der ausgehend vom Gesamtwert der virtuellen Option ermittelte **Personalaufwand** ist über den Zeitraum der Arbeitsleistung, auf die sich die Zusage bezieht (i.d.R. Sperrfrist), zu verteilen. Dabei ist regelmäßig davon auszugehen, dass mangels anderer Anhaltspunkte die Arbeitsleistung linear (und nicht etwa unmittelbar abhängig von der Kursentwicklung des GJ) erbracht wird und daher auch die Aufwandsverrechnung **zeitanteilig** (pro rata temporis) zu erfolgen hat.

150 Während bei der **Ausgabe des SARs** noch keine Rückstellung zu bilden ist, da der Arbeitnehmer zu diesem Zeitpunkt noch keine abzugeltende Arbeitsleistung erbracht hat, muss diese am ersten Abschlussstichtag (z.B. nach einem Jahr) mit dem zeitanteiligen Betrag des zu diesem Stichtag ermittelten Optionswerts dotiert werden (Ansammlungsrückstellung)[239]. Eine Neuberechnung des Gesamtwerts hat zu jedem **folgenden Abschlussstichtag** zu erfolgen. Ist am Abschlussstichtag der Kurs und damit auch der Optionswert gestiegen, umfasst die erforderliche Zuführung nicht nur den zeitanteiligen Betrag für diese Periode auf Basis der aktuellen Berechnungsfaktoren, sondern auch den anteiligen Mehrbetrag für die Vorperioden[240]. Ist der Wert gesunken, beschränkt sich die Zuführung auf den Betrag, der erforderlich ist, um die zeitanteilige Dotierung nach Maßgabe des aktuellen (niedrigeren) Werts zu erreichen[241]. Soweit der Optionswert am Abschlussstichtag sogar derart stark gesunken ist, dass der zeitanteilige Gesamtwert der Option den im Vj. passivierten Betrag unterschreitet, ist in Höhe des Differenzbetrags zum Vorjahresbetrag eine Auflösung der Rückstellung geboten. In beiden vorgenannten Fällen ist keine Auflösung der im Vj. gebildeten Rückstellung und damit kein Verstoß gegen das Auflösungsverbot des § 249 Abs. 2 S. 2 HGB zu sehen[242]; das Auflösungsverbot regelt den Ansatz von Rückstellungen, während es hier um die stichtagsbezogene Bewertung der für die SARs gebildeten Rückstellung geht.

---

236 Vgl. *Meyer, C.H.*, S. 99 ff.; *Roß/Baumunk*, Rn. 298 ff.; *Kessler/Freisleben* in MünchKomm. AktG[2], § 158 AktG, §§ 275 bis 277 HGB, Rn. 88; *Hoffmann/Hönsch* in BHdR, B 712, Rn. 20 ff.

237 Vgl. hierzu auch *Kelle*, S. 120 ff.; *Hahnenstein/Wilkens/Röder*, WiSt 2001, S. 355 ff.; *Roß/Simons* in Baetge u. a., IFRS[2], IFRS 2, Rn. 66 ff.

238 Vgl. *Pellens/Crasselt*, WPg 1999, S. 765 (769 ff.); *Pellens/Crasselt*; Stock Options, S. 173 (175 ff.); *Gelhausen/Hönsch*, WPg 2001, S. 69 (71 ff.); *Meyer, C.H.*, S. 99 ff. m.w.N.

239 Vgl. *Hoffmann/Hönsch* in BHdR, B 712, Rn. 24; *Gelhausen/Hönsch*, WPg 2001, S. 69 (72 f.).

240 Ebenso *Pellens/Crasselt*, Entlohnungssysteme, S. 125 (136).

241 Vgl. *Hoffmann/Hönsch* in BHdR, B 712, Rn. 26; *Roß/Baumunk*, Rn. 700; gegen die Zulässigkeit einer Auflösung bereits gebildeter Rückstellungen auch bei gesunkener Risikoeinschätzung *Pellens/Crasselt*, Entlohnungssysteme, S. 125 (136).

242 Zur Rückstellungsauflösung nach dem Zeitpunkt der ersten Ausübungsmöglichkeit der Option bei rückläufiger Kursentwicklung vgl. *Hoffmann/Hönsch* in BHdR, B 712, Rn. 28 m.w.N., sowie *Gelhausen/Hönsch*, WPg 2001, S. 69 (73); *Herzig*, DB 1999, S. 1 (10).

Entgegen der hier bevorzugten Bewertung der Rückstellung für die Verpflichtung aus einem gewährten SAR auf Basis des Gesamtwerts (vgl. Tz. 148) wird im Schrifttum auch die Auffassung vertreten, dass auf die Differenz des Basiskurses und des am Stichtag geltenden aktuellen Kurses (**innerer Wert** der – virtuellen – Option) abzustellen sei[243]. In diesem Fall ist dann aber die gesamte, sich auf der Grundlage des Kurses zum jeweiligen Abschlussstichtag ergebende Verpflichtung zu passivieren. Eine zeitanteilige Kürzung im Hinblick auf den noch ausstehenden Teil für die restliche Sperrfrist kommt nicht in Betracht, weil auf der anderen Seite weitere Steigerungen des Kurses nicht berücksichtigt werden[244]. Gegen diese – wegen fehlender eindeutiger Regelungen vertretbare – Auffassung zur Bewertung zum inneren Wert der Option spricht, dass die Zahlung aus den SARs für die Arbeitsleistung des Mitarbeiters während der gesamten Sperrfrist erfolgt (nicht für das einzelne GJ) und dass die Höhe der Zahlung i.d.R. an die künftige Kursentwicklung insgesamt anknüpft (nicht nur an die Entwicklung bis zu den einzelnen Abschlussstichtagen des Leistungszeitraums). 151

Erwirbt das Unternehmen bei Ausgabe der Rechte **eigene Aktien** (z.B. nach § 71 Abs. 1 Nr. 8 AktG) zu einem Kurs, der dem vom Mitarbeiter bei Optionsausübung zu entrichtenden Entgelt (Bezugskurs) entspricht, ist fraglich, ob auf die Bildung einer Rückstellung während der Laufzeit der SARs verzichtet werden kann. Da die Verpflichtung gegenüber den begünstigten Mitarbeitern von der Wertermittlung der beschafften eigenen Anteile abhängt, handelt es sich um sog. Geldwertschulden[245]. In diesen Fällen ist bereits nach den GoB der Erfüllungsbetrag der Geldwertschuld in Höhe des Buchwerts der hierfür angeschafften Vermögensgegenstände anzusetzen[246]. Vor diesem Hintergrund erscheint es sachgerecht, bei vollständiger Sicherung der künftigen kursbedingten Zahlungsverpflichtung durch eigene Anteile auf die Dotierung einer Rückstellung zu verzichten. Damit geht freilich einher, dass die aus dem Aktienverkauf resultierende Erhöhung des EK, soweit sie die ursprüngliche Kürzung gem. § 272 Abs. 1a S. 1 und S. 2 HGB bei Erwerb übersteigt, nicht in Betracht kommt, da der Veräußerungserlös i.S.d. § 272 Abs. 1b S. 2 HGB um die faktisch an den Mitarbeiter abgeführte Kurssteigerung zu korrigieren ist. 152

Sichert das Unternehmen das Risiko für die Bedienung der SARs nicht durch eigene Anteile, sondern durch den Erwerb einer entsprechenden **Call-Option** auf den Kauf eigener Anteile, liegt ein zur Sicherung geeignetes FI i.S.d. § 254 HGB vor. Eine Erhöhung der Rückstellung aus der Stillhalterposition gegenüber dem Begünstigten darf deshalb insoweit unterbleiben, als sie durch eine entsprechende stille Reserve im Gegengeschäft gedeckt ist[247]. Im Übrigen ist die Option mit ihren AK (Optionsprämie) zu aktivieren. Über die Sperrfrist ist dann in dieser Höhe pro rata temporis eine Rückstellung zu Lasten des Personalaufwands aufzubauen. Bei Ausübung der Option ist die aktivierte Optionsprämie gegen die Rückstellung auszubuchen. 153

b) Virtuelle Aktien (Phantom Stocks)[248]

Ebenso wie die SARs verkörpern die Phantom Stocks eine Entlohnungsform, die auf Zahlung von Bargeld gerichtet ist. Die Phantom Stocks sehen i.d.R. neben dem **Baraus-** 154

---

243 Vgl. *Herzig*, DB 1999, S. 1 (10) (künftige Kursentwicklung erst in der Zukunft verursacht); ebenso *Roß/Baumunk*, Rn. 699; *Lange*, StuW 2001, S. 137 (145); *Kessler/Freisleben* in MünchKomm AktG², § 158 AktG, §§ 275 bis 277 HGB, Rn. 88.
244 Vgl. *Hoffmann/Hönsch* in BHdR, B 712, Rn. 21; *Roß/Baumunk*, Rn. 699.
245 Vgl. *Gelhausen/Fey/Kämpfer*, BilMoG, Kap. I, Rn. 11.
246 Vgl. *Gelhausen/Fey/Kämpfer*, BilMoG, Kap. I, Rn. 25, 32.
247 Vgl. *Förschle/Hoffmann*, in BeBiKo⁷, § 272, Rn. 513.
248 Vgl. hierzu *Hoffmann/Hönsch* in BHdR, B 712, Rn. 31 ff.; *Suchan/Baumunk*, Rn. 786 ff.

gleich von **Wertsteigerungen** von Aktien auch Barvergütungen in Höhe einer fiktiven **Dividende** vor, so dass die Stellung des Begünstigten weiter an die eines tatsächlichen Aktionärs angenähert wird. Hinsichtlich der bilanziellen Behandlung unterscheidet sich diese Vergütungsart grds. nicht von den SARs[249] (vgl. Tz. 145 ff.). Während der Sperrfrist ist somit ausgehend vom Gesamtwert der virtuellen Aktienoption der hieraus resultierende Personalaufwand ratierlich durch Rückstellungsbildung zu verrechnen (vgl. zur Bewertung mit dem inneren Wert Tz. 148). Darüber hinaus ist auch für die virtuellen Dividendenzahlungen (Ergebnisbeteiligungen) zu jedem Abschlussstichtag eine Verbindlichkeitsrückstellung gem. § 249 Abs. 1 S. 1 HGB zu dotieren[250].

c) Optionen auf den Erwerb ausgegebener Aktien[251]

155 Bietet die Gesellschaft ihren Mitarbeitern bereits ausgegebene (alte) Aktien zum Bezug an, führt dies zu einer **Veräußerung eigener Aktien**, die nach § 272 Abs. 1b HGB (vgl. Tz. 327 ff.) ergebnisneutral zu behandeln ist[252]. Die Zulässigkeit des Erwerbs eigener Aktien für die Ausgabe von Belegschaftsaktien ergibt sich aus § 71 Abs. 1 Nr. 2 AktG und aus § 71 Abs. 1 Nr. 8 AktG[253]. Nach § 272 Abs. 1b S. 2 HGB ist der den Nennbetrag bzw. rechnerischen Wert der Anteile übersteigende Differenzbetrag aus dem Veräußerungserlös, d.h. der vereinbarte Bezugskurs, bis zur Höhe des zuvor nach § 272 Abs. 1a S. 2 HGB mit den frei verfügbaren Rücklagen verrechneten Betrags in die jeweiligen Rücklagen einzustellen. Soweit der Veräußerungserlös die ursprünglichen AK der Aktien übersteigt, ist der darüber hinausgehende Differenzbetrag in die Kapitalrücklage nach § 272 Abs. 2 Nr. 1 HGB einzustellen (§ 272 Abs. 1b S. 3 HGB).

156 Die Höhe der Entlohnung und damit des **Personalaufwands** ergibt sich aus der Differenz zwischen dem Bezugskurs der eigenen Aktien und dem Aktienkurs bei Ausübung der Rechte durch den begünstigten Mitarbeiter. Ist bei der Option zum Erwerb von Aktien wie üblich eine **Sperrfrist** vereinbart, kann davon ausgegangen werden, dass der Verbilligungsbetrag (Differenz zwischen dem Bezugskurs und dem Kurs der Aktien bei Ausübung der Rechte) als Gegenleistung für die in der Sperrfrist zu erbringende Arbeitsleistung anzusehen ist. Daher ist der Aufwand über die Sperrfrist pro rata temporis zu verteilen. Die Gegenbuchung erfolgt in der **Kapitalrücklage** nach § 272 Abs. 2 Nr. 2 HGB.

157 Für den Fall, dass die eigenen Aktien vorsorglich bereits in zeitlicher Nähe zur Einräumung der Option erworben werden, ist der insgesamt aus dem Optionsprogramm resultierende **(kumulierte) Personalaufwand** auf den inneren Wert der Option bei Erwerb der eigenen Aktien **begrenzt**. Spätere Kursänderungen bleiben insoweit ohne Bedeutung. Der Personalaufwand ist zeitanteilig während des Leistungszeitraums zu erfassen, wobei die Gegenbuchung in der Kapitalrücklage nach § 272 Abs. 2 Nr. 2 HGB erfolgt. Verfallen die Optionen, weil z.B. begünstigte Mitarbeiter vorzeitig aus dem Unternehmen ausscheiden, werden die bislang in der Kapitalrücklage gebuchten Beträge nicht rückgängig gemacht.

---

[249] Vgl. *Suchan/Baumunk*, Rn. 800; *Pellens/Crasselt*, Entlohnungssysteme, S. 125 (131 ff.).
[250] Vgl. *Hoffmann/Hönsch* in BHdR, B 712, Rn. 33.
[251] Vgl. hierzu E-DRS 11, Tz. 25; *Gelhausen/Hönsch*, WPg 2001, S. 69 (74 f.); *Schruff/Hasenburg*, BFuP 1999, S. 616 (637 ff.); zu den Formen der Ausgestaltung von Aktienoptionsplänen innerhalb eines Konzerns (z.B. ein TU gewährt seinen Mitarbeitern Optionen zum Erwerb von Aktien des MU) und zu deren bilanziellen Abbildung vgl. *Klawitter*, S. 67 ff.; *Annuß/Lembke*, BB 2003, S. 2230 ff.; *Bauer/Strnad*, BB 2003, S. 895 ff.; *Hoffmann/Hönsch* in BHdR, B 712, Rn. 68 m.w.N.
[252] Vgl. dazu *Gelhausen/Fey/Kämpfer*, BilMoG, Kap. L, Rn. 35 ff.
[253] Vgl. im Einzelnen *Hüffer*, AktG[9], § 71, Rn. 12 f. sowie Rn. 19c ff.; zum Anwendungsbereich der beiden aktienrechtlichen Vorschriften vgl. *Kessler/Suchan*, Rn. 551 ff.

d) Optionen auf den Erwerb junger Aktien[254]

Optionsrechte, die zum Bezug von jungen Aktien aus einer beschlossenen **bedingten Kapitalerhöhung** gem. § 192 Abs. 2 Nr. 3 AktG berechtigen, unterscheiden sich von den vorstehend dargestellten Modellen dadurch, dass sie nicht zu einem Zahlungsmittelabfluss bei dem Unternehmen führen, und zwar weder unmittelbar wie bei SARs noch mittelbar wie bei der Verwendung bestehender eigener Aktien[255]. Aus Sicht der Berechtigten (Arbeitnehmer und Mitglieder der Geschäftsführung der Gesellschaft oder eines mit ihm verbundenen Unternehmens) ergibt sich dagegen kein wesentlicher Unterschied, da sie immer einen Vorteil in Höhe der Differenz zwischen dem vereinbarten günstigen (realen oder virtuellen) Bezugspreis bei Ausübung der Option und dem dann aktuellen Börsenkurs erhalten. Während diesem Vorteil bei SARs und bei der Verwendung bestehender Aktien ein entsprechender zahlungswirksamer Aufwand des Unternehmens gegenübersteht, fehlt es bei der Ausgabe neuer Aktien an einem solchen ausgabewirksamen Vorgang. Die bisherigen Aktionäre haben im Rahmen der Konditionierung des bedingten Kapitals zugestimmt, dass die Aktien zu einem niedrigeren Ausgabebetrag begeben werden als dem aktuellen Börsenkurs bei Bezug. Damit haben sie – unter Ausschluss des Bezugsrechts – in zulässiger Weise eine Verwässerung des Werts ihrer Altaktien hingenommen.

158

Das Bezugsrecht wird den Arbeitnehmern von dem Unternehmen als Gegenleistung im Rahmen des Arbeitsvertrags gewährt. Während die Arbeitnehmer während der Sperrfrist (Wartezeit zwischen Einräumung des Bezugsrechts und erstmaliger Ausübungsmöglichkeit nach § 193 Abs. 2 Nr. 4 AktG mindestens vier Jahre; vgl. Tz. 143) ihre – durch die Anreizfunktion der Option verbesserte – **Arbeitsleistung** zur Verfügung stellen, bestehen mögliche Gegenleistungen des Unternehmens i.d.R. in einem fixen Geldbetrag, einem variablen Geldbetrag (Tantieme), sonstigen baren oder unbaren Zusatzleistungen sowie eben der gewährten Option. Wirtschaftlich kann der Ausgabe der Option daher ein Teil der Arbeitsleistung zugeordnet werden.

159

Hinsichtlich der bilanziellen Abbildung dieses Vergütungsmodells muss zwischen der Bilanzierung der gewährten reinen Option zum Bezug von jungen Aktien sowie der Erfassung der tatsächlichen Ausgabe der Aktien im Rahmen der Kapitalerhöhung unterschieden werden. Zum Zeitpunkt der **Ausgabe der neuen Aktien** ist deren Nennbetrag bzw. der anteilige Betrag des Grundkapitals (d.h. geringster Ausgabebetrag gem. § 9 Abs. 1 AktG) in das gezeichnete Kapital einzustellen. Übersteigt der Bezugspreis (= Ausgabebetrag) die Erhöhung des gezeichneten Kapitals (Nennbetrag), so ist dieser Unterschiedsbetrag gem. § 272 Abs. 2 Nr. 1 HGB als Agio in die Kapitalrücklagen einzustellen. Bei Ausgabe der neuen Aktien ist somit die Differenz zwischen Bezugspreis (Ausgabebetrag, Basispreis) und Börsenkurs im Zeitpunkt der Ausübung der Option für die Bilanzierung bei der Gesellschaft unerheblich. Ein höherer Ausgabebetrag, der nach § 272 Abs. 2 Nr. 1 HGB auch als Agio in die Kapitalrücklagen einzustellen wäre, liegt insoweit nicht vor und kann auch nicht fingiert werden.

160

Handelsbilanzrechtlich hat sich noch keine einheitliche Auffassung gebildet, ob die **Einräumung einer reinen Option** zum Bezug neuer Aktien erfolgswirksam durch Erfassung von Personalaufwand in Form der Einstellung in die Kapitalrücklage oder in eine Verbindlichkeitsrückstellung zu behandeln ist oder ob dieser Vorgang bilanziell nicht zu erfassen ist.

161

---

254 Vgl. hierzu u.a. *Gelhausen/Hönsch*, WPg 2001, S. 69 (76 ff.); *Hoffmann/Hönsch* in BHdR, B 712, Rn. 41 ff.; *Förschle/Hoffmann* in BeBiKo[7], § 266, Rn. 501 ff.; *Ekkenga*, DB 2004, S. 1897 ff.; E-DRS 11, Tz. 7 bis 22; *Roß/Baumunk*, Rn. 174 ff.; *Kelle*, S. 116 und 132 ff.; *Meyer, C.H.*, S. 148 ff.
255 Vgl. zu den Voraussetzungen für eine bedingte Kapitalerhöhung im Einzelnen z.B. *Hüffer*, AktG[9], § 193, Rn. 4 ff.

Nach § 272 Abs. 2 Nr. 2 HGB sind Beträge, die das Unternehmen bei der Ausgabe von Schuldverschreibungen für Wandlungsrechte und Optionsrechte zum Erwerb von Anteilen erzielt, in die Kapitalrücklagen einzustellen. Dies betrifft unmittelbar die Ausgabe von Wandelschuldverschreibungen (§ 221 AktG) gegen eine Prämie (Ausgabekurs der Schuldverschreibung über pari) oder gegen eine niedrige Verzinsung der Schuldverschreibung bei Ausgabe zu pari (dazu Tz. 366)[256]. Nichts anderes kann auch für die Gegenleistung bei der Ausgabe von reinen Optionsrechten nach § 192 Abs. 2 Nr. 3 AktG gelten[257]. Der Wortlaut des § 272 Abs. 2 Nr. 2 HGB weist insoweit eine Lücke auf, die darauf zurückzuführen ist, dass die Möglichkeit zur Ausgabe reiner Optionsrechte erst neu in das AktG aufgenommen worden ist und dabei die Situation, dass hierfür eine Gegenleistung erzielt werden könnte, offensichtlich nicht bedacht worden ist. Die planwidrige Regelungslücke ist durch Analogie zu schließen. Ein „Betrag" (Gegenleistung), den das Unternehmen bei der Ausgabe reiner Optionen erzielt, ist daher in die Kapitalrücklagen einzustellen. Dabei kann es sich um eine Barleistung, ohne Weiteres jedoch auch um eine Sachleistung handeln. Dies wird bspw. im Fall des Agios bei Sachkapitalerhöhungen deutlich: Auch insoweit verwendet das Gesetz in § 272 Abs. 2 Nr. 1 HGB den Begriff „Betrag".

162 Bei Gewährung reiner Optionen aufgrund eines Aktienoptionsprogramms erhält die Gesellschaft von den Berechtigten während der Sperrfrist eine Gegenleistung, die dann konsequenterweise zu Lasten des Personalaufwands in die **Kapitalrücklagen** nach § 272 Abs. 2 Nr. 2 HGB einzustellen ist (vgl. zur erfolgsneutralen Behandlung Tz. 166)[258]. Dies ist im Rahmen des Arbeitsvertrags der Teil der Arbeitsleistung des Berechtigten, der auf den Vergütungsbestandteil „Option" entfällt. Dem steht nicht die fehlende Einlagefähigkeit von Dienstleistungsverpflichtungen (§ 27 Abs. 2 AktG) entgegen[259]. Diese Regelung ist nur auf die Kapitalaufbringung bei Durchführung einer Nennkapitalerhöhung anwendbar, nicht aber bei Leistungen, die nach § 272 Abs. 2 Nr. 2 HGB in Kapitalrücklagen einzustellen sind[260]. Diese Vorschrift dient ausschließlich der erfolgsneutralen Behandlung bestimmter, bei dem Unternehmen eintretender Vermögensmehrungen. Im Übrigen wird nicht der Anspruch auf Arbeitsleistung bei Ausgabe der Optionen, sondern nur nachträglich der Wert der bis zum jeweiligen Abschlussstichtag erbrachten Arbeitsleistungen in die Kapitalrücklagen eingestellt (vgl. Tz. 160), so dass sich die Frage der Einlagefähigkeit von Dienstleistungsansprüchen schon deshalb nicht stellen kann.

163 Die Bewertung des Teils der während der Sperrfrist zu erbringenden Arbeitsleistung, der insgesamt durch die Option vergütet wird, kann nur retrograd über den Wert der als Teil des Vergütungspakets ausgegebenen Option bestimmt werden (vgl. Tz. 160). Dabei kann es sich nur um den Wert der Option bei ihrer Ausgabe handeln, nicht aber um später eintretende Wertänderungen, die sich aus der tatsächlichen Kursentwicklung ergeben[261]. Der Wert der Option und damit der in die Kapitalrücklagen einzustellende Betrag bestimmt

---

256 Vgl. ADS[6], § 272 HGB, Tz. 108 ff.; *Häuselmann*, BB 2000, S. 139 ff.; *Roß/Pommerening*, WPg 2001, S. 644 (646 f.).
257 Ebenso E-DRS 11, Tz. 7 ff.; *IDW*, FN-IDW 2001, S. 557 ff.; *Gelhausen/Hönsch*, WPg 2001, S. 69 (76 ff.); *Hoffmann/Hönsch* in BHdR, B 712, Rn. 42 ff.; für die Dotierung einer Kapitalrücklage im Zeitpunkt der Ausübung der Option bzw. bei Ausgabe der jungen Aktien *Meyer, C.H.*, S. 188 ff.; *Oser/Kropp*, S. 821 (843 f.); *Simons*, WPg 2001, S. 90 (97 f.); grds. gegen eine Dotierung der Kapitalrücklage zu Lasten des Personalaufwands und damit für eine erfolgsneutrale Abbildung *Herzig/Lochmann*, WPg 2001, S. 82 (83 ff.); *Roß/Pommerening*, WPg 2001, S. 644 (648 ff.); *Roß/Pommerening*, WPg 2002, S. 371 (372 ff.); *Ekkenga*, DB 2004, S. 1897 (1902); *Roß/Baumunk*, Rn. 207; *Siegel*, BB 2001, S. 1996 (1998).
258 Ebenso *Gelhausen/Hönsch*, WPg 2001, S. 69 (76 ff.); *Esterer/Härteis*, DB 1999, S. 2073 (2076).
259 So aber *Schruff/Hasenburg*, BFuP 1999, S. 616 (640); *Siegel*, BB 2001, S. 1996 ff.; *Herzig/Lochmann*, WPg 2001, S. 82 (84 ff.); *Schruff*, S. 235; *Roß/Baumunk*, Rn. 174 ff. m.w.N.
260 Vgl. *Gelhausen/Hönsch*, WPg 2001, S. 69 (78 m.w.N.); *Ekkenga*, DB 2004, S. 1897 (1901) m.w.N.
261 Vgl. *Hoffmann/Hönsch* in BHdR, B 712, Rn. 49; ebenso *Förschle/Hoffmann* in BeBiKo[7], § 272, Rn. 505.

Die Bilanz F

sich nach den anerkannten Optionspreismodellen[262] (**Gesamtwert der Option bei Ausgabe**). Er umfasst grds. sowohl den inneren Wert als auch den Zeitwert; ein innerer Wert wird bei Begebung i.d.R. allerdings nicht vorhanden sein, weil der Bezugskurs mindestens in Höhe des aktuellen Börsenkurses bei Begebung der Option festgesetzt wird[263]. In die Berechnung des Optionswerts sind auch Besonderheiten der Ausgestaltung (Ausübungszeitraum, Ausübungshürden, Indexierung) einzubeziehen[264].

Für den Zeitpunkt der **Einstellungen in die Rücklage** nach § 272 Abs. 2 Nr. 2 HGB kommt es darauf an, wann dem Unternehmen die für die Option zu gewährende Gegenleistung, nämlich die Arbeitsleistung als Sachleistung, zufließt. Die Arbeitsleistung wird über die Sperrfrist gleichmäßig erbracht, so dass eine Zuführung grds. pro rata temporis zu den einzelnen Abschlussstichtagen erforderlich ist. Eine sofortige Einstellung bei Ausgabe der Option unter Bildung eines aktiven RAP[265] kommt nicht in Betracht, weil anfangs noch nicht feststeht, in welchem Umfang tatsächlich Arbeitsleistungen erbracht werden. Dies gilt z.B. bei Kündigung vor Ablauf der Sperrfrist als auch im Todesfall. Besonderheiten ergeben sich, wenn Bedienungswahlrechte vereinbart sind, dazu Tz. 167 ff. Im Übrigen ist es – wie bei Wandelschuldverschreibungen anerkannt[266] – unerheblich, ob die Option später tatsächlich ausgeübt wird. Dies gilt ebenfalls dann, wenn Optionen verfallen, weil einzelne Berechtigte während der Sperrfrist aus dem Unternehmen ausscheiden; eine Dotierung der Kapitalrücklagen nach diesem Zeitpunkt kommt in diesen Fällen jedoch nicht in Betracht. **164**

Wenn hiernach ein Betrag in die Kapitalrücklagen eingestellt worden ist, unterliegt er der allgemeinen **gesetzlichen Bindung**. Bei einer AG kann sie daher nur zu den in § 150 Abs. 3 und 4 AktG zugelassenen Zwecken verwendet werden (vgl. Tz. 372). Ausgeschlossen wäre es daher, der einmal dotierten Rücklage Beträge wieder zu entnehmen, wenn sich das Unternehmen später entschließt, doch zahlungswirksame Leistungen an die Berechtigten zu erbringen oder bereits vorhandene eigene Aktien auszugeben. Zwar könnte eine entsprechende Änderung des Aktienoptionsprogramms mit den Berechtigten vereinbart werden. Auch wenn diese daraufhin keine jungen Aktien aus dem bedingten Kapital beziehen würden, bliebe es bei der Dotierung der Kapitalrücklage (vgl. Tz. 169). Eine Stornierung kommt nicht in Betracht, so dass in diesem Fall die Zahlung (bei SARs) oder die Verbilligung (bei der Veräußerung bereits ausgegebener eigener Aktien) zusätzlich aufwandswirksam würde. **165**

Bei Anwendung des § 272 Abs. 2 Nr. 2 HGB auf die Ausgabe von reinen Optionen besteht grds. eine Pflicht zur Einstellung erhaltener Beträge in Kapitalrücklagen[267]. Da die Anwendung dieser Vorschrift jedoch derzeit nur über eine Analogie in Betracht kommt und zudem der Arbeitsleistung als solcher kein unmittelbar messbarer Wert innewohnt, sondern sich die Vermögensmehrung für das Unternehmen nur mittelbar feststellen lässt, erscheint es, solange sich noch keine abschließende Meinung gebildet hat, vertretbar, in Fällen dieser Art von einer aufwandswirksamen **Dotierung der Kapitalrücklagen abzusehen**[268]. Dieser Auffassung folgend wird somit die Einräumung der Option auf junge Aktien bilanziell nicht erfasst (**erfolgsneutrale Behandlung**). **166**

---

262 Vgl. *Gelhausen/Hönsch*, WPg 2001, S. 69 (78 f.); E-DRS 11, Tz. 10 bis 13.
263 Vgl. zu „Erfolgszielen" i.S.v. § 193 Abs. 2 Nr. 4 AktG *Hüffer*, AktG⁹, § 193, Rn. 9.
264 Zur Problematik der Optionspreisbestimmung vgl. u.a. *Förschle/Hoffmann* in BeBiKo⁷, § 272, Rn. 506.
265 So *Esterer/Härteis*, DB 1999, S. 2073 (2075).
266 Vgl. ADS⁶, § 272 HGB, Tz. 111.
267 Vgl. *Gelhausen/Hönsch*, WPg 2001, S. 69 (79); *Göckeler* in Beck AG-HB², § 19, Rn. 86.
268 Für bilanzsteuerrechtliche Zwecke nur diese Auffassung akzeptierend BFH v. 25.08.2010, AG 2011, S. 27 ff.

e) Besonderheiten bei Erfüllungswahlrecht der Gesellschaft

167 Gewähren Aktienoptionsprogramme der Gesellschaft ein Wahlrecht zwischen der Gewährung junger Aktien und einem entsprechenden Barausgleich, steht bei Begebung der Optionsrechte noch nicht fest, in welcher Weise diese später erfüllt werden. Angesichts der **unterschiedlichen bilanziellen Behandlung**, ist fraglich, wie in der Schwebezeit zu verfahren ist. Der Betrag, der zu den einzelnen Stichtagen während der Sperrfrist aufwandswirksam zu behandeln ist, muss auf der Grundlage einer der Methoden ermittelt werden, die für die unterschiedlichen Bedienungsformen oben dargestellt worden sind (vgl. Tz. 158 ff. (Bezug junger Aktien) und Tz. 145 ff. (SARs)).

168 Ist am Abschlussstichtag völlig offen, welche Art der Erfüllung die **Gesellschaft** wählt, kann die Bilanzierung auf diejenige Möglichkeit abgestellt werden, die zu dem niedrigsten Aufwand führt, weil davon ausgegangen werden kann, dass die Gesellschaft die für sie **günstigste Möglichkeit** wählen wird[269]. Dies wird bei steigenden Kursen – jedenfalls ohne Berücksichtigung der steuerlichen Behandlung bei den Arbeitnehmern – im Regelfall die Bedienung unter Inanspruchnahme des bedingten Kapitals sein, da hier nur der Gesamtwert der Option bei Ausgabe aufwandswirksam wird, während spätere Kurssteigerungen nicht zu einem Zusatzaufwand führen.

169 Andererseits kommt jedoch grds. die Dotierung einer Kapitalrücklage nicht in Betracht, solange nicht abschließend feststeht, dass die Arbeitsleistung für die Gewährung einer Option auf neue Aktien aus bedingtem Kapital erbracht worden ist. Nur so kann verhindert werden, dass Beträge endgültig in der Rücklage verbleiben, auch wenn das Unternehmen letztlich eine aufwandswirksame Zahlung leistet oder vorhandene eigene Aktien verbilligt abgibt. Sachgerecht erscheint es daher, den sich zu den einzelnen Stichtagen ergebenden Betrag (Tz. 164) unter den **Rückstellungen** auszuweisen[270]. Ein Ausweis als Sonderposten im EK kommt dagegen nicht in Betracht, solange nicht ausgeschlossen werden kann, dass die Gesellschaft andere Erfüllungswege wählt, die zu einem Verbrauch der Beträge führen.

6. Latente Steuern

a) Grundlagen

170 Die Bilanzierung latenter Steuern im JA nach § 274 HGB beruht auf dem international üblichen, bilanzorientierten Konzept (sog. *temporary*-**Konzept**), dessen Zielsetzung insb. in der zutreffenden Darstellung der Vermögenslage besteht. Das *temporary*-Konzept gilt auch für die Bilanzierung latenter Steuern im handelsrechtlichen KA nach § 274 i.V.m. § 298 Abs. 1 HGB sowie § 306 HGB[271]. Da für den handelsrechtlichen JA und KA somit ein einheitliches Konzept für die Bilanzierung latenter Steuern gilt, sind die durch DRS 18 konkretisierten Anforderungen an die Bilanzierung und Bewertung latenter Steuern und die zugehörigen Anhangangaben im handelsrechtlichen KA, die nach dessen Bekanntmachung im BAnz.[272] die GoB-Vermutung gem. § 342 Abs. 2 HGB für sich haben, grds. entsprechend für den JA anzuwenden[273], soweit sie sich nicht auf konzernspezifische Sachverhalte, z.B. latente Steuern aus Konsolidierungsvorgängen (vgl. DRS 18, Tz. 25 ff.), beziehen. Der Umfang der Ausstrahlungswirkung des DRS 18 für die Bilan-

---

269 I.d.S. auch *Hoffmann/Hönsch* in BHdR, B 712, Rn. 60.
270 Ebenso *Förschle/Hoffmann* in BeBiKo[7], § 272, Rn. 521; *Gelhausen/Hönsch*, WPg 2001, S. 69 (80); E-DRS 11, Tz. 36 bis 39.
271 Vgl. *Gelhausen/Fey/Kämpfer*, BilMoG, Kap. Q, Rn. 276 f.
272 Vgl. BAnz. Nr. 133a vom 03.09.2010.
273 Vgl. DRS 18, Tz. 7.

zierung latenter Steuern im JA wird dabei z.Zt. noch unterschiedlich eingeschätzt[274]. Sie besteht jedoch unzweifelhaft nicht, wenn dort über das Gesetz hinausgehende (Anhang-) Angaben verlangt werden[275].

Kleine Kapitalgesellschaften und **kleine Personenhandelsgesellschaften i.S.d. § 264a HGB** sind nach § 274a Nr. 5 HGB von der Anwendung des § 274 HGB befreit. In diesem Fall richtet sich die Bilanzierung latenter Steuern für diese Gesellschaften grds. nach dem *timing*-Konzept (vgl. E Tz. 282). Geht die Qualifizierung als kleine Gesellschaft durch Überschreiten der Größenmerkmale (vgl. Tz. 70) oder aus sonstigen Gründen (z.B. Erlangung des Status einer kapitalmarktorientierten Gesellschaft i.S.d. § 264d HGB; § 267 Abs. 3 S. 2 HGB; vgl. Tz. 24 ff.) verloren oder wird § 274 HGB freiwillig angewandt[276], gelten für die Erfassung der Aufwendungen und Erträge aus der erstmaligen Anwendung des § 274 HGB die Regelungen in Art. 67 Abs. 6 EGHGB entsprechend[277], auch wenn der Übergang auf das *temporary*-Konzept zeitlich erst nach der verpflichtenden Erstanwendung der durch das BilMoG geänderten Regelungen erfolgt (vgl. Art. 66 Abs. 3 S. 1 EGHGB)[278]. In diesen Fällen erscheint es sachgerecht, der **Umstellung auf das *temporary*-Konzept** den Beginn des GJ der Erstanwendung des § 274 HGB zugrunde zu legen, analog zur Vorgehensweise bei der erstmaligen Anwendung der sonstigen durch das BilMoG geänderten Bilanzierungs- und Bewertungsvorschriften[279].

171

b) Ansatz
aa) Grundlagen

Anknüpfungspunkt für die Bilanzierung latenter Steuern ist, dass in künftigen Perioden aus dem Abbau **temporärer Differenzen** in den Vermögens- und Schuldposten sowie den RAP, die aus Ansatz- oder Bewertungsunterschieden in HB und StB stammen[280], sowie aus der Nutzung steuerlicher Verlustvorträge (vgl. Tz. 186 ff.) steuerliche Be- oder Entlastungen für das bilanzierende Unternehmen resultieren.

172

Eine temporäre Differenz liegt unabhängig davon vor, ob ihr Abbau von vornherein in absehbarer Zeit, nur als Folge einer Disposition des Unternehmens, z.B. Verkauf des betreffenden Vermögensgegenstands[281], oder gar erst bei der Liquidation des Unternehmens eintritt (vgl. DRS 18, Tz. 8). Für Effekte, die sich nicht steuerwirksam umkehren (z.B. nach § 8b KStG nicht steuerrelevante Wertdifferenzen für von KapGes. gehaltene Beteiligungen an KapGes. oder Rückstellungen für nicht abzugsfähige Betriebsausgaben) sind dagegen keine latenten Steuern zu bilden (sog. **permanente Differenzen**)[282]. Eine temporäre Differenz wird nicht deshalb zu einer permanenten Differenz, weil die für den Abbau notwendige Verkaufsentscheidung oder Einleitung der Liquidation von den Organen

173

---

274 Vgl. *Loitz*, DB 2010, S. 2177 „erheblich"; vorsichtiger dagegen *Spanheimer/Simlacher* in HdR[5], § 274 HGB, Rn. 53 „... mit einer gewissen Ausstrahlungswirkung ... ist zu rechnen"; ablehnend *Wolz*, DB 2010, S. 2625 (2626).
275 Vgl. zur Reichweite der GoB-Vermutung nach § 342 Abs. 2 HGB *Förschle* in BeBiKo[7], § 342, Rn. 17.
276 Vgl. zur Zulässigkeit *IDW ERS HFA 7 n.F.*, Tz. 21. Die freiwillige Anwendung des § 274 HGB zwingt Unternehmen, die in ihrem JA lediglich die Vorschriften für alle Kaufleute (§§ 242 bis 256a HGB) beachten müssen, nicht dazu, auch die übrigen für KapGes. geltenden Bestimmungen der §§ 264 ff. HGB anzuwenden.
277 Vgl. ausführlich *IDW RS HFA 28*, Tz. 52 ff.; *Gelhausen/Fey/Kämpfer*, BilMoG, Kap. M, Rn. 60 ff.; *Kühne/Melcher/Wesemann*, WPg 2009, S. 1057 (1064 f.).
278 Gl.A. *Petersen*, WPg 2011, S. 255 (259).
279 Vgl. *IDW RS HFA 28*, Tz. 53; *Gelhausen/Fey/Kirsch*, WPg 2010, S. 24 (25).
280 Vgl. *Pöller*, BC 2011, S. 10 (12) Ermittlung der temporären Differenzen auf Ebene der Bilanzposten aus Praktikabilitätsgründen.
281 Vgl. *Kühne/Melcher/Wesemann*, WPg 2009, S. 1005 (1010).
282 *Gelhausen/Fey/Kämpfer*, BilMoG, Kap. M, Rn. 8 f.; *Spanheimer/Simlacher* in HdR[5], § 274 HGB, Rn. 19.

ausgeschlossen wird, z.B. weil es sich bei dem betreffenden Vermögensgegenstand um eine unverzichtbare Betriebsgrundlage handelt. Für die Einordnung als temporäre Differenz kommt es nicht auf den begrenzten Planungshorizont und die gegenwärtige Einschätzung der Organe an, sondern ausschlaggebend ist allein, dass es (spätestens) bis zur Vollbeendigung des Unternehmens zu einem Abbau der Differenz kommen wird.

174 Um die künftigen Steuerbe- und -entlastungen, die aus der Realisierung der handelsrechtlichen Wertansätze der Vermögensgegenstände, Schulden und RAP resultieren, vollständig erfassen zu können, können bei der Ermittlung der **steuerlichen Wertansätze** neben den Werten der StB (§ 60 Abs. 2 EStDV) auch außerbilanzielle Hinzurechnungen und Abzüge, z.B. nach § 7g Abs. 1 S. 1 EStG[283], zu berücksichtigen sein[284].

175 Es müssen gewichtigere Gründe dafür als dagegen sprechen, dass bei Abbau der temporären Differenzen die Entstehung einer **künftigen Steuerbe- oder -entlastung** erwartet werden kann (vgl. DRS 18, Tz. 9)[285]. Der Ansatz aktiver latenter Steuern hat dabei unter besonderer Berücksichtigung des Vorsichtsprinzips (§ 252 Abs. 1 Nr. 4 HGB) zu erfolgen (vgl. DRS 18, Tz. 17).

176 Grundlage für die Prognose der Realisierbarkeit der künftigen Steuerbe- und -entlastungen ist eine **steuerliche Planungsrechnung**, die aus der Unternehmensplanung und unter Berücksichtigung von realisierbaren Steuerstrategien (vgl. Tz. 190) abzuleiten ist. Anders als für die Ermittlung latenter Steuern aus steuerlichen Verlustvorträgen (vgl. Tz. 186), ist hierbei kein bestimmter Planungszeitraum vorgeschrieben. Die Anforderungen an Zeitraum und Detailliertheit der Steuerplanung steigen aber, wenn ein Unternehmen in der Vergangenheit Verluste erzielt oder keine ausreichenden zu versteuernden Gewinne erwirtschaftet hat[286]. Die Anwendung pauschaler Abschläge zur Berücksichtigung der Unsicherheit der Realisierbarkeit bei abziehbaren Differenzen, die sich erst in weiter Zukunft abbauen, ist nicht zulässig, weil dies im Ergebnis einem teilweisen Ansatz gleichkäme (vgl. DRS 18, Tz. 17).

177 § 274 Abs. 1 HGB stellt auf die sich insgesamt aus den temporären Differenzen unter Berücksichtigung eines ggf. vorhandenen steuerlichen Verlustvortrags ergebende Steuerbe- bzw. -entlastung (**Gesamtdifferenz**) ab. Ergibt sich ein Überhang zu versteuernder temporärer Differenzen (Passivüberhang) besteht nach § 274 Abs. 1 S. 1 HGB Passivierungspflicht. Im Fall eines Aktivüberhangs dagegen ein Ansatzwahlrecht (§ 274 Abs. 1 S. 2 HGB).

178 Das **Ansatzwahlrecht** gilt nur für die sich insgesamt ergebende Steuerentlastung und darf daher nicht auf aktive latente Steuern, die sich aus bestimmten Einzelsachverhalten ergeben, beschränkt werden (vgl. DRS 18, Tz. 15; zum Ausweiswahlrecht Tz. 199 ff.)[287]. Die Ausübung des Ansatzwahlrechts unterliegt ferner dem Stetigkeitsgebot nach § 246 Abs. 3 S. 1 HGB, d.h. Durchbrechungen sind nur in begründeten Ausnahmefällen, z.B. Wechsel der Konzernzugehörigkeit oder besserer Einblick in die Vermögens- und Ertragslage, zulässig (§ 246 Abs. 3 S. 2 i.V.m. § 252 Abs. 2 HGB; vgl. E Tz. 313)[288]. Wird der Aktivüberhang latenter Steuern angesetzt, ist die **Ausschüttungssperre** nach § 268 Abs. 8 S. 2 HGB zu beachten (vgl. Tz. 102)[289].

---

283 Vgl. dazu *Zimmert*, DStR 2010, S. 826.
284 Vgl. *Kühne/Melcher/Wesemann*, WPg 2009, S. 1005 (1010); *Bertram* in Haufe HGB Kommentar², § 274, Rn. 18; a.A. *Spanheimer/Simlacher* in HdR⁵, § 274 HGB, Rn. 9.
285 Vgl. *Loitz*, DB 2010, S. 2177 (2179).
286 Vgl. *Gelhausen/Fey/Kämpfer*, BilMoG, Kap. M, Rn. 11.
287 Vgl. *Gelhausen/Fey/Kämpfer*, BilMoG, Kap. M, Rn. 15.
288 Vgl. *Karrenbrock*, BB 2011, S. 683 (685).
289 Vgl. *Gelhausen/Fey/Kämpfer*, BilMoG, Kap. N, Rn. 46 ff. m.w.N.

Die Bilanz F

bb) Erfolgsneutral entstandene temporäre Differenzen

In die Ermittlung latenter Steuern nach § 274 Abs. 1 S. 1 und 2 HGB sind, in Ermangelung besonderer Ausnahmevorschriften[290], sämtliche temporären Differenzen einzubeziehen, unabhängig davon, ob der Ansatz- oder Bewertungsunterschied erfolgswirksam oder erfolgsneutral entsteht[291]. **179**

Ursachen für die erfolgsneutrale Entstehung temporärer Differenzen sind im handelsrechtlichen JA insb. (Rein-)Vermögenszugänge im Zuge von **Umwandlungsvorgängen** (Verschmelzungen, Spaltungen) oder **Sacheinlagen**, bei denen aufgrund besonderer steuerlicher Regelungen durch eine Buchwertverknüpfung die Besteuerung von in der HB aufgedeckten Lasten und Reserven hinausgezögert werden kann. Die Erfassung der latenten Steuern auf die temporären Differenzen, die durch die unterschiedliche Zugangsbewertung in HB und StB entstehen, ist Teil der erfolgsneutralen Erwerbsbilanzierung (Anschaffungsvorgang) und erfolgt beim Erwerb von Sachgesamtheiten/Unternehmen gegen die Residualgröße (i.d.R. Geschäfts- oder Firmenwert; § 246 Abs. 1 S. 4 HGB) bzw. bei Gesellschaftertransaktionen gegen das EK[292]. **180**

Häufig wird sich in diesen Fällen bezogen auf das erworbene (Rein-)Vermögen ein **Überhang zu versteuernder temporärer Differenzen** ergeben. Fraglich könnte sein, ob im Rahmen der Erwerbsbilanzierung auf die Erfassung der passiven Gesamtdifferenz als Teil des erworbenen Reinvermögens verzichtet werden darf, soweit der Erwerber im Erwerbszeitpunkt über einen nicht bilanzierten Aktivüberhang latenter Steuern verfügt (vgl. Tz. 178). Dies ist jedoch nicht zulässig, weil der wirtschaftliche Vorteil, der mit den abziehbaren temporären Differenzen verbunden ist, nicht Teil des erworbenen Reinvermögens ist, sondern bereits bisher als „stille Reserve" zum Vermögen des Erwerbers gehört hat. Eine Einbeziehung dieser Vorteile in die Erwerbsbilanzierung würde eine stille Realisierung dieser wirtschaftlichen Vorteile bedeuten, entweder über niedrigere Abschreibungen eines Geschäfts- oder Firmenwerts oder den Ausweis einer höheren Einlage im Zugangszeitpunkt. Gegen die Berücksichtigung dieser Vorteile im Rahmen der Erwerbsbilanzierung spricht im Übrigen, dass sie sich nicht auf die Höhe der Gesamtanschaffungskosten für das erworbene (Rein-)Vermögen ausgewirkt haben. Entsprechendes gilt, wenn ein Verlustvortrag des Erwerbers erst durch den Unternehmenserwerb werthaltig wird[293]. **181**

Beim Erwerb einer Sachgesamtheit (*asset deal*) können temporäre Differenzen darüber hinaus auch dadurch entstehen, dass die Gesamtanschaffungskosten in der StB, aufgrund besonderer Ansatz- und Bewertungsvorschriften, z.B. § 6a EStG, anders als in der HB verteilt werden[294]. Folge hiervon ist, dass sich im Zugangszeitpunkt ggf. eine Wertdifferenz beim **Geschäfts- oder Firmenwert** zwischen HB und StB ergibt oder, wenn kein Geschäfts- oder Firmenwert vorhanden ist, die übrigen Wirtschaftsgüter in der StB abgestockt werden müssen. Die Frage, ob eine Differenz beim Geschäfts- oder Firmenwert bei der Ermittlung latenter Steuern zu berücksichtigen ist, wird derzeit unter- **182**

---

290 Vgl. zu Ansatzverboten für den Geschäfts- oder Firmenwert aus der Kapitalkonsolidierung bzw. outside basis differences im HGB-KA *Gelhausen/Fey/Kämpfer*, BilMoG, Kap. Q, Rn. 306 ff.; M Tz. 20 ff.; zur initial recognition exemption nach IAS 12.15(b) bzw. 24(b) ADS International, Abschn. 20, Tz. 104 ff.; *Meyer u. a.*, S. 51 f.

291 Vgl. DRS 18, Tz. 2; *Gelhausen/Fey/Kämpfer*, BilMoG, Kap. M, Rn. 18; *Kessler/Leinen/Paulus*, KoR 2009, S. 716 (717).

292 Vgl. DRS 18, Tz. 51; *Kozikowski/Fischer* in BeBiKo[7], § 274, Rn. 10.

293 Vgl. auch *Förschle/Deubert* in BeBiKo[7], § 301, Rn. 98.

294 Zur steuerbilanziellen Behandlung der im Rahmen eines *asset deal* erworbenen Rückstellungen vgl. BFH v. 16.12.2009, DStR 2010, S. 265.

schiedlich beurteilt. Einigkeit besteht jedoch, dass Bewertungsunterschiede, die aufgrund einer unterschiedlich hohen Abschreibung des Geschäfts- oder Firmenwerts in HB und StB entstehen, nach allgemeinen Grundsätzen (§ 274 HGB) in die Ermittlung latenter Steuern einzubeziehen sind[295].

183 Einerseits wird eine **Pflicht zur Einbeziehung** der Differenz in die Gesamtdifferenzenbetrachtung angenommen[296], weil der Geschäfts- oder Firmenwert nach § 246 Abs. 1 S. 4 HGB als zeitlich begrenzt nutzbarer Vermögensgegenstand gilt und somit vom Wortlaut des § 274 Abs. 1 HGB erfasst wird und im Übrigen eine ausdrückliche Ausnahmeregelung, vergleichbar der in § 306 S. 3 HGB für den Geschäfts- oder Firmenwert aus der Kapitalkonsolidierung nach § 301 Abs. 3 S. 1 HGB[297], fehlt. In diesem Zusammenhang ist auch zu berücksichtigen, dass für den Geschäfts- oder Firmenwert aus der Kapitalkonsolidierung eine Berücksichtigung latenter Steuern – ungeachtet des Verbots in § 306 S. 3 HGB – für zulässig erachtet wird, wenn die Differenz auf einem auch steuerlich abzugsfähigen Geschäfts- oder Firmenwert beruht (vgl. DRS 18, Tz. 25)[298], was bei einem Geschäfts- oder Firmenwert aus einem *asset deal* stets der Fall ist. Die Ermittlung der latenten Steuern auf den Geschäfts- oder Firmenwert erfolgt dann im Wege einer In-Sich-Rechnung, die jedoch durch die Verwendung folgender Formel abgekürzt werden kann:

$$\text{Erhöhung Geschäfts- oder Firmenwert/latente Steuer} = \frac{\text{Ursprüngliche Wertdifferenz}} \times \frac{\text{Steuersatz}}{(1 - \text{Steuersatz})}$$

184 Andererseits wird ein **Verzicht auf die Berücksichtigung** latenter Steuern bei der Zugangsbewertung des Geschäfts- oder Firmenwerts für zulässig erachtet. Begründet wird dies damit, dass es sich beim Geschäfts- oder Firmenwert um eine Saldogröße positiver und negativer Komponenten handelt, deren Wert festgelegt ist, wenn Ansatz und Bewertung des im Rahmen des *asset deal* erworbenen Reinvermögens und der zugehörigen latenten Steuern nach § 274 HGB abgeschlossen ist, so dass es insofern keiner In-Sich-Rechnung unter Berücksichtigung zusätzlicher latenter Steuern bedarf[299]. Bis sich diesbezüglich endgültig eine h.M. herausgebildet hat, wird man beide Vorgehensweisen als zulässig erachten müssen.

185 Schließlich können aktive latente Steuern, die sich aus dem erstmaligen Ansatz von Vermögensgegenständen ergeben, auch **erfolgswirksam** zu erfassen sein[300]. Dies ist z.B. der Fall, wenn dem Unternehmen anlässlich des Erwerbs eines Vermögensgegenstands eine **Investitionszulage** gewährt wird. Die Investitionszulage wird in der HB entweder als Minderung der AK des zulagenbegünstigten Vermögensgegenstands oder in einem passiven Sonderposten, bei der steuerlichen Gewinnermittlung dagegen als nicht steuerbarer Ertrag erfasst, so dass eine abziehbare temporäre Differenz entsteht[301]. Da die temporäre Differenz nicht aus dem Anschaffungsvorgang selbst, sondern der damit einhergehenden Gewährung eines nicht steuerbaren Vermögensvorteils resultiert und die Zuwendung im

---

295 Vgl. *Gelhausen/Fey/Kämpfer*, BilMoG, Kap. M, Rn. 23.
296 Vgl. *Spanheimer/Simlacher* in HdR[5], § 274 HGB, Rn. 27.
297 Vgl. dazu *Gelhausen/Fey/Kämpfer*, BilMoG, Kap. Q, Rn. 306 ff.; M Tz. 366.
298 Vgl. *Loitz*, DB 2010, S. 2177 (2182); so auch *Prinz/Ruberg*, Der Konzern 2009, S. 343 (348).
299 Vgl. *Kozikowski/Fischer* in BeBiKo[7], § 274, Rn. 11; *Kühne/Melcher/Wesemann*, WPg 2009, S. 1057 (1060 f.); *Gelhausen/Fey/Kämpfer*, BilMoG, Kap. M, Rn. 22; *HFA*, FN-IDW 2011, S. 341: analoge Anwendung der für den KA geltenden Ausnahmeregelung des § 306 S. 3 HGB auch im JA vertretbar.
300 Vgl. auch *IDW RH IFA 1.001*, Tz. 6 f. zum Ansatz latenter Steuern auf temporäre Differenzen aus der Teilwertaufstockung bei ehem. gemeinnützigen Wohnungsunternehmen.
301 Vgl. *Gelhausen/Fey/Kämpfer*, BilMoG, Kap. M, Rn. 24.

Übrigen von einem Nicht-Gesellschafter erfolgt[302], kommt die erfolgsneutrale Erfassung des Steuervorteils nicht in Betracht[303].

cc) Verlust- und Zinsvorträge

Nach § 274 Abs. 1 S. 4 HGB sind steuerliche Verlustvorträge bei der Berechnung aktiver latenter Steuern nur zu berücksichtigen, soweit der daraus resultierende Vorteil innerhalb der nächsten fünf Jahre voraussichtlich auch realisiert werden kann. Durch die **Begrenzung des Prognosezeitraums** für steuerliche Verlustvorträge auf fünf Jahre wird dessen Nachprüfbarkeit erleichtert und wird zugleich dem Vorsichtsprinzip (§ 252 Abs. 1 Nr. 4 HGB) Rechnung getragen, weil die Prognosesicherheit der Steuerplanung mit zunehmendem Planungshorizont abnimmt[304]. **186**

Die zeitliche Begrenzung der Verlustberücksichtigung des § 274 Abs. 1 S. 4 HGB bei der Berechnung aktiver latenter Steuern gilt nicht, soweit ein **Überhang** an **zu versteuernden temporären Differenzen** besteht[305]. **187**

Grundlage für die Ermittlung der aktivierbaren latenten Steuern auf steuerliche Verlustvorträge bildet die aus der Unternehmensplanung abgeleitete Steuerplanung (vgl. DRS 18, Tz. 19). Der fünfjährige Planungshorizont für die Berücksichtigung von Verlustvorträgen gilt auch dann, wenn sich die **Steuerplanung** des Unternehmens nur auf einen kürzeren Zeitraum erstreckt. In diesem Fall ist die Lücke zwischen dem in § 274 Abs. 1 S. 4 HGB vorgeschriebenen und dem tatsächlichen Planungszeitraum durch eine sachgerechte und plausible Schätzung, z.B. im Wege einer Extrapolation, zu schließen[306]. **188**

Der mit einem Verlustvortrag verbundene Steuervorteil kann **mit hinreichender Sicherheit realisiert** werden, wenn ausreichend zu versteuernde temporäre Differenzen bestehen oder zu versteuernde Gewinne in ausreichender Höhe erwartet werden[307]. Anhaltspunkte für hinreichende zu versteuernde Einkünfte können z.B. sein: **189**

– Vorliegen profitabler Aufträge, die in Folgejahren abgewickelt werden,
– Veräußerung oder Aufgabe defizitärer Geschäftsbereiche oder Standorte oder
– erwartete Kosteneinsparungen oder Effizienzsteigerungen aufgrund abgeschlossener Restrukturierungsmaßnahmen.

Effekte aus **steuerlichen Gestaltungsmaßnahmen** sind bei der Steuerplanung zu berücksichtigen, wenn mit ihrer Umsetzung (spätestens) bis zum Ende der Aufstellungsphase für den JA begonnen oder ihre Durchführung bis zu diesem Zeitpunkt von dem dafür zuständigen Organ genehmigt wurde[308]. Auch dürfen keine Anhaltspunkte dafür vor- **190**

---

302 Vgl. zur Erfassung von Zuwendungen durch Nicht-Gesellschafter *IDW St/HFA 2/1996 i.d.F. 2010*, Abschn. 2.2.
303 Vgl. *Gelhausen/Fey/Kämpfer*, BilMoG, Kap. M, Rn. 25; *Kozikowski/Fischer* in BeBiKo[7], § 274, Rn. 12; *Spanheimer/Simlacher* in HdR[5], § 274 HGB, Rn. 33; *Kühne/Melcher/Wesemann*, WPg 2009, S. 1005 (1009); a.A. *Lüdenbach/Freiberg*, BB 2010, S. 1971 (1972); *Bertram* in Haufe HGB Kommentar[2], § 274, Rn. 118.
304 Vgl. *Gelhausen/Fey/Kämpfer*, BilMoG, Kap. M, Rn. 32; *Kozikowski/Fischer* in BeBiKo[7], § 274, Rn. 42.
305 H.M. vgl. DRS 18, Tz. 21; *Gelhausen/Fey/Kämpfer*, BilMoG, Kap. M, Rn. 33; *Spanheimer/Simlacher* in HdR[5], § 274 HGB, Rn. 44; *Spingler*, WPg 2010, S. 1024 (1026).
306 Vgl. DRS 18, Tz. 19; *Bolik/Linzbach*, DStR 2010, S. 1587 (1588).
307 Vgl. DRS 18, Tz. 23.
308 Vgl. DRS 18, Tz. 24; *Gelhausen/Fey/Kämpfer*, BilMoG, Kap. Q, Rn. 305; *Spanheimer/Simlacher* in HdR[5], § 274 HGB, Rn. 40.

191 liegen, dass die Umsetzung der Steuergestaltung aus anderen Gründen nicht erfolgreich sein wird[309].

191 Weist ein Unternehmen eine nachhaltige **Verlusthistorie** auf, wird i.d.R. nicht mit ausreichender Wahrscheinlichkeit vom Entstehen entsprechender künftiger Steuerentlastungen aus der Nutzung von Verlustvorträgen ausgegangen werden können[310]. Etwas anderes gilt dagegen, wenn die Verluste in Vj. auf Sondereffekten beruhen, mit deren Wiederkehr bis zum Ende des Planungshorizonts nicht zu rechnen ist[311].

192 Daneben sind bei der Aktivierung von latenten Steuern auf Verlustvorträge ferner die Beschränkungen des Verlustabzugs aufgrund der sog. **Mindestbesteuerung** (§ 10d Abs. 2 EStG) sowie die **Verlustabzugsbeschränkungen** aufgrund eines „schädlichen Beteiligungserwerbs" nach § 8c KStG[312] zu beachten. § 8c Abs. 1a KStG, danach gehen im Fall eines grds. schädlichen Beteiligungserwerbs steuerliche Verlustvorträge nicht unter, wenn der Beteiligungserwerb zum Zweck der Sanierung des Geschäftsbetriebs des Unternehmens erfolgt ist (sog. **Sanierungsklausel**), ist nach der Entscheidung der EU-Kommission vom 26.01.2011 mit den Beihilferegeln der EU nicht vereinbar[313]. Spätestens ab diesem Zeitpunkt kommt eine Neubildung latenter Steuern auf Verlustvorträge nach § 8c Abs. 1a KStG nicht mehr in Betracht[314]. Soweit von der Sanierungsklausel betroffene Verlustvorträge bereits steuerlich geltend gemacht wurden, ist für das Risiko einer Steuernachzahlung für in der Vergangenheit zu Unrecht in Anspruch genommene Steuervergünstigungen eine Rückstellung nach § 249 Abs. 1 S. 1 HGB zu bilden; ggf. noch aktivierte latente Steuern sind auszubuchen.

193 Fraglich ist, ob die Beschränkung des Prognosezeitraums auch für abzugsfähige temporäre Differenzen gilt, deren Abbau zur Entstehung bzw. Erhöhung eines steuerlichen Verlustvortrags führt und mit dessen Realisierung erst nach Ablauf von fünf Jahren zu rechnen ist. Der Sinn und Zweck des § 274 Abs. 1 S. 4 HGB, die vorsichtige Ermittlung der realisierbaren Steuerentlastung aus einem Verlustvortrag (vgl. Tz. 186), spricht einerseits dafür, **abziehbare temporäre Differenzen, die sich in einen Verlustvortrag wandeln**, bereits am Stichtag wie Verlustvorträge zu behandeln und deshalb die dafür geltenden strengeren Ansatzvoraussetzungen zu beachten[315]. Auch eine Verlängerung des Prognosehorizonts auf einen Zeitraum von fünf Jahren gerechnet ab dem Abbauzeitpunkt, kommt danach nicht in Betracht[316]. Andererseits bezieht sich der Wortlaut des § 274 Abs. 1 S. 4 HGB nur auf am Abschlussstichtag bereits vorhandene Verlustvorträge, so dass abziehbare temporäre Differenzen hiervon zunächst nicht erfasst werden. Daher ist der Ansatz aktiver latenter Steuern in diesen Fällen – entsprechend der Grundkonzeption (vgl. Tz. 175) – zulässig, wenn gewichtigere Gründe dafür als dagegen sprechen, dass die Steuerentlastung erwartet werden kann (vgl. DRS 18, Tz. 9).

---

309 Vgl. *Kozikowski/Fischer* in BeBiKo[7], § 274, Rn. 43.
310 Vgl. *Gelhausen/Fey/Kämpfer*, BilMoG, Kap. M, Rn. 34 f.; *Spanheimer/Simlacher* in HdR[5], § 274 HGB, Rn. 40.
311 Vgl. *Kozikowski/Fischer* in BeBiKo[7], § 274, Rn. 42.
312 Vgl. dazu *Sistermann/Brinkmann*, DStR 2009, S. 2633.
313 Vgl. dazu *Ehrmann*, DStR 2011, S. 5; *Schommer*, StC 2011, S. 23; *Drüen*, DStR 2011, S. 289. Bereits nach der Einleitung des förmlichen Prüfverfahrens durch die EU-Kommission am 24.02.2010 war die Sanierungsklausel gem. BMF v. 30.04.2010, DStR, S. 928 ab dem 26.05.2010 (Veröffentlichung des BMF-Schreibens im BStBl. I) nicht mehr anzuwenden. Bereits ergangene Bescheide blieben aber bis auf Weiteres bestehen (vgl. HFA, FN-IDW 2010, S. 573; *de Weerth*, DB 2010, S. 1205; *Breuninger/Ernst*, GmbHR 2010, S. 561.
314 Vgl. *Bolik/Linzbach*, DStR 2010, S. 1587 (1588).
315 Vgl. *Spanheimer/Simlacher* in HdR[5], § 274 HGB, Rn. 43.
316 Vgl. *Meyer/Ruberg*, DStR 2010, S. 2094 (2096).

Die Bilanz **F**

Letztlich kann in diesen Fällen über die Aktivierung latenter Steuern nur unter Berücksich- 194
tigung der **(Verlust-)Historie** im konkreten Einzelfall entschieden werden[317]. Bei Unternehmen, die in der Vergangenheit immer ausreichende Gewinne erzielt haben und bei denen keine Anhaltspunkte dafür vorliegen, dass sich die Ergebnissituation nachhaltig verschlechtern wird, wird die Aktivierung von latenten Steuern auf temporäre Differenzen nicht zu beanstanden sein, auch wenn sich diese in einem „einmaligen" Verlustjahr abbauen und sich nach der Steuerplanung voraussichtlich nicht mehr bis zum Ende des Planungshorizonts umkehren werden. Anderes gilt dagegen bei Unternehmen, die in der Vergangenheit Verluste oder nur gerade ausgeglichene Ergebnisse erzielt haben. Hier dürfte bereits mit Rücksicht auf das allgemeine Vorsichtsprinzip (vgl. Tz. 175) eine Aktivierung ausgeschlossen sein, auch wenn es sich am Stichtag formal noch nicht um einen Verlustvortrag handelt.

Die künftige Verrechnungsmöglichkeit eines Zinsvortrags, der bei Anwendung der **Zins-** 195
schranke nach § 4h EStG i.V.m. § 8a KStG entsteht, stellt, ebenso wie ein ertragsteuerlicher Verlustvortrag, einen wirtschaftlichen Vorteil dar. Obwohl § 274 Abs. 1 S. 4 HGB ausdrücklich nur steuerliche Verlustvorträge erwähnt, gelten die gleichen Grundsätze für die Berücksichtigung von aktiven latenten Steuern auf Zinsvorträge[318].

c) Bewertung

Die in künftigen Perioden aus dem Abbau der temporären Differenzen resultierenden 196
Steuerbe- und -entlastungen sind mit dem **unternehmensindividuellen Steuersatz im Zeitpunkt ihres Abbaus** zu bewerten (vgl. § 274 Abs. 2 S. 1 HGB). Gleiches gilt für Steuerentlastungen, die aus der Nutzung steuerlicher Verlustvorträge resultieren[319]. Sind die künftigen Steuersätze nicht bekannt, erfolgt die Berechnung der latenten Steuern auf Basis der am Stichtag geltenden Steuersätze unter Berücksichtigung bereits beschlossener Steuersatzänderungen. Bei ausländischen Betriebsstätten mit DBA-Freistellung (vgl. Tz. 211 ff.) ist für die Bewertung der Steuersatz im jeweiligen Belegenheitsstaat heranzuziehen. Gelten in Abhängigkeit von Steuerart oder Einkunftsart (ggf. bei ausländischen Betriebsstätten) unterschiedliche Steuersätze, ist dies bei der Bewertung grds. zu berücksichtigen[320]. Die Verwendung durchschnittlicher Steuersätze, z.B. für Zwecke der GewSt, wenn ein Unternehmen Betriebsstätten in Gemeinden mit unterschiedlichen Hebesätzen unterhält, ist zulässig, wenn das Gesamtbild der wirtschaftlichen Verhältnisse nicht beeinträchtigt wird[321].

Änderungen der Steuersätze sind bei der Bewertung latenter Steuern zu berücksichti- 197
gen, wenn die maßgebliche gesetzgebende Körperschaft, d.h. in Deutschland der Bundesrat, der Gesetzesänderung bis zum jeweiligen Abschlussstichtag zugestimmt hat (vgl. DRS 18, Tz. 46, 48). Entsprechendes gilt für sonstige für die Bilanzierung latenter Steuern relevante Änderungen des Steuerrechts, z.B. Beschränkungen des Verlustabzugs oder die Einführung oder Abschaffung einer Steuerart (vgl. DRS 18, Tz. 47).

Aufgrund der Schwierigkeit und Komplexität der Bestimmung des exakten Abbau- 198
zeitpunkts der temporären Differenzen sind latente Steuern als „Sonderposten eigener Art" nach § 274 Abs. 2 S. 1 HGB **nicht abzuzinsen**[322].

---

317 Vgl. *Meyer/Ruberg*, DStR 2010, S. 1538 (1539).
318 Vgl. DRS 18, Tz. 20; ausführlich dazu *Bolik/Linzbach*, DStR 2010, S. 1587 (1588 f.); *Herzig/Bohn/Götsch*, DStR 2009, S. 2615.
319 Vgl. *Spanheimer/Simlacher* in HdR[5], § 274 HGB, Rn. 53.
320 Vgl. *Gelhausen/Fey/Kämpfer*, BilMoG, Kap. M, Rn. 44.
321 Vgl. *Kastrup/Middendorf*, BB 2010, S. 815 (816).
322 Vgl. DRS 18, Tz. 49.

d) Ausweis

199 Latente Steuern dürfen in der Bilanz saldiert oder unsaldiert ausgewiesen werden (§ 274 Abs. 1 S. 3 HGB). Das Ansatzwahlrecht nach § 274 Abs. 1 S. 2 HGB gilt dabei unabhängig davon, ob vom **Saldierungswahlrecht** Gebrauch gemacht wird oder nicht[323]. Die Ausübung des Ausweiswahlrechts unterliegt dem Stetigkeitsgebot (§ 265 Abs. 1 S. 1 HGB). Ein Wechsel vom saldierten zum unsaldierten Ausweis ist regelmäßig zulässig, weil dadurch der Einblick in die Vermögenslage verbessert wird[324].

200 Als Posten eigener Art sind anzusetzende latente Steuern in der **Bilanz** unter der Bezeichnung „Aktive latente Steuern" (§ 266 Abs. 2 D. HGB) bzw. „Passive latente Steuern" (§ 266 Abs. 3 E. HGB) auszuweisen (§ 274 Abs. 1 S. 1 und 2 HGB). Werden bei Bestehen eines Umlagevertrags latente Steuern im JA der Organgesellschaft angesetzt (vgl. Tz. 218), ist die Postenbezeichnung entsprechend anzupassen (z.B. „Aktive/Passive latente Steuern aus Umlageverträgen").

201 Aufwendungen oder Erträge aus der Veränderung bilanzierter latenter Steuern sind in der **GuV** gesondert unter dem Posten „Steuern vom Einkommen und Ertrag" (§ 275 Abs. 2 Nr. 18 bzw. Abs. 3 Nr. 17 HGB) auszuweisen. Der gesonderte Ausweis kann durch Einfügen einer gesonderten Zeile, eine Vorspaltenangabe oder einen „davon"-Vermerk erfolgen (vgl. DRS 18, Tz. 60). Statt des gesonderten Ausweises darf auch eine Angabe im Anh. erfolgen, wenn es sich um unwesentliche Beträge handelt (§ 265 Abs. 7 Nr. 1 HGB) oder dadurch die Klarheit und Übersichtlichkeit der Darstellung erhöht wird, was regelmäßig der Fall sein wird (§ 265 Abs. 7 Nr. 2 HGB)[325].

e) Sonderfragen

aa) Personenhandelsgesellschaften

202 Eine PersGes. ist nur für die GewSt ein selbständiges Steuersubjekt (§ 2 Abs. 1 S. 1 GewStG) bzw. Steuerschuldner (§ 5 Abs. 1 S. 3 GewStG). Folglich betrifft die Bilanzierung latenter Steuern bei PersGes., die aufgrund Rechtsform (§ 264a HGB; vgl. Tz. 20) und Größe (vgl. Tz. 70) § 274 HGB beachten müssen oder dies freiwillig tun, nur **latente GewSt**, weil es nur insofern auf Ebene des JA der PersGes. durch den Abbau temporärer Differenzen oder die Nutzung von Verlustvorträgen zu Steuerbe- und -entlastungen kommen kann[326].

203 Die **steuerlichen Wertansätze** i.S.d. § 274 Abs. 1 HGB umfassen bei einer PersGes. zunächst die Wertansätze aus der Gesamthandsbilanz und etwaige gesellschafterbezogene Korrekturwerte hierzu aus den steuerlichen Ergänzungsbilanzen[327]. Sonderbilanzen sind dagegen nicht zu berücksichtigen, weil das der Sonderbilanz zugrunde liegende Vermögen nicht in der Gesamthandsbilanz enthalten ist und es insofern für Zwecke des § 274 HGB an einem handelsrechtlichen Wertansatz fehlt[328]. Bei der Ermittlung der steuerlichen Wertansätze sind ferner außerbilanzielle Hinzurechnungen und Kürzungen, z.B. der Investitionsabzugsbetrag nach § 7g Abs. 1 S. 1 EStG, zu berücksichtigen.

---

323 Vgl. *Gelhausen/Fey/Kämpfer*, BilMoG, Kap. M, Rn. 48.
324 Vgl. *Gelhausen/Fey/Kämpfer*, BilMoG, Kap. M, Rn. 50.
325 Gl.A. *Spanheimer/Simlacher* in HdR⁵, § 274 HGB, Rn. 67.
326 Vgl. *IDW ERS HFA 7 n.F.*, Tz. 22; *Meyer u.a.*, S. 155 f.
327 Vgl. DRS 18, Tz. 39; *Gelhausen/Fey/Kämpfer*, BilMoG, Kap. M, Rn. 26 f.; *Kastrup/Middendorf*, BB 2010, S. 815 (816 ff.); *Kirsch*, DStR 2009, S. 1972 (1974 f.).
328 A.A. *Kirsch*, DStR 2009, S. 1972 (1976).

Ist an einer PersGes. unmittelbar eine **natürliche Person als Gesellschafter** beteiligt, ist 204
der auf sie entfallende Gewinn aus der Veräußerung oder Aufgabe eines (Teil-)Betriebs
der PersGes. sowie der Beteiligung des Gesellschafters nach § 7 S. 2 GewStG gewerbesteuerfrei[329]. In die Ermittlung latenter Steuern im JA der PersGes. dürfen deshalb temporäre Differenzen – soweit sie anteilig auf die natürliche Person entfallen – grds. nur insoweit berücksichtigt werden, als sie sich vor dem Zeitpunkt abbauen, in dem der (Teil-)
Betrieb veräußert oder aufgegeben wird oder der Gesellschafter aus der Gesellschaft ausscheidet[330]. Grds. kann von einer zeitlich unbegrenzten Zugehörigkeit des Gesellschafters
zur PersGes. ausgegangen werden. Etwas anderes gilt nur, wenn bis zum Ende der
Aufstellungsphase für den JA der PersGes. ein Verkauf bzw. die Aufgabe eines (Teil-)
Betriebs vereinbart wurde. Entsprechendes gilt für Vereinbarungen die zum Ausscheiden
des Gesellschafters aus der PersGes. führen oder die Veräußerung von dessen Anteilen
betreffen[331].

Eine steuerliche **Ergänzungsbilanz** kann mit oder ohne einen entsprechenden bilanziellen Reflex in der Gesamthandsbilanz entstehen. Eine Entstehung **ohne Berührung der** 205
Gesellschaftssphäre ist z.B. bei einem entgeltlichen Gesellschafterwechsel gegeben. In
diesem Fall erscheint es sachgerecht, im Rahmen der Gesamtdifferenzenbetrachtung anzusetzende aktive bzw. passive latente Steuern auf ein in der Ergänzungsbilanz ausgewiesenes Mehr- bzw. Minderkapital erfolgswirksam zu erfassen[332].

Bei Einbringung eines (Teil-)Betriebs in eine PersGes. nach § 24 UmwStG ist die Ent- 206
stehung der Ergänzungsbilanz dagegen ein Annex des (Rein-)Vermögenszugangs auf
Ebene der Gesamthandsbilanz, d.h. **berührt** insofern die **Gesellschaftssphäre**. In diesem
Fall sind die latenten Steuern, die aus dem in der Ergänzungsbilanz erfassten Mehr- oder
Minderkapital stammen – entsprechend den allgemeinen Grundsätzen (vgl. Tz. 180) –
erfolgsneutral als Teil des Einlagevorgangs zu erfassen[333].

Beteiligungen an Personengesellschaften sind im handelsrechtlichen JA des Gesell- 207
schafters als einheitlicher Vermögensgegenstand zu bilanzieren und werden zu fortgeführten AK (§ 253 Abs. 1 S. 1 ggf. i.V.m. Abs. 3 S. 3 HGB) bewertet[334]. Für steuerliche
Zwecke stellt die Beteiligung an einer PersGes. kein eigenständiges Wirtschaftsgut dar.
Stattdessen wird in der StB das dem Gesellschafter aus seiner Beteiligung zustehende
(steuerliche) Kapitalkonto ausgewiesen (Spiegelbildmethode), das sich aus dem anteiligen Gesamthandsvermögen, einer etwaigen Ergänzungsbilanz sowie dessen Sonderbetriebsvermögen zusammensetzt. Für die Beurteilung, ob abziehbare oder zu versteuernde temporäre Differenzen bestehen, sind der handelsrechtliche Wertansatz der
Beteiligung an der PersGes. sowie ggf. die handelsrechtlichen Buchwerte der Vermögensgegenstände und Schulden des steuerlichen Sonderbetriebsvermögens mit dem
steuerlichen Kapitalkonto zu vergleichen[335].

---

329 Vgl. zu den GewSt-freien Gewinnbestandteilen z.B. *von Twickel* in Blümich, EStG, § 7 GewStG, Rn. 125 ff.
330 Vgl. *Kastrup/Middendorf*, BB 2010, S. 815 (816).
331 Enger *IDW ERS HFA 7 n.F.*, Tz. 22: Berücksichtigung von Rechtshandlungen nur bis zum Abschlussstichtag.
332 Vgl. *IDW ERS HFA 7 n.F.*, Tz. 25; für eine erfolgswirksame bzw. erfolgsneutrale Erfassung in Abhängigkeit
   von der Steuerpflicht der Veräußerung durch die Altgesellschafter vgl. *Kastrup/Middendorf*, BB 2010, S. 815
   (817); *Kirsch*, DStR 2009, S. 1972 (1975).
333 Gl.A. *Kastrup/Middendorf*, BB 2010, S. 815 (818).
334 Vgl. dazu ausführlich *IDW ERS HFA 18 n.F.*, Tz. 6 ff.
335 Vgl. *IDW ERS HFA 18 n.F.*, Tz. 43.

208 **Temporäre Differenzen** zwischen dem handelsrechtlichen und dem steuerlichen Wertansatz der Beteiligung an einer PersGes. werden insb. auf folgenden Ursachen beruhen[336]:

- Unterschiedliche Zugangsbewertung der i.Z.m. **Einbringungsvorgängen von Gesellschaftern** erlangten Anteile an der PersGes. in HB und StB,
- steuerliche Zuweisung der **Gewinne und Verluste aus der Gesamthandsbilanz**, die handelsrechtlich u.U. nicht oder nur phasenverschoben nachvollzogen werden, sowie
- steuerliche Zuweisung der **Ergebnisse** aus der **Fortschreibung** der in **Ergänzungsbilanzen** der Gesellschafter aufgedeckten stillen Reserven und Lasten etc.

Die latenten Steuern auf die so entstandenen temporären Differenzen sind stets **erfolgswirksam** zu erfassen.

209 Soweit temporäre Differenzen auf einem **negativen Kapitalkonto** des Gesellschafters bei der PersGes. (§ 15a EStG) beruhen, werden diese bei der Ermittlung latenter Steuern i.d.R. nicht berücksichtigt, weil weder die Entstehung noch der Abbau des negativen Kapitalkontos eine Steuerwirkung hat[337]. Nachträgliche Einlagen zum Ausgleich eines negativen Kapitalkontos ermöglichen keine sofortige Verlustnutzung[338]. Dies kann dazu führen, dass nach einer Einlage zur Wiederauffüllung des Kapitalkontos verrechenbare Verluste vorhanden sind, obwohl kein negatives Kapitalkonto und damit insoweit keine Abweichung zwischen HB und StB mehr existiert. In diesem Fall dürfen dann unter den Voraussetzungen des § 274 Abs. 1 S. 4 HGB (vgl. Tz. 186 ff.) aktive latente Steuern gebildet werden[339].

210 Schließlich ist bei der Bilanzierung latenter Steuern auf Beteiligungen an PersGes. zu beachten, dass auf die temporären Differenzen zwischen dem handelsrechtlichen und dem steuerlichen Buchwert der Beteiligung **keine latente GewSt** berücksichtigt werden darf, weil aus deren Abbau aufgrund der Hinzurechnungs- und Kürzungsvorschriften (§ 8 Nr. 8 und § 9 Nr. 2 GewStG) keine steuerlichen Be- oder Entlastungen resultieren. Dies gilt sowohl für Gesellschafter, die selbst eine PersGes. sind, als auch für KapGes. Im Ergebnis sind damit temporäre Differenzen zwischen den handelsrechtlichen und steuerlichen Wertansätzen an einer PersGes. nur im JA einer KapGes. bei der Ermittlung latenter KSt zu berücksichtigen[340].

bb) Ausländische Betriebsstätten

211 Für die Bilanzierung und Bewertung der Vermögensgegenstände, Schulden und RAP, die einer (rechtlich unselbständigen) ausländischen Zweig-NL zugeordnet sind, gelten im JA des Gesamtunternehmens (Haupt-NL) die handelsrechtlichen Vorschriften (§§ 242 ff. HGB) ohne Einschränkung. Werden die Einkünfte der Betriebsstätte im Belegenheitsstaat besteuert und im Inland nach **DBA** von einer Besteuerung freigestellt, sind die nach dem Steuerrecht des Belegenheitsstaats ermittelten steuerlichen Wertansätze der Vermögens- und Schuldposten der Ermittlung latenter Steuern i.S.d. § 274 HGB zugrunde zu legen. Dies hat zur Folge, dass die temporären Differenzen im Vermögen der ausländischen Zweig-NL gesondert, d.h. wie für ein rechtlich selbständiges Unternehmen zu ermitteln und unter Berücksichtigung ihrer individuellen Verhältnisse (Ergebnisplanung, Vorhandensein steuerpflichtiger temporärer Differenzen etc.; vgl. Tz. 176) auf ihre Realisier-

---

336 Vgl. *IDW ERS HFA 18 n.F.*, Tz. 44 ff.
337 Vgl. *IDW ERS HFA 18 n.F.*, Tz. 47.
338 Vgl. dazu *Wacher* in Schmidt, L., EStG[30], § 15a, Rn. 180 ff.
339 Vgl. *IDW ERS HFA 18 n.F.*, Tz. 48.
340 Vgl. *IDW ERS HFA 18 n.F.*, Tz. 49; *Kastrup/Middendorf*, BB 2010, S. 815 (819 f.).

barkeit zu beurteilen sind. Erwartete steuerpflichtige Ergebnisse der Haupt-NL sind deshalb nicht geeignet, die Werthaltigkeit abziehbarer temporärer Differenzen oder eines Verlustvortrags der Betriebsstätte zu untermauern. Die Verhältnisse der Haupt-NL sind für die Beurteilung der Realisierbarkeit von Verlustvorträgen einer ausländischen Betriebsstätte nur dann relevant, wenn es sich um eine EU-Betriebsstätte handelt und eine Verlustnutzung im Betriebsstättenstaat tatsächlich nicht mehr möglich ist, z.b. weil die Betriebsstätte geschlossen werden soll[341]. Temporäre Differenzen zwischen handelsrechtlichem Nettovermögen und dem nach den deutschen steuerlichen Vorschriften ermittelten Wertansatz des Reinvermögens der Betriebsstätte bleiben dagegen bei der Ermittlung latenter Steuern im JA der Haupt-NL unberücksichtigt.

Die getrennt für die Zweig-NL ermittelten (realisierbaren) temporären Differenzen einschließlich der aktiven latenten Steuern auf Verlustvorträge gehen anschließend für Zwecke des JA der Haupt-NL in die Ermittlung der **Gesamtdifferenz** aktiver oder passiver latenter Steuern ein. Ausschlaggebend dafür ist, dass unabhängig davon, ob temporäre Differenzen im Vermögen der Haupt- oder der Zweig-NL bestehen, die daraus resultierenden steuerlichen Be- und Entlastungen sich im (einheitlichen) JA der Haupt-NL insgesamt niederschlagen. Folglich besteht auch das Ansatzwahlrecht für eine sich insgesamt ergebende Steuerentlastung nach § 274 Abs. 1 S. 2 HGB (vgl. Tz. 178) nicht je Zweig-NL, sondern nur insgesamt auf Ebene des JA der Haupt-NL.

Besteht mit dem Belegenheitsstaat der ausländischen Betriebsstätte **kein DBA**, sind dagegen grds. die nach deutschem Steuerrecht ermittelten Wertansätze der Vermögensgegenstände und Schulden bei der Ermittlung der latenten Steuern maßgeblich.

cc) Ertragsteuerliche Organschaft

Bei Bestehen einer ertragsteuerlichen Organschaft[342] sind latente Steuern aus temporären Differenzen in den Vermögensgegenständen und Schulden der Organgesellschaften grds. im handelsrechtlichen JA des **Organträgers** zu berücksichtigen (zu Besonderheiten bei Bestehen von Umlageverträgen vgl. Tz. 218)[343]. Vororganschaftliche Verlustvorträge der Organgesellschaft können vom Organträger steuerlich nicht geltend gemacht werden (§ 15 S. 1 Nr. 1 KStG; § 10a S. 3 GewStG) und dürfen deshalb bei der Ermittlung der Gesamtdifferenz für den Organkreis nicht berücksichtigt werden[344].

Bei **abweichenden Geschäftsjahren** der Organgesellschaft und des Organträgers ist fraglich, welcher Stichtag bei der Ermittlung der temporären Differenzen im Vermögen der Organgesellschaft im JA des Organträgers maßgeblich sein soll. Durch den EAV, der in Deutschland zwingend für das Vorliegen einer Organschaft erforderlich ist (§ 14 Abs. 1 S. 1 i.V.m. § 17 Abs. 1 KStG; § 2 Abs. 2 S. 2 GewStG), werden die bilanzbezogenen temporären Differenzen im Vermögen der Organgesellschaft in ergebnisbezogene Differenzen des Organträgers transformiert[345]. Dies spricht dafür, dass jeweils der JA der Organgesellschaft, der zuletzt der Ergebnisabführung an den Organträger zugrunde gelegen hat, auch für die Ermittlung der temporären Differenzen im Vermögen der Organgesellschaft maßgeblich sein soll.

---
341 Vgl. dazu *Intemann*, GStB 2011, S. 6 (7).
342 Vgl. zu den Voraussetzungen *Wulf*, AG 2011, S. 23; FG Köln v. 13.05.2009, Der Konzern 2010, S. 79.
343 Vgl. h.M. DRS 18, Tz. 32; *Kozikowski/Fischer* in BeBiKo[7], § 274, Rn. 70; *Spanheimer/Simlacher* in HdR[5], § 274 HGB, Rn. 76.
344 Vgl. *Prinz* in Kölner Komm. Rechnungslegungsrecht, § 274 HGB, Rn. 22; *Spanheimer/Simlacher* in HdR[5], § 274 HGB, Rn. 77.
345 Vgl. *Prinz/Ruberg*, Der Konzern 2009, S. 343 (350).

216 Im JA der **Organgesellschaft** sind dementsprechend lediglich latente Steuern auf temporäre Differenzen zu erfassen, die sich voraussichtlich nach Beendigung der Organschaft abbauen werden[346]. Für die steuerliche Anerkennung eines EAV ist es erforderlich, dass dieser für einen Zeitraum von mindestens fünf Jahren abgeschlossen wird (§ 14 Abs. 1 S. 1 Nr. 3 KStG). Nach Ablauf dieser Mindestfrist verlängert sich ein EAV in der Praxis üblicherweise um ein weiteres Jahr, wenn er nicht gekündigt wird. Da eine Beendigung des EAV und damit der Organschaft i.d.R. nicht von der Organgesellschaft, sondern nur vom Organträger herbeigeführt werden kann, führt dies dazu, dass aus Sicht der Organgesellschaft zunächst von einem unbefristeten Organschaftsverhältnis ausgegangen werden muss. Solange keine Anhaltspunkte dafür vorliegen, dass der Organträger beabsichtigt, den EAV zu beenden, wird deshalb im JA der Organgesellschaft regelmäßig die Bilanzierung latenter Steuern nicht erforderlich sein[347]. Hat die Organgesellschaft jedoch eine ausländische Zweig-NL, deren Einkommen im Inland von einer Besteuerung freigestellt ist (vgl. Tz. 211 ff.), sind für die damit verbundenen temporären Differenzen sowie etwaige steuerliche Verlustvorträge im JA der Organgesellschaft latente Steuern nach § 274 HGB zu bilanzieren.

217 Fraglich könnte sein, ob der Umstand, dass die Organgesellschaft eine von ihr nach § 304 AktG an außenstehende Gesellschafter geleistete **Ausgleichszahlung** selbst versteuern muss (§ 16 KStG), zur Bilanzierung latenter Steuern im JA der Organgesellschaft führt. Die Bemessungsgrundlage für die Ertragsteuerzahlung ist der von der Organgesellschaft zu leistende Ausgleich, dessen Höhe von dem handelsrechtlichen Ergebnis vor Gewinnabführung abhängt. In Ermangelung einer separaten (steuerlichen) Bemessungsgrundlage für diese Steuerzahlung können sich temporäre Differenzen im Vermögen der Organgesellschaft bei ihrem Abbau jedoch nicht auf die Höhe der Ertragsteuer auf die Ausgleichszahlung auswirken. Damit liegen insofern die Voraussetzungen für eine Bilanzierung latenter Steuern im JA der Organgesellschaft nach § 274 HGB nicht vor.

218 Bei Bestehen eines **Steuerumlagevertrags**, bei dem sich die Steuerbe- und -entlastung aufgrund des Abbaus temporärer Differenzen im Vermögen der Organgesellschaft in voller Höhe auf die Höhe der künftigen Umlage auswirkt[348], dürfen auch latente Steuern im handelsrechtlichen JA der **Organgesellschaft** abgebildet werden[349]. Ein Umlagevertrag ändert zunächst nichts daran, dass die sich für den Organkreis ergebende Gesamtdifferenz – unter Berücksichtigung des Ansatzwahlrechts nach § 274 Abs. 1 S. 2 HGB – im JA des Organträgers anzusetzen ist[350]. Wird jedoch im JA der Organgesellschaft die aktive Abgrenzungsspitze für die temporären Differenzen in ihrem Vermögen angesetzt und im Zweifel dadurch – vorbehaltlich der Abführungssperre (vgl. Tz. 113 ff.) – auch die Gewinnabführung an den Organträger erhöht, dann darf dieser den damit aus seiner Sicht indirekt bereits realisierten Vorteil nicht ein zweites Mal berücksichtigen.

219 Der **Organträger** darf in dieser Konstellation nur dann und insoweit von dem Ansatzwahlrecht Gebrauch machen, als temporäre Differenzen in den ihm sowie anderen Organgesellschaften, die vom Ansatzwahlrecht keinen Gebrauch gemacht haben, gehörenden Vermögensgegenständen und Schulden bestehen oder er über einen (realisierbaren)

---

346 Vgl. DRS 18, Tz. 34; *Dahlke*, BB 2009, S. 878 (879).
347 Vgl. *Gelhausen/Fey/Kämpfer*, BilMoG, Kap. M, Rn. 42; *Spanheimer/Simlacher* in HdR[5], § 274 HGB, Rn. 79.
348 Vgl. auch *Loitz/Klevermann*, DB 2009, S. 409 (415 f.); *Ellerbusch/Schlüter/Hofherr*, DStR 2009, S. 2443 (2447 f.).
349 Vgl. DRS 18, Tz. 35; *Spanheimer/Simlacher* in HdR[5], § 274 HGB, Rn. 81; a.A.: keine originären latenten Steuern, sondern erwartete Be- oder Entlastungen aus Steuerumlageverträgen *Wendholt/Wesemann*, DB 2009, Beil. 5, S. 64 (71); *Gelhausen/Fey/Kämpfer*, BilMoG, Kap. M, Rn. 41.
350 Vgl. DRS 18, Tz. A9.

Die Bilanz   F

steuerlichen Verlustvortrag nach § 274 Abs. 1 S. 4 HGB für den Organkreis verfügt. Umgekehrt hat der Organträger bei der Ermittlung der latenten Steuern für den Organkreis die im JA von Organgesellschaften ausgewiesenen passiven latenten Steuern wie einen Freistellungsanspruch zu berücksichtigen.

dd) Investmentfondsanteile

Anteile an Investmentfonds sind aufgrund ihrer Verbriefung in der **Handelsbilanz** als **eigenständiger Vermögensgegenstand** (Wertpapier) zu bilanzieren (vgl. E Tz. 538 ff.) und entsprechend ihrer Zweckbestimmung entweder im Anlage- oder im Umlaufvermögen auszuweisen[351]. Die Bewertung erfolgt zu fortgeführten AK nach § 253 Abs. 1 i.V.m. Abs. 3 bis 5 HGB (vgl. E Tz. 382 ff.). Sind die Investmentfondsanteile dem Zugriff aller Gläubiger entzogen (§ 246 Abs. 2 S. 2 HGB; vgl. E Tz. 79 ff.)[352], kommt auch eine Bewertung mit dem beizulegenden Zeitwert (§ 253 Abs. 1 S. 4 i.V.m. § 255 Abs. 4 HGB) in Betracht, vgl. E Tz. 371 ff.   220

Auch in der **Steuerbilanz** werden die Investmentfondsanteile als solche bilanziert. Die Bewertung folgt grds. der in der HB, mit den Einschränkungen, dass zum einen handelsrechtliche Abschreibungen (§ 253 Abs. 3 S. 3 i.V.m. S. 4 HGB; vgl. E Tz. 395 ff.) nicht nachvollzogen werden, wenn die Wertminderung nicht voraussichtlich dauernd ist (§ 5 Abs. 6 i.V.m. § 6 Abs. 1 Nr. 2 S. 2 EStG; vgl. E Tz. 414) und zum anderen eine Zeitwertbewertung oberhalb der AK (§ 253 Abs. 1 S. 4 HGB) rückgängig gemacht wird (§ 5 Abs. 6 i.V.m. § 6 Abs. 1 Nr. 2 S. 3, Nr. 1 S. 4 EStG; vgl. E Tz. 381)[353].   221

Demgegenüber gilt für die **Besteuerung** von Investmentfondsanteilen das sog. Transparenzprinzip. Dadurch werden die Inhaber der Anteile steuerlich so gestellt, als würden sie die im Fonds enthaltenen Vermögensgegenstände direkt halten[354]. Dies könnte dafür sprechen, entsprechend bei der Ermittlung latenter Steuern vorzugehen, d.h. im Wege einer Durchschau auf die handelsrechtlichen Wertansätze auf Ebene des Fonds abzustellen. Anknüpfungspunkt für die Bilanzierung latenter Steuern nach § 274 HGB sind jedoch die handelsrechtlichen Wertansätze der Vermögensgegenstände und Schulden (vgl. Tz. 172). Dies ist vorliegend der **einheitliche Vermögensgegenstand** „Investmentfondsanteil" und gerade nicht die dahinter stehenden Wertpapiere und sonstigen Vermögensgegenstände, deren einzelne Bilanzierung in HB und StB unterbleibt. Eine Bilanzierung latenter Steuern auf Investmentfondsanteile kommt daher nur in Betracht, wenn eine temporäre Differenz zwischen dem Wertansatz in HB und StB besteht[355], wobei dann bei der Ermittlung der steuerlichen Wertansätze ggf. auch ein besitzzeitanteiliger Aktiengewinn als außerbilanzielle Korrektur zu berücksichtigen ist (vgl. Tz. 225)[356].   222

Für die Besteuerung von Investitionen in (thesaurierende) Investmentfonds gilt ferner eine Zuflussfiktion, d.h. die auf Fondsebene erzielten Erträge gelten, im Fall ihrer Thesaurierung, spätestens zum Ende des GJ des Fonds als dem Investor zugeflossen und dessen Einkünften zuzurechnen (sog. **ausschüttungsgleiche Erträge**)[357]. Der Zuflussfiktion unterliegen die sog. ordentlichen Erträge (Zinsen, Dividenden, Erträge aus Vermietungen und Verpachtungen von Grundstücken etc.) nach Abzug abziehbarer Werbungskosten.   223

---

351 Vgl. *Meyer u.a.*, S. 130 f.; *Loitz/Sekniczka*, WPg 2006, S. 355 (356 f.).
352 Vgl. *Prystawik*, DB 2010, S. 345 (348).
353 Vgl. *Malisius/Hagen/Lenz*, Ubg 2010, S. 439 (441).
354 Vgl. *Loitz/Sekniczka*, WPg 2006, S. 355 (358).
355 Vgl. *Malisius/Hagen/Lenz*, Ubg 2010, S. 439 (445, 447); *Bertram* in Haufe HGB Kommentar², § 274, Rn. 97.
356 Vgl. *Prystawik*, DB 2010, S. 345 (348); *Kühne/Melcher/Wesemann*, WPg 2009, S. 1005 (1010).
357 Vgl. *Meyer u.a.*, S. 134.

Außerordentliche Erträge, z.B. Gewinne aus dem Verkauf von Wertpapieren, werden dagegen steuerlich erst berücksichtigt, wenn sie tatsächlich ausgeschüttet sind[358]. Eine Doppelbesteuerung wird über eine Steuerbefreiung (GewSt, KSt) auf Ebene des Fonds ausgeschlossen.

224 Für die aufgrund der Zuflussfiktion bereits vom Investor versteuerten, aber diesem noch nicht zugeflossenen (sog. ausschüttungsgleichen) Erträge wird in dessen Steuerbilanz ein (aktiver) **steuerlicher Ausgleichsposten** eigener Art gebildet[359]. Der Ausgleichsposten wird aufgelöst, wenn die Fondsanteile verkauft werden oder dem Anleger die durch den Posten repräsentierten Erträge zufließen. Hierdurch entsteht ein Ansatz- und auch Bewertungsunterschied (temporäre Differenz) zwischen HB und StB, der nach den allgemeinen Grundsätzen in die Ermittlung latenter Steuern nach § 274 HGB einzubeziehen ist. Sofern steuerlich begünstigte Dividendenerträge im Ausgleichsposten enthalten sind, ist § 8b KStG zu berücksichtigen (§ 8 Abs. 1 und 2 InvStG), wonach im Ergebnis 95 % der Dividendenerträge steuerfrei bleiben. In diesem Fall dürfen, obwohl die Dividendenerträge vollständig im Ausgleichsposten enthalten sind, lediglich die davon steuerpflichtigen Erträge (5 %) berücksichtigt werden, der restliche Betrag ist eine permanente Differenz[360].

225 Mit Hilfe des sog. **Aktiengewinns** nach § 8 InvStG, der von der KAG laufend bekanntgegeben wird, wird für die der KSt unterliegenden Anleger die Steuerfreiheit von Erträgen nach § 8b KStG (Aktienwertsteigerungen bzw. noch nicht ausgeschüttete Dividendenerträge) bei einer Veräußerung oder Rückgabe der Fondsanteile sichergestellt[361]. Der Aktiengewinn wird nicht in der StB abgebildet, sondern im Zeitpunkt der Veräußerung außerbilanziell berücksichtigt. Maßgeblich ist der sog. besitzzeitanteilige Aktiengewinn, der sich aus Veränderungen des Aktiengewinns zwischen dem jeweiligen Stichtag und dem Zeitpunkt der Anschaffung des Fondsanteils durch den Anleger ergibt[362]. Basis für die Ermittlung bildet der von der KAG für den Investmentfonds ermittelte (Fonds-)Aktiengewinn. Ein positiver besitzzeitanteiliger (Anleger-)Aktiengewinn führt isoliert betrachtet zu einem nach § 274 HGB zu erfassenden zukünftigen Steuervorteil und umgekehrt verkörpert ein negativer Aktiengewinn eine künftige Steuerbelastung[363].

7. Die einzelnen Posten der Bilanz

226 Im Folgenden sind die einzelnen Posten der Bilanz in der Reihenfolge des **gesetzlichen Gliederungsschemas** (§ 266 Abs. 2 und 3 HGB) erläutert. Posten, die durch andere Vorschriften des Gesetzes bestimmt werden, sind als Sonderposten an der Stelle eingeschoben, die ausdrücklich vorgeschrieben ist oder sinnvoll erscheint.

227 Zu Posten, die aufgrund des **BilMoG** beseitigt wurden, aber nach Maßgabe der Übergangsregelungen in Art. 67 EGHGB freiwillig beibehalten bzw. fortgeführt werden, vgl. WP Handbuch 2006 Bd. I, F Tz. 148 ff. Wegen **Sonderposten des DMBilG**, die in den auf die D-Mark-Eröffnungsbilanz folgenden Bilanzen fortzuführen sind, vgl. WP Handbuch 1996 Bd. I, F Tz. 52 ff.

---

358 Vgl. *HFA*, FN-IDW 2006, S. 276; *Meyer u.a.*, S. 136.
359 Vgl. BMF v. 18.08.2009, BStBl. I, S. 931 (Rn. 29); *Malisius/Hagen/Lenz*, Ubg 2010, S. 439 (442); als ausschüttungsgleicher Ertrag gilt ferner auch der beim Anleger nicht abzugsfähige Teil (10 %) der auf Fondsebene angefallenen Werbungskosten.
360 Vgl. *Gelhausen/Fey/Kämpfer*, BilMoG, Kap. M, Rn. 9; a.A. (volle Berücksichtigung des Ausgleichspostens als temporäre Differenz) *Malisius/Hagen/Lenz*, Ubg 2010, S. 439 (445 f.).
361 Vgl. *Meyer u.a.*, S. 137 f.
362 Vgl. *Rockel/Patzner*, DStR 2008, S. 2122 (2127).
363 Vgl. *Prystawik*, DB 2010, S. 345 (349); *Malisius/Hagen/Lenz*, Ubg 2010, S. 439 (447).

Die Bilanz F

AKTIVA

Sonderposten: Aufwendungen für die Ingangsetzung und Erweiterung des Geschäftsbetriebs (§ 269 HGB a.F.)

Diese Bilanzierungshilfe wurde durch das BilMoG aufgehoben. Sofern ein **bestehender** 228 Posten aufgrund des Übergangswahlrechts in Art. 67 Abs. 5 S. 1 EGHGB fortgeführt wurde, hat dies nach Maßgabe des HGB a.f. zu erfolgen[364]. Deshalb ist die für diesen Posten bestehende Ausschüttungssperre (§ 269 S. 2 HGB a.F.) weiterhin zu beachten und die Tilgung der Bilanzierungshilfe nach dem bestehenden Abschreibungsplan vorzunehmen (§ 282 HGB a.F.). Zu Einzelheiten siehe WP Handbuch 2006 Bd. I, F Tz. 155 f.

A. Anlagevermögen

A.I. Immaterielle Vermögensgegenstände

A.I.1. Selbst geschaffene gewerbliche Schutzrechte und ähnliche Rechte und Werte

Für selbst geschaffene **immaterielle Vermögensgegenstände** des Anlagevermögens (zur 229 Abgrenzung vgl. E Tz. 92 ff., zur Bewertung vgl. E Tz. 496 ff.) besteht nach § 248 Abs. 2 S. 1 HGB ein Aktivierungswahlrecht[365]. Die Ausübung des Aktivierungswahlrechts unterliegt dem Stetigkeitsgebot des § 246 Abs. 3 HGB (vgl. E Tz. 107). Für Marken, Drucktitel, Verlagsrechte, Kundenlisten oder vergleichbare immaterielle Vermögensgegenstände des Anlagevermögens, die nicht entgeltlich erworben wurden, besteht hingegen ein ausdrückliches Aktivierungsverbot (§ 248 Abs. 2 S. 2 HGB).

Zur Anwendung der Vorschrift des § 248 Abs. 2 HGB auf selbst geschaffene immaterielle 230 Vermögensgegenstände des Anlagevermögens in der **Entwicklungsphase** vgl. E Tz. 96, 497 f. Das Aktivierungswahlrecht ist ferner auch auf **unentgeltlich erworbene immaterielle Vermögensgegenstände des Anlagevermögens** anzuwenden (vgl. dazu E Tz. 100).

Die Erwähnung der „**vergleichbaren**" immateriellen Vermögensgegenstände (vgl. 231 dazu auch E Tz. 99) dient ausweislich der Gesetzesmaterialien dazu, jene selbst geschaffenen immateriellen Vermögensgegenstände des Anlagevermögens von der Aktivierung auszuschließen, bei denen eine zweifelsfreie Abgrenzung der Herstellungskosten von auf den auf selbst geschaffenen Geschäfts- oder Firmenwert entfallenden Ausgaben nicht möglich ist[366]. Insb. Ausgaben für immaterielle Vermögensgegenstände mit Vertriebscharakter werden regelmäßig nur schwer vom selbst geschaffenen Geschäfts- oder Firmenwert zu trennen sein und unterliegen deshalb dem Aktivierungsverbot. In Zweifelsfällen ist nach dem Vorsichtsprinzip (§ 252 Abs. 1 Nr. 4 HGB) der Aufwandserfassung Vorrang einzuräumen[367].

---

364 Vgl. *IDW RS HFA 28*, Tz. 20.
365 Vgl. hierzu *Gelhausen/Fey/Kämpfer*, BilMoG, Kap. E; *AK „Immaterielle Werte im Rechnungswesen" der Schmalenbach-Gesellschaft*, DB 2008, S. 1813 ff.; *Moxter*, DB 2008, S. 1514 ff.; *Küting/Pfirrmann/Ellmann*, KoR 2008, S. 689 ff.; *Madeja/Roos*, KoR 2008, S. 342 ff.; *Lüdenbach/Freiberg*, BFuP 2009, S. 131 ff.; *Küting/Ellmann* in Küting/Pfitzer/Weber, Bilanzrecht², S. 265 ff.; *Oser u.a.*, WPg 2009, S. 573 (576 ff.); *Seidel/Grieger/Muske*, BB 2009, S. 1286 ff.; *Laubach/Kraus/Bornhofen*, DB 2009, Beil. 5, S. 19 ff.; *Kreher u.a.*, DB 2009, Beil. 5, S. 99 (103 ff.); *Weinand/Wolz*, KoR 2010, S. 130 ff.; *Schülke*, DStR 2010, S. 992 ff.; *Küting/Ellmann*, DStR 2010, S. 1300 ff.; *Velte/Sepetauz*, BC 2010, S. 349 ff.
366 Vgl. Begr. RegE BilMoG, BT-Drs. 16/10067, S. 50; Beschlussempfehlung und Bericht des Rechtsausschusses, BT-Drs. 16/12407, S. 85. Siehe dazu auch *Gelhausen/Fey/Kämpfer*, BilMoG, Kap. E, Rn. 82.
367 Vgl. *Gelhausen/Fey/Kämpfer*, BilMoG, Kap. E, Rn. 82 f.

232 Zur Angabe des Gesamtbetrags der Forschungs- und Entwicklungskosten des GJ sowie des davon auf die selbst geschaffenen immateriellen Vermögensgegenstände des Anlagevermögens entfallenden Betrags im **Anhang** nach § 285 Nr. 22 HGB vgl. Tz. 823 ff.

233 Erfolgt die Einlage eines vom Einleger (MU) selbst geschaffenen immateriellen Vermögensgegenstands im Wege einer **Sachzuzahlung** (§ 272 Abs. 2 Nr. 4 HGB) und damit „unentgeltlich", dürfte im Hinblick auf den eingebrachten immateriellen Vermögensgegenstand in analoger Anwendung des § 248 Abs. 2 HGB ein Aktivierungswahlrecht bestehen. Entscheidet sich die Gesellschaft (TU) für die Aktivierung, sind diese Vermögensgegenstände nach § 255 Abs. 1 HGB bei erstmaliger Erfassung zu einem Anschaffungswert von Null oder zum vorsichtig geschätzten Zeitwert anzusetzen. Sofern der beizulegende Zeitwert nicht zuverlässig und eindeutig mit Hilfe anerkannter Bewertungsmethoden bestimmt werden kann, sollten die immateriellen Vermögensgegenstände in analoger Anwendung des § 255 Abs. 2a und Abs. 4 HGB höchstens in Höhe der bei dem Einleger bei dessen Entwicklung angefallenen Aufwendungen angesetzt werden[368]. Dies entspricht dem Betrag, mit dessen Wert der Einleger den selbst geschaffenen immateriellen Vermögensgegenstand vor Einbringung im JA angesetzt hatte oder hätte ansetzen können.

A.I.2. Entgeltlich erworbene Konzessionen, gewerbliche Schutzrechte und ähnliche Rechte und Werte sowie Lizenzen an solchen Rechten und Werten

234 Es gelten hinsichtlich Inhalt und Bewertung die Ausführungen unter E Tz. 491 ff.[369]. Die Bezeichnung des Postens ist ggf. an seinen tatsächlichen Inhalt anzupassen (§ 265 Abs. 6 HGB).

Zur Bilanzierung von **Software** beim Anwender vgl. *IDW RS HFA 11*[370].

A.I.3. Geschäfts- oder Firmenwert

235 Aktivierungspflichtig ist ein **derivativer**, d.h. entgeltlich erworbener Geschäfts- oder Firmenwert (§ 246 Abs. 1 S. 4 HGB); ein unentgeltlich erworbener Geschäfts- oder Firmenwert darf nicht angesetzt werden[371]. Die Aktivierungspflicht leitet sich daraus ab, dass ein entgeltlich erworbener Geschäfts- oder Firmenwert wie ein (zeitlich begrenzt nutzbarer) Vermögensgegenstand bilanziert und bewertet wird (Fiktion). Im Einzelnen vgl. hierzu E Tz. 502 ff. (auch zum negativen Geschäftswert). Zum Ansatz eines derivativen

---

368 Vgl. *Gelhausen/Fey/Kämpfer*, BilMoG, Kap. E, Rn. 90 ff. und 116 f.
369 Vgl. auch *Brebeck/Herrmann*, S. 63 ff.; *Fasselt/Brinkmann* in BHdR, B 211, Rn. 10 ff.; *Dawo*, S. 41 ff.; *Winnefeld*, Bilanz-Handbuch[4], Kap. D, Rn. 440 ff.; *Kozikowski/F. Huber* in BeBiKo[7], § 247, Rn. 372 ff.; ADS[6], § 246 HGB, Tz. 12 ff.; *Siebert/Suermann*, S. 403; *Schmidbauer*, DStR 2003, S. 2035 ff.; *Küting/Dürr*, StuB 2003, S. 1 ff.; zu Optionsrechten *IDW St/BFA 2/1995*; *Prahl/Naumann* in HdJ, Abt. II/10, Rn. 118 ff., 126 ff. und 135 ff.; *Patek*, S. 155 ff.; *Scharpf* in HdR[5], Kap. 6, Rn. 802 ff.; zu Transfer-Entschädigungszahlungen/Fußballspielerwerten vgl. *IDW*, FN-IDW 1988, S. 111 f.; *Littkemann/Schaarschmidt*, StuB 2002, S. 372 ff.; *Radell/Stobbe*, DStR 2009, S. 1109 ff.; *Küting/Strauß/Tesche*, DStR 2010, S. 2646 ff.; zu Buchverlagsrechten vgl. *Mezger*, BB 1989, S. 401 ff.; zum Programmvermögen von Rundfunkanstalten vgl. *Forster*, WPg 1988, S. 321 ff.; *Herzig/Söffing*, WPg 1994, S. 601 ff.; zu Filmrechten vgl. *Wriedt/Witten*, DB 1991, S. 1292 ff.; *Wriedt/Witten*, DB 1993, S. 1683 ff.; *Hruschka*, DStR 2003, S. 1559 ff.; *Radau*, DStR 2003, S. 1278 ff.; *Zwirner*, KoR 2004, S. 272 ff.; zu entgeltlich erworbenen dinglichen Rechten vgl. ADS[6], § 266 HGB, Tz. 40; zu Arzneimittelzulassungen *Boorberg u.a.*, DB 1994, S. 53 ff.; *Boorberg u.a.*, DStR 1998, S. 1113 ff.; auch *Schubert*, FR 1998, S. 541 ff.; zu Internet Websites vgl. *Kessler*, DB 1998, S. 1341 ff.; *Siegler*, S. 69 ff.; *Schick/Nolte*, DB 2002, S. 541 ff.; *Schmittmann*, StuB 2002, S. 105 ff.; zu Markenrechten vgl. *Greinert*, S. 35 ff.; *Greinert*, BB 2004, S. 483 ff.; *Greinert*, KoR 2003, S. 328 ff.; *Gerpott/Thomas*, DB 2004, S. 2485 ff.
370 Vgl. *Hoffmann*, StuB 2004, S. 145 ff.; *Hoffmann*, DStR 2002, S. 1458 ff.; *Pergens/Niemann*, StuB 2004, S. 997 ff.; *Willeke*, BBK, F. 12, S. 6717 ff.
371 Vgl. auch *Gelhausen/Fey/Kämpfer*, BilMoG, Kap. E; *Velte*, StuW 2010, S. 93 ff.

Geschäfts- oder Firmenwerts kann es auch anlässlich eines Umwandlungsvorgangs beim übernehmenden Rechtsträger kommen[372]. Wegen der notwendigen Angabe im Anh. (§ 285 Nr. 13 HGB) bei planmäßiger Abschreibung über einen Zeitraum von mehr als fünf Jahren vgl. Tz. 744 ff.

A.I.4. Geleistete Anzahlungen

Wegen des Begriffs der Anzahlungen vgl. E Tz. 569. An dieser Stelle der Bilanz sind nur solche geleisteten Anzahlungen auszuweisen, die mit dem Erwerb immaterieller Vermögensgegenstände des AV im Zusammenhang stehen. **236**

A.II. Sachanlagen
A.II.1. Grundstücke, grundstücksgleiche Rechte und Bauten einschließlich der Bauten auf fremden Grundstücken

Der Posten umfasst das **Grundvermögen** der Gesellschaft einschließlich der **Bauten**, soweit es dazu bestimmt ist, dauernd dem Geschäftsbetrieb der Gesellschaft zu dienen. Eine weitere Untergliederung (z.B. Aufteilung in Grundstücke und grundstücksgleiche Rechte mit Geschäfts-, Fabrik- und anderen Bauten; Grundstücke und grundstücksgleiche Rechte mit Wohnbauten; Grundstücke und grundstücksgleiche Rechte ohne Bauten; Bauten auf fremden Grundstücken) kann freiwillig vorgenommen werden (§ 265 Abs. 5 HGB; vgl. Tz. 92). Die Postenbezeichnung ist ggf. dem tatsächlichen Posteninhalt anzupassen (§ 265 Abs. 6 HGB). **237**

Grundstücke sind alle bebauten und unbebauten Grundstücke der Gesellschaft, die ihr rechtlich gehören oder die in ihrem wirtschaftlichen Eigentum stehen (z.B. Grundstücke, bei denen die Auflassung zugunsten der Gesellschaft bereits erfolgt ist, ihr die Nutzung schon zusteht und die Eintragung des Eigentumsübergangs bei Bilanzaufstellung mit Sicherheit zu erwarten ist, vgl. im Einzelnen *IDW St/WFA 1/1994* sowie E Tz. 53[373]). **238**

Gebäude sind zusammen mit den Grundstücken auszuweisen. Zu ihnen rechnen auch – unbeschadet einer gesonderten Aktivierung – Einrichtungen, die wirtschaftlich als Teil des Gebäudes anzusehen sind, weil sie seiner Nutzung dienen, wie z.B. Heizungs-, Beleuchtungs- und Lüftungsanlagen, Installationen, Rolltreppen[374]. **Nicht** dazu rechnen Maschinen, maschinelle Anlagen und Betriebsvorrichtungen, die mit der Produktion im Zusammenhang stehen (z.B. Förderanlagen, Hochregalläger, Silos, Tanks, Öfen); diese sind, auch wenn sie rechtlich Bestandteil des Grundstücks sind, unter A.II.2 auszuweisen. Die Abgrenzung[375] ist oft schwierig; die Zweckbestimmung ist für den Ausweis entscheidend. **239**

Bei dem unter A.II.1 auszuweisenden **Erbbaurecht** gilt das aufgrund dieses Rechts errichtete Bauwerk als wesentlicher Bestandteil des Erbbaurechts (§ 12 Abs. 1 ErbVO) und ist Eigentum des Erbbauberechtigten. Eine Einmalzahlung des Erbbauberechtigten stellt AK des Erbbaurechts dar und gehört deshalb zu A.II.1[376]. Zu weiteren grundstücks- **240**

---

372 Vgl. *Kozikowski/F. Huber* in BeBiKo[7], § 266, Rn. 62; *Förschle/Hoffmann* in Budde/Förschle/Winkeljohann, Sonderbilanzen[4], Kap. K, Rn. 48.
373 Vgl. ADS[6], § 246 HGB, Tz. 203, § 266 HGB, Tz. 37; *Kozikowski/F. Huber* in BeBiKo[7], § 247, Rn. 451; *Kühnberger/Wilke*, S. 191 ff.
374 Vgl. ADS[6], § 266 HGB, Tz. 33; *Kozikowski/Roscher/Schramm* in BeBiKo[7], § 253, Rn. 398.
375 Vgl. auch ADS[6], § 266 HGB, Tz. 33 ff., 48, § 252 HGB, Tz. 48 ff.; *Kozikowski/F. Huber* in BeBiKo[7], § 247, Rn. 461; *Kozikowski/Roscher/Schramm* in BeBiKo[7], § 253, Rn. 414 ff.
376 Vgl. *Kozikowski/F. Huber* in BeBiKo[7], § 247, Rn. 457; a.A., offensichtlich auch handelsrechtlich, *Mathiak*, S. 397 (405): Ausweis als RAP; hierzu auch *Kaufmann*, DB 1993, S. 290 ff.; vgl. im Einzelnen zu Nutzungsrechten *Kußmaul*, BB 1987, S. 2053 ff.; *Meyer-Scharenberg*, BB 1987, S. 874 ff.; *Heidemann*, Inf. 1990, S. 409 ff. Zur Behandlung laufender Erbbauzinsen vgl. E Tz. 508 (Aufwand).

gleichen Rechten vgl. ADS⁶, § 266 HGB, Tz. 40, und *Kozikowski/F. Huber* in BeBiKo⁷, § 247, Tz. 457 ff.³⁷⁷. Steuerlich sieht der BFH³⁷⁸ im Erbbaurecht eine „verdinglichte Miete". Als AK sind (nur) die bei der Erbbaurechtsbestellung entstandenen einmaligen Aufwendungen anzusetzen³⁷⁹, eine Einmalzahlung ist abzugrenzen.

241 Weiterhin sind unter A.II.1. **Bauten** auszuweisen, die nicht unmittelbar der Produktion dienen, z.B. Kanalbauten, Flussregulierungen, Wasserbauten, Brücken, Parkplätze, Straßen³⁸⁰; ein gesonderter Ausweis ist möglich. Auch Schachtanlagen und Bauten unter Tage können hierunter ausgewiesen werden; ein gesonderter Ausweis ist jedoch vorzuziehen.

242 Ferner sind hier auszuweisen Grundstücke, auf denen ein Pächter Baulichkeiten errichtet hat, sowie Grundstücke, auf denen **von Dritten** aufgrund eines **Erbbaurechts Gebäude** errichtet worden sind. Der Grundstückseigentümer kann weder den künftigen Übergang des vom Erbbauberechtigten errichteten Bauwerks im Fall des § 12 Abs. 3 ErbbVO (Erlöschen) noch den künftigen Heimfall³⁸¹ (§ 2 Nr. 4 ErbbVO) aktivieren; erst nach Ablauf des Erbbaurechts bzw. nach Eintritt des Heimfalls kommt eine Aktivierung in Betracht (steuerlich ebenso; Aktivierung gem. § 6 Abs. 4 EStG). In Fällen, in denen wesentliche Teile des Grundvermögens von Dritten bebaut sind, können nähere Angaben im Anh. erforderlich sein³⁸². Erhaltene Einmalzahlungen für die Einräumung eines Erbbaurechts sind nicht als Abgang zu behandeln, sondern unter den passiven RAP auszuweisen und zeitanteilig aufzulösen.

243 Die **Bergwerksgerechtigkeit** (Bergwerkseigentum nach § 9 BBergG) und **andere Abbaugerechtigkeiten** sind grundstücksgleiche Rechte. Eine Trennung von verritzten und unverritzten Feldern ist nicht erforderlich.

Betrieblich **ausgebeutete Grundstücke**, z.B. Steinbrüche, Kohlenfelder, sollten bei größerer Bedeutung im Interesse der Bilanzklarheit gesondert ausgewiesen werden.

Als **Bauten auf fremden Grundstücken** sind Wohn-, Geschäfts-, Fabrik- und andere Bauten auszuweisen, die aufgrund eines obligatorischen Vertrags (z.B. Pacht) errichtet wurden, ohne dass dem Bilanzierenden ein dingliches Recht am Grund und Boden zusteht; ob sie wesentlicher Bestandteil des Grundstücks werden oder nicht, ist unerheblich³⁸³. **Steuerlich** gelten sie als Nutzungsrechte, die nach den für Gebäude geltenden Vorschriften (z.B. § 6b Abs. 1 EStG, § 7 Abs. 4 und 5 EStG) zu behandeln sind³⁸⁴.

Wegen der **Bewertung** von Grundstücken und Gebäuden vgl. E Tz. 508 ff.

---

377 Vgl. ferner *Babel*, BB 1997, S. 2261 (2262 f.); zum Ausweis von Grunddienstbarkeiten, die nach h.M. nicht zu den grundstücksgleichen Rechten zählen, vgl. *Dusemond/Heusinger-Lange/Knop* in HdR⁵, § 266 HGB, Rn. 21; ADS⁶, § 266 HGB, Tz. 40 (Ausweis unter den immateriellen Vermögensgegenständen, soweit das Recht gegen ein einmaliges Entgelt erworben wurde).

378 Vgl. BFH v. 21.12.1988, BStBl. II 1989, S. 409, v. 17.04.1985, BStBl. II, S. 617; vgl. auch *Weber-Grellet* in Schmidt, L., EStG²⁹, § 5, Rn. 270 (Erbbaurecht) m.w.N.; zur Bewertung auch *Bauer*, Inf. 1998, S. 353 ff.

379 Vgl. dazu *Ellrott/Brendt* in BeBiKo⁷, § 255, Rn. 325 m.w.N.; vgl. auch BFH v. 04.06.1991, DB, S. 2570, v. 23.11.1993, BFH/NV 1994, S. 314.

380 Vgl. ADS⁶, § 266 HGB, Tz. 43; *Kozikowski/F. Huber* in BeBiKo⁷, § 247, Rn. 450; *Kessler/Suchan* in MünchKomm. AktG², § 152 AktG, § 266 HGB, Rn. 26; hierzu auch *Dusemond/Heusinger-Lange/Knop* in HdR⁵, § 266 HGB, Rn. 26 (teilw. abweichend).

381 Vgl. BFH v. 07.06.1972, BStBl. II, S. 850.

382 Vgl. *Husemann*, S. 65.

383 Vgl. hierzu ADS⁶, § 266 HGB, Tz. 44; *Kahle/Heinstein/Dahlke* in HdJ, Abt. II/2, Rn. 27; *Kessler/Suchan* in MünchKomm. AktG², § 152 AktG, § 266 HGB, Rn. 27; *Dusemond/Heusinger-Lange/Knop* in HdR⁵, § 266, Rn. 27.

384 Vgl. BMF-Schr. v. 03.05.1985, BStBl. I, S. 188; R 7.1 Abs. 5 S. 2 EStR 2008; BFH v. 13.10.1989, BFH/NV 1990, S. 422.

Die Bilanz F

A.II.2. Technische Anlagen und Maschinen
A.II.3. Andere Anlagen, Betriebs- und Geschäftsausstattung

Dazu gehören **(Nr. 2)**: Vermögensgegenstände, die unmittelbar dem betrieblichen Produktionsprozess dienen (einschließlich Betriebsvorrichtungen und Anlagen von Hilfsbetrieben[385]), z.B. Eisenbahn- und Hafenanlagen, Kühltürme, Ziegelei- und Hochöfen, Gießereien, Silos, Tanks, Spezialsatzteile und -werkzeuge, Kraft- und Arbeitsmaschinen, Apparate der chemischen Industrie, produktionsbezogene Transportanlagen, Krane, Umspannwerke, Kokereien, Arbeitsbühnen, Rohrbrücken und Rohrleitungen, Krafterzeugungs- und -verteilungsanlagen, Gasometer, Lagerbehälter sowie alle Fundamente, Stützen usw.; **(Nr. 3)**: Anlagen, die nicht unmittelbar der Produktion dienen sowie Vermögensgegenstände, die nicht unter die anderen Gruppen der Sachanlagen subsumiert werden können, z.B. Werkstätten- und Büroeinrichtungen einschließlich Fernsprech- und IT-Anlagen, Arbeitsgeräte und allgemein verwendbare Werkzeuge[386], Transportbehälter, Verteilungsanlagen usw., Modelle, Muster, Kraftwagen, Fahrzeuge aller Art, Einbauten in fremde Grundstücke (sofern sie nicht der Grundstücksnutzung dienen). Hierunter fallen auch Vermögensgegenstände von geringem Wert (steuerrechtlich: GWG des Anlagevermögens), die handelsrechtlich ggf.[387] in einen **Sammelposten** entsprechend § 6 Abs. 2 und 2a EStG[388] eingestellt wurden[389]. Ist der Betrag insgesamt von untergeordneter Bedeutung, ist handelsrechtlich unter Wirtschaftlichkeitsgesichtspunkten die Übernahme des steuerlichen Sammelpostens zulässig. Eine Übernahme des steuerlichen Sammelpostens kommt indes aus Wirtschaftlichkeitsgründen über die Begrenzungen des Steuerrechts hinaus auch dann in Betracht, wenn die betragliche Obergrenze pro Vermögensgegenstand noch mit den GoB vereinbar und der Betrag insgesamt unwesentlich ist[390]. 244

Für die **Zurechnung** zu den Posten Nr. 2 und Nr. 3 ist es nicht entscheidend, ob die einzelnen Gegenstände rechtlich Bestandteil oder Zubehör von Grundstücken oder Gebäuden sind oder ob sie abnutzbar sind oder nicht. Heizung, Beleuchtung, Fahrstuhl, die der Benutzung der Gebäude dienen, sind unter „Gebäude" (A.II.1.) auszuweisen. Sind Maschinen durch Einbau auf gepachtetem Grundstück rechtlich fremdes Eigentum geworden, so können bei erheblicher Bedeutung ein gesonderter Ausweis[391] oder entsprechende Angaben im Anh. in Betracht kommen. 245

Spezialreserveteile sowie die **Erstausstattung an Ersatzteilen** für Maschinen und technische Anlagen sind ebenfalls im Posten A.II.2. auszuweisen. Allgemein verwendbare Ersatzteile sowie solche, die nicht zur Erstausstattung gehören, sollten vorbehaltlich einer anderen konkretisierten Zweckbestimmung im Umlaufvermögen erfasst werden[392]. 246

Die **Bewertung** erfolgt regelmäßig zu den AK, d.h. Kaufpreis zzgl. Bezugskosten, Kosten der Aufstellung (Fundament, Montage), der Prüfung und Abnahme, soweit die Kosten 247

---

[385] Vgl. *Nordmeyer/Göbel* in BHdR, B 212, Rn. 31; *Kozikowski/Roscher/Schramm* in BeBiKo[7], § 253, Rn. 423 ff.
[386] Vgl. hierzu ADS[6], § 266 HGB, Tz. 50; zur Abgrenzung und zur Bewertung von Formen, Modellen, Vorrichtungen und Werkzeugen vgl. *Dusemond/Heusinger-Lange/Knop* in HdR[5], § 266 HGB, Rn. 31; *Kahle/Heinstein/Dahlke* in HdJ, Abt. II/2, Rn. 8; *Winnefeld*, Bilanz-Handbuch[4], Kap. D, Rn. 503.
[387] Vgl. dazu *IDW*, FN-IDW 2007, S. 506; dazu auch *Herzig/Briesemeister*, WPg 2010, S. 63 (71).
[388] Vgl. dazu auch BMF-Schr. v. 30.09.2010, DStR, S. 2034 ff.; BB 2010, S. 2626 mit Anm. *Henning*.
[389] Vgl. *Kozikowski/Roscher/Schramm* in BeBiKo[7], § 253, Rn. 434 ff.; *Kahle/Heinstein/Dahlke* in HdJ, Abt. II/2, Rn. 44; *Nordmeyer/Göbel* in BHdR, B 212, Rn. 41. Zum Ausweis im Anlagenspiegel vgl. Tz. 123 ff.
[390] Vgl. *IDW*, FN-IDW 2007, S. 506; so auch *Nordmeyer/Göbel* in BHdR, B 212, Rn. 41 („eine Bindung an die steuerliche Grenze besteht ... nicht").
[391] Vgl. ADS[6], § 266 HGB, Tz. 35 und 46.
[392] Vgl. ADS[6], § 266 HGB, Tz. 50; *Dusemond/Heusinger-Lange/Knop* in HdR[5], § 266 HGB, Rn. 30; *Nordmeyer/Göbel* in BHdR, B 212, Rn. 34; a.A. *Disselkamp*, S. 148 ff. (generell Ausweis unter Vorräten).

dem jeweiligen Vermögensgegenstand einzeln zugeordnet werden können (vgl. E Tz. 321 ff.). Soweit die Gegenstände selbst erstellt worden sind, sind die Herstellungskosten (vgl. E Tz. 342 ff.) anzusetzen. Abschreibungen sind entsprechend den in E Tz. 382 ff. erläuterten Grundsätzen vorzunehmen.

A.II.4. Geleistete Anzahlungen und Anlagen im Bau

248 Ein getrennter Ausweis von Anzahlungen auf Sachanlagen und Anlagen im Bau ist als Untergliederung möglich (§ 265 Abs. 5 HGB). Langfristige **Mietvorauszahlungen** gehören nicht zu den Anzahlungen auf Anlagen; sie sind unter den RAP (§ 250 Abs. 1 S. 1 HGB) auszuweisen, während langfristige **Kautionen** unter den Finanzanlagen (A.III.6.) zu erfassen sind[393]. Anzahlungen auf **nicht aktivierbare Leistungen** gehören unter die sonstigen Vermögensgegenstände (B.II.4.). Im Übrigen vgl. E Tz. 569.

249 Bei den Angaben nach § 268 Abs. 2 HGB im **Anlagenspiegel** zu den Anzahlungen auf Anlagen und Anlagen im Bau sind hinsichtlich der Zugänge grds. zwei Methoden denkbar. Entweder können alle Zugänge, die über dieses Konto im Laufe des GJ verbucht wurden, als Zugänge ausgewiesen werden, oder nur diejenigen, die zum Abschlussstichtag noch nicht den einzelnen Posten des Sachanlagevermögens zugeordnet werden können. Im ersten Fall enthalten die Umbuchungen sämtliche Umsetzungen auf die anderen Anlageposten, im zweiten Fall nur diejenigen, die Zugänge früherer Jahre betreffen. Sachgerecht ist nur die zweite Methode[394].

A.III. Finanzanlagen
A.III.1. Anteile an verbundenen Unternehmen
A.III.2. Ausleihungen an verbundene Unternehmen

250 Wegen des Begriffs der verbundenen Unternehmen[395] i.S.d. Vorschrift siehe § 271 Abs. 2 HGB. **Verbundene Unternehmen** sind danach solche Unternehmen, die als MU oder TU (§ 290 HGB) in den KA eines MU nach den Vorschriften über die Vollkonsolidierung einzubeziehen sind, das als oberstes MU den am weitestgehenden KA aufzustellen hat, auch wenn die Aufstellung zulässigerweise (§ 293 HGB) oder unzulässigerweise unterbleibt, oder das einen befreienden KA nach § 291 HGB oder nach einer nach § 292 HGB erlassenen Rechtsverordnung aufstellt oder aufstellen könnte; nach § 296 HGB nicht einbezogene TU sind ebenfalls verbundene Unternehmen. Der Kreis der verbundenen Unternehmen ist somit im HGB anders (im Grundsatz enger) abgegrenzt als in §§ 15 ff. AktG. Vgl. hierzu im Einzelnen T Tz. 54 ff.; wegen des Kreises der einzubeziehenden Unternehmen vgl. die Ausführungen zum KA unter M Tz. 184 ff.

251 Der Wortlaut des § 271 Abs. 2 HGB wirft verschiedene Auslegungsprobleme auf. Dabei geht es insb. um die Frage, welche Bedeutung die Verweise auf die Pflicht zur Aufstellung eines KA und auf die Möglichkeit zur Befreiung durch übergeordnete KA haben. Nach Sinn und Zweck der Vorschrift und vor dem Hintergrund der 7. EG-Richtlinie (Art. 41) kann es in Zweifelsfällen indes weder auf die konkrete Konzernrechnungslegungspflicht des oberen MU noch auf die befreiende Wirkung eines übergeordneten KA ankommen[396]. Entscheidend ist danach letztlich nur, ob ein **Mutter-/Tochterverhältnis** i.S.d. § 290

---

393 Vgl. ADS[6], § 266 HGB, Tz. 63.
394 Vgl. ADS[6], § 268 HGB, Tz. 59 und 79.
395 Vgl. im Einzelnen ADS[6], § 271 HGB, Tz. 36 ff.; *Kozikowski/Pastor* in BeBiKo[7], § 271, Rn. 33 f.; *Küting* in HdR[5], § 271 HGB, Rn. 97 ff.; *Kropff* in MünchKomm. AktG[2], § 271 HGB, Rn. 35 ff.; *v. Keitz* in Baetge/Kirsch/Thiele, Bilanzrecht, § 271, Rn. 51 ff.
396 Vgl. zu Einzelfällen T Tz. 12 ff.

Die Bilanz F

HGB besteht[397]. Mithin sind auch Zweckgesellschaften verbundene Unternehmen, sofern diese gem. § 290 Abs. 2 Nr. 4 HGB in einem Mutter-/Tochterverhältnis stehen; dies gilt selbst dann, wenn diese keine Unternehmenseigenschaft aufweisen[398]. Mehrere TU, gleich welcher Stufe, sind auch im Verhältnis untereinander verbunden. Für die Beurteilung eines Mutter-/Tochterverhältnisses i.S.d. § 271 Abs. 2 HGB ist nach dem Gesetzeswortlaut ausschließlich auf die handelsrechtliche Vorschrift des § 290 HGB abzustellen. Stellt ein MU z.B. gem. § 315a HGB einen KA nach den internationalen Rechnungslegungsvorschriften auf, so ist daher für die Anerkennung einer Verbundbeziehung für Zwecke des handelsrechtlichen JA unbeachtlich des tatsächlichen Konsolidierungskreises nach IFRS das Vorliegen eines Mutter-/Tochterverhältnisses nach den handelsrechtlichen Grundsätzen des § 290 HGB entscheidend.

Während MU aus der Aufstellung des KA über die Kenntnis verfügen, welche Unternehmen als verbunden anzusehen sind, liegen TU auf den unteren Konzernebenen nicht ebenso selbstverständlich Informationen hierüber vor. Je größer der Kreis der in Betracht kommenden verbundenen Unternehmen ist, desto weniger werden die einzelnen TU in der Lage sein, selbst alle verbundenen Unternehmen als solche zu bestimmen. Das oberste MU wird daher zweckmäßigerweise eine **Liste aller verbundenen Unternehmen** aufstellen und den betroffenen Unternehmen zur Verfügung stellen; notfalls kann bei prüfungspflichtigen KapGes. der APr. die Muttergesellschaft(en) um entsprechende Aufklärungen und Nachweise bitten (§ 320 Abs. 2 S. 3 HGB). 252

Liegen verbundene Unternehmen vor und stehen der Gesellschaft **Anteile** an einem verbundenen Unternehmen zu, so sind diese bei Daueranlageabsicht (§ 247 Abs. 2 HGB) unabhängig von der Höhe und der Art der Anteile unter A.III.1. auszuweisen; der Ausweis unter A.III.1. geht immer dem Ausweis unter A.III.3. (Beteiligungen) vor; eines Vermerks der Mitzugehörigkeit (§ 265 Abs. 3 S. 1 HGB) bedarf es nicht. 253

Die Anteile können, müssen aber nicht in **Wertpapieren** verkörpert sein. Es kommen in Betracht: Aktien, GmbH-Anteile, Einlagen als persönlich haftender Gesellschafter und Kommanditeinlagen[399], Beteiligungen als stiller Gesellschafter[400], Bohranteile, Genossenschaftsanteile[401], je nach Ausgestaltung auch Mitgliedschaften in Joint Ventures *(IDW St/HFA 1/1993)*, jedoch nicht Genussrechtskapital (keine Mitgliedschaftsrechte, daher bei Daueranlageabsicht A.III.5. oder A.III.6.; vgl. *IDW St/HFA 1/1994*; vgl. auch Tz. 259). 254

Nur vorübergehend gehaltene Anteile gehören ins Umlaufvermögen zu B.III.1. Dies betrifft insb. **Anteile an einem herrschenden oder mit Mehrheit beteiligten Unternehmen**, bei denen vielfach die Daueranlageabsicht fehlen wird (vgl. § 71d S. 2 i.V.m. § 71 AktG; zur Bildung einer Rücklage vgl. § 272 Abs. 4 HGB, hierzu Tz. 390 ff.)[402]. Von Personenhandelsgesellschaften i.S.d. § 264a HGB gehaltene **Anteile an Komplementärgesellschaften** sind dagegen, sofern der Tatbestand verbundener Unternehmen erfüllt 255

---

397 Zur detaillierten Auslegung des § 271 Abs. 2 HGB vgl. u.a. ADS[6], § 271 HGB, Tz. 36 ff.; *v. Keitz* in Baetge/Kirsch/Thiele, Bilanzrecht, § 271, Rn. 53 ff.; *Küting* in HdR[5], § 271, Rn. 102 ff.
398 Vgl. *HFA*, FN-IDW 2011, S. 121 (122 f.). Zur Diskussion der Unternehmenseigenschaft von Zweckgesellschaften vgl. *Gelhausen/Fey/Kämpfer*, BilMoG, Kap. Q, Rn. 81 ff.
399 Zur Bilanzierung von Anteilen an Personenhandelsgesellschaften vgl. auch *IDW ERS HFA 18 n.F.*
400 Vgl. auch *Westerfelhaus*, DB 1988, S. 1173 (1178); ausführlich *Hense*, S. 314 ff.; ADS[6], § 246 HGB, Tz. 30; *Brüggemann/Lühn/Siegel*, KoR 2004, S. 340 ff. und 389 ff.; *Blaurock*[7], § 13, Rn. 98 ff.; zur Anwendbarkeit des AktG und GmbHG bei als stille Gesellschaft organisierten Publikumsgesellschaften vgl. BGH v. 30.03.1998, NZG, S. 463 ff.
401 Vgl. aber ADS[6], § 266 HGB, Tz. 81 (A.III.6. oder Sonderposten).
402 Vgl. im Einzelnen *Gelhausen/Fey/Kämpfer*, BilMoG, Kap. L, Rn. 8 und Rn. 58 ff.; ADS[6], § 266 HGB, Tz. 73 ff.

ist, regelmäßig unter A.III.1, sonst unter A.III.3 (Beteiligungen) auszuweisen (§ 264c Abs. 4 S. 1 HGB). Ein gesonderter Ausweis ist nicht ausdrücklich vorgeschrieben, aber den Gesetzesmaterialien zu entnehmen[403]; ein „davon"-Vermerk oder eine entsprechende Angabe im Anh. erscheint ausreichend. Wegen der insoweit vorgeschriebenen Bildung eines „Ausgleichspostens für aktivierte eigene Anteile" vgl. § 264c Abs. 4 S. 2 HGB sowie *IDW ERS HFA 7 n.F.*, Tz. 16 f.; hierzu auch Tz. 426.

256 **Ausleihungen** an verbundene Unternehmen sind hier (A.III.2., mit Vorrang vor A.III.4) auszuweisen, soweit Zugehörigkeit zum AV vorliegt (§ 247 Abs. 2 HGB)[404]; maßgebend ist hierfür grds. weder die restliche Laufzeit noch die Gesamtlaufzeit, sondern die Daueranlageabsicht. Die Gesamtlaufzeit kann aber eine Orientierung für die Zurechnung zu den Finanzanlagen geben; überwiegend wird eine Gesamtlaufzeit von einem Jahr als ausreichend angesehen[405]; für kürzere Ausleihungen Ausweis unter B.II.2. Ausleihungen einer GmbH an Gesellschafter, die verbundene Unternehmen sind, sind nach § 42 Abs. 3 GmbHG i.d.R. gesondert auszuweisen oder im Anh. anzugeben. Andernfalls ist die Mitzugehörigkeit zu vermerken. Entsprechendes gilt für Ausleihungen einer Personenhandelsgesellschaft i.S.d. § 264a HGB an ihre Gesellschafter (§ 264c Abs. 1 HGB).

Unter Ausleihungen sind i.d.R. nur Finanz- und Kapitalforderungen zu verstehen, nicht jedoch Forderungen aus Lieferungen und Leistungen, auch wenn diese längerfristig sind. Im Übrigen vgl. auch Tz. 283. Eine Ausleihung kann jedoch auch dadurch entstehen, dass eine andere Forderung (z.B. aus Lieferungen und Leistungen) im Wege der Novation in eine Kapitalforderung umgewandelt wird[406].

257 Für die **Bewertung** gelten die allgemeinen Grundsätze, d.h. grds. Bewertung zu den AK, soweit nicht Abschreibungen nach § 253 Abs. 3 S. 3 und 4 HGB vorzunehmen sind oder in Betracht kommen[407]; vgl. im Einzelnen E Tz. 321 ff. Ausleihungen sind wie Forderungen zu bewerten (vgl. E Tz. 570 ff.).

A.III.3. Beteiligungen
A.III.4. Ausleihungen an Unternehmen, mit denen ein Beteiligungsverhältnis besteht

258 Beteiligungen sind gem. § 271 Abs. 1 S. 1 HGB

– Anteile (Mitgliedschafts- oder Gesellschaftsrechte)
– an anderen Unternehmen (nach außen erkennbare, selbstständige erwerbswirtschaftliche Tätigkeit),
– die bestimmt sind (Beteiligungsabsicht[408]), dem eigenen Geschäftsbetrieb durch Herstellung einer dauernden Verbindung zu jenen Unternehmen zu dienen (über reine Kapitalverzinsung hinaus)[409].

---

403 Vgl. Begr. RegE KapCoRiLiG, BT-Drs. 14/1806, S. 21; sowie ADS[6], § 264c HGB n.F., Tz. 29.
404 Gl.A. *Kozikowski/Gutike* in BeBiKo[7], § 266, Rn. 77.
405 Vgl. ADS[6], § 266 HGB, Tz. 76; *Dusemond/Heusinger-Lange/Knop* in HdR[5], § 266 HGB, Rn. 57; *Scheffler* in BHdR, B 213, Rn. 462.
406 Vgl. ADS[6], § 266 HGB, Tz. 77; *Kozikowski/Gutike* in BeBiKo[7], § 266, Rn. 77.
407 Zum Begriff der voraussichtlich dauernden Wertminderung vgl. *HFA*, FN-IDW 2008, S. 195 (195 f.); *Naumann, B./Naumann, T.K.*, WPg 2004, Sonderheft S. S 130 ff.; *Lüdenbach/Hoffmann*, DB 2004, S. 85 ff.; *Fey/Mujkanovic*, WPg 2003, S. 212 ff. m.w.N.; *Küting*, DB 2005, S. 1121 ff. Der den Anteilen an verbundenen Unternehmen am Abschlussstichtag beizulegende Wert ist i.d.R. aus dem Ertragswert abzuleiten (vgl. *IDW RS HFA 10*, Tz. 3).
408 Vgl. hierzu *Kropff* in MünchKomm. AktG[2], § 271 HGB, Rn. 23; *v. Keitz* in Baetge/Kirsch/Thiele, Bilanzrecht, § 271, Rn. 22 ff.; OLG Frankfurt a.M. v. 15.04.1986, BB, S. 1129; BGH v. 09.02.1987, AG, S. 344 ff.
409 Vgl. ADS[6], § 271 HGB, Tz. 6 ff.; *Scheffler* in BHdR, B 213, Rn. 170 f.

Die Bilanz F

Im Zweifel liegt eine **Beteiligung an einer Kapitalgesellschaft** bei einem Anteilsbesitz von mehr als 20 % vor; dabei sind die Zurechnungsbestimmungen des § 16 Abs. 2 u. 4 AktG anzuwenden, d.h. Anteile, die einem abhängigen Unternehmen gehören, sind dem herrschenden Unternehmen zuzurechnen (§ 271 Abs. 1 S. 3 und 4 HGB). Die gesetzliche Vermutung kann widerlegt werden, da die Beteiligungsabsicht entscheidend ist. Auch unterhalb von 20% kann Beteiligungsbesitz gegeben sein, wenn die Voraussetzungen von S. 1 vorliegen. Unerheblich ist, ob die Anteile in Wertpapieren verbrieft sind oder nicht (§ 271 Abs. 1 S. 2 HGB). Zu den Beteiligungen gehören insb. Aktien an einer AG oder SE und Geschäftsanteile an einer GmbH, ferner Kapitaleinlagen als persönlich haftender Gesellschafter, Kommanditeinlagen, Beteiligungen als atypisch stiller Gesellschafter sowie sog. beteiligungsähnliche Darlehen[410], nicht dagegen Genussrechtskapital (Ausweis unter A.III.5. bzw. A.III.6. im AV oder B.III.3. bzw. B.II.4., vgl. *IDW St/HFA 1/1994* sowie hier Tz. 355). Die frühere Diskussion im Schrifttum, ob Ausleihungen und Forderungen an KapGes. unter den Beteiligungen auszuweisen sind, wenn sie haftungsrechtlich als kapitalersetzend zu beurteilen sind, ist überholt; durch das MoMiG wurden die §§ 32a, 32b GmbHG abgeschafft und die BGH-Rechtsprechungsregeln zu § 30 GmbHG außer Kraft gesetzt.

Bei **Anteilen an Personenhandelsgesellschaften** (OHG, KG) liegt für die Gesellschafter stets eine Beteiligung an der Gesellschaft vor, auf die Höhe der Beteiligungsquote kommt es nicht an[411]. Ausnahmen sind möglich (z.B. Kommanditanteile an einer Publikums-KG)[412]. **GmbH-Anteile** sind i.d.R. wegen der Personenbezogenheit unter Beteiligungen zu erfassen. Genossenschaftsanteile verkörpern, wie § 271 Abs. 1 S. 5 HGB klarstellt, keine Beteiligung (Ausweis unter A.III.6. mit angepasster Bezeichnung oder als Sonderposten nach § 265 Abs. 5, ggf. auch B.II.4.[413]). Bei Vorliegen einer Gesamthandsgemeinschaft erfolgt bei Einstufung der Gemeinschaft als Unternehmen und dauernder Verbindung ein Ausweis unter Beteiligungen[414]; ebenso zu Anteilen an **Joint Ventures** in der Form einer GbR *IDW St/HFA 1/1993* (Voraussetzung: Unternehmenseigenschaft und voraussichtliche Dauer über mehr als zwei Abschlussstichtage: Ausweis unter A.III.1. oder 3.)[415]. Ansprüche aus Betriebs-, Vertriebs-, Gewinn- und ähnlichen Interessengemeinschaften wie Patentverwertungsgemeinschaften sowie aus Betriebspacht- und -überlassungsverträgen sind im Rahmen der Forderungen und sonstigen Vermögensgegenstände (B.II.) zu erfassen, nicht unter Beteiligungen. Dies gilt auch für Gewinnansprüche aus Beteiligungen[416]. Zur Behandlung von Beteiligungserwerben und -verkäufen, die zum Abschlussstichtag aufgrund noch ausstehender Wirksamkeitsvoraussetzungen (z.B. noch nicht erteilte Zustimmung von AR oder Gesellschafterversammlung, ausstehende behördliche oder kartellrechtliche Genehmigungen) rechtlich noch nicht vollzogen sind (schwebende Unwirksamkeit des Kaufvertrags), vgl. ADS[6], § 246 HGB, Tz. 245 (Ausweis unter Betei-

259

---

410 Zur Abgrenzung partiarischer Darlehen von der stillen Gesellschaft vgl. auch BGH v. 10.10.1994, DB, S. 2610 ff.; vgl. auch OLG Celle v. 02.12.1998, NZG 1999, S. 650 ff.
411 Vgl. *IDW ERS HFA 18 n.F.*, Tz. 2; *Scheffler* in BHdR, B 213, Rn. 182; steuerlich vgl. E Tz. 560. Wegen Überlegungen zur Frage der Bilanzierung von Beteiligungen an Partenreedereien vgl. *Kaune*, WPg 1980, S. 544 ff.
412 Vgl. ADS[6], § 271 HGB, Tz. 23; *Hachmeister* in HdJ, Abt. II/3, Rn. 25.
413 Vgl. ADS[6], § 266 HGB, Tz. 81; teilw. a.A. *Bieg* in HdR[5], § 271 HGB, Rn. 64 ff. (Ausweis unter A.III.5. wird bevorzugt).
414 Vgl. hierzu ADS[6], § 266 HGB, Tz. 80 m.w.N.
415 Vgl. auch *Früh/Klar*, WPg 1993, S. 493 ff.; *Hebestreit*, DStR 1994, S. 834 ff. (insb. zu Bau-Arbeitsgemeinschaften).
416 Vgl. (auch zu den Voraussetzungen für die Gewinnrealisierung) ADS[6], § 246 HGB, Tz. 213 ff.; *Dusemond/Heusinger-Lange/Knop* in HdR[5], § 266 HGB, Rn. 49; speziell zu Beteiligungen an Personenhandelsgesellschaften *IDW RS HFA 18*, Tz. 13 ff. (Forderungen); im Einzelnen zur Gewinnrealisierung von Beteiligungserträgen E Tz. 536 und F Tz. 560.

ligungen, evtl. als besonderer Unterposten)[417]. Wegen **Anhangangaben** bei unbeschränkter persönlicher Haftung vgl. § 285 Nr. 11a HGB sowie Tz. 980 f. Aus der Gesellschafterstellung können des Weiteren Angabepflichten nach § 285 Nr. 21 gegenüber nahe stehenden Unternehmen und Personen erwachsen (vgl. hierzu Tz. 1004 f. sowie *IDW RS HFA 33*).

260 Liegt eine Beteiligung vor, so ist stets zu prüfen, ob nicht auch der Tatbestand eines **verbundenen Unternehmens** i.S.d. § 271 Abs. 2 HGB vorliegt (vgl. hierzu Tz. 250 ff.). Ist dies der Fall, so geht der Ausweis unter A.III.1. und 2 vor. Wegen des Begriffs der Ausleihungen vgl. Tz. 256. **Ausleihungen** i.S.d. Postens A.III.4. können sich sowohl an Unternehmen richten, an denen die Gesellschaft beteiligt ist, als auch an solche, die eine Beteiligung an der bilanzierenden Gesellschaft halten. Zur **Bewertung von Beteiligungen** vgl. Tz. 257, sowie E Tz. 532 ff.[418] **Ausleihungen** sind wie Forderungen zu bewerten (vgl. E Tz. 570 ff.).

261 **Ausschüttungen aus Kapitalrücklagen** sind beim Gesellschafter als Abgang zu erfassen, wenn ein nachweisbarer Zusammenhang zwischen der aktivierten Beteiligung beim Gesellschafter und der Kapitalrückzahlung beim TU besteht[419]. In Höhe der Kapitalrückzahlung ist grds. eine Minderung des Beteiligungsbuchwerts zu erfassen, während die Wiedereinlage einen Zugang darstellt (nachträgliche AK)[420]. Dabei richtet sich die Minderung des Buchwerts der Beteiligung nach dem Verhältnis des Zeitwerts der Kapitalrückzahlung zum Zeitwert der Beteiligung (Abgang infolge Kapitalrückzahlung)[421]. Dagegen sind **Ausschüttungen aus Gewinnrücklagen** beim Gesellschafter grds. als Ertrag zu vereinnahmen[422].

A.III.5. Wertpapiere des Anlagevermögens

262 Wertpapiere des AV sind **Wertpapiere**, die, ohne Beteiligung zu sein oder ohne zu Anteilen an verbundenen Unternehmen zu gehören, bestimmt sind, dauernd oder langfristig dem Geschäftsbetrieb der Gesellschaft als Kapitalanlage zu dienen (§ 247 Abs. 2 HGB)[423].

263 Im Einzelnen kommen in Betracht:

1. **Wertpapiere mit Gewinnbeteiligungsansprüchen** (z.B. Aktien, bei denen trotz Dauerbesitz die Beteiligungsabsicht fehlt, Anteile an Investment- oder offenen Immobilienfonds[424], Gewinnschuldverschreibungen). Auch Genussrechte sind hier auszuweisen, wenn sie in Form von Inhaber- oder Orderpapieren erworben wurden (vgl. *IDW St/HFA 1/1994*)[425].

---

417 Vgl. hierzu auch *Goerdeler/Müller*, WPg 1980, S. 313 ff.; BGH v. 31.10.1978, AG 1979, S. 137 ff.; *Tschesche*, WPg 2002, S. 965 ff.; BFH v. 17.02.2004, DStRE, S. 886.
418 Zur abweichenden Bestimmung einer voraussichtlich dauernden Wertminderung börsennotierter Finanzanlagen im Steuerbilanzrecht siehe BFH v. 26.09.2007, DB 2008, S. 214 ff.; BMF-Schr. v. 26.03.2009, BStBl. I, S. 514. Vgl. dazu *Kulosa* in Schmidt, L., EStG[29], § 6, Rn. 367 m.w.N. Zur Erörterung dieser Entscheidung vgl. auch *HFA*, FN-IDW 2008, S. 195 (195 f.); *Bäuml*, StuB 2008, S. 130 ff.; *Schlotter*, BB 2008, S. 546 ff.; *Hahne*, DStR 2008, S. 540 ff.; *Hoffmann*, DB 2008, S. 260 ff.
419 Vgl. zu Einzelheiten *HFA*, FN-IDW 1999, S. 552 (552 f.); *HFA*, FN-IDW 2000, S. 171 (172); *IDW RS HFA 18*, Tz. 26 ff.; *von Kanitz*, WPg 2007, S. 57 (61); a.A. *Keller*, WPg 1994, S. 617 ff.; *Müller, W.*, DB 2000, S. 533 ff.; *Ellrott/Brendt* in BeBiKo[7], § 255, Rn. 171. Zur möglichen Berücksichtigung stiller Reserven, die anteilig durch die Ausschüttungen zu Erträgen führen, vgl. ADS[6], § 253 HGB, Tz. 48.
420 Vgl. ADS[6], § 253 HGB, Tz. 48; *HFA*, FN-IDW 1995, S. 16.
421 Vgl. *IDW ERS HFA 13 n.F.*, Tz. 94.
422 Zu Ausnahmen von diesem Grundsatz vgl. die unter Fn. 419 angegebene Literatur.
423 Vgl. *Kozikowski/Gutike* in BeBiKo[7], § 266, Rn. 80.
424 Vgl. *Kuhn/Schaber*, StuB 2002. S. 128 ff. Zur Vereinnahmung von Erträgen aus Investmentfondsanteilen vgl. *IDW*, FN-IDW 2006, S. 276.
425 Vgl. auch ADS[6], § 266 HGB, Tz. 84.

Die Bilanz

2. Festverzinsliche Wertpapiere (Obligationen, Pfandbriefe, öffentliche Anleihen, Zero-Bonds; vgl. auch ADS[6], § 266 HGB, Tz. 84).

Auch zum Börsenhandel zugelassene **Schuldbuchforderungen** können hier ausgewiesen werden[426]. Wegen des Ausweises von **Zins- und Dividendenforderungen** aus Wertpapieren sowie wegen **Stückzinsen** unter B.II. 4. vgl. Tz. 293.

Die **Bewertung** richtet sich nach den allgemeinen Grundsätzen, d.h. Ansatz zu den AK, ggf. vermindert um Abschreibungen nach § 253 Abs. 2 S. 3 HGB; vgl. E Tz. 395 ff.

A.III.6. Sonstige Ausleihungen

Zu den sonstigen Ausleihungen gehören alle **Ausleihungen**, die nicht zu den Ausleihungen an verbundene Unternehmen (A.III.2.) oder an Unternehmen, mit denen ein Beteiligungsverhältnis besteht (A.III.4), gehören, sofern Zugehörigkeit zum AV vorliegt (§ 247 Abs. 2 HGB)[427]. Hierzu gehören nach *IDW St/HFA 1/1994* auch nicht verbriefte oder in Form von Namenspapieren verbriefte Genussrechte. Maßgebend ist grds. weder die restliche Laufzeit noch die Gesamtlaufzeit, sondern die Daueranlageabsicht. Zur Orientierung an der Gesamtlaufzeit vgl. Tz. 256. Für kürzere Ausleihungen kommt ein Ausweis unter B.II.4. in Betracht.

Enthalten die Ausleihungen bei einer **KGaA** unter § 89 AktG fallende **(Vorstands-)Kredite**, die die Gesellschaft persönlich haftenden Gesellschaftern, deren Ehegatten oder minderjährigen Kindern oder Dritten, die für Rechnung dieser Personen handeln, gewährt hat, so muss dies vermerkt werden. Der Vermerk muss nach § 286 Abs. 2 S. 4 AktG folgenden Wortlaut haben: „davon an persönlich haftende Gesellschafter und deren Angehörige € ...". Ggf. ist der Wortlaut dem Personenkreis anzupassen, der Kredit erhalten hat, anzupassen (§ 265 Abs. 6 HGB)[428].

Ausleihungen an **Gesellschafter einer GmbH** sind i.d.R. entweder als solche in der Bilanz auszuweisen oder im Anh. anzugeben (§ 42 Abs. 3 erster Hs. GmbHG). Erfolgt kein Sonderausweis, so muss bei dem Posten Ausleihungen darauf hingewiesen werden, dass es sich um Ausleihungen an Gesellschafter handelt (§ 42 Abs. 3 zweiter Hs. GmbHG)[429]; in diesem Fall erscheint trotz des insoweit nicht eindeutigen Wortlauts der Vorschrift eine Angabe im Anh. entbehrlich[430]. Nach dem durch das MoMiG modifizierten Kapitalerhaltungsrecht (§§ 30 GmbHG, 57 AktG) stellt die Darlehensgewährung an Gesellschafter bei Vollwertigkeit des Rückzahlungsanspruchs keinen Gesetzesverstoß dar[431].

Unter A.III.6. sind hauptsächlich **langfristige Darlehen** zu erfassen, gleichgültig, ob eine besondere Sicherung (z.B. Grundpfandrecht) besteht oder nicht. Forderungen aus einem Waren- oder Leistungsgeschäft gehören nur dann hierher, wenn dieses Geschäft mit einem Finanzgeschäft gekoppelt ist, so dass tatsächlich eine Ausleihung vereinbart ist. Werden Waren- oder Leistungsforderungen im Wege der Novation in ein Darlehen mit entsprechender Laufzeit umgewandelt (vgl. hierzu § 305 BGB), erfolgt der Ausweis von diesem Zeitpunkt an unter A.III.6. Eingefrorene Warenforderungen gehören nicht zu den Aus-

---

426 Vgl. ADS[6], § 266 HGB, Tz. 85; *Kozikowski/Gutike* in BeBiKo[7], § 266, Rn. 80.
427 Vgl. ADS[6], § 266 HGB, Tz. 89 ff.
428 Vgl. ADS[6], § 266 HGB, Tz. 89.
429 Vgl. zum Ausweis in einem Sonderposten „Ausleihungen an Gesellschafter" *Wulf/Sackbrook* in Haufe HGB Kommentar[2], § 266, Rn. 79 m.w.N.
430 Entsprechendes gilt nach § 264c Abs. 1 HGB für Ausleihungen an Gesellschafter einer Personenhandelsgesellschaft i.S.d. § 264a HGB.
431 Vgl. *Hueck/Fastrich* in GmbHG[19], § 30, Rn. 35 ff.; *Hüffer*, AktG[9], § 57, Rn. 18 ff.

leihungen. Langfristige Forderungen (Ausleihungen) aus Krediten, die unter §§ 89, 115 AktG fallen, sind hier auszuweisen; hierzu sind Angaben im Anh. erforderlich (§ 285 Nr. 9 lit. c) HGB).

269 Zu den sonstigen Ausleihungen zählen auch langfristig gebundene **Miet- oder Pachtkautionen**, während langfristige **Mietvorauszahlungen** als RAP (§ 250 Abs. 1 S. 1 HGB) auszuweisen sind[432].

270 **Anteile an Genossenschaften** und **Anteile an GmbH**, die nicht zu den Beteiligungen gehören, sollten unter Anpassung der Postenbezeichnung ebenfalls hier ausgewiesen werden[433]. Entsprechendes gilt nach *IDW St/HFA 1/1993* für Anteile an **Joint Ventures** in der Rechtsform der GbR bei Vorhandensein von Gesamthandsvermögen, aber fehlender Unternehmenseigenschaft. Geleistete **Anzahlungen auf Finanzanlagen** können in einem besonderen Posten (§ 265 Abs. 5 HGB) im Anschluss an die sonstigen Ausleihungen oder unter den sonstigen Vermögensgegenständen (B.II.4.) gezeigt werden[434].

271 Deckt ein Unternehmen systematisch seine Pensionsverpflichtungen durch entsprechende Versicherungsverträge ab, so werden gegen einen Ausweis der **Rückdeckungsansprüche** aus Lebensversicherungen[435] unter Finanzanlagen keine Einwendungen zu erheben sein, wenn dieser getrennt von den Ausleihungen erfolgt[436].

Ausleihungen sind wie Forderungen zu **bewerten** (vgl. E Tz. 570 ff.).

B. Umlaufvermögen
B.I. Vorräte
B.I.1. Roh-, Hilfs- und Betriebsstoffe
B.I.2. Unfertige Erzeugnisse, unfertige Leistungen
B.I.3. Fertige Erzeugnisse und Waren
B.I.4. Geleistete Anzahlungen

272 Der **Gliederung der Vorräte** in § 266 HGB liegen die Bedürfnisse eines Fertigungsbetriebs zu Grunde. Die Abgrenzung ist in Einzelfällen – insb. zwischen fertigen und unfertigen Erzeugnissen – fließend; dies gilt insb. bei Betrieben, die ihre Erzeugnisse in verschiedenem Fertigungszustand verkaufen oder teils herstellen und teils kaufen, z.B. bei der Stahl- und Kohlegewinnung und -verarbeitung. Erzeugnisse, die teilw. weiterverarbeitet, teilw. veräußert werden, sind entsprechend ihrer Verwendung auf die einzelnen Bilanzposten aufzuteilen. Zweckmäßig ist ein gesonderter Ausweis mit der in dem betreffenden Geschäftszweig gebräuchlichen Bezeichnung (§ 265 Abs. 5 und 6 HGB). Bestehen keine Anhaltspunkte für eine sachgerechte Aufteilung, so ist in Verbindung mit Angaben im Anh. eine Zusammenfassung der Posten B.I.2. und B.I.3. (z.B. unter der Bezeichnung „Unfertige und fertige Erzeugnisse") zulässig[437].

---

432 Vgl. ADS[6], § 266 HGB, Tz. 63; *Dusemond/Heusinger-Lange/Knop* in HdR[5], § 266 HGB, Rn. 60; teilw. abw. *Kozikowski/Gutike* in BeBiKo[7], § 266, Rn. 82.
433 Vgl. ADS[6], § 266 HGB, Tz. 93; a.A. hinsichtlich der Genossenschaftsanteile *Bieg* in HdR[5], § 271 HGB, Rn. 64 ff. (Ausweis unter A.III.5. wird empfohlen).
434 Vgl. ADS[6], § 266 HGB, Tz. 94.
435 A.A. *Ellrott/Roscher* in BeBiKo[7], § 247, Rn. 124 (Ausweis unter den „sonstigen Vermögensgegenständen"); zur Ansatz- und Bewertungsproblematik von Rückdeckungsansprüchen aus Lebensversicherungen *Thierer*, DB 2007, S. 1093 (1094); zur steuerlichen Behandlung vgl. BFH v. 25.02.2004, BB, S. 1557 ff.
436 Vgl. ADS[6], § 266 HGB, Tz. 93.
437 Vgl. ADS[6], § 266 HGB, Tz. 100; *Dusemond/Heusinger-Lange/Knop* in HdR[5], § 266 HGB, Rn. 65.

Die Bilanz F

Roh-, Hilfs- und Betriebsstoffe sind fremdbezogene Stoffe, die noch unverarbeitet oder nicht verbraucht sind. Ggf. unter Anpassung der Postenbezeichnung sind hier ausgegebene sowie käuflich erworbene Emissionsrechte i.S.d. Treibhausgas-Emissionshandelsgesetzes (TEHG) auszuweisen, soweit diese für den Produktionsprozess des Unternehmens verwendet werden sollen[438]. **Unfertige Leistungen** liegen in erster Linie bei Dienstleistungsunternehmen vor. Zu den **fertigen Erzeugnissen** gehören Vorräte erst dann, wenn sie versandfertig sind. Bei der Gesellschaft bestellte, zur Ablieferung bereitstehende Erzeugnisse und **Waren** sind i.d.r. noch als Vorratsvermögen und nicht als Forderungen zu bilanzieren[439]. Sind Leistungen für einen feststehenden Abnehmer fertiggestellt, so sind sie nur bei erfolgtem Gefahrenübergang als Forderungen auszuweisen (vgl. E Tz. 298). Die Waren umfassen Handelsartikel und nicht selbst hergestelltes Zubehör zu den Fertigerzeugnissen. Von der Gesellschaft gekaufte, aber noch nicht angelieferte, unbezahlte Waren bleiben regelmäßig außer Betracht. Ist bei **unterwegs befindlichen Waren** jedoch die Gefahr auf die Gesellschaft übergegangen (§§ 446, 447 BGB), sind diese unter entsprechender Passivierung der Zahlungsverpflichtungen zu aktivieren[440]. 273

Eigentumsvorbehalte Dritter sind bei der Bilanzierung erst dann zu berücksichtigen, wenn sie vom rechtlichen Eigentümer geltend gemacht werden (zum wirtschaftlichen und rechtlichen Eigentum an Vermögensgegenständen nach § 246 Abs. 1 S. 2 HGB vgl. E Tz. 51)[441]. In **Kommission gegebene** Erzeugnisse oder Waren sind unter Vorräten, nicht als Forderungen auszuweisen. In **Kommission genommene** Gegenstände sind nicht zu aktivieren[442]. **In Montage befindliche** Lieferungen können regelmäßig vor Fakturierung nicht als Forderungen ausgewiesen werden. Bei **Veredelungsarbeiten** ist der Gesamtwert unter Vorräten auszuweisen, wenn der Verarbeiter wirtschaftlicher Eigentümer ist; die aus der Materiallieferung entstandenen Verpflichtungen sind dann zu passivieren. Liegt dagegen kein wirtschaftliches Eigentum vor, kommt der Ausweis unter B.I.2. nur für die **Veredelungsleistungen** in Betracht[443]. Zum Ausweis von **Bauleistungen** auf eigenen oder fremden Grundstücken vgl. ADS[6], § 266 HGB, Tz. 109; *Ellrott/Roscher* in BeBiKo[7], § 247, Rn. 65. Zur Gewinnrealisation bei **langfristiger Auftragsfertigung** vgl. HdJ, Abt. I/7, Rn. 8, und ADS[6], § 252 HGB, Tz. 86 ff., vgl. auch E Tz. 317. 274

Leihemballagen (Pfandgut, Transportkisten, Paletten, Fässer etc.) gehören grds. zur Betriebs- und Geschäftsausstattung. Haben die Abnehmer ein Wahlrecht zwischen Erwerb und Rückgabe, ist der Ausweis unter Vorräten zulässig[444]. Bei Berechnung und Ausweis als Forderung ist bei möglichem Einzelnachweis eine Verbindlichkeit, ansonsten eine 275

---

438 Vgl. *IDW RS HFA 15*, Tz. 7; *Ellrott/Krämer* in BeBiKo[7], § 266, Rn. 91 (Behandlung wie Verbrauchsgüter/Betriebsstoffe).

439 Vgl. zum Ausweis fertiger, noch nicht abgerechneter Leistungen auch ADS[6], § 266 HGB, Tz. 118, sowie § 252, Tz. 82; *Ellrott/Krämer* in BeBiKo[7], § 266, Rn. 107; *Dusemond/Heusinger-Lange/Knop* in HdR[5], § 266 HGB, Rn. 77 (gesonderter Posten im Vorratsvermögen, bei Gewinnrealisation Ausweis als Forderung); zur langfristigen Auftragsfertigung vgl. auch ADS[6], § 252 HGB, Tz. 86 ff.; zum Ausführungszeitpunkt von Lieferungen und Leistungen und damit zum Zeitpunkt der Gewinnrealisation vgl. ADS[6], § 246 HGB, Tz. 190 ff.

440 Der BFH (v. 03.08.1988, BStBl. II 1989, S. 21) stellt bei schwimmender Ware auf die Erlangung des unmittelbaren oder mittelbaren Besitzes ab (i.z.m. der Preissteigerungsrücklage); vgl. auch *Woerner*, BB 1988, S. 769 (775); ADS[6], § 240 HGB, Tz. 11, § 246 HGB, Tz. 199 ff., § 266 HGB, Tz. 116; zu den internationalen Handelsklauseln (Incoterms) vgl. *Hopt* in Baumbach/Hopt, HGB[34], (6) Incoterms und andere Handelsklauseln, Rn. 3 m.w.N.

441 Vgl. ADS[6], § 266 HGB, Tz. 101; *Thiele* in Baetge/Kirsch/Thiele, Bilanzrecht, § 246, Rn. 207.

442 Zur bilanziellen Behandlung von Kommissionsgeschäften vgl. ADS[6], § 246 HGB, Tz. 306 ff.; *Thiele* in Baetge/Kirsch/Thiele, Bilanzrecht, § 246, Rn. 239 f.; *Förschle/Kroner* in BeBiKo[7], § 246, Rn. 21 ff.

443 Vgl. ADS[6], § 266 HGB, Tz. 108; *Ellrott/Krämer* in BeBiKo[7], § 266, Rn. 94.

444 Vgl. *Kessler/Suchan* in MünchKomm. AktG[2], § 152 AktG, § 266 HGB, Rn. 61 m.w.N.

Rückstellung in Höhe des Pfandgeldes zu bilden (vgl. E Tz. 194)[445]. **Geleistete Anzahlungen** sind insoweit hier (unter B.I.4.) auszuweisen, als sie der Beschaffung von Roh-, Hilfs- und Betriebsstoffen und von Waren dienen (einschließlich Dienstleistungen i.Z.m. der Beschaffung). Andere Anzahlungen gehören je nach Charakter zu A.I.3., A.II.4. und B.II.4.

276 Vorräte sind zu den Anschaffungs- oder Herstellungskosten zu **bewerten** (vgl. E Tz. 321 ff. und 342 ff.), ggf. vermindert um notwendige oder fakultative Abschreibungen (vgl. E, Tz. 428 ff.)[446]. Geleistete Anzahlungen sind in Höhe des hingegebenen Betrags anzusetzen, soweit nicht auf einen niedrigeren beizulegenden Wert abzuschreiben ist (§ 253 Abs. 4 HGB; z.B. bei drohendem Verlust aus dem noch schwebenden Geschäft wegen zwischenzeitlich gesunkener Börsen- oder Marktpreise bei Rohstoffen)[447].

Sonderposten: Erhaltene Anzahlungen auf Bestellungen (§ 268 Abs. 5 S. 2 HGB)

277 Erhaltene Anzahlungen auf Bestellungen sind als **Verbindlichkeiten** grds. unter dem dafür vorgesehenen Posten C 3 auf der Passivseite der Bilanz auszuweisen. Das Gesetz lässt es in § 268 Abs. 5 S. 2 HGB aber auch zu, „Anzahlungen auf Vorräte" **offen** von dem Posten „Vorräte", d.h. von der Summe der Posten B.I.1. bis 4. **abzusetzen**. Der Vorschrift liegt der Gedanke zu Grunde, dass Anzahlungen, die für die Beschaffung von Rohstoffen geleistet oder die entsprechend dem Baufortschritt gezahlt sind, direkt von dem entsprechenden Aktivposten abgesetzt werden können (Wahlrecht)[448], um die Bilanzrelationen entsprechend korrigiert auszuweisen. Diese Art des Ausweises kann u.U. für die Zuordnung in eine der Größenklassen des § 267 HGB von Bedeutung sein (kleine, mittelgroße und große Gesellschaften; vgl. Tz. 70).

278 Voraussetzung für diese Art des Ausweises ist, dass es sich um **„Anzahlungen auf Vorräte"** handelt. I.d.R. können alle erhaltenen Anzahlungen auf Vorräte offen von der Gesamtsumme der Vorräte abgesetzt werden. Eine Absetzung wird nur dann nicht in Betracht kommen, wenn andernfalls ein unzutreffendes Bild von der Finanzlage der Gesellschaft vermittelt und dadurch gegen § 264 Abs. 2 S. 1 HGB verstoßen würde, d.h. in Fällen, in denen erhebliche Anzahlungen geleistet wurden, die zugeflossenen Mittel jedoch noch nicht verwendet worden sind, vielleicht sogar vertragsgemäß bis dahin auf besonderen Bankkonten verwahrt werden. Eine Absetzung ist ferner insoweit nicht zulässig, als sie zu einem Negativbetrag führen würde; die Absetzung ist daher auf den Betrag beschränkt, der insgesamt für die Posten B.I.1. bis 4. ausgewiesen wird.

279 Die **Umsatzsteuer auf erhaltene Anzahlungen** (§ 13 Abs. 1 Nr. 1 lit. a) UStG) ist wie die erhaltene Anzahlung erfolgsneutral zu behandeln. Nach Streichung des § 250 Abs. 1 S. 2 HGB a.F. durch das BilMoG ist dabei nur noch die sog. Nettomethode zulässig[449]. Mithin werden die erhaltenen Anzahlungen ohne den USt-Anteil ausgewiesen und die USt bis zu ihrer Abführung unter den sonstigen Verbindlichkeiten passiviert[450].

---

445 Vgl. ADS[6], § 266 HGB, Tz. 115; *Ellrott/Krämer* in BeBiKo[7], § 266, Rn. 105; steuerlich vgl. *Buciek* in Blümich, EStG, § 5 EStG, Rn. 740 (Leergut) m.w.N.

446 Zur Verrechnung von sog. Gängigkeitsabschlägen auf Gegenstände des Vorratsvermögens vgl. *Kolb*, StuB 2001, S. 433 ff.

447 Vgl. *Köhler*, StBp. 1999, S. 8 (8 f.); zur Bestimmung des niedrigeren Werts nach dem Beschaffungs- oder dem Absatzmarkt bei Gegenständen des Vorratsvermögens vgl. ADS[6], § 253 HGB, Tz. 488 ff.; zur Bildung von Drohverlustrückstellungen bei schwebenden Beschaffungsverträgen vgl. *IDW RS HFA 4*.

448 Vgl. ADS[6], § 266 HGB, Tz. 99; *Kozikowski/Schubert* in BeBiKo[7], § 266, Rn. 225.

449 Vgl. dazu auch *Gelhausen/Fey/Kämpfer*, BilMoG, Kap. F, Rn. 34.

450 Vgl. *Kozikowski/Schubert* in BeBiKo[7], § 266, Rn. 226; *IDW RH HFA 1.017*.

Die Bilanz   F

B.II. Forderungen und sonstige Vermögensgegenstände
B.II.1. Forderungen aus Lieferungen und Leistungen

Zu diesen **Forderungen**[451] gehören die Ansprüche aus gegenseitigen Verträgen (bei Leistungen: aus Dienst- und Werkverträgen), die von dem bilanzierenden Unternehmen im Rahmen seiner üblichen Umsatztätigkeit (§ 277 Abs. 1 HGB) erfüllt sind, von dem Schuldner aber noch nicht (auch wenn sie durch Wechsel unterlegt sind). Rabatte, Umsatzprämien, Preisnachlässe sind abzuziehen, für Provisionen sind Rückstellungen oder Verbindlichkeiten zu passivieren. Auszuweisen sind hier und nicht unter den flüssigen Mitteln auch Zahlungsansprüche einer Gesellschaft gegen ein **Kreditkartenunternehmen**, die bei bargeldlosen Umsatzgeschäften mit der Unterzeichnung des Belastungsbelegs durch den Kreditkarteninhaber entstehen. Richten sich die Forderungen gegen **verbundene Unternehmen** oder gegen Unternehmen, mit denen ein **Beteiligungsverhältnis** besteht, so geht der Ausweis unter B.II.2.oder 3. vor; ggf. kann dort ein Vermerk der Mitzugehörigkeit in Betracht kommen (§ 265 Abs. 3 S. 1 HGB). 280

Fallen bei einer **KGaA** hier auszuweisende Forderungen unter § 89 AktG und richten sich die Forderungen gegen einen persönlich haftenden Gesellschafter oder andere in § 286 Abs. 2 S. 4 AktG bezeichnete Personen, so muss ein „davon"-Vermerk erfolgen; vgl. Tz. 266. Richten sich bei einer **GmbH** die Forderungen an einen Gesellschafter und erfolgt kein Sonderausweis und keine Angabe im Anh., so muss der Betrag dieser Forderungen vermerkt werden (§ 42 Abs. 3 zweiter Hs. GmbHG, vgl. auch Tz. 267). Entsprechendes gilt für Forderungen einer **Personenhandelsgesellschaft i.S.d. § 264a HGB** gegenüber ihren Gesellschaftern (§ 264c Abs. 1 HGB)[452]. 281

Zur Ermittlung der Forderungen aus Lieferungen und Leistungen bei **Versorgungsunternehmen** vgl. L Tz. 37 ff. sowie *IDW PH 9.314.1*. Wegen des Ausweises von Forderungen aus Bauten von **Bauunternehmen** vgl. ADS[6], § 266 HGB, Tz. 109, 119, 127. Zur Bilanzierung bei **Factoring** vgl. E Tz. 55 f.[453] sowie zur Bilanzierung von *asset backed securities*-Gestaltungen vgl. *IDW RS HFA 8* und E Tz. 58. 282

Der Betrag von Forderungen mit einer **Restlaufzeit** von **mehr als einem Jahr** ist zu vermerken (§ 268 Abs. 4 S. 1 HGB); unter bestimmten Voraussetzungen (Zusammenfassung von Posten, die dann im Anh. aufgegliedert werden, § 265 Abs. 7 Nr. 2 HGB) kann die Angabe statt in der Bilanz im Anh. gemacht werden (vgl. dazu Tz. 99)[454]. Die Restlaufzeit ist die Zeit zwischen dem Abschlussstichtag und dem voraussichtlichen Eingang der Forderung; der tatsächlich erwartete Eingang ist maßgeblich, wenn er später als der vertragliche Zahlungstermin gilt. Bei Ratenzahlung gehören die innerhalb eines Jahres eingehenden Raten (Tilgungsanteil) nicht in den Vermerk. Langfristig gestundete Forderungen aus Lieferungen und Leistungen sind nur im Fall einer Novation unter den Ausleihungen im AV auszuweisen[455]. 283

Eine **Saldierung** von Forderungen mit Verbindlichkeiten ist grds. unzulässig (§ 246 Abs. 2 S. 1 HGB). Sie ist nur dann zulässig, wenn gleichartige Forderungen und Verbindlichkeiten gegenüber derselben Person bestehen, die zivilrechtlich nach § 387 BGB aufgerechnet werden können[456]. Wegen der **Bewertung** vgl. E Tz. 570 ff.

---

451 Zum Zeitpunkt der Erstbilanzierung (Realisationszeitpunkt) vgl. ADS[6], § 252 HGB, Tz. 82 ff., sowie § 246 HGB, Tz. 190 ff.
452 Vgl. *Marx/Dallmann* in Baetge/Kirsch/Thiele, Bilanzrecht, § 266, Rn. 89; *IDW ERS HFA 7 n.F.*, Tz. 54.
453 Vgl. auch ADS[6], § 266 HGB, Tz. 123 sowie § 246 HGB, Tz. 311 ff. m.w.N.
454 Vgl. ADS[6], § 268 HGB, Tz. 103.
455 Vgl. auch *Hayn/Jutz/Zündorf* in BHdR, B 215, Rn. 6.
456 Vgl. hierzu ADS[6], § 246 HGB, Tz. 465 ff. sowie § 266 HGB, Tz. 121.

B.II.2. Forderungen gegen verbundene Unternehmen

B.II.3. Forderungen gegen Unternehmen, mit denen ein Beteiligungsverhältnis besteht

284 Wegen der **Begriffe** verbundene Unternehmen und Beteiligungen vgl. Tz. 250 f. und 258. Als Forderungen gegen Unternehmen, mit denen ein Beteiligungsverhältnis besteht, kommen nicht nur Forderungen einer Gesellschaft gegen ein Unternehmen in Betracht, an dem sie beteiligt ist, sondern auch Forderungen einer Gesellschaft gegen ein an ihr beteiligtes Unternehmen.

Auszuweisen sind unter B.II.2. oder 3. grds. alle Forderungen gegenüber den genannten Unternehmen[457], gleich aus welchem Grunde sie entstanden sind (auch kurzfristige Darlehen, realisierte Gewinnansprüche), soweit sie nicht zu den an diese Unternehmen gewährten Ausleihungen gehören (A.III.2. oder 4.). Soweit es sich um Forderungen aus Lieferungen und Leistungen handelt, kann ein Vermerk der Mitzugehörigkeit zum Posten B.II.1. in Betracht kommen (§ 265 Abs. 3 S. 1 HGB); der Vermerk kann statt in der Bilanz auch im Anh. gemacht werden.

285 Sind Unternehmen, mit denen ein Beteiligungsverhältnis besteht, **zugleich verbundene Unternehmen**, so geht der Ausweis unter B.II.2. vor. Zum Ausweis von **Anzahlungen** an verbundene Unternehmen und Beteiligungsunternehmen vgl. ADS⁶, § 266 HGB, Tz. 130 (freiwilliger Sonderausweis empfohlen). Zum **Zeitpunkt** der Bilanzierung des Anspruchs auf Beteiligungserträge vgl. Tz. 558[458].

286 Der Betrag von Forderungen mit einer **Restlaufzeit** von mehr als einem Jahr ist zu vermerken (§ 268 Abs. 4 S. 1 HGB). Wegen der Ermittlung der Restlaufzeit vgl. Tz. 283.

Sonderposten: Eingeforderte, noch ausstehende Kapitaleinlagen (§ 272 Abs. 1 S. 3 HGB)

287 Für den Ausweis ausstehender Kapitaleinlagen sieht § 272 Abs. 1 HGB nur noch den **Nettoausweis** vor (vgl. Tz. 311); das daneben bestehende frühere Wahlrecht zu Gunsten des Bruttoausweises wurde durch das BilMoG beseitigt[459]. Werden demnach **nicht eingeforderte** ausstehende Kapitaleinlagen vom Posten „Gezeichnetes Kapital" offen abgesetzt, sind etwaige bereits **eingeforderte**, aber noch nicht eingezahlte Beträge gesondert unter den Forderungen (§ 272 Abs. 1 S. 3 zweiter Hs. HGB) auszuweisen[460]. An welcher Stelle der Forderungen der Posten aufzuführen ist, lässt das Gesetz offen[461]. Nahe liegt eine Einordnung vor den sonstigen Vermögensgegenständen (B.II.4.). Richtet sich die Forderung jedoch gegen ein **verbundenes Unternehmen** oder ein Unternehmen, mit dem ein **Beteiligungsverhältnis** besteht, so hat der Ausweis im Rahmen des Postens B.II.2. oder B.II.3. zu erfolgen, und zwar wegen des geforderten gesonderten Ausweises als Untergruppe oder „davon"-Vermerk[462]. Bei einer GmbH ist ggf. gem. § 42 Abs. 3 GmbHG in der Bilanz oder im Anh. anzumerken, dass es sich um Forderungen gegen Gesellschafter handelt[463].

---

457 Ebenso ADS⁶, § 266 HGB, Tz. 124, 129 (bei Vermerk der Mitzugehörigkeit auch anderer Ausweis zulässig); im Ergebnis ebenso *Ellrott/Krämer* in BeBiKo⁷, § 266, Rn. 119; ferner *Marx/Dallmann* in Baetge/Kirsch/Thiele, Bilanzrecht, § 266, Rn. 82.
458 Vgl. *Ellrott/Krämer* in BeBiKo⁷, § 266, Rn. 120; ADS⁶, § 246 HGB, Tz. 213 ff.
459 Vgl. *Förschle/Hoffmann* in BeBiKo⁷, § 272, Rn. 35; *Gelhausen/Fey/Kämpfer*, BilMoG, Kap. L, Rn. 18 f.
460 Vgl. *Kozikowski/F. Huber* in BeBiKo⁷, § 266, Rn. 50.
461 Vgl. *Marx/Dallmann* in Baetge/Kirsch/Thiele, Bilanzrecht, § 266, Rn. 88.
462 Gl.A. *Förschle/Hoffmann* in BeBiKo⁷, § 272, Rn. 36; *Gelhausen/Fey/Kämpfer*, BilMoG, Kap. L, Rn. 15.
463 Vgl. ADS⁶, § 266 HGB, Tz. 169.

Die Bilanz F

Sonderposten: **Einzahlungsverpflichtungen persönlich haftender Gesellschafter**
(§ 286 Abs. 2 AktG, § 264c Abs. 2 S. 4 HGB)

Sonderposten: **Einzahlungsverpflichtungen von Kommanditisten**
(§ 264c Abs. 2 S. 6 und 7 i.V.m. S. 4 HGB)

Übersteigt bei einer KGaA der auf den Kapitalanteil eines **persönlich haftenden Ge-** **288**
sellschafters entfallende Verlust dessen Kapitalanteil und besteht insoweit eine Zahlungsverpflichtung des Gesellschafters, so ist der übersteigende Betrag unter den Forderungen gesondert als „Einzahlungsverpflichtungen persönlich haftender Gesellschafter" auszuweisen (§ 286 Abs. 2 S. 3 erster Hs. AktG)[464]. Ein entsprechender Sonderposten ist auch bei **Personenhandelsgesellschaften i.S.d. § 264a HGB** vorgeschrieben (§ 264c Abs. 2 S. 4 HGB)[465]. Einschlägige Forderungen gegen mehrere persönlich haftende Gesellschafter können zusammengefasst werden[466].

Parallel zu den Einzahlungsverpflichtungen persönlich haftender Gesellschafter sind bei **289**
Personenhandelsgesellschaften i.S.d. § 264a HGB bei entsprechender Sachlage (Verlustanteil > Kapitalanteil, Bestehen einer Einzahlungsverpflichtung) auch die Einzahlungsverpflichtungen von **Kommanditisten** „insgesamt" gesondert von denen der persönlich haftenden Gesellschafter auszuweisen (§ 264c Abs. 2 S. 6 und 7 erster Hs. i.V.m. S. 4 HGB)[467]. Dasselbe gilt, wenn ein Kommanditist Gewinnanteile entnimmt, obwohl sein Kapitalanteil bereits durch Verluste unter den Betrag der geleisteten Einlage gemindert wurde oder soweit die Kapitaleinlage erst durch die Entnahme unter diesen Betrag sinkt (S. 7 zweiter Hs.)[468]. Mit dieser Regelung wird Bezug auf die Vorschrift zum Wiederaufleben der Außenhaftung des Kommanditisten in § 172 Abs. 4 S. 2 HGB genommen[469]. Durch das BilMoG ist indes die Ermittlung, ob die Gewinnentnahme zu einem Wiederaufleben der Haftung führt, geändert worden. Nach dem neu eingefügten § 172 Abs. 4 S. 3 HGB sind bei der Berechnung des Kapitalanteils nach § 272 Abs. 4 S. 2 HGB Beträge i.S.d. § 268 Abs. 8 HGB (vgl. Tz. 102 ff.) nicht zu berücksichtigen. Sind deshalb zum Zeitpunkt der Beurteilung der Gewinnentnahme bei dem Unternehmen noch fortgeschriebene Beträge i.S.d. § 268 Abs. 8 HGB vorhanden, führen sie dann zu einem Wiederaufleben der Haftung, wenn der Kapitalanteil des jeweiligen Kommanditisten unter Abzug dieser Beträge den Betrag der geleisteten Einlage nicht erreicht oder unter ihn herabgemindert wird[470]. Da die Ausweisregelung des § 264c Abs. 2 S. 7 zweiter Hs. HGB inhaltlich an die wieder auflebende Außenhaftung des Kommanditisten anknüpft, aber ihrem Wortlaut nach die Bestimmung des § 172 Abs. 4 S. 3 HGB außer Acht lässt, liegt insoweit eine Lücke vor, die durch entsprechende Beachtung der Berechnungsvorschrift des § 172 Abs. 4 S. 3 HGB bei Anwendung der handelsrechtlichen Ausweisvorschrift zu schließen ist[471]. Somit hat § 172 Abs. 4 S. 3 HGB nicht nur Bedeutung für den betroffenen

---

464 Vgl. ADS[6], § 286 AktG, Tz. 35; *Ellrott/Krämer* in BeBiKo[7], § 266, Rn. 124; *Förschle/Hoffmann* in BeBiKo[7], § 272, Rn. 331; *Ischebeck* in HdR[5], Kap. 5, Rn. 26; *Bolsenkötter/Poullie* in HdJ, Abt. II/6, Rn. 92.
465 Vgl. ADS[6], § 264c HGB n.F., Tz. 20; *Förschle/Hoffmann* in BeBiKo[7], § 264c, Rn. 43; *Ellrott/Krämer* in BeBiKo[7], § 266, Rn. 124; *Ischebeck/Nissen-Schmidt* in HdR[5], § 264c HGB, Rn. 15; *Thiele/Sickmann* in Baetge/Kirsch/Thiele, Bilanzrecht, § 264c, Rn. 43.
466 Vgl. *IDW ERS HFA 7 n.F.*, Tz. 43; *Ellrott/Krämer* in BeBiKo[7], § 266, Rn. 124; *Förschle/Hoffmann* in BeBiKo[7], § 272, Rn. 133; *Ischebeck/Nissen-Schmidt* in HdR[5], § 264c HGB, Rn. 16.
467 Vgl. *IDW ERS HFA 7 n.F.*, Tz. 43; *Thiele/Sickmann* in Baetge/Kirsch/Thiele, Bilanzrecht, § 264c, Rn. 50, 52; *Schiedermair/Maul*, S. 503 (510); *Kusterer/Kirnberger/Fleischmann*, DStR 2000, S. 606 (608).
468 Vgl. *Thiele/Sickmann* in Baetge/Kirsch/Thiele, Bilanzrecht, § 264c, Rn. 53; *von Kanitz*, WPg 2003, S. 324 (335).
469 Vgl. *Gelhausen/Fey/Kämpfer*, BilMoG, Kap. N, Rn. 89.
470 Siehe dazu auch *Gelhausen/Fey/Kämpfer*, BilMoG, Kap. N, Rn. 87 f.
471 Vgl. *Gelhausen/Fey/Kämpfer*, BilMoG, Kap. N, Rn. 90.

Kommanditisten. Vielmehr kann die Vorschrift auch Konsequenzen für den Ausweis negativer Kapitalkonten bei der KG haben.

290 Indes reicht das bloße Wiederaufleben der Haftung des Kommanditisten gem. § 172 Abs. 4 S. 2 und 3 i.V.m. § 171 Abs. 1 HGB im Außenverhältnis nicht aus, um eine Einzahlungsverpflichtung des Kommanditisten zu begründen; in allen Fallkonstellationen muss vielmehr eine **Einzahlungsverpflichtung** zwischen dem Kommanditisten und der KG ausdrücklich vereinbart sein[472]. Darüber hinaus ist die Bonität des Gesellschafters zu berücksichtigen, d.h. der Ansatz einer Forderung darf nur insoweit erfolgen, als auch tatsächlich mit einer Einzahlung gerechnet werden kann.

291 I.d.R. wird in keinem der genannten Fälle eine (gesondert vereinbarte) Zahlungsverpflichtung seitens der Kommanditisten bestehen, so dass die **nicht durch Vermögenseinlagen gedeckten Verlustanteile** bzw. die **nicht durch Vermögenseinlagen gedeckten Entnahmen** getrennt voneinander als solche – d.h. nicht als Forderung – aktivisch auszuweisen sind; vgl. dazu Tz. 308. Allerdings ist dann gem. § 264 c Abs. 2 S. 9 HGB der Betrag der insoweit wieder auflebenden persönlichen Haftung des Kommanditisten (§ 172 Abs. 4 HGB) im **Anh.** anzugeben (dazu Tz. 1049 ff.)[473].

Sonderposten: Eingeforderte Nachschüsse (§ 42 Abs. 2 GmbHG)

292 Von den Gesellschaftern eingeforderte, aber noch nicht erbrachte **Nachschüsse** sind unter der Voraussetzung, dass die Einziehung bereits beschlossen ist und den Gesellschaftern ein Recht, sich durch Verweisung auf den Geschäftsanteil von der Zahlung zu befreien, nicht zusteht, zu aktivieren (§ 42 Abs. 2 S. 1 GmbHG)[474]. Der nachzuschießende Betrag ist unter den Forderungen gesondert unter der Bezeichnung „Eingeforderte Nachschüsse" auszuweisen, soweit mit der Zahlung gerechnet werden kann (§ 42 Abs. 2 S. 2 GmbHG). Gleichzeitig ist ein dem Aktivposten entsprechender Betrag in dem Posten „Kapitalrücklage" gesondert auszuweisen (vgl. Tz. 371).

B.II.4. Sonstige Vermögensgegenstände

293 Unter diesem Sammelposten sind alle nicht an anderer Stelle auszuweisenden **Vermögensgegenstände des Umlaufvermögens** zu erfassen[475], z.B. gewährte Darlehen (soweit sie nicht unter A.III.2., 4. oder 6., B.II.2. oder 3. fallen), Gehaltsvorschüsse (auch soweit unter § 89 AktG fallend) einschließlich negative Salden auf Arbeitszeitkonten (sofern diese die Aktivierungsvoraussetzungen im Einzelfall erfüllen)[476], Kostenvorschüsse (soweit nicht Anzahlungen), Kautionen (sofern langfristig unter A.III.6.)[477], Steuererstattungsansprüche[478] sowie Ansprüche auf Auszahlung des KSt-Guthabens gem.

---

472 Vgl. *von Kanitz*, WPg 2003, S. 324 (334 f.); *Thiele/Sickmann* in Baetge/Kirsch/Thiele, Bilanzrecht, § 264c, Rn. 52; *Schiedermair/Maul*, S. 503 (512 f.).
473 Vgl. *Förschle/Hoffmann* in BeBiKo[7], § 264c, Rn. 60 f.; *Thiele/Sickmann* in Baetge/Kirsch/Thiele, Bilanzrecht, § 264c, Rn. 60 ff.; *von Kanitz*, WPg 2003, S. 324 (334 f.).
474 Vgl. im Einzelnen ADS[6], § 42 GmbHG, Tz. 13 ff.; *Förschle/Hoffmann* in BeBiKo[7], § 272, Rn. 215 ff.
475 Vgl. *Bolsenkötter/Poullie* in HdJ, Abt. II/6, Rn. 100; *Winnefeld*, Bilanz-Handbuch[4], Kap. F, Rn. 550 ff.; *Ellrott/Krämer* in BeBiKo[7], § 266, Rn. 128 ff., sowie *Ellrott/Roscher* in BeBiKo[7], § 247, Rn. 120 ff.; ADS[6], § 266 HGB, Tz. 13; *Hayn/Jutz/Zündorf* in BHdR, B 215, Rn. 14.
476 Zu den Voraussetzungen für die Aktivierung eines negativen Arbeitszeitkontensaldos vgl. *IDW*, FN-IDW 2006, S. 322. Ausführlich dazu auch *Ries*, WPg 2010, S. 811 (815 f.).
477 A.A. *Ellrott/Roscher* in BeBiKo[7], § 247, Rn. 124 (Ausweis der Kautionen grds. unter den „sonstigen Vermögensgegenständen").
478 Zum Zeitpunkt der Aktivierung von steuerlichen Erstattungsansprüchen vgl. *HFA*, FN-IDW 1998, S. 71 f.; *HFA*, FN-IDW 2001, S. 688.

Die Bilanz

SEStEG[479], debitorische Kreditoren, geleistete Anzahlungen auf nicht aktivierbare Sachverhalte (z.B. für zukünftige Werbemaßnahmen), gezahlte Prämien im Rahmen von Optionsgeschäften und Zinsbegrenzungen (Caps, Floors, Calls, Puts)[480] (vgl. E Tz. 66, 70), geleistete Einschüsse („initial margin") und Nachschüsse („variation margin") im Rahmen von Finanzterminkontrakten[481] (vgl. E Tz. 68); Ansprüche auf Investitionszulagen[482], Schadensersatzansprüche[483], Rückgriffsforderungen aus Leistungen im Rahmen von Bürgschaftsübernahmen und Treuhandverhältnissen, Genossenschaftsanteile ohne Anlagecharakter, Rückdeckungsansprüche aus Lebensversicherungen, soweit nicht unter Finanzanlagen ausgewiesen (vgl. Tz. 271). Auch Forderungen auf Lieferung vertretbarer Sachen sowie GmbH-Anteile, wenn keine Beteiligungs- und Daueranlageabsicht besteht, gehören hierher; ggf. auch Anteile an Joint Ventures in Form der GbR (vgl. *IDW St/HFA 1/ 1993*) und Genussrechte (vgl. *IDW St/HFA 1/1994*); ebenso Stückzinsen, die bis zum Abschlussstichtag aufgelaufen sind. Ebenfalls hier auszuweisen sind zur Weiterveräußerung vorgesehene Gegenstände des AV, die nicht mehr entsprechend ihrer ursprünglichen Zweckbestimmung genutzt werden[484]. Nicht zu den sonstigen Vermögensgegenständen gehören Bausparguthaben (Ausweis unter B.IV., wenn nicht A.III.6.)[485] und langfristig gestundete Forderungen aus Lieferungen und Leistungen (Ausweis bei Novation unter den Ausleihungen)[486].

Soweit unter den sonstigen Vermögensgegenständen Forderungen enthalten sind, sind drei **Vermerkpflichten** zu beachten: **294**

- Nach § 268 Abs. 4 S. 1 HGB ist der Betrag von Forderungen mit einer **Restlaufzeit** von mehr als einem Jahr zu vermerken;
- bei einer **KGaA** sind unter § 89 AktG fallende Forderungen gegen einen persönlich haftenden Gesellschafter oder andere in § 286 Abs. 2 S. 4 AktG bezeichnete Personen zu vermerken, vgl. hierzu Tz. 266;
- bei einer **GmbH** sind Forderungen an Gesellschafter, die nicht gesondert, sondern unter einem anderen Posten ausgewiesen werden, zu vermerken (§ 42 Abs. 3 zweiter Hs. GmbHG); ebenso bei **Personenhandelsgesellschaften i.S.d. § 264a HGB** (§ 264c Abs. 1 HGB), vgl. auch Tz. 267.

Werden unter den sonstigen Vermögensgegenständen Posten ausgewiesen, die erst nach dem Abschlussstichtag rechtlich entstehen (z.B. abgegrenzte Zins- oder Dividendenansprüche), müssen Beträge, die einen größeren Umfang haben, im **Anhang** erläutert werden (§ 268 Abs. 4 S. 2 HGB, vgl. Tz. 748).

Wegen der **Bewertung** von sonstigen Vermögensgegenständen vgl. E Tz. 578 ff.

---

479 Vgl. dazu *IDW,* FN-IDW 2007, S. 107.
480 Vgl. zu Optionsgeschäften *IDW St/BFA 2/1995; Prahl/Naumann* in HdJ, Abt. II/10, Rn. 118 ff.; *Windmöller/ Breker,* WPg 1995, S. 389 ff.; ADS[6], § 246 HGB, Tz. 372; vgl. auch E Tz. 579; zu Zinsbegrenzungsvereinbarungen vgl. ADS[6], § 246 HGB, Tz. 381 ff.; *Prahl/Naumann* in HdJ, Abt. II/10, Rn. 145 ff.; *Förschle/Usinger* in BeBiKo[7], § 254, Rn. 90 ff.
481 Vgl. *Förschle/Usinger* in BeBiKo[7], § 254, Rn. 100 ff.
482 Vgl. *IDW St/HFA 1/1984* (auch zum Zeitpunkt der Aktivierung).
483 Vgl. ADS[6], § 246 HGB, Tz. 176.
484 Vgl. ADS[6], § 266 HGB, Tz. 134, sowie § 247 HGB, Tz. 117 ff.; *Ellrott/Roscher* in BeBiKo[7], § 247, Rn. 124.
485 Vgl. ADS[6], § 266 HGB, Tz. 154; a.A. *Ellrott/Krämer* in BeBiKo[7], § 266, Rn. 156; *Dusemond/Heusinger-Lange/Knop* in HdR[5], § 266 HGB, Rn. 87 (Ausweis unter den „sonstigen Vermögensgegenständen").
486 Vgl. ADS[6], § 266 HGB, Tz. 122.

B.III. Wertpapiere
B.III.1. Anteile an verbundenen Unternehmen

295 Wegen des Begriffs der verbundenen Unternehmen vgl. Tz. 250. Hier sind nach der Postenbezeichnung (B.III. Wertpapiere) nur solche Anteile auszuweisen, die **verbrieft** sind und nicht nach § 247 Abs. 2 HGB zum AV gehören[487]. Es wird dagegen auch für zulässig erachtet, losgelöst von der Verbriefung der Gesellschaftsrechte aus Gründen der Einheitlichkeit und des Sachzusammenhangs ebenfalls andere Anteilsrechte (z.B. GmbH-Anteile) bei Erfüllung der übrigen Voraussetzungen unter dem Posten B.III.1. auszuweisen[488].

B.III.2. Sonstige Wertpapiere

296 Hierunter sind alle Wertpapiere auszuweisen, die **nicht zu einem anderen Posten** gehören und jederzeit veräußerbar sind[489]. Auch abgetrennte Zins- und Dividendenscheine sind hier (oder unter B.II.4.) zu erfassen; ebenso Genussrechte in Form von Inhaber- oder Orderpapieren ohne Dauerbesitzabsicht (vgl. *IDW St/HFA 1/1994*)[490].

297 **Wechsel** sind zwar ebenfalls Wertpapiere, doch sollten sie wegen ihrer besonderen Ausgestaltung und ihres regelmäßigen Zusammenhangs mit Liefer- und Leistungsforderungen entweder gesondert (z.B. zwischen B.II.1. und B.II.2.) oder unter B.II.1. (ggf. mit „davon"-Vermerk) ausgewiesen werden. Auch kann ein Ausweis unter B.II.2 oder B.II.3. in Betracht kommen. Bei Schatzwechseln des Bundes und der Länder überwiegt dagegen der Wertpapiercharakter[491]. Wechsel, bei denen die bilanzierende Gesellschaft sich zur Freistellung des einreichenden Akzeptanten von der Wechseleinlösung verpflichtet hat, können, solange die Voraussetzungen für die Freistellung gegeben sind, nicht als solche ausgewiesen werden.

B.IV. Kassenbestand, Bundesbankguthaben, Guthaben bei Kreditinstituten und Schecks

298 Zum **Kassenbestand** gehören die Bestände der Haupt- und Nebenkassen einschl. Sorten und bestimmter Wertmarken (z.B. Steuer-, Beitragsmarken)[492]. Auch Briefmarken und nicht verbrauchte Francotypwerte werden üblicherweise hier ausgewiesen[493], jedoch ist auch ein Ausweis unter den sonstigen Vermögensgegenständen (B.II.4.) vertretbar[494]. Zins- und Dividendenscheine sind als Wertpapiere (B.III.3.), Vorschüsse sind als Forderungen auszuweisen (i.d.R. unter B.II.4.).

299 Als **Guthaben bei Kreditinstituten** sind Forderungen an inländische KI oder gleichartige ausländische Institute aus dem Kreditverkehr, und zwar sowohl täglich fällige Gelder als auch Festgelder einschließlich gutgeschriebener Zinsen auszuweisen[495]. Dies gilt grds. auch für kurzfristige Festgelder, die fortlaufend prolongiert werden. Ein Ausweis im Fi-

---

[487] Vgl. zum Begriff des „Wertpapiers" ADS[6], § 266 HGB, Tz. 137 f.; ferner *Dobler/Maul* in HdJ, Abt. II/7, Rn. 7 ff.; zu Beispielen vgl. *Kozikowski/Gutike* in BeBiKo[7], § 266, Rn. 142 i.V.m. Rn. 80 f.
[488] Vgl. *Dusemond/Heusinger-Lange/Knop* in HdR[5], § 266 HGB, Rn. 89; ADS[6], § 266 HGB, Tz. 138; *Dobler/Maul* in HdJ, Abt. II/7, § 266 HGB, Tz. 138; *Scheffler* in BHdR, B 216, Rn. 12 ff. (Ausweis der nicht verbrieften Anteile unter den „sonstigen Vermögensgegenständen").
[489] Vgl. ADS[6], § 266 HGB, Tz. 84 und Tz. 143 ff.; *Winnefeld*, Bilanz-Handbuch[4], Kap. F, Rn. 535 ff.
[490] Zu weiteren Anwendungsfällen vgl. auch *Scheffler* in BHdR, B 216, Rn. 100 ff.
[491] Ebenso *Dobler/Maul* in HdJ, Abt. II/7, Rn. 21.
[492] Vgl. *Ellrott/Krämer* in BeBiKo[7], § 266, Rn. 151 ff.
[493] Vgl. *Scheffler* in BHdR, B 217, Rn. 15.
[494] Für Pflicht zum Ausweis unter den sonstigen Vermögensgegenständen *Dobler/Maul* in HdJ, Abt. II/7, Rn. 126.
[495] Vgl. *Scheffler* in BHdR, B 217, Rn. 21.

Die Bilanz F

nanzanlagevermögen kann jedoch dann in Frage kommen, wenn nach dem Willen des Bilanzierenden die Finanzmittel dauernd dem Geschäftsbetrieb des Unternehmens dienen sollen, eine längerfristige Anlage jedoch noch nicht realisiert werden konnte. Guthaben aus Bausparverträgen bei Bausparkassen gehören ebenfalls zu den Guthaben bei KI[496]. Ein gesonderter Ausweis von Festgeldern oder Hinweis im Anh. ist notwendig, wenn nicht damit zu rechnen ist, dass das KI das Festgeld gegen entsprechende Zinsberechnung freigibt. Wird ein zugunsten Dritter gesperrtes Guthaben unter B.IV. ausgewiesen, muss ein Vermerk oder ein gesonderter Ausweis vorgenommen oder eine Erläuterung im Anh. gegeben werden. Bei ausländischen KI gesperrte Guthaben und Ansprüche an KI aus Konsortialgeschäften gehören nicht unter B.IV., sondern unter B.II.4.[497] oder einen Sonderposten nach § 265 Abs. 5 S. 2 HGB.

Eingeräumte, aber **nicht in Anspruch genommene Kredite** bilden keine Guthaben bei KI, sondern verkörpern ein grds. nicht zu bilanzierendes schwebendes Geschäft[498]. **300**

Werden Guthaben bei einem KI unterhalten, das **verbundenes Unternehmen** ist oder mit dem ein **Beteiligungsverhältnis** besteht, so ist ein Vermerk der Mitzugehörigkeit zu den entsprechenden Forderungen erforderlich (§ 265 Abs. 3 S. 1 HGB). **301**

Unter diesem Posten sind auch **Schecks** auszuweisen, über die die Gesellschaft in eigener Rechnung verfügen kann. An den Aussteller zurückgesandte oder von der bezogenen Bank mit Protest zurückgegebene Schecks sind dagegen unter dem entsprechenden Forderungsposten zu erfassen.

C. Rechnungsabgrenzungsposten

Die Bestimmungen über die aktiven RAP sind in § 250 Abs. 1 und 3 HGB getroffen. Siehe hierzu E Tz. 266 ff. Soweit der Posten **Agio-Beträge** nach § 250 Abs. 3 HGB enthält, müssen diese gesondert ausgewiesen werden (z.B. durch Untergliederung, „davon"-Vermerk[499]) oder im Anh. angegeben werden (§ 268 Abs. 6 HGB). **302**

D. Aktive latente Steuern[500]

Für aktive latente Steuern besteht nach § 274 Abs. 1 S. 2 HGB ein **Ansatzwahlrecht**. Ausweislich der Gesetzesbegründung handelt es sich um einen „Sonderposten eigener Art"[501]. Gegenstand des Ansatzwahlrechts ist die sich insgesamt ergebende Steuerentlastung. Mithin darf die Aktivierung nicht auf aktive latente Steuern beschränkt werden, die sich aus (ausgewählten) Einzelsachverhalten ergeben. Auch der Ansatz lediglich eines Teilbetrags der insgesamt erwarteten künftigen Steuerentlastung kommt nicht in Betracht[502]. **303**

Aktive und passive latente Steuern können nach § 274 Abs. 1 S. 3 HGB entweder miteinander verrechnet (**Nettoausweis**) oder unsaldiert ausgewiesen werden (**Bruttoaus- 304**

---

496 Vgl. ADS[6], § 266 HGB, Tz. 154; a.A. (Ausweis unter den sonstigen Vermögensgegenständen) *Dusemond/Heusinger-Lange/Knop* in HdR[5], § 266 HGB, Rn. 87; *Scheffler* in BHdR, B 217, Rn. 24; *Dobler/Maul* in HdJ, Abt. II/7, Rn. 128.
497 Ebenso *Dobler/Maul* in HdJ, Abt. II/7, Rn. 129 (ggf. zusätzliche Erläuterung im Anh.).
498 Vgl. *Dusemond/Heusinger-Lange/Knop* in HdR[5], § 266 HGB, Rn. 101; *Ellrott/Krämer* in BeBiKo[7], § 266, Rn. 157.
499 So auch *Hayn, S.* in HdR[5], § 268 HGB, Rn. 220.
500 Zur Steuerabgrenzung vgl. Tz. 170 ff.
501 Vgl. Begr. RegE BilMoG, BT-Drs. 16/10067, S. 67; siehe auch Beschlussempfehlung des Rechtsausschusses, BT-Drs. 16/12407, S. 87 („Sonderposten").
502 Vgl. *Gelhausen/Fey/Kämpfer*, BilMoG, Kap. M, Rn. 15 m.w.N.; so auch DRS 18, Tz. 15.

weis)[503]. Auch bei einem unsaldierten Ausweis ist die Inanspruchnahme des Aktivierungswahlrechts für die aktivische Abgrenzungsspitze (Gesamtdifferenz) möglich[504]. Die Ausübung des Wahlrechts zu Gunsten des Bruttoausweises hat ebenfalls keinen Einfluss darauf, dass – wie beim Nettoausweis – gem. § 268 Abs. 8 S. 2 HGB nur der aktivische Überhang ausschüttungsgesperrt ist; vgl. Tz. 111.

E. Aktiver Unterschiedsbetrag aus der Vermögensverrechnung

305 Sofern der beizulegende Zeitwert des Deckungsvermögens i.S.d. § 246 Abs. 2 S. 2 erster Hs. und § 253 Abs. 1 S. 4 HGB (vgl. hierzu E Tz. 371 ff.) den Betrag der zu verrechnenden Schulden aus Altersversorgungsverpflichtungen übersteigt, ist der überschießende Betrag hier auszuweisen. Der auszuweisende Mehrbetrag stellt keinen Vermögensgegenstand, sondern einen „Sonderposten sui generis" dar[505]. Der Gesetzeswortlaut legt nahe, hier den **gesamten aktivischen Differenzbetrag** zwischen dem beizulegenden Zeitwert des Deckungsvermögens und den entsprechenden Schulden auszuweisen. In diesem Fall muss der auf der Aktivseite der Bilanz ausgewiesene Betrag nicht mit dem gem. § 268 Abs. 8 S. 3 HGB ausschüttungsgesperrten Betrag übereinstimmen, da die Ausschüttungssperre allein an den Mehrbetrag anknüpft, um den der Zeitwert des Deckungsvermögens dessen AK übersteigt (vgl. Tz. 110)[506]. Es erscheint allerdings auch zulässig, unter dem „Aktiven Unterschiedsbetrag aus der Vermögensverrechnung" nur den Betrag auszuweisen, um den die durch die Zeitwertbewertung am jeweiligen Abschlussstichtag **aufgedeckten stillen Reserven** des Deckungsvermögens die Schulden übersteigen[507].

Sonderposten: Nicht durch Eigenkapital gedeckter Fehlbetrag (§ 268 Abs. 3 HGB)

306 Im Gliederungsschema sind negative Ergebnisse grds. als Abzugsposten innerhalb des Postens EK auszuweisen. Ist das (buchmäßige) EK indes durch Verluste aufgebraucht, so muss ein Überschuss der Passivposten über die Aktivposten nach § 268 Abs. 3 HGB am Schluss der Bilanz **auf der Aktivseite gesondert** unter der Bezeichnung „Nicht durch Eigenkapital gedeckter Fehlbetrag" ausgewiesen werden. Wegen des Ausweises des EK auf der Passivseite in diesem Fall vgl. Tz. 424.

---

503 Zur Ausweisstetigkeit und zum Wechsel vom saldierten zum unsaldierten Ausweis vgl. *Gelhausen/Fey/Kämpfer*, BilMoG, Kap. M, Rn. 50.
504 Vgl. *Gelhausen/Fey/Kämpfer*, BilMoG, Kap. M, Rn. 48 m.w.N.
505 Vgl. Beschlussempfehlung des Rechtsausschusses zum BilMoG, BT-Drs. 16/12407, S. 110; *Ellrott/Krämer* in BeBiKo[7], § 266, Rn. 162; *Gelhausen/Fey/Kämpfer*, BilMoG, Kap. C, Rn. 74. Hierzu auch *Küting/Kußmaul/Keßler*, DB 2009, S. 2557 ff.; *Ernst/Seidler*, BB 2009, S. 766.
506 Vgl. *Gelhausen/Fey/Kämpfer*, BilMoG, Kap. N, Rn. 30.
507 Vgl. *Gelhausen/Fey/Kämpfer*, BilMoG, Kap. C, Rn. 74 ff., mit Verweis auf die Gesetzesbegründung.

Die Bilanz F

Sonderposten: Nicht durch Vermögenseinlagen gedeckter Verlustanteil persönlich haftender Gesellschafter (§ 286 Abs. 2 AktG; § 264c Abs. 2 S. 5 HGB)/Nicht durch Vermögenseinlagen gedeckte Entnahmen persönlich haftender Gesellschafter

Sonderposten: Nicht durch Vermögenseinlagen gedeckter Verlustanteil von Kommanditisten (§ 264c Abs. 2 S. 6 und 7 erster Hs. i.V.m. S. 5 HGB)/Nicht durch Vermögenseinlagen gedeckte Entnahmen von Kommanditisten

Übersteigt bei einer **KGaA** der auf den Kapitalanteil eines persönlich haftenden Gesellschafters entfallende Verlust dessen Kapitalanteil und besteht insoweit keine Zahlungsverpflichtung des Gesellschafters (sonst gesonderter Ausweis als Forderung; vgl. Tz. 288), so ist der übersteigende Betrag als „Nicht durch Vermögenseinlagen gedeckter Verlustanteil persönlich haftender Gesellschafter" zu bezeichnen und am Schluss der Bilanz auf der Aktivseite auszuweisen (§ 286 Abs. 2 S. 3 zweiter Hs. AktG)[508]. Ein entsprechender Ausweis ist bei **Personenhandelsgesellschaften i.S.d.** § 264a HGB vorgeschrieben (§ 264c Abs. 2 S. 5 HGB)[509]. Einschlägige Beträge mehrerer persönlich haftender Gesellschafter können zusammengefasst werden[510]. Eine Saldierung mit positiven Kapitalkonten anderer persönlich haftender Gesellschafter ist dagegen unzulässig[511].   307

Parallel zum Ausweis bzgl. persönlich haftender Gesellschafter sind bei Personenhandelsgesellschaften i.S.d. § 264a HGB bei entsprechender Sachlage (Verlustanteil > Kapitalanteil, keine Einzahlungsverpflichtung) auch die **nicht durch Vermögenseinlagen gedeckten Verlustanteile** von **Kommanditisten** „insgesamt" gesondert von denen der persönlich haftenden Gesellschafter auszuweisen (§ 264c Abs. 2 S. 6 und 7 erster Hs. i.V.m. S. 4 HGB)[512]. Dasselbe gilt, wenn ein Kommanditist Gewinnanteile entnimmt, obwohl sein Kapitalanteil bereits durch Verluste unter den Betrag der geleisteten Einlage gemindert wurde oder soweit die Kapitaleinlage erst durch die Entnahme unter den bezeichneten Betrag sinkt (S. 7 zweiter Hs.; Ausweis von **nicht durch Vermögenseinlagen gedeckten Entnahmen**)[513]. Wegen des Ausweises im Falle einer **Zahlungsverpflichtung** vgl. Tz. 289 ff. (Ausnahmefall). Wegen Angaben im **Anhang** gem. § 264c Abs. 2 S. 9 HGB vgl. Tz. 1049 ff.   308

PASSIVA

A. Eigenkapital

A.I. Gezeichnetes Kapital

Das gezeichnete Kapital ist in der Bilanz zum **Nennbetrag** anzusetzen (§ 272 Abs. 1 S. 2 HGB). § 272 Abs. 1 S. 1 HGB definiert das gezeichnete Kapital als das Kapital, auf das die Haftung der Gesellschafter für die Verbindlichkeiten der Gesellschaft gegenüber den   309

---

508 Vgl. ADS[6], § 286 AktG, Tz. 34; *Ellrott/Krämer* in BeBiKo[7], § 268, Rn. 84; *Bolsenkötter/Poullie* in HdJ, Abt. II/6, Rn. 92.
509 Vgl. ADS[6], § 264c HGB n.F., Tz. 20; *Thiele/Sickmann* in Baetge/Kirsch/Thiele, Bilanzrecht, § 264c, Rn. 45; *IDW ERS HFA 7 n.F.*, Tz. 49.
510 Vgl. ADS[6], § 286 AktG, Tz. 34; *Ellrott/Krämer* in BeBiKo[7], § 268, Rn. 84; *Ischebeck/Nissen-Schmidt* in HdR[5], § 264c HGB, Rn. 16.
511 Vgl. *Ellrott/Krämer* in BeBiKo[7], § 268, Rn. 84.
512 Vgl. ADS[6], § 264c HGB n.F., Tz. 20; *Förschle/Hoffmann* in BeBiKo[7], § 264c, Rn. 52; *Ischebeck/Nissen-Schmidt* in HdR[5], § 264c HGB, Rn. 22; *Thiele/Sickmann* in Baetge/Kirsch/Thiele, Bilanzrecht, § 264c, Rn. 51; *IDW ERS HFA 7 n.F.*, Tz. 49; *Winkeljohann/Schindhelm*, S. 49; *von Kanitz*, WPg 2003, S. 324 (335).
513 Vgl. *Förschle/Hoffmann* in BeBiKo[7], § 264c, Rn. 52; *Ischbeck/Nissen-Schmidt* in HdR[5], § 264c HGB, Rn. 19; *von Kanitz*, WPg 2003, S. 324 (335).

Gläubigern beschränkt ist. Bei der **AG**, **SE**[514] und der **KGaA** ist dies das Grundkapital (§ 152 Abs. 1 S. 1 AktG), bei der **InvAG**[515] das Gesellschaftskapital (§ 96 Abs. 1a InvG) und bei der **GmbH** sowie der **UG** (haftungsbeschränkt) das Stammkapital (§ 42 Abs. 1 GmbHG). Maßgebend ist grds. der im HR eingetragene Betrag (vgl. Tz. 317); Ausnahmen bei der AG: Ausgabe von Bezugsaktien bei bedingter Kapitalerhöhung (§ 200 AktG); Rückbeziehung einer vereinfachten Kapitalherabsetzung ohne oder mit gleichzeitiger Kapitalerhöhung (§§ 234, 235 AktG); Kapitalherabsetzung durch Einziehung von Aktien aufgrund der Satzung (§§ 237, 238 AktG)[516]. Zu **Personenhandelsgesellschaften** i.S.d. § 264a HGB vgl. Tz. 345.

310 Von der Vorgesellschaft empfangene Einlagen auf das Nennkapital sind in einer vor Eintragung der KapGes. im HR aufgestellten **Eröffnungsbilanz** (§ 242 Abs. 1 S. 1 HGB)[517] in einem Sonderposten „Zur Durchführung der Gründung gezeichnetes Kapital" zwischen Eigen- und Fremdkapital auszuweisen[518]. Der Ausweis als gezeichnetes Kapital kommt erst ab HR-Eintragung in Betracht, weil die KapGes. erst ab diesem Zeitpunkt als juristische Person existent ist und über ein Nennkapital verfügt. Ist die Eintragung der KapGes. bis zum Zeitpunkt der Bilanzaufstellung bereits erfolgt, ist es – analog zum Vorgehen bei (ordentlichen) Kapitalerhöhungen (vgl. Tz. 333) – zulässig, den Sonderposten im EK auszuweisen.

311 Soweit das gezeichnete Kapital noch aussteht, sind nicht eingeforderte **ausstehende Einlagen** offen von dem Posten „Gezeichnetes Kapital" abzusetzen (§ 272 Abs. 1 S. 3 erster Hs. HGB). Der Posten erhält dann folgende Gliederung und Bezeichnung (§ 272 Abs. 1 S. 3 zweiter Hs. HGB):

A.I. Eingefordertes Kapital
1. Gezeichnetes Kapital ....
2. abzgl. nicht eingeforderte ausstehende Einlagen ....

Die nicht eingeforderten, ausstehenden Einlagen sind, unabhängig von ihrer Werthaltigkeit, mit dem Nominalbetrag vom Gezeichneten Kapital abzusetzen[519]. Wegen des gesonderten aktivischen Ausweises **eingeforderter**, aber noch **nicht eingezahlter Beträge**[520] vgl. Tz. 287.

312 Sind bei einer AG verschiedene **Aktiengattungen** ausgegeben (§ 11 AktG), so ist nach § 152 Abs. 1 S. 2 AktG der auf jede Aktiengattung entfallende Betrag des Grundkapitals gesondert anzugeben (zu Angaben im LB nach § 289 Abs. 4 S. 1 Nr. 1 HGB vgl. Tz. 1151). Verschiedene Aktiengattungen liegen vor, wenn die ausgegebenen Aktien den Inhabern unterschiedliche Rechte (Herrschafts- oder Verwaltungsrechte einerseits und

---

514 Vgl. Tz. 18 sowie WP Handbuch 2008, Bd. II, J Tz. 11 ff.
515 Vgl. zur InvAG mit variablem Gesellschaftskapital *Heeren/von Tiling*, S. 201; *Wallach*, Der Konzern 2007, S. 487; *Dornseifer*, AG 2008, S. 53.
516 Vgl. ADS⁶, § 272 HGB, Tz. 24, 40, 43.
517 Vgl. zum Regelfall der Aufstellung der Eröffnungsbilanz nach Leistung der Einlagen *Förschle/Kropp/Schellhorn* in Budde/Förschle/Winkeljohann, Sonderbilanzen⁴, Kap. D, Rn. 74.
518 Vgl. *Förschle/Kropp/Schellhorn* in Budde/Förschle/Winkeljohann, Sonderbilanzen⁴, Kap. D, Rn. 231; ähnlich *Korth* in Kölner Komm. Rechnungslegungsrecht, § 266 HGB, Rn. 231 „Noch nicht im Handelsregister eingetragenes Gezeichnetes Kapital"; sowie ADS⁶, § 272 HGB, Tz. 19, für den Fall der Kapitalerhöhung gegen Einlagen.
519 Zu Konsequenzen des „Nettoausweises" der nicht eingeforderten ausstehenden Einlagen für den Kapitalschutz bei AG und GmbH vgl. *Kropff*, ZIP 2009, S. 1137 (1138 f.); zur Fortsetzung des Sondercharakters offener Einlageforderungen bei Verschmelzung von AG vgl. *Rosner*, AG 2011, S. 5.
520 Vgl. *Gelhausen/Fey/Kämpfer*, BilMoG, Kap. L, Rn. 15.

Die Bilanz

Vermögensrechte andererseits) gewähren[521]. Bestehen Mehrstimmrechtsaktien nach § 12 Abs. 2 S. 2 AktG a.F.[522], so sind beim gezeichneten Kapital die Gesamtstimmenzahl der Mehrstimmrechtsaktien und die der übrigen Aktien zu vermerken (§ 152 Abs. 1 S. 4 AktG). Dies gilt auch dann, wenn nach der Satzung ein erhöhtes Stimmrecht nur in Sonderfällen vorgesehen ist; im Vermerk muss auf diesen Tatbestand unter Angabe des entsprechenden Paragraphen der Satzung hingewiesen werden (z.B. „in den Fällen des § ... der Satzung")[523].

Bedingtes Kapital ist mit dem Nennbetrag zu vermerken, soweit die Aktien noch nicht begeben sind (§ 152 Abs. 1 S. 3 AktG); wegen der weitergehenden Angabepflicht im Anh. nach § 160 Abs. 1 Nr. 3 AktG vgl. Tz. 1034. **Genehmigtes Kapital** ist lediglich im Anh. anzugeben (§ 160 Abs. 1 Nr. 4 AktG, vgl. Tz. 1035)[524]. **313**

AG und **SE** haben ein in Aktien zerlegtes Grundkapital (§ 1 Abs. 2 AktG; § 1 Abs. 2 S. 1 SE-VO), dessen Mindestnennbetrag bei AG 50.000 € (§ 7 AktG) und bei SE 120.000 € (Art. 4 Abs. 1 SE-VO) betragen muss. Die Aktien können entweder als Nennbetragsaktien oder als Stückaktien[525] ausgegeben werden (§ 8 Abs. 1 AktG). Die Stückaktien sind unechte nennbetragslose Aktien, da sie nicht auf einen (festen) Bruchteil oder eine Quote lauten, sondern alle einen gleich großen Anteil am Grundkapital der AG verkörpern (§ 8 Abs. 3 S. 1 und 2 AktG). Nennbetragsaktien müssen mindestens auf 1 € lauten (§ 8 Abs. 2 S. 1 AktG). Der auf Stückaktien entfallende Anteil am Grundkapital (rechnerischer Wert) darf ebenfalls 1 € nicht unterschreiten (§ 8 Abs. 3 S. 3 AktG). **314**

Bei einer **REIT-AG** muss das Grundkapital zur Sicherung des obligatorischen Börsengangs (§ 4 i.V.m. § 10 Abs. 1 REITG) mindestens 15 Mio. € betragen[526]. **InvAG** haben ein veränderliches, in echte Stückaktien (§ 96 Abs. 1 S. 3 und 4 InvG) zerlegtes Gesellschaftskapital, dessen Kapitalziffer sich täglich durch die Ausgabe und Rücknahme von Aktien sowie durch Wertschwankungen des zum Zeitwert bewerteten Reinvermögens der InvAG verändert (§ 96 Abs. 1a S. 2 InvG)[527]. Das Gesellschaftskapital muss im Zeitpunkt der Eintragung sowie in der Folgezeit mindestens 300.000 € betragen (Anfangskapital; § 96 Abs. 5 InvG). **315**

Das Stammkapital einer **GmbH** muss mindestens 25.000 € betragen (§ 5 Abs. 1 GmbHG). Bei einer **UG** (haftungsbeschränkt) kann das Stammkapital grds. frei gewählt werden, sofern es nur den Mindestbetrag nach § 5 Abs. 1 GmbHG unterschreitet (§ 5a Abs. 1 GmbHG); es muss jedoch mindestens 1 € betragen, weil nach § 5 Abs. 2 S. 1 GmbHG der Nennbetrag jedes Geschäftsanteils auf volle Euro lauten muss[528]. **316**

---

521 Wegen Einzelheiten der Aktiengattungen vgl. *Hüffer*, AktG[9], § 11, Rn. 3 ff.; ADS[6], § 152 AktG, Tz. 4 ff.; *Poll* in HdR[5], § 152 AktG, Rn. 4 ff. Für eine entsprechende Anwendung auf unterschiedliche Gattungen von Geschäftsanteilen an GmbH *Heymann* in BHdR, B 231, Rn. 55.
522 Die Ausnahmeregelung des § 12 Abs. 2 S. 2 AktG a.F. ist nach § 5 Abs. 1 S. 1 EGAktG am 01.06.2003 erloschen, wenn die HV nicht zuvor ihren Fortbestand beschlossen hat, vgl. ausführlich dazu *Hüffer*, AktG[9], § 12, Rn. 8, 11.
523 Vgl. zur Darstellung, auch des bedingten Kapitals, ADS[6], § 152 AktG, Tz. 17.
524 Vgl. wegen Einzelheiten zu den Angaben im Anh. ADS[6], § 160 AktG, Tz. 40; *Poll* in HdR[5], § 160 AktG, Rn. 12 f.; *Singhof* in HdJ, Abt. III/2, Rn. 75 ff.
525 Vgl. *Hüffer*, AktG[9], § 8, Rn. 20 ff. m.w.N.
526 Vgl. *Gorgs/Conrad/Rohde*, WPg 2009, S. 1167, sowie *IDW PH 9.950.2*.
527 Vgl. *Heeren/von Tiling*, S. 201 (231); *Singhof* in HdJ, Abt. III/2, Rn. 26.
528 Vgl. *Fastrich* in Baumbach/Hueck, GmbHG[19], § 5a, Rn. 10; *Weber*, BB 2009, S. 842 (843); *Wicke*, GWR 2010, S. 259.

317 Seit dem 01.01.2002 können Neugründungen nur noch in Euro erfolgen (§ 1 Abs. 2 S. 3 EGAktG; § 1 Abs. 2 EGGmbHG[529]). **Altgesellschaften**, d.h. AG und GmbH, die vor dem 01.01.1999 in das HR eingetragen oder noch vor diesem Stichtag als DM-Gründungen zur Eintragung ins HR angemeldet worden sind, dürfen das Grundkapital und die Aktien bzw. das Stammkapital und die Geschäftsanteile in DM fortführen. Seit dem 01.01.2002 werden bei diesen Gesellschaften Kapitalveränderungen jedoch nur dann ins HR eingetragen, wenn zugleich die Nennbeträge der Geschäftsanteile auf volle Euro umgestellt werden (§ 1 Abs. 2 S. 3 EGAktG; § 1 Abs. 1 S. 4 EGGmbHG)[530].

318 Die rein mathematische **Umstellung** des „Gezeichneten Kapitals" **von DM auf Euro** kann bei AG und GmbH mit einfacher Mehrheit beschlossen werden (§ 4 Abs. 1 S. 1 EGAktG; § 1 Abs. 3 S. 1 EGGmbHG). Die gleichen Mehrheitserfordernisse gelten bei AG auch für die zur Nennbetragsglättung erforderlichen Kapitalmaßnahmen (§ 4 Abs. 2 S. 1 EGAktG), während bei GmbH für diesen Fall keine Beschlusserleichterungen vorgesehen sind (§ 1 Abs. 3 S. 3 EGGmbHG). Die Glättung selbst kann durch Kapitalerhöhung aus Gesellschaftsmitteln, durch Einlagen oder durch Kapitalherabsetzung erfolgen (§ 4 Abs. 3 EGAktG)[531].

319 Das Grundkapital von AG darf nur nach den Vorschriften über die Kapitalherabsetzung ermäßigt werden (§§ 222 bis 240 AktG). Vor Auflösung der Gesellschaft darf an die Aktionäre nur der Bilanzgewinn verteilt werden (§ 57 Abs. 3 AktG). § 57 AktG verbietet im Interesse des Gläubigerschutzes eine **Rückgewähr von Einlagen**; auch jede versteckte Form der Rückgewähr ist verboten[532]. Für die GmbH gilt nach § 30 Abs. 1 GmbHG, dass das zur Erhaltung des Stammkapitals erforderliche Vermögen der Gesellschaft nicht an die Gesellschafter ausgezahlt werden darf[533].

Erwerb eigener Anteile

320 Nach § 272 Abs. 1a HGB ist der Nennbetrag **eigener Anteile** oder, falls ein solcher nicht vorhanden ist, deren rechnerischer Wert in der Vorspalte offen vom Posten „Gezeichnetes Kapital" abzusetzen. Dies gilt unabhängig davon, ob die eigenen Aktien zur Einziehung erworben oder zur Wiederausgabe, z.B. an Mitarbeiter im Rahmen eines Aktienoptionsprogramms (vgl. Tz. 143 ff.), bestimmt sind[534]. Der Posten „Gezeichnetes Kapital" kann dann wie folgt gegliedert und bezeichnet werden[535]:

---

529 Die Übergangsregelungen zur Euro-Umstellung waren ursprünglich in § 86 GmbHG enthalten, der durch das MoMiG v. 23.10.2008 (BGBl. I, S. 2026) aufgehoben wurde. Die Übergangsregelungen wurden mit geringfügigen Veränderungen (Wegfall der Teilbarkeitsbeschränkungen (durch zehn teilbarer Betrag, mindestens 50 €)) in § 1 EGGmbHG übernommen (vgl. dazu *Hueck/Fastrich* in Baumbach/Hueck, GmbHG[19], § 5, Rn. 58 ff.).

530 Vgl. WP Handbuch 2002, Bd. II, N Tz. 88.

531 Vgl. ausführlich WP Handbuch 2002, Bd. II, N Tz. 92; zu Anforderungen an die Kapitalherabsetzung im Zuge der Euro-Umstellung einer AG vgl. OLG Frankfurt a.M. v. 05.11.2002, DB 2003, S. 194; zur Glättung des Stammkapitals durch Bildung eines „krummen" Geschäftsanteils bei Einpersonen-GmbH vgl. OLG Hamm v. 28.04.2003, GmbHR, S. 899; zu Anforderungen an die Umstellung des Stammkapitals einer GmbH auf Euro vgl. OLG Frankfurt a.M. v. 23.07.2003, DB, S. 2326; *Simon*, DB 2008, S. 1615.

532 Ausführlich zu den Rechtsfolgen von Verstößen gegen § 57 AktG vgl. *Bayer* in MünchKomm. AktG[3], § 57, Rn. 157 ff.; *Hüffer*, AktG[9], § 57, Rn. 2 ff.

533 Vgl. zur Wirksamkeit der Rechtsgeschäfte in diesen Fällen *Singhof* in HdJ, Abt. III/2, Rn. 41 ff.; *Habersack* in Ulmer/Habersack/Winter, GmbHG, § 30, Rn. 96 f.; zur Problematik der Kreditgewährung an Gesellschafter vgl. BGH v. 24.11.2003, DB 2004, S. 371; dazu auch *Cahn*, Der Konzern 2004, S. 235; *Hueck/Fastrich* in Baumbach/Hueck, GmbHG[19], § 30 Anh., Rn. 5 ff.; zum Diskussionsstand hinsichtlich Kapitalaufbringung bzw. -erhaltung vgl. *Eidenmüller/Engert*, AG 2005, S. 97; *Ekkenga*, ZIP 2010, S. 2469.

534 Zur Anwendung der Neuregelung vgl. *Gelhausen/Fey/Kämpfer*, BilMoG, Kap. L, Rn. 63 ff.; zu steuerlichen Auswirkungen vgl. *Blumenberg/Roßner*, GmbHR 2008, S. 1079 (1082); *Schmidtmann*, StuW 2010, S. 286 (292 f.); *Behrens/Renner*, AG 2010, S. 823 (825).

535 Gl.A. *Förschle/Hoffmann* in BeBiKo[7], § 272, Rn. 131.

A.I. Ausgegebenes Kapital
  1. Gezeichnetes Kapital ....
  2. abzgl. Nennbetrag/rechnerischer Wert eigener
     Anteile   ....
                                                                    ....

Werden die eigenen Aktien **unter *pari*** erworben oder der Gesellschaft, z.B. als Sanie- 321
rungsmaßnahme, unentgeltlich zur Verfügung gestellt, ist die Differenz zwischen dem
zwingend mit dem gezeichneten Kapital zu verrechnenden Nennbetrag bzw. rechnerischen Wert und dem niedrigeren Kaufpreis in Abhängigkeit von dem mit dem verbilligten Erwerb verfolgten Zweck entweder erfolgswirksam als Ertragszuschuss zu vereinnahmen oder in die Kapitalrücklage nach § 272 Abs. 2 Nr. 4 HGB einzustellen[536].

Fraglich ist, ob bei AG, SE und KGaA durch den Erwerb eigener Anteile eine **Reduzie-** 322
rung des **Kapitalschutzes** eintritt. Nach § 71 Abs. 2 S. 2 AktG dürfen eigene Aktien nur
erworben werden, wenn die AG im Zeitpunkt des Erwerbs aus dem nicht besonders gegen
Ausschüttungen gesperrten Vermögen in Höhe der AK eine Rücklage (für eigene Anteile)
bilden könnte. Das offene Absetzen des Nennbetrags bzw. rechnerischen Werts der eigenen Anteile vom Gezeichneten Kapital führt allerdings in der Folge dazu, dass nicht das
gesamte im Erwerbszeitpunkt vorhandene, freie EK bilanziell verbraucht wird, sondern in
Höhe des am Gezeichneten Kapital gekürzten Betrags für Ausschüttungen an die Aktionäre zur Verfügung steht[537].

Bei wirtschaftlicher Betrachtung stellt jeder Anteilsrückkauf eine Kapitalherabsetzung 323
(durch „Einziehung" eigener Anteile) dar[538]. Bei einer Einziehung von eigenen Anteilen
im vereinfachten Verfahren muss nach § 237 Abs. 5 AktG in Höhe des Ertrags aus der
Kapitalherabsetzung eine (nicht frei verfügbare) Kapitalrücklage gebildet werden[539]. Um
bereits ab dem Erwerb und nicht erst ab einer späteren Einziehung eigener Anteile einen
durchgängigen Schutz der Gläubiger zu gewährleisten, wird deshalb im Schrifttum teilweise die Bildung einer **gesonderten Rücklage** nach § 237 Abs. 5 AktG analog in Höhe
des für die eigenen Anteile offen vom Gezeichneten Kapital abgesetzten Betrags gefordert[540]. Mehrheitlich wird jedoch die Auffassung vertreten, dass eine Vorverlagerung
der Pflicht zur Rücklagenbildung auf den Erwerbszeitpunkt der eigenen Anteile auf der
Grundlage des geltenden Rechts nicht besteht[541].

Bei **GmbH** und **UG** (haftungsbeschränkt) besteht diese Kapitalerhaltungsproblematik 324
nicht, weil für die Auszahlungsbegrenzung nach § 30 GmbHG der Betrag des im HR
eingetragenen Stammkapitals[542] und nicht das in der Bilanz ausgewiesene „Ausgegebene
Kapital" nach Absetzung der eigenen Anteile (vgl. Tz. 320) maßgeblich ist[543].

---

536 Vgl. *Gelhausen/Fey/Kämpfer*, BilMoG, Kap. L, Rn. 33; für die Einstellung in eine gebundene Rücklage (für eigene Anteile) *Kropff*, ZIP 2009, S. 1137 (1142); dagegen ausschließlich für eine Rücklagenverrechnung *Bruckmeier/Zwirner/Künkele*, DStR 2010, S. 1640 (1641).
537 Vgl. *Gelhausen/Fey/Kämpfer*, BilMoG, Kap. L, Rn. 22 f.
538 Vgl. *Rodewald/Pohl*, GmbHR 2009, S. 32 (35) unter Verweis auf Begr. zu § 272 Abs. 1a HGB i.d.F. RefE BilMoG.
539 Vgl. dazu ausführlich *Förschle/Heinz* in Budde/Förschle/Winkeljohann, Sonderbilanzen[4], Kap. Q, Rn. 90 ff.
540 Vgl. *Förschle/Hoffmann* in BeBiKo[7], § 272, Rn. 134; enger *Kropff*, ZIP 2009, S. 1137 (1142): Bildung einer Rücklage nur im Fall eines „unter pari-Erwerbs" der eigenen Anteile.
541 Vgl. *Gelhausen/Fey/Kämpfer*, BilMoG, Kap. L, Rn. 24; *Gelhausen*, Eigene Aktien, S. 189 (210); *Mock* in Kölner Komm. Rechnungslegungsrecht, § 272 HGB, Rn. 72; *Knorr/Seidler* in Haufe HGB Kommentar[2], § 272, Rn. 205.
542 Vgl. *Hueck/Fastrich* in Baumbach/Hueck, GmbHG[19], § 30, Rn. 14, 16.
543 Vgl. *Gelhausen/Fey/Kämpfer*, BilMoG, Kap. L, Rn. 23; *Förschle/Hoffmann* in BeBiKo[7], § 272, Rn. 136; strengerer Kapitalschutz als bei AG erscheint bei GmbH fragwürdig: so *Rodewald/Pohl*, GmbHR 2009, S. 32 (35).

325 Soweit der Kaufpreis für den Erwerb der eigenen Aktien den Nennbetrag bzw. den rechnerischen Wert der Aktien übersteigt (**Erwerb über *pari***), ist die sich ergebende Differenz gem. § 272 Abs. 1a S. 2 HGB mit frei verfügbaren Rücklagen zu verrechnen. Hierzu gehören bei AG, SE und KGaA zunächst die anderen Gewinnrücklagen (§ 266 Abs. 2 A.III.4. HGB), sofern dem nicht deren satzungsmäßiger Zweck entgegensteht, sowie die Kapitalrücklage aus anderen Zuzahlungen gem. § 272 Abs. 2 Nr. 4 HGB. Bei GmbH sind auch die Kapitalrücklagen nach § 272 Abs. 2 Nr. 1 bis 3 HGB als frei verfügbar anzusehen[544]. Die gesetzliche Rücklage bei einer UG (haftungsbeschränkt) steht – ebenso wie bei einer AG – nicht zur Verrechnung zur Verfügung. Frei verfügbare Rücklagen, die der Ausschüttungssperre nach § 268 Abs. 8 HGB unterliegen (vgl. Tz. 107), dürfen dagegen zur Verrechnung herangezogen werden, weil dadurch die Sperrwirkung nicht beeinträchtigt wird[545]. Wenn die frei verfügbaren Rücklagen bei Aufstellung der Bilanz nicht zur Verrechnung ausreichen, vermindern die verbleibenden Beträge einen Bilanzgewinn bzw. führen zu einem Bilanzverlust[546]. Die Verrechnung mit den frei verfügbaren Rücklagen darf mit oder ohne Berührung der GuV-Verlängerungsrechnung nach § 158 AktG (ggf. analog) erfolgen. Bei einer direkten Saldierung mit den Rücklagen sollte die Entwicklung der Rücklage in der Vorspalte ausgewiesen oder im Anh. erläutert werden[547].

326 **Anschaffungs(neben)kosten** (z.B. Provisionen), die beim Erwerb der eigenen Anteile anfallen, sind als (sonstiger) Aufwand des GJ zu erfassen (§ 272 Abs. 1a S. 3 HGB).

Veräußerung eigener Anteile

327 Erfolgt eine Wiederveräußerung der eigenen Aktien, **entfällt** der **Vorspaltenausweis** (vgl. Tz. 320) beim Gezeichneten Kapital (§ 272 Abs. 1b S. 1 HGB). Die Ausweisänderung hat zu dem Zeitpunkt zu erfolgen, zu dem der Abgang der eigenen Anteile nach den allgemeinen handelsrechtlichen Vorschriften zu erfassen ist[548]. In welcher Höhe der Vorspaltenausweis entfällt, richtet sich nach dem Nennbetrag bzw. rechnerischen Wert, der auf die veräußerten Anteile entfällt. Dies gilt auch dann, wenn die eigenen Anteile unter *pari* veräußert werden. Der Verlust in Höhe der Differenz zwischen dem Nennbetrag bzw. rechnerischen Wert und dem niedrigeren Veräußerungserlös ist aufwandswirksam in der GuV zu erfassen[549].

328 Die Veräußerung eigener Anteile stellt bei wirtschaftlicher Betrachtung eine Kapitalerhöhung dar[550]. Sofern die Gegenleistung für die Veräußerung der eigenen Anteile in einem **Sachwert** besteht (Tausch), könnte dies dafür sprechen, dass die AK (§ 255 Abs. 1 HGB) des zugehenden Gegenstands in entsprechender Anwendung der allgemeinen Grundsätze für die Bewertung von Sacheinlagen[551] bestimmt werden dürfen; damit wäre auch ein Ansatz in Höhe des Nennbetrags bzw. rechnerischen Werts der ausgegebenen Anteile zulässig[552]. Damit würde jedoch die nach § 272 Abs. 1b S. 2 HGB bestehende Pflicht zur

---

544 Vgl. *Gelhausen/Fey/Kämpfer*, BilMoG, Kap. L, Rn. 25 f.
545 Vgl. *Förschle/Hoffmann* in BeBiKo[7], § 272, Rn. 133.
546 Vgl. *Gelhausen/Fey/Kämpfer*, BilMoG, Kap. L, Rn. 28; *Förschle/Hoffmann* in BeBiKo[7], § 272, Rn. 133.
547 Vgl. *Gelhausen/Fey/Kämpfer*, BilMoG, Kap. L, Rn. 29 f., unter Verweis auf *Gelhausen*, Eigene Aktien, S. 189 (206).
548 Vgl. *Gelhausen/Fey/Kämpfer*, BilMoG, Kap. L, Rn. 39.
549 Vgl. *Gelhausen/Fey/Kämpfer*, BilMoG, Kap. L, Rn. 45; gl.A. *Mock* in Kölner Komm. Rechnungslegungsrecht, § 272 HGB, Rn. 103; a.A. *Förschle/Hoffmann* in BeBiKo[7], § 272, Rn. 144: Mindererlös ist mit freien Rücklagen zu verrechnen (§ 272 Abs. 1a S. 2 HGB analog).
550 Vgl. z.B. *Gelhausen/Fey/Kämpfer*, BilMoG, Kap. L, Rn. 40; *Mock* in Kölner Komm. Rechnungslegungsrecht, § 272 HGB, Rn. 101.
551 Vgl. ADS[6], § 255 HGB, Tz. 95 ff.
552 So *Förschle/Hoffmann* in BeBiKo[7], § 272, Rn. 148.

(Wieder-)Einstellung des bei Erwerb der eigenen Anteile mit den frei verfügbaren Rücklagen verrechneten Betrags (vgl. Tz. 325), bis zu dem Betrag, um den der Zeitwert der Sachleistung den Nominalbetrag bzw. rechnerischen Wert der eigenen Anteile übersteigt, unterläuft. Deshalb erscheint ein Zeitwertansatz des erworbenen Vermögensgegenstands sachgerecht[553].

Übersteigt der Veräußerungserlös den Nennbetrag bzw. rechnerischen Wert, ist der Mehrbetrag bis zum Betrag, der beim Erwerb der eigenen Anteile nach § 272 Abs. 1a S. 2 HGB mit **frei verfügbaren Rücklagen** verrechnet wurde (vgl. Tz. 325), wieder in diese Rücklagen einzustellen (§ 272 Abs. 1b S. 2 HGB)[554]. Ist dieser Betrag niedriger als derjenige, der beim Erwerb der Anteile verrechnet wurde, ist der geminderte Differenzbetrag vorzugsweise quotal auf die bei Erwerb zur Verrechnung herangezogenen Kapital- bzw. Gewinnrücklagen zu verteilen[555]. Wurden die Beträge nach § 272 Abs. 1a S. 2 HGB ursprünglich zu Lasten des Jahresergebnisses erfasst, kommt eine Rückgängigmachung dieser Verrechnung nicht in Betracht, weil es sich bei dem Mehrbetrag nach § 272 Abs. 1b S. 2 HGB nach der Gesetzeskonzeption nicht um einen Veräußerungserlös handelt. Mehrheitlich wird deshalb eine Einstellung in Gewinnrücklagen (vgl. Tz. 376) befürwortet, die dann zu Gunsten des Bilanzgewinns wieder aufgelöst werden können[556]. Die Rückgängigmachung der Rücklagenverrechnung ist nicht in der Verlängerungsrechnung der GuV zu erfassen[557]. **329**

Soweit der Veräußerungserlös den ursprünglichen Kaufpreis der eigenen Anteile übersteigt, ist der Differenzbetrag in die Kapitalrücklage nach § 272 Abs. 2 Nr. 1 HGB (vgl. Tz. 362) einzustellen, d.h. im Ergebnis wie das „**Agio**" bei einer ordentlichen Kapitalerhöhung zu behandeln (§ 272 Abs. 1b S. 3 HGB; wirtschaftliche Kapitalerhöhung)[558]. Die Einstellung in die Kapitalrücklage hat ohne Berührung der GuV-Verlängerungsrechnung zu erfolgen[559]. **330**

Nebenkosten für eine **Wiederveräußerung** der eigenen Anteile (insb. Bankspesen und sonstige Transaktionskosten, z.B. Provisionen) sind als Periodenaufwand zu erfassen (§ 272 Abs. 1b S. 4 HGB). Gleiches gilt auch für ggf. durch die Veräußerung ausgelöste Ertragsteuern[560]. **331**

Werden die eigenen Anteile **im Geschäftsjahr ihres Erwerbs wieder veräußert**, ist die Veräußerung dennoch wie eine Kapitalerhöhung zu behandeln, mit der Folge, dass ein Mehrerlös nach § 272 Abs. 1b S. 3 HGB in die Kapitalrücklage nach § 272 Abs. 2 Nr. 1 HGB einzustellen und ein Mindererlös mit frei verfügbaren Rücklagen zu verrechnen ist (§ 272 Abs. 1a S. 2 HGB)[561]. **332**

---

553 Vgl. *Gelhausen/Fey/Kämpfer*, BilMoG, Kap. L, Rn. 40.
554 Vgl. *Gelhausen/Fey/Kämpfer*, BilMoG, Kap. L, Rn. 42 ff.
555 Vgl. *Gelhausen/Fey/Kämpfer*, BilMoG, Kap. L, Rn. 46; gl.A. *Förschle/Hoffmann* in BeBiKo[7], § 272, Rn. 147, die außerdem eine vorrangige Auffüllung der Kapitalrücklage für zulässig halten.
556 Vgl. z.B. *Gelhausen/Fey/Kämpfer*, BilMoG, Kap. L, Rn. 47; *Mock* in Kölner Komm. Rechnungslegungsrecht, § 272 HGB, Rn. 104.
557 Vgl. *Gelhausen/Fey/Kämpfer*, BilMoG, Kap. L, Rn. 48; gl.A. *Förschle/Hoffmann* in BeBiKo[7], § 272, Rn. 143, die sich aus Gründen der Klarheit zumindest für eine Erl. im Anh. z.B. i.Z.m. den Angaben nach § 160 Abs. 1 Nr. 2 AktG aussprechen.
558 Vgl. *Gelhausen/Fey/Kämpfer*, BilMoG, Kap. L, Rn. 49.
559 Vgl. *Gelhausen/Fey/Kämpfer*, BilMoG, Kap. L, Rn. 50.
560 Vgl. *Förschle/Hoffmann* in BeBiKo[7], § 272, Rn. 142.
561 Ausführlich vgl. *Gelhausen/Fey/Kämpfer*, BilMoG, Kap. L, Rn. 52 ff.

Kapitalerhöhung/-herabsetzung

333 **Kapitalerhöhungen**[562] **gegen Einlagen** können nicht vor dem Zeitpunkt bilanziert werden, in dem die Durchführung der Kapitalerhöhung in das HR eingetragen ist (§§ 189 AktG, 54 Abs. 3 GmbHG); dies gilt auch für das genehmigte Kapital (§ 203 Abs. 1 i.V.m. § 189 AktG)[563]. Nach Beschlussfassung, aber vor Eintragung der Kapitalerhöhung geleistete Einlagen sind in einem Sonderposten „Zur Durchführung der beschlossenen Kapitalerhöhung geleistete Einlagen" zwischen EK und FK auszuweisen; bei einer Eintragung der Kapitalerhöhung in der Aufhellungsphase kommt der Ausweis des Sonderpostens im Anschluss an den Posten „Gezeichnetes Kapital" (§ 266 Abs. 3 lit. A.I. HGB) mit Vermerk des Datums der Eintragung in Betracht[564]. Erfolgt die Kapitalerhöhung durch Ausgabe von Bezugsaktien (bedingtes Kapital), so entscheidet der Zeitpunkt der jeweiligen Ausgabe an den Berechtigten über den Ausweis als gezeichnetes Kapital (§ 200 AktG); zum Vermerk des bedingten Kapitals nach § 152 Abs. 1 S. 3 AktG vgl. Tz. 312. Falls bis zum Stichtag zwar ein Kapitalerhöhungsbeschluss gefasst wurde, aber noch keine Einlage geleistet ist, ergeben sich keine bilanziellen Konsequenzen.

334 Eine **Kapitalerhöhung aus Gesellschaftsmitteln**[565] (für AG: §§ 207 bis 220 AktG; für GmbH: §§ 57c bis 57o GmbHG) gilt mit der Eintragung des Beschlusses als durchgeführt (§ 211 Abs. 1 AktG; § 57c Abs. 4 i.V.m. § 54 Abs. 3 GmbHG). Erst von diesem Zeitpunkt an darf das erhöhte Kapital in der Bilanz ausgewiesen werden. Umwandelbar sind nur Kapital- und Gewinnrücklagen einschließlich der Zuführungen lt. Gewinnverwendungsbeschluss (§ 207 Abs. 1 AktG, § 57c GmbHG)[566], soweit in der der Umwandlung zu Grunde gelegten Bilanz nicht ein Verlust einschließlich eines Verlustvortrags ausgewiesen wird (§ 208 Abs. 2 S. 1 AktG, § 57d Abs. 2 GmbHG). Die Beträge der Entnahmen aus den Rücklagen sind im JA der AG nach § 152 Abs. 2 Nr. 2 und Abs. 3 Nr. 3 AktG gesondert anzugeben. Eine Rücklage für Anteile am herrschenden Unternehmen[567] (§ 272 Abs. 4 HGB; vgl. Tz. 390 ff.) kann ebenso wie auch eine Sonderrücklage nach § 218 S. 2 AktG nicht umgewandelt werden. Umwandelbar ist dagegen Nachschusskapital nach § 42 Abs. 2 S. 3 GmbHG[568]. Die Kapitalrücklagen nach § 272 Abs. 2 Nrn. 1 bis 3 HGB und die gesetzliche Rücklage einer AG können nach § 208 Abs. 1 S. 2 AktG nur insoweit umgewandelt werden, als sie zusammen den zehnten oder den in der Satzung bestimmten hö-

---

562 Steuerlich vgl. zur Kapitalerhöhung gegen Einlagen BMF-Schreiben v. 04.06.2003, BStBl. I, S. 366, dessen weitere Anwendbarkeit durch BMF-Schreiben v. 23.04.2010, BStBl. I, S. 391 bestätigt wurde; dazu *Dötsch/Pung*, DB 2003, S. 1345; *Hiort*, BB 2004, S. 2760.

563 Zu Risiken einer Vorauseinzahlung auf eine später zu beschließende Kapitalerhöhung vgl. BGH v. 15.03.2004, DB, S. 1036; *Zöllner* in Baumbach/Hueck, GmbHG[19], § 56a, Rn. 9 ff.; zur „Leistung der Bareinlage zur freien Verfügung der Geschäftsführung" vgl. BGH v. 18.03.2002, BB, S. 957; *Hueck/Fastrich* in Baumbach/Hueck, GmbHG[19], § 56a, Rn. 23 ff.; zum „Hin- und Herzahlen" vgl. *Ettinger/Reiff*, GmbHR 2005, S. 324; zur Einlagefähigkeit von Nutzungsrechten vgl. BGH v. 14.06.2004, DB, S. 1985; hierzu *Hiort*, BB 2004, S. 2760; zu eigenen Aktien in der Kapitalerhöhung vgl. *Busch*, AG 2005, S. 429; zu Sachkapitalerhöhungen vgl. auch *IDW ERS HFA 13 n.F.*, Tz. 82 ff.

564 Vgl. ADS[6], § 272 HGB, Tz. 13, 19; gl.A. *Kropff* in MünchKomm. AktG[2], § 272 HGB, Rn. 50; *Hüttemann* in Staub, HGB[4], § 272, Rn. 10; a.A. *Küting/Reuter* in HdR[5], § 272 HGB, Rn. 13; *Förschle/Hoffmann* in BeBiKo[7], § 272, Rn. 51 (kein Ausweis des Sonderpostens im EK, wohl aber Erläuterung im Anh., bei Eintragung der Kapitalerhöhung in der Aufhellungsphase).

565 Vgl. ADS[6], § 272 HGB, Tz. 30: *Förschle/Kropp* in Budde/Förschle/Winkeljohann, Sonderbilanzen[4], Kap. E, Rn. 11 ff.; *Lutter/Hommelhoff*, GmbHG[17], Erl. zu §§ 57c bis 57o; *Fett/Spiering*, NZG 2002, S. 358.

566 Einschränkend *Förschle/Kropp* in Budde/Förschle/Winkeljohann, Sonderbilanzen[4], Kap. E, Rn. 102: Umwandlung von Rücklagenzuführungen des letzten GJ, nur bei Aufstellung und Prüfung einer Zwischenbilanz möglich.

567 Vgl. zur Einordnung als gebundene Rücklage *Gelhausen/Fey/Kämpfer*, BilMoG, Kap. L, Rn. 62.

568 Zur Umwandlung von Sonderrücklagen nach dem DMBilG vgl. WP Handbuch 1998 Bd. I, F Tz. 156, 190 sowie 197; hierzu auch *Förschle/Kropp* in Budde/Förschle/Winkeljohann, Sonderbilanzen[4], Kap. E, Rn. 60, 90.

heren Teil des Grundkapitals übersteigen. Sind Gewinnrücklagen für einen bestimmten Zweck bestimmt, so dürfen sie nur umgewandelt werden, soweit dies mit ihrer Zweckbestimmung vereinbar ist (§ 208 Abs. 2 S. 2 AktG, § 57d Abs. 3 GmbHG[569]).

Dem Beschluss über eine Kapitalerhöhung aus Gesellschaftsmitteln ist eine geprüfte und mit dem uneingeschränkten BestV versehene **Bilanz**[570] zu Grunde zu legen (§ 209 AktG, §§ 57e und 57f GmbHG), in der die umzuwandelnden Rücklagen als Kapital- oder Gewinnrücklagen gekennzeichnet sein müssen (§ 208 Abs. 1 S. 1 AktG, § 57d Abs. 1 GmbHG). Der Abschlussstichtag darf höchstens acht Monate vor der Anmeldung des Beschlusses zur Eintragung in das HR liegen (§ 209 Abs. 1 und 2 AktG, §§ 57e Abs. 1 und 57f Abs. 1 GmbHG). Wird der Beschluss über die Kapitalerhöhung in derselben HV gefasst, die den festgestellten JA entgegennimmt oder diesen feststellt (§ 175 Abs. 1 und 3 AktG), so können bei der AG die gemäß § 58 Abs. 1 oder 2 AktG in freie Rücklagen eingestellten Beträge umgewandelt werden und darüber hinaus nach § 208 Abs. 1 S. 1 AktG auch die Zuweisungen weiterer Beträge aufgrund des Gewinnverwendungsbeschlusses nach § 58 Abs. 3 AktG[571]. Wegen GmbH vgl. § 57d Abs. 1 GmbHG. 335

Nach dem Gesetz über **steuerrechtliche Maßnahmen** bei Erhöhung des Nennkapitals aus Gesellschaftsmitteln gehört der Erwerb neuer Anteilsrechte aus der Erhöhung des Nennkapitals durch Umwandlung von Rücklagen bei den Anteilseignern nicht zu den steuerlichen Einkünften (§ 1 KapErhStG)[572]. 336

Im Falle der **Kapitalherabsetzung** ist das Grundkapital einer AG erst mit Eintragung des Beschlusses herabgesetzt (§ 224 AktG). Lediglich bei vereinfachter Kapitalherabsetzung können nach § 234 Abs. 1 AktG im JA für das letzte vor der Beschlussfassung über die Kapitalherabsetzung abgelaufene GJ Grundkapital und Rücklagen in der Höhe ausgewiesen werden, wie sie nach der Kapitalherabsetzung bestehen sollen[573], dabei ist zu beachten, dass der Beschluss innerhalb von drei Monaten nach der Beschlussfassung ins HR eingetragen sein muss (§ 234 Abs. 3 AktG). Das Gleiche gilt für den Fall einer vereinfachten Kapitalherabsetzung bei gleichzeitiger Kapitalerhöhung (§ 235 Abs. 1 AktG)[574]. Nach §§ 58a ff. GmbHG ist auch bei GmbH eine vereinfachte Kapitalherabsetzung möglich, die sich eng an den aktienrechtlichen Bestimmungen orientieren[575]. 337

Eine **Einziehung** zurück erworbener **Stückaktien** kann bei **AG** auch ohne Kapitalherabsetzung, d.h. durch sog. Amortisation erfolgen (§ 237 Abs. 3 Nr. 3 AktG), wenn der Beschluss der HV über die Einziehung ausdrücklich bestimmt, dass sich der Anteil der verbleibenden Aktien am Grundkapital entsprechend erhöht[576]. Anders als im vereinfachten Einziehungsverfahren nach § 237 Abs. 3 Nr. 1 und Nr. 2 AktG ist im Fall der Amortisation 338

---

569 Vgl. zu zweckbestimmten Gewinnrücklagen *Förschle/Kropp* in Budde/Förschle/Winkeljohann, Sonderbilanzen[4], Kap. E, Rn. 78 ff.
570 Zur Prüfung von Jahres- und Zwischenbilanzen bei Kapitalerhöhungen aus Gesellschaftsmitteln vgl. *IDW PH 9.400.6*.
571 Vgl. ADS[6], § 272 HGB, Tz. 32.
572 Vgl. zur steuerlichen Behandlung der Erhöhung des Nennkapitals aus Gesellschaftsmitteln ausführlich *Dötsch/Pung*, DB 2003, S. 1345; *Förschle/Kropp* in Budde/Förschle/Winkeljohann, Sonderbilanzen[4], Kap. E, Rn. 170 f. sowie BMF-Schreiben v. 04.06.2003, BStBl. I, S. 366 (weitere Anwendbarkeit bestätigt durch BMF-Schreiben v. 23.04.2010, BStBl. I, S. 391).
573 Vgl. ausführlich zur vereinfachten Kapitalherabsetzung ADS[6], § 272 HGB, Tz. 40; *Förschle/Heinz* in Budde/Förschle/Winkeljohann, Sonderbilanzen[4], Kap. Q, Rn. 101.
574 Wegen der (ordentlichen) Herabsetzung des Stammkapitals bei der GmbH nach § 58 GmbHG vgl. ADS[6], § 272 HGB, Tz. 39, und *Lutter/Hommelhoff*, GmbHG[17], Erl. zu § 58 m.w.N.
575 Vgl. dazu im Einzelnen *Zöllner* in Baumbach/Hueck, GmbHG[19], Erl. zu §§ 58a ff. GmbHG; *Lutter/Hommelhoff*, GmbHG[17], Erl. zu § 58a.
576 Vgl. zu den Tatbestandsvoraussetzungen *Hüffer*, AktG[9], § 237, Rn. 34a f.

die Bildung einer Kapitalrücklage nach § 237 Abs. 5 AktG in Höhe des Betrags des Grundkapitals, das auf die eingezogenen Aktien entfällt, nicht erforderlich, weil die Grundkapitalziffer unverändert bleibt und deshalb kein „Ertrag aus Kapitalherabsetzung" (§ 240 S. 1 AktG) entsteht[577].

Bei **GmbH** darf die Einziehung von Geschäftsanteilen (Amortisation) nur erfolgen, wenn sie im Gesellschaftsvertrag zugelassen ist (§ 34 Abs. 1 GmbHG)[578]. Nach § 5 Abs. 3 S. 2 GmbHG muss die Summe der Nennbeträge der Geschäftsanteile mit dem Betrag des Stammkapitals übereinstimmen. Bei Einziehungsbeschlüssen muss deshalb entweder die Bildung eines neuen Geschäftsanteils oder die Aufstockung der verbleibenden Geschäftsanteile beschlossen werden[579].

339 Die **Sanierung**[580] einer Gesellschaft kann z.B. durch Kapitalherabsetzung (im Allgemeinen mit anschließender Kapitalerhöhung), Sanierungszuschüsse[581] und/oder Forderungserlass erfolgen[582]. Bei der Sanierung der AG durch **Kapitalherabsetzung** bestehen folgende Möglichkeiten[583]:

a) Herabsetzung des Nennbetrags der einzelnen Aktie (nur bei Nennbetragsaktien, § 222 Abs. 4 S. 1 AktG; untere Grenze aktienrechtlicher Mindestnennbetrag der Aktien (§ 8 AktG); außerdem ist die Mindestkapitalgrenze zu beachten (§ 7 AktG), bei gleichzeitiger Beschlussfassung über eine Kapitalerhöhung vgl. jedoch § 228 AktG);
b) Zusammenlegung der Aktien (nach § 222 Abs. 4 S. 2 AktG nur zulässig, soweit der auf die einzelne Aktie entfallende anteilige Betrag des herabgesetzten Grundkapitals den Mindest(nenn)betrag (vgl. Tz. 309) unterschreiten würde);
c) Kauf eigener Aktien unter dem Nennbetrag bzw. dem rechnerischen Wert und deren Einziehung (§ 237 AktG).

Die Aufstellung besonderer Sanierungsbilanzen außerhalb des JA ist nicht vorgeschrieben.

340 Nach dem Realisationsprinzip (§ 252 Abs. 1 Nr. 4 zweiter Hs. HGB) ist eine Berücksichtigung des **Sanierungsgewinns** erst dann möglich, wenn die Sanierungsmaßnahme rechtswirksam geworden ist. Werden (rechtswirksam gewordene) Sanierungsmaßnahmen entsprechend dem in § 234 AktG zum Ausdruck kommenden Grundgedanken zur Verlustdeckung in noch nicht verabschiedeten, früheren JA berücksichtigt, d.h. **zurückbezogen**, so muss der JA nach § 243 Abs. 2 HGB („klar und übersichtlich") einen entsprechenden Hinweis enthalten (z.B. „unter Berücksichtigung der zwischenzeitlichen Sanierungsmaßnahmen") und es müssen entsprechende Erläuterungen in Fußnoten oder im Anh. gegeben werden[584]. In der GuV der AG müssen die Sanierungsgewinne aufgrund

---

577 Vgl. *Hüffer*, AktG[9], § 237, Rn. 38; gl.A. *Förschle/Hoffmann* in BeBiKo[7], § 272, Rn. 103.
578 Vgl. zu den Voraussetzungen *Hueck/Fastrich* in Baumbach/Hueck, GmbHG[19], § 34, Rn. 3 ff.
579 Vgl. *Hueck/Fastrich* in Baumbach/Hueck, GmbHG[19], § 34, Rn. 17a; *Meyer*, NZG 2009, S. 1201; *Römermann*, DB 2010, S. 209; *Ulmer*, DB 2010, S. 321; LG Essen v. 09.06.2010, GmbHR, S. 1034: Einziehungsbeschluss ohne gesellschaftsrechtliche Lösung zur Wahrung der Voraussetzung nach § 5 Abs. 3 S. 2 GmbHG ist nichtig.
580 Zur Bilanzierung von Sanierungsmaßnahmen vgl. auch *Förschle/Heinz* in Budde/Förschle/Winkeljohann, Sonderbilanzen[4], Kap. Q, Rn. 20 ff.; zur Beurteilung der Unternehmensfortführung und deren Folgen vgl. WP Handbuch 2008 Bd. II, L Tz. 150 ff.; *IDW FAR 1/1996*; *IDW PS 800*; *IDW PS 270*; *IDW S 6* und E Tz. 292.
581 Vgl. *IDW St/HFA 2/1996 i.d.F. 2010*, Abschn. 22; ADS[6], § 272 HGB, Tz. 137.
582 Vgl. hierzu WP Handbuch 2008 Bd. II, L Tz. 310 f.; vgl. auch *IDW S 6*; Tz. 445.
583 Vgl. hierzu ADS[6], § 272 HGB, Tz. 36; *Förschle/Hoffmann* in BeBiKo[7], § 272, Rn. 75; *Förschle/Heinz* in Budde/Förschle/Winkeljohann, Sonderbilanzen[4], Kap. Q, Rn. 83 ff.; *Küting/Reuter* in HdR[5], § 272 HGB, Rn. 18 ff.
584 Vgl. zur zulässigen Rückbeziehung von Sanierungsmaßnahmen auch ADS[6], § 252 HGB, Tz. 47; *Förschle/Heinz* in Budde/Förschle/Winkeljohann, Sonderbilanzen[4], Kap. Q, Rn. 43 ff. m.w.N.

Die Bilanz   F

von Kapitalherabsetzungen nach § 240 S. 1 AktG gesondert ausgewiesen werden⁵⁸⁵; Forderungserlasse und Sanierungszuschüsse sind grds. als außerordentliche Erträge auszuweisen und gem. § 277 Abs. 4 HGB im Anh. zu erläutern⁵⁸⁶.

Sanierungsgewinne sind **steuerfrei**, soweit die Sanierung durch Kapitalzusammenlegung **341** oder durch Kapitalherabsetzung herbeigeführt wird, weil die hieraus resultierenden Gewinne nicht unter den Begriff der steuerpflichtigen Einkünfte fallen. Die Besteuerung von Sanierungsgewinnen (nach Streichung des § 3 Nr. 66 EStG ab dem 1.1.1998⁵⁸⁷) steht mit der neuen InsO im Zielkonflikt. Daher gewährt die Finanzverwaltung aus sachlichen Billigkeitsgründen für sanierungsbedingte Ertragsteuerbelastungen eine Steuerstundung bzw. einen Steuererlass⁵⁸⁸.

Hinsichtlich der Besteuerungsfolgen beim **Verzicht** eines Gesellschafters auf eine **nicht** **342** **mehr voll werthaltige Forderung** gegen eine KapGes. gilt aufgrund der Entscheidung des GrS des BFH v. 9.6.1997⁵⁸⁹, dass bei der KapGes. eine (steuerfreie) Einlage nur in Höhe des werthaltigen Teils (Teilwert) der Forderung anzunehmen ist (zur handelsrechtlichen Behandlung vgl. Tz. 368). Übersteigt der Nennbetrag der Verbindlichkeit den Teilwert der Forderung, entsteht bei der Gesellschaft ein steuerpflichtiger Ertrag. Spiegelbildlich dazu führt der Forderungsverzicht in der Steuerbilanz des Gesellschafters dementsprechend nur in Höhe des Teilwerts der Forderung zu nachträglichen AK der Beteiligung; der nicht werthaltige Teil ist als Aufwand zu erfassen, der seit dem Veranlagungszeitraum 2008 steuerlich nach § 8b Abs. 3 S. 4 KStG nicht mehr abzugsfähig ist⁵⁹⁰.

Verzichten die Gläubiger auf ihre Forderungen unter der Voraussetzung, dass das Unter- **343** nehmen bei besserem Geschäftsgang in späteren Jahren einen Teil seines Gewinns den Gläubigern zur Verfügung stellt, und gibt das Unternehmen **Besserungsscheine** (vgl. auch Tz. 446) aus, so dürfen weder die ursprünglichen Schulden noch die Besserungsscheine passiviert werden⁵⁹¹. Werden später Gewinne erzielt, so sind die aus dem Gewinn zu tilgenden Verpflichtungen als Verbindlichkeiten im JA zu berücksichtigen; sie mindern also erst im Jahr der Gewinnerzielung den Jahresüberschuss (vgl. hierzu E Tz. 158; zu Angaben im **Anhang** *IDW St/HFA 1/1984*, Nr. 3a, sowie § 285 Nr. 3a HGB bzw. § 160 Abs. 1 Nr. 6 AktG)⁵⁹². Der Eintritt des Besserungsfalls ist auch dann aufwandswirksam zu

---

585 Vgl. Tz. 633 sowie ADS⁶, § 158 AktG, Tz. 23, die entsprechend § 158 Abs. 1 S. 2 AktG auch die Angabe im Anh. für zulässig halten; wegen weiterer Erl. im Anh. vgl. § 240 S. 3 AktG und Tz. 911.
586 Vgl. dazu auch *IDW St/HFA 2/1996 i.d.F. 2010*, Abschn. 22; *Förschle/Heinz* in Budde/Förschle/Winkeljohann, Sonderbilanzen⁴, Kap. Q, Rn. 46.
587 Vgl. WP Handbuch 2000 Bd. I, F Tz. 243 m.w.N.
588 Vgl. BMF-Schreiben v. 27.03.2003, BStBl. I, S. 240 (weitere Anwendbarkeit bestätigt durch BMF-Schreiben v. 23.04.2010, BStBl. I, S. 391).
589 BFH v. 09.06.1997, BB, S. 1735 (weitere Anwendbarkeit bestätigt durch BMF-Schreiben v. 23.04.2010, BStBl. I, S. 391); vgl. dazu auch BMF-Schreiben v. 16.12.2003, WPg 2004, S. 168; *Hoffmann*, DStR 2004, S. 293; *Paus*, GmbHR 2004, S. 1568; *Harle/Kulemann*, GmbHR 2004, S. 733; *Urbahns*, DStZ 2005, S. 148.
590 Vgl. *Dötsch/Pung* in DJPW, KSt, § 8b KStG, Rn. 130.
591 Ebenso *Kozikowski/Schubert* in BeBiKo⁷, § 247, Rn. 237; *Dusemond/Heusinger-Lange/Knop* in HdR⁵, § 266 HGB, Rn. 176; differenzierend ADS⁶, § 246 HGB, Tz. 145, 148 (lebt die Forderung aufgrund der Ausgestaltung des Besserungsscheins im Konkursfall wieder auf, so bleibt es von Anfang an beim Ausweis einer Verbindlichkeit); vgl. auch *Förschle/Heinz* in Budde/Förschle/Winkeljohann, Sonderbilanzen⁴, Kap. Q, Rn. 44. Steuerlich zum Rangrücktritt mit Besserungsabrede § 5 Abs. 2a EStG und BMF-Schreiben v. 08.09.2006, BStBl. I, S. 497, sowie BMF-Schreiben v. 02.12.2003, BStBl. I, S. 648 zum Forderungsverzicht gegen Besserungsschein (weitere Anwendbarkeit bestätigt durch BMF-Schreiben v. 23.04.2010, BStBl. I, S. 391).
592 Vgl. *Ellrott* in BeBiKo⁷, § 285, Rn. 78; ADS⁶, § 285 HGB, Tz. 50; ähnlich *Fey*, S. 146.

erfassen, wenn durch die erlassene Verbindlichkeit die Kapitalrücklage (§ 272 Abs. 2 Nr. 4 HGB) dotiert wurde[593].

Sonderposten: Kapitalanteile der persönlich haftenden Gesellschafter
(§ 286 Abs. 2 S. 1 AktG, § 264c Abs. 2 S. 2 HGB)

Sonderposten: Kapitalanteile der Kommanditisten
(§ 264c Abs. 2 S. 6 i.V.m. S. 2 HGB)

344 Nach § 286 Abs. 2 S. 1 AktG sind bei **KGaA** die Kapitalanteile der persönlich haftenden Gesellschafter nach dem Posten „Gezeichnetes Kapital" gesondert auszuweisen. Die Kapitalanteile mehrerer persönlich haftender Gesellschafter können – soweit sie positiv sind – in einer Summe ausgewiesen werden[594]. Auf den Kapitalanteil eines persönlich haftenden Gesellschafters entfallende **Verluste** sind von seinem Kapitalanteil abzuschreiben (§ 286 Abs. 2 S. 2 AktG). Für den Fall, dass die Verluste den Kapitalanteil übersteigen, hängt die bilanzielle Behandlung des überschießenden Betrags davon ab, ob eine entsprechende Zahlungsverpflichtung besteht. Ist dies der Fall, muss der entsprechende Betrag unter der Bezeichnung „Einzahlungsverpflichtungen persönlich haftender Gesellschafter" unter den Forderungen (B. II.) gesondert ausgewiesen werden (vgl. Tz. 288); andernfalls ist der Betrag am Schluss der Bilanz auf der Aktivseite als „Nicht durch Vermögenseinlagen gedeckter Verlustanteil persönlich haftender Gesellschafter" auszuweisen (§ 286 Abs. 2 S. 3 AktG). Wegen der Zuschreibung der auf den Kapitalanteil eines persönlich haftenden Gesellschafters entfallenden **Gewinne** (gesetzlicher Regelfall; ggf. abw. Satzungsregelung) vgl. ADS[6], § 286 AktG, Tz. 31.

345 Ein entsprechender Ausweis der Kapitalanteile der persönlich haftenden Gesellschafter ist nach § 264c Abs. 2 S. 2 HGB an Stelle des gezeichneten Kapitals bei **Personenhandelsgesellschaften i.S.d. § 264a HGB** vorgeschrieben. Wegen der unmittelbaren Zu- und Abschreibung von Gewinn- und Verlustanteilen von den Kapitalanteilen vgl. oben Tz. 137 und unten Tz. 346.

346 Der **Kapitalanteil** ist das ziffernmäßig im Kapitalkonto ausgedrückte Beteiligungsrecht der Gesellschafter und gibt für gewisse Zwecke, z.B. bei Auseinandersetzung (§ 155 HGB), das Verhältnis der Rechte und Pflichten der Gesellschafter untereinander an. Nach den (dispositiven) Regelungen des HGB (§ 120 Abs. 2 HGB für OHG; §§ 161 Abs. 2, 167 HGB für KG) gibt es für jeden Gesellschafter einer Personenhandelsgesellschaft nur einen – in seiner Höhe variablen – Kapitalanteil, auf dem die Einlagen und Entnahmen sowie die Gewinn- und Verlustanteile zu buchen sind. In der Praxis werden diese Regelungen jedoch i.d.R. im Gesellschaftsvertrag abbedungen und statt dessen neben einem festen Kapitalanteil (sog. Kapitalkonto I), durch das u.a. der Anteil des Gesellschafters am Gesamthandsvermögen festgelegt wird und das zur Bestimmung der Stimmrechtsverteilung dient[595], weitere, variable Konten (Verlustvortragskonto, sog. Kapitalkonto II, Privatkonto oder Darlehenskonto) vereinbart, auf denen die Gewinn- und Verlustanteile sowie Einlagen und Entnahmen erfasst werden[596].

---

593 Gl.A *Förschle/Hoffmann* in BeBiKo[7], § 272, Rn. 197; a.A. *Küting/Kessler/Hayn B.* in HdR[5], § 272 HGB, Rn. 225 (direkte Umbuchung von der Kapitalrücklage in Verbindlichkeiten).

594 Vgl. ADS[6], § 286 AktG, Tz. 30; *Lütt/Kersting* in HdR[5], § 286 AktG, Rn. 20; *Sethe*, DB 1998, S. 1044 (1046); zu den Anforderungen an eine Sachkapitalerhöhung des Komplementärkapitals bei der KGaA vgl. *Masuch*, NZG 2003, S. 1048.

595 Vgl. *Bundessteuerberaterkammer*, DStR 2006, S. 668 (670).

596 Vgl. ADS[6], § 247 HGB, Tz. 59; *IDW ERS HFA 7 n.F.*, Tz. 40; *von Kanitz*, WPg 2003, S. 324 (330 ff.); *Thiele/Sickmann* in Baetge/Kirsch/Thiele, Bilanzrecht, § 264c HGB, Rn. 32; *Röhrig/Doege*, DStR 2006, S. 489 (490); *Kopplin/Maßbaum/Sureth*, WPg 2010, S. 1203 (1204 f.).

Die Bilanz F

Ob die Kapitalkonten **Eigen- oder Fremdkapitalcharakter** haben, kann nur nach den gesellschaftsvertraglichen Vereinbarungen bzw. den sie ergänzenden Beschlüssen der Gesellschafter festgestellt werden. Ein Ausweis als EK kommt nur für solche Beträge in Betracht, die den Gläubigern als Haftungsmasse zur Verfügung stehen[597]. Dies ist i.d.R. dann der Fall, wenn diese Kapitalkonten: 347

- mit künftigen Verlusten bis zur vollen Höhe – auch mit Wirkung gegenüber den Gesellschaftsgläubigern – zu verrechnen sind und
- im Falle der Insolvenz der Gesellschaft nicht als Forderung geltend gemacht werden können oder bei einer Liquidation erst nach Befriedigung aller anderen Gläubiger mit dem sonstigen EK auszugleichen sind.

Anders als bei den auf schuldrechtlicher Grundlage überlassenen Mitteln (z.B. Genussrechtskapital; vgl. Tz. 355) setzt der EK-Ausweis bei einer Personenhandelsgesellschaft keine „Dauerhaftigkeit der Mittelüberlassung" voraus, weil Entnahmen zu Lasten des EK jederzeit von den Gesellschaftern beschlossen werden können (vgl. *IDW ERS HFA 7 n.F.*, Tz. 13 f.).

Als Kapitalanteile innerhalb des Postens EK sind danach stets die gesellschaftsvertraglich vereinbarten **Pflichteinlagen** der persönlich haftenden Gesellschafter sowie der Kommanditisten auszuweisen[598]. Bei den persönlich haftenden Gesellschaftern gehören auch die laufenden und die stehengelassenen Gewinnanteile zum EK, und zwar unabhängig davon, ob sie auf dem Kapitalkonto I oder einem gesondert geführten Kapitalkonto II gebucht werden[599]. Zwar können die persönlich haftenden Gesellschafter ihre Kapitalanteile mit Zustimmung der anderen Gesellschafter jederzeit entnehmen (§ 122 Abs. 2 HGB); dies steht der Einordnung als EK aber nicht entgegen, solange ein solcher Beschluss noch nicht gefasst ist, zumal auch das Privatvermögen mit zur Haftungssubstanz gehört, auch wenn es nicht in der Bilanz der Personenhandelsgesellschaft ausgewiesen werden darf (so ausdrücklich § 264c Abs. 3 HGB)[600]. 348

Im Unterschied dazu sind **Gewinnanteile eines Kommanditisten** nur dann als EK auszuweisen, wenn sie nach § 167 Abs. 2 HGB dem Kapitalanteil zugeschrieben werden (dazu oben Tz. 346) oder aufgrund einer gesonderten Einlagevereinbarung in der Gesellschaft belassen werden[601]. Übersteigende Beträge sind als Verbindlichkeiten auszuweisen, es sei denn, sie stehen aufgrund gesellschaftsvertraglicher Vereinbarungen zur Verrechnung mit künftigen Verlusten zur Verfügung. In diesem Fall haben die Kommanditisten keinen Anspruch auf Auszahlung der stehengelassenen Gewinne mit der Folge, dass diese Beträge als EK zu qualifizieren sind (vgl. dazu ADS[6], § 264c HGB n.F., Tz. 24). 349

Ist die nach dem Gesellschaftsvertrag zu erbringende Einlage (Pflichteinlage) noch nicht vollständig geleistet, sind die Kapitalanteile gleichwohl in voller Höhe der Pflichteinlage auszuweisen. Nicht eingeforderte **ausstehende Einlagen** sind wie bei KapGes. offen von den Kapitalanteilen abzusetzen (vgl. auch Tz. 311). Der danach verbleibende Betrag ist als „Eingefordertes Kapital" zu bezeichnen. Sofern der Kapitalanteil auch Gewinn- und Ver- 350

---

[597] Vgl. ausführlich dazu ADS[6], § 246 HGB, Tz. 79.
[598] Vgl. ADS[6], § 247 HGB, Tz. 60, sowie § 264c HGB n.F., Tz. 16; *Thiele/Sickmann* in Baetge/Kirsch/Thiele, Bilanzrecht, § 264c HGB, Rn. 36 und 48; *Förschle/Hoffmann* in BeBiKo[7], § 264c, Rn. 20, 22; *Hüttemann* in Staub, HGB[4], § 264c, Rn. 35.
[599] Vgl. *IDW ERS HFA 7 n.F.*, Tz. 45.
[600] Vgl. *Lanfermann*, S. 549 (557); ADS[6], § 247 HGB Tz. 64: kein Ausweis im EK, wenn dem Gesellschafter ein rechtlich unentziehbarer Entnahmeanspruch zusteht und die Verrechnung mit Verlusten etc. ausgeschlossen ist.
[601] Vgl. ADS[6], § 246 HGB, Tz. 229, § 247 HGB Tz. 65; *IDW ERS HFA 18 n.F.*, Tz. 18.

lustanteile enthält (vgl. auch Tz. 348), sollte die Bezeichnung entsprechend angepasst werden (z.B. „Kapitalanteil abzüglich nicht eingeforderter bedungener Einlage")[602]. Eingeforderte ausstehende Einlagen sind unter den Forderungen gesondert auszuweisen und entsprechend zu bezeichnen (§ 272 Abs. 1 S. 3 HGB analog; vgl. auch Tz. 287)[603].

351 Übersteigt die im HR eingetragene **Hafteinlage** den Betrag der bedungenen Pflichteinlage, ist in der Bilanz nur die Pflichteinlage auszuweisen. Nach § 264c Abs. 2 S. 9 HGB ist der Betrag der im HR eingetragenen Einlagen im **Anhang** anzugeben, „soweit diese nicht geleistet sind". Dies betrifft immer die Differenz zwischen höherer Haft- und der Pflichteinlage. Ob darüber hinaus auch noch ausstehende Leistungen auf die Pflichteinlage in die Angabe einzubeziehen sind, wie dies nach dem Wortlaut nahe liegt, ist zweifelhaft, weil auch in diesen Fällen die bedungene Pflichteinlage in voller Höhe bereits aus der Bilanz ersichtlich ist. Sind Haft- und Pflichteinlage identisch, ist danach eine Angabe im Anh. auch dann entbehrlich, wenn die Einlage noch nicht vollständig erbracht ist[604]. Neben den Fällen ausstehender Hafteinlagen umfasst die Angabepflicht auch das Wiederaufleben der Haftung aufgrund einer Einlagenrückgewähr nach § 172 Abs. 4 HGB (vgl. Tz. 1049)[605].

352 Die Kapitalanteile der **persönlich haftenden Gesellschafter** einerseits und der **Kommanditisten** andererseits sind jeweils gesondert auszuweisen, wobei die Kapitalanteile aller persönlich haftenden Gesellschafter bzw. die aller Kommanditisten auch zusammengefasst werden dürfen (§ 264c Abs. 2 S. 2 und S. 6 HGB), was insb. bei einer großen Zahl von Gesellschaftern aus Gründen der Klarheit und Übersichtlichkeit der Darstellung (§ 243 Abs. 2 HGB) geboten sein wird[606]. Zum Zweck des gesonderten Ausweises sollte der Posten „A.I. Kapitalanteile" durch mit arabischen Zahlen versehene Posten untergliedert werden. Ggf. kommt auch die Einfügung eines zusätzlichen Postens als „A.II. Kapitalanteile des/der Kommanditisten" in Betracht.

353 Bei einer Zusammenfassung nach Gesellschaftergruppen (persönlich haftende Gesellschafter bzw. Kommanditisten) ist es für Personenhandelsgesellschaften i.S.d. § 264a HGB nicht zulässig, **positive und negative Kapitalanteile** unterschiedlicher Gesellschafter zu saldieren. Negative Kapitalanteile sind stattdessen in Abhängigkeit davon, ob sie Forderungscharakter haben oder eher einem „Nicht durch EK gedeckten Fehlbetrag" entsprechen, auf der Aktivseite unter entsprechender Bezeichnung gesondert auszuweisen (vgl. dazu Tz. 288, 307)[607]. Bei Personenhandelsgesellschaften, die nicht unter § 264a HGB fallen, dürfen dagegen positive und negative Kapitalanteile innerhalb der Gesellschaftergruppen (erkennbar oder nicht erkennbar) miteinander saldiert werden[608].

354 Im GJ entstandene **Verluste** sind von den Kapitalanteilen der persönlich haftenden Gesellschafter und bei KG der Kommanditisten abzuschreiben (§ 264c Abs. 2 S. 3 bzw. S. 5 ggf. i.V.m. S. 6 HGB). Ein offenes Absetzen der Verluste von den Kapitalanteilen, z.B. in einer Vorspalte, oder eine Aufgliederung im Anh. ist nicht geboten und im Übrigen weil

---

602 Vgl. *Förschle/Hoffmann* in BeBiKo[7], § 264c, Rn. 20; *Thiele/Sickmann* in Baetge/Kirsch/Thiele, Bilanzrecht, § 264c HGB, Rn. 37.
603 Vgl. *IDW ERS HFA 7 n.F.*, Tz. 43; ADS[6], § 247 HGB, Tz. 69; *von Kanitz*, WPg 2003, S. 324 (332); *Hüttemann* in Staub, HGB[4], § 264c, Rn. 14.
604 Ebenso ADS[6], § 264c HGB n.F., Tz. 17; *Theile*, BB 2000, S. 555 (560); a.A. *Thiele/Sickmann* in Baetge/Kirsch/Thiele, Bilanzrecht, § 264c HGB, Rn. 62 (Angabe auch dann und soweit die Pflichteinlage noch nicht geleistet ist); *Förschle/Hoffmann* in BeBiKo[7], § 264c, Rn. 60.
605 Vgl. ausführlich dazu *IDW ERS HFA 7 n.F.*, Tz. 33 ff.; *Zeyer*, BB 2008, S. 1442 (1445).
606 Vgl. auch ADS[6], § 247 HGB, Tz. 62; *Kleindiek* in Staub, HGB[4], § 247, Rn. 20; *Thiele/Sickmann* in Baetge/Kirsch/Thiele, Bilanzrecht, § 264c HGB, Rn. 38.
607 Vgl. auch *Hüttemann* in Staub, HGB[4], § 264c, Rn. 13; ADS[6], § 264c HGB n.F., Tz. 22; *IDW ERS HFA 7 n.F.*, Tz. 42; a.A. *Hennrichs/Pöschke* in HdJ, III/1, Rn. 123.
608 Vgl. *IDW ERS HFA 7 n.F.*, Tz. 41.

regelmäßig keine Pflicht der Gesellschafter zum Ausgleich der eingetretenen Verluste durch Einlagen besteht, zur Vermeidung von Missverständnissen auch nicht zu empfehlen[609].

Sonderposten: Genussrechtskapital

Aufgrund schuldrechtlicher Vereinbarungen gegen Gewährung von Genussrechten überlassenes Genussrechtskapital ist beim Emittenten als **Eigenkapital** einzustufen, wenn folgende Kriterien[610] kumulativ erfüllt sind: 355

– Nachrangigkeit[611],
– Erfolgsabhängigkeit der Vergütung und Teilnahme am Verlust bis zur vollen Höhe sowie
– Längerfristigkeit der Kapitalüberlassung.

Die Voraussetzungen für einen EK-Ausweis gelten für Genussrechte, die von Personenhandelsgesellschaften begeben werden, ohne Einschränkung, auch wenn für auf gesellschaftsrechtlicher Grundlage überlassene Mittel (vgl. Tz. 348) das Kriterium der Längerfristigkeit hierfür nicht erforderlich ist[612]. Nach den in der Praxis üblichen Maßstäben ist das Kriterium der **Längerfristigkeit** dann als erfüllt anzusehen, wenn die Gewährung des Kapitals über eine Laufzeit von mindestens fünf Jahren erfolgt, mit einer Mindestkündigungsfrist von zwei Jahren[613].

Genussrechtskapital, das als EK zu qualifizieren ist, ist in einem gesondertem Posten nach dem Posten „Gezeichnetes Kapital", nach dem Posten „Gewinnrücklagen" oder als letzter Posten des EK auszuweisen (vgl. im Einzelnen *IDW St/HFA 1/1994*[614]). Bei Einstufung als **Fremdkapital** hat der Ausweis als „Genussrechtskapital" unter Verbindlichkeiten zu erfolgen. Ein Ausweis in einem Sonderposten zwischen Eigen- und Fremdkapital, wenn nicht alle Voraussetzungen für einen EK-Ausweis erfüllt sind, ist nicht zulässig[615]. Eine erfolgswirksame Vereinnahmung des überlassenen Genussrechtskapitals ist nur möglich, wenn über die genannten Kriterien hinaus kein Rückforderungsrecht vereinbart und die Mittel ausdrücklich als **Ertragszuschuss** geleistet wurden[616]. 356

Ein **Agio** ist bei Einstufung als EK wie der Nennbetrag auszuweisen, sollte aber kenntlich gemacht werden (Untergliederung oder „davon"-Vermerk)[617]. Im Falle einer **Disagio**-Emission ist zunächst nur der niedrigere Ausgabebetrag in den Sonderposten einzustellen 357

---

609 Vgl. *Lanfermann*, S. 560; a.A. *Wiechmann*, WPg 1999, S. 916 (921) (offene Absetzung zumindest des auf Kommanditisten entfallenden Verlusts).
610 Vgl. hierzu ADS[6], § 246 HGB, Tz. 87, § 266 HGB, Tz. 195; *Kropff* in MünchKomm. AktG[2], § 272 HGB, Rn. 137 ff.
611 Vgl. *Hultsch/Roß/Drögemüller*, BB 2007, 819 (820).
612 Vgl. *AK Personengesellschaften*, FN-IDW 2007, S. 442 f.
613 Vgl. dazu z.B. *Küting/Reuter* in HdR[5], § 272 HGB, Rn. 240; *Mock* in Kölner Komm. Rechnungslegungsrecht, § 272 HGB, Rn. 31; *Singhof* in HdJ, Abt. III/2, Rn. 176.
614 Vgl. hierzu auch die Ergänzung *HFA*, FN-IDW 1998, S. 523 (Voraussetzungen für eine phasengleiche Vereinnahmung der Genussrechtsvergütung beim Inhaber); ferner *Küting/Reuter* in HdR[5], § 272 HGB, Rn. 231; abl. zum Ausweis von Genussrechten im EK *Kropff* in MünchKomm. AktG[2], § 272 HGB, Rn. 151 (bei Rückzahlungspflicht Ausweis in einem Sonderposten).
615 Vgl. *HFA*, FN-IDW 2005, S. 334; zust. *Kozikowski/Schubert* in BeBiKo[7], § 247, Rn. 228; *Küting/Reuter* in HdR[5], § 272 HGB, Rn. 242.
616 Vgl. *IDW St/HFA 1/1994*, Abschn. 2.1.2. Zur steuerlichen Behandlung von Genussrechten vgl. BMF-Schreiben v. 27.12.1995, BStBl. I 1996, 46 (weitere Anwendbarkeit bestätigt durch BMF-Schreiben v. 23.04.2010, BStBl. I, S. 391); *Goebel/Eilinghoff/Busenius*, DStZ 2010, S. 742 (746 ff.).
617 Vgl. *IDW St/HFA 1/1994*, Abschn. 2.1.4.1.2.

und dieser während der Mindestlaufzeit ratierlich zu Lasten eines gesondert auszuweisenden Aufwandspostens aufzustocken[618].

358 Im **Anhang** der AG sind Angaben nach § 160 Abs. 1 Nr. 6 AktG zu machen. Unbeschadet dieser Berichtspflichten ist von allen Gesellschaften im Anh. zu erläutern, für welche Dauer die Erfüllung der Eigenkapitalkriterien gewährleistet ist, insb. ist der frühestmögliche Kündigungs- und Auszahlungstermin anzugeben[619].

Sonderposten: Kapital stiller Gesellschafter

359 Wegen der verschiedenen Ausweisformen für Einlagen stiller Gesellschafter vgl. *Hense*, S. 257; ferner ADS[6], § 246 HGB, Tz. 90, § 266 HGB, Tz. 188[620].

A.II. Kapitalrücklage

360 Bestimmte **Zuzahlungen** von Gesellschaftern und Beträge, die bei der Ausgabe von Anteilen im weiteren Sinn erzielt wurden, sind in die Kapitalrücklage einzustellen. Damit soll die Einstellung von Beträgen, die der Gesellschaft von Kapitalgebern (extern) zufließen, von Einstellungen in das EK getrennt werden, die aus dem von der Gesellschaft erzielten Gewinn (intern) vorgenommen werden.

361 Als Kapitalrücklage sind nach § 272 Abs. 2 HGB auszuweisen:

1. Der Betrag, der bei der Ausgabe von Anteilen einschließlich von Bezugsanteilen über den Nennbetrag oder – bei Stückaktien – über den rechnerischen Wert hinaus erzielt wird (Nr. 1; vgl. Tz. 362 ff.);
2. der Betrag, der bei der Ausgabe von Schuldverschreibungen für Wandlungsrechte und Optionsrechte zum Erwerb von Anteilen erzielt wird (Nr. 2; vgl. Tz. 366 f.);
3. der Betrag von Zuzahlungen, die Gesellschafter gegen Gewährung eines Vorzugs für ihre Anteile leisten (Nr. 3; vgl. Tz. 367);
4. der Betrag von anderen Zuzahlungen, die Gesellschafter in das EK leisten (Nr. 4; vgl. Tz. 368 ff.).

362 Nach dem Wortlaut der Vorschrift könnte angenommen werden, dass es sich bei der vorstehenden Aufzählung um Zuweisungsgründe handelt und dass die einzelnen Beträge zu der Kapitalrücklage zusammengefasst auszuweisen sind. Eine solche Auslegung würde indes nicht berücksichtigen, dass die Begründung zu Nr. 1 ausdrücklich von einem **gesonderten Ausweis** des Agios spricht und in diesem Zusammenhang auf die 4. EG-Richtlinie verweist[621], nach deren Art. 9 Passiva A. II. das Agio gesondert auszuweisen ist. Für AG kommt hinzu, dass § 150 AktG anders als das HGB nicht von der Kapitalrücklage, sondern von den Kapitalrücklagen (Plural) spricht und unterschiedliche Bestimmungen für die Beträge nach § 272 Abs. 2 Nrn. 1 bis 3 HGB (Teile des gesetzlichen Reservefonds) und für die nach Nr. 4 trifft. Für GmbH ist auf § 42 Abs. 2 S. 3 GmbHG hinzuweisen; nach dieser Vorschrift sind Nachschüsse der Gesellschafter in dem Posten „Kapitalrücklage" gesondert auszuweisen. Andererseits wird in § 152 Abs. 2 und 3 AktG ausdrücklich zwi-

---

618 Vgl. *IDW St/HFA 1/1994*, Abschn. 2.1.4.2.2.
619 Vgl. *IDW St/HFA 1/1994*, Abschn. 2.1.3.
620 Für Ausweis eines Sonderpostens im EK für eigenkapitalähnliche Beträge *Korth* in Kölner Komm. Rechnungslegungsrecht, § 266 HGB, Rn. 228; *Küting/Kessler/Hayn B.* in HdR[5], § 272 HGB, Rn. 252; für den Ausweis in einem Sonderposten zwischen EK und FK für eigenkapitalähnliche Beträge und insb. für FK *Kropff* in MünchKomm. AktG[2], § 272 HGB, Rn. 154 ff.; zur Einstufung als Teilgewinnabführungsvertrag vgl. *Singhof* in HdJ, Abt. III/2, Rn. 184. Zur Stillen Gesellschaft im Steuerrecht vgl. *Häger/Elkemann-Reusch*, S. 139; *Groh*, DB 2004, S. 668.
621 Vgl. Begr. zu § 272 HGB, BT-Drs. 10/4268, S. 106.

schen dem Posten „Kapitalrücklage" und den einzelnen Posten der Gewinnrücklagen unterschieden. Gleichwohl sollten, soweit Beträge nach den Nrn. 1 bis 4 vorliegen, zumindest die Beträge nach Nrn. 1 bis 3 einerseits und Nr. 4 andererseits als Untergliederung zu dem Posten A. II. ausgewiesen oder im Anh. angegeben werden[622]; bei GmbH ferner etwaige Nachschüsse (vgl. dazu auch Tz. 371).

Bei AG und GmbH sind i.Z.m. **Kapitalherabsetzungen** ferner folgende Beträge in den Posten Kapitalrücklage einzustellen: 363

– Beträge, die aus einer Kapitalherabsetzung gewonnen werden, soweit die in § 231 S. 1 AktG, § 58b Abs. 2 S. 1 GmbHG bezeichnete Begrenzung eingehalten wird[623];
– Beträge bei zu hoch angenommenen Verlusten nach vorangegangener vereinfachter Kapitalherabsetzung (§ 232 AktG, § 58c GmbHG);

nur bei AG ferner:

– aus einer Kapitalherabsetzung durch Einziehung von Aktien gewonnene Beträge, wenn die Aktien der Gesellschaft unentgeltlich zur Verfügung gestellt wurden oder sie zu Lasten des Bilanzgewinns oder einer Gewinnrücklage eingezogen werden (§ 237 Abs. 3 Nr. 1 und Nr. 2 i.V.m. Abs. 5 AktG)[624].

Die vorstehend genannten Beträge können mit den Kapitalrücklagen nach § 272 Abs. 2 Nrn. 1 bis 3 HGB zusammengefasst werden[625]. Auf sie sind bei AG, weil Zweck, Sinnzusammenhang und Entstehungsgeschichte dies gebieten, die Bestimmungen in § 150 AktG hinsichtlich der Kapitalrücklage sinngemäß anzuwenden[626]. Wegen einer **Sonderrücklage** nach § 218 S. 2 AktG bei einer Kapitalerhöhung aus Gesellschaftsmitteln, wenn bedingtes Kapital besteht, um Gläubigern von Wandelschuldverschreibungen Umtausch- oder Bezugsrechte zu gewähren, vgl. ADS[6], § 272 HGB, Tz. 88.

Bei § 272 Abs. 2 Nr. 1 HGB handelt es sich um ein vereinbartes **Agio bei der Ausgabe neuer Anteile** sowie den Mehrbetrag nach § 272 Abs. 1b S. 3 HGB, der bei der **Veräußerung eigener Anteile** über den Anschaffungspreis bei Erwerb erzielt wurde (vgl. Tz. 329). Die Ausgabekosten dürfen nicht abgesetzt werden[627]; das gilt auch für das Agio, das bei mittelbarem Bezugsrecht anfällt[628]. Wegen der Berechnung des Agios bei Sacheinlagen[629] und Vorratsaktien vgl. ADS[6], § 272 HGB, Tz. 95 und 102. Zum Agio bei Verschmelzungen mit Kapitalerhöhung vgl. *IDW ERS HFA 42*, Tz. 40 ff.[630]. 364

---

622 Vgl. ADS[6], § 272 HGB, Tz. 86; *Singhof* in HdJ, Abt. III/2, Rn. 113; *Baetge/Kirsch/Thiele*, Bilanzen[10], S. 446; *Kropff* in MünchKomm. AktG[2], § 272 HGB, Rn. 60; a.A. (keine Pflicht) *Matschke* in BoHdR, § 272 HGB, Rn. 33; *Korth* in Kölner Komm. Rechnungslegungsrecht, § 266 HGB, Rn. 256; *Küting/Reuter* in HdR[5], § 272 HGB, Rn. 67.
623 Zur Berechnung vgl. ADS[6], § 231 AktG, Tz. 14; *Förschle/Heinz* in Budde/Förschle/Winkeljohann, Sonderbilanzen[4], Kap. Q, Rn. 101 f., 110; *Wahlers* in HdR[5], § 231 AktG, Rn. 5.
624 Vgl. *Hüffer*, AktG[9], § 237, Rn. 34.
625 Die Zusammenfassung für möglich haltend, jedoch den Sonderausweis bevorzugend *Singhof* in HdJ, Abt. III/2, Rn. 123; *Hüttemann* in Staub, HGB[4], § 272, Rn. 26.
626 Vgl. ADS[6], § 150 AktG, Tz. 38 f.
627 Ebenso ADS[6], § 272 HGB, Tz. 93; *Kropff* in MünchKomm. AktG[2], § 272 HGB, Rn. 68 m.w.N.; a.A. nur *Förschle/Kropp/Schellhorn* in Budde/Förschle/Winkeljohann, Sonderbilanzen[4], Kap. D, Rn. 148.
628 Vgl. ADS[6], § 272 HGB, Tz. 96; *Mock* in Kölner Komm. Rechnungslegungsrecht, § 272 HGB, Rn. 133; *Singhof* in HdJ, Abt. III/2, Rn. 114.
629 Vgl. auch *Müller, H.-P.*, S. 591 (601); für die generelle Bewertung von Sacheinlagen zum vorsichtig geschätzten Zeitwert *Kropff* in MünchKomm. AktG[2], § 272 HGB, Rn. 76 m.w.N. zum Meinungsstand.
630 Vgl. auch *Förschle/Hoffmann* in Budde/Förschle/Winkeljohann, Sonderbilanzen[4], Kap. K, Rn. 44 und 90; ADS[6], § 272 HGB, Tz. 45.

365 Teilweise verpflichten sich die Aktionäre i.Z.m. der Übernahme von neuen Aktien im Wege einer schuldrechtlichen Vereinbarung zur Leistung von Zuzahlungen in das EK (**schuldrechtliches Aufgeld**). Der innere Zusammenhang zur Kapitalerhöhung spricht grds. dafür, die so erlangten Beträge, zumindest soweit dies zur Herstellung eines angemessenen Ausgabeverhältnisses erforderlich ist, als Kapitalzuführungen zu behandeln und in die Kapitalrücklage nach § 272 Abs. 2 Nr. 1 HGB einzustellen[631]. Die neuere Literatur[632] und Rspr.[633] geht dagegen zunehmend davon aus, dass die Vereinbarung einer schuldrechtlichen Zuzahlung in die Kapitalrücklage i.Z.m. einer Kapitalerhöhung ohne Weiteres zulässig ist und die Kapitalrücklage folglich nicht den Beschränkungen des § 150 AktG unterliegt (vgl. Tz. 379 ff.). Bis zu einer abschließenden Klärung der Rechtslage wird man daher beide Sichtweisen als zulässig ansehen müssen.

366 Die Bestimmungen in § 272 Abs. 2 Nr. 2 HGB regeln implizit, dass neben einem über den Rückzahlungsbetrag hinausgehenden Aufgeld auch in der Einräumung eines unter dem Kapitalmarktzins liegenden Zinssatzes (verdecktes Aufgeld) eine Gegenleistung für die Einräumung von **Wandlungsrechten und Optionsrechten** zum Erwerb von Anteilen zu sehen ist[634]. Um eine Überdotierung der Kapitalrücklage zu vermeiden, darf bei Wandelanleihen nur der Vorteil in die Rücklage eingestellt werden, der dem Emittenten aus der Unterverzinslichkeit bis zum frühestmöglichen Wandlungszeitpunkt unentziehbar ist[635]. Die Ermittlung des verdeckten Aufgelds (Wert des Options-/Wandlungsrechts) kann zum einen durch eine Aufteilung des Rückzahlungsbetrags mittels effektiver Marktpreise (sog. Marktpreismethode) erfolgen. Zum anderen besteht die Möglichkeit, das verdeckte Aufgeld durch Gegenüberstellung des Gesamtausgabebetrags und der durch Abzinsung mit einem marktüblichen Zins ermittelten „isolierten Anleiheverbindlichkeit" (sog. Residualmethode) zu bestimmen[636]. Ausgabekosten dürfen nicht von dem in die Kapitalrücklage einzustellenden Agio abgesetzt werden[637].

Unter die in der Vorschrift erwähnten Schuldverschreibungen fallen insb. die in § 221 AktG geregelten **Wandelschuldverschreibungen** und Gewinnschuldverschreibungen[638] sowie die in § 192 Abs. 2 Nr. 3 AktG geregelten **Aktienoptionen an Arbeitnehmer** und Geschäftsführungsmitglieder der Gesellschaft oder eines mit ihr verbundenen Unternehmens (vgl. dazu Tz. 161). Zur Ausgabe von Anleihen durch eine Tochtergesellschaft vgl. ADS[6], § 272 HGB, Tz. 127[639]. Ist bei der Ausübung des Bezugsrechts aus einer Optionsanleihe ein weiteres Aufgeld zu leisten, ist dieses in die Kapitalrücklage gem. § 272 Abs. 2 Nr. 1 HGB einzustellen[640].

---

631 Vgl. ADS[6], § 272 HGB, Tz. 90; *Reiner* in MünchKomm. HGB[2], § 272, Rn. 67; *Pentz* in MünchKomm. AktG[2], § 23, Rn. 60 m.w.N.
632 Vgl. *Wagner*, DB 2004, S. 293 (297); *von Falkenhausen*, NZG 2009, S. 1096 (1098); *Hüffer*, AktG[9], § 54, Rn. 8.
633 Vgl. *OLG München* v. 27.09.2006, WM 2007, S. 123 (126); BGH v. 15.10.2007, NZG 2008, S. 73 (zur GmbH).
634 Vgl. ADS[6], § 272 HGB, Tz. 118 ff.; zum Aktivierungswahlrecht für ein Disagio in diesen Fällen vgl. *Gelhausen/Rimmelspacher*, AG 2006, S. 729 (735).
635 Vgl. ausführlich dazu *Gelhausen/Rimmelspacher*, AG 2006, S. 729 (732).
636 Vgl. ADS[6], § 272 HGB, Tz. 123; *Gelhausen/Rimmelspacher*, AG 2006, S. 729 (732).
637 Vgl. ADS[6], § 272 HGB, Tz. 113.
638 Vgl. auch *Singhof* in HdJ, Abt. III/2, Rn. 116 ff.; *Küting/Reuter* in HdR[5], § 272 HGB, Rn. 77; steuerlich vgl. auch *Häuselmann/Wagner*, BB 2002, S. 2431; *Häuselmann*, BB 2003, S. 1531 (1532).
639 Vgl. auch *Gelhausen/Rimmelspacher*, AG 2006, S. 729 (738 f.).
640 Vgl. ADS[6], § 272 HGB, Tz. 92; *Förschle/Hoffmann* in BeBiKo[7], § 272, Rn. 180; *Hüttemann* in Staub, HGB[4], § 272, Rn. 33.

Die Bilanz   F

Unter die Beträge nach § 272 Abs. 2 Nr. 3 HGB fallen **Zuzahlungen** zur Erlangung ge-   367
sellschaftsrechtlicher **Vorzugsrechte** (z.B. nach §§ 11 AktG, 29 Abs. 3 S. 2 GmbHG)[641].

Beträge nach § 272 Abs. 2 Nr. 4 HGB sind **Zuzahlungen** von Gesellschaftern, die **ohne**   368
eine Gegenleistung der Gesellschaft geleistet werden und die nach dem Willen des Leistenden beim Empfänger nicht zu einem Ertrag, sondern zu einer Erhöhung des Kapitals führen sollen[642]. Entgegen den steuerlichen Regelungen[643] ist bei einem Forderungsverzicht des Gesellschafters handelsrechtlich nicht nur der ggf. niedrigere Zeitwert (z.B. aufgrund mangelnder Bonität oder Wechselkursschwankungen), sondern der Nominalbetrag der erloschenen Verbindlichkeit in die Kapitalrücklage nach § 272 Abs. 2 Nr. 4 HGB einzustellen.

In Rahmen von **Umwandlungsvorgängen** erscheint es sachgerecht, folgende Beträge als   369
Kapitalrücklage gem. § 272 Abs. 2 Nr. 4 HGB zu erfassen:

– den „Spaltungsgewinn", der beim übertragenden Rechtsträger entsteht, wenn bei einer Abspaltung der Buchwert der abgespaltenen Schulden denjenigen der abgespaltenen Vermögensgegenstände übersteigt, sofern die Gesellschafter nicht ausdrücklich einen Ertragszuschuss vereinbaren[644],
– eine Reinvermögensmehrung beim übernehmenden Rechtsträger im Fall eines *down-stream-mergers*[645] sowie
– eine Reinvermögensmehrung beim übernehmenden Rechtsträger, wenn dieser mit Zustimmung der Gesellschafter des übertragenden Rechtsträgers (§§ 54 Abs. 1 S. 3, 68 Abs. 1 S. 3 HGB) auf eine Gewährung von Gesellschaftsrechten verzichtet; dies kann insb. bei (konzerninternen) Verschmelzungen von 100%-igen TU der Fall sein (*side-stream-merger*)[646].

Verdeckte Einlagen (z.B. die kostenlose Übertragung von Vermögenswerten auf die   370
Gesellschaft) oder auch verlorene Zuschüsse sollen nur dann zu einer Einstellung in die Kapitalrücklage nach § 272 Abs. 2 Nr. 4 HGB führen, wenn ein in diese Richtung zielender Wille des leistenden Gesellschafters erkennbar ist[647]. Es empfiehlt sich daher, dass der leistende Gesellschafter ggf. seine diesbezüglichen Absichten eindeutig gegenüber der Gesellschaft zum Ausdruck bringt[648]. Bei den Zuzahlungen kann es sich um Bar- oder

---

641 Vgl. ADS[6], § 272 HGB, Tz. 130; *Förschle/Hoffmann* in BeBiKo[7], § 272, Rn. 190; weitergehend *Kropff* in MünchKomm. AktG[2], § 272 HGB, Rn. 98 auch zweckgebundene Zuzahlungen zum Ausgleich von Wertminderungen und zur Deckung sonstiger Verluste.
642 Vgl. ADS[6], § 272 HGB, Tz. 137; hierzu auch *IDW ERS HFA 13 n.F.*, Tz. 73 ff.
643 Vgl. *Baldamus*, DStR 2003, S. 853 m.w.N; BFH, GrS v. 09.06.1997, DStR, S. 1282; zur ertragsteuerlichen Behandlung des Forderungsverzichts eines Gesellschafters gegen Besserungsschein vgl. BMF-Schreiben v. 16.12.2003, BStBl. I, S. 786, dessen weitere Anwendbarkeit durch BMF-Schreiben v. 23.04.2010, BStBl. I, S. 391 bestätigt wurde.
644 Vgl. *IDW St/HFA 1/1998*, Abschn. 122; ADS[6], § 272 HGB, Tz. 51; *Förschle/Hoffmann* in BeBiKo[7], § 272, Rn. 365; *Klingberg* in Budde/Förschle/Winkeljohann, Sonderbilanzen[4], Kap. I, Rn. 332.
645 Vgl. *IDW ERS HFA 42*, Tz. 47; *Förschle/Hoffmann* in Budde/Förschle/Winkeljohann, Sonderbilanzen[4], Kap. K, Rn. 67; abw. (für eine erfolgswirksame Erfassung des „Verschmelzungsgewinns") *Priester* in Lutter, UmwG[4], § 24, Rn. 61; *Müller* in Kallmeyer, UmwG[4], § 24, Rn. 38; *Simon* in Kölner Komm. UmwG, § 24, Rn. 79.
646 Vgl. *IDW ERS HFA 42*, Tz. 49 i.V.m. Tz. 47; *Roß/Drögemüller*, DB 2009, S. 580 (581), halten eine erfolgsneutrale Einstellung in Kapitalrücklage für möglich, wenn der Gesellschafter dies ausdrücklich erklärt. Steuerlich vgl. *Krumm*, GmbHR 2010, S. 24.
647 Vgl. ADS[6], § 272 HGB, Tz. 132; *Mock* in Kölner Komm. Rechnungslegungsrecht, § 272 HGB, Rn. 166. Steuerlich vgl. *Förschle/Taetzner* in BeBiKo[7], § 272, Rn. 400 ff. m.w.N.
648 Vgl. dazu auch *IDW St/HFA 2/1996 i.d.F. 2010*, Abschn. 22.

Sachleistungen handeln. Die AK einer Sachzuzahlung bemessen sich wahlweise mit Null oder dem vorsichtig geschätzten Zeitwert[649].

371 **Nachschüsse** von Gesellschaftern einer GmbH, die auf einem in § 42 Abs. 2 GmbHG erwähnten Beschluss beruhen, sind stets gesondert unter den Kapitalrücklagen auszuweisen (§ 42 Abs. 2 S. 3 GmbHG, vgl. auch Tz. 292); sie fallen nicht unter § 272 Abs. 2 Nr. 4 HGB[650]. Sachgerecht erscheint die Bezeichnung „Nachschusskapital".

372 Die Kapitalrücklage unterliegt bei AG hinsichtlich ihrer **Verwendung und Auflösung** insoweit **Beschränkungen**, als es sich um Beträge nach § 272 Abs. 2 Nrn. 1 bis 3 HGB handelt (sog. gesetzlicher Reservefonds)[651]. Weitere zeitlich befristete Beschränkungen bestehen bei GmbH bzgl. etwaiger im Rahmen der vereinfachten Kapitalherabsetzung eingestellter Beträge (vgl. § 58b Abs. 3 GmbHG).

Abgesehen von diesen zuvor genannten Beschränkungen unterliegen Kapitalrücklagen weder bei der AG noch bei der GmbH hinsichtlich ihrer Verwendung einschränkenden gesetzlichen Bestimmungen. Über sie kann daher frei verfügt werden, d.h. sie können sowohl zur Kapitalerhöhung aus Gesellschaftsmitteln, zur Verlustdeckung als auch zur Gewinnausschüttung herangezogen werden. Während der Laufzeit eines Gewinnabführungsvertrags nach § 291 Abs. 1 S. 1 AktG auf Ebene einer abhängigen Gesellschaft gebildete Kapitalrücklagen gem. § 272 Abs. 2 Nr. 4 HGB unterliegen bei ihrer Auflösung nicht der Abführung an das herrschende Unternehmen (§ 301 AktG), sondern können nur auf der Grundlage eines entsprechenden Beschlusses an die Gesellschafter ausgeschüttet werden[652]. Zu den Voraussetzungen für eine ertragswirksame Vereinnahmung von Beträgen, die aus einer Auflösung der Kapitalrücklage eines Beteiligungsunternehmens stammen, beim Gesellschafter vgl. ADS[6], § 253 HGB, Tz. 48 f.[653].

373 **Einstellungen** in die Kapitalrücklage und deren **Auflösung** sind bereits bei der Aufstellung der Bilanz vorzunehmen (§ 270 Abs. 1 HGB). AG haben Einstellungen und Entnahmen der Berichtsperiode in und aus der Kapitalrücklage entweder in der Bilanz oder im Anh. anzugeben (§ 152 Abs. 2 AktG)[654]. Wird der Angabe in der Bilanz der Vorzug gegeben, so sollte der Posten wie folgt gegliedert werden:

Kapitalrücklage

Stand 1.1.
Einstellungen ....
Entnahmen ....
                     ─────────────   ....

374 Wird der Posten Kapitalrücklage nach den einzelnen Zuweisungsgründen unterteilt (vgl. Tz. 361), so dürfte es sich aus Gründen der Klarheit und Übersichtlichkeit der Bilanz empfehlen, die entsprechenden Angaben im **Anhang** und nicht in der Bilanz zu machen. Im Hinblick auf den Wortlaut der Vorschrift erscheint es aber auch ausreichend, die Ein-

---

649 Vgl. *IDW ERS HFA 42*, Tz. 46; ADS[6], § 255 HGB, Tz. 83 f.
650 Vgl. ADS[6], § 42 GmbHG, Tz. 22; *Hüttemann* in Staub, HGB[4], § 272, Rn. 38; a.A. hinsichtlich geleisteter Nachschüsse *Küting/Reuter* in HdR[5], § 272 HGB, Rn. 129, *Mock* in Kölner Komm. Rechnungslegungsrecht, § 272 HGB, Rn. 165, und *Lutter/Hommelhoff*, GmbHG[17], § 42, Rn. 49 (Ausweis unter Posten Nr. 4); zur Verwendung von Nachschusskapital vgl. auch *Förschle/Hoffmann* in BeBiKo[7], § 272, Rn. 215; *Heymann* in BHdR, B 231, Rn. 99.
651 Vgl. ADS[6], § 150 AktG, Tz. 16 ff.; *Kleindiek* in Schmidt/Lutter, AktG[2], § 150, Rn. 11 ff.
652 Vgl. ADS[6], § 174 AktG, Tz. 8; BFH v. 08.08.2001, DB 2002, S. 408; dazu auch BMF-Schreiben v. 27.11.2003, WPg 2004, S. 45.
653 Vgl. auch *IDW ERS HFA 13 n.F.*, Tz. 94; *HFA*, FN-IDW 1999, S. 552 (grds. anteiliger Abgang der Beteiligung); *HFA*, FN-IDW 2000, S. 171 (172).
654 Vgl. ADS[6], § 152 AktG, Tz. 20.

stellungen und Entnahmen während des GJ jeweils zusammengefasst in einem Betrag für alle Kapitalrücklagen anzugeben[655]. Eine Entnahme aus der Kapitalrücklage (Differenzierung nicht notwendig) ergibt sich im Übrigen auch aus der **GuV-Verlängerungsrechnung** bzw. den alternativ zulässigen Angaben im Anh. (§ 158 Abs. 1 S. 1 Nr. 2 und S. 2 AktG); (vgl. Tz. 609).

Für die **GmbH** wird eine analoge Anwendung grds. empfohlen[656]. Bei GmbH können die Gesellschafter daneben jedoch auch freies Vermögen zu Lasten einer bestehenden Kapitalrücklage entnehmen, sofern der Gesellschaftsvertrag eine entsprechende Ermächtigung enthält oder die Gesellschafter dies im Einzelfall einstimmig beschließen[657]. In diesem Fall wird die GuV(-Verlängerungsrechnung) grds. nicht berührt.

Für **Personenhandelsgesellschaften** i.S.d. § 264a HGB sieht das Gliederungsschema in § 264c Abs. 2 S. 1 HGB nur den Ausweis von „II. Rücklagen" vor, ohne eine Unterscheidung zwischen Kapital- und Gewinnrücklagen vorzunehmen. Dies ist auf der Grundlage der Kapitalvorschriften für Personenhandelsgesellschaften folgerichtig. Zwar können diese auch unverteilte Beträge auf (gemeinsamen) Rücklagenkonten ausweisen. Dies werden aber immer unverteilte Gewinne und damit Gewinnrücklagen sein. Von den Gesellschaftern über die bedungene Einlage hinaus eingezahlte Beträge werden regelmäßig deren Kapitalkonto zugeschrieben und sind damit als „I. Kapitalanteile" auszuweisen, da es ein festes, dem gezeichneten Kapital entsprechendes EK nicht gibt. Sind jedoch alle Gesellschafter im Verhältnis ihrer Pflichteinlagen an dem Mehrbetrag (Agio) beteiligt, der z.B. von einem (Neu-)Gesellschafter bei seinem Eintritt in die Gesellschaft über die bedungene Einlage hinaus zu erbringen ist[658], erscheint es zulässig, diesen Mehrbetrag als (gesamthänderisch gebundene) Rücklage auszuweisen, statt ihn auf die einzelnen Kapitalanteile aller Gesellschafter zu verteilen[659]. Gleiches gilt für Sacheinlagen, z.B. wenn Gesellschafter auf Forderungen gegen die Personenhandelsgesellschaft i.S.d. § 264a HGB verzichten[660]. Eine Aufteilung des Postens „Rücklagen" ist bei Personenhandelsgesellschaften i.S.d. § 264a HGB weder notwendig noch sinnvoll, auch wenn darin Beträge enthalten sind, die bei einer KapGes. gesondert als Kapitalrücklage auszuweisen wären[661].

A.III. Gewinnrücklagen

Die Gewinnrücklagen sind in der in § 266 Abs. 3 A.III. 1. bis 4. HGB aufgeführten Gliederung auszuweisen. Gemeinsam ist ihnen, dass sie nur Beträge enthalten dürfen, die im GJ oder einem früheren GJ **aus dem Ergebnis** gebildet worden sind (§ 272 Abs. 3 HGB) oder kraft ausdrücklicher gesetzlicher Anordnung erfolgsneutral in die Gewinnrücklagen einzustellen sind, wie dies für bestimmte Vermögenseffekte (z.B. nach Art. 67 Abs. 6 S. 1 EGHGB) bei der erstmaligen Anwendung der durch das BilMoG geänderten Vorschriften der Fall war[662]. „Ergebnis" ist nicht gleichbedeutend mit „Gewinn". Zwar können die

---

655 Vgl. auch *Singhof* in HdJ, Abt. III/2, Rn. 113.
656 Vgl. ADS[6], § 158 AktG, Tz. 32; *Förschle* in BeBiKo[7], § 275, Rn. 311.
657 Vgl. zum Entnahmerecht bei GmbH *Hueck/Fastrich* in Baumbach/Hueck, GmbHG[19], § 29, Rn. 64.
658 Vgl. *Bayer/Lieder*, ZIP 2008, S. 809.
659 Vgl. *Förschle/Hoffmann* in BeBiKo[7], § 264c, Rn. 22; *Thiele/Sickmann* in Baetge/Kirsch/Thiele, Bilanzrecht, § 264c HGB, Rn. 55; *Hennrichs/Pöschke* in HdJ, III/1, Rn. 127.
660 Vgl. *Paus*, GStB 2004, S. 138.
661 Vgl. IDW ERS HFA 7 n.F., Tz. 44; *Ischebeck/Nissen-Schmidt* in HdR[5], § 264c HGB, Rn. 23; a.A. *Hoffmann/Lüdenbach*, Bilanzierung[2], § 264c, Rn. 27: eine freiwillige Aufgliederung ist unbedenklich.
662 Vgl. IDW RS HFA 28, Tz. 6. f.; *Gelhausen/Fey/Kirsch*, WPg 2010, S. 24 (26); zur Fortgeltung von Art. 67 Abs. 6 S. 1 EGHGB bei Erstanwendung des § 274 HGB auch nach bereits erfolgter Umstellung auf das BilMoG vgl. Tz. 171.

Rücklagen nach A. III. 1., 3 und 4 nur aus Ergebnisüberschüssen und nicht zu Lasten eines Verlustes gebildet werden, doch gilt dies nicht für die Rücklage für Anteile am herrschenden Unternehmen (A. III. 2.), die bei Vorliegen der entsprechenden Voraussetzungen unabhängig vom Vorliegen eines Gewinnes zu bilden ist (§ 272 Abs. 4 HGB); vgl. Tz. 390.

377 Soweit die Bilanz unter Berücksichtigung der **vollständigen oder teilweisen Verwendung** des **Jahresergebnisses** aufgestellt wird (§ 268 Abs. 1 S. 1 HGB)[663], sind Entnahmen aus Gewinnrücklagen sowie Einstellungen in Gewinnrücklagen, die nach Gesetz, Gesellschaftsvertrag oder Satzung vorzunehmen oder aufgrund solcher Vorschriften beschlossen worden sind, bereits bei Aufstellung der Bilanz zu berücksichtigen (§ 270 Abs. 2 HGB).

378 AG haben ergänzend die Bestimmungen in § 152 Abs. 3 AktG zu beachten. Danach sind in der **Bilanz** oder im **Anhang** zu den einzelnen Posten der Gewinnrücklagen jeweils gesondert anzugeben:

1. Die Beträge, die die HV aus dem Bilanzgewinn des Vj. eingestellt hat;
2. die Beträge, die aus dem Jahresüberschuss des GJ eingestellt werden;
3. die Beträge, die für das GJ entnommen werden.

Ferner sind Entnahmen und Einstellungen, die zu Lasten des Ergebnisses gehen, in der **GuV-Verlängerungsrechnung** oder im **Anhang** in der in § 158 Abs. 1 AktG vorgesehenen Gliederung aufzuführen (vgl. Tz. 609).

A.III.1 Gesetzliche Rücklage

379 Für **AG** ist, mit Ausnahme von REIT-AG (§ 13 Abs. 1 S. 2 REITG), die Bildung einer gesetzlichen Rücklage in § 150 Abs. 1 AktG ausdrücklich vorgeschrieben. In sie ist so lange der zwanzigste Teil (5 v.H.) des um einen Verlustvortrag aus dem Vj. geminderten Jahresüberschusses einzustellen, bis die gesetzliche Rücklage und die Kapitalrücklagen nach § 272 Abs. 2 Nrn. 1 bis 3 HGB zusammen den zehnten oder den in der Satzung bestimmten höheren Teil des Grundkapitals erreichen (§ 150 Abs. 2 AktG). Für **GmbH** bestehen – mit Ausnahme der UG (haftungsbeschränkt) (vgl. § 5a Abs. 3 GmbHG sowie Tz. 316) – keine entsprechenden Vorschriften.

380 Ein Gewinnvortrag bleibt bei der **Berechnung der Zuführung** nach § 150 Abs. 2 AktG außer Betracht. Im JA bereits zu berücksichtigende Verbindlichkeiten, die an den Gewinn anknüpfen (z.B. aus dem Gewinn zu zahlende Beträge für Besserungsscheine, Vorstands- und Aufsichtsratstantiemen) und den Jahresüberschuss bereits gemindert haben, sind dem Jahresüberschuss nicht wieder hinzuzurechnen. Unter Grundkapital ist das in der Bilanz ausgewiesene gezeichnete Kapital zu verstehen (§ 272 Abs. 1 Abs. 1 S. 2 HGB). Nicht eingeforderte, ausstehende Einlagen, die offen vom Grundkapital abgesetzt werden (§ 272 Abs. 1 S. 3 HGB; vgl. Tz. 387 f.), führen nicht zu einer Verminderung der Bemessungsgrundlage für die Obergrenze der gesetzlichen Rücklage[664]. Bedingtes Kapital (§§ 192 ff. AktG) ist bei der Berechnung der Zuführung nicht zu berücksichtigen. Die Satzung kann nicht bestimmen, dass ein höherer Betrag als 5 v.H. des Jahresüberschusses in die gesetzliche Rücklage einzustellen ist; auch darf anlässlich der Bilanzfeststellung durch Vorstand und AR ein höherer Betrag nicht eingestellt werden. Lediglich die HV kann im Beschluss

---

663 Vgl. hierzu ADS[6], § 268 HGB, Tz. 10 ff.
664 Vgl. *Förschle/Hoffmann* in BeBiKo[7], § 272, Rn. 237.

Die Bilanz   F

über die Verwendung des Bilanzgewinns nach § 58 Abs. 3 S. 1 AktG weitere Beträge in die gesetzliche Rücklage einstellen (vgl. aber § 254 Abs. 1 AktG)[665].

Bei Gewinn- und Teilgewinnabführungsverträgen mindert der abzuführende Gewinn den Jahresüberschuss oder lässt einen solchen überhaupt nicht entstehen, so dass nach der Regelung des § 150 Abs. 2 AktG nur ein geringer oder gar kein Betrag in die gesetzliche Rücklage einzustellen wäre. § 300 AktG enthält daher im Interesse des Gläubigerschutzes sowie des Schutzes der Gesellschaft **Sondervorschriften** für die Fälle des Bestehens eines Gewinnabführungsvertrags (§ 291 Abs. 1 S. 1 AktG), eines Geschäftsführungsvertrags (der als Gewinnabführungsvertrag gilt, § 291 Abs. 1 S. 2 AktG), eines Teilgewinnabführungsvertrags (§ 292 Abs. 1 Nr. 2 AktG) sowie eines Beherrschungsvertrags (§ 291 Abs. 1 S. 1 AktG)[666]. **381**

Bei **Teilgewinnabführungsverträgen** ist die Zuweisung zur gesetzlichen Rücklage auf Basis des Betrags zu errechnen, der ohne den Vertrag maßgebend wäre (§ 300 Nr. 2 AktG). Bei **Gewinnabführungsverträgen** ist die Dotierung der Zuführung zur gesetzlichen Rücklage grds. so zu bemessen, dass die gesetzliche Rücklage (unter Hinzurechnung von Kapitalrücklagen nach § 272 Abs. 2 Nrn. 1 bis 3 HGB[667]) aus dem ohne die Gewinnabführung entstehenden, um einen Verlustvortrag aus dem Vj. geminderten Jahresüberschuss innerhalb der ersten fünf Jahre nach Vertragsabschluss gleichmäßig auf die gesetzliche oder satzungsmäßige Höhe aufgefüllt wird (§ 300 Nr. 1 AktG)[668]. Die jährliche Zuführung muss jedoch mindestens den Betrag erreichen, der ohne Bestehen eines Gewinnabführungsvertrags der gesetzlichen Rücklage nach § 150 Abs. 2 AktG zuzuweisen wäre (5 v.H. des fiktiven, um einen Verlustvortrag geminderten Jahresüberschusses). **382**

Wegen der Dotierung der gesetzlichen Rücklage bei **Beherrschungsverträgen**, die ohne einen Gewinnabführungsvertrag oder nur mit einem Teilgewinnabführungsvertrag abgeschlossen sind, vgl. § 300 Nr. 3 AktG[669]. **383**

Nach § 324 Abs. 1 AktG sind die Vorschriften über die Bildung einer gesetzlichen Rücklage, ihre Verwendung und über die Einstellung von Beträgen in die gesetzliche Rücklage nicht auf **eingegliederte Gesellschaften** anzuwenden; wegen Einzelheiten vgl. ADS[6], § 150 AktG, Tz. 68.

Entnahmen aus der gesetzlichen Rücklage sind nur in folgenden Fällen statthaft (wegen der Beschränkungen bei Vorliegen eines Beherrschungs- oder Gewinnabführungsvertrags vgl. Tz. 407): **384**

a) Der den **zehnten** oder den in der Satzung bestimmten höheren **Teil des Grundkapitals übersteigende Betrag** der zu einem Betrag zusammengefassten gesetzlichen Rücklage und der Kapitalrücklagen nach § 272 Abs. 2 Nrn. 1 bis 3 HGB (gesetzlicher Reservefonds) kann verwandt werden:

---

665 Vgl. hierzu ADS[6], § 58 AktG, Tz. 117 f.; *Poll* in HdR[5], §§ 58, 150 AktG, Rn. 7.
666 Vgl. *Hüffer*, AktG[9], § 300, Rn. 5 ff.; *Singhof* in HdJ, Abt. III/2, Rn. 136; wegen eines Geschäftsführungsvertrags a.A. *Koppensteiner* in Kölner Komm. AktG[3], § 300 AktG, Rn. 7.
667 Vgl. dazu ADS[6], § 300 HGB, Tz. 34; gl.A. auch *Hüffer*, AktG[9], § 300, Rn. 3.
668 Vgl. zu den hiermit verbundenen Berechnungsproblemen und weiteren Einzelheiten (Fristablauf, Kapitalerhöhung) ADS[6], § 272 HGB, Tz. 161.
669 Vgl. ADS[6], § 272 HGB, Tz. 164, und § 300 AktG, Tz. 53 (Dotierung bei Beherrschungsvertrag ohne Gewinnabführung auch, wenn kein ausreichender Jahresüberschuss vorliegt); gl.A. *Hüffer*, AktG[9], § 300, Rn. 13; *Altmeppen* in MünchKomm. AktG[3], § 300 AktG, Rn. 33 f.; a.A. *Koppensteiner* in Kölner Komm. AktG[3], § 300 AktG, Rn. 20.

aa) zum Ausgleich eines Jahresfehlbetrags (Posten Abs. 2 Nr. 20/Abs. 3 Nr. 19 der GuV nach § 275 HGB), soweit er nicht durch einen Gewinnvortrag aus dem Vj. gedeckt ist (§ 150 Abs. 4 Nr. 1 AktG),
bb) zum Ausgleich eines Verlustvortrags aus dem Vj., soweit er nicht durch einen Jahresüberschuss gedeckt ist (§ 150 Abs. 4 Nr. 2 AktG).
Eine Entnahme nach aa) oder bb) ist jedoch dann ausgeschlossen, wenn gleichzeitig Gewinnrücklagen zur Gewinnausschüttung aufgelöst werden (§ 150 Abs. 4 S. 2 AktG). Das gilt nach Sinn und Zweck des Gesetzes[670] auch dann, wenn andere frei verwendbare Rücklagen, so die Kapitalrücklage nach § 272 Abs. 2 Nr. 4 HGB, zur Gewinnausschüttung aufgelöst werden. Auch dies würde darauf hinauslaufen, dass zu Lasten der gebundenen Rücklage Gewinn ausgeschüttet wird.
cc) zur Kapitalerhöhung aus Gesellschaftsmitteln (§ 150 Abs. 4 Nr. 3 AktG),
dd) zum Ausgleich eines „Spaltungsverlusts" beim übertragenden Rechtsträger; d.h. des Betrags, um den bei einer Abspaltung (§ 123 Abs. 2 UmwG) der Buchwert der übertragenen Aktiva denjenigen der Passiva übersteigt[671].
b) Soweit die gesetzliche Rücklage und die Kapitalrücklagen nach § 272 Abs. 2 Nrn. 1 bis 3 HGB zusammen den zehnten oder den in der Satzung bestimmten höheren Teil des Grundkapitals übersteigen, können sie nur für die in a) aa) und bb) genannten Zwecke verwandt werden, wenn zuvor sämtliche sonstigen, nicht besonders gegen Ausschüttungen gesperrten Gewinnrücklagen[672] (z.B. Rücklage für Anteile am herrschenden Unternehmen) aufgelöst worden sind (§ 150 Abs. 3 Nrn. 1 und 2 AktG).

385 Soweit in den zuvor geschilderten Fällen **Entnahmen zulässig** sind, steht es der Gesellschaft frei, ob sie die Beträge

– ausschließlich zu Lasten der gesetzlichen Rücklage,
– ausschließlich zu Lasten der Kapitalrücklagen nach § 272 Abs. 2 Nrn. 1 bis 3 HGB oder
– nach von der Gesellschaft selbst zu bestimmenden Anteilen teils zu Lasten der Kapitalrücklagen, teils zu Lasten der gesetzlichen Rücklage

entnehmen will[673]. Die gesetzliche Rücklage und die Kapitalrücklagen nach § 272 Abs. 2 Nrn. 1 bis 3 HGB bilden insoweit eine Einheit.

386 Bei **GmbH** und **Personenhandelsgesellschaften i.S.d. § 264a HGB** ist eine gesetzliche Rücklage nicht vorgesehen. Bei GmbH können jedoch vergleichbare Rücklagen, die nur zum Ausgleich von Verlusten oder zur Kapitalerhöhung aus Gesellschaftsmitteln verwendet werden dürfen, aufgrund der Bestimmungen in § 47 DMBG 1948 oder § 27 Abs. 2 S. 3 DMBilG bestehen, deren Ausweis an dieser Stelle in Betracht kommt (bei AG und KGaA in den neuen Bundesländern ggf. Pflicht nach § 27 Abs. 2 S. 3 DMBilG).

387 Solange das Stammkapital bei einer **UG** (haftungsbeschränkt) nicht mindestens 25.000 € (§ 5 Abs. 1 GmbHG) beträgt, hat sie nach § 5a Abs. 3 GmbHG jeweils 25% um den Verlustvortrag aus dem Vj. geminderten Jahresüberschusses in eine **gesetzliche Rücklage** einzustellen. Für die Dotierung der gesetzlichen Rücklage besteht – im Unterschied zur AG (vgl. Tz. 380) – keine Obergrenze. Die Einstellung erfolgt, solange der Status einer

---

[670] Vgl. *Kropff*, AktG, S. 222.
[671] Vgl. ADS[6], § 272 HGB, Tz. 51; *Förschle/Hoffmann* in BeBiKo[7], § 272, Rn. 375. Dagegen für eine vorrangige Auflösung von anderen verfügbaren Rücklagen vor einer Auflösung der gesetzlichen Rücklage und der Kapitalrücklage nach § 272 Absatz 2 Nrn.1 bis 3 HGB *IDW St/HFA 1/1998*, Abschn. 122.
[672] Vgl. *Hüffer*, AktG[9], § 150, Rn. 9 m.w.N.
[673] ADS[6], § 150 AktG, Tz. 69, halten eine vorrangige Auflösung der gesetzlichen Rücklage für sinnvoll; so auch *Brönner* in Großkomm. AktG[4], § 150 AktG, Rn. 52.

Die Bilanz   F

UG (haftungsbeschränkt) nach § 5a Abs. 1 i.V.m. Abs. 5 GmbHG besteht[674], auch wenn die Summe aus Stammkapital und gesetzlicher Rücklage den Betrag des Mindeststammkapitals einer GmbH übersteigt[675]. Bei Bestehen eines Gewinnabführungs- und/ oder Beherrschungsvertrags mit einer UG (haftungsbeschränkt) als abhängigem Unternehmen gilt die Sonderregelung des § 300 AktG analog. Danach darf der Teil des Gewinns, der in die gesetzliche Rücklage einzustellen ist nicht abgeführt werden (vgl. Tz. 381)[676].

Die gesetzliche Rücklage bei einer UG (haftungsbeschränkt) darf nach § 5a Abs. 3 S. 2 GmbHG nur verwendet werden für: **388**

1. eine Kapitalerhöhung aus Gesellschaftsmitteln nach § 57c GmbHG[677],
2. zum Ausgleich eines nicht durch Gewinnvortrag gedeckten Jahresfehlbetrags oder,
3. zum Ausgleich eines nicht durch Jahresüberschuss gedeckten Verlustvortrags.

Die Beschränkungen entfallen, sobald das Stammkapital der UG (haftungsbeschränkt) das Mindeststammkapital einer GmbH (§ 5 Abs. 1 GmbHG) erreicht oder übersteigt (§ 5a Abs. 5 GmbHG)[678]. Die gesetzliche Rücklage ist deshalb im ersten JA nach Übergang in die reguläre GmbH in den Posten „Andere Gewinnrücklagen" (§ 266 Abs. 3 A.III.4. HGB) umzugliedern[679].

Sonderposten: Sonderrücklagen nach den Vorschriften des DMBilG

Zum Ausweis und den Verwendungsmöglichkeiten von **Sonderrücklagen nach den Vorschriften des DMBilG** vgl. WP Handbuch 1996 Bd. I, Kap. F Tz. 190, 197 m.w.N.   **389**

A.III.2. Rücklage für Anteile am herrschenden Unternehmen[680]

Werden bei AG oder GmbH auf der Aktivseite Anteile eines herrschenden oder eines mit Mehrheit beteiligten Unternehmens ausgewiesen (vgl. Tz. 255), so ist in gleicher Höhe eine Rücklage als zweiter Posten unter den Gewinnrücklagen auszuweisen (§ 266 Abs. 3 A.III.2. i.V.m. § 272 Abs. 4 S. 1 HGB). Für die Begriffsdefinitionen "mit Mehrheit beteiligtes Unternehmen" bzw. „herrschendes Unternehmen" gelten die §§ 16, 17 AktG[681].   **390**

Einstellungen in und Entnahmen aus der Rücklage sind bereits bei der Aufstellung des JA vorzunehmen (§ 272 Abs. 4 S. 3 HGB). Maßgebend für die **Einstellung** ist der Betrag, der nach § 253 Abs. 1 S. 1 i.V.m. § 255 Abs. 1 HGB auf der Aktivseite der Bilanz anzusetzen ist. Dies sind die AK oder ein ggf. nach § 253 Abs. 3 oder 4 HGB angesetzter niedrigerer Wert. Die Rücklage kann entweder zu Lasten des Ergebnisses, eines vorhandenen Gewinnvortrags oder vorhandener, frei verfügbarer Rücklagen gebildet werden (§ 272 Abs. 4 S. 3 HGB). Inhaltlich entsprechen die frei verfügbaren Rücklagen denjenigen, die auch beim Erwerb eigener Anteile für die Verrechnung nach § 272 Abs. 1a S. 2 HGB heranzu-   **391**

---

674 Vgl. dazu OLG München v. 23.09.2010, DB, S. 2213.
675 Vgl. *Hennrichs*, NZG 2009, S. 921 (924).
676 Vgl. *Fastrich* in Baumbach/Hueck, GmbHG[19], § 5a, Rn. 37; *Stenzel*, NZG 2009, S. 168 (171); *Wicke*, GWR 2010, S. 259.
677 Vgl. *Förschle/Kropp* in Budde/Förschle/Winkeljohann, Sonderbilanzen[4], Kap. E, Rn. 43 ff.
678 Vgl. *Lange*, NJW 2010, S. 3686 (3687).
679 Vgl. *Westermann* in Scholz, GmbHG[10], § 5a, Rn. 31; auch *Förschle/Hoffmann* in Budde/Förschle/Winkeljohann, Sonderbilanzen[4], Kap. L, Rn. 151 zur Behandlung der gesetzlichen Rücklage im vergleichbaren Fall des Formwechsels von der AG in die GmbH.
680 Vgl. hierzu *Förschle/Hoffmann* in BeBiKo[7], § 272, Rn. 300 ff.; *Küting/Reuter* in HdR[5], § 272 HGB, Rn. 136 ff.
681 Vgl. dazu ADS[6], § 16 AktG, Tz. 12 ff. und § 17 AktG, Tz. 13 ff.

ziehen sind[682]. Reicht das Ergebnis zur ordnungsmäßigen Dotierung der Rücklage nicht aus und bestehen auch keine ausreichenden frei verfügbaren Rücklagen, ist der Rücklage nach Wortlaut und Sinn der Bestimmung sowie in Ansehung der andernfalls nach § 256 Abs. 1 Nr. 4 AktG drohenden Nichtigkeit des JA gleichwohl der volle, in § 272 Abs. 4 S. 2 HGB vorgesehene Betrag zuzuführen[683], auch wenn dies zum Ausweis oder zur Erhöhung eines Bilanzverlusts führt. Aus diesem Grund stehen auch Beträge, die der Ausschüttungssperre nach § 268 Abs. 8 HGB unterliegen (vgl. Tz. 106), zur Dotierung der Rücklage nach § 272 Abs. 4 HGB zur Verfügung[684].

392 Die Rücklage für Anteile am herrschenden oder einem mit Mehrheit beteiligten Unternehmen ist auch bei Bestehen eines **Gewinnabführungsvertrags** zu bilden. Eine Ergebnisabführung an das herrschende Unternehmen ist nur insoweit zulässig, als das danach bei der abhängigen Gesellschaft verbleibende Jahresergebnis, ggf. unter Berücksichtigung von vorhandenen frei verfügbaren Rücklagen, für die Dotierung der Rücklage ausreicht. Hinsichtlich der Berücksichtigung vorvertraglicher Gewinnrücklagen zur Dotierung der Rücklage gelten die Überlegungen zur deren Berücksichtigung bei der Ermittlung der nach § 301 AktG abführungsgesperrten Beträge entsprechend (vgl. Tz. 115). Diese Grundsätze gelten auch in Jahren mit Verlustübernahmen, dann erhöht sich der nach § 302 AktG auszugleichende Verlust um den Betrag, der für die Rücklagenbildung erforderlich ist[685].

393 Die Rücklage ist nach § 272 Abs. 4 S. 4 HGB insoweit voll oder teilw. **aufzulösen**, als der Bilanzwert der in Betracht kommenden Anteile sich durch Ausgabe, Veräußerung, Einziehung oder Abschreibung ermäßigt. Die Fortführung eines höheren Rücklagenbetrags ist nicht zulässig. Wertaufholungen bei den aktivierten Anteilen (§ 253 Abs. 5 S. 1 HGB) führen zur Pflicht zur erneuten Dotierung der Rücklage[686].

394 AG müssen im **Anhang** nach § 160 Abs. 1 Nr. 2 AktG Angaben über eigene Aktien machen. Zur Darstellung der Rücklagenbewegungen in der **GuV-Verlängerungsrechnung** vgl. Tz. 620 und 629.

A.III.3. Satzungsmäßige Rücklagen

395 Sehen Gesellschaftsvertrag oder Satzung zwingend die Bildung bestimmter, in ihrer Verwendung ggf. beschränkter Rücklagen vor, so sind diese Rücklagen innerhalb der Gewinnrücklagen an dieser Stelle auszuweisen. Satzungsmäßige Rücklagen sind nach § 272 Abs. 3 S. 2 HGB sowohl für **AG** (vgl. § 158 Abs. 1 Nrn. 3c und 4c AktG) als auch für **GmbH** zulässig[687]. Die **Auflösung** richtet sich nach Satzung bzw. Gesellschaftsvertrag; fehlen entsprechende Bestimmungen, so liegt es im Ermessen des den JA feststellenden Organs, über die Auflösung zu bestimmen[688]. Keine satzungsmäßigen Rücklagen i.S.d. Vorschrift sind bei AG Einstellungen nach § 58 Abs. 1 S. 1, Abs. 2 S. 2 und Abs. 3 AktG; diese Einstellungen sind in die „Anderen Gewinnrücklagen" (A. III. 4.) vorzunehmen[689].

---

682 Vgl. *Gelhausen/Fey/Kämpfer*, BilMoG, Kap. L, Rn. 61, 26; *Förschle/Hoffmann* in BeBiKo[7], § 272, Rn. 302; *Küting/Reuter* in HdR[5], § 272 HGB, Rn. 145.
683 Vgl. *Förschle/Hoffmann* in BeBiKo[7], § 272, Rn. 303.
684 Vgl. *Gelhausen/Althoff*, WPg 2009, S. 584 (589); gl.A. *Mock* in Kölner Komm. Rechnungslegungsrecht, § 272 HGB, Rn. 221.
685 So auch zum bisherigen Recht z.B. ADS[6], § 272 HGB, Tz. 200.
686 Vgl. ADS[6], § 272 HGB, Tz. 202, 204; *Förschle/Hoffmann* in BeBiKo[7], § 272, Rn. 307.
687 Vgl. zur Zulässigkeit satzungsmäßiger Zwangsrücklagen im Rahmen des Gewinnverwendungsbeschlusses ADS[6], § 58 AktG, Tz. 134, § 272 HGB, Tz. 154; *Küting/Reuter* in HdR[5], § 272 HGB, Rn. 165 mit Bsp.
688 Vgl. ADS[6], § 58 AktG, Tz. 141; *Singhof* in HdJ, Abt. III/2, Rn. 145.
689 Vgl. ADS[6], § 272 HGB, Tz. 153; *Förschle/Hoffmann* in BeBiKo[7], § 272, Rn. 250; *Mock* in Kölner Komm. Rechnungslegungsrecht, § 272 HGB, Rn. 205.

Die Bilanz   F

A.III.4. Andere Gewinnrücklagen

Als andere Gewinnrücklagen sind alle bei Aufstellung der Bilanz oder im Rahmen der **396** Gewinnverteilung gebildeten Gewinnrücklagen auszuweisen, die zu keiner anderen unter A. III. aufgeführten Gewinnrücklage gehören. Diese Rücklagen können sämtlich in einem Betrag ausgewiesen werden, soweit nicht eine anderweitige Beschlussfassung vorliegt.

Nach § 58 Abs. 2a AktG oder § 29 Abs. 4 GmbHG darf der **Eigenkapitalanteil von** **397** **Wertaufholungen** bei Vermögensgegenständen des Anlage- und Umlaufvermögens (§ 253 Abs. 5 S. 1 HGB) und von bei der steuerrechtlichen Gewinnermittlung gebildeten Passivposten, die nicht in Sonderposten mit Rücklagenanteil ausgewiesen werden dürfen, in die anderen Gewinnrücklagen eingestellt werden. Passivposten, die bei der steuerlichen Gewinnermittlung gebildet werden dürfen, sind insb. die Reinvestitionsrücklagen nach § 6b EStG[690], die Rücklage für Ersatzbeschaffungen (EStR 6.6)[691] oder Investitionsabzugsbeträge nach § 7g Abs. 1 EStG[692].

Diese Regelungen zu Wertaufholungsrücklagen können an Bedeutung gewinnen[693], **398** nachdem mit der Aufhebung der §§ 247 Abs. 3, 273 S. 1 HGB a.F. (spätestens) für GJ, die nach dem 31.12.2009 beginnen (vgl. Art. 66 Abs. 5 EGHGB), im JA **keine neuen Sonderposten mit Rücklagenanteil** mehr gebildet werden dürfen[694]. Ob die Wahlrechte auch für steuerrechtlich zulässige Abschreibungen gelten, die wegen fehlender umgekehrter Maßgeblichkeit[695] nicht in der HB angesetzt werden können, ist nach dem Wortlaut und unter Berücksichtigung der Entstehungsgeschichte zu bezweifeln[696]. Zur Bildung der Rücklage nach § 58 Abs. 2a AktG oder § 29 Abs. 4 GmbHG in Verlustjahren und zur Nachholung vgl. ADS[6], § 58 AktG, Tz. 95 m.w.N.[697]. Eine automatische Auflösung der Rücklagen bei Wegfall des Grundes ist nicht vorgesehen[698].

Bei der Bemessung des Eigenkapitalanteils sind sowohl im GJ rechtlich entstandene als **399** auch latente **Steuerbelastungen** (vgl. Tz. 172 ff.) zu berücksichtigen, auch wenn bzw. soweit es nicht zu einer Passivierung latenter Steuern (§ 274 Abs. 1 S. 1 HGB) kommt, sondern sich nur ein bereits zuvor nicht bilanzierter Aktivüberhang latenter Steuern nach § 274 Abs. 1 S. 2 HGB vermindert. Andernfalls würde nämlich der bislang nicht bilanzierte wirtschaftliche Vorteil, der mit den gegengerechneten abziehbaren temporären Differenzen oder steuerlichen Verlustvorträgen verbunden ist und durch die Wertaufholung in der HB realisiert wird, in die Wertaufholungsrücklage eingestellt.

Soweit sich die Dotierung der Gewinnrücklagen auf die Bestimmungen in § 58 Abs. 2a **400** AktG, § 29 Abs. 4 GmbHG stützt, ist ein **gesonderter Ausweis** in der Bilanz oder eine Angabe im **Anhang** in den genannten Vorschriften vorgeschrieben. Auch ein „davon"-Vermerk ist zulässig. Ob die Pflicht zum gesonderten Ausweis oder zur Angabe im Anh.

---

690 Vgl. *Kreidl/Adrian* in BeBiKo[7], § 274, Rn. 153 ff.
691 Vgl. *Kreidl/Adrian* in BeBiKo[7], § 274, Rn. 162 f.
692 Vgl. zu unversteuerten Rücklagen auch *Gelhausen/Fey/Kämpfer*, BilMoG, Kap. D, Rn. 7; zur Stilllegungsrücklage gem. § 3 Gesetz über steuerliche Maßnahmen bei der Stilllegung von Steinkohlebergwerken WP Handbuch 2006 Bd. I, E Tz. 83.
693 Vgl. *Hueck/Fastrich* Baumbach/Hueck, GmbHG[19], § 29, Rn. 18 f.
694 Zur Beibehaltung von Sonderposten mit Rücklagenanteil, die vor dem BilMoG-Umstellungsjahr gebildet wurden, vgl. Tz. 431.
695 Vgl. ausführlich zum Wegfall der umgekehrten Maßgeblichkeit im Zuge des BilMoG *Gelhausen/Fey/Kämpfer*, BilMoG, Kap. D, Rn. 6 ff.; *Winkeljohann/Buchholz* in BeBiKo[7], § 274, Rn. 128 ff. m.w.N.
696 A.A. *Poll* in HdR[5], §§ 58, 150 AktG, Rn. 19.
697 Zust. *Hüffer*, AktG[9], § 58, Rn. 18.
698 Vgl. ADS[6], § 272 HGB, Tz. 158; *Förschle/Hoffmann* in BeBiKo[7], § 272, Rn. 276; *Mock* in Kölner Komm. Rechnungslegungsrecht, § 272 HGB, Rn. 57.

sich nur auf das Jahr der Dotierung bezieht oder auch für spätere Jahre fortgelten soll, lässt sich aus dem Wortlaut der Vorschriften nicht eindeutig herleiten. Dem Sinn der Vorschriften dürfte jedoch hinreichend entsprochen sein, wenn im Jahr der Einstellung der entsprechende Einstellungsgrund entweder in der Bilanz oder im Anh. genannt wird[699].

401 REIT-AG dürfen Gewinne aus der Veräußerung von Immobilien bis zur Hälfte in eine „Re-Investitionsrücklage" einstellen (§ 13 Abs. 3 S. 1 REITG). Wird die Re-Investitionsrücklage nicht (spätestens) bis zum Ende des zweiten auf das Jahr ihrer Einstellung folgenden GJ auf neues unbewegliches Vermögen übertragen, ist sie wieder aufzulösen und erhöht den ausschüttungsfähigen (Bilanz-)Gewinn (§ 13 Abs. 3 S. 2 REITG)[700].

402 Die **Einstellungen** in andere Gewinnrücklagen dürfen, soweit dem nicht satzungsmäßige Bestimmungen entgegenstehen, bereits bei Aufstellung der Bilanz gemacht werden (§§ 268 Abs. 1 S. 1, 270 Abs. 2 HGB).

403 Bei **AG** können andere Gewinnrücklagen **bei Feststellung der Bilanz** von der Verwaltung in den Grenzen des § 58 Abs. 2 AktG oder – falls dies die Satzung vorsieht – von der den JA feststellenden HV (§ 173 Abs. 2 S. 2 AktG) gebildet werden (§ 58 Abs. 1 AktG). Im Beschluss über die Verwendung des Bilanzgewinns kann die HV weitere Beträge in Gewinnrücklagen (gesetzliche Rücklage, andere Gewinnrücklagen) einstellen (§ 58 Abs. 3 AktG). Die anderen Gewinnrücklagen können zweckgebunden sein (z.B. Erneuerungsrücklage, Substanzerhaltungsrücklage[701], Dividendenergänzungsrücklage, Rücklage für Konzernzwischengewinne); eine Gliederung nach der jeweiligen Zweckbestimmung ist zulässig (§ 265 Abs. 5 HGB).

404 Gemäß § 58 Abs. 2 S. 1 AktG kann die **Verwaltung** nach freiem Ermessen bis zur Hälfte des Jahresüberschusses in andere Gewinnrücklagen einstellen. Nach § 58 Abs. 2 S. 2 AktG kann die Satzung die Verwaltung zur Einstellung eines größeren oder kleineren Teils ermächtigen[702]. Unter einem größeren Teil als der Hälfte kann auch der gesamte Jahresüberschuss verstanden werden[703]. Die Verwaltung kann von einer Ermächtigung nach § 58 Abs. 2 S. 2 AktG keinen Gebrauch mehr machen, wenn die anderen Gewinnrücklagen die Hälfte des Grundkapitals übersteigen oder soweit sie nach der Einstellung die Hälfte übersteigen würden (§ 58 Abs. 2 S. 3 AktG). Auch bei Bestehen eigener Anteile berechnet sich die Hälfte von dem im HR eingetragenen Betrag des Grundkapitals und nicht von dem in der Bilanz ausgewiesenen, um den Nennbetrag bzw. rechnerischen Wert verminderten Betrag (vgl. Tz. 320). Der Jahresüberschuss ist bei allen Zuweisungen zu freien Rücklagen vorweg um die in die **gesetzliche Rücklage** einzustellenden Beträge sowie um einen **Verlustvortrag** zu kürzen (§ 58 Abs. 1 S. 3 und Abs. 2 S. 4 AktG); eine Kürzung um die Beträge, die in eine Rücklage für Anteile am herrschenden Unternehmen (vgl. Tz. 390) eingestellt worden sind, ist nicht vorgeschrieben. Erst aus dem dann verbleibenden Betrag ist die Hälfte (§ 58 Abs. 1 S. 2 und Abs. 2 S. 1 AktG) bzw. ein größerer oder kleinerer Teil (§ 58 Abs. 2 S. 2 AktG) zu errechnen.

405 Ein im Rahmen des Gewinnverwendungsbeschlusses gefasster **Beschluss der Hauptversammlung** über die Dotierung von Gewinnrücklagen führt gemäß § 174 Abs. 3 AktG nicht zur Änderung des festgestellten JA; die Rücklagenzuführung ist aber in der Bilanz des folgenden Jahres anzugeben (§ 152 Abs. 3 Nr. 1 AktG). Ein infolge der Einstellung

---

699 A.A. *Hüffer*, AktG[9], § 58, Rn. 18 m.w.N.
700 Vgl. *Gorgs/Conrad/Rohde*, WPg 2009, S. 1167 (1169).
701 Vgl. zur Substanzerhaltung durch Rücklagenbildung *IDW St/HFA 2/1975*.
702 Die Beschränkung für börsennotierte AG (§ 3 Abs. 2 AktG), wonach die Satzung nur höhere Dotierungen vorsehen durfte, ist durch das TransPuG v. 19.07.2002 (BGBl. I, S. 2681) entfallen.
703 Vgl. *Hüffer*, AktG[9], § 58, Rn. 12 m.w.N.

Die Bilanz

entstehender **zusätzlicher Aufwand** (z.B. dividendenabhängige Tantiemen oder Genussscheine; KSt auf die Differenz zwischen Buchwert und gemeinem Wert einer Sachausschüttung, wenn bei Aufstellung der Bilanz noch kein entsprechender Gewinnverwendungsvorschlag vorliegt; vgl. dazu Tz. 417)[704] erscheint nicht in der GuV, sondern mindert den zur Verwendung stehenden Bilanzgewinn[705]. Im Unterschied dazu ist ein **zusätzlicher Ertrag** im Folgejahr stets erfolgswirksam zu vereinnahmen. Eine erfolgsneutrale Behandlung, d.h. ein Ausweis in der Folgebilanz unter den anderen Gewinnrücklagen oder als Gewinnvortrag erscheint bedenklich, da dieser zusätzliche Ertrag nicht gesetzlicher Bestandteil der Gewinnverwendung war[706].

Über die **Auflösung** anderer Gewinnrücklagen entscheidet grds. das für die Bilanzfeststellung zuständige Organ. Eine Ausnahme hiervon kann beim Erwerb eigener Anteile gelten, wenn andere Gewinnrücklagen (A. III. 4.) zur Verrechnung des Unterschiedsbetrags zwischen einem (höheren) Kaufpreis und dem Nennbetrag bzw. rechnerischen Wert gem. § 272 Abs. 1a S. 2 HGB herangezogen werden (vgl. Tz. 325). Zur Frage, ob die Verwaltung auch über die von der HV zu bestimmten Zwecken gebildeten anderen Gewinnrücklagen nach freiem Ermessen im Rahmen ihrer Verantwortlichkeit nach §§ 93, 116 AktG verfügen kann, vgl. ADS[6], § 58 AktG, Tz. 115.

406

Besonderheiten gelten bei Vorliegen von **Unternehmensverträgen**. Nach § 301 AktG darf als Gewinn höchstens der ohne die Gewinnabführung sonst entstehende Jahresüberschuss, vermindert um einen Verlustvortrag[707], um den in die gesetzliche Rücklage einzustellenden Betrag sowie den nach § 268 Abs. 8 HGB ausschüttungsgesperrten Betrag (sog. Abführungssperre[708]; vgl. Tz. 106 ff.), abgeführt werden. Andere Gewinnrücklagen dürfen nur insoweit abgeführt werden, als sie während der Dauer des Vertrags gebildet wurden (§ 301 S. 2 AktG). Dadurch ist die Auflösung und Abführung vorvertraglicher anderer Gewinnrücklagen ausgeschlossen[709]. Diese können nur im Wege der Gewinnverwendung an die Gesellschafter ausgeschüttet werden.

407

Bei einer **GmbH** hängt die Bildung der Gewinnrücklagen weitgehend von entsprechenden Satzungsbestimmungen ab[710]. Der nach § 29 Abs. 1 GmbHG grds. den Gesellschaftern einer GmbH zustehende Gewinnanspruch besteht nur insoweit, wie durch den Gesellschaftsvertrag oder den jährlich zu fassenden Gewinnverwendungsbeschluss (§ 29 Abs. 2 GmbHG) eine Entscheidung darüber getroffen wurde, in welcher Höhe Beträge aus dem Jahresüberschuss in die Gewinnrücklage eingestellt werden oder zur Ausschüttung an die Gesellschafter (§ 29 Abs. 3 GmbHG) gelangen sollen. Die Bilanz kann dabei bereits unter Berücksichtigung der Ergebnisverwendung aufgestellt werden (vgl. § 29 Abs. 2 i.V.m. Abs. 1 S. 2 GmbHG sowie §§ 268 Abs. 1 S. 1 und 270 Abs. 2 HGB). Zu Beson-

408

---

704 Vgl. ADS[6], § 174 AktG, Tz. 43; *Hueck/Fastrich* Baumbach/Hueck, GmbHG[19], § 29, Rn. 17.
705 Vgl. hierzu ADS[6], § 174 AktG, Tz. 43, 45 m.w.N.; *Kropff* in MünchKomm. AktG[2], § 174 AktG, Rn. 30.
706 Vgl. hierzu ADS[6], § 174 AktG, Tz. 48 (mit Hinweis auf die Möglichkeit einer Änderung des JA, Rn. 50); *Förschle/Büssow* in BeBiKo[7], § 278, Rn. 27; *Oser/Bischof* in HdR[3], § 278 HGB, Rn. 4 m.w.N.
707 Dies gilt für die GmbH analog; vgl. h.M. z.B. *Emmerich* in Emmerich/Habersack, Aktien- und GmbH-Konzernrecht[6], § 301 AktG, Rn. 6; *Emmerich* in Scholz, GmbHG[10], Konzernrecht, Rn. 203 f.
708 Vgl. ausführlich zur sog. Abführungssperre *Gelhausen/Althoff*, WPg 2009, S. 629.
709 Vgl. hierzu ADS[6], § 174 AktG, Tz. 6. Zu weiteren Einzelheiten der Rücklagenbildung im Konzern vgl. ADS[6], § 58 AktG, Tz. 74. Steuerlich vgl. BMF-Schreiben v. 11.10.1990, DB, S. 2142. Zur steuerlichen Anerkennung einer Organschaft siehe BMF-Schreiben v. 26.08.2003, BStBl. I, S. 437, dessen weitere Anwendbarkeit durch BMF-Schreiben v. 23.04.2010, BStBl. I, S. 391 bestätigt wurde. Zur Auflösung von in organschaftlicher Zeit gebildeten Kapitalrücklagen (Folgerungen aus dem BFH-Urt. v. 08.08.2001, DB 2002, S. 408) siehe BMF-Schreiben v. 27.11.2003, WPg 2004, S. 45 (bestätigt durch BMF-Schreiben v. 23.04.2010, BStBl. I, S. 391).
710 Zu § 29 GmbHG vgl. ADS[6], § 42a GmbHG, Tz. 31; *Hueck/Fastrich* in Baumbach/Hueck, GmbHG[19], § 29, Rn. 35 ff., 46; zur inkongruenten Bildung von Gewinnrücklagen bei GmbH vgl. *Müller*, FR 2010, S. 825 (826 f.).

derheiten der Gewinnverwendung bei sog. Altgesellschaften, d.h. GmbH, die bei Inkrafttreten des BiRiLiG im HR eingetragen waren, vgl. WP Handbuch 2006 Bd. I, Kap. F Tz. 317.

409 Bei Personenhandelsgesellschaften sind Rücklagen gesetzlich nicht vorgesehen, sie können aber nach dem Gesellschaftsvertrag zu bilden sein oder aufgrund eines Gesellschafterbeschlusses gebildet werden[711]. Sie sind dann bei **Personenhandelsgesellschaften i.S.d. § 264a HGB** nach den Kapitalanteilen der persönlich haftenden Gesellschafter sowie ggf. der Kommanditisten unter A. II. als Rücklagen auszuweisen (§ 264c Abs. 2 S. 1 HGB). Dabei kommt eine Dotierung grds. nur aus dem Gewinn in Betracht. Von den Gesellschaftern eingezahlte Beträge sind grds. unmittelbar den Kapitalanteilen zuzuschreiben und als solche auszuweisen (vgl. Tz. 346). Voraussetzung für den Ausweis als Rücklagen ist, dass es sich tatsächlich um zusätzliches EK handelt, das zur Verrechnung mit künftigen Verlusten zur Verfügung steht und im Falle einer Insolvenz der Gesellschaft nicht als Forderung geltend gemacht werden kann bzw. bei einer Liquidation erst nach Befriedigung aller Gesellschaftsgläubiger auszugleichen ist[712].

A.IV. Gewinnvortrag/Verlustvortrag
A.V. Jahresüberschuss/Jahresfehlbetrag
oder
A.IV. Bilanzgewinn/Bilanzverlust

410 Je nachdem, ob die Bilanz vor oder nach der **vollständigen oder teilweisen Verwendung des Jahresüberschusses** aufgestellt wird, d.h. vor oder nach Dotierung von bzw. vor oder nach Entnahmen aus Gewinnrücklagen oder aus Kapitalrücklagen, sind die oben bezeichneten Posten bei **AG** und **GmbH** in der einen oder anderen Form auszuweisen (§ 268 Abs. 1 S. 2 erster Hs. HGB)[713]. Im zweiten Fall ist ein etwaiger Ergebnisvortrag aus dem Vj. in den Posten IV. (Bilanzgewinn/Bilanzverlust) einzubeziehen und (als Untergliederung oder „davon"-Vermerk) anzugeben, sofern er nicht im Anh. genannt wird (§ 268 Abs. 1 S. 2 zweiter Hs. HGB). Der Angabe des Gewinnvortrags in Bilanz oder im Anh. steht es gleich, wenn das Ergebnis in der GuV-Verlängerungsrechnung bis zum Posten „Bilanzgewinn/Bilanzverlust" fortentwickelt wird.

411 Bei **AG** ist zwingend § 158 AktG anzuwenden (vgl. Tz. 609). Für den Fall, dass lediglich ein Gewinn- oder Verlustvortrag ohne gleichzeitige Rücklagenbewegungen vorliegt, führt dies dazu, dass in der GuV-Verlängerungsrechnung zwingend vom Jahresüberschuss/-fehlbetrag auf den Bilanzgewinn/-verlust überzuleiten ist. Die GuV einer AG endet damit immer mit dem Posten Bilanzgewinn/-verlust. Entsprechend wird auch in der Bilanz einer AG in diesen Fällen stets der Posten „Bilanzgewinn/-verlust" ausgewiesen. Dies gilt ungeachtet der Tatsache, dass es sich hierbei nicht um eine Maßnahme der Gewinnverwendung i.S.d. § 268 Abs. 1 HGB, sondern um eine „ausweistechnische" Folge der Anwendung des § 158 AktG handelt. Für **GmbH** wird die entsprechende Anwendung des § 158 AktG allgemein empfohlen (vgl. Tz. 609 m.w.N.). In diesem Fall endet die GuV in der vorliegenden Fallkonstellation auch bei GmbH mit dem Posten „Bilanzgewinn/-verlust". Allgemein gilt, dass der letzte Posten der GuV mit dem entsprechenden Posten in der Bilanz übereinstimmen soll, mit der Folge, dass bei freiwilliger Anwendung des § 158 AktG in der Bilanz der GmbH auch der Posten Bilanzgewinn/-verlust ausgewiesen wird.

---

711 Vgl. *IDW ERS HFA 7 n.F.*, Rn. 44; *von Kanitz*, WPg 2003, S. 324 (332); *Hüttemann* in Staub, HGB[4], § 264c, Rn. 23.
712 Vgl. ADS[6], § 247 HGB, Tz. 60 m.w.N.; *IDW ERS HFA 7 n.F.*, Tz. 13.
713 Vgl. zum Begriff und zur Abgrenzung der Ergebnisverwendung i.S.d. Vorschrift ADS[6], § 268 HGB, Tz. 15; enger *Matschke/Schellhorn* in BoHdR[2], § 268 HGB, Rn. 2 ff.

Die Bilanz F

Sachdividende

Bei AG kann die HV, wenn die Satzung eine entsprechende Ermächtigung enthält, nach § 58 Abs. 5 AktG mit einfacher Mehrheit auch eine **Sachdividende** beschließen. Auch wenn bei GmbH eine entsprechende Klarstellung im Gesetz fehlt, ist die Möglichkeit einer Sachausschüttung auf Grundlage einer entsprechenden Regelung im Gesellschaftsvertrag allgemein anerkannt[714]. Weder die OHG noch die KG kennen ein Entnahmeverbot, so dass auch bei Personenhandelsgesellschaften – vorbehaltlich entgegenstehender gesellschaftsvertraglicher Regelungen – Sachentnahmen/-ausschüttungen möglich sind[715]. 412

Gegenstand einer Sachdividende können grds. Vermögensgegenstände jeder Art sein, die unter Beachtung des Bestimmtheitsgrundsatzes durch ein dingliches Rechtsgeschäft übertragen werden können[716]. Hierfür kommen bei der AG grds. auch eigene Produkte der leistenden Gesellschaft, wegen der Dividendendistribution durch das Depotbankensystem praktisch aber ausschließlich (börsennotierte) Wertpapiere aus dem AV in Betracht[717]. Ferner können eigene Anteile (vgl. Tz. 320 ff.) Gegenstand einer Sachausschüttung sein[718]; eine Kapitalerhöhung aus Gesellschaftsmitteln (vgl. Tz. 334) stellt dagegen aber keine Sachausschüttung dar[719]. Einschränkungen hinsichtlich des Ausschüttungsgegenstands können sich auch aus der Ermächtigung in der Satzung ergeben; diese kann z.B. vorsehen, dass nur liquide Sachwerte (amtl. gehandelte Wertpapiere) ausgeschüttet werden können[720]. Die Satzung kann ferner vorsehen, dass der Beschluss über die Sachausschüttung nicht nur eine einfache, sondern eine größere Kapitalmehrheit erfordert[721]. 413

Es ist zunächst fraglich, ob der Abgang der ausgekehrten Vermögensgegenstände zum Buch- oder zum Zeitwert zu bewerten ist. Diese Frage ist entscheidend für den erforderlichen Bilanzgewinn, der zur Auskehrung eines bestimmten Vermögensgegenstands erforderlich ist. Das Gesetz hat die Frage der Bewertung offen gelassen[722]. Mehrheitlich wird inzwischen die Auffassung vertreten, dass die Sachausschüttung als umsatzähnliche Transaktion einzuordnen ist und daher eine Bewertung der ausgekehrten Vermögensgegenstände zum **Markt- bzw. (beizulegenden) Zeitwert** zu erfolgen hat[723]. Wenn der in Geld ausgedrückte Rechtsanspruch der Gesellschafter auf den Bilanzgewinn durch eine Sachausschüttung erfüllt wird, ist hierin nicht nur buchhalterisch, sondern auch gesell- 414

---

714 Vgl. z.B. *Hueck/Fastrich* in Baumbach/Hueck, GmbHG[19], § 29, Rn. 55 m.w.N.; *Emmerich* in Scholz, GmbHG[10], § 29, Rn. 84.
715 Vgl. *IDW ERS HFA 7 n.F.*, Tz. 50 ff.
716 Vgl. *Schnorbus*, ZIP 2003, S. 509 (511); *Waclawik*, BB 2003, S. 1408 (1409); *Orth*, WPg 2004, S. 777 (779).
717 Vgl. *Waclawik*, WM 2003, S. 2266 (2268); *Waclawik*, BB 2003, S. 1408 (1409); enger *Holzborn/Bunnemann*, AG 2003, S. 671 (673) (nur fungible Gegenstände, die an liquiden Märkten handelbar sind); *Orth*, WPg 2004, S. 777 (779) (nur Gegenstände, die auf einem Markt i.S.d. § 3 Abs. 2 AktG oder einem anderen (ebenso leistungsfähigen) Markt gehandelt werden).
718 Vgl. *Ihrig/Wagner*, BB 2002, S. 796; *Schnorbus*, ZIP 2003, S. 509 (511).
719 Vgl. *Förschle/Kropp* in Budde/Förschle/Winkeljohann, Sonderbilanzen[4], Kap. E, Rn. 14; *Orth*, WPg 2004, S. 777 (780).
720 Vgl. *Heine/Lechner*, AG 2005, S. 269 (271); *Schnorbus*, ZIP 2003, S. 509 (511); *Hüffer*, AktG[9], § 58, Rn. 32.
721 Vgl. *Schnorbus*, ZIP 2003, S. 509 (513); *Holzborn/Bunnemann*, AG 2003, S. 671 (672).
722 Vgl. RegBegr. zu § 58 Abs. 5 AktG, BT-Drs. 14/8769, S. 13: „Die Frage der Bewertung [...] kann der wissenschaftlichen Literatur und ggf. der weiteren rechtspolitischen Erörterung überlassen bleiben."
723 Vgl. *Müller*, NZG 2002, S. 752 (758); *Schnorbus*, ZIP 2003, S. 509 (516); *Waclawik*, WM 2003, S. 2266 (2271); *Orth*, WPg 2004, S. 777 (786); *Heine/Lechner*, AG 2005, S. 269 (270); *Ihrig/Wagner*, BB 2002, S. 796; *Schulze-Osterloh* in FS Priester, S. 749 (753); *Siegel/Schulze-Osterloh/Bareis*, WPg 2008, S. 553 (564); *Förschle/Büssow* in BeBiKo[7], § 278, Rn. 137.

schaftsrechtlich ein Umsatzakt zu sehen, der zur Realisation der stillen Reserven in dem betreffenden Vermögensgegenstand führt[724].

415 Soll den Gesellschaftern Vermögen dagegen, d.h. ohne entsprechenden Ergebnisausweis auf Ebene der übertragenden Gesellschaft, zugewendet werden, besteht neben der Sachausschüttung die Möglichkeit einer **Abspaltung** gem. § 123 Abs. 2 UmwG[725]. In diesem Fall erhalten die Gesellschafter den betreffenden Vermögensgegenstand – anders als bei einer Sachausschüttung – aber nicht unmittelbar, sondern nur die Anteile an dem übernehmenden Rechtsträger, auf die er abgespalten wird, d.h. die gesellschaftsrechtliche Bindung des Vermögensgegenstands bleibt im Ergebnis erhalten[726].

416 Teilweise wird im Schrifttum aber auch eine Bewertung der abgehenden Vermögensgegenstände mit dem **Buchwert** befürwortet, weil die Sachausschüttung kein Umsatzgeschäft sei, das zu einer Gewinnrealisierung führe, sondern es sich vielmehr um eine gesellschaftsinterne Maßnahme handele[727]. Die Kapitalschutzregeln (§ 57 Abs. 3 AktG; § 30 GmbHG) beziehen sich ebenfalls auf das zu Buchwerten angesetzte Vermögen. Man wird deshalb derzeit auch eine Bewertung mit dem Buchwert als zulässig erachten müssen. Dies bedeutet jedoch nicht, dass stille Reserven ohne Weiteres still an die Gesellschafter ausgeschüttet werden dürfen. Dagegen spricht bereits das Gleichbehandlungsgebot der Gesellschafter (§ 53a AktG (ggf. analog)). Bei einer Bewertung der Sachausschüttung zum Buchwert ist deshalb für die aus Sicht der Gesellschafter und der Adressaten des JA notwendige Transparenz der zur (Sach-)Ausschüttung vorgesehene Vermögensgegenstand im Beschluss entsprechend zu spezifizieren und neben dessen Buchwert auch sein Zeitwert anzugeben[728].

417 Für die Bewertung zum Zeitwert spricht im Übrigen auch, dass die Finanzverwaltung die Sachausschüttung ebenfalls als Realisationstatbestand behandelt[729]. D.h. eine im ausgekehrten Vermögensgegenstand enthaltene stille Reserve führt auf Ebene der ausschüttenden Gesellschaft zu einem steuerbaren Gewinn. Der darauf entfallende (zusätzliche) **Steueraufwand** ist bei der Aufstellung des JA gem. § 278 S. 1 HGB zu berücksichtigen, wenn ein entsprechender Gewinnverwendungsvorschlag vorliegt (vgl. Tz. 592) oder sonst im Gewinnverwendungsbeschluss als zusätzlicher Aufwand aufgrund des Beschlusses aufzuführen (§ 174 Abs. 2 Nr. 5 AktG; vgl. Tz. 420). Da es sich hierbei nicht um einen Steueraufwand aus dem operativen Geschäft, sondern aus dem Ausschüttungsvorgang handelt, erscheint es folgerichtig, die stille Reserve als Deckungspotenzial für diesen Steueraufwand aufzudecken und nicht in voller Höhe (ohne Kürzung um den Steuerauf-

---

724 Vgl. *Müller*, NZG 2002, S. 752 (758); *Orth*, WPg 2004, S. 777 (784). Dies entspricht im Ergebnis einer Barausschüttung mit einem nachfolgenden Verkehrsgeschäft, das nach § 57 AktG gerade im Verhältnis zu den Aktionären zwingend zum Verkehrswert abgewickelt werden müsste. Allerdings handelt es sich bei der Sachausschüttung nach § 58 Abs. 5 AktG um die Erfüllung einer Sachleistungsverpflichtung und nicht lediglich um eine Leistung an Erfüllungs statt i.S.d. § 364 Abs. 1 BGB (s. *Orth*, WPg 2004, S. 777 (781)). Maßgeblichkeit des Verkehrswerts folgt aus der Maßgeblichkeit des Bilanzgewinns *Hüffer*, AktG[9], § 58, Rn. 33.
725 Vgl. ebenso *Müller*, NZG 2002, S. 752 (758) (Buchwertverknüpfung nur bei besonderer gesetzlicher Grundlage, wie z.B. §§ 17 Abs. 2, 24 UmwG).
726 Vgl. zur bilanziellen Behandlung einer Abspaltung *IDW St/HFA 1/1998*, Abschn. 122; *Klingberg* in Budde/ Försche/Winkeljohann, Sonderbilanzen[4], Kap. I, Rn. 300; *Heine/Lechner*, AG 2005, S. 269 (zum Vergleich von Spaltung und Sachdividende).
727 Vgl. *Leinekugel*, S. 147; *Lutter/Leinekugel/Rödder*, ZGR 2002, S. 215; *Schüppen*, ZIP 2002, S. 1269 (1277); *Holzborn/Bunnemann*, AG 2003, S. 671 (674); *Bareis/Siegel*, BB 2008, S. 479 (483) (Quasi-Marktbewertung ist nicht mit einer Umsatzrealisation gleichzusetzen); *Siegel/Schulze-Osterloh/Bareis*, WPg 2008, S. 553 (561).
728 Vgl. *Siegel/Schulze-Osterloh/Bareis*, WPg 2008, S. 553 (559).
729 Vgl. ausführlich *Orth*, WPg 2004, S. 841; *Müller*, NZG 2002, S. 752 (758); *Waclawek*, WM 2003, S. 2266 (2273); *Waclawik*, BB 2003 S. 1408 (1409); *Heine/Lechner*, AG 2005, S. 269 (272); *Teufel* in Lüdicke/Sistermann, Unternehmenssteuerrecht, § 7, Rn. 133.

wand) zusätzlich an die Aktionäre auszukehren, wie dies bei Ansatz mit dem Buchwert der Fall wäre.

Sachdividenden unterliegen als Kapitalerträge i.S.d. § 20 Abs. 1 Nr. 1 EStG, ebenso wie Bardividenden, der KapErtrSt (bis zum Veranlagungszeitraum 2008: 20%, danach: 25%) zzgl. Solidaritätszuschlag (5,5%). Damit die ausschüttende Gesellschaft die Quellensteuer in bar an das FA abführen kann, wird allg. eine **Mischausschüttung** empfohlen[730]. D.h. neben der Sachausschüttung wird eine Barausschüttung beschlossen, die ausreicht, um davon die KapErtrSt nebst SolZ auf die Sach- sowie die Barausschüttung zu decken[731]. Die Mischdividende eröffnet außerdem die Möglichkeit, etwaige Spitzenbeträge[732], die sich aufgrund des Werts oder der Stückelung des Gegenstands der Sachausschüttung ergeben können, in bar auszugleichen.

Die Einordnung der Sachausschüttung als Realisierungstatbestand führt zu der Frage, zu welchem Zeitpunkt diese Wertänderung zu erfassen ist. Mehrheitlich wird die Auffassung vertreten, dass die **Gewinnrealisierung** handels- und steuerrechtlich (**phasenverschoben**) in dem GJ erfolgt, in dem die Sachausschüttung beschlossen und durchgeführt wird[733]. Hierfür spricht, dass die rechtlichen Voraussetzungen für den umsatzähnlichen Vorgang erst im Folgejahr geschaffen werden. Eine Gewinnrealisierung (erst) im Jahr des Ausschüttungsbeschlusses führt dazu, dass das Jahresergebnis (ggf. Bilanzgewinn) durch die Aufdeckung der stillen Reserven in dem Ausschüttungsgegenstand noch nicht erhöht worden sind. Der Bilanzgewinn bildet aber die Obergrenze jeder Bar- oder Sachausschüttung (§ 57 Abs. 3 AktG), d.h. der Zeitwert der auszukehrenden Vermögensgegenstände darf den Betrag des (ausschüttbaren) Bilanzgewinns nicht übersteigen[734]. Ggf. sind deshalb zusätzlich (freie) Rücklagen aufzulösen, um einen Bilanzgewinn auszuweisen, welcher den Betrag der Sachausschüttung (zuzüglich des Betrags für KapErtrSt und SolZ) deckt. 418

Es wird aber auch eine „**phasengleiche Gewinnrealisierung**", d.h. die Erfassung des Gewinns bereits in dem GJ, für das die Ausschüttung erfolgt, befürwortet. Gestützt wird diese Auffassung überwiegend auf eine analoge Anwendung des § 278 S. 1 HGB[735], wonach die Steuern vom Einkommen und Ertrag auf der Grundlage des Gewinnverwendungsvorschlags zu berechnen sind, und zwar für den JA des GJ, für das die Ausschüttung beschlossen wird (vgl. Tz. 592). Diese Regelung zielt darauf ab, die Ertragsauswirkungen der vorgesehenen Gewinnverwendung bereits in dem Abschluss zu berücksichtigen, aus dem sich der zu verwendende Gewinn ergibt. Dies betraf bisher die steuerlichen Folgen. Wenn man der Auffassung folgt, dass eine Sachdividende zum Verkehrswert zu berücksichtigen ist, ergeben sich dieselben zwangsläufigen Ergebnisauswirkungen auch für die Aufdeckung der stillen Reserve. Wenn schon die (negativen) Folgen aus der Gewinnverwendung (Steuerbelastung, vgl. Tz. 414) bereits in laufender Rechnung zu erfassen sind, ist es sachgerecht, auch die Ursache für die Entstehung des Steueraufwands, nämlich den Gewinn aus der Sachausschüttung, in demselben GJ zu vereinnahmen. Bei **GmbH** kommt es zwangsläufig zu einer phasengleichen 419

---

[730] Vgl. *Waclawik*, BB 2003, S. 1408 (1410).
[731] Vgl. *Heine/Lechner*, AG 2005, S. 269 (272); *Orth*, WPg 2004, S. 777 (779) und 841 (846).
[732] Vgl. dazu auch *Holzborn/Bunnemann*, AG 2003, S. 671 (675).
[733] Vgl. *Müller*, NZG 2002, S. 752 (759); *Waclawik*, WM 2003, S. 2266 (2271); *Heine/Lechner*, AG 2005, S. 269 (270); *Siegel/Schulze-Osterloh/Bareis*, WPg 2008, S. 553 (565).
[734] Vgl. *Schnorbus*, ZIP 2003, S. 509 (516); *Bareis/Siegel*, BB 2008, S. 479.
[735] Vgl. für eine analoge Anwendung des Rechtsgedankens aus § 278 S. 1 HGB *Kropff* in MünchKomm AktG², § 170, Rn. 57; *Orth*, WPg 2004, S. 777 (791) und 841 (854); *Förschle/Büssow* in BeBiKo⁷, § 278, Rn. 138 ff.; a.A. *Schulze-Osterloh*, S. 749 (757 f.): keine Anwendung des § 278 HGB, stattdessen Befürwortung der Sachdividende als begründeten Ausnahmefall i.S.v. § 252 Abs. 2 HGB vom Stichtags- und Realisationsprinzip.

Berücksichtigung, wenn die Sachausschüttung durch Vorabausschüttungsbeschluss[736] bereits im laufenden GJ vorgenommen wird. Wenn ein Jahresergebnis in ausreichender Höhe erzielt wird, steht mit Ablauf des GJ fest, dass die Sachausschüttung Bestand hat und damit die Gewinnrealisierung eingetreten ist.

420 Unabhängig von der Frage, in welchem GJ die Wertänderung zu erfassen ist, ist fraglich, welcher Zeitpunkt konkret für die Bestimmung des Verkehrswerts maßgeblich ist. Hiervon hängt die Höhe des realisierten Gewinns, des Steueraufwands und auch des erforderlichen Bilanzgewinns ab. In Anknüpfung an die Gewinnrealisierung bei Verkauf könnte auch auf den Zeitpunkt abgestellt werden, an dem der Abgang des Vermögensgegenstands der Sachausschüttung (Übergang des rechtlichen oder wirtschaftlichen Eigentums) tatsächlich erfolgt und dadurch die durch den Ausschüttungsbeschluss begründete Verbindlichkeit erlischt[737]. Da die Angemessenheit der Leistung aber bereits bei der rechtlichen Begründung der Sachleistungsverpflichtung beurteilt werden muss und spätere Änderungen des Werts der (noch nicht erfüllten) Sachleistungsverpflichtungen diese Beurteilung nicht mehr beeinflussen, ist aus systematischen Gründen auf den **Zeitpunkt des Gewinnverwendungsbeschlusses** der HV als Entstehungszeitpunkt der (Sach-)Leistungsverpflichtung abzustellen[738]. Dieser Zeitpunkt ist grds. auch für die steuerliche Bewertung maßgeblich, wenn die Anteilseigner ihre Anteile im Betriebsvermögen halten[739].

421 Wenn man davon ausgeht, dass die Gewinnrealisierung ebenso wie die Steuerbelastung nach § 278 HGB bereits in dem Abschluss zu berücksichtigen ist, der Grundlage für die Sachausschüttung ist, ergibt sich für die Bewertung die praktische Schwierigkeit, dass der maßgebliche Wert bei der Auf- bzw. Feststellung des JA noch nicht feststeht, weil es hierfür auf den Zeitpunkt des Gewinnverwendungsbeschlusses ankommt. Hier erscheint es auch im Hinblick auf das Stichtagsprinzip (§ 252 Abs. 1 Nr. 3 HGB) sachgerecht, für die Höhe der Gewinnrealisierung im handelsrechtlichen JA zunächst auf den **Zeitwert zum Abschlussstichtag** abzustellen.

422 Zu klären ist dann aber, wie Wertänderungen des zur Ausschüttung vorgesehenen Vermögensgegenstands nach dem Abschlussstichtag bis zum HV-Beschluss zu berücksichtigen sind. **Wertänderungen** (Erhöhungen oder Verminderungen) des zur Ausschüttung vorgesehenen Vermögensgegenstands, die **nach dem Abschlussstichtag** eintreten, könnten isoliert betrachtet vernachlässigt werden, weil spiegelbildlich dazu immer eine Veränderung der korrespondierenden Sachleistungsverpflichtung eintritt. Soweit es sich nicht um wesentliche Beträge handelt, ist die Abweichung von dem oben befürworteten Bruttoprinzip aus Praktikabilitätsgesichtspunkten hinnehmbar. Der Betrag der Sachausschüttung wird danach im Ausschüttungsbeschluss trotz der eingetretenen Wertänderung unverändert mit dem Stichtagswert angesetzt. Allerdings ist dabei zu berücksichtigen, dass es im Fall einer Werterhöhung zu einem zusätzlichen Steueraufwand kommt. Dieser ist gem. § 174 Abs. 2 Nr. 5 AktG in dem Gewinnverwendungsbeschluss als zusätzlicher Aufwand aufgrund des Beschlusses zu erfassen. In einem solchen Fall kann die Sachausschüttung deshalb nur dann in voller Höhe geleistet werden, wenn der zusätzliche Steueraufwand durch den ausgewiesenen Bilanzgewinn gedeckt ist. Ggf. ist es erforderlich,

---

736 Vgl. dazu ADS[6], § 246 HGB, Tz. 222.
737 Vgl. *Heine/Lechner*, AG 2005, S. 269 (270) (Verkehrswert ist zeitnah (ein bis zwei Tage) auf den Tag zu ermitteln, an dem die Ausschüttung der Sachdividende erfolgt).
738 Vgl. *Müller*, NZG 2002, S. 752 (759); *Orth*, WPg 2004, S. 777 (792); *Bareis/Siegel*, BB 2008, S. 479 (481).
739 Vgl. *Orth*, WPg 2004, S. 841 (849) (für Anteilseigner mit Überschusseinkünften ist der Zuflusszeitpunkt maßgeblich).

den JA unter Auflösung verwendbarer Rücklagen zu ändern[740]. Dies gilt auch bei wesentlichen Wertänderungen.

Sonderausweis bei negativem Eigenkapital

Für **Personenhandelsgesellschaften i.S.d. § 264a HGB** ist grds. ein den KapGes. entsprechender Ergebnisausweis vorgesehen (§ 264c Abs. 2 S. 1 i.V.m. § 268 Abs. 1 HGB; Posten A. III. und IV. bzw. A. III.; vgl. Tz. 307). Wegen der gesetzlichen Bestimmungen für die Gewinnverwendung (§ 120 HGB für die OHG, § 168 HGB für die KG) kommt ein Verlustausweis jedoch grds. nicht in Betracht[741]. Ein Jahresüberschuss (und dementsprechend auch ein Gewinnvortrag) kann nur dann auszuweisen sein, wenn der Gesellschaftsvertrag die Gewinnverwendung von einem besonderen Gesellschafterbeschluss abhängig macht (vgl. dazu im Einzelnen Tz. 139). **423**

Soweit aufgrund eines Jahresfehlbetrags, eines Verlustvortrags bzw. eines Bilanzverlustes das EK, d.h. die Summe der Posten A. I. bis V., negativ würde, ist der überschießende Betrag bei AG und GmbH am Schluss der Bilanz auf der Aktivseite gesondert unter der Bezeichnung „**Nicht durch Eigenkapital gedeckter Fehlbetrag**" auszuweisen (§ 268 Abs. 3 HGB; vgl. Tz. 306). Bei KGaA und Personenhandelsgesellschaften i.S.d. § 264a HGB ist insoweit nach den einzelnen Gesellschaftern bzw. Gesellschaftergruppen sowie danach zu differenzieren, ob Einzahlungsverpflichtungen bestehen, die als Forderung auszuweisen sind (vgl. Tz. 288) oder nicht (dazu Tz. 307). Das Gesetz lässt die Frage offen, welche Beträge in derartigen Fällen auf der Passivseite auszuweisen und wie die Posten Nr. IV. und/oder Nr. V. bzw. Nr. III. und/oder Nr. IV. zu bezeichnen sind: Würde z.B. der volle Bilanzverlust auf der Passivseite gezeigt, so würde dies zu einem **negativen Eigenkapital** führen mit der Folge, dass – wegen der Bestimmungen in § 268 Abs. 3 HGB – die Bilanzsummen nicht übereinstimmen würden. Der negative Betrag des EK darf somit in diesem Fall nicht in die Hauptspalte der Passivseite aufgenommen werden, sondern muss in der Vorspalte verbleiben; gleichwohl ist eine gewisse Verwirrung des Bilanzlesers nicht ausgeschlossen, da er den gleichen Posten („Nicht durch EK gedeckter Fehlbetrag") dann sowohl auf der Aktiv- als auch auf der Passivseite vorfindet. Vorzuziehen ist es daher, den Posten, der zu einem negativen EK führt, nur insoweit betragsmäßig auszuweisen, als er die übrigen Posten des EK nicht übersteigt, und die Bezeichnung des Postens mit folgendem Zusatz zu versehen: „..., soweit durch EK gedeckt; vgl. im Übrigen Posten Nr. ... der Aktivseite"[742]. Wegen der Posten „Gewinnvortrag/Verlustvortrag" und „Jahresüberschuss/Jahresfehlbetrag" vgl. Tz. 607, wegen des Postens „Bilanzgewinn/Bilanzverlust" Tz. 632. **424**

Sonderposten: Ertrag aufgrund höherer Bewertung gemäß dem Ergebnis der Sonderprüfung/gemäß gerichtlicher Entscheidung (§ 261 Abs. 1 S. 6 und Abs. 2 S. 2 AktG)

Wegen des Inhalts des Postens vgl. die Erl. zum entsprechenden Posten der GuV (Tz. 633). Das Gesetz lässt die Frage offen, an welcher Stelle des Gliederungsschemas der Passivseite der Bilanz der Posten auszuweisen ist. Da es sich inhaltlich um einen vom Jahresergebnis abgespaltenen Betrag handelt, erscheint ein Ausweis innerhalb des EK hinter dem Posten „Jahresüberschuss/Jahresfehlbetrag" bzw. „Bilanzgewinn/Bilanzver- **425**

---

[740] Vgl. ADS[6], § 174 AktG, Tz. 50.
[741] Vgl. *IDW ERS HFA 7 n.F.*, Tz. 47; *von Kanitz*, WPg 2003, S. 324 (334); a.A. *Hüttemann* in Staub, HGB[4], § 264c, Rn. 19 (wahlweise auch offener Ausweis eines Jahresfehlbetrags bzw. Verlustvortrags); *Hoffmann/Lüdenbach*, Bilanzierung[2], § 264c, Rn. 27, 29, 31.
[742] Vgl. im Einzelnen ADS[6], § 268 HGB, Tz. 28; ebenso *Ellrott/Krämer* in BeBiKo[7], § 268, Rn. 75; abw. *Küting/Reuter* in HdR[5], § 272 HGB, Rn. 255 (negativer Betrag in der Vorspalte).

lust" sachgerecht. Zur Verwendung des Ertrags vgl. § 261 Abs. 3 S. 2 AktG[743]; der ausgewiesene Ertrag bleibt bei Anwendung des § 58 AktG außer Betracht.

Sonderposten: Ausgleichsposten für aktivierte eigene Anteile (§ 264c Abs. 4 S. 2 HGB)

426 Hält eine Personenhandelsgesellschaft i.S.d. § 264a HGB **Anteile an der Komplementärgesellschaft** (sog. Rückbeteiligung), muss sie nach Maßgabe des § 272 Abs. 4 HGB in Höhe des aktivierten Betrags einen passiven „Ausgleichsposten für aktivierte eigene Anteile" bilden und unter dieser Bezeichnung nach dem EK ausweisen (§ 264c Abs. 4 S. 2 HGB). Damit soll ein unzutreffender Eigenkapitalausweis („Doppelzählung von Haftkapital") korrigiert werden, der sich andernfalls z.b. dann ergeben würde, wenn die Komplementärgesellschaft ihre von der Personenhandelsgesellschaft aufgebrachte (und bei dieser als Anteile an der Komplementärgesellschaft aktivierte) Kapitalausstattung ihrerseits wieder als Einlage in die Personenhandelsgesellschaft verwendet[744].

427 Die vorgeschriebene **Bildung** „nach Maßgabe des § 272 Abs. 4 HGB" bedeutet, dass der Ausgleichsposten bei vorhandenen frei verfügbaren Rücklagen erfolgsneutral aus diesen dotiert werden darf (§ 272 Abs. 4 S. 3 HGB). Diese Möglichkeit dürfte bei den betroffenen Personenhandelsgesellschaften ebenso wie die Dotierung zu Lasten eines Gewinnvortrags allerdings nur in Ausnahmefällen gegeben sein. Daraufhin müsste der Ausgleichsposten regelmäßig zu Lasten des Jahresergebnisses gebildet werden (vgl. dazu Tz. 391). Dies hätte bei einer KG jedoch Auswirkungen auf die Zulässigkeit einer Gewinnentnahme durch die Kommanditisten in den Folgejahren, obwohl diese ihre Einlage voll geleistet haben und ein Verlust im eigentlichen Sinne nicht entstanden ist. Vielmehr dient die Vorschrift der Korrektur des Rückflusses der Mittel, der allein zu einer Erhöhung des Kapitalanteils der Komplementärgesellschaft geführt hat. Wegen dieses Zusammenhangs ist es in derartigen Fällen sachgerecht, die Bildung des Ausgleichspostens unmittelbar **zu Lasten des Kapitalanteils der Komplementärgesellschaft** vorzunehmen[745].

428 Ob und inwieweit ein Ausgleichsposten auch in Fällen zu bilden ist, in denen die von der Personenhandelsgesellschaft als **Einlage in die Komplementärgesellschaft** geleisteten und als AK von Anteilen an der Komplementärgesellschaft aktivierten Mittel **nicht** wieder **als Kapitaleinlage in ihr Vermögen zurückgelangt** sind, erscheint zweifelhaft, da insoweit keine Doppelzählung von Haftkapital zu korrigieren ist. Der Wortlaut der Vorschrift erfasst allerdings auch diese Fälle, könnte jedoch nach Sinn und Zweck anders auszulegen sein[746]. Wenn demgegenüber die Bildung des Ausgleichspostens auch in diesen Fällen für erforderlich gehalten wird, hätte er im Unterschied zu den in Tz. 425 behandelten Konstellationen keinen Korrektur-, sondern echten Eigenkapitalcharakter, und sollte daher nach Bildung zu Lasten des Jahresergebnisses und damit aller Kapitalanteile unverteilt im EK der Personenhandelsgesellschaft ausgewiesen werden (vgl. auch Tz. 344).

429 Bei Abschreibung oder Abgang der Anteile an der Komplementärgesellschaft ist der Ausgleichsposten in entsprechender Höhe **aufzulösen** (§ 264c Abs. 4 S. 2 i.V.m. § 272 Abs. 4 S. 4 HGB). Gegenposten sind dabei die Kapitalanteile (Kapitalanteil der Kom-

---

743 Vgl. hierzu im Einzelnen ADS[6], § 261 AktG, Tz. 21.
744 Vgl. Begr. RegE KapCoRiLiG, BT-Drs. 14/1806, S. 21; ausführlich ADS[6], § 264c HGB n.F., Tz. 29; *von Kanitz*, WPg 2003, S. 324 (336); *Zeyer*, BB 2008, S. 1442 (1444); zur analogen Anwendung, bei einer (Rück-)Beteiligung an einem Kommanditisten vgl. *Förschle/Hoffmann* in BeBiKo[7], § 264c, Rn. 83.
745 Vgl. ADS[6], § 264c HGB n.F., Tz. 30; dagegen für eine Bildung auch zu Lasten des Jahresergebnisses *IDW ERS HFA 7 n.F.*, Tz. 16.
746 Vgl. auch *von Kanitz*, WPg 2003, S. 324 (337); *Förschle/Hoffmann* in BeBiKo[7], § 264c, Rn. 87; *Zeyer*, BB 2008, S. 1442 (1444).

Die Bilanz F

plementärgesellschaft, Jahresergebnis, ggf. Rücklagen oder Gewinnvortrag), zu deren Lasten der Posten gebildet worden ist.

Sonderposten: Sonderposten für aktivierte Bilanzierungshilfen (§ 264c Abs. 4 S. 3 HGB a.F.)

Im JA für das GJ, in dem erstmals die durch das BilMoG geänderten Bilanzierungsregelungen angewandt werden, besteht für KapGes. sowie **Personenhandelsgesellschaften i.S.d. § 264a HGB** nach Art. 67 Abs. 5 S. 1 EGHGB das Wahlrecht, den Restbuchwert einer Bilanzierungshilfe gem. § 269 HGB (Aktivierung von Aufwendungen für die Ingangsetzung oder Erweiterung des Geschäftsbetriebs) aufzulösen oder in den Folgejahren nach den für geltenden Vorschriften fortzuführen (§ 282 HGB a.F.)[747]. Im Fall einer Fortführung der Bilanzierungshilfe haben Personenhandelsgesellschaften i.s.d. § 264a HGB den dafür nach § 264c Abs. 4 S. 3 HGB a.F nach dem EK gebildeten Sonderposten ebenfalls beizubehalten und entsprechend der Abschreibungen der Bilanzierungshilfe aufzulösen[748]. 430

Sonderposten: Sonderposten mit Rücklageanteil (§ 273 HGB a.F.)

KapGes. und Personenhandelsgesellschaften i.S.d. § 264a HGB dürfen Sonderposten mit Rücklageanteil i.S.d. § 247 Abs. 3 HGB a.F., die vor der erstmaligen Anwendung der durch das BilMoG geänderten Rechnungslegungsvorschriften gebildet wurden[749], nach Art. 67 Abs. 3 S. 1 EGHGB unter Anwendung der für sie vor Inkrafttreten des BilMoG geltenden Vorschriften **beibehalten**. Wird von diesem Wahlrecht Gebrauch gemacht, schließt dies auch die Übertragung der im Sonderposten mit Rücklageanteil enthaltene, unversteuerten Rücklagen, z.B. einer Rücklage nach § 6b EStG, auf neu angeschaffte oder hergestellte Vermögensgegenstände in einem auf die BilMoG-Erstanwendung folgenden GJ ein[750]. 431

Bei einer Beibehaltung ist ein Sonderposten mit Rücklageanteil gesondert auf der Passivseite vor den Rückstellungen auszuweisen (§ 273 S. 2 erster Halbsatz HGB a.F.). Die Vorschriften, nach denen der Posten gebildet ist, sind anzugeben („Sonderposten mit Rücklageanteil nach ..." oder als Klammerzusatz); es reicht aber auch aus, die in Betracht kommenden Vorschriften im Anh. zu nennen (§ 273 S. 2 zweiter Hs. HGB a.F.). Eine Aufgliederung des Postens ist nicht erforderlich, es genügt die Angabe aller in den Posten eingestellten Beträge in einer Summe[751]. 432

Das (Beibehaltungs-)Wahlrecht des Art. 67 Abs. 3 S. 1 EGHGB gilt analog, wenn neben den unversteuerten Rücklagen auch ausschließlich auf **steuerrechtlichen** Bestimmungen beruhende **Abschreibungen** (§§ 254, 279 Abs. 2 HGB a.F.) als „Wertberichtigungen" in den Sonderposten mit Rücklageanteil einbezogen wurden (§ 281 Abs. 1 HGB a.F.)[752]. Die **Auflösung** der Wertberichtigungen richtet sich grds. nach steuerrechtlichen Vorschriften, daneben auch nach den Bestimmungen in § 281 Abs. 1 S. 3 HGB a.F. (Auflösung bei Ausscheiden der Vermögensgegenstände oder bei Vornahme entsprechender handels- 433

---

747 Vgl. WP Handbuch 2006 Bd. I, F Tz. 155 ff.
748 Vgl. zur Bildung des Sonderpostens und seiner Fortschreibung WP Handbuch 2006 Bd. I, F, Tz. 330 ff.; zum Fortbestand der Ausschüttungssperre bei Inanspruchnahme des Beibehaltungswahlrechts nach Art. 65 Abs. 5 S. 1 EGHGB vgl. *Gelhausen/Fey/Kämpfer*, BilMoG, Kap. F, Rn. 43, 49.
749 Vgl. dazu WP Handbuch 2006 Bd. I, E Tz. 79 ff., Kap. F Tz. 333 f.; *Hoyos/Gutike* in BeBiKo[6], § 247, Rn. 601 ff. und § 273, Rn. 1 ff.
750 Vgl. *Gelhausen/Fey/Kämpfer*, BilMoG, Kap. D, Rn. 34 ff.; *Winkeljohann/Buchholz* in BeBiKo[7], § 274, Rn. 135 m.w.N.
751 Vgl. ADS[6], § 273 HGB, Tz. 20 m.w.N., § 281 HGB, Tz. 55; *IDW RS HFA 28*, Tz. 18.
752 Vgl. *Gelhausen/Fey/Kämpfer*, BilMoG, Kap. D, Rn. 25; *Briese/Suermann*, DB 2010, S. 121 (123).

rechtlicher Abschreibungen)[753]. Eine freiwillige Auflösung ist zulässig. Wie bei den übrigen Beträgen sind in Bilanz oder im Anh. die steuerrechtlichen Vorschriften anzugeben, nach denen die Wertberichtigungen gebildet worden sind (§ 281 Abs. 1 S. 2 HGB a.F.).

434 Wegen **Entnahmen** aus dem Sonderposten mit Rücklageanteil (einschließlich der Beträge, die das Gesetz als „Wertberichtigungen" bezeichnet) vgl. Tz. 523.

Sonderposten: Sonderposten für unentgeltlich ausgegebene Emissionsberechtigungen

435 Sofern kostenlos erhaltene Emissionsberechtigungen zum vorsichtig geschätzten Zeitwert im Ausgabezeitpunkt angesetzt werden (vgl. *IDW RS HFA 15*, Tz. 11), ist in gleicher Höhe nach § 265 Abs. 5 S. 2 HGB ein „Sonderposten für unentgeltlich ausgegebene Emissionsberechtigungen" zu bilden (*IDW RS HFA 15*, Tz. 13)[754]. Zu weiteren Einzelheiten, insb. zur Auflösung dieses Postens, vgl. *IDW RS HFA 15*, Tz. 15, 20 ff.

B. Rückstellungen
B. 1. Rückstellungen für Pensionen und ähnliche Verpflichtungen

436 Hier sind alle Rückstellungen auszuweisen, die für **laufende Pensionen** und für **Anwartschaften** auf eine Pension gebildet sind. Für pensionsähnliche Verpflichtungen, die nach dem Gesetzeswortlaut ebenfalls hier auszuweisen wären, gibt es derzeit keine Anwendungsfälle[755]. Zum Begriff der langfristig fälligen Verpflichtungen, die den Altersversorgungsverpflichtungen vergleichbar sind (§ 246 Abs. 2 S. 2 HGB; *IDW RS HFA 30*, Tz. 8), die im Regelfall unter dem Posten B. 3. ausgewiesen werden, vgl. E Tz. 80. Zur bilanziellen Auslagerung von Pensionsverpflichtungen vgl. E Tz. 221. Rückstellungen für Deputatverpflichtungen (vgl. E Tz. 177) können je nach Ausgestaltung der Verpflichtungen zu den den Pensionsverpflichtungen ähnlichen Verpflichtungen gehören.

Wegen der **Bewertung** der hier angesprochenen Verpflichtungen vgl. im Einzelnen E Tz. 132. Wegen der Angabe von **Fehlbeträgen** für nicht passivierte Verpflichtungen im Anh. nach Art. 28 Abs. 2 und Art. 67 Abs. 2 EGHGB vgl. Tz. 759. Zur Erläuterung der angewandten versicherungsmathematischen Berechnungsverfahren sowie der grundlegenden Annahmen der Berechnung etc. nach § 285 Nr. 24 HGB im **Anhang** vgl. Tz. 838 ff.

437 Ist unter den Voraussetzungen des § 246 Abs. 2 S. 2 HGB **Deckungsvermögen** mit den Altersversorgungsverpflichtungen (einschl. der vergleichbaren langfristigen Verpflichtungen zu saldieren (vgl. im Einzelnen E Tz. 80)), sollte die Postenbezeichnung entsprechend angepasst werden (z.B. „Rückstellungen für Pensionen und ähnliche Verpflichtungen nach Verrechnung des Deckungsvermögens")[756].

B. 2. Steuerrückstellungen

438 Der Posten umfasst alle Rückstellungen für **Steuerschulden der Gesellschaft**, nicht nur die für Ertragsteuern, sondern auch für alle anderen Steuerarten, soweit sie nicht der Höhe und dem Grunde nach feststehen und daher als (sonstige) Verbindlichkeiten auszuweisen sind (C. 8., mit „davon"-Vermerk der Steuerverbindlichkeiten). Soweit nur Teilbeträge

---
753 Vgl. *Ellrott/Gutike* in BeBiKo[6], § 281, Rn. 2 ff.
754 Vgl. *Förschle/Usinger* in BeBiKo[7], § 248, Rn. 70 ff.
755 Vgl. *IDW RS HFA 30*, Tz. 9; *Ellrott/Riehl* in BeBiKo[7], § 249, Rn. 162.
756 Vgl. *Gelhausen/Fey/Kämpfer*, BilMoG, Kap. C, Rn. 73; *Bertram u.a.*, WPg 2011, S. 57 (67).

ungewiss sind, sollten nur diese als Rückstellungen ausgewiesen werden und im Übrigen der Ausweis unter den Verbindlichkeiten erfolgen.

Wegen der **Bemessung** der Rückstellungen vgl. E Tz. 205. Rückstellungen wegen eines schwer abzuschätzenden allgemeinen Steuerrisikos (z.B. allgemeines Risiko aus der Betriebsprüfung) sollten nicht hier (B. 2.), sondern unter den sonstigen Rückstellungen (B. 3.) ausgewiesen werden[757]. **439**

Nebenleistungen zu (ungewissen) Steuerschulden, z.B. Verspätungs- oder Säumniszuschläge, sind nicht hier, sondern unter den sonstigen Rückstellungen (B. 3.) auszuweisen oder, wenn sie der Höhe und dem Grund nach feststehen, unter den (sonstigen) Verbindlichkeiten (C. 8.). Eine Ausnahme gilt für Zinsen, z.B. gem. § 233a AO, auf ungewisse Steuerschulden, weil diese wie eine Preis- und Kostensteigerung nach § 253 Abs. 1 S. 2 HGB (analog) bei der Ermittlung des Erfüllungsbetrags einer Rückstellung einzubeziehen sind[758]. **440**

Passive latente Steuern nach § 274 Abs. 1 S. 1 ggf. i.V.m. S. 3 HGB sind stets gesondert unter dem dafür vorgeschriebenen Posten E. auszuweisen (vgl. Tz. 462). Kleine KapGes. und Personenhandelsgesellschaften i.S.d. § 264a HGB, die nach § 274a Nr. 5 HGB von der Anwendung des § 274 HGB befreit sind und die Vorschrift auch nicht freiwillig anwenden (vgl. Tz. 171), haben in ihrem JA Rückstellungen für passive latente Steuern anzusetzen, wenn die Voraussetzungen hierfür nach § 249 Abs. 1 S. 1 HGB erfüllt sind (vgl. E Tz. 282)[759]. Diese Rückstellungen dürfen in den Posten B. 2. einbezogen werden. Zur Klarheit und Übersichtlichkeit der Darstellung empfiehlt sich dann eine Untergliederung oder ein „davon"-Vermerk, sofern nicht eine entsprechende Angabe im Anh. erfolgt. Zulässig ist auch ein Ausweis als Sonderposten am Ende der Passivseite (vgl. hierzu E Tz. 286). **441**

B. 3. Sonstige Rückstellungen

Unter die sonstigen Rückstellungen fallen alle Rückstellungen, soweit sie nicht als Rückstellungen für Pensionen und ähnliche Verpflichtungen (B. 1.) oder als Steuerrückstellungen (B. 2.) gesondert auszuweisen sind. Dazu gehören neben Rückstellungen für **ungewisse Verbindlichkeiten** und für **drohende Verluste** aus schwebenden Geschäften auch die Rückstellungen für **unterlassene Instandhaltung** und Abraumbeseitigung sowie für **Gewährleistungen ohne rechtliche Verpflichtung** (§ 249 Abs. 1 HGB; vgl. E Tz. 263). Wegen Rückstellungen für Vorruhestandsverpflichtungen vgl. E Tz. 217[760] und für Verpflichtungen aus Altersteilzeitvereinbarungen E Tz. 164[761]. Wegen Verpflichtungen gegenüber dem Pensions-Sicherungs-Verein vgl. E Tz. 199. Rückstellungen für Sozialplanverpflichtungen gehören hierher, soweit in ihnen nicht Ruhestandsgelder zu sehen sind (vgl. E Tz. 204). **442**

Im Übrigen vgl. wegen der verschiedenen **Rückstellungsarten** E Tz. 132, wegen der **Bewertung** („… in Höhe des nach vernünftiger kaufmännischer Beurteilung notwendigen Erfüllungsbetrags …", § 253 Abs. 1 S. 2 und Abs. 2 HGB) E Tz. 137. Wegen der

---

[757] Vgl. *Korth* in Kölner Komm. Rechnungslegungsrecht, § 266 HGB, Rn. 294.
[758] Für einen Ausweis der ungewissen Zinsverpflichtung unter den sonstigen Rückstellungen *Dusemond/Heusinger-Lange/Knop* in HdR⁵, § 266 HGB, Rn. 133; *Wulf/Sackbrook* in Haufe HGB², § 266, Rn. 131.
[759] Vgl. zur Frage, ob bei passiven latenten Steuern aus timing Differenzen stets auch die Voraussetzungen für eine Rückstellung nach § 249 Abs. 1 HGB erfüllt sind; *Müller/Kreipl*, DB 2011, S. 1701 (1703 ff.) m.w.N.
[760] Vgl. hierzu *HFA*, WPg 1984, S. 331 (Abfindungscharakter).
[761] Entlohnungs- oder Abfindungscharakter; vgl. dazu auch *IDW RS HFA 3* (Abfindungscharakter).

Erläuterung sonstiger Rückstellungen, die einen nicht unerheblichen Umfang haben, nach § 285 Nr. 12 HGB im **Anhang** Tz. 756.

C. Verbindlichkeiten

443 Als Verbindlichkeiten[762] sind die am Abschlussstichtag der Höhe und Fälligkeit nach feststehenden Verpflichtungen der Gesellschaft auszuweisen[763]. Nicht jede zivilrechtliche Schuld ist indes passivierungspflichtig. Es muss jeweils eine Vermögensbelastung der Gesellschaft und damit nach den GoB eine **bilanzrechtliche Schuld** vorliegen, die passiviert werden muss[764]. Ohne Zustimmung des Gläubigers unter Hingabe von Vermögensgegenständen auf Dritte übertragene Verbindlichkeiten sind weiterhin beim ursprünglichen Schuldner zu passivieren[765]. Zu Schuldübernahmen[766] und Zinshilfen vgl. auch *IDW WFA 1/1994*.

444 Forderungen aus **Gesellschafterdarlehen** sind nach § 39 Abs. 1 Nr. 5 InsO ggü. den in § 39 Abs. 1 Nrn. 1 bis 4 InsO genannten Forderungen **in der Insolvenz nachrangig**[767]. Die korrespondierende Rückzahlungsverpflichtung des Darlehensschuldners bleibt aber rechtlich bestehen, so dass die Verbindlichkeit in der HB weiterhin zu passivieren ist. Erhaltene (Gesellschafter-)Darlehen sind in der HB auch dann als Verbindlichkeiten zu passivieren, wenn Gläubiger **Rangrücktrittserklärungen** abgegeben haben[768].

445 Ein echter **Forderungsverzicht**, d.h. der Erlass einer Forderung durch den Gläubiger (§ 397 Abs. 1 BGB), führt dagegen zum Erlöschen und damit zum Ausbuchen der Schuld[769]. Die Vereinbarung, dass die Forderung bei Eintritt von künftigen, in einem **Besserungsschein**[770] genannten Bedingungen (Zahlung aus künftigen Jahresüberschüssen, Liquidationsüberschüssen oder sonst freiem Vermögen) wieder auflebt, steht dem nicht entgegen.

446 Verbindlichkeiten, die aus dem Gewinn oder Liquidationsüberschuss der Gesellschaft zu erfüllen sind, z.B. **Besserungsscheine**, sind – sofern der Tatbestand, an den sie anknüpfen, verwirklicht ist – bereits bei Aufstellung der Bilanz zu Lasten des Ergebnisses als Verbindlichkeit auszuweisen[771]; für AG besteht hinsichtlich nicht passivierter Beträge Angabepflicht im Anh. nach § 160 Abs. 1 Nr. 6 AktG (vgl. Tz. 1037; wegen Angaben nach § 285 Nr. 3a HGB vgl. Tz. 785). Zahlungsverpflichtungen aufgrund von **Gewinnabführungs- und Teilgewinnabführungsverträgen** sowie Gewinngemeinschaften sind

---

762 Vgl. ADS[6], § 246 HGB, Tz. 110 ff.
763 Vgl. zur Abgrenzung vom EK grundlegend *IDW St/HFA 1/1994* und *IDW ERS HFA 7 n.F.*, Tz. 13 f. sowie Tz. 347.
764 Vgl. hierzu auch E Tz. 13, sowie *Gelhausen/Fey/Kämpfer*, BilMoG, Kap. B, Rn. 20 ff., *Baetge/Kirsch* in HdR[5], Kap. 4, Rn. 101.
765 Vgl. ADS[6], § 246 HGB, Tz. 424 m.w.N.
766 Vgl. auch ADS[6], § 246 HGB, Tz. 417.
767 Vgl. *Westermann* in Scholz[10], Nachtrag MoMiG § 30, Rn. 15 f.; *Oppenhoff*, BB 2008, S. 1630 (1632); *Hirte/Knof/Mock*, NZG 2009, S. 48; steuerlich vgl. auch BFH v. 19.08.2008, BStBl. II 2009, S. 5; *Geeb*, DStR 2009, S. 25
768 Vgl. ADS[6], § 246 HGB, Tz. 128; *Singhof* in HdJ, Abt. III/2, Rn. 191 ff.; *Förschle/Heinz* in Budde/Förschle/Winkeljohann, Sonderbilanzen[4], Kap. Q, Rn. 53 ff. m.w.N.; *Kütting/Kessler/Hayn, B.* in HdR[5], § 272 HGB, Rn. 216 ff.
769 Vgl. ADS[6], § 246 HGB, Tz. 145; *Förschle/Heinz* in Budde/Förschle/Winkeljohann, Sonderbilanzen[4], Kap. Q, Rn. 44; *Kütting/Kessler/Hayn, B.* in HdR[5], § 272 HGB, Rn. 222.
770 Vgl. ADS[6], § 246 HGB, Tz. 148.
771 Vgl. *Förschle/Heinz* in Budde/Förschle/Winkeljohann, Sonderbilanzen[4], Kap. Q, Rn. 44; *Gahlen*, BB 2009, S. 2079; zu den steuerlichen Auswirkungen bei Eintritt des Besserungsfalls vgl. BMF v. 02.12.2003, WPg 2004, S. 168; *Förschle/Heinz* in Budde/Förschle/Winkeljohann, Sonderbilanzen[4], Kap. Q, Rn. 316 ff. m.w.N.

Die Bilanz

ebenfalls bereits in der Bilanz des abgelaufenen GJ zu berücksichtigen, so dass der Jahresüberschuss um diese Beträge gekürzt ausgewiesen wird (§ 277 Abs. 3 S. 2 HGB). Gleiches gilt im Hinblick auf die Vorschrift des § 286 Abs. 3 AktG[772] für den Gewinnanteil des persönlich haftenden Gesellschafters einer **KGaA**[773] sowie für (Zins-)Zahlungen auf Gewinnschuldverschreibungen.

Wegen der **Bewertung** von Verbindlichkeiten vgl. E Tz. 582.

Bei allen Posten der Verbindlichkeiten sind jeweils die Beträge zu vermerken, die eine **Restlaufzeit** bis zu einem Jahr haben (§ 268 Abs. 5 S. 1 HGB). Eine alternative Angabe im Anh. ist im Gesetz nicht vorgesehen, doch bietet schon der Wortlaut des § 265 Abs. 7 Nr. 2 HGB für den Fall, dass die Bilanz durch eine zu große Zahl von „davon"-Vermerken unübersichtlich würde, einen Ausweg: Nach dieser Vorschrift kann der Ausweis des Gesamtbetrags aller Verbindlichkeiten in der Bilanz genügen, doch sind dann alle Einzelposten mit den zugehörigen Vermerken im Anh. zu nennen. Diese Art der Darstellung kann sich auch empfehlen, wenn im Anh. gemäß § 285 Nrn. 1 und 2 HGB in größerem Umfang über Verbindlichkeiten mit einer Restlaufzeit von mehr als fünf Jahren zu berichten ist (vgl. Tz. 766). Da aber eine tabellarische Darstellung sämtlicher Vermerke in einem **Verbindlichkeitenspiegel** im Anh. die Klarheit des JA fördert, ist dies auch zulässig, wenn in der Bilanz keine Zusammenfassung der Einzelposten vorgenommen wird[774].

447

Werden bei einer GmbH oder Personenhandelsgesellschaft i.S.d. § 264a HGB **Verbindlichkeiten gegenüber Gesellschaftern** nicht unter einem Sonderposten unter entsprechender Bezeichnung ausgewiesen, so muss der Betrag dieser Verbindlichkeiten vermerkt, d.h. durch einen „davon"-Vermerk kenntlich gemacht werden (§ 42 Abs. 3 zweiter Hs. GmbHG, § 264c Abs. 1 HGB; vgl. auch Tz. 766).

448

C. 1. Anleihen,
davon konvertibel

Anleihen der Gesellschaft sind langfristige Darlehen unter Inanspruchnahme des öffentlichen Kapitalmarktes, i.d.R. durch Ausgabe von Teilschuldverschreibungen. Auf die Rechtsform kommt es nicht an. **Wandelschuldverschreibungen** (§ 221 AktG) und **Optionsschuldverschreibungen** sind als konvertible Anleihen durch einen „davon"-Vermerk oder als Untergliederung anzugeben[775]. Eine gesonderte Angabe (Vermerk oder Sonderposten innerhalb der Verbindlichkeiten) ist auch erforderlich für nicht zum EK zählende passivierungspflichtige **Genussscheine** (vgl. *IDW/St/HFA 1/1994*, Abschn. 2.1.3.)[776], soweit sie unter den gleichen Voraussetzungen wie Schuldverschreibungen ausgegeben werden. Für AG sind außerdem Angaben nach § 160 Abs. 1 Nr. 5 (Wandelschuldverschreibungen) und Nr. 6 (Genussrechte) AktG notwendig. Dagegen sind **Schuldscheindarlehen** unter den Verbindlichkeiten gegenüber KI (C. 2.) oder den sonstigen Verbindlichkeiten (C. 8.) auszuweisen, da sie nicht am öffentlichen Kapitalmarkt aufgenommen sind[777].

449

---

[772] Vgl. dazu ADS[6], § 286 AktG, Tz. 42; *Lütt/Kersting* in HdR[5], § 286 AktG, Rn. 32.
[773] Vgl. ADS[4], § 151 AktG, Tz. 270; a.A., offensichtlich ohne den Zusammenhang mit dem Ausweiswahlrecht des § 286 Abs. 3 AktG zu bedenken, ADS[6], § 286 AktG, Tz. 31 (Zuschreibung zum Kapitalanteil).
[774] Vgl. *Ellrott* in BeBiKo[7], § 285, Rn. 18.
[775] Vgl. hierzu und zum gesonderten Ausweis von Gewinnschuldverschreibungen *Dusemond/Heusinger-Lange/Knop* in HdR[5], § 266 HGB, Rn. 148; zur steuerbilanziellen Erfasssung vgl. *Häuselmann/Wagner*, BB 2002, S. 2431; *Häuselmann*, BB 2003, S. 1531 (1533).
[776] Vgl. hierzu auch ADS[6], § 266 HGB, Tz. 190.
[777] Vgl. ADS[6], § 266 HGB, Tz. 220; *Kozikowski/Schubert* in BeBiKo[7], § 266, Rn. 220.

450 Für die **Bewertung** ist der Erfüllungs- (= Rückzahlungs-)Betrag maßgebend (§ 253 Abs. 1 S. 2 HGB). Eine nur in besonderen Fällen wirksame Aufgeldverpflichtung (Verzug, vorzeitige Kündigung) braucht nur bei voraussichtlichem Eintritt dieser Fälle passiviert zu werden[778]. Bei dauernder Verminderung des Umlaufs durch **Rückkauf** fälliger Stücke sind die Rückzahlungsbeträge vom Anleihebetrag abzusetzen und vor der Einlösung unter den sonstigen Verbindlichkeiten auszuweisen; nicht endgültig aus dem Verkehr gezogene Anleihen sind bei Beibehaltung des passivierten Anleihebetrags unter den Wertpapieren des Anlage- oder Umlaufvermögens zu aktivieren[779].

C. 2. Verbindlichkeiten gegenüber Kreditinstituten[780]

451 Hierunter sind alle Verbindlichkeiten ggü. inländischen Banken, Sparkassen und sonstigen KI i.S.d. § 1 Abs. 1 S. 1 KWG und vergleichbaren ausländischen Instituten sowie Verbindlichkeiten gegenüber Bausparkassen (§ 1 Abs. 1 S. 1 BSpKG) auszuweisen; wegen Fristigkeitsangaben vgl. Tz. 447.

C. 3. Erhaltene Anzahlungen auf Bestellungen

452 Statt des Ausweises erhaltener Anzahlungen unter diesem Posten ist nach § 268 Abs. 5 S. 2 HGB auch eine offene Absetzung von dem Posten „Vorräte" zulässig. (vgl. im Einzelnen Tz. 277). USt auf erhaltene Anzahlungen (§ 13 Abs. 1 Nr. 1a UStG) ist nicht hier auszuweisen, sondern, wie bei einem Umsatzgeschäft, bis zur Abführung an das FA unter dem Posten C. 8. zu erfassen.

C. 4. Verbindlichkeiten aus Lieferungen und Leistungen

453 Vgl. hierzu die Ausführungen zum entsprechenden Forderungsposten (Tz. 280). Hier zu zeigende Verbindlichkeiten brauchen allerdings nicht in unmittelbarem Zusammenhang mit dem betrieblichen Leistungsprozess zu stehen. Bestehen die Verbindlichkeiten gegenüber **verbundenen Unternehmen** oder Unternehmen, mit denen ein **Beteiligungsverhältnis** besteht, sollte der Ausweis unter den dafür vorgesehenen Posten Nr. C.6. und 7. erfolgen; andernfalls ist bei Bedeutung ein Vermerk der Mitzugehörigkeit in der Bilanz oder im Anh. notwendig (§ 265 Abs. 3 S. 1 HGB).

C. 5. Verbindlichkeiten aus der Annahme gezogener Wechsel und der Ausstellung eigener Wechsel[781]

454 Ein Wechsel ist ein an besondere Formerfordernisse gebundenes schuldrechtliches und abstraktes Wertpapier, das eine unbedingte Zahlungsverpflichtung enthält. Unter C. 5. sind alle akzeptierten Schuldwechsel und eigene Wechsel (Solawechsel) auszuweisen. Hat die Gesellschaft einen aufgrund einer Verbindlichkeit auf sie gezogenen Wechsel noch nicht akzeptiert, so wird die Schuld als solche und nicht als Wechselverpflichtung ausgewiesen. Hierher gehören auch **Gefälligkeitsakzepte**[782], denn auch das Gefälligkeitsakzept begründet eine echte Verbindlichkeit. **Kautionswechsel**, die abredegemäß nur in den Verkehr gebracht werden dürfen, wenn die Gesellschaft ihren Verpflichtungen nicht nachkommt, brauchen nicht als solche passiviert zu werden, wenn mit einer wechsel-

---

778 Vgl. ADS[6], § 253 HGB, Tz. 151.
779 Vgl. *Kozikowski/Schubert* in BeBiKo[7], § 266, Rn. 219.
780 Zur Begriffsabgrenzung vgl. auch J Tz. 1.
781 Vgl. zum Wechselrecht *Hakenberg* in Ebenroth/Boujong/Joost/Strohn, HGB[2], BankR II, Rn. 161 ff.
782 Vgl. ADS[6], § 266 HGB, Tz. 229.

mäßigen Inanspruchnahme in keiner Weise zu rechnen ist[783]. Ein Vermerk über die für den Kautionswechsel ursächliche Garantie nach § 251 S. 1 i.V.m. § 268 Abs. 7 HGB ist nur geboten, soweit ein Risiko über die passivierte eigene Verbindlichkeit hinaus besteht. Sind Kautionswechsel für Verpflichtungen Dritter hinterlegt, so sind sie nach § 251 S. 1 HGB zu vermerken. Für Regressverpflichtungen aus Wechseln (**Wechselobligo**) genügt ein Vermerk nach § 251 S. 1 HGB, es sei denn, dass eine Inanspruchnahme droht (dann besteht Passivierungspflicht nach § 249 Abs. 1 S. 1 HGB unter den Rückstellungen, vgl. E Tz. 185). Die Verbindlichkeit aus dem Schuldverhältnis darf neben der Wechselverbindlichkeit nicht noch einmal passiviert werden.

Werden Akzepte und Solawechsel, die an **verbundene Unternehmen** oder an Unternehmen, mit denen ein **Beteiligungsverhältnis** besteht, weitergegeben sind, hier unter C. 5 und nicht unter Verbindlichkeiten gegenüber diesen Unternehmen (Posten C. 6. und C. 7.) ausgewiesen, so muss die Mitzugehörigkeit in der Bilanz oder im Anh. vermerkt werden, soweit dies von Bedeutung ist (§ 265 Abs. 3 S. 1 HGB). Der Ausweis bzw. der Vermerk der Mitzugehörigkeit entfällt jedoch, wenn das empfangende Unternehmen das Akzept oder den Wechsel an einen Dritten weitergegeben hat[784]. Feststellungen in dieser Richtung können schwierig sein und erfordern ggf. entsprechende organisatorische Vorkehrungen[785]. 455

Wechselverbindlichkeiten sind stets mit dem Betrag in der Bilanz aufzuführen, der der **Wechselsumme** entspricht. Bei längerer Laufzeit kann ggf. eine Abgrenzung des Diskontbetrags nach § 250 Abs. 3 HGB in Betracht kommen. Werden ausnahmsweise Zinsen zusätzlich zur Wechselsumme gezahlt, sind vorausbezahlte Zinsen nach § 250 Abs. 1 HGB aktiv abzugrenzen, noch nicht gezahlte, auf das GJ entfallende Zinsen unter C. 8. zu passivieren[786]. 456

C. 6. Verbindlichkeiten gegenüber verbundenen Unternehmen
C. 7. Verbindlichkeiten gegenüber Unternehmen, mit denen ein Beteiligungsverhältnis besteht

Auf die Ausführungen zu den entsprechenden Forderungsposten wird verwiesen (Tz. 284). Wegen der Begriffe „**Verbundene Unternehmen**" und „**Beteiligungen**" vgl. Tz. 250 und Tz. 258. Ist ein Unternehmen, mit dem ein Beteiligungsverhältnis besteht, zugleich ein verbundenes Unternehmen, so geht der Ausweis unter C. 6. vor. 457

C. 8. Sonstige Verbindlichkeiten,
davon aus Steuern
davon im Rahmen der sozialen Sicherheit

Dieser Posten ist ein **Sammelposten** für alle Verbindlichkeiten, die nicht unter die anderen Posten fallen. Hierzu gehören z.B. noch nicht ausbezahlte Löhne und Gehälter, Verbindlichkeiten aus einbehaltenen Sozialversicherungsbeiträgen, Steuerschulden der Gesellschaft (soweit nicht als Rückstellungen zu berücksichtigen), einbehaltene und abzuführende Steuern (LSt, KapErtrSt), als FK anzusetzende Einlagen stiller Gesellschafter[787], Verpflichtungen aus Besserungsscheinen bei Eintritt der Bedingung, noch nicht eingelöste 458

---

783 Vgl. ADS[6], § 266 HGB, Tz. 230, § 251 HGB, Tz. 44; *Korth* in Kölner Komm. Rechnungslegungsrecht, § 266 HGB, Rn. 339.
784 Vgl. ADS[6], § 266 HGB, Tz. 231.
785 Vgl. ADS[6], § 266 HGB, Tz. 228; *Dusemond/Heusinger-Lange/Knop* in HdR[5], § 266 HGB, Rn. 160.
786 Vgl. ADS[6], § 253 HGB, Tz. 160.
787 Vgl. ADS[6], § 266 HGB, Tz. 189; *Korth* in Kölner Komm. Rechnungslegungsrecht, § 266 HGB, Rn. 343.

Zins- und Dividendenscheine, Provisionsverpflichtungen[788], erhaltene Mietvorauszahlungen mit möglicher Rückzahlungspflicht[789] u.dgl. Zur Passivierung des erhaltenen **Optionspreises** beim Verkäufer einer Option bis zum Ablauf der Optionsfrist vgl. *IDW ERS BFA 6;* zu **antizipativen Posten** vgl. § 268 Abs. 5 S. 3 HGB sowie ADS[6], § 250 HGB, Tz. 6.

459 Im Gliederungsschema sind zwei **„davon"-Vermerke** vorgesehen, nämlich

davon aus Steuern
davon im Rahmen der sozialen Sicherheit.

Der „davon"-Vermerk **aus Steuern** umfasst alle von der Gesellschaft geschuldeten Steuern, soweit sie hier und nicht unter den Steuerrückstellungen auszuweisen sind (vgl. E Tz. 205). Dem Sinn der Vorschrift (Sonderausweis der Verpflichtungen gegenüber dem Fiskus) dürfte es entsprechen, auch einbehaltene Steuerabzugsbeträge (LSt, KapErtrSt – auch Zinsabgeltungssteuer) in den Posten mit einzubeziehen, obwohl die Gesellschaft selbst nicht Steuerschuldner ist; ggf. kann auf die Art der Behandlung im Anh. hingewiesen werden.

460 Sehr unbestimmt ist, welche Verbindlichkeiten das Gesetz als **im Rahmen der sozialen Sicherheit** liegend ansieht. Es handelt sich hierbei um die soziale Sicherheit Dritter, insb. der Arbeitnehmer der Gesellschaft, für die die Gesellschaft Sozialversicherungsbeiträge zu entrichten bzw. einbehaltene Beträge abzuführen hat. In Betracht kommen nach dieser Auslegung die Arbeitgeber- und einbehaltenen Arbeitnehmeranteile zur Sozialversicherung (Renten-, Kranken-, Pflege- und Arbeitslosenversicherung) und zu Zusatzversorgungseinrichtungen, ferner Verbindlichkeiten aufgrund von Vereinbarungen über vermögenswirksame Leistungen, einbehaltene Beiträge für Gewerkschaften, Berufsverbände u.dgl. Ebenso fallen Beiträge zum Pensions-Sicherungs-Verein unter die Angabepflicht, wie auch Verpflichtungen aufgrund von Pensionszusagen und ähnlichen Verpflichtungen, wenn sie dem Grund und der Höhe nach definitiv feststehen und dementsprechend unter C. 8. ausgewiesen sind. Auch Zusagen an eine rechtlich selbständige Unterstützungseinrichtung der Gesellschaft sind ebenso wie Verpflichtungen aus Abfindungen, Altersteilzeitvereinbarungen und Vorruhestandsregelungen als im Rahmen der sozialen Sicherheit liegend anzusehen und daher ggf. in den Vermerk einzubeziehen[790].

D. Rechnungsabgrenzungsposten

461 Die Bestimmungen über die passiven RAP sind in § 250 Abs. 2 HGB getroffen; vgl. hierzu E Tz. 266. In Betracht kommen nur Einnahmen vor dem Abschlussstichtag, soweit sie Ertrag für eine bestimmte Zeit nach diesem Tag darstellen.

E. Passive latente Steuern

462 Hierunter ist entweder der Überhang der passiven über die aktiven latenten Steuern (§ 274 Abs. 1 S. 1 HGB) oder bei unsaldiertem Ausweis (§ 274 Abs. 1 S. 3 HGB; Tz. 177) der Gesamtbetrag der passiven latenten Steuern auszuweisen. Zu weiteren Einzelheiten zur Ermittlung der latenten Steuern wird auf Tz. 170 ff. verwiesen.

---

788 Vgl. ADS[6], § 266 HGB, Tz. 235; a.A. *Kozikowski/Schubert* in BeBiKo[7], § 266, Rn. 228 (Ausweis unter Posten C.4.).
789 Vgl. *HFA*, WPg 1992, S. 540.
790 Vgl. im Einzelnen ADS[6], § 266 HGB, Tz. 236; *Kozikowski/Schubert* in BeBiKo[7], § 266 HGB, Rn. 252; *Korth* in Kölner Komm. Rechnungslegungsrecht, § 266 HGB, Rn. 347.

Unter der Bilanz zu vermerkende Haftungsverhältnisse (§ 268 Abs. 7 HGB)

Unter der Bilanz sind nach § 251 HGB unbeschadet bestehender Rückgriffsforderungen bestimmte nicht passivierte Haftungsverhältnisse zu vermerken. Diese Haftungsverhältnisse sind von KapGes. und Personenhandelsgesellschaften i.S.d. § 264a HGB aufgrund der Bestimmungen in § 268 Abs. 7 HGB entweder unter der Bilanz oder im Anh. **gesondert nach vier Gruppen** wie folgt anzugeben, soweit nicht bereits eine Passivierung erfolgt ist[791]:

1. Verbindlichkeiten aus der Begebung und Übertragung von Wechseln;
2. Verbindlichkeiten aus Bürgschaften, Wechsel- und Scheckbürgschaften;
3. Verbindlichkeiten aus Gewährleistungsverträgen;
4. Haftung aus der Bestellung von Sicherheiten für fremde Verbindlichkeiten.

463

Für jeden einzelnen dieser Posten sind außerdem evtl. gewährte **Pfandrechte und sonstige Sicherheiten** anzugeben. Bestehen für dieselbe Verbindlichkeit zwei Haftungsverhältnisse, so kommt der Ausweis nur an einer Stelle in Betracht, ggf. ist die Mitzugehörigkeit zur anderen Gruppe zu vermerken[792]. Bestehende Rückgriffsforderungen brauchen nicht auf der Aktivseite vermerkt zu werden. Bestehen solche Verpflichtungen gegenüber **verbundenen Unternehmen**, so sind sie gesondert anzugeben (§ 268 Abs. 7 zweiter Hs. HGB).

464

Sonstige Haftungsverhältnisse sind, soweit sie nicht nach § 285 Nr. 3 HGB anzugeben sind[793], unter den sonstigen finanziellen Verpflichtungen nach § 285 Nr. 3a HGB, Haftungsverhältnisse zugunsten von **Organmitgliedern** nach § 285 Nr. 9c HGB im Anh. anzugeben[794]. Außerdem sind nach § 285 Nr. 27 HGB Angaben zur Einschätzung des Risikos der Inanspruchnahme zu machen, vgl. Tz 864 ff.

465

Im Einzelnen vgl. zu den verschiedenen Haftungsverhältnissen – auch zu solchen, deren Höhe nicht zu beziffern ist – E Tz. 111.

IV. Die Gewinn- und Verlustrechnung

1. Allgemeines

Grds. haben alle Kaufleute[795] nach § 242 Abs. 2 HGB für den Schluss eines jeden GJ eine Gegenüberstellung der Aufwendungen und Erträge des GJ aufzustellen. Die GuV der KapGes. und der Personenhandelsgesellschaften i.S.d. § 264a HGB (vgl. zur Abgrenzung Tz. 20 f.) bildet nach § 264 Abs. 1 S. 1 HGB mit der Bilanz als Teil des JA eine Einheit mit dem Anh. Die Gliederung der GuV ist in erster Linie in § 275 HGB geregelt. Sie ist stets in Staffelform nach dem **Gesamtkostenverfahren** oder dem **Umsatzkostenverfahren** aufzustellen (§ 275 Abs. 1 S. 1 HGB). Zum Vergleich beider Verfahren siehe Tz. 497 ff.

466

---

791 Vgl. ADS[6], § 251 HGB, Tz. 37; § 268 HGB, Tz. 124; *Bordt* in HdJ, Abt. III/9, Rn. 26 ff.; *Fey*, WPg 1992, S. 1 (mit Bsp. aus der Praxis).
792 Zum Verhältnis der Angaben zu Haftungsverhältnissen zu den Angabepflichten zu außerbilanziellen Geschäften vgl. *IDW RS HFA 32*, Tz. 24 sowie Tz. 772 ff.
793 Vgl. zur Abgrenzung *IDW RS HFA 32*, Tz. 26 f.
794 Zum Ausweis und zur Zulässigkeit von Haftungsverhältnissen für Anteilseigner vgl. *Fey*, S. 223.
795 Zur Ausnahme für Kleinbetriebe nach § 242 Abs. 4 i.V.m. § 241a HGB vgl. *Gelhausen/Fey/Kämpfer*, BilMoG, Kap. A.

a) Verbindlichkeit der Gliederungsschemata

467 Die Pflicht zur Anwendung eines der beiden Gliederungsschemata des § 275 HGB gilt für alle **Kapitalgesellschaften** und alle **Personenhandelsgesellschaften i.S.d. § 264a HGB**, die nicht zur Anwendung besonderer Formblätter (§ 330 HGB) für die GuV[796] verpflichtet sind. Für kleine und mittelgroße Gesellschaften (§ 267 Abs. 1 und 2 HGB) bestehen Erleichterungen hinsichtlich der Darstellungsform (§ 276 HGB, vgl. im Einzelnen Tz. 483 ff.).

468 Für den Fall, dass **mehrere Geschäftszweige** bestehen und dies die Gliederung nach verschiedenen Vorschriften bedingt, ist die Gliederung nach einer dieser Vorschriften vorzunehmen und nach den anderen Vorschriften zu ergänzen (§ 265 Abs. 4 S. 1 HGB)[797]. Wegen Angaben im Anh. vgl. Tz. 737.

469 **Untergliederungen von Posten** sind zulässig, sofern sie im Rahmen der vorgeschriebenen Gliederung erfolgen (§ 265 Abs. 5 S. 1 HGB). Untergliederung bedeutet die Aufgliederung eines im Gliederungsschema aufgeführten Postens in einzelne Teilkomponenten. Eine Untergliederung liegt aber auch vor, wenn ein Teil des Posteninhalts durch einen „davon"-Vermerk angegeben wird.

470 Die **Einfügung neuer Posten** – neben den gesetzlich vorgesehenen Ergänzungen (z.B. nach § 277 Abs. 3 S. 1 und 2 HGB) – ist zulässig, wenn ihr Inhalt nicht von vorgeschriebenen Posten gedeckt wird (§ 265 Abs. 5 S. 2 HGB). Nimmt man die Vorschrift wörtlich, so erscheint das Einfügen neuer Posten in das Gliederungsschema der GuV praktisch ausgeschlossen, da sich selbst namentlich nicht genannte Erträge und Aufwendungen stets unter die sonstigen betrieblichen oder außerordentlichen Erträge bzw. die sonstigen betrieblichen oder außerordentlichen Aufwendungen einordnen lassen. Die damit verbundene Einengung der Gestaltungsmöglichkeiten der GuV ist Absicht. Der Gesetzgeber glaubte, dass mit der Festlegung von Gliederungsschemata verfolgte Ziel der Vergleichbarkeit nur dann mit Sicherheit zu erreichen, „wenn die Unternehmen verpflichtet werden, die Schemata einzuhalten"[798]. Gleichwohl kommt in bedeutsamen Fällen ein gesonderter Ausweis im Rahmen eines neuen Postens ausnahmsweise in Frage, wenn hierdurch der Einblick in die Ertragslage wesentlich verbessert wird. Dies gilt für sonst in den genannten Sammelposten zu erfassende Aufwendungen und Erträge (z.B. Ausweis von Buchgewinnen aus einem Anteilstausch[799] oder aus der Veräußerung von Wertpapieren des AV im Rahmen des Finanzergebnisses)[800].

471 **Zwischensummen**[801], die – bezeichnet oder unbezeichnet – das Ergebnis mehrerer Einzelposten in sinnvoller Weise zusammenfassen, sind zulässig. Für eine nach § 275 Abs. 2 HGB gegliederte GuV kommen neben den gesetzlich vorgesehenen Zwischenposten (Ergebnis der gewöhnlichen Geschäftstätigkeit, außerordentliches Ergebnis) zusätzlich z.B. in Betracht:

- Gesamtleistung = Posten Nrn. 1 bis 4,
- Rohergebnis = Posten Nrn. 1 bis 5,
- Finanzergebnis = Posten Nrn. 9 bis 13.

---

796 Vgl. hierzu ADS[6], § 330 HGB, Tz. 20; sowie *Förschle/Lawall* in BeBiKo[7], § 330, Rn. 20.
797 Vgl. *Winkeljohann/Büssow* in BeBiKo[7], § 265, Rn. 11 bis 13.
798 Vgl. RegBegr. zu § 238 HGB-E, BT-Drs. 10/317, S. 77.
799 Vgl. zu den allg. Tauschgrundsätzen ADS[6], § 255 HGB, Tz. 89.
800 Vgl. auch ADS[6], § 275 HGB, Tz. 82.
801 Vgl. zur Bildung und Aussagefähigkeit von Zwischensummen *Braun*, BB 1988, S. 730; *Otto*, BB 1988, Beil. 8, S. 1 (19).

Die Gewinn- und Verlustrechnung **F**

Die Zulässigkeit eines Zwischenpostens „**Rohergebnis**" ergibt sich für kleine und mittelgroße Gesellschaften bereits aus den Bestimmungen des § 276 S. 1 HGB.

Die **Reihenfolge der Posten** ohne zwingenden Grund zu ändern, ist nicht zulässig, denn **472**
§ 275 Abs. 1 S. 2 HGB schreibt ausdrücklich einen Ausweis „in der angegebenen Reihenfolge" vor. Wenn allerdings „wegen Besonderheiten der KapGes." (bzw. der ebenfalls zur Gliederung nach § 275 HGB verpflichteten Personenhandelsgesellschaft i.S.d. § 264a HGB) eine andere Gliederung der GuV zur Aufstellung eines klaren und übersichtlichen JA erforderlich ist, muss die Gliederung geändert werden (§ 265 Abs. 6 HGB). Dies kann z.B. bei Speditionsunternehmen, Holdinggesellschaften und Leasingfirmen der Fall sein[802].

Unter den Voraussetzungen des § 265 Abs. 7 HGB sind **Zusammenfassungen von Posten**, **473**
die im Gliederungsschema der GuV aufgeführt sind, zulässig. Dies gilt zum einen dann (Nr. 1), wenn die Posten einen Betrag enthalten, der für die Vermittlung eines den tatsächlichen Verhältnissen entsprechenden Bildes i.S.d. § 264 Abs. 2 HGB nicht erheblich ist[803]. Zusammengefasst werden können danach sowohl Posten, die jeder für sich einen unerheblichen Betrag ausweisen, als auch Posten, von denen dies nur für den einen der beiden Posten gilt, sofern der zweite Posten Sammelcharakter trägt. Liegen z.B. nur unerhebliche „Andere aktivierte Eigenleistungen" (Abs. 2 Nr. 3) vor, jedoch erhebliche „Sonstige betriebliche Erträge" (Abs. 2 Nr. 4), erscheint eine Zusammenfassung beider Posten zulässig; die Bezeichnung des Postens Nr. 4 kann in diesem Fall wohl unverändert beibehalten werden. Unter den gleichen Voraussetzungen ist auch eine Zusammenfassung der Posten Abs. 2 Nrn. 2, 3 und 4 denkbar.

Dagegen kommt eine Zusammenfassung der Posten Abs. 2 Nrn. 1 und 2 oder gar Nrn. 1 **474**
bis 4 nicht in Betracht; dadurch wären die Umsatzerlöse nicht mehr als solche erkennbar, was einen schweren Verstoß gegen die Generalnorm (§ 264 Abs. 2 S. 1 HGB) darstellen würde[804]. Aus dieser folgt auch, dass grds. nur Posten zusammengefasst werden dürfen, die **Erträge oder Aufwendungen ähnlichen Charakters** beinhalten (z.B. bei einer Gliederung nach Abs. 2: 5a und b; 9 und 10; 10 und 11; 18 und 19). Zusammenfassungen von Erträgen und Aufwendungen sind dagegen grds. unzulässig. Sie würden gegen das **Verrechnungsverbot** (§ 246 Abs. 2 S. 1 HGB) verstoßen (zur gesetzlich vorgeschriebenen Ausnahme vom Verrechnungsverbot bei Vorliegen von Deckungsvermögen vgl. Tz. 479).

Zum anderen sind Zusammenfassungen von Posten gestattet, wenn dadurch die **Klarheit** **475**
der Darstellung vergrößert wird (§ 265 Abs. 7 Nr. 2 HGB). Auf die Höhe des Betrags kommt es nicht an, es können auch erhebliche Beträge sowie Aufwendungen und Erträge zusammengefasst werden. Ob angesichts der geringen Zahl von Posten diese Vorschrift indes in größerem Umfange auf die GuV anwendbar ist, erscheint zweifelhaft. Denkbar wäre, dass eine Gesellschaft die Posten nach Abs. 2 Nrn. 9 bis 11 in der GuV zu einem Posten „Finanzerträge" zusammenfasst und die einzelnen Posten **im Anhang** entsprechend der gesetzlichen Gliederung aufführt (vgl. hierzu Tz. 100). Keine Bedenken bestehen auch dagegen, die Untergliederungen bei den Posten Abs. 2 Nrn. 5, 6 und 7 wegzulassen und sie stattdessen im Anh. darzustellen. Immer ist es bei Zusammenfassungen der hier angesprochenen Art notwendig, die durch die Zusammenfassung un-

---

802 Vgl. ADS⁶, § 265 HGB, Tz. 70, mit weiteren Bsp.
803 Zum Grundsatz der Wesentlichkeit vgl. ADS⁶, § 252 HGB, Tz. 127; ferner *Ossadnik*, WPg 1995, S. 33.
804 Vgl. zur Zusammenfassungsmöglichkeit gem. § 276 S. 1 HGB für kleine und mittelgroße Gesellschaften Tz. 483.

tergegangenen Einzelposten im Anh. aufzuführen (§ 265 Abs. 7 Nr. 2 zweiter Hs. HGB; vgl. hierzu Tz. 738).

476 Ein Posten, für den kein Betrag auszuweisen ist (**Leerposten**), braucht nicht aufgeführt zu werden, es sei denn, dass im Vj. ein Betrag unter dem gleichen Posten auszuweisen war (§ 265 Abs. 8 HGB).

477 Eine **Kurzbezeichnung** von Posten der GuV ist bei Berücksichtigung von § 243 Abs. 2 HGB grds. zulässig. Eine Kurzbezeichnung darf indes keinen Zweifel über die Zugehörigkeit des Postens zu einem bestimmten Posten des gesetzlichen Gliederungsschemas aufkommen lassen und darf nur dann erwogen werden, wenn eine längere gesetzliche Bezeichnung ersetzt werden soll[805]. **Weglassen von Teilen der gesetzlichen Bezeichnung** kann erforderlich sein, wenn die gesetzliche Bezeichnung auf mehrere Ertrags- oder Aufwandsarten hinweist und nur ein Teil von ihnen angefallen ist. Liegen z.B. hinsichtlich des Postens Abs. 2 Nr. 10 nur Erträge aus anderen Wertpapieren des Finanzanlagevermögens vor, nicht dagegen aus Ausleihungen, so ist dies auch in der Postenbezeichnung zum Ausdruck zu bringen (§ 265 Abs. 6 HGB).

478 Werden die die GuV betreffenden Gliederungsgrundsätze (§ 265 Abs. 2, 4 oder 6 HGB) und Gliederungsvorschriften (§§ 275, 277 HGB) nicht beachtet, so liegt eine **Ordnungswidrigkeit** vor, die mit einer **Geldbuße** geahndet werden kann (§ 334 Abs. 1 Nr. 1c HGB). Wegen Strafvorschriften bei unrichtiger Wiedergabe oder Verschleierung der Verhältnisse der Gesellschaft vgl. § 331 Nr. 1 HGB, wegen Sanktionen bei wesentlichen Verstößen gegen das Gebot klarer und übersichtlicher Gliederungen vgl. auch § 256 Abs. 4 AktG (Nichtigkeit, dazu ADS[6], § 256 AktG, Tz. 35 ff.).

b) Verrechnungsgebot bei Vorliegen von Deckungsvermögen

479 Der Ausweis von Aufwendungen und Erträge hat nach § 246 Abs. 2 S. 1 HGB grds. unsaldiert zu erfolgen. Gemäß § 246 Abs. 2 S. 2 zweiter Hs. HGB sind jedoch **innerhalb des Finanzergebnisses** Aufwendungen und Erträge aus der Auf- bzw. Abzinsung von Altersversorgungsverpflichtungen u.ä. zwingend mit den dazugehörigen Aufwendungen und Erträgen aus dem Deckungsvermögen **zu verrechnen**[806] (vgl. E Tz. 78 ff.). Aufwendungen und Erträge aus dem Deckungsvermögen, die grds. im operativen Ergebnis auszuweisen sind (z.B. Erfolgswirkungen aus Zeitwertänderungen des Deckungsvermögens), dürfen für Zwecke der Saldierung ebenfalls vollumfänglich im Finanzergebnis erfasst werden[807]. Lediglich im Anh. sind nach § 285 Nr. 25 HGB die verrechneten Beträge brutto anzugeben.

Sämtliche Aufwendungen und Erträge, die in den Saldierungsbereich des § 246 Abs. 2 S. 2 zweiter Hs. HGB fallen, sind zu einem Gesamtbetrag zusammenzufassen. In Abhängigkeit vom Vorzeichen ist dieser Saldo gesondert unter den Zinsaufwendungen (Nr. 13) bzw. Zinserträgen (Nr. 11) zu zeigen (z.B. Vorspaltenausweis) oder durch einen „davon"-Vermerk kenntlich zu machen[808], sofern dieser nicht in einem gesonderten Posten inner-

---

805 Vgl. im Einzelnen ADS[6], § 265 HGB, Tz. 79.

806 Der Dienstzeitaufwand aus der Zuführung zu den Altersversorgungsverpflichtungen u.ä. (vgl. Tz. 540) darf nicht mit in den Saldierungsbereich einbezogen werden.

807 Vgl. IDW RS HFA 30, Tz. 87; *Gelhausen/Fey/Kämpfer*, BilMoG, Kap. C, Rn. 83 ff.; gem. IDW RS HFA 30, Tz. 75 sind in diesem Fall auch die Erfolgswirkungen aus einer Änderung des Abzinsungssatzes für Altersversorgungsverpflichtungen u.ä. nicht im operativen, sondern im Finanzergebnis zu erfassen und in den genannten Saldierungsbereich einzubeziehen.

808 Vgl. IDW RS HFA 30, Tz. 86; *Gelhausen/Fey/Kämpfer*, BilMoG, Kap. I, Rn. 60 (auch Angabe im Anh. zulässig).

Die Gewinn- und Verlustrechnung   F

halb des Finanzergebnisses (z.B. „Erträge aus dem Deckungsvermögen abzgl. Zinszuführung zu den Altersversorgungsrückstellungen")[809] ausgewiesen wird.

c) Grundsatz der Darstellungsstetigkeit

Die Gliederung des vorangegangenen GJ ist beizubehalten (**Grundsatz der Darstellungsstetigkeit**), soweit nicht in Ausnahmefällen wegen besonderer Umstände Abweichungen erforderlich sind (§ 265 Abs. 1 S. 1 HGB). Besondere Umstände im Sinne dieser Vorschrift können nur im Vergleich zum Vj. grundlegend veränderte rechtliche oder tatsächliche Verhältnisse sein. Die Vorschrift erschwert im Interesse der Vergleichbarkeit insb. den Wechsel zwischen den beiden für die GuV zugelassenen Ausweisverfahren (GKV und UKV). Ein einmaliger Wechsel zwischen diesen Verfahren ist jedoch nicht generell ausgeschlossen; es muss sich jedoch um einen Ausnahmefall handeln und es müssen besondere Gründe vorliegen (z.B. Vorbereitung der Aktieneinführung an einer ausländischen Börse, wesentliche Änderung der Geschäftstätigkeit, Aufnahme in einen Konzern, Wechsel der Konzernzugehörigkeit, Änderung der Kostenrechnung).   480

Nach § 265 Abs. 1 S. 1 HGB besitzen auch einmal getroffene Entscheidungen in den Ausweisfragen der Abs. 2 bis 8 grds. Bindungswirkung für künftige JA[810], soweit nicht sachliche Gründe eine Änderung verlangen. Ob die Vorschrift auch dazu zwingt, einmal eingeführte Untergliederungen stetig beizubehalten, erscheint fraglich; eine solche Auslegung könnte sich praktisch gegen Untergliederungen in einzelnen Jahren auswirken. Auch hinsichtlich der Möglichkeit von Zusammenfassungen von Posten gem. § 265 Abs. 7 HGB kann der Stetigkeitsgrundsatz nicht gelten; sowohl die erstmalige Anwendung als auch die Rückkehr zu einer Vollgliederung würden erschwert oder gar unmöglich gemacht. **Durchbrechungen des Stetigkeitsgrundsatzes** sind im Anh. anzugeben und zu begründen (§ 265 Abs. 1 S. 2 HGB; vgl. hierzu Tz. 732 ff.).   481

Das Stetigkeitsgebot gilt auch in Bezug auf den Inhalt der Posten. Dies folgt aus der Bestimmung, dass zu jedem Posten der entsprechende **Betrag des Vorjahres** anzugeben ist und nicht vergleichbare Beträge im Anh. anzugeben und zu erläutern sind (§ 265 Abs. 2 S. 1 und 2 HGB). Wegen der Frage, ob auch zu „davon"-Vermerken Vorjahresbeträge anzugeben sind, vgl. Tz. 86. Einmalige Umgliederungen zwischen verschiedenen Posten sind jedoch nicht ausgeschlossen. In einem solchen Fall erscheint es im Interesse der Vergleichbarkeit wünschenswert, die **Vorjahreszahlen anzupassen**; vgl. zu Anwendungsfällen im Einzelnen *IDW ERS HFA 39* [811]. Auch hierüber ist im Anh. zu berichten (§ 265 Abs. 2 S. 3 HGB; vgl. hierzu Tz. 735).   482

d) Erleichterungen für kleine und mittelgroße Gesellschaften

Für kleine und mittelgroße Gesellschaften (§ 267 Abs. 1 und 2 HGB) gilt die Erleichterung, dass sie anstelle der Posten nach § 275 Abs. 2 Nrn. 1 bis 5 oder Abs. 3 Nrn. 1 bis 3 und 6 HGB nur einen Posten **„Rohergebnis"** auszuweisen brauchen (§ 276 S. 1 HGB)[812]. Praktisch bedeutet dies, dass bei Anwendung des GKV die Umsatzerlöse, Bestandsveränderungen, aktivierten Eigenleistungen und sonstigen betrieblichen Erträge mit den Materialaufwendungen saldiert werden dürfen; bei Anwendung des UKV werden die Umsatzerlöse und sonstigen betrieblichen Erträge mit den Herstellungskosten der ver-   483

---

809 Vgl. *Gelhausen/Fey/Kämpfer*, BilMoG, Kap. C, Rn. 87.
810 Vgl. ADS[6], § 265 HGB, Tz. 16.
811 Vgl. auch ADS[6], § 265 HGB, Tz. 34.
812 Wegen Einschränkungen für Unternehmen, an denen Bund, Länder oder Gemeinden beteiligt sind, vgl. ADS[6], § 276 HGB, Tz. 4; zur GuV der Eigenbetriebe vgl. L Tz. 21 f.

kauften Produkte saldiert. Der Posten „Rohergebnis" hat somit je nachdem, ob das GKV oder das UKV angewendet wird, einen unterschiedlichen Inhalt[813].

484 In der GuV sind als **Erträge** nur noch die verschiedenen Finanzerträge sowie die außerordentlichen Erträge **gesondert auszuweisen**. Es liegt auf der Hand, dass eine nach diesen Grundsätzen aufgestellte GuV das in § 264 Abs. 2 S. 1 HGB geforderte, den tatsächlichen Verhältnissen entsprechende Bild der Ertragslage nur noch eingeschränkt zu vermitteln vermag. Das Gesetz nimmt dies bewusst in Kauf. Eine korrigierende Berichterstattung im Anh. nach § 264 Abs. 2 S. 2 HGB kann daher nicht gefordert werden (vgl. Tz. 1060).

485 In vielen Fällen werden trotz der Bestimmungen des § 276 S. 1 HGB zumindest die **Umsatzerlöse** entsprechend den Bestimmungen in § 277 Abs. 1 HGB zu ermitteln sein, um feststellen zu können, ob zusammen mit einem der beiden anderen Grenzwerte die in § 267 Abs. 2 HGB für mittelgroße Gesellschaften gezogenen Grenzen überschritten werden.

486 Für AG und KGaA gilt, dass sie auf Verlangen eines jeden **Aktionärs** den JA auf der HV in der Form vorlegen müssen, die er ohne Anwendung des § 276 HGB hätte (§ 131 Abs. 1 S. 3 AktG). **Gesellschafter** anderer Gesellschaftsformen (GmbH, OHG, KG) können im Rahmen der Feststellung des JA, die einer GmbH auch im Rahmen des § 51a Abs. 1 GmbHG entsprechende Informationen verlangen. Zum Anspruch der Arbeitnehmervertreter auf die Vorlage einer ungekürzten GuV (zweifelhaft) vgl. ADS[6], § 276 HGB, Tz. 6.

e) Erträge und Aufwendungen aus Gewinngemeinschaften, Gewinnabführungs- und Teilgewinnabführungsverträgen sowie aus Verlustübernahme

487 Erträge und Aufwendungen der genannten Art sind in den Gliederungsschemata des § 275 Abs. 2 und 3 HGB nicht aufgeführt, doch schreibt § 277 Abs. 3 S. 2 HGB ihren **gesonderten Ausweis** unter entsprechender Bezeichnung vor. Sie sollten wie folgt in die gesetzlichen Gliederungsschemata eingeordnet werden[814]:

	GKV (§ 275 Abs. 2)	UKV (§ 275 Abs. 3)
– Erträge aus Gewinngemeinschaften, Gewinnabführungs- und Teilgewinnabführungsverträgen	vor oder hinter Posten Nr. 9	vor oder hinter Posten Nr. 8
– Aufwendungen aus Verlustübernahme	vor oder hinter Posten Nr. 13	vor oder hinter Posten Nr. 12
– Erträge aus Verlustübernahme	vor Posten Nr. 20	vor Posten Nr. 19
– aufgrund von Gewinngemeinschaften, Gewinnabführungs- oder Teilgewinnabführungsverträgen abgeführte Gewinne	vor Posten Nr. 20	vor Posten Nr. 19

488 An Stelle des gesonderten Ausweises können auch **„davon"-Vermerke** oder **Untergliederungen** bei den Posten vorgenommen werden, unter denen die Aufwendungen und Erträge ohne die Vorschrift des § 277 Abs. 3 S. 2 HGB auszuweisen wären.

489 Für die genannte Zuordnung ist die Überlegung bestimmend, dass die Erträge aus Gewinngemeinschaften, Gewinnabführungs- und Teilgewinnabführungsverträgen sowie die Aufwendungen aus Verlustübernahme parallel zu den Erträgen und Aufwendungen, die bei einer **Obergesellschaft** i.Z.m. Beteiligungen entstehen, behandelt werden und ebenso

---

813 Vgl. *Gross/Schruff*, Jahresabschluss, S. 190.
814 Vgl. zur nachstehenden Tabelle ADS[6], § 277 HGB, Tz. 65; ebenso *Castan* in BHdR, B 300, Rn. 61.

Die Gewinn- und Verlustrechnung   F

wie diese in das Ergebnis der gewöhnlichen Geschäftstätigkeit (Posten Abs. 2 Nr. 14, Abs. 3 Nr. 13) einfließen sollten.

Die Erträge aus Verlustübernahme und die aufgrund einer Gewinngemeinschaft, eines Gewinnabführungs- oder Teilgewinnabführungsvertrags abgeführten Gewinne betreffen dagegen regelmäßig das Gesamtergebnis einer **Untergesellschaft**, weshalb es richtig erscheint, diese Posten unmittelbar vor dem Jahresergebnis einzuordnen[815]. Sollte im Einzelfall eine Gewinngemeinschaft sich nur auf einzelne Teilbereiche eines Unternehmens beziehen und sollten unabhängig vom Gesamtergebnis Gewinne abzuführen sein, so ist ein Ausweis des Postens hinter dem Posten Abs. 2 Nr. 9/Abs. 3 Nr. 8 (Beteiligungserträge) vorzuziehen. 490

AG und KGaA haben ferner die Bestimmungen in § 158 Abs. 2 AktG zu beachten. Danach ist ein vertraglich zu leistender **Ausgleich für außenstehende Aktionäre** (§ 304 Abs. 1 AktG) bei der Muttergesellschaft von den entsprechenden Erträgen abzusetzen bzw. unter den Aufwendungen aus Verlustübernahme auszuweisen. Die Absetzung anderer Beträge ist ausdrücklich untersagt. Vgl. zu weiteren Einzelheiten ADS[6], § 277 HGB, Tz. 67. 491

f) Außerordentliche und periodenfremde Posten

Die Posten „außerordentliche Erträge" und „außerordentliche Aufwendungen" werden inhaltsmäßig durch § 277 Abs. 4 S. 1 HGB bestimmt. Danach umfassen sie Erträge und Aufwendungen, die außerhalb der gewöhnlichen Geschäftstätigkeit der Gesellschaft anfallen. Wann Erträge und Aufwendungen als außerhalb der gewöhnlichen Geschäftstätigkeit angefallen anzusehen sind, lässt das Gesetz offen. Art. 29 der 4. EG-Richtlinie verlangt den gesonderten Ausweis der außerhalb der „normalen" Geschäftstätigkeit angefallenen Erträge und Aufwendungen. Die Begriffe „gewöhnlich" und „normal" können daher als weitgehend identisch angesehen werden. 492

Orientiert man sich an der Zielsetzung des Gesetzes, ein den tatsächlichen Verhältnissen entsprechendes Bild der Ertragslage zu vermitteln (§ 264 Abs. 2 S. 1 HGB), so wird zu bedenken sein, dass viele der Aufwendungen und Erträge, die bei rein betriebswirtschaftlicher Betrachtung zu den außerordentlichen gerechnet werden können, in der Wirklichkeit des Geschäftsbetriebes als **gewöhnlich** angesehen werden müssen. Das gilt i.d.R. für Buchgewinne und Buchverluste aus dem Abgang von Vermögensgegenständen des AV, für Erträge aus der Auflösung nicht mehr benötigter Rückstellungen sowie für Erträge aus Zuschreibungen. Sie fallen regelmäßig an und stellen daher keine außerordentliche Beeinflussung des Geschäftsergebnisses dar. Der rein periodenfremde Anfall von Aufwendungen und Erträgen lässt allein jedoch nicht den Schluss zu, dass es sich hierbei stets um außerordentliche Aufwendungen und Erträge handelt (vgl. Tz. 495). Vielmehr ist in Bezug auf die Kategorisierung als außerordentliche Erträge und Aufwendungen die gesamte Geschäftstätigkeit des Unternehmens zu betrachten, so dass im Einzelfall zu prüfen ist, ob es sich um eine wesentliche Änderung der Geschäftstätigkeit oder Geschäftsgrundlage handelt. 493

Um zu den **außerordentlichen** Erträgen und Aufwendungen gerechnet zu werden, muss es sich folglich um Erträge und Aufwendungen handeln, die nicht im normalen Geschäftsgang angefallen sind, wozu sicherlich gehört, dass sie seltener, d.h. nicht ständig 494

---

815 Im Ergebnis ebenso *Förschle* in BeBiKo[7], § 277, Rn. 23; a.A. *Gross/Schruff*, Jahresabschluss, S. 197; *Ziegler*, S. 50 (Gewinnabführungsvertrag).

645

wiederkehrender Natur, ungewöhnlicher Art und von einiger Bedeutung[816] sind. Dazu können gehören: Buchgewinne und Buchverluste bei der Veräußerung von bedeutenden Beteiligungen, Betrieben oder Teilbetrieben und Grundstücken[817]; Sozialplankosten[818] oder Erträge und insb. Aufwendungen, die aus einem Wegfall der Going Concern-Prämisse (§ 252 Abs. 1 Nr. 2 HGB) resultieren[819]; Verluste i.Z.m. der Stilllegung von Betrieben oder der Aufgabe von Produktgruppen; außergewöhnliche Schadensersatzzahlungen, die einmaliger Art sind; Aufwendungen bei Schuldenerlass mit Besserungsschein[820]; Sanierungsgewinne; Erträge aus der erfolgswirksamen Vereinnahmung von Genussrechtskapital[821]; Schadensfälle durch rechtswidrige Handlungen wie Unterschlagung u.ä.; außerplanmäßige Abschreibungen bei Katastrophen; einmalige Umstrukturierungszuschüsse der öffentlichen Hand[822]; private Zuschüsse ohne Gegenleistungsverpflichtung[823]; Gewinne oder Verluste i.Z.m. Verschmelzungen oder Anwachsungen[824]. Die aus einer Fehlerkorrektur in laufender Rechnung resultierenden Erfolgswirkungen sind grds. nicht als außerordentliche Erträge oder Aufwendungen, sondern unter den entsprechenden originären Ertrags- und Aufwandsarten zu erfassen, können aber aus Vereinfachungsgründen[825] auch unter den sonstigen betrieblichen Erträgen oder Aufwendungen ausgewiesen werden (in jedem Fall gesonderter Ausweis als periodenfremd gem. § 277 Abs. 4 S. 3 HGB). Der Ausweis als außerordentliche Erträge oder Aufwendungen kommt nur dann in Betracht, wenn es sich um Erträge oder Aufwendungen handelt, die bereits in dem fehlerbehafteten JA nach den allgemeinen Grundsätzen hierzu hätten gerechnet werden müssen.

495 Außerordentliche Erträge und Aufwendungen können, müssen aber nicht zugleich **periodenfremde** sein. Wie sich aus der gesonderten Angabepflicht für periodenfremde Erträge und Aufwendungen im Anh. ergibt (§ 277 Abs. 4 S. 3 HGB), rechnet das Gesetz auch mit periodenfremden Erträgen und Aufwendungen, die nicht zugleich außerordentlicher Natur i.S.d. genannten Vorschriften sind[826]. Es sind somit zu unterscheiden (jeweils für Erträge und Aufwendungen getrennt):

1. Außerordentliche Posten
   a) nicht periodenfremd
   b) periodenfremd
2. Periodenfremde Posten, soweit nicht zu 1b gehörend.

Nur die unter die erste Ziff. fallenden Posten sind in der GuV gesondert auszuweisen, während die nur periodenfremden Posten in die jeweils in Betracht kommenden Ertrags- oder Aufwandsposten einzubeziehen sind.

---

816 Ebenso *Winzker* in BHdR, B 320, Rn. 12 f.; *Lachnit*, WPg 1991, S. 773 (773); a.A. zum Kriterium der Wesentlichkeit *Förschle* in BeBiKo[7], § 275, Rn. 220; *Biener/Berneke*, BiRiLiG, Erl. zu § 277 HGB, S. 232; *Isele/Urner-Hemmeter* in HdR[5], § 277 HGB, Rn. 116; zur Einordnung in der Praxis vgl. *Marx*, WPg 1995, S. 476.
817 Vgl. *Förschle* in BeBiKo[7], § 275, Rn. 222.
818 In diesem Fall sollten entsprechende Erträge ebenfalls hier ausgewiesen werden.
819 Vgl. *IDW RS HFA 17*, Tz. 37.
820 Vgl. *Förschle* in BeBiKo[7], § 275, Rn. 222.
821 Vgl. auch zu den Voraussetzungen (kein Rückforderungsrecht, Ertragszuschuss beabsichtigt) *IDW St/HFA 1/1994*, Abschn. 2.1.2, 2.1.3; hierzu auch *Emmerich/Naumann*, WPg 1994, S. 677 (684).
822 Vgl. ADS[6], § 277 HGB, Tz. 80.
823 Vgl. *IDW St/HFA 2/1996*, Abschn. 22.
824 Vgl. *IDW St/HFA 2/1997*, Abschn. 31; auch *Förschle/Hoffmann* in Budde/Förschle/Winkeljohann, Sonderbilanzen[4], Kap. K, Rn. 62, 92; zum Ausweis von Vermögensminderungen i.Z.m. Abspaltungen vgl. Tz. 613.
825 So auch *IDW RS HFA 6*, Tz. 36 für Erträge und Aufwendungen aus der Anpassung der Handelsbilanz an die Steuerbilanz.
826 Vgl. RegBegr. BilMoG zu § 277 HGB-E, BT-Drs. 16/10067, S. 68.

Die Gewinn- und Verlustrechnung   F

Alle außerordentlichen oder periodenfremden Posten sind von großen und mittelgroßen **496**
Gesellschaften (§ 267 Abs. 2 und 3 HGB) hinsichtlich ihres Betrags und ihrer Art im
Anhang zu erläutern, soweit sie für die Beurteilung der Ertragslage nicht von unterge-
ordneter Bedeutung sind (§ 277 Abs. 4 S. 2 und 3 HGB; vgl. hierzu Tz. 905). Zum Umfang
der Erläuterungen vgl. ADS[6], § 277 HGB, Tz. 85, 88. Kleine Gesellschaften (§ 267 Abs. 1
HGB) sind nach § 276 S. 2 HGB von entsprechenden Erläuterungen befreit[827].

g) Gemeinsamkeiten und Unterschiede zwischen dem Gesamtkosten- und dem Umsatzkostenverfahren

§ 275 HGB gestattet die Gliederung nach zwei unterschiedlichen Prinzipien, dem GKV **497**
und dem UKV. Bei der Gliederung nach dem **Gesamtkostenverfahren** werden die gesamten im GJ angefallenen Erträge und Aufwendungen nach Arten gegliedert angegeben.
Der Ausweis der Posten ist somit **periodenbestimmt** und unabhängig davon, in welcher
Beziehung sie zu den Umsatzerlösen des GJ stehen. Das macht es notwendig, die Bestandsveränderungen und die anderen aktivierten Eigenleistungen als solche auszuweisen. Diese Posten ergeben zusammen mit den Umsatzerlösen mit gewissen Einschränkungen[828] die **Gesamtleistung** des Unternehmens im GJ, weshalb eine nach Abs. 2
aufgestellte GuV auch als Produktionskostenrechnung und das ihr zugrundeliegende
Gliederungsprinzip als **Produktionskostenverfahren** bezeichnet werden kann. Es bestehen keine Bedenken dagegen, die „Gesamtleistung" als Zwischensumme in das gesetzliche Gliederungsschema einzufügen (vgl. Tz. 471).

Demgegenüber ist das **Umsatzkostenverfahren**[829], wie schon der Name besagt, auf eine **498**
Darstellung des Umsatzes und der zu ihm in unmittelbarer Beziehung stehenden Kosten
ausgerichtet. Diese Kosten – Herstellungskosten der zur Erzielung der Umsatzerlöse er-
brachten Leistungen – werden in der GuV unabhängig davon ausgewiesen, ob sie in dem
GJ, über das berichtet wird, angefallen sind oder in früheren GJ. Andererseits erscheinen
Kosten des GJ, die in am Jahresende noch unverkaufte, d.h. in den Beständen aktivierte
Produkte eingegangen sind, nicht in der GuV[830]. Der Ausweis der Kosten ist insoweit
nicht perioden- sondern umsatzbestimmt.

Diese **Unterschiede im Ausweis** zwischen GKV und UKV beziehen sich allerdings nur **499**
auf einen Teil der auszuweisenden Posten. Andere Aufwendungen, die nicht in direkter
Relation zum Umsatz stehen, wie die allgemeinen Verwaltungskosten, oder die teils pe-
rioden-, teils umsatzabhängig sind, wie die Vertriebskosten, werden beim UKV als solche,
d.h. als Bereichskosten ausgewiesen. Alle übrigen Aufwendungen und Erträge werden
nach Arten getrennt ausgewiesen. Das führt dazu, dass die Posten Nrn. 1, 4 und 8 bis 20
des GKV von ihrer Bezeichnung her identisch sind mit denen der Nrn. 1 und 6 bis 19 des
UKV, ohne dass jedoch in jedem Fall der Inhalt der Posten der gleiche sein muss.

Beim Abwägen, welches der beiden Verfahren im Einzelfall den **Vorzug** verdient[831], **500**
kommt es nicht nur auf die jeweilige Produktionspalette und Struktur eines Unternehmens
an, sondern auch auf die Art der betrieblichen Kostenerfassung und -verrechnung. Die
Anwendung des UKV setzt voraus, dass die Kosten nach den Bereichen Herstellung, all-

---

827   Vgl. für kleine AG aber Tz. 486.
828   Vgl. ADS[6], § 275 HGB, Tz. 21, 24.
829   Vgl. hierzu im Einzelnen Tz. 634 ff.
830   Nach *Bohl*, WPg 1986, S. 36, ist das UKV für Betriebe mit langfristiger Fertigung daher wenig praktikabel.
831   Vgl. zur Gegenüberstellung der beiden Verfahren *Budde* in HdR[5], § 275 HGB, Rn. 15 ff. m.w.N.; *Stobbe* in
      BHdR, B 310, Rn. 16 ff.; *Harrmann*, BB 1986, S. 1813; *Feldt/Olbrich/Wiemeler*, DB 1987, S. 2320; *Forster*,
      BFuP 1987, S. 72 (88); *Chmielewski*, DBW 1990, S. 27; *Rogler*, DB 1992, S. 749; *Neumann*, BuW 1997,
      S. 681; zur Praxis vgl. *Ballwieser/Häger*, Rn. 102, 127.

gemeine Verwaltung, Vertrieb und sonstigen betrieblichen Bereichen aufgeschlüsselt werden können. Wo eine ausgebaute Kostenstellen- und Kostenträgerrechnung vorliegt, sollten die Voraussetzungen dafür stets gegeben sein. Es kann im Einzelfall aber auch eine relativ einfach gehaltene Betriebsabrechnung genügen. Die Entscheidung über das anzuwendende Gliederungsschema wird nur betriebsindividuell getroffen werden können. Bei Einproduktunternehmen kann die Umsatzkostenrechnung einen gewissen Einblick in die Kalkulationsstruktur des Unternehmens geben. Ferner kann von Bedeutung sein, ob der JA der Gesellschaft in einen KA einzubeziehen ist und für welche Form der Gliederung sich das MU entschieden hat oder (bei ausländischen MU) an welche Form der Gliederung es gebunden ist. Schließlich ist darauf hinzuweisen, dass bei Anwendung des UKV sowohl der Materialaufwand als auch der Personalaufwand in der in Abs. 2 Nrn. 5 und 6 vorgeschriebenen Form im Anh. anzugeben sind (§ 285 Nr. 8 HGB; vgl. hierzu Tz. 896 ff.).

h) Besonderheiten bei Personenhandelsgesellschaften i.S.d. § 264a HGB

501 Für Personenhandelsgesellschaften i.S.d. § 264a HGB schreibt das Gesetz in § 264c Abs. 3 S. 1 HGB ausdrücklich vor, dass die **auf das Privatvermögen der Gesellschafter entfallenden Aufwendungen und Erträge** nicht in die GuV aufgenommen werden dürfen. Die Regelung verbietet unter anderem die Aufnahme von Zinsen für private Kreditaufnahmen eines Gesellschafters auch und gerade, wenn er die entsprechenden Mittel als Einlage an die Gesellschaft weitergegeben hat. Nach der Begründung soll damit aber insb. klargestellt werden, dass persönliche Steuern der Gesellschafter nicht als Steueraufwand der Gesellschaft erfasst werden dürfen[832]. Im Interesse der Vergleichbarkeit des Jahresergebnisses mit dem einer KapGes. darf nach § 264c Abs. 3 S. 2 HGB jedoch ein dem Steuersatz der Komplementärgesellschaft entsprechender (fiktiver) Steueraufwand der Gesellschafter nach dem Jahresüberschuss/Jahresfehlbetrag offen abgesetzt oder hinzugerechnet werden; vgl. dazu im Einzelnen Tz. 611 f.

502 Bzgl. der **Steuern der Gesellschaft** bleibt es im Übrigen bei dem in § 275 Abs. 2 Nrn. 18 und 19 bzw. Abs. 3 Nrn. 17 und 18 HGB vorgeschriebenen Ausweis (vgl. dazu Tz. 590 ff.). Eine Einbeziehung in die sonstigen Aufwendungen, wie für Personenhandelsgesellschaften mit natürlichen Personen als Vollhafter nach § 5 Abs. 5 S. 2 PublG möglich, konnte nach den Vorgaben der 4. EG-Richtlinie für Personenhandelsgesellschaften ohne natürliche Personen als Vollhafter nicht zugelassen werden[833].

503 Besonderheiten hinsichtlich des Ausweises von Aufwendungen und Erträgen können sich bei Personenhandelsgesellschaften daraus ergeben, dass über die kapitalmäßige Beteiligung hinaus häufig weitere **Rechtsbeziehungen zwischen der Gesellschaft und ihren Gesellschaftern** bestehen[834]. Vergütungen, die die Gesellschafter hieraus beziehen, sind auf jeden Fall dann als Aufwand der Gesellschaft auszuweisen, wenn ihnen schuldrechtliche Vereinbarungen zu Grunde liegen (z.B. Vergütungen für die persönliche Mitarbeit in der Gesellschaft oder die Übernahme der Geschäftsführung durch die Komplementärgesellschaft, Miet- oder Pachtentgelte oder Darlehenszinsen). Vergütungen auf gesellschaftsrechtlicher Grundlage stellen dagegen i.d.R. keinen Aufwand, sondern Gewinnverwendung dar (z.B. Vergütung für die Haftungsübernahme der Komplementärgesellschaft, Verzinsung der Kapitalkonten, soweit nicht als FK zu qualifizieren). Ob allerdings

---

832 Vgl. Begr. RegE KapCoRiLiG, BT-Drs. 14/1806, S. 21; *Förschle* in BeBiKo[7], § 264c, Rn. 71; ADS[6], § 264c HGB n.F., Tz. 27.
833 Vgl. Begr. RegE KapCoRiLiG, BT-Drs. 14/1806, S. 21.
834 Vgl. dazu Begr. RegE KapCoRiLiG, BT-Drs. 14/1806, S. 20; *IDW ERS HFA 7 n.F.*, Tz. 27; ADS[6], § 247 HGB, Tz. 99; *Förschle* in BeBiKo[7], § 247, Rn. 645.

Die Gewinn- und Verlustrechnung   **F**

allein durch die gewählte Vertragsgestaltung (gesellschaftsrechtliche Abreden) ein Ausweis von Aufwendungen vermieden werden kann[835], erscheint fraglich. Der **abweichenden steuerrechtlichen Regelung** gem. § 15 Abs. 1 S. 1 Nr. 2 EStG, nach der alle Vergütungen, die ein Gesellschafter von der Gesellschaft erhält, stets Gewinnverwendung darstellen, kann handelsrechtlich für Personenhandelsgesellschaften i.S.d. § 264a HGB nicht gefolgt werden[836].

Eine **Kenntlichmachung** der Aufwendungen an bzw. Erträge von Gesellschaftern ist nicht vorgeschrieben, erscheint bei wesentlichen Beträgen jedoch geboten („davon"-Vermerk oder Angabe im Anh.)[837]. Darüber hinaus kann sich zwecks Vergleichbarkeit aufeinander folgender Jahresergebnisse eine Angabepflicht ergeben, wenn Tätigkeitsvergütungen an Gesellschafter etc. von einer schuldrechtlichen auf eine gesellschaftsrechtliche Grundlage umgestellt werden und umgekehrt[838].

2. Inhalt der einzelnen Posten bei Gliederung nach dem Gesamtkostenverfahren (§ 275 Abs. 2 HGB)

Nr. 1 Umsatzerlöse

Als Umsatzerlöse sind nach § 277 Abs. 1 HGB die Erlöse aus dem Verkauf und der Vermietung oder Verpachtung der für die gewöhnliche Geschäftstätigkeit der Gesellschaft typischen Erzeugnisse, Waren und Dienstleistungen auszuweisen. Erlösschmälerungen und die USt sind abzusetzen, d.h. es sind nur die **Nettoerlöse**[839] auszuweisen. **504**

Mit den Begriffen der **gewöhnlichen Geschäftstätigkeit** und der in ihrem Rahmen erbrachten **typischen Erzeugnisse, Waren und Dienstleistungen** soll zum Ausdruck gebracht werden, dass nicht alle Erträge der Gesellschaft, die der USt unterliegen, unter den Posten Nr. 1 fallen, sondern nur die aus der engeren Geschäftstätigkeit, die durch den Geschäftszweig bestimmt wird. Erlöse aus Lieferungen und Leistungen, die ein Unternehmen nicht regelmäßig am Markt anbietet, sind mit wenigen Ausnahmen, unter die insb. Erlöse aus der konzernweiten Erfüllung sog. Querschnittfunktionen durch Holdinggesellschaften und spezialisierte konzerninterne Dienstleister fallen, grds. nicht unter den Umsatzerlösen zu erfassen[840]. Unter Nr. 1 fallen die Erlöse, die die eigentliche Betriebsleistung der Gesellschaft betreffen, während Erträge aus nicht betriebstypischen Nebengeschäften, wie etwa Kantinenerlöse oder Weiterberechnungen für die Inanspruchnahme von Verwaltungseinrichtungen der Gesellschaft, unter den sonstigen betrieblichen Erträgen (Nr. 4) zu erfassen sind[841]. Ebenfalls nicht zu den Umsatzerlösen, sondern zu den sonstigen betrieblichen Erträgen, zählen Subventionen, soweit sie nicht als Anschaffungskostenminderungen zu behandeln sind[842]. **505**

Nach diesen Grundsätzen **sind** in den Posten Nr. 1 **einzubeziehen**[843]: Erlöse aus dem Verkauf von Erzeugnissen und Handelswaren, aus branchenüblichen Verkäufen von nicht **506**

---

835 So die Begr. RegE KapCoRiLiG, BT-Drs. 14/1806, S. 20.
836 Anders ggf. für Personenhandelsgesellschaften, die nicht den Vorschriften der §§ 264 HGB unterliegen, vgl. ADS[6], § 247 HGB, Tz. 100.
837 Ebenso, auch für Personenhandelsgesellschaften, die nicht den Vorschriften der §§ 264 HGB unterliegen, ADS[6], § 247 HGB, Tz. 99; *Bömelburg*, BuW 1999, S. 841 (844); dem folgend *Castan* in BHdR, B 300, Rn. 63.
838 Vgl. *IDW ERS HFA 7 n.F.*, Tz. 28.
839 Vgl. *IDW RH HFA 1.017*, Tz. 2.
840 Vgl. *Förschle* in BeBiKo[7], § 275, Rn. 48, 52; analog *Winzker* in BHdR, B 331, Rn. 27.
841 Ebenso ADS[6], § 277 HGB, Tz. 18.
842 Vgl. E Tz. 326; ADS[6], § 255 HGB, Tz. 56.
843 Vgl. zur Abgrenzung weiterer Einzelfälle ADS[6], § 277 HGB, Tz. 7 ff.; *Förschle* in BeBiKo[7], § 275, Rn. 54.

649

mehr benötigten Roh-, Hilfs- und Betriebsstoffen, aus dem Verkauf von Schrott, Abfallprodukten, Kuppelprodukten und Zwischenerzeugnissen, Erlöse aus betriebstypischen Dienstleistungen, Versicherungsentschädigungen für bereits verkaufte Waren, Vereinnahmung passivierter Ertragszuschüsse bei Energieversorgungsunternehmen, Entgelte für den Abschluss von Vermittlungs- und Kommissionsgeschäften[844], ggf. Ergebnisanteile aus Joint Ventures (z.B. Bau-Arbeitsgemeinschaften) mit Erläuterungen im Anh.[845] (im Falle der Bilanzierung von Bruchteilseigentum kommt auch die Einbeziehung anteiliger Umsatzerlöse und Aufwendungen der Arbeitsgemeinschaft bei gleichzeitiger Kenntlichmachung in Betracht)[846]. Zur Einbeziehung von Zuschüssen bei entsprechendem Charakter vgl. *IDW St/HFA 2/1996*. Erlöse, die reine Holdinggesellschaften für zentral erbrachte Dienstleistungen (Rechts-/Steuerberatung, Personalabrechnung etc.) erzielen, sind unter Posten Nr. 1 zu erfassen[847]. Finanzerträge, die ihrer Art nach unter die Posten Abs. 2 Nrn. 9, 10 und 11 bzw. Abs. 3 Nrn. 8, 9 und 10 fallen, sind auch dann, wenn es sich um Erträge aus der typischen Tätigkeit von Holdinggesellschaften handelt, nicht unter den Umsatzerlösen auszuweisen[848].

507 Je nach Branche und dem Absatz- oder Fertigungsprogramm des Unternehmens **können** unter Nr. 1 **oder** Nr. 4 auszuweisen sein: Miet- und Pachteinnahmen (bei Brauereien (Verpachtung von Gaststätten), Leasing- und Grundstücksverwaltungsgesellschaften grds. Nr. 1; bei anderen Unternehmen grds. Nr. 4[849], auch soweit erhebliche Erträge aus Werkswohnungen vorliegen[850]); Patent- und Lizenzeinnahmen; Erlöse aus anderen Dienstleistungen.

508 Die Umsatzerlöse sind grds. in **Höhe der Rechnungsbeträge** auszuweisen, also einschließlich Verpackungs- und Versandkosten. Die USt ist abzusetzen (§ 277 Abs. 1 HGB); auch der Ausweis der Bruttoerlöse unter offener Absetzung der USt ist als weitergehende Gliederung nach § 265 Abs. 5 HGB zulässig[851].

509 **Verbrauchsteuern** sind wegen des Saldierungsverbots nach § 246 Abs. 2 S. 1 HGB grds. nicht von den Umsatzerlösen abzusetzen. Auch in § 1 Abs. 2 S. 3 PublG geht der Gesetzgeber davon aus, dass in den Umsatzerlösen Verbrauchsteuern und Monopolabgaben ggf. enthalten sind. Alle diese Steuern bilden daher einen Teil der Umsatzerlöse. Die Verbrauchsteuern dürfen grds. auch nicht offen von den Umsatzerlösen abgesetzt werden.

510 Eine Ausnahme bildet die **Energiesteuer**, bei der diese Vorgehensweise zumindest hinsichtlich der Steuer auf Mineralöle als GoB anzusehen ist[852]; in gleicher Weise wird z.B. bzgl. der Tabaksteuer sowie der Stromsteuer verfahren werden können. Für das prinzipielle Verbot gilt folgende Begründung: Nach § 265 Abs. 5 S. 1 HGB ist eine weitere

---

844 Vgl. zur Behandlung der Vermittlungs- und Kommissionsgeschäfte *Forster*, NB 1961, S. 129; *Förschle* in BeBiKo[7], § 275, Rn. 55; *Winzker* in BHdR, B 331, Rn. 43.
845 Vgl. *IDW St/HFA 1/1993*, Abschn. 3.4. (bei rechtlicher Auslagerung eines Teils der gewöhnlichen Geschäftstätigkeit in ein Joint Venture mit Gesamthandsvermögen, in das keine Einlage geleistet wurde, wenn die Anteile dem UV zuzuordnen sind); hierzu auch *Früh/Klar*, WPg 1993, S. 493 (499).
846 Vgl. auch ADS[6], § 277 HGB, Tz. 24.; ausführlich *Isele/Paffrath* in HdR[5], § 277 HGB, Rn. 66 ff.
847 Vgl. *Isele/Paffrath* in HdR[5], § 277 HGB, Rn. 37; *Förschle* in BeBiKo[7], § 275, Rn. 52.
848 Vgl. ADS[6], § 277 HGB, Tz. 5.
849 Vgl. zum Ausweis beim Leasinggeber auch *Gelhausen/Weiblen* in HdJ, Abt. I/5, Rn. 127, 163. Zur Realisierung von Mieterträgen vgl. *HFA*, WPg 1992, S. 540; ferner BFH v. 20.05.1992, BStBl. II, S. 904.
850 Vgl. ADS[6], § 277 HGB, Tz. 12; *Förschle* in BeBiKo[7], § 275, Rn. 54; *Isele/Paffrath* in HdR[5], § 277 HGB, Rn. 61.
851 Vgl. ADS[6], § 277 HGB, Tz. 37; *IDW RH HFA 1.017*, Tz. 2.
852 Vgl. ADS[6], § 275 HGB, Tz. 204; *Förschle* in BeBiKo[7], § 275, Rn. 66 (nach dem ein offenes Absetzen bei sämtlichen Verbrauchsteuern und Monopolabgaben zulässig ist); *Lachnit/Wulf* in BoHdR, § 277 HGB, Rn. 9 ff. (Wahlrecht bei Wesentlichkeit).

Die Gewinn- und Verlustrechnung F

Untergliederung zwar statthaft, doch würde es sich im vorliegenden Fall um eine Absetzung handeln, die die im Übrigen vorgeschriebene Gliederung beeinträchtigt. Betroffen, d.h. verkürzt würde der Posten „Ergebnis der gewöhnlichen Geschäftstätigkeit", bei einer Gliederung nach dem UKV auch der Posten „Bruttoergebnis vom Umsatz". Schließlich würde auch der Bestimmung in § 275 Abs. 1 S. 2 HGB, dass die in Abs. 2 oder 3 bezeichneten Posten „in der angegebenen Reihenfolge" gesondert auszuweisen sind, nicht mehr entsprochen.

Wegen Ermittlung der Umsatzerlöse bei **Versorgungsunternehmen** mit rollierenden Jahresabrechnungsverfahren vgl. L Tz. 39. Bei **Speditionsunternehmen** sind bei wirtschaftlicher Betrachtungsweise die weiterberechneten Fremdleistungen bei den Umsatzerlösen auszuweisen, während vorgelegte Auslagen (durchlaufende Posten) in der GuV nicht erfasst werden[853]. 511

Die Umsatzerlöse sind um **Erlösschmälerungen** zu kürzen (§ 277 Abs. 1 HGB). Im Einzelnen gehören dazu Skonti, Umsatzvergütungen, Mengenrabatte, Treueprämien und andere Sondernachlässe sowie zurückgewährte Entgelte, jedoch nicht an Dritte gewährte Provisionen (Ausweis unter dem Posten Nr. 8). Auch Abzinsungen minderverzinslicher oder unverzinslicher langfristiger Waren- und Leistungsforderungen sind hier einzubeziehen[854]. Unter die zurückgewährten Entgelte fallen Rückwaren sowie alle Gutschriften an Abnehmer für Gewichtsmängel, Preisdifferenzen sowie für Fracht und Verpackungskosten bis zur Höhe des ursprünglichen Rechnungsbetrags. Es sind nicht nur die bereits gewährten Preisnachlässe und zurückgewährten Entgelte abzusetzen, sondern auch Zuweisungen zu entsprechenden Rückstellungen[855], z.B. für die Verpflichtung zur zukünftigen Gebühren- bzw. Entgeltabsenkung bei kommunalen Versorgungsunternehmen[856]. Grds. können Preisnachlässe und zurückgewährte Entgelte nur insoweit von dem Posten Nr. 1 abgesetzt werden, als die entsprechenden Erlöse in diesem Posten enthalten sind[857]. Es sollten aber keine Bedenken dagegen bestehen, bei unzureichender Rückstellungsbildung auch Vorjahresumsätze betreffende Abzüge unter dem Posten Nr. 1 zu verrechnen, wenn in jedem GJ in der gleichen Weise verfahren wird und es sich nicht um außergewöhnliche oder einmalige Umsatzkorrekturen handelt[858]. 512

Nicht von den unter Nr. 1 auszuweisenden Umsätzen dürfen wegen § 246 Abs. 2 S. 1 HGB Ausgangsfrachten, Vertreterprovisionen, Versicherungen und andere Vertriebskosten, z.B. sog. Listing-Fees, abgesetzt werden (Ausweis unter Nr. 8). Ebenfalls unter die **sonstigen betrieblichen Aufwendungen** fallen i.d.R. Abschreibungen auf uneinbringliche Forderungen und Vertragsstrafen mit Schadensersatzcharakter. Zur Aufgliederung der Umsatzerlöse im **Anhang** (§ 285 Nr. 4 HGB) vgl. im Einzelnen Tz. 889 ff. 513

Nr. 2 Erhöhung oder Verminderung des Bestands an fertigen und unfertigen Erzeugnissen

Der Posten ergibt sich im Prinzip als **Differenz** zwischen den Werten, die in der zum Ende des GJ aufgestellten Bilanz und in der Vorjahresbilanz für **unfertige und fertige Er-** 514

---

853 Vgl. ADS[6], § 277 HGB, Tz. 17; *Förschle* in BeBiKo[7], § 275, Rn. 55.
854 Vgl. ADS[6], § 277 HGB, Tz. 35; *Förschle* in BeBiKo[7], § 275, Rn. 65.
855 Vgl. ADS[6], § 277 HGB, Tz. 33.
856 So z.B. Zuführungen zu Rückstellungen für Kostenüberdeckungen gem. § 6 Abs. 2 S. 2 KAG NW; vgl. hierzu auch *ÖFA*, FN-IDW 2001, S. 240.
857 Vgl. *Geßler*, WM 1960, Sonderbeilage 1, S. 11 (27); *Döllerer*, BB 1960, S. 108; *Wilhelmi/Friedrich*, § 19, Rn. 11; *Godin/Wilhelmi*, § 157 AktG 1965, Rn. 3.
858 Vgl. ADS[6], § 277 HGB, Tz. 34 m.w.N.; *Förschle* in BeBiKo[7], § 275, Rn. 63.

zeugnisse ausgewiesen sind. Eine Aufteilung nach der Veränderung der unfertigen und der fertigen Erzeugnisse erübrigt sich, auch wenn gegenläufige Bestandsveränderungen der beiden Erzeugnisarten zu verzeichnen sind. Ob die Bestandsveränderung auf Änderungen der Menge oder des Werts (Zu- und Abschreibungen) beruht, ist im Regelfall unbeachtlich (§ 277 Abs. 2 erster Hs. HGB).

515 Liegen jedoch **Abschreibungen** vor, die das bei der Gesellschaft sonst **übliche Maß übersteigen**, so dürfen diese Abschreibungen nicht einbezogen werden (§ 277 Abs. 2 zweiter Hs. HGB); sie sind unter dem Posten Nr. 7b auszuweisen. Als Abschreibungen, die unproblematisch sein sollten, werden i.d.R. die auf dem Niederstwertprinzip beruhenden Abschreibungen (§ 253 Abs. 4 S. 1 und 2 HGB) angesehen werden können. Ausnahmen hiervon, die als unüblich anzusehen sind, können Niederstwertabschreibungen i.Z.m. Sanierungen, Betriebsstilllegungen, Katastrophen o.ä. sein. Weiterhin kommen als sonst nicht übliche Abschreibungen solche in Betracht, die mit einem Übergang auf geänderte Bewertungsmethoden im Zusammenhang stehen (Erläuterungspflicht nach § 284 Abs. 2 Nr. 3 HGB) und betragsmäßig so bedeutend sind, dass sie aus dem Rahmen des sonst Üblichen fallen[859]. Wegen zusätzlicher Angaben oder Änderung der Postenbezeichnung vgl. ADS[6], § 277 HGB, Tz. 47.

516 **Selbst erzeugte Roh-, Hilfs- und Betriebsstoffe** sind bilanztechnisch unfertige Erzeugnisse, deren Bestandsveränderungen unter erweiterter Postenbezeichnung grds. hier auszuweisen sind; falls sie in der Bilanz jedoch wegen der Schwierigkeit ihrer Erfassung zusammen mit den bezogenen Roh-, Hilfs- und Betriebsstoffen ausgewiesen werden, muss die Bestandsveränderung unter dem Posten Nr. 5a verrechnet werden[860].

517 Auch die **Bestandsveränderungen noch nicht abgerechneter Leistungen**, wie in Arbeit befindliche Aufträge oder für Dritte errichtete unfertige Bauten auf fremdem Grund und Boden, fallen unter den Posten Nr. 2, auch wenn hierfür in der Bilanz besondere Posten ausgewiesen werden; es erscheint zweckmäßig, dies in der Bezeichnung des Postens Nr. 2 zum Ausdruck zu bringen[861]. Dagegen gehört die **Bestandsveränderung der Handelswaren**, auch wenn diese üblicherweise in der Bilanz zusammen mit den fertigen Erzeugnissen ausgewiesen werden, nicht unter diesen Posten[862]. Bestandserhöhungen bei Handelswaren betreffen nicht die GuV, sondern unmittelbar die Vorratskonten; Bestandsverminderungen sind dagegen unter dem Posten Nr. 5a (Verbrauch; Wertminderungen, soweit nicht unüblich) oder ggf. unter Nr. 7b (unübliche Abschreibungen) auszuweisen.

Nr. 3 Andere aktivierte Eigenleistungen

518 Der Posten resultiert aus der Aktivierung von Eigenleistungen im AV des Unternehmens, für die die Aufwendungen unter den verschiedenen Aufwandsposten der GuV ausgewiesen sind. Die Aufwendungen dürfen also nicht um die aktivierten Beträge gekürzt, sondern müssen vollständig ausgewiesen werden. Den wesentlichen Inhalt des Postens bilden **selbst erstellte Anlagen, aktivierte Großreparaturen** und Entwicklungskosten für **selbst erstellte immaterielle Vermögensgegenstände des Anlagevermögens**[863].

---

[859] Vgl. im Einzelnen zur Abgrenzung der unüblichen Abschreibungen ADS[6], § 275 HGB, Tz. 132, § 277 HGB, Tz. 43; teilw. abw. *Förschle* in BeBiKo[7], § 275, Rn. 145.
[860] Vgl. ADS[6], § 275 HGB, Tz. 66; *Förschle* in BeBiKo[7], § 275, Rn. 78; *Iseie/Paffrath* in HdR[5], § 277 HGB, Rn. 83; a.A. (grds. für Ausweis unter Nr. 3) *Budde* in HdR[5], § 275 HGB, Rn. 37.
[861] Vgl. ADS[6], § 275 HGB, Tz. 57; *Förschle* in BeBiKo[7], § 275, Rn. 79.
[862] Vgl. ADS[6], § 275 HGB, Tz. 55; ferner *Rainer/Hüttemann* in Staub, HGB[4], § 275, Rn. 17.
[863] Vgl. *Gelhausen/Fey/Kämpfer*, BilMoG, Kap. E, Rn. 129.

Die Gewinn- und Verlustrechnung **F**

Direkt auf den betreffenden Anlagekonten aktivierte **Fremdbezüge** sind nicht unter Nr. 3 **519**
zu erfassen, da ihnen in der GuV keine entsprechenden Aufwendungen gegenüberstehen
(Netto-Methode)[864]. Auch **Eigenleistungen**, die **nicht aktiviert** worden sind, gehören
nicht unter den Posten Nr. 3, wie die Kosten für nach § 248 Abs. 2 S. 1 HGB nicht akti‐
vierte oder nach Abs. 2 S. 2 nicht aktivierbare selbst erstellte immaterielle Vermögensge‐
genstände des AV, eigene nicht aktivierbare Forschungskosten (§ 255 Abs. 2 S. 4 HGB),
die Kosten für die Beseitigung von Bergschäden, für die eine Bergschadenrückstellung
besteht, nicht in die Herstellungskosten einbezogene Wahlbestandteile (§ 255 Abs. 2 S. 3
HGB) oder nicht aktivierbare eigene Reparaturen. Ebenso wenig können hier selbst er‐
zeugte Roh-, Hilfs- und Betriebsstoffe ausgewiesen werden[865].

Werden **Aufwendungen früherer Perioden**, etwa im Anschluss an eine steuerliche Be‐ **520**
triebsprüfung, aktiviert, so sollten derartige periodenfremde Beträge unter dem Posten
Nr. 4 – in außerordentlichen Fällen unter Nr. 15 – erfasst werden[866]. Zur Behandlung der
Nachaktivierungen im Anlagenspiegel vgl. Tz. 131.

Nr. 4 Sonstige betriebliche Erträge

Der Posten Nr. 4 ist ein **Sammelposten** für alle nicht unter andere Ertragsposten fallenden **521**
Erträge, und zwar insb.:

- Erlöse aus nicht betriebstypischen Nebenumsätzen (z.B. nicht zu Nr. 1 zählende Mie‐
  ten, Pachten, Patent- und Lizenzgebühren, Magazinverkäufe, Erträge aus Sozialein‐
  richtungen, wie Kantinen oder Erholungsheimen, Schrotterlöse),
- Erträge aus der Auflösung nicht mehr benötigter Rückstellungen (mit Ausnahme der
  Steuerrückstellungen, vgl. Erl. zu Nr. 18),
- Ausgleichsposten bei der Inanspruchnahme von solchen Rückstellungen, die über
  sonstige betriebliche Aufwendungen gebildet worden sind[867],
- Erträge aus Zuschreibungen und aus Wertaufholungen (§ 253 Abs. 5 S. 1 HGB), soweit
  nicht unter Posten Nrn. 2, 5a oder 15 fallend[868],
- Zahlungseingänge auf in früheren Jahren ausgebuchte Forderungen,
- Schuldnachlässe, soweit nicht außerordentlich (dann Nr. 15, z.B. Sanierung),
- Buchgewinne, die beim Verkauf oder Tausch von Gegenständen des AV entstehen, so‐
  weit nicht unter Nr. 1 zu berücksichtigen (z.B. beim Mobilien-Leasing),
- Buchgewinne aus dem Verkauf von Wertpapieren des Umlaufvermögens oder von
  Bezugsrechten dieser Wertpapiere,
- Erträge aus dem Einsatz von derivativen FI, es sei denn, es handelt sich um in eine
  Bewertungseinheit einbezogene Sicherungsinstrumente (dann Ausweis in dem GuV-
  Posten des Grundgeschäfts sachgerecht)[869],
- realisierte Kursgewinne aus Währungen und Erträge aus der Umrechnung von Fremd‐
  währungsposten zum Abschlussstichtag gem. § 256a HGB (zum gesonderten Ausweis
  nach § 277 Abs. 5 S. 2 HGB vgl. Tz. 552)[870],

---

864 Vgl. ADS[6], § 275 HGB, Tz. 63 (Netto-Methode für Fremdbezüge nur anwendbar bei unwesentlichem Anteil
    der Eigenleistungen am Gesamtprojekt); ebenso *Förschle* in BeBiKo[7], § 275, Rn. 81.
865 Vgl. Tz. 516.
866 Vgl. *IDW RS HFA 6*, Tz. 36; ebenso ADS[6], § 275 HGB, Tz. 60; *Förschle* in BeBiKo[7], § 275, Rn. 82; *Winzker*
    in BHdR, B 331, Rn. 101 f.
867 Vgl. ADS[6], § 275 HGB, Tz. 71, 78; *Förschle* in BeBiKo[7], § 275, Rn. 103; a.A. *Budde* in HdR[5], § 275 HGB,
    Rn. 45.
868 Vgl. *Kirsch/Siefke/Ewelt* in Baetge/Kirsch/Thiele, Bilanzrecht, § 275, Rn. 97.
869 Vgl. bzgl. Zinsderivaten *Förschle* in BeBiKo[7], § 275, Rn. 108; *IDW RS HFA 35*, Tz. 85.
870 Vgl. *Gelhausen/Fey/Kämpfer*, BilMoG, Kap. J, Rn. 84 (auch Angabe im Anh. zulässig).

- Kostenerstattungen sowie Rückvergütungen und Gutschriften für frühere Jahre[871],
- Erträge aus Schadensersatzleistungen und Versicherungsentschädigungen (soweit nicht für verkaufte Erzeugnisse),
- Erträge aus Subventionen und Zuschüssen, soweit nicht Anschaffungskostenminderungen, Umsatzerlöse oder Zuzahlungen von Gesellschaftern i.S.d. § 272 Abs. 2 Nr. 4 HGB[872],
- Erträge aus Ausgleichsansprüchen nach § 311 Abs. 2 AktG, soweit nicht ein Ausweis unter Nr. 15 notwendig ist,
- Erträge aus Heraufsetzungen von Festwerten des Sachanlagevermögens,
- Gestionsgebühren (Verwaltungskostenerstattungen) von Tochtergesellschaften (soweit nicht leistungsbezogen)[873],
- Erträge aus an Organgesellschaften weiterbelasteten Steuern, soweit nicht gesondert ausgewiesen (vgl. Nr. 9a)[874],
- Erträge aus im Umlaufvermögen bilanzierten Joint Ventures, soweit kein Ausweis im Rahmen der Umsatzerlöse[875],
- erstattete Stromsteuer, soweit nicht mit dem Materialaufwand verrechnet[876],
- Gewinne aus dem Verkauf von Emissionsrechten sowie ein positiver Gesamtsaldo (Ertrag) aus Aufwendungen aufgrund von Abschreibungen der Emissionsrechte und Rückstellungsdotierungen sowie den korrespondierenden Erträgen aus der Auflösung des Sonderpostens[877].

522 Soweit die Erträge **außerordentlich**, d.h. außerhalb der gewöhnlichen Geschäftstätigkeit der Gesellschaft angefallen sind, müssen sie als außerordentliche Erträge (Posten Nr. 15) ausgewiesen werden (§ 277 Abs. 4 S. 1 HGB); vgl. hierzu Tz. 585. In den sonstigen betrieblichen Erträgen enthaltene **periodenfremde** Beträge sind nach § 277 Abs. 4 S. 3 HGB im Anh. anzugeben.

523 Ferner sind unter Nr. 4 Erträge aus der **Auflösung von Sonderposten mit Rücklageanteil** gem. § 281 Abs. 1 S. 3 HGB a.F. auszuweisen, soweit Sonderposten, die durch den indirekten Ausweis allein steuerlich zulässiger Abschreibungen gebildet wurden und bereits im Zeitpunkt des Übergangs auf das BilMoG bestanden, nach Art. 67 Abs. 4 S. 1 EGHGB fortgeführt werden[878]. Der Ausweis muss gesondert, d.h. als Unterposten oder „davon"-Vermerk erfolgen, es sei denn, dass eine entsprechende Angabe im Anh. erfolgt (§ 281 Abs. 2 S. 2 HGB a.F., der im Fall der Fortführung des Sonderpostens weiterhin anzuwenden ist)[879]. Die Auflösungsbeträge sind brutto zu erfassen; anfallende Ertragsteuern mindern nicht die Auflösungsbeträge, sondern sind unter Nr. 18 einzustellen[880].

524 Eine **Auflösung**, die unter dem Posten Nr. 4 auszuweisen ist, liegt auch dann vor, wenn nach Art. 67 Abs. 3 S. 1 EGHGB beibehaltene Sonderposten mit Rücklageanteil (z.B. nach § 6b EStG) zu **allein steuerlich zulässigen Abschreibungen** auf der Aktivseite der Bilanz verwandt werden (in diesem Fall gelten nach Art. 67 Abs. 3 S. 1 EGHGB weiterhin

---

871 Vgl. ADS[6], § 275 HGB, Tz. 71; *Winzker* in BHdR, B 331, Rn. 126.
872 Vgl. *IDW St/HFA 1/1984*, Abschn. 2.a), sowie *IDW St/HFA 2/1996*, Abschn. 21.
873 Vgl. ADS[6], § 275 HGB, Tz. 71.
874 Vgl. ADS[6], § 275 HGB, Tz. 192; a.A. *Winzker* in BHdR, B 331, Rn. 124 (Ausweis unter Posten Nr. 18); *Förschle* in BeBiKo[7], § 275, Rn. 111, 259 (kein Ausweis unter Posten Nr. 4).
875 Vgl. auch Erl. zu Nr. 1; im Einzelnen *IDW St/HFA 1/1993*; hierzu auch *Früh/Klar*, WPg 1993, S. 493.
876 Vgl. *Förschle* in BeBiKo[7], § 275, Rn. 111.
877 Vgl. *IDW RS HFA 15*, Tz. 14, 25.
878 Vgl. *IDW RS HFA 28*, Tz. 18; *Gelhausen/Fey/Kämpfer*, BilMoG, Kap. D, Rn. 24.
879 Vgl. *IDW RS HFA 28*, Tz. 16.
880 Vgl. ADS[6], § 275 HGB, Tz. 80.

Die Gewinn- und Verlustrechnung F

die Vorschriften des HGB a.F.)[881]. Es ist dagegen nicht zulässig, ohne Berührung der GuV lediglich eine Umbuchung in der Bilanz vorzunehmen.

Sofern ein Sonderposten losgelöst von der steuerlichen Übertragung handelsrechtlich aufgelöst wird, handelt es sich um eine zulässige Durchbrechung des Grundsatzes der Bewertungsstetigkeit (§ 252 Abs. 1 Nr. 6 HGB); der Auflösungsbetrag ist in diesem Fall unter Posten Nr. 15 gesondert auszuweisen[882]. 525

Nr. 5 Materialaufwand
Nr. 5a Aufwendungen für Roh-, Hilfs- und Betriebsstoffe und für bezogene Waren

Es dürfen entweder alle Aufwendungen für Roh-, Hilfs- und Betriebsstoffe in den Posten Nr. 5a einbezogen werden oder nur der auf den Fertigungsbereich entfallende Stoffverbrauch. Daher können Aufwendungen für Roh-, Hilfs- und Betriebsstoffe der Bereiche Verwaltung oder Vertrieb entweder hier oder unter den sonstigen betrieblichen Aufwendungen (Nr. 8) ausgewiesen werden[883]. Die Art des Ausweises ist gem. § 265 Abs. 1 S. 1 HGB beizubehalten. 526

Unter Nr. 5a ist somit zumindest der **gesamte Materialverbrauch** der Fertigung des Unternehmens auszuweisen, insb. also alle Fertigungsstoffe, Labormaterial, Brenn- und Heizungsstoffe, Reinigungsmaterial, Reparaturstoffe, Material für aktivierte Eigenleistungen, Reserveteile und Werksgeräte, Versand- und Büromaterial sowie die Einstandswerte verkaufter Handelswaren. Bei Leasinggesellschaften sind hier auch die Einstandskosten für Mietkaufgegenstände sowie ggf. die Buchwerte verkaufter Leasinggegenstände auszuweisen[884]. Der Bezug von Energie (z.B. Strom, Gas, Fernwärme) wird bei Industrieunternehmen zwar dem Charakter nach dem Bereich „Roh-, Hilfs- und Betriebsstoffe" zugeordnet, jedoch werden die dazugehörigen Aufwendungen insb. wegen der im Regelfall fehlenden Bevorratungs- bzw. Speichermöglichkeit grds. im Materialaufwand innerhalb der Aufwendungen für bezogene Leistungen (Nr. 5b) ausgewiesen[885]. 527

Beschaffungen von Gegenständen für **Festwertposten des Sachanlagevermögens** können sowohl hier als auch im Posten Nr. 8 erfasst werden[886]; Erhöhungen von Festwertposten sind in diesem Fall unter Nr. 4, Verminderungen unter Nr. 7a auszuweisen[887]. Bei Festwerten für Roh-, Hilfs- und Betriebsstoffe sind Ersatzbeschaffungen und Veränderungen der Höhe unter Nr. 5a zu erfassen. 528

Die Aufwendungen sind zu den **Einstandswerten der verbrauchten Materialien**, jedoch ohne USt (Vorsteuer), die mit der Steuerschuld verrechnet werden kann, auszuweisen; nicht abzugsfähiger Vorsteuern (§ 15 Abs. 2 UStG) sind den AK zuzurechnen[888]. Der Ausweis unter dem Posten Nr. 5a umfasst aber nicht nur die Einstandswerte der verbrauchten Materialien oder verkauften Handelswaren, sondern im Regelfall auch die sich aus Schwund, Qualitätsverlusten, rückläufigen Marktpreisen und anderen Ursachen er- 529

---

881 Vgl. *IDW RS HFA 28*, Tz. 18; *Gelhausen/Fey/Kämpfer*, BilMoG, Kap. D, Rn. 34 ff.
882 Vgl. *IDW RS HFA 28*, Tz. 12, 27; *Gelhausen/Fey/Kämpfer*, BilMoG, Kap. D, Rn. 40.
883 Vgl. ADS[6], § 275 HGB, Tz. 83; *Förschle* in BeBiKo[7], § 275, Rn. 115 (grds. Ausweis unter Nr. 8, zulässig aber auch unter Nr. 5a); *Lachnit/Wulf* in BoHdR, § 275 HGB, Rn. 90 (bei Wesentlichkeit oder bei Ausweis eines Rohertrages als Zwischenergebnis Ausweis unter Nr. 8).
884 Vgl. *Gelhausen/Weiblen* in HdJ, Abt. I/5, Rn. 129 und 163.
885 Vgl. ADS[6], § 275 HGB, Tz. 85, 97; *Förschle* in BeBiKo[7], § 275, Rn. 122; a.A. (für die Einbeziehung von Energieaufwendungen in Nr. 5a) *Budde* in HdR[5], § 275 HGB, Rn. 53.
886 Vgl. ADS[6], § 275 HGB, Tz. 87.
887 Vgl. ADS[6], § 275 HGB, Tz. 87; abw. *Winkeljohann/Philipps* in BeBiKo[7], § 240, Rn. 119.
888 Vgl. *IDW RH HFA 1.017*, Tz. 11.

655

gebenden **Inventur- und Bewertungsdifferenzen**. Anders als beim Posten Nr. 2 ist nicht eigens vorgeschrieben, dass Abschreibungen, die über die in der Gesellschaft sonst üblichen Abschreibungen hinausgehen, nicht in den Posten Nr. 5a einbezogen werden dürfen. Gleichwohl ist im Hinblick auf die Bezeichnung des Postens Nr. 7b davon auszugehen, dass **nicht übliche Abschreibungen** nicht unter Nr. 5a, sondern unter Nr. 7b auszuweisen sind (zur Abgrenzung der nicht üblichen Abschreibungen vgl. die Erl. zu Nr. 7b).

Nr. 5b Aufwendungen für bezogene Leistungen

530 Außer dem Verbrauch an Roh-, Hilfs- und Betriebsstoffen sowie dem Einsatz bezogener Waren sind unter dem Posten Nr. 5 „Materialaufwand" als Untergliederung auch die Aufwendungen für bezogene Leistungen auszuweisen. Hierher gehören daher nicht Fremdleistungen schlechthin, sondern solche Aufwendungen für von Dritten bezogene Leistungen, die bei betriebswirtschaftlicher Betrachtungsweise dem **Materialaufwand** zuzuordnen sind[889]. Eine gewisse Großzügigkeit bei der Abgrenzung erscheint vertretbar.

531 Nach dieser Maßgabe sind unter dem Posten Nr. 5b als Aufwendungen für bezogene Leistungen im Wesentlichen **einzubeziehen** die Aufwendungen für von Dritten durchgeführte Lohnbe- und -verarbeitung von Fertigungsstoffen und Erzeugnissen, wie die Kosten für das Umschmelzen von Metallen, für Stanzarbeiten, für Entgraten von Pressteilen, für Lackierung eigener Erzeugnisse, für Härten von Fertigungsteilen, für die Gummierung von Laufrädern[890]. Grds. ebenfalls unter Nr. 5b fallen Aufwendungen für bezogene Energie (vgl. Tz. 527), mit denen erstattete Stromsteuer häufig saldiert wird.

532 Dagegen gehören nicht hierher (sondern unter die **sonstigen betrieblichen Aufwendungen** nach Nr. 8) die Aufwendungen für solche bezogenen Leistungen Dritter, die nicht dem Materialaufwand zuzurechnen sind, wie Mieten, Beratungsgebühren, Werbekosten, Reisespesen, Sachversicherungsprämien, Porti, Telefongebühren, Sachverständigenhonorare. **Fremdreparaturen** sind unter Nr. 5b auszuweisen, wenn der Materialanteil an den Reparaturkosten den Lohnanteil überwiegt (sonst unter Nr. 8)[891]. Mietaufwendungen, die als Umsatzerlöse weiterberechnet werden, können unter Nr. 5b einbezogen werden. Ob Aufwendungen für **Lizenzen** als dem Roh-, Hilfs- und Betriebsstoffverbrauch gleichzusetzende Fremdleistungen anzusehen sind, kann nur im Einzelfall beurteilt werden; grds. sollten sie unter dem Posten Nr. 8 ausgewiesen werden.

Nr. 6 Personalaufwand
Nr. 6a Löhne und Gehälter

533 Hier sind sämtliche Löhne und Gehälter (Bruttobeträge) sowie alle sonstigen **Vergütungen für im Abschlussjahr geleistete Arbeiten** der Belegschaftsmitglieder (Arbeiter, Angestellte einschließlich der Mitglieder des Vorstands oder der Geschäftsführung sowie befristet bzw. projektbezogen beschäftigte Personen, wenn diese einem Weisungsrecht des Unternehmens unterliegen), soweit sie nicht im Rahmen der Gewinnverwendung gewährt werden, auszuweisen, ebenso auch Nachzahlungen für Vj., soweit hierfür nicht Rückstellungen bestehen. Handelt es sich um wesentliche periodenfremde Beträge, so sind sie nach § 277 Abs. 4 S. 3 HGB im Anh. zu erläutern. Auch Tätigkeitsvergütungen persönlich haftender Gesellschafter gehören hierher, soweit es sich um natürliche Personen handelt; Vergütungen, die an eine Komplementär-GmbH für Ge-

---

889 Vgl. ADS[6], § 275 HGB, Tz. 93; *Lachnit/Wulf* in BoHdR, § 275 HGB, Rn. 93.
890 Vgl. ADS[6], § 275 HGB, Tz. 94.
891 Vgl. ADS[6], § 275 HGB, Tz. 96.

Die Gewinn- und Verlustrechnung **F**

schäftsführung und Haftungsübernahme gezahlt werden, sind dagegen unter Nr. 8 auszuweisen. Unerheblich für den GuV-Ausweis ist,

a. in welcher **Form** und unter welcher **Bezeichnung** die Vergütungen gewährt werden, z.B. Sachbezüge wie Deputate, mietfreie Dienstwohnungen, Privatnutzung von Dienstwagen[892] und Nebenbezüge, wie allgemeine Aufwands- und Trennungsentschädigungen, Gratifikationen, Provisionen an angestellte Reisende, Hausstands- und Kinderzulagen, Löhne für Feiertage und Urlaub, Weihnachtsgelder, Zahlungen aufgrund des Lohnfortzahlungsgesetzes, Zahlungen nach dem Vermögensbildungsgesetz, Wohnungsentschädigungen, Entgelte für Überstunden, Vergütungen für Erfindungen oder Verbesserungsvorschläge (soweit nicht aktiviert), Erfolgsbeteiligungen, Sonderzulagen für Schwerstarbeit, Erziehungsbeihilfen usw.; Provisionen selbständiger Vertreter gehören unter Nr. 8. Im Allgemeinen werden sich die Nebenbezüge, die unter Nr. 6a einzubeziehen sind, mit den Beträgen decken, die lohnsteuerpflichtig sind. Auch von der Gesellschaft übernommene Lohn- und Kirchensteuern gehören unter Nr. 6a (z.B. pauschalierte LSt)[893];
b. wie die bezahlten Arbeitsentgelte in der Kalkulation verrechnet werden (Einzel- oder Gemeinkostenlöhne und -gehälter);
c. in welcher Kostenstelle die Arbeit verrechnet wurde (Haupt-, Neben- oder Hilfsbetriebe, Vertrieb, Verwaltung);
d. welchen Zwecken die Arbeit gedient hat, z.B. Produktion von Waren zum Verkauf oder von Anlagen, Reparaturarbeiten für Fremde usw.; soweit Löhne und Gehälter im AV aktiviert werden, gehört der Gegenwert unter den Posten Nr. 3; für weiterberechnete Löhne und Gehälter kommen i.d.R. die sonstigen betrieblichen Erträge (Nr. 4), je nach der Art des zugrundeliegenden Geschäftszweiges aber auch die Umsatzerlöse (Nr. 1) in Betracht; eine Absetzung in der Vorspalte ist nicht zulässig;
e. ob die Beträge schon bezahlt oder erst Rückstellungen bzw. Verbindlichkeiten für sie angesetzt worden sind (§ 252 Abs. 1 Nr. 5 HGB).

Vorschüsse auf künftige Löhne und Gehälter sind keine Aufwendungen, sondern, soweit am Abschlussstichtag noch nicht verrechnet, als Forderungen zu bilanzieren. Rückstellungen für **nach dem Abschlussstichtag anfallende Lohnaufwendungen** (z.B. für Garantiearbeiten) sollten bei ihrer Bildung nicht über Nr. 6a verrechnet werden, sondern über Nr. 8[894]. Im GJ des Anfalls werden die tatsächlich entstandenen Löhne dann unter Nr. 6a ausgewiesen, wobei die früher gebildete Rückstellung in Höhe des Verbrauchs über sonstige betriebliche Erträge (Nr. 4) aufzulösen ist („Ausgleichsposten für die Inanspruchnahme von Rückstellungen"; vgl. Tz. 521). Wurde die Rückstellung dagegen über den Personalaufwand gebildet, so wird die GuV nur in Höhe der ggf. auftretenden Differenzen zwischen dem Rückstellungsbetrag und der tatsächlichen Inanspruchnahme berührt.

534

Nicht zu den Löhnen und Gehältern gehören **Rückerstattungen barer Auslagen** einschließlich ggf. pauschalierter Spesen für Reisen, Verpflegung und Übernachtung sowie Umzüge (Ausweis unter Nr. 8). Löhne und Gehälter für Arbeitskräfte fremder Firmen (**Personalleasing**) sind unter Nr. 5b oder Nr. 8 auszuweisen, auch wenn die Entgelte von der Gesellschaft errechnet und ausgezahlt werden[895].

---

892 Vgl. *Förschle* in BeBiKo[7], § 275, Rn. 128; gegen die Doppelerfassung von Aufwendungen für Dienstwagen (verschiedene Aufwandsarten und Personalaufwand) *Wichmann*, BB 1989, S. 1792.
893 Vgl. ADS[6], § 275 HGB, Tz. 104, 200; *Wichmann*, BB 1987, S. 648.
894 Diese Vorgehensweise wird auch vorgezogen bei ADS[6], § 275 HGB, Tz. 106; ferner *Heymann* in BHdR, B 333, Rn. 7 (Zuordnung zu Personalaufwendungen „nicht notwendig").
895 Vgl. auch *Budde* in HdR[5], § 275 HGB, Rn. 55.

535 Bei **Abfindungen** vorzeitig ausscheidender Belegschaftsmitglieder und Organmitglieder wird häufig eine Nachzahlung von Lohn oder Gehalt für bereits geleistete Dienste vorliegen. Außerdem liegt der Grund für Abfindungszahlungen letztlich im Dienstverhältnis. Daher sind Abfindungen generell als Löhne und Gehälter auszuweisen[896]. Dies gilt auch für derartige Verpflichtungen aus Sozialplänen oder aus Altersteilzeitvereinbarungen[897] (dazu E Tz. 164, 204). Haben solche Zahlungen einen erheblichen Umfang, so gehören die entstehenden Aufwendungen unter den Posten Nr. 16. Wesentliche **periodenfremde** Beträge müssen nach § 277 Abs. 4 S. 3 HGB im Anh. erläutert werden. Leistungen aufgrund einer Vorruhestandsregelung können je nach ihrer Klassifizierung als Abfindungs- oder als Altersversorgungsverpflichtungen (vgl. E Tz. 217) hier oder unter Nr. 6b auszuweisen sein[898].

536 Auch **freiwillig** von der Gesellschaft **übernommene Beiträge** der Belegschaftsmitglieder an gesetzliche soziale Versicherungen gehören unter Nr. 6a[899]. Das Gleiche gilt für Jubiläumszahlungen. Von der Gesellschaft für Belegschaftsmitglieder geleistete Versicherungsprämien für Altersversorgung fallen unter Nr. 6b, wenn der Anspruch aus dem Versicherungsvertrag den Arbeitnehmern direkt zusteht[900]. Ob Beiträge der Gesellschaft zu Lebensversicherungen, die zur Befreiung von der Pflichtversicherung abgeschlossen wurden, hier oder unter Nr. 6b auszuweisen sind, kann zweifelhaft sein; im Hinblick auf den Ersatzcharakter werden Einwendungen gegen den Ausweis unter Nr. 6b in Höhe der gesetzlichen Verpflichtung nicht zu erheben sein[901].

537 **Aufsichtsratsbezüge** (feste Bezüge wie auch Gewinnbeteiligungen) fallen nicht unter Nr. 6a, sondern unter Nr. 8. Die Mitglieder des AR stehen in keinem Dienst- oder Anstellungsverhältnis zur Gesellschaft. Wegen Vergütungen an persönlich haftende Gesellschafter bei einer Personenhandelsgesellschaft i.S.d. § 264a HGB vgl. Tz. 533, bei der KG a.A. ADS[6], § 275 HGB, Tz. 103.

Nr. 6b Soziale Abgaben und Aufwendungen für Altersversorgung und für Unterstützung

538 Unter den **sozialen Abgaben** sind lediglich die gesetzlichen[902] Pflichtabgaben, soweit sie von der Gesellschaft zu tragen sind (Arbeitgeberanteile), auszuweisen. Es fallen hierunter die Beiträge an die Sozialversicherung (Rentenversicherung der Angestellten und Arbeiter, Knappschaft, Kranken-, Pflege- und Arbeitslosenversicherung) sowie an die Berufsgenossenschaft (einschließlich der Umlage für Insolvenzgeld). Auch die Beiträge zur Insolvenzsicherung von betrieblichen Versorgungszusagen an den Pensionssicherungsverein sollten grds. unter Nr. 6b ausgewiesen werden. Sie zählen aber nicht zu den sozialen

---

896 Vgl. ADS[6], § 275 HGB, Tz. 109 f.; differenzierend *Heymann* in BHdR, B 333, Rn. 15 (Personalaufwand, soweit nicht erkennbar andere Elemente im Abfindungsbetrag enthalten); *Förschle* in BeBiKo[7], § 275, Rn. 131, und *Budde* in HdR[5], § 275 HGB, Rn. 56 (soweit für bereits geleistete Dienste, Ausweis unter Nr. 6a, andernfalls unter Nr. 8).
897 Differenzierend zwischen Aufstockungszahlungen (Nr. 6a oder Nr. 8) und Aufbau eines Erfüllungsrückstands (Nr. 6a) *Förschle* in BeBiKo[7], § 275, Rn. 132.
898 Vgl. ADS[6], § 275 HGB, Tz. 120; a.A. *Förschle* in BeBiKo[7], § 275, Rn. 131 (vorzugsweise Nr. 8, evtl. unter Nr. 6a).
899 A.A. *Budde* in HdR[5], § 275 HGB, Rn. 59 (vertragliche und freiwillige Sozialaufwendungen unter Nr. 6b, soweit nicht andere Aufwendungsarten betreffend); abw. *Förschle* in BeBiKo[7], § 275, Rn. 133 (freiwillige Sozialleistungen grds. unter Nr. 8).
900 Vgl. auch *Budde* in HdR[5], § 275 HGB, Rn. 56.
901 Ebenso ADS[6], § 275 HGB, Tz. 117; für einen generellen Ausweis unter Nr. 6b *Förschle* in BeBiKo[7], § 275, Rn. 133; so auch *Budde* in HdR[5], § 275 HGB, Rn. 59.
902 A.A. *Budde* in HdR[5], § 275 HGB, Rn. 59 (grds. auch vertragliche und freiwillige Sozialaufwendungen unter Nr. 6b auszuweisen).

Die Gewinn- und Verlustrechnung F

Abgaben, sondern zu den Aufwendungen für Altersversorgung und sind dementsprechend in die gesonderte Angabe („davon"-Vermerk) einzubeziehen[903]. Gegen die Einbeziehung von Firmenbeiträgen zur sog. befreienden Lebensversicherung werden keine Einwendungen zu erheben sein; vgl. hierzu Tz. 536.

Nicht hier auszuweisen sind von der Gesellschaft **freiwillig übernommene Beiträge** der Arbeitnehmer zu gesetzlichen Sozialeinrichtungen sowie die im Krankheitsfall an Betriebsangehörige weitergezahlten Bezüge oder Zuschüsse (grds. Ausweis unter Nr. 6a, bei freiwilligen Zahlungen allerdings als Aufwendungen für Unterstützung unter Nr. 6b). Zahlungen an die Ausgleichskasse für nicht beschäftigte Schwerbehinderte gehören zu den sonstigen betrieblichen Aufwendungen[904]. 539

Als Aufwendungen für **Altersversorgung** kommen folgende Aufwendungen für tätige und nicht mehr tätige Betriebsangehörige (einschließlich der Mitglieder des Geschäftsführungsorgans) in Betracht: 540

a) **Pensionszahlungen** (soweit nicht zu Lasten von Pensionsrückstellungen geleistet);

b) **Zuführungen zu Pensionsrückstellungen** (einschließlich Deputatrückstellungen), soweit es sich um den Dienstzeitaufwand des betreffenden GJ handelt. Hierzu zählen insb. zusätzlich erdiente Altersversorgungsanwartschaften (einschl. Effekte aus der Änderung der Versorgungszusagen) und Auswirkungen aus geänderten Annahmen zum Lohn-, Gehalts- und Rententrend sowie zu den biometrischen Bewertungsgrundlagen (z.B. Lebenserwartung der Mitarbeiter)[905]. Der im Zuführungsaufwand enthaltene **Zinsanteil** ist nach § 277 Abs. 5 S. 1 HGB unter dem Posten Nr. 13 innerhalb des Finanzergebnisses auszuweisen. Erträge und Aufwendungen aus der Änderung des Diskontierungszinssatzes sind entweder im Finanzergebnis (Nr. 11 bzw. Nr. 13) oder im operativen Ergebnis (z.B. Nr. 4 oder Nr. 6) zu erfassen[906]. Zur Abgrenzung des Saldierungsbereichs nach § 246 Abs. 2 S. 2 zweiter Hs. HGB bei Vorliegen von Deckungsvermögen vgl. Tz 479;

c) **Zuweisungen an Unterstützungs- und Pensionskassen und Pensionsfonds** sowie Prämienzahlungen für die künftige Altersversorgung der Mitarbeiter, wenn diese einen unmittelbaren Anspruch erwerben (vgl. auch Erl. zu Nr. 6a); dagegen sind nicht zu aktivierende Prämien zum Zwecke der Rückdeckung der Gesellschaft in Nr. 8 zu erfassen[907];

d) Beiträge an den Pensionssicherungsverein.

Leistungen aufgrund einer **Vorruhestandsregelung** können je nachdem, ob sie als Altersversorgungs- oder Abfindungsverpflichtungen angesehen werden (vgl. E Tz. 217), hier oder unter Nr. 6a ausgewiesen werden. 541

Die gesamten Aufwendungen für die Altersversorgung sind durch einen „davon"-Vermerk, eine Untergliederung des Postens oder nach § 265 Abs. 7 Nr. 2 HGB im Anh. **besonders anzugeben**. 542

---

903 Vgl. ADS[6], § 275 HGB, Tz. 119.
904 Vgl. ADS[6], § 275 HGB, Tz. 116; für Ausweiswahlrecht (Nr. 6b oder Nr. 8) *Förschle* in BeBiKo[7], § 275, Rn. 133.
905 Vgl. *IDW RS HFA 30*, Tz. 88; *Gelhausen/Fey/Kämpfer*, BilMoG, Kap. I, Rn. 90.
906 Vgl. *IDW RS HFA 30*, Tz. 87; *Gelhausen/Fey/Kämpfer*, BilMoG, Kap. I, Rn. 91 f.; *Scheffler* in BHdR, B 233, Rn. 267.
907 Vgl. ADS[6], § 275 HGB, Tz. 119; *Budde* in HdR[5], § 275 HGB, Rn. 61; *Förschle* in BeBiKo[7], § 275, Rn. 135; *Heymann* in BHdR, B 333, Rn. 40. Steuerlich vgl. BMF-Schreiben v. 16.07.1994, BB, S. 827, und v. 19.07.1995, BB, S. 1741.

543 Die Aufwendungen für **Unterstützung** betreffen ausschließlich Unterstützungen für tätige und nicht mehr tätige Betriebsangehörige (einschließlich der Mitglieder des Geschäftsführungsorgans) und deren Hinterbliebene, soweit sie nicht für Leistungen der Empfänger erbracht werden[908]. Dagegen sind Spenden und Unterstützungen, die nicht an den vorgenannten Personenkreis geleistet werden, unter den sonstigen betrieblichen Aufwendungen (Nr. 8) auszuweisen[909]. Im Einzelnen kommen für einen Ausweis in Betracht: Krankheits- und Unfallunterstützungen (mit Ausnahme der Zahlungen aufgrund des Lohnfortzahlungsgesetzes), übernommene Kur- und Arztkosten, Erholungsbeihilfen, Unterstützungszahlungen an Invaliden, Rentner und Hinterbliebene, Notstandsbeihilfen an Beschäftigte, Aufwendungen für Verunglückte, Familienfürsorge, Heirats- und Geburtsbeihilfen oder ähnliche lohnsteuerfreie Zuwendungen, Zuweisungen für diese oder ähnliche Zwecke an Sozialkassen und Unterstützungseinrichtungen sowie Betriebssportvereine[910]. Dagegen sind **nicht** hier, sondern unter Nr. 8 auszuweisen: Fahrtkostenzuschüsse, Kosten für Betriebsarzt, Zuschüsse für Erholungsheime, Ausbildungs- und Fortbildungskosten, Zuschüsse für Wohnungswirtschaft u.ä.

Nr. 7a Abschreibungen auf immaterielle Vermögensgegenstände des Anlagevermögens und Sachanlagen

544 Unter diesen Posten fallen grds. alle **planmäßigen und außerplanmäßigen Abschreibungen** zu den in § 266 Abs. 2 A.I. und II. HGB im Einzelnen aufgeführten Bilanzposten einschließlich neuer Posten des AV nach § 265 Abs. 5 S. 2 HGB. Wird unter Ausübung des Wahlrechts des Art. 67 Abs. 5 S. 1 EGHGB eine Bilanzierungshilfe für Aufwendungen für die Ingangsetzung und Erweiterung des Geschäftsbetriebs nach § 269 HGB a.F. fortgeführt[911], so sind unter diesem Posten auch deren Abschreibungen auszuweisen. In diesem Fall ist die Bezeichnung des Bilanzpostens um „aktivierte Aufwendungen für die Ingangsetzung und Erweiterung des Geschäftsbetriebs" zu erweitern (vgl. § 275 Abs. 2 Nr. 7a HGB a.F.). Auch die Abschreibungen auf Leasingvermögen beim Leasinggeber[912] und Herabsetzungen von Festwertposten des Sachanlagevermögens gehören unter Nr. 7a.

545 Der ausgewiesene Betrag muss mit den in der Bilanz oder im Anh. vermerkten **Abschreibungen des Geschäftsjahres** übereinstimmen. Eine Aufgliederung des Betrags nach den einzelnen Posten der immateriellen Vermögensgegenstände und der Sachanlagen ist nicht erforderlich; dafür ist die Bilanz oder der Anh. vorgesehen (§ 268 Abs. 2 S. 3 HGB; vgl. im Einzelnen Tz. 101 ff.).

546 **Außerplanmäßige** Abschreibungen nach § 253 Abs. 3 S. 3 HGB sind als Untergliederung oder als „davon"-Vermerk gesondert auszuweisen oder im Anh. anzugeben (§ 277 Abs. 3 S. 1 HGB). In seltenen Fällen kann ein Ausweis unter den außerordentlichen Aufwendungen (Posten Nr. 16) notwendig sein (z.B. umfangreiche Abschreibungen bei

---

908 Vgl. ADS⁶, § 275 HGB, Tz. 122.
909 Vgl. *Förschle* in BeBiKo⁷, § 275, Rn. 136 (in Ausnahmefällen Ausweis unter Nr. 16).
910 Ebenso *Budde* in HdR⁵, § 275 HGB, Rn. 60.
911 Vgl. *IDW RS HFA 28*, Tz. 11; allg. zur Fortführung von Posten nach altem Recht (vor BilMoG) *Gelhausen/ Fey/Kirsch*, WPg 2010, S. 24 (26 ff.).
912 Vgl. *Gelhausen/Weiblen* in HdJ, Abt. I/5, Rn. 127 (für gesonderten Ausweis der Abschreibungen, wenn das Leasingvermögen in der Bilanz gesondert ausgewiesen wird).

Die Gewinn- und Verlustrechnung F

Stilllegungen von Betriebsteilen oder Fehlinvestitionen)^{913}. Eine Aufteilung der außerplanmäßigen Abschreibungen nach den einzelnen Posten des AV ist nicht erforderlich.

Buchverluste aus dem Abgang von Gegenständen des AV werden üblicherweise nicht als außerplanmäßige Abschreibungen behandelt, sondern entweder in die sonstigen betrieblichen Aufwendungen (Nr. 8) mit einbezogen oder, sofern die Voraussetzungen dafür vorliegen, als außerordentliche Aufwendungen (Nr. 16) erfasst. 547

Nr. 7b Abschreibungen auf Vermögensgegenstände des Umlaufvermögens, soweit diese die in der Gesellschaft üblichen Abschreibungen überschreiten

Abschreibungen auf Gegenstände des Umlaufvermögens nach § 253 Abs. 4 HGB sind nur insoweit unter Nr. 7b auszuweisen, als sie die in der Gesellschaft **üblichen Abschreibungen übersteigen**. Die üblichen Abschreibungen sind dagegen je nachdem, auf welche Bilanzposten sie entfallen, in die Posten Nr. 2 (unfertige und fertige Erzeugnisse), Nr. 5a (Roh-, Hilfs- und Betriebsstoffe, bezogene Waren) oder Nr. 8 (Forderungen und sonstige Vermögensgegenstände) einzubeziehen. Abschreibungen auf Wertpapiere des Umlaufvermögens gehören i.S. einer klaren Trennung von Betriebs- und Finanzbereich stets in den Posten Nr. 12^{914}. 548

Zur Frage, wann Abschreibungen die in der Gesellschaft üblichen Abschreibungen überschreiten, vgl. die Ausführungen zum Posten Nr. 2 (Tz. 515)^{915}. Dies werden nur wegen ihrer Höhe und ihrer Seltenheit aus dem Rahmen fallende Abschreibungen sein. 549

Bis auf wenige Ausnahmen (z.B. Sanierungen, Enteignungen) ist eine Umgliederung der genannten Aufwendungen in den Posten Nr. 16 (**außerordentliche Aufwendungen**) nicht notwendig, da ihr außergewöhnlicher Charakter durch die Bezeichnung dieses gesondert ausgewiesenen Postens zu ersehen ist und die Existenz des Postens sonst überflüssig wäre^{916}. 550

Nr. 8 Sonstige betriebliche Aufwendungen

Der Posten ist ein **Sammelposten**. Er umfasst alle übrigen Aufwendungen, die nicht in einen der anderen im Gliederungsschema vorgesehenen Aufwandsposten eingestellt werden müssen. In Betracht kommen^{917} bei der Gesellschaft übliche Abschreibungen auf Forderungen sowie auf sonstige Vermögensgegenstände^{918} (unübliche gehören zu Nr. 7b), Aufwendungen aus der Währungsumrechnung (vgl. Tz. 552), Buchverluste aus dem Abgang von Gegenständen des Anlage- und des Umlaufvermögens außer Vorräten^{919} (soweit nicht zu Posten Nr. 16 gehörend), Reklameaufwendungen, Ausgangsfrachten, Reise- 551

---

913 Vgl. *Budde* in HdR^5, § 275 HGB, Rn. 63; *Förschle* in BeBiKo^7, § 275, Rn. 150; ablehnend für den Geschäftswert *Mujkanovic*, BB 1994, S. 894 (897); für den Ausweis einer gesonderten Spalte im Anlagenspiegel für außerplanmäßige Abschreibungen aufgrund des Wegfalls der Going Concern-Annahme *IDW RS HFA 17*, Tz. 34.
914 Ebenso *Lachnit/Wulf* in BoHdR, § 275 HGB, Rn. 113; nicht so streng ADS^6, § 275 HGB, Tz. 169; *Scheffler* in BHdR, B 336, Rn. 91; *Budde* in HdR^5, § 275 HGB, Rn. 82.
915 Vgl. dazu im Einzelnen auch ADS^6, § 275 HGB, Tz. 132; *Leffson*, HURB, S. 298; *Förschle* in BeBiKo^7, § 275, Rn. 145.
916 Ebenso ADS^6, § 275 HGB, Tz. 138; ähnlich *Förschle* in BeBiKo^7, § 275, Rn. 150; überwiegend a.A. *Budde* in HdR^5, § 275 HGB, Rn. 67.
917 Vgl. im Einzelnen ADS^6, § 275 HGB, Tz. 141.
918 Zum Ausweis der Abschreibungen auf unter den sonstigen Vermögensgegenständen bilanzierte Genussrechte an dieser Stelle vgl. *IDW St/HFA 1/1994*, Abschn. 3; ferner *Emmerich/Naumann*, WPg 1994, S. 677 (689).
919 Wegen Bruttoausweises der Erlöse und Aufwendungen (Buchwerte) aus dem Abgang von Leasingvermögen vgl. *Gelhausen/Weiblen* in HdJ, Abt. I/5, Rn. 129.

spesen, Provisionen, Fremdreparaturen (soweit nicht unter Nr. 5b zu erfassen), Büromaterial, Reparatur- und Versandmaterial (soweit nicht unter Nr. 5a ausgewiesen), Mieten und Pachten, Erbbauzinsen, Hausverwaltungskosten, Rechtsschutzkosten, Prüfungskosten, Konzessionsabgaben bei Versorgungsbetrieben, Lizenzgebühren (vgl. Erl. zu Posten Nr. 5b), Gründungskosten, Beiträge an Berufsvertretungen und Verbände, Verluste aus Syndikats- oder Verbandsabrechnungen, Transport- und Lagerungskosten, Lohnfertigung (sofern nicht unter Nr. 5b auszuweisen)[920], Post-, Telefon-, Telefax- und Internetkosten, Prämien an Versicherungen, Gebühren und Spenden, Ausbildungs-, Bewirtungs- und Betreuungskosten, Kosten des AR (einschließlich Tantiemen) und der HV/Gesellschafterversammlungen sowie die Kosten des Drucks des JA und der Offenlegung, Gerichts-, Notar- und Gutachterkosten, Umlagen von Obergesellschaften, Wartungskosten, Leasingraten, Steuerberatungskosten, Aufwendungen für Fachliteratur, Zuschüsse zu Kantinen, Erholungs- und Sportanlagen, Schutzkleidung, Schwerbehindertenausgleichsabgabe, Kosten des Zahlungsverkehrs, Vorfrachten zu Außenlägern, Verluste aus Schadensfällen, Zugänge zu Anlagen, für die in der Bilanz ein Festwert angesetzt ist (vgl. aber Nr. 5a), Anschaffungs- bzw. Herstellungskosten von Anlagegütern, soweit wegen Geringfügigkeit[921] oder Kurzlebigkeit[922] keine Aktivierung erfolgt, Aufwendungen aus Haftungsverhältnissen (z.B. Bürgschaften, Wechsel- und Scheckobligo), Aufwendungen aus dem Einsatz derivativer FI, es sei denn, es handelt sich um in eine Bewertungseinheit einbezogene Sicherungsinstrumente (dann Ausweis in dem GuV-Posten des Grundgeschäfts sachgerecht)[923], Verluste aus im Umlaufvermögen bilanzierten Joint Ventures (z.B. Arbeitsgemeinschaften)[924], Aufwendungen für nach § 311 Abs. 2 AktG eingeräumte Rechtsansprüche zum Zwecke des Nachteilsausgleichs, und die Zuführung zu solchen Rückstellungen, bei deren Bildung noch nicht feststeht, welche Aufwandsart die Rückstellung endgültig betrifft (z.B. Garantierückstellungen). Ebenfalls unter Nr. 8 auszuweisen ist der Betrag, um den Aufwendungen aufgrund von Abschreibungen von Emissionsrechten und Rückstellungsdotierungen die Erträge aus der Auflösung des Sonderpostens für Emissionsrechte übersteigen[925]. Eine Einbeziehung der **sonstigen Steuern** in den Posten Nr. 8 ist nach § 265 Abs. 7 Nr. 2 HGB nur dann zulässig, wenn die zusammengefassten Posten im Anh. aufgegliedert werden[926]; andere Abgaben, wie Gebühren, und Bußgelder sind i.d.R. jedoch hier auszuweisen[927].

552 **Aufwendungen aus der Währungsumrechnung** sind grds. nach § 277 Abs. 5 S. 2 HGB gesondert unter den sonstigen betrieblichen Aufwendungen auszuweisen, d.h. durch einen „davon"-Vermerk, einen Unterposten oder durch Vorspaltenausweis kenntlich zu machen[928]; Entsprechendes gilt für Erträge aus der Währungsumrechnung (gesonderter Ausweis unter Nr. 4; vgl. Tz. 521). Der Wortlaut des § 277 Abs. 5 S. 2 HGB spricht dafür, dass nur Erträge und Aufwendungen aus der Umrechnung von am Abschlussstichtag noch in der Bilanz enthaltenen Vermögensgegenständen und Schulden nach § 256a HGB gesondert auszuweisen sind. Es erscheint jedoch vertretbar, auch die im Berichtsjahr reali-

---

920 Vgl. ADS[6], § 275 HGB, Tz. 141.
921 Zu der steuerlichen Wertgrenze (Aufzeichnungspflicht ab 150,– €) vgl. § 6 Abs. 2 S. 4 EStG; BMF v. 30.09.2010, BStBl. I, S. 755.
922 Zur Abgrenzung vgl. ADS[6], § 253 HGB, Tz. 412.
923 Vgl. im Einzelnen *Förschle* in BeBiKo[7], § 275, Rn. 168.
924 Vgl. im Einzelnen *IDW St/HFA 1/1993*, WPg 1993, S. 441; hierzu auch *Früh/Klar*, WPg 1993, S. 493.
925 Vgl. *IDW RS HFA 15*, Tz. 25.
926 Vgl. *HFA*, FN-IDW 1989, S. 336.
927 Vgl. ADS[6], § 275 HGB, Tz. 200.
928 Vgl. *Gelhausen/Fey/Kämpfer*, BilMoG, Kap. J, Rn. 84 (auch Angabe im Anh. zulässig).

Die Gewinn- und Verlustrechnung F

sierten Kursgewinne und -verluste in den gesonderten Ausweis einzubeziehen[929]. Es erscheint außerdem sachgerecht, Währungskurseffekte zusammen mit den Erfolgswirkungen aus der Veränderung des Basiswerts (d.h. z.B. zusammen mit Bonitätsabschreibungen für auf fremde Währung lautende Forderungen insgesamt unter Nr. 7b) auszuweisen und dort gesondert kenntlich zu machen (Mitzugehörigkeit; § 265 Abs. 3 HGB (analog))[930].

Sind wesentliche Beträge bei den sonstigen betrieblichen Aufwendungen **anderen Geschäftsjahren zuzurechnen**, so werden Erläuterungen im Anh. nach § 277 Abs. 4 S. 3 HGB notwendig. 553

Nr. 9 Erträge aus Beteiligungen, davon aus verbundenen Unternehmen

Unter Erträge aus Beteiligungen (§ 271 Abs. 1 HGB) fallen die **laufenden Erträge** aus Beteiligungen wie Dividenden von KapGes. einschließlich Abschlagszahlungen auf den Bilanzgewinn, Gewinnanteile von Personenhandelsgesellschaften[931], Zinsen auf beteiligungsähnliche Darlehen (soweit in der Bilanz als Beteiligungen behandelt, i.d.R. aber unter Nr. 10 auszuweisen), Erträge aus Beherrschungsverträgen nach § 291 Abs. 1 AktG, soweit nicht gleichzeitig die volle oder teilw. Gewinnabführung vorgesehen ist (dann Sonderausweis, vgl. Nr. 9a). Zur Abgrenzung der Beteiligungen im Einzelnen vgl. Tz. 258 f. und ADS[6], § 266 HGB, Tz. 79, § 271 HGB, Tz. 6. Erträge aus Beteiligungen, die **verbundene Unternehmen** (§ 271 Abs. 2 HGB) sind, müssen als Untergliederung oder als „davon"-Vermerk angegeben werden. Zu den verbundenen Unternehmen i.S.d. Vorschrift vgl. Tz. 250 f.; maßgebend für die Zuordnung ist, dass im Zeitpunkt der Vereinnahmung der Erträge eine Unternehmensverbindung vorlag[932]. Auch Erträge aus Joint Ventures sind hier auszuweisen, wenn die Voraussetzungen für die Bilanzierung der Anteile am Joint Venture unter den Beteiligungen gegeben sind[933]. 554

Auszuweisen sind stets die **Bruttoerträge**. Einbehaltene KapErtrSt darf nicht abgesetzt werden; sie ist bei KapGes. als Forderung zu bilanzieren, soweit sie anrechenbar ist; nicht anrechnungsfähige Steuern sind unter Nr. 18 auszuweisen (z.B. nicht anrechnungsfähige ausländische Quellensteuern); bei Personenhandelsgesellschaften gilt die KapErtrSt bei Einbuchung des Beteiligungsertrags dagegen als von den Gesellschaftern entnommen[934]. Ist die Gesellschaft jedoch nicht zur Anrechnung berechtigt oder besteht kein Erstattungsanspruch, weil sie steuerbefreit ist, so sind lediglich die zugeflossenen Erträge zu vereinnahmen[935]. In verdeckter Form empfangene Erträge von Beteiligungsgesellschaften (z.B. aus Kostenumlagen, Verrechnungspreisen) sind aus Praktikabilitätsgründen nur in Ausnahmefällen hier auszuweisen[936]. 555

---

[929] Strenger (gesonderter Ausweis nur für Kursverluste aus § 256a) *Wobbe* in Haufe HGB Kommentar[2], § 277, Rn. 44; ähnlich (Zusammenhang zwischen §§ 256a und 277 Abs. 5 S. 2 HGB) *de la Paix* in Bilanzrecht, § 277 HGB, Rn. 36.
[930] Vgl. *Gelhausen/Fey/Kämpfer*, BilMoG, Kap. J, Rn. 85.
[931] Vgl. hierzu E Tz. 536 f.; *IDW ERS HFA 18 n.F.*, Tz. 12 ff.
[932] Vgl. ADS[6], § 275 HGB, Tz. 144.
[933] Vgl. im Einzelnen *IDW St/HFA 1/1993* (Joint Venture mit Gesamthandsvermögen und Unternehmenseigenschaft bei dauernder Beteiligungsabsicht); hierzu auch *Früh/Klar*, WPg 1993, S. 493 (499).
[934] Vgl. *IDW ERS HFA 7 n.F.*, Tz. 29.
[935] Vgl. *Förschle* in BeBiKo[7], § 275, Rn. 178.
[936] Vgl. ADS[6], § 275 HGB, Tz. 147; *Förschle* in BeBiKo[7], § 275, Rn. 179; *Budde* in HdR[8], § 275 HGB, Rn. 78; kritisch hierzu *Hüttemann* in Staub HGB[4], § 275, Rn. 31.

556 Nicht unter Nr. 9 gehören Buchgewinne aus der **Veräußerung von Beteiligungen**[937]; sie sind unter Nr. 4 oder, falls die entsprechenden Voraussetzungen vorliegen, unter den außerordentlichen Erträgen (Nr. 15) auszuweisen. Erträge aus **Gewinnabführungs- und Teilgewinnabführungsverträgen** sowie Gewinngemeinschaften gehören unter den Posten Nr. 9a (gesonderter Ausweis nach § 277 Abs. 3 S. 2 HGB). Eine Saldierung mit etwaigen Verlusten aus anderen Beteiligungen ist nach § 246 Abs. 2 S. 1 HGB unzulässig. Verluste aus Beteiligungen führen ggf. zu Abschreibungen auf Beteiligungen, die unter Nr. 12 auszuweisen sind; von der Muttergesellschaft freiwillig übernommene Verluste sowie Verlustübernahmen von Tochtergesellschaften, die Personenhandelsgesellschaften sind, fallen (ggf. unter Verzicht auf Abschreibungen, vgl. E Tz. 547) ebenso wie Verlustübernahmen aufgrund von Unternehmensverträgen unter die Aufwendungen aus Verlustübernahme (Nr. 12a)[938]. Buchverluste aus dem Verkauf einer Beteiligung gehören zu Nr. 8, ggf. auch zu Nr. 16. **Zuschreibungen** (Wertaufholungen nach § 253 Abs. 5 S. 1 HGB) auf Beteiligungen sind nicht hier, sondern als „Sonstige betriebliche Erträge" (Nr. 4) auszuweisen[939].

557 Erträge aus der **Beteiligung an Kapitalgesellschaften** dürfen grds. erst vereinnahmt werden, wenn der Rechtsanspruch bis zum Abschlussstichtag entstanden ist. Ein aktivierbarer Gewinnanspruch entsteht daher i.d.R. erst im Zeitpunkt des **Gewinnverwendungsbeschlusses** gem. § 174 AktG bzw. §§ 29, 46 Nr. 1 GmbHG.

558 Abw. hiervon müssen MU, die sämtliche Anteile an einem TU in der Rechtsform der KapGes. halten, nach dem BGH-Urt. v. 12.01.1998, DB, S. 567, die Beteiligungserträge jedoch bereits in dem GJ vereinnahmen, in dem das TU den Gewinn erzielt hat (**Pflicht zur phasengleichen Gewinnvereinnahmung**), wenn

– die GJ von MU und TU deckungsgleich sind,
– der JA des TU ein den tatsächlichen Verhältnissen entsprechendes Bild der Vermögens-, Finanz- und Ertragslage vermittelt und vor dem des MU festgestellt wird und
– die Gewinnverwendung des TU vor Beendigung der Abschlussprüfung des MU beschlossen ist[940].

Gleiches gilt unter sonst gleichen Umständen, wenn das MU zwar nicht sämtliche Anteile an dem TU hält, jedoch am Abschlussstichtag und im Zeitpunkt des Gewinnverwendungsbeschlusses über die nach Gesetz, Satzung oder Gesellschaftsvertrag erforderliche Stimmenmehrheit verfügt, um eine entsprechende Beschlussfassung herbeizuführen[941]. Endet das GJ des TU vor dem des MU, so besteht bei Vorliegen der übrigen Voraussetzungen ebenfalls eine Pflicht zur phasengleichen Gewinnvereinnahmung.

559 Sofern bis zum Abschluss der Prüfung des JA des MU allerdings noch **kein Gewinnverwendungsbeschluss**, sondern nur ein entsprechender Vorschlag vorliegt, ist dagegen nach den Grundsätzen des BGH-Urt. v. 03.11.1975, WPg 1976, S. 80, ein **Wahlrecht** zur pha-

---

[937] A.A. *Gschrei*, S. 60.
[938] Vgl. hinsichtlich freiwilliger Verlustübernahmen ADS⁶, § 277 HGB, Tz. 62.
[939] A.A. *Berndt* in Kölner Komm. Rechnungslegungsrecht, § 275 HGB, Rn. 57 (Erfassung im Finanzergebnis).
[940] Vgl. hierzu auch EuGH v. 27.06.1996, WPg, S. 524, nebst Berichtigung v. 10.07.1997, DB, S. 1513; *HFA*, WPg 1998, S. 427; ADS⁶, § 246 HGB, Tz. 213 m.w.N., § 275 HGB, Rn. 152; *Ellrott/Krämer* in *BeBiKo*⁵, § 266, Rn. 120 (auch steuerlich); *Groh*, DStR 1998, S. 813.
[941] Vgl. *HFA*, WPg 1998, S. 427.

sengleichen Gewinnvereinnahmung anzunehmen[942]. **Steuerlich** besteht in diesem Fall ein Aktivierungsverbot[943].

Gewinne aus der Beteiligung an **Personenhandelsgesellschaften** stehen den Gesellschaftern regelmäßig ohne Gewinnverwendungsbeschluss zu; zu den Voraussetzungen für eine phasengleiche Gewinnvereinnahmung vgl. E Tz. 536 f.[944]

560

Nr. 9a Erträge aus Gewinngemeinschaften, Gewinnabführungs- und Teilgewinnabführungsverträgen

Die Bezeichnung des Postens, dessen gesonderter Ausweis in § 277 Abs. 3 S. 2 HGB vorgeschrieben, dessen Einordnung in das gesetzliche Gliederungsschema aber nicht näher bestimmt ist (vgl. hierzu Tz. 487)[945], entspricht der §§ 291 Abs. 1, 292 Abs. 1 Nrn. 1 und 2 AktG. Unter diesem Posten sind mithin die Erträge aus folgenden **Vertragsverhältnissen** aufzuführen:

561

a) Gewinngemeinschaften (Interessengemeinschaftsverträge),
b) Gewinnabführungsverträge einschließlich solcher Verträge, nach denen die Gesellschaft ihr Unternehmen für Rechnung eines anderen Unternehmens zu führen hat,
c) Teilgewinnabführungsverträge.

Zu den Teilgewinnabführungsverträgen zählen regelmäßig auch Verträge über **stille Beteiligungen** sowie andere Verträge, die an den Teil eines periodisch ermittelten Gewinns oder den Gewinn einzelner Betriebe anknüpfen[946]. Daher sind z.B. Gewinnanteile aus stillen Gesellschaften grds. unter Nr. 9a auszuweisen[947]. Dagegen gehören Erträge aus **Beherrschungsverträgen** (§ 291 Abs. 1 S. 1 AktG) **nicht** unter diesen Posten, es sei denn, dass gleichzeitig einer der im Posten Nr. 9a bezeichneten Verträge abgeschlossen ist; die Erträge aus reinen Beherrschungsverträgen sind grds. unter Posten Nr. 9 auszuweisen.

562

Unter Posten Nr. 9a fallen Erträge aus den vorbezeichneten Verträgen auch dann, wenn die Gesellschaft oder das andere Unternehmen nicht in der Rechtsform der AG oder KGaA geführt werden. **Verlustübernahmen** aus den vorbezeichneten Verträgen erscheinen bei der Obergesellschaft unter Nr. 12a und bei der Untergesellschaft unter Nr. 19a (Aufwendungen bzw. Erträge aus Verlustübernahme)[948]. **Saldierungen** zwischen Erträgen und Aufwendungen sind nach dem in § 277 Abs. 3 S. 2 HGB geforderten „gesonderten Ausweis" und nach § 246 Abs. 2 S. 1 HGB unzulässig. Eine weitere Untergliederung (z.B. nach den einzelnen Vertragsarten) ist nicht erforderlich.

563

Bei Abschluss von Beherrschungs- oder Gewinnabführungsverträgen mit einer AG muss außenstehenden Aktionären eine **Dividendengarantie** eingeräumt werden (§ 304 Abs. 1 AktG). Ist danach die Obergesellschaft selbst zur Zahlung der Dividende an die außenstehenden Gesellschafter der Untergesellschaft verpflichtet (**Rentengarantie**), so sind diese Ausgleichszahlungen nach § 158 Abs. 2 AktG von den von der Tochtergesellschaft vereinnahmten Erträgen zu kürzen, höchstens jedoch in Höhe der aus dem jeweiligen

564

---

942 Vgl. *HFA*, WPg 1998, S. 427 f.
943 Vgl. BFH v. 07.08.2000, BStBl. II, S. 632; bestätigt durch BFH v. 07.02.2007, BStBl. II 2008, S. 340; s. auch H 4.2 EStR 2008.
944 Vgl. auch *IDW ERS HFA 18 n.F.*, Tz. 13 ff.
945 Für die vorgeschlagene Einordnung *Förschle* in BeBiKo[7], § 277, Rn. 19; ADS[6], § 277 HGB, Tz. 925 (vor oder hinter Posten Nr. 9); so auch *Berndt* in Kölner Komm. Rechnungslegungsrecht, § 275 HGB, Rn. 57.
946 Vgl. zu den Voraussetzungen *Hüffer*, AktG[9], § 292, Rn. 9, 12 ff.
947 Vgl. ADS[6], § 277 HGB, Tz. 58; *Förschle* in BeBiKo[7], § 277, Rn. 10; dazu auch *Westerfelhaus*, DB 1988, S. 1173; ausführlich und teilw. abw. *Hense*, S. 384.
948 Vgl. *Förschle* in BeBiKo[7], § 277, Rn. 22.

Vertragsverhältnis resultierenden Erträge. Übersteigen die aufgrund der Dividendengarantie zu zahlenden Beträge die vereinnahmten Erträge, so ist – wie auch im Falle einer Verlustübernahme – der die Gesellschaft belastende Betrag unter Posten Nr. 12a auszuweisen.

565 Ist die Untergesellschaft unmittelbar zu Zahlungen der garantierten Dividende an ihre Minderheitsgesellschafter verpflichtet, muss also die Muttergesellschaft die Tochtergesellschaft so stellen, dass diese aufgrund ihres Ergebnisses die zugesagte Dividende zahlen kann (**Rentabilitätsgarantie**), so weist die Obergesellschaft unter Nr. 9a den um die Ausgleichszahlung verminderten Gewinn bzw. unter Nr. 12a den von ihr getragenen Gesamtaufwand (Ausgleichszahlung und Verlustausgleich) aus. Die Tochtergesellschaft muss die Aufwendungen für Ausgleichszahlungen, soweit sie nicht durch die Muttergesellschaft übernommen wurden, als Sonderposten nach Nr. 14 oder unter Nr. 16 ausweisen[949].

Wegen analoger Behandlung von Fällen, die nicht den Vorschriften des AktG unterliegen, vgl. ADS[6], § 277 HGB, Tz. 69.

566 § 158 Abs. 2 S. 2 AktG bestimmt für AG und KGaA ausdrücklich, dass von den Erträgen aus (Teil-)Gewinnabführungsverträgen andere als die an außenstehende Gesellschafter zu leistenden Beträge nicht abgesetzt werden dürfen.

Unter Nr. 9a sollten beim Organträger auch die an die Organgesellschaft **weiterbelasteten Steuern** ausgewiesen werden (vgl. Tz. 596).

Zum Vermerk der Erträge aus **verbundenen Unternehmen** vgl. ADS[6], § 277 HGB, Tz. 73.

Nr. 10 Erträge aus anderen Wertpapieren und Ausleihungen des Finanzanlagevermögens, davon aus verbundenen Unternehmen

567 Unter dem Posten Nr. 10 sind die Erträge aus allen **nicht** zu **Beteiligungen** gehörenden Posten des **Finanzanlagevermögens** (§ 266 Abs. 2 A.III. Nrn. 2, 4 bis 6 HGB) auszuweisen. Auch Erträge aus Anteilen an verbundenen Unternehmen sind hier auszuweisen, soweit es sich nicht um Beteiligungen handelt (z.B. Erträge aus Anteilen am MU oder von anderen TU des MU). Ergebnisbeiträge aus Joint Ventures sind hier auszuweisen, wenn die Anteile am Joint Venture unter den sonstigen Ausleihungen zu bilanzieren sind[950]. Sind Genussrechte im AV zu bilanzieren, so erfolgt der Ausweis der entsprechenden Erträge unter Nr. 10; erfüllen die Genussrechte die Bedingungen für den Eigenkapitalausweis beim Emittenten – Beurteilung durch Genussrechtsinhaber aufgrund der Genussrechtsbedingungen – und handelt es sich um wesentliche Beträge, so sind die Erträge beim Genussrechtsinhaber gesondert auszuweisen[951]. Auch die Erträge aus der periodisch erfolgenden Aufzinsung abgezinster langfristiger Ausleihungen sollten hier ausgewiesen werden[952]. Hierzu zählen auch Erträge aus den regelmäßig erfolgenden Zuschreibungen auf die Zinsforderungen der Inhaber von Zero-Bonds des AV[953]. Derartige Erträge aus der Aufzinsung von Ausleihungen werden von der Regelung des § 277 Abs. 5 S.1 HGB nicht

---

949 Vgl. ADS[6], § 277 HGB, Tz. 69.
950 Vgl. *IDW St/HFA 1/1993*, Abschn. 3.4; hierzu auch *Früh/Klar*, WPg 1993, S. 493 (499).
951 Vgl. im Einzelnen *IDW St/HFA 1/1994*, Abschn. 3.2.; ferner *Emmerich/Naumann*, WPg 1994, S. 677 (689); zum Realisationszeitpunkt vgl. *HFA*, WPg 1998, S. 891 (Ergänzung der *IDW St/HFA 1/1994*).
952 Im Ergebnis ebenso *Förschle* in BeBiKo[7], § 275, Rn. 187; *Budde* in HdR[5], § 275 HGB, Rn. 80.
953 Vgl. ADS[6], § 275 HGB, Tz. 155.

Die Gewinn- und Verlustrechnung **F**

erfasst; der dort vorgeschriebene gesonderte Ausweis bezieht sich ausschließlich auf die Zinseffekte i.Z.m. der Bewertung von Rückstellungen[954]. Erträge aus Anteilen an GmbH, die nicht verbundene oder Beteiligungsunternehmen sind und im Finanzanlagevermögen ausgewiesen werden, gehören ebenfalls unter Nr. 10[955].

568 Erträge, die aus **verbundenen Unternehmen** (§ 271 Abs. 2 HGB) stammen, sind als Unterposten oder als „davon"-Vermerk anzugeben. Zu den verbundenen Unternehmen i.S.d. Vorschrift vgl. Tz. 250 f.

Erträge aus **Wertpapieren des Umlaufvermögens** gehören unter Nr. 11. Gleiches gilt für Erträge aus im Umlaufvermögen ausgewiesenen Anteilen an verbundenen Unternehmen. Erträge aus dem Verkauf von **Bezugsrechten** fallen unter Nr. 4[956].

569 Die Beträge sind i.d.R. **brutto** auszuweisen. Verrechnungen mit Aufwendungen sind grds. unzulässig (§ 246 Abs. 2 S. 1 HGB). Zur Ausnahme hinsichtlich des Saldierungsgebots gem. § 246 Abs. 2 S. 2 zweiter Hs. HGB bei Vorliegen von Deckungsvermögen vgl. Tz. 479.

570 Einbehaltene KapErtrSt sind hier, Buchgewinne aus Veräußerung oder Erträge aus Wertaufholungen nach § 253 Abs. 5 S. 1 HGB dagegen unter Nr. 4 oder, falls die Voraussetzungen dafür vorliegen, unter Nr. 15 auszuweisen[957].

Nr. 11 Sonstige Zinsen und ähnliche Erträge, davon aus verbundenen Unternehmen

571 Hierunter fallen alle Zinsen und ähnliche Erträge, die nicht bereits unter Nr. 10 oder ggf. Nr. 9 bzw. Nr. 9a auszuweisen sind. Zinsen und ähnliche Erträge, die von **verbundenen Unternehmen** (§ 271 Abs. 2 HGB) stammen, sind als Unterposten oder als „davon"-Vermerk anzugeben. Zu den verbundenen Unternehmen i.S.d. Vorschrift vgl. Tz. 250 f.

Als **Ertragszinsen** kommen insb. in Betracht:

a) Zinsen aus Guthaben, Termingeldern und anderen Einlagen bei KI;
b) Zinsen und Dividenden auf Wertpapiere des Umlaufvermögens einschließlich der einbehaltenen KapErtrSt;
c) Zinsen aus Forderungen (einschließlich Verzugszinsen, Wechseldiskont[958]) und aus sonstigen Vermögensgegenständen, insb. aus unter diesem Posten ausgewiesenen Darlehen, Schuldscheinen u.dgl.;
d) Aufzinsungsbeträge für unverzinsliche und niedrig verzinsliche Forderungen des Umlaufvermögens (einschließlich der Zinsforderungen für Zerobonds im Umlaufvermögen);
e) Erträge aus der Abzinsung von langfristigen Rückstellungen (§ 253 Abs. 2 HGB), die in Ausnahmefällen, z. B. infolge einer Verschiebung des voraussichtlichen Erfüllungszeitpunkts, entstehen[959]; diese sind nach § 277 Abs. 5 S. 1 HGB gesondert auszuweisen („davon"-Vermerk, Vorspaltenausweis oder Angabe im Anh.)[960]. Ebenso

---

[954] So auch *Gelhausen/Fey/Kämpfer*, BilMoG, Kap. I, Rn. 58, mit Verweis auf die Gesetzesbegründung zum BilMoG (Beschlussempfehlung und Bericht des Rechtsausschusses, BT-Drucks. 16/12407, S. 87; sowie Begr. RegE BilMoG, BT-Drucks. 16/10067, S. 55).
[955] Vgl. ADS⁶, § 275 HGB, Tz. 154; *Förschle* in BeBiKo⁷, § 275, Rn. 187.
[956] Vgl. ADS⁶, § 275 HGB, Tz. 155; kritisch dazu *Scheffler* in BHdR, B 336, Rn. 67.
[957] Vgl. *Förschle* in BeBiKo⁷, § 275, Rn. 187.
[958] Vgl. ADS⁶, § 275 HGB, Tz. 161.
[959] Vgl. zur Erstverbuchung (Brutto- vs. Nettomethode) Tz. 574.
[960] Vgl. *Gelhausen/Fey/Kämpfer*, BilMoG, Kap. I, Rn. 60; *Förschle* in BeBiKo⁷, § 275, Rn. 206, § 277, Rn. 28.

unter Nr. 11 fallen Erträge, die auf einer Änderung des Diskontierungszinssatzes beruhen, soweit nicht im operativen Ergebnis erfasst[961].

Ebenfalls unter Nr. 11 sind die Erträge aus Genussrechten auszuweisen, soweit die Genussrechte unter den sonstigen Vermögensgegenständen oder den sonstigen Wertpapieren im Umlaufvermögen bilanziert sind[962].

572 Als Anschaffungs- oder Herstellungskosten aktivierte **Fremdkapitalzinsen** (§ 255 Abs. 3 HGB) gehören **nicht** hierher, sondern unter Posten Nr. 2 (soweit sie Vorräte betreffen) oder Posten Nr. 3. **Lieferantenskonti** sind Anschaffungskostenminderungen und gem. § 255 Abs. 1 S. 3 HGB abzusetzen.

573 Auszuweisen sind grds. die **Bruttoerträge**. Einbehaltene Zinsabschlagsteuer darf nicht abgesetzt werden; sie ist als Forderung zu bilanzieren, soweit sie anrechenbar ist, ansonsten ist die einbehaltene Zinsabschlagsteuer Steueraufwand und unter Nr. 18 auszuweisen. Die Zinserträge dürfen grds. nicht mit den Zinsaufwendungen saldiert werden (§ 246 Abs. 2 S. 1 HGB). Das **Saldierungsverbot** erstreckt sich auch auf Zinsaufwendungen und Zinserträge ein und desselben Bankkontos sowie auf Zinsaufwendungen und Zinserträge, die zur gleichen Zeit, aber auf verschiedenen Bankkonten angefallen sind[963]. Eine Saldierung liegt nicht vor, wenn bei der Einräumung eines Kredites die Bank den Kredit auf einem besonderen Konto belastet und den Gegenwert auf ein laufendes Konto überträgt. Das Saldierungsverbot gilt auch für Diskonterträge und -aufwendungen; von der Bank abgerechnete Diskontaufwendungen für weitergegebene Kundenwechsel sind dagegen mit den entsprechenden Diskonterträgen zu verrechnen[964]. Zu Zinsen für durchlaufende Kredite bei Konzernobergesellschaften vgl. ADS[6], § 275 HGB, Tz. 160. Zur Ausnahme bei Vorliegen von Deckungsvermögen (Verrechnungsgebot nach § 246 Abs. 2 S. 2 zweiter Hs. HGB) s. Tz. 479.

574 Bei Erstverbuchung einer langfristigen Rückstellung i.S.d. § 253 Abs. 2 S. 1 HGB (mit einer Restlaufzeit größer einem Jahr) ist darüber hinaus fraglich, ob diese mit ihrem Barwert, d.h. mit dem Betrag nach der gesetzlich vorgeschriebenen Abzinsung in der GuV zu erfassen ist (**Nettomethode**) oder ob die Zuführung mit dem Erfüllungsbetrag nach § 253 Abs. 1 S. 2 HGB zu erfolgen hat und gleichzeitig ein Abzinsungsertrag nach § 253 Abs. 2 HGB auszuweisen ist (**Bruttomethode**)[965]. Gem. *IDW RS HFA 30*, Tz. 59 und *IDW RS HFA 4*, Tz. 43, ist allein die Nettomethode zulässig[966].

575 Als den Zinsen **ähnliche Erträge** kommen in Betracht: Erträge aus einem Agio, Disagio oder Damnum, Kreditprovisionen, Erträge für Kreditgarantien, Teilzahlungszuschläge u.ä. Laufende Erträge und Aufwendungen aus Zinsswaps und aus Zinstermin- oder Zinsoptionsgeschäften, die in eine Bewertungseinheit einbezogen sind, erhöhen oder vermindern die Zinserträge aus dem Grundgeschäft[967]. Dagegen gehören **nicht** hierher z.B. vereinnahmte Kreditbearbeitungsgebühren, Spesen, Mahnkosten u.ä. Auch Erlöse aus

---

[961] Vgl. hinsichtlich Altersversorgungsrückstellungen *IDW RS HFA 30*, Tz. 87; *Gelhausen/Fey/Kämpfer*, BilMoG, Kap. I, Rn. 92; *Scheffler* in BHdR, B 233, Rn. 267.

[962] Vgl. *IDW St/HFA 1/1994*, Abschn. 2.2.1.a) und 3.2.; ferner *Emmerich/Naumann*, WPg 1994, S. 677 (689); zum Realisationszeitpunkt vgl. auch Ergänzung der *IDW St/HFA 1/1994*, WPg 1998, S. 891.

[963] Vgl. im Einzelnen ADS[6], § 275 HGB, Tz. 162.

[964] Vgl. ADS[6], § 275 HGB, Tz. 161.

[965] Vgl. *Gelhausen/Fey/Kämpfer*, BilMoG, Kap. I, Rn. 61 ff.; *Wobbe* in Haufe HGB Kommentar[2], § 277, Rn. 39 ff.; *Berndt* in Kölner Komm. Rechnungslegungsrecht, § 275 HGB, Rn. 132.

[966] Zur Darstellung und Begründung einer Abweichung von der berufsständischen Auffassung im Prüfungsbericht vgl. *IDW PS 201*, Tz. 13.

[967] Vgl. ADS[6], § 275 HGB, Tz. 176a; *Förschler* in BeBiKo[7], § 275, Rn. 194; bei fehlender Sicherungsbeziehung Ausweis unter Posten Nr. 4 bzw. Nr. 8, vgl. Tz. 521, 551.

Die Gewinn- und Verlustrechnung   F

dem Verkauf von **Bezugsrechten** sind nicht unter diesem Posten auszuweisen, sie fallen unter Nr. 4. Ebenfalls nicht unter Nr. 11 zu erfassen sind nicht in Anspruch genommene **Kundenskonti** (Ausweis unter den Umsatzerlösen)[968]. **Zinszuschüsse** der öffentlichen Hand gehören zu Nr. 4 oder Nr. 15, wenn sie nicht von den betreffenden Zinsaufwendungen abgesetzt werden (vgl. *IDW St/HFA 1/1984*).

Nr. 12 Abschreibungen auf Finanzanlagen und auf Wertpapiere des Umlaufvermögens

Unter dem Posten Nr. 12 sind sämtliche Abschreibungen auf die unter den Finanzanlagen (§ 266 Abs. 2 A.III. HGB) und den Wertpapieren des Umlaufvermögens (§ 266 Abs. 2 B.III.HGB) ausgewiesenen Posten auszuweisen (§ 253 Abs. 3 und 4 HGB), gleichgültig, ob sie üblich sind oder nicht und aus welchem Grunde sie erfolgen. Auch bei der Gesellschaft **nicht übliche** Abschreibungen[969] oder außerordentliche Abschreibungen sind hier und nicht unter Nr. 7b oder Nr. 16 auszuweisen. **Außerplanmäßige** Abschreibungen auf Finanzanlagen nach § 253 Abs. 3 S. 3 und 4 sind als Unterposten oder als „davon"-Vermerk jeweils gesondert auszuweisen oder im Anh. anzugeben (§ 277 Abs. 3 S. 1 HGB).   576

Buchverluste aus dem Abgang von Finanzanlagen und Wertpapieren des Umlaufvermögens sind **nicht** hier, sondern unter Nr. 8 auszuweisen[970]. **Abzinsungsbeträge** auf langfristige Ausleihungen, die bereits im Zeitpunkt des Zugangs abzuzinsen waren, sind unter den sonstigen betrieblichen Aufwendungen (Nr. 8) zu erfassen, da andernfalls in der Bilanz der volle Zugang ausgewiesen werden müsste[971]. Werden Abzinsungen erst in der Folgezeit vorgenommen, so sind sie als Abschreibungen nach § 253 Abs. 3 S. 3 und 4 oder Abs. 4 HGB hier auszuweisen.   577

Nr. 12a Aufwendungen aus Verlustübernahme

Wegen der Einordnung des nach § 277 Abs. 3 S. 2 HGB gesondert auszuweisenden Postens in das gesetzliche Gliederungsschema vgl. Tz. 487. Hier sind insb. die nach **§ 302 AktG** von der Gesellschaft zu übernehmenden Verluste auszuweisen[972]; unter diesen Posten fallen ferner Verluste, die die Gesellschaft aufgrund entsprechender Verträge mit Unternehmen anderer Rechtsform oder freiwillig[973] übernommen hat. Als Aufwendungen aus Verlustübernahme gilt nach oder entsprechend § 158 Abs. 2 AktG ggf. auch ein vertraglich zu leistender Ausgleich für außenstehende Gesellschafter (vgl. Tz. 564).   578

Soweit wegen drohender Verlustübernahmen **Rückstellungen** zu bilden sind[974] (vgl. E Tz. 216), ist der hierfür erforderliche Aufwand unter Posten Nr. 8 (sonstige betriebliche Aufwendungen) einzubeziehen, da unter Nr. 12a nur tatsächlich getragene Verluste ausgewiesen werden sollten[975]. Im Folgejahr ist dann der tatsächliche Verlust – bei Ein-   579

---

968 Vgl. auch *Förschle* in BeBiKo⁷, § 275, Rn. 192; a.A. *Rainer/Hüttemann* in Staub, HGB⁴, § 275, Rn. 33.
969 Im Ergebnis auch für Ausweis unter Nr. 12 ADS⁶, § 275 HGB, Tz. 169; *Förschle* in BeBiKo⁷, § 275, Rn. 201; *Budde* in HdR⁵, § 275 HGB, Rn. 82 (Ausweis unter Nr. 12 vertretbar). Zum Ausweis der Abschreibungen auf Genussrechte im Posten Nr. 12, wenn diese im AV oder unter den sonstigen Wertpapieren bilanziert sind, vgl. *IDW St/HFA 1/1994*, Abschn. 3.2.; ferner *Emmerich/Naumann*, WPg 1994, S. 787 (689).
970 Ebenso ADS⁶, § 275 HGB, Tz. 170.
971 Vgl. im Einzelnen ADS⁶, § 275 HGB, Tz. 171; ADS⁶, § 255 HGB, Tz. 80.
972 Für qualifiziert faktische GmbH-Konzerne vgl. *Knepper*, DStR 1993, S. 1613.
973 Vgl. ADS⁶, § 277 HGB, Tz. 62.
974 Vgl. hierzu *Forster*, S. 759; *Kropff*, S. 349; *Oser*, WPg 1994, S. 312.
975 Nicht so streng ADS⁶, § 277 HGB, Tz. 72; a.A. *Förschle* in BeBiKo⁷, § 277 HGB, Rn. 18 (Ausweis als Aufwendungen aus Verlustübernahme und Erläuterung im Anh.).

Nr. 13 Zinsen und ähnliche Aufwendungen, davon an verbundene Unternehmen

580 Zinsaufwendungen und Zinserträge dürfen grds. nicht miteinander verrechnet werden (vgl. Erl. zu Posten Nr. 11). Zinsen und ähnliche Aufwendungen, die **verbundenen Unternehmen** (§ 271 Abs. 2 HGB) zufließen, sind als Unterposten oder „davon"-Vermerk anzugeben. Zu den verbundenen Unternehmen i.S.d. Vorschrift vgl. Tz. 250 f. Als hier auszuweisende **Zinsaufwendungen** und ähnliche Aufwendungen kommen in Betracht:

a) Zinsen für geschuldete Kredite, gleich welcher Art (z.b. Bankkredite, Hypotheken, Schuldverschreibungen, Darlehen, Lieferantenkredite, Verzugszinsen für verspätete Zahlung)[976];

b) Diskontbeträge für Wechsel und Schecks;

c) Kreditprovisionen, Überziehungsprovisionen, Verwaltungskostenbeiträge, Kreditbereitstellungsgebühren, Bürgschafts- und Avalprovisionen; auch Umsatzprovisionen für Banken werden vielfach als „ähnliche Aufwendungen" betrachtet, obwohl es sich um Kosten des Zahlungsverkehrs handelt (Nr. 8);

d) Abschreibungen auf aktiviertes Agio, Disagio oder Damnum (§ 250 Abs. 3 S. 2 HGB); bei sofortiger Aufwandsverrechnung des Agios, Disagios oder Damnums ist ein Ausweis hier oder unter den sonstigen betrieblichen Aufwendungen (Nr. 8) vorzunehmen[977] (bei Wesentlichkeit Angaben nach § 277 Abs. 4 S. 3 HGB);

e) Frachtstundungsgebühren;

f) Aufwendungen aus der Aufzinsung von Rückstellungen; diese sind nach § 277 Abs. 5 S. 1 HGB gesondert auszuweisen („davon"-Vermerk, Vorspaltenausweis oder Angabe im Anh.)[978]; ebenso unter Nr. 13 fallen Aufwendungen, die auf einer Änderung des Diskontierungszinssatzes beruhen, soweit nicht im operativen Ergebnis erfasst[979]; zur Ausnahme hinsichtlich des Saldierungsgebots gem. § 246 Abs. 2 S. 2 zweiter Hs. HGB bei Vorliegen von Deckungsvermögen vgl. Tz. 479;

g) Vergütungen für die Überlassung von Genussscheinkapital ohne Eigenkapitalcharakter (mit Angabe im Anh. oder „davon"-Vermerk)[980];

h) Laufende Erträge und Aufwendungen aus Zinsswaps und aus Zinstermin- oder Zinsoptionsgeschäften, die in eine Bewertungseinheit einbezogen sind, soweit sie Zinsaufwendungen aus einem Grundgeschäft erhöhen oder vermindern[981];

i) Säumnisgelder und Verspätungszuschläge[982].

581 Nicht zu den zinsähnlichen Aufwendungen gehören Bankspesen, Einlösungsprovisionen für Schuldverschreibungen, Vermittlungsprovisionen für die Beschaffung von Krediten

---

[976] Vgl. *Förschle* in BeBiKo[7], § 275, Rn. 206.

[977] Vgl. ADS[6], § 275 HGB, Tz. 174; enger (Sofortverrechnung ist über Nr. 13 vorzunehmen) *Förschle* in BeBiKo[7], § 275, Rn. 206; *Budde* in HdR[5], § 275 HGB, Rn. 84; *Berndt* in Kölner Komm. Rechnungslegungsrecht, § 275 HGB, Rn. 153.

[978] Vgl. *Gelhausen/Fey/Kämpfer*, BilMoG, Kap. I, Rn. 60; *Förschle* in BeBiKo[7], § 275, Rn. 206, § 277, Rn. 28.

[979] Vgl. hinsichtlich Altersversorgungsrückstellungen IDW RS HFA 30, Tz. 87; *Gelhausen/Fey/Kämpfer*, BilMoG, Kap. I, Rn. 92; *Scheffler* in BHdR, B 233, Rn. 267.

[980] Vgl. *IDW St/HFA 1/1994*, Abschn. 2.2.1.a); *Emmerich/Naumann*, WPg 1994, S. 677 (687); ferner *Wollmert*, BB 1992, S. 2106.

[981] Vgl. ADS[6], § 275 HGB, Tz. 176a; *Förschle* in BeBiKo[7], § 275, Rn. 210; bei fehlender Sicherungsbeziehung Ausweis unter Posten Nr. 4 bzw. Nr. 8, vgl. Tz. 521, 551.

[982] Vgl. *Marx*, DB 1996, S. 1149.

Die Gewinn- und Verlustrechnung   F

sowie andere mit der Überwachung des Kredites in Zusammenhang stehende Kosten[983].
Von Kunden abgesetzte Skonti stellen Preisnachlässe i.S.d. § 255 Abs. 1 S. 3 HGB dar und
mindern die entsprechenden Erträge. Nicht ausgenutzte Lieferantenskonti sind zu aktivieren oder unter Nr. 5 bzw. Nr. 8 zu erfassen[984]. **Zinszuschüsse** der öffentlichen Hand
können mit den hier auszuweisenden Zinsen verrechnet werden, wenn ihre Vereinnahmung periodengerecht erfolgt (vgl. *IDW St/HFA 1/1984*). Zur Frage, wann eine unzulässige Verrechnung mit Zinserträgen vorliegt, vgl. die Erl. zum Posten Nr. 11.

Fremdkapitalzinsen sind hier auch dann auszuweisen, wenn sie nach § 255 Abs. 3 S. 2   582
HGB als Herstellungskosten aktiviert werden. Sie sind nach § 284 Abs. 2 Nr. 5 HGB im
Anh. anzugeben. Zum Ausweis von Aufwendungen für die **Abzinsung** von un- oder
niedrig verzinslichen Aktiva vgl. die Erl. zu Nr. 8 und Nr. 12[985]; die Aufwendungen sind
nicht in den gesonderten Ausweis gem. § 277 Abs. 5 S. 1 HGB einzubeziehen[986].

Nr. 14 Ergebnis der gewöhnlichen Geschäftstätigkeit

Der Posten stellt eine Zwischensumme aus den unter den Posten Nrn. 1 bis 13 ausge-   583
wiesenen Erträgen und Aufwendungen dar. Er fasst das **Betriebsergebnis** und das **Finanzergebnis** zum Ergebnis der gewöhnlichen Geschäftstätigkeit zusammen und grenzt
diesen Bereich zugleich gegenüber dem außerordentlichen Bereich und dem Steueraufwand ab. Nach § 285 Nr. 6 HGB ist im **Anhang** anzugeben, in welchem Umfang die
Steuern vom Einkommen und vom Ertrag sich auf das gewöhnliche und das außerordentliche Ergebnis beziehen[987].

Das Ergebnis aus der gewöhnlichen Geschäftstätigkeit kann **positiv** oder **negativ** sein.   584
Daher ist nach dem Grundsatz der Klarheit (§ 243 Abs. 2 HGB) zumindest durch ein
Vorzeichen zum Ausdruck zu bringen, ob es sich um einen Gewinn oder einen Verlust
handelt. Besser ist eine alternative Bezeichnung. Ausgehend vom Posten Nr. 20 bietet es
sich an, im Falle eines positiven Ergebnisses den Posten als

„Überschuss aus der gewöhnlichen Geschäftstätigkeit"
und im umgekehrten Fall als
„Fehlbetrag aus der gewöhnlichen Geschäftstätigkeit"

zu bezeichnen. Gleichen sich Erträge und Aufwendungen der Posten gegenseitig ausnahmsweise genau aus, kann es bei der gesetzlichen Bezeichnung bleiben. Wegen weiterer nicht im gesetzlichen Gliederungsschema vorgesehener Zwischenposten vgl. Tz. 471.

Nr. 15 Außerordentliche Erträge

Als außerordentliche Erträge sind Erträge auszuweisen, die **außerhalb der gewöhnlichen**   585
Geschäftstätigkeit der Gesellschaft (§ 277 Abs. 4 S. 1 HGB) anfallen. Dies sind Erträge
aus ungewöhnlichen, seltenen und wesentlichen Vorfällen[988]. Siehe hierzu Tz. 492 ff. und
905 ff. Wenn die außerordentlichen Beträge nicht von untergeordneter Bedeutung für die

---

983 Vgl. ADS[6], § 275 HGB, Tz. 174.
984 Vgl. ADS[6], § 275 HGB, Tz. 176; a.A. *Förschle* in BeBiKo[7], § 275, Rn. 209 (Wahlrecht).
985 Vgl. im Einzelnen ADS[6], § 275 HGB, Tz. 176b; *Budde* in HdR[5], § 275 HGB, Rn. 85.
986 Vgl. *Gelhausen/Fey/Kämpfer*, BilMoG, Kap. I, Rn. 58 mit Verweis auf die Gesetzesbegründung zum BilMoG (Beschlussempfehlung und Bericht des Rechtsausschusses, BT-Drucks. 16/12407, S. 87; sowie Begr. RegE BilMoG, BT-Drucks. 16/10067, S. 55); a.A. (Einbezug vertretbar) *Wobbe* in Haufe HGB Kommentar[2], § 277, Rn. 42.
987 Nach ADS[6], § 275 HGB, Tz. 178, ist wegen der grds. anderen Regelung in der 4. EG-Richtlinie auch ein Ausweis der Steuern auf das Ergebnis der gewöhnlichen Geschäftstätigkeit vor Nr. 14 zulässig.
988 Vgl. ADS[6], § 277 HGB, Tz. 76.

Beurteilung der Ertragslage sind, müssen sie nach § 277 Abs. 4 S. 2 HGB im **Anhang** erläutert werden; kleine Gesellschaften i.S.d. § 267 Abs. 1 HGB sind hiervon nach § 276 S. 2 HGB befreit.

586 Im Hinblick darauf, dass dieser Posten im Posten Nr. 17 mit dem Posten Nr. 16 zusammengefasst wird, darf er (ebenso wie der Posten Nr. 16) in der **Vorspalte** ausgewiesen werden.

Nr. 16 Außerordentliche Aufwendungen
587 Die Erläuterungen zum Posten Nr. 15 gelten entsprechend.

Nr. 17 Außerordentliches Ergebnis
588 Es handelt sich um einen positiven oder negativen **Saldoposten** aus den Nrn. 15 und 16. Hinsichtlich der Kenntlichmachung des Vorzeichens und einer Anpassung der Postenbezeichnung gelten die zum Posten Nr. 14 angestellten Überlegungen entsprechend. Möglich erscheinen Bezeichnungen wie „Überschuss" bzw. „Fehlbetrag aus den außerordentlichen Posten".

589 Werden die außerordentlichen Erträge und Aufwendungen gem. § 265 Abs. 7 Nr. 1 oder Nr. 2 HGB in der GuV zusammengefasst ausgewiesen, so müssen sie im **Anhang** gesondert angegeben werden, wenn die Zusammenfassung eine Vergrößerung der Darstellungsklarheit (§ 265 Abs. 7 Nr. 2 HGB) zum Zweck hatte. Zu Nr. 17 sind wie zu Nr. 14 die Angaben zur Belastung mit **Steuern** vom Einkommen und vom Ertrag im Anh. zu machen (§ 285 Nr. 6 HGB).

Nr. 18 Steuern vom Einkommen und vom Ertrag
590 Im Einzelnen gehören hierher:

a) Steuern vom **Einkommen**: KSt (einschließlich aller Arten von Ergänzungsabgaben) vor Abzug etwaiger anrechenbarer KapErtrSt,

b) Steuern vom **Ertrag**: GewSt.

Unter Nr. 18 fallen ferner auch die als Quellensteuer erhobene KapErtrSt i.S.d. § 43 Abs. 1 Nr. 7 EStG[989], der Solidaritätszuschlag gem. § 2 Nr. 3 i.V.m. § 3 Abs. 1 Nr. 5 SolzG sowie die in **ausländischen** Staaten gezahlten Steuern, die den in Deutschland erhobenen Steuern vom Einkommen und vom Ertrag entsprechen (vgl. Anlage 6 zu R 34 c EStR 2008, welches sich jedoch auf die vergleichbaren Steuern in Nicht-DBA Staaten beschränkt, vgl. H 34 c EStR 2008).

591 Dagegen gehören die Einkommensteuern der **Gesellschafter einer Personenhandelsgesellschaft** nicht hierher[990]; in der GuV einer Personenhandelsgesellschaft i.S.d. § 264a HGB darf jedoch nach dem Jahresergebnis – bzw. im Fall einer Überleitung auf den Bilanzgewinn[991] erst nach diesem Posten – ein dem Steuersatz der Komplementärgesellschaft entsprechender Steueraufwand der Gesellschafter offen abgesetzt oder hinzugesetzt werden (§ 264c Abs. 3 S. 2 HGB, vgl. dazu Tz. 611 f.)[992].

---

989 Vgl. *Förschle* in BeBiKo[7], § 275, Rn. 238.
990 Vgl. *IDW ERS HFA 7 n.F.*, Tz. 30.
991 Vgl. *IDW ERS HFA 7 n.F.*, Tz. 54.
992 Vgl. *IDW ERS HFA 7 n.F.*, Tz. 31.

Die Gewinn- und Verlustrechnung F

Nach der Abkehr vom Anrechnungsverfahren durch das StSenkG ist die KSt als eine Definitivsteuer ausgestaltet. Der tarifliche KSt-Satz beträgt ab dem VZ 2008 für ausgeschüttete und thesaurierte Gewinne einheitlich 15% (§ 23 Abs. 1 i.V.m. § 34 Abs. 11 a KStG). Infolge des SEStEG wurde das aus dem Anrechnungsverfahren stammende KSt-Guthaben letztmalig zum 31.12.2006 festgestellt[993]. Ein ausschüttungsunabhängiges KSt-Guthaben wird in zehn gleichen Jahresraten von 2008 bis 2017 (§ 37 Abs. 5 KStG) ausgezahlt[994]. Gewinnausschüttungen können demnach grds. keine KSt-Änderungen mehr auslösen[995]. Damit hat § 278 HGB, nach dem der Steueraufwand der Gesellschaft auf der Grundlage des **Beschlusses** über die Verwendung des Ergebnisses bzw. des Gewinnverwendungsvorschlags zu berechnen ist, derzeit für Barausschüttungen grds. keine Bedeutung mehr[996]. Soweit sich aus der Änderung des § 36 KStG (siehe § 34 Abs. 13f KStG) durch das JStG 2010 eine Erhöhung des KSt-Guthabens ergibt, ist wie bei der erstmaligen Einbuchung des KSt-Guthabens zu verfahren; der Ertrag aus der Aktivierung des Anspruchs ist zum Barwert (vgl. E Tz. 57) unter Posten Nr. 18 auszuweisen[997]; die jährlichen Aufzinsungsbeträge des KSt-Guthabens sind grds. unter Nr. 11 zu erfassen[998].

592

Der Posten Nr. 18 umfasst sämtliche das Einkommen und/oder den Ertrag betreffende **Steueraufwendungen und -erträge** der Gesellschaft. Die Aufwendungen und Erträge dürfen saldiert ausgewiesen werden[999] und betreffen sowohl tatsächliche Steuern als auch latente Steuern (§ 274 Abs. 2 S. 3 HGB). Die hier auszuweisenden Aufwendungen und Erträge umfassen demnach sowohl laufende Zahlungen und Zuführungen zu bzw. Auflösungen von Rückstellungen als auch Aufwendungen für zurückliegende GJ, für die keine ausreichenden Rückstellungen gebildet worden waren, sowie Steuererstattungen für frühere Jahre[1000], ggf. auch solche aufgrund eines Verlustrücktrags[1001]. Bei größeren **periodenfremden** Beträgen, z.B. aufgrund von Betriebsprüfungen, sind nach § 277 Abs. 4 S. 3 HGB entsprechende Erläuterungen im Anh., evtl. auch Untergliederungen oder „davon"-Vermerke bei Nr. 18[1002] erforderlich. Ergibt sich in Ausnahmefällen ein **positiver („Haben"-)Saldo**, so ist dies nach dem Grundsatz der Klarheit (§ 243 Abs. 2 HGB) kenntlich zu machen. Wegen der Bildung von Rückstellungen für allgemeine Risiken, zu denen wegen der oft vorliegenden Ungewissheit auch solche steuerlicher Art gehören können, vgl. E Tz. 213.

593

Die Aufwendungen und Erträge aus der Bildung, Auslösung und Fortschreibung von **latenten Steuern** nach § 274 Abs. 2 S. 3 HGB sind durch einen Unterposten, einen Vorspaltenausweis oder einen „davon"-Vermerk gesondert auszuweisen[1003]. **Steuerstrafen, Zinsen** nach § 233a AO, **Säumniszuschläge** u.ä. fallen nicht unter Posten Nr. 18[1004]. Steuerstrafen sind den sonstigen betrieblichen Aufwendungen (Nr. 8) zuzuordnen, ggf.

594

---

993 Zur Rechtslage vor SEStEG s. WP Handbuch 2006 Bd. I, E Tz. 488 f.
994 Vgl. zur Bilanzierung des Anspruchs E Tz. 57; *HFA*, FN-IDW 2007, S. 107; *Förschle/Büssow* in BeBiKo[7], § 278, Rn. 24 m.w.N.; *Ernsting*, DB 2007, S. 180.
995 Vgl. zu Ausnahmefällen *Förschle/Büssow* in BeBiKo[7], § 278, Rn. 4; zur Bedeutung des § 278 HGB i.Z.m. der Erfassung von Sachausschüttungen vgl. Tz. 417.
996 Vgl. im Einzelnen *Förschle/Büssow* in BeBiKo[7], § 278, Rn. 4 ff.; *Rainer/Haußer* in Müko HGB[2], § 278, Rn. 3.
997 Vgl. *Budde* in HdR[5], § 275, Rn. 95.
998 Vgl. *Förschle* in BeBiKo[7], § 275, Rn. 243.
999 Vgl. ADS[6], § 275 HGB, Tz. 187 f.; *Förschle* in BeBiKo[7], § 275, Rn. 253 f.; *Budde* in HdR[5], § 275, Rn. 96.
1000 Zu Auswirkungen steuerlicher Außenprüfungen vgl. IDW RS HFA 6, Tz. 33 ff.
1001 Vgl. *HFA*, FN-IDW 1998, S. 71.
1002 Vgl. *Lachnit/Wulf* in BoHdR, § 275 HGB, Rn. 212.
1003 Vgl. DRS 18, Tz. 60; *Gelhausen/Fey/Kämpfer*, BilMoG, Kap. M, Rn. 52.
1004 Vgl. ADS[6], § 275 HGB, Tz. 186; *Walz* in BHdR, B 338, Rn. 2.

auch den außerordentlichen Aufwendungen (Nr. 16); Zinsen und Säumniszuschläge sind unter den Zinsen und ähnlichen Aufwendungen (Nr. 13) auszuweisen[1005].

595 Ausweispflichtig sind alle Steuern, für die das Unternehmen wirtschaftlich Steuerschuldner[1006] ist. Steuerlich kommt es bei KapGes., die an anderen KSt-pflichtigen Gesellschaften beteiligt sind, aufgrund des § 8b KStG jedoch nicht zu einer Steuerbelastung bei der Ausschüttung von Dividenden oder der Veräußerung derartiger Beteiligungen. Ausgenommen sind hiervon die gem. § 8b Abs. 5 KStG bzw. § 8b Abs. 3 KStG nicht abzugsfähigen Betriebsausgaben in Höhe von 5% der empfangenen Dividende bzw. 5% des ermittelten Veräußerungsgewinns[1007]. Nicht anrechnungsfähige **Kapitalertragsteuer** (z.B. auf ausländische Schachteldividenden) ist als Steueraufwand auszuweisen.

596 Bei ertragsteuerlichen **Organschaftsverhältnissen** gem. §§ 14 bis 19 KStG und § 2 Abs. 2 S. 2 GewStG ist die Absicht des Gesetzgebers zu berücksichtigen, dass unter Nr. 14 das Ergebnis der gewöhnlichen Geschäftstätigkeit vor Abzug von Steuern fallen soll. Weiterbelastete Steuern sollten daher vom **Organträger** als Unterposten der Erträge aus Gewinnabführungsvertrag (Nr. 9a) ausgewiesen werden[1008]. Als zulässig anzusehen ist auch die Einstellung in einen gesonderten Posten (vor Nr. 14) oder der Ausweis unter Nr. 4[1009]. Die **Organgesellschaft** muss dagegen die ihr weiterbelasteten Steuern (bspw. im Rahmen einer Konzernumlage) gesondert unter Nr. 18 ausweisen[1010], da dies dem wirtschaftlichen Sachverhalt entspricht[1011]. Sofern bei Vorliegen eines Steuerumlagevertrags latente Steuern bei der Organgesellschaft ausgewiesen werden (vgl. DRS 18, Tz. 35; zu Einzelheiten s. Tz. 218), hat der Ausweis der hieraus resultierenden Aufwendungen und Erträge unter gesonderter Bezeichnung zu erfolgen[1012].

597 Zur Angabepflicht im **Anhang** über die Belastung des ordentlichen und des außerordentlichen Ergebnisses durch die Steuern vom Einkommen und Ertrag (§ 285 Nr. 6 HGB) vgl. Tz. 902 f.

Nr. 19 Sonstige Steuern

598 Hierunter fallen alle **nicht unter Nr. 18 auszuweisenden Steuern**, die von der Gesellschaft direkt getragen und als Aufwand verrechnet werden (sofern sie nicht nach § 265 Abs. 7 HGB mit dem Posten Nr. 8 zusammengefasst wurden)[1013], z.B.:

Ausfuhrzölle, Biersteuer, Branntweinsteuer, Energiesteuer (falls nicht branchenüblich offen von den Umsatzerlösen abgesetzt (insb. Steuer auf Mineralöle)), Erbschaftsteuer, Grundsteuer, Hundesteuer, Jagdsteuer, Kaffeesteuer, Kraftfahrzeugsteuer, Rennwett- und Lotteriesteuer, Schenkungsteuer, Schaumweinsteuer, Strom- und Tabaksteuer (falls nicht

---

1005 Vgl. ADS[6], § 275 HGB, Tz. 186, 200 (für Steuerstrafen auch Ausweis unter Nr. 19); *Förschle* in BeBiKo[7], § 275, Rn. 247 (analog).
1006 Vgl. ADS[6], § 275 HGB, Tz. 184; zur Steuerschuldnerschaft (§ 43 AO) bei den verschiedenen Steuerarten.
1007 Vgl. *Hill/Kavazidis*, DB 2003, S. 2028; *Rogall*, DB 2003, S. 2185; *Dötsch/Pung*, DB 2004, S. 91; *Kaminski/Strunk*, BB 2004, S. 689.
1008 Vgl. im Einzelnen ADS[6], § 275 HGB, Tz. 191.
1009 Vgl. ADS[6], § 275 HGB, Tz. 192; a.A. *Winzker* in BHdR, B 331, Rn. 124 (Ausweis unter Posten Nr. 18); *Förschle* in BeBiKo[7], § 275, Rn. 111, 259 (kein Ausweis unter Posten Nr. 4).
1010 Abw. *Förschle* in BeBiKo[5], § 275, Rn. 257 (auch Ausweis unter Nr. 19a oder Nr. 19b zulässig, falls ein Gewinnabführungsvertrag besteht).
1011 Vgl. auch *Walz* in BHdR, B 338, Rn. 61 ff.
1012 Vgl. DRS 18, Tz. 61.
1013 Vgl. ADS[6], § 275 HGB, Tz. 197; *Förschle* in BeBiKo[5], § 275, Rn. 246 f.; zur Behandlung der in den Umsatzerlösen enthaltenen Verbrauch- und Verkehrsteuern sowie Monopolabgaben s. Tz. 509 f. (grds. Ausweis unter Nr. 19).

Die Gewinn- und Verlustrechnung **F**

branchenüblich offen von den Umsatzerlösen abgesetzt), Versicherungsteuer (soweit nicht bei der entsprechenden Aufwandsart erfasst)[1014] und entsprechende ausländische Steuern.

Auch entsprechende Mehrsteuern aufgrund **steuerlicher Außenprüfungen** sind hier auszuweisen, **Steuererstattungen** sind zu saldieren, auch wenn der Steueraufwand hierdurch negativ wird[1015]. Zur Erläuterungspflicht größerer periodenfremder Beträge vgl. Tz. 593. **599**

Die **Umsatzsteuer** ist unter diesem Posten nur auszuweisen, soweit bei Organschaftsverhältnissen eine Weiterbelastung der von der Obergesellschaft zu tragenden USt an das Organ unterblieben ist (dort Ausweis der nicht weiterbelasteten USt unter Nr. 4)[1016]. Nicht abziehbare Vorsteuern sind wie die zugrundeliegende Lieferung oder Leistung zu behandeln. In allen übrigen Fällen ist die USt, auch soweit sie auf Anzahlungen zu entrichten ist[1017], als durchlaufender Posten zu behandeln und berührt die GuV nicht. Ein offenes Absetzen der USt von den Bruttobeträgen unter Nr. 1 und Nr. 4 ist zulässig. **600**

Soweit Steuern als **Anschaffungsnebenkosten** zu betrachten sind (z.B. Eingangszölle, GrESt, nicht abzugsfähige Vorsteuern) und als solche zu aktivieren sind, gehören sie **nicht** zum Posten Nr. 19. **Steuerstrafen** sind unter Nr. 8 oder Nr. 16 zu erfassen, vgl. Tz. 594. Von der Gesellschaft für Mitarbeiter übernommene **pauschalierte LSt** und darin enthaltene KiSt sind wirtschaftlich als Arbeitsentgelte zu betrachten und daher unter Nr. 6a auszuweisen[1018]. **601**

Nr. 19a Erträge aus Verlustübernahme

Wegen der Einordnung des Postens in das gesetzliche Gliederungsschema vgl. Tz. 487. Hierher gehören in erster Linie der Gesellschaft gem. § 302 AktG vergütete Beträge[1019]. Nach dieser Vorschrift besteht bei **Beherrschungs- und Gewinnabführungsverträgen** die Verpflichtung, Jahresfehlbeträge auszugleichen (Abs. 1); Gleiches gilt bei Betriebspacht- und Betriebsüberlassungsverträgen zwischen einem herrschenden Unternehmen und einer abhängigen Gesellschaft insoweit, als die vereinbarte Gegenleistung das angemessene Entgelt nicht erreicht und daraus ein Jahresfehlbetrag resultiert (Abs. 2). **602**

Im Hinblick darauf, dass die Postenbezeichnung nicht auf eine gesetzliche Verlustübernahme beschränkt ist, sind unter dem Posten Nr. 19a ferner auch **freiwillige** oder auf anderen **Verträgen** als nach § 302 AktG beruhende Verlustübernahmen auszuweisen[1020]. Hierzu zählen auch Erträge des Emittenten aus der Verlustteilnahme von **Genussrechtskapital ohne Eigenkapitalcharakter**; dabei ist ein gesonderter Ausweis, z.B. als „Ertrag aus der Herabsetzung des Genussrechtskapitals", oder eine Angabe im Anh. notwendig[1021]. Aufgrund der Genussrechtsbedingungen vorzunehmende **Wiederauffüllun- 603**

1014 Vgl. auch für ähnliche Fälle ADS[6], § 275 HGB, Tz. 201.
1015 Vgl. *IDW RS HFA 6*, Tz. 36.
1016 Vgl. *IDW RH HFA 1.017*, Tz. 4, 7.
1017 Zur Behandlung der USt auf Anzahlungen vgl. *IDW RH HFA 1.017*, Tz. 8 ff.; steuerlich s. auch § 5 Abs. 5 S. 2 Nr. 2 EStG.
1018 Vgl. ADS[6], § 275 HGB, Tz. 200; *Förschle* in BeBiKo[7], § 275, Rn. 246.
1019 Vgl. zur entsprechenden Anwendung bei der GmbH ADS[6], § 277 HGB, Tz. 60; ferner *Knepper*, DStR 1993, S. 1613; zu Zweifelsfragen der Verlustübernahme vgl. *Cahn/Simon*, Der Konzern 2003, S. 1 (11); zur Bestimmung des Jahresfehlbetrags für den Ausgleich nach § 302 AktG vgl. BGH v. 14.02.2005, DStR, S. 750.
1020 Vgl. ADS[6], § 277 HGB, Tz. 62; *Isele/Urner-Hemmeter* in HdR[5], § 277 HGB, Rn. 104; *Scheffler* in BHdR, B 336, Rn. 123; zu unterjährigen Verlustübernahmen vgl. *Priester*, ZIP 1989, S. 1301.
1021 Vgl. *IDW St/HFA 1/1994*, Abschn. 2.2.1.b).

675

gen aus Jahresüberschüssen folgender Jahre sind als gesonderter Aufwandsposten, z.B. als „Aufwand aus der Wiederauffüllung des Genussrechtskapitals", auszuweisen[1022].

Ertragszuschüsse, die dem Bilanzierenden unabhängig von einem Verlust gewährt werden, sind demgegenüber nicht hier auszuweisen, sondern – sofern es sich um Zuschüsse mit Gegenleistungsverpflichtung handelt – nach Maßgabe des § 277 Abs. 1 HGB unter dem Posten Nr. 1 oder Nr. 4[1023]; bei Zuschüssen ohne Gegenleistungsverpflichtung erfolgt der Ausweis unter Nr. 15, soweit es sich nicht um eine Zuzahlung in die Kapitalrücklage nach § 272 Abs. 2 Nr. 4 HGB handelt[1024].

Nr. 19b Aufgrund einer Gewinngemeinschaft, eines Gewinnabführungs- oder eines Teilgewinnabführungsvertrags abgeführte Gewinne

604 Wegen der Einordnung des Postens in das gesetzliche Gliederungsschema vgl. Tz. 487. Hier sind nach § 277 Abs. 3 S. 2 HGB die aufgrund der genannten Verträge an Dritte abgeführten Gewinne einzustellen. Auf die Erläuterungen zum entsprechenden Ertragsposten Nr. 9a sei verwiesen.

Nr. 19c Vergütung für Genussrechtskapital

605 Unter diesem Posten sind beim Emittenten Vergütungen für die Überlassung von Genussrechtskapital **mit Eigenkapitalcharakter** gesondert auszuweisen – und zwar auch dann, wenn die Genussrechtsbedingungen eine Ausschüttung aus dem Bilanzgewinn vorsehen, da die Vergütungen auf einem schuldrechtlichen Vertrag beruhen[1025].

Nr. 19d Bedienung eines Besserungsscheins

606 Verpflichtungen aus Besserungsscheinen[1026] sind erst mit Eintritt der aufschiebenden Bedingung (i.d.R. Entstehen eines künftigen Jahresüberschusses) zu passivieren. Der damit verbundene Aufwand ist hier gesondert auszuweisen[1027]. Sieht die Besserungsabrede vor, dass zunächst die Zinsen auf die erlassene Forderung nachgezahlt werden müssen, sind diese Beträge unter dem Posten Nr. 13 auszuweisen. Bei wesentlichen Beträgen sind Angaben nach § 277 Abs. 4 S. 3 HGB erforderlich (vgl. zu Angaben bei AG § 160 Abs. 1 S. 1 Nr. 6 AktG).

Nr. 20 Jahresüberschuss/Jahresfehlbetrag

607 Der Posten weist als Saldo aller in der GuV ausgewiesenen Erträge und Aufwendungen den im GJ neu erzielten **Gewinn** oder neu eingetretenen **Verlust vor Rücklagenbewegungen** aus. Der hier ausgewiesene Betrag stellt bei AG die Ausgangsgrundlage für das Gewinnverwendungsrecht der Verwaltung einerseits und der HV andererseits (§ 58

1022 Vgl. *IDW St/HFA 1/1994*, Abschn. 2.2.1.b); hierzu *Emmerich/Naumann*, WPg 1994, S. 677 (687); *Wollmert*, BB 1992, S. 2106 (2107 f.); *Schaber/Kuhn/Eichhorn*, BB 2004, S. 315 (317). Zum Auszahlungs- und nicht bestehenden Wiederauffüllungsanspruch bei Auflösung von Rückstellungen, die zur Verlustbeteiligung geführt haben, vgl. BGH v. 05.10.1992, DB, S. 2383.
1023 Vgl. *IDW St/HFA 2/1996*, Abschn. 2.1.2.
1024 Vgl. *IDW St/HFA 2/1996*, Abschn. 2.2.; *Förschle* in BeBiKo[7], § 275, Rn. 222 und § 272, Rn. 417; ADS[6], § 272 HGB, Tz. 157.
1025 Vgl. *IDW St/HFA 1/1994*, Abschn. 2.2.2.a); hierzu *Emmerich/Naumann*, WPg 1994, S. 677 (687); *Wollmert*, BB 1992, S. 2106 (für Zuordnung des Postens zum Zinsergebnis); *Castan* in BHdR, B 300, Rn. 76 (alternativ Vermerk bei dem Posten Bilanzgewinn).
1026 Vgl. ADS[6], § 246 HGB, Tz. 148.
1027 A.A. *Castan* in BHdR, B 300, Rn. 77 (Ausweis unter Nr. 16; ggf. auch alternativ nach dem entsprechend zu kennzeichnenden Jahresüberschuss).

AktG) dar[1028]; auch andere Bestimmungen knüpfen an diesen Posten an (z.B. §§ 150 Abs. 2, 300 AktG). Wegen der Gewinnverteilung bei der GmbH vgl. § 29 GmbHG[1029].

Mit dem Posten Nr. 20 endet das gesetzliche Gliederungsschema des § 275 Abs. 2 HGB. **608** Das Gesetz geht indes davon aus, dass der JA einer AG oder KGaA regelmäßig unter Berücksichtigung einer vollständigen oder teilw. **Verwendung des Jahresergebnisses** aufgestellt wird. Auch bei einer GmbH besteht diese Möglichkeit (vgl. § 268 Abs. 1 S. 1 HGB und § 29 Abs. 1 S. 2 GmbHG). § 275 Abs. 4 HGB bestimmt daher, dass Veränderungen der Kapital- und Gewinnrücklagen erst nach dem Posten „Jahresüberschuss/Jahresfehlbetrag" ausgewiesen werden dürfen.

Für **AG** und **KGaA** ist die insoweit in Betracht kommende weitere Gliederung durch **609** § 158 Abs. 1 S. 1 AktG verbindlich vorgeschrieben (sog. **GuV-Verlängerung**). Die dort aufgeführten Posten sind im Folgenden erläutert. Sie sollten aus Gründen der Klarheit (§ 243 Abs. 2 HGB) von **GmbH** (insb. von großen) entsprechend angewandt werden[1030]. Angaben zur Ergebnisverwendung sind ohnehin nach § 325 Abs. 1 HGB offen zu legen, soweit aus diesen nicht Gewinnanteile natürlicher Personen feststellbar sind (§ 325 Abs. 1 S. 4 HGB) oder es sich um kleine Gesellschaften handelt (§ 326 HGB). Es ist zulässig, die weiteren Posten statt in der GuV im **Anhang** anzugeben (§ 158 Abs. 1 S. 2 AktG; vgl. Tz. 909).

Für **Personenhandelsgesellschaften** i.S.d. § 264a HGB, die nach dem gesetzlichen **610** Normalstatut organisiert sind, ist es sachgerecht, die Verwendung des Jahresüberschusses/Jahresfehlbetrags in Fortführung der GuV oder im Anh. darzustellen (vgl. auch Tz. 137 ff. und 354). Zudem kommt eine entsprechende Erweiterung der GuV durch Überleitung des Jahresergebnisses auf den in der Bilanz ausgewiesenen Bilanzgewinn in Betracht, wenn der Gesellschaftsvertrag abw. vom gesetzlichen Normalstatut die Bildung von Rücklagen und/oder eine Beschlussfassung der Gesellschafter über die Gewinnverwendung vorsieht[1031].

Sonderposten: Fiktive Steuerbelastung der Gesellschafter (§ 264c Abs. 3 S. 3 HGB)

Im Interesse der Vergleichbarkeit des Jahresergebnisses mit dem von KapGes. dürfen **611** Personenhandelsgesellschaften nach dem Posten Jahresüberschuss/Jahresfehlbetrag einen dem Steuersatz der Komplementärgesellschaft entsprechenden (fiktiven) Steueraufwand der Gesellschafter offen absetzen oder hinzurechnen (§ 264c Abs. 3 S. 2 HGB)[1032]. Wird von dieser Möglichkeit Gebrauch gemacht, ist die GuV um einen entsprechenden **Sonderposten** und das sich danach ergebende (vergleichbare) Jahresergebnis zu ergänzen. Dabei ist in der Postenbezeichnung zum Ausdruck zu bringen, dass es sich um eine fiktive und nicht um die tatsächliche Steuerbelastung der Gesellschafter bzw. ein entsprechend fiktives Jahresergebnis handelt; sachgerecht erscheinen Bezeichnungen wie „Steuern der Gesellschafter gemäß § 264c Abs. 3 HGB" oder „Fiktive Steuerbelastung der Gesellschafter" bzw. „Jahresüberschuss/Jahresfehlbetrag nach Ertragsteuerbelastung der Gesellschafter".

1028 Vgl. zur Aufhebung des § 86 Abs. 2 AktG a.F. (Gewinnbeteiligung des Vorstands auf Basis des Jahresüberschusses) *Bosse*, DB 2002, S. 1592 (1595).

1029 Vgl. zur verdeckten Gewinnausschüttung *Hueck/Fastrich* in Baumbach/Hueck, GmbH[19], § 29 GmbHG, Rn. 68 ff.; *Schulze-Osterloh*, StuW 1994, S. 131; *Westerfelhaus*, GmbHR 1994, S. 224; *Zacher*, DStR 1994, S. 138; *Lange*, NWB 1996, F. 4, S. 4083; *Wuttke*, DStR 1996, S. 485; *Hommelhoff* in Lutter/Hommelhoff, GmbHG[17], § 29, Rn. 36.

1030 Vgl. ADS[6], § 268 HGB, Tz. 14; *Förschle* in BeBiKo[7], § 275, Rn. 311; *Heymann* in BHdR, B 231, Rn. 128; nach GoB erforderlich: *Budde* in HdR[5], § 275 HGB, Rn. 154.

1031 Vgl. *IDW ERS HFA 7 n.F.*, Tz. 54 f.

1032 Vgl. auch ADS[6], § 264c HGB n.F., Tz. 27; *Förschle/Hoffmann* in BeBiKo[7], § 264c, Rn. 72.

612 Die Vorschrift bestimmt, dass der (fiktive) Steueraufwand nach dem Steuersatz der Komplementärgesellschaft, d.h. in der Regel nach dem KStG (z.Zt. 15%) nebst sonstiger Ergänzungsabgaben (Solidaritätszuschlag; z.Zt. 5,5% auf die KSt-Schuld), zu ermitteln ist. Darüber hinaus erscheint es sachgerecht, als Bemessungsgrundlage ebenfalls das zu versteuernde Einkommen nach den körperschaftsteuerlichen Vorschriften unter Berücksichtigung nicht abziehbarer Aufwendungen und steuerfreier Erträge etc. zu Grunde zu legen[1033].

Nr. 21 Vermögensminderung aufgrund von Abspaltungen

613 Die Abspaltung von Vermögensgegenständen oder Reinvermögen gem. § 123 Abs. 2 UmwG stellt eine auf einer Beschlussfassung der Anteilsinhaber des übertragenden Rechtsträgers beruhende Vermögensauskehrung (Sachausschüttung) dar, in deren Zusammenhang an die Gesellschafter des übertragenden Rechtsträgers für den Wegfall oder die vermögensmäßige Minderung ihrer Beteiligung am übertragenden Rechtsträger eine Gegenleistung in Form von Anteilen am übernehmenden Rechtsträger gewährt wird. Hierbei handelt es sich somit um einen gesellschaftsrechtlichen Vorgang und nicht um einen laufenden Geschäftsvorfall des abspaltenden (übertragenden) Rechtsträgers. Der Vermögensabgang aufgrund der Abspaltung ist in der GuV nach dem Posten Nr. 20 gesondert auszuweisen[1034].

614 Nachfolgend wird die für AG vorgeschriebene **Gewinnverwendungsrechnung** erläutert (zur analogen Anwendung bei der GmbH vgl. Tz. 609). Die dabei verwendeten Posten-Nrn. sind gesetzlich nicht vorgesehen, doch entsprechen die Postenbezeichnungen, abgesehen von zusätzlichen Posten, den jeweiligen gesetzlichen Bestimmungen.

Nr. 22 Gewinnvortrag/Verlustvortrag aus dem Vorjahr

615 Schloss der Vorjahresabschluss mit einem Bilanzverlust ab, so ist dieser als **Verlustvortrag** aus dem Vj. unter dem Posten Nr. 22 auszuweisen, auch wenn zwischenzeitlich Gesellschafterzuschüsse zur Verlustabdeckung gewährt wurden. Ergab sich dagegen aus dem Gewinnverteilungsbeschluss über das Ergebnis des Vj. ein **Gewinnvortrag**, so ist dieser in der GuV des neuen GJ ebenfalls unter Nr. 22 einzustellen. Soweit – z.B. wegen Einlegen eines Rumpf-GJ – ausnahmsweise der Gewinn des Vj. bis zum Abschlussstichtag nicht verwendet wurde, ist im Hinblick auf die noch ausstehende Beschlussfassung über diesen Betrag anstelle des Gewinnvortrags ein Posten „nicht verwendeter Gewinn des Vj." auszuweisen.

Nr. 23 Entnahmen aus der Kapitalrücklage

616 Hier sind bei **AG** die Entnahmen aus der Kapitalrücklage nach § 272 Abs. 2 Nrn. 1 bis 3 HGB zum Ausgleich eines Jahresfehlbetrags oder Verlustvortrags nach den Vorschriften des § 150 Abs. 3 und Abs. 4 Nrn. 1 und 2 AktG auszuweisen. Außerdem sind hier Entnahmen auszuweisen, die bei einer vereinfachten Kapitalherabsetzung nach § 229 Abs. 2 AktG zum Ausgleich von Wertminderungen oder der Deckung sonstiger Verluste dienen[1035]. Werden nicht verwendungsbeschränkte Kapitalrücklagen nach § 272 Abs. 2 Nr. 4 HGB aufgelöst, so berührt dies ebenfalls die GuV-Verlängerung. Dagegen sind Entnahmen zur Kapitalerhöhung aus Gesellschaftsmitteln gem. § 150 Abs. 4 Nr. 3 AktG **nicht**

[1033] Vgl. *IDW ERS HFA 7 n.F.*, Tz. 31; *Förschle/Hoffmann* in BeBiKo[7], § 264c, Rn. 73.

[1034] Vgl. *IDW St/HFA 1/1998*, Kap. 122; *Klingberg* in Budde/Förschle/Winkeljohann, Sonderbilanzen[4], Kap. I, Rn. 331.

[1035] Vgl. ADS[6], § 158 AktG, Tz. 9; vgl. dort auch zu Angaben im Anh. entsprechend § 240 S. 3 AktG.

Die Gewinn- und Verlustrechnung | F

in der GuV-Verlängerung darzustellen[1036]. Auch bei **GmbH** gehören Entnahmen aus der Kapitalrücklage (§ 58b Abs. 1 GmbHG) unter diesen Posten[1037]. Nach § 270 Abs. 1 HGB sind die Entnahmen aus der Kapitalrücklage bereits bei der Aufstellung des JA vorzunehmen.

Nr. 24a Entnahmen aus der gesetzlichen Rücklage
Die Erläuterungen zum Posten Nr. 23 gelten entsprechend. 617

Nr. 24b Entnahmen aus der Rücklage für Anteile an einem herrschenden oder mehrheitlich beteiligten Unternehmen
Soweit Auflösungen dieser Rücklage in Betracht kommen (bei Veräußerung oder Einziehung der Aktien sowie bei Ansatz eines niedrigeren Werts auf der Aktivseite, § 272 Abs. 4 S. 4 HGB), sind sie grds. hier auszuweisen. 618

Bei **Personenhandelsgesellschaften i.S.d. § 264a HGB** kann unter Nr. 24b die Auflösung des „Ausgleichspostens für aktivierte eigene Anteile" (§ 264c Abs. 4 S. 2 HGB) ausgewiesen werden, wenn die Bildung des Postens zu Lasten des Jahresergebnisses erfolgt ist (vgl. dazu Tz. 426 ff.). 619

Nr. 24c Entnahmen aus satzungsmäßigen Rücklagen
Soweit von der Gesellschaft satzungsmäßige Rücklagen gebildet sind (insb. bei GmbH), sind Auflösungen, die nach den Satzungsvorschriften ergebniswirksam sein sollen, unter diesem Posten auszuweisen. Sollen die satzungsmäßigen Rücklagen dagegen dazu dienen, unter bestimmten Voraussetzungen in Grund- bzw. Stammkapital umgewandelt zu werden, so wird bei einem entsprechenden Gesellschafterbeschluss nur eine Umbuchung in der Bilanz vorgenommen[1038]. Eine direkte Umbuchung in die gesetzliche Rücklage ist unzulässig. 620

Nr. 24d Entnahmen aus anderen Gewinnrücklagen
Unter Nr. 24d sind grds. alle **Entnahmen aus freien Gewinnrücklagen** aufzuführen. Eine Ausnahme gilt z.B. für die Umwandlung von Rücklagen in Nennkapital bei einer Kapitalerhöhung aus Gesellschaftsmitteln. Nicht zulässig ist es, Rücklagen, die für bestimmte Zwecke vorgesehen wurden, direkt in Anspruch zu nehmen, ohne sie über die GuV-Verlängerung aufzulösen; unzulässig ist auch, die betreffenden Aufwendungen offen von den Entnahmen unter Nr. 24d abzusetzen. 621

Nr. 24e Entnahmen aus Genussrechtskapital
Eine Minderung von Genussrechtskapital **mit Eigenkapitalcharakter** aufgrund einer Verlustbeteiligung ist wie eine Entnahme aus Rücklagen nach dem Jahresüberschuss/Jahresfehlbetrag auszuweisen und schon bei der Aufstellung des JA zu berücksichtigen[1039]. 622

1036 Vgl. ADS[6], § 158 AktG, Tz. 10; vgl. dort auch zu Angaben im Anh. nach § 152 Abs. 2 Nr. 2 AktG; ferner *Brönner* in AktG Großkomm[4], § 158 AktG, Rn. 7.
1037 Zur Rückzahlung von Nachschusskapital nach § 30 Abs. 2 GmbHG vgl. *Heymann* in BHdR, B 231, Rn. 100, 131.
1038 Vgl. im Einzelnen ADS[6], § 158 AktG, Tz. 14; *Brönner* in AktG Großkomm[4], § 158 AktG, Rn. 11.
1039 Vgl. *IDW St/HFA 1/1994*, Kap. 2.2.2.b); vgl. ferner *Emmerich/Naumann*, WPg 1994, S. 677 (688).

Nr. 25 Ertrag aus der Kapitalherabsetzung

623 Nach § 240 S. 1 AktG sind bei AG und KGaA Buchgewinne, die bei einer Kapitalherabsetzung anfallen (§§ 222 Abs. 4, 237 AktG), gesondert als „Ertrag aus der Kapitalherabsetzung" hinter den Entnahmen aus Gewinnrücklagen auszuweisen. Vgl. im Übrigen ADS⁶, § 158 AktG, Tz. 23.

Nr. 26 Einstellungen in die Kapitalrücklage nach den Vorschriften über die vereinfachte Kapitalherabsetzung und im Fall der vereinfachten Einziehung

624 Die vereinfachte Kapitalherabsetzung kann dazu dienen, Beträge in die Kapitalrücklage einzustellen (§ 229 Abs. 1 AktG); außerdem sind ggf. im Anschluss an eine vereinfachte Kapitalherabsetzung weitere Einstellungen in die Kapitalrücklage erforderlich (§ 232 AktG). § 240 S. 2 AktG bestimmt, dass diese Einstellungen unter der genannten Bezeichnung gesondert auszuweisen sind[1040]. Auch im Fall der vereinfachten Einziehung ist in Posten Nr. 26 korrespondierend zu dem Ertrag aus der Kapitalherabsetzung die Einstellung in die Kapitalrücklage (§ 237 Abs. 5 AktG) auszuweisen[1041]. Bei GmbH ist ein besonderer Ausweis nicht vorgeschrieben, doch empfiehlt es sich, entsprechend zu verfahren. Zur Erläuterungspflicht im Anh. vgl. Tz. 911.

Nr. 27a Einstellungen in die gesetzliche Rücklage

625 Hier sind hauptsächlich die Einstellungen aufgrund der obligatorischen Bestimmungen des § 150 Abs. 2 AktG auszuweisen, ferner Einstellungen i.Z.m. der vereinfachten Kapitalherabsetzung (§ 231 S. 1 AktG)[1042].

Einstellungen in die gesetzliche Rücklage gem. § 58 Abs. 3 AktG aufgrund eines Gewinnverwendungsbeschlusses der HV sind nicht in der GuV-Verlängerung auszuweisen; sie sind in der Bilanz oder im Anh. des Folgejahres gesondert zu vermerken (§ 152 Abs. 3 Nr. 1 AktG) und im Beschluss der HV über die Gewinnverwendung (§ 174 Abs. 2 Nr. 3 AktG) aufzuführen.

Nr. 27b Einstellungen in die Rücklage für Anteile an einem herrschenden oder mehrheitlich beteiligten Unternehmen

626 Die Einstellungen nach § 272 Abs. 4 HGB können aus dem Jahresüberschuss, aus einem Gewinnvortrag, aus frei verfügbaren Rücklagen oder zu Lasten eines Bilanzverlustes vorgenommen werden. Sie sind grds. über den Posten Nr. 27b zu führen; lediglich soweit eine frei verfügbare Rücklagen herangezogen wird (§ 272 Abs. 4 S. 3 HGB), erscheint in Ausnahmefällen eine Umbuchung in der Bilanz ausreichend[1043].

627 Demgegenüber berührt die Bildung des „Ausgleichspostens für aktivierte eigene Anteile" (§ 264c Abs. 4 S. 2 HGB) bei **Personenhandelsgesellschaften i.S.d. § 264a HGB** die Gewinnverwendungsrechnung i.d.R. nicht (vgl. Tz. 426), so dass ein entsprechender Ausweis nur ausnahmsweise in Betracht kommen dürfte.

[1040] Vgl. ADS⁶, § 158 AktG, Tz. 25; *Förschle/Heinz* in Budde/Förschle/Winkeljohann, Sonderbilanzen⁴, Kap. Q, Rn. 110.

[1041] Vgl. ADS⁶, § 158 AktG, Tz. 27.

[1042] Vgl. ADS⁶, § 158 AktG, Tz. 18.

[1043] Vgl. im Einzelnen ADS⁶, § 158 AktG, Tz. 19, § 268 HGB, Rn. 22; dazu auch *Reiß* in BoHdR, § 158 AktG, Rn. 12.

Die Gewinn- und Verlustrechnung　　　　　　　　　　　　　　　　　　　　　F

Nr. 27c Einstellungen in satzungsmäßige Rücklagen

Soweit die Satzung Einstellungen in eine solche Rücklage vorschreibt, sind sie hier auszuweisen. Stellt die HV im Beschluss über die Verwendung des Bilanzgewinns Beträge in diese Rücklage ein (§ 58 Abs. 3 AktG), so geschieht dies durch direkte Umbuchung vom Bilanzgewinn auf die Rücklage; die GuV-Verlängerung wird in diesem Fall nicht berührt[1044]. 　628

Nr. 27d Einstellungen in andere Gewinnrücklagen

Hier sind insb. diejenigen Einstellungen auszuweisen, die bei Aufstellung oder Feststellung des JA im Rahmen und unter Beachtung gesetzlicher Vorschriften (§ 58 Abs. 1, 2 und 2a AktG, § 270 Abs. 2 HGB) den anderen Gewinnrücklagen zugewiesen werden. Zu Einstellungen durch die HV vgl. *ADS*[6], § 158 AktG Tz. 17. 　629

Nr. 27e Wiederauffüllung des Genussrechtskapitals

Die Wiederauffüllung des Genussrechtskapitals **mit Eigenkapitalcharakter** nach Minderung durch Verlustteilnahme aufgrund der Genussrechtsbedingungen ist gesondert unter diesem Posten zu zeigen und bereits bei der Aufstellung des JA zu berücksichtigen[1045]. 　630

Nr. 28 Aufwand aus dem Erwerb eigener Anteile

Die Verrechnung der Differenz zwischen den AK und dem Nennbetrag bzw. rechnerischen Wert erworbener eigener Anteile mit den frei verfügbaren Rücklagen (§ 272 Abs. 1a S. 2 HGB) darf grds. unmittelbar, d.h. ohne Berührung der GuV-Verlängerung erfolgen[1046]. Ein Ausweis in der GuV-Verlängerung könnte sich jedoch aus Gründen der Klarheit und Übersichtlichkeit empfehlen[1047]. In diesem Fall ist unter Nr. 28 der Aufwand aus dem Erwerb eigener Anteile zu erfassen; dieser ist bis zu dem Betrag, der sonst zur unmittelbaren Verrechnung herangezogen würde, durch Auslösung der jeweiligen Rücklage zu kompensieren[1048]. Reichen die in den freien Rücklagen verfügbaren Beträge nicht aus und muss daher eine Verrechnung zu Lasten des Bilanzgewinns bzw. Bilanzverlustes erfolgen[1049], ist der Ausweis unter Nr. 28 zwingend notwendig. 　631

Nr. 29 Bilanzgewinn/Bilanzverlust

Der hierunter ausgewiesene Betrag muss mit dem Betrag des gleichlautenden Postens der Bilanz (§ 268 Abs. 1 S. 2 HGB) übereinstimmen. Er ist die Grundlage für den Gewinnverwendungsvorschlag nach § 170 Abs. 2 AktG und für die Beschlussfassung der HV nach § 174 AktG. 　632

[1044] Vgl. *ADS*[6], § 158 AktG, Tz. 20.
[1045] Vgl. *IDW St/HFA 1/1994*, Kap. 2.2.2.b); ferner *Emmerich/Naumann*, WPg 1994, S. 677 (688); *Wollmert*, BB 1992, S. 2106 (2108).
[1046] Vgl. analog zum alten Recht (vor BilMoG) *ADS*[6] (ErgBd.), § 272 HGB, Tz. 17; so auch *Gelhausen/Fey/Kämpfer*, BilMoG, Kap. L, Rn. 30.
[1047] Vgl. *Gelhausen/Fey/Kämpfer*, BilMoG, Kap. L, Rn. 30.
[1048] So auch *Förschle/Hoffmann* in BeBiKo[7], § 272, Rn. 135.
[1049] Vgl. *Förschle/Hoffmann* in BeBiKo[7], § 272, Rn. 133.

Nr. 30 Ertrag aufgrund höherer Bewertung gemäß dem Ergebnis der Sonderprüfung/gemäß gerichtlicher Entscheidung

633 Es handelt sich um die Summe der Unterschiedsbeträge, die sich aus einer Erhöhung von Aktivposten und einer Herabsetzung von Passivposten aufgrund des Ergebnisses einer Sonderprüfung nach §§ 258 ff. AktG wegen unzulässiger Unterbewertung oder einer gerichtlichen Entscheidung über die Feststellungen der Sonderprüfer gem. § 260 AktG ergeben. Der **Posten** ist nach § 261 Abs. 1 S. 6 oder Abs. 2 S. 2 AktG **gesondert** unter der dort verlangten Bezeichnung auszuweisen; er darf nicht mit anderen Posten zusammengefasst werden. Der auszuweisende Betrag ist, sofern auch zwischenzeitliche Bewertungsänderungen zu berücksichtigen sind, nicht identisch mit der Summe der Beträge, die bei der Sonderprüfung oder durch das Gericht festgestellt wurden[1050].

3. Inhalt der einzelnen Posten bei Gliederung nach dem Umsatzkostenverfahren (§ 275 Abs. 3 HGB)[1051]

Nr. 1 Umsatzerlöse

634 Der Posten stimmt inhaltlich mit dem Posten Nr. 1 des GKV überein (§ 277 Abs. 1 HGB). Vgl. Tz. 504 ff.

Nr. 2 Herstellungskosten der zur Erzielung der Umsatzerlöse erbrachten Leistungen

635 Entsprechend dem Charakter und der Zielsetzung der Umsatzkostenrechnung soll dieser Posten die Herstellungskosten der verkauften Produkte und in Rechnung gestellten Leistungen nachweisen, gleichgültig, ob sie im letzten oder in früheren GJ angefallen sind. Für die Zwecke der Bestandsbewertung sind die Herstellungskosten in § 255 Abs. 2 HGB definiert. Während dort Kosten der **allgemeinen Verwaltung** grds. als in die Herstellungskosten einrechenbar bezeichnet sind (S. 3), ist im Gliederungsschema des § 275 Abs. 3 HGB für die allgemeinen Verwaltungskosten ein eigener Posten (Nr. 5) vorgesehen. Dennoch ist davon auszugehen, dass grds. die Verwaltungskosten, die **dem Herstellungsbereich zurechenbar** sind, zu den Herstellungskosten i.S.d. Postens Nr. 2 gehören, und zwar unabhängig von der Handhabung bei der Bilanzbewertung, und dass unter dem Posten Nr. 5 nur diejenigen allgemeinen Verwaltungskosten auszuweisen sind, die nicht zum Bereich der Herstellung gehören. Die praktische Durchführung dieses Grundsatzes hängt allerdings davon ab, dass eine entsprechende Aufgliederung der Verwaltungskosten nach in die Herstellungskosten einrechenbaren und nicht einrechenbaren Kosten vorliegt. Fehlt es daran – etwa weil im Unternehmen generell davon absieht, die allgemeinen Verwaltungskosten in die Herstellungskosten einzubeziehen –, so ist es zulässig, die allgemeinen Verwaltungskosten in vollem Umfang unter dem Posten Nr. 5 auszuweisen. **Vertriebskosten** sind nicht hier, sondern unter Nr. 4 zu erfassen.

636 Darüber hinaus (und insoweit abw. von den Begrenzungen des § 255 Abs. 2 HGB) sind unter dem Posten Nr. 2 aber auch alle diejenigen Kosten für verkaufte Produkte auszuweisen, die im weiteren Sinne **dem Herstellungsbereich zuzurechnen** sind und die nicht unter die Vertriebskosten oder die allgemeinen Verwaltungskosten fallen[1052]. Hierzu können z.B. die Kosten der Forschung und Produktentwicklung, Gewährleistungskosten,

---

1050 Wegen weiterer Einzelheiten siehe ADS[6], § 275 HGB, Tz. 207, und § 261 AktG, Tz. 5.
1051 Zur älteren Literatur zum UKV vgl. WP Handbuch 2000 Bd. I; *Chmielewicz*, DBW 1990, S. 27; *Göllert*, DB 2008, S. 1165 (1168); *Lederle*, S. 53; *Wimmer*, WPg 1993, S. 161; *Bandle*, S. 43; *Fischer*, S. 333; *Würth*, S. 352.
1052 Vgl. ADS[6], § 275 HGB, Tz. 216; ferner *Rogler*, BB 1992, S. 1459 (1461); *Wimmer*, WPg 1993, S. 161 (164); *Förschle* in BeBiKo[7], § 275, Rn. 271.

Kosten der Produkthaftpflicht u.dgl. gehören. Besitzen die Aufwendungen für Forschung und Entwicklung wesentlichen Umfang, so sollten sie gem. § 265 Abs. 5 HGB gesondert gezeigt werden[1053].

Auch **Gemeinkosten**, die in der Bilanz **nicht aktivierbar** wären, weil sie nicht notwendig oder nicht angemessen waren, und Abschreibungen auf nicht voll genutzte Anlagen dürfen in den Posten Nr. 2 einbezogen werden[1054]; zur Berücksichtigung der Abschreibungen vgl. im Einzelnen *IDW St/SABI 1/1987*. Die enge Abgrenzung der Herstellungskosten in § 255 Abs. 2 HGB erklärt sich aus dem Zweck dieser Vorschrift, unter dem Gesichtspunkt der Vorsicht die Aktivierbarkeit der Herstellungskosten nach oben zu begrenzen. Für die GuV sind derartige Beschränkungen nicht erforderlich[1055]. Sie hat alle Aufwendungen nachzuweisen, unbeschadet dessen, ob sie notwendig oder angemessen waren. Letzten Endes müssen alle Aufwendungen (Selbstkosten) der Gesellschaft, soweit nicht ein Ausweis unter den Posten Nrn. 11, 12, 15, 17 oder 18 zwingend ist, auf die Bereiche Herstellung, Vertrieb und allgemeine Verwaltung verteilt werden. Der Posten Nr. 7 „Sonstige betriebliche Aufwendungen", der in Art. 25 der 4. EG-Richtlinie nicht vorgesehen ist, tritt dahinter zurück (vgl. auch Tz. 649).

637

Als **Herstellungskosten i.S.d. Postens Nr. 2** sind demnach auszuweisen die Herstellungskosten für:

638

– im GJ verkaufte, zu Beginn des Jahres vorhandene fertige Erzeugnisse und fertige Leistungen, bewertet mit den Bilanzwerten des letzten JA[1056],
– im GJ verkaufte, zu Beginn des Jahres vorhandene und in der Zwischenzeit fertiggestellte unfertige Erzeugnisse und unfertige Leistungen, bewertet mit den Bilanzwerten des letzten JA zuzüglich der im laufenden Jahr angefallenen Herstellungskosten im weiteren Sinne,
– im GJ produzierte und verkaufte Erzeugnisse und erbrachte Leistungen, bewertet mit den Herstellungskosten im weiteren Sinne.

Bei einer Bewertung der Bestände auf Basis von **Vollkosten** (vgl. E Tz. 342 ff.) führt dies zum Ausweis der vollen Herstellungskosten der verkauften Produkte und Leistungen unter dem Posten Nr. 2, während die entsprechenden Kosten für noch nicht verkaufte Produkte und Leistungen in der Bilanz aktiviert werden.

639

Beim Ansatz zu **Teilkosten** ergibt sich dagegen die Frage, ob nicht aktivierte Herstellungskosten von Bestandserhöhungen des GJ als sonstige betriebliche Aufwendungen (Nr. 7) auszuweisen sind oder – mehr entsprechend der angelsächsischen Praxis –, unabhängig davon, wie von den in § 255 Abs. 2 HGB gebotenen Möglichkeiten der Bestimmung der zu aktivierenden Herstellungskosten Gebrauch gemacht wird, in den Posten Nr. 2 einbezogen werden können. Beide Ausweisformen sind zulässig; der Ausweis unter Nr. 2 ist jedoch vorzuziehen[1057]. In diesem Zusammenhang ist im **Anhang** anzugeben, wie die unter Nr. 2 ausgewiesenen Herstellungskosten ermittelt sind, insb. ob in den sonstigen betrieblichen Aufwendungen (Nr. 7) nicht aktivierte Teile der Herstellungskosten enthalten sind (§ 284 Abs. 2 Nr. 1 HGB). Bei außergewöhnlich hohen Bestandsveränderungen können zusätzliche Angaben im Anh. nach § 264 Abs. 2 S. 2 HGB erforderlich werden.

640

1053 Vgl. auch *Bandle*, S. 43 (73).
1054 Vgl. *Förschle* in BeBiKo[7], § 275, Rn. 277.
1055 Vgl. ADS[6], § 275 HGB, Tz. 217; *Stobbe* in BHdR, B 361, Rn. 12.
1056 Vgl. ADS[6], § 275 HGB, Tz. 222.
1057 Vgl. ADS[6], § 275 HGB, Tz. 223; im Ergebnis ebenso *Förschle* in BeBiKo[7], § 275, Rn. 276; a.A. (für Ausweis unter Nr. 7) *Wimmer*, WPg 1993, S. 161 (165).

641 Werden **Aufwandszinsen** und **betriebliche Steuern** in die Berechnung der Herstellungskosten einbezogen, so stellt sich auch hier die Frage, ob sie als Herstellungskosten der verkauften Erzeugnisse ausgewiesen oder den entsprechenden Aufwandsposten (Nrn. 12 und 18) zugerechnet werden sollen. Geht man davon aus, dass auch die nach dem UKV gegliederte GuV in Bezug auf die Posten Nrn. 8 ff. den Ausweis von Ertrags- und Aufwandsposten vorschreibt, so sollten die o.g. Aufwendungen im Jahr des Anfalls unter den dafür vorgesehenen Posten ausgewiesen werden. Es muss aber auch als zulässig angesehen werden, betriebliche Steuern und Zinsen, die den Herstellungskosten zugerechnet werden können, in den Posten Nr. 2 mit einzubeziehen (entsprechendes gilt für den Vertriebs- und Verwaltungsbereich)[1058]; diese Auffassung kann sich darauf stützen, dass Art. 25 der 4. EG-Richtlinie einen Ausweis unter den „Sonstigen Steuern" nur vorsieht, „soweit nicht unter den obigen Posten enthalten". Konsequent wäre es in diesem Fall, die Bezeichnung des Postens Nr. 18 im Hinblick auf § 265 Abs. 6 HGB in dieser Form zu ergänzen. Außerdem sind nach § 284 Abs. 2 Nr. 1 HGB Angaben im **Anhang** erforderlich. In allen genannten Abgrenzungsfällen ist die einmal gewählte Zuordnung nach § 265 Abs. 1 S. 1 HGB beizubehalten[1059].

642 Wird das UKV von reinen **Handelsbetrieben** angewandt, dann ist im Hinblick auf § 265 Abs. 6 HGB die Bezeichnung des Postens entsprechend anzupassen (z.B. „AK der verkauften Waren")[1060].

Nr. 3 Bruttoergebnis vom Umsatz

643 Dieser Posten ergibt sich als **Saldogröße** aus den Posten Nrn. 1 und 2. Ein Sollsaldo sollte nach § 243 Abs. 2 HGB durch ein entsprechendes Vorzeichen oder eine geänderte Postenbezeichnung erkennbar sein.

Nr. 4 Vertriebskosten

644 Die Vertriebskosten rechnen nicht zu den Herstellungskosten (§ 255 Abs. 2 S. 4 HGB) und müssen daher unter diesem Posten sämtlich in der Periode verrechnet werden, in der sie anfallen. Grundlage der Ermittlung der Vertriebskosten ist ebenso wie bei der der Herstellungskosten und der allgemeinen Verwaltungskosten eine entsprechend ausgebaute Kostenrechnung. Sie muss die direkt und die indirekt zurechenbaren Vertriebskosten nachweisen. Zu den Vertriebskosten rechnen alle Aufwendungen der Verkaufsabteilungen, Werbeabteilungen, Marketingabteilungen, des Vertreternetzes, der Vertriebsläger, der verschiedenen Formen der Absatzförderung usw.

645 Als **Vertriebseinzelkosten**, die direkt einzelnen Produkten zuzurechnen sind, kommen insb. Verpackungs- und Transportkosten sowie Provisionen in Betracht; Umsatzsteuern sind direkt von den Umsatzerlösen (Nr. 1) abzusetzen (§ 277 Abs. 1 HGB), Verbrauchsteuern und Monopolabgaben im Regelfall unter den sonstigen Steuern (Nr. 18) auszuweisen. Zu den **Vertriebsgemeinkosten** rechnen die Personalkosten der genannten Abteilungen, die Kosten der Marktforschung, Werbung und Absatzförderung, der Kundenschulung, kostenlose Warenproben und Muster, Messe- und Ausstellungskosten, Präsentationen, Reisekosten, Kosten der Auslieferungs- und Verteilungsläger, des Fuhrparks, die anteiligen Abschreibungen und Materialkosten sowie ein angemessener Anteil der

---

[1058] Vgl. ADS[6], § 275 HGB, Tz. 231; a.A. (nur Nrn. 12, 18) *Budde* in HdR[5], § 275 HGB, Rn. 116, 134; *Chmielewicz*, DBW 1990, S. 27 (36).

[1059] Vgl. ADS[6], § 275 HGB, Tz. 224, 243.

[1060] Zu „Herstellungskosten" für verkaufte Waren vgl. auch *Rogler*, BB 1992, S. 1459 (1461); zu Vermietungen, Verpachtungen und Dienstleistungen ferner S. 1462.

Die Gewinn- und Verlustrechnung **F**

Verwaltungskosten (u.a. Energiekosten, Telefon, Porti, Mieten, Versicherungen). Zinsaufwendungen sind **nicht** zu berücksichtigen, sie sind unter Nr. 12 auszuweisen. Wird der Vertrieb von einer eigens dazu bestimmten Tochtergesellschaft wahrgenommen, so sind die der Tochtergesellschaft dafür gewährten Entgelte ebenfalls hier auszuweisen[1061]; ein etwa darüber hinaus noch zu übernehmender Verlust muss im Hinblick auf § 277 Abs. 3 S. 2 HGB unter Nr. 11a gesondert ausgewiesen werden (vgl. Tz. 487), doch ist, soweit er Vertriebskosten-Charakter trägt, ein Sonderausweis unter Nr. 4 möglich. Wegen des Ausweises der **Kostensteuern** vgl. Tz. 641.

Nr. 5 Allgemeine Verwaltungskosten

Unter Nr. 5 sind alle allgemeinen Verwaltungskosten auszuweisen, soweit sie nicht in die Herstellungskosten (Posten Nr. 2) eingerechnet sind oder anteilig bei den Vertriebskosten ausgewiesen werden. Auch die Ermittlung dieses Postens setzt eine entsprechende innerbetriebliche Kostenrechnung voraus. **646**

Zu den allgemeinen Verwaltungskosten gehören[1062]: die Kosten der Geschäftsführung und anderer Unternehmensorgane, des Rechnungswesens und eines Rechenzentrums, der Personalverwaltung, der Finanzabteilung, der Stabsabteilungen, wie Rechtsabteilung, Steuerabteilung, Revisionsabteilung u.ä., jeweils soweit nicht anteilig zu den Herstellungskosten oder Vertriebskosten gerechnet. Außerdem können hierher die Kosten für Sozial- und Schulungseinrichtungen des Unternehmens gehören.

Schwierigkeiten kann die Abgrenzung zum Posten Nr. 7 **sonstige betriebliche Aufwendungen** bereiten, wenn diesem die gleichen Aufwendungen zugerechnet werden sollen, die der entsprechende Posten Nr. 8 im Gliederungsschema des GKV aufweist; denn dieser enthält auch Aufwendungen, die beim UKV ohne weiteres den allgemeinen Verwaltungskosten zuzurechnen sind (z.B. Reisespesen, Büromaterial, Rechtsschutzkosten). Da der Posten Nr. 7 indes als Sammelposten für alle nicht unter anderen Posten auszuweisenden betrieblichen Aufwendungen anzusehen ist und da bereits die Herstellungskosten (Nr. 2) und Vertriebskosten (Nr. 4) Aufwendungen enthalten, die beim GKV nur unter Nr. 8 ausgewiesen werden können, ist in Zweifelsfällen dem Ausweis unter Nr. 5 der Vorzug zu geben[1063]. Zum Ausweis der **Kostensteuern** vgl. Tz. 641. **647**

Nr. 6 Sonstige betriebliche Erträge

Der Posten stimmt inhaltlich weitgehend mit dem Posten Nr. 4 des GKV überein (vgl. Tz. 521 ff.). Soweit **Eigenleistungen** der Gesellschaft im AV aktiviert und die entsprechenden Aufwendungen nicht direkt den Anlagekonten belastet, sondern unter Aufwandsposten der GuV ausgewiesen sind, ist ein entsprechender Gegenposten unter Nr. 6 einzustellen. Die direkte Umbuchung ohne Berührung der GuV ist vorzuziehen[1064]. Auch **Fremdkapitalzinsen** und **betriebliche Steuern**, die in die Herstellungskosten eines aktivierten Vermögensgegenstandes eingerechnet wurden, führen ggf. zu einem Gegenposten unter Nr. 6[1065], wenn sie nicht unter Nr. 12 bzw. Nr. 18 abgesetzt werden. **648**

1061 Vgl. ADS[6], § 275 HGB, Tz. 236; *Förschle* in BeBiKo[7], § 275, Rn. 286.
1062 Vgl. im Einzelnen ADS[6], § 275 HGB, Tz. 238.
1063 Vgl. ADS[6], § 275 HGB, Tz. 239; *Bandle*, S. 43 (70).
1064 Vgl. ADS[6], § 275 HGB, Tz. 241; strenger *Förschle* in BeBiKo[7], § 275, Rn. 300; a.A. *Budde* in HdR[5], § 275 HGB, Rn. 114 (Ausweis unter Nr. 6 unzulässig).
1065 Vgl. ADS[6], § 275 HGB, Tz. 243; strenger *Förschle* in BeBiKo[7], § 275, Rn. 308 (Doppelausweis in Nrn. 2 und 12 bzw. Nr. 18 nicht sachgerecht).

Nr. 7 Sonstige betriebliche Aufwendungen

649 Es handelt sich, wie bereits zum entsprechenden Posten des GKV (§ 275 Abs. 2 Nr. 8 HGB) ausgeführt (vgl. Tz. 551 ff.), um einen **Sammelposten** für alle nicht unter anderen Posten der GuV auszuweisenden Aufwendungen. Der hier auszuweisende Aufwand wird jedoch wesentlich niedriger ausfallen als der des Postens Nr. 8 des GKV; denn der ganz überwiegende Teil der im Gliederungsschema des GKV als sonstige betriebliche Aufwendungen betrachteten Aufwendungen wird den Herstellungskosten (Nr. 2), den Vertriebskosten (Nr. 4) und den allgemeinen Verwaltungskosten (Nr. 5) zuzurechnen sein und daher dort und nicht unter Nr. 7 ausgewiesen werden. Die Begr. zu § 275 HGB vermutet sogar, dass bei einer Bilanzierung von Vorräten und Eigenleistungen mit Vollkosten keine entsprechenden, unter dem Posten Nr. 7 auszuweisenden Aufwendungen verbleiben und dass dies der Grund ist, warum ein dem Posten Nr. 7 entsprechender Posten in Art. 25 der 4. EG-Richtlinie fehlt[1066]. Wegen nicht aktivierter Teile der Herstellungskosten noch nicht veräußerter Produkte vgl. Tz. 640.

650 Soweit **Nebenleistungen** des Unternehmens nicht unter dem Posten Nr. 1, sondern als sonstige betriebliche Erträge (Nr. 6) ausgewiesen werden, fällt der entsprechende Aufwand (Material-, Personal- und sonstiger Aufwand) unter Nr. 7 (z.B. die Aufwendungen für einen Kasinobetrieb, für Magazinverkäufe, für vermietete Anlagen, Wohnungen u. dgl.). Hier können auch Aufwendungen ausgewiesen werden, die mehreren Unternehmensbereichen zuzurechnen, aber schwer aufzuteilen sind.

651 **Periodenfremde Aufwendungen** sind den einzelnen Funktionsbereichen zuzuordnen[1067] und nach § 277 Abs. 4 S. 3 HGB anzugeben.

Nrn. 8 bis 19 Alle übrigen GuV-Posten des Umsatzkostenverfahrens

652 Alle übrigen Ertrags- und Aufwandsposten des UKV stimmen im Grundsatz mit den entsprechenden **Ertrags- und Aufwandsposten des Gesamtkostenverfahrens** überein. Dies gilt auch für die verschiedenen nicht im gesetzlichen Gliederungsschema vorgesehenen Sonderposten. Zu beachten ist, dass die Nummerierung nicht übereinstimmt; die entsprechenden Nummern des GKV lauten jeweils um die Zahl Eins höher (z.B. Abs. 3 Nr. 8 = Abs. 2 Nr. 9).

653 Ein **Unterschied** zum Gliederungsschema nach § 275 Abs. 2 HGB kann sich ergeben, da unter dem Posten Nr. 11 beim UKV unstrittig auch die in der Gesellschaft **unüblichen Abschreibungen** auf Wertpapiere des Umlaufvermögens ausgewiesen werden, während sie beim GKV ggf. gesondert gezeigt werden (vgl. die Erl. zu Nr. 7b, Tz. 548). Werden **Zinsen und Kostensteuern** den Posten Nrn. 2, 4 oder 5 zugerechnet, so sind sie von den Posten Nr. 12 bzw. Nr. 18 abzusetzen, wenn kein Gegenposten unter Nr. 6 gebildet wird. Zum Ausweis der **Rücklagenveränderungen** vgl. die Erl. zum GKV (Tz. 615 ff.).

V. Der Anhang[1068]

1. Allgemeines

654 Alle KapGes. und Personenhandelsgesellschaften i.S.d. § 264a HGB haben den JA um einen **Anhang** zu erweitern, der mit der Bilanz und der GuV eine Einheit bildet (sog. er-

---

1066 Vgl. BT-Drs. 10/4268, S. 108.
1067 Vgl. abw. (für Wahlrecht eines Sammelausweises unter Nr. 7) ADS⁶, § 275 HGB, Tz. 246.
1068 Zur älteren Literatur vgl. Vorauf. Wegen Literatur zum Geschäftsbericht vgl. Tz. 847 und wegen Kommentarliteratur zum JA vgl. E, Fn. 1.

Der Anhang

weiterter Jahresabschluss, § 264 Abs. 1 S. 1 HGB). Für kleine und mittelgroße Gesellschaften (§ 267 Abs. 1 und 2 HGB) bestehen Erleichterungen sowohl für die Aufstellung (§§ 274a, 276 und 288 HGB) als auch für die Offenlegung (§§ 326, 327 HGB). Große KapGes. i.S.d. § 267 Abs. 3 HGB sowie denen gleichgestellte Personenhandelsgesellschaften, die nach § 325 Abs. 2a HGB vom Wahlrecht der Offenlegung eines **IFRS-Einzelabschlusses** Gebrauch machen (vgl. Tz. 9 ff.), haben grds. neben den Angaben nach IFRS auch die handelsrechtlichen Anhangangaben nach § 325 Abs. 2a S. 3 i.V.m. § 285 Nrn. 7, 8 lit. b), Nrn. 9 bis 11a und 14 bis 17 HGB zu machen; hierfür gelten die Ausnahmevorschriften des § 286 Abs. 1, 3 und 5 (vgl. Tz. 15). Außerdem bestehen **Befreiungsmöglichkeiten** für Gesellschaften, die TU sind und in den KA ihres MU einbezogen werden (§§ 264 Abs. 3 und 4, 264b HGB; vgl. dazu und zu den Befreiungsvoraussetzungen Tz. 29 und 58). Kredit- und Finanzdienstleistungsinstitute sowie VU sind gem. §§ 340a Abs. 1 und 341a Abs. 1 HGB unabhängig von ihrer Rechtsform und Größe zur Aufstellung eines Anh. nach den Vorschriften für große KapGes. verpflichtet; wegen Besonderheiten vgl. J Tz. 397 und K Tz. 79, 566.

Der **Inhalt** des Anh. bestimmt sich in erster Linie nach den §§ 284 bis 288 HGB, doch enthalten die übrigen Vorschriften über den JA der KapGes. und der Personenhandelsgesellschaften i.S.d. § 264a HGB (§§ 264 ff. HGB) eine Fülle weiterer Bestimmungen[1069], denen z.T. wahlweise durch Angaben in der Bilanz/GuV oder im Anh. entsprochen werden kann[1070]. AG und KGaA haben darüber hinaus noch weitere rechtsformspezifische Bestimmungen des AktG[1071], GmbH solche des GmbHG zu beachten[1072]. Für den Umfang der Anhangangaben ist ferner zu beachten, ob die Gesellschaft kapitalmarktorientiert, d.h. bspw. durch Ausgabe von Schuldtiteln einen organisierten Markt i.S.d. § 2 Abs. 5 WpHG in Anspruch nimmt, oder börsennotiert ist[1073].

655

Inhalt und Umfang des Anh. bestimmen sich ferner danach, dass Bilanz, GuV und Anh. zusammen unter Beachtung der GoB „ein den tatsächlichen Verhältnissen entsprechendes Bild der Vermögens-, Finanz- und Ertragslage der KapGes. zu vermitteln" haben (§ 264 Abs. 2 S. 1 HGB). Falls dies wegen „besonderer Umstände" nicht der Fall sein sollte, sind im Anh. **zusätzliche Angaben** zu machen (§ 264 Abs. 2 S. 2 HGB); diese Angaben müssen so vollständig sein, dass der JA das in § 264 Abs. 2 S. 1 HGB geforderte Bild vermittelt (vgl. Tz. 78 und 1057).

656

Der Anh. dient dem Verständnis und der Ergänzung von Bilanz und GuV[1074]. Er enthält Angaben, Aufgliederungen, Begründungen, Darstellungen und Erläuterungen zur Bilanz und GuV oder zu einzelnen ihrer Posten, zu ihrem Inhalt, zu den angewandten Bewertungs- und Abschreibungsmethoden sowie zu Unterbrechungen der Darstellungs-, Ansatz- und Bewertungsstetigkeit und Informationen über wichtige finanzielle Daten, die keinen Niederschlag in der Bilanz gefunden haben sowie über eine Reihe anderer Tatbestände[1075].

657

1069 Vgl. dazu die tabellarische Übersicht unter Tz. 692.
1070 Vgl. Tz. 877 ff. und Tz. 908 f.
1071 Vgl. die tabellarische Übersicht Tz. 692; vgl. ferner Tz. 1025 ff.
1072 Vgl. die tabellarische Übersicht Tz. 692.
1073 Vgl. ausführlich hierzu Tz. 1055 f.
1074 Zu den Funktionen des Anh. vgl. *Varmaz* in Haufe HGB Kommentar[2], § 284, Rn. 4; ADS[6], § 284 HGB, Tz. 5 ff.; *Kupsch* in HdJ, Abt. IV/4, Rn. 10 ff.
1075 Vgl. *Forster*, DB 1982, S. 1577 (1578).

658 Obwohl das Gesetz Anh. und LB (LB, vgl. Tz. 1080) als **selbstständige**[1076] Instrumente der Rechnungslegung ausgestaltet und dabei den Anh. dem JA zugeordnet hat (§ 264 Abs. 1 S. 1 HGB), können Anh., LB und darüber hinausgehende freiwillige Angaben der Gesellschaft sowie Bilanz und GuV in einem einheitlichen Druckstück, dem **Geschäftsbericht** (GB)[1077], zusammengefasst werden; hier müssen der (geprüfte) JA und LB klar von anderen Informationen getrennt werden. Es ist aber zulässig, im Anh. zusätzliche, nicht in den gesetzlichen Vorschriften vorgesehene **freiwillige Angaben** und Erläuterungen zu machen[1078], solange dadurch Klarheit und Übersichtlichkeit der Darstellung (§ 243 Abs. 2 HGB) nicht beeinträchtigt werden (vgl. dazu Tz. 666).

659 Der Anh. ist mit der Bilanz und der GuV sichtbar so zu verbinden, dass seine Zugehörigkeit zum JA unmissverständlich zu erkennen ist[1079]. Dabei ist der Anh. zugleich vom LB abzugrenzen (wichtig im Hinblick auf unterschiedliche Prüfungsanforderungen). Zu beachten sind ferner die weitgehenden Offenlegungspflichten für große Gesellschaften (§ 267 Abs. 3 HGB), die eine Bekanntmachung von Anh. und LB im eBAnz. verlangen (§ 325 Abs. 2 HGB); dies kann es zweckmäßig erscheinen lassen, Anh. und LB von den übrigen Angaben des GB zu trennen. Dem kann durch eine entspr. **Gliederung des GB** Rechnung getragen werden, z.B.[1080]:

I. Bericht des AR
II. Bericht des Vorstands
   1. Allgemeiner Teil
      a) Darlegungen zur allgemeinen wirtschaftlichen Entwicklung der Volkswirtschaft und/oder der Branche
      b) Darstellung des Unternehmens (zu a)) und jeweils unter Einschluss von Bildern, Tabellen, Graphiken u.dgl.
   2. LB i.S.d. § 289 HGB
   3. Bilanz und GuV
   4. Anh. i.S.d. §§ 284 bis 288 HGB
   5. Gewinnverwendungsvorschlag

660 Die Mitglieder des **Geschäftsführungsorgans** (Vorstand, Geschäftsführung; bei Personenhandelsgesellschaften Vorstand oder Geschäftsführung der vertretungsberechtigten Komplementärgesellschaft(en)) und eines **Aufsichtsrats** müssen im Anh. aufgeführt werden (§ 285 Nr. 10 HGB). Werden sie – wie in der Praxis üblich – gesondert vor dem allgemeinen Teil genannt, ist darauf zu achten, dass sie bei der Veröffentlichung im eBAnz. mit aufgeführt werden. Im Übrigen würde sich bei Verwendung der obigen Gliederung die Offenlegung nicht auf den allgemeinen Teil (II. 1.) beziehen.

661 Eine besondere **Unterzeichnung** des Anh. durch die Mitglieder des Geschäftsführungsorgans ist nicht erforderlich. Nach § 245 HGB ist der JA unter Angabe des Datums zu unterzeichnen. Da Bilanz, GuV und Anh. eine Einheit bilden (§ 264 Abs. 1 S. 1 HGB), gilt diese Unterzeichnung auch für den Anh.

662 § 298 Abs. 3 S. 1 HGB gestattet unter Beachtung des S. 3, den Anh. des MU mit dessen **Konzernanhang** (§§ 313 f. HGB) **zusammenzufassen**. Dabei muss ersichtlich sein,

---

[1076] Zum Verhältnis zwischen Anh. und LB vgl. Tz. 1098. Vgl. auch ADS[6], § 289 HGB, Tz. 10 ff.; *Coenenberg*, Jahresabschluss[21], S. 36; *Selchert*, S. 5 ff.
[1077] Der GB wird als solcher im Gesetz nicht mehr erwähnt; gleichwohl wird der Ausdruck für dieses Druckstück in der Praxis weiter verwendet; vgl. ADS[6], § 284 HGB, Tz. 3 und 35.
[1078] Zu den freiwilligen Abschlusserläuterungen vgl. Tz. 683 f.
[1079] So *Biener/Berneke*, BiRiLiG, Erl. vor § 284 HGB, S. 247.
[1080] Vgl. auch ADS[6], § 289 HGB, Tz. 36 m.w.N.

Der Anhang

welche Aussagen sich auf das MU, auf den Konzern oder auf beide beziehen[1081]; im Übrigen vgl. M Tz. 735.

Kommt der Vorstand/die Geschäftsführung der Verpflichtung zur Aufstellung des Anh. nicht nach, ist vom BAJ ein **Ordnungsgeldverfahren** gegen die Mitglieder des Geschäftsführungsorgans durchzuführen (§§ 335 S. 1 Nr.1; 335b HGB). Das einzelne Ordnungsgeld darf den Betrag von 25.000 € nicht übersteigen. Unvollständige Angaben im Anh. stellen eine Ordnungswidrigkeit dar und können mit einer **Geldbuße** gegen das vertretungsberechtigte Organ oder den AR einer KapGes. geahndet werden (§ 334 HGB). Unrichtige Wiedergaben oder Verschleierungen der Verhältnisse der Gesellschaften im Anh. stellen dagegen einen Straftatbestand dar (§ 331 Nr. 1 HGB), welcher über eine Geldstrafe hinaus auch mit einer Freiheitsstrafe von bis zu drei Jahren geahndet werden kann (vgl. hierzu auch ADS[6], § 284 HGB, Tz. 39; BeBiKo[7], § 284 HGB, Rn. 195). Zur Abschlussprüfung vgl. Q Tz. 192. 663

2. Grundsätze der Berichterstattung[1082]

Die Ausführungen im Anh. müssen der **Generalnorm** des § 264 Abs. 2 S. 1 HGB entsprechen, d.h. zusammen mit Bilanz und GuV „unter Beachtung der GoB ein den tatsächlichen Verhältnissen entspr. Bild der Vermögens-, Finanz- und Ertragslage der Kapitalgesellschaft [...] vermitteln"; vgl. dazu auch Tz. 78 und Tz. 656. 664

Bei der Bestimmung der Grundsätze der Berichterstattung ist davon auszugehen, dass der Anh. (als gleichwertiger Bestandteil des JA)[1083] nicht nur ein Mittel der **Rechenschaftslegung** des Geschäftsführungsorgans ggü. den Aktionären/Gesellschaftern ist, sondern dass er sich in gleicher Weise an die Öffentlichkeit, insb. an die Gläubiger der Gesellschaft sowie an bestehende und potenzielle Geschäftspartner der Gesellschaft richtet[1084]. Auch für den AR ist der Anh. ein wichtiges Informationsmittel für die von ihm zu treffende Entscheidung, ob er den JA billigen soll. Die Berichterstattung im Anh. darf nicht deshalb unterbleiben oder eingeschränkt werden, weil die entspr. Sachverhalte den Gesellschaftern bereits uneingeschränkt bekannt sind oder weil diese darauf verzichten möchten. 665

Die Ausführungen im Anh. müssen **wahr, klar** und **übersichtlich**[1085] sein und so **vollständig**, dass das in § 264 Abs. 2 S. 1 HGB geforderte Bild vermittelt wird. Auch für den Anh. gilt § 243 Abs. 2 HGB, da er Teil des JA ist[1086]. Der Grundsatz der Vollständigkeit wird durch den Grundsatz der **Wesentlichkeit**[1087] (*materiality*) eingeschränkt. In einigen Fällen verlangt das Gesetz ausdrücklich nur wesentliche Angaben, z.B. in § 285 Nrn. 3, 3a und Nr. 12 (vgl. Tz. 682). Zur Aufrechterhaltung der Vollständigkeit werden in der Praxis häufig Kontroll-Listen verwendet (vgl. dazu Tz. 692). 666

Auf **Verständlichkeit** ist gerade im Hinblick auf die vom Gesetz geschützten Informationsinteressen Dritter Wert zu legen. Eine Bezugnahme auf Paragraphen ist nicht aus- 667

1081 Ebenso *Krawitz* in BoHdR[2], § 284 HGB, Rn. 21; vgl. auch ADS[6], § 298 HGB, Tz. 229 ff.
1082 Vgl. dazu ADS[6], § 284 HGB, Tz. 16 ff.; *Ellrott* in BeBiKo[7], § 284, Rn. 10 ff.; *Oser/Holzwarth* in HdR[5], §§ 284 bis 288 HGB, Rn. 1 ff.; *Kupsch* in HdJ, Abt. IV/4, Rn. 37; *Schülen* in BHdR, B 410; *Krawitz* in BoHdR[2], § 284 HGB.
1083 Zu den Aufgaben des Anh. vgl. ADS[6], § 284 HGB, Tz. 5 ff. (insb. 12 ff.); *Ellrott* in BeBiKo[7], § 284, Rn. 6.
1084 Dies ergibt sich aus der Zielsetzung der 4. EG-Richtlinie auf dem Gebiet des Gesellschaftsrechts; 4. EG-Richtlinie, ABl.EG 1978, Nr. L 222, S. 11; so auch *van Hulle*, WPK-Mitt. 1994, S. 9 ff.
1085 Vgl. dazu z.B. *Wulf* in Baetge/Kirsch/Thiele, Bilanzrecht, § 284 HGB, Rn. 13; im Übrigen vgl. E Tz. 12, und F Tz. 672.
1086 Vgl. *Forster*, DB 1982, S. 1577 (1632); *Selchert/Karsten*, BB 1985, S. 1889.
1087 Vgl. dazu *Oser/Holzwarth* in HdR[5], §§ 284 bis 288 HGB, Rn. 7; ADS[6], § 284 HGB, Tz. 23; *Kupsch* in HdJ, Abt. IV/4, Rn. 27; *Ellrott* in BeBiKo[7], § 284, Rn. 13; *Ossadnik*, WPg 1995, S. 33 ff.

geschlossen, darf jedoch nicht dazu führen, dass die entsprechenden Darlegungen nur unter Heranziehung der jeweiligen gesetzlichen Vorschrift verständlich sind. Unzulässig wäre z.B. eine Berichterstattung über die Bezüge des Geschäftsführungsorgans und die diesem gewährten Kredite wie folgt: „Die nach § 285 Nrn. 9a, 9b und 9c HGB anzugebenden Beträge lauten X €/ Y €/ Z €".

668 **Verweise** auf die Angaben in **Vj.** entbinden nicht von der Angabepflicht im aktuellen Berichtsjahr. Hat eine Gesellschaft jedoch einmal in einem früheren Anh. zu einem bestimmten Punkt besonders ausführlich und über die gesetzlichen Verpflichtungen hinausgehend berichtet, ist ein Hinweis darauf nicht ausgeschlossen; für das laufende Jahr muss gleichwohl im gesetzlich vorgesehenen Umfang berichtet werden[1088].

669 Pflichtangaben, die das HGB ausdrücklich für den Anh. (als Bestandteil des JA) verlangt (z.B. Arbeitnehmerzahl nach § 285 Nr. 7 HGB), dürfen **nicht in den Lagebericht verlagert** werden, denn Anh. und LB stehen in einem sich ergänzenden und nicht in einem sich ersetzenden Verhältnis; zur Wahrung eines evtl. gegebenen sachlichen Zusammenhangs kann allerdings in den Anh. an entsprechender Stelle ein Hinweis auf weitere Angaben im LB aufgenommen werden[1089]. Im Hinblick auf freiwillige Angaben besteht dagegen eine Wahlmöglichkeit, ob diese im Anh. oder im LB platziert werden[1090]. Hierbei ist zu beachten, dass auch die freiwilligen, zusätzlichen Angaben ebenso der Prüfungspflicht unterliegen wie die gesetzlichen Pflichtangaben, wenn sie innerhalb des Anh. dargestellt werden[1091].

670 Während für Bilanz und GuV zu jedem Posten der entsprechende **Vorjahresbetrag** anzugeben ist (§ 265 Abs. 2 S. 1 HGB), besteht diese Angabepflicht für den Anh. im Allgemeinen nicht[1092]. Werden jedoch bei Inanspruchnahme von § 265 Abs. 7 Nr. 2 HGB die zusammengefassten Posten im Anh. ausgewiesen, sind in jedem Fall die Vorjahresbeträge anzugeben[1093].

671 Fehlanzeigen sind nicht erforderlich. In analoger Anwendung von § 265 Abs. 8 HGB bedarf es daher keines Hinweises, wenn eine Gesellschaft z.B. keine nicht in der Bilanz enthaltenen sonstigen finanziellen Verpflichtungen (§ 285 Nr. 3a HGB) hat. Schweigen im Anh. bedeutet immer, dass entsprechende angabepflichtige Sachverhalte nicht vorliegen.

672 Im Gegensatz zu Bilanz und GuV ist der Anh. nicht an ein vorgegebenes Gliederungsschema gebunden[1094]. Für die äußere Gestaltung des Anh., seinen Aufbau und Umfang besteht vielmehr grds. Gestaltungsfreiheit[1095]. Die Fülle der angabepflichtigen Informationen verlangt jedoch eine gewisse **Strukturierung**[1096]. Für die Darstellung der in §§ 284, 285 HGB geforderten Einzelangaben im Anh. ist es nicht erforderlich, die Reihenfolge der Nummern dieser Vorschriften – entsprechend dem Aufbau der Kontroll-Liste in Tz. 692 – einzuhalten; zweckmäßig ist es, die gebotenen Informationen im sachlichen Zusammenhang mit anderen Angaben zu den entsprechenden Posten der Bilanz und GuV

1088 Vgl. auch ADS⁶, § 284 HGB, Tz. 22, und § 285 HGB, Tz. 2.
1089 Vgl. für VU *BAV*, FN-IDW 1989, S. 172; hierzu auch *IDW PS 345*, Tz. 19a.
1090 So *GEFIU*, DB 1986, S. 2553 (2556, These 8); vgl. ferner *Biener/Berneke*, BiRiLiG, Erl. vor § 284 HGB, S. 247; ADS⁶, § 284 HGB, Tz. 36, zu Erläuterungen im Anh. DRS 2, Tz. 52 ff.
1091 Vgl. ADS⁶, § 284 HGB, Tz. 36; *Ellrott* in BeBiKo⁷, § 284, Rn. 20.
1092 Vgl. ADS⁶, § 284 HGB, Tz. 20; *Ellrott* in BeBiKo⁷, § 284, Rn. 21.
1093 Vgl. ADS⁶, § 284 HGB, Tz. 20; *Ellrott* in BeBiKo⁷, § 284, Rn. 21; *Kupsch* in HdJ, Abt. IV/4, Rn. 53.
1094 Vgl. *Kupsch* in HdJ, Abt. IV/4, Rn. 65.
1095 Vgl. auch ADS⁶, § 284 HGB, Tz. 27.
1096 Vgl. *Ellrott* in BeBiKo⁷, § 284, Rn. 25.

Der Anhang

zu machen[1097]. Die Gliederung des Anh. sollte daher überschaubar sowie sach- und zweckbezogen sein.

In der Bilanz und der GuV sollte durch fortlaufende Nummerierung in Form von **Fußnoten** oder in einer **Hinweisspalte** auf die in gleicher Weise gekennzeichneten Abschnitte des Anh. verwiesen werden; dadurch wird nicht nur das Auffinden der zugehörigen Angaben im Anh. erleichtert, sondern es wird auch erkennbar, ob der Anh. Angaben zu einem bestimmten Posten der Bilanz oder der GuV enthält. Dies ist umso wichtiger, je mehr Ausweiswahlrechte (vgl. Tz. 877 und Tz. 908) zugunsten des Anh. ausgeübt werden. Zusammengehörige Sachverhalte sind entsprechend darzustellen. 673

So könnte der Anh. z.B. in folgende Abschnitte **gegliedert** werden[1098]: 674

I. Allgemeine Angaben zu Bilanzierungs- und Bewertungsmethoden und Grundlagen der Währungsumrechnung
II. Erläuterungen der Bilanz und der GuV
  (jeweils in der Reihenfolge der Posten)
  1. Bilanz
  2. GuV
III. Sonstige Angaben
IV. AR und Vorstand/Geschäftsführung

Die allgemeinen Angaben und die Erläuterungen der Bilanz und der GuV haben sich außer nach der Generalnorm (§ 264 Abs. 2 HGB) in erster Linie nach den Bestimmungen des § 284 HGB zu richten. Die einzelnen **Posten der Bilanz und der GuV** sollten in der Reihenfolge der gesetzlichen Gliederungen (vgl. §§ 266, 275 HGB) erläutert werden[1099]. In die Erläuterung der Bilanz könnten etwaige Angaben gem. § 285 Nrn. 1 bis 3a, 12, 13, 18 bis 20, 22 bis 29 HGB einbezogen werden, in die Erläuterung der GuV die Angaben gem. § 285 Nrn. 4, 6, 8 und 17 HGB. Unter die sonstigen Angaben fielen dann die Angaben gem. § 285 Nrn. 7, 9, 11, 11a, 14, 16 und 21 HGB. 675

Die Angaben zu **Aufsichtsrat** und **Vorstand/Geschäftsführung** (§ 285 Nr. 10 HGB) können auch an anderer Stelle des Anh. (z.B. an erster Stelle, vgl. Tz. 660) gebracht werden, sofern hierdurch die von § 243 Abs. 2 HGB geforderte klare Darstellung nicht beeinträchtigt wird[1100]. Auch ist eine Einbeziehung in die sonstigen Angaben nicht ausgeschlossen. 676

Während für Bilanz und GuV hinsichtlich der Gliederung ein **Stetigkeitsgebot** gilt (§ 265 Abs. 1 HGB), ist die berichtende Gesellschaft bei der Gliederung des Anh. grds. frei und nicht an das Vj. gebunden[1101]. Praktisch empfiehlt es sich jedoch, eine einmal gewählte Gliederung, soweit sie sich als zweckmäßig erwiesen hat, auch in der Folgezeit beizubehalten[1102]. 677

Für eine große Zahl von Angaben lässt das Gesetz sowohl die Angabe in der Bilanz/GuV als auch im Anh. zu (sog. **Wahlpflichtangaben**; vgl. im Einzelnen Tz. 877 und Tz. 908). 678

1097 Vgl. ADS[6], § 284 HGB, Tz. 27, und § 285 HGB, Tz. 3.
1098 Vgl. dazu ADS[6], § 284 HGB, Tz. 28 m.w.N.; *Kupsch* in HdJ, Abt. IV/4, Rn. 65, der Gliederungsalternativen aufzeigt.
1099 So auch die Praxis großer KapGes., vgl. Voraufl. F, Fn. 849 zu Tz. 556.
1100 Vgl. ADS[6], § 284 HGB, Tz. 28.
1101 Ebenso ADS[6], § 284 HGB, Tz. 26. Für eine Übernahme des Stetigkeitsgebots auch für den Anh.: DRS 13, Tz. 3 i.V.m. 22; *Kupsch* in HdJ, Abt. IV/4, Rn. 45; *Krawitz* in BoHdR[2], § 284 HGB, Rn.19; *Ellrott* in BeBiKo[7], § 284, Rn. 26.
1102 Vgl. ADS[6], § 265 HGB, Tz. 13, § 284 HGB, Tz. 27.

Die Entscheidung über die Platzierung der Angaben wird im Wesentlichen mitbestimmt durch das Gebot der Klarheit und Übersichtlichkeit (§ 243 Abs. 2 HGB); auch hier gilt der Grundsatz, dass die Ausweiswahlrechte grds. stetig auszuüben sind[1103]. Soweit ein solches Wahlrecht nicht ausdrücklich eingeräumt ist, müssen Angaben, die für die Bilanz oder die GuV vorgesehen sind, grds. dort und nicht im Anh. gemacht werden; gegen eine Angabe an beiden Stellen bestehen keine Bedenken. Dasselbe gilt im Verhältnis zum LB (vgl. Tz. 1080).

679 Fraglich ist, ob Angaben, die nach dem Wortlaut der §§ 284 Abs. 2, 285 HGB nur für den Anh. vorgeschrieben sind, **stattdessen auch in der Bilanz oder GuV** gemacht werden dürfen. Nach h.M.[1104] wird dies mit dem Hinweis auf den Pflichtcharakter der Angaben abgelehnt. In der weiteren Literatur wird jedoch auch die Meinung vertreten; dass der Erläuterungsfunktion des Anh. jede unmittelbare Form der Unterrichtung einer nur in einem besonderen Schriftstück zu findenden vorzuziehen ist, so dass Bedenken gegen ein solches Verfahren nicht bestehen[1105]. Voraussetzung ist allerdings, dass die Übersichtlichkeit des JA dadurch nicht beeinträchtigt wird. Dies wird in der Praxis jedoch nur in Ausnahmen der Fall sein, da die Angaben zumeist **Vermerke zu einzelnen Posten** der Bilanz oder der GuV erfordern[1106] und somit nur dann in Betracht kommen, wenn es sich um ganz kurze Angaben handelt. Gegen **Fußnoten** bestehen dagegen keine Bedenken, wenn der mitzuteilende Sachverhalt vollständig, klar und übersichtlich wiedergegeben wird[1107]. Hierbei ist jedoch zu beachten, dass eine einheitliche und damit klare und übersichtliche Darstellung des Anh. auch durch die Verwendung von Fußnoten unter der Bilanz durchbrochen werden kann[1108]. In Fällen dieser Art empfiehlt es sich daher, im Anh. generell darauf hinzuweisen, dass ein Teil der Pflichtangaben in Form von Fußnoten zum JA erfolgt[1109].

680 Der Anh. ist in **deutscher Sprache** abzufassen (§ 264 Abs. 1 S. 1 i.V.m. § 244 HGB). Dies schließt Übersetzungen in andere Sprachen nicht aus, sie sind unter dem Gesichtspunkt des gemeinsamen Marktes der EU-Länder sogar erwünscht. Bedeutende Gesellschaften mit überregionaler Verbreitung legen regelmäßig Übersetzungen ihres GB vor. Zu beachten ist in Fällen dieser Art indes, dass sich ein etwaiger BestV (§ 322 HGB) nur auf die deutsche Fassung bezieht.

681 Die gesetzlichen Vorschriften unterscheiden **verschiedene Formen** der Angabe[1110]:

Angabe	=	1. Oberbegriff für alle Arten der Anforderung an eine Berichterstattung im Anh.
		2. verbaler oder zahlenmäßiger Hinweis auf Tatsachen, Daten, Namen u.dgl.
Aufgliederung	=	zahlenmäßige Segmentierung einer Größe
Ausweis	=	zahlenmäßige Nennung von Beträgen

1103 Vgl. ADS[6], § 284 HGB, Tz. 27.
1104 Vgl. ADS[6], § 284 HGB, Tz. 41; *Ellrott* in BeBiKo[7], § 284, Rn.35.
1105 Für Zulässigkeit *Selchert*, S. 21; ablehnend *Schülen*, WPg 1987, S. 223 (225).
1106 Ebenso *Kupsch* in HdJ, Abt. IV/4, Rn. 60.
1107 Vgl. *Forster*, DB 1982, S. 1577 (1632); *Biener/Berneke*, BiRiLiG, Erl. vor § 284 HGB, S. 247; gegen Angaben in Fußnoten ADS[6], § 284 HGB, Tz. 26; *Ellrott* in BeBiKo[7], § 284, Rn. 20; *Kupsch* in HdJ, Abt. IV/4, Rn. 61f.
1108 Vgl. ADS[6], § 284 HGB, Tz. 26; *Kupsch* in HdJ, Abt. IV/4, Rn. 62.
1109 Vgl. *Kupsch* in HdJ, Abt. IV/4, Rn. 62, lässt Fußnoten nur bei einem derartigen allgemeinen Hinweis zu.
1110 Vgl. hierzu ADS[6], § 284 HGB, Tz. 24; *Ellrott* in BeBiKo[7], § 284, Rn. 36; *Kupsch* in HdJ, Abt. IV/4, Rn. 31 f.; *Varmaz* in Haufe HGB Kommentar[2], § 284, Rn. 7.

Der Anhang   F

Begründung	=	verbale Offenlegung der Motive oder Ursachen
Darstellung	=	verbale und/oder zahlenmäßige Angabe, verbunden mit einer Aufgliederung, Erläuterung oder Begründung
Erläuterung	=	verbale und/oder zahlenmäßige Kommentierung über Inhalt, Zustandekommen, Verursachung oder Charakter von Beträgen und Posten.

Zwischen den einzelnen Begriffen sind Überschneidungen denkbar. Im Zweifel ist der Inhalt der jeweiligen Bestimmung aus dem Gebot der Vermittlung eines den tatsächlichen Verhältnissen entsprechenden Bildes (§ 264 Abs. 2 S. 1 HGB) abzuleiten.

An verschiedenen Stellen verlangt das Gesetz nur **Angaben**, wenn es sich um „erhebliche Beträge" handelt, sie „**von Bedeutung**" sind, „erhebliche Unterschiede" bestehen oder Beträge „einen nicht unerheblichen Umfang" haben[1111]. Es muss sich also um für den jeweiligen Sachverhalt relevante Beträge handeln, so dass sich allgemeine Kriterien, wann ein Betrag erheblich oder nicht unerheblich oder von Bedeutung ist, nur schwer nennen lassen[1112]. Entscheidend sind die Zielsetzung der jeweiligen Vorschrift und die Bedeutung, die die Angabe oder Nichtangabe für die Adressaten des JA haben kann. Auch kann die in § 264 Abs. 2 HGB niedergelegte Generalnorm in Zweifelsfällen heranzuziehen sein.   **682**

3. Allgemeine und freiwillige Abschlusserläuterungen[1113]

Der JA ist aufgrund von Einzelvorschriften und der Generalnorm des § 264 Abs. 2 HGB zu erläutern. Im Einzelfall kann es allerdings fraglich sein, ob Angaben zum Pflichtinhalt des Anh. gehören oder ob es sich um **freiwillige Angaben** handelt. Dies kann insofern von Bedeutung sein, als für freiwillige Angaben grds. keine Offenlegungspflicht besteht. Werden sie indes in das als Anh. bezeichnete Schriftstück aufgenommen und nicht in einen gesonderten Teil des GB (vgl. Tz. 658), bilden sie zusammen mit den Pflichtangaben den Anh. und unterliegen insoweit im Fall des § 316 Abs. 1 HGB auch der Prüfung durch den APr. sowie der Offenlegungspflicht gem. § 325 HGB[1114]. Eine sinngemäße Anwendung der Erleichterungen, wie sie in §§ 326 S. 2 und 327 Nr. 2 HGB für die Offenlegung des Anh. vorgesehen sind, dürfte nur für eindeutig freiwillige Angaben und nur für den dort genannten Kreis von Gesellschaften (kleine und mittelgroße Gesellschaften) in Betracht kommen.   **683**

Als **allgemeine Abschlusserläuterungen** kommen (weitgehend auf freiwilliger Basis) in erster Linie Angaben über die Zusammensetzung der einzelnen Posten der Bilanz und der GuV in Betracht sowie Darlegungen und Darstellungen, die – vornehmlich in Zeiten erheblicher Preissteigerungen aufgrund von Geldwertverschlechterungen – die Auswirkungen derartiger Veränderungen auf das Ergebnis des GJ aufzeigen (zur Form der Berichterstattung vgl. *IDW St/HFA 2/1975;* danach soll mit Hilfe einer **Nebenrechnung** zumindest ermittelt werden, welcher Teil des Jahresergebnisses im Interesse der Substanzerhaltung der Gesellschaft nicht ausgeschüttet werden sollte[1115]).   **684**

1111 Vgl. dazu auch Tz. 666.
1112 Vgl. auch *Kupsch* in HdJ, Abt. IV, Rn. 28.
1113 Vgl. dazu ADS[6], § 284 HGB, Tz. 10 und 30 ff.; *Kupsch* in HdJ, Abt. IV/4, Rn. 19 ff.; *Ellrott* in BeBiKo[7], § 284, Rn. 20 und 80 ff.; *Oser/Holzwarth* in HdR[5], §§ 284 bis 288 HGB, Rn. 4.
1114 Vgl. ADS[6], § 284 HGB, Tz. 36; *Ellrott* in BeBiKo[7], § 284, Rn. 80.
1115 Vgl. zur Substanzerhaltung und Bilanzierung auch *Siepe*, S. 615 ff. Zum Problem der Preissteigerungen in der Rechnungslegung vgl. außerdem *Havermann*, WPg 1974, S. 423 ff. und 445 ff. Zur Unternehmenserhaltung und Gewinnverwendungspolitik der GmbH vgl. *Schöne*, GmbHR 1990, S. 20 ff.

685 Vorgeschrieben ist die Aufstellung einer **KFR** und eines **Eigenkapitalspiegels** als eigenständige Abschlussbestandteile für kapitalmarktorientierte KapGes., die nicht zur Aufstellung eines KA verpflichtet sind (§ 264 Abs. 1 S. 2 erster Hs. HGB)[1116], sowie für alle handelsrechtlichen KA (§ 297 Abs. 1 S. 1 HGB, vgl. dazu M Tz. 790 ff. und 838 ff.), während eine **Segmentberichterstattung** wahlweise erfolgen kann (§ 264 Abs. 1 S. 2 zweiter Hs. HGB; § 297 Abs. 1 S. 2 HGB). Lediglich für KA kapitalmarktorientierter MU, die in den Anwendungsbereich von § 315a Abs. 1 oder 2 HGB fallen, ergibt sich über die internationalen Rechnungslegungsstandards (Art. 4 EU-VO v. 19.07.2002 i.V.m. IFRS 8.2) eine Verpflichtung zur Erstellung einer SegBE (vgl. N Tz. 1050)[1117].

686 In anderen Fällen rechnen auch eine Kapitalflussrechnung[1118] und ähnliche, auf eine Darstellung von Mittelzufluss und Mittelverwendung zielende Aufstellungen und Erläuterungen, ein Eigenkapitalspiegel sowie eine Segmentberichterstattung zu den **freiwilligen Erläuterungen** des JA (zum Aufbau und zur Ausgestaltung der Kapitalflussrechnung vgl. Tz. 1069 und DRS 2[1119], des Eigenkapitalspiegels vgl. Tz. 1072 und DRS 7[1120] und der SegBE vgl. Tz. 1076 und DRS 3[1121]). Im Fall einer freiwilligen Aufstellung der SegBE im handelsrechtlichen KA hat dies aufgrund der GoB-Vermutung für die Konzernrechnungslegung (§ 342 Abs. 2 HGB) nach DRS 3 zu erfolgen. Bei einer freiwilligen Aufstellung im Rahmen des JA erscheint dagegen auch eine Aufstellung entspr. der internationalen Rechnungslegungsstandards (IFRS 8) vertretbar, wenn zugleich auch für den IFRS-KA eine SegBE aufzustellen ist oder freiwillig aufgestellt wird, da Unterschiede zwischen IFRS 8 und DRS 3 nur in Detailregelungen bestehen[1122].

687 Als freiwillige Angabe kommt außerdem der **Gewinn je Aktie** in Betracht[1123]. Wegen zusätzlicher Angaben i.S.d. § 264 Abs. 2 S. 2 HGB vgl. Tz. 1057.

688 Ähnliches gilt für **Prognoserechnungen**[1124], in denen Aussagen über die künftige Entwicklung der Gesellschaft enthalten sind. Beziehen sie sich auf die allgemeine Entwicklung der Gesellschaft, bilden sie nach § 289 Abs. 1 S. 4 HGB einen Teil des LB (vgl. Tz. 1108 ff.). Haben sie dagegen die Entwicklung der Vermögens-, Finanz- oder Ertragslage zum Gegenstand, können sie sachlich zum Anh. gerechnet werden. Je spezieller sie sind, desto mehr werden sie über eine gesetzlich gebotene Abschlusserläuterung hinausgehen und dann den freiwilligen Angaben zuzurechnen sein[1125].

689 **Öko- und Sozialbilanzen** betreffen weniger die Vermögens-, Finanz- und Ertragslage als vielmehr die Stellung der Gesellschaft in ihrem Umfeld; sie sollten deshalb vorzugsweise

---

1116 Vgl. *Gelhausen/Fey/Kämpfer*, BilMoG, Kap. K, Rn. 1 ff.
1117 Vgl. *Pfitzer/Oser/Orth*, DB 2004, S. 2593.
1118 Vgl. *Egger*, S. 145 ff.; *v. Wysocki*, S. 759 ff.; *Küting/Pfuhl*, DStR 1994, S. 1507;.
1119 DRS 2 i.d.F. v. 18.02.2010.
1120 Vgl. DRS 7 i.d.F. v. 18.02.2010; *Baetge/Krumnow/Noelle*, DB 2001, S. 772; hierzu auch *Schwab*, DB 2001, S. 880.
1121 Vgl. DRS 3 i.d.F. v. 31.08.2005; *Alvarez*, DB 2002, S. 2057; *AK „Externe Unternehmensrechnung der Schmalenbach-Gesellschaft"*, DB 2002, S. 2337 ff.; zur Analyse der Segmentberichterstattung bei Großunternehmen vgl. *Feldkämper*, DB 2003, S. 1453 ff.; vgl. M Tz. 855.
1122 Vgl. *Ebeling* in HdJ, Abt. IV/5, Rn. 23 f.; *Förschle/Kroner* in BeBiKo[7], § 297, Rn. 251 ff.
1123 Vgl. zur Ermittlung des Ergebnisses je Aktie ausführlich *Busse v. Colbe u.a.*, Konzernabschlüsse[9]; *IDW RS HFA* 1, Tz. 2.
1124 Zu Prognoserechnungen, -publizität und -prüfung vgl. u.a. *Sorg*, BB 1994, S. 1962 ff.; *Lange*, BB 1999, S. 2447 (2449 f.); *Rodewald*, BB 2001, S. 2155 ff.; zur Prognoseprüfung, *AK „Externe und Interne Überwachung der Unternehmung der Schmalenbach-Gesellschaft"*, DB 2003, S. 105; *Kajüter*, BB 2004, S. 427 ff.; *Kajüter*, DB 2004, S. 197 ff.
1125 Ebenso ADS[6], § 284 HGB, Tz. 34, § 289 HGB, Tz. 13; *Ellrott* in BeBiKo[7], § 284, Rn. 82.

Der Anhang   F

im LB oder in anderen (freiwilligen) Teilen des GB wiedergegeben werden[1126]. Für große KapGes. gehören Informationen (sog. nichtfinanzielle Leistungsindikatoren) über Umwelt- und Arbeitnehmerbelange nach § 289 Abs. 3 HGB zu den Pflichtangaben des LB; vgl. dazu im Einzelnen Tz. 1144 ff.

Viele Unternehmen verwenden in ihren Abschlusserläuterungen **Tabellen, Statistiken, Graphiken** u.ä., die insb. der Darstellung von Zusammenhängen und Mehrjahresentwicklungen dienen. Auch hier kann die Zugehörigkeit zu den Pflichtangaben oder zu den freiwilligen Angaben zweifelhaft sein. Würde ohne sie das in § 264 Abs. 2 HGB verlangte Bild nicht vermittelt, gehören sie zu den Pflichtangaben. Sind sie als freiwillige Angaben zu werten, unterliegen sie dann der Prüfung und Offenlegung, wenn sie in das von der Gesellschaft als Anh. bezeichnete Schriftstück aufgenommen sind (vgl. Tz. 658). 690

Manche Gesellschaften nehmen in ihren GB **Glossare** bilanztechnischer und betriebswirtschaftlicher Fachausdrücke auf. Dadurch soll dem fachlich nicht speziell vorgebildeten Leser das Verständnis erleichtert werden. Dieser Teil des GB ist nicht dem Anh. zuzurechnen und sollte daher auch erkennbar von ihm abgegrenzt werden. 691

4. Übersicht über die gesetzlichen Vorschriften, die Angaben im Anhang vorschreiben

Im Folgenden sind die gesetzlichen Vorschriften, die bei der Aufstellung des Anh. im Rahmen des JA zu beachten sind, in aufsteigender Reihenfolge zusammengestellt. Die Aufstellung enthält sowohl die Angaben, die für den Anh. vorgeschrieben sind (Pflichtangaben), als auch die wahlweise im Anh. oder in Bilanz/GuV zu machenden Angaben (Wahlpflichtangaben); sie kann als **Kontroll-Liste**[1127] verwandt werden. 692

Vorschrift	Gegenstand der Angabe	Erörterung Textziffer
HGB		
§ 264 Abs. 2 S. 2	Zusätzliche Angaben zur Vermittlung des in § 264 Abs. 2 S. 1 geforderten Bildes	1057 ff.
§ 264c Abs. 1	Ausleihungen, Forderungen und Verbindlichkeiten ggü. Gesellschaftern (nur bei OHG/KG i.S.d. § 264a)	1048
§ 264c Abs. 2 S. 9	Im HR eingetragene Hafteinlagen der Kommanditisten, soweit nicht geleistet (nur bei KG i.S.d. § 264a)	1049 ff.
§ 265 Abs. 1 S. 2	Abweichungen in der Darstellungsform auf einander folgender Bilanzen und GuV	732 ff. und 885
§ 265 Abs. 2 S. 2 und 3	Nicht vergleichbare oder angepasste Vorjahresbeträge	735 f. und 886
§ 265 Abs. 3 S. 1	Vermerk der Mitzugehörigkeit zu anderen Posten der Bilanz	89 f.
§ 265 Abs. 4 S. 2	Gliederung nach verschiedenen Gliederungsvorschriften (bei mehreren Geschäftszweigen)	737 und 887
§ 265 Abs. 7 Nr. 2	Angabe von Posten, die im JA zwecks größerer Klarheit der Darstellung zusammengefasst sind	738 und 888

[1126] Ebenso ADS⁶, § 284 HGB, Tz. 32.
[1127] Wegen Checklisten vgl. zuletzt *Kupsch* in HdJ, Abt. IV/4, Rn. 27 ff. (unterteilt nach Pflichtangaben und Wahlpflichtangaben); *Baetge/Kirsch/Thiele*, Bilanzanalyse, S. 689 ff.; *Farr*, Checklisten für die Aufstellung und Prüfung des Anhangs, IDW Verlag, Düsseldorf.

F   Ergänzende Vorschriften für Kapitalgesellschaften

Vorschrift	Gegenstand der Angabe	Erörterung Textziffer
§ 268 Abs. 1 S. 2 zweiter Hs.	Angabe eines Ergebnisvortrags aus dem Vj., wenn die Bilanz unter Berücksichtigung der teilweisen Verwendung des Jahresergebnisses aufgestellt wird	410
§ 268 Abs. 2 S. 1*	Anlagenspiegel	123 ff.
§ 268 Abs. 2 S. 3*	Abschreibungen des GJ auf AV	134
§ 268 Abs. 4 S. 2*	Antizipative Abgrenzungsposten unter den sonstigen Vermögensgegenständen	748
§ 268 Abs. 5 S. 3*	Antizipative Abgrenzungsposten unter den Verbindlichkeiten	771
§ 268 Abs. 6*	Disagio/Rückzahlungsagio	302
§ 268 Abs. 7	Haftungsverhältnisse	463 ff.
§ 277 Abs. 3 S. 1	Außerplanmäßige Abschreibungen nach § 253 Abs. 3 S. 3 und 4	908
§ 277 Abs. 4 S. 2*	Außerordentliche Erträge und Aufwendungen	905 ff.
§ 277 Abs. 4 S. 3*	Periodenfremde Erträge und Aufwendungen	905 ff.
§ 284 Abs. 2 Nr. 1	Bilanzierungs- und Bewertungsmethoden	695 ff. u. 881 ff.
§ 284 Abs. 2 Nr. 2	Grundlagen für die Umrechnung in Euro (Währungsumrechnung)	720 f. u. 883
§ 284 Abs. 2 Nr. 3	Abweichungen von Bilanzierungs- und Bewertungsmethoden	722 ff. u. 884
§ 284 Abs. 2 Nr. 4*	Unterschiedsbeträge bei Anwendung der Gruppenbewertung oder der Bewertungsvereinfachungsverfahren	739 ff.
§ 284 Abs. 2 Nr. 5	Einbeziehung von Fremdkapitalzinsen in die Herstellungskosten	749 f.
§ 285 Nr. 1, § 285 Nr. 2*	Restlaufzeiten und Sicherheiten der Verbindlichkeiten	765 ff.
§ 285 Nr. 3* **	Nicht in der Bilanz enthaltene Geschäfte	772 ff.
§ 285 Nr. 3a*	Nicht aus der Bilanz ersichtliche sonstige finanzielle Verpflichtungen	783 ff.
§ 285 Nr. 4* **	Aufgliederung der Umsatzerlöse	889 ff.
§ 285 Nr. 6*	Aufteilung der Ertragsteuerbelastung nach ordentlichem und nach außerordentlichem Ergebnis	902 ff.
§ 285 Nr. 7* ***	Zahl der beschäftigten Arbeitnehmer	913 ff.
§ 285 Nr. 8a*, § 285 Nr. 8b ***	Material- und Personalaufwand bei Anwendung des UKV	896 ff.
§ 285 Nr. 9a* ***	Bezüge von Organmitgliedern	917 ff.
§ 285 Nr. 9b* ***	Bezüge früherer Organmitglieder und Pensionsverpflichtungen für diesen Personenkreis	954 ff.
§ 285 Nr. 9c***	Vorschüsse, Kredite, Haftungsverhältnisse zugunsten von Organmitgliedern	959 ff.
§ 285 Nr. 10***	Name und ausgeübter Beruf der Organmitglieder, bei börsennotierten Gesellschaften ferner die Mitgliedschaften in AR	966 ff.
§ 285 Nr. 11***	Unternehmen, an denen ein Anteilsbesitz von 20% oder mehr besteht, bei börsennotierten KapGes. zusätzlich alle Beteiligungen an großen KapGes. mit > 5% der Stimmrechte	970 ff.
§ 285 Nr. 11a***	Unternehmen, deren unbeschränkt haftender Gesellschafter die KapGes. ist	980 f.
§ 285 Nr. 12*	Sonstige Rückstellungen	756 ff.
§ 285 Nr. 13	Gründe zur Rechtfertigung einer Nutzungsdauer eines entgeltlich erworbenen Geschäfts- oder Firmenwerts von mehr als fünf Jahren	744 ff.
§ 285 Nr. 14***	MU der Gesellschaft	982 ff.

Der Anhang F

Vorschrift	Gegenstand der Angabe	Erörterung Textziffer
§ 285 Nr. 15***	Name und Sitz der Gesellschaften, die persönlich haftende Gesellschafter sind, sowie deren gezeichnetes Kapital (nur bei OHG/KG i.S.d. § 264a)	1054
§ 285 Nr. 16***	Entsprechenserklärung zum DCGK gem. § 161 AktG für börsennotierte AG	990 f.
§ 285 Nr. 17* ** ***	Honoraraufwand des APr., soweit nicht in einem das Unternehmen einbeziehenden KA enthalten	992 ff.
§ 285 Nr. 18	FI des AV, bei denen gem. § 253 Abs. 3 S. 4 eine außerplanmäßige Abschreibung unterblieben ist	797 ff.
§ 285 Nr. 19*	Art, Umfang, Zeit- und Buchwerte, Bewertungsmethoden, Bilanzposten derivativer FI	806 ff.
§ 285 Nr. 20	FI des Handelsbestands i.S.d. § 340e Abs. 3 S. 1	819 ff.
§ 285 Nr. 21* **	Zumindest die nicht zu marktüblichen Bedingungen zustande gekommenen Geschäfte, soweit wesentlich	1004 ff.
§ 285 Nr. 22*	Gesamtbetrag der Forschungs- und Entwicklungskosten und der davon auf selbstgeschaffene immaterielle Vermögensgegenstände entfallende Betrag	823 ff.
§ 285 Nr. 23	Beträge der in Bewertungseinheiten einbezogenen Vermögensgegenstände und Schulden, Geschäfte und erwartete Transaktionen, Effektivität des Sicherungsmechanismus, Höhe der abgesicherten Risiken, Erläuterung der erwarteten Transaktionen	826 ff.
§ 285 Nr. 24	Versicherungsmathematisches Berechnungsverfahren und Annahmen der Berechnung zu Pensionsrückstellungen und ähnlichen Verpflichtungen	838 ff.
§ 285 Nr. 25	Zeitwert, Erfüllungsbetrag, verrechnete Aufwendungen und Erträge bei Verrechnung von Vermögensgegenständen des Deckungsvermögens und Schulden aus Altersversorgungsverpflichtungen	847 ff.
§ 285 Nr. 26	Anteile oder Anlageaktien an inländischen Investmentvermögen oder vergleichbaren ausländischen Investmentanteilen	853 ff.
§ 285 Nr. 27	Gründe für die Einschätzung des Risikos der Inanspruchnahme bei Eventualverbindlichkeiten	864 ff.
§ 285 Nr. 28	Aufschlüsselung des Gesamtbetrags ausschüttungsgesperrter Beträge	869 ff.
§ 285 Nr. 29* **	Grundlage der latenten Steuern (Differenzen oder steuerliche Verlustvorträge, Steuersätze)	751 ff.
§ 286 Abs. 3 S. 4	Anwendung der Ausnahmeregelung nach S. 1 Nr. 2 (Weglassen von Angaben über den Anteilsbesitz gem. § 285 Nr. 11 und Nr. 11a von nicht kapitalmarktorientierten Unternehmen	977 f.
§§ 291 Abs. 2 Nr. 3, 292 i.V.m. § 2 Abs. 1 Nr. 4 KonBefrV	Ausländisches MU, Tatsache der Befreiung, abw. Bilanzierungsmethoden bei (befreiender) Einbeziehung in dessen KA	986 ff.
§ 324 Abs. 1 S. 2 Nr. 1 zweiter Hs.	Gründe für die Nichteinrichtung eines Prüfungsausschusses bei Gesellschaften, die ausschließlich durch Vermögensgegenstände besicherte Wertpapiere ausgeben	1055
§ 327 Nr. 1 S. 2	Ergänzende Nennung bestimmter Bilanzposten, sofern eine mittelgroße KapGes. nur eine verkürzte Bilanz offen legt	877
EGHGB		
Art. 28 Abs. 2, Art. 48 Abs. 6	Nicht passivierte Pensionsverpflichtungen und ähnliche Verpflichtungen (Fehlbetrag)	759 ff.

697

F   Ergänzende Vorschriften für Kapitalgesellschaften

Vorschrift	Gegenstand der Angabe	Erörterung Textziffer
Art. 67 Abs. 1 S. 4	Betrag der Überdeckung von Rückstellungen bei Anwendung des Beibehaltungswahlrechts nach Art. 67 Abs. 1 S. 2	841
Art. 67 Abs. 2	Nicht ausgewiesene Beträge bei Pensionsrückstellungen, Anwartschaften auf Pensionen und ähnliche Verpflichtungen i.S.d. Art. 67 Abs. 1 S. 1	764
Art. 67 Abs. 3 S. 1 i.V.m. § 273 S. 2 zweiter Hs. HGB a.F.	Vorschriften, nach denen ein Sonderposten mit Rücklageanteil gebildet worden ist	431 f.
Art. 67 Abs. 4 S. 1 i.V.m. § 281 Abs. 1 S. 2 HGB a.F.	Angabe der steuerrechtlichen Vorschriften, wenn steuerrechtliche Abschreibungen in den Sonderposten mit Rücklageanteil einbezogen sind	433
Art. 67 Abs. 4 S. 1 i.V.m. § 281 Abs. 2 S. 1 HGB a.F.	Steuerrechtliche Abschreibungen des GJ	901
Art. 67 Abs. 4 S. 1 i.V.m. § 281 S. 2 S. 2 HGB a.F.	Erträge aus der Auflösung von Sonderposten mit Rücklageanteil	523 f.
Art. 67 Abs. 4 S. 1 i.V.m. § 285 S. 1 Nr. 5 HGB a.F.*	Beeinflussung des Jahresergebnisses durch steuerrechtliche Bewertungsmaßnahmen	900
Art. 67 Abs. 5 S. 1 i.V.m. § 269 S. 1 zweiter Hs. HGB a. F.	Erläuterung des fortgeführten Postens bzgl. der Ingangsetzung und Erweiterung des Geschäftsbetriebs	743
AktG		
§ 58 Abs. 2a S. 2	Einstellung des Eigenkapitalanteils von Wertaufholungen u.a. in andere Gewinnrücklagen	400
§ 152 Abs. 2	Veränderung der Kapitalrücklage	373 f.
§ 152 Abs. 3	Veränderung der Gewinnrücklagen	378
§ 158 Abs. 1 S. 2	Ergebnisvortrag aus dem Vj., Entnahmen aus und Einstellungen in Rücklagen, Bilanzergebnis	615 ff.
§ 160 Abs. 1 Nr. 1	Vorratsaktien	1027 ff.
§ 160 Abs. 1 Nr. 2	Eigene Aktien	1030 ff.
§ 160 Abs. 1 Nr. 3	Aktiengattungen	1033 f.
§ 160 Abs. 1 Nr. 4	Genehmigtes Kapital	1035
§ 160 Abs. 1 Nr. 5	Bezugsrechte, Wandelschuldverschreibungen und vergleichbare Wertpapiere	1036
§ 160 Abs. 1 Nr. 6	Genussrechte, Rechte aus Besserungsscheinen und ähnliche Rechte	1037 f.
§ 160 Abs. 1 Nr. 7	Wechselseitige Beteiligungen	1039
§ 160 Abs. 1 Nr. 8	Nach § 20 Abs. 1 oder 4 AktG oder § 21 Abs. 1 oder 1a WpHG mitgeteilte Beteiligungen	1040 ff.
§ 240 S. 3	Verwendung von Beträgen bei vereinfachter Kapitalherabsetzung	911
§ 261 Abs. 1 S. 3, Abs. 2 S. 1	Weitere Behandlung durch Sonderprüfung festgestellter unzulässiger Unterbewertung	1044 ff.

Der Anhang   F

Vorschrift	Gegenstand der Angabe	Erörterung Textziffer
§ 261 Abs. 1 S. 4, Abs. 2 S. 1	Bericht über den Abgang von Gegenständen und Erlösverwendung	1045 ff.
GmbHG		
§ 29 Abs. 4 S. 2	Einstellung des Eigenkapitalanteils von Wertaufholungen u.a. in andere Gewinnrücklagen	400
§ 42 Abs. 3 erster Hs.	Ausleihungen, Forderungen und Verbindlichkeiten ggü. Gesellschaftern	267, 281. 294, 448
*	Kleine Gesellschaften sind von der Anwendung der Vorschrift befreit	
**	Mittelgroße Gesellschaften können von Erleichterungen Gebrauch machen oder sind von der Anwendung der Vorschrift befreit	
***	Zusätzliche Pflichtangaben bei Aufstellung eines IFRS-Einzelabschlusses i.S.d § 325 Abs. 2a HGB	

Die Erläuterungen zur Bilanz (vgl. Tz. 695 bis 880) haben den Zweck, zusammen mit der Bilanz ein den tatsächlichen Verhältnissen entsprechendes Bild der **Vermögens- und Finanzlage** i.S.v. § 264 Abs. 2 HGB zu vermitteln.   693

Entsprechend besteht der Zweck der Erläuterungen zur GuV (vgl. Tz. 881 bis 911) darin, zusammen mit der GuV ein den tatsächlichen Verhältnissen entsprechendes Bild der **Ertragslage**[1128] zu vermitteln (§ 264 Abs. 2 HGB). Allerdings brauchen kleine Gesellschaften (§ 267 Abs. 1 HGB) die die GuV betreffenden Angaben nicht offen zu legen (§ 326 S. 2 HGB), da sie auch von der Pflicht befreit sind, die GuV zum HR einzureichen. Es empfiehlt sich daher insb. für diese Gesellschaften, die entsprechenden Erläuterungen geschlossen in einem **Abschnitt** des Anh. zu machen, um sie für den Zweck der Einreichung ohne Schwierigkeiten abtrennen zu können. Gleiches gilt für mittelgroße Gesellschaften (§ 267 Abs. 2 HGB) hinsichtlich der Angaben zu § 285 Nrn. 2, 8 lit. a) und 12 HGB, da diese bei der Offenlegung ebenfalls entfallen können (§ 327 Nr. 2 HGB). Auch große Gesellschaften (§ 267 Abs. 3 HGB) sind nach § 325 Abs. 2a S. 3 HGB von bestimmten Anhangangaben befreit, wenn sie für Zwecke der Offenlegung einen IFRS-JA aufstellen[1129]. In diesem Fall muss die Gesellschaft jedoch in vollem Umfang den Anhangangaben nach IFRS nachkommen[1130].   694

5. Angabe der Bilanzierungs- und Bewertungsmethoden (§ 284 Abs. 2 Nr. 1 HGB)

Das HGB verlangt, dass im Anh. die „auf die Posten der Bilanz [...] angewandten Bilanzierungs- und Bewertungsmethoden angegeben werden" (§ 284 Abs. 2 Nr. 1 HGB). Die Bilanzierungsmethoden umfassen Verfahrensweisen zur Bilanzierung dem Grunde, der Art, dem Umfang und dem Zeitpunkt nach sowie Gliederungsgrundsätze[1131] und damit auch den Begriff „**Ansatzmethode**" i.S.d. § 246 Abs. 3 S. 1 HGB[1132]. Ansatzmethoden bezeichnen das planvolle Vorgehen bei der Ausübung von expliziten Ansatzwahlrechten einerseits und bei der Ausübung von Ermessensspielräumen im Rahmen der Entscheidung über den Ansatz von Vermögensgegenständen, Schulden, Rechnungsabgrenzungs- und Sonderposten andererseits, sofern der Ausübung ein bestimmtes   695

1128 Vgl. dazu z.B. *Leffson*, HURB, S. 155.
1129 Vgl. Tz. 9 ff.
1130 Vgl. IAS 1.117 (rev. 2007), Presentation of Financial Statements; *PwC*, IFRS manual of accounting 2011, Kap. 4, Anm. 4.218 ff., S. 4093 ff.
1131 Vgl. *Winnefeld*, Bilanz-Handbuch[4], Kap. J, Rn. 60; *Andrejewski* in BHdR, B 40, Rn. 62.
1132 Vgl. *IDW ERS HFA 38*, Tz. 6.

699

Verfahren bzw. eine Systematik zugrunde liegt[1133]. Unter dem Begriff der **„Bewertungsmethode"** i.S.d. § 252 Abs. 1 Nr. 6 HGB sind bestimmte, in ihrem Ablauf definierte Verfahren der Wertfindung zu verstehen, durch die ein Wert nachvollziehbar aus den die Bewertung bestimmenden Faktoren abgeleitet wird[1134] (vgl. E Tz. 307).

696 Auf eine Bestimmung des **Umfangs der Berichterstattung** konnte der Gesetzgeber verzichten, da das dahingehende Erfordernis generell in § 264 Abs. 2 HGB beschrieben ist. § 284 Abs. 2 Nr. 1 HGB fordert nur Angaben über die angewendeten Bilanzierungs- und Bewertungsmethoden. Eine darüber hinausgehende Erläuterung i.Z.m. einzelnen Posten ist nicht erforderlich, sofern diese durch Einzelvorschriften wie § 285 Nrn. 13, 18 bis 20, 23, 24, 26 und 29 HGB aufgegriffen werden[1135].

697 AG haben zu beachten, dass der Vorstand die Auskunft über die Bilanzierungs- und Bewertungsmethoden in der HV nur verweigern darf, wenn die Angabe der Methoden im Anh. ausreicht, um ein den Forderungen der Generalnorm des § 264 Abs. 2 HGB entsprechendes Bild zu vermitteln; dies gilt allerdings dann nicht, wenn die HV den JA feststellt (§ 131 Abs. 3 Nr. 4 AktG).

698 Wird von bisher angewandten Bilanzierungs- und Bewertungsmethoden abgewichen (**Durchbrechung des Stetigkeitsgrundsatzes** nach § 246 Abs. 3 S. 1 und § 252 Abs. 1 Nr. 6 HGB), ist dies anzugeben und zu begründen; der Einfluss der Abweichung auf die Vermögens-, Finanz- und Ertragslage muss gesondert dargestellt werden (§ 284 Abs. 2 Nr. 3 HGB)[1136]. Vgl. hierzu Tz. 722 ff.

a) Angabe von Bilanzierungsmethoden

699 Es sind nicht sämtliche Bilanzierungsmethoden anzugeben, sondern nur solche, für die **Alternativen** bestehen oder die nur in **Sonderfällen** zur Anwendung kommen und deshalb einer ausdrücklichen Erwähnung bedürfen[1137]. Eine andere Auslegung würde darauf hinauslaufen, dass der Anh. insoweit weite Teile des Gesetzes wörtlich wiederzugeben hätte.

700 Zu den Bilanzierungsmethoden i.S.d. Vorschrift ist auch die Art zu rechnen, in der die Bilanz aufgestellt ist, d.h. vor oder nach vollständiger/teilw. **Verwendung des Jahresergebnisses** (§ 268 Abs. 1 HGB). Auch wenn ein sachkundiger Leser diese Art der Bilanzierung aus einzelnen Posten erkennen kann, erscheint doch ein entspr. Hinweis angebracht.

701 Anzugeben ist ferner die Ausübung von **Aktivierungs- und Passivierungswahlrechten** (Ansatzwahlrechten)[1138]. In der Praxis brauchen die entspr. Erläuterungen nicht in einem eigenen Abschnitt des Anh. gemacht zu werden, sondern können, was sogar vorzuziehen ist, mit den Erläuterungen der einzelnen Bilanzposten verbunden werden. Im Einzelnen können Angabepflichten i.Z.m. folgenden Sachverhalten entstehen[1139]:

– Selbst geschaffene immaterielle Vermögensgegenstände des Anlagevermögens (§ 248 Abs. 2 S. 1 HGB)

1133 *IDW ERS HFA 38*, Tz. 6.
1134 *IDW ERS HFA 38*, Tz. 6 f.; vgl. auch die Definition bei ADS[6], § 284, Tz. 60.
1135 Vgl. *Oser/Holzwarth* in HdR[5], § 284 bis 288 HGB, Rn. 91; zu den einzelnen Anhangangaben vgl. Tz. 692.
1136 Vgl. *IDW ERS HFA 38*, Tz. 23 ff.
1137 Vgl. ADS[6], § 284 HGB, Tz. 56.
1138 Vgl. ADS[6], § 284 HGB, Tz. 57.
1139 Vgl. dazu auch *Ellrott* in BeBiKo[7], § 284, Rn. 87.

Der Anhang

- Ansatz eines aktiven Steuerabgrenzungspostens (§ 274 Abs. 1 S. 2 HGB);
- Einbeziehung eines Disagios in einen aktiven RAP (§ 250 Abs. 3 HGB);
- unterlassene Bildung von Pensionsrückstellungen für Altzusagen (§ 249 Abs. 1 S. 1 HGB i.V.m. Art. 28 Abs. 1 S. 1 EGHGB)[1140];
- unterlassene Bildung von Rückstellungen für mittelbare Pensionsverpflichtungen und ähnliche Verpflichtungen (§ 249 Abs. 1 S. 1 HGB i.V.m. Art. 28 Abs. 1 S. 2 EGHGB ggf. i.V.m. Art. 48 Abs. 6 EGHGB);

Aus den Angaben soll erkennbar werden, dass und ggf. aus welchen Gründen von den Wahlrechten Gebrauch bzw. nicht Gebrauch gemacht wurde. In Fällen, in denen es sich um relativ unwesentliche Beträge handelt, kann entspr. dem Grundsatz der **Wesentlichkeit**[1141] (*materiality*) auf Angaben verzichtet werden. 702

b) Angabe von Bewertungsmethoden[1142]

Die Angaben müssen für alle wesentlichen Bilanzposten gemacht werden, um die Vermittlung eines den tatsächlichen Verhältnissen entspr. Bildes der Vermögens-, Finanz- und Ertragslage (§ 264 Abs. 2 S. 1 HGB) sicherzustellen. Um bei den einzelnen Posten Wiederholungen zu vermeiden, kann es sich empfehlen, einen besonderen Abschnitt „**Angewandte Bewertungsmethoden**" in den Anh. aufzunehmen und in diesem die einzelnen Bewertungsmethoden – ggf. unter Hinweis auf die jeweils betroffenen Bilanzposten – zu schildern. In diesem Rahmen kann auch der Berichtspflicht über **Abweichungen** von bisher angewandten Bewertungsmethoden (§ 284 Abs. 2 Nr. 3 HGB) nachgekommen werden[1143]. 703

Die das **AV** betreffenden Angaben umfassen die Ermittlungsmethoden der Anschaffungs- oder Herstellungskosten sowie die angewandten Abschreibungsmethoden. Eine besondere Darstellung der in § 255 Abs. 1 HGB geregelten **Anschaffungskosten** wird sich i.d.R. erübrigen; Erläuterungen können in Betracht kommen zur Abgrenzung der Einzelkosten sowie bspw. bei Zuwendungen und Zuschüssen (vgl. *IDW St/HFA 1/1984 i.d.F. 1990* und *IDW St/HFA 2/1996*). 704

Bei der Erläuterung der **Herstellungskosten** geht es in erster Linie darum, deutlich zu machen, ob und in welchem Umfang von den Einbeziehungswahlrechten des § 255 Abs. 2 S. 3, Abs. 3 HGB Gebrauch gemacht wurde[1144]. Bei Unterbeschäftigung ist ggf. darzulegen, wie die **notwendigen** Fertigungsgemeinkosten von den Leerkosten abgegrenzt wurden. Werden Fremdkapitalzinsen als Teil der Herstellungskosten angesetzt (§ 255 Abs. 3 HGB), muss dies in jedem Falle angegeben werden (§ 284 Abs. 2 Nr. 5 HGB; vgl. Tz. 749 f.). Wird die GuV nach dem UKV aufgestellt, so ist es von Bedeutung, nach welcher Methode die Herstellungskosten der zur Erzielung der Umsatzerlöse erbrachten Leistungen (§ 275 Abs. 3 Nr. 2 HGB) errechnet wurden; dies gilt insb. dann, wenn sie sich von den Herstellungskosten der in der Bilanz aktivierten Vermögensgegenstände unterscheiden[1145]. 705

1140 Wegen der Angabe von Fehlbeträgen vgl. Tz. 759 ff.; wegen der Angabe von Rückdeckungsversicherungen vgl. *Wichmann*, BB 1989, S. 1228 (1234).
1141 Vgl. dazu Fn. 1091 zu Tz. 666.
1142 Vgl. zum Begriff der Bewertungsmethode *IDW ERS HFA 38*, Tz. 7, und ADS⁶, § 284 HGB, Tz. 60; zu den Bewertungsvorschriften vgl. E Tz. 289 ff., und F Tz. 119 f.
1143 Vgl. hierzu *IDW ERS HFA 38*, Tz. 23 ff.
1144 Vgl. auch *IDW RS HFA 31*, Tz. 13 ff.
1145 Vgl. *Biener/Berneke*, BiRiLiG, Erl. zu § 284 HGB, S. 251; ferner *IDW St/SABI 1/1987*, Abschn. III.1.

706 Als anzugebende **Abschreibungsmethoden** kommen in Betracht (vgl. E Tz. 385): lineare, degressive (geometrisch und arithmetisch, ggf. mit planmäßigem Übergang auf die lineare) und progressive Abschreibungen sowie die Abschreibung nach der Inanspruchnahme oder – bei Gewinnungsbetrieben – nach der Ausbeute. Bei Zugrundelegung der von der Finanzverwaltung veröffentlichten AfA-Tabellen[1146] kann auf diese Bezug genommen werden, wobei erkennbar sein muss, ob es sich um die zulässigen Höchst- oder Mindestsätze handelt[1147]. Die Sofortabschreibung sog. **geringwertiger Anlagegüter** und die Abschreibung eines für geringwertige Anlagegüter gebildeten Sammelpostens[1148] sind vereinfachende planmäßige handelsrechtliche Abschreibungsmethoden; entspr. ist zu berichten. Werden abnutzbare Vermögensgegenstände des Sachanlagevermögens komponentenweise planmäßig abgeschrieben, ist dies im Rahmen der Angabe der Nutzungsdauer anzugeben[1149].

707 Zu berichten ist ferner über die Vornahme **außerplanmäßiger Abschreibungen** nach § 253 Abs. 3 S. 3 HGB. Ebenso ergeben sich gesonderte Angabepflichten nach § 285 Nr. 18 HGB für unterlassene Abschreibungen i.S.d. § 253 Abs. 3 S. 4 HGB auf Finanzanlagen (vgl. Tz. 797 ff.).

708 Mussten aufgrund des **Wertaufholungsgebots** in Vj. vorgenommene außerplanmäßige Abschreibungen rückgängig gemacht werden (§ 253 Abs. 5 HGB, vgl. E Tz. 438 ff.), ist hierauf hinzuweisen[1150]. Bei Vermögensgegenständen des AV hat dies durch den Anlagenspiegel wahlweise in der Bilanz oder im Anh. (§ 268 Abs. 2 HGB) zu erfolgen (vgl. Tz. 123)[1151].

709 Ist ein **Geschäfts- oder Firmenwert** (§ 246 Abs. 1 S. 4 HGB; vgl. E Tz. 502 ff.) entgeltlich erworben worden, sind ggf. die Gründe anzugeben, welche die Annahme einer betrieblichen Nutzungsdauer (§ 253 Abs. 3 S. 2 HGB) von mehr als fünf Jahren rechtfertigen (§ 285 Nr. 13 HGB). Eine Angabepflicht besteht demnach nicht, wenn die Nutzungsdauer fünf Jahre oder weniger beträgt[1152], wobei die Angaben nach § 284 Abs. 2 Nr. 1 HGB stets, d.h. unabhängig von der betrieblichen Nutzungsdauer, zu machen sind (vgl. Tz. 695 ff.). Entgegen der bisher verbreiteten Praxis genügt ein Hinweis auf die in § 7 Abs. 1 S. 3 EStG bestimmte steuerliche Nutzungsdauer von 15 Jahren nicht mehr, um eine entsprechende Nutzungsdauer auch handelsrechtlich zu rechtfertigen[1153]. Anzugeben sind die Anhaltspunkte, die der Schätzung der Nutzungsdauer zu Grunde liegen (bspw. Art und voraussichtliche Bestandsdauer, Lebenszyklus der Produkte oder die Laufzeit wichtiger Absatz- und Beschaffungsverträge des erworbenen Unternehmens oder einzelner Segmente[1154]) sowie die Nutzungsdauer selbst.

1146 Vgl. zur Zulässigkeit in der HB vgl. *HFA*, FN-IDW 2001, S. 447 (449).
1147 Vgl. *Ellrott* in BeBiKo[7], § 284, Rn. 107.
1148 Zur Zulässigkeit in der HB vgl. *HFA*, FN-IDW 2007, S. 506.
1149 Vgl. *Ellrott* in BeBiKo[7], § 284, Rn. 107. Zur Zulässigkeit siehe *IDW RH HFA 1.016*, WPg Supplement 1/2010, S. 97 ff.
1150 Ebenso *Andrejewski* in BHdR, B 40, Rn. 66; ADS[6], § 280 HGB, Tz. 39; *Kupsch* in HdJ, Abt. IV/4, Rn. 82; a.A. im Falle gesetzlich gebotener Zuschreibungen *Ellrott* in BeBiKo[7], § 284, Rn. 110 und 117; *Krawitz* in BoHdR[2], § 284 HGB, Rn. 54. Nach *Oser/Holzwarth* in HdR[5], §§ 284 bis 288 HGB, Rn. 88 betrifft diese Angabepflicht „in erster Linie" die Ausübung von Wahlrechten.
1151 Vgl. ADS[6], § 280 HGB, Tz. 37; zur Angabepflicht von Wertaufholungen bei Gegenständen des Umlaufvermögens, vgl. Tz. 906.
1152 Vgl. *Gelhausen/Fey/Kämpfer*, BilMoG, Kap. E, Rn. 16.
1153 Vgl. *IDW RS HFA 28*, Tz. 33.
1154 Vgl. hierzu *Gelhausen/Fey/Kämpfer*, BilMoG, Kap. E, Rn. 19 f.

Der Anhang **F**

Bei den **Vorräten** sind die angewandten Bewertungsmethoden erkennbar zu machen. Für **710** Roh-, Hilfs- und Betriebsstoffe ist z.b. anzugeben, ob sie nach dem effektiven Einstandswert, dem (gewogenen) Durchschnittswert, dem Lifo-, Fifo- (§ 256 HGB), Festwert- (§ 240 Abs. 3 HGB) oder Gruppenbewertungsverfahren (§ 240 Abs. 4 HGB) bewertet sind; die Angabepflicht nach § 284 Abs. 2 Nr. 4 HGB bleibt hiervon unberührt (vgl. Tz. 739 ff.). Für die Erläuterung der Herstellungskosten bei unfertigen und fertigen Erzeugnissen gelten die Ausführungen zum AV (vgl. Tz. 705) entspr. Musste bei der Bewertung das Niederstwertprinzip (§ 253 Abs. 4 S. 1 und 2 HGB) angewendet werden, ist dies anzugeben[1155], ggf. mit Hinweisen auf die Art der Errechnung des niedrigeren Werts. Wie beim AV gilt auch beim Umlaufvermögen das sog. Wertaufholungsgebot (§ 253 Abs. 5 HGB) mit den bereits dargestellten Angabepflichten (vgl. Tz. 708).

Die Angabe zu den Bewertungsmethoden von **Finanzanlagen** umfasst den allg. Hinweis **711** auf die Bewertung zu AK (§ 255 Abs. 1 HGB) sowie Gründe für eine niedrigere Bewertung nach § 253 Abs. 3 S. 4 HGB. Im Falle der Unterlassung von Abschreibungen unter Hinweis auf diese Bewertungsmethode, sind für alle KapGes. und Personenhandelsgesellschaften i.S.d. § 264a HGB nach § 285 Nr. 18 HGB zusätzliche Anhangangaben vorgeschrieben[1156] (vgl. hierzu ausführlich Tz. 797 ff.).

Werden **derivative Finanzinstrumente** zur Sicherung von Vermögens- oder Schuld- **712** posten eingesetzt und dementsprechend Bewertungseinheiten gebildet (§ 254 HGB, vgl. E Tz. 443 ff.), ist dies im Rahmen der Erläuterung der Bewertungsmethoden dieser Posten anzugeben[1157]. Werden derivative FI nicht im Rahmen von Bewertungseinheiten erfasst, können insb. zusätzliche Erläuterungen zur Bewertung der Posten „Sonstige Vermögensgegenstände" bzw. „Sonstige Rückstellungen" erforderlich sein.

Sind **Forderungen** nicht zum Nominalwert angesetzt, müssen die Gründe für die nied- **713** rigere Bewertung angegeben werden. Bei **Valutaforderungen** und Forderungen, die ursprünglich auf fremde Währung lauteten, erübrigt sich die Angabe der Grundlagen für die Umrechnung in Euro im Rahmen der Folgebewertung (§ 284 Abs. 2 Nr. 2 HGB), weil die Währungsumrechnung für die Folgebewertung durch § 256a HGB i.d.F. des BilMoG normiert wurde[1158] und eine Wiederholung des Gesetzeswortlauts nicht erforderlich ist[1159] (vgl. Tz. 720 f.). Das Wertaufholungsgebot und die damit verbundenen Berichtspflichten gelten auch für Forderungen (vgl. Tz. 708)[1160].

Die Bildung von **Rechnungsabgrenzungsposten** (§ 250 HGB; vgl. E Tz. 266 ff.) unter- **714** liegt nicht der Bewertung nach § 253 HGB, so dass für diesbezügliche Angaben kein Raum ist; im Falle eines Disagios (§ 250 Abs. 3 HGB; vgl. E Tz. 74) sind die Grundsätze seiner Ermittlung und Tilgung anzugeben, soweit darüber nicht bereits bei den Bilanzierungsmethoden (vgl. Tz. 701) berichtet worden ist[1161].

Für die Passivseite kommen hinsichtlich der Bewertungsmethoden Angaben v.a. für **715** Sonderposten mit Rücklageanteil (soweit diese nach Art. 67 Abs. 3 EGHGB beibehalten wurden), für die Rückstellungen für Pensionen und ähnliche Verpflichtungen, für andere Rückstellungen sowie für Valutaverpflichtungen in Betracht. Zu den **Sonderposten mit**

1155 Ebenso ADS⁶, § 284 HGB, Tz. 81; *Kupsch* in HdJ, Abt. IV/4, Rn. 89; *Krawitz* in BoHdR², § 284 HGB, Rn. 56.
1156 Vgl. *IDW RH HFA 1.005*, Tz. 12 ff.
1157 Vgl. zum LB Tz. 1131.
1158 Vgl. *Gelhausen/Fey/Kämpfer*, BilMoG, Kap. J, Rn. 62.
1159 Vgl. *Ellrott* in BeBiKo⁷, § 284, Rn. 135.
1160 Vgl. hierzu *Winkeljohann/Taetzner* in BeBiKo⁷, § 253, Rn. 637.
1161 Vgl. ADS⁶, § 284 HGB, Tz. 85; teilw. a.A. *Kupsch* in HdJ, Abt. IV/4, Rn. 95 (Angabe der Auflösungsmethode zweckmäßig); *Ellrott* in BeBiKo⁷, § 284, Rn. 120 (keine Berichterstattungspflicht).

703

Rücklageanteil sind, soweit dies nicht bereits in der Bilanz erfolgt ist, die Vorschriften anzugeben, nach denen sie gebildet sind (Art. 67 Abs. 3 EGHGB i.V.m. §§ 273 S. 2 zweiter Hs., 281 Abs. 1 S. 2 HGB a.F.)[1162].

716 Zu **Pensionsrückstellungen** sind die Bewertungsmethoden anhand der in § 285 Nr. 24 HGB geforderten Angaben zu erläutern (vgl. Tz. 838 ff.). Soweit Fehlbeträge bestehen, muss der Betrag der nicht in der Bilanz ausgewiesenen Rückstellungen angegeben werden (Art. 28 Abs. 2, Art. 48 Abs. 6, Art. 67 Abs. 2 EGHGB)[1163].

717 Für die **Steuerrückstellungen** und die **sonstigen Rückstellungen** – ggf. einzeln erläutert, wenn sie einen nicht unerheblichen Umfang haben und in der Bilanz nicht gesondert ausgewiesen sind (§ 285 Nr. 12 HGB; vgl. Tz. 756 ff.) – kommen Angaben über die Grundlagen[1164] der Ermittlung in Betracht (z.B. ob Risiken aus kontrahierten Geschäften durch derivative FI abgesichert wurden). Für passive latente Steuern sind Angaben nach § 285 Nr. 29 HGB zu machen (vgl. Tz. 751 ff.).

718 Bei **Valutaverpflichtungen** und Verpflichtungen, die ursprünglich auf fremde Währung lauteten, brauchen die Grundlagen für die Umrechnung in Euro (§ 284 Abs. 2 Nr. 2 HGB) nicht genannt zu werden[1165] (vgl. Tz. 720). Zur Bewertung von **Haftungsverhältnissen** (§ 285 Nr. 27 HGB) vgl. E Tz. 111 ff.

719 Finden für **denselben Bilanzposten verschiedene Bewertungsmethoden** Anwendung, so sind, sofern dies zur Vermittlung eines entsprechenden Bildes i.S.d. § 264 Abs. 2 HGB erforderlich ist, weitere Angaben zu machen, die erkennen lassen, auf welchen Teil des Bilanzpostens sich die Bewertungsmethoden jeweils beziehen.

6. Angabe der Grundlagen für die Umrechnung in Euro (§ 284 Abs. 2 Nr. 2 HGB)[1166]

720 Enthält der JA Posten, denen Beträge zu Grunde liegen, die auf fremde Währung lauten oder ursprünglich auf fremde Währung lauteten, sind nach § 284 Abs. 2 Nr. 2 HGB die Grundlagen für die Umrechnung in Euro anzugeben. Da die Währungsumrechnung für die Folgebewertung inzwischen durch § 256a HGB i.d.F. des BilMoG normiert wurde (Umrechnung zum Devisenkassamittelkurs am Abschlussstichtag, bei Restlaufzeit bis zu einem Jahr ohne Beachtung des Realisations-, Imparitäts- und Anschaffungskostenprinzips), erübrigt sich diesbezüglich eine Wiederholung des Gesetzes, so dass die Angabepflicht nach § 284 Abs. 2 Nr. 2 HGB nur noch für die **Zugangsbewertung** gilt[1167]. Betroffen hiervon sind in erster Linie Valutaforderungen und -verbindlichkeiten sowie die damit korrespondierenden Erträge und Aufwendungen, Rückstellungen für Fremdwährungsschulden u.dgl., aber auch Vermögensgegenstände, die auf Valutabasis erworben (importiert) wurden, wie Maschinen, Ausstattungen, Flugzeuge, aber auch Beteiligungen im Ausland und ausländische Wertpapiere, ferner die Vermögensgegenstände und Schulden von Niederlassungen im Ausland und ggf. in fremder Währung zu begleichende Verpflichtungen aus Haftungsverhältnissen sowie sonstige finanzielle Verpflichtungen.

1162 Im Einzelnen vgl. ADS⁶, § 284 HGB, Tz. 87.
1163 Vgl. Tz. 759 ff.
1164 Vgl. ADS⁶, § 284 HGB, Tz. 91; *Kupsch* in HdJ, Abt. IV/4, Rn. 92; *Ellrott* in BeBiKo⁷, § 284, Rn. 131; *Krawitz* in BoHdR², § 284 HGB, Rn. 61.
1165 Vgl. *Ellrott* in BeBiKo⁷, § 284, Rn. 135.
1166 Vgl. zur Währungsumrechnung im Allgemeinen ADS⁶, § 253 HGB, Tz. 90 ff., § 284 HGB, Tz. 94 ff.; HFA, WPg 1998, S. 549; *Gebhardt* in BHdR, C 310; *Ellrott* in BeBiKo⁷, § 284, Rn. 135; *Küting/Mojadadr* in HdR⁵, § 256a, Rn. 115; *Hartung*, RIW 1994, S. 480 ff.
1167 Vgl. *Ellrott* in BeBiKo⁷, § 284, Rn. 135.

Der Anhang   F

Die Angabepflicht bezieht sich auch auf Fremdwährungsbeträge, die für Anhangangaben umzurechnen sind, wie in Fremdwährung bestehende Haftungsverhältnisse (§§ 251 i.V.m. 268 Abs. 7 HGB), sonstige finanzielle Verpflichtungen (§ 285 Nr. 3a HGB) sowie das (anteilige) Eigenkapital und Ergebnis bei ausländischen Beteiligungen (§ 285 Nr. 11 HGB)[1168].

Die Vorschrift gibt zwar keinen Hinweis zu Art und Umfang der Angaben, es lässt sich jedoch erkennen, dass damit die **verbale Beschreibung der Umrechnungsmethode(n)** verlangt wird[1169], wie sie sich für die Zugangsbewertung aus den allgemeinen Bewertungsvorschriften (§ 253 Abs. 1 S. 1 i.V.m. § 255 und § 252 Abs. 1 Nr. 4 HGB) ergibt[1170]. Anzugeben ist, welche Wechselkurse (historische Kurse am jeweiligen Transaktions-/Entstehungstag, Stichtagskurse oder ggf. Sicherungskurse) für die Umrechnung der monetären und nicht monetären Posten zur Anwendung kamen[1171]. Sofern bei der Zugangsbewertung aus Vereinfachungsgründen Mittelkurse anstelle der historischen Kurse im Zugangszeitpunkt der Vermögensgegenstände und Schulden verwendet wurden, ist dies ebenfalls im Anh. anzugeben[1172]. Zur Berichterstattung über die Maßnahmen zur Fremdwährungssicherung im Anh. nach § 285 Nr. 23 HGB vgl. Tz. 826 ff. Ggf. ist auf die Bildung von Bewertungseinheiten einzugehen (vgl. Tz. 1126 ff.)[1173]. In die Erläuterungen werden die Umrechnungsgrundsätze für die Erlös- und Aufwandsposten zweckmäßigerweise mit einbezogen. Wegen gesonderter Angaben zu **Abweichungen** in der Währungsumrechnung im Vergleich zum Vj. vgl. ADS[6], § 284 HGB, Tz. 98.

721

7. Angabe der Abweichungen von Bilanzierungs- und Bewertungsmethoden (§ 284 Abs. 2 Nr. 3 HGB)[1174]

Das HGB geht davon aus, dass sachlich und zeitlich stetig bilanziert wird. Das **Stetigkeitsgebot** wird für die Ansatz- und Bewertungsmethoden sowie für die Gliederung der Bilanz und der GuV ausdrücklich erwähnt (§§ 246 Abs. 3, 252 Abs. 1 Nr. 6, 265 Abs. 1 HGB)[1175]. Zu den Grundsätzen der Ansatz- und Bewertungsstetigkeit vgl. E Tz. 107 ff. und 306 ff.; zur Zulässigkeit von Stetigkeitsdurchbrechungen (§§ 246 Abs. 3 S. 2 und 252 Abs. 2 HGB) vgl. E Tz. 107 und 313 f. Um die Vergleichbarkeit aufeinander folgender JA herzustellen, verlangt § 284 Abs. 2 Nr. 3 HGB folgende Angaben:

722

– die Angabe und Begründung bei Abweichungen von den **Bilanzierungs- und Bewertungsmethoden**
– die gesonderte Darstellung des **Einflusses** dieser Abweichungen auf die Vermögens-, Finanz- und Ertragslage der Gesellschaft.

Die Angabepflichten umfassen nur Angaben zur Abweichung von Bilanzierungsmethoden, die nicht unter anderen Vorschriften (z.B. § 265 Abs. 1 S. 2 HGB zur Ausweisstetigkeit) geregelt sind; die Zusammenfassung in einer geschlossenen Darstellung ist zulässig, wenn der Charakter der einzelnen Angaben für sich erkennbar bleibt[1176]. Die

---

1168 Vgl. *Gelhausen/Fey/Kämpfer*, BilMoG, Kap. J, Rn. 89.
1169 So ADS[6], § 284 HGB, Tz. 96.
1170 Vgl. *Gelhausen/Fey/Kämpfer*, BilMoG, Kap. J, Rn. 90.
1171 Vgl. *Gelhausen/Fey/Kämpfer*, BilMoG, Kap. J, Rn. 91.
1172 Vgl. *Gelhausen/Fey/Kämpfer*, BilMoG, Kap. J, Rn. 91.
1173 Vgl. dazu E Tz. 573, sowie ADS[6], § 253 HGB, Tz. 103.
1174 Vgl. dazu *IDW ERS HFA 38*, Tz. 22 ff.; ADS[6], § 284 HGB, Tz. 100 ff.; für den KA DRS 13.
1175 Der Begriff der „Ansatzmethode" i.S.d. § 246 Abs. 3 S. 1 HGB wird vom Begriff „Bilanzierungsmethode" i.S.d. § 284 Abs. 2 Nrn. 1 und 3 HGB mit umfasst; vgl. *IDW ERS HFA 38*, Tz. 6.
1176 Vgl. *IDW ERS HFA 38*, Tz. 22.

Berichtspflicht erstreckt sich nach § 284 Abs. 2 Nr. 3 HGB auch auf die Posten der Gewinn- und Verlustrechnung[1177].

723 Bzgl. der Definition „**Ansatzmethode**" vgl. E Tz. 107; zu bestehenden Ansatzwahlrechten vgl. E Tz. 701. Ermessensspielräume können z.b. bestehen bei der

- Abgrenzung von Forschungs- und Entwicklungskosten,
- Schätzung der Wahrscheinlichkeit der Inanspruchnahme bei bestehenden Verpflichtungen oder
- der Bilanzierung von Forderungen aus Lieferungen und Leistungen aus Mehrkomponentenverträgen[1178].

724 Zur Definition der „**Bewertungsmethode**" vgl. E Tz. 307. Bewertungsmethoden umfassen die Anwendung gesetzlich vorgeschriebener Werte (z.B. AK, niedrigerer beizulegender Wert), echte Wahlrechte (z.B. bzgl. der Einbeziehung bestimmter Gemeinkosten in die Herstellungskosten i.S.d. § 255 Abs. 2 S. 3 HGB) sowie unechte Wahlrechte (z.B. Angemessenheit der Gemeinkostenzuschläge, vernünftige kaufmännische Beurteilung)[1179].

725 **Abweichungen von Bilanzierungs- und Bewertungsmethoden** sind unter Durchbrechungen des Stetigkeitsgebots nur in begründeten Ausnahmefällen zulässig (§ 246 Abs. 3 S. 2 i.V.m. § 252 Abs. 2, § 252 Abs. 2 HGB; vgl. E Tz. 107 und 313 f.).

726 Zu berichten ist bei **Abweichungen von Ansatz- und Bewertungsmethoden**

- sowohl über ein Abweichen von den in Vj. wahrgenommenen Wahlrechten (z.B. beim Ansatz aktiver latenter Steuern oder bei der Ermittlung der Herstellungskosten durch Änderung der einbezogenen Kostenarten),
- als auch über ein Abweichen von den allgemeinen in §§ 252 Abs. 1 Nr. 6, 246 Abs. 3 S. 1 HGB geregelten Bewertungsgrundsätzen (vgl. E Tz. 312 f.)[1180].

Im Hinblick darauf, dass bei bestimmten Bewertungsmaßnahmen besondere Angabepflichten bestehen können (z.B. nach §§ 277 Abs. 3 HGB), ist davon auszugehen, dass sich die Berichtspflicht nach § 284 Abs. 2 Nr. 3 HGB auf die Erläuterung abw. Ausübung von Wahlrechten beschränkt.

727 Keine Abweichung der Bilanzierungs- oder Bewertungsmethode liegt vor, wenn sich eine **notwendige Änderung** unmittelbar aus dem Gesetz ergibt, wie z.B. bei zwingenden Abschreibungen im Anlage- oder Umlaufvermögen (§ 253 Abs. 3 S. 1, Abs. 4 S. 1 und 2 HGB) oder bei Zuschreibungen aufgrund des Wertaufholungsgebots (§ 253 Abs. 5 HGB); in diesen Fällen besteht daher auch keine Berichtspflicht gem. § 284 Abs. 2 Nr. 3 HGB[1181] (aber eine Berichtspflicht gem. § 284 Abs. 2 Nr. 1 HGB, vgl. Tz. 695 ff. und 881 ff.). Gleiches gilt, wenn eine Bewertungsmethode von vornherein einen Wechsel von Bewertungskomponenten vorsieht (bspw. beim Übergang von der degressiven zur linearen Abschreibung nach einer bestimmten Zahl von Jahren)[1182]. Ändert sich ein die Bewertung bestimmender Faktor aufgrund geänderter wirtschaftlicher Gegebenheiten oder sach-

---

1177 Vgl. *IDW ERS HFA 38*, Tz. 26.
1178 Vgl. *IDW ERS HFA 38*, Tz. 6.
1179 Vgl. *IDW ERS HFA 38*, Tz. 8.
1180 ADS[6], § 284 HGB, Tz. 115, ordnen das Abweichen von den in § 252 Abs. 1 HGB geregelten allgemeinen Bewertungsgrundsätzen den Angaben nach Abs. 2 Nr. 1 zu.
1181 Vgl. ADS[6], § 284 HGB, Tz. 118 und 132; *Krawitz* in BoHdR[2], § 284 HGB, Rn. 81; a.A. *Kupsch* in HdJ, Abt. IV/4, Rn. 108.
1182 Vgl. *IDW ERS HFA 38*, Tz. 11.

Der Anhang   F

gerechter Schätzung, stellt dies eine Änderung der Bewertung, nicht aber der Bewertungsmethode dar[1183]. Abweichend hiervon ist der Ersatz einer subjektiven Schätzung durch Verwendung objektiver Sachverhaltsdaten oder durch gesetzliche Vorgaben eine Änderung der Bewertungsmethode[1184].

Auf die **Größenordnung** der Abweichung stellt das Gesetz nicht ab. Die Angabepflicht besteht demnach grds. für jede Abweichung von Bilanzierungs- und Bewertungsmethoden. Aus dem Grundsatz der Wesentlichkeit[1185] (*materiality*) von Angaben wird gleichwohl abgeleitet werden dürfen, dass unerhebliche Abweichungen unerörtert bleiben können[1186]. Dabei wird auch berücksichtigt werden können, ob die Methoden, von denen abgewichen wird, zuvor im Rahmen der Erläuterungen gem. § 284 Abs. 2 Nr. 1 HGB angegeben worden sind oder anzugeben gewesen wären.   **728**

Die Berichterstattung nach § 284 Abs. 2 Nr. 3 erster Hs. HGB hat durch Angabe und Begründung zu erfolgen. Die **Angabe** umfasst hier den jeweiligen Posten der Bilanz bzw. der GuV und die Beschreibung der Abweichungen ggü. den Methoden des Vj.[1187] **Begründung** ist die Darlegung der Überlegungen und Argumente, die zur abw. Methode geführt haben, wobei sich die Zulässigkeit der Abweichung i.S.d. § 252 Abs. 2 HGB (vgl. E Tz. 313 f.) aus der Begründung ergeben muss[1188].   **729**

Darüber hinaus ist der **Einfluss** von Abweichungen in den Bilanzierungs- und Bewertungsmethoden auf die Vermögens-, Finanz- und Ertragslage für jede dieser Methoden unter Berücksichtigung wesentlicher Folgewirkungen gesondert darzustellen (§ 284 Abs. 2 Nr. 3 zweiter Hs. HGB), soweit die Änderung für sich allein oder in der Summe mit den Auswirkungen anderer Methodenänderungen nicht unerheblich ist[1189]. Ein Einfluss auf die **Vermögenslage** ist gegeben, wenn aufgrund der Anwendung einer anderen Methode die Vermögensgegenstände/Schulden höher oder niedriger ausgewiesen werden. Die **Finanzlage** wird beeinflusst, wenn die Methodenänderung Auswirkungen auf finanzwirksame Vorgänge hat (z.B. Steuer- und Dividendenzahlungen)[1190]. In erster Linie werden aber Auswirkungen auf die **Ertragslage** (Änderungen des Periodenergebnisses im GJ) in Betracht kommen. Dabei ist nur über den **Saldo** der jeweiligen Abweichungen für jede der drei Lagen zu berichten[1191].   **730**

Angaben zum Einfluss der Abweichungen können teils **verbaler** Art sein, teils auch aus **Zahlenangaben** bestehen. Obwohl die Angabe eines Unterschiedsbetrags aus Bewertungsänderungen nicht ausdrücklich verlangt wird, bedeutet dies, wie auch der Ausdruck „darzustellen" im Gesetz erkennen lässt, nicht unbedingt, dass jede zahlenmäßige Angabe entfallen kann[1192]. Es hängt von der Auswirkung der Abweichung ab, ob verbale Angaben genügen (z.B.: haben sich nur unwesentlich ausgewirkt; haben sich gegenseitig aufge-   **731**

1183 Vgl. *IDW ERS HFA 38*, Tz. 9.
1184 Vgl. *IDW ERS HFA 38*, Tz. 9.
1185 Vgl. dazu Fn. 1091 zu Tz. 666.
1186 Vgl. *IDW ERS HFA 38*, Tz. 24.
1187 Vgl. *IDW ERS HFA 38*, Tz. 23.
1188 Vgl. *IDW ERS HFA 38*, Tz. 23.
1189 Vgl. *IDW ERS HFA 38*, Tz. 27 f.
1190 Vgl. ADS[6], § 284 HGB, Tz. 145; *Biener/Berneke*, BiRiLiG, Erl. zu § 284 HGB, S. 255.
1191 Vgl. ADS[6], § 284 HGB, Tz. 149; *Ellrott* in BeBiKo[7], § 284, Rn. 170; *Kupsch* in HdJ, Abt. IV/4, Rn. 114; a.A. *Schulte*, BB 1986, S. 1468 (1472); *Schülen*, WPg 1987, S. 223 (228).
1192 Für eine Zahlenangabe, zumindest Verhältnis- oder Prozentzahlen ADS[6], § 284 HGB, Tz. 106 und 148; ferner *Schülen* in BHdR, B 420, Rn. 60; *Biener/Berneke*, BiRiLiG, Erl. 4 zu § 284 HGB, S. 255; verbale Angaben ausreichend, *Ellrott* in BeBiKo[7], § 284, Rn. 170; *Oser/Holzwarth* in HdR[5], §§ 284 bis 288 HGB, Rn. 121; *Glade*, Praxishandbuch[2], § 284 HGB, Rn. 33, 38.

hoben) oder ob direkt oder indirekt Beträge zu nennen sind (z.B.: haben zu einem um x Mio. Euro höheren Ergebnis geführt; haben den entstandenen Verlust halbiert)[1193]. Nach *IDW ERS HFA 38*, Tz. 29 sind zahlenmäßige Angaben insoweit erforderlich, dass zumindest die Größenordnung der jeweiligen Änderung in ihrem Einfluss auf die Vermögens-, Finanz- und Ertragslage abschätzbar wird. Darüber hinaus empfiehlt es sich, die Auswirkungen der Methodenänderung auf die jeweiligen Vorjahreszahlen anzugeben[1194].

8. Angabe der Abweichungen beim Aufbau und bei der Gliederung der Bilanz (§ 265 Abs. 1 S. 2 HGB)

732 § 265 Abs. 1 S. 1 HGB schreibt für die Form der Darstellung, insb. die Gliederung aufeinander folgender Bilanzen, Stetigkeit vor („ist beizubehalten"). Abweichungen von der **Ausweisstetigkeit** sind nur in Ausnahmefällen wegen besonderer Umstände erlaubt (vgl. Tz. 85). In diesen Fällen ist auf die Abweichung im Anh. hinzuweisen und es sind die Gründe zu nennen, die zu der Abweichung geführt haben (§ 265 Abs. 1 S. 2 HGB).

733 Eine **Durchbrechung** der Stetigkeit wird immer erlaubt sein, wenn durch die neue Form der Darstellung oder der Gliederung der Generalnorm (§ 264 Abs. 2 HGB) besser entsprochen wird. Gleiches gilt für eine weitere Untergliederung von Posten (§ 265 Abs. 5 S. 1 HGB). Allerdings wird umgekehrt die Rückkehr zu einer weniger aussagefähigen Form der Darstellung oder zu einem Verzicht auf Untergliederungen durch das Stetigkeitsgebot erschwert. Es müssen besondere Gründe dies erforderlich machen. In Betracht könnte z.B. kommen, dass eine bisher an der Börse notierte AG in ein anderes Unternehmen eingegliedert wird[1195].

734 Das Stetigkeitsgebot gilt auch für die Fälle, in denen eine Gesellschaft von den Möglichkeiten der **Postenzusammenfassung** gem. § 265 Abs. 7 HGB (vgl. Tz. 97) Gebrauch macht.

9. Angaben zu nicht vergleichbaren oder angepassten Vorjahresbeträgen (§ 265 Abs. 2 S. 2 und 3 HGB)

735 Sind Vorjahresbeträge nicht mit denen des laufenden Jahres vergleichbar, weil Umgliederungen vorgenommen worden sind, oder sind im Hinblick hierauf die Vergleichszahlen ebenfalls angepasst worden[1196], so ist dies im Anh. „anzugeben und zu erläutern" (§ 265 Abs. 2 S. 2 und 3 HGB; vgl. Tz. 87). **Erläutern** bedeutet im vorstehenden Zusammenhang, dass nicht allein die Tatsache der nicht vergleichbaren Gliederung oder der Anpassung der Vorjahreszahlen zu erwähnen ist, sondern dass bei Anpassung der Vorjahreszahlen auch die Gründe für die Umgliederung zu nennen sind[1197]. Werden die Vorjahreszahlen nicht angepasst, erscheinen neben den verbalen Erläuterungen auch quantitative Angaben erforderlich, wobei es ausreicht, wenn letztgenannte sich auf wesentliche Änderungen von Abschlussposten (Bilanz und GuV) beziehen[1198].

1193 Für das, was als wesentlich anzusehen ist, bieten die bisher für AG geltenden Grundsätze (vgl. § 160 Abs. 2 S. 5 AktG 1965) einen Anhaltspunkt.
1194 Vgl. *IDW ERS HFA 38*, Tz. 29.
1195 Vgl. auch die Beispiele bei *Kupsch* in HdJ, Abt. IV/4, Rn. 128.
1196 Zu Fällen, in denen eine Anpassung der Vorjahresbeträge in Betracht kommt, vgl. *IDW ERS HFA 39*, Tz. 4 ff. (z.B. bei Vermögenszu- und -abgängen durch Verschmelzungs- oder Spaltungsvorgänge sowie Sacheinlagen oder Kauf ganzer Unternehmen).
1197 So auch ADS[6], § 265 HGB, Tz. 32; *Winkeljohann/Büssow* in BeBiKo[7], § 265, Rn. 5; weitergehend *Oser/Holzwarth* in HdR[5], §§ 284 bis 288 HGB, Rn. 31 (Angabepflicht für vergleichbaren Vorjahresbetrag).
1198 Vgl. ADS[6], § 265 HGB, Tz. 32; insb. wird bei Verschmelzungs- und Spaltungsfällen eine Quantifizierung für bedeutende Bilanzposten empfohlen.

Im Rahmen von Börsengängen oder auf freiwilliger Basis können Gesellschaften neben den Vorjahreszahlen i.S.d. § 265 Abs. 2 HGB sog. **Pro-Forma-Angaben** machen, um die Vergleichbarkeit zu verbessern. Zweck dieser Angaben ist darzustellen, welche Auswirkungen Unternehmenstransaktionen (bspw. Umwandlungen, Zugang oder Abgang von TU) auf Vorjahresabschlüsse gehabt hätten, wenn die Vorgänge bereits zu Beginn der ersten Vergleichsperiode stattgefunden hätten[1199]. 736

10. Angaben zur Gliederung nach verschiedenen Gliederungsvorschriften (§ 265 Abs. 4 S. 2 HGB)

Sind im Falle **mehrerer Geschäftszweige** verschiedene Gliederungsvorschriften zu beachten, so muss die Bilanz nach der für einen Geschäftszweig vorgeschriebenen Gliederung aufgestellt und nach der für die anderen Geschäftszweige vorgeschriebenen Gliederung ergänzt werden (§ 265 Abs. 4 S. 1 HGB; vgl. Tz. 91). In diesem Fall ist auf die Ergänzung im Anh. hinzuweisen und sie ist „zu begründen" (§ 265 Abs. 4 S. 2 HGB), d.h. es sind die Gliederungsvorschriften zu nennen, die zu beachten sind und es ist anzugeben, nach welcher Vorschrift die Grundgliederung erfolgt und warum sie ergänzt worden ist. 737

11. Angabe der Posten, die im Hinblick auf § 265 Abs. 7 Nr. 2 HGB in der Bilanz zusammengefasst sind

Werden Posten der Bilanz zulässigerweise zusammengefasst (Wahlrecht), damit „dadurch die Klarheit der Darstellung vergrößert wird" (§ 265 Abs. 7 Nr. 2 HGB), so sind die **zusammengefassten Posten** im Anh. **gesondert** auszuweisen. Zur Zulässigkeit eines solchen verkürzten Bilanzschemas im Hinblick auf die Vergrößerung der Klarheit der Darstellung vgl. im Übrigen Tz. 99. 738

12. Angabe der Unterschiedsbeträge bei Anwendung von Bewertungsvereinfachungsverfahren (§ 284 Abs. 2 Nr. 4 HGB)

Die Vorschrift verlangt von mittelgroßen und großen Gesellschaften i.S.d. § 267 Abs. 2 und 3 HGB die Aufdeckung von Bewertungsreserven, die durch die Anwendung von Bewertungsvereinfachungsverfahren i.S.d. §§ 240 Abs. 4, 256 S. 1 HGB (Gruppenbewertung; Fifo-, Lifo- und ähnliche Verfahren) entstehen können[1200]; kleine Gesellschaften i.S.d. § 267 Abs. 1 HGB brauchen diese Angabe gem. § 288 S. 1 HGB nicht zu machen[1201]. Die Angabepflicht besteht nur dann, wenn der **Unterschied** ggü. einer Bewertung auf der Grundlage des letzten vor dem Abschlussstichtag bekannten Börsen- oder Marktpreises **erheblich** ist. Ist kein Börsen- oder Marktpreis feststellbar, entfällt die Angabepflicht. 739

Zur Feststellung eines Unterschiedsbetrags ist somit zunächst eine **Vergleichsbewertung** vorzunehmen. Dabei ist von demselben Mengengerüst auszugehen, das der Bilanzbewertung zu Grunde liegt. Um eine diffizile Neuberechnung auf Basis der tatsächlichen AK zu vermeiden, bestimmt das Gesetz aus Vereinfachungsgründen, dass die Bewertung auf der Grundlage des zuletzt bekannten Börsen- oder Marktpreises vorzunehmen ist. Der so ermittelte Wert kann, namentlich bei vorangegangenen Preissteigerungen, über dem Wert 740

1199 Vgl. zu Einzelheiten *IDW RH 1.004*; *IDW PH 9.960.1*; *Förschle/Almeling* in Budde/Förschle/Winkeljohann, Sonderbilanzen[4], Kap. F, Rn. 125 ff.; *Schmotz*; *Großmann*.

1200 Vgl. ADS[6], § 284 HGB, Tz. 150; *Krawitz* in BoHdR[2], § 284 HGB, Rn.92; a.A. *Ellrott* in BeBiKo[7], § 284, Rn. 180.

1201 Doch kann jeder Aktionär verlangen, dass ihm in der HV der JA in der Form vorgelegt wird, die er ohne Anwendung des § 288 HGB hätte (§ 131 Abs. 1 S. 3 AktG); zu Auskunftsrechten für Gesellschafter der GmbH vgl. Tz. 486; wegen Personenhandelsgesellschaften vgl. §§ 118, 166 HGB.

liegen, der unter Berücksichtigung des Anschaffungswertprinzips höchstens angesetzt werden könnte[1202]. Entsprechende, vorsichtig bemessene Abschläge müssen daher zulässig sein[1203], dgl. die üblichen Abschreibungen wegen eingeschränkter Verwendbarkeit u.dgl. Da die Unterschiedsbeträge „pauschal" anzugeben sind, werden keine allzu großen Anforderungen an die Genauigkeit der Rechnung zu stellen sein.

741 Die Unterschiedsbeträge sind für die jeweilige **Gruppe** zu ermitteln. Das Gesetz greift damit den in § 240 Abs. 4 HGB verwandten Ausdruck auf[1204]. Von der Gruppe ist nach dem Wortlaut des § 284 Abs. 2 Nr. 4 HGB auch für die Frage auszugehen, ob der Unterschiedsbetrag erheblich ist. Es ist daher bei der Bestimmung der Wesentlichkeit auf die jeweilige Gruppe, ihre absolute und relative Bedeutung sowie die Höhe des Unterschiedsbetrags und dessen Verhältnis zum Wert der Gruppe abzustellen[1205].

742 Fraglich ist, was unter einer **pauschalen Angabe** von Unterschiedsbeträgen zu verstehen ist. Unter Berücksichtigung der Aufgabenstellung des Anh. wird dies dahin auszulegen sein, dass Auf- und Abrundungen gestattet sein sollen (z.B. auf Tsd. oder Mio. Euro, bei kleineren Beträgen jeweils mit einer Ziff. hinter dem Komma). Wenn ein Bilanzposten **mehrere Gruppen** umfasst, die vereinfachend i.S.d. Vorschrift bewertet sind, wird es i.d.R. genügen, einen Unterschiedsbetrag für diesen Bilanzposten anzugeben[1206].

13. Angaben zum Posten „Aufwendungen für die Ingangsetzung und Erweiterung des Geschäftsbetriebs" (Art. 67 Abs. 5 S. 1 EGHGB i.V.m. § 269 S. 1 zweiter Hs. HGB a.F.)

743 Ist dieser Posten in einem JA für das letzte vor dem 01.01.2010 beginnende GJ enthalten, darf er unter Anwendung der für diesen Posten geltenden Vorschriften des HGB i.d.F. vor Inkrafttreten des BilMoG **fortgeführt** werden (Art. 67 Abs. 5 S. 1 EGHGB)[1207], bis er nach Maßgabe des § 282 HGB a.F. vollständig abgeschrieben ist[1208]. Danach ist der Posten im Fall der Fortführung nach § 269 S. 1 zweiter Hs. HGB a.F. bis zu diesem Zeitpunkt im Anh. mittelgroßer und großer Gesellschaften (§ 267 Abs. 2 und 3 HGB) zu erläutern; kleine Gesellschaften (§ 267 Abs. 1 HGB) sind von der Erläuterungspflicht gem. § 274a Nr. 5 HGB a.F. befreit[1209]. Zu den Angabepflichten vgl. WP Handbuch 2006, Bd. I, Kap. F Tz. 633.

14. Angabe der Gründe für eine Nutzungsdauer eines Geschäfts- oder Firmenwerts von mehr als fünf Jahren (§ 285 Nr. 13 HGB)

744 Wird ein entgeltlich erworbener Geschäfts- oder Firmenwert (vgl. Tz. 235) über eine betriebliche **Nutzungsdauer von mehr als fünf Jahren** abgeschrieben, sind die Gründe zur Rechtfertigung dieser Nutzungsdauer anzugeben (§ 285 Nr. 13 HGB). Die Angabe-

---

1202 Aus dem Auftreten „unrealisierter Gewinne" werden in diesem Zusammenhang unterschiedliche Konsequenzen gezogen, vgl. *Ellrott* in BeBiKo[7], § 284, Rn. 185 (Pflicht zur Korrektur der Vergleichsrechnung); *Oser/Holzwarth* in HdR[5], §§ 284 bis 288 HGB, Rn. 134 und 137, sowie *Krawitz* in BoHdR[2], § 284 HGB, Rn. 103 (keine Vergleichsrechnung i.S.d. § 284 Abs. 2 Nr. 4 HGB möglich).
1203 Ebenso ADS[6], § 284 HGB, Tz. 153; *Kupsch* in HdJ, Abt. IV/4, Rn. 118; a.A. *Oser/Holzwarth* in HdR[5], §§ 284 – 288 HGB, Rn. 133; *Krawitz* in BoHdR[2], § 284 HGB, Rn. 103.
1204 Ebenso ADS[6], § 284 HGB, Tz. 152; a.A. *Krawitz* in BoHdR[2], § 284 HGB, Rn. 91.
1205 Vgl. ADS[6], § 284 HGB, Tz. 155; *Ellrott* in BeBiKo[7], § 284, Rn. 182.
1206 Vgl. ADS[6], § 284 HGB, Tz. 152; *Kupsch* in HdJ, Abt. IV/4, Rn. 115.
1207 Vgl. *IDW RS HFA 28*, Tz. 8 und 20; *Gelhausen/Fey/Kirsch*, WPg 2010, S. 24.
1208 Vgl. *Ellrott* in BeBiKo[7], Art. 67 EGHGB, Rn. 21; *Gelhausen/Fey/Kämpfer*, BilMoG, Kap. F, Rn. 40 ff.
1209 Ein Recht des Aktionärs auf Vorlage des JA in der Form, die er ohne Anwendung des § 274a HGB hätte, besteht nicht, weil § 274a HGB unter den in § 131 Abs. 1 S. 3 AktG genannten Erleichterungen (§§ 276, 288 HGB) nicht erwähnt wird.

Der Anhang

pflichten nach § 285 Nr. 13 HGB beziehen sich auch auf einen in Ausübung des Wahlrechts nach § 24 UmwG aktivierten Geschäfts- oder Firmenwert[1210]. Die Angaben nach § 285 Nr. 13 HGB können mit den Angaben zu den Bilanzierungs- und Bewertungsmethoden (§ 284 Abs. 2 Nr. 1 HGB) zusammengefasst werden, unter denen auch die voraussichtliche Nutzungsdauer und die Abschreibungsmethode zu nennen sind (vgl. Tz. 695 ff.)[1211]. Über außerplanmäßige Abschreibungen des Geschäfts- oder Firmenwerts ist nach § 277 Abs. 3 S. 1 HGB in der GuV oder im Anh. zu berichten (vgl. Tz. 908).

Damit die Nachvollziehbarkeit gewährleistet ist, sind mit der Angabe der Gründe für die Annahme einer betrieblichen Nutzungsdauer von mehr als fünf Jahren auch die wesentlichen **wertbestimmenden Faktoren** zu erläutern, die der Schätzung der Nutzungsdauer zugrunde liegen[1212]. Mit Bezug auf das erworbene Unternehmen können Anhaltspunkte für die Schätzung der Nutzungsdauer z.B. sein: Art und voraussichtliche Bestandsdauer, Stabilität und Bestandsdauer der Branche, Lebenszyklus der Produkte, Auswirkungen von Veränderungen der Absatz- und Beschaffungsmärkte sowie der wirtschaftlichen Rahmenbedingungen, Laufzeit wichtiger Absatz- oder Beschaffungsverträge, die voraussichtliche Tätigkeit von wichtigen Mitarbeitern oder Mitarbeitergruppen, das erwartete Verhalten potenzieller Wettbewerber, die voraussichtliche Dauer der Beherrschung und der Umfang der Erhaltungsaufwendungen, die erforderlich sind, um den erwarteten ökonomischen Nutzen des erworbenen Unternehmens zu realisieren[1213]. 745

Ein Hinweis auf die in § 7 Abs. 1 S. 3 EStG bestimmte **steuerliche Nutzungsdauer** von 15 Jahren genügt nicht, um eine entsprechende Nutzungsdauer auch handelsrechtlich zu rechtfertigen[1214]. Die Annahme der steuerlichen Nutzungsdauer von 15 Jahren ist für handelsrechtliche Zwecke zulässig, wenn sie innerhalb einer geschätzten Bandbreite möglicher Nutzungsdauern i.S.d. § 253 Abs. 3 S. 2 HGB liegt[1215]; auch in diesem Fall sind die Gründe nachvollziehbar darzulegen[1216]. 746

Ergibt sich der nach § 266 Abs. 2 A.I.3. HGB ausgewiesene Geschäfts- oder Firmenwert aus **mehreren Erwerbsvorgängen**, ist grds. einzeln zu berichten; Zusammenfassungen nach gleichen Gründen und gleichen betrieblichen Nutzungsdauern sind zulässig, sofern der Grundsatz der Klarheit und Übersichtlichkeit (§ 243 Abs. 2 HGB) beachtet wird[1217]. 747

15. Angaben zu antizipativen Abgrenzungsposten unter den sonstigen Vermögensgegenständen (§ 268 Abs. 4 S. 2 HGB)

Werden unter den „Sonstigen Vermögensgegenständen" Beträge für Vermögensgegenstände ausgewiesen, die erst **nach dem Abschlussstichtag rechtlich entstehen** (sog. antizipative Abgrenzungsposten), so müssen Beträge, die einen größeren Umfang[1218] haben, im Anh. mittelgroßer und großer Gesellschaften (§ 267 Abs. 2 und 3 HGB) erläutert werden (§ 268 Abs. 4 S. 2 HGB); kleine Gesellschaften (§ 267 Abs. 1 HGB) sind von der 748

1210 Vgl. *IDW St HFA 2/1997*, WPg 1997, S. 240; *Ellrott* in BeBiKo[7], § 285, Rn. 265.
1211 Vgl. *Ellrott* in BeBiKo[7], § 285, Rn. 265.
1212 Vgl. analog DRS 4, Tz. 27 ff.; *Gelhausen/Fey/Kämpfer*, BilMoG, Kap. O, Rn. 63.
1213 Vgl. *Gelhausen/Fey/Kämpfer*, BilMoG, Kap. E, Rn. 19, und Kap. O, Rn. 64; *Ellrott* in BeBiKo[7], § 285, Rn. 265; Begr. RegE BilMoG, BT-Drucks. 16/10067, S. 48.
1214 Vgl. *IDW RS HFA 28*, Tz. 33; *Gelhausen/Fey/Kämpfer*, BilMoG, Kap. O, Rn. 62; *Ellrott* in BeBiKo[7], § 285, Rn. 265; Begr. RegE BilMoG, BT-Drucks. 16/10067, S. 70.
1215 Vgl. *Gelhausen/Fey/Kämpfer*, BilMoG, Kap. O, Rn. 62.
1216 Vgl. *Ellrott* in BeBiKo[7], § 285, Rn. 265.
1217 Vgl. *Gelhausen/Fey/Kämpfer*, BilMoG, Kap. O, Rn. 62; *Ellrott* in BeBiKo[7], § 285, Rn. 265.
1218 *Oser/Holzwarth* in HdR[5], §§ 284 bis 288 HGB, Rn. 53: als Richtschnur kann die 10%-Regel (bezogen auf den Bilanzposten) dienen.

Erläuterungspflicht gem. § 274a Nr. 2 HGB befreit[1219]. In Betracht kommen z.b. anteilige Stückzinsen, Erstattungsansprüche, Rückdeckungsansprüche aus Lebensversicherungen u.dgl. (im Einzelnen vgl. Tz. 293). Es genügt, die Art dieser Posten anzugeben; betragsmäßige Angaben kommen nur ausnahmsweise in Betracht[1220].

16. Angaben zur Einbeziehung von Fremdkapitalzinsen in die Herstellungskosten (§ 284 Abs. 2 Nr. 5 HGB)[1221]

749 Fremdkapitalzinsen gehören nicht zu den Herstellungskosten (§ 255 Abs. 3 S. 1 HGB). Eine Ausnahme gilt nur für den Fall der direkten Zurechenbarkeit zu einem Herstellungsvorgang in sachlicher und zeitlicher Hinsicht[1222], insb. bei der **Auftragsfinanzierung** (§ 255 Abs. 3 S. 2 HGB; vgl. E Tz. 347). Wurde von der Aktivierungsmöglichkeit Gebrauch gemacht, so müssen Angaben darüber im Anh. gemacht werden (§ 284 Abs. 2 Nr. 5 HGB). Verbale Ausführungen genügen[1223], betragsmäßige Angaben werden nur in außergewöhnlichen Fällen in Betracht kommen.

750 Die Angabe kann bei der Offenlegung des Anh. durch eine kleine Gesellschaft (§ 267 Abs. 1 HGB) nicht entfallen, da es sich um eine Spezialangabe zu den angewandten **Bewertungsmethoden** handelt. Wird die Angabe gem. § 284 Abs. 2 Nr. 5 HGB in die Angaben zu den Bewertungsmethoden einbezogen, so ist deutlich zu machen, bei welchen Bilanzposten Fremdkapitalzinsen mitaktiviert wurden[1224].

17. Angaben zu aktiven und passiven latenten Steuern (§ 285 Nr. 29 HGB)[1225]

751 Im Anh. ist anzugeben, auf welchen temporären Differenzen oder steuerlichen Verlustvorträgen die latenten Steuern beruhen und mit welchen Steuersätzen (vgl. Tz. 196 f.) die Bewertung erfolgt ist (§ 285 Nr. 29 HGB). Kleine Gesellschaften (§ 267 Abs. 1 HGB) sind nach § 288 Abs. 1 HGB, mittelgroße KapGes. (§ 267 Abs. 2 HGB) nach § 288 Abs. 2 S. 2 HGB von dieser Angabepflicht befreit.

Danach sind entsprechende Angaben zu **aktiven latenten Steuern** (abziehbare temporäre Differenzen sowie Verlustvorträge) zumindest insoweit zu machen, als diese im Rahmen der Gesamtdifferenzenbetrachtung[1226] mit passiven latenten Steuern verrechnet werden. Dies gilt unabhängig davon, ob in der Bilanz ein saldierter oder unsaldierter Ausweis gem. § 274 Abs. 1 S. 3 HGB (vgl. Tz. 199) erfolgt. Es bedarf aber keiner Erläuterung der abziehbaren temporären Differenzen oder Verlustvorträge, für die aktive latente Steuern in Ausübung des Ansatzwahlrechts (§ 274 Abs. 1 S. 2 HGB) nicht angesetzt worden sind[1227].

752 Bei Bestehen einer steuerlichen Organschaft sind die latenten Steuern auf temporäre Differenzen in den Vermögensgegenständen und Schulden der Organgesellschaft grds. im handelsrechtlichen JA des Organträgers zu berücksichtigen, so dass im Anh. der Organ-

---

1219 Vgl. Fn. 1212 zu Tz. 743.
1220 Gl.A. *Oser/Holzwarth* in HdR⁵, §§ 284 bis 288, Rn. 54; a.A. *Kupsch* in HdJ, Abt. IV/4, Rn. 141; *Schülen* in BHdR, B 420, Rn. 138 (stets quantitative Angaben).
1221 Wegen Angaben nach internationalen Grundsätzen vgl. IAS 23 (rev. 2007), Borrowing Costs.
1222 Vgl. *IDW RS HFA 31*, Tz. 23 ff.
1223 Vgl. *Ellrott* in BeBiKo⁷, § 284, Rn. 190.
1224 Vgl. ADS⁶, § 284 HGB, Tz. 156.
1225 Vgl. dazu *IDW St/SABI 3/1988*.
1226 Vgl. *Gelhausen/Fey/Kämpfer*, BilMoG, Kap. M, Rn. 12.
1227 Vgl. *HFA*, FN-IDW 2010, S. 452; DRS 18, Tz. 7 i.V.m. Tz. 64 empfiehlt eine entsprechende Angabe im JA, auch wenn der Ansatz unterbleibt.

Der Anhang F

gesellschaft keine Angaben nach § 285 Nr. 29 HGB zu machen sind[1228]. Eine Angabepflicht besteht aber dann, wenn die Organgesellschaft bei Bestehen eines Umlagevertrags latente Steuern in ihrem Jahresabschluss bilanziert (Wahlrecht, vgl. Tz. 218).

Anzugeben sind **Art des Vermögensgegenstands** (z.B. Grundstück, Beteiligung) **und des Schuldpostens** (z.B. Garantie-, Jubiläumsrückstellung), die **Art der Differenzen** (zeitlich, quasi-permanent) und ob diese zu einer aktiven oder passiven latenten Steuer führen; dabei dürfen gleichartige Vermögensgegenstände und Schulden unter Berücksichtigung der Bilanzposten (§ 266 Abs. 2 und 3 HGB) zusammengefasst werden[1229]. Qualitative Angaben zur Art der bestehenden temporären Differenzen oder zu steuerlichen Verlustvorträgen sind regelmäßig ausreichend, um die Erläuterungspflicht zu erfüllen und künftiges Nutzenpotenzial aufzuzeigen[1230]. 753

Anzugeben ist des Weiteren, inwieweit **steuerliche Verlustvorträge**, **Steuergutschriften** und **Zinsvorträge** bei der Berechnung der latenten Steuern berücksichtigt wurden[1231]. Dabei sind Erläuterungen zu den bei der Erfassung aktiver latenter Steuern auf Verlustvorträge zugrunde gelegten Prämissen sowie zur Höhe der Wahrscheinlichkeit, mit der eine Verlustverrechnung innerhalb der nächsten fünf Jahre zu erwarten ist, erforderlich[1232]. Damit soll sichergestellt werden, dass die der Aktivierung von latenten Steuern auf Verlustvorträge zugrunde liegenden Erwägungen für Dritte nachvollziehbar sind[1233]. Ferner sind Angaben zum verrechenbaren Anteil am gesamten bestehenden Verlustvortrag sachgerecht[1234]. 754

Bzgl. der Ermittlung der für die Bewertung der latenten Steuern relevanten, nach § 285 Nr. 29 HGB angabepflichtigen **Steuersätze** vgl. Tz. 196 f. Eine Überleitungsrechnung zwischen dem erwarteten Steueraufwand/-ertrag und dem ausgewiesenen Steueraufwand/-ertrag ist nach dem Gesetzeswortlaut nicht gefordert, so dass auch andere sachgerechte Erläuterungen ausreichend sein können, um ein hinreichendes Verständnis für die ausgewiesenen latenten Steuern zu vermitteln und die Angabepflicht des § 285 Nr. 29 HGB zu erfüllen[1235]. 755

18. Angaben zu „Sonstigen Rückstellungen" (§ 285 Nr. 12 HGB)

Die zu den „Sonstigen Rückstellungen" (Posten B 3 der Passivseite) zu machenden Angaben sind für kleine Gesellschaften (§ 267 Abs. 1 HGB) nicht obligatorisch (§ 288 S. 1 HGB)[1236]; mittelgroße Gesellschaften (§ 267 Abs. 2 HGB) können sie bei der Offenlegung weglassen (§ 327 Nr. 2 HGB). 756

Soweit der Posten „Sonstige Rückstellungen" in der Bilanz nicht weiter untergliedert wird, verlangt § 285 Nr. 12 HGB, dass die in dem Posten „Sonstige Rückstellungen" nicht gesondert ausgewiesenen Rückstellungen im Anh. erläutert werden, wenn sie einen nicht 757

1228 Vgl. DRS 18, Tz. 32 ff.; *Gelhausen/Fey/Kämpfer*, BilMoG, Kap. O, Rn. 265; *Ellrott* in BeBiKo[7], § 285, Rn. 470.
1229 Vgl. *Ellrott* in BeBiKo[7], § 285, Rn. 471.
1230 Vgl. *Gelhausen/Fey/Kämpfer*, BilMoG, Kap. O, Rn. 262.
1231 Vgl. *Ellrott* in BeBiKo[7], § 285, Rn. 472.
1232 Vgl. *Ellrott* in BeBiKo[7], § 285, Rn. 472.
1233 Vgl. Begr. RegE BilMoG, BT-Drs. 16/10067, S. 67.
1234 Vgl. *Wendholt/Wesemann*, DB 2009, Beil. 5, S. 64.
1235 Vgl. HFA, FN-IDW 2010, S. 451 f.; *Gelhausen/Fey/Kämpfer*, BilMoG, Kap. O, Rn. 265; *Ellrott* in BeBiKo[7], § 285, Rn. 474; DRS 18,Tz. 7 i.V.m. Tz. 67 empfiehlt die Darstellung mittels Überleitungsrechnung im JA.
1236 Zum Recht des Aktionärs auf Vorlage des JA in der Form, die er ohne Anwendung des § 288 HGB hätte, vgl. § 131 Abs. 1 S. 3 AktG.

unerheblichen Umfang haben. In Bezug auf den **„nicht unerheblichen Umfang"** (als Ausprägung des Wesentlichkeitsgrundsatzes) ist nicht allein auf das Verhältnis der einzelnen Rückstellungen zu dem Posten „Sonstige Rückstellungen" abzustellen, sondern auch auf die Größenordnung im Gesamtbild der Bilanz (unter besonderer Berücksichtigung des Umfangs des Eigenkapitals und des Jahresergebnisses)[1237]. Ferner ist die Generalnorm des § 264 Abs. 2 HGB zu beachten.

758 Der Begriff der **Erläuterung** geht über die reine Darstellung eines Sachverhalts hinaus und verlangt weitergehende Erklärungen über den wesentlichen Inhalt des Rückstellungspostens. Zu erläutern sind ggf. die Art oder die Bestimmung (Zweck) der Rückstellung, die Gründe, die zur Bildung geführt haben[1238], sowie die Größenordnung innerhalb des Postens „Sonstige Rückstellungen". Die Erläuterung erfolgt regelmäßig durch verbale Darstellungen[1239]; eine betragsmäßige Aufgliederung wird zwar nicht verlangt, doch wird es i.d.R. erforderlich sein, die größten Posten der sonstigen Rückstellungen gesondert anzugeben[1240].

19. Angaben zu nicht passivierten Pensionsverpflichtungen und ähnlichen Verpflichtungen – Fehlbetrag (Art. 28 Abs. 2, Art. 48 Abs. 6 EGHGB)[1241]

759 Für Pensionsverpflichtungen (einschließlich Anwartschaften), die auf einer unmittelbaren, vor dem 01.01.1987 erteilten Zusage beruhen (Altzusagen), sowie für mittelbare Pensionsverpflichtungen und ähnliche unmittelbare und mittelbare Verpflichtungen braucht eine Rückstellung nicht gebildet zu werden (Passivierungswahlrecht gem. Art. 28 Abs. 1 EGHGB; vgl. E Tz. 221 ff.). Damit der Umfang der nicht passivierten Verpflichtungen gleichwohl erkennbar wird, ist der **„Fehlbetrag"** im Anh. zu nennen (Art. 28 Abs. 2 bzw. Art. 48 Abs. 6 EGHGB)[1242]. Der Fehlbetrag ist **gesondert** anzugeben; er darf nicht in den Gesamtbetrag der sonstigen finanziellen Verpflichtungen (§ 285 Nr. 3a HGB) einbezogen werden[1243].

760 Für (ggf. teilweise) nicht passivierte Altersversorgungsverpflichtungen aus Altzusagen errechnet sich der Fehlbetrag für die **unmittelbaren** Pensionszusagen als Differenz zwischen dem Erfüllungsbetrag i.S.d. § 253 Abs. 1 S. 2, Abs. 2 HGB der Versorgungsverpflichtung und dem Buchwert der hierfür passivierten Pensionsrückstellungen[1244].

1237 Ebenso ADS[6], § 285 HGB, Tz. 241; auf den Betrag innerhalb der Rückstellungen, das Verhältnis zur Bilanzsumme und zum EK abstellend *Oser/Holzwarth* in HdR[5], §§ 284 bis 288 HGB, Rn. 321; auf den Gesamtbetrag der sonstigen Rückstellungen und die Belastung des Jahresergebnisses durch die Rückstellungszuführung abstellend *Ellrott* in BeBiKo[7], § 285 HGB, Rn. 261; für EK oder Bilanzsumme als Maßstab *Kupsch* in HdJ, Abt. IV/4, Rn. 207; für Bilanzsumme als Maßstab *Glade*, Praxishandbuch[2], § 285 HGB, Rn. 115; für die Summe der Rückstellungen, die Summe der FK oder die Bilanzsumme als Maßstab *Krawitz* in BoHdR[2], § 285 HGB, Rn. 214 f.; a.A. *Peters* in Kölner Komm. Rechnungslegungsrecht, § 285, Rn. 168, die auf einzelne in diesem Posten enthaltene Rückstellungen abstellt.

1238 Vgl. *Roth/Prechtl* in Petersen/Zwirner/Brösel, Bilanzrecht, § 285 HGB, Rn. 128.

1239 Vgl. *Roth/Prechtl* in Petersen/Zwirner/Brösel, Bilanzrecht, § 285 HGB, Rn. 129; *Peters* in Kölner Komm. Rechnungslegungsrecht, § 285 HGB, Rn. 168.

1240 Vgl. für eine zahlenmäßige Angabe *Taeger* in Haufe HGB Kommentar[2], § 285, Rn. 98; ADS[6], § 285 HGB, Tz. 243; *Oser/Holzwarth* in HdR[5], §§ 284 bis 288 HGB, Rn. 318; weitergehend *Niemeyer*, BB 1990, S. 1022 (1028) generelle Zahlenangabe.

1241 Vgl. dazu *IDW RS HFA 30*, Tz. 90; ADS[6], § 284 HGB, Tz. 157; vgl. ferner *IDW St/SABI 3/1986*, Nr. 8; *Heger/Weppler* in HdJ, Abt. III/7, Rn. 155; im Übrigen vgl. E Tz. 221 ff.

1242 Vgl. *IDW RS HFA 30*, Tz. 90. Eine Trennung in den auf unmittelbare Verpflichtungen entfallenden Fehlbetrag und den auf mittelbare Verpflichtungen entfallenden Fehlbetrag ist nicht erforderlich; so auch ADS[6], § 284 HGB, Tz. 172; *Ellrott/Rhiel* in BeBiKo[7], § 249, Rn. 274.

1243 So *IDW St/SABI 3/1986*, Nr. 8 mit Bezug auf § 285 Nr. 3 HGB a.F.

1244 Vgl. *IDW RS HFA 30*, Tz. 91.

761 Aufgrund von Umlageverfahren oder wegen der begrenzten steuerwirksamen Dotierungsmöglichkeiten sind die Versorgungsverpflichtungen bei Versorgungseinrichtungen oft nicht durch deren Vermögen gedeckt. In diesen Fällen errechnet sich der Fehlbetrag bei **mittelbaren** Altersversorgungsverpflichtungen als Differenz zwischen dem Erfüllungsbetrag i.S.d. § 253 Abs. 1 S. 2, Abs. 2 HGB der Versorgungsverpflichtungen beim Bilanzierenden und dem beizulegenden Zeitwert des Vermögens der Versorgungseinrichtung[1245].

762 Reicht das Vermögen einer **Unterstützungskasse** zur Deckung der künftigen Zahlungen nicht voll aus, so hat u.U. das Trägerunternehmen dafür einzustehen (Subsidiärhaftung). Fehlt es bei diesem an einer Rückstellung dafür, so ist der Fehlbetrag anzugeben[1246]. Er entspricht dem Unterschied zwischen dem nach einer handelsrechtlich zulässigen Bewertungsmethode ermittelten Betrag der Verpflichtungen zuzüglich etwaiger noch bestehender anderer Verbindlichkeiten abzgl. des Werts des bei der Unterstützungskasse vorhandenen Vermögens. Dieses ist auf der Basis von Zeitwerten zu ermitteln, d.h. bei einem aus Wertpapieren bestehenden Vermögen sind die Stichtagskurse zugrunde zu legen; für eine Begrenzung nach oben auf die Anschaffungswerte[1247] besteht keine Notwendigkeit[1248].

763 Kann im Falle von Versorgungseinrichtungen (insb. von **Zusatzversorgungskassen** bspw. von Arbeitnehmern des öffentlichen Dienstes[1249]) ein Fehlbetrag (Unterdeckung) nicht verlässlich quantifiziert werden, sind stattdessen qualitative Erläuterungen erforderlich: Art und Ausgestaltung der Versorgungszusagen, eingeschaltete Versorgungseinrichtung, Höhe der derzeitigen Beiträge oder Umlagen sowie deren voraussichtliche Entwicklung, Summe der umlagepflichtigen Gehälter sowie die geschätzte Verteilung der Versorgungsverpflichtungen auf anspruchsberechtigte Arbeitnehmer, ehem. Arbeitnehmer und Rentner (soweit ermittelbar)[1250].

20. Fehlbetragsangabe für Pensionsrückstellungen (Art. 67 Abs. 2 EGHGB)

764 Ergibt sich aufgrund der durch das BilMoG geänderten Bewertung der Verpflichtungen aus laufenden Pensionen oder Anwartschaften auf Pensionen eine **Zuführung** zu den Pensionsrückstellungen und wird dieser Betrag gem. Art. 67 Abs. 1 S. 1 EGHGB bis spätestens zum 31.12.2024 **angesammelt**[1251], ist der hieraus resultierende Fehlbetrag nach Art. 67 Abs. 2 EGHGB im Anh. anzugeben. Diese in der Bilanz nicht ausgewiesenen Rückstellungen für Pensionen, Anwartschaften auf Pensionen und ähnliche Verpflichtungen sind nach Art. 67 Abs. 2 EGHGB von KapGes., Kredit- und Finanzdienstleistungsinstituten i.S.d. § 340 HGB, VU und Pensionsfonds i.S.d. § 341 HGB, eingetragenen Genossenschaften und Personenhandelsgesellschaften i.S.d. § 264a HGB im Anh. anzugeben. Die Angabepflicht gilt nach § 22 Abs. 3 PublG auch für Unternehmen, die nach § 3 Abs. 1 i.V.m. § 5 Abs. 2, 2a PublG einen Anh. aufzustellen haben[1252]. Der Fehlbetrag nach Art. 67 Abs. 2 EGHGB darf nicht mit dem Fehlbetrag nach Art. 28

1245 Vgl. zu Einzelheiten und Ausnahmen von diesem Bewertungsgrundsatz *IDW RS HFA 30*, Tz. 78 i.V.m. Tz. 60 f.
1246 Vgl. *IDW RS HFA 30*, Tz. 36 f.
1247 So *Höfer/Lemitz*, BB 1986, S. 426 (429).
1248 Zur Bewertung von Versorgungsverpflichtungen aus Unterstützungskassenzusagen vgl. im Einzelnen *Höfer*, BB 1987, S. 1143; *Richter*, BB 1987, S. 1432.
1249 Vgl. zur Rückstellung *IDW RS HFA 23*.
1250 Vgl. *IDW RS HFA 30*, Tz. 34.
1251 Vgl. *IDW RS HFA 28*, Tz. 41 ff.; *Gelhausen/Fey/Kämpfer*, BilMoG, Kap. I, Rn. 127 ff.
1252 Vgl. *Ellrott* in BeBiKo[7], Art. 67 Abs. 2 EGHGB, Rn. 13.

Abs. 2 bzw. Art. 48 Abs. 6 EGHGB zusammengefasst werden, da er einen anderen Charakter hat und einen unterschiedlichen Ansammlungszeitraum betrifft[1253].

21. Angaben zu den Restlaufzeiten und Sicherheiten der Verbindlichkeiten (§ 285 Nrn. 1 und 2 HGB)[1254]

765 Die Bestimmungen in § 285 Nrn. 1 und 2 HGB fordern mehrere Angaben zu den in der Bilanz ausgewiesenen Verbindlichkeiten, und zwar

— zu dem **Gesamtbetrag** des Abschnitts C der Passivseite des Bilanzschemas (§ 285 Nr. 1 HGB) und
— zu jedem **einzelnen** in der Bilanz ausgewiesenen Posten der Verbindlichkeiten gem. § 266 Abs. 3 C Nrn. 1 bis 8 HGB (§ 285 Nr. 2 HGB)[1255].

Die Angaben nach Nr. 2 brauchen von kleinen Gesellschaften (§ 267 Abs. 1 HGB) nicht gemacht zu werden (§ 288 S. 1 HGB)[1256] und können von mittelgroßen Gesellschaften (§ 267 Abs. 2 HGB) bei der Offenlegung weggelassen werden (§ 327 Nr. 2 HGB).

766 Anzugeben ist der Gesamtbetrag der Verbindlichkeiten bzw. der einzelnen Posten mit einer **Restlaufzeit von mehr als fünf Jahren** (§ 285 Nr. 1a bzw. Nr. 2 HGB). Der Betrag der Verbindlichkeiten mit einer Restlaufzeit **bis zu einem Jahr** muss nach § 268 Abs. 5 S. 1 HGB bei jedem Posten direkt in der Bilanz vermerkt werden (vgl. Tz. 447). Maßgeblich ist der Zeitraum zwischen dem Abschlussstichtag und dem vereinbarten oder gesetzlich festgelegten Fälligkeitstermin. Verbindlichkeiten, die innerhalb der nächsten fünf Jahre fällig werden, brauchen danach nicht angegeben zu werden. In der Praxis werden diese Angaben allerdings häufig in einem sog. Verbindlichkeitenspiegel dargestellt (vgl. Tz. 770), der i.d.R. eine ausdrückliche Aufgliederung der Postenbeträge in alle drei genannten Gruppen von Restlaufzeiten enthält. Bei Verbindlichkeiten, die regelmäßig in Teilbeträgen (Raten) zu tilgen sind, sind die Beträge anzugeben, die nach Ablauf von fünf Jahren fällig werden. Bestehen zugunsten des Schuldners Prolongationsabreden und ist beabsichtigt, davon Gebrauch zu machen, so kann die sich daraus ergebende neue Fälligkeit berücksichtigt werden. Ebenso ist eine beabsichtigte vorzeitige Rückzahlung zu beachten, weil sonst der gesetzlich geforderte Angabebetrag zu hoch ermittelt wird[1257].

767 Ferner sind der Gesamtbetrag der **gesicherten Verbindlichkeiten** bzw. der einzelnen Posten der Verbindlichkeiten sowie Art und Form der Sicherheiten anzugeben (§ 285 Nr. 1b bzw. Nr. 2 HGB). Maßgebend für die Angabe der jeweiligen Beträge ist der in der Bilanz ausgewiesene Wert, nicht der evtl. höhere Betrag der Sicherung; Dritten eingeräumte Sicherheiten, denen ggü. am Abschlussstichtag keine Verbindlichkeiten bestehen, sind daher nicht angabepflichtig[1258]. Sicherheiten für fremde Verbindlichkeiten sind nicht hier anzugeben, sondern unter der Bilanz zu vermerken oder im Anh. anzugeben (§§ 251 S. 1 und 268 Abs. 7 HGB; vgl. E Tz. 112).

768 Als **Sicherheiten** für Verbindlichkeiten kommen insb. Grundpfandrechte (Hypotheken, Grund- und Rentenschulden), Pfandrechte an Forderungen und sonstigen Rechten (z.B.

1253 Vgl. *Ellrott* in BeBiKo[7], Art. 67 Abs. 2 EGHGB, Rn. 13.
1254 Vgl. dazu *IDW St/SABI 3/1986*, insb. Nr. 4.
1255 Vgl. ADS[6], § 285 HGB, Tz. 8; *Ellrott* in BeBiKo[7], § 285, Rn. 5; a.A. im Bezug auf die Angabepflicht von Anzahlungen auf Bestellungen *Hüttemann* in Staub, HGB[4], § 285, Rn. 7.
1256 Vgl. aber Fn. 1240 zu Tz. 756.
1257 Vgl. ADS[6], § 285 HGB, Tz. 11; *Ellrott* in BeBiKo[7], § 285, Rn. 6; *Oser/Holzwarth* in HdR[5], § 284 bis 288 HGB, Rn. 145; a.A. *Hüttemann* in Staub, HGB[4], § 285, Rn. 12.
1258 Vgl. ADS[6], § 285 HGB, Tz. 20.

Der Anhang

Wertpapiere) sowie an Schiffen oder Luftfahrzeugen, Sicherungsübereignungen und -abtretungen, Eigentumsvorbehalte (EV), Nießbrauch an beweglichen Sachen und Rechten sowie bei echten Pensionsgeschäften – analog § 340b Abs. 4 S. 4 HGB – der (Buch-)Wert der in Pension gegebenen Vermögensgegenstände in Betracht. Die Angabepflicht erstreckt sich auch auf branchenübliche Pfandrechte und EV. Es dürfte beim EV aber genügen, in allgemeiner Form zu berichten (z.b.: Es bestehen die üblichen EV aus dem Erwerb von Roh-, Hilfs- und Betriebsstoffen sowie von Halbfabrikaten und Waren). Die Angabepflicht kann nur insoweit eingeschränkt werden, als es sich um gesetzliche Pfandrechte handelt (z.B. Pfandrecht des Werkunternehmers), denen in der Praxis allerdings i.d.R. keine große Bedeutung zukommt[1259]. Zahlenmäßige Angaben über den Umfang der jeweiligen Sicherheiten sind nicht gefordert. Bestehen für einen Posten mehrere Arten und Formen der Sicherheiten, ist eine entspr. Darstellung erforderlich (z.B.: Ein wesentlicher Teil der Verbindlichkeiten ggü. KI ist durch Zessionen, der übrige Teil durch Grundpfandrechte gesichert).

§ 285 Nr. 2 HGB verlangt neben der Angabe des Gesamtbetrags die **Aufgliederung** der Beträge von Verbindlichkeiten mit einer Restlaufzeit von mehr als fünf Jahren und der gesicherten Verbindlichkeiten **für jeden Posten**, der sich aus der Gliederung des § 266 Abs. 3 C Nrn. 1 bis 8 HGB ergibt. Werden einzelne Verbindlichkeiten weiter untergliedert oder neue Posten hinzugefügt (§ 265 Abs. 5 S. 1 oder 2 HGB), z.B. gesondert ausgewiesenes Genussrechtskapital mit Fremdkapitalcharakter i.S. der *IDW St/HFA 1/1994*, bezieht sich die Angabepflicht auch darauf[1260]. 769

Im Hinblick auf die gespaltenen Angabepflichten (teils in der Bilanz, teils im Anh.) stellt sich die Frage, ob nicht auch eine beiden Angabeverpflichtungen Rechnung tragende Darstellung im Anh. möglich ist, etwa derart, dass für jeden Posten der Verbindlichkeiten außer dem Bilanzbetrag die in § 268 Abs. 5 S. 1 und § 285 Nrn. 1 und 2 HGB geforderten Angaben (Fälligkeiten sowie Art und Form der Sicherheiten) tabellenmäßig in einem sog. **Verbindlichkeitenspiegel**[1261] (als Teil des Anh.) angeführt werden. Da dadurch die Klarheit der Darstellung zweifellos gefördert wird und insoweit die Voraussetzungen des § 265 Abs. 7 Nr. 2 HGB vorliegen, ergeben sich gegen eine solche Darstellung keine Bedenken[1262]. 770

22. Angaben zu antizipativen Abgrenzungsposten unter den Verbindlichkeiten (§ 268 Abs. 5 S. 3 HGB)

Sind unter den in der Bilanz ausgewiesenen Verbindlichkeiten solche enthalten, die erst **nach dem Abschlussstichtag rechtlich entstehen** (sog. antizipative Abgrenzungsposten) und haben sie einen größeren Umfang[1263], so müssen sie im Anh. mittelgroßer und großer Gesellschaften (§ 267 Abs. 2 und 3 HGB) erläutert werden (§ 268 Abs. 5 S. 3 HGB); kleine Gesellschaften (§ 267 Abs. 1 HGB) sind von der Erläuterungspflicht gem. § 274a Nr. 3 HGB befreit[1264]. In Betracht kommen hier in erster Linie Verpflichtungen aus 771

1259 Vgl. ADS[6], § 285 HGB, Tz. 17; für weitergehende Einschränkungen der Angabepflicht *Ellrott* in BeBiKo[7], § 285, Rn. 12; *Oser/Holzwarth* in HdR[5], §§ 284 bis 288 HGB, Rn. 148.
1260 So ADS[6], § 285 HGB, Tz. 27; einschränkend *Ellrott* in BeBiKo[7], § 285, Rn. 17, die bei einer freiwilligen Erweiterung nach § 265 Abs. 5 S. 1 HGB eine Angabepflicht nach § 285 Nr. 2 HGB verneinen und nur bei § 265 Abs. 5 S. 2 HGB bejahen; noch restriktiver *Krawitz* in BoHdR[2], § 285 HGB, Rn. 24, wonach sich die Angabepflicht nach § 285 Nr. 2 HGB nur auf die in § 266 Abs. 3 C Nrn. 1 bis 8 vorgesehene erste Aufgliederungsstufe beziehen soll.
1261 Vgl. hierzu z.B. ADS[6], § 285 HGB, Tz. 26.
1262 So *IDW St/SABI 3/1986*, Nr. 4; ferner ADS[6], § 285 HGB, Tz. 26; *Ellrott* in BeBiKo[7], § 285, Rn. 18; *Andrejewski* in BHdR, B 40, Rn. 118.
1263 Vgl. Fn. 1091 zu Tz. 666.
1264 Vgl. Fn. 1212 zu Tz. 743.

Miet- und Pachtverträgen, die einen vor dem Abschlussstichtag liegenden Zeitraum mit umfassen, aber erst im neuen GJ fällig werden. Häufig werden solche Verpflichtungen unter den Rückstellungen erfasst, so dass Angaben nach § 268 Abs. 5 S. 3 HGB nur ausnahmsweise in Betracht kommen werden.

23. Angaben zu nicht in der Bilanz enthaltenen Geschäften (§ 285 Nr. 3 HGB)

772 Nach § 285 Nr. 3 HGB sind Art und Zweck sowie Risiken und Vorteile von nicht in der Bilanz enthaltenen (sog. außerbilanziellen) Geschäften im Anh. anzugeben, soweit dies für die Beurteilung der Finanzlage notwendig ist. Kleine Gesellschaften (§ 267 Abs. 1 HGB) brauchen die Angaben nicht zu machen (§ 288 Abs. 1 HGB), mittelgroße Gesellschaften (§ 267 Abs. 2 HGB) brauchen die Risiken und Vorteile nicht darzustellen (§ 288 Abs. 2 S. 1 HGB). Wurden keine nicht in der Bilanz enthaltenen Geschäfte abgeschlossen, ist eine Fehlanzeige nicht erforderlich[1265].

773 Der Begriff „**Geschäft**" ist in einem weiten, funktionalen Sinn zu verstehen und umfasst Rechtsgeschäfte und andere getroffene Maßnahmen (z. B. rechtlich unverbindliche Gefälligkeitsverhältnisse)[1266]. Es handelt sich mithin um alle Transaktionen rechtlicher und wirtschaftlicher Art, die sich auf die gegenwärtige und künftige Finanzlage (vgl. Tz. 80) eines Unternehmens auswirken können[1267]. Zur Abgrenzung von Rechtsgeschäften und Maßnahmen kann auf die Begriffsauslegung i.S.d. § 312 AktG zurückgegriffen werden; jedoch fallen allgemeine geschäftspolitische Entscheidungen, die noch nicht zu einer Übertragung von Risiken oder Vorteilen geführt haben, sowie unterlassene Rechtsgeschäfte und Maßnahmen nicht unter die Angabepflicht[1268]. Dies entspricht auch dem Begriff des Geschäfts i.S.d. § 285 Nr. 21 HGB (vgl. Tz. 1011)[1269].

774 Ein **nicht in der Bilanz enthaltenes** Geschäft liegt vor, wenn der Bilanzierende Vorteile oder Risiken durch ein Rechtsgeschäft oder eine Maßnahme übernimmt, ohne dass dies zum Ansatz von Vermögensgegenständen oder Schulden führt[1270]. In Betracht kommen vor allem[1271]:

– Schwebende einseitig oder gegenseitig verpflichtende Geschäfte,
– Dauerschuldverhältnisse (noch nicht erfüllter Teil des Vertrags),
– Geschäfte, bei denen der Bilanzierende trotz fehlenden rechtlichen oder wirtschaftlichen Eigentums Risiken und Vorteile übernimmt.

Die Beurteilung der Voraussetzung „nicht in der Bilanz enthalten" ist zum Abschlussstichtag unabhängig davon vorzunehmen, ob sich ein Geschäft ggf. zu einem späteren Abschlussstichtag in der Bilanz widerspiegelt[1272]. Kommt es aufgrund von Geschäften im abgelaufenen GJ zu einem endgültigen Abgang von Vermögensgegenständen bzw. zu einem rechtswirksamen Erlöschen von Schulden, fallen diese Geschäfte grds. nicht unter die Angabepflicht[1273]. In Ausnahmefällen kann i.Z.m. dem Abgang von Vermögensgegenständen oder Schulden eine Angabepflicht bestehen, wenn dem Bilanzierenden dau-

---

1265 Vgl. *Ellrott* in BeBiKo[7], § 285, Rn. 22; *IDW RS HFA 32*, Tz. 15.
1266 Vgl. *IDW RS HFA 32*, Tz. 4.
1267 Vgl. *IDW RS HFA 32*, Tz. 4.
1268 Vgl. *Gelhausen/Fey/Kämpfer*, BilMoG, Kap. O, Rn. 14; *IDW RS HFA 32*, Tz. 4.
1269 Vgl. *Gelhausen/Fey/Kämpfer*, BilMoG, Kap. O, Rn. 14.
1270 Vgl. *IDW RS HFA 32*, Tz. 5.
1271 Vgl. *Gelhausen/Fey/Kämpfer*, BilMoG, Kap. O, Rn. 20; *Oser/Holzwarth* in HdR[5], Vor HGB §§ 284 bis 288, Rn. 5; *IDW RS HFA 32*, Tz. 5.
1272 Vgl. *IDW RS HFA 32*, Tz. 6.
1273 Vgl. *IDW RS HFA 32*, Tz. 7.

Der Anhang

erhaft oder für eine gewisse Zeit nach dem Abschlussstichtag weiterhin Vorteile oder Risiken aus dem abgegangenen Bilanzposten zuzuordnen sind, die naturgemäß einem Abgang nicht entgegengestanden haben[1274].

Beispiele für außerbilanzielle Geschäfte sind *Factoring-* und *ABS*-Transaktionen, unechte Pensionsgeschäfte, *Operating-Leasing*-Verträge, *Sale-and-lease-back*-Geschäfte bei Vorliegen von *Operating-Leasing*, verdeckte Leasinggeschäfte, Konsignationslagervereinbarungen sowie die Auslagerung von betrieblichen Funktionen[1275]. Hierunter können auch Rechtsgeschäfte fallen, die i.Z.m. Zweckgesellschaften oder *Offshore*-Geschäften stehen[1276]. 775

Die Angaben nach § 285 Nr. 3 HGB sind nur zu machen, soweit sie **für die Beurteilung der Finanzlage** der Gesellschaft – d.h. der am Stichtag vorhandenen Liquidität sowie der erwarteten künftigen Finanzmittelzuflüsse und -abflüsse – **notwendig** sind[1277]. Angaben können für die Beurteilung der Finanzlage notwendig sein, wenn nach der Beurteilung zum Abschlussstichtag erhebliche Verbesserungen oder Verschlechterungen der Finanzsituation zu erwarten oder Geschäfte bezüglich ihres Zeitpunkts bzw. -raums oder des Geschäftspartners als ungewöhnlich anzusehen sind[1278]. Nicht notwendig für die Beurteilung der Finanzlage ist hingegen regelmäßig die Angabe der am Abschlussstichtag kurzfristig in der Schwebe befindlichen Lieferungen und Leistungen des gewöhnlichen Geschäftsbetriebs[1279]. Nach dem Abschlussstichtag bekannt werdende wertaufhellende Ereignisse sind zu berücksichtigen[1280]. Eine Berichtspflicht ergibt sich auch dann, wenn Angaben zu Risiken und Vorteilen einzelner Geschäfte lediglich bei einer Gesamtbetrachtung gleichartiger oder miteinander verknüpfter Geschäfte für die Beurteilung der Finanzlage notwendig sind[1281]. Angaben zu den künftigen Liquiditätswirkungen sind zu jedem Abschlussstichtag zu machen, solange ein nicht in der Bilanz enthaltenes Geschäft (z.B. mehrjähriges Dauerschuldverhältnis) nicht vollständig abgewickelt ist[1282]. 776

Als **Art der Geschäfte** kann eine Kategorisierung nach dem Vertragstyp (z.B. Leasing, *Factoring*, unechte Pensionsgeschäfte, Forderungsverbriefungen) oder nach der Art der mit den Geschäften verbundenen Risiken bzw. Vorteile erfolgen[1283]. Als **Zweck der Geschäfte** sind die Gründe anzugeben, die zum Abschluss derselben geführt haben (bspw. Beschaffung liquider Mittel durch ein *Sale-and-lease-back*-Geschäft zur Realisierung geplanter Investitionsprojekte)[1284]. 777

Risiken und Vorteile liegen vor, wenn sich ein Geschäft auf die Liquidität bzw. auf die Fähigkeit eines Unternehmens, in einem absehbaren Zeitraum die vorhandenen Verpflichtungen erfüllen zu können, negativ oder positiv auswirkt oder auswirken kann[1285]. Anzugeben sind Risiken und Vorteile, die sich aus gewissen und ungewissen Aus- 778

1274 Vgl. *IDW RS HFA 32*, Tz. 7.
1275 Vgl. hierzu auch Begr. RegE BilMoG, BT-Drucks. 16/10067, S. 69; *Gelhausen/Fey/Kämpfer*, BilMoG, Kap. O, Rn. 32.
1276 Vgl. *Ellrott* in BeBiKo⁷, § 285, Rn. 28; *Gelhausen/Fey/Kämpfer*, BilMoG, Kap. O, Rn. 32.
1277 Vgl. *IDW RS HFA 32*, Tz. 9.
1278 Vgl. *IDW RS HFA 32*, Tz. 10.
1279 Vgl. *IDW RS HFA 32*, Tz. 10.
1280 Vgl. *IDW RS HFA 32*, Tz. 11.
1281 Vgl. *IDW RS HFA 32*, Tz. 12.
1282 Vgl. Begr. RegE BilMoG, BT-Drucks. 16/10067, S. 69; *IDW RS HFA 32*, Tz. 14.
1283 Vgl. *IDW RS HFA 32*, Tz. 16.
1284 Vgl. *Gelhausen/Fey/Kämpfer*, BilMoG, Kap. O, Rn. 39; Begr. RegE BilMoG, BT-Drucks. 16/10067, S. 69; *IDW RS HFA 32*, Tz. 17.
1285 Vgl. *IDW RS HFA 32*, Tz. 18. Zu konkreten Risiken und Vorteilen vgl. *Ellrott* in BeBiKo⁷, § 285, Rn. 33.

wirkungen auf die Finanzlage ergeben, soweit feststehende finanzielle Nachteile nicht bereits bilanziell berücksichtigt sind und dies für die Beurteilung der Finanzlage notwendig ist[1286]. Die Auswirkungen auf die Liquidität der Gesellschaft zum Abschlussstichtag und auf die künftigen Finanzmittelzuflüsse und -abflüsse sind für jede Art von angabepflichtigen außerbilanziellen Geschäften anzugeben, wobei jeweils weiter nach den Risiken und Vorteilen für die Finanzlage des Unternehmens zu differenzieren ist[1287]. Anzugeben sind bei *Sale-and-lease-back*-Geschäften bspw. die im GJ aus dem Verkauf des Leasingobjekts resultierenden Finanzmittelzuflüsse und die über die Vertragsdauer zu zahlenden Leasingraten[1288]. Darüber hinaus kann die Angabe wesentlicher weiterer Vertragsbedingungen (z.B. Verlängerungs- oder Kündigungsoptionen; auflösende oder aufschiebende Vertragsbedingungen, die zur Unwirksamkeit des Vertrags oder zur Rückabwicklung führen können) erforderlich sein[1289].

779   Bei den **betragsmäßigen Angaben** zu den künftigen Finanzmittelzuflüssen oder -abflüssen empfiehlt sich eine Unterteilung nach Fristigkeiten[1290]. Lassen sich Zahlungsbeträge nicht ermitteln, ist eine Angabe von Bandbreiten oder – falls auch dies nicht möglich ist – eine verbale Beschreibung der möglichen betragsmäßigen Auswirkungen vorzunehmen[1291]. Risiken und Vorteile sind getrennt darzustellen; eine kompensatorische Betrachtung ist nicht zulässig[1292].

780   Werden zu den von § 285 Nr. 3 HGB betroffenen Geschäften **Angaben** nach anderen Vorschriften (insb. zu **Geschäften mit nahe stehenden Unternehmen und Personen** nach § 285 Nr. 21 HGB) gemacht, aber der Zweck bzw. die Risiken und Vorteile nicht angegeben, dürfen insoweit die Angaben nicht entfallen[1293]. So sind z.B. bei **Haftungsverhältnissen**, die nach § 251 HGB unter der Bilanz oder gemäß § 268 Abs. 7 HGB im Anh. angegeben werden, zusätzliche Angaben zum Zweck und zu den Risiken sowie Vorteilen dieser Geschäfte erforderlich[1294].

781   Zu den nicht zum beizulegenden Zeitwert bilanzierten **derivativen Finanzinstrumenten** sind über die in der abschließenden speziellen Regelung des § 285 Nr. 19 HGB (*lex specialis*) geforderten Angaben hinaus keine weitergehenden Angaben zu Risiken und Vorteilen sowie zum Zweck dieser FI zu machen[1295]. § 285 Nrn. 3 und 3a HGB weisen in ihrem sachlichen Anwendungsbereich Überschneidungen auf.

782   Die Angaben nach § 285 Nr. 3 HGB sind vorrangig vor den Angaben zu den **sonstigen finanziellen Verpflichtungen** nach § 285 Nr. 3a HGB zu machen, d.h. Doppelerfassungen/-angaben sind nicht erforderlich[1296]. Ob ein außerbilanzielles Geschäft nach § 285 Nr. 3 oder Nr. 3a HGB anzugeben ist, richtet sich nach dem konkreten Einzelfall. Dabei ist zu beachten, dass der Begriff „Risiko" i.S.d. § 285 Nr. 3 HGB im Vergleich zum Begriff der „finanziellen Verpflichtung" i.S.d. § 285 Nr. 3a HGB weiter zu verstehen ist, da ersterer auch einen (noch) unwahrscheinlichen Eintritt eines Ressourcenabflusses er-

---
1286 Vgl. Begr. RegE BilMoG, BT-Drucks. 16/10067, S. 69; *IDW RS HFA 32*, Tz. 18.
1287 Vgl. *IDW RS HFA 32*, Tz. 19.
1288 Vgl. *IDW RS HFA 32*, Tz. 19.
1289 Vgl. *IDW RS HFA 32*, Tz. 19 f.; zu Praxisbeispielen für Angaben nach § 285 Nr. 3 HGB vgl. *Philipps*, S. 75 ff.
1290 Vgl. *IDW RS HFA 32*, Tz. 21; *Ellrott* in BeBiKo[7], § 285, Rn. 34.
1291 Vgl. *IDW RS HFA 32*, Tz. 22; *Gelhausen/Fey/Kämpfer*, BilMoG, Kap. O, Rn. 41.
1292 Vgl. Begr. RegE BilMoG, BT-Drucks. 16/10067, S. 69; *IDW RS HFA 32*, Tz. 23.
1293 Vgl. *IDW RS HFA 32*, Tz. 24.
1294 Vgl. *IDW RS HFA 32*, Tz. 24.
1295 Vgl. *IDW RS HFA 32*, Tz. 25.
1296 Vgl. Begr. RegE BilMoG, BT-Drucks. 16/10067, S. 69 f.; *Ellrott* in BeBiKo[7], § 285, Rn. 22.

Der Anhang F

fasst¹²⁹⁷. Andererseits ist der Anwendungsbereich des § 285 Nr. 3 HGB insofern enger, als hiernach die Angabe für die Beurteilung der Finanzlage „notwendig", d.h. unbedingt erforderlich sein muss, während die Angabe nach § 285 Nr. 3a HGB für die Beurteilung der Finanzlage lediglich „von Bedeutung" sein muss¹²⁹⁸.

24. Angaben zu sonstigen finanziellen Verpflichtungen (§ 285 Nr. 3a HGB)¹²⁹⁹

Mittelgroße und große Gesellschaften (§ 267 Abs. 2 und 3 HGB) haben die sonstigen finanziellen Verpflichtungen, die nicht in der Bilanz enthalten und nicht nach § 251 oder § 285 Nr. 3 HGB anzugeben sind, mit ihrem Gesamtbetrag zu nennen, wenn diese Angabe für die Beurteilung der Finanzlage von Bedeutung ist (§ 285 Nr. 3a HGB). Für kleine Gesellschaften (§ 267 Abs. 1 HGB) ist die Vorschrift nicht obligatorisch (§ 288 S. 1 HGB)¹³⁰⁰. 783

Die Angabe bietet neben den Vermerken und Angaben über die Fälligkeit von Forderungen und Verbindlichkeiten (§§ 268 Abs. 4 S. 1 und Abs. 5 S. 1, 285 Nrn. 1 und 2 HGB) wichtige Hinweise für die **Beurteilung der Finanzlage** (vgl. auch Tz. 80), die aus Bilanz und GuV allein nicht abgeleitet werden können. Die Vorschrift muss daher auch vor dem Hintergrund beurteilt werden, dass die Angabe zusammen mit den bereits genannten Angaben in gewisser Weise die in einer Finanzübersicht (Finanzplan) enthaltenen Informationen über künftige Mittelabflüsse ersetzt, die eigentlich erforderlich wären, um das in § 264 Abs. 2 S. 1 HGB geforderte, den tatsächlichen Verhältnissen entsprechende Bild der Finanzlage der Gesellschaft zu vermitteln (vgl. zur Kapitalflussrechnung Tz. 1069)¹³⁰¹. 784

In Betracht kommen für die Angabe nach § 285 Nr. 3a HGB in erster Linie Verpflichtungen aus **schwebenden Rechtsgeschäften**, die noch keinen Niederschlag in der Bilanz gefunden haben, aber künftig zu einer wesentlichen Belastung der Finanzlage führen können. Zu nennen sind hier insb. schwebende Verpflichtungen i.Z.m. begonnenen Investitionsvorhaben (sog. Bestellobligo), mehrjährige Verpflichtungen aus Miet- und Leasingverträgen¹³⁰² (insb. solchen, die aus *Sale-and-lease-back*-Verträgen entstanden sind), Verpflichtungen aus notwendig werdenden Umweltschutzmaßnahmen und anderen öffentlich-rechtlichen Rechtsverhältnissen (Auflagen) u.dgl. (vgl. zu möglichen Überschneidungen mit den Angaben nach § 285 Nr. 3 HGB Tz. 782)¹³⁰³. Ferner sind ggf. zu erwähnen vertragliche Verpflichtungen aus Termin-, Pensions-¹³⁰⁴ und Optionsgeschäf- 785

1297 Vgl. *IDW RS HFA 32*, Tz. 27.
1298 Vgl. *IDW RS HFA 32*, Tz. 27.
1299 Vgl. dazu *IDW St/SABI 3/1986*, insb. Nr. 7; *Ott/Sehmsdorf* in BHdR, B 431; *Epperlein/Scharpf*, DB 1994, S. 1629 (zu Angaben i.Z.m. FI vgl. *IDW RH HFA 1.005*, Tz. 12 ff. und 22 ff.); *Loitz/Schulze*, DB 2004, S. 769 (773) (zu Angaben bei Patronatserklärungen; vgl. *IDW RH HFA 1.013*, Tz. 5, 11 und 21).
1300 Vgl. aber Fn. 1240 zu Tz. 756 zu Auskunftsrechten von Aktionären.
1301 Zur Aufstellung von Finanzplänen in Krisensituationen vgl. *FAR 1/1991* und *IDW PS 800*; ebenso WP Handbuch 2008 Bd. II, L Tz. 170.
1302 Zur Behandlung von Leasingverträgen vgl. auch *GEFIU*, DB 1995, S. 333; *Gelhausen/Weiblen* in HdJ, Abt. I/ 5, Rn. 173.
1303 Die genannten Beispiele waren im RegE zum BiRiLiG ausdrücklich aufgeführt; die Aufzählung wurde nicht in das Gesetz übernommen, um dem Missverständnis zu begegnen, „dass die genannten Verpflichtungen in jedem Fall angegeben werden müssen" und „nicht angeführte Verpflichtungen regelmäßig auch nicht angegeben zu werden brauchen" (vgl. Begr. in BT-Drs. 10/4268, S. 110). Vgl. auch *IDW St/SABI 3/1986*, Nr. 7; ADS⁶, § 285 HGB, Tz. 42 ff.; *Ellrott* in BeBiKo⁷, § 285, Rn. 40 ff. (mit einem ABC der möglichen sonstigen finanziellen Verpflichtungen in Rn. 80); *Ott/Sehmsdorf* in BHdR, B 431, Rn. 25 ff.
1304 Vgl. ADS⁶, § 285 HGB, Tz. 47; *Epperlein/Scharpf*, DB 1994, S. 1629 (1631); zu Angaben bzgl. offener Derivatepositionen im Anh. vgl. Tz. 806 ff., im LB vgl. Tz. 1126 ff.; vgl. auch *IDW ERS BFA 3*, Tz. 16 f. und *IDW ERS BFA 6*, Tz. 15 f. und 20 f. (für KI); ferner *Eilenberger*, BFuP 1995, S. 125 (127); zur Abgrenzung von echten und unechten Pensionsgeschäften vgl. *IDW ERS HFA 13 n.F.*, Tz. 19 ff.

ten[1305], zur Übernahme von Beteiligungen oder zur Verlustabdeckung bei Beteiligungsgesellschaften, zur künftigen Einräumung von Krediten gegenüber Dritten oder zur Abführung von Liquiditätsüberschüssen an Dritte, mit denen der Verkehr nicht zu rechnen braucht. Auch noch nicht passivierte Entlassungsentschädigungen, Abfindungen u.dgl. i.Z.m. anstehenden Stilllegungen können in Betracht kommen, ebenso Verpflichtungen aus nicht an anderer Stelle (§§ 251, 268 Abs. 7, 285 Nr. 3 HGB) zu nennenden Haftungsverhältnissen[1306].

786 Wegen der Angabe von Verbindlichkeiten, die **aus dem Gewinn zu tilgen** sind und erst zu dem Zeitpunkt bilanzierbar werden, in dem der Gewinn realisiert ist (z.B. Schulderlass gegen Besserungsschein), vgl. Tz. 1037 f. (Angabepflicht für AG gemäß § 160 Abs. 1 Nr. 6 AktG) sowie ADS[6], § 285 HGB, Tz. 50; danach sind entsprechende Verbindlichkeiten grds. als sonstige finanzielle Verpflichtungen zu erfassen[1307] und Angaben nur dann entbehrlich, wenn mit an Sicherheit grenzender Wahrscheinlichkeit kein Gewinn zu erwarten ist.

787 Unter die Angabepflicht nach § 285 Nr. 3a HGB können auch **gesellschaftsrechtliche Verpflichtungen** fallen. Finanzielle Verpflichtungen können sich z.B. bei nicht voll bezahlten Aktien, Geschäftsanteilen oder Genossenschaftsanteilen ergeben[1308]. Dagegen ist das Bestehen einer unbeschränkten persönlichen Haftung als Gesellschafter einer Personenhandelsgesellschaft nach § 285 Nr. 11a HGB gesondert anzugeben (vgl. dazu Tz. 980 f.). Hier einzubeziehen sind ggf. jedoch weiterhin Fälle der Nachhaftung eines Gesellschafters nach Ausscheiden aus der Gesellschaft oder nach Auflösung der Gesellschaft[1309].

788 In Betracht kommen neben rechtlich verfestigten Verpflichtungen auch andere **wirtschaftliche Verpflichtungen** (zu künftigen Aufwendungen) aus tatsächlichen Umständen, denen sich das Unternehmen nicht entziehen kann und die für das Unternehmen eine zukünftige finanzielle Last bedeuten (z.B. zwangsläufige Folgeinvestitionen, unabwendbare Großreparaturen)[1310]. Bei **Wohnungsunternehmen** sind Ausgaben nach dem Abschlussstichtag für bereits begonnene oder unmittelbar bevorstehende **Instandhaltungsmaßnahmen**, die für die Finanzlage des Unternehmens von Bedeutung sind, in den Gesamtbetrag gem. § 285 Nr. 3a HGB einzubeziehen, soweit sie nicht bereits als Rückstellung für Bauinstandhaltung erfasst sind. Dabei ist auf einen überschaubaren Prognosezeitraum (z.B. fünf Jahre) abzustellen; in Fällen von Bedeutung ist eine gesonderte Angabe wünschenswert (vgl. *IDW St/WFA 1/1990*, Nr. 5). Die vorstehenden Überlegungen gelten entsprechend für noch nicht passivierte künftige **Rekultivierungs-**[1311] **und Entsorgungsverpflichtungen**.

1305 Vgl. ADS[6], § 285 HGB, Tz. 47; dazu im Einzelnen *Epperlein/Scharpf*, DB 1994, S. 1629 (1633); *Oser/Holzwarth* in HdR[5], §§ 284 bis 288 HGB, Rn. 165; zu den Angabepflichten von derivativen FI im Anh. vgl. Tz. 806 ff. und im LB Tz. 1126 ff.; zur Bilanzierung vgl. E Tz. 66.
1306 So Begr. BiRiLiG, BT-Drs. 10/4268, S. 110; im Einzelnen *Fey*, WPg 1992, S. 1 (3 f.).
1307 Dagegen werden Verbindlichkeiten, die aufgrund einer Rangrücktrittsvereinbarung nur aus dem Gewinn zu tilgen sind, im Allgemeinen weiterhin als passivierungspflichtig angesehen (vgl. V Tz. 55), so dass sie nicht der Berichtspflicht nach § 285 Nr. 3a HGB unterliegen. Zum Meinungsstand über die bilanzielle Behandlung von Verbindlichkeiten mit Rangrücktrittsvereinbarung und Besserungsschein vgl. *Böcking*, S. 60 ff.; *Loitz/Schulze*, DB 2004, S. 769 (773); vgl. auch ADS[6], § 246 HGB, Tz. 128, 156; *Förschle/Heinz* in Budde/Förschle/Winkeljohann, Sonderbilanzen[4], Kap. Q, Rn. 44 ff., 47.
1308 Vgl. im Einzelnen ADS[6], § 285 HGB, Tz. 58.
1309 Vgl. *Ellrott* in BeBiKo[7], § 285, Rn. 74.
1310 Vgl. ADS[6], § 285 HGB, Tz. 33 und 57; ferner Biener/Berneke, BiRiLiG, Erl. zu § 285 HGB S. 259.
1311 Zur Angabe einer Differenz zwischen Verpflichtungs- und Ansammlungsrückstellungsbetrag bei Rekultivierungsverpflichtungen an dieser Stelle vgl. *Baetge*, BFuP 1994, S. 51 (55).

Der Anhang F

Von Bedeutung für die Beurteilung von Investitionsvorhaben u.dgl. kann sein, ob und wie 789
die **Finanzierung** (künftige Mittelzuflüsse) sichergestellt ist. Hinweise auf vorhandene
Liquiditätsreserven, beabsichtigte Veräußerungen, Kreditlinien, Cash Flow-Überschüsse,
die beabsichtigte Begebung von Anleihen u.dgl. können in diesem Zusammenhang in
Betracht kommen[1312].

Ferner muss es sich immer um die **eigene Verpflichtung** der Gesellschaft handeln und 790
nicht um die eines Dritten zugunsten der Gesellschaft (z.B. ein Gesellschafter hat für eine
Schuld der Gesellschaft sein Warenlager verpfändet)[1313]. Umgekehrt können Verpflichtungen, die aus der Haftung oder Mithaftung für fremde Verbindlichkeiten erwachsen können, unter die Angabepflicht des § 285 Nr. 3a HGB fallen, wenn das Haftungsverhältnis nicht bereits in der Bilanz ausgewiesen oder unter der Bilanz vermerkt ist.
Wegen der Haftung des Vermögensübernehmers, Vertragsstrafen und Treuhandschaften
vgl. ADS[6], § 285 HGB, Tz. 64.

Nicht unter die Angabepflicht nach § 285 Nr. 3a HGB fallen dagegen **Sicherheiten für** 791
eigene Verbindlichkeiten[1314], da sie bereits nach Nr. 1 und Nr. 2 anzugeben sind. Ebenfalls nicht darunter fallen allgemeine **gesetzliche Haftungen**, wie z.B. die Haftung aus
Kraftfahrzeug- oder Tierhaltung sowie das gesetzliche Pfandrecht des Vermieters, Verpächters, Lagerhalters, Spediteurs oder Frachtführers[1315]. Sind bei schwebenden Verträgen drohende Verluste bereits durch die Bildung einer **Rückstellung** berücksichtigt, so
ist der entsprechende Teilbetrag der Verpflichtung von dem Betrag abzusetzen, der ggf. im
Anh. anzugeben ist[1316]. **Fehlbeträge** gem. Art. 28 Abs. 2, Art. 48 Abs. 6 und Art. 67
Abs. 2 EGHGB sind gesondert zu nennen (vgl. Tz. 759 ff.); sie dürfen nicht in den nach
Nr. 3a anzugebenden Gesamtbetrag einbezogen werden[1317]. Insgesamt gesehen kann die
Angabepflicht nach § 285 Nr. 3a HGB als Auffangtatbestand gekennzeichnet werden[1318];
sie soll nicht zu einer Mehrfachberücksichtigung von Verpflichtungen im JA führen.

Für die Frage, ob finanzielle Verpflichtungen für die Beurteilung der Finanzlage von **Be-** 792
deutung sind (Grundsatz der Wesentlichkeit), kommt es nicht auf den jeweiligen Einzelbetrag, sondern grds. auf den Gesamtbetrag an[1319]. Zu berücksichtigen ist, dass die Fälligkeiten der Verpflichtungen sich über einen längeren Zeitraum erstrecken können; dies
kann dazu führen, dass ein an sich bedeutender Gesamtbetrag, auf die Zukunft verteilt, für
die Beurteilung der Finanzlage soweit an Bedeutung verliert, dass die Angabe unterbleiben kann[1320].

Die Angabe nach § 285 Nr. 3a HGB wird lediglich als **Gesamtbetrag** verlangt. Eine 793
Aufgliederung etwa nach Art der einzelnen Verpflichtungen oder nach Fristigkeit (Restlaufzeiten) ist nicht erforderlich; freiwillige Angaben hierzu können jedoch eine deutliche
Verbesserung des Einblicks in die Finanzlage bewirken[1321]. Die Angabe ist grds. durch
Zahlenangaben zu machen. Eine **Saldierung** bestehender Verpflichtungen mit eigenen,

---

1312 Vgl. ADS[6], § 285 HGB, Tz. 75.
1313 Vgl. ADS[6], § 285 HGB, Tz. 39.
1314 A.A. *Gross/Schruff*, Jahresabschluss, S. 220.
1315 Vgl. ADS[6], § 285 HGB, Tz. 38.
1316 Vgl. ADS[6], § 285 HGB, Tz. 81.
1317 Ebenso *IDW St/SABI 3/1986*, Nr. 8; ADS[6], § 285 HGB, Tz. 28.
1318 Vgl. auch ADS[6], § 285 HGB, Tz. 36: (Angabe nach Nr. 3a als schwächstes Publizitätsmittel).
1319 Ebenso ADS[6], § 285 HGB, Tz. 76; *Ott/Sehmsdorf* in BHdR, B 431, Rn. 16; *Kupsch* in HdJ, Abt. IV/4,
    Rn. 223 f.; a.A. *Hüttemann* in Staub, HGB[4], § 285, Rn. 25; *Ellrott* in BeBiKo[7], § 285, Rn. 51 (Wesentlichkeit
    jeder einzelnen Verpflichtung).
1320 Ebenso *IDW St/SABI 3/1986*, Nr. 7; ADS[6], § 285 HGB, Tz. 74.
1321 Vgl. ADS[6], § 285 HGB, Tz. 76.

gleichwertigen Gegen-/Regressansprüchen ist nur zulässig, soweit das Unternehmen die Verpflichtungen mit hoher Wahrscheinlichkeit nicht selbst zu tragen hat[1322]. Eine Fehlanzeige bei Nichtvorliegen sonstiger finanzieller Verpflichtungen ist nicht erforderlich.

794 Maßgebend für die **Bewertung** der finanziellen Verpflichtungen sind die Verhältnisse am Abschlussstichtag. Bei der Ermittlung des Gesamtbetrags sind feststehende Zahlungsverpflichtungen mit dem zu zahlenden Betrag (Erfüllungsbetrag) anzusetzen; von diesem Betrag abzuziehen sind Teilbeträge, die die Gesellschaft wirtschaftlich nicht leisten muss (z.B. Investitionszulagen bzw. -zuschüsse, Versicherungsentschädigungen)[1323]. Wegen der Berücksichtigung von Preissteigerungen vgl. ADS[6], § 285 HGB, Tz. 79.

795 Soweit Angaben nur über finanzielle Verpflichtungen aus **Dauerschuldverhältnissen** zu machen sind, genügt im Grunde die Angabe der jährlich zu zahlenden Beträge und der Dauer der Verpflichtung; die Angabe des Gesamtbetrags ist dann nicht erforderlich[1324]. Verpflichtungen aus Dauerschuldverhältnissen oder anderen Verträgen, die erst in späteren Perioden fällig werden, können mit dem **abgezinsten** Rückzahlungsbetrag angesetzt werden[1325]. Bestehen die Verpflichtungen in **fremder Währung**, so sind sie mit dem Geldkurs[1326] des Abschlussstichtags umzurechnen (zur Währungsumrechnung vgl. im Einzelnen Tz. 720 f.).

796 Soweit die anzugebenden Verpflichtungen **gegenüber verbundenen Unternehmen** (§ 271 Abs. 2 HGB; vgl. Tz. 250) bestehen (z.B. nicht passivierte Verlustübernahmepflichten), sind sie gesondert anzugeben (§ 285 Nr. 3a zweiter Hs. HGB). „Davon"-Vermerke erscheinen ausreichend und zweckmäßig. Werden die anzugebenden Verpflichtungen aufgegliedert, genügt für sonstige Verpflichtungen gegenüber verbundenen Unternehmen eine Gesamtangabe[1327]. Eine Fehlanzeige bei Nichtvorliegen solcher Verpflichtungen ist nicht erforderlich[1328]. Soweit bei GmbH oder Personenhandelsgesellschaften sonstige finanzielle Verpflichtungen gegenüber Gesellschaftern bestehen, bedarf es eines entsprechenden Vermerkes nicht[1329].

25. Angaben zu unterbliebenen Abschreibungen auf Finanzanlagen (§ 285 Nr. 18 HGB i.V.m. §§ 253 Abs. 3 S. 4 HGB)

797 Nach § 285 Nr. 18 HGB sind für zu den Finanzanlagen gehörende FI, die zum Abschlussstichtag mit einem höheren als dem beizulegenden Zeitwert[1330] (vgl. E Tz. 371 ff.) ausgewiesen werden, da eine außerplanmäßige Abschreibung nach §§ 253 Abs. 3 S. 4 (gemildertes Niederstwertprinzip) unterblieben ist, folgende Angaben im Anh. verpflichtend:

1322 Vgl. ADS[6], § 285 HGB, Tz. 77.
1323 Vgl. ADS[6], § 285 HGB, Tz. 78.
1324 Ebenso *IDW St/SABI 3/1986*, Nr. 7; a.A. *Ott/Sehmsdorf* in BHdR, B 431, Rn. 26; ADS[6], § 285 HGB, Tz. 76.
1325 So ADS[6], § 253 HGB, Tz. 201, und § 285 HGB, Tz. 78; *Epperlein/Scharpf*, DB 1994, S. 1629 (1632); a.A. *Hüttemann* in Staub, HGB[4], § 285, Rn. 25; *Ellrott* in BeBiKo[6], § 285, Rn. 55; *Ott/Sehmsdorf* in BHdR, B 431, Rn. 40; *Oser/Holzwarth* in HdR[5], §§ 284 bis 288 HGB, Rn. 171; *Krawitz* in BoHdR[2], § 285 HGB, Rn. 56 (Betrag ist in voller Höhe zu erfassen).
1326 Vgl. *Kozikowski/Leistner* in BeBiKo[7], § 256a, Rn. 14.
1327 Vgl. auch *Ellrott* in BeBiKo[7], § 285, Rn. 58.
1328 Ebenso ADS[6], § 285 HGB, Tz. 72; *Oser/Holzwarth* in HdR[5], §§ 284 bis 288 HGB, Rn. 170.
1329 A.A. *Ellrott* in BeBiKo[7], § 285, Rn. 59.
1330 Zur Bewertung vgl. *IDW RS HFA 10* und *IDW S 1*; zu Beteiligungen auch E Tz. 558.

Der Anhang

- nach § 285 Nr. 18 lit. a) HGB der Buchwert und der beizulegende Zeitwert der einzelnen Vermögensgegenstände oder angemessener Gruppierungen von Vermögensgegenständen sowie
- nach § 285 Nr. 18 lit. b) HGB die Gründe für das Unterlassen der Abschreibung einschließlich der Anhaltspunkte, die darauf schließen lassen, dass die Wertminderung voraussichtlich nicht von Dauer ist.

Finanzinstrumente im Sinne dieser Vorschrift sind nach *IDW RH HFA 1.005* alle Vermögensgegenstände und Schulden, die auf vertraglicher Basis zu Geldzahlungen oder zum Zu- bzw. Abgang von anderen FI führen[1331]. Hierunter fallen 798

- Finanzanlagen i.S.d. § 266 Abs. 2 A.III. HGB,
- Forderungen i.S.d. § 266 Abs. 2 B.II. Nrn. 1 bis 3 HGB,
- Verbindlichkeiten i.S.d. § 266 Abs. 3 C. Nrn. 1 bis 2, Nrn. 4 bis 8 HGB und
- sonstige Instrumente i.S.d. § 1 Abs. 11 und § 1a Abs. 3 KWG bzw. § 2 Abs. 2b WpHG,

soweit diese die voranstehenden Voraussetzungen erfüllen[1332].

Die Angabe des im Vergleich zum Buchwert **niedrigeren beizulegenden Zeitwerts** ist 799 nur dann notwendig, wenn ein solcher für Zwecke der Bewertung ermittelt werden musste, i.d.R. weil am Abschlussstichtag Anhaltspunkte dafür vorliegen, dass dieser Wert unterhalb des Buchwerts des FI liegt[1333]. Der beizulegende Zeitwert (Fair Value) eines FI ist nach § 255 Abs. 4 HGB zu ermitteln[1334] und ist nicht in jedem Fall mit dem beizulegenden Wert i.S.d. § 253 Abs. 3 S. 3 oder Abs. 4 S. 2 HGB gleichzusetzen[1335]. So können diese beiden Werte bspw. dann unterschiedlich sein, wenn für die Ermittlung des beizulegenden Werts Synergieeffekte berücksichtigt wurden[1336]. Liegt nur der beizulegende Zeitwert, nicht aber der beizulegende Wert des FI unterhalb des Buchwerts, ist eine Anhangangabe nicht erforderlich[1337].

Anzugeben sind – auch wenn dies für die Angaben nach § 285 Nr. 18 HGB nicht mehr 800 ausdrücklich im Gesetz steht – die zentralen **Annahmen**, die den Bewertungsmodellen und -methoden bei der Bestimmung des beizulegenden Zeitwerts zugrunde gelegt wurden[1338]. Entspricht der beizulegende Zeitwert nach § 255 Abs. 4 S. 1 HGB dem Marktpreis oder wird dieser aus dem Marktpreis eines gleichwertigen FI abgeleitet, ist dies anzugeben[1339]. Wird der beizulegende Zeitwert nach § 255 Abs. 4 S. 2 HGB mithilfe allgemein anerkannter Bewertungsmethoden (vgl. E Tz. 378) ermittelt, sind die wesentlichen Annahmen dieser Methoden durch Nennung des verwendeten Modells und der wichtigen Einflussgrößen anzugeben[1340]. Nicht ausreichend ist für die Darstellung der angewandten allgemein anerkannten Bewertungsmethode der bloße Hinweis auf die Beschaffung der beizulegenden Zeitwerte von Geschäftspartnern (z.B. Banken) ohne Offenlegung der Ermittlungsmethode, weshalb die Auskünfte der Geschäftspartner Angaben über die Er-

---

1331 Vgl. *IDW RH HFA 1.005*, Tz. 3.
1332 Vgl. *IDW RH HFA 1.005*, Tz. 3.
1333 Vgl. *IDW RH HFA 1.005*, Tz. 13.
1334 Zur Angabe und Ermittlung von Zeitwerten bei VU vgl. K Tz. 125, 130; ebenso *IDW RS VFA 2*, Tz. 28.
1335 Vgl. *IDW RH HFA 1.005*, Tz. 9; zur Ermittlung des beizulegenden Zeitwertes vgl. *IDW RS HFA 10*, Tz. 3, und zu den Bewertungsmethoden *IDW S 1*, Tz. 106 ff.; zur Bewertung in Bezug auf Beteiligungen vgl. E Tz. 558.
1336 Vgl. *IDW RS HFA 10*, Tz. 6 f.; *IDW S 1*, Tz. 13, 43 ff., 56 ff.
1337 Vgl. *IDW RH HFA 1.005*, Tz. 14.
1338 Vgl. *IDW RH HFA 1.005*, Tz. 13 i.V.m. Tz. 33 bis 36.
1339 Vgl. *IDW RH HFA 1.005*, Tz. 13 i.V.m. Tz. 33.
1340 Vgl. *IDW RH HFA 1.005*, Tz. 13 i.V.m. Tz. 34.

mittlungsmethode der mitgeteilten Werte umfassen müssen[1341]. Kann der beizulegende Zeitwert i.S.d. § 255 Abs. 4 S. 1 oder 2 HGB nicht bestimmt werden, sind die Gründe hierfür anzugeben[1342].

801 Unter die Angabepflicht fallen nach *IDW RH HFA 1.005*[1343] sämtliche in § 266 Abs. 2 A.III. HGB genannten Vermögensgegenstände des **Finanzanlagevermögens**, da diese unter die Definition der FI fallen (vgl. Tz. 798), wenn eine Abschreibung gem. § 253 Abs. 3 S. 4 HGB auf den niedrigeren beizulegenden Wert ganz oder teilw. unterlassen worden ist. Eine Beschränkung der Anhangangaben auf FI i.S.d. § 1 Abs. 11 und § 1a Abs. 3 KWG sowie § 2 Abs. 2b WpHG ist nach *IDW RH HFA 1.005* nicht ausreichend[1344].

802 § 285 Nr. 18 HGB ist insoweit nicht anzuwenden, als sich Angabepflichten für zu den Finanzanlagen gehörende Anteile oder Anlageaktien an **inländischen Investmentvermögen** i.S.d. § 1 InvG oder vergleichbaren **ausländischen Investmentfonds** i.S.d. § 2 Abs. 9 InvG von mehr als 10% abschließend aus § 285 Nr. 26 HGB (*lex specialis*) ergeben (§ 285 Nr. 26 dritter Ts. HGB)[1345].

803 Die Angabe von Buchwerten und beizulegenden Zeitwerten in diesen Fällen muss nach § 285 Nr. 18 lit. a) HGB nicht für die einzelnen Vermögensgegenstände, sondern kann für angemessene **Gruppierungen** erfolgen. Nach *IDW RH HFA 1.005* können FI zu Gruppierungen zusammengefasst werden, wenn gleichartige Gründe und Anhaltspunkte für die Nichtvornahme der Abschreibungen vorgelegen haben[1346]. Dies ist bspw. bei als vorübergehend angesehenen negativen Kursentwicklungen von Aktien der Fall. Einer Gruppe dürfen nur Vermögensgegenstände zugeordnet werden, deren Buchwert den beizulegenden Zeitwert überschreitet, so dass eine Verrechnung von stillen Reserven und Lasten von Vermögensgegenständen innerhalb einer Gruppe ausgeschlossen ist[1347].

804 Unterbleiben Abschreibungen nach §§ 253 Abs. 3 S. 4 sind nach § 285 Nr. 18 lit. b) HGB die **Gründe** anzugeben, die den Verzicht auf die Abschreibung rechtfertigen, d.h. darauf hinweisen, dass die **Wertminderung voraussichtlich nicht von Dauer** ist[1348]. Die Erwartungen bzgl. künftiger Steigerungen des beizulegenden Zeitwerts sind durch konkrete Maßnahmen, wie z.B. Kostensenkungsprogramme, Zusammenlegung von Fertigungsstätten u.ä., zu rechtfertigen[1349]. Neben den Maßnahmen ist auch ein angemessener Zeithorizont anzugeben, in dem ein Wiederanstieg des beizulegenden Zeitwerts erwartet wird[1350]. Für den Fall, dass auf die Abschreibung mit dem Hinweis auf die Erwartung über (wieder) steigende Marktpreise verzichtet wurde, müssen diese Erwartungen im Anh. konkretisiert und begründet werden[1351]. Zur Beurteilung, ob die Wertminderung von Wertpapieren des AV voraussichtlich nur vorübergehend oder dauerhaft ist, vgl. *IDW RS VFA 2*[1352], *IDW RH HFA 1.014*[1353] und VFA zur Bewertung von Kapitalanlagen bei

---

1341 Vgl. *IDW RH HFA 1.005*, Tz. 13 i.V.m. Tz. 35.
1342 Vgl. *IDW RH HFA 1.005*, Tz. 13 i.V.m. Tz. 36.
1343 Vgl. *IDW RH HFA 1.005*, Tz. 3.
1344 Vgl. *IDW RH HFA 1.005*, Tz. 14.
1345 Vgl. *IDW RH HFA 1.005*, Tz. 15.
1346 Vgl. *IDW RH HFA 1.005*, Tz. 16.
1347 So auch *IDW RH HFA 1.005*, Tz. 17.
1348 Vgl. *IDW RH HFA 1.005*, Tz. 18; hierzu auch *Fey/Mujkanovic*, WPg 2003, S. 212.
1349 Vgl. *IDW RH HFA 1.005*, Tz. 19.
1350 Vgl. *IDW RH HFA 1.005*, Tz. 19.
1351 Vgl. *IDW RH HFA 1.005*, Tz. 20; zu Analystenschätzungen vgl. *Fey/Mujkanovic*, WPg 2003, S. 212.
1352 Vgl. *IDW RS VFA 2*, Tz. 14 ff.
1353 Vgl. *IDW RH HFA 1.014*, Tz. 25 ff.

Der Anhang F

VU[1354]. Bei der Beurteilung sind zusätzliche Erkenntnisse bis zum Ende des Aufhellungszeitraums zu berücksichtigen[1355]. Wird von der Möglichkeit der Gruppenbildung Gebrauch gemacht (vgl. Tz. 803), dürfen auch die Begründungen zusammengefasst angegeben werden[1356].

Zu weiteren Angabepflichten i.Z.m. der Bildung von **Bewertungseinheiten** (Sicherungsgeschäften) vgl. Tz. 712. **805**

26. Angaben zu nicht zum beizulegenden Zeitwert bilanzierten derivativen Finanzinstrumenten (§ 285 Nr. 19 HGB)

Nach § 285 Nr. 19 HGB sind für jede Kategorie nicht gem. § 255 Abs. 4 S. 1 oder 2 HGB zum beizulegenden Zeitwert bilanzierter **derivativer Finanzinstrumente 806**

– nach lit. a) Art und Umfang der FI,
– nach lit. b) der beizulegende Zeitwert der betreffenden FI, soweit er sich nach § 255 Abs. 4 HGB verlässlich ermitteln lässt, unter Angabe der angewandten Bewertungsmethode,
– nach lit. c) deren Buchwert und der Bilanzposten, in welchem der Buchwert, soweit vorhanden, erfasst ist sowie
– nach lit. d) die Gründe dafür, warum der beizulegende Zeitwert nicht bestimmt werden kann

im Anh. anzugeben[1357]. Für kleine Gesellschaften (§ 267 Abs. 1 HGB) ist die Vorschrift nicht obligatorisch (§ 288 Abs. 1 HGB). Die Angaben nach § 285 Nr. 19 HGB sind auf den Abschlussstichtag zu beziehen; zeitraumbezogene Angaben sind gesetzlich nicht vorgeschrieben[1358].

Derivative Finanzinstrumente sind nach *IDW RH HFA 1.005* als Fest- oder Optionsgeschäfte ausgestaltete Termingeschäfte, deren Wert von einer Basisvariablen (z.B. Marktpreis, Zinssatz, Devisenkurs, Aktienindex) abhängt und deren Erfüllung – brutto oder netto – auf eine Geldzahlung oder den Zu- bzw. Abgang von FI (zum Begriff „Finanzinstrumente" vgl. Tz. 798) gerichtet ist[1359]. Zu den derivativen FI zählen auch nach *IDW RS HFA 22* getrennt zu bilanzierende eingebettete Derivate eines strukturierten FI[1360] sowie grds. auch Warentermingeschäfte, wenn die Erfüllung durch den Veräußerer oder Erwerber in bar oder durch ein anderes FI erfolgen kann; hierzu gehören z.B. EEX-Terminkontrakte ohne physische Lieferung[1361]. **807**

Nicht zu den derivativen FI i.S.d. § 285 Nr. 19 HGB gehören dagegen Verträge, die abgeschlossen wurden, um den **physischen Bedarf** eines Unternehmens für den Erwerb, die Veräußerung oder den eigenen Gebrauch abzudecken, wenn diese Zweckbindung ab Vertragsabschluss bestand, zum Bilanzierungszeitpunkt besteht und der Vertrag mit Lie- **808**

1354 Vgl. FN-IDW 11/2002, S. 667 ff. Zur typisierenden Annahme einer dauernden Wertminderung bei börsennotierten Aktien vgl. FG Münster, Urt. v. 31.08.2010, DStR, S. 2340.
1355 Vgl. *IDW RH HFA 1.005*, Tz. 20.
1356 Vgl. *IDW RH HFA 1.005*, Tz. 21.
1357 Zu weiteren Angaben über FI im LB nach § 289 Abs. 2 Nr. 2 HGB vgl. Tz. 1126 ff.
1358 Vgl. *IDW RH HFA 1.005*, Tz. 23.
1359 Vgl. *IDW RH HFA 1.005*, Tz. 4.
1360 Vgl. *IDW RH HFA* 1.005, Tz. 6.
1361 Vgl. *IDW RH HFA 1.005*, Tz. 5; *Gelhausen/Fey/Kämpfer*, BilMoG, Kap. O, Rn. 101.

ferung der Ware als erfüllt gilt[1362]. Derartige Geschäfte gehören jedoch zu den derivativen FI, für die Angaben nach § 285 Nr. 23 HGB (vgl. Tz. 826 ff.) zu machen sind.

809 Für derivative FI, die als Grundgeschäft oder Sicherungsinstrument Gegenstand einer **Bewertungseinheit** i.S.d. § 254 HGB sind, gilt die Angabepflicht des § 285 Nr. 19 nicht, da die speziellen Angabepflichten nach § 285 Nr. 23 HGB zu beachten sind[1363]. Die Angabepflicht nach § 285 Nr. 19 HGB hat als *lex specialis* Vorrang vor den Angabepflichten nach § 285 Nr. 3 HGB[1364].

810 § 285 Nr. 19 HGB verlangt gesonderte Angaben für jede Kategorie derivativer FI. *IDW RH HFA 1.005* nimmt eine Abgrenzung unter Bezugnahme auf die unterschiedlichen Risiken bzw. Basiswerte in Anlehnung an § 1 Abs. 11 S. 4 KWG und § 2 Abs. 2 WpHG vor; danach sind zumindest folgende **Kategorien** zu unterscheiden[1365]:

- zinsbezogene Geschäfte,
- währungsbezogene Geschäfte,
- aktien-/indexbezogene Geschäfte,
- sonstige Geschäfte (z.B. auf Derivate bezogene Geschäfte).

Sollten derivative FI mehreren Kategorien zuzuordnen sein, bspw. *cross-currency*-Zinsswaps, so sind die Angaben hierzu unter einer eigenständigen Kategorie oder gesondert unter den sonstigen Geschäften anzugeben[1366]. Ebenso empfiehlt sich ein gesonderter Ausweis innerhalb der Kategorie „sonstige Geschäfte" oder in einer eigenständigen Kategorie mit genauerer Bezeichnung, wenn eine Gesellschaft im Wesentlichen nur eine besondere Art derivativer FI verwendet, z.B. EEX-Terminkontrakte. Die Einzelangabe wesentlicher derivativer FI ist nicht erforderlich[1367].

811 Angabepflichtig nach § 285 Nr. 19 lit. a) HGB ist die Art der derivativen FI. Als **Arten** sind insb.

- Optionen,
- Futures,
- Forwards und
- Swaps

sowie deren Variationen (z.B. sog. Swaptions) zu unterscheiden[1368]. Neben der Art der derivativen FI ist nach lit. a) auch der **Umfang,** bezogen auf die jeweilige Kategorie, durch Nennung des Nominalbetrags anzugeben[1369]. Abhängig von der Art der FI können weitere Angaben sachgerecht sein (z.B. Angabe der getauschten Zinssätze bei Swaps).

812 Ferner sind nach § 285 Nr. 19 lit. b) und c) HGB der **beizulegende Zeitwert** sowie ein ggf. vorhandener Buchwert und der Bilanzposten nach Maßgabe von § 266 Abs. 2 und 3 HGB, in der dieser Buchwert erfasst ist, anzugeben[1370] (vgl. auch E Tz. 63 ff.). Bzgl. eines

---

1362 Vgl. *IDW RH HFA 1.005*, Tz. 5; zu weiteren Angaben zu Sicherungsgeschäften im LB nach § 289 Abs. 2 Nr. 2a HGB vgl. Tz. 1127 ff.
1363 Vgl. *IDW RH HFA 1.005*, Tz. 24.
1364 Vgl. *IDW RH HFA 1.005*, Tz. 25.
1365 Vgl. *IDW RH HFA 1.005*, Tz. 26.
1366 Vgl. *IDW RH HFA 1.005*, Tz. 27.
1367 Vgl. *IDW RH HFA 1.005*, Tz. 28.
1368 Vgl. *IDW RH HFA 1.005*, Tz. 29; *Ellrott* in BeBiKo[7], § 285, Rn. 327; *Gelhausen/Fey/Kämpfer*, BilMoG, Kap. O, Rn. 105.
1369 Vgl. *IDW RH HFA 1.005*, Tz. 30.
1370 Vgl. *IDW RH HFA 1.005*, Tz. 31.

möglichen Abweichens zwischen beizulegendem Zeitwert und beizulegendem Wert vgl. Tz. 799. Quantitative Angaben sind nur bezogen auf die einzelne Kategorie derivativer FI zu machen; bzgl. der Arten von zu einer Kategorie gehörenden FI genügt eine verbale Beschreibung[1371].

Grds. entspricht der beizulegende Zeitwert nach § 255 Abs. 4 S. 1 HGB dem **Marktpreis**, wenn ein solcher verlässlich feststellbar ist, z.B. bei Existenz eines aktiven Markts im Falle börsengehandelter Optionen oder Terminkontrakte[1372]. Entspricht der beizulegende Zeitwert dem Marktpreis oder wird dieser, z.B. für außerbörsliche Termingeschäfte, aus dem Marktpreis eines gleichwertigen FI abgeleitet, ist dies nach § 285 Nr. 19 HGB anzugeben[1373]. **813**

Soweit kein aktiver Markt besteht, anhand dessen sich der Marktpreis ermitteln lässt, ist der beizulegende Zeitwert nach § 255 Abs. 4 S. 2 HGB mit Hilfe allgemein **anerkannter Bewertungsmethoden**, z.B. nach dem *Black-Scholes*-Optionspreismodell[1374] oder einem Binominalmodell[1375], zu bestimmen, wenn diese eine angemessene Annäherung an den Marktwert gewährleisten[1376]. In diesem Fall verlangt § 289 Nr. 19 lit. b) HGB die Angabe der Bewertungsmethode. Angaben, dass die Ermittlung des beizulegenden Zeitwerts unter Rückgriff auf Bankbestätigungen oder die Berechnungen von Geschäftspartnern erfolgte, d.h. ohne Hinweis auf die von diesen angewandten Bewertungsmethoden, sind nach *IDW RH HFA 1.005* für die Anhangangabe § 285 Nr. 19 lit. b) HGB nicht ausreichend[1377]. **814**

Kann der beizulegende **Zeitwert** i.S.d. § 255 Abs. 4 S. 1 oder S. 2 HGB auch durch allgemein anerkannte finanzmathematische Bewertungsmethoden **nicht verlässlich bestimmt** werden, ist dies nach § 285 Nr. 19 lit. d) HGB im Anh. zu begründen[1378]. **815**

IDW RH HFA 1.005 empfiehlt die getrennte Angabe für Instrumente mit **positiven und mit negativen beizulegenden Zeitwerten**[1379]. Eine Zusammenfassung von positiven und negativen beizulegenden Zeitwerten in einer Kategorie würde dem Sinn und Zweck der Angabepflicht widersprechen. **816**

Die Angabe der **Buchwerte** und der Bilanzposten nach § 285 Nr. 19 lit. c) HGB setzt voraus, dass sich im Zeitpunkt der Angabe durch das derivative FI bilanzielle Auswirkungen ergeben haben. Eine solche bilanzielle Auswirkung liegt i.d.R. bei Abschluss eines schwebenden Geschäftes, z.B. bei Futures, Forwards oder Swaps ohne anfängliche Zahlung, aufgrund der Ausgeglichenheitsvermutung nicht vor (vgl. E Tz. 68). Sind dagegen vom Optionsinhaber anfängliche Zahlungen, z.B. Prämien bei Optionen, geleistet worden, stellen diese die AK des derivativen FI dar. Nicht als AK von derivativen FI gelten sog. Initial und Variation Margins bei Futures, da diese lediglich eine Sicherheitsleistung darstellen (vgl. E Tz. 68). In diesem Zusammenhang ist daher fraglich, ob auch diese unter die Angabepflicht von § 285 Nr. 19 HGB fallen. Nach Sinn und Zweck der Vorschrift, eine möglichst vollständige Information über Derivate für den Adressaten zu erreichen, erscheint auch in diesen Fällen eine Angabe sachgerecht. Wenn die Gesellschaft bei **817**

1371 Vgl. *IDW RH HFA 1.005*, Tz. 32.
1372 Vgl. *IDW RH HFA 1.005*, Tz. 7.
1373 Vgl. *IDW RH HFA 1.005*, Tz. 33.
1374 Vgl. Franke/Hax, S. 369 ff.; Rudolph/Schäfer, S. 316 ff.; Juttner-Nauroth, S. 21; Hull, S. 268 ff.
1375 Bieg/Heyd, S. 364, 368 ff.; Copeland/Weston/Shastri, S. 256; Hull, S. 202 ff.
1376 Vgl. *IDW RH HFA 1.005*, Tz. 9.
1377 Vgl. *IDW RH HFA 1.005*, Tz. 35.
1378 Vgl. *IDW RH HFA 1.005*, Tz. 36.
1379 Vgl. *IDW RH HFA 1.005*, Tz. 30.

Optionsgeschäften eine Stillhalterposition einnimmt, sind diese Zahlungen als erhaltene Prämien zu passivieren (vgl. E Tz. 67). In den Folgejahren sind ggf. die fortentwickelten Buchwerte (AK), z.B. aufgrund von Abschreibungen nach § 253 Abs. 4 S. 2 HGB oder eine ggf. gebildete Drohverlustrückstellung nach § 249 Abs. 1 S. 1 HGB, in die Anhangangabe einzubeziehen[1380].

818 Als Angabe der betroffenen **Bilanzposten** nach § 285 Nr. 19 lit. c) HGB wird i.d.R. eine Nennung des jeweiligen Postens ausreichen, z.B. sonstige Vermögensgegenstände nach § 266 Abs. 2 B.II. 4. HGB oder sonstige Rückstellungen nach § 266 Abs. 3 B.3. HGB[1381].

27. Angaben zu den Finanzinstrumenten des Handelsbestands i.S.d. § 340e Abs. 3 S. 1 HGB (§ 285 Nr. 20 HGB)

819 Die Angaben sind von **Kredit-** und **Finanzdienstleistungsinstituten** im Anh. zu machen (§ 340a Abs. 1 und 2 HGB)[1382]. Sie werden ergänzt durch die nach § 35 Abs. 1 Nr. 6a RechKredV geforderten Angaben (Methode und wesentliche Annahmen zur Ermittlung des Risikoabschlags, d.h. insb. Haltedauer, Beobachtungszeitraum und Konfidenzniveau, sowie der absolute Betrag des Risikoabschlags).

820 Anzugeben sind für gem. § 340e Abs. 3 S. 1 HGB **mit dem beizulegenden Zeitwert bewertete Finanzinstrumente**[1383]:

– nach § 285 Nr. 20 lit. a) HGB die grundlegenden Annahmen, die der Bestimmung des beizulegenden Zeitwerts mit Hilfe allgemein anerkannter Bewertungsmethoden zugrunde gelegt wurden, sowie

– nach § 285 Nr. 20 lit. b) HGB Umfang und Art jeder Kategorie derivativer FI einschließlich der wesentlichen Bedingungen, welche die Höhe, den Zeitpunkt und die Sicherheit künftiger Zahlungsströme beeinflussen können.

821 Haben Nicht-Kreditinstitute FI, die **Deckungsvermögen** i.S.d. § 246 Abs. 2 S. 2 HGB sind, nach § 253 Abs. 1 S. 4 HGB zum beizulegenden Zeitwert bewertet, ergeben sich die Angabepflichten aus § 285 Nr. 25 HGB (vgl. Tz. 847 ff.)[1384].

822 Zu den Anhangangaben im handelsrechtlichen JA von KI vgl. Kap. J Tz. 397 ff.

28. Angaben zu Forschungs- und Entwicklungskosten (§ 285 Nr. 22 HGB)

823 Im Fall der Aktivierung selbst geschaffener immaterieller Vermögensgegenstände des Anlagevermögens nach § 248 Abs. 2 HGB ist der Gesamtbetrag der **Forschungs- und Entwicklungskosten des GJ** sowie der davon auf die selbst geschaffenen immateriellen Vermögensgegenstände des Anlagevermögens entfallende Betrag (Zugangsbetrag des GJ) im Anh. anzugeben. Für kleine Gesellschaften (§ 267 Abs. 1 HGB) ist die Vorschrift nicht obligatorisch (§ 288 S. 1 HGB).

824 Angaben sind nach § 285 Nr. 22 HGB nur zu machen, wenn am Abschlussstichtag selbst geschaffene gewerbliche Schutzrechte und ähnliche Rechte und Werte (§ 266 Abs. 2 A.I.1. HGB) im Anlagevermögen ausgewiesen werden. In den **Gesamtbetrag** der For-

---

1380 Ausführlich zu einzelnen derivativen FI vgl. E Tz. 63 ff.
1381 Vgl. *Ellrott/Roscher* in BeBiKo[7], § 247, Rn. 124; ADS[6], § 266 HGB, Tz. 211.
1382 Vgl. *Ellrott* in BeBiKo[7], § 285, Rn. 350.
1383 Vgl. hierzu *Gelhausen/Fey/Kämpfer*, BilMoG, Kap. V, Rn. 81 ff.
1384 Vgl. *Gelhausen/Fey/Kämpfer*, BilMoG, Kap. O, Rn. 115.

schungs- und Entwicklungskosten sind folgende, im GJ angefallene Kostenbestandteile einzubeziehen[1385]:

- Forschungskosten, die nach § 253 Abs. 2 S. 4 HGB nicht in die Herstellungskosten einbezogen werden dürfen,
- Entwicklungskosten, die nicht aktivierbar sind, weil zum Abschlussstichtag keine hohe Wahrscheinlichkeit gegeben ist, dass ein einzeln verwertbarer Vermögensgegenstand i.S.d. § 246 Abs. 1 S. 1 HGB entstehen wird,
- Entwicklungskosten, die unter Berücksichtigung der sachlichen Stetigkeit in Ausübung des Wahlrechts nach § 248 Abs. 2 HGB nicht aktiviert werden,
- Entwicklungskosten für selbst geschaffene Marken, Drucktitel, Verlagsrechte Kundenlisten oder vergleichbare immaterielle Vermögensgegenstände des Anlagevermögens, für die nach § 248 Abs. 2 S. 2 HGB ein Ansatzverbot besteht, und
- im GJ aktivierte Entwicklungskosten für selbst geschaffene immaterielle Vermögensgegenstände des Anlagevermögens[1386].

Nicht in den Gesamtbetrag einzubeziehen sind Vertriebskosten i.S.d. § 255 Abs. 2 S. 4 HGB (z.B. Ausgaben für Werbung) und Ausgaben, die nicht eindeutig dem Vertrieb oder der Entwicklung zugerechnet werden können, da bei diesen im Zweifel davon auszugehen ist, dass es sich um Vertriebskosten handelt[1387].

Zusätzlich zu dem Gesamtbetrag der Forschungs- und Entwicklungskosten des GJ ist der davon auf die selbst geschaffenen immateriellen Vermögensgegenstände des Anlagevermögens entfallende Betrag anzugeben (§ 285 Nr. 22 HGB). Da aus dem Wortlaut der Vorschrift nicht hervorgeht, ob hierunter auch die Ausgaben des GJ fallen, die nach § 248 Abs. 2 S. 1 und 2 HGB nicht aktiviert werden, erscheint es vertretbar, lediglich die nach § 248 Abs. 2 S. 1 i.V.m. § 255 Abs. 2a S. 2 HGB **im GJ neu aktivierten Entwicklungskosten** anzugeben, auch wenn dieser Zugangsbetrag bereits aus der Entwicklung der einzelnen Posten des Anlagevermögens nach § 268 Abs. 2 S. 1 und 2 i.V.m. § 266 Abs. 2 A.I.1. HGB zu ersehen ist[1388].

29. Angaben zu Bewertungseinheiten (§ 285 Nr. 23 HGB)

Geht ein Unternehmen ökonomische Sicherungsbeziehungen ein, hat es nach § 284 Abs. 2 Nr. 1 HGB die **Bilanzierungs- und Bewertungsmethoden** i.Z.m. diesen Sicherungsbeziehungen im Anh. anzugeben (zu den Angabepflichten im LB vgl. Tz. 1126 ff.). Dazu gehören insb. Angaben darüber, wie das Wahlrecht des § 254 HGB zur Bildung von Bewertungseinheiten für bilanzielle Zwecke ausgeübt worden ist (vgl. E Tz. 443 ff.), ob der wirksame Teil der Bewertungseinheit nach der Einfrierungs- oder nach der Durchbuchungsmethode abgebildet wird (vgl. E Tz. 465)[1389], und für den Fall der Abbildung nach der Durchbuchungsmethode, ob die Durchbuchung ohne oder mit Berührung der GuV erfolgt ist (vgl. E Tz. 465 und 470).

Über diese allgemeinen Angabepflichten hinaus sind nach § 285 Nr. 23 HGB für den Fall von am Abschlussstichtag für bilanzielle Zwecke gebildeter Bewertungseinheiten, unabhängig von der Größe der Gesellschaft, folgende Angaben in Anh. oder LB (vgl. Tz. 1132) erforderlich:

1385 Vgl. *Gelhausen/Fey/Kämpfer*, BilMoG, Kap. O, Rn. 121.
1386 Vgl. *Gelhausen/Fey/Kämpfer*, BilMoG, Kap. O, Rn. 166.
1387 Vgl. *Gelhausen/Fey/Kämpfer*, BilMoG, Kap. O, Rn. 167.
1388 Vgl. *Gelhausen/Fey/Kämpfer*, BilMoG, Kap. O, Rn. 168.
1389 Vgl. *IDW ERS HFA 35*, Tz. 87; *Gelhausen/Fey/Kämpfer*, BilMoG, Kap. H, Rn. 103 ff.

- Angabe, mit welchem **Betrag** jeweils Vermögensgegenstände, Schulden, schwebende Geschäfte und mit hoher Wahrscheinlichkeit erwartete Transaktionen zur Absicherung welcher **Risiken** in welche **Arten von Bewertungseinheiten** einbezogen sind (lit. a)),
- **Höhe** der mit Bewertungseinheiten abgesicherten Risiken (lit. a)),
- Angabe für die jeweils abgesicherten Risiken, **warum** in welchem **Umfang** und für welchen **Zeitraum** sich die gegenläufigen Wertänderungen oder Zahlungsströme künftig voraussichtlich ausgleichen, einschließlich der **Methode der Ermittlung** (lit. b)),
- Erläuterung der mit hoher Wahrscheinlichkeit **erwarteten Transaktionen**, die in Bewertungseinheiten einbezogen wurden (lit. c)).

828 Die Angabepflichten nach § 285 Nr. 23 lit. a) beziehen sich auf Vermögensgegenstände, Schulden, schwebende Geschäfte und mit hoher Wahrscheinlichkeit erwartete Transaktionen. Auch wenn sich der Gesetzeswortlaut an die Aufzählung von Grundgeschäften in § 254 S. 1 HGB anlehnt, können auch Sicherungsinstrumente Vermögensgegenstände, Schulden und schwebende Geschäfte sein. Aus diesem Grund beziehen sich die Angabepflichten nach § 285 Nr. 23 lit. a) auf **Grundgeschäfte** und auf **Sicherungsinstrumente**[1390]. Empfehlenswert ist, die Angaben danach zu trennen.

829 Da nach § 285 Nr. 23 lit. a) HGB der **Betrag** jeweils für Vermögensgegenstände, Schulden, schwebende Geschäfte sowie mit hoher Wahrscheinlichkeit erwartete Transaktionen anzugeben ist, ist der Betrag[1391] pro Art von Grundgeschäft, also in bis zu vier Teilbeträgen aufgegliedert, anzugeben. Sachgerecht ist, bei Vermögensgegenständen und Schulden als Betrag deren abgesicherten Buchwert (ggf. also nur den anteiligen Buchwert) und bei schwebenden Geschäften und mit hoher Wahrscheinlichkeit erwarteten Transaktionen den abgesicherten kontrahierten bzw. geplanten betraglichen Umfang des Geschäfts anzugeben[1392]. Entsprechendes gilt für die Angabe des Betrags bei Sicherungsinstrumenten pro Art von Sicherungsinstrument.

830 Zu den angabepflichtigen **abgesicherten Risiken** zählen nach der Regierungsbegründung (beispielhaft) Zinsänderungsrisiken, Währungsrisiken, Bonitätsrisiken und Preisänderungsrisiken (bspw. Warenpreisrisiken oder Aktienkursrisiken)[1393]; die bloße Angabe der Absicherung von Wert- oder Zahlungsstromänderungsrisiken ist danach nicht ausreichend, wenn auch als Ergänzung empfehlenswert (z.B. bei der Absicherung gegen Zinsänderungsrisiken)[1394].

831 Die angabepflichtigen **Arten von Bewertungseinheiten** sind Mikro-, Portfolio- oder Makro-Hedges[1395]. Aufgrund der unterschiedlichen Auslegung dieser Begriffe wird empfohlen, zusätzlich das Begriffsverständnis zu erläutern[1396]. Nach dem Gesetzeswortlaut sind sowohl die abgesicherten Risiken wie auch die Arten von Bewertungseinheiten für jede Art von Grundgeschäft bzw. Sicherungsinstrument (Vermögensgegenstände,

---

1390 Vgl. *IDW RH HFA 1.005*, Tz. 24; a.A. (Beschränkung der Angaben auf Grundgeschäfte) *Ellrott* in BeBiKo[7], § 285, Rn. 403; *Scharpf* in HdR[5], § 254 HGB, Rn. 139; *Gelhausen/Fey/Kämpfer*, BilMoG, Kap. O, Rn. 174.
1391 Nach *Ellrott* in BeBiKo[7], § 285, Rn. 402, reicht anstelle des genauen Betrags die Angabe der Größenordnung aus.
1392 Vgl. *Scharpf* in HdR[5], § 254 HGB, Rn. 86; *Gelhausen/Fey/Kämpfer*, BilMoG, Kap. O, Rn. 175 f.; a.A. *Ellrott* in BeBiKo[7], § 285, Rn. 402 (Angabe des beizulegenden Zeitwerts bei Derivaten als Grundgeschäft).
1393 Vgl. Begr. RegE BilMoG, BT-Drucks. 16/10067, S. 73; *IDW ERS HFA 35*, Tz. 89.
1394 Vgl. *Gelhausen/Fey/Kämpfer*, BilMoG, Kap. O, Rn. 179; a.A. *Ellrott* in BeBiKo[7], § 285, Rn. 401 (Angabepflicht, ob Wert- oder Zahlungsstromänderungsrisiko sowie weiterer Angaben, z.B. der Währungsart (bei Währungssicherung), der Zinsart (bei Zinssicherung) oder der Forderungsart (bei Ausfallsicherung)).
1395 Vgl. *IDW ERS HFA 35*, Tz. 89.
1396 Vgl. *IDW ERS HFA 35*, Tz. 19; *Gelhausen/Fey/Kämpfer*, BilMoG, Kap. O, Tz. 181.

Der Anhang F

Schulden, schwebende Geschäfte und mit hoher Wahrscheinlichkeit erwartete Transaktionen) anzugeben[1397]. Eine betragliche Angabe, d.h. eine weitere Untergliederung der pro Art von Grundgeschäften bzw. Sicherungsinstrumenten angabepflichtigen Beträge, erscheint nicht erforderlich[1398].

Angabepflichtig ist außerdem die **Höhe der mit Bewertungseinheiten abgesicherten Risiken** (§ 285 Nr. 23 lit. a) HGB). Nach der Begründung des Rechtsausschusses ist darunter das Gesamtvolumen der mit den am Abschlussstichtag bestehenden Bewertungseinheiten abgesicherten Risiken zu verstehen[1399]. Sachgerecht erscheint, als „Höhe", die aufgrund der Bildung von Bewertungseinheiten bis zum Abschlussstichtag vermiedenen negativen Wert- oder Zahlungsstromänderungen aus den Grundgeschäften und den Sicherungsinstrumenten anzugeben. Sachgerecht ist außerdem, die Höhe der abgesicherten Risiken pro Risiko (z.B. Zinsänderungs- oder Währungsrisiko) anzugeben[1400]. 832

§ 285 Nr. 23 Buchs. b HGB enthält auch Angabepflichten zur **Wirksamkeit der Bewertungseinheit**. Nach der Begründung des Rechtsausschusses sind diese Angaben sowohl zur prospektiven wie auch zur bisherigen (Un-)Wirksamkeit zu machen[1401]. Die Angaben sind nach dem Gesetzeswortlaut nach den unterschiedlichen abgesicherten Risiken (z.B. Zinsänderungs- oder Währungsrisiko) zu trennen[1402]. 833

Im Hinblick auf die **prospektive Wirksamkeit** der Sicherungsbeziehung verlangt § 285 Nr. 23 lit. b) HGB pro abgesichertem Risiko die Angabe der Gründe („warum") und die Angabe des Umfangs, in dem sich Wert- oder Zahlungsstromänderungen bezogen auf das abgesicherte Risiko künftig, d.h. bis zum vorgesehenen Ende der Bewertungseinheit, voraussichtlich ausgleichen werden, außerdem die Angabe des geplanten Sicherungszeitraums[1403] sowie eine Erläuterung der Methode, mit der die prospektive Wirksamkeit nachgewiesen worden ist. Der erforderliche Umfang der Angaben hängt vom Einzelfall ab, z.B. von der Komplexität der angewandten Nachweismethode. Im Fall von Portfolio- oder Makro-Hedges, die ein angemessenes und wirksames RMS voraussetzen, müssen sich die Angaben aus dessen Erläuterung ergeben[1404]. Ist kein rechnerischer Nachweis der prospektiven Wirksamkeit erforderlich (vgl. E Tz. 459), erscheint die Quantifizierung des Umfangs allein für Zwecke der Anhangangabe auch nicht erforderlich[1405]. 834

Im Hinblick auf die **bisherige (Un-)Wirksamkeit** der Sicherungsbeziehung sind ebenfalls die Gründe und der Umfang anzugeben, in dem sich Wert- oder Zahlungsstromänderungen bezogen auf das abgesicherte Risiko seit Beginn der Bewertungseinheit aus- 835

1397 Vgl. *Scharpf* in HdR[5], § 254 HGB, Rn. 89 (für Arten von Risiken); *Gelhausen/Fey/Kämpfer*, BilMoG, Kap. O, Rn. 179.
1398 Vgl. *Gelhausen/Fey/Kämpfer*, BilMoG, Kap. O, Rn. 180.
1399 Vgl. Beschlussempfehlung und Bericht des Rechtsausschusses zum BilMoG, BT-Drucks. 16/12407, S. 88; vgl. auch *Ellrott* in BeBiKo[7], § 285, Rn. 404 (Angabe der unterlassenen Abwertung bei Vermögensgegenständen bzw. Höherbewertung bei Schulden, der unterlassenen Drohverlustrückstellung bei schwebenden Geschäften und dem errechneten Verlustrisiko nachteiliger Wert- oder Zahlungsstromänderungen bei erwarteten Transaktionen).
1400 Vgl. *Ellrott* in BeBiKo[7], § 285, Rn. 404; *Scharpf* in HdR[5], § 254 HGB, Rn. 92.
1401 Vgl. Beschlussempfehlung und Bericht des Rechtsausschusses zum BilMoG, BT-Drucks. 16/12407, S. 88; *IDW ERS HFA 35*, Tz. 90 (zur Angabe der Methoden).
1402 Vgl. *Ellrott* in BeBiKo[7], § 285, Rn. 405; *Gelhausen/Fey/Kämpfer*, BilMoG, Kap. O, Rn. 185; a.A. *Scharpf* in HdR[5], § 254 HGB, Rn. 214 (Aufgliederung nach Mikro-, Portfolio- und Makro-Hedges).
1403 Zum Sicherungszeitraum vgl. *Ellrott* in BeBiKo[7], § 285, Rn. 407 (Angaben auch zur Durchhalteabsicht und -wahrscheinlichkeit), *Gelhausen/Fey/Kämpfer*, BilMoG, Kap. O, Rn. 190 f.
1404 Vgl. *Gelhausen/Fey/Kämpfer*, BilMoG, Kap. O, Rn. 193.
1405 Vgl. *Gelhausen/Fey/Kämpfer*, BilMoG, Kap. O, Rn. 188.

geglichen haben, außerdem die Methode, mit der der Betrag der bisherigen Unwirksamkeit rechnerisch ermittelt worden ist[1406].

836 Werden **antizipative Bewertungseinheiten**, also Bewertungseinheiten mit einer mit hoher Wahrscheinlichkeit erwarteten Transaktion als Grundgeschäft, gebildet, verlangt § 285 Nr. 23 lit. c) HGB eine Erläuterung dieser Transaktionen, d.h. nach der Begründung des Rechtsausschusses eine Erläuterung, warum am Abschlussstichtag von einer hohen Wahrscheinlichkeit des Abschlusses der künftigen Transaktionen auszugehen ist[1407]. Sachgerecht erscheint eine zusammenfassende Erläuterung gleichartiger erwarteter Transaktionen[1408]. Gründe für eine hohe Wahrscheinlichkeit erwarteter Transaktionen können z.B. die routinemäßige tatsächliche Durchführung derartiger Transaktionen in der Vergangenheit, eine deutliche Untersicherung des Planvolumens künftiger Transaktionen, fehlende alternative Handlungsmöglichkeiten des Unternehmens oder nahezu abgeschlossene Vertragsverhandlungen sein[1409]. Sachgerecht ist ferner, die Art der Transaktion zu erläutern[1410]. Für den Fall, dass ein derivatives FI als Sicherungsinstrument verwendet wird und dessen beizulegender Zeitwert unter seinen AK liegt, ist nach der Begründung des Rechtsausschusses im Rahmen der Erläuterung außerdem dieser Umstand gesondert anzugeben und zu begründen, warum aus der erwarteten Transaktion ein kompensierender Ertrag zu erwarten ist[1411]. Angaben zu den in einer antizipativen Bewertungseinheit enthaltenen derivativen Sicherungsinstrumenten fordert der Gesetzeswortlaut des § 285 Nr. 23 lit. c) HGB indes nicht[1412].

837 Sämtliche Angaben nach § 285 Nr. 23 HGB dürfen im Anh. unterlassen werden, soweit sie im **Lagebericht** gemacht werden. Dies ermöglicht mittelgroßen und großen KapGes. und Personenhandelsgesellschaften i.S.d. § 264a HGB die Vermeidung ansonsten notwendiger Doppelangaben in Anh. und LB. Damit darf die nach §§ 285 Nr. 23, 289 Abs. 2 Nrn. 2 und Nr. 5 HGB geforderte Berichterstattung in einem einheitlichen „Risikobericht" in Bezug auf die Verwendung von FI erfolgen, sachgerechter Weise im Rahmen eines gesonderten Abschnitts der (Gesamt-) Risikoberichterstattung im LB (vgl. Tz. 1175). Für die übrigen Anhangangaben zu (derivativen) FI (z.B. nach § 285 Nrn. 18 und 19 HGB) ist eine solche Verlagerung der Angaben in den LB unzulässig, ebenso eine Verlagerung von Lageberichtsangaben in den Anh.[1413].

30. Angaben zu Pensionsrückstellungen und ähnlichen Verpflichtungen (§ 285 Nr. 24 HGB)

838 Zu den Rückstellungen für Pensionen und ähnliche Verpflichtungen (§ 266 Abs. 3 B.1. HGB) sind das angewandte versicherungsmathematische **Berechnungsverfahren** sowie die grundlegenden **Annahmen** der Berechnung, wie Zinssatz, erwartete Lohn- und Gehaltssteigerungen und zugrunde gelegte biometrische Annahmen (insb. Sterbetafeln) anzugeben (§ 285 Nr. 24 HGB)[1414]. Um eine gewisse Vereinheitlichung und Vergleichbarkeit

---

1406 Vgl. *IDW ERS HFA 35*, Tz. 90; *Gelhausen/Fey/Kämpfer*, BilMoG, Kap. O, Rn. 183.
1407 Vgl. Beschlussempfehlung und Bericht des Rechtsausschusses zum BilMoG, BT-Drucks. 16/12407, S. 88.
1408 Vgl. *Gelhausen/Fey/Kämpfer*, BilMoG, Kap. O, Rn. 196.
1409 Vgl. *Gelhausen/Fey/Kämpfer*, BilMoG, Kap. O, Rn. 195.
1410 Vgl. *Ellrott* in BeBiKo[7], § 285, Rn. 409.
1411 Vgl. Beschlussempfehlung und Bericht des Rechtsausschusses zum BilMoG, BT-Drucks. 16/12407, S. 88; einschränkend *Scharpf* in HdR[5], § 254 HGB, Rn. 274 f. (Angaben nur zu derivativen FI mit einem negativen Marktwert im Designationszeitpunkt).
1412 A.A. *Ellrott* in BeBiKo[7], § 285, Rn. 409 (Angaben über Art und Designation des Sicherungsinstruments).
1413 Vgl. *Gelhausen/Fey/Kämpfer*, BilMoG, Kap. O, Rn. 198 bis 202.
1414 Vgl. *IDW RS HFA 30*, Tz. 89; zu Praxisbeispielen für Angaben nach § 285 Nr. 24 HGB vgl. *Philipps*, S. 40 ff.

Der Anhang F

zu erreichen, konkretisiert diese Vorschrift die bereits nach § 284 Abs. 2 Nr. 1 HGB bestehenden Angabepflichten[1415], wonach die auf die Posten der Bilanz angewandten Bilanzierungs- und Bewertungsmethoden im Anh. anzugeben sind.

Die Angaben nach § 285 Nr. 24 HGB sind auch zu machen, wenn Pensionsrückstellungen 839
gem. § 246 Abs. 2 S. 2 HGB mit VG, die dem Zugriff aller übrigen Gläubiger entzogen sind (Deckungsvermögen), verrechnet wurden und die **verrechneten Pensionsrückstellungen** nicht mehr in der Bilanz unter der entsprechenden Position (§ 266 Abs. 3 B.1. HGB) enthalten sind. Es handelt sich hierbei um Erläuterungen zum Erfüllungsbetrag vor Saldierung (§ 253 Abs. 1 und 2 HGB), der im Anh. nach § 285 Nr. 25 HGB anzugeben ist[1416].

Die Erläuterungspflichten erstrecken sich auch auf die im Anh. nach Art. 28 Abs. 2, Art. 840
48 Abs. 6 und Art. 67 Abs. 2 EGHGB anzugebenden nicht passivierten **Fehlbeträge**[1417]. Die Verfahren und Parameter für die Berechnung des Fehlbetrags sind entsprechend den §§ 284 Abs. 2 Nr. 1, 285 Nr. 24 (analog) HGB anzugeben[1418]. Wird die betriebliche Altersversorgung über Versicherungen mit voller Kapitaldeckung (z.B. Direktversicherung) durchgeführt, entfällt die Anhangangabe, weil keine Negativanzeige erforderlich ist, sofern ein Fehlbetrag nicht vorliegt[1419].

Ergibt sich aus der infolge des BilMoG geänderten Rückstellungsbewertung i.S.d. § 253 841
Abs. 1 und 2 HGB eine Überdotierung der passivierten Pensionsrückstellungen, weil von dem Beibehaltungswahlrecht gem. Art. 67 Abs. 1 S. 2 HGB für die folgenden GJ Gebrauch gemacht wird, ist der **Betrag der Überdotierung** nach Art. 67 Abs. 1 S. 4 EGHGB anzugeben und die Erläuterungen haben sich auf die nach § 253 Abs. 1 S. 2 und Abs. 2 bewerteten Pensionsrückstellungen ohne den Betrag der Überdeckung zu beziehen[1420].

Anzugeben ist das **versicherungsmathematische Berechnungsverfahren**, das die Vor- 842
gehensweise bei der Ermittlung des Erfüllungsbetrags für Pensionsverpflichtungen i.S.d. § 253 Abs. 1 S. 2 HGB bestimmt. Gängige Verfahren sind bspw. das Barwert-, Teilwert- und Anwartschaftsbarwertverfahren (*projected unit credit method* i.S.d. IAS 19)[1421].

Eine vereinfachte Ermittlung ist nach § 253 Abs. 1 S. 3 HGB bei **Altersversorgungsver-** 843
pflichtungen vorzunehmen, deren Wertansatz sich ausschließlich **nach dem beizulegenden Zeitwert von Wertpapieren** i.S.d. § 266 Abs. 2 A.III.5 HGB richtet. In diesen Fällen besteht zwar keine Angabepflicht nach § 285 Nr. 24 HGB (lex specialis), jedoch bestehen entsprechende Angabepflichten nach § 284 Abs. 2 Nr. 1 i.V.m. § 285 Nrn. 25 und 20a HGB, deren Erläuterungen mit den Angaben nach § 285 Nr. 24 HGB zusammengefasst werden dürfen[1422].

Wird jede Pensionsrückstellung unter Verwendung der individuellen Restlaufzeit der je- 844
weiligen Verpflichtung abgezinst (§ 253 Abs. 2 S. 1 HGB), kommen unterschiedliche **Rechnungszinssätze** zur Anwendung, weshalb es in diesem Fall ausreicht, die Angabe auf die Nennung der Bandbreite der verwendeten Zinssätze zu beschränken[1423]. Alternativ

---

1415 Vgl. Begr. RegE BilMoG, BT-Drucks. 16/10067, S. 73.
1416 Vgl. *Ellrott* in BeBiKo[7], § 285, Rn. 416.
1417 Vgl. *IDW RS HFA 30*, Tz. 92.
1418 Vgl. ebenda.
1419 Vgl. *IDW RS HFA 30*, Tz. 93.
1420 Vgl. *Ellrott* in BeBiKo[7], § 285, Rn. 419.
1421 Vgl. *Ellrott* in BeBiKo[7], § 285, Rn. 420.
1422 Vgl. *Ellrott* in BeBiKo[7], § 285, Rn. 417.
1423 Vgl. *Gelhausen/Fey/Kämpfer*, BilMoG, Kap. O, Rn. 212; *IDW RS HFA 30*, Tz. 89; *Lucius/Veit*, BB 2010, S. 235 (237).

darf nach der Vereinfachungsvorschrift des § 253 Abs. 2 S. 2 HGB (Annahme einer Restlaufzeit von 15 Jahren) die Berechnung unter Verwendung eines pauschalen durchschnittlichen Marktzinssatzes erfolgen[1424]. In diesem Fall ist nur dieser eine Zinssatz anzugeben. Anzugeben ist auch die Methodik der Ermittlung des Zinssatzes/der Zinssätze[1425] sowie die Angabe, ob die Vereinfachungsregel des § 253 Abs. 2 S. 2 HGB in Anspruch genommen wurde[1426].

845 Anzugeben sind nach § 285 Nr. 24 HGB auch die erwarteten **Lohn- und Gehaltstrends**, die der Berechnung der Rückstellungen zugrunde gelegt wurden, mit ihrem Prozentsatz. In gleicher Weise ist der erwartete **Rententrend** anzugeben, da dieser eine grundlegende Annahme bezüglich des Erfüllungsbetrags der Pensionsverpflichtungen gegenüber den Rentnern darstellt[1427]. Bei Festzusagen, die nicht vom Gehalt abhängen, sollte angegeben werden, ob ggf. Trendannahmen in die Berechnung eingegangen sind[1428].

846 Des Weiteren sind die **Sterbetafeln** anzugeben, die auf biometrischen Rechnungsgrundlagen (z.B. Invaliditäts- und Sterbewahrscheinlichkeiten) basieren. In der Praxis werden derzeit überwiegend die „Richttafeln 2005 G von Klaus Heubeck" aus dem Jahr 2005 (Generationentafeln) verwendet. Erfordert der (betriebsindividuelle) Versichertenbestand eine Modifikation der verwendeten Sterbetafeln, sind die vorgenommenen Änderungen zu erläutern und zu begründen[1429].

31. Angaben zur Verrechnung von Vermögensgegenständen des Deckungsvermögens und Schulden aus Altersversorgungsverpflichtungen (§ 285 Nr. 25 HGB)

847 Im Fall der Verrechnung von Vermögensgegenständen und Schulden nach § 246 Abs. 2 S. 2 erster Hs. HGB sind nach § 285 Nr. 25 HGB

– die **Anschaffungskosten** (§ 255 Abs. 1 HGB) und der **beizulegende Zeitwert** (§ 253 Abs. 1 S. 4 i.V.m. § 255 Abs. 4 HGB) der verrechneten Vermögensgegenstände,
– der **Erfüllungsbetrag** der verrechneten Schulden (§ 253 Abs. 1 S. 2, Abs. 2 HGB) sowie
– die verrechneten **Aufwendungen und Erträge** (§ 246 Abs. 2 S. 2 zweiter Hs. HGB)

anzugeben. Zweck dieser Angaben ist es, über den Umfang der Bilanzverkürzung und der in der GuV saldierten Aufwendungen und Erträge zu informieren[1430]. Des Weiteren sind für den Fall, dass der beizulegende Zeitwert der verrechneten Vermögensgegenstände nicht mit dem Marktpreis gem. § 255 Abs. 4 S. 1 HGB, sondern mit allgemein anerkannten Bewertungsmethoden gem. § 255 Abs. 4 S. 2 HGB bestimmt wurde, die grundlegenden Annahmen der angewandten Bewertungsmethode anzugeben (§ 285 Nr. 25 zweiter Hs. i.V.m. Nr. 20 lit. a) HGB).

848 Anzugeben sind die **historischen Anschaffungskosten** der verrechneten VG, d.h. sämtlicher VG, die dem Zugriff aller Gläubiger entzogen sind und ausschließlich der Erfüllung von Schulden aus Altersversorgungsverpflichtungen dienen, wobei nach dem Wortlaut des § 285 Nr. 25 erster Hs. HGB die Angabe eines Gesamtbetrags ausreichend ist[1431].

1424 Vgl. *IDW RS HFA 30*, Tz. 56 f.
1425 Vgl. RückAbzinsV v. 18.11.2009, BGBl. I, S. 3790.
1426 Vgl. *IDW RS HFA 30*, Tz. 89.
1427 Vgl. *Gelhausen/Fey/Kämpfer*, BilMoG, Kap. O, Rn. 213.
1428 Vgl. *Ellrott* in BeBiKo[7], § 285, Rn. 422.
1429 Vgl. *Gelhausen/Fey/Kämpfer*, BilMoG, Kap. O, Rn. 214.
1430 Vgl. Begr. RegE BilMoG, BT-Drucks. 16/10067, S. 73.
1431 Vgl. *Gelhausen/Fey/Kämpfer*, BilMoG, Kap. O, Rn. 221.

Der Anhang F

Wenngleich die fortgeführten AK nicht anzugeben sind, werden diese Informationen jedoch im Fall einer späteren Auflösung des Sicherungszusammenhangs zwischen Deckungsvermögen und Schulden, bspw. aufgrund einer Rückübertragung im Falle einer Überdotierung von Deckungsvermögen, gebraucht[1432].

Auch wenn der Gesetzeswortlaut dies nicht ausdrücklich verlangt, erscheint es nach Sinn und Zweck der Vorschrift, dem Abschlussadressaten zu verdeutlichen, welche Aktiv- und Passivposten in der Bilanz in welcher Höhe miteinander verrechnet wurden[1433], sachgerecht, den beizulegenden **Zeitwert der verrechneten Vermögensgegenstände** entsprechend den nach § 266 Abs. 2 HGB vorgesehenen Posten gesondert anzugeben, ggf. unter Berücksichtigung der vorgeschriebenen „davon"-Vermerke in der Bilanz oder im Anh.[1434] (vgl. Tz. 853 zu den Angaben für den Fall, dass das Deckungsvermögen Investmentanteile i.S.d. § 285 Nr. 26 HGB enthält). Ein verbleibender aktiver Überhang ist als „Aktiver Unterschiedsbetrag aus der Vermögensverrechnung" (§ 266 Abs. 2.E. HGB) auszuweisen und braucht daher nicht gesondert im Anh. angegeben werden[1435]. 849

Ist der anzugebende beizulegende Zeitwert gem. § 255 Abs. 4 S. 2 HGB mit Hilfe allgemein **anerkannter Bewertungsmethoden** bestimmt worden, sind nach § 285 Nr. 25 zweiter Hs. i.V.m. Nr. 20 lit. a) HGB die grundlegenden Annahmen anzugeben, die den angewandten Bewertungsmodellen (z.B. Vergleichs- oder Kapitalwertverfahren, Optionspreismodelle) zugrunde gelegt wurden (vgl. dazu Tz. 800)[1436]. 850

§ 285 Nr. 25 erster Hs. HGB verlangt die Angabe des **Erfüllungsbetrags** der nach § 246 Abs. 2 S. 2 erster Hs. HGB verrechneten Schulden im Anh. Da sich die Saldierungsvorschrift auf die nach den geltenden Bewertungsvorschriften anzusetzenden Beträge der Aktiv- und Passivposten bezieht, kann hier nur der abgezinste Erfüllungsbetrag gemeint sein. Auch wenn der Gesetzeswortlaut dies nicht ausdrücklich verlangt, erscheint es nach Sinn und Zweck der Vorschrift, dem Abschlussadressaten zu verdeutlichen, welche Aktiv- und Passivposten in der Bilanz in welcher Höhe miteinander verrechnet wurden[1437], sachgerecht, die beizulegenden Zeitwerte der verrechneten Vermögensgegenstände entsprechend den nach § 266 Abs. 2 HGB vorgesehenen Posten gesondert anzugeben[1438]. Ein verbleibender passiver Überhang bleibt unter dem entsprechenden Bilanzposten bilanziert und braucht daher im Anhang nicht gesondert angegeben zu werden[1439]. 851

Nach § 285 Nr. 25 erster Hs. HGB sind die nach § 246 Abs. 2 S. 2 zweiter Hs. HGB verrechneten **Aufwendungen** (bspw. aus der Aufzinsung von Pensionsverpflichtungen) und **Erträge** (z.B. Zinsen, Dividenden, Mieteinnahmen, Wertsteigerungen) im Anh. unsaldiert anzugeben. Nach Sinn und Zweck des § 285 Nr. 25 erster Hs. HGB erscheint es sachgerecht, die Angaben entsprechend den nach § 275 Abs. 2 oder Abs. 3 HGB vorgesehenen Posten gesondert zu machen, ggf. unter Berücksichtigung der vorgeschriebenen Vermerke in der GuV oder im Anh.[1440] 852

1432 Vgl. *Gelhausen/Fey/Kämpfer*, BilMoG, Kap. O, Rn. 222; *IDW RS HFA 30*, Tz. 70.
1433 Vgl. Begr. RegE BilMoG, BT-Drucks. 16/10067, S. 73.
1434 Vgl. *Ellrott* in BeBiKo⁷, § 285, Rn. 432.
1435 Vgl. *Ellrott* in BeBiKo⁷, § 285, Rn. 432.
1436 Vgl. *IDW RS HFA 30*, Tz. 67.
1437 Vgl. Begr. RegE BilMoG, BT-Drucks. 16/10067, S. 73.
1438 Vgl. *Gelhausen/Fey/Kämpfer*, BilMoG, Kap. O, Rn. 223.
1439 Vgl. *Ellrott* in BeBiKo⁷, § 285, Rn. 432.
1440 Vgl. *Gelhausen/Fey/Kämpfer*, BilMoG, Kap. O, Rn. 226; *Ellrott* in BeBiKo⁷, § 285, Rn. 434.

F Ergänzende Vorschriften für Kapitalgesellschaften

32. Angaben zu Investmentvermögen (§ 285 Nr. 26 HGB)

853 Im Anh. sind nach § 285 Nr. 26 erster Ts. HGB Angaben zu Anteilen oder Anlageaktien an inländischen Investmentvermögen i.S.d. § 1 InvG oder vergleichbaren ausländischen Investmentanteilen i.S.d. § 2 Abs. 9 InvG von mehr als dem zehnten Teil zu machen. Aufgegliedert nach Anlagezielen sind

- der **Wert der Anteile** oder Anlageaktien i.S.d. § 36 InvG oder vergleichbarer ausländischer Vorschriften über die Ermittlung des Marktwerts,
- die **Differenz zum Buchwert** und
- die für das GJ erfolgte **Ausschüttung** sowie
- **Beschränkungen** in der Möglichkeit **der täglichen Rückgabe**

anzugeben.

Des Weiteren sind ggf. die Gründe dafür, dass eine **Abschreibung** nach § 253 Abs. 3 S. 4 HGB **unterblieben** ist, einschließlich der Anhaltspunkte, dass die Wertminderung voraussichtlich nicht von Dauer ist, anzugeben (§ 285 Nr. 26 zweiter Ts. HGB). § 285 Nr. 18 HGB ist insoweit nicht anzuwenden (§ 285 Nr. 26 zweiter Ts. HGB).

Bei einem Investmentvermögen, das zugleich Deckungsvermögen ist, sind alle Angaben zu machen, die nicht wegen der zwingenden Zeitwertbewertung des Deckungsvermögens nach § 253 Abs. 1 S. 4 HGB überflüssig sind. Bei einem Investmentvermögen, dessen Anlageziel die Erfüllung von Schulden aus Altersversorgungsverpflichtungen ist (§ 246 Abs. 2 S. 2 HGB), sind danach insb. die für das GJ erfolgte Ausschüttung sowie Beschränkungen in der Möglichkeit der täglichen Rückgabe anzugeben.

854 Bei umfangreichem Anteilsbesitz an Investmentvermögen empfiehlt sich eine um die entsprechenden Erläuterungen ergänzte **tabellarische Darstellung**, die sich an dem gesetzlich geforderten Gliederungskriterium des „Anlageziels" orientiert[1441]. Dabei ist eine Zusammenfassung von Anteilen bzw. Anlageaktien nach Anlagezielen zulässig[1442], sofern nicht stille Reserven mit stillen Lasten verrechnet werden[1443]. Um dieser Anforderung Rechnung zu tragen, können bspw. die positiven und negativen Differenzen zum Buchwert in zwei Spalten dargestellt werden.

855 Zu den Anteilen an **inländischen Investmentvermögen** i.S.d. § 1 InvG gehören Investmentfonds in Form von Publikums-Sondervermögen und Spezial-Sondervermögen (§ 2 Abs. 1 und 3 InvG); als Anlageaktien an inländischen Investmentvermögen i.S.d. § 1 InvG kommen Anlageaktien an InvAG (§ 2 Abs. 5 S. 1 InvG) und an Spezial-InvAG (§ 2 Abs. 5 S. 2 InvG) infrage[1444].

856 Als **ausländische Investmentanteile**[1445] sind nach der Legaldefinition des § 2 Abs. 9 InvG die von einer im Ausland ansässigen Investmentgesellschaft ausgegebenen Anteile an ausländischen Investmentvermögen angabepflichtig, bei denen der Anleger gegen Rückgabe des Anteils eine Auszahlung seines Anteils am ausländischen Investmentvermögen verlangen kann oder – falls für die Anteile kein Rückgaberecht besteht – die ausländische Investmentgesellschaft in ihrem Sitzstaat einer Aufsicht über Vermögen zur

---

1441 Vgl. hierzu auch *Ellrott* in BeBiKo[7], § 285, Rn. 440; *Gelhausen/Fey/Kämpfer*, BilMoG, Kap. O, Rn. 237.
1442 Vgl. *Ellrott* in BeBiKo[7], § 285, Rn. 444.
1443 Vgl. *IDW RH HFA 1.005*, Tz. 16 f. (analog).
1444 Vgl. *Ellrott* in BeBiKo[7], § 285, Rn. 441.
1445 Zum Begriff des ausländischen Investmentanteils i.S.d. § 2 Abs. 9 InvG vgl. Rundschreiben der BaFin 14/2008 (WA) vom 22.12.2008; *Helios/Schmies*, BB 2009, S. 1100.

Der Anhang   F

gemeinschaftlichen Kapitalanlage unterstellt ist[1446]. Zu den angabepflichtigen ausländischen Investmentanteilen gehören richtlinienkonforme EG-Investmentanteile (§ 2 Abs. 10 InvG), nicht richtlinienkonforme und Drittstaaten-Investmentanteile[1447]. Unerheblich für die Angabepflicht ist, ob die Anteile an einer ausländischen Investmentgesellschaft verbrieft sind oder nicht oder ob die Anteile mit Eigentum am Investmentvermögen verbunden sind oder nur einen schuldrechtlichen Anspruch auf Beteiligung verkörpern[1448].

Die Angaben nach § 285 Nr. 26 erster Ts. HGB sind nur zu machen, wenn der Bilanzierende (zumindest wirtschaftlicher) **Eigentümer von mehr als dem zehnten Teil** der Anteile oder Anlageaktien ist. Grundlage zur Ermittlung des zehnten Teils ist die Anzahl der von der KAG bzw. InvAG ausgegebenen Anteile bzw. Anlageaktien. Die Anteilquote am Abschlussstichtag ist unter Berücksichtigung der zu diesem Zeitpunkt im Umlauf befindlichen, d.h. ausgegebenen Anteile, zu ermitteln. Da zwischen Handelstag und Ausgabe i.d.R. mindestens zwei Tage liegen, erscheint es sachgerecht, für die Ermittlung der Anteilquote des Bilanzierenden zum Abschlussstichtag im Zähler und im Nenner auf den Erwerb und die Veräußerung des dinglichen Rechts und nicht auf schuldrechtliche Ansprüche zur Ausgabe von Anteilen bzw. Anlageaktien abzustellen[1449]. Bei der Zusammenfassung von Teilfonds zu sog. Umbrella-Konstruktionen erscheint es sachgerecht, den „zehnten Teil" i.S.d. § 285 Nr. 26 HGB auf den einzelnen Teilfonds zu beziehen, da Teilfonds einer Umbrella-Konstruktion gem. § 34 Abs. 2a S. 1 InvG vermögens- und haftungsrechtlich getrennt sind und im Verhältnis der Anleger untereinander nach § 34 Abs. 2a S. 2 InvG als eigenständige Zweckvermögen behandelt werden[1450]. Dies gilt sowohl für Investmentfonds als auch für InvAG, die als Umbrella-Konstruktion ausgestaltet sind. 857

Für die nach § 285 Nr. 26 erster Ts. HGB vorzunehmende **Aufgliederung nach Anlagezielen** stellt die Regierungsbegründung beispielhaft auf Aktien-, Renten- und Immobilienfonds, Mischfonds, Hedgefonds und sonstige Sondervermögen ab[1451]. Die Aufteilung in Anlageziele soll den Abschlussadressaten eine überschlägige Einschätzung des Anlagerisikos ermöglichen[1452]. Sachgerecht ist es daher anzugeben, ob das Investmentvermögen national oder international ausgerichtet ist und ob es sich bspw. um Wachstums-, Rendite-, Branchen-, Länderfonds, Fonds mit unbegrenzter Laufzeit oder Laufzeitfonds, Dachfonds, Garantiefonds, Spezialitätenfonds (Energie-, Technologie-, Medien-, Emerging Markets-, Ethik-, Öko- oder Umweltfonds) handelt; ggf. können auch Angaben zu individuellen Anlegerbedürfnissen, wie der Erzielung einer Mindestrendite, zweckmäßig sein[1453]. 858

Um die in den Anteilen bzw. Anlageaktien enthaltenen stillen Reserven und stillen Lasten im Anh. darzustellen, verlangt § 285 Nr. 26 erster Ts. HGB die Angabe des **Werts der** 859

1446 Vgl. hierzu *Ellrott* in BeBiKo[7], § 285, Rn. 442.
1447 Zu Einzelheiten vgl. *Beckmann* in Beckmann/Scholtz/Vollmer, Investment-Handbuch, Abschn. 410, § 2, Rn. 252 ff. und 282.
1448 Vgl. *Ellrott* in BeBiKo[7], § 285 Rn. 442; *Beckmann* in Beckmann/Scholtz/Vollmer, Investment-Handbuch, Abschn. 410, § 2, Rn. 256.
1449 Vgl. *Fleischer*, ZIP 2002, S. 1217 (1226); *Schneider*, BB 2002, S. 1817 (1818).
1450 Sofern die Teilfonds bzw. Teilgesellschaftsvermögen nicht vermögens- und haftungsrechtlich getrennt sind (z.B. aufgrund vertraglicher Regelung bei ausländischen SICAVs möglich), ist auf die Gesamtsumme der für den Investmentfonds bzw. die InvAG ausgegebenen Anteile abzustellen.
1451 Vgl. Begr. RegE BilMoG, BT-Drucks. 16/10067, S. 74.
1452 Vgl. Begr. RegE BilMoG, BT-Drucks. 16/10067, S. 74.
1453 Vgl. *Ellrott* in BeBiKo[7], § 285, Rn. 444; zu Einzelheiten vgl. *Beckmann* in Beckmann/Scholtz/Vollmer, Investment-Handbuch, Abschn. 410, § 4, Rn. 16 ff.

Anteile i.S.d. § 36 InvG oder vergleichbarer ausländischer Vorschriften über die Ermittlung des Marktwerts und der Differenz zum Buchwert. Anzugeben ist der Wert der Anteile bzw. Anlageaktien. Dieser beruht auf der von der Depotbank unter Mitwirkung der KAG oder der KAG selbst vorzunehmenden Marktwertermittlung nach § 36 Abs. 1 bis 5 InvG oder vergleichbarer ausländischer Vorschriften über die Ermittlung des Marktwerts. Der Wert der Anteile bzw. Anlageaktien kann aus dem Ausgabepreis durch Abzug eines ggf. festgelegten Ausgabeaufschlags (§ 41 Abs. 1 InvG), multipliziert mit der Anzahl der Anteile bzw. Anlageaktien, ermittelt werden[1454]. Der Marktwert von Investmentanteilen bzw. Anlageaktien in Fremdwährung ist zum Devisenkassamittelkurs am Abschlussstichtag in EUR umzurechnen (§ 256a S. 1 HGB)[1455].

860 Zur Offenlegung der stillen Reserven und stillen Lasten (vgl. Tz. 863) ist die **Differenz** zwischen dem **(Markt-)Wert** der Anteile bzw. Anlageaktien i.S.d. § 36 InvG oder dem vergleichbaren ausländischen Wert und dem entspr. **Buchwert** vom Bilanzierenden anzugeben. Diese Angabe ist nicht zu machen, wenn es sich bei dem Investmentvermögen um Deckungsvermögen i.S.d. § 246 Abs. 2 S. 2 HGB handelt (vgl. Tz. 853), da dieses nach § 253 Abs. 1 S. 4 HGB zwingend zum beizulegenden Zeitwert zu bewerten ist.

861 Nach dem Wortlaut des § 285 Nr. 26 erster Ts. HGB sind die *für das* **(Fonds-) GJ erfolgten Ausschüttungen** anzugeben, die in das jeweilige GJ des Bilanzierenden fallen. Bei der Angabepflicht kommt es auf die Vereinnahmung der Ausschüttung im GJ des Unternehmens an[1456]. Zu den Ausschüttungen gehören auch Zwischenausschüttungen. Nicht angabepflichtig sind hingegen die einzelnen Bestandteile der Ausschüttungen (Gewinnvortrag, Dividenden, Zinsen, realisierte Kursgewinne) und die vom Fonds thesaurierten Beträge. Substanzausschüttungen, d.h. Ausschüttungen mit Kapitalentnahmecharakter, sind nicht anzugeben, weil diese als Kapitalrückzahlungen zu behandeln sind und damit im handelsrechtlichen Jahresabschluss zu einem Abgang bei den aktivierten Anteilen oder Anlageaktien führen (vgl. E Tz. 541)[1457].

862 Angaben zu **Beschränkungen** in der üblicherweise bestehenden Möglichkeit der **täglichen Rückgabe** der Anteile bzw. Anlageaktien sollen dem Abschlussadressaten Hinweise auf ungewöhnliche Verhältnisse geben, wie Investitionen in illiquide strukturierte Anlagevehikel, Hedgefonds mit langen Kündigungsfristen, Anlagen in im Rahmen Öffentlich Privater Partnerschaften tätige Projektgesellschaften (Infrastruktur-Sondervermögen)[1458] sowie unverbriefte Darlehensforderungen oder Private Equity-Anlagen im Rahmen sonstiger Sondervermögen[1459]. Bei bestimmten Fondskategorien können nach den Vorschriften des InvG (bspw. nach den §§ 80c, 90d Abs. 2 und 3, 90i Abs. 1, 95 Abs. 4 InvG) Beschränkungen in den Vertragsbedingungen festgelegt werden, z.B. Anteilrückgabe nur zu bestimmten Terminen, die dann eine Angabepflicht auslösen[1460]. Angabepflichtig ist auch, wenn die Rücknahme von Anteilscheinen bei Vorliegen außergewöhnlicher Umstände (z.B. Schließung der Börse, außergewöhnliche Kursstürze, drohende Illiquidität bei Immobilien-Sondervermögen[1461]) vorübergehend ausgesetzt wird (§ 37 Abs. 2 S. 1 InvG, sog. Katastrophenklausel)[1462].

1454 Vgl. *Ellrott* in BeBiKo⁷, § 285, Rn. 445.
1455 Vgl. *Ellrott* in BeBiKo⁷, § 285, Rn. 445.
1456 Vgl. *Ellrott* in BeBiKo⁷, § 285, Rn. 448.
1457 Vgl. *Gelhausen/Fey/Kämpfer*, BilMoG, Kap. O, Rn. 235.
1458 Vgl. *Kempf*, Investmentrecht, S. 141.
1459 Vgl. Begr. RegE BilMoG, BT-Drucks. 16/10067, S. 74; *Kempf*, Investmentrecht, S. 150 und 152.
1460 Vgl. *Ellrott* in BeBiKo⁷, § 285, Rn. 449.
1461 Vgl. *Kempf*, Investmentvermögen, S. 121.
1462 Vgl. *Ellrott* in BeBiKo⁷, § 285, Rn. 449.

Die Angabepflicht bzgl. der **Gründe für das Unterlassen einer Abschreibung** nach § 253 Abs. 3 S. 4 HGB (§ 285 Nr. 26 zweiter und dritter Ts. HGB) ist lex specialis zur Angabepflicht von Finanzanlagen (§ 285 Nr. 18 lit. b) HGB). Nach § 285 Nr. 26 zweiter Ts. HGB sind die Gründe dafür anzugeben, dass eine Abschreibung nach § 253 Abs. 3 S. 4 HGB unterblieben ist. Konkretisierend sind nach § 285 Nr. 26 dritter Ts. HGB darüber hinaus die vorliegenden **Anhaltspunkte** dafür anzugeben, dass es sich um eine voraussichtlich **nicht dauerhafte Wertminderung** handelt (vgl. auch Tz. 804). Mithin muss deutlich werden, dass die Abschreibungsnotwendigkeit nach den für die Finanzanlagen geltenden Kriterien geprüft wurde[1463]. Die Beurteilung der voraussichtlichen Dauerhaftigkeit einer Wertminderung ist abhängig von den im Fonds gehaltenen Vermögensgegenständen und den in IDW RS VFA 2, Tz. 14 ff. genannten Kriterien, bei deren Vorliegen von einer voraussichtlich dauerhaften Wertminderung auszugehen ist[1464]. Dabei sind auch die Zusammensetzung und das Risikoprofil der Fonds (Art der Wertpapiere, Branchen, regionale Herkunft), mögliche Ausgleichseffekte sowie mögliche Substanzminderungen aufgrund von Ausschüttungen oder im Investmentfonds bei wesentlichen Fondspositionen erfolgten Umschichtungen oder Absicherungen gegen Marktwertschwankungen zu berücksichtigen[1465].

863

33. Angaben zur Einschätzung des Risikos der Inanspruchnahme aus Eventualverbindlichkeiten (§ 285 Nr. 27 HGB)

Nach § 285 Nr. 27 HGB sind für nach § 251 HGB unter der Bilanz oder nach § 268 Abs. 7 erster Hs. HGB jeweils gesondert unter der Bilanz oder im Anh. angegebene **Haftungsverhältnisse** (Verbindlichkeiten aus Wechselobligen, Bürgschaften, Gewährleistungsverträgen sowie Haftungsverhältnissen aus der Bestellung von Sicherheiten für fremde Verbindlichkeiten; vgl. Tz. 463 ff.) die Gründe der Einschätzung des Risikos der Inanspruchnahme anzugeben. Die Angabepflicht erstreckt sich nicht auf die nach § 285 Nr. 3a HGB anzugebenden sonstigen (nicht unter § 251 HGB erfassten) finanziellen Verpflichtungen[1466].

864

Als Gründe der **Einschätzung des Risikos der Inanspruchnahme** aus den Haftungsverhältnissen sind im Anh. die Erwägungen darzustellen, wonach das Unternehmen davon ausgeht, dass die Wahrscheinlichkeit der Inanspruchnahme derart gering ist, dass die Eventualverbindlichkeiten unter der Bilanz oder im Anh. anzugeben und nicht auf der Passivseite der Bilanz anzusetzen sind[1467]. Eine quantitative Angabe von Eintrittswahrscheinlichkeiten, ggf. als Bandbreite, ist nach dem Wortlaut der Vorschrift nicht verlangt. Nicht ausreichend ist die bloße Wiedergabe der Voraussetzungen für die Nichtpassivierung der Verbindlichkeiten und Haftungsverhältnisse i.S.d. § 251 HGB, d.h. die Angabe, dass mit einer Inanspruchnahme des Unternehmens am Abschlussstichtag nicht konkret zu rechnen ist[1468], weil diese nicht droht und sehr unwahrscheinlich oder so gut wie ausgeschlossen ist[1469]. Vielmehr sind die Erwägungen darzustellen, die der Risikoeinschätzung zugrunde liegen[1470]. Dies setzt voraus, dass die bekannten Risiken (u.a.

865

1463 Vgl. *Ellrott* in BeBiKo⁷, § 285, Rn. 450.
1464 Vgl. hierzu auch *VFA* zur Bewertung von Kapitalanlagen bei VU, FN-IDW 2002, S. 667, sowie Urteil des FG Münster v. 31.08.2010 zur typisierenden Annahme einer dauernden Wertminderung bei börsennotierten Aktien, DStR, S. 2340.
1465 Vgl. *IDW RS VFA 2*, Tz. 24.
1466 Vgl. *Ellrott* in BeBiKo⁷, § 285, Rn. 455.
1467 Vgl. *Gelhausen/Fey/Kämpfer*, BilMoG, Kap. O, Rn. 243; *Ellrott* in BeBiKo⁷, § 285, Rn. 455.
1468 Vgl. ADS⁶, § 251 HGB, Tz. 1; *Fey* in HdR⁵, § 251 HGB, Rn. 1.
1469 Vgl. *Gelhausen/Fey/Kämpfer*, BilMoG, Kap. O, Rn. 243; *Ellrott* in BeBiKo⁷, § 285, Rn. 456.
1470 Vgl. Begr. RegE BilMoG, BT-Drucks. 16/10067, S. 74; zu Beispielen vgl. *Gelhausen/Fey/Kämpfer*, BilMoG, Kap. O, Rn. 246.

bspw. Bonitätsrisiko des Primärverpflichteten) benannt und eingeschätzt werden. Dabei kann sich die Einschätzung und Beurteilung des Risikos auf vergangene Entwicklungen genauso wie auf eine Prognose möglicher Inanspruchnahmen stützen[1471]. Erläuterungen sind auch erforderlich, wenn Risiken selbst nicht bezifferbar sind[1472] und ggf. nur ein Merkposten unter den Haftungsverhältnissen ausgewiesen wird[1473].

866 Wenngleich die Angabepflicht nach § 285 Nr. 27 HGB nicht auf das Risiko einer Inanspruchnahme aus **wesentlichen Verpflichtungen** beschränkt ist, kann davon ausgegangen werden, dass die Angabe der Gründe ausreichend ist, die der Einschätzung des Risikos der Inanspruchnahme aus den für die Vermögens-, Finanz- und Ertragslage bedeutsamen, d.h. wesentlichen Eventualverbindlichkeiten zugrunde liegen[1474]. Dabei ist die Wesentlichkeit in jedem Einzelfall gesondert anhand der finanziellen Auswirkungen einer möglichen vollen Inanspruchnahme des Bilanzierenden zu beurteilen[1475].

867 Bei einer Vielzahl ähnlicher Eventualverpflichtungen erscheint es sachgerecht, bei der Angabe der Erwägungen jeweils auf die i.S.d. § 268 Abs. 7 HGB gesondert auszuweisenden **Gruppen der Verpflichtungen** als Gesamtheit abzustellen, sofern nicht darüber hinaus einzelne Eventualverpflichtungen wegen ihrer wesentlichen Bedeutung für die Vermögens-, Finanz- und Ertragslage der Gesellschaft gesondert zu betrachten sind[1476].

868 Die Angaben nach § 285 Nr. 27 HGB sind auch dann zu machen, wenn über die Risikoeinschätzung bereits innerhalb der im **Lagebericht** nach § 289 Abs. 1 S. 4 HGB enthaltenen Risikoberichterstattung informiert wurde[1477].

34. Angaben zu den nach § 268 Abs. 8 HGB ausschüttungsgesperrten Beträgen (§ 285 Nr. 28 HGB)

869 Nach § 285 Nr. 28 HGB ist im Anh. der **Gesamtbetrag** der ausschüttungsgesperrten Beträge i.S.d. § 268 Abs. 8 HGB, **aufgegliedert in Beträge** aus der Aktivierung

– selbst geschaffener immaterieller Vermögensgegenstände des Anlagevermögens,
– latenter Steuern und
– von Vermögensgegenständen des Deckungsvermögens zum beizulegenden Zeitwert

anzugeben (vgl. im Einzelnen Tz. 873 ff.)[1478]. Für Personenhandelsgesellschaften i.S.d. § 264a HGB gilt die allein auf die Verhältnisse von KapGes zugeschnittene Anhangabepflicht nach § 285 Nr. 28 HGB nicht[1479]. Die Angaben sind auch bei Vorliegen eines **Gewinnabführungsvertrags** von einer abhängigen AG oder GmbH zu machen, weil sich § 301 S. 1 AktG hinsichtlich des abführungsgesperrten Betrags unmittelbar auf den Betrag der nach § 268 Abs. 8 HGB ausschüttungsgesperrten Beträge bezieht[1480].

870 Die Angabepflicht soll verdeutlichen, in welchem Umfang die Bilanz **Beträge** enthält, die **nicht ausgeschüttet werden dürfen**, soweit nicht in zumindest derselben Höhe jederzeit

---

1471 Vgl. *Ellrott* in BeBiKo[7], § 285, Rn. 456.
1472 Vgl. *IDW RH HFA 1.013*, Tz. 21.
1473 Vgl. *Ellrott* in BeBiKo[7], § 251, Rn. 11.
1474 Vgl. Begr. RegE BilMoG, BT-Drucks. 16/10067, S. 74.
1475 Vgl. *Gelhausen/Fey/Kämpfer*, BilMoG, Kap. O, Rn. 244.
1476 Vgl. *Gelhausen/Fey/Kämpfer*, BilMoG, Kap. O, Rn. 245; *Ellrott* in BeBiKo[7], § 285, Rn. 455.
1477 Vgl. Begr. RegE BilMoG, BT-Drucks. 16/10067, S. 75; *Küting/Boecker* in Küting/Pfitzer/Weber, Bilanzrecht[2], S. 552.
1478 Vgl. zum gesperrten Betrag bei der Bewertung von Deckungsvermögen *IDW RS HFA 30*, Tz. 69.
1479 Vgl. *IDW ERS HFA 7 n.F.*, Tz. 36; a.A. *Gelhausen/Fey/Kämpfer*, BilMoG, Kap. N, Rn. 96.
1480 Vgl. *Gelhausen/Fey/Kämpfer*, BilMoG, Kap. O, Rn. 254.

Der Anhang F

frei verfügbare Rücklagen zuzüglich eines Gewinnvortrags und abzüglich eines Verlustvortrags mindestens den insgesamt nach § 268 Abs. 8 HGB angesetzten Beträgen abzüglich der hierfür gebildeten passiven latenten Steuern entsprechen (vgl. Tz. 102 ff.)[1481].

Anzugeben ist der Gesamtbetrag der ausschüttungsgesperrten Beträge zum Abschlussstichtag. Bei der Ermittlung des Betrags ist zu berücksichtigen, dass wegen bestehender, sich in späteren GJ ausgleichender Differenzen **passive latente Steuern** (§ 274 Abs. 1 S. 1 HGB) zu bilanzieren sein können (vgl. Tz. 177). Da die aufwandswirksame Erfassung der für die nach § 268 Abs. 8 HGB angesetzten Beträge gebildeten passiven latenten Steuern das entsprechende Jahresergebnis bereits in gleicher Höhe gemindert hat, ist dieser Betrag – um eine Doppelberücksichtigung zu vermeiden – vom ausschüttungsgesperrten Betrag abzuziehen[1482]. 871

Ob die Ausschüttungssperre beachtet worden ist, lässt sich nur durch eine Gegenüberstellung des Gesamtbetrags i.S.d. § 285 Nr. 28 HGB abzüglich der darauf entfallenden passiven latenten Steuern und der **Summe der frei verwendbaren Eigenkapitalbestandteile** ableiten. Wird jedoch die Kapitalrücklage (§ 266 Abs. 3 A.II. HGB) im JA nicht aufgegliedert (vgl. Tz. 361 f.)[1483], ist bei AG ein hierin enthaltener frei verwendbarer Teilbetrag aus Kapitalzuzahlungen (§ 272 Abs. 2 Nr. 4 HGB) nicht ersichtlich. Aus diesem Grund empfiehlt es sich in den Fällen, in denen im Anh. ein Gesamtbetrag der Ausschüttungssperre angegeben wird (§ 285 Nr. 28 HGB), eine Erläuterung zu den zur Deckung vorhandenen frei verfügbaren Eigenkapitalbestandteilen anzugeben[1484]. 872

Gesondert anzugeben sind die in der Bilanz ausgewiesenen Beträge aller **selbst geschaffenen immateriellen Vermögensgegenstände des AV** (§§ 248 Abs. 2 S. 1 HGB und § 255 Abs. 2a HGB), gekürzt um die passiven latenten Steuern, die auf die einzelnen Vermögensgegenstände entfallen und nach § 274 Abs. 1 S. 1 HGB im Posten „passive latente Steuern" nach § 266 Abs. 3 E. HGB enthalten sind. 873

Unter die Beträge i.S.d. § 268 Abs. 8 HGB aus der **Aktivierung von Vermögensgegenständen des Deckungsvermögens mit dem beizulegenden Zeitwert** fallen die Beträge, die sich aus der Bewertung von nach § 246 Abs. 2 S. 2 HGB zu verrechnenden Vermögensgegenständen zum beizulegenden Zeitwert (§ 253 Abs. 1 S. 4 HGB) unter Abzug ihrer ursprünglichen AK ergeben, abzüglich der für die jeweilige Ansatzdifferenz eines jeden einzelnen Vermögensgegenstands nach dem Grundsatz der Einzelbewertung gebildeten passiven latenten Steuern (§ 268 Abs. 8 S. 3 HGB). 874

Wird von dem Aktivierungswahlrecht des § 274 Abs. 1 S. 2 HGB Gebrauch gemacht, ist nur der **Aktivüberhang latenter Steuern** – unabhängig davon, ob brutto oder netto i.S.d. § 274 Abs. 1 S. 3 HGB in der Bilanz ausgewiesen – ausschüttungsgesperrt und damit angabepflichtig[1485]. Soweit die ausschüttungsgesperrten Beträge aus der Aktivierung latenter Steuern um passive latente Steuern gemindert sind, sollte der ermittelte Betrag entsprechend erläutert werden, um die Abstimmung zur Angabepflicht nach § 285 Nr. 29 HGB zu erleichtern[1486]. 875

1481 Vgl. Begr. RegE BilMoG, BT-Drucks. 16/10067, S. 75.
1482 Vgl. Begr. RegE BilMoG, BT-Drucks. 16/10067, S. 64.
1483 Vgl. ADS[6], § 272 HGB, Tz. 85 f.
1484 Vgl. *Gelhausen/Althoff*, WPg 2009, S. 584 (591).
1485 *Ellrott* in BeBiKo[7], § 285, Rn. 465.
1486 Vgl. *Gelhausen/Fey/Kämpfer*, BilMoG, Kap. O, Rn. 253.

35. Sonstige Angaben zu Einzelposten der Bilanz

876 Dass das Gesetz keine allgemeine Erläuterungspflicht der Posten des JA im Anh. enthält[1487], bedeutet nicht, dass sämtliche Angaben dieser Art, wenn sie nicht ausdrücklich in einzelnen Vorschriften verlangt werden (z.B. § 285 Nr. 12 HGB), unterbleiben dürfen. Die in § 264 Abs. 2 S. 1 HGB aufgestellte Forderung, dass Bilanz, GuV und Anh. ein den tatsächlichen Verhältnissen entsprechendes Bild der Vermögens-, Finanz- und Ertragslage zu vermitteln haben, machen **ergänzende Angaben zu einzelnen Posten** überall dort erforderlich, wo ohne diese das geforderte Bild nicht vermittelt wird (§ 264 Abs. 2 S. 2 HGB; vgl. Tz. 1057).

36. Angaben, die alternativ in der Bilanz oder im Anhang gemacht werden können

877 Das HGB enthält eine Reihe von Vorschriften, die **wahlweise** eine Angabe in der Bilanz selbst oder im Anh. zulassen. Die Vorschriften sind, soweit sie die **Bilanz** betreffen, im Folgenden aufgeführt:

– § 265	Abs. 3 S. 1 HGB: Vermerk der Mitzugehörigkeit zu anderen Posten der Bilanz, wenn zur Aufstellung eines klaren und übersichtlichen JA erforderlich; vgl. Tz. 89;
– § 268	Abs. 1 S. 2 zweiter Hs. HGB: Angabe eines Gewinn- oder Verlustvortrags aus dem Vj., wenn die Bilanz unter Berücksichtigung der teilw. Verwendung des Jahresergebnisses aufgestellt wird und der Gewinnvortrag/Verlustvortrag in den Bilanzgewinn/Bilanzverlust einbezogen ist; vgl. Tz. 410;
– § 268	Abs. 2 S. 1 HGB: Entwicklung des AV (sog. Anlagenspiegel); vgl. Tz. 123 ff.;
– § 268	Abs. 2 S. 3 HGB: Vermerk der Abschreibungen des GJ auf Posten des AV; vgl. Tz. 134;
– § 268	Abs. 2 S. 3 HGB i.V.m. S. 1 HGB a.F.: ggf. Abschreibungen des GJ auf den Posten „Aufwendungen für die Ingangsetzung und Erweiterung des Geschäftsbetriebs" *
– § 268	Abs. 6 HGB: Angabe des in einem aktiven RAP ausgewiesenen Disagios/Rückzahlungsagios; vgl. Tz. 302;
– § 268	Abs. 7 HGB: Gesonderte Angabe der in § 251 bezeichneten Haftungsverhältnisse; vgl. Tz. 463 ff.;
– § 273	S. 2 zweiter Hs. HGB a.F.: Angabe der Vorschriften, nach denen der Sonderposten mit Rücklageanteil gebildet worden ist *; vgl. Tz. 431 ff.;
– § 281	Abs. 1 S. 2 HGB a.F.: Angabe der steuerrechtlichen Vorschriften, wenn steuerrechtliche Abschreibungen (Wertberichtigungen) in den Sonderposten mit Rücklageanteil einbezogen sind *; vgl. Tz. 433;
– § 281	Abs. 2 S. 1 HGB a.F.: Betrag der allein nach steuerrechtlichen Vorschriften vorgenommenen Abschreibungen, getrennt nach Anlage und Umlaufvermögen *; vgl. Tz. 901;
– § 327	Nr. 1 S. 2 HGB: Angabe bestimmter Bilanzposten, sofern eine mittelgroße Gesellschaft (§ 267 Abs. 2 HGB) von der Möglichkeit Gebrauch macht, die Bilanz nur in der für kleine Gesellschaften vorgeschriebenen Form (§ 266 Abs. 1 S. 3 HGB) zum HR einzureichen;

* Die Angaben sind nur zu machen, sofern nach den Übergangsvorschriften des Art. 67 Abs. 3 S. 1, Abs. 4 S. 1 oder Abs. 5 S. 1 EGHGB Bilanzposten oder Wertansätzen unter Anwendung der für sie geltenden Vorschriften nach HGB i.d.F. vor Inkrafttreten des BilMoG beibehalten oder fortgeführt werden.

1487 Zur Postenerläuterung im Prüfungsbericht nach § 321 Abs. 2 S. 5 HGB vgl. auch Q Tz. 201.

Der Anhang   F

Nur für **AG** und **KGaA** bestehen folgende alternative Angabeverpflichtungen zu Posten der Bilanz: 878

– § 58	Abs. 2a S. 2 AktG: Angabe der Einstellung des Eigenkapitalanteils von Wertaufholungen u.a. in andere Gewinnrücklagen; vgl. Tz. 400;
– § 152	Abs. 2 AktG: Angaben zu dem Posten Kapitalrücklage; vgl. Tz. 373 f.;
– § 152	Abs. 3 AktG: Angaben zu den einzelnen Posten der Gewinnrücklagen; vgl. Tz. 378;
– § 160	Abs. 1 Nr. 3 AktG: Angaben zu verschiedenen Aktiengattungen; vgl. Tz. 1033 f.

Nur für **GmbH** bestehen folgende alternative Angabeverpflichtungen: 879

– § 29	Abs. 4 S. 2 GmbHG: Angabe der Einstellung des Eigenkapitalanteils von Wertaufholungen u.a. in andere Gewinnrücklagen; vgl. Tz. 400;
– § 42	Abs. 3 erster Hs. GmbHG: Angabe von Ausleihungen, Forderungen und Verbindlichkeiten gegenüber Gesellschaftern; vgl. Tz. 267, 281, 294 und 448.

Personenhandelsgesellschaften können Ausleihungen, Forderungen und Verbindlichkeiten gegenüber Gesellschaftern nach § 264c Abs. 1 HGB entweder in der Bilanz oder im Anh. ausweisen; vgl. Tz. 267, 281, 294 und 448. 880

37. Angabe der Bilanzierungs- und Bewertungsmethoden (§ 284 Abs. 2 Nr. 1 HGB)

Nach § 284 Abs. 2 Nr. 1 HGB sind „die auf die Posten [...] der GuV angewandten Bilanzierungs- und Bewertungsmethoden" anzugeben. In Betracht kommen hier z.B. Hinweise auf die Methoden, nach denen die **Abschreibungen** berechnet sind (linear, degressiv usw.) oder die Art der Bewertung des Materialverbrauchs. I.Z.m. dem Posten „Umsatzerlöse" können auch Angaben über den Zeitpunkt der **Gewinnrealisierung** in Sonderfällen zu machen sein, wenn dies nicht bereits i.Z.m. den Forderungen erläutert wird (vgl. Tz. 784). Hierzu gehören bspw. Fälle der langfristigen Fertigung, bei der unter bestimmten Bedingungen[1488] eine Realisation der kalkulatorisch abgrenzbaren Teilleistungen bereits vor der endgültigen Abwicklung des Gesamtauftrags zulässig ist[1489] Des Weiteren gehören hierzu Mehrkomponentengeschäfte, bei denen trotz der einheitlichen Betrachtung eine Differenzierung hinsichtlich der Realisation der Einzelkomponenten vorzunehmen ist[1490]. 881

In Betracht kommen aber bspw. auch Angaben über die gewählte **Form der GuV** (GKV oder UKV, § 275 Abs. 2 und 3 HGB). Die Besonderheiten des UKV können im Hinblick auf § 264 Abs. 2 HGB Angaben zu den angewandten Bilanzierungsmethoden nach § 284 Abs. 2 Nr. 1 HGB bedingen; diese Angaben sollen zwecks Verständlichkeit der GuV erkennen lassen, wie die wichtigsten Ausweiswahlrechte ausgeübt worden sind[1491]. Im Rahmen der **Bewertungsmethoden** sind bei Anwendung des UKV zusätzliche Angaben z.B. dann erforderlich, wenn die Herstellungskosten gem. § 275 Abs. 3 Nr. 2 HGB in einer anderen Weise ermittelt werden als die Herstellungskosten der in der Bilanz aktivierten Vermögensgegenstände[1492]. 882

1488 Vgl. ADS[6], § 252 HGB, Tz. 88.
1489 Vgl. ADS[6], § 284 HGB, Tz. 53.
1490 Vgl. *Ellrott* in BeBiKo[7], § 252, Rn. 44; E-DRS 17, Tz. 41 ff.
1491 Vgl. *IDW St/SABI 1/1987*, Abschn. IV. 2.
1492 Vgl. ADS[6], § 284 HGB, Tz. 69; zur Zulässigkeit der unterschiedlichen Herstellungskostenermittlung in Bilanz und GuV vgl. *IDW St/SABI 1/1987*, Abschn. III. 1.

38. Angabe der Grundlagen für die Umrechnung in Euro (§ 284 Abs. 2 Nr. 2 HGB)

883 Angaben nach § 284 Abs. 2 Nr. 2 HGB können nicht nur entsprechend § 256a HGB für Posten der Bilanz in Betracht kommen, sondern auch für Posten der GuV. Wird bei Exportgeschäften nicht in Euro, sondern in anderen Währungen fakturiert oder werden Roh-, Hilfs- und Betriebsstoffe importiert und mit Valuta bezahlt, so enthält die GuV Posten, die ursprünglich auf fremde Währung lauteten. Im Allgemeinen wird der Angabepflicht damit Genüge getan sein, dass die **Grundsätze**, nach denen Währungsumrechnungen behandelt werden, angegeben werden. Vgl. im Einzelnen Tz. 720 f.

39. Angabe der Abweichungen von Bilanzierungs- und Bewertungsmethoden (§ 284 Abs. 2 Nr. 3 HGB)

884 Die Angaben nach § 284 Abs. 2 Nr. 3 HGB betreffen nicht nur die Bilanz, sondern auch die GuV. Hier ist insb. der Einfluss von Abweichungen der Bilanzierungs- und Bewertungsmethoden auf die **Ertragslage** anzugeben. Vgl. im Einzelnen Tz. 722 ff.

40. Angabe der Abweichungen beim Aufbau und bei der Gliederung der GuV (§ 265 Abs. 1 S. 2 HGB)

885 Wird z.B. das Verfahren, nach dem die GuV aufgestellt wird (GKV oder UKV), **geändert**, ist hierauf unter Angabe der Gründe einzugehen. Im Übrigen vgl. Tz. 732 ff.

41. Angaben zu nicht vergleichbaren oder angepassten Vorjahresbeträgen (§ 265 Abs. 2 S. 2 und 3 HGB)

886 Angaben werden vornehmlich in Betracht kommen, wenn vom GKV auf das UKV übergegangen wird oder umgekehrt[1493]. Wünschenswert ist in diesem Fall die Anpassung der Vorjahresbeträge (§ 265 Abs. 2 S. 3 HGB). Dies setzt voraus, dass die Vorjahres-GuV nach dem neu gewählten Verfahren neu aufgestellt wird. Ist das nicht durchführbar, ist auch die Beifügung von Vergleichszahlen nicht möglich. Hierauf sollte in einer Fußnote zur GuV hingewiesen und gleichzeitig darauf aufmerksam gemacht werden, dass die Vorjahres-GuV in den Anh. aufgenommen wurde. Damit dürfte der Intention des Gesetzes entsprochen sein. Im Übrigen vgl. hierzu Tz. 735 und zu Pro-Forma-Angaben Tz. 736.

42. Angaben zur Gliederung nach verschiedenen Gliederungsvorschriften (§ 265 Abs. 4 S. 2 HGB)

887 Vgl. zu Unternehmen, die verschiedene branchenbezogene Formvorschriften zu beachten haben, Tz. 737.

43. Angabe der Posten, die im Hinblick auf § 265 Abs. 7 Nr. 2 HGB in der GuV zusammengefasst sind

888 Werden Posten der GuV zulässigerweise zusammengefasst (Wahlrecht), damit „dadurch die Klarheit der Darstellung vergrößert wird" (§ 265 Abs. 7 Nr. 2 HGB), so sind die zusammengefassten Posten im Anh. **gesondert** auszuweisen. Vgl. hierzu Tz. 738.

1493 Vgl. *IDW ERS HFA 39*, Tz. 10.

Der Anhang   F

44. Aufgliederung der Umsatzerlöse (§ 285 Nr. 4 HGB)[1494]

Für kleine und mittelgroße Gesellschaften (§ 267 Abs. 1 und 2 HGB) ist die Aufgliederung der Umsatzerlöse nicht obligatorisch (§ 288 HGB)[1495]. Wegen der Schutzklausel gem. § 286 Abs. 2 HGB für große Gesellschaften (§ 267 Abs. 3 HGB) vgl. Tz. 1061 f. 889

Große Gesellschaften müssen ihre Umsatzerlöse nach **Tätigkeitsbereichen** und **geographisch bestimmten Märkten** aufgliedern, soweit sich unter Berücksichtigung der Organisation des Verkaufs[1496] die Tätigkeitsbereiche und Märkte untereinander erheblich unterscheiden (§ 285 Nr. 4 HGB)[1497]. Dabei ist von den Erzeugnissen oder Dienstleistungen auszugehen, die im Rahmen der **gewöhnlichen Geschäftstätigkeit** anfallen, denn nur diese sind unter den Umsatzerlösen[1498] auszuweisen (§ 277 Abs. 1 HGB). Erlöse, die z.B. i.Z.m. Anlageveräußerungen anfallen (sonstige betriebliche Erträge, Posten Nr. 4 bzw. Nr. 6 der GuV-Gliederungsschemata) oder die zu den außerordentlichen Erträgen rechnen (Posten Nr. 15 bzw. Nr. 14, vgl. auch § 277 Abs. 4 S. 1 HGB), werden somit von der Aufgliederungspflicht nicht erfasst. Unberührt hiervon bleibt die Möglichkeit der freiwilligen Aufstellung einer SegBE (vgl. Tz. 686). In diesem Fall kann in analoger Anwendung von § 314 Abs. 2 HGB eine Angabe nach § 285 Nr. 4 HGB unterbleiben. 890

Eine Pflicht zur Aufgliederung besteht, wenn sich die **Tätigkeitsbereiche** untereinander erheblich unterscheiden. Soweit die Produkte sich nur durch die Größe oder die Art der Ausführung unterscheiden oder soweit es sich um verwandte Produktgruppen handelt (z.B. Radio- und Fernsehgeräte; elektrische Haushaltsgeräte und Unterhaltungselektronik), besteht keine Pflicht zur Aufgliederung[1499]. Hat eine Gesellschaft dagegen deutlich voneinander abgegrenzte Bereiche in organisatorischer, sachlicher, funktionaler oder örtlicher Hinsicht (z.B. Produktion, Dienstleistung, Handel; Pkw und Lkw; Raumfahrt und Flugzeugfertigung; Metallhandel und Nichtmetallhandel; verschiedene Sparten eines Leasingunternehmens; chemische Produkte und Kohleförderung; Energieaktivitäten und energiefremde Aktivitäten; alkoholische und nicht-alkoholische Getränke), so sind die Umsatzerlöse in entsprechender Untergliederung im Anh. anzugeben[1500]. Die Angabepflicht besteht auch dann, wenn z.B. aus verschiedenen Produktsparten annähernd gleich hohe Umsatzerlöse erzielt werden[1501]. 891

Häufig wird die Aufgliederung nach Produktgruppen mit der nach **geographisch bestimmten Märkten** verbunden. Auch insoweit sind Angaben nur erforderlich, als sich die Märkte untereinander erheblich unterscheiden und die Gesellschaft mit nennenswerten Umsätzen auf verschiedenen Märkten präsent ist. Das Bundesgebiet kann i.d.R. als ein einheitlicher, geographisch bestimmter Markt angesehen werden[1502]. Darüber hinaus wird in einfach gelagerten Fällen nach Inland und Ausland unterschieden werden können. Mit zunehmender Bedeutung des Exportgeschäfts und den daraus resultierenden höheren Ri- 892

[1494] Vgl. dazu ADS[6], § 285 HGB, Tz. 83; *Ellrott* in BeBiKo[7], § 285, Rn. 90; vgl. zur Segmentberichterstattung im KAnh. DRS 3 i.d.F. v. 31.08.2005; *Mujkanovic*, AG 2000, S. 122, und M Tz. 848.
[1495] Vgl. aber Fn. 1240 zu Tz. 756 (Auskunftspflicht an Aktionäre).
[1496] Zur Berücksichtigung der Organisation des Verkaufs vgl. *Forster*, DB 1982, S. 1577 und S. 1831; einschränkend *Kupsch* in HdJ, Abt. IV/4, Rn. 164; *Krawitz* in BoHdR[2], § 285 HGB, Rn. 76.
[1497] Zum Sinn und Zweck der Aufgliederung vgl. *Haller/Park*, ZfbF 1994, S. 499 i.V.m. S. 505.
[1498] Der Begriff „Umsatzerlöse" ist mit dem in der GuV verwendeten Terminus an (§ 275 Abs. 2 Nr. 1, Abs. 3 Nr. 1, § 277 Abs. 1 HGB), vgl. hierzu auch ADS[6], § 285 HGB, Tz. 86.
[1499] Ebenso *Hüttemann* in Staub, HGB[4], § 285, Rn. 34, der eine Aufgliederung nur in dem Fall verlangt, wenn zwischen den einzelnen Bereichen heterogene Risikoerwartungen von beachtlichem Gewicht bestehen.
[1500] Vgl. auch ADS[6], § 285 HGB, Tz. 88.
[1501] So ADS[6], § 285 HGB, Tz. 91; a.A. *Selchert*, BB 1986, S. 560.
[1502] Ebenso ADS[6], § 285 HGB, Tz. 92; *Kupsch* in HdJ, Abt. IV/4, Rn.164; *Ellrott* in BeBiKo[7], § 285, Rn. 97. Vgl. auch *Oser/Holzwarth* in HdR[5], §§ 284 bis 288 HGB, Rn. 181; *Krawitz* in BoHdR[2], § 285, HGB Rn. 71.

siken werden weitere Aufgliederungen in Betracht kommen, soweit die Bedingungen auf den jeweiligen Märkten erhebliche Unterschiede aufweisen. Solche Märkte können z.B. sein: Europa, Nordamerika, Südamerika, Afrika, Nahost, Fernost, Australien, Japan, Osteuropa, EU-Länder, europäische Nicht-EU-Länder u.ä. Die Gliederung ist so zu wählen, dass die für die Gesellschaft jeweils relevanten Märkte sichtbar werden, soweit auf ihnen unterschiedliche Bedingungen bestehen.

893 Beide Unterteilungen – die nach Produktgruppen und die nach geographisch bestimmten Märkten – lassen sich miteinander **kombinieren**, doch wird dem Gesetz bereits entsprochen, wenn die Aufgliederungen je für sich erfolgen[1503]. Liegen erhebliche Unterschiede nur in **einem** der beiden Bereiche vor, beschränkt sich die Pflicht zur Aufgliederung auf diesen Bereich. Der im Gesetz enthaltene Hinweis der Berücksichtigung der **Verkaufsorganisation** deutet auf eine absatz- oder produktorientierte Aufgliederung hin; im Einzelnen vgl. ADS^6, § 285 HGB, Tz. 89 und 93.

894 Die Umsatzaufgliederung kann sowohl durch Angabe **absoluter Zahlen** als auch durch **Prozentzahlen** erfolgen[1504]. Gegen Auf- und Abrundungen auf T€ oder Mio.€ bestehen, abhängig von der Höhe der anzugebenden Beträge, keine Bedenken[1505]. Oft werden (auf freiwilliger Basis) die Euro-Angaben noch um die zugehörigen Mengenangaben ergänzt (Stück, Tonnen, MWh u.dgl.). Bei der Aufgliederung der Umsatzerlöse ist ferner der Stetigkeitsgrundsatz zu beachten, d.h. die nach sachgerechten Kriterien erfolgte Aufgliederung darf in den Folgeperioden im Hinblick auf das nach § 264 Abs. 2 S. 1 HGB zu vermittelnde Bild der Ertragslage nicht ohne vernünftigen Grund geändert werden (analog § 265 Abs. 1 S. 1 HGB)[1506].

895 Für alle Angaben nach § 285 Nr. 4 HGB gilt die **Schutzklausel** (§ 286 Abs. 2 HGB). Danach kann die Aufgliederung des Umsatzes insoweit unterbleiben, als sie nach vernünftiger kaufmännischer Beurteilung geeignet ist, der Gesellschaft oder einem anderen Unternehmen, von dem sie mindestens 20% der Anteile besitzt, einen erheblichen Nachteil[1507] zuzufügen. Als Nachteil dürften in erster Linie befürchtete Absatzeinbußen in Betracht kommen, ferner Maßnahmen von Konkurrenten, die ohne die Offenlegung nicht erfolgen würden[1508]. Zur Berechnung des Anteilsbesitzes vgl. die Bestimmungen in § 285 Nr. 11 zweiter Hs. HGB (hierzu Tz. 970 ff.). Auf die Inanspruchnahme der Schutzklausel braucht nicht hingewiesen zu werden. Zur Schutzklausel im öffentlichen Interesse (§ 286 Abs. 1 HGB) vgl. Tz. 1061 f.

45. Angabe des Material- und des Personalaufwandes bei Anwendung des Umsatzkostenverfahrens (§ 285 Nr. 8 HGB)[1509]

896 Im Fall der Gliederung der GuV nach dem UKV (§ 275 Abs. 3 HGB; vgl. Tz. 634 ff.) sind die Kostenarten als solche nur noch für wenige Fälle ausgewiesen (z.B. Nrn. 11, 12 und 17). Der Materialaufwand und der Personalaufwand des GJ sind nicht mehr erkennbar, da die entsprechenden Aufwendungen in verschiedenen anderen Posten enthalten sein können (z.B. Nrn. 2, 4, 5 und 15). Beide Aufwandsarten sind daher in der Aufgliederung, wie

---

1503 Ebenso ADS^6, § 285 HGB, Tz. 96; einschränkend *Kupsch* in HdJ, Abt. IV/4, Rn. 161.
1504 Vgl. ADS^6, § 285 HGB, Tz. 95.
1505 Ebenso *Selchert*, BB 1986, S. 560 (563).
1506 Vgl. ADS^6, § 285 HGB, Tz. 85; *Ellrott* in BeBiKo^7, § 285, Rn. 90 (Ausnahme: Wechsel von reiner Prozentangabe zu graphischer Darstellung mit Prozentangabe).
1507 Vgl. dazu *Leffson*, HURB, S. 141; *Hoffmann*, BB 1986, S. 1050 (1053).
1508 Zur Auslegung des „erheblichen Nachteils" vgl. auch *Oser/Holzwarth* in HdR^5, §§ 284 bis 288 HGB, Rn. 182.
1509 Vgl. dazu *IDW St/SABI 1/1987*, Abschn. IV.

Der Anhang F

sie für die nach dem Gesamtkostenverfahren (§ 275 Abs. 2 HGB) gegliederte GuV vorgeschrieben ist, im Anh. **betragsmäßig** anzugeben[1510], d.h. wie folgt:

§ 285 Nr. 8a HGB: **Materialaufwand**

a. Aufwendungen für Roh-, Hilfs- und Betriebsstoffe und für bezogene Waren
b. Aufwendungen für bezogene Leistungen

§ 285 Nr. 8b HGB: **Personalaufwand**[1511]

a. Löhne und Gehälter
b. soziale Abgaben und Aufwendungen für Altersversorgung und für Unterstützung, davon für Altersversorgung

Die Posten sind betragsmäßig mit denen identisch, die in einer nach dem GKV gegliederten GuV unter den Posten Nrn. 5 und 6 auszuweisen wären, d.h. die angegebenen Beträge weichen von den Beträgen ab, die in den verschiedenen Posten der nach dem UKV gegliederten GuV verrechnet sind[1512]. Die Angabe von **Vorjahresbeträgen** ist hier zwar nicht vorgeschrieben (vgl. Tz. 86), sollte aber im Hinblick auf eine aussagekräftige Berichterstattung auf freiwilliger Basis erfolgen[1513]. 897

Im Hinblick auf den „davon"-Vermerk kann der **Personalaufwand** auch in dreifacher Untergliederung (Löhne und Gehälter; soziale Abgaben und Aufwendungen für Unterstützung; Aufwendungen für Altersversorgung) aufgeführt werden. Im Übrigen vgl. Tz. 533 ff. 898

Für kleine Gesellschaften (§ 267 Abs. 1 HGB) ist die Angabe nur hinsichtlich des Personalaufwands obligatorisch (§ 288 S. 1 HGB)[1514], mittelgroße Gesellschaften (§ 267 Abs. 2 HGB) können die Angabe des Materialaufwandes bei der Offenlegung weglassen (§ 327 Nr. 2 HGB). Wegen weiterer Angaben im Anh. zum UKV vgl. Tz. 882. 899

46. Angabe über die Beeinflussung des Jahresergebnisses durch die Vornahme oder Beibehaltung steuerrechtlicher Abschreibungen und die Bildung von Sonderposten mit Rücklageanteil sowie Angaben über daraus resultierende künftige Belastungen (Art. 67 Abs. 3 S. 1, Abs. 4 S. 1 EGHGB i.V.m. § 285 S. 1 Nr. 5 HGB a.F.)

Waren im JA für das letzte vor dem 01.01.2010 beginnende GJ Sonderposten mit Rücklageanteil nach § 273 i.V.m. § 247 Abs. 3 HGB a.F. enthalten und wurden diese nach Art. 67 Abs. 3 S. 1 EGHGB beibehalten, sind im Anh. Angaben über die Beeinflussung des Jahresergebnisses durch die Bildung dieser Sonderposten sowie daraus resultierender künftiger Belastungen nach § 285 S. 1 Nr. 5 HGB a.F. zu machen[1515]. Des Weiteren verlangt diese Vorschrift Angaben über die Beeinflussung des Jahresergebnisses durch die Vornahme oder Beibehaltung steuerrechtlicher Abschreibungen sowie über daraus resultierender künftiger Belastungen, sofern niedrigere Wertansätze von Vermögensgegenständen nach Art. 67 Abs. 4 S. 1 EGHGB fortgeführt werden, die auf Abschreibungen nach den §§ 254, 279 Abs. 2 HGB a.F. beruhen und die in den GJ vorgenommen wurden, 900

1510 Zur Ermittlung des Material- und Personalaufwands vgl. im Einzelnen *Schülen* in BHdR, B 425, Rn. 35.
1511 Vgl. Tz. 34.
1512 Vgl. hierzu die Begr. zum BiRiLiG, BT-Drs. 10/4268, S. 110; *IDW St/SABI 1/1987*, Abschn. IV.1; ADS[6], § 285 HGB, Tz. 154.
1513 So ADS[6], § 285 HGB, Tz. 156.
1514 Vgl. aber Fn. 1240 zu Tz. 756 zur Auskunftspflicht an Aktionäre.
1515 Vgl. *IDW RS HFA 28*, Tz. 18.

die vor dem 01.01.2010 begonnen haben[1516]. Die Angaben nach dieser Vorschrift brauchen von kleinen Gesellschaften (§ 267 Abs. 1 HGB) nicht gemacht zu werden (§ 288 S. 1 HGB). Mittelgroße Gesellschaften (§ 267 Abs. 2 HGB) können die Angaben bei der Offenlegung weglassen (§ 327 Nr. 2 HGB). Zu den Angabepflichten nach § 285 S. 1 Nr. 5 HGB a.F. vgl. Voraufl., Kap. F Tz. 716 ff.

47. Angaben zu steuerrechtlichen Abschreibungen des Geschäftsjahrs (Art. 67 Abs. 4 S. 1 EGHGB i.V.m. § 281 Abs. 2 S. 1 HGB a.F.)

901 Niedrigere Wertansätze von Vermögensgegenständen, die auf zulässigen Abschreibungen nach §§ 254 S. 1, 279 Abs. 2 HGB a.f. beruhen, dürfen unter Anwendung der für sie bis zum 28.05.2009 geltenden Vorschriften des HGB a.f. fortgeführt werden (Art 67 Abs. 4 S. 1 EGHGB). Folglich ist es zulässig, steuerrechtlich bedingte degressive Abschreibungen bei Ausübung des Beibehaltungswahlrechts in der Handelsbilanz fortzuführen (*IDW RH HFA* 1.015, Tz. 9). In diesen (Alt-)Fällen ist auch anzunehmen, dass die Anforderungen von § 279 Abs. 2 HGB a.f. erfüllt sind, d.h. auch Kapitalgesellschaften die degressive Abschreibung unabhängig von der Aufhebung der umgekehrten Maßgeblichkeit im Steuerrecht (§ 5 Abs. 1 S. 2 EStG a.F.) weiterhin vornehmen dürfen[1517]. Art. 67 Abs. 4 S. 1 EGHGB i.V.m. § 281 Abs. 2 S. 1 HGB a.f. verlangt in diesem Fall in erster Linie eine hinreichende Begründung der im GJ **allein nach steuerrechtlichen Vorschriften** vorgenommenen Abschreibungen (§ 254 HGB a.F.). Zu den Angabepflichten nach § 281 Abs. 2 S. 1 HGB a.f. vgl. WP Handbuch 2006 Bd. I, F Tz. 727 f.

48. Angaben darüber, wie die Ertragsteuern das ordentliche und das außerordentliche Ergebnis belasten (§ 285 Nr. 6 HGB)

902 Das Gliederungsschema für die GuV enthält sowohl für das GKV als auch für das UKV (§ 275 Abs. 2 und 3 HGB) die Posten **„Ergebnis der gewöhnlichen Geschäftstätigkeit"** (Nrn. 14 bzw. 13) und **„Außerordentliches Ergebnis"** (Nrn. 17 bzw. 16). Die in § 285 Nr. 6 HGB verlangten Angaben beziehen sich auf diese beiden Posten; sie haben demnach auch nur dann zu erfolgen, wenn einerseits in der GuV ein außerordentliches Ergebnis ausgewiesen wird und andererseits ein Ertragsteueraufwand entstanden ist[1518]. Kleine Gesellschaften (§ 267 Abs. 1 HGB) brauchen diese Angaben nicht zu machen (§ 288 S. 1 HGB).

903 Anzugeben ist der **„Umfang"**, mit dem die Steuern vom Einkommen und vom Ertrag (Posten Nrn. 18 bzw. 17) die bezeichneten Ergebnisse belasten. Es sind somit keine genauen Betragsangaben erforderlich, wohl aber größenordnungsmäßige Angaben; diese können auch **verbal** gegeben werden[1519] (z.B.: „Der ausgewiesene Steueraufwand entfällt mit knapp einem Fünftel auf das außerordentliche Ergebnis."). Zu den Ertragsteuern gehören die KSt, und – bei Personenhandelsgesellschaften ausschließlich – die GewESt (vgl. Tz. 590). Eine Differenzierung des Steueraufwands nach Steuerarten ist nicht erforderlich[1520].

1516 Vgl. *IDW RS HFA 28*, Tz. 19.
1517 *Lewe/Hoffmann*, WPg 2011, S. 110 f.
1518 Vgl. ADS[6], § 285 HGB, Tz. 137; *Ellrott* in BeBiKo[7], § 285, Rn. 120.
1519 Vgl. auch ADS[6], § 285 HGB, Tz. 129; *Ellrott* in BeBiKo[7], § 285, Rn. 134; *Oser/Holzwarth* in HdR[5], §§ 284 bis 288 HGB, Rn. 225; strenger *Krawitz* in BoHdR[2], § 285 HGB, Rn. 117 (verbale Erläuterung reicht i.d.R. nicht aus).
1520 Vgl. ADS[6], § 285 HGB, Tz. 131.

Der Anhang　　　　　　　　　　　　　　　　　　　　　　　　　　　　F

Hat das (negative) außerordentliche Ergebnis zu einer **Minderung des Steueraufwandes** 904
geführt, d.h. ist das außerordentliche Ergebnis nicht mit Ertragsteuern belastet, ist zum Ausdruck zu bringen, dass der ausgewiesene Steueraufwand nur das Ergebnis der gewöhnlichen Geschäftstätigkeit belastet. Angaben darüber, in welchem Umfang ein negatives außerordentliches Ergebnis die Steuern auf das Ergebnis der gewöhnlichen Geschäftstätigkeit entlastet hat, d.h. wie hoch die „Steuerersparnis" aufgrund des negativen außerordentlichen Ergebnisses ist, fordert das Gesetz nicht[1521]. Gleiches gilt für den umgekehrten Fall. Wegen Problemen bei Verlustrücktrag, Verlustvortrag sowie Gewinn- oder Teilgewinnabführungsverträgen vgl. ADS[6], § 285 HGB, Tz. 137.

49. Angaben zu außerordentlichen und zu periodenfremden Erträgen und Aufwendungen (§ 277 Abs. 4 S. 2 und 3 HGB)

Die Vorschrift bezieht sich auf die im Gliederungsschema der GuV (§ 275 Abs. 2 und 3 905
HGB) unter den Posten Abs. 2 Nrn. 15 und 16 (GKV) oder Abs. 3 Nrn. 14 und 15 (UKV) ausgewiesenen **außerordentlichen** Erträge und Aufwendungen (§ 277 Abs. 4 S. 2 HGB)[1522] sowie auf alle in anderen Posten der GuV enthaltenen Erträge und Aufwendungen, die einem anderen GJ zuzurechnen, d.h. **periodenfremd** sind (§ 277 Abs. 4 S. 3 HGB)[1523]. Eine Erläuterungspflicht besteht nur, soweit die jeweiligen Erträge und Aufwendungen, je für sich betrachtet, für die Beurteilung der Ertragslage nicht von untergeordneter Bedeutung sind. Kleine Gesellschaften (§ 267 Abs. 1 HGB) sind von der Erläuterungspflicht befreit (§ 276 S. 2 HGB)[1524]. Das gilt nicht nur für die in § 276 S. 2 HGB genannten außerordentlichen Erträge und Aufwendungen, sondern wegen des ausdrücklichen Hinweises auf § 277 Abs. 4 S. 3 HGB entsprechend auch für die periodenfremden.

Als **periodenfremde** Aufwendungen und Erträge können z.B. in Betracht kommen: 906

– Buchgewinne und Verluste aus der Veräußerung von Vermögensgegenständen des Sachanlagevermögens;
– Erträge aus der Auflösung freigewordener Rückstellungen;
– Eingänge auf in Vj. abgeschriebene Forderungen;
– Zuschreibungen im Anlage- und im Umlaufvermögen[1525], soweit damit eine ursprünglich zu hoch angenommene Abschreibung korrigiert wird (Zuschreibungen, die aufgrund von im GJ eingetretenen Wertsteigerungen notwendig werden, sind nicht periodenfremd);
– Kostenerstattungen sowie Rückvergütungen und Gutschriften für frühere GJ;
– Steuererstattungen aufgrund eines Verlustrücktrags (§ 10d EStG) oder aus anderen Gründen;
– Steuernachzahlungen für Vj., die nicht durch Rückstellungen gedeckt waren;
– außerplanmäßige Abschreibungen, mit denen in früheren Jahren eingetretenen, aber nicht erkannten Verlusten und Risiken Rechnung getragen wird;
– Nachzahlungen an Mitarbeiter für Vj.

Ein Teil der aufgeführten Erträge und Aufwendungen kann schon wegen Einbeziehung in die außerordentlichen Posten erläuterungspflichtig sein.

[1521] Ebenso ADS[6], § 285 HGB, Tz. 136; a.A. *Krawitz* in BoHdR[2], § 285, HGB Rn. 116.
[1522] Zum Begriff „außerordentlich" vgl. ADS[6], § 277 HGB, Tz. 74 ff.; *Iselе/Urner-Hemmeter* in HdR[5], § 277 HGB, Rn. 110 ff.
[1523] Ohne die Berichtspflicht gem. § 277 Abs. 4 S. 3 HGB würden die periodenfremden Erträge und Aufwendungen unerkannt bleiben; vgl. z.B. ADS[6], § 277 HGB, Tz. 73.
[1524] Vgl. aber Fn. 1240 zu Tz. 756 (Auskunftspflicht an Aktionäre).
[1525] Vgl. ADS[6], § 280 HGB, Tz. 37.

907 Die für eine Erläuterung in Betracht kommenden Erträge und Aufwendungen sind „hinsichtlich ihres Betrags und ihrer Art" zu erläutern, d.h. es sind Angaben über die **Höhe** (abgerundet) und den **Charakter des Postens** zu machen. Da nur solche Posten zu erläutern sind, die für die Beurteilung der Ertragslage von einiger Bedeutung sind, wird sich die Aufzählung auf wesentliche Posten beschränken können. Es muss jeweils erkennbar sein, ob es sich um Erträge oder Aufwendungen handelt und ob die Posten Teil des außerordentlichen Ergebnisses sind oder in der GuV als lediglich periodenfremd behandelt wurden, d.h. unter anderen Posten als den außerordentlichen ausgewiesen sind[1526].

50. Angaben, die alternativ in der GuV oder im Anhang gemacht werden können

908 In folgenden Fällen können Angaben wahlweise in der GuV oder im Anh. gemacht werden:

– § 277	Abs. 3 S. 1 HGB: Außerplanmäßige Abschreibungen auf Posten des AV i.S.d. § 253 Abs. 3 S. 3 und 4 HGB (vgl. E Tz. 395 ff. und Tz. 440); es genügt, die Posten im Anh. als solche aufzuführen und die darauf entfallenden Beträge, getrennt nach Vermögensgegenständen des Anlagevermögens und nach Finanzanlagen („jeweils gesondert"), anzugeben;
– § 281	Abs. 2 S. 1 HGB a.F.: Betrag der allein nach steuerrechtlichen Vorschriften vorgenommenen Abschreibungen, getrennt nach Anlage und Umlaufvermögen *; vgl. Tz. 545 und Tz. 901;
– § 281	Abs. 2 S. 2 HGB a.F.: Erträge aus der Auflösung von Sonderposten mit Rücklageanteil, soweit nicht gesondert unter den sonstigen betrieblichen Erträgen ausgewiesen *; vgl. Tz. 523 ff. und 449.

* Die Angaben sind nur zu machen, sofern nach den Übergangsvorschriften des Art. 67 Abs. 3 S. 1 bzw. Abs. 4 S. 1 EGHGB Sonderposten mit Rücklageanteil oder niedrigere Wertansätze von Vermögensgegenständen unter Anwendung der für sie geltenden Vorschriften nach HGB i.d.F. vor Inkrafttreten des BilMoG beibehalten bzw. fortgeführt werden.

909 Für **AG** und **KGaA** besteht darüber hinaus folgende alternative Angabeverpflichtung:

– § 158	Abs. 1 S. 2 AktG: Angaben über einen Ergebnisvortrag aus dem Vj., die Entnahmen aus der Kapitalrücklage, die Entnahmen aus und Einstellungen in Gewinnrücklagen sowie den sich danach ergebenden Bilanzgewinn/Bilanzverlust; vgl. Tz. 615.

51. Sonstige Angaben zu Einzelposten der GuV

910 Vgl. Tz. 876.

52. Angaben, die nur von AG und KGaA zu machen sind (§ 240 S. 3 AktG)

911 Die im Rahmen einer **vereinfachten Kapitalherabsetzung** und aus der Auflösung von Gewinnrücklagen gewonnenen Beträge (vgl. Tz. 620 ff.) sind nach § 240 S. 3 AktG im Anh. dahingehend zu erläutern, ob und in welcher Höhe sie

1. zum Ausgleich von Wertminderungen (Abschreibungen),
2. zur Deckung von sonstigen Verlusten oder
3. zur Einstellung in die Kapitalrücklage

verwandt worden sind.

[1526] Vgl. hierzu auch Begr. RegE BilMoG, BT-Drucks. 16/10067, S. 68.

Der Anhang   F

53. Angaben zu bestimmten anderen Sachverhalten
§ 285 HGB verlangt außer Angaben zu Bilanz und GuV auch Angaben zu bestimmten   912
anderen Sachverhalten. Sie sind im Folgenden aufgeführt.

a) Angaben zur Zahl der beschäftigten Arbeitnehmer (§ 285 Nr. 7 HGB)[1527]
Die Vorschrift verpflichtet nur mittelgroße und große Gesellschaften (§ 267 Abs. 2 und 3   913
HGB); für kleine Gesellschaften (§ 267 Abs. 1 HGB) ist sie nicht obligatorisch (§ 288
Abs. 1 HGB)[1528]. Die Angabepflicht besteht nach § 325 Abs. 2a S. 3 HGB auch für große
Gesellschaften, die einen IFRS-Einzelabschluss offen legen[1529].

Verlangt wird von § 285 Nr. 7 HGB die Angabe der **durchschnittlichen Zahl** der während   914
des GJ beschäftigten Arbeitnehmer, getrennt nach Gruppen. Nähere Angaben dazu, wie
die durchschnittliche Zahl der Arbeitnehmer zu berechnen ist, gibt das Gesetz nicht. Es
liegt nahe, auf den in § 267 Abs. 5 HGB bestimmten Berechnungsmodus zurückzugreifen
(vgl. dazu auch Tz. 73): Summe der am Ende eines jeden Quartals beschäftigten Arbeitnehmer geteilt durch vier[1530]. Entspricht die so ermittelte Durchschnittszahl nicht den tatsächlichen Verhältnissen der Gesellschaft (z.B. bei stark schwankendem Personalstand
aufgrund Saisongeschäfts), empfiehlt es sich, den Durchschnitt entsprechend der in § 1
Abs. 2 S. 5 PublG geregelten Methode zu ermitteln[1531]; ggf. können auch ergänzende
Angaben nach § 264 Abs. 2 S. 2 HGB in Betracht kommen.

Zu erfassen sind **alle Arbeitnehmer** der Gesellschaft, gleichgültig, ob sie im In- oder   915
Ausland tätig sind, mit Ausnahme der zu ihrer Berufsausbildung Beschäftigten[1532] (§ 267
Abs. 5 HGB). Mitglieder des Vorstands/der Geschäftsführung rechnen nicht zu den Arbeitnehmern i.S.d. Vorschrift[1533]; leitende Angestellte i.S.d. § 5 Abs. 3 BetrVG gehören
jedoch dazu[1534], ebenso Teilzeitkräfte, die voll zu zählen sind[1535]; bei einer größeren Anzahl teilzeitbeschäftigter Personen sollte hierauf hingewiesen werden. Nicht einzubeziehen sind Personen, die der Gesellschaft von anderen Unternehmen zeitweilig zur Verfügung gestellt werden; bei Arbeitnehmerüberlassung in größerem Umfang können zusätzliche Angaben gem. § 264 Abs. 2 S. 2 HGB geboten sein[1536].

Die Abgrenzung zur gesonderten Angabe von **Gruppen** ist im Gesetz nicht ausdrücklich   916
geregelt. In Frage kommen dürfte in erster Linie eine Gliederung nach gewerblichen Arbeitnehmern und Angestellten. Auch weitere Untergliederungen (z.B. nach Funktionsbereichen, Produktion, Vertrieb, Verwaltung, Forschung und Entwicklung; nach Branchen

---

1527 Vgl. dazu ADS[6], § 285 HGB, Tz. 142 ff.; *Ellrott* in BeBiKo[7], § 285, Rn. 140; *Oser/Holzwarth* in HdR[5], §§ 284 bis 288 HGB, Rn. 235 ff.; *Castan* in BHdR, B 432 m.w.N.
1528 Vgl. aber Fn. 1240 zu Tz. 756.
1529 Vgl. Tz. 15.
1530 Ebenso ADS[6], § 285 HGB, Tz. 144; *Castan* in BHdR, B 432, Rn. 17. Zu weiteren Berechnungsmethoden vgl. *Krawitz* in BoHdR[2], § 285 HGB, Rn. 127, und *Heymann* in HGB[2], § 285 HGB, Rn. 65.
1531 So ADS[6], § 285 HGB, Tz. 145; *Ellrott* in BeBiKo[7], § 285, Rn. 142; nach *Glade*, Praxishandbuch[2], § 285 HGB, Rn. 62, und *Oser/Holzwarth* in HdR[5], §§ 284 bis 288 HGB, Rn. 227, sind grds. beide Methoden zulässig.
1532 Vgl. ADS[6], § 285 HGB, Tz. 146; *Oser/Holzwarth* in HdR[5], §§ 284 bis 288 HGB, Rn. 226; *Castan* in BHdR, B 432, Rn. 10; *Kupsch* in HdJ, Abt. IV/4, Rn. 227; a.A. *Biener/Berneke*, BiRiLiG, Erl. 5 zu § 285 HGB, S. 261; *Krawitz* in BoHdR[2], § 285 HGB, Rn. 124.
1533 Zu den Anhangangaben in Bezug auf Mitglieder des Vorstands/der Geschäftsführung vgl. Tz. 966 ff.
1534 Ebenso ADS[6], § 285 HGB, Tz. 147; *Krawitz* in BoHdR[2], § 285 HGB, Rn. 123.
1535 Ebenso ADS[6], § 285 HGB, Tz. 148; *Krawitz* in BoHdR[2], § 285 HGB, Rn. 126; a.A. *Oser/Holzwarth* in HdR[5], §§ 284 bis 288 HGB, Rn. 226, und *Heymann* in HGB[2], § 285 HGB, Rn. 66 (für eine der Arbeitnehmerleistung entsprechende anteilige Berücksichtigung); *Castan* in BHdR, B 432, Rn. 19 (für eine Umrechnung auf Vollzeitbeschäftigte).
1536 Vgl. ADS[6], § 285 HGB, Tz. 149; *Oser/Holzwarth* in HdR[5], §§ 284 bis 288 HGB, Rn. 232.

bzw. Sparten; nach Berufsgruppen; nach Betriebsstätten bzw. Werken; Inland – Ausland; tariflich – außertariflich; Facharbeiter – angelernte Arbeiter – ungelernte Arbeiter; Vollbeschäftigte – Teilzeitbeschäftigte; männlich – weiblich) können je nach Einzelfall – auch in **Kombination** untereinander – in Betracht kommen[1537].

b) Angaben zu den Bezügen von Vorstand/Geschäftsführung, Aufsichtsrat und Beirat (§ 285 Nr. 9a HGB)[1538]

aa) Angabe der Gesamtbezüge nach Personengruppen

917 Die Vorschrift verpflichtet nur mittelgroße und große Gesellschaften (§ 267 Abs. 2 und 3 HGB). Für kleine Gesellschaften (§ 267 Abs. 1 HGB) ist sie nicht obligatorisch (§ 288 Abs. 1 HGB)[1539]. Auch für die großen und mittelgroßen Gesellschaften bestehen im Übrigen mehr oder weniger weitreichende Ausnahmen; vgl. dazu Tz. 951 ff. Die Angabepflicht besteht nach § 325 Abs. 2a S. 3 HGB auch für große Gesellschaften, die einen IFRS-Einzelabschluss offen legen[1540]. Für börsennotierte AG (§ 3 Abs. 2 AktG) bestehen besondere Angabepflichten in Bezug auf Vorstandsgehälter (§ 285 Nr. 9a S. 5 bis 8 HGB) vgl. Tz. 934.

918 Anzugeben sind nach § 285 Nr. 9a HGB, jeweils **getrennt nach den Organen**, die im GJ gewährten Gesamtbezüge von Vorstand/Geschäftsführung (bei Personenhandelsgesellschaften i.S.d. 264a HGB ggf. auch der geschäftsführenden Komplementärgesellschaft)[1541], AR, eines Beirats oder einer ähnlichen Einrichtung (z.B. eines Gesellschafterausschusses)[1542]. Dabei sind nur solche Bezüge zu erfassen, die ein Mitglied eines der genannten Organe oder Gremien in seiner Eigenschaft als Mitglied des Organs oder Gremiums erhält, und zwar während bzw. für die Zeit der Zugehörigkeit zu dem Organ oder Gremium[1543]. Die Angabepflicht erstreckt sich auf alle im GJ amtierenden Organmitglieder, unabhängig davon, ob die Funktion zum Abschlussstichtag noch ausgeübt wird[1544]. Die (Gesamt-)Bezüge können als Geld-, Natural- oder Sachbezüge ausgestaltet sein oder in der Gewährung von Rechtsansprüchen oder anderen geldwerten Vorteilen bestehen[1545]. Sie umfassen Gehälter, Gewinnbeteiligungen, Bezugsrechte[1546] und sonstige aktienbasierte Vergütungen[1547], Aufwandsentschädigungen[1548], Versicherungsentgelte, Provisionen und Nebenleistungen jeder Art (vgl. auch Abschn. S). Wegen Erfindervergütungen vgl. ADS[6], § 285 HGB, Tz. 176.

1537 Vgl. auch ADS[6], § 285 HGB, Tz. 150; *Glade*, Praxishandbuch[2], § 285 HGB, Rn. 63.

1538 Vgl. zu entspr. Angaben im KA DRS 17 (geändert 2010), dessen Anwendung im JA empfohlen wird; zu ähnlichen Angabepflichten im DCGK, Abschn. 4.2; *IDW PS 345*, Anh. I; zu den Folgen des Unterlassens dieser Angaben für den BestV vgl. *IDW PS 400*, Tz. 55 und Anh. Nr. 8, vgl. auch Tz. 990.

1539 Vgl. aber Fn. 1240 zu Tz. 756 zur Auskunftspflicht an Aktionäre.

1540 Vgl. Tz. 15.

1541 ADS[6], § 285 HGB, Tz. 1; *Ellrott* in BeBiKo[7], § 285, Rn. 161.

1542 Zur Abgrenzung der Personengruppen vgl. ADS[6], § 285 HGB, Tz. 160 ff.; *Peters* in Kölner Komm. Rechnungslegungsrecht, § 285 HGB, Rn. 92 ff.; *Ellrott* in BeBiKo7, § 285, Rn. 161 f.

1543 Vgl. ADS[6], § 285 HGB, Tz. 167.

1544 Vgl. zum KA DRS 17 (geändert 2010), Tz. 16.

1545 Vgl. *Peters* in Kölner Komm. Rechnungslegungsrecht, § 285 HGB, Rn. 97.

1546 Vgl. zur Zulässigkeit einer bedingten Kapitalerhöhung „zur Gewährung von Bezugsrechten an Mitglieder der Geschäftsführung" § 192 Abs. 2 Nr. 3 AktG.

1547 Vgl. *Oser/Holzwarth* in HdR[5], §§ 284 bis 288 HGB, Rn. 242, die den klarstellenden Charakter betonen und sich unabhängig von der bilanziellen oder aufwandswirksamen Belastung der Gesellschaft für eine Anhangangabe in Höhe des Zeitwertes aussprechen; vgl. *Ellrott* in BeBiKo[7], § 285, Rn. 175.

1548 Zum Begriff vgl. ADS[6], § 285 HGB, Tz. 178; der Ersatz von Auslagen ist keine Aufwandsentschädigung und fällt nicht unter die Berichtspflicht nach § 285 Nr. 9a HGB.

Der Anhang **F**

Die Bezüge sind gewährt, wenn dem Begünstigten eine **rechtsverbindliche Zusage** erteilt und die der Zusage zugrunde liegende Tätigkeit erbracht wurde, wobei aufschiebende Bedingungen erfüllt bzw. auflösende Bedingungen weggefallen sein müssen[1549]. So sind bei unter aufschiebenden Bedingungen erteilten Zusagen (z.B. Tantieme bei Erreichen bestimmter Leistungsziele oder Prämie für ein Dienstjubiläum bei Erreichen einer bestimmten Dienstzeit) die Tätigkeiten erst bei vollständigem Eintritt der Bedingung erbracht und die Angaben im GJ des Bedingungseintritts zu machen[1550]. Unter auflösenden Bedingungen erteilte Zusagen (bspw. Gewährung einer sog. *Signature Fee* unter der Bedingung, dass der Vorstand noch einen bestimmten Zeitraum im Unternehmen verbleibt) gelten erst bei Wegfall der Bedingung als gewährt[1551]. Bzgl. der Angabepflicht ist eine aufwandsbezogene Betrachtung nicht maßgeblich; vielmehr sind die gewährten Bezüge in die Gesamtbezüge für das GJ einzubeziehen, in dem die Tätigkeit erbracht wurde, die den Anspruch auf die Vergütung bewirkt[1552]. Erfolgt die Auszahlung vor der (vollständigen) Erbringung der Tätigkeit, ist der betreffende Betrag im Jahr der Auszahlung im Rahmen der Angaben gem. § 285 Nr. 9c HGB als Vorschuss anzugeben; der Betrag ist erst dann in die Gesamtbezüge nach lit. a) einzubeziehen, wenn die Tätigkeit erbracht wurde[1553]. **919**

Werden Bezüge für eine Tätigkeit des GJ bis zur Aufstellung des JA für dieses GJ zugesagt und liegt zum Zeitpunkt der Aufstellung des JA für dieses GJ allein wegen **fehlender Organbeschlüsse** noch keine rechtsverbindliche Zusage dem Grunde und/oder der Höhe nach vor, sind die zu gewährenden Bezüge trotzdem nach § 285 Nr. 9a S. 1 HGB bereits in die Gesamtbezüge einzubeziehen, wenn folgende Voraussetzungen kumulativ vorliegen:[1554] **920**

– Die den zu gewährenden Bezügen zugrunde liegende Tätigkeit wurde bis zum Abschlussstichtag dieses GJ vollständig erbracht.
– Bei der Aufstellung des JA für dieses GJ ist mit der Erteilung der erforderlichen Organbeschlüsse aufgrund der bisherigen Erfahrungen mit hoher Wahrscheinlichkeit zu rechnen.
– Die Höhe der Bezüge ist zum Zeitpunkt der Aufstellung des JA für dieses GJ verlässlich abschätzbar.

Grds. sind also die Tantiemen für das Berichtsjahr schon im Anh. des betreffenden GJ anzugeben. Beschließt die HV/Gesellschafterversammlung eine vom Vorschlag des Vorstands/der Geschäftsführung abw. Gewinnverteilung, muss die Korrektur der Tantieme nach § 285 Nr. 9a S. 3 HGB im Anh. für das nächste GJ erfolgen (vgl. Tz. 929)[1555].

Nicht angabepflichtig sind solche Beträge, die in keinem **Zusammenhang mit der Eigenschaft des Empfängers als Vorstand, Geschäftsführer, Aufsichtsrat** usw. stehen, z.B. Kaufpreiszahlungen, Darlehen, Miete, soweit sie nicht verdecktes Entgelt sind[1556]. Bezüge eines AR-Mitglieds, die für klar außerhalb der eigentlichen Aufsichtsratstätigkeit liegende Dienste gezahlt werden (z.B. für Rechtsgutachten, technische Beratung), fallen nicht unter die Angabepflicht[1557]. Zu beachten ist bei AG jedoch § 114 AktG, wonach **921**

1549 Vgl. zum KA DRS 17 (geändert 2010), Tz. 20.
1550 Vgl. zum KA DRS 17 (geändert 2010), Tz. 22.
1551 Vgl. zum KA DRS 17 (geändert 2010), Tz. 23 f. (auch zur Erbringung der Tätigkeit in Teilleistungen).
1552 Vgl. zum KA DRS 17 (geändert 2010), Tz. 21.
1553 Vgl. zum KA DRS 17 (geändert 2010), Tz. 21.
1554 Vgl. zum KA DRS 17 (geändert 2010), Tz. 25.
1555 Vgl. *Peters* in Kölner Komm. Rechnungslegungsrecht, § 285 HGB, Rn. 98 und 107.
1556 So auch *Glade*, Praxishandbuch[2], § 285 HGB, Rn. 76.
1557 Vgl. ADS[6], § 285 HGB, Tz. 175; *Ellrott* in BeBiKo[7], § 285, Rn. 168.

solche Verträge mit einzelnen AR-Mitgliedern der Zustimmung des AR bedürfen. Bei Mitgliedern des Vorstands/der Geschäftsführung werden regelmäßig kraft Dienstvertrag alle Leistungen im Rahmen der Vorstands-/Geschäftsführungstätigkeit liegen[1558].

922 Zu den **Gesamtbezügen** der Mitglieder des Vorstands/der Geschäftsführung gehören neben vertraglich festgelegten erfolgsunabhängigen Gehältern und erfolgsbezogenen Bezügen (z.B. Gewinnbeteiligungen[1559]) freiwillig gewährte Zahlungen wie Tantiemen oder Gewinnbeteiligungen für einzelne Geschäfte[1560], Sondervergütungen mit langfristiger Anreizwirkung (z.B. Einräumung von Bezugsrechten[1561], Konsortialbeteiligungen, Options- oder Vorkaufsrechte)[1562], Ersparnisse aufgrund zinslos oder zinsgünstig gewährter Kredite[1563], Verkauf von Vermögenswerten der Gesellschaft unter Zeitwert. Hierunter fallen ferner Beträge, die die Gesellschaft für auf den Namen im Dienst befindlicher Mitglieder des Vorstands/der Geschäftsführung lautende Lebens- und Pensionsversicherungen zahlt, sofern dem Mitglied nach den vertraglichen Abmachungen mit der Gesellschaft der Anspruch aus dem Versicherungsvertrag zusteht.

923 Nicht zu den Bezügen rechnen dagegen Prämien, die die Gesellschaft zur Deckung ihrer **Pensionsverpflichtungen** für auf ihren Namen lautende Versicherungsverträge zahlt, oder Zuweisungen an Pensionsrückstellungen für noch im Amt befindliche Mitglieder des Vorstands/der Geschäftsführung[1564]; ein Hinweis auf das Bestehen von Pensionsberechtigungen ist dann angebracht, wenn nach Lage der Dinge nicht mit einer Pensionszusage durch das Unternehmen zu rechnen ist (wegen der insoweit anderen Regelung für frühere Mitglieder des Vorstands/der Geschäftsführung vgl. Tz. 954 ff.).

924 Die Vorschrift des § 285 Nr. 9a S. 6 HGB stellt klar, dass für börsennotierte AG zusätzlich **individualisierte Angaben** in Bezug auf die Beendigung der Tätigkeit zu machen sind[1565]. Eine Erweiterung des in § 285 Nr. 9a S. 1 HGB verwendeten Begriffs der „Gesamtbezüge" kann hieraus nicht abgeleitet werden, da S. 6 einerseits den Begriff der „Leistungen" verwendet, der über den Begriff der Gesamtbezüge hinausgeht (vgl. Tz. 937), und andererseits in unmittelbarem Zusammenhang mit den Sätzen 5 ff. steht, die nur den Bezug auf börsennotierte AG zulassen und somit einer zwingenden Ausweitung auf KapGes. und gleichgestellte Personenhandelsgesellschaften entgegenstehen[1566]. Werden Bezüge, auf die Rechtsansprüche bestehen, nicht gezahlt, sondern zur Aufstockung bestehender oder Gewährung neuer Pensionsansprüche jeder Art verwandt, ist insoweit Berichtspflicht gegeben (gleichwohl fallen die entsprechenden Pensionszahlungen später unter die Angabepflicht nach § 285 Nr. 9b HGB). Die Berichtspflicht gilt für alle Umwandlungen nicht ausgezahlter Bezüge (§ 285 Nr. 9a S. 2 HGB)[1567].

925 Soweit für Mitglieder des Vorstands/der Geschäftsführung gesetzliche **Arbeitgeberanteile zur Sozialversicherung** entrichtet werden, gehören diese Zahlungen nicht zu den angabepflichtigen Bezügen; gleiches gilt in gewissem Umfang auch für Zahlungen für

---

[1558] So auch *Meyer-Landrut/Miller/Niehus*, GmbHG, §§ 238 bis 335 HGB, Rn. 901.
[1559] Vgl. *Peters* in Kölner Komm. Rechnungslegungsrecht, § 285 HGB, Rn. 98.
[1560] Vgl. ADS⁶, § 285 HGB, Tz. 176.
[1561] Vgl. *Peters* in Kölner Komm. Rechnungslegungsrecht, § 285 HGB, Rn. 99.
[1562] Zu den verschiedenen Formen aktienbasierter Vergütungen (einschl. virtueller Optionsrechte und virtueller Aktien) vgl. Tz. 143 ff.; zur Wertermittlung vgl. § 285 Nr. 9a S. 4 HGB und Tz. 927.
[1563] Vgl. ADS⁶, § 285 HGB, Tz. 183; zu den Angabepflichten nach § 285 Nr. 9c HGB vgl. Tz. 959 ff.
[1564] Vgl. ADS⁶, § 285 HGB, Tz. 180; zu Pensionsverpflichtungen ehemaliger Mitglieder, vgl. Tz. 954 ff.
[1565] Vgl. RegBegr. zum VorstOG, BT-Drs. 15/5577, S. 7.
[1566] Zu den Ausnahmen von der Angabepflicht des § 285 Nr. 9a HGB vgl. Tz. 917.
[1567] Vgl. ADS⁶, § 285 HGB, Tz. 181; § 285 Nr. 9a S. 2 HGB erfasst nicht die originäre Zusage von Pensionen, vgl. zum KA DRS 17 (geändert 2010), Tz. 19.

sog. befreiende Lebensversicherungen[1568]. Prämien für **Unfallversicherungen** sind dann nicht den angabepflichtigen Bezügen zuzurechnen, wenn Begünstigte der Versicherungsverträge nicht unmittelbar die Mitglieder des Vorstands/der Geschäftsführung sind, sondern die Versicherungssumme zunächst der Gesellschaft zusteht.

Außer den angeführten Leistungen rechnen zu den angabepflichtigen Bezügen auch **Jubiläumszuwendungen**, übermäßige **Reisespesen** (wenn die liquidierten Beträge sich nicht im Rahmen des Angemessenen halten), ferner **Naturalbezüge** durch Zurverfügungstellung einer Wohnung, von Personal, Kraftwagen, Strom, Kohle u.ä. Lieferungen. Beim Fehlen anderer Anhaltspunkte ist bei den Naturalbezügen der als einkommensteuerpflichtig (lohnsteuerpflichtig) behandelte Betrag anzugeben[1569]. Naturalleistungen, welche die gewöhnlichen Lebensführungsaufwendungen des Empfängers übersteigen (z.B. Dienstwohnung zu ausgesprochen repräsentativen Zwecken), sind nur insoweit angabepflichtig, wie sie zu Ersparnissen beim Empfänger führen. 926

Die Bewertung der **Bezugsrechte und sonstigen aktienbasierten Vergütungen** hat nach § 285 Nr. 9a S. 4 HGB mit dem beizulegenden Zeitwert zum Zeitpunkt der Gewährung zu erfolgen[1570]. Der Zeitpunkt der Gewährung ist der Zeitpunkt, zu dem das Unternehmen dem Empfangsberechtigten Aktienoptionen oder sonstige aktienbasierte Vergütungen mit rechtlicher Bindungswirkung zuspricht. Bzgl. der Angabepflicht ist eine aufwandsbezogene Betrachtung nicht maßgeblich; vielmehr ist der beizulegende Zeitwert von Bezugsrechten und sonstigen aktienbasierten Vergütungen grds. im GJ der Gewährung in die Gesamtbezüge einzubeziehen[1571]. Für den Fall zum Zeitpunkt der Aufstellung des JA noch fehlender Organbeschlüsse vgl. Tz. 920. Im Falle aufschiebender Bedingungen, bspw. durch zeitlich nachgelagerte Zustimmungspflicht des AR, ist von einer Gewährung erst mit Eintritt der Bedingung auszugehen. 927

Der **beizulegende Zeitwert** dieser Vergütungsbestandteile ist analog § 255 Abs. 4 HGB zu ermitteln (vgl. hierzu detailliert Tz. 813 ff.). Neben der Angabe des beizulegenden Zeitwerts zum Zeitpunkt der Gewährung sind auch nachfolgende Wertänderungen angabepflichtig, wenn diese auf eine Änderung der Ausübungsbedingungen, bspw. Verlängerung der Sperrfrist oder nachträgliche Anpassungen der erfolgsbezogenen Ausübungshürden, zurückzuführen sind (§ 285 Nr. 9a S. 4 zweiter Hs. HGB). Ist der ursprüngliche beizulegende Zeitwert bereits in einem früheren GJ in die Gesamtbezüge einbezogen worden, ist der entsprechende Differenzbetrag im Jahr der Änderung der Ausübungsbedingungen in die Gesamtbezüge einzubeziehen; anderenfalls ist im Jahr der Änderung der Ausübungsbedingungen der neu ermittelte Wert in die Gesamtbezüge einzubeziehen[1572]. Neben dieser Angabe des beizulegenden Zeitwerts ist auch die Angabe der Anzahl der Bezugsrechte und sonstiger aktienbasierter Vergütungen, bspw. Optionen oder SARs, erforderlich. 928

Außer den Bezügen für das GJ sind die **weiteren Bezüge** anzugeben, die **im GJ gewährt, bisher aber in keinem Anhang** angegeben worden sind (§ 285 Nr. 9a S. 3 HGB). Dies gilt in allen Fällen, in denen die Tätigkeit, an die die Gewährung der Bezüge anknüpft, bereits in einem früheren GJ vollständig erbracht wurde und Angaben nicht bereits nach § 285 929

1568 Vgl. *IDW St/HFA 1/1969*.
1569 Vgl. ADS[6], § 285 HGB, Tz. 176; *Ellrott* in BeBiKo[7], § 285, Rn. 175; *Ott/Sehmsdorf* in BHdR, B 433, Rn. 13; *Geßler u.a.*, AktG, § 160 AktG 1965, Rn. 90, empfiehlt Schätzung, wobei „Vorteile von geringem Wert nicht kleinlich nachzurechnen (sind)".
1570 Zur Bilanzierung vgl. Tz. 143 ff.
1571 Vgl. zum KA DRS 17 (geändert 2010), Tz. 30.
1572 Vgl. DRS 17 (geändert 2010), Tz. 33.

Nr. 9a S. 1 HGB (z.B. Tantiemen für das Berichtsjahr, vgl. Tz. 920) anzugeben sind (z.B. Nachvergütungen jeder Art für im vergangenen GJ oder in früheren GJ erbrachte Tätigkeiten[1573]). Die nachträgliche (ggf. teilweise) Änderung von Bezügen ist bei der Angabe der Gesamtbezüge zu berücksichtigen (Hinzufügen von Nachzahlungen, Abzug der Auflösungsbeträge von Rückstellungen)[1574]. Bei wesentlichen Korrekturen je Personenkreis erscheint ein Hinweis sachgerecht[1575].

930 Werden der Gesellschaft die **Bezüge** ganz oder z.T. **von Dritten erstattet** (z.B. Konzernunternehmen), so berührt dies die Angabepflicht nicht. Bezüge des Vorstands/der Geschäftsführung, die nicht von der Gesellschaft selbst, sondern von verbundenen Unternehmen mit Sitz im In- oder Ausland für die Tätigkeit für die berichtende Gesellschaft oder für eine Tätigkeit als gesetzlicher Vertreter oder Angestellter des verbundenen Unternehmens gewährt und den leistenden Unternehmen auch nicht von der berichtenden Gesellschaft erstattet werden, sind im Anh. der berichtenden Gesellschaft nicht angabepflichtig. Dagegen sind hier Angaben zu machen, wenn derartige mittelbare Bezüge eines Organmitglieds (z.B. über Konzernumlagen) dem zunächst leistenden Unternehmen erstattet werden[1576]. Vgl. hierzu, auch wegen weiterer Fallgestaltungen, ADS[6], § 285 HGB, Tz. 172. Ausgenommen hiervon sind börsennotierte AG, bei denen nach § 285 Nr. 9a S. 7 HGB auch die Zahlungen von Dritten an Vorstandsmitglieder der berichtenden AG der individualisierten Angabepflicht unterliegen (vgl. Tz. 948).

931 Die Bezüge müssen in vollem Umfang **zahlenmäßig** dargestellt werden. Es genügt nicht, einen Teil der Bezüge zu beziffern und zusätzlich verbale Hinweise zu geben, aus denen die Gesamtbezüge des einzelnen Organs errechnet werden können.

932 Bezüge eines in den Vorstand/die Geschäftsführung delegierten **AR-Mitglieds** (§ 105 Abs. 2 AktG) sind als Vorstandsbezüge auszuweisen.

933 Weiterhin sind nach § 285 Nr. 9a HGB die **Gesamtbezüge des Aufsichtsrats, eines Beirats oder einer ähnlichen Einrichtung** gesondert für jedes Gremium aufzuführen. Der Umfang der Berichtspflicht für die Gesamtbezüge des AR deckt sich mit derjenigen für den Vorstand/die Geschäftsführung, so dass insoweit die vorstehenden Ausführungen sinngemäß gelten[1577]. Die den AR-Mitgliedern erstattete USt ist als durchlaufender Posten zu behandeln und rechnet daher nicht zu den angabepflichtigen Bezügen nach § 285 Nr. 9a HGB; dies gilt auch dann, wenn die Gesellschaft die Vorsteuer nicht absetzen kann[1578]. Wegen Ersatzmitgliedern oder Ehrenmitgliedern des AR vgl. ADS[6], § 285 HGB, Tz. 168.

bb) Gesonderte Angabe der Bezüge der einzelnen Vorstandsmitglieder börsennotierter AG

934 **Individualisierte Angaben** der Bezüge für jedes einzelne Vorstandmitglied werden von börsennotierten AG (§ 3 Abs. 2 AktG) nach § 285 Nr. 9a S. 5 bis 8 HGB gefordert. Die Angabe kann nach § 289 Abs. 2 Nr. 5 S. 2 HGB wahlweise auch im Rahmen des Ver-

---

1573 Vgl. ADS[6], § 285 HGB, Tz. 184; *Peters* in Kölner Komm. Rechnungslegungsrecht, § 285 HGB, Rn. 107.
1574 Vgl. *Ellrott* in BeBiKo[7], § 285, HGB, Rn. 171.
1575 Vgl. *Ellrott* in BeBiKo[7], § 285, HGB, Rn. 171; ähnlich (gesonderte Betragsangabe mit Begründung nur bei außergewöhnlich hohen Nachzahlungen) BoHdR, § 285 HGB, Rn. 150; a.A. ADS[6], § 285 HGB, Rn. 184 (Wortlaut spricht für eine gesonderte Angabe).
1576 Vgl. *Peters* in Kölner Komm. Rechnungslegungsrecht, § 285 HGB, Rn. 106; a.A. *Ellrott* in BeBiKo[7], § 285, Rn. 172.
1577 Vgl. *Oser/Holzwarth* in HdR[5], §§ 284 bis 288 HGB, Rn. 262.
1578 Vgl. *IDW St/HFA 1/1985 i.d.F. 1990*, Abschn. D.

Der Anhang   F

gütungsberichtes im LB gemacht werden (vgl. Tz. 1140)[1579]. § 285 Nr. 9a S. 5 HGB verlangt eine betragsmäßige Angabe der individuellen Bezüge unter Namensnennung der Vorstandsmitglieder[1580]. Hierbei muss die Angabe getrennt nach erfolgsunabhängigen und erfolgsbezogenen Vergütungsbestandteilen, sowie nach Komponenten mit langfristiger – i.d.R. aktienbasierter – Anreizwirkung erfolgen[1581]. Die Summe der individualisiert anzugebenden Bezüge jedes einzelnen Vorstandsmitglieds stimmt mit den nach § 285 Nr. 9a S. 1 HGB anzugebenden Gesamtbezügen überein[1582].

Zu den **erfolgsunabhängigen** Vergütungsbestandteilen gehören insb. Gehälter, feste 935
jährliche Einmalzahlungen (z.b. erfolgsunabhängige Tantiemen, Urlaubsgelder), von der Gesellschaft für auf den Namen des Vorstandsmitglieds lautende Lebens- oder Unfallversicherungen gezahlte Versicherungsprämien und Aufwandsentschädigungen[1583]. Als **erfolgsabhängige** Komponenten gelten vor allem Gewinnbeteiligungen, variable Tantiemen und Boni sowie sonstige Prämien für besondere Leistungen[1584]. Komponenten mit **langfristiger Anreizwirkung** sind insb. unentgeltliche Gewährung von Aktien mit mehrjähriger Veräußerungssperre, Ausgabe von Wandelschuldverschreibungen, Aktienoptionen und sonstige aktienbasierte Vergütungen[1585]. Auch nicht aktienbasierte Vergütungen können als Komponenten mit langfristiger Anreizwirkung angabepflichtig sein, wenn eine variable Vergütung von der Erreichung bestimmter Ziele (bspw. Kunden- und Mitarbeiterzufriedenheit, Marktanteil oder Rendite) in den nächsten (Geschäfts-)Jahren abhängt.

Neben diesen Angaben zu Vergütungen für die und während der aktiven Tätigkeit der 936
Vorstandsmitglieder werden durch § 285 Nr. 9a S. 6 lit. aa) bis dd) HGB auch individualisierte Angaben in Bezug auf künftige, bei oder nach einer planmäßigen oder außerplanmäßigen **Beendigung der Tätigkeit** zugesagte Leistungen verlangt:

– Leistungen, die dem Vorstandsmitglied für den Fall einer vorzeitigen Beendigung seiner Tätigkeit zugesagt worden sind (lit. aa));
– Leistungen, die dem Vorstandsmitglied für den Fall der regulären Beendigung seiner Tätigkeit zugesagt worden sind, mit ihrem Barwert, sowie den von der Gesellschaft während des GJ hierfür aufgewandten oder zurückgestellten Betrag (lit. bb));
– während des GJ vereinbarte Änderungen dieser Zusagen (lit. cc));
– Leistungen, die einem früheren Vorstandsmitglied, das seine Tätigkeit im Laufe des GJ beendet hat, in diesem Zusammenhang zugesagt und im Laufe des GJ gewährt worden sind (lit. dd)).

§ 285 Nr. 9a S. 6 lit. aa) bis cc) HGB erfasst Zusagen von zukünftigen Leistungen für den 937
Fall der Beendigung der Tätigkeit, die in Abgrenzung zu § 285 Nr. 9a S. 1 HGB noch nicht gewährt sind, weil die zugrunde liegende Tätigkeit noch nicht vollständig erbracht ist, und die Bedingung(en), an deren Eintritt die Leistung geknüpft ist, noch nicht erfüllt ist/ sind[1586]. Der Begriff „Leistungen" i.S.d. § 285 Nr. 9a S. 6 HGB geht dabei über den in § 285 Nr. 9a S. 1 HGB definierten Begriff der „Gesamtbezüge" hinaus, so dass bspw.

1579 Vgl. RegBegr. zum VorstOG, BT-Drs. 15/5577, S. 3.
1580 Zur namentlichen Nennung vgl. § 285 Nr. 10 HGB, Tz. 966.
1581 Vgl. zur Abgrenzung der Vergütungskomponenten *Hohenstatt/Wagner*, ZIP 2008, S. 945 f.; *Peters* in Kölner Komm. Rechnungslegungsrecht, § 285 HGB, Rn. 123 ff.; *Ellrott* in BeBiKo[7], § 285, Rn. 195 ff.
1582 Vgl. zum KA DRS 17 (geändert 2010), Tz. 39.
1583 Vgl. zum KA DRS 17 (geändert 2010), Tz. 39; *Ellrott* in BeBiKo[7], § 285, Rn. 195.
1584 Vgl. zum KA DRS 17 (geändert 2010), Tz. 39; *Ellrott* in BeBiKo[7], § 285, Rn. 196.
1585 Vgl. zum KA DRS 17 (geändert 2010), Tz. 39; *Ellrott* in BeBiKo[7], § 285, Rn. 197.
1586 Vgl. zum KA DRS 17 (geändert 2010), Tz. 47.

Aufwendungen zur Bildung einer Pensionsrückstellung, die bislang nicht unter die Gesamtbezüge i.S.d. S. 1 gefasst wurden, nun in die Angabe der individuellen Vergütungen einzubeziehen sind[1587]. Leistungen nach § 285 Nr. 9a S. 6 HGB sind unabhängig davon anzugeben, ob der Anspruch auf einer gesetzlichen Regelung, einer vertraglichen Vereinbarung oder einer betrieblichen Übung beruht[1588]. Sie umfassen sowohl Zusagen von **wiederkehrenden Leistungen** (z.B. Zusagen für Pensionen, Versorgungsleistungen, Überbrückungsgelder, Gehaltsfortzahlungen, verrentete Abfindungen) als auch Zusagen von **Einmalleistungen** (z.B. solche aus *change of control*-Klauseln, Abfindungen bei Nichtverlängerung des Dienstvertrags)[1589]. Da sich S. 6 nach dem Gesetzeswortlaut auf S. 5 bezieht, ist auch bei der Angabe der Leistungen nach S. 6 für jedes Vorstandsmitglied nach erfolgsunabhängigen und erfolgsbezogenen Leistungen und Leistungen mit langfristiger Anreizwirkung zu differenzieren[1590].

938 Anhand der Angaben zu den Leistungen für den Fall der vorzeitigen und der regulären Beendigung der Tätigkeit muss es dem Abschlussadressaten möglich sein, sich ein Bild über den wesentlichen Inhalt und Umfang der individuellen Zusage zu verschaffen[1591]. Anzugeben sind die **Basisdaten einer Zusage** (wesentliche Merkmale, die die Höhe und zeitliche Verteilung der Leistung beeinflussen), bei Zusagen für den Fall der regulären Beendigung der Tätigkeit zusätzlich der Barwert der zugesagten Leistung sowie der während des GJ für die Leistungszusagen aufgewandte oder zurückgestellte Betrag[1592]. Sind für die Zeit nach einem vorzeitigen oder regulären Ausscheiden bspw. feste Monats- bzw. Jahresbeträge oder ein Einmalbetrag zugesagt worden, sind diese Beträge (Nennbeträge) – bei Zusagen von Leistungen für den Fall der regulären Beendigung der Tätigkeit neben den Barwerten der zugesagten Leistung – anzugeben[1593].

939 Hängt die Höhe der zugesagten Leistungen von künftig eintretenden Bedingungen ab, ist der **wesentliche Inhalt** der Vereinbarungen vollständig darzustellen. Hierzu gehören insb. nach § 285 Nr. 9a S. 6 HGB folgende individualisierten, betragsmäßigen Angaben [1594]:

– Bemessungsgrundlage (z.B. Gehalt im Zeitpunkt des Ausscheidens, ggf. einschließlich erfolgsbezogener Anteile),
– Prozentsatz der Bemessungsgrundlage, der bei Ausscheiden des Vorstandsmitglieds für die Berechnung der Leistung maßgeblich ist (z.B. fix oder ansteigend mit der Dauer der Vorstandstätigkeit, der am Abschlussstichtag erreichte Prozentsatz),
– Dynamisierung laufender Renten (z.B. nach Verbraucherpreisindex, ggf. plus fixem Prozentsatz),
– bei beitragsbezogenen Zusagen die im GJ erfassten Beträge und die vereinbarten wesentlichen Konditionen (z.B. die Verzinsung der Beiträge, ggf. Abhängigkeit der Beiträge bzw. der Ablaufleistung von anderen Faktoren, Laufzeit der Zusage), sowie
– Vereinbarungen über Hinterbliebenenbezüge (z.B. Minderung, unterschieden nach Ehepartnern und Kindern).

Die Angabepflichten nach § 285 Nr. 9a S. 6 lit. aa) und bb) HGB umfassen alle zum Abschlussstichtag bestehende Leistungsverpflichtungen, unabhängig davon, ob sie im ab-

---

1587 Vgl. ADS[6], § 285 HGB, Tz. 180, *Ellrott* in BeBiKo[7], § 285, Rn. 168; vgl. auch Tz. 923.
1588 Vgl. zum KA DRS 17 (geändert 2010), Tz. 50.
1589 Vgl. RegBegr. zum VorstOG, BT-Drs. 15/5577, S. 7; zum KA DRS 17 (geändert 2010), Tz. 50
1590 Vgl. *Ellrott* in BeBiKo[7], § 285, Rn. 184.
1591 Vgl. zum KA DRS 17 (geändert 2010), Tz. 51.
1592 Vgl. zum KA DRS 17 (geändert 2010), Tz. 51.
1593 Vgl. zum KA DRS 17 (geändert 2010), Tz. 52.
1594 Vgl. zum KA DRS 17 (geändert 2010), Tz. 53.

Der Anhang F

gelaufenen oder in einem früheren GJ zugesagt wurden und unabhängig davon, ob bzw. in welchem Umfang ihre rechtliche Ausgestaltung von den Zusagen an Arbeitnehmer abweicht[1595]. Verbale Erläuterungen zu den Versorgungs- und Abfindungsleistungen der Vorstandsmitglieder sind auch im Rahmen der Erläuterungen zum **Vergütungssystem** nach § 289 Abs. 2 Nr. 5 S. 1 HGB im LB notwendig (vgl. Tz. 1139)[1596].

Anzugeben ist im Fall der **vorzeitigen Beendigung** eines Vertrags (z.B. Amtsniederlegung, Abberufung, Dienstunfähigkeit, Beendigung der Vorstandstätigkeit infolge eines Kontrollwechsels nach einem Übernahmeangebot[1597]) nach § 285 Nr. 9a S. 6 lit. aa) HGB 940

- ob und in welchem Umfang die Vergütung aus dem bestehenden Vertragsverhältnis weiterzuzahlen ist,
- ob noch bestehende Ansprüche abgezinst werden,
- ob anderweitiger Verdienst anzurechnen ist,
- wie mit den entgehenden Boni zu verfahren ist, usw.[1598]

§ 285 Nr. 9a S. 6 lit. bb) HGB verlangt die Angabe der Leistungen, die dem noch tätigen Vorstandsmitglied für den Fall der **regulären Beendigung** seiner Tätigkeit zugesagt worden sind. Dazu gehören z.B. Abfindungen für die fehlende Wiederbestellung, Zusagen zur Zahlung von Übergangs- oder Überbrückungsgeld bis zum Erreichen der vereinbarten Ruhegehaltsaltersgrenze, Zusagen von Karenzentschädigungen im Falle eines anstellungsvertraglichen Wettbewerbsverbots sowie vereinbarte Versorgungszusagen (Ruhegehalts- und Hinterbliebenenbezüge)[1599]. Bei Versorgungszusagen ist anzugeben, ob es sich um ein gleichbleibendes Ruhegehalt handelt; des Weiteren sind Angaben bzgl. der Dynamisierung, Wertsicherung, Anrechnung anderweitiger Bezüge, Hinterbliebenenversorgung, vertraglichen oder gesetzlichen Unverfallbarkeit, vertraglich vorgesehenen Altersgrenze sowie der Zahlungsmodalität (Einmalzahlung eines Kapitalbetrags oder laufende Zahlungen) erforderlich[1600]. Angabepflichtig sind auch die zu Vollkosten zu bewertenden sonstigen Leistungen der Gesellschaft nach regulärer Beendigung der Tätigkeit (bspw. Weiternutzung eines Büros, Sekretariats, Dienstwagens oder einer Dienstwohnung)[1601]. 941

Anzugeben ist nach § 285 Nr. 9a S. 6 lit. bb) HGB der **Barwert** der den einzelnen Vorstandsmitgliedern für den Fall der regulären Beendigung ihrer Tätigkeit insgesamt zum Abschlussstichtag zugesagten Leistungen; eine Aufgliederung nach den einzelnen Leistungen ist nicht erforderlich[1602]. Für Pensions- und sonstige Versorgungszusagen ist der für bilanzielle Zwecke ermittelte Barwert anzugeben[1603]. Bei wertpapiergebundenen Altersversorgungszusagen tritt an die Stelle des Barwerts der Rückstellungsbetrag in Höhe des beizulegenden Zeitwerts dieser Wertpapiere i.S.d. § 253 Abs. 1 S. 3 HGB (vgl. E Tz. 236). Für sonstige Leistungen ist zur Ermittlung des Barwerts grds. auf das Ende des aktuellen Bestellungszeitraums des Vorstandsmitglieds bzw. das Erreichen des vorge- 942

1595 Vgl. zum KA DRS 17 (geändert 2010), Tz. 58.
1596 Vgl. RegBegr. zum VorstOG, BT-Drs. 15/5577, S. 7.
1597 Vgl. auch Angabepflichten nach § 289 Abs. 4 S. 1 Nr. 9 HGB.
1598 Vgl. RegBegr. zum VorstAG, BT-Drucks. 16/12278, S. 7.
1599 Vgl. *Ellrott* in BeBiKo[7], § 285, Rn. 186; *Hohenstatt/Wagner*, ZIP 2008, S. 945 ff., die eine Karenzentschädigung als nicht angabepfichtig erachten, weil sie nicht im Hinblick auf die Tätigkeit als Vorstandsmitglied, sondern allein für die Unterlassung von Wettbewerb nach Beendigung der Vorstandstätigkeit geleistet wird.
1600 Vgl. *Ellrott* in BeBiKo[7], § 285, Rn. 186.
1601 Vgl. *Ellrott* in BeBiKo[7], § 285, Rn. 186.
1602 Vgl. *Ellrott* in BeBiKo[7], § 285, Rn. 186.
1603 Vgl. zum KA DRS 17 (geändert 2010), Tz. 57; *Ellrott* in BeBiKo[7], § 285, Rn. 186.

sehenen Mindestbestellungszeitraums abzustellen[1604]. Der Barwert von sonstigen Leistungen (d.h. andere als Pensions- und sonstige Versorgungszusagen), bei denen keine festen Beträge zugesagt sind, ist nur anzugeben, soweit er verlässlich bestimmbar ist; dabei ist grds. auf dieselben Annahmen zurückzugreifen, die für Pensions- und sonstige Versorgungszusagen getroffen wurden[1605]. Ist der Barwert (z.B. bei aktienbasierten Vergütungen) nicht mit den Rückstellungen identisch, ist eine rational nachvollziehbare, im Finanzmarkt übliche, d.h. auf anerkannten Bewertungsmodellen beruhende Bewertung vorzunehmen, wobei die Grundlagen der Kalkulation selbst jedoch nicht mit angegeben werden müssen[1606].

943 Für den Fall der regulären Beendigung der Tätigkeit ist bei Zusagen für **Pensionen und sonstige Versorgungsleistungen** nach § 285 Nr. 9a S. 6 lit. bb) HGB individualisiert entweder der im GJ hierfür erfasste Personalaufwand (ausschließlich eines möglichen Aufwands aus der Aufzinsung einer Rückstellung) oder die Veränderung des für Zwecke der Bilanzierung ermittelten Barwerts der Pensions- oder sonstigen Versorgungsverpflichtung im GJ anzugeben[1607]. Versicherungsentgelte, die die Gesellschaft für auf den Namen des Vorstandsmitglieds lautende Lebens-, Pensions- oder Unfallversicherungen zahlt, sind Teil der Bezüge und daher hier nicht anzugeben[1608]. Der aufgewandte oder zurückgestellte Betrag ist weder in die Summe der individualisiert anzugebenden Bezüge nach § 285 Nr. 9a S. 5 HGB noch in die Gesamtbezüge nach § 285 Nr. 9a S. 1 HGB einzubeziehen[1609].

944 Der Umfang der Berichterstattung bei einer während des GJ rechtsverbindlich vereinbarten **Änderung der Zusagen** i.S.d. § 285 Nr. 9a S. 6 lit. aa) und bb) HGB nach lit. cc) richtet sich danach, dass ein Abschlussadressat die Bedeutung der Änderung für die Gesellschaft und ihren Wert für das Vorstandsmitglied erkennen kann (vgl. Tz. 938 f.)[1610]. Anzugeben sind die geänderten Basisdaten der Zusage(n), so dass erkennbar wird, welche Vertragsbestimmungen geändert wurden und welche finanziellen Auswirkungen die Änderungen für die Gesellschaft und für das Vorstandsmitglied haben[1611].

945 Nach § 285 Nr. 9a S. 6 lit. dd) HGB sind die einem **während des Geschäftsjahres ausgeschiedenen Vorstandsmitglied** i.Z.m. der Beendigung der Tätigkeit erteilten Zusagen individualisiert darzustellen und die in diesem Zusammenhang im Laufe des GJ gewährten Leistungen ebenfalls individualisiert anzugeben[1612]. Die Angabepflicht bezieht sich sowohl auf die zwischen einem Vorstandsmitglied und dem Unternehmen im abgelaufenen GJ (bspw. Vereinbarungen als Ergebnis von Aufhebungsverhandlungen, die zur Beendigung der Tätigkeit geführt haben) als auch in den GJ vor Beendigung der Tätigkeit erteilten und im GJ des Ausscheidens noch geltenden Zusagen für Leistungen für den Fall der Beendigung der Tätigkeit (sog. „vorab erteilte Zusagen")[1613]. In gleicher Weise sind alle i.Z.m. der Beendigung gewährten Leistungen anzugeben, egal ob die Gewährung auf vorab erteilten Zusagen oder Zusagen im abgelaufenen GJ beruht[1614].

1604 Vgl. zum KA DRS 17 (geändert 2010), Tz. 57.
1605 Vgl. zum KA DRS 17 (geändert 2010), Tz. 57.
1606 Vgl. *Thüsing*, AG 2009, S. 517 (528).
1607 Vgl. zum KA DRS 17 (geändert 2010), Tz. 55.
1608 Vgl. zum KA DRS 17 (geändert 2010), Tz. 55.
1609 Vgl. zum KA DRS 17 (geändert 2010), Tz. 56.
1610 Vgl. zum KA DRS 17 (geändert 2010), Tz. 59.
1611 Vgl. zum KA DRS 17 (geändert 2010), Tz. 60.
1612 Vgl. zum KA DRS 17 (geändert 2010), Tz. 61.
1613 Vgl. zum KA DRS 17 (geändert 2010), Tz. 62.
1614 Vgl. zum KA DRS 17 (geändert 2010), Tz. 62.

Der Anhang F

Die Angabe hat getrennt von den dem Vorstandsmitglied gewährten Bezügen nach § 285 **946**
Nr. 9a S. 5 HGB zu erfolgen und ist nicht in die **Gesamtbezüge** nach § 285 Nr. 9a S. 1
HGB einzubeziehen[1615]. Zur Frage, wann die Leistungen als gewährt gelten, vgl.
Tz. 919[1616]. Eine Angabe hat jedoch zugleich im Rahmen der Gesamtbezüge früherer
Vorstandsmitglieder nach § 285 Nr. 9 lit. b) HGB zu erfolgen[1617], was insoweit zu Doppelangaben führt[1618]. Eine Individualisierung der Angabe nach § 285 Nr. 9b HGB ist zulässig (z.B. in Form eines individualisierten „davon"-Vermerks bzgl. des in diesen Gesamtbezügen enthaltenen Betrags), kann aber nicht gefordert werden.

Individualisiert – und zusätzlich zu den in den GJ vor der Beendigung der Tätigkeit erteilten Zusagen – darzustellende **Aufhebungsvereinbarungen** können bspw. Vereinbarungen über die Weiterzahlung von Vergütungen inkl. Nebenleistungen oder einer Tantieme, Vereinbarungen über die Anrechnung anderweitiger Verdienste und die Abgeltung von Urlaubsansprüchen, Abfindung zur Abgeltung von Urlaubsansprüchen für die Restlaufzeit des Anstellungsvertrags und sonstige Abfindungen (Entschädigungen für die vorzeitige Beendigung der Organstellung, Karenzentschädigungen für ein Wettbewerbsverbot oder Abfindungen zur Ablösung von Versorgungsanwartschaften) sein[1619]. Hinsichtlich des Umfangs der Angaben nach § 285 Nr. 9a S. 6 lit. dd) HGB vgl. Tz. 938 f. **947**

Nach § 285 Nr. 9a S. 7 HGB sind bei börsennotierten AG **Leistungen**, die einem Vorstandsmitglied im Hinblick auf seine Tätigkeit als Vorstandsmitglied **von einem Dritten** zugesagt oder im GJ gewährt werden, angabepflichtig. Auch hier ist eine individualisierte Anhangangabe für jedes einzelne Vorstandsmitglied, aufgeteilt nach erfolgsunabhängigen und erfolgsbezogenen Komponenten sowie Komponenten mit langfristiger Anreizwirkung, verpflichtend[1620]. Der Umfang der Angabe ist analog zu S. 6 nicht auf die nach § 285 Nr. 9 lit. a) S. 1 HGB definierten Gesamtbezüge beschränkt, sondern nach dem Sinn und Zweck der Vorschrift weit auszulegen[1621]. Der Wortlaut der Vorschrift stellt insofern klar, dass hierunter nicht nur die im Rahmen der Vorstandstätigkeit von Dritten zugesagten oder gewährten Leistungen, bspw. durch ein verbundenes Unternehmen gezahlte Gehälter oder Tantiemen, anzugeben sind, sondern auch – unabhängig von der gesetzlichen oder satzungsmäßigen Zulässigkeit solcher Leistungen – jede Vorteilsgewährung von Dritten, die auf die Stellung als Vorstandsmitglied zurückgeführt werden kann[1622]. Die Erfüllung dieser Angabepflicht setzt voraus, dass sich die Organmitglieder intern zur Angabe solcher Drittzahlungen verpflichten[1623]. **948**

Die Angaben nach § 285 Nr. 9a S. 8 HGB sind aufgrund der Systematik des Gesetzes ebenfalls nur für börsennotierte AG verpflichtend. Danach sind, sofern der JA **weitergehende Angaben zu bestimmten Bezügen** enthält, diese zusätzlich einzeln anzugeben. Auch für diese weitergehenden Angaben ist der individualisierte Ausweis in Bezug auf jedes Vorstandsmitglied vorzunehmen. Bspw. hat eine börsennotierte AG, die nach § 325 **949**

1615 Vgl. zum KA DRS 17 (geändert 2010), Tz. 61.
1616 Vgl. zum KA DRS 17 (geändert 2010), Tz. 61.
1617 Vgl. Begr. VorstAG, BT-Drucks. 16/12278, S. 7.
1618 Vgl. *Ellrott* in BeBiKo[7], § 285, Rn. 184 und 188; wohl ebenso *Lingemann*, BB 2009, S. 1918 (1923); so auch die Begründung zur DRS 17 (geändert 2010), Tz. 61 bis 63 (Tz. A50).
1619 Vgl. zum KA DRS 17 (geändert 2010), Tz. 63.
1620 Vgl. zum KA DRS 17 (geändert 2010), Tz. 69.
1621 Vgl. Beschlussempfehlung des Rechtsausschusses zum VorstOG, BT-Drs. 15/5860, S. 19.
1622 Vgl. hierzu auch Beschlussempfehlung des Rechtsausschusses zum VorstOG, BT-Drs. 15/5860, S. 19, durch Verweis auf § 11 Abs. 2 S. 3 Nr. 3 WpÜG; zur Angabe unabhängig von der Zulässigkeit vgl. *Geibel/Süßmann*, § 11 WpÜG, Rn. 39.
1623 Vgl. Beschlussempfehlung des Rechtsausschusses zum VorstOG, BT-Drs. 15/5860, S. 19.

763

Abs. 2a S. 1 HGB einen IFRS-Einzelabschluss für Zwecke der Offenlegung aufstellt, die nach IFRS 2.44 ff. bestehenden umfangreichen Anhangangaben zu Aktienoptionsplänen individualisiert für jedes Vorstandsmitglied anzugeben[1624]. Der Begriff der „Bezüge" i.S.d. § 285 Nr. 9a S. 8 HGB entspricht inhaltlich dem Begriff der „Gesamtbezüge" i.S.d. § 285 Nr. 9a S. 1 bis 4 HGB (vgl. Tz. 918 ff.), nicht jedoch den Leistungen i.S.d. § 285 Nr. 9a S. 6 HGB (vgl. Tz. 936). Daher sind bspw. Angaben nach IAS 19 zu Pensionszusagen der Vorstandsmitglieder nicht gesondert aufzuführen[1625].

cc) Unterlassen von Angaben

950 Ein Verzicht auf die individualisierten Angaben nach § 285 Nr. 9a S. 5 bis 8 HGB in Anh. oder LB (§ 289 Abs. 2 Nr. 5 S. 2 HGB) börsennotierter AG nach § 286 Abs. 5 HGB erfolgt, wenn dies **durch die HV mit einer Mehrheit beschlossen** wird, die mindestens drei Viertel des bei der Beschlussfassung vertretenen Grundkapitals repräsentiert[1626]. Im Falle eines Verzichtes aufgrund eines solchen Beschlusses ist dies im Rahmen der Entsprechenserklärung gem. § 161 AktG anzugeben (vgl. hierzu Tz. 990). Der Beschluss der HV darf maximal für fünf Jahre gefasst werden. Der Beschluss muss bis zum Ende der Aufstellungsphase des Abschlusses vorliegen.

951 Nach § 286 Abs. 4 HGB dürfen bei Gesellschaften, die nicht börsennotierte AG sind[1627], die Angaben nach § 285 Nr. 9 lit. a) und b) HGB unterbleiben, wenn sich anhand dieser Angaben die **Bezüge eines einzelnen Mitglieds** des betreffenden Organs feststellen lassen (**Schutzklausel**). Nach Wortlaut und Gesetzesmaterialien ist diese Bestimmung grds. eng auszulegen und auf solche Fälle beschränkt, in denen sich etwaige Angaben nur auf eine Person beziehen, sei es, dass das Organ nur aus einer Person besteht oder dass die Bezüge weiterer Personen bekanntermaßen von dritter Seite (z.B. dem MU) gewährt werden[1628]. Das Vorliegen der Voraussetzungen des § 286 Abs. 4 HGB ist hierbei stets aus der Perspektive eines Adressaten zu prüfen, der über keine weiteren Informationen über die Gesellschaft verfügt. Insb. dürfen hierbei nicht die Perspektiven eines Organmitglieds desselben Organs oder von Mitarbeitern, die über Kenntnisse des Vergütungssystems verfügen, zu Grunde gelegt werden[1629].

952 Demgegenüber hat das **BMJ** in einem Schreiben v. 06.03.1995[1630] darauf hingewiesen, dass für die Regelung Datenschutzgründe bestimmend gewesen seien und die Angabe deshalb immer dann unterbleiben könne, „wenn die Größenordnung der Bezüge eines Mitglieds geschätzt werden kann". Dies gelte nur dann nicht, „wenn zwischen den einzelnen Organmitgliedern Unterschiede von solchem Gewicht bestehen (z.B. aufgrund von Dienstzeit oder Funktion), dass die einzelnen Bezüge wesentlich von dem durch den Rechenvorgang gefundenen Durchschnittsbetrag abweichen." Nach Ansicht des **LG Köln** ist diese Auffassung des BMJ nicht mit dem Gesetz zu vereinbaren, weil § 286 Abs. 4 HGB voraussetze, dass sich anhand der Angaben über die Gesamtbezüge des Vorstands die Bezüge eines Vorstandsmitglieds feststellen lassen[1631]. Dagegen führt das **OLG Düsseldorf** aus, dass es nach Sinn und Zweck der Vorschrift nicht darauf ankommen könne, die Einzelbezüge „auf Mark und Pfennig" zu ermitteln; vielmehr greife der Schutz der

---

1624 Vgl. Tz. 15; RegBegr. zum VorstOG, BT-Drs. 15/5577, S. 7.
1625 Vgl. zum KA DRS 17 (geändert 2010), Tz. 75.
1626 Vgl. BegrRegE des VorstOG, BT-Drs. 15/5577, S. 3.
1627 Vgl. BegrRegE des VorstOG, BT-Drs. 15/5577, S. 3.
1628 Vgl. ebenso ADS[6], § 286 HGB, Tz. 54; *Klatte*, BB 1995, S. 35 (37); *Pfitzer/Wirth*, DB 1994, S. 1937 (1938); a.A. *Kling*, BB 1995, S. 349; *Feige/Ruffert*, DB 1995, S. 637.
1629 Vgl. ADS[6], § 286 HGB, Tz. 53; *Ellrott* in BeBiKo[7], § 286, Rn. 17.
1630 *Feige/Ruffert*, DB 1995, S. 637 (639).
1631 Vgl. LG Köln, Beschluss v. 18.12.1996, DB 1997, S. 320 f.

persönlichen Daten bereits dann, wenn die Bezüge der Organmitglieder nicht bedeutend voneinander abwichen, weil dann die Bezüge des Einzelnen durch einfache Division zu ermitteln seien[1632].

Vor dem Hintergrund dieser Rspr. und unterschiedlicher Äußerungen im Schrifttum hat das **BMJ** auf Anfrage des IDW mit Schreiben vom 20.04.2010 klargestellt, dass der Inhalt des Schreibens vom 06.03.1995 nach wie vor als Erläuterung zum denkbaren Anwendungsbereich des § 286 Abs. 4 HGB aus Sicht der am Gesetzgebungsverfahren Beteiligten zu verstehen sei. Zugleich hat das BMJ jedoch auf die in der neueren Fachliteratur für eine zurückhaltendere Anwendung des § 286 Abs. 4 HGB werbende Auffassung sowie die o.g. Rspr. hingewiesen und bekräftigt, dass über die im Einzelfall verbindliche Auslegung von Gesetzen letztlich allein die unabhängigen Gerichte entscheiden[1633].

Nach Auffassung des HFA ist § 285 Abs. 4 HGB als Ausnahmevorschrift grds. eng auszulegen[1634]. Da die für diese Regelung maßgeblichen Erwägungen des Datenschutzes auch weiterhin relevant sind, darf auf die Angabe des Gesamtbetrags der Organbezüge nur verzichtet werden, wenn die Bezüge der einzelnen Organmitglieder feststellbar oder in ihrer Größenordnung zutreffend schätzbar wären. Nach Ansicht des HFA wird die Zulässigkeit des Verzichts auf die Angabe nach § 286 Abs. 4 HGB außer Frage stehen, soweit die **Gesellschaftsorgane nur mit zwei oder drei Mitgliedern** besetzt sind[1635]. In anderen Fällen wird die Angabe der Organbezüge regelmäßig geboten sein, sofern nicht im Einzelfall besondere Umstände vorliegen, aufgrund derer die Höhe der individuellen Bezüge von den unternehmensexternen Abschlussadressaten festgestellt oder verlässlich geschätzt werden kann. Nicht ausreichend für die Inanspruchnahme von § 286 Abs. 4 HGB ist, dass sich bei einer Durchschnittsbildung die Bezüge einzelner Mitglieder mehr oder weniger zufällig ergeben[1636]. 953

c) Angaben zu den Bezügen früherer Mitglieder von Vorstand/Geschäftsführung, Aufsichtsrat und Beirat sowie zu Pensionsverpflichtungen für diesen Personenkreis (§ 285 Nr. 9b HGB)

Die Vorschrift verpflichtet nur mittelgroße und große Gesellschaften (§ 267 Abs. 2 und 3 HGB), doch brauchen auch diese die verlangten Angaben nicht zu machen, wenn sich anhand der Angaben die Bezüge eines einzelnen (ehemaligen) Organmitglieds feststellen lassen (§ 286 Abs. 4 HGB; vgl. dazu Tz. 951 ff.). Für kleine Gesellschaften (§ 267 Abs. 1 HGB) ist die Vorschrift nicht obligatorisch (§ 288 S. 1 HGB)[1637]. Große Gesellschaften, die einen IFRS-Einzelabschluss offen legen, sind nach § 325 Abs. 2a S. 3 HGB zur Angabe verpflichtet[1638]. 954

Anzugeben sind nach § 285 Nr. 9b HGB **Abfindungen, Ruhegehälter, Hinterbliebenenbezüge und Leistungen verwandter Art**. Die Angaben haben jeweils gesondert für die einzelnen Gremien, d.h. den Vorstand/die Geschäftsführung, einen AR, einen Beirat oder eine ähnliche Einrichtung, zu erfolgen[1639]. Werden solche Versor- 955

1632 Vgl. OLG Düsseldorf, Beschluss v. 26.06.1997, DB, S. 1609 f.
1633 Vgl. *HFA*, FN-IDW 2011, S. 339.
1634 Vgl. *HFA*, FN-IDW 2011, S. 339.
1635 Vgl. *HFA*, FN-IDW 2011, S. 339.
1636 Vgl. *HFA*, FN-IDW 2011, S. 340.
1637 Vgl. aber Fn. 1240 zu Tz. 756 zur Auskunftspflicht an Aktionäre.
1638 Vgl. Tz. 15.
1639 Ebenso ADS[6], § 285 HGB, Tz. 193, *Krawitz* in BoHdR[2], § 285 HGB, Rn. 156, und *Ellrott* in BeBiKo[7], § 285, Rn. 206; *Ott/Sehmsdorf* in BHdR, B 433, Rn. 32; a.A. *Oser/Holzwarth* in HdR[5], §§ 284 bis 288 HGB, Rn. 268; *Kupsch* in HdJ, Abt. IV/4, Rn.199.

gungsleistungen von selbstständigen Pensionskassen oder VU erbracht, besteht dann keine Angabepflicht, wenn der Zahlungsempfänger unmittelbar berechtigt ist[1640]. Hinsichtlich des Personenkreises umfasst die Angabepflicht neben den früheren Mitgliedern des Vorstands/der Geschäftsführung auch die früheren Mitglieder eines AR, Beirats oder einer ähnlichen Einrichtung und deren Hinterbliebene.

956 Verliert ein Organmitglied im Fall der **Gesamtrechtsnachfolge** (z.B. Umwandlung oder Verschmelzung) seine Organstellung, sind im Anh. der übernehmenden Gesellschaft die vom übertragenden Rechtsträger bis zum Wirksamwerden der Gesamtrechtsnachfolge gezahlten Bezüge unter Nr. 9a, die weiteren Bezüge aber unter Nr. 9b anzugeben[1641]. Tantiemen, die nach Beendigung des Organverhältnisses gewährt wurden, sind folglich noch in die Angaben gem. § 285 Nr. 9a HGB einzubeziehen[1642].

957 Aus der Verweisung in § 285 Nr. 9b S. 2 HGB auf Nr. 9a S. 2 und 3 ergibt sich, dass Bezüge, die nicht ausgezahlt, sondern **in Ansprüche anderer Art umgewandelt** oder zur Erhöhung anderer Ansprüche verwendet werden, ebenfalls angabepflichtig sind; das Gleiche gilt für weitere (andere GJ betreffende) Bezüge, die im GJ gewährt, bisher aber in keinem JA angegeben wurden.

958 Anzugeben sind nach § 285 Nr. 9b S. 3 HGB ferner der Betrag der **Rückstellungen für laufende Pensionen und Anwartschaften**, die für frühere Mitglieder der genannten Personengruppen gebildet sind, sowie ein etwaiger **Fehlbetrag** (zusätzlich zur Angabe der Gesamtbeträge nach Art. 28 Abs. 2 und Art. 67 Abs. 2 EGHGB).

d) Angaben zu Vorschüssen, Krediten, Haftungsverhältnissen, die zugunsten von Mitgliedern von Vorstand/Geschäftsführung, Aufsichtsrat und Beirat gewährt wurden (§ 285 Nr. 9c HGB)

959 Die Vorschrift ist von allen Gesellschaften zu beachten; kleine Gesellschaften sind anders als in den Fällen der lit. a) und b) von der Beachtung der Vorschrift nicht freigestellt. Große Gesellschaften, die einen IFRS-Einzelabschluss offen legen, sind nach § 325 Abs. 2a S. 3 HGB zur Angabe verpflichtet[1643]. Auch gibt es anders als in diesen Fällen keine Schutzvorschrift zugunsten einzelner Organmitglieder.

960 Anzugeben sind – auch hier jeweils **getrennt für die Gruppen** Vorstand/Geschäftsführung, AR, Beirat und ähnliche Einrichtungen – die an die Mitglieder dieser Institutionen gewährten Vorschüsse und Kredite. Aus der zusätzlichen Bestimmung, die im GJ zurückgezahlten Beträge ebenfalls anzugeben, folgt, dass nicht nur die Salden zum Stichtag des JA, sondern auch die Veränderungen während des GJ mitzuteilen sind; eingeschlossen in die Angabepflicht sind also auch die während des GJ gewährten und zurückgezahlten Vorschüsse und Kredite[1644]. Ferner ist es für die Angabepflicht ohne Bedeutung, dass bereits in Vj. Angaben gemacht wurden. Kredite, die längere Zeit laufen, sind also in jedem Anh. erneut mit den geforderten Angaben aufzuführen. Es dürfte somit zweckmäßig sein, die Entwicklung des GJ nach der Formel „Anfangsbestand + Neugewährungen − Rückzahlungen = Endbestand" darzustellen. Gegenstand der Angabe sind die **Nominalbeträge**

1640 So ADS[6], § 285 HGB, Tz. 186; *Oser/Holzwarth* in HdR[5], §§ 284 bis 288, Rn. 266.
1641 Vgl. *Ellrott* in BeBiKo[7], § 285, Rn. 173. Vgl. zur Angabepflicht im Fall der Übernahme eines Betriebs ADS[6], § 285 HGB, Tz. 187.
1642 Vgl. zum KA DRS 17 (geändert 2010), Tz. 36.
1643 Vgl. Tz. 15.
1644 Vgl. ADS[6], § 285 HGB, Tz. 196; *Ellrott* in BeBiKo[7], § 285, Rn. 210; *Oser/Holzwarth* in HdR[5], §§ 284 bis 288 HGB, Rn. 272; *Ott/Sehmsdorf* in BHdR, B 433, Rn. 56; *Russ*, S. 223.

Der Anhang F

der Vorschüsse und Kredite, evtl. vorgenommene Abwertungen bleiben hier unberücksichtigt[1645].

Als gewährte **Vorschüsse** kommen solche auf spätere Ansprüche, wie Tantiemeansprüche, Gehaltsansprüche u.dgl., in Betracht, nicht dagegen die üblichen Reisekosten- und Auslagenvorschüsse. Zu den **Krediten** gehören alle Arten von Darlehen, Waren- oder Wechselkredite, Abzahlungs- und Kontokorrentkredite, die die Gesellschaft einem Organmitglied gewährt hat. Auf die Genehmigungspflicht solcher Kredite (§§ 89, 115 AktG) kommt es für die Angabepflicht nicht an[1646]; es sind auch Kredite an Vorstandsmitglieder anzugeben, die ein Monatsgehalt nicht übersteigen. Dagegen besteht keine Angabepflicht für Kredite an Angehörige (Ehegatten, minderjährige Kinder und andere) der Mitglieder der obengenannten Personengruppen, auch nicht für Kredite an Prokuristen und zum gesamten Geschäftsbetrieb ermächtigte Handlungsbevollmächtigte oder für Kredite gem. § 89 Abs. 4 AktG, wohl aber für Kredite an Dritte, die für Rechnung der in der Vorschrift genannten Personengruppen handeln. 961

Die Angabepflicht nach § 285 Nr. 9c HGB bezieht sich auch auf die vereinbarten **Zinssätze und wesentliche andere Bedingungen**, wie z.B. Laufzeit, Sicherheiten, Rückzahlungsvereinbarungen u.dgl. Da die Kredite nicht einzeln aufzuführen sind, sondern zusammengefasst für jede Personengruppe angegeben werden können, dürfte es ggf. ausreichend sein, die typischen Bedingungen aufzuführen und die Spannen für die Zinssätze und Laufzeiten zu nennen (z.B.: „... zwischen 0 und 6% und Laufzeiten von sechs Monaten bis fünf Jahre"). Je ungewöhnlicher die Bedingungen sind, desto genauer sind sie zu beschreiben[1647]. 962

Sind **Haftungsverhältnisse** (§ 251 HGB; vgl. Tz. 463 ff.) zugunsten der Mitglieder von Vorstand/Geschäftsführung, AR, Beirat oder ähnlichen Einrichtungen eingegangen worden (z.B. Bürgschaften, Gestellung von Sicherheiten, Patronatserklärungen, Pfandhergabe), so sind auch sie anzugeben. Betragsmäßige Angaben sind nicht erforderlich[1648]. 963

Das Gesetz spricht unter. lit. c) von „Personen" und nicht wie unter den anderen Buchstaben von „**Personengruppen**". Gleichwohl ist davon auszugehen, dass die Angaben sich nicht auf die einzelnen Mitglieder der oben genannten Institutionen zu beziehen brauchen, sondern nur auf die jeweilige Personengruppe. Ferner lässt das Gesetz offen, ob sich die Angabepflicht allein auf die **tätigen Mitglieder** der Organe oder auch auf ehemalige Mitglieder bezieht. Nach der zugrundeliegenden Richtlinienbestimmung dürften jedoch nur die an tätige Mitglieder gewährten Kredite u.ä. anzugeben sein[1649]. Kredite an einen Arbeitnehmervertreter im AR, die er nicht in seiner Eigenschaft als Mitglied des AR, sondern als Arbeitnehmer erhalten hat, fallen nicht unter die Angabepflicht[1650]. 964

Fehlanzeigen zu den in lit. c) geforderten Angaben sind nicht erforderlich (vgl. Tz. 671). Wegen Besonderheiten bei der KGaA vgl. ADS[6], § 285 HGB, Tz. 204. 965

1645 Vgl. ADS[6], § 285 HGB, Tz. 198; *Ellrott* in BeBiKo[7], § 285, Rn. 210.
1646 Vgl. ADS[6], § 285 HGB, Tz. 200.
1647 Vgl. ADS[6], § 285 HGB, Tz. 201; *Ellrott* in BeBiKo[7], § 285, Rn. 216.
1648 Vgl. ADS[6], § 285 HGB, Tz. 203; *Glade*, Praxishandbuch[2], § 285 HGB, Rn. 98; *Ellrott* in BeBiKo[7], § 285, Rn. 215; *Kupsch* in HdJ, Abt. IV/4, Rn.205; a.A. *Claussen/Korth* in Kölner Komm. AktG[2], §§ 284 bis 288 HGB, 160 AktG, Rn. 120; *Ott/Sehmsdorf* in BHdR, B 433, Rn. 58; *Krawitz* in BoHdR[2], § 285 HGB, Rn.161; vgl. im Einzelnen hierzu *Fey*, S. 149.
1649 Vgl. ADS[6], § 285 HGB, Tz. 197; *Ellrott* in BeBiKo[7], § 285, Rn. 212.
1650 Vgl. *Oser/Holzwarth* in HdR[5], §§ 284 bis 288 HGB, Rn. 271; ferner *Ellrott* in BeBiKo[7], § 285, Rn. 212.

e) Angabe der Mitglieder von Vorstand/Geschäftsführung und Aufsichtsrat (§ 285 Nr. 10 HGB)[1651]

966 Anzugeben sind alle Mitglieder des Vorstands/der Geschäftsführung und eines AR, auch wenn sie im GJ oder später ausgeschieden sind, mit **Familiennamen** und mindestens einem ausgeschriebenen **Vornamen**. Zusätzlich ist auch der ausgeübte **Beruf** anzugeben. Aus der Angabe muss sich die tatsächlich ausgeübte hauptberufliche Tätigkeit[1652] erkennen lassen, z.B. Finanzvorstand, Vertriebsgeschäftsführer etc.[1653]. Nach der Begründung soll „bei Angestellten" ferner das Unternehmen genannt werden, in dem die Tätigkeit ausgeübt wird[1654]; eine derartige Angabe erscheint jedoch – unabhängig davon, ob die Tätigkeit im Anstellungsverhältnis ausgeübt wird oder nicht – nur bei AR-Mitgliedern sinnvoll und sachgerecht.

967 Auch **nach Ablauf des GJ** bis zum Abschluss der Aufstellung des JA berufene Organmitglieder müssen angegeben werden[1655]. Der **Vorsitzende** des AR und seine **Stellvertreter** sind nach § 285 Nr. 10 S. 2 HGB als solche zu bezeichnen, desgleichen ein etwaiger Vorsitzender des Vorstands/der Geschäftsführung (ebenfalls Angabepflicht für deren Stellvertreter)[1656]. Ist statt eines AR ein mit entsprechenden Aufgaben ausgestatteter Beirat (Verwaltungsrat, Gesellschafterausschuss) eingerichtet, so gilt die Angabepflicht entsprechend (auf die Bezeichnung des Überwachungsorgans kommt es nicht an)[1657].

968 Bei börsennotierten Gesellschaften (§ 3 Abs. 2 AktG) ist ferner für alle aufzuführenden Organmitglieder zusätzlich deren **Mitgliedschaft in (weiteren) Aufsichtsräten** und anderen Kontrollgremien i.S.d. § 125 Abs. 1 S. 5 AktG anzugeben, um mögliche Interessenskonflikte erkennbar zu machen[1658].

969 Wegen der Platzierung der Angaben nach § 285 Nr. 10 HGB vgl. Tz. 676.

f) Angaben zu bestimmten Unternehmen, an denen die Gesellschaft Anteile hält (§ 285 Nr. 11 HGB)

aa) Angaben zu Unternehmen, an denen ein Anteilsbesitz von 20% oder mehr besteht[1659]

970 Die Angabepflicht umfasst alle Unternehmen, an denen die Gesellschaft oder eine für ihre Rechnung handelnde Person 20% oder mehr der Anteile besitzt. Es kommt, wie der Vergleich mit den Bestimmungen in § 271 Abs. 1 HGB zeigt, nicht darauf an, ob eine Beteiligung vorliegt (diese wird erst bei Überschreiten der 20%-Grenze angenommen, sie kann

---

[1651] Große Gesellschaften, die einen IFRS-Einzelabschluss offen legen, sind nach § 325 Abs. 2a S. 3 HGB zur Angabe nach § 285 Nr. 10 HGB verpflichtet; vgl. auch Tz. 15.

[1652] So die RegBegr., BT-Drs. 13/9712, S.26.

[1653] Vgl. dazu auch *Ellrott* in BeBiKo[7], § 285, Rn. 221; *Kupsch* in HdJ, Abt. IV/4, Rn.230; *Farr*, AG 2000, S. 1 (4).

[1654] Vgl. BGBl. I 1998, S. 786.

[1655] H.M., vgl. ADS[6], § 285 HGB, Tz. 208; *Ellrott* in BeBiKo[7], § 285, Rn. 220. Zum Berichtszeitraum vgl. *Castan* in BHdR, B 434, Rn. 16.

[1656] So ADS[6], § 285 HGB, Tz. 209; *Kupsch* in HdJ, Abt. IV/4, Rn. 231; a.A. *Oser/Holzwarth* in HdR[5], §§ 284 bis 288 HGB, Rn. 289; *Ellrott* in BeBiKo[7], § 285, Rn. 220 (Hinweis auf Stellvertretung ist zulässig, aber nicht notwendig).

[1657] Ebenso ADS[6], § 285 HGB, Tz. 207; *Castan* in BHdR, B 434, Rn. 3; *Kupsch* in HdJ, Abt. IV/4, Rn.231; a.A. *Ellrott* in BeBiKo[7], § 285, Rn. 220 (keine Angabepflicht für Mitglieder eines Beirats oder einer ähnlichen Einrichtung); differenzierend *Krawitz* in BoHdR[2], § 285 HGB, Rn. 167 (grds. keine Angabepflicht, es sei denn, das als „Beirat" bezeichnete Gremium nimmt die Funktion eines AR wahr).

[1658] Vgl. *Ellrott* in BeBiKo[7], § 285, Rn. 220.

[1659] Vgl. dazu ADS[6], § 285 HGB, Tz. 206; *Ellrott* in BeBiKo[7], § 285, Rn. 230; *Kupsch* in HdJ, Abt. IV/4, Rn 236; *Scheffler* in BHdR, B 435; *Wehrheim*, BB 1995, S. 454.

Der Anhang F

aber auch schon bei weniger als 20% gegeben sein); maßgebend ist allein ein Anteilsbesitz von 20% oder mehr[1660]. Die **Berechnung des Anteilsbesitzes** richtet sich nach § 16 Abs. 2 AktG[1661] (insb. Absetzung eigener Anteile vom Nennkapital). Auch die Zurechnungsregeln des § 16 Abs. 4 AktG[1662] sind anzuwenden, d.h. ein mittelbarer Anteilsbesitz muss bei der Berechnung der Höhe des Anteilsbesitzes ebenfalls berücksichtigt werden.

Die Angabepflicht bezieht sich auf Anteile an **Unternehmen aller Art**, d.h. auf Anteile an KapGes. und Personenhandelsgesellschaften, Unternehmen ausländischen Rechts, Joint Ventures[1663] sowie wirtschaftlich tätigen BGB-Gesellschaften (z.B. Arbeitsgemeinschaften)[1664] und Genossenschaften (auch wenn die Mitgliedschaft an einer eG gem. § 271 Abs. 1 S. 5 HGB nicht als Beteiligung gilt). Auch große Gesellschaften, die einen IFRS-Einzelabschluss offen legen, sind nach § 325 Abs. 2a S. 3 HGB zur Angabe verpflichtet[1665]. Fraglich ist, ob das Innehaben von stillen Gesellschaftsrechten (§§ 230 ff. HGB) und Genussrechten (vgl. Tz. 1037) unter diese Angabepflicht fällt. Steht dem Gesellschafter keine vermögensrechtliche Beteiligung am Kapital des Unternehmens zu, so greift die Angabepflicht nicht[1666]. An einer Stiftung, selbst wenn sie ein Unternehmen betreibt, ist Anteilsbesitz nicht möglich, denn sie ist eine juristische Person ohne Kapitalanteile[1667]. 971

Der Umfang des Anteilsbesitzes bestimmt sich nach den Verhältnissen zum Stichtag des JA der Gesellschaft, die Angaben gem. § 285 Nr. 11 HGB in ihren Anh. aufzunehmen hat. Der Inhalt der Berichterstattung setzt sich aus folgenden **Einzelangaben über das Beteiligungsunternehmen** zusammen (wegen Einzelheiten hierzu vgl. ADS[6], § 285 HGB, Tz. 228 ff.): 972

– Name und Sitz (entsprechend HR-Eintragung),
– Höhe des Anteils am Kapital (in %),
– Eigenkapital und Ergebnis[1668] des letzten GJ, für das ein JA vorliegt (wegen Ausnahmen vgl. Tz. 979).

Soweit es sich um **ausländische Unternehmen** handelt, können die in Betracht kommenden Betragsangaben in Landeswährung erfolgen; eine zusätzliche Angabe in Euro kann hilfreich sein. 973

Weitere Angaben sind zulässig; so wird es naheliegen, diejenigen Unternehmen besonders zu bezeichnen (z.B. durch entsprechende Zwischenüberschriften der Aufstellung), zu denen ein **Beteiligungsverhältnis** i.S.d. § 271 Abs. 1 HGB besteht oder die **verbundene Unternehmen** i.S.d. § 271 Abs. 2 HGB sind und im Hinblick hierauf in einen KA einbezogen werden[1669]. 974

1660 Vgl. *Ellrott* in BeBiKo[7], § 285, Rn. 232; *Kupsch* in HdJ, Abt. IV/4, Rn.232.
1661 Vgl. ADS[6], § 285 HGB, Tz. 221, und § 16 AktG, Tz. 16; *Hüffer*, AktG[9], § 16, Rn. 8.
1662 Vgl. ADS[6], § 285 HGB, Tz. 222, und § 16 AktG, Tz. 22; *Hüffer*, AktG[9], § 16, Rn. 12.
1663 Zu Einzelheiten über die Angabepflicht von Anteilen an Joint Ventures vgl. IDW St/HFA 1/1993, Abschn. 3.5.
1664 Vgl. *Scheffler* in BHdR, B 435, Rn. 5; *Kupsch* in HdJ, Abt. IV/4, Rn. 233; *Ellrott* in BeBiKo[7], § 285, Rn. 231; ADS[6], § 285 HGB, Rn. 225.
1665 Vgl. Tz. 15.
1666 So ADS[6], § 285 HGB, Tz. 226; ferner *Ellrott* in BeBiKo[7], § 285, Rn. 232; a.A. *Klein/Sahner*, ZfB-Erg. Heft 1/1987, S. 238.
1667 So ADS[6], § 285 HGB, Tz. 226; a.A. *Scheffler* in BHdR, B 435, Rn. 5.
1668 Bei Ergebnisabführungsverträgen grds. Null, vgl. ADS[6], § 285 HGB, Tz. 236; *Scheffler* in BHdR, B 435, Rn. 38; *Ellrott* in BeBiKo[7], § 285, Rn. 250; *Oser/Holzwarth* in HdR[5], §§ 284 bis 288 HGB, Rn. 301; *Gschrei*, BB 1990, S. 1587 (1588), weist in diesem Zusammenhang auf eine Informationslücke hin.
1669 Vgl. ADS[6], § 285 HGB, Tz. 231.

975 Vor Inkrafttreten des EHUG brauchte die Aufstellung des Anteilsbesitzes durch große KapGes. nach § 325 Abs. 2 S. 2 HGB a.F. nicht im BAnz. bekannt gemacht zu werden[1670]. In diesem Zusammenhang durften Unternehmen nach § 287 HGB a.F. die in § 285 S. 1 Nrn. 11 und 11a HGB a.F. verlangten Angaben statt im Anh. gesondert in einer sog. Anteilsbesitzliste machen. Die mit der Ausübung dieser Wahlrechte verbundenen Kostenvorteile sind mit Inkrafttreten des EHUG entfallen, da nach § 325 HGB i.d.F. des EHUG alle JA – einschließlich der Anteilsbesitzliste – beim Betreiber des eBAnz. einzureichen sind. Dies hat schließlich zur Aufhebung des § 287 HGB a.F. durch das BilMoG geführt[1671]. Als **gesetzliche Bestandteile des Anhangs** sind die Angaben zum Anteilsbesitz nunmehr nach § 285 Nrn. 11 und 11a HGB vollständig im Anh. anzugeben. Die Ausführungen im Anh. müssen klar und übersichtlich sein (vgl. z.B. Tz. 666). Mit Rücksicht auf diesen allgemeinen Grundsatz der Berichterstattung erscheint es zweckmäßig, die umfangreichen Angaben zum Anteilsbesitz z.B. an das Ende des Anh. zu verschieben. Auch erscheint es vertretbar, die Anteilsbesitzliste (wie bspw. auch einen Anlagenspiegel) in einer dem Anh. beigefügten **Anlage** darzustellen, wenn im Anh. auf diese Anlage verwiesen wird.

bb) Angaben zu Beteiligungen an großen Kapitalgesellschaften, die 5 % der Stimmrechte überschreiten

976 Über die vorstehenden Angaben hinaus müssen börsennotierte KapGes. (AG und KGaA i.S.d. § 3 Abs. 2 AktG) nach § 285 Nr. 11 letzter Ts. HGB zusätzlich alle Beteiligungen an großen KapGes. angeben, die 5% der Stimmrechte überschreiten[1672]. Anzugeben sind **Name und Sitz** großer KapGes. i.S.d. § 267 Abs. 3 HGB (dazu Tz. 70), bei denen die Gesellschaft über mehr als 5% der Stimmrechte verfügt; auf die Kapitalanteile kommt es nicht an. Weitere Angaben, insb. die Höhe der Stimmrechtsquote, sind nicht erforderlich. Wegen Einzelheiten der Angabepflicht vgl. BeBiKo[7], § 285, Tz. 255.

cc) Anwendung der Schutzklausel (§ 286 Abs. 3 HGB)

977 Für alle Angaben nach § 285 Nr. 11 HGB gilt die Schutzklausel (§ 286 Abs. 3 HGB). Nach S. 1 können die Angaben über andere Unternehmen insoweit unterbleiben, als sie

– für die Darstellung der Vermögens-, Finanz- und Ertragslage der Gesellschaft nach § 264 Abs. 2 HGB **von untergeordneter Bedeutung** sind (Nr. 1) oder

– nach vernünftiger kaufmännischer Beurteilung geeignet sind, der Gesellschaft selbst oder dem andernfalls anzugebenden Unternehmen einen **erheblichen Nachteil**[1673] zuzufügen (Nr. 2).

978 Nach § 286 Abs. 3 S. 3 HGB darf eine Angabe über andere Unternehmen unter Anwendung von Nr. 2 (erheblicher Nachteil für die Gesellschaft) nur unterbleiben, wenn die berichtende Gesellschaft oder eines ihrer TU (§ 290 Abs. 1 und 2 HGB) am Abschlussstichtag **nicht kapitalmarktorientiert** i.S.d. § 264d HGB ist. Zur Erläuterung der Definition eines kapitalmarktorientierten Unternehmens vgl. Tz. 1055[1674].

[1670] Vgl. Begr. RegE BilMoG, BT-Drucks. 16/10067, S. 75.
[1671] Vgl. im Einzelnen Begr. RegE BilMoG, BT-Drucks. 16/10067, S. 75.
[1672] Vgl. *Ellrott* in BeBiKo[7], § 285, Rn. 230; *Kupsch* in HdJ, Abt. IV/4, Rn. 232.
[1673] Vgl. hierzu *Leffson*, HURB, S. 141; *Hoffmann*, BB 1986, S. 1050 (1053); *Gschrei*, BB 1990, S. 1587 (1590); *Scheffler* in BHdR, B 435, Rn. 61 (mit Beispielen).
[1674] Vgl. hierzu auch *Ellrott* in BeBiKo[7], § 286, Rn. 9; *Oser/Holzwarth* in HdR[5], §§ 284 bis 288 HGB, Rn. 308.

Greift die Einschränkung der Ausnahmeregelung gemäß S. 3 nicht und wird zulässigerweise aufgrund der Nr. 2 von Angaben abgesehen, ist die **Anwendung dieser Ausnahmeregelung** im Anh. anzugeben (§ 286 Abs. 3 S. 4 HGB).

Ferner kann die **Angabe des Eigenkapitals und des Jahresergebnisses** unterbleiben, wenn das Unternehmen, über das zu berichten ist, seinen JA nicht offen zu legen hat und die berichtende Gesellschaft weniger als die Hälfte der Anteile besitzt (§ 286 Abs. 3 S. 2 HGB)[1675]. Erleichterungen bei der Offenlegung (z.B. nach §§ 326, 327 HGB, § 9 Abs. 2 und 3 PublG) befreien das beteiligte Unternehmen nur dann von den Angaben nach § 285 Nr. 11 HGB, wenn das Beteiligungsunternehmen diese Angaben bei seiner Offenlegung nicht zu machen hat und auch nicht freiwillig macht. Dies gilt auch für Personenhandelsgesellschaften, die unter das PublG fallen und bei der Offenlegung das Jahresergebnis in einen Posten „Eigenkapital" einbeziehen (§ 9 Abs. 3 PublG)[1676], und trifft auch für kleine KapGes. sowie kleine Personenhandelsgesellschaften i.S.d. § 264a HGB zu, wenn diese von den Offenlegungserleichterungen Gebrauch machen und – soweit es sich um KapGes. handelt – ferner in der Bilanz anstelle des Jahresergebnisses einen Bilanzgewinn oder -verlust (§ 268 Abs. 1 S. 2 HGB) ausweisen. 979

g) Angaben zum Bestehen einer unbeschränkten persönlichen Haftung (§ 285 Nr. 11a HGB)

Nach dieser Vorschrift sind im Anh. **Name (Firma), Sitz und Rechtsform** derjenigen Unternehmen anzugeben, deren unbeschränkt haftender Gesellschafter die berichtende Gesellschaft ist. Neben dieser Angabe ist der unbeschränkt haftende Gesellschafter auch weiterhin zu Angaben i.S.d. §§ 251 i.V.m. 268 Abs. 7 erster Hs. HGB, § 285 Nr. 27 HGB oder § 285 Nr. 3a HGB verpflichtet[1677]. Die Vorschrift richtet sich in erster Linie an KapGes., die persönlich haftende Gesellschafter eines anderen Unternehmens, insb. einer OHG oder KG i.S.d. § 264a HGB, sind; sie betrifft aber auch Personenhandelsgesellschaften i.S.d. § 264a HGB selbst, wenn diese persönlich haftende Gesellschafter eines anderen Unternehmens sind. Als andere Unternehmen kommen dabei hauptsächlich OHG oder KG, daneben aber auch Unternehmen ausländischen Rechts, Joint Ventures sowie wirtschaftlich tätige BGB-Gesellschaften (z.B. Arbeitsgemeinschaften) in Betracht[1678]. Auch große Gesellschaften, die einen IFRS-Einzelabschluss offen legen, sind nach § 325 Abs. 2a S. 3 HGB zur Angabe verpflichtet[1679]. 980

Die Angabepflicht gilt auch, wenn **keine Einlage** besteht, sowie in den Fällen der **Nachhaftung**[1680] eines Gesellschafters nach dem Ausscheiden aus der Gesellschaft (z.B. gem. § 160 HGB). Soweit für die betreffenden Unternehmen bereits eine Angabepflicht gem. § 285 Nr. 11 HGB besteht, kann das Bestehen der unbeschränkten Haftung auch dort vermerkt werden. Für die Angaben nach Nr. 11a gilt die **Schutzklausel** des § 286 Abs. 3 HGB; insoweit kann auf die Erläuterungen in Tz. 977 f. verwiesen werden[1681]. 981

1675 Zur Angabe von Beteiligungserträgen aus PersGes. vgl. *Knipping/Klein*, DB 1988, S. 1964 (1966).
1676 Ebenso ADS[6], § 285 HGB, Tz. 218, und § 286 HGB, Tz. 47; weitergehend *Oser/Holzwarth* in HdR[5], §§ 284 bis 288 HGB, Rn. 309; *Ellrott* in BeBiKo[7], § 286, Rn. 10.
1677 Vgl. *IDW ERS HFA 18 n.F.*, Tz. 8 und 40.
1678 ADS[6], § 285 HGB, Tz. 225; vgl. ferner *Ellrott* in BeBiKo[7], § 285, Rn. 258.
1679 Vgl. Tz. 15.
1680 Vgl. *Armbrüster*, DZWiR 1997, S. 55.
1681 Vgl. ADS[6], § 285 HGB, Tz. 217; vgl. ferner *Ellrott* in BeBiKo[7], § 285, Rn. 258.

h) Angaben zu Mutterunternehmen der Gesellschaft (§ 285 Nr. 14 HGB)

982 Gehört eine KapGes. oder Personenhandelsgesellschaft i.S.d. § 264a HGB zu einem Konzern, in dem sie TU i.S.d. § 290 HGB ist, so hat sie im Anh. bestimmte Angaben in Bezug auf das/die **MU** (zum Begriff vgl. M Tz. 23) zu machen. Auch große Gesellschaften, die einen IFRS-Einzelabschluss offen legen, sind nach § 325 Abs. 2a S. 3 HGB zur Angabe verpflichtet[1682]. Die geforderten Angaben betreffen:

- das MU, das den **KA** für den **größten Kreis** von (Konzern-)Unternehmen aufstellt; dieses Unternehmen wird i.d.R. mit der Konzernspitze identisch sein;

- das MU, das den **KA** für den **kleinsten Kreis** von (Konzern-)Unternehmen aufstellt; dieses wird vielfach das Unternehmen sein, welches eine unmittelbare Beteiligung an der zur Berichterstattung verpflichteten Gesellschaft hält[1683].

983 Als MU i.S.d. Vorschrift kommen nicht nur inländische Unternehmen in Betracht, sondern auch **ausländische**, gleichgültig, ob innerhalb oder außerhalb der EU ansässig. Ist an der berichtenden Gesellschaft unmittelbar nur ein Unternehmen beteiligt, das in keinem weiteren Konzernverbund steht, so sind größtes und kleinstes MU deckungsgleich; in diesem Fall ist nur ein MU anzugeben[1684].

984 Die Angabepflicht ist grds. darauf abgestellt, dass die MU einen **KA** auch **tatsächlich aufstellen** (müssen). Unterbleibt die Aufstellung, weil sie aufgrund der Rechtsform, von Einbeziehungswahlrechten (§ 296 HGB) oder wegen der Größe des Konzerns (§ 293 HGB) nicht vorgeschrieben ist oder weil zulässigerweise von den Befreiungsmöglichkeiten des § 291 HGB bzw. aufgrund der KonBefrV[1685] Gebrauch gemacht wird, verlagern sich die Angaben auf das jeweils unter- oder übergeordnete MU, das einen KA aufstellt[1686]. Wird ein KA nicht aufgestellt, obwohl er nach deutschem oder EU-Recht aufzustellen wäre, ist das MU gleichwohl anzugeben[1687]. Angabepflicht besteht ferner auch dann, wenn das TU im Hinblick auf § 296 HGB nicht in den KA einbezogen wurde[1688].

985 Anzugeben sind jeweils **Name und Sitz der MU**, ferner, soweit die MU zur Offenlegung der von ihnen aufgestellten KA verpflichtet sind, der **Ort**, wo diese erhältlich sind. Als Ort gilt nach EHUG der eBAnz. Bei ausländischem MU ist das ausländische – ggf. elektronische – Amtsblatt mit Nummer/Datum, in dem die Offenlegung erfolgt[1689] oder die – ggf. elektronische – Adresse bei der Behörde, bei der KA eingesehen werden kann (z.B. die Dateien der SEC[1690]) anzugeben.

[1682] Vgl. Tz. 15.
[1683] Vgl. ADS[6], § 285 HGB, Tz. 249.
[1684] Vgl. ADS[6], § 285 HGB, Tz. 253; vgl. ferner *Ellrott* in BeBiKo[7], § 285, Rn. 276; *Krawitz* in BoHdR[2], § 285 HGB, Rn. 234.
[1685] BGBl. I 1991, S. 2122, zuletzt geändert durch Gesetz vom 25.05.2009 (BGBl. I, S. 1102).
[1686] Vgl. ADS[6], § 285 HGB, Tz. 251; *Oser/Holzwarth* in HdR[5], §§ 284 bis 288 HGB, Rn. 330.
[1687] Zust. *Scheffler* in BHdR, B 436, Rn. 23; *Ellrott* in BeBiKo[7], § 285, Rn. 274; *Krawitz* in BoHdR[2], § 285 HGB, Rn. 230.
[1688] Ebenso ADS[6], § 285 HGB, Tz. 252; *Ellrott* in BeBiKo[7], § 285, Rn. 275; *Kupsch* in HdJ, Abt. IV/4, Rn. 241; a.A. offenbar *Scheffler* in BHdR, B 436, Rn. 11 (der KA muss den Abschluss der berichtenden Gesellschaft enthalten).
[1689] Vgl. *Ellrott* in BeBiKo[7], § 285 Rn. 277.
[1690] Vgl. ADS[6], § 285 HGB, Tz. 254.

Der Anhang **F**

i) Angaben zu einem ausländischen Mutterunternehmen, wenn dessen Konzernabschluss befreiende Wirkung haben soll (§ 291 Abs. 2 Nr. 3 HGB, § 2 Abs. 1 Nr. 4 KonBefrV i.V.m. § 292 HGB)

Ist eine KapGes. oder Personenhandelsgesellschaft i.S.d. § 264a HGB zur Aufstellung eines (Teil-)KA verpflichtet, macht sie aber von der **Befreiungsmöglichkeit des § 291 Abs. 2 HGB** Gebrauch, weil sie in den KA und KLB eines MU mit Sitz in einem Mitgliedstaat der EU oder in einem anderen Vertragsstaat des Abkommens über den Europäischen Wirtschaftsraum (EWR) einbezogen ist, so hat sie im Anh. folgende Angaben zu machen (§ 291 Abs. 2 Nr. 3 HGB): 986

a) Name und Sitz des MU, das den befreienden KA und KLB aufstellt,
b) einen Hinweis auf die Befreiung sowie
c) eine Erläuterung der im befreienden KA vom deutschen Recht abweichend angewandten Bilanzierungs-, Bewertungs- und Konsolidierungsmethoden.

Entsprechende Angabepflichten bestehen nach § 2 Abs. 1 Nr. 4 **KonBefrV i.V.m. § 292 HGB**, wenn der befreiende KA und KLB von einem MU mit Sitz außerhalb der EU und des EWR aufgestellt wird. 987

Die Erläuterung der im befreienden KA vom deutschen Recht **abw. angewandten Bilanzierungs-, Bewertungs- und Konsolidierungsmethoden** „soll sicherstellen, dass der Bilanzleser angemessen über die Anwendung ausländischer Bilanzierungsmethoden unterrichtet wird"[1691]. Hierzu sind verbale Ausführungen zu den wesentlichen Abweichungen, ggf. z.B. über die Aktivierung selbst erstellter immaterieller Vermögensgegenstände des AV, ausreichend. Eine quantitative Angabe der daraus resultierenden Auswirkungen ist dagegen nicht erforderlich[1692] und i.d.R. mangels Kenntnis des befreienden KA auch nicht möglich. 988

Nicht gefordert ist eine Angabe analog § 285 Nr. 14 HGB, d.h. eine **Angabe des Ortes**, wo der befreiende KA und KLB erhältlich sind. Gleichwohl erscheint eine solche Angabe wünschenswert[1693]. 989

j) Angaben über die Entsprechenserklärung zum DCGK (§ 285 Nr. 16 HGB i.V.m. § 161 AktG)

Börsennotierte AG (§ 3 Abs. 2 AktG) sowie Gesellschaften, die ausschließlich andere Wertpapiere als Aktien zum Handel an einem organisierten Markt i.S.d. § 2 Abs. 5 WpHG ausgegeben haben und deren ausgegebene Aktien auf eigene Veranlassung über ein multilaterales Handelssystem i.S.d. § 2 Abs. 3 S. 1 Nr. 8 WpHG gehandelt werden, müssen in ihrem Anh. Angaben über die jährliche Entsprechenserklärung zum DCGK i.S.d. § 161 Abs. 1 AktG machen[1694]. Dies gilt auch für börsennotierte AG, die einen IFRS-Einzelabschluss nach § 325 Abs. 2a HGB offen legen[1695]. Angabepflichtig ist, dass die **Erklärung des Vorstands und des Aufsichtsrats** i.S.d. § 161 Abs. 1 AktG abgegeben wurde und wo sie gem. § 161 Abs. 2 AktG auf der Internetseite der Gesellschaft dauerhaft öffentlich zugänglich gemacht worden ist. Es genügt nicht, im Anh. einen Verweis auf den elektronischen Bundesanzeiger anzugeben, wo die Erklärung nach § 325 Abs. 1 und 2 HGB offen zu legen ist. Die Anhangangabe muss die **Internetadresse**, d.h. den genauen Pfad ent- 990

1691 RegBegr. zum KapAEG, BR-Drs. 967/96, S. 18.
1692 Gl.A. *Kozikowski/Ritter* in BeBiKo⁷, § 291, Rn. 28; *Farr*, AG 2000, S. 1 (5).
1693 Vgl. *Scheffler* in BHdR, B 436, Rn. 27.
1694 Vgl. auch *Ellrott* in BeBiKo⁷, § 285, Rn. 281; *Pfitzer/Oser/Orth*, DB 2002, S. 157.
1695 Vgl. Tz. 15.

halten, unter dem die Erklärung zugänglich ist[1696]. Der Zugang zur Internetadresse muss öffentlich, d.h. jedem Interessierten per Internet möglich sein[1697].

991 Die Angabepflicht bezieht sich dagegen nicht auf den **Inhalt der Erklärung** i.S.d. § 161 Abs. 1 AktG[1698]. D.h. es ist nicht darauf einzugehen, ob und in welchem Umfang die Gesellschaft die im eBAnz. bekannt gemachten Empfehlungen der Regierungskommission DCGK befolgt oder nicht befolgt hat.

k) Angaben zum Honoraraufwand für den Abschlussprüfer i.S.d. § 319 Abs. 1 S. 1 und 2 HGB (§ 285 Nr. 17 HGB)

992 Soweit die Angaben nicht in einem das Unternehmen einbeziehenden KA enthalten sind, besteht nach § 285 Nr. 17 HGB die Verpflichtung, im Anh. die Honorare des APr. i.S.d. § 319 Abs. 1 S. 1 und 2 HGB anzugeben. Kleine Gesellschaften (§ 267 Abs. 1 HGB) brauchen diese Angabe nach § 288 S. 1 HGB nicht zu machen. Soweit mittelgroße Gesellschaften (§ 267 Abs. 2 HGB) die Angaben nach § 285 Nr. 17 HGB nicht machen, sind sie verpflichtet, diese der WPK auf deren schriftliche Anforderung zu übermitteln (§ 288 Abs. 2 S. 3 HGB).

993 Durch den Gesetzeswortlaut wird klargestellt, dass die Angabepflicht nicht alle Beratungs-, Bestätigungs- oder sonstigen in Auftrag gegebenen Leistungen umfasst, sondern nur solche betrifft, die durch den **Abschlussprüfer** ausgeführt wurden (vgl. A Tz. 599, 604). Hierunter ist grds. der bestellte APr. i.S.d. § 318 HGB zu verstehen, d.h. die (bestellte) Wirtschaftsprüferpraxis, wie sie in der *VO 1/2006*[1699] definiert ist[1700]. Nach Sinn und Zweck der Vorschrift erscheint es sachgerecht, die von verbundenen Unternehmen i.S.d. § 271 Abs. 2 HGB des APr. berechneten Honorare zu berücksichtigen; eine Pflicht hierzu besteht jedoch nicht[1701]. Angaben zu Verbünden oder Netzwerken, in denen der Apr. organisiert ist, sind nicht erforderlich; werden sie freiwillig gemacht, ist ein „davon"-Vermerk, bezogen auf die zum Apr. bestellte Einheit, erforderlich[1702].

994 Grundlage für die Anhangangabe ist der von der Gesellschaft im GJ erfasste Aufwand, der in folgende **Kategorien** aufzuschlüsseln ist:

— Honorar für die Abschlussprüfungsleistungen (§ 285 Nr. 17 lit. a) HGB),
— Honorar für andere Bestätigungsleistungen (§ 285 Nr. 17 lit. b) HGB),
— Honorar für Steuerberatungsleistungen (§ 285 Nr. 17 lit. c) HGB),
— Honorar für sonstige Leistungen (§ 285 Nr. 17 lit. d) HGB).

Gesondert anzugeben sind der Gesamtbetrag und die Teilbeträge (lit. a) bis d)); eine Negativanzeige ist nicht erforderlich[1703].

995 Die erste Kategorie (lit. a)) umfasst das Honorar für die **Abschlussprüfung**. Hierunter fallen Aufwendungen für die nach § 316 Abs. 1 und 2 HGB vorgeschriebene jährliche gesetzliche Prüfung des Jahres- und des KA des jeweiligen Unternehmens sowie für

---

1696 Vgl. *Gelhausen/Fey/Kämpfer*, BilMoG, Kap. O, Rn. 68.
1697 Vgl. *Gelhausen/Fey/Kämpfer*, BilMoG, Kap. O, Rn. 68; *Ellrott* in BeBiKo[7], § 285, Rn. 281.
1698 Vgl. *Ellrott* in BeBiKo[7], § 285, Rn. 281; *IDW PS 345*, Tz. 15; zur Erklärung börsennotierter AG zur Unternehmensführung im LB (§ 289a HGB) vgl. *Gelhausen/Fey/Kämpfer*, BilMoG, Kap. P.
1699 Vgl. *Gemeinsame Stellungnahme der WPK und des IDW: Anforderungen an die Qualitätssicherung in der Wirtschaftsprüferpraxis (VO 1/2006)*, Tz. 8.
1700 Vgl. *IDW RS HFA 36*, Tz. 5.
1701 Vgl. *IDW RS HFA 36*, Tz. 7.
1702 Vgl. *IDW RS HFA 36*, Tz. 6.
1703 Vgl. *IDW RS HFA 36*, Tz. 11.

Der Anhang F

Nachtragsprüfungen gem. § 316 Abs. 3 HGB (vgl. Q Tz. 311). Eine Angabe der Honorare für die Prüfung von TU im Anh. des JA eines Konzernmutterunternehmens kommt dagegen nicht in Betracht. Ist der Prüfer des JA des MU auch Prüfer des KA, ist im Anh. zum JA auch das für die Konzernabschlussprüfung zu leistende Honorar unter der Kategorie a) anzugeben[1704]. Auch Bestätigungsleistungen für sog. Konzern-Reporting Packages, die durch den APr. geprüft und bestätigt werden, sind in dieser Kategorie anzugeben[1705]. Des Weiteren sind in diese Angaben auch Honorare für sonstige Prüfungen, die dem APr. gesetzlich obliegen, einzubeziehen, soweit diese in der GuV der zu prüfenden Gesellschaft als Aufwand erfasst sind. Dazu gehören Prüfungsleistungen, die im Rahmen der Abschlussprüfung vorzunehmen sind, bspw. nach § 317 Abs. 4 HGB Prüfungen des Risikofrüherkennungssystems i.S.d. § 91 Abs. 2 AktG bei börsennotierten AG, Prüfungen nach § 53 HGrG, nach § 29 Abs. 2 KWG oder des Abhängigkeitsberichtes nach § 313 AktG[1706].

Die zweite Kategorie (lit. b)) umfasst sämtliche **übrigen Bestätigungsleistungen** i.S.d. 996
§ 2 Abs. 1 WPO. Hierunter fallen Honorare, die zwar vom APr., aber lediglich in (zeitlichem) Zusammenhang mit oder in Ergänzung zur Abschlussprüfung durchgeführt werden. Dazu gehören i.d.R. neben freiwilligen Prüfungen (z.B. analog § 53 HGrG, analog § 317 Abs. 4 HGB) und sonstigen betriebswirtschaftlichen Prüfungen i.S.d. § 2 Abs. 1 WPO, Prüfungen nach dem UmwG, andere gesondert beauftragte Prüfungen nach Spezialgesetzen (z.B. § 36 WpHG, § 16 MaBV), Prüfungen, für die Bescheinigungen nach § 41 Abs. 2 S. 1 EEG, § 9 Abs. 7 S. 4 KWKG erteilt werden, prüferische Durchsichten, Prüfungen von Zwischenabschlüssen und Mittelverwendungsprüfungen. Die Einordnung der Aufwendungen für diese Leistungen in die zweite Kategorie ist unabhängig davon, ob sie in zeitlichem Zusammenhang mit der Abschlussprüfung durchgeführt werden oder nicht[1707].

Die dritte Kategorie (lit. c)) umfasst die an den APr. für die im GJ getätigte **Steuer-** 997
beratung i.S.d. § 2 Abs. 2 WPO zu leistenden Honorare. Hierunter fallen neben den Honoraren für laufende Steuerberatung auch Vergütungen für die Führung von Einspruchsverfahren oder die Vertretung bei Finanzgerichtsverfahren. Ebenso sind unter dieser Kategorie Honorare für die Entwicklung von Steuergestaltungen, insb. im Rahmen des UmwStG, die Planungen von steueroptimierten Unternehmensnachfolgen und die gutachterliche Tätigkeit im Rahmen der Steuerplanung zu fassen. Die Honorare für die Prüfung der handelsrechtlichen Anpassungsbuchungen nach einer steuerlichen Betriebsprüfung sind dagegen unter dem lit. a) auszuweisen, da diese unmittelbar mit der Prüfung des JA einhergehen. Zur eingeschränkten Vereinbarkeit der Durchführung von Steuerberatungsleistungen durch den APr.[1708], insb. bei Gesellschaften von öffentlichem Interesse, vgl. § 319a Abs. 1 Nr. 2a HGB.

Die vierte Kategorie (lit. d)) umfasst die Aufwendungen für **sonstige Leistungen** des 998
APr.[1709]. Dieser Kategorie sind alle Honoraraufwendungen zuzuordnen, die nicht unter die

---

1704 Vgl. *IDW RS HFA 36*, Tz. 12.
1705 Vgl. *IDW RS HFA 36*, Tz. 12.
1706 Vgl. *IDW RS HFA 36*, Tz. 12.
1707 Vgl. *Pfitzer/Oser/Orth*, DB 2004, S. 2593 (2595), die unter Bestätigungsleistungen nur prüfungsnahe Dienstleistungen subsumieren, die in keinem Zusammenhang mit dem geprüften Abschluss und der Rechnungslegung des Mandanten stehen.
1708 Zur Zulässigkeit von Steuerberatung und Abschlussprüfung vgl. *Gelhausen*, Corporate Governance, S. 21; zu Besonderheiten nach § 319a HGB bei der Prüfung kapitalmarktorientierter Unternehmen vgl. *Förschle/Schmidt* in BeBiKo[7], § 319a, Rn. 11 ff.; zu Netzwerken i.S.d. § 319b HGB vgl. *Gelhausen/Fey/Kämpfer*, BilMoG, Kap. T, Rn. 203 f.
1709 Vgl. *Pfitzer/Oser/Orth*, DB 2004, S. 2593 (2595).

ersten drei Kategorien fallen. Honorare für vom APr. zulässigerweise erbrachte Bewertungsleistungen sind unter dieser Kategorie auszuweisen[1710]. In diesem Zusammenhang besteht ebenso wie bei den Bestätigungsleistungen das Problem der Abgrenzung von den im Rahmen der Abschlussprüfung durchgeführten prüfungsnahen Bewertungsleistungen (lit. a)). Sofern es sich um Bewertungsleistungen im Rahmen der Abschlussprüfung handelt, die der APr. bspw. zur Feststellung der Werthaltigkeit von Immobilien, Finanzanlagen[1711] oder zur Überprüfung weiterer Bilanzposten[1712] vornimmt, sind diese Honorare als Abschlussprüfungsleistungen unter lit. a) anzugeben[1713]. Werden dagegen die Bewertungsleistungen nicht i.Z.m. der Abschlussprüfung erbracht, bspw. die Bewertungsgutachten im Vorfeld von Verkaufsverhandlungen über Beteiligungen, sind die hierauf entfallenden Honorare unter dem lit. d) anzugeben[1714]. Des Weiteren sind unter der Kategorie d) bspw. Honorare für Gutachten zur Beurteilung betriebswirtschaftlicher Fragen oder elektronischer Informationssysteme anzugeben[1715].

999 Nach § 285 Nr. 17 HGB ist das vom APr. „**für das Geschäftsjahr berechnete Gesamthonorar**", d.h. das aus der Perspektive des Bilanzierenden auf das GJ entfallende Honorar anzugeben[1716]. Dieser Periodisierung wird entsprochen, wenn für gesetzlich vorgeschriebene Prüfungen, für die nach § 249 Abs. 1 HGB eine Rückstellungspflicht in Höhe der erwarteten Honorare besteht (vgl. E Tz. 137 f.), sowie für stichtagsüberschreitende Aufträge, die nach angefallenen Stunden abgerechnet werden, die bis zum Stichtag angefallenen und aufwandswirksam erfassten Beträge angegeben werden. Diese Vorgehensweise nach *IDW RS HFA 36*, Tz. 8, das in der GuV als Aufwand erfasste Gesamthonorar anzugeben, dient lediglich dem Zweck der (technischen) Vereinfachung; der Bilanzierende soll von Fragestellungen der Periodisierung des Aufwands nach Maßgabe der vom APr. erbrachten Leistung entlastet werden (vgl. E Tz. 298, 305)[1717].

1000 Umfasst sind auch **Honorare** für Leistungen an den Bilanzierenden, die seitens des APr. z.B. einem MU des Bilanzierenden in Rechnung gestellt und dem Bilanzierenden weiterbelastet werden[1718]. Angabepflichtig sind auch Honorare, die als Anschaffungsnebenkosten i.S.d. § 255 Abs. 1 S. 2 HGB aktiviert wurden (z.B. Beratungshonorare bei Beteiligungserwerb)[1719]. Unter den Honoraren i.S.d. § 285 Nr. 17 HGB ist die Gesamtvergütung für die Tätigkeit des APr. zu verstehen. Das Honorar schließt den berechneten Auslagenersatz (Tage- und Übernachtungsgelder, Fahrt- und Nebenkosten, Berichts- und Schreibkosten usw.), jedoch nicht die darauf entfallende USt mit ein[1720].

1710 Vgl. *IDW RS HFA 36*, Tz. 15; WP Handbuch 2008 Bd. II, A, Tz. 1 zur Unternehmensbewertung nach *IDW S 1*.
1711 Vgl. zur Bewertung von Beteiligungen *IDW RS HFA 10*.
1712 Vgl. zur Bewertung immaterieller Vermögenswerte *IDW S 5*.
1713 So wohl auch *Pfitzer/Oser/Orth*, DB 2004, S. 2593 (2595).
1714 Zur grds. Vereinbarkeit von Abschlussprüfung und Bewertungstätigkeit des APr. vgl. *Gelhausen/Kuss*, NZG 2003, S. 424; *Veltins*, DB 2004, S. 452; zur Befangenheit des APr. vgl. auch *Gelhausen/Heinz*, WPg 2005, S. 693; zu Besonderheiten nach § 319a HGB bei der Prüfung kapitalmarktorientierter Unternehmen vgl. *Förschle/Schmidt* in BeBiKo[7], § 319a, Rn. 5; zu Netzwerken i.S.d. § 319b HGB vgl. *Gelhausen/Fey/Kämpfer*, BilMoG, Kap. T, Rn. 201.
1715 Zu Besonderheiten nach § 319a HGB bei der Prüfung kapitalmarktorientierter Unternehmen vgl. *Förschle/Schmidt* in BeBiKo[7], § 319a, Rn. 21 ff.; zu Netzwerken i.S.d. § 319b HGB vgl. *Gelhausen/Fey/Kämpfer*, BilMoG, Kap. T, Rn. 205 ff.
1716 Vgl. *IDW RS HFA 36*, Tz. 8.
1717 Zu allg. Grundsätzen der periodengerechten Erfassung von Aufwendungen, hier i.Z.m. der Leistungserbringung, vgl. E Tz. 298, 305. Zur Abgrenzung der anzugebenden Honorare vgl. auch *Pfitzer/Oser/Orth*, DB 2004, S. 2593 (2595); zum Ansatz von Rückstellungen vgl. E Tz. 132 ff.
1718 Vgl. *IDW RS HFA 36*, Tz. 8.
1719 Vgl. *IDW RS HFA 36*, Tz. 8.
1720 Vgl. *IDW RS HFA 36*, Tz. 10.

Stellt sich die für Honorare des APr. gebildete **Rückstellung** im Nachhinein als über- oder unterdotiert heraus, ist der Betrag der Über- oder Unterdotierung bei der Honorarangabe im Abschluss des Folgegeschäftsjahres zu berücksichtigen; bei wesentlichen Beträgen empfiehlt sich eine gesonderte Angabe in Form eines „davon"-Vermerks („davon für das Vorjahr")[1721]. Gleiches sollte auch für den Fall eines Wechsels des APr. gelten, so dass im ersten Jahr der Prüfung durch den neuen APr. ggf. noch für die Vj. zu leistenden Honorare an den vorhergehenden APr. getrennt von den Honoraren des neuen APr. angegeben werden. 1001

Bei gemeinschaftlichen Abschlussprüfungen (**Joint Audits**) ist es sachgerecht, die geforderten Angaben jeweils getrennt für jeden der beteiligten Gemeinschaftsprüfer zu machen, da jeder Gemeinschaftsprüfer eigenverantwortlich tätig ist[1722]. 1002

Die Angaben brauchen nach § 285 Nr. 17 letzter Satzteil HGB im Anh. des JA nicht gemacht zu werden, soweit sie in einem die KapGes. einbeziehenden, den Anforderungen des HGB bzgl. Aufstellung, Prüfung und Offenlegung entsprechenden KA enthalten sind. Hierzu gehören KA i.S.d. §§ 290 ff., 291 HGB, 292 HGB i.V.m. § 1 S. 1 KonBefrV, 315a HGB sowie entsprechende KA i.S.d. §§ 11 ff. PublG. Bei einer Inanspruchnahme dieser **Erleichterung** empfiehlt sich, im Anh. darauf hinzuweisen[1723]. Da eine Prüfungspflicht rechtlich erst zum Stichtag entsteht, ist ein vom KAPr. für eine JA- sowie ggf. KA-Prüfung eines TU berechnetes Honorar auch dann in voller Höhe und nicht nur (zeit-)anteilig im KAnh. anzugeben, wenn das Mutter-/Tochterverhältnis erst im Verlauf des GJ entstanden ist. 1003

l) Angaben zu Geschäften mit nahe stehenden Unternehmen und Personen (§ 285 Nr. 21 HGB)[1724]

Nach § 285 Nr. 21 erster Ts. HGB sind im Anh. zumindest die wesentlichen, **nicht zu marktüblichen Bedingungen zustande gekommenen Geschäfte** mit nahe stehenden Unternehmen und Personen einschließlich Angaben zur **Art der Beziehung**, zum **Wert der Geschäfte** sowie weiterer Angaben, die für die Beurteilung der Finanzlage notwendig sind, anzugeben. Die Pflicht zur Anhangangaben entfällt für Geschäfte mit und zwischen unmittel- oder mittelbar in 100%igem Anteilsbesitz stehenden, in einen – entsprechend den Anforderungen des HGB aufgestellten[1725], geprüften und offengelegten – KA einbezogenen Unternehmen (§ 285 Nr. 21 zweiter Ts. HGB)[1726]. Angaben über Geschäfte können nach Geschäftsarten zusammengefasst werden, sofern die getrennte Angabe für die Beurteilung der Auswirkungen auf die Finanzlage nicht notwendig ist (§ 285 Nr. 21 dritter Ts. HGB). Kleine Gesellschaften (§ 267 Abs. 1 HGB) brauchen diese Angaben nach § 288 S. 1 HGB nicht zu machen. 1004

Mittelgroße Gesellschaften (§ 267 Abs. 2 HGB) brauchen die Angaben nur zu machen, wenn sie die Rechtsform der AG aufweisen (§ 288 Abs. 2 S. 4 erster Hs. HGB). Die Angabe kann in diesem Fall auf Geschäfte beschränkt werden, die direkt oder indirekt mit dem Hauptgesellschafter oder Mitgliedern des Geschäftsführungs-, Aufsichts- oder Ver- 1005

1721 Vgl. *IDW RS HFA 36*, Tz. 9.
1722 Vgl. *IDW RS HFA 36*, Tz. 16.
1723 Vgl. *IDW RS HFA 36*, Tz. 17.
1724 Vgl. *Rimmelspacher/Fey*, WPg 2010, S. 180; bzgl. der Anhangangaben zu Geschäften mit nahe stehenden Unternehmen und Personen bei Unternehmen der öffentlichen Hand vgl. *Poullie*, WPg 2010, S. 1058; *Hauptmann/Sailer/Benz*, Der Konzern 2010, S. 112.
1725 Hierzu gehören auch KA i.S.d. §§ 291, 292 und 315a HGB, vgl. *IDW RS HFA 33*, Tz. 2.
1726 Vgl. *IDW RS HFA 33*, Tz. 28 f.

waltungsorgans abgeschlossen wurden (§ 288 Abs. 2 S. 4 zweiter Hs. HGB). Ein indirekt abgeschlossenes Geschäft liegt vor, wenn Vertragspartner des Bilanzierenden eine Gesellschaft ist, bei der der Hauptgesellschafter (bzw. das Organmitglied) des Bilanzierenden Hauptgesellschafter ist[1727]. Als Hauptgesellschafter gilt die natürliche oder juristische Person oder PersGes., die unmittelbar oder mittelbar die Finanz- und Geschäftspolitik des Bilanzierenden bestimmen und daher die Eingehung eines marktunüblichen Geschäfts zum eigenen Nutzen durchsetzen kann, was regelmäßig dem beherrschenden Einfluss i.S.d. § 290 Abs. 1 S. 1 HGB entspricht[1728].

aa) Nahe stehende Unternehmen und Personen

1006 Der Begriff "nahe stehende Unternehmen und Personen" ist i.S.d. zum jeweiligen Abschlussstichtag geltenden, d.h. in EU-Recht übernommenen und in Kraft getretenen internationalen Rechnungslegungsstandards (IFRS) – also gegenwärtig i.S.d. IAS 24.9 ff. – zu verstehen[1729]. Sofern die **Definitionen des IAS 24** (revised 2009) nicht freiwillig vorzeitig angewandt werden (IAS 24.28), gelten in Bezug auf Abschlüsse für GJ, die vor dem 01.01.2011 beginnen, die Regelungen des IAS 24 a.F[1730]. Bei der Aufstellung von Abschlüssen für GJ, die nach dem 31.12.2010 beginnen, oder der freiwilligen vorzeitigen Anwendung ist IAS 24 (*revised* 2009) zu beachten[1731]. Danach sind die nahe stehenden Unternehmen und Personen eines berichtspflichtigen Unternehmens nach IAS 24.9 bis .12 (*revised* 2009) abschließend definiert, so dass insb. die Ausnahmeregelungen des IAS 24 (*revised* 2009) für direkte und indirekte Geschäfte mit öffentlichen Stellen (IAS 24.25) für Zwecke der Anhangangabe nach § 285 Nr. 21 HGB nicht maßgeblich sind[1732].

1007 Die Definition des IAS 24.9 (*revised* 2009) besagt[1733]:

a) Eine **Person** oder ein naher Familienangehöriger dieser Person steht einem berichtenden Unternehmen nahe, wenn sie/er
   i. das berichtende Unternehmen beherrscht oder an dessen gemeinschaftlicher Führung beteiligt ist,
   ii. maßgeblichen Einfluss auf das berichtende Unternehmen hat oder
   iii. im Management des berichtenden Unternehmens oder eines MU des berichtenden Unternehmens eine Schlüsselposition bekleidet.

b) Ein **Unternehmen** steht einem berichtenden Unternehmen nahe, wenn eine der folgenden Bedingungen erfüllt ist:
   i. Das Unternehmen und das berichtende Unternehmen gehören derselben Unternehmensgruppe an (was bedeutet, dass alle MU, TU und Schwestergesellschaften einander nahe stehen),
   ii. eines der beiden Unternehmen ist ein assoziiertes Unternehmen oder ein Gemeinschaftsunternehmen des anderen (oder ein assoziiertes Unternehmen oder Ge-

---

1727 Vgl. *IDW RS HFA 33*, Tz. 27.
1728 Vgl. *IDW RS HFA 33*, Tz. 26.
1729 Vgl. Begr. RegE BilMoG, BT-Drucks. 16/10067, S. 72.
1730 Vgl. Verordnung (EG) Nr. 1126/2008 der Kommission vom 03.11.2008 zur Übernahme bestimmter internationaler Rechnungslegungsstandards gemäß der Verordnung (EG) Nr. 1606/2002 des Europäischen Parlaments und des Rates, ABl.EG 2002, Nr. L 320, S. 1; *IDW RS HFA 33*, Anlage 2.
1731 Vgl. *IDW RS HFA 33*, Tz. 8.
1732 Vgl. *IDW RS HFA 33*, Tz. 8.
1733 Vgl. Verordnung (EU) Nr. 632/2010 der Kommission vom 19.07.2010 zur Änderung der Verordnung (EG) Nr. 1126/2008 zur Übernahme bestimmter internationaler Rechnungslegungsstandards gemäß der Verordnung (EG) Nr. 1606/2002 des Europäischen Parlaments und des Rates im Hinblick auf International Accounting Standard (IAS) 24 und International Financial Reporting Standard (IFRS) 8, ABl.EU 2010, Nr. L 186, S. 1; *IDW RS HFA 33*, Anlage 1.

meinschaftsunternehmen eines Unternehmens einer Gruppe, der auch das andere Unternehmen angehört),
iii. beide Unternehmen sind Gemeinschaftsunternehmen desselben Dritten,
iv. eines der beiden Unternehmen ist ein Gemeinschaftsunternehmen eines dritten Unternehmens und das andere ist assoziiertes Unternehmen dieses dritten Unternehmens,
v. das Unternehmen ist eine Versorgungseinrichtung für Leistungen nach Beendigung des Arbeitsverhältnisses zugunsten der Arbeitnehmer entweder des berichtenden Unternehmens oder eines dem berichtenden Unternehmen nahe stehenden Unternehmens. Handelt es sich bei dem berichtenden Unternehmen selbst um eine solche Einrichtung, sind auch die in diesen Plan einzahlenden Arbeitgeber als dem berichtenden Unternehmen nahe stehend zu betrachten,
vi. das Unternehmen wird von einer unter lit. a) genannten Person beherrscht oder steht unter gemeinschaftlicher Führung, an der eine unter lit. a) genannte Person beteiligt ist,
vii. eine unter lit. a) Ziff. i genannte Person hat maßgeblichen Einfluss auf das Unternehmen oder bekleidet im Management des Unternehmens (oder eines MU des Unternehmens) eine Schlüsselposition.

Daneben definiert IAS 24.9 weitere Begriffe zur Abgrenzung der nahe stehenden Unternehmen und Personen[1734]: **Nahe Familienangehörige** einer Person sind danach Familienmitglieder, von denen angenommen werden kann, dass sie bei ihren Transaktionen mit dem Unternehmen auf die Person Einfluss nehmen oder von ihr beeinflusst werden können. Dazu gehören Kinder und Ehegatte oder Lebenspartner dieser Person, Kinder des Ehegatten oder Lebenspartners dieser Person sowie abhängige Angehörige dieser Person oder des Ehegatten oder Lebenspartners dieser Person. **Mitglieder des Managements** in Schlüsselpositionen sind Personen, die direkt oder indirekt für die Planung, Leitung und Überwachung der Tätigkeiten des Unternehmens zuständig und verantwortlich sind; dies schließt Mitglieder der Geschäftsführungs- und Aufsichtsorgane ein. **1008**

Bei der Beurteilung der Beziehungen zu nahe stehenden Unternehmen und Personen ist nach IAS 24.10 auf den **wirtschaftlichen Gehalt der Beziehung** und nicht allein auf die rechtliche Gestaltung abzustellen[1735]. Nach IAS 24.11 nicht als nahe stehende Unternehmen und Personen anzusehen sind **1009**

a) zwei Unternehmen, die lediglich ein Geschäftsleitungsmitglied oder ein anderes Mitglied des Managements in einer Schlüsselposition gemeinsam haben, oder bei denen ein Mitglied des Managements in einer Schlüsselposition bei dem einen Unternehmen maßgeblichen Einfluss auf das andere Unternehmen hat.
b) zwei Partnerunternehmen, die lediglich die gemeinschaftliche Führung eines Gemeinschaftsunternehmens ausüben.
c) i. Kapitalgeber,
ii. Gewerkschaften,
iii. öffentliche Versorgungsunternehmen und
iv. Behörden und Institutionen einer öffentlichen Stelle, die das berichtende Unternehmen weder beherrscht noch gemeinschaftlich führt noch maßgeblich beeinflusst, lediglich aufgrund ihrer gewöhnlichen Geschäftsbeziehungen mit einem Unter-nehmen (dies gilt auch, wenn sie den Handlungsspielraum eines Unternehmens einengen oder am Entscheidungsprozess mitwirken können).

1734 Vgl. *IDW RS HFA 33*, Anlage 1.
1735 Vgl. *Rimmelspacher/Fey*, WPg 2010, S. 180 (183); *IDW RS HFA 33*, Anlage 1.

1010 d) einzelne Kunden, Lieferanten, Franchisegeber, Vertriebspartner oder Generalvertreter, mit denen ein Unternehmen ein erhebliches Geschäftsvolumen abwickelt, lediglich aufgrund der daraus resultierenden wirtschaftlichen Abhängigkeit[1736].

1010 In der Definition „nahe stehende Unternehmen und Personen" schließen nach IAS 24.12 der Begriff des **assoziierten Unternehmens** auch Tochtergesellschaftern des assoziierten Unternehmens und der Begriff des **Gemeinschaftsunternehmens** auch Tochtergesellschaften des Gemeinschaftsunternehmens ein. Aus diesem Grund sind beispielsweise die Tochtergesellschaft eines assoziierten Unternehmens und ein Gesellschafter, der maßgeblichen Einfluss auf das assoziierte Unternehmen ausübt, als nahe stehend zu betrachten[1737].

bb) Angabepflichtige Geschäfte

1011 Der Begriff des **Geschäfts** i.S.d. § 285 Nr. 21 erster Ts. HGB ist in einem weiten funktionalen Sinn zu verstehen[1738] und umfasst neben Rechtsgeschäften auch andere getroffene Maßnahmen, mithin alle Transaktionen rechtlicher und wirtschaftlicher Art, die sich auf die gegenwärtige und künftige Finanzlage des Unternehmens auswirken können[1739]. Zur Abgrenzung von Rechtsgeschäften und Maßnahmen kann auf die Begriffsauslegung i.S.d. § 312 AktG zurückgegriffen werden; allgemeine geschäftspolitische Entscheidungen, die noch nicht zu einer Übertragung von Risiken oder Vorteilen geführt haben, sowie unterlassene Rechtsgeschäfte/Maßnahmen sind dagegen nicht angabepflichtig[1740].

1012 **Rechtsgeschäfte** i.S.d. § 285 Nr. 21 sind bspw. Käufe und Verkäufe von VG, der Bezug oder die Erbringung von Dienstleistungen, die Nutzung oder Nutzungsüberlassung von Vermögensgegenständen, Finanzierungen (inkl. Cash-Pooling), die Gewährung oder der Erhalt von Bürgschaften oder anderen Sicherheiten sowie die Übernahme der Erfüllung von Verbindlichkeiten[1741]. Beispiele für **Maßnahmen** sind Produktionsverlagerungen und -änderungen, Stillegung von Betriebsteilen, Investitions- oder Forschungstätigkeiten oder Abstimmungen im Ein- oder Verkauf, die z.B. auf Weisung einer übergeordneten Konzerngesellschaft vorgenommen werden[1742].

1013 Voraussetzung für die Angabepflicht nach § 285 Nr. 21 HGB ist, dass der Geschäftspartner dem berichtspflichtigen Unternehmen **zum Zeitpunkt der Transaktion** – und nicht notwendiger Weise zugleich auch am Abschlussstichtag – **nahe steht**; Geschäfte mit Unternehmen und Personen, die dem Bilanzierenden früher einmal nahe gestanden haben oder voraussichtlich erst in Zukunft nahe stehen werden, sind nicht berichtspflichtig[1743].

1014 Nach § 285 Nr. 21 HGB besteht das Wahlrecht, entweder **nur die** wesentlichen **nicht zu marktüblichen Bedingungen zustande gekommenen Geschäfte** mit nahe stehenden Unternehmen und Personen (soweit solche Geschäfte getätigt wurden) **oder alle** wesent-

---

1736 Vgl. *IDW RS HFA 33*, Anlage 1.
1737 Vgl. *IDW RS HFA 33*, Anlage 1.
1738 Vgl. Begr. RegE BilMoG, BT-Drucks. 16/10067, S. 72. Für die Abgrenzung von Rechtsgeschäften und Maßnahmen kann grundsätzlich auf die Begriffsauslegung i.S.d. § 312 AktG zurückgegriffen werden, vgl. hierzu *IDW St HFA 3/1991*.
1739 Vgl. *IDW RS HFA 33*, Tz. 4.
1740 Vgl. *IDW RS HFA 33*, Tz. 4 und 6.
1741 Vgl. *IDW RS HFA 33*, Tz. 5.
1742 Vgl. *Gelhausen/Fey/Kämpfer*, BilMoG, Kap. O, Rn. 137.
1743 Vgl. *IDW RS HFA 33*, Tz. 9.

lichen **Geschäfte** mit nahe stehenden Unternehmen und Personen anzugeben[1744]. Die Ausübung dieses Wahlrechts kann zu jedem Abschlussstichtag neu erfolgen[1745]. Werden alle wesentlichen Geschäfte mit nahe stehenden Unternehmen und Personen angegeben, ist eine Untergliederung in marktübliche und marktunübliche Geschäfte nicht erforderlich[1746]. Eine Ergänzung der Angabe der marktunüblichen Geschäfte um die Angabe nur einzelner marktüblicher Geschäfte ist nur zulässig, wenn die marktunüblichen Geschäfte als solche gekennzeichnet werden[1747]. Wurden keine wesentlichen Geschäfte zu marktunüblichen Konditionen getätigt und verzichtet der Bilanzierende auf die Angabe der wesentlichen marktüblichen Geschäfte mit nahe stehenden Unternehmen und Personen, ist eine Negativanzeige nicht erforderlich[1748].

Es sind nur die Geschäfte anzugeben, die für die Beurteilung der Finanzlage **wesentlich** sind. Der Begriff der „Finanzlage" umfasst sowohl stichtagsbezogen die vorhandene Liquidität als auch die erwarteten künftigen Finanzmittelzuflüsse und -abflüsse[1749]. Geschäfte können einzeln oder zusammen mit anderen gleichartigen oder wirtschaftlich zusammengehörenden Geschäften wesentlich sein; eine kompensatorische Betrachtung der Auswirkungen gegenläufiger Geschäfte zur Beurteilung der Wesentlichkeit ist nicht zulässig[1750]. In jedem Fall ist die Wesentlichkeit unter Berücksichtigung der Verhältnisse des Einzelfalls zu beurteilen[1751]. **1015**

Ob ein Geschäft zu **marktunüblichen Bedingungen** abgeschlossen wurde, ist im Wege eines Drittvergleichs für den Zeitpunkt des Verpflichtungsgeschäfts festzustellen, wobei als Maßstab das Vorgehen zwischen fremden Dritten bei gleich liegenden Verhältnissen heranzuziehen ist[1752]. Marktübliche Bedingungen sind anzunehmen, wenn die dem Geschäft zugrunde liegenden Konditionen mit einem unabhängigen fremden Dritten (*at arm's length*) nicht zu erreichen gewesen wären, bspw. das Geschäft zu anderen Beträgen oder Bedingungen als zwischen fremden Dritten abgewickelt wird[1753]. Für die Beurteilung einer Marktunüblichkeit können steuerrechtliche Beurteilungskriterien zu verdeckten Gewinnausschüttungen oder verdeckten Einlagen[1754] und die von der OECD entwickelten Verrechnungspreisgrundsätze[1755] als Anhaltspunkte dienen[1756]. **1016**

Fallen Verpflichtungs- und Erfüllungsgeschäft bei Erwerbs- und Veräußerungsgeschäften in verschiedene GJ, sind die Angaben nur für das GJ des Verpflichtungsgeschäfts zu machen[1757]. Auch bei Dauerschuldverhältnissen ist die Marktüblichkeit des Geschäfts nur für **den Zeitpunkt des Verpflichtungsgeschäfts** zu beurteilen, wobei die Wesentlichkeit während der Vertragslaufzeit zu jedem Abschlussstichtag erneut einzuschätzen ist[1758]. **1017**

1744 Vgl. Begr. RegE BilMoG, BT-Drucks. 16/10067, S. 71 f.; *IDW RS HFA 33*, Tz. 19.
1745 Vgl. *IDW RS HFA 33*, Tz. 22.
1746 Vgl. Begr. RegE BilMoG, BT-Drucks. 16/10067, S. 72.
1747 Vgl. *IDW RS HFA 33*, Tz. 20.
1748 Vgl. *IDW RS HFA 33*, Tz. 21.
1749 Vgl. *IDW RS HFA 33*, Tz. 7.
1750 Vgl. *IDW RS HFA 33*, Tz. 7.
1751 Vgl. *IDW RS HFA 33*, Tz. 7. Für eine 10%-Wesentlichkeitsschwelle vgl. *Niehus*, DStR 2008, S. 2280 (2282).
1752 Vgl. *IDW RS HFA 33*, Tz. 11; *IDW St/HFA 3/1991*, WPg 1992, S. 93.
1753 Vgl. *Gelhausen/Fey/Kämpfer*, BilMoG, Kap. O, Rn. 145.
1754 Vgl. z.B. *Neumann*.
1755 Vgl. *OECD*, Verrechnungspreisgrundsätze.
1756 Vgl. hierzu *IDW RS HFA 33*, Tz. 11; *IDW St/HFA 3/1991*, Wpg 1992, S. 93.
1757 Vgl. *IDW RS HFA 33*, Tz. 13.
1758 Vgl. *IDW RS HFA 33*, Tz. 13.

cc) Angaben zu den Geschäften

1018 Für die Angaben zu den Geschäften nach § 285 Nr. 21 HGB (Art der Beziehungen, Art und Wert der Geschäfte) bietet sich eine **tabellarische Darstellung** – ggf. ergänzt um weitere Angaben, die zur Beurteilung der Finanzlage notwendig sind – an[1759].

1019 Bei der Angabe der **Art der Beziehungen** sind die Beziehungen entsprechend dem Verhältnis des nahe stehenden Unternehmens bzw. der nahe stehenden Person zum Bilanzierenden zu geeigneten Gruppen (z.B. TU, assoziierte Unternehmen, Personen in Schlüsselpositionen des Unternehmens, nahe Familienangehörige) zusammenzufassen; eine namentliche Bezeichnung der betreffenden Parteien ist nicht erforderlich[1760].

1020 Zulässig ist eine Zusammenfassung nach der **Art der Geschäfte** gemäß § 285 Nr. 21 dritter Ts. HGB. Sachgerechte Kategorien können bspw. Verkäufe, Käufe, Leasing von Immobilien, Erbringen oder Bezug von Forschungs- und Entwicklungsleistungen sowie sonstiger Leistungen, Darlehensaufnahmen oder -gewährungen sein[1761]. Auch kommt eine Aufteilung in die Kategorien Beschaffungs-, Absatz-, Finanzierungs- und sonstige Geschäfte in Betracht[1762].

1021 Als **Wert der Geschäfte** ist das zwischen dem Bilanzierenden und dem nahe stehenden Unternehmen bzw. der nahe stehenden Person vereinbarte Gesamtentgelt anzugeben, das im Falle der Unentgeltlichkeit mit 0 € zu berücksichtigen ist[1763]. Bei Dauerschuldverhältnissen ist ferner das auf die im GJ erbrachten oder erhaltenen Leistungen entfallende Entgelt anzugeben[1764]. Des Weiteren sind die auf die Restlaufzeit des Schuldverhältnisses nach dem Abschlussstichtag voraussichtlich entfallenden Entgelte anzugeben, wenn das Näheverhältnis am Stichtag noch besteht[1765].

1022 Einzelfallbezogen können **weitere Angaben** über die Art der Beziehung, Art und Umfang der Geschäfts hinaus erforderlich sein, wenn Geschäfte hinsichtlich ihres Volumens ungewöhnlich sind oder Dauerschuldverhältnisse mit ungewöhnlich langen Bindungsdauern, ungewöhnlichen Kündigungsbedingungen o.Ä. abgeschlossen wurden[1766].

dd) Verhältnis zu anderen Angabepflichten

1023 Für die an Mitglieder des Geschäftsführungsorgans, eines AR, eines Beirats oder einer ähnlichen Einrichtung gewährten Bezüge besteht mit § 285 Nr. 9 HGB eine abschließende spezielle Regelung, die auch die Schutzklausel mit einbezieht. Wegen dieser *lex specialis* sind Angaben zu den von § 285 Nr. 9 HGB erfassten Bezügen aus dem Anwendungsbereich des § 285 Nr. 21 HGB ausgenommen, auch wenn von der Schutzklausel des § 286 Abs. 4 HGB Gebrauch gemacht wurde[1767].

1759 Vgl. *IDW RS HFA 33*, Tz. 9 und 17.
1760 Vgl. *IDW RS HFA 33*, Tz. 14; *Ellrott* in BeBiKo⁷, § 285, Rn. 378.
1761 Vgl. *Gelhausen/Fey/Kämpfer*, BilMoG, Kap. O, Rn. 149.
1762 Vgl. *IDW RS HFA 33*, Tz. 15.
1763 Vgl. *IDW RS HFA 33*, Tz. 16 f.
1764 Vgl. *IDW RS HFA 33*, Tz. 16; *Rimmelspacher/Fey*, WPg 2010, S. 180 (188).
1765 Vgl. *IDW RS HFA 33*, Tz. 16; *Rimmelspacher/Fey*, WPg 2010, S. 180 (188).
1766 Vgl. *IDW RS HFA 33*, Tz. 18.
1767 Vgl. *IDW RS HFA 33*, Tz. 24.

ee) Befreiung von der Angabepflicht

Ausgenommen von der Angabepflicht sind Geschäfte, die mit und zwischen mittel- oder unmittelbar **in 100%igem Anteilsbesitz stehenden, in einen KA einbezogenen Unternehmen** (d.h. Tochter-, Enkelgesellschaften usw.) zustande gekommen sind (§ 285 Nr. 21 zweiter Ts. HGB). Die Regelung bezweckt die Entlastung hoch integrierter Konzerne mit komplexen internen Leistungsbeziehungen von umfangreichen Angabepflichten[1768]. Aus dem Zweck der Vorschrift, die Transparenz und Information über solche Geschäfte auch für Minderheitsgesellschafter zu gewährleisten, lässt sich schließen, dass die Angabepflicht für diese Geschäfte so lange ausgenommen ist, wie der 100%ige Anteilsbesitz besteht, so dass auf die Angaben beginnend mit dem Zeitpunkt des Erreichens und nur bis zum Zeitpunkt des Unterschreitens des Anteilsbesitzes von 100% verzichtet werden darf[1769].

1024

54. Zusätzliche Angaben, die von AG und KGaA zu machen sind

AG und KGaA haben für den Anh. außer den Vorschriften des HGB zusätzlich noch verschiedene Vorschriften des AktG zu beachten[1770]. Auf sie ist, soweit sie die Bilanz oder die GuV betreffen, in den entsprechenden Abschnitten hingewiesen[1771]. Im Folgenden wird daher nur auf die sich aus **§§ 160 und 261 AktG** ergebenden Vorschriften zum Anh. eingegangen.

1025

Die Angaben nach § 160 AktG hängen nicht vom pflichtmäßigen Ermessen des Vorstands ab; es kommt nicht darauf an, ob die Berichterstattung zum Verständnis des JA geboten ist. Die Angaben sind in jedem Jahr zu machen, in dem entsprechende Berichtstatbestände vorliegen. Fehlt es daran, braucht nicht berichtet zu werden; es ist dann auch keine Fehlanzeige erforderlich[1772]. Von der **Schutzklausel** kann nur insoweit Gebrauch gemacht werden, als es für das Wohl der Bundesrepublik Deutschland oder eines ihrer Länder erforderlich ist (§ 160 Abs. 2 AktG); vgl. Tz. 1061 f.

1026

a) Angaben zu Vorratsaktien (§ 160 Abs. 1 Nr. 1 AktG)

Die Berichterstattungspflicht bezieht sich auf die Bestimmungen des § 56 AktG und erstreckt sich auf folgende Fälle:

1027

– Aktienübernahme für Rechnung der Gesellschaft,
– Aktienübernahme für Rechnung eines von der Gesellschaft abhängigen Unternehmens,
– Aktienübernahme für Rechnung eines im Mehrheitsbesitz der Gesellschaft stehenden Unternehmens,
– Aktienübernahme durch ein abhängiges Unternehmen,
– Aktienübernahme durch ein im Mehrheitsbesitz stehendes Unternehmen.

Anzugeben sind **Zahl der Vorratsaktien** und der auf sie entfallende Betrag des Grundkapitals unter Kenntlichmachung der verschiedenen Übernahmefälle, wobei die im GJ geschaffenen Vorratsaktien (**Zugang**) besonders kenntlich zu machen sind. Nicht erfor-

1028

[1768] Vgl. Begr. RegE BilMoG, BT-Drucks. 16/10067, S. 72.
[1769] Vgl. *Ellrott* in BeBiKo[7], § 285, Rn. 383.
[1770] Vgl. die Übersicht unter Tz. 692 ff.; mit einem Gesamtüberblick ferner *Kupsch* in HdJ, Abt. IV/4, Rn. 255.
[1771] Vgl. Tz. 373 f., 358, 378, 615 ff. und 911.
[1772] Vgl. ADS[6], § 160 AktG, Tz. 6.

derlich ist i.d.R. die namentliche Angabe des Übernehmers[1773]. Angaben über den Anlass der Aktienausgabe sowie über Inhalt und Zweck der getroffenen Übernahmevereinbarungen verlangt das Gesetz nicht[1774], sie können aber zweckmäßig sein.

1029 Berichterstattungspflichtig ist auch die **Verwertung** unter Angabe des **Erlöses und seiner Verwendung** (§ 160 Abs. 1 Nr. 1 zweiter Hs. AktG). Verwertung ist auch die von der Gesellschaft verlangte Übernahme für eigene Rechnung des Zeichners. Auch über sonstige anderweitige Verwertung durch Verkauf, Umtausch, bei Verschmelzungen usw. ist zu berichten[1775].

b) Angaben zu eigenen Aktien (§ 160 Abs. 1 Nr. 2 AktG)

1030 Die Berichterstattungspflicht bezieht sich auf die Bestimmungen der §§ 71 ff. AktG[1776]. Zu berichten ist über den **Bestand an eigenen Aktien**, die

– die Gesellschaft selbst,
– ein von der Gesellschaft abhängiges Unternehmen,
– ein in Mehrheitsbesitz der Gesellschaft stehendes Unternehmen oder
– ein Dritter für Rechnung der Gesellschaft, eines von ihr abhängigen oder eines in ihrem Mehrheitsbesitz stehenden Unternehmens

erworben oder als Pfand genommen hat; dabei sind die Zahl dieser Aktien und der auf sie entfallende Betrag des Grundkapitals sowie dessen Anteil am Grundkapital, für erworbene Aktien ferner der Erwerbszeitpunkt (Angabe von Jahr und Monat dürfte genügen) und die Gründe für den Erwerb anzugeben (§ 160 Abs. 1 Nr. 2 S. 1 AktG).

1031 Bei **Erwerb oder Veräußerung** solcher Aktien im GJ ist auch hierüber unter Angabe der Zahl dieser Aktien, des auf sie entfallenden Betrags des Grundkapitals und ihres Anteils am Grundkapital sowie des Erwerbs- oder Veräußerungspreises und über die Verwendung des Erlöses zu berichten (§ 160 Abs. 1 Nr. 2 S. 2 AktG). Handelt es sich um häufige Käufe und Verkäufe eigener Aktien, so ist es nicht notwendig, die Geschäfte einzeln mit allen wichtigen Angaben aufzuführen; es genügt eine zusammenfassende Berichterstattung[1777].

1032 Nicht berichterstattungspflichtig ist der Erwerb in Ausführung einer **Einkaufskommission**[1778], der nach § 71 Abs. 1 Nr. 4 AktG nur durch KI zulässig ist. Zwischen den durch die Gesellschaft selbst erworbenen Aktien und den übrigen Fällen ist eine Trennung und innerhalb dieser Gruppe eine übersichtliche Auflistung vorzunehmen. Auch die **Inpfandnahme** ist besonders anzugeben. Sowohl die vorschriftsmäßig als auch die vorschriftswidrig erworbenen Aktien sind aufzuführen[1779]. Die dargelegten Erwerbsgründe müssen erkennen lassen, ob der Erwerb insoweit zulässig war oder nicht (vgl. § 71 AktG). Es ist

---

1773 Vgl. ADS[6], § 160 AktG, Tz. 19; *Ellrott* in BeBiKo[7], § 284, Rn. 41; *Hüffer*, AktG[9], § 160, Rn. 5; a.A. u.a. *Kessler* in MünchKomm.AktG[2], § 285 HGB, § 160 AktG, Rn. 249; unklar *Oser/Holzwarth* in HdR[5], §§ 284 bis 288 HGB, Rn. 431; a.A. *Brönner* in Großkomm. AktG[4], § 160 AktG , Rn. 9, der die genaue Bezeichnung des Übernehmers für die Beurteilung der Verhältnisse für erforderlich hält.
1774 A.A. offenbar *Hüffer*, AktG[9], § 160, Rn. 5; *Brönner* in Großkomm. AktG[4], § 160 AktG, Rn. 9; hinsichtlich Angaben über den Anlass auch ADS[6], § 160 AktG, Tz. 19, *Ellrott* in BeBiKo[7], § 284, Rn. 41.
1775 Vgl. im Einzelnen ADS[6], § 160 AktG, Tz. 20 f.
1776 Während § 56 AktG den ursprünglichen Erwerb von Aktien betrifft, gehen die §§ 71 ff. AktG von einem abgeleiteten Erwerb aus.
1777 OLG Frankfurt, Beschl. v. 22.07.1983, BB, S. 1646.
1778 Vgl. ADS[6], § 160 AktG, Tz. 38; *Oser/Holzwarth* in HdR[5], §§ 284 bis 288 HGB, Rn. 434; *Ellrott* in BeBiKo[7], § 284, Rn. 42.
1779 Vgl., auch zu den Rechtsfolgen, ADS[6], § 160 AktG, Tz. 27 ff.; *Hüffer*, AktG[9], § 160, Rn. 8.

Der Anhang

also z.B. anzugeben, dass die Aktien zu dem Zweck erworben worden sind, sie den Arbeitnehmern anzubieten.

c) Angaben zu verschiedenen Aktiengattungen (§ 160 Abs. 1 Nr. 3 AktG)

Der auf jede Aktiengattung (§ 11 AktG) entfallende Betrag des Grundkapitals ist nach § 152 Abs. 1 S. 2 AktG bereits in der Bilanz gesondert zu vermerken. Die Angaben darüber können im Anh. wiederholt werden; zusätzlich sind hier **Zahl** und bei Nennbetragsaktien der **Nennbetrag** der Aktien jeder Gattung anzugeben. Die Angabepflicht entfällt, soweit sich auch diese Angaben bereits aus der Bilanz ergeben (§ 160 Abs. 1 Nr. 3 AktG)[1780]. Umgekehrt erscheint auch eine einheitliche Darstellung der geforderten Angaben nur im Anh. zulässig[1781]. **1033**

Weitere Angaben kommen in Betracht, wenn **im GJ Aktien aufgrund einer bedingten Kapitalerhöhung oder eines genehmigten Kapitals gezeichnet** wurden. Für jeden dieser Fälle sind die Zahl der gezeichneten Aktien und bei Nennbetragsaktien der Nennbetrag, getrennt nach Aktien jeder Gattung, anzugeben. Die Angaben müssen erkennen lassen, ob sich die Ausgabe im Rahmen der satzungsmäßigen Ermächtigung hält[1782]. **1034**

d) Angaben zu einem genehmigten Kapital (§ 160 Abs. 1 Nr. 4 AktG)

Im Anh. ist der **Nennbetrag** des genehmigten Kapitals (§§ 202 ff. AktG), soweit bis zum Ende des Berichtsjahres von der Ermächtigung noch kein Gebrauch gemacht worden ist, anzugeben, ferner der **Inhalt des Ermächtigungsbeschlusses** mit den Bedingungen der Aktienausgabe[1783]. Hat die Aktienausgabe im GJ stattgefunden, so ist darüber bereits unter Nr. 3 zu berichten (vgl. dazu Tz. 1034). Wird die Ermächtigung erst nach dem Stichtag in Anspruch genommen, so hat eine Angabe im LB nach § 289 Abs. 2 Nr. 1 HGB zu erfolgen[1784] (vgl. auch Tz. 1124). **1035**

e) Angaben zu Bezugsrechten, Wandelschuldverschreibungen und vergleichbaren Wertpapieren (§ 160 Abs. 1 Nr. 5 AktG)

Bestehen Bezugsrechte gem. § 192 Abs. 2 Nr. 3 AktG (sog. „stock options"; vgl. dazu Tz. 143 ff.), Wandelschuldverschreibungen (§ 221 AktG) oder vergleichbare Wertpapiere (Optionsanleihen, Gewinnschuldverschreibungen), so sind die **Zahl** dieser Wertpapiere sowie die **Rechte**, die sie verbriefen, für jede Gattung getrennt anzugeben. Im Fall von Bezugsrechten ist zudem eine Aufgliederung nach den Inhabern (Mitglieder der Geschäftsführung der Gesellschaft (vgl. auch Tz. 918) bzw. mit ihr verbundener Unternehmen, Arbeitnehmer) vorzunehmen, ferner sind **Erfolgsziele, Erwerbs- und Ausübungszeiträume sowie Wartezeiten** bis zur erstmaligen Ausübung anzugeben (§ 193 Abs. 2 Nr. 4 AktG)[1785]. Wegen der Angabepflicht bei besonderen Gestaltungen vgl. ADS[6], § 160 AktG, Tz. 52. **1036**

[1780] Vgl. ADS[6], § 160 AktG, Tz. 40.
[1781] Vgl. ADS[6], § 160 AktG, Tz. 41; *Ellrott* in BeBiKo[7], § 284, Rn. 74; *Hüffer*, AktG[9], § 160, Rn. 10.
[1782] Vgl. *Brönner* in Großkomm. AktG[4], § 160 AktG, Rn. 20.
[1783] Vgl. ADS[6], § 160 AktG, Tz. 50; *Oser/Holzwarth* in HdR[5], §§ 284 bis 288 HGB, Rn. 448; *Hüffer*, AktG[9], § 160, Rn. 11; *Ellrott* in BeBiKo[7], § 284, Rn. 43.
[1784] Vgl. *Lück* in HdR[5], § 289 HGB, Rn. 83.
[1785] *Ellrott* in BeBiKo[7], § 284, Rn. 44; *Euler/Wirth* in Spindler/Stilz, AktG, § 160, Rn. 24; *Kessler* in MünchKomm. AktG[2], § 160, Rn. 281.

f) Angaben zu Genussrechten, Rechten aus Besserungsscheinen und ähnlichen Rechten (§ 160 Abs. 1 Nr. 6 AktG)[1786]

1037 Das **Genussrecht** ist kein Aktionärsrecht[1787], sondern gewährt primär Gläubigerrechte am Reingewinn und/oder am Liquidationserlös. Es ist meistens in einer Urkunde verbrieft (Genussschein). **Besserungsscheine** sind schriftlich verbriefte Schuldversprechen mit dem Inhalt, Gläubigern, die auf ihre Forderungen gegenüber dem Schuldner verzichtet haben, die erlassenen Schulden aus dem zukünftigen Gewinn oder Liquidationserlös zurückzuzahlen. Als **ähnliche Rechte** i.S.d. Vorschrift sind alle diejenigen Rechte anzusehen, die einen obligatorischen Anspruch auf Tilgung aus dem Gewinn geben[1788].

Die Verpflichtungen aus diesen Rechten werden erst dann passiviert, wenn die Bedingungen für ihre Bedienung eingetreten sind (vgl. hierzu Tz. 446; hinsichtlich der Genussrechte vgl. dagegen auch Tz. 355). Über das Bestehen von Genussrechten, Rechten aus Besserungsscheinen und ähnlichen Rechten (auch soweit sie nicht verbrieft sind) ist laufend zu berichten. Außer über die **im GJ neu entstandenen Rechte** sind Angaben über **Art und Zahl** der jeweiligen Rechte zu machen. Anzugeben sind **Inhalt, Ausgestaltung, Nennbetrag, Tilgung und Änderung der Bedingungen** dieser Rechte[1789].

1038 Eine **getrennte Erläuterung** für die einzelnen Verpflichtungen ist erforderlich. Bei Tilgungen und Auslosungen ist die Gegenleistung der Gesellschaft anzugeben. Zu erläutern sind auch Rechte Dritter, die in der Bilanz nicht passiviert sind. In diesem Zusammenhang sind insb. die Art und der Umfang der zukünftigen Verpflichtung anzugeben[1790].

g) Angaben zu wechselseitigen Beteiligungen (§ 160 Abs. 1 Nr. 7 AktG)

1039 Zum Begriff der wechselseitig beteiligten Unternehmen vgl. § 19 AktG[1791]; sie sind dann gegeben, wenn zwei Unternehmen mit Sitz im Inland in der Rechtsform der KapGes. dadurch verbunden sind, dass jedem Unternehmen mehr als der vierte Teil der Anteile des anderen Unternehmens gehört[1792]. Grundlage für die Kenntnis der Beteiligungen an der Gesellschaft sind insb. die Mitteilungspflichten nach § 20 AktG, § 21 WpHG.

Zu berichten ist in jedem Anh., solange die wechselseitige Beteiligung fortbesteht, über das **Bestehen der wechselseitigen Beteiligung** unter Angabe des **anderen Unternehmens**. Angaben über die Höhe der Beteiligung, über Änderungen im Berichtsjahr oder über die Ausübungen eines Bezugs- oder Wandelrechts werden vom Gesetz nicht gefordert[1793]. Bei Überschneidung der Berichtspflicht nach § 160 Abs. 1 Nr. 7 AktG mit der Berichtspflicht nach Nr. 8 ist eine zusammenfassende Darstellung möglich[1794].

1786 Vgl. (zu Genussrechten) *IDW St/HFA 1/1994*; *Emmerich/Naumann*, WPg 1994, S. 677 ff.; *Singhof* in HdJ, Abt. III/2, Rn. 171 ff.; *Häger/Nottmeier* in Häger/Elkemann/Reusch², S. 279 ff.; *Hultsch/Roß/Drögemüller*, BB 2007, S. 819 ff.; *Dürr*, BB 227 ff.; *Große*, DStR 2010, S. 1397 ff. (zum Besserungsschein); *Gahlen*, BB 2009, S. 2079 (2079), *Kozikowski/Schubert* in BeBiKo⁷, § 247, Rn. 237. Zu älterer Literatur vgl. auch WP Handbuch 2006, Bd. I, F Fn. 1288.

1787 Vgl. BGH v. 05.10.1992, ZIP, S. 1542 ff.; *Hüffer*, AktG⁹, § 160, Rn. 14, und zum Meinungsstand § 221 AktG, Rn. 22 ff.

1788 Vgl. ADS⁶, § 160 AktG, Tz. 57; *Hüffer*, AktG⁹, § 160, Rn. 16.

1789 Vgl. ähnlich ADS⁶, § 160 AktG, Tz. 58 und 61; *IDW St/HFA 1/1994*, Abschn 2.1.3.

1790 Vgl. ADS⁶, § 160 AktG, Tz. 58; *Brönner* in Großkomm. AktG⁴, § 160 AktG, Rn. 28; *Hüffer*, AktG⁹, § 160, Rn. 16.

1791 Vgl. *Hüffer*, AktG⁹, § 19, Rn. 1 f.; *Bayer* in MünchKomm. AktG³, § 19, Rn. 29 ff.

1792 Vgl., auch zur Beachtung des § 16 Abs. 4 AktG bei der Berechnung des Anteilsbesitzes, ADS⁶, § 160 AktG, Tz. 62; *Oser/Holzwarth* in HdR⁵, §§ 284 bis 288 HGB, Rn. 458.

1793 Vgl. ADS⁶, § 160 AktG, Tz. 64; *Hüffer*, AktG⁹, § 160, Rn. 17; *Brönner* in Großkomm. AktG⁴, § 160 AktG, Rn. 32.

1794 Vgl. ADS⁶, § 160 AktG, Tz. 66; *Oser/Holzwarth* in HdR⁵, §§ 284 bis 288 HGB, Rn. 466; *Brönner* in Großkomm. AktG⁴, § 160 AktG, Rn. 32; *Hüffer*, AktG⁹, § 160, Rn. 17.

h) Angabe der Beteiligungen, die der Gesellschaft nach § 20 Abs. 1 oder 4 AktG oder nach § 21 Abs. 1 oder 1a WpHG mitgeteilt worden sind (§ 160 Abs. 1 Nr. 8 AktG)

Anzugeben sind **Beteiligungen an der berichtenden Gesellschaft**, die ihr nach den §§ 21 ff. WpHG oder nach § 20 AktG mitgeteilt worden sind. Dabei betrifft die Mitteilungspflicht nach § 21 WpHG (nur) Beteiligungen an Gesellschaften, deren Aktien zum Handel an einem organisierten Markt in der EU oder dem EWR zugelassen sind; der Anwendungsbereich des § 20 AktG beschränkt sich dagegen nach § 20 Abs. 8 AktG auf die übrigen Gesellschaften. Beide Vorschriften weisen im Einzelnen weitgehende Parallelen, aber etwa in den Zurechnungsvorschriften auch gewisse Unterschiede auf[1795]. Die Angaben betreffen 1040

- bei Mitteilungen nach § 21 WpHG erreichte, überschrittene oder unterschrittene Beteiligungen an der Gesellschaft von 5, 10, 25, 50 oder 75% der Stimmrechte und
- bei Mitteilungen nach § 20 AktG das Bestehen einer Beteiligung von mehr als 25 oder 50% des Aktienkapitals.

Anzugeben ist der **Inhalt der Mitteilung**, wie er nach § 20 Abs. 6 AktG oder nach § 25 Abs. 1 WpHG veröffentlicht worden ist. Ob die Veröffentlichung tatsächlich erfolgt ist, spielt dabei keine Rolle. Die Angabe erstreckt sich dabei insb. auf die **Bezeichnung des Aktionärs** und darauf, welcher **Schwellenwert** erreicht, über- oder unterschritten worden ist. Bei der Mitteilung nach WpHG ist außerdem der genaue Stimmrechtsanteil anzugeben. Nach dem Wortlaut des § 160 Abs. 1 Nr. 8 AktG könnte davon auszugehen sein, dass nur „das Bestehen" der Beteiligung und damit das Überschreiten der Schwellenwerte anzugeben ist; hierfür könnte auch sprechen, dass die Regelung in § 20 Abs. 5 AktG nicht in Bezug genommen worden ist. Da die Angabe aber nach Sinn und Zweck den aktuellen Stand des mitgeteilten Beteiligungsbesitzes wiedergeben soll und zudem der Inhalt der Mitteilung angegeben werden soll, der zumindest nach dem WpHG auch das Unterschreiten der Schwellenwerte umfasst, sollten im Anh. alle bis zum Ende des GJ bzw. der Aufhellungsphase eingegangenen Mitteilungen berücksichtigt werden[1796]. Ggf. empfiehlt sich die Zusammenfassung mehrerer Mitteilungen in einer Tabelle. 1041

Angabepflicht besteht nur, wenn der Gesellschaft das Bestehen der Beteiligung mitgeteilt worden ist; ob die **Mitteilung** ordnungsgemäß erfolgt ist und ob bei Mitteilungen nach § 21 WpHG auch die BaFin die vorgeschriebene Mitteilung erhalten hat, hat auf die Angabepflicht keine Auswirkung. Nicht mitgeteilte Beteiligungen sind dagegen auch dann nicht anzugeben, wenn ihr Bestehen aus anderen Quellen bekannt ist (z.B. Angabe nach § 285 Nr. 11 HGB im JA des Aktionärs)[1797], es sei denn, dass sich die Angabepflicht bereits aus § 160 Abs. 1 Nr. 7 AktG ergibt. 1042

Die **Angaben** sind jährlich zu machen, solange die Beteiligungen in der mitteilungspflichtigen Höhe bestehen und keine neueren, weitergehenden oder weniger weit gehenden Mitteilungen vorliegen. Bei sukzessivem Beteiligungserwerb, bei dem innerhalb des Berichtszeitraums mehrere Mitteilungen eingegangen sind, muss danach nur die letzte Mitteilung angegeben werden, die den aktuellen Stand enthält. Ob die Angabepflicht noch besteht, wenn bekannt ist, dass eine Beteiligung in der mitteilungspflichtigen Höhe nicht mehr besteht, eine formelle Mitteilung darüber aber noch nicht vorliegt, ist zweifelhaft. Zweckmäßig erscheint eine Angabe, die diesen Sachverhalt erkennen lässt[1798]. 1043

1795 *Hüffer*, AktG[9], § 20, Rn. 3 und 6, sowie § 160, Rn. 18; *Bayer* in MüKo AktG[3], § 20 AktG, Rn. 22.
1796 Vgl. ADS[6], §§ 21 bis 30 WpHG n.F., Tz. 67 f.; ebenso *Gelhausen/Bandey*, WPg 2000, S. 497 (505).
1797 So ADS[6], § 160 AktG, Tz. 69; *Oser/Holzwarth* in HdR[5], §§ 284 bis 288 HGB, Rn. 466; *Brönner* in Großkomm. AktG[4], § 160 AktG, Rn. 34; a.A. *Ellrott* in BeBiKo[7], § 284, Rn. 47.
1798 Vgl. ADS[6], § 160 AktG, Tz. 70.

i) Angaben nach einer Sonderprüfung wegen unzulässiger Unterbewertung (§ 261 Abs. 1 S. 3 und 4, Abs. 2 S. 1 AktG)[1799]

1044 Nach § 261 Abs. 1 S. 3 AktG besteht anlässlich einer Sonderprüfung eine besondere Angabepflicht in den Fällen, in denen aufgrund veränderter Verhältnisse im nächsten JA (zulässigerweise) **andere als die von den Sonderprüfern festgestellten Werte oder Beträge anzusetzen** sind. Es sind dann im Anh. die Gründe dafür anzugeben und es ist in einer Sonderrechnung[1800] die Entwicklung der Werte darzustellen.

1045 Sind die (unterbewertet gewesenen) **Gegenstände nicht mehr vorhanden**, so ist darüber und über die Verwendung des Ertrags aus dem Abgang zu berichten (§ 261 Abs. 1 S. 4 AktG). Regelmäßig reicht dabei die Angabe aus, dass der Ertrag in das Jahresergebnis bzw. den Bilanzgewinn eingegangen ist[1801]. Nur wenn dem Ertrag ausnahmsweise konkrete Ausgaben zugerechnet werden können, ist auch hierüber zu berichten. Das ist z.B. bei Reinvestition einer Versicherungssumme der Fall[1802].

1046 Das Ergebnis einer Sonderprüfung, das zur Feststellung einer nicht unwesentlichen Unterbewertung führt, muss vom Vorstand nicht nur nach § 259 Abs. 5 AktG in den Gesellschaftsblättern bekannt gemacht werden. Nach § 261 Abs. 1 S. 5 AktG sind bei den einzelnen Posten in der Bilanz die Unterschiedsbeträge, die bei Aktivposten zu einem höheren bzw. bei Passivposten zu einem niedrigeren Wertansatz geführt haben, **zu vermerken**. Der Unterschiedsbetrag kann sich aus den abschließenden Feststellungen der Sonderprüfer ergeben (Wertkorrektur nach § 261 Abs. 1 S. 1 AktG) oder unter Berücksichtigung etwaiger Änderungen nach § 261 Abs. 1 S. 2 AktG aufgrund veränderter Verhältnisse am Abschlussstichtag[1803]. Der Vermerk muss in der **Bilanz** erfolgen; eine Angabe im Anh. ist nicht ausreichend[1804]. Andererseits sind angesichts der in S. 5 enthaltenen Vermerkpflicht über § 261 Abs. 1 S. 3 und 4 AktG hinausgehende Anhangangaben auch nicht erforderlich.

1047 Die vorstehenden Anhangangaben sind für den Fall, dass ein gem. § 260 AktG angerufenes Gericht festgestellt hat, dass Posten unterbewertet sind, im ersten Jahresabschluss, der nach Rechtskraft der gerichtlichen Entscheidung aufgestellt wird, ebenfalls zu beachten (**§ 261 Abs. 2 S. 1 AktG**).

55. Zusätzliche Angaben, die von Personenhandelsgesellschaften i.S.d. § 264a HGB zu machen sind

a) Angabe der nicht gesondert ausgewiesenen Ausleihungen, Forderungen und Verbindlichkeiten gegenüber Gesellschaftern (§ 264c Abs. 1 HGB)

1048 Sofern Ausleihungen, Forderungen und Verbindlichkeiten gegenüber Gesellschaftern in der Bilanz nicht gesondert ausgewiesen werden oder bei Ausweis unter anderen Posten nicht durch „davon"-Vermerke in der Bilanz kenntlich gemacht werden (vgl. Tz. 267 und 448), sind sie im Anh. ihrer sachlichen Zuordnung entsprechend anzugeben (§ 264c Abs. 1 HGB)[1805].

1799 Vgl. dazu ADS[6], § 261 AktG, Tz. 11 ff.; ferner *Hüffer*, AktG[9], § 261, Rn. 2 ff.; WP Handbuch 2008, Bd. II, B Tz. 46.
1800 Vgl. mit Beispiel einer Sonderrechnung ADS[6], § 261 AktG, Tz. 11.
1801 Vgl. ADS[6], § 262 AktG, Tz. 13 m.w.N.; *Hüffer*, AktG[9], § 261, Rn. 5
1802 Vgl. *Hüffer*, AktG[9], § 261, Rn. 5.
1803 Vgl. *Euler/Wirth* in Spindler/Stilz, AktG[2], § 261, Rn. 11.
1804 Vgl. ADS[6], § 261 AktG, Tz. 16; *Euler/Wirth* in Spindler/Stilz, AktG[2], § 261, Rn. 11.
1805 Vgl. ADS[6], § 264c HGB, Tz. 10; *Förschle/Hoffmann* in BeBiKo[7], § 264c HGB, Rn. 10.

b) Angabe nicht geleisteter Hafteinlagen (§ 264c Abs. 2 S. 9 HGB)

Die Angabepflicht betrifft nur KG i.S.d. § 264a HGB. Diese müssen im Anh. den Betrag der im HR gem. § 172 Abs. 1 HGB eingetragenen Einlagen angeben, soweit diese nicht geleistet sind (§ 264c Abs. 2 S. 9 HGB). Damit soll deutlich gemacht werden, inwieweit neben dem in der Bilanz ausgewiesenen Eigenkapital noch eine **Haftung der Kommanditisten** besteht[1806]. Angabepflichtig ist somit die Differenz zwischen der im HR eingetragenen Hafteinlagen der Kommanditisten und den geleisteten Einlagen unter Berücksichtigung der durch Entnahmen wiederauflebenden Haftung gem. § 172 Abs. 4 HGB[1807]. Entsprechen die geleisteten Einlagen den Hafteinlagen oder übersteigen sie diese, ist keine Angabe erforderlich[1808]. Dies gilt auch dann, wenn die gesellschaftsvertraglich vereinbarten Pflichteinlagen die Hafteinlagen zwar übersteigen, aber noch nicht in entsprechender Höhe geleistet sind[1809]. Die Angabe gem. § 264c Abs. 2 S. 9 HGB kann für alle Kommanditisten zusammengefasst erfolgen.

1049

Die Pflicht zur Angabe besteht bei **ausstehenden Hafteinlagen** (§ 172 Abs. 1 HGB) und bei Wiederaufleben der Haftung wegen einer **Einlagenrückgewähr** durch Rückzahlung oder Gewinnentnahme (§ 172 Abs. 4 S. 1 und 2 HGB)[1810]. Eine Rückzahlung i.S.d. § 172 Abs. 4 S. 1 HGB liegt vor, wenn einer unmittelbaren oder mittelbaren Geld- oder Sachleistung an den Kommanditisten kein wertmäßig gleicher Zufluss bei der Gesellschaft bzw. keine Überdeckung des Kapitalkontos gegenübersteht[1811]. Eine Gewinnentnahme i.S.d. § 172 Abs. 4 S. 2 HGB ist gegeben, wenn der Kapitalanteil des Kommanditisten zum Entnahmezeitpunkt durch Verluste unter den Betrag der geleisteten Einlage gemindert war oder durch die Entnahme eine Minderung der Hafteinlage eintritt[1812].

1050

Keine haftungsbegründende Gewinnentnahme liegt vor, wenn Gewinnanteile auf gesetzlicher Grundlage (§ 169 Abs. 1 S. 2 HGB) oder nach einer gesellschaftsrechtlichen Vereinbarung den Kapitalanteilen von Kommanditisten zugeschrieben, in eine Rücklage eingestellt oder – bei Geltung des gesetzlichen Regelstatuts – unmittelbar auf die Privatkonten der Gesellschafter gebucht werden, ohne dass es zu einer Entnahme i.S. einer Abgangs von Vermögensgegenständen kommt[1813]. Soweit diese Mittel als **Gesellschafterdarlehen** anzusehen sind, verwirklicht sich der Gläubigerschutz durch die Nachrangigkeit von Gesellschafterforderungen in der Insolvenz (§ 39 Abs. 1 Nr. 5, Abs. 4 und 5 InsO), das Anfechtungsrecht des Insolvenzverwalters (§ 135 InsO) sowie den nach § 264c Abs. 1 HGB gebotenen gesonderten Bilanzausweis von Gesellschafterdarlehen bzw. durch eine entsprechende Anhangangabe[1814]. Eine Angabe nach § 264c Abs. 2 S. 9 HGB ist danach erst nach einer Auszahlung des Darlehens an den Gesellschafter geboten, falls in dem Auszahlungszeitpunkt noch die Voraussetzungen nach § 172 Abs. 4 HGB gegeben sind[1815].

1051

Bei der Prüfung der Frage nach dem Wiederaufleben der Haftung des Kommanditisten müssen **ausschüttungs- und abführungsgesperrte Beträge** i.S.d. § 268 Abs. 8 HGB

1052

1806 Vgl. Begr. RegE KapCoRiLiG, BT-Drs. 14/1806, S. 20.
1807 Vgl. *IDW ERS HFA 7 n.F.*, Tz. 33.
1808 Vgl. *IDW ERS HFA 7 n.F.*, Tz. 33.
1809 Vgl. dazu auch Tz. 351; ebenso *Theile*, BB 2000, S. 555.
1810 Vgl. *IDW ERS HFA 7 n.F.*, Tz. 34.
1811 Vgl. *IDW ERS HFA 7 n.F.*, Tz. 34.
1812 Vgl. *IDW ERS HFA 7 n.F.*, Tz. 34.
1813 Vgl. *IDW ERS HFA 7 n.F.*, Tz. 35.
1814 Vgl. *IDW ERS HFA 7 n.F.*, Tz. 35.
1815 Vgl. *IDW ERS HFA 7 n.F.*, Tz. 35.

außer Acht bleiben (§ 172 Abs. 4 S. 3 HGB)[1816]. Liegen haftungsbegründende Gewinnentnahmen i.S.d. § 172 Abs. 4 S. 2 HGB vor, sind bei der Ermittlung des Umfangs der wiederaufgelebten Haftung folglich diejenigen Beträge von der bestehenden Einlage in Abzug zu bringen, die bei einer KapGes. nach § 268 Abs. 8 HGB einer Ausschüttungssperre unterliegen würden (§ 172 Abs. 4 S. 3 HGB) [1817]. Als *lex specialis* geht diese Vorschrift bei Personenhandelsgesellschaften i.S.d. § 264a Abs. 1 HGB der Bestimmung des § 268 Abs. 8 HGB vor. Auf kleine Personenhandelsgesellschaften i.S.d. § 264a Abs. 1 HGB findet § 274 HGB nach § 274a Nr. 5 HGB keine Anwendung; sie haben den Abzugsbetrag nach § 172 Abs. 4 S. 3 HGB nach Sinn und Zweck des § 268 Abs. 8 HGB um für die betreffenden Sachverhalte gebildete Rückstellungen für passive latente Steuern zu mindern, die nach § 249 Abs. 1 S. 1 HGB angesetzt worden sind[1818].

1053 Liegen danach bei einer Personenhandelsgesellschaft ergebniswirksam erfasste Bilanzierungssachverhalte nach § 268 Abs. 8 HGB vor und kommt es zu einer **Minderung des Kapitalanteils unter die eingetragene Haftsumme** nach § 172 Abs. 4 S. 2 HGB, ist dies bei der Angabepflicht nach § 264c Abs. 2 S. 9 HGB zu berücksichtigen[1819]. Auf diesen Bilanzierungssachverhalten beruhende Angabepflichten bestehen im Entstehungsjahr und setzen sich in den JA der Folgejahre so lange und in der Höhe fort, wie entsprechende Wertansätze zum jeweiligen Beurteilungsstichtag noch bestehen[1820]. Werden Gewinnanteile, die zunächst auf ein Gesellschafterprivatkonto umgebucht worden sind (vgl. Tz. 1051), zu einem Zeitpunkt ausgezahlt, zu dem noch Wertansätze im o.g. Sinne bestehen, ist bei Vorliegen der übrigen Voraussetzungen eine **Anhangangabepflicht** nach § 264c Abs. 2 S. 9 HGB gegeben[1821]. Um dies beurteilen zu können, ist eine Dokumentation der umgebuchten Gewinnanteile sowie die Fortschreibung der Beträge erforderlich, die auf Bilanzierungssachverhalte i.S.d. § 268 Abs. 8 HGB zurückgehen[1822].

c) Angabe der persönlich haftenden Gesellschaften (§ 285 Nr. 15 HGB)

1054 Anzugeben sind **Name (Firma), Sitz und das gezeichnete Kapital** der Gesellschaft bzw. der Gesellschaften, die an der berichtenden Gesellschaft als persönlich haftende Gesellschafter beteiligt sind. Maßgeblich für die Angabe sind die Gesellschaftsverhältnisse am Abschlussstichtag der berichtenden Personenhandelsgesellschaft. Innerhalb des GJ ausgeschiedene persönlich haftende Gesellschafter sind daher – trotz ihrer ggf. bestehenden Nachhaftung (§ 160 HGB) – nicht mehr aufzuführen. Für die Angabe des gezeichneten Kapitals gilt, wenn es sich bei der jeweils betroffenen Gesellschaft um eine KapGes. handelt, das im HR eingetragene Grund- oder Stammkapital. Handelt es sich bei der persönlich haftenden Gesellschaft ihrerseits um eine Personenhandelsgesellschaft, sind die Kapitalanteile ihrer Gesellschafter anzugeben[1823]. Auch große Gesellschaften, die einen IFRS-Einzelabschluss offen legen, sind nach § 325 Abs. 2a S. 3 HGB zur Angabe verpflichtet[1824].

1816 Vgl. Begr. RegE BilMoG, BT-Drucks. 16/10067, S. 46.
1817 Vgl. *IDW ERS HFA 7 n.F.*, Tz. 36; *Förschle/Hoffmann* in BeBiKo[7], § 264c, Rn. 53.
1818 Vgl. *IDW ERS HFA 7 n.F.*, Tz. 36 i.V.m. Tz. 24.
1819 Vgl. *IDW ERS HFA 7 n.F.*, Tz. 37.
1820 Vgl. *IDW ERS HFA 7 n.F.*, Tz. 37.
1821 Vgl. *IDW ERS HFA 7 n.F.*, Tz. 37.
1822 Vgl. *IDW ERS HFA 7 n.F.*, Tz. 37.
1823 Vgl. auch ADS[6], § 285 HGB, Tz. 52; ferner *Ellrott* in BeBiKo[7], § 285, Rn. 280.
1824 Vgl. Tz. 115.

56. Zusätzliche Angaben, die von kapitalmarktorientierten oder börsennotierten Gesellschaften zu machen sind

Eine Gesellschaft ist nach § 264d HGB **kapitalmarktorientiert**, wenn sie einen organisierten Markt i.S.d. § 2 Abs. 5 WpHG durch von ihr ausgegebene Wertpapiere i.S.d. § 2 Abs. 1 S. 1 WpHG in Anspruch nimmt oder die Zulassung solcher Wertpapiere zum Handel an einem organisierten Markt beantragt hat[1825]. Bei Konzern-MU reicht für die Klassifizierung als kapitalmarktorientiert auch aus, wenn diese Voraussetzung nur von einem TU erfüllt wird (vgl. N Tz. 2)[1826]. Von kapitalmarktorientierten Unternehmen sind, da diese nach § 267 Abs. 3 S. 2 HGB stets als groß gelten, die Anhangangaben für große KapGes. (vgl. Tz. 692) zu erfüllen. Des Weiteren haben kapitalmarktorientierte Unternehmen i.S.d. § 324 Abs. 1 S. 1 HGB, deren ausschließlicher Zweck in der Ausgabe von Wertpapieren i.S.d. § 2 Abs. 1 S. 1 WpHG besteht, die durch Vermögensgegenstände besichert sind (*asset backed securities*)[1827] und die keinen Prüfungsausschuss i.S.d. § 324 Abs. 2 HGB gebildet haben, im Anh. darzulegen, weshalb ein solcher nicht eingerichtet wird (§ 324 Abs. 1 S. 2 Nr. 1 zweiter Hs. HGB).

1055

Nach § 3 Abs. 2 AktG gilt eine Gesellschaft als **börsennotiert**, wenn deren Aktien an einem Markt zugelassen sind, der den Anforderungen des § 2 Abs. 5 WpHG entspricht. Börsennotierte Gesellschaften haben zusätzlich zu den für kapitalmarktorientierte Unternehmen geltenden Anhangangaben noch die erweiterten Anhangangaben für Mitglieder des Geschäftsführungsorgans und des AR in Bezug auf die Mitgliedschaften in Kontrollgremien nach § 285 Nr. 10 HGB (vgl. Tz. 968) und die erweiterte Anhangangabe in Bezug auf die Beteiligung an großen KapGes. nach § 285 Nr. 11 HGB (vgl. Tz. 976) zu beachten. Börsennotierte Gesellschaften haben, neben den rechtsformspezifischen Angaben (vgl. Tz. 1025 ff.), außerdem Angaben zur Abgabe und Veröffentlichung der Entsprechenserklärung nach § 161 AktG (vgl. Tz. 990 f.) zu machen. Börsennotierte AG haben darüber hinaus zusätzlich die individualisierten Angaben in Bezug auf die Offenlegung von Vorstandsbezügen i.S.d. § 285 Nr. 9a S. 5 bis 8 HGB (vgl. Tz. 934 ff.) zu beachten.

1056

57. Zusätzliche Angaben zur Vermittlung des in § 264 Abs. 2 S. 1 HGB geforderten Bildes[1828]

Nach § 264 Abs. 2 S. 2 HGB „sind im Anh. zusätzliche Angaben zu machen", wenn aufgrund „besonderer Umstände" sonst ein den tatsächlichen Verhältnissen entsprechendes Bild i.S.d. Satzes 1 nicht vermittelt wird. Es handelt sich somit um eine Auffangvorschrift[1829]. Sie greift, wenn die Beachtung der in den Einzelvorschriften getroffenen Bestimmungen für sich allein nicht ausreicht[1830] und ohne zusätzliche Angaben ein zu günstiges oder ein zu ungünstiges Bild gezeichnet würde[1831]. Allerdings müssen „besondere Umstände" vorliegen. Dies wird dahin verstanden werden können, dass nur **Sachverhalte von außergewöhnlicher Bedeutung und einmaliger Art**, für die sonst

1057

1825 Vgl. hierzu *Gelhausen/Fey/Kämpfer*, BilMoG, Kap. K, Rn. 32 ff.
1826 Vgl. zu § 292a HGB a.F. ADS⁶, § 292a HGB, Tz. 12; BeBiKo⁵, § 292a, Rn. 6.
1827 Vgl. *Kozikowski/Röhm-Kottmann* in BeBiKo⁷, § 324, Rn. 11.
1828 Vgl. dazu ADS⁶, § 264 HGB, Tz. 111; *Winkeljohann/Schellhorn* in BeBiKo⁷, § 264, Rn. 48; *Kupsch* in HdJ, Abt. IV/4, Rn.124; *Schülen* in BHdR, B 410, Rn. 34; *Forster* in FS Moxter, S. 961; *Moxter*, S. 221; zur Darstellung und Korrektur der Finanzlage ferner IDW St/SABI 3/1986, Nr. 9. Im Übrigen vgl. Tz. 78 ff.
1829 Vgl. *Forster* in FS Helmrich, S. 624; *Forster*, WPg 1994, S. 789 (794).
1830 Bei Verabschiedung der 4. EG-Richtlinie haben der Rat und die Kommission im Protokoll erklärt, „dass es normalerweise ausreicht, die Richtlinie anzuwenden, damit das gewünschte den tatsächlichen Verhältnissen entspr. Bild entsteht."
1831 Vgl. ADS⁶, § 264 HGB, Tz. 115; *Winkeljohann/Schellhorn* in BeBiKo⁷, § 264, Rn. 48.

keine Erläuterungspflicht besteht, zu zusätzlichen Angaben zwingen[1832]. Entscheidend ist, dass der Abschluss insgesamt ein zutreffendes Verständnis von der Darstellung der wirtschaftlichen Lage des berichtenden Unternehmens vermittelt. Dies kann ggf. auch durch Angaben im LB ergänzt werden[1833].

1058 So könnte z.B. daran gedacht werden, Angaben zu fordern, wenn in Zeiten **erheblicher Preissteigerungen** und Geldwertänderungen das ausgewiesene Ergebnis aufgrund des Nominalwertprinzips ein völlig unzutreffendes Bild von der Ertragslage vermittelt (vgl. hierzu Tz. 79). Ein Anwendungsfall mit ähnlichem Hintergrund kann auch gegeben sein, wenn ein wesentlicher Teil des Gewinnes eines inländischen Unternehmens aus einer ausländischen Betriebsstätte stammt und wegen höherer Inflationsraten in dem betreffenden Land erhebliche Scheingewinne enthält[1834].

1059 Zu erläutern sind ggf. auch ungewöhnliche, rein **bilanzpolitische und sachverhaltsgestaltende Maßnahmen** i.S.d. § 321 Abs. 2 S. 4 HGB, wie *Sale-and-lease-back*-Geschäfte bei angespannter wirtschaftlicher Lage[1835]. Nach *IDW St/HFA 1/1989*, Abschn. D.6., können ferner die Gestaltung und Vereinnahmung von Leasingentgelten im Falle wesentlicher Anlaufverluste oder Auslaufgewinne – insb. aufgrund von Veränderungen im Geschäftsumfang – beim Leasinggeber zusätzliche Angaben gem. § 264 Abs. 2 S. 2 HGB erfordern. Eine Angabepflicht kann nach *IDW St/HFA 1/1984*, Abschn. 3.a, außerdem in Betracht kommen, wenn gewährte **Zuwendungen** ausdrücklich aus künftigen Gewinnen des Unternehmens zurückzuzahlen und deshalb die Rückzahlungsverpflichtungen vor Gewinnerzielung nicht zu passivieren sind; zu entsprechenden Angaben i.Z.m. **Genussrechten** vgl. *IDW St/HFA 1/1994*, Nr. 2.1.3. Weitere Anwendungsfälle sind bei **langfristiger Fertigung** denkbar[1836]. Zweifel an der Fortführung des Unternehmens führen dagegen nicht zu einer Angabepflicht gem. § 264 Abs. 2 S. 2 HGB, sondern zu Angaben im LB nach § 289 Abs. 1 S. 4 HGB (vgl. Tz. 1114)[1837].

1060 Keine Angaben nach der hier in Rede stehenden Vorschrift kommen in Betracht, wenn das Gesetz bestimmte **Erleichterungen** gestattet (z.B. Saldierung von Umsatzerlösen, sonstigen betrieblichen Erträgen und Materialaufwand, § 276 S. 1 HGB; Verzicht auf Angaben im Anh., §§ 274a, 276 S. 2, 286, 288 HGB), auch wenn dies zu Einschränkungen bei der Vermittlung eines den tatsächlichen Verhältnissen entsprechenden Bildes führt. Eine andere Auffassung würde dazu führen, dass vor jeder Inanspruchnahme einer Erleichterung die mögliche Berichterstattungspflicht nach § 264 Abs. 2 S. 2 HGB sondiert werden müsste, was in vielen Fällen praktisch die Inanspruchnahme der Erleichterung ausschließen würde.

[1832] In der RegBegr. wird die Vorschrift des § 264 Abs. 2 HGB (im Entwurf § 237 Abs. 2) denn auch dahingehend interpretiert, dass sie „Lücken zu schließen" habe; vgl. BT-Drs. 10/317, S. 76. Zur Problematik, konkrete Fälle unter diese Definition zu subsumieren, vgl. *Forster* in FS Moxter, S. 961. Für eine großzügigere Auslegung des Anwendungsbereichs von § 264 Abs. 2 S. 2 HGB vgl. *Lachnit*, WPg 1993, S. 193 (199).

[1833] Vgl. *Oser/Holzwarth* in HdR[5], § 264 HGB, Rn. 39; zum KLB DRS 15, Tz. 45 f.

[1834] Vgl. ADS[6], § 264 HGB, Tz. 119. *Oser/Holzwarth* in HdR[5], § 264 HGB, Rn. 37, und *Winkeljohann/Schellhorn* in BeBiKo[7], § 264, Rn. 50.

[1835] Vgl. ADS[6], § 264 HGB, Tz. 117; *Schülen* in BHdR, B 420, Rn. 66; vgl. auch zur Definition von sachverhaltsgestaltenden Maßnahmen und zu weiteren Beispielen *IDW PS 450*, Tz. 94.

[1836] Vgl. dazu im Einzelnen ADS[6], § 264 HGB, Tz. 122 m.w.N.

[1837] Vgl. *IDW ERS HFA 17*, Tz. 40; ADS[6], § 264 HGB, Tz. 118; a.A. *Winkeljohann/Schellhorn* in BeBiKo[7], § 264, Rn. 50.

58. Schutzklausel[1838]

1061 In bestimmten Fällen besteht die Pflicht oder das Recht, Angaben im Anh. zu unterlassen (§ 286 HGB; sog. Schutzklausel)[1839]. Die Berichterstattung hat insoweit zu unterbleiben (Schutzklausel **im öffentlichen Interesse**), als es für das Wohl der Bundesrepublik Deutschland oder eines ihrer Länder[1840] erforderlich ist (§ 286 Abs. 1 HGB, § 160 Abs. 2 AktG). Wann dies der Fall ist, hat der Vorstand/die Geschäftsführung nach pflichtgemäßem Ermessen zu entscheiden. In Betracht kommen in erster Linie Angaben, die mit Aufträgen der Bundeswehr im Zusammenhang stehen. Aber auch andere im öffentlichen Interesse übernommene Aufträge[1841] (z.B. Forschungsaufträge, Entwicklungsaufträge, Aufträge, die die Verwaltung oder Beschaffung bestimmter Vermögenswerte zum Gegenstand haben) können unter die Pflicht zur Geheimhaltung fallen mit der Folge, dass über sie nicht berichtet werden darf. Bei Anwendung der Schutzklausel darf kein diesbezüglicher Hinweis in den Anh. aufgenommen werden, um den Zweck der Schutzklausel nicht zu gefährden[1842]. Zum Wegfall des Wahlrechts zur Offenlegung eines IFRS-Einzelabschlusses nach § 325 Abs. 2a S. 1 und 6 HGB im Falle der Inanspruchnahme der Schutzklausel vgl. Tz. 11.

1062 Von der Schutzklausel darf weiterhin unter bestimmten Voraussetzungen bei den Angaben zu § 285 Nr. 4, 9 lit. a) und lit. b), 11 und 11a HGB Gebrauch gemacht werden (§ 286 Abs. 2 bis 4 HGB; zur Befreiung von börsennotierten AG vgl. Tz. 950; Schutzklausel **im Interesse der Gesellschaft,** bestimmter **anderer Unternehmen** oder einzelner **Mitglieder der Gesellschaftsorgane**). Vgl. hierzu Tz. 889 ff., Tz. 917 ff. und Tz. 970 ff.

VI. Zusätzliche Jahresabschlussbestandteile bei bestimmten kapitalmarktorientierten Unternehmen gemäß § 264 Abs. 1 S. 2 HGB

1063 Kapitalmarktorientierte KapGes. i.S.d. § 264d HGB[1843] und denen gleichgestellte Personenhandelsgesellschaften i.S.d. § 264a HGB (vgl. Tz. 24), die nicht zur Aufstellung eines KA gem. §§ 290 ff. HGB (vgl. M Tz. 21 ff.) verpflichtet sind, haben ihren handelsrechtlichen JA um eine **Kapitalflussrechnung** (vgl. Tz. 1069 ff.) und einen **Eigenkapitalspiegel** (vgl. Tz. 1071 ff.) zu ergänzen (§ 264 Abs. 1 S. 2 erster Hs. HGB). Sie dürfen den JA ferner um eine **Segmentberichterstattung** (vgl. Tz. 1076 ff.) ergänzen (§ 264 Abs. 1 S. 2 zweiter Hs. HGB). Alle in § 264 Abs. 1 HGB geforderten JA-Bestandteile bilden eine Einheit. Zweck der Regelung in § 264 Abs. 1 S. 2 HGB ist es, die Finanzberichterstattung kapitalmarktorientierter Unternehmen zu vereinheitlichen[1844]. Da die Verpflichtung zur Erstellung einer KFR und eines EK-Spiegels nach dem ausdrücklichen Wortlaut der Vorschrift allein an die fehlende Verpflichtung zur Konzernrechnungslegung anknüpft, muss ein kapitalmarktorientiertes Unternehmen, das freiwillig einen KA und KLB aufstellt,

---

1838 Vgl. dazu ADS[6], § 286 HGB, Tz. 9; *Ellrott* in BeBiKo[7], § 286, Rn. 2; *Schülen* in BHdR, B 437.
1839 Ob die Schutzklausel auch für Wahlpflichtangaben gilt, ist umstritten; dafür vgl. ADS[6], § 286 HGB, Tz. 6; *Ellrott* in BeBiKo[7], § 286, Rn. 1; *Krawitz* in BoHdR[2], § 286 HGB, Rn. 7; dagegen *Kupsch* in HdJ, Abt. IV/4, Rn. 54.
1840 Zur Begriffsauslegung vgl. *Leffson*, HURB, S. 461.
1841 Vgl. ADS[6], § 286 HGB, Tz. 14; *Schülen* in BHdR B 437, Rn. 5.
1842 H.M. vgl. ADS[6], § 286 HGB, Tz. 17; *Ellrott* in BeBiKo[7], § 286, Rn. 4; *Kupsch* in HdJ, Abt. IV/4, Rn. 57; *Krawitz* in BoHdR[2], § 286 HGB, Rn. 11; *Oser/Holzwarth* in HdR[5], §§ 284 bis 288 HGB, Rn. 333; *Schülen* in BHdR, B 437, Rn. 9.
1843 Vgl. dazu *Gelhausen/Fey/Kämpfer*, BilMoG, Kap. K, Rn. 32 ff.
1844 Vgl. RegBegr. BiLMoG, BT-Drucks. 16/10067, S. 53.

prüfen lässt und offenlegt, den JA dennoch um eine KFR und einen EK-Spiegel erweitern[1845].

1064 Für kapitalmarktorientierte MU ist eine Befreiung von der Pflicht, einen KA aufzustellen, durch eine befreiende Einbeziehung in einen übergeordneten KA nach § 291 Abs. 3 Nr. 1 HGB ggf. i.V.m. § 292 HGB i.V.m. § 2 Abs. 2 KonBefrV sowie eine größenabhängige Befreiung von der Konzernrechnungslegungspflicht nach § 293 Abs. 5 HGB ausgeschlossen. Der **Anwendungsbereich** des § 264 Abs. 1 S. 2 HGB erstreckt sich damit letztlich auf solche kapitalmarktorientierte Unternehmen, die entweder kein TU nach § 290 HGB haben oder nur TU haben, die nach § 296 HGB nicht im Wege der Vollkonsolidierung (§§ 300 ff. HGB) in den KA einbezogen werden müssen und deshalb nach § 290 Abs. 5 HGB von der Verpflichtung zur Konzernrechnungslegung gem. §§ 290 ff. HGB befreit sind[1846].

1065 § 264 Abs. 1 S. 2 HGB enthält selbst keine Vorgaben zum Aufbau von KFR, EK-Spiegel und SegBE. Die **formale und inhaltliche Ausgestaltung** dieser zusätzlichen Abschlussbestandteile sollte sich nach den Grundsätzen der dazu vom BMJ bekannt gemachten Rechnungslegungsstandards DRS 2, DRS 7 und DRS 3 richten[1847], auch wenn sich deren GoB-Vermutung des § 342 Abs. 2 HGB ausdrücklich nur auf den KA bezieht, weil bezogen auf die ergänzenden Abschlussbestandteile aus konzeptioneller Sicht keine Unterschiede zwischen JA und KA ersichtlich sind[1848]. Abweichungen können sich jedoch im JA ergeben, sofern in den Rechnungslegungsstandards über das Gesetz hinausgehende Anforderungen geregelt sind, sowie darüber hinaus aufgrund konzernspezifischer Regelungen, die im handelsrechtlichen JA ohne Entsprechung sind (vgl. Tz. 1073). Darüber hinaus sollten auch branchenspezifischen Ergänzungen der Rechnungslegungsstandards beachtet werden, dies sind DRS 2-10 und DRS 3-10 für KI und DRS 2-20 und DRS 3-20 für VU.

1066 Für die Form der Darstellung der drei zusätzlichen Abschlussbestandteile im Zeitablauf gilt das **Stetigkeitsgebot** gem. § 265 Abs. 1 HGB analog (vgl. Tz. 480). Abweichungen wegen besonderer Umstände, z.B. Änderung der einschlägigen DRS Standards, sind zulässig.

1067 Entgegen den Regelungen der DRS[1849] ist die **Angabe von Vorjahreszahlen** ausdrücklich nur für Bilanz und GuV (§ 265 Abs. 2 S. 1 HGB), nicht aber die übrigen JA-Bestandteile[1850] vorgeschrieben. Dessen ungeachtet ist die Angabe von Vorjahreszahlen wünschenswert und allgemein üblich[1851].

1068 Zum Verständnis von KFR, EK-Spiegel und SegBE sind i.d.R. **zusätzliche** verbale **Erläuterungen** erforderlich (vgl. M Tz. 812, 847, 870). Diese sind grds. Teil der einzelnen Abschlussbestandteile. Solche Erläuterungen dürfen auch in den Anh. aufgenommen werden[1852]. In diesem Fall muss aber für die Adressaten des JA, z.B. durch Zwischenüberschriften, erkennbar sein, dass es sich nicht um originäre Anhangangaben, sondern um dorthin ausgelagerte Angaben der anderen Abschlussbestandteile handelt.

1845 A.A. *Baetge/Commandeur/Hippel* in HdR[5], § 264, Rn. 10 unter Hinweis auf den Zweck der Regelung.
1846 Vgl. dazu *Gelhausen/Fey/Kämpfer*, BilMoG, Kap. Q, Rn. 96 ff.
1847 So ausdrücklich auch DRS 2, Tz. 2d., und DRS 7, Tz. 1e.
1848 Vgl. *Gelhausen/Fey/Kämpfer*, BilMoG, Kap. K, Rn. 6; *Baetge/Commandeur/Hippel* in HdR[5], § 264, Rn. 10.
1849 Vgl. DRS 2, Tz. 10; DRS 3, Tz. 43.
1850 Vgl. z.B. *Ellrott* in BeBiKo[7], § 284, Rn. 21 zur Angabe von Vorjahreszahlen im Anh.
1851 Vgl. *Gelhausen/Fey/Kämpfer*, BilMoG, Kap. K, Rn. 8.
1852 Vgl. *Gelhausen/Fey/Kämpfer*, BilMoG, Kap. K, Rn.10.

Zusätzliche Jahresabschlussbestandteile   F

1. Kapitalflussrechnung

Eine KFR zeigt die **Herkunft und Verwendung der dem Unternehmen zugeflossenen Zahlungsmittel** und gibt so Aufschluss über dessen Fähigkeit, künftige finanzielle Überschüsse zu erwirtschaften, seinen Zahlungsverpflichtungen nachzukommen und Ausschüttungen an Anteilseigner zu leisten (vgl. DRS 2, Tz. 1)[1853]. Auf die KFR kann deshalb auch im Rahmen der Berichterstattung zur Finanzlage nach § 289 Abs. 1 S. 1 HGB Bezug genommen werden; die diesbezüglichen Ausführungen im **Lagebericht** müssen im Einklang mit der KFR stehen[1854]. 1069

Die KFR ist in **Staffelform** unter Beachtung der im Anh. zu DRS 2 enthaltenen Mindestgliederung aufzustellen (DRS 2, Tz. 10). Wegen weiterer Einzelheiten wird auf die Erläuterungen zum KFR im KA in Kap. M Tz. 808 ff. verwiesen. 1070

Die Regelungen zur Erstellung von KFR in DRS 2 stehen in Einklang mit den internationalen Rechnungslegungsgrundsätzen (IAS 7, SFAS 95; M Tz. 793). In der KFR werden, ausgehend vom **Finanzmittelfonds**, d.h. dem Bestand an Zahlungsmitteln und Zahlungsmitteläquivalenten[1855], die Netto-Zahlungsströme einer Periode getrennt nach den Bereichen laufende Geschäftstätigkeit, Investitionstätigkeit (einschließlich Desinvestitionen) und Finanzierungstätigkeit dargestellt (DRS 2, Tz. 7)[1856]. Der Saldo dieser Zahlungsströme ergibt nach Berücksichtigung wechselkursbedingter und sonstiger bewertungsbedingter Änderungen des Fondsbestands (vgl. DRS 2, Tz. 20 f.) die Veränderung des Finanzmittelfonds. 1071

Die Cashflows der Investitions- und Finanzierungstätigkeit sind nach der **direkten Methode** zu bestimmen, d.h. indem Einzahlungen und Auszahlungen dieser Aktivitätsbereiche angegeben werden (vgl. DRS 2, Tz. 29 und 33). Der Cashflow aus laufender Geschäftstätigkeit darf nach DRS 2 (Tz. 24b)) daneben auch **indirekt** ermittelt werden, d.h. ausgehend vom handelsrechtlichen Periodenergebnis, das um nicht zahlungswirksame Aufwendungen und Erträge sowie weitere Posten korrigiert wird (vgl. zur Überleitungsrechnung M, Tz. 822).

2. Eigenkapitalspiegel

Der EK-Spiegel soll sämtliche **Eigenkapitalveränderungen** im GJ systematisch und in komprimierter Form darstellen (DRS 7, Tz. 1)[1857]. Unabhängig davon bestehen eine Reihe von handels- und insb. gesellschaftsrechtlichen Regelungen für Bilanz, GuV und/oder Anh., aus denen sich Informationen über die Zusammensetzung des bilanziellen Eigenkapitals sowie dessen Veränderungen während eines GJ ergeben und die auch bei Aufstellung eines EK-Spiegels zu beachten sind. Für KapGes. sind dies insb. die §§ 266, 268 Abs. 1, 270, 272 und 275 Abs. 4 HGB. Personenhandelsgesellschaften i.S.d. § 264a HGB haben zusätzlich § 264c HGB zu beachten (vgl. Tz. 135 ff.). Als rechtsformspezifische Regelungen sind insb. die §§ 150, 152 Abs. 2 und 3, 158 Abs. 1 sowie 160 AktG zu nennen[1858]. 1072

EK-Veränderungen können dabei auf **Transaktionen mit Gesellschaftern** (Kapitaleinlagen und -entnahmen, Gewinnausschüttungen) und dem erzielten **Jahresergebnis** beru- 1073

1853 Vgl. *Müller* in Haufe HGB Kommentar², § 264, Rn. 18; *Baetge/Commandeur/Hippel* in HdR⁵, § 264, Rn. 11.
1854 Vgl. *Gelhausen/Fey/Kämpfer*, BilMoG, Kap. K, Rn.15.
1855 Vgl. zur Abgrenzung des Finanzmittelfonds DRS 2, Tz. 16 ff.; M Tz. 808 ff.
1856 Vgl. zu den Inhalten der drei Tätigkeitsbereiche DRS 2, Tz. 23 ff.; M Tz. 818 ff.
1857 Vgl. *Gelhausen/Fey/Kämpfer*, BilMoG, Kap. K, Rn.16.
1858 Vgl. auch ADS International, Abschn. 22, Tz. 25 f.

hen. Ferner kann es im handelsrechtlichen JA durch die Ausgabe oder Rückzahlung von **Genussrechtskapital**, das als EK auszuweisen ist (vgl. Tz. 355 ff.), sowie **Kapitalzuzahlungen durch Dritte** ohne Gegenleistungsverpflichtung, die auf Veranlassung oder für Rechnung eines Gesellschafters erfolgen (vgl. Tz. 368), zu (ergebnisneutralen) Veränderungen des EK kommen. Schließlich können auch **Vermögenseffekte**, die aus der erstmaligen Anwendung **geänderter gesetzlicher Vorschriften**, wie dies zuletzt bei der erstmaligen Anwendung der durch das BilMoG geänderten Vorschriften der Fall war[1859], direkt im EK zu erfassen sein.

1074 Zur Darstellung der EK-Veränderungen empfiehlt es sich, den EK-Spiegel in **Matrixform** aufzubauen[1860].

1075 Wegen weiterer Einzelheiten wird auf die Erläuterungen zum Konzern-EK-Spiegel in M Tz. 839 ff. verwiesen. Zu den **konzernspezifischen Sachverhalten**, die für den EK-Spiegel im JA nicht einschlägig sind, gehören z.B. der Ausweis von Minderheiten (§ 307 HGB; vgl. M Tz. 846) oder des Sonderpostens aus der Währungsumrechnung (§ 308a HGB; vgl. M Tz. 843) im EK.

3. Segmentberichterstattung

1076 Die SegBE enthält Informationen über einzelne Teilbereiche der geschäftlichen Aktivitäten eines Unternehmens (Segmente). Durch die **Disaggregation von Finanzinformationen** sollen, insb. bei diversifizierten Unternehmen, die für Analysezwecke problematischen Aggregationen in Bilanz und GuV und die damit verbundenen Informationsdefizite und -verzerrungen, korrigiert und so der Einblick in die Vermögens-, Finanz- und Ertragslage sowie die Beurteilung von Risiken und Erfolgsaussichten des Unternehmens durch die Adressaten verbessert werden (DRS 3, Tz. 1 f.)[1861].

1077 Die **Segmentabgrenzung** nach DRS 3 folgt dem sog. **Management Approach**[1862], danach sind im Rahmen der SegBE die Segmente berichtspflichtig, nach denen die Geschäftsleitung das Unternehmen auch intern steuert (DRS 3, Tz. 9 f.)[1863]. Wegen weiterer Einzelheiten zu Aufbau und Umfang der SegBE wird auf die Erläuterungen zum KA in M Tz. 856 ff. verwiesen.

1078 Zu den **konzernspezifischen Sachverhalten**, die in einer SegBE im JA nicht vorkommen können, weil alle Segmente unselbständige Teilbereiche eines rechtlich einheitlichen Unternehmens sind, gehören Maßnahmen zur Schuldenkonsolidierung sowie zur Zwischenergebniseliminierung (DRS 3, Tz. 19).

1079 Wird der JA um eine SegBE ergänzt, darf im Anh. auf die **Aufgliederung der Umsatzerlöse** nach § 285 Nr. 4 HGB (vgl. Tz. 889 ff.) **verzichtet** werden (§ 314 Abs. 2 S. 1 HGB analog)[1864].

1859 Vgl. *IDW RS HFA 28*, Tz. 6. f.; *Gelhausen/Fey/Kirsch*, WPg 2010, S. 24 (26).
1860 Vgl. zu Darstellungsmustern Anlage zu DRS 7; *Gelhausen/Fey/Kämpfer*, BilMoG, Kap. K, Rn.19 (KapGes.) und Tz. 20 (Personenhandelsgesellschaften).
1861 Vgl. *Baetge/Commandeur/Hippel* in HdR[5], § 264, Rn. 15; M Tz. 850.
1862 Vgl. *Förschle/Kroner* in BeBiKo[7], § 297, Rn. 153.
1863 Vgl. M Tz. 851.
1864 Vgl. *Gelhausen/Fey/Kämpfer*, BilMoG, Kap. K, Rn. 24.

VII. Der Lagebericht

1. Allgemeines

Mittelgroße und große Kapitalgesellschaften (§ 267 Abs. 2 und 3 HGB) haben nach § 264 Abs. 1 S. 1 HGB zusammen mit dem (um den Anh. erweiterten) JA einen **Lagebericht** aufzustellen[1865]. Für kleine KapGes. (§ 267 Abs. 1 HGB) ist die Aufstellung eines LB nicht obligatorisch (§ 264 Abs. 1 S. 4 HGB)[1866]. Dasselbe gilt bei entsprechender Größe auch für **Personenhandelsgesellschaften** (OHG, KG), bei denen nicht wenigstens ein persönlich haftender Gesellschafter unmittelbar oder mittelbar eine natürliche Person ist (§ 264a i.V.m. § 264 Abs. 1 S. 1 HGB). Darüber hinaus müssen **eingetragene Genossenschaften** sowie grds. auch die **unter das PublG fallenden Unternehmen** (Ausnahme: Einzelkaufleute und Personenhandelsgesellschaften) einen LB aufstellen (§ 336 Abs. 1 HGB, § 5 Abs. 2 PublG; vgl. auch G Tz. 21, und H Tz. 1 und 81). Ferner sind **Kredit- und Finanzdienstleistungsinstitute** sowie **Versicherungsunternehmen** nach §§ 340a Abs. 1 zweiter Hs., 341a Abs. 1 HGB unabhängig von ihrer Rechtsform und Größe zur Aufstellung eines LB verpflichtet; vgl. auch J Tz. 419 und K Tz. 86[1867].

Zur **Aufstellungsfrist** vgl. Tz. 5 sowie ADS[6], § 289 HGB, Tz. 53; zu **Befreiungsmöglichkeiten** vgl. Tz. 29 und 58.

1080

Der Inhalt des LB wird in erster Linie durch § 289 HGB bestimmt. Die Vorschrift ist in den letzten Jahren im Zuge der Umsetzung von EG-Richtlinien durch verschiedene Gesetzesänderungen (BilReG, VorstOG, Übernahmerichtlinie-Umsetzungsgesetz, TUG und BilMoG) in Teilen neu gefasst und die Informationspflichten erheblich erweitert worden[1868]. Danach sind der **Geschäftsverlauf** einschließlich des **Geschäftsergebnisses** und die wirtschaftliche **Lage** der Gesellschaft so darzustellen, dass ein den tatsächlichen Verhältnissen entsprechendes Bild vermittelt wird (Abs. 1 S. 1). Dass i.d.F. des BilReG der Ausdruck „zumindest" entfallen ist, bedeutet nicht, dass der LB nicht auch fortgeltend für **weitere Angaben** offen steht[1869], die – wenn nicht deutlich vom LB abgegrenzt – denselben Prüfungs- und Offenlegungsverpflichtungen unterliegen wie der LB selbst. Der LB hat eine ausgewogene und umfassende, dem Umfang und der Komplexität der Geschäftstätigkeit entsprechende **Analyse** des Geschäftsverlaufs und der Lage der Gesell-

1081

1865 Vgl. DRS 15 und DRS 5 (beide Standards zum KLB; Anwendung auf den JA empfohlen); zur Geltung der DRS allg. *IDW PS 201*, Tz. 12, und *Förschle* in BeBiKo[7], § 342, Rn. 17; ADS[6], Erl. zu § 289 HGB; *Böcking/Dutzi* in Baetge/Kirsch/Thiele, Bilanzrecht, Erl. zu § 289 HGB; *Baetge/Schulze*, DB 1998, S. 937 (zu Risiken der künftigen Entwicklung); *Ballwieser*, S. 153; *Ellrott* in BeBiKo[7], Erl. zu § 289; *DiPiazza/Eccles; Dörner*, S. 217 (Prognosebericht); *Dörner/Bischof*, S. 369 (Aufstellung des LB); *Dörner/Bischof*, WPg 1999, S. 445 (zu Risiken der künftigen Entwicklung); *Eccles u.a.; Fey*, WPg 2000, S. 1097 (zur kapitalmarktorientierten Unternehmensberichterstattung); *Fink/Keck*, KoR 2005, S. 137; *IDW RH HFA 1.007; Gelhausen/Fey/Kämpfer*, BilMoG, Kap. O, Rn. 284 ff. (zum internen Kontroll- und Risikomanagementsystem); *Heumann; Kaiser*, WPg 2005, S. 405, *Kaiser*, DB 2005, S. 345; *Küting/Hütten*, AG 1997, S. 250 (Risiken der künftigen Entwicklung); *Lange*, BB 1999, S. 2447; *Meyer*, DB 1999, S. 1913 (Rechenschaftsbericht des GmbH-Geschäftsführers); *Moxter*, BB 1997, S. 722; *Selch*, WPg 2000, S. 357 (Entwicklung der gesetzlichen Regelungen seit dem AktG 1965); *Selchert; Strieder*, DB 1998, S. 1677 (Besonderheiten bei eG); *Veit*, BB 1997, S. 461 (zu Zweigniederlassungen); *Wolf*, DStR 2005, S. 438.

1866 Vgl. zu einer empirischen Untersuchung *Kajüter u.a.*, DB 2010, S. 457 ff.

1867 Zur Rechnungslegung der Europäischen AG entsprechend den Vorschriften, die für AG des Sitzstaates der Europäischen AG gelten, vgl. Art. 61 Verordnung (EG) Nr. 2157/2001 v. 08.10.2001, ABl.EG 2001, Nr. L 294, S. 1/16.

1868 Vgl. BilReG v. 04.12.2004, BGBl. I, S. 3166, und VorstOG, BGBl. I 2005, S. 2267; RegBegr. BilReG, BT-Drs. 15/3419, S. 30; Übernahmerichtlinie-Umsetzungsgesetz v. 08.06.2006, BGBl. I, S. 1426; TUG v. 05.01.2007, BGBl. I, S. 10; BilMoG v. 25.05.2009, BGBl. I, S. 1102.

1869 Art. 46 Abs. 1 der Modernisierungsrichtlinie 2003/51/EG, ABl.EG 2003, Nr. L 178 S. 16/18 stellt weiterhin auf den Ausdruck „zumindest" ab und nach der RegBegr. BilReG, BT-Drs. 15/3419, S. 30, handelt es sich bei der Streichung lediglich um eine redaktionelle Vereinfachung; so auch *Lange*, ZIP 2004, S. 981 (983); *Kajüter*, DB 2004, S. 197 (200).

schaft zu enthalten, in die bedeutsame finanzielle Leistungsindikatoren unter Bezugnahme auf die im JA ausgewiesenen Beträge und Angaben zu erläutern sind (Abs. 1 S. 2 und 3). Bei großen KapGes. (§ 267 Abs. 3 HGB) sind in diese Analyse darüber hinaus bedeutsame nichtfinanzielle Leistungsindikatoren wie Informationen über Umwelt- und Arbeitnehmerbelange einzubeziehen (Abs. 3).

1082 Ferner ist die **voraussichtliche Entwicklung** mit ihren wesentlichen Chancen und Risiken unter Angabe der zu Grunde liegenden Annahmen zu beurteilen und zu erläutern (Abs. 1 S. 4). Der LB soll außerdem auf **Vorgänge von besonderer Bedeutung nach Schluss des Geschäftsjahres** (Abs. 2 Nr. 1), auf Risiken und das Risikomanagement in Bezug auf **Finanzinstrumente** (Abs. 2 Nr. 2), auf den Bereich **Forschung und Entwicklung** (Abs. 2 Nr. 3), auf bestehende **Zweigniederlassungen** (Abs. 2 Nr. 4) sowie bei börsennotierten AG auf Grundzüge des **Vergütungssystems** für Mitglieder des Vorstands (Abs. 2 Nr. 5) eingehen.

1083 **Übernahmerechtliche Zusatzangaben** sind von AG und KGaA in den LB aufzunehmen, die einen organisierten Markt i.S.d. § 2 Abs. 7 WpÜG durch von ihnen ausgegebene stimmberechtigte Aktien in Anspruch nehmen (Abs. 4). Abs. 5 verpflichtet kapitalmarktorientierte KapGes. i.S.d. § 264d HGB (vgl. hierzu Tz. 24), in ihrem LB die wesentlichen Merkmale des **internen Kontrollsystems** (IKS) und **Risikomanagementsystems** (RMS) im Hinblick auf den Rechnungslegungsprozess zu beschreiben.

1084 LB, Anh., darüber hinausgehende freiwillige Angaben sowie Bilanz und GuV der Gesellschaft können in einem einheitlichen Druckstück, dem **Geschäftsbericht** (GB), zusammengefasst werden (vgl. Tz. 658)[1870]. Hierbei empfiehlt es sich allerdings, freiwillige, über die gesetzlichen Angabepflichten hinausgehende Erläuterungen und Darstellungen deutlich vom LB im gesetzlichen Sinne abzugrenzen[1871]; dies gilt insb. für Bilder, Tabellen, Graphiken u.dgl. Umgekehrt ist es erforderlich, die zum LB gehörenden Angaben in einem besonders bezeichneten Abschnitt – abgesetzt von den Angaben des Anh. und den freiwilligen Angaben – zu machen[1872]. Das Gesetz sagt nichts über die **Platzierung** des LB. Üblich ist eine Platzierung am Anfang der Berichterstattung vor freiwilligen Berichtsteilen und vor dem JA; jedoch kann der LB auch hinter den freiwilligen Berichtsteilen oder dem JA platziert werden. Alle drei Varianten sind zulässig[1873].

1085 Eine besondere **Unterzeichnung** des LB ist nicht vorgesehen. In der Praxis wird die Unterzeichnung des JA (§ 245 HGB, vgl. Tz. 7) auch die übrigen Ausführungen im GB und damit auch die des LB abdecken.

1086 § 315 Abs. 3 i.V.m. § 298 Abs. 3 HGB gestattet es, den LB eines MU mit dessen **Konzernlagebericht** zusammenzufassen. Dabei muss ersichtlich sein, welche Aussagen bzw. Angaben sich auf das MU, auf den Konzern oder auf beide beziehen; im Übrigen vgl. M Tz. 875. Aus Gründen der Klarheit und Übersichtlichkeit kann es sinnvoll sein, von einer Zusammenfassung des LB des MU und des KLB abzusehen. Dies gilt insb., wenn jeweils unterschiedliche Rechnungslegungsgrundsätze angewendet werden (§ 315a Abs. 1 HGB)[1874].

1870 Vgl. ADS[6], § 289 HGB, Tz. 14 und 36; *Ellrott* in BeBiKo[57], § 289, Rn. 6.
1871 Vgl. ADS[6], § 289 HGB, Tz. 15 f.; zu Diskrepanzen zwischen dem im GB und dem im BAnz. veröffentlichten LB von Unternehmen vgl. *Heisinger/Wenzler*, WPg. 1992, S. 445 (446 ff.).
1872 Ebenso ADS[6], § 289 HGB, Tz. 15 und 36; *Biener/Berneke*, BiRiLiG, Erl. 1 zu § 289 HGB (LB muss als solcher erkennbar sein).
1873 Vgl. ADS[6], § 289 HGB, Tz. 36; ferner *Ellrott* in BeBiKo[7], § 289, Rn. 6.
1874 Vgl. DRS 15, Tz. 21; vgl. auch *Hommelhoff* in Staub, HGB[4], § 289, Rn. 63.

Der Lagebericht **F**

Für den Fall der freiwilligen Aufstellung eines **Einzelabschlusses nach internationalen** **1087** **Rechnungslegungsstandards** (vgl. Art. 2 Verordnung (EG) Nr. 1606/2002, ABl.EG 2001, Nr. L 243, S. 1/3) und dessen Bekanntmachung im eBAnz. (§ 325 Abs. 2a HGB) ist ein zusammengefasster LB zum HGB-Abschluss und IFRS-Abschluss offen zu legen (vgl. hierzu auch Tz. 9). Nach dem Wortlaut des § 325 Abs. 2a S. 4 HGB ist es nicht zulässig, den LB in diesem Fall nur als Ergänzung des IFRS-Einzelabschlusses aufzustellen. Vielmehr muss „der LB nach § 289 HGB" alle Informationen zum handelsrechtlichen JA enthalten und zusätzlich in dem erforderlichen Umfang auch auf den IFRS-Abschluss Bezug nehmen[1875]. Der erforderliche Umfang ergibt sich aus § 289 HGB und mittelbar aus der Prüfungsvorschrift des § 317 Abs. 2 S. 1 HGB, der fordert, dass der LB auch im Einklang mit dem IFRS-Einzelabschluss steht (vgl. auch R Tz. 42).

Soweit über die nach IFRS bereits erfolgten Anhangangaben[1876] hinaus erforderlich, sind **1088** die nach § 289 HGB notwendigen Angaben des LB zum handelsrechtlichen JA jeweils um Erläuterungen zum IFRS-Abschluss zu ergänzen. **Doppelangaben** aufgrund von inhaltlichen Überschneidungen der Vorschriften für die Angaben in den IFRS-Notes und im HGB-LB sind grds. nicht erforderlich. Dies kann bspw. die nach § 325 Abs. 2a S. 4 HGB i.V.m. § 289 Abs. 2 HGB für den LB geforderten Angaben betreffen, die teilw. bereits in den Notes erfolgt sind, z.B.

– Angaben zu Vorgängen von besonderer Bedeutung nach dem Schluss des GJ (§ 289 Abs. 2 Nr. 1 HGB und IAS 10)[1877],

– zur Verwendung von FI (§ 289 Abs. 2 Nr. 2 HGB und IFRS 7)[1878],

– zum Bereich Forschung und Entwicklung (§ 289 Abs. 2 Nr. 3 HGB und IAS 38)[1879] oder,

– Angaben zu Grundzügen des Vergütungssystems (§ 289 Abs. 2 Nr. 5 HGB und IAS 24 bzw. IFRS 2).

Insoweit kann im LB auf die Notes verwiesen werden (vgl. *IDW RH HFA 1.007*, Tz. 13).

Es erscheint notwendig, erkennbar zu machen, welche Informationen des LB sich auf den **1089** HGB-Abschluss beziehen (ursprünglicher LB nach § 264 Abs. 1 S. 1 i.V.m. § 289 HGB) und welche ergänzend nach § 325 Abs. 2a S. 4 HGB in den Bericht aufgenommen wurden (d.h. auf **IFRS-Daten** beruhen; z.B. bei Erläuterung der Ertragslage: von den HGB-Beträgen abw. Periodenerträge und -ergebnisse wegen Anwendung der *Percentage-of-Completion*-Methode nach IAS 18.20 und IAS 11.22[1880] oder erfolgswirksamer Fair Value-Bewertung von Financial Assets nach IAS 39.46; unterschiedliche Werte finanzieller Leistungsindikatoren, z.B. wegen abw. Definition des EK nach IAS 32.11 und 32.15 (bei Erläuterung der EK-Quote) oder wegen abw. Definition von Vermögenswerten nach IAS 38.8 und 38.57 (bei Erläuterung der Bilanzsumme)[1881]).

1875 Vgl. dazu *Fey/Deubert*, KoR 2006, S. 92 (97 f.), insb. auch zu der Problematik der Überschneidung der Vorschriften für die Angaben in den IFRS-Notes und im HGB-LB.
1876 Zur Ergänzung der Notes aufgrund handelsrechtlicher Vorschriften nach § 325 Abs. 2a S. 3 i.V.m. § 285 HGB vgl. Tz. 15.
1877 Vgl. ADS International, Abschn. 2, Tz. 205 ff.
1878 Vgl. *PwC*, Financial Instruments, S. 11012 ff.; *Ernst & Young*, International GAAP, S. 2611; *Lüdenbach* in Lüdenbach/Hoffmann, IFRS[8], § 28, Rn. 271.
1879 Vgl. *Baetge/v. Keitz* in Baetge u.a., IFRS[2], IAS 38, Rn. 157; *Ernst & Young*, S. 1107.
1880 Vgl. hierzu *Küting*, S. 196; ADS International, Abschn. 16, Tz. 38.
1881 Vgl. *Winkeljohann*, S. 58 und 139; *Kirsch*, S. 74; *Werner/Padberg/Kriete*, S. 85.

799

1090 Wegen **Zwangs- oder Ordnungsgeld** in Fällen, in denen die Aufstellung bzw. Offenlegung eines LB unterbleibt, sowie wegen **Geldbußen** bei unvollständigen oder unrichtigen Angaben vgl. Tz. 663[1882].

2. Grundsätze der Berichterstattung

1091 Maßgebend bei der Bestimmung der Grundsätze der Berichterstattung im LB[1883] ist die gesetzliche Forderung, den Geschäftsverlauf einschließlich des Geschäftsergebnisses und die Lage der Gesellschaft so darzustellen, dass **ein den tatsächlichen Verhältnissen entsprechendes Bild** vermittelt wird (§ 289 Abs. 1 S. 1 HGB). Eine vergleichbare Forderung ergibt sich aus § 264 Abs. 2 S. 1 HGB auch für die Anhangangaben. In Abgrenzung zu den Angaben im Anh., die unter engem Bezug auf die Bilanz und GuV angewandten Rechnungslegungsvorschriften zu erfolgen haben, hat der LB das durch den JA vermittelte Bild unabhängig von diesen Vorschriften aus dem Blickwinkel der Unternehmensleitung (*Management Report*) in den Gesamtzusammenhang des Geschäftsverlaufs und der Lage der Gesellschaft zu stellen[1884].

1092 Hinsichtlich des **Adressatenkreises** ist davon auszugehen, dass der LB[1885] – ebenso wie der JA (vgl. auch Tz. 665) – nicht nur ein Mittel der Rechenschaftslegung des Geschäftsführungsorgans gegenüber den Aktionären/Gesellschaftern ist, sondern dass er sich in gleicher Weise an die Öffentlichkeit, insb. an die Gläubiger der Gesellschaft sowie an bestehende und potenzielle Geschäftspartner richtet[1886]. Die Berichterstattung im LB kann also nicht deshalb unterbleiben oder eingeschränkt werden, weil die entsprechenden Sachverhalte den Gesellschaftern bereits uneingeschränkt bekannt sind oder weil diese darauf verzichten. Umgekehrt können unter dem Gesichtspunkt der Entscheidungsrelevanz für die unterschiedlichen Adressaten eher weitergehende oder detailliertere Angaben erforderlich sein[1887].

1093 **Verweise auf Ausführungen in Vj.** entbinden nicht von der Angabepflicht. Hat eine Gesellschaft jedoch einmal in einem früheren LB zu einem bestimmten Punkt (z.B. dem Bereich Forschung und Entwicklung) besonders ausführlich und über die gesetzlichen Verpflichtungen hinausgehend berichtet, so ist ein Hinweis darauf nicht ausgeschlossen; für das laufende Jahr muss gleichwohl im gesetzlich vorgesehenen Umfang berichtet werden[1888].

1094 Für die äußere **Gestaltung** des LB, seinen **Aufbau und Umfang** besteht grds. Gestaltungsfreiheit[1889]. Die Ausführungen im LB müssen jedoch wahr, klar und übersichtlich und so vollständig[1890] sein, dass das in § 289 Abs. 1 S. 1 HGB geforderte Bild vermittelt

---

[1882] Zu Sanktionen vgl. auch ADS[6], § 289 HGB, Tz. 60; *Ellrott* in BeBiKo[7], § 289, Rn. 170. Zur Offenlegungspflicht von Abschlüssen der GmbH & Co. KG vgl. auch Beschluss des EuGH v. 23.09.2004, BB, S. 2456.
[1883] Vgl. DRS 15, Tz. 9; zur Gewinnung von Grundsätzen ordnungsmäßiger Lageberichterstattung vgl. z.B. *Baetge/Fischer/Paskert*, S. 6; *Hommelhoff* in Staub, HGB[4], § 289, Rn. 19; für eine Übersicht über die Grundsätze vgl. *Lück* in HdR[5], § 289 HGB, Rn. 15; *Krumbholz*, S. 19.
[1884] Vgl. DRS 15, Tz. 28.
[1885] Zu Funktion und Zweck des LB vgl. DRS 15, Tz. 2, sowie ferner ADS[6], § 289 HGB, Tz. 17; *Ellrott* in BeBiKo[7], § 289, Rn. 4; *Hommelhoff* in Staub, HGB[4], § 289, Rn. 26 und 43.
[1886] Vgl. DRS 15, Tz. 2 f.; *Baetge/Schulze*, DB 1998, S. 937 (938); *Friedrich*, BB 1990, S. 741 (744).
[1887] Vgl. DRS 15, Tz. 9 ff.
[1888] Vgl. *Ellrott* in BeBiKo[7], § 289, Rn. 5.
[1889] Vgl. ADS[6], § 289 HGB, Tz. 30; *Biener/Berneke*, BiRiLiG, Erl. 1 zu § 289 HGB, S. 276.
[1890] Vgl. zu den Grundsätzen im Einzelnen DRS 15, Tz. 9; ADS[6], § 289 HGB, Tz. 38; *Ellrott* in BeBiKo[7], § 289, Rn. 8; *Lück* in HdR[5], § 289 HGB, Rn. 15. Zum Verhältnis des Vollständigkeitsgrundsatzes und des Wesentlichkeitsgrundsatzes vgl. ADS[6], § 289 HGB, Tz. 40; *Ellrott* in BeBiKo[7], § 289, Rn. 9; *Lück* in HdR[5], § 289 HGB, Rn. 19.

Der Lagebericht   **F**

wird. Auf Verständlichkeit ist gerade im Hinblick auf die vom Gesetz geschützten Informationsinteressen Dritter Wert zu legen. Der LB sollte unter den Gesichtspunkten der Klarheit und Übersichtlichkeit (vgl. § 243 Abs. 2 HGB) strukturiert sein[1891]; DRS 15 empfiehlt dabei die folgende Mindestgliederung[1892]:

1. Geschäft und Rahmenbedingungen
2. Ertragslage
3. Finanzlage
4. Vermögenslage
5. Nachtragsbericht
6. Chancen- und Risikobericht
7. Risikoberichterstattung über die Verwendung von FI
8. Internes Kontrollsystem und Risikomanagementsystem bezogen auf den Rechnungslegungsprozess
9. Übernahmerelevante Angaben
10. Erklärung gemäß § 289a HGB
11. Versicherung der gesetzlichen Vertreter (sofern im LB veröffentlicht)

Das Gebot, die **Form der Darstellung beizubehalten**, soweit nicht in Ausnahmefällen wegen besonderer Umstände Abweichungen erforderlich sind, gilt auch für den LB[1893]. Abweichungen von den Berichterstattungsgrundsätzen des Vj. sind offen zu legen[1894]. Bei quantitativen Angaben sind Vorjahreszahlen anzugeben[1895]. Dagegen sind **Fehlanzeigen** über regelmäßig vorgesehene, im Einzelfall aber nicht erscheinende Berichtsteile nicht erforderlich[1896]. **1095**

Der LB ist in **deutscher Sprache** abzufassen, Auswirkungen von Währungsumrechnungen auf die Lage der Gesellschaft sollten in Euro zum Ausdruck gebracht werden[1897] (vgl. § 244 HGB). **1096**

Das Gesetz enthält für den LB keine **Schutzklausel**, wie sie in § 286 HGB für den Anh. geregelt ist (vgl. Tz. 1061). Dennoch müssen Angaben unterbleiben, wenn durch sie das Wohl der Bundesrepublik Deutschland oder eines ihrer Länder[1898] gefährdet wäre; die dahingehende Schutzklausel ist auch ohne ausdrückliche gesetzliche Verweisung zu beachten[1899]. Ob darüber hinaus die Angaben auch für den Fall der Zufügung eines erheblichen Nachteils[1900] für die Gesellschaft oder ein Unternehmen, an dem sie beteiligt ist, unterlassen werden dürfen, ist umstritten; i.d.R. wird es allerdings nicht erforderlich sein, zur Lagedarstellung vertrauliche Informationen zu veröffentlichen[1901]. **1097**

1891 Vgl. DRS 15, Tz. 20; ADS[6], § 289 HGB, Tz. 30; *Biener/Berneke*, BiRiLiG, Erl. 2 zu § 289 HGB, S. 276; *Leffson*, HURB, S. 264.
1892 Vgl. DRS 15, Tz. 144.
1893 Vgl. DRS 15, Tz. 23; ADS[6], § 289 HGB, Tz. 32; *Ellrott* in BeBiKo[7], § 289, Rn. 13.
1894 Vgl. DRS 15, Tz. 24; *Lück* in HdR[5], § 289 HGB, Rn. 26.
1895 Vgl. DRS 15, Tz. 26; *Böcking/Dutzi* in Baetge/Kirsch/Thiele, Bilanzrecht, § 289, Rn. 58; a.A., keine Vorjahreszahlen erforderlich, ADS[6], § 289 HGB, Tz. 33.
1896 Vgl. ADS[6], § 289 HGB, Tz. 33 und 35; *Ellrott* in BeBiKo[7], § 289, Rn. 13.
1897 Vgl. ADS[6], § 289 HGB, Tz. 31; *Ellrott* in BeBiKo[7], § 289, Rn. 7.
1898 Vgl. dazu *Leffson*, HURB, S. 461.
1899 Ebenso ADS[6], § 289 HGB, Tz. 54.
1900 Vgl. dazu *Leffson*, HURB, S. 141.
1901 Vgl. ADS[6], § 289 HGB Tz. 54; ferner *Lück* in HdR[5], § 289 HGB, Rn. 29; *Ellrott* in BeBiKo[7], § 289 Rn. 14 und 51; a.A. *Böcking/Dutzi* in Baetge/Kirsch/Thiele, Bilanzrecht, § 289, Rn. 54.

3. Berichterstattung nach § 289 Abs. 1 HGB
a) Angaben zu Geschäftsverlauf und Lage der Gesellschaft (§ 289 Abs. 1 S. 1 bis 3 HGB)

1098 Über den Geschäftsverlauf einschließlich des Geschäftsergebnisses und zur Lage der Gesellschaft sind nach § 289 Abs. 1 S. 1 HGB Angaben v.a. über solche Vorgänge zu machen, die nicht unmittelbar den JA betreffen – diese gehören in den Anh. – oder über die nicht nach § 289 Abs. 2 HGB zu berichten ist, die aber für die **wirtschaftliche Gesamtbeurteilung** der Gesellschaft, insb. für die Vermittlung eines den tatsächlichen Verhältnissen entsprechenden Bildes von Geschäftsverlauf und Lage, wichtig sind. Die Darstellung im LB geht somit über den JA hinaus und soll Kenntnisse vermitteln, die sich nicht ohne Weiteres aus dem JA ableiten lassen[1902]. Soweit korrigierende Angaben im JA erforderlich sein sollten, sind sie gem. § 264 Abs. 2 S. 2 HGB (vgl. Tz. 1057) im Anh., nicht im LB zu machen[1903]. Der LB kann auch nicht dazu dienen, eine allgemeine Erläuterung der Posten der Bilanz und der GuV zu geben[1904].

1099 Die Darlegungen über den Geschäftsverlauf einschließlich des Geschäftsergebnisses und zur Lage der Gesellschaft sind i.d.R. nur schwer trennbar (vgl. Tz. 1094)[1905]. Es ist daher zweckmäßig, im Rahmen einer **gemeinsamen Darstellung** mit der Beschreibung des Geschäftsverlaufs unter zusätzlicher Bezugnahme auf das Geschäftsergebnis die Lage der Gesellschaft zu verdeutlichen. In Einzelfällen kann es sich empfehlen, in die Berichterstattung über die voraussichtliche Entwicklung mit ihren wesentlichen Chancen und Risiken (vgl. Tz. 1107) ggf. auch die in § 289 Abs. 2 HGB genannten Berichtsgegenstände mit einzubeziehen[1906]. Hierbei ist jedoch der Grundsatz der Klarheit und Übersichtlichkeit zu beachten.

1100 Bei der Darstellung des **Geschäftsverlaufs** handelt es sich um einen vergangenheitsorientierten, zeitraumbezogenen Bericht. Hiermit soll ein Überblick über die Entwicklung des Unternehmens und deren ursächlichen Ereignissen in der Berichtsperiode gegeben werden. Die Darstellung soll auch erkennen lassen, ob die Geschäftsleitung die Entwicklung als günstig oder ungünstig beurteilt[1907]. Die Darstellung des **Geschäftsergebnisses** hat gleichrangig zur Darstellung des Geschäftsverlaufs zu erfolgen[1908]. Als Geschäftsergebnis ist bei Offenlegung des handelsrechtlichen JA das Jahresergebnis nach § 275 Abs. 2 Nr. 20 bzw. Abs. 3 Nr. 19 HGB anzusehen (vgl. Tz. 1105).

1101 Die Berichterstattung über die **Lage der Gesellschaft** hat eine sachliche und eine zeitliche Dimension[1909]. In sachlicher Hinsicht hat die Lagedarstellung ein Gesamtbild der Gesellschaft zu vermitteln[1910]. Die zeitliche Dimension erfordert, über die Lage der Gesellschaft zeitpunktbezogen und gegenwartsorientiert zu berichten. Die Berichterstattung muss hierbei alles das darstellen, was für die Einschätzung und Beurteilung der Gesellschaft von Bedeutung ist; dabei sind insb. in der Vergangenheit begründete und sich erst zukünftig auswirkende Ereignisse einzubeziehen[1911].

1902 Vgl. ADS[6], § 289 HGB, Tz. 26.
1903 Ebenso ADS[6], § 289 HGB, Tz. 27.
1904 Ebenso ADS[6], § 289 HGB, Tz. 27.
1905 Vgl. ADS[6], § 289 HGB, Tz. 65; DRS 15, Tz. 36.
1906 Vgl. ADS[6], § 289 HGB, Tz. 65.
1907 Vgl. ADS[6], § 289 HGB, Tz. 66; DRS 15, Tz. 44; *Böcking/Dutzi* in Baetge/Kirsch/Thiele, Bilanzrecht, § 289, Rn. 54.
1908 Vgl. *Böcking/Herold/Wiederhold*, Der Konzern 2003, S. 394 (403).
1909 Vgl. dazu ADS[6], § 289 HGB, Tz. 80; anders *Ellrott* in BeBiKo[7], § 289, Rn. 16.
1910 Ebenso ADS[6], § 289 HGB, Tz. 81 (Lage der Gesellschaft insgesamt); *Böcking/Dutzi* in Baetge/Kirsch/Thiele, Bilanzrecht, § 289, Rn. 79; enger *Ellrott* in BeBiKo[7], § 289, Rn. 16 (Vermögens-, Finanz- und Ertragslage).
1911 So ADS[6], § 289 HGB, Tz. 85; vgl. auch *Dörner/Bischof*, S. 384.

Der Lagebericht   **F**

Zu berichten ist ferner über **bedeutsame Vorgänge während des GJ**, wie Abschluss wichtiger Verträge, Erwerb oder Veräußerung von Beteiligungen, Betriebsgrößenveränderungen, wichtige, laufende und abgeschlossene Rechtsstreitigkeiten, Arbeitskampf- und Restrukturierungsmaßnahmen, Personalveränderungen, Unglücksfälle, schwebende Geschäfte usw.[1912].   **1102**

Die **Analyse des Geschäftsverlaufs und der Lage der Gesellschaft** soll ausgewogen und umfassend, d.h. dem Umfang und der Komplexität der Geschäftstätigkeit der berichtenden Gesellschaft entsprechend, erfolgen (§ 289 Abs. 1 S. 2 HGB)[1913]. Sie kann je nach Unternehmensgröße und Charakter der Geschäftstätigkeit unterschiedlich detailliert ausfallen[1914]. Eine Darstellung kann als ausgewogen angesehen werden, wenn sie positive und negative Aspekte je nach ihrer Bedeutung gleichermaßen berücksichtigt (vgl. auch Tz. 1101)[1915]. Die Analyse ist insgesamt so auszugestalten, dass sie zur Gesamtbeurteilung des Geschäftsverlaufs sowie der wirtschaftlichen Lage im Interesse der Berichtsadressaten beiträgt (Grundsatz der Wesentlichkeit), insb. durch Verwendung von Kennzahlen.   **1103**

In die vorzunehmende Analyse sind ausdrücklich die bedeutsamsten **finanziellen Leistungsindikatoren** (§ 289 Abs. 1 S. 3 HGB) einzubeziehen und unter Bezugnahme auf die im JA ausgewiesenen Beträge und Angaben zu erläutern (vgl. zur Berichterstattungspflicht über nichtfinanzielle Leistungsindikatoren für große KapGes. Tz. 1142 ff.). Bei den finanziellen Leistungsindikatoren handelt es sich in Abgrenzung zu den nichtfinanziellen um solche Kennzahlen der Abschlussanalyse, die unmittelbar aus den Informationen des JA ableitbar sind[1916]. Zur besseren Verständlichkeit und Vergleichbarkeit sind die verwendeten Kennzahlen angemessen zu definieren und grds. stetig zu berechnen[1917]. Die Eingrenzung der Angabe- und Erläuterungspflicht auf die „bedeutsamsten" finanziellen Leistungsindikatoren lässt keine materielle Auswirkungen erkennen, da die Lageberichterstattung grds. unter Wesentlichkeitsaspekten zu erfolgen hat[1918]. Zu den finanziellen Leistungsindikatoren (sog. *Financial Performance Measures*) zählen bspw. Ergebniskomponenten (wie Zins-, Beteiligungs- und Wechselkursergebnis), Liquidität (einschließlich *Cash Flow* u.Ä.) und Kapitalausstattung. Hierunter fallen insb. auch die von der Unternehmensleitung intern zur Steuerung des Gesamtunternehmens oder einzelner Geschäftsbereiche verwendeten Größen (z.B. Renditekennziffern, EBIT, EBITDA, DCF, MVA, EVA)[1919].   **1104**

Zur umfassenden Analyse des **„Geschäftsergebnisses"** wird es erforderlich sein, ausgehend vom „Jahresüberschuss/Jahresfehlbetrag" i.S.d. § 275 Abs. 2 Nr. 20 und Abs. 3   **1105**

1912 Vgl. im Einzelnen ADS[6], § 289 HGB, Tz. 79; *Ellrott* in BeBiKo[7], § 289, Rn. 23.
1913 Zur Definition der Begriffe Darstellung, Analyse, Begründung und Erläuterung vgl. auch DRS 15, Tz. 8; ADS[6], § 284 HGB, Tz. 24 und § 289 HGB, Tz. 46.
1914 Vgl. ADS[6], § 289 HGB, Tz. 40; *Ellrott* in BeBiKo[7], § 289, Rn. 10.
1915 So auch *AK „Externe Unternehmensrechnung der Schmalenbach-Gesellschaft"*, DB 2002, S. 2337 (2340).
1916 Vgl. *IDW RH HFA* 1.007, Tz. 7; *Ellrott* in BeBiKo[7], § 289, Rn. 31.
1917 Vgl. *IDW RH HFA* 1.007, Tz. 8.
1918 Vgl. ADS[6], § 289 HGB, Tz. 40.
1919 Vgl. RegBegr. BilReG, BT-Drs. 15/3419, S. 30; *IDW RH HFA 1.007*, Tz. 6; *Baetge/Kirsch/Thiele*, Bilanzanalyse, S. 225 und 335; *Coenenberg*, Jahresabschluss[21], S. 1080. Zu Beispielangaben in kapitalmarktorientierten Unternehmensberichten vgl. *Fey*, WPg 2000, S. 1097 (1101); *AK „Externe Unternehmensrechnung der Schmalenbach-Gesellschaft"*, DB 2002, S. 2337. Als wertorientierte Kennzahlen können bspw. Discounted-Cash-Flow (DCF), Market Value Added (MVA) oder Economic Value Added (EVA) herangezogen werden, vgl. hierzu *Baetge/Kirsch/Thiele*, Bilanzanalyse[2], S. 461; *Dierkes/Hanrath*, S. 500; *Küting*, S. 97; *Nowak; Hostettler; Pfaff/Bärtl*, S. 85; *Schmidtbauer*, FB 1999, S. 365. Zur Berichterstattung über andere als im Gesetz oder in den Rechnungslegungsstandards definierte Ergebnisgrößen vgl. CESR, Recommendation on Alternative Performance Measures, Consultation Paper, Mai 2005.

Nr. 19 HGB eine Zerlegung in seine Einzelbestandteile (Betriebs-, Finanz-, Steuerergebnis) vorzunehmen (vgl. *IDW RH HFA 1.007*, Tz. 6). Hierbei ist auch auf das Ergebnis der gewöhnlichen Geschäftstätigkeit sowie das außerordentliche Ergebnis einzugehen (vgl. Tz. 583 und 588)[1920]. Darüber hinaus sind die wesentlichen wirtschaftlichen Einflussfaktoren (z.B. Umsatzsteigerungen aufgrund von Markterweiterungen, Kosteneinsparungen aufgrund von Prozessoptimierung) sowie deren Einfluss auf die Ergebnisentwicklung anzugeben[1921]. Daneben sollen auch ungewöhnliche und außerordentliche Ereignisse, sonstige Einflüsse (z.B. inflations-, steuer-, währungsbedingt), sowie das Ergebnis von Ansatz- und Bewertungsänderungen ggü. dem Vj. bei der Analyse des Geschäftsergebnisses berücksichtigt werden[1922].

1106 Die in § 289 Abs. 1 S. 3 HGB geforderte **Bezugnahme der Analyse auf die im Jahresabschluss ausgewiesenen Beträge und Angaben** ist einerseits insoweit als Einschränkung der Erläuterungspflichten zu verstehen, als damit Wiederholungen von Angaben im JA und Angaben im LB vermieden werden sollen, wenn dies zur Information der Adressaten ausreicht[1923]. Andererseits wird dadurch klargestellt, dass ggf. die Beziehung im LB angegebener betriebswirtschaftlicher Kennzahlen (finanzieller Leistungsindikatoren) zu den Rechnungslegungsdaten des JA darzustellen ist. Hier wird zu erläutern sein, wie die entsprechenden Kennzahlen ermittelt werden[1924].

b) Angaben zur voraussichtlichen Entwicklung der Gesellschaft (§ 289 Abs. 1 S. 4 HGB)

1107 Die voraussichtliche Entwicklung der KapGes. ist nach § 289 Abs. 1 S. 4 HGB mit ihren wesentlichen Chancen und Risiken sowie unter Angabe der zu Grunde liegenden Annahmen zu beurteilen und zu erläutern (sog. **Prognosebericht**)[1925]. Aus dem Gesetzeswortlaut ist erkennbar, dass bei der Darstellung der voraussichtlichen Entwicklung der KapGes. nicht nur (einseitig) die Risiken, sondern auch die wesentlichen Chancen des Unternehmens zu beurteilen und zu erläutern sind[1926]. Ein bloßes Eingehen auf die voraussichtliche Entwicklung ist nicht ausreichend. Vielmehr müssen die gesetzlichen Vertreter der KapGes die aus ihrer Sicht erwartete Entwicklung beurteilen und erläutern[1927].

1108 Nach dem Wortlaut des § 289 Abs. 1 S. 4 erster Hs. HGB ist im sog. Prognoseberichtsteil des LB eine **zusammengefasste Berichterstattung** über die voraussichtliche wirtschaftliche Entwicklung der Gesellschaft mit den wesentlichen Chancen und Risiken vorzunehmen[1928]. Grds. dürfte es aber unter Beachtung einer stetigen Darstellung im Ermessen des Berichtspflichtigen liegen, die Berichterstattung zusammenhängend in einem Berichtselement des LB oder aber getrennt im Sinne eines sog. Risikoberichts und Prognoseberichts vorzunehmen[1929]. Bei einer zusammengefassten Berichterstattung ist allerdings

---

1920 Vgl. ADS⁶, § 275 HGB, Tz. 23 und 177; *Werner/Padberg/Kriete*, S. 31.
1921 Vgl. auch ADS⁶, § 289 HGB, Tz. 69.
1922 Vgl. DRS 15, Tz. 60; zu weiteren Angaben im Rahmen der Berichterstattung über die Ertragslage vgl. DRS 15, Tz. 50.
1923 Vgl. RegBegr. BilReG, BT-Drs. 15/3419, S. 30.
1924 So auch *IDW RH HFA 1.007*, Tz. 9; DRS 15, Tz. 18.
1925 Vgl. zur zukunftsorientierten Berichterstattung allg. *Fey*, WPg 2000, S. 1097; *Eccles u.a.*, S. 259; *DiPiazza/Eccles*, S. 127; zu empirischen Untersuchungen des Prognoseberichts vgl. *Pechtl*, ZfbF 2000, S. 141; *Baetge/Hippel/Sommerhoff*, DB 2011, S. 365 (368 ff.).
1926 Vgl. DRS 15, Tz. 84. Zu dieser Forderung auch *Baetge/Noelle*, KoR 2001, S. 174.
1927 Vgl. *Böcking/Dutzi* in Baetge/Kirsch/Thiele, Bilanzrecht, § 289, Rn. 103.
1928 Vgl. *Pfitzer/Oser/Orth*, DB 2004, S. 2593 (2596).
1929 Vgl. DRS 15, Tz. 92; zum Risikobericht im Rahmen der KLB vgl. DRS 5 und Kap. M Tz. 884.

Der Lagebericht F

eine gesonderte Risikoberichterstattung in Bezug auf FI (§ 289 Abs. 2 Nr. 2 HGB) zu erwägen (vgl. Tz. 1126).

Bei der Prognoseberichterstattung nimmt die Geschäftsleitung auf bestimmten Annahmen beruhende **Einschätzungen und Erwartungen** über die künftige Entwicklung der Gesellschaft vor[1930]. Gegenstand des Prognoseberichts sind grds. alle diejenigen Bereiche, die auch bei der Berichterstattung über den Geschäftsverlauf und der Lage zu berücksichtigen sind (vgl. Tz. 1100 ff.). Danach wird z.B. auf die für das nächste GJ erwartete Ertragsentwicklung (Umsatz- und Ergebnisentwicklung), auf geplante Investitions- und Finanzvorhaben sowie auf die Entwicklung einzelner Geschäftsfelder[1931] einzugehen sein. Hierbei sind auch Angaben zu noch nicht abgeschlossenen Verträgen, z.B. Großaufträge, Umwandlungen oder Unternehmensbeteiligungen zu machen. Bei der Einschätzung der künftigen Entwicklung kann es sachgerecht sein, die voraussichtliche Tendenz einer positiven oder negativen Abweichung einer oder mehrerer Bezugsgrößen, etwa des Geschäftsergebnisses, des Umsatzes oder Renditezahlen, ggf. differenziert nach Sparten oder Regionen, darzustellen. Im Prognosebericht wird insoweit auch auf den Zusammenhang zwischen unternehmerischen Zielen bzw. deren Steuerungsgrößen (vgl. Tz. 1104) und den sie unterstützenden oder bedrohenden Chancen bzw. Risiken einzugehen sein[1932]. 1109

Darüber hinaus sollen den Adressaten durch die Angabe der den genannten Erwartungen zu Grunde liegenden **Annahmen** (§ 289 Abs. 1 S. 4 zweiter Hs. HGB) eigene Urteile über die Plausibilität der angegebenen Prognosen und in folgenden GJ Vergleiche mit der tatsächlich eingetretenen Entwicklung ermöglicht werden[1933]. Die Beurteilung und Erläuterung der künftigen Entwicklung sowie die Angabe der zugrundeliegenden Annahmen kann anhand der Darstellung von Ursache-Wirkungsbeziehungen zwischen angegebenen Erwartungen, wichtigen Einflussgrößen und diese betreffenden Maßnahmen oder Entwicklungen erfolgen, z.B. Auswirkungen der erwarteten Dollarkursentwicklung auf Umsatz und Betriebsergebnis bei exportorientierten Unternehmen, Auswirkungen der erwarteten Zinsentwicklung auf das Finanzergebnis, erwartete Einsparungen im Produktionsprozess durch geplante Verbesserungen im Verfahrensablauf, erwartete Senkung der Lagerkosten durch geplante Verbesserungen im Zuliefererbereich. Zweckmäßig kann auch die Darstellung von Alternativen anhand verschiedener Szenarien sein. 1110

Die Darlegungen zur künftigen Entwicklung werden v.a. in **verbalen Angaben** bestehen[1934]. Ist eine verbale Beschreibung, z.B. in Einzelfällen der Berichterstattung über Risiken, nicht geeignet oder ausreichend, hat eine ergänzende quantitative Berichterstattung zu erfolgen[1935]. Bei der Verwendung (einwertiger) Zahlenangaben ist zur Vermeidung einer Scheingenauigkeit die mit der Angabe verbundene Unsicherheit zu umschreiben (z.B. vergleichende Angaben zur Umsatz- und Ergebnisentwicklung) oder durch Angabe von Bandbreiten erkennbar zu machen[1936]. Die Geschäftsleitung hat dar- 1111

1930 Vgl. ADS⁶, § 289 HGB, Tz. 105; DRS 15, Tz. 83.
1931 Zur segmentbezogenen Berichterstattung im KLB vgl. DRS 15, Tz. 13 und 89.
1932 Vgl. *Kaiser*, WPg 2005, S. 405 (412); zur Unternehmensplanung i.Z.m. der Lageberichterstattung vgl. *Groß/ Amen*, WPg 2003, S. 1161 (1165); zur Angabe von strategischen Zielen vgl. *Fey*, WPg 2000, S. 1097 (1102); *Eccles u.a.*, S. 267; *DiPiazza/Eccles*, S. 89.
1933 Vgl. RegBegr. BilReG, BT-Drs. 15/3419, S. 30; zur Erläuterungspflicht der der Prognose zugrundeliegenden Annahmen vgl. auch *IDW PS 350*, Tz. 24; DRS 15, Tz. 85.
1934 Ebenso ADS⁶, § 289 HGB, Tz. 107; ADS⁶, § 289 HGB n.F., Tz. 19; *Lück* in HdR⁵, § 289 HGB, Rn. 89; vgl. DRS 15, Tz. 34.
1935 Vgl. ADS⁶, § 289 HGB n.F., Tz. 19 und 15.
1936 Vgl. ADS⁶, § 289 HGB, Tz. 108; wegen der Darstellung quantitativer Prognoserechnungen, Planbilanzen, Planerfolgsrechnungen etc. vgl. ADS⁶, § 289 HGB, Tz. 106 sowie hier Tz. 664.

zulegen, inwieweit subjektive Erwartungen den getroffenen Prognosen zugrunde liegen[1937].

1112 Die Prognoseberichterstattung hat die voraussichtliche Entwicklung für einen überschaubaren **Zeitraum**, i.d.R. etwa zwei Jahre[1938], darzustellen. In Abhängigkeit von unternehmensindividuellen und branchentypischen Besonderheiten, wie den gewöhnlichen Produktlebenszyklen, können sich auch andere Prognosezeiträume anbieten. Der zugrunde gelegte Zeitraum ist anzugeben[1939]. Ein Verzicht auf einen Prognosebericht ist auch unter Hinweis auf eine bestehende große Unsicherheit im Hinblick auf das wirtschaftliche Umfeld nicht zulässig[1940]. In diesen Fällen sind zumindest qualitative Trendaussagen unter Angabe der wesentlichen (unsicheren) Einflussgrößen zu erläutern[1941].

1113 Über konkrete Sachverhalte, die sich noch in einer **nicht abgeschlossenen Entwicklung** befinden (z.B. laufende Verhandlungen über Großgeschäfte, über Fusionen, Beteiligungsan- oder -verkäufe), braucht grds. nicht berichtet zu werden, es sei denn, dass bereits öffentliche Diskussionen darüber stattfinden und eine Stellungnahme der Gesellschaft erwartet werden darf[1942]. Auch über **Geschäfts- und Betriebsgeheimnisse** ist grds. nicht zu berichten, desgleichen über Sachverhalte, deren Offenlegung der Gesellschaft Schaden zufügen würde[1943] (vgl. hierzu auch Tz. 1097). Dies gilt jedoch nicht für **wesentliche Risiken**, die mit derartigen Sachverhalten verbunden sind; auf diese ist nach § 289 Abs. 1 S. 4 erster Hs. HGB auch dann einzugehen, wenn ihre Offenlegung (insb. einer Bestandsgefährdung) schädlich für die Gesellschaft sein könnte[1944]. Die Schadenswirkung kann nur dadurch abgeschwächt oder vermieden werden, dass gleichzeitig über die eingeleiteten oder bereits getroffenen Maßnahmen zur Bewältigung der Risiken berichtet wird[1945].

1114 Die Regelung des § 289 Abs. 1 S. 4 HGB zur Berichterstattung über Chancen und Risiken korrespondiert mit der Pflicht des **Abschlussprüfer** zu prüfen, ob die Chancen und Risiken der künftigen Entwicklung zutreffend dargestellt sind (§ 317 Abs. 2 S. 2 HGB; dazu Q Tz. 194)[1946]. Auch im BestV hat der Prüfer hierzu eine ausdrückliche Aussage zu treffen (§ 322 Abs. 6 S. 2 HGB; dazu Q Tz. 449)[1947]. Die Darstellung der Risiken der künftigen Entwicklung durch das Unternehmen ist im Übrigen eine Grundlage für den APr., dem nach § 322 Abs. 2 S. 3 HGB gesonderten Berichtserfordernis, im Testat auf die fortbestandsgefährdenden Risiken einzugehen, gerecht zu werden (dazu Q Tz. 552)[1948]. Die Beurteilung des Apr. beschränkt sich bei prognostischen und wertenden Angaben aller-

---

1937 Vgl. *Lange* in MünchKomm. HGB[2], § 289 Rn. 92.
1938 Vgl. hierzu DRS 15, Tz. 83 und 86 (zur Diskussion der Reduzierung des (Mindest-)Prognosehorizonts von zwei Jahren auf ein Jahr vgl. Ergebnisbericht der 150. DSR-Sitzung v. 08./09.11.2010, S. 5); DRS 5, Tz. 24; ADS[6], § 289 HGB, Tz. 111 m.w.N., sowie § 289 HGB n.F., Tz. 25; *Ellrott* in BeBiKo[7], § 289, Rn. 37; *Lück* in HdR[5], § 289 HGB, Rn. 63; *Krawitz* in BoHdR[2], § 289 HGB, Rn. 135; *Krawitz*, S. 1 (9).
1939 Vgl. DRS 15, Tz. 86; *Ellrott* in BeBiKo[7], § 289, Rn. 37.
1940 Vgl. zur grds. Unzulässigkeit sog. Negativerklärungen auch WPK-Magazin 4/2007, S. 36 f.
1941 Vgl. DRS 15, Tz. 90; Hinweis des DSR v. 27.03.2009; OLG Frankfurt a.M. v. 24.11.2009, DB, S. 2773; *Withus*, DB 2010, S. 68 (70 f.); *Baetge/Hippel/Sommerhoff*, DB 2011, S. 365 (368), empfehlen, nicht vollständig auf quantitative Aussagen zu verzichten.
1942 Vgl. zur Berichtspflicht über Vorgänge nach dem Abschlussstichtag (§ 289 Abs. 2 Nr. 1 HGB) Tz. 1124.
1943 Vgl. ADS[6], § 289 HGB, Tz. 97.
1944 Vgl. zur Problematik im Falle einer Unternehmenskrise *Kropff*, BFuP 1980, S. 514 (522); *Clemm/Reittinger*, BFuP 1980, S. 493 (500); *Reittinger*, S. 45.
1945 Vgl. auch *Dörner/Bischof*, WPg 1999, S. 445 (449): „faktischer Zwang".
1946 Vgl. *IDW PS 350*, Tz. 13
1947 Vgl. *IDW PS 400*, Tz. 8.
1948 Vgl. *IDW PS 400*, Tz. 77; *IDW PS 270*, Tz. 14

Der Lagebericht

dings auf Plausibilität und Übereinstimmung mit seinen während der Abschlussprüfung gewonnenen Erkenntnissen[1949].

Chancen und Risiken der künftigen Entwicklung sind solche Umstände, die sich auf die Lage des Unternehmens günstig bzw. ungünstig auswirken können und die mit einer erheblichen, wenn auch nicht notwendigerweise überwiegenden Wahrscheinlichkeit erwartet werden[1950]. Dabei ist der Grundsatz der Wesentlichkeit zu beachten, d.h. es ist nur auf solche Chancen und Risiken einzugehen, die einen wesentlichen Einfluss auf den künftigen Geschäftsverlauf und die künftige Vermögens-, Finanz- oder Ertragslage des Unternehmens haben können.

1115

Nach § 289 Abs. 1 S. 4 HGB sind auch solche Risiken zu erfassen, die den Fortbestand des Unternehmens infrage stellen können (**bestandsgefährdende Risiken**)[1951]. Bestandsgefährdende Risiken sind solche, die im Rahmen des § 252 Abs. 1 Nr. 2 HGB zu einem Abgehen von dem Grundsatz der Unternehmensfortführung zwingen (vgl. dazu E Tz. 292)[1952]. Im LB sind daher die Gründe zu erläutern, die zur Aufgabe des Grundsatzes der Unternehmensfortführung geführt haben. Erforderlich ist eine hinreichend genaue verbale Beschreibung des Risikos, die ggf. durch Zahlenangaben zu ergänzen ist (vgl. Tz. 1111)[1953]. Darüber hinaus sind auch solche Risiken darzustellen, die zwar noch nicht so konkret geworden sind, dass sie zu einer Änderung der Bewertungsprämissen führen würden, die aber gleichwohl eine deutliche Gefährdung des Unternehmens erkennen lassen[1954]. Dies kann im Einzelfall auch für solche Risiken gelten, deren Eintritt noch nicht in dem Zeitraum zu erwarten ist, der für die Beurteilung des Grundsatzes der Unternehmensfortführung zu Grunde zu legen ist[1955], sondern die sich erst für den folgenden Zeitraum abzeichnen. Wegen der Warnfunktion, die der Gesetzgeber dem LB beimisst, ist davon auszugehen, dass der Beurteilungshorizont für berichterstattungspflichtige Risiken jedenfalls in erheblichen, deutlich vorhersehbaren Fällen über den für die Bilanzierungsentscheidung hinausgeht. Grds. ist der Wahrscheinlichkeitsgrad, der eine Berichterstattungspflicht im LB auslöst, niedriger anzusetzen als für die Annahme einer Bestandsgefährdung und für bilanzierte Konsequenzen. Für die Abgrenzung kommt es letztlich auf die konkreten Verhältnisse des Unternehmens (z.B. Produktionszyklus, Laufzeit von Verträgen u.ä.) an.

1116

Die Berichterstattung umfasst auch solche **Risiken, die sich auf die Vermögens-, Finanz- oder Ertragslage wesentlich auswirken** können, ohne dass damit bereits der Bestand des Unternehmens gefährdet wäre. Solche Risiken können sich sowohl aus externen Einflüssen auf das Unternehmen als auch aus den betrieblichen Funktionen des Unternehmens selbst ergeben. Die freiwillige Angabe weiterer Risiken unterhalb dieser Schwelle ist zulässig, wenn hierdurch die Übersichtlichkeit und Klarheit der Berichterstattung nicht leidet[1956]. Die einzelnen Risiken sind in geeigneter Form in Risikokategorien, wie bspw. Umfeld- und Branchenrisiken, leistungswirtschaftliche Risiken, Perso-

1117

1949 Vgl. *IDW PS 350*, Tz. 22; *Böcking/Dutzi* in Baetge/Kirsch/Thiele, Bilanzrecht, § 289, Rn. 109.
1950 Vgl. *Kajüter*, BB 2004, S. 427 (428); DRS 5, Tz. 9; ferner *Baetge/Schulze*, DB 1998, S. 937 (939); *Dörner/Bischof*, WPg 1999, S. 445.
1951 Vgl. dazu ADS⁶, § 289 HGB n.F., Tz. 9; DRS 5, Tz. 15; *Baetge/Schulze*, DB 1998, S. 937 (942); *Küting/Hütten*, AG 1997, S. 250 (252); *Moxter*, BB 1997, S. 722 (723).
1952 Zu den Insolvenztatbeständen vgl. auch WP Handbuch 2008 Bd. II, L Tz. 150.
1953 Vgl. ADS⁶, § 289 HGB n.F., Tz. 19.
1954 Vgl. *Kajüter*, BB 2004, S. 427 (428). Zu einer Untersuchung der Risikoberichterstattung in den Geschäftsberichten börsennotierter Unternehmen vgl. *Gleißner u.a.*, FB 2005, S. 343.
1955 Zum Prognosezeitraum bzgl. Bestandsgefährdungen vgl. *IDW PS 270*, Tz. 8; ADS⁶, § 252 HGB, Tz. 24; DRS 5, Tz. 24.
1956 Ebenso – mit deutlicher Abgrenzung – *Baetge/Schulze*, DB 1998, S. 937 (942).

nalrisiken u.ä. zusammenzufassen[1957]. Es kann sich empfehlen, Interdependenzen zwischen einzelnen Risiken offenzulegen, um Risikokumulationen für die Berichtsadressaten erkennbar zu machen[1958].

1118 Anhaltspunkte für berichtspflichtige Risiken werden sich insb. aus der Auswertung eines bei dem Unternehmen eingerichteten **Risikofrüherkennungssystems** ergeben (vgl. hierzu P Tz. 73, 96). Ist ein solches System nicht eingerichtet, muss das Unternehmen die externen und internen Risikobereiche für Zwecke der Berichterstattung eingehend analysieren.

1119 Die Berichterstattung über **Chancen** ist komplementär zur Berichterstattung über Risiken zu verstehen. Wesentliche Chancen sind diejenigen, die sich in wesentlichem Umfang positiv auf die künftige Entwicklung der Gesellschaft auswirken können. Die Berichterstattung über Chancen kann im engen Zusammenhang mit der Berichterstattung über die Entwicklung finanzieller und nichtfinanzieller Leistungsindikatoren (vgl. Tz. 1142) sowie der generellen Einschätzung der künftigen Lage (vgl. Tz. 1109) und somit der Entwicklung der zukünftigen Wertschöpfungs- und Chancenpotenziale gesehen werden[1959]. Ergänzend zur Angabe von Risikopotenzialen wird den Adressaten insoweit eine Bandbreitendarstellung hinsichtlich erwarteter positiver Entwicklungen bestimmter Bezugsgrößen gewährt (z.B. Renditekennzahlen oder Marktanteile) und deren Ursachen erläutert[1960]. Darüber hinaus können wesentliche Chancen auch dann berichtpflichtig sein, wenn keine korrespondierenden Risiken dazu existieren, z.B. Chancen aufgrund der Erlangung eines Großauftrags, der Anmeldung eines Patents, der Erlangung der Produktreife bestimmter Entwicklungen oder einer besonderen Marktstellung. Die Beurteilung und Erläuterung der Chancen hat in angemessenem Verhältnis zur entsprechenden Risikoberichterstattung zu erfolgen[1961].

1120 Sachgerecht erscheint eine klare **Trennung von Chancen- und Risikodarstellung**[1962]. Wesentliche Chancen und Risiken sind einzeln anzugeben. Eine Saldierung von Chancen und Risiken darf nicht vorgenommen werden[1963]. Grds. als unzulässig ist das vollständige Unterlassen der Risikodarstellung anzusehen auch, wenn der Vorstand/die Geschäftsführung angemessene Maßnahmen zur Verringerung der Risiken oder bilanzielle Vorsorge (z.B. Wertberichtigung, Rückstellungsbildung) getroffen hat[1964]. Bestehen in Ausnahmefällen keine wesentlichen Chancen und Risiken der künftigen Entwicklung, ist nach Sinn und Zweck der Vorschrift auch hierauf im LB hinzuweisen (**Negativerklärung**) [1965]; das Fehlen von Chancen und Risiken ist jedoch bei einer operativ tätigen Gesellschaft kaum vorstellbar[1966].

1121 Für die Berichterstattung im LB gilt **kein Stichtagsprinzip**. Wie sich auch aus der Regelung in § 289 Abs. 2 Nr. 1 HGB entnehmen lässt, sind auch solche risikobehafteten Umstände und Entwicklungen anzugeben, die erst nach dem Abschlussstichtag eingetreten

---

1957 Vgl. DRS 5, Tz. 16.
1958 Vgl. DRS 5, Tz. 25.
1959 Vgl. *Fey*, WPg 2000, S. 1097 (1102); *Eccles u.a.*, S. 177; *DiPiazza/Eccles*, S. 149.
1960 Vgl. *Eccles u.a.*, S. 179.
1961 Vgl. *Böcking/Dutzi* in Baetge/Kirsch/Thiele, Bilanzrecht, § 289, Rn. 115.
1962 Vgl. sinngemäß ADS[6], § 289 HGB n.F., Tz. 8; *Ellrott* in BeBiKo[7], § 289, Rn. 45; für ein grundsätzliches Wahlrecht zur gemeinsamen Darstellung DRS 15, Tz. 92.
1963 Vgl. DRS 15, Tz. 12, und DRS 5, Tz. 26; *Böcking/Dutzi* in Baetge/Kirsch/Thiele, Bilanzrecht, § 289, Rn. 117.
1964 Vgl. ADS[6], § 289 HGB n.F., Tz. 20; *Kaiser*, WPg 2005, S. 405 (415); DRS 5, Tz. 22.
1965 Ebenso (Fehlbericht) *Baetge/Schulze*, DB 1998, S. 937 (942); ADS[6], § 289 HGB n.F., Tz. 13 und 28.
1966 Vgl. WPK-Magazin 4/2007, S. 36 f.

oder erkennbar geworden sind[1967]. Da andererseits nur über solche Risiken zu berichten ist, deren Eintritt mit einem gewissen Grad an Wahrscheinlichkeit zu erwarten ist, kann und muss der **Prognosezeitraum** beschränkt sein (vgl. Tz. 1112 und Tz. 1116). Erkennbare Auswirkungen, die erst nach diesem Zeitraum eintreten können, sind allerdings je nach ihrem Gewicht mit zu berücksichtigen.

c) Erklärung zum Inhalt des Lageberichts (§ 289 Abs. 1 S. 5 HGB)

§ 289 Abs. 1 S. 5 HGB verpflichtet die gesetzlichen Vertreter einer KapGes. i.S.d. § 264 Abs. 2 S. 3 HGB nach bestem Wissen zu versichern, dass im LB der Geschäftsverlauf einschließlich des Geschäftsergebnisses und die Lage der Gesellschaft den tatsächlichen Verhältnissen entsprechend dargestellt und die wesentlichen Chancen und Risiken beschrieben sind. KapGes. i.S.d. § 264 Abs. 2 S. 3 HGB sind Inlandsemittenten i.S.d. § 2 Abs. 7 WpHG, die keine KapGes. i.S.d. § 327a HGB sind. Die Versicherung ist kein Bestandteil des LB und somit nicht prüfungspflichtig[1968]. In vielen Fällen wird sich eine zusammengefasste Erklärung mit dem nach § 264 Abs. 2 S. 3 HGB erforderlichen sog. Bilanzeid empfehlen[1969] (vgl. ausführlich zum Bilanzeid Tz. 1237 ff.).

1122

4. Angaben nach § 289 Abs. 2 HGB

Für alle in § 289 Abs. 2 HGB genannten Berichtsgegenstände gilt, dass auf sie eingegangen werden „soll". Gleichwohl ist davon auszugehen, dass die Berichterstattung nach Abs. 2 nicht in das Belieben der Gesellschaft gestellt ist. Eine Berichterstattungspflicht besteht (bereits) nach § 289 Abs. 1 HGB immer dann, wenn die nach Abs. 2 anzugebenden Sachverhalte bei vernünftiger kaufmännischer Beurteilung wichtige Informationen für die Berichtsempfänger darstellen[1970]. Ist dies nicht der Fall, können Angaben unterbleiben. Das „soll" ist also weder mit „muss" noch mit „kann, aber muss nicht" identisch[1971]. Fehlanzeigen sind nicht erforderlich (vgl. Tz. 1095).

1123

a) Angaben zu Vorgängen von besonderer Bedeutung nach Schluss des Geschäftsjahrs (§ 289 Abs. 2 Nr. 1 HGB)[1972]

Im Rahmen der Darstellung des Geschäftsverlaufs und der Lage der Gesellschaft (§ 289 Abs. 1 S. 1 HGB) muss über bedeutsame Vorgänge berichtet werden, die bis zum Ende des GJ geschehen sind (Tz. 1100 ff.). § 289 Abs. 2 Nr. 1 HGB verlangt darüber hinaus Angaben für solche Vorgänge und Ereignisse, die während des Aufhellungszeitraums eingetreten sind. Zu berichten ist über **Vorgänge** von besonderer Bedeutung, d.h. über tatsächlich eingetretene Ereignisse und Entwicklungen positiver wie negativer Art. Hier kommen z.B. in Betracht: Erwerb oder Verkauf von Grundstücken oder Beteiligungen, Verträge von außergewöhnlicher Bedeutung, Eintritt eines wesentlichen Verlustes, Ergebnisse von Sanierungsbemühungen, Stilllegung, Kurzarbeit, aber auch Streiks, Störungen in der Rohstoffbelieferung, Aus- oder Einfuhrsperren und wesentliche Paritätsveränderungen von Währungen. Je negativer sich nach dem Abschlussstichtag eingetretene Ereignisse für die Gesellschaft auswirken können, desto schärfere Anforderungen sind an die Bericht-

1124

1967 Vgl. ADS[6], § 289 HGB n.F., Tz. 18.
1968 Vgl. *Ellrott* in BeBiKo[7], § 289, Rn. 56; *Böcking/Dutzi* in Baetge/Kirsch/Thiele, Bilanzrecht, § 289, Rn. 1148.
1969 Vgl. *Reiner* in MünchKomm. HGB[2], § 264 Rn. 96; *Ellrott* in BeBiKo[7], § 289, Rn. 56; vgl. zu Formulierungsvorschlägen DRS 15, Tz. 142.
1970 Zum Zusammenwirken von § 289 Abs. 1 und Abs. 2 HGB vgl. *Maul*, WPg 1984, S. 187; *GEFIU*, DB 1986, S. 2553 (2556), These 4; *Baetge/Fischer/Paskert*, S. 28.
1971 Vgl. ADS[6], § 289 HGB, Tz. 93; *Ellrott* in BeBiKo[7], § 289, Rn. 60.
1972 Dieser Berichtsteil wird teilw. als „Nachtragsbericht" bezeichnet, vgl. *Lück* in HdR[5], § 289 HGB, Rn. 81.

erstattungspflicht zu stellen[1973]. Angabepflichtig sind ferner nach dem Stichtag eintretende Vorgänge, die bei einer AG unter die in § 160 Abs. 1 AktG aufgeführten Einzelangaben fallen, wenn sie von besonderer Bedeutung sind (z.b. die Mitteilung über das Bestehen einer Beteiligung an der Gesellschaft, Kapitalerhöhungs- oder Kapitalherabsetzungsmaßnahmen)[1974]. Diese Tatbestände können – soweit sie wesentlich sind – für die Beschlussfassung über die Gewinnverwendung oder über andere, etwa erforderlich werdende Maßnahmen bedeutsam sein[1975].

1125 Die Berichterstattung in diesem Berichtsteil bezieht sich nur auf Vorgänge von **besonderer Bedeutung**, d.h. wesentliche Vorgänge, die geeignet sind, die Lage der Gesellschaft erheblich zu beeinflussen[1976]. Berichtspflichtig sind hier aber nur Vorgänge, die **nach dem Schluss des GJ** eingetreten sind. Der Berichtszeitraum erstreckt sich vom Beginn des neuen GJ bis zur Aufstellung des JA und LB, bei besonders wichtigen Vorgängen bis zur Feststellung des JA[1977]. Größere Verluste, die nach dem Abschlussstichtag eingetreten sind oder später drohen, sind anzugeben, wenn sie nach der Größe und Eigenart des Betriebes wesentlich sind. Wird ein vor dem Abschlussstichtag eingetretener Verlust bis zur Bilanzaufstellung bekannt, ist eine unmittelbare Berücksichtigung in der Bilanz erforderlich (Wertaufhellungsprinzip nach § 252 Abs. 1 Nr. 4 HGB; vgl. E Tz. 303). Obwohl grds. Fehlanzeigen über regelmäßig vorgesehene, im Einzelfall aber nicht erscheinende Berichtsteile nicht erforderlich sind (vgl. Tz. 1095 und 1123), empfiehlt es sich anzugeben, wenn keine Vorgänge von besonderer Bedeutung nach dem Abschlussstichtag eingetreten sind[1978].

b) Angaben zu Risiken aus der Verwendung von Finanzinstrumenten (§ 289 Abs. 2 Nr. 2 HGB)

1126 Sofern es für die Beurteilung der Lage oder der voraussichtlichen Entwicklung von Belang ist, soll der LB nach § 289 Abs. 2 Nr. 2 HGB jeweils in Bezug auf die Verwendung von FI durch die Gesellschaft auch eingehen

– nach lit. a) auf die **Risikomanagementziele und -methoden** der Gesellschaft einschließlich ihrer Methoden zur Absicherung aller wichtigen Arten von Transaktionen, die im Rahmen der Bilanzierung von Sicherungsgeschäften erfasst werden.

– sowie nach lit. b) auf **Preisänderungs-, Ausfall- und Liquiditätsrisiken** sowie auf **Risiken aus Zahlungsstromschwankungen**, denen die Gesellschaft ausgesetzt ist.

Es empfiehlt sich, die geforderten Angaben im Rahmen eines gesonderten Abschnitts des LB, ggf. als Teil des Risikoberichts, zu machen (vgl. Tz. 1107)[1979]. **Finanzinstrumente** sind alle Verträge, die für eine der beteiligten Seiten einen finanziellen Vermögenswert

---

1973 Vgl. ADS[6], § 289 HGB, Tz. 101; *Ellrott* in BeBiKo[7], § 289, Rn. 62.
1974 Vgl. *Geßler u.a.*, AktG, § 160 AktG 1965, Rn. 22, der den Einzelangaben stets besondere Bedeutung beimisst; *Lück* in HdR[5], § 289 HGB, Rn. 83; vgl. auch *Kirsch/Köhrmann* in BHdR, B 510, Rn. 154.
1975 Vgl. ADS[6], § 289 HGB, Tz. 99; *Ellrott* in BeBiKo[7], § 289, Rn. 62; *Krawitz* in BoHdR, § 289 HGB, Rn. 185; vgl. auch ADS[6], § 252 HGB, Tz. 26, 47, 78 und § 172 AktG, Tz. 54; zum Wertaufhellungszeitraum vgl. auch ADS[6], § 252 HGB, Tz. 38; ferner *Hommel/Berndt*, DStR 2000, S. 1745.
1976 Vgl. mit Beispielen ADS[6], § 289 HGB, Tz. 101; DRS 15, Tz. 82.
1977 Vgl. ADS[6], § 289 HGB, Tz. 102. Für eine Berichtspflicht bis zur Erteilung des BestV *IDW PS 203*, Tz. 23; *Ellrott* in BeBiKo[7], § 289, Rn. 64; *Lück* in HdR[5], § 289 HGB, Rn. 81 (bis zur Vorlage an die HV).
1978 Für eine Angabepflicht in diesen Fällen DRS 15, Tz. 81; *Böcking/Dutzi* in Baetge/Kirsch/Thiele, Bilanzrecht, § 289, Rn. 160.
1979 Vgl. *Huthmann/Hofele*, KoR 2005, S. 181 (186); DRS 15, Tz. 99.

und für die andere Seite eine finanzielle Verbindlichkeit oder ein Eigenkapitalinstrument schaffen (vgl. zu Anhangangaben auch Tz. 789, 807 f.)[1980].

Der Umfang der Berichterstattung nach § 289 Abs. 2 Nr. 2a HGB über das **Risikomanagement** in Bezug auf die Verwendung von FI ist grds. abhängig von Art, Umfang und Struktur, d.h. der individuellen Risikoexposition des Unternehmens. Die Angaben können in Form verbaler Erläuterungen erfolgen, quantitative Angaben sind regelmäßig nicht erforderlich. Des Weiteren erstreckt sich die Berichterstattung nicht über das gesamte Risikofrüherkennungssystem i.S.d. § 91 Abs. 2 AktG[1981]; die Erläuterungspflichten beziehen sich nach dem Gesetzeswortlaut nur auf die Verwendung von FI. 1127

Die Berichterstattung über die **Risikomanagementziele** erfordert[1982], dass erläutert wird, ob die Gesellschaft bestimmte Risiken in Bezug auf die Verwendung von FI grds. vermeidet oder ob und in welchem Umfang die Gesellschaft solche Risiken eingeht. Dabei ist auch darüber zu berichten, wie vermiedene Risiken von eingegangenen Risiken abgegrenzt werden. 1128

Im Rahmen der Berichterstattung über die **Risikomanagementmethoden** ist zu erläutern[1983], wie die Gesellschaft eingegangene Risiken in Bezug auf die Verwendung von FI steuert. Neben Erläuterungen zur Risikominimierung, Risikoreduktion und Risikoversicherung bzw. -überwälzung umfasst die Berichterstattung auch die Systematik sowie die Art und Kategorien der von der Gesellschaft eingegangenen Sicherungsgeschäfte. Hierfür kann die Angabe erforderlich sein, welche FI zur Absicherung welcher Risiken eingesetzt werden. Unabhängig von der bilanziellen Behandlung von Grund- und Sicherungsgeschäften, ist einzugehen auf: 1129

– Art der Grundgeschäfte,
– Art der verwendeten Sicherungsinstrumente,
– Art der Risiken, die gesichert werden,
– Maßnahmen zur Sicherstellung der beabsichtigten Effektivität der Risikoabsicherung (z.B. Beobachtung von Risikolimiten, Anpassungen des Sicherungsumfangs),
– Art der Sicherungsbeziehung (Mikro-, Portfolio-, Makro-Hedge),
– antizipative Sicherungsbeziehungen.

Außerdem ist darüber zu berichten, wenn für Zwecke des Risikomanagements eingegangene ökonomische Sicherungsbeziehungen nicht für bilanzielle Zwecke durch Bildung von Bewertungseinheiten nachvollzogen werden (vgl. *IDW RS HFA 35*, Tz. 101).

§ 289 Abs. 2 Nr. 2b HGB verlangt jeweils in Bezug auf die Verwendung von FI Erläuterungen im LB zu wesentlichen Preisänderungs-, Ausfall- und Liquiditätsrisiken sowie Risiken aus Zahlungsstromschwankungen, denen die Gesellschaft ausgesetzt ist. Die einzelnen Risikokategorien lassen sich wie folgt konkretisieren: 1130

– **Preisänderungsrisiken** bestehen in einem potenziellen Verlust aufgrund von nachteiligen Veränderungen des Marktpreises oder preisbeeinflussender Parameter; das Marktpreisrisiko lässt sich nach Einflussfaktoren untergliedern in Zinsänderungs- und Währungsrisiken, Risiken aus Aktien und sonstigen Eigenkapitalpositionen sowie Rohwaren- und sonstigen Preisrisiken einschließlich der jeweils dazugehörenden Optionsrisiken[1984].

1980 Vgl. *Gelhausen/Fey/Kämpfer*, BilMoG, Kap. H, Rn. 23 f.; *IDW RS HFA 35*, Tz. 34; DRS 15, Tz. 8.
1981 Zum Risikomanagement von FI vgl. *Scharpf*, S. 255; vgl. auch P Tz. 6 ff.
1982 Vgl. zur Berichterstattung über die Risikomanagementziele DRS 15, Tz. 95.
1983 Vgl. zur Berichterstattung über die Risikomanagementmethoden DRS 15, Tz. 96.
1984 Vgl. DRS 15, Tz. 8.

- **Ausfallrisiken** ergeben sich aus der Gefahr, dass der Vertragspartner bei einem Geschäft über ein FI ausfällt; dies umschließt vor allem das Kreditrisiko, das Kontrahentenrisiko, das Länderrisiko und das Anteilseignerrisiko[1985].

- **Liquiditätsrisiken** bestehen darin, dass das Unternehmen möglicherweise nicht in der Lage ist, Zahlungsverpflichtungen im Zeitpunkt der Fälligkeit nachkommen zu können (Liquiditätsrisiko i.e.S.), bei Bedarf ausreichend Liquidität zu den erwarteten Konditionen beschaffen zu können (Refinanzierungsrisiko), oder dass das Unternehmen aufgrund unzulänglicher Markttiefe oder Marktstörungen Geschäfte nicht oder nur mit Verlusten auflösen bzw. glattstellen kann (Marktliquiditätsrisiko)[1986].

- **Risiken aus Zahlungsstromschwankungen** resultieren daraus, dass die zukünftigen, aus einem FI erwarteten Zahlungsströme Schwankungen unterworfen und damit betragsmäßig nicht festgelegt sind. Bspw. können sich im Fall von variabel verzinslichen Fremdkapitalinstrumenten solche Schwankungen aufgrund von Veränderungen der effektiven Verzinsung des FI ergeben, ohne dass damit nennenswerte korrespondierende Veränderungen des entsprechenden beizulegenden Zeitwerts eintreten.

1131 In die Erläuterungen zu den einzelnen Risikokategorien (§ 289 Abs. 2 Nr. 2b HGB) sind grds. nur **nicht durch konkrete Sicherungsinstrumente gedeckte Risiken** (vgl. Tz. 1129) einzubeziehen (offene Positionen)[1987]. Bspw. werden Ausführungen zum Umfang von Währungsrisiken, zur Konzentration von Ausfallrisiken (sog. „Klumpenrisiken" i.Z.m. Großkunden) oder zu mit der Refinanzierung zusammenhängenden Risiken erforderlich sein, wenn diese für die Gesellschaft bedeutsam sind.

1132 Bei der Lageberichterstattung nach § 289 Abs. 2 Nr. 2 HGB können sich inhaltliche Überschneidungen mit den nach § 285 Nr. 19 und Nr. 23 HGB geforderten **Anhangangaben** zu bestimmten (derivativen) FI und bilanziellen Bewertungseinheiten ergeben (vgl. zu diesen Angabepflichten Tz. 806 ff. und 826 ff.). In Bezug auf die Angabepflichten nach § 285 Nr. 23 HGB zu **Bewertungseinheiten** ist im Gesetz ein Vorrang der Lageberichterstattung vorgesehen („soweit die Angaben nicht im LB gemacht werden"). Hierdurch sollen Doppelangaben vermieden und eine zusammenhängende Berichterstattung – ggf. auch unter Einbeziehung der nach § 289 Abs. 5 HGB erforderlichen Informationen (vgl. hierzu Tz. 1168 ff.) – im LB zur Verwendung von FI ermöglicht werden[1988]. Werden die nach § 289 Abs. 2 Nr. 2 HGB geforderten Informationen bereits im Anh. dargestellt, kann eine separate Aufnahme der Informationen in den LB – unter Verweis auf die entsprechende Anhangangabe – unterbleiben[1989].

1133 Eine Verlagerung sämtlicher **Anhangangaben** zu **Finanzinstrumenten** in den LB ist allerdings nicht zulässig, da der Gesetzesverweis lediglich für die Angaben nach § 285 Nr. 23 HGB gilt. Die Angaben nach § 285 Nr. 19 HGB im Anh. dürfen nicht durch entsprechende Verweise auf die Lageberichterstattung ersetzt werden[1990]. In diesen Fällen kann es zu Doppelangaben in Anh. und LB kommen[1991].

1985 Vgl. im Einzelnen DRS 15, Tz. 8.
1986 Vgl. DRS 15, Tz. 8.
1987 Vgl. DRS 15, Tz. 94.
1988 Vgl. *IDW RS HFA* 35 Tz. 100 (Verweis im Anh. erforderlich); RegBegr. BilMoG, BT-Drucks. 16/10067, S. 73 und S. 77; *Gelhausen/Fey/Kämpfer*, BilMoG, Kap. O, Rn. 170 ff.; *Ellrott* in BeBiKo⁷, § 285, Rn. 410.
1989 Vgl. DRS 15, Tz. 98.
1990 Vgl. *Gelhausen/Fey/Kämpfer*, BilMoG, Kap. O, Rn. 120 und 202; analog für Angaben zu Organbezügen nach § 285 Nr. 9 a S. 1 bis 4 und § 289 Abs. 2 Nr. 5 HGB *IDW PS 345*, Tz. 19a.
1991 Vgl. *Gelhausen/Fey/Kämpfer*, BilMoG, Kap. O, Rn. 120; a.A. DRS 15, Tz. 98 (für Verweis auf die Anhangangaben im LB).

Der Lagebericht

F

c) Angaben zu dem Bereich Forschung und Entwicklung (§ 289 Abs. 2 Nr. 3 HGB)[1992]

Die Begriffe „Forschung" und „Entwicklung" sind nunmehr in § 255 Abs. 2a S. 2 und 3 HGB definiert (vgl. E Tz. 497 f.). Die verlangten Angaben über diesen Bereich haben den Sinn, weitere Informationen zur Beurteilung der Zukunftsaussichten und damit der Lage der Gesellschaft zu geben[1993]. Die Vorschrift wendet sich naturgemäß besonders an solche Gesellschaften, die **in größerem Umfang eigene Forschung und Entwicklung** betreiben oder durch Dritte betreiben lassen[1994]. In Betracht kommen daher vornehmlich Gesellschaften aus den Wirtschaftszweigen Chemie, Pharma, Luft- und Raumfahrt, Gen-Technik, Informationstechnologie, Automobilindustrie, Anlagenbau u.a., jedoch ist nicht die Zugehörigkeit oder Nichtzugehörigkeit zu einem dieser Wirtschaftszweige ausschlaggebend, sondern der Stellenwert, den die Forschung und Entwicklung für die berichtende Gesellschaft hat. Betreibt eine Gesellschaft keine Forschung und Entwicklung, wird dies aber nach der Zugehörigkeit zu einer bestimmten Branche oder nach der Art der Produkte erwartet, werden hierüber Ausführungen im Rahmen der Lagedarstellung nach § 289 Abs. 1 HGB erforderlich werden[1995]. Wird keine Forschungs- und Entwicklungstätigkeit betrieben und ist diese auch nicht branchenüblich, kann eine Berichterstattung entfallen[1996]. Forschungs- und Entwicklungstätigkeiten, die die Gesellschaft im Auftrag von Dritten vornimmt, fallen nicht unter die Angaben nach Nr. 3[1997].

1134

Art und Umfang der Berichterstattung überlässt das Gesetz den einzelnen Gesellschaften. Es können z.B. die Bereiche genannt werden, in denen geforscht und entwickelt wird, die Zahl der Mitarbeiter, die für den Bereich Forschung und Entwicklung arbeiten, die aufzuweisenden Erfolge (z.B. Zahl der in- und ausländischen Patentanmeldungen), die Investitionen, die für die nähere Zukunft in diesem Bereich beabsichtigt sind, der Einsatz öffentlicher Mittel zur Forschungsförderung, sowie Kooperationsprojekte und ähnliches mehr[1998]. Angaben zu Forschung und Entwicklung können grds. auch hiermit im Zusammenhang stehende nichtfinanzielle Leistungsindikatoren, z.B. Anzahl neuer Patente, Neuproduktumsatzquote, Entwicklungszeiten[1999] umfassen (vgl. Tz. 1142).

1135

Nach § 285 Nr. 22 HGB ist im **Anhang** der Gesamtbetrag der **Forschungs- und Entwicklungskosten** des GJ sowie der davon auf die selbst geschaffenen immateriellen Vermögensgegenstände des Anlagevermögens entfallende Betrag anzugeben, sofern vom Aktivierungswahlrecht des § 248 Abs. 2 HGB Gebrauch gemacht wird (vgl. Tz. 823 ff.). Es erscheint zulässig, im LB insoweit auf die Anhangangaben zu verweisen[2000].

1136

Auch hier gilt, dass über **Geschäfts- und Betriebsgeheimnisse** nicht zu berichten ist und dass aus Konkurrenzgründen eine detaillierte Berichterstattung (z.B. über konkrete Forschungsergebnisse oder Entwicklungsvorhaben) nicht erwartet werden darf[2001]. Die Be-

1137

1992 Dieser Berichtsteil wird z.T. als „Forschungsbericht- und Entwicklungsbericht" bezeichnet; vgl. z.B. *Lück* in HdR[5], § 289 HGB, Rn. 93. Vgl. ferner ADS[6], § 289 HGB, Tz. 112; *Kirsch/Köhrmann* in BHdR, B 510, Rn. 179; *Kuhn*; zum LB staatlich getragener Forschungseinrichtungen vgl. *Schulze*, DB 1987, S. 1849 (1851).
1993 Vgl. auch ADS[6], § 289 HGB, Tz. 113; zu Sinn und Zweck auch *Ellrott* in BeBiKo[7], § 289, Rn. 85.
1994 Vgl. *Ellrott* in BeBiKo[7], § 289, Rn. 85.
1995 Vgl. auch ADS[6], § 289 HGB, Tz. 112; ebenso *Ellrott* in BeBiKo[7], § 289, Rn. 85; *Kuhn*, S. 42.
1996 So *Kirsch/Köhrmann* in BHdR, B 510, Rn. 186; *Ellrott* in BeBiKo[7], § 289, Rn. 85 m.w.N.
1997 So ADS[6], § 289 HGB, Tz. 116; *Ellrott* in BeBiKo[7], § 289, Rn. 86; a.A. *Kuhn*, S. 46, 48 und 92.
1998 Vgl. *Kuhn*, S. 49 und 106.
1999 Vgl. *Fey*, WPg 2000, S. 1097 (1101); *Eccles u.a.*, S. 272; *DiPiazza/Eccles*, S. 89.
2000 Vgl. *Ellrott* in BeBiKo[7], § 289, Rn. 87.
2001 Vgl. ADS[6], § 289 HGB, Tz. 117; *Kirsch/Köhrmann* in BHdR, B 510, Rn. 187; *Kuhn*, DStR 1993, S. 491 (492).

richterstattung muss im Übrigen unterbleiben, soweit es das Wohl der Bundesrepublik Deutschland oder eines ihrer Länder erfordert (vgl. im Einzelnen Tz. 1061).

d) Angaben zu bestehenden Zweigniederlassungen der Gesellschaft (§ 289 Abs. 2 Nr. 4 HGB)

1138 Im LB sind ferner Angaben zu den (in- und ausländischen[2002]) Zweigniederlassungen des Unternehmens zu machen. Hintergrund dieser Regelung ist die Tatsache, dass der wirtschaftliche und soziale Einfluss der nicht rechtsfähigen Zweigniederlassungen mit dem von selbständigen Tochtergesellschaften vergleichbar sein kann[2003].

Der Umfang, in dem zu berichten ist, hängt von der Bedeutung der Zweigniederlassungen für die Beurteilung der Unternehmenslage ab. Insb. dürften **Angaben** über die örtliche Belegenheit der Zweigniederlassungen[2004], über wesentliche Veränderungen gegenüber dem Vj. im Hinblick auf die Errichtung, Aufhebung und Sitzverlegung von Zweigniederlassungen[2005] sowie über Firmierungen von Zweigniederlassungen, die die Zugehörigkeit zum Stammhaus nicht mehr eindeutig erkennen lassen[2006], erforderlich sein[2007].

e) Nur für börsennotierte AG: Angaben zum Vergütungssystem (§ 289 Abs. 2 Nr. 5 HGB)

1139 Der LB börsennotierter AG ist nach § 289 Abs. 2 Nr. 5 HGB um Angaben zu den Grundzügen des Vergütungssystems der Gesellschaft für die in § 285 Nr. 9 HGB genannten Gesamtbezüge der Mitglieder des Vorstands und des AR (sog. Vergütungsbericht) zu erweitern (vgl. hierzu Tz. 922 sowie Kap. S). Die Angaben zu den Grundzügen des Vergütungssystems dienen der Erläuterung der einzelnen Vergütungsparameter und der Zusammensetzung der Bezüge einschließlich bestehender Anreizpläne[2008]. Unter die Angaben zur Vergütungsstruktur fallen Erläuterungen zum Verhältnis der erfolgsunabhängigen und erfolgsbezogenen Komponenten sowie der Komponenten mit langfristiger Anreizwirkung. Dabei soll auch auf die einzelnen Parameter der Erfolgsbindung der Vergütung eingegangen werden (z.B. Ergebnis- oder Renditekennziffern). Ferner sollen Angaben zu den Bedingungen gemacht werden, an die Aktienoptionen, sonstige Bezugsrechte auf Aktien und ähnliche Bezugsrechte sowie Bonusleistungen geknüpft sind (z.B. Aktienkursentwicklung, Vesting Period). Ferner sind die Grundzüge der betrieblichen Altersvorsorge und Vorruhestandsregelungen anzugeben, sowie ob und ggf. wie Bezüge von TU oder Dritten bei den Gesamtbezügen erfasst werden[2009].

1140 Werden im Rahmen der Berichterstattung im LB über die Grundzüge des Vergütungssystems auch die Angaben nach § 285 Nr. 9 lit. a) S. 5 bis 8 (individualisierte Offenlegung

---

2002 Vgl. *Hahnefeld*, DStR 1993, S. 1596; *Krawitz* in BoHdR, § 289 HGB, Rn. 208.
2003 Zum Begriff der Zweigniederlassung vgl. §§ 13 ff. HGB; vgl. auch ADS[6], § 289 HGB, Tz. 120 und 121 m.w.N.; *Hommelhoff* in Staub, HGB[4], § 289, Rn. 68.
2004 Vgl. *Seibert*, GmbHR 1992, S. 738 (740).
2005 Vgl. *Fey*, DB 1994, S. 485 (486).
2006 Vgl. ADS[6], § 289 HGB, Tz. 123; zu Einzelheiten über die Firmierung von Zweigniederlassungen vgl. *Dirksen/Volkers*, BB 1993, S. 598.
2007 Ebenso *Krawitz* in BoHdR, § 289 HGB, Rn. 213; *Kirsch/Köhrmann* in BHdR, B 510, Rn. 197; weitergehend *Ellrott* in BeBiKo[7], § 289, Rn. 90 (Umsätze, Vertriebsprogramme, Investitionsvorhaben, Mitarbeiter); *Veit*, BB 1997, S. 461 (Tätigkeitsschwerpunkte, Umsätze).
2008 Vgl. DRS 17, Tz. 79; RegBegr. VorstOG, BT-Drs. 15/5577, S. 8; *van Kann*, DStR 2005, S. 1496 (1499).
2009 Diese Angaben entsprechen im Wesentlichen Abschn. II Nr. 3.3 der Empfehlung der Kommission 2004/913/EG, ABl.EU 2004, Nr. L 385, S. 55/56. Vgl. auch RegBegr. VorstOG, BT-Drs. 15/5577, S. 8; *Böcking/Dutzi* in Baetge/Kirsch/Thiele, Bilanzrecht, § 289, Rn. 237; *Ellrott* in BeBiKo[7], § 289, Rn. 98.

Der Lagebericht F

der Vorstandsbezüge bei börsennotierten AG) gemacht, können diese im Anh. unterbleiben (§ 289 Abs. 2 Nr. 5 S. 2 HGB) (Tz. 934). Den Unternehmen soll damit die Möglichkeit gegeben werden, die Sollangaben zur Vergütungsstruktur und die individuellen Pflichtangaben in einem eigenständigen **Vergütungsbericht** darzustellen, der wiederum Teil des LB ist. Die Angaben zur Gesamtvergütung nach § 285 Nr. 9a S. 1 bis 4 HGB sind jedoch zwingend im Anh. zu machen[2010].

Von den Angaben zur Vergütungsstruktur kann abgesehen werden, soweit sie nach vernünftiger kaufmännischer Beurteilung geeignet sind, der Gesellschaft einen **erheblichen Nachteil** zuzufügen (vgl. Tz. 1097)[2011]. Dies betrifft Ausnahmefälle, in denen Anreize an Ziele eines Unternehmens geknüpft sind, die nicht zur Veröffentlichung bestimmt sind (z.B. Steigerung des Umsatzes in einem bestimmten Geschäftsfeld oder einem bestimmten regionalen Absatzmarkt). Wird insoweit auf Angaben zur Vergütungsstruktur verzichtet, haben die individuellen Pflichtangaben zwingend im Anh. zu erfolgen[2012]. 1141

5. Nur für große Kapitalgesellschaften: Angaben über nichtfinanzielle Leistungsindikatoren (§ 289 Abs. 3 HGB)

Große KapGes., zu denen nach § 267 Abs. 3 S. 2 HGB auch sämtliche kapitalmarktorientierten Gesellschaften i.S.d. § 264d HGB zählen (vgl. hierzu Tz. 24 ff.), haben auch sog. **nichtfinanzielle Leistungsindikatoren** (*Non-Financial Performance Measures*) in die Analyse des Geschäftsverlaufs und der Lage der Gesellschaft einzubeziehen und zu erläutern, soweit sie für die Geschäftstätigkeit des Unternehmens von Bedeutung und für das Verständnis seines Geschäftsverlaufs und seiner Lage erforderlich sind (§ 289 Abs. 3 i.V.m. Abs. 1 S. 2 und 3 HGB)[2013]. Eine über Finanzkennzahlen (vgl. hierzu Tz. 1104) hinausgehende Berichterstattung im LB soll dazu beitragen, die Prognostizierbarkeit künftiger Erträge zu verbessern[2014]. Die Angaben sollen außerdem Vergleiche innerhalb der Branche (sog. *Benchmarking*) erlauben[2015]. 1142

Die Berichterstattung über nichtfinanzielle Leistungsindikatoren findet ihre Grenzen allerdings in den allgemeinen Anforderungen der **Klarheit und Übersichtlichkeit**. Die Analyse des Geschäftsverlaufs und der Lage der Gesellschaft darf durch die Berichterstattung über nichtfinanzielle Leistungsindikatoren nicht in den Hintergrund geraten. Die angegebenen Indikatoren müssen bedeutsam für die Geschäftstätigkeit der Gesellschaft sein[2016]. Die Beurteilung der Bedeutsamkeit nichtfinanzieller Leistungsindikatoren erfolgt aus der Sicht der Unternehmensleitung. Demnach sind insb. die Indikatoren darzustellen, die regelmäßig von der Unternehmensleitung beurteilt werden und Grundlage ihrer Entscheidungen sind[2017]. 1143

Nichtfinanzielle Leistungsindikatoren sind **Kennzahlen für wettbewerbs- und erfolgsbestimmende Faktoren** (z.B. Managementqualität, Motivation und Ausbildungsstand 1144

2010 Vgl. hierzu auch *IDW PS 345*, Tz. 19a.
2011 Vgl. DRS 17, Tz. 81.
2012 Vgl. RegBegr. VorstOG, BT-Drs. 15/5577, S. 8.
2013 Vgl. auch EU-Konsultationspapier zur Offenlegung von Informationen nicht-finanzieller Art (https://www.idw.de/idw/portal/d603326/index.jsp).
2014 Vgl. DRS 15, Tz. 30; *Haller/Dietrich*, DB 2001, S. 1045 (1047); *Heumann*, S. 72, 81 und 121; *Saitz/Wolbert*, Controlling 2002, S. 321 (323); *Winter*, S. 35.
2015 Vgl. *IDW RH HFA 1.007*, Tz. 10; *AK „Externe Unternehmensrechnung der Schmalenbach-Gesellschaft"*, DB 2002, S. 2337; *DiPiazza/Eccles*, S. 135.
2016 Vgl. *IDW RH HFA 1.007*, Tz. 10; *Ellrott* in BeBiKo[7], § 289, Rn. 102; *Böcking/Dutzi* in Baetge/Kirsch/Thiele, Bilanzrecht, § 289, Rn. 264.
2017 Vgl. DRS 15, Tz. 31; *Withus*, DB 2010, S. 68 (69).

der Mitarbeiter, Kundenzufriedenheit, Kundenkreis und dessen Zusammensetzung, Lieferantenbeziehungen, Innovationsgeschwindigkeit, Marktwachstum und -anteile, Produkt- und Prozessqualität)[2018], die als selbst geschaffene immaterielle Werte i.d.R. nicht bilanziert werden dürfen. Der Begriff ist somit sehr weit gefasst. Entsprechend führt das Gesetz in § 289 Abs. 3 S. 1 HGB lediglich exemplarisch Umwelt- und Arbeitnehmerbelange als mögliche Anwendungsbereiche nichtfinanzieller Leistungsindikatoren an. Daneben sind jedoch auch Angaben zur Kunden- und Lieferantenstruktur sowie zur gesellschaftlichen Reputation und sonstigen immateriellen Werten denkbar.

1145 In Bezug auf **Arbeitnehmerbelange** wurde bei größeren Gesellschaften bereits vor Einführung des § 289 Abs. 3 HGB häufig ein sog. Sozialbericht erstattet, der – wenn nicht aufgrund der Bedeutung für die Darstellung der gegenwärtigen oder künftigen Lage der Gesellschaft pflichtgemäß – ggf. freiwillig im LB enthalten war[2019]. Auch im LB von Gesellschaften, die nicht von der Berichtspflicht gem. Abs. 3 erfasst sind, dürfte eine Darstellung zumindest der wesentlichen Entwicklungen im Personal- und Sozialbereich für eine zutreffende Gesamtbeurteilung des Geschäftsverlaufs und der Lage der Gesellschaft unabdingbar sein[2020]. Im sog. Sozialbericht können z.B. die Leistungen des Betriebes, die in dem Posten „Soziale Abgaben und Aufwendungen für Altersversorgung und für Unterstützung" der GuV nur teilw. ausgewiesen sind, erörtert werden. Angaben kommen in Abhängigkeit vom Einzelfall ferner in Betracht zu Zahl und Alterszusammensetzung der Betriebsangehörigen, Tarifverträgen, Arbeitszeiten und Arbeitszeitmodellen, Rationalisierung der Arbeit, Urlaubsregelung, Aus- und Fortbildung, Fluktuation, Werkswohnungen, Siedlungen, Erholungsheimen, Werksverpflegung, betrieblicher Gesundheitsfürsorge, Betriebsunfällen und Unfallschutz, Vergütungsstrukturen, Weihnachts- und Abschlussgratifikationen, Jubiläumsgeldern, Sonderzuwendungen und Gewinnbeteiligung der Betriebsangehörigen einschließlich der Ausgabe von Belegschaftsaktien, Zuweisungen an Pensions-, Wohlfahrts- und Unterstützungskassen.

1146 Bei den nichtfinanziellen Leistungsindikatoren über **Umweltbelange** kann es sich bspw. um Angaben über Umweltschutzmaßnahmen, Maßnahmen zur Umweltverträglichkeit der Produkte des Unternehmens, Emissionswerte, Energieverbrauch und Durchführung eines Umwelt-Audits handeln[2021]. Hierzu gehören auch die Aufwendungen und Investitionen im Umweltschutzbereich. Über eingetretene Umweltprobleme und Schadensfälle wird im Rahmen dieser Berichterstattung ebenfalls zu berichten sein[2022]. Die RegBegr. zum BilReG verweist i.Z.m. der gesetzlichen Neuregelung bzgl. Umweltinformationen auf die Empfehlung der EU-Kommission zur Berücksichtigung von Umweltaspekten in JA und LB von Unternehmen[2023]. Danach sind Umweltschutzaspekte zu beschreiben und

---

2018 Vgl. auch *IDW RH HFA 1.007*, Tz. 12; zu Praxisbeispielen kapitalmarktorientierter Berichterstattung vgl. *PwC*, Trends 2005; hierzu auch *Fey*, WPg 2000, S. 1097 m.w.N.; *DiPiazza/Eccles*, S. 135; *Eccles u.a.*, S. 260; *Heumann*, S. 121; *AK „Immaterielle Werte im Rechnungswesen der Schmalenbach-Gesellschaft"*, DB 2001, S. 989; *AK „Externe Unternehmensrechnung der Schmalenbach-Gesellschaft"*, DB 2002, S. 2337 (2339); *Berndt*, Der Konzern 2003, S. 823; *Haller/Dietrich*, DB 2001, S. 1045 (1048); *Kasperzak/Krag/Wiedenhofer*, DStR 2001, S. 1494; *Dawo/Heiden*, DStR 2001, S. 1716; *Maul/Menninger*, DB 2000, S. 529; *Winter*, S. 35.
2019 Vgl. hierzu u.a. ADS[6], § 289 HGB, Tz. 67 und 76; *Lück* in HdR[5], § 289 HGB, Rn. 40. Zu gesellschaftsbezogenen Wertschöpfungsrechnungen und Sozialbilanzen vgl. ADS[6], § 289 HGB, Tz. 77; *Baetge/Kirsch/Thiele*, Bilanzanalyse[2], S. 475; *Haller*, DBW 1998, S. 261; *Kirsch*, DB 1997, S. 2290; *Schredelseker* in HWR[3], Sp. 1833 (Sozialbilanz).
2020 Vgl. *IDW RH HFA 1.007*, Tz. 12.
2021 Vgl. *IDW RH HFA 1.007*, Tz. 12; DRS 15, Tz. 146.
2022 Vgl. ADS[6], § 289 HGB, Tz. 78.
2023 Vgl. RegBegr. BilReG, BT-Drs. 15/3419, S. 31; Empfehlung der Kommission 2001/453/EG, ABl.EG 2001, Nr. L 156, S. 40.

Der Lagebericht   F

die sich darauf beziehenden Reaktionen des Unternehmens darzustellen. Folgende Angaben im LB werden empfohlen[2024]:

- die allgemeine Umweltstrategie sowie (bestehende und geplante) Umweltschutzprogramme,
- die auf wesentlichen Gebieten des Umweltschutzes erzielten Fortschritte (z.B. Erreichung von Emissionszielen, Entwicklung der Emissionen in den letzten fünf Jahren),
- Durchführung von Umweltschutzmaßnahmen aufgrund gesetzlicher Vorschriften,
- je nach Art und Umfang des Geschäftsbetriebs sowie der Art der für das Unternehmen relevanten Umweltfragen: quantitative Angaben über Energie, Material und Wasserverbrauch, Emissionen, Abfallentsorgung usw. jeweils mit Vorjahreswerten,
- ggf. Hinweis auf einen separaten Umweltbericht[2025], sofern dieser detailliertere Angaben und zusätzliche quantitative oder qualitative Umweltinformationen enthält.

Die Entscheidung, ob Umweltinformationen, soweit sie über die zum Geschäftsverlauf und zur Lage der Gesellschaft erforderlichen Angaben hinausgehen, im Rahmen des LB oder in einem **gesonderten Umweltbericht** gegeben werden sollen, liegt im Ermessen des Berichtspflichtigen (vgl. auch Tz. 1081 und 1084). Im Hinblick auf den verfolgten Informationszweck der Lageberichterstattung ist Unternehmen, die in Bereichen mit erheblichen Umweltwirkungen tätig sind, allerdings zu empfehlen, einen gesonderten Umweltbericht zu erstellen[2026]. Unternehmen, die ausführliche Informationen über umweltbezogene und soziale Sachverhalte (freiwillig) in einem sog. **Nachhaltigkeitsbericht** bereitstellen, sind nur insoweit von der Lageberichterstattung befreit, als es über die zum Geschäftsverlauf und zur Lage der Gesellschaft hinausgehende Angaben betrifft[2027]. Wird von den Unternehmen zusätzlich zu den im LB geforderten Angaben ein Nachhaltigkeitsbericht erstellt, sollte im LB darauf verwiesen werden.   1147

6. Nur für bestimmte börsennotierte AG und KGaA: Übernahmerelevante Zusatzangaben (§ 289 Abs. 4 HGB)

a) Allgemeines

Die übernahmebezogenen Zusatzangaben des § 289 Abs. 4 HGB sind von AG und KGaA in den LB aufzunehmen, die einen organisierten Markt i.S.d. § 2 Abs. 7 WpÜG durch von ihnen ausgegebene stimmberechtigte Aktien in Anspruch nehmen. Sofern lediglich stimmrechtslose Vorzugsaktien i.S.d. § 139 AktG zum Handel an einem organisierten Markt zugelassen sind, besteht keine Angabepflicht. Unabhängig davon, ob ein tatsächliches Übernahmeangebot für das Unternehmen geplant ist, soll ein potenzieller Bieter durch die Angaben über die Eigentümerstruktur und etwaige Übernahmehindernisse informiert werden[2028]. Zweckmäßigerweise sollten die Angaben in einem **eigenständigen Berichtsteil** des LB unter entsprechender Bezeichnung aufgeführt werden. Die Angaben   1148

2024 Vgl. Empfehlung der Kommission 2001/453/EG, ABl.EG 2001, Nr. L 156, S. 40; hierzu auch *Berndt*, BB 2001, S. 1727 (1731); Environmental Management Accounting, IFAC 2005, S. 30; *Brebeck/Horst*, WPK-Mitt. 2002, S. 20 (22).

2025 Zu Einzelheiten vgl. *Förschle*, WPK-Mitt. 1994, S. 1 (2); *Förschle/Hermann/Mandler*, DB 1994, S. 1093 (1094); *Lange/Daldrup*, WPg 2002, S. 657.

2026 So IDW Stellungnahme zur EU-Empfehlung, FN-IDW 2001, S. 423 (424); für eine getrennte Darstellung vgl. auch *Lange/Daldrup*, WPg 2002, S. 657 (659); hierzu ferner *Kirsch/Scheele*, WPg 2004, S. 1 (10); *Sproß*, DStZ 1999, S. 138 (140). Zum Inhalt sog. Umwelterklärungen vgl. Verordnung (EG) Nr. 761/2001, ABl.EG 2001, Nr. L 144, S. 1/19; zu Einzelheiten vgl. *Förschle*, WPK-Mitt. 1994, S. 1 (2); *Förschle/Hermann/Mandler*, DB 1994, S. 1093 (1094).

2027 Zur Prüfung von Berichten im Bereich der Nachhaltigkeit vgl. *IDW PS 821*.

2028 Vgl. RegBegr. Übernahmerichtlinie-Umsetzungsgesetz, BT-Drs. 16/1003, S. 24.

beziehen sich auf die Verhältnisse am Abschlussstichtag[2029], wobei es sich empfiehlt, weitergehende Erkenntnisse bis zum Aufstellungszeitpunkt zu berücksichtigen.

1149 Bei den nach § 289 Abs. 4 HGB geforderten übernahmerechtlichen Angaben kann es zum Teil zu Überschneidungen und Doppelangaben mit entsprechenden handels- oder aktienrechtlichen Angabepflichten, z.B. nach § 160 Abs. 1 Nrn. 3 und 8 AktG, im **Anhang** kommen. Im Rahmen des BilMoG hat der Gesetzgeber versucht, diese Problematik durch eine Verweismöglichkeit im LB auf die entsprechenden Anhangangaben in Teilen zu entschärfen. Diese Verweismöglichkeit im LB ist allerdings auf die Angabepflichten nach § 289 Abs. 4 S. 1 Nrn. 1, 3 und 9 HGB beschränkt[2030]. Zudem besteht die Verweismöglichkeit nur insoweit, wie eine Angabepflicht im Anh. besteht[2031]. § 289 Abs. 4 S. 2 HGB begründet des Weiteren eine Verweisungspflicht, soweit Angaben nach S. 1 im Anh. zu machen sind. Anzugeben sind dabei die gesetzliche Vorschrift und die Stelle im Anh., an der die Angaben gemacht werden[2032].

1150 § 176 Abs. 1 S. 1 AktG verpflichtet den Vorstand einer börsennotierten AG, der **Hauptversammlung** u.a. einen erläuternden Bericht über die Angaben nach § 289 Abs. 4 HGB vorzulegen. Auch wenn § 289 Abs. 4 HGB keine Erläuterung der Angaben im LB verlangt, erscheint es zulässig, die Angaben nach § 289 Abs. 4 HGB insoweit um Erläuterungen zu ergänzen, dass der LB gleichzeitig den Informationspflichten des § 176 Abs. 1 S. 1 AktG genügt[2033].

b) Zusammensetzung des gezeichneten Kapitals (§ 289 Abs. 4 S. 1 Nr. 1 HGB)

1151 § 289 Abs. 4 S. 1 Nr. 1 HGB verlangt Angaben zur Zusammensetzung des gezeichneten Kapitals. Sofern unterschiedliche Aktiengattungen i.S.d. § 11 AktG vorliegen, z.B. Stammaktien, stimmrechtslose Vorzugsaktien und stimmberechtigte Vorzugsaktien, sind für jede Gattung die damit verbundenen Rechte und Pflichten sowie ihr Anteil am Gesellschaftskapital anzugeben. Ausgangspunkt für die Aufgliederung des gezeichneten Kapitals ist der in der Bilanz nach § 266 Abs. 3 A.I. HGB ausgewiesene Betrag[2034]. Anzugeben sind jeweils die Anzahl der ausgegebenen Aktien unter Angabe des ggf. vorhandenen Nennbetrags sowie die Art der ausgegebenen Aktien (Nennbetrags- oder Stückaktie sowie Inhaber-, Namens- oder vinkulierte Namensaktie)[2035]. Des Weiteren ist anzugeben, ob die jeweiligen Aktien börsennotiert sind oder nicht[2036]. Zur Verweismöglichkeit auf Angaben im Anh. § 160 Abs. 1 AktG vgl. Tz. 1149.

c) Stimmrechts- und Übertragungsbeschränkungen (§ 289 Abs. 4 S. 1 Nr. 2 HGB)

1152 Beschränkungen, die Stimmrechte oder die Übertragung von Aktien betreffen sind nach § 289 Abs. 4 S. 1 Nr. 2 HGB angabepflichtig, soweit sie dem Vorstand bekannt sind. Die Beschränkungen können sich sowohl auf gesetzlicher oder satzungsmäßiger Grundlage ergeben, als auch auf vertraglichen bzw. faktischen Vereinbarungen zwischen Gesellschaftern beruhen. Bei gesetzlichen Beschränkungen genügt ein Hinweis auf die entsprechende Vorschrift[2037]. Unter die Angabepflicht nach § 289 Abs. 4 S. 1 Nr. 2 HGB

2029 Vgl. DRS 15, Tz. 107; *Rabenhorst*, WPg 2008, S. 139 (140); *IDW RH HFA* 1.008, Tz. 2.
2030 Vgl. DRS 15, Tz. 109.
2031 Vgl. *Bischof/Selch*, WPg 2008, S. 1021 f.
2032 Vgl. *Ellrott* in BeBiKo[7], § 289, Rn. 111.
2033 Vgl. DRS 15, Tz. 108; *Neye*, BB 2007, S. 389 (390).
2034 Vgl. RegBegr. Übernahmerichtlinie-Umsetzungsgesetz, BT-Drs. 16/1003, S. 24.
2035 Vgl. DRS 15, Tz. 111.
2036 Vgl. *Ellrott* in BeBiKo[7], § 289, Rn. 116.
2037 Vgl. DRS 15, Tz. 114.

Der Lagebericht F

fallen neben gesetzlichen Beschränkungen insb. Stimmbindungs-, Stimmrechtsverzichts-, Entherrschungs-, Konsortial- und Poolverträge sowie Lock-up-Vereinbarungen und sonstige Zustimmungserfordernisse Dritter in Bezug auf die Übertragbarkeit von Anteilen[2038].

Ihre Grenzen findet die Angabepflicht nach § 289 Abs. 4 S. 1 Nr. 2 HGB dadurch, dass lediglich die Beschränkungen anzugeben sind, die **dem Vorstand der Gesellschaft bekannt** sind. Aktionäre sind nicht verpflichtet, sämtliche Vereinbarungen untereinander dem Vorstand mitzuteilen. Dem Vorstand steht kein Auskunfts- oder Erkundigungsrecht gegenüber den Aktionären zu[2039]. 1153

d) Direkte und indirekte Beteiligungen am Kapital mit mehr als 10% der Stimmrechte (§ 289 Abs. 4 S. 1 Nr. 3 HGB)

§ 289 Abs. 4 S. 1 Nr. 3 HGB verlangt die Angabe der direkten und indirekten Beteiligungen am Kapital der berichtenden AG, die 10% der Stimmrechte überschreiten. Stimmrechtslose Beteiligungen fallen nicht unter die Angabepflicht, wechselseitige Beteiligungen hingegen schon[2040]. Für die Zurechnung von indirekten Beteiligungen sind die Vorschriften der §§ 22 f. WpHG einschlägig[2041]. Zur Verweismöglichkeit auf entsprechende Angaben im Anh. nach § 160 Abs. 1 Nrn. 7 und 8 AktG vgl. Tz. 1149. 1154

Für die einzelnen Beteiligungen sind jeweils der Name/Firma sowie der Wohnort/Sitz des Inhabers anzugeben. Des Weiteren kann es sich empfehlen die prozentuale Höhe des Kapitalanteils zum Abschlussstichtag anzugeben. Informationsgrundlage für die Angaben bilden die Mitteilungspflichten nach §§ 21 und 27a WpHG[2042]. Änderungen der Höhe der Kapitalanteile, die nach dem Abschlussstichtag begründet werden, sind grds. nicht zu berücksichtigen, wohl aber Mitteilungen über die Verhältnisse am Abschlussstichtag, die bis zum Ende der Aufstellungsphase zufließen[2043]. 1155

e) Art und Inhaber von Aktien mit Sonderrechten (§ 289 Abs. 4 S. 1 Nr. 4 HGB)

Inhaber von Aktien mit Sonderrechten, die Kontrollbefugnisse verleihen, sind nach § 289 Abs. 4 S. 1 Nr. 4 HGB mit Name/Firma und Anschrift/Sitz anzugeben. Des Weiteren sind die Sonderrechte in ihrer Ausgestaltung im Hinblick auf ihre gewährten Kontrollbefugnisse zu beschreiben. Neben Entsenderechten in den AR (§ 101 Abs. 2 AktG) können spezielle Veto- und Weisungsrechte im Rahmen der gesetzlichen Zulässigkeit (§ 23 Abs. 5 AktG) unter die Angabepflicht fallen[2044]. 1156

f) Art der Stimmrechtskontrolle bei Arbeitnehmerbeteiligung (§ 289 Abs. 4 S. 1 Nr. 5 HGB)

§ 289 Abs. 4 S. 1 Nr. 5 HGB verlangt, die Art der Stimmrechtskontrolle anzugeben, wenn Arbeitnehmer am Kapital beteiligt sind und sie ihre Kontrollrechte nicht unmittelbar aus- 1157

2038 Vgl. DRS 15, Tz. 114; *Böcking/Dutzi* in Baetge/Kirsch/Thiele, Bilanzrecht, § 289, Rn. 282 f. m.w.N.; *Seibt/Heiser*, AG 2006, S. 315; a.A. bzgl. rein schuldrechtlicher Ansprüche auf Übertragung von Aktien *Ellrott* in BeBiKo[7], § 289, Rn. 120.
2039 Vgl. RegBegr. Übernahmerichtlinie-Umsetzungsgesetz, BT-Drs. 16/1003, S. 25; DRS 15, Tz. 115.
2040 Vgl. RegBegr. Übernahmerichtlinie-Umsetzungsgesetz, BT-Drs. 16/1003, S. 25.
2041 Vgl. DRS 15, Tz. 117.
2042 Vgl. *Ellrott* in BeBiKo[7], § 289, Rn. 123.
2043 Vgl. DRS 15, Tz. 118; *Ellrott* in BeBiKo[7], § 289, Rn. 126.
2044 Vgl. RegBegr. Übernahmerichtlinie-Umsetzungsgesetz, BT-Drs. 16/1003, S. 25; DRS 15, Tz. 120; *Ellrott* in BeBiKo[7], § 289, Rn. 128.

üben. Die praktische Relevanz dieser Vorschrift in Deutschland dürfte gering sein, da eine Trennung von Stimmrecht (Kontrollrecht) und Aktie aktienrechtlich (§ 12 Abs. 1 S. 1 AktG) nicht zulässig und somit eine indirekte Kontrollrechtsausübung nur eingeschränkt umsetzbar ist[2045]. Ein Anwendungsfall der Vorschrift kann bspw. vorliegen, wenn Stimmrechte aus von Arbeitnehmern gehaltenen Aktien, die diesen in gemeinsamer Berechtigung zustehen (§ 69 Abs. 1 AktG), durch einen gemeinsamen Vertreter ausgeübt werden oder die Mitarbeiter über eine spezielle Beteiligungsgesellschaft an ihrem Arbeitgeber beteiligt sind[2046].

g) Vorschriften zur Ernennung und Abberufung von Vorstandsmitgliedern und Änderung der Satzung (§ 289 Abs. 4 S. 1 Nr. 6 HGB)

1158 Die gesetzlichen Vorschriften und die sie ggf. ergänzenden Bestimmungen der Satzung über die Ernennung und Abberufung von Vorstandsmitgliedern und über die Änderung der Satzung sind nach § 289 Abs. 4 S. 1 Nr. 6 HGB darzustellen. Sofern die Vorschriften dem gesetzlichen Normstatut entsprechen, genügt ein Verweis auf die Gesetzesnormen, z.B. §§ 84 f. AktG zur Bestellung und Abberufung von Vorstandsmitgliedern und §§ 133 und 179 AktG zur Satzungsänderung. Nicht unter die Angabepflicht fallen Bestimmungen über die Bestellung und Abberufung von Mitgliedern des AR[2047]. Vom gesetzlichen Normstatut abweichende Satzungsregelungen, z.B. im Hinblick auf die erforderlichen Mehrheitsverhältnisse, sind mit ihren wesentlichen Bestimmungen anzugeben[2048].

h) Vorstandsbefugnisse zur Ausgabe und Rückkauf von Aktien (§ 289 Abs. 4 S. 1 Nr. 7 HGB)

1159 Die Befugnisse des Vorstands, insb. hinsichtlich der Möglichkeit Aktien auszugeben oder zurückzukaufen, unterliegen der Angabepflicht nach § 289 Abs. 4 S. 1 Nr. 7 HGB. Die Angabe bezieht sich ausschließlich auf die dem Vorstand kraft dispositiven Rechts übertragenen Befugnisse, die für eine potenzielle Unternehmensübernahme relevant sein können[2049]. Ausschlaggebend sind die Befugnisse des Vorstands zum Abschlussstichtag. Trotz des weiter gefassten Gesetzeswortlauts ist aufgrund der erforderlichen Relevanz der Angabe für potenzielle Übernahmeversuche lediglich über die Befugnisse des Vorstands zu berichten, die sich auf **stimmberechtigte Aktien** beziehen. Ermächtigungen zur Ausgabe stimmrechtsloser Vorzugsaktien i.S.d. § 139 AktG unterliegen daher nicht der Angabe nach § 289 Abs. 4 S. 1 Nr. 7 HGB[2050]. Anzugeben ist jeweils der wesentliche Inhalt der Vorstandsbefugnisse einschließlich des Ermächtigungszeitraums.

1160 Neben einer Ermächtigung des Vorstands durch die HV zum Erwerb eigener Aktien (§ 71 Abs. 1 Nrn. 6 bis 8 AktG) und zur Ausgabe neuer Aktien aus dem genehmigten Kapital (§§ 202 ff. AktG) fallen auch Ermächtigungen zur Ausgabe von Wandel- und Gewinnschuldverschreibungen nach § 221 AktG unter die Angabepflicht. Des Weiteren können die mögliche Ausgabe neuer Aktien aus dem bedingten Kapital (§§ 192 ff. AktG) sowie

---

2045 Vgl. RegBegr. Übernahmerichtlinie-Umsetzungsgesetz, BT-Drs. 16/1003, S. 25; *Lanfermann/Maul*, BB 2004, S. 1517 (1519).

2046 Vgl. *Rabenhorst*, WPg 2008, S. 139 (142); DRS 15, Tz. 122; *Böcking/Dutzi* in Baetge/Kirsch/Thiele, Bilanzrecht, § 289, Rn. 288.

2047 Vgl. DRS 15, Tz. 124; *Ellrott* in BeBiKo[7], § 289, Rn. 130; a.A. *Böcking/Dutzi* in Baetge/Kirsch/Thiele, Bilanzrecht, § 289, Rn. 289, und *Seibt/Heiser*, AG 2006, S. 315 (316).

2048 Vgl. DRS 15, Tz. 125.

2049 RegBegr. Übernahmerichtlinie-Umsetzungsgesetz, BT-Drs. 16/1003, S. 25; *IDW RH HFA* 1.008, Tz. 24; *Lanfermann/Maul*, BB 2004, S. 1517 (1520).

2050 *Ellrott* in BeBiKo[7], § 289, Rn. 132; ohne eine derartige Differenzierung DRS 15, Tz. 126.

Der Lagebericht **F**

die noch ausstehende Durchführung einer beschlossenen Kapitalerhöhung nach §§ 182 ff. AktG und Ermächtigungen des Vorstands durch die HV zur Ergreifung von Verteidigungsmaßnahmen nach § 33 Abs. 2 WpÜG **Anwendungsfälle** der Vorschrift darstellen[2051]. Eine Verweismöglichkeit auf entsprechende Anhangangaben ist für die Angabepflichten nach § 289 Abs. 4 S. 1 Nr. 7 HGB nicht vorgesehen.

i) Wesentliche Vereinbarungen für einen Kontrollwechsel infolge eines Übernahmeangebots (§ 289 Abs. 4 S. 1 Nr. 8 HGB)

§ 289 Abs. 4 S. 1 Nr. 8 HGB verpflichtet zur Angabe der wesentlichen Vereinbarungen der Gesellschaft, die unter der Bedingung eines Kontrollwechsels infolge eines Übernahmeangebots stehen und der hieraus folgenden Wirkungen. Die Auslegung des Begriffs „**Kontrollwechsel**" ergibt sich aus § 29 Abs. 2 WpÜG, wonach Kontrolle das Halten von mindestens 30% der Stimmrechte an einer Gesellschaft unterstellt. Vereinbarungen gelten als wesentlich, wenn sie – ggf. i.Z.m. weiteren Vereinbarungen – aus Sicht eines potenziellen Bieters Einfluss auf die Abgabe eines Übernahmeangebots haben könnten[2052]. **1161**

Der Angabepflicht unterliegen Vereinbarungen, die das Unternehmen mit Dritten (bspw. Vorstandsmitgliedern, Aufsichtsräten, Arbeitnehmern, Aktionären, KI, Lieferanten oder Kunden) selbst abgeschlossen hat. Vereinbarungen, die von TU mit Dritten abgeschlossen wurden, sind nicht angabepflichtig[2053]. Darzustellen sind der **wesentliche Inhalt** der Vereinbarungen und die möglichen wirtschaftlichen Folgen, wobei eine qualitative Erläuterung i.d.R. ausreicht. Quantitative Angaben erscheinen sachgerecht, wenn sie sich unmittelbar aus der Vereinbarung ergeben und daher ohne großen Aufwand ermittelbar sind[2054]. **1162**

Eine Angabe nach § 289 Abs. 4 S. 1 Nr. 8 HGB kann unter Nennung dieser Tatsache unterbleiben, wenn sie geeignet wäre, der Gesellschaft einen erheblichen Nachteil zuzufügen. Die Beurteilung eines möglichen Schadens für die Gesellschaft hat auf Basis vernünftiger kaufmännischer Beurteilung zu erfolgen, wobei die **Schutzvorschrift** restriktiv auszulegen ist[2055]. Ein potenzieller Schaden für Dritte, bspw. Vorstandsmitglieder, ist für die Angabepflicht unerheblich. Unabhängig von der Inanspruchnahme der Schutzvorschrift bleibt die Angabepflicht nach anderen gesetzlichen Vorschriften, bspw. nach § 289 Abs. 4 S. 1 Nr. 9 HGB, unberührt. **1163**

j) Entschädigungsvereinbarungen für Vorstandsmitglieder und Arbeitnehmer im Falle eines Übernahmeangebots (§ 289 Abs. 4 S. 1 Nr. 9 HGB)

Entschädigungsvereinbarungen der Gesellschaft, die für den Fall eines Übernahmeangebots mit Vorstandsmitgliedern oder Arbeitnehmern getroffen sind, unterliegen der Angabe nach § 289 Abs. 4 S. 1 Nr. 9 HGB. Voraussetzung für die Angabepflicht ist nicht, dass ein konkretes Übernahmeangebot zu erwarten ist bzw. vorliegt, sondern dass die **Entschädigungsvereinbarungen** im Fall eines Übernahmeangebots greifen. Die Angabe setzt nicht voraus, dass es aufgrund des Übernahmeangebots zu einer Beendigung des Dienst- bzw. Arbeitsverhältnisses kommt. Neben Entschädigungsvereinbarungen, die die Gesellschaft mit Vorstandsmitgliedern oder Arbeitnehmern für den Fall geschlossen hat, dass diese bei **1164**

2051 *Böcking/Dutzi* in Baetge/Kirsch/Thiele, Bilanzrecht, § 289, Rn. 290.
2052 Vgl. DRS 15, Tz. 130; *Lanfermann/Maul*, BB 2004, S. 1517 (1520); *Kirsch/Köhrmann* in BHdR, B 510, Rn. 251.
2053 Vgl. DRS 15, Tz. 129.
2054 Vgl. DRS 15, Tz. 132; *Rabenhorst*, WPg 2008, S. 139 (143).
2055 Vgl. DRS 15, Tz. 134.

einem Übernahmeangebot kündigen, ohne weitere in ihrer Person liegende Gründe entlassen werden oder ihr Dienst- bzw. Arbeitsverhältnis endet, sind daher auch sonstige Entschädigungsvereinbarungen ohne eine entsprechende Beendigung des Dienst- bzw. Arbeitsverhältnisses anzugeben[2056].

1165 Anzugeben sind Entschädigungsvereinbarungen mit AR-Mitgliedern nur dann, wenn diese zusätzlich Arbeitnehmer sind und die Entschädigungsvereinbarung in erster Linie aufgrund ihrer Arbeitnehmerstellung getroffen wurde; Entschädigungsvereinbarungen von TU mit ihren Vorstandsmitgliedern und Arbeitnehmern sind nicht anzugeben[2057]. Insb. bei den Vereinbarungen mit Vorstandsmitgliedern kann es zu **Doppelangaben** mit den Anhangangaben nach § 285 Nr. 9a S. 6 HGB kommen. In diesen Fällen kann auf die entsprechenden Anhangangaben verwiesen werden, soweit diese im Anh. zu machen sind (vgl. allgemein zur Verweismöglichkeit auf Angaben im Anh. Tz. 1149). Die Angaben nach § 289 Abs. 4 S. 1 Nr. 9 HGB können auch in den Vergütungsbericht nach § 289 Abs. 2 Nr. 5 HGB integriert werden.

1166 In einer zusammenfassenden Darstellung – ggf. untergliedert für Vorstandsmitglieder und Arbeitnehmer – sind die **wesentlichen Inhalte** der Entschädigungsvereinbarung anzugeben. Neben dem Namen des Begünstigten fällt hierunter in aller Regel auch die Höhe der vereinbarten Entschädigung bzw. die vereinbarte Berechnungsformel[2058].

1167 Sofern eine Gesellschaft nach § 286 Abs. 5 S. 1 und 2 HGB durch einen HV-Beschluss von den Angabepflichten nach § 285 Nr. 9a S. 5 bis 9 HGB befreit wurde, erstreckt sich diese **Befreiung** nicht auf die Lageberichtsangabe nach § 289 Abs. 4 S. 1 Nr. 9 HGB[2059].

7. Nur für kapitalmarktorientierte Kapitalgesellschaften: Angaben zum internen Kontroll- und Risikomanagementsystem bezogen auf den Rechnungslegungsprozess (§ 289 Abs. 5 HGB)

1168 § 289 Abs. 5 HGB setzt Art. 46a Abs. 1 lit. c) der Bilanzrichtlinie i.d.F. der Abänderungsrichtlinie um und ist erstmals auf GJ anzuwenden, die nach dem 31.12.2008 beginnen[2060]. Die Vorschrift verpflichtet **kapitalmarktorientierte Kapitalgesellschaften** i.S.d. § 264d HGB (vgl. hierzu Tz. 24), in ihrem LB die wesentlichen Merkmale des internen Kontrollsystems (IKS) und Risikomanagementsystems (RMS) im Hinblick auf den Rechnungslegungsprozess zu beschreiben. Ziel der Angabepflicht ist es, Abschlussadressaten eine Einschätzung der wesentlichen Merkmale der Systeme zu ermöglichen[2061]. Hierzu ist das zum Abschlussstichtag vorhandene IKS und RMS zu beschreiben. Sofern in Ausnahmefällen nach diesem Zeitpunkt wesentliche Veränderungen, z.B. aufgrund von Fusionen oder Unternehmensübernahmen, eingetreten sind, kann es sich empfehlen, hierauf im Hinblick auf die Klarheit der Berichterstattung hinzuweisen[2062].

1169 Die Vorschrift gibt nicht vor, ob und wie derartige Systeme in Unternehmen auszugestalten sind[2063]. Sofern kein IKS oder RMS vorhanden ist bzw. sich nicht auf den Rech-

---

2056 Vgl. DRS 15, Tz. 136.
2057 Vgl. DRS 15, Tz. 136; *Ellrott* in BeBiKo[7], § 289, Rn. 147.
2058 Vgl. DRS *15*, Tz. 136; *Seibt/Heiser*, AG 2006, S. 315 (316).
2059 Vgl. *Sailer*, AG 2006, S. 913 (924); a.A. *Ellrott* in BeBiKo[7], § 289, Rn. 149.
2060 Vgl. Art. 66 Abs. 2 S. 1 EGHGB; vgl. zu einem Überblick über die entsprechende Berichterstattung in den DAX 30-Unternehmen *Withus*, KoR 2009, S. 440 ff.
2061 Vgl. DRS 15, Tz. 101; *Withus*, DB 2010, S. 68 (72).
2062 *Gelhausen/Fey/Kämpfer*, BilMoG, Kap. O, Rn. 323.
2063 Vgl. RegBegr. BilMoG, BT-Drs. 16/10067, S. 76; *Wiese/Lukas*, GmbHR 2009, S. 561 (565); zu den Pflichten der gesetzlichen Vertreter vgl. R Tz. 25; *Withus*, KoR 2009, S. 440 (441).

Der Lagebericht   **F**

nungslegungsprozess bezieht, ist dies ohne nähere Begründung anzugeben[2064]. Eine Würdigung der **Wirksamkeit** der Systeme ist nicht erforderlich[2065]. Sofern doch Aussagen zur Wirksamkeit in den LB aufgenommen werden, unterliegen diese der Prüfungspflicht durch den AP[2066].

Die Berichtspflicht über das vorhandene IKS und RMS wird in zweifacher Hinsicht eingeschränkt. Zunächst bezieht sie sich jeweils ausschließlich auf die rechnungslegungsbezogenen Teilaspekte der Systeme. Zudem sind lediglich die wesentlichen Merkmale (vgl. hierzu Tz. 1176) zu beschreiben[2067]. Der Begriff „**Rechnungslegungsprozess**" ist weit auszulegen und enthält sämtliche Strukturen und Prozesse von der buchhalterischen Erfassung eines Geschäftsvorfalls bis zur abschließenden Aufstellung des JA[2068].   **1170**

Das **rechnungslegungsbezogene IKS** umfasst nach der RegBegr. zum BilMoG die Grundsätze, Verfahren und Maßnahmen zur Sicherung der Wirksamkeit und Wirtschaftlichkeit der Rechnungslegung, zur Sicherung der Ordnungsmäßigkeit der Rechnungslegung sowie zur Einhaltung der maßgeblichen gesetzlichen und satzungsgemäßen Vorgaben[2069]. Aufbauend auf Regelungen zur Steuerung von Unternehmensaktivitäten (internes Steuerungssystem) umfasst das IKS Regelungen und Maßnahmen zur Überwachung der Einhaltung dieser Regelungen. Bestandteil des IKS sind neben prozessintegrierten Kontrollen prozessunabhängige Überwachungsmaßnahmen, die insb. von der internen Revision wahrgenommen werden[2070]. In die Lageberichterstattung über das IKS können bspw. Ausführungen aufgenommen werden über vorhandene Bilanzierungsrichtlinien, die Organisation und Kontrolle der Buchhaltung, den Ablauf der Abschlusserstellung, die Grundzüge der Funktionstrennung zwischen den involvierten Abteilungen, die Zuordnung von Aufgaben bei der Erstellung der Abschlüsse einschließlich beteiligter externer Dienstleister, die vergebenen Schreib- und Leseberechtigungen im EDV-System, integrierte Kontrollschritte und Genehmigungskonzepte und die von der internen Revision wahrgenommenen Aufgaben[2071].   **1171**

Das RMS umfasst die Gesamtheit aller organisatorischen Regelungen und Maßnahmen zur Risikoerkennung und zum Umgang mit den Risiken unternehmerischer Betätigung[2072]. Durch die Beschränkung auf das **rechnungslegungsbezogene RMS** reduziert sich die Angabepflicht nach § 289 Abs. 5 HGB auf die Beschreibung der Maßnahmen zur Erkennung und Steuerung der Risiken, die in der Rechnungslegung abzubilden sind. Dies betrifft lt. RegBegr. zum BilMoG neben Maßnahmen zur Steuerung von im Anh. nach § 285 Nr. 3 HGB angabepflichtigen Risiken und nach § 251 HGB anzugebenden Haftungsverhältnissen in erster Linie die Beschreibung des RMS, das zur Überwachung und Steuerung der nach § 254 HGB ggf. abzubildenden Bewertungseinheiten dient[2073]. Entsprechend ist anzugeben, wie derartige Risiken identifiziert und bewertet werden, welche Maßnahmen ggf. zur Begrenzung dieser Risiken ergriffen wurden und wie die Über-   **1172**

2064 Vgl. RegBegr. BilMoG, BT-Drs. 16/10067, S. 76.
2065 Vgl. *Melcher/Mattheus*, DB 2009, Beil. 5, S. 77 f.; *Bischof/Selch*, WPg 2008, S. 1021 (1023); *Wenk/Jagosch*, IRZ 2009, S. 539 (540).
2066 Vgl. hierzu ausführlich *IDW*, FN-IDW 2008, S. 9 (17).
2067 Vgl. zu den Begriffen *Gelhausen/Fey/Kämpfer*, BilMoG, Kap. O, Rn. 290 ff.
2068 Vgl. *Strieder*, BB 2009, S. 1002 (1003); *Gelhausen/Fey/Kämpfer*, BilMoG, Kap. O, Rn. 306.
2069 Vgl. RegBegr. BilMoG, BT-Drs. 16/10067, S. 77; vergleichbar auch *IDW EPS 261 n.F.*, Tz. 19 f.
2070 Vgl. *IDW EPS 261 n.F.*, Tz. 20.
2071 Vgl. DRS 15, Tz. 174.
2072 Vgl. *IDW PS 340*, Tz. 4; detaillierter DRS 5, Tz. 9.
2073 RegBegr. BilMoG, BT-Drs. 16/10067, S. 74 f. und 77; *Ellrott* in BeBiKo[7], § 289, Rn. 154.

prüfung erkannter Risiken hinsichtlich ihres Einflusses auf den Jahresabschluss und die entsprechende Abbildung im JA stattfindet[2074].

1173 Zwischen dem IKS und dem RMS bestehen zahlreiche Verknüpfungen und Interdependenzen. Eine Unterscheidung zwischen den beiden Systemen ist daher für die Lageberichterstattung nicht erforderlich; stattdessen kann sich eine **zusammengefasste Beschreibung** empfehlen[2075].

1174 Die Berichtspflicht zum rechnungslegungsbezogenen RMS umfasst nicht das gesamte nach § 91 Abs. 2 AktG bei einer AG einzurichtende **Risikofrüherkennungs- und Überwachungssystem**. Dieses ist dahingehend umfassender, als es auch nicht rechnungslegungsbezogene Bereiche des RMS umfasst[2076].

1175 Sofern dies der Klarheit und Übersichtlichkeit der Angaben dient und Doppelangaben vermeidet, können die Angaben nach § 289 Abs. 5 HGB mit den Angaben zu Risiken aus der Verwendung von **Finanzinstrumenten** nach § 289 Abs. 2 Nr. 2 HGB zusammengefasst werden[2077]. Dies umfasst auch die ggf. in den LB verlagerten Angaben nach § 285 Nr. 23 HGB (vgl. hierzu auch Tz. 1132). Diese zusammengefasste Darstellung kann auch ausgehend von der Berichterstattung nach § 289 Abs. 1 S. 4 HGB in einem einheitlichen Abschnitt des Risikoberichts erfolgen[2078].

1176 Die Lageberichterstattung nach § 289 Abs. 5 HGB ist auf die **wesentlichen Merkmale** des rechnungslegungsbezogenen IKS und RMS zu beschränken. Der konkrete Umfang hängt somit von den individuellen Gegebenheiten des Unternehmens, wie der Branchenzugehörigkeit, der Größe und Komplexität des Unternehmens und der spezifischen Geschäftsprozesse und Organisation ab[2079]. Durch die Angaben muss sichergestellt sein, dass sich Abschlussadressaten ein Bild von den wesentlichen Merkmalen des rechnungslegungsbezogenen IKS und RMS machen können[2080]. Unter Beachtung der allgemeinen Grundsätze der Lageberichterstattung (vgl. Tz. 1091 ff.) muss ein sachkundiger Dritter ein Verständnis und einen Überblick über die eingerichteten Prozesse und Strukturen erlangen können[2081]. Die Bestandteile der Berichterstattung sind grds. stetig anzugeben[2082].

8. Nur für AG und KGaA: Aufnahme der Schlusserklärung aus dem sog. Abhängigkeitsbericht in den Lagebericht (§ 312 Abs. 3 S. 3 AktG)

1177 Der Vorstand einer abhängigen AG hat nach § 312 AktG unter bestimmten Voraussetzungen einen Bericht über Beziehungen zu verbundenen Unternehmen (sog. Abhängigkeitsbericht; vgl. dazu im Einzelnen Tz. 1279) zu erstatten. Am Schluss dieses Berichts hat der Vorstand eine besondere, in § 312 Abs. 3 AktG im Einzelnen bestimmte Erklärung abzugeben (sog. Schlusserklärung, vgl. zum Inhalt Tz. 1344). Nach S. 3 ist die Schlusserklärung auch in den LB aufzunehmen; sie bildet daher einen **notwendigen Bestandteil des Lageberichts**. Fehlt sie, obwohl die gesetzlichen Voraussetzungen für die Aufstellung des Abhängigkeitsberichts vorliegen, dann ist der LB unvollständig und entspricht damit

---

2074 Vgl. DRS 15, Tz. 104.
2075 Vgl. DRS 15, Tz. 106; *Withus*, KoR 2009, S. 440 (444).
2076 Vgl. RegBegr. BilMoG, BT-Drs. 16/10067, S. 102; *Gelhausen/Fey/Kämpfer*, BilMoG, Kap. O, Rn. 315 f.
2077 Vgl. RegBegr. BilMoG, BT-Drs. 16/10067, S. 77.
2078 Vgl. DRS 15, Tz. 106; *Withus*, KoR 2009, S. 440 (444); ausführlich *Gelhausen/Fey/Kämpfer*, BilMoG, Kap. O, Rn. 324 ff.
2079 Vgl. *Gelhausen/Fey/Kämpfer*, BilMoG, Kap. O, Rn. 318.
2080 Vgl. RegBegr. BilMoG, BT-Drs. 16/10067, S. 76.
2081 Vgl. *Strieder*, BB 2009, S. 1002 (1003 f.).
2082 Vgl. *Gelhausen/Fey/Kämpfer*, BilMoG, Kap. O, Rn. 321.

Der Lagebericht F

nicht dem Gesetz. Der BestV muss dann eingeschränkt werden (vgl. Tz. 1374). Das Gleiche gilt, wenn zwar der Abhängigkeitsbericht erstellt ist, aber die Schlusserklärung im LB nicht wiedergegeben ist.

Handelt es sich bei der abhängigen AG/KGaA um eine **kleine Kapitalgesellschaft** i.S.d. § 267 Abs. 1 HGB, die keinen LB aufzustellen braucht (§ 264 Abs. 1 S. 4HGB) und einen LB auch nicht freiwillig aufstellt, dann greift § 312 Abs. 3 S. 3 AktG nicht. In diesem Fall ist die Schlusserklärung zweckmäßigerweise in den Anh. aufzunehmen[2083].

9. Erklärung zur Unternehmensführung (§ 289a HGB)

Die Vorschrift des § 289a HGB wurde durch das BilMoG neu eingeführt, um Anforderungen des Art. 46a der Bilanzrichtlinie i.d.f. der Abänderungsrichtlinie[2084] umzusetzen. Zweck der Regelung ist, für Anteilsinhaber **kapitalmarktorientierter Kapitalgesellschaften** größere Transparenz und eine EU-einheitliche Informationsgrundlage zu für die Corporate Governance relevanten Themen zu schaffen. Die Verpflichtung der Unternehmen, als **Teil des Lageberichts** eine Erklärung zur Unternehmensführung abzugeben, dient dazu, den Anlegern leicht zugängliche Schlüsselinformationen über die **Befolgung von Unternehmensführungskodices**, die tatsächlich angewandten **Unternehmensführungspraktiken** und die **Arbeitsweise** und **Struktur** der Geschäftsführungs- und Überwachungsorgane zu vermitteln. 1178

a) Anwendungsbereich

Der Anwendungsbereich des § 289a HGB erstreckt sich zum einen auf **börsennotierte AG** i.S.d. § 3 Abs. 2 AktG. Das sind solche Gesellschaften, deren Aktien an einem **organisierten Markt** i.S.d. § 2 Abs. 5 WpHG zugelassen sind[2085]. 1179

Zum anderen werden AG erfasst, die (kumulativ) ausschließlich andere Wertpapiere als Aktien (z.B. Schuldverschreibungen) zum Handel an einem **organisierten Markt** ausgegeben haben **und** deren ausgegebene Aktien auf **eigene Veranlassung** über ein **multilaterales Handelssystem** i.S.d. § 2 Abs. 3 S. 1 Nr. 8 WpHG gehandelt werden[2086]. Als „multilaterales Handelssystem" wird insb. auch der **Freiverkehr** i.S.d. § 48 BörsG erfasst[2087]. Die einschränkende Tatbestandsvoraussetzung „**auf eigene Veranlassung**" ist geboten, da die Zustimmung oder Kenntnis der AG für eine Notierung der Aktien im Freiverkehr nicht zwingend erforderlich ist[2088]. Auch die **sichere Erkenntnis**, dass die Aktien in einem multilateralen Handelssystem gehandelt werden, löst keine Erklärungspflicht nach § 289a HGB aus, wenn dieser Handel nicht von der AG selbst initiiert wurde[2089]. 1180

2083 Vgl. *Pfitzer/Wirth*, DB 1994, S. 1937 (1938) (keine Pflicht); *Ellrott* in BeBiKo[7], § 289, Rn. 160.
2084 Richtlinie 2006/46/EG des Europäischen Parlaments und des Rates vom 14.06.2006, ABl.EU, Nr. L 224, S. 1 ff.
2085 Vgl. Begr. RegE BilMoG, BT-Drs. 16/10067, S. 77; *Claussen* in Kölner Komm. Rechnungslegungsrecht, § 289a HGB, Rn. 5; *Kozikowski/Röhm-Kottmann* in BeBiKo[7], § 289a, Rn. 4.
2086 Vgl. Begr. RegE BilMoG, BT-Drs. 16/10067, S. 77.
2087 Begr. RegE BilMoG, BT-Drs. 16/10067, S. 77; *Gelhausen/Fey/Kämpfer*, BilMoG, Kap. P, Rn. 6; *Paetzmann*, ZCG 2009, S. 64; *Kuthe/Geiser*, NZG 2008, S. 172; *Strieder*, BB 2009, S. 1002 (1003); zweifelnd *Claussen* in Kölner Komm. Rechnungslegungsrecht, § 289a HGB, Rn. 9; unklar *Kozikowski/Röhm-Kottmann* in BeBiKo[7], § 289a, Rn. 6: „beschränkt auf organisierten Markt".
2088 *Gelhausen/Fey/Kämpfer*, BilMoG, Kap. P, Rn. 7; *Strieder*, BB 2009, S. 1002 (1003).
2089 *Gelhausen/Fey/Kämpfer*, BilMoG, Kap. P, Rn. 8; *Strieder*, BB 2009, S. 1002 (1003); anders noch der auf bloße „Kenntnis" abstellende Referentenentwurf, hierzu *Kuthe/Geiser*, NZG 2008, S. 172 f.

1181 Über den zu engen Gesetzeswortlaut hinaus werden vom Anwendungsbereich des § 289a HGB nicht nur Gesellschaften in der Rechtsform der AG, sondern auch solche in der **Rechtsform** der **KGaA** und **SE** erfasst, wenn sie die oben in Tz. 1179 und 1180 dargestellte Kapitalmarktorientierung aufweisen[2090]. Auf Gesellschaften in der Rechtsform der GmbH oder KG ist die Regelung dagegen nicht anwendbar, zumal deren Anteile weder im organisierten Markt noch im Freiverkehr gehandelt werden können. Es bleibt jedoch Unternehmen, die nicht in den Anwendungsbereich des § 289a Abs. 1 S. 1 HGB fallen, unbenommen, freiwillig eine Erklärung zur Unternehmensführung abzugeben und zu veröffentlichen[2091].

1182 Denkbar ist, dass eine in den Anwendungsbereich des § 289a HGB fallende Gesellschaft in den KA eines übergeordneten MU einbezogen wird und von den **Befreiungsmöglichkeiten** des § 264 Abs. 3 HGB durch **Verzicht auf** die Aufstellung oder Offenlegung des LB Gebrauch macht. In Anbetracht des Regelungszwecks der Anlegerinformation ist davon auszugehen, dass auch in dieser Konstellation die **Erklärung** zur Unternehmensführung **abgegeben werden muss**[2092]. Auch wenn § 264 Abs. 3 HGB keine Einschränkung für kapitalmarktorientierte Unternehmen und daher etwa ein Anh. oder LB nicht aufgestellt und veröffentlicht werden muss, erscheint es nach dem Regelungszusammenhang geboten, die Erklärung in einem gesonderten Dokument auf der **Internetseite** zu veröffentlichen (vgl. § 289a Abs. 1 S. 2 HGB; näher hierzu Tz. 1192). Zumindest die Entsprechenserklärung nach § 161 AktG ist Bestandteil der zwingenden aktienrechtlichen Vorschriften zur Corporate Governance, so dass auf ihre Offenlegung auch im Falle des § 264 Abs. 3 HGB nicht verzichtet werden kann. Sofern der JA ohne LB trotz der Befreiung freiwillig offengelegt wird, ist die Verweisung auf die Internetseite in die Offenlegung aufzunehmen, um den Informationszweck zu erfüllen.

1183 Im Fall der **Insolvenz** der Gesellschaft entfällt die Pflicht zur Abgabe der Erklärung, da die allgemeinen Corporate Governance-Regeln und die Funktionen der Unternehmensorgane durch die Zuständigkeit des Insolvenzverwalters überlagert werden[2093]. Befindet sich die Gesellschaft in **Abwicklung** (§§ 264 ff. AktG), erscheint dagegen ein Erklärungspflicht weiterhin sinnvoll, da auch den Abwicklern aufgrund ihrer vorstandsähnlichen Stellung[2094] erhebliche für die Corporate Governance relevante Gestaltungsmöglichkeiten verbleiben, die für die noch vorhandenen Anleger von Interesse sein können.

b) Verpflichteter Personenkreis

1184 Das Gesetz nennt als **Normadressaten** nur die **AG**, ohne ausdrücklich das für die Abgabe der Erklärung zuständige Gesellschaftsorgan zu benennen. Die Frage der **Organzuständigkeit** ist umstritten. Die h.M. geht davon aus, dass die Pflicht zur Abgabe der Erklärung zur Unternehmensführung allein den **Vorstand** der AG trifft [2095]. Dies wird zum einen

---
[2090] Vgl. *Claussen* in Kölner Komm. Rechnungslegungsrecht, § 289a HGB, Rn. 12; *Gelhausen/Fey/Kämpfer*, BilMoG, Kap. P, Rn. 10; *Strieder*, BB 2009, S. 1002 (1003).
[2091] *Kozikowski/Röhm-Kottmann* in BeBiKo⁷, § 289a, Rn. 9.
[2092] Im Ergebnis so auch *Kozikowski/Röhm-Kottmann* in BeBiKo⁷, § 289a, Rn. 8.
[2093] *Gelhausen/Fey/Kämpfer*, BilMoG, Kap. P, Rn. 11; im Ergebnis so auch *Claussen* in Kölner Komm. Rechnungslegungsrecht, § 289a HGB, Rn. 12; a.A. hinsichtlich der Entsprechenserklärung *Mock*, ZIP 2010, S. 15 (18).
[2094] Vgl. hierzu *Hüffer*, AktG⁹, § 268, Rn. 5.
[2095] So z.B. *Bachmann*, ZIP 2010, S. 1517 (1521 f.); *Böcking/Eibelshäuser*, Der Konzern 2009, S. 563 (567); *Gelhausen/Fey/Kämpfer*, BilMoG, Kap. P, Rn. 20; *Kocher*, DStR 2010, S. 1034; *Melcher/Matthess*, DB 2009, Beil. 5, S. 77 (80); differenzierend nach dem Ort der Erklärungsabgabe *DAV-Handelsrechtsausschuss*, NZG 2008, S. 612 (616); abw. *Schürnbrand*, S. 1197 (1205), der die Gesellschaft selbst, vertreten durch den Vorstand, für berichtspflichtig hält.

damit begründet, dass die Erklärung nach der Gesetzeskonzeption Teil des LB ist und der Vorstand für die Aufstellung des LB zuständig ist[2096]. Zum anderen wird darauf verwiesen, dass nach den allgemeinen aktienrechtlichen Regelungen zur Geschäftsführungs- und Vertretungskompetenz (§§ 76 ff. AktG) allein der Vorstand zuständig ist, wenn im Gesetz undifferenziert die „Gesellschaft" als Verpflichteter genannt wird[2097].

Die Gegenmeinung nimmt an, dass **Vorstand** und **Aufsichtsrat gemeinsam** zur Abgabe der Erklärung zur Unternehmensführung verpflichtet sind[2098]. Dies wird zum einen mit einer Analogie zur Entsprechenserklärung nach § 161 AktG begründet, die von Vorstand und AR gemeinsam abzugeben ist[2099] und einen zwingenden Bestandteil der Erklärung zur Unternehmensführung darstellt. Zum anderen wird darauf verwiesen, dass bestimmte Angaben in der Erklärung (z.B. zur Arbeitsweise des AR und seiner Ausschüsse nach § 289a Abs. 2 Nr. 3 HGB) nur unter verantwortlicher Einbindung des AR gemacht werden könnten. **1185**

Der h.M. ist zuzustimmen. Die Zuständigkeit zur Abgabe der Erklärung liegt **allein** beim **Vorstand**. Hierfür sprechen über die in Tz. 1184 genannten Argumente hinaus insb. auch gesetzessystematische Gründe. Wird der Grundsatz der alleinigen Geschäftsführungs- und Vertretungsbefugnis des Vorstands zu Gunsten des AR durchbrochen, bedarf es für diese Ausnahme einer eindeutigen gesetzlichen Rechtsgrundlage, an der es in § 289a HGB fehlt[2100]. Für eine planwidrige Regelungslücke, die eine Analogie zu § 161 AktG rechtfertigen könnte, liegen keine Anhaltspunkte vor; vielmehr erscheint eher der Umkehrschluss naheliegend, dass es der Gesetzgeber in Abweichung von § 161 AktG bei der Alleinzuständigkeit des Vorstands belassen wollte[2101]. Da die gemeinsam von Vorstand und AR abzugebende Entsprechenserklärung nach § 161 AktG in der Erklärung zur Unternehmensführung lediglich wortgetreu wiedergegeben werden muss, kann hieraus auch keine „Annexkompetenz" des AR für die Erklärung zu Unternehmensführung abgeleitet werden. Auch mit dem Erfordernis eines Informationsaustauschs zwischen Vorstand und AR im Hinblick auf bestimmte Erklärungsinhalte (hierzu Tz. 1223) lässt sich eine Delegation der Organzuständigkeiten nicht begründen; insoweit hat der AR dem Vorstand die erforderlichen Informationen zur Verfügung zu stellen. **1186**

Die gesetzliche Kompetenzzuweisung an den Vorstand ändert nichts daran, dass eine **interne Abstimmung** mit dem AR sinnvoll und wünschenswert ist. Eine solche Abstimmung ist im Hinblick auf den Inhalt der Erklärung schon deswegen geboten, weil diese die Grundlagen der Corporate Governance betrifft und sich in § 289a Abs. 2 Nr. 3 HGB auch ausdrücklich mit der Arbeitsweise des AR und seiner Ausschüsse zu befassen hat. Da diese Erklärungsinhalte nur unter Einbeziehung der dem AR zur Verfügung stehenden Informationen sachgerecht aufbereitet werden können, hat der Vorstand sich die erforderlichen Informationen beim AR zu beschaffen[2102]; dieser ist zur Mitwirkung verpflichtet. **1187**

2096 Vgl. *Böcking/Eibelshäuser*, Der Konzern 2009, S. 563 (567); *DAV-Handelsrechtsausschuss*, NZG 2008, S. 612 (616); *Gelhausen/Fey/Kämpfer*, BilMoG, Kap. P, Rn. 20.
2097 *DAV-Handelsrechtsausschuss*, NZG 2008, S. 612 (616); *Gelhausen/Fey/Kämpfer*, BilMoG, Kap. P, Rn. 22; *Melcher/Mattheus*, DB 2009, Beil. 5, S. 77 (80).
2098 *Kozikowski/Röhm-Kottmann* in BeBiKo[7], § 289a, Rn. 12; *Paetzmann*, ZCG 2009, S. 64 (65); *Velte*, KoR 2011, S. 121 (122); *Weber/Lentfer/Köster*, IRZ 2007, S. 367 (370).
2099 Vgl. zur Abgabe der Entsprechenserklärung *Hüffer*, AktG[9], § 161, Rn. 10; *IDW PS 345*, Tz. 9.
2100 Vgl. *Bachmann*, ZIP 2010, S. 1517 (1522); *Kocher*, DStR 2010, S. 1034.
2101 *Bachmann*, ZIP 2010, S. 1517 (1522); *Kocher*, DStR 2010, S. 1034.
2102 Vgl. *Bachmann*, ZIP 2010, S. 1517 (1522); *Gelhausen/Fey/Kämpfer*, BilMoG, Kap. P, Rn. 23.

1188 Darüber hinaus hat der AR sich im Rahmen der gesetzlich vorgeschriebenen **Prüfung des Lageberichts** (§ 171 Abs. 1 S. 1 AktG) auch mit der Erklärung zur Unternehmensführung inhaltlich auseinanderzusetzen. Ist diese Erklärung nach Auffassung des AR unzutreffend oder fehlt sie, hat der AR seine Bedenken dem Vorstand vorzutragen und auf Abhilfe zu dringen[2103]. Auch wenn die Erklärungsinhalte nicht in den LB selbst aufgenommen, sondern auf der Internetseite der Gesellschaft wiedergegeben werden, ist der AR im Hinblick auf die im LB enthaltene Verweisung, aber auch aufgrund seiner allgemeinen Aufsichtsfunktion gehalten, sich mit der Abgabe und den Inhalten der Erklärung zur Unternehmensführung zu befassen[2104].

1189 Ungeachtet der bestehenden Kompetenzordnung bleibt es Vorstand und AR aber auch rechtlich unbenommen, die Erklärung zur Unternehmensführung durch beide Organe **gemeinsam** abzugeben[2105].

c) Ort und Form der Erklärung

1190 Nach § 289a Abs. 1 S. 1 HGB ist die Erklärung zur Unternehmensführung grds. in den **Lagebericht aufzunehmen**. Für die Erklärung ist im LB ein gesonderter Abschnitt vorzusehen, in dem der Erklärungsinhalt in **geschlossener Form** wiedergegeben wird. Als Teil des LB ist die Erklärung der ordentlichen HV zugänglich zu machen (§ 176 Abs. 1 S. 1 AktG) und schließlich zusammen mit dem JA **offen zu legen** (§ 325 Abs. 1 S. 3 HGB).

1191 Die Pflicht zur Aufnahme der Erklärung betrifft nur den LB zum JA (§ 289 HGB) und nicht auch den **Konzernlagebericht** (§ 315 HGB), für den im BilMoG keine entspr. Regelung vorgesehen wurde[2106]. Dies ist eine Konsequenz der Tatsache, dass sich Angaben zu Corporate Governance-Strukturen immer nur auf die Verhältnisse einzelner Rechtsträger beziehen; die Erklärungspflicht kann daher in Konzernverhältnissen das MU, nicht aber den „Konzern" als solchen treffen[2107]. Aus dem Blickwinkel der Anlegerinformation ist dies unglücklich, da es in der Praxis üblich ist, in den Geschäftsbericht nur den KA und KLB, nicht jedoch den JA und LB aufzunehmen[2108]. Gegen eine freiwillige Aufnahme der Erklärung zur Unternehmensführung in den KLB dürften aber keine Bedenken bestehen, wenn sie als solche ausdrücklich bezeichnet wird. Auch in diesem Fall ergibt sich aus § 317 Abs. 2 S. 3 HGB, dass die Angaben nicht in die Abschlussprüfung einzubeziehen sind. Auch ein Abdruck der Erklärung zur Unternehmensführung als gesonderter Abschnitt im Geschäftsbericht ist zulässig, ohne dass die Anforderungen des § 328 Abs. 2 HGB eingehalten werden müssen.

1192 Als **alternative** Gestaltungsmöglichkeit wird in § 289a Abs. 1 S. 2 HGB erlaubt, die Erklärung in einem **gesonderten Dokument** abzugeben und dieses auf der Internetseite der Gesellschaft zu **veröffentlichen**. Dieses Dokument hat dann sämtliche Angaben nach § 289a Abs. 2 Nrn. 1 bis 3 HGB zu enthalten. Wird diese Möglichkeit in Anspruch genommen, ist nach § 289a Abs. 1 S. 3 HGB in den LB eine **Bezugnahme** auf die Internetseite der Gesellschaft aufzunehmen, auf der sich die Erklärung findet. Die im Schrifttum vorgebrachten Bedenken, die statische Verweisung im LB könne bei einer Umstrukturie-

---

[2103] *Böcking/Eibelshäuser*, Der Konzern 2009, S. 563 (567); *Gelhausen/Fey/Kämpfer*, BilMoG, Kap. P, Rn. 21; an der Prüfungskompetenz des AR zweifelnd *Kocher*, DStR 2010. S. 1034.
[2104] Vgl. *Bachmann*, ZIP 2010, S. 1517 (1521); *Gelhausen/Fey/Kämpfer*, BilMoG, Kap. P, Rn. 22.
[2105] *Bachmann*, ZIP 2010, S. 1517 (1522); *Gelhausen/Fey/Kämpfer*, BilMoG, Kap. P, Rn. 23 m.w.N.
[2106] Vgl. *Bischof/Selch*, WPg 2008, S. 1021 (1026); *Kocher*, DStR 2010, S. 1034 (1035); *Melcher/Mattheus*, DB 2009, Beil. 5, S. 77 (81).
[2107] Vgl. *Böcking/Eibelshäuser*, Der Konzern 2009, S. 563 (567, 571); *Gelhausen/Fey/Kämpfer*, BilMoG, Kap. P, Rn. 12.
[2108] Vgl. *Böcking/Eibelshäuser*, Der Konzern 2009, S. 563 (571 f.); *Kocher*, DStR 2010, S. 1034 (1035).

Der Lagebericht F

rung der Internetseite ins Leere gehen[2109], erscheinen unbegründet, da die Firmierung der Gesellschaft aus dem offengelegten JA nebst LB zweifelsfrei zu entnehmen und damit unter Zuhilfenahme von Internet-Suchmaschinen auch die rasche Auffindbarkeit der Erklärung gewährleistet ist[2110]. Die Bezugnahme auf die Internetseite kann zusätzlich auch in den KLB aufgenommen werden.

Die Erklärung muss auf der Internetseite „**öffentlich zugänglich gemacht**" werden. Auch wenn das Gesetz im Unterschied zu Regelung in § 161 Abs. 2 AktG eine „dauerhafte" Zugänglichmachung nicht ausdrücklich vorschreibt, genügt auch für die Erklärung zur Unternehmensführung eine nur vorübergehende, kurzfristige Veröffentlichung auf der Internetseite nicht. Vielmehr muss die Gesellschaft die Erklärung auf ihrer Internetseite so lange **zugänglich halten**, bis diese durch die Abgabe der Folgeerklärung überholt ist[2111]. Wird so verfahren, ist die Pflicht aus § 161 Abs. 2 AktG gleichzeitig mit erfüllt[2112]. **1193**

Ein weiteres Gestaltungswahlrecht hat der Gesetzgeber in § 289a Abs. 2 Nr. 3 zweiter Hs. HGB eingeräumt, um hierdurch Doppelangaben zu vermeiden[2113]. Hiernach kann hinsichtlich der Angaben nach § 289a Abs. 2 Nr. 3 HGB (**Beschreibung der Arbeitsweise von Vorstand und AR und ihrer Ausschüsse**) auf einzelne Informationen verwiesen werden, die auf der **Internetseite** der Gesellschaft bereits öffentlich zugänglich sind. Nach Wortlaut und Gesetzessystematik ist diese Möglichkeit der Einzelverweisung auf die Angaben nach § 289a Abs. 2 Nr. 3 HGB beschränkt und steht damit für die Angaben nach Nr. 1 (Entsprechenserklärung nach § 161 AktG) und Nr. 2 (Angaben zu Unternehmensführungspraktiken) nicht zur Verfügung[2114]. Diese Erklärungsbestandteile müssen daher immer mit vollem Text in der Erklärung zur Unternehmensführung enthalten sein. **1194**

Die Möglichkeit der **Einzelverweisung** auf Informationen, die auf der Internetseite öffentlich zugänglich sind, ist sowohl bei der Wiedergabe der Erklärung zur Unternehmensführung als Teil des LB als auch bei Wiedergabe der Erklärung in einem gesonderten Dokument auf der Internetseite möglich. In der ersten Variante ist die Verweisung auf die Fundstellen auf der Internetseite als Teil der Erklärung in den LB aufzunehmen. In der zweiten Variante ist diese Verweisung in die gesonderte Erklärung auf der Internetseite der Gesellschaft aufzunehmen, so dass sich ausgehend vom LB eine **Verweisungskette** ergibt[2115]. **1195**

In beiden Varianten muss die Verweisung **klar und eindeutig** sein, damit die erforderlichen Informationen ohne Mühe gefunden werden können und sich aus der Verweisungstechnik keine Informationseinbußen ergeben. Werden die erforderlichen Angaben an **verschiedenen Stellen** auf der **Internetseite** der Gesellschaft gemacht (z.B. separate Angaben zu Vorstand und AR), müssen in der Verweisung jeweils die konkreten Fundstellen genannt werden[2116]. **1196**

Im Schrifttum ist vorgeschlagen worden, die Erklärung zur Unternehmensführung zum Zweck der **Informationsbündelung** in den Corporate Governance-Bericht i.S.d. **1197**

2109 *Melcher/Mattheus*, DB 2009, Beil. 5, S. 77 (81); *Paetzmann*, ZCG 2009, S. 64 (66).
2110 *Gelhausen/Fey/Kämpfer*, BilMoG, Kap. P, Rn. 14.
2111 *Gelhausen/Fey/Kämpfer*, BilMoG, Kap. P, Rn. 15.
2112 Vgl. *Hüffer*, AktG⁹, § 161, Rn. 24a.
2113 Vgl. Beschlussempfehlung des Rechtsausschusses zum BilMoG, BT-Drs. 16/12407, S. 89.
2114 *Bachmann*, ZIP 2010, S. 1517 (1521); *Gelhausen/Fey/Kämpfer*, BilMoG, Kap. P, Rn. 17; unpräzise *Kozikowski/Röhm-Kottmann* in BeBiKo⁷, § 289a, Rn. 15: „Verweis in der Erklärung zulässig".
2115 *Gelhausen/Fey/Kämpfer*, BilMoG, Kap. P, Rn. 18.
2116 Vgl. *Böcking/Eibelshäuser*, Der Konzern 2009, S. 563 (567); *Gelhausen/Fey/Kämpfer*, BilMoG, Kap. P, Rn. 19.

Ziff. 3.10 des DCGK zu integrieren, der darüber hinaus weitere für die Corporate Governance relevante Angaben enthält[2117]. Hiergegen dürften keine Bedenken bestehen, wenn in dem Corporate Governance-Bericht ein gesonderter Abschnitt mit dem Inhalt der Erklärung zur Unternehmensführung aufgenommen und als solche bezeichnet wird. Im LB ist dann auf die Fundstelle des entspr. Berichtsteils im Internet zu verweisen.

1198 § 289a HGB enthält keine Regelung zu der Frage, ob die Erklärung zur Unternehmensführung Angaben zu **Ort und Datum** enthalten und **unterzeichnet** werden muss. Hierbei ist danach zu differenzieren, welche Gestaltungsmöglichkeit für die Abgabe der Erklärung gewählt wurde. Wird die Erklärung als **Teil des Lageberichts** abgegeben, ist wie auch beim LB selbst eine gesonderte **Unterzeichnung nicht erforderlich**[2118]. Weil der LB zusammen mit dem JA offengelegt wird, dieser aber nach § 245 HGB unter Angabe des Datums – und üblicherweise auch des Ortes – zu unterzeichnen ist, schreibt das Gesetz eine zusätzliche Unterzeichnung mit Ort und Datum für den LB nicht vor.

1199 Wird die Erklärung zur Unternehmensführung dagegen in einem gesonderten Dokument auf der **Internetseite** der Gesellschaft **öffentlich zugänglich gemacht**, entfällt der Zusammenhang mit dem JA, so dass nicht erkennbar wäre, wer die Verantwortung für diese Erklärung übernimmt und wann sie abgegeben worden ist. Daher ist durch eine **Datumsangabe** kenntlich zu machen, welchen zeitlichen Stand die Erklärung hat[2119]. Auch ist der Vorstand als Urheber anzugeben. Wenn die Angaben in der Erklärung unterjährig **aktualisiert** werden, muss die Datumsangabe entspr. **angepasst** werden[2120].

d) Zeitpunkt der Abgabe und Offenlegung der Erklärung

1200 Bei Aufnahme der Erklärung in den LB geht die Abgabe der Erklärung zeitlich mit der Aufstellung des LB durch den Vorstand und seiner Offenlegung einher[2121]. Die Offenlegung des LB erfolgt zusammen mit dem JA nach § 325 Abs. 1 S. 2 und 3 HGB unverzüglich nach Vorlage an die Gesellschafter, spätestens binnen zwölf Monaten nach dem Abschlussstichtag.

1201 Für den Fall, dass die Erklärung als **gesondertes Dokument** auf der Internetseite der Gesellschaft eingestellt wird oder die Angaben nach § 289a Abs. 2 Nr. 3 gesondert auf der Internetseite zugänglich gemacht werden, enthält das Gesetz keine ausdrücklichen zeitlichen Vorgaben. Mittelbar ergibt sich eine zeitliche Festlegung jedoch daraus, dass die Einstellung auf der Internetseite im Regelfall **befreiende Wirkung** für die Aufnahme der Erklärung zur Unternehmensführung in den LB selbst haben soll. Daher stellt sich die Frage, bis zu welchem Zeitpunkt die Dokumente aufgestellt und im Internet zugänglich sein müssen, um die Befreiungswirkung zu entfalten.

1202 Im Hinblick auf die Information der Öffentlichkeit könnte davon auszugehen sein, dass der Zeitpunkt der Offenlegung des JA einschließlich des LB nach § 325 Abs. 1 S. 3 HGB maßgeblich ist[2122]. Denn auch dann, wenn die Erklärung in den LB selbst aufgenommen worden wäre, stünden die Informationen den Anteilseignern und Kapitalmarktteilnehmern zu diesem Zeitpunkt zur Verfügung. Da die konkrete Verweisung auf die Inter-

---

[2117] So *Bachmann*, ZIP 2010, S. 1517 (1518); *Kocher*, DStR 2010, S. 1034 (1036); *Kozikowski/Röhm-Kottmann* in BeBiKo[7], § 289a, Rn. 18; *Kuthe/Geiser*, NZG 2008, S. 172 (175); *Tödtmann/Schauer*, ZIP 2009, S. 995 (998).
[2118] Vgl. *Gelhausen/Fey/Kämpfer*, BilMoG, Kap. P, Rn. 24.
[2119] Vgl. *Bachmann*, ZIP 2010, S. 1517 (1522); *Gelhausen/Fey/Kämpfer*, BilMoG, Kap. P, Rn. 25.
[2120] *Böcking/Eibelshäuser*, Der Konzern 2009, S. 563 (568); *Gelhausen/Fey/Kämpfer*, BilMoG, Kap. P, Rn. 26.
[2121] Vgl. *Claussen* in Kölner Komm. Rechnungslegungsrecht, § 289a HGB, Rn. 17.
[2122] *Claussen* in Kölner Komm. Rechnungslegungsrecht, § 289a HGB, Rn. 18.

Der Lagebericht   F

netseite im LB anzugeben ist, muss die Einstellung ins Internet jedoch bereits zum **Zeitpunkt der endgültigen Aufstellung** des LB erfolgt sein. Hinzu kommt, dass nur dann AR und APr. prüfen können, ob die Befreiungswirkung kraft Verweisung tatsächlich gegeben und der LB damit vollständig ist[2123]. Da für den Zeitpunkt der Aufstellung des LB keine besonderen Vorschriften bestehen, kommt es damit auf den Zeitpunkt der endgültigen Aufstellung des JA an.

Die Angaben in der Erklärung müssen zumindest im **Zeitpunkt der Aufstellung des Lageberichts aktuell** sein[2124]. Bei Aufnahme der Erklärung in den LB selbst ergibt sich dies bereits aus den Grundsätzen einer gewissenhaften und getreuen Berichterstattung im LB[2125]. Im Informationsinteresse der Kapitalmarktteilnehmer wäre es wünschenswert, wenn die Erklärung denselben Aktualitätsgrad auch dann aufweist, wenn sie auf der **Internetseite eingestellt** wird[2126]. Allerdings wird es auch zuzulassen sein, wenn die Erklärung zur Unternehmensführung jeweils zusammen mit ihrem wesentlichen Bestandteil, der Entsprechenserklärung, in dem jährlichen Turnus aktualisiert wird, der auch bisher für die Entsprechenserklärung zugrunde gelegt wurde[2127]. 1203

Da das Gesetz die Erklärung zur Unternehmensführung als Teil der jährlichen Finanzberichterstattung vorschreibt, ergibt sich, dass die Erklärung **jährlich zu aktualisieren** ist. Dies gilt unabhängig davon, ob diese in den LB aufgenommen oder auf der Internetseite der Gesellschaft eingestellt wird[2128]. Eine Pflicht zur unterjährigen Aktualisierung der Erklärung zur Unternehmensführung besteht nicht[2129]. Etwas anderes gilt nur für die in die Erklärung aufzunehmende Entsprechenserklärung nach § 161 AktG, für die nach h.M. z.B. bei geänderten Umsetzungsabsichten eine Pflicht zur unterjährigen Aktualisierung besteht[2130]. Wie bei anderen nicht geschäftsjahresbezogenen Angaben in Anh. und LB auch sind die Erklärungen nach § 289a Abs. 2 Nrn. 2 und 3 HGB auf den aktuellen Stand bei Abgabe der Erklärung zu beziehen. Soweit sie allerdings periodenbezogene Berichterstattungen enthalten, sollten sie auf das GJ bezogen sein. 1204

Das Gesetz enthält keine Regelung der Frage, ob **frühere Fassungen** der Erklärung zur Unternehmensführung zugänglich bleiben müssen. Soweit die Erklärung Bestandteil des LB ist, ergibt sich dies automatisch aus der Zugänglichkeit früherer Jahresabschlüsse. Bei Zugänglichmachung über die Internetseite kann die Empfehlung aus Ziff. 3.10 S. 4 DCGK, wonach auch ältere Entsprechenserklärungen verfügbar gehalten werden sollen, auf die Erklärung zur Unternehmensführung ausstrahlen. 1205

Eine **freiwillige Aktualisierung** der Angaben in den auf der Internetseite eingestellten gesonderten Unterlagen ist jedoch auch während des laufenden GJ zulässig. Eine Änderung des LB (Verweisung auf die Internetseite) ist hierin nicht zu sehen, so dass die besonderen Anforderungen an die Änderung des LB[2131] (u.a. Nachtragsprüfung und erneute 1206

2123 Vgl. *Gelhausen/Fey/Kämpfer*, BilMoG, Kap. P, Rn. 30; *Kocher*, DStR 2010, S. 1034 (1035).
2124 *Gelhausen/Fey/Kämpfer*, BilMoG, Kap. P, Rn. 31.
2125 Vgl. hierzu ADS[6], § 289 HGB, Tz. 38 ff.; *Ellrott* in BeBiKo[7], § 289, Rn. 8 ff.
2126 *Gelhausen/Fey/Kämpfer*, BilMoG, Kap. P, Rn. 31.
2127 Zum Zeitpunkt der Abgabe und zum Turnus der Entsprechenserklärung vgl. *Lutter* in Kölner Komm. AktG[3], § 161, Rn. 52.
2128 *Bachmann*, ZIP 2010, S. 1517 (1522); *Gelhausen/Fey/Kämpfer*, BilMoG, Kap. P, Rn. 31.
2129 *Bachmann*, ZIP 2010, S. 1517 (1522); *Kocher*, DStR 2010, S. 1034 (1035); *Kozikowski/Röhm-Kottmann* in BeBiKo[7], § 289a, Rn. 23.
2130 Vgl. *Lutter* in Kölner Komm. AktG[3], § 161, Rn. 53; *Sester* in Spindler/Stilz, AktG[2], § 161, Rn. 50; *Spindler* in Schmidt/Lutter, AktG[2], § 161, Rn. 43 m.w.N.
2131 Vgl. ADS[6], § 289 HGB, Tz. 52; zur Nachtragsprüfung ADS[6], § 316 HGB, Tz. 65.

Vorlage) nicht eingehalten werden müssten[2132]. Im Fall der unterjährigen Aktualisierung ist jedoch eine Anpassung der Datumsangabe erforderlich[2133].

e) Einbeziehung in die Abschlussprüfung

1207 In § 317 Abs. 2 S. 3 HGB ist ausdrücklich klargestellt, dass die Angaben nach § 289a HGB nicht in die Abschlussprüfung einzubeziehen sind. Hiernach **findet eine inhaltliche Prüfung** der Erklärung zur Unternehmensführung durch den APr. **nicht statt**[2134]. Dies gilt unabhängig davon, ob die Erklärung zur Unternehmensführung in den LB selbst aufgenommen wird oder ob die Erklärung als solche oder die gesonderten Angaben nach § 289a Abs. 2 Nr. 3 HGB auf der Internetseite der Gesellschaft veröffentlicht werden[2135]. Damit bestätigt das Gesetz durch ausdrückliche Regelung die bisherige Auffassung, wonach die Entsprechenserklärung nicht geprüft werden muss[2136]. Da das Gesetz den Umfang der Prüfung ausdrücklich klarstellt, muss diese Beschränkung – anders als bisher für die Entsprechenserklärung bei Aufnahme in den Anh. oder den LB empfohlen – im BestV nicht ausdrücklich klargestellt werden[2137].

1208 Nach ganz h.M. ist der APr. jedoch verpflichtet zu prüfen, ob die **Pflicht zur Abgabe der Erklärung zur Unternehmensführung** erfüllt wurde[2138]. Der hinsichtlich des Umfangs der Prüfungsbefreiung nicht eindeutige Wortlaut des § 317 Abs. 2 S. 3 HGB ist im Einklang mit der Regelung in Art. 46a Abs. 2 S. 4 der Bilanzrichtlinie i.d.F. der Abänderungsrichtlinie auszulegen, wonach sich die Nachprüfung der Angaben durch den APr. auf die Feststellung beschränkt, ob die Erklärung zur Unternehmensführung erstellt worden ist.

1209 Bei Aufnahme der Erklärung zur Unternehmensführung in den LB hat der APr. zu prüfen, ob der LB einen **gesonderten Abschnitt** „Erklärung zur Unternehmensführung" enthält und ob hierin die geforderten **Pflichtbestandteile** i.S.d. § 289a Abs. 2 Nrn. 1 bis 3 HGB vollständig enthalten sind[2139]. Dagegen erstreckt sich die Kontrolle des APr. nicht auch darauf, ob die Arbeitsweise von Vorstand und AR ausführlich genug beschrieben worden sind oder ob alle relevanten Unternehmensführungspraktiken vollständig angegeben wurden, da dies einer inhaltlichen Prüfung der Erklärung entspräche[2140].

1210 Wenn die Erklärung zur Unternehmensführung oder die gesonderten Angaben nach § 289a Abs. 2 Nr. 3 HGB auf der Internetseite der Gesellschaft zugänglich gemacht werden, muss der APr. prüfen, ob im LB die erforderlichen **Verweisungen auf die Internetseite** enthalten sind. Die Prüfung erstreckt sich darauf, ob die Internetseite existiert und zugänglich ist und ob sie die Erklärung zur Unternehmensführung oder die erforderlichen

---

2132 Vgl. *Bachmann*, ZIP 2010, S. 1517 (1522); *Böcking/Eibelshäuser*, Der Konzern 2009, S. 563 (571); *Gelhausen/Fey/Kämpfer*, BilMoG, Kap. P, Rn. 32.

2133 Siehe oben Tz. 1199.

2134 Vgl. *Förschle/Almeling* in BeBiKo⁷, § 317, Rn. 72.

2135 *Bachmann*, ZIP 2010, S. 1517 (1522); *Böcking/Eibelshäuser*, Der Konzern 2009, S. 563 (571); *Kocher*, DStR 2010, S. 1034 (1035); zur Prüfung, ob der LB die erforderliche Verweisung enthält vgl. Tz. 1209.

2136 Vgl. *IDW PS 345*. Tz. 22.

2137 Für die Aufnahme eines Hinweises unter Bezugnahme auf *IDW PS 345* ,Tz. 22 Abs. 2 a.F. *Kozikowski/Röhm-Kottmann* in BeBiKo⁷, § 289a, Rn. 45.

2138 *Bachmann*, ZIP 2010, S. 1517 (1522); *Förschle/Almeling* in BeBiKo⁷, § 317, Rn. 71; *Gelhausen/Fey/Kämpfer*, BilMoG, Kap. P, Rn. 36, S. Rn. 12 ff.; *Kozikowski/Röhm-Kottmann* in BeBiKo⁷, § 289a, Rn. 43; a.A. *Claussen* in Kölner Komm. Rechnungslegungsrecht, § 289a HGB, Rn. 21 f.: Prüfungspflicht nicht gegeben.

2139 Vgl. *Bachmann*, ZIP 2010, S. 1517 (1523); *Förschle/Almeling* in BeBiKo⁷, § 317, Rn. 71; *Gelhausen/Fey/Kämpfer*, BilMoG, Kap. P, Rn. 37.

2140 Vgl. *Bachmann*, ZIP 2010, S. 1517 (1523).

Angaben nach § 289a Abs. 2 Nr. 3 HGB mit den erforderlichen Pflichtbestandteilen enthält[2141]. Aus dieser Prüfungspflicht folgt, dass die erforderlichen Informationen spätestens bis zum Ende der Abschlussprüfung auf der betreffenden Internetseite veröffentlicht sein müssen[2142].

Wenn der APr. feststellt, dass die erforderliche Erklärung zur Unternehmensführung bzw. deren erforderliche Pflichtbestandteile im LB selbst nicht enthalten oder im LB die Verweisung auf die Internetseite fehlt oder auf der Internetseite der Gesellschaft die erforderlichen Bestandteile nicht zugänglich gemacht worden sind, hat er die Vollständigkeit des LB zu beanstanden und den **BestV einzuschränken**[2143]. Da eine inhaltliche Prüfung der Erklärung zur Unternehmensführung gesetzlich ausgeschlossen ist, können auch im Rahmen der Abschlussprüfung aufgefallene Anhaltspunkte für inhaltliche Mängel der Erklärung eine Einschränkung des BestV nicht rechtfertigen, weil der APr. nicht abschließend zu beurteilen hat, ob ein Mangel tatsächlich vorliegt. **1211**

Auch wenn die Erklärung zur Unternehmensführung keiner inhaltlichen Prüfungspflicht unterliegt, ist der APr. nach allgemeinen Grundsätzen verpflichtet, die im LB enthaltene Erklärung **kritisch zu lesen**[2144], da diese zusammen mit dem JA veröffentlichte zusätzliche Informationen enthält. Durch die Pflicht zum kritischen Lesen sollen etwaige Unstimmigkeiten zwischen den zusätzlichen Informationen und dem geprüften JA oder LB identifiziert werden, die die Glaubhaftigkeit von JA und LB in Frage stellen können[2145]. I.Z.m. der Erklärung zur Unternehmensführung werden solche Feststellungen eher selten sein. Allerdings hat der APr. über wesentliche Unrichtigkeiten, die er beim kritischen Lesen der Entsprechenserklärung festgestellt hat, im PrB schon aufgrund einer Vereinbarung nach Ziff. 7.2.3 DCGK zu berichten[2146]. Ob eine Berichtspflicht auch aufgrund der Redepflicht nach § 321 Abs. 1 S. 3 HGB besteht, ist dagegen zweifelhaft, weil die Prüfung der Erklärung zur Unternehmensführung gerade kein Gegenstand der APr. ist; sie wird für die Entsprechenserklärung jedoch aufgrund ihrer Bedeutung anzunehmen sein[2147]. Etwaige Unrichtigkeiten in Bezug auf die Angaben nach § 289a Abs. 2 Nr. 2 oder Nr. 3 HGB werden dagegen von der Redepflicht nicht erfasst[2148]. **1212**

Wenn die Angaben gesondert auf der **Internetseite** der Gesellschaft eingestellt werden, ist fraglich, ob sie von der Pflicht zum kritischen Lesen umfasst werden. Dafür spricht, dass wegen der Verweisung im LB ein Zusammenhang mit dem zu prüfenden JA/LB besteht[2149]. Wird die Erklärung in einem anderen Turnus als der JA/LB aktualisiert und veröffentlicht[2150], besteht die Pflicht zum kritischen Lesen aber erst im Rahmen der folgenden Abschlussprüfung. **1213**

2141 *Förschle/Almeling* in BeBiKo[7], § 317, Rn. 71; *Gelhausen/Fey/Kämpfer*, BilMoG, Kap. P, Rn. 38; vgl. zur Prüfung des Vorhandenseins der Entsprechenserklärung *IDW PS 345*, Tz. 23 ff.
2142 Siehe oben Tz. 1202; vgl. auch *Gelhausen/Fey/Kämpfer*, BilMoG, Kap. P, Rn. 38; *Kocher*, DStR 2010, S. 1034 (1035).
2143 *Bachmann*, ZIP 2010, S. 1517 (1522); *Böcking/Eibelshäuser*, Der Konzern 2009, S. 563 (571); *Gelhausen/Fey/Kämpfer*, BilMoG, Kap. P, Rn. 39; *Kocher*, DStR 2010, S. 1034 (1035).
2144 *Förschle/Almeling* in BeBiKo[7], § 317, Rn. 72; *Gelhausen/Fey/Kämpfer*, BilMoG, Kap. P, Rn. 40; *IDW PS 202*, Tz. 10a; *Kocher*, DStR 2010, S. 1034 (1035).
2145 *Gelhausen/Fey/Kämpfer*, BilMoG, Kap. P, Rn. 41; *IDW PS 202*, Tz. 6.
2146 Vgl. *Gelhausen/Fey/Kämpfer*, BilMoG, Kap. P, Rn. 41; *IDW PS 202*, Tz. 10a.
2147 *IDW PS 345*, Tz. 33; *Kuhn/Stibi*, WPg 2009, S. 1157 (1165).
2148 So auch *IDW PS 202*, Tz. 10a; a.A. *Bachmann*, ZIP 2010, S. 1517 (1523).
2149 *Böcking/Eibelshäuser*, Der Konzern 2009, S. 563 (571); so wohl auch *IDW PS 202*, Tz. 10a; a.A. noch *Gelhausen/Fey/Kämpfer*, BilMoG, Kap. P, Rn. 42.
2150 Dazu oben Tz. 1203.

f) Erklärungsinhalt

1214 Die Erklärung zur Unternehmensführung hat nach § 289a Abs. 2 HGB **drei Bestandteile**, nämlich die Entsprechenserklärung nach § 161 AktG (Nr. 1), die Angaben zu Unternehmensführungspraktiken (Nr. 2) sowie die Beschreibung der Arbeitsweise von Vorstand und AR und ihrer Ausschüsse (Nr. 3).

1215 Erster Pflichtbestandteil der Erklärung zur Unternehmensführung ist nach § 289a Abs. 2 Nr. 1 HGB die **Entsprechenserklärung** zum DCGK nach § 161 AktG. In dieser haben Vorstand und AR jährlich zu erklären, ob den Empfehlungen des DCGK entsprochen wurde und wird oder welche Empfehlungen nicht angewendet wurden oder werden und warum nicht.

1216 Die Entsprechenserklärung nach § 161 AktG ist mit **vollen Wortlaut** in die Erklärung zur Unternehmensführung aufzunehmen[2151]. Die Entsprechenserklärung wird damit zu einem Teil des LB, wenn die Erklärung zur Unternehmensführung in den LB aufgenommen wird. Alternativ kann die Entsprechenserklärung auch – mit vollem Wortlaut – in eine **gesonderte Erklärung** zur Unternehmensführung mit allen Pflichtbestandteilen nach § 289a Abs. 2 HGB aufgenommen werden, die auf der **Internetseite** der Gesellschaft zugänglich gemacht wird. Auf die betreffende Internetseite ist dann im LB selbst zu verweisen (§ 289a Abs. 1 S. 3 HGB). Nicht zulässig ist es dagegen, bei Aufnahme der Erklärung zur Unternehmensführung in den LB auf die Wiedergabe der Entsprechenserklärung im Wortlaut zu verzichten und (nur) insoweit auf die Internetseite zu verweisen. Denn eine solche beschränkte Verweisungsmöglichkeit besteht nach der eindeutigen gesetzlichen Regelung nur für die Angaben nach § 289a Abs. 2 Nr. 3 HGB[2152].

1217 Auch bei Aufnahme in den LB bleibt die Entsprechenserklärung ein **gesondertes Informationsinstrument**, das von Vorstand und AR in den dafür vorgeschriebenen Verfahren aufgestellt und beschlossen wird.

1218 Zweiter Pflichtbestandteil der Erklärung zur Unternehmensführung sind Angaben zu **Unternehmensführungspraktiken**, die über die gesetzlichen Anforderungen hinaus angewendet werden (§ 289a Abs. 2 Nr. 2 HGB). Entsprechende Angaben sind jedoch nur dann zu machen, wenn das Unternehmen besondere Unternehmensführungspraktiken auch tatsächlich anwendet[2153]. Andernfalls sind Angaben nicht erforderlich. In diesem Fall ist zwar eine ausdrückliche **Fehlanzeige** nicht gesetzlich vorgeschrieben, sie erscheint jedoch empfehlenswert, um die Vollständigkeit der Erklärung nach § 289a HGB zu dokumentieren[2154].

1219 Da nur solche Unternehmensführungspraktiken angabepflichtig sind, die über die Anforderungen des deutschen Rechts hinaus angewendet werden, werden die **gesetzlichen Vorschriften** zur Corporate Governance der Gesellschaft von der Berichtspflicht nicht erfasst[2155].

1220 Der Begriff **Unternehmensführungspraktiken** wird im Gesetz nicht erläutert und ist aus sonst nicht allgemein gebräuchlich. Nicht hierzu gehört eine Darstellung der Unternehmensorganisation[2156] oder der angewendeten Führungsprinzipien. Als Beispiele für

---

2151 Vgl. *Claussen* in Kölner Komm. Rechnungslegungsrecht, § 289a HGB, Rn. 20; *Gelhausen/Fey/Kämpfer*, BilMoG, Kap. P, Rn. 46.
2152 Vgl. oben Tz. 1194 f.
2153 *Gelhausen/Fey/Kämpfer*, BilMoG, Kap. P, Rn. 44.
2154 *Gelhausen/Fey/Kämpfer*, BilMoG, Kap. P, Rn. 44.
2155 Vgl. *Bachmann*, ZIP 2010, S. 1517 (1519); *Gelhausen/Fey/Kämpfer*, BilMoG, Kap. P, Rn. 51.
2156 Vgl. *Böcking/Eibelshäuser*, Der Konzern 2009, S. 563 (569).

Der Lagebericht   F

angabepflichtige Unternehmensführungspraktiken nennt die Regierungsbegründung unternehmensweit gültige ethische Standards sowie Arbeits- und Sozialstandards[2157]. Darüber hinaus werden im Schrifttum auch Compliance-Richtlinien, die über gesetzliche Anforderungen hinausgehende Verhaltensanweisungen enthalten, den berichtspflichtigen Unternehmensführungspraktiken zugerechnet[2158]. Angabepflichtig sollen auch unternehmensinterne Richtlinien zu den Anforderungen an Mitglieder von Unternehmensorganen und Ausschüssen im Hinblick auf deren Qualifikation und Unabhängigkeit sein[2159]. Das nach § 91 AktG verpflichtend einzurichtende RMS gehört dagegen nicht zu den anzugebenden Unternehmensführungspraktiken[2160].

Der **Umfang der Erklärungspflicht** wird darüber hinaus durch das Erfordernis der Relevanz der Angaben erheblich **eingeschränkt**. Zu berichten ist daher nur über wesentliche Unternehmensführungspraktiken und wichtige Sachverhalte, die für das gesamte Unternehmen von einer gewissen Bedeutung sind[2161]. Bei der Beurteilung der Relevanz der Angaben besteht für die zur Abgabe der Erklärung verpflichteten Organmitglieder ein nicht unerheblicher Ermessensspielraum[2162]. **1221**

In die Erklärung zur Unternehmensführung muss nach § 289a Abs. 2 Nr. 2 HGB ein Hinweis darauf aufgenommen werden, wo die Angaben zu den angewendeten Unternehmensführungspraktiken **öffentlich zugänglich** sind. Das Gesetz lässt es damit zu, bei Anwendung umfangreicherer Kodices o.ä. diese nicht in die Erklärung selbst aufzunehmen, sondern auf deren Fundstelle zu verweisen. Dies setzt allerdings voraus, dass die Quelle dauerhaft zugänglich ist. Zweckmäßig ist darüber hinaus auch eine knappe Erläuterung des Inhalts dieser Grundsätze in der Erklärung selbst. Soweit ein Quellenverweis nicht gemacht wird, sind die Grundsätze in der Erklärung selbst verständlich darzustellen[2163]. **1222**

Dritter Pflichtbestandteil der Erklärung zur Unternehmensführung sind nach § 289a Abs. 2 Nr. 3 HGB Angaben zur **Arbeitsweise von Vorstand und Aufsichtsrat** und zur Zusammensetzung und Arbeitsweise von **Ausschüssen** dieser Organe. **1223**

Hierbei sind, wenn aufgrund gesetzlicher Vorschriften bereits an anderer Stelle entsprechende Angaben verlangt werden, in der Erklärung zu Unternehmensführung **Doppelangaben** grds. zu vermeiden[2164]. Dies gilt z.B. für die Angaben im **Anhang** zu den Mitgliedern des Geschäftsführungsorgans und des AR nach § 285 S. 1 Nr. 10 HGB. Auch kann in der Erklärung zur Unternehmensführung in Ausnutzung des Gestaltungswahlrechts aus § 289a Abs. 2 Nr. 3 HGB (vgl. oben Tz. 1194 f.) hinsichtlich der Beschreibung der Arbeitsweise des AR und seiner Ausschüsse auf den **Bericht** des AR nach § 171 Abs. 2 AktG **verwiesen** werden, soweit dieser Bericht die erforderlichen Angaben **1224**

2157 Begr. RegE BilMoG, BT-Drs. 16/10067, S. 78; einschränkend *Bischof/Selch*, WPg 2008, S. 1021 (1028).
2158 *Bachmann*, ZIP 2010, S. 1517 (1519); *Böcking/Eibelshäuser*, Der Konzern 2009, S. 563 (569); *Kuthe/Geiser*, NZG 2008, S. 172 (173).
2159 *Kozikowski/Röhm-Kottmann* in BeBiKo[7], § 289a, Rn. 30.
2160 So auch *Claussen* in Kölner Komm. Rechnungslegungsrecht, § 289a HGB, Rn. 25; *Kuthe/Geiser*, NZG 2008, S. 172 (173); zweifelnd *Bachmann*, ZIP 2010, S. 1517 (1519).
2161 Begr. RegE BilMoG, BT-Drs. 16/10067, S. 78; *Bachmann*, ZIP 2010, S. 1517 (1519); *Claussen* in Kölner Komm. Rechnungslegungsrecht, § 289a HGB, Rn. 23; *Gelhausen/Fey/Kämpfer*, BilMoG, Kap. P, Rn. 52; *Kozikowski/Röhm-Kottmann* in BeBiKo[7], § 289a, Rn. 32.
2162 Vgl. *Claussen* in Kölner Komm. Rechnungslegungsrecht, § 289a HGB, Rn. 26.
2163 Vgl. *Gelhausen/Fey/Kämpfer*, BilMoG, Kap. P, Rn. 54; *Kozikowski/Röhm-Kottmann* in BeBiKo[7], § 289a, Rn. 32.
2164 Vgl. *Claussen* in Kölner Komm. Rechnungslegungsrecht, § 289a HGB, Rn. 27; *Gelhausen/Fey/Kämpfer*, BilMoG, Kap. P, Rn. 56.

1225 Hinsichtlich der Beschreibung der Zusammensetzung und **Arbeitsweise** des **Aufsichtsrats** und seiner Ausschüssen hat der Gesetzgeber[2166] auf die **Empfehlungen der EU-Kommission** zu den Aufgaben des AR verwiesen[2167]. Diese sehen neben der Bildung spezialisierter Ausschüsse insb. eine Darstellung der Ergebnisse einer **jährlichen Selbstbeurteilung** des AR, die sich mit Organisation und Arbeitsweise des AR sowie Kompetenz und Leistung einzelner AR-Mitglieder befassen soll, und der hieraus gezogenen Konsequenzen vor[2168]. Für die Beschreibung der **Arbeitsweise** des **Vorstands** gibt es keine entsprechenden Vorgaben. Hier kommen insb. Angaben zur praktischen Arbeitsweise des Vorstands im Sinne einer „technischen" Verfahrensbeschreibung in Betracht[2169].

enthält und auf der Internetseite öffentlich zugänglich gemacht wird[2165] und rechtzeitig vorliegt.

1226 Die Angaben nach § 289a Abs. 2 Nr. 3 HGB beziehen sich daher im Wesentlichen auf die **Zusammensetzung** der **Ausschüsse** des Vorstands und des AR und auf eine Beschreibung der unternehmensspezifischen **praktischen Verfahrensabläufe** bei der internen Zusammenarbeit[2170]. Eine entspr. Darstellung kann sich auf relevante Regelungen der Satzung und insb. der **Geschäftsordnung** für AR und Vorstand beziehen, ferner auf Vorgaben und Richtlinien zur inneren Ordnung von Vorstand und AR, die Ressortzuständigkeiten bzw. besonderen Aufgabenbereiche einzelner Organmitglieder oder Ausschüsse, das interne Informationsmanagement, interne Konsultationspflichten oder den Sitzungsturnus von Vorstand und AR bzw. der Ausschüsse[2171]. Soweit auf Geschäftsordnungen o.ä. Bezug genommen wird, muss deren Inhalt in der Erklärung zur Unternehmensführung dargestellt werden, wenn nicht die Geschäftsordnung selbst im Internet zugänglich gemacht und hierauf verwiesen wird. Nicht erforderlich ist es, in der Erklärung die geltenden **gesetzlichen Vorschriften** des AktG zu wiederholen, die die Arbeitsweise von Vorstand und AR regeln[2172].

1227 Anzugeben ist, welche Ausschüsse mit welchen Zuständigkeiten der Vorstand und insb. der AR gebildet haben, wer den Vorsitz innehat, wer die übrigen Mitglieder sind. Dabei werden in Anlehnung an § 285 S. 1 Nr. 10 HGB **Angaben zur Person** der einzelnen Ausschussmitglieder empfohlen, wie z.B. Familienname und Vorname, ausgeübter Beruf, Mitgliedschaft in anderen Ausschüssen oder anderen Aufsichtsräten[2173]. Soweit sich diese Angaben bereits dem Anh. entnehmen lassen, ist eine Wiederholung nicht erforderlich.

2165 *Gelhausen/Fey/Kämpfer*, BilMoG, Kap. P, Rn. 61; *Kozikowski/Röhm-Kottmann* in BeBiKo[7], § 289a, Rn. 40.
2166 Begr. RegE BilMoG, BT-Drs. 16/10067, S. 78.
2167 ABl.EU 2005, , Nr. L 52, S. 51 ff.
2168 Vgl. *Böcking/Eibelshäuser/Arlt*, Der Konzern 2010, S. 614 (616); *Claussen* in Kölner Komm. Rechnungslegungsrecht, § 289a HGB, Rn. 27; *Gelhausen/Fey/Kämpfer*, BilMoG, Kap. P, Rn. 58, 63; *Kozikowski/Röhm-Kottmann* in BeBiKo[7], § 289a, Rn. 34.
2169 Vgl. *Claussen* in Kölner Komm. Rechnungslegungsrecht, § 289a HGB, Rn. 27 f.; *Gelhausen/Fey/Kämpfer*, BilMoG, Kap. P, Rn. 62.
2170 *Claussen* in Kölner Komm. Rechnungslegungsrecht, § 289a HGB, Rn. 27; *Gelhausen/Fey/Kämpfer*, BilMoG, Kap. P, Rn. 56, 63; *Kozikowski/Röhm-Kottmann* in BeBiKo[7], § 289a, Rn. 33; vgl. mit Gestaltungsvorschlägen zur Berichterstattung *Böcking/Eibelshäuser/Arlt*, Der Konzern 2010, S. 614 (621 ff.).
2171 Vgl. *Böcking/Eibelshäuser*, Der Konzern 2009, S. 563 (569); *Gelhausen/Fey/Kämpfer*, BilMoG, Kap. P, Rn. 63; *Kozikowski/Röhm-Kottmann* in BeBiKo[7], § 289a, Rn. 33.
2172 *Bachmann*, ZIP 2010, S. 1517 (1520); *Gelhausen/Fey/Kämpfer*, BilMoG, Kap. P, Rn. 59; *Kozikowski/Röhm-Kottmann* in BeBiKo[7], § 289a, Rn. 33.
2173 Vgl. *Gelhausen/Fey/Kämpfer*, BilMoG, Kap. P, Rn. 57; *Kozikowski/Röhm-Kottmann* in BeBiKo[7], § 289a, Rn. 37; teils abw. *Claussen* in Kölner Komm. Rechnungslegungsrecht, § 289a HGB, Rn. 27: namentliche Angabe entbehrlich.

g) Rechtliche Bedeutung und Sanktionen

§ 289a HGB enthält keine Regelungen zu den **Rechtsfolgen** der Erklärung zur Unternehmensführung sowie zu den **Sanktionen**, falls die Erklärung fehlerhaft oder unvollständig oder die erforderliche Abgabe der Erklärung gänzlich unterblieben ist. 1228

Die Erklärung zur Unternehmensführung bewirkt **keine dauerhafte Selbstbindung** der Unternehmensleitung, so dass künftige Abweichungen von den gemachten Angaben möglich sind[2174]. Die Angaben nach § 289a Abs. 2 Nrn. 2 und 3 HGB beschreiben die jeweils aktuellen für die Corporate Governance relevanten Verhältnisse. Sie enthalten keine Aussage darüber, dass diese Verhältnisse auch in Zukunft beibehalten werden sollen, und entfalten daher auch keine Bindungswirkung. Die Entsprechenserklärung (§ 289a Abs. 2 Nr. 1 HGB) enthält dagegen neben dem vergangenheitsbezogenen auch einen zukunftsbezogenen Teil, in dem die Absicht zur künftigen Einhaltung der Empfehlungen des DGCK zu erklären ist. Hieran ist das Unternehmen allerdings nur so lange gebunden, bis es erklärt und offenlegt, dass es sich künftig anders verhalten wird[2175]. 1229

Hinsichtlich der Frage, ob die Nichtabgabe oder Unrichtigkeit Erklärung zur Unternehmensführung zur **Anfechtbarkeit der Entlastungsbeschlüsse** für Vorstand und AR führen kann, ist zwischen den Pflichtbestandteilen der Erklärung zu differenzieren. Die Konsequenzen einer fehlenden oder fehlerhaften **Entsprechenserklärung** nach § 161 AktG werden bereits seit längerer Zeit in Literatur und Rspr. kontrovers diskutiert. Nach älterer Auffassung kann die Entlastung nach freiem Ermessen der HV ohne Anfechtungsmöglichkeit auch dann erteilt werden, wenn die Verwaltung – ggf. auch schwerwiegend – gegen das Gesetz verstoßen hat[2176]. Die mittlerweile h.M. geht dagegen davon aus, dass ein Fehlen oder eine Unrichtigkeit der Entsprechenserklärung wegen der darin liegenden Verletzung der Organpflichten grds. zur Anfechtbarkeit der Entlastungsbeschlüsse für Vorstand und AR führt[2177]. Dabei wird jedoch eine Einschränkung dahingehend vorgenommen, dass es sich um einen schwerwiegenden und eindeutigen Fehler handeln muss, um eine Anfechtung zu rechtfertigen[2178]. Diese Rechtslage hat keine Änderung dadurch erfahren, dass die Entsprechenserklärung nunmehr Teil der Erklärung zur Unternehmensführung ist. Die dargestellten Auffassungen zur Anfechtbarkeit der Entlastungsbeschlüsse gelten daher für die Angabe nach § 289a Abs. 2 Nr. 1 HGB unverändert weiter. 1230

Geht man mit der h.M. davon aus, dass die Schwere des Verstoßes maßgeblich ist, spricht vieles dafür, dass diese Grundsätze auch für die übrigen Bestandteile der Erklärung zur Unternehmensführung gelten. Regelmäßig werden die Angaben zu den über die gesetzlichen Anforderungen hinausgehenden **Unternehmensführungspraktiken** (§ 289a Abs. 2 Nr. 2 HGB) wegen des geringen zusätzlichen Informationsgehalts keine derartige Bedeutung haben, dass bei Fehlen oder Fehlerhaftigkeit eine Anfechtbarkeit gegeben 1231

2174 Vgl. *Kocher*, DStR 2010, S. 1034 (1036).
2175 *Hüffer*, AktG⁹, § 161, Rn. 20 m.w.N.; *Lutter* in Kölner Komm. AktG³, § 161, Rn. 76.
2176 Vgl. OLG Hamburg v. 11.01.2002, AG, S. 460 (462); *Kubis* in MünchKomm. AktG², § 120, Rn. 15; a.A. abl. *Lutter* in Kölner Komm. AktG³, § 161, Rn. 66 m.w.N.
2177 Vgl. BGH v. 16.02.2009, DB, S. 500; BGH v. 21.09.2009, DB, S. 2422; *Hüffer*, AktG⁹, § 161, Rn. 31 m.w.N.; *Sester* in Spindler/Stilz, AktG², § 161, Rn. 61 ff. Zur umstrittenen Frage, ob in einem solchen Fall auch die Beschlüsse zur AR-Wahl anfechtbar sind, vgl. bejahend OLG München v. 06.08.2008, NZG 2009, S. 508; LG Hannover v. 17.03.2010, NZG, S. 744; a.A., abl. *Hüffer*, AktG⁹, § 161, Rn. 31 m.w.N.; *Rieder*, NZG 2010, S. 737 (739).
2178 BGH v. 21.09.2009, DB, S. 2422; *Götte*, S. 225 (232); *Kiefner*, NZG 2011, S. 201 (202); *Lutter* in Kölner Komm. AktG³, § 161, Rn. 66; *Sester* in Spindler/Stilz, AktG², § 161, Rn. 69 m.w.N.; einschränkend *Hüffer*, AktG⁹, § 161, Rn. 31 (kein bloßer Bagatellverstoß).

ist²¹⁷⁹. Dagegen dürfte bei Angaben zur **Arbeitsweise der Verwaltungsorgane** (§ 289a Abs. 2 Nr. 3 HGB) zu differenzieren sein, so dass bei vollständigem Fehlen, aber auch bei wesentlich fehlerhaften Angaben eine Anfechtbarkeit in Betracht kommt²¹⁸⁰.

1232 Von der Anfechtbarkeit des Entlastungsbeschlusses sind grds. nur diejenigen Organmitglieder betroffen, die für den Gesetzesverstoß verantwortlich sind, indem sie ihn entweder selbst begangen oder trotz Kenntnis nicht verhindert haben²¹⁸¹. Im Gegensatz zur gemeinsam von Vorstand und AR abzugebenden Entsprechenserklärung liegt die Zuständigkeit und Verantwortlichkeit für die Erklärung zur Unternehmensführung als Teil des LB allein beim Vorstand (vgl. oben Tz. 1186). Hieraus dürfte zu folgern sein, dass das Fehlen oder die Unrichtigkeit der Angaben nach § 289a Abs. 2 Nrn. 2 und 3 HGB eine Anfechtbarkeit der HV-Beschlüsse zur **Entlastung des Aufsichtsrats** nicht rechtfertigen kann²¹⁸².

1233 Bei unterlassener oder fehlerhafter Erklärungsabgabe kommt eine **zivilrechtliche Haftung** des Vorstands gegenüber der Gesellschaft wegen Sorgfaltspflichtverletzung nach § 93 AktG in Betracht, sofern hierdurch der Gesellschaft ein Schaden verursacht wurde. Eine Haftung im Außenverhältnis zu den Aktionären erscheint jedoch wegen der fehlenden Relevanz der Erklärung für die Aktienkursentwicklung und der eingeschränkten Bindungswirkung der Erklärung für die Zukunft fernliegend²¹⁸³.

1234 Ferner liegt nach § 334 Abs. 1 Nr. 3 HGB eine bußgeldbewehrte **Ordnungswidrigkeit** vor, wenn bei der Aufstellung des LB der Vorschrift des § 289a HGB über den Inhalt des LB zuwidergehandelt wurde. Dies betrifft sowohl das Fehlen als auch die nicht nur unwesentliche inhaltliche Unrichtigkeit der einzelnen Teile der Erklärung zur Unternehmensführung.

1235 Eine **Strafbarkeit** wegen unrichtiger Darstellung der Verhältnisse im LB (§ 331 Nr. 1 HGB) kommt grds. in Betracht, weil die Erklärung zur Unternehmensführung und mit ihr auch die Entsprechenserklärung nunmehr in den LB selbst aufzunehmen ist²¹⁸⁴. Allerdings müsste das Fehlen oder die inhaltliche Unrichtigkeit der Erklärung zu einer unrichtigen Wiedergabe oder Verschleierung der Verhältnisse der Gesellschaft führen. Zwar mögen die Gegenstände der Erklärung zur Unternehmensführung zu den regelungsrelevanten „Verhältnissen" gehören, fraglich und nur im Einzelfall festzustellen ist jedoch, ob es zu einer erheblichen Verletzung der Rechungslegungsvorschriften kommt, die schutzwürdige Interessen von Gläubigern, Gesellschaftern oder Arbeitnehmern berührt²¹⁸⁵. Überdies müsste ein vorsätzliches Handeln der Organmitglieder festgestellt werden.

2179 Vgl. zurückhaltend auch *Bachmann*, ZIP 2010, S. 1517 (1525); *Kocher*, DStR 2010, S. 1034 (1037); *Kuthe/ Geiser*, NZG 2008, S. 172 (173).
2180 A.A., auch insoweit einschränkend *Bachmann*, ZIP 2010, S. 1517 (1525).
2181 Vgl. *Hüffer*, AktG⁹, § 161, Rn. 31; *Sester* in Spindler/Stilz, AktG², § 161, Rn. 69; *Spindler* in Schmidt/Lutter, AktG², § 161, Rn. 64.
2182 Vgl. *Kocher*, DStR 2010, S. 1034 (1037); a.A., undifferenziert für Anfechtbarkeit auch der Entlastung des AR *Kozikowski/ Röhm-Kottmann* in BeBiKo⁷, § 289a, Rn. 49 f.
2183 Vgl. *Kocher*, DStR 2010, S. 1034 (1037); weitergehend *Bachmann*, ZIP 2010, S. 1517 (1526).
2184 Ebenso *Spindler* in Schmidt/Lutter, AktG², § 161, Rn. 73; *Tödtmann/Schauer*, ZIP 2009, S. 995 (999); zur abw. früheren Rechtslage, dass die Strafbarkeit ausschied, weil die Entsprechenserklärung nicht in den Anh. aufzunehmen war, vgl. *Lutter* in Kölner Komm. AktG³, § 161, Rn. 108; *Semler* in MünchKomm. AktG², § 161, Rn. 219.
2185 Vgl. zum Erheblichkeitserfordernis *Kozikowski/H.P. Huber* in BeBiKo⁷, § 331, Rn. 20; *Quedenfeld* in Münch-Komm. HGB², § 331, Rn. 43.

Bilanzeid　　　　　　　　　　　　　　　　　　　　　　　　　　　　　　F

Bei einer gänzlich fehlenden Erklärung zur Unternehmensführung oder beim Fehlen erforderlicher Pflichtbestandteile hat der APr. den **Bestätigungsvermerk** wegen Unvollständigkeit des **Lageberichts einzuschränken** (zu Einzelheiten s.o. Tz. 1211). **1236**

VIII. Bilanzeid
1. Grundlagen

Die gesetzlichen Vertreter bestimmter kapitalmarktorientierter KapGes. sind nach § 264 Abs. 2 S. 3 HGB[2186] zur Abgabe einer besonderen **schriftlichen Erklärung** verpflichtet. In dieser haben sie bei Unterzeichnung des JA schriftlich zu versichern, dass der JA nach bestem Wissen ein den tatsächlichen Verhältnissen entsprechendes Bild vermittelt und somit die Vorgaben des § 264 Abs. 2 S. 1 und 2 HGB erfüllt (sog. **Bilanzeid**). **1237**

Entsprechende Regelungen bestehen auch für den **Lagebericht** (§ 289 Abs. 1 S. 5 HGB; hierzu oben Tz. 1122) sowie für den **Konzernabschluss** (§ 297 Abs. 2 S. 4 HGB) und **Konzernlagebericht** (§ 315 Abs. 1 S. 6 HGB). Die genannten Erklärungspflichten bestehen auch für einen KA, der nach den in der EU anwendbaren **IFRS** aufgestellt wird (§ 315a Abs. 1 HGB), sowie auch für einen **Einzelabschluss** nach IFRS (§ 325 Abs. 2a HGB), wenn ein solcher freiwillig aufgestellt und offengelegt wird[2187]. Zur Frage der Zusammenfassung der Versicherungen zu JA und LB sowie KA und KLB vgl. unten Tz. 1264. **1238**

Die genannten gesetzlichen Vorschriften beruhen allesamt auf Art. 4 Abs. 2 lit. c, Abs. 3 der **EU-TransparenzRL**[2188], die das Ziel verfolgt, das Vertrauen der Anleger durch zuverlässige und umfassende Informationen über Wertpapieremittenten zu sichern. Gesetzgeberisches Vorbild für den Bilanzeid war die Regelung in Section 302 des US-amerikanischen SOA aus dem Jahre 2002[2189]. **1239**

Die **rechtliche Bedeutung** des Bilanzeids ist eher gering[2190]. Denn er ändert nichts an der bereits nach geltendem Recht bestehenden Verantwortlichkeit des Aufstellungsorgans, die durch die erforderliche Unterzeichnung des JA nach § 245 HGB dokumentiert wird, und an der schon bislang strafbewehrten Pflicht zur inhaltlich richtigen Aufstellung des JA. Der Regelung kommt daher vor allem eine an die gesetzlichen Vertreter gerichtete **Appell- und Warnfunktion** zu[2191]. **1240**

2. Anwendungsbereich
a) Betroffene Unternehmen

Zur Abgabe eines Bilanzeids verpflichtet sind KapGes., die **Inlandsemittenten** i.S.d. § 2 Abs. 7 WpHG sind. Dies sind zum einen Emittenten, für die Deutschland Herkunftsstaat ist, sofern nicht deren Wertpapiere ausschließlich in einem anderen EU-Mitgliedstaat oder EWR-Vertragsstaat (also Island, Liechtenstein und Norwegen) zum Handel zugelassen sind und die Emittenten bereits dort den Publikations- und Mitteilungspflichten aus der **1241**

2186 Eingeführt durch Art. 5 Nr. 3 des Transparenzrichtlinie-Umsetzungsgesetzes (TUG) v. 05.01.2007, BGBl. I, S. 10.
2187 Vgl. *Merkt* in Baumbach/Hopt, HGB³⁴, § 264, Rn. 26.
2188 Richtlinie 2004/109/EG des Europäischen Parlaments und des Rates vom 15.12.2004, ABl.EU, Nr. L 390, S. 38.
2189 Vgl. Begr. RegE zum TUG, BT-Drs. 16/2498, S. 55.
2190 *Ballwieser* in Baetge/Kirsch/Thiele, Bilanzrecht, § 264, Rn. 121.6; *Reiner* in MünchKomm. HGB², § 264, Rn. 89; *Winkeljohann/Schellhorn* in BeBiKo⁷, § 264, Rn. 63.
2191 *Fleischer*, ZIP 2007, S. 97 (104 f.); *Reiner* in MünchKomm. HGB², § 264, Rn. 89; *Winkeljohann/Schellhorn* in BeBiKo⁷, § 264, Rn. 63.

839

TransparenzRL unterliegen. Dies sind zum anderen Emittenten, für die ein anderer EU-Mitgliedstaat oder ein EWR-Vertragsstaat Herkunftsstaat ist, wenn deren Wertpapiere nur im Inland zum Handel an einem **organisierten Markt** zugelassen sind[2192]. Erfasst werden nur Emittenten, deren Wertpapiere zum Handel an einem organisierten Markt[2193] (vgl. § 2 Abs. 5 WpHG) zugelassen sind. Als organisierter Markt ist in Deutschland der regulierte Markt (§§ 32 ff. BörsG), nicht aber der Freiverkehr (§ 48 BörsG) anzusehen[2194].

1242 Die Verpflichtung zur Abgabe des Bilanzeids trifft zunächst nur **Kapitalgesellschaften** so dass der **Rechtsform** nach AG, KGaA, SE und GmbH erfasst werden. Dem Anwendungsbereich des § 264 Abs. 2 S. 3 HGB unterliegen damit insb. **AG, KGaA** und **SE**, deren **Aktien** im Inland oder einem anderen EU-Mitgliedstaat oder EWR-Vertragsstaat zum Handel an einem organisierten Markt zugelassen sind. Darüber hinaus trifft die Pflicht zur Abgabe des Bilanzeids aber auch die Organe inländischer KapGes., deren **Schuldtitel** zum Handel an einem organisierten Markt zugelassen sind. Die Verpflichtung kann daher auch Gesellschaften in der Rechtsform der **GmbH** sowie kraft Verweisung auch **Personenhandelsgesellschaften**. i.S.d. § 264a Abs. 1 HGB treffen, wenn diese entsprechende Schuldtitel begeben haben.

1243 Im Gesetz ausdrücklich von der Verpflichtung ausgenommen sind **Kapitalgesellschaften** i.S.d. **§ 327a HGB**. Dies sind solche KapGes., die ausschließlich Schuldtitel zum Handel an einem organisierten Markt mit einer Stückelung von EUR 50.000 oder größer begeben.

b) Verpflichteter Personenkreis

1244 Nach Abs. 2 S. 3 sind die **gesetzlichen Vertreter** einer in den Anwendungsbereich fallenden KapGes. zur Abgabe des Bilanzeids verpflichtet. Die Erklärungspflicht trifft damit dieselben Personen, die nach § 264 Abs. 1 S. 1 HGB auch für die Aufstellung des JA verantwortlich sind. Unzureichende Sachkenntnisse eines gesetzlichen Vertreters in Buchführung und Bilanzierung sind für seine Erklärungspflicht ohne Bedeutung, da er sich die notwendigen Kenntnisse selbst aneignen oder sich fremden Sachverstands bedienen muss[2195]. Aus dem Grundsatz der **Gesamtverantwortung** folgt, dass unabhängig von der internen Ressortverteilung **sämtliche Mitglieder** des Vertretungsorgans den Bilanzeid abzugeben haben[2196], und nicht etwa entspr. dem US-amerikanischen Vorbild nur der CEO und CFO. Im Fall der Insolvenz der Gesellschaft ist der Insolvenzverwalter zur Abgabe des Bilanzeids verpflichtet[2197].

1245 Die Abgabe des Bilanzeids ist eine **höchstpersönliche** Pflicht jedes einzelnen Mitglieds des Vertretungsorgans[2198]. Daher ist eine **Vertretung** bei der Abgabe der Erklärung ebenso **ausgeschlossen** wie eine Delegation auf andere Personen. Allerdings ist denkbar, dass eine mitwirkungsverpflichtete Person durch höhere Gewalt (z.B. lebensbedrohliche Krankheit) an der Unterschriftsleistung verhindert ist[2199]. In diesem Fall wird davon aus-

---

2192 Vgl. *Reiner* in MünchKomm. HGB², § 264, Rn. 90.
2193 Dies entspricht dem „geregelten Markt" in der Terminologie des Art. 2 Abs. 1 lit. d der TransparenzRL.
2194 Vgl. *Gelhausen/Fey/Kämpfer*, BilMoG, Kap. K, Rn. 39; *Winkeljohann/Schellhorn* in BeBiKo⁷, § 264, Rn. 64 m.w.N.
2195 *Fleischer*, ZIP 2007, S. 97 (102).
2196 *Abendroth*, WM 2008, S. 1147 (1149); *Bosse*, DB 2007, S. 39 (45); *Fleischer*, ZIP 2007, S. 97 (100); *Hönsch*, ZCG 2006, S. 117; *Reiner* in MünchKomm HGB², § 264, Rn. 93; *Winkeljohann/Schellhorn* in BeBiKo⁷, § 264, Rn. 66.
2197 *Gelhausen/Fey/Kämpfer*, BilMoG, Kap. P, Rn. 11; WP Handbuch 2008 Bd. II, L Tz. 425.
2198 *Reiner* in MünchKomm HGB², § 264, Rn. 93; *Winkeljohann/Schellhorn* in BeBiKo⁷, § 264, Rn. 67.
2199 Vgl. zur parallelen Frage der Verhinderung an der Unterzeichnung des JA nach § 245 HGB ADS⁶, § 245 HGB, Tz. 13a.

Bilanzeid F

zugehen sein, dass der JA auch ohne dessen Erklärung wirksam auf- und festgestellt werden und als Grundlage für die Gewinnverwendung dienen kann, zumal die Regelung in § 264 Abs. 2 S. 3 HGB nicht als Wirksamkeitsvoraussetzung für den JA ausgestaltet ist. Zu den Sanktionen bei unterlassener Unterzeichnung des Bilanzeids siehe Tz. 1274.

Die gesetzlichen Vertreter haben die Versicherung „nach bestem Wissen" abzugeben. Durch diesen **Wissensvorbehalt** wird zum Ausdruck gebracht, dass der Bilanzeid keine objektive „Richtigkeitsgarantie" darstellt, sondern dass der Maßstab für die Erklärung die subjektive Kenntnis von der Wirklichkeit ist, die der Erklärende tatsächlich hat oder bei Anwendung der erforderlichen Sorgfalt hätte haben müssen. Die gesetzlichen Vertreter sind hierbei verpflichtet, sich eigenverantwortlich um die Beschaffung von Informationen und die Optimierung ihres Wissensstandes zu bemühen[2200]. Diese rechnungslegungsbezogene **Informationsbeschaffungspflicht** ist Teil der gesetzlichen Überwachungs- und Sorgfaltspflichten eines ordentlichen und gewissenhaften Geschäftsleiters (§§ 91, 93 AktG, 41, 43 GmbHG), ohne jedoch den im Rahmen der Bilanzaufstellung ohnehin bestehenden Pflichtenumfang zu erweitern[2201]. **1246**

Die gebotene **Informationssorgfalt** wird jedoch nicht gewahrt, wenn sich die Verpflichteten auf vorhandenes Wissen zurückzuziehen, sich blindlings auf von anderen erstellte Unterlagen verlassen, sich bewusst „unwissend" halten und vor offenkundigen Fehlangaben die Augen verschließen oder die Versicherung einfach „ins Blaue hinein" abgeben[2202]. **1247**

Die gesetzlichen Vertreter können sich ihrer Gesamtverantwortung nicht dadurch entziehen, dass sie nach US-amerikanischem Vorbild bei den für das Rechnungswesen verantwortlichen **Mitarbeitern** eigene formularmäßige Versicherungen („mirror-certifications") einholen[2203]. Dem Regelungszweck und der hieraus folgenden höchstpersönlichen Pflicht der gesetzlichen Vertreter zur Abgabe des Bilanzeids entspricht es, dass diese ihre Verantwortung hierfür nicht auf Mitarbeiter delegieren können. Zur Bedeutung des Wissensvorbehalts für strafrechtliche Sanktionen vgl. Tz. 1272. **1248**

3. Erklärungsinhalt

Die Erklärung muss nach § 264 Abs. 2 S. 3 HGB die Versicherung enthalten, dass der JA nach bestem Wissen ein den **tatsächlichen Verhältnissen entsprechendes Bild** i.S.d. S. 1 vermittelt oder der **Anhang** Angaben nach S. 2 enthält. Der von den gesetzlichen Vertretern aufgestellte JA erfüllt im Normalfall, zumindest nach deren Überzeugung, die gesetzlichen Anforderungen des § 264 Abs. 2 S. 1 HGB und vermittelt daher unter Beachtung der Grundsätze ordnungsmäßiger Buchführung ein den tatsächlichen Verhältnissen entsprechendes Bild der Vermögens-, Finanz- und Ertragslage der KapGes. Der Erklärungsinhalt geht damit über die an den aufgestellten JA selbst zu stellenden materiellen Anforderungen, nämlich die Einhaltung der maßgeblichen Rechnungslegungsvorschriften, nicht hinaus. Der Bilanzeid kann daher abgegeben werden, wenn die Bilanzaufsteller unter Beachtung der erforderlichen kaufmännischen Sorgfalt der Meinung **1249**

[2200] *Reiner* in MünchKomm HGB², § 264, Rn. 100; *Winkeljohann/Schellhorn* in BeBiKo⁷, § 264, Rn. 69.

[2201] *Hamann*, Der Konzern 2008, S. 145 (149); *Reiner* in MünchKomm HGB², § 264, Rn. 101; *Winkeljohann/Schellhorn* in BeBiKo⁷, § 264, Rn. 69.

[2202] Vgl. *Altenhain*, WM 2008, S. 1141 (1145); *Fleischer*, ZIP 2007, S. 97 (101); *Reiner* in MünchKomm HGB², § 264, Rn. 100; *Kozikowski/H.P. Huber* in BeBiKo7, § 331, Rn. 37; *Winkeljohann/Schellhorn* in BeBiKo⁷, § 264, Rn. 67.

[2203] *Altenhain*, WM 2008, S. 1141 (1146); *Hutter/Kaulamo*, NJW 2007, S. 550 (553); *Reiner* in MünchKomm HGB², § 264, Rn. 101; a.A., derartige Erklärungen zur Entlastung der gesetzlichen Vertreter empfehlend *Abendroth*, WM 2008, S. 1147 (1150); *Fleischer*, ZIP 2007, S. 97 (101).

sind, dass der Abschluss den gesetzlichen Anforderungen entspricht. Eine darüber hinausgehende Prüfung wird nicht verlangt.

1250 Bei der Formulierung der Versicherung ist der in § 264 Abs. 2 S. 3 HGB vorgeschriebene Wortlaut möglichst **wortgetreu** wiederzugeben. Während sich die Versicherung nach der Formulierung in Art. 4 Abs. 2 lit. c der TransparenzRL auf den „im Einklang mit den maßgeblichen Rechnungslegungsstandards aufgestellten Abschluss" bezieht und damit auch eine Stellungnahme zu **Gesetzmäßigkeit** des JA enthalten ist, hat der deutsche Gesetzgeber keine Erklärung verlangt, die auch ergänzende Aussagen zur Einhaltung der gesetzlichen Vorschriften enthält. Zur Verdeutlichung des Zusammenhangs zwischen Bilanzeid und gesetzlichem JA kann es jedoch sinnvoll sein, in Anlehnung an den Wortlaut des BestV auch die Einhaltung der anwendbaren Rechnungslegungsgrundsätze in die Formulierung mit aufzunehmen[2204]. Mit einer solchen Erweiterung wären die Anforderungen des § 264 Abs. 2 S. 3 HGB jedenfalls erfüllt, allerdings kann sie nicht zwingend verlangt werden.

1251 Es ist nur dann erforderlich, in Bilanzeid eine **Aussage** zu **Anhangangaben** i.S.d. § 264 Abs. 2 S. 2 HGB zu machen, wenn der Anh. solche Angaben auch tatsächlich enthält. Dies wird nur in seltenen Ausnahmefällen gegeben sein. Als Beispiel sind ungewöhnliche bilanzpolitische Maßnahmen mit erheblichen Auswirkungen auf das Jahresergebnis zu nennen, bei denen sich ohne weitere Anhangangaben ein falsches Bild der Ertragslage ergäbe[2205].

4. Form, Ort und Zeitpunkt der Erklärungsabgabe

1252 Die Abgabe der Versicherung muss in **schriftlicher Form** erfolgen. Die bedeutet nach § 126 Abs. 1 BGB, dass die Urkunde mit dem Text der Versicherung von dem Aussteller eigenhändig durch Namensunterschrift oder mittels notariell beglaubigten Handzeichens unterzeichnet werden muss. Die Formanforderungen entsprechen denen für den JA selbst und dessen Unterzeichnung nach § 245 HGB. Eine faksimilierte Unterschrift ist daher für den Bilanzeid nicht ausreichend[2206].

1253 Nach dem Gesetzeswortlaut ist die Versicherung „bei der Unterzeichnung" abzugeben. Damit kann sinnvollerweise nur die Unterzeichnung des JA gemeint sein[2207]. Das Gesetz enthält jedoch keine weitergehenden Vorgaben für den genauen Ort, an der die Erklärung abzugeben ist. Da sich der Bilanzeid auf den JA bezieht, ist es naheliegend, die Versicherung im **räumlichen Zusammenhang** mit dem **Jahresabschluss** abzugeben. Empfehlenswert ist eine Wiedergabe an der Stelle, an der üblicherweise der JA selbst unterschrieben wird. Bei KapGes., die einen Anh. aufzustellen haben, wird die Unterschrift i.d. R. am **Ende des Anhangs** bzw. unter dem Anh. platziert[2208], da hierdurch die Übernahme der Verantwortung für alle vorangestellten Teile des JA dokumentiert wird. Da sich die durch den Bilanzeid dokumentierte Verantwortungsübernahme der gesetzlichen Vertreter ebenfalls auf den JA in seiner Gesamtheit bezieht, ist es sachgerecht, auch den Bilanzeid an dieser Stelle zu platzieren[2209].

2204 Vgl. *Hönsch*, ZCG 2006, S. 117 f.
2205 Vgl. jeweils mit weiteren Beispielen ADS⁶, § 264 HGB, Tz. 117 ff.; *Winkeljohann/Schellhorn* in BeBiKo⁷, § 264, Rn. 50.
2206 *Reiner* in MünchKomm. HGB², § 264, Rn. 93; *Winkeljohann/Schellhorn* in BeBiKo⁷, § 264, Rn. 67.
2207 *Reiner* in MünchKomm. HGB², § 264, Rn. 96; *Winkeljohann/Schellhorn* in BeBiKo⁷, § 264, Rn. 71.
2208 ADS⁶, § 245 HGB, Tz. 6; *Winkeljohann/Schellhorn* in BeBiKo⁷, § 245, Rn. 1; *Hüffer* in Staub, HGB⁴, § 245, Rn. 11.
2209 Vgl. *Winkeljohann/Schellhorn* in BeBiKo⁷, § 264, Rn. 74: „im unmittelbaren Anschluss an den Anhang"; wohl auch *Reiner* in MünchKomm. HGB², § 264, Rn. 96: „in den JA integriert".

Bilanzeid   F

Der Bilanzeid kann jedoch, da er kein Bestandteil des JA ist, auch in einer **gesonderten** **1254**
Urkunde abgegeben werden. In diesem Fall ist aber in der Erklärung eine eindeutige Bezeichnung des betreffenden JA erforderlich, um eine zweifelsfreie Zuordnung zu gewährleisten. Darüber hinaus wird zu Dokumentationszwecken im Regelfall eine feste Verbindung zum betreffenden JA zu verlangen sein, z.B. durch Beibinden der jeweiligen Originale.

Wird der Bilanzeid am Ende des Anh. abgegeben, stellt sich die Frage, ob die gesetzlichen **1255**
Vertreter für den Bilanzeid und für die Unterzeichnung des JA nach § 245 HGB **zwei separate Unterschriften** leisten müssen. Da es sich formal um zwei Rechtspflichten handelt und der Erklärungswortlaut nicht identisch ist, wäre eine zweimalige Unterzeichnung zwar zulässig. Im Hinblick darauf, dass mit der Unterzeichnung des JA die Verantwortungsübernahme für den Inhalt des JA dokumentiert wird und dem Bilanzeid letztlich dieselbe Bedeutung zukommt, erscheint es zulässig und sachgerecht, dass die gesetzlichen Vertreter unter dem Text der Versicherung am Ende des Anh. nur **einmal unterschreiben**[2210].

Zwar setzt sich der Bilanzeid bei formaler Betrachtung aus eigenständigen und eigenverantwortlichen[2211] Erklärungen der jeweiligen Mitglieder des gesetzlichen Vertretungsorgans zusammen. Hieraus kann aber nicht abgeleitet werden, dass alle Mitglieder des Vertretungsorgans eine separate Erklärung abzugeben und diese gesondert zu unterzeichnen haben. Sachgerecht und zulässig erscheint eine Formulierung der Erklärung in „**Wir-Form**", die dann durch alle Mitglieder des Vertretungsorgans unterschrieben wird. Deren **Namensunterschriften** sollten zur Klarstellung unter dem Vermerk „Der Vorstand" bzw. „Die Geschäftsführer" angebracht werden[2212] Auf diese Weise wird auch die nicht in deutsches Recht umgesetzte Anforderung aus Art. 4 Abs. 2 lit. c der TransparenzRL erfüllt, dass die verantwortlichen Personen die Versicherung „unter Angabe ihres Namens und ihrer Stellung" abzugeben haben. Üblicherweise wird die eigenhändige Namensunterschrift an einer Stelle geleistet, bei der sich eine **gedruckte Wiedergabe** des Namens findet. **1256**

Die gesetzliche Vorgabe, die Versicherung „bei der Unterzeichnung" abzugeben, enthält **1257**
auch eine **zeitliche Komponente**. Der Bilanzeid ist in dem Zeitpunkt abzugeben, in dem auch der JA an die **Öffentlichkeit** gelangt. Denn der Bilanzeid dient nicht der Information anderer Gesellschaftsorgane, sondern der Dokumentation der Verantwortungsübernahme der gesetzlichen Vertreter ggü. den Adressaten des JA. Aus rechtlicher Sicht ist es daher ausreichend, den Bilanzeid zusammen mit dem JA erst dann zu unterzeichnen, wenn der JA in seiner endgültigen, **festgestellten** Fassung vorliegt[2213].

Bei der Unterzeichnung des JA nach § 245 HGB ist es in der Praxis üblich, ein Datum kurz **1258**
vor Beendigung der Abschlussprüfung als Unterschriftszeitpunkt zu wählen[2214]. In einem solchen Fall spricht nichts dagegen, auch den Bilanzeid zu diesem Zeitpunkt abzugeben, auch wenn die öffentliche Verantwortung für die Gesetzmäßigkeit des JA erst mit der Offenlegung übernommen wird. Wenn die Unterzeichnung des Bilanzeids mit der Unter-

---

2210 Vgl. *Hönsch*, ZGC 2006, S. 117 (118); *Reiner* in MünchKomm. HGB², § 264, Rn. 96; *Winkeljohann/Schellhorn* in BeBiKo⁷, § 264, Rn. 74.
2211 Vgl. zu vorstandsinternen Meinungsverschiedenheiten über den Bilanzeid *Fleischer*, ZIP 2007, S. 97 (102).
2212 So auch für die Unterzeichnung des JA *ADS*⁶, § 246 HGB, Tz. 5.
2213 H.M.: *Claussen* in Kölner Komm. Rechnungslegungsrecht, § 264 HGB, Rn. 78; *Fleischer*, ZIP 2007, S. 97 (102); *Merkt* in Baumbach/Hopt, HGB³⁴, § 264, Rn. 26; *Reiner* in MünchKomm. HGB², § 264, Rn. 95; *Winkeljohann/Schellhorn* in BeBiKo⁷, § 264, Rn. 72; a.A. *Bosse*, DB 2007, S. 39 (45); *Hahn*, IRZ 2007, S. 375 (378).
2214 Vgl. ADS⁶, § 245 HGB, Tz. 8, § 322 HGB, Tz. 347 m.w.N.

zeichnung des JA zusammengefasst wird (hierzu Tz. 1255) ergibt sich dies Handhabung zwangsläufig.

1259 Das Gesetz verlangt eine ausdrückliche **Datumsangabe** nur für die Unterzeichnung des JA nach § 245 HGB, nicht hingegen für den Bilanzeid nach § 264 Abs. 2 S. 3 HGB. Bei Zusammenfassung der Unterschriften gilt die Datumsangabe für beides. Auch bei separaten Unterschriftsleistungen sollte der Bilanzeid zu Dokumentationszwecken mit einer Datumsangabe versehen werden.

5. Prüfung und Offenlegung

1260 Die Versicherung gem. § 264 Abs. 2 S. 3 HGB ist selbst kein Bestandteil des JA[2215]. Die ist bereits aus dem Gesetzeswortlaut abzuleiten, nach dem die Versicherung „bei der Unterzeichnung" des JA abzugeben ist. Durch den Bilanzeid wird weder einer der Bestandteile des JA i.S.d. § 264 Abs. 1 S. 1 HGB (Bilanz, GuV, Anh.) ergänzt noch der JA um einen gesonderten, zusätzlichen Bestandteil erweitert. Da der Bilanzeid kein Bestandteil des JA ist, unterliegt er auch **nicht** der **Prüfungspflicht** durch den gesetzlichen APr. nach §§ 316 ff. HGB[2216]. Wegen des Wissensvorbehalts zu Gunsten der gesetzlichen Vertreter (vgl. oben Tz. 1246) wäre eine inhaltliche Prüfung der Richtigkeit des Bilanzeids auch nicht möglich.

1261 Im Gesetz findet sich keine Regelung zu der Frage, ob bzw. auf welche Weise der Bilanzeid **offen zu legen** ist. Da die Versicherung kein Bestandteil des JA ist, wird sie vom Wortlaut der Offenlegungsvorschrift des § 325 HGB, der bei Einführung des Bilanzeids durch das TUG keine ergänzende Regelung erhalten hat, nicht erfasst. Es besteht daher eine Regelungslücke.

1262 In der Praxis stellen sich keine Probleme, wenn die Erklärung zusammen mit der Unterzeichnung des JA (§ 245 HGB) am Ende des Anh. angebracht wird. In diesem Fall wird auch der Wortlaut des Bilanzeids zwangsläufig zusammen mit dem JA nach § 325 Abs. 1 und 2 HGB offen gelegt[2217].

1263 Aber auch wenn der Bilanzeid in einem separaten Dokument abgegeben und unterschrieben wird, ist davon auszugehen, dass sich die **Offenlegungspflicht** analog § 325 HGB auch auf dieses Dokument erstreckt[2218]. Hierfür spricht insb. der Sinn und Zweck der Regelung, da die vom Gesetzgeber angestrebte Appell- und Warnfunktion ohne eine Pflicht zur Veröffentlichung des Bilanzeids weitgehend wirkungslos bliebe. Hinzu kommt, dass sich ein mittelbarer Veröffentlichungszwang auch aus § 37v WpHG ergibt. Denn die Befreiung von der Pflicht zur Veröffentlichung eines Jahresfinanzberichts nebst Bilanzeid (§ 37 v Abs. 1 S. 1 WpHG) setzt voraus, dass die Erklärung nach § 264 Abs. 2 S. 3 HGB nach den handelsrechtlichen Vorschriften mit offen gelegt wird.

6. Verbindung mit anderen Versicherungen

1264 Der deutsche Gesetzgeber hat in Umsetzung von Art. 4 Abs. 2 lit. c der TransparenzRL in § 289 Abs. 1 S. 5 HGB eine eigenständige Regelung geschaffen, die eine **Versicherung zum Lagebericht** vorsieht. Die gesetzlichen Vertreter einer KapGes. i.S.d. § 264 Abs. 2

[2215] *Winkeljohann/Schellhorn* in BeBiKo[7], § 264, Rn. 73; wohl a.A. *Reiner* in MünchKomm. HGB[2], § 264, Rn. 87: „Pflichtbestandteil des JA".

[2216] *Winkeljohann/Schellhorn* in BeBiKo[7], § 264, Rn. 73.

[2217] Vgl. *Hönsch*, ZCG 2006, S. 117 (119).

[2218] Gl.A. *Ellrott/Grottel* in BeBiKo[7], § 325, Rn. 6: „redaktionelles Versehen des Gesetzgebers"; ähnlich *Winkeljohann/Schellhorn* in BeBiKo[7], § 264, Rn. 78: „faktische Offenlegungspflicht".

Bilanzeid

S. 3 HGB haben danach **zusätzlich** in Bezug auf den LB zu versichern, dass nach bestem Wissen im LB der Geschäftsverlauf einschließlich des Geschäftsergebnisses und die Lage der KapGes. so dargestellt sind, dass ein den tatsächlichen Verhältnissen entsprechendes Bild vermittelt wird, und dass die wesentlichen Chancen und Risiken i.S.d § 289 Abs. 1 S. 4 HGB beschrieben sind. Die TransparenzRL selbst enthält in Art. 4 Abs. 2 lit. c nur eine gemeinsame Regelung für die beiden Versicherungen zu JA und LB.

Eine gesetzliche Regelung zu Form, Ort und Zeitpunkt der Abgabe dieser Erklärung besteht nicht. Auch die in § 264 Abs. 2 S. 3 HGB enthaltene Vorgabe „bei Unterzeichnung" fehlt; dies dürfte darauf beruhen, dass eine separate Unterzeichnung des LB gesetzlich nicht vorgeschrieben ist[2219]. **1265**

Da der LB nach § 325 Abs. 1 und 2 HGB zusammen mit dem JA offen gelegt wird und sich die Erklärungen inhaltlich ergänzen, empfiehlt es sich, die **Versicherung** zum **Lagebericht** mit der zum JA **zusammenzufassen**[2220]. Dies erscheint zulässig, da beide Versicherungen nicht Bestandteil des JA bzw. LB sind, die räumliche Anordnung der Erklärungen nicht geregelt ist und zwei getrennte Erklärungen vom Gesetz nicht verlangt werden. Es erscheint zweckmäßig, in entspr. Weise auch die **Versicherungen** zum **Konzernabschluss** (§ 297 Abs. 2 S.4) und zum KLB (§ 315 Abs. 1 S. 6) in einer einheitlichen Erklärung **zusammenzufassen**[2221]. **1266**

Die Erklärungen zum **Konzernabschluss** und zum **Konzernlagebericht** sind grds. gesondert von denen zum JA und zum LB abzugeben, da KA und KLB in einem separaten Dokument enthalten sind und der KA auch gesondert unterzeichnet wird (vgl. § 298 Abs. 1 i.V.m. § 245 HGB). **1267**

Wenn der **Konzernanhang** und der **Anhang** zum JA des MU nach § 298 Abs. 3 HGB **zusammengefasst** werden, ist es üblich und ausreichend, das zusammengefasste Dokument nur einmal zu unterzeichnen[2222]. In dieser Fallkonstellation ist es dann, wenn JA und KA nach **denselben Rechnungslegungsgrundsätzen** aufgestellt worden sind, zweckmäßig, auch die Versicherungen **zusammenzufassen** und nur einmal zu unterzeichnen[2223]. Es kommt jedoch häufig vor, dass der JA nach den Vorschriften des HGB, der KA hingegen nach den **IFRS** aufgestellt wird. In diesem Fall dürfte es sich im Interesse der Klarheit angebracht sein, die Erklärungen in zwei **getrennten** Absätzen abzugeben, diese aber im Anschluss an den zweiten Absatz nur einmal zu unterschreiben. **1268**

7. Sanktionen

Nach dem neuen **Straftatbestand** des § 331 Nr. 3a HGB wird die unrichtige Abgabe der Versicherung nach § 264 Abs. 2 S. 3 HGB mit **Freiheitsstrafe** bis zu drei Jahren oder mit **Geldstrafe** bestraft[2224]. Diese Regelung soll dazu beitragen, der Forderung nach einer Verschärfung der Strafvorschriften im Kapitalmarktbereich als Reaktion auf die ver- **1269**

[2219] Vgl. hierzu ADS[6], § 245 HGB, Tz. 3; *Ballwieser* in MünchKomm. HGB[2], § 245, Rn. 4; *Ellrott/Swart* in HdR[5], § 245, Rn. 7; a.A., für zusätzliche Unterzeichnung des LB *Winkeljohann/Schellhorn* in BeBiKo[7], § 264, Rn. 16.

[2220] So auch *Ellrott* in BeBiKo[7], § 289, Rn. 56; *Reiner* in MünchKomm. HGB[2], § 264, Rn. 96; *Winkeljohann/Schellhorn* in BeBiKo[7], § 264, Rn. 76 m.w.N.

[2221] *Ellrott* in BeBiKo[7], § 315, Rn. 24; vgl. mit einheitlichem Formulierungsvorschlag zum KA und KLB *DSR*, WPg 2008, S. 46.

[2222] Vgl. ADS[6], § 245 HGB, Tz. 3; *Winkeljohann/Schellhorn* in BeBiKo[7], § 245, Rn. 4.

[2223] Gl.A. *Winkeljohann/Schellhorn* in BeBiKo[7], § 264, Rn. 75.

[2224] Vgl. zur strafrechtsdogmatischen Einordnung der Vorschrift *Abendroth*, WM 2008, S. 1147 (1149); *Altenhain*, WM 2008, S. 1141 (1142 f.); *Hamann*, Der Konzern 2008, S. 145 (146 ff.).

schiedenen Finanzskandale der letzten Jahre nachzukommen[2225]. Der Strafrahmen entspricht demjenigen, der bereits nach § 331 Nrn. 1 und 2 HGB für die unrichtige Wiedergabe oder Verschleierung der Verhältnisse der KapGes. im JA bzw. KA vorgesehen ist.

1270 Nicht unumstritten ist, in welchem **Konkurrenzverhältnis** die genannten Straftatbestände zueinander stehen. Der Bilanzeid zum JA kann nur dann unrichtig sein, wenn auch der zugrunde liegende JA erhebliche Unrichtigkeiten enthält und damit objektiv falsch i.S.d. § 331 Nr. 1 HGB ist. Dies spricht für ein Verhältnis der Idealkonkurrenz (§ 52 StGB) zwischen beiden Vorschriften, zumal in der Praxis die Unterzeichnung von JA und Bilanzeid und deren Offenlegung regelmäßig in jeweils einem Akt vorgenommen werden (s. Tz. 1255). Nach abw. Ansicht soll aus der Möglichkeit des zeitlichen Auseinanderfallens von Aufstellung des JA und Abgabe des Bilanzeids zu folgern sein, dass es sich um zwei verschiedene Tathandlungen handele, so dass die Vorschriften zueinander im Verhältnis der Realkonkurrenz (§ 53 StGB) stünden[2226].

1271 Der objektive Tatbestand des § 331 Nr. 3a HGB wird erst bei Überschreiten einer **Erheblichkeitsschwelle** erfüllt. Eine Strafbarkeit ist daher erst dann gegeben, wenn die zur Unrichtigkeit des Bilanzeids führenden Rechnungslegungsfehler so erheblich sind, dass sie in der Gesamtbetrachtung zu einer unrichtigen oder unvollständigen Darstellung der Verhältnisse führen[2227]. Dies entspricht der restriktiven Sichtweise bei Anwendung des § 331 Nr. 1 HGB[2228]. Ebenso führen nur **formale Fehler** bei der Abgabe der Erklärung nicht zur Strafbarkeit[2229]. Denn hierdurch wird das geschützte Rechtsgut, nämlich das Vertrauen der Anleger in die Richtigkeit und Redlichkeit der veröffentlichen Finanzinformationen[2230], inhaltlich nicht berührt. Zu denken ist etwa an Schreibfehler oder sprachlich verunglückte Sätze bei der Formulierung der Versicherung oder an eine auf den Bilanzeid bezogene falsche Datumsangabe.

1272 Die strafrechtliche Bedeutung des **Wissensvorbehalts** („nach bestem Wissen") ist umstritten[2231]. Während Teile des Schrifttums hierin nur das „objektive Tatbestandsmerkmal" der Unrichtigkeit wiedererkennen[2232], wollen andere Literaturstimmen[2233] hieraus das subjektive Tatbestanderfordernis eines direkten Vorsatzes ableiten (zum Vorsatz siehe Tz. 1273). Nach den Gesetzesmaterialien soll hierdurch zum Ausdruck gebracht werden, dass nur vorsätzliches Handeln bei der Abgabe des Bilanzeids bezogen auf die Richtigkeit der Angaben und nicht bereits fahrlässiges Verhalten die Strafbarkeit auslöst; dabei genüge es aber für die richtige Abgabe des Bilanzeids nicht, wenn sich die Betroffenen auf „vorhandenes Wissen zurückziehen" und die allgemeinen Sorgfaltspflichten bei der Rechnungslegung missachten[2234]. Nach verbreiteter Ansicht dient der Wissensvorbehalt

---

2225 Begr. RegE zum TUG, BT-Drs. 16/2498, S. 55.
2226 So *Quedenfeld* in MünchKomm. HGB², § 331, Rn. 93.
2227 *Fleischer*, ZIP 2007, S. 97 (102); *Kozikowski/H.P. Huber* in BeBiKo⁷, § 331, Rn. 36; *Reiner* in MünchKomm. HGB², § 264, Rn. 106; *Quedenfeld* in MünchKomm. HGB², § 331, Rn. 65.
2228 Hierzu *Kozikowski/H.P. Huber* in BeBiKo⁷, § 331, Rn. 20; *Quedenfeld* in MünchKomm. HGB², § 331, Rn. 43.
2229 *Altenhain*, WM 2008, S. 1141 (1143 f.).
2230 Vgl. *Abendroth*, WM 2008, S. 1147 (1149); *Fleischer*, ZIP 2007, S. 97 (103); *Hamann*, Der Konzern 2008, S. 145 (146); *Quedenfeld* in MünchKomm. HGB², § 331, Rn. 1; a.A. *Altenhain*, WM 2008, S. 1141 (1143): nur „Schutz des Vermögens der Anleger".
2231 Hierzu ausführlich *Altenhain*, WM 2008, S. 1141 (1144 ff.); *Hamann*, Der Konzern 2008, S. 145 (147 ff.) m.w.N.
2232 *Hamann*, Der Konzern 2008, S. 145 (147); *Quedenfeld* in MünchKomm. HGB², § 331, Rn. 78.
2233 Vgl. *Heldt/Ziemann*, NZG 2006, S. 652 (654); *Reiner* in MünchKomm. HGB², § 264, Rn. 105.
2234 Beschlussempfehlung und Bericht des Finanzausschusses, BT-Drs. 16/3644, S. 58.

damit im Wesentlichen nur der Klarstellung, dass bloße Fahrlässigkeit (hierzu Tz. 1273) beim Bilanzeid nicht strafbar ist[2235].

Die Strafbarkeit nach § 331 Nr. 3a HGB setzt Vorsatz voraus, wobei **bedingter Vorsatz** genügt[2236]. Die subjektiven Tatbestandsvoraussetzungen stimmen damit mit denen in § 331 Nr. 1 HGB überein. Aus dem im Gesetzgebungsverfahren eingefügten Wissensvorbehalt kann nicht auf das Erfordernis eines direkten Vorsatzes geschlossen werden. Eine Strafbarkeit des Verantwortlichen ist daher auch dann gegeben, wenn dieser zwar keine positive Kenntnis von der Falschdarstellung hat, diese aber tatsächlich für möglich hält und die Unrichtigkeit des JA billigend in Kauf nimmt. Dagegen führt ein nur **fahrlässiges Verhalten** nicht zur Strafbarkeit nach § 331 Nr. 3a HGB[2237]. Daher bleiben die gesetzlichen Vertreter straffrei, wenn sie bei Abgabe des Bilanzeids trotz Beachtung ihrer Informationsbeschaffungspflichten die objektive Unrichtigkeit des JA weder kennen noch konkret mit ihr rechnen. 1273

Eine strafrechtliche Sanktion bei **unterlassener Mitwirkung** sieht das HGB nicht vor. Die noch im RegE des TUG vorgesehene strafrechtliche Sanktion auch für den Fall, dass eine Versicherung nicht abgegeben wird[2238], ist im Rahmen der Ausschussberatungen[2239] gestrichen worden. Der **Versuch** der Abgabe eines unrichtigen Bilanzeids ist ebenfalls **nicht strafbar**[2240]. 1274

Da der Bilanzeid Bestandteil des Jahresfinanzberichts und des Halbjahresfinanzberichts ist, wird er von den **Ordnungswidrigkeitstatbeständen** in § 39 Abs. 2 Nr. 24 und 25 WpHG erfasst. In diesem Rahmen stellt nicht nur die Abgabe eines unrichtigen Bilanzeids, sondern auch das **Unterlassen** der Abgabe der Versicherung eine bußgeldbewehrte Ordnungswidrigkeit dar[2241]. 1275

In **zivilrechtlicher** Hinsicht ist festzustellen, dass der Bilanzeid **keine rechtsgeschäftliche** Erklärung an die Abschlussadressaten darstellt, mit der die Erklärenden eine persönliche **garantieähnliche** Einstandspflicht für die Richtigkeit der Angaben übernehmen[2242]. Eine Schadensersatzhaftung der gesetzlichen Vertreter ggü. Gesellschaftern und Gläubigern auf vertraglicher Rechtsgrundlage scheidet damit aus. Der mit dem Bilanzeid verfolgte Regelungszweck der Vertrauensbildung bietet auch keine hinreichende Begründung, um hieraus eine Haftung der gesetzlichen Vertreter aus culpa in contrahendo (§ 311 BGB) wegen der Inanspruchnahme besonderen persönlichen Vertrauens abzuleiten[2243]. 1276

2235 Vgl. *Bosse*, DB 2007, S. 39 (45); *Hamann*, Der Konzern 2008, S. 145 (148); *Merkt* in Baumbach/Hopt, HGB[34], § 264, Rn. 26; zur Abgrenzung zwischen bewusster Fahrlässigkeit und bedingtem Vorsatz beim Bilanzeid ausführlich *Altenhain*, WM 2008, S. 1141 (1145 f.).
2236 *Fleischer*, ZIP 2007, S. 97 (102); *Hamann*, Der Konzern 2008, S. 145 (148); *Kozikowski/H.P. Huber* in BeBiKo[7], § 331, Rn. 38; *Quedenfeld* in MünchKomm. HGB[2], § 331, Rn. 78 m.w.N; a.A. *Reiner* in MünchKomm. HGB[2], § 264, Rn. 105: „bedingter Vorsatz nicht ausreichend".
2237 *Altenhain*, WM 2008, S. 1141 (1145); *Hamann*, Der Konzern 2008, S. 145 (148); *Kozikowski/H.P. Huber* in BeBiKo[7], § 331, Rn. 38; *Quedenfeld* in MünchKomm. HGB[2], § 331, Rn. 78.
2238 Vgl. hierzu *Heldt/Ziemann*, NZG 2006, S. 652 (653).
2239 Vgl. Stellungnahme des Bundesrats, BT-Drs. 16/2917, S. 3; Empfehlung und Bericht des Finanzausschusses, BT-Drs. 16/3644, S. 59.
2240 Vgl. *Kozikowski/H.P. Huber* in BeBiKo[7], § 331, Rn. 37; *Quedenfeld* in MünchKomm. HGB[2], § 331, Rn. 87.
2241 *Abendroth*, WM 2008, S. 1147 (1149); *Kozikowski/H.P. Huber* in BeBiKo[7], § 331, Rn. 35; *Quedenfeld* in MünchKomm. HGB[2], § 331, Rn. 65.
2242 *Fleischer*, ZIP 2007, S. 97 (103); *Merkt* in Baumbach/Hopt, HGB[34], § 264, Rn. 26.
2243 *Reiner* in MünchKomm. HGB[2], § 264, Rn. 109.

1277 Eine **deliktsrechtliche Haftung** der gesetzlichen Vertreter kann sich, wenn eine vorsätzlich falsche Bilanzierung mit einem unzutreffenden Bilanzeid einhergeht, aus dem Gesichtspunkt der vorsätzlichen sittenwidrigen Schädigung nach § 826 BGB ergeben[2244]. Darüber hinaus kommt § 823 Abs. 2 BGB als Anspruchsgrundlage in Betracht, da die Strafvorschrift des § 331 Nr. 3a HGB im Hinblick auf den mit der Regelung bezweckten Anlegerschutz als **Schutzgesetz** zu qualifizieren ist[2245]. In Falle einer deliktischen Schädigung sind auch Dritthaftungsansprüche gegen die gesetzlichen Vertreter möglich. Eine materielle Haftungsverschärfung ist mit den neuen Regelungen zum Bilanzeid nicht verbunden, da eine vorsätzlich falsche Bilanzierung bereits nach bisherigem Recht eine deliktsrechtliche Haftung nach sich ziehen konnte[2246].

1278 Auf **gesellschaftsrechtlicher** Ebene machen sich die gesetzlichen Vertreter wegen der Verletzung ihrer Sorgfaltspflichten als ordentliche und gewissenhafte Geschäftsleiter (§ 93 AktG, § 43 GmbHG) ggü. der Gesellschaft schadensersatzpflichtig, wenn sie schuldhaft einen unrichtigen Bilanzeid abgeben oder die Abgabe unterlassen[2247]. Da die gesetzlichen Vertreter bereits ohnehin im Rahmen ihrer gesetzlichen Sorgfaltspflichten zur Aufstellung eines ordnungsgemäßen JA verpflichtet sind, folgt aus der Verpflichtung zur Abgabe des Bilanzeids im Normalfall jedoch keine Haftungsverschärfung[2248].

IX. Aufstellung und Prüfung des Abhängigkeitsberichts

1. Allgemeines

1279 In den §§ 311 bis 318 AktG hat der Gesetzgeber Regelungen für Abhängigkeitsverhältnisse (§ 17 AktG) getroffen, die nicht aufgrund eines Beherrschungsvertrags (§ 291 AktG) oder einer Eingliederung (§§ 319 ff. AktG) zustande gekommen sind, sondern auf anderen rechtlichen oder tatsächlichen Umständen beruhen (sog. **faktischer Konzern**). Diese Regelungen sollen im Interesse der schutzwürdigen Belange der (Minderheits-)Aktionäre und der Gläubiger der abhängigen Gesellschaft eine Benachteiligung durch einen fremdbestimmten Unternehmerwillen ausschließen.

1280 Besteht ein Beherrschungsvertrag, ist das herrschende Unternehmen berechtigt, der abhängigen Gesellschaft Weisungen – und zwar auch nachteilige – zu erteilen (§ 308 AktG). Ohne Beherrschungsvertrag wollte der Gesetzgeber hingegen eine nachteilige Einflussnahme nicht ohne weiteres zulassen. Das Gesetz erklärt jedoch auch in diesem Fall nicht jede Einflussnahme auf die abhängige Gesellschaft für verboten oder rechtswidrig[2249]. Es bestimmt lediglich die Folgen, die eintreten, wenn das herrschende Unternehmen die abhängige Gesellschaft zu nachteiligen Rechtsgeschäften oder Maßnahmen veranlasst. Das herrschende Unternehmen muss dann nämlich die **Nachteile ausgleichen**.

1281 § 311 Abs. 1 AktG bestimmt deshalb, dass das herrschende Unternehmen seinen Einfluss nicht dazu nutzen darf, eine abhängige AG oder KGaA zur Vornahme nachteiliger Rechtsgeschäfte oder Maßnahmen zu veranlassen, „es sei denn, dass die Nachteile ausgeglichen werden". Aus dieser Bestimmung ist zu schließen, dass eine nachteilige Beeinflussung nur dann **zulässig** sein kann, wenn sich der Nachteil ex ante in ausreichend

---

2244 Vgl. *Fleischer*, ZIP 2007, S. 97 (103); *Merkt* in Baumbach/Hopt, HGB[34], § 264, Rn. 26.
2245 Vgl. *Fleischer*, ZIP 2007, S. 97 (103); *Hönsch*, ZCG 2006, S. 117 (119); *Kozikowski/H.P.Huber* in BeBiKo[7], § 331, Rn. 40; *Quedenfeld* in MünchKomm. HGB[2], § 331, Rn. 2.
2246 Vgl. *Kozikowski/H.P. Huber* in BeBiKo[7], § 331, Rn. 40.
2247 *Reiner* in MünchKomm. HGB[2], § 264, Rn. 108; *Winkeljohann/Schellhorn* in BeBiKo[7], § 264, Rn. 79.
2248 Vgl. *Reiner* in MünchKomm. HGB[2], § 264, Rn. 108.
2249 Vgl. *Geßler*, DB 1965, S. 1729.

Aufstellung und Prüfung des Abhängigkeitsberichts **F**

engen Grenzen quantifizieren und damit auch ausgleichen lässt[2250]. Für den Fall, dass der Ausgleich nicht schon während des GJ erfolgt, in dem der Nachteil entstanden ist, sieht § 311 Abs. 2 AktG folgende Ausgleichsregelung vor:

Spätestens am Ende des GJ muss bestimmt werden, wann und durch welche Vorteile der Nachteil ausgeglichen werden soll. Auf die zum Ausgleich bestimmten Vorteile ist der abhängigen Gesellschaft ein **Rechtsanspruch** zu gewähren. Mit dieser Regelung soll erreicht werden, dass die nicht tatsächlich ausgeglichenen Nachteile innerhalb eines Jahres erfasst und für diesen Zeitraum durch Gewährung eines Rechtsanspruchs ausgeglichen werden. Die periodische Betrachtungsweise zwingt also dazu, entstandene Nachteile auch dann innerhalb eines Jahres auszugleichen, wenn ein ihnen entsprechender, noch ungewisser Vorteil erst in späteren GJ eintreten sollte[2251]. Soweit sich der Nachteil bilanziell niedergeschlagen hat, muss dem Vorteil im selben GJ eine entsprechende bilanzielle Wirkung zukommen[2252]. **1282**

Erfolgt der vorgesehene Ausgleich nicht bis zum Ende des GJ, entstehen automatisch **Schadensersatzansprüche** aus § 317 AktG[2253]. Ein durchsetzbarer Rechtsanspruch auf Nachteilsausgleich besteht dagegen – wenn er nicht ausdrücklich vereinbart wird (§ 311 Abs. 2 S. 2 AktG) – weder vor Ende des GJ noch danach[2254]. Können bis zum Ende des GJ noch nicht alle Nachteile festgestellt oder beziffert werden, kann das abhängige mit dem herrschenden Unternehmen einen **Nachteilsausgleichsvertrag** schließen, um die Entstehung von Schadensersatzansprüchen zu vermeiden[2255]. **1283**

Ein Eckpfeiler in dem zum Schutz von Minderheitsaktionären und Gläubigern abhängiger Gesellschaften geschaffenen Gesetzgebungswerk ist die vorgeschriebene Aufstellung des **Abhängigkeitsberichts** und seine **Prüfung** durch den APr.[2256]. Schon bei der Beratung der mit dem Aktiengesetz 1965[2257] eingeführten Regelung sind Bedenken laut geworden, ob bei der Vielfalt der möglichen Unternehmensbeziehungen in allen Fällen ausreichende Beurteilungsmaßstäbe für die Angemessenheit der Einflussnahme des herrschenden Unternehmens zur Verfügung stehen, die eine objektive Prüfung überhaupt erst ermöglichen. **1284**

Trotz der berechtigten Bedenken und bestehender Beurteilungsprobleme – speziell im Bereich von getroffenen oder unterlassenen Maßnahmen[2258] – kann nach den vorlie- **1285**

[2250] Vgl. ADS⁶, § 311 AktG, Tz. 59; *Dierdorf*, S. 256; *Hüffer*, AktG⁹, § 311, Rn. 42. Nachteilige Weisungen, die nicht im Interesse des herrschenden oder mit ihm verbundener Unternehmen erfolgen, sind – wie beim Vertragskonzern (§ 308 Abs. 1 S. 2 AktG) – allerdings auch dann unzulässig, wenn sie ausgleichsfähig sind; vgl. ADS⁶, § 311 AktG, Tz. 60; *Hüffer*, AktG⁹, § 311, Rn. 43; *Krieger* in MünchHdb. AG³, § 69, Rn. 23b.

[2251] Vgl. ADS⁶, § 311 AktG, Tz. 66.

[2252] ADS⁶, § 311 AktG, Tz. 66; *Habersack* in Emmerich/Habersack, Aktien- und GmbH-Konzernrecht⁶, § 311, Rn. 63; *H.-F. Müller* in Spindler/Stilz, AktG², § 311, Rn. 50; *Knoll* in MünchAnwaltsHdb. Aktienrecht², § 52, Rn. 108; differenzierend *Vetter* in Schmidt/Lutter, AktG², § 311, Rn. 76 m.w.N.

[2253] Zu dem Verhältnis von § 311 zu § 317 vgl. *Hüffer*, AktG⁹, § 311, Rn. 3; *Kellmann*, BB 1969, S. 1509; zur Frage, ob der JA bei Nichtaktivierung des Schadensersatzanspruchs richtig sein kann, vgl. Rn. 68 sowie BGH v. 15.11.1993, DB 1994, S. 84; *Habersack* in Emmerich/Habersack, Aktien- und GmbH-Konzernrecht⁶, § 312, Rn. 20; krit. zur Bewertung eines solchen Anspruchs *Kropff*, ZGR 1994, S. 628 (638); zur Frage der zeitgleichen Aktivierung *H.-P. Müller*, AG 1994, S. 410.

[2254] *Hüffer*, AktG⁹, § 311, Rn. 38; *Krieger* in MünchHdb. AG³, § 69, Rn. 85; *Vetter* in Schmidt/Lutter, AktG², § 311, Rn. 93.

[2255] Hierzu LG München I, AG 2010, S. 173 ff.; ADS⁶, § 311 AktG, Tz. 59, 71; *Emmerich/Habersack*, Aktien- und GmbH-Konzernrecht⁶, § 311, Rn. 72.

[2256] Umstritten ist, ob der Abhängigkeitsbericht und seine Prüfung das allgemeine Auskunfts- und Informationsrecht der Aktionäre beschränkt; bejahend OLG Frankfurt a.M., DB 2003, S. 600 (601); a. A. *Habersack* in Emmerich/Habersack, Aktien- und GmbH-Konzernrecht⁶, § 312, Rn. 5 m.w.N.

[2257] BGBl. I 1965, S. 1089, in Kraft getreten am 01.01.1966.

[2258] So auch schon *Möschel*, ZRP 1973, S. 162; vgl. auch *Habersack* in Emmerich/Habersack, Aktien- und GmbH-Konzernrecht⁶, § 311, Rn. 53; *Koppensteiner* in Kölner Komm., AktG³, § 311, Rn. 57.

genden Erfahrungen[2259] wohl festgestellt werden, dass sich die gesetzliche Regelung im Großen und Ganzen, insb. durch ihre präventive Wirkung, durchaus in der Praxis bewährt[2260]. Ihre Wirkung zeigt sich u.a. darin, dass die gesetzlichen Bestimmungen und die mit den Beurteilungsschwierigkeiten zwangsläufig verbundenen Risiken einen Druck ausüben, die Berichtspflicht durch Abschluss eines Unternehmensvertrags oder durch andere gesellschaftsrechtliche Maßnahmen zu beenden oder von vornherein gar nicht entstehen zu lassen[2261]. Die Anzahl der Fälle, in denen ein Abhängigkeitsbericht zu erstatten ist, wird sich damit in relativ engen Grenzen halten; eine Entwicklung, die mit den Absichten und Zielen des Gesetzgebers durchaus im Einklang stehen dürfte.

2. Verpflichtung zur Aufstellung

a) Voraussetzungen

1286 Die Berichtspflicht aus § 312 Abs. 1 AktG dient der Feststellung, welche Rechtsgeschäfte und Maßnahmen zu Nachteilen für die abhängige Gesellschaft geführt haben, sowie der Durchsetzung des Nachteilsausgleichs. Hiernach hat der Vorstand[2262] einer abhängigen Gesellschaft in den ersten drei Monaten des GJ einen „Bericht über die Beziehungen der Gesellschaft zu verbundenen Unternehmen" aufzustellen. Im RegE zum AktG 1965 war dieser Bericht als „**Abhängigkeitsbericht**" bezeichnet[2263], und dieser Ausdruck hat sich auch in der Praxis weitgehend durchgesetzt. Zu berichten ist auch nach Ablauf eines Rumpf-GJ[2264] und zwar auch dann, wenn die Gesellschaft erst neu gegründet wurde, für das (Rumpf-)GJ der werbenden Gesellschaft vor Liquidation sowie während der Liquidation[2265].

1287 Das **Verfahren zur Aufstellung und Prüfung** des Abhängigkeitsberichts ist eng mit der Aufstellung und Prüfung des JA verzahnt: Der Bericht ist gleichzeitig mit dem JA und dem LB dem APr. vorzulegen (§ 313 Abs. 1 S. 1 AktG); die Schlusserklärung des Vorstands ist in den LB aufzunehmen (§ 312 Abs. 3 S. 3 AktG); der AR hat über seine Prüfung an die HV zu berichten (§§ 314 Abs. 2, 171 Abs. 2 AktG)[2266]. Aus dieser engen Verknüpfung war gefolgert worden, dass der Bericht für ein bestimmtes GJ nicht nachträglich erstattet werden müsse, wenn der JA für dieses GJ bereits wirksam festgestellt worden sei. Dem ist der BGH[2267] mit der Begründung entgegengetreten, der Schutzzweck der Vorschrift erfordere ggf. auch eine **Nachholung**. Andernfalls hätten es Vorstand und AR weitgehend in der Hand, durch eine kurzfristige Feststellung des JA nach Ende des GJ die Notwendigkeit der Aufstellung des Abhängigkeitsberichts zu umgehen.

1288 Hiernach ist davon auszugehen, dass die Aufstellung des Abhängigkeitsberichts und das weitere Verfahren zumindest bis zum Ablauf der fünfjährigen Verjährungsfrist (§§ 317

2259 Vgl. *Hommelhoff*, ZHR 1992, S. 295; *Küting*, ZfB 1975, S. 473; *Walther*, ZGR 1974, S. 208.
2260 So auch ADS[6], § 311 AktG, Tz. 2a; *Lutter/Trölitzsch* in Lutter[4], § 7, Rn. 52 m.w.N.
2261 Dies betonte auch *Hommelhoff*, ZHR 1992, S. 295 (313), aufgrund einer Befragung von erfahrenen Praktikern.
2262 D.h. das Gesamtorgan; hierzu *Hüffer*, AktG[9], § 312, Rn. 2; verpflichtet ist der Vorstand in seiner Zusammensetzung zum Zeitpunkt der Berichterstattung, vgl. *Döllerer*, S. 441 (448).
2263 Zum Grund der Formulierungsänderung vgl. *Kropff*, AktG, S. 412.
2264 *IDW St/HFA 3/1991*, Abschn. I.13.
2265 ADS[6], § 312 AktG, Tz. 16; *Förschle/Deubert* in Budde/Förschle/Winkeljohann, Sonderbilanzen[4], Kap. T, Rn. 385 ff.
2266 Zum Verfahren siehe auch OLG Frankfurt a.M., DB 2003, S. 600.
2267 BGH v. 17.03.1997, DB, S. 1121 (1122); so auch OLG Düsseldorf, AG 2000, S. 365 (366); OLG Braunschweig, AG 1996, S. 271; LG Traunstein, AG 1993, S. 521; *Hüffer*, AktG[9], § 312, Rn. 10; *Koppensteiner* in Kölner Komm. AktG[3], § 312, Rn. 32; *Krieger* in MünchHdb. AG[3], § 69, Rn. 94; *Schiessl*, ZGR 1998, S. 871 (875 f.); a.A. noch OLG Köln, AG 1978, S. 171 f.

Abs. 4, 309 Abs. 5 AktG) für Schadensersatzansprüche aus §§ 317 f. AktG nachgeholt werden muss[2268]; darauf, ob sie ursprünglich vorsätzlich oder fahrlässig unterblieben ist, kommt es nicht an. Nicht abschließend geklärt ist allerdings, wie die Verfahrensschritte nachgeholt werden sollen, die normalerweise der Berichterstattung nachfolgen[2269]. Dabei wird es i.d.R. ausreichen, den Bericht in das **Verfahren des nächsten folgenden Jahresabschlusses einzubeziehen**, d.h. die Schlusserklärung – ggf. zusammen mit der Schlusserklärung zu dem aktuellen Abhängigkeitsbericht – in den nächsten LB aufzunehmen, den Bericht durch den APr. des neuen GJ prüfen zu lassen und ihn zusammen mit den laufenden Unterlagen dem AR zur Prüfung vorzulegen. Dieser nimmt ihn dann in seine Berichterstattung an die HV auf. Eine Behandlung i.Z.m. dem ursprünglichen JA für das GJ, auf den er sich bezieht, ist nur dann sachgerecht, wenn dieser Abschluss ohnehin geändert, einer Nachtragsprüfung unterzogen und neu festgestellt wird[2270].

Nach § 312 Abs. 1 AktG hat eine AG einen Abhängigkeitsbericht nur dann aufzustellen, wenn sie „abhängig" ist. Voraussetzung für die Erstellung ist also ein **Abhängigkeitsverhältnis** i.S.d. § 17 AktG. Der Abhängigkeitsbegriff des § 17 Abs. 1 AktG ist uneingeschränkt auch im Rahmen der §§ 311 ff. AktG anzuwenden[2271]. Danach ist eine Gesellschaft abhängig, wenn ein anderes Unternehmen, das sog. herrschende Unternehmen, unmittelbar oder mittelbar einen beherrschenden Einfluss ausüben kann[2272]. Allerdings ist auf der Grundlage der Rspr. des BGH[2273] inzwischen allgemein anerkannt, dass ein Unternehmen auch von mehreren anderen Unternehmen abhängig sein kann, wenn diese ihre Willensbildung auf einer ausreichend sicheren Grundlage koordinieren („**Gemeinschaftsunternehmen**"). Mit der Anerkennung mehrfacher Abhängigkeit soll auch in diesen Fällen dem vom Gesetzgeber gewollten Schutz der abhängigen Gesellschaft gegen einen fremdbestimmten Unternehmerwillen Geltung verschafft werden. **1289**

Der Vorstand einer AG muss sich daher zunächst darüber klar werden, ob seine Gesellschaft als abhängig zu betrachten ist oder nicht. Hierbei kommt der – widerlegbaren – **Abhängigkeitsvermutung** (§ 17 Abs. 2 AktG) besondere Bedeutung zu[2274]. Das Ergebnis seiner Überlegungen ist vom APr. unter Berücksichtigung der rechtlichen und tatsächlichen Umstände zu prüfen[2275]. **1290**

Auch **Gesellschaften ohne Minderheitsaktionäre**, deren sämtliche Geschäftsanteile von dem oder den herrschenden Unternehmen gehalten werden, haben einen Abhängigkeitsbericht aufzustellen. In diesem Fall fehlt es zwar an einem Schutzbedürfnis außenstehender Aktionäre; das Gesetz lässt jedoch – wohl im Hinblick auf den Gläubigerschutz – einen Verzicht auf die Erstellung des Abhängigkeitsberichts nicht zu. Der Bericht ist daher auch bei 100%iger Beteiligung in dem gesetzlich vorgeschriebenen Umfang zu erstatten[2276]. **1291**

2268 Für eine analoge Anwendung der Sechsmonatsfrist des § 256 Abs. 6 AktG *Götz*, NZG 2001, S. 68 ff.
2269 Zu den üblichen Verfahrensschritten vgl. Tz. 1365 ff.
2270 Vgl. auch OLG Braunschweig, AG 1996, S. 271 (272), das eine „nachträgliche Vorlage" für sachgerecht hält, dabei aber offen lässt, in welchem Zusammenhang die Prüfung erfolgen soll.
2271 Vgl. ADS⁶, § 311 AktG, Tz. 3; *Förschle/Heinz* in BeBiKo⁷, § 289, Rn. 226.
2272 Vgl. hierzu auch T Tz. 99 ff.
2273 BGH v. 04.03.1974, WPg, S. 193; vgl. auch ADS⁶, § 17 AktG, Tz. 40; *Bayer* in MünchKomm AktG³, § 17, Rn. 76.
2274 Vgl. hierzu T Tz. 130 ff., sowie ADS⁶, § 17 AktG, Tz. 95.
2275 *IDW St/HFA 3/1991*, Abschn. III.3.
2276 Vgl. *Koppensteiner* in Kölner Komm. AktG³, § 312, Rn. 9; ferner ADS⁶, § 312 AktG, Tz. 29; *Habersack* in Emmerich/Habersack, Aktien- und GmbH-Konzernrecht⁶, § 312, Rn. 6; hierzu kritisch *Götz*, AG 2000, S. 498.

1292 Ebenso ist es ohne Bedeutung, ob das Abhängigkeitsverhältnis durch ein **Konzernverhältnis** überlagert ist; auch abhängige Konzernunternehmen unterliegen der Berichterstattungspflicht, sofern kein Beherrschungs- oder Gewinnabführungsvertrag (§ 291 AktG) besteht und keine Eingliederung vorliegt.

1293 Nach dem Wortlaut des § 312 Abs. 1 AktG ist nur der „Vorstand einer abhängigen Gesellschaft" (also einer AG) zur Berichterstattung verpflichtet; für Unternehmen anderer Rechtsform gilt die Vorschrift daher grds. nicht. Da die **KGaA** keinen Vorstand besitzt (§ 278 Abs. 2 AktG), ist zweifelhaft, ob sie einen Abhängigkeitsbericht zu erstatten hat, zumal sich die Pflicht zur Erstellung eines Abhängigkeitsberichts auch nicht aus der Vorschrift des § 283 AktG ergibt, in der grds. alle Vorschriften, die für den persönlich haftenden Gesellschafter einer KGaA sinngemäß gelten, aufgeführt sind. Die Anwendbarkeit des § 312 AktG auf die KGaA lässt sich jedoch daraus entnehmen, dass die §§ 311 bis 318 AktG aufgrund ihres engen Sinnzusammenhangs eine Einheit bilden[2277] und dass die KGaA in § 311 Abs. 1 AktG explizit genannt ist. Gleiches ergibt sich auch aus den Strafvorschriften der §§ 407 und 408 AktG, nach denen die persönlich haftenden Gesellschafter einer KGaA vom Registergericht durch Ordnungsstrafen zur Befolgung des § 312 Abs. 1 AktG angehalten werden können.

1294 In den Abhängigkeitsbericht sind nur die Beziehungen der Gesellschaft zu verbundenen Unternehmen aufzunehmen. Die Frage, ob die **Obergesellschaft** als „**Unternehmen**" i.S.d. § 312 AktG anzusehen ist, beantwortet sich nach dem allgemeinen **Unternehmensbegriff**, der dem AktG zu Grunde liegt und der auch in zahlreichen anderen Fällen eine Rolle spielt[2278]. Geht der beherrschende Einfluss nicht von einem „Unternehmen" aus, besteht somit keine Berichtspflicht. Weitere Voraussetzung für die Berichtspflicht ist, dass das abhängige Unternehmen seinen Sitz im Inland hat. Dagegen sind Rechtsform und Sitz des herrschenden Unternehmens ohne Bedeutung[2279]. Als herrschende Unternehmen kommen auch im Rahmen der Abhängigkeit i.S.d. §§ 311 ff. AktG Körperschaften des öffentlichen Rechts[2280] und natürliche Personen in Betracht[2281].

1295 Besteht zwischen der herrschenden und der abhängigen Gesellschaft ein **Beherrschungsvertrag**, so entfällt die Anwendbarkeit der §§ 311 ff. AktG und damit auch die Verpflichtung zur Erstellung eines Abhängigkeitsberichts nach § 312 Abs. 1 AktG. Das Gleiche gilt, wenn die abhängige Gesellschaft nach §§ 319 ff. AktG in eine andere AG **eingegliedert** ist (§ 323 Abs. 1 S. 3 AktG). Wurde zwischen den Unternehmen ein **Gewinnabführungsvertrag** abgeschlossen, bleibt zwar § 311 AktG anwendbar; nach § 316 AktG entfällt jedoch die Berichtspflicht des § 312 AktG[2282]. Die Aufstellung des Berichts kann in diesen drei Fällen unterbleiben, weil die außenstehenden Aktionäre durch die

---

2277 So *Koppensteiner* in Kölner Komm. AktG³, § 312, Rn. 10 m.w.N.; im Ergebnis ebenso *Bertram*, WPg 2009, S. 411 (412); *Mertens*, S. 297; *Strieder*, DB 2004, S. 799 (800), die sich auch mit besonderen Abhängigkeitsfragen der KGaA befassen.

2278 Vgl. hierzu T Tz. 41 ff.; ADS⁶, § 15 AktG, Tz. 1 m.w.N.

2279 *IDW St/HFA 3/1991*, Abschn. I.2.; *Förschle/Heinz* in BeBiKo⁷, § 289, Rn. 236; zur Abhängigkeit von Konsortien bzw. deren Mitgliedern vgl. OLG Hamm, DB 2001, S. 134 (135); LG Heidelberg, DB 1997, S. 2265; *Joussen*, AG 1998, S. 329 (330).

2280 Hierzu auch T Tz. 49; BGH vom 17.03.1997, DB, S. 1121, und die Vorinstanzen OLG Braunschweig, AG 1996, S. 271, sowie AG Wolfsburg, AG 1995, S. 238; vgl. auch ADS⁶, § 15 AktG, Tz. 12, § 312 AktG, Tz. 36; dazu *Schiessl*, ZGR 1998, S. 871. Zum Kreis der berichtspflichtigen Beziehungen vgl. ADS⁶, § 312 AktG, Tz. 36; *Schiessl*, ZGR 1998, S. 871 (879).

2281 Hierzu auch T Tz. 46; OLG Karlsruhe, BB 1999, S. 1451, und die Vorinstanz LG Heidelberg, DB 1999, S. 136; ADS⁶, § 15 AktG, Tz. 10.

2282 Bei isolierter Verpflichtung zur Verlustdeckung entfällt die Berichtspflicht nach herrschender Ansicht allerdings nicht, *Hüffer*, AktG⁹, § 316, Rn. 2; *Koppensteiner* in Kölner Komm. AktG³, § 316, Rn. 4; differenzierend *Priester*, S. 1327 ff.

Vorschriften über Ausgleichszahlung bzw. Abfindung und die Gläubiger durch die Verlustübernahme nach §§ 302, 324 Abs. 3 AktG sowie bei der Eingliederung zusätzlich durch die Regelungen der §§ 321 f. AktG ausreichend gesichert sind. Durch den Abschluss eines Beherrschungs- oder Gewinnabführungsvertrag oder durch Eingliederung kann eine abhängige Gesellschaft daher die Berichtspflicht vermeiden.

Liegen die Voraussetzungen für die Aufstellung eines Abhängigkeitsberichts vor, so ist dieser auch dann zu erstatten, wenn in dem betreffenden GJ keine berichtspflichtigen Rechtsgeschäfte und/oder Maßnahmen vorgenommen wurden. Dieser sog. **Negativbericht** beschränkt sich auf die Feststellung, dass keiner der in § 312 Abs. 1 AktG genannten Tatbestände verwirklicht wurde[2283]. 1296

b) Sonderfragen bei mehrstufig abhängigen Unternehmen

Besonderheiten ergeben sich in den Fällen sog. **mehrstufiger Abhängigkeit**. Hierzu gehören die Fälle, in denen eine AG mit einem Unternehmen unmittelbar und mit anderen Unternehmen nur mittelbar verbunden ist. Besitzt eine Muttergesellschaft (A) eine abhängige Tochter (B) und diese wiederum eine eigene Tochtergesellschaft (C), haben grds. sowohl die Tochter B als auch deren Tochter C einen Abhängigkeitsbericht zu erstellen, wenn sie nach ihrer Rechtsform dazu verpflichtet sind. Im Abhängigkeitsbericht der Gesellschaft C sind dann zwei Gesellschaften als herrschende Unternehmen aufzuführen, nämlich A als mittelbar herrschendes und B als unmittelbar herrschendes Unternehmen. 1297

Hat sowohl A mit B als auch B mit C einen Beherrschungs- oder Gewinnabführungsvertrag abgeschlossen, ist weder B noch C berichtspflichtig[2284]. Zweifelhaft kann die Verpflichtung zur Erstellung eines Abhängigkeitsberichts bei mehrstufiger Abhängigkeit aber sein, wenn nur ein **Beherrschungs- oder Gewinnabführungsvertrag** abgeschlossen worden ist. Besteht nur zwischen der Obergesellschaft A und ihrer Tochtergesellschaft B ein Beherrschungs- oder GAV, nicht dagegen zwischen B und deren Tochter C, dann braucht zwar B nach §§ 312, 316 AktG keinen Abhängigkeitsbericht zu erstatten. Wohl aber ist C berichtspflichtig. Denn C hat selbst keinen Beherrschungs- oder Gewinnabführungsvertrag geschlossen, und der zwischen A und B geschlossene Vertrag befreit C nicht von der Verpflichtung zur Aufstellung des Berichts, da seine Schutzmechanismen nicht zugunsten von C wirken. Für die Zwecke des Abhängigkeitsberichts von C sind die Gesellschaften A und B als herrschende Unternehmen einzuordnen[2285]. 1298

Besteht ein Beherrschungs- oder Gewinnabführungsvertrag direkt zwischen A und C, also ohne Zwischenschaltung von B, wird C von der Pflicht zur Berichterstattung frei. Dies gilt auch für ihre Rechtsbeziehungen zu B, obgleich in diesem Verhältnis kein Unternehmensvertrag besteht; hierbei ist davon auszugehen, dass A ihre Leitungsmacht auch mittelbar über B ausüben kann[2286]. Die Berichtspflicht von B bleibt in diesem Fall unberührt. 1299

Besteht nur zwischen B und C ein Beherrschungs- oder GAV, nicht dagegen zwischen A und B oder A und C, dann muss die Gesellschaft B einen Abhängigkeitsbericht erstellen. Dagegen spricht vieles dafür, dass C von der Pflicht zur Berichterstattung befreit ist, da sie durch den Anspruch auf Verlustübernahme gegen B gesichert ist. Dies gilt zumindest 1300

2283 Vgl. *IDW St/HFA 3/1991*, Abschn. I.17.; *Koppensteiner* in Kölner Komm. AktG³, § 312, Rn. 13 m.w.N.; *Bertram*, WPg 2009, S. 411.
2284 OLG Frankfurt a.M., WM 2000, 1402; *Hüffer*, AktG⁹, § 311, Rn. 15.
2285 Vgl. *Koppensteiner* in Kölner Komm. AktG³, § 312, Rn. 11.
2286 Vgl. ADS⁶, § 311 AktG, Tz. 14; *Altmeppen* in MünchKomm. AktG³, § 311 Anh., Rn. 49 ff.

dann, wenn A gegenüber C für die Erfüllung der Vertragspflicht der B einzustehen verspricht[2287].

c) Sonderfragen bei Änderung der rechtlichen Verhältnisse während des GJ

1301 Grds. sind die rechtlichen Verhältnisse am **Abschlussstichtag** der abhängigen Gesellschaft maßgebend. Die Berichterstattungspflicht ist somit auch dann gegeben, wenn die Voraussetzungen – Abhängigkeitsverhältnis oder Rechtsform – erst im Laufe des GJ eingetreten sind. Sie erstreckt sich dann auf alle Rechtsgeschäfte und Maßnahmen, die ab dem Eintritt der Abhängigkeit vorgenommen werden. Gleiches gilt, wenn eine abhängige Gesellschaft formwechselnd in eine AG umgewandelt wird (vgl. § 191 Abs. 2 Nr. 3 UmwG). Ab Rechtswirksamkeit des **Formwechsels** durch Eintragung in das HR (§ 202 Abs. 1 Nr. 1 UmwG) sind Rechtsgeschäfte und Maßnahmen in einem Abhängigkeitsbericht zu erfassen. Eine Rückwirkung auf den (steuerlichen) Umwandlungsstichtag findet nicht statt, so dass bei Beschluss der Umwandlung im alten und Eintragung im neuen GJ erst für dieses ein Abhängigkeitsbericht zu erstatten ist. Mit Formwechsel einer AG in eine andere Rechtsform entfällt die Berichtspflicht, es sei denn die Zielrechtsform unterliegt ihrerseits § 312 AktG. Dies ist zumindest für den Zeitraum ab Wirksamwerden des Formwechsels unstreitig[2288], gilt aber auch für den Zeitraum seit Beginn des GJ bis zur Eintragung des Formwechsels. Gegen eine Berichtspflicht spricht, dass zum Stichtag kein Vorstand mehr besteht und dass das weitere Verfahren der §§ 311 ff. AktG praktisch nicht mehr umgesetzt werden kann. Auch erscheint der gesonderte Schutzmechanismus bei Formwechsel hinreichend[2289].

Bei **Verschmelzung oder Spaltung** auf eine abhängige AG sind Rechtsgeschäfte und Maßnahmen bezüglich des übertragenen Vermögens jedenfalls ab Wirksamwerden des Vermögensübergangs durch Eintragung in das HR (§ 20 Abs. 1 Nr. 1 UmwG) zu erfassen. Wird der Verschmelzung oder Spaltung Rückwirkung beigelegt, sollen die Rechtsgeschäfte und Maßnahmen seit dem Verschmelzungsstichtag in den Abhängigkeitsbericht aufzunehmen sein. Zur Begründung wird auf die §§ 5 Abs. 1 Nr. 6, 126 Abs. 1 Nr. 6 UmwG verwiesen, wonach die Handlungen des übertragenden Rechtsträgers ab dem Umwandlungsstichtag als für die Rechnung des übernehmenden Rechtsträgers vorgenommen gelten[2290]. Richtigerweise ist jedoch davon auszugehen, dass das System, das dem Schutz von Anteilseignern und Gläubigern bei Umwandlungen dient, den §§ 311 ff. AktG vorgeht. So ändert die wirtschaftliche Rückwirkung auf den Verschmelzungs- oder Spaltungsstichtag denn auch nichts daran, dass die Geschäfte in dieser Phase noch von den Organen des übertragenden Rechtsträgers verantwortet werden und eine Einflussnahme durch das herrschende Unternehmen des übernehmenden Rechtsträgers zumindest auf rechtlich gesicherter Grundlage noch nicht zu erwarten ist.

Handelte es sich bei der übertragenden Gesellschaft – wie beispielsweise beim Upstreammerger eines TU der abhängigen AG – allerdings schon vor der Umwandlung um eine mit dem herrschenden Unternehmen verbundene Gesellschaft und hat diese Rechtsgeschäfte mit dem herrschenden oder mit ihm verbundenen Unternehmen vorgenommen oder unterlassen, kann der Vorgang unabhängig von der Umwandlung als Maßnahme i.S.d. § 312

2287 Strittig; vgl. dazu ADS[6], § 311 AktG, Tz. 15; *Habersack* in Emmerich/Habersack, Aktien- und GmbH-Konzernrecht[6], § 311, Rn. 19; *Koppensteiner* in Kölner Komm. AktG[3], vor § 311, Rn. 31 m.w.N.; *Krieger* in MünchHdb. AG[3], § 69, Rn. 70 m.w.N.

2288 Vgl. *Vetter* in Schmidt/Lutter, AktG[2], § 312, Rn. 15.

2289 Vgl. ADS[6], § 312 AktG, Tz. 26; *Altmeppen* in MünchKomm. AktG[3], § 312, Rn. 43 ff.; *Förschle/Heinz* in BeBiKo[7], § 289, Rn. 252; *Vetter* in Schmidt/Lutter, AktG[2], § 312, Rn. 15.

2290 *Altmeppen* in MünchKomm., AktG[3], § 312, Rn. 46; ADS[6], § 312 AktG, Tz. 26a.

AktG zu berichten sein, so dass die Umwandlung die Berichtspflicht jedenfalls nicht entfallen lässt.

Überträgt eine abhängige AG im Zuge einer Abspaltung Vermögen auf eine andere Gesellschaft, ist in Fällen mit zurückliegendem Stichtag zweifelhaft, ob ab dem Stichtag die Rechtsgeschäfte oder Maßnahmen noch in ihren Abhängigkeitsbericht einbezogen werden müssen. Da die Geschäfte für fremde Rechnung der übernehmenden Gesellschaft geführt werden und daher nachteilige Auswirkungen nicht mehr den übertragenden Rechtsträger treffen, spricht vieles dafür, dass die Vorgänge nicht zu berichten sind.

Wird das Abhängigkeitsverhältnis erst während des GJ begründet, kann es im Einzelfall unklar sein, wann die **Abhängigkeit eingetreten** ist. Wird eine Beteiligung erst zum Ende des GJ (z.B. zum 31.12., 24.00 Uhr) erworben, kann die Aufstellung des Berichts nach Sinn und Zweck unterbleiben, auch wenn der Zugang noch in alter Rechnung gebucht wird; die Aufstellung eines Negativberichts erscheint entbehrlich. Dies gilt auch für Umwandlungsmaßnahmen, die zum Stichtag oder ganz kurz davor wirksam werden und daher formal zur Aufstellungs- oder Einbeziehungspflicht führen. **1302**

Zweifelhaft könnte demgegenüber sein, ob die Berichterstattungspflicht entfällt, wenn die Voraussetzungen im Laufe des GJ **weggefallen** sind, weil die Gesellschaft nicht mehr abhängig i.S.d. § 17 AktG ist. Nach dem Wortlaut von § 312 Abs. 1 AktG könnte davon auszugehen sein, dass in diesem Fall kein Bericht mehr aufzustellen ist, weil nur der Vorstand einer „abhängigen Gesellschaft" zur Berichterstattung verpflichtet ist. Diese Voraussetzung fehlt zum Zeitpunkt der Aufstellung im neuen GJ. Etwaige Ansprüche aus § 311 AktG bleiben dabei von dem Wegfall der Berichtspflicht unberührt. Ist das Abhängigkeitsverhältnis entfallen, können sie nunmehr von dem Vorstand ohne Rücksichtnahme auf ein herrschendes Unternehmen verfolgt werden. Da jedoch ohne Aufstellung und Prüfung des Abhängigkeitsberichts die Durchsetzung von Ansprüchen aus § 311 AktG auch nach Beendigung der Abhängigkeit nicht gewährleistet ist und daher der Schutzzweck des § 312 AktG die Berichterstattung erfordert, ist ein Abhängigkeitsbericht auch dann aufzustellen, wenn die Voraussetzungen im abgelaufenen GJ auch nur zeitweise vorgelegen haben und zum Stichtag nicht mehr bestehen[2291]. Aufzuführen sind jedoch nur Rechtsgeschäfte, die bis zum Wegfall der Voraussetzungen vorgenommen wurden, und bis zu diesem Zeitpunkt vorgenommene oder unterlassene Maßnahmen. Wechselt die AG im Laufe des GJ hingegen in eine andere Rechtsform (als die der KGaA), entfällt die Berichtspflicht für das gesamte GJ[2292]. Denn in diesen Fällen wechselt das gesetzliche System zum Schutz des Kapitals der Gesellschaft. **1303**

Hiernach kann die Aufstellung eines Abhängigkeitsberichts auch dann erforderlich sein, wenn die Voraussetzungen zu keinem Stichtag vorgelegen haben, weil die Abhängigkeit in demselben GJ begründet und wieder beendet worden ist. Dies kann z.B. dann in Betracht kommen, wenn eine GmbH in Vorbereitung auf einen **Börsengang** in eine AG umgewandelt wird und dann noch vor Ende des GJ die Anteilsmehrheit an die Börse gebracht wird. **1304**

Wenn mit der herrschenden Gesellschaft innerhalb des GJ ein **Beherrschungs- oder Gewinnabführungsvertrag** bzw. eine Eingliederung in die herrschende Gesellschaft **wirksam** geworden ist[2293] und sich die entsprechende Verlustübernahmeverpflichtung (§§ 302, **1305**

[2291] Vgl. ADS[6], § 312 AktG, Tz. 24; *Förschle/Heinz* in BeBiKo[7], § 289, Rn. 246; *Hüffer*, AktG[9], § 312, Rn. 6; *Koppensteiner* in Kölner Komm. AktG[3], § 312 AktG, Rn. 14.

[2292] ADS[6], § 312 AktG, Tz. 26; *Altmeppen* in MünchKomm. AktG[3], § 312, Rn. 45; a. A. *Koppensteiner* in Kölner Komm. AktG[3], § 312 AktG, Rn. 16.

[2293] Vgl. *IDW St/HFA 3/1991*, Abschn. I.12.; *Koppensteiner* in Kölner Komm. AktG[3], § 312 AktG, Rn. 18; *Hüffer*, AktG[9], § 312, Rn. 7; *Friedl*, NZG 2005, S. 875 (877).

324 Abs. 3 AktG) auf das gesamte GJ bezieht, entfällt die Berichtspflicht für das gesamte GJ. Durch die Schutzmechanismen, die im Vertragskonzern bzw. bei der Eingliederung greifen, werden die Gläubiger dann ausreichend geschützt. Wirksam werden Unternehmensverträge und die Eingliederung erst mit ihrer **Eintragung in das HR** (§§ 294, 320a AktG), so dass die Berichtspflicht bei formaler Betrachtung nur dann entfallen könnte, wenn die Eintragung bis zum Abschlussstichtag erfolgt ist. Entscheidend kommt es jedoch darauf an, ob die Schutzwirkung des § 302 AktG für das fragliche GJ eingreift. Dies ist auch bei Eintragung nach dem Stichtag der Fall, wenn dem Vertrag **Rückwirkung** beigelegt wird. In Anlehnung an die Grundsätze für die Bilanzierung von Verlustübernahmeansprüchen dürfte es allerdings auch genügen, dass der Beherrschungs- oder Gewinnabführungsvertrag in der Aufhellungsphase für die Aufstellung des JA eingetragen wird[2294].

1306 Fraglich bleibt allerdings, wie für die Aktionäre, die ihre Aktien gegen Abfindung übertragen haben, ein **Nachteilsausgleich für die Zeit vor In-Kraft-Treten** des Unternehmensvertrags herbeigeführt werden kann. Als praktische Lösung ist dazu vorgeschlagen worden, die den Aktionären zu gewährende angemessene Abfindung (§§ 304 ff. AktG) unter Berücksichtigung eines etwaigen Ausgleichs gem. § 311 Abs. 2 AktG zu ermitteln[2295].

1307 **Endet ein Unternehmensvertrag** ausnahmsweise (vgl. §§ 296 f. AktG) während des GJ der abhängigen Gesellschaft und bleibt die Abhängigkeit bestehen oder wird ein neues Abhängigkeitsverhältnis begründet, ist für die verbleibende Zeit ein Abhängigkeitsbericht aufzustellen.

3. Umfang der Berichtspflicht

a) Kreis der einzubeziehenden Unternehmen

1308 Steht fest, dass ein Abhängigkeitsbericht zu erstatten ist, dann stellt sich die Frage, welche Anforderungen an den Inhalt des Berichts zu stellen sind. Das Gesetz verlangt in § 312 Abs. 1 S. 2 AktG die Angabe aller Rechtsgeschäfte und Maßnahmen, die von der abhängigen Gesellschaft mit bzw. gegenüber „dem **herrschenden** Unternehmen oder einem **mit ihm verbundenen** Unternehmen" vorgenommen worden sind. Es sind also die angabepflichtigen Beziehungen zu dem herrschenden Unternehmen und zu den Gesellschaften, die mit dem herrschenden Unternehmen verbunden sind, offen zu legen.

1309 Wenn nur ein herrschendes Unternehmen vorhanden ist, sind nur die mit dieser Gesellschaft oder auf ihre Veranlassung oder in ihrem Interesse abgeschlossenen Rechtsgeschäfte und die Maßnahmen aufzuführen, die auf ihre Veranlassung oder in ihrem Interesse getroffen oder unterlassen worden sind. Bestehen weitere Tochtergesellschaften, sind ferner auch die Rechtsgeschäfte und Maßnahmen **mit den verbundenen Unternehmen der Obergesellschaft** bzw. auf ihre Veranlassung oder in ihrem Interesse angabepflichtig.

1310 Der **Begriff der verbundenen Unternehmen** ist für den Bereich des Aktienkonzernrechts in § 15 AktG definiert (vgl. T Tz. 38). Die für das Bilanzrecht geltende Definition des § 271 Abs. 2 HGB (dazu hier Tz. 250 sowie T Tz. 4) ist in diesem Zusammenhang nicht anwendbar[2296]. Zu den verbundenen Unternehmen gehören in erster Linie alle von dem herrschenden Unternehmen abhängigen oder in Mehrheitsbesitz stehenden Gesell-

---

[2294] Hierzu auch T Tz. 273; ADS[6], § 246 HGB, Tz. 239. Die Pflicht zum Nachteilsausgleich entfällt zwar nicht rückwirkend; ggf. kann die Verlustübernahme aber als Nachteilsausgleich zu werten sein.
[2295] Vgl. *Goerdeler*, WPg 1966, S. 113 (123); vgl. auch *Koppensteiner* in Kölner Komm. AktG[3], § 312, Rn. 18.
[2296] *Altmeppen* in MünchKomm. AktG[3], § 312, Rn. 98; *Hüffer*, AktG[9], § 312, Rn. 18.

schaften ohne Rücksicht darauf, welche Rechtsform sie haben und ob sich ihr Sitz im Inland oder im Ausland befindet. Besteht zwischen einem anderen Unternehmen und dem herrschenden Unternehmen bzw. einem mit ihm verbundenen Unternehmen eine wechselseitige Beteiligung oder ein Unternehmensvertrag, ist auch über die Beziehung zu diesem Unternehmen zu berichten. Ergänzend ist die Vorschrift des § 16 Abs. 4 AktG zu beachten, so dass auch mehrstufige Unternehmensverbindungen relevant sind. Auch wenn die Verbindung am Ende des GJ nicht mehr besteht, gilt die Angabepflicht für den Zeitraum, in dem die Unternehmensverbindung bestanden hat.

Besteht ein Abhängigkeitsverhältnis zu einer **Gruppe herrschender Gesellschaften** (insb. bei Gemeinschaftsunternehmen, oben Tz. 1289), so sind die Beziehungen zu allen herrschenden Gesellschaften im Abhängigkeitsbericht zu erfassen, auch wenn diese Gesellschaften untereinander nicht i.S.d. aktienrechtlichen Vorschriften verbunden sind[2297]. Ob in einem solchen Fall ein einheitlicher Bericht aufzustellen oder für jedes herrschende Unternehmen gesondert zu berichten ist, schreibt das Gesetz nicht vor. Wird ein einheitlicher Bericht aufgestellt, muss in diesem klar dargestellt werden, auf Veranlassung oder im Interesse welches Unternehmens die berichtspflichtigen Vorgänge jeweils erfolgt sind[2298]. **1311**

Auch bei einer **mehrstufigen Abhängigkeit** (vgl. Tz. 1297 ff.) besitzt die abhängige Gesellschaft mehrere herrschende Unternehmen, so dass sie Rechtsgeschäfte mit mehreren herrschenden Unternehmen in den Abhängigkeitsbericht aufzunehmen hat. Das ihr direkt übergeordnete Unternehmen kann nämlich unmittelbar und die weiteren übergeordneten Unternehmen können mittelbar einen beherrschenden Einfluss auf die Gesellschaft ausüben. Sie ist also von einem Unternehmen unmittelbar, von einem (oder mehreren) anderen Unternehmen mittelbar abhängig. **1312**

Ferner sind auch alle **Geschäfte mit den verbundenen Unternehmen aller Obergesellschaften** anzugeben. Aufzuführen sind also alle Rechtsgeschäfte und Maßnahmen mit den verbundenen Unternehmen des unmittelbar und des mittelbar herrschenden Unternehmens. Die verbundenen Unternehmen des unmittelbar herrschenden Unternehmens werden zwar meistens auch mit dem mittelbar herrschenden Unternehmen verbunden sein; dies ist jedoch nicht zwingend. Besteht z.B. zwischen einer Gesellschaft und dem unmittelbar herrschenden Unternehmen eine wechselseitige Beteiligung, dann ist erstere Gesellschaft nur mit dem unmittelbar, nicht dagegen mit dem mittelbar herrschenden Unternehmen verbunden. **1313**

Besitzt die abhängige Gesellschaft ihrerseits **eigene Tochtergesellschaften**, sind die Geschäfte mit diesen Tochtergesellschaften nach dem Wortlaut der Vorschrift ebenfalls in den Abhängigkeitsbericht einzubeziehen[2299]. Denn die Tochtergesellschaften sind in aller Regel über die abhängige Gesellschaft auch mit dem herrschenden Unternehmen verbunden. Dies gilt zumindest im Fall des § 16 Abs. 4 AktG, wenn die Anteile an der Tochtergesellschaft dem herrschenden Unternehmen zuzurechnen sind. Wie bereits erwähnt, spielt dieser Fall eine besondere Rolle, wenn zwischen der abhängigen Gesellschaft und ihrer Tochtergesellschaft ein Unternehmensvertrag abgeschlossen worden ist. Denn dann hat zwar die Tochtergesellschaft selbst keinen Abhängigkeitsbericht zu erstatten, im Bericht der abhängigen (Mutter-) Gesellschaft sind jedoch grds. auch die Geschäfte mit ihrer Tochtergesellschaft aufzuführen. **1314**

2297 Vgl. *Lutter*, NJW 1973, S. 113.
2298 Vgl. *Habersack* in Emmerich/Habersack, Aktien- und GmbH-Konzernrecht[6], § 312, Rn. 9 m.w.N.
2299 Vgl. *Habersack* in Emmerich/Habersack, Aktien- und GmbH-Konzernrecht[6], § 312, Rn. 22; *Hüffer*, AktG[9], § 312, Rn. 30; *Koppensteiner* in Kölner Komm. AktG[3], § 312 AktG, Rn. 56.

1315 Ob auch eine **Einbeziehungspflicht** für Vorgänge in Bezug auf eigene Tochtergesellschaften der abhängigen AG besteht, könnte nach Sinn und Zweck der Vorschrift jedenfalls dann **fraglich** sein, wenn die berichtspflichtige Gesellschaft alle Anteile der Tochtergesellschaft hält. Denn dann führen Vermögensverschiebungen zugunsten der Tochtergesellschaft grds. zu einer Werterhöhung der Beteiligung; die Zufügung eines Nachteils direkt durch das Geschäft oder die Maßnahme erster Stufe erscheint dagegen ausgeschlossen. Gleichwohl bejaht die h.M. eine Berichtspflicht über die Beziehungen zu eigenen Tochtergesellschaften[2300] wohl aus dem Grund, dass Verschiebungen zugunsten von TU zu einer Gefährdung des Vermögens durch anschließende Vorgänge auf der Ebene der Tochtergesellschaften (Vorgänge zweiter Stufe) führen könnten. Demnach wäre beispielsweise die Veräußerung einer 100%igen Beteiligung an eine 100%ige Tochtergesellschaft zum Buchwert als Rechtsgeschäft berichtspflichtig. Liegt der Buchwert unterhalb des Verkehrswerts der Beteiligung, müsste der Vorstand begründen, weshalb die Gegenleistung dennoch angemessen ist. Hierbei könnte er nur darauf verweisen, dass die laufenden Gewinne und der Ertrag aus einer Weiterveräußerung der Beteiligung die ausschüttbaren Bilanzgewinne erhöhen. Der uneingeschränkte Zufluss der Erträge müsste dann allerdings sichergestellt sein.

1316 In diesem Zusammenhang ist zu bedenken, dass spätere Rechtsgeschäfte der Tochtergesellschaften zwar als solche nicht berichtspflichtig sind[2301]; wohl aber wäre über Vermögensverschiebungen auf Veranlassung oder im Interesse des herrschenden Unternehmens unter dem Gesichtspunkt einer unterlassenen Maßnahme auf der Ebene der berichtspflichtigen Gesellschaft zu berichten. Wenn das berichtspflichtige MU daher durch geeignete Maßnahmen (z.B. Konzernweisung und Einhaltungskontrollen) sichergestellt hat, dass Vermögensabflüsse aus ihren Tochtergesellschaften nicht ohne Ausgleich stattfinden können, erscheint eine Einbeziehung von Rechtsgeschäften und Maßnahmen erster Stufe in Bezug auf diese Tochtergesellschaften in den Abhängigkeitsbericht nicht erforderlich[2302].

1317 Besteht die Unternehmensverbindung nur zu der abhängigen Gesellschaft, aber nicht zum herrschenden Unternehmen, muss über die Beziehungen zu diesem Unternehmen grds. nicht berichtet werden[2303].

b) Berichtspflichtige Rechtsgeschäfte und Maßnahmen

1318 Ist der Kreis der in die Angabepflicht einzubeziehenden Unternehmen geklärt, dann stellt sich die weitere Frage, welche rechtlichen oder tatsächlichen Beziehungen zu diesen Unternehmen in dem Bericht anzugeben sind. Nach § 312 Abs. 1 S. 2 AktG sind „alle Rechtsgeschäfte aufzuführen, welche die Gesellschaft mit dem herrschenden Unternehmen oder einem mit ihm verbundenen Unternehmen" oder „auf Veranlassung oder im Interesse dieser Unternehmen" vorgenommen hat, sowie „alle anderen Maßnahmen, die sie auf Veranlassung oder im Interesse dieser Unternehmen" getroffen oder unterlassen hat. Es lassen sich also **drei Gruppen** unterscheiden:

1. Rechtsgeschäfte der Gesellschaft mit dem herrschenden oder einem mit ihm verbundenen Unternehmen, wobei es auf Veranlassung oder Interesse nicht ankommt;

[2300] ADS[6], § 312 AktG, Tz. 35; *Altmeppen* in MünchKomm. AktG[3], § 312 Rn. 99, § 311 Rn. 185; *Haesen*, S. 30; *Koppensteiner* in Kölner Komm. AktG[3], § 312, Rn. 11, 56; *Scherpf*, Rn. 715; *Schubert*, BFuP 1966, S. 165 (170); a.A. *Winkhaus*, S. 46; *Klussmann*, DB 1967, S. 1487.

[2301] Vgl. hierzu *Habersack* in Emmerich/Habersack, Aktien- und GmbH-Konzernrecht[6], § 312, Rn. 27.

[2302] Ebenso *Förschle/Heinz* in BeBiKo[7], § 289, Rn. 283.

[2303] Vgl. *Altmeppen* in MünchKomm. AktG[3], § 312 AktG, Rn. 101.

2. Rechtsgeschäfte der Gesellschaft mit Dritten auf Veranlassung oder im Interesse des herrschenden oder eines mit ihm verbundenen Unternehmens;
3. vorgenommene oder unterlassene Maßnahmen der Gesellschaft auf Veranlassung oder im Interesse des herrschenden oder eines mit ihm verbundenen Unternehmens.

Was unter Rechtsgeschäft und was unter Maßnahme i.S.d. § 312 AktG zu verstehen ist, definiert das Gesetz nicht.

aa) Rechtsgeschäfte

Zur **Definition des Begriffs** „Rechtsgeschäft" kann zunächst auf die des allgemeinen bürgerlichen Rechts zurückgegriffen werden. Hiernach besteht ein Rechtsgeschäft aus einer oder mehreren Willenserklärungen, die allein oder in Verbindung mit anderen Tatbestandsmerkmalen eine Rechtsfolge herbeiführen, die gewollt ist[2304]. Demnach unterfallen alle Willenserklärungen und alle Arten von Rechtsgeschäften, einseitige und mehrseitige, schuldrechtliche und sachenrechtliche, der Berichtspflicht. 1319

Fraglich könnte sein, ob der Begriff des Rechtsgeschäfts im Hinblick auf Sinn und Zweck des Abhängigkeitsberichts einschränkend dahin ausgelegt werden muss, dass er die **Bewirkung einer Leistung** oder die Verpflichtung hierzu voraussetzt[2305]. Dies wird jedoch zu verneinen sein, so dass auch dann ein berichtspflichtiges Rechtsgeschäft vorliegt, wenn sich die Gesellschaft – ohne Gegenleistung – zu einem **Unterlassen** verpflichtet[2306]. Auch eine Einschränkung auf gegenseitige Rechtsgeschäfte ist weder geboten noch zulässig. Schließlich werden auch **einseitige Gestaltungserklärungen** wie etwa Kündigungen erfasst[2307]. Dies erscheint im Hinblick darauf sachgerecht, dass bei all diesen Rechtsgeschäften die Zielrichtung („mit") feststeht und daher – anders als bei Maßnahmen – die oft schwierige Subsumtion der Begriffe „auf Veranlassung" und „im Interesse" unterbleiben kann. 1320

Zweifelhaft ist, ob eine abhängige Gesellschaft auch über solche Rechtsgeschäfte berichten muss, die sie, etwa im Rahmen eines unechten Betriebsführungsvertrags, im eigenen Namen, aber auf **fremde Rechnung** vornimmt. Da alle Nachteile aus diesen Geschäften von der Gesellschaft zu tragen sind, auf deren Rechnung gehandelt wird, ist eine Berichterstattung durch die geschäftsbesorgende (abhängige) Gesellschaft nach Sinn und Zweck der Vorschrift nicht erforderlich. Nur wenn davon auszugehen ist, dass die Gesellschaft, auf deren Rechnung gehandelt wird, möglicherweise eintretende Nachteile nicht tragen kann (z.B. bei mangelnder Bonität) oder muss (z.B. bei Sorgfaltswidrigkeit des Geschäftsbesorgers), greift die Berichtspflicht der geschäftsbesorgenden Gesellschaft ein. 1321

Nach diesen Grundsätzen sind auch solche Geschäfte nicht in den Bericht einzubeziehen, die bei schwebender **Verschmelzung** oder **Spaltung** von der berichtspflichtigen Gesellschaft als übertragendem Rechtsträger seit dem Verschmelzungs- oder Spaltungsstichtag für Rechnung des übernehmenden Rechtsträgers vorgenommen wurden[2308]. 1322

Bei den gegenseitigen Verträgen wird überwiegend die Auffassung vertreten, dass als Rechtsgeschäfte **nur die Verpflichtungs-, nicht** aber **die Erfüllungsgeschäfte** zu be- 1323

2304 *Ellenberger* in Palandt[69], BGB, Überbl. v. § 104, Rn. 2.
2305 Zu den Nachweisen vgl. *Altmeppen* in MünchKomm. AktG[3], § 312 AktG, Rn. 82.
2306 Vgl. ADS[6], § 312 AktG, Tz. 41; *Koppensteiner* in Kölner Komm. AktG[3], § 312 AktG, Rn. 44.
2307 Vgl. *Förschle/Heinz* in BeBiKo[7], § 289, Rn. 293; *Koppensteiner* in Kölner Komm. AktG[3], § 312 AktG, Rn. 45 m.w.N.
2308 Vgl. auch oben Rn. 23.

trachten sind[2309]. Dies folgt aus der Zielrichtung des § 312 AktG, die dahin geht, einen Missbrauch der Beherrschung durch bewusste Benachteiligung zu verhindern; der beabsichtigte Missbrauch setzt jedoch einen bewussten Willensakt voraus, der nur bei den Verpflichtungs- oder Kausalgeschäften besteht, nicht dagegen bei den bloßen Erfüllungsgeschäften, da diese in Erfüllung einer bestehenden rechtlichen Verpflichtung vorgenommen werden[2310]. Auch ergäben sich aus der „doppelten" Prüfung Probleme für die Bestimmung des Zeitpunkts der Angemessenheit; Vorrang muss der Zeitpunkt der rechtswirksamen Verpflichtung haben. Die **Einhaltung der Vertragskonditionen** bei Erfüllung sowie die ggf. erforderliche Bemühung des Unternehmens um eine Konditionenanpassung ist dagegen als (unterlassene) Maßnahme zu qualifizieren.

1324 Vereinbaren die Vertragsparteien die **Änderung eines Verpflichtungsgeschäfts**, ist diese wiederum als Rechtsgeschäft berichtspflichtig. Ausgenommen von der Berichtspflicht sind lediglich unwesentliche Änderungen, die für die Ermittlung einer etwaigen Nachteiligkeit des Rechtsgeschäfts i.S.d. § 311 AktG irrelevant sind. Beispielsweise muss eine Verschiebung des Leistungszeitpunkts um einige Tage regelmäßig nicht in den Abhängigkeitsbericht aufgenommen werden. Hingegen wäre etwa eine längerfristige Stundung eines Kaufpreises zu berichten. Bei **Rahmenverträgen**, die selbst noch keine Leistungspflicht begründen oder die gegenseitige Pflichten noch nicht abschließend regeln, ist auch über spätere konkretisierende Verpflichtungsgeschäfte zu berichten[2311]. Dagegen besteht – außer unter dem Gesichtspunkt unterlassener Maßnahmen – grds. keine Berichtspflicht während des – unveränderten – Laufs von Dauerschuldverhältnissen[2312] oder über die Erfüllung von Sukzessivlieferungsverträgen mit feststehenden Konditionen. Nicht berichtspflichtig sind auch lediglich **behauptete Verpflichtungen**, die von der abhängigen AG bestritten werden. In diesen Fällen ist erst dann zu berichten, wenn die AG – ohne tatsächlich verfolgter Rückforderungsabsicht – geleistet hat.

1325 Die Angabepflicht bei den Rechtsgeschäften umfasst nach § 312 Abs. 1 S. 3 AktG die jeweilige **Leistung und Gegenleistung** eines Geschäfts. Welche Angaben hierzu im Einzelnen zu machen sind, ergibt sich daraus nicht. Da die Berichterstattung aber die Bildung eines Urteils über die Angemessenheit der gegenseitigen Leistungen ermöglichen soll, werden in der Regel Angaben, und zwar Zahlenangaben, über Menge und Preis, ggf. auch über Kosten, notwendig sein[2313]. Im Hinblick auf etwaige Zinsansprüche können auch Fristen und Zahlungsbedingungen von Bedeutung sein.

Wird der Abschluss wirtschaftlich gebotener Rechtsgeschäfte unterlassen, so kann hierin eine berichtspflichtige unterlassene Maßnahme zu sehen sein (vgl. Tz. 1332).

1326 Bei der Aufstellung des Abhängigkeitsberichts wird sich der Vorstand oft vor die Frage gestellt sehen, inwieweit die Rechtsgeschäfte in Gruppen zusammengefasst werden können. Das Gesetz verbietet eine **gruppenweise Zusammenfassung** der Rechtsgeschäfte nicht. § 312 AktG verlangt lediglich, dass alle Rechtsgeschäfte und alle Maßnahmen aufgeführt werden, schreibt jedoch nicht die äußere Form der Berichterstattung vor. In der Begründung zum Regierungsentwurf ist sogar eine zusammenfassende Berichterstattung der Rechtsgeschäfte erwähnt[2314]. Eine Zusammenfassung wird man daher für zulässig

---

2309 Vgl. *Hüffer*, AktG⁹, § 312, Rn. 14; *Koppensteiner* in Kölner Komm. AktG³, § 312, Rn. 63.
2310 So zutreffend *van Venrooy*, DB 1980, S. 385 (387).
2311 *Habersack* in Emmerich/Habersack, Aktien- und GmbH-Konzernrecht⁶, § 312, Rn. 25.
2312 Wegen Ausnahmen bei erstmaliger Aufstellung eines Abhängigkeitsberichts vgl. *IDW St/HFA 3/1991*, Abschn. II.5.
2313 Vgl. *IDW St/HFA 3/1991*, Abschn. II.10.
2314 Begr. RegE, bei *Kropff*, AktG, S. 411.

halten können, falls es sich um gleichartige Rechtsgeschäfte oder Maßnahmen handelt, die zu gleichen Bedingungen abgewickelt wurden[2315]. Voraussetzung dafür muss jedoch stets bleiben, dass die Vorteile und Nachteile ersichtlich bleiben. Die gruppenweise Zusammenfassung ist also nur zulässig, soweit auch eine weitere Aufteilung der Geschäfte keine anderen Erkenntnisse liefern würde[2316]. Über **Bagatellfälle** kann stets zusammenfassend berichtet werden, eine völlige Herausnahme aus der Berichterstattung ist jedoch nicht zulässig.

bb) Maßnahmen

Im Gegensatz zum Begriff des Rechtsgeschäfts ist der Rechtsordnung ein einheitlicher **Begriff** der „Maßnahme" nicht bekannt. Bei der Auslegung des Begriffs „Maßnahme" ist daher von dem Sinn und Zweck des Abhängigkeitsberichts auszugehen. Der Begriff der „Maßnahme" ist dabei entsprechend dem Wortlaut von § 312 Abs. 1 AktG als Oberbegriff anzusehen, der sowohl den Begriff „Rechtsgeschäfte" als auch den Begriff „andere Maßnahmen" („Maßnahme" i.e.S.) beinhaltet.

1327

Grds. ist der Begriff der Maßnahme **umfassend**[2317]. Unter ihn würde also jede Handlung oder Unterlassung der Gesellschaft fallen, die mit Wirkung gegenüber Dritten oder gegenüber der Gesellschaft selbst vorgenommen wird. Das Gesetz geht jedoch davon aus, dass es sich um solche Maßnahmen handeln muss, die für die Gesellschaft einen Vor- oder Nachteil haben können. Es kommen daher nur Tatbestände in Betracht, die sich für die Gesellschaft wirtschaftlich ungünstig auswirken können[2318]. Als Maßnahme wird man daher alle Handlungen ansehen müssen, die unmittelbar oder mittelbar auf die Vermögens- und Ertragslage der Gesellschaft irgendwie Einfluss haben können. Denn nur bei einer so umfassenden Auslegung ist der Schutz der Aktionäre und Gläubiger gewährleistet und damit der Sinn und Zweck des Abhängigkeitsberichts erreicht.

1328

Zu den berichtspflichtigen Maßnahmen gehören v.a. Maßnahmen, welche die Produktion, den Vertrieb, die Finanzierung, die Organisation, den Personalsektor oder die Investitionen der Gesellschaft betreffen (vgl. *IDW St/HFA 3/1991*, Abschn. II. 6.). Hierzu können gerade i.Z.m. Erwerbs- oder Konzentrationsvorgängen insb. auch Entscheidungen über die Einstellung oder Verlagerung von Produktions- oder Forschungsstätten gehören, die aus Konzernsicht zweckmäßig, aus Sicht der betroffenen berichtspflichtigen Gesellschaft dagegen nachteilig sein können.

1329

In der Praxis bereitet die **vollständige Erfassung** aller berichtspflichtigen Maßnahmen besondere Schwierigkeiten. Rechtsgeschäfte mit verbundenen Unternehmen finden ihren Niederschlag im Kontokorrent, soweit sie buchungspflichtig geworden sind. Noch nicht gebuchte Verpflichtungsgeschäfte werden sich im Allgemeinen über eine systematische Registrierung abgeschlossener Verträge relativ leicht erfassen lassen. Auf Veranlassung oder im Interesse verbundener Unternehmen erfolgte Maßnahmen dagegen werden normalerweise an keiner Stelle gesondert registriert. Dies gilt erst recht für unterlassene Maßnahmen. Um seiner gesetzlichen Berichtspflicht nachkommen zu können, wird der Vorstand einer abhängigen Gesellschaft daher besondere **organisatorische Vorkehrungen** treffen müssen, damit eine zentrale Erfassung an einer verantwortlichen Stelle der

1330

2315 Vgl. OLG München, Der Konzern 2003, S. 839 (841); *Koppensteiner* in Kölner Komm. AktG³, § 312, Rn. 69.
2316 Vgl. *IDW St/HFA 3/1991*, Abschn. II.10.
2317 Begr. RegE, bei *Kropff*, AktG, S. 411.
2318 Vgl. *IDW St/HFA 3/1991*, Abschn. II.6; *Habersack* in Emmerich/Habersack, Aktien- und GmbH-Konzernrecht⁶, § 312, Rn. 34; *Koppensteiner* in Kölner Komm. AktG³, § 312, Rn. 47.

Verwaltung erfolgt, die auch die für eine Beurteilung erforderlichen Unterlagen bereithält[2319].

1331 Die Unterscheidung zwischen den Rechtsgeschäften einerseits und den anderen Maßnahmen andererseits ist für den Abhängigkeitsbericht deshalb von Bedeutung, weil von ihr der **Umfang der Berichtspflicht** und die Beurteilungsgrundlage abhängen.

So sind Rechtsgeschäfte mit dem herrschenden und mit ihm verbundenen Unternehmen unabhängig davon in den Abhängigkeitsbericht aufzunehmen, ob sie im Interesse oder auf Veranlassung der genannten Gesellschaft vorgenommen wurden. Nur bei Rechtsgeschäften mit konzernfremden Gesellschaften und allen Maßnahmen hängt die Berichtspflicht hiervon ab. Auch hat der Vorstand bei Rechtsgeschäften zu erklären, ob die abhängige Gesellschaft für ihre Leistung eine angemessene Gegenleistung erhalten hat; bei Maßnahmen ist hingegen zu beurteilen, ob eine Benachteiligung der abhängigen Gesellschaft eingetreten ist. Ein Unterschied besteht auch für die Prüfung durch den APr., der nach § 313 Abs. 1 S. 2 Nrn. 2 und 3 AktG bei Rechtsgeschäften zu prüfen hat, ob „die Leistung der Gesellschaft nicht unangemessen hoch war", bei Maßnahmen dagegen nur, ob „keine Umstände für eine wesentlich andere Beurteilung als die durch den Vorstand sprechen".

1332 Im Gesetz ist ausdrücklich festgehalten, dass bei Maßnahmen nicht nur über deren Vornahme, sondern auch über deren **Unterlassen** zu berichten ist. Über unterlassene Rechtsgeschäfte dürfte aber ebenfalls zu berichten sein, weil nach der Intention des Gesetzes der weitere Begriff der unterlassenen Maßnahmen auch unterlassene Rechtsgeschäfte umfasst[2320]. Die Berichtspflicht über eine unterlassene Maßnahme setzt voraus, dass die abhängige Gesellschaft die Maßnahme eigentlich vorgenommen hätte oder bei vernünftiger kaufmännischer Beurteilung hätte vornehmen müssen, auf Veranlassung oder im Interesse des anderen Unternehmens aber davon abgesehen hat.

cc) Veranlassung oder Interesse

1333 Bei Rechtsgeschäften, die mit einem anderen als dem herrschenden oder einem mit ihm verbundenen Unternehmen abgeschlossen worden sind (Tz. 1318 Fallgruppe 2), und bei Maßnahmen der Gesellschaft (Tz. 1318 Fallgruppe 3) kommt es darauf an, ob der Abschluss bzw. die Maßnahme „auf Veranlassung" oder „im Interesse" des herrschenden oder eines mit ihm verbundenen Unternehmens erfolgte.

1334 **Auf Veranlassung** eines anderen Unternehmens ist ein Rechtsgeschäft oder eine Maßnahme vorgenommen worden, wenn von diesem der Anstoß zu dem Vorgang gegeben worden ist. Der Begriff der Veranlassung umfasst also nicht nur ausdrückliche Weisungen, sondern auch nachdrücklich vorgebrachte Empfehlungen, Ratschläge und sonstige Anregungen, soweit erkennbar wird, dass ihr Urheber eine bestimmte Verhaltensweise der abhängigen Gesellschaft anstrebt. Jede Art der Einwirkung des herrschenden oder eines mit ihm verbundenen Unternehmens auf die abhängige Gesellschaft kann unter dieser Voraussetzung als Veranlassung angesehen werden. Sie braucht nicht von der Geschäftsleitung dieses Unternehmens auszugehen, sondern kann auch durch eine nachgeordnete Stelle bewirkt werden. Einschlägig sind auch generelle Handlungsvorgaben (z.B. Konzernrichtlinien)[2321].

2319 Vgl. im Einzelnen ADS[6], § 312 AktG, Tz. 97; *Förschle/Heinz* in BeBiKo[7], § 289, Rn. 264 f.

2320 Vgl. *Altmeppen* in MünchKomm. AktG[3], § 312, Rn. 95; *Hüffer*, AktG[9], § 312, Rn. 16; weitergehend *Habersack* in Emmerich/Habersack, Aktien- und GmbH-Konzernrecht[6], § 312, Rn. 22, 28, und *Koppensteiner* in Kölner Komm. AktG[3], § 312, Rn. 38, 49, die unterlassene Rechtsgeschäfte nicht als unterlassene Maßnahme, sondern unmittelbar als Rechtsgeschäft einordnen.

2321 Vgl. *IDW St/HFA 3/1991*, Abschn. II.8.; *Habersack* in Emmerich/Habersack, Aktien- und GmbH-Konzernrecht[6], § 311, Rn. 23; *Krieger* in MünchHdb. AG[3], § 69, Rn. 74.

Aufstellung und Prüfung des Abhängigkeitsberichts | F

Die Veranlassung durch das herrschende oder mit ihm verbundene Unternehmen muss **kausal** für die Vornahme des Rechtsgeschäfts oder der Maßnahme gewesen sein. Ging der Anstoß zu einem Geschäft oder einer Maßnahme nicht nur von dem anderen Unternehmen aus, sondern ist die Gesellschaft auch von sich aus tätig geworden, dann liegt eine Veranlassung vor, wenn das Rechtsgeschäft oder die Maßnahme überwiegend durch fremde Einwirkung zustande kam[2322]. Dagegen ist es für eine „Veranlassung" nach dem Wortlaut des Gesetzes nicht erforderlich, dass eine etwaige Nachteiligkeit des Rechtsgeschäfts oder der Maßnahme dem herrschenden Unternehmen bekannt war oder hätte bekannt sein müssen[2323]. | 1335

Nach herrschender Ansicht sind auch Rechtsgeschäfte und Maßnahmen berichtspflichtig, die auf einem **Hauptversammlungsbeschluss beruhen**[2324]. Diese Ansicht wird jüngst vermehrt in Zweifel gezogen, weil HV-Beschlüsse und daraus abgeleitete gesellschaftsrechtliche Maßnahmen gesonderten Verfahrens- und Publizitätsvorschriften unterliegen. Somit wären beispielsweise Abspaltungen nicht berichtspflichtig i.S.d. § 312 AktG[2325]. Von der Frage, ob das Rechtsgeschäft nach § 111 Abs. 4 S. 2 AktG der Zustimmung des AR bedurfte oder nicht, bleibt die Berichtspflicht allerdings unberührt, da der Abhängigkeitsbericht nicht nur ein Informationsmedium für den AR darstellt. | 1336

Im Interesse eines anderen Unternehmens ist das Rechtsgeschäft oder die Maßnahme, wenn es/sie zum Nutzen oder mit Rücksicht auf die Belange dieses Unternehmens vorgenommen wurde und ihm ggf. auch nur mittelbar Vorteile bringt bzw. Schaden vom ihm abwendet. Im Gegensatz zu den veranlassten Rechtsgeschäften oder Maßnahmen geht die Initiative hier von der abhängigen Gesellschaft selbst aus. Dabei ist davon auszugehen, dass es grds. auch auf die subjektive Vorstellung des Handelnden ankommt, so dass Geschäfte, die nur objektiv im Interesse verbundener Unternehmen liegen, nicht berichtet werden müssten[2326]. Allerdings ist in der Praxis aus einem Geschäft das schon bei seiner Vornahme objektiv im Interesse des herrschenden Unternehmens lag, regelmäßig auf eine entsprechende subjektive Vorstellung zu schließen. Liegt die Vornahme sowohl im eigenen Interesse als auch im Interesse des anderen Unternehmens, dann besteht eine Berichtspflicht, wenn das Geschäft oder die Maßnahme überwiegend deshalb vorgenommen oder unterlassen worden ist, um dem anderen Unternehmen Vorteile zu verschaffen oder Nachteile von ihm abzuwenden. | 1337

Bei so genannten **passiven Konzernierungseffekten** ist die Berichtspflicht mit der herrschenden Meinung zu verneinen. Sie sind nicht durch die herrschende Gesellschaft veranlasst. Auch werden sie von der abhängigen Gesellschaft nicht vorgenommen, um den Interesse des herrschenden Unternehmens nachzukommen. Vielmehr sind sie mittelbare Folge der gesetzlichen Konzernregulierung. Daher ist etwa die aus der Konzernierung folgende Pflicht, dem herrschenden MU zur Aufstellung des KA zusätzliche Rechnungslegungsinformationen zur Verfügung zu stellen, nicht berichtspflichtig. Dasselbe | 1338

2322 Vgl. *IDW St/HFA 3/1991*, Abschn. II.8.; zu Vorstandsdoppelmandaten *Hüffer*, AktG[9], § 312, Rn. 20, für die aber jedenfalls im Rahmen der Berichtspflicht keine unwiderlegbare Veranlassungsvermutung gilt; vgl. auch *Hommelhoff*, ZHR 1992, S. 295 (298).

2323 Vgl. hierzu *Werner*, AG 1967, S. 122 (125).

2324 *Habersack* in Emmerich/Habersack, Aktien- und GmbH-Konzernrecht[6], § 311, Rn. 29; *Koppensteiner* in Kölner Komm. AktG[3], § 311 AktG, Rn. 22, mit Differenzierung nach Beschlussgegenständen, sowie § 312, Rn. 40.

2325 *Altmeppen* in MünchKomm. AktG[3], § 312, Rn. 111; *Förschle/Heinz* in BeBiKo[7], § 289, Rn. 313; *Tillmann/ Rieckhoff*, AG 2008, S. 486 (493).

2326 Vgl. *IDW St/HFA 3/1991*, Abschn. II.9.; ADS[6], § 312 AktG, Tz. 47; für einen objektiven Maßstab *Koppensteiner* in Kölner Komm. AktG[3], § 312, Rn. 50; weitergehend *Hüffer*, AktG[9], § 312, Rn. 21, und *Krieger* in MünchHdB. AG3, § 69, Rn. 102, die eine Berichtspflicht in beiden Fällen verlangen.

gilt für die Erstellung und Prüfung des Abhängigkeitsberichts selbst[2327]. Hingegen können Kosten, die der abhängigen Gesellschaft im Zuge einer due diligence entstehen, auf eine berichtspflichtige Maßnahme zurückgehen. Allerdings müsste die Maßnahme auch in diesem Fall auf Veranlassung oder im (überwiegenden) Interesse des herrschenden oder eines mit ihm verbundenen Unternehmen vorgenommen worden sein[2328].

1339 Es genügt, dass ein Rechtsgeschäft oder eine Maßnahme entweder „auf Veranlassung" oder „im Interesse" vorgenommen wurde. Ist z.B. ein Rechtsgeschäft nicht auf Veranlassung eines verbundenen Unternehmens vorgenommen worden, so bleibt dennoch stets zu prüfen, ob es nicht ausschließlich oder überwiegend im Interesse eines der verbundenen Unternehmen lag oder umgekehrt.

c) Beurteilung und Schlusserklärung

1340 Der **Vorstand** der abhängigen Gesellschaft hat eine **Beurteilung** aller berichtspflichtigen Rechtsgeschäfte und Maßnahmen abzugeben. Bei den Rechtsgeschäften hat er die Angemessenheit von Leistung und Gegenleistung zu beurteilen; bei den Maßnahmen unterliegt seiner Beurteilung, ob ein Nachteil für die abhängige Gesellschaft eingetreten ist. Bei Maßnahmen schreibt das Gesetz in § 312 Abs. 1 AktG ausdrücklich vor, dass im Bericht nicht nur die Gründe, sondern auch die Vor- und Nachteile der Maßnahme anzugeben sind.

1341 Bei der Beurteilung sind die Umstände zugrunde zu legen, die dem Vorstand in dem **Zeitpunkt** bekannt waren, in dem das Rechtsgeschäft vorgenommen oder die Maßnahme getroffen oder unterlassen wurde (§ 312 Abs. 3 S. 1 AktG). Nachträglich erkannte Umstände muss er nicht offen legen, und zwar auch dann nicht, wenn er sie schon bei Vornahme hätte erkennen können[2329].

1342 Der Bericht ist **schriftlich** zu erstatten. Er hat den Grundsätzen einer **gewissenhaften und getreuen Rechenschaft** zu entsprechen (§ 312 Abs. 2 AktG). Danach muss der Bericht klar und übersichtlich, vollständig und wahr sein. Er muss den Adressaten (den AR-Mitgliedern, aber auch dem Prüfer) erlauben, sich aufgrund der Angaben ein eigenes Urteil zu bilden.

1343 Da der Abhängigkeitsbericht u.a. der Sicherung des vorgeschriebenen Ausgleichs der Nachteile durch Vorteile dient, ist im Abhängigkeitsbericht anzugeben, wie der **Ausgleich** während des GJ tatsächlich erfolgte oder auf welche Weise der Gesellschaft ein Rechtsanspruch gewährt worden ist. Zur Ermittlung des Ausgleichs ist es notwendig, bei jedem Geschäft und jeder Maßnahme den Vor- und Nachteil vermögensmäßig zu beziffern und sodann die gesamten Vor- und Nachteile gegenüberzustellen. Der sich dann ergebende Saldo unterliegt der Ausgleichspflicht. Auch die Ausgleichsleistung selbst muss quantifiziert werden.

1344 Der Bericht endet mit der sog. **Schlusserklärung** des Vorstands (§ 312 Abs. 3 AktG). Hierin hat er zu erklären, ob die Gesellschaft nach den Umständen, die bei der Vornahme des Rechtsgeschäfts oder der Maßnahme bekannt waren, bei jedem Rechtsgeschäft eine angemessene Gegenleistung erhielt und dadurch, dass die Maßnahme getroffen oder un-

---

[2327] Vgl. *Förschle/Heinz* in BeBiKo7, § 289, Rn. 308; a.A. *Bode*, AG 1995, S. 261(273), *Hüffer*, AktG[9], § 312, Rn. 40, die die Erstattungspflicht des herrschenden Unternehmens aus einer Analogie zu §§ 311, 317 AktG herleiten.
[2328] Zur Berichtspflicht bei Übernahme und den dadurch ausgelösten Kosten vgl. *Friedl*, NZG 2005, S. 875 ff.
[2329] ADS[6], § 312 AktG, Tz. 91; *Hüffer*, AktG[9], § 312, Rn. 36; *Habersack* in Emmerich/Habersack, Aktien- und GmbH-Konzernrecht[6], § 312, Rn. 46; a.A. *Koppensteiner* in Kölner Komm. AktG[3], § 312, Rn. 80.

Aufstellung und Prüfung des Abhängigkeitsberichts F

terlassen wurde, nicht benachteiligt wurde. Sollte die Gesellschaft benachteiligt worden sein, so hat der Vorstand außerdem zu erklären, ob die Nachteile ausgeglichen worden sind. Der Wortlaut der Schlusserklärung hängt davon ab, ob überhaupt berichtspflichtige Rechtsgeschäfte vorgenommen, Maßnahmen getroffen oder unterlassen worden sind, ob sie zu Nachteilen geführt haben und ob diese ggf. ausgeglichen worden sind[2330]. Lagen berichtspflichtige Rechtsgeschäfte oder Maßnahmen nicht vor, beschränkt sich die Schlusserklärung auf diese Angabe (**Negativerklärung**)[2331].

Die Schlusserklärung ist nach § 312 Abs. 3 S. 3 AktG auch **in den Lagebericht (§ 289 HGB) aufzunehmen** und unterliegt insoweit der Prüfung des APr. auf Vollständigkeit des LB. Die Prüfung des LB umfasst über den Wortlaut der insoweit unvollständigen Bestimmung in § 317 Abs. 2 HGB hinausgehend auch die Gesetzmäßigkeit des LB und damit auch die Vollständigkeit der Pflichtangaben im LB[2332]. Fehlt die Schlusserklärung trotz bestehender Pflicht zur Aufstellung des Abhängigkeitsberichts, ist der BestV zum JA einzuschränken[2333]. Ist nicht nur die Aufnahme der Schlusserklärung in den LB unterblieben, sondern hat der Vorstand keinen Abhängigkeitsbericht aufgestellt, ist dies in der Formulierung der Einschränkung zum Ausdruck zu bringen[2334]. **1345**

Zur **Nichtigkeit des Jahresabschlusses** führt das Fehlen der Schlusserklärung dagegen bei isolierter Betrachtungsweise nicht[2335]. Die Regelung in § 256 AktG bezieht sich nur auf den JA, nicht aber auf andere Teile der handelsrechtlichen Rechnungslegung[2336]. Eine inhaltliche Nichtigkeit des JA wegen Unterbewertung kann sich jedoch ergeben, wenn entstandene Schadensersatzansprüche aus § 317 AktG im JA nicht aktiviert sind[2337]. **1346**

Bei **kleinen Kapitalgesellschaften**, die nach § 264 Abs. 1 S. 4 HGB einen LB nicht aufstellen müssen, ist eine Aufnahme der Schlusserklärung in den **Anhang** geboten, da diese Erleichterung das Schutzsystem des Abhängigkeitsberichts nicht schwächen sollte und die Möglichkeit zur Kenntnisnahme für die Aktionäre schon wegen § 315 S. 1 AktG unerlässlich ist[2338]. Im Gegensatz zur Frage der Prüfungspflicht bei einer kleinen AG[2339] handelt es sich daher um eine vom Gesetzgeber nicht bedachte, ausfüllungsbedürftige Regelungslücke. Zwar musste eine kleine AG ihren LB auch vor der Neufassung des § 264 Abs. 1 S. 4 HGB durch das Gesetz vom 25.07.1994[2340] nicht offen legen (Offenlegungserleichterung des § 326 HGB); die Vorlage des LB an die HV war jedoch auch vor **1347**

2330 Zu dem Wortlaut in den einzelnen Fällen vgl. ADS[6], § 312 AktG, Tz. 90; ferner *Förschle/Heinz* in BeBiKo[7], § 289, Rn. 341.

2331 Vgl. ADS[6], § 312 AktG, Tz. 63, 94; *Habersack* in Emmerich/Habersack, Aktien- und GmbH-Konzernrecht[6], § 312, Rn. 45.

2332 ADS[6], § 317 HGB, Tz. 161; dies ergibt sich nach der Neufassung der Prüfungsvorschriften durch das KonTraG nunmehr unmittelbar aus § 321 Abs. 2 S. 1 HGB sowie aus der Aussage im BestV, dass die Prüfung zu keinen Einwendungen geführt hat (dazu § 322 Abs. 1 S. 2 HGB sowie ADS[6], § 322 HGB, Tz. 139).

2333 Vgl. IDW St/HFA 3/1991, Abschn. III.3.; *IDW PS 400*, Tz. 55; ADS[6], § 289 HGB, Tz. 128, sowie § 322 HGB, Tz. 302; *Förschle/Heinz* in BeBiKo[7], § 289, Rn. 393; *Hüffer*, AktG[9], § 312, Rn. 37; *Koppensteiner* in Kölner Komm. AktG[3], § 312 AktG, Rn. 86; a.A. – auf der Grundlage des früheren Rechts – LG Köln, DB 1992, S. 627 (628); OLG Köln, DB 1993, S. 423; vgl. auch Tz. 1177.

2334 ADS[6], § 322 HGB, Tz. 303.

2335 So BGH v. 17.03.1997, AG, S. 374; LG Köln, DB 1992, S. 627; OLG Köln, DB 1993, S. 423; ebenso *Hüffer*, AktG[9], § 312, Rn. 37; zweifelnd *Timm*, ZIP 1993, S. 116.

2336 ADS[6], § 256 AktG Tz. 13; *Habersack* in Emmerich/Habersack, Aktien- und GmbH-Konzernrecht[6], § 312, Rn. 47.

2337 BGH v. 15.11.1993, DB 1994, S. 84; vgl. Tz. 1393.

2338 ADS[6], § 312 AktG, Tz. 88; *Förschle/Heinz* in BeBiKo[7], § 289, Rn. 343; *Habersack* in Emmerich/Habersack, Aktien- und GmbH-Konzernrecht[6], § 312, Rn. 47; a.A. *Krieger* in MünchHdb. AG[3], § 69, Rn. 105.

2339 Vgl. auch Tz. 1366.

2340 Gesetz zur Änderung des D-Markbilanzgesetzes und anderer handelsrechtlicher Bestimmungen vom 25.07.1994, BGBl. I, 1682 ff.

der Gesetzesänderung zwingend (§§ 175 Abs. 2, 176 Abs. 1 S. 1 AktG), so dass die Kenntnisnahme durch die Aktionäre auch bei einer kleinen AG gesichert war.

1348 Das abschließende Ergebnis des Abhängigkeitsberichts unterliegt damit der gleichen **Publizität** wie der LB oder – bei kleinen AG[2341] – der Anh. Der Abhängigkeitsbericht selbst kann dagegen von den Aktionären nicht eingesehen werden; er ist vielmehr nur dem APr. (§ 313 Abs. 1 S. 1 AktG) und dem AR (§ 314 Abs. 1 S. 1 AktG) zur Prüfung vorzulegen.

4. Betriebswirtschaftliche Beurteilungsmaßstäbe

1349 Um seine Beurteilung vornehmen zu können, muss der Vorstand der abhängigen Gesellschaft wissen, an welchen Maßstäben die Angemessenheit von Leistung und Gegenleistung zu messen ist und nach welchen Kriterien sich die Ermittlung von Vor- und Nachteilen bestimmt. Ebenso müssen APr. und AR für ihre Prüfung dieser Beurteilung von anerkannten Maßstäben ausgehen. Das Gesetz selbst enthält zu dieser mit einer vielfältigen Problematik[2342] verbundenen Frage keine Regelung.

Die Nachteiligkeit eines Rechtsgeschäfts oder einer Maßnahme ist grds. anhand eines **Vergleichs mit einer unabhängigen Aktiengesellschaft** zu ermitteln. Denn mit Hilfe der Regelungen der §§ 311 ff. AktG sollen nur diejenigen Nachteile ausgeglichen werden, die der abhängigen Gesellschaft als Folge ihrer Abhängigkeit zugefügt werden[2343]. Demnach liegt die Schwierigkeit der Nachteilsermittlung und ggf. seiner Bezifferung darin, dass die Auswirkungen des Rechtsgeschäfts oder der Maßnahme mit den hypothetischen Auswirkungen hypothetischer Entscheidungen des Vorstands einer unabhängigen Aktiengesellschaft zu vergleichen sind. Da dem Vorstand einer unabhängigen Gesellschaft in der Regel mehrere Handlungsalternativen offen stehen und er bei seiner Entscheidung einen nicht unwesentlichen Ermessensspielraum hat, kann je nach der zu Grunde gelegten Handlung ein Nachteil anzunehmen oder nicht anzunehmen sein bzw. die Höhe des Nachteils variieren[2344].

Anhaltspunkte für die bei der Nachteilsermittlung anzuwendenden Grundsätze können aus übernationalen Entwicklungen entnommen werden, auch wenn sie vorwiegend von steuerlichen Überlegungen ausgehen. Besonders hinzuweisen ist in diesem Zusammenhang auf die **Verrechnungspreisgrundsätze** für multinationale Unternehmen und Steuerverwaltungen der OECD[2345]. Die gleiche Problematik wird aus deutscher steuerlicher Sicht i.Z.m. § 1 AStG[2346] behandelt. Auch aus den steuerrechtlichen Beurteilungskriterien zur verdeckten Gewinnausschüttung[2347] können sich Anhaltspunkte für die Feststellung eines Nachteils ergeben[2348].

2341 Dazu oben Tz. 1347
2342 Vgl. *Meier*, S. 83; *Pöppl*; *Richardt*; *Uecker*; *Brezing*, AG 1975, S. 225.
2343 ADS[6], § 311 AktG, Tz. 38; *Hüffer*, AktG[9], § 311, Rn. 27; *Koppensteiner* in Kölner Komm. AktG[3], § 311, Rn. 36; *Knoll* in MünchAnwaltsHdb.[2], § 52, Rn. 78.
2344 Vgl. ADS[6], § 311 AktG, Tz. 45; *Koppensteiner* in Kölner Komm. AktG[3], § 311, Rn. 72.
2345 *OECD*, Verrechnungspreisgrundsätze; vgl. auch *Gangemi*, S. 737.
2346 Vgl. dazu die Kommentierung in *Flick/Wassermeyer/Baumhoff*, Außensteuerrecht[5], § 1; *Sieker* in Lutter/Scheffler/Schneider, Konzernfinanzierung, § 28; *Wiedemann/Fleischer* in Lutter/Scheffler/Schneider, Konzernfinanzierung, § 29.
2347 Vgl. z.B. *Lange/Janssen*; *Wochinger*.
2348 Vgl. *IDW St/HFA 3/1991*, Abschn. II.11.

Aufstellung und Prüfung des Abhängigkeitsberichts F

Um die Angemessenheit von Verrechnungspreisen zu beurteilen, werden insb. drei Methoden angewendet: Die Preisvergleichsmethode, die Absatzpreismethode und die Kostenaufschlagsmethode[2349]. 1350

a) Die Preisvergleichsmethode

Als Maßstab für die Angemessenheit von Leistung und Gegenleistung ist in erster Linie der Marktpreis anzusehen. Für die Beurteilung der Frage, ob ein Nachteil i.S.d. §§ 311, 312 AktG vorliegt, ist dabei von dem fiktiven Vorgehen einer unabhängigen Gesellschaft bei der Preisfestsetzung für das gleiche Geschäft auszugehen[2350]. 1351

Liegen eindeutig fixierte **Marktpreise** für den Zeitpunkt des Vertragsabschlusses vor – wie z.B. Börsenwerte –, bietet die Beurteilung im Regelfall keine besonderen Schwierigkeiten. Zu untersuchen ist lediglich noch, ob auch die übrigen Konditionen des Geschäfts marktüblichen Bedingungen entsprechen. Unproblematisch ist die Beurteilung auch dann, wenn die abhängige Gesellschaft selbst oder ein verbundenes Unternehmen gleiche Geschäfte mit fremden Dritten abgeschlossen hat („innerer Preisvergleich"). Schwieriger wird die Beurteilung jedoch, wenn z.B. bei Warengeschäften nur Vergleichspreise konzernfremder Hersteller herangezogen werden können („äußerer Preisvergleich"). Voraussetzung für die Aussagekraft der Vergleichspreise ist außer der Vergleichbarkeit der Lieferungen die Vergleichbarkeit der Marktbedingungen und der Handelsstufe. Auch wenn diese Voraussetzungen vorliegen, wird es nicht immer möglich sein, den jeweils günstigsten Vergleichspreis als Maßstab zugrunde zu legen. Vielmehr muss eine sorgfältige Beurteilung der gesamten Umstände der Geschäftsbeziehung vorgenommen werden. Dabei können außer Qualitätsunterschieden auch abw. Lieferungs- und Zahlungsbedingungen eine ausschlaggebende Rolle spielen. Bei Bezug von Gütern oder Dienstleistungen ist außerdem die Zuverlässigkeit hinsichtlich einer gleichbleibenden Qualität und der Einhaltung von Lieferterminen zu beachten. Von besonderer Bedeutung sind weiterhin die Liefermengen; zwischen verbundenen Unternehmen werden nicht selten Geschäfte über Produktmengen getätigt, wie sie nicht in vergleichbarer Größenordnung am Markt vorkommen. Bei der Beurteilung vereinbarter Mengenrabatte sind in diesen Fällen Gesichtspunkte der Kostenrechnung mit heranzuziehen, wobei eine nicht unbeträchtliche Bandbreite für den Rahmen des Angemessenen zugebilligt werden muss. 1352

Noch schwieriger ist die Beurteilung, wenn auf der Absatzseite vergleichbare **Konkurrenzpreise unterboten** werden. Zu beachten ist zunächst, dass ein Nachteil i.S.d. Gesetzes nicht gleichbedeutend mit Verlust sein muss. Hätte die Gesellschaft z.B. bei Geschäften mit anderen Unternehmen einen höheren Gewinn erzielt, so liegt in der Beziehung mit dem verbundenen Unternehmen ein Nachteil, obwohl kein Verlust eingetreten ist. Umgekehrt braucht in einem Verlustgeschäft kein Nachteil zu liegen; nämlich dann nicht, wenn auch bei Abschluss mit einem fremden Unternehmen der gleiche oder sogar ein höherer Verlust entstanden wäre. Ob ein derartiger Fall vorliegt, wird entscheidend von der Kapazitätsauslastung der abhängigen Gesellschaft abhängen, wobei auch das Ziel einer langfristigen Sicherung des Absatzes von Bedeutung sein kann. Eine besondere Rolle werden diese Gesichtspunkte vielfach bei der Differenzierung von Exportpreisen nach verschiedenen Ländern spielen. 1353

Außer dem Marktpreis müssen u. U. noch **andere Faktoren** bei der Beurteilung der Angemessenheit berücksichtigt werden, die sich aus der Konzernzugehörigkeit der Gesellschaft ergeben können. Zwar kann die Tatsache der Zugehörigkeit zum Konzern als solche 1354

2349 Vgl. *Sieker* in Lutter/Scheffler/Schneider, Konzernfinanzierung, § 28, Rn. 28.41; *Theisen*, S. 465.
2350 Vgl. *IDW St/HFA 3/1991*, Abschn. II.11.

867

nicht als Vor- oder Nachteil angesehen werden. Denn dafür wäre erforderlich, dass der Vorteil quantifizierbar ist. Hat aber die Zugehörigkeit zum Konzern beispielsweise zur Folge, dass die abhängige Gesellschaft konzernübliche Rabatte erhält, die sie als unabhängiges Unternehmen nicht erhalten würde, dann ist diese Tatsache bei der Beurteilung der Angemessenheit zu berücksichtigen. Entsprechende Überlegungen wie bei Warengeschäften sind bei einem Fremdvergleich von Leistungen anzustellen. Bei Kreditgewährungen spielen z.b. Laufzeit, Sicherheiten und Wechselkursrisiken eine besondere Rolle.

1355 Alle vorstehenden Überlegungen gehen von der Annahme aus, dass gleiche Güter oder Dienste am freien Markt auch zwischen unabhängigen Unternehmen gehandelt werden und dass daher die erforderlichen Preisinformationen beschafft werden können. Dies ist jedoch keineswegs immer der Fall. Dann kann es allerdings möglich sein, auf die Preise vergleichbarer Güter oder Dienste auszuweichen, wobei unter sorgfältiger Beachtung aller Faktoren eine entsprechende Preisanpassung vorgenommen werden muss.

b) Die Absatzpreismethode

1356 Häufig werden zwischen verbundenen Unternehmen jedoch Güter und Dienste ausgetauscht, für die vergleichbare Marktpreise nicht zu ermitteln sind. Dies kann insb. bei Konzernunternehmen mit aufeinander abgestimmten Fertigungs- und Absatzprogrammen der Fall sein, die sich untereinander mit **Teilen und Halbfabrikaten** beliefern und die vielfältige Beratungs- und sonstige Dienstleistungen in Anspruch nehmen. In derartigen Fällen kann die Anwendung der Absatzpreismethode (Wiederverkaufspreismethode) in Betracht kommen. Diese Methode geht von dem Preis aus, der in der Endstufe einem unabhängigen Dritten in Rechnung gestellt wird und mit dem die Ware oder Dienstleistung somit den Kreis der durch Abhängigkeit verbundenen Unternehmen verlässt. Insofern legt auch diese Methode Marktpreise zu Grunde. Um einen angemessenen Verrechnungspreis für die Zwischenlieferung im Unternehmensverbund zu ermitteln, muss von diesem Endverkaufspreis jedoch noch eine angemessene Rohspanne abgesetzt werden. Wenn diese Spanne nicht aus einem Fremdvergleich gewonnen werden kann, sind zu deren Bestimmung ebenso wie bei der Kostenaufschlagsmethode die Werte der Kostenrechnung heranzuziehen. Die Anwendung der Methode begegnet desto größeren Schwierigkeiten, je mehr Stufen einer Lieferkette innerhalb eines Unternehmensverbunds durchlaufen werden und je größer der Umfang der Weiterverarbeitung auf den nachfolgenden Stufen ist.

c) Die Kostenaufschlagsmethode

1357 Liegen vergleichbare Marktpreise nicht vor und ist auch die Anwendung der Absatzpreismethode nicht praktikabel, so kann als Maßstab für die Beurteilung der Angemessenheit nur der **Selbstkostenpreis zzgl. eines angemessenen Gewinnzuschlags**, der an der Branchenrendite zu orientieren ist[2351], herangezogen werden. Dies bedeutet jedoch, dass die gesamte Problematik der Kostenrechnung[2352] und der Ermittlung eines angemessenen Gewinns in die Beurteilung einfließt. Hier sei nur auf die weitgehend unterschiedlichen Auffassungen hinsichtlich des Kostencharakters verschiedener Aufwandsarten (z.B. gewinnabhängige Aufwendungen, Eigenkapitalzinsen), hinsichtlich des Wertansatzes (Anschaffungs- oder Tageswerte) und der Art der Berücksichtigung des Beschäftigungsgrads hingewiesen. Diese Divergenzen haben zur Folge, dass der ange-

---

2351 Vgl. *Brezing*, AG 1975, S. 225 (228); differenzierend *Sieker* in Lutter/Scheffler/Schneider, Konzernfinanzierung, § 28, Rn. 28.49.
2352 Vgl. *Sieker* in Lutter/Scheffler/Schneider, Konzernfinanzierung, § 28, Rn. 28.51; *Theisen*, S. 471.

messene Preis meist nicht genau fixiert werden kann, sondern bei der Beurteilung der Angemessenheit eine häufig nicht unbeträchtliche Preisspanne einzuräumen ist. Nicht gefolgt werden kann dagegen der Forderung von *Uecker*[2353], dass in jedem Fall der Mittelwert einer vorhandenen Bandbreite anzusetzen sei[2354].

Die Bedeutung der Kostenrechnung als Beurteilungsmaßstab für die Angemessenheit erschöpft sich jedoch nicht in den Fällen fehlender Marktpreise. Heranzuziehen ist sie vielmehr auch für die **Anpassung** zunächst nicht vergleichbarer Marktpreise sowie für die Beurteilung von Mengenrabatten und Preisabschlägen wegen Kosteneinsparungen, wie z.B. durch Wegfall von Marketingkosten und Provisionen, die bei Lieferungen an fremde Unternehmen entstehen würden.

Von besonderer Bedeutung ist die Kostenrechnung weiterhin, wenn mangels **Auslastung** des Unternehmens keine Vollkostendeckung einschließlich Gewinnzuschlag erzielt werden kann. U.U. kann sogar eine gewisse Unterschreitung vergleichbarer Marktpreise gerechtfertigt sein, um eine höhere Auslastung der Kapazitäten zu erreichen. Hierbei sind Gesichtspunkte der Teilkostenrechnung zur Bestimmung der Preisuntergrenze, die noch im Rahmen der Angemessenheit liegt, zu berücksichtigen. Ein zeitweiliger Verzicht auf die Fixkostendeckung oder der Ansatz nur eines geringeren Deckungsbeitrags bei zusätzlichen Geschäften ist auch bei nicht abhängigen Gesellschaften nicht ungewöhnlich. Zweifelhaft ist, ob jedoch zumindest auf längere Sicht stets Vollkostendeckung einschließlich Kapitalrendite erzielt werden muss[2355].

Umgekehrt kann bei bereits erreichter voller Kapazitätsauslastung auch der Fall eintreten, dass **auf bestimmte Lieferungen** zugunsten anderer verbundener Unternehmen **verzichtet** wird. Ein Nachteil für die abhängige Gesellschaft wird mit einer derartigen Lieferabsprache dann nicht verbunden sein, wenn die erhaltene Vergütung mindestens so hoch ist wie der Gewinn, der bei eigener Lieferung unter Beachtung der entstehenden progressiven Kosten zu erzielen gewesen wäre. In späteren Jahren wird jeweils sorgfältig zu prüfen sein, ob die Lieferabsprache weiterhin wegen voller Kapazitätsauslastung wirtschaftlich gerechtfertigt ist.

d) Besondere Problemfälle

Bei verbundenen Unternehmen und in besonderem Maße bei multinationalen Konzernen sind nicht selten Rechtsgeschäfte und Maßnahmen anzutreffen, deren Beurteilung mit außergewöhnlichen Problemen verbunden ist. Die Angemessenheit von Rechtsgeschäften, für die vergleichbare Marktpreise nicht vorliegen, wird im Allgemeinen noch anhand der Kostenrechnung ausreichend beurteilt werden können. Handelt es sich jedoch nicht um Geschäfte, deren Erfüllung Zug um Zug erfolgt, sondern um **langfristige Sukzessiv-Lieferverträge** mit festgelegten Mengen und Preisen, tritt für die Beurteilung ein weiterer, potenziell sehr bedeutender Unsicherheitsfaktor hinzu. Besonders problematisch ist eine Beurteilung langfristiger Verträge, wenn auch die Liefermengen von einer zukünftigen Entwicklung abhängig sind, wie dies z.B. bei Lizenzverträgen mit festgelegter Stücklizenz der Fall ist. Die Beurteilung der Angemessenheit langfristiger Marktabsprachen wirft ebenso Probleme auf. Aus dem Wortlaut der nach § 312 Abs. 3 AktG abzugebenden Schlusserklärung des Vorstands sowie aus der Bestimmung über die Prüfung von Rechtsgeschäften durch den APr. in § 313 Abs. 1 Nr. 2 AktG ergibt sich, dass für die **Beurteilung die Umstände im Zeitpunkt der Vornahme des Geschäfts maßgebend**

2353 *Uecker*, S. 131.
2354 Wie hier *Altmeppen* in MünchKomm. AktG³, § 311 AktG, Rn. 173; *Brezing*, AG 1975, S. 225 (228).
2355 Vgl. dazu *Brezing*, AG 1975, S. 225 (228); *Richardt*, S. 74.

sind[2356]. Dass für die Prüfung von Maßnahmen eine gleichlautende Formulierung im § 313 Abs. 1 Nr. 3 AktG fehlt, dürfte nach dem aus der Schlusserklärung des Vorstands ersichtlichen Willen des Gesetzgebers materiell ohne Bedeutung sein.

1362 Bei der Beurteilung, ob ein Geschäft angemessen war, kommt es nicht auf die Vorstellungen und Kenntnisse an, die der Vorstand zum maßgeblichen Zeitpunkt tatsächlich hatte, sondern auf diejenigen, die er bei sorgfältiger Klärung der Umstände hätte haben können[2357]; irrtümliche Fehleinschätzungen können somit einen Nachteil nicht ausschließen. Allerdings führt die irrtümliche Beurteilung als nachteilig bei objektiver Ausgeglichenheit nicht zu einer Berichtspflicht. Um den Schwierigkeiten einer ex-ante-Prognose zu begegnen, erscheint es möglich, dass das herrschende Unternehmen sich von vornherein verpflichtet, etwaige nachteilige Folgen jeweils am Ende eines GJ ex-post zu quantifizieren und auszugleichen[2358].

1363 Besondere Probleme können auch bei umfassenden **Beratungsverträgen** auftreten, auf deren Grundlage Beratungsleistungen erbracht werden, für die es keine vergleichbaren Maßstäbe gibt. In die Beurteilung ist dabei auch die Qualität der Beratung einzubeziehen. Werden Leistungen wie z.B. für Forschung und Entwicklung und für Verwaltungstätigkeiten in Form einer **Konzernumlage** verrechnet, so hat die Verrechnung auf der Basis tatsächlich anfallender Kosten, u.U. einschl. kalkulatorischer Zinsen, zu erfolgen. Belastet werden können nur Leistungen, die tatsächlich im Interesse des abhängigen Unternehmens erbracht worden sind[2359].

1364 Nach herrschender Auffassung können Vorteile, die sich automatisch aus einem Konzernverbund ergeben (sog. passive Konzernreflexe), mangels gezielter Zuwendung nicht als Nachteilsausgleich betrachtet werden[2360]. Denkbar ist jedoch, dass der Vorgang aufgrund vorteilhafter **Konzernreflexe** gar nicht erst nachteilig ist. Die Abgrenzung kann im Einzelfall schwierig sein und etwa bei Beratungsleistungen im Einkaufssektor eine beachtliche Rolle spielen.

5. Prüfung

a) Gegenstand der Prüfung

1365 Der Vorstand der abhängigen AG hat den von ihm erstellten Abhängigkeitsbericht gleichzeitig mit dem JA und dem LB dem APr. der Gesellschaft vorzulegen (§ 313 Abs. 1 S. 1 AktG). Der APr. ist also kraft Gesetzes auch für die Prüfung des Abhängigkeitsberichts zuständig, ohne dass es einer gesonderten Beauftragung durch die Gesellschaft bedarf. Daher ist es – anders als für die Prüfung des KA (§ 318 Abs. 2 HGB) – auch nicht möglich, einen anderen Prüfer zu beauftragen.

1366 Ein Sonderproblem ergibt sich daraus, dass nach § 316 Abs. 1 S. 1 HGB die JA **kleiner AG** nicht mehr prüfungspflichtig sind[2361]. Hierdurch entfällt für solche Gesellschaften auch die Prüfung des Abhängigkeitsberichts, obwohl sie als neutrale Prüfung von besonderer Bedeutung für den Minderheitenschutz wäre. Wie der klare Wortlaut des durch das BiRiLiG geänderten § 313 Abs. 1 S. 1 AktG zeigt, nimmt der Gesetzgeber diese Lücke

---

2356 Vgl. ADS[6], § 311 AktG Tz. 42; *Koppensteiner* in Kölner Komm. AktG[3], § 311, Rn. 39.
2357 *Krieger* in MünchHdB. AG[3], § 69, Rn. 108 m.w.N.
2358 Vgl. ADS[6], § 311 AktG, Tz. 71; *Koppensteiner* in Kölner Komm. AktG[3], § 311, Rn. 134.
2359 Zur Problematik der Konzernumlagen vgl. *Koppensteiner* in Kölner Komm. AktG[3], § 311 AktG, Rn. 84; *Raupach*, StuW 1990, S. 397; *Sieker* in Lutter/Scheffler/Schneider, Konzernfinanzierung, § 28, Rn. 28.66, und *Wiedemann/Fleischer* in Lutter/Scheffler/Schneider, Konzernfinanzierung, § 29, Rn. 29.25.
2360 Vgl. ADS[6], § 311 AktG, Tz. 62, und oben unter Tz. 1338.
2361 Vgl. *Gelhausen*, AG 1986, S. 67; *Weirich/Zimmermann*, AG 1986, S. 265 (274).

Aufstellung und Prüfung des Abhängigkeitsberichts　　　　　　　　　　　　　　　　　F

jedoch in Kauf, wenn auch eine sachliche Rechtfertigung hierfür nicht ersichtlich ist[2362]. Schreibt die Satzung einer AG allerdings die Prüfung des JA vor, ist der Abhängigkeitsbericht im Zweifel in die Prüfung einzubeziehen[2363] (vgl. wegen Aufnahme der Schlusserklärung in den LB oder ggf. in den Anhang auch Tz. 1177).

Die Prüfung des Abhängigkeitsberichts erstreckt sich nach § 313 Abs. 1 S. 2 AktG darauf, „ob　　　　　　　　　　　　　　　　　1367

1. die tatsächlichen Angaben des Berichts richtig sind,
2. bei den im Bericht aufgeführten Rechtsgeschäften nach den Umständen, die im Zeitpunkt ihrer Vornahme bekannt waren, die Leistung der Gesellschaft nicht unangemessen hoch war; soweit sie dies war, ob die Nachteile ausgeglichen worden sind,
3. bei den im Bericht aufgeführten Maßnahmen keine Umstände für eine wesentlich andere Beurteilung als die durch den Vorstand sprechen."

Aus dieser Aufzählung ergibt sich, dass die **Vollständigkeit** des Abhängigkeitsberichts **nicht Gegenstand der Prüfung** durch den APr. ist[2364]. Dies trägt dem Umstand Rechnung, dass die Prüfungsmöglichkeiten, speziell bei (unterlassenen) Maßnahmen, für ein sicheres Urteil häufig nicht ausreichen. Dagegen wird der AR bei seiner anschließenden Prüfung aufgrund seiner Kenntnis der Vorgänge bei der Gesellschaft auch auf die Vollständigkeit der Angaben zu achten haben.　　　　　　　　　　　　　　　　　1368

Der APr. braucht also **nicht gezielt** zu prüfen, ob der Bericht sämtliche angabepflichtigen Rechtsgeschäfte und Maßnahmen enthält. Stellt er jedoch bei seiner Prüfung nach § 313 Abs. 1 AktG oder im Rahmen seiner Abschlussprüfung fest, dass der Abhängigkeitsbericht unvollständig ist, so muss er auch hierüber berichten. Ihn trifft insoweit also keine Prüfungspflicht, sondern ggf. eine Berichtspflicht. Allerdings wird der APr. auch Verdachtsmomenten, die sich bei seinen Arbeiten ergeben, nachgehen müssen. Außerdem hat er im Rahmen der Prüfung des Abhängigkeitsberichts auch darauf zu achten, dass bei den angegebenen Rechtsgeschäften und Maßnahmen die wesentlichen Geschäftsbedingungen vollständig dargestellt sind. Falls erforderlich, hat er den Sachverhalt aufzuklären[2365] und ggf. auch auf Ergänzung des Berichts zu dringen.　　　　　　　　　　　　　　　　　1369

Während sich die Prüfung i.S.d. § 313 Abs. 1 S. 2 Nr. 1 AktG nur auf die richtige Wiedergabe der im Bericht enthaltenen Fakten erstreckt, sind im Rahmen der Prüfung nach § 313 Abs. 1 S. 2 Nrn. 2 und 3 AktG auch die vom Vorstand getroffenen **Wertungen** inhaltlich zu prüfen. Dabei ist es nicht Aufgabe des Prüfers, Kritik an der Geschäftsführung der Gesellschaft zu üben. Er hat sich vielmehr darauf zu beschränken, festzustellen, ob die Leistungen der Gesellschaft bei vernünftiger kaufmännischer Überlegung nicht unangemessen hoch waren. Mit dieser negativen Formulierung wird dem Prüfer ein Beurteilungsspielraum eingeräumt[2366]. Weicht der Prüfer in seiner Beurteilung nur geringfügig von der Beurteilung des Vorstands ab, so braucht er darüber nicht zu berichten. Nur wenn Grund zu wesentlichen Beanstandungen besteht, ist er zur Berichterstattung verpflichtet.　　　　　　　　　　　　　　　　　1370

[2362] Hierzu ausführlich *Kropff*, ZGR 1988, S. 558 (563); vgl. auch *Habersack* in Emmerich/Habersack, Aktien- und GmbH-Konzernrecht[6], § 313, Rn. 6; *Hüffer*, AktG[9], § 313, Rn. 2 („Fehlleistung" des Gesetzgebers); *Krieger* in MünchHdb. AG[3], § 69, Rn. 107.

[2363] Vgl. *Habersack* in Emmerich/Habersack, Aktien- und GmbH-Konzernrecht[6], § 313, Rn. 7.

[2364] Vgl. ADS[6], § 313 AktG, Tz. 46; *Altmeppen* in MünchKomm. AktG[3], § 313, Rn. 56.

[2365] Ebenso *Hüffer*, AktG[9], § 313, Rn. 11.

[2366] Vgl. Begr. RegE zu § 313 AktG bei *Kropff*, AktG, S. 414; ADS[6], § 313 AktG, Tz. 22; *Koppensteiner* in Kölner Komm. AktG[3], § 313, Rn. 18.

1371 Maßnahmen sind nur daraufhin zu überprüfen, ob dem APr. bekannte Umstände für eine wesentlich andere Beurteilung als die durch den Vorstand sprechen. Der Prüfer soll also kein Urteil darüber abgeben, ob die Maßnahmen zweckmäßig und mit den Pflichten eines ordentlichen und gewissenhaften Geschäftsleiters vereinbar waren[2367]. Er soll sein Ermessen nicht an die Stelle des kaufmännischen Ermessens des Vorstands setzen. Vielmehr soll er prüfen, ob die angegebenen Gründe die Maßnahmen vertretbar erscheinen lassen oder ob die ihm bekannten Umstände zu einer wesentlich anderen Beurteilung führen. Maßgeblicher Zeitpunkt für die Beurteilung ist die Vornahme des Rechtsgeschäfts oder der Maßnahme; spätere Umstände sind nur dann zu berücksichtigen, wenn sie der Vorstand kannte oder kennen musste[2368].

1372 Hat die abhängige Gesellschaft durch Rechtsgeschäfte oder Maßnahmen einen Nachteil erlitten, so erstreckt sich die Prüfung auch darauf, ob dieser Nachteil im GJ tatsächlich oder durch Gewährung eines Rechtsanspruchs auf entsprechende Vorteile ausgeglichen worden ist.

1373 Wird vom Vorstand ein **Abhängigkeitsbericht** nicht aufgestellt, so muss der APr. prüfen, ob die **Voraussetzungen für die Erstellung** eines Berichts vorliegen oder nicht. Diese Pflicht ergibt sich zwar nicht aus § 313 AktG. Der Prüfer hat jedoch festzustellen, ob der **Lagebericht** den gesetzlichen Bestimmungen entspricht; hierzu gehört, dass er vollständig ist und bei bestehender Pflicht zur Aufstellung eines Abhängigkeitsberichts die Schlusserklärung des Vorstands nach § 312 Abs. 3 S. 3 AktG enthält (vgl. Tz. 1345). Dabei ist der APr. nicht dazu verpflichtet, Nachforschungen darüber anzustellen, ob Umstände vorliegen, die eine Abhängigkeit begründen können, wenn ihm dafür keine konkreten Umstände bekannt sind[2369]. Schwierigkeiten kann **die Prüfung bereiten,** wenn das Abhängigkeitsverhältnis nicht auf einer **Mehrheitsbeteiligung eines Unternehmens** beruht, sondern über eine etwaige Abhängigkeit zu einer Gruppe von mehreren Unternehmen zu entscheiden ist[2370].

1374 Kommt der Vorstand einer Gesellschaft der ihm nach § 312 AktG obliegenden Pflicht zur Aufstellung des Abhängigkeitsberichts nicht nach, hat der APr. wegen der Unvollständigkeit des LB den **Bestätigungsvermerk zum Jahresabschluss einzuschränken**[2371]. Dabei lässt sich der Wortlaut einer Einschränkung wegen Unvollständigkeit des LB nicht ohne weiteres mit der Aussage des BestV zum LB nach **§ 322 Abs. 3 HGB in Zusammenhang** bringen, weil nach der Vorschrift im BestV nur darauf einzugehen ist, ob der LB eine zutreffende Vorstellung von der Lage des Unternehmens vermittelt. Da der Einwand der Unvollständigkeit die Gesetzmäßigkeit des LB betrifft, ist die Einschränkung i.Z.m. der **Beurteilung zur Gesetzmäßigkeit** zu formulieren (z.B.: „Meine/Unsere Prüfung hat mit Ausnahme der folgenden Einschränkung zu keinen Einwendungen geführt: Die Schlusserklärung zum Abhängigkeitsbericht ist nicht wie vorgeschrieben in den Lagebericht aufgenommen worden. Nach meiner/unserer Überzeugung vermittelt ... Der Lagebericht gibt insgesamt ..."). Hat der Vorstand pflichtwidrig keinen Abhängigkeitsbericht aufgestellt, ist auch dies in der Formulierung der Einschränkung zum Ausdruck zu bringen[2372].

[2367] Vgl. Begr. RegE zu § 313 AktG bei *Kropff*, AktG, S. 413; ADS[6], § 313 AktG, Tz. 31.
[2368] Vgl. ADS[6], § 313 AktG, Tz. 21, 31; *Hüffer*, AktG[9], § 313, Rn. 7.
[2369] Vgl. *Würdinger* in Großkomm. AktG[3], § 313, Rn. 3.
[2370] Vgl. hierzu BGH v. 04.03.1974, WPg, S. 245.
[2371] Vgl. *IDW St/HFA 3/1991*, Abschn. III.3.; *IDW PS 350*, Tz. 26; *IDW PS 400*, Tz. 55; ADS[6], § 289 HGB, Tz. 128, sowie § 322 HGB, Tz. 302; *Förschle/Küster* in BeBiKo[7], § 322, Rn. 61; *Hüffer*, AktG[9], § 312, Rn. 10; a.A. LG Köln, DB 1992, S. 627 (628); OLG Köln, DB 1993, S. 423; vgl. oben Tz. 1345.
[2372] Vgl. ADS[6], § 322 HGB, Tz. 303.

Aufstellung und Prüfung des Abhängigkeitsberichts **F**

Eine Einschränkung ist auch bei der – satzungsmäßigen oder freiwilligen – Prüfung des JA kleiner KapGes. geboten, die nach § 264 Abs. 1 S. 3 HGB keinen LB aufstellen, wenn die Schlusserklärung nicht in den Anh. aufgenommen worden ist[2373].

Außerdem kann der Vorstand vom Registergericht durch Festsetzung eines **Zwangsgelds** 1375 (§ 407 Abs. 1 AktG) zur Aufstellung des Abhängigkeitsberichts und zu seiner Vorlage an den APr. angehalten werden. Die Einleitung des Verfahrens nach § 388 FamFG kann auch von einem Aktionär angeregt werden[2374]. Die Aufstellung des Abhängigkeitsberichts kann auch dann noch verlangt werden, wenn die Rechnungslegung des GJ abgeschlossen ist[2375]. Ein trotz Verstoßes gegen die Berichtspflicht ergangener Entlastungsbeschluss kann als gesetzwidrig angesehen werden und deshalb eine Anfechtungsklage nach § 243 Abs. 1 AktG auslösen[2376].

b) Prüfungsdurchführung

Bei der Prüfung ist von den im Bericht aufgeführten Rechtsgeschäften und Maßnahmen 1376 auszugehen (retrograde Prüfungsmethode). Die Prüfung der Richtigkeit der tatsächlichen Angaben des Berichts ist eine **objektive Tatsachenermittlung**, die im Allgemeinen ohne besondere Schwierigkeiten durchgeführt werden kann.

Bei der Prüfung der Angemessenheit ist dagegen eine **subjektive Beurteilung** des APr. 1377 erforderlich, die mangels ausreichender Beurteilungsmaßstäbe sehr problematisch sein kann[2377]. Für die Durchführung der Prüfung und die Beurteilung ist das pflichtgemäße Ermessen des APr. maßgebend. Soweit möglich, sind für die Beurteilung vergleichbare Marktpreise heranzuziehen. Soweit Ergebnisse der Kostenrechnung für die Beurteilung von Bedeutung sind, ist eine Überprüfung ihrer Zuverlässigkeit vorzunehmen.

Bei umfangreichen Geschäftsbeziehungen ist keine lückenlose Prüfung erforderlich[2378]. 1378 Umfang und Auswahl der **Stichproben** sind von der Art und der Bedeutung der Rechtsgeschäfte und Maßnahmen abhängig. Bei gleichartigen Geschäften sind die Grundsätze der Preisermittlung festzustellen und zu beurteilen; ihre Einhaltung ist durch Stichproben zu prüfen.

Da die Abschlussprüfung nach dem Ende des GJ im Allgemeinen unter Zeitdruck durch- 1379 geführt werden muss, wird i.d.R. eine Prüfung der bis dahin erfolgten Rechtsgeschäfte und Maßnahmen im Rahmen einer **Zwischenprüfung** bereits im Laufe des GJ erforderlich sein. Voraussetzung ist, dass ein Mindestmaß an **Prüfungsbereitschaft** bei der abhängigen Gesellschaft, z.B. durch laufende Erfassung der berichtspflichtigen Vorgänge, gegeben ist. U.U. empfiehlt es sich auch für den Vorstand der abhängigen Gesellschaft, vor der Vornahme eines Rechtsgeschäfts oder einer Maßnahme die Beurteilung des APr. einzuholen.

Für die Prüfung des Abhängigkeitsberichts hat der Prüfer gem. § 313 Abs. 1 S. 3 und 4 1380 AktG die gleichen **Auskunftsrechte** wie bei der Prüfung des JA. Er kann v.a. von der

---

2373 Vgl. oben Tz. 1287 ff., Tz. 1177.
2374 Vgl. zu der Vorgängerregelung § 132 FGG BGH v. 17.03.1997, DB, S. 1121.
2375 Vgl. BGH v. 17.03.1997, DB, S. 1121 (1122); OLG Düsseldorf, AG 2000, S. 365 (366); *Koppensteiner* in Kölner Komm. AktG³, § 312, Rn. 32; vgl. oben Tz. 1287.
2376 Vgl. BGH v. 04.03.1974, WPg, S. 245; OLG Karlsruhe, BB 1999, S. 1451; OLG Düsseldorf, AG 2000, S. 365 (366); OLG Hamm, DB 2001, S. 134 (135); LG Heidelberg, DB 1997, S. 2265; LG Berlin, AG 1997, S. 183; *Hüffer*, AktG⁹, § 312, Rn. 10.
2377 Vgl. Tz. 1284.
2378 Vgl. ADS⁶, § 313 AktG, Tz. 45; *IDW St/HFA 3/1991*, Abschn. III.7.; *Hüffer*, AktG⁹, § 313, Rn. 10.

abhängigen Gesellschaft, insb. von deren Vorstand, aber auch von einem Konzernunternehmen oder von dem herrschenden Unternehmen Auskünfte verlangen, nicht dagegen von sonstigen verbundenen Unternehmen, obwohl sich die Berichtspflicht auch auf die Beziehungen zu diesen erstreckt[2379].

1381 Im Rahmen des Auskunftsrechts kann der APr. auch Auskünfte über den Kreis der mit dem herrschenden Unternehmen verbundenen Unternehmen verlangen. Bei einem multinationalen Unternehmensverbund kann die Durchsetzung des Auskunftsrechts, insb. gegenüber herrschenden Unternehmen mit **Sitz im Ausland**, allerdings auf Schwierigkeiten stoßen, u.a. weil der Auskunftserteilung nationale Vorschriften entgegenstehen können. Das Auskunftsrecht des § 313 Abs. 1 S. 4 AktG besteht zwar grds. – ebenso wie das des § 320 Abs. 2 S. 3 HGB – auch gegenüber Unternehmen mit Sitz im Ausland[2380]. Es mangelt jedoch an einer effektiven Möglichkeit, das Recht durchzusetzen. Wird in einem derartigen Fall von der ausländischen Muttergesellschaft die Bestätigung verweigert, dass es sich bei bestimmten Unternehmen um verbundene Unternehmen handelt, so sollten die Beziehungen zu diesen Unternehmen im Abhängigkeitsbericht im Zweifel als Beziehungen zu verbundenen Unternehmen behandelt werden[2381]. Liegen hinreichend konkrete Anhaltspunkte dafür vor, dass der Kreis der mit dem herrschenden Unternehmen verbundenen Unternehmen zu eng gezogen wurde, wäre ansonsten der BestV einzuschränken[2382].

Im Übrigen wird die Ansicht vertreten, dass der Vorstand einer abhängigen Gesellschaft einer nachteiligen Veranlassung des ausländischen Unternehmens nur folgen darf, wenn das ausländische Unternehmen sich ihm gegenüber bereit erklärt, die vom APr. für notwendig erachteten Aufklärungen und Nachweise sowohl für das ausländische herrschende Unternehmen selbst als auch für andere ausländische Konzernunternehmen zu erbringen[2383].

1382 Da eine unmittelbare Prüfung der Vollständigkeit des Berichts nicht vorzunehmen ist, entfällt die Einholung einer gesonderten **Vollständigkeitserklärung**.

c) Prüfungsbericht und Bestätigungsvermerk[2384]

1383 Über das Ergebnis der Prüfung ist gemäß § 313 Abs. 2 AktG schriftlich zu berichten. Der PrB mit dem BestV ist von dem APr. zu unterzeichnen und – wie der Bericht über die Abschlussprüfung bei Erteilung des Prüfungsauftrags durch den AR (§ 321 Abs. 5 S. 2 HGB) – unmittelbar **dem Aufsichtsrat vorzulegen**. Dem Vorstand ist vor der Zuleitung Gelegenheit zur Stellungnahme zu geben. Dies erfolgt üblicherweise auf der Grundlage eines Vorwegexemplars im Rahmen einer Schlussbesprechung, die mit der für die Prüfung des JA[2385] verbunden werden kann.

1384 In dem **Bericht** sind die Prüfungsdurchführung und die Beurteilung zu erläutern und die Ergebnisse der Prüfung zu begründen. Es ist auch zu berichten, ob der Vorstand die er-

---

2379 Zu dieser Problematik ADS[6], § 313 AktG, Tz. 54; *Habersack* in Emmerich/Habersack, Aktien- und GmbH-Konzernrecht[6], § 313, Rn. 23; *Hüffer*, AktG[9], § 313, Rn. 13.
2380 Vgl. ADS[6], § 320 HGB, Tz. 49; *Habersack* in Emmerich/Habersack, Aktien- und GmbH-Konzernrecht[6], § 313, Rn. 24; *Koppensteiner* in Kölner Komm. AktG[3], § 313 AktG, Rn. 16.
2381 Ablehnend *Koppensteiner* in Kölner Komm. AktG[3], § 313 AktG, Rn. 16.
2382 Vgl. ADS[6], § 313 AktG, Tz. 57; *Koppensteiner* in Kölner Komm. AktG[3], § 313, Rn. 16.
2383 Vgl. *Altmeppen* in MünchKomm. AktG[3], § 313, Rn. 79; krit. *Koppensteiner* in Kölner Komm. AktG[3], § 313, Rn. 16.
2384 Vgl. hierzu Kap. Q.
2385 Vgl. dazu ADS[6], § 321 HGB, Tz. 156, 172.

forderlichen Auskünfte erteilt und Nachweise vorgelegt hat. Die Angaben des Abhängigkeitsberichts sind nicht im Einzelnen zu wiederholen. Es empfiehlt sich vielmehr, den Abhängigkeitsbericht als Anlage beizufügen. Im Allgemeinen wird der PrB kurz gehalten werden können, wenn die Beurteilung nicht wesentlich von der des Vorstands abweicht.

Sind nach dem abschließenden Ergebnis der Prüfung keine Einwendungen zu erheben, so hat der APr. dies nach § 313 Abs. 3 S. 1 AktG durch folgenden **Bestätigungsvermerk** zu bestätigen: **1385**

„Nach meiner/unserer pflichtmäßigen Prüfung und Beurteilung bestätige ich/bestätigen wir, dass

1. die tatsächlichen Angaben des Berichts richtig sind,
2. bei den im Bericht aufgeführten Rechtsgeschäften die Leistung der Gesellschaft nicht unangemessen hoch war oder Nachteile ausgeglichen worden sind,
3. bei den im Bericht aufgeführten Maßnahmen keine Umstände für eine wesentlich andere Beurteilung als die durch den Vorstand sprechen."

Führt der Bericht kein Rechtsgeschäft auf, so ist Nr. 2, führt er keine Maßnahme auf, so ist Nr. 3 des BestV fortzulassen (§ 313 Abs. 2 S. 2 AktG). Lagen im GJ weder Rechtsgeschäfte noch Maßnahmen vor und hat demgemäß der Vorstand nur einen sog. Negativbericht erstattet, beschränkt sich das Testat auf die Aussage der Nr. 1.

Hat der APr. bei keinem im Bericht aufgeführten Rechtsgeschäft festgestellt, dass die Leistung der Gesellschaft unangemessen hoch war, so ist Nr. 2 des Vermerks auf diese Bestätigung zu beschränken (§ 313 Abs. 2 S. 3 AktG).

Sind Einwendungen zu erheben oder hat der APr. festgestellt, dass der Abhängigkeitsbericht unvollständig ist, so hat er den BestV einzuschränken oder zu versagen (§ 313 Abs. 4 S. 1 AktG); hierfür gelten die allgemeinen Grundsätze des *IDW PS 400* entsprechend. Bei einer **Einschränkung** muss der BestV neben dem im Übrigen positiven Befund Inhalt und Umfang der Einschränkung für die Öffentlichkeit klar erkennen lassen. Eine **Versagung** des BestV wird insb. dann in Betracht kommen, wenn die Einwendungen so zahlreich oder umfangreich sind, dass eine klare Darstellung in der Form einer Einschränkung nicht gegeben werden kann. **1386**

In Fällen, in denen die Beurteilung insb. von Maßnahmen auf besondere Schwierigkeiten gestoßen ist, ein Grund für eine Einschränkung jedoch nicht vorliegt, kann sich in Ausnahmefällen ein hinweisender **Zusatz** zum BestV empfehlen[2386]. **1387**

Hat der Vorstand selbst erklärt, dass die Gesellschaft durch bestimmte Rechtsgeschäfte oder Maßnahmen **benachteiligt** worden ist, ohne dass die Nachteile ausgeglichen worden sind, so ist dies in dem Vermerk anzugeben und die positiven Aussagen auf die übrigen Rechtsgeschäfte oder Maßnahmen zu beschränken (§ 313 Abs. 4 S. 2 AktG). **1388**

Nach § 313 Abs. 5 AktG hat der APr. den BestV mit Angabe von Ort und Tag zu **unterzeichnen**. Der BestV ist auch in den PrB aufzunehmen. Da bei der Prüfung des Abhängigkeitsberichts und der des Jahresabschlusses Kenntnisse gewonnen werden können, die auch für die jeweils andere Prüfung von Bedeutung sein können, sollten die beiden Prüfungen regelmäßig zum selben Zeitpunkt beendet werden. Folglich sollten auch die BestV dasselbe Datum tragen. Zwingend ist dies jedoch nicht. Vielmehr kann die Prüfung des Abhängigkeitsberichts vor der des Jahresabschlusses beendet werden. Eine umgekehrte **1389**

2386 Vgl. *IDW St/HFA 3/1991*, Abschn. III.10.; *Altmeppen* in MünchKomm. AktG[3], § 313 AktG, Rn. 100; *Habersack* in Emmerich/Habersack, Aktien- und GmbH-Konzernrecht[6], § 313, Rn. 32; *Hüffer*, AktG[9], § 313, Rn. 17.

Reihenfolge ist hingegen regelmäßig nicht sachgerecht, weil in aller Regel erst nach Beendigung der Prüfung des Abhängigkeitsberichts feststeht, ob der Jahresabschluss einen Anspruch auf Nachteilsausgleich ausweisen muss oder nicht. Im Unterschied zur Prüfung des JA, bei der für die Offenlegung ein Original des JA mit dem BestV zu verwenden ist („Testatsexemplar"), unterliegt der mit dem BestV versehene Abhängigkeitsbericht keiner besonderen Publizität, so dass sich i.d.R. eine gesonderte Ausfertigung des BestV außerhalb des Prüfungsberichts erübrigen wird.

1390 Der BestV ist in dem **Bericht des Aufsichtsrats** an die HV (§ 314 Abs. 2 S. 3 AktG) wiederzugeben und erlangt so – anders als der Prüfungsbericht selbst – allgemeine Publizität (vgl. Tz. 1392). Wird der BestV im Bericht des AR an die HV nicht wörtlich wiedergegeben, ist die Entlastung des AR anfechtbar[2387].

d) Prüfung durch den Aufsichtsrat

1391 Nach Aufstellung hat der Vorstand den Abhängigkeitsbericht dem **Aufsichtsrat** der Gesellschaft vorzulegen. Der Prüfungsbericht wird dem AR durch den APr. unmittelbar zugeleitet (vgl. Tz. 1383). Der AR hat den Abhängigkeitsbericht selbstständig zu prüfen und in seinem Bericht an die HV über das Ergebnis der Prüfung zu berichten (§ 314 AktG). Der APr. hat nach § 314 Abs. 4 AktG an den Verhandlungen des AR oder eines Ausschusses über den Abhängigkeitsbericht teilzunehmen und über die wesentlichen Ergebnisse seiner Prüfung zu berichten[2388].

1392 Die Prüfung durch den AR soll umfassend sein[2389]. Er hat – anders als der APr. – auch die **Vollständigkeit** der Angaben im Abhängigkeitsbericht zu prüfen. Daher haftet er nach § 318 Abs. 2 AktG auch bei Verletzung seiner Prüfungspflicht hinsichtlich der Vollständigkeit der Angabe nachteiliger Rechtsgeschäfte oder Maßnahmen[2390]. Der AR hat in seinem Bericht ferner zu dem Ergebnis der Prüfung des Abhängigkeitsberichts durch die APr. Stellung zu nehmen und den BestV in seinen Bericht aufzunehmen oder die Versagung des Vermerks mitzuteilen; hierdurch wird der Wortlaut des BestV zum Abhängigkeitsbericht der HV bekannt (§ 175 Abs. 2 AktG). Am Schluss des Berichts hat der AR zu erklären, ob nach dem abschließenden Ergebnis seiner Prüfung Einwendungen gegen die Schlusserklärung des Vorstands zu erheben sind (§ 314 Abs. 3 AktG).

1393 Billigt der AR einen Abhängigkeitsbericht des Vorstands, obwohl dieser unvollständig oder teilw. unrichtig ist, so ist dieser Beschluss **nichtig**. Der BGH[2391] leitet dies daraus ab, dass der JA, in dem keine entsprechenden Schadensersatzansprüche aktiviert sind, nach § 256 Abs. 5 Nr. 2 AktG nichtig sei und dies nach § 139 BGB i.d.R. auch zur Nichtigkeit des AR-Beschlusses über den Abhängigkeitsbericht führe. Darüber hinaus dürfte der Beschluss jedoch auch selbst wegen Gesetzesverstoßes nichtig sein[2392].

e) Sonderprüfung gemäß § 315 AktG

1394 Zum weiteren Schutz der Rechte von Minderheitsaktionären hat der Gesetzgeber für bestimmte Fälle eine spezielle Sonderprüfung der geschäftlichen Beziehungen einer abhän-

---

2387 LG München I, DB 2006, S. 94 f.
2388 Zur parallelen Regelung für den JA in § 171 Abs. 1 S. 2 HGB vgl. ADS[6] Erg.Bd., § 171 AktG n.F., Tz. 11.
2389 Vgl. Begr. RegE zu § 314 AktG bei *Kropff*, AktG, S. 416.
2390 Vgl. *Krieger* in MünchHdb. AG[3], § 69, Rn. 112.
2391 BGH v. 15.11.1993, DB 1994, S. 84; vgl. auch ADS[6], § 312 AktG, Tz. 103a m.w.N.
2392 Vgl. *Kropff*, ZGR 1994, S. 628 (642); dort auch zur Frage einer analogen Anwendung des § 315 Nr. 2 AktG auf diesen Fall; vgl. auch *H.-P. Müller*, AG 1994, S. 410.

gigen Gesellschaft zu verbundenen Unternehmen vorgesehen. Für die Bestellung eines Sonderprüfers durch das Gericht ist der Antrag eines Aktionärs ausreichend. Der Antrag kann gem. § 315 AktG allerdings nur gestellt werden[2393], wenn

1. der APr. den BestV zum Abhängigkeitsbericht eingeschränkt oder versagt hat,
2. der AR erklärt hat, dass Einwendungen gegen die Erklärung des Vorstands am Schluss des Abhängigkeitsberichts zu erheben sind, oder
3. der Vorstand selbst erklärt hat, dass die Gesellschaft durch bestimmte Rechtsgeschäfte oder Maßnahmen benachteiligt worden ist, ohne dass die Nachteile ausgeglichen worden sind.

Liegen zwar nicht diese Voraussetzungen, wohl aber sonstige Tatsachen vor, die den **Verdacht pflichtwidriger Benachteiligung** begründen, kann die Sonderprüfung nach § 315 S. 2 AktG auch durch den Antrag von Aktionären ausgelöst werden, deren Anteile zusammen den hundertsten Teil des Grundkapitals oder den anteiligen Betrag von 100.000 € erreichen. Die Tatsachen müssen weder bewiesen noch glaubhaft gemacht werden; es genügt, dass das Gericht von hinreichenden Verdachtsmomenten überzeugt wird[2394]. **1395**

Die Sonderprüfung nach § 315 AktG ist eine **umfassende Prüfung** aller geschäftlichen Beziehungen des abhängigen Unternehmens mit dem herrschenden Unternehmen und mit allen mit diesem verbundenen Unternehmen, sofern die Bestellung durch das Gericht die Prüfung nicht auf bestimmte Unternehmen als Prüfungsobjekte beschränkt[2395]. Im Rahmen der Sonderprüfung ist damit auch die Vollständigkeit des Abhängigkeitsberichts zu prüfen. Für die **Auswahl** der Sonderprüfer gilt § 143 AktG, im Hinblick auf den Gegenstand der Prüfung werden i.d.R. WP oder vBP zu wählen sein[2396]. Der **Bericht** über die Sonderprüfung ist zum HR der Gesellschaft einzureichen (§ 145 Abs. 6 S. 3 AktG), wo er von jedermann eingesehen werden kann. **1396**

X. Schrifttumsverzeichnis

1. Verzeichnis der Monographien und Beiträge in Sammelwerken

Baetge/Fischer/Paskert, Der Lagebericht – Aufstellung, Prüfung und Offenlegung, Stuttgart 1989; *Ballwieser,* Die Lageberichte der DAX-Gesellschaften im Lichte der Grundsätze ordnungsmäßiger Lageberichterstattung, in: Fischer/Hömberg (Hrsg.), Jahresabschluß und Jahresabschlußprüfung, FS Baetge, Düsseldorf 1997, S. 153; *Ballwieser/ Häger,* Jahresabschlüsse mittelgroßer Kapitalgesellschaften, Düsseldorf 1991; *Bandle,* Rechnungslegung nach dem Umsatzkostenverfahren, in: Baetge (Hrsg.), Rechnungslegung und Prüfung, Düsseldorf 1992, S. 75; *Bieg u.a.,* Bilanzrechtsmodernisierungsgesetz, München 2009; *Bieg/Heyd,* Fair Value, München 2005; *Blaurock,* Handbuch der Stillen Gesellschaft, 7. Aufl., Köln 2009; *Böcking,* Verbindlichkeitsbilanzierung, Wiesbaden 1994; *Brebeck/Herrmann,* Überlegungen zur handelsbilanziellen Behandlung von Lizenzen für die Nutzung immaterieller Vermögensgegenstände, in: Kirsch/Thiele (Hrsg.), Rechnungslegung und Wirtschaftsprüfung, FS Baetge 2007, Düsseldorf 2007,

---

[2393] Vgl. auch AG Köln, AG 1999, S. 284.
[2394] Vgl. *Habersack* in Emmerich/Habersack, Aktien- und GmbH-Konzernrecht[6], § 315, Rn. 10; *Hüffer*, AktG[9], § 315, Rn. 3c.
[2395] Vgl. dazu *Hüffer*, AktG[9], § 315, Rn. 6.
[2396] Vgl. *Habersack* in Emmerich/Habersack, Aktien- und GmbH-Konzernrecht[6], § 315, Rn. 14; *Krieger* in MünchHdb. AG[3], § 69, Rn. 117.

S. 63; *Buyer*, Gewinn und Kapital, Stuttgart 1989; *Copeland/Weston/Shastri*, Financial Theory and Corporate Policy, 4. Aufl., New York 2009; *Dawo*, Immaterielle Güter in der Rechnungslegung nach HGB, IAS/IFRS und US-GAAP, Herne 2003; *Dierdorf*, Herrschaft und Abhängigkeit einer Aktiengesellschaft auf schuldvertraglicher und tatsächlicher Grundlage, Köln 1978; *Dierkes/Hanrath*, Unternehmensbewertung auf der Grundlage von Discounted Cash Flow (DCF)- Verfahren und des Economic Value Added (EVA), in: Brösel/Kasperzak (Hrsg.), Internationale Rechnungslegung, Prüfung und Analyse, München 2004, S. 500; *DiPiazza/Eccles*, Vertrauen durch Transparenz: Die Zukunft der Unternehmensberichterstattung, Weinheim 2002; *Disselkamp*, Ansatzprobleme beim Vorratsvermögen in Handelsbilanz und Steuerbilanz sowie Vermögensaufstellung, in: Steuerberater-Jahrbuch 1988/89, Köln 1989, S. 148; *Döllerer*, Der Abhängigkeitsbericht und seine Prüfung bei einem Vorstandswechsel, in: Bierich (Hrsg.), Unternehmen und Unternehmensführung im Recht, FS Semler, Berlin 1993, S. 441; *Dörner*, Der Prognosebericht nach § 289 Abs. 2 Nr. 2 HGB – Überlegungen zur Verminderung der Diskrepanz zwischen Publizitätsanforderungen und Publizitätspraxis, in: Baetge u.a. (Hrsg.), Rechnungslegung, Prüfung und Beratung, FS Ludewig, Düsseldorf 1996, S. 217; *Dörner/Bischof*, Aufstellung des Lageberichts und Konzernlageberichts, in: Dörner u.a. (Hrsg.), Reform des Aktienrechts, der Rechnungslegung und Prüfung, Stuttgart 1999, S. 369; *Dürr*, Mezzanine-Kapital in der HGB- und IFRS-Rechnungslegung, Berlin 2007; *Eccles u.a.*, Die Value Reporting Revolution – Neue Wege in der kapitalmarktorientierten Unternehmensberichterstattung, Weinheim 2002; *Egger*, Die Kapitalflußrechnung als Instrument der Jahresfinanzplanung, in: Rückle (Hrsg.), Aktuelle Fragen der Finanzwirtschaft und der Unternehmensbesteuerung, FS Loitlsberger, Wien 1991, S. 145; *Ernst & Young*, International GAAP 2010, Generally Accepted Accounting Practice under International Financial Reporting Standards, London 2010; *Fabri*, Grundsätze ordnungsmäßiger Bilanzierung entgeltlicher Nutzungsverhältnisse, Bergisch Gladbach/ Köln 1986; *Fey*, Grundsätze ordnungsmäßiger Bilanzierung für Haftungsverhältnisse, Düsseldorf 1989; *Fischer*, Zur Diskussion um das Umsatzkostenverfahren – Grundsatzfragen und praktische Umsetzung, in: Fischer/Hömberg (Hrsg.), Jahresabschluß und Jahresabschlußprüfung, FS Baetge, Düsseldorf 1997, S. 333; *Forster*, Gedanken beim Unterzeichnen eines Bestätigungsvermerks, in: Ballwieser (Hrsg.), Bilanzrecht und Kapitalmarkt, FS Moxter, Düsseldorf 1994, S. 951; *Forster*, Überlegungen zur Bildung von Rückstellungen für drohende Verluste aus Gewinnabführungsverträgen, in: Lutter (Hrsg.), Festschrift für Walter Stimpel, FS Stimpel, Berlin 1985, S. 759; *Forster*, Zur Erwartungslücke bei der Abschlussprüfung, in: Letzgus (Hrsg.), Für Recht und Staat, FS Helmrich, München 1994, S. 789; *Franke/Hax*, Finanzwirtschaft des Unternehmens und Kapitalmarkt, 6. Aufl., Berlin/Heidelberg 2009; *Gangemi*, Bestimmung der Verrechnungspreise – der neue OECD-Bericht, in: Klein (Hrsg.), Unternehmen Steuern, FS Flick, Köln 1997, S. 737; *Gelhausen*, Bilanzierung zur Einziehung erworbener Aktien und Kapitalschutz, in: Kirsch/Theile (Hrsg.), Rechnungslegung und Wirtschaftsprüfung, FS Baetge 2007, Düsseldorf 2007, S. 189; *Gelhausen*, Stärkung der Unabhängigkeit des Abschlussprüfers durch das Bilanzrechtsreformgesetz, in: Freidank (Hrsg.), Reform der Rechnungslegung und der Corporate Governance in Deutschland und Europa, Wiesbaden 2004, S. 21; *Gmelin*, Währungsumrechnung im Einzel- und Konzernabschluss, in: Baetge u.a. (Hrsg.), Rechnungslegung und Prüfung nach neuem Recht, Düsseldorf 1987, S. 147; *Goette*, Zu den Rechtsfolge unrichtiger Entsprechenserklärungen, in: Kindler u.a. (Hrsg.), Festschrift für Uwe Hüffer zum 70. Geburtstag, FS Hüffer, München 2010, S. 225; *Greinert*, Die bilanzielle Behandlung von Marken, Köln 2002; *Großmann*, Die Pro-forma-Berichterstattung in Deutschland, Frankfurt a.M. 2007; *Gschrei*, Beteiligungen im Jahresabschluß und Konzernabschluß, Heidelberg 1990; *Häger/Elkemann-Reusch*, Mezzanine Finanzierungsinstrumente, 2. Aufl., Düsseldorf 2007; *Häger/Nottmeier*, Bilanzierung von Genussrechten in nationalen und internationalen Rechnungslegungssystemen, in: Häger/ Erlkemann-Reusch, Mezzanine Finanzierungsinstrumente, Berlin 2007, S. 279; *Haesen*, Der Abhängigkeitsbericht im faktischen Konzern, Köln 1970; *Haller*, Wertschöpfungsrechnung, Stuttgart 1997; *Heeren/von Tiling*, Die InvAG vor dem Durchbruch?, in: Kempf (Hrsg.), Novellierung des Investmentrechts 2007, Frankfurt a.M. 2008, S. 201; *Hense*, Die Behandlung der stillen Gesellschaft im handelsrechtlichen Jahresabschluss, Düsseldorf 1990; *Heumann*, Value Reporting in IFRS-Abschlüssen und Lageberichten, Düsseldorf 2005; *Hostettler*, Economic Value Added, Darstellung und Anwendung auf Schweizer Aktiengesellschaften, Bern 2000; *Hull*, Options, Futures and other Derivatives, 7. Aufl., New Jersey 2009; *Husemann*, Grundsätze ordnungsmäßiger Bilanzierung für Anlagegegenstände, 2. Aufl., Düsseldorf 1976; *Jacobs/Portner*, Die steuerliche Behandlung von Stock-Option-Plans in Deutschland, in: Achleitner/Wollmert/Peter (Hrsg.), Stock Options, 2. Aufl., Stuttgart 2002, S. 215; *Jüttner-Nauroth/Elisabeth*, Definition, Verständnis und Relevanz des Fair Value von Aktienoptionen in der internationalen Rechnungslegung, Frankfurt a.M. 2002; *Kalinski*, Die Rechnungslegung zur Finanzlage der Unternehmung, Kiel 1986; *Kelle*, Bilanzierung von Stock Options, Düsseldorf 2002; *Kempf*, Novellierung des Investmentrechts 2007, Frankfurt a.M. 2008; *Kempf*, Rechnungslegung von Investmentvermögen, Frankfurt a.M. 2010; *Kessler/Babel*, Überblick zu Ausgestaltungsformen von Stock-Option-Plänen, in: Kessler (Hrsg.), Handbuch Stock Options, München 2003, S. 38; *Kessler/Suchan*, Bedienung von Aktienoptionsplänen durch eigene Aktien des Unternehmens, in: Kessler (Hrsg.), Handbuch Stock Options, München 2003, S.170; *Kirsch*, Finanz- und erfolgswirtschaftliche Jahresabschlussanalyse nach IFRS, München 2004; *Klawitter*, Besonderheiten des Einsatzes von Stock Options im Konzern und in international tätigen Unternehmen, in: Achleiter/Wollmert/Peter (Hrsg.), Stock Options, 2. Aufl., Stuttgart 2002, S. 67; *Knoll*, § 52 AktG, in: Schüppen/ Schaub (Hrsg.), Münchener Anwalts-Handbuch Aktienrecht, 2. Aufl., München 2010; *Kortmann*, Die Berichterstattung über die sonstigen finanziellen Verpflichtungen i.S.v. § 285 Satz 1 Nr. 3 HGB in den Jahres- bzw. Konzernabschlüssen von Kapitalgesellschaften, Hamburg 1989; *Kraft*, Die Mitwirkung der Gesellschafter bei der Befreiung nach § 264 Abs. 3 HGB, in: Hommelhoff u.a. (Hrsg.), Gesellschaftsrecht, Rechnungslegung, Steuerrecht, FS W. Müller, München 2001, S. 463; *Krawitz*, Der Lagebericht und seine Prüfung, in: Baetge (Hrsg.), Rechnungslegung, Finanzen, Steuern und Prüfung in den neunziger Jahren, Düsseldorf 1990, S. 1; *Kropff*, Rückstellungen für künftige Verlustübernahmen aus Beherrschungs- und/oder Gewinnabführungsverträgen?, in: Knobbe-Keuk u.a. (Hrsg.), Handelsrecht und Steuerrecht, FS Döllerer, Düsseldorf 1988, S. 349; *Krumbholz*, Die Qualität publizierter Lageberichte, Düsseldorf 1994; *Küting*, Bilanzierung und Bilanzanalyse am Neuen Markt, Stuttgart 2001; *Kuhn*, Forschung und Entwicklung im Lagebericht, Hamburg 1992; *Lanfermann*, Die Bilanzierung des Eigenkapitals der GmbH & Co. KG de lege ferenda – Überlegungen zur Transformation der GmbH & Co-Richtlinie, in: Baetge u.a. (Hrsg.), Rechnungslegung, Prüfung und Beratung, FS Ludewig, Düsseldorf 1996, S. 549; *Lange/Janssen*, Verdeckte Gewinnausschüttungen, 10. Aufl., Berlin 2010; *Langenbucher*, Die Umrechnung von Fremdwährungsgeschäften – Eine Untersuchung nach handels- und steuerrechtlichen Grundsätzen, Stuttgart 1988; *Lederle*, Gewinn- und Verlustrechnung nach dem nach dem Umsatzkostenverfahren, in: Busse v. Colbe/Reinhard (Hrsg.), Erste Erfahrungen mit den neuen Rechnungslegungsvorschriften, Stuttgart 1990, S. 53; *Leinekugel*, Die Sachdividende im deutschen und europäischen Aktienrecht, Köln 2001; *Mathiak*, Zur Bilanzierung dinglicher Rechtsverhältnisse, in: Knobbe-Keuk u.a. (Hrsg.), Handelsrecht und Steuerrecht, FS Döllerer, Düsseldorf 1988, S. 397; *Mertens*, Abhängigkeitsbericht bei

"Unternehmenseinheit" in der Handelsgesellschaft KGaA, in: Martens (Hrsg.), Festschrift für Carsten Peter Claussen, FS Claussen, Köln 1997, S. 297; *Meyer u.a.*, Latente Steuern, 2. Aufl., Wiesbaden 2010; *Meyer, C.H.*, Akienoptionspläne für Führungskräfte, Düsseldorf 2004; *Moxter*, Grundsätze ordnungsmäßiger Rechnungslegung, Düsseldorf 2003; *Müller, H.-P.*, Differenzierte Anforderungen für die Leistung von Sacheinlagen in das Eigenkapital von Gesellschaften, in: Kübler (Hrsg.), Festschrift für Theodor Heinsius, FS Heinsius, Berlin 1991, S. 591; *Neumann*, VGA und verdeckte Einlage, 2. Aufl., Köln 2006; *Nowak*, Marktwertorientierte Unternehmensbewertung : Discounted Cash Flow, Realoption, Economic Value Added und der Direct Comparison Approach, Wiesbaden 2000; *OECD*, Die Publizitätspflicht multinationaler Unternehmen, 2000; *OECD*, Verrechnungspreisgrundsätze für multinationale Unternehmen und Steuerverwaltungen, 2. Aufl., Köln 2000; *Oser/Krop*, Erfassung, Bewertung und Periodenabgrenzung aktienbasierter Vergütungen im Jahresabschluss nach HGB, in: Dörner u.a. (Hrsg.), Reform des Aktienrechts, der Rechnungslegung und der Prüfung, Stuttgart 2003, S. 821; *Patek*, Abbildung derivativer Finanzprodukte im handelsrechtlichen Jahresabschluss, Köln 2002; *Pellens/Crasselt*, Aktienkursorientierte Entlohnungssysteme im Jahresabschluß, in: Pellens (Hrsg.), Unternehmenswertorientierte Entlohnungssysteme, Stuttgart 1998, S. 125; *Pellens/Crasselt*, Bilanzierung virtueller Aktienoptionsprogramme (Stock Appreciation Rights) aus finanzwirtschaftlicher Sicht, in: Achleitner/Wollmert, Stock Options, 2. Aufl., Stuttgart 2002, S. 175; *Pellens/Crasselt/Rockholtz*, Wertorientierte Entlohnungssysteme für Führungskräfte – Anforderungen und empirische Evidenz, in: Pellens (Hrsg.), Unternehmenswertorientierte Entlohnungssysteme, Stuttgart 1998, S. 1; *Pfaff/Bärtl*, Wertorientierte Unternehmenssteuerung – Ein kritischer Vergleich ausgewählter Konzepte, in: Gebhardt (Hrsg.), Rechnungswesen und Kapitalmarkt, ZfbF Sonderheft 41, Düsseldorf 1999, S. 85; *Philipps*, Der Anhang nach BilMoG, Herne 2011; *Pöppl*, Aktienrechtlicher Minderheitenschutz durch den „Abhängigkeitsbericht", Stuttgart 1972; *Priester*, Abhängigkeitsbericht bei isoliertem Verlustdeckungsvertrag?, in: Spindler/Tipke/Rödder (Hrsg.), Steuerzentrierte Rechtsberatung, FS Schaumburg, Köln 2009, S. 1327; *PwC*, Manual of Accounting – Financial Instruments, London 2010; *PwC*, Manual of Accounting – IFRS for UK, London 2004; *PwC*, Trends 2005 : Good Practices in Corporate Reporting, London 2004; *Reittinger*, Die Prüfung des Lageberichts nach Aktienrecht und nach den Vorschriften der 4. EG-Richtlinie, Frankfurt a.M./Bern 1983; *Richardt*, Der aktienrechtliche Abhängigkeitsbericht unter ökonomischen Aspekten, Wiesbaden 1974; *Rogler*, Gewinn- und Verlustrechnung nach dem Umsatzkostenverfahren, Wiesbaden 1990; *Roß/Baumunk*, Aktienoptionspläne nach § 192 Abs. 2 Nr. 3 AktG, in: Kessler (Hrsg.), Handbuch Stock Options, München 2003, S. 70; *Roß/Baumunk*, Wertsteigerungsrechte mit Dividendenkomponente, in: Kessler (Hrsg.), Handbuch Stock Options, München 2003, S. 238; *Rudolph/Schäfer*, Derivative Finanzmarktinstrumente, Berlin/Heidelberg 2010; *Rückle*, Gestaltung und Prüfung externer Prognosen, in: Seicht (Hrsg.), Management und Kontrolle, FS Loitlsberger, Berlin 1981, S. 431; *Russ*, Der Anhang als dritter Teil des Jahresabschlusses, 2. Aufl., Bergisch Gladbach/Köln 1986; *Sauter/Babel*, Entwicklungen in der Unternehmenspraxis, in: Kessler (Hrsg.), Handbuch Stock Options, München 2003, S. 26; *Scharpf*, Finanzrisiken, in: Dörner/Horváth/Kagermann, Praxis des Risikomanagements, Stuttgart 2000, S. 255; *Schellhorn*, Ausgewählte Fragen zur Rechnungslegung und Publizität, in: Hering u.a. (Hrsg.), Unternehmungswert und Rechnungswesen, FS Matschke, Wiesbaden 2008, S. 253; *Scherpf*, Die aktienrechtliche Rechnungslegung und Prüfung, Köln 1967; *Schiedermair/Maul*, Bilanzierungs-, Prüfungs- und Offenlegungspflichten von haftungsbeschränkten & Co.-Gesellschaften nach Inkrafttreten des Kapitalgesellschaften & Co.-Richtlinien-Gesetzes, in: Hommelhoff u.a. (Hrsg.), Gesellschaftsrecht, Rechnungslegung, Steuerrecht, FS W.

Müller, München 2001, S. 503; *Schmotz*, Pro-forma-Abschlüsse, Frankfurt a.M. 2004; *Schruff*, Zur Bilanzierung von Stock Options, in: Hommelhoff u.a. (Hrsg.), Gesellschaftsrecht, Rechnungslegung, Steuerrecht, FS W. Müller, München 2001, S. 221; *Schürnbrand*, Normadressat der Pflicht zur Abgabe einer Entsprechenserklärung, in: Burgard u.a. (Hrsg.), Festschrift für Uwe H. Schneider, FS U. Schneider, Köln 2011, S. 1197; *Schulze-Osterloh*, Ausweis der Sachdividende im Jahresabschluß und im Gewinnverwendungsbeschluss, in: Hommelhoff/Rawert/Schmidt (Hrsg.), Festschrift für Hans-Joachim Priester, FS Priester, Köln 2007, S. 749; *Selchert*, Prüfung des Lageberichtes, Berlin 2000; *Siebert/Suermann*, Konzepte von HGB, US-GAAP und IAS zum Ausweis eigenerstellter immaterieller Güter am Beispiel der Bilanzierung von Software, in: Wollmert (Hrsg.), Wirtschaftsprüfung und Unternehmensüberwachung, FS Lück, Düsseldorf 2003, S. 403; *Siegler*, Bilanzierung von Webdateien, Düsseldorf 2001; *Sieker*, Die Praxis der konzerninternen Verrechnungspreise, Konzernumlagen sowie verdeckte Gewinnausschüttung im Konzern, in: Lutter/Scheffler/Uwe H. Schneider (Hrsg.), Handbuch der Konzernfinanzierung, Köln 1998, § 28; *Siepe*, Substanzerhaltung und Bilanzierung, in: Förschle (Hrsg.), Rechenschaftslegung im Wandel, FS Budde, München 1995, S. 615; *Teufel*, Eigenkapitalmaßnahmen der Gesellschafter, in: Lüdicke/Sistermann (Hrsg.), Unternehmenssteuerrecht, München 2008; *Theisen*, Der Konzern, 2. Aufl., Stuttgart 2000; *Treuarbeit*, Jahres- und Konzernabschlüsse '88, Düsseldorf 1990; *Tries*, Verdeckte Gewinnausschüttungen im GmbH-Recht, Köln 1991; *Uecker*, Der Vorteils-Nachteils-Ausgleich beim Abhängigkeitsbericht, Düsseldorf 1972; *v. Rosen/Leven*, Mitarbeiterbeteiligung und Stock-Option-Pläne in Deutschland und im internationalen Vergleich, in: Harrer (Hrsg.), Mitarbeiterbeteiligungen und Stock-Option-Pläne, München 2000, S. 1; *v. Wysocki*, Probleme der externen Kapitalflußrechnung im Konzern, in: Rückle (Hrsg.) Aktuelle Fragen der Finanzwirtschaft und der Unternehmensbesteuerung, FS Loitlsberger, Wien 1991, S. 759; *Wagner*, Die Messung der Überschuldung, in: IDW (Hrsg.), Neuorientierung der Rechenschaftslegung, Bericht über die IDW-Fachtagung 1994, Düsseldorf 1995, S. 171; *Weber, M.*, Formen und Ausgestaltungsmöglichkeiten von Stock Options in der Internationalen Praxis, in: Achleiter/Wollmert/Peter (Hrsg.), Stock Options, 2. Aufl., Stuttgart 2002, S. 25; *Werner/Padberg/Kriete*, IFRS-Bilanzanalyse, Stuttgart 2005; *Wilhelmi/Friedrich*, Kleine Aktienrechtsreform, Berlin 1960; *Winkeljohann*, Rechnungslegung nach IFRS, Herne/Berlin 2004; *Winkeljohann/Schindhelm*, Das KapCoRiLiG, Herne/Berlin 2000; *Winkhaus*, Der Bericht des Vorstands einer Aktiengesellschaft über die Beziehungen zu verbundenen Unternehmen, Münster 1967; *Winter*, Risikomanagement und effektive Corporate Governance, Wiesbaden 2004; *Wochinger*, Verdeckte Gewinnausschüttungen und verdeckte Einlagen, 4. Aufl., Bonn 1998; *Wolmert/Roß*, Zusammenarbeit von Aufsichtsrat, Vorstand und Abschlussprüfer in Zeiten der Unternehmenskrise – Änderungen durch das BilMoG und das VorstAG, in: Lücke (Hrsg.), Jahrbuch für Wirtschaftsprüfung, interne Revision und Unternehmensberatung 2010, München 2010; *Würth*, Abbildung des Umsatzkostenverfahrens im externen Rechnungswesen, in: Küting (Hrsg.), Das Rechnungswesen auf dem Prüfstand, Frankfurt a.M. 1997, S. 352; *Ziegler*, Ergebnisverwendung bei Kapitalgesellschaften aus der Sicht der Rechnungslegung und Publizität nach dem Bilanzrichtlinien-Gesetz, Frankfurt a.M. 1991.

2. Verzeichnis der Beiträge in Zeitschriften

Abendroth, Der Bilanzeid – sinnvolle Neuerung oder systematischer Fremdkörper?, WM 2008, S. 1147; *Adams*, Aktienoptionspläne und Vorstandsvergütungen, ZIP 2002, S. 1325; *AK „Bilanzrecht der Hochschullehrer Rechtswissenschaft"*, Stellungnahme zum Referentenentwurf eines Bilanzrechtsreformgesetzes, BB 2004, S. 547; *AK „Bilanzrecht der Hochschullehrer Rechtswissenschaft"*, Zur Fortentwicklung des deutschen Bilanzrechts, BB 2002, S. 2372; *AK "Externe und Interne Überwachung der Unternehmung der Schmalenbach-Gesellschaft"*, Probleme der Prognoseprüfung, DB 2003, S. 105; *AK "Externe Unternehmensrechnung der Schmalenbach-Gesellschaft"*, Grundsätze für das Value Reporting, DB 2002, S. 2337; *AK "Externe Unternehmensrechnung der Schmalenbach-Gesellschaft"*, Interpretation des mit dem Kapitalaufnahmeerleichterungsgesetz (KapAEG) neu in das HGB aufgenommenen § 264 Abs. 3 HGB, DB 1999, S. 493; *AK "Externe Unternehmensrechnung der Schmalenbach-Gesellschaft"*, Einfluss ausgewählter steuerrechtlicher Änderungen auf die handelsrechtliche Bilanzierung, DB 2000, S. 681; *AK "Immaterielle Werte im Rechnungswesen der Schmalenbach-Gesellschaft"*, Kategorisierung und bilanzielle Erfassung immaterieller Werte, DB 2001, S. 989; *AK "Immaterielle Werte im Rechnungswesen der Schmalenbach-Gesellschaft"*, Leitlinien zur Bilanzierung selbstgeschaffener immaterieller Vermögensgegenstände des Anlagevermögens nach dem Regierungsentwurf des BilMoG, DB 2008, S. 1813; *AK Personengesellschaften*, Berichterstattung über die 62. Sitzung, FN-IDW 2007, S. 442; *Altenhain*, Der strafbare falsche Bilanzeid, WM 2008, S. 1141; *Alvarez*, Segmentberichterstattung nach DRS 3, DB 2002, S. 2057; *Angerer*, Genußrechte bzw. Genußscheine als Finanzierungsinstrument, DStR 1994, S. 41; *Annuß/Lembke*, Aktienoptionspläne der Konzernmutter und arbeitsrechtliche Bindungen, BB 2003, S. 2230; *Arens*, Zweifelsfragen „in SPE" – Die Gründung einer „Societas Privata Europea" (SPE) durch Umwandlung bestehender Gesellschaften, Der Konzern 2010, S. 395; *Arnold*, Entschädigung von Mehrstimmrechten nach § 5 EGAktG, DStR 2003, S. 784; *Babel*, Zur Aktivierungsfähigkeit von Nutzungsrechten, BB 1997, S. 2261; *Bachem*, Bilanzierung und Besteuerung eigenkapitalersetzender Maßnahmen, DB 1994, S. 1055; *Bachmann*, Die Erklärung zur Unternehmensführung (Corporate Governance Statement), ZIP 2010, S. 1517; *Baetge*, Meinungsspiegel, BFuP 1994, S. 51; *Baetge/Hippel/Sommerhoff*, Anforderungen und Praxis der Prognoseberichterstattung, DB 2011, S. 365; *Baetge/Krumnow/Noelle*, Das „Deutsche Rechnungslegungs Standards Committee" (DRSC), DB 2001, S. 772; *Baetge/Noelle*, Shareholder-Value-Reporting sowie Prognose- und Performancepublizität, KoR 2001, S. 174; *Baetge/Schulze*, Möglichkeiten der Objektivierung der Lageberichterstattung über „Risiken der künftigen Entwicklung", DB 1998, S. 937; *Baldamus*, Forderungsverzicht als Kapitalrücklage gemäß § 272 Abs. 2 Nr. 4 HGB, DStR 2002, S. 193 und S. 853; *Bareis/Siegel*, Sachausschüttungen und ihre körperschaftsteuerliche Behandlung de lege lata und de lege ferenda, BB 2008, S. 479; *Bartram*, Einblick in die Finanzierung eines Unternehmens aufgrund seiner Jahresabschlüsse, DB 1989, S. 2389; *Bäuml*, Zulässigkeit einer Teilwertabschreibung im betrieblichen Anlagevermögen, StuB 2008, S. 130; *Bauer*, Probleme bei der Bewertung von Erbbaurechten und Bauten auf fremdem Grund und Boden, Inf. 1998, S. 353; *Bauer/Arnold*, Festsetzung und Herabsetzung der Vorstandsvergütung nach dem VorstAG, AG 2009, S. 717; *Bauer/Strnad*, Weiterbelastungsverträge bei Stock Options : Rückstellungen nach HGB, IAS und Steuerrecht, BB 2003, S. 895; *Bayer/Lieder*, Das Agio des Kommanditisten, ZIP 2008, S. 809; *Becker*, Die steuerliche Behandlung von Sanierungsgewinnen, DStR 2003, S. 1602; *Behrens/Renner*, Erwerb eigener Aktien : BMF-Schreiben vom 02.12.1998 aufgehoben, AG 2010, S. 823; *Berndt*, Berücksichtigung von Umweltaspekten im Jahresabschluss – Anmerkungen zur Empfehlung der EU-Kommission vom 30.05.2001, BB 2001, S. 1727; *Berndt*, Informationelle Rechnungslegung – Zur Ausweitung des Informationsumfangs am Beispiel von Intellectual Property Statements, Der Konzern 2003, S. 823; *Berninger*, Errichtung einer stillen Gesellschaft an einer Tochter-AG bei bestehendem Beherrschungs- und Gewinnabführungsvertrag zwischen Mutter- und Tochter-AG, DB 2004, S. 297; *Bertram u.a.*, Handelsrechtliche Bilanzierung von Altersversorgungsverpflichtungen nach IDW RS HFA 30, WPg 2011, S. 57;

Bertram, Der Abhängigkeitsbericht der KGaA : Wer ist eigentlich abhängig und wer berichtet?, WPg 2009, S. 411; *Bieg,* Bemerkungen zur Grundkonzeption einer aussagefähigen Konzern-Kapitalflußrechnung, BB 1993, Beil. 6; *Biener,* Die 4. EG-Richtlinie: Auswirkungen auf die Rechnungslegung deutscher Unternehmen, BFuP 1979, S. 5; *Bink,* Bilanzierung bei der Forfaitierung von Leasingforderungen, *DB 1987, S. 1106; Binz/ Mayer,* Bilanzierungsentscheidungen und Jahresabschlussfeststellung bei Personenhandelsgesellschaften, DB 2007, S. 1739; *Binz/Sorg,* Bilanzierungskompetenzen bei der Personengesellschaft, DB 1996, S. 969; *Bischof,* Erfassung der ausschüttungsbedingten Änderung des Körperschaftsteueraufwands nach Handelsrecht und nach International Accounting Standards im Licht der §§ 37 und 38 KStG, DB 2002, S. 1565; *Bischof/Selch,* Neuerungen für den Lagebericht nach dem Regierungsentwurf eines Bilanzrechtsmodernisierungsgesetzes (BilMoG), WPg 2008, S. 1021; *Bitter/Grashoff,* Anwendungsprobleme des Kapitalgesellschaften- und Co-Richtlinien-Gesetzes, DB 2000, S. 833; *Blöse,* Haftungsrisiken bei wirtschaftlichen Neugründungen sind nicht zu unterschätzen, GStB 2010, S. 170; *Blöse,* Risiken bei Einzahlungen im Vorgriff auf künftige Kapitalerhöhungsbeschlüsse, DB 2004, S. 1140; *Blumenberg/Roßner,* Steuerliche Auswirkungen der durch das BilMoG geplanten Änderungen der Bilanzierung von eigenen Anteilen, GmbHR 2008, S. 1079; *Bock,* Steuerliche und bilanzielle Aspekte mezzaniner Nachrang-Darlehen, DStR 2005, S. 1067; *Bode,* Abhängigkeitsbericht und Kostenlast im einstufigen faktischen Konzern, AG 1995, S. 261; *Böcking/Benecke,* Neue Vorschriften zur Segmentberichterstattung nach IAS und US-GAAP unter dem Aspekt der Business Reporting, WPg 1998, S. 92; *Böcking/Eibelshäuser,* Die Erklärung zur Unternehmensführung nach BilMoG (§ 289a HGB), Der Konzern 2009, S. 563; *Böcking/Eibelshäuser/ Arlt,* Kritische Würdigung der Veröffentlichung der Erklärung zur Unternehmensführung gemäß § 289a HGB – Ableitung eines Vorschlags zur einheitlichen Berichterstattung, Der Konzern 2010, S. 614; *Böcking/Herold/Wiederhold,* Modernisierung des HGB in Richtung IAS/IFRS, Der Konzern 2003, S. 394; *Bömelburg,* Kapitalgesellschaften- und Co.-Richtlinien-Gesetz – Neue Rechnungslegungsvorschriften für mehr Einheitlichkeit, Publizität, Vergleichbarkeit und Transparenz?, BuW 1999, S. 841; *Bohl,* Der Jahresabschluß nach neuem Recht, WPg 1986, S. 29; *Bolik/Linzbach,* Verluste und Zinsschranke in der Bilanzierung latenter Steuern, DStR 2010, S. 1587; *Boorberg u.a.,* Bilanzierung von Arzneimittelzulassungen, DB 1994, S. 53; *Boorberg u.a.,* Zur Abnutzbarkeit entgeltlich erworbener Warenzeichen und Arzneimittelzulassungen, DStR 1998, S. 421 und S. 1113; *Bosse,* Das Gesetz zur Angemessenheit der Vorstandsvergütung (VorstAG), BB 2009, S. 1650; *Bosse,* TransPuG : Änderungen zu den Berichtspflichten des Vorstands und zur Aufsichtsratstätigkeit, DB 2002, S. 1592; *Bosse,* Wesentliche Neuregelungen ab 2007 aufgrund des Transparenzrichtlinie-Umsetzungsgesetzes für börsennotierte Unternehmen, DB 2007, S. 39; *Braun,* Zwischensummen in der Gewinn- und Verlustrechnung, BB 1988, S. 730; *Brebeck/Horst,* Die Nachhaltigkeitsdebatte und die „EU-Empfehlung zur Berücksichtigung von Umweltaspekten im Lagebericht": Indizien für eine Erweiterung des Tätigkeitsbereichs der Wirtschaftsprüfer?, WPK-Mitt. 2002, S. 20; *Breidenbach,* Unternehmenswert und steuerliche Geschäftswertabschreibung, DB 1989, S. 136; *Breuninger/Ernst,* Der Beitritt des rettenden Investors als (stiller) Gesellschafter und der „neue" § 8c KStG, GmbHR 2010, S. 561; *Brezing,* Konzernverrechnungspreise in betriebswirtschaftlicher, aktienrechtlicher und steuerrechtlicher Sicht, AG 1975, S. 225; *Briese/Suermann,* Sonderposten mit Rücklageanteil und steuerliche Abschreibungen im handelsrechtlichen Jahresabschluss nach BilMoG, DB 2010, S. 121; *Bruckmeier/Zwirner/ Künkele,* Die Behandlung eigener Anteile – Das BilMoG kürzt das Steuersubstrat und fördert Investitionen in eigene Aktien, DStR 2010, S. 1640; *Brüggemann/Lühn/Siegel,* Bilanzierung hybrider Finanzinstrumente nach HGB, IFRS und US-GAAP im Vergleich

(Teil I), KoR 2004, S. 340; *Brüggemann/Lühn/Siegel,* Bilanzierung hybrider Finanzinstrumente nach HGB, IFRS und US-GAAP im Vergleich (Teil II), KoR 2004, S. 389; *Bundessteuerberaterkammer,* Hinweise zum Ausweis des Eigenkapitals bei Personenhandelsgesellschaften im Handelsrecht, DStR 2006, S. 668; *Busch,* Eigene Aktien in der Kapitalerhöhung, AG 2005, S. 429; *Busse v. Colbe,* Eigenkapitalveränderungsrechnung nach dem E-DRS 7, BB 2000, S. 2405; *Cahn,* Das richterliche Verbot der Kreditvergabe an Gesellschafter und seine Folgen, Der Konzern 2004, S. 235; *Cahn/Simon,* Isolierte Gewinnabführungsverträge, Der Konzern 2003, S. 1; *Chmielewicz,* Gesamt- und Umsatzkostenverfahren der Gewinn- und Verlustrechnung im Vergleich, DBW 1990, S. 27; *Clemm,* Bilanzpolitik und Ehrlichkeits-("True-and-Fair-View"-)Gebot, WPg 1989, S. 357; *Clemm/Reittinger,* Die Prüfung des Lageberichts im Rahmen der jährlichen Abschlußprüfung von Kapitalgesellschaften, BFuP 1980, S. 493; *Crezelius,* Dogmatische Grundstrukturen der Unternehmenssteuerreform, DB 2001, S. 221; *Crezelius,* Zu den Rechtsfolgen verdeckter Sacheinlagen im GmbH-Recht, DB 1990, S. 2458; *Dahlke,* Bilanzierung latenter Steuern bei Organschaften nach dem BilMoG, BB 2009, S. 878; *DAV-Handelsrechtsausschuss,* Stellungnahme zum Regierungsentwurf eines Gesetzes zur Modernisierung des Bilanzrechts (BilMoG), NZG 2008, S. 612; *Dawo/Heiden,* Aktuelle Entwicklungen zur Erfassung immaterieller Werte in der externen Berichterstattung, Neuorientierung durch die Verwendung kennzahlenbasierter Konzepte, DStR 2001, S. 1716; *de Weerth,* Die Sanierungsklausel des § 8c KStG und europäisches Beihilferecht, DB 2010, S. 1205; *Dellmann,* Kapitalflußrechnung – eine Bestandsaufnahme, DBW 1987, S. 471; *Dellmann/Kalinski,* Die Rechnungslegung zur Finanzlage der Unternehmung, DBW 1986, S. 174; *Dirksen/Volkers,* Die Firma der Zweigniederlassung in der Satzung von AG und GmbH, BB 1993, S. 598; *Döllerer,* Die neue Gewinn- und Verlustrechnung der Aktiengesellschaften, BB 1960, S. 108; *Dörner/Bischof,* Zweifelsfragen zur Berichterstattung über Risiken der künftigen Entwicklung im Lagebericht, WPg 1999, S. 445; *Dörner/Wirth,* Die Befreiung von Tochter-Kapitalgesellschaften nach § 264 Abs. 3 HGB i.d.F. des KapAEG hinsichtlich Inhalt, Prüfung und Offenlegung des Jahresabschlusses – Möglichkeiten und Grenzen, DB 1998, S. 1525; *Dötsch/Pung,* Die Neuerungen bei der Körperschaftsteuer und bei der Gewerbesteuer durch das Steuergesetzgebungspaket vom Dezember 2003, DB 2004, S. 91; *Dötsch/Pung,* Steuerliches Einlagekonto, Kapitalerhöhung aus Rücklagen und Kapitalherabsetzung: Das Einführungsschreiben des BMF vom 04.06.2003, DB 2003, S. 1345; *Dornseifer,* Die Neugestaltung der Investmentaktiengesellschaft durch das Investmentänderungsgesetz, AG 2008, S. 53; *Drüen,* Die Sanierungsklausel des § 8c KStG als europarechtswidrige Beihilfe, DStR 2011, S. 289; *Duske,* Rechnungslegung beim Eigenkapitalersatz – Erwiderung auf Küffner in DStR 1993, S. 180, DStR 1993, S. 925; *Eberhartinger/Engelsing,* Zur steuerrechtlichen Behandlung von Aktienoptionen bei der optionsberechtigten Führungskraft, WPg 2001, S. 99; *Ehrmann,* Beihilferechtliche Zulässigkeit des § 8c Abs. 1a KStG, DStR 2011, S. 5; *Eidenmüller/Engert,* Die angemessene Höhe des Grundkapitals der Aktiengesellschaft, AG 2005, S. 97; *Eilenberger,* Finanzinnovationen im Jahresabschluß?, BFuP 1995, S. 125; *Ekkenga,* Bilanzierung von Stock Options Plans nach US-GAAP, IFRS und HGB, DB 2004, S. 1897; *Ekkenga,* Kapitalaufbringung im konzernweiten Cash-Pool: ungelöste Probleme und verbleibende Gestaltungsspielräume, ZIP 2010, S. 2469; *Ellerbusch/Schlüter/Hofherr,* Die Abgrenzung latenter Steuern im Organkreis nach BilMoG, DStR 2009, S. 2443; *Emmerich,* Fragen der Gestaltung des Jahresabschlusses nach neuem Recht, WPg 1986, S. 698; *Emmerich/Naumann,* Zur Behandlung von Genußrechten im Jahresabschluß von Kapitalgesellschaften, WPg 1994, S. 677; *Englert/Scholich,* Unternehmensführung auf der Basis eines umfassenden Shareholder Value-Management-Konzepts, BB 1998, S. 684; *Epperlein/Scharpf,* Anhangangaben im Zusammenhang mit sogenannten Finanzinnovationen, DB 1994, S. 1629; *Ernst/Seidel,* Gesetz zur Modernisierung des Bilanzrechts nach Verabschiedung durch den Bundestag, BB 2009, S. 766; *Ernsting,* Auswirkungen des SEStEG auf die Bilanzierung von Körperschaftsteuerguthaben in Jahresabschlüssen nach HGB und IFRS, DB 2007, S. 180; *Esterer/Härteis,* Die Bilanzierung von Stock Options in der Handels- und Steuerbilanz, DB 1999, S. 2073; *Ettinger/Reiff,* Heilungsmöglichkeiten der fehlerhaften Kapitalaufbringung bei der Vorrats-GmbH, GmbHR 2005, S. 324; *FAR,* Stellungnahme des Fachausschusses Recht FAR 1/1996 : Empfehlungen zur Überschuldungsprüfung bei Unternehmen, WPg 1997, S. 22; *Farr,* Aufstellung, Prüfung und Offenlegung des Anhangs im Jahresabschluß der AG, AG 2000, S. 1; *Feige/Ruffert,* Zur Bedeutung der Ausnahmeregelung des § 286 Abs. 4 HGB, DB 1995, S. 637; *Feldkämper,* Empirische Untersuchung der Segmentberichterstattung am deutschen Kapitalmarkt, DB 2003, S. 1453; *Feldt/Olbrich/Wiemeler,* Die Wahl des Ausweisverfahrens für die Gewinn- und Verlustrechnung nach § 275 HGB, DB 1987, S. 2320; *Felix,* Zur Angabepflicht stiller Beteiligungen im Anhang des Jahresabschlusses, BB 1987, S. 1495; *Fett/Spiering,* Typische Probleme bei der Kapitalerhöhung aus Gesellschaftsmitteln, NZG 2002, S. 358; *Fey,* Die Angabe bestehender Zweigniederlassungen im Lagebericht nach § 289 Abs. 2 Nr. 4 HGB, DB 1994, S. 485; *Fey,* Probleme bei der Rechnungslegung von Haftungsverhältnissen – Off-balance-sheet-risks im handelsrechtlichen Jahresabschluss und in anderen Rechenschaftsberichten, WPg 1992, S. 1; *Fey,* Prüfung kapitalmarktorientierter Unternehmensberichte – Erweiterungen der Abschlussprüfung nach nationalen und internationalen Prüfungsgrundsätzen, WPg 2000, S. 1097; *Fey/Deubert,* Befreiender IFRS-Einzelabschluss nach § 325 Abs. 2a HGB für Zwecke der Offenlegung, KoR 2006, S. 92; *Fey/Mujkanovic,* Außerplanmäßige Abschreibung auf das Finanzanlagevermögen, WPg 2003, S. 212; *Fey/Mujkanovic,* Segmentberichterstattung im internationalen Umfeld : Analyse der aktuellen FASB- und IASC-Bestimmungen, DBW 1999, S. 262; *Fink/Keck,* Lageberichterstattung nach BilReG und DRS 15, KoR 2005, S. 137; *Fischer,* Zulässigkeit freiwilliger Zuschreibungen von Sonder-Afa in der Handelsbilanz, BB 2003, S. 411; *Fischer-Böhnlein/Körner,* Rechnungslegung von Kapitalgesellschaften im Insolvenzverfahren, BB 2001, S. 191; *Fleischer,* Der deutsche „Bilanzeid" nach § 264 II S. 3 HGB, ZIP 2007, S. 97; *Fleischer,* Directors' Dealings, ZIP 2002, S. 1217; *Förschle,* Umwelt-Audit als Betätigungsfeld für Wirtschaftsprüfer, WPK-Mitt. 1994, S. 1; *Förschle/Hermann/Mandler,* Umwelt-Audits, DB 1994, S. 1093; *Forster,* Anhang, Lagebericht, Prüfung und Publizität im Regierungsentwurf eines Bilanzrichtlinie-Gesetzes, DB 1982, S. 1577; *Forster,* Anhang, Lagebericht, Prüfung und Publizität im Regierungsentwurf eines Bilanzrichtlinie-Gesetzes, DB 1982, S. 1831; *Forster,* Keine Aktivierbarkeit der auf Anzahlungen entrichteten Mehrwertsteuer, AG 1980, S. 19; *Forster,* Meinungsspiegel, BFuP 1987, S. 72; *Forster,* Vermittlungsgeschäfte und Kommissionsgeschäfte in der neuen Gewinn- und Verlustrechnung, NB 1961, S. 129; *Forster,* Zu Ausweis, Ansatz und Bewertung des Programmvermögens von Rundfunkanstalten, WPg 1988, S. 321; *Forster,* Zur „Erwartungslücke" bei der Abschlußprüfung, WPg 1994, S. 789; *Friedl,* Abhängigkeitsbericht und Nachteilsausgleich zwischen erfolgreicher Übernahme und Abschluss eines Beherrschungsvertrags, NZG 2005, S. 875; *Friedrich,* Der Lagebericht aus wettbewerbsrechtlicher Sicht, BB 1990, S. 741; *Frotscher,* Die körperschaftsteuerliche Übergangsregelung nach dem Steuersenkungsgesetz, BB 2000, S. 2280; *Früh/Klar,* Joint Ventures – Bilanzielle Behandlung und Berichterstattung : zur neuen HFA-Stellungnahme 1/1993 des IDW, WPg 1993, S. 493; *Gahlen,* Bilanzierung von Forderungsverzichten gegen Besserungsschein und von Verlustbeteiligungen aus Mezzanine-Kapital nach HGB und nach IFRS, BB 2009, S. 2079; *Gebhardt,* Konsistente Bilanzierung von Aktienoptionen und Stock Appreciation Rights – eine konzeptionelle Auseinandersetzung mit E-

DRS 11 und IFRS ED 2, BB 2003, S. 675; *Geeb*, Maßgeblichkeit des Eigenkapitalersatzrechts in der jüngeren BFH-Rechtsprechung, DStR 2009, S. 25; *GEFIU*, Die Behandlung von Leasingverträgen in der Rechnungslegung, DB 1995, S. 333; *GEFIU*, Thesen zu ausgewählten Problemen bei der Anwendung des Bilanzrichtlinien-Gesetzes, DB 1986, S. 2553; *GEFIU*, Währungsumrechnung im Einzel- und Konzernabschluß, DB 1993, S. 745; *Gehrlein*, Rechtsprechungsübersicht zum GmbH-Recht in den Jahren 2001 – 2004 : GmbH-Gründung, Ausscheiden eines Gesellschafters und Gesellschafterhaftung, BB 2004, S. 2364; *Geiger*, Ansatzpunkte zur Prüfung der Segmentberichterstattung nach SFAS 131, IAS 14 und DRS 3, BB 2002, S. 1903; *Geitzhaus/Delp*, Arbeitnehmerbegriff und Bilanzrichtlinien-Gesetz, BB 1987, S. 367; *Gelhausen*, Die Prüfung der kleinen Aktiengesellschaft nach Inkrafttreten des Bilanzrichtlinien-Gesetzes, AG 1986, S. 67; *Gelhausen/Althoff*, Die Bilanzierung ausschüttungs- und abführungsgesperrter Beträge im handelsrechtlichen Jahresabschluss nach dem BilMoG, WPg 2009, S. 584 und S. 629; *Gelhausen/Bandey*, Bilanzielle Folgen der Nichterfüllung von Mitteilungspflichten gemäß §§ 20f. AktG und §§ 21ff. WpHG nach In-Kraft-Treten des Dritten Finanzmarktförderungsgesetzes, WPg 2000, S. 497; *Gelhausen/Deubert/Klöcker*, Zweckgesellschaften nach BilMoG : Mehrheit der Risiken und Chancen als Zurechnungskriterium, DB 2010, S. 2005; *Gelhausen/Fey/Kirsch*, Übergang auf die Rechnungslegungsvorschriften des Bilanzrechtsmodernisierungsgesetzes, WPg 2010, S 24; *Gelhausen/Heinz*, Der befangene Abschlussprüfer, seine Ersetzung und sein Honoraranspruch : eine aktuelle Bestandsaufnahme auf der Grundlage des Bilanzrechtsreformgesetzes, WPg 2005, S. 693; *Gelhausen/Hönsch*, Bilanzierung aktienkursabhängiger Entlohnungsformen, WPg 2001, S. 69; *Gelhausen/Kuss*, Vereinbarkeit von Abschlussprüfung und Beratungsleistungen durch den Abschlussprüfer, NZG 2003, S. 424; *Gelhausen/Rimmelspacher*, Wandel- und Optionsanleihen in den handelsrechtlichen Jahresabschlüssen des Emittenten und des Inhabers, AG 2006, S. 729; *Gerpott/Thomas*, Bilanzierung von Marken nach HGB, DRS, IFRS und US-GAAP, DB 2004, S. 2485; *Geßler*, Das Gesetz über Kapitalerhöhung aus Gesellschaftsmitteln und über die Gewinn- und Verlustrechnung, WM Sonderbeil. 1/1960, S. 11; *Geßler*, Probleme des neuen Konzernrechts, DB 1965, S. 1729; *Giedinghagen*, Rückwirkende Befreiung von den Offenlegungspflichten i.S. der §§ 264a, 325 ff. HGB?, NZG 2007, S. 933; *Giese/Rabenhorst/Schindler*, Erleichterungen bei der Rechnungslegung, Prüfung und Offenlegung von Konzerngesellschaften, BB 2001, S. 512; *Gleißner u.a.*, Risikoberichterstattung und Risikoprofile von HDAX-Unternehmen 2000 bis 2003, FB 2005, S. 343; *Goebel/Eilinghoff/Busenius*, Abgrenzung zwischen Eigen- und Fremdkapital aus steuerrechtlicher Sicht: Der „Prüfungsmarathon" von der Finanzierungsfreiheit bis zur Zinsschranke, DStZ 2010, S. 742; *Goerdeler*, Geschäftsbericht, Konzerngeschäftsbericht und „Abhängigkeitsbericht" aus der Sicht des Wirtschaftsprüfers, WPg 1966, S. 113; *Göhner*, Neue Größenklassenkriterien der §§ 267 und 293 Abs. 1 HGB : Besteht die Möglichkeit der Rückwirkung?, BB 2005, S. 209; *Göhner*, Zur Anwendung der neuen Größenklassenkriterien nach dem Gesetzentwurf der Bundesregierung zum KapCoRiLiG, BB 1999, S. 1914; *Göllert*, Auswirkungen des Bilanzrechtsmodernisierungsgesetzes (BilMoG) auf die Bilanzpolitik, DB 2008, S. 1165; *Göllert*, Auswirkungen des Bilanzrichtlinien-Gesetzes auf die Bilanzanalyse, BB 1984, S. 1845; *Goerdeler/Müller*, Die Behandlung von nichtigen oder schwebend unwirksamen Anschaffungsgeschäften, von Forderungsverzichten und Sanierungszuschüssen im Jahresabschluss, WPg 1980, S. 313; *Götz*, Der Abhängigkeitsbericht der 100%igen Tochtergesellschaft, AG 2000, S. 498; *Götz*, Zeitliche Begrenzung der Verpflichtung zur Erstellung eines Abhängigkeitsberichts, NZG 2001, S. 68; *Gorgs/Conrad/Rohde*, IDW PH 9.950.2: Besonderheiten bei der Prüfung einer REIT-Aktiengesellschaft, WPg 2009, S. 1167; *Greinert*, Herstellungskosten einer Marke, KoR 2003, S. 328; *Greinert*, Nutzungsdauer einer Marke im Konzernabschluss, BB 2004, S. 483; *Groh*, Der Fall Tomberger – Nachlese und Ausblick, DStR 1998, S. 813; *Groh*, Genußrechtskapital und Maßgeblichkeitsgrundsatz, BB 1995, S. 559; *Groh*, Steuerentlastungsgesetz 1999/2000/ 2002: Imparitätsprinzip und Teilwertabschreibung, DB 1999, S. 981; *Groh*, Verluste in der stillen Gesellschaft, DB 2004, S. 668; *Gross*, Grundsatzfragen der Unternehmenssanierung, DStR 1991, S. 1572; *Groß/Amen*, Rechtspflicht zur Unternehmensplanung? – Ein Diskussionsvorschlag zur Konkretisierung der Planungspflicht und von Mindestanforderungen an eine ordnungsmäßige Unternehmensplanung, WPg 2003, S. 1161; *Gross/Fink*, Besserungsscheine im Jahresabschluß der GmbH, BB 1991, S. 1379; *Große*, Bilanzielle Behandlung von Genussrechten bei Kapitalgesellschaften in Handels- und Steuerbilanz, DStR 2010, S. 1397; *Großfeld*, Immer langsam voran: aber doch weiter: Bilanzrechtsreformgesetz, NZG 2004, S. 395; *Gschrei*, Die Berichterstattung über den Anteilsbesitz im Jahresabschluß, BB 1990, S. 1587; *Günther*, Rechnungslegung von Emissionsrechten, KoR 2003, S. 432; *Haacker*, Keine (weitere) Abkehr vom Gläubigerschutz im BilMoG – keine nur einjährige Ausschüttungssperre! Erwiderung zur Stellungnahme des Arbeitskreises „Steuern und Revision" im Bund der Wirtschaftsakademiker e. V., DStR 2008, S. 1299 und S. 1750; *Hahn*, Der Bilanzeid – Neue Rechtsfigur im deutschen Kapitalmarktrecht, IRZ 2007, S. 375; *Häuselmann*, Die steuerliche Erfassung von Pflichtwandelanleihen, BB 2003, S. 1531; *Häuselmann*, Rangrücktritt versus Forderungsverzicht mit Besserungsabrede, BB 1993, S. 1552; *Häuselmann*, Wandelanleihen in der Handels- und Steuerbilanz des Emittenten, BB 2000, S. 139; *Häuselmann/Wagner*, Steuerbilanzielle Erfassung aktienbezogener Anleihen : Options-, Wandel-, Umtausch- und Aktienanleihen, BB 2002, S. 2431; *Hahne*, Neue Entwicklung bei der steuerlichen Anerkennung von Teilwertabschreibungen, DStR 2008, S. 540; *Hahnefeld*, Neue Regelungen zur Offenlegung bei Zweigniederlassungen – Inkrafttreten des Gesetzes zur Umsetzung der Elften gesellschaftsrechtlichen EG–Richtlinie, DStR 1993, S. 1596; *Hahnenstein/Wilkens/Röder*, Die Black-Scholes-Optionspreisformel: Eine Herleitung mit Hilfe des Prinzips der risikoneutralen Bewertung, WiSt 2001, S. 355; *Haller*, Wertschöpfungsrechnung, DBW 1998, S. 261; *Haller/Dietrich*, Intellectual Capital Bericht als Teil des Lageberichts, DB 2001, S. 1045; *Haller/Park*, Grundsätze ordnungsmäßiger Segmentberichterstattung, ZfbF 1994, S. 499; *Hamann*, Der Bilanzmeineid nach § 331 Nr. 3a HGB, Der Konzern 2008, S. 145; *Harle/Kulemann*, Forderungsverzicht, gegen Besserungsschein – ein Gestaltungsmodell wird eingeschränkt, GmbHR 2004, S. 733; *Harrmann*, Gesamt- und Umsatzkostenverfahren nach neuem Recht, BB 1986, S. 1813; *Hartung*, Zum bilanziellen Ausweis von Fremdwährungsverpflichtungen, RIW 1994, S. 480; *Hartung*, Zur Bilanzierung von Fremdwährungsverpflichtungen, RIW 1989, S. 879; *Hauptmann/Sailer/Benz*, Anhangangaben zu Geschäften mit nahe stehenden Unternehmen und Personen am Beispiel von Unternehmen des öffentlichen Sektors, Der Konzern 2010, S. 112; *Havermann*, Zur Berücksichtigung von Preissteigerungen in der Rechnungslegung der Unternehmen (Teil I), WPg 1974, S. 423; *Hebestreit*, Bau-Arbeitsgemeinschaften und HFA-Stellungnahme 1/1993, DStR 1994, S. 834; *Heerma*, Passivierung bei Rangrücktritt : widersprüchliche Anforderungen an Überschuldungsbilanz und Steuerbilanz, BB 2005, S. 537; *Heidemann*, Die Nutzungsüberlassung an die GmbH durch ihren Gesellschafter, Inf. 1990, S. 409; *Heidinger*, Die wirtschaftliche Neugründung: Grenzen der analogen Anwendung des Gründungsrechts, ZGR 2005, S. 101; *Heine/Lechner*, Die unentgeltliche Auskehrung von Sachwerten bei börsennotierten Aktiengesellschaften, AG 2005, S. 269; *Heldt/Ziemann*, Sarbanes-Oxley in Deutschland?, NZG 2006, S. 652; *Helios/Schmies*, Ausländische Investmentanteile i.S.d. § 2 Abs. 9 InvG, BB 2009, S. 1100; *Hennrichs*, Kapitalschutz bei GmbH, UG (haftungsbeschränkt) und SPE, NZG 2009, S. 921; *Henze*, Erfordernis der wertgleichen Deckung bei Kapitalerhöhung mit Bareinlagen?, BB 2002, S. 955; *Herrmann*, Der ungedeckte Fehlbetrag nach § 268 Abs. 3 HGB und die Folgepflichten für Abschlußprüfer und Gesellschaftsorgane in AG und GmbH, ZGR 1989, S. 273; *Herrmann*, Zur Rechnungslegung der GmbH & Co. KG im Rahmen des KapCoRiLiG, WPg 2001, S. 271; *Herzig*, Steuerliche und bilanzielle Probleme bei Stock Options und Stock Appreciation Rights, DB 1999, S. 1; *Herzig/Bohn/Götsch*, Auswirkungen des Zusammenspiels von Zins- und Verlustvortrag auf die Bilanzierung latenter Steuern im HGB-Einzelabschluss, DStR 2009, S. 2615; *Herzig/Briesemeister*, Unterschiede zwischen Handels- und Steuerbilanz nach BilMoG, WPg 2010, S. 63; *Herzig/Liekenbrock/Vossel*, Grundkonzept zur Bilanzierung von latenten Steuern im Organkreis nach BilMoG, Ubg 2010, S. 85; *Herzig/Lochmann*, Bilanzierung von Aktienoptionsplänen und ähnlichen Entlohnungsformen : Stellungnahme zum Positionspapier des DRSC, WPg 2001, S. 82; *Herzig/Lochmann*, Steuerbilanz und Betriebsausgabenabzug bei Stock Options, WPg 2002, S. 325; *Herzig/Söffing*, Bilanzierung und Abschreibung von Fernsehrechten, WPg 1994, S. 601; *Heuerung/Heinsen/Springer*, Anwendungs- und Zweifelsfragen im Rahmen der Steuerreform, BB 2001, S. 181; *Heuerung/Heinsen/Springer*, Kurzdarstellung des Berichts zur Fortentwicklung des Unternehmenssteuerrechts, BB 2001, S. 1605; *HFA*, Aufhebung des IDW ERS HFA 27: Bilanzierung latenter Steuern, FN-IDW 2010, S. 451; *HFA*, Berichterstattung über die 133. Sitzung des HFA, FN-IDW 1989, S. 336; *HFA*, Berichterstattung über die 149. Sitzung des HFA, FN-IDW 1995, S. 16; *HFA*, Berichterstattung über die 160. Sitzung des HFA, FN-IDW 1998, S. 71; *HFA*, Berichterstattung über die 170. Sitzung des HFA, FN-IDW 1999, S. 552; *HFA*, Berichterstattung über die 171. Sitzung des HFA, FN-IDW 2000, S. 171; *HFA*, Berichterstattung über die 177. Sitzung des HFA, FN-IDW 2001, S. 447; *HFA*, Berichterstattung über die 179. Sitzung des HFA, FN-IDW 2001, S. 688; *HFA*, Berichterstattung über die 183. und 184. Sitzung des HFA, FN-IDW 2002, S. 665; *HFA*, Berichterstattung über die 196. Sitzung des HFA, FN-IDW 2005, S. 332; *HFA*, Berichterstattung über die 205. Sitzung des HFA, FN-IDW 2007, S. 107; *HFA*, Berichterstattung über die 208. Sitzung des HFA, FN-IDW 2007, S. 506; *HFA*, Berichterstattung über die 211. Sitzung des HFA, FN-IDW 2008, S. 195; *HFA*, Berichterstattung über die 215. Sitzung des HFA, FN-IDW 2006, S. 322; *HFA*, Berichterstattung über die 221. Sitzung des *HFA*, FN-IDW 2010, S. 573; HFA, Berichterstattung über die 222. Sitzung des HFA, FN-IDW 2011, S. 121; *HFA*, Entwurf einer Stellungnahme: Zur Währungsumrechnung im Konzernabschluß, WPg 1998, S. 549; *HFA*, Ergänzung der Stellungnahme HFA 1/1994: Zur Behandlung von Genußrechten im Jahresabschluß von Kapitalgesellschaften, FN-IDW 1998, S. 523; *HFA*, FN-IDW 1998, S. 292; *HFA*, Realisierung von Mieterträgen, WPg 1992, S. 540; *HFA*, Steuerliche Absetzbarkeit von Zertifizierungsaufwendungen nach ISO 9001-9003, WPg 1998, S. 891; *HFA*, Vereinnahmung von Erträgen aus Investmentfondsanteilen, FN-IDW 2006, S. 276; *HFA*, Zur bilanziellen Behandlung von Leistungsverpflichtungen aus Vorruhestandsregelungen, WPg 1984, S. 331; *HFA*, Zur bilanziellen Behandlung von Transferentschädigungszahlungen, FN-IDW 1988, S. 111; *HFA*, Zur phasengleichen Vereinnahmung von Erträgen aus Beteiligungen an Kapitalgesellschaften nach dem Urteil des BGH vom 12.01.1998, WPg 1998, S. 427; *Hill/Kavazidis*, Geplante Fortsetzung des StVergAbG (Korb II), DB 2003, S. 2028; *Hiort*, Kapitalerhöhung in der GmbH durch (Teil-) Einlage obligatorischer Nutzungsrechte, BB 2004, S. 2760; *Hirte/Knof/Mock*, Ein Abschied auf Raten? – Zum zeitlichen Anwendungsbereich des alten und neuen Rechts der Gesellschafterdarlehen, NZG 2009, S. 48; *Höfer*, Grundlagen der Bilanzierung bei Unterstützungskassenzusagen und die Bewertung des Kassenvermögens, BB 1987, S. 1143; *Höfer*, Nachholende Betriebsrentenanpassung in Jahresabschluß und Anhang, DB 1993, S. 53; *Höfer/Lemitz*, Betriebliche Altersversorgung und das neue Bilanzrecht, BB 1986, S. 426; *Hönsch*, Der Bilanzeid – Versicherung zur Ordnungsmäßigkeit der Rechnungslegung, ZCG 2006, S. 117; *Hoffmann*, Anmerkungen über den Grundsatz der Wesentlichkeit im Anhang, BB 1986, S. 1050; *Hoffmann*, Die Sanierung einer Kapitalgesellschaft durch Forderungsverzicht des Gesellschafters, BB 1991, S. 773; *Hoffmann*, Die Versetzung in einen betriebsbereiten Zustand als Bilanzierungstatbestand – insbesondere bei der ERP-Software, StuB 2004, S. 145; *Hoffmann*, Eigenkapitalausweis und Ergebnisverteilung bei Personenhandelsgesellschaften nach Maßgabe des KapCoRiLiG, DStR 2000, S. 837; *Hoffmann*, Forderungsverzicht des Gesellschafters einer Kapitalgesellschaft gegen Besserungsschein bei Gesellschafterwechsel, DStR 2004, S. 293; *Hoffmann*, Gesellschafterdarlehen mit Rangrücktritt, DStR 1993, S. 871 und S. 1057; *Hoffmann*, Nochmals zur Bilanzierung von ERP-Software, DStR 2002, S. 1458; *Hoffmann*, Praxisorientierte Einführung in die Rechnungslegungsvorschriften des Regierungsentwurfs zum Bilanzrichtlinien-Gesetz, BB 1983, Beil. 1, S. 10; *Hoffmann*, Voraussichtlich dauernde Wertminderung bei börsennotierten Aktien, DB 2008, S. 260; *Hohenstatt/Wagner*, Zur Transparenz der Vorstandsvergütung – 10 Fragen aus der Unternehmenspraxis, ZIP 2008, S. 945; *Holzborn/Bunnemann*, Gestaltung einer Sachausschüttung und Gewährleistung im Rahmen der Sachdividende, AG 2003, S. 671; *Hommel/Berndt*, Wertaufhellung und funktionales Abschlussstichtagsprinzip, DStR 2000, S. 1745; *Hommel/Wolf*, Emissionshandel im handelsrechtlichen Jahresabschluss – eine kritische Würdigung des Entwurfs der IDW Stellungnahme vom 02.03.2005, BB 2005, S. 1782; *Hommelhoff*, Praktische Erfahrungen mit dem Abhängigkeitsbericht, ZHR 1992, S. 295; *Hruschka*, Die bilanzielle Behandlung von Filmverwertungsrechten, Replik zu Radau, Die Abschreibung von Filmrechten nach dem Medienerlass, DStR 2003, S. 1278, DStR 2003, S. 1559; *Hüttche*, Der deutsche IAS-Einzelabschluss: Wolf im Schafspelz oder Papiertiger?, DStR 2004, S. 1189; *Hüttemann*, BB-Gesetzgebungsreport : Internationalisierung des deutschen Handelsbilanzrechts im Entwurf des Bilanzrechtsreformgesetzes, BB 2004, S. 203; *Hultsch/Roß/Drögemüller*, Zum Nachrangerfordernis beim Eigenkapitalausweis von Genussrechtskapital im handelsrechtlichen Jahresabschluss, BB 2007, S. 819; *Huthmann/Hofele*, Teilweise Umsetzung der Fair Value-Richtlinie in deutsches Recht und Folgen für die handelsrechtliche Bilanzierung, KoR 2005, S. 181; *Hutter/Kaulamo*, Transparenzrichtlinie-Umsetzungsgesetz: Änderungen der Regelpublizität und das neue Veröffentlichungsregime für Kapitalmarktinformationen, NJW 2007, S. 550; *IDW*, Stellungnahme zu einer Empfehlung der Kommission zur Berücksichtigung von Umweltaspekten im Jahresabschluß und Lagebericht, FN-IDW 2001, S. 423; *IDW*, Stellungnahme zum Entwurf Deutscher Rechnungslegungsstandard Nr. 11 „Bilanzierung von Aktienoptionsplänen und ähnlichen Entgeltformen (E-DRS 11)", FN-IDW 2001, S. 557; *IDW*, Stellungnahme zum Entwurf eines Altfahrzeug-Gesetzes (AltfahrzeugG) FN-IDW 2001, S. 554; *IDW*, Stellungnahme zum Referentenentwurf des Bilanzrechtsmodernisierungsgesetzes, FN-IDW 2008, S. 9; *Ihrig/Wagner*, Die Reform geht weiter: Das Transparenz- und Publizitätsgesetz kommt, BB 2002, S. 796; *Intemann*, Finale Verluste ausländischer Betriebsstätten beim inländischen Stammhaus abziehbar, GStB 2011, S. 6; *Inwinkl/Schneider*, Überblick über das neue Gesetz zur Angemessenheit der Vorstandsvergütung (VorstAG), WPg 2009, S. 971; *Janssen*, Bilanzierung einer mit Rangrücktritt versehenen Verbindlichkeit in der Handels- und in der Steuerbilanz, BB 2005, S. 1895; *Janssen*, Erlass von Steuern auf Sanierungsgewinne, DStR 2003, S. 1055; *Janz/Schülen*, Der Anhang als Teil des Jahresabschlusses und des Konzernabschlusses, WPg 1986, S. 57; *Joussen*, Gesellschafterkonsortien im Konzernrecht, AG 1998, S. 329; *Kahle*, Bilanzierung der langfristigen Auftragsfertigung nach HGB und US-GAAP, StuB 2001, S. 1201; *Kaiser*, Auswirkungen des Bilanzrechtsreformgesetzes auf die zukunftsorientierte Lageberichterstattung, WPg 2005, S. 405; *Kaiser*, Erweiterung der zukunftsorientierten Lageberichterstattung : Folgen des Bilanzrechtsreformgesetzes für Unternehmen, DB 2005, S. 345; *Kajüter u.a.*, Die DRS zur Lageberichterstattung auf dem Prüfstand, DB 2010, S. 457; *Kajüter*, Berichterstattung über Chancen und Risiken im Lagebericht, BB 2004, S. 427; *Kajüter*, Der Lagebericht als Instrument einer kapitalmarktorientierten Rechnungslegung, DB 2004, S. 197; *Kaminski/ Strunk*, Die steuerliche Behandlung von Aufwand im Zusammenhang mit Kapitalgesellschaftsbeteiligungen nach Änderung des § 8b KStG zum 01.01.2004, BB 2004, S. 689; *Kamlah*, Gebot der handelsrechtlichen Höherbewertung in Einbringungsfällen, BB 2001, S. 2107; *Karrenbrock*, Angaben im Anhang bei steuerrechtlich begründeten Bilanzierungsmaßnahmen, BB 1993, S. 534; *Karrenbrock*, Angaben im Anhang über künftige Belastungen auf Grund der Inanspruchnahme von Steuervergünstigungen, BB 1993, S. 1045; *Karrenbrock*, Zweifelsfragen der Berücksichtigung aktiver latenter Steuern im Jahresabschluss nach BilMoG, BB 2011, S. 683; *Kasperzak/Krag/Wiedenhofer*, Konzepte zur Erfassung und Abbildung von Intellectual Capital, DStR 2001, S. 1494; *Kastrup/ Middendorf*, Latente Steuern bei Personengesellschaften im handelsrechtlichen Jahresabschluss nach BilMoG, BB 2010, S. 815; *Kaufmann*, Der Zeitpunkt der Aktivierung von Gewinnansprüchen aus der Beteiligung an Kapitalgesellschaften, DStR 1992, S. 1677; *Kaufmann*, Die Bilanzierung schwebender Geschäfte am Beispiel von Erbbaurechten, DB 1993, S. 290; *Kaune*, Überlegungen zur Frage der Bilanzierung von Beteiligungen an Partenreedereien, WPg 1980, S. 544; *Kaya*, Befreiende Wirkung des Konzernabschlusses einer ausländischen Komplementärgesellschaft, KoR 2010, S. 578; *Keller*, Die Behandlung des Schütt-aus-hol-zurück-Verfahrens in der Rechnungslegung des Gesellschafters, WPg 1994, S. 617; *Kellmann*, Schadensersatz und Ausgleich im Faktischen Konzern, BB 1969, S. 1509; *Kempter*, Zum Recht des Vorstands, keine Angaben über die Gesamtbezüge von Organen der Gesellschaft zu machen, BB 1996, S. 419; *Kessler*, Bilanzielle Behandlung von Internet-Auftritten, DB 1998, S. 1341; *Kessler/Leinen/Paulus*, Das BilMoG und die latenten Steuern, KoR 2009, S. 716, und KoR 2010, S. 46; *Kessler/ Suchan*, Erwerb eigener Aktien und dessen handelsbilanzielle Behandlung, BB 2000, S. 2529; *Kiefner*, Fehlerhafte Entsprechenserklärung und Anfechtbarkeit von Hauptversammlungsbeschlüssen, NZG 2011, S. 201; *Kirsch*, Ertragsteueraufwand bei Personenhandelsgesellschaften nach dem Bilanzrechtsmodernisierungsgesetz, DStR 2009, S. 1972; *Kirsch*, Informationsgehalt von Wertschöpfungsrechnungen, DB 1997, S. 2290; *Kirsch/Scheele*, Die Auswirkungen der Modernisierungsrichtlinie auf die (Konzern-)Lageberichterstattung unter Berücksichtigung von E-DRS 20 und des Entwurfs eines Bilanzrechtsreformgesetzes vom 15.12.2003, WPg 2004, S. 1; *Klar*, Änderungen in der Auslegung des Überschuldungstatbestands, DB 1990, S. 2077; *Klatte*, Möglichkeiten des Verzichts auf Angabe von Organbezügen und Ergebnisverwendung, BB 1995, S. 35; *Klaus*, Die kapitalersetzende Nutzungsüberlassung aus ökonomischer Sicht (Teil I), DStR 1994, S. 1059; *Klaus*, Eigenkapitalersetzende Gesellschafterdarlehen in der Handelsbilanz der verpflichteten GmbH, BB 1994, S. 680; *Klein/Sahner*, Berichtspflichtiger Anteilsbesitz im Anhang nach § 285 Nr. 11 HGB, ZfB Erg.-Heft 1/1987, S. 235; *Klein/Völker-Lehmkuhl*, Die Bilanzierung von Emissionsrechten nach den deutschen Grundsätzen ordnungsgemäßer Bilanzierung, DB 2004, S. 333; *Kling*, Argumente für den Verzicht auf die Angabe von Organbezügen, BB 1995, S. 349; *Klingberg*, Der Aktienrückkauf nach dem KonTraG aus bilanzieller und steuerlicher Sicht, BB 1998, S. 1575; *Klussmann*, Einzelfragen zu Inhalt und Gliederung des Abhängigkeitsberichts nach § 312 AktG 1965, DB 1967, S. 1487; *Knepper*, Bilanzierung im qualifiziert faktischen Konzern, DStR 1993, S. 1613; *Knipping/Klein*, Beteiligungserträge aus Personengesellschaften und deren Erfassung im handelsrechtlichen Jahresabschluß einer Kapitalgesellschaft, DB 1988, S. 1964; *Knittel/Eble*, Bilanzielle Auswirkungen der Sitzverlegung einer Europäischen Aktiengesellschaft, BB 2008, S. 2283; *Knorr/Wiederhold*, IASB Exposure Draft 2

„Share-based Payment" – Ende der Diskussion in Sicht?, WPg 2003, S. 49; *Kocher*, Ungeklärte Fragen der Erklärung zur Unternehmensführung nach § 289a HGB, DStR 2010, S. 1034; *Köhler*, Buchung und Bilanzierung von Anzahlungen, Buchungstechnische Verrechnung – Ausweis und Bewertung – Steuerliche Aspekte (Teil II), StBp. 1999, S. 8; *Köhler*, Buchung und Bilanzierung von Anzahlungen, StBp. 1998, S. 320; *Kolb*, Die verlustfreie Bewertung des Vorratsvermögens durch Gängigkeitsverfahren nach dem StEntlG 1999/2000/2002 und der neueren BFH-Rechtsprechung, StuB 2001, S. 433; *Kopplin/Maßbaum/Sureth*, Handels- und steuerrechtliche Kapitalkontenfortschreibung und deren Einfluss auf die Verlustnutzung bei Personengesellschaften, WPg 2010, S. 1203; *Kortmann*, Zur Darlegung von Haftungsverhältnissen im Jahresabschluß, DB 1987, S. 2577; *Krain*, Aktienoptionen als einkommensteuer- und gesellschaftsrechtliches Problem – Handels- und steuerrechtliche Behandlung bei der ausgebenden Gesellschaft, Studium & Wirtschaft 2004, S. 490; *Krain*, Aktienoptionen als einkommensteuer- und gesellschaftsrechtliches Problem – Folgen für die Handels- und Steuerbilanz, Studium & Wirtschaft 2004, S. 542; *Krain*, Besonderheiten der Besteuerung von Aktienoptionen beim Vergütungsempfänger, Studium & Wirtschaft 2004, S. 634; *Krain*, Steuerliche Behandlung von Aktienoptionen beim Optionsberechtigten, Studium & Wirtschaft 2004, S. 597; *Krawitz*, Betriebswirtschaftliche Anmerkungen zum Halbeinkünfteverfahren, DB 2000, S. 1721; *Kreher u.a.*, Zur Umsetzung der HGB-Modernisierung durch das BilMoG : Ausgewählte Anwendungsfragen zu aktienbasierter Mitarbeitervergütung, selbst geschaffenen immateriellen Vermögensgegenständen und der Bilanzierung von sonstigen Rückstellungen, DB 2009, Beil. 5, S. 99; *Kröner/Bolik/Gageur*, Stolpert die Organschaft über das BilMoG?, Ubg 2010, S. 237; *Kropff*, Der Lagebericht nach geltendem und künftigem Recht, BFuP 1980, S. 514; *Kropff*, Die Beschlüsse des Aufsichtsrats zum Jahresabschluß und zum Abhängigkeitsbericht, ZGR 1994, S. 628; *Kropff*, Nettoausweis des Gezeichneten Kapitals und Kapitalschutz, ZIP 2009, S. 1137; *Kropff*, Außenseiterschutz in der faktisch abhängigen „kleinen Aktiengesellschaft", ZGR 1988, S. 558; *Kropp*, Aktienoptionen statt finanzieller Gewinnbeteiligung : Wann und in welcher Höhe werden sie aufwandswirksam? Zugleich Stellungnahme zum Standardentwurf E-DRS 11 des DSRC, DStR 2002, S. 1919 und S. 1960; *Krumm*, Die Verschmelzung von Schwesterkapitalgesellschaften ohne Anteilsgewährung, GmbHR 2010, S. 24; *Küffner*, Rechnungslegung beim Eigenkapitalersatz – Duplik auf Duske, DStR 1993, S. 927; *Küffner*, Rechnungslegung beim Eigenkapitalersatz, DStR 1993, S. 180; *Kühnberger/Keßler*, Stock option incentives – betriebswirtschaftliche und rechtliche Probleme eines anreizkompatiblen Vergütungssystems, AG 1999, S. 453; *Kühne/Melcher/Wesemann*, Latente Steuern nach BilMoG, WPg 2009, S. 1005 und S. 1057; *Küting u.a.*, Die Ausschüttungssperre im neuen deutschen Bilanzrecht nach § 268 Abs. 8 HGB, GmbHR 2011, S. 1; *Küting*, Der Abhängigkeitsbericht in der Wirtschaftspraxis, ZfB 1975, S. 473; *Küting*, Die Abgrenzung von vorübergehenden und dauernden Wertminderungen im nicht-abnutzbaren Anlagevermögen (§ 253 Abs. 2 Satz 3 HGB), DB 2005, S. 1121; *Küting/Busch*, Bilanz und Gewinn- und Verlustrechnung in deutschen Jahresabschlüssen – Gliederungsanforderungen und Unternehmenspraxis, StuB 2002, S. 885; *Küting/Dürr*, „Genüsse" in der Rechnungslegung nach HGB und IFRS sowie Implikationen im Kontext von Basel II, DStR 2005, S. 941; *Küting/Dürr*, „Intangibles" in der deutschen Bilanzierungspraxis, StuB 2003, S. 1; *Küting/Ellmann*, Die Herstellungskosten von selbst geschaffenen immateriellen Vermögensgegenständen des Anlagevermögens, DStR 2010, S. 1300; *Küting/Hütten*, Die Lageberichterstattung über Risiken der künftigen Entwicklung, AG 1997, S. 250; *Küting/Kessler*, Eigenkapitalähnliche Mittel in der Handelsbilanz und im Überschuldungsstatus, BB 1994, S. 2103; *Küting/Kußmaul/Keßler*, Einfluss des Bilanzrechtsmodernisierungsgesetzes (BilMoG) auf die Unternehmenslage am Beispiel der Pensionsverpflichtungen,

DB 2009, S. 2557; *Küting/Pfirmann/Ellmann*, Die Bilanzierung von selbsterstellten immateriellen Vermögensgegenständen nach dem RegE des BilMoG, KoR 2008, S. 689; *Küting/Pfuhl*, Die zahlungsstromorientierte Konzernkapitalflußrechnung – Auswirkungen der internationalen Entwicklung auf Kapitalflußrechnung und Bewegungsbilanz, DStR 1994, S. 1507; *Küting/Strauß/Tesche*, Die Abbildung von Investorenbeteiligungen an Spielertransferrechten im Jahresabschluss von Fußballklubs, DStR 2010, S. 2646; *Kuhn*, Die Berichterstattung über Forschung und Entwicklung im Lagebericht, DStR 1993, S. 491; *Kuhn/Schaber*, Zur Sacheinlage in Investmentfonds gem. § 21 Abs. 1 KAGG-E, StuB 2002, S. 128; *Kuhn/Stibi*, Änderung der IDW Prüfungsstandards aufgrund des Bilanzrechtsmodernisierungsgesetzes (BilMoG), WPg 2009, S. 1157; *Kußmaul*, Kapitalersatz: Der Rangrücktritt in der Krise?, DB 2002, S. 2259; *Kußmaul*, Sind Nutzungsrechte Vermögensgegenstände bzw. Wirtschaftsgüter?, BB 1987, S. 2053; *Kußmaul/Weißmann*, Zur steuerrechtlichen Behandlung von Stock Options – Steuerrechtliche Behandlung beim Begünstigten, StB 2001, S. 449, und StB 2002, S. 14; *Kusterer/Kirnberger/Fleischmann*, Der Jahresabschluss der GmbH & Co. KG nach dem Kapitalgesellschaften- und Co.-Richtlinie-Gesetz, DStR 2000, S. 606; *Kuthe/Geiser*, Die neue Corporate Governance Erklärung, NZG 2008, S. 172; *Lachnit*, „True and fair view" und Rechnungslegung über stille Rücklagen im Jahresabschluß von Kapitalgesellschaften, WPg 1993, S. 193; *Lachnit*, Erfolgsspaltung auf der Grundlage der GuV nach Gesamt- und Umsatzkostenverfahren, WPg 1991, S. 773; *Lanfermann/Maul*, EU-Übernahmerichtlinie: Aufstellung und Prüfung des Lageberichts, BB 2004, S. 1517; *Lange*, Berichterstattung in Lagebericht und Konzernlagebericht nach dem geplanten Bilanzrechtsreformgesetz, ZIP 2004, S. 981; *Lange*, Bilanzierung von Stock Options – Kritische Anmerkung zu ausgewählten Aspekten von E-DRS 11, WPg 2002, S. 354; *Lange*, Divergierende Konzepte der Ertragsrealisation in E-DRS 17 und E-DRS 11, StuB 2002, S. 1002; *Lange*, Grundsätzliche und unbegrenzte Pflicht zur Berichterstattung im Lagebericht, BB 1999, S. 2447; *Lange*, Steuerbilanzielle Implikationen für die Ausgestaltung von Stock Option Plänen, StuW 2001, S. 137; *Lange*, Verdeckte Gewinnausschüttung, NWB 1996, F. 4, S. 4083; *Lange*, Wenn die UG erwachsen werden soll – „Umwandlung" in die GmbH, NJW 2010, S. 3686; *Lange/Daldrup*, Grundsätze ordnungsmäßiger Umweltschutz-Publizität – Vertrauenswürdige Berichterstattung über die ökologische Lage in Umwelterklärungen und Umweltberichten, WPg 2002, S. 657; *Langenbucher*, Zur Rechtsfolge der verdeckten Sacheinlage bei der GmbH, DStR 2003, S. 1838; *Laubach/Kraus/Bornhofen*, Zur Durchführung der HGB-Modernisierung durch das BilMoG: Die Bilanzierung selbst geschaffener immaterieller Vermögensgegenstände, DB 2009, Beil. 5, S. 19; *Lehwald*, Die Zahl der Beschäftigten als Abgrenzungsmerkmal im Entwurf eines Bilanzrichtlinie-Gesetzes, BB 1981, S. 2107; *Leuner*, Vorschlag zu einer Verbesserung der Stock Option-Besteuerung in Deutschland, DStR 2003, S. 669; *Leuner/Lehmeier/Rattler*, Entwicklung und Tendenzen bei Stock Option Modellen, FB 2004, S. 258; *Lewe/Hoffmann*, Zulässigkeit degressiver Abschreibungen in der Handelsbilanz vor dem Hintergrund der jüngsten Rechtsänderungen (IDW RH HFA 1.015), WPg 2011, S. 107; *Lind/Faulmann*, Die Bilanzierung von Eigenkapitalbeschaffungskosten nach IAS, US-GAAP und HGB, DB 2001, S. 603; *Lingemann*, Angemessenheit der Vorstandsvergütung – Das VorstAG ist in Kraft, BB 2009, S. 1918; *Littkemann/Schaarschmidt*, Probleme der bilanziellen Behandlung von Transferentschädigungen nach Handels- und Steuerrecht, StuB 2002, S. 372; *Löw*, Neue Offenlegungsanforderungen zu Finanzinstrumenten und Risikoberichterstattung nach IFRS 7, BB 2005, S. 2175; *Loitz*, DRS 18 – Bilanzierung latenter Steuern nach dem Bilanzrechtsmodernisierungsgesetz, DB 2010, S. 2177; *Loitz*, Latente Steuern nach dem Bilanzrechtsmodernisierungsgesetz (BilMoG) – Nachbesserungen als Verbesserungen?, DB 2008, S. 1393; *Loitz/Klevermann*, Bilanzierung von Ertragsteuern in deutschen Organschaften nach IFRS und BilMoG, DB 2009, S. 409; *Loitz/ Schulze*, Jahresabschlussprüfung bei Vorliegen von Patronats-/Rangrücktrittserklärungen, DB 2004, S. 769; *Loitz/Sekniczka*, Anteile an Spezialfonds : Bilanzierung, Besteuerung, latente Steuern nach IAS 12, WPg 2006, S. 355; *Lornsen-Veit/Möbus*, Erhebliche Einschränkungen bei der Nutzung des Körperschaftsteuer-Guthabens durch den neuen § 37 Abs. 2a KStG, BB 2003, S. 1154; *Lucius/Veit*, Bilanzierung von Altersversorgungsverpflichtungen in der Handelsbilanz nach IDW ERS HFA 30, BB 2010, S. 235; *Ludewig*, Einflüsse des „true and fair view" auf die zukünftige Rechnungslegung, AG 1987, S. 12; *Lüdenbach*, Ausschüttungssperre nach § 268 Abs. 8 HGB, StuB 2010, S. 588; *Lüdenbach/Freiberg*, Beitrag von DRS 18 zur Klärung strittiger Fragen der Steuerlatenzierung, BB 2010, S. 1971; *Lüdenbach/Freiberg*, Zweifelsfragen der abstrakten und konkreten Bilanzierungsfähigkeit immaterieller Anlagen, BFuP 2009, S. 131; *Lüdenbach/Hoffmann*, Gemildertes Fair-Value-Prinzip bei der Bilanzierung von Wertpapiervermögen, DB 2004, S. 85; *Lüdenbach/Hoffmann*, Verbindliches Mindestgliederungsschema für die IFRS-Bilanz, KoR 2004, S. 89; *Lüdenbach/Hoffmann*, Vergleichende Darstellung von Bilanzierungsproblemen der Sach- und immateriellen Anlagevermögens nach IAS und HGB, StuB 2003, S. 145; *Lutter*, Zur Herrschaft mehrerer Unternehmen über eine Aktiengesellschaft, NJW 1973, S. 113; *Lutter*, Zur Rechnungslegung und Publizität gemeinnütziger Spenden-Vereine, BB 1988, S. 489; *Lutter/Leinekugel/Rödder*, Die Sachdividende – Gesellschaftsrecht und Steuerrecht, ZGR 2002, S. 204; *Madeja/Roos*, Zur Bilanzierung immaterieller Vermögenswerte des Anlagevermögens nach BilMoG, KoR 2008, S. 342; *Malisius/Hagen/Lenz*, Abgrenzung latenter Steuern nach HGB bei Investitionen institutioneller Investoren in Investmentfonds, Ubg 2010, S. 439; *Markwardt*, Erwerb eigener Aktien: In der „Falle" des § 71 Abs. 1 Nr. 8 AktG?, BB 2002, S. 1108; *Marx*, „Außerordentliche Erträge" und „außerordentliche Aufwendungen" i.S. der §§ 275 Abs. 2 Nr. 15 und 16, 277 Abs. 4 HGB, WPg 1995, S. 476; *Marx*, Steuerliche Nebenleistungen im handelsrechtlichen Jahresabschluß, DB 1996, S. 1149; *Marx/Recktenwald*, Periodengerechtes Bilanzieren von unterverzinslichen Ausleihungen, BB 1992, S. 1526; *Masuch*, Sachkapitalerhöhung des Komplementärkapitals in der KGaA, NZG 2003, S. 1048; *Maul*, Der Lagebericht nach der 4. EG-Richtlinie und dem Entwurf des Bilanzrichtlinie-Gesetzes, WPg 1984, S. 187; *Maul/Menninger*, Das „Intellectual Property Statement" – eine notwendige Ergänzung des Jahresabschlusses?, DB 2000, S. 529; *Melcher/Mattheus*, Zur Umsetzung der HGB-Modernisierung durch das BilMoG: Neue Offenlegungspflichten zur Corporate Governance, DB 2009, Beil. 5, S. 77; *Melchor*, Das Steuervergünstigungsabbaugesetz im Überblick, DStR 2003, S. 709; *Mertens*, Vorstandsvergütung in börsennotierten Aktiengesellschaften, AG 2011, S. 57; *Meyer*, Die Einziehung von GmbH-Anteilen im Lichte des MoMiG, NZG 2009, S. 1201; *Meyer*, Die Lageberichterstattung über Risiken der künftigen Entwicklung, DB 1999, S. 1913; *Meyer/Jahn*, Formale Gestaltung von Bilanz und GuV nach HGB, StuB 2003, S. 1005; *Meyer/Ruberg*, Bekanntgabe von DRS 18 Latente Steuern – Partielle Aufhebung der Begrenzung des Prognosehorizonts bei Verlustvorträgen, DStR 2010, S. 2094; *Meyer/Ruberg*, Die Erstellung von Planungsrechnungen als Voraussetzung für die Bilanzierung latenter Steuern, DStR 2010, S. 1538; *Meyer-Scharenberg*, Sind Nutzungsrechte Wirtschaftsgüter?, BB 1987, S. 874; *Mezger*, Die Bewertung von Buchverlagsrechten, BB 1989, S. 401; *Mock*, Entsprechenserklärung zum DCGK in Krise und Insolvenz, ZIP 2010, S. 15; *Möschel*, Aktienrechtliche Aspekte des Zusammenschlusses Thyssen/Rheinstahl, ZRP 1973, S. 162; *Moxter*, Aktivierungspflicht für selbsterstellte immaterielle Anlagewerte?, DB 2008, S. 1514; *Moxter*, Die Vorschriften zur Rechnungslegung und Abschlußprüfung im Referentenentwurf eines Gesetzes zur Kontrolle und Transparenz im Unternehmensbereich, BB 1997, S. 722; *Müller, H.-P.*, Bilanzrecht und materieller Konzernschutz, AG 1994, S. 410; *Müller*, Individuelle Rücklagenbildung – ein Gestaltungsmittel auf für Kapitalgesellschaften?, FR 2010, S. 825; *Müller, W.*, Ausschüttungen aus der Kapitalrücklage, DB 2000, S. 533; *Müller, W.*, Die Änderungen im HGB und die Neuregelung der Sachdividende durch das Transparenz- und Publizitätsgesetz, NZG 2002, S. 752; *Müller/Kreipl*, Passive latente Steuern und kleine Kapitalgesellschaften, DB 2011, S. 1701; *Mujkanovic*, Der derivative Geschäftswert im handelsrechtlichen Jahresabschluß, BB 1994, S. 894; *Mujkanovic*, Die Vorschläge des Deutschen Standardisierungsrats (DSR) zur Segmentberichterstattung, AG 2000, S. 122; *Naumann, B./Naumann,T.K.*, Folgebewertung von Beteiligungen im Jahresabschluss nach HGB und im Konzernabschluss nach IFRS, WPg 2004, Sonderheft, S. S 130; *Neumann*, Gesamtkosten- versus Umsatzkostenverfahren bei der Aufstellung der Gewinn- und Verlustrechnung, BuW 1997, S. 681; *Neye*, BB-Gesetzgebungsreport: Bundestag beschließt neues Umwandlungsrecht, BB 2007, S. 389; *Niehus*, Nahestehende Personen nach dem BilMoG – Anhangangaben mit brisanten steuerlichen Auswirkungen, DStR 2008, S. 2280; *Niemeyer*, Ausweisfragen beim Optionsgeschäft, BB 1990, S. 1022; *Nikolay*, Die neuen Vorschriften zur Vorstandsvergütung – Detaillierte Regelungen und offene Fragen, NJW 2009, S. 2640; *ÖFA*, Bilanzielle Behandlung von Kostenüberdeckungen und Kostenunterdeckungen gemäß § 6 Absatz 2 Satz 2 KAGNW, FN-IDW 2001, S. 240; *Oppenhoff*, Die GmbH-Reform durch das MoMiG – ein Überblick, BB 2008, S. 1630; *Oppenländer*, Folgen der Lagergrundstück-Rechtsprechung für die Beratungspraxis, DStR 1995, S. 493; *Orth*, Sachdividenden – Zu deren Kodifizierung und den offen gebliebenen aktienrechtlichen, bilanzrechtlichen und steuerrechtlichen Fragen, WPg 2004, S. 777 und S. 841; *Ortmann-Babel/Bolik*, Lösungen für Praxisprobleme mit dem Sammelposten für geringwertige Wirtschaftsgüter, BB 2008, S. 1217; *Oser u.a.*, Änderungen des Bilanzrechts durch das Bilanzrechtsmodernisierungsgesetz (BilMoG), WPg 2009, S. 573; *Oser*, Bilanzrechtliche Implikationen qualifiziert faktischer Konzernierung im Spiegel des „TBB"-Urteils des BGH, WPg 1994, S. 312; *Ossadnik*, Die Darstellung der Finanzlage im Jahresabschluß der Kapitalgesellschaft, BB 1990, S. 813; *Ossadnik*, Materiality als Grundsatz externer Rechnungslegung, WPg 1995, S. 33; *Ossadnik*, Wesentlichkeit als Bestimmungsfaktor für Angabepflichten in Jahresabschluß und Lagebericht, BB 1993, S. 1763; *Otto*, Das Umsatzkostenverfahren als GuV-Darstellung, BB 1988, Beil. 8, S. 1; *Paetzmann*, Das neue Corporate-Governance-Statement nach § 289a HGB, ZCG 2009, S. 64; *Paus*, Forderungsverzicht gegen Besserungsschein, insbesondere bei späterem Verkauf der GmbH-Anteile, GmbHR 2004, S. 1568; *Paus*, Verzicht des Gesellschafters auf Forderungen gegenüber seiner Personengesellschaft, GStB 2004, S. 138; *Pechtl*, Die Prognosekraft des Prognoseberichts – Eine empirische Untersuchung am Beispiel deutscher Aktiengesellschaften, ZfbF 2000, S. 141; *Pellens/Crasselt*, Bilanzierung von Stock Options, DB 1998, S. 217; *Pellens/Crasselt*, Virtuelle Aktienoptionsprogramme im Jahresabschluß, WPg 1999, S. 765; *Pellens/Tomaszewski/Weber*, Wertorientierte Unternehmensführung in Deutschland: Eine empirische Untersuchung der DAX 100-Unternehmen, DB 2000, S. 1825; *Pergens/Niemann*, Bilanzierung von Software beim Anwender nach HGB und IFRS, StuB 2004, S. 997; *Petersen*, Anwendungsfragen der Steuerabgrenzung im Jahresabschluss, WPg 2011, S. 255; *Petersen/Zwirner/Froschhammer*, Funktionsweise und Problembereiche der im Rahmen des BilMoG neu eingeführten außerbilanziellen Ausschüttungssperre des § 268 Abs. 8 HGB, KoR 2010, S. 334; *Pfeiffer*, Möglichkeiten und Grenzen der Prüfung von Prognosen im Geschäftsbericht, WPg 1974, S. 159; *Pfitzer/Oser/Orth*, Offene Fragen und Systemwidrigkeiten des Bilanzrechtsreformgesetzes (BilReG), DB 2004, S. 2593; *Pfitzer/Oser/Orth*, Zur Reform des Aktienrechts, der Rechnungslegung und Prüfung durch das TransPuG, DB 2002, S. 157; *Pfitzer/Wirth*, Die Änderungen des Handelsgesetzbuchs, DB 1994, S. 1937; *Pöller*, Sonderprobleme und Umsetzung der Neuregelungen zur Bilanzierung latenter Steuern nach BilMoG, BC 2011, S. 10; *Poullie*, Besonderheiten bei den Anhangangaben zu Geschäften mit nahe stehenden Unternehmen und Personen bei Unternehmen der öffentlichen Hand, WPg 2010, S. 1058; *Priester*, Jahresabschlussfeststellung bei Personengesellschaften, DStR 2007, S. 28; *Priester*, Liquiditätsausstattung der abhängigen Gesellschaft und unterjährige Verlustdeckung bei Unternehmensverträgen, ZIP 1989, S. 1301; *Prinz/Ruberg*, Latente Steuern nach dem BilMoG – Grundkonzept, Bedeutungswandel, erste Anwendungsfragen, Der Konzern 2009, S. 343; *Prystawik*, Latente Steuern nach BilMoG und IFRS: Besonderheiten bei Pensionsrückstellungen und Investmentfonds als Planvermögen, DB 2010, S. 345; *Pulz*, Personalbindung mit Aktienoptionen, BB 2004, S. 1107; *Rabenhorst*, Zusätzliche Angabepflichten im Lagebericht durch das Übernahmerichtlinien-Umsetzungsgesetz, WPg 2008, S. 139; *Radau*, Die Abschreibung von Filmrechten nach dem Medienerlass, DStR 2003, S. 1278; *Rade/Stobbe*, Auswirkungen des Bilanzrechtsmodernisierungsgesetzes auf die Bilanzierung von Fußballspielerwerten in der Handelsbilanz: Kriterien zur Aktivierung immaterieller Vermögensgegenstände nach altem und neuem Recht, DStR 2009, S. 1109; *Rammert*, Die Bilanzierung von Aktienoptionen für Manager: Überlegungen zur Anwendung von US-GAAP im handelsrechtlichen Jahresabschluß, WPg 1998, S. 766; *Raupach*, Die Bemessung von Konzernumlagen mit oder ohne Gewinnaufschlag im Hinblick auf die Organisation multinationaler Konzerne, StuW 1990, S. 397; *Rauser/Schwinger*, Ausweis nachzuholender Betriebsrentenanpassung, BB 1993, S. 1114; *Reese*, Die Haftung von „Managern" im Innenverhältnis, DStR 1995, S. 532; *Reiff/Ettinger*, Gesellschaftsrechtliche Treuepflichten im Zusammenhang mit der Heilung von verdeckten Sacheinlagen bei der GmbH, DStR 2004, S. 1258; *Richter*, Bewertung von Versorgungsverpflichtungen aus Unterstützungskassenzusagen, BB 1987, S. 1432; *Richter,* Die Generalklausel des § 264 Abs. 2 HGB und die Forderung des true and fair view, BB 1988, S. 2212; *Rieder*, Anfechtbarkeit von Aufsichtsratswahlen bei unrichtiger Entsprechenserklärung?, NZG 2010, S. 737; *Ries*, Die Bilanzierung von Arbeitszeitkonten nach dem Bilanzrechtsmodernisierungsgesetz (BilMoG), WPg 2010, S. 811; *Rimmelspacher/Fey,* Anhangangaben zu nahe stehenden Unternehmen und Personen nach dem BilMoG, WPg 2010, S. 180; *Rockel/Patzner*, Handels- und steuerbilanzielle Behandlung von Investmentfondsanteilen im Vergleich zu den Neuregelungen des UntStRefG 2008 für die private Kapitalanlage, DStR 2008, S. 2122; *Rode*, Besteuerung und Bilanzierung von Stock Options, DStZ 2005, S. 404; *Rodewald*, Lagebericht als Investor-Relations-Instrument : Möglichkeiten und Grenzen aus rechtlicher Sicht, BB 2001, S. 2155; *Rodewald/Pohl*, Neuregelung des Erwerbs von eigenen Anteilen durch die GmbH im Bilanzrechtsmodernisierungsgesetz (BilMoG), GmbHR 2009, S. 32; *Rödder/Stangl*, Wertminderung eigenkapitalersetzender Darlehen im Betriebsvermögen einer Kapitalgesellschaft und § 8b Abs. 3 Satz 3 KStG, DStR 2005, S. 354; *Röhrig/Doege*, Das Kapital der Personengesellschaften im Handels- und Ertragsteuerrecht, DStR 2006, S. 489; *Römermann*, Auflösung einer GmbH aufgrund der Einziehung eines GmbH-Geschäftsanteils?, DB 2010, S. 209; *Rogall*, Die Belastung von Dividenden und Veräußerungsgewinnen im Konzern nach den beabsichtigten Neuerungen des § 8b Abs. 3 und 5 KStG, DB 2003, S. 2185; *Rogler*, Bilanzierung von CO_2-Emissionsrechten, KoR 2005, S. 255; *Rogler*, Herstellungskosten beim Umsatzkostenverfahren, BB 1992, S. 1459; *Rogler*, Vermittelt das Umsatzkostenverfahren ein besseres Bild als das Gesamtkostenverfahren, DB 1992, S. 749; *Rosner*, Ausstehende Einlagen nach Verschmelzung von Aktiengesellschaften, AG 2011, S. 5; *Roß/Baumunk*, ED 2 share-based Payment im Vergleich zu US-GAAP und E-DRS 11, KoR 2003, S. 29; *Roß/Drögemüller*, Verschmelzungen und Abspaltungen bei Schwestergesellschaften nach der Reform des UmwG, DB 2009, S. 580; *Roß/Pommerening*, Angabepflichten zu Aktienoptionsplänen im Anhang und Lagebericht – Bestandsaufnahme und Regierungsentwurf des TransPuG, WPg 2002, S. 371; *Roß/Pommerening*, Bilanzierung von Mitarbeiterbeteiligungsprogrammen auf Basis von Wandelanleihen, WPg 2001, S. 644; *Rückle*, Externe Prognosen und Prognoseprüfung, DB 1984, S. 57; *Sailer*, Offenlegung von „Change of Control-Klauseln" im Jahresabschluss, AG 2006, S. 913; *Saitz/Wolbert*, Einstieg in eine neue Dimension der kapitalmarktorientierten Unternehmensberichterstattung, Controlling 2002, S. 321; *Schaber/Kuhn/Eichhorn*, Eigenkapitalcharakter von Genussrechten in der Rechnungslegung nach HGB und IFRS, BB 2004, S. 315; *Schäfer-Elmayer/Müller*, Besteuerung in Sanierungsfällen, StB 2009, S. 190; *Scheffler*, Bilanzen als Prognose- und Steuerungsinstrument, DStR 1993, S. 1569; *Schellhorn*, Zur Anwendung der erhöhten Schwellenwerte des § 267 HGB in der Fassung des BilMoG und weiteren Anwendungsfragen des § 267 HGB, DStR 2009, S. 2696; *Schick/Nolte*, Bilanzierung von Internetauftritten nach Handels- und Steuerrecht, DB 2002, S. 541; *Schiessl*, Abhängigkeitsbericht bei Beteiligungen der öffentlichen Hand, ZGR 1998, S. 871; *Schlotter*, Voraussichtlich dauernde Wertminderung nach dem Urteil des BFH zur Teilwertabschreibung auf Aktien vom 26.09.2007, BB 2008, S. 546; *Schmidbauer*, Die Bilanzierung und Bewertung immaterieller Vermögensgegenstände bzw. Vermögenswerte in der deutschen Rechnungslegung sowie nach IAS: Vergleichende Darstellung unter Berücksichtigung von DRS 12 und ED IAS 36/38, DStR 2003, S. 2035; *Schmidt, K.*, Die Verwendung von GmbH-Mänteln und ihre Haftungsfolgen: ein Thema von gestern?, ZIP 2010, S. 857; *Schmidt/Hageböke*, Offene Sacheinlagen als entgeltliche Anschaffungsvorgänge?, DStR 2003, S. 1816; *Schmidtbauer*, Die Leasingerlasse als Grundlage der Leasingvertragsgestaltung, DStR 2000, S. 1482; *Schmidtbauer*, Vergleich der wertorientierten Steuerungskonzepte im Hinblick auf die Anwendbarkeit im Konzern-Controlling, FB 2000, S. 365; *Schmidtmann*, Abstrakte und konkrete Bilanzierungsfähigkeit eigener Anteile nach dem Bilanzrechtsmodernisierungsgesetz, StuW 2010, S. 286; *Schmittmann*, Rechtsfragen bei der Bilanzierung und Bewertung einer Domain nach HGB, IAS und US-GAAP, StuB 2002, S. 105; *Schneider*, Der pflichtenauslösende Sachverhalt bei „Directors' Dealings", BB 2002, S. 1817; *Schnorbus*, Die Sachdividende, ZIP 2003, S. 509; *Schommer*, Der Fall der Sanierungsklausel, SteuerConsultant 2011, S. 23; *Schöne*, Probleme der Unternehmenserhaltung bei der GmbH, GmbHR 1990, S. 20; *Schröer/Rogall*, Möglichkeiten der Besteuerung von Mitarbeiter-Aktienoptionen, WPg 2002, S. 344; *Schruff/Hasenburg*, Stock Option-Programme im handelsrechtlichen Jahresabschluß, BFuP 1999, S. 616; *Schubert*, Eingeschränkte Abschreibung von entgeltlich erworbenen Marken und Arzneimittelzulassungen, FR 1998, S. 541; *Schubert*, Zur Berichtspflicht über Beziehungen zu verbundenen Unternehmen nach dem neuen Aktienrecht, BFuP 1966, S. 165; *Schülen*, Die Aufstellung des Anhangs, WPg 1987, S. 223; *Schülke*, Zur Aktivierbarkeit selbstgeschaffener immaterieller Vermögensgegenstände, DStR 2010, S. 992; *Schüppen*, To comply or not to comply – that's the question! „Existenzfragen" des Transparenz- und Publizitätsgesetzes im magischen Dreieck kapitalmarktorientierter Unternehmensführung, ZIP 2002, S. 1269; *Schulte*, Inhalt und Gliederung des Anhangs, BB 1986, S. 1468; *Schulze*, Rechnungslegung staatlich getragener Forschungseinrichtungen nach dem Bilanzrichtlinien-Gesetz, DB 1987, S. 1849; *Schulze-Osterloh*, Befreiung der Kapitalgesellschaft & Co.: Von der Rechnungslegungspflicht für Kapitalgesellschaften durch Einbeziehung in den „Konzernabschluß" ihres persönlich haftenden Gesellschafters, BB 2002, S. 1307; *Schulze-Osterloh*, Verdeckte Gewinnausschüttungen im Grenzgebiet zwischen handels- und steuerrecht, StuW 1994, S. 131; *Schwab*, Der Deutsche Rechnungslegungs-Standard Nr. 7 im Widerspruch zum geltenden deutschen Bilanzrecht, DB 2001, S. 880; *Schweitzer/Volpert*, Behandlung von Genußrechten im Jahresabschluss von Industrieemittenten, BB 1994, S. 821; *Seibert*, Die Umsetzung der Zweigniederlassungs-Richtlinie der EG in deutsches Recht, GmbHR 1992, S. 738; *Seibt/Heiser*, Analyse des

Übernahmerichtlinien-Umsetzungsgesetzes (Regierungsentwurf), AG 2006, S. 315; *Seidel/Grieger/Muske*, Bilanzierung von Entwicklungskosten nach dem BilMoG, BB 2009, S. 1286; *Selch*, Die Entwicklung der gesetzlichen Regelungen zum Lagebericht seit dem Aktiengesetz von 1965 bis zum KapCoRiLiG von 1999, WPg 2000, S. 357; *Selchert*, Die Aufgliederung der Umsatzerlöse gemäß § 285 Nr. 4 HGB, BB 1986, S. 560; *Selchert/ Karsten*, Inhalt und Gliederung des Anhangs, BB 1985, S. 1889; *Sender*, Bilanzielle und körperschaftsteuerliche Behandlung der Verbindlichkeit mit Rangrücktrittsvereinbarung und des Forderungsverzichts gegen Besserungsklausel, GmbHR 1992, S. 157; *Sethe*, Die Besonderheiten der Rechnungslegung bei der KGaA, DB 1998, S. 1044; *Siegel*, E-DRS 11: Ersparter (fiktiver) Aufwand als tatsächlicher Aufwand?, BB 2001, S. 1996; *Siegel/ Schulze-Osterloh/Bareis*, Zur Berücksichtigung von Sachdividenden im Jahresabschluss, WPg 2008, S. 553; *Simon*, Ausschüttungs- und Abführungssperre als gläubigerschützendes Institut der reformierten HGB-Bilanzierung, NZG 2009, S. 1081; *Simon*, Umstellung des Stammkapitals einer GmbH von DM auf Euro: Wahl der richtigen Umstellungsmethode, DB 2008, S. 1615; *Simons*, Erfolgsneutrale oder erfolgswirksame Buchung von Aktienoptionsprogrammen?, WPg 2001, S. 90; *Sistermann/Brinkmann*, Wachstumsbeschleunigungsgesetz: Die Änderungen bei der Mantelkaufregelung, DStR 2009, S. 2633; *Sorg*, Prognosebericht und Publizitätspraxis der AG, BB 1994, S. 1962; *Spindler*, Wie geht es weiter mit dem anschaffungsnahen Aufwand?, DB 2004, S. 507; *Spingler*, Latente Steuern: Probleme bei der Anwendung des HGB i.d.F. des BilMoG, WPg 2010, S. 1024; *Springsguth*, Die Grundzüge des neuen Mehrwertsteuerrechts in der Europäischen Gemeinschaft, BB 1992, S. 749; *Sproß*, EG-Umwelt-Audit – Zu spät aufgewacht?, DStZ 1994, S. 138; *Stahl/Burkhardt*, Die Ausschüttungssperre nach BilMoG, BBK 2010, S. 106; *Stenzel*, Die Pflicht zur Bildung einer gesetzlichen Rücklage bei der UG (haftungsbeschränkt) und die Folgen für die Wirksamkeit des Gesellschaftsvertrags einer UG (haftungsbeschränkt) & Co. KG, NZG 2009, S. 168; *Strieder*, Der aktienrechtliche Abhängigkeitsbericht bei der kapitalistischen Kommanditgesellschaft auf Aktien, DB 2004, S. 799; *Strieder*, Der Lagebericht bei Kapitalgesellschaften und Genossenschaften: insbesondere seine Unterzeichnung, DB 1998, S. 1677; *Strieder*, Erweiterung der Lageberichterstattung nach dem BilMoG, BB 2009, S. 1002; *Strüber/von Donat*, Die ertragsteuerliche Freistellung von Sanierungsgewinnen durch das BMF-Schreiben vom 27.03.2003, BB 2003, S. 2036; *Swoboda*, Die Anwendung der Vorschriften zur „verschleierten Sachgründung" im Zusammenhang mit der „wirtschaftlichen Neugründung" von Vorratsgesellschaften, GmbHR 2005, S. 649; *Theile*, Ausweisfragen beim Jahresabschluß der GmbH & Co. KG nach neuem Recht, BB 2000, S. 555; *Thiel*, Einlagen in Kapitalgesellschaften: Aktuelle Steuerfragen bei der Gesellschaft und beim Gesellschafter, DStR 1992, S. 1; *Thiele*, Die Bilanzierung von Aktienoptionsplänen auf der Basis bedingter Kapitalerhöhungen vor dem Hindergrund des GoB-Systems – Ist die Kritik an E-DRS 11 gerechtfertigt?, WPg 2002, S. 766; *Thielmann*, Die Einziehung von Stückaktien ohne Kapitalherabsetzung, DStR 2003, S. 1797; *Thierer*, Betriebliche Altersversorgung für GmbH-Geschäftsführer: Bilanzierung von Rückdeckungsversicherungen im Rahmen von IAS 19, DB 2007, S. 1093; *Thüsing*, Das Gesetz zur Angemessenheit der Vorstandsvergütung, AG 2009, S. 517; *Timm*, Anmerkung zu OLG Köln ZIP 1993, S. 110, ZIP 1993, S. 116; *Tödtmann/Schauer*, Der Corporate Governance Kodex zieht scharf, ZIP 2009, S. 995; *Traugott/Groß*, Leistungsbeziehungen zwischen Aktionär und Aktiengesellschaft: Wie lässt sich das Risiko einer verdeckten Sacheinlage verringern?, BB 2003, S. 481; *Treuberg/Scharpf*, DTV-Aktienoptionen und deren Abbildung im Jahresabschluß von Industrieunternehmen, DB 1991, S. 661; *Tschesche*, Die Übertragung wirtschaftlichen Eigentums an Anteilen von Kapitalgesellschaften, WPg 2002, S. 965; *Uhländer*, Eigenkapitalersetzende Darlehen im Steuer- und Gesellschaftsrecht: ein systematischer Überblick, BB 2005, S. 70; Ulmer, Die Einziehung von GmbH-Anteilen: ein Opfer der MoMiG-Reform?, DB 2010, S. 321; *Umnuß/Ehle*, Aktienoptionsprogramme für Arbeitnehmer auf der Basis von § 71 Abs. 1 Nr. 2 AktG, BB 2002, S. 1042; *Urbahns*, Zur Bewertung verdeckter Einlagen beim Forderungsverzicht, DStZ 2005, S. 148; *v. Wysocki*, DRS 2: Neue Regeln des Deutschen Rechnungslegungs Standards Committee zur Aufstellung von Kapitalflußrechnungen, DB 1999, S. 2373; *van Hulle*, Das Europäische Bilanzrecht, WPK-Mitt. 1994, S. 9; *van Kann*, Das neue Gesetz über die Offenlegung von Vorstandsvergütungen, DStR 2005, S. 1496; *van Kann*, Das neue Gesetz über die Offenlegung von Vorstandsvergütungen, DStR 2005, S. 1496; *van Venrooy*, Erfüllungsgeschäfte im Abhängigkeitsbericht der Aktiengesellschaft, DB 1980, S. 385; *Vater*, Benachteiligung deutscher Unternehmen durch den Vorschlag der DRSC zur Bilanzierung von Stock Options, BuW 2000, S. 1033; *Vater*, Zur steuerlichen Behandlung von Stock Options, StuB 2004, S. 914; *Veit*, Funktionen und Aufbau des Berichts zu Zweigniederlassungen, BB 1997, S. 461; *Velte*, Handels- und steuerbilanzielle Qualifikation des derivativen Geschäfts- oder Firmenwerts, StuW 2010, S. 93; *Velte*, Zur Entscheidungsnützlichkeit des corporate governance statements gem. § 289a HGB, KoR 2011, S. 121; *Velte/Sepetauz*, BilMoG: Ansatzwahlrecht für selbst geschaffene immaterielle Anlagegüter, BC 2010, S. 349; *Veltins*, Verschärfte Unabhängigkeitsanforderungen an Abschlussprüfer, DB 2004, S. 452; *VFA*, Bewertung von Kapitalanlagen bei Versicherungsunternehmen, FN-IDW 2001, S. 667; *von Falkenhausen*, Ausschüttungssperren für die Kapitalrücklage: Eine rechtspolitische Betrachtung von § 150 Abs. 3 und 4 AktG, NZG 2009, S. 1096; *von Kanitz*, Bilanzierung von Anteilen an Personenhandelsgesellschaften, WPg 2007, S. 57; *von Kanitz*, Rechnungslegung bei Personengesellschaften: Anmerkungen zu IDW RS HFA 7, WPg 2003, S. 324; *von Kanitz*, Rückwirkende Befreiung von Personenhandelsgesellschaften i.S. des § 264a Abs. 1 HGB von den erweiterten Rechnungslegungspflichten bei Eintritt einer natürlichen Person als Vollhafter?, WPg 2008, S. 1059; *Vonnemann*, Die Feststellung der Überschuldung, BB 1991, S. 867; *Waclawik*, Die neue Sachdividende: Was ist sie wert?, WM 2003, S. 2266; *Waclawik*, Die neue Sachdividende und die Kapitalertragsteuer: Realteilung mit dem Finanzamt?, BB 2003, S. 1408; *Wagner*, Gründung bzw. Kapitalerhöhung von Kapitalgesellschaften: Aufgeld auf satzungsmäßiger bzw. schuldrechtlicher Grundlage, DB 2004, S. 297; *Wallach*, Die Investmentaktiengesellschaft mit veränderlichem Kapital im Gewand des Investmentänderungsgesetzes 2007, Der Konzern 2007, S. 487; *Walter*, Bilanzierung von Aktienoptionsplänen in Handels- und Steuerbilanz: einheitliche Behandlung unabhängig von der Art der Unterlegung, DStR 2006, S. 1101; *Walther*, Erfahrungen mit dem Konzernrecht, ZGR 1974, S. 208; *Weber*, Die Unternehmergesellschaft (haftungsbeschränkt), BB 2009, S. 842; *Weber*, Eigenkapitalersetzende Darlehen des GmbH-Gesellschafters, BB 1992, S. 526; *Weber/Lentfer/Köster*, Kritische Würdigung der Umsetzung europäischer Vorgaben im Referentenentwurf eines Bilanzrechtsmodernisierungsgesetzes (BilMoG), IRZ 2007, S. 367, und IRZ 2008, S. 35; *Wehrheim*, Angaben zum Anteilsbesitz im Einzel- bzw. Konzernanhang, BB 1995, S. 454; *Wehrheim/Rupp*, Zum Geltungsbereich der Ausschüttungssperre des § 268 Abs. 8 HGB im Regierungsentwurf des BilMoG, DB 2009, S. 356; *Weinand/Wolz*, Forschungs- und Entwicklungskosten im Mittelstand, KoR 2010, S. 130; *Weirich/Zimmermann*, Aufstellung und Offenlegung des Jahresabschlusses kleiner Aktiengesellschaften, AG 1986, S. 265; *Wendtholt/Wesemann*, Zur Umsetzung der HGB-Modernisierung durch das BilMoG : Bilanzierung latenter Steuern im Einzel- und Konzernabschluss, DB 2009, Beil. 5, S. 64; *Wenk/Jagosch*, Die neue Lageberichterstattung nach § 289 Abs. 5 HGB – Würdigung des E-DRÄS 5 mit Blick auf die europäischen Nachbarn, IRZ 2009, S. 539; *Werner, W.*, Der erste Kommentar zum neuen Aktiengesetz, AG 1967, S. 122; *Westerfelhaus*, Die Definition der verdeckten Gewinnausschüttung: Eine steuerrechtliche Studie mit Blick auf das Gesellschaftsrecht, GmbHR 1994, S. 224; *Westerfelhaus*, Die stille Gesellschaft im Bilanzrecht, DB 1988, S. 1173; *Wichmann*, Bilanzierung bei „verunglückter Organschaft", BB 1992, S. 394; *Wichmann*, Die Behandlung von Sachbezügen im Jahresabschluß nach dem HGB, BB 1989, S. 1792; *Wichmann*, Die Rückdeckungsversicherung im handelsrechtlichen Jahresabschluß, BB 1989, S. 1228; *Wichmann*, Körperschaftsteuererstattungen und pauschalierte Lohnsteuerbeträge in der Gewinn- und Verlustrechnung, BB 1987, S. 648; *Wicke*, Praktische Verwendung und Kapitalbindung der Unternehmergesellschaft (haftungsbeschränkt), GWR 2010, 259; *Wiechmann*, Der Jahres- und Konzernabschluß der GmbH & Co. KG., WPg 1999, S. 916; *Wiese/Lukas*, Das Bilanzrechtsmodernisierungsgesetz (BilMoG) – Änderungen der Bilanzierungsvorschriften und Neuregelungen der Corporate Governance in der GmbH, GmbHR 2009, S. 561; *Willeke*, Bilanzierung von Software beim Anwender, BBK 2004, F. 12, S. 6717; *Wimmer*, Theoretische Konzeption und praktische Umsetzungsprobleme des Umsatzkostenverfahrens nach HGB, WPg 1993, S. 161; *Wimmer*, Zuführungsbeträge bei der Bildung von Pensionsrückstellungen, Personalaufwand und/oder Zinsaufwand?, DStR 1992, S. 1294; *Windmöller/Breker*, Bilanzierung von Optionsgeschäften, WPg 1995, S. 389; *Withus*, Neue Anforderungen nach BilMoG zur Beschreibung der wesentlichen Merkmale des Internen Kontroll- und Risikomanagementsystems im Lagebericht kapitalmarkt-orientierter Unternehmen, KoR 2009, S. 440; *Withus*, Standardisierungsrat überarbeitet Rechnungslegungsstandards zum Konzernlagebericht, DB 2010, S. 68; *Woerner*, Die Gewinnrealisierung bei schwebenden Geschäften, Vollständigkeitsgebot, Vorsichts- und Realisationsprinzip, BB 1988, S. 769; *Wohlgemuth/Radde*, Der Bewertungsmaßstab „Anschaffungskosten" nach HGB und IAS, WPg 2000, S. 903; *Wolf*, Neuerungen im (Konzern-) Lagebericht durch das Bilanzrechtsreformgesetz (BilReG) – Anforderungen und ihre praktische Umsetzung, DStR 2005, S. 438; *Wolff-Diepenbrock*, Anschaffungsnahe Aufwendungen, DB 2002, S. 1286; *Wollmert*, Zur Bilanzierung von Genußrechten, BB 1992, S. 2106; *Wolz*, Latente Steuern nach BilMoG: Analyse der konzeptionellen Neuregelung im Einzel- und Konzernabschluss, DB 2010, S. 2625; *Wried/Witten*, Zur Bilanzierung von Filmvermögen, DB 1993, S. 1683; *Wriedt/Witten*, Zur bilanziellen Behandlung von Filmrechten, DB 1991, S. 1292; *Wulf*, Formelle Voraussetzungen der Organschaft im GmbH-Konzern: Rechtslage nach dem Jahressteuergesetz 2010, AG 2011, S. 23 *Wuttke*, Verdeckte Gewinnausschüttung – Bilanz – Bestandskraft, DStR 1996, S. 485; *Zacher*, Verdeckte (Gewinn-)Ausschüttungen in der GmbH aus zivilrechtlicher Sicht, DStR 1994, S. 138; *Zeyer*, Lösungshinweise zu ausgewählten Bilanzierungsproblemen der Einheits-GmbH & Co. KG, BB 2008, S. 1442; *Zimmert*, Latente Steuern nach BilMoG: Gesetzeslücke bei Inanspruchnahme des § 7g EStG, DStR 2010, S. 826; *Zwirner*, Die bilanzielle Behandlung von Filmrechten und Lizenzen – Vermögenswertspezifische Bewertungsprobleme, KoR 2008, S. 272.

Kapitel G

Erläuterungen zu den für eingetragene Genossenschaften geltenden ergänzenden Vorschriften zum Jahresabschluss und zum Lagebericht

Für den JA der eingetragenen Genossenschaften (eG) sind die Vorschriften des Dritten Buchs des HGB insb. die allgemeinen, von allen Kaufleuten[1] zu beachtenden Vorschriften (§§ 238 bis 263 HGB) maßgebend[2]. Zusätzlich finden die „Ergänzenden Vorschriften für eingetragene Genossenschaften" (§§ 336 bis 339 HGB) mit Verweisklauseln auf die Vorschriften für KapGes. Anwendung[3]. Die Vorschriften der §§ 336 bis 339 HGB sind auch auf Europäische Genossenschaften (SCE) mit Sitz im Inland anzuwenden (§§ 1, 32 f. SCEAG)[4]. Wegen Buchführungspflicht des Vorstands, Beschränkung der Anfechtung des JA und Vorstandspflichten bei Verlust vgl. § 33 GenG[5]. 1

I. Pflicht zur Aufstellung eines Jahresabschlusses und eines Lageberichts

Die Pflicht zur Aufstellung eines JA[6] ergibt sich aus § 242 HGB[7]. Danach ist für den Schluss eines jeden GJ ein **Jahresabschluss**, bestehend aus Bilanz (Abs. 1) und GuV (Abs. 2) aufzustellen. § 336 Abs. 1 S. 1 HGB bestimmt ergänzend, dass der JA um einen **Anhang** zu erweitern ist, der mit der Bilanz und der GuV eine **Einheit** bildet, und dass von mittelgroßen und großen eG ein **Lagebericht** aufzustellen ist; kleine eG (vgl. Tz. 8) brauchen ebenso wie kleine KapGes. einen LB nicht aufzustellen (§ 336 Abs. 2 S. 1 erster Hs. HGB i.V.m. § 264 Abs. 1 S. 4 erster Hs. HGB; vgl. Tz. 21)[8]. 2

JA und LB sind grds. in den ersten **fünf Monaten** des GJ für das vergangene GJ aufzustellen (§ 336 Abs. 1 S. 2 HGB)[9]. Nach der Aufstellung sind JA und LB unverzüglich dem AR und mit dessen Bemerkungen (§ 38 Abs. 1 S. 5 zweiter Hs. GenG) der GV vorzulegen (§ 33 Abs. 1 S. 2 GenG). 3

Die **Feststellung** des JA obliegt der GV und hat in den ersten sechs Monaten des neuen GJ stattzufinden (§ 48 Abs. 1 GenG). Bei der Feststellung ist die GV an die für die Aufstellung des JA geltenden Vorschriften gebunden (§ 48 Abs. 2 S. 1 GenG; zur Pflicht zur **Prüfung** 4

---

1 Nach § 17 Abs. 2 GenG gelten Genossenschaften vorbehaltlich abw. Vorschriften als Kaufleute i.S.d. HGB.
2 Vgl. *Theurl/Henze* in Baetge/Kirsch/Thiele, Bilanzrecht, § 336, Rn. 4.
3 Für KI in der Rechtsform der eG gelten die §§ 336 ff. HGB nicht. Vielmehr sind für diese die §§ 340 ff. HGB einschlägig. Demgegenüber sind für Wohnungsgenossenschaften mit Spareinrichtungen, die den Vorschriften des KWG unterliegen, aufgrund der besonderen Regelung des § 340 Abs. 3 HGB die §§ 336 bis 339 HGB anzuwenden. Vgl. zum Anwendungsbereich der §§ 336 bis 339 HGB auf KI auch *Förschle* in BeBiKo[7], § 336, Rn. 4.
4 Zur Rechnungslegung der Europäischen Genossenschaft vgl. *Luttermann*, EWS 1994, S. 14; *El Mahi*, DB 2004, S. 967.
5 GenG, BGBl. I 2006, S. 2230 ff.
6 Vgl. hierzu *Schaffland* in Lang/Weidmüller, GenG[36], § 33, Rn. 29 ff.; *Bloehs* in Pöhlmann/Fandrich/Bloehs, GenG[3], § 33, Rn. 7 ff.; *Großfeld/Reemann* in FS Goerdeler, S. 149.
7 Für Kreditgenossenschaften gilt § 340a i.V.m. § 264 Abs. 1 HGB; vgl. *Schaffland* in Lang/Weidmüller, GenG[36], § 33, Rn. 29.
8 Kreditgenossenschaften müssen gem. § 340a Abs. 1 i.V.m. § 289 HGB stets einen LB aufstellen; vgl. *Bloehs* in Pöhlmann/Fandrich/Bloehs[3], § 33, Rn. 14; *Schaffland* in Lang/Weidmüller[36], § 33, Rn. 42.
9 Vgl. dazu auch *Strieder* in Beck Gen-HB, § 6, Rn. 80. Zur Drei-Monats-Frist für Kreditgenossenschaften und gemeinnützige Wohnungsbaugenossenschaften mit Spareinrichtung s. § 340a Abs. 1 i.V.m. § 264 Abs. 1 S. 3 HGB sowie § 26 Abs. 1 KWG.

des JA vgl. §§ 53 ff. GenG[10], zur **Offenlegung** von JA, LB und Bericht des AR und der dabei bestehenden größenabhängigen Erleichterungen vgl. § 339 HGB[11], zu **Straf- und Bußgeldvorschriften** vgl. §§ 147 ff. GenG).

II. Jahresabschluss

1. Anwendung der §§ 242 ff. HGB

5   Auf den nach § 242 HGB aufzustellenden JA finden die Bestimmungen der §§ 242 bis 256a HGB Anwendung. Lediglich die Zeit, innerhalb der der JA aufzustellen ist, ist abw. von § 243 Abs. 3 HGB („innerhalb der einem ordnungsmäßigen Geschäftsgang entsprechenden Zeit") grds. mit fünf Monaten nach Ende des GJ bestimmt (§ 336 Abs. 1 S. 2 HGB); ferner ist § 247 Abs. 1 HGB ohne praktische Bedeutung. Die übrigen Vorschriften, insb. die **Aufstellungsgrundsätze** (§ 243 Abs. 1 und 2 HGB), die **Ansatzvorschriften** (§§ 246 bis 251 HGB) und die **Bewertungsvorschriften** (§§ 252 bis 256a HGB) sind auf den JA der eG vollständig anzuwenden. Auf die Erläuterung dieser Vorschriften in Kap. E wird verwiesen.

2. Ergänzende Vorschriften für die Bilanz und die Gewinn- und Verlustrechnung
a) Anwendung der für Kapitalgesellschaften geltenden Vorschriften

6   Zusätzlich zu den Vorschriften, die für alle Kaufleute gelten, haben eG bei der Aufstellung des JA grundsätzlich die meisten der **ergänzenden Vorschriften**, die das HGB für die Bilanz und die GuV der KapGes. vorsieht, entsprechend anzuwenden[12] (§ 336 Abs. 2 S. 1 HGB)[13]. Dabei handelt es sich neben der Befreiung von der Aufstellung eines LB bei kleinen eG (Tz. 2 und Tz. 21) im Einzelnen um folgende Vorschriften:

Vorschriften des HGB		erläutert unter Textziffer
§ 264	Abs. 2 Generalnorm	F 78
§ 265	Allgemeine Grundsätze für die Gliederung	F 83 u. 467
§ 266	Gliederung der Bilanz	F 121
§ 267	Umschreibung der Größenklassen	F 70
§ 268	Vorschriften zu einzelnen Posten der Bilanz. Bilanzvermerke	F 123, 226, 463
§ 270	Bildung bestimmter Posten	F 373
§ 271	Beteiligungen. Verbundene Unternehmen	F 250
§ 272	Eigenkapital	F 309
§ 274	Latente Steuern	F 170 u. 303, 462
§ 274a	Größenabhängige Erleichterungen	F 70
§ 275	Gliederung der GuV	F 504
§ 276	Größenabhängige Erleichterungen	F 483
§ 277	Vorschriften zu einzelnen Posten der GuV (Abs. 3 S. 1 der Vorschrift braucht nich anwendet zu werden)	F 487
§ 278	Steuern	F 592

---

10 Vgl. dazu z.B. *Korte* in Lang/Weidmüller, GenG[36], § 53, Rn. 1 ff.
11 Vgl. dazu auch *Strieder* in Beck Gen-HB, § 6, Rn. 143 ff.
12 Die Worte „entsprechend anzuwenden" weisen auf den besonderen Charakter der eG als Mischform zwischen KapGes. und PersGes. hin; vgl. dazu *Förschle* in BeBiKo[7], § 336, Rn. 16.
13 Zu Besonderheiten bei Kreditgenossenschaften vgl. §§ 340a ff. HGB.

Jahresabschluss

7 Hat eine eG ihren JA nach bestimmten **Formblättern** zu gliedern oder sonstige Vorschriften zu beachten, die durch den Geschäftszweig bedingt sind (insb. bei Wohnungsbau- und Kreditgenossenschaften)[14], so bleiben diese Vorschriften unberührt (§ 336 Abs. 2 S. 2 HGB).

8 Von besonderer Bedeutung ist, dass die **Erleichterungen**, die das Gesetz für **kleine** und **mittelgroße** KapGes. einräumt, in gleicher Weise für kleine und mittelgroße eG gelten[15]. Ob eine eG eine kleine oder mittelgroße eG ist, bestimmt sich nach § 267 Abs. 1 und 2 HGB (vgl. F Tz. 71 ff.; zu den Erleichterungen vgl. die Übersicht in F Tz. 70).

b) Ergänzende Vorschriften zur Bilanz (§ 337 HGB)

9 § 337 HGB trifft für die Bilanz der eG besondere Vorschriften in Bezug auf den Ausweis der Geschäftsguthaben sowie der Rücklagen.

aa) Geschäftsguthaben

10 Anstelle des ersten Postens der Passivseite nach § 266 Abs. 3 HGB „I. Gezeichnetes Kapital" ist bei eG der Betrag der „Geschäftsguthaben" der Genossen unter dieser Bezeichnung auszuweisen (§ 337 Abs. 1 S. 1 HGB). Es setzt sich aus den eingezahlten Beträgen auf die Geschäftsanteile zusammen, ggf. zzgl. gutgeschriebener Zinsen und Gewinne und abzüglich zu verrechnender Verlustanteile. Dabei ist der Betrag der Geschäftsguthaben der mit Ablauf des GJ ausgeschiedenen Genossen gesondert anzugeben („davon"-Vermerk oder Untergliederung; § 337 Abs. 1 S. 2 HGB)[16].

11 Für **rückständige fällige Einzahlungen** auf Geschäftsanteile[17] bestehen zwei Bilanzierungsmöglichkeiten:

- Die rückständigen fälligen Einzahlungen können als Geschäftsguthaben ausgewiesen werden; in diesem Fall ist der entsprechende Betrag auf der Aktivseite unter der Bezeichnung „Rückständige fällige Einzahlungen auf Geschäftsanteile" mit dem Nennwert auszuweisen (§ 337 Abs. 1 S. 3 und 5 HGB);
- werden die rückständigen fälligen Einzahlungen nicht als Geschäftsguthaben ausgewiesen, so ist der Betrag bei dem Posten „Geschäftsguthaben" mit dem Nennwert zu vermerken (§ 337 Abs. 1 S. 4 und 5 HGB).

Rückständig sind diejenigen Einzahlungen der Mitglieder auf ihre Geschäftsanteile, die noch nicht geleistet wurden. Dies kann aufgrund einer ausdrücklichen Satzungsregelung oder aufgrund einer satzungsgemäßen Ermächtigung des Vorstands der eG zur Gewährung von Ratenzahlungen erfolgen. Rückständig und fällig sind dagegen die Teile des Geschäftsguthabens, die nach der Satzung oder entsprechender Vereinbarung mit dem Vorstand der eG zum Bilanzstichtag hätten bereits geleistet werden müssen. Die zweite Bilanzierungsmöglichkeit hat den Vorteil, dass sie das tatsächlich für den Geschäftsbetrieb zur Verfügung stehende eingezahlte Haftkapital klarer zum Ausdruck bringt und eine bilanzrechtliche Beurteilung der Werthaltigkeit der Einzahlungsverpflichtungen vermeidet[18].

---

14 Vgl. hierzu *ADS*[6], § 330 HGB, Tz. 23, 27 ff.; *Förschle/Lawall* in BeBiKo[7], § 330, Rn. 20.
15 Ausgenommen KI, für die grds. keine größenabhängigen Erleichterungen gelten; vgl. § 340a Abs. 1 HGB.
16 Vgl. zu Geschäftsguthaben im Einzelnen *Theurl/Henze* in Baetge/Kirsch/Thiele, Bilanzrecht, § 337, Rn. 21 ff.; *Förschle* in BeBiKo[7], § 337, Rn. 2 ff.
17 Vgl. dazu *Strieder* in Beck Gen-HB, § 6, Rn. 31.
18 Vgl. *Strieder* in Beck Gen-HB, § 6, Rn. 27.

12 Zum **Ausweis** bei **Abwertungen** auf rückständige Einzahlungen wegen Zahlungsunfähigkeit einzelner Mitglieder vgl. *ADS*[6], § 272 HGB, Tz. 70 f.; *Förschle* in BeBiKo[7], § 337, Rn. 4. Derartige Abwertungen haben für die Praxis indes kaum Bedeutung, da der Geschäftsanteil nach § 22 GenG herabgesetzt werden kann oder eine Übertragung des Geschäftsguthabens auf ein anderes Mitglied nach Austritt aus der Genossenschaft ohne Auseinandersetzung möglich ist (§§ 73, 76 GenG)[19].

bb) Rücklagen

13 Im Gliederungsschema des § 266 Abs. 3 A III HGB werden die Gewinnrücklagen in bestimmter Reihenfolge aufgeführt. In der Jahresbilanz einer eG ist die Postengruppe nicht als „Gewinnrücklagen" zu bezeichnen, sondern als **„Ergebnisrücklagen"** und wie folgt aufzugliedern (§ 337 Abs. 2 HGB)[20]:

1. Gesetzliche Rücklage (§ 7 Nr. 2 GenG)
2. Andere Ergebnisrücklagen.

Zur Kapitalrücklage für **„Beitrittsgelder"** („Eintrittsgelder")[21] vgl. *Förschle* in BeBiKo[7], § 337, Rn. 1.

14 Bei den Ergebnisrücklagen sind die **Veränderungen** dieser Rücklagen in der Bilanz oder im Anh. gesondert wie folgt aufzuführen (§ 337 Abs. 3 HGB):

1. die Beträge, die die GV aus dem Bilanzgewinn des Vj. eingestellt hat;
2. die Beträge, die aus dem Jahresüberschuss des GJ eingestellt werden;
3. die Beträge, die für das GJ entnommen werden.

Außerdem müssen bei den anderen Ergebnisrücklagen das Bestehen einer Ergebnisrücklage nach § 73 Abs. 3 GenG (**Beteiligungsfonds**) sowie die Beträge **vermerkt** werden, die aus dieser Ergebnisrücklage an ausgeschiedene Genossen auszuzahlen sind (§ 337 Abs. 2 Nr. 2 zweiter Hs. HGB)[22].

15 Da eine detaillierte Darstellung der Entwicklung aller Ergebnisrücklagen in der Bilanz selbst deren Übersichtlichkeit beeinträchtigen kann, ist es vertretbar, in diesen Fällen nur die Entwicklung der gesamten Einstellungen und Entnahmen aus allen Ergebnisrücklagen in der Bilanz zu zeigen und die einzelnen Einstellungen und Entnahmen dann im **Anhang** darzustellen[23].

c) Ergänzende Vorschriften zur Gewinn- und Verlustrechnung

16 Das HGB trifft zur GuV der eG keine ergänzenden Vorschriften. § 275 HGB ist daher grds. vollständig für die **Gliederung der GuV** anzuwenden[24]. Der eG steht es frei, die GuV

---

19 Vgl. *Wiedmann* in Ebenroth u.a., HGB[2], § 337, Rn. 5; *Förschle* in BeBiKo[7], § 337, Rn. 4 a.E.
20 Obgleich es sich um eine andere Bezeichnung handelt, ergibt sich wirtschaftlich kein Unterschied zu den Gewinnrücklagen einer KapGes.; vgl. *Strieder* in Beck Gen-HB, § 6, Rn. 39. Zur Ergebnisverwendung bei der Genossenschaft vgl. auch *Ankele*, NWB, F. 18, S. 3049; *Förschle* in BeBiKo[7], Vor § 339, Rn. 60 ff. (unter § 336, Rn. 34 ff. auch steuerlich zur genossenschaftlichen Rückvergütung); zur vGA *Herzig*, BB 1990, S. 603; BFH v. 20.01.1993, BStBl. II, S. 476.
21 Daneben ist in der Praxis eine Kapitalrücklage auch i.Z.m. verlorenen Baukostenzuschüssen der Mitglieder denkbar. Dennoch ist der Ausweis einer Kapitalrücklage bei einer eG im Allgemeinen eher selten anzutreffen; vgl. dazu auch *Strieder* in Beck Gen-HB, § 6, Rn. 37 f.
22 Vgl. dazu auch *Theurl/Henze* in Baetge/Kirsch/Thiele, Bilanzrecht, § 337, Rn. 63.
23 So auch *Förschle* in BeBiKo[7], § 337, Rn. 12.
24 Zu Abweichungen vgl. auch die Formblätter für die Gliederung des JA von Kreditinstituten, BGBl. I 1998, S. 3658 (Neufassung), sowie von Wohnungsunternehmen, BGBl. I 1987, S. 770 ff.

Jahresabschluss   G

entweder nach dem GKV oder dem UKV zu gliedern (vgl. F Tz. 487). Kleine und mittelgroße eG können von den Erleichterungen des § 276 HGB Gebrauch machen. Außerdem braucht § 277 Abs. 3 S. 1 HGB nicht angewendet zu werden (§ 336 Abs. 2 S. 1 HGB), d.h. außerplanmäßige Abschreibungen auf Vermögensgegenstände des AV nach § 253 Abs. 3 S. 3 und 4 HGB müssen nicht gesondert ausgewiesen oder im Anh. angegeben werden.

3. Ergänzende Vorschriften für den Anhang

Wie bei KapGes., so hat auch bei einer eG der Vorstand den JA um einen Anh. zu erweitern, der mit der Bilanz und der GuV eine Einheit bildet (§ 336 Abs. 1 S. 1 HGB). Für den Anh. gelten folgende Vorschriften des HGB entsprechend: **17**

Vorschriften des HGB		erläutert unter Textziffer
§ 284	Erläuterung der Bilanz und der GuV	F 659 und 881
§ 285	(Nr. 1 bis 4, 7 bis 16, 18 bis 29) Sonstige Pflichtangaben	F 765
§ 286	Unterlassen von Angaben	F 950 und 977
§ 288	Größenabhängige Erleichterungen[25]	F 654

Darüber hinaus sind die aus den §§ 265 bis 278 HGB sich ergebenden zusätzlichen Bestimmungen zu beachten, die zu Angaben im **Anhang** verpflichten oder wahlweise Angaben für die Bilanz, die GuV oder den Anh. vorschreiben. Angaben über **Fehlbeträge bei Pensionsrückstellungen** brauchen nicht gemacht zu werden, da Art. 28 Abs. 2 EGHGB für eG nicht gilt[26]. Davon unberührt gelten für eG jedoch die Angabepflichten zu Über- bzw. Unterdeckungen aufgrund der geänderten Bewertung der laufenden Pensionen oder Anwartschaften etc. nach Art. 67 Abs. 1 i.V.m. Abs. 2 EGHGB. **18**

§ 338 HGB ergänzt die genannten Vorschriften um eine **Reihe speziell von eG zu machender Angaben**: **19**

– Die Zahl der im Laufe des GJ eingetretenen oder ausgeschiedenen Genossen,
– die Zahl der am Schluss des GJ der Genossenschaft angehörenden (verbleibenden) Genossen,
– der Gesamtbetrag, um welchen in diesem Jahr die Geschäftsguthaben sowie die Haftsummen der (verbleibenden) Genossen sich vermehrt oder vermindert haben,
– der Betrag der Haftsummen, für welche am JA alle Genossen zusammen aufzukommen haben (§§ 119 ff. GenG),
– Name und Anschrift des zuständigen Prüfungsverbands, dem die eG angehört.

Außerdem modifiziert § 338 Abs. 2 und 3 HGB die **Angabepflichten** nach § 285 Nr. 9 und 10 HGB wie folgt: **20**

– Anstelle der in § 285 Nr. 9 HGB vorgeschriebenen Angaben über die an Mitglieder von Organen geleisteten Bezüge, Vorschüsse und Kredite sind lediglich die Forderungen anzugeben, die der Genossenschaft gegen Mitglieder des Vorstands oder AR zu-

---

25 Zu den sich daraus ergebenden konkreten Erleichterungen für kleine und mittelgroße eG s. *Förschle* in BeBiKo[7], § 336, Rn. 25.
26 Vgl. *Förschle* in BeBiKo[7], § 338, Rn. 3; zustimmend, aber krit. *Wiedmann* in Ebenroth u.a., HGB[2], § 336, Rn. 32; für sinngemäße (freiwillige) Anwendung Deutscher Genossenschafts- und Raiffeisenverband e.V., Teil B, Passivseite, S. 13.

905

stehen[27]. Diese Beträge können für jedes Organ in einer Summe zusammengefasst werden (§ 338 Abs. 3 HGB)[28];
- für die Angabepflicht der Mitglieder der Organe gilt, dass alle Mitglieder des Vorstands und des AR, auch wenn sie im GJ oder später ausgeschieden sind, mit dem Familiennamen und mindestens einem ausgeschriebenen Vornamen anzugeben sind; ein etwaiger Vorsitzender des AR ist als solcher zu bezeichnen (§ 338 Abs. 2 Nr. 2 HGB).

III. Lagebericht

21 Neben dem JA hat der Vorstand einer mittelgroßen oder großen eG einen LB aufzustellen (§ 336 Abs. 1 und 2 HGB)[29]. Auf diesen LB ist § 289 HGB entsprechend anzuwenden. Auf die Erläuterungen in F Tz. 1080 ff. wird verwiesen.

Kleine eG brauchen dagegen ebenso wie kleine KapGes. einen LB nicht aufzustellen (vgl. Tz. 2).

IV. Schrifttumsverzeichnis

1. Verzeichnis der Monographien und Beiträge in Sammelwerken

Großfeld/Reemann, Die neue Genossenschaftsbilanz, in: Havermann (Hrsg.), Bilanz- und Konzernrecht, FS Goerdeler, Düsseldorf 1987, S. 149; *Helios/Strieder (Hrsg.)*, Beck'sches Handbuch der Genossenschaft: Recht, Steuern, Rechnungslegung, München 2009; *Pöhlmann/Fandrich/Bloehs*, Genossenschaftsgesetz (GenG) nebst umwandlungsrechtlichen Vorschriften für Genossenschaften, 3. Aufl., München 2007; Deutscher Genossenschafts- und Raiffeisenverband e.V., Jahresabschluss der Waren- und Dienstleistungsgenossenschaften, Wiesbaden (Losebl.).

2. Verzeichnis der Beiträge in Zeitschriften

Ankele, Das Recht der Genossenschaft, NWB F. 18, S. 3049; *Herzig*, Verdeckte Gewinnausschüttungen bei Mitgliedergeschäften von Genossenschaften, BB 1990, S. 603; *Luttermann*, Die Europäische Genossenschaft, EWS 1994, S. 14; *El Mahi*, Die Europäische Genossenschaft, DB 2004, S. 967; *Strieder*, Der Lagebericht bei Kapitalgesellschaften und Genossenschaften – insbesondere seine Unterzeichnung, DB 1998, S. 1677.

---

27 Vgl. *Strieder* in Beck Gen-HB, § 6, Rn. 60.
28 Zu den Besonderheiten bei Kreditgenossenschaften vgl. *Strieder* in Beck Gen-HB, § 6, Rn. 64. Die branchenspezifischen Vorschriften (§ 340a Abs. 2 S. 2 HGB i.V.m. § 34 Abs. 2 Nr. 2 RechKredV) gehen hier der Bestimmung des § 338 Abs. 2 HGB vor.
29 Vgl. *Strieder*, DB 1998, S. 1677.

Kapitel H

Erläuterungen zu den Vorschriften zum Jahresabschluss und zum Lagebericht nach dem Publizitätsgesetz[1]

I. Allgemeines

Nach dem PublG[2] sind auch andere Unternehmen als KapGes. zur öffentlichen Rechenschaftslegung verpflichtet (vgl. Tz. 5), wenn sie bestimmte, in § 1 PublG festgelegte **Größenmerkmale** erreichen (vgl. Tz. 10). Die Rechnungslegungspflicht umfasst grds. **1**

– die Aufstellung eines JA nach den im PublG genannten Gliederungs-, Ansatz- und Bewertungsbestimmungen (vgl. Tz. 44),

– die Erweiterung des JA um einen Anh. (vgl. Tz. 63) und die Aufstellung eines LB (vgl. Tz. 81) und

– die Einreichung des JA und der sonstigen in § 325 Abs. 1 HGB genannten Unterlagen beim Betreiber des elektronischen Bundesanzeigers (§ 9 PublG i.V.m. §§ 325 und 328 HGB).

Nach § 9 Abs. 1 S. 1 PublG i.V.m. § 325 Abs. 2a und b HGB ist es unter bestimmten Voraussetzungen zulässig, anstelle des handelsrechtlichen JA einen EA offenzulegen, der nach internationalen Rechnungslegungsstandards aufgestellt worden ist (vgl. zu den Befreiungsvoraussetzungen F Tz. 9 ff.).

Erleichterungen bestehen für nicht nach § 264a HGB rechnungslegungspflichtige Personenhandelsgesellschaften und Einzelkaufleute, die nach § 5 Abs. 2 PublG einen LB und, sofern sie nicht kapitalmarktorientiert i.s.v. § 264d HGB sind (§ 5 Abs. 2a PublG), einen Anh. nicht aufzustellen brauchen und die nach § 5 Abs. 5 PublG anstelle der GuV eine Anlage zur Bilanz veröffentlichen können (vgl. Tz. 75). **2**

JA und LB unterliegen der **Pflichtprüfung** durch WP (§ 6 PublG). Die Prüfungsvorschriften entsprechen in den wesentlichen Punkten denen der §§ 316 bis 324 HGB. Über das Ergebnis der Prüfung hat der Prüfer schriftlich zu berichten und einen BestV abzugeben (wegen weiterer Einzelheiten vgl. Q Tz. 9 und Tz. 735). **3**

Die Bestimmungen des PublG wenden sich im Grundsatz an solche **Unternehmen**, für die **nicht bereits spezielle Vorschriften** über die Rechnungslegung und Publizität in anderen Gesetzen bestehen. Dementsprechend werden KapGes. (AG, KGaA, GmbH) sowie generell KI und FI sowie VU, deren Rechnungslegung, Prüfung und Publizität im HGB vorgeschrieben ist, vom PublG nicht erfasst. Darüber hinaus sind auch Personenhandelsgesellschaften (OHG und KG), bei denen nicht wenigstens ein persönlich haftender Gesellschafter unmittelbar oder mittelbar eine natürliche Person ist, aus dem Anwendungsbereich des PublG ausgeschieden; für die Rechnungslegung, Prüfung und Publizität derartiger Personenhandelsgesellschaften gelten nach § 264a HGB grds. die Vorschriften für KapGes. (vgl. dazu im Einzelnen F Tz. 20). **4**

---

1 Aus der Literatur zum JA und zum LB nach dem PublG vgl. ADS[6] (einschl. ErgBd.), Erl. zum PublG; *Biener*, BB 1969, S. 1097; *Biener*, WPg 1972, S. 1; *Biener*, GmbHR 1975, S. 5; *Woltmann* in BoHdR[2], Erl. zu §§ 1, 3, 5 PublG; *Glade*, Praxishandbuch[2], Erl. zum PublG; *Lenz*, Erl. zum 1. Abschn. des PublG; *Prühs*, AG 1969, S. 375; *Spriβler*.

2 BGBl. I 1969, S. 1189, BGBl. I 1970, S. 1113; wegen Gesetzesmaterialien zur ursprünglichen Fassung vgl. *Biener*; zu den Änderungen durch das BilReG s. BT-Drs. 15/3419 (RegE mit Begr.) sowie BT-Drs. 15/4054 (Beschlussempfehlung und Bericht des Rechtsausschusses mit Änderungsvorschlägen); zu den Änderungen durch das BilMoG vgl. BT-Drs. 16/12407 (Beschlussempfehlung und Bericht des Rechtsausschusses mit Änderungsvorschlägen) sowie *Gelhausen/Fey/Kämpfer*, BilMoG, Kap. X.

II. Voraussetzungen der Rechnungslegungspflicht

1. Rechtsformen

5 Unter die Vorschriften des PublG über den JA fallen nach § 3 Abs. 1 Unternehmen in der **Rechtsform**
- der Personenhandelsgesellschaft (OHG, KG), für die kein Abschluss nach § 264a oder § 264b HGB aufgestellt wird,
- des Einzelkaufmanns,
- des Vereins, dessen Zweck auf einen wirtschaftlichen Geschäftsbetrieb gerichtet ist (§ 22 BGB),
- der rechtsfähigen Stiftung des bürgerlichen Rechts (§§ 80 ff. BGB), wenn sie ein Gewerbe betreibt,
- der Körperschaft, Stiftung oder Anstalt des ö.R., die Kaufmann nach § 1 HGB sind oder als Kaufmann im HR eingetragen sind[3].

6 **Personenhandelsgesellschaften**, „für die ein Abschluss nach § 264a oder § 264b HGB aufgestellt wird", sind nach § 264a Abs. 1 HGB solche, bei denen nicht wenigstens ein persönlich haftender Gesellschafter unmittelbar oder mittelbar eine natürliche Person ist. Diese müssen grds. einen JA nach den Vorschriften der §§ 264 ff. HGB aufstellen, so dass für die Anwendung des PublG kein Raum bleibt (§ 3 Abs. 1 Nr. 1 PublG). Gleiches gilt auch dann, wenn diese Gesellschaften zwar selbst keinen JA nach den Vorschriften der §§ 264 ff. HGB aufstellen, weil sie in den KA eines MU einbezogen worden sind und unter den Voraussetzungen des § 264b HGB von der Anwendung dieser Vorschriften befreit sind. Diese Befreiung würde z.T. unterlaufen, wenn stattdessen die Vorschriften des PublG anzuwenden wären. Unter das PublG fallen danach nur die Personenhandelsgesellschaften, die mittelbar oder unmittelbar eine oder mehrere **natürliche Person(en) als Vollhafter** aufweisen.

7 Das Gesetz führt in § 3 Abs. 2 PublG ferner eine Reihe von Unternehmen auf, die **keinen Jahresabschluss nach den Vorschriften des PublG** zu erstellen brauchen. Dazu gehören insb. Genossenschaften, KI und VU, ferner die sog. Eigenbetriebe sowie Verwertungsgesellschaften[4].

8 Unternehmen, die sich in **Abwicklung** (= Liquidation[5]) befinden, brauchen gleichfalls nicht nach den Vorschriften des PublG Rechnung zu legen (§ 3 Abs. 3 PublG). Wann ein Unternehmen als in Abwicklung befindlich anzusehen ist, bestimmt sich nach den für die einzelne Rechtsform geltenden Vorschriften. Im Allgemeinen ist Voraussetzung für die Abwicklung eine Auflösung (vgl. § 145 HGB, §§ 41 ff. BGB)[6]. Bei einer OHG oder KG muss die Auflösung außer im Insolvenzfall zur Eintragung in das HR angemeldet werden (§ 143 HGB). Eine „**stille**" Abwicklung, d.h. die tatsächliche Abwicklung der Geschäftstätigkeit ohne ausdrücklichen Auflösungsbeschluss, entbindet diese Unternehmen nicht von der Verpflichtung, nach den Vorschriften des PublG Rechnung zu legen.

---

3 Bei Kaufmannseigenschaft sind vorbehaltlich weitergehender landesrechtlicher oder satzungsmäßiger Bestimmungen die für alle Kaufleute geltenden Rechnungslegungsvorschriften des HGB (§§ 238 bis 261 HGB) auch auf ö.-r. geführte Unternehmen anzuwenden.

4 Vgl. zu weiteren Einzelheiten ADS[6], § 3 PublG, Tz. 14, sowie ErgBd.[1], § 3 PublG n.F., Tz. 1; *Woltmann* in BoHdR[2], § 3 PublG, Rn. 20 bis 25; *Glade*, Praxishandbuch[2], § 5 PublG, Rn. 3. Zur Rechnungslegung von Eigenbetrieben und Verwertungsgesellschaften vgl. auch L Tz. 8 und 41.

5 Ältere Gesetze wie das GmbHG und das HGB sprechen nicht von Abwicklung, sondern von Liquidation. Zur Rechnungslegung beim Abkehr von der Fortführungsannahme vgl. WP Handbuch 2008 Bd. II, Kap. L Tz. 247 ff.; *IDW RS HFA 17 n.F.*; zu den Folgen für die Prüfung vgl. *IDW PS 270*.

6 Vgl. hierzu *Förschle/Weisang* in Budde/Förschle/Winkeljohann, Sonderbilanzen[4], Kap. R; *Förschle/Deubert* in Budde/Förschle/Winkeljohann, Sonderbilanzen[4], Kap. S und T.

Voraussetzungen der Rechnungslegungspflicht

Soweit keine gesetzlichen Bestimmungen über den **Beginn des Stadiums der Abwicklung** bestehen, wird eine von den Rechnungslegungsvorschriften des PublG befreiende Abwicklung nur dann angenommen werden können, wenn Tatbestände vorliegen, die bei anderen Rechtsformen das Abwicklungsstadium eröffnen. Hier kommen z.B. in Frage: Ablauf der in der Satzung, einem Statut oder im Gesellschaftsvertrag bestimmten Zeit; Beschluss der Gesellschafter, die laufenden Geschäfte einzustellen und die Gesellschaft abzuwickeln; gerichtliches Urt.; Antragstellung auf einen Liquidationsvergleich; Eröffnung des Insolvenzverfahrens; Eintritt von Tatbeständen, die nach dem Gesellschaftsvertrag die Auflösung der Gesellschaft zur Folge haben sollen. Im Zweifel kommt es darauf an, ob das Unternehmen nach den Grundsätzen geführt wird, die für Abwickler (Liquidatoren) gelten (vgl. hierzu § 268 Abs. 1 AktG: Beendigung der laufenden Geschäfte, Einziehung der Forderungen, Umsetzung des übrigen Vermögens in Geld, Befriedigung der Gläubiger, Eingehen neuer Geschäfte nur insoweit, als dies die Abwicklung erfordert). 9

2. Beginn und Ende der Rechnungslegungspflicht sowie Größenmerkmale

Die Verpflichtung, nach den Bestimmungen des PublG Rechnung zu legen, beginnt, sobald an drei aufeinanderfolgenden Abschlussstichtagen jeweils mindestens zwei der drei nachstehenden **Merkmale** zutreffen (§ 1 Abs. 1 PublG; zu den einzelnen Kriterien vgl. Tz. 14 ff.): 10

– Bilanzsumme mehr als 65 Mio. €,
– Umsatzerlöse in den letzten zwölf Monaten vor dem Abschlussstichtag mehr als 130 Mio. €,
– durchschnittlicher Beschäftigtenstand in den letzten zwölf Monaten vor dem Abschlussstichtag mehr als 5.000 Arbeitnehmer.

Es ist dann der **dritte** der aufeinanderfolgenden JA unter Beachtung der Bestimmungen des PublG aufzustellen (§ 2 Abs. 1 Satz 1 PublG). Eine freiwillige Anwendung des PublG auf ein früheres GJ ist zulässig (zu Vorjahreszahlen vgl. Tz. 48; wegen der Verpflichtung, bereits bei erstmaligem Vorliegen von zwei der drei Voraussetzungen und ggf. auch an weiteren Abschlussstichtagen Erklärungen an das HR abzugeben (**Anzeigepflichten**), vgl. § 2 Abs. 2 PublG sowie ADS[6], § 2 PublG, Tz. 22). Das Gericht kann das Vorliegen der Voraussetzungen überprüfen lassen (§ 2 Abs. 3 PublG). 11

Bei **Übergang des Vermögens** eines anderen Unternehmens auf ein Unternehmen i.S.d. § 3 Abs. 1 PublG durch Umwandlung (Verschmelzung, Spaltung; vgl. § 1 Abs. 1 UmwG) oder in anderer Weise kann eine Verpflichtung zur Rechnungslegung nach den Vorschriften des PublG bereits am ersten Abschlussstichtag gegeben sein, wenn die o.g. Größenmerkmale an den beiden vorangegangenen Abschlussstichtagen vor der Übernahme bei dem übernommenen Unternehmen gegeben waren (vgl. hierzu § 2 Abs. 1 S. 2 PublG sowie ADS[6], § 2 PublG, Tz. 6). 12

Die Verpflichtung zur Rechnungslegung **endet** außer in Fällen der Abwicklung (vgl. Tz. 8), wenn an drei aufeinanderfolgenden Abschlussstichtagen nicht mindestens zwei der drei Merkmale nach § 1 Abs. 1 PublG zutrafen (§ 2 Abs. 1 S. 3 PublG). Praktisch bedeutet dies, dass Unternehmen, die von der Rechnungslegungspflicht des PublG einmal erfasst sind, noch zumindest an zwei weiteren Abschlussstichtagen nach den Vorschriften dieses Gesetzes Rechnung zu legen haben, auch wenn an diesen beiden Stichtagen nur noch eines oder keines der o.g. Merkmale zutrifft. 13

Zu den einzelnen **Größenmerkmalen** ergeben sich noch folgende Bemerkungen:

a) Bilanzsumme

14 Die Bilanzsumme[7] ist nach § 1 Abs. 2 S. 1 erster Hs. PublG aus „einer gem. § 5 Abs. 2 aufgestellten Jahresbilanz" abzuleiten. Dieser Verweis war nur bis zur Änderung des PublG durch das BiRiLiG zutreffend. Richtig müsste nunmehr auf § 5 Abs. 1 PublG verwiesen werden, da jetzt dieser Abs. die Vorschriften nennt, nach denen die handelsrechtliche **Jahresbilanz** aufzustellen ist[8]. Bilanziert ein Unternehmen in seiner Bilanz nach anderen Grundsätzen als den in § 5 Abs. 1 PublG festgelegten, so müssen ggf. zur Überprüfung des Vorliegens des Größenmerkmals „Bilanzsumme" weitere, den Bestimmungen des § 5 Abs. 1 PublG entsprechende Bilanzen aufgestellt werden[9].

15 Die Notwendigkeit, solche **„Probebilanzen"** aufzustellen, ergibt sich allerdings nur dann, wenn im Übrigen jeweils mindestens eines der beiden anderen o.g. Größenmerkmale vorliegt (§ 1 Abs. 2 S. 2 PublG). Die Probebilanzen sind ihrem Wesen nach Korrekturbilanzen zu den von den Vorschriften des PublG abweichenden Bilanzen des Unternehmens. In sie sind alle diejenigen Wertansätze unverändert zu übernehmen, die nicht gegen die Bestimmungen des § 5 Abs. 1 PublG i.V.m. den handelsrechtlichen Rechnungslegungsvorschriften verstoßen. Korrekturen kommen mithin nur insoweit in Betracht, als dies notwendig ist, um die Bewertung oder den Ausweis mit § 5 Abs. 1 PublG in Übereinstimmung zu bringen. Soweit dabei Höherbewertungen von Aktiva notwendig sind, kann der niedrigste zulässige Wertansatz gewählt werden, da das PublG weitergehende Korrekturen nicht verlangt; Umbewertungen auf der Passivseite dürften sich dagegen i.d.R. auf die Bilanzsumme nicht auswirken, weil sie in umgekehrter Richtung das EK beeinflussen[10]. Für eine Neuausübung von Bewertungs- und Abschreibungswahlrechten ist im Übrigen in der Probebilanz kein Platz[11]. Wird dies angestrebt, so müssen bereits festgestellte oder in anderer Art verabschiedete JA formell geändert bzw. muss der laufende JA anders aufgestellt werden.

16 Die **Bilanzsumme** einer im Übrigen den Vorschriften des § 5 Abs. 1 PublG entsprechenden Bilanz ist um bestimmte Beträge **zu verringern**. Als solche sind in § 1 Abs. 2 S. 1 zweiter Hs. PublG die unter den Rückstellungen oder Verbindlichkeiten ausgewiesenen Beträge für vom Unternehmen geschuldete **Verbrauchsteuern**[12] oder **Monopolabgaben** aufgeführt[13]. Zu den Verbrauchsteuern und Monopolabgaben gehören insb. die Mineralölsteuer, Biersteuer, Branntweinsteuer, Schaumweinsteuer, Kaffeesteuer, Stromsteuer und Tabaksteuer.

17 In der Bilanz können **erhaltene Anzahlungen auf Bestellungen** von den Vorräten abgesetzt werden (Wahlrecht gem. § 268 Abs. 5 S. 2 HGB i.V.m. § 5 Abs. 1 S. 2 PublG). Maßgebend ist dann die sich danach ergebende Bilanzsumme. Dagegen wird es nicht als zulässig angesehen werden können, einschlägige Beträge, die sonst unter den Ver-

---

7   Vgl. hierzu (kritisch) *Scherrer*, DB 1973, S. 90.
8   Vgl. *Ischebeck/Nissen-Schmidt* in HdR[5], § 1 PublG, Rn. 3 („redaktionelles Versehen").
9   Vgl. *Biener*, WPg 1972, S. 1; *Forster*, WPg 1972, S. 469; *Wirtz*, ZfB 1973, S. 507.
10 Vgl. ADS[6], § 1 PublG, Tz. 19.
11 Vgl. *Forster*, WPg 1972, S. 469 (470); zust. *Wirtz*, ZfB 1973, S. 507, sowie ADS[6], § 1 PublG, Tz. 19; a.A. *Biener*, GmbHR 1975, S.5 (6), der – unter Aufgabe der in WPg 1972, S. 1 (2) vertretenen Auffassung – die Neuausübung von Bewertungs- und Abschreibungswahlrechten in der Probebilanz grds. für zulässig hält, wenn das Wahlrecht im Rahmen der Rechnungslegungspflicht nach dem PublG in gleicher Weise ausgeübt werden soll; a.A. auch *Woltmann* in BoHdR[2], § 1 PublG, Rn. 20; *Ischebeck/Nissen-Schmidt* in HdR[5], § 1 PublG, Rn. 4, die neben gültigen HB aufgestellte Probebilanzen nur als Mittel zur Feststellung des Schwellenwertes betrachten.
12 Zur Abgrenzung zwischen Verbrauch- und Verkehrsteuern vgl. *Tipke/Lang*, Steuerrecht[19], § 14 A.1.
13 Zur Begründung vgl. *Lenz*, § 1 PublG, Rn. 5; zur Kritik dieser Regelung *Glade*, Praxishandbuch[2], § 1 PublG, Rn. 6; vgl. auch ADS[6], § 1 PublG, Tz. 21.

bindlichkeiten ausgewiesen werden, im Hinblick auf das Wahlrecht in der Probebilanz abweichend als Abzugsposten zu behandeln[14].

Für die Höhe der Bilanzsumme ist ferner von Bedeutung, ob vor der Umstellung auf die Vorschriften des BilMoG **steuerrechtliche Abschreibungen** nach § 254 HGB a.F. von den entsprechenden Aktivwerten abgesetzt oder in den Sonderposten mit Rücklageanteil eingestellt worden sind (§ 281 Abs. 1 S. 1 HGB a.F.). Die zweite Behandlungsform „verlängert" die Bilanzsumme. Wird der Sonderposten mit Rücklageanteil aufgrund der Ausübung des Beibehaltungswahlrechts des § 22 Abs. 3 S. 1 PublG i.V.m. Art. 67 Abs. 3 S. 1 EGHGB nicht aufgelöst[15], dürfen solche Wertberichtigungen für die Zwecke der Berechnung der maßgeblichen Bilanzsumme nicht abgezogen werden[16]. 18

Ebenso wenig können **ausstehende Einlagen**, die eingefordert, aber nicht eingezahlt und nach § 272 Abs. 1 S. 3 dritter Halbsatz HGB gesondert unter den Forderungen auszuweisen sind, bei der Berechnung der Bilanzsumme abgesetzt werden. Dies gilt im Gegensatz zur Ermittlung der Schwellenwerte nach § 267 HGB auch für einen nicht durch EK gedeckten **Fehlbetrag nach § 268 Abs. 3 HGB**[17]. 19

Soweit in der Bilanz **Aufrechnungen** unterblieben sind, die nach den Vorschriften für den JA der KapGes. i.d.R. durchzuführen sind, wird dagegen eine Korrektur in Betracht kommen (z.B. bei Einbuchung von Kreditzusagen nach der sog. englischen Methode, bei welcher der zugesagte Kredit gleichzeitig als Bankguthaben und als Verpflichtung ggü. einem KI ausgewiesen wird)[18]. Sinngemäß würden andere nicht vorgenommene Aufrechnungen zu behandeln sein. Unzulässige Saldierungen (§ 246 Abs. 2 S. 1 HGB) sind andererseits rückgängig zu machen. 20

Das **Privatvermögen** eines Einzelkaufmanns oder der Gesellschafter einer Personenhandelsgesellschaft, das nach § 5 Abs. 4 PublG nicht in die Bilanz aufgenommen werden darf, ist, falls dies in der nicht nach PublG aufgestellten Bilanz geschehen ist, abzusetzen[19]. 21

b) Umsatzerlöse

Was als Umsatzerlös anzusehen ist, bestimmt sich nach § 277 Abs. 1 HGB (§ 1 Abs. 2 S. 3 PublG; vgl. hierzu die Ausführungen in F Tz. 504). Es fallen also nicht alle Erträge eines Unternehmens hierunter, sondern nur die nach den genannten Bestimmungen als „Umsatzerlöse" auszuweisenden. 22

Von den Umsatzerlösen sind **abzusetzen** „die in den Umsatzerlösen enthaltenen **Verbrauchsteuern** oder **Monopolabgaben**" (§ 1 Abs. 2 S. 3 PublG). Voraussetzung für den Abzug ist somit, dass der als Umsatzerlöse ausgewiesene Betrag diese Abzugsposten noch enthält und die entsprechenden Steuern und Abgaben nicht als durchlaufende Posten behandelt worden sind, die die GuV nicht berührt haben. Verbrauchsteuern und Monopolabgaben, die auf noch nicht verkaufte Bestände entfallen, können nicht abgesetzt werden, und zwar unabhängig davon, ob sie aktiviert oder sofort als Aufwand verrechnet wurden. Umgekehrt sind in der Folgezeit beim Verkauf dieser Bestände entsprechende Beträge von 23

---

14 Ebenso ADS[6], § 1 PublG, Tz. 22.
15 Vgl. *Gelhausen/Fey/Kirsch*, WPg 2010, S. 24 (25).
16 Vgl. ADS[6], § 1 PublG, Tz. 23.
17 Vgl. ADS[6], § 1 PublG, Tz. 25; *Woltmann* in BoHdR[2], § 1 PublG, Rn. 22; a.A. *Glade*, Praxishandbuch[2], § 1 PublG, Rn. 7.
18 Vgl. zur Unzulässigkeit der Bilanzierung ausgeglichener schwebender Geschäfte *IDW RS HFA 4*, Tz. 15.
19 Vgl. zur Unzulässigkeit der Bilanzierung von Privatvermögen ADS[6], § 246 HGB, Tz. 426.

den Umsatzerlösen abzusetzen. Zu den Posten, die von den Umsatzerlösen abzusetzen sind, gehört auch die **Umsatzsteuer,** falls sie in den Umsatzerlösen noch enthalten ist[20].

24 Umsatzerlöse in **fremder Währung** sind nach dem amtl. Kurs in € umzurechnen (§ 1 Abs. 2 S. 4 PublG)[21]. Diese Bestimmung bedeutet bei wörtlicher Auslegung, dass ggf. sämtliche Valuta-Exporterlöse unabhängig von der tatsächlichen (häufig vereinfachten) buchhalterischen Behandlung neu umzurechnen sind, wobei wohl davon ausgegangen werden müsste, dass nicht der amtl. Kurs des Abschlussstichtages in Betracht kommt, sondern derjenige zum jeweiligen Zeitpunkt einer ordnungsgemäßen Erfassung der Forderungen aus diesen Exportgeschäften. Es erscheint jedoch fraglich, ob eine so weitgehende, die tatsächliche Handhabung völlig außer Acht lassende Regelung beabsichtigt ist. Wenn die buchhalterische Behandlung der Umsatzerlöse in fremder Währung den GoB entsprach, so ist eine erneute Umrechnung überflüssig[22], da hier eine ins Gewicht fallende andere Umrechnung als zu den amtl. Kursen in € nicht zu befürchten sein dürfte.

25 Maßgeblich sind die Umsatzerlöse aus den zwölf Monaten vor dem Abschlussstichtag (§ 1 Abs. 1 Nr. 2 PublG). Das ist in allen Fällen eines **Rumpfgeschäftsjahr** von Bedeutung: Es sind dann die Umsatzerlöse derjenigen Monate des vorangegangenen GJ hinzuzurechnen, die dem Rumpf-GJ zu einem vollen KJ fehlen. Diese Regel gilt auch dann, wenn sich dadurch bestimmte Umsätze an zwei Abschlussstichtagen auswirken[23]. Wird anlässlich der Gründung eines Unternehmens ein Rumpf-GJ gebildet, sind die tatsächlichen Umsätze des Rumpf-GJ wie im Parallelfall des § 267 HGB auf einen fiktiven Jahresumsatz hochzurechnen[24].

26 Wegen Besonderheiten im Falle der **Umwandlung** (Verschmelzung, Spaltung, Formwechsel) vgl. ADS[6], § 1 PublG, Tz. 31.

c) Zahl der Beschäftigten

27 Die Voraussetzung einer durchschnittlichen Beschäftigung von mehr als 5.000 Arbeitnehmern in den zwölf Monaten vor dem Abschlussstichtag ist erfüllt, wenn „der zwölfte Teil der Summe aus den Zahlen der am Ende eines jeden Monats beschäftigten Arbeitnehmer einschließlich der zu ihrer Berufsausbildung Beschäftigten sowie der im Ausland beschäftigten Arbeitnehmer" mehr als 5.000 ergibt (§ 1 Abs. 2 S. 5 PublG). Die **Arbeitnehmereigenschaft** ist nach den Grundsätzen zu beurteilen, die sich aus dem Arbeitsrecht ergeben[25]. Bei juristischen Personen sind die Mitglieder der Geschäftsführung, die zugleich Organstellung haben, also ebenso wenig mitzuzählen wie die zur Geschäftsführung berechtigten Gesellschafter einer Personenhandelsgesellschaft und der Einzelkaufmann.

28 Fraglich ist, ob **Teilzeitbeschäftigte** voll oder nur „anteilig" zu zählen sind. Geht man davon aus, dass das Gesetz mit der Zahl der Beschäftigten an den Umfang der Beziehungen anknüpfen wollte, die zwischen einem Unternehmen und den Arbeitnehmern bestehen, so liegt es nahe, auch Teilzeitbeschäftigte voll zu zählen[26].

---

20 Zur Begründung vgl. *Biener*, WPg 1972, S.1 (3); vgl. auch ADS[6], § 277 HGB, Tz. 37.
21 Vgl. hierzu auch E Tz. 573.
22 Vgl. ADS[6], § 1 PublG, Tz. 39; *Ischebeck/Nissen-Schmidt* in HdR[5], § 1 PublG, Rn. 5; *Glade*, Praxishandbuch[2], § 1 PublG, Rn. 9.
23 Z.B. sind bei einer Verlegung des Endes des GJ vom 31.12. auf den 30.09. die Umsätze der Monate Oktober bis Dezember des letzten, auf den 31.12. abschließenden GJ sowohl für dieses GJ als auch für das folgende Rumpf-GJ mitzuzählen.
24 Vgl. ADS[6], § 1 PublG, Tz. 35.
25 Vgl. *Schaub*, § 8, Rn. 1; *Biener*, WPg 1972, S.1 (3); *Geitzhaus/Delp*, BB 1987, S. 367.
26 Ebenso ADS[6], § 1 PublG, Tz. 43; *Ischebeck/Nissen-Schmidt* in HdR[5], § 1 PublG, Rn. 7; *Biener*, WPg 1972, S. 1 (3).

Für die Ermittlung der Beschäftigtenzahl bei Vorliegen von **Rumpfgeschäftsjahr** gelten die Ausführungen zu den Umsatzerlösen entsprechend (vgl. Tz. 25).

3. Befreiung bei Einbeziehung in einen Konzernabschluss

Ebenso wie KapGes. nach § 264 Abs. 3 HGB die besonderen Vorschriften der §§ 264 ff. HGB auf ihren JA nicht anwenden müssen, wenn sie in den KA eines MU einbezogen worden sind und weitere Voraussetzungen erfüllt sind, hat der Gesetzgeber eine entsprechende **Befreiungsmöglichkeit** in § 5 Abs. 6 PublG auch für Unternehmen vorgesehen, die nach dem PublG Rechnung legen. Diese müssen einen JA nach den besonderen Anforderungen des PublG nicht aufstellen, wenn sie 29

– in den KA eines MU i.S.d. § 11 PublG oder des § 290 HGB einbezogen sind (vgl. Kap. O und Kap. M) und
– im Übrigen die entsprechend geltenden Voraussetzungen des § 264 Abs. 3 HGB erfüllen[27].

§ 5 Abs. 6 PublG befreit von der Anwendung der besonderen Vorschriften des PublG für den JA, dessen Prüfung und Offenlegung[28]. Die für alle Kaufleute geltenden Vorschriften zum JA (§§ 242 ff. HGB) bleiben dagegen anwendbar. Von den Befreiungen kann auch **einzeln Gebrauch** gemacht werden, etwa dadurch, dass der JA zwar inhaltlich nach den Vorschriften des PublG aufgestellt wird, dann aber von der Prüfung und/oder von der Offenlegung abgesehen wird. 30

Der persönliche Anwendungsbereich erfasst zunächst **Personenhandelsgesellschaften** i.S.d. § 3 Abs. 1 Nr. 1 PublG. Nachdem für Personenhandelsgesellschaften, bei denen keine natürliche Person unmittelbar oder mittelbar voll haftet, nach § 264a Abs. 1 HGB die Anwendung der §§ 264 ff. HGB bestimmt worden ist, die für diese Gesellschaften eine eigene Befreiungsvorschrift in § 264b HGB enthalten, beschränkt sich der Anwendungsbereich des § 5 Abs. 6 PublG auf solche OHG und KG, bei denen natürliche Personen mit ihrem Vermögen voll haften. Für **Einzelkaufleute** und **Unternehmen i.S.d. § 3 Abs. 1 Nr. 3 und 4 PublG** findet die Vorschrift dem Grunde nach ebenfalls Anwendung; zweifelhaft ist jedoch, ob insoweit die Voraussetzung einer Einbeziehung in den KA eines MU erfüllt werden kann[29]. 31

Voraussetzung für die Befreiung ist, dass das Unternehmen in den **Konzernabschluss eines Mutterunternehmens** einbezogen worden ist. Dieser KA muss entweder nach den Vorschriften des § 11 PublG oder des § 290 HGB aufgestellt worden sein. Damit kann – anders als nach § 264b Nr. 1 HGB – die Befreiung nicht in Anspruch genommen werden, wenn es sich um den KA eines ausländischen MU handelt. 32

Die Einbeziehung in einen **Konzernabschluss nach § 11 PublG** setzt voraus, dass auf das Unternehmen, das befreit werden soll, von einem Unternehmen mit Sitz (Hauptniederlassung) im Inland ein beherrschender Einfluss ausgeübt werden kann. Dies setzt voraus, dass derjenige, der den KA aufstellt, als Unternehmen anzusehen ist[30]. Ein beherrschender Einfluss dürfte bei einer OHG in Betracht kommen, wenn einem der Gesellschafter die Geschäftsführungsbefugnis übertragen worden ist. Bei der KG steht sie regelmäßig dem Komplementär zu. Da sich der Anwendungsbereich der §§ 1 ff. PublG auf Personenhandelsgesellschaften beschränkt, bei denen mindestens eine natürliche Person voll haf- 33

---

27 Vgl. hierzu ADS[6], ErgBd., § 264 HGB n.F., Tz. 11; *Förschle/Deubert* in BeBiKo[7], § 264, Rn. 190.
28 Vgl. ADS[6], ErgBd., § 5 PublG n. F., Tz. 12.
29 Vgl. dazu Tz. 37.
30 Zum Unternehmensbegriff vgl. T Tz. 41 ff.; ADS[6], § 11 PublG, Tz. 6.

tet, wird auf der oberen Leitungsebene i.d.R. eine **natürliche Person** stehen. Diese kann nicht nach § 290 HGB, wohl aber nach § 11 PublG zur Konzernrechnungslegung verpflichtet sein, wenn sie wegen anderweitiger wirtschaftlicher Aktivitäten als Unternehmen zu qualifizieren ist[31].

34 Bei mehrstöckigen Konstruktionen kann es sich ergeben, dass die natürliche Person als Vollhafter auf der oberen Ebene beteiligt ist, während die unmittelbare Komplementärstellung von einer Personenhandelsgesellschaft gehalten wird. In diesem Fall ist es denkbar, dass der befreiende KA auf der Ebene der **Mutter-Personenhandelsgesellschaft** aufgestellt wird. Auf welcher Stufe der befreiende KA i.S.d. § 5 Abs. 6 PublG aufgestellt wird, ist gleichgültig.

35 Allerdings ist zu beachten, dass Personenhandelsgesellschaften und Einzelkaufleute dann nach § 11 Abs. 5 S. 2 PublG von der Konzernrechnungslegung freigestellt sind, wenn sich ihr Gewerbebetrieb auf die **Vermögensverwaltung** beschränkt und sie nicht Aufgaben der Konzernleitung wahrnehmen. Wird in diesen Fällen jedoch freiwillig ein KA nach Maßgabe der §§ 11 ff. PublG aufgestellt, geprüft und offengelegt, dürfte die Befreiung gleichwohl greifen.

36 Die Einbeziehung in einen **Konzernabschluss nach § 290 HGB** erscheint auf den ersten Blick als Ausnahmefall. Voraussetzung wäre, dass das zu befreiende Unternehmen als TU einer KapGes. oder einer Personenhandelsgesellschaft ohne natürliche Person als Vollhafter zu qualifizieren ist und im Wege der Vollkonsolidierung in den KA tatsächlich einbezogen wird. Wenn die Einbeziehung nach § 296 HGB (Wahlrechte) unterbleibt, hindert dies die Anwendung der Befreiungsvorschrift[32]. Ist das MU KapGes. oder Personenhandelsgesellschaft i.S.d. § 264a HGB, kommt die Befreiung nach § 5 Abs. 6 PublG i.d.R. nicht zum Tragen, da die zu befreiende Personenhandelsgesellschaft gar nicht in den Anwendungsbereich des PublG, sondern unter die Regelung des § 264a HGB fällt. Allerdings ist es möglich, dass neben dem MU eine natürliche Person als weiterer Vollhafter beteiligt ist. Außerdem kann bei entsprechender Ausgestaltung des Gesellschaftsvertrags auch ein Kommanditist als MU anzusehen sein[33]; dieser könnte als KapGes. verpflichtet sein, das Unternehmen in seinen KA nach § 290 HGB einzubeziehen.

37 Zweifelhaft ist, ob die Befreiungsvorschrift einen Anwendungsbereich bei **Unternehmen sonstiger Rechtsform** hat[34]. So erscheint es ausgeschlossen, dass das Unternehmen eines Einzelkaufmanns (§ 3 Abs. 1 Nr. 1 PublG) in einen KA einbezogen wird, da ein beherrschender Einfluss nach § 290 Abs. 2 Nr. 1 bis 3 HGB bei diesem Unternehmen nicht vorstellbar ist. Mehrere Handelsgeschäfte des Einzelkaufmanns gelten dagegen ohnehin als ein Unternehmen (§ 1 Abs. 5 PublG). Wenn dagegen das einzelkaufmännische Unternehmen selbst als Konzernspitze fungiert, kann die Befreiung für den JA des Unternehmens deshalb nicht greifen, weil es nicht (als TU) in den KA einbezogen wird; die Stellung als MU genügt nicht. Auch bei Vereinen oder rechtsfähigen Stiftungen ist eine Einbeziehung in einen KA kaum vorstellbar. Bei Körperschaften oder Anstalten des ö.R. sind entsprechende Beherrschungsstrukturen dagegen denkbar, dürften aber selten sein. Die praktische Bedeutung der Befreiungsvorschrift wird sich daher i.d.R. auf Personenhandelsgesellschaften i.S.d. § 3 Abs. 1 Nr. 1 PublG beschränken.

---

31 Vgl. dazu im Einzelnen T Tz. 46; ADS[6], § 11 PublG, Tz. 11.
32 Vgl. entsprechend zu § 264 Abs. 3 Nr. 3 HGB F Tz. 53; ADS[6], ErgBd., § 264 HGB n.F., Tz. 63; *Förschle/Deubert* in BeBiKo[7], § 264, Rn. 141.
33 Vgl. ADS[6], § 290 HGB, Tz. 139; ADS[6], § 17 AktG, Tz. 78.
34 Vgl. ADS[6], ErgBd., § 5 PublG n.F., Tz. 10.

Die Inanspruchnahme der Befreiung nach § 5 Abs. 6 PublG setzt neben der Einbeziehung **38** in einen KA weiter voraus, dass die entsprechend geltenden **Voraussetzungen** des § 264 Abs. 3 Nr. 1, 2 und 4 HGB erfüllt sind[35]. Dabei handelt es sich um folgende Anforderungen:

1. Alle Gesellschafter müssen der Befreiung für das jeweilige GJ zugestimmt haben; der Beschluss muss nach § 9 Abs. 1 PublG i.V.m. § 325 HGB offengelegt worden sein.
2. Das MU muss zur Verlustübernahme nach § 302 AktG verpflichtet sein oder eine solche Verpflichtung freiwillig übernommen haben. Die Erklärung hierüber muss nach § 9 Abs. 1 PublG i.V.m. § 325 HGB offengelegt worden sein.
3. Die Befreiung des Unternehmens muss im Anh. des befreienden KA, der nach § 325 HGB durch Einreichung beim Betreiber des elektronischen Bundesanzeigers offenzulegen ist, angegeben sein.
4. Die Befreiung des TU ist zusätzlich im elektronischen Bundesanzeiger unter Angabe des MU mitzuteilen.

Wegen der **Auslegung der Anforderungen** im Einzelnen vgl. F Tz. 38. Zur Frage, welche **39** Folgerungen sich für die Prüfung des KA und – bei nur teilweiser Inanspruchnahme der Befreiungen – bei der Prüfung des JA ergeben, vgl. Q Tz. 739.

Auch bei Personenhandelsgesellschaften müssen nach § 5 Abs. 6 PublG i.V.m. § 264 **40** Abs. 3 Nr. 1 HGB alle persönlich haftenden Gesellschafter sowie alle Kommanditisten der Befreiung **zustimmen**, weil die sonst gebotene Anwendung der Rechnungslegungsvorschriften des PublG auch in deren Informationsinteresse liegt. Zwar hat der Gesetzgeber in § 264b HGB für die Inanspruchnahme entsprechender Befreiungsmöglichkeiten einer Personenhandelsgesellschaft ohne natürliche Personen als Vollhafter eine solche Voraussetzung nicht bestimmt. Hieraus kann aber nicht auf einen allgemeinen Regelungswillen geschlossen werden. Nach Sinn und Zweck der Vorschrift dürfte eine solche Beschlussfassung erforderlich sein. Die Offenlegung des Beschlusses nach § 325 HGB erfordert die Einreichung beim Betreiber des elektronischen Bundesanzeigers.

Auslegungsschwierigkeiten ergeben sich für die **Erklärung zur Verlustübernahme**. Der **41** Gesellschafter einer KapGes. muss für deren Verbindlichkeiten grds. nicht einstehen. Für die Information der Gläubiger kommt es infolgedessen auf die Vermögenslage der KapGes. selbst an, wenn nicht eine besondere Einstandspflicht des Gesellschafters (MU) begründet worden ist. Hierfür verweist das Gesetz in § 264 Abs. 3 Nr. 2 HGB auf das für KapGes. bestehende Regelungsmodell der Verlustübernahme nach § 302 AktG. Demgegenüber muss der Vollhafter für die Verbindlichkeiten der OHG oder KG ohnehin nach §§ 128, 161 Abs. 2 HGB einstehen. Allerdings besteht diese Haftung nur ggü. den Gläubigern der Gesellschaft, nicht ggü. der Gesellschaft selbst oder den Mitgesellschaftern. Daher begründen diese Vorschriften – anders als § 302 AktG – keinen Zahlungsanspruch zur Deckung von sonst entstehenden Jahresfehlbeträgen. Gleichwohl führen sie unter dem Gesichtspunkt des Gläubigerschutzes letztlich, d.h. spätestens bei Liquidation der Gesellschaft, zu demselben Ergebnis. Deshalb wird davon auszugehen sein, dass unter dem Gesichtspunkt des § 264 Abs. 3 Nr. 2 HGB die gesetzliche Haftung für die Schulden der Gesellschaft ausreicht, ohne dass es einer zusätzlichen (weitergehenden, auch die Verlustübernahme einschließenden) Erklärung bedarf.

Allerdings ist erforderlich, dass das **Mutterunternehmen**, das den befreienden KA auf- **42** stellt, selbst und nicht (nur) ein anderer Gesellschafter als **Vollhafter** einstandspflichtig

---

[35] Vgl. hierzu ADS[6], ErgBd., § 264 HGB n.F., Tz. 21; *Förschle/Deubert* in BeBiKo[7], § 264, Rn. 190, § 264b Rn. 70 ff.

ist. Diese Voraussetzung ist ohne weiteres auch dann erfüllt, wenn an dem Unternehmen mehrere Vollhafter beteiligt sind, da sich die Haftung jedes Einzelnen jeweils auf alle Verbindlichkeiten erstreckt (Gesamtschuld). Ob und in welchem Umfang ein Ausgleichsanspruch im Innenverhältnis besteht, ist unter dem Gesichtspunkt des Gläubigerschutzes ohne Belang. Nichts anderes gilt auch im Verhältnis zu den Kommanditisten: Auch wenn diese mit ihren Einlagen am Verlust teilnehmen und es daher ggf. nicht zu einer Einstandspflicht des Komplementärs (= MU) kommt, ist entscheidend, dass das Ausfallrisiko der Gläubiger durch das MU aufgefangen wird.

43 Wenn das **Mutterunternehmen** ausnahmsweise als **Kommanditist** an der Gesellschaft beteiligt ist, genügt die Einstandspflicht mit den (Haft-) Einlagen nicht; erforderlich für die Befreiung nach § 5 Abs. 6 PublG i.V.m. § 264 Abs. 3 Nr. 2 HGB ist eine in der Höhe nicht beschränkte Haftung. In diesen Fällen muss daher eine besondere Verlustübernahmeerklärung abgegeben und offengelegt werden. Diese sollte sich an das Regelungsmodell des § 302 AktG anlehnen und den Ausgleich sonst entstehender Jahresfehlbeträge vorsehen[36].

III. Jahresabschluss

1. Anwendung der §§ 242 ff. HGB

44 § 5 Abs. 1 S. 1 PublG geht davon aus, dass die unter das PublG fallenden Unternehmen einen JA nach § 242 HGB aufzustellen haben. Auf diesen JA finden – unbeschadet der Vorschriften, die durch die Rechtsform oder den Geschäftszweig bestimmt sind – uneingeschränkt die Bestimmungen der §§ 242 bis 256a HGB Anwendung. Lediglich die Zeit, innerhalb der der JA aufzustellen ist, ist abw. von § 243 Abs. 3 HGB mit drei Monaten nach Ende des GJ bestimmt (§ 5 Abs. 1 S. 1 PublG); ferner ist § 247 Abs. 1 HGB wegen der Anwendungspflicht des § 266 HGB (§ 5 Abs. 1 S. 2 PublG) ohne praktische Bedeutung. Die übrigen Vorschriften, insb. die **Aufstellungsgrundsätze** (§ 243 Abs. 1 und 2 HGB), die **Ansatzvorschriften** (§§ 246 bis 251 HGB) und die **Bewertungsvorschriften** (§§ 252 bis 256a HGB) sind auf den JA nach PublG anzuwenden; auf die Erläuterungen dieser Vorschriften in Kap. E wird verwiesen[37]. Als geschäftszweigbedingte Besonderheiten (§ 5 Abs. 1 S. 3 PublG) kommen in erster Linie Gliederungs- und Ausweisvorschriften in Betracht[38].

45 Hat ein Einzelkaufmann **mehrere Handelsgeschäfte**, die nicht unter der gleichen Firma betrieben werden, so gelten sie für die Zwecke des PublG als ein Unternehmen (§ 1 Abs. 5 PublG). Die Abschlüsse dieser Firmen sind daher zu **einem Jahresabschluss** zusammenzufassen[39]. Als Forderungen und Verbindlichkeiten zwischen den einzelnen Handelsgeschäften gebuchte Beträge sind zu saldieren; ferner müssen Gewinne aus gegenseitigen Lieferungen und Leistungen vollständig eliminiert werden. Dagegen sind mehrere Personenhandelsgesellschaften auch dann, wenn an ihnen jeweils die gleichen Gesellschafter zu gleichen Anteilen beteiligt sind, nicht als ein Unternehmen anzusehen[40].

---

36 Zur Frage, ob auch mit einer KG ein GAV abgeschlossen werden kann, vgl. *Hopt* in Baumbach/Hopt[34], § 105, Rn. 105; *Schäfer* in StaubHGB[4], Anh. § 105, Rn. 13; jedenfalls zust. für Verlustübernahmen *Löffler*, S. 50.

37 Zur Rechnungslegung bei Personenhandelsgesellschaften nach allgemeinen sowie nach den ergänzenden Vorschriften der §§ 264a ff. HGB vgl. IDW RS HFA 7; ADS[6], ErgBd., §§ 264a ff. HGB n.F. und § 3 PublG n.F., Tz. 9; *Förschle/Usinger* in BeBiKo[7], § 264a, Rn. 45; *Förschle/Deubert* in BeBiKo[7], § 264b. Zur Rechnungslegung von Vereinen vgl. IDW RS HFA 14; zur Prüfung vgl. IDW PS 750; *Sauer/Luger, Segna*, DB 2003, S. 1311; *Lutter*, BB 1988, S. 489. Zur Rechnungslegung von Stiftungen vgl. IDW RS HFA 5; *Koss; Wachter*.

38 Vgl. ADS[6], § 5 PublG, Tz. 52.

39 Vgl. auch *Biener*, WPg 1972, S. 1 (9).

40 So auch *Plagemann*, BB 1986, S. 1123; *Woltmann* in BoHdR[2], § 1 PublG, Rn. 29; ADS[6], § 5 PublG, Tz. 23; *Ischebeck/Nissen-Schmidt* in HdR[5], § 1 PublG, Rn. 1.

Jahresabschluss H

2. Ergänzende Vorschriften für die Bilanz und die Gewinn- und Verlustrechnung

a) Anwendung der für Kapitalgesellschaften geltenden Vorschriften

Zusätzlich zu den Vorschriften, die für alle Kaufleute gelten, haben die unter das PublG fallenden Unternehmen bei der Aufstellung des JA die meisten der **ergänzenden Vorschriften**, die das HGB für die Bilanz und die GuV der KapGes. vorsieht, sinngemäß anzuwenden. Dabei handelt es sich gem. § 5 Abs. 1 S. 2 PublG im Einzelnen um: 46

Vorschriften des HGB		erläutert unter Textziffer
§ 265	Allgemeine Grundsätze für die Gliederung	F 83 und 467
§ 266	Gliederung der Bilanz	F 121
§ 268	Vorschriften zu einzelnen Posten der Bilanz. Bilanzvermerke	F 277, 306, 463
§ 270	Bildung bestimmter Posten	F 377
§ 271	Beteiligungen. Verbundene Unternehmen	F 250
§ 272	Eigenkapital	F 135 und 309
§ 274	Steuerabgrenzung	F 170 und 303, 462
§ 275	Gliederung der GuV	F 504
§ 277	Vorschriften zu einzelnen Posten der GuV	F 487
§ 278	Steuern	F 590

Soweit eine sinngemäße Anwendung Fragen aufwirft oder nach Vorschriften des PublG ergänzende oder erleichternde Bestimmungen in Betracht kommen, sind diese unten näher behandelt.

Vergleicht man die vorstehende Übersicht mit den insoweit von KapGes. zu beachtenden Vorschriften, so ergibt sich, dass der JA der unter das PublG fallenden Unternehmen nur in zwei wesentlichen Punkten vom JA der KapGes. **abweicht**[41]: 47

- Die Generalnorm des § 264 Abs. 2 HGB braucht nicht beachtet zu werden[42] (zur fehlenden Aufstellungspflicht eines Anh. für Personenhandelsgesellschaften und Einzelkaufleute vgl. Tz. 63); es genügt, wenn der JA den Bestimmungen in § 243 Abs. 1 und 2 HGB entspricht, d.h. er ist nach den GoB aufzustellen und muss klar und übersichtlich sein;
- da nur Großunternehmen dem PublG unterliegen, haben die größenabhängigen Erleichterungen der §§ 274a und 276 HGB keine Bedeutung[43].

Der äußeren Form nach entspricht der JA nach dem PublG somit als Folge der sinngemäß in weiten Teilen anzuwendenden Vorschriften für KapGes. dem JA einer (großen) KapGes., während inhaltlich in Teilen an ihn keine anderen Anforderungen gestellt werden als an die JA von Personenhandelsgesellschaften und Einzelkaufleuten[44].

---

41 Zur Möglichkeit, Abweichungen vom JA der KapGes. durch Gesellschaftsvertrag zu unterbinden, vgl. ADS[6], § 5 PublG, Tz. 3.
42 Vgl. ADS[6], § 264 HGB, Tz. 7 bis 9, und § 5 PublG, Tz. 26; ebenso *Ischebeck/Nissen-Schmidt* in HdR[5], § 5 PublG, Rn. 6, die jedoch aufgrund der durch das BilMoG aufgehobenen Bewertungswahlrechte für alle Kaufleute im Vergleich zu KapGes. kaum noch einen qualitativen Unterschied zwischen der Anwendung des § 243 Abs. 1 und 2 und des § 264 Abs. 2 S. 1 HGB sehen.
43 Vgl. ADS[6], § 5 PublG, Tz. 36.
44 Vgl. hierzu Tz. 63 ff. sowie *Gelhausen/Fey/Kämpfer*, BilMoG, Kap. X, Rn. 4 f.

b) Allgemeine Grundsätze für die Gliederung (§ 265 HGB)

48 Nach § 5 Abs. 1 S. 2 PublG ist § 265 HGB sinngemäß anzuwenden. Abs. 2 dieser Vorschrift verlangt, dass für jeden Posten der Bilanz und der GuV der entsprechende **Betrag des vorhergehenden Geschäftsjahrs** anzugeben ist und dass ggf. im Anh. Angaben und Erläuterungen zu machen sind, wenn die Beträge nicht vergleichbar sind oder angepasst wurden (vgl. dazu im Einzelnen F Tz. 83). Unternehmen, die erstmals einen JA nach den Vorschriften des PublG aufstellen, sind allerdings zur Angabe von Vorjahresbeträgen grds. nicht verpflichtet, da dies zur nachträglichen Offenlegungspflicht eines nicht offenlegungspflichtigen JA führen würde[45]. Geben diese Unternehmen freiwillig angepasste Vorjahresbeträge an, braucht auf die Anpassung nicht besonders hingewiesen zu werden, da der betreffende JA noch nicht veröffentlicht war.

c) Gliederung der Bilanz (§ 266 HGB)

49 § 5 Abs. 1 S. 2 PublG schreibt die grundsätzliche Anwendung des **Gliederungsschemas** nach § 266 HGB (einschließlich der Vermerke nach § 268 HGB) vor. Nach § 5 Abs. 3 PublG i.V.m. § 330 HGB sind die **Formblattvorschriften** für bestimmte Geschäftszweige zu beachten[46], soweit diese nicht auf KapGes. begrenzt sind[47].

50 Das nach § 5 Abs. 1 S. 2 PublG grds. anzuwendende Gliederungsschema des § 266 HGB enthält in Abs. 3 auf der Passivseite spezielle Vorschriften über den Ausweis des EK. Diese Vorschriften sollten für **Personenhandelsgesellschaften**, die nach dem PublG bilanzieren müssen, mit denselben Maßgaben angewendet werden, wie sie nunmehr in § 264c Abs. 2 HGB für Personenhandelsgesellschaften vorgeschrieben sind, die nach § 264a HGB wie KapGes. Rechnung zu legen haben. Dies bedeutet, dass als EK jeweils gesondert die Kapitalanteile, etwaige Rücklagen, ein Gewinn- oder Verlustvortrag sowie das Jahresergebnis (Jahresüberschuss/Jahresfehlbetrag) getrennt für die Gruppen der persönlich haftenden Gesellschafter und der Kommanditisten ausgewiesen werden[48] (vgl. dazu im Einzelnen F Tz. 135 ff. und 344).

51 § 9 Abs. 3 PublG bestimmt, dass in der Bilanz von Personenhandelsgesellschaften bei der Offenlegung die Kapitalanteile der Gesellschafter, Rücklagen, ein Gewinnvortrag und ein Gewinn unter Abzug der nicht durch Vermögenseinlagen gedeckten Verlustanteile von Gesellschaftern, eines Verlustvortrags und eines Verlusts in einem Posten „Eigenkapital" ausgewiesen werden dürfen. Daher sollten keine Bedenken dagegen bestehen, in der Bilanz eines **Einzelkaufmanns** entsprechend sämtliche Kapitalposten zu einem Posten „Eigenkapital" zusammenzufassen, weil hier eventuellen unterschiedlichen Bezeichnungen für die einzelnen Teile des EK faktisch keinerlei Bedeutung zukommt[49]; dies dürfte bereits bei der Aufstellung des JA zulässig sein, weil bei Einzelkaufleuten nur i.d.R. der offengelegte JA zur Kenntnis Dritter gelangt.

52 Ist das **Eigenkapital** von Personenhandelsgesellschaften und Einzelkaufleuten insgesamt **negativ**, so entfällt der Ausweis auf der Passivseite. Stattdessen ist in sinngemäßer An-

---

[45] Vgl. ADS[6], § 5 PublG, Tz. 29.

[46] Vgl. *Ischebeck/Nissen-Schmidt* in HdR[5], § 5 PublG, Rn. 10; a.A., Ermächtigung des § 5 Abs. 3 PublG bisher nicht ausgeübt, ADS[6], § 5 PublG, Tz. 59.

[47] Vgl. zu den geltenden Formblattvorschriften ADS[6], § 330 HGB, Tz. 20 bis 36; *Förschle/Lawall* in BeBiKo[7], § 330, Rn. 20; davon richten sich die KHBV und die PBV auch an Nicht-KapGes., während die Anwendung der VO über Formblätter für Wohnungsunternehmen und der VO über die Gliederung des JA von Verkehrsunternehmen nur für KapGes. vorgeschrieben ist.

[48] Vgl. *IDW RS HFA 7*, Tz. 31; ADS[6], ErgBd., § 264c HGB n.F., Tz. 12.

[49] Ebenso ADS[6], § 9 PublG, Tz. 40; *Glade*, Praxishandbuch[2], § 9 PublG, Rn. 3; *Förschle* in BeBiKo[7], § 270, Rn. 21; hierzu auch *Leffson*, HURB, S. 113 (124).

Jahresabschluss

wendung der §§ 264c Abs. 2, 268 Abs. 3 HGB am Schluss der Bilanz auf der Aktivseite ein Posten „Nicht durch Vermögenseinlagen gedeckte Verlustanteile" getrennt für persönlich haftende Gesellschafter und für Kommanditisten auszuweisen. Soweit eine Zahlungsverpflichtung der Gesellschafter besteht, ist der Anspruch unter entsprechender Bezeichnung gesondert unter den Forderungen („Einzahlungsverpflichtungen persönlich haftender Gesellschafter" bzw. „Einzahlungsverpflichtungen der Kommanditisten") auszuweisen[50] (vgl. hierzu auch F Tz. 288 und 307).

Andere Unternehmen haben bei der Gliederung des Kapitals das EK entsprechend den jeweiligen Vorschriften (Gesetz, Satzung u.dgl.) zu gliedern und auszuweisen.   **53**

d) Eigenkapital (§ 272 HGB)

Die Bestimmungen des § 272 HGB können in den meisten Fällen nur sinngemäß bei der jeweiligen **Rechtsform** angewandt werden[51] (vgl. hierzu Tz. 50).   **54**

Bei KG, die selbst eine Beteiligung an einer Komplementärgesellschaft halten und die diese nach § 264c Abs. 4 S. 1 als Anteile an verbundenen Unternehmen oder als Beteiligungen aktiviert haben, ist in entsprechender Anwendung des § 264c Abs. 4 S. 2 HGB nach dem EK ein **„Ausgleichsposten für aktivierte eigene Anteile"** zu bilden (vgl. hierzu im Einzelnen F Tz. 426 ff.). Unabhängig davon, ob die KG unter § 264a HGB oder § 3 Abs. 1 Nr. 1 PublG fällt, handelt es sich der Sache nach um einen Korrekturposten zum EK, da die Beteiligung einer Rückbeteiligung i.S.d. § 272 Abs. 4 S. 1 HGB entspricht.   **55**

Haben Unternehmen, die unter das PublG fallen, nach § 5 Abs. 1 S. 2 PublG a.F. i.V.m. § 269 HGB a.F. **Bilanzierungshilfen** für Ingangsetzungskosten gebildet, dürfen diese gem. § 22 Abs. 3 S. 1 PublG i.V.m. Art. 67 Abs. 5 S. 1 EGHGB nach Inkrafttreten der Änderungen durch das BilMoG unter Geltung der für sie geltenden Vorschriften (§§ 269, 282 HGB a.F.) fortgeführt werden[52]. Die Fortgeltung der bisherigen Vorschriften umfasst bei Personenhandelsgesellschaften mit natürlichen Personen als Vollhafter, die nach § 5 PublG Rechnung legen, auch die durch die Bildung eines entsprechenden Sonderpostens nach § 264c Abs. 4 S. 3 HGB a.F. bewirkte Ausschüttungssperre (vgl. dazu Voraufl. F Tz. 330 ff.).   **56**

e) Gliederung der Gewinn- und Verlustrechnung (§ 275 HGB)

Grds. haben die unter das PublG fallenden Unternehmen ihre GuV nach den in § 275 HGB getroffenen Bestimmungen zu gliedern (vgl. § 5 Abs. 1 S. 2 PublG; wegen der Beachtung geschäftszweigbedingter **Formblattvorschriften** vgl. Tz. 49). Abw. von dem genannten Grundsatz bestimmt § 5 Abs. 5 S. 1 PublG jedoch, dass **Personenhandelsgesellschaften** und **Einzelkaufleute** die GuV nach den für ihr Unternehmen geltenden Bestimmungen aufstellen können.   **57**

Welche **Bestimmungen** damit gemeint sind, ist unklar, da solche Bestimmungen, soweit sie nicht nach § 5 Abs. 1 S. 3 PublG ohnehin verbindlich sind, für Einzelkaufleute nicht bestehen und auch Personenhandelsgesellschaften in aller Regel keine diesbezüglichen Bestimmungen im Gesellschaftsvertrag aufzuweisen haben dürften. Die Vorschrift kann auch nicht dahin umgedeutet werden, dass die GuV den Anforderungen entsprechen müsse, die unter dem Gesichtspunkt der öffentlichen Rechnungslegung an sie zu stellen   **58**

---

[50] Vgl. *IDW RS HFA 7*, Tz. 33 und 39; ADS⁶, ErgBd., § 264c HGB n.F., Tz. 20.
[51] Vgl. im Einzelnen *Leffson*, HURB, S. 113.
[52] Vgl. *IDW RS HFA 28*, Tz. 20.

sei. Denn einmal stellt § 5 Abs. 5 S. 1 PublG ausdrücklich nicht hierauf ab, sondern auf die (bisher) geltenden Bestimmungen, d.h. vor Überschreiten der Schwellenwerte des § 1 PublG; zum anderen können Personenhandelsgesellschaften und Einzelkaufleute unter den Voraussetzungen des § 9 Abs. 2 PublG hinsichtlich der GuV auf eine Einreichung zum HR und Bekanntmachung ganz verzichten, sofern die nach § 5 Abs. 5 S. 3 PublG geforderten Angaben in einer Anlage zur Bilanz gemacht werden (vgl. hierzu Tz. 59, 75). Man wird daher davon ausgehen können, dass – abgesehen von eventuellen gesellschaftsvertraglichen oder geschäftszweigbedingten Bestimmungen – in erster Linie die GoB (§ 243 Abs. 1 HGB) zu beachten sind[53].

59 Hierbei wird man sich von folgenden **Grundsätzen** leiten lassen können (vgl. auch E Tz. 605):

1. Das Gesetz fordert in § 5 Abs. 1 S. 1 PublG i.V.m. § 242 Abs. 2 HGB auch von Personenhandelsgesellschaften und Einzelkaufleuten die Aufstellung einer GuV, d.h. einer Rechnung, die nicht nur das Ergebnis wiedergibt, sondern die auch Aufschluss über das Zustandekommen des Jahresergebnisses gibt. Eine GuV, bei der auf der einen Seite lediglich der Saldo aller Aufwendungen und Erträge und auf der anderen Seite das Jahresergebnis ausgewiesen werden, erfüllt diesen Anspruch nicht; vielmehr ist nach dem Grundsatz der Klarheit (§ 243 Abs. 2 HGB) eine „ausreichende Gliederung" (vgl. entsprechend § 247 Abs. 1 HGB) erforderlich[54].
2. Um das Zustandekommen des Jahresergebnisses ersichtlich zu machen, müssen grds. ordentliches und außerordentliches Ergebnis getrennt werden. Dazu gehört, dass zumindest die a.o. Erträge kenntlich gemacht werden[55]. Auf den Ausweis der a.o. Aufwendungen hatte z.B. das AktG 1965 wegen der damit verbundenen Ausweisschwierigkeiten in einer primär nach Aufwandsarten ausgerichteten Gliederung verzichtet; an eine GuV, die den GoB entsprechen soll, werden weitergehende Anforderungen nicht zu stellen sein. Bei der Größenordnung der hier in Rede stehenden Unternehmen wird eine Aufgliederung[56] des ordentlichen Ergebnisses entweder nach wichtigen Aufwands- und Ertragsarten oder nach Betriebsergebnis, Finanzergebnis und Steuern erfolgen müssen. Auch soweit Ergebnisse von Dritten übernommen worden sind (Gewinnübernahmen und Gewinngemeinschaften), werden diese Ergebnisse gesondert darzustellen sein[57].
3. Für den Fall, dass nicht die GuV, sondern lediglich eine Anlage zur Bilanz zum elektronischen Bundesanzeiger eingereicht und bekannt gemacht werden soll, verlangt § 5 Abs. 5 S. 3 PublG insb. die Angabe der Umsatzerlöse i.S.d. § 277 Abs. 1 HGB, der Erträge aus Beteiligungen, der Löhne und Gehälter einschließlich sozialer Abgaben und Aufwendungen für Altersversorgung und Unterstützung (vgl. F Tz. 504). Eine nach Aufwands- und Ertragsarten gegliederte GuV wird diese Posten daher ebenfalls aufzuführen haben[58].
4. Das HGB schreibt lediglich für KapGes. und für Personenhandelsgesellschaften i.S.d. § 264a HGB vor, dass die GuV in Staffelform aufzustellen ist (§ 275 Abs. 1 HGB). Eine GuV für Personenhandelsgesellschaften und Einzelkaufleute i.S.d. § 3 Abs. 1 Nr. 1

---

53 Vgl. Ausschussbericht zu BT-Drs. V/4416, S. 3; *Biener*, S. 44; ebenso *Biener*, WPg 1972, S. 1 (9); im Ergebnis ähnlich *Glade*, Praxishandbuch[2], § 5 PublG, Rn. 11; *Förschle* in BeBiKo[7], § 275, Rn. 317.
54 Vgl. *IDW RS HFA 7*, Tz. 45.
55 Vgl. *Forster*, WPg 1972, S. 469 (473); ADS[6], § 5 PublG, Tz. 66; zweifelnd *Ischebeck/Nissen-Schmidt* in HdR[5], § 5 PublG, Rn. 24.
56 Vgl. hierzu die Vorschläge bei *Forster*, WPg 1972, S. 469 (473).
57 Eine Pflicht zum gesonderten Ausweis besteht nach *Woltmann* in BoHdR[2], § 5 PublG, Rn. 30.
58 Einschränkend ADS[6], § 5 PublG, Tz. 69; *Ischebeck/Nissen-Schmidt* in HdR[5], § 5 PublG, Rn. 25 (Personalaufwand nur bei Anwendung des GKV auszuweisen).

Jahresabschluss H

PublG ist hieran nicht gebunden. Sie kann daher sowohl in der Konto- als auch in der Staffelform aufgestellt werden[59]. Geschriebene (z.B. im Gesellschaftsvertrag) oder ungeschriebene Forderungen, die seitens der Gesellschafter an Form und Gliederung der GuV gestellt werden, sind zu erfüllen, soweit sie nicht mit dem Rechnungslegungszweck der GuV und den GoB im Widerspruch stehen (s.o. unter 1.). Die vor Erreichen der Publizitätsgrenze bei den einzelnen Unternehmen übliche Form und Gliederung vermag Hinweise zu geben, doch ist zu berücksichtigen, dass die Gesellschafter oder der Einzelkaufmann im Hinblick auf eine vorgesehene Veröffentlichung ihre bisherigen Auffassungen ändern können.

5. Soweit bei Personenhandelsgesellschaften die gesetzliche Regelung über die „Verzinsung" der Kapitalkonten (§ 121 Abs. 1 HGB) zum Zuge kommt oder der Gesellschaftsvertrag eine „Verzinsung" der Eigenkapitalkonten vorschreibt, handelt es sich bei den „Zinsen" nicht um Aufwendungen, sondern um Gewinnbestandteile, die einer besonderen Gewinnverteilungsabrede unterliegen. Rechtsbeziehungen zwischen der Gesellschaft und ihren Gesellschaftern (z.B. Zinsen auf Gesellschafterdarlehen, Tätigkeitsvergütungen geschäftsführender Gesellschafter u.a.m.) können je nach den im Einzelfall getroffenen Vereinbarungen (auf schuldrechtlicher oder gesellschaftsrechtlicher Ebene) zu Aufwendungen und Erträgen führen oder bei der Ergebnisverteilung zu berücksichtigen sein; möglichen Missdeutungen ist ggf. durch einen Vermerk zu begegnen[60].

Wenden **Personenhandelsgesellschaften** und **Einzelkaufleute** für die Gliederung der GuV § 275 HGB an, so brauchen die **Steuern**, die sie als Steuerschuldner zu entrichten haben, nicht gesondert ausgewiesen zu werden, sondern können in die sonstigen (betrieblichen) Aufwendungen einbezogen werden (§ 5 Abs. 5 S. 2 PublG)[61]. 60

Wegen der Möglichkeit für Personenhandelsgesellschaften und Einzelkaufleute, die GuV nicht offenzulegen und stattdessen in einer **Anlage zur Bilanz** bestimmte Angaben zu machen (§§ 5 Abs. 5 S. 3 und 9 Abs. 2 PublG) vgl. Tz. 75). 61

f) Vorschriften zu einzelnen Posten der Gewinn- und Verlustrechnung (§ 277 HGB)

Ergänzend zu den Gliederungsvorschriften des § 275 HGB sind von den betroffenen Unternehmen auch die Bestimmungen des § 277 HGB zu einzelnen Posten der GuV zu beachten. Danach sind u.a. **außerplanmäßige Abschreibungen** nach § 253 Abs. 3 S. 3 und 4 HGB kenntlich zu machen (gesonderter Ausweis oder Angabe im Anh.; § 277 Abs. 3 S. 1 HGB). Ebenso wie bei KapGes. umfasst der gesonderte Ausweis oder die Anhangangabe hier neben den zwingenden Abschreibungen wegen voraussichtlich dauernder Wertminderungen auch die weiteren Abschreibungen wegen voraussichtlich nur vorübergehender Wertminderungen auf Finanzanlagen. 62

3. Aufstellung eines Anhangs

Nach § 5 Abs. 2 PublG haben die unter das PublG fallenden Unternehmen mit **Ausnahme** der Personenhandelsgesellschaften und Einzelkaufleute, soweit diese nicht kapitalmarkt- 63

---

59 Ebenso *Biener*, WPg 1972, S. 1 (9).
60 Vgl. hierzu im Einzelnen *IDW RS HFA 7*, Tz. 22; sowie *Herrmann*, WPg 1994, S. 500; vgl. ferner ADS[6], § 5 PublG, Tz. 66; *Woltmann* in BoHdR[2], § 5 PublG, Rn. 33; *Ischebeck/Nissen-Schmidt* in HdR[5], § 5 PublG, Rn. 12. Steuerlich vgl. § 15 Abs. 1 Nr. 2 EStG; dazu *Schmidt, L.*, EStG[30], § 15, Rn. 440, 560 ff.
61 Vgl. ADS[6], § 5 PublG, Tz. 68 und 72; ErgBd., § 264c HGB n.F., Tz. 28; zu persönlichen Steuern vgl. auch Tz. 168 und 72.

orientiert i.S.d. § 264d HGB sind (§ 5 Abs. 2a HGB), ihren JA um einen Anh. zu erweitern. Für den Anh. gelten folgende **Vorschriften des HGB** sinngemäß:

Vorschriften des HGB		erläutert unter Textziffer
§ 284	Erläuterung der Bilanz und der GuV	F 695 und 881
§ 285	(Nr. 1 bis 4, 7 bis 13, 17 bis 29) Sonstige Pflichtangaben	F 765
§ 286	Unterlassen von Angaben	F 1061

Darüber hinaus enthalten die §§ 265, 268 und 277 HGB zusätzliche Bestimmungen, die zu Angaben im Anh. **verpflichten** oder **wahlweise** Angaben für die Bilanz, die GuV oder den Anh. vorschreiben. Für Unternehmen, die nach § 3 Abs. 1 Nr. 1 bis 5 i.V.m. § 5 Abs. 2 oder 2a PublG einen Anh. aufzustellen haben, bereitet die sinngemäße Anwendung aller dieser Vorschriften keine erkennbaren Schwierigkeiten; sie haben ggf. die gleichen Wahlrechte wie KapGes. Der Anh. eines nach dem PublG zur Rechnungslegung verpflichteten Unternehmens unterscheidet sich demnach größtenteils nicht vom Anh. einer KapGes. oder haftungsbeschränkten Personenhandelsgesellschaft i.S.d. § 264a HGB. Lediglich § 285 Nr. 6 HGB (Ausmaß des Einflusses der Steuern von Einkommen und vom Ertrag auf das Ergebnis), § 284 Nr. 14 HGB (Angaben zum MU) sowie rechtsformspezifische Angaben bei Personenhandelsgesellschaften nach § 264a HGB und für die AG sind nicht erforderlich[62].

64 Anders verhält es sich in Bezug auf **Personenhandelsgesellschaften** und **Einzelkaufleute**. Sie sind, sofern sie nicht kapitalmarktorientiert i.S.d. § 264d HGB sind[63], zur Aufstellung eines Anh. nicht verpflichtet (§ 5 Abs. 2 S. 1 PublG) und können daher grds. auch nicht durch sinngemäß anzuwendende Vorschriften, die Angaben (ausschließlich) für den Anh. vorschreiben (z.B. § 277 Abs. 4 S. 2 HGB), zu zusätzlichen Angaben verpflichtet sein. Ob sich aus den GoB ein anderes Ergebnis herleiten lässt[64], erscheint fraglich. Soweit die Angaben wahlweise für die Bilanz/GuV oder den Anh. zugelassen sind, müssen die Angaben bei Unternehmen, die einen Anh. nicht erstellen, in der Bilanz oder in der GuV gemacht werden.

65 **Fehlbeträge** nach Art. 28 Abs. 2 EGHGB brauchen nicht angegeben zu werden, da sich diese Vorschrift nur auf KapGes. bezieht[65].

4. Rechnungslegungspflichten für kapitalmarktorientierte Unternehmen (§ 5 Abs. 2a PublG)

66 Kapitalmarktorientierte Unternehmen i.S.d. § 264d HGB, die unter die Vorschriften des PublG fallen, werden nach dem durch das BilMoG neu in § 5 PublG eingefügten Abs. 2a verpflichtet, unabhängig von ihrer Rechtsformen einen **Anhang** nach § 5 Abs. 2 PublG zu erstellen[66] (vgl. hierzu Tz. 63). Die Befreiung von Personenhandelsgesellschaften und Einzelkaufleuten nach § 5 Abs. 2 S. 1 PublG wird für diese Unternehmen somit aufgehoben[67]. Weiterhin verpflichtet § 5 Abs. 2a S. 2 PublG diese Unternehmen zur Anwendung des § 264 Abs. 1 S. 2 HGB, d.h. zur Aufstellung einer KFR und eines Eigenkapital-

---

62 Vgl. *Gelhausen/Fey/Kämpfer*, BilMoG, Kap. X, Rn. 7.
63 Vgl. hierzu Tz. 66 f.
64 So *Ischebeck/Nissen-Schmidt* in HdR[5], § 5 PublG, Rn. 27.
65 Vgl. ADS[6], § 284 HGB, Tz. 159; abw. *Woltmann* in BoHdR[2] § 5 PublG, Rn. 19.
66 Dies betrifft nach § 22 Abs. 3 S. 1 PublG i.V.m. Art. 66 Abs. 3 S. 1 EGHGB erstmals das nach dem 31.12.2009 beginnende GJ.
67 Vgl. *Gelhausen/Fey/Kämpfer*, BilMoG, Kap. X, Rn. 6; *Ischebeck/Nissen-Schmidt* in HdR[5], § 5 PublG, Rn. 35.

spiegels[68] (vgl. dazu F Tz. 1069) Die Aufstellung einer Segmentberichterstattung nach § 264 Abs. 1 S. 2 zweiter Halbsatz HGB ist ebenso wie für KapGes. als Wahlrecht ausgestaltet[69] (vgl. dazu F Tz. 1076). Sinn und Zweck der Vorschrift ist lt. der Begründung zum RegE des BilMoG die Gleichbehandlung von kapitalmarktorientierten Unternehmen unabhängig von ihrer Rechtsform[70].

Wenngleich die Berichtspflichten für kapitalmarktorientierte Unternehmen i.S.d. § 264d HGB durch § 5 Abs. 2a PublG vereinheitlicht werden, sind die dem PublG unterliegenden Unternehmen nicht verpflichtet, die **Generalnorm** des § 264 Abs. 2 S. 1 HGB zu beachten. Somit bestehen weiterhin inhaltliche Unterschiede zwischen den JA, da Nicht-KapGes. in weiten Teilen lediglich die Anforderungen, die an die Abschlüsse von Personenhandelsgesellschaften und Einzelkaufleute gestellt werden, beachten müssen[71]. Abschlüsse, die nach dem PublG erstellt werden, müssen damit weiterhin nicht zwingend ein den tatsächlichen Verhältnissen entsprechendes Bild der Vermögens-, Finanz- und Ertragslage vermitteln, sondern lediglich nach § 243 Abs. 1 und 2 HGB unter Beachtung der GoB klar und übersichtlich sein[72]. Führen „besondere Umstände" dazu, dass der Abschluss kein den tatsächlichen Verhältnissen entsprechendes Bild vermittelt, so sind nach dem PublG zur Rechnungslegung verpflichtete kapitalmarktorientierte Unternehmen im Gegensatz zu KapGes. nicht dazu verpflichtet, diese Umstände im Anh. nach § 264 Abs. 2 S. 2 HGB durch zusätzliche Angaben zu erläutern.

67

5. Nichtaufnahme des Privatvermögens bei Einzelkaufleuten und Personenhandelsgesellschaften in den Jahresabschluss (§ 5 Abs. 4 PublG)

Das **Privatvermögen** (einschließlich der privaten Schulden) sowie die auf das Privatvermögen entfallenden Aufwendungen und Erträge dürfen nicht in einen nach den Vorschriften des PublG aufzustellenden JA aufgenommen werden (§ 5 Abs. 4 PublG). In der Begründung heißt es hierzu, dies geschehe „zur Wahrung der Privatsphäre des Einzelkaufmanns und der Gesellschafter der Personenhandelsgesellschaften"[73]. Das bedeutet jedoch ferner, dass auch die privaten Verbindlichkeiten nicht in Erscheinung treten dürfen, obgleich der private Gläubiger eines Einzelkaufmanns in dessen betriebliches Vermögen vollstrecken kann. Diese Gefährdung des Betriebsvermögens sollte für Außenstehende erkennbar sein. Der HFA hält es auch ohne gesetzliche Regelung für geboten, den Bilanzleser hierauf durch einen hinweisenden Zusatz im BestV hinzuweisen, falls der APr. erkennt, dass das betriebliche Vermögen des Einzelkaufmanns durch private Schulden erheblich gefährdet ist[74].

68

Schwierigkeiten in der Abgrenzung sind in erster Linie bei **Einzelkaufleuten** denkbar. Zum Privatvermögen rechnet alles, was nicht dem Handelsgeschäft des Kaufmanns gewidmet ist. Das Steuerrecht unterscheidet zwischen notwendigem und gewillkürtem Betriebsvermögen sowie notwendigem Privatvermögen. Im Zweifel kann diese Unter-

69

---

68 Vgl. *Gelhausen/Fey/Kämpfer*, BilMoG, Kap. X, Rn. 8.
69 Vgl. *Gelhausen/Fey/Kämpfer*, BilMoG, Kap. X, Rn. 3.
70 Vgl. BT-Drs. 16/10067 (Begründung zum Regierungsentwurf des BilMoG), S. 100.
71 Vgl. *Gelhausen/Fey/Kämpfer*, BilMoG, Kap. X, Rn. 4.
72 Vgl. *Gelhausen/Fey/Kämpfer*, BilMoG, Kap. X, Rn. 5.
73 Vgl. BT-Drs. V/3197, S. 20; *Biener*, S. 43. Ob sich im Übrigen aus § 5 Abs. 4 PublG ableiten lässt, der Einzelkaufmann sei außerhalb des Rahmens des PublG verpflichtet, in seiner Handelsbilanz auch sein Privatvermögen zu bilanzieren, erscheint zweifelhaft (bejahend *Maul*, DB 1974, S. 697; vgl. dagegen *Hüffer* in Staub, HGB⁴, § 238, Rn. 52; ferner *Westerfelhaus*, DB 1974, S. 1694; *Leffson*, GoB, S. 220.
74 Vgl. *IDW St/HFA 1/1972 i.d.F. 1990*.

scheidung auch für die Bilanzierung nach § 5 PublG von Bedeutung sein[75]; bei Gegenständen, die sowohl Privat- als auch Betriebsvermögen sein können (z.B. Wertpapiere, Reservegrundstücke), kommt es dann auf den Willen des Kaufmanns an, welchem Vermögensbereich sie zuzurechnen sind[76]. Eine willkürliche Änderung der Zurechnung ist unzulässig.

70 Besondere Bedeutung kommt der Abgrenzung der **Privatschulden** zu. Schulden aus dem Kauf von zum Privatvermögen gehörenden Gegenständen sind unbeschadet dessen, dass das Vermögen der Handelsgesellschaften für ihre Erfüllung mithaftet, nicht in die Jahresbilanz aufzunehmen. **Persönliche Steuerschulden** für ESt u. dgl. werden üblicherweise nicht unter den betrieblich begründeten Verpflichtungen bilanziert, wohl aber Gewerbesteuerschulden, Schulden für USt u.dgl. Der Grund liegt darin, dass für die zuerst genannten Steuern das Unternehmen nicht Steuerschuldner ist und außerdem die Höhe der Steuern wesentlich von außerhalb des Handelsgeschäfts liegenden Faktoren bestimmt wird. Da diese Verpflichtungen jedoch in aller Regel aus dem Vermögen des Handelsgeschäfts erfüllt werden, würde es gleichwohl den durch das PublG verfolgten Zielen entsprechen, auch derartige Verpflichtungen, soweit sie auf das Handelsgeschäft entfallen, in den nach § 5 Abs. 1 PublG aufzustellenden JA aufzunehmen[77]. Zum Teil wird hierzu die Auffassung vertreten, dies würde einen Verstoß gegen § 5 Abs. 4 PublG darstellen. Ob der Wortlaut dieser Vorschrift tatsächlich die Aufnahme der auf das Handelsgeschäft entfallenden persönlichen Steuern ausschließt, erscheint fraglich; eher könnte man das Gegenteil aus der Vorschrift entnehmen. Berücksichtigt man neben der oben angestellten Überlegung auch die Ratio der Bestimmung („Schutz der Privatsphäre"[78]) sowie die Möglichkeiten, die Gewinnverwendung in dem einzureichenden und bekannt zu machenden JA bereits zu berücksichtigen (vgl. § 9 Abs. 3 PublG), so sollten bei Einzelkaufleuten keine Bedenken bestehen, auch die Passivierung der auf das Handelsgeschäft entfallenden persönlichen Steuerschulden zuzulassen[79]. Wird so verfahren, so ist auf diese Handhabung in einer Fußnote zur Bilanz hinzuweisen.

71 Besonders problematisch sind „private" **Kreditaufnahmen**, die der Kaufmann zur Finanzierung von **Einlagen** in das Handelsgeschäft benutzt. Durch die Nichtbilanzierung als Verbindlichkeit und den Ausweis als EK wird die Vermögens- und Ertragslage u.U. zu günstig dargestellt, was insb. im Hinblick auf das öffentliche Interesse an einer zutreffenden Publizität bedenklich erscheint. I.d.R. werden derartige Kredite nicht Privatschulden, sondern Betriebsschulden sein und daher in die Bilanz als solche aufgenommen werden müssen[80].

---

75 So auch ADS[6], § 5 PublG, Tz. 61; § 246 HGB, Tz. 425; *Woltmann* in BoHdR[2], § 5 PublG, Rn. 45.
76 Vgl. *Biener*, WPg 1972, S. 1 (10), der auch darauf hinweist, dass die engeren Voraussetzungen, die der BFH für die Zurechnung zum gewillkürten Betriebsvermögen aufgestellt hat, hier nicht unbedingt gegeben sein müssen; vgl. auch *Biener*, GmbHR 1975, S. 5 (7); wie hier ADS[6], § 246 HGB, Tz. 426; *Ischebeck/Nissen-Schmidt* in HdR[5], § 5 PublG, Rn. 16; strenger *Förschle/Kropp/Siemers* in Budde/Förschle/Winkeljohann, Sonderbilanzen[4], Kap. C, Rn. 97: auf einen Widmungsakt des Einzelkaufmanns kommt es nicht an, soweit es sich um für die Geschäftstätigkeit und die Schuldendeckung notwendiges Vermögen handelt.
77 Vgl. *Ischebeck/Nissen-Schmidt* in HdR[5], § 5 PublG, Rn. 20; hierzu auch *Goerdeler* in Bartholomeyczik, FS Kaufmann, S. 176.
78 Vgl. Begr. zum PublG, BT-Drs. V/3197, S. 20; *Biener*, S. 43.
79 Vgl. ADS[6], § 5 PublG, Tz. 42 und 62; *Ischebeck/Nissen-Schmidt* in HdR[5], § 5 PublG, Rn. 20; *Förschle/Kropp/Siemers* in Budde/Förschle/Winkeljohann, Sonderbilanzen[4], Kap. C, Rn. 111; hierzu auch *Woltmann*, DStR 1979, S. 14; *Forster*, WPg 1972, S. 469 (470).
80 Vgl. *Forster*, WPg 1972, S. 469 (472); ebenso ADS[6], § 5 PublG, Tz. 62; *Woltmann* in BoHdR[2], § 5 PublG, Rn. 50; *Ischebeck/Nissen-Schmidt* in HdR[5], § 5 PublG, Rn. 16.

Jahresabschluss   H

Auch der von einem **stillen Gesellschafter** gegebene Kapitalanteil ist nicht in das Privat- 72
vermögen des Kaufmanns gegeben, sondern dem Handelsgeschäft zuzurechnen (§ 230
Abs. 1 HGB)[81].

Bei **Personenhandelsgesellschaften** treten derartige Zurechnungsfragen in geringerem 73
Maße auf, da hier das in der Gesellschaft gebundene Vermögen i.d.R. allen Gesellschaftern zur gesamten Hand gehört (§§ 718 f. BGB) und insoweit eine klare Abgrenzung
vom Privatvermögen der einzelnen Gesellschafter besteht. Ggf. ist die Zurechnung nach
den Grundsätzen über die wirtschaftliche Zugehörigkeit zu entscheiden[82].

Die **persönlichen Steuern** der Gesellschafter stellen keine Gesamthandsverbindlich- 74
keiten dar und können deshalb auch insoweit nicht bilanziert werden, als sie sich aus der
Beteiligung an der Personenhandelsgesellschaft ergeben haben. Es ist jedoch wünschenswert, diejenigen Eigenkapitalanteile, die diesen Steuerschulden der Gesellschafter
entsprechen und für die ein Entnahmerecht besteht, in der Bilanz kenntlich zu machen[83].

6. Anlage zur Bilanz bei Einzelkaufleuten und Personenhandelsgesellschaften (§ 5 Abs. 5 S. 3 PublG)

Das Gesetz räumt Personenhandelsgesellschaften und Einzelkaufleuten die Möglichkeit 75
ein, an Stelle der GuV eine sog. **Anlage zur Bilanz** beim Betreiber des elektronischen
Bundesanzeigers einzureichen und bekannt zu machen (§ 5 Abs. 5 S. 3 sowie § 9 Abs. 2
PublG)[84]. Die Angaben dieser Anlage beziehen sich einmal auf einzelne Posten, die in
einer nach § 275 Abs. 2 HGB aufgestellten GuV gesondert auszuweisen wären (§ 5 Abs. 1
S. 3 Nr. 1 bis 3 HGB), zum zweiten auf Erläuterungen zu den Bewertungs- und Abschreibungsmethoden einschließlich wesentlicher Änderungen (Nr. 4) sowie auf die Zahl
der Beschäftigten (Nr. 5).

Was als **Umsatzerlöse** (Nr. 1) anzugeben ist, bestimmt sich nach § 277 Abs. 1 HGB (vgl. 76
hierzu F Tz. 504). Eine Aufgliederung der Umsatzerlöse insb. nach den Grundsätzen, wie
sie § 285 Nr. 4 HGB für den Anh. von KapGes. verlangt (und § 5 Abs. 2 S. 2 PublG von
Unternehmen nach § 3 Abs. 1 Nr. 3 bis 5 PublG), ist nicht gefordert[85].

Als Erträge aus **Beteiligungen** (Nr. 2) sind in erster Linie die Erträge gem. § 275 Abs. 2 77
Nr. 9 bzw. Abs. 3 Nr. 8 HGB auszuweisen (vgl. hierzu F Tz. 554). Soweit die Erträge für
die in der Bilanz ausgewiesenen Beteiligungen in Form von Erträgen aus EAV u. dgl. anfallen, werden sie mit in die Angabe einzubeziehen sein[86]. Die Absetzung von Beteili-
gungsverlusten ist unzulässig (§ 246 Abs. 2 HGB). Die Angabe kann in einer Summe erfolgen.

---

81 Vgl. zur Bilanzierung der stillen Gesellschaft F Tz. 359; im Übrigen *Schulze-Osterloh*, WPg 1974, S. 393; Hense.
82 Wegen Einzelheiten vgl. *IDW RS HFA 7*, Tz. 11, sowie *Herrmann*, WPg 1994, S. 500; ADS[6], § 246 HGB, Tz. 425; *Biener*, GmbHR 1975, S. 5 (7).
83 Vgl. *IDW RS HFA 7*, Tz. 43; ADS[6], § 246 HGB, Tz. 442; ErgBd., § 264c HGB, Tz. 28; strenger *Woltmann* in BoHdR[2], § 5 PublG, Rn. 52; vgl. hierzu ferner *Biener*, GmbHR 1975, S. 30 (32).
84 Vgl. hierzu ADS[6], § 5 PublG, Tz. 75.
85 Ebenso *Castan* in BHdR, B 740, Rn. 16.
86 Ebenso ADS[6], § 5 PublG, Tz. 81; *Ischebeck/Nissen-Schmidt* in HdR[5], § 5 PublG Rn. 31; *Castan* in BHdR, B 740, Rn. 18 f. In der Literatur wird ferner die Ansicht vertreten, dass zu den Beteiligungserträgen nach Buchst. b) auch die Erträge aus Anteilen einer herrschenden oder mit Mehrheit beteiligten KapGes. gehören, vgl. *Castan*, DB 1980, S. 410; eine Einbeziehung erscheint möglich, ist wegen des Ruhens der Rechte bei diesen Aktien (vgl. §§ 71b i.V.m. 71d S. 4 AktG) allerdings auf GmbH-Anteile beschränkt.

78 Der Betrag der Löhne, Gehälter, sozialen Abgaben sowie Aufwendungen für Altersversorgung und Unterstützung (Nr. 3) entspricht den **Personalaufwendungen** nach § 275 Abs. 2 Nr. 6 HGB (vgl. hierzu F Tz. 533).

79 Unter den Angaben nach Nr. 4 sind für die wichtigen, den Inhalt der Bilanz bestimmenden Posten die angewandten **Bewertungs- und Abschreibungsmethoden**[87] zu nennen. Die Angaben müssen so vollständig und klar sein, dass ein verständiger Bilanzleser sich ein Bild machen kann. Ggf. genügen Fußnoten in der Bilanz (z.B. bei Vorräten: zu Herstellungskosten oder niedrigerem zu erwartenden Erlös), auf die in der Anlage verwiesen werden kann. Im Übrigen müssen die Angaben jedes Jahr erfolgen, Verweise auf Angaben in einem früheren Anh. entsprechen nicht dem Gesetz. Wesentliche **Änderungen** von Bewertungs- und Abschreibungsmethoden sind anzugeben. Die Verpflichtung entspricht in etwa der des § 284 Abs. 2 Nr. 1 und 3 HGB[88]; Einzelheiten der Änderungen brauchen nicht genannt zu werden. Zweifelhaft ist, ob die Angabe wesentlicher Änderungen von Bewertungs- und Abschreibungsmethoden für den ersten publizitätspflichtigen JA unterbleiben kann[89].

80 Die **Zahl der Beschäftigten** (Nr. 5) ist im Gesetz nicht näher bestimmt; für die Angabe kommt danach sowohl die Zahl der Beschäftigten am Abschlussstichtag als auch die Zahl der durchschnittlich Beschäftigten in der Ermittlung nach § 1 Abs. 2 S. 5 PublG oder nach § 267 Abs. 5 HGB in Betracht[90]. Auf jeden Fall ist erkennbar zu machen, ob es sich um eine Stichtagszahl oder eine Durchschnittszahl handelt[91]. Wird eine Durchschnittszahl angegeben, ist diese für ein Rumpf-GJ wegen der Beziehung zu den angegebenen Personalaufwendungen als Durchschnitt des Rumpf-GJ zu ermitteln.

IV. Lagebericht

81 Nach § 5 Abs. 2 PublG haben die unter das PublG fallenden Unternehmen mit **Ausnahme** der Personenhandelsgesellschaften und Einzelkaufleute auch einen LB aufzustellen. Für den LB gilt § 289 HGB sinngemäß, d.h. er ist entsprechend der für KapGes. geltenden Vorschriften aufzustellen[92]. Auf die Erläuterungen in F Tz. 1080 wird verwiesen.

V. Schrifttumsverzeichnis

1. Verzeichnis der Monographien und Beiträge in Sammelwerken

Biener, Gesetz über die Rechnungslegung von bestimmten Unternehmen und Konzernen, Düsseldorf 1973; *Goerdeler* in: Bartholomeyczik (Hrsg.), Beiträge zum Wirtschaftsrecht,

---

[87] Das Begriffspaar entspricht inhaltlich den Bilanzierungs- und Bewertungsmethoden in § 284 Abs. 2 Nr. 1 HGB, vgl. dazu ADS[6], § 5 PublG, Tz. 83 und § 284 HGB, Tz. 53; ebenso *Castan* in BHdR, B 740, Rn. 32.

[88] Zu den Unterschieden vgl. *Förschle* in BeBiKo[6], § 275, Rn. 319.

[89] Verneinend ADS[6], § 5 PublG, Tz. 85; *Ischebeck/Nissen-Schmidt* in HdR[5], § 5 PublG, Rn. 33; *Wirtz*, ZfB 1973, S. 507 (522), nach dessen Feststellungen entsprechende Angaben in den ersten veröffentlichten, seinerzeit als Anh. bezeichneten Anlagen (1972) in keinem Fall gemacht wurden; vgl. hierzu auch Art. 24 Abs. 5 S. 1 EGHGB.

[90] Vgl. überzeugend ADS[6], § 5 PublG, Tz. 86 (mit Vorzug für Angabe der Durchschnittszahl nach § 267 Abs. 5 HGB); einschränkend, für Durchschnittszahl nach § 1 Abs. 2 S. 5 PublG, *Glade*, Praxishandbuch[2], § 1 PublG, Rn. 11 und § 5 PublG, Rn. 25; *Woltmann* in BoHdR[2], § 5 PublG, Rn. 41; für Durchschnittszahl ebenfalls *Ischebeck/Nissen-Schmidt* in HdR[5], § 5 PublG, Rn. 34; für Stichtagszahl *Förschle* in BeBiKo[6], § 275, Rn. 319.

[91] Vgl. ADS[6], § 5 PublG, Tz. 86.

[92] Vgl. ADS[6], § 5 PublG, Tz. 57; *Woltmann* in BoHdR[2], § 5 PublG, Rn. 55; teilweise abw. (eingeschränkte Geltung des § 289 Abs. 1 HGB aufgrund der Berücksichtigung von besonderen Verhältnissen der jeweiligen Rechtsform) *Ischebeck/Nissen-Schmidt* in HdR[5], § 5 PublG, Rn. 14.

FS Kaufmann, Köln 1972, S. 176; *Hense*, Die stille Gesellschaft im handelsrechtlichen Jahresabschluss, Düsseldorf 1990; *Koss*, Rechnungslegung von Stiftungen, Düsseldorf 2003; *Lenz*, Jahresabschluss, Ausweis und Bewertung, Stuttgart u.a. 1978; *Löffler*, Die abhängige Personengesellschaft, Heidelberg 1988; *Sauer/Luger*, Vereine und Steuern: Rechnungslegung, Besteuerungsverfahren, Gemeinnützigkeit, 5. Aufl., München 2004; *Schaub*, Arbeitsrechts-Handbuch, 11. Aufl., München 2005; *Sprißler*, Die Rechnungslegung von Einzelkaufleuten und Personenhandelsgesellschaften nach dem PublG, München 1976; *Wachter*, Stiftungen, Zivil- und Steuerrecht in der Praxis, Köln 2001.

2. Verzeichnis der Beiträge in Zeitschriften

Biener, Gesetz über die Rechnungslegung von bestimmten Unternehmen und Konzernen (Publizitätsgesetz), BB 1969, S. 1097; *Biener*, Einzelne Fragen zur Rechnungslegung der GmbH & Co. KG nach dem Publizitätsgesetz, GmbHR 1975, S. 5; *Biener*, Einzelne Fragen zur Rechnungslegung der GmbH & Co. KG nach dem Publizitätsgesetz (II), GmbHR 1975, S. 30; *Biener*, Einzelne Fragen zum Publizitätsgesetz, WPg 1972, S. 1 (I); *Biener*, Einzelne Fragen zum Publizitätsgesetz, WPg 1972, S. 85 (II); *Castan*, Der Anhang zur Bilanz der publizitätspflichtigen Unternehmen (I), DB 1980, S. 409; *Castan*, Der Anhang zur Bilanz der publizitätspflichtigen Personenunternehmen (II), DB 1980, S. 460; *Forster*, Ausgewählte Fragen zur Rechnungslegung nach dem Publizitätsgesetz, WPg 1972, S. 469; *Geitzhaus/Delp*, Arbeitnehmerbegriff und Bilanzrichtlinien-Gesetz, BB 1987, S. 367; *Gelhausen/Fey/Kirsch*, Übergang auf die Rechnungslegungsvorschriften des Bilanzrechtsmodernisierungsgesetzes, WPg 2010, S. 24; *Herrmann*, Zur Bilanzierung bei Personenhandelsgesellschaften, WPg 1994, S. 500; *Lutter*, Zur Rechnungslegung und Publizität gemeinnütziger Spenden-Vereine, BB 1988, S. 489; *Maul*, Zur Ordnungsmäßigkeit der Buchführung bei fehlender Eröffnungsbilanz, DB 1974, S. 697; *Plagemann*, Unsicherheiten bei der Anwendung des Publizitätsgesetzes, BB 1986, S. 1123; *Prühs*, Die Rechnungslegung nach dem Publizitätsgesetz, AG 1969, S. 375; *Scherrer*, Umgehungsmöglichkeiten der Größenpublizität, DB 1973, S. 90; *Schulze-Osterloh*, Die Rechnungslegung der Innengesellschaft – insbesondere der stillen Gesellschaft, WPg 1974, S.393; *Segna*, Publizitätspflicht eingetragener Vereine?, DB 2003, S. 1311; *Westerfelhaus*, Gedanken zur Ordnungsmäßigkeit der Handelsbilanz des Einzelkaufmanns, DB 1974, S. 1694; *Wirtz*, Der Anhang zur Jahresbilanz nach dem Publizitätsgesetz – Auswertung der Erläuterungen nach § 5 Abs. 2 Ziff. 4 d), ZfB 1973, S. 507; *Woltmann*, Rechnungslegung im Wandel von Wirtschaft und Steuer, DStR 1979, S. 14.

Kapitel J

Erläuterungen zu den für Kreditinstitute[1] geltenden ergänzenden Vorschriften zur Rechnungslegung und Prüfung[2]

Die ergänzenden Vorschriften zur Rechnungslegung und Prüfung der Kreditinstitute (KI) umfassen insb. die **geschäftszweigspezifischen Vorschriften** der §§ 340 bis 340o HGB sowie die vom BMJ erlassenen **RechKredV** und **RechZahlV**. Sie gelten nach § 340 Abs. 1, 4 und 5 HGB für KI i.S.v. § 1 Abs. 1 S. 1 KWG, einschließlich der Bausparkassen i.S.v. § 1 Abs. 1 S. 1 BSpkG[3], Finanzdienstleistungsinstitute[4] (FDLI) i.S.v. § 1 Abs. 1a S. 1 KWG und Zahlungsinstitute (ZI) i.S.v. § 1 Abs. 1 Nr. 5 ZAG.

1

Die Vorschriften der §§ 340 bis 340o HGB, der RechKredV und der RechZahlV zum JA und LB sowie zum KA und KLB beruhen auf der **Bankbilanzrichtlinie**[5] und der **Zahlungsdiensterichtlinie**[6]. Die §§ 340 bis 340o HGB wurden zuletzt durch das Bilanzrechtsmodernisierungsgesetz[7] und das Zahlungsdiensteumsetzungsgesetz[8] geändert. Die Bankbilanzrichtlinie ergänzt die 4. EG-Richtlinie[9] und die 7. EG-Richtlinie[10], welche durch das BiRiLiG[11] vom 19.12.1985 in nationales Recht umgesetzt wurden. Die Transformation der Bankbilanzrichtlinie in nationales Recht erfolgte durch das Bankbilanzrichtlinie-Gesetz[12] sowie die RechKredV[13] für KI und FDLI bzw. durch die

2

---

1 In diesem Kapitel werden die ergänzenden Vorschriften zur Rechnungslegung und Prüfung der KI dargestellt. Soweit Besonderheiten für FDLI und ZI bzw. für Bausparkassen bestehen, werden diese gesondert behandelt. Ebenso werden die Vorschriften zur Rechnungslegung und Prüfung der KAG, SV und InvAG dargestellt.

2 Aus der Literatur zur Rechnungslegung der KI vgl. insb.: BHdR B 900; *Bieg*, Bankbilanzierung²; *Hopt/Merkt*, Bilanzrecht; MünchKomm. HGB²; *Krumnow*, Bankbilanz²; *Scharpf/Schaber*, Bankbilanz⁴; *Gelhausen/Fey/Kämpfer*, Rechnungslegung und Prüfung nach dem Bilanzrechtsmodernisierungsgesetz, Abschn. V.

3 Bausparkassen sind gem. § 1 Abs. 1 S. 1 BSpkG KI, deren Geschäftsbetrieb auf das Bauspargeschäft ausgerichtet ist. Soweit im Folgenden nicht ausdrücklich ausgenommen, umfasst der Begriff KI grds. auch Bausparkassen.

4 Kreditinstitute und FDLI werden in § 1 Abs. 1b KWG zusammen als Institute bezeichnet. In § 1 S. 1 RechKredV wird der Begriff „Institute" gleichfalls abkürzend für KI und FDLI verwendet. Sofern in diesem Kapitel der Begriff „Institute" gebraucht wird, wird er i.S.v. § 1 Abs. 1b KWG bzw. § 1 S. 1 RechKredV verwendet. Zu den Instituten in diesem Sinne gehören auch Bausparkassen.

5 Richtlinie des Rates über den JA und den konsolidierten Abschluss von Banken und anderen Finanzinstituten, AblEG 1986, Nr. L 372/1, zuletzt geändert durch Richtlinie 2006/46/EG des Europäischen Parlaments und des Rates vom 14.06.2006, Abl.EU L Nr. 224/1.

6 Richtlinie 2007/64 des Europäischen Parlaments und des Rates über Zahlungsdienste im Binnenmarkt, Abl.EU 2007, Nr. L 319/1, zuletzt geändert durch Richtlinie 2009/111/EG des Europäischen Parlaments und des Rates vom 16.09.2009, Abl.EU Nr. L 302/97.

7 Vgl. Art. 1 Nr. 71 bis 78 des Gesetzes zur Modernisierung des Bilanzrechts, BGBl. I 2009, S. 1102.

8 Vgl. Art. 6 des Gesetzes zur Umsetzung der aufsichtsrechtlichen Vorschriften der Zahlungsdiensterichtlinie (Zahlungsdiensteumsetzungsgesetz), BGBl. I 2009, S. 1506.

9 4. EG-Richtlinie, Abl.EG 1978, Nr. L 222/11, zuletzt geändert durch Richtlinie 2009/49/EG des Europäischen Parlaments und des Rates vom 18.06.2009, Abl.EU Nr. L 164/42.

10 7. EG-Richtlinie, Abl.EG 1983, Nr. L 193/1, zuletzt geändert durch Richtlinie 2009/49/EG des Europäischen Parlaments und des Rates vom 18.06.2009, Abl.EU Nr. L 164/42.

11 Gesetz zur Durchführung der Vierten, Siebenten und Achten Richtlinie des Rates der Europäischen Gemeinschaften zur Koordinierung des Gesellschaftsrechts (Bilanzrichtlinien-Gesetz – BiRiLiG), BGBl. I 1985, S. 2355.

12 Gesetz zur Durchführung der Richtlinie des Rates der Europäischen Gemeinschaften über den JA und den konsolidierten Abschluss von Banken und anderen Finanzinstituten (Bankbilanzrichtlinie-Gesetz), BGBl. I 1990, S. 2570.

13 Verordnung über die Rechnungslegung der KI und FDLI (Kreditinstituts-Rechnungslegungsverordnung – RechKredV), i.d.F. der Bekanntmachung v. 11.12.1998, BGBl. I, S. 3658, zuletzt geändert durch Verordnung v. 09.06.2011, BGBl. I S. 1041.

RechZahlV[14] für ZI. Für die Abschlüsse von ZI gelten die ergänzenden Vorschriften der §§ 340 bis 340o HGB und der RechZahlV.

3   Für die **Gliederung** der folgenden Erläuterungen wird im Hinblick auf die uneingeschränkte Geltung der geschäftszweigspezifischen Vorschriften der §§ 340 bis 340o HGB für KI, FDLI und ZI, im Hinblick auf die Geltung der RechKredV nur für KI und FDLI und die Geltung der RechZahlV ausschließlich für ZI wie folgt unterschieden: Die Erläuterungen zum JA/LB (vgl. Tz. 5 ff.) und zum KA/KLB (vgl. Tz. 420 ff.) beziehen sich **grds.** auf den JA/LB bzw. KA/KLB von KI, FDLI und ZI. Textziffer 404 ff. enthalten die Erläuterungen zu weiteren ergänzenden Vorschriften für den JA/LB und KA/KLB von FDLI. In Tz. 1032 ff. werden die für Bausparkassen geltenden weiteren ergänzenden Vorschriften zum JA/LB und zur Prüfung dargestellt.

4   Zu den Erläuterungen der Vorschriften für die Rechnungslegung und Prüfung von **KAG**[15] und deren **SV** sowie **InvAG** vgl. Tz. 750 ff. Zur Erläuterung der Vorschriften für die **Depotprüfung** und die **Depotbankprüfung** sowie die Prüfung nach § 36 WpHG s. Tz. 721 ff.

I. Jahresabschluss und Lagebericht

1. Überblick über die anzuwendenden Vorschriften für Kreditinstitute, Finanzdienstleistungsinstitute und Zahlungsinstitute

5   Kreditinstitute, FDLI und ZI haben bei der **Aufstellung** des **JA** die für alle Kaufleute geltenden Vorschriften (§§ 238 bis 256a HGB)[16] zu beachten. Soweit nichts anderes bestimmt ist, hat die darüber hinaus bestehende Verpflichtung zur Anwendung der geschäftszweigspezifischen Vorschriften der §§ 340 bis 340o HGB sowie der RechKredV (KI und FDLI) und der RechZahlV (ZI) die Anwendung der für große KapGes. und bestimmte Personenhandelsgesellschaften geltenden Vorschriften der §§ 264 bis 289a HGB zum JA und LB zur Folge, unabhängig von Rechtsform und Größe (vgl. § 340a Abs. 1 HGB). Kreditinstitute, FDLI und ZI in der Rechtsform der AG und GmbH haben darüber hinaus ergänzende rechtsformspezifische Vorschriften zu beachten. Ferner enthalten das KWG und das ZAG als Spezialgesetze für KI und FDLI bzw. ZI Vorschriften über den JA und LB.

6   Für den von **KI** und **FDLI** aufzustellenden JA und LB ergibt sich im Überblick folgendes **Normengefüge** (vgl. §§ 340 Abs. 1 und 4, 340a HGB und § 1 Abs. 1 RechKredV)[17]:

(1) Vorschriften über den JA für alle Kaufleute (§§ 238 bis 256a HGB), soweit in §§ 340 bis 340o HGB nichts anderes bestimmt ist;
(2) ergänzende Vorschriften für große KapGes. und bestimmte Personenhandelsgesellschaften (§§ 264 bis 289a HGB)[18], soweit in §§ 340 bis 340o HGB nichts anderes bestimmt ist;

---

14 Verordnung über die Rechnungslegung der ZI (Zahlungsinstituts-Rechnungslegungsverordnung – RechZahlV), i.d.F. der Bekanntmachung v. 02.11.2009, BGBl. I S. 3680, zuletzt geändert durch Verordnung v. 09.06.2011, BGBl. I S. 1041.
15 Kapitalanlagegesellschaften sind gem. § 2 Abs. 1 Nr. 3b KWG keine KI i.S.v. § 1 Abs. 1 S. 1 KWG und gem. § 2 Abs. 6 Nr. 5a KWG keine FDLI i.S.v. § 1 Abs. 1a S. 1 KWG. Zur Begriffsbestimmung von KAG vgl. § 2 Abs. 6 InvG und Tz. 751.
16 Vgl. hierzu unter Kap. E Tz. 3 ff.
17 Vgl. zur „abgestuften Normenhierarchie" der Rechnungslegungsvorschriften für KI und FDLI mit der Unterscheidung von Basisnormen, ergänzenden Basisnormen, rechtformspezifischen Normen und institutsspezifischen Normen *Bieg*, Bankbilanzierung², S. 47 ff.; *Krumnow*, KI², Teil A: Einführung, Rn. 10; *Scharpf/Schaber*, Bankbilanz⁴, S. 1 ff.
18 Vgl. hierzu Kap. F Tz. 18 ff.

Jahresabschluss und Lagebericht J

(3) ergänzende (geschäftszweigspezifische) Vorschriften der §§ 340a Abs. 2 S. 3 und 4, Abs. 4, 340b bis 340h, 340l bis 340o HGB;
(4) ergänzende (geschäftszweigspezifische) Vorschriften der RechKredV;
(5) rechtsformspezifische Vorschriften, z.b. AktG und GmbHG;
(6) institutsspezifische Vorschriften des KWG (§ 26 KWG);
(7) spezialgesetzliche Vorschriften für bestimmte KI (z.b. Pfandbriefbanken, Sparkassen, Landesbanken, ö.-r. KI mit Sonderaufgaben).

Für **ZI** gelten anstelle der Vorschriften der RechKredV die Bestimmungen der RechZahlV; zudem haben ZI die institutsspezifische Vorschrift des § 17 ZAG anzuwenden, die § 26 KWG entspricht. Im Übrigen sind, mit Ausnahme der spezialgesetzlichen Vorschriften für bestimmte KI, bei der Aufstellung des JA und LB von ZI die für KI und FDLI geltenden Vorschriften anzuwenden. Nach § 340 Abs. 5 S. 3 HGB bleiben zusätzliche Anforderungen aufgrund von rechtsformspezifischen Vorschriften unberührt. 7

Die Vorschriften über den JA für alle Kaufleute (§§ 238 bis 256a HGB) und die ergänzenden Vorschriften für große KapGes. und bestimmte Personenhandelsgesellschaften (§§ 264 bis 289a HGB) sind von KI, FDLI und ZI **teilweise nicht anzuwenden** (§ 340a Abs. 2 S. 1 HGB), z.T. treten die durch die RechKredV bzw. die RechZahlV erlassenen Formblätter und anderen Vorschriften (§ 340a Abs. 2 S. 2 HGB) an deren Stelle. Insbesondere gelten die Vorschriften zum Verrechnungsverbot (§ 246 Abs. 2 HGB) nicht, soweit die geschäftszweigspezifischen Vorschriften des HGB für KI, FDLI und ZI, die RechKredV und die RechZahlV **abweichende Bestimmungen** enthalten (§ 340a Abs. 2 S. 3 HGB). 8

§ 340a Abs. 2 S. 1 HGB bestimmt, dass im Einzelnen folgende Vorschriften über den JA/ LB von KI, FDLI und ZI im Hinblick auf **besondere Regelungen** in den ergänzenden Vorschriften der §§ 340a ff. HGB, der RechKredV und der RechZahlV oder weil ihre Anwendung aufgrund der ergänzenden geschäftszweigspezifischen Bestimmungen für KI, FDLI und ZI ins Leere läuft, **nicht anzuwenden** sind: 9

– § 265 Abs. 6 HGB: Änderung der **Gliederung** und der **Bezeichnung** von Posten,
– § 265 Abs. 7 HGB: **Zusammenfassung** von Posten,
– § 267 HGB: Umschreibung der **Größenklassen**,
– § 268 Abs. 4 S. 1 HGB: Vermerk des Betrags der **Forderungen** mit einer **Restlaufzeit** von mehr als einem Jahr,
– § 268 Abs. 5 S. 1 HGB: Vermerk des Betrags der **Verbindlichkeiten** mit einer **Restlaufzeit** bis zu einem Jahr,
– § 268 Abs. 5 S. 2 HGB: gesonderter Ausweis der erhaltenen **Anzahlungen** auf Bestellungen,
– § 276 HGB: **größenabhängige Erleichterungen** für die GuV,
– § 277 Abs. 1 HGB: Begriffsbestimmung der **Umsatzerlöse**,
– § 277 Abs. 2 HGB: Begriffsbestimmung der **Bestandsveränderungen**,
– § 277 Abs. 3 S. 1 HGB: gesonderter Ausweis bzw. Angabe im Anh. von **außerplanmäßigen Abschreibungen** nach § 253 Abs. 3 S. 3 und 4 HGB,
– § 284 Abs. 2 Nr. 4 HGB: Angabe von Unterschiedsbeträgen im Anh. bei Anwendung einer **Bewertungsmethode** nach § 240 Abs. 4, § 256 S. 1 HGB,
– § 285 S. 1 Nr. 8 HGB: gesonderte Angaben im Anh. bei Anwendung des **UKV** nach § 275 Abs. 3 HGB,
– § 285 S. 1 Nr. 12 HGB: Erläuterung **sonstiger Rückstellungen** im Anh. (soweit kein gesonderter Ausweis in der Bilanz), wenn sie einen nicht unerheblichen Umfang haben,

J   Ergänzende Vorschriften für Kreditinstitute

- § 288 HGB: **größenabhängige Erleichterungen** für kleine und mittelgroße KapGes. bei bestimmten Angaben im Anh.

10 Nach § 340a Abs. 2 S. 2 HGB treten **an die Stelle** der Vorschriften über den JA für alle Kaufleute und der ergänzenden Vorschriften für große KapGes. und bestimmte Personenhandelsgesellschaften im Einzelnen folgende Bestimmungen:

- § 247 Abs. 1 HGB: Anstelle dieser Vorschrift gelten die **Ausweis- und Aufgliederungsvorschriften** im Formblatt 1 (Bilanz) nach § 2 Abs. 1 S. 1 RechKredV für KI und FDLI sowie die Ausweis- und Aufgliederungsvorschriften im Formblatt 1 (Bilanz) nach § 2 RechZahlV für ZI.
- § 251 HGB: Anstelle dieser Vorschrift gelten für KI und FDLI für den Ausweis der **Eventualverbindlichkeiten** §§ 26 und 35 Abs. 4 und 5 RechKredV sowie das Formblatt 1 nach § 2 Abs. 1 RechKredV (Posten Nr. 1 unter dem Bilanzstrich) und für ZI das Formblatt 1 nach § 2 RechZahlV (Posten Nr. 2 unter dem Bilanzstrich).
- § 266 HGB: Anstelle dieser Vorschrift gelten für die **Gliederung** der **Bilanz** von KI und FDLI das Formblatt 1 nach § 2 Abs. 1 S. 1 RechKredV und für die Gliederung der Bilanz von ZI das Formblatt 1 nach § 2 RechZahlV.
- § 268 Abs. 2 HGB: Anstelle dieser Vorschrift gilt für den von KI und FDLI aufzustellenden **Anlagenspiegel** § 34 Abs. 3 RechKredV und für den Anlagenspiegel der ZI § 28 RechZahlV.
- § 268 Abs. 7 HGB: Statt dieser Vorschrift gelten für KI und FDLI für den Ausweis der **Eventualverbindlichkeiten** §§ 26 und 35 Abs. 4 und 5 RechKredV sowie das Formblatt 1 nach § 2 Abs. 1 RechKredV (Posten Nr. 1 unter dem Bilanzstrich) und für ZI das Formblatt 1 nach § 2 RechZahlV (Posten Nr. 2 unter dem Bilanzstrich).
- § 275 HGB: Anstelle dieser Vorschrift gelten für die **Gliederung der GuV** von KI und FDLI die Formblätter 2 und 3 nach § 2 Abs. 1 S. 1 RechKredV und für die Gliederung der GuV von ZI das Formblatt 2 nach § 2 RechZahlV.
- § 285 S. 1 Nr. 1 und 2 HGB: Anstelle dieser Vorschriften gelten für KI und FDLI die Vorschriften nach § 9 Abs. 1 RechKredV zur **Fristengliederung** der Verbindlichkeiten ggü. KI und Kunden und für ZI die Vorschriften für die Fristengliederung der Verbindlichkeiten ggü. Kunden nach § 7 RechZahlV.
- § 285 S. 1 Nr. 4 HGB: Anstelle dieser Vorschrift gilt für KI und FDLI § 34 Abs. 2 Nr. 1 RechKredV und für ZI § 28 Abs. 2 Nr. 1 RechZahlV zur **Aufgliederung** bestimmter Erträge nach **geographischen Märkten.**
- § 285 S. 1 Nr. 9 Buchst. c) HGB: Anstelle dieser Vorschrift gilt für KI und FDLI § 34 Abs. 2 Nr. 2 RechKredV und für ZI § 28 Abs. 2 Nr. 2 RechZahlV zu gewährten **Vorschüssen** und **Krediten** an bestimmte Personengruppen sowie zu eingegangenen **Haftungsverhältnissen** ggü. bestimmten Personengruppen.
- § 285 S. 1 Nr. 27 HGB: Anstelle dieser Vorschrift im Anh. gilt für KI und FDLI § 34 Abs. 2 Nr. 4 RechKredV zur Einschätzung des **Risikos** der **Inanspruchnahme** aufgrund von Eventualverbindlichkeiten (§ 26 RechKredV) und wegen anderer Verpflichtungen (§ 27 RechKredV).

11 Nach § 340 Abs. 1 S. 3, Abs. 4 S. 4 und Abs. 5 S. 3 HGB bleiben bei der Anwendung der ergänzenden Vorschriften für KI, FDLI und ZI zusätzliche Anforderungen aufgrund der Rechtsform dieser Unternehmen oder infolge der Eigenschaft als Zweigniederlassung unberührt. KI, FDLI und ZI in der Rechtsform der AG oder der GmbH haben dementsprechend auch **rechtsformspezifische** Vorschriften des **AktG** (§§ 58, 150, 152, 158, 160 und – nur KGaA – § 286 AktG) bzw. des **GmbHG** (§§ 29, 42 und 42a GmbHG) über den JA zu beachten. Für KI in der Rechtsform der **Genossenschaft** (Kreditgenossenschaften) gelten diesbezüglich §§ 336 bis 339 HGB und § 33 GenG.

Rechtsform- und größenunabhängig sind neben den ergänzenden geschäftszweigspezifischen Vorschriften und den rechtsformspezifischen Vorschriften als **institutsspezifische** Vorschriften § 26 Abs. 1 S. 1 KWG für KI und FDLI und § 17 Abs. 1 S. 1 ZAG für ZI zu beachten. Diese Vorschriften regeln gleichlautend die **Aufstellungsfrist** für den JA sowie die **Vorlage** des aufgestellten und später festgestellten JA und LB an die BaFin und die DBB. 12

Spezialgesetzliche Vorschriften für den JA der KI (ohne Bausparkassen) sind im PfandBG für Pfandbriefbanken[19] enthalten (vgl. Transparenzvorschrift in § 28 PfandBG zur Veröffentlichung von Angaben zum Pfandbriefgeschäft im Anh.). Daneben sind z.B. von Landesbanken und Sparkassen sowie von ö.-r. KI die jeweils maßgeblichen Bundes- und Landesgesetze zu beachten, soweit diese Vorschriften über den JA und LB enthalten. 13

Für das **Verhältnis** zwischen den verschiedenen gesetzlichen Vorschriften über den JA von KI, FDLI und ZI gilt, dass die ergänzenden geschäftszweigspezifischen Vorschriften der §§ 340 bis 340o HGB, der RechKredV und der RechZahlV ggü. den Vorschriften über den JA für alle Kaufleute (§§ 238 bis 256a HGB), den Vorschriften über den JA von großen KapGes. und bestimmten Personenhandelsgesellschaften sowie den rechtsformspezifischen Vorschriften bei voneinander abweichenden Regelungen grds. **vorrangig** sind. 14

Die **BaFin** hat in verschiedenen Veröffentlichungen zu Einzelfragen der Bilanzierung der KI Stellung genommen.[20] Diese Veröffentlichungen (Rundschreiben, Verlautbarungen, Bekanntmachungen, Mitteilungen u.Ä.) entfalten unterschiedliche Rechtsverbindlichkeit[21], spiegeln jedoch im Allgemeinen Grundsätze einer ordnungsmäßigen Bankbilanzierung[22] wider und sind deshalb ebenfalls zu beachten.[23] 15

Artikel 30 und Art. 31 EGHGB enthalten **Übergangsvorschriften** zum Bankbilanzrichtlinie-Gesetz, insb. zur zeitlichen Anwendung der Vorschriften und zur Bewertung bestimmter Vermögensgegenstände und Schulden sowie zur Bildung von Sonderposten. 16

Nach § 264 Abs. 3 HGB können KapGes., die TU eines nach § 290 HGB zur Aufstellung eines KA verpflichteten MU sind, unter den dort genannten Voraussetzungen von der **Anwendung** der §§ 264 ff. HGB bzgl. Aufstellung, Prüfung und Offenlegung von JA und LB **absehen**.[24] Diese **Befreiungsvorschrift** gilt nach § 340a Abs. 2 S. 4 HGB auch für **KI;** die Anwendung ist jedoch aus aufsichtsrechtlichen Gründen **eingeschränkt**, da nur eine Befreiung von der Anwendung der **Offenlegungsvorschriften** (§§ 325 bis 329 HGB) vorgesehen ist, für die Aufstellung und Prüfung von JA und LB jedoch weiter die Vorschriften für große KapGes. zu beachten sind. 17

Auch § 264b HGB, wonach **Personenhandelsgesellschaften** i.S.v. § 264a HGB bei Vorliegen bestimmter Voraussetzungen von der Pflicht zur Aufstellung von JA und LB nach den besonderen Ansatz- und Bewertungsvorschriften sowie Gliederungsvorschriften für KapGes., von der Prüfung und der Offenlegung des JA und LB befreit sind[25], gilt aus 18

---

19 Pfandbriefbanken sind KI, deren Geschäftsbetrieb das Pfandbriefgeschäft nach § 1 Abs. 1 Nr. 1a KWG i.V.m. § 1 PfandBG umfasst.
20 Adressaten dieser Schreiben sind i.d.R. die Spitzenverbände der KI oder das IDW. Die wichtigsten Schreiben sind abgedruckt in: *Consbruch/Fischer*, Abschn. P, vormals: *CMBS*, Ordnungsnummer 16 – Stellungnahmen zur Bilanzierung, oder unter www.bafin.de.
21 Vgl. *Bieg*, Bankbilanzierung[2], S. 58.
22 Vgl. *Birck/Meyer*, Bankbilanz, S. II 89.
23 Vgl. zur Rechtsverbindlichkeit dieser Veröffentlichungen *Bieg*, Bankbilanzierung[2], S. 49 und 58.
24 Vgl. im Einzelnen zur Befreiung nach § 264 Abs. 3 HGB Kap. F Tz. 29 ff.
25 Vgl. im Einzelnen zur Befreiung nach § 264b HGB Kap. F Tz. 58 ff.

aufsichtsrechtlichen Gründen für **KI** nur **eingeschränkt**, da nach § 340a Abs. 2 S. 4 HGB die Befreiung nur für die Offenlegung (§§ 325 bis 329 HGB) gilt, nicht jedoch bzgl. der Aufstellung und Prüfung von JA und LB.

2. Anwendungsbereich der ergänzenden Vorschriften

19 Der Anwendungsbereich der ergänzenden Vorschriften der §§ 340 ff. HGB[26] erstreckt sich auf **KI** (§ 340a Abs. 1 S. 1 HGB), **FDLI** (§ 340 Abs. 4 S. 1 HGB), **ZI** (§ 340 Abs. 5 S. 1 HGB) und bestimmte **Zweigniederlassungen** von Unternehmen mit Sitz in einem anderen Staat, der nicht Mitglied der EG und auch nicht Vertragsstaat des Abkommens über den EWR sind (§ 340 Abs. 1 S. 1 HGB und Abs. 4 S. 1 HGB). Die RechKredV ist auf KI und FDLI sowie auf vorgenannte Zweigniederlassungen von Unternehmen, die nach § 53 Abs. 1 KWG als KI oder FDLI gelten, anzuwenden. Die RechZahlV gilt für ZI i.S.d. ZAG (vgl. § 1 RechZahlV).

20 Als **KI** nach § 340 Abs. 1 S. 1 HGB gelten grds. alle KI i.S.v. § 1 Abs. 1 KWG, die **Bankgeschäfte** nach § 1 Abs. 1 S. 2 Nr. 1 bis 12 KWG gewerbsmäßig oder in einem Umfang betreiben, der einen in kaufmännischer Weise eingerichteten Geschäftsbetrieb erfordert. Die DBB führt ein „Verzeichnis der KI", in dem alle KI aufgeführt sind, die Bankgeschäfte nach § 1 KWG betreiben.[27] Die dort vorgenommene Einteilung der KI nach Bankengruppen folgt bankaufsichtsrechtlichen Gesichtspunkten. **Ausgenommen** von der Anwendung der ergänzenden Vorschriften der §§ 340 ff. HGB sind bestimmte Unternehmen, die nach § 2 Abs. 1 KWG nicht als KI gelten (u.a. die DBB, die KfW, die Sozialversicherungsträger, die Bundesagentur für Arbeit, KAG, private und ö.-r. VU), sowie Unternehmen, die von der BaFin nach § 2 Abs. 4 oder 5 KWG im Einzelfall von der Anwendung bestimmter Vorschriften des KWG freigestellt werden (vgl. § 340 Abs. 1 S. 1 HGB). **Abwicklungsanstalten** i.S.v. § 8a Abs. 1 S. 1 FMStFG gelten nicht als KI oder FDLI i.S.d. KWG (vgl. § 8a Abs. 5 S. 1 FMStFG). Als KI gelten nach § 1 Abs. 1 S. 1 BSpkG auch **Bausparkassen** (vgl. Tz. 1032 ff.).

21 Für die Anwendung der ergänzenden Vorschriften der §§ 340 ff. HGB und der RechKredV auf **Zweigniederlassungen** ist wie folgt zu unterscheiden: Auf Zweigniederlassungen von Unternehmen, die nach § 53 Abs. 1 KWG als KI oder FDLI gelten und mit Sitz in einem anderen Staat, der nicht Mitglied der EG und auch nicht Vertragsstaat des Abkommens über den EWR ist, finden sämtliche ergänzenden Vorschriften der §§ 340 ff. HGB und der RechKredV Anwendung (vgl. § 340 Abs. 1 S. 1 und Abs. 4 S. 1 HGB i.V.m. § 1 S. 1 RechKredV). Auf Zweigniederlassungen i.S.v. § 53b Abs. 1 S. 1 und Abs. 7 KWG und auf Zweigniederlassungen von Unternehmen, die unter eine RVO nach § 53c Nr. 1 KWG fallen, sind, soweit diese Zweigniederlassungen Bankgeschäfte i.S.v. § 1 Abs. 1 S. 2 Nr. 1 bis 5 und 7 bis 12 KWG betreiben, lediglich die Vorschriften des § 340l Abs. 2 und 3 HGB zur Offenlegung von JA und LB anzuwenden (vgl. § 340 Abs. 1 S. 2 HGB, § 1 S. 1 RechKredV).

22 Als **FDLI** gem. § 340 Abs. 4 S. 1 HGB gelten alle FDLI i.S.v. § 1 Abs. 1a KWG. Finanzdienstleistungsinstitute sind danach Unternehmen, die **Finanzdienstleistungen** für andere gewerbsmäßig oder in einem Umfang erbringen, der einen in kaufmännischer Weise eingerichteten Geschäftsbetrieb erfordert, und die nicht KI sind. Finanzdienstleistungen sind die in § 1Abs. 1a S. 2 Nr. 1 bis Nr. 12 und S. 3 KWG aufgeführten Geschäfte. **Ausgenommen** von der Anwendung der ergänzenden Vorschriften der §§ 340 ff. HGB sind bestimmte Unternehmen, die nach § 2 Abs. 6 KWG (u.a. die DBB,

---

26 Vgl. *Scharpf/Schaber*, Handbuch Bankbilanz⁴, S. 7 ff.
27 Vgl. *Deutsche Bundesbank*, Verzeichnis der Kreditinstitute, Bankgeschäftliche Information 2, 2010.

Jahresabschluss und Lagebericht

die KfW, private und ö.-r. VU, KAG) oder nach § 2 Abs. 10 KWG nicht als FDLI gelten (vgl. § 340 Abs. 4 S. 1 HGB).

Als **ZI** i.S.v. § 340 Abs. 5 S. 1 HGB gelten Unternehmen, die nach § 1 Abs. 1 Nr. 5 ZAG als ZI zu klassifizieren sind. **23**

Einschränkungen des Anwendungsbereichs der ergänzenden Vorschriften der §§ 340 ff. HGB können sich aufgrund der Rechtsform bei FDLI und ZI ergeben. Nach § 340 Abs. 4 S. 3 und Abs. 5 S. 2 HGB sind die Vorschriften zur Offenlegung des JA und LB auf FDLI und ZI nur anzuwenden, soweit sie in der Rechtsform einer **KapGes.** betrieben werden. **24**

Die ergänzenden Vorschriften der §§ 340 ff. HGB und der RechKredV gelten **unabhängig** von der **Rechtsform** und sind dementsprechend von KI, FDLI und ZI in der Rechtsform[28] der KapGes., der PersGes. und der Genossenschaft sowie von ö.-r. KI anzuwenden. Unbeachtlich für die Anwendung der geschäftszweigspezifischen Vorschriften ist auch die **Größe** der Unternehmen, weshalb die größenabhängigen Erleichterungsvorschriften für KapGes. (§§ 267, 276, 288 HGB) gegenstandslos sind. **25**

Auf private und öffentliche **VU** sowie Unternehmen des **Pfandleihgewerbes**, soweit diese das Pfandleihgewerbe durch Gewährung von Darlehen gegen Faustpfand betreiben, sind die geschäftszweigspezifischen Vorschriften der §§ 340 ff. HGB nur insoweit anzuwenden, als diese Unternehmen Bankgeschäfte betreiben, die nicht zu den ihnen eigentümlichen Geschäften gehören (vgl. § 340 Abs. 2 HGB). Für **Wohnungsunternehmen mit Spareinrichtung** gelten die ergänzenden Bestimmungen der §§ 340 ff. HGB nicht (§ 340 Abs. 3 HGB, § 1 S. 2 RechKredV). **26**

3. Allgemeines zum Jahresabschluss und Lagebericht

Der **JA** von KI, FDLI und ZI besteht aus **Bilanz, GuV** und **Anh.** (§ 340a Abs. 1 i.V.m. § 264 Abs. 1 S. 1 HGB). Daneben ist ein **LB** nach den für große KapGes. geltenden Bestimmungen in § 289 HGB zu erstellen (§ 340a Abs. 1 Hs. 2 HGB). **27**

Die geschäftszweigspezifischen Vorschriften der §§ 340 ff. HGB, der RechKredV und der RechZahlV über den JA und LB von KI, FDLI und ZI sehen besondere Regelungen zum Ausweis (**Gliederung** und **Inhalt**) von Bilanz und GuV), zum **Ansatz** und zur **Bewertung** sowie zur **Offenlegung von JA und LB vor**. Außerdem sind zusätzliche **Erläuterungen** und **Angaben** für den Anh. (insb. §§ 34 bis 36 RechKredV, §§ 28 bis 30 RechZahlV) vorgeschrieben. **28**

Der JA ist in **deutscher Sprache** und in € aufzustellen (§ 244 HGB). Im Interesse der Übersichtlichkeit kann es sachgerecht sein, die Beträge auf volle €, T€ oder Mio € (i.d.R. mit einer Nachkommastelle) zu runden.[29] Die Pflicht zur Verwendung der deutschen Sprache gilt auch für den LB.[30] **29**

Der aufgestellte JA ist vom Kaufmann (Vorstand, Geschäftsführer, persönlich haftende Gesellschafter, Inhaber) unter Angabe des Datums zu **unterzeichnen** (§ 245 HGB). **30**

JA und LB der KI, FDLI und ZI unterliegen ohne Rücksicht auf deren Größe und Rechtsform der **Pflichtprüfung** durch einen APr. (§ 340k Abs. 1 S. 1 HGB). Die Prüfung ist spätestens **vor Ablauf** des **fünften Monats** des dem Abschlussstichtag folgenden GJ **31**

---

28 Nach § 2b Abs. 1 KWG dürfen KI, die eine Erlaubnis nach § 32 Abs. 1 KWG benötigen, nicht in der Rechtsform des Einzelkaufmanns betrieben werden.
29 Vgl. Kap. E Tz. 5.
30 Vgl. hierzu Kap. E Tz. 6.

vorzunehmen (§ 340k Abs. 1 S. 2 HGB). Über das Ergebnis der Prüfung hat der APr. schriftlich zu berichten (§ 321 HGB) und das Ergebnis der Prüfung in einem BestV zum JA zusammenzufassen (§ 322 HGB).[31]

32 Nach Durchführung der Abschlussprüfung ist der JA unverzüglich festzustellen (§ 340k Abs. 1 S. 3 HGB). Die **Feststellung** kann infolge der Prüfungspflicht erst erfolgen, wenn die JA-Prüfung beendet ist und der PrB vorliegt, in den der BestV bzw. der Vermerk über seine Versagung aufzunehmen ist (§§ 316 Abs. 1 S. 2, 322 Abs. 7 HGB).[32] Wegen der Feststellung des JA vgl. für KI, FDLI und ZI in der Rechtsform der AG §§ 172, 173 AktG, in der Rechtsform der KGaA § 286 Abs. 1 AktG, in der Rechtsform der GmbH § 42a Abs. 2 GmbHG und in der Rechtsform der eG § 48 GenG. Für Landesbanken, Sparkassen und andere ö.-r. KI ist das Verfahren zur Feststellung des JA in den maßgeblichen Gesetzen bzw. in der Satzung geregelt. Im Falle von KI, die als Einzelkaufmann oder Personenhandelsgesellschaft betrieben werden, gilt der JA, vorbehaltlich anderer Regelungen im Gesellschaftsvertrag, als festgestellt, wenn er vom Inhaber oder den persönlich haftenden Gesellschaftern unterschrieben wird (§ 245 HGB).

4. Aufstellungsfrist und Offenlegung

33 Jahresabschluss und LB sind in den ersten **drei Monaten** nach Ablauf des GJ für das vergangene GJ **aufzustellen** (vgl. § 340a Abs. 1 i.V.m. § 264 Abs. 1 S. 2 HGB, § 26 Abs. 1 S. 1 KWG). Bei Nichtbefolgung der Aufstellungspflicht kann das Bundesamt für Justiz gegen die Mitglieder des vertretungsberechtigten Organs ein **Ordnungsgeld** nach § 335 HGB[33] festsetzen (§ 340o HGB). Die Nichtbeachtung der Vorschriften über Form und Inhalt des JA, die Bewertung, die Gliederung, die in der Bilanz oder im Anh. zu machenden Angaben sowie über den Inhalt des LB durch den Geschäftsleiter, Inhaber oder Mitglied des AR stellt eine **Ordnungswidrigkeit** dar und kann mit einer Geldbuße geahndet werden (vgl. § 340n HGB).

34 Kreditinstitute und FDLI (§ 26 Abs. 1 S. 1 KWG) sowie ZI (§ 17 Abs. 1 ZAG) haben den **aufgestellten** und später festgestellten JA und LB unverzüglich bei der **BaFin** und der **DBB einzureichen** (§ 26 Abs. 1 S. 1 KWG für KI und FDLI, § 17 Abs. 1 S. 1 ZAG für ZI). Der JA muss mit einem BestV oder einem Vermerk über dessen Versagung versehen sein (§ 26 Abs. 1 S. 2 KWG, § 17 Abs. 1 S. 2 ZAG). Die Nichtbefolgung der Einreichungsverpflichtung stellt eine Ordnungswidrigkeit dar und kann mit einer Geldbuße geahndet werden (§ 56 Abs. 2 Nr. 5, Abs. 5 KWG, § 32 Abs. 2 Nr. 1, Abs. 4 ZAG).

35 Für die **Offenlegung** von JA/LB bzw. KA/KLB verweist § 340l Abs. 1 S. 1 HGB auf die allgemeinen Vorschriften[34] der §§ 325 Abs. 2 bis 5, 328, 329 Abs. 1 und 4 HGB, welche insoweit uneingeschränkt für KI gelten. Finanzdienstleistungsinstitute und ZI müssen die ergänzenden Bestimmungen des § 340l HGB nur beachten, soweit sie KapGes. sind.

36 Unterhalten KI **Zweigniederlassungen** in einem anderen Mitgliedstaat der EG/des EWR, sind sie dazu verpflichtet, auch in diesen Staaten ihren JA/LB bzw. KA/KLB nach dem Recht des jeweiligen Staats offenzulegen (vgl. § 340l Abs. 1 S. 2 und 3 HGB).

37 Bei Zweigniederlassungen von KI **mit Sitz in einem anderen Staat** wird eine Offenlegung des nach dem Recht des jeweiligen Staats aufgestellten und geprüften JA/LB bzw. KA/KLB der Hauptniederlassung nach § 340l Abs. 2 Satz 1 HGB als ausreichend ange-

---

31 Vgl. Tz. 594 ff.
32 Vgl. zu dieser Feststellungssperre Kap. Q Tz. 353.
33 Vgl. Kap. F Tz. 5.
34 Vgl. Kap. F Tz. 5 ff.

Jahresabschluss und Lagebericht J

sehen. Die Zweigniederlassung muss in diesen Fällen keine Abschlüsse offenlegen, die sich auf die eigene Geschäftstätigkeit beziehen.

Sofern es sich um Zweigniederlassungen von KI mit Sitz in einem **Drittstaat** i.S.v. § 3 Abs. 1 S. 1 WPO handelt, deren Wertpapiere i.S.v. § 2 Abs. 1 S. 1 WpHG an einer inländischen Börse zum Handel am regulierten Markt zugelassen sind, muss der APr. der Hauptniederlassung nach § 134 Abs. 2a WPO registriert sein. Darüber hinaus ist eine Offenlegung des JA/LB bzw. KA/KLB der Hauptniederlassung in diesen Fällen nur ausreichend, wenn die Abschlüsse nach einem an die Richtlinie 86/635/EWG angepassten Recht aufgestellt und geprüft oder den nach einem dieser Rechte aufgestellten Unterlagen gleichwertig sind. 38

5. Allgemeine Bilanzierungsgrundsätze

Die **Generalnorm** des § 264 Abs. 2 HGB, wonach der JA der KapGes. unter Beachtung der GoB ein den tatsächlichen Verhältnissen entsprechendes Bild der Vermögens-, Finanz- und Ertragslage der KapGes. vermitteln soll, gilt ohne Einschränkungen auch für den JA der KI, FDLI und ZI. Insoweit wird auf Kap. F Tz. 78 ff. (Generalnorm) und Kap. E Tz. 6 ff. (GoB) verwiesen. 39

Die allgemeinen Bilanzierungsgrundsätze für alle Kaufleute in §§ 238 ff. HGB und für KapGes. in §§ 264 ff. HGB gelten grds. auch für den JA der KI, FDLI und ZI. Sie werden in §§ 340 ff. HGB, in der RechKredV, in der RechZahlV sowie im KWG und im ZAG z.T. durch **spezielle Vorschriften** ersetzt oder ergänzt. Dieses betrifft u.a. folgende Grundsätze: 40

– Pflicht zur **Aufstellung** des JA (§§ 242 Abs. 1 und 2, 264 Abs. 1 S. 1 HGB, § 26 Abs. 1 KWG, § 17 Abs. 1 ZAG),
– **Verrechnungsverbot** (§§ 246 Abs. 2, 264c Abs. 3, 340a Abs. 2 S. 3, 340c Abs. 1 und Abs. 2, 340f Abs. 3 und 4 HGB, §§ 10 Abs. 1 und 2, 32 und 33 RechKredV).

Zu diesen Grundsätzen – soweit sie für alle Kaufleute gelten – vgl. Kap. E Tz. 13 ff. (Vollständigkeitsgebot), Kap. E Tz. 73 ff. (Verrechnungsverbot), Kap. E Tz. 92 ff., 102 ff. (Bilanzierungsverbote und -wahlrechte) und – soweit sie von großen KapGes. zu beachten sind – Kap. F Tz. 82.

6. Grundsätze für die Gliederung der Bilanz und der Gewinn- und Verlustrechnung

a) Überblick

Für die **Gliederung** der Bilanz und der GuV der KI, FDLI und ZI hat das BMJ aufgrund der Verordnungsermächtigung in § 330 Abs. 2 i.V.m. Abs. 1 HGB im Einvernehmen mit dem BMF und im Benehmen mit der DBB durch die RechKredV (für KI und FDLI) und die RechZahlV (für ZI) **geschäftszweigspezifische Formblätter** (Gliederungsschemata) vorgeschrieben und **andere Gliederungsvorschriften** erlassen. Diese Formblätter und anderen Gliederungsvorschriften treten an die Stelle der Vorschriften der §§ 247 Abs. 1, 251, 266, 268 Abs. 2 und 7 und 275 HGB (vgl. § 340a Abs. 2 S. 2 HGB i.V.m. § 2 Abs. 1 RechKredV und § 2 RechZahlV). Im Übrigen gelten für die Gliederung der Bilanz und der GuV der KI, FDLI und ZI, soweit ihre Anwendung nicht ausgeschlossen ist (vgl. § 340a Abs. 2 S. 1 HGB), die für alle Kaufleute und für große KapGes. verbindlichen Gliederungsvorschriften.[35] 41

---
35 Vgl. hierzu Kap. E Tz. 594 ff. und Kap. F Tz. 83 ff. und Tz. 121 ff.

937

42 Soweit zur Erfüllung der Aufgaben der BaFin oder der DBB erforderlich, dürfen aufgrund der Ermächtigung in § 330 Abs. 2 Satz 4 HGB im Rahmen der vorgeschriebenen Formblätter für die Gliederung des JA auch weitere Bestimmungen erlassen werden, insb. um **einheitliche Unterlagen** zur Beurteilung der von KI und FDLI[36] durchgeführten Bankgeschäfte und erbrachten Finanzdienstleistungen zu erhalten.

b) Anwendung allgemeiner Gliederungsgrundsätze

43 Neben dem Grundsatz der **Klarheit** und **Übersichtlichkeit** (§ 243 Abs. 2 HGB)[37] sind für die Gliederung der Bilanz und der GuV der KI, FDLI und ZI grds. die in § 265 HGB enthaltenen allgemeinen Gliederungsgrundsätze für KapGes. maßgebend. **Ausgenommen** hiervon (vgl. § 340a Abs. 2 S. 1 HGB) sind § 265 Abs. 6 HGB (Änderung der Gliederung und Bezeichnung der Posten) und § 265 Abs. 7 HGB (Zusammenfassung von Posten). Zu den in § 265 Abs. 1 bis 5 und 8 HGB vorgeschriebenen **allgemeinen Gliederungsgrundsätzen** (Darstellungsstetigkeit, Angabe von Vj.-Beträgen, Vermerk der Mitzugehörigkeit zu anderen Posten der Bilanz, Gliederung bei Vorliegen mehrerer Geschäftszweige, für die unterschiedliche Gliederungsvorschriften gelten, Untergliederung von Posten und Hinzufügung neuer Posten, Leerposten) vgl. die Erläuterungen in Kap. F Tz. 83 ff.

44 Die Nichtanwendung von § 265 Abs. 6 HGB hat zur Folge, dass KI, FDLI und ZI von der in den Formblättern gem. § 2 Abs. 1 RechKredV bzw. § 2 RechZahlV vorgeschriebenen **Gliederung** (Reihenfolge der Posten) und den dort aufgeführten **Postenbezeichnungen** grds. nicht abweichen dürfen.[38] Eine Ausnahme von der vorgeschriebenen Gliederung der Posten mit arabischen Zahlen könnte allenfalls dann zulässig sein, wenn Besonderheiten bestehen, die unter den in § 265 Abs. 6 HGB genannten Voraussetzungen eine Anpassung der Reihenfolge zur Erreichung eines klaren und übersichtlichen JA erforderlich machen; für einen solchen Fall muss die modifizierte Gliederung den Zweck „besser" als die vorgeschriebene Gliederung erreichen.[39] Unter der Voraussetzung, dass Besonderheiten bestehen und Abweichungen bei der Bezeichnung der Posten die Übersichtlichkeit und Klarheit des JA verbessern, können ausnahmsweise auch **neue Postenbezeichnungen** zulässig sein (z.B. bei irreführenden Bezeichnungen).

45 Im Zusammenhang mit der Postenbezeichnung ist darauf hinzuweisen, dass die **arabischen Zahlen** und die **kleinen Buchstaben** zur Ordnung der Posten in den Formblättern für die Bilanz und die GuV nicht Teil der Postenbezeichnung sind. Sie dürfen daher, wenn die Klarheit und Übersichtlichkeit nicht beeinträchtigt wird, weggelassen werden. Soweit die arabischen Zahlen und die kleinen Buchstaben in der Bilanz und GuV aufgeführt werden, sind sie der **tatsächlichen Reihenfolge** anzupassen.[40]

46 Die **Zusammenfassung** von **Posten** der Bilanz und der GuV bleibt trotz der Nichtanwendung von § 265 Abs. 7 HGB (vgl. § 340a Abs. 2 S. 1 HGB) für KI und FDLI möglich, weil § 2 Abs. 2 S. 1 RechKredV eine entsprechende **Regelung** enthält. Die **RechZahlV** enthält hingegen **keine** diesbezügliche Bestimmung; deshalb sind Zusammenfassungen von Posten in der Bilanz und GuV von ZI entsprechend § 265 Abs. 7 HGB bzw. § 2 Abs. 1

---

36 Eine Ermächtigung für den Erlass vergleichbarer Bestimmungen für ZI enthält § 330 Abs. 2 S. 4 HGB nicht.
37 Vgl. Kap. E Tz. 595.
38 Nach *Krumnow* dürfen in „ganz seltenen Ausnahmefällen abweichende Postenbezeichnungen verwendet werden, wenn dadurch eine Konkretisierung erzielt und der Aussagewert" erhöht wird; vgl. *Krumnow*, KI², § 340a HGB, Rn. 45.
39 Vgl. zu den Voraussetzungen Kap. F Tz. 94 f.
40 Vgl. Kap. F Tz. 96.

S. 1 RechKredV nicht zulässig. Der Grund hierfür besteht darin, dass eine Vielzahl der Posten der Bilanz und GuV von ZI gem. § 3 S. 2 RechZahlV obligatorisch entsprechend ihrer Herkunft aus „Zahlungsdiensten" oder „aus sonstigen Tätigkeiten" zu untergliedern sind. Insoweit besteht nur geringes Interesse an Zusammenfassungen.

Nach § 2 Abs. 2 S. 1 RechKredV dürfen die mit kleinen Buchstaben versehenen Posten der Bilanz und der GuV ausnahmsweise zusammengefasst ausgewiesen werden, **47**

- wenn die Posten einen für die Vermittlung des in § 264 Abs. 2 HGB geforderten Bildes nicht erheblichen Betrag enthalten (Nr. 1) oder
- wenn dadurch die Klarheit der Darstellung vergrößert wird (Nr. 2).

Das Wahlrecht zur Zusammenfassung bezieht sich auf die mit **einfachen kleinen Buchstaben** und die mit **kleinen Doppelbuchstaben** gekennzeichneten Posten der Bilanz und GuV.

Ebenso wie für KapGes. ist im Ausnahmefall Nr. 1 die Zusammenfassung unerheblicher **48** Beträge allerdings nicht schlechthin zulässig. In der Bilanz sind z.B. die verschiedenen Formen der Gewinnrücklagen stets als solche auszuweisen, wenn nicht der Ausnahmefall Nr. 2 vorliegt.[41] Nach dem Ausnahmefall Nr. 2 können in der Bilanz bspw. sämtliche mit einfachen kleinen Buchstaben und kleinen Doppelbuchstaben versehenen Posten entfallen, wenn die entfallenden Posten im Anh. gesondert ausgewiesen werden (§ 2 Abs. 2 S. 1 Nr. 2 RechKredV). Dieses hat dann u.a. zur Folge, dass die Fristengliederung der Forderungen und Verbindlichkeiten oder auch die Zusammensetzung der Forderungen und Verbindlichkeiten und der Wertpapierpositionen nach Darlehensarten oder Wertpapierarten aus der Bilanz nicht erkennbar ist.

Nicht zulässig ist die Zusammenfassung von Posten in der Bilanz und GuV, die der BaFin **49** und der DBB gem. § 26 Abs. 1 KWG einzureichen sind (§ 2 Abs. 2 S. 2 RechKredV).

c) Formblätter

Anstelle des **Bilanzgliederungsschemas** nach § 266 HGB für KapGes. ist für KI und **50** FDLI gem. § 2 Abs. 1 RechKredV das **Formblatt 1** für die Gliederung der Bilanz und anstelle des **Gliederungsschemas** für die GuV gem. § 275 HGB das **Formblatt 2** oder das **Formblatt 3** für die Gliederung der GuV (§ 2 Abs. 1 RechKredV) vorgeschrieben. Für die Bilanz ist nur die Kontoform zugelassen. Die GuV kann in **Kontoform** (Formblatt 2) oder in **Staffelform** (Formblatt 3) aufgestellt werden.

§ 2 Abs. 1 S. 2 RechKredV enthält für KI mit **Bausparabteilung** eine besondere Aus- **51** weisvorschrift, wonach diese die für Bausparkassen vorgesehenen besonderen Posten in ihre Bilanz und GuV zu übernehmen haben (vgl. hierzu Tz. 1038 ff.).

Für **ZI** sind durch § 2 RechZahlV von § 266 HGB bzw. § 275 HGB abweichende Form- **52** blätter für die Bilanz (Formblatt 1) und die GuV (Formblatt 2) vorgeschrieben. Anders als bei KI und FDLI sieht § 2 RechZahlV für die Gliederung der **GuV** nur die **Staffelform** vor.[42]

Die Formblätter 1 bis 3 für KI und FDLI sind grds. auf die Bedürfnisse und Geschäftsarten **53** von **Universalbanken** zugeschnitten. Für bestimmte **Arten** von **Instituten** (Pfand-

---

41 Vgl. Kap. F Tz. 98.
42 Aus der Begr. zur RechZahlV ergibt sich, dass für ein GuV-Formblatt in Kontoform kein Bedürfnis gesehen wird und dass ein einheitliches Formblatt wegen der besseren Vergleichbarkeit der Transparenz dient und auch die Aufsicht erleichtert; vgl. Begr. zur am 04.11.2009 im BGBl. I, S. 3680, verkündeten RechZahlV v. 02.11.2009 *(www.bmj.bund.de)*.

briefbanken, Institute in genossenschaftlicher Rechtsform, genossenschaftliche Zentralbanken, Kreditgenossenschaften, die das Warengeschäft betreiben, KI, sofern sie Skontroführer i.S.v. § 27 Abs. 1 BörsG und nicht Einlagenkreditinstitut i.S.v. § 1 Abs. 3d S. 1 KWG sind, Bausparkassen, FDLI und FDLI, sofern sie nicht Skontroführer i.S.d. BörsG sind) sind deshalb in mehreren **Fußnoten** zu den Formblättern für die Bilanz und GuV zur Berücksichtigung geschäftlicher Besonderheiten **Untergliederungen** bestimmter Posten, die Einfügung von **Darunter-Posten**, der **Wegfall** von Posten, die **Hinzufügung** neuer Posten sowie die **Ergänzung** von Posten vorgeschrieben. Unter Berücksichtigung der Modifikationen der Formblätter 1 bis 3 für KI und FDLI durch die Fußnoten kann man im Ergebnis von „mehreren" Formblättern für die Bilanz und GuV der Institute sprechen.[43]

54 Die Formblätter für die Bilanz und die GuV der **ZI** enthalten **keine Fußnoten**, weil eine Differenzierung nach geschäftlichen Besonderheiten für bestimmte Arten der ZI nicht erforderlich erscheint.

55 Die in den Formblättern 1 bis 3 für KI und FDLI (gem. § 2 Abs. 1 RechKredV) bzw. in den Formblättern 1 und 2 für ZI (gem. § 2 RechZahlV) aufgeführten Posten sowie die Posten, um die aufgrund besonderer Vorschriften die Formblätter zu vervollständigen sind, werden auch als **Pflichtpositionen** (Pflichtposten) bezeichnet.[44] Zur Erhöhung der Übersichtlichkeit und Klarheit sehen die Formblätter für KI, FDLI und ZI eine Vielzahl von **Untergliederungen** und zusätzlich oder in Verbindung damit **Ausgliederungen** vor. Demgemäß sind **Haupt-, Untergliederungs- und Ausgliederungspositionen** (-posten) zu unterscheiden.[45] Die Hauptpositionen auf der Aktiv- und Passivseite werden im Unterschied zum Bilanzschema nach § 266 Abs. 2 und 3 HGB nicht weiter zu **Gruppen** zusammengefasst. Den Hauptpositionen sind jeweils arabische Zahlen zugeordnet, den Untergliederungspositionen kleine Buchstaben oder kleine Doppelbuchstaben

56 Das im Formblatt 1 für KI und FDLI (gem. § 2 Abs. 1 RechKredV) vorgegebene Bilanzgliederungsschema ist von der Kenntlichmachung der **Liquiditätsverhältnisse** geprägt.[46] Die Aktiva sind nach dem Grad abnehmender Liquidität angeordnet, die Passiva nach abnehmender Dringlichkeit der Rückzahlung. Andere Gesichtspunkte (z.B. Risiko- oder Ertragsverhältnisse) haben für die Bilanzgliederung eine eher untergeordnete Bedeutung. Im Unterschied zum Gliederungsschema nach § 266 HGB und abweichend von § 247 Abs. 1 HGB werden im Bilanzschema nach dem Formblatt 1 die Vermögensgegenstände des **AV** und des **UV** nicht getrennt voneinander ausgewiesen (vgl. § 340a Abs. 2 S. 2 HGB i.V.m. Formblatt 1).[47]

57 Die in den Formblättern 2 und 3 für KI und FDLI vorgeschriebene Gliederung für die GuV ist v.a. von der Abbildung der Erträge und Aufwendungen einzelner **Bankgeschäftsarten** bzw. **bankbetrieblicher Geschäftsbereiche** in jeweils besonderen Posten bestimmt. Wesentlicher Zweck dieses Gliederungsprinzips ist die Kenntlichmachung der **Erfolgsquellen** bzw. -struktur des Bankgeschäfts. Erreicht wird dieses u.a. durch den gesonderten Ausweis der Zinserträge und Zinsaufwendungen, die den Zinsüberschuss ergeben, der Provisionserträge und Provisionsaufwendungen, die zum Provisionsergebnis führen, sowie des Handelsergebnisses. Die Gliederung der nicht aus dem Bankgeschäft resultie-

---

43 *Bieg* spricht in diesem Zusammenhang von verschiedenen Formblattbündeln (ein Bilanz-Formblatt und zwei Formblätter für die GuV) für Universalkreditinstitute, Pfandbriefbanken, Bausparkassen usw.; vgl. *Bieg,* Bankbilanzierung², S. 69 f.
44 Vgl. *Bieg,* Bankbilanzierung² S. 77.
45 Vgl. *Bieg,* Bankbilanzierung², S. 77.
46 Vgl. ausführlich dazu z.B. *Bieg,* Bankbilanzierung², S. 92 ff.
47 Vgl. weitere Einzelheiten hierzu bei *Bieg,* Bankbilanzierung², S. 113.

renden Aufwendungen erfolgt primär nach der **Art** der **Aufwendungen** (Personalaufwendungen, andere Verwaltungsaufwendungen, Steuern usw.). Kennzeichnend für die GuV der KI sind **Durchbrechungen** des **Verrechnungsverbots** (§ 246 Abs. 2 HGB); die Verrechnung bestimmter Aufwendungen und Erträge ist teils zwingend vorgeschrieben, teils aufgrund von Wahlrechten in das Ermessen des Bilanzierenden gestellt.

Die Vorschriften der RechKredV zum Inhalt der Posten der Bilanz, der Bilanzvermerke und der GuV werden in Tz. 137 ff. erläutert. **58**

d) Ergänzende Vorschriften für die Gliederung und den Ausweis
aa) Fristengliederung

Nach § 340d S. 1 HGB sind die **Forderungen** und **Verbindlichkeiten** im Anh. nach der **59** **Fristigkeit** zu gliedern. Für die Gliederung nach der Fristigkeit ist dabei die **Restlaufzeit** am Bilanzstichtag maßgebend (§ 340d S. 2 HGB).

Einzelheiten der Fristengliederung sind in § 9 RechKredV geregelt. Nach § 9 Abs. 1 **60** RechKredV sind die in folgenden **Posten** und **Unterposten** des Bilanzformblatts enthaltenen Forderungen und Verbindlichkeiten nach **Restlaufzeiten** aufzugliedern:

– andere Forderungen an KI mit Ausnahme der Bausparguthaben aus abgeschlossenen Bausparverträgen (Aktivposten Nr. 3 Buchst. b),
– Forderungen an Kunden (Aktivposten Nr. 4),
– Verbindlichkeiten ggü. KI mit vereinbarter Laufzeit oder Kündigungsfrist (Passivposten Nr. 1 Buchst. b),
– Spareinlagen mit vereinbarter Kündigungsfrist von mehr als drei Monaten (Passivposten Nr. 2 Buchst. a Doppelbuchst. ab),
– andere Verbindlichkeiten ggü. Kunden mit vereinbarter Laufzeit oder Kündigungsfrist (Passivposten Nr. 2 Buchst. a Doppelbuchst. bb),
– andere verbriefte Verbindlichkeiten (Passivposten Nr. 3 Buchst. b).

Als **Restlaufzeit** gilt bei Forderungen und Verbindlichkeiten mit **vereinbarter Laufzeit** **61** die Zeit zwischen dem **Bilanzstichtag** und dem vereinbarten **Fälligkeitszeitpunkt**. Soweit Forderungen und Verbindlichkeiten durch regelmäßige Ratenzahlungen getilgt werden, gilt die Zeit zwischen dem Bilanzstichtag und dem vereinbarten Fälligkeitszeitpunkt **jedes Teilbetrags** als Restlaufzeit (§ 8 Abs. 2 RechKredV). Bei Forderungen und Verbindlichkeiten mit **vereinbarten Kündigungsfristen** ist als Restlaufzeit am Bilanzstichtag die jeweils vereinbarte Kündigungsfrist zu betrachten, d.h. der Zeitraum zwischen der Kündigungserklärung und dem Eintritt ihrer Wirkung (vgl. § 8 Abs. 1 S. 1 RechKredV). **Kündigungssperrfristen** verlängern die Restlaufzeit (§ 8 Abs. 1 S. 2 RechKredV). **Vorzeitige Kündigungsmöglichkeiten** sind für die Berechnung der Restlaufzeit von Forderungen nicht zu berücksichtigen (§ 8 Abs. 1 S. 3 RechKredV); bei der Berechnung der Restlaufzeit von Verbindlichkeiten verkürzen vorzeitige Kündigungsmöglichkeiten hingegen die Restlaufzeit.

Für die Aufgliederung der Forderungen und Verbindlichkeiten nach der Fristigkeit werden **62** folgende **Restlaufzeiten** unterschieden (§ 9 Abs. 2 RechKredV):

– bis drei Monate,
– mehr als drei Monate bis ein Jahr,
– mehr als ein Jahr bis fünf Jahre,
– mehr als fünf Jahre.

63 Über die Aufgliederung nach Restlaufzeiten hinaus fordert § 9 Abs. 3 RechKredV folgende **Fristigkeitsangaben** im **Anh.**:

- zu den Forderungen an Kunden (Aktivposten Nr. 4) die Angabe der **Forderungen** mit **unbestimmter Laufzeit**;
- zu den Schuldverschreibungen und anderen festverzinslichen Wertpapieren (Aktivposten Nr. 5) sowie zu den begebenen Schuldverschreibungen (Passivposten Nr. 3 Buchst. a) die Angabe des Betrags der **Wertpapiere**, die in dem **Jahr**, das auf den **Bilanzstichtag** folgt, **fällig** werden.

64 Für die Aufgliederung der Forderungen und Verbindlichkeiten nach der Fristigkeit ist von den um Einzel- und Pauschalwertberichtigungen bzw. um die Reserven nach § 340f HGB **gekürzten Beträgen** auszugehen.

65 Nach dem Bilanzformblatt sind weiterhin zur Kenntlichmachung der Liquidität die in

- Aktivposten Nr. 3 (Forderungen an KI),
- Passivposten Nr. 1 (Verbindlichkeiten ggü. KI) und
- Passivposten Nr. 2 Buchst. b (andere Verbindlichkeiten)

enthaltenen **täglich fälligen Forderungen** bzw. **Verbindlichkeiten** gesondert in Unterposten auszuweisen. Als **täglich fällig** gelten gem. § 8 Abs. 3 RechKredV diejenigen Forderungen und Verbindlichkeiten, über die jederzeit ohne vorherige Kündigung verfügt werden kann oder für die eine Laufzeit oder Kündigungsfrist von 24 Stunden oder von einem Geschäftstag vereinbart worden ist. Zu den täglich fälligen Geldern rechnen auch Tagesgelder („tägliches Geld bis auf weiteres") und Gelder mit täglicher Kündigung („Geld von heute auf morgen") einschließlich der über geschäftsfreie Tage angelegten Gelder mit Fälligkeit oder Kündigungsmöglichkeit am nächsten Geschäftstag (§ 8 Abs. 3 Hs. 2 RechKredV).

66 **Anteilige Zinsen** und ähnliche Beträge brauchen nicht nach Restlaufzeiten aufgegliedert zu werden (vgl. § 11 S. 3 RechKredV). Sie können bei der Restlaufzeitengliederung im Anh. vollständig weggelassen werden oder bei den Beträgen mit Restlaufzeiten bis drei Monate ausgewiesen werden.[48]

67 Von **Pfandbriefbanken** und **Bausparkassen** sind die Vorschriften in § 9 Abs. 1 S. 1 RechKredV zur Fristengliederung nach Restlaufzeiten im Hinblick auf die besondere Untergliederung bestimmter Bilanzposten (vgl. Fußnoten zum Formblatt 1) entsprechend anzuwenden (vgl. § 9 Abs. 1 S. 2 RechKredV). Mit dem PfandBG wurde das Pfandbriefgeschäft als Bankgeschäft in das KWG übernommen (vgl. § 1 Abs. 1 Nr. 1a KWG). Wenn ein KI sowohl andere Bankgeschäfte als auch das Pfandbriefgeschäft betreibt, sollte sich die Gliederung der Bilanz an dem **maßgeblichen Geschäft** der Bank orientieren.[49] Nach welchen Kriterien ein KI seine Bilanz gliedert, bedarf einer Erläuterung im Anh. (vgl. § 340a Abs. 1 HGB i.V.m. § 265 Abs. 4 HGB).

bb) Forderungen an verbundene Unternehmen und Unternehmen, mit denen ein Beteiligungsverhältnis besteht, Verbindlichkeiten gegenüber verbundenen Unternehmen und Unternehmen, mit denen ein Beteiligungsverhältnis besteht

68 Kreditinstitute müssen im JA auf ihre **finanziellen Beziehungen** zu verbundenen Unternehmen und zu Unternehmen, mit denen ein Beteiligungsverhältnis besteht, hinweisen. Dies erfolgt zum einen – entsprechend dem Bilanzgliederungsschema für KapGes. gem.

---

[48] Vgl. *Bieg*, Bankbilanzierung², S. 186; *Scharpf/Schaber*, Bankbilanz⁴, S. 29.
[49] Vgl. *Gelhausen/Fey/Kämpfer*, BilMoG, Abschn. V, Rn. 168.

Jahresabschluss und Lagebericht | **J**

§ 266 Abs. 1 HGB – durch besondere Posten für den Ausweis der Beteiligungen und der Anteile an verbundenen Unternehmen. Zum anderen sind die Forderungen an bzw. Verbindlichkeiten ggü. verbundene(n) Unternehmen bzw. Unternehmen, mit denen ein Beteiligungsverhältnis besteht, als **Unterposten** der einschlägigen Bilanzposten gesondert auszuweisen (vgl. § 3 S. 1 RechKredV). Zu den in Unterposten auszuweisenden Forderungen bzw. Verbindlichkeiten gehören sowohl die (in Wertpapieren) verbrieften wie auch die unverbrieften Forderungen und Verbindlichkeiten.

Auf der **Aktivseite** sind hierfür bei folgenden Bilanzposten jeweils entsprechende **Unterposten**[50] vorgeschrieben (§ 3 S. 1 Nr. 1 und 2 RechKredV): | 69

– Forderungen an KI (Aktivposten Nr. 3),
– Forderungen an Kunden (Aktivposten Nr. 4),
– Schuldverschreibungen und andere festverzinsliche Wertpapiere (Aktivposten Nr. 5).

Auf der **Passivseite** sind **Unterposten** bei folgenden Bilanzposten zu bilden (§ 3 S. 1 Nr. 3 und 4 RechKredV): | 70

– Verbindlichkeiten ggü. KI (Passivposten Nr. 1),
– Verbindlichkeiten ggü. Kunden (Passivposten Nr. 2),
– verbriefte Verbindlichkeiten (Passivposten Nr. 3),
– nachrangige Verbindlichkeiten (Passivposten Nr. 9).

Statt in einem Unterposten können die Angaben zu den vorgenannten Forderungen und Verbindlichkeiten in der Reihenfolge der betroffenen Bilanzposten auch im **Anh.** gemacht werden (§ 3 S. 2 RechKredV).

Eine **Aufgliederung** nach der **Fristigkeit** der im Unterposten oder im Anh. ausgewiesenen Forderungen an bzw. Verbindlichkeiten ggü. verbundene(n) Unternehmen bzw. Unternehmen, mit denen ein Beteiligungsverhältnis besteht, ist nicht erforderlich. | 71

Wegen des Begriffs des **verbundenen Unternehmens** vgl. § 271 Abs. 2 HGB und die Erläuterungen hierzu in Kap. F Tz. 250, wegen des Begriffs der **Beteiligung** vgl. § 271 Abs. 1 HGB und die Ausführungen in Kap. F Tz. 258. Die Begriffsauslegung richtet sich im JA nach den Vorschriften des HGB, auch wenn ein KA nach IFRS aufgestellt wird, dessen Konsolidierungskreis nicht mit den verbundenen Unternehmen bzw. Beteiligungen nach HGB übereinstimmen muss. | 72

cc) Nachrangige Vermögensgegenstände und Schulden

Nach § 4 Abs. 1 RechKredV sind Vermögensgegenstände und Schulden als **nachrangig** gesondert auszuweisen, wenn sie im Fall der Liquidation oder der Insolvenz erst nach den Forderungen der anderen Gläubiger erfüllt werden dürfen. Die Nachrangigkeit setzt eine entsprechende **Bindung** des **Schuldners** voraus; eine Vereinbarung lediglich zwischen den beteiligten Gläubigern reicht nicht aus. Neben Darlehensforderungen kommen als nachrangige Vermögensgegenstände z.B. Forderungen auf Rückzahlung von Genussrechtskapital oder Forderungen aus stillen Einlagen in Betracht. | 73

Der gesonderte **Ausweis** nachrangiger Vermögensgegenstände erfolgt nach § 4 Abs. 2 S. 1 RechKredV beim jeweiligen Posten oder Unterposten. Dieser kann als Darunter-Vermerk beim jeweiligen Posten oder als Unterposten oder in einer Vorspalte in der Bilanz erfolgen. | 74

---

50 Vgl. Berichterstattung über die 222. Sitzung des Hauptfachausschusses am 23.11.2010 und 24.11.2010 zum Begriffsverständnis „verbundene Unternehmen" in handelsrechtlichen Jahresabschlüssen, FN-IDW 2011, S. 122 f.

Statt in der Bilanz können die nachrangigen Vermögensgegenstände auch im Anh. in der Reihenfolge der betroffenen Posten angegeben werden (§ 4 Abs. 2 S. 2 RechKredV). **Nachrangige Schulden** werden grds. im Passivposten Nr. 9 (Nachrangige Verbindlichkeiten) ausgewiesen. Als nachrangige Verbindlichkeiten sind hauptsächlich nachrangige Verbindlichkeiten gem. § 10 Abs. 5a und Abs. 7 KWG zu bilanzieren. Vermögenseinlagen stiller Gesellschafter (vgl. § 10 Abs. 4 KWG) sind dagegen im Passivposten Nr. 12 Buchst. a als gezeichnetes Kapital auszuweisen. Genussrechtsverbindlichkeiten i.S.v. § 10 Abs. 5 KWG sind im Passivposten Nr. 10 (Genussrechtskapital) zu erfassen.[51]

dd) Wertpapiere

75 § 7 Abs. 1 RechKredV enthält in Form einer Aufzählung eine **eigenständige Definition** des **Begriffs Wertpapiere** für den JA der KI. Die Begriffsbestimmung dient der Abgrenzung bestimmter Vermögensgegenstände als Wertpapiere von den Forderungen an KI und Kunden (Aktivposten Nr. 3 und Nr. 4). Die Wertpapierdefinition des § 7 Abs. 1 RechKredV liegt u.a. §§ 340c Abs. 2 S. 1, 340e Abs. 1 S. 2, 340f Abs. 1 und 3 HGB, §§ 5 S. 4 und 34 Abs. 3 RechKredV sowie dem Formblatt 2 (Spalte Aufwendungen Nr. 7 und Nr. 8, Spalte Erträge Nr. 6 und Nr. 7) bzw. dem Formblatt 3 (Staffelform, Aufwendungen Nr. 13 und Nr. 15, Erträge Nr. 14 und Nr. 16) zugrunde. Sämtliche Wertpapiere gem. § 7 Abs. 1 RechKredV können zu den Finanzinstrumenten gem. § 340c Abs. 1 HGB gehören.

76 Gemäß § 7 Abs. 1 S. 1 RechKredV sind folgende Vermögensgegenstände im JA als **Wertpapiere** auszuweisen:

1. Aktien, Zwischenscheine, Investmentanteile, Optionsscheine, Zins- und Gewinnanteilscheine, börsenfähige Inhaber- und Ordergenussscheine;
2. börsenfähige Inhaberschuldverschreibungen, auch wenn sie vinkuliert sind, unabhängig davon, ob sie in Wertpapierurkunden verbrieft oder als Wertrechte ausgestaltet sind;
3. börsenfähige Orderschuldverschreibungen, soweit sie Teile einer Gesamtemission sind;
4. andere festverzinsliche Inhaberpapiere, soweit sie börsenfähig sind;
5. andere nicht festverzinsliche Wertpapiere, soweit sie börsennotiert sind.

77 Zu den Wertpapieren zählen ferner **ausländische Geldmarktpapiere**, die auf den Namen lauten, aber wie Inhaberpapiere gehandelt werden (§ 7 Abs. 1 S. 2 RechKredV). **Keine Wertpapiere** i.S.v. § 7 Abs. 1 RechKredV sind u.a. **Namensschuldverschreibungen**, die im Aktivposten Nr. 3 (Forderungen an KI) oder Nr. 4 (Forderungen an Kunden) ausgewiesen werden (§§ 14 S. 3, 15 Abs. 1 S. 4 RechKredV), sowie insb. auch **Wechsel und Schecks**, die im Aktivposten Nr. 2 Buchst. b bzw. im Aktivposten Nr. 14 (Sonstige Vermögensgegenstände) zu erfassen sind.

78 Aktien, Zwischenscheine, Investmentanteile, Optionsscheine sowie Zins- und Gewinnanteilscheine gelten stets als Wertpapiere gem. § 7 Abs. 1 RechKredV. Inhaberschuldverschreibungen und Orderschuldverschreibungen, die Teile einer Gesamtemission sind, sowie andere festverzinsliche **Wertpapiere** gelten hingegen nur dann als Wertpapiere gem. § 7 Abs. 1 RechKredV, wenn sie **börsenfähig** sind. Andere nicht festverzinsliche Wertpapiere gehören nur dann zu den Wertpapieren i.S.v. § 7 Abs. 1 RechKredV, wenn sie **börsennotiert** sind. Wertpapiere sind **börsenfähig**, wenn sie die Voraussetzungen einer Börsenzulassung erfüllen (§ 7 Abs. 2 Hs. 1 RechKredV); bei Schuldverschreibungen ist diese Bedingung erfüllt, wenn alle Stücke einer Emission hinsichtlich Verzinsung, Laufzeitbeginn und Fälligkeit einheitlich ausgestattet sind (§ 7 Abs. 2 Hs. 2 RechKredV). Als

---

51 Vgl. *Bieg*, Bankbilanzierung², S. 283; *Scharpf/Schaber*, Bankbilanz⁴, S. 91, 785 ff.

börsennotiert gelten Wertpapiere, die an einer deutschen Börse zum Handel im regulierten Markt zugelassen[52] sind, außerdem die Wertpapiere, die an ausländischen Börsen zugelassen sind oder gehandelt werden (§ 7 Abs. 3 RechKredV). Während der regulierte Markt nur den inländischen Teil der organisierten Märkte i.S.v. § 2 Abs. 5 WpHG betrifft, geht die Einbeziehung hinsichtlich der ausländischen Börsen über die organisierten Märkte nach § 2 Abs. 5 WpHG hinaus, weil nicht nur die ausländischen organisierten Märkte der EU- bzw. EWR-Staaten, sondern auch Börsenzulassungen an Börsen in Drittstaaten dazu rechnen.

Die in § 7 Abs. 1 RechKredV genannten Wertpapiere werden in **verschiedenen Bilanzposten** ausgewiesen: Wertpapiere können als Finanzinstrumente dem Handelsbestand zugeordnet und in dem durch das Bilanzrechtsmodernisierungsgesetz neu eingefügten Posten Handelsbestand (Aktivposten Nr. 6a) ausgewiesen werden. Sofern es sich nicht um Handelsbestände handelt, sind die in Tz. 76 unter (1) und (5) aufgeführten Wertpapiere mit Ausnahme der fälligen Gewinnanteilscheine insgesamt dem **Aktivposten Nr. 6** (Aktien und andere nicht festverzinsliche Wertpapiere) zugeordnet; soweit Aktien die hierfür erforderlichen Voraussetzungen erfüllen, sind sie allerdings vorrangig im Posten **Beteiligungen** (Aktivposten Nr. 7) oder im Posten **Anteile an verbundenen Unternehmen** (Aktivposten Nr. 8) auszuweisen. Die in Tz. 76 unter (2) und (3) bezeichneten Schuldverschreibungen sind, sofern sie festverzinslich sind, zusammen mit den unter (4) genannten anderen festverzinslichen Inhaberpapieren grds. im **Aktivposten Nr. 5** (Schuldverschreibungen und andere festverzinsliche Wertpapiere) zu zeigen. Aufgrund der Regelung in § 19 RechKredV sind Schuldverschreibungen des Ausgleichsfonds „Währungsumstellung" im **Aktivposten Nr. 10** (Ausgleichsforderungen gegen die öffentliche Hand einschließlich der Schuldverschreibungen aus deren Umtausch) auszuweisen. Fällige Schuldverschreibungen sowie Zinsscheine gehören gem. § 20 S. 2 RechKredV zum **Aktivposten Nr. 15** (Sonstige Vermögensgegenstände). 79

Die im Eigenbestand gehaltenen Wertpapiere sind von den KI unabhängig von ihrem Ausweis in verschiedenen Bilanzposten im Hinblick auf den mit ihrem Erwerb verfolgten **Zweck** in folgende Gruppen (Kategorien) zu **unterteilen**: 80

(1) **Wertpapiere**, die wie **AV** behandelt werden,
(2) Wertpapiere (Finanzinstrumente) des **Handelsbestands** und
(3) Wertpapiere, die weder wie AV behandelt werden noch Teil des Handelsbestands sind (sog. **Wertpapiere** der **Liquiditätsreserve**).

Die Zuordnung der Wertpapiere zu jeweils einer der genannten Gruppen beruht darauf, dass 81

- bestimmte Erträge und Aufwendungen im Zusammenhang mit Wertpapieren in der **GuV gesondert** auszuweisen sind (vgl. § 340c Abs. 1 und 2 HGB, §§ 32 und 33 RechKredV),
- die Wertpapiere der Liquiditätsreserve zum Zweck der Bildung von **Vorsorgereserven für allgemeine Bankrisiken** mit einem niedrigeren Wert angesetzt werden dürfen (vgl. § 340f Abs. 1 HGB),
- bei den **Wertpapieren des Handelsbestands** bestimmte Teilbeträge der Nettoerträge dem Sonderposten „Fonds für allgemeine Bankrisiken" zuzuführen sind (vgl. § 340e Abs. 4 HGB) sowie
- die Wertpapiere der einzelnen Gruppen nach **unterschiedlichen Bewertungsvorschriften** zu bewerten sind (vgl. § 340e Abs. 1 und Abs. 3 HGB).

---

52 Der regulierte Markt wird in § 32 BörsG erwähnt. Im regulierten Markt sind die Zulassung und die Zulassungsfolgepflichten der Teilnehmer sowie die Organisation des Handels gesetzlich geregelt.

Die wie AV behandelten Wertpapiere müssen darüber hinaus in den **Anlagenspiegel** aufgenommen werden (§ 34 Abs. 4 RechKredV).

82 Die Zuordnung der Wertpapiere zu den einzelnen Gruppen obliegt – im Rahmen des mit dem Erwerb verfolgten Zwecks – grds. dem **Ermessen** der KI. Über die Zuordnung ist im Erwerbszeitpunkt zu entscheiden; spätere Umgliederungen sind nur zwischen dem AV und den Wertpapieren der Liquiditätsreserve aufgrund veränderter Zweckbestimmung zulässig; ausgeschlossen ist eine **Umgliederung** in den Handelsbestand. Umgliederungen aus dem Handelsbestand in die beiden anderen Gruppen sind nur beim Vorliegen außergewöhnlicher Umstände möglich, bspw. bei schwerwiegenden Beeinträchtigungen der Handelbarkeit der Wertpapiere, die zu einer Aufgabe der Handelsabsicht durch das KI führen (vgl. § 340e Abs. 3 S. 3 HGB).[53]

83 Zu den **Wertpapieren**, die wie **AV** behandelt werden, gehören die Papiere, die gem. § 247 Abs. 2 HGB dazu bestimmt sind, dauernd dem Geschäftsbetrieb zu dienen. Die Entscheidung über die Zuordnung von Wertpapieren zum AV muss dokumentiert und buchhalterisch belegt sein.[54] Für die Zuordnung zum AV reicht es nicht aus, dass die Wertpapiere über einen längeren Zeitraum gehalten werden oder dass ein bestimmter Wertpapierbestand entsprechend bezeichnet wird.[55] Die dem AV zugeordneten Wertpapiere sind nach den für das AV geltenden Vorschriften zu bewerten (§ 340e Abs. 1 S. 2 HGB).

84 Dem **Handelsbestand**[56] sind nach der Gesetzesbegründung zum Bilanzrechtsmodernisierungsgesetz alle Finanzinstrumente und damit auch Wertpapiere zuzuordnen, die von dem KI „mit der Absicht einer kurzfristigen Erzielung eines Eigenhandelserfolgs erworben und veräußert werden"[57]. Unter der Voraussetzung, dass im Einzelfall der Bestand aus dem Rückerwerb eigener Schuldverschreibungen in der Verantwortung der Emissionsabteilung liegt, ist der **Kurspflegebestand** unter Beachtung der MaRisk ebenfalls dem Handelsbestand zuzuordnen.[58]

85 Die **Wertpapiere** der **Liquiditätsreserve** umfassen die Wertpapiere, die weder wie AV behandelt werden noch Teil des Handelsbestands sind (§ 340f Abs. 1 S. 1 HGB). Wird der Bestand der Wertpapiere der Liquiditätsreserve nicht ausdrücklich als solcher bestimmt, so ergibt er sich als Restbestand der Wertpapiere, die nicht dem AV oder dem Handelsbestand zugeordnet wurden.

86 Wegen der Zuordnung der Wertpapiere zum **Handelsbuch** bzw. zum **Anlagebuch** gem. § 1 Abs. 12 KWG vgl. das Schreiben der BaFin vom 08.12.1999.[59]

ee) Anteilige Zinsen

87 Anteilige Zinsen (sog. antizipative Zinsen) sind Zinsen, die erst nach dem Bilanzstichtag fällig werden, aber bereits am Bilanzstichtag den Charakter von **bankgeschäftlichen Forderungen** oder **Verbindlichkeiten** haben. Sie sind nach § 11 S. 1 RechKredV dem-

---

53 § 340e Abs. 3 HGB ist weiter gefasst, da die Vorschrift nicht nur Wertpapiere, sondern auch Finanzinstrumente umfasst; vgl. *Scharpf/Schaber/Löw/Weigel/Goldschmidt*, WPg 2010, S. 439 (440).
54 Nach der Begr. zum Bankbilanzrichtlinie-Gesetz setzt die Zuordnung eine „aktenkundig zu machende Entscheidung der zuständigen Stelle" voraus; vgl. Gesetzentwurf der Bundesregierung, BT-Drs. 11/6275, S. 22.
55 Vgl. BT-Drs. 11/6275, S. 22.
56 Zum Aktivposten 6a „Handelsbestand" vgl. Tz. 177 ff.
57 Vgl. Begr. Beschlussempfehlung und Bericht des Rechtsausschusses, BT- Drs. 16/12407, S. 92.
58 Vgl. *IDW RS BFA* 2, WPg Supplement 2/2010, S. 62 ff. = FN-IDW 2010, S. 154 ff., Tz. 12.
59 BaFin, Zuordnung der Bestände und Geschäfte der Institute zum Handelsbuch und zum Anlagebuch (§ 1 Abs. 12 KWG, § 2 Abs. 11 KWG), Schreiben des BAK v. 08.12.1999 (*Consbruch/Fischer*, B 51.9, vormals *CMBS* 4.323).

Jahresabschluss und Lagebericht | **J**

jenigen Bilanzposten der Aktiv- oder Passivseite zuzuordnen, dem sie jeweils zugehören. Die Zurechnung ist auch bei Unterposten vorzunehmen; ihre Einbeziehung in „Darunter-Vermerke" ist nicht erforderlich. Die Aufgliederung der anteiligen Zinsen nach Restlaufzeiten im Anh. ist zulässig, aber nicht zwingend (§ 11 S. 3 RechKredV); vgl. hierzu auch die Ausführungen in Tz. 66.

Neben den anteiligen Zinsen sind auch **zinsähnliche Beträge** (z.B. Gebühren oder Provisionen), die erst nach dem Bilanzstichtag fällig werden, am Bilanzstichtag aber bereits bankgeschäftliche Forderungen oder Verbindlichkeiten darstellen, dem zugehörigen Bilanzposten zuzuordnen. Hinsichtlich anteiliger Zinsen bei **außerbilanziellen Geschäften** (z.B. Zins-Swap-Geschäften) ist sowohl der Ausweis im Aktivposten Nr. 15 (Sonstige Vermögensgegenstände) bzw. im Passivposten Nr. 5 (Sonstige Verbindlichkeiten) zu vertreten[60] als auch – je nach Gläubiger oder Schuldner – der Ausweis unter Aktivposten Nr. 3 (Forderungen an KI) bzw. Aktivposten Nr. 4 (Forderungen an Kunden) und Passivposten Nr. 1 (Verbindlichkeiten ggü. KI) bzw. Passivposten Nr. 2 (Verbindlichkeiten ggü. Kunden).[61] Zu beachten ist, dass im Posten Handelsbestand alle Finanzinstrumente des Handelsbestands und damit auch Derivate ausgewiesen werden. Die zugehörigen anteiligen Zinsen sind ebenfalls im Posten „Handelsbestand" auszuweisen.[62]

88

7. Besondere Bilanzierungsgrundsätze für Kreditinstitute

Die in §§ 238 ff. HGB kodifizierten **allgemeinen Bilanzierungsgrundsätze**[63] gelten für KI uneingeschränkt. Einzelne dieser Grundsätze wurden durch die ergänzenden Rechnungslegungsvorschriften für KI **konkretisiert**. Es handelt sich insb. um die folgenden Regelungen:

89

- Vorschriften zu Pensionsgeschäften (§ 340b HGB), Gemeinschaftsgeschäften (§ 5 RechKredV) und Treuhandgeschäften (§ 6 RechKredV) zur näheren Bestimmung des **Vollständigkeitsgebots** (§ 246 Abs. 1 HGB);
- Vorschriften (u.a. §§ 340c Abs. 1 und 2, 340f Abs. 1 und 2 HGB) zur Einschränkung des **Verrechnungsverbots** (§ 246 Abs. 2 HGB) gem. § 340a Abs. 2 S. 3 HGB;
- Vorschriften zu den **Haftungsverhältnissen**, die an die Stelle der Bestimmungen der §§ 251, 268 Abs. 7 HGB treten (vgl. § 340a Abs. 2 S. 2 HGB).

Weiterhin gilt für KI die „**Generalnorm**"[64] des § 264 Abs. 2 HGB, wonach der JA „unter Beachtung der GoB ein den tatsächlichen Verhältnissen entsprechendes Bild der Vermögens-, Finanz- und Ertragslage" zu vermitteln hat.

90

a) Pensionsgeschäfte[65]

Pensionsgeschäfte sind nach der **Legaldefinition** in § 340b Abs. 1 HGB „Verträge, durch die ein KI oder der Kunde eines KI (Pensionsgeber) ihm gehörende Vermögensgegenstände einem anderen KI oder einem seiner Kunden (Pensionsnehmer) gegen Zahlung eines Betrags überträgt und in denen gleichzeitig vereinbart wird, dass die Vermögensgegenstände später gegen Entrichtung des empfangenen oder eines im Voraus vereinbarten

91

---

60 Vgl. *Bieg*, Bankbilanzierung², S. 186; BHdR, B 900, Rn. 97.
61 Vgl. *Scharpf/Schaber*, Bankbilanz⁴, S. 93.
62 *IDW RS BFA 2*, WPg Supplement 2/2010, S. 62 ff. = FN-IDW 2010, S. 154 ff., Tz 22.
63 Vgl. Kap. E Tz. 13 ff.
64 Vgl. hierzu Kap. F Tz. 78 ff.
65 Vgl. zu Pensionsgeschäften u.a.: *ADS*⁶, § 246 HGB, Tz. 331 ff.; *Bieg*, Bankbilanzierung² S. 126; *Scharpf/Schaber*, Bankbilanz⁴, S. 37 ff.

anderen Betrags an den Pensionsgeber zurückübertragen werden müssen oder können". Für die Bilanzierung wird zwischen echten und unechten Pensionsgeschäften unterschieden.

92 Geschäfte, bei denen der Pensionsnehmer verpflichtet ist, die Vermögensgegenstände zu einem bestimmten oder vom Pensionsgeber zu bestimmenden Zeitpunkt auf diesen zurückzuübertragen, werden als **echte Pensionsgeschäfte** bezeichnet (§ 340b Abs. 2 HGB). Ist der Pensionsnehmer berechtigt, die Vermögensgegenstände zu einem vorher bestimmten oder von ihm noch zu bestimmenden Zeitpunkt zurückzuübertragen, nicht aber verpflichtet, handelt es sich um **unechte Pensionsgeschäfte** (§ 340b Abs. 3 HGB).

93 Für das Vorliegen eines echten Pensionsgeschäfts ist kennzeichnend, dass eine **Rückgabepflicht** des **Pensionsnehmers** besteht. Der Rückgabezeitpunkt kann dabei im Voraus bestimmt sein oder vom Pensionsgeber später noch bestimmt werden. Ein echtes Pensionsgeschäft liegt auch vor, wenn der Pensionsnehmer innerhalb eines im Voraus festgelegten Zeitrahmens den Rückgabezeitpunkt bestimmen kann, sofern eine Rückgabepflicht besteht. Eine **Rücknahmepflicht** des **Pensionsgebers** ist Voraussetzung sowohl bei echten als auch bei unechten Pensionsgeschäften. Echte Pensionsgeschäfte stellen im Ergebnis die Kombination eines Kassageschäfts und eines Termingeschäfts dar.[66] Unechte Pensionsgeschäfte können als Kombination eines Kassageschäfts mit einem Optionsgeschäft verstanden werden.[67]

94 Als **Vermögensgegenstände** i.S.v. § 340b HGB kommen insb. Forderungen, Wertpapiere oder Wechsel in Betracht; Gegenstand eines Pensionsgeschäfts können auch andere Vermögenswerte sein. Für die Annahme eines Pensionsgeschäfts ist die Nämlichkeit zwischen übertragenen und zurückzuübertragenden Vermögensgegenständen nicht erforderlich.[68] Bei vertretbaren Gegenständen (z.B. Wertpapieren) genügt es, wenn gleichartige Papiere zurückübertragen werden. Im Fall der Rückgabe anderer, aber gleichwertiger Vermögensgegenstände (z.B. Rückgabe von Wertpapieren anderer, nach Emittent und Ausstattung vergleichbarer Gattungen) handelt es sich um kein Pensionsgeschäft, sondern um einen Tausch.[69]

95 **Keine Pensionsgeschäfte** i.S.v. § 340b Abs. 1 HGB sind Devisentermingeschäfte, Finanztermingeschäfte und ähnliche Geschäfte sowie die Ausgabe eigener Schuldverschreibungen auf abgekürzte Zeit (§ 340b Abs. 6 HGB).

aa) Bilanzierung von echten Pensionsgeschäften

96 Bei echten Pensionsgeschäften weist der **Pensionsgeber** die verpensionierten Vermögensgegenstände weiterhin in seiner Bilanz aus (§ 340b Abs. 4 S. 1 HGB); der Pensionsgeber bleibt wirtschaftlicher Eigentümer, da er unverändert alle Risiken und Chancen aus den Pensionsgegenständen hat. Die Bewertung der in Pension gegebenen Vermögensgegenstände folgt den allgemeinen Grundsätzen. In Höhe des für die Übertragung der Vermögensgegenstände erhaltenen Betrags passiviert der Pensionsgeber eine Verbindlichkeit ggü. dem Pensionsnehmer (§ 340b Abs. 4 S. 2 HGB). Wenn der für die Rückübertragung vereinbarte Betrag höher oder niedriger als der erhaltene Betrag ist, so ist der Unterschiedsbetrag, der i.d.R. einen Zinsausgleich darstellen wird, über die Laufzeit des Pensionsgeschäfts zu verteilen (§ 340b Abs. 4 S. 3 HGB). Die Erträge aus den

---

[66] *ADS⁶*, § 246 HGB, Tz. 333; *Scharpf/Schaber*, Bankbilanz⁴, S. 39.
[67] *Scharpf/Schaber*, Bankbilanz⁴, S. 39.
[68] *ADS⁶*, § 246 HGB, Tz. 345.
[69] *ADS⁶*, § 246 HGB, Tz. 347.

verpensionierten Vermögensgegenständen (z.B. Zinsen, Dividenden) sind ungeachtet dessen, dass sie zivilrechtlich dem Pensionsnehmer zustehen, im Hinblick auf das wirtschaftliche Eigentum des Pensionsgebers von diesem zu erfassen. Außerdem hat der Pensionsgeber die Aufwendungen (i.d.R. Zinsaufwendungen) für die Verbindlichkeiten in seiner GuV zu erfassen. Eine Verrechnung dieser Aufwendungen mit den Erträgen des Pensionsgegenstands ist nicht zulässig. Der Buchwert der in Pension gegebenen Vermögensgegenstände ist vom Pensionsgeber im Anh. anzugeben (§ 340b Abs. 4 S. 4 HGB).

Der **Pensionsnehmer** weist in seiner Bilanz in Höhe des für die pensionsweise Übertragung gezahlten Betrags eine Forderung an den Pensionsnehmer aus (§ 340b Abs. 4 S. 5 Hs. 2 HGB). Die ihm in Pension gegebenen Vermögensgegenstände darf er in seine Bilanz nicht aufnehmen (§ 340b Abs. 4 S. 5 Hs. 1 HGB). Weicht der Betrag, den der Pensionsnehmer für die Rückübertragung der Vermögensgegenstände auf den Pensionsgeber erhält, vom gezahlten Betrag ab, so ist der Unterschiedsbetrag über die Laufzeit des Pensionsgeschäfts zu verteilen (§ 340b Abs. 4 S. 6 HGB). Als Folge dieser Bilanzierung zeigt der Pensionsnehmer keine Erträge aus dem Pensionsgegenstand, sondern Erträge (i.d.R. Zinserträge) aus der Forderung ggü. dem Pensionsgeber. 97

bb) Bilanzierung von unechten Pensionsgeschäften

Bei unechten Pensionsgeschäften hat der Pensionsgeber keinen Anspruch auf Rückübertragung der Pensionsgegenstände, weshalb nicht er, sondern der Pensionsnehmer die verpensionierten Vermögensgegenstände in seiner Bilanz ausweist (§ 340b Abs. 5 S. 1 HGB). Der **Pensionsgeber** bucht anstelle des in Pension gegebenen Vermögensgegenstands den erhaltenen Betrag ein; außerdem hat er unter seiner Bilanz im Posten Nr. 2a (Rücknahmeverpflichtungen aus unechten Pensionsgeschäften) den für den Fall der Rückübertragung des Pensionsgegenstands vereinbarten Betrag zu zeigen (§ 340b Abs. 5 S. 2 HGB). Aufgrund der Rücknahmeverpflichtung kommt es beim Pensionsgeber zunächst nicht zu einer Gewinnrealisierung; ggf. muss der Pensionsgeber eine Rückstellung wegen schwebender Rücknahmeverpflichtungen" bilden. Demgegenüber ist ein Veräußerungsverlust, der sich ergibt, wenn der für die Übertragung des Vermögensgegenstands erhaltene Betrag unter dem Buchwert des Vermögensgegenstands liegt, sofort zu realisieren. Die AK des **Pensionsnehmers** bemessen sich nach dem für die Übertragung des Pensionsgegenstands gezahlten Betrag; die Bewertung der verpensionierten Vermögensgegenstände erfolgt nach allgemeinen Grundsätzen unter Berücksichtigung der Rücknahmeverpflichtung des Pensionsgebers. Werden die verpensionierten Vermögensgegenstände vom Pensionsnehmer auf den Pensionsgeber zurückübertragen, entstehen bei diesem keine neuen AK. 98

b) Wertpapierleihgeschäfte[70]

Unter Wertpapierleihgeschäften werden im Allgemeinen solche Geschäfte verstanden, bei denen Wertpapiere mit der Verpflichtung übereignet werden, dass der „Entleiher" nach Ablauf der vereinbarten Zeit Papiere gleicher Art, Güte und Menge dem „Verleiher" zurückübereignet und für die Dauer der „Leihe" ein Entgelt entrichtet. Zivilrechtlich handelt es sich bei Wertpapierleihgeschäften um **Sachdarlehen** i.S.v. § 607 BGB. Wertpapierleihgeschäfte weisen starke Ähnlichkeiten mit echten Pensionsgeschäften auf. Im Unterschied zu diesen erhalten Verleiher und Entleiher anlässlich der Hingabe bzw. der Rückgabe der Wertpapiere keine Zahlungen, dennoch finden sich in der Praxis häufig Wert- 99

---

[70] Vgl. zu Wertpapierleihgeschäften u.a.: *ADS*[6], § 246 HGB, Tz. 353; *Bieg,* Bankbilanzierung[2], S. 161; *Scharpf/ Schaber,* Bankbilanz[4], S. 357; *Bachmann,* ZHR 2009, S. 596–648.

papierleihen, bei denen Barsicherheiten hinterlegt werden. Anders als bei Wertpapierpensionsgeschäften stehen dem Entleiher die Erträge aus dem Pensionsgut während der Vertragsdauer zu.

100 Die **Bilanzierung** der Wertpapierleihgeschäfte ist gesetzlich nicht geregelt und im Schrifttum umstritten.[71] Mit der Neufassung von § 246 Abs. 1 S. 2 HGB wurde klarstellend die Bilanzierung von Vermögensgegenständen beim wirtschaftlichen Eigentümer aufgenommen. Nach hM[72] sind die aufgrund eines Sachdarlehens gem. § 607 BGB übertragenen Wertpapiere wirtschaftlich dem **Entleiher** (Darlehensnehmer) zuzurechnen. Begründet wird dies damit, dass der Darlehensgeber das Eigentum überträgt und deshalb der Entleiher auch die Erträge aus den übertragenen Wertpapieren erhält. Der Darlehensgeber erhält kein einem Kaufpreis vergleichbares Entgelt für die Wertpapiere, sondern ein Entgelt für die Nutzungsüberlassung, das aber nicht dem Wert der übertragenen Wertpapiere entspricht und Zinscharakter hat. Der Darlehensnehmer aktiviert die entliehenen Wertpapiere mit dem Wert, der sich zum Zeitpunkt des Erwerbs aus dem Börsen- oder Marktpreis ergibt, bzw. mit dem beizulegenden Wert zu diesem Zeitpunkt, unter gleichzeitiger Passivierung seiner Herausgabeverpflichtung in betragsmäßig gleicher Höhe. Begründet wird dies damit, dass der Entleiher grds. alle Chancen/Risiken aus den Wertpapieren sowie die Erträge und Stimmrechte aus den Wertpapieren hat. Der **Verleiher** der Wertpapiere (Darlehensgeber) aktiviert anstelle der Wertpapiere den Rückübertragungsanspruch in Höhe des Buchwerts der übertragenen Wertpapiere. Da der Verleiher das Eigentum an den Wertpapieren übertragen hat, ohne eine dem Wert der Wertpapiere entsprechende Gegenleistung erhalten zu haben, hat er statt des Wertpapierrisikos ein Bonitätsrisiko in Bezug auf den Entleiher wegen seines Rückübertragungsanspruchs. Aus diesem Grund wird argumentiert, dass das wirtschaftliche Eigentum an den Wertpapieren bei der Leihe übergeht und wegen des vom Verleiher getragenen Bonitätsrisikos eine Forderung auf Rückübereignung der Wertpapiere abzubilden ist. Kreditinstitute weisen den Rückübertragungsanspruch als Forderungen an Kunden (Aktivposten Nr. 3) bzw. Forderungen an KI (Aktivposten Nr. 4) und die Rückübertragungsverpflichtung als Verbindlichkeiten ggü. KI (Passivposten Nr. 1) bzw. Verbindlichkeiten ggü. Kunden (Passivposten Nr. 2) aus. Sofern die Wertpapierleihgeschäfte dem Handelsbestand zugeordnet sind, werden die Ansprüche und Verpflichtungen als Handelsbestand (Aktivposten Nr. 6a bzw. Passivposten Nr. 3a) ausgewiesen.

101 In der **Praxis der KI** werden Wertpapierpensions- und Wertpapierleihgeschäfte häufig mit Bezugnahme auf standardisierte Rahmenverträge abgeschlossen. Diese für die Anforderungen der Praxis entwickelten Verträge können von den im Gesetz geregelten Grundformen des Wertpapierpensionsgeschäfts und der Wertpapierleihe abweichen und sorgen dadurch für ein von dem gesetzlichen Grundfall abweichendes Risiko-/Chancenprofil. In der Praxis finden sich selten Wertpapierleihverträge, bei denen keine Barsicherheiten bzw. kein Wertausgleich für die der Leihe zugrunde liegenden Wertpapiere gezahlt bzw. geleistet werden. Dadurch wird das Argument, dass der Verleiher das Bonitätsrisiko in Bezug auf den Entleiher tragen würde, ausgehöhlt, da der Verleiher eine Barsicherheit für die Wertpapiere erhalten hat, die er bei Nichtlieferung verwenden darf. Darüber hinaus steht dem Verleiher der Rückübertragungsanspruch auf die Wertpapiere zu, so dass das Marktpreisrisiko trotz des zeitlich befristeten Eigentumsübergangs unverändert beim Verleiher liegt. Häufig sehen die Rahmenverträge vor, dass die Erträge

---

[71] Vgl. *ADS*⁶, § 246 HGB, Tz. 356; zur Bewertung der Forderungen und Verbindlichkeiten aus Wertpapierleihgeschäften vgl. insb. *ADS*⁶, § 246 HGB, Tz. 358, und für KI das Schreiben des BAK v. 25.08.1987 (*Consbruch/Fischer*, Abschn. P 3.1, vormals *CMBS* 16.18).

[72] Vgl. auch *BAK*, Schreiben v. 25.08.1987 (*Consbruch/Fischer*, P 41.15, vormals CMBS 16.18).

Jahresabschluss und Lagebericht J

während der Laufzeit der Wertpapierleihe an den Verleiher am Ende der Laufzeit herauszugeben sind.

Wendet man auf die Wertpapierleihe mit vertraglichen Abreden die Grundsätze zum Übergang des wirtschaftlichen Eigentums gem. *IDW ERS HFA 13*[73] an, so zeigt sich regelmäßig kein Unterschied in der Risiko- und Chancenverteilung bei der Wertpapierleihe und dem echten Wertpapierpensionsgeschäft, wenn bei der Wertpapierleihe Barsicherheiten hinterlegt werden und die Nutzungen während der Leihzeit an den Verleiher herausgegeben werden. Das Argument, dass bei der Wertpapierleihe der Verleiher das Bonitätsrisiko des Entleihers trägt, wird durch die Vereinbarung von Barsicherheiten entkräftet. Die individuell vereinbarte Herausgabepflicht der Erträge an den Verleiher stellt diesen so, wie wenn er während der gesamten Laufzeit der Wertpapierleihe der Eigentümer gewesen wäre. Chancen und Risiken der Wertänderung aus den Leih-Wertpapieren bleiben in diesen Fällen beim Verleiher.[74]

102

c) Gemeinschaftsgeschäfte[75]

Unter dem Begriff der Gemeinschaftsgeschäfte regelt § 5 RechKredV die bilanzielle **Zuordnung** und den **Bilanzausweis** von **Gemeinschaftskrediten** sowie von **Wertpapieren** und **Beteiligungen** mit **konsortialer Bindung**.

103

Gemeinschaftskredite sind Kredite, die von mehreren KI gemeinschaftlich gewährt werden (§ 5 S. 1 RechKredV). Die Einräumung derartiger Gemeinschafts- oder Konsortialkredite erfolgt im Allgemeinen im Rahmen von **Außen- oder Innenkonsortien**, darüber hinaus auch in der Form des **Metageschäfts** oder als stille **Unterbeteiligung**.[76] Für die Anwendung der Bestimmungen des § 5 RechKredV kommt es hierauf jedoch nicht an. Wenn Bestandteile eines Kredits syndiziert werden sollen, werden sie nicht zu Bestandteilen des Handelsbestands, auch wenn diese aufgrund von Marktstörungen nicht sofort weiterplatziert werden können.[77]

104

Nach § 5 RechKredV ist für die Bilanzierung zwischen Bar-Gemeinschaftskrediten und Aval-Gemeinschaftskrediten zu unterscheiden.

aa) Bar-Gemeinschaftskredite

Bei Bar-Gemeinschaftskrediten ist danach zu unterscheiden, ob die am Gemeinschaftskredit beteiligten Konsortial-KI einen Bareinschuss leisten, d.h. Mittel für den Gemeinschaftskredit zur Verfügung stellen oder nicht. Leisten die Konsorten (Konsortialführer und Mit-Konsorten) einen Bareinschuss (Bar-Gemeinschaftskredit **mit Bareinschuss**), bilanzieren der Konsortialführer und die Mit-Konsorten ihren eingezahlten Anteil an dem Gesamtkredit als Forderung (§ 5 S. 1 RechKredV). Bei Bar-Gemeinschaftskrediten **ohne Bareinschuss,** also Gemeinschaftskrediten, bei denen die Beteiligung der Konsorten lediglich in einer anteiligen Haftung für den Ausfall eines Teils der Forderung aus dem Gemeinschaftskredit besteht, bilanziert der Konsortialführer den gesamten Kredit; die haftenden Mit-Konsorten vermerken ihren Haftungsbetrag im Passivposten unter dem

105

---

73 *IDW ERS HFA 13 n.F.*, WPg Supplement 1/2007, S. 69 ff. = FN-IDW 2007, S. 83 ff. (Der HFA des IDW hat in seiner 218. Sitzung am 26./27.11.2009 beschlossen, *IDW ERS HFA 13 n.F.* wegen ertragsteuerlicher Bedenken zunächst nicht als endgültige Verlautbarung zu verabschieden, sondern unverändert als Entwurf beizubehalten).
74 Vgl. *IDW ERS HFA 13 n.F.*, WPg Supplement 1/2007, S. 69 ff. = FN-IDW 2007, S. 83 ff., Tz. 19, zu echten Pensionsgeschäften.
75 Vgl. insb. *Bieg*, Bankbilanzierung², S. 169 ff.; *Scharpf/Schaber*, Bankbilanz⁴, S. 72.
76 Vgl *Scharpf/Schaber*, Bankbilanz⁴, S. 72.
77 Vgl. *IDW RS BFA 2*, WPg Supplement 2/2010, S. 62 ff. = FN-IDW 2010, S. 154 ff., Tz. 20.

Bilanzstrich Nr. 1 Buchst. b (Verbindlichkeiten aus Bürgschaften und Gewährleistungsverträgen), vgl. § 5 S. 3 RechKredV. Bar-Gemeinschaftskredite mit **bedingtem Bareinschuss** werden, solange der Bareinschuss noch nicht eingefordert ist, wie Bar-Gemeinschaftskredite ohne Bareinschuss bilanziert; ab dem Zeitpunkt der Einforderung des Bareinschusses wird der Bar-Gemeinschaftskredit als Geschäft mit Bareinschuss behandelt.

bb) Aval-Gemeinschaftskredite

106 Die Bilanzierung von Aval-Gemeinschaftskrediten ist in der RechKredV nicht geregelt. In Übereinstimmung mit den allgemeinen Grundsätzen für die Bilanzierung von Bürgschaften gilt Folgendes:

Soweit das konsortialführende KI dem Bürgschaftsgläubiger in Höhe des **vollen Bürgschaftsbetrags** haftet und die übrigen Konsorten nur mit ihren Quoten, hat der Konsortialführer den vollen Betrag auszuweisen; die Unterbeteiligten vermerken jeweils den Betrag ihrer Quote im Unterposten „Verbindlichkeiten aus Bürgschaften und Gewährleistungsverträgen" (Passivposten unter dem Bilanzstrich Nr. 1 Buchst. b). Sieht der Bürgschaftsvertrag eine **quotale Aufteilung** des Aval-Gemeinschaftskredits vor, hat jeder Konsorte, auch der Konsortialführer, eine Vermerkpflicht nur in Höhe seines Anteils. Sieht die Bürgschaftszusage eine **gesamtschuldnerische Haftung** aller Konsorten vor, während im Innenverhältnis eine quotale Risikobeteiligung verabredet ist, muss jeder Konsorte den Aval-Gemeinschaftskredit in **voller Höhe** ausweisen.

107 Gemäß § 5 S. 4 RechKredV gelten die für die Bilanzierung von Gemeinschaftskrediten vorgeschriebenen Grundsätze (vgl. § 5 S. 1 und 2 RechKredV) auch für die Bilanzierung **gemeinschaftlich erworbener Wertpapiere** und **Beteiligungen** (z.B. für Wertpapiere mit konsortialer Bindung oder mit Stimmrechtsbindung). Die betreffenden Wertpapiere oder Beteiligungen sind mit dem eigenen Anteil jeweils in dem Posten auszuweisen, wo sie auch ohne eine solche Bindung auszuweisen wären.

d) Treuhandgeschäfte[78]

108 Treuhänderisch, d.h. im **eigenen Namen** für **fremde Rechnung,** gehaltene Vermögensgegenstände sind nach allgemeinen Bilanzierungsgrundsätzen in der Bilanz des Treugebers auszuweisen, weil er der wirtschaftliche Eigentümer der Vermögensgegenstände ist. § 6 RechKredV enthält eine besondere Regelung für den Ausweis treuhänderisch gehaltener Vermögensgegenstände und Schulden beim Trh., soweit dieser ein KI ist. Demnach ist das Treugut (Vermögensgegenstände und Schulden) stets auch in der Bilanz des Trh. auszuweisen; ein Ausweis in der Vorspalte oder unter dem Bilanzstrich ist für KI nicht zulässig.[79] Auf Unternehmen anderer Geschäftszweige ist die Sonderregelung in § 6 RechKredV nicht anzuwenden. Für den Ausweis des Treuguts beim Treugeber trifft § 6 RechKredV keine besondere Regelung, so dass insoweit die allgemeinen Grundsätze zur Bilanzierung von Treuhandverhältnissen Anwendung finden. Weil demnach das Treugut in der Bilanz des Treugebers auszuweisen ist, kommt es für den Fall, dass ein KI als Trh. fungiert, zum Ausweis des Treuguts sowohl in der Bilanz des Treugebers als auch in der Bilanz des Trh.

---

78 Vgl. zur Bilanzierung von Treuhandverhältnissen u.a.: *ADS*[6], § 246 HGB, Tz. 274; *Bieg,* Bankbilanzierung[2], S. 172 ff.; BHdR, B 900, Tz. 60 ff.; *Scharpf/Schaber,* Bankbilanz[4], S. 58 ff.

79 Für Unternehmen anderer Geschäftszweige werden bzgl. des Ausweises treuhänderisch gehaltener Vermögensgegenstände unterschiedliche Auffassungen vertreten; vom Trh. im eigenen Namen eingegangene Verbindlichkeiten sind hingegen nach allgemeiner Auffassung in der Bilanz stets als solche auszuweisen; vgl. *ADS*[6], § 246 HGB, Tz. 287.

Die Regelung in § 6 RechKredV zur bilanziellen Behandlung treuhänderisch gehaltener Vermögensgegenstände und Schulden beim Trh. kann als Sonderbestimmung für KI zum Ausweis des Sicherungsguts im Rahmen von Sicherungstreuhandschaften verstanden werden (vgl. hierzu Kap. E Tz. 49).

Sieht man von der **Bilanzverlängerung** als Folge des Ausweises des Treuguts in der Bilanz ab, ergeben sich für den Trh. keine weiteren wirtschaftlichen Folgen. Wertsteigerungen kommen dem Trh. nicht zugute, Wertverluste belasten sein Ergebnis nicht; die **Wertveränderungen** sind insgesamt dem Treugeber zuzurechnen. Insoweit gilt der Grundsatz der Erfolgsneutralität der Bilanzierung des Treuhandverhältnisses beim Trh. uneingeschränkt auch bei der Anwendung der Vorschrift des § 6 RechKredV.[80] Als Trh. ist er zwar rechtlicher, aber kein wirtschaftlicher Eigentümer i.S.v. § 246 Abs. 1 S. 2 HGB. | 109

Voraussetzung für den Ausweis als Treuhandvermögen und Treuhandverbindlichkeiten ist, dass die Vermögensgegenstände und Schulden „im eigenen Namen, aber für fremde Rechnung gehalten werden" (§ 6 Abs. 1 S. 1 RechKredV). Die Feststellung, ob diese Voraussetzungen erfüllt sind, kann im Einzelfall problematisch sein. Zu den in den Geltungsbereich des § 6 Abs. 1 S. 1 RechKredV fallenden Treuhandschaften gehören zunächst die Fälle der **Verwaltungstreuhand**, soweit sie als Vollrechtstreuhand ausgestaltet sind. Ob die Ermächtigungstreuhand, bei der der Trh. gem. § 185 BGB im eigenen Namen verfügt, von der Vorschrift erfasst wird, erscheint fraglich. Teilweise wird die Frage bejaht;[81] da der Trh. im Rahmen der Ermächtigungstreuhand nicht Rechtsinhaber hinsichtlich des Treuguts wird, ist allerdings davon auszugehen, dass die **Ermächtigungstreuhand** nicht in den Anwendungsbereich des § 6 S. 1 RechKredV fällt.[82] **Keine** Treuhandschaft i.S.v. § 6 Abs. 1 S. 1 RechKredV ist die **Vollmachtstreuhand**, bei welcher der Trh. im fremden Namen und für fremde Rechnung tätig wird. Um keine Treuhandschaften i.S.v. § 6 Abs. 1 S. 1 RechKredV handelt es sich auch bei den **Treuhandzahlungen** gem. § 21 Abs. 3 RechKredV; diese sind als Kundenverbindlichkeiten auszuweisen. | 110

Gegenstand von Treuhandvereinbarungen können Vermögensgegenstände (z.B. Beteiligungen, Forderungen) und Schulden sein. Im eigenen Namen für fremde Rechnung eingegangene Schulden können u.a. dadurch entstehen, dass der Trh. zur Finanzierung des Treuguts Kredite aufnimmt. Die aus den treuhänderisch gehaltenen Vermögensgegenständen resultierenden Nutzungen (z.B. Dividenden, Zinsen) sind i.d.R. nicht als Treuhandvermögen, sondern unter den jeweiligen Bilanzposten auszuweisen; Entsprechendes gilt für treuhänderisch gehaltene Schulden. Es gibt vielfältige Gestaltungen (z.B. im Förderbankengeschäft), so dass es maßgeblich auf den Inhalt der Treuhandverträge ankommt. | 111

Der Gesamtbetrag der treuhänderisch gehaltenen Vermögensgegenstände ist unter dem Posten **Treuhandvermögen** (Aktivposten Nr. 9), der Gesamtbetrag der treuhänderisch gehaltenen Schulden unter dem Posten **Treuhandverbindlichkeiten** (Passivposten Nr. 4) auszuweisen. Zum bilanziellen Ausgleich ist in Höhe des in der Bilanz ausgewiesenen treuhänderisch gehaltenen Vermögens jeweils eine gleich hohe Verbindlichkeit (aufgrund der Herausgabeverpflichtung des Trh.) unter dem Passivposten Nr. 4 (Treuhandverbindlichkeiten) zu zeigen; Entsprechendes gilt für den Ausgleich treuhänderisch gehaltener Schulden (aufgrund der Forderung des Trh. auf Freistellung oder Aufwandsersatz). Die Saldierung treuhänderisch gehaltener Vermögensgegenstände mit den entsprechenden Herausgabeverpflichtungen oder treuhänderisch gehaltenen Schulden mit den entsprechenden Freistellungsansprüchen ist nicht zulässig. | 112

---

80 Vgl. *ADS*[6], § 246 HGB, Tz. 287.
81 Vgl. *Bieg*, Bankbilanzierung[2], S. 172.
82 Vgl. *ADS*[6], § 246 HGB, Tz. 276.

113 Die Gesamtbeträge der Posten „Treuhandvermögen" und „Treuhandverbindlichkeiten" sind im **Anh.** nach den Aktiv- und Passivposten des Formblatts 1 aufzugliedern (§ 6 Abs. 1 S. 2 RechKredV). Die **Aufgliederung** bezieht sich auch auf die einzelnen Unterposten, nicht jedoch auf die „Darunter-Angaben". Im Hinblick auf die Aufgliederung der Gesamtbeträge des Treuhandvermögens und der Treuhandverbindlichkeiten bestimmt § 6 Abs. 1 S. 3 RechKredV, dass bei hereingenommenen Treuhandgeldern die Stelle, der das bilanzierende KI die Gelder unmittelbar schuldet, als Gläubiger gilt. Entsprechendes gilt bei Treuhandkrediten die Stelle, an die das bilanzierende KI die Gelder unmittelbar ausreicht, als Schuldner (§ 6 Abs. 1 S. 4 RechKredV).

114 Kredite, die im eigenen Namen, aber für fremde Rechnung gewährt wurden (sog. **Treuhandkredite** oder **durchlaufende Kredite**), sind beim Aktivposten Nr. 9 (Treuhandvermögen) in einem Darunter-Vermerk (darunter: Treuhandkredite) auszuweisen (§ 6 Abs. 2 RechKredV). Voraussetzung für den Ausweis ist, dass der Treugeber (Auftraggeber) die ausgeliehenen Mittel dem bilanzierenden KI in voller Höhe zur Verfügung gestellt hat, dieses keinerlei Kredit- oder Liquiditätsrisiko trägt und sich seine Haftung auf die ordnungsgemäße Verwaltung der Kredite und die Abführung der Zins- und Tilgungszahlungen an den Auftraggeber beschränkt. Auch eine nur partielle Risikoübernahme durch das die Mittel weiterleitende Institut führt dazu, dass kein Treuhandkredit gegeben ist. Der Gegenposten zu den gewährten Treuhandkrediten erscheint bei Passivposten Nr. 4 (Treuhandverbindlichkeiten) unter der gleichen Bezeichnung (Treuhandkredite) ebenfalls als Darunter-Vermerk. Beide Posten müssen gleich hoch sein. Soweit Mittel für die Gewährung von Treuhandkrediten am Bilanzstichtag zwar aufgenommen, aber noch nicht an den Endkreditnehmer weitergeleitet wurden, sind diese unter den Verbindlichkeiten zu zeigen; die aus der vorübergehenden Anlage stammenden Guthaben, Wertpapiere u.Ä. sind den entsprechenden Aktivposten zuzuordnen. Nicht zu beanstanden ist es, wenn ein KI die gesamten auch noch nicht ausgereichten Mittel als Treuhandvermögen und Treuhandverpflichtungen zeigt, weil es die gesamten Treuhandmittel in einem eigenen Buchungskreislauf getrennt von seinem eigenen Vermögen erfasst und dieser „Bestand" insgesamt der Treuhandvereinbarung unterliegt. Diese Bilanzierung ist im Anh. darzustellen.

115 § 6 Abs. 2 RechKredV sieht keine weitere Untergliederung der Treuhandkredite vor; sie sind jedoch als Teil des Gesamtbetrags des Treuhandvermögens und der Treuhandverbindlichkeiten gem. § 6 Abs. 1 RechKredV nach den Aktiv- und Passivposten des Formblatts 1 **aufzugliedern.**

116 Im **fremden Namen** und **für fremde Rechnung** gehaltene **Vermögensgegenstände** und **Schulden** dürfen gem. § 6 Abs. 3 RechKredV in die Bilanz nicht aufgenommen werden; die Bestimmung hat im Hinblick auf die Regelung in § 6 Abs. 1 RechKredV nur klarstellende Bedeutung. Neben der Vollmachtstreuhand betrifft diese Vorschrift auch die Fälle der Ermächtigungstreuhand. Für KI ist diese Regelung insoweit von praktischer Bedeutung, als demnach insb. die sog. **Verwaltungskredite** (im fremden Namen und für fremde Rechnung verwaltete Kredite) nicht in der Bilanz des verwaltenden KI ausgewiesen werden dürfen. § 6 Abs. 3 RechKredV stellt andererseits aber kein Verbot der nachrichtlichen Mitteilung der Verwaltungskredite dar. Für eine derartige nachrichtliche Mitteilung kommt insb. ein Vermerk im Anschluss an die Pflichtvermerke unter dem Bilanzstrich im Formblatt 1 in Betracht. Alternativ kann im Anh. die Aufgliederung der Provisionserträge Aufschluss über die Verwaltungskredite geben.

117 § 6 Abs. 4 RechKredV enthält eine besondere Vorschrift für den JA von **KAG.** Demnach müssen diese die Summe der **Inventarwerte** und die **Zahl** der **verwalteten SV** in der Bi-

Jahresabschluss und Lagebericht | **J**

lanz auf der Passivseite unter dem Bilanzstrich in einem Posten unter der Bezeichnung „Für Anteilinhaber verwaltete SV" ausweisen.

§ 6 RechKredV regelt lediglich den Ausweis der im eigenen Namen für fremde Rechnung gehaltenen Vermögensgegenstände und Schulden, nicht aber ihre **Bewertung**. Für diese gelten die allgemeinen Grundsätze über die Bilanzierung von Treuhandvermögen. | 118

e) Ausnahmen vom Verrechnungsverbot[83]

§ 246 Abs. 2 HGB, wonach Posten der Aktivseite nicht mit Posten der Passivseite, Aufwendungen nicht mit Erträgen und Grundstücksrechte nicht mit Grundstückslasten verrechnet werden dürfen, ist von KI nach Maßgabe von § 340a Abs. 2 S. 3 HGB in folgenden Fällen nicht anzuwenden: | 119

aa) Bilanz

Über die Vornahme von Verrechnungen von Forderungen und Verbindlichkeiten nach allgemeinen Grundsätzen hinaus[84] sind KI gem. § 10 Abs. 1 und 2 RechKredV zur Verrechnung (**Kompensation**) bestimmter Verbindlichkeiten mit bestimmten Forderungen verpflichtet. Folgende **Voraussetzungen** müssen hierfür **kumulativ** erfüllt sein: | 120

– Die betreffenden Verbindlichkeiten und Forderungen bestehen ggü. demselben Kontoinhaber;
– die Verbindlichkeiten sind täglich fällig und unterliegen keinerlei Bindungen; die Verbindlichkeiten sind keine Sperrguthaben und keine Spareinlagen;
– die Forderungen sind täglich fällig oder es handelt sich um Forderungen, die auf einem Kreditsonderkonto (nach der sog. englischen Buchungsmethode) belastet sind;
– die Forderungen und Verbindlichkeiten lauten auf die gleiche Währung; die Zins- und Provisionsberechnung erfolgt so, dass der Kontoinhaber wie bei der Buchung über ein einziges Konto gestellt wird.

Die den Forderungen bzw. Verbindlichkeiten zugehörigen Zinserträge bzw. Zinsaufwendungen sind – ungeachtet der in der Bilanz vorgenommenen Verrechnung – in der GuV **brutto** auszuweisen. | 121

Zurückgekaufte börsenfähige Schuldverschreibungen eigener Emissionen sind auf der Aktivseite als eigene Schuldverschreibungen unter Angabe des Nennbetrags im Posten Nr. 5 Buchst. c) auszuweisen. **Zurückgekaufte nicht börsenfähige eigene Schuldverschreibungen** sind hingegen vom Bestand der begebenen Schuldverschreibungen (Passivposten Nr. 3 Buchst. a) abzusetzen (§ 16 Abs. 4 RechKredV). | 122

bb) Gewinn- und Verlustrechnung

In der GuV der KI sind folgende **Ausnahmen** vom Verrechnungsverbot von Bedeutung: Verrechnung gemäß § 340c Abs. 1 HGB, § 340c Abs. 2 HGB, § 33 RechKredV und § 340f Abs. 3 HGB. | 123

---

83 Vgl. zum Verrechnungsverbot grundlegend Kap. E Tz. 73 ff.
84 Vgl. Kap. E Tz. 75.

(1) Verrechnung gemäß § 340c Abs. 1 HGB (Nettoertrag oder Nettoaufwand des Handelsbestands)

124 Die Verrechnung betrifft den Aufwandsposten „Nettoaufwand des Handelsbestands" (Formblatt 2 Spalte Aufwendungen Nr. 3 bzw. Formblatt 3 Nr. 7) und den Ertragsposten „Nettoertrag des Handelsbestands" (Formblatt 2 Spalte Erträge Nr. 5 bzw. Formblatt 3 Nr. 7). Sie umfasst alle Erträge und Aufwendungen aus Geschäften mit Finanzinstrumenten des Handelsbestands und aus dem Handel mit Edelmetallen sowie die zugehörigen Erträge aus Zuschreibungen und Aufwendungen aus Abschreibungen gem. § 340c Abs. 1 S. 1 HGB.[85] Weiterhin sind in die Verrechnung Aufwendungen für die Bildung von Rückstellungen für drohende Verluste aus den Handelsgeschäften und Erträge aus der Auflösung dieser Rückstellungen einzubeziehen (vgl. § 340c Abs. 1 S. 2 HGB).[86] Die laufenden Erträge und Aufwendungen aus Geschäften mit Finanzinstrumenten des Handelsbestands sind grds.[87] im Handelsergebnis auszuweisen.

Bei den Aufwendungen und Erträgen, die im Nettoergebnis des Handelsbestands (Nettoertrag des Handelsbestands oder Nettoaufwand des Handelsbestands) auszuweisen sind, handelt es sich um folgende Aufwendungen und Erträge.[88]

Eigenhandel	Aufwendungen	Erträge
• Wertpapiere/Forderungen • Derivative Finanzinstrumente • Devisen • Edelmetalle • Zu Handelszwecken begebene Verbindlichkeiten	• Kursverluste (Abgangsverluste bzw. Bewertungsverluste) • Risikoabschlag • Provisionsaufwendungen • Laufende Aufwendungen (Zinsen etc.), sofern im Einklang mit interner Steuerung	• Kursgewinne (Abgangsgewinne) bzw. Bewertungsgewinne • Provisionserträge • Laufende Erträge (Zinsen etc.), sofern im Einklang mit interner Steuerung

125 Der aus der Verrechnung resultierende Unterschiedsbetrag ist entweder ein Nettoertrag[89] oder ein Nettoaufwand[90]. In dem Posten „Nettoertrag/Nettoaufwand des Handelsbestands" spiegelt sich das Ergebnis der Eigenhandelsaktivitäten wider.[91] Weil es den Erfolg aus den Handelsaktivitäten der KI zum Ausdruck bringt, wird es auch als Handelsergebnis bezeichnet. Die Verrechnung gem. § 340c Abs. 1 HGB ist **zwingend** vorzunehmen **(Verrechnungsgebot).**

---

85 Für FDLI und KI, soweit Letztere Skontroführer i.S.v. § 27 Abs. 1 S. 1 BörsG und nicht Einlagen-KI i.S.v. § 1 Abs. 3d S. 1 KWG sind, bleibt es bei der Bruttodarstellung; vgl. § 340 Abs. 4 S. 2 HGB und zur Diskussion *IDW RS BFA 2*, WPg Supplement 2/2010, S. 62 ff. = FN-IDW 2010, S. 154 ff., Tz. 77 f.; *Scharpf/Schaber*, Bankbilanz⁴, S. 233.

86 Durch die verpflichtende Bewertung zum beizulegenden Zeitwert und – bei negativen Marktwerten – den Ausweis im Posten „Handelspassiva" dürfte der Anwendungsbereich von § 340c Abs. 1 S. 2 HGB sehr begrenzt sein; vgl. *Scharpf u.a.*, WPg 2010, S. 501.

87 Laufende Zinsaufwendungen und -erträge können auch im Zinsergebnis ausgewiesen werden, sofern dies mit der internen Steuerung übereinstimmt; vgl. *IDW RS BFA 2*, WPg Supplement 2/2010, S. 62 ff. = FN-IDW 2010, S. 154 ff., Tz. 72–75.

88 Entnommen aus *IDW RS BFA 2*, WPg Supplement 2/2010, S. 62 ff. = FN-IDW 2010, S. 154 ff., Tz. 71.

89 Vgl. Formblatt 2 Spalte Erträge Nr. 5 bzw. Formblatt 3 Nr. 7.

90 Vgl. Formblatt 2 Spalte Aufwendungen Nr. 3 bzw. Formblatt 3 Nr. 7.

91 Vgl. *IDW RS BFA 2*, WPg Supplement 2/2010, S. 62 ff. = FN-IDW 2010, S. 154 ff., Tz. 70.

(2) Verrechnung gemäß § 340c Abs. 2 HGB, § 33 RechKredV (Ergebnis aus Finanzanlagen)

Die Verrechnung umfasst die Aufwendungen aus Abschreibungen und die Erträge aus Zuschreibungen auf die in § 340c Abs. 2 HGB genannten Beteiligungen und Anteile an verbundenen Unternehmen sowie die Wertpapiere, die wie AV behandelt werden. Diese Vermögensgegenstände werden auch als **Finanzanlagen** bezeichnet. Neben den Aufwendungen aus Abschreibungen und den Erträgen aus Zuschreibungen dürfen in die Verrechnung auch Erträge und Aufwendungen aus Geschäften mit diesen Finanzanlagen (realisierte Kursgewinne und Kursverluste, Erträge und Aufwendungen aus dem Abgang von Beteiligungen und Anteilen an verbundenen Unternehmen) einbezogen werden (§ 340c Abs. 2 S. 2 HGB). Der sich nach der Verrechnung ergebende Saldo ist für den Fall, dass die Aufwendungen höher sind als die Erträge, im Aufwandsposten nach Formblatt 2 Spalte Aufwendungen Nr. 8 bzw. Formblatt 3 Nr. 15 (Abschreibungen und Wertberichtigungen auf Beteiligungen, ...) auszuweisen; sind die Erträge höher als die Aufwendungen, erfolgt der Ausweis im Ertragsposten gem. Formblatt 2 Spalte Erträge Nr. 7 bzw. Formblatt 3 Nr. 16 (Erträge aus Zuschreibungen zu Beteiligungen, ...).

126

Sofern die Erträge bzw. Aufwendungen aus Geschäften mit Finanzanlagen nicht in diesem Posten ausgewiesen werden (vgl. § 340c Abs. 2 S. 2 HGB), sind die Erträge als sonstige betriebliche Erträge (Formblatt 2 Spalte Erträge Nr. 8 bzw. Formblatt 3 Nr. 8), die Aufwendungen als sonstige betriebliche Aufwendungen (Formblatt 2 Spalte Aufwendungen Nr. 6 bzw. Formblatt 3 Nr. 12) auszuweisen; eine **Verrechnung** ist in diesem Fall **nicht zulässig**.

127

Die Verrechnung gem. § 340c Abs. 2 HGB, § 33 RechKredV **kann** vorgenommen werden **(Wahlrecht)**. Wird eine Verrechnung durchgeführt, sind alle verrechenbaren Erträge und Aufwendungen einzubeziehen; eine nur teilweise Verrechnung von Erträgen und Aufwendungen ist nicht zulässig (§ 33 S. 3 RechKredV).

128

(3) Verrechnung gemäß § 340f Abs. 3 HGB, § 32 RechKredV (Überkreuzkompensation)

Die Verrechnung betrifft den Aufwandsposten „Abschreibungen und Wertberichtigungen auf Forderungen und bestimmte Wertpapiere sowie Zuführungen zu Rückstellungen im Kreditgeschäft" (Formblatt 2 Spalte Aufwendungen Nr. 7 bzw. Formblatt 3 Nr. 13) und den Ertragsposten „Erträge aus Zuschreibungen zu Forderungen und bestimmten Wertpapieren sowie aus der Auflösung von Rückstellungen im Kreditgeschäft" (Formblatt 2 Spalte Erträge Nr. 6 bzw. Formblatt 3 Nr. 14). Im Einzelnen umfasst diese Verrechnung folgende Erträge und Aufwendungen (§ 340f Abs. 3, § 32 RechKredV):

129

Erträge aus	Aufwendungen aus
• Zuschreibungen zu Forderungen an KI und Kunden • der Auflösung von Wertberichtigungen auf Forderungen an KI und Kunden • dem Eingang teilweise oder vollständig abgeschriebener Forderungen an KI und Kunden • der Auflösung von Rückstellungen für Eventualverbindlichkeiten und Kreditrisiken • dem höheren Wertansatz von Forderungen an KI und Kunden zum Zwecke der Verminderung der Vorsorgereserve für allgemeine Bankrisiken gem. § 340f Abs. 1 HGB • Geschäften mit Wertpapieren (Schuldverschreibungen und andere festverzinsliche Wertpapiere, Aktien und andere nicht festverzinsliche Wertpapiere) der Liquiditätsreserve • Zuschreibungen zu Wertpapieren (Schuldverschreibungen und andere festverzinsliche Wertpapiere, Aktien und andere nicht festverzinsliche Wertpapiere) der Liquiditätsreserve • dem höheren Wertansatz von Wertpapieren (Schuldverschreibungen und andere festverzinsliche Wertpapiere, Aktien und andere nicht festverzinsliche Wertpapiere) der Liquiditätsreserve zum Zwecke der Verminderung der Vorsorgereserve für allgemeine Bankrisiken gem. § 340f Abs. 1 HGB	• Abschreibungen und Zuführungen zu Wertberichtigungen auf Forderungen an KI und Kunden • Zuführungen zu Rückstellungen für Eventualverbindlichkeiten und für Kreditrisiken • Geschäften mit Forderungen an KI und Kunden • dem niedrigeren Wertansatz von Forderungen an KI und Kunden zum Zwecke von Zuführungen zur Vorsorgereserve für allgemeine Bankrisiken gem. § 340f Abs. 1 HGB • Geschäften mit Wertpapieren (Schuldverschreibungen und andere festverzinsliche Wertpapiere, Aktien und andere nicht festverzinsliche Wertpapiere) der Liquiditätsreserve • Abschreibungen auf Wertpapiere (Schuldverschreibungen und andere festverzinsliche Wertpapiere, Aktien und andere nicht festverzinsliche Wertpapiere) der Liquiditätsreserve • dem niedrigeren Wertansatz von Wertpapieren (Schuldverschreibungen und andere festverzinsliche Wertpapiere, Aktien und andere nicht festverzinsliche Wertpapiere) der Liquiditätsreserve zum Zwecke von Zuführungen zur Vorsorgereserve für allgemeine Bankrisiken gem. § 340f Abs. 1 HGB

130 Die Verrechnung gem. § 340f Abs. 3 HGB, § 32 RechKredV dient insb. der stillen Bildung bzw. Auflösung von Vorsorgereserven zur Sicherung gegen die besonderen Risiken des Geschäftszweigs der KI (§ 340f Abs. 1 HGB). Sie wird, weil sie Aufwendungen und Erträge gleicher Art und solche **verschiedener Art** (Kreditgeschäft einerseits, Wertpapiergeschäft andererseits) umfasst, auch als **„Überkreuzkompensation"** bezeichnet.

131 Zur Verrechnung nach § 340f Abs. 3 HGB, § 32 S. 2 RechKredV ist der Bilanzierende berechtigt **(Wahlrecht)**. Die Verrechnung der in § 340f Abs. 3 HGB bezeichneten Aufwendungen und Erträge kann nur insgesamt durchgeführt werden; eine teilweise Verrechnung ist ausgeschlossen (§ 32 S. 3 RechKredV).

f) Angabe von Haftungsverhältnissen

132 Anstelle der Bestimmungen in §§ 251, 268 Abs. 7 HGB zu den Haftungsverhältnissen[92] wenden KI die durch die RechKredV erlassenen Formblätter und Regelungen an (§ 340a Abs. 2 S. 2 HGB). Die danach von KI anzugebenden Haftungsverhältnisse decken sich weitgehend mit den Angaben gem. §§ 251, 268 Abs. 7 HGB (vgl. zum Ausweis der Haftungsverhältnisse der KI Tz. 243 ff.). Außer den Haftungsverhältnissen müssen KI Art und Zweck sowie Risiken und Vorteile von nicht in der Bilanz enthaltenen Geschäften,

---
92 Vgl. hierzu Kap. E Tz. 111 ff.

soweit dies für die Beurteilung der Finanzlage notwendig ist (vgl. § 285 Nr. 3 HGB)[93], sowie den **Gesamtbetrag** der **sonstigen finanziellen Verpflichtungen**, die nicht in der Bilanz erscheinen und auch nicht aufgrund der durch die RechKredV erlassenen Formblätter und Regelungen geboten sind, im Anh. angeben (vgl. § 285 Nr. 3a HGB).

8. Bilanzierungsverbote und -wahlrechte

§ 248 Abs. 1 und 2 HGB (Bilanzierungsverbote und -wahlrechte) gelten für KI ohne Ausnahme; §§ 340a ff. HGB enthalten hierzu keine weiteren Bestimmungen (vgl. insoweit die Erläuterungen zu § 248 HGB in Kap. E Tz. 102 ff.). 133

9. Vorschriften zu Rückstellungen und Rechnungsabgrenzungsposten

Die Vorschriften zu den **Rückstellungen** (§ 249 HGB) und zu den **RAP** (§ 250 HGB) gelten für KI ohne Einschränkungen.[94] Für den Fall der Bildung von Bewertungseinheiten nach § 254 S. 1 HGB ist § 249 Abs. 1 HGB unter bestimmten Voraussetzungen nicht anzuwenden (vgl. § 254 S. 1 HGB).[95] Die DBB weist in ihrem Monatsbericht vom September 2010[96] darauf hin, dass aus bankaufsichtsrechtlicher Sicht die bilanzielle Abbildung einer Bewertungseinheit einer dokumentierten Absicherung im Rahmen des bankinternen Risikomanagements zwingend folgen soll, auch um eine sachgerechte Bilanzierung der Derivate ggü. dem Anlagebuch sicherzustellen. Im gleichen Zusammenhang betont die DBB, dass daher für eine sachgerechte und zutreffende Abbildung der Vermögens- und Ertragslage die Bildung von Bewertungseinheiten notwendig ist. Der rechtsform- und branchenübergreifende *IDW RS HFA 35*[97] geht in Tz. 12 davon aus, dass die bewusste Entscheidung für die Bildung einer Bewertungseinheit i.S.v. § 254 HGB auch im Falle gleichartiger Sachverhalte, jeweils unterschiedlich für Zwecke des Risikomanagements und hinsichtlich der Abbildung in der Rechnungslegung, getroffen werden darf. Gleichwohl wird empfohlen, die Bildung von Bewertungseinheiten für bilanzielle Zwecke in Übereinstimmung mit dem praktizierten Risikomanagement vorzunehmen. 134

Als branchenspezifischer Sonderfall der Drohverlustrückstellungen ist die sog. **verlustfreie Bewertung von Zinsänderungsrisiken (Zinsspannenrisiken) im Bankbuch** zu nennen.[98] 135

Die allgemeinen Vorschriften werden **ergänzt** durch besondere Bestimmungen zu den RAP (§ 23 RechKredV) und zu den Rückstellungen (§ 24 RechKredV); vgl. zu Einzelheiten Tz. 192, 227, 230. 136

10. Erläuterungen zu den Posten der Bilanz

Im Folgenden werden die einzelnen Posten der Bilanz in der **Reihenfolge** des Gliederungsschemas nach dem Formblatt 1 (vgl. § 2 Abs. 1 RechKredV) erläutert. Posten, die im Formblatt 1 nicht vorgesehen sind, aber aufgrund anderer Vorschriften in die Bilanz der KI aufzunehmen sind, werden nicht gesondert erläutert; hinsichtlich dieser Sonderposten 137

---

93 Vgl. zu den Anhangangaben nach §§ 285 Nr. 3, 314 Abs. 1 Nr. 2 HGB zu nicht in der Bilanz enthaltenen Geschäften auch *IDW RS HFA 32*, WPg Supplement 4/2010, S. 68 ff. = FN-IDW 2010, S. 478 ff.
94 Vgl. hierzu Kap. E Tz. 132 ff., 266 ff.
95 Vgl. hierzu Kap. E Tz. 152 und *IDW RS HFA 35*, WPg Supplement 3/2011, S. 59 ff. = FN-IDW 2011, S. 445 ff., Tz. 74 und 82.
96 Vgl. *DBB*, Monatsbericht September 2010, S. 49–68, 58.
97 *IDW RS HFA 35*, WPg Supplement 3/2011, S. 59 ff. = FN-IDW 2011, S. 445 ff.
98 Vgl. hierzu Tz. 336

wird auf Kap. F dieses Handbuchs verwiesen. Im Einzelnen handelt es sich dabei um folgende, im Formblatt 1 nicht aufgeführte **Sonderposten:**

- Einzahlungsverpflichtungen persönlich haftender Gesellschafter oder von Kommanditisten (§ 286 Abs. 2 AktG, § 264c Abs. 2 S. 4, 6 und 7 HGB);[99]
- eingeforderte Nachschüsse (§ 42 Abs. 2 GmbHG);[100]
- Abgrenzungsposten wegen latenter Steuern (§ 274 HGB);[101]
- nicht durch Vermögenseinlagen gedeckter Verlustanteil persönlich haftender Gesellschafter oder Kommanditisten (§ 286 Abs. 2 AktG, § 264c Abs. 2 S. 5, 6 und 7 HGB);[102]
- Kapitalanteile der persönlich haftenden Gesellschafter oder der Kommanditisten (§ 286 Abs. 2 S. 1 AktG, § 264c Abs. 2 S. 2 und 6 HGB);[103]
- Ertrag aufgrund höherer Bewertung nach dem Ergebnis der Sonderprüfung bzw. laut gerichtlicher Entscheidung (§ 261 Abs. 1 S. 6 und Abs. 2 S. 2 AktG);[104]
- Ausgleichsposten für aktivierte eigene Anteile (§ 264c Abs. 4 S. 2 HGB).[105]

138 Der Inhalt der einzelnen Bilanzposten gem. Formblatt 1 ist – von Ausnahmen abgesehen – in **§§ 12 bis 27 RechKredV** geregelt. Anhaltspunkte für den Inhalt der Bilanzposten ergeben sich auch aus den Richtlinien zu den einzelnen Positionen des Hauptvordrucks der **DBB**[106], ohne dass diese Richtlinien für den JA der KI verbindlich sind.

a) **Aktivseite**

aa) **Aktivposten Nr. 1: Barreserve**

139 Im Aktivposten Nr. 1 sind unter der Bezeichnung Barreserve die **Unterposten**

a) Kassenbestand,
b) Guthaben bei Zentralnotenbanken,
c) Guthaben bei Postgiroämtern

zusammengefasst.

140 Die **Guthaben** bei der **DBB** sind in einen Darunter-Vermerk beim Unterposten b) auszugliedern.

141 Zum **Kassenbestand** gehören die gesetzlichen Zahlungsmittel einschließlich der ausländischen Noten und Münzen (Sorten), weiterhin Postwertzeichen und Gerichtsgebührenmarken (§ 12 Abs. 1 S. 1 RechKredV). Gedenkmünzen rechnen zum Kassenbestand, soweit es sich um gesetzliche Zahlungsmittel handelt. Zu einem höheren Betrag als dem Nennwert erworbene Gedenkmünzen sowie Goldmünzen, auch wenn es sich um gesetzliche Zahlungsmittel handelt, und Barrengold sind im Aktivposten Nr. 14 (Sonstige Vermögensgegenstände) zu erfassen (§ 12 Abs. 1 S. 2 RechKredV). Andere Edelmetallbestände (z.B. Silber, Platin) sind gleichfalls im Aktivposten Nr. 14 (Sonstige Vermögensgegenstände) auszuweisen.

---

99 Vgl. Kap. F Tz. 288.
100 Vgl. Kap. F Tz. 292.
101 Vgl. Kap. F Tz. 303.
102 Vgl. Kap. F Tz. 307.
103 Vgl. Kap. F Tz. 344.
104 Vgl. Kap. F Tz. 425.
105 Vgl. Kap. F Tz. 426.
106 *Deutsche Bundesbank*, Statistik der Banken und sonstigen Finanzinstitute.

Jahresabschluss und Lagebericht J

Die **Guthaben bei Zentralnotenbanken**[107] (Unterposten b)) und die **Guthaben bei** 142
Postgiroämtern (Unterposten c)) umfassen nur **täglich fällige Guthaben** (einschließlich der Fremdwährungsguthaben) bei den Zentralnotenbanken bzw. den Postgiroämtern der Niederlassungsländer des bilanzierenden KI (§ 12 Abs. 2 S. 1 RechKredV). Täglich fällig sind die Guthaben, über die jederzeit ohne vorherige Kündigung verfügt werden kann oder für die eine Laufzeit oder Kündigungsfrist von 24 Stunden oder von einem Geschäftstag vereinbart worden ist, einschließlich sog. Tagesgelder und Gelder mit täglicher Kündigung (§ 8 Abs. 3 RechKredV). Als **Niederlassungsländer** des KI gelten die Länder, in denen das KI Bankgeschäfte betreibt, Dienstleistungen anbietet oder aus anderen Gründen präsent ist;[108] die Form der Niederlassung (z.b. Zweigstelle, Repräsentanz) ist unbeachtlich. Andere als täglich fällige Guthaben (z.b. Übernacht-Guthaben im Rahmen der Einlagenfazilität der DBB, Forderungen an die DBB aus Devisen-Swap-Geschäften, Wertpapierpensionsgeschäften und Termineinlagen) sind im Aktivposten Nr. 3 (Forderungen an KI) auszuweisen (§ 12 Abs. 2 S. 2 RechKredV). Bei Zentralnotenbanken aufgenommene täglich fällige Gelder (z.B. Übernacht-Kredite im Rahmen der Spitzenrefinanzierungsfazilität der DBB) sind als täglich fällige Verbindlichkeiten im Passivposten Nr. 1 (Verbindlichkeiten ggü. KI) auszuweisen, dürfen also **nicht verrechnet** werden (§ 12 Abs. 2 S. 3 RechKredV).

bb) Aktivposten Nr. 2: Schuldtitel öffentlicher Stellen und Wechsel, die zur Refinanzierung bei Zentralnotenbanken zugelassen sind

Der Aktivposten Nr. 2 umfasst **zwei Unterposten:** Im Unterposten a) sind die zur Refi- 143
nanzierung bei den Zentralnotenbanken der Niederlassungsländer des bilanzierenden KI zugelassenen Schuldtitel öffentlicher Stellen, im Unterposten b) die zur Refinanzierung zugelassenen Wechsel auszuweisen. Die bei der DBB refinanzierbaren Schuldtitel des Unterpostens a) sind in einen Darunter-Vermerk auszugliedern (vgl. Formblatt 1). Seit dem Jahr 2007 sind Wechsel nicht mehr zur Refinanzierung bei der DBB zugelassen.[109]

Schuldtitel öffentlicher Stellen sind z.B. Schatzwechsel und unverzinsliche Schatz- 144
anweisungen. Als **Wechsel** sind die aus dem Diskontgeschäft stammenden Wechselabschnitte auszuweisen, ohne Rücksicht auf die Anzahl der Wechselverpflichteten und die Stellung des Einreichers in der Reihe der Wechselverpflichteten. Ausländische Wechsel rechnen dazu, wenn sie mindestens den wechselrechtlichen Anforderungen des Ausstellungslandes entsprechen (Art. 92 WG). Mit wesentlichen Formfehlern behaftete Wechsel sind nicht als Wechsel, sondern unter den Forderungen an KI (Aktivposten Nr. 3) oder den Forderungen an Kunden (Aktivposten Nr. 4) zu erfassen. Der **Bestand an eigenen Akzepten** darf nicht als Wechselbestand ausgewiesen werden (§ 13 Abs. 3 S. 1 RechKredV); er ist mit dem Nominalbetrag von den im Umlauf befindlichen eigenen Akzepten und Solawechseln (Passivposten Nr. 3 Buchst. B)) abzusetzen (§ 22 Abs. 4 S. 2 RechKredV).

Die **Laufzeit** der Schuldtitel und Wechsel ist für die Zuordnung zum Aktivposten Nr. 2 145
unbeachtlich. Mitunter wird allerdings von den Zentralnotenbanken eine bestimmte Laufzeit der Schuldtitel und Wechsel als Voraussetzung für die Refinanzierbarkeit gefordert.

---

107 Ein Verzeichnis der Notenbanken einschließlich der Währungsbehörden ist auf der Webseite der Bank for International Settlements zu finden *(www.bis.org).*
108 *Deutsche Bundesbank,* Monatliche Bilanzstatistik, S. 32.
109 Mit Rundschreiben Nr. 12/2006 der DBB vom 05.04.2006 wurde mitgeteilt, dass Handelswechsel mit dem Ablauf des Jahres 2006 ihre Notenbankfähigkeit verlieren.

961

146 Als **refinanzierbar** (refinanzierungsfähig) bei Zentralnotenbanken gelten auch die Wechsel und Schuldtitel, die zur Sicherung von Offenmarkt- und Übernacht-Krediten an Zentralnotenbanken verpfändet werden können. **Öffentliche Stellen** gem. § 13 Abs. 1 S. 3 RechKredV sind öffentliche Haushalte (Bund, Länder, Gemeinden, kommunale Zweckverbände) einschließlich ihrer Sondervermögen (SV; z.B. Bundeseisenbahnvermögen, Erblastentilgungsfonds, Fonds „Deutsche Einheit"). Öffentliche Stellen im Ausland sind ausländische Regierungen oder ausländische Gebietskörperschaften.

147 Für den Ausweis im Aktivposten Nr. 2 wird außer der Refinanzierbarkeit der Schuldtitel und Wechsel bei Zentralnotenbanken vorausgesetzt, dass ihr Zinsertrag in Form eines **Diskontabzugs** beim Ankauf verrechnet wird. Dem Diskontabzug ist ein Agio bei der Einlösung gleichzusetzen.

148 Schuldtitel öffentlicher Stellen, welche die **Voraussetzungen** für den Ausweis im Aktivposten Nr. 2 Buchst. a) **nicht erfüllen**, sind im Unterposten „Geldmarktpapiere von öffentlichen Emittenten" (Aktivposten Nr. 5 Buchst. a) Doppelbuchst. aa)) auszuweisen (§ 13 Abs. 1 S. 2 RechKredV). **Wechsel**, bei denen die Voraussetzungen gem. § 13 Abs. 1 S. 1 RechKredV nicht vorliegen, sind, je nach Einreicher, als Forderungen an KI (Aktivposten Nr. 3) oder Forderungen an Kunden (Aktivposten Nr. 4) zu erfassen (§§ 14 S. 1 und 2, 15 Abs. 1 S. 1 und 3 RechKredV). **Inkassowechsel** sind, soweit sie innerhalb von 30 Tagen ab Einreichung zur Vorlage bestimmt und dem Einreicher bereits gutgeschrieben worden sind, im Aktivposten Nr. 15 (Sonstige Vermögensgegenstände) zu zeigen (§ 20 S. 2 RechKredV).

149 Die Schuldtitel und Wechsel sind mit dem um den **Diskont verminderten** Betrag auszuweisen. Der Ansatz zum Nominalwert unter gleichzeitiger Passivierung des Diskonts unter den RAP ist nicht zulässig.

cc) Aktivposten Nr. 3: Forderungen an Kreditinstitute

150 Im Aktivposten Nr. 3 sind **alle Arten** von **Forderungen** aus **Bankgeschäften** an in- und ausländische KI auszuweisen (§ 14 S. 1 RechKredV). Forderungen in diesem Sinne sind insb. solche aus der Gewährung von **Darlehen** im Kreditgeschäft der KI. Zu den Forderungen gehören grds. auch die von KI angekauften Wechsel einschließlich der von KI à forfait eingereichten Wechsel (§ 14 S. 1 und 2 RechKredV). Wechsel, welche die Voraussetzungen für einen Ausweis im Unterposten „Wechsel, die zur Refinanzierung bei Zentralnotenbanken zugelassen sind" (Aktivposten Nr. 2 Buchst. b)) erfüllen, sind dort zu erfassen.

151 Gemäß § 14 S. 3 RechKredV sind insb. auch folgende, im Allgemeinen, nicht jedoch nach § 7 RechKredV, als Wertpapiere geltende Vermögensgegenstände als **Forderungen** an KI auszuweisen:

- **Namenspapiere:** Namensschuldverschreibungen, -geldmarktpapiere, -genussscheine,
- **nicht börsenfähige** Inhaberschuldverschreibungen, Inhabergeldmarktpapiere und Inhabergenussscheine sowie Orderschuldverschreibungen, die nicht Teile einer Gesamtemission sind,
- **nicht börsenfähige** Orderschuldverschreibungen, die Teile einer Gesamtemission sind,
- **nicht in Wertpapieren verbriefte**, rückzahlbare **Genussrechte**.

152 Ferner sind **Bausparguthaben** sowie **Soll-Salden** aus **Effektengeschäften** und **Verrechnungskonten** als Forderungen im Aktivposten Nr. 3 zu erfassen (§ 14 S. 5 RechKredV). Als

Jahresabschluss und Lagebericht **J**

Forderungen an KI auszuweisen sind ferner z.B. Übernacht-Guthaben im Rahmen der Einlagenfazilität bei der DBB, Forderungen an die DBB aus Devisen-Swap- und Wertpapierpensionsgeschäften und Termineinlagen sowie Rückgabeforderungen aus auf Wertpapiere, Gold oder andere Edelmetalle lautenden Leihgeschäften mit KI. Die Forderungen an KI sind ebenso wie die Forderungen an Kunden mit dem **Betrag** der **in Anspruch genommenen** Kredite, nicht mit dem Betrag der Kreditzusagen auszuweisen.

Kreditinstitute i.S.v. § 14 S. 1 RechKredV sind alle Unternehmen, die Bankgeschäfte gem. § 1 Abs. 1 KWG betreiben. Finanzdienstleistungsinstitute (§ 1 Abs. 1a KWG), Finanzunternehmen (§ 1 Abs. 3 KWG), Finanzholding-Gesellschaften (§ 1 Abs. 3a KWG), gemischte Unternehmen (§ 1 Abs. 3b KWG) und Unternehmen mit bankbezogenen Hilfsdiensten (§ 1 Abs. 3c KWG) gehören nicht zu den KI i.S.v. § 14 S. 1 RechKredV.[110] Keine KI in diesem Sinne sind auch KAG (vgl. § 2 Abs. 1 Nr. 3b KWG) und ZI (vgl. § 1 Abs. 1 Nr. 5 ZAG). 153

Die Forderungen an KI sind wie folgt zu **untergliedern** (vgl. Formblatt 1): 154

a) täglich fällig,
b) andere Forderungen.

Die anderen Forderungen im Unterposten b) sind mit Ausnahme der darin enthaltenen Bauspargutgaben im Anh. weiter nach **Restlaufzeiten** aufzugliedern (§ 9 Abs. 1 Nr. 1 und Abs. 2 RechKredV).

Pfandbriefgeschäfte betreibende KI untergliedern die Forderungen an KI gem. Fußnote 1 zum Bilanzformblatt in 155

a) Hypothekendarlehen,
b) Kommunalkredite,
c) andere Forderungen.

Von den **anderen Forderungen** im Unterposten c) sind die täglich fälligen Forderungen und solche gegen die Beleihung von Wertpapieren ausgereichten Forderungen in einen Darunter-Vermerk auszugliedern. Es ist sachgerecht, dass KI, deren Geschäftsstruktur nicht vom Pfandbriefgeschäft geprägt ist, die allgemeine Gliederung anwenden und im Anh. ergänzend die Angaben für das nicht schwerpunktmäßig betriebene Pfandbriefgeschäft angeben.[111]

dd) Aktivposten Nr. 4: Forderungen an Kunden

Der Bilanzposten „Forderungen an Kunden" umfasst alle Arten von Vermögensgegenständen (§ 15 Abs. 1 S. 1 RechKredV), d.h. sowohl **bankgeschäftliche** als auch **nicht bankgeschäftliche Forderungen**. Zu den bankgeschäftlichen Forderungen gehören hauptsächlich **Darlehen** aus dem Kreditgeschäft. Als Kundenforderungen gelten grds. auch die von Kunden angekauften Wechsel einschließlich der von Kunden à forfait eingereichten Wechsel, soweit sie nicht die Voraussetzungen für den Ausweis im Unterposten „Wechsel, die zur Refinanzierung bei Zentralnotenbanken zugelassen sind" (Aktivposten Nr. 2 Buchst. b)) erfüllen (vgl. § 15 Abs. 1 S. 1 RechKredV). 156

Zu den im Aktivposten Nr. 4 auszuweisenden Forderungen gehören, ebenso wie beim Aktivposten Nr. 3, auch die in § 14 S. 3 RechKredV genannten Forderungen (vgl. § 15 157

---

110 Vgl. zur Abgrenzung der KI von den Nicht-KI (Öffentliche Haushalte, Unternehmen und Privatpersonen) weiter *Deutsche Bundesbank*, Monatliche Bilanzstatistik, S. 12 ff.
111 *Gelhausen/Fey/Kämpfer*, BilMoG, Abschn. V, Rn. 169.

Abs. 1 S. 4 RechKredV) (vgl. Tz. 151). Die Forderungen an Kunden umfassen auch die Forderungen aus dem von **Kreditgenossenschaften** betriebenen eigenen **Warengeschäft** (§ 15 Abs. 1 S. 4 RechKredV); die aus diesem Geschäftszweig resultierenden Kundenforderungen sind in einem Darunter-Vermerk zum Aktivposten Nr. 4 zu zeigen (vgl. Fußnote 2 zum Bilanzformblatt). Rückgabeforderungen aus Wertpapierleihgeschäften sind, sofern sich die Forderung auf Rückgabe gegen Kunden richtet, gleichfalls im Aktivposten Nr. 4 auszuweisen. Steuererstattungsansprüche, Schadensersatzforderungen und ähnliche Forderungen sind nicht als Kundenforderungen, sondern im Posten „Sonstige Vermögensgegenstände" (Aktivposten Nr. 14) zu erfassen.

158 Kunden sind in- und ausländische **Nichtbanken** (§ 15 Abs. 1 S. 1 RechKredV). Die Forderungen an Kunden sind jeweils mit dem Betrag der **in Anspruch genommenen** Kredite, nicht mit dem Betrag der Kreditzusagen auszuweisen (§ 15 Abs. 1 S. 5 RechKredV).

159 Nach dem Formblatt 1 sind

– die durch Grundpfandrechte gesicherten Forderungen an Kunden und
– die Kommunalkredite

jeweils in einen **Darunter-Vermerk** auszugliedern.

160 Als durch **Grundpfandrechte gesichert** gelten die Forderungen, für die dem bilanzierenden KI Grundpfandrechte bestellt, verpfändet oder abgetreten worden sind und die den Erfordernissen des § 14 Abs. 1 und 2 PfandBG[112] entsprechen (§ 15 Abs. 2 S. 1 RechKredV). Werden Objekte über die Beleihungsgrenze (der Realkreditteil oder die sog. **Ia-Hypothekendarlehen**) hinaus beliehen und ist der übersteigende Betrag durch eine Bürgschaft oder Gewährleistung der öffentlichen Hand gesichert (sog. **Ib-Hypothekendarlehen**), so ist der die Beleihungsgrenze übersteigende Betrag ebenfalls als grundpfandrechtlich gesicherte Forderung zu zeigen (§ 15 Abs. 2 S. 3 RechKredV). Für die Ausgliederung ist ohne Bedeutung, ob die Forderungen zur Deckung ausgegebener Schuldverschreibungen dienen oder nicht.

161 Als **Kommunalkredite** sind, ungeachtet ihrer Verwendung zur Deckung, folgende Forderungen zu erfassen (§ 15 Abs. 3 RechKredV):

– Forderungen an inländische Körperschaften und Anstalten des öffentlichen Rechts (Forderungen an Stiftungen des öffentlichen Rechts sind keine Kommunalkredite);
– Forderungen, für die eine inländische Körperschaft oder Anstalt des öffentlichen Rechts die volle Gewährleistung übernommen hat; die volle Gewährleistung umfasst den vollständigen Anspruch des Gläubigers aus dem Darlehensvertrag auf Kapital, Zinsen und Nebenleistungen; die Gewährleistung muss unmittelbar vorliegen, d.h., es reicht zur vollen Gewährleistung eines Darlehens an eine juristische Person nicht aus, wenn die sie tragende Gebietskörperschaft sich z.B. im Gesellschaftsvertrag verpflichtet hat;
– Kredite gem. § 20 Abs. 1 Nr. 1 Buchst. b) bis e) PfandBG (z.B. Darlehen an einen anderen Mitgliedstaat der EU oder an einen anderen Vertragsstaat des Abkommens über den EWR).

162 Darüber hinaus dürfen **Schiffshypotheken** gesondert vermerkt werden, wenn sie den in § 15 Abs. 4 RechKredV genannten Erfordernissen des PfandBG entsprechen.

---

[112] Gesetz zur Neuordnung des Pfandbriefrechts v. 22.05.2005, BGBl. I, S. 1373.

Pfandbriefgeschäfte betreibende KI untergliedern die Forderungen an Kunden ebenso wie die Forderungen an KI gem. Fußnote 2 zum Formblatt 1 in 163

a) Hypothekendarlehen,
b) Kommunalkredite,
c) andere Forderungen.

Die in den anderen Forderungen im Unterposten c) enthaltenen täglich fälligen Forderungen und die gegen die Beleihung von Wertpapieren ausgereichten Forderungen sind jeweils in einem **Darunter-Vermerk** auszuweisen. Kreditinstitute, deren Geschäftsstruktur nicht vom Pfandbriefgeschäft geprägt ist, sollten die allgemeine Gliederung anwenden und im Anh. ergänzend die Angaben für das nicht schwerpunktmäßig betriebene Pfandbriefgeschäft machen.[113] 164

ee) Aktivposten Nr. 5: Schuldverschreibungen und andere festverzinsliche Wertpapiere

Im Aktivposten Nr. 5 sind alle **Wertpapiere i.S.v. § 7 Abs. 1 RechKredV** auszuweisen, die **festverzinslich** sind und nicht zum Unterposten „Schatzwechsel und unverzinsliche Schatzanweisungen sowie ähnliche Schuldtitel öffentlicher Stellen" (Aktivposten Nr. 2 Buchst. a)) gehören. Im Einzelnen sind das (§ 16 Abs. 1 S. 1 RechKredV): 165

– festverzinsliche Inhaberschuldverschreibungen,
– Orderschuldverschreibungen, die Teile einer Gesamtemission sind,
– Schatzwechsel, Schatzanweisungen und andere verbriefte Rechte (z.B. commercial papers, euronotes, certificates of deposit, bons de caisse).
– Kassenobligationen,
– Schuldbuchforderungen.

Festverzinslich bedeutet, dass ein bestimmter Zinssatz für die gesamte Laufzeit beziffert ist; unbeachtlich ist, ob die Zinsen periodisch gezahlt oder thesauriert und mit den Zinseszinsen am Ende der Laufzeit zusammen mit dem Kapitalbetrag ausgezahlt werden. Die Festverzinsung kann auch in Gestalt eines Disagios bei der Emission oder eines Agios bei der Rückzahlung dargestellt werden. Als festverzinslich gelten auch Wertpapiere, die mit einem veränderlichen Zinssatz ausgestattet sind, sofern dieser an eine bestimmte Größe, z.B. an einen Interbankzinssatz oder €-Geldmarktsatz[114], gebunden ist, sowie Null-Kupon-Anleihen, ferner Schuldverschreibungen, die einen anteiligen Anspruch auf Erlöse aus einem gepoolten Forderungsvermögen verbriefen (§ 16 Abs. 2 RechKredV). 166

Fällige Schuldverschreibungen und andere festverzinsliche Wertpapiere sind nicht im Aktivposten Nr. 5, sondern im Posten „Sonstige Vermögensgegenstände" (Aktivposten Nr. 14) auszuweisen. **Verloste** oder **gekündigte,** aber noch nicht einlösbare Schuldverschreibungen gelten als noch nicht fällig. 167

Vor Fälligkeit hereingenommene **Zinsscheine** sind ebenfalls im Aktivposten Nr. 5 auszuweisen (§ 16 Abs. 1 S. 2 RechKredV); **fällige Zinsscheine** sind im Posten „Sonstige Vermögensgegenstände" (Aktivposten Nr. 14) zu zeigen (§ 20 S. 2 RechKredV). 168

Der Aktivposten Nr. 5 umfasst hinsichtlich **Art** und **Befristung** sowie bzgl. des **Emittenten** die unterschiedlichsten Wertpapiere, u.a. öffentliche Anleihen (z.B. Bundesanleihen, Bundesobligationen), Pfandbriefe, Kommunalschuldverschreibungen, sonstige Bankschuldverschreibungen sowie Anleihen in- und ausländischer Unternehmen (In- 169

---

113 *Gelhausen/Fey/Kämpfer,* BilMoG, Abschn. V, Rn. 169.
114 Beispielsweise EURIBOR (Euro Interbank Offered Rate).

dustrieanleihen). Schuldverschreibungen des Ausgleichsfonds „Währungsumstellung", die ebenfalls festverzinsliche Schuldverschreibungen i.S.v. § 16 Abs. 1 S. 1 RechKredV darstellen, sind dagegen im Bilanzposten „Ausgleichsforderungen gegen die öffentliche Hand einschließlich der Schuldverschreibungen aus deren Umtausch" (Aktivposten Nr. 10) auszuweisen (§ 19 S. 2 RechKredV).

170 Nach dem Formblatt 1 ist der Aktivposten Nr. 5 in die **Unterposten**

a) Geldmarktpapiere,
b) Anleihen und Schuldverschreibungen,
c) eigene Schuldverschreibungen,

zu untergliedern.

171 Die **Unterposten** a) und b) sind jeweils weiter zu untergliedern:

a) Geldmarktpapiere
    aa) von öffentlichen Emittenten
    ab) von anderen Emittenten
b) Anleihen und Schuldverschreibungen
    ba) von öffentlichen Emittenten
    bb) von anderen Emittenten.

172 **Inländische öffentliche Emittenten** sind Gebietskörperschaften (Bund, Länder, Gemeinden, Gemeindeverbände, kommunale Zweckverbände) einschließlich ihrer SV (z.B. Bundeseisenbahnvermögen, Entschädigungsfonds, Erblastentilgungsfonds). **Ausländische öffentliche Emittenten** sind ausländische Regierungen und sonstige ausländische Gebietskörperschaften.

173 Bei jedem Unterposten sind die bei der DBB beleihbaren festverzinslichen Wertpapiere in einen Darunter-Vermerk auszugliedern. Als „beleihbar bei der DBB" gelten die Wertpapiere, die bei der DBB **refinanzierungsfähig** sind (§ 16 Abs. 3 RechKredV).

174 Die **Abgrenzung** zwischen den im Unterposten a) als Geldmarktpapiere und den im Unterposten b) unter der Bezeichnung „Anleihen und Schuldverschreibungen" auszuweisenden festverzinslichen Wertpapieren ist nach der ursprünglich vereinbarten Laufzeit oder Kündigungsfrist der Wertpapiere vorzunehmen. Als **Geldmarktpapiere** sind alle Schuldverschreibungen und anderen festverzinslichen Wertpapiere auszuweisen, deren ursprüngliche Laufzeit **ein Jahr** nicht überschreitet (§ 16 Abs. 2a RechKredV). Alle festverzinslichen Wertpapiere mit einer ursprünglichen Laufzeit von mehr als einem Jahr werden im Unterposten „Anleihen und Schuldverschreibungen" erfasst.

175 Als **eigene Schuldverschreibungen** (Unterposten c)) sind die vom bilanzierenden KI zurückgekauften börsenfähigen Schuldverschreibungen und anderen festverzinslichen Wertpapiere zu zeigen (§ 16 Abs. 4 Hs. 1 RechKredV); die zurückgekauften nicht börsenfähigen Schuldverschreibungen sind hingegen vom Betrag der begebenen Schuldverschreibungen (Passivposten Nr. 3 Buchst. a)) abzusetzen (§ 16 Abs. 4 Hs. 2 und § 22 Abs. 2 S. 2 RechKredV). Der Nennbetrag der zurückgekauften börsenfähigen Schuldverschreibungen eigener Emissionen ist in der Vorspalte zum Unterposten c) anzugeben (vgl. Formblatt 1).

ff) Aktivposten Nr. 6: Aktien und andere nicht festverzinsliche Wertpapiere

176 Im Aktivposten Nr. 6 sind die nicht festverzinslichen Wertpapiere auszuweisen. Dazu gehören insb. **Aktien;** sie sind allerdings nur dann hier zu bilanzieren, wenn sie nicht die

Voraussetzungen für einen Ausweis im Posten „Beteiligungen" (Aktivposten Nr. 7) oder im Posten „Anteile an verbundenen Unternehmen" (Aktivposten Nr. 8) erfüllen. Als **andere nicht festverzinsliche Wertpapiere** i.S.v. § 17 S. 1 RechKredV kommen hauptsächlich die in § 7 Abs. 1 S. 1 RechKredV aufgeführten Zwischenscheine, Investmentanteile, Optionsscheine, Gewinnanteilscheine und als Inhaber- oder Orderpapiere ausgestaltete börsenfähige Genussscheine in Betracht; andere als die vorstehend bezeichneten nicht festverzinslichen Wertpapiere sind nur dann im Aktivposten Nr. 6 zu erfassen, wenn sie **börsennotiert** (vgl. Tz. 78) sind (§ 17 S. 1 RechKredV). Weiterhin zählen zu den hier auszuweisenden Wertpapieren die vor Fälligkeit hereingenommenen **Gewinnanteilscheine**; fällige Gewinnanteilscheine sind hingegen im Posten „Sonstige Vermögensgegenstände" (Aktivposten Nr. 14 zu zeigen (§ 20 S. 2 RechKredV).

gg) Aktivposten Nr. 6a: Handelsbestand

Der durch das Bilanzrechtsmodernisierungsgesetz eingefügte Posten Handelsbestand sowohl auf der Aktiv- als auch auf der Passivseite dient der Verbesserung der Transparenz und Aussagefähigkeit der Berichterstattung über die Handelsaktivitäten eines KI.[115] Dem **Handelsbestand** sind „alle (originären und derivativen) Finanzinstrumente und Edelmetalle zuzurechnen, die mit der Absicht einer kurzfristigen Erzielung eines Eigenhandelserfolgs erworben und veräußert werden"[116]. **177**

Eine **Zuordnung** von Finanzinstrumenten (und Edelmetallen) zum Handelsbestand ist vorzunehmen, wenn Handelsabsicht besteht. Die Handelsabsicht, die in § 1a Abs. 1 S. 1 Nr. 1 KWG gesetzlich definiert wird, ist im Zugangszeitpunkt zu dokumentieren. Hierfür ist eine buchhalterische Trennung des Handelsbestands von den anderen Beständen (Bankbuch) erforderlich. Ferner hat das Institut die institutsinternen Kriterien für die Einbeziehung von Finanzinstrumenten in den Handelsbestand zu dokumentieren und bei deren Änderung die Angabepflichten des § 35 Abs. 1 Nr. 6c RechKredV für den Anh. zu beachten.[117] **178**

Handelsaktiva können die folgenden Vermögensgegenstände darstellen, wenn sie zu Handelszwecken erworben wurden: **179**

– Wertpapiere,
– handelbare Forderungen (z.B. Namensschuldverschreibungen),
– Derivate mit positivem Marktwert,[118]
– Devisen sowie
– Edelmetalle.

Dabei hat zwingend ein **Bruttoausweis** zu erfolgen (§ 246 Abs. 2 Satz 1 HGB). Die Handelsbestände enthalten sowohl auf der Aktiv- als auch auf der Passivseite die **anteiligen Zinsen**.

Die Handelsaktiva sind nach § 35 Abs. 1 Nr. 1a RechKredV im **Anh.** aufzugliedern (vgl. Tz. 402).

---

115 Siehe auch Tz. 326 ff.
116 Vgl. BT-Drs. 16/12407, S. 92.
117 Vgl. *IDW RS BFA 2*, WPg Supplement 2/2010, S. 62 ff. = FN-IDW 2010, S. 154 ff., Tz. 10–22, 83; *Scharpf/Schaber*, Bankbilanz⁴, S. 192 ff.; *Goldschmidt/Meyding-Metzger/Weigel*, IRZ 2010, S. 21 (22).
118 Zur Bilanzierung von Optionsgeschäften vgl. *IDW RS BFA 6*, WPg Supplement 4/2011 = FN-IDW 2011, S. 656 ff., sowie zur Bilanzierung von Financial Futures und Forward Rate Agreements *IDW RS BFA 5*, WPg Supplement 4/2011 = FN-IDW 2011, S. 653 ff.

hh) Aktivposten Nr. 7: Beteiligungen

180 Für den Ausweis im Posten „Beteiligungen" (Aktivposten Nr. 7) gilt § 271 Abs. 1 HGB (vgl. hierzu die Erläuterungen in Kap. F Tz. 258). § 18 RechKredV enthält eine besondere Regelung für den Ausweis von **Genossenschaftsanteilen**. Demnach weisen eG und genossenschaftliche Zentralbanken, abweichend von § 271 Abs. 1 S. 5 HGB, die Geschäftsguthaben bei Genossenschaften unter entsprechender Anpassung der Bezeichnung (§ 18 S. 2 RechKredV) im Posten „Beteiligungen" (Aktivposten Nr. 7) aus. Deshalb ist der Beteiligungsposten von Kreditgenossenschaften und genossenschaftlichen Zentralbanken zu untergliedern in die Unterposten (vgl. Fußnote 4 zum Formblatt 1)

a) Beteiligungen,
b) Geschäftsguthaben bei Genossenschaften.

181 Die Beteiligungen an KI und FDLI sind jeweils in einen **Darunter-Vermerk** auszugliedern (vgl. Formblatt 1).

ii) Aktivposten Nr. 8: Anteile an verbundenen Unternehmen

182 Der Ausweis im Posten „Anteile an verbundenen Unternehmen" (Aktivposten Nr. 8) richtet sich nach der Vorschrift des **§ 271 Abs. 2 HGB**, die in Kap. F Tz. 250 ff. erläutert wird; insoweit wird auf diese Ausführungen verwiesen.

Die Anteile an verbundenen Unternehmen, die KI oder FDLI sind, sind in einen Darunter-Vermerk zum Bilanzposten auszugliedern (vgl. Formblatt 1). Der Ausweis von Anteilen im Aktivposten Nr. 8 geht dem Ausweis im Aktivposten Nr. 7 (Beteiligungen) stets vor.

jj) Aktivposten Nr. 9: Treuhandvermögen

183 Hier sind die **Vermögensgegenstände** auszuweisen, die ein KI als Trh. **im eigenen Namen**, aber für **fremde Rechnung** erworben hat (§ 6 Abs. 1 S. 1 und 2 RechKredV). **Treuhandkredite**, d.h. Kredite, die ein KI im eigenen Namen, aber für fremde Rechnung gewährt hat und bei denen die ausgeliehenen Mittel dem bilanzierenden KI vom Auftraggeber zur Verfügung gestellt wurden und sich die Haftung des bilanzierenden KI auf die ordnungsgemäße Verwaltung der Ausleihungen und die Abführung der Zins- und Tilgungszahlungen beschränkt, sind in einem Vermerk („darunter: Treuhandkredite") beim Aktivposten Nr. 9 (Treuhandvermögen) und Passivposten Nr. 4 (Treuhandverbindlichkeiten) auszuweisen (vgl. § 6 Abs. 2 RechKredV und Formblatt 1).

Zum Treuhandvermögen siehe grundlegend die Erläuterungen zu den Treuhandgeschäften unter Tz. 108 ff.

kk) Aktivposten Nr. 10: Ausgleichsforderungen gegen die öffentliche Hand einschließlich Schuldverschreibungen aus deren Umtausch

184 In diesem Posten sind gem. § 19 RechKredV auszuweisen:

– Ausgleichsforderungen aus der Währungsreform von 1948,[119]
– Ausgleichsforderungen ggü. dem **Ausgleichsfonds „Währungsumstellung"**,
– Schuldverschreibungen des **Ausgleichsfonds „Währungsumstellung"**.

---

[119] Vgl. hierzu *Scharpf/Schaber*, Bankbilanz⁴, S. 561; *Deutsche Bundesbank,* Monatliche Bilanzstatistik, S. 41.

Der **Ausgleichsfonds „Währungsumstellung"** beruht auf dem Gesetz über die Errichtung des Ausgleichsfonds „Währungsumstellung" v. 13.09.1990[120]; der Ausgleichsfonds besteht in der Rechtsform der Anstalt des öffentlichen Rechts. Bei den Ausgleichsforderungen ggü. dem Ausgleichsfonds „Währungsumstellung" handelt es sich um die den Geldinstituten und Außenhandelsbetrieben in der ehemaligen DDR aufgrund der Währungsumstellung zugeteilten Forderungen. Schuldverschreibungen des Ausgleichsfonds „Währungsumstellung" stammen aus der Umwandlung von Ausgleichsforderungen gegen den Ausgleichsfonds „Währungsumstellung", die auf Antrag der Gläubiger der Ausgleichsforderungen vorzunehmen ist. Für den Ausweis der Schuldverschreibungen im Aktivposten Nr. 10 kommt es nicht darauf an, ob diese aus der Umwandlung eigener oder fremder Ausgleichsforderungen resultieren (§ 19 S. 2 RechKredV). Die Schuldverschreibungen des Ausgleichsfonds „Währungsumstellung" sind Wertpapiere gem. § 7 Abs. 1 RechKredV. Ihr Ausweis im Aktivposten Nr. 19 geht dem Ausweis im Posten „Schuldverschreibungen und andere festverzinsliche Wertpapiere" (Aktivposten Nr. 5) vor. 185

ll) Aktivposten Nr. 11: Immaterielle Anlagewerte

Die Postenbezeichnung „Immaterielle Anlagewerte" beruht auf Art. 4 Aktiva Nr. 9 der Bankbilanzrichtlinie. Der Inhalt des Aktivpostens Nr. 11 entspricht ungeachtet der abweichenden Postenbezeichnung dem Inhalt des Postens „Immaterielle Vermögensgegenstände" gem. § 266 Abs. 2 A.I. HGB. Er umfasst im Einzelnen: 186

- selbst geschaffene gewerbliche Schutzrechte und ähnliche Rechte und Werte,
- entgeltlich erworbene Konzessionen, gewerbliche Schutzrechte und ähnliche Rechte und Werte sowie Lizenzen an solchen Rechten und Werten,
- den Geschäfts- oder Firmenwert,
- geleistete Anzahlungen.

Das Bilanzrechtsmodernisierungsgesetz sieht ein Ansatzwahlrecht nach §§ 246 Abs. 1 S. 1, 248 Abs. 2 S. 1 HGB für selbst geschaffene immaterielle Vermögensgegenstände des AV vor. Der Anwendungsbereich für KI liegt hauptsächlich in selbst erstellter Software. Für Ansatz und Bewertung gelten die allgemeinen Vorschriften.[121] Eine Aufgliederung des Bilanzpostens „Immaterielle Anlagewerte" ist nicht erforderlich (vgl. Formblatt 1). Hinsichtlich des Posteninhalts wird auf die Ausführungen in Kap. E Tz. 92 ff. verwiesen. 187

mm) Aktivposten Nr. 12: Sachanlagen

Der **Inhalt** des Bilanzpostens „Sachanlagen" deckt sich mit dem der Gruppe „Sachanlagen" gem. § 266 Abs. 2 A.II HGB. Insoweit wird auf die Erläuterungen in Kap. F Tz. 237 ff. verwiesen. 188

Die von KI zur Verhütung von Verlusten im **Kreditgeschäft** erworbenen **Grundstücke** und **Gebäude** sind als Sachanlagen auszuweisen, soweit diese bestimmt sind, dauernd dem Geschäftsbetrieb zu dienen (§ 247 Abs. 2 HGB). 189

nn) Aktivposten Nr. 13: Ausstehende Einlagen auf das gezeichnete Kapital

Im Unterschied zum Bilanzgliederungsschema gem. § 266 Abs. 2 HGB sieht das Formblatt 1 für KI den Bilanzposten „Ausstehende Einlagen auf das gezeichnete Kapital" als 190

---

120 GBl. DDR 1990 I, S. 1487.
121 *Gelhausen/Fey/Kämpfer*, BilMoG, Abschn. E, Rn. 33 f.

Pflichtposten vor. Bereits eingeforderte Einlagen sind beim Bilanzposten zu vermerken (vgl. Formblatt 1). Für den Ausweis der ausstehenden Einlagen auf das gezeichnete Kapital gelten im Übrigen die Bestimmungen in § 272 Abs. 1 S. 3 HGB.

Zum **Inhalt** des Aktivpostens Nr. 13 vgl. die Erläuterungen in Kap. F Tz. 287.

oo) Aktivposten Nr. 14: Sonstige Vermögensgegenstände

191 Der Aktivposten Nr. 14 nimmt als **Sammelposten** alle Forderungen und sonstigen Vermögensgegenstände auf, die einem anderen Posten nicht zugeordnet werden können (§ 20 S. 1 RechKredV). Dazu gehören insb. die sog. **Einzugspapiere,** d.h. Schecks, fällige Schuldverschreibungen, Zins- und Gewinnanteilscheine, Inkassowechsel und sonstige Inkassopapiere, soweit sie innerhalb von 30 Tagen ab Einreichung zur Vorlage bestimmt sind und dem Einreicher bereits gutgeschrieben worden sind (§ 20 S. 2 RechKredV). Daneben sind hier **Gedenkmünzen,** die zu einem höheren Betrag als dem Nennwert erworben wurden, weiterhin **Goldmünzen,** auch wenn es sich um gesetzliche Zahlungsmittel handelt, und **Barrengold** zu erfassen (vgl. § 12 Abs. 1 S. 2 RechKredV). Gemäß § 20 S. 4 RechKredV sind nicht in Wertpapieren verbriefte, nicht rückzahlbare **Genussrechte** ebenfalls dem Posten „Sonstige Vermögensgegenstände" zuzuordnen. Als sonstige Vermögensgegenstände ausgewiesen werden auch die vom bilanzierenden KI gezahlten **Optionsprämien,** sofern die Optionsgeschäfte nicht zum Handelsbestand gehören.[122] Ist dies der Fall, hat der Ausweis unter Aktivposten 6a „Handelsbestand" Vorrang. Zur Vermeidung von Verlusten im Kreditgeschäft erworbene Grundstücke und Gebäude (sog. **Rettungserwerbe**) dürfen, soweit sie nicht dem AV zugeordnet sind, im Posten Nr. 14 (Sonstige Vermögensgegenstände) nur bilanziert werden, wenn sie sich nicht länger als fünf Jahre im Bestand des bilanzierenden KI befinden. Nach Ablauf dieses Zeitraums dürfen die Rettungserwerbe hier nur noch ausgewiesen werden, wenn ihre Veräußerung beabsichtigt ist.

pp) Aktivposten Nr. 15: Rechnungsabgrenzungsposten

192 Die Vorschriften zu den aktiven RAP (§ 250 Abs. 1 und 3 HGB) sind in Kap. E Tz. 266 ff. erläutert; die Erläuterungen gelten für KI entsprechend. Zur Behandlung des Unterschiedsbetrags zwischen niedrigerem Nennbetrag und höherem Auszahlungsbetrag bzw. höheren AK von Hypothekendarlehen und anderen Forderungen gem. § 340e Abs. 2 S. 3 HGB vgl. Tz. 317 ff.

193 **Pfandbriefgeschäfte betreibende KI** müssen den aktiven RAP wie folgt **untergliedern**:[123]

a) aus dem Emissions- und Darlehensgeschäft,
b) andere.

qq) Aktivposten Nr. 16: Aktive latente Steuern

194 Der Posten „Aktive latente Steuern" wurde durch das Bilanzrechtsmodernisierungsgesetz neu in das Formblatt 1 aufgenommen. Aktive latente Steuern dürfen nach § 340a Abs. 1 i.V.m. § 274 Abs. 1 S. 1 HGB nach den allgemeinen Grundsätzen[124] angesetzt werden.

---

122 Vgl. *IDW RS BFA 6*, WPg Supplement 4/2011 = FN-IDW 2011, S. 656 ff., Tz. 11 für den Handelsbestand, Tz. 12 für den Nichthandelsbestand.
123 Vgl. Fn. 5 zum Formblatt 1.
124 Vgl. auch DRS 18.

Besonderheiten[125] ergeben sich für KI dadurch, dass sich eine bilanzpostenbezogene Differenzenbetrachtung zwischen handels- und steuerrechtlichem Ansatz auch wegen des niedrigeren Wertansatzes der in § 340f HGB genannten Vermögensgegenstände ergeben kann (Vorsorgereserven nach § 340f HGB). Bei Auflösung der Reserven gem. § 340f HGB kehren sich die Differenzen wieder um. Teilweise wird die Auffassung vertreten, dass auf diese §-340f-HGB-Reserven aktive latente Steuern gebildet werden dürfen.[126] Dagegen dürfen wegen des EK-Charakters auf den Fonds für allgemeine Bankrisiken nach § 340g HGB keine latenten Steuern gebildet werden[127].

195

rr) Aktivposten Nr. 17: Aktiver Unterschiedsbetrag aus der Vermögensverrechnung

Der Posten wurde durch das Bilanzrechtsmodernisierungsgesetz eingefügt und entspricht dem Aktivposten in § 266 Abs. 2 E.[128] Soweit die Zeitwerte des Deckungsvermögens den Erfüllungsbetrag der dazugehörigen Schulden nach den Grundsätzen der Einzelbewertung übersteigen (Überdeckung), ist dieser Betrag in einem gesonderten Aktivposten auszuweisen (vgl. hierzu Kap. F Tz. 305).

196

Branchenspezifische Besonderheiten bestehen nicht, weshalb auf die Ausführungen in Kap. F Tz. 305 verwiesen wird.

ss) Aktivposten Nr. 18: Nicht durch Eigenkapital gedeckter Fehlbetrag

Das Formblatt 1 führt im Unterschied zum Bilanzgliederungsschema gem. § 266 HGB den Posten „Nicht durch EK gedeckter Fehlbetrag" auf.[129] Für den Inhalt des Aktivpostens Nr. 17 gelten die Bestimmungen in **§ 268 Abs. 3 HGB** (vgl. hierzu Kap. F Tz. 306).

197

b) Passivseite

aa) Passivposten Nr. 1: Verbindlichkeiten gegenüber Kreditinstituten

Im Bilanzposten „Verbindlichkeiten ggü. KI" sind grds. **alle Arten** von **Verbindlichkeiten** aus **Bankgeschäften** ggü. in- und ausländischen KI auszuweisen, soweit sie nicht als verbriefte Verbindlichkeiten dem Passivposten Nr. 3 zuzuordnen sind (§ 21 Abs. 1 S. 1 RechKredV).

198

Zum Begriff „KI" vgl. Tz. 20.

Für den Ausweis im Passivposten Nr. 1 kommt es nicht auf die Art der Verbindlichkeit an, z.B. ob es sich um solche aus dem Geldhandel oder um solche aus Darlehensaufnahmen bei anderen KI handelt. **Nichtbankgeschäftliche Verbindlichkeiten** ggü. KI sind dagegen im Passivposten Nr. 5 (Sonstige Verbindlichkeiten) zu erfassen. Zu den Verbindlichkeiten ggü. KI rechnen u.a. **Haben-Salden** auf **Verrechnungskonten,** die der Abwicklung von Zahlungsvorgängen aus Effektengeschäften dienen, sowie Lastschriften (§ 21 Abs. 1 S. 2 RechKredV).

199

---

125 *Gelhausen/Fey/Kämpfer,* BilMoG, Abschn. V, Rn. 64.
126 *Gelhausen/Fey/Kämpfer,* BilMoG, Abschn. V, Rn. 68.
127 *Gelhausen/Fey/Kämpfer,* BilMoG, Abschn. V, Rn. 72.
128 *Gelhausen/Fey/Kämpfer,* BilMoG, Abschn. C, Rn. 74.
129 § 268 Abs. 3 HGB sieht für den Fall, dass das (buchmäßige) EK durch Verluste aufgebraucht ist, vor, dass der Überschuss der Passivposten über die Aktivposten am Schluss der Bilanz auf der Aktivseite gesondert unter der Bezeichnung „Nicht durch EK gedeckter Fehlbetrag" auszuweisen ist.

200 Zu den im Passivposten Nr. 1 auszuweisenden Verbindlichkeiten ggü. KI gehören ferner die vom bilanzierenden KI emittierten und im Allgemeinen (nicht jedoch nach § 7 RechKredV) als Wertpapiere geltenden **Namensschuldverschreibungen** und **Namensgeldmarktpapiere sowie die Orderschuldverschreibungen, die nicht Teile einer Gesamtemission sind** (§ 21 Abs. 1 S. 2 i.V.m. § 22 Abs. 2 S. 1 und Abs. 3 RechKredV).

201 Der Bilanzposten „Verbindlichkeiten ggü. KI" ist von den KI in die **Unterposten**

a) täglich fällig,
b) mit vereinbarter Laufzeit oder Kündigungsfrist

zu untergliedern (Formblatt 1).

202 Die Beträge im Unterposten b) sind im **Anh.** nach **Restlaufzeiten aufzugliedern** (§ 9 Abs. 1 S. 1 Nr. 3 RechKredV).

203 Für **Pfandbriefgeschäfte** betreibende KI sind folgende **Unterposten** vorgeschrieben (Fußnote 6 zum Formblatt 1):

a) begebene Hypotheken-Namenspfandbriefe,
b) begebene öffentliche Namenspfandbriefe,
c) andere Verbindlichkeiten.

204 Beim Unterposten c) sind die täglich fälligen Verbindlichkeiten auszugliedern. Ferner sind die zur **Sicherstellung aufgenommener Darlehen** an den Darlehensgeber ausgehändigten Hypotheken-Namenspfandbriefe und öffentlichen Namenspfandbriefe in einem Darunter-Vermerk beim Unterposten c) anzugeben. Die Verbindlichkeiten mit vereinbarter Laufzeit oder Kündigungsfrist sind im Anh. nach **Restlaufzeiten** aufzugliedern (§ 9 Abs. 1 S. 2 RechKredV).

bb) Passivposten Nr. 2: Verbindlichkeiten gegenüber Kunden

205 Die Verbindlichkeiten ggü. Kunden umfassen gem. § 21 Abs. 2 RechKredV **alle Arten** von **Verbindlichkeiten**, soweit es sich nicht um verbriefte und im Passivposten Nr. 3 (Verbriefte Verbindlichkeiten) auszuweisende Verbindlichkeiten handelt. **Kunden** im Sinne des Passivpostens Nr. 2 sind alle in- und ausländischen Nicht-KI. Verbindlichkeiten aus Lieferungen und Leistungen, Steuerschulden und andere nicht aus dem Bankgeschäft mit Kunden herrührende Verpflichtungen sind nicht hier, sondern im Passivposten Nr. 5 (Sonstige Verbindlichkeiten) zu erfassen.

206 Ebenso wie beim Passivposten Nr. 1 (Verbindlichkeiten ggü. KI) gehören die vom bilanzierenden KI emittierten **Namensschuldverschreibungen** und **Namensgeldmarktpapiere** sowie die Orderschuldverschreibungen, die nicht Teile einer Gesamtemission sind, zum Passivposten Nr. 2 (Verbindlichkeiten ggü. Kunden) und nicht zu den im Passivposten Nr. 3 auszuweisenden verbrieften Verbindlichkeiten (§ 21 Abs. 1 S. 2 i.V.m. § 22 Abs. 2 S. 1 und Abs. 3 RechKredV). Zu den Kundenverbindlichkeiten rechnen ferner die im **Teilzahlungsfinanzierungsgeschäft** entstehenden **Sperr-** und **Abrechnungsguthaben**, soweit sie nicht zum Passivposten Nr. 1 (Verbindlichkeiten ggü. KI) gehören, sowie „Anweisungen im Umlauf" (§ 21 Abs. 2 RechKredV).

207 Als Verbindlichkeiten ggü. Kunden sind auch sog. **Treuhandzahlungen** (§ 21 Abs. 3 RechKredV) auszuweisen. Treuhandzahlungen sind Zahlungen, bei denen Beträge von einem KI an ein anderes KI zugunsten eines namentlich genannten Kunden mit der Maßgabe überwiesen werden, sie diesem erst nach Erfüllung bestimmter Auflagen auszuzahlen. Etwas anderes gilt für den Fall, dass nach dem Vertrag mit dem die Treuhandzahlung überweisenden KI nicht der Kunde, sondern das empfangende KI der Schuldner ist (§ 21 Abs. 3 S. 2 RechKredV).

Nach dem Bilanzformblatt ist der Passivposten Nr. 2 zu **untergliedern** in: 208

a) Spareinlagen,
b) andere Verbindlichkeiten.

Als **Spareinlagen** dürfen gem. § 21 Abs. 4 RechKredV nur **unbefristete Gelder** ausge- 209
wiesen werden, wenn folgende **vier Voraussetzungen** kumulativ erfüllt sind:

– Die Gelder müssen durch Ausfertigung einer Urkunde, insb. eines Sparbuchs, als Spareinlagen gekennzeichnet sein.
– Die Gelder dürfen nicht für den Zahlungsverkehr bestimmt sein.
– Die Gelder stammen nicht von KapGes., Genossenschaften, wirtschaftlichen Vereinen, Personenhandelsgesellschaften oder von ausländischen Unternehmen mit vergleichbarer Rechtsform, es sei denn, die genannten in- und ausländischen Unternehmen dienen gemeinnützigen und ähnlichen Zwecken.
– Die unbefristeten Gelder weisen eine Kündigungsfrist von mindestens drei Monaten auf.

Auch Gelder mit einer Kündigungsfrist von drei Monaten, bei denen die **Verfügungen** auf 210
höchstens **2.000 €** begrenzt sind, sind als Spareinlagen auszuweisen (§ 21 Abs. 4 S. 2 RechKredV). Aufgrund von **Vermögensbildungsgesetzen** geleistete Geldbeträge gelten stets als Spareinlagen (§ 21 Abs. 4 S. 3 RechKredV); **Bausparanlagen** sind hingegen keine Spareinlagen (vgl. § 21 Abs. 4 S. 4 RechKredV).

Die **Spareinlagen** im Unterposten a) sind weiter **aufzugliedern** in Spareinlagen 211

aa) mit vereinbarter Kündigungsfrist von drei Monaten,
ab) mit vereinbarter Kündigungsfrist von mehr als drei Monaten.

Die Beträge im Unterposten ab) sind im **Anh.** nach **Restlaufzeiten** aufzugliedern (§ 9 Abs. 1 S. 1 Nr. 4 RechKredV).

Die anderen Verbindlichkeiten im Unterposten b) sind weiter in die Unterposten 212

ba) täglich fällig,
bb) mit vereinbarter Laufzeit oder Kündigungsfrist,

zu untergliedern (Formblatt 1).

Die Beträge im Unterposten bb) sind im **Anh.** nach **Restlaufzeiten** aufzugliedern (§ 9 Abs. 1 S. 1 Nr. 5 RechKredV).

Für **Pfandbriefgeschäfte** betreibende KI sind beim Passivposten Nr. 2 folgende Unter- 213
posten vorgeschrieben (Fußnote 7 zum Formblatt 1):

a) begebene Hypotheken-Namenspfandbriefe,
b) begebene öffentliche Namenspfandbriefe,
c) Spareinlagen,
d) andere Verbindlichkeiten.

Die Spareinlagen sind entsprechend ihrer Kündigungsfrist weiter aufzugliedern (vgl. 214
Passivposten Nr. 2 Buchst. a)). Beim Unterposten d) sind die täglich fälligen Verbindlichkeiten auszugliedern. Ferner sind die zur **Sicherstellung** aufgenommener Darlehen an den Darlehensgeber ausgehändigten Hypotheken-Namenspfandbriefe und öffent-

cc) Passivposten Nr. 3: Verbriefte Verbindlichkeiten

215 In diesem Passivposten sind **Schuldverschreibungen** und diejenigen **Verbindlichkeiten** auszuweisen, für die **nicht** auf den **Namen lautende übertragbare Urkunden** ausgestellt sind (§ 22 Abs. 1 RechKredV). Das sind Schuldverschreibungen und andere Verbindlichkeiten, die als **Wertpapiere** gem. § 7 Abs. 1 RechKredV gelten; für den Ausweis unter den verbrieften Verbindlichkeiten kommt es auf die **Börsenfähigkeit** der Papiere **nicht** an. Als verbriefte Verbindlichkeiten sind im Passivposten Nr. 3 nur **Inhaberpapiere** sowie die **Orderpapiere**, die **Teile** einer **Gesamtemission** sind, auszuweisen. **Namenspapiere**, insb. Namensschuldverschreibungen, sowie die **übrigen Orderschuldverschreibungen** sind hingegen, je nach Gläubiger, entweder unter den Verbindlichkeiten ggü. KI (Passivposten Nr. 1) oder den Verbindlichkeiten ggü. Kunden (Passivposten Nr. 2) zu erfassen. Verbriefte Verbindlichkeiten, die **nachrangig** gem. § 4 Abs. 1 RechKredV sind, werden mit den nachrangigen unverbrieften Verbindlichkeiten im Passivposten Nr. 9 (Nachrangige Verbindlichkeiten) zusammengefasst. Ebenso sind begebene verbriefte Genussrechte gemeinsam mit begebenen unverbrieften Genussrechten im Posten „Genussrechtskapital" (Passivposten Nr. 10) auszuweisen. Darüber hinaus geht der Ausweis unter den Handelspassiva vor, wenn die Voraussetzungen für einen Ausweis im Passivposten Nr. 3a Handelsbestand vorliegen (vgl. Tz. 224).

216 Der Bilanzposten „Verbriefte Verbindlichkeiten" ist nach dem Formblatt 1 wie folgt zu **untergliedern:**

a) begebene Schuldverschreibungen,
b) andere verbriefte Verbindlichkeiten, darunter:
   Geldmarktpapiere,
   eigene Akzepte und Solawechsel im Umlauf.

217 Als **begebene Schuldverschreibungen** sind im Unterposten a) sämtliche Inhaberschuldverschreibungen sowie die Orderschuldverschreibungen, die Teile einer Gesamtemission sind, auszuweisen; auf die Börsenfähigkeit der Papiere (vgl. hierzu § 7 Abs. 2 RechKredV) kommt es nicht an (§ 22 Abs. 2 S. 1 RechKredV). Unbeachtlich für den Ausweis als begebene Schuldverschreibungen sind auch Art (z.B. Pfandbrief, Kommunalschuldverschreibung), Bezeichnung und Laufzeit der Schuldverschreibungen.

218 Voraussetzung für den Ausweis unter den begebenen Schuldverschreibungen ist, dass sie sich im **Verkehr befinden.** Noch nicht im Verkehr befinden sich z.B. sog. **Schalterstücke.** Auch sog. **vorverkaufte Schuldverschreibungen,** d.h. Schuldverschreibungen, die vom Käufer bereits bezahlt, aber mangels Ausfertigung der Stücke noch nicht übergeben werden konnten, sind unter den Verbindlichkeiten ggü. KI (Passivposten Nr. 1) oder Kunden (Passivposten Nr. 2) auszuweisen. Verbindlichkeiten aus dem Verkauf von Inhaberschuldverschreibungen, für die dem Erwerber **Interimsscheine** übergeben wurden, sind hingegen unter den verbrieften Verbindlichkeiten zu zeigen. Bei KI, die einen unabhängigen Trh. haben, gehören auch die Stücke, die vom Trh. ausgefertigt, aber dem Erwerber noch nicht geliefert wurden, zu den begebenen Schuldverschreibungen (§ 22 Abs. 5 S. 1 RechKredV). **Verloste** oder **gekündigte Schuldverschreibungen** sowie wegen Zeitablaufs fällige, aber noch nicht eingelöste Schuldverschreibungen sind weiterhin als verbriefte Verbindlichkeiten auszuweisen.

Vom bilanzierenden KI **zurückgekaufte, nicht börsenfähige eigene Schuldverschreibungen** sind vom passivierten Bestand abzusetzen (§ 22 Abs. 2 S. 2 i.V.m. § 16 Abs. 4 Hs. 2 RechKredV). Zurückgekaufte börsenfähige Schuldverschreibungen eigener Emissionen sind hingegen als eigene Schuldverschreibungen im Aktivposten Nr. 5 Buchst. c) auszuweisen (§ 16 Abs. 4 Hs. 1 RechKredV). Bei KI, die einen unabhängigen Trh. haben (z.B. Pfandbriefbanken), sind die dem Trh. endgültig zurückgegebenen Schuldverschreibungen vom passivierten Bestand der begebenen Schuldverschreibungen abzusetzen (§ 22 Abs. 5 S. 2 RechKredV). Für vorübergehend zurückgegebene Stücke besteht ein Wahlrecht, diese entweder von den begebenen Schuldverschreibungen auf der Passivseite abzusetzen oder als Eigenbestand und als begebene Schuldverschreibungen (brutto) zu zeigen. 219

Fällige und **anteilige Zinsen** sind zusammen mit den Schuldverschreibungen auszuweisen; für den Ausweis der anteiligen Zinsen von Null-Kupon-Anleihen wird dieses in § 22 Abs. 2 S. 3 RechKredV klargestellt. 220

Die **anderen verbrieften Verbindlichkeiten** im Unterposten b) umfassen insb. die sog. Geldmarktpapiere sowie die eigenen Akzepte und Solawechsel im Umlauf. Als **Geldmarktpapiere** sind Inhaberpapiere und Orderpapiere, die Teile einer Gesamtemission sind, auszuweisen, ungeachtet ihrer Börsenfähigkeit (§ 22 Abs. 3 RechKredV). Im Unterschied zur Regelung in § 16 Abs. 2a RechKredV enthält § 22 Abs. 3 RechKredV kein Laufzeitkriterium für die Abgrenzung der Geldmarktpapiere von den begebenen Schuldverschreibungen (Passivposten Nr. 3 Buchst. a)). Es ist als zweckmäßig anzusehen, als Geldmarktpapiere nur diejenigen Papiere im Passivposten Nr. 3 Buchst. b) auszuweisen, deren ursprüngliche Laufzeit ein Jahr nicht überschreitet.[130] 221

Als **eigene Akzepte** und **Solawechsel** im Umlauf sind sämtliche noch nicht eingelösten, vom KI selbst akzeptierten Wechsel und selbst ausgestellten Solawechsel auszuweisen (§ 22 Abs. 4 S. 1 RechKredV). 222

Pfandbriefbanken untergliedern den Passivposten Nr. 3 wie folgt (Fußnote 9 zum Formblatt 1): 223

a) begebene Schuldverschreibungen:
   aa) Hypothekenpfandbriefe,
   ab) öffentliche Pfandbriefe,
   ac) sonstige Schuldverschreibungen;
b) andere verbriefte Verbindlichkeiten, darunter:
   Geldmarktpapiere.

dd) Passivposten Nr. 3a: Handelsbestand

Mit dem Bilanzrechtsmodernisierungsgesetz wurde auf der Passivseite der Posten Nr. 3a „Handelsbestand" neu eingefügt. Zu den hier auszuweisenden **Handelspassiva**[131] zählen die folgenden Finanzinstrumente, wenn sie Handelszwecken dienen: 224

---

130 Vgl. hierzu auch *Deutsche Bundesbank,* Monatliche Bilanzstatistik, S. 20 und 51; dort werden ebenfalls nur diejenigen verbrieften Rechte den Geldmarktpapieren zugerechnet, die eine ursprüngliche Laufzeit von bis zu einem Jahr einschließlich haben.
131 Siehe auch Tz. 326 ff.

- Verbindlichkeiten, die mit der Absicht eingegangen werden, diese zur Erzielung eines Handelserfolgs kurzfristig zurückzuerwerben (z.B. bei zu Handelszwecken emittierten Zertifikaten),
- Lieferverpflichtungen aus Wertpapier-Leerverkäufen (sog. Short-Positionen),
- Verbindlichkeiten, die in Übereinstimmung mit der internen Steuerung des KI zur Refinanzierung von Handelsaktivitäten dienen, sowie
- Derivate mit negativem Marktwert.

Der Passivposten Nr. 3a „Handelsbestand" ist im Anh. in derivative Finanzinstrumente und Verbindlichkeiten aufzugliedern (§ 35 Abs. 1 Nr. 1a RechKredV).[132]

ee) Passivposten Nr. 4: Treuhandverbindlichkeiten

225 Vgl. hierzu die Erläuterungen zu den Treuhandgeschäften in Tz. 108 ff. und zum Aktivposten Nr. 9 (Treuhandvermögen) in Tz. 183.

ff) Passivposten Nr. 5: Sonstige Verbindlichkeiten

226 In diesem Posten sind die Verbindlichkeiten zu erfassen, die einem anderen Passivposten nicht zugeordnet werden können. In Betracht kommen insb. **nicht** aus dem **Bankgeschäft** resultierende **Verbindlichkeiten**, z.B. aufgrund von empfangenen Lieferungen und Leistungen, Steuerschulden ggü. dem Finanzamt, Verbindlichkeiten ggü. Sozialversicherungsträgern. Auszuweisen sind hier u.a. auch erhaltene Optionsprämien, sofern die Optionsgeschäfte nicht zum Handelsbestand (Ausweis Passivposten Nr. 3a)) gehören.[133]

gg) Passivposten Nr. 6: Rechnungsabgrenzungsposten

227 Die Vorschriften zu den passiven RAP (§ 250 Abs. 2 HGB) sind in Kap. E Tz. 266 ff. erläutert; die Erläuterungen gelten für KI entsprechend. Zur Behandlung des Unterschiedsbetrags zwischen höherem Nennbetrag und niedrigerem Auszahlungsbetrag oder AK von Hypothekendarlehen und anderen Forderungen gem. § 340e Abs. 2 S. 2 HGB vgl. die Ausführungen in Tz. 317.

228 § 23 S. 1 RechKredV regelt ergänzend zu § 250 Abs. 2 HGB den Ausweis der auf zukünftige Perioden entfallenden **Anteile** an den **Gebühren** aus **Teilzahlungsfinanzierungsgeschäften**. Die dem Kreditnehmer berechneten Zinsen, Provisionen und Gebühren aus Teilzahlungsfinanzierungsgeschäften, die zukünftigen Perioden zuzurechnen sind, dürfen demnach entweder von den Aktiven abgesetzt oder unter den passiven RAP ausgewiesen werden. Weiterhin bestimmt § 23 S. 2 RechKredV, dass die **Marge** aus rediskontierten Wechseln im passiven RAP auszuweisen ist, soweit sie den Erträgen des neuen GJ zuzurechnen ist.

229 **Pfandbriefbanken** müssen den passiven RAP wie folgt **untergliedern** (Fußnote 10 zum Formblatt 1):

a) aus dem Emissions- und Darlehensgeschäft,
b) andere.

---

132 Vgl. *IDW RS BFA 2*, WPg Supplement 2/2010, S. 62 ff. = FN-IDW 2010, S. 154 ff., Tz. 10–13, 22, 83.
133 Vgl. *IDW RS BFA 6*, WPg Supplement 4/2011 = FN-IDW 2011, S. 656 ff., Tz. 17.

hh) Passivposten Nr. 7: Rückstellungen

Der Passivposten Nr. 7 (Rückstellungen) entspricht dem im Bilanzgliederungsschema für KapGes. in § **266 Abs. 3 B.** HGB vorgeschriebenen Passivposten; im Formblatt 1 für KI werden gleichfalls drei **Unterposten** unterschieden: 230

a) Rückstellungen für Pensionen und ähnliche Verpflichtungen,
b) Steuerrückstellungen,
c) andere Rückstellungen.[134]

Zur Untergliederung der Rückstellungen und zum Inhalt der einzelnen Unterposten vgl. die Ausführungen in Kap. F Tz. 436 ff., die für KI entsprechend gelten; zu den Rückstellungen vgl. weiterhin grundlegend die Erläuterungen in Kap. E Tz. 132 ff. 231

Unter die **anderen Rückstellungen** fallen alle Rückstellungen, die nicht als Rückstellungen für Pensionen und ähnliche Verpflichtungen (Unterposten Nr. 7 Buchst. a)) oder als Steuerrückstellungen (Unterposten Nr. 7 Buchst. b)) gesondert auszuweisen sind. Dazu gehören bei KI insb. Rückstellungen für den unwirksamen Teil von Bewertungseinheiten i.S.v. § 254 HGB[135] sowie Rückstellungen für Bürgschaften aus dem Kreditgeschäft. Wird für einen drohenden Verlust aus einer unter dem Bilanzstrich vermerkten Eventualverbindlichkeit (Nr. 1 unter dem Bilanzstrich) oder aus einem Kreditrisiko (Nr. 2 Buchst. c) unter dem Bilanzstrich) eine Rückstellung gebildet, so ist der Posten unter dem Bilanzstrich um den Rückstellungsbetrag zu kürzen (§ 24 RechKredV). 232

ii) Passivposten Nr. 8: Sonderposten mit Rücklageanteil (aufgehoben)

Der Passivposten Nr. 8 wurde durch das Bilanzrechtsmodernisierungsgesetz aufgehoben, weil die Bildung von Sonderposten mit Rücklageanteil nicht mehr zulässig ist.[136] 233

jj) Passivposten Nr. 9: Nachrangige Verbindlichkeiten

Der Passivposten Nr. 9 enthält grds. **sämtliche nachrangigen Verbindlichkeiten**, d.h. gem. § 4 Abs. 1 RechKredV Verbindlichkeiten, die im Fall der Liquidation oder der Insolvenz erst nach den Forderungen der anderen Gläubiger erfüllt werden dürfen. Die Verbindlichkeiten können auch in Wertpapieren verbrieft sein. Der Ausweis nachrangiger Verbindlichkeiten im Passivposten Nr. 9 geht dem Ausweis in anderen Passivposten vor. Im Wesentlichen handelt es sich dabei um solche Verbindlichkeiten, die den Voraussetzungen des § 10 Abs. 5a und 7 KWG entsprechen. Verbindlichkeiten mit einer § 4 Abs. 1 RechKredV entsprechenden Nachrangabrede, die als Genussrechtskapital ausgestaltet sind, werden im Passivposten Nr. 10 (Genussrechtskapital), Beträge, die Einlagen stiller Gesellschafter sind, werden als gezeichnetes Kapital (Passivposten Nr. 12 Buchst. a)) ausgewiesen. 234

kk) Passivposten Nr. 10: Genussrechtskapital

In diesem Posten sind diejenigen nachrangigen Verbindlichkeiten gem. § 4 Abs. 1 RechKredV auszuweisen, die **Genussrechtsverbindlichkeiten** gem. **§ 10 Abs. 5 KWG** sind; eine Verbriefung ist unbeachtlich. Im Schrifttum wird es überwiegend als zulässig 235

---

134 In § 266 Abs. 3 B 3. HGB wird dieser Unterposten als „sonstige Rückstellungen" bezeichnet.
135 Vgl. *IDW RS HFA 35*, WPg Supplement 3/2011 = FN-IDW 2011. S. 445 ff., Tz. 82.
136 Die Streichung des Passivpostens ist eine Folgeänderung zur Aufhebung von § 247 HGB; vgl. Kap. E Tz. 126.

angesehen, auch Genussrechtskapital, das die Voraussetzungen nach § 10 Abs. 5 KWG nicht erfüllt, im Passivposten Nr. 10 auszuweisen.[137]

236 Genussrechtskapital, welches vor Ablauf von zwei Jahren zur Rückzahlung fällig ist, ist in einem **Darunter-Vermerk** („vor Ablauf von zwei Jahren fällig") gesondert auszuweisen (vgl. Formblatt 1). Diese Angabe steht im Zusammenhang mit der Bestimmung in § 10 Abs. 5 S. 1 Nr. 4 KWG, wonach Genussrechtskapital, bei welchem der Rückzahlungsanspruch in weniger als zwei Jahren fällig wird oder aufgrund Vertrags fällig werden kann, nicht dem haftenden EK zuzurechnen ist.

ll) Passivposten Nr. 11: Fonds für allgemeine Bankrisiken

237 Beim Passivposten Nr. 11 handelt es sich um einen **Sonderposten** für KI; dieser setzt sich aus zwei getrennt zu führenden Beständen zusammen bzw. resultiert aus § 340e Abs. 1 HGB und § 340g Abs. 4 HGB. Kreditinstitute dürfen gem. **§ 340 Abs. 1 HGB** zur Sicherung gegen allgemeine Bankrisiken Beträge in einen „Fonds für allgemeine Bankrisiken" einstellen, soweit dies nach vernünftiger kaufmännischer Beurteilung wegen der **besonderen Risiken** des **Geschäftszweigs** der KI erforderlich ist. Die Aufwendungen aufgrund von Zuführungen zum Fonds für allgemeine Bankrisiken bzw. die Erträge aus der Auflösung des Postens sind in der GuV **jeweils gesondert** auszuweisen (§ 340g Abs. 2 HGB).

238 Neben der Einstellung von Beträgen gem. § 340g HGB ist dem Fonds für allgemeine Bankrisiken nach **§ 340e Abs. 4 HGB** in jedem GJ ein Betrag zuzuführen, der mindestens 10% der **Nettoerträge** des **Handelsbestands** entspricht. Die Zuführung hat solange zu erfolgen, bis dieser Bestand des Sonderpostens eine Höhe von 50% des Durchschnitts der letzten fünf jährlichen Nettoerträge des Handelsbestands (nach Risikoabschlag) erreicht. Der Ausweis der nach § 340e Abs. 4 HGB zugeführten Beträge erfolgt innerhalb des Postens „Fonds für allgemeine Bankrisiken" nach § 340g HGB als Davon-Vermerk.[138] Vgl. zum „Fonds für allgemeine Bankrisiken" auch Tz. 333 und Tz. 343 ff.

mm) Passivposten Nr. 12: Eigenkapital

239 Nach dem Gliederungsschema des Formblatts 1 wird die Bilanz unter teilweiser oder vollständiger Berücksichtigung der **Ergebnisverwendung,** d.h. nach Dotierung von Gewinnrücklagen bzw. nach Entnahmen aus Gewinn- oder Kapitalrücklagen, aufgestellt. In der Bilanz der KI ist deshalb als Unterposten des EK der Posten Bilanzgewinn/Bilanzverlust (Passivposten Nr. 12 Buchst. d)) aufgeführt, der an die Stelle der in § 266 Abs. 3 A.IV. und V. HGB vorgeschriebenen Posten „Gewinnvortrag/Verlustvortrag" und „Jahresüberschuss/Jahresfehlbetrag" tritt. Entsprechend sehen auch die GuV-Schemata der Formblätter 2 und 3 jeweils den Ausweis des Postens „Bilanzgewinn/Bilanzverlust" vor.

240 Die **Untergliederung** des Passivpostens Nr. 12 nach dem Formblatt 1 entspricht im Übrigen der in § 266 Abs. 3 A. HGB für KapGes. vorgeschriebenen Untergliederung des EK. Für den Ausweis der EK-Bestandteile „Gezeichnetes Kapital" (Passivposten Nr. 12 Buchst. a)), „Kapitalrücklage" (Passivposten Nr. 12 Buchst. b)) und „Gewinnrücklagen" (Passivposten Nr. 12 Buchst. c)) einschließlich der „Rücklage für Anteile an einem herrschenden oder mehrheitlich beteiligten Unternehmen" (Passivposten Nr. 12

---

[137] Vgl. *Scharpf/Schaber*, Bankbilanz⁴, S. 791; *Bieg*, Bankbilanzierung², S. 283; BHdR, B 900, Rn. 201.
[138] Vgl. zum Sonderposten (insb. zur Zuführung und Auflösung) BT-Drs. 16/12407, S. 93; *IDW RS BFA 2*, WPg Supplement 2/2010, S. 62 ff. = FN-IDW 2010, S. 154 ff., Tz. 61–67.

Buchst. cb)) gelten die Regelungen in § 272 HGB (vgl. hierzu die Ausführungen in Kap. F Tz. 309 ff.).

Ergänzend zu § 272 Abs. 1 HGB bestimmt § 25 Abs. 1 RechKredV, dass als **gezeichnetes** **241** **Kapital** alle Beträge auszuweisen sind, die entsprechend der Rechtsform des KI als von den Gesellschaftern oder anderen Eigentümern gezeichnete EK-Beträge gelten (z.B. Geschäftskapital von Einzelunternehmen und Personenhandelsgesellschaften, Dotationskapital von KI des öffentlichen Rechts, Geschäftsguthaben von Kreditgenossenschaften). Als gezeichnetes Kapital auszuweisen sind auch **Einlagen stiller Gesellschafter** (§ 25 Abs. 1 S. 1 Hs. 2 HGB), insb. die Vermögenseinlagen stiller Gesellschafter gem. § 10 Abs. 4 KWG. Kreditgenossenschaften weisen unter dem Posten „Gezeichnetes Kapital" die **Geschäftsguthaben,** ferner auch die Einlagen stiller Gesellschafter aus (Fußnote 12 zum Formblatt 1). Nach § 25 Abs. 1 S. 2 RechKredV kann die genaue **Bezeichnung** der Kapitalbeträge zusätzlich zur Postenbezeichnung „Gezeichnetes Kapital" in der Bilanz angegeben werden.

Unter den **Gewinnrücklagen** (§ 272 Abs. 3 HGB) im Passivposten Nr. 12 Buchst. c) sind **242** von Sparkassen auch die **Sicherheitsrücklagen** und von Kreditgenossenschaften die **Ergebnisrücklagen** auszuweisen (§ 25 Abs. 2 S. 1 RechKredV); die **genaue Bezeichnung** der Rücklage kann zusätzlich zur Postenbezeichnung „Gewinnrücklagen" in der Bilanz vermerkt werden (§ 25 Abs. 2 S. 2 RechKredV und Fußnote 13 zum Formblatt 1 für den Ausweis bei Genossenschaften).

c) Passivposten unter dem Bilanzstrich
aa) Überblick

Für den Vermerk der **Haftungsverhältnisse** unter der Bilanz gelten für KI statt der §§ 251 **243** und 268 Abs. 7 HGB das durch die RechKredV erlassene Formblatt 1 und die Bestimmungen in § 26 RechKredV (vgl. § 340a Abs. 2 S. 2 HGB). Kreditinstitute haben hiernach bestimmte Haftungsverhältnisse unter der Bezeichnung „**Eventualverbindlichkeiten**" im Passivposten Nr. 1 unter dem Bilanzstrich zusammengefasst auszuweisen. In einem weiteren Passivposten unter dem Bilanzstrich (Nr. 2 **Andere Verpflichtungen**) sind bestimmte, aus dem Kredit- und sonstigen Bankgeschäft resultierende Verpflichtungen zu vermerken; diese Verpflichtungen sind im Einzelnen in § 27 RechKredV bestimmt. Sofern die Angaben zu Haftungsverhältnissen unter dem Bilanzstrich ausgewiesen werden, müssen die Angaben nach § 285 Nr. 3a HGB im Anh. nicht gemacht werden (§ 34 Abs. 1 S. 2 RechKredV).

bb) Passivposten Nr. 1 unter dem Bilanzstrich: Eventualverbindlichkeiten

Nach dem Formblatt 1 wird der Passivposten Nr. 1 unter dem Bilanzstrich (Eventualver- **244** bindlichkeiten) in Anlehnung an die in §§ 251, 268 Abs. 7 HGB bezeichneten Haftungsverhältnisse in **drei Unterposten** untergliedert:

a) Eventualverbindlichkeiten aus weitergegebenen abgerechneten Wechseln,
b) Verbindlichkeiten aus Bürgschaften und Gewährleistungsverträgen,
c) Haftung aus der Bestellung von Sicherheiten für fremde Verbindlichkeiten.

Ein Vermerk unter den Eventualverbindlichkeiten erfolgt nur, soweit **nicht eine Passi- 245 vierung** in der **Bilanz** erfolgt ist. Für jede vermerkte Eventualverbindlichkeit ist im Anh. jeweils der Gesamtbetrag der als Sicherheit übertragenen Vermögensgegenstände anzugeben (§ 35 Abs. 5 RechKredV). Ferner sind im Anh. Art und Betrag jeder Eventualverbindlichkeit zu vermerken, die in Bezug auf die Gesamttätigkeit des KI von wesentlicher

Bedeutung ist. Soweit für dieselbe Verbindlichkeit zwei Haftungsverhältnisse bestehen, kommt der Ausweis nur an einer Stelle in Betracht; ggf. ist die Mitzugehörigkeit zur anderen Gruppe zu vermerken. Die Haftungsverhältnisse sind auch anzugeben, wenn ihnen **Rückgriffsforderungen** gegenüberstehen; die Rückgriffsforderungen selbst brauchen auf der Aktivseite nicht vermerkt zu werden.

(1) Passivposten Nr. 1 Buchstabe a) unter dem Bilanzstrich: Eventualverbindlichkeiten aus weitergegebenen abgerechneten Wechseln

246 Im Unterposten Buchst. a) sind die **Indossamentsverbindlichkeiten** aus den vom Einreicher abgerechneten, zur Rediskontierung weitergegebenen Wechseln aufzunehmen (§ 26 Abs. 1 S. 1 RechKredV). Indossamentsverbindlichkeiten aus Wechseln, die verpfändet oder in Pension gegeben wurden, sowie solche aus Schatzwechseln gehören nicht zu den hier zu vermerkenden Eventualverbindlichkeiten (§ 26 Abs. 1 S. 2 RechKredV), ferner Indossamentsverbindlichkeiten aus Schecks oder Namensaktien. Die Indossamentsverbindlichkeiten sind grds. nach Abzug der auf sie entfallenden Rückstellungen auszuweisen.

(2) Passivposten Nr. 1 Buchstabe b) unter dem Bilanzstrich: Verbindlichkeiten aus Bürgschaften und Gewährleistungsverträgen

247 Zu den hier auszuweisenden Verbindlichkeiten gehören **Bürgschaften aller Art** (z.B. Rückbürgschaften, Höchstbetragsbürgschaften und Ausfallbürgschaften), auch **Wechsel-** und **Scheckbürgschaften** sowie **Kreditaufträge** gem. § 778 BGB. Bei KI dominieren i.d.R. Kreditbürgschaften ggü. anderen Kreditgebern (z.B. anderen KI).

Die Bürgschaftsverbindlichkeiten sind in **voller Höhe** zu vermerken; bei Verpflichtungen in unbeschränkter Höhe gilt zur Bestimmung der Risikohöhe hilfsweise der Betrag des Abschlussstichtags. Bei gesamtschuldnerischer Haftung ist der volle Betrag anzusetzen. Im Fall von Kreditbürgschaften ist grds. der zum Bilanzstichtag valutierende Betrag der Hauptschuld anzusetzen. Eventualverbindlichkeiten sind unter dem Bilanzstrich insoweit nicht zu vermerken, als das bilanzierende KI über zweckgebundene Guthaben (sog. **Bardeckung**) verfügt (§ 26 Abs. 2 S. 2 RechKredV).

Zum Begriff „Gewährleistungsvertrag" und zu den die Vermerkpflicht auslösenden **Gewährleistungsverträgen** vgl. die Erläuterungen in Kap. E Tz. 116.

Zum Ausweis vgl. im Übrigen auch die Ausführungen in Kap. E Tz. 114 ff., die für KI entsprechend Anwendung finden.

(3) Passivposten Nr. 1 Buchstabe c) unter dem Bilanzstrich: Haftung aus der Bestellung von Sicherheiten für fremde Verbindlichkeiten

248 Als Haftungsverhältnisse aus der Bestellung von Sicherheiten für fremde Verbindlichkeiten kommen insb. die in § 26 Abs. 3 S. 2 RechKredV genannten **Haftungstatbestände** in Betracht (Sicherungsabtretungen, Sicherungsübereignungen, Bestellung von Pfandrechten an beweglichen Sachen und Rechten, Grundpfandrechte). Nach § 26 Abs. 3 S. 1 RechKredV sind die Beträge mit dem **Buchwert** der bestellten Sicherheiten zu vermerken. Haftungsverhältnisse aus Bürgschaften und Gewährleistungsverträgen zugunsten Dritter sind auch dann, wenn diese durch die Bestellung von Sicherheiten belegt sind, nur im Passivposten Nr. 1 Buchst. b) zu vermerken und nicht zusätzlich im Passivposten Nr. 1 Buchst. c) (vgl. § 26 Abs. 3 S. 3 RechKredV).

cc) **Passivposten Nr. 2 unter dem Bilanzstrich: Andere Verpflichtungen**
Dieser Posten unter dem Bilanzstrich nimmt u.a. bestimmte aus dem **Kreditgeschäft** resultierende **Verpflichtungen** auf, die noch nicht zu passivieren waren. Er ist wie folgt untergliedert (vgl. Formblatt 1):

a) Rücknahmeverpflichtungen aus unechten Pensionsgeschäften,
b) Platzierungs- und Übernahmeverpflichtungen,
c) unwiderrufliche Kreditzusagen.

(1) **Passivposten Nr. 2 Buchstabe a) unter dem Bilanzstrich: Rücknahmeverpflichtungen aus unechten Pensionsgeschäften**
Gemäß § 340b Abs. 5 S. 1 HGB sind im Falle von unechten Pensionsgeschäften die verpensionierten Vermögensgegenstände in der Bilanz des Pensionsnehmers auszuweisen. Der Pensionsgeber hat den für den Fall der späteren Rückübertragung der Vermögensgegenstände vereinbarten Betrag unter dem Bilanzstrich anzugeben (§ 340b Abs. 5 S. 2 HGB). Soweit Rückstellungen für drohende Verluste bei der Rücknahme der Vermögensgegenstände gebildet wurden, dürfen diese vom vereinbarten Betrag nicht abgesetzt werden, weil der Bilanzvermerk die zukünftige Liquiditätsbelastung zum Ausdruck bringen soll. Sind für verschiedene Rücknahmetermine unterschiedliche Rücknahmebeträge vereinbart, erscheint es geboten, den höchstmöglichen Betrag anzusetzen.

(2) **Passivposten Nr. 2 Buchstabe b) unter dem Bilanzstrich: Platzierungs- und Übernahmeverpflichtungen**
In diesem Unterposten sind gem. § 27 Abs. 1 S. 1 RechKredV Verbindlichkeiten aus der Übernahme einer Garantie für die **Platzierung** oder **Übernahme** von **Finanzinstrumenten** ggü. Emittenten zu vermerken, die während eines vereinbarten Zeitraums revolvierend am Geldmarkt begeben werden. Zu erfassen sind nur Garantien, durch die das KI verpflichtet wird, Finanzinstrumente zu übernehmen oder einen entsprechenden Kredit zu gewähren (§ 27 Abs. 1 S. 2 RechKredV). **Finanzinstrumente** i.S.v. § 27 Abs. 1 RechKredV sind z.B. commercial papers oder andere Finanzinstrumente des Geldmarkts; keine Finanzinstrumente in diesem Sinne sind u.a. Aktien.[139] Der Ausweis im Bilanzvermerk erfolgt nach Abzug der in Anspruch genommenen Beträge; über die Inanspruchnahme ist im Anh. zu berichten (§ 27 Abs. 1 S. 3 und 4 RechKredV).

(3) **Passivposten Nr. 2 Buchstabe c) unter dem Bilanzstrich: Unwiderrufliche Kreditzusagen**
Als unwiderrufliche Kreditzusagen sind „alle unwiderruflichen Verpflichtungen, die Anlass zu einem Kreditrisiko geben können, zu vermerken" (§ 27 Abs. 2 S. 1 RechKredV). Dabei kommt es nicht darauf an, welche **Ursprungslaufzeit** die Kreditzusage hat. Als unwiderrufliche Kreditzusagen gelten auch **Lieferverpflichtungen** aus bestimmten zinsbezogenen Termingeschäften (§ 36 S. 2 Nr. 2 Hs. 2 RechKredV). Der Abschluss eines **Bausparvertrags** gilt nicht als unwiderrufliche Kreditzusage (§ 27 Abs. 2 S. 2 RechKredV).

Die Verpflichtungen aufgrund unwiderruflicher Kreditzusagen sind um die aufgrund der Zusagen in **Anspruch** genommenen Kredite zu kürzen.

---

[139] Übernahmeverpflichtungen für Aktien sind unter „unwiderrufliche Kreditzusagen" auszuweisen; *Scharpf/Schaber*, Bankbilanz⁴, S. 841; *Bieg,* Bankbilanzierung², S. 298; *Deutsche Bundesbank,* Statistik der Banken und sonstigen Finanzinstitute, S. 61/62.

254 Zu den unter dem Bilanzstrich ausgewiesenen Eventualverpflichtungen und anderen Verpflichtungen sind im Anh. die Gründe anzugeben, wie hoch die Bank das Risiko der Inanspruchnahme einschätzt (§ 34 Abs. 2 Nr. 4 RechKredV). Mit steigendem Risiko und einer wahrscheinlichen Inanspruchnahme aus den Eventualverpflichtungen wird eine Rückstellung im Kreditgeschäft erforderlich. Zu den Anh.-Angaben vgl. Tz. 402.

11. Erläuterungen zu den Posten der Gewinn- und Verlustrechnung
a) Erträge
aa) Zinserträge (Formblatt 2 Spalte Erträge Nr. 1 bzw. Formblatt 3 Nr. 1)

255 Im Posten „Zinserträge" sind die Zinsen und zinsähnlichen Erträge aus dem **Bankgeschäft** zu erfassen (§ 28 S. 1 RechKredV). Zinserträge aus nichtbankgeschäftlichen Forderungen gehören nicht zu diesem Ertragsposten. Zu den Zinsen und zinsähnlichen Erträgen rechnen gem. § 28 S. 1 RechKredV insb. alle **Erträge** der in den **Aktivposten Nr. 1 bis Nr. 4** (Barreserve, Schuldtitel öffentlicher Stellen und Wechsel, die zur Refinanzierung bei Zentralnotenbanken zugelassen sind, Forderungen an KI und Kunden) ausgewiesenen **Forderungen** sowie die **Erträge** aus den im **Aktivposten Nr. 5** (Schuldverschreibungen und andere festverzinsliche Wertpapiere) enthaltenen **festverzinslichen Wertpapieren**.

256 Für den Ausweis als Zinserträge kommt es weder auf die Bezeichnung der Erträge als Zinserträge noch auf die Form der Zinsberechnung an. „Mietzinsen" oder „Pachtzinsen" sind keine Zinserträge i.S.v. § 28 RechKredV, sondern als sonstige betriebliche Erträge (Formblatt 2 Spalte Erträge Nr. 8 bzw. Formblatt 3 Nr. 8) zu zeigen. Sofern es sich um laufende Erträge von dem Handelsbestand zuzurechnenden Finanzinstrumenten handelt, erscheint ein Ausweis im Handelsergebnis (Nettoertrag bzw. Nettoaufwand des Handelsbestands) sachgerecht, sofern dies mit der internen Steuerung des KI im Einklang steht. Begründet wird dies mit der Intention des Gesetzgebers, Transparenz und Aussagefähigkeit des Abschlusses zu erhöhen.[140] Insoweit geht der Ausweis im Handelsergebnis vor (Formblatt 2 Spalte Erträge Nr. 5 bzw. Formblatt 3 Nr. 7).

257 Der Ertragsposten ist zu **untergliedern** in Zinserträge aus

a) Kredit- und Geldmarktgeschäften,
b) festverzinslichen Wertpapieren und Schuldbuchforderungen.

258 Im Unterposten a) (Zinserträge aus Kredit- und Geldmarktgeschäften) sind hauptsächlich die Erträge der in den Aktivposten Nr. 1 bis Nr. 4 ausgewiesenen Forderungen zu erfassen einschließlich der Erträge aus dem Geldhandel. Der Unterposten b) (Zinserträge aus festverzinslichen Wertpapieren und Schuldbuchforderungen) nimmt v.a. die Erträge der festverzinslichen Wertpapiere aus dem Aktivposten Nr. 5 auf.

259 Zu den **Zinserträgen** gehören u.a. auch Diskontabzüge, Ausschüttungen auf Genussrechte und Gewinnschuldverschreibungen, zeitanteilige Beträge aus dem Darlehensauszahlungsdisagio und Zuschreibungen aufgrund aufgelaufener Zinsen zu Null-Kupon-Anleihen im Bestand (vgl. § 28 S. 2 RechKredV). Auch Erträge aus dem **Factoring-Geschäft** sind im Posten „Zinserträge" auszuweisen. **Zinsähnliche Erträge** entstehen insb. im **Kreditgeschäft**, z.B. in Form von **Gebühren** oder **Provisionen** (Bereitstellungsprovisionen, Kreditprovisionen oder Überziehungsprovisionen). Bearbeitungsprovisionen und Kontoführungsgebühren sowie ähnliche Dienstleistungsgebühren sind **keine zinsähnlichen Erträge**; sie sind im Posten Provisionserträge (Formblatt 2 Spalte Erträge Nr. 4 bzw. Formblatt 3 Nr. 5) auszuweisen.

---

[140] *IDW RS BFA 2*, WPg Supplement 2/2010, S. 62 ff. = FN-IDW 2010, S. 154 ff., Tz. 71, 72.

§ 277 Abs. 5 S. 1 HGB, wonach Erträge aus der Abzinsung als Zinsen auszuweisen sind, **260** ist nicht von der Anwendung auf KI ausgenommen (§ 340a Abs. 2 HGB). Im Schrifttum wird die Ansicht[141] vertreten, dass §§ 28 und 29 RechKredV als Spezialvorschriften regeln, dass nur Ab- bzw. Aufzinsungsbeträge, soweit sie das Bankgeschäft betreffen, im Zinsergebnis von KI auszuweisen sind. Dagegen erfolgt ein Ausweis bei den sonstigen betrieblichen Erträgen, sofern es sich um nicht bankgeschäftliche Vorgänge handelt (Pensionsverpflichtungen, andere Rückstellungen außer Rückstellungen im Kreditgeschäft). In der Praxis finden sich beide Ausweisalternativen.

bb) Laufende Erträge aus ... (Formblatt 2 Spalte Erträge Nr. 2 bzw. Formblatt 3 Nr. 3)

In diesem Ertragsposten werden die **laufenden Erträge** der in den **Aktivposten Nr. 6, 7** **261** **und Nr. 8** (Formblatt 1) enthaltenen Vermögensgegenstände ausgewiesen. Sofern es sich um laufende Erträge von dem Handelsbestand zuzurechnenden Finanzinstrumenten handelt, spricht sich der BFA des IDW für einen Ausweis im Handelsergebnis (Nettoertrag bzw. Nettoaufwand des Handelsbestands) aus, sofern dies mit der internen Steuerung des KI im Einklang steht.[142] Insoweit geht der Ausweis im Handelsergebnis (Formblatt 2 Spalte Erträge Nr. 5 bzw. Formblatt 3 Nr. 7) vor.

In Anlehnung an den Ausweis der zugrunde liegenden Vermögenswerte in der Bilanz ist **262** der Ertragsposten in folgende Unterposten gegliedert:

Laufende Erträge aus

a) Aktien und anderen nicht festverzinslichen Wertpapieren,
b) Beteiligungen,
c) Anteile an verbundenen Unternehmen.

Als laufende Erträge kommen insb. **Dividenden** und andere **Gewinnausschüttungen** in **263** Betracht; zu den laufenden Erträgen im Unterposten a) gehören auch Erträge aus **Investmentanteilen**. Nicht dazu rechnen Gewinne aus dem Abgang von Wertpapieren, Beteiligungen und Anteilen an verbundenen Unternehmen oder Erlöse aus dem Verkauf von Bezugsrechten sowie Erträge aus Zuschreibungen auf Vermögensgegenstände der Aktivposten Nr. 6, 7 und 8.

cc) Erträge aus Gewinngemeinschaften, Gewinnabführungs- oder Teilgewinnabführungsverträgen (Formblatt 2 Spalte Erträge Nr. 3 bzw. Formblatt 3 Nr. 4)

Der gesonderte Ausweis der Erträge der genannten Art ist KapGes. durch § 277 Abs. 3 S. 2 **264** HGB vorgeschrieben; gem. § 340a Abs. 1 und 2 HGB gilt diese Bestimmung auch für KI. Im Unterschied zum Gliederungsschema für die GuV gem. § 275 HGB ist der Posten bereits in den Formblättern 2 und 3 vorgesehen. Hinsichtlich des Posteninhalts ergeben sich für KI im Verhältnis zu KapGes. keine Unterschiede (vgl. insoweit die Erläuterungen in Kap. F Tz. 487 ff.).

dd) Provisionserträge (Formblatt 2 Spalte Erträge Nr. 4 bzw. Formblatt 3 Nr. 5)

Im Posten „Provisionserträge" sind die **Erträge aus dem Dienstleistungsgeschäft** der KI **265** auszuweisen. Dazu gehören die typischerweise von KI betriebenen Dienstleistungsge-

---

141 *Gelhausen/Fey/Kämpfer*, BilMoG, Abschn. V, Rn. 182; *Goldschmidt/Meyding-Metzger/Weigel*, IRZ 2010, S. 63 f.; *Scharpf/Schaber*, Bankbilanz⁴, S. 872.
142 *IDW RS BFA 2*, WPg Supplement 2/2010, S. 62 ff. = FN-IDW 2010, S. 154 ff., Tz. 71–74.

schäfte, insb. die in § 30 Abs. 1 S. 1 RechKredV genannten **Geschäfte** (u.a. Zahlungsverkehr, Wertpapierkommissions- und Depotgeschäft, Erträge für Treuhand- und Verwaltungskredite, Provisionen aus der Vermittlertätigkeit bei Bauspar-, Versicherungs- und anderen Verträgen). **Provisionen,** die in unmittelbarem Zusammenhang mit dem Kreditgeschäft stehen, sind grds. zusammen mit den Zinserträgen auszuweisen (vgl. Tz. 259). **Bürgschaftsprovisionen** gehören zu den Provisionserträgen und nicht zu den Zinserträgen (vgl. § 30 Abs. 1 S. 2 RechKredV). Auch **Bonifikationen** aus der Platzierung von Wertpapieren und Kontoführungsgebühren sind als Provisionserträge zu erfassen (§ 30 Abs. 1 S. 2 RechKredV). Provisionserträge aus Handelsgeschäften sind beim **Nettoertrag oder Nettoaufwand des Handelsbestands** auszuweisen.[143]

ee) Nettoertrag des Handelsbestands (Formblatt 2 Spalte Erträge Nr. 5 bzw. Formblatt 3 Nr. 7)

266 Die folgenden Ausführungen beziehen sich auf den Posten „Nettoertrag des Handelsbestands" als auch auf den Posten „Nettoaufwand des Handelsbestands" (Formblatt 2 Spalte Aufwendungen Nr. 3 bzw. Formblatt 3 Nr. 7).

267 Der im Posten „Nettoaufwand bzw. -ertrag des Handelsbestands" ausgewiesene Betrag ist jeweils eine **Saldogröße.** Der positive Unterschiedsbetrag zwischen den in § 340c Abs. 1 HGB genannten Erträgen und Aufwendungen ist als Nettoertrag des Handelsbestands zu zeigen (Formblatt 2 Spalte Erträge Nr. 5 bzw. Formblatt 3 Nr. 7). Im Falle eines negativen Unterschiedsbetrags ist dieser als „Nettoaufwand des Handelsbestands" (Formblatt 2 Spalte Aufwendungen Nr. 3 bzw. Formblatt 3 Nr. 7) auszuweisen. Die Saldierung der Erträge und Aufwendungen gem. § 340c Abs. 1 HGB ist **zwingend;** sie stellt eine gesetzlich geregelte Ausnahme (vgl. § 340a Abs. 2 S. 3 HGB) vom Verrechnungsverbot (§ 246 Abs. 2 S. 1 HGB) dar. Der Nettoertrag/Nettoaufwand des Handelsbestands drückt den **Eigenhandelserfolg** aus.

268 Die Erträge und Aufwendungen des Handelsbestands umfassen nach § 340c Abs. 1 HGB das **Abgangsergebnis** (realisierte Gewinne und Verluste) und das **Bewertungsergebnis** (unrealisierte Gewinne und Verluste) einschließlich der **Aufwendungen für den Risikoabschlag** auf Handelsaktiva und den Risikozuschlag auf Handelspassiva sowie die Provisionserträge und -aufwendungen aus dem An- und Verkauf der Finanzinstrumente des Handelsbestands. Darüber hinaus sind grds. auch die **laufenden Erträge** (Zinsen und Dividenden) aus dem Handelsbestand und die Aufwendungen für die **Refinanzierung** der Handelsaktivitäten in das Handelsergebnis einzubeziehen. Bei wortgetreuer Auslegung wird es als zulässig erachtet, dass die Zinserträge und Zinsaufwendungen im Zinsergebnis ausgewiesen werden können, sofern dies im Einklang mit der internen Steuerung des Instituts steht.[144] Aufwendungen, die dem Fonds für allgemeine Bankrisiken (§ 340g Abs. 1 HGB) nach § 340e Abs. 4 HGB zuzuführen sind, bzw. Erträge, um die der Fonds für allgemeine Bankrisiken aufzulösen ist, sind entsprechend § 340g Abs. 2 HGB in der GuV gesondert auszuweisen. Der Ausweis kann wahlweise in einem eigenen Posten oder in einem Unterposten erfolgen.[145]

---

143 *IDW RS BFA 2*, WPg Supplement 2/2010, S. 62 ff. = FN-IDW 2010, S. 154 ff., Tz. 71, 75.
144 Vgl. *IDW RS BFA 2*, WPg Supplement 2/2010, S. 62 ff. = FN-IDW 2010, S. 154 ff., Tz. 75.
145 Vgl. *IDW RS BFA 2*, WPg Supplement 2/2010, S. 62 ff. = FN-IDW 2010, S. 154 ff., Tz. 62, 64.

ff) Erträge aus Zuschreibungen zu Forderungen und bestimmten Wertpapieren sowie aus der Auflösung von Rückstellungen im Kreditgeschäft (Formblatt 2 Spalte Erträge Nr. 6 bzw. Formblatt 3 Nr. 14)

Im Ertragsposten „Erträge aus Zuschreibungen zu Forderungen ..." werden gem. § 32 S. 1 RechKredV bestimmte, in § 340f Abs. 3 HGB im Einzelnen bezeichnete **Erträge** aus **Forderungen** im **Kreditgeschäft** und aus Geschäften mit **Wertpapieren der Liquiditätsreserve** (d.h. Wertpapiere, die weder wie AV behandelt werden noch Teil des Handelsbestands sind) ausgewiesen. Dem Ertragsposten „Erträge aus Zuschreibungen zu Forderungen ..." steht auf der Aufwandsseite der Posten „Abschreibungen und Wertberichtigungen auf Forderungen und bestimmte Wertpapiere sowie Zuführungen zu Rückstellungen im Kreditgeschäft" (Formblatt 2 Spalte Aufwendungen Nr. 7 bzw. Formblatt 3 Nr. 13) gegenüber, der die **artgleichen Aufwendungen** enthält (vgl. § 32 S. 1 RechKredV und § 340f Abs. 3 HGB). Die in den genannten Ertrags- und Aufwandsposten ausgewiesenen Erträge und Aufwendungen **dürfen verrechnet (Wahlrecht)** und der Saldo in einem Ertrags- oder Aufwandsposten ausgewiesen werden (vgl. § 340f Abs. 3 HGB und § 32 S. 2 RechKredV); es ist nur eine **vollständige Verrechnung** von Erträgen und Aufwendungen zulässig (§ 32 S. 3 RechKredV). Im Rahmen der Verrechnung dürfen nicht nur gleichartige Aufwendungen und Erträge verrechnet werden (z.B. Erträge aus Forderungen an Kunden mit Aufwendungen aus solchen Forderungen), sondern auch solche **verschiedener Art** (z.B. Erträge aus Forderungen an Kunden mit Aufwendungen aus Wertpapieren der Liquiditätsreserve). Die Verrechnung gem. § 340f Abs. 3 HGB bzw. § 32 S. 2 RechKredV wird deshalb auch als **Überkreuzkompensation** bezeichnet (vgl. auch Tz. 129).

Im Einzelnen umfasst der Ertragsposten „Erträge aus Zuschreibungen zu Forderungen ..." folgende Erträge (vgl. § 340f Abs. 3 HGB):

– Erträge im **Kreditgeschäft** aufgrund
  • von Zuschreibungen zu Forderungen an KI und Kunden,
  • von Auflösungen von Rückstellungen für Eventualverbindlichkeiten und für Kreditrisiken,
  • von Eingängen auf ganz oder teilweise abgeschriebene Forderungen an KI und Kunden,
  • der Auflösung von Vorsorgereserven für allgemeine Bankrisiken gem. § 340f Abs. 1 HGB, die vom Bestand der Forderungen an KI und Kunden abgesetzt wurden;

– Erträge im **Wertpapiergeschäft** aufgrund
  • von Zuschreibungen zu Wertpapieren der Liquiditätsreserve,
  • von Gewinnen aus dem Verkauf oder der Einlösung von Wertpapieren der Liquiditätsreserve,
  • der Auflösung von Vorsorgereserven für allgemeine Bankrisiken gem. § 340f Abs. 1 HGB, die vom Bestand der Wertpapiere der Liquiditätsreserve abgesetzt wurden.

Im **Aufwandsposten** „Abschreibungen und Wertberichtigungen auf Forderungen ..." sind im Einzelnen folgende Aufwendungen enthalten (vgl. § 340f Abs. 3 HGB):

– Aufwendungen im **Kreditgeschäft** aufgrund
  • von Abschreibungen auf Forderungen an KI und Kunden,
  • von Zuführungen zu Rückstellungen für Eventualverbindlichkeiten und für Kreditrisiken,
  • von Abschreibungen auf Forderungen an KI und Kunden zum Zweck der Bildung von Vorsorgereserven für allgemeine Bankrisiken gem. § 340f Abs. 1 HGB;

- Aufwendungen im **Wertpapiergeschäft** aufgrund
  - von Abschreibungen auf Wertpapiere der Liquiditätsreserve,
  - von Verlusten aus dem Verkauf oder der Einlösung von Wertpapieren der Liquiditätsreserve,
  - von Abschreibungen auf Wertpapiere der Liquiditätsreserve zum Zweck der Bildung von Vorsorgereserven für allgemeine Bankrisiken gem. § 340f Abs. 1 HGB.

gg) Erträge aus Zuschreibungen zu Beteiligungen, Anteilen an verbundenen Unternehmen und wie AV behandelten Wertpapieren (Formblatt 2 Spalte Erträge Nr. 7 bzw. Formblatt 3 Nr. 16)

272 Im Ertragsposten „Erträge aus Zuschreibungen zu Beteiligungen ..." sind die in § 340c Abs. 2 HGB bezeichneten Erträge aus Beteiligungen, Anteilen an verbundenen Unternehmen und wie AV behandelten Wertpapieren auszuweisen (§ 33 S. 1 RechKredV). Im Einzelnen handelt es sich dabei um **Zuschreibungen** zu den genannten Vermögensgegenständen sowie um **Gewinne** aus dem **Abgang** der vorbezeichneten Vermögenswerte. Dem Ertragsposten steht auf der Aufwandsseite der Posten „Abschreibungen und Wertberichtigungen auf Beteiligungen, Anteile an verbundenen Unternehmen und wie AV behandelte Wertpapiere" (Formblatt 2 Spalte Aufwendungen Nr. 8 bzw. Formblatt 3 Nr. 15) gegenüber, der die **artgleichen Aufwendungen (Abschreibungen** bzw. **Verluste** aus dem **Abgang** der vorbezeichneten Vermögensgegenstände) enthält (vgl. § 33 S. 1 RechKredV, § 340c Abs. 2 HGB). Die in den genannten Posten ausgewiesenen Erträge und Aufwendungen **dürfen verrechnet (Wahlrecht)** und der Saldo in einem Ertrags- oder Aufwandsposten ausgewiesen werden (vgl. § 340c Abs. 2 HGB und § 33 S. 2 RechKredV); eine nur **teilweise Verrechnung** ist nicht zulässig (§ 33 S. 3 RechKredV).

273 Die **laufenden Erträge** aus Wertpapieren des AV werden, abhängig davon, um welche Wertpapiere es sich handelt, unter den „Zinserträgen aus festverzinslichen Wertpapieren und Schuldbuchforderungen" (Formblatt 2 Spalte Erträge Nr. 1 Buchst. b) bzw. Formblatt 3 Nr. 1 Buchst. b)) oder unter den „Laufenden Erträgen aus Aktien und anderen nicht festverzinslichen Wertpapieren" (Formblatt 2 Spalte Erträge Nr. 2 Buchst. a) bzw. Formblatt 3 Nr. 3 Buchst. a)) ausgewiesen. Die laufenden Erträge aus Beteiligungen sind im Ertragsposten Nr. 2 Buchst. b) (Formblatt 2) bzw. Nr. 3 Buchst. b) (Formblatt 3), die laufenden Erträge aus Anteilen an verbundenen Unternehmen im Ertragsposten Nr. 2 Buchst. c) (Formblatt 2) bzw. Nr. 3 Buchst. c) (Formblatt 3) enthalten.

hh) Sonstige betriebliche Erträge (Formblatt 2 Spalte Erträge Nr. 8 bzw. Formblatt 3 Nr. 8)

274 Der Ertragsposten dient in der GuV der KI als **Sammelposten;** er nimmt alle die **Erträge** auf, die im Rahmen der **gewöhnlichen Geschäftstätigkeit** entstehen, einem anderen Ertragsposten jedoch nicht zugeordnet werden können. Außerhalb der gewöhnlichen Geschäftstätigkeit anfallende Erträge gehören zu den gesondert auszuweisenden a.o. Erträgen (Formblatt 2 Spalte Erträge Nr. 10 bzw. Formblatt 3 Nr. 20).

275 Als **sonstige betriebliche Erträge** kommen bei KI hauptsächlich in Betracht:
- Erträge aus der Veräußerung von Gegenständen des Sach-AV (z.B. Grundstücke und Bauten, Betriebs- und Geschäftsausstattung),
- Erträge aus der Auflösung von Rückstellungen, mit Ausnahme der Erträge aus der Auflösung von Rückstellungen für drohende Verluste aus Finanzinstrumenten und Finanzanlagen sowie für Eventualverbindlichkeiten und Kreditrisiken,

Jahresabschluss und Lagebericht   J

- Erträge aus nichtbankgeschäftlichen Umsätzen und Erträge aus bankuntypischen Dienstleistungsgeschäften (z.B. Fremdmieten und Pachten),
- Erträge aus der Währungsumrechnung, sofern sie nicht zum Handelsergebnis gehören oder bei dem Bewertungsergebnis des jeweiligen Bilanzpostens erfasst werden,[146]
- sonstige, nicht a.o. Erträge (z.b. Kassenbestandsüberschüsse, Beratungs- und Verwaltungsprovisionen).

In den sonstigen betrieblichen Erträgen enthaltene **periodenfremde Erträge** sind im **Anh.** zu erläutern (§ 277 Abs. 4 S. 3 HGB).   276

ii) Erträge aus der Auflösung von Sonderposten mit Rücklageanteil (Formblatt 2 Spalte Erträge Nr. 9 bzw. Formblatt 3 Nr. 9)

Dieser Posten ist aufgehoben worden. Die Streichung ist eine Folgeänderung wegen der Aufhebung von § 247 Abs. 3 HGB a.F. (Sonderposten mit Rücklageanteil).   277

jj) Außerordentliche Erträge (Formblatt 2 Spalte Erträge Nr. 10 bzw. Formblatt 3 Nr. 20)

Als a.o. Erträge sind die Erträge auszuweisen, die **außerhalb** der **gewöhnlichen Geschäftstätigkeit** des KI anfallen (§ 277 Abs. 4 S. 1 i.V.m. § 340a Abs. 1 und 2 HGB). Der Posten ist, soweit die darin enthaltenen Beträge für die Beurteilung der Ertragslage nicht von untergeordneter Bedeutung sind, im **Anh.** zu erläutern.   278

Für KI ergeben sich ggü. KapGes. bzgl. des Posteninhalts keine Besonderheiten (vgl. die Ausführungen in Kap. F Tz. 494, 585).   279

kk) Erträge aus Verlustübernahme (Formblatt 2 Spalte Erträge Nr. 11 bzw. Formblatt 3 Nr. 25)

Die Verpflichtung zum gesonderten Ausweis der Erträge aus Verlustübernahme beruht auf § 277 Abs. 3 S. 2 i.V.m. § 340a Abs. 1 und 2 HGB. Im Unterschied zu den Gliederungsschemata für KapGes. (vgl. § 275 Abs. 2 und 3 HGB), in denen ein entsprechender Posten nicht aufgeführt ist, ist in den Formblättern 2 und 3 für die GuV der KI jeweils ein besonderer Posten für den Ausweis der betreffenden Erträge vorgesehen.   280

Hinsichtlich der hier auszuweisenden Erträge bestehen ggü. KapGes. keine Unterschiede (vgl. die Erläuterungen in Kap. F Tz. 490, 602).   281

ll) Jahresfehlbetrag (Formblatt 2 Spalte Erträge Nr. 12 bzw. Formblatt 3 Nr. 27)

Der Posten zeigt den im **GJ** erzielten **Verlust** vor Veränderung der Kapitalrücklage und der Gewinnrücklagen.   282

b) Aufwendungen

aa) Zinsaufwendungen (Formblatt 2 Spalte Aufwendungen Nr. 1 bzw. Formblatt 3 Nr. 2)

Hierunter sind Zinsaufwendungen und ähnliche Aufwendungen aus dem **Bankgeschäft** auszuweisen (§ 29 S. 1 RechKredV). **Zinsaufwendungen** entstehen insb. durch die Hereinnahme von Kunden- und Bankeneinlagen sowie durch die Aufnahme von Geldern   283

---

[146] *Gelhausen/Fey/Kämpfer,* BilMoG, Abschn. V, Rn. 152, mit Hinweis auf das Stetigkeitsgebot bei Ausweisalternativen.

einschließlich der Begebung von Schuldverschreibungen. **Zinsähnliche Aufwendungen** sind z.B. Kreditprovisionen, Bonifikationen oder sonstige Kapitalbeschaffungskosten im Zusammenhang mit der Hereinnahme oder Aufnahme von Geldern. Als zinsähnliche Aufwendungen kommen nur zeitraumbezogene Aufwendungen in Betracht, und zwar ohne Rücksicht darauf, ob sie periodisch für bestimmte Zeiträume oder einmalig, bezogen auf einen Zeitraum, berechnet werden.

284 Unter die Zinsaufwendungen fallen gem. § 29 S. 1 RechKredV insb. alle Aufwendungen für die in den

– Passivposten Nr. 1 (Verbindlichkeiten ggü. KI),
– Passivposten Nr. 2 (Verbindlichkeiten ggü. Kunden),
– Passivposten Nr. 3 (Verbriefte Verbindlichkeiten) und
– Passivposten Nr. 9 (Nachrangige Verbindlichkeiten)

bilanzierten Verbindlichkeiten.

Für den Ausweis kommt es dabei weder auf die Bezeichnung der Aufwendungen als Zinsaufwendungen noch auf die Form der Zinsberechnung an. Zinsaufwendungen für Verbindlichkeiten, die der Refinanzierung von Handelsaktivitäten dienen, sind im Handelsergebnis auszuweisen, sofern die entsprechenden Verbindlichkeiten auch bilanziell dem Handelsbestand zugeordnet wurden.[147]

285 Zu den Zinsaufwendungen gehören u.a. auch Diskontabzüge, Ausschüttungen auf begebene Genussrechte (vgl. Passivposten Nr. 10) und Gewinnschuldverschreibungen, zeitanteilige Beträge aus aktivierten Disagien (Damnen) und Zuschreibungen aufgrund aufgelaufener Zinsen zu begebenen Null-Kupon-Anleihen (vgl. § 29 S. 2 RechKredV). Auch Aufwendungen aus dem **Factoring-Geschäft** sind Zinsaufwendungen.

286 § 277 Abs. 5 S. 1 HGB, wonach Aufwendungen aus der Abzinsung gesondert unter dem Posten „Zinsen und ähnliche Aufwendungen" auszuweisen sind, ist nicht von der Anwendung auf KI ausgenommen (§ 340a Abs. 2 HGB). Im Schrifttum wird die Ansicht[148] vertreten, dass §§ 28 und 29 RechKredV als Spezialvorschriften regeln, dass nur Ab- bzw. Aufzinsungsbeträge, soweit sie das Bankgeschäft betreffen, im Zinsergebnis von KI auszuweisen sind, dagegen als sonstige betriebliche Aufwendungen, sofern es sich um nicht bankgeschäftliche Vorgänge handelt (Pensionsverpflichtungen, andere Rückstellungen außer Rückstellungen im Kreditgeschäft). In der Praxis finden sich beide Ausweisalternativen.

bb) Provisionsaufwendungen (Formblatt 2 Spalte Aufwendungen Nr. 2 bzw. Formblatt 3 Nr. 6)

287 Der Posten „Provisionsaufwendungen" enthält **Provisionen** und ähnliche Aufwendungen aus den in § 30 Abs. 1 RechKredV bezeichneten **Dienstleistungsgeschäften**. Zu diesen gehören u.a. der Zahlungsverkehr, das Außenhandels- sowie das Wertpapierkommissions- und das Depotgeschäft. Unter den Provisionsaufwendungen zu erfassen sind auch Provisionen und ähnliche Aufwendungen, die nicht mit dem Dienstleistungsgeschäft des bilanzierenden KI zusammenhängen, sondern Entgelte für Dienstleistungsgeschäfte anderer KI darstellen. Für den Ausweis als Provisionsaufwendungen kommen insb. in Betracht: Kontoführungsgebühren, Depotgebühren fremder Lagerstellen und Gebühren für

---

147 Vgl. *IDW RS BFA* 2, WPg Supplement 2/2010, S. 62 ff. = FN-IDW 2010, S. 154 ff., Tz. 73
148 *Gelhausen/Fey/Kämpfer*, BilMoG, Abschn. V, Rn. 182; *Goldschmidt/Meyding-Metzger/Weigel*, IRZ 2010, S. 63 f.; *Scharpf/Schaber*, Bankbilanz⁴, S. 872.

die Wertpapierverwahrung, Vermittlungsprovisionen – v.a. im Wertpapier-Kommissionsgeschäft – und Provisionen für den Zahlungsverkehr. Provisionen für die **Vermittlung** von **Krediten** sind gleichfalls unter den Provisionsaufwendungen zu zeigen; die übrigen Provisionen im Kreditgeschäft werden hingegen grds. unter den Zinsaufwendungen ausgewiesen.

cc) Nettoaufwand des Handelsbestands (Formblatt 2 Spalte Aufwendungen Nr. 3 bzw. Formblatt 3 Nr. 7)

Vgl. hierzu die Ausführungen zum Posten „Nettoertrag des Handelsbestands" (Tz. 266 ff.). **288**

dd) Allgemeine Verwaltungsaufwendungen (Formblatt 2 Spalte Aufwendungen Nr. 4 bzw. Formblatt 3 Nr. 10)

Der Aufwandsposten ist in zwei **Unterposten** gegliedert: **289**

a) Personalaufwand,
b) andere Verwaltungsaufwendungen.

Der **Personalaufwand** im Unterposten a) ist, der Gliederung der GuV gem. § 275 Abs. 2 Nr. 6 HGB entsprechend, weiter unterteilt in:

aa) Löhne und Gehälter,
ab) Soziale Abgaben und Aufwendungen für Altersversorgung und für Unterstützung.

Die gesamten **Aufwendungen** für **Altersversorgung** sind in Form eines „Darunter"- **290** Vermerks, einer Untergliederung des Postens oder einer Angabe im Anh. besonders hervorzuheben.

Als **Löhne** und **Gehälter** sind sämtliche Vergütungen (brutto) für im abgelaufenen GJ **291** geleistete Arbeiten der Mitarbeiter (einschließlich der Mitglieder der Geschäftsführung) auszuweisen; hierzu gehören auch **Nachzahlungen** für Vj., soweit hierfür keine Rückstellungen bestehen. Form und Bezeichnung der Vergütung sowie die Art der Tätigkeit der Mitarbeiter sind für den Ausweis unerheblich. Auch **Nebenbezüge** zählen zu den Vergütungen (vgl. zu weiteren Einzelheiten zum Posten „Löhne und Gehälter" die Ausführungen zu § 275 Abs. 2 Nr. 6a HGB in Kap. F Tz. 533 ff., die für KI entsprechend gelten).

Für den Ausweis im Unterposten Buchst. a) Doppelbuchst. ab) „Soziale Abgaben und **292** Aufwendungen für Altersversorgung und Unterstützung" enthält § 31 Abs. 1 RechKredV eine **besondere Regelung** für **KI**. Demnach sind in diesem Unterposten gesetzliche Pflichtabgaben, Beihilfen und Unterstützungen sowie Aufwendungen für die Altersversorgung einschließlich der Zuführungen zu den Pensionsrückstellungen auszuweisen. Der Posteninhalt deckt sich grds. mit dem vergleichbaren Aufwandsposten in der GuV für KapGes. gem. § 275 Abs. 2 Nr. 6b HGB; insoweit wird auf die Ausführungen in Kap. F Tz. 538 ff. verwiesen.

Im Unterposten Buchst. b) „Andere Verwaltungsaufwendungen" sind die gesamten **Auf- 293 wendungen sachlicher Art** von KI zu erfassen. Zu diesen gehören insb. die in § 31 Abs. 2 RechKredV genannten Aufwendungen (Raumkosten, Bürobetriebskosten, Verbandsbeiträge, Werbungskosten, Kosten für die Repräsentation, AR-Vergütungen, Versicherungsprämien, Rechts-, Prüfungs- und Beratungskosten). **Prämien** für **Kreditversicherungen** sind wegen ihrer Verursachung im Kreditgeschäft nicht hier, sondern im Posten „Abschreibungen und Wertberichtigungen auf Forderungen und bestimmte Wertpapiere"

(Formblatt 2 Spalte Aufwendungen Nr. 7 bzw. Formblatt 3 Nr. 13) auszuweisen (vgl. § 31 Abs. 2 Hs. 2 RechKredV). Unter den „anderen Verwaltungsaufwendungen" sind auch die **Beträge** (Jahresbeitrag und Sonderbeitrag) der KI zum **Restrukturierungsfonds** (sog. Bankenabgabe) nach § 12 RStruktFG und den Vorschriften der RStruktFV auszuweisen; vertretbar erscheint auch der Ausweis dieser Beiträge im Posten „Sonstige betriebliche Aufwendungen" (Formblatt 2 Spalte Aufwendungen Nr. 6 bzw. Formblatt 3 Nr. 12).

ee) Abschreibungen und Wertberichtigungen auf immaterielle Anlagewerte und Sachanlagen (Formblatt 2 Spalte Aufwendungen Nr. 5 bzw. Formblatt 3 Nr. 11)

294 In diesem Posten sind alle **Abschreibungen** auf die Vermögenswerte der **Aktivposten Nr. 11** (Immaterielle Anlagewerte) und **Nr. 12** (Sachanlagen) zu erfassen. Wegen weiterer Einzelheiten zum Aufwandsposten „Abschreibungen und Wertberichtigungen auf immaterielle Anlagewerte und Sachanlagen" vgl. die Erläuterungen in Kap. F Tz. 544 ff. zum vergleichbaren Aufwandsposten für KapGes. gem. § 275 Abs. 2 Nr. 7a HGB; die dortigen Erläuterungen gelten entsprechend.

ff) Sonstige betriebliche Aufwendungen (Formblatt 2 Spalte Aufwendungen Nr. 6 bzw. Formblatt 3 Nr. 12)

295 In diesem Posten werden diejenigen Aufwendungen ausgewiesen, die im Rahmen der **gewöhnlichen Geschäftstätigkeit** entstehen, die jedoch einem anderen Aufwandsposten nicht zugeordnet werden können. Außerhalb der gewöhnlichen Geschäftstätigkeit anfallende Aufwendungen gehören zu den gesondert auszuweisenden a.o. Aufwendungen (Formblatt 2 Spalte Aufwendungen Nr. 11 bzw. Formblatt 3 Nr. 21).

Als **sonstige betriebliche Aufwendungen** kommen bei KI insb. in Betracht:

– Aufwendungen aufgrund des Abgangs von Gegenständen des Sach-AV,

– Aufwendungen für nicht bankbetrieblich genutzte Grundstücke,

– Aufwendungen für Prozesse,

– Abfindungen, Kassenfehlbeträge, Aufwendungen aufgrund von Fehlbeständen im Wertpapierverkehr

– Aufwendungen aus der Währungsumrechnung, sofern sie nicht zum Handelsergebnis gehören oder bei dem Bewertungsergebnis des jeweiligen Bilanzpostens erfasst werden.[149]

gg) Abschreibungen und Wertberichtigungen auf Forderungen und bestimmte Wertpapiere sowie Zuführungen zu Rückstellungen im Kreditgeschäft (Formblatt 2 Spalte Aufwendungen Nr. 7 bzw. Formblatt 3 Nr. 13)

296 Vgl. hierzu die Erläuterungen zum Ertragsposten „Erträge aus Zuschreibungen zu Forderungen und bestimmten Wertpapieren sowie aus der Auflösung von Rückstellungen im Kreditgeschäft" (Formblatt 2 Spalte Erträge Nr. 6 bzw. Formblatt 3 Nr. 14) in Tz. 269.

---

[149] *Gelhausen/Fey/Kämpfer,* BilMoG, Abschn. V, Rn. 152, mit Hinweis auf das Stetigkeitsgebot bei Ausweisalternativen.

hh) Abschreibungen und Wertberichtigungen auf Beteiligungen, Anteile an verbundenen Unternehmen und wie Anlagevermögen behandelte Wertpapiere (Formblatt 2 Spalte Aufwendungen Nr. 8 bzw. Formblatt 3 Nr. 15)

Vgl. hierzu die Erläuterungen zum Ertragsposten „Erträge aus Zuschreibungen zu Beteiligungen, Anteilen an verbundenen Unternehmen und wie AV behandelten Wertpapieren" (Formblatt 2 Spalte Erträge Nr. 7 bzw. Formblatt 3 Nr. 16) in Tz. 272. **297**

ii) Aufwendungen aus Verlustübernahme (Formblatt 2 Spalte Aufwendungen Nr. 9 bzw. Formblatt 3 Nr. 17)

Die Verpflichtung der KI zum gesonderten Ausweis der Aufwendungen aus Verlustübernahme ergibt sich gem. § 277 Abs. 3 S. 2 i.V.m. § 340a Abs. 1 und 2 HGB. Im Unterschied zu den Gliederungsschemata für KapGes. (vgl. § 275 Abs. 2 und 3 HGB), in denen ein entsprechender Posten nicht aufgeführt ist, ist in den Formblättern 2 und 3 für die GuV der KI jeweils ein besonderer Posten für den Ausweis der betreffenden Aufwendungen enthalten. **298**

Bezüglich der hier auszuweisenden Aufwendungen bestehen ggü. KapGes. keine Unterschiede (vgl. die Erläuterungen in Kap. F Tz. 490, 578).

jj) Einstellungen in Sonderposten mit Rücklageanteil (Formblatt 2 Spalte Aufwendungen Nr. 10 bzw. Formblatt 3 Nr. 18)

(aufgehoben)[150] **299**

kk) Außerordentliche Aufwendungen (Formblatt 2 Spalte Aufwendungen Nr. 11 bzw. Formblatt 3 Nr. 21)

Die Erläuterungen zu den a.o. Erträgen gelten entsprechend (vgl. Tz. 278). **300**

ll) Steuern vom Einkommen und vom Ertrag (Formblatt 2 Spalte Aufwendungen Nr. 12 bzw. Formblatt 3 Nr. 23)

Der Aufwandsposten entspricht dem für KapGes. in § 275 Abs. 2 Nr. 18 HGB vorgeschriebenen Posten (Steuern vom Einkommen und vom Ertrag). Besonderheiten für KI ergeben sich nicht (vgl. hierzu die Ausführungen in Kap. F Tz. 590 ff.). **301**

mm) Sonstige Steuern, soweit nicht unter Posten Nr. 6 ausgewiesen (Formblatt 2 Spalte Aufwendungen Nr. 13 bzw. Formblatt 3 Nr. 24)

Der Posten stimmt mit dem Posten „Sonstige Steuern" gem. § 275 Abs. 2 Nr. 19 HGB überein. Auszuweisen sind hier alle Steuern, die nicht unter den Posten „Steuern vom Einkommen und vom Ertrag" fallen. **Sonstige Steuern** sind u.a. Grund- und Kraftfahrzeugsteuer. Steuern, die als Anschaffungsnebenkosten zu aktivieren sind (z.B. GrESt), gehören nicht zu diesem Posten (vgl. zu weiteren Einzelheiten Kap. F Tz. 598 ff.). **302**

---

[150] Die Streichung des Aufwandspostens ist eine Folgeänderung wegen der Aufhebung von § 247 Abs. 3 HGB a.F. (Sonderposten mit Rücklageanteil).

nn) Aufgrund einer Gewinngemeinschaft, eines Gewinnabführungs- oder eines Teilgewinnabführungsvertrags abgeführte Gewinne (Formblatt 2 Spalte Aufwendungen Nr. 14 bzw. Formblatt 3 Nr. 26)

303 Hier sind gem. § 277 Abs. 3 S. 2 i.V.m. § 340a Abs. 1 und 2 HGB die aufgrund der genannten Verträge an Dritte abgeführten Gewinne auszuweisen (vgl. die Ausführungen zum entsprechenden Ertragsposten in Tz. 280).

oo) Jahresüberschuss (Formblatt 2 Spalte Aufwendungen Nr. 15 bzw. Formblatt 3 Nr. 27)

304 Der Posten zeigt den **Gewinn** des **GJ vor Veränderung** der Kapitalrücklage und der Gewinnrücklagen.

c) Posten der Ergebnisverwendung

305 Nach dem Formblatt 1 ist die Bilanz der KI unter Berücksichtigung der **Verwendung** des Jahresergebnisses aufzustellen, weshalb in der Bilanz anstelle der Posten „Jahresüberschuss/Jahresfehlbetrag" und „Gewinnvortrag/Verlustvortrag" der Posten „Bilanzgewinn/Bilanzverlust" tritt und die GuV um folgende **Posten erweitert** wird (im Formblatt 2 werden hierzu unterhalb der Spalte Aufwendungen unter Verwendung neuer Posten-Nummern (Nr. 1 bis Nr. 8) und beginnend mit dem Jahresergebnis die betreffenden Posten aufgeführt, im Formblatt 3 wird die Staffel unter Anknüpfung an die vorhergehenden Posten-Nummern (Nr. 27 bis Nr. 34) fortgeführt):

Formblatt 2	Formblatt 3
1. Jahresüberschuss/Jahresfehlbetrag	27. Jahresüberschuss/Jahresfehlbetrag
2. Gewinnvortrag/Verlustvortrag aus dem Vj.	28. Gewinnvortrag/Verlustvortrag aus dem Vj.
3. Entnahmen aus der Kapitalrücklage	29. Entnahmen aus der Kapitalrücklage
4. Entnahmen aus Gewinnrücklagen	30. Entnahmen aus Gewinnrücklagen
a) aus der gesetzlichen Rücklage	a) aus der gesetzlichen Rücklage
b) aus der Rücklage für Anteile an einem herrschenden oder mehrheitlich beteiligten Unternehmen	b) aus der Rücklage für Anteile an einem herrschenden oder mehrheitlich beteiligten Unternehmen
c) aus satzungsmäßigen Rücklagen	c) aus satzungsmäßigen Rücklagen
d) aus anderen Gewinnrücklagen	d) aus anderen Gewinnrücklagen
5. Entnahmen aus Genussrechtskapital	31. Entnahmen aus Genussrechtskapital
6. Einstellungen in Gewinnrücklagen	32. Einstellungen in Gewinnrücklagen
a) in die gesetzliche Rücklage	a) in die gesetzliche Rücklage
b) in die Rücklage für Anteile an einem herrschenden oder mehrheitlich beteiligten Unternehmen	b) in die Rücklage für Anteile an einem herrschenden oder mehrheitlich beteiligten Unternehmen
c) in satzungsmäßige Rücklagen	c) in satzungsmäßige Rücklagen
d) in andere Gewinnrücklagen	d) in andere Gewinnrücklagen
7. Wiederauffüllung des Genussrechtskapitals	33. Wiederauffüllung des Genussrechtskapitals
8. Bilanzgewinn/Bilanzverlust	34. Bilanzgewinn/Bilanzverlust

Mit Ausnahme der Posten „Entnahmen aus Genussrechtskapital" und „Wiederauffüllung 306
des Genussrechtskapitals" decken sich die in den Formblättern 2 und 3 aufgeführten Posten der Ergebnisverwendung mit den Posten, die für AG in § 158 Abs. 1 AktG vorgeschrieben sind. Hierzu wird auf die Erläuterungen in Kap. F Tz. 614 ff. verwiesen.

Im Posten „Entnahmen aus Genussrechtskapital" werden die auf die **Genussrechtsin-** 307
haber entfallenden **Verluste** ausgewiesen; im Posten „Wiederauffüllung des Genussrechtskapitals" sind die **Zuführungen** zum Genussrechtskapital zu zeigen, die der Wiederauffüllung nach Verlustteilnahme dienen. Entnahmen aus dem Genussrechtskapital und Wiederauffüllungen des Genussrechtskapitals sind bereits bei der **Aufstellung** des JA zu berücksichtigen.

12. Bewertungsvorschriften[151]

a) Übersicht

Für die Bewertung der im JA der KI ausgewiesenen Vermögensgegenstände und Schulden 308
gelten grds. die **Bewertungsvorschriften** der **§§ 252 bis 256a HGB** (vgl. hierzu die Erläuterungen in Kap. E Tz. 289 ff.). **Ergänzend** gelten für KI **§§ 340e bis 340g HGB**.
§ 340h HGB enthält eine **Sonderregelung** für die **Währungsumrechnung** der KI im JA, die § 256a HGB (Währungsumrechnung) ergänzt.

Die für **alle Kaufleute** maßgebenden Bewertungsbestimmungen in §§ 252 bis 256a HGB 309
gelten für KI mit folgenden **Ausnahmen**: Kreditinstitute dürfen **Abschreibungen** beim
AV wegen einer voraussichtlich nur vorübergehenden Wertminderung (§ 253 Abs. 2 S. 3
HGB) nur auf Beteiligungen, Anteile an verbundenen Unternehmen und wie AV behandelte Forderungen und Wertpapiere vornehmen (§ 340e Abs. 1 S. 3 HGB). Die Vorschriften zur Bildung von **Bewertungseinheiten** i.S.v. § 254 HGB gelten ebenfalls für KI
für Finanzinstrumente, die nicht dem Handelsbestand zugerechnet werden.[152]

Regelungsgegenstand der **ergänzenden Bewertungsvorschriften** der §§ 340e bis 340g 310
HGB für KI sind:

- die Bewertung **bestimmter Vermögensgegenstände** und die Bestimmung der **AK** von bestimmten **Forderungen** (§ 340e Abs. 2 HGB),
- die „verlustfreie Bewertung"[153] von zinsbezogenen Geschäften des Bankbuchs (Drohverlustrückstellung gemäß § 340a HGB i.V.m. § 249 Abs. 1 S. 1 Alt. 2 HGB für den Verpflichtungsüberschuss aus der Bewertung der Zinsposition des Bankbuchs; vgl. *IDW ERS BFA 3*[154]),
- die Bewertung der **Finanzinstrumente des Handelsbestands zum beizulegenden Zeitwert** nach § 340e Abs. 3 HGB,
- der **niedrigere Wertansatz** bestimmter Vermögensgegenstände zum Zweck der Bildung (stiller) **Vorsorgereserven** für allgemeine **Bankrisiken** (§ 340f HGB),
- die Bildung eines auf der Passivseite offen auszuweisenden **Sonderpostens** (Fonds für allgemeine Bankrisiken) zu Lasten der GuV zum Zweck der **Vorsorge** wegen der **besonderen Risiken** des Geschäftszweigs der KI (§ 340g HGB) und des Sonderpostens

---

151 Vgl. zu den ergänzenden Bewertungsvorschriften für KI insb. die Kommentierungen und Darstellungen in: *Bieg*, Bankbilanzierung², S. 385; BHdR, B 900, Rn. 240–355; *Scharpf*/Schaber, Bankbilanz⁴, S. 95 ff.
152 Vgl. *IDW RS HFA* 35, WPg Supplement 3/2011, S. 59 ff. = FN-IDW 2011, S. 445 ff.
153 Vor der Anwendung des BilMoG in der Bilanzierungspraxis unter dem Begriff „Bewertungskonvention" behandelt.
154 Vgl. *IDW ERS BFA 3*, WPg Supplement 1/2012 = FN-IDW 2012, S. 37, Tz. 3.

nach § 340e Abs. 4 HGB, der dem Verlustausgleich von Nettoaufwendungen des Handelsbestands dient.

b) Bewertung der Vermögensgegenstände

aa) Anlage- und Umlaufvermögen

311 Für die Bewertung der Vermögensgegenstände ist, ungeachtet dessen, dass für den Ausweis in der Bilanz nicht zwischen **AV** und **UV** unterschieden wird (vgl. Formblatt 1), maßgebend, ob es sich um Vermögensgegenstände des AV oder des UV handelt. § 340e Abs. 1 S. 1 HGB geht davon aus, dass neben den Beteiligungen (Aktivposten Nr. 7) und Anteilen an verbundenen Unternehmen (Aktivposten Nr. 8) die im Aktivposten Nr. 11 (Immaterielle Anlagewerte) ausgewiesenen Konzessionen, gewerblichen Schutzrechte und ähnlichen Rechte und Werte sowie Lizenzen an solchen Rechten und Werten sowie die im Aktivposten Nr. 12 (Sachanlagen) erfassten Grundstücke, grundstücksgleichen Rechte und Bauten einschließlich der Bauten auf fremden Grundstücken, technischen Anlagen und Maschinen, anderen Anlagen, Betriebs- und Geschäftsausstattung sowie Anlagen im Bau grds. zum **AV** gehören. Nur soweit die Voraussetzungen für die Zuordnung zum AV nicht erfüllt sind (vgl. § 247 Abs. 2 HGB), sind diese Vermögenswerte dem UV zuzurechnen und wie dieses zu bewerten.

312 Alle nicht in § 340e Abs. 1 S. 1 HGB bezeichneten Vermögensgegenstände zählen grds. zum **UV**; zu diesen anderen Vermögensgegenständen gehören insb. **Forderungen** und **Wertpapiere** (vgl. § 340e Abs. 1 S. 2 HGB). Soweit die Bedingungen für die Zurechnung zum AV erfüllt sind, können auch diese Vermögensgegenstände dem AV zugeordnet werden. Die dem AV zugeordneten Wertpapiere werden als „Wertpapiere, die wie AV behandelt werden" bezeichnet (vgl. §§ 340c Abs. 2 S. 1, 340f Abs. 1 S. 1 HGB). Die **Zuordnung** der Vermögensgegenstände zum AV oder zum UV ist vom bilanzierenden KI vorzunehmen. Maßgebend für die Zuordnung ist jeweils die Zweckbestimmung.

bb) Bewertung der Vermögensgegenstände des Anlagevermögens

313 Die dem AV zugeordneten Vermögensgegenstände sind gem. § 340e Abs. 1 S. 1 HGB nach Maßgabe der für die Bewertung des AV geltenden Vorschriften zu bewerten; diese Vorschriften sind in Kap. E Tz. 382 ff. ausführlich erläutert. Für die Bewertung bestimmter Vermögensgegenstände, z.B. der Beteiligungen (Aktivposten Nr. 11) einschließlich der Anteile an verbundenen Unternehmen (Aktivposten Nr. 8), der Immateriellen Anlagewerte (Aktivposten Nr. 11) und der Grundstücke und Gebäude im Aktivposten Nr. 12 (Sachanlagen), vgl. die Erläuterungen in Kap. E Tz. 491 ff.

314 Werden **Wertpapiere** wie **AV behandelt,** gilt für ihre Bewertung, wie im Fall von Beteiligungen und Anteilen an verbundenen Unternehmen, Folgendes: Bei einer voraussichtlich **dauernden Wertminderung** besteht eine Pflicht zur Vornahme von Abschreibungen (§ 253 Abs. 3 S. 3 HGB); ist die **Wertminderung** nur **vorübergehend,** brauchen Abschreibungen nicht vorgenommen zu werden (§ 253 Abs. 3 S. 4 HGB). Im letzteren Fall ist der Betrag der in den Aktivposten Nr. 5 (Schuldverschreibungen und andere festverzinsliche Wertpapiere) und Nr. 6 (Aktien und andere nicht festverzinsliche Wertpapiere) enthaltenen, wie AV behandelten und nicht mit dem niedrigeren Wert am Bilanzstichtag angesetzten Wertpapiere im **Anh.** anzugeben (§ 35 Abs. 1 Nr. 2 RechKredV, vgl. Tz. 402).

cc) Bewertung der Vermögensgegenstände des Umlaufvermögens

Hinsichtlich der Vorschriften für die Bewertung der Vermögensgegenstände des UV ist grds. auf die Ausführungen in Kap. E Tz. 428 ff. zu verweisen, die für KI entsprechend gelten. § 340e HGB enthält Besonderheiten hinsichtlich der Bewertung der Forderungen und Wertpapiere in Abs. 2 sowie für die Finanzinstrumente des Handelsbestands in Abs. 3 und 4 im JA der KI. 315

(1) Forderungen

Die **Forderungen** i.S.v. § 340e Abs. 1 S. 2 HGB resultieren überwiegend aus dem Kredit- und Darlehensgeschäft der KI[155]. Sie werden in den Aktivposten Nr. 3 (Forderungen an KI) oder Nr. 4 (Forderungen an Kunden) ausgewiesen. Die Forderungen können vom bilanzierenden KI selbst begründet sein (sog. originäre Forderungen); sie können vom bilanzierenden KI auch – als bereits bestehende Forderungen – von Dritten angekauft sein (sog. erworbene Forderungen). Die **AK** der originären wie auch der erworbenen Forderungen bemessen sich nach den für die Anschaffung getätigten Aufwendungen (§ 255 Abs. 1 S. 1 HGB), d.h. nach dem **Auszahlungsbetrag**. Decken sich Auszahlungsbetrag und Nennbetrag (Nominalwert) der Forderung, ergeben sich AK in Höhe des Nennbetrags. Liegt der Nennbetrag der Forderung über dem Auszahlungsbetrag (z.B. wegen Un- oder Unterverzinslichkeit) oder unter dem Auszahlungsbetrag (z.B. wegen Überverzinslichkeit), entsprechen die AK ebenfalls dem Auszahlungsbetrag. Der **Unterschiedsbetrag** (Disagio oder Agio) zwischen dem niedrigeren bzw. höheren Auszahlungsbetrag und dem Nennbetrag kann in diesen Fällen einen Teil der Effektivzinsen zum Ausdruck bringen. Dieser Teil ist durch Zuschreibungen zum Auszahlungsbetrag bzw. Abschreibungen hiervon zu berücksichtigen. 316

Weichen Auszahlungsbetrag und Nennbetrag der Forderung voneinander ab, dürfen KI anstelle des Auszahlungsbetrags auch den **Nennbetrag** aktivieren (§ 340e Abs. 2 S. 1 HGB) und den **Unterschiedsbetrag** in den **RAP** auf der Aktivseite (§ 340e Abs. 2 S. 2 HGB) oder auf der Passivseite (§ 340e Abs. 2 S. 3 HGB) aufnehmen. Der Wertansatz zum Nennwert ist allerdings nur im Falle von **Hypothekendarlehen** und **anderen Forderungen**, nicht jedoch bei Wertpapieren zulässig. Dabei wird vorausgesetzt, dass der Unterschiedsbetrag zwischen Nennbetrag und Auszahlungsbetrag **Zinscharakter** hat, d.h. Teil der Effektivzinsen ist.[156] Werden dagegen Forderungen mit einem Abschlag erworben, der Bonitätscharakter oder Bonitäts- und Zinscharakter hat, ist die Nominalwertbilanzierung nur für den zinsbedingten Abschlag zulässig, nicht jedoch für den bonitätsbedingten Teil. In der Praxis ergeben sich häufig Probleme bei der Aufteilung der Abschläge.[157] Die unter die RAP aufgenommenen Unterschiedsbeträge sind planmäßig aufzulösen und in der Bilanz oder im Anh. jeweils gesondert anzugeben (§ 340e Abs. 2 S. 2 und S. 3 HGB). 317

Im Zusammenhang mit der Kredit- und Darlehensgewährung entstandene **Nebenkosten** (z.B. Schätzgebühren, Vermittlungsprovisionen u.Ä.) werden i.d.R. vom Schuldner getragen, so dass sie für die Bemessung der AK grds. ohne Belang sind. Gehen sie zu Lasten des KI, sind sie zum Zeitpunkt des Anfalls als Aufwand zu verrechnen. 318

Neben dem Auszahlungsbetrag sind die bis zum Abschlussstichtag **realisierten Zinsen** zu aktivieren, ohne Rücksicht darauf, wann sie fällig sind. Zinsen für nach dem Abschluss- 319

---

155 Vgl. zur Nominalwertbilanzierung auch: BHdR, B 900, Rn. 249 ff.; *Bieg*, Bankbilanzierung², S. 400 ff.; *Scharpf/Schaber*, Bankbilanz⁴, S. 131 ff.
156 BHdR, B 900, Rn. 252.
157 *Scharpf/Schaber*, Bankbilanz⁴, S. 131, 136.

stichtag liegende Zeiträume sind nicht aktivierungsfähig (vgl. zum Ausweis der im GJ realisierten und als „anteilige Zinsen" bezeichneten Zinsforderungen Tz. 87).

320 Als Vermögensgegenstände des UV sind die **Forderungen** am Bilanzstichtag mit den **AK** (§ 253 Abs. 1 S. 1 HGB) oder mit dem **niedrigeren Wert** anzusetzen, der ihnen am Abschlussstichtag beizulegen ist (§ 253 Abs. 4 HGB). Ein Börsen- oder Marktpreis i.S.v. § 253 Abs. 4 S. 2 HGB ist für Forderungen regelmäßig nicht feststellbar (zum niedrigeren Ansatz der Forderungen gem. § 340f Abs. 1 HGB zum Zweck der Bildung von Vorsorgereserven für allgemeine Bankrisiken vgl. Tz. 338).

321 Der **beizulegende** Wert i.S.v. § 253 Abs. 4 S. 2 HGB richtet sich für Forderungen grds. danach, ob diese im Bestand gehalten werden sollen (Regelfall) oder zum Verkauf und damit für den Handelsbestand bestimmt sind (Ausnahmefall). Für den Regelfall sind die Forderungen mit den AK fortzuführen. Soweit die **Bonität** der Schuldner beeinträchtigt ist (sog. Bonitäts- oder Adressenausfallrisiken), sind die Forderungen mit ihrem wahrscheinlichen Wert anzusetzen; uneinbringliche Forderungen sind gänzlich abzuschreiben. Bei Forderungen an Schuldner im Ausland ist bei der Bemessung der Abschreibungen auch das sog. **Länderrisiko** zu berücksichtigen.

322 Dem latenten Kreditrisiko ist überdies durch die Bildung von **Pauschalwertberichtigungen** Rechnung zu tragen. **Abschreibungen** im Hinblick darauf, dass die **Effektivverzinsung** der Forderung zum Zeitpunkt der Bilanzierung geringer ist als zum Zeitpunkt der Forderungsbegründung, sind nicht vorzunehmen. Sind Forderungen für den Handelsbestand bestimmt, sind sie nach den für Finanzinstrumente des Handelsbestands geltenden Vorschriften nach § 340e Abs. 3 HGB anzusetzen und zu bewerten (vgl. Tz. 326).

(2) Wertpapiere

323 Zu den **Wertpapieren** des **UV** i.S.v. § 340e Abs. 1 S. 2 HGB gehören neben den Wertpapieren des **Handelsbestands** die Wertpapiere der **Liquiditätsreserve** (vgl. Tz. 80). Sie sind in den Aktivposten Nr. 5 (Schuldverschreibungen und andere festverzinsliche Wertpapiere), Nr. 6 (Aktien und andere nicht festverzinsliche Wertpapiere) oder Nr. 10 (Ausgleichsforderungen gegen die öffentliche Hand einschließlich der Schuldverschreibungen aus deren Umtausch) enthalten.

324 Die **AK** der Wertpapiere bemessen sich regelmäßig nach den für ihren Erwerb getätigten Aufwendungen (§ 255 Abs. 1 S. 1 HGB). Der Ansatz eines evtl. **höheren Rückzahlungsbetrags** unter Abgrenzung des Unterschiedsbetrags zwischen Auszahlungs- und Rückzahlungsbetrag ist nicht zulässig. **Anschaffungsnebenkosten** des Wertpapiererwerbs (z.B. Maklerprovisionen, Spesen) werden sofort als Aufwand erfasst. Als **Anschaffungspreisminderungen** kommen insb. Bonifikationen für die Weiterplatzierung der Wertpapiere in Betracht.[158]

325 Als Vermögensgegenstände des UV sind die Wertpapiere der Liquiditätsreserve mit den AK (§ 253 Abs. 1 S. 1 HGB) oder mit dem niedrigeren Wert anzusetzen, der sich aus einem Börsen- oder Marktpreis am Abschlussstichtag ergibt (§ 253 Abs. 4 S. 1 HGB). Liegt ein Börsen- oder Marktpreis nicht vor, sind die Wertpapiere mit dem ggü. den AK niedrigeren beizulegenden Wert zu bilanzieren (§ 253 Abs. 4 S. 2 HGB). Die Wertpapiere der Liquiditätsreserve dürfen darüber hinaus mit einem niedrigeren Wert gem. § 340f Abs. 1 HGB zum Zweck der Bildung von Vorsorgereserven für allgemeine Bankrisiken angesetzt werden (vgl. Tz. 338).

---

158 Zur Ermittlung der AK nach Durchführung von Käufen und Verkäufen vgl. z.B. *Bieg,* Bankbilanzierung², S. 401; BHdR, B 900, Rn. 250 ff.; *Scharpf/Schaber,* Bankbilanz⁴, S. 127 ff.

Jahresabschluss und Lagebericht | **J**

c) Wertaufholungsgebot

Kreditinstitute unterliegen uneingeschränkt dem **Wertaufholungsgebot** (§ 340a Abs. 1 und 2 HGB i.V.m. § 253 Abs. 5 HGB). Kreditinstitute müssen deshalb, wenn die Gründe, die zu einer Abschreibung nach

- § 253 Abs. 3 S. 3 HGB (außerplanmäßige Abschreibungen auf Vermögensgegenstände des AV) oder
- § 253 Abs. 4 HGB (niedrigere Bewertung von Vermögensgegenständen des UV)

geführt haben, weggefallen sind, eine **Zuschreibung** vornehmen (§ 253 Abs. 5 HGB). Zu weiteren Einzelheiten zum Wertaufholungsgebot vgl. Kap. E Tz. 438 ff.

d) Finanzinstrumente des Handelsbestands

Finanzinstrumente des Handelsbestands sind zum beizulegenden Zeitwert abzgl. eines Risikoabschlags zu bewerten (§ 340e Abs. 3 S. 1 HGB).[159] Das HGB enthält keine Legaldefinition des Begriffs „**Finanzinstrument**", so dass weitere Gesetze (§ 1a Abs. 3 KWG, § 2 WpHG) zur Konkretisierung der Finanzinstrumente i.S.v. §§ 340c und 340e HGB heranzuziehen sind.[160] Nach § 1a Abs. 3 KWG ist ein Finanzinstrument ein Vertrag, der für eine der beteiligten Seiten einen finanziellen Vermögenswert und für die andere Seite eine finanzielle Verbindlichkeit oder ein EK-Instrument schafft.[161] Zu den Finanzinstrumenten des Handelsbestands zählen auch Derivate[162] (vgl. zu derivativen Finanzinstrumenten bei Nicht-KI Kap. E Tz. 452 ff.). 326

Eine **Zuordnung** von Finanzinstrumenten (und Edelmetallen) zum Handelsbestand ist vorzunehmen, wenn diese mit der Absicht erworben wurden, einen kurzfristigen Eigenhandelserfolg zu erzielen. Die Handelsabsicht, die in § 1a Abs. 1 S. 1 Nr. 1 KWG gesetzlich definiert wird, ist im Zugangszeitpunkt zu dokumentieren. Die GoB erfordern eine buchhalterische Trennung des Handelsbestands von den anderen Beständen (Bankbuch). Ferner hat das Institut die (institutsindividuellen) Kriterien zur Abgrenzung des Handelsbestands zu dokumentieren und bei deren Änderung die Angabepflichten des § 35 Abs. 1 Nr. 6c RechKredV zu beachten.[163] 327

Der Handelsbestand besteht aus Handelsaktiva und -passiva. Der Ausweis des Handelsbestands erfolgt zwingend brutto auf der Aktivseite (Aktivposten 6a) sowie der Passivseite (Passivposten 3a).[164] Sowohl der Aktiv- als auch der Passivposten sind im Anh. aufzugliedern (§ 35 Abs. 1 Nr. 1a RechKredV). 328

Während eine **Umwidmung**[165] vom Anlagebestand bzw. von der Liquiditätsreserve in den Handelsbestand generell unzulässig ist (§ 340e Abs. 3 S. 2 HGB), ist eine Umwid- 329

---

159 Ob es sich beim Handelsbestand um einen besonders bewerteten Teil des UV handelt, der insgesamt nicht für eine Vorsorge nach § 340f HGB zur Verfügung steht, wird vom Gesetzgeber nicht geregelt (§ 340f HGB erwähnt nur die *Wertpapiere* des Handelsbestands).
160 Vgl. BT-Drs. 16/10067, S. 95; *IDW RS BFA 2*, WPg Supplement 2/2010, S. 62 ff. = FN-IDW 2010, S. 154 ff., Tz. 5; *Gelhausen/Fey/Kämpfer*, BilMoG, Abschn. V, Rn. 87; *Scharpf/Schaber*, Bankbilanz⁴, S. 195.
161 Diese Definition entspricht IAS 32.11; vgl. *Löw/Scharpf/Weigel*, WPg 2008, S. 1011 (1012).
162 Vgl. BT-Drs. 16/12407, S. 92.
163 Vgl. *IDW RS BFA 2*, WPg Supplement 2/2010, S. 62 ff. = FN-IDW 2010, S. 154 ff., Tz. 14–22; *Scharpf/Schaber*, Bankbilanz⁴, S. 192 ff.; *Goldschmidt/Meyding-Metzger/Weigel*, IRZ 2010, S. 21 f.
164 Die Bruttodarstellung leitet sich aus § 246 Abs. 2 Satz 1 HGB ab; vgl. *IDW RS BFA 2*, WPg Supplement 2/2010, S. 62 ff. = FN-IDW 2010, S. 154 ff., Tz. 68.
165 Das Gesetz verwendet statt des in der Bilanzierungspraxis geläufigen Begriffs der „Umwidmung" die Bezeichnung „Umgliederung".

mung aus dem Handelsbestand in den Anlagebestand bzw. in die Liquiditätsreserve bei Vorliegen von „außergewöhnlichen Umständen" möglich (§ 340e Abs. 3 S. 3 HGB). Solche Umstände sind insb. bei schwerwiegenden Beeinträchtigungen der Handelbarkeit[166] gegeben, die zu einer Aufgabe der Handelsabsicht führen. Werden Umwidmungen vorgenommen, ist dies im Anh. anzugeben und zu begründen (vgl. § 35 Abs. 1 Nr. 6b RechKredV). Neben dieser Regelung können Derivate des Handelsbestands nachträglich in eine Bewertungseinheit mit anderen Beständen (Bankbuch) einbezogen werden. Bei Beendigung der Bewertungseinheit sind sie zwingend wieder in den Handelsbestand umzuwidmen (§ 340e Abs. 3 S. 4 HGB).[167] Vgl. zu Bewertungseinheiten Kap. E Tz. 443 ff.

330 Eine Ansatzpflicht besteht neben den originären Finanzinstrumenten auch für derivative Finanzinstrumente. Dabei erfolgt die **Zugangsbewertung** eines Finanzinstruments des Handelsbestands zu AK. Transaktionskosten (z.B. Broker-Gebühren) dürfen unmittelbar als Aufwand im Handelsergebnis erfasst werden.[168]

331 Im Rahmen der **Folgebewertung** sind die Handelsaktiva sowie die Handelspassiva mit dem **beizulegenden Zeitwert** unter Berücksichtigung eines Risikoabschlags erfolgswirksam zu bewerten. Unter dem beizulegenden Zeitwert ist der Betrag zu verstehen, zu dem zwischen sachverständigen, vertragswilligen und voneinander unabhängigen Geschäftspartnern ein Vermögensgegenstand getauscht oder eine Verbindlichkeit beglichen werden könnte.[169] Die Ermittlung des beizulegenden Zeitwerts eines Finanzinstruments erfolgt nach der **Bewertungshierarchie** des § 255 Abs. 4 HGB, nach der differenziert wird, ob ein aktiver Markt (beizulegender Zeitwert entspricht Marktpreis) vorhanden ist oder nicht (Anwendung von allgemein anerkannten Bewertungsmethoden; vgl. Kap. E Tz. 374 ff.). Im Zusammenhang mit der Bestimmung des beizulegenden Zeitwerts sind die Angabepflichten nach § 285 Nr. 20 HGB im Anh. zu berücksichtigen. Für den Fall, dass sich ein beizulegender Zeitwert von vornherein nicht als Marktpreis oder durch Bewertungsmethoden ermitteln lässt, kann das betreffende Finanzinstrument nicht dem Handelsbestand zugeordnet werden.[170]

332 Ein **Risikoabschlag** auf Handelsaktiva wird im Rahmen der Bewertung von Finanzinstrumenten des Handelsbestands explizit gefordert (§ 340e Abs. 3 S. 1 HGB) und ist als Aufwand im Handelsergebnis zu erfassen. Für Handelspassiva ist der Risikoabschlag als Zuschlag zu verstehen. Der Risikoabschlag hat den Ausfallwahrscheinlichkeiten der realisierbaren Gewinne der Finanzinstrumente des Handelsbestands Rechnung zu tragen. Bei der Ermittlung des Risikoabschlags ist auf bankaufsichtsrechtliche Vorgaben zur internen Risikosteuerung wie bspw. den sog. **Value at risk** abzustellen. Der Value at risk stellt die Höhe des Verlusts dar, der mit einer bestimmten vorgegebenen Wahrscheinlichkeit innerhalb einer bestimmten Haltedauer in der Zukunft nicht überschritten wird. Andere Verfahren sind möglich, sofern diese im Rahmen der internen Steuerung unter Einhaltung der

---

166 Beispielsweise während der Subprime- und Finanzmarktkrise in den Jahren 2007/2008.
167 Vgl. *IDW RS BFA 2*, WPg Supplement 2/2010, S. 62 ff. = FN-IDW 2010, S. 154 ff., Tz. 27.
168 Vgl. *IDW RS BFA 2*, WPg Supplement 2/2010, S. 62 ff. = FN-IDW 2010, S. 154 ff., Tz. 32; *Gelhausen/Fey/Kämpfer*, BilMoG, Abschn. V, Rn. 100.
169 Diese Definition entspricht der des „Fair value" nach IAS 32.11; vgl. *IDW RS BFA 2*, WPg Supplement 2/2010, S. 62 ff. = FN-IDW 2010, S. 154 ff., Tz. 33, i.V.m. *IDW PS 315*, WPg 2006, S. 309 ff. = FN-IDW 2006, S. 121 ff., Tz. 7.
170 Vgl. *IDW RS BFA 2*, WPg Supplement 2/2010, S. 62 ff. = FN-IDW 2010, S. 154 ff., Tz. 21.

Vorschriften zum Risikomanagement verwendet werden.[171] Im Anh. sind Angaben zum Risikoabschlag und dessen Ermittlung vorzunehmen (§ 35 Abs. 1 Nr. 6a RechKredV).

Neben dem Risikoabschlag schreibt § 340e Abs. 4 HGB mit dem **Sonderposten** einen weiteren „Risikopuffer" vor, wobei diesem gesonderten Bestand innerhalb des „Fonds für allgemeine Bankrisiken" grds. in jedem GJ ein Betrag, der mindestens 10% der Nettoerträge des Handelsbestands entspricht, zuzuführen ist (vgl. Tz. 238). 333

e) Bewertung der Rückstellungen und Verbindlichkeiten, Ansatz des Eigenkapitals

Besonderheiten bei der **Bewertung von Verbindlichkeiten** bestehen bei KI durch die Einfügung des Passivpostens „Handelsbestand" (vgl. Tz. 224). Obwohl § 340e HGB die Überschrift „Bewertung von Vermögensgegenständen" trägt, geht *IDW RS BFA 2*[172] davon aus, „dass nicht nur Vermögensgegenstände und damit Aktiva des Handelsbestands, sondern auch Passiva des Handelsbestands mit dem beizulegenden Zeitwert zu bewerten sind, d.h. dass neben den Derivaten auch die dem Handelsbestand zugeordneten (originären) übrigen Verbindlichkeiten mit deren beizulegendem Zeitwert (unter Berücksichtigung eines Risikozuschlags) anzusetzen sind." 334

Welche **Verbindlichkeiten dem Handelsbestand** zuzuordnen sind, sagt das Gesetz nicht. *IDW RS BFA 2*, Tz. 10, führt hierzu Folgendes aus: „Verbindlichkeiten, die das Institut mit der Absicht eingeht, diese zur Erzielung eines Handelserfolgs kurzfristig zurück zu erwerben, müssen als Handelspassiva gezeigt werden; dies betrifft sowohl negative Marktwerte von Derivaten als auch originäre Verbindlichkeiten. So sind im Rahmen sog. strukturierter Emissionen begebene Finanzinstrumente dem Handelsbestand zuzurechnen, wenn eine aktive Bewirtschaftung des Portfolios bzw. der Geschäfte erfolgt, mit diesen Geschäften eine Marge erzielt werden soll und die Emission durch einen (aufbauorganisatorisch) dem Handel zugeordneten Bereich erfolgt sowie ggf. auch zurückgekauft wird." 335

Auch wenn sich durch das Bilanzrechtsmodernisierungsgesetz in Teilbereichen grundsätzliche Änderungen in der Bankbilanzierung (z.B. bei den Finanzinstrumenten des Handelsbestands oder durch die Kodifizierung der bilanziellen Abbildung von Bewertungseinheiten) ergeben, haben KI für **Zinsänderungsrisiken im Bankbuch** (weiterhin) eine „**verlustfreie Bewertung**" durchzuführen und ggf. eine Rückstellung für drohende Verluste aus schwebenden Geschäften **(Drohverlustrückstellung)** nach § 340a HGB i.V.m. § 249 Abs. 1 S. 1 2. Alt. HGB zu bilden.[173] Dabei umfasst das Bankbuch alle zinsbezogenen bilanziellen und außerbilanziellen Geschäfte, die nicht dem Handelsbuch zugeordnet sind. Bei den Geschäften des Bankbuchs (Kredit- und Einlagengeschäft sowie Wertpapiere) handelt es sich um schebende Geschäfte, da Gegenstand des Leistungsaustauschs nicht die Hingabe und die spätere Rückzahlung eines Geldbetrages, sondern die zeitliche Überlassung der Kreditvaluta und die Zinszahlung als Entgelt der Nutzungsüberlassung ist. Zinsänderungsrisiken **(Zinsspannenrisiken)** resultieren entweder aus offenen Festzinspositionen (fristeninkongruente Refinanzierung) oder bei variabel verzinslichen Positionen aus unterschiedlichen Zinsanpassungselastizitäten.[174] Mit Ausnahme der Wertpapiere der Liquiditätsreserve erfolgt bei den Finanzinstrumenten des 336

---

171 Vgl. zum Risikoabschlag *IDW RS BFA 2*, WPg Supplement 2/2010, S. 62 ff. = FN-IDW 2010, S. 154 ff., Tz. 48–60; *Gelhausen/Fey/Kämpfer*, BilMoG, Abschn. V, Rn. 113–116; *Scharpf/Schaber*, Bankbilanz[4], S. 221 f.; *Scharpf u.a.*, WPg 2010, S. 439/450 f.

172 WPg Supplement 2/2010 = FN-IDW 2010, S. 154 ff., S. 62 ff.

173 Vgl. hierzu *Gelhausen/Fey/Kämpfer*, BilMoG, Abschn. V, Rn. 56–63; *Scharpf/Schaber*, Bankbilanz[4], S. 742 ff., und *Goldschmidt/Meyding-Metzger/Weigel*, IRZ 2010, S. 26 f.

174 Vgl. hierzu auch BFH-Urteil v. 24.01.1990 – IR 157/85 und IR 145/86.

Bankbuchs keine zinsinduzierte Bewertung. Die Zusammenfassung aller Komponenten des Bankbuchs bildet einen Saldierungsbereich i.S.v. *IDW RS HFA 4*, Tz. 25 f.[175] Aus dem Stichtagsprinzip ergibt sich zum einen, dass nicht nur die nach den Verhältnissen des Abschlussstichtags bereits konkretisierten Verluste zu berücksichtigen sind, sondern auch die Verluste, die am Abschlussstichtag aufgrund vorhersehbarer Entwicklungen bis zur Beendigung des Schwebezustands (Abwicklung des Geschäfts) zu erwarten sind. Zum anderen folgt aus dem Stichtagsprinzip, dass geplantes Neugeschäft unberücksichtigt bleibt und Betrags- und Laufzeitinkongruenzen unter Zugrundelegung fristenadäquater Geld- und Kapitalmarktzinssätze fiktiv zu schließen sind. Die fiktive Schließung von Betragsinkongruenzen (Aktivüberhängen) kann alternativ auch die Finanzierungswirkung von Eigenkapital unter Zugrundelegung der für die interne Steuerung verwendeten Zinssätze berücksichtigen, soweit diese nachvollziehbar dokumentiert und plausibilisiert werden. Bei wesentlichen zinsbezogenen Positionen in Fremdwährung ist eine gesonderte Betrachtung je Währung erforderlich. Dabei ist die Bildung von (Sub-)Portfolien zulässig, sofern die hierin erfassten derivativen und originären Finanzinstrumente klar abgegrenzt und einem Entscheidungsträger (auch Gremien) zugeordnet werden können.

337 Die verlustfreie Bewertung kann entweder nach einer (periodischen) **GuV-orientierten Methode** (Betrachtung des Zinsspannenrisikos) oder einer **barwertigen Methode** (Betrachtung der Risikotragfähigkeit) erfolgen, wobei regelmäßig eine Plausibilisierung durchzuführen ist.[176] Im Grundsatz muss der auf Basis von Ein- und Auszahlungen berechnete Barwert eines Investitionsobjekts mit dem Barwert der daraus resultierenden Periodenerfolge identisch sein (sog. *Lücke*-Theorem bzw. Barwert-GuV-Identität). Bei der barwertigen Betrachtung wird der Barwert des Bankbuchs mit dem Buchwert des Bankbuchs verglichen, um stille Zinslasten bzw. Zinsreserven zu ermitteln. Unter Verwendung der in der internen Steuerung eingesetzten Instrumente ergibt sich der Barwert dabei aus den (abgezinsten) Zahlungsströmen aller zinsbezogenen Geschäfte des Bankbuchs zum Bewertungsstichtag (statisches Barwertkonzept). Entsprechend ermittelt sich der Buchwert des Bankbuchs auf Basis der im Bankbuch erfassten zinsbezogenen Geschäfte. Ausgangspunkt bei der GuV-orientierten Betrachtungsweise ist demgegenüber die Zinsbindungsbilanz. Bei beiden Verfahren sind die noch anfallenden Aufwendungen (Risikoaufwendungen und zuordenbare Verwaltungsaufwendungen bzw. Risikoprämienbestand und Verwaltungskostenbarwert) zu berücksichtigen. Sofern das KI Rückstellungen für den ineffektiven Teil von Bewertungseinheiten i.S.v. § 254 HGB für die Zinsabsicherung gebildet hat, kürzen diese die stillen Lasten bzw. erhöhen die stillen Reserven. Auch hinsichtlich der zinsinduzierten Bewertung der Wertpapiere der Liquiditätsreserve ist eine Mehrfachberücksichtigung zu vermeiden.[177] Bezüglich der Ermittlung der Drohverlustrückstellung hat die DBB die Praxis aufgefordert, „geeignete objektive Lösungsansätze für eine „verlustfreie Bewertung" des Anlagebuchs zu entwickeln, die eine sachgerechte Berücksichtigung der Wertentwicklung aller in die Beurteilung einbezogener (Finanz-)Instrumente in der Bilanz und Erfolgsrechnung gewährleistet".[178]

f) Vorsorgereserven für allgemeine Bankrisiken nach § 340f HGB

338 Zum Zwecke der Bildung von Vorsorgereserven zur Sicherung gegen die **besonderen Risiken ihres Geschäftszweigs** dürfen KI bestimmte Vermögensgegenstände mit einem niedrigeren als dem nach § 253 Abs. 1 S. 1 und Abs. 4 HGB vorgeschriebenen oder zu-

---

175 WPg Supplement 3/2010, S. 51 ff. = FN-IDW 2010, S. 298 ff.
176 Dies steht auch im Einklang mit den MaRisk, BTR 2.3, Ziffer 6.
177 Vgl. *IDW ERS BFA 3*, WPg Supplement 1/2012 = FN-IDW 2012, S. 39, Tz. 18.
178 *DBB*, Monatsbericht September 2010, S. 49–68, S. 61.

gelassenen Wert ansetzen (§ 340f Abs. 1 S. 1 HGB). Zu den **„bestimmten Vermögensgegenständen"** gehören ausschließlich die in § 340f Abs. 1 S. 1 HGB bezeichneten Werte:

- Forderungen an KI und Kunden (Aktivposten Nr. 3 und Nr. 4),
- Schuldverschreibungen und andere festverzinsliche Wertpapiere (Aktivposten Nr. 5),
- Aktien und andere nicht festverzinsliche Wertpapiere (Aktivposten Nr. 6).

Die Wertpapiere in den Aktivposten Nr. 5 und Nr. 6 dürfen zur Bildung von Vorsorgereserven nach § 340f HGB nur dann mit einem niedrigeren Wert angesetzt werden, wenn sie den **Wertpapieren** der **Liquiditätsreserve** zugeordnet wurden (§ 340f Abs. 1 S. 1 HGB). 339

Die nach § 340f Abs. 1 S. 1 HGB gebildeten Reserven dienen zur Vorsorge für alle bankgeschäftlichen Risiken des bilanzierenden KI. **Maßstab** für die Bildung derartiger Reserven ist der Grundsatz vernünftiger kaufmännischer Beurteilung. Der Betrag der nach § 340f Abs. 1 S. 1 HGB gebildeten Reserven darf **4% des Gesamtbetrags der Vermögensgegenstände,** der sich bei deren Bewertung nach § 253 Abs. 1 S. 1, Abs. 4 HGB ergibt, nicht übersteigen (§ 340f Abs. 1 S. 2 HGB). Der niedrigere Wertansatz nach § 340f Abs. 1 S. 1 HGB darf beibehalten werden (§ 340f Abs. 1 S. 3 HGB). Sofern KI noch über Reserven nach § 26a KWG a.F. oder § 253 Abs. 4 HGB verfügen, die in früheren GJ zulässigerweise gebildet wurden, dürfen diese fortgeführt werden; sie sind bei der Berechnung des zulässigen Höchstbetrags stiller Vorsorgereserven gem. § 340f Abs. 1 S. 2 HGB nicht zu berücksichtigen. 340

Bei Bildung einer stillen Reserve nach § 340f HGB wird es wegen der bilanzpostenbezogenen Differenzenbetrachtung zwischen Handels- und Steuerbilanz für zulässig gehalten, auf diese Differenzen **aktive latente Steuern**[179] zu bilden, für die ggf. die Ausschüttungssperre nach § 268 Abs. 8 HGB zu beachten ist. 341

Die Aufwendungen aus Abschreibungen auf die in § 340f Abs. 1 S. 1 HGB bezeichneten Vermögensgegenstände sind im Aufwandsposten „Abschreibungen und Wertberichtigungen auf Forderungen und bestimmte Wertpapiere sowie Zuführungen zu Rückstellungen im Kreditgeschäft" (Formblatt 2 Spalte Aufwendungen Nr. 7 bzw. Formblatt 3 Nr. 13) zu erfassen; die Erträge aus Zuschreibungen aufgrund der Rückgängigmachung dieser Abschreibungen sind im Ertragsposten „Erträge aus Zuschreibungen zu Forderungen und bestimmten Wertpapieren sowie aus der Auflösung von Rückstellungen im Kreditgeschäft" (Formblatt 2 Spalte Erträge Nr. 6 bzw. Formblatt 3 Nr. 14) auszuweisen. Die betreffenden Aufwendungen/Erträge dürfen nach Maßgabe der Vorschriften des § 340f Abs. 1 S. 1 HGB, § 32 RechKredV mit anderen Erträgen und Aufwendungen verrechnet werden (Überkreuzkompensation, vgl. Tz. 129). Die Bildung/Auflösung der Vorsorgereserven vollzieht sich insoweit **„still",** als diese Maßnahme aus dem JA nicht zu erkennen sind. Außerdem sind Angaben zur Bildung und Auflösung von Vorsorgereserven im JA und LB bzw. im KA und im KLB nicht zu machen (§ 340f Abs. 4 HGB). 342

g) Fonds für allgemeine Bankrisiken nach § 340g HGB

Beim Passivposten Nr. 11 handelt es sich um einen Sonderposten für KI, der sich aus zwei unterschiedlichen, gesondert auszuweisenden Beständen zusammensetzt: 343

---

[179] Vgl. zu aktiven latenten Steuern auf § 340f-HGB-Reserven ausführlich: *Gelhausen/Fey/Kämpfer,* BilMoG, Abschn. V, Rn. 68.

1. einem zur Absicherung gegen die **besonderen Risiken des Geschäftszweigs** der KI, für den ein **Passivierungswahlrecht** besteht (vgl. § 340g HGB) und
2. einem zur Absicherung gegen die Risiken aus der **Zeitwertbilanzierung der Finanzinstrumente des Handels**, für den eine **Passivierungspflicht** und ein **Wahlrecht zur Auflösung** bestehen (vgl. § 340e Abs. 4 HGB).

344 Der erste Bestand wird qualitativ durch die vernünftige kaufmännische Beurteilung wegen der besonderen Risiken des Geschäftszweigs, der zweite Bestand wird quantitativ durch Prozentsätze bezogen auf die Nettoerträge des Handelsbestands begrenzt. Der gesonderte Ausweis des zweiten Bestands, der eine Surrogatfunktion für die Ausschüttungssperre nach § 268 Abs. 8 HGB und die Begrenzung der Gewinnabführung nach § 301 AktG darstellt, erfolgt durch einen „Davon-Ausweis". Die Aufwendungen aufgrund von Zuführungen zum Fonds für allgemeine Bankrisiken bzw. die Erträge aus der Auflösung des Postens sind – jeweils getrennt für die beiden Bestände – in der GuV gesondert auszuweisen (§ 340g Abs. 2 HGB und § 340e Abs. 4 Satz 1 HGB).

345 Neben den Vorsorgereserven zur Sicherung gegen die besonderen Risiken ihres Geschäftszweigs gem. § 340f Abs. 1 HGB dürfen KI zur **Sicherung** gegen **allgemeine Bankrisiken** weitere Vorsorgereserven zu Lasten ihres Ergebnisses bilden (§ 340g Abs. 1 HGB). Diese Vorsorgereserven sind unter Verwendung der Postenbezeichnung „Fonds für allgemeine Bankrisiken" in einen Sonderposten auf der Passivseite einzustellen (vgl. Formblatt 1, Passivposten Nr. 11). Im Unterschied zu den Vorsorgereserven nach § 340f Abs. 1 HGB ist der „Fonds für allgemeine Bankrisiken" **betragsmäßig nicht** begrenzt. Die Zulässigkeit der Einstellung von Beträgen in den Sonderposten ist danach zu beurteilen, inwieweit diese nach vernünftiger kaufmännischer Beurteilung wegen der besonderen Risiken des Geschäftszweigs der KI notwendig ist. Über die Bildung und Auflösung des „Fonds für allgemeine Bankrisiken" entscheidet die Geschäftsleitung im Zuge der Aufstellung des JA; Einstellungen in den Sonderposten stellen **keine Ergebnisverwendung** dar.

346 In dem Posten „Fonds für allgemeine Bankrisiken" werden mit Inkrafttreten des Bilanzrechtsmodernisierungsgesetzes die nach § 340e Abs. 4 HGB verpflichtend zu bildenden Vorsorgebeträge ausgewiesen, die als Risikopuffer für die zum Zeitwert bewerteten Finanzinstrumente des Handelsbestands dienen.

347 Die zu Lasten der GuV vorgenommenen Zuführungen zum „Fonds für allgemeine Bankrisiken" sind in einem besonderen Aufwandsposten zu zeigen; Gleiches gilt für die Erträge aus der Auflösung (§ 340g Abs. 2 HGB).

348 Neben dem Risikoabschlag schreibt § 340e Abs. 4 HGB mit dem **Sonderposten** einen weiteren „Risikopuffer" vor, so dass dem „Fonds für allgemeine Bankrisiken" grds. in jedem GJ ein Betrag, der mindestens 10% der Nettoerträge des Handelsbestands entspricht, zuzuführen ist. Die Zuführung hat solange zu erfolgen, bis dieser Bestand des Sonderpostens eine Höhe von 50% des Durchschnitts der letzten fünf Jahre der Nettoerträge des Handelsbestands (nach Risikoabschlag) erreicht. Der Ausweis erfolgt innerhalb des Postens „Fonds für allgemeine Bankrisiken" nach § 340g HGB als Davon-Vermerk[180] (vgl. ferner zum „Fonds für allgemeine Bankrisiken" Tz. 237 f.).

Wegen des EK-Charakters des Sonderpostens für allgemeine Bankrisiken nach § 340g HGB ist die Bildung einer Steuerabgrenzung im handelsrechtlichen JA nicht zulässig.[181]

---

180 Vgl. zum Sonderposten (insb. zur Zuführung und Auflösung) BT-Drs. 16/12407, S. 93; *IDW RS BFA 2*, WPg Supplement 2/2010, S. 62 ff. = FN-IDW 2010, S. 154 ff., Tz. 61–67.
181 *Gelhausen/Fey/Kämpfer*, BilMoG, Abschn. V, Rn. 72; *Scharpf/Schaber*, Bankbilanz⁴, S. 306 f.

Jahresabschluss und Lagebericht

h) Währungsumrechnung[182]

Mit dem Bilanzrechtsmodernisierungsgesetz wurden erstmals die Vorschriften zur Währungsumrechnung für Nicht-KI in § 256a HGB für den JA und in § 308a HGB für den KA erlassen und die bereits bisher bestehende branchenspezifische Norm des § 340h HGB modifiziert. Der Umrechnung in die Berichtswährung geht die Bewertung in der Transaktionswährung voraus, wobei bei KI zwischen dem Handelsbestand (§ 340e Abs. 3 und 4 HGB) und dem Nicht-Handelsbestand (§ 340e Abs. 1 und Abs. 2 HGB sowie § 340f und § 340g HGB) differenziert werden muss. Darüber hinaus ist bei geschlossenen Währungspositionen branchenübergreifend das Wahlrecht zur bilanziellen Abbildung von Bewertungseinheiten (§ 254 HGB) zu beachten. Die bisher gültige Stellungnahme *BFA 3/1995* zur Währungsumrechnung bei Kreditinstituten[183] des IDW wurde durch *IDW RS BFA 4*[184] ersetzt.

349

aa) Hierarchie der Vorschriften

Die Bewertung von bilanziellen und außerbilanziellen Geschäften in Fremdwährung erfolgt bei KI in zwei Schritten:

350

1. Im ersten Schritt werden die Vermögensgegenstände, Verbindlichkeiten[185] und schwebenden Geschäfte in der jeweiligen Transaktions-/Fremdwährung nach den allgemeinen Bewertungsvorschriften für das AV oder das UV bewertet.
2. Im zweiten Schritt werden die so ermittelten Fremdwährungsbeträge in die Berichtswährung € umgerechnet.[186]

Bei KI werden **Finanzinstrumente des Handelsbestands** nach § 340e Abs. 3 HGB zum beizulegenden Zeitwert (abzgl. eines Risikoabschlags bei Handelsaktiva bzw. zzgl. eines Risikozuschlags bei Handelspassiva) bewertet.[187] Die Bewertung gem. § 340e HGB geht damit der Bewertung nach § 340h i.V.m. § 256a HGB vor. Swap-Arbitragegeschäfte sind gemäß ihrer Zwecksetzung Geschäfte des Handelsbestands.[188]

351

Sofern der Bilanzierende seine Währungsposition für Zwecke des Risikomanagements absichert (geschlossene Position) und sich dafür entscheidet, dies auch für die handelsrechtliche Rechnungslegung entsprechend nachzuvollziehen, hat das KI für diese **Bewertungseinheit** § 254 HGB zu beachten.[189] Da Swap-Depotgeschäfte der Absicherung von Bilanzbeständen in Fremdwährung dienen, hat das bilanzierende KI über die Ausübung des Wahlrechts zur bilanziellen Abbildung als Bewertungseinheit zu entscheiden.[190]

352

---

182 Vgl. hierzu u.a. *Bieg*, Rechnungslegung KI, S. 490; *Birck/Meyer*, Bankbilanz³, S. V 427; BHdR, § 340h; *Krumnow*, KI², § 340h HGB; *MünchKomm*, HGB², § 340b HGB; *Gelhausen/Fey/Kämpfer*, BilMoG, Abschn. J und Abschn. V; *Scharpf/Schaber*, Bankbilanz⁴, S. 308 ff.
183 WPg 1995, S. 735 = FN-IDW 1995, S. 426.
184 *IDW RS BFA 4*, WPg Supplement 4/2011 = FN-IDW 2011, S. 649 ff.
185 Der Gesetzgeber verwendet in § 256a HGB den Begriff der Verbindlichkeiten und in § 340h HGB – vermutlich versehentlich – den Begriff *Schulden*, welcher auch die *Rückstellungen* umfasst; vgl. auch *IDW RS BFA 4*, WPg Supplement 4/2011 = FN-IDW 2011, S. 649 ff., Tz. 1, Fn. 3.
186 Vgl. hierzu *Gelhausen/Fey/Kämpfer*, BilMoG, Abschn. V, Rn. 149; *Goldschmidt/Meyding-Metzger/Weigel*, IRZ 2010, S. 64, und *Scharpf*, Bilanzrecht², S. 350.
187 Vgl. *Scharpf u.a.*, WPg 2010, S. 449.
188 Vgl. *IDW RS BFA 4*, WPg Supplement 4/2011 = FN-IDW 2011, S. 649 ff., Tz. 3.
189 Vgl. hierzu Kap. E Tz. 443 ff.
190 Vgl. hierzu *Scharpf/Schaber*, Bankbilanz⁴, S. 337.

353 Da im Schrifttum[191] – entgegen der Absicht des Gesetzgebers[192] – davon ausgegangen wird, dass sich § 256a HGB ausschließlich auf die Folgebewertung bezieht, sind bei der **Erstbewertung** die GoB zu beachten. Der Anschaffungsvorgang ist erfolgsneutral unter Beachtung von Geldkurs (bid price) und Briefkurs (offer price) abzubilden. Sofern der Bilanzierende aus Praktikabilitätsgründen der Absicht des Gesetzgebers folgt, ist zu beachten, dass im Zugangszeitpunkt erfolgswirksam zu erfassende Währungsumrechnungsergebnisse entstehen können.[193]

354 Gemäß § 256a Satz 1 HGB sind auf fremde Währung lautende Vermögensgegenstände und Verbindlichkeiten zum Devisenkassamittelkurs am Abschlussstichtag **(Folgebewertung)** umzurechnen. Hierbei sind zwei Ausnahmevorschriften zu beachten:

1. Nach § 256a Satz 2 HGB sind bei einer Restlaufzeit von einem Jahr oder weniger alle Aufwendungen und Erträge voll zu realisieren.
2. Kreditinstitute haben darüber hinaus als lex specialis § 340h HGB zu beachten, welcher bei Erfüllung des Kriteriums der besonderen Deckung in derselben Währung eine Erfolgsrealisierung unabhängig von der Restlaufzeit fordert.

355 Branchenunabhängig haben alle KapGes. bei der Umrechnung der auf fremde Währung lautenden Abschlüsse ausländischer TU (HB II) gem. § 308a HGB die modifizierte Stichtagskursmethode anzuwenden.[194] Dagegen haben ausländische Zweigniederlassungen als rechtlich unselbständige Betriebsstätten inländischer KI § 256a HGB und § 340h HGB zu beachten (§ 340 Abs. 1 HGB).[195]

bb) Fremdwährungsumrechnung gem. § 340h HGB i.V.m. § 256a HGB

356 Die Verwendung des Devisenkassamittelkurses für die Währungsumrechnung – anstelle der Geld- und Briefkurse – dient der Vereinfachung.[196] Die EZB veröffentlicht derzeit für 34 Fremdwährungen (handels-)täglich Referenzkurse.[197] Soweit für bestimmte Fremdwährungen keine **EZB-Referenzkurse** vorhanden sind, können bspw. die aus den im Interbankenmarkt quotierten Kursen abgeleiteten Mittelkurse herangezogen werden.[198]

357 Die Umrechnung zum Devisenkassamittelkurs betrifft **„auf fremde Währung" lautende Vermögensgegenstände** (künftige Fremdwährungseinzahlungen) **und Verbindlichkeiten** (künftige Fremdwährungsauszahlungen). Dies schließt auch am Abschlussstichtag nicht abgewickelte Devisenkassageschäfte ein. Dagegen sind Sachverhalte, die bereits vor dem Abschlussstichtag vollständig abgewickelt worden sind (z.B. Erwerb von Sachanlagen, immateriellen Anlagewerten und Beteiligungen), nicht Gegenstand der Währungsumrechnung, da diese bereits mit €-Werten in der Bilanz stehen.[199]

358 Nicht in den Anwendungsbereich der §§ 256a HGB und 340h HGB fallen latente Steuern, Rückstellungen, RAP und das EK, da es sich hierbei weder um Vermögensgegenstände

---

[191] Vgl. bspw. *Gelhausen/Fey/Kämpfer*, BilMoG, Abschn. J, Rn. 62 und 69 f.; *Scharpf/Schaber*, Bankbilanz⁴, S. 315.
[192] Vgl. BR-Drs. 344/08, 135.
[193] Vgl. *Scharpf/Schaber*, Bankbilanz⁴, S. 315.
[194] Vgl. hierzu Kap. M Tz. 279, 282 ff.
[195] Vgl. *IDW RS BFA 4*, WPg Supplement 4/2011 = FN-IDW 2011, S. 649 ff., Tz. 2.
[196] Vgl. BT-Drs. 16/12407, S. 171.
[197] Vgl. *http://www.ecb.int*.
[198] Vgl. *Gelhausen/Fey/Kämpfer*, BilMoG, Abschn. V, Rn. 142.
[199] Vgl. *Böcking/Löw/Wohlmannstetter*, HGB², § 340b HGB, Rn. 1, *Gelhausen/Fey/Kämpfer*, BilMoG, Abschn. J, Rn. 73 f., und Abschn. V, Rn. 139 und 143, und *Scharpf/Schaber*, Bankbilanz⁴, S. 320 f.

noch um Verbindlichkeiten handelt. **Rückstellungen** und **latente Steuern** sind am Abschlussstichtag neu zu bewerten und mit dem Stichtagsmittelkurs umzurechnen.²⁰⁰ Bei RAP ist eine Währungsumrechnung nicht erforderlich, da die Ausgaben (aktive RAP) bzw. Einnahmen (passive RAP) bereits geleistet und im Zeitpunkt ihres Anfalls in € umgerechnet wurden.²⁰¹

Ein **entgeltlich erworbener Geschäfts- oder Firmenwert** einer ausländischen Niederlassung fällt in den Anwendungsbereich des § 256a HGB, da dieser nach § 246 Abs. 1 Satz 4 HGB für Bilanzierungszwecke als Vermögensgegenstand betrachtet wird.²⁰² 359

Durch das zweistufige Vorgehen bei der Umrechnung von in einer Fremdwährung denominierten Vermögensgegenständen und Verbindlichkeiten erfolgt bei **Darlehen in Fremdwährung** die Bildung der **Kreditrisikovorsorge** ebenfalls in Fremdwährung, bevor die Bruttoforderung und die Einzelwertberichtigung jeweils zum Devisenkassamittelkurs am Abschlussstichtag umgerechnet werden. Hierdurch werden bonitätsinduzierte Bewertungs- und Fremdwährungseffekte getrennt.²⁰³ 360

Eventualverbindlichkeiten können zum Geldkurs oder zum Devisenkassamittelkurs in Fremdwährung umgerechnet werden, da auf sie weder im Gesetz noch in der Gesetzesbegründung eingegangen wird. 361

Die Bilanzierung **schwebender Geschäfte** (z.B. Zins- oder Währungsswaps, Zins- oder Währungsoptionen, Zins- oder Währungsfutures) hängt von deren Verwendungszweck (Finanzinstrumente des Handels *(IDW RS BFA 2)*, Einbeziehung in eine Bewertungseinheit i.S.v. § 254 HGB *(IDW RS HFA 35)* oder Zuordnung zum Bankbuch *(IDW RS BFA 3))* ab. Auf Fremdwährung lautende erhaltene oder bezahlte Upfront Payments, Optionsprämien, Variation Margins und Sicherheitsleistungen werden wie Vermögensgegenstände und Verbindlichkeiten umgerechnet. 362

Nicht abgewickelte **Devisentermingeschäfte** sind nach den GoB in Abhängigkeit von dem mit der Transaktion verfolgten Zweck entweder mit dem ungespaltenen Terminkurs (Devisentermingeschäfte zur Absicherung von Käufen und Verkäufen sowie stand-alone-Devisentermingeschäfte im Bankbuch) oder mit dem gespaltenen Terminkurs (Absicherung zinstragender Positionen) umzurechnen.²⁰⁴ 363

cc) Kriterium der besonderen Deckung in derselben Währung

Mit der Einführung des Bilanzrechtsmodernisierungsgesetzes wurde die bisherige Differenzierung zwischen *besonders gedeckten Geschäften* in derselben Währung (§ 340h Abs. 2 Satz 2 HGB a.F.) und *sonstigen gedeckten Geschäften* in derselben Währung (§ 340h Abs. 2 Satz 3 HGB a.F.; einfache Deckung) aufgehoben.²⁰⁵ § 340h HGB hat den Wortlaut des § 340h Abs. 2 Satz 2 HGB a.F. nahezu unverändert übernommen und spricht nur noch von **besonders gedeckten Geschäften** in derselben Währung. 364

---

200 Vgl. *Gelhausen/Fey/Kämpfer*, BilMoG, Abschn. J, Rn. 79 f. und Rn. 86 f., und *Scharpf/Schaber*, Bankbilanz⁴, S. 321 f.
201 Vgl. BT-Drs. 16/10067, S. 62.
202 Vgl. *Gelhausen/Fey/Kämpfer*, BilMoG, Abschn. J, Rn. 75.
203 Vgl. hierzu auch das Zahlenbeispiel von *Goldschmidt/Meyding-Metzger/Weigel*, IRZ 2010, S. 64.
204 Vgl. *IDW RS BFA 4*, WPg Supplement 4/2011 = FN-IDW 2011, S. 649 ff., Tz. 16 ff.
205 Vgl. zum bisherigen Recht bspw. *Böcking/Löw/Wohlmannstetter*, HGB², § 340h HGB, Rn. 16–12, *Krumnow*, KI², § 340h HGB, Rn. 29–39, und *Scharpf/Schaber*, Bankbilanz⁴, S. 308 ff., jeweils mit weiteren Literaturnachweisen.

365 Der Begriff der besonders gedeckten Geschäfte ist nicht vom Gesetzgeber definiert.[206] Es handelt sich um ein Bewertungsverfahren gem. § 252 Abs. 1 Nr. 6 und Abs. 2 HGB. Bei Vorliegen des Kriteriums der besonderen Deckung sind Erträge aus der Währungsumrechnung unabhängig von der Restlaufzeit der Vermögensgegenstände, Verbindlichkeiten oder Termingeschäfte ohne Berücksichtigung des AK-Prinzips und des Imparitätsprinzip **erfolgswirksam** zu vereinnahmen.

366 Eine **Deckung** liegt vor, wenn das Wechselkursänderungsrisiko ausgeschaltet ist. Dieses ist der Fall, wenn sich alle Ansprüche und Verpflichtungen in derselben Währung *(Währungsidentität)* betraglich ausgleichen *(Betragsidentität)*. Betragsidentität liegt nur in Höhe der Betragsübereinstimmung vor: es besteht dann kein Wechselkursänderungsrisiko, d.h. alle Posten sind gedeckt. Das Wechselkursänderungsrisiko ist somit nur bei einem Überhang der Ansprüche oder Verpflichtungen **(offene Positionen)** gegeben.[207] Bei **geschlossenen Positionen** ist zu prüfen, inwieweit § 254 HGB **(einfach gedeckte Geschäfte)** anwendbar ist und ob das bilanzierende KI das Wahlrecht zur bilanziellen Abbildung der Bewertungseinheit ausgeübt hat.

367 Laufzeit- oder Fristenkongruenz der in die Deckung einbezogenen Ansprüche und Verpflichtungen ist nicht notwendig. Diese hebt nur das Zinsänderungsrisiko auf, für die Ausschaltung des Wechselkursänderungsrisikos ist sie jedoch nicht erforderlich. Laufzeitunterschiede lassen sich auf normal funktionierenden Märkten durch geeignete Anschlussgeschäfte beseitigen (z.B. durch die Aufnahme von Währungskrediten oder durch die Zwischenanlage von Währungsbeträgen).[208] Die Kosten derartiger Anschlussgeschäfte hängen insb. vom Zinsniveau der betreffenden Währung ab; das Währungsrisiko wird insoweit in ein Zinsänderungsrisiko überführt. Der Bilanzierende hat die Absicht zum Abschluss von Anschlussgeschäften zu dokumentieren. Vermögensgegenstände mit erkennbaren **Adressenausfallrisiken** dürfen nicht in die Deckungsrechnung einbezogen werden.[209]

368 Erfüllen die Ansprüche und Verpflichtungen in einer Währung die genannten Kriterien, sind sie alle in gleicher Weise für die Einbeziehung in die besondere Deckung geeignet. Daher liegt es im subjektiven Zuordnungsbereich des bilanzierenden KI zu entscheiden, ob bei verschiedenen Fremdwährungsgeschäften in einer Währung eine besondere Deckung vorliegen soll oder nicht (z.B. „Alle USD-Ansprüche und USD-Verpflichtungen, die im Inland erfasst sind, sind als besonders gedeckt anzusehen, soweit sie sich betragsmäßig decken"). Damit sind alle in die USD-Position zu übernehmenden Einzelposten einbezogen. Einer weitergehenden Dokumentation der wirtschaftlichen Zusammengehörigkeit bedarf es nicht. Die wirtschaftliche Zusammengehörigkeit besteht darin, dass die Einzelposten USD-Posten sind; in Betrag und Laufzeit können sie unterschiedlich sein. Auch kann das bilanzierende KI die besondere Deckung in Anlehnung an §§ 294 und 295 SolvV als erfüllt ansehen, wenn es die einzelnen Posten je Währung zusammenfasst und in die Währungsgesamtposition des Instituts übernimmt.

369 Da das Kriterium der besonderen Deckung im subjektiven Zuordnungsbereich des jeweiligen Instituts liegt, sind die Kriterien willkürfrei zu definieren und deren Anwendung im

---

206 Vgl. *Scharpf/Schaber*, Bankbilanz⁴, S. 331.
207 Vgl. *Böcking/Löw/Wohlmannstetter*, HGB², § 340b HGB, Rn. 7.
208 Vgl. *Böcking/Löw/Wohlmannstetter*, HGB², § 340b HGB, Rn. 8.
209 Vgl. *Gelhausen/Fey/Kämpfer*, BilMoG, Abschn. V, Rn. 151, und *Scharpf/Schaber*, Bankbilanz⁴, S. 332, sowie *IDW RS BFA 4*, WPg Supplement 4/2011 = FN-IDW 2011, S. 649 ff., Tz. 8.

Jahresabschluss und Lagebericht | J

Zeitablauf objektiv nachvollziehbar zu definieren.[210] Nach hM verlangt der Objektivierungsgrundsatz, dass „ein aktenkundiger Beschluss der zuständigen Organe vorliegt, in dem die gedeckten Positionen bzw. Geschäfte gekennzeichnet sind".[211]

dd) Umrechnung von nicht abgewickelten Termingeschäften

Noch nicht abgewickelte Devisentermingeschäfte sind nach den GoB zum Terminkurs am Bilanzstichtag umzurechnen (bisher auch kodifiziert in § 340h Abs. 1 S. 3 HGB). **370**

(1) Umrechnung mit dem ungespaltenen Terminkurs

Bei den Devisentermingeschäften des Bankbuchs wird der kontrahierte ungespaltene Terminkurs mit dem Terminkurs am Abschlussstichtag verglichen (Glattstellungsfiktion); bei einem Verlustüberhang ist eine Drohverlustrückstellung zu bilden. Wird das Devisentermingeschäft zur Absicherung von Käufen (z.B. Sachanlagen) oder Verkäufen in Fremdwährung (nicht verzinsliche Grundgeschäfte) verwendet, ist die Terminkomponente Bestandteil der AK bzw. der Verkaufserlöse.[212] **371**

(2) Umrechnung mit dem gespaltenen Terminkurs

Dienen Devisentermingeschäfte der Absicherung zinstragender Positionen **(Swap-Depot)**, wird der Terminkurs gemäß den GoB in seine beiden Komponenten (Kassakurs und Swap-Satz) aufgeteilt. In diesem Falle sind die vereinbarten Swap-Beträge (Deports, Reports) zeitanteilig abzugrenzen.[213] **372**

Bei Swap-Depot-Geschäften ist der dem Termingeschäft zugrunde liegende Kassakurs mit dem am Bilanzstichtag geltenden Kassakurs zu vergleichen. Positive und negative Kassakursdifferenzen sollten verrechnet werden; der Saldo ist unter den Sonstigen Vermögensgegenständen (Aktivposten Nr. 15) bzw. den Sonstigen Verbindlichkeiten (Passivposten Nr. 5) auszuweisen.[214] In der Regel wird für die Geschäfte in allen Währungen ein einziger Korrekturposten im JA gebildet. **373**

Ein Ausweis der Kassakursdifferenzen aus den Swap-Depot-Geschäften unter den Forderungen oder Verbindlichkeiten kommt nicht in Frage, da auch kursgesicherte Bilanzposten gem. § 340h Abs. 1 S. 2 HGB zum Kassakurs des Bilanzstichtags auszuweisen sind. **374**

Die sich aufgrund der Zinsdifferenz der beiden Währungen ergebenden Terminaufschläge (Report) oder Terminabschläge (Deport) werden pro rata temporis verteilt. **Abgegrenzte Swap-Beträge** sind unter den Sonstigen Vermögensgegenständen (Aktivposten Nr. 15) bzw. den Sonstigen Verbindlichkeiten (Passivposten Nr. 5) auszuweisen. In der GuV werden sie nach § 28 S. 2 und § 29 S. 2 RechKredV im Zinsergebnis erfasst, soweit sie zinstragende Bilanzposten betreffen. Swap-Aufwendungen können in diesen Fällen auch als Korrektur des Zinsertrags bzw. Swap-Erträge als Korrektur des Zinsaufwands gebucht werden.[215] **375**

---
210 Vgl. *IDW RS BFA 4*, WPg Supplement 4/2011 = FN-IDW 2011, S. 649 ff., Tz. 10; *Scharpf/Schaber*, Bankbilanz⁴, S. 336.
211 Vgl. *Böcking/Löw/Wohlmannstetter*, HGB², § 340b HGB, Rn. 9, m.w.N.
212 Vgl. *Gelhausen/Fey/Kämpfer*, BilMoG, Abschn. V, Rn. 148.
213 Vgl. *Birck/Meyer*, Bankbilanz³, S. 438–442, sowie *IDW RS BFA 4*, WPg Supplement 4/2011 = FN-IDW 2011, S. 649 ff., Tz. 17.
214 Vgl. *IDW RS BFA 4*, WPg Supplement 4/2011 = FN-IDW 2011, S. 649 ff., Tz. 17.
215 *IDW RS BFA 4*, WPg Supplement 4/2011 = FN-IDW 2011, S. 649 ff., Tz. 22.

376 Aufgrund des Optionscharakters (Ungewissheit der späteren Ausübung) ist die Bestimmung der Ansprüche bzw. Verpflichtungen in fremder Währung schwieriger als bei Kassa- und Termingeschäften. Gleichwohl sind sie bei der Ermittlung der offenen Währungspositionen sachgerecht einzubeziehen. Dies erfolgt üblicherweise über die sog. **Delta-Gewichtung.** Hier wird mit Hilfe des Optionsdeltas abgeschätzt, mit welcher Wahrscheinlichkeit aus der Option ein Anspruch bzw. eine Verpflichtung in fremder Währung entstehen wird.

ee) Behandlung von Aufwendungen und Erträgen aus der Währungsumrechnung im Jahresabschluss

377 Die Ergebnisse aus der Währungsumrechnung können nur ermittelt werden, wenn €-Anschaffungskurse bzw. €-Gegenwerte zum Anschaffungszeitpunkt vorliegen. In der Bankpraxis liegen diese Werte allenfalls für den Terminbereich, nicht jedoch für den Bilanzbereich vor, „da bei den üblicherweise benutzten Multi-Currency-Systemen ein Großteil der Bewegung innerhalb der Fremdwährung erfolgt und bei Konvertierungen die Anschaffungskurse nicht festgehalten werden"[216]. Eine nachträgliche, oft nur unter vereinfachenden Annahmen mögliche Ermittlung der €-Anschaffungskurse lässt sich deshalb nicht vermeiden.

378 Gemäß § 340h HGB i.V.m. § 256a HGB sind **sämtliche Aufwendungen,** die sich aus der Währungsumrechnung ergeben, in der **GuV** zu berücksichtigen.

379 Bei der Behandlung von **Erträgen** aus der Währungsumrechnung ist regelmäßig das **Imparitätsprinzip** zu beachten. Darüber hinaus sind folgende **Ausnahmevorschriften** zu berücksichtigen:

(1) branchenübergreifend Restlaufzeit von einem Jahr oder weniger (§ 256a Satz 2 HGB),

(2) branchenspezifisch bei Vorliegen des Kriteriums der besonderen Deckung (§ 340h HGB),

(3) branchenübergreifend Ausübung des Wahlrechts zur bilanziellen Abbildung von Bewertungseinheiten (§ 254 HGB).[217]

(1) Erträge aus der Währungsumrechnung von Vermögensgegenständen und Verbindlichkeiten mit einer Restlaufzeit von einem Jahr oder weniger

380 Gemäß § 256a S. 2 HGB sind Erträge aus der Umrechnung von auf fremde Währung lautenden Vermögensgegenständen und Verbindlichkeiten mit einer Restlaufzeit von einem Jahr oder weniger erfolgswirksam zu vereinnahmen. Dies gilt unabhängig davon, ob eine besondere Deckung vorliegt oder nicht.

381 Der Bilanzierende hat zu jedem Abschlussstichtag zu prüfen, inwieweit in der Vergangenheit neutralisierte Erträge aus der Währungsumrechnung, die aufgrund einer Restlaufzeit von mehr als einem Jahr nicht erfolgswirksam vereinnahmt werden durften, nunmehr aufgrund einer Restlaufzeit von einem Jahr oder weniger zu vereinnahmen sind.

---

216 *BdB*, S. 104.
217 Vgl. *IDW RS BFA 4*, WPg Supplement 4/2011 = FN-IDW 2011, S. 649 ff., Tz. 20.

(2) Erträge aus der Währungsumrechnung von Vermögensgegenständen, Verbindlichkeiten oder Termingeschäften bei besonderer Deckung in derselben Währung

Unabhängig von der Restlaufzeit haben KI bei Vorliegen des Kriteriums der besonderen Deckung gem. § 340h HGB auch die Erträge aus der Währungsumrechnung in voller Höhe in der GuV zu vereinnahmen. **382**

Hat ein KI Vermögensgegenständen (z.B. Wertpapieren), die sie wie AV behandelt, Verbindlichkeiten oder Terminverkäufe in derselben Währung zugeordnet und sie dadurch als **besonders gedeckt** klassifiziert, erfolgt die Umrechnung zu den Stichtagskursen am Bilanzstichtag. Solange die Zuordnung beibehalten wird, ergibt sich weder ein negatives noch ein positives Devisenergebnis. **383**

(3) Bilanzielle Abbildung von Bewertungseinheiten i.S.v. § 254 HGB

Sofern der Bilanzierende eine Bewertungseinheit i.S.v. § 254 HGB bezogen auf das abzusichernde Währungsrisiko bildet, hat er *„in dem Umfang und für den Zeitraum"*, in dem sich die gegenläufigen Wertänderungen oder Zahlungsströme aus dem Grundgeschäft und dem Sicherungsinstrument ausgleichen, eine kompensatorische Bewertung durchzuführen.[218] **384**

Sofern die Erträge aus der Währungsumrechnung im Zusammenhang mit Vermögensgegenständen, Verbindlichkeiten oder Termingeschäften stehen, die in derselben Währung durch Vermögensgegenstände, Verbindlichkeiten[219] oder Termingeschäfte in besonderer Weise gedeckt sind, besteht gem. § 340h HGB eine **Vereinnahmungspflicht**. Ist z.B. ein Terminkauf in derselben Währung durch einen Terminverkauf mit gleichem Nominalvolumen und Fälligkeitstermin besonders gedeckt, so ist ein Gewinn aus diesen Geschäften im laufenden GJ zu vereinnahmen. Die Erfüllung der Geschäfte in einem späteren GJ erfolgt erfolgsneutral. **385**

In allen anderen als den genannten Fällen – d.h. beim Fehlen einer besonderen Deckung – dürfen Erträge aus der Währungsumrechnung gem. § 340h HGB nicht in der GuV berücksichtigt und auch nicht mit Aufwendungen aus der Währungsumrechnung verrechnet werden. **386**

ff) Ausweis von Umrechnungsergebnissen bei Kreditinstituten

Erträge und Aufwendungen aus dem Handel mit Finanzinstrumenten sind gem. § 340c Abs. 1 S. 1 HGB saldiert im *„Nettoertrag oder Nettoaufwand des Handelsbestands"* auszuweisen. Dies schließt auch die Effekte aus der Währungsumrechnung ein. Die branchenspezifische Vorschrift geht dem Ausweis im sonstigen betrieblichen Ergebnis (§ 277 Abs. 5 S. 2 HGB) vor. **387**

Sofern keine einfache Deckung (§ 254 HGB) oder besondere Deckung (§ 340h HGB) vorliegt, besteht für den Ausweis der Ergebnisse aus der Währungsumrechnung ein Wahlrecht, wobei die zweite Ausweisvariante zu präferieren ist: **388**

1. gesonderter Ausweis der Erträge aus der Währungsumrechnung im Posten „Sonstige betriebliche Erträge" und gesonderter Ausweis der Aufwendungen aus der Währungsumrechnung im Posten „Sonstige betriebliche Aufwendungen" gem. § 340a Abs. 1 i.V.m. § 277 Abs. 5 S. 2 HGB (Bruttoausweis) oder

---

[218] Vgl. *Scharpf/Schaber*, Bankbilanz[4], S. 337.
[219] Der Gesetzgeber spricht – vermutlich versehentlich – von Schulden; vgl. Fn. 185.

2. Berücksichtigung der Umrechnungsergebnisse in der GuV bei dem Posten, bei dem die sonstigen Bewertungsergebnisse des umgerechneten Bilanzpostens oder Geschäfts ausgewiesen werden.

Bei der Terminkursspaltung sind die aus der Swap-Abgrenzung resultierenden Beträge nach § 28 S. 2 RechKredV und § 29 S. 2 RechKredV im Zinsergebnis auszuweisen, soweit sie die Sicherung von zinstragenden Bilanzposten betreffen. Alternativ können in diesem Fall die Swap-Aufwendungen als Korrektur der Zinserträge bzw. die Swap-Erträge als Korrektur des Zinsaufwands erfasst werden. Auch im Falle eines grds. bilanzpostenbezogenen Ausweises sind Umrechnungsergebnisse aus der Umrechnung von Verbindlichkeiten und sonstigen Vermögensgegenständen (z.B. Steuerforderungen) in dem Posten „Sonstige betriebliche Aufwendungen/Erträge" auszuweisen.[220] Der gesonderte Ausweis kann in Form eines Davon-Vermerks, durch eine Aufgliederung in der Vorspalte oder durch Angaben im Anh. erfolgen.

389 Bei den besonders gedeckten Geschäften erfolgt ein (Netto-)Ausweis im sonstigen betrieblichen Ergebnis (für einfach gedeckte Geschäfte vgl. Tz. 274).

gg) Angaben im Anhang

390 Kreditinstitute sind gem. § 35 Abs. 1 Nr. 6 RechKredV verpflichtet, im Anh. zum JA den **Gesamtbetrag** der auf **Fremdwährung** lautenden **Vermögensgegenstände** und **Schulden** anzugeben. Aus diesen Informationen ergeben sich Anhaltspunkte bzgl. des Fremdwährungsengagements.

391 Nach § 284 Abs. 2 Nr. 2 HGB sind die **Grundlagen** der **Währungsumrechnung** im Anh. zu erläutern. Die Angaben sollten nach Auffassung des BFA des IDW[221] insb. folgende **Informationen** umfassen:

– Beschreibung der Abgrenzungskriterien der besonderen Deckung,
– Angabe des bzw. der Posten, in dem/in denen das Umrechnungsergebnis ausgewiesen wird, und
– Hinweis auf die Spaltung des Terminkurses und der Abgrenzung von Swap-Stellen.

Die Angabepflicht bezieht sich auf die Posten der Bilanz und GuV sowie auf die Umrechnung von Anh.-Angaben, die sich auf in Fremdwährung lautende Beträge beziehen (z.B. Haftungsverhältnisse und sonstige finanzielle Verpflichtungen). Die Angabepflicht bezieht sich auch auf die Umrechnungsmethoden.

392 Im Rahmen von § 36 RechKredV sind die **Arten** der mit dem **Wechselkursänderungsrisiko** behafteten, am Bilanzstichtag noch nicht abgewickelten **Termingeschäfte** zu nennen. Außerdem ist anzugeben, ob ein wesentlicher Teil der Geschäfte zur Deckung von Wechselkursschwankungen abgeschlossen wurde und ob ein wesentlicher Teil davon auf Handelsgeschäfte entfällt.

393 Die bestehenden gesetzlichen Vorschriften sehen – bis auf § 35 Abs. 1 Nr. 6 RechKredV – nur qualitative Angaben zu Fremdwährungsgeschäften vor. Kreditinstitute geben – den Empfehlungen ihrer Verbände folgend[222] – zumindest das stichtagsbezogene Nominalvolumen der Geschäfte und die kreditäquivalenten Beträge an. Strittig ist, ob trotz der Vielzahl möglicher Ermittlungsmodelle auch eine Quantifizierung der Marktpreisrisiken erfolgen sollte.

---

220 Vgl. *IDW RS BFA 4*, WPg Supplement 4/2011 = FN-IDW 2011, S. 649 ff., Tz. 22.
221 Vgl. *IDW RS BFA 4*, WPg Supplement 4/2011 = FN-IDW 2011, S. 649 ff., Tz. 23.
222 Vgl. z.B. *BdB*, WPg 1995, S. 1.

Jahresabschluss und Lagebericht **J**

13. Anlagenspiegel

Kreditinstitute sind ebenso wie KapGes. (vgl. § 268 Abs. 2 HGB) verpflichtet (§ 34 Abs. 3 RechKredV)[223], in der Bilanz oder im Anh. die **Entwicklung** der einzelnen **Posten** des AV in einem Anlagenspiegel (Anlagengitter) darzustellen. Zum AV der KI gehören grds. die in § 340e Abs. 1 S. 1 HGB genannten Vermögensgegenstände (Beteiligungen, Anteile an verbundenen Unternehmen, immaterielle Anlagewerte, Sachanlagen). Forderungen und Wertpapiere rechnen nur dann zum AV, wenn sie dazu bestimmt werden, dauernd dem Geschäftsbetrieb zu dienen (vgl. § 340e Abs. 2 S. 2 HGB). 394

Für die **Aufstellung** des Anlagenspiegels durch KI gelten die Bestimmungen in § 268 Abs. 2 HGB entsprechend (vgl. § 34 Abs. 3 S. 1 RechKredV). Im Verhältnis zum Anlagenspiegel von Nicht-KI besteht insoweit eine **Besonderheit**, als KI im Anlagenspiegel die Zuschreibungen, Abschreibungen und Wertberichtigungen auf Beteiligungen, Anteile an verbundenen Unternehmen sowie auf andere Wertpapiere, die wie AV behandelt werden, mit anderen Posten **zusammenfassen** dürfen (§ 34 Abs. 3 S. 2 RechKredV). Vgl. weiter zum Anlagenspiegel die Erläuterungen in Kap. F Tz. 123 ff., die für KI entsprechend gelten. 395

14. Anhang

a) Allgemeines

Kreditinstitute haben den JA um einen Anh. zu erweitern, der mit der Bilanz und der GuV eine Einheit bildet (sog. **erweiterter JA**, § 340a Abs. 1 i.V.m. § 264 Abs. 1 S. 1 HGB). Die größenabhängigen **Erleichterungen** für kleine und mittelgroße KapGes. gelten für KI nicht (vgl. § 340a Abs. 2 S. 1 HGB). Allerdings bestehen **Befreiungsmöglichkeiten** gem. § 264 Abs. 3 HGB für KI, die TU sind und in den KA ihres MU einbezogen sind, und gem. § 264b HGB für KI, die Personenhandelsgesellschaft sind (§ 340a Abs. 2 S. 3 HGB); vgl. zu den Befreiungsvoraussetzungen Kap. F Tz. 29 ff., 58 ff. 396

Die **Angaben** für den von KI aufzustellenden Anh. bestimmen sich nach den Vorschriften der §§ 284 bis 286 HGB (vgl. § 34 Abs. 1 RechKredV i.V.m. § 340a Abs. 1 HGB). Darüber hinaus sehen die ergänzenden Vorschriften der §§ 340a ff. HGB und der RechKredV zusätzliche Angaben für den Anh. der KI vor; diese Angaben können z.T. wahlweise auch in der Bilanz/GuV gemacht werden. 397

Wegen des besonderen Geschäftszweigs der KI sind folgende für KapGes. vorgeschriebenen **Bestimmungen** für den Anh. der KI nicht einschlägig (§ 340a Abs. 2 S. 1 HGB): 398

- § 277 Abs. 3 S. 1 HGB: Angabe der **außerplanmäßigen Abschreibungen** nach § 253 Abs. 3 S. 3 und 4 HGB;
- § 284 Abs. 2 Nr. 4 HGB: Angabe der **Unterschiedsbeträge** bei Anwendung der **Gruppenbewertung** (§ 240 Abs. 4 HGB) oder der **Bewertungsvereinfachungsverfahren** (§ 256 S. 1 HGB);
- § 285 Nr. 8 HGB: Angabe bestimmter Aufwendungen bei Anwendung des **UKV**;
- § 285 Nr. 12 HGB: Erläuterung der im Posten „Sonstige Rückstellungen" nicht gesondert ausgewiesenen **Rückstellungen**, wenn sie einen nicht unerheblichen Umfang haben;
- § 288 HGB: größenabhängige Erleichterungen für kleine und mittelgroße KapGes.

---

[223] Gemäß § 340a Abs. 2 S. 2 HGB ist anstelle der Vorschrift des § 268 Abs. 2 HGB die entsprechende Vorschrift der RechKredV anzuwenden.

399 Anstelle der Bestimmungen in § 285 Nr. 1, 2, 4 und 9 Buchst. c HGB sind KI zur Anwendung besonderer Vorschriften verpflichtet (**§ 340a Abs. 2 S. 2 HGB**). Darüber hinaus schreibt die RechKredV in §§ 34 bis 36 weitere Angaben für den Anh. der KI vor.

400 Von KI in der Rechtsform der AG, KGaA oder GmbH sind zudem **rechtsformspezifische Bestimmungen** des AktG/GmbHG zu beachten. Für **Pfandbriefbanken** enthalten die RechKredV und das PfandBG besondere Bestimmungen zum Anh. Schließlich sind im Anh. zusätzliche Angaben für den Fall zu machen, dass besondere Umstände dazu führen, dass der JA ein den tatsächlichen Verhältnissen entsprechendes Bild der Vermögens-, Finanz- und Ertragslage nicht vermittelt (§ 264 Abs. 2 S. 2 HGB).

401 Zu grundlegenden Fragen des Anh. (u.a. Funktion, Stellung im GB) vgl. die Ausführungen in Kap. F Tz. 654 ff., zu den Grundsätzen der Berichterstattung im Anh. siehe Kap. F Tz. 664 ff. Zu allgemeinen und freiwilligen Abschlusserläuterungen im Anh. (z.B. zu Kapitalfluss- und Prognoserechnungen, Öko- und Sozialbilanzen) vgl. Kap. F Tz. 683 ff.

b) Übersicht über die gesetzlichen Vorschriften, die Angaben im Anhang vorschreiben

402 Im Folgenden sind die Angaben für den Anh. der KI und die gesetzlichen Vorschriften, die von KI bei der Aufstellung zu beachten sind (vgl. § 34 Abs. 1 RechKredV), zusammengestellt. Hierbei wird zwischen **Pflichtangaben** (also Angaben, die zwingend im Anh. zu machen sind) und **Wahlpflichtangaben** (also Angaben, die wahlweise entweder in der Bilanz/GuV oder im Anh. zu machen sind) sowie zwischen **allgemeinen Angaben**, Angaben zur **Bewertung**, Angaben zur **Bilanz**/zu **Bilanzvermerken**, Angaben zur **GuV**, Angaben für **bestimmte KI** sowie **rechtsformspezifischen** Angaben unterschieden.

aa) Pflichtangaben

(1) Allgemeine Angaben

- § 264 Abs. 2 S. 2 HGB: Zusätzliche **Angaben** zur Vermittlung eines den tatsächlichen Verhältnissen entsprechenden Bildes der **Vermögens-, Finanz- und Ertragslage**;
- § 265 Abs. 1 S. 2 HGB: Abweichungen in der **Darstellungsform** aufeinanderfolgender Bilanzen und GuV;
- § 265 Abs. 2 S. 2 HGB: Erläuterungen zu **nicht vergleichbaren Beträgen** des Vj.;
- § 265 Abs. 2 S. 3 HGB: Erläuterungen zur Anpassung der **Vj.-Beträge**;
- § 265 Abs. 4 S. 2 HGB: Hinweis auf Gliederung nach **verschiedenen Gliederungsvorschriften**;
- § 285 Nr. 7 HGB: Angabe der durchschnittlichen **Zahl** der während des GJ beschäftigten **Arbeitnehmer**, getrennt nach Gruppen;
- § 285 Nr. 10 HGB: Angabe von Namen, Vornamen und Berufen der **Mitglieder** des **Geschäftsführungsorgans** und des **AR**, bei börsennotierten KI auch der Mitgliedschaft in AR und anderen Kontrollgremien i.S.v. § 125 Abs. 1 S. 3 AktG; der Vorsitzende eines AR, seine Stellvertreter und ein etwaiger Vorsitzender des Geschäftsführungsorgans sind als solche zu bezeichnen;
- § 285 Nr. 11 HGB: Angabe der Unternehmen, an denen ein **Anteilsbesitz** von **20% oder mehr** besteht; Angabe der Höhe des Anteils am Kapital, des EK und des Ergebnisses des letzten GJ;
- § 285 Nr. 11a HGB: Name, Sitz und Rechtsform der Unternehmen, deren **unbeschränkt haftender Gesellschafter** das KI ist;

- § 285 Nr. 14 HGB: Angabe von Name und Sitz des **MU**, das den **KA** für den größten Kreis von Unternehmen aufstellt, und des MU, das den KA für den kleinsten Kreis von Unternehmen aufstellt, sowie Angabe des Ortes, wo diese erhältlich sind;
- § 285 Nr. 15 HGB: Personenhandelsgesellschaften i.S.v. § 264a Abs. 1 HGB haben Name und Sitz der Gesellschaften, die persönlich haftende Gesellschafter sind, sowie deren gezeichnetes Kapital anzugeben;
- § 285 Nr. 16 HGB: Angabe, dass die **Entsprechenserklärung nach § 161 AktG** abgegeben und wo sie öffentlich zugänglich gemacht worden ist;
- § 285 Nr. 17 HGB: Angabe des vom **APr.** für das **GJ** berechneten **Gesamthonorars aufgeschlüsselt** in das Honorar für Abschlussprüfungsleistungen, andere Bestätigungsleistungen, Steuerberatungsleistungen und sonstige Leistungen;
- § 285 Nr. 21 HGB: Angabe zumindest der wesentlichen nicht zu marktüblichen Bedingungen zustande gekommenen **Geschäfte mit nahe stehenden Unternehmen und Personen**, einschließlich der Angaben zur **Art der Beziehung**, zum **Wert der Geschäfte**; ausgenommen Geschäfte mit und zwischen mittel- oder unmittelbar in **100%igem Anteilsbesitz** stehenden in einen **KA** einbezogenen Unternehmen;
- § 286 Abs. 3 S. 4 HGB: Angabe, ob die **Ausnahmeregelung** gem. § 286 Abs. 3 S. 1 Nr. 2 HGB angewandt wurde;
- § 291 Abs. 2 S. 1 Nr. 3 und S. 2 HGB: Angaben zu einem ausländischen MU, wenn dessen **KA befreiende Wirkung** haben soll;
- § 340a Abs. 4 Nr. 1 HGB: Angabe aller **Mandate** in gesetzlich zu bildenden **Aufsichtsgremien** von großen KapGes. (§ 267 Abs. 3 HGB), die von **gesetzlichen Vertretern** oder **anderen Mitarbeitern** des KI wahrgenommen werden;
- § 340a Abs. 4 Nr. 2 HGB: Angabe aller **Beteiligungen** an großen **KapGes.**, die **5%** der **Stimmrechte** überschreiten;
- § 34 Abs. 2 Nr. 2 RechKredV: Angabe des **Gesamtbetrags** der den Mitgliedern des Geschäftsführungsorgans, eines AR, eines Beirates oder einer ähnlichen Einrichtung gewährten **Vorschüsse** und **Kredite** sowie der zugunsten dieser Personen eingegangen **Haftungsverhältnisse**;
- § 34 Abs. 2 Nr. 4 RechKredV: Gründe der Einschätzung des Risikos der Inanspruchnahme für unter dem Bilanzstrich ausgewiesene Eventualverbindlichkeiten und andere Verpflichtungen;
- § 35 Abs. 1 Nr. 5 RechKredV: Angabe der für **Dritte** erbrachten **Dienstleistungen** für **Verwaltung** und **Vermittlung,** sofern ihr Umfang in Bezug auf die Gesamttätigkeit von wesentlicher Bedeutung ist;
- § 36 RechKredV: Aufstellung über die Arten der zum Bilanzstichtag noch nicht abgewickelten **fremdwährungs-, zinsabhängigen** und **sonstigen Termingeschäfte,** die lediglich ein Erfüllungsrisiko sowie Währungs-, Zins- und/oder sonstige Marktpreisänderungsrisiken aus offenen und im Falle eines Adressenausfalls auch aus geschlossenen Positionen enthalten. Nach der Art der Risiken sind grds. **drei Gliederungsposten** zu bilden:
  - Termingeschäfte in fremden Währungen,
  - zinsbezogene Termingeschäfte,
  - Termingeschäfte mit sonstigen Preisrisiken.
  Für **jeden Gliederungsposten** ist zusätzlich anzugeben (vgl. § 36 S. 3 RechKredV),
  - ob ein wesentlicher Teil davon zur Deckung von Zins-, Wechselkurs- oder Marktpreisschwankungen abgeschlossen wurde und
  - ob ein wesentlicher Teil davon auf Handelsgeschäfte entfällt.
  § 36 RechKredV verlangt lediglich die Nennung der **Arten** von **Termingeschäften**; **betragsmäßige Angaben** sind nicht erforderlich.

(2) Angaben zur Bewertung

- **§ 284 Abs. 2 Nr. 1 HGB:** Angabe der angewandten Bilanzierungs- und Bewertungsmethoden; hierzu zählt auch die Angabe, wie das Wahlrecht ausgeübt wurde, ökonomische Sicherungseinheiten bilanziell nachzubilden[224];
- **§ 284 Abs. 2 Nr. 2 HGB:** Angabe der Grundlagen für die Umrechnung in €;
- **§ 284 Abs. 2 Nr. 3 HGB:** Angabe und Begründung der Abweichungen von Bilanzierungs- und Bewertungsmethoden und gesonderte Darstellung dieser Einflüsse auf die Vermögens-, Finanz- und Ertragslage;
- **§ 284 Abs. 2 Nr. 5 HGB:** Angabe über die Einbeziehung von FK-Zinsen in die Herstellungskosten.

(3) Angaben zur Bilanz/zu Bilanzvermerken

- **§ 268 Abs. 4 S. 2 HGB:** Erläuterung der im Posten „Sonstige Vermögensgegenstände" enthaltenen **antizipativen Posten**, soweit die Beträge einen größeren Umfang haben;
- **§ 268 Abs. 5 S. 3 HGB:** Erläuterung der im Posten „Sonstige Verbindlichkeiten" (Passivposten Nr. 5) enthaltenen **antizipativen Posten**, soweit die Beträge einen größeren Umfang haben;
- **§ 285 Nr. 3 HGB:** Angabe von **Art** und **Zweck** sowie **Risiken** und **Vorteile** von **nicht in der Bilanz enthaltenen Geschäften**, soweit für die Beurteilung der Finanzlage notwendig;
- **§ 285 Nr. 3a HGB (i.V.m. § 34 Abs. 1 S. 2 RechKredV):** Angabe des **Gesamtbetrags** der aus der Bilanz nicht ersichtlichen **sonstigen finanziellen Verpflichtungen,** soweit diese Angaben nicht unter dem Bilanzstrich der Bilanz gemacht werden; Verpflichtungen ggü. verbundenen Unternehmen sind gesondert anzugeben;
- **§ 285 Nr. 13 HGB:** Angabe der Gründe, welche die Annahme einer betrieblichen Nutzungsdauer eines entgeltlich erworbenen **Geschäfts- oder Firmenwerts** von mehr als **fünf Jahren** rechtfertigen;
- **§ 285 Nr. 18 HGB:** Angaben zu Finanzinstrumenten des **Anlagebestands,** die **über** ihrem beizulegenden **Zeitwert** ausgewiesen werden; anzugeben ist der **Buchwert,** der **beizulegende Wert,** die **Gründe** für ein **Unterlassen** der **Abschreibung** einschließlich der Anhaltspunkte für eine nicht dauerhafte Wertminderung;
- **§ 285 Nr. 19 HGB:** Für jede **Kategorie nicht** zum beizulegenden **Zeitwert** bilanzierter **derivativer Finanzinstrumenten** sind **Art** und **Umfang** der Finanzinstrumente sowie der beizulegende **Zeitwert,** soweit er sich gem. § 255 Abs. 4 HGB verlässlich ermitteln lässt, die angewandte **Bewertungsmethode** sowie ggf. der **Buchwert** und der **Bilanzposten,** in dem der Buchwert erfasst ist, anzugeben; falls der beizulegende Zeitwert nicht bestimmt werden kann, sind die Gründe dafür anzugeben;
- **§ 285 Nr. 20 HGB:** Angabe der grundlegenden Annahmen für mit dem beizulegenden Zeitwert bewertete **Finanzinstrumente** des **Handelsbestands** (§ 340e Abs. 3 S. 1 HGB), die der Bestimmung des beizulegenden Zeitwerts mit Hilfe allgemein anerkannter **Bewertungsmethoden** zugrunde gelegt wurden, sowie Angabe von **Umfang** und **Art** jeder Kategorie **derivativer Finanzinstrumente** einschließlich der **wesentlichen Bedingungen,** welche die Höhe, den Zeitpunkt und die Sicherheit zukünftiger Zahlungsströme beeinflussen können;
- **§ 285 Nr. 22 HGB:** Angabe im Fall der Aktivierung nach § 248 Abs. 2 HGB des Gesamtbetrags der **Forschungs-** und **Entwicklungskosten** des GJ sowie der davon auf

---

[224] Vgl. *IDW RS HFA* 35, WPg Supplement 3/2011, S. 59 ff. = FN-IDW 2011, S. 445 ff., Tz. 93.

Jahresabschluss und Lagebericht

die **selbst geschaffenen immateriellen Vermögensgegenstände** des **Anlagebestands** entfallender Teil;
- **§ 285 Nr. 23 HGB:** Bei der Bildung von Bewertungseinheiten i.S.v. § 254 HGB ist anzugeben, mit welchem Betrag jeweils Vermögensgegenstände, Schulden, schwebende Geschäfte und mit hoher Wahrscheinlichkeit erwartete Transaktionen (antizipative Bewertungseinheiten) zur Absicherung welcher Risiken in welche Arten von Bewertungseinheiten einbezogen sind, sowie die Höhe der abgesicherten Risiken. Für die jeweils abgesicherten Risiken ist anzugeben, warum, in welchem Umfang und für welchen Zeitraum sich die gegenläufigen Wertänderungen oder Zahlungsströme zukünftig voraussichtlich ausgleichen einschließlich der Angabe der Methode der Ermittlung. Zudem sind die mit hoher Wahrscheinlichkeit erwarteten Transaktionen, die in die Bewertungseinheiten einbezogen werden, zu erläutern. Die Angaben nach § 285 Nr. 23 HGB können auch im LB gemacht werden;
- **§ 285 Nr. 24 HGB:** Angabe des angewandten versicherungsmathematischen Berechnungsverfahrens sowie der grundlegenden Annahmen der Berechnung, wie Zinssatz, erwartete Lohn- und Gehaltssteigerungen und zugrunde gelegte Sterbetafeln zu den Rückstellungen für Pensionen und ähnliche Verpflichtungen;
- **§ 285 Nr. 25 HGB:** Angabe im Fall der Verrechnung von Deckungsvermögen und Schulden (§ 246 Abs. 2 S. 2 HGB) der AHK und des beizulegenden Zeitwerts der verrechneten Vermögensgegenstände, des Erfüllungsbetrags der verrechneten Schulden sowie der verrechneten Aufwendungen und Erträge;
- **§ 285 Nr. 26 HGB:** Für Anteile oder Anlageaktien an inländischen Investmentvermögen i.S.v. § 1 InvG oder ausländischen Investmentanteilen i.S.v. § 2 Abs. 9 InvG von mehr als 10% aufgegliedert nach Anlagezielen sind deren Marktwert, die Differenz zum Buchwert und die für das GJ erfolgte Ausschüttung sowie Beschränkungen in der Möglichkeit der täglichen Rückgabe anzugeben; darüber hinaus sind die Gründe für das Unterlassen der Abschreibung einschließlich der Anhaltspunkte für nicht dauerhafte Wertminderung anzugeben, § 285 Nr. 18 ist insoweit nicht anzuwenden;
- **§ 285 Nr. 28 HGB:** Angabe des Gesamtbetrags der ausschüttungsgesperrten Erträge i.S.v. § 268 Abs. 8 HGB, aufgegliedert in Erträge aus der Aktivierung selbst geschaffener immaterieller Vermögensgegenstände des AV und latenter Steuern sowie aus der Bewertung von Deckungsvermögen zum beizulegenden Zeitwert;
- **§ 285 Nr. 29 HGB:** Angabe, auf welchen Differenzen oder steuerlichen Verlustvorträgen die latenten Steuern beruhen und mit welchen Steuersätzen die Bewertung erfolgt ist;
- **§ 340b Abs. 4 S. 4 HGB:** Angabe der Buchwerte von in Pension gegebenen Vermögensgegenständen bei echten Pensionsgeschäften im Anh. des Pensionsgebers;
- **§ 340c Abs. 3 HGB:** Angabe der dem haftenden EK zugerechneten nicht realisierten Reserven nach § 10 Abs. 2b S. 1 Nr. 6 oder Nr. 7 KWG;
- **§ 340d HGB (i.V.m. §§ 9 und 39 Abs. 5 RechKredV):** Fristengliederung der Forderungen und Verbindlichkeiten;
- **Art. 28 Abs. 2 EGHGB:** Angabe des Fehlbetrags der Rückstellungen für laufende Pensionen, Anwartschaften und ähnliche Verpflichtungen (die Angabepflicht erstreckt sich auch auf Fehlbeträge aus mittelbaren Verpflichtungen, z.B. Unterstützungskassen);
- **Art. 31 Abs. 6 S. 3 EGHGB:** Angabe, wenn bei erstmaliger Anwendung des § 268 Abs. 2 HGB die Buchwerte des AV und der Aufwendungen für die Ingangsetzung und Erweiterung des Geschäftsbetriebs als ursprüngliche AHK fortgeführt werden;
- **Art. 44 Abs. 1 S. 4 EGHGB:** Erläuterung der als Bilanzierungshilfe aktivierten Aufwendungen für die Währungsumstellung auf den €;

1015

- **Art. 67 Abs. 1 S. 4 EGHGB:** Bei Ausübung des Beibehaltungswahlrechts für Rückstellungen, die aufgrund der geänderten Rückstellungsbewertung durch das Bilanzrechtsmodernisierungsgesetz aufzulösen wären, aber bis zum 31.12.2024 wieder zugeführt werden müssten, ist der Betrag der Überdeckung jeweils anzugeben;
- **Art. 67 Abs. 2 EGHGB:** Ist aufgrund der durch das Bilanzrechtsmodernisierungsgesetz geänderten Bewertung der laufenden Pensionen oder Anwartschaften auf Pensionen eine Zuführung zu den Rückstellungen erforderlich, ist dieser Betrag bis spätestens zum 31.12.2024 in jedem GJ zu mindestens einem Fünfzehntel anzusammeln. Der Betrag der Unterdeckung ist im Anh. anzugeben;
- **§ 2 Abs. 2 Nr. 2 RechKredV:** Gesonderte Angabe der Einzelposten, die zur Vergrößerung der Klarheit der Darstellung in der Bilanz zulässigerweise zusammengefasst werden;
- **§ 6 Abs. 1 S. 2 RechKredV:** Aufgliederung der Gesamtbeträge der in den Posten „Treuhandvermögen" (Aktivposten Nr. 9) und „Treuhandverbindlichkeiten" (Passivposten Nr. 4) im Formblatt 1 enthaltenen Vermögensgegenstände und Schulden;
- **§ 9 Abs. 3 RechKredV:** Angabe der im Posten „Forderungen an Kunden" (Aktivposten Nr. 4) enthaltenen Forderungen mit unbestimmter Laufzeit sowie der im Posten „Schuldverschreibungen und andere festverzinsliche Wertpapiere" (Aktivposten Nr. 5) und im Unterposten „Begebene Schuldverschreibungen" (Passivposten Nr. 3 Buchst. b) enthaltenen Beträge, die in dem Jahr fällig werden, das auf den Bilanzstichtag folgt;
- **§ 27 Abs. 1 S. 4 RechKredV:** Angabe der Inanspruchnahmen aus Platzierungs- und Übernahmeverpflichtungen (Passivposten Nr. 2 Buchst. b unter dem Bilanzstrich);
- **§ 34 Abs. 3 RechKredV:** Anlagenspiegel gem. § 268 Abs. 2 HGB für die in § 340e Abs. 1 HGB genannten Vermögensgegenstände;
- **§ 34 Abs. 2 Nr. 4 RechKredV:** Angabe der Gründe der Einschätzung des Risikos der Inanspruchnahme für gem. §§ 26 und 27 RechKredV unter der Bilanz ausgewiesene Eventualverbindlichkeiten und andere Verpflichtungen;
- **§ 35 Abs. 1 Nr. 1 RechKredV:** Aufgliederung der in den Posten „Schuldverschreibungen und andere festverzinsliche Wertpapiere" (Aktivposten Nr. 5), „Aktien und andere nicht festverzinsliche Wertpapiere" (Aktivposten Nr. 6), „Beteiligungen" (Aktivposten Nr. 7) und „Anteile an verbundenen Unternehmen" (Aktivposten Nr. 8) enthaltenen börsenfähigen Wertpapiere nach börsennotierten und nicht börsennotierten Wertpapieren;
- **§ 35 Abs. 1 Nr. 1a RechKredV:** Aufgliederung des Postens „Handelsbestand" (Aktivposten Nr. 6a) in derivative Finanzinstrumente, Forderungen, Schuldverschreibungen und andere festverzinsliche Wertpapiere, Aktien und andere nicht festverzinsliche Wertpapiere sowie sonstige Vermögensgegenstände und Aufgliederung des Postens „Handelsbestand" (Passivposten Nr. 3a) in derivative Finanzinstrumente und Verbindlichkeiten;
- **§ 35 Abs. 1 Nr. 2 RechKredV:** Angabe des Betrags der nicht mit dem Niederstwert bewerteten börsenfähigen Wertpapiere in den Posten „Schuldverschreibungen und andere festverzinsliche Wertpapiere" (Aktivposten Nr. 5) und „Aktien und andere nicht festverzinsliche Wertpapiere" (Aktivposten Nr. 6); dabei ist auch anzugeben, wie die nicht mit dem Niederstwert angesetzten Wertpapiere von den mit dem Niederstwert bewerteten Wertpapieren abgegrenzt wurden;
- **§ 35 Abs. 1 Nr. 3 RechKredV:** Angabe des auf das Leasinggeschäft entfallenden Betrags zu jedem davon betroffenen Bilanzposten;
- **§ 35 Abs. 1 Nr. 4 RechKredV:** Angabe und Erläuterung der wichtigsten Einzelbeträge in den Posten „Sonstige Vermögensgegenstände" (Aktivposten Nr. 15) und „Sonstige

Verbindlichkeiten" (Passivposten Nr. 5), sofern sie für die Beurteilung des JA nicht unwesentlich sind;
- § 35 Abs. 1 Nr. 6 RechKredV: Gesamtbetrag der auf Fremdwährung lautenden Vermögensgegenstände und Schulden, jeweils in €;
- § 35 Abs. 1 Nr. 6a RechKredV: Bei Finanzinstrumenten des Handelsbestands Angabe der Methode der Ermittlung des Risikoabschlags nebst den wesentlichen Annahmen, insb. Haltedauer, Beobachtungszeitraum, Konfidenzniveau sowie absoluter Betrag des Risikoabschlags;
- § 35 Abs. 1 Nr. 6b RechKredV: In den Fällen der Umgliederung aus dem Handelsbestand Angabe der Gründe für die Umgliederung, des Betrags der umgegliederten Finanzinstrumente des Handelsbestands sowie für den Fall der Umgliederung wegen Aufgabe der Handelsabsicht die außergewöhnlichen Umstände, die dies rechtfertigen;
- § 35 Abs. 1 Nr. 6c RechKredV: Angabe, ob innerhalb des GJ die institutsintern festgelegten Kriterien für die Einbeziehung von Finanzinstrumenten in den Handelsbestand geändert worden sind;
- § 35 Abs. 2 RechKredV: Gesamtbetrag der im Posten „Sachanlagen" (Aktivposten Nr. 12) enthaltenen, vom KI im Rahmen seiner eigenen Tätigkeit genutzten Grundstücke und Bauten (Nr. 1) sowie der Betriebs- und Geschäftsausstattung (Nr. 2); diese Angaben können auch im Anlagenspiegel (vgl. § 34 Abs. RechKredV) gemacht werden;
- § 35 Abs. 3 RechKredV: folgende Angaben zum Posten „Nachrangige Verbindlichkeiten" (Passivposten Nr. 9):
  • Betrag der für die nachrangigen Verbindlichkeiten angefallenen Aufwendungen (Nr. 1),
  • Betrag, Währung, Zinssatz und Fälligkeit sowie evtl. vorzeitige Rückzahlungsverpflichtung, ferner Bedingungen der Nachrangigkeit und ihrer etwaigen Umwandlung in Kapital für diejenigen nachrangigen Verbindlichkeiten, die 10% des Gesamtbetrags der nachrangigen Verbindlichkeiten übersteigen (Nr. 2),
  • die wesentlichen Bedingungen für andere Mittelaufnahmen (Nr. 3);
- § 35 Abs. 4 RechKredV: Angabe von **Art** und **Betrag** jeder im Posten „**Eventualverbindlichkeiten**" (Passivposten Nr. 1 unter dem Bilanzstrich) enthaltenen Verbindlichkeit, die in Bezug auf die Gesamttätigkeit des KI von wesentlicher Bedeutung ist;
- § 35 Abs. 5 RechKredV: Angabe des **Gesamtbetrags** der als **Sicherheit übertragenen Vermögensgegenstände** zu jedem Posten der Verbindlichkeiten und Eventualverbindlichkeiten;
- § 35 Abs. 6 RechKredV: Angabe der **Art** und der **Höhe** der im Posten „**Andere Verpflichtungen**" (Passivposten Nr. 2 unter dem Bilanzstrich) ausgewiesenen Verbindlichkeiten, die in Bezug auf die Gesamttätigkeit des KI von wesentlicher Bedeutung sind.

(4) Angaben zur Gewinn- und Verlustrechnung
- § 277 Abs. 4 S. 2 HGB: Erläuterung des **Betrags** und der **Art** der **a.o. Erträge** und **Aufwendungen,** soweit die ausgewiesenen Beträge nicht von untergeordneter Bedeutung sind;
- § 277 Abs. 4 S. 3 HGB: Erläuterung des **Betrags** und der **Art** der **periodenfremden Erträge** und **Aufwendungen,** soweit die ausgewiesenen Beträge nicht von untergeordneter Bedeutung sind;
- § 285 Nr. 6 HGB: Angaben zur **Aufteilung** der **Ertragsteuerbelastung**, getrennt für das Ergebnis aus der gewöhnlichen Geschäftstätigkeit und für das a.o. Ergebnis;

- **§ 285 Nr. 9a HGB:** Angabe der **Bezüge** von **Organmitgliedern**, jeweils für jede Personengruppe (Geschäftsführungsorgan, AR, Beirat oder ähnliche Einrichtung);
- **§ 285 Nr. 9b HGB:** Angabe der **Gesamtbezüge für frühere Organmitglieder** und deren Hinterbliebene, jeweils für jede Personengruppe (Geschäftsführungsorgan, AR, Beirat oder ähnliche Einrichtung);
- **§ 2 Abs. 2 Nr. 2 RechKredV:** Gesonderter Ausweis der **Einzelposten,** die zur Vergrößerung der Klarheit der Darstellung der GuV zulässigerweise **zusammengefasst** werden;
- **§ 34 Abs. 2 Nr. 1 RechKredV: Aufgliederung** der folgenden **Posten** nach **geographischen Märkten,** soweit diese Märkte sich vom Standpunkt der Organisation des KI wesentlich voneinander unterscheiden:
  - **Zinserträge** (Formblatt 2 Spalte Erträge Nr. 1 bzw. Formblatt 3 Nr. 1),
  - **laufende Erträge** aus Aktien und anderen nicht festverzinslichen Wertpapieren, Beteiligungen, Anteilen an verbundenen Unternehmen (Formblatt 2 Spalte Erträge Nr. 2 bzw. Formblatt 3 Nr. 3),
  - **Provisionserträge** (Formblatt 2 Spalte Erträge Nr. 4 bzw. Formblatt 3 Nr. 5),
  - **Nettoertrag des Handelsbestands** (Formblatt 2 Spalte Erträge Nr. 5 bzw. Formblatt 3 Nr. 7),
  - **sonstige betriebliche Erträge** (Formblatt 2 Spalte Erträge Nr. 8 bzw. Formblatt 3 Nr. 8);

  Soweit erhebliche **Nachteile** entstehen, kann die Angabe unterbleiben (§ 34 Abs. 1 S. 2 RechKredV). Ein **einheitlicher geographischer Markt** ist i.d.R. die Bundesrepublik Deutschland. Ob und inwieweit die ausländischen Märkte segmentiert werden, hängt grds. vom Umfang der Aktivitäten auf diesen Märkten ab. Für die Einteilung in geographische Märkte ist grds. die Organisation des KI maßgeblich;
- **§ 35 Abs. 1 Nr. 3 RechKredV:** Angabe der im Posten „Abschreibungen und Wertberichtigungen auf immaterielle Anlagewerte und Sachanlagen" (Formblatt 2 Spalte Aufwendungen Nr. 5 bzw. Formblatt 3 Nr. 11) enthaltenen **Abschreibungen auf Leasinggegenstände** sowie die im Posten „Sonstige betriebliche Erträge" (Formblatt 2 Spalte Erträge Nr. 8 bzw. Formblatt 3 Nr. 8) enthaltenen **Erträge** aus **Leasinggeschäften;**
- **§ 35 Abs. 1 Nr. 4 RechKredV:** Angabe und Erläuterung der für die Beurteilung des JA wesentlichen **Einzelbeträge** zu den **Ertragsposten** „Sonstige betriebliche Erträge" (Formblatt 2 Spalte Erträge Nr. 8 bzw. Formblatt 3 Nr. 8) und „A.o. Erträge" (Formblatt 2 Spalte Erträge Nr. 10 bzw. Formblatt 3 Nr. 20) sowie den Aufwandsposten „Sonstige betriebliche Aufwendungen" (Formblatt 2 Spalte Aufwendungen Nr. 6 bzw. Formblatt 3 Nr. 12) und „A.o. Aufwendungen" (Formblatt 2 Spalte Aufwendungen Nr. 11 bzw. Formblatt 3 Nr. 8);
- **§ 35 Abs. 1 Nr. 6b RechKredV:** In den Fällen der **Umgliederung** aus dem **Handelsbestand** Auswirkungen der Umgliederung auf den **Jahresüberschuss/Jahresfehlbetrag;**
- **§ 35 Abs. 1 Nr. 6c RechKredV:** Angabe der Auswirkungen aufgrund einer Änderung der **institutsintern festgelegten Kriterien** für die Einbeziehung von Finanzinstrumenten in den **Handelsbestand** für den **Jahresüberschuss/Jahresfehlbetrag.**

(5) Angaben für bestimmte Kreditinstitute

(a) Kreditgenossenschaften

- **§ 34 Abs. 2 Nr. 3 RechKredV: Aufgliederung** der **Geschäftsguthaben** (Passivposten Nr. 12 Buchst. a)) in Geschäftsguthaben der verbleibenden und der ausscheidenden Mitglieder sowie in Geschäftsguthaben aus gekündigten Geschäftsanteilen;

- **§ 35 Abs. 1 Nr. 11 RechKredV:** Angabe der in den „Forderungen an KI" (Aktivposten Nr. 3) und „Verbindlichkeiten ggü. KI" (Passivposten Nr. 1) enthaltenen **Beträge**, soweit sie auf die zuständige **genossenschaftliche Zentralbank** entfallen.

(b) Sparkassen

- **§ 35 Abs. 1 Nr. 9 RechKredV:** Angabe der im Posten „Forderungen an KI" (Aktivposten Nr. 3) und im Posten „Verbindlichkeiten ggü. KI" (Passivposten Nr. 1) enthaltenen **Beträge**, soweit sie auf die **eigene Girozentrale** entfallen.

(c) Girozentralen

- **§ 35 Abs. 1 Nr. 10 RechKredV:** Angabe der im Posten „Forderungen an KI" (Aktivposten Nr. 3) und im Posten „Verbindlichkeiten ggü. KI" (Passivposten Nr. 1) enthaltenen **Beträge**, soweit sie **angeschlossene Sparkassen** betreffen.

(d) Genossenschaftliche Zentralbanken

- **§ 35 Abs. 1 Nr. 12 RechKredV:** Angabe der im Posten „Forderungen an KI" (Aktivposten Nr. 3) und im Posten „Verbindlichkeiten ggü. KI" (Passivposten Nr. 1) enthaltenen **Beträge**, soweit sie auf die **DG-Bank (DZ BANK AG)** bzw. **angeschlossene Kreditgenossenschaften** entfallen.

(e) Deutsche Genossenschaftsbank (DZ BANK AG)

- **§ 35 Abs. 1 Nr. 13 RechKredV:** Angabe der in den Posten „Forderungen an KI" (Aktivposten Nr. 3) und „Verbindlichkeiten ggü. KI" (Passivposten Nr. 1) enthaltenen **Beträge**, soweit sie auf **angeschlossene KI** bzw. **regionale genossenschaftliche Zentralbanken** entfallen.

(f) Pfandbriefbanken[225, 226, 227]

- **§ 35 Abs. 1 Nr. 7 RechKredV: Deckungsrechnung,** getrennt nach Hypotheken-, Schiffshypotheken- und Kommunalkreditgeschäft nach Maßgabe des § 28 PfandBG; daneben Angabe der zur Deckung begebener Schuldverschreibungen bestimmten Aktiva;
- **§ 28 Abs. 1 Nr. 1 PfandBG:** Angabe des **Gesamtbetrags** der im Umlauf befindlichen **Pfandbriefe** (Hypothekenpfandbriefe, öffentliche Pfandbriefe, Schiffspfandbriefe und Flugzeugpfandbriefe) und der entsprechenden **Deckungsmassen** nach Nennwerten, Barwerten und Risikobarwerten;
- **§ 28 Abs. 1 Nr. 2 PfandBG:** Angabe der **Laufzeitstruktur** der im Umlauf befindlichen **Pfandbriefe** (Hypothekenpfandbriefe, öffentliche Pfandbriefe, Schiffspfandbriefe und Flugzeugpfandbriefe) und der **Zinsbindungsfristen** der entsprechenden **Deckungsmassen** nach **Fristigkeitsstufen** (bis zu einem Jahr, von mehr als einem Jahr bis zu

---

[225] Pfandbriefbanken sind KI, deren Geschäftsbetrieb das Pfandbriefgeschäft ist, d.h. die Ausgabe gedeckter Schuldverschreibungen aufgrund erworbener Hypotheken, Forderungen gegen staatlicher Stellen, Schiffshypotheken oder Registerpfandrechten an Luftfahrzeugen oder ausländischer Flugzeughypotheken unter den Bezeichnungen Pfandbrief, Hypothekenpfandbrief, Kommunalschuldverschreibung, Kommunalobligation, öffentlicher Pfandbrief, Schiffspfandbrief oder Flugzeugpfandbrief (vgl. § 1 Abs. 1 PfandBG).
[226] Gemäß § 28 Abs. 5 PfandBG ist für sämtliche Angaben nach Abs. 1 bis 4 ab dem 01.01.2007 jeweils auch der entsprechende Wert des Vj. anzugeben.
[227] Die Angaben nach § 28 Abs. 1 bis 4 PfandBG sind quartalsweise zu machen, d.h. nicht nur im Anh. des JA. Die Veröffentlichung zu den anderen Quartalsstichtagen erfolgt gleichfalls in öffentlich zugänglicher Form.

zwei Jahren, von mehr als zwei Jahren bis zu drei Jahren, von mehr als drei Jahren bis zu vier Jahren, von mehr als vier Jahren bis zu fünf Jahren, von mehr als fünf Jahren bis zu zehn Jahren und von mehr als zehn Jahren);
- § 28 Abs. 1 Nr. 3 PfandBG: Angabe des Anteils der **Derivate** an den Deckungsmassen;
- § 28 Abs. 1 Nr. 4 PfandBG: Angabe jeweils der Gesamthöhe bestimmter Deckungswerte;
- § 28 Abs. 2 S. 1 Nr. 1 PfandBG: Angaben zum Gesamtbetrag der zur **Deckung** von **Hypothekenpfandbriefen** verwendeten **Forderungen** hinsichtlich
  - der **Verteilung** der Forderungen mit ihren Nennwerten nach ihrer **Höhe** in verschiedenen Stufen (bis 300.000 €, von mehr als 300.000 € bis 5.000.000 €, mehr als 5.000.000 €),
  - der **Belegenheit** der Grundstückssicherheiten nach **Staaten**,
  - der **Art** der **Grundstückssicherheiten** nach gewerblich und wohnwirtschaftlich genutzten Grundstücken sowie nach Wohnungen, Einfamilienhäusern, Mehrfamilienhäusern, Bürogebäuden, Handelsgebäuden, Industriegebäuden, sonstigen gewerblich genutzten Gebäuden, unfertigen und noch nicht ertragsfähigen Neubauten, Bauplätzen;
- § 28 Abs. 2 S. 1 Nr. 2 PfandBG: Angabe des **Gesamtbetrags** der mindestens neunzig Tage **rückständigen Leistungen** auf die Forderungen, verteilt nach Staaten gem. Nr. 1 Buchst. b);
- § 28 Abs. 2 S. 1 Nr. 3a) PfandBG: Angabe der Zahl der am Abschlussstichtag anhängigen **Zwangsversteigerungs-** und **Zwangsverwaltungsverfahren** und Zahl der im GJ durchgeführten **Zwangsversteigerungen**;
- § 28 Abs. 2 S. 1 Nr. 3b) PfandBG: Angabe der Zahl der zur Verhütung von Verlusten an Hypotheken im GJ erworbenen Grundstücke;
- § 28 Abs. 2 S. 1 Nr. 3c) PfandBG: Angabe des Gesamtbetrags der von den Hypothekenschuldnern zu entrichtenden rückständigen Zinsen, soweit diese nicht in Vj. abgeschrieben wurden;
Für die Angaben nach § 28 Abs. 2 S. 1 Nr. 3 Buchst. a) bis c) PfandBG ist nach **gewerblich genutzten** und **Wohnzwecken dienenden** Grundstücken zu unterscheiden (vgl. § 28 Abs. 2 S. 2 PfandBG);
- § 28 Abs. 3 PfandBG: Angaben zum Gesamtbetrag der zur Deckung öffentlicher Pfandbriefe verwendeten Forderungen hinsichtlich
  - der **Verteilung** auf die **Staaten**, in denen die Schuldner bzw. die gewährleistenden Stellen ihren Sitz haben, sowie aufgeschlüsselt danach, ob sich die Forderungen gegen den Staat, regionale oder örtliche Gebietskörperschaften oder gegen sonstige Schuldner richten,
  - des **Betrags** der mindestens neunzig Tage **rückständigen Leistungen** auf die Forderungen und dessen regionale Verteilung;
- § 28 Abs. 4 PfandBG: Angaben zum Gesamtbetrag der zur **Deckung** von **Schiffspfandbriefen** und **Flugzeugpfandbriefen** verwendeten **Forderungen**; diese Angaben decken sich grds. mit den Angaben zu den Forderungen, die zur Deckung von Hypothekenpfandbriefen dienen. Für die Angaben ist nach **Seeschiffen** und **Binnenschiffen** zu unterscheiden (vgl. § 28 Abs. 4 S. 2 PfandBG).

(6) Rechtsformspezifische Angaben

Zu den rechtsformspezifischen Angaben im Anh. für KI in der Rechtsform der AG oder GmbH vgl. die tabellarische Übersicht in Kap. F Tz. 692, für KI in der Rechtsform der eG vgl. Kap. G Tz. 17.

bb) Wahlpflichtangaben

(1) Allgemeine Angaben

- § 265 Abs. 3 S. 1 HGB: Vermerk der Mitzugehörigkeit eines Bilanzpostens zu anderen Posten der Bilanz.

(2) Angaben zur Bilanz/zu den Bilanzvermerken

- § 268 Abs. 1 S. 2 HGB: Gesonderte Angabe eines **Ergebnisvortrags** aus dem Vj., wenn die Bilanz unter Berücksichtigung der teilweisen Verwendung des Jahresergebnisses aufgestellt wird;
- § 268 Abs. 6 HGB: Angabe aktivierter Disagiobeträge nach § 250 Abs. 3 HGB;
- § 340e Abs. 2 S. 2 und S. 3 HGB: Gesonderte Angabe des Unterschiedsbetrags beim Ansatz einer Forderung zum Nennbetrag und niedrigeren oder höheren Auszahlungsbetrag bzw. niedrigeren oder höheren AK;
- § 3 RechKredV: Angabe der Forderungen an bzw. Verbindlichkeiten ggü. verbundenen Unternehmen bzw. Unternehmen, mit denen ein Beteiligungsverhältnis besteht;
- § 4 Abs. 2 S. 2 RechKredV: Angabe der nachrangigen Vermögensgegenstände in der Reihenfolge der entsprechenden Posten und Unterposten.

Die für KI maßgebenden Vorschriften für den Anh. werden – soweit es sich nicht um bankenspezifische Bestimmungen handelt – in Kap. F Tz. 695 ff. näher erläutert (vgl. dort die Ausführungen zu den einzelnen Vorschriften).

15. Lagebericht

Kreditinstitute haben zusammen mit dem (um den Anh.) erweiterten JA einen **LB** nach den für große KapGes. geltenden Bestimmungen aufzustellen (§ 340a Abs. 1 S. 1 Hs. 2 HGB). Für den Inhalt des LB der KI gilt § 289 HGB entsprechend; im Vergleich zu KapGes. bestehen für KI keine besonderen gesetzlichen Vorschriften in Bezug auf den LB. Insoweit wird auf die Erläuterungen in Kap. F Tz. 1080 ff. verwiesen, die für KI entsprechend gelten.

16. Erläuterungen zu den für Finanzdienstleistungsinstitute geltenden zusätzlichen ergänzenden Vorschriften zur Rechnungslegung und Prüfung

a) Vorbemerkung

Für die Rechnungslegung und Prüfung der FDLI (vgl. § 1 Abs. 1a KWG und Tz. 22) gelten **grds.** die Vorschriften für KI. Insoweit wird auf die diesbezüglichen Erläuterungen unter Tz. 5 ff. verwiesen. Die folgenden Ausführungen beschränken sich auf Erläuterungen zu den Vorschriften für die Rechnungslegung und Prüfung, die **zusätzlich** für FDLI gelten.

b) Überblick

Zusätzliche ergänzende Vorschriften zur Rechnungslegung der FDLI ergeben sich aus der RechKredV einschließlich diverser Fußnoten zu den Formblättern für die Bilanz und GuV gem. § 2 RechKredV. Darüber hinaus ist § 340c Abs. 1 HGB von FDLI nicht anzuwenden (§ 340a Abs. 4 S. 2 HGB). Dieses hat zur Folge, dass FDLI die Erträge und Aufwendungen aus Geschäften mit Finanzinstrumenten des Handelsbestands und dem Handel mit Edelmetallen sowie die zugehörigen Erträge aus Zuschreibungen und Aufwendungen aus Abschreibungen **nicht verrechnen** dürfen, sondern jeweils brutto ausweisen (vgl. auch Fußnote 7 zum Formblatt 2 RechKredV bzw. zum Formblatt 3 RechKredV). Weiterhin ist zu beachten, dass § 340l HGB, der die **Offenlegung** von JA und LB sowie KA und KLB sowie der anderen in § 325 HGB bezeichneten Unterlagen nach § 325 Abs. 2 bis 5, §§ 328, 329 Abs. 1 und 4 HGB regelt, nur von FDLI anzuwenden ist, die KapGes. sind.

c) Einzelheiten

406 Aufgrund der zusätzlichen ergänzenden Vorschriften für FDLI in der RechKredV bestehen **im Einzelnen** folgende Anforderungen:

aa) Bilanz
(1) Aktivseite
(a) Aktivposten Nr. 3 Forderungen an Kreditinstitute

407 Abweichend von den Vorschriften für KI, bei denen dieser Posten nur die aus Bankgeschäften resultierenden Forderungen aufnimmt, sind von FDLI **alle Forderungen** an in- und ausländische KI einschließlich der von diesen eingereichten Wechsel als Forderungen an KI auszuweisen (§ 14 S. 1 RechKredV), soweit es sich nicht um börsenfähige Schuldverschreibungen, die dem Posten „Schuldverschreibungen und andere festverzinsliche Wertpapiere" (vgl. Tz. 150) zugehören, handelt.

(b) Aktivposten Nr. 4 Forderungen an Kunden

408 Gemäß Fußnote 2 von Formblatt 1 zu § 2 RechKredV zeigen FDLI die in diesem Bilanzposten enthaltenen Forderungen ggü. FDLI in einem **Darunter-Vermerk**.

(2) Passivseite
(a) Passivposten Nr. 1 Verbindlichkeiten gegenüber Kreditinstituten

409 Im Gegensatz zu den Vorschriften für KI, bei denen dieser Posten nur die aus Bankgeschäften resultierenden Verbindlichkeiten aufnimmt, sind von FDLI **alle Verbindlichkeiten** ggü. in- und ausländischen KI als Verbindlichkeiten ggü. KI auszuweisen (§ 21 S. 1 RechKredV).

(b) Passivposten Nr. 2 Verbindlichkeiten gegenüber Kunden

410 Nach Fußnote 7 zu Formblatt 1 zu § 2 RechKredV zeigen FDLI die in diesem Posten enthaltenen Verbindlichkeiten ggü. FDLI gesondert in einem **Darunter-Vermerk**.

bb) Gewinn- und Verlustrechnung
(1) Ertrag des Handelsbestands (Formblatt 2 Spalte Erträge Nr. 5 bzw. Formblatt 3 Nr. 7a)

411 Gemäß § 340 Abs. 4 S. 3 HGB i.V.m. § 340c Abs. 1 HGB und Fußnote 7, Formblatt 2 zu § 2 RechKredV haben FDLI, sofern sie nicht Skontroführer i.S.v. § 27 Abs. 1 BörsG sind, anstatt des Ertragspostens Nr. 5 (Nettoertrag des Handelsbestands) den Posten Nr. 5 „Ertrag des Handelsbestands" aufzuführen. Finanzdienstleistungsinstitute, die Skontroführer i.S.v. § 27 BörsG und nicht Einlagenkreditinstitut i.S.v. § 1 Abs. 3d S. 1 KWG sind, haben anstatt des Ertragspostens Nr. 5 (Nettoertrag des Handelsbestands) den Posten „Ertrag des Handelsbestands" aufzuführen und zu untergliedern (Wertpapiere, Futures, Optionen und Kursdifferenzen aus Aufgabegeschäften).

Bei Verwendung des Formblatts 3 zu § 2 RechKredV ergeben sich die entsprechenden Ertragsposten (vgl. Fußnote 7, Formblatt 3 zu § 2 RechKredV). **412**

(2) Aufwand des Handelsbestands (Formblatt 2 Spalte Erträge Nr. 5 bzw. Formblatt 3 Nr. 7b)

Entsprechend dem Ausweis der Erträge des Handelsbestands sind auch die Aufwendungen des Handelsbestands auszuweisen: Gemäß Fußnote 7, Formblatt 2 zu § 2 RechKredV, haben FDLI, sofern sie nicht Skontroführer i.S.v. § 27 Abs. 1 BörsG sind, anstatt des Aufwandspostens Nr. 3 (Nettoaufwand des Handelsbestands) den Posten Nr. 3 „Aufwand des Handelsbestands" aufzuführen. Finanzdienstleistungsinstitute, die Skontroführer i.S.v. § 27 BörsG und nicht Einlagenkreditinstitut i.S.v. § 1 Abs. 3d S. 1 KWG sind, haben anstatt des Aufwandspostens Nr. 3 (Nettoaufwand des Handelsbestands) den Posten Nr. 3 „Aufwand des Handelsbestands" aufzuführen und zu untergliedern (Wertpapiere, Futures, Optionen und Kursdifferenzen aus Aufgabegeschäften). **413**

Bei Verwendung des Formblatts 3 zu § 2 RechKredV ergeben sich die entsprechenden Aufwandsposten (vgl. Fußnote 7, Formblatt 3 zu § 2 RechKredV). **414**

cc) Anhang

Es wird auf die Erläuterungen in Tz. 396 zu den Angaben im Anh. von KI verwiesen, die auch für FDLI gelten. **415**

dd) Lagebericht

Für den Inhalt des LB von FDLI gelten die Ausführungen unter Tz. 403 zum LB von KI. **416**

d) Prüfung
aa) Vorschriften und Allgemeines

Für die Prüfung des JA gelten grds. die für die Prüfung des JA der KI geltenden Vorschriften (vgl. zu den diesbezüglichen Erläuterungen Tz. 594 ff.). Zu Besonderheiten und Problembereichen bei der Abschlussprüfung von FDLI vgl. auch *IDW PS 520*[228]. **417**

bb) Prüfungsbericht

Maßgeblich für die Erstellung des PrB über die Prüfung des JA der FDLI sind die Vorschriften der PrüfbV (vgl. dazu die Erläuterungen in Tz. 637[229]). **418**

Für einzelne FDLI enthalten §§ 51 bis 53 PrüfbV besondere Vorschriften zu weiteren **Prüfungsgegenständen** und zur **Berichterstattung**. **419**

II. Konzernabschluss

1. Aufstellungspflicht gem. § 340i Abs. 1 und Abs. 3 HGB

Kreditinstitute sind nach § 340i Abs. 1 HGB unabhängig von ihrer **Rechtsform** und **Größe** zur Aufstellung eines KA und eines KLB verpflichtet, wenn sie als MU anzusehen sind. Bei der Frage der KA-Aufstellungspflicht ist das MU-TU-Verhältnis nach natio- **420**

---
[228] WPg 2001, S. 982 ff. = FN-IDW 2001, S. 426 ff.
[229] Vgl. *Struwe/Thelen-Pischke*, PrüfbV, Rn. 653 ff.

nalem Recht und damit nach §§ 290 bis 292 HGB[230] zu beurteilen; die Anwendung größenabhängiger Erleichterungen (§ 293 HGB) ist ausgeschlossen (vgl. § 340i Abs. 2 S. 2 HGB).

421 Mutterunternehmen, die selbst **kein KI** sind, deren einziger Zweck aber darin besteht, Beteiligungen an TU zu erwerben sowie zu verwalten und zu verwerten, gelten nach § 340i Abs. 3 HGB für die Aufstellung des KA als KI, sofern diese TU ausschließlich oder überwiegend KI sind. Wegen dieser Fiktion als KI muss eine **Banken-Holding**[231] **oder Finanzholding**[232], die einen unternehmerischen Geschäftsbetrieb, aber ansonsten keine gewerbliche Tätigkeit ausübt, unabhängig von Rechtsform und Größe einen KA aufstellen, wenn sie MU eines KI ist. Zu beachten ist, dass sich die gesetzliche Fiktion nur auf den KA erstreckt und nicht auch den JA der Holding-Gesellschaft betrifft.[233] Die Banken-Holding ist nicht selbst KI i.S.v. § 1 Abs. 1 KWG. Erforderlich ist, dass es sich bei der Banken-Holding um ein Unternehmen[234] in öffentlich- oder privatrechtlich ausgestalteter Rechtsform handelt. Eingegrenzt wird der Anwendungsbereich des § 340i Abs. 3 HGB dadurch, dass das Halten von Beteiligungen an KI der einzige Zweck[235] sein muss. Übt die Banken-Holding noch andere (nicht bankgeschäftliche) Tätigkeiten aus, so ist zu prüfen, ob diese anderen gewerblichen Tätigkeiten so stark ausgeprägt sind, dass das MU seinen reinen Holding-Charakter verliert und der Konzern damit nicht mehr nur durch die bankgeschäftliche Tätigkeit des TU geprägt ist.

422 MU, die KI sind, sind aus dem Anwendungsbereich des PublG ausgenommen, da sich ihre KA-Aufstellungspflicht aus § 340i HGB rechtsformunabhängig ergibt (vgl. § 11 Abs. 5 S. 1 PublG).

423 Sofern das **MU** selbst kein KI ist und neben einem KI noch Beteiligungen an anderen Unternehmen besitzt oder selbst einer weiteren Tätigkeit nachkommt, richtet sich die Konsolidierung des KI als TU in diesen Fällen nach den **allgemeinen Vorschriften**.[236] Die geschäftszweig- und branchenspezifischen Ansatz- und Bewertungsvorschriften für KI sind auch von MU, die selbst kein KI sind, bei der KA-Aufstellung zu beachten (vgl. § 298 Abs. 1 S. 1, § 300 Abs. 2 S. 3, § 308 Abs. 1 S. 3 und Abs. 2 S. 2 HGB).[237]

424 Für die Pflicht zur Aufstellung eines KA sind mit Beteiligung eines KI folgende Varianten zu unterscheiden:

MU	TU	Aufstellungspflicht nach
KI	KI und/oder Nicht-KI	§ 340i Abs. 1 HGB
Nicht-KI (Banken-Holding), aber Fiktion für Zwecke des KA	Ausschließlich oder überwiegend KI	§ 340i Abs. 3 HGB
Nicht-KI	Nicht-KI und/oder KI	§ 290 HGB

---

230 Zum MU-TU-Verhältnis vgl. Kap. M Tz. 23 ff.
231 Vgl. *Hopt/Merkt*, Bilanzrecht, § 340i, Tz. 3.
232 Vgl. *Bieg*, Bankbilanzierung², S. 868.
233 § 340i Abs. 3 HGB spricht von „KI im Sinne dieses Titels", damit ist der „Fünfte Titel: KA, KLB, Konzernzwischenabschluss" und damit § 340i und § 340j HGB gemeint.
234 Zum Unternehmensbegriff vgl. Kap. M Tz. 65.
235 Vgl. hierzu BHdR, C 810, Rn. 15.
236 §§ 290 ff. HGB.
237 Typische Beispiele sind die KA in der Automobilbranche, die häufig KI bzw. FDLI konsolidieren.

Weil § 340 Abs. 1 HGB auf den gesamten Unterabschnitt verweist, gelten die Aufstellungspflichten für den KA nach § 340i Abs. 1 und Abs. 3 HGB entsprechend auch für **Zweigniederlassungen von KI aus Drittstaaten** sowie für **FDLI und ZI** nach § 340 Abs. 4 und 5 HGB. Darüber hinaus verweist § 19d InvG für die Rechnungslegung der KAG[238] auf §§ 340 bis 340o HGB und insoweit auch auf §§ 340i und 340j HGB. **425**

Eine KA-Aufstellungspflicht kommt dann auch für Zweigniederlassungen von KI aus Drittstaaten in Betracht.

Die von § 340 Abs. 4 und 5 HGB geforderte Anwendung der Vorschriften für KI auf FDLI und ZI schließt auch § 340i Abs. 3 HGB ein. Daher besteht nach Sinn und Zweck von § 340i Abs. 3 HGB eine KA-Aufstellungspflicht auch für Holdinggesellschaften, deren einziger Zweck es ist, ausschließlich oder überwiegend Beteiligungen an FDLI oder an ZI zu besitzen, auch wenn der Wortlaut des § 340i Abs. 3 HGB nur TU erwähnt, die ausschließlich oder überwiegend KI sind.[239] **426**

2. Befreiungsmöglichkeiten von der Aufstellungspflicht

Eine **Befreiungsmöglichkeit** von der KA-Aufstellungspflicht besteht grds. auch für KI, wenn sie zugleich MU und TU (MU eines Teilkonzerns) sind und in den KA des MU einbezogen werden (vgl. § 340i Abs. 1 S. 1 HGB, der die Anwendung der Vorschriften des Zweiten Unterabschn. des Zweiten Abschn. und damit auch die Anwendbarkeit des § 291 HGB anordnet). Für KI hat die Befreiungsmöglichkeit von der Aufstellung eines KA dennoch eingeschränkte praktische Bedeutung, da sie häufig kapitalmarktorientiert i.S.v. § 264d HGB sind; in diesem Fall kann das kapitalmarktorientierte MU, das zugleich TU ist, von der Befreiung keinen Gebrauch machen (vgl. § 291 Abs. 3 Nr. 1 HGB).[240] **427**

Eine (Teil-)KA-Aufstellungspflicht besteht weder für MU, die KI, Zweigniederlassungen aus Drittstaaten, FDLI oder ZI sind, noch für eine Holding i.S.v. § 340i Abs. 3 HGB, wenn dieses MU zugleich TU ist und der Teilkonzern mit befreiender Wirkung in den KA des obersten MU nach § 291 Abs. 1 und Abs. 2 S. 1 HGB einbezogen wird. Zusätzlich haben KI, die sich von ihrer eigenen KA-Aufstellungspflicht befreien lassen wollen, § 291 Abs. 2 S. 2 HGB zu beachten, um von ihrer Teil-KA-Aufstellungspflicht befreit werden zu können. **428**

§ 291 Abs. 2 S. 2 HGB sieht vor, dass KI unbeschadet der allgemeinen Voraussetzungen des Abs. 1 nur dann von der Teil-KA-Aufstellungspflicht befreit sind, wenn der befreiende KA und KLB des obersten MU im **Einklang mit der EU-Bankbilanzrichtlinie**[241] in ihrer jeweils geltenden Fassung steht. **429**

Der **persönliche Anwendungsbereich** des § 291 Abs. 2 S. 2 HGB spricht von KI. Fraglich ist, wie der Begriff „KI" in dieser Vorschrift zu verstehen ist. Einerseits werden KI, FDLI und ZI mit Verweis auf die Vorschrift des KWG in § 340 HGB definiert. Demnach könnte der Begriff „KI" i.S.v. § 291 Abs. 2 S. 2 HGB nur die in § 340 Abs. 1 HGB i.V.m. § 1 Abs. 1 KWG angesprochenen KI umfassen. Bei dieser Auslegung fallen FDLI und ZI nicht unter § 291 Abs. 2 S. 2 HGB mit der Konsequenz, dass ein KA, der den allgemeinen **430**

---

238 Vgl. für den JA der KAG Tz. 750 ff. sowie den gesonderten Abschn. zur Rechnungslegung und Prüfung der KAG.
239 Gleicher Ansicht *Bieg*, Bankbilanzierung², S. 868.
240 Vgl. hierzu Kap. M Tz. 106.
241 Richtlinie des Rates vom 08.12.1986 über den Jahresabschluß und den konsolidierten Abschluß von Banken und anderen Finanzinstituten (86/635 EWG, Abl. Nr. L 372/1, zuletzt geändert durch Richtlinie 2006/46/EG des Europäischen Parlaments und des Rates vom 14.06.2006, Abl.EU Nr. L 224/1).

Vorschriften genügt, befreiend sein kann. Andererseits wird in § 291 Abs. 2 S. 2 HGB auf die EU-Bankbilanzrichtlinie in ihrer jeweils geltenden Fassung[242] verwiesen. Deren Anwendungsbereich umfasst nicht nur KI, sondern auch FDLI, ZI und Finanzinstitute. Letztere sind nicht zur Rechnungslegung nach §§ 340 ff. HGB verpflichtet. Da § 291 Abs. 2 S. 2 HGB auf die EU-Bankbilanzrichtlinie verweist, ist der Begriff des KI in dem umfassenden Sinn wie in der EU-Bankbilanzrichtlinie auszulegen.

431 Nach Sinn und Zweck ist es geboten, den Anwendungsbereich von § 291 Abs. 2 S. 2 HGB entsprechend dem Anwendungsbereich des § 340 i.V.m. § 340 i HGB auszulegen, da Finanzinstitute zwar unter die EU-Bankbilanzrichtlinie fallen, aber nicht unter die Vorschriften der §§ 340 ff. HGB.

432 In **sachlicher Hinsicht**[243] stellt sich die Frage, welche Rechnungslegungsnormen mit der EU-Bankbilanzrichtlinie im Einklang stehen. Die Frage ist deshalb von besonderer Bedeutung, weil der KA des MU, der für einen Teil-KA eines KI befreiend wirken soll, entweder nach dem nationalen Recht des EU/EWR-Mitgliedstaats aufgestellt ist oder nach dem für KI geltenden nationalen Recht des EU/EWR-Mitgliedstaats oder auch nach den internationalen Rechnungslegungsvorschriften (IFRS), die keine branchenspezifischen Standards für KI vorsehen. Sofern das oberste MU selbst KI mit Sitz in der EU/EWR ist, ergeben sich keine Probleme, da das MU selbst die EU-Bankbilanzrichtlinie einhalten muss. Ist das oberste MU selbst kein KI, muss der KA den Vorschriften der EU-Bankbilanzrichtlinie entsprechen. Bei Anwendung der IFRS wird nach ihrem Endorsement durch die EU vermutet, dass sie im Einklang mit sämtlichen Bilanzierungsrichtlinien stehen, da dies Voraussetzung für die Übernahme in das Recht der EU ist. Sofern das oberste MU kein KI ist und keine IFRS anwendet, muss der KA auch den Vorschriften der EU-Bankbilanzrichtlinie entsprechen.

3. Anzuwendende Vorschriften

433 Ob der KA[244] nach den Vorschriften des HGB oder der IFRS aufzustellen ist, richtet sich seit der Verabschiedung des BilReG[245] danach, ob das KI als kapitalmarktorientiertes Unternehmen i.S.v. Art. 4 der IAS-VO[246] anzusehen ist oder nicht. Mit dem Bilanzrechtsmodernisierungsgesetz wurde die Definition für Kapitalmarktorientierung in § 264d HGB aufgenommen.

434 Ist das KI **kapitalmarktorientiert**, richtet sich nur das „ob", d.h. die Aufstellungspflicht, nach nationalem Recht, das „wie" der Konzernaufstellung richtet sich nach den **IFRS**. § 340i Abs. 2 S. 3 HGB enthält zwar nur für den Fall des § 315a Abs. 1 HGB einen Verweis, dennoch ist es nach Sinn und Zweck geboten auch in den Fällen des § 315a Abs. 2 HGB[247] bzw. beim Wahlrecht nach § 315a Abs. 3 HGB in gleicher Weise zu verfahren.

---

242 Ebenda.
243 Vgl. *Bieg*, Bankbilanzierung², S. 869.
244 Vgl. zu den Konzernrechnungslegungsvorschriften für KapGes. (§§ 290 HGB) im Einzelnen Kap. M Tz. 30 ff.
245 BilReG, BGBl. I 2004, S. 3166; *Wendlandt/Knorr*, KoR 2005, S. 53; vgl. zur Kapitalmarktorientierung in Deutschland: *Burger/Ulbrich*, KoR 2005, S. 39.
246 Verordnung (EG) Nr. 1606/2002, Abl.EG 2002, Nr. L 243/1.
247 Der Gesetzgeber hat mit dieser Vorschrift den Pflichtanwendungsbereich auf den Zeitpunkt der Antragstellung für die Zulassung an einem organisierten Markt im Inland vorgezogen.

4. Aufstellungsfrist und Offenlegung

Hinsichtlich der Aufstellungsfrist des KA von KI, FDLI und ZI gelten keine Besonderheiten.[248] Gemäß § 340i Abs. 1 HGB i.V.m. § 290 Abs. 1 HGB haben die gesetzlichen Vertreter des zur Konzernrechnungslegung verpflichteten MU den KA und den KLB **innerhalb der ersten fünf Monate** nach Ablauf des betreffenden Konzern-GJ aufzustellen.[249] **435**

Bei der Offenlegung der KA von KI gelten dieselben Vorschriften wie für den JA von KI, FDLI und ZI[250] unabhängig von dem angewendeten Rechnungslegungssystem. **436**

5. Konzernabschluss nach IFRS[251]

a) Anzuwendende Vorschriften

Bei der Aufstellung eines KA nach den Vorschriften der IFRS müssen KI alle geltenden IFRS und IFRIC-Stellungnahmen anwenden. Hinsichtlich der Vorschriften zum Konsolidierungskreis bzw. der Konsolidierung der TU gelten keine Besonderheiten für KI und FDLI, d.h. branchenspezifische Vorschriften bzw. Ausnahme bestehen nicht. **437**

Im KA nach den Vorschriften der IFRS sind daneben gem. § 315a HGB die dort genannten Vorschriften des HGB ergänzend zu beachten. Von den in § 315a Abs. 1 HGB genannten Vorschriften des HGB ersetzt § 340i Abs. 2 S. 4 HGB die Anh.-Angabe für Organkredite nach § 314 Abs. 1 Nr. 6c) HGB durch die Angabe nach § 34 Abs. 2 Nr. 2 i.V.m. § 37 RechKredV. Demnach ist von KI und FDLI der Gesamtbetrag der den Mitgliedern des Geschäftsführungsorgans, eines AR, eines Beirates oder einer ähnlichen Einrichtung gewährten Vorschüsse und Kredite sowie der zugunsten dieser Personen eingegangenen Haftungsverhältnisse jeweils für jede Personengruppe anzugeben. **438**

Von besonderer Relevanz für KI sind die Standards zur Bilanzierung von Finanzinstrumenten, da diese betragsmäßig den wesentlichen Teil des Geschäftsvolumens ausmachen. Dies sind IAS 32 (Finanzinstrumente: Darstellung), IAS 39 (Finanzinstrumente: Ansatz und Bewertung) bzw. IFRS 9 (Finanzinstrumente)[252] und IFRS 7 (Finanzinstrumente: Angaben). **439**

IAS 32 enthält die Definition der Finanzinstrumente und Vorschriften zur Abgrenzung von FK und EK sowie zur Klassifizierung von zusammengesetzten Instrumenten mit EK- und FK-Komponenten (compound instruments). **IAS 39** regelt die grundlegenden Bilanzierungs- und Bewertungsvorschriften von Finanzinstrumenten (Zugang und Abgang, Zugangs- und Folgebewertung). Die Bewertungsvorschriften fordern in Abhängigkeit von der Zuordnung der Finanzinstrumente zu den in IAS 39 definierten Kategorien eine Bewertung zum Fair value oder zu fortgeführten AK (sog. mixed model). Infolge des

---

248 Vgl. Kap. F Tz. 5.
249 Vgl. *ADS*[6], § 290 HGB, Tz. 157.
250 Vgl. Kap. F Tz. 6.
251 Die Ausführungen zum KA nach IFRS berücksichtigen den Stand der Verlautbarungen und Literatur bis Ende September 2011. Die Vorschriften für die (Konzern-)Rechnungslegung der KI nach IFRS werden hier nur für KI-spezifische Sachverhalte dargestellt. Zur Gesamtdarstellung vgl. in diesem Handbuch Kap. N, zu weiterführender Speziallliteratur vgl. insb. *Heuser/Theile* IFRS[4]; *Lüdenbach/Hoffmann*, IFRS[9]; Beck-IFRS[3]; PricewaterhouseCoopers[4], *Kuhn/Scharpf*, Finanzinstrumente[3].
252 IFRS 9, Finanzinstrumente, bildet die erste des sog. Drei-Phasen-Projekts, mit dem IAS 39 stufenweise ersetzt werden soll. Die Anwendung ist zunächst für GJ, die am oder nach dem 01.01.2013 beginnen, vorgesehen (vorzeitige Anwendung nach erfolgtem EU-Endorsement zulässig). Mit Exposure Draft ED/2011/3 vom August 2011 empfiehlt das IASB, die Anwendung erst für GJ, die am oder nach dem 01.01.2015 beginnen, verpflichtend zu machen, damit der gesamte IFRS 9 inkl. Phase 2 und 3 zu einem einheitlichen Stichtag anzuwenden ist.

nicht einheitlichen Bewertungsmaßstabes sind für die Bilanzierung von Sicherungsbeziehungen (Hedge accounting) freiwillig anzuwendende Vorschriften in IAS 39 enthalten. **IFRS 9** reduziert die bei Zugang zu bestimmenden Kategorien für finanzielle Vermögenswerte, nach denen sich dann die Bewertung zu fortgeführten AK bzw. zum Fair value richtet. **IFRS 7** enthält die Offenlegungsanforderungen im Zusammenhang mit Finanzinstrumenten. Diese umfassen Angaben zu den Kategorien bzw. Klassen, Bilanzierungs- und Bewertungsmethoden, Umwidmungen, zum Fair value und dessen Ermittlung, zum Hedge accounting sowie zu Kredit-, Liquiditäts- und Marktpreisrisiken.

b) Konsolidierungskreis

440 Ein KI hat grds. **alle in- und ausländischen TU** im Wege der Vollkonsolidierung in den KA einzubeziehen (IAS 27.12). TU sind alle von einem KI beherrschten Unternehmen; die Unternehmenseigenschaft ist jedoch keine zwingende Voraussetzung (IAS 27.4 und SIC-12.1). Der Einbeziehungsgrundsatz umfasst auch diejenigen TU, die sich in ihrer Tätigkeit von den übrigen Konzernunternehmen unterscheiden (IAS 27.17). In den Konsolidierungskreis einzubeziehen sind auch mit Wiederveräußerungsabsicht erworbene TU (Fußnote zu IAS 27.12).[253] Explizite Konsolidierungswahlrechte sind in den IFRS nicht enthalten.[254]

441 In der Praxis ergeben sich bei KI häufig Fragestellungen hinsichtlich der Einbeziehung von sog. **Verbriefungen** in den Konsolidierungskreis. Hierbei werden – häufig aus Refinanzierungsgesichtspunkten – Risiken zwischen dem die Vermögenswerte übertragenden KI (Originator) und einem oder mehreren Kapitalmarktteilnehmern übertragen. Hierbei kommen häufig für derartige Transaktionen gegründete Zweckgesellschaften (SPE bzw. SPV) zum Einsatz, deren Konsolidierung nach IAS 27 i.V.m. SIC-12 zu beurteilen ist.[255] Die Beurteilung der Konsolidierungsfrage erfolgt unter Würdigung der Gesamtumstände unter Einbeziehung aller vier Indikatoren in SIC-12.10.[256]

Zu den Indikatoren in SIC-12.10 zählen u.a. Chancen und Risiken. Relevant sind in diesem Zusammenhang eigentümertypische Chancen und Risiken. Eigentümertypische Risiken sind als **Abweichungen** der tatsächlichen von den erwarteten **Zahlungsströmen** zu definieren.[257] Übertragen werden diese Risiken z.B. durch die Vereinbarung der Übernahme des sog. Equity Piece, eines variablen Kaufpreises, oder auch First-loss-Garantien.[258] Bei einer Verbriefungstransaktion werden darüber hinaus zur Verbesserung des Ratings der von der SPE emittierten Wertpapiere oftmals Liquiditätslinien gewährt. Die die Liquiditätslinien gewährende Bank ist dadurch (Zahlungsstrom-)Variabilitäten aus dem verbrieften Portfolio der SPE ausgesetzt, woraus sich eine Konsolidierungspflicht ergeben kann.[259] Durch das Abstellen auf eigentümertypische Chancen und Risiken kann die Situation eintreten, dass eine Partei zwar den größten Teil der gesamten Zahlungsströme aus der SPE erhält, aufgrund ihres beschränkten Gewinn- und Verlustrisikos aber

---

253 Die Fn. verweist auf IFRS 5 und dieser enthält in IG, Beispiel 13, Erleichterungen; vgl. *Beck-IFRS³*, § 32, Rn. 7.
254 Vgl. hierzu im Einzelnen Kap. N Tz. 896.
255 Vgl. Kap. N Tz. 894; *IDW RS HFA 9*, WPg Supplement 2/2007, S. 83 ff. = FN-IDW 2007, S. 326 ff., FN-IDW 2011, S. 326, Tz. 152 ff.; *PricewaterhouseCoopers⁴*, S. 1424 ff.
256 Vgl. *Lüdenbach/Hoffmann*, IFRS⁹, § 32, Rn. 68 ff.; *Heuser/Theile*, IFRS⁴, S. 585.
257 Vgl. *IDW RS HFA 9*, WPg Supplement 2/2007, S. 83 ff. = FN-IDW 2007, S. 326 ff., FN-IDW 2011, S. 326, Tz. 168.
258 Vgl. *IDW RS HFA 9*, WPg Supplement 2/2007, S. 83 ff. = FN-IDW 2007, S. 326 ff., FN-IDW 2011, S. 326, Tz. 153.
259 Vgl. *IDW RS HFA 2*, WPg 2005, S. 1402 ff. = FN-IDW 2005, S. 815 ff., WPg Supplement 4/2008, S. 35 ff. = FN-IDW 2008, S. 483 ff., Tz. 64.

wirtschaftlich die Position eines gesicherten FK-Gebers hat, so dass die Indikatoren „Chancen und Risiken" nicht auf die Beherrschung der SPE durch diese Partei hindeuten.

Übertragen mehrere KI finanzielle Vermögenswerte (z.B. Forderungen) an dasselbe SPE, sog. **Multi-seller-SPE**, ist für die Frage der Konsolidierung zu prüfen, ob zellulare oder Silo-Strukturen vorliegen. Ein solcher Aufbau liegt vor, wenn mehrere Transaktionen über eine einzige SPE durchgeführt werden, die einzelnen Transaktionen jedoch wirtschaftlich voneinander so getrennt sind, dass kein Risiko- und Chancenausgleich oder nur ein unwesentlicher Risiko- und Chancenausgleich innerhalb der Gesellschaft erfolgt. Die Transaktionsparteien einer Zelle übernehmen keine oder nur unwesentliche Chancen und Risiken aus der Geschäftstätigkeit anderer Zellen. Unter den übrigen Voraussetzungen gelten diese Zellen als eigenständige SPE i.S.v. SIC-12 und sind gesondert auf das Bestehen eines Beherrschungsverhältnisses bzw. einer Konsolidierungspflicht zu prüfen. Die Frage, ob eine zellulare Struktur vorliegt, ist unter Würdigung der Gesamtumstände und der Verhältnisse zu beantworten.[260]

Neben den Verbriefungstransaktionen werden SPE von KI in der Praxis bei Leasing- und Immobilientransaktionen verwendet.[261]

Im Rahmen des Projekts „Consolidation" hat das IASB am 12.05.2011 IFRS 10[262] verabschiedet, der eine allgemeingültige Definition der Beherrschung enthält. Mit der Anwendung von IFRS 10 werden die Konsolidierungsregeln in IAS 27 und SIC-12 aufgehoben. Die neue Definition in IFRS 10 ist für alle Unternehmen – auch für Zweckgesellschaften – einheitlich anzuwenden.

In IFRS 10 finden sich viele Elemente von SIC-12 wieder, die bei der Beurteilung der Beherrschung insb. einer Zweckgesellschaft zu berücksichtigen sind. Die folgenden Elemente sind dabei vorrangig in die Beurteilung einzubeziehen:

- Entscheidungsmacht im Gründungszeitpunkt (IFRS 10.B51);
- vertragliche Vereinbarungen im Gründungszeitpunkt über Aktivitäten, die eng mit den Aktivitäten des Unternehmens verbunden sind (IFRS 10.B52);
- vorherbestimmte Führung der Geschäftsaktivitäten und Rückflüsse aus dem Unternehmen, bis bestimmte Ereignisse eintreten (IFRS 10.B53);
- Investor hat direkt oder indirekt die Verpflichtung sicherzustellen, dass das Unternehmen in seiner Struktur fortgesetzt wird (IFRS 10.B54).

Daneben enthält IFRS 10.B19 **weitere Indikatoren**, die dafür sprechen, dass ein Investor nicht nur ein passives Interesse an einem Unternehmen hat, sondern Beherrschung vorliegen könnte.

Nach IFRS 10.B76 kann ein Teil eines Unternehmens vom Investor als separate Einheit (Silo) betrachtet und auf Beherrschung hin untersucht werden. Dies ist jedoch nach IFRS 10.B77 nur dann zulässig, wenn spezifische Vermögenswerte des Unternehmens (specified assets) die einzige Quelle für die Bedienung von Verbindlichkeiten sind und Dritten keine Rechte an diesen Vermögenswerten zustehen. Die Vermögenswerte, Verpflichtungen und das Eigenkapital der Teileinheit müssen demnach vom Rest des Unternehmens klar abgegrenzt sein (ring-fenced).

---

[260] Vgl. *IDW RS HFA* 2, WPg 2005, S. 1402 ff. = FN-IDW 2005, S. 815 ff., WPg Supplement 4/2008, S. 35 ff. = FN-IDW 2008, S. 483 ff., Tz. 59; *Lüdenbach/Hoffmann*, IFRS^9, § 32, Rn. 84.

[261] Zu den Kriterien für die Anwendung der für Zweckgesellschaften einschlägigen Regelung; vgl. *IDW RS HFA* 2, WPg 2005, S. 1402 ff. = FN-IDW 2005, S. 815 ff., WPg Supplement 4/2008, S. 35 ff. = FN-IDW 2008, S. 483 ff., Tz. 55 f.

[262] Anzuwenden auf Geschäftsjahre, die ab dem 01.01.2013 beginnen.

Für Zweckgesellschaften, die nicht die Anforderungen des IFRS 10 erfüllen und daher nicht konsolidiert werden, sind vom Investor jedoch die Angabepflichten nach IFRS 12 zu erfüllen.

c) Konzernbilanz und Konzern-Gesamtergebnisrechnung
aa) Besonderheiten der Bilanzierung und Bewertung[263]

442 Nach der Definition in IAS 32.11 ist ein **Finanzinstrument** eine vertragliche Vereinbarung, die gleichzeitig bei dem einen Unternehmen zu einem finanziellen Vermögenswert und bei dem anderen Unternehmen zu einer finanziellen Verpflichtung oder einem EK-Instrument führt. Dies umfasst sowohl originäre als auch derivative Produkte, z.B. Bargeld, Forderungen, Wertpapiere, Verpflichtungen und Optionen, Termingeschäfte, Swaps. Aufgrund der umfassenden Definition bestehen zahlreiche Ausnahmen für den Anwendungsbereich, wobei diese für IAS 32, IAS 39 und IFRS 7 teilweise unterschiedlich sind.[264]

443 Aufgrund der Relevanz der Finanzinstrumente für KI sind die Vorschriften von IAS 39 bzw. IFRS 9 von besonderer Bedeutung und werden hier unter Berücksichtigung der KI-spezifischen Sachverhalte dargestellt.

bb) Vorschriften von IAS 39 bzw. IFRS 9 für Finanzinstrumente
(1) Zugangsvorschriften

444 Der erstmalige Bilanzansatz von Finanzinstrumenten erfolgt bei Vertragsabschluss (IAS 39.14, IFRS 9.3.1.1). Besonderheiten bestehen bei KI insb. bei folgenden Geschäften:

- Für marktübliche Kassakäufe und -verkäufe, sog. **regular way contracts**, bei denen die Lieferung des Vertragsgegenstands i.d.R. nicht am Handelstag, sondern innerhalb einer marktüblichen Frist am Erfüllungstag erfolgt (z.B. Devisen- oder Wertpapierkassageschäft), besteht ein für jede Kategorie einheitlich auszuübendes und stetig beizubehaltendes Bilanzierungswahlrecht, diese entweder am Handels- oder Erfüllungstag zu erfassen (IAS 39.38, IAS 39.AG53–56, IFRS 9.3.1.2).[265] Bei Erfassung der Finanzinstrumente am Erfüllungstag ist die Wertänderung zwischen Handels- und Erfüllungstag als sonstige Forderung bzw. Verpflichtung zu bilanzieren. Voraussetzung für die Anwendung dieses Bilanzierungswahlrechts ist, dass die tatsächliche Lieferung des Finanzinstruments vertraglich vereinbart ist. Soweit eine Erfüllung auch mittels Barausgleich möglich ist, handelt es sich um ein am Handelstag zu bilanzierendes Derivat (IAS 39.AG54).

- **Unwiderrufliche Kreditzusagen** sind nur bei Erfüllung besonderer Voraussetzungen in der Bilanz zu erfassen (IAS 39.2(h) i.V.m. IAS 39.4, IFRS 9.2.1 i.V.m. IAS 39.2(h)). Mit Vertragsabschluss zu bilanzieren sind demnach Kreditzusagen, die der Kategorie financial liabilities at fair value through profit or loss zu geordnet werden,[266] die durch Barausgleich oder Emission eines anderen Finanzinstruments erfüllt werden können oder die zu einem unter dem Marktzins liegenden Zinssatz gewährt werden. Kreditinstitute, für die es in der Vergangenheit üblich war, nach Inanspruchnahme der Zusage die betreffenden Kreditforderungen zeitnah zu veräußern, müssen Kreditzusagen

---

263 Vgl. zu den Ansatz- und Bewertungsvorschriften im Einzelnen Kap. N Tz. 563.
264 Vgl. hierzu im Einzelnen Kap. N Tz. 570.
265 Vgl. *Beck-IFRS*³, § 3, Rn. 95 ff.
266 Damit wird auch die spätere Kreditforderung bereits bei Zusage dieser Kategorie zugeordnet.

ebenfalls mit Vertragsabschluss erfassen. In allen anderen Fällen werden Kreditzusagen bilanziell nicht erfasst.[267]
- Soweit es sich bei Garantie-Verpflichtungen um **Finanzgarantien** i.S.v. IAS 39.9 handelt, sind diese beim Emittenten zum Zeitpunkt des Vertragseintritts nach den speziellen Bewertungsvorschriften von IAS 39.47(c) zu erfassen (z.B. Bankgarantien, Bürgschaften, Zahlungsgarantien und Stand-by Letters of Credit). Bei Garantien, die nicht unter die Definition der Finanzgarantie fallen, ist zu prüfen, ob ein unter den Anwendungsbereich von IAS 39 fallendes Derivat vorliegt (z.B. im Zusammenhang mit der Verwaltung von Investmentfonds abgegebene Performance-Garantien) oder evtl. eine Rückstellung nach IAS 37 zu bilden ist (z.B. Leistungsgarantien).[268]
- Zur Erfassung von **Pensions- und Wertpapierleihegeschäften** vgl. Tz. 490.

(2) Kategorisierung von Finanzinstrumenten

(a) Vorschriften gemäß IAS 39

In Abhängigkeit von der Zwecksetzung müssen auf der **Aktivseite** finanzielle Vermögenswerte im Zugangszeitpunkt den Kategorien von IAS 39 zugeordnet werden.[269] Gemäß IAS 39.9 i.V.m. IAS 39.45 ergeben sich folgende Kategorien:

445

- GuV-wirksam zum Fair value bewertete finanzielle Vermögenswerte (financial assets at fair value through profit or loss). Diese Kategorie umfasst die Handelsaktiva (financial assets held for trading) und die zum Fair value designierten finanziellen Vermögenswerte (financial assets designated as at fair value through profit or loss);
- bis zur Endfälligkeit gehaltene Finanzinvestitionen (held-to-maturity investments);
- Kredite und Forderungen (loans and receivables);
- zur Veräußerung verfügbare finanzielle Vermögenswerte (available-for-sale financial assets).

Für KI typische Geschäfte sind dabei wie folgt zu kategorisieren:

Handelsaktiva

446

Die Kategorie „Handelsaktiva" umfasst zwingend die Finanzinstrumente, die mit einer kurzfristigen Wiederveräußerungsabsicht erworben wurden oder die Bestandteile eines Portfolios sind, dem eine kurzfristige Gewinnerzielungsabsicht zugrunde liegt. Für eine kurzfristige Wiederveräußerungsabsicht ist entscheidend, ob die Finanzinstrumente zur Gewinnerzielung aus kurzfristigen Schwankungen der Preise oder Händlermargen verkauft werden sollen (IAS 39.9 i.V.m. IAS 39.AG14). Derivative Finanzinstrumente sind grds. dieser Kategorie zuzuordnen, es sei denn, sie gelten als Sicherungsinstrumente i.S.v. IAS 39. Zu den Handelsaktiva gehören typischerweise Wertpapiere des Handelsbestands, handelbare Forderungen oder Schuldscheindarlehen des Handelsbestands. Eine Klassifizierung von Geldhandelsgeschäften als „Handelsaktiva" setzt voraus, dass diese Teil eines aktiv gesteuerten Portfolios sind, für das nachweislich kurzfristige Gewinnmitnahmen i.S.v. erzielten Ergebnissen vorliegen und das getrennt von anderen Anlage- und Refinanzierungsbeständen geführt wird.

---

[267] Vgl. *PricewaterhouseCoopers⁴*, S. 296 f.
[268] Vgl. *Weigel/Barz*, BankPraktiker 2006, S. 606; *Scharpf/Weigel/Löw*, WPg 2006 S. 1492.
[269] Vgl. hierzu im Einzelnen Kap. N Tz. 580.

447 Zum Fair value designierte Finanzinstrumente (sog. Fair-value-Option)

Für die Zuordnung zu dieser Kategorie besteht ein bei Zugang des betreffenden Finanzinstruments auszuübendes Wahlrecht. Die Designation von Finanzinstrumenten erfolgt unwiderruflich und ist an spezifische Voraussetzungen geknüpft. Voraussetzung ist, dass mit dieser Designation die Relevanz der JA-Informationen erhöht wird, weil sonst den Vermögenswerten und Verpflichtungen eine unterschiedliche Basis zur Bewertung zugrunde liegen würde (sog. accounting mismatch) oder weil die betreffenden Finanzinstrumente auf Fair-value-Basis unter Berücksichtigung einer dokumentierten Investment- oder Risikomanagementstrategie gesteuert werden und deren Performance auf Fair-value-Basis gemessen wird. Daneben ist eine Designation auch zulässig, soweit es sich um ein strukturiertes Produkt handelt, dessen eingebettetes Derivat die Zahlungsströme des zugrunde liegenden Grundvertrags wesentlich verändert, und es nicht unmittelbar ersichtlich ist, dass bei der Betrachtung dieses oder eines vergleichbaren Produkts eine Trennung nicht erforderlich ist (IAS 39.11A).

Alle Anwendungsfälle setzen voraus, dass der Fair value zuverlässig ermittelt werden kann, z.B. Notierung an einem aktiven Markt oder Nutzung adäquater Bewertungsmethoden. Nicht an einem aktiven Markt notierte EK-Titel, für die in Ausnahmefällen ein Fair value nicht zuverlässig ermittelt werden kann (IAS 39.46(c)), sind von der Anwendung der Fair-value-Option ausgeschlossen.

- Für die Anwendung der Fair-value-Option aufgrund eines accounting mismatch muss die Beseitigung bzw. wesentliche Verringerung der Bewertungs- oder Ergebniserfassungsinkongruenz prospektiv nachgewiesen werden. In der Praxis wird die Fair-value-Option von KI häufig genutzt, da in diesem Fall nicht die strengen Effektivitätskriterien des Hedge accounting nach IAS 39.88 einzuhalten sind, im Ergebnis aber ein vergleichbares Bewertungsergebnis erreicht wird. Ein typischer Anwendungsfall für einen accounting mismatch stellt die Absicherung einer Kreditforderung (Bewertung zu fortgeführten AK) mit einem Payer-Zinssatz (Bewertung zum Fair value) dar (zu weiteren Beispielen siehe IAS 39.AG4D ff.).[270]

- Die Voraussetzung der Steuerung auf Fair-value-Basis erfordert eine zugrunde liegende dokumentierte Risikomanagementstrategie sowie eine interne Berichterstattung auf Fair-value-Basis an die Schlüsselpersonen des KI (i.d.R. Vorstandsmitglieder). Bei der Steuerung muss die gesamte Fair-value-Änderung berücksichtigt werden, also nicht nur Teile (etwa in Form des Zinsrisikos oder des Ausfallrisikos (IAS 39.AG4H ff.)). In der Praxis wird die Fair-value-Option häufig für Aktien- und/oder Rentenportfolien konsolidierter Spezial-SV genutzt.[271]

- Der dritte Anwendungsfall der Fair-value-Option setzt eingebettete Derivate voraus, für die im Rahmen einer erstmaligen Beurteilung ersichtlich ist, dass eine offensichtlich Nichttrennung nicht vorliegt. In diesen Fällen ist dann eine Trennung der Produkte nicht erforderlich. Beispiele sind u.a. Wandelanleihen, Credit Linked Notes und Index- bzw. Hedgefonds-Zertifikate.

448 Bis zur Endfälligkeit gehaltene Finanzinvestitionen

Eine Zuordnung setzt voraus, dass es sich um nicht-derivative finanzielle Vermögenswerte handelt, die bestimmte oder bestimmbare Zahlungen und einen Fälligkeitstermin

---

270 Vgl. zu Auslegungsfragen und Anwendungsmöglichkeiten *Eckes/Weigel*, KoR 2006, S. 1.
271 Vgl. zu weiteren Beispielen und den bankaufsichtsrechtlichen Anforderungen *Kuhn/Scharpf*, Finanzinstrumente³, Rn. 430 ff.

aufweisen.[272] Darüber hinaus muss das bilanzierende Unternehmen die Absicht haben (IAS 39.AG17 ff.) sowie rechtlich und finanziell in der Lage sein (IAS 39.AG23), die Finanzinstrumente bis zur Endfälligkeit zu halten. Diese Absicht und die Fähigkeit sind bei Zugang und zu jedem der Kategorisierung folgenden Bilanzstichtag bzw. Stichtag des Zwischenabschlusses zu prüfen (IAS 39.AG25). Die Voraussetzungen für die Zuordnung zu dieser Kategorie können nur festverzinsliche Wertpapiere erfüllen, nicht hingegen die meisten Anteilswerte, da diese regelmäßig eine unbegrenzte Laufzeit haben oder über keine bestimmbaren (Zins-)Zahlungen verfügen (IAS 39.AG17). Erfüllt ein Finanzinstrument die Definition der Kategorie „Kredite und Forderungen" – weil es z.B. nicht börsennotiert ist –, geht diese Kategorisierung vor. Eine Zuordnung als „bis zur Endfälligkeit gehaltene Finanzinvestitionen" ist zulässig für bspw. schuldrechtliche Wertpapiere (debt securities), nicht aber für Investmentfondsanteile (in der Praxis Kategorisierung als „zur Veräußerung verfügbare finanzielle Vermögenswerte").

Erfolgt für mehr als einen unwesentlichen Teil an Finanzinstrumenten dieser Kategorie ein Verkauf oder eine Umwidmung, führt dies gemäß den sog. Tainting-Vorschriften von IAS 39.9 zur Auslösung der Kategorie und dem Verbot der Neubildung im laufenden und den beiden folgenden GJ (zweijährige Sperrfrist). In der Praxis kommt dieser Kategorie damit im Gegensatz zum Anlagebestand nach § 340e Abs. 1 HGB nur eine untergeordnete Bedeutung zu.

Kredite und Forderungen   449

Eine entsprechende Zuordnung ist zulässig für nicht-derivative Finanzinstrumente mit festen und bestimmbaren Zahlungen, die nicht an einem aktiven Markt[273] notiert sind, für die keine kurzfristige Weiterveräußerungsabsicht besteht und die nicht als „zur Veräußerung verfügbare finanzielle Vermögenswerte" oder „zum Fair value designierte Vermögenswerte" kategorisiert wurden. Sofern erwartet wird, dass die ursprüngliche Investition aus anderen Gründen als einer Bonitätsverschlechterung nicht zurückgezahlt wird (z.B. Reverse Floater ohne Zinsbegrenzung, Indexzertifikate mit einer von der Indexentwicklung abhängigen Rückzahlung), ist eine Klassifizierung als „Kredite und Forderungen" nicht zulässig (IAS 39.9).

– Ein Anteil an einem Portfolio von Vermögenswerten kann nicht als „Kredite und Forderungen" kategorisiert werden, wenn die darin enthaltenen Finanzinstrumente nicht selbst dieser Kategorie entsprechen (z.B. Anteile an einem Investmentfonds mit nicht als „Kredite und Forderungen" kategorisierten Finanzinstrumenten).

– Teilbeträge eines Konsortialkredits, die der bilanzierende Konsortialführer ursprünglich zur Syndizierung vorgesehen hatte, aber nicht weiterreichen konnte („fehlgeschlagene Syndizierung"), können wegen der kurzfristigen Veräußerungsabsicht nicht als „Kredite und Forderungen" klassifiziert werden, sondern sind den „Handelsaktiva" zuzuordnen.

---

272 Ein (nicht-trennungspflichtiges) Schuldnerkündigungsrecht steht der Klassifizierung als held-to-maturity dann nicht entgegen, wenn das bilanzierende Unternehmen als Gläubiger beabsichtigt, den Vermögenswert bis zur Fälligkeit bzw. bis zur Ausübung des Schuldnerkündigungsrechts zu halten, und den Forderungsbetrag im Wesentlichen zurückerhält (IAS 39.AG18).

273 Weder IAS 32 noch IAS 39 enthalten eine Definition des „aktiven Markts", legen jedoch Kriterien hierfür fest (IAS 39.AG71). *IDW RS HFA 9*, WPg Supplement 2/2007, S. 83 ff. = FN-IDW 2007, S. 326 ff., FN-IDW 2011, S. 326, Tz. 63 f., operationalisiert diese Kriterien bezogen auf den deutschen Markt für ausgewählte Finanzinstrumente.

450 Zur Veräußerung verfügbare finanzielle Vermögenswerte

Diese Kategorie dient der Erfassung aller übrigen Finanzinstrumente, d.h. solcher, die keiner der anderen drei Kategorien zugeordnet werden können (IAS 39.9). Es handelt sich hierbei i.d.R. um Finanzinstrumente, bei denen eine Verkaufsabsicht besteht bzw. nicht ausgeschlossen wird, eine Handelsabsicht aber verneint wird bzw. eine GuV-wirksame Fair-value-Bewertung nicht beabsichtigt ist. Aufgrund der fehlenden Bestimmbarkeit der Zahlungen sind hier alle EK-Instrumente einzuordnen, sofern sie nicht der Kategorie „GuV-wirksam zum Fair value bewertete finanzielle Vermögenswerte" zugewiesen werden.

451

Auf der **Passivseite** ist zunächst eine Abgrenzung zwischen EK und FK nach IAS 32 vorzunehmen.[274] Für FK-Instrumente unterscheidet IAS 39 zwei Kategorien:

— finanzielle Verpflichtungen, die GuV-wirksam zum Fair value bewertet werden (financial liabilities at fair value through profit or loss): Diese Kategorie umfasst die Handelspassiva und die zum Fair value designierten Verpflichtungen;

— sonstige Verpflichtungen (other liabilities): Hier werden z.B. Verbindlichkeiten ggü. KI und Kunden sowie verbriefte und nachrangige Verbindlichkeiten zugeordnet.

452 Handelspassiva

In der Kategorie „Handelspassiva" sind Finanzinstrumente mit einer kurzfristigen Rückkaufsabsicht oder Gewinnerzielungsabsicht, Derivate mit negativen Marktwerten (Ausnahme: Sicherungsinstrumente i.S.v. IAS 39.72 ff.), Lieferverpflichtungen aus Leerverkäufen sowie finanzielle Verpflichtungen, die Teil eines Portfolios gemeinsam gemanagter Finanzinstrumente mit nachweislicher Handelsabsicht sind, auszuweisen. Die Kategorisierung von (verbrieften) Verbindlichkeiten als „Handelspassiva" ist in der Praxis i.d.R. nicht zulässig, da hier die Refinanzierung im Vordergrund steht.[275]

453 Zum Fair value designierte finanzielle Verpflichtungen

Finanzielle Verpflichtungen können unabhängig von der mit ihnen verbundenen Zwecksetzung unwiderruflich dieser Kategorie zugeordnet werden (zu den Voraussetzungen für die Designation vgl. die Ausführungen für finanzielle Vermögenswerte in Tz. 447).

454

Finanzinstrumente, die sowohl nicht-derivative als auch derivative Bestandteile enthalten (sog. **strukturierte Produkte** oder combined instruments), sind nach IAS 39.11 im Zugangszeitpunkt in Abhängigkeit von der Erfüllung der Voraussetzungen entweder in ihre Bestandteile aufzuteilen und getrennt zu bilanzieren oder als Ganzes zu kategorisieren. Demnach ist ein eingebettetes Derivat vom Basisvertrag zu trennen,[276] wenn die wirtschaftlichen Merkmale und Risiken des eingebetteten Derivats keine enge Verbindung zu den wirtschaftlichen Merkmalen und Risiken des Basisvertrags aufweisen, d.h. wenn die Bestandteile nicht auf dem gleichen Risikofaktor (z.B. Zinsrisiko) basieren (vgl. zu Beispielen IAS 39.AG30–33) und bei isolierter Betrachtung das eingebettete Derivat die Kriterien eines Derivats erfüllt, d.h. der Wert verändert sich in Abhängigkeit von einer finanziellen oder nicht-finanziellen Variablen, es sind keine oder nur unwesentliche Anfangsinvestitionen erforderlich und die Erfüllung erfolgt in der Zukunft (IAS 39.9) und das strukturierte Finanzinstrument wird nicht in seiner Gesamtheit GuV-wirksam zum Fair value bewertet.

---

[274] Vgl. zur Abgrenzung von EK und FK Tz. 513; zur Bilanzierung von Nachrangkapital Tz. 512; *IDW RS HFA 45*, WPg Supplement 2/2011, S. 143 ff. = FN-IDW 2011, S. 326 ff.

[275] Vgl. *PricewaterhouseCoopers*[4], S. 318.

[276] Vgl. zu weiteren Beispielen *Schaber u.a.*, Strukturierte Finanzinstrumente[2], S. 16 ff.

Eine Trennung ist unzulässig, wenn diese Bedingungen nicht kumulativ erfüllt sind. In der 455 Praxis sind folgende Produkte zu trennen, soweit sie nicht GuV-wirksam zum Fair value bewertet werden: Aktienindexanleihen, Aktienzertifikate, Hedgefonds-Zertifikate[277], Wandelanleihen oder Credit Linked Notes.[278] Finanzinstrumente mit Gläubigerkündigungsrechten sind nur dann zu trennen, wenn der Rückzahlungswert bei Kündigung nicht annähernd den fortgeführten AK entspricht (IAS 39.AG30(g)). Eingebettete Derivate, die einen Hebeleffekt auslösen oder dem gleichen Risiko wie der Basisvertrag unterliegen, aber mit einer entgegengesetzten Wirkung behaftet sind und bei denen eine vollständige Rückzahlung des Anlagebetrags nicht gewährleistet ist, sind ebenfalls vom Basisvertrag getrennt zu bilanzieren (IAS 39.AG33(a)). Caps und Floors sind nur dann gem. IAS 39.AG33(b) aus strukturierten Finanzinstrumenten zu trennen, sofern sie einen Hebeleffekt enthalten und im Emissionszeitpunkt der Floor den herrschenden Marktzinssatz überschreitet bzw. der Cap unter dem herrschenden Marktzinssatz liegt.

Bei der Zugangsbewertung ergibt sich der Wert des Basisvertrags grds. als Differenz aus dem zum Fair value bewerteten eingebetteten Derivat und den AK des strukturierten Finanzinstruments (IAS 39.AG28).

Die im Zugangszeitpunkt gewählte Kategorie ist grds. für die Folgebewertung beizubehalten. **Umkategorisierungen** sind nur in den insb. aufgrund der Finanzmarktkrise erweiterten Ausnahmefällen von IAS 39.50–54[279] zulässig. 456

GuV-wirksam zum Fair value bewertete finanzielle Vermögenswerte 457

Eine Umkategorisierung eines Finanzinstruments in diese Kategorie nach dem erstmaligen Ansatz ist nicht zulässig (IAS 39.50). Für eine Umkategorisierung von Finanzinstrumenten aus dieser Kategorie gilt Folgendes:

- Eine Umkategorisierung aus den „Handelsaktiva" in „zur Veräußerung verfügbare finanzielle Vermögenswerte" oder „bis zur Endfälligkeit gehaltene Finanzinvestitionen" ist nach IAS 39.50(c) i.V.m. IAS 39.50B und IAS 39.50C zulässig, soweit keine kurzfristige Veräußerungs- oder Rückkaufsabsicht mehr besteht und seltene Umstände (z.B. Finanzmarktkrise) vorliegen. Wurden Finanzinstrumente nach Eintritt der Finanzmarktstörung erworben, liegen diese seltenen Umstände nicht vor (*IDW RS HFA 26*, Tz. 11[280]).
- Eine Umkategorisierung aus den „Handelsaktiva" in „Kredite und Forderungen" ist nur gem. IAS 39.50(c) i.V.m. IAS 39.50D möglich, d.h. es darf keine kurzfristige Veräußerungs- oder Rückkaufsabsicht mehr bestehen, die Voraussetzungen an eine entsprechende Kategoriezuordnung sind erfüllt und die Finanzinstrumente werden auf absehbare Zeit (keine Absicht zur kurzfristigen Veräußerung) oder bis zur Endfälligkeit gehalten.
- Eine Umkategorisierung aus „zum Fair value designierten Finanzinstrumenten" ist nach IAS 39.50(b) nicht zulässig.

Bis zur Endfälligkeit gehaltene Finanzinvestitionen 458

Eine Umkategorisierung eines Finanzinstruments aus dieser Kategorie ist zwingend erforderlich, soweit die Kategorie nach den Tainting-Vorschriften aufzulösen ist (dies be-

---

277 Grundsätzlich besteht eine Trennungspflicht gem. IAS 39.AG30(d). In Ausnahmefällen greift jedoch die Ausnahmevorschrift für unit-linked features von IAS 39.AG33(g).
278 Vgl. zu weiteren Beispielen *PricewaterhouseCoopers*[4], S. 408 f.; *Ernst & Young*, S. 2200 ff.
279 Vgl. *IDW RS HFA 26*, WPg Supplement 4/2009, S. 117 ff. = FN-IDW 2009, S. 570 ff.
280 WPg Supplement 4/2009, S. 117 ff. = FN-IDW 2009, S. 570 ff.

trifft dann alle Finanzinstrumente dieser Kategorie gem. IAS 39.52), oder diese Kategorie für einzelne Finanzinstrumente aufgrund der geänderten Halteabsicht oder -fähigkeit nicht länger sachgerecht ist (IAS 39.51). Ebenfalls zulässig ist eine freiwillige Umwidmung von Finanzinstrumenten dieser Kategorie. Die Umkategorisierung ist nur in die Kategorie „Zur Veräußerung verfügbare finanzielle Vermögenswerte" möglich (IAS 39.52).

459 Zur Veräußerung verfügbare finanzielle Vermögenswerte

Finanzinstrumente dieser Kategorie können ausschließlich in die Kategorien „Kredite und Forderungen" bzw. „bis zur Endfälligkeit gehaltene Finanzinvestitionen" umkategorisiert werden.

— Eine Umkategorisierung in „Kredite und Forderungen" ist nur gem. IAS 39.50(c) i.V.m. IAS 39.50E möglich, d.h. es darf keine kurzfristige Veräußerungs- oder Rückkaufsabsicht mehr bestehen, die Voraussetzungen an eine entsprechende Kategoriezuordnung sind erfüllt und die Finanzinstrumente werden auf absehbare Zeit (keine Absicht zur kurzfristigen Veräußerung) oder bis zur Endfälligkeit gehalten.

— Eine Umkategorisierung in „bis zur Endfälligkeit gehaltene Finanzinvestitionen" ist zulässig im Rahmen der Tainting-Vorschriften nach der zweijährigen Sperrfrist oder bei Erfüllung der Voraussetzungen der Kategorie (IAS 39.54).

460 GuV-wirksam zum Fair value bewertete finanzielle Verpflichtungen

Eine Umkategorisierung von „GuV-wirksam zum Fair value bewerteten finanziellen Verpflichtungen" sowie von „sonstigen finanziellen Verpflichtungen" ist nicht zulässig.

461 Finanzinstrumente von TU, Gemeinschafts- oder assoziierten Unternehmen können für Zwecke der Konsolidierung bzw. at-equity-Bewertung wegen des **Grundsatzes der konzerneinheitlichen Bilanzierung und Bewertung** im IFRS-(Teil-)KA abweichend von der im EA getroffenen Kategorisierungsentscheidung bilanziert werden. Aus Konzernsicht sind Neukategorisierungen von Finanzinstrumenten auch im Rahmen von Unternehmenszusammenschlüssen auf Erwerberseite zulässig. Hierbei ist zu beachten, dass die Kategorisierungsentscheidung im Konzern ebenfalls im Zugangszeitpunkt zu treffen ist.

(b) Vorschriften gemäß IFRS 9

462 IFRS 9 ändert grundlegend die Vorschriften zur Kategorisierung von finanziellen Vermögenswerten, welche nunmehr bei Zugang in die Kategorien „Bewertung zu fortgeführten AK" oder „Bewertung zum Fair value" einzuordnen sind (IFRS 9.4.1.1).[281] Eine Folgebewertung zu fortgeführten AK setzt gem. IFRS 9.4.1.2 voraus, dass

— der betreffende Vermögenswert auf Grundlage eines Geschäftsmodells gehalten wird, dessen Ziel es ist, die Vermögenswerte im Bestand zu halten und daraus vertragliche Zahlungsströme zu realisieren, und

— die vertraglichen Bedingungen ein Recht auf Erhalt von Zahlungsströmen zu festgelegten Zeitpunkten vorsehen, die ausschließlich Tilgungen und Zinsen – als Entgelt für den Zeitwert des Geldes und das Kreditrisiko – auf das ausstehende Kapital repräsentieren.[282]

---

281 Vgl. *Eckes/Flick/Sierleja*, WPg 2010, S. 627.
282 Vgl. zum Geschäftsmodell *Deloitte*, iGAAP[6], S. 108 ff.

Demnach können z.B. Forderungen zu fortgeführten AK bewertet werden, nicht aber Finanzinstrumente, die über Zins- und Tilgungszahlungen hinausgehende Zahlungsströme generieren (bspw. strukturierte Finanzinstrumente).

Entscheidend für die Kategorisierung ist dabei in einem ersten Schritt das Geschäftsmodell, d.h. die vom Management festgelegte Zielsetzung, Finanzinstrumente zu halten, um vertragliche Zahlungsströme zu erzielen. Bei Änderungen dieses Geschäftsmodells ist eine nachträgliche Umkategorisierung erforderlich.[283]

Finanzielle Vermögenswerte, die die Bedingungen an eine Kategorisierung „Bewertung zu fortgeführten AK" nicht erfüllen, sind der Kategorie „Bewertung zum Fair value" zuzuordnen, wobei die Fair-value-Änderungen grds. in der GuV auszuweisen sind. Zum Fair value bewertet werden demnach Finanzinstrumente, die zu Handelszwecken oder zur Realisierung von Fair-value-Änderungen gehalten werden, einschließlich der Derivate und EK-Instrumente (z.B. Aktien, Investmentfondanteile, GmbH-Anteile), sowie Schuldinstrumente, die die Anforderungen an eine Bewertung zu fortgeführten AK nicht erfüllen.[284]

463

Die Fair-value-Option wird in IFRS 9 beibehalten, jedoch wird der Anwendungsbereich im Vergleich zu IAS 39 auf die Vermeidung oder signifikante Verringerung des accounting mismatch reduziert (IFRS 9.4.1.5).

Im Unterschied zu IAS 39 sind strukturierte Vermögenswerte, soweit sie in den Anwendungsbereich von IFRS 9 fallen, in ihrer Gesamtheit einer Kategorie zuzuordnen; eine Aufteilung in Basisgeschäft und eingebettetes Derivat ist nicht mehr zulässig (IFRS 9.4.3.2).[285] Nicht hierunter fallen z.B. strukturierte finanzielle Verbindlichkeiten, Miet- bzw. Leasingverträge, welche weiterhin zu trennen sind (IFRS 9.4.3.3).

(3) Bewertungsvorschriften
(a) Vorschriften gemäß IAS 39

Gemäß IAS 39.43 sind Finanzinstrumente beim **Zugang** mit dem Fair value zu bewerten, der in diesem Zeitpunkt i.d.R. den AK entspricht (IAS 39.AG64). Direkt zurechenbare Transaktionskosten (IAS 39.9) gehen – außer bei Finanzinstrumenten der Kategorien „GuV-wirksam zum Fair value bewertete finanzielle Vermögenswerte und Verpflichtungen" – als Anschaffungsnebenkosten in den Wertansatz ein. Hierzu gehören z.B. Maklerkosten und Abgaben der Wertpapierbörsen, nicht jedoch Agien/Disagien, Finanzierungskosten oder interne Verwaltungskosten (IAS 39.AG13). In der Regel werden für Derivate keine AK gezahlt, so dass der Fair value im Zugangszeitpunkt Null beträgt. Anschaffungskosten liegen z.B. bei gezahlten bzw. erhaltenen Optionsprämien sowie Upfront payments im Rahmen von Swap-Vereinbarungen vor.

464

Im Rahmen der Zugangsbewertung ist die Vereinnahmung von sog. day-one profits nicht bzw. nur unter sehr restriktiven Voraussetzungen zulässig (IAS 39.AG76). Ferner ist bei Forderungen zu beachten, dass bei der Zugangsbewertung keine Wertberichtigung (impairment) für zukünftige Verluste gebildet werden darf (IAS 39.IG E.4.2). Bei Wertpapieren einer Gattung ist die Bewertung im Zugangszeitpunkt nach der **Durchschnittsmethode** zulässig, soweit es sich um einen Bestand mit hoher Umschlagshäufigkeit handelt.[286]

---

283 IFRS 9.4.4.1; *Deloitte*, iGAAP[6], S. 142 ff.
284 Vgl. *Märkl/Schaber*, KoR 2010, S. 65.
285 Vgl. *Sellhorn/Hahn*, IRZ 2010 S. 397 (402).
286 Vgl. *Kuhn/Scharpf*, Finanzinstrumente[3], S. 260 f.; *PricewaterhouseCoopers*[4], S. 332 f.

465 Die **Folgebewertung** von **finanziellen Vermögenswerten** richtet sich danach, in welche Kategorie die jeweiligen Finanzinstrumente eingeordnet wurden (IAS 39.45). Kredite und Forderungen und bis zur Endfälligkeit gehaltene Finanzinvestitionen sind zu **fortgeführten AK** (amortised cost) anzusetzen (IAS 39.46(a) und (b)). Eigenkapitaltitel, die nicht an einem aktiven Markt notiert sind und deren Fair value nicht verlässlich ermittelt werden kann, oder Derivate auf solche EK-Titel, sind mit ihren (historischen) **AK** (at cost) zu bewerten (IAS 39.46(c)). Eine Bewertung zu fortgeführten AK bedeutet, dass der Unterschiedsbetrag zwischen Ausgabe- und Rückzahlungsbetrag (Agien, Disagien) nach der **Effektivzinsmethode** über die Laufzeit verteilt wird und die Beträge aus dieser Fortschreibung im Zinsergebnis erfasst werden (IAS 18.30(a) i.V.m. IAS 39.9 und IAS 39.AG5–8). Hierfür wird der Zinssatz ermittelt, der notwendig ist, um alle zukünftigen Zins- und Kapitalleistungen (inkl. z.B. Kreditbearbeitungs-, Bereitstellungsgebühren, aber ohne zukünftige Ausfälle) auf den ursprünglichen Auszahlungsbetrag abzuzinsen.

466 Finanzielle Vermögenswerte der Kategorien „**GuV-wirksam zum Fair value bewertet**" und „**zur Veräußerung verfügbare Vermögenswerte**" sind zum **Fair value** zu bewerten. Wertänderungen der Kategorie „GuV-wirksam zum Fair value bewertete Vermögenswerte" sind in der GuV zu erfassen (IAS 39.55(a)), wohingegen IAS 39.55(b) für die zur Veräußerung verfügbaren Vermögenswerte die GuV-neutrale Erfassung der Wertänderungen in einer **Neubewertungsrücklage** vorsieht. Die Veränderung der Neubewertungsrücklage wird in der Gesamtergebnisrechnung ausgewiesen (IAS 1.81 i.V.m. IAS 1.82(g)). Davon unabhängig ist für zinstragende Finanzinstrumente der Kategorie „zur Veräußerung verfügbare Vermögenswerte" ein Unterschiedsbetrag zwischen Ausgabe- und Rückzahlungsbetrag ebenfalls nach der Effektivzinsmethode zu verteilen.

Der Ermittlung des Fair value ist gem. IAS 39.48 f. eine fünfstufige Hierarchie zugrunde zu legen.

1. Stufe 1: Sofern ein **öffentlich notierter Marktpreis** von einem **aktiven Markt** (z.B. Börsensegment „Regulierter Markt", Kurse von Market Makern)[287] am Stichtag bzw. letzten Handelstag vorliegt, ist dies der bestmögliche Hinweis für den Fair value (Ausnahme: zwangsweise Liquidation oder Notverkäufe) und für die Bewertung zwingend zu verwenden (IAS 39.AG71). Die Anpassung eines Marktpreises um Paketzuschläge oder -abschläge ist nicht zulässig (IAS 39.IG E.2.2). Bei der Bewertung ist gem. IAS 39.AG72 für finanzielle Vermögenswerte im Bestand und noch zu emittierende Verpflichtungen der Geldkurs (bid price) sowie für eingegangene finanzielle Verpflichtungen und zu erwerbende finanzielle Vermögenswerte der Briefkurs (asking price) zu verwenden. Sofern Finanzinstrumente mit gegenläufigen Marktrisikopositionen bestehen (z.B. Devisentermingeschäfte und -verkäufe in derselben Währung), kann für diese der Mittelkurs (mid market price) herangezogen werden.[288] Ein aktiver Markt liegt z.B. grds. für Aktien im DAX vor.

2. Stufe 2: Liegt **keine aktuelle Preisnotierung** am Stichtag bzw. letzten Handelstag vor, ist der Fair value durch Rückgriff auf Preise der letzten Transaktion auf einem **aktiven Markt** abzuleiten. Hier sind sachgerechte Anpassungen vorzunehmen.[289]

---

[287] Vgl. hierzu *IDW RS HFA 9*, WPg Supplement 2/2007, S. 83 ff. = FN-IDW 2007, S. 326 ff., FN-IDW 2011, S. 326, Tz. 76 f.; Positionspapier des IDW zu Bilanzierungs- und Bewertungsfragen im Zusammenhang mit der Subprime-Krise vom 10.12.2007, Abschn. 2.1. *(www.idw.de)*; *Goldschmidt/Weigel*, WPg 2009, S. 192 f.

[288] Zur Bewertung von Zins-Swaps vgl. *PricewaterhouseCoopers*[4]; S. 352 f.; *Weigel u.a.*, WPg 2007, S. 1049 f.; zur Bewertung von Assets in Fonds IAS 39.IG.E.2.1.

[289] Vgl. IAS 39.AG 72 für Beispiele.

Konzernabschluss J

Für Finanzinstrumente, die nicht auf einem aktiven Markt notiert sind (z.B. Schuldscheindarlehen, Sekundärmarktkredite[290]), ist auf **Bewertungsverfahren** der Stufen 3 bis 5 abzustellen.[291] Die Verwendung von Bewertungsmodellen trotz auf aktiven Märkten vorhandener Börsenpreise ist gem. IAS 39.AG71 nicht zulässig.

- Stufe 3: Liegen zeitnahe, tatsächliche Transaktionen in ein und demselben Finanzinstrument vor, sind diese Transaktionspreise als Bewertungsgrundlage zu verwenden.
- Stufe 4: Liegen keine Transaktionen identischer Finanzinstrumente vor, kann stattdessen auf im Wesentlichen identische Finanzinstrumente zurückgegriffen werden.
- Stufe 5: Sofern das Ableiten von Transaktionen vergleichbarer Finanzinstrumente nicht möglich ist, müssen Barwertmodelle und Optionspreismodelle eingesetzt werden (IAS 39.AG74).

Wertänderungen dürfen im Rahmen der Folgebewertung nur in dem Umfang berücksichtigt werden, wie diese aus Faktoren resultieren, die ein anderer Marktteilnehmer bei der Preisfindung berücksichtigen würde (IAS 39.AG76A).

Bei dem Wechsel zwischen den verschiedenen Stufen der Fair-value-Hierarchie handelt es sich nicht um die Änderung einer Bilanzierungs- und Bewertungsmethode, sondern um eine Schätzungsänderung nach IAS 8.[292]

Zu jedem Bilanzstichtag ist bei Vorliegen objektiver Hinweise auf Wertminderungen ein sog. **Impairment-Test** für alle finanziellen Vermögenswerte durchzuführen und ggf. eine außerplanmäßige Abschreibung vorzunehmen (IAS 39.58). Ausgenommen hiervon sind die GuV-wirksam zum Fair value bewerteten finanziellen Vermögenswerte, da hier der Impairment-Test implizit mit der Fair-value-Bewertung erfolgt (IAS 39.46). Objektive Hinweise auf Wertminderung sind z.B. erhebliche finanzielle Schwierigkeiten des Emittenten, ein Vertragsbruch – bspw. der Ausfall oder Verzug von Zins- und Tilgungszahlungen – oder die Eröffnung eines Insolvenzverfahrens bzw. sonstige Sanierungsmaßnahmen (weitere Beispiele in IAS 39.59 f. und für EK-Instrumente zusätzlich in IAS 39.61). Die Wertminderung muss infolge eines Ereignisses nach dem Zugangszeitpunkt eingetreten sein (sog. incurred loss model; IAS 39.BC109 f.).[293]

467

Eine Abschreibung von Finanzinstrumenten der Kategorien „Kredite und Forderungen" sowie „bis zur Endfälligkeit gehaltene Finanzinvestitionen" ist immer dann vorzunehmen, wenn der Buchwert den Barwert der erwarteten Zahlungsströme einschließlich der Erlöse aus der Sicherheitenverwertung **(present value of estimated future cash flows)** übersteigt (IAS 39.63). Als Diskontierungszinssatz ist gem. IAS 39.63 der ursprünglich vereinbarte Effektivzinssatz heranzuziehen (IAS 39.AG84). Die Ermittlung des Wertberichtigungsbedarfs ist für signifikante Forderungen auf Einzelbasis (Einzelwertberichtigungen) und für Forderungen von untergeordneter Bedeutung auf Ebene von Forderungsportfolien mit gleichen Risikocharakteristika (pauschalierte Einzelwertberichtigungen)[294] vorzunehmen (IAS 39.64). Sofern im Rahmen dieser Überprüfung keine Hinweise auf eine Wertminderung festgestellt werden, sind diese Forderungen dennoch gem. IAS 39.64 i.V.m. IAS 39.BC114 auf Portfolioebene auf Wertminderungen hin zu untersuchen (Portfoliowertberichtigungen).[295] Hierfür sind die Finanzinstrumente in

---

290 Vgl. *IDW RS HFA 9*, WPg Supplement 2/2007, S. 83 ff. = FN-IDW 2007, S. 326 ff., FN-IDW 2011, S. 326, Tz. 94 ff.
291 Vgl. *Goldschmidt/Weigel*, WPg 2009, S. 192; *Ernst & Young*, S. 2442.
292 Vgl. Positionspapier des *IDW*, Abschn. 2.8. *(www.idw.de)*.
293 Vgl. *Beck-IFRS³*, § 3, Rn. 173 ff.
294 IAS 39.64 i.V.m. IAS 39.AG87 und IAS 39.BC122 ff.
295 Vgl. hierzu *PricewaterhouseCoopers⁴*, S. 366 f.

Portfolien aus mit gleichartigen Risikomerkmalen (z.B. Ausfallwahrscheinlichkeiten, Kreditrisiko, Branche) ausgestatteten finanziellen Vermögenswerten einzuordnen (IAS 39.AG87).[296] Die Portfolien können in Anlehnung an die nach Basel II zu bildenden Portfolien gebildet werden. Für die Berechnung der Wertberichtigung können die **Basel-II-Parameter** ebenfalls grds. berücksichtigt werden. Zu beachten ist dabei, dass sofern die pauschale (einjährige) Ausfallwahrscheinlichkeit nach Basel II zugrunde gelegt wurde, hier ggf. eine Korrektur für IAS 39 vorzunehmen ist, da die Zeitspanne zwischen Eintritt eines Verlustereignisses und dessen Bekanntwerden – die sog. loss identification period (LIP) – individuell für jedes Portfolio bestimmt werden muss.[297] Die bei der Ermittlung der Risikovorsorge auf Portfolioebene zugrunde gelegten Methoden und Annahmen sind gem. IAS 39.AG89 regelmäßig auf Basis der tatsächlich eintretenden Verluste zu prüfen (**backtesting**).

468 Eine pauschalierte Ermittlung der **Länderrisikovorsorge** kann auf Basis von IAS 39.AG87 vorgenommen werden, indem als Risikomerkmal einer Forderungsgruppe der geographische Sitz des Kreditnehmers herangezogen wird.

469 Die reine Barwertveränderung von einer Periode zur Folgeperiode (**unwinding**) ist gem. IAS 39.AG93 als Zinsertrag auszuweisen. Bei wertberichtigten Forderungen sind damit nicht mehr die tatsächlichen Zinszahlungen als Zinsertrag zu erfassen oder abzugrenzen, sondern der Barwerteffekt im Sinne der Fortschreibung des Barwerts zum nächsten Bilanzstichtag.[298] Die Gegenbuchung der Barwertveränderung sollte als Reduzierung der Risikovorsorge erfasst werden.[299] Sofern die Gründe für die Wertminderung nicht mehr bestehen, ist eine **Wertaufholung** bis zur Höhe der ohne Berücksichtigung der Wertminderung bestehenden fortgeführten AK GuV-wirksam vorzunehmen. Zahlungseingänge auf wertgeminderte Forderungen sind stets als Verminderung der Forderung zu buchen. Sofern die Erwartung der zukünftigen Zahlungen unverändert bleibt, führt die unerwartete Zahlung zu einer GuV-wirksamen Auflösung der Wertberichtigung in gleicher Höhe.[300]

470 Ein Impairment-Test ist auch bei der Kategorie „Zur Veräußerung verfügbare Vermögenswerte" erforderlich, da diese zwar zum Fair value bewertet, aber die Wertänderungen nicht in der GuV erfasst werden. Bei Vorliegen einer Wertminderung ist eine Umbuchung der Wertminderung aus der GuV-neutral erfassten Neubewertungsrücklage in die GuV vorzunehmen. Die Höhe der Wertminderung ergibt sich aus der Differenz zwischen Buchwert und niedrigerem Fair value. Eine Abschreibung auf einen anderen Wert als den Fair value (z.B. Zwischenwert) ist nicht zulässig. Solange die Gründe für die Wertminderung nicht entfallen sind, müssen alle folgenden Wertminderungen GuV-wirksam erfasst werden. Bei Wegfall der Gründe für eine Wertminderung in Folgeperioden ist für Schuldtitel (z.B. Anleihen) eine GuV-wirksame Wertaufholung vorzunehmen. Bei EK-Titeln (z.B. Aktien) ist eine GuV-wirksame Wertaufholung nicht zulässig, vielmehr sind Wertaufholungen in Folgeperioden in der Neubewertungsrücklage zu erfassen. Liegt der Sonderfall eines impairment von zu AK bewerteten Finanzinstrumenten der Kategorie

---

296 Vgl. *IDW RS HFA 9*, WPg Supplement 2/2007, S. 83 ff. = FN-IDW 2007, S. 326 ff., FN-IDW 2011, S. 326, Tz. 253 ff.

297 Vgl. *IDW RS HFA 9*, WPg Supplement 2/2007, S. 83 ff. = FN-IDW 2007, S. 326 ff., FN-IDW 2011, S. 326, Tz. 282 f.

298 Vgl. mit Buchungsbeispielen *IDW RS HFA 9*, WPg Supplement 2/2007, S. 83 ff. = FN-IDW 2007, S. 326 ff., FN-IDW 2011, S. 326, Tz. 266 f.

299 Vgl. *PricewaterhouseCoopers*[4], S. 370 f.; *IDW RS HFA 9*, WPg Supplement 2/2007, S. 83 ff. = FN-IDW 2007, S. 326 ff., FN-IDW 2011, S. 326, Tz. 248; *Kuhn/Scharpf*, Finanzinstrumente[3], Rn. 1715.

300 Vgl. *IDW RS HFA 9*, WPg Supplement 2/2007, S. 83 ff. = FN-IDW 2007, S. 326 ff., FN-IDW 2011, S. 326, Tz. 270 ff.

"zur Veräußerung verfügbare Vermögenswerte" vor, darf in Folgeperioden keine Wertaufholung vorgenommen werden (IAS 39.66).

Die Bildung von **stillen Reserven** entsprechend § 340f HGB ist gem. IAS 39 unzulässig. Dagegen ist die Bildung einer **offenen Reserve** für Kreditrisiken und zur Absicherung gegen die allgemeinen Risiken aus der Tätigkeit eines KI (Sonderposten für allgemeine Bankrisiken) möglich. Die Zuführungen zu bzw. Entnahmen aus diesem gesonderten EK-Posten erfolgen im Gegensatz zur Regelung des § 340g HGB nicht aufwands- oder ertragswirksam, sondern im Rahmen der Gewinnverwendung. **471**

Finanzielle Verpflichtungen sind im Rahmen der Folgebewertung grds. mit ihren **fortgeführten AK** zu bewerten (IAS 39.47), d.h. eventuelle Agien und Disagien sind nach der Effektivzinsmethode abzugrenzen. Eine Ausnahme hiervon bilden die zum **Fair value** zu bewertenden Verpflichtungen der Kategorie „GuV-wirksam zum Fair value bewertete finanzielle Verpflichtungen" (IAS 39.47(a)). Hiervon ausgenommen und daher zu **AK** zu bewerten sind Derivate, die die Lieferung von nicht notierten EK-Instrumenten (z.B. Anteile von Familienunternehmen oder GmbH-Anteile) erfordern (IAS 39.47(a)). Bei der Fair-value-Emittlung ist zu beachten, dass der Fair value von finanziellen Verpflichtungen mit Kündigungsrechten, sog. demand deposits (z.B. Spareinlagen oder Tagesgelder), nicht unterhalb des Rückzahlungsbetrags zum vereinbarten Kündigungszeitpunkt liegen darf (IAS 39.49). **472**

- Finanzielle Verpflichtungen, die entstehen, wenn bei der Übertragung eines finanziellen Vermögenswerts die Ausbuchungsvoraussetzungen nicht erfüllt werden (IAS 39.2(b) i.V.m. IAS 39.29) bzw. ein **continuing involvement** vorliegt (IAS 39.20(c)(ii) i.V.m. IAS 39.31):
  Die Bewertung erfolgt zum Fair value der Verpflichtungen (IAS 39.47(b)).[301]
- Verpflichtungen des Garantiegebers aus **Finanzgarantien** gem. IAS 39.9 sowie Verpflichtungen aus der Bereitstellung unterverzinslicher Forderungen **(Kreditzusagen)**:
  In beiden Fällen erfolgt die Folgebewertung mit dem höheren Betrag aus der Bewertung nach IAS 37 und dem Fair value bei Zugang (i.d.R. Null) abzgl. der bereits gem. IAS 18 GuV-wirksam erfassten Erträge (IAS 39.47(c) und(d)).[302]

(b) Vorschriften gemäß IFRS 9

Gemäß IFRS 9.5.1.1 sind finanzielle Vermögenswerte beim **Zugang** mit dem Fair value zu bewerten, der i.d.R. den AK entspricht (IFRS 9.B5.1.1). Direkt zurechenbare Transaktionskosten (IFRS 9.5.1.1 A i.V.m. IAS 39.9) gehen – außer bei Finanzinstrumenten der Kategorie „GuV-wirksam zum Fair value bewertete finanzielle Vermögenswerte" – als Anschaffungsnebenkosten in den Wertansatz ein (vgl. Tz. 464). **473**

Die Folgebewertung finanzieller Vermögenswerte ist abhängig von der zugeordneten Kategorie. Eine Folgebewertung zu fortgeführten AK setzt gem. IFRS 9.5.2.1 voraus, dass der betreffende Vermögenswert auf Grundlage des Geschäftsmodells „Halten im Bestand zur Generierung vertraglicher Zahlungsströme" gehalten wird und daraus vertragliche Zahlungsströme realisiert werden sollen, die ausschließlich Tilgungen und Zinsen – als Entgelt für den Zeitwert des Geldes und das Kreditrisiko – auf das ausstehende Kapital repräsentieren (vgl. Tz. 462 ff.). Alle übrigen finanziellen Vermögenswerte sind grds. GuV-wirksam zum Fair value zu bewerten (IFRS 9.5.2.1 und IFRS 9.5.7.1). Für EK- **474**

---

[301] Vgl. zu Beispielen zum continuing involvement *IDW RS HFA* 9, WPg Supplement 2/2007, S. 83 ff. = FN-IDW 2007, S. 326 ff., FN-IDW 2011, S. 326, Tz. 141 ff.
[302] Vgl. *Kuhn/Scharpf*, Finanzinstrumente³, Rn. 1410 ff.; *Scharpf/Weigel/Löw*, WPg 2006 S. 1492 ff.

Instrumente, die nicht zu Handelszwecken gehalten werden, besteht das individuelle Wahlrecht, Fair-value-Änderungen GuV-neutral im „sonstigen Ergebnis" in der Gesamtergebnisrechnung[303] zu erfassen. Dieses Wahlrecht ist unwiderruflich und bei der erstmaligen Erfassung auszuüben (IFRS 9.5.7.5). Dies gilt auch für den Fall des Abgangs, d.h. es wird kein recycling des Ergebnisses in der GuV vorgenommen. Dividenden sind unabhängig von der Ausübung dieses Wahlrechts gem. IAS 18 in der GuV als Ertrag zu erfassen.[304] Die Ausnahmeregelung, unter bestimmten Voraussetzungen nicht notierte EK-Instrumente (z.B. Beteiligungen an Private-Equity-Gesellschaften) nicht zum Fair value, sondern zu AK anzusetzen (IFRS 9.B5.4.14ff.), ist für Finanzinstitute nicht anwendbar (IFRS 9.BC5.18). Bei „zum Fair value designierten Verpflichtungen" ist die Veränderung des Fair value, soweit es sich um Änderungen des eigenen Kreditrisikos handelt, gem. IFRS 9.5.7.7 im „sonstigen Ergebnis" auszuweisen.

475 Die Berücksichtigung von Wertminderungen erfolgt bei den finanziellen Vermögenswerten der Kategorie „Bewertung zu fortgeführten Anschaffungskosten" nach den Vorschriften von IAS 39.58–65 und IAS 39.AG84–93 (vgl. Tz. 467 ff.)[305].

(4) Bilanzierung von Sicherungszusammenhängen (Hedge accounting)

476 **Ziel** der Hedge-accounting-Vorschriften nach IAS 39 ist es, die Wertänderungen der Sicherungsinstrumente und der abgesicherten Grundgeschäfte einander (weitgehend) kompensierend, GuV-wirksam oder -neutral, zu erfassen. Für die bilanzielle Abbildung der Sicherungszusammenhänge müssen die in IAS 39.88 enthaltenen **Voraussetzungen** kumulativ erfüllt sein (u.a. Dokumentationserfordernisse, Wirksamkeit (Effektivität) des Sicherungszusammenhangs sowie dessen laufende Überwachung).[306]

477 Die Hedge-accounting-Regeln von IAS 39 unterscheiden drei Arten von Sicherungszusammenhängen, die jeweils noch einmal in Unterkategorien unterteilt werden können (IAS 39.86):[307]

- Ein **Fair-value-hedge** sichert bilanziell erfasste Vermögenswerte oder Verpflichtungen oder nicht bilanziell erfasste feste Verpflichtungen (oder Teile davon) gegen Fair-value-Änderungen ab, z.B. Absicherung der Fair-value-Änderungen einer festverzinslichen Schuld aufgrund von Zinssatzänderungen oder die Absicherung des Bonitätsrisikos einer variabel verzinslichen Anleihe. Das interne Risikomanagement eines KI kann mit einem Fair-value-hedge i.d.R. nicht abgebildet werden, da hier abgesicherte Portfolien vorliegen, die aus Vermögenswerten und Verpflichtungen bestehen und einer ständigen Dynamik unterworfen sind. Der Fair-value-hedge kann ausgestaltet sein als
  - Mikro-Fair-value-hedge,
  - Portfolio-Fair-value-hedge i.e.S. (IAS 39.83),
  - Portfolio-hedge von Zinsänderungsrisiken (IAS 39.81A).

- Ein **Cash-flow-hedge** sichert bilanzierte Vermögenswerte und Verpflichtungen sowie geplante, hoch wahrscheinliche zukünftige Transaktionen gegen ergebniswirksame Zahlungsstrom-Schwankungen ab, z.B. Absicherung der Zahlungsströme aus einer

---
303 Vgl. Tz. 494, 528.
304 Vgl. *Eckes/Flick/Sierleja*, WPg S. 627 (633).
305 Dies gilt bis zur Verabschiedung des neuen Standards zum impairment (Phase 2 der Überarbeitung von IAS 39).
306 Zu den Vorschriften des Hedge accounting im Einzelnen vgl. Kap. N Tz. 549 sowie *IDW RS HFA 9*, WPg Supplement 2/2007, S. 83 ff. = FN-IDW 2007, S. 326 ff., FN-IDW 2011, S. 326, Tz. 294 f.; *Nguyen*, IRZ 2007 S. 299 ff.
307 Dies gilt bis zur Verabschiedung des neuen Standards zum hedge accounting (Phase 3 der Überarbeitung von IAS 39).

Konzernabschluss J

variabel verzinslichen Schuldverschreibung oder die Sicherung des geplanten zukünftigen Kaufs eines Wertpapiers.

– Der **hedge of a net investment in a foreign entity** sichert eine Nettoinvestition in eine wirtschaftlich selbständige Teileinheit im Ausland ab, deren Geschäftstätigkeit kein integraler Bestandteil der berichtenden Gesellschaft ist und die eine andere funktionale Währung besitzt.[308]

Für die Abbildung von Sicherungsbeziehungen ist es nicht notwendig, das gesamte Fair-value-Risiko (z.B. Zinsänderungsrisiko, Wechselkursrisiko) bzw. Cash-flow-Risiko als abzusicherndes Risiko festzulegen. Gemäß IAS 39.81 ist es auch zulässig, nur einen identifizierbaren und gesondert bewertbaren Teil eines Risikos als abzusicherndes Risiko zu bestimmen: Beispielsweise das zinsbedingte Fair-value-Risiko, welches sich aus der Veränderung eines Drei-Monats-Interbankensatzes (z.B. Euribor), des risikolosen Zinssatzes oder eines anderen Benchmark-Zinssatzes ergibt. **478**

Als **Sicherungsinstrumente** können gem. IAS 39.72 grds. nur Derivate eingesetzt werden. Mehrere Derivate bzw. prozentuale Anteile von Derivaten können zusammengefasst und als einheitliches Sicherungsinstrument verwendet werden (IAS 39.77). Von dieser Regelung gibt es folgende Ausnahmen, die nicht als Sicherungsinstrument designiert werden können:[309] **479**

– Derivate auf eigene Aktien des bilanzierenden Unternehmens (IAS 39.AG97);
– geschriebene Optionen (Stillhalterposition), da diese das Risiko eher erhöhen als verringern. Sie können nur dann als Sicherungsinstrument herangezogen werden, wenn sie gekaufte Optionen absichern (IAS 39.AG94);
– interne Geschäfte zwischen Abteilungen bzw. Niederlassungen derselben Gesellschaft oder zwischen zwei Gesellschaften desselben Konzerns stellen keine Sicherungsbeziehungen i.S.v. IAS 39 dar (IAS 39.73);
– originäre Finanzinstrumente können nur dann als Sicherungsinstrument genutzt werden, wenn sie Wechselkursrisiken absichern (IAS 39.72).

Grundsätzlich muss das gesamte Sicherungsinstrument zur Absicherung i.S.v. IAS 39 eingesetzt werden. Eine Aufteilung des Fair value des Sicherungsinstruments in einzelne Teilbeträge ist gem. IAS 39.74 grds. nicht zulässig.[310] So ist es z.B. nicht möglich, einen Swap ohne den spread der variablen Seite zur Absicherung zu designieren oder bei einem cross-currency-swap nur die Währungskomponente als Sicherungsinstrument zu nutzen. Als Ausnahme hierzu darf der innere Wert und der Zeitwert einer Option für Zwecke der Absicherung nach IAS 39 getrennt werden, um nur den inneren Wert zu Absicherungszwecken zu verwenden. Ebenso ist es bei Forwards zulässig, den Zinsauf- oder -abschlag vom Kassapreis zu trennen und nur den Kassapreis als Sicherungsinstrument zu designieren. Zulässig ist es, nur einen Teil eines Sicherungsinstruments (z.B. 50% des Nominalbetrags) zu designieren, nicht hingegen ein Sicherungsinstrument nur für einen Teil seiner Restlaufzeit einzusetzen (IAS 39.75).[311] **480**

---

308 Vgl. dazu auch IAS 21 und IFRIC 16. Auf die Behandlung der Absicherung einer Nettoinvestition (IAS 39.102) wird hier nicht im Einzelnen eingegangen, da diese im Wesentlichen der eines Cash-flow-hedge entspricht.
309 Vgl. *IDW RS HFA 9*, WPg Supplement 2/2007, S. 83 ff. = FN-IDW 2007, S. 326 ff., FN-IDW 2011, S. 326, Tz. 308.
310 Vgl. *IDW RS HFA 9*, WPg Supplement 2/2007, S. 83 ff. = FN-IDW 2007, S. 326 ff., FN-IDW 2011, S. 326, Tz. 307.
311 Vgl. *PricewaterhouseCoopers⁴*, S. 502 ff.

481 Als **Grundgeschäfte** können folgende Geschäfte gem. IAS 39.78 abgesichert werden:

- bilanziell erfasste Vermögenswerte und Verpflichtungen,
- bilanzunwirksame feste Verpflichtungen (firm committment),
- geplante zukünftige Transaktionen, deren Durchführung hochwahrscheinlich ist (Absicherung als Cash-flow-hedge). Als Grundgeschäfte kommen hier z.b. der geplante Erwerb bzw. die geplante Emission festverzinslicher Wertpapiere in Betracht.

482 Bei den Grundgeschäften kann es sich um einzelne Geschäfte (Mikro-hedge), Portfolien aus Geschäften mit weitgehend ähnlichen Risikomerkmalen (Portfolio-hedge) oder um Portfolien von finanziellen Vermögenswerten und Verpflichtungen zur Absicherung von Zinsänderungsrisiken (Portfolio-hedge von Zinsänderungsrisiken) handeln. Die Absicherung als Portfolio-hedge setzt voraus, dass das Portfolio nur aus Vermögenswerten oder Verpflichtungen besteht, die auf gleiche Risiken proportional zur Veränderung des Fair value des Gesamtportfolios reagieren (IAS 39.83)[312]. Eine Zusammenfassung von verschiedenen Aktien (z.B. DAX-Werten) zu einem Portfolio und dessen Absicherung durch ein Indexderivat erfüllt in der Praxis i.d.R. nicht diese Voraussetzung. Gemäß IAS 39.81 ist es möglich, nur einen Teil (a portion) des Fair value bzw. der Cash flows des Grundgeschäfts abzusichern, z.B. nur die zinsbedingte Fair-value-Änderung aus der Veränderung des Drei-Monats-Euribor.[313] Voraussetzung ist, dass die Effektivität der Absicherung gemessen werden kann (IAS 39.81). Ebenso kann ein Grundgeschäft nur für einen Teil seiner Laufzeit (partial term hedge) abgesichert werden (IAS 39.IG F.2.17). Grundgeschäfte, die keine Finanzinstrumente sind, können entweder nur hinsichtlich der Währungsrisiken oder der gesamten Fair-value-Risiken abgesichert werden (IAS 39.82).

483 Bei der Designation als Grundgeschäft sind folgende Einschränkungen zu beachten:[314]

- Derivate sind grs. keine zulässigen Grundgeschäfte (IAS 39.IG F.2.1). Eine Ausnahme bildet nur die Absicherung von Optionsrechten mit geschriebenen Optionen gem. IAS 39.AG94.
- „Bis zur Endfälligkeit gehaltene Finanzinstrumente" können gem. IAS 39.79 nur gegen Währungs- bzw. Bonitätsrisiken, nicht jedoch gegen Zinsrisiken abgesichert werden, da eine Fair-value-Änderung aufgrund von Zinssatzänderungen keinen Einfluss auf den Rückzahlungsbetrag hat. Ebenso können variabel verzinsliche Finanzinstrumente dieser Kategorie nicht gegen Cash-flow-Risiken aus der Änderung des Zinssatzes abgesichert werden (IAS 39.IG F.2.9). Diese Einschränkungen gelten nicht für Finanzinstrumente der Kategorie „Kredite und Forderungen".
- Geplante zukünftige Transaktionen über EK-Instrumente des bilanzierenden Unternehmens können nicht als Grundgeschäfte abgesichert werden (IAS 39.IG F.2.7).
- Die feste Verpflichtung zum Kauf eines Unternehmens im Rahmen eines Unternehmenszusammenschlusses kann nur dann ein Grundgeschäft darstellen, wenn ausschließlich Währungsrisiken abgesichert werden (IAS 39.AG98).
- Tochterunternehmen und assoziierte Unternehmen können gem. IAS 39.AG99 nicht als Grundgeschäfte designiert werden.
- Die banktibliche Absicherung von Nettopositionen kann nach IAS 39 nicht als Hedge accounting abgebildet werden, da hier eine Saldogröße abgesichert wird. Eine Mög-

---

[312] Der Portfoliobegriff ist nach IAS 39 erheblich enger gefasst, als dies in der deutschen und kontinentaleuropäischen Bankpraxis üblich ist.

[313] Voraussetzung ist, dass der abgesicherte Anteil der Cash flows nicht die gesamten Cash flows überschreitet (IAS 39.AG99A). Zu weiteren Beispielen vgl. *IDW RS HFA 9*, WPg Supplement 2/2007, S. 83 ff. = FN-IDW 2007, S. 326 ff., FN-IDW 2011, S. 326, Tz. 314.

[314] Vgl. *IDW RS HFA 9*, WPg Supplement 2/2007, S. 83 ff. = FN-IDW 2007, S. 326 ff., FN-IDW 2011, S. 326, Tz. 316.

Konzernabschluss J

lichkeit zur Abbildung dieser Absicherung bietet der Portfolio-hedge von Zinsänderungsrisiken gem. IAS 39.81A, ansonsten sind Sicherungsinstrumente und abgesicherte Geschäfte solcher Absicherungen nach den allgemeinen Bewertungsvorschriften von IAS 39 einzeln zu bilanzieren.[315]
- Eine Absicherung der allgemeinen Geschäftsrisiken ist gem. IAS 39.AG110 nicht zulässig.
- Interne Geschäfte sind gem. IAS 39.73 zu konsolidieren und können daher nicht für Absicherungszwecke nach IAS 39 eingesetzt werden.[316]

Für die Anwendung der Hedge-accounting-Regeln nach IAS 39 sind die folgenden Kriterien gem. IAS 39.88 kumulativ zu erfüllen: **484**

- Zu Beginn der Sicherungsbeziehung muss der Sicherungszusammenhang dokumentiert sein (Grundgeschäft, Sicherungsinstrument, abgesichertes Risiko, Sicherungsstrategie, Methode der Effektivitätsmessung).
- Der Sicherungszusammenhang muss hocheffektiv sein (highly effective). Die gegenläufigen Fair-value- bzw. Cash-flow-Änderungen von Grundgeschäft und Sicherungsinstrument müssen sich weitgehend aufheben, d.h. in einer Bandbreite von 80% bis 125% bewegen (IAS 39.AG105).
- Eine abgesicherte geplante zukünftige Transaktion muss hinsichtlich des Eintritts hochwahrscheinlich sein (highly probable), d.h. eine Wahrscheinlichkeit von deutlich mehr als 50% aufweisen, und Cash-flow-Risiken aufweisen, die Auswirkungen auf das Periodenergebnis des Unternehmens haben können.[317]
- Die Wirksamkeit (Effektivität) des Sicherungszusammenhangs muss zuverlässig ermittelbar sein und muss sowohl prospektiv als auch retrospektiv zumindest zu jedem Zwischenabschluss- bzw. Abschlussstichtag nachgewiesen werden (IAS 39.AG106).

IAS 39 schreibt kein bestimmtes Verfahren zur Effektivitätsmessung vor;[318] in der Praxis haben sich bei KI folgende Methoden durchgesetzt: **485**

- **Messung der prospektiven Effektivität:** die Sensitivitätsanalyse, die Value-at-Risk-Berechnung und der historische Vergleich von Fair-value-Änderungen.
- **Messung der retrospektiven Effektivität:** die Dollar-Offset-Methode, die Regressionsanalyse und die Varianzreduktionsmethode.[319] Die Dollar-Offset-Methode vergleicht die Wertänderungen des Grundgeschäfts mit denen des Sicherungsinstruments innerhalb eines bestimmten Zeitraums. Der Vorteil dieser Methode liegt in ihrer Einfachheit, ein Nachteil besteht in der Praxis jedoch darin, dass auch bei effektiven Sicherungsbeziehungen infolge des Gesetzes der Kleinen Zahl die Effektivität nicht immer nachgewiesen werden kann. Bei der Varianzreduktionsmethode wird untersucht, ob durch die Hegde-Beziehung eine Verringerung der Fair-value-Schwankungen erreicht wurde. Als Maß für die Fair-value-Schwankung wird die Varianz verwendet. Je geringer die Varianz der gesamten Position im Verhältnis zur Varianz der ungesicherten Position ist, umso effektiver ist die Sicherungsbeziehung. Aufgrund der Komplexität dieser Methode wird sie nur selten eingesetzt. In der Praxis wird von KI vielfach die Regressionsanalyse genutzt. Dabei ist sowohl die Beziehung zwischen den Wertänderungen (−0,8 bis −1,25) als auch das Bestimmtheitsmaß (mindestens 80%)

---

315 Vgl. *PricewaterhouseCoopers*, Finanzinstrumente, S. 10110.
316 Vgl. zum Einsatz interner Geschäfte *PricewaterhouseCoopers⁴*, S. 510 f.
317 Vgl. zu weiteren Voraussetzungen IAS 39.IG F.3.7; *IDW RS HFA 9*, WPg Supplement 2/2007, S. 83 ff. = FN-IDW 2007, S. 326 ff., FN-IDW 2011, S. 326, Tz. 322.
318 Vgl. *Cortez/Schön*, IRZ 2010 S. 171 ff.
319 Vgl. im Einzelnen *PricewaterhouseCoopers⁴*, S. 561 f.

einzubeziehen. Werden die Effektivitätskriterien nicht mehr erfüllt, so ist die Sicherungsbeziehung ab dem Zeitpunkt aufzulösen, an dem die Effektivität das letzte Mal nachgewiesen wurde (IAS 39.AG113).[320]

486 Bei einem **Fair-value-hedge** gem. IAS 39 werden bilanzierte Vermögenswerte oder Verpflichtungen oder bilanzunwirksame feste Verpflichtungen gegen Fair-value-Änderungen abgesichert, die auf ein bestimmtes Risiko zurückzuführen sind und das Nettoergebnis beeinflussen (IAS 39.86(a)). Soweit die Voraussetzungen des Hedge accounting erfüllt sind, werden die Grundgeschäfte – unabhängig von der zugrunde liegenden Zuordnung des abgesicherten Geschäfts zu einer Kategorie von IAS 39 – GuV-wirksam zum abgesicherten Fair value (hedged Fair value) bewertet. Die Wertänderungen des Sicherungsinstruments[321] und des abgesicherten Grundgeschäfts, das in der Bilanzierung dem Sicherungsgeschäft hinsichtlich des abgesicherten Risikos folgt, werden einander (weitgehend) kompensierend in der GuV erfasst. Der hedged Fair value errechnet sich dabei aus der Diskontierung der zukünftigen Cash flows unter Verwendung der aktuellen Parameter des abgesicherten Risikos (z.B. risikolose Zinsstrukturkurve) und der seit Designation konstant gehaltenen Parameter der anderen Risikokomponenten (z.B. Bonitätsspread, Liquiditätsspread).[322]

Für einen Fair-value-hedge kommt bei KI v.a. die Absicherungen des Risikos einer Änderung des Fair value einer festverzinslichen Schuld (IAS 39.AG102) bzw. eines Darlehens (IAS 39.IG F.2.13) in Betracht.

487 Der **Fair-value-hedge von Zinsänderungsrisiken auf Portfoliobasis** (Portfolio-hedge von Zinsänderungsrisiken) soll es ermöglichen, das interne Risikomanagement des Bankbuchs auch nach IAS 39 abzubilden. Die Vorgehensweise orientiert sich an der Zinsbindungsbilanz.[323] Es werden Laufzeitbänder (z.B. Monate) festgelegt, denen die Vermögenswerte und Verpflichtungen des Bankbuchs entsprechend der erwarteten Rückzahlungs- und Zinsanpassungstermine zugeordnet werden.[324] Eine Ausnahme bilden dabei Sichteinlagen, Kündigungsgelder und ähnliche Finanzinstrumente der Passivseite, die jederzeit kündbar sind. Die Zuordnung zu den Laufzeitbändern erfolgt hier auf der Grundlage des vertraglich frühestmöglichen Kündigungstermins (IAS 39.AG118(b)). Zur Zuordnung der Finanzinstrumente zu den Laufzeitbändern sieht IAS 39.AG114(b) mehrere Möglichkeiten vor: So kann für jedes Finanzinstrument lediglich der Rückzahlungsbetrag in das Laufzeitband der Endfälligkeit eingestellt werden oder jeder einzelne Zahlungsstrom entsprechend seiner Fälligkeit einem Laufzeitband zugeordnet werden. Ebenso kann der Rückzahlungsbetrag in jedes Laufzeitband bis zur erwarteten Endfälligkeit eingestellt werden. Die Breite der Laufzeitbänder ist nicht vorgeschrieben. In der Praxis hat es sich als sinnvoll erwiesen, kalendarische Laufzeitbänder mit konstanter Länge zu verwenden (z.B. 01.04. bis 30.06.).[325]

In einem nächsten Schritt ist festzulegen, welcher Anteil der Position in den einzelnen Laufzeitbändern abgesichert werden soll. Hierzu wird die Nettoposition des Laufzeitbandes bestimmt, die i.d.R. auch abgesichert wird. Die Finanzinstrumente, die Be-

---
320 Vgl. *Kuhn/Scharpf*, Finanzinstrumente[3], S. 427 ff.
321 Zur Ermittlung des Fair value nach der Clean-price-Methode bzw. Dirty-price-Methode vgl. *IDW RH HFA 2.001*, WPg Supplement 4/2007, S. 60 ff. = FN-IDW 2007, S. 606 ff., Tz. 8 f.
322 Zur Ermittlung des hedged Fair value vgl. *PricewaterhouseCoopers*[4], S. 516 ff.
323 Vgl. *Gaber/Siwik*, Corporate Finance 2010, S. 223; *Kümpel/Pollmann*, IRZ 2010, S. 231.
324 Vgl. zu Einzelheiten *IDW RS HFA 9*, WPg Supplement 2/2007, S. 83 ff. = FN-IDW 2007, S. 326 ff., FN-IDW 2011, S. 326, Tz. 369 f.
325 Vgl. *PricewaterhouseCoopers*[4], S. 535; *Kuhn/Scharpf*, Finanzinstrumente[3], Rn. 2980–3114.

standteil des Portfolios sind, müssen die Bedingungen von IAS 39.78–80 erfüllen. Jedem Laufzeitband werden dann entsprechend dem abzusichernden Betrag Sicherungsinstrumente zugeordnet. Die Festlegung des abzusichernden Betrags je Laufzeitband und der Sicherungsinstrumente erfolgt jeweils für die Dauer einer Sicherungsperiode und wird bei effektiver Sicherungsbeziehung für die nächste Periode neu festgelegt. Änderungen im Bestand einzelner Laufzeitbänder sind bei der Ermittlung des abgesicherten Betrags am Ende einer Sicherungsperiode nur zu berücksichtigen, soweit ein Abgang wegen Zinsänderungen (wenn z.b. der Kunde das Kündigungsrecht ausübt) oder eine Zuordnung zu einem anderen Laufzeitband wegen geänderter Erwartung an den Rückzahlungszeitpunkt vorliegt. Abgänge aus anderen Gründen und Neuzugänge stehen nicht mit dem abgesicherten Risiko im Zusammenhang und sollen daher nicht zur Ineffektivität führen (IAS 39.AG121).

Die Wertänderungen, die auf das abgesicherte Risiko zurückzuführen sind, können beim Portfolio-hedge nicht den einzelnen abgesicherten Finanzinstrumenten zugewiesen werden und sind daher als gesonderter Bilanzposten (line item) auszuweisen. Ist der abzusichernde Betrag ein Vermögenswert, so erfolgt der Ausweis auf der Aktivseite, ist der abzusichernde Betrag eine Verpflichtung, wird der Bilanzposten auf der Passivseite ausgewiesen. Ein saldierter Ausweis ist nicht zulässig (IAS 39.AG123).

Die Effektivität wird mit einem der anerkannten Verfahren (i.d.R. Dollar-offset-Methode) gemessen. Die Regressionsanalyse ist für den Portfolio-hedge ungeeignet, da durch die permanente Anpassung des designierten Teils keine statische Sicherungsbeziehung vorliegt, für die eine Historie aufgebaut werden kann. Es besteht ein Wahlrecht, ob die Effektivität für jedes Laufzeitband einzeln oder für mehrere Laufzeitbänder kumuliert gemessen wird (IAS 39.AG119(f)). Im Regelfall ist zu erwarten, dass die kumulierte Betrachtung zu einer insgesamt höheren Effektivität führt, da Ineffektivitäten in einzelnen Laufzeitbändern durch Effektivitäten in den übrigen Laufzeitbändern kompensiert werden können.[326]

Die Umsetzung des Portfolio hedge von Zinsänderungsrisiken stellt erhebliche Anforderungen an die IT-Systeme. Da in der Praxis oft ein dynamisches Portfolio vorliegt, ist insb. die Berechnung und jeweilige Speicherung der line items pro Laufzeitband sicherzustellen.

Erfüllt ein **Cash-flow-hedge** die Hedge-accounting-Kriterien, wird das abgesicherte **488** Grundgeschäft weiterhin entsprechend seiner Zuordnung zu einer Finanzinstrumente-Kategorie und das Sicherungsinstrument zum Fair value bewertet. Im Gegensatz zum Fair-value-hedge wird der als effektiv geltende Anteil an den Fair-value-Änderungen des Sicherungsinstruments GuV-neutral im „sonstigen Ergebnis" in der Gesamtergebnisrechnung ausgewiesen. Der ineffektive Teil (Höhe, in der kein Ausgleich der Wertänderungen vorliegt) oder der Teil, der explizit vom Hedge accounting ausgeschlossen ist, muss GuV-wirksam erfasst werden (IAS 39.95). Bei Absicherung einer geplanten zukünftigen Transaktion[327] werden die Wertänderungen des Sicherungsderivats jenen des (noch) nicht im Bestand befindlichen Grundgeschäfts gegenübergestellt.

Der ineffektive Teil der Fair-value-Änderung bei einem Cash-flow-hedge ist hierbei nicht der Anteil, der außerhalb des in IAS 39.AG105 beschriebenen Intervalls von 80% bis 125% liegt, sondern ergibt sich aus der Limitierung der Neubewertungsrücklage für Cash-flow-hedges auf den niedrigeren der beiden folgenden (absoluten) Beträge:

---

326 Vgl. hierzu *Kümpel/Pollmann*, IRZ 2010, S. 231; *Kuhn/Scharpf*, Finanzinstrumente³ S. 459 ff.
327 Eine geplante, zukünftige Transaktion muss hoch wahrscheinlich (highly probable) sein (IAS 39.IG F.3.7).

- kumulierte Fair-value-Änderungen des Grundgeschäfts seit Hedge-Designation,
- kumulierte Fair-value-Änderungen des Sicherungsinstruments seit Hedge-Designation.

Solange die Summe der Wertveränderungen des Sicherungsinstruments die Summe der Wertveränderungen des Grundgeschäfts nicht übersteigt, erfolgt die Erfassung der Wertveränderungen aus dem Sicherungsinstrument damit im EK („Sonstiges Ergebnis" bzw. Neubewertungsrücklage für Cash-flow-hedges).

Dient der Cash-flow-hedge der Absicherung eines geplanten Kaufgeschäfts eines Finanzinstruments, so ist der in der Neubewertungsrücklage ausgewiesene Betrag in den Perioden GuV-wirksam aufzulösen, in denen das Finanzinstrument GuV-wirksam wird (IAS 39.97). Bei Beendigung der Sicherungsbeziehung ist IAS 39.101 zu beachten.

Die Portfoliobildung für das Hedge accounting ist mit Ausnahme des Portfolio hedge von Zinsänderungsrisiken (Tz. 487) stark eingeschränkt (IAS 39.84). In IAS 39.IG F.6.2 und IAS 39.IG F.6.3 ist jedoch eine Vorgehensweise beschrieben, bei der ein Cash-flow-hedge der Nettoposition eines Portfolios durchgeführt wird. Hierbei werden aggregierte Cash flows entsprechend ihrem Zinsbindungsende bzw. ihrer Fälligkeit in Laufzeitbänder eingestellt und der resultierende Netto-Cash-flow ermittelt. Als abzusicherndes Risiko wird das Wiederanlagerisiko der Cash flows designiert.[328]

(5) Abgangsvorschriften

489 Die Überprüfung des Abgangs finanzieller Vermögenswerte (IAS 39.15–37; IFRS 9.3.2.1–3.2.23) und des Abgangs finanzieller Verpflichtungen (IAS 39.39–42; IFRS 9.3.3.1–3.3.4) erfolgt auf Konzernebene (IAS 39.15; IFRS 9.3.2.1), d.h. nach Konsolidierung von TU und der Einbeziehung von SPE (SIC-12 bzw. IFRS 10.B51 ff.).[329]

490 Ein **finanzieller Vermögenswert**, eine Gruppe oder ein Teil davon (vgl. IAS 39.16; IFRS 9.3.2.2) ist dann nicht mehr zu bilanzieren, wenn die Rechte aus dem Vermögenswert erloschen oder verfallen sind (IAS 39.17(a), z.B. Verfall einer Option oder Kreditrückzahlung; IFRS 9.3.2.3(a)), die vertraglichen Rechte an den Zahlungsströmen des Vermögenswerts übertragen wurden (IAS 39.17(b) i.V.m. IAS 39.18(a); IFRS 9.3.2.3(b) i.V.m. 3.2.4(a)) oder eine Weiterleitungsvereinbarung über die zurückbehaltenen vertraglichen Rechte an den Zahlungsströmen aus dem Vermögenswert (Durchleitungsvereinbarung) mit einem Konzernfremden abgeschlossen wurde (IAS 39.17(b) i.V.m. IAS 39.18(b) und IAS 39.19; IFRS 9.3.2.3(b) i.V.m. 3.2.4(b) und 9.3.2.4). Die Übertragung der vertraglichen Rechte mittels Durchleitungsvereinbarung liegt z.B. bei Forderungszessionen vor. Die Tatsache, dass der Forderungsverkäufer hierbei weiterhin den Einzug der Forderungen übernimmt, ist für die Frage der Übertragung ohne Bedeutung.

Liegen eine Übertragung der Rechte an den Zahlungsströmen oder eine Durchleitungsvereinbarung vor, ist zur Beurteilung, ob ein Abgang vorliegt, zunächst der Umfang der Übertragung der Chancen und Risiken (risks and rewards approach) zu berücksichtigen. Werden im Wesentlichen alle Chancen und Risiken zurückbehalten, ist der finanzielle Vermögenswert weiterhin in der Bilanz anzusetzen (IAS 39.20(b); IFRS 9.3.2.6(b)). Ein Abgang eines finanziellen Vermögenswerts liegt insofern nur dann vor, wenn die Chancen und Risiken aus dem finanziellen Vermögenswert nahezu vollständig übertragen wurden.

---
328 Vgl. *PricewaterhouseCoopers*[4], S. 557.
329 Vgl. im Einzelnen *IDW RS HFA 9*, WPg Supplement 2/2007, S. 83 ff. = FN-IDW 2007, S. 326 ff., FN-IDW 2011, S. 326, Tz. 113 f.

Konzernabschluss J

Sofern die Chancen und Risiken weder nahezu vollständig übertragen noch zurückbehalten werden, ist in einem zweiten Schritt die Übertragung der Kontrolle (control concept) über den finanziellen Vermögenswert zu prüfen. Verbleibt die Kontrolle beim Veräußerer, wird die verbliebene Risikoposition weiterhin beim Veräußerer angesetzt (continuing involvement approach).[330] Bankspezifische Besonderheiten bestehen nicht (IAS 39.20(c); IFRS 9.3.2.6(c)).

In folgenden Fällen liegt z.b. kein Abgang vor, da keine vollständige Übertragung der Chancen und Risiken gegeben ist:

- Verkauf eines Finanzinstruments, verbunden mit einer Call-Option, das Finanzinstrument zu einem festgelegten Preis zurückzuerwerben (IAS 39.AG40(a); IFRS 9.B3.2.5(a));
- Wertpapierleihgeschäfte und (echte) Wertpapierpensionsgeschäfte (IAS 39.AG40(b), IAS 39.AG51(a); IFRS 9.B3.2.5(b), 9.B3.2.16(a));[331]
- Verkauf eines Finanzinstruments i.V.m. dem Abschluss eines Total Return Swap (IAS 39.AG40(c), IAS 39.AG51(o); IFRS 9.B3.2.5(c), 9.B3.2.16(o));
- Die Übernahme von credit enhancements in Form von Ausfallgarantien oder die Nachrangigkeit einzelner bzw. aller am Finanzinstrument zurückbehaltenen Anteile bei der Übertragung von Forderungen (IAS 39.AG51(n); IFRS 9.B3.2.16(n));
- Übertragung von Diskontwechseln.[332]

Behält der Veräußerer im Wesentlichen alle Chancen und Risiken zurück, bucht er den Vermögensgegenstand nicht aus. Gleichzeitig muss der erhaltene Kaufpreis als finanzielle Verpflichtung passiert werden, was der Bilanzierung als besicherte Kreditaufnahme entspricht (IAS 39.29; IFRS 9.3.2.15).

In Fällen der Modifikation von bestehenden Kreditvereinbarungen (z.B. Laufzeitverlängerung) ist zu prüfen, ob durch die Änderung der Vertragsbedingungen substanziell ein neuer finanzieller Vermögenswert entstanden ist und damit die bisherigen Cash flows als „expired" gelten und ein Abgang der „alten" Forderung mit Zugang einer „neuen" Forderung vorliegt. Eine entsprechende Anwendung von IAS 39.AG62 bzw. IFRS 9.B3.3.6 auf finanzielle Vermögenswerte ist nicht sachgerecht.

Eine **finanzielle Verpflichtung** ist gem. IAS 39.39 dann nicht mehr zu bilanzieren, wenn **491** sie erloschen ist, d.h. wenn die Verpflichtung getilgt wurde (z.B. durch Begleichung, Aufhebung, Zeitablauf) oder der eigene (emittierte) Schuldtitel zurückgekauft wurde (z.B. Tilgung, Marktpflege).[333] Auch Änderungen in den **Vertragsbedingungen** bestehender finanzieller Verpflichtungen, die zu einer mindestens 10%igen Barwertänderung ggü. der bisherigen Restschuld führen (IAS 39.AG62; IFRS 9.B3.3.6), begründen einen Abgang der bisherigen Verpflichtung bei gleichzeitigem Zugang einer neuen finanziellen Verpflichtung (IAS 39.40; IFRS 9.3.3.2). Der Unterschiedsbetrag zwischen dem für das Erlöschen bzw. die Übertragung bezahlten Betrag und dem Buchwert unter Berücksichtigung noch nicht nach der Effektivzinsmethode verteilter Beträge (z.B. Agien, Disagien) ist gem. IAS 39.41 bzw. IFRS 9.3.3.3 ergebniswirksam zu berücksichtigen.

---

330 Vgl. zur Bilanzierung des continuing involvement *IDW RS HFA 9*, WPg Supplement 2/2007, S. 83 ff. = FN-IDW 2007, S. 326 ff., FN-IDW 2011, S. 326, Tz. 141 f.
331 Vgl. zu Buchungsbeispielen *IDW RS HFA 9*, WPg Supplement 2/2007, S. 83 ff. = FN-IDW 2007, S. 326 ff., FN-IDW 2011, S. 326, Tz. 223 f.
332 Vgl. *IDW RS HFA 9*, WPg Supplement 2/2007, S. 83 ff. = FN-IDW 2007, S. 326 ff., FN-IDW 2011, S. 326, Tz. 203; *Ernst & Young*, S. 2356.
333 Vgl. IAS 39.AG58.

(6) Vorschriften und Grundsätze zur Gliederung

492 Mit der Änderung von IAS 1 (rev. 2007) wurde teilweise die Bezeichnung der Abschlussbestandteile geändert (IAS 1.10) und die Gesamtergebnisrechnung für die Periode als „neuer" Abschlussbestandteil eingeführt (IAS 1.81 ff.). Die Gesamtergebnisrechnung setzt sich nach IAS 1.7 aus der GuV sowie aus den erfolgsneutral im EK erfassten Sachverhalten (Sonstiges Ergebnis) zusammen, die nicht auf Transaktionen mit Anteilseignern (z.B. Kapitalerhöhungen oder Dividendenausschüttungen) zurückzuführen sind und die bislang nur in der EK-Veränderungsrechnung dargestellt wurden.[334]

493 Struktur und Inhalt der (Konzern-)Bilanz und (Konzern-)Gesamtergebnisrechnung von KI ergeben sich aus IAS 1 und IFRS 7 sowie aus verschiedenen sachverhalts- oder postenspezifischen Standards, z.B. IAS 12 (Ertragsteuern) und IAS 28 (Anteile an assoziierten Unternehmen). Kreditinstitute haben Vermögenswerte und Verpflichtungen nach ihrer relativen abnehmenden Liquidität in der Bilanz auszuweisen (IAS 1.60 i.V.m. IAS 1.63), ohne dass ein bestimmtes **Gliederungsschema** vorgeschrieben ist.[335] IAS 1 und IFRS 7 verlangen lediglich die Angabe bestimmter Posten, die – in Abhängigkeit von ihrer Bedeutung – in der Bilanz bzw. Gesamtergebnisrechnung oder alternativ in den notes auszuweisen sind. Die in IAS 1 aufgeführten Postenbezeichnungen sind dabei den branchenbedingten Besonderheiten anzupassen; soweit erforderlich, sind neue Posten einzufügen, so dass Posten der RechKredV übernommen werden können (IAS 1.57(b), IAS 1.86). Für die Gesamtergebnisrechnung sehen IAS 1.102 und IAS 1.103 ein Wahlrecht zwischen UKV und GKV vor, was es KI ermöglicht, die GuV-Gliederung nach RechKredV zugrunde zu legen.

494 Einen Anhaltspunkt für die Zusammensetzung einzelner Posten gibt IAS 1.59, wonach Vermögenswerte und Schulden, die unterschiedlichen Bewertungsvorschriften unterliegen, sich nach der Art oder Funktion unterscheiden und damit in separaten Posten auszuweisen sind. Folglich wären für die in IAS 39 bzw. IFRS 9 unterschiedenen Kategorien von Finanzinstrumenten separate Bilanzposten zu bilden.[336] Die folgende Bilanz bzw. Gesamtergebnisrechnung[337] enthält von KI grds. gesondert auszuweisende Aktiva und Passiva bzw. Aufwendungen und Erträge, wobei auf die in der Praxis übliche Zusammenfassung unwesentlicher Posten mit Beträgen ähnlicher Art und Funktion gem. IAS 1.29 verzichtet wurde.

Aktiva	Anwendung IAS 39	Anwendung IFRS 9
Barreserve	IAS 1.54(i)	IAS 1.54(i)
Forderungen an Kreditinstitute (nach Abzug der Risikovorsorge)	IAS 1.54(h), IFRS 7.8(c) i.V.m. RechKredV	IAS 1.54(h), IFRS 7.8(f) i.V.m. RechKredV
Forderungen an Kunden (nach Abzug der Risikovorsorge)	IAS 1.54(h), IFRS 7.8(c) i.V.m. RechKredV	IAS 1.54(h), IFRS 7.8(f) i.V.m. RechKredV

---

334 Vgl. *Lüdenbach/Hoffmann*, IFRS[9], § 2, Rn. 81.
335 Vgl. *Bieg*, Bankbilanzierung[2], S. 306.
336 In der Übersicht wird zwischen der Anwendung von IAS 39 bzw. IFRS 9 bei der Kategorisierung und Bewertung von finanziellen Vermögenswerten unterschieden.
337 Vgl. *PricewaterhouseCoopers*[4], S. 199 f. Soweit ein Wahlrecht zwischen dem Ausweis in der Bilanz oder in den notes besteht, wird im Folgenden der Ausweis in der Bilanz vorgenommen.

Konzernabschluss J

Aktiva	Anwendung IAS 39	Anwendung IFRS 9
GuV-wirksam zum Fair value bewertete finanzielle Vermögenswerte (IAS 39)		
– Handelsaktiva	IFRS 7.8(a)(ii)	n.a.
– Zum Fair value designierte finanzielle Vermögenswerte	IFRS 7.8(a)(i)	n.a.
GuV-wirksam zum Fair value bewertete finanzielle Vermögenswerte (IFRS 9)		
– Handelsaktiva	n.a	IFRS 7.8(a)(i) i.V.m. IAS 1.55
– (Sonstige) verpflichtend zum Fair value bewertete finanzielle Vermögenswerte	n.a.	IFRS 7.8(a)(i)
– Zum Fair value designierte finanzielle Vermögenswerte	n.a.	IFRS 7.8(a)(ii)
Sicherungsinstrumente	IFRS 7.22(b) i.V.m. IAS 1.55 i.V.m. 1.58	IAS 39.9 i.V.m. IAS 1.55, 1.58
Hedged Fair-value-Anpassung für Portfolio-hedges von Zinsänderungsrisiken	IAS 39.89A(a)	noch offen
Zur Veräußerung verfügbare finanzielle Vermögenswerte	IFRS 7.8(d)	n.a.
Bis zur Endfälligkeit zu haltende Finanzinstrumente	IFRS 7.8(b)	n.a.
GuV-unwirksam zum Fair value bewertete Eigenkapitalinstrumente	n.a	IFRS 7.8(h)
Als Sicherheit übertragene finanzielle Vermögenswerte	IAS 39.37	IFRS 9.3.2.23(a) i.V.m. IFRS 7.14(a)
Nach der Equity-Methode bewertete Anteile	IAS 1.54(e)	IAS 1.54(e)
Als Finanzinvestition gehaltene Immobilien	IAS 1.54(b)	IAS 1.54(b)
Sachanlagen	IAS 1.54(a)	IAS 1.54(a)
Immaterielle Vermögenswerte	IAS 1.54(c)	IAS 1.54(c)
Als „zur Veräußerung gehalten" klassifizierte, langfristige Vermögenswerte und aufgegebene Geschäftsbereiche	IAS 1.54(j) i.V.m. IFRS 5	IAS 1.54(j) i.V.m. IFRS 5
Tatsächliche Ertragsteueransprüche	IAS 1.54(n)	IAS 1.54(n)
Latente Ertragsteueransprüche	IAS 1.54(o)	IAS 1.54(o)
Sonstige Aktiva	IAS 1.55	IAS 1.55
Summe der Aktiva		

1051

Passiva	Anwendung IAS 39	Anwendung IFRS 9
Verbindlichkeiten gegenüber Kreditinstituten	IAS 1.54(k), IFRS 7.8(f) i.V.m. RechkredV	IAS 1.54(k), IFRS 7.8(g) i.V.m. RechKredV
Verbindlichkeiten gegenüber Kunden	IAS 1.54(k), IFRS 7.8(f) i.V.m. RechKredV	IAS 1.54(k), IFRS 7.8(g) i.V.m. RechKredV
Verbriefte Verbindlichkeiten	IAS 1.54(m), IFRS 7.8(f) i.V.m. RechKredV	IAS 1.54(m), IFRS 7.8(g) i.V.m. RechKredV
GuV-wirksam zum Fair value bewertete finanzielle Verpflichtungen		
– Handelspassiva	IFRS 7.8(e)(ii)	IFRS 7.8(e)(ii)
– Zum Fair value designierte Verpflichtungen	IFRS 7.8(e)(i)	IFRS 7.8(e)(i)
Sicherungsinstrumente	IFRS 7.22(b) i.V.m. IAS 1.58	IFRS 7.22(b) i.V.m. IAS 58
Hedged Fair-value-Anpassung für Portfolio-hedges von Zinsänderungsrisiken	IAS 39.89A(a)	noch offen
Pensionsverpflichtungen	IAS 1.54(l) i.V.m. IAS 1.78(d)	IAS 1.54(l) i.V.m. IAS 1.78(d)
Sonstige Rückstellungen	IAS 1.54(l) i.V.m. 1.55	IAS 1.54(l)
Verpflichtungen im Zusammenhang mit als „zur Veräußerung gehalten" klassifizierten, langfristigen Vermögenswerten	IAS 1.54(p) i.V.m. IFRS 5	IAS 1.54(p) i.V.m. IFRS 5
Tatsächliche Ertragsteuerschulden	IAS 1.54(n)	IAS 1.54(n)
Latente Ertragsteuerschulden	IAS 1.54(o)	IAS 1.54(o)
Sonstige Passiva	IAS 1.55	IAS 1.55
Nachrangkapital	IAS 32.18(b) bzw. IAS 1.55	IAS 32.18(b) bzw. IAS 1.55
Eigenkapital		
– Gezeichnetes Kapital	IAS 1.54(r)	IAS 1.54(r)
– Kapitalrücklage	IAS 1.54(r)	IAS 1.54(r)
– Gewinnrücklage	IAS 1.54(r)	IAS 1.54(r)
– Neubewertungsrücklage		
– Bewertung von zur Veräußerung verfügbaren finanziellen Vermögenswerten	IAS 1.78(e) i.V.m. IAS 39.55(b)	n.a

Konzernabschluss J

Passiva	Anwendung IAS 39	Anwendung IFRS 9
– Bewertung von Sachanlagevermögen	IAS 1.78(e) i.V.m. IAS 16.39	IAS 1.78(e) i.V.m. IAS 16.39
– Bewertung von immateriellen Vermögenswerten	IAS 1.78(e) i.V.m. IAS 38.85	IAS 1.78(e) i.V.m. IAS 38.85
– Rücklage aus der Währungsumrechnung	IAS 1.78(e) i.V.m. IAS 21.52(b)	IAS 1.78(e) i.V.m. IAS 21.52(b)
– Rücklage aus Cash-flow-hedges	IAS 1.78(e) i.V.m. IAS 39.95(a)	noch offen
– Rücklage zur Erfassung von versicherungsmathematischen Gewinnen und Verlusten bei Pensionsvereinbarungen	IAS 1.78(e) i.V.m. IAS 19.93A	IAS 1.78(e) i.V.m. IAS 19.93A
– Rücklage aus der Bewertung des eigenen Kreditrisikos	n.a.	IAS 1.78(e) i.V.m. IFRS 9.5.7.7(a)
– Auf Minderheiten entfallender Anteil am Eigenkapital	IAS 1.54(q)	IAS 1.54(q)
Summe der Passiva		

Gesamtergebnisrechnung	Anwendung IAS 39	Anwendung IFRS 9
Gewinn- und Verlustrechnung		
Zinsen und ähnliche Erträge	IAS 1.82(a) i.V.m. IFRS 7.20(b)	IAS 1.82(a) i.V.m. IFRS 7.20(b)
Zinsen und ähnliche Aufwendungen	IAS 1.82(b) i.V.m. IFRS 7.20(b)	IAS 1.82(b) i.V.m. IFRS 7.20(b)
Zinsergebnis vor Risikovorsorge		
Risikovorsorge	IFRS 7.20(a)(iv)	IFRS 7.20(a)(iv)
Zinsergebnis nach Risikovorsorge		
Gebühren und Provisionserträge	IFRS 7.20(c)	IFRS 7.20(c)
Gebühren und Provisionsaufwendungen	IFRS 7.20(c)	IFRS 7.20(c)
Gebühren und Provisionsergebnis		
Handelsergebnis (IAS 39)	IFRS 7.20(a)(i)	n.a
Ergebnis aus (sonstigen) verpflichtend zum Fair value bewerteten Finanzinstrumenten (IAS 39)	IFRS 7.20 (a)(i)	n.a.
Handelsergebnis (IFRS 9)	n.a.	IFRS 7.20(a)(i)

1053

Gesamtergebnisrechnung	Anwendung IAS 39	Anwendung IFRS 9
Ergebnis aus (sonstigen) verpflichtend zum Fair value designierten Finanzinstrumenten (IFRS 9)	n.a.	IFRS 7.20(a)(i)
Ergebnis aus zum Fair value designierten Finanzinstrumenten	n.a.	IFRS 7.20(a)(i)
Ergebnis aus der Umkategorisierung (IFRS 9)	n.a.	IAS 1.82(ca)
Ergebnis aus Sicherungsbeziehungen	IFRS 7.24	IFRS 7.24
Ergebnis aus zur Veräußerung verfügbaren finanziellen Vermögenswerten	IFRS 7.20(a)(ii)	n.a.
Ergebnis aus bis zur Endfälligkeit zu haltenden Finanzinstrumenten	IFRS 7.20(a)(iii)	n.a.
Ergebnis aus nach der Equity-Methode bewerteten Anteilen	IAS 1.82(c)	IAS 1.82(c)
Verwaltungsaufwand	IAS 1.85	IAS 1.85
Sonstige betriebliche Erträge	IAS 1.85	IAS 1.85
Sonstige betriebliche Aufwendungen	IAS 1.85	IAS 1.85
Ergebnis vor Ertragsteuern		
Steuern vom Einkommen und Ertrag	IAS 1.82(d)	IAS 1.82(d)
Ergebnis nach Steuern aus aufgegebenen Geschäftsbereichen	IAS 1.82(e)	IAS 1.82(e)
Konzernjahresüberschuss/-fehlbetrag	IAS 1.82(f)	IAS 1.82(f)
– davon den Anteilseignern des Mutterunternehmens zuzurechnen	IAS 1.83(a)(ii)	IAS 1.83(a)(ii)
– davon den Minderheitsanteilen zuzurechnen	IAS 1.83(a)(i)	IAS 1.83(a)(ii)
Sonstiges Ergebnis		
Konzernjahresüberschuss/-fehlbetrag	IAS 1.82(f)	IAS 1.82(f)
Währungsumrechnungsdifferenzen	IAS 1.82(g)	IAS 1.82(g)
Gewinne und Verluste aus zur Veräußerung verfügbaren finanziellen Vermögenswerten	IAS 1.82(g)	n.a.
Gewinne und Verluste aus der Neubewertung von Sachanlagen	IAS 16.39	AS 16.39
Gewinne und Verluste aus der Neubewertung von immateriellen Vermögenswerten	IAS 38.85	IAS 38.85
Gewinne und Verluste aus GuV-unwirksam zum Fair value bewerteten Eigenkapitalinstrumenten	n.a.	IFRS 7.20(a)(viii)

Konzernabschluss **J**

Gesamtergebnisrechnung	Anwendung IAS 39	Anwendung IFRS 9
Gewinne und Verluste aus der Bewertung des eigenen Kreditrisikos	n.a.	IFRS 9.5.7.7
Cash-flow-hedge-Rücklage	IAS 1.82(g)	noch offen
Versicherungsmathematische Gewinne und Verluste aus Pensionsverpflichtungen	IAS 19.93A	IAS 19.93A
Anteiliges erfolgsneutrales Ergebnis aus at Equity bewerteten Unternehmen	IAS 1.82(h)	IAS 1.82(h)
Steueraufwand bezogen auf erfolgsneutrale Veränderungen	IAS 1.91	IAS 1.91
Gesamtergebnis der Periode		
– davon den Anteilseignern des MU zuzurechnen	IAS 1.83(b)(ii)	IAS 1.83(b)(ii)
– davon den Minderheitsanteilen zuzurechnen	IAS 1.83(b)(i)	IAS 1.83(b)(i)

(a) Erläuterungen zu ausgewählten Posten der Aktivseite

Im Folgenden werden einzelne Posten der Bilanz in der Reihenfolge des Gliederungsschemas insoweit erläutert, als bankspezifische Besonderheiten bestehen. Für die **Folgebewertung** der hier ausgewiesenen Finanzinstrumente ist deren Klassifizierung gem. IAS 39.45 bzw. IFRS 9.4.1.1 (Tz. 464 ff. bzw. Tz. 473 ff.) maßgebend.

Barreserve

In der Bankenpraxis enthält der Posten Barreserve i.d.R. die Posten „Kassenbestand und Guthaben bei der Zentralnotenbank" und „Schuldtitel öffentlicher Stellen und Wechsel, die zur Refinanzierung bei Zentralnotenbanken zugelassen sind"; die Aufgliederung erfolgt in den notes. Da die IFRS den Posteninhalt nicht näher erläutern, ist es zulässig, entsprechende Definitionen der RechKredV heranzuziehen, aber auch vom Formblatt gem. RechKredV abzuweichen.

Soweit die Vorschriften von IAS 39 angewendet werden, wird der Kassenbestand regelmäßig der Kategorie „Zur Veräußerung verfügbare finanzielle Vermögenswerte" zugeordnet. Bei den Guthaben bei Zentralnotenbanken kommt eine Klassifizierung als „Kredite und Forderungen" in Betracht. Die Schuldtitel öffentlicher Stellen können aufgrund der Notierung auf einem aktiven Markt nicht der Kategorie „Forderungen und Kredite" zugeordnen werden. Wechsel können sowohl der Kategorie „Kredite und Forderungen" als auch den „zur Veräußerung verfügbaren finanziellen Vermögenswerten" oder der Kategorie „GuV-wirksam zum Fair value bewertete Finanzinstrumente" zugerechnet werden.

Bei Anwendung der Vorschriften von IFRS 9 dürften die Voraussetzungen für eine Bewertung zu fortgeführten AK i.d.R. bei den Guthaben bei Zentralnotenbanken erfüllt sein. Bei Schuldtiteln öffentlicher Stellen und Wechseln wird in der Praxis das Geschäftsmodell „Halten im Bestand" nicht erfüllt sein, so dass für diese Finanzinstrumente eine GuV-wirksame Bewertung zum Fair value erfolgen muss.

Forderungen an Kreditinstitute

497 Der Ausweis eines einzelnen Postens „Forderungen" in der Bilanz, wie es z.B. gem. IFRS 7.8(c) gefordert wird, führt aufgrund der Wesentlichkeit der Forderungen für KI nicht zu einer fair presentation.[338] Daher ist die Aufteilung in Forderungen an KI und Forderungen an Kunden, entsprechend §§ 14 und 15 RechKredV, zweckmäßig.[339] Unter den Forderungen an KI sind v.a. alle Forderungen der Kategorie „Kredite und Forderungen" gem. IAS 39 auszuweisen. Dies kann z.B. umfassen: nicht verbriefte Kredite, Schuldscheindarlehen, Konsortialkredite[340], von KI eingereichte Wechsel, die nicht zur Refinanzierung bei Zentralnotenbanken zugelassen sind, Namensschuldverschreibungen, -geldmarktpapiere, Orderschuldverschreibungen, nicht börsenfähige Inhaberschuldverschreibungen und -genussscheine. Besteht eine kurzfristige Wiederveräußerungsabsicht, z.B. bei Forderungen des Handelsbestands sowie Schuldscheindarlehen, ist eine Zuordnung in die bzw. ein Ausweis in der Unterkategorie „Handelsaktiva" gem. IAS 39 erforderlich. Ebenfalls kann die freiwillige Designation in die Kategorie „Zum Fair value designierte Finanzinstrumente" oder die Zuordnung zu den „zur Veräußerung verfügbaren Vermögenswerten" einen anderen Postenausweis erforderlich machen. Ein Bruttoausweis von **Agien und Disagien** entsprechend der Regelung des § 340e Abs. 2 HGB ist nach IFRS nicht zulässig, da diese Bestandteil des Buchwerts der Forderungen (IAS 39.46) und nach der Effektivzinsmethode abzugrenzen sind; der Forderungsbuchwert ist entsprechend zu- bzw. abzuschreiben (IAS 18.30(a)).

Abweichend von den HGB-Vorschriften liegt bei unbesicherten **Wertpapierleihgeschäften** kein Abgang vor; der Verleiher weist keine Forderung aus Leihgeschäften aus, sondern die verliehenen Papiere werden weiterhin als Wertpapiere (IAS 39.AG51(a)) ausgewiesen.

Sofern die Bilanzierung nach **IFRS 9** erfolgt, sind hier nur solche Forderungen auszuweisen, die die Anforderungen an eine Bewertung zu fortgeführten AK erfüllen. Ob der gesamte Darlehensbestand in diese Kategorie fällt, hängt dabei nicht vom Zweck eines KI (Ausreichung von Forderungen) ab, sondern der Erfüllung aller in IFRS 9.4.1.2 aufgeführten Bedingungen. Vorhandene Kündigungsrechte sind nach IFRS 9.B4.1.10 darauf zu untersuchen, ob die vereinbarten Zahlungsströme sich ausschließlich aus Zins- und Tilgungszahlungen zusammensetzen. Demnach stehen BGB-Kündigungsrechte einer Bewertung zu fortgeführten AK nicht entgegen, da diese nicht von einem zukünftigen Ereignis abhängig sind. Ebenso sind Kündigungsrechte wegen Bonitätsverschlechterung gem. IFRS 9.B4.1.10 bei einer Bewertung zu fortgeführten AK möglich, soweit eine Vorfälligkeitsentschädigung gezahlt wird, die dem ausstehenden Betrag der Tilgungen und Zinszahlungen entspricht.

Zu beachten ist in diesem Zusammenhang, dass es keine Korrelation zwischen der Klassifizierung nach den Vorschriften des KWG bzw. HGB und IFRS 9 gibt. Forderungen des Handelsbuchs bzw. des Handelsbestands können grds. nicht zu fortgeführten AK bewertet werden. Für die Forderungen des Anlagebuchs bzw. des Liquiditäts- und Anlagebestands ist in jedem Einzelfall zu prüfen, ob eine Kategorisierung „Bewertung zu fortgeführten AK" zulässig ist. Soweit unter den Forderungen an KI Finanzinstrumente ausgewiesen werden, die zu fortgeführten AK bewertet sind, und solche, die zum Fair value bewertet sind, muss in der Bilanz oder in den notes eine Aufgliederung erfolgen (IFRS 7.8).

---
338 Vgl. *PricewaterhouseCoopers*[4], S. 892.
339 Die Definition des Begriffs „KI" ist in der accounting policy festzuhalten.
340 Hier auszuweisen ist nur der „Eigenanteil"; Teilbeträge, die nicht syndiziert werden konnten, sind dem Handelsbestand zuzuordnen; vgl. IFRIC, Update März und Mai 2009.

Konzernabschluss J

Wertberichtigungen auf Forderungen sind gem. IAS 39.9 vom Buchwert der betroffenen Forderung abzusetzen. Die Risikovorsorge auf Forderungen umfasst:

- Einzelwertberichtigungen, bei denen eine Wertminderung für die einzelne Forderung identifiziert und ermittelt wird;
- pauschalierte Einzelwertberichtigungen für Forderungen, die unwesentlich sind und für die die identifizierte Wertminderung auf Portfolioebene berechnet wird;
- Portfoliowertberichtigungen, für die noch keine Hinweise auf eine Wertminderung identifiziert sind, bei denen aber eine Wertminderung eingetreten ist (vgl. Tz. 467 ff.).

Forderungen an Kunden

Der Posten „Forderungen an Kunden" umfasst analog § 15 RechKredV alle bankgeschäftlichen und nicht bankgeschäftlichen Forderungen. Während § 15 RechKredV einheitlich regelt, dass die Forderungen an Kunden alle bank- und nicht bankgeschäftlichen Forderungen an Nichtbanken umfassen, fehlt in den IFRS eine entsprechende Definition. Eine zur Abgrenzung des Postens vorzunehmende Eingrenzung des Kundenbegriffs obliegt unter Beachtung des Stetigkeitsgrundsatzes der Beurteilung des Managements (IAS 8.11), kann aber identisch mit der Postendefinition der RechKredV vorgenommen werden. Insgesamt sollten unter dem Posten „Forderungen an Kunden" grds. nur die Finanzinstrumente der Kategorie „Kredite und Forderungen" gem. IAS 39 bzw. der Kategorie „Bewertung zu fortgeführten AK" gem. IFRS 9 ausgewiesen werden (vgl. hierzu Forderungen an KI). Unter den Forderungen an Kunden sind v.a. die Forderungen an Firmen- und Privatkunden, öffentliche Haushalte sowie FDLI (§ 1 Abs. 1a KWG) und Finanzunternehmen (§ 1 Abs. 3 KWG) auszuweisen. 498

Die Behandlung der Bereitstellungszinsen ist im Appendix zu IAS 18 geregelt. Sofern es wahrscheinlich ist, dass der Kreditnehmer das zugesagte Darlehen in Anspruch nehmen wird und die Zusage nicht in den Anwendungsbereich von IAS 39 fällt, sind die Bereitstellungszinsen zunächst abzugrenzen und bei Auszahlung des Kredits über den Zeitraum des Kreditverhältnisses zu vereinnahmen (IAS 18.A14(a)(i)). Bearbeitungsgebühren (z.B. Gebühren für die Bonitätsprüfung bzw. Sicherheitenbewertung) sind Teil der AK und nach der Effektivzinsmethode ebenfalls über die Laufzeit des Kredits zu vereinnahmen. Vorfälligkeitsentschädigungen sind zum Zeitpunkt ihres Anfalls GuV-wirksam zu vereinnahmen; eine passivische Abgrenzung und Verteilung über die Restlaufzeit der abgelösten Forderung ist nicht zulässig.

Zur Bilanzierung nach IFRS 9 vgl. Tz. 497; zur Erfassung der Wertminderungen vgl. Tz. 467.

Handelsaktiva bzw. verpflichtend zum Fair value zu bewertende Finanzinstrumente

Die Handelsaktiva stellen eine Unterkategorie der GuV-wirksam zum Fair value bewerteten finanziellen Vermögenswerte gem. IAS 39 dar. Entsprechend der Regelung in IFRS 7.8(a) ist diese Unterkategorie in der Bilanz oder in den notes gesondert auszuweisen. Aufgrund der von den anderen finanziellen Vermögenswerten abweichenden Bewertung und Zielsetzung ist ein separater Ausweis in der Bilanz zweckmäßig. 499

Der Posten enthält insb. Wertpapiere des Handelsbestands, positive Marktwerte derivativer Finanzinstrumente (ausgenommen Sicherungsderivate, die die Hedge-accounting-Voraussetzungen erfüllen), Devisenhandelsbestände, Schuldscheindarlehen, sonstige Handelsbestände (z.B. Edelmetalle). Der Ansatz von Swaps erfolgt zum Dirty-Preis, d.h. einschließlich der abgegrenzten Zinsen.[341] Handelsbestände an (konzern-)eigenen Aktien

---

[341] Vgl. *PricewaterhouseCoopers*⁴, S. 1132.

dürfen nicht aktiviert werden, sondern müssen vom EK abgesetzt werden (IAS 32.33). Ebenso sind im Handelsbestand befindliche eigene Schuldverschreibungen und Anleihen passivisch abzusetzen (IAS 39.AG58; IFRS 9.B3.3.2).

Bei Geldhandelsgeschäften in Form von kurzlaufenden Wertpapieren, Commercial Papers und Certificates of Deposits dürften die Kriterien für einen Ausweis unter den Handelsaktiva i.d.R. erfüllt sein. Tages-/Termingeldanlagen müssen gem. IAS 39.9(a)(i) Teil eines Portfolios eindeutig identifizierter und gemeinsam gemanagter Finanzinstrumente sein. Es ist über einen längeren Zeitraum nachzuweisen, dass für das Portfolio kurzfristige Gewinnmitnahmen im Sinne von erzielten Ergebnissen vorliegen. Dieses sog. Geldhandelsportfolio ist im Zugangszeitpunkt eindeutig und zweifelsfrei von anderen Anlage- und Refinanzierungsbeständen abzugrenzen und darf nur externe Geldhandelsgeschäfte enthalten.

Sofern die Bilanzierung nach IFRS 9 erfolgt, sind mit der entsprechenden Änderung von IFRS 7.8(a)(ii) die verpflichtend zum Fair value zu bewertenden Finanzinstrumente hier auszuweisen. Diese umfassen die Finanzinstrumente des Handels und darüber hinaus die Finanzinstrumente, die der Kategorie „Bewertung zum Fair value" zugeordnet werden. Dies sind insb. Kredite, die nicht dem Geschäftsmodell „Halten im Bestand" zugeordnet werden können[342] (z.B. Kreditportfolien, die für die Syndizierung bzw. den Verkauf vorgesehen sind), oder Finanzinstrumente, die über Zins- und Tilgungszahlungen hinausgehende Zahlungsströme generieren (z.B. EK-Instrumente, Optionen, Forwards, Swaps, reverse floater, Wandelanleihen)[343].

Zum Fair value designierte Finanzinstrumente

500 Die zum Fair value designierten Finanzinstrumente stellen die zweite Unterkategorie der GuV-wirksam zum Fair value bewerteten finanziellen Vermögenswerte nach IAS 39 bzw. IFRS 9 dar. Ein gesonderter Ausweis muss gem. IFRS 7.8(a) in der Bilanz oder in den notes erfolgen.

Als zum Fair value designierte Finanzinstrumente gem. IAS 39 kommen in der Praxis folgende Finanzinstrumente in Betracht: Schuldverschreibungen und andere festverzinsliche Wertpapiere, Aktien und andere nicht festverzinsliche Wertpapiere, Anteile an Investmentfonds und Private-Equity-Fonds, trennungspflichtige strukturierte Produkte sowie zum Fair value designierte Forderungen. IFRS 9 schränkt den Anwendungsbereich der Fair-value-option ein (vgl. Tz. 463). Damit werden i.d.R. nur noch Schuldverschreibungen und andere festverzinsliche Wertpapiere sowie Forderungen in diesem Unterposten ausgewiesen.

Sicherungsinstrumente

501 Unter diesem Posten werden derivative Finanzinstrumente (Sicherungsinstrumente nach IAS 39.74) mit positivem Marktwert, die die Anforderungen des Hedge accounting erfüllen, ausgewiesen.

Zur Veräußerung verfügbare finanzielle Vermögenswerte

502 Dieser Bilanzposten umfasst alle Finanzinstrumente, die nicht den anderen Kategorien gem. IAS 39 zugeordnet sind. Für den Ausweis in diesem Posten kommen u.a. Anteile an (nicht konsolidierten) TU sowie sonstige Anteile, die nicht nach den Vorschriften von IAS 28 (assoziierte Unternehmen) oder IAS 31 (Joint Ventures) bilanziert wurden,

---

342 Vgl. IFRS 9.B4.1.4.
343 Vgl. IFRS 9.B4.1.14.

Schuldverschreibungen und andere festverzinsliche Wertpapiere sowie Aktien und andere nicht festverzinsliche Wertpapiere in Betracht.

Mit Anwendung von IFRS 9 entfällt dieser Posten.

Bis zur Endfälligkeit zu haltende Finanzinstrumente

Unter diesem Posten werden im Wesentlichen börsennotierte Schuldverschreibungen und andere festverzinsliche Wertpapiere ausgewiesen, die die Anforderungen an diese Kategorie gem. IAS 39 erfüllen. Dies sind z.B. Stufenzinsanleihen, Null-Kupon-Anleihen, Wandelanleihen, credit linked notes, ABS-Papiere (für deutsche Papiere eher der Ausnahmefall, da i.d.R. kein aktiver Markt vorliegt). Ewige Anleihen können aufgrund der fehlenden Laufzeit hier nicht ausgewiesen werden (IAS 39.AG17). 503

Mit Anwendung von IFRS 9 entfällt dieser Posten. 504

GuV-unwirksam zum Fair value bewertete Eeigenkapitalinstrumente

Das nach IFRS 9.5.7.5 bestehende Wahlrecht der GuV-unwirksamen Erfassung von Fair-value-Änderungen besteht nur für EK-Instrumente. Dieser Posten umfasst z.B. Aktien, Investmentanteile, GmbH-Anteile sowie Anteile an PersGes., die die Anforderung an eine Klassifizierung als EK erfüllen. Hierunter fallen jedoch nicht die kündbaren Anteile an PersGes., die nach IAS 32.16A–D als EK klassifiziert werden (IFRS 9.BC5.81). 505

(b) Erläuterungen zu ausgewählten Posten der Passivseite

Verbindlichkeiten gegenüber Kreditinstituten

Im Passivposten „Verbindlichkeiten ggü. KI" sind alle Arten von Verbindlichkeiten ggü. KI auszuweisen, sofern sie nicht unter den Posten „GuV-wirksam zum Fair value bewertete finanzielle Verpflichtungen", „Verbriefte Verbindlichkeiten" oder „Nachrangkapital" ausgewiesen werden. IFRS-spezifische Besonderheiten bestehen nicht. Der Ausweis eines zusammengefassten Postens aller zu fortgeführten AK bewerteten Verbindlichkeiten führt i.d.R. nicht zu einer fair presentation. Daher ist die Aufteilung in die Posten „Verbindlichkeiten ggü. KI" bzw. „Verbindlichkeiten ggü. Kunden" gem. § 21 Abs. 1 RechKredV zweckmäßig.[344] 506

Agien und Disagien sind unter Anwendung der **Effektivzinsmethode** über die Laufzeit zu verteilen (IAS 39.47 i.V.m. IAS 18.30); der Buchwert der Verbindlichkeit ist entsprechend zu- bzw. abzuschreiben. Die nach HGB in den Verbindlichkeiten ggü. KI enthaltene Zinsabgrenzung aus Zins-Swaps wird nach IFRS aufgrund ihrer Kategorisierung zusammen mit den Swaps bei den Handelspassiva oder Sicherungsinstrumenten ausgewiesen.

Verbindlichkeiten gegenüber Kunden

Während § 21 RechKredV regelt, dass die Verbindlichkeiten ggü. Kunden alle bank- und nicht bankgeschäftlichen Verbindlichkeiten an Nichtbanken umfassen, fehlt in den IFRS eine entsprechende Definition. Eine zur Abgrenzung des Postens vorzunehmende Eingrenzung des Kundenbegriffs obliegt unter Beachtung des Stetigkeitsgrundsatzes der Beurteilung des Managements (IAS 8.11), kann aber identisch mit der Postendefinition der RechKredV vorgenommen werden. 507

---

344 Die Definition des Begriffs „KI" ist in der accounting policy festzulegen.

Hier auszuweisen sind in der Praxis die Produkte des Spar- und Einlagengeschäfts der KI, einschließlich der Namensschuldverschreibungen (z.B. Sparkassenbriefe), sowie der Schuldscheindarlehen, da hier i.d.R. keine Handelsabsicht vorliegt.

Agien und Disagien sind Bestandteil der fortgeführten AK der Verbindlichkeiten und sind nach IAS 39.9 direkt bei den entsprechenden Verbindlichkeiten auszuweisen. Die Verteilung erfolgt nach der Effektivzinsmethode.

Verbriefte Verbindlichkeiten

508 Die IFRS enthalten keine konkreten Vorschriften zum Inhalt dieses Postens; grds. werden hier die Verbindlichkeiten gem. § 22 RechKredV ausgewiesen. Demzufolge können als verbriefte Verbindlichkeiten ausgewiesen werden: Inhaber- sowie Orderschuldverschreibungen (bspw. Pfandbriefe, Aktienanleihen, Equity-Basket-Bonds), Zerobonds, als Inhaber- oder Orderpapiere ausgestaltete Geldmarktpapiere (bspw. Commercial papers, certificates of deposits, Euro-Notes), eigene Akzepte und Solawechsel im Umlauf.

Sofern das bilanzierende KI **Wandel- oder Optionsanleihen** emittiert hat, sind unter diesem Posten nur die FK-Komponenten dieser Finanzinstrumente auszuweisen; der hiervon zu trennende EK-Anteil ist im EK (Kapitalrücklage) zu erfassen (IAS 32.28).

Zurückgekaufte eigene Schuldverschreibungen sind von den verbrieften Verbindlichkeiten abzusetzen (IAS 39.AG58; IFRS 9.B3.3.2).

Handelspassiva

509 In diesem Unterposten sind Derivate mit negativen Marktwerten, die nicht als Sicherungsinstrumente i.S.v. IAS 39 eingesetzt werden, sowie Lieferverpflichtungen aus Leerverkäufen von Wertpapieren oder Short-Positionen aus Wertpapierleihgeschäften zu erfassen. Hier nicht auszuweisen sind Verpflichtungen aus der Refinanzierung von Handelsgeschäften (IAS 39.AG15). Zurückgekaufte eigene Verpflichtungen sind von den Handelspassiva abzusetzen (IAS 39.AG58; IFRS 9.B3.3.2).

GuV-wirksam zum Fair value designierte Verpflichtungen

510 Als finanzielle Verpflichtungen, die GuV-wirksam zum Fair value bewertet werden, kommen in der Praxis folgende Finanzinstrumente in Betracht: Inhaber- sowie Orderschuldverschreibungen, Zerobonds, Geldmarktpapiere, trennungspflichtige strukturierte Produkte, Verbindlichkeiten. Zurückgekaufte eigene Verpflichtungen sind von den GuV-wirksam zum Fair value bewerteten Verpflichtungen abzusetzen (IAS 39.AG58; IFRS 9.B3.3.2).

Sicherungsinstrumente

511 Unter diesem Posten werden derivative Finanzinstrumente (Sicherungsinstrumente nach IAS 39.74) mit negativem Marktwert, die die Anforderungen des Hedge accounting erfüllen, ausgewiesen. Derivate mit negativem Marktwert, die für Sicherungszwecke eingesetzt werden, aber die Anforderungen von IAS 39.88 nicht erfüllen, sind unter den Handelspassiva auszuweisen.

Nachrangkapital

512 Unter diesem Posten werden Kapitalbeträge ausgewiesen, die aufgrund der Rückforderungsmöglichkeit der Kapitalgeber und/oder der Vereinbarung einer festen Verzinsung (IAS 32.11 i.V.m. IAS 32.15) als finanzielle Verpflichtung zu qualifizieren sind[345], aber

---

345 Zur Abgrenzung von EK und FK vgl. Tz. 513 und Kap. N Tz. 403.

eine (temporäre) Haftungsfunktion haben. Hierunter fallen solche Verpflichtungen, die im Falle der Liquidation oder der Insolvenz erst nach Befriedigung aller nicht nachrangigen Gläubiger bedient werden.[346] Der Posten umfasst – unabhängig von der aufsichtsrechtlichen Anerkennung als Eigenmittel – i.d.R. folgende Komponenten:

- nachrangige Verpflichtungen (z.B. Eigenmittel i.S.v. § 10 Abs. 5a KWG),
- Einlagen stiller Gesellschafter, die z.B. aufgrund des Kündigungsrechts des stillen Gesellschafters kein EK i.S.v. IAS 32 darstellen und die nachrangig sind (stille Einlagen i.S.v. § 10 Abs. 4 KWG), und
- Genussrechtskapital (z.B. Eigenmittel i.S.v. § 10 Abs. 5 KWG).

Zurückgekaufte eigene Verpflichtungen im Bestand (z.B. Marktpflegebestand) sind von dem jeweiligen Passivposten abzuziehen (IAS 39.AG58; IFRS 9.B.3.3.2).

Genussrechte, stille Einlagen etc. müssen bei Zugang nach IAS 32 klassifiziert werden, d.h. es muss untersucht werden, ob EK oder FK bzw. ob ein zusammengesetztes Finanzinstrument, das in EK- und FK-Komponenten aufzuteilen ist (Aufteilung in zwei Instrumente gem. IAS 32.28 ff.), vorliegt.[347] Ausschüttungen auf stille Einlagen, die nach IAS 32 als FK klassifiziert werden, müssen als Zinsaufwand erfasst werden (IAS 32.35). Die im Emissionszeitpunkt erfolgte Klassifizierung ist in der Folge beizubehalten, es sei denn, es ergeben sich vertragliche Änderungen. Eine Ausnahme hierzu besteht bei der Klassifizierung von Anteilen mit Inhaberkündigungsrechten, welche regelmäßig zu überprüfen und ggf. zu ändern ist (IAS 32.16E).

Eigenkapital

Vertragliche Zahlungsverpflichtungen (d.h. Rückzahlungs- und Rückgabeverpflichtungen bzw. Inhaberkündigungsrechte) stellen nach IAS 32.17 das wesentliche Abgrenzungskriterium zwischen FK- und EK-Instrumenten dar. Finanzinstrumente gelten nur dann in voller Höhe als EK, wenn keine vertraglichen Zahlungsverpflichtungen bestehen, d.h., etwaige Kapitalrückzahlungen oder -rückgaben der vom Investor überlassenen Finanzinstrumente oder laufende Vergütungen (Zins- oder Dividendenzahlungen) müssen allein im Ermessen des Emittenten stehen. Gemäß IAS 32.19(a) führt die Zustimmungspflicht einer Aufsichtsbehörde (z.B. BaFin) zur Rückzahlung einer finanziellen Verpflichtung nicht zu einer Einstufung als EK, da das Unternehmen hierdurch nicht von seiner vertraglichen Rückzahlungsverpflichtung entbunden wird.

Emissionen mit Inhaberkündigungsrechten **(puttable instruments)** stellen – mit Ausnahme der nach den Voraussetzungen von IAS 32.16A, IAS 32.16B oder IAS 32.16C und IAS 32.16D als EK-Instrumente eingestuften Instrumente – grds. FK dar, da aus ihnen potenzielle Zahlungsverpflichtungen resultieren (IAS 32.18(b)).[348] Dies gilt unabhängig davon, ob der Rückzahlungsbetrag feststeht oder von einer Indexentwicklung o.Ä. abhängig ist (IAS 32.18(b)). Auch Anteile an **PersGes**. (z.B. stille Gesellschaften) sowie an **Genossenschaften** stellen finanzielle Verbindlichkeiten dar, sofern sie nicht die Ausnahmeregelung von IAS 32.16A und 32.16B oder IAS 32.16C und IAS 32.16D erfüllen. Ausschüttungen auf stille Einlagen, die nach IAS 32 als EK klassifiziert werden, müssen als Gewinnverwendung erfasst werden (IAS 32.35). Die Klassifizierung von Genossenschaftsanteilen als EK ist gem. IFRIC 2 vorzunehmen, wenn die Gesellschaft die Rück-

---
[346] Vgl. hierzu *IDW RS HFA 9*, WPg Supplement 2/2007, S. 83 ff. = FN-IDW 2007, S. 326 ff., FN-IDW 2011, S. 326, Tz. 4 f. – Abgrenzung von EK und FK nach IAS 32.
[347] Vgl. zur Trennung *Deloitte*, iGAAP[6], S. 193 ff.
[348] Vgl. zur Klassifizierung der kündbaren Anteile *IDW RS HFA 45*, WPg Supplement 2/2011, S. 143 ff. = FN-IDW 2011, S. 326 ff., Tz. 13 f.

nahme uneingeschränkt verweigern kann, unabhängig davon, ob die Rücknahme in der Vergangenheit generell abgelehnt oder durchgeführt wurde (IFRIC 2.7). Eine uneingeschränkte Ablehnung der Rücknahme liegt jedoch nach IFRIC 2 nicht vor, wenn laut Satzung die Gesellschaft die zurückgegebenen Anteile generell annehmen muss und die Rücknahme nur verweigern kann, wenn dies zu einer Verletzung von aufsichtsrechtlichen Kapital- oder Liquiditätsanforderungen etc. führen würde. Sofern die Rücknahme von Anteilen nur teilweise abgelehnt werden kann bzw. die Rücknahme nur bis zu einer bestimmten Höhe zulässig ist, sind die Anteile anteilig als EK und anteilig als FK zu klassifizieren.

(c) Erläuterungen zu ausgewählten Posten der Gewinn- und Verlustrechnung
Zinserträge und Zinsaufwendungen

514   Gemäß IFRS 7.20(b) sowie IAS 1.82(a) und (b) sind Zinsen und ähnliche Erträge sowie Zinsen und ähnliche Aufwendungen als separate Posten in der GuV zu zeigen. Zinserträge und -aufwendungen sind unabhängig vom Zeitpunkt der tatsächlichen Zahlung auf zeitanteiliger Basis unter Berücksichtigung des zugrunde liegenden Effektivzinssatzes in der GuV zu erfassen (IAS 18.30).

515   **Gebühren,** die Teil des Effektivzinssatzes eines Finanzinstruments sind, werden als Zinsertrag bzw. Zinsaufwand in den Perioden erfasst, denen sie zuzurechnen sind. Beispiele hierfür sind Bearbeitungsgebühren aus der Anbahnung oder dem Ankauf von Finanzinstrumenten (z.B. Gebühren für die Kreditwürdigkeitsprüfung und die Bewertung von Sicherheiten) oder Bereitstellungs- und Zusageprovisionen (IAS 18.A14(a)). Letztere sind über den Zeitraum des Kreditverhältnisses zu verteilen bzw. – sofern bereitgestellte Mittel nicht abgerufen wurden – am Ende des Zusagezeitraums ergebniswirksam zu erfassen. Vorfälligkeitsentschädigungen sind zum Zeitpunkt der vorzeitigen Ablösung der Forderungen GuV-wirksam zu vereinnahmen.

516   Wertänderungen bei Zins-Swaps können in der Praxis auf Dirty-price- oder Clean-price-Basis gebucht werden. Die Unterschiede bestehen hierbei im Ausweis der Zinsen. Umfassen die Wertänderungen die **anteiligen Zinsen,** werden die Zinsen mit den Fair-value-Änderungen im Handelsergebnis ausgewiesen. Wird die Wertänderung des Zins-Swaps ohne anteilige Zinsen ermittelt, d.h. auf Clean-price-Basis, muss die Zinsabgrenzung zusätzlich zur Fair-value-Änderung erfasst werden. Hierbei besteht ein Wahlrecht, die Zinszahlungen zusammen mit den Fair-value-Änderungen oder getrennt davon im Zinsergebnis auszuweisen.[349]

517   Soweit wertgeminderte Vermögenswerte vorliegen, sind gem. IAS 39.AG93 nicht die tatsächlich gezahlten Zinsen, sondern der Barwerteffekt **(unwinding)** aus der Fortschreibung des Barwerts der erwarteten zukünftigen Zahlungsströme der Forderung nach der Effektivzinsmethode im Zinsergebnis zu erfassen. Die Beträge der auf diese Weise ermittelten Zinserträge sind im Anh. anzugeben (IFRS 7.20(d)).[350]

518   **Dividenden** stellen ebenso wie Zinsen Erträge i.S.v. IAS 18 dar. Nach IFRS ist die Erfassung von Erträgen aus Dividenden und aus Beteiligungen und Anteilen an assoziierten Unternehmen sowie aus GAV aufgrund ihres zinsähnlichen Charakters im Zinsergebnis möglich, sofern diese nicht nach den Vorschriften in IAS 27, IAS 28 oder IAS 31 im

---

[349] Vgl. *IDW RH HFA 2.001*, WPg Supplement 4/2007, S. 60 ff. = FN-IDW 2007, S. 606 ff., Tz. 8 f.; Buchungsbeispiele hierzu enthält der Beitrag von *Weigel u.a.*, WPg Supplement 2007, S. 1049 (1052 f.).

[350] Vgl. *IDW RS HFA 9*, WPg Supplement 2/2007, S. 83 ff. = FN-IDW 2007, S. 326 ff., FN-IDW 2011, S. 326, Tz. 247.

Konzernabschluss J

Rahmen der Konsolidierung verrechnet oder im Ergebnis aus nach der Equity-Methode bewerteten Anteilen gesondert ausgewiesen werden. Werden Zinsen und Dividenden in einem GuV-Posten ausgewiesen, ist eine Aufgliederung im Anh. vorzunehmen (IAS 18.35).

Ertragsanteile aus **Finance-lease-Verträgen** sind bei KI als Leasinggeber unter den Zinserträgen zu erfassen. Analog haben KI als Leasingnehmer die Aufwandsanteile aus Finance-lease-Verträgen im Zinsaufwand zu erfassen. Die vereinnahmten Leasingraten aus **Operating-lease-Verträgen** sollten in der Bank-GuV unter den sonstigen betrieblichen Erträgen ausgewiesen werden. 519

Risikovorsorge

Unter der Risikovorsorge sind ausschließlich das Kreditgeschäft betreffende Aufwendungen und Erträge auszuweisen, wie Aufwendungen für die Bildung von **Wertberichtigungen**, **Rückstellungen** im außerbilanziellen Kreditgeschäft und Direktabschreibungen bzw. Erträge aus deren Auflösung sowie aus Eingängen auf abgeschriebene Forderungen. 520

Die Veränderung der Risikovorsorge, die auf den Barwerteffekt (unwinding) zurückzuführen ist, wird nach IFRS 7.20(d) i.V.m. IAS 39.AG93 als Zinsertrag erfasst und ist im Zinsergebnis auszuweisen. Prämien aus Kreditversicherungen sind hier im Posten Risikovorsorge zu erfassen.

Gebühren- und Provisionsergebnis

Aufgrund der Bedeutung der Gebühren- und Provisionserträge/-aufwendungen für ein Institut ist gem. IFRS 7.20 und IAS 1.83 der Ausweis eines entsprechenden Postens erforderlich. Da IFRS 7 keine konkrete Regelung zum Posteninhalt enthält, sollte auf § 30 RechKredV zurückgegriffen werden. Demnach sind Erträge und Aufwendungen aus Dienstleistungsgeschäften, Treuhand- und Verwaltungskrediten oder aus dem Sortenhandel und Gebühren für die Vermögensverwaltung (IAS 18.A14(b)) sowie Entgelte für die Aktienzuteilung an Kunden und Kreditvermittlungsgebühren (IAS 18.A14(c)) in diesem Posten auszuweisen. 521

Handelsergebnis

Das Handelsergebnis beinhaltet das realisierte Ergebnis aus dem Abgang sowie das unrealisierte Ergebnis aus der Fair-value-Bewertung der Handelsbestände (inklusive des Ergebnisses aus Währungsumrechnung).[351] Bei der Fair-value-Bewertung sind alle Wertänderungen zu berücksichtigen, so dass Zinsänderungen, Bonitätsänderungen, aber auch andere Kursänderungen Auswirkungen haben. **Zinsen und Dividenden** aus Handelsbeständen können entweder im Zinsergebnis oder zusammen mit den Fair-value-Änderungen im Handelsergebnis ausgewiesen werden (IFRS 7.B5(e)). Dieser Ermessensspielraum hinsichtlich des Ausweises ist stetig auszuüben und im Rahmen der Bilanzierungs- und Bewertungsmethoden zu erläutern. 522

Refinanzierungsaufwendungen für die Handelsaktivitäten dürfen nicht im Handelsergebnis ausgewiesen werden, sondern sind im Zinsergebnis zu zeigen (IAS 1.81(b), IAS 39.AG15 i.V.m. IFRS 7.B5(e)).

---

351 Vgl. *IDW RH HFA 2.001*, WPg Supplement 4/2007, S. 60 ff. = FN-IDW 2007, S. 606 ff., Tz. 13.

Ergebnis aus GuV-wirksam zum Fair value designierten Finanzinstrumenten

523 Der Posten beinhaltet das realisierte Ergebnis aus dem Abgang sowie das unrealisierte Ergebnis aus der Bewertung der Finanzinstrumente zum Fair value (inklusive des Ergebnisses aus Währungsumrechnung). Ferner können auch die Fair-value-Änderungen von Derivaten, die mit den designierten originären Finanzinstrumenten (z.B. Forderungen oder verbriefte Verbindlichkeiten) im Rahmen der Fair value Option eingesetzt sind, in diesem Posten und nicht im Handelsergebnis erfasst werden.[352]

Zudem besteht für KI die Möglichkeit, **Zinsen und Dividenden** aus zum Fair value designierten Finanzinstrumenten entweder im Zinsergebnis oder auch im Nettoergebnis dieser Kategorie auszuweisen (IFRS 7.B5(e)). Dies umfasst nur die Zinserträge aus designierten finanziellen Vermögenswerten und die Zinsaufwendungen aus designierten finanziellen Verpflichtungen, nicht aber sonstige Refinanzierungsaufwendungen. Dieser Ermessensspielraum hinsichtlich des Ausweises ist stetig auszuüben und im Rahmen der Bilanzierungs- und Bewertungsmethoden im Anh. zu erläutern.

Ergebnis aus Sicherungsbeziehungen

524 Die IFRS enthalten keine speziellen Ausweisvorschriften für das Hedge-Ergebnis. Zwecks Abbildung der tatsächlichen Effektivität von Sicherungsbeziehungen werden im Ergebnis aus Sicherungsbeziehungen die aus dokumentierten und effektiven Sicherungsgeschäften gem. IAS 39 resultierenden Gewinne und Verluste in saldierter Form ausgewiesen. Der Posten enthält dann bei Fair-value-hedges die Wertänderungen aus den Grundgeschäften (bezogen auf das abgesicherte Risiko) und aus den Sicherungsinstrumenten (bei Derivaten die gesamte Wertänderung) aus effektiven Sicherungsbeziehungen. Wird nur ein Teil eines Derivats als Sicherungsinstrument in einem Fair-value-hedge designiert (z.B. der innere Wert einer Option oder 50% des Nominalwerts eines Zins-Swaps), werden nur die Gewinne oder Verluste des designierten Teils im Ergebnis aus Sicherungsbeziehungen erfasst; die Gewinne bzw. Verluste des nicht designierten Teils sind dagegen im Handelsergebnis auszuweisen.

Bei Cash-flow-hedges wird der effektive Teil der Wertänderungen des Sicherungsinstruments GuV-neutral im EK erfasst. Der effektive Teil der kumulierten Wertänderungen des Sicherungsinstruments ist der Teil der Wertänderungen, der die kumulierten abgesicherten Wertänderungen des Grundgeschäfts nicht übersteigt. Der übersteigende Teil der Wertänderungen kann im Handelsergebnis oder im Ergebnis aus Sicherungsbeziehungen ausgewiesen werden; zu empfehlen ist der Ausweis im Handelsergebnis.[353]

Ergebnis aus zur Veräußerung verfügbaren Finanzinstrumenten

525 Nach IFRS 7.20(a)(ii) sind Gewinne und Verluste, die aus Finanzinstrumenten der Kategorie „Zur Veräußerung verfügbare Finanzinstrumente" resultieren, in einem gesonderten Posten in der GuV oder im Anh. als Nettogröße auszuweisen. Im Einzelnen umfasst der Posten folgende Ergebnisgrößen: Gewinne und Verluste aus dem Abgang von zur Veräußerung verfügbaren Finanzinstrumenten, Abschreibungen für Wertminderungen (impairment) von FK- und EK-Titeln dieser Kategorie und Zuschreibungen (reversal of impairment) von FK-Titeln bis zur Höhe der fortgeführten AK.

---

352 Vgl. *IDW RH HFA 2.001*, WPg Supplement 4/2007, S. 60 ff. = FN-IDW 2007, S. 606 ff., Tz. 11.
353 Vgl. *IDW RH HFA 2.001*, WPg Supplement 4/2007, S. 60 ff. = FN-IDW 2007, S. 606 ff., Tz. 21.

Konzernabschluss J

Ergebnis aus bis zur Endfälligkeit gehaltenen Finanzinstrumenten

Nach IFRS 7.20(a)(iii) sind Gewinne und Verluste, die im Zusammenhang mit Finanz- 526
instrumenten der Kategorie „Bis zur Endfälligkeit gehaltene Finanzinstrumente" stehen,
in einem gesonderten Posten in der GuV oder im Anh. als Nettogröße auszuweisen. Im
Einzelnen umfasst der Posten folgende Ergebnisgrößen der Bestände dieser Kategorie:
Gewinne und Verluste aus dem Abgang, Abschreibungen für Wertminderungen (impairment) und Zuschreibungen (reversal of impairment) bis zur Höhe der fortgeführten AK.

(d) Erläuterungen zu ausgewählten Posten des sonstigen Ergebnisses

Gewinne und Verluste aus zur Veräußerung verfügbaren finanziellen Vermögenswerten

Unrealisierte Wertänderungen aus der Fair-value-Bewertung der Kategorie „Zur Ver- 527
äußerung verfügbare finanzielle Vermögenswerte" sind in der verkürzten Gesamtergebnisrechnung, dem sog. OCI (other comprehensive income) auszuweisen. Die Beträge
können brutto, d.h. vor Abzug der Ertragsteuern oder netto nach Abzug der Ertragsteuern
ausgewiesen werden (IAS 1.91). Umgliederungen von bisher im EK ausgewiesenen Beträgen in die GuV, z.B. aufgrund von Verkäufen oder einer Wertminderung der betreffenden Vermögenswerte, sind gem. IAS 1.92 gesondert zu zeigen. Dividendenzahlungen
aus diesen Vermögenswerten sind weiterhin in der GuV zu erfassen

Gewinne und Verluste aus GuV-unwirksam zum Fair value bewerteten Eigenkapitalinstrumenten

Unrealisierte Wertänderungen aus der GuV-unwirksamen Fair-value-Bewertung von EK- 528
Instrumenten sind in der verkürzten Gesamtergebnisrechnung (OCI) auszuweisen
(IFRS 9.5.4.4). Bei Abgang der betreffenden EK-Instrumente darf gem. IFRS 9.B5.12
keine Umgliederung der im EK erfassten Beträge vorgenommen werden. Dividenden-
zahlungen aus diesen Vermögenswerten sind weiterhin in der GuV zu erfassen
(IFRS 9.5.4.5).

Steueraufwand bezogen auf erfolgsneutrale Veränderungen

Für die Darstellung der Steuereffekte in der verkürzten Gesamtergebnisrechnung besteht 529
nach IAS 1.91 ein Ausweiswahlrecht. Entweder sind die einzelnen Posten jeweils abzgl.
der betreffenden Steuern anzugeben oder vor Abzug der betreffenden Steuern, wobei die
auf die Posten entfallenden Steuern in diesem Fall in einem gesonderten Posten in der
verkürzten Gesamtergebnisrechnung auszuweisen sind. Der auf jeden Posten der verkürzten Gesamtergebnisrechnung entfallende Steuerertrag oder -aufwand ist dabei entweder in der Gesamtergebnisrechnung oder im Anh. auszuweisen.[354]

(7) Inhalt der notes

Von besonderer Bedeutung sind für KI die Angaben zu den Finanzinstrumenten nach 530
IFRS 7.[355] Die Offenlegungspflichten von IFRS 7 gliedern sich in zwei Hauptblöcke:

1. Zum einen sind Angaben vorzunehmen, die eine Einschätzung der Bedeutung von Finanzinstrumenten für die Vermögens-, Finanz- und Ertragslage und das Unternehmensergebnis ermöglichen sollen.
2. Zum anderen werden Informationen zu Risiken aus Finanzinstrumenten gefordert.

---

354 Vgl. *Lüdenbach/Hoffmann*, IFRS⁹, § 2, Rn. 86.
355 Vgl. zu den notes im Allgemeinen Kap. N Tz. 53.

1065

531 IFRS 7 fordert bestimmte Angaben je Kategorie von Finanzinstrumenten i.S.v. IAS 39 und andere Informationen unterschieden nach **Klassen**[356]. Eine Definition des Begriffs „Klasse" enthält IFRS 7 nicht. Gleichwohl wird in IFRS 7.B2 eine Minimalanforderung hinsichtlich der zu unterscheidenden Klassen gestellt. Demnach sind zumindest Finanzinstrumente, die zu fortgeführten AK bewertet werden, von solchen zu differenzieren, die zum Fair value bewertet werden. Zudem ist für Finanzinstrumente außerhalb des Anwendungsbereichs von IFRS 7 eine gesonderte Klasse bzw. sind bei unterschiedlichen Charakteristika dieser Finanzinstrumente gesonderte Klassen zu bilden (IFRS 7.B2(b)).[357] Daher ist auch im Sinne der Vermittlung entscheidungsrelevanter Informationen davon auszugehen, dass Klassen i.d.R. tiefer gegliedert sind als Kategorien. Forderungen könnten z.b. nach Kundengruppen oder Produkten untergliedert werden. Im Einzelfall kann jedoch auch eine Differenzierung nach Kategorien ausreichend sein. Dies kann bei Forderungen an Kunden bspw. dann der Fall sein, wenn ein Institut ausschließlich eine bestimmte Art von Krediten anbietet.[358] Sicherungsinstrumente, die im Rahmen des Hedge accounting designiert werden und Bestandteil einer effektiven Sicherungsbeziehung sind, stellen aufgrund ihrer abweichenden Funktion eine eigene Klasse i.S.v. IFRS 7.6 dar.

532 Folgende bilanzbezogenen Angaben sind für KI von besonderer Bedeutung:

– Angabe des Buchwerts je (Unter-)Kategorie von Finanzinstrumenten i.S.v. IAS 39 (IFRS 7.8). Für Grundgeschäfte in Hedge-Beziehungen ist eine gesonderte Angabe der Buchwerte im Anh. – auch im Hinblick auf die Offenlegungspflichten zur Bilanzierung von Sicherungsbeziehungen (IFRS 7.22–7.24) und die Angaben im Risikobericht – empfehlenswert;
– Buchwert der in der Kategorie „Zur Veräußerung verfügbare Vermögenswerte" enthaltenen **zu AK bewerteten nicht notierten EK-Titel** (IFRS 7.30(b));
– für zum Fair value designierte Kredite und Forderungen ist das **maximale Ausfallrisiko** (IFRS 7.9(a) und (b)) dieser Forderungen und der Betrag, um den die hiermit in Zusammenhang stehenden Kreditderivate und ähnliche Finanzinstrumente dieses mindern, sowie die **auf eine Änderung des Kreditrisikos zurückzuführende Fair-value-Änderung** sowohl bezogen auf die aktuelle Periode als auch kumulativ anzugeben (IFRS 7.9(c));
– für **finanzielle Verpflichtungen** der Kategorie „Zum Fair value designiert" ist – analog zu den Forderungen – die bonitätsbedingte Fair-value-Änderung sowohl bezogen auf die aktuelle Berichtsperiode als auch kumulativ anzugeben (IFRS 7.10(a)). Maßgeblich ist hier nicht die allgemeine Kreditwürdigkeit des KI, relevant ist vielmehr das spezifische Ausfallrisiko der jeweiligen Verbindlichkeit (credit risk of that liability; IFRS 7.10(a) und IAS 39.BC91).[359] Unterschiede können sich z.B. bei besonders gesicherten Verbindlichkeiten (z.B. emittierten Pfandbriefen) ergeben;
– soweit Umkategorisierungen von finanziellen Vermögenswerten vorliegen, sind die Angaben nach IFRS 7.12 und 7.12A zu machen;[360]
– zu **übertragenen finanziellen Vermögenswerten**, bei denen nach IAS 39 kein oder lediglich ein teilweiser Abgang vorliegt, sind die Angaben nach IFRS 7.13 je Klasse von Vermögenswert vorgeschrieben. Dabei ist u.a. die Art der Vermögenswerte (z.B.

---

356 Die amtliche EU-Übersetzung verwendet irrtümlicherweise sowohl für „categories" (IFRS 7.B1, S. 2) als auch für „classes" (IFRS 7.B1, S. 1) das deutsche Wort „Kategorie".
357 Vgl. zu den Klassen *IDW RS HFA 24*, WPg Supplement 1/2010, S. 26 ff. = FN-IDW 2010, S. 7 ff., Tz. 7 f.
358 Zu den Angaben je Klasse vgl. *PricewaterhouseCoopers⁴*, S. 1231 f.
359 Vgl. *IDW RS HFA 24*, WPg Supplement 1/2010, S. 26 ff. = FN-IDW 2010, S. 7 ff., Tz. 18.
360 Vgl. *IDW RS HFA 24*, WPg Supplement 1/2010, S. 26 ff. = FN-IDW 2010, S. 7 ff., Tz. 19 f.; *Eckes/Weigel*, IRZ 2009, S. 373 (377).

Konzernabschluss **J**

Darlehensforderung, Schuldscheindarlehen, Aktien) und die **Art der verbleibenden Chancen und Risiken** (qualitative Angabe, ob bspw. Kreditrisiken, Zins- oder Währungsrisiken weiterhin beim bilanzierenden KI verbleiben) anzugeben;
- Angabe des **Buchwerts der finanziellen Vermögenswerte**, die **als Sicherheit** für Verpflichtungen oder Eventualverpflichtungen **gestellt** wurden (IFRS 7.14(a)). Die Angabepflicht umfasst lediglich die finanziellen Vermögenswerte, die als Sicherheit gestellt wurden, also bspw. keine Hypotheken und Grundschulden. Des Weiteren sind nach IFRS 7.14(b) die **Bedingungen und Modalitäten** der Sicherungsvereinbarungen anzugeben (bspw. Regelungen zur Verwertung);
- Angaben zu **erhaltenen Sicherheiten**, die das KI unabhängig von einem Ausfall des Sicherungsgebers veräußern oder verpfänden kann (IFRS 7.15). Dies betrifft in der Praxis die Wertpapierleihe. Die Wertpapierleihe dient i.d.R. der Liquiditätsbeschaffung durch den Verleiher und ist wirtschaftlich als ein durch Wertpapiersicherheiten besichertes Darlehen anzusehen. Da die im Rahmen der Wertpapierleihe verliehenen Papiere regelmäßig weiter veräußert oder verpfändet werden dürfen, sind diese durch den Entleiher in die Angabe einzubeziehen;[361]
- Angaben im Zusammenhang mit dem Risikovorsorgespiegel (IFRS 7.16). Die Entwicklung der **Einzelwertberichtigungen** und der **Portfoliowertberichtigungen** ist separat anzugeben, wobei die Einzelwertberichtigungen für signifikante Forderungen und die pauschalierten Einzelwertberichtigungen zusammengefasst dargestellt werden können. Sinnvollerweise wird an dieser Stelle im Anh. die Gesamtrisikovorsorge dargestellt. Daher sollte die Entwicklung der **Rückstellungen für das außerbilanzielle Kreditgeschäft** in den Risikovorsorgespiegel integriert werden. Zudem sollten die Erträge aus abgeschriebenen Forderungen und die **Direktabschreibungen** auf Forderungen angegeben werden;
- für Darlehensverbindlichkeiten (loans payable) sind die Angaben nach IFRS 7.18 zu machen.

Folgende GuV-bezogene Angaben sind für KI von besonderer Bedeutung: **533**

- Angabe der Nettogewinne oder -verluste je Kategorie von Finanzinstrumenten (IFRS 7.20(a)). Das Nettoergebnis setzt sich aus dem realisierten Ergebnis aus dem Abgang der Finanzinstrumente (Abgangsgewinne/-verluste) und dem (unrealisierten) Ergebnis aus der Bewertung der Finanzinstrumente einschließlich der Währungsumrechnung zusammen.[362] Bei den GuV-wirksam zum Fair value zu bewertenden Finanzinstrumenten ist anzugeben, ob die Zins- und Dividendenerträge im Nettoergebnis oder im Zinsergebnis erfasst werden (IFRS 7.B5(e), IFRS 7.BC34).
- Der **Zinsertrag aus wertgeminderten finanziellen Vermögenswerten** ist gesondert anzugeben (IFRS 7.20(d)). Dieser ergibt sich nach IAS 39.AG93 aus der Effektivverzinsung des erzielbaren Betrags, dem **unwinding**.
- Unter den Provisionen sind die **Transaktionskosten** zu zeigen, die nicht Teil der Effektivverzinsung der Finanzinstrumente sind (IFRS 7.20(c)). Beispiele hierfür sind in IAS 18 Appendix 14 (b) und (c) aufgeführt. Anzugeben sind auch die Provisionen aus Treuhandgeschäften (Verwaltung oder Platzierung von Vermögenswerten für fremde Rechnung).
- IFRS 7.20(e) fordert die Angabe der **Wertminderungsaufwendungen (impairment loss) je Klasse finanzieller Vermögenswerte**. Nach dem Sinn und Zweck der Vorschrift ist hierunter der Nettobetrag aus Zuführungen zu Wertberichtigungen, Direkt-

---
361 Vgl. *IDW RS HFA 9*, WPg Supplement 2/2007, S. 83 ff. = FN-IDW 2007, S. 326 ff., FN-IDW 2011, S. 326, Tz. 222.
362 Vgl. *IDW RH HFA 2.001*, WPg Supplement 4/2007, S. 60 ff. = FN-IDW 2007, S. 606 ff., Tz. 13.

abschreibungen, Auflösungen von Wertberichtigungen und Eingängen auf abgeschriebene Forderungen zu verstehen. Die Bruttodarstellung ist dem in IFRS 7.16 geforderten Risikovorsorgespiegel zu entnehmen. Die Beträge beinhalten dabei die Einzel- und die Portfoliowertberichtigungen. Die Angabepflicht umfasst auch die Inanspruchnahme von Finanzgarantien.[363]

534 Darüber hinaus sind weitere Angaben zu den Bilanzierungs- und Bewertungsmethoden der Finanzinstrumente zu machen (IFRS 7.B5). Dies betrifft bspw.:

- die Angaben gem. IFRS 7.B5(a) für die Inanspruchnahme der **Fair-value-Option**;
- Angaben nach IFRS 7.B5(f) hinsichtlich der objektiven Hinweise, die das KI zur Bestimmung für das Vorliegen einer **Wertminderung** heranzieht. Hierbei ist es nicht ausreichend, auf das Bestehen interner oder die in IAS 39.59 genannten Kriterien zu verweisen bzw. diese lediglich zu wiederholen. Vielmehr ist darzustellen, welche spezifischen, konkretisierten Kriterien das bilanzierende Unternehmen auf Basis der Vorschriften von IAS 39 zur Feststellung einer Wertminderung heranzieht;[364]
- wurden die **Konditionen für finanzielle Vermögenswerte neu verhandelt** (renegotiation) und wären die Vermögenswerte ansonsten überfällig oder wertgemindert (past due or impaired), sind die Bewertungsmethoden für diese finanziellen Vermögenswerte anzugeben (IFRS 7.B5(g));
- umfangreiche Angaben werden in IFRS 7.22–24 auch zu den **Sicherungsbeziehungen nach IAS 39** gefordert.[365] Werden komplexe Sicherungsinstrumente eingesetzt, wird in der Praxis im Rahmen der Fair-value-Angabe teilweise eine Unterscheidung nach Risikoarten (z.B. Zinsderivate, Fremdwährungsderivate) vorgenommen und diese wiederum nach Produktarten (z.B. Zins-Swaps, Forwards) untergliedert;
- nach IFRS 7.27 sind für jede Klasse von Finanzinstrumenten die Methoden bzw. die Annahmen bei Nutzung von Bewertungsmethoden zur Bestimmung des Fair value anzugeben. IFRS 7.27 führt hier beispielhaft die Angabe von Informationen zu den erwarteten vorzeitigen Rückzahlungen (prepayment rates), den geschätzten Ausfallraten, den Zinssätzen oder Diskontierungssätzen auf. Bei den Zinssätzen kommt bspw. eine Angabe in Betracht, dass der EURIBOR oder LIBOR verwendet wurde. Nicht erforderlich ist die explizite Nennung der verwendeten Zinsstrukturkurven oder Zinssätze;[366]
- die für die Fair-value-Bewertung verwendeten Inputdaten sind gem IFRS 7.27B den drei Stufen der Hierarchie i.S.v. IFRS 7.27A zuzuordnen.[367] Ebenfalls anzugeben und zu begründen sind die Wanderungsbewegungen zwischen den Hierarchiestufen;[368]
- IFRS 7.28 fordert die Angabe von Informationen zu sog. **day-one profits or losses**. Diese resultieren aus Unterschieden zwischen dem Transaktionspreis, der i.d.R. den Fair value zu diesem Zeitpunkt darstellt und dem mittels Bewertungstechniken ermittelten Fair value zum Erwerbszeitpunkt. Eine sofortige GuV-wirksame Erfassung ist nur unter bestimmten Voraussetzungen zulässig (z.B. Nachweis des ermittelten Fair value durch ein Bewertungsmodell, in das ausschließlich beobachtbare Marktparameter eingehen). In anderen Fällen ist der Unterschiedsbetrag nach einem sachgerechten systematischen Verfahren zu erfassen. IAS 39 schreibt keine bestimmte

---

363 Vgl. *IDW RS HFA 24*, WPg Supplement 1/2010, S. 26 ff. = FN-IDW 2010, S. 7 ff., Tz. 31.
364 Vgl. *IDW RS HFA 24*, WPg Supplement 1/2010, S. 26 ff. = FN-IDW 2010, S. 7 ff., Tz. 33.
365 Vgl. *IDW RS HFA 24*, WPg Supplement 1/2010, S. 26 ff. = FN-IDW 2010, S. 7 ff., Tz. 34 f.
366 Vgl. *IDW RS HFA 24*, WPg Supplement 1/2010, S. 26 ff. = FN-IDW 2010, S. 7 ff., Tz. 39.
367 Zum Unterschied der Hierarchie für Bewertungszwecke nach IAS 39 und der Hierarchie für Angabezwecke nach IFRS 7 vgl. *IDW RS HFA 24*, WPg Supplement 1/2010, S. 26 ff. = FN-IDW 2010, S. 7 ff., Tz. 41.
368 Vgl. *IDW RS HFA 24*, WPg Supplement 1/2010, S. 26 ff. = FN-IDW 2010, S. 7 ff., Tz. 39 f.

Methode vor (IFRS 7.BC39 und IAS 39.AG76A), im Einzelfall kann eine lineare Verteilung der Differenzen sachgerecht sein (IAS 39.BC222(v)(ii)).[369]

535 In IFRS 7.31 ff. sind Angabepflichten zu Art und Umfang der Risiken aus Finanzinstrumenten geregelt. Die Risikoberichterstattung nach IFRS 7 erfolgt „through the eyes of management", d.h. auf Grundlage der intern vom Unternehmen zur Risikosteuerung verwendeten Informationen (sog. management approach). Dies hat zur Folge, dass KI, welche i.d.R. ein hoch entwickeltes Risikomanagementsystem anwenden, einer umfangreichen Offenlegung unterliegen.

536 Das Kreditausfallrisiko ist für KI u.a. aufgrund ihres hohen Forderungsanteils auf der Aktivseite das zentrale Risiko. Bei den **Mindestangaben zum Kreditrisiko** gliedert IFRS 7 die Finanzinstrumente nach ihrem Verzugsstatus. Es sind Angaben zu machen für Finanzinstrumente,

- die bereits wertgemindert sind;[370]
- bei denen der Vertragspartner mit Zahlungen in Verzug ist, die aber noch nicht wertgemindert sind (überfällige Finanzinstrumente);[371] Verzug liegt für alle ab dem ersten Tag überfälligen Forderungen vor (IFRS 7.IG26);
- die nicht wertgemindert sind und bei denen kein Verzug des Vertragspartners vorliegt (IFRS 7.36).

537 Unabhängig vom Verzugsstatus ist gem. IFRS 7.36(a) für sämtliche Finanzinstrumente **das maximale Ausfallrisiko** je Klasse ohne Berücksichtigung von Sicherheiten anzugeben (Bruttobuchwert, IFRS 7.B9). Neben den bilanziell erfassten finanziellen Vermögenswerten sind hierbei nach IFRS 7.B10 auch nicht-bilanzielle Sachverhalte zu berücksichtigen, sofern aus diesen ein Ausfallrisiko resultiert. Für (finanzielle) Garantien ist bspw. der Betrag einzubeziehen, mit dem das bilanzierende KI im ungünstigen Fall in Anspruch genommen werden kann. Bei einer unwiderruflichen Kreditzusage, die nicht durch Nettoausgleich verrechnet werden kann, ist der Betrag der Kreditzusage zu berücksichtigen.

Daneben ist eine verbale Beschreibung **aller Sicherheiten und sonstigen risikomindernden Vereinbarungen** (collateral held as security and other credit enhancements) je Klasse i.S.v. IFRS 7.6 vorzunehmen, die das maximale Ausfallrisiko reduzieren.[372] Die Beschreibung ist um eine Schätzung der Fair values der Sicherheiten zu ergänzen (IFRS 7.37(c)). Hier könnten als Basis für die Schätzung der Fair values die von einem KI im Hypothekengeschäft bei Kreditvergabe bzw. -verlängerung ermittelten Werte herangezogen werden. Beleihungswerte eignen sich aufgrund der pauschalen Abschläge dagegen nicht als Schätzwert für die Fair values.[373]

538 Für finanzielle Vermögenswerte, die weder wertgemindert sind noch sich in Verzug befinden, sind vom KI nach IFRS 7.36(c) je Klasse von Finanzinstrumenten **Angaben zur Bonität der Vertragspartner** (Kreditqualität) zu machen. Gemäß IFRS 7.IG23(a) kann die Angabe sowohl auf externen als auch auf internen Ratings basieren. Bei Anwendung des Basis- oder des fortgeschrittenen IRB-Ansatzes nach Basel II bietet sich für KI an, auf

---

369 Vgl. *IDW RS HFA 24*, WPg Supplement 1/2010, S. 26 ff. = FN-IDW 2010, S. 7 ff., Tz. 45.
370 Vgl. hierzu IFRS 7.IG29.
371 Nach IFRS 7.37(a) ist eine Altersanalyse je Klasse an finanziellen Vermögenswerten anzugeben. „Nicht wertgemindert" ist dabei als „nicht einzelwertberichtigt" zu interpretieren. Überfällige Finanzinstrumente, die Teil eines Portfolios sind, für welches eine Portfoliowertberichtigung gebildet wurde, gelten nicht als einzelwertberichtigt und sind zu berücksichtigen.
372 Vgl. zum Umfang der Angaben IFRS 7.IG22.
373 Vgl. *IDW RS HFA 24*, WPg Supplement 1/2010, S. 26 ff. = FN-IDW 2010, S. 7 ff., Tz. 58.

diese für bankaufsichtsrechtliche Zwecke intern ermittelten Ratings abzustellen. IFRS 7. IG23(b)–(d) empfiehlt, die Rating-Informationen um Angaben zur Art der Vertragspartner, zu historischen Ausfallraten der Vertragspartner sowie zu sonstigen zur Beurteilung der Bonität verwendeten Informationen zu ergänzen.

539 Nach IFRS 7.36(d) sind die Buchwerte je Klasse von finanziellen Vermögenswerten anzugeben, bei denen die **Zahlungsbedingungen neu verhandelt** wurden, um einen Verzug oder einen Ausfall zu vermeiden (sog. restrukturierte Forderungen). Die Angaben sind nur im GJ der Restrukturierung zu machen.[374] Für KI könnte eine solche angabepflichtige Restrukturierung bspw. vorliegen, wenn einem Kreditnehmer Zins- oder Tilgungszahlungen gestundet werden, um eine Klassifizierung als „notleidend" zu vermeiden.

540 Das **Markt-(preis-)risiko** ist das Risiko, dass sich der Fair value oder die zukünftigen Zahlungsströme aus einem Finanzinstrument aufgrund von schwankenden Marktpreisen verändern (IFRS 7 Appendix A). Dies umfasst nach IFRS 7 das Währungsrisiko, das Zinsänderungsrisiko und das sonstige Preisrisiko. Nach IFRS 7.40(a) sind **Sensitivitätsanalysen** für jede Marktpreisrisikoart (each type of market risk) zum Bilanzstichtag anzugeben. Kreditinstitute sind aufgrund ihrer großen Bestände an Finanzinstrumenten dem Marktpreisrisiko aus diesen Finanzinstrumenten in besonderem Maße ausgesetzt. Aus diesem Grund werden in der Praxis zu Risikosteuerungszwecken häufig Value-at-risk-Analysen genutzt. Value-at-risk-Analysen berücksichtigen im Unterschied zu den nach IFRS 7.40(a) geforderten Sensitivitätsanalysen auch Abhängigkeiten zwischen den unterschiedlichen Risikovariablen (z.B. zwischen den Zinssätzen und den Wechselkursen).

541 Bei der Quantifizierung einer **plausiblen Bandbreite** der Änderung der relevanten Risikovariablen, die zu diesem Zeitpunkt als möglich angesehen wird, ist zum einen die zeitliche Komponente (mögliche Änderungen bis zum Bilanzstichtag, an dem die Angabe erneut erfolgt) und zum anderen das ökonomische Umfeld des Unternehmens zu berücksichtigen. So wäre bspw. in einem hochinflationären Umfeld eine breitere Bandbreite möglicher Zinssätze angebracht als in einem Umfeld mit niedrigerer Inflation. Krisenszenarien (in Form von Worst-Case-Analysen oder Stresstests) müssen nicht vorgenommen werden. Eine geänderte Erwartung zum aktuellen Bilanzstichtag führt nicht zur Anpassung der im Vj. geschätzten Werte, sondern lediglich zur Ermittlung der Sensitivitäten zum Bilanzstichtag auf Basis der neuen Bandbreiten.[375] Das Aggregationsniveau der Sensitivitätsanalysen zu den einzelnen Marktpreisrisikoarten ist individuell von dem jeweiligen Abschlussersteller festzulegen (IFRS 7.B17 i.V.m. IFRS 7.BC64(a)) und hängt von seinem ökonomischen Umfeld und seiner Geschäftstätigkeit ab. Kreditinstitute könnten bspw. eine separate Sensitivitätsanalyse zum Zinsänderungsrisiko für den Handelsbestand und den Nicht-Handelsbestand erstellen und veröffentlichen. Werden vom KI Geschäfte in Hochinflationsländern betrieben, z.B. durch Vergabe von Fremdwährungskrediten in Ländern mit Hyperinflation, ist nach IFRS 7.B17(b) hierzu eine gesonderte Sensitivitätsanalyse zu erstellen.

542 Falls ein KI Value-at-risk-Analysen bspw. nur für das Handelsbuch erstellt und zur Risikosteuerung nutzt, können für das Handelsbuch Value-at-risk-Analysen und für das Nicht-Handelsbuch (Bankbuch) Sensitivitätsanalysen im Anh. dargestellt werden. Ebenfalls möglich wäre es, die intern genutzten Value-at-risk-Analysen nicht für Offenlegungszwecke heranzuziehen und im Anh. sowohl für das Handels- als auch für das Nicht-Handelsbuch Sensitivitätsanalysen i.S.v. IFRS 7.40 anzugeben. Dagegen wäre es nicht zu-

---
374 Vgl. *PricewaterhouseCoopers*[4], S. 1271.
375 Vgl. Im Einzelnen *IDW RS HFA 24*, WPg Supplement 1/2010, S. 26 ff. = FN-IDW 2010, S. 7 ff., Tz. 71 f.

Konzernabschluss J

lässig, speziell für Offenlegungszwecke auch für das Nicht-Handelsbuch Value-at-risk-Analysen zu erstellen und im Anh. zu veröffentlichen, sofern diese nicht für interne Risikosteuerungszwecke herangezogen werden, wie dies von IFRS 7.41 verlangt wird.

Unabhängig von der internen Liquiditätssteuerung ist im Anh. eine **Restlaufzeitengliederung** darzustellen, in die die vertraglich vereinbarten, undiskontierten Zahlungsströme aus sämtlichen finanziellen Verpflichtungen einfließen (IFRS 7.39). Sofern ein KI das **Liquiditätsrisiko** intern nach erwarteten Fälligkeiten steuert, kann es im Anh. zusätzlich die Restlaufzeitengliederung auf Basis der erwarteten Fälligkeitstermine darstellen (IFRS 7.39(b), IFRS 7.IG30, IFRS 7.BC57 f.). Als Zahlungsströme sind sowohl zukünftige Zins- als auch Tilgungszahlungen zu verstehen. Gemäß IFRS 7.39(c) ist auch eine Einbeziehung der finanziellen Vermögenswerte in die Restlaufzeitengliederung erforderlich, sofern diese Informationen zur Beurteilung von Art und Umfang des Liquiditätsrisikos benötigt werden.[376] 543

Bei der Zuordnung der Zahlungsströme aus den finanziellen Verpflichtungen ist auf die **vertraglichen Restlaufzeiten** und nicht auf die erwarteten Restlaufzeiten abzustellen. Liegt ein Recht zur **vorzeitigen Tilgung** vor, ist die Verpflichtung beim Schuldner in das Laufzeitband des frühesten Tilgungstermins einzustellen, zu dem der Gläubiger die Zahlung anfordern kann (IFRS 7.B12). Von KI sind Kundeneinlagen, die keine Restlaufzeit, sondern lediglich eine Kündigungsfrist aufweisen, zum frühestens möglichen Kündigungstermin in das Laufzeitband einzustellen. Dies ist bei täglich fälligen Kontokorrentguthaben stets das kürzeste Laufzeitband. Bodensatzanalysen spielen keine Rolle. Sind **Ratenzahlungen** zu leisten, ist jede Rate in jenes Laufzeitband einzustellen, in welchem der Gläubiger frühestens die Zahlung der Rate fordern kann (IFRS 7.B13). **Kreditzusagen**, die noch nicht in Anspruch genommen wurden, sind mit der Höhe des Auszahlungsbetrags dem Laufzeitband zuzuordnen, in dem der Kreditnehmer erstmals eine Auszahlung verlangen kann (IFRS 7.B14(e)). **Derivative Finanzinstrumente** sind in die Restlaufzeitengliederung als gesonderter Posten einzubeziehen (IFRS 7.B15), wenn sie am Bilanzstichtag einen negativen Fair value aufweisen. Bei Derivaten mit positivem Fair value sind für einzelne Laufzeitbänder negative Zahlungsströme in die Restlaufzeitenanalyse einzubeziehen, wenn für das jeweilige Laufzeitband die Zahlungsverpflichtungen höher sind als die Zahlungsansprüche.[377] 544

(8) Kapitalflussrechnung

Für die KFR der KI bestehen keine branchenspezifischen Sondervorschriften; die Darstellung erfolgt wie für alle anderen Unternehmen nach den Vorschriften von IAS 7.[378] 545

Wie alle übrigen Unternehmen haben KI ihre Zahlungsströme gem. IAS 7.10 in Zahlungsströme aus betrieblicher Tätigkeit, aus Investitionstätigkeit und aus Finanzierungstätigkeit zu gliedern und so den Zahlungsmittelbestand zu Beginn des GJ auf den Zahlungsmittelbestand am Abschlussstichtag überzuleiten.[379]

Während bei Industrie- und Handelsunternehmen jede Veränderung der Höhe oder der Art von EK und FK als Finanzierungstätigkeit anzusehen ist (IAS 7.6), stellen bei KI wesentliche Teile der Mittelaufnahme operatives Geschäft dar und sind somit den Zah- 546

---

376 Vgl. *IDW RS HFA 24*, WPg Supplement 1/2010, S. 26 ff. = FN-IDW 2010, S. 7 ff., Tz. 70.
377 Vgl. *PricewaterhouseCoopers⁴*, S. 1284.
378 Vgl. zu den allgemeinen Grundlagen der KFR nach IAS 7 Kap. N Tz. 1031.
379 Zu einer detaillierteren Darstellung zur Aufstellung einer KFR bei Banken vgl. *PricewaterhouseCoopers⁴*, S. 1181 f.; *Löw*, Rechnungslegung für Banken², S. 221 ff.

1071

lungsströmen aus operativer Tätigkeit zuzuordnen.³⁸⁰ Unter den **Zahlungsströmen aus Finanzierungstätigkeit** werden bei KI allein die Veränderungen des EK, der nachrangigen Verbindlichkeiten, des Genussrechtskapitals und der stillen Einlagen abgebildet. Die auf das gesamte FK entfallenden Zinszahlungen zählen gem. IAS 7.33 zu den Zahlungsströmen aus operativer Tätigkeit.

547 Unter den **Zahlungsströmen aus Investitionstätigkeit** sind grds. die Zahlungsströme aus dem Erwerb und der Veräußerung von Sachanlagen, immateriellen Anlagen sowie Aktien und Schuldverschreibungen aus Nichthandelsbeständen abzubilden. Soweit der Erwerb und die Veräußerung von Aktien und Schuldverschreibungen im Rahmen des operativen Geschäfts der KI erfolgen, sind die korrespondierenden Zahlungsströme ebenfalls dem operativen Fonds zuzuordnen.³⁸¹

548 Als Residualgröße – nach Abgrenzung der Zahlungsströme aus der Investitions- und Finanzierungstätigkeit – verbleiben die **Zahlungsströme aus operativer Geschäftstätigkeit**. In diesem Fonds wird der Großteil der Zahlungsströme der Bank abgebildet.

6. Konzernabschluss nach HGB
a) Anzuwendende Vorschriften

549 Sofern das KI **nicht kapitalmarktorientiert** ist, stellt es den KA nach den Vorschriften des HGB auf. Nach § 340i Abs. 1 und Abs. 2 S. 1 HGB gelten als lex specialis §§ 340 bis 340g HGB sowie ergänzend die Vorschriften des zweiten Unterabschn. des Zweiten Abschn. (§§ 290 bis 315a HGB) des HGB, soweit sie für große KapGes. gelten.

550 § 340i Abs. 2 S. 4 HGB ersetzt die Anh.-Angabe für Organkredite nach § 314 Abs. 1 Nr. 6c) HGB durch die Angabe nach § 34 Abs. 2 Nr. 2 i.V.m. § 37 RechKredV. Demnach ist von KI und FDLI der Gesamtbetrag der den Mitgliedern des Geschäftsführungsorgans, eines AR, eines Beirates oder einer ähnlichen Einrichtung gewährten Vorschüsse und Kredite sowie der zugunsten dieser Personen eingegangenen Haftungsverhältnisse jeweils für jede Personengruppe anzugeben.

b) Konsolidierungskreis

551 Ein KI hat grds. gem. § 340j Abs. 1 HGB i.V.m. § 294 Abs. 1 HGB alle in- und ausländischen **TU** in seinen KA einzubeziehen (Einbeziehungsgebot)³⁸², sofern ihre Einbeziehung nicht nach § 296 HGB unterbleiben kann **(Einbeziehungswahlrecht)**³⁸³. Als KI i.S.v. §§ 340i, 340j HGB gelten auch MU, deren Zweck der Beteiligungserwerb an Töchtern ist, sofern diese Töchter selbst ausschließlich oder überwiegend KI sind (§ 340i Abs. 3 HGB).

552 Grundsätzlich sind nach § 294 Abs. 1 HGB **alle** TU in den KA einzubeziehen. Nimmt ein KI das **Einbeziehungswahlrecht** nach § 296 Abs. 1 Nr. 3 HGB (Halten der Anteile zum **Zwecke der Weiterveräußerung**) bzgl. eines KI, das TU ist, in Anspruch, weil der **vorübergehende** Besitz der Anteile auf eine **finanzielle Stützungsaktion** zur Sanierung oder Rettung des KI zurückzuführen ist, muss das MU nach § 340j HGB den JA dieses TU

---

380 Vgl. auch Appendix B zu IAS 7.
381 Dies ergibt sich aus IAS 7.11. Demnach erfolgt die Zuordnung der Zahlungsströme nach ihrem unternehmensspezifischen Charakter. Da Schuldverschreibungen im Bankgeschäft häufig den Charakter von Kreditsurrogaten annehmen, sollte die Zuordnung entsprechend den Forderungen erfolgen. Soweit der Anteilsbesitz keinen strategischen Charakter besitzt, sollte ebenfalls eine Zuordnung zum operativen Fonds vorgenommen werden.
382 Vgl. *ADS⁶*, § 294 HGB, Tz. 6.
383 Vgl. zum Konsolidierungskreis die allgemeinen Ausführungen in Kap. M Tz. 187 ff.

seinem KA für die Einreichung beim HR beifügen und im KAnh. zusätzliche Angaben über Art und Bedingungen der finanziellen Stützungsaktion machen.[384] Hinsichtlich des Umfangs dieser zusätzlichen Angaben sind die berechtigten Geheimhaltungsinteressen des in Sanierung befindlichen KI-TU und die Informationsansprüche der Adressaten des KA gegeneinander abzuwägen.[385]

Das **Einbeziehungswahlrecht** nach § 296 Abs. 2 HGB wegen **untergeordneter Bedeutung** des TU für die Vermögens-, Finanz- und Ertragslage des Konzerns kann nicht in Anspruch genommen werden, wenn das TU trotz geringer Größe **erheblichen Einfluss** auf den KA hat. Dieses könnte bspw. dann der Fall sein, wenn bei einem Verzicht auf die Konsolidierung bedeutende Zwischenergebnisse nicht eliminiert würden, das TU den KA mit erheblichen Verlusten belastet oder wenn das TU durch die Übernahme von ansonsten durch das KI selbst zu erbringenden Funktionen wesentliche Bedeutung für den KA hat.

Nach § 294 Abs. 1 HGB sind unmittelbare und mittelbare TU i.S.v. § 290 HGB auf dem Wege der Vollkonsolidierung (§§ 300–309 HGB) in den KA des KI einzubeziehen. Aufgrund der **besonderen Bedeutung von Zweckgesellschaften für das Bankgeschäft** ist § 290 Abs. 2 Nr. 4 Satz 1 HGB eine für den Konsolidierungskreis von KI wesentliche Vorschrift.[386] Eine Zweckgesellschaft ist ein Unternehmen, das zur Erreichung eines **eng begrenzten und genau definierten Ziels des MU** dient, jedoch keine Unternehmenseigenschaft aufweisen muss. Daher unterliegen neben Unternehmen des Privatrechts auch sonstige juristische Personen oder unselbständige SV des Privatrechts[387] den Bestimmungen des § 290 Abs. 2 Nr. 4 Satz 1 HGB. Beherrschender Einfluss eines KI über einer Zweckgesellschaft besteht, wenn dieses **bei wirtschaftlicher Betrachtung die Mehrheit der Chancen und Risiken** trägt. Hierbei kommt es nicht darauf an, ob das KI die Chancen und Risiken auf der Grundlage schuldrechtlicher oder gesellschaftsrechtlicher Beziehungen trägt.[388] Die Mehrheit der Risiken und Chancen ist als absolute Mehrheit zu verstehen.[389] Bei einer asymmetrischen Risiken- und Chancenverteilung, ist zur Beurteilung des Vorliegens eines beherrschenden Einflusses vorrangig auf die Risiken abzustellen.[390] Zu einer **Doppelerfassung** der Zweckgesellschaft in zwei Konzernabschlüssen wird es nicht kommen, da Stimmrechte eines eventuell an der Zweckgesellschaft rechtlich beteiligten Unternehmens diesem nach § 290 Abs. 3 HGB abzuziehen und stattdessen dem KI zuzurechnen sind. Dadurch wird bei der Abgrenzung des Konsolidierungskreises dem **Auseinanderfallen von rechtlicher und wirtschaftlicher Beherrschung**, die ein Kennzeichen von Zweckgesellschaften ist, Rechnung getragen.

Neben TU sind auch die nicht zu den TU gehörenden assoziierten Unternehmen mittels der Equity-Methode (§§ 311, 312 HGB) sowie die Gemeinschaftsunternehmen, sofern sie keine TU sind[391], mittels der Quotenkonsolidierung (§ 310 HGB) einzubeziehen. Es gelten die allgemeinen Regelungen (vgl. hierzu Kap. M Tz. 535 ff., 599 ff.).

---

384 Eine zusätzliche Bekanntmachung im BAnz. ist nicht erforderlich.
385 Vgl. *Bieg*, Bankbilanzierung², S. 882.
386 Die Erstanwendung der Vorschrift kann zu einer Erweiterung des Konsolidierungskreises führen, weil die Neuregelung auf bestehende (Alt-)Gestaltungen anzuwenden ist; vgl. *Gelhausen/Fey/Kämpfer*, BilMoG, Abschn. Q, Rn. 3, Rn. 50 f.
387 Spezial-SV i.S.d § 2 Abs. 3 InvG sind nach § 290 Abs. 2 Nr. 4 Satz 2 HGB ausdrücklich ausgenommen.
388 Vgl. *Gelhausen/Fey/Kämpfer* BilMoG, Abschn. Q, Rn. 67; *Gelhausen/Deubert/Klöcker*, DB 2010, S. 2005 ff.
389 Vgl. *Gelhausen/Fey/Kämpfer*, BilMoG, Abschn. Q, Rn. 75.
390 Vgl. *Gelhausen/Fey/Kämpfer* BilMoG, Abschn. Q, Rn. 75a.
391 Zur Frage, ob und wann ein Gemeinschaftsunternehmen TU sein kann; vgl. *ADS⁶*, § 290 HGB, Tz. 98 f.

555 Die Assoziierungsvermutung setzt nicht nur das formale Vorliegen der Kriterien für einen maßgeblichen Einfluss voraus, sondern auch dessen tatsächliche Ausübung.[392] Bezüglich Unternehmen des **banknahen Bereichs** wird sich dieser für KI regelmäßig nur schwer widerlegen lassen,[393] da solche Unternehmen typischerweise aktiv in die Konzernstrategie eingebunden sind und deshalb davon ausgegangen werden kann, dass ein maßgeblicher Einfluss ausgeübt wird. Der Kreis der banknahen Institute ist weit zu fassen, so dass dieser neben KI auch Finanz- und Risikointermediäre (z.B. Versicherungen) sowie Unternehmen, die branchenbezogene Hilfstätigkeiten (Leasing-, Immobilien-, Investitions-, Vermögensverwaltungs-, Vermietungs-, Beratungs- und Beteiligungsgesellschaften, Rechenzentren) für den KI-Konzern erbringen, umfasst. Die Beteiligungsvermutung bzgl. Unternehmen des **nicht banknahen Bereichs** erscheint leichter zu widerlegen sein, wenn man berücksichtigt, dass sich der maßgebliche Einfluss auf **die Finanz- und Geschäftspolitik** beziehen muss.[394]

c) Konsolidierungsmaßnahmen

556 Für die Kapitalkonsolidierung (§ 301 HGB)[395], die Schuldenkonsolidierung (§ 303 HGB)[396], die Behandlung von Zwischenergebnissen (§ 304 HGB)[397], die Aufwands- und Ertragskonsolidierung (§ 305 HGB)[398], die Steuerabgrenzung (§ 306 HGB)[399] sowie die Behandlung von Anteilen anderer Gesellschafter (§ 307 HGB)[400] gelten die allgemeinen Konsolidierungsgrundsätze. Besonderheiten für KI ergeben sich grds. nicht. Hinsichtlich der Kapitalkonsolidierung wird im Schrifttum die Auffassung vertreten, dass unter Berücksichtigung der aus der Erwerbsfiktion resultierenden Verpflichtung zur Aufdeckung stiller Reserven im Rahmen der Erstkonsolidierung auch die stillen Vorsorgereserven für allgemeine Bankrisiken gem. § 340f HGB bei erstmaliger Konsolidierung aufgedeckt werden müssten.[401] Die Neubildung von §-340f-HGB-Reserven im KA bleibt hiervon unberührt.

d) Konzernbilanz und Konzern-Gewinn- und Verlustrechnung

aa) Vorschriften und Grundsätze zur Gliederung

557 Institutskonzerne, deren MU ein KI ist, haben nach § 340i Abs. 1 HGB die Gliederung von Konzernbilanz und Konzern-GuV entsprechend den Formblättern der RechKredV vorzunehmen. Hierbei sind i.d.R. die für den EA der KI vorgeschriebenen **Formblätter**[402] entsprechend anzuwenden (§ 340i Abs. 2 HGB i.V.m. § 340a Abs. 2 S. 2 HGB i.V.m. § 2 RechKredV). Sie sind, soweit erforderlich, um konsolidierungstechnische Sonderposten sowie um Posten zu **ergänzen,** die sich aufgrund abweichender Gliederungsvorschriften für einzelne in den KA einbezogene TU ergeben (z.B. Vorräte, Forderungen aus Lieferungen und Leistungen, Umsatzerlöse, Materialaufwand). Häufig sind solche Posten je-

---
392 Vgl. *ADS⁶*, § 311 HGB, Tz. 46.
393 Vgl. *Bieg*, Bankbilanzierung², S. 883.
394 Vgl. *Bieg*, Bankbilanzierung², S. 884.
395 Vgl. Kap. M Tz. 342 ff.
396 Vgl. Kap. M Tz. 452 ff.
397 Vgl. Kap. M Tz. 315 ff.
398 Vgl. Kap. M Tz. 610 ff.
399 Vgl. Kap. M Tz. 478 ff.
400 Vgl. Kap. M Tz. 410 ff.
401 Vgl. *Bieg, Bankbilanzierung²*, S. 888.
402 RechKredV: Formblatt 1 für Bilanz, Formblätter 2 und 3 für die GuV in Kontoform bzw. Staffelform.

Konzernabschluss J

doch im KA von untergeordneter Bedeutung, so dass auf ihren Ausweis verzichtet werden kann.[403]

Eine Ergänzung des Gliederungsschemas kann auch bei **versicherungstechnischen Posten**[404] von Versicherungs-TU geboten sein, um Klarheit und Übersichtlichkeit zu gewährleisten.[405] Daher ist einer Beibehaltung der versicherungstypischen Posten in ihrer ursprünglichen Abgrenzung ggü. ihrer Aufspaltung in einzelne Komponenten (z.B. Aufspaltung der Kapitalanlagen in Grundstücke, Wertpapiere) im KA des KI der Vorzug zu geben. 558

bb) Besonderheiten der Bewertung

Die Bewertung im KA von KI muss **einheitlich** nach den auf den JA des MU anwendbaren Methoden erfolgen (§ 340i Abs. 1 HGB i.V.m. § 308 HGB).[406] Daraus resultieren i.d.R. Bewertungsanpassungen; gleichzeitig können die nach dem Recht des KI-MU zulässigen Bewertungswahlrechte im KA neu ausgeübt werden.[407] Bewertungsanpassungen können sich bei KI insb. bei den Finanzinstrumenten des Handelsbestands, aber auch bei der Bewertung von Forderungen ergeben. 559

(1) Stille Reserven

Hinsichtlich der **bankspezifischen Bewertungsregeln** in §§ 340e, 340f und 340g HGB bedeutet der Grundsatz der einheitlichen Bewertung dagegen nicht, dass diese auch auf Nicht-KI-TU anzuwenden sind;[408] die ergänzenden Vorschriften für KI sind nur auf konsolidierte KI anzuwenden. Dies bedeutet insb., dass bei Nicht-KI-TU stille Vorsorgereserven nach § 340f HGB bzw. Vorsorgereserven nach § 340g HGB auch im Rahmen der Konsolidierung nicht gebildet werden dürfen. Im Zuge der Bewertungsanpassungen können **stille Vorsorgereserven für allgemeine Bankrisiken** (§ 340f HGB) und **der Sonderposten für allgemeine Bankrisiken** (§ 340g HGB) im KA (in der HB II der KI-TU) unabhängig von der Vorgehensweise in den EA gebildet oder aufgelöst werden. Bildung und Auflösung dieser Vorsorgereserven im KA erfolgen dabei nach § 340f HGB (vgl. Tz. 129 und Tz. 338 ff.) und nach § 340g HGB (vgl. Tz. 237 und Tz. 343 ff.). 560

(2) Währungsumrechnung im Konzern

Auf Konzernebene haben KI § 308a HGB zur Umrechnung von auf fremde Währung lautenden Abschlüssen zu beachten. Diese branchenübergreifende Vorschrift ist den Vorbereitungsmaßnahmen zur Aufstellung des KA zuzurechnen und gilt sowohl für die Vollkonsolidierung als auch für Gemeinschaftsunternehmen (§ 310 Abs. 2 HGB). Sofern das bilanzierende KI die Equity-Methode als Konsolidierungsmethode anwendet, ist die modifizierte Stichtagsmethode analog für assoziierte Unternehmen anzuwenden.[409] 561

---

403 Vgl. *ADS⁶*, § 298 HGB, Tz. 206.
404 Beispielsweise Kapitalanlagen (gebundenes Vermögen), versicherungstechnische Rückstellungen, Erträge/ Aufwendungen aus Kapitalanlagen.
405 Vgl. *Bieg, Bankbilanzierung²*, S. 875.
406 Vgl. hierzu Kap. M Tz. 265 ff.
407 Vgl. hierzu die allgemeine Ausführungen in Kap. M Tz. 267; *Bieg, Bankbilanzierung²*, S. 876 f.
408 Vgl. *Bieg, Bankbilanzierung²*, S. 877.
409 Vgl. hierzu *Gelhausen/Fey/Kämpfer*, BilMoG, Abschn. Q, Rn. 349–352.

1075

562 Gemäß § 308a Satz 1 HGB sind alle **Aktiv- und Passivposten** der ausländischen TU mit Ausnahme des EK zum Devisenkassamittelkurs am Abschlussstichtag in € umzurechnen (**modifizierte Stichtagsmethode**).

563 Die (Unter-)Posten des **EK** werden mit dem historischen Kurs umgerechnet, d.h. das gezeichnete Kapital und die Kapitalrücklage mit dem Stichtagskurs im Zugangszeitpunkt und die Gewinnrücklagen mit dem Periodendurchschnittskurs im Zeitpunkt des Entstehens.

564 **Genussrechtskapital** ist unabhängig vom Ausweis – EK oder FK – mit dem Devisenkassamittelkurs umzurechnen, da die Überlassung der Mittel auf schuldrechtlicher Basis erfolgt.[410]

565 Die **Posten der GuV** sind gem. § 308a S. 2 HGB zum Durchschnittskurs umzurechnen. In Abhängigkeit von der Geschäftstätigkeit und der Volatilität der Wechselkurse kommen Monats-, Quartals- oder Jahresdurchschnittskurse in Betracht. Das **Jahresergebnis** der einbezogenen Gesellschaften ergibt sich als Saldo der zum Durchschnittskurs umgerechneten Aufwendungen und Erträge.

566 Die sich aus den unterschiedlichen Umrechnungsvorschriften für die Posten der Bilanz und GuV ergebende Umrechnungsdifferenz ist gem. § 308a S. 3 HGB **erfolgsneutral** nach den Rücklagen in einen Sonderposten „**EK-Differenz aus der Währungsumrechnung**" innerhalb des EK einzustellen.[411]

567 Im KAnh. sind nach § 313 Abs. 1 S. 2 Nr. 2 HGB die Grundlagen für die Umrechnung in € anzugeben, d.h. es ist die modifizierte Stichtagskursmethode zu beschreiben (insb. Ermittlung der Durchschnittskurse und Behandlung der Umrechnungsdifferenz).

e) Weitere Bestandteile des Konzernabschlusses

568 Die Pflicht zur Aufstellung eines **KAnh.**, einer **KFR** sowie eines **EK-Spiegels** ergibt sich für alle nach HGB bilanzierenden KI-MU aus § 340i Abs. 1 i.V.m. § 297 Abs. 1 S. 1 HGB. Gemäß § 297 Abs. 1 S. 2 HGB kann der KA um eine **Segmentberichterstattung** erweitert werden.

aa) Konzernanhang

569 Für die Aufstellung des **KAnh.** sind folgende Vorschriften zu beachten:[412]

- §§ 313 und 314 HGB[413] mit Ausnahme der Bestimmungen in § 314 Abs. 1 Nr. 1, 3, 6 Buchst. c) HGB (§ 340i Abs. 2 S. 2 HGB),[414]
- § 340j HGB,[415]
- Anhangangaben gem. §§ 290 bis 312 HGB[416] (§ 340i Abs. 1 HGB),
- Anhangangaben gem. § 37 i.V.m. §§ 1 bis 36 sowie § 39 Abs. 4 und 5 RechKredV, soweit die Eigenart des KA keine Abweichung bedingt[417].

---

410 Vgl. hierzu *Gelhausen/Fey/Kämpfer*, BilMoG, Abschn. Q, Rn. 365.
411 Vgl. *Bieg*, Bankbilanzierung², S. 878.
412 Vgl. zu einer Zusammenstellung der Angaben *Bieg*, Bankbilanzierung², S. 891 ff.
413 Vgl. hierzu Kap. M Tz. 685.
414 An die Stelle von § 314 Abs. 1 Nr. 1 HGB treten § 9 Abs. 1 und § 35 Abs. 5 RechKredV; anstelle von § 314 Abs. 1 Nr. 3 HGB gilt § 34 Abs. 2 Nr. 1 RechKredV; anstelle von § 314 Abs. 1 Nr. 6 c) HGB ist § 34 Abs. 2 Nr. 2 RechKredV anzuwenden.
415 Vgl. Tz. 551.
416 Vgl. hierzu Kap. M Tz. 685.
417 Konzernspezifische Angaben sind in der RechKredV nicht enthalten.

Konzernabschluss J

Von den für alle KapGes. geltenden Pflichtangaben sind für KI die folgenden Angabepflichten für den KAnh. besonders relevant: 570

- **§ 308 Abs. 1 S. 3 HGB:** Angabe und Begründung der Abweichung von den auf den JA des MU angewandten Bewertungsmethoden,
- **§ 308 Abs. 2 S. 2 Hs. 2 HGB:** Hinweis auf die Beibehaltung von Wertansätzen, die auf der Anwendung von für KI oder VU wegen der Besonderheiten des Geschäftszwigs geltenden Vorschriften beruhen (z.B. § 340f HGB),
- **§ 340j HGB:** Angaben über Art und Bedingungen von finanziellen Stützungsmaßnahmen, wenn ein TU nach § 296 Abs. 1 Nr. 3 HGB nicht in den KA einbezogen wird, weil der vorübergehende Besitz von Aktien oder Anteilen dieses Unternehmens auf eine finanzielle Stützungsaktion zur Sanierung oder Rettung dieses Unternehmens zurückzuführen ist.

Spezifische Wahlpflichtangaben für KA von KI nach HGB bestehen nicht. Es gelten über § 37 RechKredV die Wahlpflichtangaben für den EA entsprechend.

bb) Kapitalflussrechnung

§ 297 Abs. 1 S. 1 HGB fordert die Erweiterung des KAnh. um eine KFR, ohne konkrete Anforderungen an ihre Ausgestaltung vorzugeben.[418] Anforderungen an die Ausgestaltung der KFR finden sich in DRS 2 zur KFR und in den branchenspezifischen Regelungen für KI, die ergänzend zu den allgemeinen Regelungen anzuwenden sind (DRS 2-10). Wie alle übrigen Unternehmen müssen KI ihre Zahlungsströme in drei verschiedene Fonds – Cash flow aus laufender Geschäftstätigkeit, aus der Investitionstätigkeit und aus der Finanzierungstätigkeit – gliedern und den Finanzmittelbestand zu Beginn des GJ auf den Finanzmittelbestand am Abschlussstichtag überleiten. Besonderheiten für KI ergeben sich bei der Abgrenzung der einzelnen Fonds und dem bei Anwendung der indirekten Methode zugrunde zu legenden Mindestgliederungsschema. 571

Zum **Finanzmittelfonds** von KI gehören die Zahlungsmittel, die sich aus dem Kassenbestand und den Guthaben bei Zentralnotenbanken zusammensetzen (DRS 2-10.9), und die Zahlungsmitteläquivalente bestehend aus den Schuldtiteln öffentlicher Stellen und Papieren, die zur Refinanzierung bei Zentralnotenbanken zugelassen sind (DRS 2-10.11). **Sichteinlagen** und **Wertpapiere des Handelsbestands** sollten bei KI – entgegen DRS 2 – nicht als Zahlungsmittel erfasst, sondern dem operativen Geschäft zugerechnet werden (DRS 2-10.10 und .12). 572

Der **Cash flow aus laufender Geschäftstätigkeit** ist bei KI entsprechend der Zusammensetzung des Betriebsergebnisses abzugrenzen und damit weiter als bei Nicht-KI zu fassen (DRS 2-10.18). Das **Betriebsergebnis** setzt sich bei KI zusammen aus dem Zins- und Provisionsüberschuss, der Risikovorsorge im Kreditgeschäft, dem Handelsergebnis, den Verwaltungsaufwendungen und dem Saldo der sonstigen betrieblichen Erträge und Aufwendungen.[419] Damit zählen zum Cash flow aus laufender Geschäftstätigkeit die aus dem Jahresergebnis abgeleiteten zahlungswirksamen Aufwendungen und Erträge sowie ggf. die Zahlungsströme, die auf die Veränderung folgender Bilanzposten zurückgehen (DRS 2-10.19 und .20): 573

- Forderungen (getrennt nach KI und Kunden),
- Wertpapiere (ohne Finanzanlagen),
- andere Aktiva aus laufender Geschäftstätigkeit,

---

418 Vgl. zu den Einzelheiten der KFR Kap. M Tz. 785 ff.
419 Vgl. DRS 2-10.8.

- Verbindlichkeiten (getrennt nach KI und Kunden),
- verbriefte Verbindlichkeiten (ohne bankaufsichtsrechtliches Kapital wie nachrangige Verbindlichkeiten, Genussrechte und Vermögenseinlagen stiller Gesellschafter),
- andere Passiva aus laufender Geschäftstätigkeit.

574 Zum **Cash flow aus der Finanzierungstätigkeit** gehören bei KI Zahlungsströme aus Transaktionen mit EK-Gebern und anderen Gesellschaftern konsolidierter TU sowie aus der Aufnahme, Rückzahlung und Verzinsung von sonstigem Kapital (**bankaufsichtsrechtliches Ergänzungskapital**, z.B. nachrangige Verbindlichkeiten, Genussrechte sowie bankaufsichtsrechtliches Kernkapital, z.B. Vermögenseinlagen stiller Gesellschafter) (DRS 2-10.25). Im Gegensatz zur Regelung des DRS 2 ist die Außenfinanzierung über (sonstige) **FK-Geber** (z.B. Ausgabe von Schuldverschreibungen und Anleihen) nicht der Finanzierungstätigkeit, sondern der laufenden Geschäftstätigkeit eines KI zuzurechnen (DRS 2-10.28).

575 Kreditinstitute haben der Aufstellung der KFR bei Anwendung der indirekten Methode ein branchenspezifisches **Mindestgliederungsschema** zugrunde zu legen.[420]

f) Konzernlagebericht

576 Besondere gesetzliche Vorschriften zur Aufstellung eines KLB für KI bestehen nicht.[421]

577 DRS 5-10 enthält Vorschriften zur **Risikoberichterstattung der KI** im KLB, deren **Ziel** es ist, den Adressaten des KLB im Rahmen einer in sich geschlossenen Darstellung zutreffende und umfassende Informationen über die zukünftigen Risiken des Konzerns zur Verfügung zu stellen. Darzustellen sind die Risikolage, die Steuerungs- und Überwachungssysteme sowie die verwendeten Risikomessmethoden (DRS 5-10.2). Der Risikobericht muss, unter Beachtung der Stetigkeit, alle Risikoarten, Geschäftsbereiche und TU umfassen und darlegen, in welcher Weise das MU die einzelnen Steuerungsinstrumente einsetzt und wie die Unabhängigkeit eines wirksamen Überwachungssystems gewährleistet ist (DRS 5-10.4 und .5). Neben allgemeinen Risiken strategischer oder struktureller Art sind insb. die für KI spezifischen Risiken[422] und Risikokategorien, ihre Bewertung, Steuerung und Überwachung sowie das Gesamtrisikomanagement des Konzerns darzustellen und zu erläutern (DRS 5-10.10).

III. Zwischen- und Konzernzwischenabschluss

1. Aufstellung

578 Nach § 10 Abs. 3 S. 1 KWG werden **Gewinne**, die sich aus einem von einem Institut aufgestellten und einer prüferischen Durchsicht durch den APr. unterzogenen Zwischenabschluss ergeben, unter bestimmten Voraussetzungen dem **Kernkapital** (vgl. § 10 Abs. 2a KWG) zugerechnet. Zeigt der Zwischenabschluss **Verluste**, sind diese nach § 10 Abs. 3 S. 2 KWG vom Kernkapital abzuziehen. Eine gesetzliche Verpflichtung zur Aufstellung von Zwischenabschlüssen nach § 10 Abs. 3 KWG zur Ermittlung von Zwischenergebnissen (Zwischengewinnen bzw. Zwischenverlusten) zur Anrechnung auf das Kernkapital besteht nicht. Die Aufstellung ist mithin freiwillig und in das Ermessen der

---

420 Vgl. hierzu Anlage zu DRS 2-10.
421 Vgl. hierzu Kap. M Tz. 870 ff. sowie *IDW RH HFA 1.005*, WPg Supplement 4/2010, S. 86 ff. = FN-IDW 2010, S. 567 ff., u.a. zum KLB.
422 Adressenausfallrisiken, Liquiditätsrisiken, Marktrisiken, operationale Risiken und sonstige Risiken (DRS 5-10.23).

Institute gestellt. Der für die Zwecke des Bankenaufsichtsrechts aufgestellte Zwischenabschluss gilt als ein mit dem JA vergleichbarer Abschluss (§ 10 Abs. 3 S. 1 KWG).

Institute i.S.v. § 10 Abs. 3 S. 1 KWG sind KI und FDLI (vgl. § 1 Abs. 1b KWG). Für ZI enthält das ZAG keine entsprechende Vorschrift, so dass für diese die Aufstellung von Zwischenabschlüssen für die Anrechnung von Zwischenergebnissen auf das Kernkapital nicht in Frage kommt. 579

Gemäß § 340a Abs. 3 S. 1 HGB sind für die Aufstellung der Zwischenabschlüsse zur Ermittlung von Zwischenergebnissen i.S.v. § 10 Abs. 3 KWG die für den JA der KI geltenden **Rechnungslegungsgrundsätze** anzuwenden. Als solche sind v.a. die einschlägigen Ausweis-, Bilanzierungs- und Bewertungsgrundsätze anzusehen (vgl. Tz. 5 ff.). 580

Bestandteile des Zwischenabschlusses nach § 10 Abs. 1 KWG i.V.m. § 340a Abs. 3 HGB sind Bilanz, GuV und Anh. Die Erstellung eines LB ist nicht gefordert; ebenso ist der Bilanzeid entbehrlich.[423] Einigkeit[424] besteht darüber, dass ein **verkürzter Abschluss** nach § 37w Abs. 2 Nr. 1 WpHG auch die an einen Zwischenabschluss nach § 10 Abs. 3 i.V.m. § 340a Abs. 3 HGB zu stellenden Anforderungen erfüllt. 581

Voraussetzung für die Zurechnung von Zwischengewinnen zum Kernkapital ist, dass diese nicht für voraussichtliche Gewinnausschüttungen oder Steueraufwendungen gebunden sind (§ 10 Abs. 3 S. 1 KWG). 582

Die Zwischenabschlüsse sind durch das Institut unverzüglich der **BaFin** und der **DBB** einzureichen (§ 10 Abs. 3 S. 3 KWG). Entsprechend § 26 Abs. 1 S. 1 KWG dürfte damit der **aufgestellte** Zwischenabschluss gemeint sein. 583

Nach § 10a Abs. 10 KWG kann auch das **übergeordnete Unternehmen** einer Institutsgruppe oder Finanzholding-Gruppe, sofern diese die Angemessenheit ihrer Eigenmittelausstattung nach Maßgabe des § 10a Abs. 7 KWG ermittelt, Konzernzwischengewinne aufgrund von **Konzernzwischenabschlüssen**, die einer prüferischen Durchsicht unterzogen wurden, unter bestimmten Voraussetzungen dem Kernkapital zurechnen (§ 10a Abs. 10 S. 2 KWG). Für den Fall eines Konzernzwischenverlusts ist dieser vom Kernkapital abzuziehen (§ 10a Abs. 10 S. 3 KWG). Auch die Aufstellung eines Konzernzwischenabschlusses ist freiwillig. Der für Zwecke des Bankenaufsichtsrechts aufgestellte Konzernzwischenabschluss gilt als ein mit dem KA vergleichbarer Abschluss (§ 10a Abs. 10 S. 2 KWG). 584

Sofern das KI als übergeordnetes Unternehmen nach § 340i Abs. 4 HGB Konzernzwischenabschlüsse zur Ermittlung von Konzernzwischenergebnissen i.S.v. § 10a Abs. 10 KWG aufstellt, sind auf diese die für den KA der KI geltenden **Rechnungslegungsgrundsätze** anzuwenden. Rechnungslegungsgrundsätze in diesem Sinne sind die einschlägigen Ausweis-, Bilanzierungs- und Bewertungsvorschriften. Sofern der Konzernzwischenabschluss nach den IAS/IFRS aufgestellt wird, regelt IAS 34 (Zwischenberichterstattung) die diesbezüglichen Anforderungen. Demnach enthält der Konzernzwischenabschluss mindestens eine verkürzte Bilanz, eine verkürzte Gesamtergebnisrechnung, eine verkürzte EK-Veränderungsrechnung, eine verkürzte KFR und ausgewählte erläuternde Anh.-Angaben (vgl. IAS 34.8).[425] 585

---

423 So ausdrücklich die Begründung des Finanzausschusses des Deutschen Bundestags, BT-Drs. 16/3644, S. 59.
424 *Scharpf/Schaber*, Bankbilanz⁴, S. 23; *Budde/Förschle/Winkeljohann*, Sonderbilanzen⁴, G 40.
425 Vgl. hierzu *Butzlaff/Gehrer/Meyer*, IRZ 2009, S. 257 ff.

586 **Voraussetzung** für die Zurechnung von Konzernzwischengewinnen zum Kernkapital ist, dass diese nicht für voraussichtliche Gewinnausschüttungen oder Steueraufwendungen gebunden sind (§ 10a Abs. 2 S. 2 KWG).

587 Das übergeordnete Unternehmen hat den Konzernzwischenabschluss unverzüglich der **BaFin** und der **DBB** einzureichen (§ 10a Abs. 3 S. 3 KWG). In entsprechender Anwendung von § 26 Abs. 3 S. 1 KWG dürfte hier der **aufgestellte** Konzernzwischenabschluss gemeint sein.

2. Prüferische Durchsicht

588 Aus § 10 Abs. 3 S. 1 KWG i.V.m. § 340a Abs. 3 S. 1 HGB ergibt sich, dass Zwischenergebnisse aus Zwischenabschlüssen dem Kernkapital nur zuzurechnen bzw. von diesem abzuziehen sind, wenn sie zuvor einer prüferischen Durchsicht durch einen APr. unterzogen wurden. Auf die prüferische Durchsicht sind die Vorschriften für die **Bestellung** des APr. entsprechend anzuwenden. Dies begründet keine Pflicht, den Prüfer für die prüferische Durchsicht jedes Zwischenabschlusses gesondert zu bestellen. Vielmehr wird es grds. für ausreichend erachtet, wenn der Prüfer einmal jährlich förmlich bestellt wird, um nicht nur die Abschlussprüfung, sondern unterjährig auch die prüferische Durchsicht der Zwischenabschlüsse vornehmen zu können.[426]

589 §§ 340a Abs. 3 bzw. 340i Abs. 4 HGB enthalten ergänzend hierzu weitere Regelungen hinsichtlich der Bestellung des APr. für die prüferische Durchsicht, der Durchführung der prüferischen Durchsicht, der Berichterstattung über die prüferische Durchsicht sowie der Auskunftsrechte und Haftungsbeschränkung des WP. In der Beschlussempfehlung zum TUG[427] wird hierfür auf die Regelungen zur prüferischen Durchsicht in § 37w Abs. 5 WpHG verwiesen. Demnach ist es sachgerecht, diese Regelungen für die Zwischenabschlüsse und KA nach §§ 10 Abs. 3 und 10a Abs. 10 KWG zu übernehmen. Damit werden die notwendigen ergänzenden Vorschriften zur näheren Bestimmung der prüferischen Durchsicht nach § 10 Abs. 3 KWG geschaffen. Auf die prüferische Durchsicht des Zwischenabschlusses ist *IDW PS 900*[428] entsprechend anwendbar.[429]

590 Nach § 10 Abs. 3 S. 4 KWG hat der APr. eine **Bescheinigung** über die prüferische Durchsicht des Zwischenabschlusses unverzüglich nach Beendigung der prüferischen Durchsicht an die BaFin und die DBB einzureichen.

591 Nicht als Zwischenabschluss i.S.v. § 10 Abs. 3 KWG gilt ein im Zuge der **Verschmelzung** erstellter unterjähriger JA (§ 10 Abs. 3 S. 5 KWG).

592 Die Verpflichtung zur prüferischen Durchsicht besteht auch für den Konzernzwischenabschluss (§ 10a Abs. 10 S. 1 KWG i.V.m. § 340i Abs. 4 S. 1 HGB). Hierfür gelten dieselben Grundsätze wie für den Zwischenabschluss.

593 Nach § 10a Abs. 10 S. 5 KWG hat der APr. eine **Bescheinigung** über die prüferische Durchsicht des Konzernzwischenabschlusses unverzüglich nach Beendigung der prüferischen Durchsicht bei BaFin und DBB einzureichen.

---

426 Begründung des Finanzausschusses des Deutschen Bundestags. BT-Drs. 16/3644, S. 59.
427 Begründung. des Finanzausschusses des Deutschen Bundestags, BT-Drs. 16/3644, S. 59.
428 WPg 2001, S. 1078 ff. = FN-IDW 2001, S. 512 ff.
429 *Budde/Förschle/Winkeljohann*, Sonderbilanzen⁴, G 96 ff.

IV. Prüfung

1. Prüfung des Jahresabschlusses[430]

a) Größen- und rechtsformunabhängige Prüfungspflicht

Kreditinstitute haben gem. § 340k Abs. 1 S. 1 HGB ihren JA und LB unabhängig von ihrer Größe und unbeschadet der Vorschriften der §§ 28 und 29 KWG nach den Vorschriften des Dritten Unterabschn. des Zweiten Abschn. im Dritten Buch „Handelsbücher" des HGB (§§ 316 bis 324a HGB) prüfen zu lassen. Gemäß den Vorgaben in § 340 Abs. 4 und 5 HGB gilt diese Prüfungspflicht auch für den JA und LB von FDLI und ZI. Unbeachtlich für die Frage der Prüfungspflicht ist neben der Größe auch die **Rechtsform** der Unternehmen. Neben KI, FDLI und ZI in der Rechtsform der Kap.Ges. müssen auch KI, die PersGes. oder Anstalt des öffentlichen Rechts (z.B. Sparkassen) sind, den JA und LB jährlich prüfen lassen. Die Prüfungspflicht nach § 340k Abs. 1 S. 1 HGB erstreckt sich nicht auf KI in der Rechtsform der Genossenschaft; für diese ergibt sich die Prüfungspflicht aus § 53 GenG. Für KI, FDLI und ZI besteht mithin eine **lückenlose**, d.h. rechtsform- und größenunabhängige Prüfungspflicht.[431]

594

b) Überblick über die anzuwendenden Vorschriften

Aufgrund der Verweisung in § 340k Abs. 1 S. 1 HGB gelten für die Prüfung des JA und LB der KI, FDLI und ZI grds. die Vorschriften der §§ 316 bis 324a HGB über die **Prüfung des JA und LB von KapGes**. Sie werden durch die **ergänzenden (geschäftszweigspezifischen)** Prüfungsvorschriften in § 340k Abs. 1 S. 2 und 3, Abs. 2 bis Abs. 5 HGB z.T. ersetzt oder verschärft. Zudem sind bei der Prüfung die folgenden **institutsspezifischen** Vorschriften zu beachten:

595

- §§ 26 und 28 bis 30 KWG (KI und FDLI),
- § 13 BSpkG (Bausparkassen),
- §§ 17 und 18 ZAG (ZI),
- PrüfbV[432] (KI und FDLI),
- ZahlPrüfbV[433] (ZI).

Zu den institutsspezifischen Vorschriften gehören z.B. auch die Sparkassengesetze der Länder und die Gesetze über die Landesbanken.

---

430 Vgl. zur Prüfung des JA der KI u.a. folgende Literaturquellen: Vgl. hierzu *Boos/Fischer/Schulte-Mattler*[3], KWG, § 26; *Struwe/Thelen-Pischke u.a.*, Handbuch PrüfbV; *Schwennicke/Auerbach*, KWG; in HWR[3] insb.: *Gelhausen*, Bestätigungsvermerk, Sp. 303; *Naumann*, Devisengeschäfte, Sp. 537; *Breisch*, Engagementprüfung, Sp. 646; *Pfaff/Stefani*, Ertragslage, Sp. 689; *Nonnenmacher*, Finanzinstrumente, Sp. 782; *Wagener*, Kreditinstitute, Sp. 1395; *Büschgen*, Kreditprüfung, Sp. 1410; *Weigl/Schneider*, Kreditwesen, Bundesaufsichtsamt, Sp. 1420; *Grewe/Plendl*, Redepflicht des Abschlussprüfers, Sp. 2006; *Krumnow*, Risikomanagement bei Kreditinstituten, Sp. 2047; *Brebeck*, Risikomanagement, Prüfung, Sp. 2071; *Sablotny*, Risikomanagement, Sp. 2250; in HWF[3] insb.: *von Stein*, Bankbilanz, Sp. 167; *Wagener*, Bankbilanz, Prüfung der, Sp. 191; *Terberger-Stoy*, Bankenaufsicht, Sp. 217; *Bieg*, Bilanzpolitik der Kreditinstitute und Finanzdienstleistungsinstitute, Sp. 346; *Kohlhausen*, Eigenkapital der Kreditinstitute, Sp. 584; *Nonnenmacher*, Finanzielle Lage der Unternehmung, Darstellung Prüfung, Sp. 742; *Sprissler*, Finanzinstrumente insb. Finanzderivate, Bilanzierung von, Sp. 826; *von Köller*, Hypothekenbanken, Sp. 1022; *Niessner*, Kreditwesengesetz (KWG), Sp. 1443; *Hauschildt/Leker*, Kreditwürdigkeitsprüfung (inkl. automatisierte), Sp. 1460; *Meyer zu Selhausen*, Liquiditätspolitik der Banken und Liquiditätsgrundsätze, Sp. 1504; *Göppl/Schlag*, Risikomanagement, Sp. 1846; *Dombret/Thiede*, Risikomanagement in Kreditinstituten, Sp. 1856; *Häuselmann*, Wertpapierleihe und Repo-Geschäft, Sp. 2258; *Prahl/Naumann*, Wertpapierpensionsgeschäfte, Sp. 2268; *Scharpf/Schaber*, Bankbilanz[4]; *Lutz u.a.*, KWG; *Rabenhorst*, DStR 2003, S. 436.

431 Zur Entwicklung der Prüfungspflicht der KI vgl. ADS[6], § 316 HGB, Tz. 7.

432 Verordnung über die Prüfung der JA der KI und FDLI sowie die darüber zu erstellenden Berichte (PrB-Verordnung – PrüfbV), v. 23.11.2009, BGBl. I, S. 3793 ff.

433 Verordnung über die Prüfung der JA der ZI sowie die darüber zu erstellenden Berichte (Zahlungsinstituts-PrB-Verordnung – ZahlPrüfbV), v. 15.10.2009, BGBl. I, S. 3648 ff., zuletzt geändert durch Art. 14 des Gesetzes zur Umsetzung der Zweiten E-Geld-Richtlinie vom 01.03.2011 (BGBl. I, S. 288).

596 Zur Erläuterung von § 13 BSpkG vgl. Tz. 1098.

597 Neben den gesetzlichen Regelungen sind diverse **Schreiben** (Rundschreiben, Mitteilungen, u.Ä.) der **BaFin** zur Prüfung des JA und LB und zur Berichterstattung hierüber zu beachten.[434]

c) Prüfungsvorschriften der §§ 316 bis 324a HGB

598 Hinsichtlich der Anwendung der materiellen Prüfungsvorschriften der §§ 316 bis 324a HGB auf KI, FDLI und ZI ergeben sich keine grundsätzlichen Abweichungen ggü. der Anwendung der Bestimmungen auf die Prüfung des JA und LB von KapGes. Insoweit wird diesbezüglich auf folgende **Rechtsgrundlagen** verwiesen:

- § 316 HGB: Prüfungspflicht für JA und LB,
- § 317 HGB: Gegenstand und Umfang der Prüfung (vgl. Kap. R Tz. 1 ff.),
- § 318 HGB: Bestellung und Abberufung des APr.,
- § 319 HGB: Auswahl des APr. und Ausschlussgründe,
- § 319a HGB: Besondere Ausschlussgründe bei Unternehmen von öffentlichem Interesse,
- § 319b HGB: Netzwerk,
- § 320 HGB: Vorlagepflicht, Auskunftsrecht,
- § 321 HGB: PrB (vgl. Kap. Q Tz. 9),
- § 321a HGB: Offenlegung des PrB in besonderen Fällen (vgl. Kap. Q Tz. 27 ff.),
- § 322 HGB: BestV (vgl. Kap. Q Tz. 330),
- § 323 HGB: Verantwortlichkeit des APr.,
- § 324 HGB: Prüfungsausschuss,
- § 324a HGB: Anwendung der §§ 316 bis 324 HGB auf den EA nach § 325 Abs. 2a HGB.

d) Ergänzende Prüfungsvorschriften in § 340k HGB
aa) Abschlussprüfer bei KI, FDLI und ZI

599 Nach § 340k Abs. 1 S. 1 Hs. 2 HGB ist entsprechend der größen- und rechtsformunabhängigen Anwendung der Vorschriften für große KapGes. auf den JA und LB von KI, FDLI und ZI und deren Prüfung § 319 Abs. 1 S. 2 HGB nicht anzuwenden. Deshalb können grds. nur **WP** und **WPG** (§ 319 Abs. 1 S. 1 HGB) als **APr.** den JA und LB von KI, FDLI und ZI prüfen, nicht aber vBP und BPG (§ 319 Abs. 1 S. 2 HGB). Nur ausnahmsweise kann der JA und LB von FDLI und ZI, deren **Bilanzsumme** am Stichtag (d.h. am Bilanzstichtag) 150 Mio. € nicht übersteigt, auch von vBP und BPG (§ 319 Abs. 1 S. 2 HGB) geprüft werden (vgl. § 340k Abs. 4 HGB).

bb) Abschlussprüfer bei Kreditgenossenschaften

600 Da KI in der Rechtsform der **Genossenschaft** (Kreditgenossenschaft) nach § 53 GenG prüfungspflichtig sind, gilt für die Prüfung der Kreditgenossenschaften das GenG. Die Abschlussprüfung ist von dem **Prüfungsverband** durchzuführen, dem das KI gem. § 54 GenG als Mitglied angehört (§ 340k Abs. 2 S. 1 HGB). Prüfungsverbände können nur dann APr. sein, wenn sie die Voraussetzungen gem. § 340k Abs. 2 S. 2 und 3 HGB erfüllen. Dazu gehört, dass für den Fall, dass der Prüfungsverband nur zwei Vorstandsmitglieder hat, eines der Vorstandsmitglieder WP sein muss (vgl. § 340k Abs. 2 S. 2 HGB). Zudem sind die Voraussetzungen gem. §§ 319 Abs. 2 und 3 sowie 319a Abs. 1 HGB, die

---
[434] Vgl. hierzu insb. *Consbruch/Fischer*, Abschn. P.

für die gesetzlichen Vertreter des Prüfungsverbandes und auf alle vom Prüfungsverband beschäftigten Personen, die das Ergebnis der Prüfung beeinflussen können, entsprechend gelten, einzuhalten.

Für die Prüfung von Kreditgenossenschaften ist für JA für das nach dem 31.12.2008 beginnende GJ zusätzlich § 340k Abs. 2a HGB zu beachten. Diese Vorschrift, die durch das Bilanzrechtsmodernisierungsgesetz eingefügt wurde, entspricht inhaltlich Art. 25 Abs. 2 EGHGB und stellt sicher, dass der gesetzlich vorgeschriebene **BestV** bei KI in der Rechtsform der Genossenschaft nur von **WP** unterzeichnet wird. **601**

Die Erläuterungen in Tz. 600 und 601 gelten für ein KI, das ein **rechtsfähiger wirtschaftlicher Verein** ist, entsprechend. **602**

cc) Abschlussprüfer bei Sparkassen

Bei **Sparkassen** wird die Prüfung des JA und LB nach § 340k Abs. 3 S. 1 HGB, abweichend von § 319 Abs. 1 S. 1 HGB, grds. von der **Prüfungsstelle** (Prüfungseinrichtung) eines **Sparkassen- und Giroverbandes** durchgeführt.[435] Die zuständige Rechtsaufsichtsbehörde kann mit der Abschlussprüfung bei Sparkassen, soweit die landesrechtlichen Vorschriften dieses vorsehen, auch einen WP oder eine WPG beauftragen. Die Prüfungsstelle des Sparkassen- und Giroverbandes darf die Abschlussprüfung nur dann durchführen, wenn die **Voraussetzungen** gem. § 319 Abs. 1 S. 1 und 2, Abs. 2, 3 und 5 sowie § 319a HGB erfüllt sind. Außerdem muss sichergestellt sein, dass der APr. die Prüfung unabhängig von den Weisungen der Organe des Sparkassen- und Giroverbandes durchführen kann (§ 340k Abs. 3 S. 3 HGB). Zudem muss die Prüfungsstelle, vorbehaltlich anderer landesrechtlichen Regelungen, über eine **Bescheinigung** über die Teilnahme an der **Qualitätskontrolle** nach § 57a WPO verfügen (§ 340k Abs. 3 S. 4 HGB). **603**

dd) Frist für den Abschluss der Prüfung

Bei AG und GmbH ergeben sich die Fristen für den Abschluss der Prüfung (Erstattung des PrB und Erteilung des BestV) aus den weiteren gesetzlichen Vorschriften über die Behandlung des JA (insb. Durchführung der diesbezüglichen HV oder Gesellschafterversammlung spätestens acht Monate nach Ablauf des GJ, vgl. § 175 Abs. 1 AktG, § 42a Abs. 2 GmbHG). Demgegenüber enthält § 340k Abs. 1 S. 2 HGB eine ausdrückliche Regelung, wonach die Prüfung des JA und LB von KI, FDLI und ZI **spätestens** vor Ablauf des **fünften Monats** des dem Abschlussstichtag folgenden GJ vorzunehmen, d.h. mit Erstellung des PrB und Erteilung des BestV abzuschließen ist.[436] Das HGB sieht eine Freistellung von der Fristeinhaltung durch die BaFin nicht vor; allerdings stellt das Überschreiten der Frist keine Ordnungswidrigkeit dar. **604**

ee) Frist für die Feststellung des Jahresabschlusses

Nach § 340k Abs. 1 S. 3 HGB ist der JA von KI, FDLI und ZI nach der Prüfung **unverzüglich** festzustellen. Für KI, FDLI und ZI in der Rechtsform der AG kann die Frist für die Feststellung des JA aus §§ 172, 173, 175 AktG abgeleitet werden, für GmbH ergeben sich die Fristen aus § 42a Abs. 2 GmbHG. Diese Bestimmungen sind jedoch durch die Befristung für die Prüfung und die Vorgabe einer unverzüglichen Feststellung nach der Prüfung in § 340k Abs. 1 S. 2 und 3 HGB für KI, FDLI und ZI obsolet. **605**

---

435 § 340k Abs. 3 HGB beruht auf dem Mitgliedstaatenwahlrecht gem. Art. 45 Bankbilanzrichtlinie.
436 Die durch das Bankbilanzrichtlinie-Gesetz in § 340k Abs. 1 HGB eingefügte Regelung war zuvor in § 27 Abs. 1 S. 2 KWG a.F. enthalten.

ff) Einrichtung eines Prüfungsausschusses

606 Nach § 340k Abs. 5 S. 1 HGB haben alle KI, auch wenn sie nicht in der Rechtsform der KapGes. betrieben werden, soweit sie **kapitalmarktorientiert** i.S.v. § 264d HGB sind und keinen den Voraussetzungen des § 100 Abs. 5 AktG genügenden AR oder Verwaltungsrat haben, einen Prüfungsausschuss einzurichten, der die Voraussetzungen des § 324 HGB erfüllt. Gemäß § 340 Abs. 4 und 5 HGB ist diese Vorschrift auch auf FDLI und ZI anzuwenden. § 340k Abs. 5 S. 2 HGB enthält für Sparkassen und sonstige landesrechtliche ö.-r. KI eine **Öffnungsklausel** zur Vermeidung eines Eingriffs in die Gesetzgebungskompetenz der Länder. Die diesbezüglichen landesrechtlichen Vorschriften müssen allerdings den Anforderungen der EU-Abschlussprüferrichtlinie entsprechen (vgl. zum Prüfungsausschuss Kap. Q Tz. 14).

e) Institutsspezifische Vorschriften des KWG

aa) Einreichung des festgestellten Jahresabschlusses

607 Gemäß § 26 Abs. 1 S. 1 KWG müssen KI und FDLI nach dem aufgestellten JA (Bilanz, GuV und Anh., vgl. zur Einreichung des aufgestellten JA Tz. 34 ff.) **später** auch den geprüften und festgestellten JA (Bilanz, GuV und Anh.) und LB unverzüglich der BaFin und der DBB einreichen. Diese Verpflichtung gilt auch für KI, die einem genossenschaftlichen Prüfungsverband angehören oder durch die Prüfungsstelle eines Sparkassen- Giroverbandes geprüft werden. Zur Feststellung des JA vgl. Kap. Q Tz. 354. Der geprüfte und festgestellte JA muss nach § 26 Abs. 1 S. 2 KWG mit dem **BestV** oder einem **Vermerk** über die **Versagung** des BestV versehen sein. Der BestV oder der Vermerk über die Versagung des BestV ist unmittelbar auf dem einzureichenden Exemplar des geprüften und festgestellten JA anzubringen. Die Einreichung obliegt unmittelbar den KI und FDLI. Soweit der geprüfte und festgestellte JA nicht, nicht richtig, nicht vollständig oder nicht rechtzeitig eingereicht wird, liegt eine **Ordnungswidrigkeit** vor (§ 56 Abs. 2 Nr. 5 KWG), die mit einer Geldbuße bis zu 50.000 € geahndet werden kann (§ 56 Abs. 5 KWG). Bei der Einreichung des festgestellten JA ist der Tag der Feststellung anzugeben (vgl. § 13 AnzV).

bb) Einreichung des Prüfungsberichts

608 Nach § 26 Abs. 1 S. 3 KWG hat der APr. den PrB nach Beendigung der Prüfung **unverzüglich** der BaFin und der DBB einzureichen. Bei KI, die einem genossenschaftlichen Prüfungsverband angehören oder durch die Prüfungsstelle eines Sparkassen- und Giroverbandes geprüft werden, ist der PrB nur auf **Anforderung** der BaFin dieser und der DBB einzureichen (§ 26 Abs. 1 S. 4 KWG). Verpflichtet zur Einreichung sind nicht die Kreditgenossenschaften bzw. Sparkassen, sondern der genossenschaftliche Prüfungsverband bzw. die Prüfungsstelle des Sparkassen- und Giroverbandes.

cc) Bestellung des Abschlussprüfers bei Kredit- und Finanzdienstleistungsinstituten in besonderen Fällen

609 Für die Bestellung des APr. bei KI und FDLI gelten grds. die allgemeinen Vorschriften über die Prüferwahl und -bestellung (§ 318 i.V.m. § 340k HGB). Die **Bestellung** des APr. durch die Institute wird durch § 28 Abs. 1 und 2 KWG insoweit **modifiziert**, als die BaFin die Bestellung eines **anderen APr.** verlangen kann (§ 28 Abs. 1 S. 2 KWG) oder einen **Antrag** auf **Bestellung** eines APr. durch das **Registergericht** stellen kann (§ 28 Abs. 2 KWG). Bei KI und FDLI, die einem genossenschaftlichen Prüfungsverband angehören oder die durch die Prüfungsstelle eines Sparkassen- und Giroverbandes geprüft werden, bedarf es keiner Bestellung des APr., da diese Institute kraft gesetzlicher Vorschriften von den genossenschaftlichen Prüfungsverbänden bzw. den Prüfungsstellen der Sparkassen- und Giroverbände geprüft werden. Deshalb gelten die Vorschriften des § 28 Abs. 1 und Abs. 2 KWG nicht für Institute, die einem **genossenschaftlichen Prüfungsverband** angehören oder die durch die Prüfungsstelle eines **Sparkassen- und Giroverbandes** geprüft werden (vgl. § 28 Abs. 3 KWG).

(1) Bestellung eines anderen Abschlussprüfers

Nach § 28 Abs. 1 S. 1 KWG haben KI und FDLI den von ihnen bestellten APr. unverzüglich nach der Bestellung der BaFin und der DBB anzuzeigen. Die **Anzeige** hat demgemäß nach der Wahl des APr., der Auftragserteilung und der Annahme des Auftrags zu erfolgen. Formvorschriften für die Anzeige an die BaFin und die DBB bestehen nicht. 610

Die BaFin kann nach § 28 Abs. 1 S. 2 KWG die Bestellung eines **anderen APr.** verlangen, wenn dies zur Erreichung des Prüfungszwecks geboten ist. **Prüfungszweck** ist dabei nicht nur die Beurteilung, dass der JA den gesetzlichen Vorschriften entspricht und unter Beachtung der GoB oder sonstiger maßgeblicher Rechnungslegungsgrundsätze ein den tatsächlichen Verhältnissen entsprechendes Bild der Vermögens-, Finanz- und Ertragslage vermittelt, sondern auch eine objektive und kritische Beurteilung der materiellen Lage des KI bzw. FDLI oder auch die Feststellung der Einhaltung der Anzeigepflichten. Die Prüfung des JA von KI und FDLI erfordert deshalb besondere bankgeschäftliche Sachkunde und Erfahrung.[437] Das Verlangen der BaFin kann auch darin begründet sein, dass der PrB in früheren Jahren nicht den Anforderungen der Bankenaufsicht entsprochen hat.[438] Die BaFin muss ihr Verlangen innerhalb eines Monats nach Zugang der Anzeige stellen. Das Verlangen der BaFin stellt einen Verwaltungsakt dar, gegen den Widerspruch und Anfechtungsklage zulässig sind. Neben dem KI bzw. FDLI ist auch der APr. widerspruchs- und klageberechtigt.[439] Die Rechtsmittel haben jedoch keine aufschiebende Wirkung (§ 28 Abs. 1 S. 2, Halbsatz 2 KWG). Die BaFin kann nur die Bestellung eines anderen APr. verlangen, d.h. sie kann den APr. nicht selbst bestellen oder auswählen. Der vom KI bzw. FDLI neu bestellte APr. ist gem. § 28 Abs. 1 S. 1 KWG erneut der BaFin und der DBB anzuzeigen; die BaFin kann auch diesen Prüfer ablehnen und die Bestellung eines anderen APr. verlangen. 611

(2) Bestellung des Abschlussprüfers durch das Registergericht

Die Regelung in § 28 Abs. 2 KWG dient der **Sicherstellung** der Abschlussprüfung auch in den Fällen, in denen das KI bzw. FDLI seinen Pflichten zur rechtzeitigen Bestellung eines geeigneten APr. nicht nachkommt oder wenn der gewählte APr. die Prüfung des JA nicht durchführen will oder kann. Nach § 28 Abs. 2 S. 1 KWG hat die BaFin das **Recht**, beim Registergericht die Bestellung eines APr. zu **verlangen**, wenn 612

1. die **Anzeige** nach Abs. 1 S. 1 **nicht** unverzüglich nach Ablauf des GJ erstattet wird;
2. das Institut dem **Verlangen** auf Bestellung eines anderen Prüfers nach Abs. 1 S. 2 nicht unverzüglich nachkommt;
3. der **gewählte Prüfer** die Annahme des Prüfungsauftrags abgelehnt hat, weggefallen ist oder am rechtzeitigen Abschluss der Prüfung verhindert ist und das Institut nicht unverzüglich einen anderen Prüfer bestellt hat.

---

[437] Vgl. *Bähre/Schneider*, KWG, § 28, Rn. 3; a.A. *Reischauer/Kleinhans*, KWG, § 28, Rn. 5 f.
[438] Vgl. *Bähre/Schneider*, KWG, § 28, Rn. 3; *Reischauer/Kleinhans*, KWG, § 28, Rn. 5.
[439] *ADS^6*, § 318 HGB, Tz. 273.

613 Die Rechte der BaFin nach § 28 Abs. 2 KWG bestehen **neben** den **Verfahrensmöglichkeiten** nach § 318 Abs. 3 und 4 HGB. Das Verfahren nach § 28 Abs. 2 S. 1 Nr. 2 KWG entspricht dem Verfahren nach § 318 Abs. 3 HGB. Die Verfahren nach § 28 Abs. 2 S. 1 Nr. 3 KWG und § 318 Abs. 4 HGB sind gleichzeitig zulässig.[440]

614 Nach § 28 Abs. 2 S. 2 KWG ist die Bestellung durch das Registergericht **endgültig**, d.h. nicht anfechtbar. Zuständig für die Bestellung ist das Registergericht am Sitz des Instituts. Das Registergericht ist bei der Auswahl des APr. nicht an **Vorschläge** der BaFin gebunden. Der vom Registergericht bestellte APr. muss die Bestellung nicht annehmen. Für den Fall der Annahme des Auftrags hat der bestellte APr. Anspruch auf **Ersatz** angemessener **Auslagen** und auf **Vergütung** für seine Tätigkeit (vgl. § 28 Abs. 2 S. 3 KWG i.V.m. § 318 Abs. 5 HGB). Auf Antrag der BaFin kann das Registergericht den nach § 28 Abs. 1 S. 1 KWG bestellten APr. abberufen (vgl. § 28 Abs. 2 S. 4 KWG), wenn die Voraussetzungen nach § 28 Abs. 1 S. 1 Nr. 1 bis 3 KWG nicht mehr vorliegen.

dd) Besondere Pflichten des Prüfers[441]
(1) Überblick

615 Die besonderen Pflichten des APr. bei der Prüfung des JA von Instituten umfassen über die Prüfung des JA und LB hinausgehende **bankaufsichtsrechtlich** begründete **Prüfungspflichten** (§ 29 Abs. 1 und 2 KWG) sowie dem APr. auferlegte **Anzeige-, Erläuterungs- und Mitteilungspflichten** ggü. BaFin und DBB (§ 29 Abs. 3 KWG). Aufgrund der **Verordnungsermächtigung** in § 29 Abs. 4 KWG hat das BMF in der PrüfV nähere Bestimmungen über den Gegenstand der Prüfung nach § 29 Abs. 1 und 2 KWG sowie zum Zeitpunkt der Prüfungsdurchführung und zum Inhalt der PrB erlassen.[442]

(2) Bankaufsichtsrechtliche Prüfungspflichten
(a) Wirtschaftliche Verhältnisse

616 Nach § 29 Abs. 1 S. 1 KWG hat der APr. bei der Prüfung des JA auch die wirtschaftlichen Verhältnisse des KI bzw. FDLI zu prüfen. Die Prüfung erstreckt sich dabei hauptsächlich auf die **Vermögens-, Ertrags- und Finanzlage**, insb. auf der Grundlage von Bilanz und GuV. §§ 14 bis 17 PrüfbV (Eigenmittel, Solvenzanforderungen und Liquiditätslage) und §§ 28 bis 31 PrüfbV (Lage des Instituts einschließlich der geschäftlichen Entwicklung sowie der Ergebnisentwicklung) enthalten weitere Bestimmungen zur Prüfung der wirtschaftlichen Verhältnisse der Institute (vgl. weiter dazu Tz. 635 ff.)

(b) Bankaufsichtsrechtliche Anzeigepflichten

617 Gegenstand dieser im Rahmen der Prüfung des JA durch den APr. vorzunehmenden Prüfung ist die Erfüllung der in § 29 Abs. 1 S. 2 KWG aufgeführten **Anzeigepflichten** durch die KI und FDLI. Dabei hat der APr. v.a. festzustellen, ob die Anzeigen vollständig und richtig (vgl. § 19 S. 2 PrüfbV) sowie rechtzeitig abgegeben wurden. Die Prüfung der Erfüllung der Anzeigepflichten erstreckt sich nicht nur auf die Verhältnisse am Bilanz- oder Prüfungsstichtag, sondern auf das gesamte GJ. Nach § 19 S. 1 PrüfbV ist im Rahmen der Prüfung der Anzeigepflichten auch die **Organisation** des Anzeige- und Meldewesens zu beurteilen.

---

440 Vgl. zum Verhältnis von § 28 Abs. 2 KWG und § 318 Abs. 3 und 4 HGB weiter *ADS*⁶, § 318 HGB, Tz. 276.
441 Für die Prüfung des JA der ZI gelten gem. § 18 ZAG gleichfalls besondere Pflichten für den Prüfer.
442 Vgl. hierzu *Boos/Fischer/Schulte-Mattler*³, KWG, § 29; *Reischauer/Kleinhans*, KWG, § 29.

Prüfung   J

Die Prüfung der Erfüllung der Anzeigepflichten nach § 29 Abs. S. 2 KWG betrifft Anzeigen zu den **Eigenmitteln** (§§ 10, 10b KWG), zur **Liquidität** (§ 11 KWG), zur Begründung von **Unternehmensbeziehungen** (§ 12a KWG), zum **Kreditgeschäft** (§§ 13 bis 13d, 14 Abs. 1 und 15 KWG), zu bestimmten personellen, finanziellen und organisatorischen **Änderungen** (§ 24 KWG) sowie zur Errichtung einer **Zweigniederlassung** und zur Erbringung **grenzüberschreitender Dienstleistungen** in anderen Staaten des EWR (§ 24a KWG).[443]   618

(c) Bankaufsichtsrechtliche Anforderungen

Diese Prüfung betrifft die Erfüllung der in § 29 Abs. 1 S. 2 KWG genannten **Anforderungen** durch die Institute. Zu diesen gehören Anforderungen zu den **Handelsbüchern** (§ 1a Abs. 4 bis 8 KWG), zu den **Eigenmitteln** (§§ 10 bis 10b KWG), zur **Liquidität** (§ 11 KWG), zur Beschränkung von qualifizierten **Beteiligungen** und Beteiligungsbeschränkungen für **E-Geld-Institute** (§ 12 KWG), zum **Kreditgeschäft** (§§ 13 bis 13d, 18 KWG), zum **Risikomanagement** (§ 25a Abs. 1 S. 3 Nr. 1 KWG), zur Bestimmung der **finanziellen Lage** des Instituts (§ 25 Abs. 1 S. 6 Nr. 1 KWG) sowie die in § 25a Abs. 1a KWG genannten Anforderungen für **Institutsgruppen**, **Finanzholding-Gruppen**, Institute i.S.v. § 10a Abs. 14 KWG und **Finanzkonglomerate**, ferner die in § 25a Abs. 2 vorgesehenen Anforderungen für **Auslagerungen** und die in § 26a KWG geregelten Anforderungen an die **Offenlegung** bestimmter qualitativer und quantitativer **Informationen**.   619

(d) Sonstige bankaufsichtsrechtliche Vorschriften

Der APr. hat bei der Prüfung des JA von KI gem. § 29 Abs. 1 S. 3, 4 und 5 KWG zudem folgende Prüfungspflichten zu beachten: 620

— Wenn ein Institut von der **Ausnahme** nach **§ 2a KWG** Gebrauch macht (§ 2a KWG sieht Ausnahmen von der Anwendung der §§ 10, 13, 13a und 25a Abs. 1 S. 3 Nr. 1 KWG für gruppenangehörige Institute mit Sitz im Inland vor), hat der APr. das Vorliegen der in § 2a KWG aufgeführten Voraussetzungen zu prüfen (S. 3).
— Sofern die BaFin ggü. einem Institut nach § 30 KWG Bestimmungen über den **Inhalt** der **Prüfung** getroffen hat, sind diese vom Prüfer im Rahmen der Abschlussprüfung zu berücksichtigen (S. 4).
— Wenn ein Institut dem haftenden EK **nicht realisierte Reserven** zurechnet, hat der APr. zu prüfen, ob bei der Ermittlung dieser Reserven die Bestimmungen gem. § 10 Abs. 4a bis 4c KWG beachtet wurden (S. 5).

Nach § 29 Abs. 2 S. 1 KWG muss der APr. weiterhin prüfen, ob das Institut folgenden Verpflichtungen nachgekommen ist: 621

— Verpflichtungen nach § 24c KWG (automatisierter Abruf von **Kontoinformationen**),
— Verpflichtungen nach §§ 25c bis 25h KWG im Zusammenhang mit der Verhinderung von **Geldwäsche**, von **Terrorismusfinanzierung** und von **betrügerischen Handlungen** zum Nachteil der Institute (interne Sicherungsmaßnahmen, Sorgfaltspflichten, Durchführung der Identifizierung, verbotene Geschäfte),
— Verpflichtungen nach dem **GwG**,
— Verpflichtungen nach der **Verordnung** (EG) Nr. 1781/2006 des Europäischen Parlaments und des Rates v. 15.11.2006 über die Übermittlung von Angaben zum Auftraggeber bei **Geldtransfers** (vgl. auch § 25b KWG).

---

443 Vgl. zu den aufsichtsrechtlichen Anzeigepflichten *Frank/Glatzl/Beutel*, Meldepflichten.

622 Wenn Institute das **Depotgeschäft** (§ 1 Abs. 1 Nr. 5 KWG) betreiben, hat der APr. auch dieses Geschäft besonders zu prüfen, soweit es nicht nach § 36 WpHG zu prüfen ist. Im Rahmen dieser Prüfung ist auch die Einhaltung des § 128 AktG (**Mitteilungspflichten**) und § 135 AktG (Ausübung der **Stimmrechte**) zu prüfen (zur Depotprüfung und zur Prüfung der Einhaltung der §§ 128, 135 AktG vgl. Tz. 721 ff.).

(e) Berichterstattung

623 Die **Ergebnisse** der Prüfungen nach § 29 Abs. 1 S. 1 bis 5 KWG (Prüfung der wirtschaftlichen Verhältnisse sowie Prüfung bankaufsichtsrechtlicher Anzeigepflichten, Anforderungen und sonstiger Vorschriften) sind in den **PrB** über die Prüfung des **JA** aufzunehmen (§ 29 Abs. 1 S. 6 KWG). Über die Prüfungen nach § 29 Abs. 1 und 2 KWG (Geldwäsche, Depotgeschäft u.a.) ist jeweils **gesondert** zu berichten (vgl. § 29 Abs. 2 S. 3 KWG; vgl. hierzu auch die Erläuterungen zum PrB, Tz. 637 ff.).

(3) Anzeige-, Erläuterungs- und Auskunftspflichten für den Abschlussprüfer

624 Die Pflichten für den APr. nach § 29 Abs. 3 KWG betreffen **Anzeigepflichten** (S. 1) sowie **Erläuterungs- und Auskunftspflichten** (S. 2). Zur Anzeige bestimmter Tatsachen nach § 29 Abs. 3 S. 1 KWG an die BaFin und die DBB ist der APr. ohne besondere Aufforderung verpflichtet, Erläuterungen und Auskünfte nach § 29 Abs. 3 S. 2 KWG erteilt der APr. hingegen auf Verlangen der BaFin oder der DBB.

625 Nach § 29 Abs. 3 S. 1 KWG hat der APr. der BaFin und der DBB unverzüglich **anzuzeigen**, wenn ihm bei der Prüfung **Tatsachen** bekannt werden,

– welche die Einschränkung oder Versagung des BestV rechtfertigen,
– die den Bestand des Instituts gefährden oder seine Entwicklung wesentlich beeinträchtigen können,
– die einen erheblichen Verstoß gegen die Vorschriften über die Zulassungsvoraussetzungen des Instituts oder die Ausübung einer Tätigkeit nach diesem Gesetz darstellen oder
– die schwerwiegende Verstöße der Geschäftsleiter gegen Gesetz, Satzung oder Gesellschaftsvertrag erkennen lassen.

626 Die Einschränkung (§ 322 Abs. 2 S. 1 Nr. 2 HGB) oder Versagung (§ 322 Abs. 2 S. 1 Nr. 3 HGB) des BestV hat zu erfolgen, wenn **Einwendungen** zu erheben sind (vgl. § 322 Abs. 4 S. 1 HGB; vgl. hierzu Kap. Q Tz. 462).

627 **Bestandsgefährdende** oder **entwicklungsbeeinträchtigende** Tatsachen liegen bei KI insb. bei der Gefährdung oder Beeinträchtigung einer ausreichenden Zahlungsbereitschaft (vgl. § 11 KWG) oder einer angemessenen Eigenmittelausstattung (§ 10 KWG) vor (vgl. zu möglichen weiteren Tatsachen die Erläuterungen zu § 321 Abs. 1 S. 3 HGB in Kap. Q Tz. 108).

628 Tatsachen, die einen erheblichen **Verstoß** gegen die Vorschriften über die **Zulassungsvoraussetzungen** des Instituts oder die Ausübung einer Tätigkeit nach dem KWG darstellen, beziehen sich hauptsächlich auf Verstöße gegen die Erlaubnisvorschriften der §§ 32 und 33 KWG.

629 Zu den möglichen Tatsachen, die **schwerwiegende Verstöße** der **Geschäftsleiter** des Instituts gegen Gesetz, Satzung oder Gesellschaftsvertrag des Instituts erkennen lassen, gehören bei KI insb. Verstöße gegen das KWG (z.B. gegen die Eigenmittel- und Liquiditätsvorschriften oder gegen Vorschriften für das Kreditgeschäft). Gesetzliche Vorschriften

Prüfung J

in diesem Sinne sind weiterhin das AktG, das GmbHG, das HGB, Steuergesetze usw. (zu weiteren Verstößen gegen Gesetz, Satzung oder Gesellschaftsvertrag vgl. die Ausführungen zu § 321 Abs. 1 S. 3 HGB in Kap. Q Tz. 118).

Die Tatsachen gem. § 29 Abs. 3 S. 1 KWG sind **unverzüglich** nach ihrer **Feststellung**, 630 also schon während der Prüfung, der BaFin und der DBB anzuzeigen. Die unverzügliche Erstattung der Anzeige durch den APr. dient dazu, BaFin und DBB schon vor der Einreichung des PrB (vgl. § 26 Abs. 1 S. 3 KWG) zu unterrichten, so dass ggf. erforderliche Maßnahmen (vgl. §§ 45 ff. KWG) ohne Zeitverzug geprüft und erforderlichenfalls unverzüglich angeordnet werden können.

Die Tatbestände, über die der APr. die BaFin und die DBB gem. § 29 Abs. 3 S. 1 KWG zu 631 unterrichten hat, decken sich z.t. mit den **berichtspflichtigen Tatbeständen** nach § 321 Abs. 1 S. 3 HGB. Soweit der APr. Tatsachen nach § 29 Abs. 3 S. 1 KWG der BaFin und der DBB angezeigt hat, sind diese im Interesse einer umfassenden Information der Organe der Institute auch in den PrB aufzunehmen.[444]

Nach § 29 Abs. 3 S. 2 KWG hat der APr. auf Verlangen der BaFin oder der DBB den **PrB** 632 zu **erläutern**. Ferner muss er der BaFin und der DBB bei der Prüfung bekanntgewordene Tatsachen mitteilen, die gegen eine ordnungsmäßige Durchführung der Geschäfte des Instituts sprechen.

Nach § 29 Abs. 3 S. 3 KWG bestehen die Anzeige-, Erläuterungs- und Auskunftspflichten 633 auch in Bezug auf ein Unternehmen, das mit dem Institut in enger Verbindung steht, sofern dem Prüfer die Tatsachen im Rahmen der Prüfung des Instituts bekannt werden. Ob eine **enge Verbindung** zwischen dem Institut und einem anderen Unternehmen besteht, richtet sich nach § 1 Abs. 10 KWG.

Nach § 29 Abs. 3 S. 4 KWG haftet der APr. nicht für die Richtigkeit von Tatsachen, die er 634 nach Abs. 3 in gutem Glauben anzeigt. Die **Haftungserleichterung** gilt nur für Anzeigen und Informationen an BaFin und DBB, nicht aber für eine eventuelle Vorabberichterstattung[445] an die Organe der Institute.

f) Institutsspezifische Vorschriften der PrüfbV

Der Erlass der PrüfbV durch die BaFin im Einvernehmen mit dem BMJ und nach Anhö- 635 rung der DBB beruht auf der Ermächtigung in § 29 Abs. 4 KWG i.V.m. § 1 Nr. 3 und 5 der VO zur Übertragung von Befugnissen zum Erlass von RVO auf die BaFin. Gemäß § 29 Abs. 4 S. 1 KWG i.V.m. § 1 PrüfbV regelt sie **Gegenstand** und **Zeitpunkt** der Prüfung der Institute nach § 29 Abs. 1 und 2 KWG sowie den **Inhalt** der PrB.

Überblick über die **Regelungsbereiche** der PrüfbV: 636

– Anwendungsbereich der PrüfbV, Risikoorientierung und Wesentlichkeit, Art und Umfang der Berichterstattung, Anlagen und Berichtszeitraum, zusammenfassende Schlussbemerkung und Berichtsturnus (Abschn. 1; §§ 1–7 PrüfbV);
– Darstellung der rechtlichen, wirtschaftlichen und organisatorischen Grundlagen, Zweigniederlassungen (Abschn. 2; §§ 8 und 9 PrüfbV);
– Risikomanagement und Geschäftsorganisation, Handels- und Anlagebuch, Solvenzanforderungen und Liquiditätslage, Offenlegungsanforderungen, Anzeigewesen, Vorkehrungen zur Verhinderung von Geldwäsche und Terrorismusfinanzierung sowie von

---

444 Vgl. Schreiben des BAK v. 03.02.1982; *Consbruch/Fischer*, Abschn. P 3.2; vgl. hierzu auch Kap. Q Tz. 108.
445 Vgl. *ADS*⁶, § 321 HGB Tz. 88 ff.

1089

betrügerischen Handlungen zu Lasten des Instituts, gruppenangehörige Institute (Abschn. 3; §§ 10–22 PrüfbV);
– Angaben zum Kreditgeschäft (Abschn. 4; §§ 23–26 PrüfbV);
– Lage des Instituts einschließlich der geschäftlichen Entwicklung sowie der Ergebnisentwicklung, Feststellungen und Erläuterungen zur Rechnungslegung (Abschn. 5; §§ 28–32 PrüfbV);
– Angaben zu Institutsgruppen, Finanzholding-Gruppen, Finanzkonglomeraten sowie KPrB (Abschn. 6; §§ 33–40 PrüfbV);
– Angaben zum Pfandbriefgeschäft, zu Bausparkassen, zu FDLI, zum Factoring und Leasing sowie zur Depotprüfung (Abschn. 7; §§ 41–59 PrüfbV);
– Datenübersichten (Abschn. 8; § 60 PrüfbV);
– erstmalige Anwendung sowie Inkrafttreten und Außerkrafttreten (Abschn. 9; §§ 61 und 62 PrüfbV).

g) Prüfungsbericht
aa) Einleitung

637 Für den Inhalt des Berichts über das Ergebnis der Abschlussprüfung (PrB) sind neben § 321 HGB und den *IDW Prüfungsstandards* und *IDW Prüfungshinweisen*[446] v.a. die Bestimmungen der **PrüfbV** sowie die Vorschriften des KWG maßgeblich. Mit der PrüfbV soll insb. eine **Standardisierung** der **PrB** erreicht werden, damit die BaFin einheitliche Unterlagen zur Beurteilung der von den KI durchgeführten Geschäfte (§ 29 Abs. 4 S. 1 KWG) erhält. Für die Abfassung des PrB sind daneben Stellungnahmen der BaFin zu beachten. Die PrüfbV enthält auch Vorschriften zur Depotprüfung und zur Depotbankprüfung.

638 Die PrüfbV trägt den aktuellen aufsichtsrechtlichen Anforderungen, insb. der stärkeren Adressierung wesentlicher Risikobereiche sowie der wachsenden Bedeutung des KA Rechnung.

639 Die PrüfbV regelt neben der **Gliederung** insb. den **Inhalt** der PrB. Den Grundsätzen der Risikoorientierung und der Wesentlichkeit ist Rechnung zu tragen. Dabei sind insb. die Größe des Instituts, der Geschäftsumfang, die Komplexität der getätigten Geschäfte sowie der Risikogehalt zu berücksichtigen (§ 2 PrüfbV). Der Umfang der PrB hat der Bedeutung und dem Risikogehalt der dargestellten Vorgänge zu entsprechen (§ 3 Abs. 1 PrüfbV). Bei den im PrB vorgenommenen Beurteilungen sind die aufsichtlichen Vorgaben zu beachten (§ 3 Abs. 2 PrüfbV). Hat im Berichtszeitraum eine Sonderprüfung nach § 44 Abs. 1 S. 2 KWG stattgefunden, soll der APr. die daraus gewonnenen Prüfungsergebnisse verwerten (§ 3 Abs. 3 S. 1 PrüfbV). Die Ergebnisse einer ggf. von der Aufsicht angeforderten Schwerpunktprüfung nach § 30 KWG sind im PrB aufzunehmen (§ 3 Abs. 4 PrüfbV). Die Berichterstattung kann in zwei Teil-PrB unterteilt werden (§ 3 Abs. 5 PrüfbV):

1. Teil-PrB I enthält die Berichterstattung über die vorgezogenen Prüfungsfelder – i.d.R. Organisationsprüfungen.
2. Teil-PrB II umfasst die eigentliche JA-Prüfung sowie wesentliche Änderungen der Ergebnisse des Teil-PrB I bis zum Ende des Berichtszeitraums.

640 Grundsätzlich ist mit der Teilprüfung nicht vor Ende des ersten Halbjahres des Berichtszeitraums zu beginnen.[447] Über wesentliche Veränderungen nach dem Ende der Teilprüfung ist ergänzend zu berichten.

---
446 Vgl. insb. *IDW PS 450*, WPg 2006, S. 113 ff., WPg Supplement 4/2009, S. 1 ff. = FN-IDW 2009, S. 533 ff.
447 Vgl. Begr. zur PrüfbV, § 3.

Der PrB ist den gesetzlichen Vertretern des KI **vorzulegen;** hat der AR den Auftrag zur Prüfung des JA erteilt, so ist der PrB diesem vorzulegen, wobei dem Vorstand zuvor Gelegenheit zur Stellungnahme zu geben ist (§ 321 Abs. 5 S. 2 HGB). **641**

Der PrB bzw. die Teil-PrB sind der **BaFin** und der **DBB** unverzüglich nach Beendigung der Prüfung bzw. im Falle von Teil-PrB unverzüglich nach Fertigstellung **einzureichen** (§ 26 Abs. 1 S. 3 KWG bzw. § 3 Abs. 5 PrüfbV); die Verpflichtung zur Einreichung obliegt dem APr. Sofern das KI einem genossenschaftlichen Prüfungsverband angehört oder von der Prüfungsstelle eines Sparkassen- und Giroverbandes geprüft wird, ist der PrB der BaFin nur nach deren Aufforderung zur Verfügung zu stellen (§ 26 Abs. 1 S. 4 KWG). **642**

Zur Darstellung des Prüfungsergebnisses im PrB und zum BestV vgl. grundlegend die Ausführungen in Kap. Q Tz. 9 ff. und Tz. 330 ff. Die dortigen Ausführungen gelten für KI entsprechend. **643**

Anlagen zu einzelnen Berichtsteilen sind – außer in den in der PrüfbV genannten Fällen – nur **zulässig**, wenn die in ihnen enthaltenen Angaben im PrB selbst hinreichend beurteilt sind und die Berichterstattung in Anlagen den PrB nicht unübersichtlich macht (§ 4 PrüfbV). **644**

bb) Gliederung

In Anlehnung an die PrüfbV kommt für den PrB folgende grundlegende **Gliederung** in Betracht: **645**

A. Angaben zum Institut
    I. Prüfungsauftrag
    II. Feststellungen gem. § 321 Abs. 1 HGB bzw. Prüfungsergebnis
    III. Gegenstand, Art und Umfang der Prüfung
    IV. Rechtliche, wirtschaftliche und organisatorische Grundlagen
    V. Zweigniederlassungen

B. Aufsichtliche Vorgaben
    I. Risikomanagement und Geschäftsorganisation
    II. Handels- und Anlagebuch
    III. Eigenmittel, Solvenzanforderungen und Liquiditätslage
    IV. Offenlegung
    V. Anzeigewesen
    VI. Vorkehrungen zur Verhinderung von Geldwäsche und Terrorismusfinanzierung sowie von sonstigen strafbaren Handlungen
    VII. Gruppenangehörige Unternehmen – Ausnahmen
    VIII. Kreditgeschäft

C. Abschlussorientierte Berichterstattung
    I. Lage des Instituts
        a. Geschäftliche Entwicklung
        b. Vermögenslage
        c. Ertragslage
        d. Risikolage und Risikovorsorge
        e. Feststellungen, Erläuterungen zur Rechnungslegung
    II. Angaben zu Institutsgruppen, Finanzholding-Gruppen, Finanzkonglomeraten sowie Konzernprüfungsberichten
    III. Sondergeschäfte
        a. Pfandbriefgeschäft
        b. Bausparkassen
        c. Finanzdienstleistungsinstitute
        d. Factoring
        e. Leasing
        f. Depotprüfung
    IV. Zusammenfassende Schlussbemerkung und Bestätigungsvermerk

D. Anlagen
    I. Organigramm i.S.v. § 8 Abs. 2 Nr. 7 PrüfbV
    II. Fragebogen gem. § 21 Abs. 8 PrüfbV
    III. Datenübersichten gem. § 60 PrüfbV

646 Im Folgenden werden zu KI-spezifischen Teilen des PrB grundlegende Hinweise gegeben.

cc) Angaben zum Institut
(1) Feststellungen gem. § 321 Abs. 1 HGB bzw. Prüfungsergebnis

647 Im PrB ist vorweg zur **Beurteilung** der **Lage** des KI durch den Vorstand Stellung zu nehmen (§ 321 Abs. 1 S. 2 HGB). Außerdem hat der APr. hier die Feststellungen gem. § 321 Abs. 1 S. 3 HGB (**Redepflicht**) zu treffen. Gegebenenfalls kann hier auch eine Zusammenfassung der Prüfungsergebnisse erfolgen (vgl. hierzu § 6 Abs. 1 S. 1 PrüfbV).

(2) Rechtliche, wirtschaftliche und organisatorische Grundlagen

648 Hier sind gem. § 8 PrüfbV v.a. die wesentlichen Veränderungen im Berichtszeitraum darzustellen:

– Änderungen der Rechtsform, der Satzung, der Kapital- und Gesellschafterverhältnisse;

- Änderungen der Geschäftsleitung sowie ihrer personellen Zusammensetzung, Angabe der Zuständigkeiten der einzelnen Geschäftsleiter;
- Veränderungen der Struktur der Bankgeschäfte, der Finanzdienstleistungen und der anderen Geschäfte, die in weiterem Sinne dem Finanzsektor zuzurechnen sind und die bevorstehende Aufnahme neuer Geschäftszweige;
- Änderungen der Beziehungen zu verbundenen Unternehmen sowie zu anderen Unternehmen; über Art und Umfang vereinbarter Leistungen bei bedeutsamen Verträgen, die die zwischenbetriebliche Zusammenarbeit regeln (bei Erstellung eines Abhängigkeitsberichts nach § 312 AktG und dessen Einreichung bei DBB und BaFin kann die Berichterstattung zu den im Abhängigkeitsbericht aufgeführten Beziehungen verbundener Unternehmen entfallen);
- Änderungen in der Aufbauorganisation des KI sowie der unter Risikoaspekten bedeutsamen Ablauforganisation; das Organigramm ist als Anlage beizufügen;
- Änderungen der Zugehörigkeit des Instituts zu einem Finanzkonglomerat nach § 1 Abs. 20 KWG.

Über Auslagerungen wesentlicher Aktivitäten und Prozesse ist unter Berücksichtigung der in § 25a Abs. 2 KWG genannten Anforderungen gesondert zu berichten (§ 8 Abs. 3 PrüfbV). Eine Anlage in Form der Datenübersicht SON05 (Datenübersicht für Institute, die Bereiche auf ein anderes Unternehmen ausgelagert haben) ist dem PrB beizufügen. Der APr. hat die Einbindung vertraglich gebundener Vermittler i.S.v. § 2 Abs. 10 S. 1 KWG in das Risikomanagement darzustellen und zu beurteilen (§ 8 Abs. 4 PrüfbV). **649**

Nach § 7 PrüfbV hat der APr. in angemessenen Abständen (i.d.R. ein Zeitraum von drei bis fünf Jahren) über die Darstellung der Änderungen hinausgehend vollständig zu berichten (vgl. auch Begr. zu § 7 PrüfbV).

dd) Aufsichtliche Vorgaben
(1) Risikomanagement und Geschäftsorganisation

Zu berichten ist hier über die Angemessenheit des Risikomanagements gem. § 25a Abs. 1 S. 3 KWG sowie über die Erfüllung der weiteren Anforderungen an die Ordnungsmäßigkeit der Geschäftsorganisation gem. § 25a Abs. 1 S. 6 Nr. 1 KWG.[448] Wesentliche Änderungen in den Risikosteuerungs- und Controllingprozessen sind zu erläutern (vgl. Begr. zu § 10 PrüfbV). Es sind die Ergebnisse der Prüfung der MaRisk in Bezug auf Adressenausfallrisiken, Marktpreisrisiken (einschließlich der Zinsänderungsrisiken des Anlagebuchs), Liquiditätsrisiken und operationelle Risiken darzustellen (§ 10 Abs. 1 PrüfbV). Weiterhin ist die Angemessenheit der Internen Revision zu beurteilen (§ 10 Abs. 2 PrüfbV).[449] In Bezug auf die aus der Kreditprüfung (vgl. dazu Tz. 666 ff.) gewonnenen Erkenntnisse hat der APr. die **strukturellen Risikoschwerpunkte** im Hinblick auf die Risikotragfähigkeit des KI zu würdigen. Dabei ist auch zu beurteilen, welche Maßnahmen das KI zur **Steuerung der identifizierten Risiken** getroffen hat.[450] Darüber hinaus hat der APr. Stellung zu nehmen, wie die nach § 25a Abs. 1 KWG einzurichtenden Systeme und Regelungen zur Steuerung, Überwachung und Kontrolle des Adressenausfallrisikos sowohl funktional als auch organisatorisch in die **Gesamtbankrisiko-** **650**

---

[448] Vgl. zur Beurteilung des Risikomanagements bei KI im Rahmen der Abschlussprüfung *IDW PS 525*, WPg Supplement 3/2010, S. 4 ff. = FN-IDW 2010, S. 331 ff., sowie zur Prüfung des Risikofrüherkennungssystems nach § 317 Abs. 4 HGB *IDW PS 340*, WPg 1999, S. 658 ff. = FN-IDW 1999, S. 350 ff.

[449] Vgl. zur Internen Revision im Rahmen der Abschlussprüfung *IDW PS 321*, WPg 2002, S. 686 ff. = FN-IDW 2002, S. 333 ff., FN-IDW 2010, S. 423 ff.

[450] Vgl. zur Prüfung der Adressenausfallrisiken und des Kreditgeschäfts von KI *IDW PS 522*, WPg 2002, S. 1254 ff. = FN-IDW 2002, S. 623 ff.

steuerung einbezogen sind.[451] Des Weiteren ist auch die Einhaltung der aufsichtsrechtlichen Anforderungen an die Vergütungssysteme der Institute zu bestätigen.[452]

(2) Handels- und Anlagebuch

651 Nach § 12 PrüfbV hat der APr. festzustellen, ob das angewandte Verfahren für die Zuordnung von Positionen zum Handelsbuch sowohl mit den gesetzlichen Vorgaben als auch mit den institutsinternen Kriterien vereinbar ist. Es ist zu beurteilen, ob die organisatorischen Maßnahmen des Instituts geeignet sind, eine sachgerechte Zuordnung der Positionen zum Handels- oder Anlagebuch zu gewährleisten. Änderungen der Kriterien, die zugrunde liegenden Gründe sowie interne Geschäfte unterliegen ebenfalls der Mitteilungspflicht. Weiterhin hat der APr. nach § 29 Abs. 1 KWG darüber zu berichten, ob das Institut die in § 1a Abs. 4 bis 8 KWG genannten Anforderungen erfüllt hat. Dazu zählen neben den Vorgaben für die Konzepte und die Führung des Handelsbuchs auch die Handelsstrategie, die Behandlung der institutsinternen Sicherungsgeschäfte sowie die Bewertung der Handelsbuchpositionen.

(3) Eigenmittel, Solvenzanforderungen und Liquiditätslage

652 Gemäß § 14 Abs. 1 PrüfbV sind wesentliche Verfahrensänderungen bei der Ermittlung der **regulatorischen Eigenmittel** (haftendes EK, modifiziertes verfügbares EK, Drittrangmittel) während des Berichtszeitraums zu beschreiben. Der APr. hat zu beurteilen, ob die vom Institut angewandten Verfahren zur Eigenmittelermittlung angemessen sind.

Für Kredite i.S.v. § 10 Abs. 2a S. 2 Nr. 4 und 5 KWG fordert § 14 Abs. 2 PrüfbV eine qualitative und quantitative Berichterstattung über die Marktüblichkeit der vereinbarten Kreditkonditionen sowie die Besicherung der Kredite im Hinblick auf banktübliche Normen.

653 Die Höhe und die Zusammensetzung der Eigenmittel des Instituts sind nach dem Stand bei Geschäftsschluss am Bilanzstichtag unter der Annahme der Feststellung des geprüften Abschlusses darzustellen (§ 15 Abs. 1 PrüfbV); die dynamischen Bestandteile der Eigenmittel sind zu berücksichtigen.

Die Entwicklung der Eigenmittel als Gesamtbestand und der einzelnen Komponenten ist gerade bei neuen Zugängen an wesentlichen Kern-, Ergänzungskapital- und Drittrangmittelbeständen auf Besonderheiten hin zu untersuchen und im PrB zu beurteilen. Dazu zählen nach der Begründung zu § 15 PrüfbV bspw. besondere rechtliche Ausgestaltungen, die Nutzung neuer oder außergewöhnlicher rechtlicher Vehikel zur Platzierung von Eigenmittelkomponenten oder größere bzw. seltene Bewegungen beim Bestand bestimmter Eigenmittelkomponenten.

Für Kernkapitalelemente schreibt § 15 Abs. 3 PrüfbV eine Darstellung im PrB vor, die folgende Angaben umfasst: Transaktionsart, aufnehmende Einheit (bei Gruppen), Volumen in €, ggf. Emissionswährung, Anteil am Kernkapital, Anwendbarkeit des Bestandsschutzes, Laufzeit, Kündigungsmöglichkeiten, Step-up-Klauseln oder andere Kündigungsanreize, Zahlungsverpflichtungen oder Recht auf Zahlungsaussetzungen sowie Stufe der Nachrangigkeit.[453]

---

451 Vgl. *IDW PS 522*, WPg 2002, S. 1254 ff. = FN-IDW 2002, S. 623 ff., Tz. 39.
452 Vgl. Verordnung über die aufsichtsrechtlichen Anforderungen an Vergütungssysteme von Instituten (Institutsvergütungsverordnung – InstitutsVergV) v. 6.10.2010, BGBl. I S. 1374 sowie Schreiben der BaFin (BA) vom 15.08.2011 zu Einzelfragen der PrüfbV iZm der Berichterstattung über Vergütungssysteme, BA 54-AZB 2331-2011/0001.
453 Vgl. Begr. zur PrüfbV, § 15.

Prüfung J

Bei der Berichterstattung zur **Solvabilitätskennzahl** ist v.a. auf wesentliche Veränderungen in der Organisation des Ermittlungsverfahrens der Solvabilitätskennzahl einzugehen (§ 16 PrüfbV). Daneben sind Angaben zur Gliederung der Kennzahl nach den jeweiligen Anrechnungsbeträgen (Adress-, Marktpreis- und operationelle Risiken) und zur Entwicklung der EK-Quote erforderlich. 654

An dieser Stelle hat der APr. auch über die Einhaltung der Bestimmungen für Verbriefungen nach den §§ 18a und 18b KWG zu berichten.[454]

In § 17 PrüfbV sind die Prüfungs- und Berichtsanforderungen zur **Liquiditätslage** zusammengefasst. Neben einer Beurteilung der Liquiditätslage ist eine Aussage zur Liquiditätssteuerung im PrB gefordert, die voraussetzt, dass sich der APr. mit den eingesetzten Steuerungsinstrumenten auseinandersetzt, die verwendeten Informationen analysiert und beurteilt, ob die vom Institut getroffenen Vorkehrungen angemessen sind. Auch bzgl. der Ermittlung der Liquiditätskennziffer nach § 11 KWG i.V.m. der LiqV[455] sind die organisatorischen und prozessualen Rahmenbedingungen auf ihre Angemessenheit hin zu beurteilen und die Änderungen im PrB darzustellen. Bei Instituten, die den Regelungen der LiqV unterliegen, hat der Prüfer nach der Begründung zu § 17 PrüfbV die Zuverlässigkeit der Berechnung der Kennziffern der LiqV zu bestätigen. Die jeweiligen Kennziffern sind für den Berichtszeitraum darzustellen. 655

Eine Anwendung institutseigener Liquiditätsrisikomess- und -steuerungsverfahren nach § 10 LiqV ist nur möglich, wenn die Aufsicht die Eignung dieser Verfahren schriftlich bestätigt hat. Dabei wird der APr. auf die Erkenntnisse der Aufsicht zurückgreifen können.[456]

(4) Offenlegung

§§ 319 bis 337 SolvV enthalten Vorgaben zu qualitativen und quantitativen regulatorischen Informationen, die von unter die Offenlegungspflicht nach § 26a KWG fallenden Instituten im Offenlegungsbericht anzugeben sind. Der APr. hat die Angemessenheit der implementierten Prozesse und Verfahren zur Ermittlung und Offenlegung der Informationen zu beurteilen (§ 18 PrüfbV). Eine Überprüfung der inhaltlichen Richtigkeit der offen gelegten Informationen durch den APr. ist hingegen nicht gefordert. 656

(5) Anzeigewesen

Im Rahmen der Prüfung des JA der KI ist gem. § 29 Abs. 1 S. 2 KWG auch festzustellen, ob das KI die Anzeigepflichten nach §§ 10, 10b, 11, 12a, 13 bis 13d und 14 Abs. 1 KWG sowie nach den §§ 15, 24 und 24a KWG erfüllt hat. Zudem ist die Organisation des Anzeigewesens zu beurteilen und auf die Vollständigkeit, Richtigkeit und Rechtzeitigkeit der Anzeigen einzugehen (§ 19 PrüfbV), wobei nur als wesentlich eingestufte Verstöße aufzuführen sind. 657

---

[454] Vgl. Schreiben der BaFin v. 02.03.2011 (BA) zu den Berichtspflichten des APr. bei Verstößen gegen Eigenkapitalanforderungen im Zusammenhang mit Verbriefungen, IDW-FN 4/2011 S. 249.
[455] Verordnung über die Liquidität der Institute (Liquiditätsverordnung – LiqV) v. 14.12.2006, BGBl. I S. 3117, zuletzt geändert durch Art. 13 des Gesetzes zur Umsetzung der Zweiten E-Geld-Richtlinie vom 01.03.2011 (BGBl. I S. 288)
[456] Vgl. Begr. zur PrüfbV, § 16.

1095

(6) Vorkehrungen zur Verhinderung von Geldwäsche und Terrorismusfinanzierung sowie von sonstigen strafbaren Handlungen[457]

658 Hier ist darzulegen, ob das KI die ihm nach § 29 Abs. 2 S. 1 KWG, §§ 20 und 21 PrüfbV, dem GwG, §§ 24c, 25b bis 25h KWG sowie nach der Verordnung (EG) Nr. 1781/2006[458] obliegenden Pflichten erfüllt hat.

659 Grundsätzlich findet die Geldwäsche-Prüfung einmal jährlich statt. Für KI, deren Bilanzsumme 400 Mio. € zum Bilanzstichtag nicht überschreitet, hat die Prüfung nur in zweijährigem Turnus zu erfolgen, es sei denn, die Risikolage des Instituts erfordert ein kürzeres Intervall (§ 20 Abs. 4 PrüfbV).

660 Bei der Berichterstattung ist zu beachten:
- Nach § 29 Abs. 2 S. 3 KWG ist über die Geldwäsche-Prüfung gesondert zu berichten.
- Der Umfang der Berichterstattung soll gem. § 2 PrüfbV der Bedeutung, der Komplexität und dem Risikogehalt der geprüften Geschäfte und Bereiche entsprechen.
- Der Berichtszeitraum der Prüfung umfasst jeweils den Zeitraum zwischen dem Stichtag der letzten Prüfung und dem Stichtag der folgenden Prüfung (§ 20 Abs. 2 PrüfbV). Auch der Prüfungszeitraum (Zeitraum der Prüfungshandlungen vor Ort) ist im PrB anzugeben.
- Sofern die BaFin nach **§ 30 KWG** ggü. dem KI Bestimmungen über den Inhalt der Geldwäsche-Prüfung getroffen hat, ist der Prüfer verpflichtet, diese zu berücksichtigen und im PrB darauf hinzuweisen (§ 3 Abs. 4 PrüfbV).
- Hat im Berichtszeitraum eine Sonderprüfung nach **§ 44 Abs. 1 S. 2 KWG** stattgefunden, soll der Prüfer die daraus gewonnenen Prüfungsergebnisse bei seiner Prüfung verwerten (§ 3 Abs. 3 S. 1 PrüfbV); nach der Begründung zu § 21 PrüfbV ist im PrB darauf einzugehen, inwieweit die festgestellten Mängel vom Institut mittlerweile behoben bzw. welche Maßnahmen getroffen worden oder noch geplant sind.

661 § 21 PrübV enthält detaillierte Vorgaben hinsichtlich der vorzunehmenden Prüfungshandlungen und zu beurteilenden Prüfgebiete:
- Der APr. hat zu beurteilen, ob die von dem Institut erstellte Gefährdungsanalyse die instituts- bzw. gruppenspezifischen Risiken hinreichend erfasst, identifiziert, kategorisiert und ggf. gewichtet sowie darauf aufbauend geeignete Geldwäsche-Präventionsmaßnahmen vorsieht. Zu prüfen ist auch, ob die bestehenden Maßnahmen aus den Ergebnissen der Gefährdungsanalyse abgeleitet worden sind.[459]
- Die vom Institut getroffenen internen Sicherungsmaßnahmen zur Verhinderung von Geldwäsche und Terrorismusfinanzierung sowie von sonstigen strafbaren Handlungen i.S.v. § 25c Abs. 1 KWG sind darzustellen und zu beurteilen.[460] Gemäß § 21 Abs. 1 S. 3 PrüfbV ist dabei auf folgende Punkte einzugehen:
  - die Angemessenheit institutsinterner Grundsätze, geschäfts- und kundenbezogener Sicherungssysteme und Kontrollen zur Verhinderung von Geldwäsche und Terrorismusfinanzierung sowie von sonstigen strafbaren Handlungen i.S.v. § 25c Abs. 1 KWG (§ 21 Abs. 1 Nr. 1 PrüfbV);
  - die Stellung und Tätigkeit des Geldwäschebeauftragten und seines Stellvertreters inkl. deren Kompetenzen sowie notwendige Mittel und Verfahren für eine ord-

---

457 Im Folgenden Geldwäsche-Prüfung genannt.
458 Verordnung (EG) Nr. 1781/2006 des Europäischen Parlaments und des Rates vom 15.11.2006 über die Übermittlung von Angaben zum Auftraggeber bei Geldtransfers.
459 In der Begr. zur PrüfbV wird bei § 21 auf das Rundschreiben 8/2005 der BaFin vom 24.03.2005 verwiesen.
460 Zu den Vorschriften zu internen Sicherungsmaßnahmen vgl. § 9 GwG.

nungsgemäße Durchführung der Aufgaben (§ 21 Abs. 1 Nr. 2 PrüfbV). Der APr. hat zu beurteilen, ob die vom Geldwäsche-Beauftragten getroffenen Kontrollhandlungen in Bezug auf die Risikolage des Instituts ausreichend sind;[461]

- ob die mit der Durchführung von Transaktionen und mit der Anbahnung und Begründung von Geschäftsbeziehungen befassten Beschäftigten angemessen über die Methoden der Geldwäsche und Terrorismusfinanzierung sowie von sonstigen strafbaren Handlungen i.S.v. § 25c Abs. 1 KWG und die insofern bestehenden Pflichten unterrichtet wurden.

Obwohl ein Schwerpunkt auf die Darstellung und Bewertung der Sicherungssysteme zu legen ist, sind auch Stichproben und Einzelfallanalysen durchzuführen.[462] Neben der internen Gefährdungsanalyse ist bei den zu prüfenden Sachverhalten auch eine von der Internen Revision im Berichtszeitraum durchgeführte Prüfung und deren Ergebnis zu berücksichtigen.

- Im Bereich kundenbezogener Sorgfaltspflichten (speziell bei verstärkten Sorgfaltspflichten in Fällen eines erhöhten Risikos – bspw. beim Betreiben des Finanztransfergeschäfts[463]) ist zu beurteilen, inwieweit das Institut seinen Pflichten nachgekommen ist.
- Erfüllung der Aufzeichnungs- und Aufbewahrungspflichten nach § 8 GWG sowie die Pflicht zur institutsinternen Erfassung und Anzeige von Verdachtsfällen nach § 11 GWG (§ 21 Abs. 3 PrüfbV).
- Vertragliche Auslagerungen der Durchführung von internen Sicherungsmaßnahmen oder der Wahrnehmung von kundenbezogenen Sorgfaltspflichten sind berichtspflichtig (§ 21 Abs. 4 PrüfbV).
- Die gruppenweite Umsetzung von Präventionsmaßnahmen gem. § 25g KWG ist darzustellen und zu beurteilen (§ 21 Abs. 5 PrüfbV). Diese Berichterstattung umfasst auch Aussagen darüber, inwieweit die für die Umsetzung und Koordinierung verantwortlichen Geschäftsleiter des übergeordneten Unternehmens ihrer diesbezüglichen Pflicht nachgekommen sind. Entsprechendes gilt für die konkrete Ausgestaltung der durch den Gruppengeldwäschebeauftragten initiierten Maßnahmen (vgl. Begründung zur PrüfbV, § 21)
- Bei KI ist zu prüfen, inwiefern diese im bargeldlosen Zahlungsverkehr ihren Pflichten zur Feststellung, Überprüfung und Übermittlung der vollständigen Auftraggeberdaten nachgekommen sind (§ 21 Abs. 6 PrüfbV).[464]
- Schließlich hat der APr. zu der Erfüllung der Verpflichtungen nach § 24c KWG („Automatisierter Abruf von Kontoinformationen") sowie ggf. nach § 6a KWG („Besondere Aufgaben") Stellung zu nehmen (§ 21 Abs. 7 PrüfbV).
- Die Prüfungsergebnisse sind in einem Fragebogen nach Maßgabe der Anlage 6 zur PrüfbV aufzuzeichnen, der dem PrB beizufügen ist (§ 21 Abs. 8 PrüfbV). In dem Fragebogen sind die Feststellungen entsprechend den Vorgaben der BaFin den Klassifizierungskategorien F0 (keine Mängel) bis F4 (schwergewichtige Mängel) zuzuordnen.[465] Der Fragebogen ist auch dann bei der Aufsicht einzureichen, wenn bei verbandsgeprüften KI für das betreffende Jahr nicht der PrB angefordert wird.

---

461 Vgl. Begr. zur PrüfbV, § 21.
462 Vgl. Begr. zur PrüfbV, § 21.
463 Vgl. Begr. zur PrüfbV, § 21.
464 Die zu prüfenden Pflichten der Institute ergeben sich aus der Verordnung (EG) Nr. 1781/2006 des Europäischen Parlaments und des Rates vom 15.11.2006 über die Übermittlung von Angaben zum Auftraggeber bei Geldtransfers.
465 Vgl. IDW-Arbeitsgruppe "Geldwäscheprüfung": Erörterung von Grundsätzen für das Ausfüllen der Anlage 6, IDW-FN 7/2011 S. 485 ff.

(7) Gruppenangehörige Unternehmen – Ausnahmen

662 Grundsätzlich sind die aufsichtsrechtlichen Anforderungen zum EK, zu den Großkreditvorschriften und zu den internen Kontrollverfahren sowohl auf Einzel- als auch auf Gruppenebene einzuhalten. Bei Vorliegen bestimmter Voraussetzungen kann nach § 2a KWG (sogenannte „Waiver-Regelung") ein nachgeordnetes Unternehmen (oder auch das übergeordnete Unternehmen selbst) auf Einzelebene von diesen Verpflichtungen befreit werden.

663 Sofern Institute eigene Liquiditätsrisikomess- und Risikosteuerungsverfahren anwenden und diese auch auf Gruppenebene freiwillig nutzen, wird die Ausnahmeregelung des § 2a KWG mittels des § 10 Abs. 4 LiqV auf die Nutzung des internen Liquiditätsrisikomess- und Risikosteuerungsverfahrens ausgedehnt. Die §§ 2 bis 8 LiqV sind dann für alle Institute der Institutsgruppe oder Finanzholding-Gruppe nicht anzuwenden (vgl. § 22 Abs. 2 PrüfbV).

664 Sofern die Waiver-Regelung von einem nachgeordneten Unternehmen vollumfänglich oder teilweise in Anspruch genommen wird, entfällt nach § 22 Abs. 1 und 2 PrüfbV die Berichterstattung zur Einhaltung der genannten aufsichtsrechtlichen Anforderungen bei diesem Unternehmen. Die Überwachung der Einhaltung dieser Anforderungen erfolgt dann nur noch auf Ebene der Gruppe. Folglich ist auch die Berichterstattung bei dem für die Gruppe relevanten übergeordneten Unternehmen vorzunehmen, das die Anforderungen gemäß § 2a KWG umzusetzen hat.[466]

665 Zu den **Voraussetzungen für die Befreiung nachgeordneter Unternehmen** zählen gem. § 2a Abs. 1 KWG u.a.:

- die Beherrschung des nachgeordneten Unternehmens durch das übergeordnete Unternehmen,
- die angemessene aufsichtliche Führung des nachgeordneten Unternehmens durch das übergeordnete Unternehmen,
- die Einbindung des nachgeordneten Unternehmens in die Risikomanagementprozesse des übergeordneten Unternehmens,
- keine rechtlichen oder tatsächlichen Hindernisse für eine unverzügliche Übertragung von Eigenmitteln oder die Rückzahlung von Verbindlichkeiten durch das übergeordnete Unternehmen,
- die Verpflichtung des übergeordneten Unternehmens, für die Verbindlichkeiten des nachgeordneten Unternehmens einzustehen.

Die **Voraussetzungen für die Befreiung des übergeordneten Unternehmens** sind nach § 2a Abs. 6 KWG:

- die Einbindung des übergeordneten Unternehmens in die Risikomanagementprozesse,
- keine rechtlichen oder tatsächlichen Hindernisse für eine unverzügliche Übertragung von Eigenmitteln oder die Rückzahlung von Verbindlichkeiten an das übergeordnete Unternehmen.

Der APr. hat über das Vorliegen der Voraussetzungen gemäß § 2a KWG zu berichten (§ 22 Abs. 3 PrüfbV).

---

[466] Vgl. Handbuch PrüfbV, u.a. *Struwe/Thelen-Pischke*, Ausnahmen für gruppenangehörige Unternehmen, Tz. 338.

(8) Kreditgeschäft

Im PrB sind die wesentlichen **strukturellen Merkmale und Risiken** des Kreditgeschäfts nach § 19 KWG darzustellen und zu beurteilen (§ 23 Abs. 1 PrüfbV). Der Begriff „strukturelle Merkmale" ist in der PrüfbV nicht erläutert. Es obliegt hier dem APr., für das geprüfte KI aussagekräftige Merkmale (z.B. Kreditarten, Branchen, geographische Streuung, Größenklassen, Art und Umfang der Besicherung) zu finden, um das Kreditgeschäft aufzuspalten. 666

Der Darstellung des Kreditgeschäfts ist der **Kreditbegriff** gem. § 19 KWG zugrunde zu legen (§ 23 Abs. 1 PrüfbV). Im PrB ist eine Beurteilung des institutsspezifischen Systems zur Sicherstellung der Bildung von Kreditnehmereinheiten nach § 19 Abs. 2 KWG vorzunehmen (§ 23 Abs. 2 PrüfbV). Änderungen sind im Bericht darzustellen. 667

Gemäß § 23 Abs. 3 PrüfbV ist das Auswahlverfahren darzulegen, nach welchem der APr. die zu prüfenden Kredite bestimmt hat. Entsprechend der Berufsübung erfolgt i.d.R. seitens des APr. eine **bewusste Auswahl** nach **Risikomerkmalen** (z.B. Kreditnehmerbonität, erwartete Sicherheitenerlöse, Höhe des Engagements, Zahlungsverhalten, Ergebnisse interner und externer Ratinganalysen).[467] Der APr. hat im Bericht darzulegen, nach welchen Grundzügen und Verfahren die Kreditprüfung vorgenommen wurde.[468] Hierzu gehören u.a. Feststellungen zur Prüfungsstrategie, zu den Prüfungsschwerpunkten und zur Auswahl der geprüften Einzelfälle sowie die zur Beurteilung der Werthaltigkeit der geprüften Einzelkreditengagements und des Adressenausfallrisikos herangezogenen Kriterien.[469]

Die vom APr. getätigten Aussagen zum Auswahlsystem der zu prüfenden Kredite sollen der Aufsicht einen Eindruck von der Qualität des Kreditportfolios vermitteln. Diese Aussagen werden ergänzt um Informationen zur kreditinstitutsinternen Risikogruppierung des gesamten Kreditvolumens zur Messung und Bestimmung des Adressenausfallrisikos in der Datenübersicht (§ 23 Abs. 4 PrüfbV), wodurch die Aufsicht in die Lage versetzt werden soll, die interne Qualitätseinschätzung des Kreditportfolios nachzuvollziehen. Nach § 23 Abs. 5 PrüfbV ist überdies auf Risikokonzentrationen (insb. auf Länder- und Branchenkonzentrationen) einzugehen. Hierbei sind die Steuerung sowie die Einbindung in das Risikomanagement darzustellen. Eine Darstellung der Angemessenheit der Verfahren wird hingegen im Rahmen der Berichterstattung nach § 10 PrüfbV erwartet.[470] 668

Alle bemerkenswerten Kredite und Kreditrahmenkontingente sind nach Risikogruppen gegliedert einzeln darzustellen; ihre Werthaltigkeit ist zu beurteilen. Da die PrüfbV keine Vorgaben zur Systematik der Risikogruppen enthält, ist der APr. gehalten, eine solche zu entwickeln. Es mag zweckmäßig erscheinen, die institutsintern verwendete Risikoklassifizierung anzuwenden; denkbar und im Einzelfall sinnvoll könnte auch die Beibehaltung der drei bisherigen Risikogruppen der PrüfbV von 1998 (Kredite ohne erkennbares Risiko, Kredite mit erhöhten latenten Risiken sowie wertberichtigte Kredite) sein. Bei der Gliederung nach Risikogruppen müssen mindestens die wertberichtigten Kredite erkennbar sein.[471] 669

Die Darstellung der Risikostruktur des geprüften Kreditgeschäfts muss nicht auf Basis der Bestände am Bilanzstichtag erfolgen; sie kann sich auf einen **vorgezogenen Prüfungs-** 670

---

467 Vgl. *IDW PS 522*, WPg 2002, S. 1254 ff. = FN-IDW 2002, S. 623 ff., Tz. 24.
468 Vgl. *IDW PS 522*, WPg 2002, S. 1254 ff. = FN-IDW 2002, S. 623 ff., Tz. 37.
469 Vgl. *IDW PS 522*, WPg 2002, S. 1254 ff. = FN-IDW 2002, S. 623 ff., Tz. 37.
470 Vgl. Begr. zur PrüfbV, § 23.
471 Vgl. Begr. zur PrüfbV, § 25.

stichtag[472], jedoch nicht auf unterschiedliche Stichtage beziehen. Mit der Prüfung sollte nicht vor Ende des ersten Halbjahres des Berichtszeitraums begonnen werden.[473] Zwischen dem vorgezogenen Stichtag und dem Bilanzstichtag neu eingegangene Kreditengagements sind dann zu prüfen, wenn deren Adressenausfallrisiken einzeln oder zusammengenommen von materieller Bedeutung sind. Bereits geprüfte Kreditengagements müssen bei wesentlichen Veränderungen der Risikolage – z.B. des Kreditbetrags, der Sicherheiten oder anderer für die Bewertung wichtiger Umstände – erneut geprüft werden, soweit dies nach der Bedeutung der einzelnen Kredite angezeigt erscheint.[474]

671 Die bemerkenswerten Kredite und Kreditrahmenkontingente sind in einem **Gesamtverzeichnis** unter Angabe der Fundstelle aufzuführen. Als **bemerkenswert** gelten nach § 25 Abs. 2 PrüfbV insb. folgende Kredite:

– **Organkredite**, die hinsichtlich ihrer Höhe oder ihrer Ausgestaltung von außergewöhnlicher Bedeutung sind,

– Kredite, für die in erheblichem Umfang **Risikovorsorge** erforderlich ist bzw. im abgelaufenen GJ war,

– **Kredite**, bei denen die begründete Gefahr besteht, dass sie mit größeren, im Rahmen des gesamten Kreditgeschäfts bedeutenden Teilen **notleidend** werden,

– Kredite, bei denen eine außergewöhnliche Art der **Sicherheitenstellung** vorliegt.[475]

– Kreditrahmenkontingente sind nach § 25 Abs. 3 PrüfbV jeweils bei Erreichen oder Überschreiten der Großkreditdefinitionsgrenze nach § 13 Abs. 1 S. 1 KWG als bemerkenswert einzustufen und einzeln zu besprechen.

672 Für die **Einzeldarstellung** der **bemerkenswerten Kredite** ist eine Vielzahl von Angaben vorgeschrieben (u.a. Kreditnehmer, Geschäftszweig, Sitz, Kreditbetrag, Höhe der Inanspruchnahme, Kreditsicherheiten, Höhe der Risikovorsorge, ungedeckter sowie nach dem Bilanzstichtag eingetretener weiterer Wertberichtigungs- und Rückstellungsbedarf, die bei der Ermittlung der Solvabilitätskennziffer berücksichtigte Ratingeinstufung, die Kreditklassifizierung).[476] Hierbei sind die Kreditnehmer nach § 19 Abs. 2 KWG zusammenzufassen und das Gesamtengagement zu würdigen (§ 25 Abs. 1 S. 3 PrüfbV).

673 Des Weiteren ist im Rahmen der **Einzeldarstellung** der **bemerkenswerten Kredite** auf Folgendes einzugehen (§ 26 PrüfbV):

– Bei Krediten i.S.v. § 25 Abs. 2 Nr. 2 PrüfbV (vgl. Tz. 671) hat der APr. die Angemessenheit der gebildeten Risikovorsorge zu beurteilen. Falls die notwendige Risikovorsorge nicht oder nicht in ausreichendem Umfang gebildet wurde, ist dies im abschließenden Krediturteil und im Berichtsabschnitt „Risikolage und Risikovorsorge" (vgl. Tz. 680) zu vermerken.

– Wenn bei der Bewertung eines Kredits i.S.v. § 25 Abs. 2 Nr. 3 PrüfbV von den Sicherheiten ausgegangen werden muss, ist ein Urteil zu ihrer Verwertbarkeit und – wenn möglich – zum voraussichtlichen Realisationswert abzugeben.[477] Der voraussichtliche

---

472 Vgl. *IDW PS 522*, WPg 2002, S. 1254 ff. = FN-IDW 2002, S. 623 ff., Tz. 16.
473 Vgl. Begr. zur PrüfbV, § 3.
474 Vgl. *IDW PS 522*, WPg 2002, S. 1254 ff. = FN-IDW 2002, S. 623 ff., Tz. 17.
475 Hierbei handelt es sich nach der Begr. zur PrüfbV insb. um durch Hedge-Fonds-Anteile besicherte Finanzierungen, Projektfinanzierungen u.Ä.
476 Vgl. Begr. zur PrüfbV, § 25.
477 Vgl. Begr. zur PrüfbV, § 26.

Prüfung J

Verwertungserlös ist über den voraussichtlichen Verwertungszeitraum mit einem fristenkongruenten Marktzins abzuzinsen.[478]
- Bei Krediten an ausländische Schuldner ist auch das damit verbundene Länderrisiko zu beurteilen.

Hinsichtlich der Einhaltung bestimmter **aufsichtsrechtlicher Vorschriften** des KWG fordert die PrüfbV eine Berichterstattung zur Einhaltung folgender Regelungen: 674

- **§§ 13 und 13a KWG:** Einhaltung der Großkreditregelungen für Nichthandelsbuchinstitute und Handelsbuchinstitute auch unter Beurteilung der korrekten Anwendung von Ausnahmetatbeständen nach dem KWG i.V.m. der GroMiKV (vgl. § 23 Abs. 1 S. 3 PrüfbV). Bei einem Handelsbuchinstitut ist auch darzulegen, ob es gemäß den Vorgaben der GroMiKV täglich zum Geschäftsschluss die Positionen des Handelsbuchs zum Marktpreis bewertet und seine Großkredite entsprechend berechnet hat und ob die nach § 1a Abs. 8 S. 3 KWG angewandten Berechnungsverfahren eine angemessene und einheitliche Bewertung der nicht direkt über Marktpreise bewertbaren Positionen des Handelsbuchs gewährleisten. Sofern es im Berichtszeitraum im Bereich der Großkreditbestimmungen zu Regelverstößen gekommen ist, sind die ursächlichen organisatorischen Mängel dem Anlage- oder dem Handelsbuch zuzuordnen.[479]
- **§ 15 KWG:** Organkredite auch unter Beurteilung der korrekten Anwendung von Ausnahmetatbeständen nach dem KWG (vgl. § 23 Abs. 1 S. 4 PrüfbV).
- **§ 18 KWG:** Offenlegungsvorschriften (vgl. § 27 PrüfbV). Der APr. hat die Einhaltung der Vorschriften des § 18 KWG im Berichtszeitraum zu prüfen und die institutsspezifischen Verfahren entsprechend der Komplexität und dem Risikogehalt der betriebenen Kreditgeschäfte auf ihre Angemessenheit hin zu beurteilen.

Zum **Länderrisiko** sind im PrB weitere Ausführungen erforderlich. Neben dem Umfang 675
der insgesamt vom KI eingegangenen Länderrisiken hat eine Beurteilung der Risikosteuerung und Überwachung zu erfolgen. Außerdem hat der APr. abzuschätzen, ob die Einschätzung der Länderrisiken auf Basis sachgerechter Analysen erfolgt (§ 24 PrüfbV).

ee) Abschlussorientierte Berichterstattung
(1) Lage des Instituts
(a) Geschäftliche Entwicklung

Erläuterung der geschäftlichen Entwicklung „unter Gegenüberstellung der sie kenn- 676
zeichnenden Zahlen des Berichtsjahres und des Vj." (§ 28 Abs. 1 PrüfbV). Bei KI, die einem genossenschaftlichen oder einem wohnungswirtschaftlichen Prüfungsverband angeschlossen sind oder von der Prüfungsstelle eines Sparkassen- und Giroverbandes geprüft werden, sind hier auch Vergleichszahlen der entsprechenden Prüfungsstelle heranzuziehen (§ 28 Abs. 3 PrüfbV).

(b) Vermögenslage

Nach § 29 PrüfbV ist im Rahmen der Beurteilung der Vermögenslage auf deren Ent- 677
wicklung und auf Besonderheiten einzugehen. Besondere Beachtung ist dabei auf bilanzunwirksame Ansprüche und Verpflichtungen (so bspw. nicht zum beizulegenden Zeitwert bilanzierte Derivate, erhaltene Barzuschüsse, Bürgschaften, Garantien oder Sicherheitenstellungen, Forderungsverbriefungen über Zweckgesellschaften sowie Über-

---

478 Zur Berücksichtigung von Immobiliensicherheiten bei der Prüfung der Werthaltigkeit von ausfallgefährdeten Forderungen bei KI vgl. *IDW PRF 9.522.1*, WPg 2005, S. 850 ff. = FN-IDW 2005, S. 543 ff., Tz. 72 ff.
479 Vgl. Begr. zur PrüfbV, § 23.

nahmen ausfallgefährdeter Aktiva durch Gesellschafter oder Dritte) zu legen. Über Art und Umfang **stiller Reserven** und **stiller Lasten**, über **bedeutende Verträge**, schwebende **Rechtsstreitigkeiten**, die Bildung der notwendigen **Rückstellungen** und sämtliche abgegebenen **Patronatserklärungen** ist zu berichten. Relevant sein können auch Reputationsrisiken oder sonstige operationelle Risiken. Ist eine genaue Quantifizierung nicht möglich, können auch Bandbreiten oder verbale Beschreibungen angegeben werden.

(c) Ertragslage

678 Bei der Darstellung der Ertragslage ist nach § 30 PrüfbV insb. einzugehen auf: **Entwicklung** der **Ertragslage,** Ertragslage der wesentlichen **Geschäftssparten** (wobei auf institutsinterne Unterlagen zurückgegriffen werden kann), gesonderte Darstellung der wichtigsten Erfolgsquellen und Erfolgsfaktoren (hier ist bei FDLI stets auch auf die Provisionserträge einzugehen) sowie mögliche Auswirkungen von **Risiken** auf die Entwicklung der Ertragslage – insb. von **Zinsänderungsrisiken**. Dabei ist als einheitlicher Maßstab eine Änderung des Marktzinsniveaus von einem Prozentpunkt zugrunde zu legen, um institutsübergreifende Vergleiche zu ermöglichen.[480]

679 Auf die Zeitwertbewertung der Handelsgeschäfte, deren Auswirkungen auf die Ertragslage und die Bewertungsmethodik ist gesondert einzugehen.[481]

(d) Risikolage und Risikovorsorge

680 In diesem Berichtsabschnitt soll es um die stichtagsorientierte Darstellung der Risikolage (Größenordnung der Risikoexponiertheit) nach handelsrechtlichen Maßstäben gehen.[482] Es ist auf Risikokonzentrationen einzugehen. Der APr. hat die Risikolage des Instituts zu beurteilen. Art, Umfang und Entwicklung der Risikovorsorge (Einzelwertberichtigungen, Pauschalwertberichtigungen, Länderwertberichtigungen und Rückstellungen) des Instituts sind zu erläutern. Der Prozess der Bildung der Risikovorsorge ist zu beschreiben und zu bewerten. Über neuen Risikovorsorgebedarf nach dem Bilanzstichtag ist zu berichten. Es ist darzulegen, ob für die erkennbaren Risiken in ausreichendem **Umfang Risikovorsorge** in Form von Einzel- und Pauschalwertberichtigungen bzw. Rückstellungen getroffen wurde.[483]

(e) Feststellungen, Erläuterungen zur Rechnungslegung

681 Die **wesentlichen** Posten der Bilanz einschließlich der wesentlichen Posten unter dem Bilanzstrich sowie die wesentlichen Posten der GuV sind im Vergleich mit den Vj.-Zahlen zu erläutern (§ 32 PrüfbV). Eventualverbindlichkeiten und andere Verpflichtungen sind darzustellen, wenn es die relative Bedeutung des Postens erfordert.

Die derivativen Geschäfte sind vor Netting darzustellen.

(2) Angaben zu Institutsgruppen, Finanzholding-Gruppen, Finanzkonglomeraten sowie Konzernprüfungsberichten

682 Abschnitt 6 der PrüfbV (§§ 33 bis 40) ist der aufsichtlichen Gruppe bzw. dem Konzern gewidmet. Er regelt die Berichtspflichten bei der Prüfung von Institutsgruppen, Finanz-

---

480 Vgl. Begr. zur PrüfbV, § 30.
481 Vgl. Begr. zur PrüfbV, § 30.
482 Vgl. Begr. zur PrüfbV, § 31.
483 Vgl. *IDW PS 522*, WPg 2002, S. 1254 ff. = FN-IDW 2002, S. 623 ff., Tz. 38.

Prüfung | **J**

holding-Gruppen sowie Finanzkonglomeraten und enthält Mindestangaben für den KPrB. Dabei besteht für den Fall, dass der APr. des übergeordneten Instituts und der KA-Prüfer identisch sind, das Wahlrecht, die geforderten Angaben zur Gruppe entweder im PrB zum (Einzel-)JA des übergeordneten Unternehmens oder in dessen KPrB zu machen (§ 34 PrüfbV). Anderenfalls erfolgt die Berichterstattung im Rahmen der Prüfung des EA des übergeordneten Unternehmens.

Zunächst ist der **aufsichtsrechtliche Konsolidierungskreis** von dem handelsrechtlichen Konsolidierungskreis abzugrenzen (§ 35 PrüfbV). Der APr. hat eine Übersicht der in den aufsichtlichen Konsolidierungskreis einbezogenen Unternehmen unter Angabe der Art der Unternehmen und der pflichtweisen oder freiwilligen Konsolidierung zu erstellen. Wesentliche Abweichungen zum handelsrechtlichen Konsolidierungskreis sind zu erläutern. | 683

Die von dem übergeordneten Unternehmen implementierten Verfahren und Prozesse sind dahingehend zu beurteilen, ob sie eine vollständige Zusammenfassung der nach § 10a KWG einzubeziehenden Unternehmen gewährleisten.

Die aufsichtliche Gruppe ist im Hinblick auf ihre Lage, ihre Risikostruktur, die Angemessenheit ihres Risikomanagements sowie die Ordnungsmäßigkeit der Geschäftsorganisation zu beurteilen (§ 36 Abs. 1 i.V.m. § 10 PrüfbV i.V.m. § 25a Abs. 1a KWG). | 684

Des Weiteren hat der APr. die organisatorischen Rahmenbedingungen und die eingerichteten Prozesse der Gruppe für die Abgabe der Meldungen zur Großkreditvergabe nach §§ 13b und 13c KWG durch das übergeordnete Unternehmen zu prüfen und darzustellen. Auch die Einhaltung der Anzeigevorschriften gem. §§ 13b Abs. 1 sowie 13c Abs. 1 S. 1 KWG ist berichtspflichtig (vgl. § 36 Abs. 2 PrüfbV).

Die **zusammengefassten Eigenmittel** der aufsichtlichen Gruppe (§ 37 PrüfbV) sind unter Beachtung des Prinzips der Wesentlichkeit im PrB zu erörtern. Besonders hervorzuheben sind dabei Besonderheiten bei den Eigenmittelkomponenten der nachgeordneten Unternehmen – bspw. besondere/ungewöhnliche rechtliche Ausgestaltungen, die Nutzung neuer oder außergewöhnlicher rechtlicher Vehikel zur Platzierung von Eigenmittelkomponenten oder größere bzw. seltene Bewegungen im Bestand bestimmter Eigenmittelkomponenten.[484] Besondere Beachtung ist bei den Kapitalverhältnissen ausländischer TU insoweit geboten, als der APr. verpflichtet ist, Stellung zu nehmen, ob die dem Kernkapital zugerechneten Elemente dem nachgeordneten Unternehmen oder der Gruppe auf Dauer zu Verfügung gestellt worden sind. Bestehen bei einer Kapitaleinlage seitens des kapitalnehmenden Instituts Kündigungsrechte, ist darauf zu achten, dass die Ausgabebedingungen dem Institut ex ante auch faktisch die Wahl lassen, von diesen Rechten keinen Gebrauch zu machen, oder zumindest eine adäquate Verlustteilnahme für den Fall der Kündigung der Einlage durch das Institut vorsehen.[485] §§ 14 bis 17 PrüfbV sind bei der Prüfung von Institutsgruppen, Finanzholdinggruppen und Finanzkonglomeraten entsprechend zu beachten (§ 37 Abs. 1 S. 3 PrüfbV). Somit gelten im Hinblick auf die aufsichtsrechtliche Gruppe die gleichen Anforderungen an die Prüfung und Darstellung wie für das Einzelinstitut (z.B. bzgl. der Ermittlung und Entwicklung der zusammengefassten Eigenmittel, der meldepflichtigen Solvabilitätskennzahlen oder auch der Liquiditätslage). | 685

Sofern ein **KA nach IFRS** für die Gruppe erstellt wird und dieser nach **§ 10a Abs. 7 KWG** für die Ermittlung der Eigenmittel herangezogen wird, ist § 37 Abs. 2 PrüfbV zu beachten. | 686

---

484 Vgl. Begr. zur PrüfbV, § 15.
485 Vgl. Begr. zur PrüfbV, § 37.

Der APr. hat über Besonderheiten bei der Zeitwertermittlung zu berichten und die Nutzung der „Fair-value-option" (IAS 39.9 i.V.m. 39.11A) zu beurteilen. Dabei sind die Anforderungen in dem Dokument des Baseler Ausschusses für Bankenaufsicht zu „Supervisory guidance on the use of the fair value option for financial instruments by banks" vom Juni 2006 zu berücksichtigen.[486]

Des Weiteren ist über die Einhaltung der Regelungen der KonÜV zu berichten. Es handelt sich dabei um Korrekturposten für aufsichtliche Eigenmittel zur Neutralisierung bzw. Eliminierung bestimmter Bewertungseffekte, hier insb. unrealisierter Gewinne. Diese Korrekturposten betreffen die Auswirkungen der Behandlung von Zeitwertgewinnen bei EK- und FK-Instrumenten von zur Veräußerung verfügbaren finanziellen Vermögenswerten, selbst genutzten und als Finanzinvestitionen gehaltenen Grundstücken und Gebäuden, die Behandlung von bis zur Endfälligkeit gehaltenen Finanzinvestitionen, die EK-Effekte aus der Absicherung von Zahlungsströmen, die EK-Effekte aus einer Veränderung des eigenen Kreditrisikos sowie die nach der Äquivalenzmethode bewerteten Beteiligungen bei Anwendung des Verfahrens nach § 10a Abs. 7 KWG.[487] Die Höhe und Struktur der Anpassungen ist zu erläutern. Die Auswirkungen der Anpassungen auf die Eigenmittelausstattung der Gruppe sind im PrB zu beurteilen.

Gemäß § 37 Abs. 3 PrüfbV gilt § 19 PrüfbV entsprechend für das Anzeige- und Meldewesen des übergeordneten Instituts auf Ebene der Institutsgruppe bzw. der Finanzholding-Gruppe.

687 Zusätzliche Berichtspflichten normiert § 38 PrüfbV für die JA-Prüfung des übergeordneten Unternehmens einer Institutsgruppe oder Finanzholdinggruppe, das von der sog. „Waiver"-Regelung gem. § 2a Abs. 6 KWG Gebrauch macht bzw. eines nachgeordneten Unternehmens, das von der Ausnahme nach § 2a Abs. 1 KWG Gebrauch macht:

- Darstellung der Unternehmen, die von der Waiver-Regelung Gebrauch machen, und von welchen Vorschriften sie befreit wurden;
- Übertragungen von Eigenmitteln oder Rückzahlungen von Verbindlichkeiten innerhalb der aufsichtsrechtlichen Gruppe sind nach Maßgabe des § 38 Nr. 2 und 3 PrüfbV zu erörtern.

688 Für den **KPrB** gibt § 39 PrüfbV Mindestangaben vor. So gelten die §§ 2 bis 8, 35 Abs. 1 und 2 sowie § 38 Nr. 1 und 2 PrüfbV analog. Die in § 39 Abs. 3 PrüfbV geforderte Überleitung einer an betriebswirtschaftlichen Kriterien orientierten Segmentberichterstattung auf die entsprechenden Berichtsgrößen der externen Rechnungslegung kann auf Auffälligkeiten beschränkt werden.[488]

689 Bei der Erstellung von KPrB für **Finanzkonglomerat-Unternehmen** sind die in § 40 PrüfbV aufgeführten ergänzenden Berichtspflichten zu beachten. Es handelt sich hierbei um Anforderungen zur Eigenmittelausstattung von Finanzkonglomeraten (§ 10b KWG) und um die Regelungen im Hinblick auf die Erfassung und Anzeige von bedeutenden Risikokonzentrationen auf Konglomeratsebene und von bedeutenden gruppeninternen Transaktionen sowie auf die Vorkehrungen zur Einhaltung dieser Anforderungen (§ 13d KWG).[489]

---

[486] Vgl. Begr. zur PrüfbV, § 37.
[487] Vgl. Begr. zur PrüfbV, § 37.
[488] Vgl. Begr. zur PrüfbV, § 39.
[489] Vgl. Begr. zur PrüfbV, § 40.

Prüfung | **J**

Der Vollständigkeit halber wird an dieser Stelle nochmals auf die Regelung des § 21 Abs. 5 PrüfbV **(gruppenweite Umsetzung von Präventionsmaßnahmen gem. § 25g KWG)** verwiesen. Institute, Institutsgruppen, Finanzholding-Gruppen und Finanzkonglomerate haben, sofern sie übergeordnete Unternehmen gem. § 25g KWG sind, zu gewährleisten, dass nachgeordnete Unternehmen, Zweigstellen und Zweigniederlassungen im In- und Ausland die in § 25g Abs. 1 KWG genannten Pflichten erfüllen. Der APr. hat die getroffenen Maßnahmen hinsichtlich des Instituts, das übergeordnetes Unternehmen i.S.v. § 25g KWG ist, darzustellen und zu beurteilen. Diese Berichterstattung umfasst auch Aussagen darüber, inwieweit die für die Umsetzung und Koordinierung verantwortlichen Geschäftsleiter des übergeordneten Unternehmens ihrer diesbezüglichen Pflicht nachgekommen sind. Das gilt auch für die konkrete Ausgestaltung der durch den Gruppengeldwäschebeauftragten initiierten Maßnahmen.[490]

690

(3) Sondergeschäfte
(a) Pfandbriefgeschäft

Bei der Berichterstattung über die JA-Prüfung von KI, die das **Pfandbriefgeschäft** betreiben, sind zusätzlich §§ 41 bis 43 PrüfbV zu beachten. Bei den Angaben zur Ertragslage sind die **Barwerte aus den zur Deckung verwendeten Werten** zu nennen, die sowohl Tilgungs- als auch Zinsverpflichtungen umfassen. Diese Barwerte sind zu untergliedern nach Hypothekenpfandbriefen, Öffentlichen Pfandbriefen, Schiffspfandbriefen und Flugzeugpfandbriefen.

691

Darüber hinaus hat der APr. die Einhaltung der **Transparenzvorschriften** nach § 28 PfandBG zu prüfen und darüber Bericht zu erstatten (§ 42 PrüfbV). Die Einhaltung der quartalsweisen Veröffentlichungspflicht ist zu überprüfen.[491]

Im Rahmen der Einzelkreditbesprechungen (§§ 25, 26 PrüfbV) sind der Beleihungswert, der Ertragswert und der Sachwert anzugeben. Dabei ist auch auf die gesetzeskonforme Ermittlung der Beleihungswerte einzugehen.

Außerdem sind einzelne Deckungskredite zu prüfen und detailliert darzustellen. Hierbei sollte auch der Altbestand der Deckungskredite in die Prüfungshandlungen einbezogen werden. Hinsichtlich des Umfangs der Prüfung der Deckungskredite des Altbestands wird es im Regelfall genügen, sämtliche leistungsgestörten Kredite zu erfassen, unabhängig davon, ob sie bereits Gegenstand der Deckungsprüfung durch die Aufsicht sind oder in den Kreis der ohnehin zu prüfenden Kredite fallen.[492] Es bleibt jedoch nach pflichtgemäßem Ermessen zu prüfen, ob besondere Verhältnisse eine weitergehende Beurteilung erforderlich machen.

Ergänzend zur Datenübersicht SON01 ist bei Instituten, die das Pfandbriefgeschäft betreiben, auch die Datenübersicht SON03 (zusätzliche Daten zum Kreditgeschäft von Pfandbriefbanken) zu verwenden.

(b) Bausparkassen

Bei der Berichterstattung über die JA-Prüfung von **Bausparkassen** sind neben den Vorschriften, die für alle KI gelten, §§ 44 bis 50 PrüfbV zu beachten. Ergänzend zu §§ 8 und 10 PrüfbV (Darstellung der rechtlichen, wirtschaftlichen und organisatorischen

692

---
490 Vgl. Begr. zur PrüfbV, § 21.
491 Vgl. Begr. zur PrüfbV, § 42.
492 Vgl. Begr. zur PrüfbV, § 43.

Grundlagen sowie Angemessenheit des Risikomanagements und der Geschäftsorganisation) fordert § 44 Abs. 1 PrüfbV die Notwendigkeit der Hervorhebung bausparkassenspezifischer Besonderheiten. Einzugehen ist hier auf

- etwaige Auflagen,
- die Angemessenheit des Kreditgeschäfts unter besonderer Hervorhebung von Risikokonzentrationen und deren institutsspezifischer Behandlung einschließlich ihrer Einbindung in die Risikostrategie und das Risikomanagement,
- die Angemessenheit der Organisation, der Steuerung und Kontrolle des Vertriebs auch in Bezug auf Risiken aus Verträgen im Zusammenhang mit dem Vertrieb.

Hier sind jeweils auch die entsprechenden Vorkehrungen in Form von Prozessen, Systemen und Kontrollen zu prüfen und zu beurteilen. Auf die Einhaltung dieser Regelungen ist einzugehen.

693 Des Weiteren hat der APr. zur Einhaltung aller einschlägigen bausparspezifischen Vorschriften, Verträge und aufsichtlichen Stellungnahmen sowie der Allgemeinen Bedingungen für Bausparverträge und der Allgemeinen Geschäftsgrundsätze Stellung zu nehmen und wesentliche Verstöße darzustellen und zu beurteilen. Hinsichtlich der in § 44 Abs. 2 S. 3 PrüfbV geforderten Angaben des Ausnutzungsgrades und der betragsmäßigen Inanspruchnahme der Kontingente empfiehlt es sich, den Ausnutzungsgrad in der Datenübersicht zu ergänzen, da dort ohnehin bereits die Angabe der betragsmäßigen Inanspruchnahme vorgesehen ist.

694 Die Berichterstattung nach § 18 PrüfbV (Prüfung der Offenlegung nach der SolvV) ist nach § 44 Abs. 3 PrüfbV um die **bausparkassenrechtlichen Meldungen und Anzeigen** zu ergänzen.

695 Bei Bausparkassen, die als **rechtlich unselbständige Einrichtung** nach § 18 Abs. 3 BSpKG geführt werden, ist im Rahmen der Berichterstattung nach § 8 Abs. 2 Nr. 6 PrüfbV (Abhängigkeitsbericht) über die Beziehungen zu dem Unternehmen zu berichten, dessen unselbständige Einrichtung sie sind, sowie darüber, ob die Leistungen und Gegenleistungen zwischen der Bausparkasse und diesem Unternehmen angemessen sind.[493]

696 Weitere Angaben zum **Kreditgeschäft der Bausparkassen** fordert § 45 PrüfbV:

- Die Sicherung der Darlehensforderungen und die Angemessenheit der Beleihungswertermittlung sind zu beurteilen.
- Die Baudarlehen sind nach den Vorgaben in der Datenübersicht für Bausparkassen (SON02) nach ihrer Inanspruchnahme zum Ende des Berichtsjahres zu gliedern. In den PrB ist eine Größenklassengliederung, gegliedert nach Bauspardarlehen, Vor- und Zwischenfinanzierungskrediten sowie nach sonstigen Baudarlehen aufzunehmen, in der mehrere Baudarlehen an einen Kreditnehmer zusammengefasst sind und für jede Größenklasse die Anzahl der Darlehen, der Gesamtbetrag der Darlehen und deren prozentualer Anteil am Gesamtbestand der Baudarlehen ersichtlich ist.

697 Auch zur **geschäftlichen Entwicklung** von Bausparkassen sind zusätzliche Berichtspflichten zu erfüllen (§ 46 PrüfbV). So hat der APr. die Berichterstattung nach § 28 PrüfbV (geschäftliche Entwicklung im GJ) um geeignete bausparspezifische Kennzahlen zur Vermögens- und Ertragslage sowie zum Kollektivgeschäft zu ergänzen (Stornoquote etc.); § 46 Satz 2 Nr. 1 bis 4 PrüfbV.

---

[493] Vgl. Begr. zur PrüfbV, § 44.

Prüfung | J

Hinsichtlich der Liquiditätslage von Bausparkassen sind zusätzlich zu den nach § 17 PrüfbV geforderten Angaben das Volumen und die Verwendung der aufgenommenen Fremdmittel am Kapital- und Geldmarkt darzustellen (§ 47 PrüfbV). | **698**

Der Einsatz von Derivativen ist Bausparkassen ausschließlich zu Sicherungszwecken gestattet. Ob dieser Vorschrift Genüge getan wurde, hat der APr. nach § 48 PrüfbV ebenso zu erläutern und zu beurteilen, wie die Frage, ob die eingesetzten derivativen Instrumente auch geeignet sind, den jeweiligen Sicherungszweck zu erreichen. Des Weiteren hat der APr. dazu Stellung zu nehmen, ob der Einsatz derivativer Geschäfte angemessen im Risikomanagement berücksichtigt ist. Nach der Begründung zur PrüfbV muss aus der Berichterstattung ersichtlich sein, für welche Zwecke die Bausparkasse die derivativen Instrumente einsetzt, und ob sie in der Lage ist, die damit verbundenen Risiken angemessen zu beurteilen. | **699**

Die ergänzenden Berichtspflichten zur Ertragslage betreffen die Aufgliederung des Zinsergebnisses im Vergleich zum Vj. sowie die Behandlung von Zinsanpassungsklauseln (§ 49 PrüfbV). Das kollektive Zinsergebnis ist durch Gegenüberstellung der für die Refinanzierung von Bauspardarlehen entstandenen Zinsaufwendungen für Bauspareinlagen und der Zinserträge aus Bauspardarlehen zu ermitteln.[494] | **700**

§ 50 PrüfbV fordert überdies die Darstellung des Kollektivgeschäfts sowie der Vor- und Zwischenfinanzierung von Bausparkassen. Hierbei ist über das Zuteilungsverfahren und die Zuteilungssituation (anhand geeigneter Kennzahlen und im Vergleich zum Vj.) sowie über den Umfang und den Grund der Einbeziehung außerkollektiver Mittel in die Zuteilungsmasse zu berichten (§ 50 Abs. 1 PrüfbV). Gemäß Abs. 2 ist überdies das System der bausparmathematischen Simulationsrechnung zu beschreiben sowie die zukünftige Zuteilungssituation darzustellen und zu beurteilen, wobei gemäß Abs. 5 Ausnahmeregelungen nach § 1 Abs. 4 der BauSparkV zu beurteilen sind. Über wesentliche Auswirkungen der Zuteilungsszenarien auf die kollektive Liquidität und die Ertragslage hat der APr. gemäß Abs. 3 zu berichten. Ergänzend sind nach Abs. 4 für jeden Tarif Angaben über die Sparer-Kassen-Leistungsverhältnisse i.S.v. § 8 Abs. 1 Nr. 1 BauSparkG zu machen. Darzustellen sind überdies die in Abs. 6 separat aufgezählten Sachverhalte. | **701**

Dem PrB einer Bausparkasse ist neben der Datenübersicht SON01 (Datenübersicht für KI und FDLI der Gruppen I und II) auch die Datenübersicht SON02 (ergänzende Datenübersicht für Bausparkassen) als Anlage beizufügen. | **702**

(c) Finanzdienstleistungsinstitute

Mit Ausnahme der in § 53 PrüfbV getroffenen Regelungen sind die Bestimmungen der PrüfbV auch im Rahmen der JA-Prüfung von **FDLI** zu beachten. Die §§ 51 bis 53 PrüfbV enthalten zusätzliche Regelungen für bestimmte Gruppen von Finanzdienstleistern. Die Nichtanwendbarkeit der in § 53 PrüfbV aufgeführten Sachverhalte beruht darauf, dass einzelne Paragraphen des KWG für diese FDLI keine Anwendung finden.[495] | **703**

Finanzportfolioverwalter sind nach § 10 Abs. 9 KWG verpflichtet, Eigenmittel aufzuweisen, die mindestens 25% ihrer Kosten entsprechen, die in der GuV des letzten JA unter den allgemeinen Verwaltungsaufwendungen, den Abschreibungen und Wertberichtigungen auf immaterielle Anlagewerte und Sachanlagen ausgewiesen sind. Gemäß § 51 PrüfbV ist im PrB darzustellen, ob diese Relation im Berichtszeitraum sowie am Bilanzstichtag eingehalten wurde (§ 51 S. 1 PrüfbV).[496] | **704**

---

494 Vgl. Begr. zur PrüfbV, § 49.
495 Vgl. Handbuch PrüfbV, u.a. *Struwe/Thelen-Pischke*, Ausnahmeregelung FDLI, Tz. 666.
496 Vgl. Begr. zur PrüfbV, § 51.

Bei Instituten, deren Haupttätigkeit ausschließlich im Betreiben von Bankgeschäften oder **der Erbringung von Finanzdienstleistungen im Zusammenhang mit Derivaten nach § 1 Abs. 11 S. 4 Nr. 2, 3 und 5 KWG besteht**, ist darüber hinaus über die Inanspruchnahme sowie die Einhaltung der Voraussetzung des § 2 Abs. 8a KWG i.V.m. § 64h Abs. 7 KWG zu berichten (§ 51 S. 2 PrüfbV).

705 § 52 PrüfbV enthält Regelungen für einzelne FDLI. Zu den FDLI nach § 52 Abs. 2 S. 1 PrüfbV, die mit Finanzinstrumenten auf eigene Rechnung handeln, gehören auch jene, die den Eigenhandel für andere betreiben. Bei der Darstellung des Inhalts der Befugnisse reicht eine Darstellung nach Gruppen aus. In Einzelfällen ist auf Besonderheiten einzugehen.[497]

Der APr. hat bei den in § 52 Abs. 4 PrüfbV aufgeführten Finanzdienstleistern zu bestätigen, dass die erforderlichen Mittel i.S.v. § 33 Abs. 1 S. 1 Nr. 1 Buchst. a und S. 2 KWG i.V.m. § 10 Abs. 2a S. 1 Nr. 1 bis 7 KWG zur Verfügung stehen.

Darüber hinaus ist bei FDLI, die mit Finanzinstrumenten auf eigene Rechnung handeln, gemäß § 52 Abs. 5 PrüfbV über die Struktur der im Eigenbestand gehaltenen Finanzinstrumente zu berichten. Mit dieser Regelung werden sowohl der Eigenhandel für andere als auch der Handel auf eigene Rechnung erfasst.[498]

706 Die Ausnahmeregelung nach § 53 Abs. 1 PrüfbV befreit die Berichterstattung über den JA bei FDLI, die nicht befugt sind, sich Eigentum oder Besitz an Kundengeldern oder -wertpapieren zu verschaffen, und die nicht auf eigene Rechnung mit Finanzinstrumenten handeln, von folgenden Vorschriften der PrüfbV:

– § 15 PrüfbV (Eigenmittel),
– § 16 Abs. 2 PrüfbV (Ermittlung der Solvabilitätskennzahl zum Bilanzstichtag) sowie
– § 18 PrüfbV (Prüfung der Offenlegungsanforderungen nach der Solvabilitätsverordnung).

Hingegen sind die §§ 23 bis 27 (Angaben zum Kreditgeschäft) mit der Maßgabe entsprechend anzuwenden, dass über Art und Umfang der Kredite und die Einhaltung des Meldewesens zu berichten ist.

707 Bei der PrB-Erstattung von FDLI, die die Anlagevermittlung, die Anlageberatung, den Betrieb eines multilateralen Handelssystems, das Platzierungsgeschäft oder die Abschlussvermittlung nach § 1 Abs. 1a S. 2 Nr. 1 bis 2 KWG betreiben und die nicht befugt sind, sich Eigentum oder Besitz an Kundengeldern oder -wertpapieren zu verschaffen, und die nicht auf eigene Rechnung mit Finanzinstrumenten handeln, finden nach § 53 Abs. 2 PrüfbV folgende Vorschriften keine Anwendung:

– § 11 PrüfbV (Zinsänderungsrisiken im Anlagebuch),
– § 13 PrüfbV (Nichthandelsbuchinstitute),
– § 14 PrüfbV (Ermittlung der Eigenmittel),
– § 15 PrüfbV (Eigenmittel),
– § 16 Abs. 2 PrüfbV (Ermittlung der Solvabilitätskennzahl zum Bilanzstichtag),
– § 18 PrüfbV (Prüfung der Offenlegungsanforderungen nach der Solvabilitätsverordnung) und
– §§ 23 bis 27 PrüfbV (Angaben zum Kreditgeschäft).

---

497 Vgl. Begr. zur PrüfbV, § 52.
498 Vgl. Begr. zur PrüfbV, § 52.

Prüfung | **J**

Gemäß § 60 PrüfbV sind dem PrB von FDLI die vorgesehenen **Datenübersichten** als Anlage anzufügen. Die Datenübersicht SON01 ist für FDLI der Gruppen I und II und die Datenübersicht SON04 für FDLI der Gruppen IIIa und IIIb vorgesehen. 708

(d) Factoring

Factoringunternehmen unterliegen als erlaubnispflichtige FDLI bestimmten Regelungen des KWG. Daher sind bei den JA-Prüfungen dieser Unternehmen die entsprechenden Regelungen der PrüfbV zu berücksichtigen (so bspw. aus Abschn. 3 der PrüfbV die aufsichtlichen Vorgaben zum Risikomanagement und zur Geschäftsorganisation, zur Liquiditätslage, zum Anzeigewesen, zu Vorkehrungen zur Verhinderung von Geldwäsche und Terrorismusfinanzierung sowie von sonstigen strafbaren Handlungen und auch die Angaben zum Kreditgeschäft aus Abschn. 4 der PrüfbV). 709

Zusätzlich ist bei allen **Factoringunternehmen** gem. § 54 PrüfbV über die Konzentration auf eine oder wenige Anschlussfirmen (Factoringkunden) oder Branchen zu berichten. Risiken, die in diesem Zusammenhang von Bedeutung sein können, sind Bonitätsrisiken, das Veritätsrisiko und das Zahlungsweiterleitungsrisiko.[499]

(e) Leasing

Finanzierungsleasingunternehmen unterliegen als erlaubnispflichtige FDLI bestimmten Regelungen des KWG. Daher sind bei den JA-Prüfungen dieser Unternehmen die entsprechenden Regelungen der PrüfbV zu berücksichtigen (so bspw. aus Abschn. 3 der PrüfbV die aufsichtlichen Vorgaben zum Risikomanagement und zur Geschäftsorganisation, zur Liquiditätslage, zum Anzeigewesen, zu Vorkehrungen zur Verhinderung von Geldwäsche und Terrorismusfinanzierung sowie von sonstigen strafbaren Handlungen und auch die Angaben zum Kreditgeschäft aus Abschn. 4 der PrüfbV). 710

Bei allen Instituten, die das **Leasinggeschäft** betreiben, sind im PrB Angaben zur Zusammensetzung der 711

– Leasinggüter,
– Vertragstypen (hier sind auch die jeweiligen Anteile von Financial Leasing und Operate Leasing am Leasing-Gesamtgeschäft anzugeben),[500]
– Abschreibungsmethoden,
– Abgrenzung der Mietsonderzahlungen,
– Veräußerungsverluste und
– Vorsorgen

zu machen (§ 55 PrüfbV).

Für Factoring- und Finanzierungsleasingunternehmen sind keine Datenübersichten vorgesehen.

(f) Depotprüfung

Die Depotprüfung[501] ist eine nach § 29 Abs. 2 Satz 2 Hs. 1 KWG gesetzlich vorgeschriebene Prüfung, die bei den KI durchzuführen ist, die das **Depotgeschäft**[502] betreiben, ohne Wertpapierdienstleistungsunternehmen i.S.v. § 2 Abs. 4 WpHG zu sein. Der APr. hat 712

---

499 Vgl. Handbuch PrüfbV, u.a. *Struwe/Thelen-Pischke*, Factoring und Leasing, Tz. 675ff.
500 Vgl. Begr. zur PrüfbV, § 55.
501 Vgl. zur Depotprüfung insb. *HWRP³*, Sp. 512 ff., sowie aus der (überwiegend älteren) Literatur zur Depotprüfung: *Spieth/Krumb*, Die Depotprüfung; *Miletzki*, WM 1999, S. 1451 ff.
502 Das Depotgeschäft ist in § 1 Abs. 1 Satz 2 Nr. 5 KWG als die Verwahrung und die Verwaltung von Wertpapieren für andere definiert.

1109

hierbei die Einhaltung der Vorschriften des Depotgesetzes sowie der Bestimmungen der §§ 128 und 135 AktG zu prüfen (vgl. § 56 Abs. 1 PrüfbV). Wertpapierdienstleistungsunternehmen fallen unter die Prüfungspflicht nach § 36 Abs. 1 Satz 2 WpHG. Neben den §§ 56 bis 58 PrüfbV ergeben sich Anforderungen an die jährliche Depotprüfung auch aus dem Depotgesetz, der Bekanntmachung des ehemaligen BAK vom 21.12.1998 und dem Merkblatt der BaFin „Hinweise zum Tatbestand des Depotgeschäfts vom 09.09.2010" (vgl. ausführliche Erläuterungen zur Depotprüfung Tz. 721 ff.).

(4) Zusammenfassende Schlussbemerkung und Bestätigungsvermerk

713 Die zusammenfassende Schlussbemerkung hat den Charakter einer **Kurzfassung** des PrB; es ist zu allen wichtigen Fragen so Stellung zu nehmen, dass aus der Schlussbemerkung selbst ein Überblick über die wirtschaftliche Lage des KI, seine Risikotragfähigkeit, über die Ordnungsmäßigkeit seiner Geschäftsorganisation, v.a. die Einrichtung eines angemessenen Risikomanagements, und über die Einhaltung der sonstigen aufsichtlichen Vorgaben gewonnen werden kann (§ 6 Abs. 1 S. 1 PrüfbV). Insbesondere ist einzugehen auf die geschäftliche Entwicklung, die Vermögens-, Liquiditäts- und Ertragslage, Art und Umfang der nicht bilanzwirksamen Geschäfte (§ 6 Abs. 1 S. 2 PrüfbV), die Ordnungsmäßigkeit der Bewertung der Bilanzposten, die Angemessenheit der Wertberichtigungen und Rückstellungen, die Beachtung der Vorschriften des GwG und der Anzeigevorschriften. Darüber hinaus ist darzulegen, welche erwähnenswerten Beanstandungen sich aufgrund der Prüfung ergeben haben, die über die nach § 321 Abs. 1 S. 3 HGB vorgeschriebenen Berichtsinhalte hinausgehen (§ 6 Abs. 1 S. 4 PrüfbV).

Diese Ausführungen können auch im Rahmen der dem PrB **vorangestellten Ausführungen** nach § 321 Abs. 1 S. 2 HGB gemacht werden. Unzulässig ist hingegen, die nach § 321 Abs. 1 HGB vorgeschriebenen Vorwegausführungen ausschließlich in die zusammenfassende Schlussbemerkung aufzunehmen. Weiter darf die zusammenfassende Schlussbemerkung keine Ausführungen enthalten, die bereits in den genannten Vorwegausführungen enthalten sind.[503]

Zum BestV vgl. grundlegend die Ausführungen in Kap. Q Tz. 330. Die dortigen Ausführungen gelten für KI entsprechend.

Der PrB ist unter Angabe von Ort und Datum zu unterzeichnen.

ff) Anlagen

714 Als **Anlagen** sind dem PrB beizufügen:

- **Organigramm** gem. § 8 Abs. 2 S. 1 Nr. 7 PrüfbV,
- **Fragebogen** gem. § 21 Abs. 8 PrüfbV,
- **Datenübersichten** gem. § 60 PrüfbV.

715 Die Datenübersicht enthält in zusammengefasster Form auf der Grundlage des PrB wesentliche **Daten** u.a. zur Vermögens- und Ertragslage, zur Liquidität und zur Refinanzierung, zum Zinsänderungsrisiko, zum Kreditgeschäft sowie zur Auslagerung von Bereichen auf ein anderes Unternehmen. Die geforderten Daten ergeben sich im Einzelnen aus den als Anlage 1 bis 5 zu § 60 PrüfbV beigefügten Formblättern. Wesentlicher **Zweck** der **Datenübersichten** ist es, die Erfassung der Daten für die mit der Auswertung der PrB befassten Stellen (BaFin, DBB) zu erleichtern.

---

503 Vgl. Begr. zur PrüfbV, § 6.

2. Prüfung des Konzernabschlusses und Konzernprüfungsbericht

Der KA und der KLB der KI sind durch einen APr. zu prüfen (§ 340k Abs. 1 S. 1 HGB). Für die Prüfung gelten die Vorschriften der §§ 316 ff. HGB für die Prüfung von KapGes. (vgl. § 340k Abs. 1 S. 1 Hs. 1 HGB). Die Prüfung ist spätestens vor **Ablauf** des **fünften Monats** des dem Abschlussstichtag folgenden GJ vorzunehmen (§ 340k Abs. 1 S. 2 HGB). §§ 340 ff. HGB enthalten keine besonderen Vorschriften für die Prüfung des KA und des KLB[504]. Insoweit wird bzgl. der Prüfung des KA und KLB auf die Erläuterungen in Kap. M Tz. 903 ff. verwiesen, die entsprechend gelten. Hinsichtlich der vom APr. zu beachtenden Besonderheiten für den KA der KI wird verwiesen auf die Ausführungen in Tz. 714. Erstellt das KI einen KA nach internationalen Rechnungslegungsstandards, so sind auf diesen KA die für einen KA eines KI spezifischen handelsrechtlichen Normen der §§ 340a bis 340g HGB nicht anzuwenden (§ 340i Abs. 2 S. 3 Hs. 2, S. 1 HGB).

716

Gemäß § 26 Abs. 3 S. 1 KWG sind KI verpflichtet, den KA und den KLB bei der **BaFin** und bei der **DBB** einzureichen.

717

Für den **KPrB** gelten § 321 HGB und die einschlägigen *IDW Prüfungsstandards* und *IDW Prüfungshinweise*; vgl. zum KPrB grundlegend die Ausführungen in Kap. Q Tz. 663, die für den KPrB der KI entsprechend gelten. Zusätzlich sind die ergänzenden Bestimmungen in § 69 PrüfV zum KPrB zu beachten. Demnach sind für den KPrB grds. die Vorschriften der PrüfbV für den Bericht über die Prüfung des JA anzuwenden (§ 69 S. 2 PrüfV). Dies gilt allerdings nur in dem Maße, wie die Anwendung dieser Bestimmungen für die Beurteilung der Vermögens-, der Liquiditäts- und der Ertragslage des Konzerns von Bedeutung ist.

718

Der KPrB soll hauptsächlich einen Überblick über die **Lage des Konzerns** vermitteln. Zu den Ausführungen gehören v.a. Angaben zur **Risikostruktur**, insb. zum Konzernadressenausfallrisiko, zu Währungsrisiken und ähnlichen Risiken. Die Berichterstattung über das Konzernadressenausfallrisiko umfasst auch Darstellungen der bemerkenswerten Kredite und Kreditrahmenkontingente. Davon kann jedoch abgesehen werden, wenn im PrB eines einzelnen konzernabhängigen KI hierüber bereits berichtet wurde, es sei denn, dass mehrere Konzernunternehmen Kredite an denselben Kreditnehmer gewährt haben und eine zusammenfassende Darstellung bei keinem der Konzernunternehmen erfolgte. Im KPrB sind weiterhin Ausführungen darüber zu machen, wie der Konzern durch das MU **gesteuert** wird und welches **Kontrollsystem** im Konzern vorhanden ist. Erläuterungen zu Einzelposten der Bilanz, zu den Posten unter dem Bilanzstrich und zu den Posten der GuV sind nicht erforderlich (vgl. § 69 S. 2 PrüfbV). Wird die Lage des Konzerns ganz überwiegend von einem einzelnen konzernzugehörigen KI bestimmt, kann im KPrB weitgehend auf die Ausführungen im PrB über die Prüfung dieses Unternehmens verwiesen werden (§ 69 S. 3 PrüfbV).

719

Der KPrB ist unverzüglich nach Abschluss der Prüfung auch bei der **BaFin** und bei der **DBB** einzureichen (§ 26 Abs. 3 S. 2 KWG).

720

---

504 Hinzuweisen ist lediglich auf § 340k Abs. 2 S. 4 HGB; nach dieser Vorschrift prüft bei KI in der Rechtsform der eG., die MU sind, der Prüfungsverband, dem die Genossenschaft angehört, den KA und den KLB.

V. Depotprüfung und Depotbankprüfung sowie Prüfung nach § 36 WpHG

1. Depotprüfung und Depotbankprüfung

721 Kreditinstitute, die das Depotgeschäft betreiben, d.h. die Verwahrung und Verwaltung von Wertpapieren für andere (vgl. § 1 Abs. 1 S. 1 Nr. 5 KWG), ohne Wertpapierdienstleistungsunternehmen i.S.v. § 2 Abs. 4 WpHG zu sein[505], unterliegen der **Depotprüfung**[506] (vgl. zum Begriff § 56 Abs. 1 PrüfbV). Die Depotprüfung für diese Institute ist eine jährliche **gesetzliche** Pflichtprüfung (§ 29 Abs. 2 S. 2 Hs. 1 KWG), die vom **APr.** durchzuführen ist. Bei einem Wechsel des APr. hat derjenige APr. die Depotprüfung vorzunehmen, der den in den Berichtszeitraum fallenden JA geprüft hat.[507] Der Depotprüfer muss über ausreichende Kenntnisse und Erfahrungen verfügen.[508]

722 Der APr. kann von einer Prüfung des Depotgeschäfts absehen, wenn sämtliche Depotvertragsverhältnisse beendet sind (vgl. § 56 Abs. 2 PrüfbV). Soweit das Depotgeschäft nur einen geringen Umfang hat, kann die BaFin auf Antrag des KI das Institut widerruflich von der Depotprüfung **befreien** (vgl. § 31 Abs. 2 S. 1 KWG).[509]

723 Die Änderungen der **PrüfbV** vom 23.11.2009[510] für die Durchführung und Berichterstattung der Depotprüfung (§§ 56 bis 59 PrüfbV) nehmen den Gedanken einer risikoorientierten Aufsichtstätigkeit auf und wurden dadurch ggü. den Bestimmungen der PrüfbV a.F.[511] deutlich gestrafft. Festgelegt werden:

- Prüfungsgegenstand (§ 56 PrüfbV),
- Zeitpunkt der Prüfung und Berichtszeitraum (§ 57 PrüfbV),
- besondere Anforderungen an den Depot-PrB (§ 58 PrüfbV),
- Prüfung von Depotbanken i.S.d. InvG (§ 59 PrüfbV).

724 Im Gegensatz zu § 72 Abs. 3 PrüfbV a.F. finden sich keine ausdrücklichen Bestimmungen zur Einbeziehung in- und ausländischer **Zweigstellen** von KI, soweit diese das Depotgeschäft betreiben, sowie zur Prüfung solcher Unternehmen, auf die das KI der Depotprüfung unterliegende Tätigkeitsbereiche **ausgegliedert** hat. Hier gelten die allgemeinen Anforderungen der PrüfbV. Auf der Grundlage der Grundsätze der risikoorientierten Prüfung und der Wesentlichkeit (vgl. § 2 PrüfbV) sind demnach Zweigstellen/Zweigniederlassungen, die wesentliche Teilakte des Depotgeschäfts ausführen (für ausländische Zweigniederlassungen i.V.m. § 9 PrüfbV)[512], sowie ausgelagerte Geschäftsbereiche – soweit wesentlich – nach § 8 Abs. 3 PrüfbV i.V.m. § 25a Abs. 2 KWG in die Prüfung und Berichterstattung einzubeziehen.

---

505 Wertpapierdienstleistungsunternehmen i.S.v. § 2 Abs. 4 WpHG fallen hinsichtlich des Depotgeschäfts unter die Prüfungspflicht nach § 36 Abs. 1 Satz 2 WpHG; vgl. dazu unten Tz. 736 ff.

506 Vgl. zur Depotprüfung *Biba*, PrüfbV, Rn. 685 ff.; *HWD* 2008; *Borgel* in HWRP³, Sp. 512, sowie aus der (überwiegend älteren) Literatur zur Depotprüfung: *Spieth/Krumb*, Die Depotprüfung; *Miletzki*, WM 1999, S. 1451, zur Berichterstattung vgl. Kap. Q Tz. 1295.

507 Vgl. Begr. zur PrüfbV zu § 57.

508 *BAK*, Schreiben v. 25.11.1998.

509 Zu den Voraussetzungen für die Befreiung von der Prüfung kann das Schreiben der BaFin vom 29.01.2009 „Änderung der Ermessenskriterien im Rahmen der Prüfungsbefreiung gem. § 36 Abs. 1 S. 3 WpHG" entsprechend herangezogen werden (im Internet unter *www.bafin.de* abrufbar).

510 Verordnung über die Prüfung der Jahresabschlüsse der Kreditinstitute und Finanzdienstleistungsinstitute sowie die darüber zu erstellenden Berichte (Prüfungsberichtsverordnung – PrüfbV) vom 23.11.2009, BGBl. I 2009, S. 3793 ff., zuletzt geändert durch Art. 14 G. zur Umsetzung der Zweiten E-Geld Richtlinie vom 01.03.2011 (BGBl. I S. 288).

511 PrüfbV vom 17.12.1998, BGBl. I S. 3690, zuletzt geändert durch Art. 8 des Gesetzes vom 30.07.2009 (BGBl. I S. 2479).

512 Vgl. auch BaFin-Erläuterungen zur Parallelvorschrift des § 4 Abs. 3 WpDPV.

Für die Durchführung der Depotprüfung sind neben der PrüfbV insb. folgende **Vor-** 725
schriften zu beachten:

- die Vorschriften des DepG[513],
- die Bestimmungen des § 128 AktG (Mitteilungspflichten) und des § 135 AktG (Ausübung des Stimmrechts),
- die Regelungen der Bekanntmachung des BAK v. 21.12.1998[514] (Anforderungen an die Ordnungsmäßigkeit des Depotgeschäfts und der Erfüllung von Wertpapierlieferungsverpflichtungen),
- BaFin-Merkblatt „Hinweise zum Tatbestand des Depotgeschäfts"[515].

Die Bekanntmachung des BAK v. 21.12.1998 richtet sich in erster Linie an die KI. Hier 726
werden die Anforderungen des BAK z.B. zur Verwahrung, Verwaltung sowie zur Eigentumsverschaffung konkretisiert. Vor dem Hintergrund der Änderungen der §§ 125, 128 und 135 AktG (zuletzt zum 01.11.2009) können die aufsichtsrechtlichen Anforderungen an die Erfüllung der aktienrechtlichen Mitteilungspflichten und der Pflichten zum Depotstimmrecht nur noch sehr eingeschränkt angewendet werden. Die Bekanntmachung dient dem Prüfer als Mindeststandard für eine ordnungsgemäße Handhabung der betreffenden Geschäfte.

Das BaFin-Merkblatt zum Depotgeschäft enthält Auslegungshinweise u.a. zum Wertpapierbegriff i.S.d. DepG, zu den unterschiedlichen Arten der Verwahrung sowie den Tätigkeiten der KI im Rahmen der Verwaltung von Wertpapieren im Rahmen des Depotgeschäfts. Es bietet eine wertvolle Hilfe für Abgrenzungsfragen insb. auch im Hinblick auf die Frage, ob das erlaubnispflichtige Depotgeschäft i.S.v. § 1 Abs. 1 S. 1 Nr. 5 KWG betrieben wird.

Das BAK hat weiterhin Schreiben zu Einzelsachverhalten des Depotgeschäfts veröffentlicht, die vom Depotprüfer zu beachten sind.[516]

Die Depotprüfung findet **einmal** im **GJ** statt (§ 57 Abs. 1 S. 1 PrüfbV); sie ist eine Zeit- 727
raumprüfung. Der Depotprüfer legt den Beginn der Prüfung und den **Berichtszeitraum** (Zeitraum zwischen dem Stichtag der letzten Prüfung und dem Stichtag der folgenden Prüfungen) nach pflichtgemäßem Ermessen fest (§§ 57 Abs. 1 S. 2, Abs. 2 PrüfbV). Allerdings muss die Prüfung spätestens 15 Monate nach dem Anfang des maßgeblichen Berichtszeitraums begonnen worden sein. Wichtig ist, dass eine zeitlich lückenlose Prüfung gewährleistet ist und der Berichtszeitraum der Folgeprüfung unmittelbar an den vorangegangenen Berichtszeitraum anschließt.

Die Prüfung ist innerhalb eines angemessenen Zeitraums abzuschließen. Wurde die Prüfung unterbrochen, ist im Bericht darauf hinzuweisen und die Dauer der Unterbrechung unter Darlegung der Gründe darzustellen (vgl. § 5 Abs. 1 S. 3 PrüfbV).

Gegenstände der Depotprüfung sind gem. § 58 Abs. 1 PrüfbV 728

- die Ordnungsmäßigkeit der **Verwahrung und Verwaltung von Wertpapieren** für andere (Depotgeschäft),

---

513 BGBl. I 2005, S. 34, zuletzt geändert durch Art. 5 des Gesetzes zur Neuregelung der Rechtsverhältnisse bei Schuldverschreibungen aus Gesamtemissionen und zur verbesserten Durchsetzbarkeit von Ansprüchen von Anlegern bei Falschberatung vom 31.07.2009, BGBl. I 2009, S. 2512.
514 Vgl. BAnz. Nr. 246 v. 31.12.1998, S. 17906.
515 BaFin-Merkblatt zum Tatbestand des Depotgeschäfts (Stand: 09.09.2010). Die BaFin-Merkblätter werden fortlaufend aktualisiert und unter *www.bafin.de* veröffentlicht.
516 Die Schreiben sind wiedergegeben in *Consbruch/Fischer,* Abschn. H.

- die ordnungsgemäße Führung des **Verwahrungsbuchs**,
- die Ordnungsmäßigkeit der **Verfügungen** über Kundenwertpapiere und **Ermächtigungen**,
- die **Einhaltung** der Bestimmungen der §§ 128, 135 AktG.

Die Prüfung der Ordnungsmäßigkeit der Verfügungen über Kundenwertpapiere erfasst die depotrechtlichen Anforderungen an die Eigentumsübertragung bei Wertpapiergeschäften. Andere Verfügungen sind z.b. die Verpfändung bzw. Sicherungsübereignung von Wertpapieren im Rahmen von Finanztermingeschäften.

729 Der Umfang der Depotprüfung sollte nach den Grundsätzen der risikoorientierten Prüfung, der Wesentlichkeit und dem Informationsbedürfnis der BaFin in einem angemessenen Verhältnis zum Umfang der jeweiligen Aufgaben und Geschäfte stehen (vgl. § 2 PrüfbV). Mangels anderweitiger Vorgaben der PrüfbV bestimmen damit Art und Umfang des Depotgeschäfts im Hinblick auf Größe des KI, Kundenanzahl, Komplexität und Risikogehalt der Geschäfte (z.B. Anzahl inländischer und ausländischer Wertpapiergattungen, inländischer und ausländischer Lagerstellen, Grad der Auslagerung von Aktivitäten) Art und Umfang der Prüfungshandlungen. Die Gründe des Prüfers für seine Ermessensausübung zur Prüfungsdurchführung und -intensität müssen auf plausiblen, nachvollziehbaren Überlegungen beruhen und sind vom Prüfer zu dokumentieren.

730 Die BaFin hat die Möglichkeit, ggü. dem Institut Bestimmungen über den Inhalt der Depotprüfung zu treffen, insb. Schwerpunkte für die Prüfung festzulegen (vgl. § 30 KWG). Diese sind vom Prüfer im Rahmen seiner Prüfung zu berücksichtigen. Auf solche **Prüfungsschwerpunkte der BaFin** ist im PrB im Zusammenhang mit dem Prüfungsauftrag hinzuweisen (§ 3 Abs. 4 PrüfbV).

Die Bestimmung des § 3 Abs. 3 S. 1 PrüfbV, wonach der Prüfer das Ergebnis von **Sonderprüfungen** nach § 44 Abs. 1 S. 2 KWG zu verwerten hat, statuiert keinen Zwang zur Übernahme der Ergebnisse[517].

731 Der Depotprüfer kann im Rahmen seines pflichtgemäßen Ermessens **Prüfungsschwerpunkte** bilden. Er darf seine Prüfungshandlungen auf Systemprüfungen und Funktionstests sowie auf stichprobenweise Einzelfallprüfungen beschränken, sofern nicht eine lückenlose Prüfung erforderlich ist. Bei Zweifeln darüber, ob es sich um vereinzelte oder unwesentliche Mängel handelt, sind die BaFin und die DBB zu informieren.

732 Bei KI, die als **Depotbank für Investmentvermögen** tätig sind (vgl. § 20 Abs. 1 S. 1 InvG), ist darüber hinaus die ordnungsgemäße Wahrnehmung der Depotbankaufgaben zu prüfen (sog. **Depotbankprüfung**, vgl. § 59 PrüfbV).[518] Die Depotbankprüfung umfasst die ordnungsgemäße Erfüllung der in §§ 22 bis 29 InvG genannten Pflichten als Depotbank sowie die Beurteilung der Angemessenheit der für die Aufgaben als Depotbank vorgehaltenen Organisation. Wesentliche Grundlagen für die Depotbankprüfung sind neben dem InvG insb.:

- BaFin-Rundschreiben 6/2010 (WA) vom 02.07.2010 zu den Aufgaben und Pflichten der Depotbank nach §§ 20 ff. InvG **(Depotbank-Rundschreiben)**,
- Bestimmungen zur Bewertung in der Investment-Rechnungslegungs- und Bewertungsverordnung – InvRBV vom 19.12.2009 (vgl. Dritter Abschn. InvRBV).

---

517 Dies würde dem Grundsatz der Eigenverantwortung des WP (§ 43 WPO) widersprechen. Entsprechend *IDW PS 320* (WPg 2004, S. 593 ff. = FN-IDW 2004, S. 383 ff., WPg Supplement 4/2009, S. 1 ff. = FN-IDW 2009, S. 533 ff.) kommt nur eine „eigenverantwortliche Verwertung" in Betracht.
518 Zur Depotbankprüfung bei Zweigniederlassungen von KI i.S.v. § 53b Abs. 1 S. 1 KWG vgl. § 20 Abs. 2 S. 1 und Abs. 3 InvG.

Das Depotbank-Rundschreiben konkretisiert u.a. die Pflichten der Depotbank im Hinblick auf Auswahl und regelmäßige Überwachung der Drittverwahrer sowie die Anforderungen an die Drittverwahrung insb. im Ausland, ferner die Anforderungen an die Ausgestaltung der Verfahren zur Kontrolle der Anlagegrenzen sowie der Ermittlung bzw. Kontrolle der Anteilwerte.

Über die Ergebnisse der Depotprüfung/Depotbankprüfung ist **gesondert** vom Bericht über die JA-Prüfung zu **berichten** (§ 29 Abs. 2 S. 3 KWG i.V.m. § 58 Abs. 2 PrüfbV). Für die Berichterstattung gelten die Bestimmungen für den Bericht über die Abschlussprüfung entsprechend (§ 26 Abs. 1 S. 3 i.V.m. § 29 Abs. 2 S. 3 KWG). Der PrB ist unverzüglich nach Abschluss der Prüfung der BaFin und der DBB in je einer Ausfertigung einzureichen, sofern die BaFin nicht auf die Einreichung verzichtet hat.[519] 733

Der Umfang der Berichterstattung hat sich nach § 3 Abs. 1 PrüfbV an Bedeutung und Risikogehalt der Sachverhalte zu orientieren. Der PrB muss v.a. Aufschluss darüber geben, ob das Depotgeschäft ordnungsgemäß betrieben wurde, die Bestimmungen der aktienrechtlichen Vorschriften über die Mitteilungen nach § 128 AktG und zur Ausübung der Stimmrechte nach § 135 AktG eingehalten und – sofern anwendbar – die Depotbankaufgaben ordnungsgemäß erfüllt wurden. Diese Feststellungen sind in die Schlussbemerkung zusammenfassend aufzunehmen (vgl. § 58 Abs. 3 PrüfbV).

Außerdem ist im PrB zusammenfassend darzulegen, welche **erwähnenswerten Beanstandungen** sich aufgrund der Prüfung ergeben haben (vgl. § 58 Abs. 3 S. 2 PrüfbV). Mit dem Begriff der nicht näher definierten „erwähnenswerten Beanstandungen" verwendet die PrüfbV für die Bewertung negativer Prüfungsfeststellungen eine andere Terminologie als die WpDPV.[520] Dem Mangelbegriff des § 2 Abs. 2 WpDPV sind ausschließlich die gesetzlichen Vorschriften des WpHG zugeordnet, so dass sich seine Anwendung auf die Prüfung des Depotgeschäfts verbietet.[521] Ein Fehler i.S.v. § 2 Abs. 1 WpDPV ist jede (einzelne) Abweichung von den gesetzlichen Anforderungen. Da die PrüfbV von „erwähnenswerten" Beanstandungen spricht, ist davon auszugehen, dass nicht zwingend jeder einzelne Fehler im Sinne einer Abweichung von den gesetzlichen Anforderungen aufzuführen ist. Eine „erwähnenswerte Beanstandung" i.s.v. § 58 Abs. 3 S. 2 PrüfbV ist demnach vom Prüfer nach pflichtgemäßem Ermessen festzustellen und – in Anlehnung an die langjährige aufsichtsrechtliche Praxis zur Depotprüfung und Prüfung der Depotbankfunktion – jedenfalls dann gegeben, wenn Fehler (einzeln oder in Summe) mit einer Tragweite vorliegen, die in ihrer Art geeignet sind, die Ordnungsmäßigkeit in dem geprüften Bereich zu beeinträchtigen, z.B. weil Kundenvermögenswerte oder Anlegerinteressen gefährdet oder verletzt wurden. 734

Im PrB. zur Depotbankprüfung sind v.a. Aussagen zur ordnungsgemäßen Erfüllung der Depotbankpflichten nach §§ 22 bis 29 InvG sowie zur Beurteilung der Angemessenheit der besonderen organisatorischen Anforderungen (vgl. § 20 Abs. 5 InvG) zu machen. Dabei ist über wesentliche Vorkommnisse insb. im Zusammenhang mit der Ausgabe und Rücknahme von Anteilscheinen, bei aufgetretenen Interessenkollisionen (vgl. § 22 InvG), der Ausübung der Kontrollfunktion nach § 27 InvG und der Belastung von Investmentvermögen mit Vergütung und Aufwendungsersatz (vgl. § 29 InvG) zu berichten. Ferner

---

519 Bei KI, die einem genossenschaftlichen Prüfungsverband angehören oder durch die Prüfungsstelle eines Sparkassen- und Giroverbandes geprüft werden, ist der Bericht nur auf Anforderung der BaFin einzureichen.
520 Zu den Begriffen „Fehler" und „Mangel" vgl. § 2 WpDPV sowie die Ausführungen zur Fehler- und Mangelsystematik i.S.d. WpDPV in Tz. 746.
521 Vgl. *IDW PS 521*, WPg Supplement 2009, S. 14 ff. = FN-IDW 2009, S. 140 ff., Tz. 101.

sind die beauftragenden KAG oder InvAG sowie die Anzahl der Investmentvermögen samt Angabe des jeweiligen Netto-Fondsvermögens zu nennen.[522]

Besondere Vorschriften für die **Gliederung** des Depot-PrB enthält die PrüfbV nicht.

Es empfiehlt sich, dem Depot-PrB als Anlage eine Ausfertigung der unterzeichneten Vollständigkeitserklärung der gesetzlichen Vertreter des KI beizufügen.[523]

735 **Kapitalanlagegesellschaften** haben mit Inkrafttreten des InvÄndG am 28.12.2007 ihre Eigenschaft als KI verloren. Die Prüfung des sog. „**eingeschränkten Verwahrgeschäfts/ Depotgeschäfts**", d.h. der Verwahrung und Verwaltung von inländischen oder ausländischen Investmentanteilen für andere (vgl. § 7 Abs. 2 Nr. 5 InvG) fällt nicht mehr unter die Depotprüfung nach §§ 56 ff. PrüfbV. Für die Prüfung des eingeschränkten Depotgeschäfts der KAG gelten die Bestimmungen des § 19f Abs. 2 InvG i.V.m. § 22f InvPrüfbV.[524]

2. Prüfung nach § 36 WpHG

736 Für **KI** und **FDLI**, die Wertpapierdienstleistungen i.S.v. § 2 Abs. 3 WpHG erbringen und als **Wertpapierdienstleistungsunternehmen**[525] zu klassifizieren sind (vgl. § 2 Abs. 4 WpHG unter Berücksichtigung der zahlreichen Ausnahmen des § 2a WpHG), ordnet der Gesetzgeber eine jährliche Pflichtprüfung der **Einhaltung der Verhaltensregeln** des Sechsten Abschn. des WpHG sowie der **Meldepflichten** nach § 9 WpHG an. Betreibt ein Wertpapierdienstleistungsunternehmen das Depotgeschäft, werden auch dieses Geschäft sowie die Einhaltung der §§ 128, 135 AktG im Rahmen der Prüfung nach § 36 WpHG geprüft (vgl. § 36 Abs. 1 S. 2 WpHG). Hat das Wertpapierdienstleistungsunternehmen Aufgaben als Depotbank i.S.v. § 20 InvG übernommen, so erstreckt sich die Prüfung auch auf die Einhaltung der Pflichten als Depotbank (vgl. § 4 Abs. 1 WpDPV).

Bei Vorliegen bestimmter Voraussetzungen kann die BaFin das Wertpapierdienstleistungsunternehmen auf schriftlichen Antrag von der jährlichen Prüfung – mit Ausnahme der Einhaltung der Vorschriften zur getrennten Vermögensverwahrung gem. § 34a WpHG – befreien (vgl. § 36 Abs. 1 S. 3 WpHG).[526]

737 Die Prüfung nach § 36 WpHG findet **einmal jährlich** statt (§ 36 Abs. 1 S. 1 WpHG). Die Prüfung ist von **geeigneten Prüfern** durchzuführen. Geeignete Prüfer sind WP, vBP sowie WPG und BPG, die hinsichtlich des Prüfungsgegenstands über ausreichende Kenntnisse verfügen (§ 36 Abs. 1 S. 1 und 6 WpHG). Der Prüfer wird vom Wertpapierdienstleistungsunternehmen **bestellt**; die Bestellung muss spätestens zum Ablauf des GJ erfolgen, auf das sich die Prüfung bezieht (§ 36 Abs. 1 S. 4 WpHG). Vor Erteilung des Prüfungsauftrags hat das Wertpapierdienstleistungsunternehmen den **Prüfer** der BaFin **anzuzeigen** (§ 36 Abs. 2 S. 1 WpHG); die BaFin kann, sofern es zur Erreichung des Prüfungszwecks geboten ist, die Bestellung eines anderen Prüfers verlangen (§ 36 Abs. 2 S. 2 WpHG). Bei KI, die einem genossenschaftlichen Prüfungsverband angehören oder durch die Prüfungsstelle eines Sparkassen- und Giroverbandes geprüft werden, wird die Prüfung durch den zuständigen Prüfungsverband bzw. die zuständige Prüfungsstelle durchgeführt

---

522 Bei umfangreichem Geschäft empfiehlt es sich, in den Bericht eine zusammenfassende Übersicht aufzunehmen und die Detailaufstellung in eine Anlage aufzunehmen.
523 Vgl. *Biba*, PrüfbV, Rn. 729, unter Hinweis auf die entsprechende Anwendung von *IDW PS 521*, WPg Supplement 2009, S. 14 ff. = FN-IDW 2009, S. 140 ff., Tz. 109.
524 Zur Prüfung der Nebendienstleistungen nach § 19f Abs. 2 InvG vgl. Tz. 769.
525 Wertpapierdienstleistungsunternehmen (vgl. § 2 Abs. 4 WpHG) sind KI (§ 1 Abs. 1 KWG), FDLI (§ 1 Abs. 1a KWG) und Zweigstellen von Unternehmen mit Sitz in einem anderen Staat (§ 53 Abs. 1 S. 1 KWG).
526 Zu den Voraussetzungen für die Befreiung von der Prüfung vgl. Schreiben der BaFin vom 29.01.2009: Änderung der Ermessenskriterien im Rahmen der Prüfungsbefreiung gem. § 36 Abs. 1 S. 3 WpHG *(www.bafin.de)*.

(§ 36 Abs. 1 S. 5 WpHG). Die BaFin kann die Prüfung **auch ohne besonderen Anlass** anstelle des Prüfers selbst oder durch Beauftragte durchführen lassen (§ 36 Abs. 4 S. 1 WpHG).

Die Prüfung nach § 36 WpHG ist eine Zeitraumprüfung. Der **Berichtszeitraum** umfasst i.d.R. den Zeitraum zwischen dem Stichtag der letzten Prüfung und dem Stichtag der folgenden Prüfung (§ 3 Abs. 2 S. 5 WpDPV). Der Berichtszeitraum der ersten Prüfung nach einem Zeitraum, in welchem die BaFin von einer jährlichen Prüfung abgesehen hat, ist der Zeitraum zwischen dem Ende des Befreiungszeitraums und dem Stichtag der darauf folgenden Prüfung. Der **Stichtag** ist vom Prüfer nach pflichtgemäßem Ermessen festzulegen (§ 3 Abs. 3 S. 4 WpDPV). Der Prüfer teilt den **Beginn** der Prüfung der BaFin, die an den Prüfungen teilnehmen kann, mit, wenn nicht das Wertpapierdienstleistungsunternehmen diese Mitteilung bereits gemacht hat (§ 36 Abs. 3 S. 4 und 5 WpHG, § 3 Abs. 1 S. 2 WpDPV); die BaFin kann einen anderen Prüfungsbeginn bestimmen (§ 3 Abs. 1 S. 1 WpDPV).

738

Die Prüfung muss spätestens 15 Monate nach dem Anfang des für sie maßgeblichen Berichtszeitraums begonnen worden sein (vgl. § 3 Abs. 3 WpDPV).

Die BaFin kann ggü. dem Wertpapierdienstleistungsunternehmen den Inhalt der Prüfung näher bestimmen und insb. auch Prüfungsschwerpunkte festsetzen, die der Prüfer zu berücksichtigen hat (§ 36 Abs. 3 S. 1 und 2 WpHG).

739

Mit der Umsetzung der Europäischen Finanzmarktrichtlinie (**MiFID**)[527] durch das Finanzmarktrichtlinie-Umsetzungsgesetz (FRUG)[528] zum 01.11.2007 wurden neue Wertpapierdienstleistungen aufsichtspflichtig (**Betrieb eines multilateralen Handelssystems**, vgl. § 2 Abs. 3 Nr. 8 WpHG); ferner wurden die Beratung in Finanzinstrumenten (**Anlageberatung**, vgl. § 2 Abs. 2 Nr. 9 WpHG) von einer Nebendienstleistung zur Wertpapierdienstleistung und die sog. „**systematische Internalisierung**", d.h. die Ausführung von Kundengeschäften gegen den Eigenbestand (vgl. § 2 Abs. 10 WpHG) für „**liquide börsennotierte Aktien**" (vgl. § 32 WpHG) unter Aufsicht gestellt. Zum Schutz der Integrität der Kapitalmärkte wurden für Börsen und Wertpapierdienstleistungsunternehmen **Vor- und Nachhandelstransparenzpflichten** in Bezug auf börsennotierte Aktien eingeführt, d.h. Pflichten zur Veröffentlichung der Orderlage sowie der gehandelten Geschäftsabschlüsse.

740

Das Herzstück der MiFID bilden die Vorschriften zum Schutz der **Privatkunden**. Sie wurden deutlich detaillierter und teilweise verschärft, z.B. Einführung von Kundenkategorien gem. § 31a WpHG (Privatkunden, professionelle Kunden, geeignete Gegenparteien) und Ausdifferenzierung der kundenbezogenen Pflichten in Zusammenhang mit Kundeninformationen oder der Ausführung der Kundenaufträge (vgl. z.B. § 31b WpHG). Flankiert werden die kundenbezogenen Vorschriften durch ein Bündel von Organisationspflichten. Die bisher als „**MA-Leitsätze**" bekannten BaFin-Vorgaben an Verhaltensregeln für Mitarbeitergeschäfte und deren Überwachung sind in der gesetzlichen Regelung des § 33b WpHG aufgegangen. Gesetzlich geregelt wurden ferner die Anforderungen an ein angemessenes **Interessenkonfliktmanagement** (§ 33 Abs. 1 Nr. 3

---

527 Richtlinie 2004/39/EG des Europäischen Parlaments und des Rates vom 21.04.2004 über Märkte in Finanzinstrumenten, zur Änderung der Richtlinien 85/611/EWG und 93/6/EWG des Rates und der Richtlinie 2000/12/EG des Europäischen Parlaments und des Rates und zur Aufhebung der Richtlinie 93/22/EWG des Rates, Abl.EU 2004, Nr. L 145/1.

528 Gesetz zur Umsetzung der Richtlinie über Märkte für Finanzinstrumente und der Durchführungsrichtlinie der Kommission (Finanzmarktrichtlinie-Umsetzungsgesetz) vom 16.07.2007, BGBl. I, S. 1330 ff.

WpHG) sowie der Umgang mit Beschwerden der Privatkunden (Beschwerdemanagement).

Die Anforderungen an die ordnungsgemäße Organisation des Wertpapierdienstleistungsunternehmens, insb. die **Compliance-Organsiation** (§ 33 WpHG), wurden durch das „Rundschreiben 4/2010 zu den Mindestanforderungen an die Compliance-Funktion und die weiteren Verhaltens-, Transparenz- und Organisationspflichten nach §§ 31 ff. WpHG für Wertpapierdienstleistungsunternehmen (**MaComp**)" der BaFin konkretisiert. Ebenso wurden die Aufzeichnungspflichten (§ 34 WpHG) gesetzlich neu geregelt.

Ein wesentlicher Baustein der Aufzeichnungspflichten ist seit dem 01.01.2010 das **Anlageberatungsprotokoll** (vgl. § 34 Abs. 2a, 2b WpHG)[529], dass das Wertpapierdienstleistungsunternehmen für jede Anlageberatung eines (potenziellen) Privatkunden anzufertigen hat. Einzelheiten regelt § 14 Abs. 6 WpDVerOV.

Weitere Anlegerschutzvorschriften wurden mit dem Anlegerschutz- und Funktionsverbesserungsgesetz (AnsFuG)[530] in das WpHG aufgenommen. Sie betreffen im Wesentlichen die Anlageberatung für Privatkunden (Einführung eines Informationsblattes, § 31 Abs. 3a WpHG)[531], die Vertriebsorganisation (§ 33 S. 1 Abs. 3a WpHG) sowie die Mitarbeiterqualifikation durch Einführung eines zentralen Melderegisters für Anlageberater, Vertriebsbeauftragte sowie Compliance-Beauftragte bei der BaFin (§ 34d WpHG).[532]

741 Die Prüfung nach § 36 WpHG hat sich durch die MiFID erheblich verändert. Die WpDPV wurde mit Umsetzung der MiFID überarbeitet.[533] Der Mangelbegriff wurde an die neuen Bestimmungen angepasst, und die Bestimmungen zu Art und Umfang der Prüfung wurden detailliert. Daneben enthält die WpDPV Bestimmungen zum Berichts- und Prüfungszeitraum sowie Vorschriften für den PrB.

Die bisherige Einteilung der WpDPV in die Prüfungsarten „Regelprüfung" (gleichmäßige Prüfung aller Teilbereiche), „schwerpunktmäßige Prüfung" und „Eingangsprüfung" wurde durch die Neuordnung der WpDPV im Zuge der Umsetzung der MiFID wieder aufgegeben.[534]

742 **Gegenstand** der Prüfung sind gem. § 36 Abs. 1 WpHG, § 1 WpDPV[535] die Einhaltung bzw. Beachtung der

(1) Meldepflichten (§ 9 WpHG),
(2) allgemeinen Verhaltensregeln (§ 31 WpHG),

---

529 Eingefügt durch Gesetz zur Neuregelung der Rechtsverhältnisse bei Schuldverschreibungen aus Gesamtemissionen und zur verbesserten Durchsetzbarkeit von Ansprüchen von Anlegern aus der Falschberatung vom 31.07.2009, BGBl. I, S. 2512 ff.
530 Gesetz zur Stärkung des Anlegerschutzes und Verbesserung der Funktionsfähigkeit des Kapitalmarktes (Anlegerschutz- und Funktionsverbesserungsgesetzes) vom 05.04.2011, BGBl. I, S. 538 ff.
531 Vgl. Rundschreiben 6/2011 WA zu den Informationsblättern nach § 31 Abs. 3a, 9 WpHG und § 5a WpDVerOV vom 01.06.2011 *(www.bafin.de)*.
532 Die Registerpflicht tritt am 01.11.2012 in Kraft (zur Übergangsregelung bis zum 31.05.2013 vgl. § 42d WpHG). Einzelheiten der Anforderungen und der Registrierung sollen durch die Verordnung über den Einsatz von Mitarbeitern in der Anlageberatung, als Vertriebsbeauftragte oder als Compliance-Beauftragte und über die Anzeigepflichten nach § 34d des Wertpapierhandelsgesetzes (WpHG-Mitarbeiteranzeigeverordnung – WpHGMAanzV) geregelt werden. Vgl. BaFin Konsultation 14/2011 vom 12.07.2011. Ihre endgültige Fassung lag bei Redaktionsschluss noch nicht vor.
533 Anpassungen an Änderungen des WpHG nach dem 01.11.2007, insbesondere das AnsFuG (vgl. dazu Fn. 530), stehen noch aus. Ungeachtet dessen sind sie Gegenstand der Prüfung nach § 36 WpHG.
534 Vgl. dazu § 4 WpDPV in der Fassung gültig bis 01.11.2007.
535 Für Zweigniederlassungen i.S.v. § 53b Abs. 1 KWG gilt ein eingeschränkter Prüfungsumfang; vgl. § 36a WpHG und BaFin-Erläuterungen zu § 1 WpDPV. Eine Prüfung des Depotgeschäfts muss bei diesen Zweigniederlassungen nicht erfolgen; vgl. BaFin-Erläuterungen zu § 1 WpDPV.

(3) Vorschriften zur Kundenkategorisierung (§§ 31a und 31b WpHG),
(4) Pflichten zur Bearbeitung von Kundenaufträgen (§§ 31c und 31e WpHG),
(5) Zulässigkeit und Offenlegung von Zuwendungen (§ 31d WpHG)[536],
(6) Pflichten beim Betrieb eines multilateralen Handelssystems (§§ 31f und 31g WpHG),
(7) Veröffentlichungspflichten (§ 31h WpHG),
(8) Pflichten eines systematischen Internalisierers (§§ 32 bis 32d WpHG),
(9) Organisationspflichten (§ 33 WpHG),
(10) Pflichten zur bestmöglichen Ausführung („best execution") der Kundenaufträge (§ 33a WpHG),
(11) Vorschriften zu Mitarbeitern und Mitarbeitergeschäften (§ 33b WpHG),
(12) Aufzeichnungs- und Aufbewahrungspflichten (§ 34 WpHG),
(13) Pflichten zur getrennten Vermögensverwahrung (§ 34a WpHG),
(14) Pflichten für die Analyse von Finanzinstrumenten (§ 34b WpHG),
(15) Verbote zu bestimmten Formen der Werbung (§ 36b WpHG)[537].

Die Prüfungsgegenstände der Depotprüfung sowie der Prüfung der Aufgaben als Depotbank nach § 20 InvG im Rahmen der Prüfung nach § 36 WpHG sind inhaltsgleich zur Depotprüfung und Depotbankprüfung nach § 29 Abs. 2 KWG.[538]

Als gesetzliche Grundlagen für die Prüfung des Wertpapierdienstleistungsgeschäfts[539] sind neben dem WpHG insb. folgende **Vorschriften**[540] zu beachten:

743

– Verordnung über die Prüfung der Wertpapierdienstleistungsunternehmen nach § 36 WpHG (**Wertpapierdienstleistungs-Prüfungsverordnung** – WpDPV),
– Verordnung zur Konkretisierung der Verhaltensregeln und Organisationsanforderungen für Wertpapierdienstleistungsunternehmen (**Wertpapierdienstleistung-Verhaltens- und Organisationsverordnung** – WpDVerOV)[541],
– Verordnung über die Meldepflichten beim Handel mit Wertpapieren und Derivaten (**Wertpapierhandel-Meldeverordnung** – WpHMV),
– Verordnung über die Analyse von Finanzinstrumenten (**Finanzanalyseverordnung** – FinAnV),
– **Verordnung (EG) Nr. 1287/2006** der Kommission vom 10.08.2006 zur Durchführung der Richtlinie 2004/39/EG des Europäischen Parlaments und des Rates betreffend die Aufzeichnungspflichten für Wertpapierfirmen, die Meldung von Geschäften, die Markttransparenz, die Zulassung von Finanzinstrumenten zum Handel und bestimmte Begriffe im Sinne der Richtlinie.[542]

---

[536] Vgl. zu zahlreichen Auslegungs- und Anwendungsfragen zu Zuwendungen in der Prüfungspraxis sowie zu organisatorischen Anforderungen an Wertpapierdienstleistungsunternehmen *Hartmann/Dost/Wessarges*, CCZ 2010, S. 88 ff.; *Wätke/Kopka*, WPg 2010, S. 520 ff.
[537] Vgl. Allgemeinverfügung des (ehemals) BAWe (jetzt: BaFin) zu „cold calling" vom 27.07.1999.
[538] Vgl. § 4 Abs. 1 WpDPV sowie die Ausführungen zu Depotprüfung und Depotbankprüfung in Tz. 721 ff.
[539] Zu den gesetzlichen Grundlagen des Depotgeschäfts sowie den Aufgaben als Depotbank i.S.v. § 20 InvG vgl. die Ausführungen zu Tz. 721 f. und Tz. 732.
[540] Die sog. „Wohlverhaltensrichtlinie" der BaFin vom 23.08.2001 (BAnz. Nr. 165 v. 04.09.2001, S. 19217) sowie die BaFin-Organisationsrichtlinie vom 25.10.1999 (BAnz. Nr. 165 v. 04.09.2001, S. 19217) wurden mit Umsetzung der MiFID aufgehoben.
[541] WpDVerOV vom 20.07.2007, BGBl. I S. 1432 ff., zuletzt geändert durch Art. 4 des Gesetzes zur Neuregelung der Rechtsverhältnisse bei Schuldverschreibungen aus Gesamtemissionen und zur verbesserten Durchsetzbarkeit von Ansprüchen von Anlegern aus Falschberatung vom 31.07.2009, BGBl. I, S. 2512.
[542] Abl.EU 2006 Nr. L 241/1.

Als Grundlage der Meldepflichten, der Vor- und Nachhandelstransparenzpflichten sowie der Aufzeichnungspflichten ist ferner die vom Europäischen Ausschuss der Wertpapieraufsichtsbehörden (Committee of European Securities Regulators – CESR; seit 01.01.2011 European Securities and Markets Authority – ESMA) im Internet veröffentlichte sog. **„mifiddatabase"**[543] heranzuziehen, die alle notwendigen Informationen zu den in der EU bzw. im EWR tätigen Börsen (regulated markets), zu systematischen Internalisierern, multilateralen Handelssystemen, zentralen Kontrahenten sowie zu börsennotierten Aktien mit weiteren Angaben enthält.

Ferner sind die MaComp sowie das von der BaFin veröffentlichte „Verzeichnis der **Mindestaufzeichnungspflichten** nach § 34 Abs. 5 WpHG[544] zu berücksichtigen, das allerdings keine abschließende Aufzählung der Mindestaufzeichnungspflichten enthält.[545]

Für die Prüfungspraxis sind die zahlreichen Empfehlungen von ESMA als Interpretationshilfen hilfreich, so z.B. mit zahlreichen Beispielen zu Zuwendungen, Interessenkonflikten oder der Beaufsichtigung der Zweigniederlassungen;[546] ESMA-Empfehlungen entfalten unmittelbar allerdings keine Rechtsverbindlichkeit.

744 Für die Prüfung des Wertpapierdienstleistungsgeschäfts nach § 36 Abs. 1 Satz 1 WpHG (Prüfung der Meldepflichten, Wertpapierdienstleistungen und -nebendienstleistungen) ist *IDW PS 521*[547] anzuwenden. *IDW PS 521* erfasst nicht die Depotprüfung (§ 36 Abs. 1 S. 2 WpHG) und die Prüfung der ordnungsgemäßen Erfüllung der Pflichten als Depotbank (§ 20 Abs. 3 S. 1 InvG).[548]

745 Die Prüfung nach § 36 WpHG hat alle **Teilbereiche** der Wertpapierdienstleistungen und -nebendienstleistungen sowie des Meldewesens nach § 9 WpHG im gesamten Berichtszeitraum abzudecken. Betreibt das Wertpapierdienstleistungsunternehmen das Depotgeschäft und/oder hat es Aufgaben als Depotbank nach § 20 InvG übernommen, sind auch diese Geschäftsfelder Gegenstand der Prüfung (vgl. § 4 Abs. 1 WpDPV).

Prüfungsumfang und -intensität müssen in einem angemessenen Verhältnis zum Umfang der jeweiligen Aufgaben und Geschäfte stehen (§ 4 Abs. 1 S. 1 Hs. 2 WpDPV). Einzelne Regelungen der WpDPV, insb. die Regelungen zu den Mangelbegriffen (vgl. § 2 Abs. 2 WpDPV), können ebenso wie die Bildung von Prüfungsschwerpunkten nach pflichtgemäßem Ermessen des Prüfers (vgl. § 4 Abs. 2 WpDPV) Einfluss auf die Bestimmung von Art und Umfang der Prüfungshandlungen haben. Nach den Erläuterungen zu § 4 Abs. 1 und 2 WpDPV darf eine Schwerpunktsetzung nicht dazu führen, dass von einer jährlichen Prüfung einzelner Teilbereiche abgesehen wird.

Die Bestimmung des § 4 Abs. 3a WpDPV, wonach der Prüfer das Ergebnis von **Sonderprüfungen** nach § 35 Abs. 1 WpHG zu verwerten hat, statuiert keinen Zwang zur Übernahme der Ergebnisse.[549] Analog zu *IDW PS 320*[550] kommt nur eine eigenverantwortliche Verwertung in Betracht, wobei der Prüfer im Einzelfall Art, Umfang und Feststellungen

---

543 *http://mifiddatabase.cesr.eu/*.
544 Vgl. Veröffentlichung der BaFin in der ab 01.01.2010 gelten Fassung *(www.bafin.de)*.
545 Vgl. dazu *IDW PS 521*, WPg Supplement 2009, S. 14 ff. = FN-IDW 2009, S. 140 ff., Fn. 38.
546 ESMA-Dokumente sind auf der homepage veröffentlicht *(www.esma.org)*.
547 WPg Supplement 2/2009, S. 14 ff. = FN-IDW 2009, S. 140 ff. Anpassungen des IDW PS 521 an die Änderungen des WpHG nach dem 01.11.2007, insbesondere durch das AnsFuG (vgl. dazu Fn. 530) stehen noch aus.
548 *IDW PS 521* gilt nicht für die Tätigkeiten einer KAG; vgl. ebenda (WPg Supplement 2/2009, S. 14 ff. = FN-IDW 2009, S. 140 ff., Tz. 4).
549 Dies würde dem Grundsatz der Eigenverantwortlichkeit des WP (§ 43 WPO) widersprechen.
550 WPg 2004, S. 593 ff. = FN-IDW 2004, S. 383 ff., WPg Supplement 4/2009, S. 1 ff. = FN-IDW 2009, S. 533 ff.

der Sonderprüfung bei der Festlegung der eigenen Prüfungshandlungen und bei der Bildung des eigenen Urteils zu berücksichtigen hat.

Die Einhaltung der gesetzlichen Anforderungen ist vom Prüfer nach pflichtgemäßem Ermessen festzustellen. Dabei ist er grds. nach § 2 Abs. 1 S. 2 Hs. 2 WpDPV an die von der BaFin in ihren Veröffentlichungen[551] vorgenommene Auslegung gebunden. 746

Nach § 2 WpDPV gelten hinsichtlich sämtlicher gesetzlichen Anforderungen des WpHG[552], die Gegenstand der Prüfung sind, einheitliche Definitionen von „Fehler" und „Mangel". Ein Fehler ist jede einzelne Abweichung von den gesetzlichen Anforderungen (§ 2 Abs. 1 S. 1 WpDPV). Für diejenigen gesetzlichen Tatbestände, die dem **qualitativen Mangel** nach § 2 Abs. 2 Nr. 1 WpDPV zugeordnet sind, führt bereits ein (einzelner) Fehler zur Mangelhaftigkeit. Für diejenigen gesetzlichen Tatbestände, die dem **quantitativen Mangel** nach § 2 Abs. 2 Nr. 2 WpDPV zugeordnet sind, beträgt die maßgebende Fehlerhäufigkeit 5% oder mehr.[553] § 2 Abs. 2 Nr. 3 WpDPV dient als Auffangtatbestand („**sonstiger Mangel**") für alle nicht unter Nr. 1 oder Nr. 2 genannten gesetzlichen Anforderungen. Sofern im Rahmen von Prüfungsfeldern nach § 2 Abs. 2 Nr. 3 WpDPV Stichproben gezogen werden, ist wie beim quantitativen Mangel die 5%-Grenze ausschlaggebend.[554]

Grundsätzlich kann die Prüfung nach § 36 WpHG als Systemprüfung mit Funktionstests und Stichproben durchgeführt werden (§ 4 Abs. 2 S. 1 WpDPV). Bei Zweifeln über das Vorliegen eines Mangels ist die BaFin unverzüglich zu unterrichten. 747

Über die Prüfung nach § 36 WpHG hat der Prüfer einen **PrB** zu erstellen, der bei der BaFin in zweifacher Ausfertigung und bei der DBB in einfacher Ausfertigung binnen zwei Monaten nach dem Tag der letzten Prüfungshandlung vor Ort einzureichen ist (§ 36 Abs. 1 S. 7 WpHG).[555] Für die Erstellung des PrB sind insb. die allgemeinen und besonderen Anforderungen gem. §§ 5 und 6 WpPDV zu beachten. Der PrB muss v.a. darüber Aufschluss geben, inwieweit den Meldepflichten, den Verhaltensregeln und den Informationspflichten entsprochen wurde (§ 5 Abs. 1 WpDPV). Diese Feststellungen sind auch in die Schlussbemerkung aufzunehmen (§ 5 Abs. 5 WpDPV). Die Prüfungsergebnisse sind außerdem in einem **Fragebogen**, der dem PrB beizufügen ist, wiederzugeben (vgl. § 5 Abs. 6 WpDPV). Im PrB sind darüber hinaus verschiedene Sachverhalte im Einzelnen darzustellen und bestimmte andere Angaben zu machen (vgl. § 6 WpDPV). **Vorgänge von besonderer Bedeutung** im Zeitraum zwischen dem Stichtag der Prüfung und dem Ende des Prüfungszeitraums sind im PrB darzustellen (vgl. § 3 Abs. 2 WpDPV). Wurde die Prüfung unterbrochen, ist hierauf im PrB unter Darlegung der Gründe und der Dauer der Unterbrechung hinzuweisen (vgl. § 3 Abs. 2 WpDPV). Für die **Gliederung** des PrB enthält die WpDPV keine besonderen Vorschriften. 748

Dem PrB sollte als Anlage eine Ausfertigung der unterzeichneten Vollständigkeitserklärung der gesetzlichen Vertreter beigefügt werden.

---

[551] Richtlinien, Rundschreiben, Bekanntmachungen, Schreiben und sonstige Veröffentlichungen werden auf den Internetseiten der BaFin *(www.bafin.de)* veröffentlicht.
[552] Der Mangelbegriff der WpDPV gilt nicht für die Depotprüfung und die Prüfung der Depotbankaufgaben i.S.v. § 20 InvG.
[553] Gemäß den Erläuterungen zu § 2 WpDPV ist in den Prüfungsfeldern, die dem quantitativen Mangelbegriff zugeordnet sind, eine Stichprobenziehung grds. obligatorisch.
[554] Vgl. insgesamt ausführlich zur Fehler- und Mangelsystematik der WpDPV die Ausführungen in *IDW PS 521*, WPg Supplement 2009, S. 14 ff. = FN-IDW 2009, S. 140 ff., Tz. 100 ff.
[555] Zur Berichterstattung vgl. Kap. Q Tz. 1273. Der Fragebogen gem. § 5 Abs. 6 WpDPV ist der WpDPV als Anlage beigefügt.

749 Die bisherige Prüfung bestimmter Verhaltenspflichten des WpHG[556] bei **KAG**, die auf der Grundlage von § 36 WpHG durchgeführt wurde, ist seit Inkrafttreten des InvÄndG zum 28.12.2007 in der Prüfung nach § 19f Abs. 2 InvG i.V.m. der InvPrüfbV aufgegangen.

VI. Erläuterungen zu den für Kapitalanlagegesellschaften und deren Sondervermögen sowie Investment-Aktiengesellschaften geltenden Vorschriften zur Rechnungslegung und Prüfung[557]

1. Vorbemerkung

750 Das investmentrechtliche Rahmenwerk ist im **Investmentgesetz** (InvG, zuletzt geändert am 22.06.2011 durch das OGAW-IV-Umsetzungsgesetz)[558] geregelt. Zur Rechnungslegung von SV und InvAG enthält das Investmentgesetz nur wenige grundlegende Normen. Die BaFin hat daher von ihrer Verordnungsermächtigung Gebrauch gemacht und die InvPrüfbV (Stand: 15.12.2008, zuletzt geändert am 28.06.2011) sowie die InvRBV (Stand: 16.12.2009, zuletzt geändert am 28.06.2011) erlassen. Die InvPrüfbV stellt nach Auffassung der BaFin einen wesentlichen Fortschritt bei der Weiterentwicklung des Aufsichtsrechts hin zu einer risikoorientierten Beaufsichtigung von KAG und deren Investmentvermögen dar. Die InvPrüfbV enthält Regelungen über die Inhalte der JA-Prüfungen von KAG, die auf deren besondere Verhältnisse angepasst sind, und ersetzt die bisher anwendbare PrB-Verordnung für KI. Für die bisher nicht durch eine Verordnung näher konkretisierte Prüfung der JB, Zwischen- oder Auflösungsberichte von SV werden nun detaillierte Vorgaben gemacht. Gleiches gilt für die Prüfung des JA und des LB von InvAG. Mit der InvRBV erfolgt erstmals eine Konkretisierung der gesetzlichen Normen zur Rechnungslegung der von KAG verwalteten SV sowie von InvAG. Damit werden die Qualität und die Transparenz der Rechenschaftslegung der KAG und InvAG für die Investmentvermögen ggü. den Anlegern v.a. auch im Hinblick auf die Bewertung von Vermögensgegenständen bzw. auf die Anteilwertermittlung von Investmentvermögen im Sinne des Anlegerschutzes verbessert.

751 **Kapitalanlagegesellschaften** sind Unternehmen, deren Geschäftstätigkeit darauf gerichtet ist, **SV** zu verwalten und Dienstleistungen oder Nebendienstleistungen nach § 7 Abs. 2 InvG zu erbringen. SV sind **inländische Investmentvermögen**, die von einer KAG für Rechnung der Anleger nach Maßgabe des InvG und den Vertragsbedingungen, nach denen sich das Rechtsverhältnis der KAG zu den Anlegern bestimmt, verwaltet werden und bei denen die Anleger **(Anteilinhaber)** das Recht zur Rückgabe der Anteile haben (§ 2 Abs. 2 InvG). **Investmentvermögen** können in der Form von Investmentfonds i.S.v. § 2 Abs. 1 InvG oder der InvAG i.S.v. § 2 Abs. 5 InvG gebildet werden. Es handelt sich jeweils um Vermögen zur gemeinschaftlichen Kapitalanlage, die nach dem Grundsatz der Risikomischung in Vermögensgegenständen i.S.v. § 2 Abs. 4 InvG angelegt sind. Die Anteile an SV werden in **Anteilscheinen (Investmentanteilen)** verbrieft, während die

---

556 Sofern KAG die Dienstleistungen der individuellen Vermögensverwaltung in Finanzinstrumenten (§ 7 Abs. 2 Nr. 1 InvG), der Anlageberatung (§ 7 Abs. 2 Nr. 3 InvG) oder der Verwahrung und Verwaltung von Anteilscheinen (§ 7 Abs. 2 Nr. 4 InvG) ausführen, sind bestimmte prüfungspflichtige Verhaltensregeln des WpHG anwendbar (vgl. § 5 Abs. 3 InvG).

557 Zu den gesamten Ausführungen wird auf die weiterführende Spezialliteratur verwiesen; vgl. insb. *Kempf*, RechInvV; *Kempf*, InvRBV, CFB-Ausgabe 03-2010, S. 157; *PricewaterhouseCoopers*, Novellierung InvR 2007. Zum allgemeinen Investmentrecht vgl. *Baur*, InvG²; *Beckmann/Scholtz/Vollmer*, Investment.

558 Zu den Änderungen des InvG zählen u.a. die Ermöglichung grenzüberschreitender Fondsverwaltung und von grenzüberschreitenden sog. Master-Feeder-Konstruktionen sowie die Vereinheitlichung der aufsichtsrechtlichen Anforderungen an inländische und grenzüberschreitende Fondsverschmelzungen.

InvAG Aktien begibt. Kapitalanlagegesellschaften dürfen nur in der Rechtsform der AG oder der GmbH betrieben werden (§ 6 Abs. 1 S. 2 InvG).

Eine KAG kann mehrere SV bilden. Diese sind getrennt voneinander und vom eigenen Vermögen der KAG (§ 30 Abs. 1 S. 2 InvG) zu halten und müssen sich durch ihre Bezeichnung unterscheiden (§ 30 Abs. 3 InvG). Im Hinblick auf die Anzahl und/oder Person der Anteilinhaber (natürliche bzw. nicht natürliche Person) werden Spezial-SV (Spezialfonds) und Publikums-SV (Publikumsfonds) unterschieden. **Spezial-SV** sind SV, deren Anteilscheine ausschließlich von nicht natürlichen Personen gehalten werden dürfen (§ 2 Abs. 3 S. 1 InvG). Alle anderen SV sind **Publikumsfonds**. Das InvG unterscheidet in **richtlinienkonforme SV**, die den Vorgaben der OGAW-Richtlinie (EU-Investmentrichtlinie)[559] entsprechen,[560] und solchen, die dieser nicht entsprechen (z.b. Immobilien-SV und Spezial-SV.

752

Bei den SV handelt es sich um **nicht rechtsfähige Vermögensmassen**. Die Rechtsbeziehungen zwischen den Anteilinhabern und der KAG werden im Wesentlichen durch den sog. Investmentvertrag geregelt. Dessen **Inhalt** ergibt sich aus den vor Ausgabe der Anteilscheine schriftlich festzulegenden **Vertragsbedingungen** (§ 43 InvG). Die KAG erwirbt und verwaltet die Vermögensgegenstände im eigenen Namen und für gemeinschaftliche Rechnung der Anteilinhaber (sog. Verwaltungstreuhand). Die zum SV gehörenden Vermögensgegenstände stehen entweder im **Eigentum** der KAG (sog. **Treuhandlösung**) oder im Miteigentum der Anleger (sog. **Miteigentumslösung**).[561]

753

Mit der Verwahrung der zum SV gehörenden Vermögensgegenstände sowie mit der Ausgabe und Rücknahme von Anteilscheinen an SV hat die KAG ein anderes KI, die **Depotbank**, zu beauftragen (§ 20 Abs. 1 InvG). Die Beauftragung einer sog. vergleichbaren Einrichtung ist nur für Hedgefonds möglich (§ 112 Abs. 3 InvG). Die Depotbank hat neben der Verwahrung der Vermögensgegenstände und der Ausgabe und Rücknahme von Anteilscheinen weitere Aufgaben und Pflichten wahrzunehmen (u.a. die börsentägliche Ermittlung des Werts der Anteilscheine und umfangreiche Kontrollaufgaben). Sie handelt bei der Durchführung ihrer Aufgaben unabhängig von der KAG und ausschließlich im Interesse der Anteilinhaber (§ 22 Abs. 1 InvG). Das BaFin-Rundschreiben 6/2010 (WA) vom 02.07.2010 behandelt ausgewählte Fragen im Zusammenhang mit den Aufgaben und Pflichten der Depotbank nach §§ 20 ff. InvG.

754

2. Rechnungslegung und Prüfung der Kapitalanlagegesellschaften

a) Rechnungslegung der Kapitalanlagegesellschaften

Für den JA und LB einer KAG gelten §§ 340a bis 340o HGB entsprechend (§ 19d InvG). Damit hat sich der Gesetzgeber nach dem Wegfall der KI-Eigenschaft dafür entschieden, nicht auf die allgemeinen Regelungen des HGB abzustellen, sondern hat die institutsspezifischen Rechnungslegungsvorschriften für weiterhin anwendbar erklärt. Hierdurch wird den Besonderheiten der Geschäftstätigkeiten einer KAG Rechnung getragen. Die Formblätter für KI und FDLI der RechKredV finden weiterhin Anwendung. Die Summe der Inventarwerte und die Zahl der verwalteten SV sind in der Bilanz der KAG auf der

755

---

559 Richtlinie 85/611/EWG v. 20.12.1985
560 Die Europäische Kommission hat in Form einer Durchführungsrichtlinie (Richtlinie 2007/16/EG v. 19.03.2007) die Bewertungskriterien festgelegt, anhand deren ermittelt werden soll, ob verschiedene Arten von Finanzinstrumenten für die Einbeziehung in die OGAW-Fonds in Frage kommen.
561 Vgl. § 30 Abs. 1 InvG. Zum Immobilien-SV gehörende Vermögensgegenstände können nur im Eigentum der KAG stehen (§ 75 InvG). Dies gilt nur für Immobilien-Publikums-SV; für Immobilien-Spezial-SV ist auch eine Miteigentumslösung möglich (§ 91 InvG).

Passivseite unter dem Bilanzstrich in einem Posten mit der Bezeichnung „Für Anteilinhaber verwaltete SV" anzugeben (§ 6 Abs. 4 RechKredV).

b) Prüfung der Kapitalanlagegesellschaften

756 Der APr. für die KAG ist gem. § 318 Abs. 1 HGB i.V.m. § 340k HGB von den Gesellschaftern zu wählen und vom AR zu beauftragen. § 19f InvG regelt die besonderen Pflichten des APr. des JA der KAG. Da die Prüfung des JA zusammen mit den bei der Prüfung gewonnenen Erkenntnissen und Erfahrungen des APr. auch für Aufsichtszwecke genutzt wird, werden entsprechend der Konzeption des § 29 KWG dem APr. zusätzliche Prüfungs- und Berichtspflichten auferlegt, die über die gesetzliche Pflichtprüfung des JA und LB nach dem HGB hinausgehen und aufsichtsrechtlichen Zwecken dienen. Gemäß § 19f Abs. 1 InvG hat die Prüfung die wirtschaftlichen Verhältnisse der KAG und insb. die Einhaltung der Anzeigepflichten (§§ 12 und 19c InvG), der allgemeinen Verhaltens- und Organisationspflichten (§§ 9 und 9a InvG)[562] und der Eigenmittel- und Auslagerungsanforderungen (§§ 11 und 16 InvG) zum Gegenstand. Der APr. hat ferner zu prüfen (§ 19f Abs. 2 Satz 1 InvG), ob die KAG ihren Verpflichtungen nach dem GwG nachgekommen ist. Erbringt sie auch Dienstleistungen und Nebendienstleistungen i.S.v. § 7 Abs. 2 InvG, so hat der APr. diese besonders zu prüfen. Handelt es sich bei den Nebendienstleistungen um solche gem. § 7 Abs. 2 Nr. 1, 3 und 4 InvG (individuelle Vermögensverwaltung, Anlageberatung oder die Verwahrung und Verwaltung von Investmentanteilen), umfasst die Prüfung auch die Einhaltung der gem. § 5 Abs. 3 InvG entsprechend zur Anwendung kommenden Vorschriften des WpHG (§§ 31 bis 31b, 31d sowie 33 bis 34a WpHG).

757 Die **InvPrüfbV** enthält Regelungen über die Inhalte der JA-Prüfung und des PrB für KAG, die auf deren besondere Verhältnisse angepasst sind (Kapitel 2). Daneben werden für die Prüfung der JB, Zwischen- oder Auflösungsberichte von SV Vorgaben gemacht (Kapitel 3). Bei der Konzeption der InvPrüfbV wurde unterschieden zwischen organisatorischen, die KAG betreffenden Anforderungen und der Prüfung der SV. Damit wurde gleichzeitig der Neuerung durch das InvG Rechnung getragen, dass der APr. eines SV unabhängig vom APr. der KAG gewählt werden kann. Die InvPrüfbV regelt die Aufgabenverteilung auf die APr. von KAG und SV und sieht gleichzeitig vor, dass der PrB für die KAG so zu verfassen ist, dass er den für die Prüfung eines SV zuständigen APr. in die Lage versetzt, diesen im Rahmen seiner Prüfung zu verwerten (§ 7 InvPrüfbV).[563] Der APr. des SV hat die Ergebnisse der Prüfung der KAG insb. in Bezug auf die in §§ 9, 9a und 80b InvG genannten Verhaltensregeln und Organisationspflichten zu verwerten (§ 24 Abs. 4 InvPrüfbV). Mit der Konkretisierung des Inhalts und der Gliederung der PrB für KAG und SV werden nicht zuletzt auch Doppelberichterstattungen vermieden. Kapitel 2 der InvPrüfbV gliedert sich in allgemeine Vorschriften (§§ 5 bis 9 InvPrüfbV), aufsichtsrechtliche Vorgaben (§§ 10 bis 13 InvPrüfbV), Regelungen zur abschlussorientierten Berichterstattung (§§ 14 bis 19 InvPrüfbV) und zur Verwaltung von SV und fremdverwalteten InvAG (§§ 20 und 21 InvPrüfbV) sowie zu Dienstleistungen und Nebendienstleistungen (§§ 22 und 23 InvPrüfbV).

---

562 § 9a Nr. 1 InvG und § 80b Abs. 1 InvG (für Immobilien-SV) fordern ein angemessenes Risikomanagement. Mit der Herausnahme der KAG aus dem Anwendungsbereich des KWG sind § 25a Abs. 1 KWG und die diesen konkretisierenden Mindestanforderungen an das Risikomanagement von Instituten (Rundschreiben 05/2007 der BaFin v. 30.10.2007) nicht mehr einschlägig. Siehe Rundschreiben 05/2010 der BaFin vom 30.06.2010, betreffend Mindestanforderungen an das Risikomanagement für Investmentgesellschaften, das v.a. besondere Anforderungenan das Risikomanagement von richtlinienkonformen Investmentvermögen (CESR zu „Risk management principles for UCITS") berücksichtigt.

563 Vgl. hierzu auch Begr. zu § 7 InvPrüfbV.

Für den **Bericht über die Prüfung einer KAG** sind § 321 HGB und die Grundsätze ordnungsmäßiger Berichterstattung bei Abschlussprüfungen nach *IDW PS 450*[564] anzuwenden und die aufsichtsrechtlichen Anforderungen der BaFin zu beachten. Die besonderen Anforderungen an die Inhalte der PrB für KAG regelt die InvPrüfbV. Die Verordnung gibt auch dem APr. mehr Rechtssicherheit und sorgt für Klarheit, was die Inhalte sowie den Umfang und die Darstellung im PrB angeht. Die Verordnung trägt im Übrigen der Weiterentwicklung der Aufsicht von der quantitativen zu einer stärker qualitativ ausgerichteten Aufsicht Rechnung.[565] 758

Im PrB für eine KAG ist gem. § 24 Abs. 2 InvPrüfbV in einer **Zusammenfassung der Prüfungsergebnisse** auf alle wesentlichen Fragen Bezug zu nehmen, um einen Überblick über die wirtschaftliche Lage der KAG und die Einhaltung der aufsichtsrechtlichen Vorgaben zu geben. Hinsichtlich der Lage der KAG ist insb. auf die geschäftliche Entwicklung sowie die Vermögens-, Finanz- und Ertragslage einzugehen. Es muss auch darauf eingegangen werden, ob die Bilanzposten ordnungsgemäß bewertet wurden, v.a. ob die gebildeten Wertberichtigungen und Rückstellungen angemessen sind, ob die RAP richtig berechnet und die Vorschriften des GwG sowie die Anzeige- und Meldevorschriften beachtet wurden (§ 5 Abs. 1 InvPrüfbV). 759

Es ist darüber zu **berichten**, ob sich die Tätigkeit der KAG im Rahmen der erteilten Erlaubnis vollzieht und nicht darüber hinausgehende erlaubnispflichtige Tätigkeiten erbracht werden (§ 8 InvPrüfbV). Die wesentlichen Änderungen der rechtlichen, wirtschaftlichen und organisatorischen Grundlagen sind ebenfalls darzustellen. Hierbei ist insb. zu berichten über Änderungen der Rechtsform und der Satzung oder des Gesellschaftsvertrags, über Änderungen der Kapital- und Gesellschaftsverhältnisse, Änderungen der personellen Zusammensetzung der Geschäftsleitung sowie über Änderungen der Zuständigkeit der einzelnen Geschäftsleiter etc. Die Berichterstattung hat sich auch auf sämtliche Auslagerungen mit Ausnahme der Auslagerung der Portfolioverwaltung gem. § 16 Abs. 2 InvG zu erstrecken.[566] Des Weiteren ist die Ordnungsmäßigkeit der Geschäftsorganisation der KAG gem. § 9a InvG, soweit dies nicht die Verwaltung von Investmentvermögen betrifft, zu beurteilen. Insbesondere ist die Geeignetheit der in § 9a Nr. 2 InvG (persönliche Geschäfte der Mitarbeiter) und § 9a Nr. 4 InvG (Angemessenheit der Kontroll- und Sicherheitsvorkehrungen für den Einsatz der elektronischen Datenverarbeitung) angeordneten Regelungen und Vorkehrungen zu beurteilen. Weiterhin sind Angaben zur Einhaltung aufsichtsrechtlicher Vorgaben, etwa zur Angemessenheit der Eigenmittel (§ 10 InvPrüfbV) und des Anzeigewesens (§ 11 InvPrüfbV), sowie über die Vorkehrungen zur Verhinderung von Geldwäsche und Terrorismusfinanzierung bei KAG (§§ 12 und 13 InvPrüfbV) erforderlich. 760

Im Rahmen der **abschlussorientierten Berichterstattung** ist ein Überblick über die geschäftliche Entwicklung der KAG unter Gegenüberstellung der sie kennzeichnenden Zahlen des Berichtsjahres und des Vj. zu geben (§ 14 InvPrüfbV). Hierfür wesentliche Ereignisse sind vom APr. hervorzuheben und zu erläutern. 761

Die Vermögens- und Finanzlage (§ 15 InvPrüfbV) sowie die Ertragslage (§ 16 InvPrüfbV) der KAG sind zu beurteilen. Es hat gem. § 17 InvPrüfbV eine stichtagsbezogene Darstellung der Risikolage der KAG nach handelsrechtlichen Maßstäben zu erfolgen.[567] Die 762

---

564 WPg 2006, S. 113 ff., WPg Supplement 4/2009, S. 1 ff. = FN-IDW 2009, S. 533 ff.
565 Vgl. *Blankenheim/Kleinschmidt*, InvPrüfbV, S. 8 (9).
566 Über die Auslagerungen gem. § 16 Abs. 2 InvG (Übertragung der Portfolioverwaltung) hat die Berichterstattung bei den betreffenden SV zu erfolgen (§ 21 Abs. 3 InvPrüfbV).
567 Vgl. Begr. zu § 17 InvPrüfbV.

verwendeten Bewertungsverfahren sind darzustellen und deren Angemessenheit ist zu beurteilen. Ferner ist auf die Anzahl und den Umfang von Kulanzzahlungen und Gerichtsverfahren im Zusammenhang mit der Verwaltung von Investmentvermögen sowie auf die Anzahl der Kundenbeschwerden einzugehen.

763 Der APr. entscheidet nach pflichtgemäßem Ermessen und unter Berücksichtigung des Grundsatzes der Wesentlichkeit, ob und in welchem Umfang er gesonderte Erläuterungen zu den einzelnen Posten des JA der KAG vornimmt (§ 18 InvPrüfbV) und mit den Vj.-Zahlen vergleicht. Als Teil des PrB ist das Formblatt „Datenübersicht für KAG und selbstverwaltende InvAG"[568] unter Angabe entsprechender Vj.-Daten beizufügen (§ 19 InvPrüfbV). Zu den im oben genannten Formblatt genannten JA-bezogenen Daten sind die Vj.-Daten nur in den Fällen anzugeben, in denen sie sich aus den Vorschriften des HGB und der RechKredV ergeben.[569]

764 Im Hinblick auf die **Verwaltung von SV und InvAG** hat der APr. über die allgemeinen Verhaltensregeln und Organisationspflichten einschließlich des Risikomanagements[570] zu berichten (§ 21 InvPrüfbV). Es besteht die Möglichkeit, diesen Prüfungsgegenstand zu einem vorgezogenen Zeitpunkt zu prüfen, frühestens jedoch nach sechs Monaten des GJ (§ 20 InvPrüfbV).[571] Über wesentliche Änderungen der Ergebnisse dieses Berichtsteils bis zum Ende des Berichtszeitraums ist im PrB zum GJ-Ende zu berichten.

765 Der APr. hat die Einhaltung der **allgemeinen Verhaltensregeln gem. § 9 InvG**[572], insb. die Vorkehrungen der KAG zur Vermeidung von Interessenkonflikten, darzustellen und zu beurteilen (§ 21 Abs. 1 InvPrüfbV).[573] Der BVI hat in enger Abstimmung mit der BaFin neue, überarbeitete Standards zur Auslegung von § 9 InvG (BVI-WVR; Stand: 15.01.2010) herausgegeben. Die BVI-WVR enthalten drei Grundsätze mit insgesamt 19 einzelnen Regeln, die einen Standard für den guten und verantwortungsvollen Umgang mit dem Kapital und den Rechten der Anleger formulieren.

766 In einem Schreiben der BaFin vom 20.01.2010 informiert diese darüber, dass sie die überarbeiteten BVI-WVR ab sofort zur Auslegung der relevanten Vorschriften des InvG heranzieht, und erklärt diese damit für allgemeinverbindlich. Der APr. einer KAG bzw. InvAG hat seit dem GJ 2010 im PrB (§ 19f InvG) zu erläutern, ob die Gesellschaften im Rahmen der Vorschrift des § 9 InvG die BVI-WVR beachtet haben. Die BaFin behält sich weiterhin vor, jederzeit eigene Richtlinien zur Konkretisierung der allgemeinen Wohlverhaltensregeln nach § 9 InvG zu erlassen.

767 Vom APr. ist die **Ordnungsmäßigkeit der Geschäftsorganisation gem. § 9a InvG** der KAG zu prüfen und zu beurteilen (§ 21 Abs. 2 InvPrüfbV). Dies betrifft zum einen die wesentlichen Geschäftsprozesse in den Funktionen Portfolioverwaltung, Investmentkontrolle, Fondsbuchhaltung und Anteilwertermittlung sowie die dort eingesetzten Datenverarbeitungssysteme. Zum anderen ist die Angemessenheit des Risikomanagementsystems gem. § 9a Satz 2 Nr. 1 und § 80b InvG unter Berücksichtigung der Kom-

---

568 Anlage 1 der InvPrüfbV.
569 Vgl. Begr. zu § 19 InvPrüfbV.
570 Vgl. hierzu *Kempf/Günther*, Risikomanagement.
571 Zu den Bedingungen einer vorgezogenen Prüfung und Berichterstattung vgl. § 20 InvPrüfbV und die Begr. hierzu.
572 Die Investment-Verhaltens- und Organisationsverordnung- InvVerOV -vom 28.6.2011 dient der weiteren Umsetzung der Richtlinie 2010/43/EU und enthält Bestimmungen zu Interessenkonflikt-, Verhaltens- und Organisationsregelungen, die eine KAG und selbstverwaltende InvAG bei der kollektiven Portfolioverwaltung zu beachten haben.
573 Nach der Begr. zu § 21 Abs. 1 InvPrüfbV ist auch über sog. Window Dressing, Churning, Vereinbarungen über sog. Kick-backs und sog. Soft Commissions zu berichten.

plexität und des Umfangs der für die verwalteten Investmentvermögen eingegangenen Risiken zu beurteilen.[574] Ferner ist über die Einhaltung aufsichtsrechtlicher Vorgaben bei Auslagerungen der Portfolioverwaltung auf ein anderes Unternehmen (§ 21 Abs. 3 InvPrüfbV) zu berichten. Des Weiteren ist die Angemessenheit der Kontrollverfahren und der internen Revision der KAG zu beurteilen (§ 21 Abs. 4 InvPrüfbV).

Die BaFin hat mit Rundschreiben 05/2010 vom 30.06.2010 erstmals die aufsichtsrechtlichen **Mindestanforderungen an das Risikomanagement von Investmentgesellschaften (InvMaRisk)** festgelegt. Mit den InvMaRisk werden erstmals für KAG und selbstverwaltende InvAG insb. die Anforderungen an eine ordnungsgemäße Geschäftsorganisation gem. § 9a InvG konkretisiert. **768**

Soweit die KAG **Nebendienstleistungen** gem. § 7 Abs. 2 InvG erbringt, hat der APr. diese besonders zu prüfen. Handelt es sich bei den Nebendienstleistungen um solche gem. § 7 Abs. 2 Nr. 1 InvG (individuelle Vermögensverwaltung), § 7 Abs. 2 Nr. 3 InvG (Anlageberatung) oder § 7 Abs. 2 Nr. 4 InvG (Verwahrung und Verwaltung von Investmentanteilen), umfasst die Prüfung auch die Einhaltung der gem. § 5 Abs. 3 InvG entsprechend zur Anwendung kommenden Vorschriften des WpHG (§§ 31 bis 31b, 31d sowie 33 bis 34a).[575] § 22 InvPrüfbV regelt den Teil der Abschlussprüfung gem. § 19f Abs. 2 Satz 2 InvG, der sich auf die Dienstleistungen und Nebendienstleistungen bezieht. In Abs. 2 sind die Bereiche aufgezählt, zu denen die BaFin grds. Aussagen im PrB über die vorgefundenen Verhältnisse erwartet. Dabei ist auch über die Einhaltung der entsprechenden Pflichten der WpDVerOV und der Verordnung (EG) Nr. 1287/2006 zu berichten.[576] Absatz 4 regelt die besonderen Anforderungen an den PrB bei der Nebentätigkeit des eingeschränkten Depotgeschäfts gem. § 7 Abs. 2 Nr. 4 InvG. Nach Abs. 5 sind auch die in § 7 Abs. 2 Nr. 6 und 6a InvG geregelten Nebendienstleistungen darzustellen. Der APr. kann den Stichtag der jeweiligen Prüfung, der insoweit nicht identisch mit dem Bilanzstichtag des JA ist, nach eigenem Ermessen selbst festlegen und hierüber gesondert berichten.[577] **769**

Die gesetzlichen Vertreter der KAG haben dem APr. den JA und den LB unverzüglich nach **Aufstellung** vorzulegen (§ 320 Abs. 1 HGB) und unabhängig von der Größe der KAG prüfen zu lassen. Die Prüfung hat spätestens drei Monate nach dem Abschluss des für sie maßgeblichen Berichtszeitraums zu beginnen (§ 23 Abs. 2 Satz 1 InvPrüfbV).[578] Der JA ist nach der **Prüfung** unverzüglich **festzustellen** (§ 340k Abs. 1 HGB) und nebst LB spätestens vor Ablauf des zwölften Monats des dem Abschlussstichtag folgenden GJ mit dem BestV oder dem Vermerk über dessen Versagung beim Betreiber des elektronischen BAnz. einzureichen (§ 340l Abs. 1 Satz 1 i.V.m. § 325 Abs. 1 HGB; **Offenlegung**). **770**

---

574 Die Begr. zu § 21 Abs. 2 InvPrüfbV nennt weitere Einzelheiten zu den geforderten Prüfungsinhalten. Genannt werden hierbei u.a. Kontrollverfahren hinsichtlich Anlagepolitik und -grenzen, Buchhaltung, Bewertung der Vermögensgegenstände, Nettoinventarwertberechnung, Angaben zu Ausgabe und Rücknahme von Anteilen, Einhaltung der allgemeinen Verhaltensregeln, eingesetzte Datenverarbeitungssysteme einschließlich der Funktion ihrer Verwendung, Notfallplan etc. Es werden geforderte PrB-Inhalte bei einer KAG aufgeführt, die Immobilien-SV und Infrastruktur-SV verwaltet.

575 Mit der Erklärung der Anwendbarkeit einiger Vorschriften des WpHG wurden die Normen der für die Prüfung gem. § 36 WpHG erlassenen WpDPV nachgebildet.

576 Die Begr. zu § 22 Abs. 2 InvPrüfbV nennt weitere Einzelheiten zu den geforderten Prüfungsinhalten gem. Nr. 1 bis 9.

577 Die Begr. zu § 23 Abs. 1 InvPrüfbV führt die Bedingungen für die Inanspruchnahme dieser Möglichkeit im Einzelnen auf.

578 Die BaFin kann im Einzelfall und aus wichtigem Grund eine andere Frist bestimmen (§ 23 Abs. 2 Satz 3 InvPrüfbV).

c) Grundsätze der Rechnungslegung von Sondervermögen

771 Die Rechnungslegungspflicht der KAG für SV ergibt sich sowohl aus den speziellen Vorschriften des InvG als auch aus vertraglichen Beziehungen. Die **zivilrechtliche Pflicht zur Rechnungslegung** beruht auf dem zwischen der KAG und dem Anleger geschlossenen Investmentvertrag (Geschäftsbesorgungsvertrag i.S.v. § 675 BGB). Als Geschäftsbesorger ist die KAG zur Auskunft und Rechenschaft verpflichtet (§ 675 BGB i.V.m. § 666 BGB). Der Investmentvertrag wird in den sog. Allgemeinen und Besonderen **Vertragsbedingungen** (bei Spezialfonds ggf. in weiteren schriftlichen Vereinbarungen) konkretisiert.[579] Aus § 44 InvG ergeben sich die speziellen Vorschriften für die Rechnungslegung von richtlinienkonformen SV.[580] Diese finden aufgrund ihrer systematischen Stellung im Gesetz auch auf Immobilien-SV Anwendung. Aufgrund der Verweisungen des § 99 Abs. 3 InvG (InvAG) und des § 114 InvG (SV mit zusätzlichen Risiken) gelten die Vorschriften des § 44 InvG sinngemäß (vgl. zur InvAG auch §§ 110 und 111 InvG) auch für diese Fondstypen. Hiernach hat die KAG für jedes SV am **Schluss** eines **GJ** einen **JB** (§ 44 Abs. 1 InvG) und für die **Mitte** des **GJ** einen **HJB** (§ 44 Abs. 2 InvG) zu erstellen[581] und zu veröffentlichen. Das GJ des SV muss nicht mit dem der KAG übereinstimmen. Bei der Übertragung eines SV ist auf den Übertragungsstichtag ein **Zwischenbericht** und bei Auflösung auf den Tag, an dem das Verwaltungsrecht der KAG erlischt, ein **Auflösungsbericht**, der jeweils den Anforderungen an einen JB entspricht, zu erstellen (§ 44 Abs. 3 und 4 InvG).

772 Die Aufgabe der Berichterstattung über die SV besteht in der Befriedigung der **Informationsbedürfnisse** der an der wirtschaftlichen Entwicklung der SV interessierten und zum Informationserhalt berechtigten Personen und Institutionen **(gesellschaftsinterne und -externe Informationsempfänger)**. Um dieser Aufgabe zu genügen, ist die Berichterstattung und damit auch das gesamte Fondsrechnungswesen so auszurichten, dass sie in der Lage sind, den Informationsempfängern zweckadäquate, d.h. **entscheidungs- und kontrollrelevante Informationen** zur Verfügung zu stellen.

773 Die GoB, die nur zum Teil im Handelsrecht kodifiziert sind, stellen ein für die Rechnungslegung allgemeingültiges Normensystem dar, auf das immer dann zurückgegriffen werden muss, wenn die Behandlung einzelner Sachverhalte nicht durch spezifische gesetzliche Vorschriften geregelt ist. Die handelsrechtlichen **formalen GoB** stellen Rahmengrundsätze dar, die jeder Kaufmann bei seiner Buchhaltung sowie bei seiner Rechenschaftslegung zu beachten hat. Sie sind wegen der Kaufmannseigenschaft der KAG und der Sorgfaltspflichten eines ordentlichen Kaufmanns grds. auch auf die Fondsbuchhaltung und die Berichterstattung über die SV übertragbar.

774 § 2 Abs. 1 Satz 1 InvRBV fordert daher folgerichtig, dass die Berichterstattung durch die KAG für deren SV und die InvAG an den Grundsätzen der Vollständigkeit, Richtigkeit, Willkürfreiheit, Klarheit und Übersichtlichkeit auszurichten ist. Soweit sich aus dem InvG und der InvRBV selbst nichts anderes ergibt, sind die **formalen GoB**[582] auf die investmentrechtliche Rechnungslegung anwendbar (§ 4 Satz 1 InvRBV). Die investmentrecht-

---

579 Gemäß § 43 Abs. 4 Nr. 5 InvG müssen die Vertragsbedingungen Regelungen zum Zeitpunkt und zur Art der Rechnungslegung enthalten. Der BVI erarbeitet in Abstimmung mit der BaFin Muster-Vertragsbedingungen für die jeweiligen Fondstypen sowie für spezielle Anlegerkreise (z.B. Versicherungen, Hypothekenbanken, Bausparkassen). § 20 der Allgemeinen Muster-Vertragsbedingungen für richtlinienkonforme SV enthält einen entsprechenden Formulierungsvorschlag zur Rechnungslegung.

580 § 145 Abs. 1 InvG enthält eine Übergangsregelung für die im Zeitpunkt des Inkrafttretens des InvG am 01.01.2004 noch auf der Grundlage des 3. und 4. FMFG bestehenden SV. Dies gilt auch für §§ 21, 24a KAGG.

581 Für Spezial-SV ist die Erstellung von HJB nicht erforderlich (§ 94 Satz 2 InvG).

582 Die in § 4 InvRBV verwendete Formulierung „formelle GoB" ist gleichbedeutend mit dem im Schrifttum (vgl. bspw. *ADS*⁶, § 239 HGB) gebräuchlichen Terminus der „formalen GoB".

lichen Aufzeichnungen („Buchführung") müssen auf die gesetzlichen Anforderungen hinsichtlich der Berichte nach dem InvG ausgerichtet und vollständig, richtig, zeitgerecht, geordnet und nachvollziehbar sein. Einem sachverständige Dritten ist die Nachprüfbarkeit zu ermöglichen (§ 4 Satz 2 InvRBV). Die formalen GoB sind nicht nur für die „Buchführung" und die Inventare zu erfüllen, sondern entsprechend immer auch dann, wenn Informationen zweckgerichtet übermittelt werden sollen und Sicherheit und Beweiskraft gefordert ist; anderenfalls können die aus ihnen gefolgerten Schlüsse nicht gewährleistet oder intersubjektiv (durch einen sachverständigen Dritten) nachvollzogen werden.

d) Jahresbericht
aa) Verantwortlichkeit, Zielsetzung und Bestandteile

Die Aufstellung des JB einschließlich der Bewertungsansätze in der Vermögensaufstellung liegt in der Verantwortung der das SV verwaltenden KAG. Diese Verantwortlichkeit ergibt sich aus § 44 InvG und besteht unabhängig von der gem. § 36 Abs. 1 Satz 2 InvG geregelten Festlegung, ob die Depotbank unter Mitwirkung der KAG (Alternative 1) oder die KAG für die Wertermittlung des SV zuständig ist (Alternative 2).[583] § 5 Abs. 1 InvRBV stellt dies ausdrücklich klar. Der JB soll dem (potenziellen) Anteilinhaber eine Beurteilung der Tätigkeit der KAG und der Ergebnisses des SV ermöglichen. Er dient der umfassenden Information über den Inhalt, den Umfang und die Darstellung der Tätigkeit der KAG im Rahmen der Verwaltung des SV, über den Wert des SV, die durchgeführten Geschäfte, die Ergebnisse im abgelaufenen GJ sowie die bisherige Entwicklung des SV (§ 5 Abs. 1 InvRBV). Bislang „konkretisierten" die vom BVI veröffentlichten und mit der BaFin abgestimmten **Muster-JB**[584] **für die einzelnen Fondstypen** den Mindestinhalt von JB. Der JB muss die in § 44 Abs. 1 Satz 2 und 3 InvG aufgeführten **Pflichtbestandteile** enthalten:

775

- Tätigkeitsbericht (§ 44 Abs. 1 Satz 2 InvG, § 6 InvRBV),
- Vermögensaufstellung (§ 44 Abs. 1 Satz 3 Nr. 1 InvG, § 7 InvRBV),
- Ertrags- und Aufwandsrechnung (§ 44 Abs. 1 Satz 3 Nr. 4 InvG, § 8 InvRBV),
- Verwendung der Erträge des SV (Verwendungsrechnung, § 44 Abs. 1 Satz 3 Nr. 4a InvG, § 9 InvRBV),
- Übersicht über die Entwicklung des SV (Entwicklungsrechnung, § 44 Abs. 1 Satz 3 Nr. 4 InvG, § 10 InvRBV),
- vergleichende Drei-Jahresübersicht (§ 44 Abs. 1 Satz 3 Nr. 5 InvG, § 11 InvRBV),
- Aufstellung der während des Berichtszeitraums abgeschlossenen Geschäfte, die nicht mehr Gegenstand der Vermögensaufstellung sind (§ 44 Abs. 1 Satz 3 Nr. 2 InvG),[585]
- Anzahl der am Berichtstag umlaufenden Anteile und der Wert eines Anteils gem. § 36 Abs. 1 Satz 2 InvG (§ 44 Abs. 1 Satz 3 Nr. 3 InvG),
- besonderer Vermerk über das Ergebnis der Prüfung des JB des SV (§ 44 Abs. 5 Satz 2 InvG).[586]

---

583 Vgl. auch Begr. zu § 5 InvRBV.
584 Diese Muster-JB enthalten bislang Mindestangaben, die erforderlichenfalls unter Beachtung der Grundsätze der Klarheit und Übersichtlichkeit zu ergänzen sind.
585 Bei Immobilien-SV und Infrastruktur-SV sowie Spezial-SV, die in entsprechenden Vermögensgegenständen angelegt sind, müssen in einer Anlage gem. § 79 InvG 1 Satz 9 die getätigten Käufe und Verkäufe von Immobilien, Beteiligungen an Immobilien-Gesellschaften und ÖPP-Projektgesellschaften angegeben werden. Für SV mit zusätzlichen Risiken i.S.v. § 112 InvG sind die getätigten Leerverkäufe in Wertpapieren unter Nennung von Art, Nennbetrag oder Zahl, der Zeitpunkt der Verkäufe und die erzielten Erlöse anzugeben (Begr. zu § 5 Abs. 3 Nr. 7 InvRBV).
586 Der vom APr. erteilte besondere Vermerk ist in vollem Wortlaut im JB wiederzugeben.

776 Für Spezial-SV entfallen gem. § 94 Satz 1 InvG der Tätigkeitsbericht, die Verwendungsrechnung und die vergleichende Drei-Jahresübersicht.

bb) Tätigkeitsbericht

777 Der JB hat gem. § 44 Abs. 1 Satz 2 InvG einen Bericht über die Tätigkeit der KAG im abgelaufenen GJ und alle wesentlichen Angaben zu enthalten, die es den Anlegern ermöglichen, sich ein Urteil über diese Tätigkeit und die Ergebnisse des SV zu bilden. Er sollte die Anleger klar, verständlich und umfassend über die Tätigkeit der KAG für das SV im abgelaufenen GJ informieren.

778 § 6 InvRBV konkretisiert erstmals die Inhalte des Tätigkeitsberichts über die Tätigkeit der KAG im abgelaufenen GJ. Er hat alle wesentlichen Angaben zu enthalten, die es den Anlegern wie auch potenziellen Anlegern ermöglichen, sich ein Urteil über die Verwaltungstätigkeit der KAG und die Ergebnisse des SV zu bilden. Der Tätigkeitsbericht ist ein in sich abgeschlossener, eigenständiger Bestandteil des JB, dessen Verständlichkeit nicht durch allgemeine Darstellungen des wirtschaftlichen Umfelds oder der gesamtwirtschaftlichen Lage oder Verweise innerhalb des JB eingeschränkt werden darf. Er ergänzt und erläutert die anderen Teile des JB sowie dessen wesentliche Zahlenangaben. Als wesentliche (nicht abschließende Aufzählung) **Mindestangaben** normiert § 6 Abs. 2 InvRBV

- die Anlageziele des SV sowie die Anlagepolitik zur Erreichung dieser Ziele im Berichtszeitraum;
- die wesentlichen Risiken des SV im Berichtszeitraum, insb. Adressenausfallrisiken, Zinsänderungs-, Währungs- sowie sonstige Marktpreisrisiken, operationelle Risiken und Liquiditätsrisiken;
- die Struktur des Portfolios im Hinblick auf die Anlageziele zum Berichtszeitpunkt sowie wesentliche Veränderungen während des Berichtszeitraums;
- sonstige für den Anleger wesentliche Ereignisse im Berichtszeitraum, z.B. die Auslagerung des Portfoliomanagements.

Angaben zu den Risiken und zur Struktur des Portfolios sind bereits in den Verkaufsprospekten zu machen (§ 42 Abs. 1 Satz 2 und 3 InvG). Die Angaben in den Prospekten sind auf dem neuesten Stand zu halten (§ 42 Abs. 5 InvG). Die Prospekte in ihrer aktuellen Fassung müssen für die Anleger jederzeit kostenlos erhältlich sein (§ 121 Abs. 1 Satz 6 InvG).

779 Über operationelle Risiken ist nur insoweit zu berichten, als solche konkret für ein einzelnes SV bestehen.

780 Gemäß § 8 Abs. 3 InvRBV sind im Tätigkeitsbericht ferner die wesentlichen Quellen des Veräußerungsergebnisses (einschließlich solcher aus Derivaten und Währungsgeschäften) zu erläutern.

cc) Vermögensaufstellung

781 Die Vermögensaufstellung (§ 44 Abs. 1 S. 3 Nr. 1 InvG) enthält eine Aufstellung (Inventarisierung) aller dem SV zuzurechnenden Vermögensgegenstände und Verbindlichkeiten und informiert die Anleger damit über die Zusammensetzung des verwalteten Vermögens. § 7 InvRBV konkretisiert die gesetzlichen Regelungen zur Vermögensaufstellung und fordert u.a. eine Gliederung nach Arten von Vermögensgegenständen und Märkten (§ 7 Abs. 1 InvRBV).

Kapitalanlagegesellschaften, Sondervermögen, Investment-Aktiengesellschaften J

Die Vermögensgegenstände sind nach Art, Nennbetrag oder Zahl, Kurs und Kurswert (§ 44 Abs. 1 Satz 3 Nr. 1 InvG) aufzuführen. Ergänzende Regelungen für den Ausweis von Immobilien sowie Beteiligungen an Immobilien-Gesellschaften enthält § 79 InvG.[587] Die Wertpapiere sind eindeutig[588] und unter Angabe der Wertpapierkennnummer oder der internationalen Wertpapieridentifikationsnummer (ISIN) zu bezeichnen (§ 5 Abs. 3 Nr. 2 InvRBV). **782**

Für jede Position der Vermögensaufstellung ist dessen Anteil am Wert des SV anzugeben. Für jeden Posten der Wertpapiere, Geldmarktinstrumente und Investmentanteile sind auch die während des Berichtszeitraums getätigten Käufe und Verkäufe nach Nennbetrag oder Zahl aufzuführen. Ferner ist der Wert des SV anzugeben. Anzugeben ist auch, inwieweit zum SV gehörende Vermögensgegenstände Gegenstand von Rechten Dritter sind. Verpfändete Wertpapiere und sonstige, aufgrund gesetzlicher Vorschriften gesperrte Wertpapiere sind entsprechend zu kennzeichnen (§ 44 Abs. 1 Satz 3 Nr. 1 InvG). **783**

Bei Immobilien-SV sind in der Vermögensaufstellung für die zum SV gehörenden Immobilien objektbezogen anzugeben (gesetzliche Pflichtangaben gem. § 79 Abs. 1 Satz 1 InvG): Grundstücksgröße, Art und Lage, Bau- und Erwerbsjahr, Gebäudenutzfläche, Leerstandsquote, Nutzungsentgeltausfallquote, Fremdfinanzierungsquote, Restlaufzeiten der Nutzungsverträge, Verkehrswert, Kaufpreis, Nebenkosten der Anschaffung und die wesentlichen Ergebnisse der Gutachten des Sachverständigenausschusses oder des Ankaufsachverständigen (z.B. angesetzte Bewertungsmiete und Kapitalisierungszinssatz als die wesentlichen Bewertungsparameter eines Wertgutachtens) sowie sonstige wesentliche Merkmale. **784**

Die Angaben werden üblicherweise im sog. Immobilienverzeichnis, das Bestandteil der Vermögensaufstellung ist, zusammengefasst. Daneben sind in einer Anlage zur Vermögensaufstellung die im Berichtszeitraum getätigten Käufe und Verkäufe von Immobilien und Beteiligungen an Immobilien-Gesellschaften anzugeben (§ 79 Abs. 1 Satz 9 InvG). Bei der Angabe der Verkehrswerte der einzelnen Liegenschaften wird regelmäßig von der Vereinfachungsregelung gem. § 79 Abs. 1 Satz 3 InvG Gebrauch gemacht. Demnach können die Verkehrswerte für Gruppen gleichartiger oder zusammengehöriger Immobilien in einem Betrag ausgewiesen werden. Eine Zusammenfassung wird üblicherweise in die Gruppen Mietwohngrundstücke, Geschäftsgrundstücke, gemischt genutzte Grundstücke, Grundstücke im Zustand der Bebauung sowie unbebaute Grundstücke vorgenommen. Bei Beteiligungen an einer Immobilien-Gesellschaft sind für die gesondert zu kennzeichnenden Vermögensgegenstände der Immobilien-Gesellschaft dieselben Angaben erforderlich wie bei der Direktinvestition (§ 79 Abs. 2 Satz 2 InvG). Zusätzlich sind gem. § 79 Abs. 2 Satz 1 InvG Angaben zu Art und Umfang der Beteiligung (Firma, Rechtsform und Sitz der Immobilien-Gesellschaft, Gesellschaftskapital, Höhe der Beteiligung und Zeitpunkt ihres Erwerbs durch die KAG sowie die Zahl und Beträge der der Immobilien-Gesellschaft gewährten Darlehen) zu machen. **785**

Die Vermögensaufstellung gliedert sich weiter in Liquiditätsanlagen (Bankguthaben, Wertpapiere), sonstige Vermögensgegenstände (Forderungen aus der Grundstücksbewirtschaftung, Forderungen an Immobilien-Gesellschaften, Zinsansprüche und andere Vermögensgegenstände), Verbindlichkeiten (aus Krediten, Grundstückskäufen und Bauvorhaben, Grundstücksbewirtschaftung und aus anderen Gründen) und Rückstellungen. Unter den Rückstellungen werden neben Instandhaltungs- und Verwaltungskosten etc. **786**

---

[587] Einzelne Immobilien-KAG haben sich darüber hinaus auf die Veröffentlichung weiterer, die Transparenz erhöhender Angaben verständigt.
[588] Bei Obligationen ist hierfür z.B. die Angabe der Endfälligkeit und/oder der Reihe bzw. Serie erforderlich.

auch potenzielle Steuerlasten ausgewiesen, die bei einem zukünftigen Veräußerungsgewinn aus dem Verkauf im Ausland belegener Liegenschaften anfallen, selbst wenn ein solcher Verkauf (noch) nicht geplant ist.

787 Im Hinblick auf die Untergliederung nach Märkten ist der Wertpapierbestand gem. § 44 Abs. 1 Satz 3 Nr. 1 InvG zu untergliedern in:

- Wertpapiere mit einer Zulassung zum Handel an einer Börse, an einem organisierten Markt zugelassene oder in diesen einbezogene Wertpapiere;
- Wertpapiere aus Neuemissionen, die an einer Börse zum Handel zugelassen oder an einem organisierten Markt zugelassen oder in diesen einbezogen werden sollen;
- sonstige Wertpapiere gem. § 52 Abs. 1 Nr. 1 und 3 InvG und verbriefte Geldmarktinstrumente sowie Schuldscheindarlehen.

788 Geschäfte, die Finanzinstrumente zum Gegenstand haben, werden geschäftsartenspezifisch unter Angabe des Kurswerts oder – sofern es einen solchen nicht gibt – des Verkehrswerts bzw. des vorläufigen Ergebnisses im Einzelnen dargestellt.

789 Gesondert auszuweisen sind ferner nicht notierte Wertpapiere oder Anteile an anderen nicht notierten Investmentvermögen, ferner Bankguthaben, Rückzahlungsforderungen bzw. -verbindlichkeiten aus in Pension genommenen bzw. gegebenen Wertpapieren, verliehene Papiere aus Wertpapierdarlehensgeschäften sowie sonstige Vermögensgegenstände und sonstige Verbindlichkeiten. Bei sonstigen SV oder SV mit zusätzlichen Risiken können noch die Kategorien „Edelmetalle" oder „Warentermingeschäfte" hinzukommen.

790 Bei der Untergliederung nach Märkten ist eine weitere Gliederung nach geeigneten Kriterien unter Berücksichtigung der Anlagepolitik (z.B. nach geografischen oder wirtschaftlichen Kriterien bzw. nach Währungen) nach prozentualen Anteilen am Wert des SV vorzunehmen.

791 § 7 Abs. 2 InvRBV sieht vor, dass der Vermögensaufstellung gem. § 44 Abs. 1 Satz 3 InvG als detaillierte Einzelaufstellung eine sog. **zusammengefasste Vermögensaufstellung** voranzustellen ist, die einen verdichteten Überblick über die Zusammensetzung und Höhe des Vermögens gibt. Sie dient einer vereinfachten Überprüfung von Anlagezielen und der Anlagepolitik eines SV durch den Anleger. Die Gliederung ist nach geeigneten Kriterien unter Berücksichtigung der Anlagepolitik des SV, bspw. nach wirtschaftlichen oder geografischen Kriterien, und nach prozentualen Anteilen am Wert des SV vorzunehmen.

792 Eine Saldierung von Vermögensgegenständen mit Verbindlichkeiten ist nicht erlaubt (§ 7 Abs. 3 Satz 1 InvRBV; **Saldierungsverbot**).[589] Forderungen und Verbindlichkeiten aus dem Umsatz von Anteilscheinen sind als sonstige Vermögensgegenstände oder als sonstige Verbindlichkeiten auszuweisen (§ 7 Abs. 3 Satz 2 InvRBV).

793 Die **im Rahmen von Wertpapierdarlehen verliehenen Wertpapiere** sind in der Vermögensaufstellung gesondert auszuweisen. Hierbei ist anzugeben, dass die Vermögensgegenstände Gegenstand von Wertpapierleihgeschäften sind. Im Rahmen von Wertpapierleihgeschäften eingeräumte Sicherheiten sind nicht in der Vermögensaufstellung des SV auszuweisen (§ 7 Abs. 4 InvRBV). Besonderheiten und zusätzliche Erläuterungen zur Vermögensaufstellung sind als „**Erläuterungen zur Vermögensaufstellung**" darzustellen. Hierzu gehören insb. Erläuterungen zu den Wertpapierdarlehen und zu den Wertpapierpensionsgeschäften, Angaben zu Wertpapier- und Devisenkursen sowie zu Marktsegmenten und Terminbörsen (Marktschlüssel).

---

[589] Zur Auslegung der Vorschrift kann ggf. auch auf § 10 RechKredV zurückgegriffen werden.

Kapitalanlagegesellschaften, Sondervermögen, Investment-Aktiengesellschaften J

§ 7 Abs. 5 InvRBV konkretisiert, welche Kosten im Rahmen des Erwerbs von Immobilien 794
als **Anschaffungsnebenkosten** angesetzt werden können.

Die Anschaffungsnebenkosten sind gem. § 7 Abs. 5 Satz 1 InvRBV **objektbezogen auf-** 795
zugliedern; sie sind dabei sowohl als absoluter Betrag sowie als Prozentangabe in Bezug
auf den Kaufpreis anzugeben. Die Vorgaben dienen der Konkretisierung der (neben dem
Kaufpreis bzw. dem vom Sachverständigenausschuss ermittelten Verkehrswert) nach dem
InvG als Anschaffungsnebenkosten anzusetzenden Kostenpositionen für die vom SV gehaltenen Immobilien. Die KAG kann sich zur Darstellung dieser Angaben eines Immo-
bilienverzeichnisses bedienen, das Bestandteil der Vermögensaufstellung ist.

Die **Untergliederung** dieser Kostenpositionen hat nach solchen aufgrund gesetzlicher 796
Vorgaben entstandenen Kosten **(Gebühren und Steuern)** und solchen aufgrund frei-
williger Verpflichtung entstandenen Kosten **(sonstigen Kosten)** zu erfolgen (§ 7 Abs. 5
Satz 2 InvRBV). Zur ersten Kategorie gehören nach der InvRBV neben den in § 448
Abs. 2 BGB aufgeführten Kosten für die Beurkundung des Kaufvertrags, der Auflassung
und der Eintragung in das Grundbuch sowie den dafür erforderlichen Erklärungen auch
die zur Erlangung der Unbedenklichkeitsbescheinigung zu zahlende GrESt (§ 7 Abs. 5
Satz 3 InvRBV). Für Erwerbe ausländischer Immobilien gilt Entsprechendes unter Berücksichtigung der maßgeblichen Vorschriften der jeweiligen ausländischen Rechtsordnung (§ 7 Abs. 5 Satz 4 InvRBV). Alle anderen Anschaffungsnebenkosten sind als
sonstige Kosten (§ 7 Abs. 5 Satz 5 InvRBV) der zweiten Kategorie zuzuordnen. Zu den
sonstigen Kosten zählen bspw. Maklerkosten, eine etwaige erwerbsabhängige Verwaltungsvergütung der KAG (Kaufvergütung) sowie weitere Kosten, die im Vorfeld des Erwerbs entstanden sind (§ 7 Abs. 5 Satz 6 InvRBV). Voraussetzung für die Erfassung
letztgenannter Kosten ist, dass der Erwerb aussichtsreich erscheint und die Kosten
dem konkreten Erwerb zugeordnet werden können und nicht allgemeiner Natur sind
(nicht anzusetzen sind daher die Kosten für allgemeine Marktstudien, Wettbewerbsanalysen o.Ä.).

Gemäß § 7 Abs. 5 Satz 7 und 8 InvRBV sind neben der Höhe der Anschaffungsneben- 797
kosten zum Zeitpunkt des Erwerbs auch die Länge des voraussichtlichen Abschrei-
bungszeitraums, der Abschreibungsbetrag des GJ sowie der Restbetrag (verbleibende
Anschaffungsnebenkosten) anzugeben. Der Abschreibungszeitraum richtet sich ausschließlich nach der voraussichtlichen Haltedauer der Immobilie, beträgt jedoch gem. § 79
Abs. 1 Satz 6 InvG höchstens zehn Jahre. Eine Abschreibung über einen kürzeren Zeitraum bzw. eine vorzeitige Abschreibung ist nur bei einer voraussichtlich kürzeren Haltedauer bzw. bei einer vorzeitigen Veräußerung zulässig.

Für die Vermögensaufstellung sind die **maßgebenden Bewertungsregeln und Bewer-** 798
tungsgrundsätze gem. § 36 InvG sowie des Dritten Abschn. (§§ 22 bis 30 InvRBV) anzuwenden (§ 7 Abs. 6 InvRBV). Hierbei ist grds. die Bewertung zugrunde zu legen, die für
Zwecke der Anteilwertermittlung zum Stichtag maßgeblich war. Für die Vermögensgegenstände und Verbindlichkeiten im JB sind die Verhältnisse zum Stichtag des JB maßgebend (Stichtagsprinzip). Erkenntnisse nach dem Stichtag des JB sind nicht in der Vermögensaufstellung zu berücksichtigen, sondern finden ihren Niederschlag in der dem
Stichtag des JB folgenden Anteilwertermittlung des neuen GJ.

§ 7 Abs. 6 Satz 4 InvRBV stellt ausdrücklich klar, dass die Bewertung der Vermögensge- 799
genstände in der Vermögensaufstellung „in vollem Umfang" bei der KAG zu dokumentieren ist. Die Depotbank ist verpflichtet, der KAG Auskunft über die Einzelheiten der
Bewertung zu erteilen (Auskunftspflicht). Dies betrifft die Fallgestaltung, in der die Ermittlung des Anteilwerts durch die Depotbank unter Mitwirkung der KAG erfolgt (§ 36

1133

Abs. 1 Alternative 1 InvG). Diese Nachweispflicht ist erforderlich, da die KAG für die Aufstellung des JB einschließlich der Bewertung in der Vermögensaufstellung verantwortlich ist und nur so den sich hieraus ergebenden Anforderungen nachkommen kann. Der Umfang der Dokumentation liegt grds. im Ermessen der Depotbank und der KAG. Dabei ist eine lückenlose Nachvollziehbarkeit zu gewährleisten. Es gelten hierfür die allgemeinen Sorgfaltspflichten eines ordentlichen Kaufmanns (so auch § 9 Abs. 1 InvG) sowie die formalen GoB (§ 4 InvRBV).

dd) Ertrags- und Aufwandsrechnung

800 Die Ertrags- und Aufwandsrechnung ist gem. § 44 Abs. 1 Satz 3 Nr. 4 InvG so zu gestalten, dass aus ihr die laufenden Erträge aus den Vermögensanlagen sowie sonstige Erträge und die Aufwendungen für die Verwaltung des SV und für die Depotbank, sonstige Aufwendungen und Gebühren und der Nettoertrag sowie Erhöhungen und Verminderungen des SV durch Veräußerungsgeschäfte ersichtlich sind. Das InvG verlangt lediglich eine Mindestgliederung. Gemäß § 8 InvRBV wird erstmals ein verpflichtendes Gliederungsschema vorgegeben. Im Einzelnen ist die Ertrags- und Aufwandsrechnung wie folgt zu gliedern:

I. Erträge
1. Dividenden inländischer Aussteller
2. Dividenden ausländischer Aussteller (vor Quellensteuer)
3. Zinsen aus inländischen Wertpapieren
4. Zinsen aus ausländischen Wertpapieren (vor Quellensteuer)
5. Zinsen aus Liquiditätsanlagen im Inland
6. Zinsen aus Liquiditätsanlagen im Ausland (vor Quellensteuer)
7. Erträge aus Investmentanteilen
8. Erträge aus Wertpapierdarlehen und Wertpapierpensionsgeschäften
9. Abzüge ausländischer Quellensteuer
10. Sonstige Erträge
Summe der Erträge
II. Aufwendungen
1. Zinsen aus Kreditaufnahmen
2. Verwaltungsvergütung
3. Depotbankvergütung
4. Prüfungs- und Veröffentlichungskosten
5. Sonstige Aufwendungen
Summe der Aufwendungen
III. Ordentlicher Nettoertrag
IV. Veräußerungsgeschäfte
1. Realisierte Gewinne
2. Realisierte Verluste
Ergebnis aus Veräußerungsgeschäften
V. Ergebnis des GJ

801 Es handelt sich um eine verbindliche Gliederung und keine Mindestgliederung. Weitere Untergliederungen der vorgegebenen Posten sind möglich. Soweit sich die **Verwaltungsvergütung** gemäß den Vertragsbedingungen aus verschiedenen Einzelvergütungen zusammensetzt (z.B. fixe und performanceabhängige Bestandteile), ist dieser Posten entsprechend zu untergliedern.[590] Eine Erweiterung der Postengliederung oder eine Anpas-

---

590 Vgl. Begr. zu § 8 Abs. 1 InvRBV.

Kapitalanlagegesellschaften, Sondervermögen, Investment-Aktiengesellschaften   J

sung der **Postenbezeichnung** ist grds. nicht zulässig. Erläuterungen bspw. in Form von Fußnoten sollten im Einzelfall zulässig sein, soweit eine solche Information nicht auch an anderer Stelle (z.B. im Tätigkeitsbericht) erfolgen kann und die Übersichtlichkeit der Ertrags- und Aufwandsrechnung dadurch nicht eingeschränkt wird. **Leerposten** können jeweils entfallen (§ 8 Abs. 1 InvRBV).

Bei **Immobilien-SV und Infrastruktur-SV sowie Spezial-SV mit Anlagen in entsprechenden Vermögensgegenständen** ist die Ertrags- und Aufwandsrechnung unter den jeweiligen Posten um folgende Angaben zu ergänzen (§ 8 Abs. 2 InvRBV):   802

I. Erträge
   11. Erträge aus Immobilien
   12. Erträge aus Immobilien-Gesellschaften
   13. Eigengeldverzinsung (Bauzinsen)
   Summe der Erträge
II. Aufwendungen
   1. Bewirtschaftungskosten
   2. Erbbauzinsen, Leib- und Zeitrenten
   3. Ausländische Steuern
IV. Veräußerungsgeschäfte
   3. Realisierte Gewinne
     a) aus Immobilien
     b) aus Beteiligungen an Immobilien-Gesellschaften
     c) aus Liquiditätsanlagen
     d) Sonstiges
   4. Realisierte Verluste
     a) aus Immobilien
     b) aus Beteiligungen an Immobilien-Gesellschaften
     c) aus Liquiditätsanlagen
     d) Sonstiges

Erträge sind die zugeflossenen Einnahmen oder als Ansprüche abgegrenzte laufende Erträge aus den Vermögensgegenständen. Abgegrenzt werden i.d.R. Ansprüche aus laufenden Zinszahlungen sowie Dividendenansprüche ab dem Ex-Tag. Erträge aus Investmentanteilen sind bei der Abgrenzung nur zu berücksichtigen, wenn eine Ausschüttung durch die verwaltende KAG beschlossen wurde und wenn die Zahlung erfolgt, weil der Anspruch auf die Ausschüttung nicht demjenigen zusteht, der die Anteile im Zeitpunkt der Beschlussfassung besaß, sondern demjenigen, dem sie am Zahltag gehören. Als **Aufwendungen** werden i.d.R. lediglich die abgeflossenen Beträge erfasst, die dem SV nach den Vertragsbedingungen belastet werden dürfen. Die Verwaltungsvergütung für Publikumsfonds wird i.d.R. periodengerecht abgegrenzt. Nicht zu den Aufwendungen zählen abzuführende Steuern.   803

Die wesentlichen Beträge im Posten „**sonstige Aufwendungen**" (z.B. Depotgebühren, Prüfungskosten, Druck- und Veröffentlichungskosten sowie Kosten für Performancemessung) und im Posten „**sonstige Erträge**" (z.B. Quellensteuer-Rückvergütungen und HV-Prämien) sind zu erläutern bzw. gesondert aufzugliedern.   804

Die realisierten Ergebnisse aus abgeschlossenen Veräußerungsgeschäften oder abgeschlossenen Geschäften mit Finanzinstrumenten werden unter Berücksichtigung der Spesen als **realisierte Gewinne** bzw. **realisierte Verluste** ausgewiesen. Bei Wertpapieren ergeben sich die realisierten Gewinne bzw. Verluste als Unterschiedsbetrag zwischen Veräußerungserlös und AK einschließlich der Anschaffungsnebenkosten (Transaktions-   805 kosten) je Gattung. Die Ermittlung der AK erfolgt, indem aus den Einstandspreisen der entsprechenden Gattung bei jedem Zukauf ein neuer Durchschnitt berechnet wird (Durchschnitts- bzw. Fortschreibungsmethode). Realisierte Gewinne und Verluste innerhalb einer Gattung werden verrechnet. Bei Optionen werden bei Ausübungen oder Verfall von Optionsrechten erhaltene bzw. gezahlte Prämien nicht als Anschaffungsnebenkosten bzw. Veräußerungsmehr- oder -mindererlös der zugrunde liegenden Gattung behandelt, sondern isoliert betrachtet und unmittelbar als Gewinne bzw. Verluste vereinnahmt.[591] Bei Geschäften mit Finanztermminkontrakten ergeben sich die realisierten Gewinne und Verluste aus der Differenz zwischen dem Kurs am Tag des Abschlusses und dem Abrechnungspreis bei Schließung oder Verfall des Kontrakts.

806 Die in der Ertrags- und Aufwandsrechnung zu den Veräußerungsgeschäften ausgewiesenen Beträge (realisierte Gewinne und realisierte Verluste) müssen denjenigen entsprechen, die in der Übersicht über die Entwicklung des SV gem. § 10 Abs. 1 Gliederungsziffer I.6. und I.7. InvRBV auszuweisen sind.

807 Die **wesentlichen Quellen des Veräußerungsergebnisses** (einschließlich solcher aus Derivaten und Währungsgeschäften) sind **im Tätigkeitsbericht zu erläutern** (§ 8 Abs. 3 InvRBV).

808 Die Einstandswerte (Einstandskosten) von Vermögensgegenständen sind gem. § 8 Abs. 5 Satz 1 InvRBV nach der **Durchschnittsmethode** zu ermitteln. Bei der auch international üblichen Durchschnittsmethode wird aus dem Anfangsbestand und den Zugängen typischerweise girosammelverwahrter Wertpapiere während des GJ ein gewogener Durchschnittspreis ermittelt. Bei Wertpapieren derselben Gattung sind Gewinne und Verluste aus Verkäufen zu **kompensieren** (§ 8 Abs. 5 Satz 2 InvRBV). Die Ergebnisermittlung bei Immobilien oder Beteiligungen an Immobilien-Gesellschaften kennt dagegen keine Durchschnittsmethode.

809 Besonderheiten der Ertrags- und Aufwandsrechnung sind in den „**Erläuterungen zur Ertrags- und Aufwandsrechnung**" oder in entsprechenden Fußnoten darzustellen.[592]

ee) Verwendung der Erträge des Sondervermögens

810 Die Vertragsbedingungen regeln, ob und in welchem Umfang Erträge des SV auszuschütten oder wieder anzulegen sind, ob auf Erträge entfallende Teile des Ausgabepreises für ausgegebene Anteile zur Ausschüttung herangezogen werden können (Ertragsausgleichsverfahren) und ob die Ausschüttung von Veräußerungsgewinnen vorgesehen ist (§ 43 Abs. 4 Nr. 6 und § 78 InvG).

811 Bei **thesaurierenden Fonds** erfolgt keine Ausschüttung, so dass es zu keiner Vereinnahmung der Ergebnisse des SV beim (institutionellen) Investor kommt. Die Ergebnisse des SV führen zu einer Erhöhung oder Verminderung des Anteilwerts gem. § 36 Abs. 1 InvG.[593]

---

591 Abweichend von der handelsrechtlichen Bilanzierung; vgl. hierzu auch *BFA 2/1995*, WPg 1995, S. 421 = FN-IDW 1995, S. 221, bzw. *IDW RS BFA 6*, WPg Supplement 4/2011 = FN-IDW 2011, S. 656 ff.

592 Hierzu zählt u.a. die Angabe von Erträgen aus Zerobonds, sofern für diese keine Abgrenzung vorgenommen wurde.

593 Die Zuschreibung thesaurierter ordentlicher Nettoerträge gemäß Steuerrecht bleibt hiervon unberührt. Steuerlich gelten die nicht zur Kostendeckung bzw. Ausschüttung verwendeten Erträge i.S.v. § 20 EStG mit Ablauf des Fonds-GJ als zugeflossen (§ 2 Abs. 1 InvStG) und werden in der Steuerbilanz (bzw. als außerbilanzielle Zurechnung) den AK der Fondsanteile zugeschrieben (Zuflussfiktion).

812 Bei **verpflichtend ausschüttenden Fonds** erfolgt zum Jahresende eine Ausschüttung der in den Vertragsbedingungen definierten Ertragsbestandteile (z.B. Vollausschüttung der ordentlichen Nettoerträge), ohne dass es einer weiteren Beschlussfassung durch die KAG bedarf. In diesem Fall entsteht der Ausschüttungsanspruch mit Ablauf des Fonds-GJ automatisch, so dass die Erträge am JB-Stichtag des SV durch den Anteilinhaber zu erfassen sind (phasengleiche Vereinnahmung).

813 Bei **grds. ausschüttenden Fonds** entsteht der Ausschüttungsanspruch rechtlich erst im Zeitpunkt der Beschlussfassung durch die KAG (konstitutive Wirkung des Ausschüttungsbeschlusses). Für die ergebniswirksame Vereinnahmung der Ausschüttung ist daher auf den Zeitpunkt der Beschlussfassung abzustellen. Die Vereinnahmung der Erträge des Fonds im laufenden GJ des (institutionellen) Investors setzt damit eine entsprechende Beschlussfassung[594] durch die KAG voraus.

814 Im JB für Publikums-SV ist über die von der KAG beschlossene Verwendung der Erträge des SV zu berichten (§ 44 Abs. 1 Satz 3 Nr. 4a InvG). Für Spezial-SV kann dieser Bestandteil des JB entfallen (§ 94 InvG). Die Verwendung der Erträge des SV wird bei ausschüttenden Fonds auch als „**Berechnung der Ausschüttung**" und bei thesaurierenden Fonds auch als „**Berechnung der Wiederanlage**" bezeichnet.

815 § 9 Abs. 1 InvRBV gibt eine verbindliche Gliederung der Verwendungsrechnung vor. Im Einzelnen ist die Verwendung der Erträge des SV wie folgt darzustellen:

I. Berechnung der Ausschüttung (insgesamt und je Anteil)
   1. Vortrag aus dem Vj.
   2. Ergebnis des GJ
   3. Zuführung aus dem SV
II. Zur Ausschüttung verfügbar
   1. Der Wiederanlage zugeführt
   2. Vortrag auf neue Rechnung
III. Gesamtausschüttung
   1. Zwischenausschüttung
      a) Barausschüttung
      b) Einbehaltene Kapitalertragsteuer
      c) Einbehaltener Solidaritätszuschlag
   2. Endausschüttung
      a) Barausschüttung
      b) Einbehaltene Kapitalertragsteuer
      c) Einbehaltener Solidaritätszuschlag

816 Die Entscheidung über die Ergebnisverwendung obliegt der KAG. Aufgrund dieses Beschlusses erfolgt die Ausschüttung an die Anteilscheininhaber, die Zuführung von Beträgen zur Wiederanlage bzw. die Einbeziehung in den Vortrag. Neben der im Rahmen der Ergebnisverwendung erfolgenden Endausschüttung können die Vertragsbedingungen vorsehen, dass auch während des GJ Ausschüttungen aus den bis dahin erwirtschafteten Erträgen möglich sind (Zwischenausschüttung).

817 Im Falle, dass aus Veräußerungsgeschäften mehr ausgeschüttet wird als dessen saldiertes Ergebnis, erfolgt ein gesonderter Ausweis unter dem Posten „Zuführung aus dem SV". Damit wird die Zusammensetzung der Ausschüttung insoweit transparent gemacht, als

---

594 In § 12 Satz 1 InvStG ist geregelt, dass für jede Ausschüttung zwingend ein schriftlicher Ausschüttungsbeschluss zu fassen und zu dokumentieren ist. Aus diesem muss sich gem. § 12 i.V.m. § 19 Abs. 1 InvStG die Höhe der Ausschüttung sowie ihre Zusammensetzung ergeben.

ersichtlich wird, welcher Betrag nicht aus dem ordentlichen Nettoertrag bzw. dem positiven Ergebnis aus Veräußerungsgeschäften stammt. Es kommt dann zu einer Substanzausschüttung[595]. Kommt es zu einem solchen Ausweis, ist dieser Posten (z.B. aus der Nichtberücksichtigung realisierter Verluste bei der Ausschüttungsberechnung) gesondert zu erläutern (§ 9 Abs. 3 InvRBV). Bislang wurden infolge der Nichtberücksichtigung der realisierten (Kurs-)Verluste in der Ausschüttungsberechnung diese direkt gegen das Fondskapital verrechnet.

818 Bei thesaurierenden SV werden der ordentliche Nettoertrag und die realisierten (Kurs-) Gewinne unter Abzug der Steuern wieder angelegt. Soweit die Vertragsbedingungen eine zwingende Thesaurierung vorsehen, ist ein Vortrag auf eine neue Rechnung ausgeschlossen (vollständige Ergebnisverwendung). Wiederangelegte Erträge stehen im Gegensatz zum Vortrag nicht mehr für zukünftige Ausschüttungen zur Verfügung, sondern werden untrennbarer Bestandteil des Fondskapitals.

819 Bei Immobilien-SV und Infrastruktur-SV sowie Spezial-SV[596] mit Anlagen in entsprechenden Vermögensgegenständen ist gem. § 9 Abs. 2 InvRBV der Darstellung in der Verwendungsrechnung gem. § 9 Abs. 1 Gliederungsziffer II. InvRBV der Posten „Einbehalt gem. § 78 InvG" voranzustellen und eine entsprechende Um-Nummerierung der Posten vorzunehmen. Dadurch wird sichergestellt, dass Erträge nur dann ausgeschüttet werden können, wenn sie für zukünftige Instandhaltungen von Vermögensgegenständen des SV nicht erforderlich sind.

820 Zu den Einbehalten i.S.v. § 78 InvG, die den für die Ausschüttung verfügbaren Betrag mindern, zählen

– Erträge insoweit, als sie für zukünftige Instandsetzungen von Vermögensgegenständen des SV erforderlich sind (§ 78 Abs. 1 InvG);
– Erträge zum Ausgleich zukünftiger Wertminderungen der Vermögensgegenstände des SV (§ 78 Abs. 2 InvG).

821 Die Einbehalte werden mit Zuführung – wie wieder angelegte Erträge – untrennbarer Bestandteil des Fondskapitals und stehen für zukünftige Ausschüttungen nicht mehr zur Verfügung. In den Vertragsbedingungen muss aber geregelt sein, dass die Erträge i.S.v. § 78 Abs. 1 und 2 InvG nicht ausgeschüttet werden dürfen.

ff) Entwicklung des Fondsvermögens

822 Gemäß § 44 Abs. 1 S. 3 Nr. 4 S. 2 InvG muss der JB eine Übersicht über die **Entwicklung des Fondsvermögens** enthalten (Entwicklungsrechnung), die ausgehend vom Stand des Fondsvermögens zu Beginn des GJ auf das Fondsvermögen am Ende des GJ überleitet.

823 § 10 Abs. 1 InvRBV gibt eine verbindliche Form der **Gliederung** der SV-Entwicklung vor:

I. Wert des SV am Beginn des GJ
  1. Ausschüttung bzw. Steuerabschlag für das Vj.
  2. Zwischenausschüttungen
  3. Mittelzufluss (netto)
    a) Mittelzuflüsse aus Anteilschein-Verkäufen
    b) Mittelzuflüsse aus Anteilschein-Rücknahmen

---

[595] Eine Legaldefinition des Substanzbegriffs enthält das InvG nicht; vgl. hierzu die Ausführungen von *Hammer*, Spezialfonds, S. 82.
[596] Soweit bei einem Spezial-SV freiwillig von der Möglichkeit Gebrauch gemacht wird, eine Verwendungsrechnung in den JB aufzunehmen.

Kapitalanlagegesellschaften, Sondervermögen, Investment-Aktiengesellschaften **J**

    4. Ertragsausgleich/Aufwandsaufgleich
    5. Ordentlicher Nettoertrag
    6. Realisierte Gewinne
    7. Realisierte Verluste
    8. Nettoveränderung der nicht realisierten Gewinne/Verluste
  II. Wert des SV am Ende des GJ

Bei **Immobilien-SV, Infrastruktur-SV sowie Spezial-SV mit Anlagen in entsprechenden Vermögensgegenständen** ist hinter der Gliederungsziffer 5. der Posten „5a. Abschreibung Anschaffungsnebenkosten" einzufügen (§ 10 Abs. 2 InvRBV; Konkretisierung von § 79 Abs. 1 InvG).   824

In der Gliederung der Entwicklung des SV eines **Immobilien-SV** kommt man allerdings nur dann zu einem rechnerisch richtigen Ergebnis, wenn man die realisierten Gewinne und Verluste jeweils abzgl. nicht realisierter Wertveränderungen der Vj. ausweist. Hiernach müssten also entsprechende Zusatzzeilen in die Entwicklungsrechnung eingefügt werden. Soweit eine Anpassung der **Bezeichnung einzelner Posten** nicht infrage kommt, könnten Erläuterungen bspw. in Form von Fußnoten sinnvoll erscheinen.   825

Die **Ausschüttung für das Vj.** enthält die für das vorangegangene GJ erfolgte Ausschüttung. Hat daneben eine **Zwischenausschüttung** stattgefunden, so ist diese unter entsprechender Bezeichnung ebenfalls hier auszuweisen.   826

Rücknahmeabschläge bei Anteilsrücknahmen, die im SV verbleiben, sind dem Posten mit der Gliederungsziffer I.3b. zuzuordnen.   827

Zum **Ertragsausgleich** vgl. Tz. 937.   828

Die **Nettoveränderungen der nicht realisierten Gewinne oder Verluste** ergeben sich aus dem Unterschiedsbetrag zwischen den AK und den Tageswerten der Vermögenswerte am aktuellen und vorangegangenen Rechenschaftsstichtag. Die Unterschiedsbeträge sind getrennt für die im Bestand befindlichen Wertpapiere, Geldmarktpapiere, Schuldscheindarlehen, Währungsguthaben und ge- bzw. verkauften Optionsrechte sowie für die vorläufigen (noch nicht realisierten) Ergebnisse aus offenen Posten abgeschlossener Finanzterminkontrakte, Devisenterminkontrakte sowie Swap-Geschäfte zu ermitteln.   829

Die Nettowertveränderung der nicht realisierten Gewinne ergibt sich bei den **Immobilien** und den **Beteiligungen an Immobilien-Gesellschaften** aus Wertfortschreibung und Veränderung der Buchwerte im GJ. Erfasst werden Verkehrswertänderungen aufgrund von Neubewertungen sowie von allen sonstigen Änderungen im Buchwert der Immobilien bzw. Beteiligungen. Die Nettowertveränderung der nicht realisierten Verluste ergibt sich bei den Immobilien und den Beteiligungen an Immobilien-Gesellschaften aus Wertfortschreibung und Veränderungen der Buchwerte im GJ. Entsprechend gelten die Ausführungen zu den Wertveränderungen nicht realisierter Gewinne.   830

Bei **Immobilien-SV** erfolgt der Ausweis der realisierten Gewinne und Verluste sowie der Wertveränderungen der nicht realisierten Gewinne und Verluste getrennt für Liegenschaften, Beteiligungen an Immobilien-Gesellschaften und Liquiditätsanlagen. Die Währungskursveränderungen sind getrennt anzugeben.   831

gg) Vergleichende Übersicht der letzten drei Geschäftsjahre

832 Der JB für Publikums-SV ist um eine vergleichende Übersicht der letzten drei GJ zu ergänzen (§ 44 Abs. 1 S. 3 Nr. 5 InvG). Aus dieser Übersicht müssen der jeweilige Wert des SV und der Wert eines Anteils zum Ende der einbezogenen GJ hervorgehen.

833 Der Muster-JB für Immobilien-SV des BVI sieht derzeit zusätzlich zu der Angabe des Werts des SV und des Werts eines Anteils zum Ende der jeweils einbezogenen GJ noch die Angabe folgender Werte zum Ende der jeweils einbezogenen GJ vor:

- Wert der Immobilien,
- Wert der Beteiligungen an Immobilien-Gesellschaften,
- Wert der Liquiditätsanlagen,
- Wert der sonstigen Vermögensgegenstände,
- Wert der Verbindlichkeiten und Rückstellungen (in Summe),
- Anteilumlauf,
- Ausschüttung je Anteil,
- Tag der Ausschüttung,

hh) Anteilklassen

834 § 12 InvRBV konkretisiert die Vorgaben zur Rechnungslegung bei der Bildung von Anteilklassen gem. § 34 InvG.

ii) Sonstige Angaben

835 § 13 InvRBV regelt über die gesetzlichen Anforderungen des § 44 Abs. 1 InvG hinaus weitere Inhalte von JB und füllt damit die Verordnungsermächtigung des § 44 Abs. 7 Satz 1 Alternative 1 InvG aus.

836 Im Falle der Anwendung der DerivateV (§ 9) und der Nutzung des qualifizierten Ansatzes auf das SV sind gem. § 13 Abs. 1 Satz 1 InvRBV mindestens der prozentual kleinste, der größte und der durchschnittliche potenzielle Risikobetrag sowie die aktuelle und ggf. die geänderte Zusammensetzung des Vergleichsvermögens anzugeben.

837 Bei Hedgefonds (SV mit zusätzlichen Risiken gem. § 112 InvG) ist unabhängig von der Anwendbarkeit der DerivateV gleichfalls der prozentual kleinste, der durchschnittliche und der größte potenzielle Risikobetrag anzugeben (§ 13 Abs. 1 Satz 2 InvRBV). Das in der DerivateV vorgegebene Risikomodell ist nicht zwingend für alle Hedgefonds-Strategien geeignet.

838 Darüber hinaus sind gem. § 13 Abs. 2 InvRBV die im Folgenden dargestellten weiteren Angaben erforderlich:

- Die Anzahl der umlaufenden Anteile zum Ende des Berichtsjahres gem. § 44 Abs. 1 Nr. 3 InvG sowie der Wert eines Anteils gem. § 44 Abs. 1 Nr. 3 InvG sind anzugeben (Nr. 1).
- Im Anschluss an die Vermögensaufstellung sind die bei der Bewertung von Vermögensgegenständen angewendeten Verfahren gem. §§ 22 bis 26 InvRBV anzugeben (Nr. 2).

Diese Angaben haben sich auf den JB und das betreffende GJ bzw. die aktuellen Gegebenheiten des SV zu beziehen.

Kapitalanlagegesellschaften, Sondervermögen, Investment-Aktiengesellschaften J

Des Weiteren haben Angaben zur Transparenz und zur Gesamtkostenquote[597] im Anschluss an die Ertrags- und Aufwandsrechnung im Hinblick auf folgende Kriterien zu erfolgen (§ 13 Abs. 2 Nr. 3 InvRBV): 839

– Betrag einer erfolgsabhängigen oder einer zusätzlichen Verwaltungsvergütung (für den Erwerb, die Veräußerung oder die Verwaltung von Vermögensgegenständen gem. § 67 Abs. 1 und 2, § 68 Abs. 1 sowie § 90b Abs. 1 Nr. 1 und 2) gem. § 41 Abs. 2 Satz 4 (Buchst. a);
– Pauschalgebühren für die Vergütungen und Kosten, die an die KAG, die Depotbank oder an Dritte geleistet wurden, gem. § 41 Abs. 4 InvG (Buchst. b);
– Rückvergütungen der KAG aus einer dem SV an die Depotbank und an Dritte geleisteten Vergütung und Aufwandserstattung sowie die aus dem SV an die KAG geleisteten Vergütungen für Verfügungen an Vermittler von Anteilen des SV auf den Bestand von vermittelten Anteilen, jeweils gem. § 41 Abs. 5 InvG (Buchst. c);
– Ausgabeaufschläge und Rücknahmeabschläge gem. § 41 Abs. 6 InvG, die dem SV im Berichtszeitraum für den Erwerb und die Rücknahme von Anteilen i.S.v. §§ 50, 66 und 112 InvG berechnet worden sind (Buchst. d);
– wesentliche sonstige Erträge und sonstige Aufwendungen; diese sind nachvollziehbar aufzuschlüsseln und zu erläutern (Buchst. e);
– Transaktionskosten.

Soweit sich die vorgenannten Angaben gem. § 13 Abs. 2 Nr. 3 InvRBV auf § 41 InvG beziehen, gelten diese nicht für Spezial-SV, da sie gem. § 95 Abs. 8 InvG von der Anwendung von § 41 InvG ausgenommen sind. 840

Sofern eine KAG eng verbundene Unternehmen und Personen i.S.v. § 2 Abs. 19 InvG i.V.m. § 1 Abs. 10 KWG bzw. andere verbundene Unternehmen i.S.v. § 1 Abs. 6 und 7 KWG mit der Abwicklung von Transaktionen für Rechnung von SV beauftragt, hat sie die Anleger zumindest im JB auf den prozentualen Anteil und den Umfang entsprechender Transaktionen hinzuweisen.[598] 841

Eine KAG hat sicherzustellen, dass im Zusammenhang mit Geschäften, die einem Investmentvermögen zuzurechnen sind, vereinnahmte Entgelte dem Fondsvermögen zufließen[599] und im JB ausgewiesen werden.[600] 842

jj) Während des Berichtszeitraums abgeschlossene Geschäfte, soweit sie nicht mehr in der Vermögensaufstellung erscheinen

Um den Adressaten des JB einen vollständigen Überblick über alle Umsätze des GJ zu geben, sind alle während des Berichtszeitraums abgeschlossenen Geschäfte, Geschäfte, die Finanzinstrumente zum Gegenstand haben, sowie Pensionsgeschäfte und Wertpapier-Darlehen unter Angabe der Volumina aufzuführen, für die in der Vermögensaufstellung kein Bestand mehr ausgewiesen wird (§ 44 Abs. 1 S. 3 Nr. 2 InvG). Für von SV mit zu- 843

---

597 Die Gesamtkostenquote stellt gem. § 41 Abs. 2 Satz 3 InvG das Verhältnis aller bei der Verwaltung zu Lasten eines SV angefallenen Kosten mit Ausnahme der Nebenkosten des Erwerbs und der Kosten der Veräußerung von Vermögensgegenständen (Transaktionskosten) zu dem durchschnittlichen Nettoinventarwert des SV innerhalb des vorangegangenen GJ dar; sie wird als Prozentsatz ausgewiesen.
598 Vgl. BVI-Wohlverhaltensregeln (BVI-WVR; Stand: 15.01.2010).
599 Ausgenommen sind die in Ziff. 5 der BVI-WVR genannten geldwerten Vorteile betreffend Broker-Research, Finanzanalysen, Markt- und Kursinformationssysteme, die im Zusammenhang mit Geschäften, die einem Investmentvermögen zuzurechnen sind, vereinnahmt werden. Diese müssen im Interesse der Anleger bei Anlageentscheidungen verwendet werden. Die Absicht der KAG, solche geldwerten Vorteile zu vereinnahmen, ist im Verkaufsprospekt zu dokumentieren.
600 Vgl. BVI-WVR (Stand: 15.01.2010), Grundsatz III Ziff. 4.

sätzlichen Risiken gem. § 112 InvG getätigte Leerverkäufe in Wertpapieren sind unter Nennung von Art, Nennbetrag oder Zahl der Zeitpunkt der Verkäufe und die erzielten Erlöse anzugeben.

kk) Halbjahres-, Zwischen- und Abwicklungsbericht

844 Die KAG muss für Publikums-SV[601] für die Mitte des GJ einen HJB erstatten (§ 44 Abs. 2 InvG). Auf den HJB sind die Vorschriften über den JB entsprechend anzuwenden (§ 14 Satz 1 InvRBV). Der HJB enthält eine Vermögensaufstellung, eine Übersicht über die während des Berichtszeitraums abgeschlossenen Geschäfte, soweit sie nicht mehr in der Vermögensaufstellung erscheinen, sowie Angaben zur Anzahl der am Berichtsstichtag umlaufenden Anteile und zum Wert eines Anteils (§ 44 Abs. 1 S. 3 Nr. 1 bis 3 InvG). Sofern im ersten Berichtshalbjahr oder zum Halbjahresstichtag Zwischenausschüttungen erfolgt sind oder erfolgen sollen, ist der HJB um eine Ertrags- und Aufwandsrechnung und eine Entwicklungsrechnung zu ergänzen (§ 44 Abs. 1 S. 3 Nr. 4 InvG).

845 Bei der Übertragung eines SV (das Verwaltungsrecht wird von einer KAG auf eine andere übertragen) wird fingiert, dass das SV als solches fortbesteht. Dokumentiert wird dieses Fortbestehen dadurch, dass durch die Übertragung zum Übertragungsstichtag kein (Rumpf-)GJ gebildet wird, sondern dass das GJ bei der neuen KAG fortgesetzt wird, so dass der gem. § 44 Abs. 3 InvG zu erstellende **Zwischenbericht** lediglich den **Status einer stichtagsbezogenen Bestandsaufnahme** ohne Abschluss der Ertrags- und Aufwandskonten einschließlich der noch nicht realisierten Kursgewinne und -verluste darstellt. Die aufnehmende KAG setzt damit bei der Buchführung für das SV auf den Salden auf, wie sie ihr von der abgebenden KAG zu übermitteln sind. Hierzu gehört die Saldenliste einschließlich der Ergebnisvorträge und Skontren (aus denen u.a. die Einstandskosten[602] für Wertpapiere und sonstige Vermögensgegenstände ersichtlich sind) der abgebenden KAG, die Grundlage für die Erstellung des Zwischenberichts der aufnehmenden KAG ist.[603] Auf den Zwischenbericht sind die Vorschriften über den JB entsprechend anzuwenden (§ 15 Satz 1 InvRBV). Der Prüfung durch den APr. unterliegen neben dem Zwischenbericht auch die Saldenlisten und Skontren, die der aufnehmenden KAG zwecks Fortführung der Buchhaltung übermittelt wurden (§ 26 Abs. 3 InvPrüfbV).

846 Nach § 44 Abs. 4 InvG hat die KAG für den Tag, an dem das SV aufgelöst wird, einen **Auflösungsbericht** zu erstellen. Die Vorschriften für den JB sind entsprechend anzuwenden (§ 16 InvRBV). Das Verwaltungsrecht geht anschließend auf die Depotbank über, die das SV nach Maßgabe der Vertragsbedingungen abwickelt. Bei Spezial-SV ist dabei neben der **Barauskehrung** (Verkauf aller Vermögensgegenstände durch die KAG und Auszahlung des Liquidationserlöses durch die Depotbank) – i.d.R. bei Ein-Anleger-Fonds – die **Sachauskehrung** gebräuchlich. Dabei werden dem Anleger sämtliche Vermögensgegenstände nach Abzug der für die Begleichung ausstehender Verpflichtungen erforderlichen Barmittel übertragen.

847 Im Fall der Sachauskehrung enthält die Vermögensaufstellung noch sämtliche Vermögensgegenstände des SV. In der Vermögensaufstellung des Auflösungsberichts werden im Fall der Barauskehrung neben den durch den Verkauf der Vermögenswerte und die

---

601 Spezial-SV müssen gem. § 95 Abs. 8 InvG keinen HJB erstellen.
602 Vgl. auch § 8 Abs. 5 InvRBV.
603 Die BVI-Arbeitsgruppe „Standards für Portfolioübertragungen" hat zur Erleichterung des Reporting bei Portfolioübertragungen eine „Checkliste Best Practice für das Reporting bei Portfolioübertragungen" (Version 1.0 v. 25.01.2007) mit jenen Daten erarbeitet, die von der abgebenden an die aufnehmende KAG zu übermitteln sind.

Schließung offener Termingeschäfte entstandenen Barmitteln lediglich noch Forderungen – z.B. aus Dividendenansprüchen oder Quellensteuern – sowie Rückstellungen bzw. Verbindlichkeiten – etwa aus Veröffentlichungs- und Prüfungskosten oder ausstehenden Verwaltungsgebühren – ausgewiesen. Sofern das (Rumpf-)GJ mit der Thesaurierung ordentlicher Erträge endet, ergeben sich Rückstellungen aus abzuführenden Steuern.

Bei Abwicklung eines SV hat die Depotbank jährlich sowie auf den Tag, an dem die Abwicklung beendet ist, einen **Abwicklungsbericht** zu erstellen, der den Anforderungen an einen JB enspricht (§ 44 Abs. 4a InvG). **848**

e) Bewertung und Anteilpreisermittlung bei Sondervermögen
aa) Allgemeine Bewertungsgrundsätze

§ 36 InvG bildet die gesetzliche Norm für die Ermittlung des Anteilwerts. Die Bewertungsregeln und -grundsätze gelten über die Verweisung in § 7 Abs. 6 InvRBV auch für die Vermögensaufstellung des JB und sind daher auch für die Halbjahres-, Zwischen- und Auflösungsberichte maßgebend. Der Dritte Abschn. der InvRBV (§§ 22 bis 30) stellt Anforderungen an die Bewertung bei der Ermittlung des Anteilwerts gem. § 36 InvG. Eine Übergangsvorschrift wie für die Vorschriften des Ersten und Zweiten Abschn. der InvRBV (§ 31 Abs. 1) hat der Verordnungsgeber für die Bewertungsvorschriften im Dritten Abschn. nicht vorgesehen. **849**

Der **Anteilwert** ergibt sich aus der Teilung des Werts des SV (Fondsvermögen) durch die Zahl der in den Verkehr gebrachten Anteile (§ 36 Abs. 1 Satz 1 InvG). Der Wert eines SV ist aufgrund der jeweiligen Kurswerte der zu ihm gehörenden Vermögensgegenstände einschließlich der Bankguthaben und sonstigen Vermögensgegenstände (zum Nominalwert) abzgl. der aufgenommenen Kredite und sonstigen Verbindlichkeiten zu ermitteln (§ 36 Abs. 1 Satz 2 InvG). Das handelsrechtliche Realisationsprinzip (Vorsichtsprinzip) findet bei der Bewertung keine Anwendung. Kursgewinne werden unabhängig vom Realisationszeitpunkt berücksichtigt. Der Ausgabepreis setzt sich aus dem Anteilwert zzgl. eines eventuell festzulegenden Ausgabeaufschlags zusammen (§ 23 Abs. 2 i.V.m. § 41 Abs. 1 Satz 2 InvG). Der Ausgabeaufschlag ist in den Vertragsbedingungen festzulegen und dient insb. zur Deckung der Vertriebskosten der Fondsanteile. Der Rücknahmepreis für einen Anteil entspricht gem. § 23 Abs. 2 i.V.m. § 41 Abs. 1 Satz 2 InvG dem Anteilwert, ggf. nach Abzug eines in den Vertragsbedingungen festgelegten Abschlags. **850**

Eine **Bewertung** hat **grds. börsentäglich** zu erfolgen (§ 36 Abs. 1 Satz 2 InvG).[604] Eine Ausnahme besteht bei Infrastruktur-SV (§ 90d Abs. 1 Satz 1 InvG), sonstigen SV, die Mikrofinanzkredite finanzieren (§ 90i Abs. 2 Satz 1 InvG), Spezial-SV (§ 95 Abs. 4 Satz 1 InvG) sowie bei (Dach-)SV mit zusätzlichen Risiken (§ 116 Satz 1 InvG). **851**

Der **Zeitpunkt** (Uhrzeit) für die Fondspreisermittlung wird von der Depotbank bzw. von der KAG individuell festgelegt. Die zu diesem Zeitpunkt vorhandenen Vermögenswerte werden mit Kursen des Bewertungstags (z.B. Kassakursen oder fortlaufenden Kursen) bewertet. Liegen zum Zeitpunkt der Bewertung noch keine Kurse des Bewertungstags vor, werden in der Praxis regelmäßig die Kurse des Vortags verwendet. Das gewählte Bewertungsverfahren unterliegt dem Stetigkeitsprinzip. Findet am Stichtag kein Handel statt, ist bei der Erstellung des HJB und des JB nach Auffassung der BaFin[605] grds. auf den jeweils letzten Bewertungstag (Handelstag) abzustellen. **852**

---

[604] Gemäß § 36 Abs. 1 Satz 3 InvG können an gesetzlichen Feiertagen, die Börsentage sind, sowie am 24.12. und 31.12. jedes Jahres die KAG und die Depotbank von einer Ermittlung des Werts absehen.
[605] Vgl. *BAK*, Schreiben an den BVI v. 07.05.1991.

853 Eine **Ausnahme** hierzu stellen die SV und Dach-SV mit besonderen Risiken dar. Die Werte der einzelnen vom SV gehaltenen Vermögensgegenstände, die zum Ende des GJ nach den für die Anteilpreisermittlung geltenden Regeln in den vor dem Stichtag zuletzt ermittelten Anteilpreis eingeflossen sind, spiegeln nicht notwendigerweise den tatsächlichen Wert des SV am Stichtag wider. Die Methodik der Anteilpreisermittlung steht generell unter dem Zwang, u.U. Daten (Anteilpreise von Zielfonds) verwerten zu müssen, die ggf. nicht mehr ganz aktuell sind. Bei der Bewertung im Zusammenhang mit der Erstellung eines Abschlusses nach investmentrechtlichen und zum Teil allgemeinen handelsrechtlichen Regeln steht jedoch i.d.R. mehr Zeit zur Verfügung, so dass im Rahmen der Wertaufhellung auch später bekannt gewordene Werte der vom SV zum Stichtag gehaltenen Vermögensgegenstände berücksichtigt werden können und auch müssen, wenn die Wertänderungen im Vergleich zur letzten Anteilpreisermittlung nicht unwesentlich sind.

854 Die SV können in € oder einer anderen Währung **(Fondswährung)** geführt werden, wobei die Wahl der Buchwährung für jedes einzelne SV getroffen werden kann. Alle nicht in der Fondswährung geführten Vermögensgegenstände und Verbindlichkeiten sind mit den aktuellen Devisenkursen in diese umzurechnen. Die verwendeten Devisenkurse müssen nachvollziehbar dokumentiert sein.

855 Die **Ermittlung des Anteilwerts** und damit die Bewertung der Vermögensgegenstände und Verbindlichkeiten kann gem. § 36 Abs. 1 Satz 2 InvG

– durch die Depotbank unter Mitwirkung der KAG oder
– durch die KAG selbst unter Kontrolle der Depotbank

erfolgen.

856 Erfolgt die **Bewertung durch die Depotbank unter Mitwirkung der KAG**, so ist die KAG gem. § 22 Abs. 1 InvRBV verpflichtet, die von der Depotbank ermittelten Wertansätze für Vermögensgegenstände (und Verbindlichkeiten) **in geeigneter Weise zu plausibilisieren und auf die Klärung von Auffälligkeiten hinzuwirken**. Dem als Teil der Mitwirkungspflicht vorgelagert ist die Verpflichtung der KAG, der Depotbank alle notwendigen Informationen zur ordnungsmäßigen Anteilwertermittlung zur Verfügung zu stellen. Hierzu gehören v.a. die relevanten Buchhaltungsdaten (sog. Mengengerüst) sowie weitere notwendige Informationen über einzelne Geschäfte, über die die Depotbank nicht zwangsläufig verfügt.

857 Depotbank bzw. KAG müssen sich auf geeignete Weise von der Ordnungsmäßigkeit der von den Kursversorgern gelieferten Kurse überzeugen und sich hierüber austauschen. § 22 Abs. 1 Satz 3 InvRBV stellt hierzu ausdrücklich klar, dass bei diesem gesetzlich vorgesehenen Zusammenwirken die Depotbank der KAG ggü. verpflichtet ist, **Auskunft über Einzelheiten der Bewertung des Investmentvermögens** zu erteilen. Nur dadurch kann die KAG ihren Pflichten nachkommen, wenn ansonsten nicht genügend Informationen zur Verfügung stehen. Dies ist sachgerecht, weil an dieser Stelle nur die Depotbank die entsprechenden Informationen liefern kann. Durch die InvRBV wird erstmals die Reichweite der **Mitwirkungspflicht** konkretisiert, auch um in Zweifelsfällen ggü. Dritten eine unabhängige Überprüfung zu ermöglichen. Es empfiehlt sich, die wechselseitigen Verpflichtungen bereits in den jeweiligen Depotbankverträgen bzw. Service Level Agreements festzulegen. Damit werden spätere Konflikte zwischen der KAG und der Depotbank vermieden.

858 Die Wahrnehmung der Mitwirkungspflicht, d.h. die durchgeführten Kontrollen, hat die KAG für einen Dritten nachvollziehbar und revisionssicher zu dokumentieren (§ 22

Abs. 1 Satz 2 InvRBV). Die Anforderungen an die Mitwirkungspflicht und deren Dokumentation sind umso höher anzusetzen, je komplexer die zu bewertenden Vermögensgegenstände sind. Dem WP des Investmentvermögens muss die Überprüfung der Wertansätze möglich sein.

Die **Organisationseinheit innerhalb der KAG**, die mit der Bewertung bzw. der Mitwirkung bei der Bewertung im Rahmen der Anteilwertermittlung betraut ist, ist gem. § 22 Abs. 2 InvRBV bis auf die Ebene der Geschäftsleitung von dem für die Portfolioverwaltung zuständigen Bereich zu trennen. **859**

Wird die **Bewertung von der KAG selbst durchgeführt**, sieht § 36 Abs. 1 Satz 2 Alternative 2 InvG keine Mitwirkungspflichten der Depotbank vor. Diese müssten vertraglich vereinbart werden. Zu Auskünften im Zusammenhang mit der Bewertung des Investmentvermögens ist die Depotbank gleichwohl insoweit verpflichtet, als diese erforderlich sind, damit die KAG die Wertermittlung selbst vornehmen kann. **860**

Die **Depotbank** hat gem. § 27 Abs. 1 Nr. 1 InvG die Pflicht, die Berechnung des Werts der Anteile nach Maßgabe der gesetzlichen Vorschriften und Vertragsbedingungen zu überwachen. Dabei hat die Ermittlung des Werts den in § 36 InvG vorgeschriebenen Regeln sowie den Vorschriften im Dritten Abschn. der InvRBV, die die Vorgaben von § 36 InvG konkretisieren, zu entsprechen. **861**

Da das Investmentrecht keine Ausnahme vom Grundsatz der Einzelbewertung vorsieht, ist – im Gegensatz zur handelsrechtlichen Rechnungslegung nach dem Bilanzrechtsmodernisierungsgesetz – die **Bildung von Bewertungseinheiten nicht zulässig** (§ 22 Abs. 3 InvRBV). Begründet wird dies damit, dass dem die Systematik der Bewertung zu Marktpreisen widersprechen würde.[606] **862**

Aufgrund der besonderen Bedeutung der Bewertung für die Anteilpreisermittlung wird gem. § 22 Abs. 4 InvRBV eine regelmäßige Prüfung durch die **interne Revision** zur Einhaltung der Anforderungen gem. § 22 Abs. 1 bis 3 InvRBV (allgemeine Bewertungsgrundsätze) sowie § 23 InvRBV (Bewertung auf Basis von handelbaren Kursen) und § 24 InvRBV (Bewertung auf Basis geeigneter Bewertungsmodelle) gefordert. Diese Prüfung ist in eine risikoorientierte Prüfungsplanung der internen Revision einzubeziehen. **863**

Die Bewertung oder Mitwirkung bei der Bewertung sollte in **internen Richtlinien** der KAG geregelt werden. Darin sind v.a. die Verantwortlichkeiten, die Arbeitsabläufe, Preisquellen, Bewertungsmethoden und die jeweiligen Kontrollen zu beschreiben. Nur unter dieser Voraussetzung kann eine nachvollziehbare und verlässliche Bewertung sichergestellt und auch revisionstechnisch überprüft werden.[607] **864**

bb) Bewertung auf Basis von handelbaren Kursen

Vermögensgegenstände, die zum Handel an einer Börse zugelassen oder an einem anderen organisierten Markt zugelassen oder in diesen einbezogen sind, und Bezugsrechte für das SV dürfen höchstens zum Tageskurs erworben und müssen mindestens zum Tageskurs veräußert werden (§ 36 Abs. 2 Satz 1 InvG). Neben der KAG ist auch die Depotbank[608] zur sog. **Marktgerechtheitskontrolle** verpflichtet. **865**

---

606 Vgl. Begr. zu § 22 Abs. 3 InvRBV.
607 Vgl. Begr. zu § 22 Abs. 4 InvRBV.
608 Nach der Gesetzesbegründung zu § 36 Abs. 2 InvG im Rahmen des InvModG stellt die Marktgerechtheitskontrolle (das Gebot, Wertpapiere und die weiteren Vermögensgegenstände eines SV nicht unter dem Marktwert zu veräußern und nicht über dem Marktwert zu erwerben) einen Unterfall der Kontrollfunktion der Depotbank gem. § 27 Abs. 1 InvG dar.

866 Für die laufende Bewertung der Vermögensgegenstände ist grds. der letzte verfügbare **handelbare Kurs** (also ein Kurs, zu dem tatsächlich Umsätze stattgefunden haben) zugrunde zu legen, der eine verlässliche Bewertung i.S.v. Art. 2 Abs. 1 Buchst. c Ziffer i der Durchführungsrichtlinie zur OGAW-RL gewährleistet (§ 23 Abs. 1 InvRBV). Diese Voraussetzungen erfüllen demnach solche Vermögensgegenstände, die i.S.v. Art. 19 Abs. 1 Buchst. a bis d der OGAW-RL an einem geregelten Markt notiert oder gehandelt werden, und zwar in Form von exakten, verlässlichen und gängigen Preisen, die entweder Marktpreise sind oder von einem emittentenunabhängigen Bewertungssystem gestellt werden. Für die Bewertung ist im Regelfall auf den Zeitpunkt der Anteilwertermittlung abzustellen.[609]

867 Die Depotbank oder die KAG muss gem. § 23 Abs. 2 InvRBV die **Kriterien dokumentieren**, nach denen sie ihre **Einschätzung** vornimmt, ob Marktpreise von Börsen oder anderen organisierten Märkten als exakt, verlässlich und gängig angesehen werden können. Hierüber sollte ein gemeinsames Verständnis bestehen. Die (Einzel-)**Entscheidung** und die Entscheidungsgründe, ob im Zweifel ein handelbarer Kurs vorliegt, ist für einen sachverständigen Dritten nachvollziehbar zu dokumentieren. Da es an dieser Stelle an einer aufsichtsrechtlichen Konkretisierung der Kriterien für die Verlässlichkeit der Marktpreise von Handelsplätzen fehlt, bleiben Rechtsunsicherheiten bestehen.

868 **Indikative Kurse** sind grds. keine handelbaren Kurse auf einem aktiven Markt, können aber die Grundlage für eine Bewertung gem. § 24 InvRBV bilden.

869 Erfolgen für Vermögensgegenstände die Kursstellungen auf Basis von Geld- und Briefkursen, ist die **Bewertung grds. zum Mittelkurs oder zum Geldkurs** vorzunehmen (§ 23 Abs. 3 InvRBV). Diese Bewertung soll sicherstellen, dass Preise für die Bewertung herangezogen werden, zu denen im Bewertungszeitpunkt entweder eine Veräußerung möglich war (Geldkurs) oder wahrscheinlich (Mittelkurs) gewesen wäre.

cc) Bewertung auf Basis geeigneter Bewertungsmodelle

870 Soweit Vermögensgegenstände weder zum Handel an einer Börse zugelassen noch an einem anderen organisierten Markt zugelassen oder in diesen einbezogen sind oder soweit für sie kein handelbarer Kurs verfügbar ist oder dieser eine verlässliche Bewertung nicht gewährleistet, ist der **Verkehrswert** zugrunde zu legen, „der bei sorgfältiger Einschätzung nach geeigneten Bewertungsmodellen unter Berücksichtigung der aktuellen Marktgegebenheiten angemessen ist" (§ 36 Abs. 3 Satz 1 InvG; § 24 Abs. 1 Satz 1 InvRBV). Bei Schuldverschreibungen und Schuldscheindarlehen sind dann die Kurse vergleichbarer Papiere und ggf. die Kurswerte von Anleihen vergleichbarer Aussteller und entsprechender Laufzeit und Verzinsung – erforderlichenfalls mit einem Abschlag zum Ausgleich der geringeren Veräußerbarkeit (mangelnde Liquidität) – heranzuziehen (§ 36 Abs. 3 Satz 2 InvG). Der Verkehrswert wird als Betrag definiert, zu dem der jeweilige Vermögensgegenstand bei einem Geschäft zwischen sachverständigen, vertragswilligen und unabhängigen Geschäftspartnern ausgetauscht werden könnte (§ 24 Abs. 1 Satz 2 InvRBV). Diese Definition des Verkehrswerts ist damit inhaltsgleich mit der für Derivate in Art. 8 Abs. 3 der Richtlinie 2007/16/EG sowie mit der Definition des Zeitwerts in IAS 39.48a und IAS 16.6 sowie in IAS 40.5.

871 Für die Bewertung von Immobilien und Beteiligungen an Immobilien-Gesellschaften bei Immobilien-SV gelten §§ 26 und 27 InvRBV.

---

[609] Vgl. Begr. zu § 23 Abs. 1 InvRBV.

Kapitalanlagegesellschaften, Sondervermögen, Investment-Aktiengesellschaften J

Bei allen Preisnotierungen auf organisierten Märkten gem. § 2 Abs. 5 WpHG ist grds. von 872 einem aktiven Markt auszugehen, da die Preise auf diesen Märkten leicht und regelmäßig verfügbar sind und ihnen tatsächliche und sich regelmäßig ereignende Markttransaktionen zugrunde liegen. Ist das Handelsvolumen an organisierten Märkten ausnahmsweise relativ niedrig, muss im konkreten Einzelfall geprüft werden, ob die an dem organisierten Markt notierten Werte als auf einem aktiven Markt notiert anzusehen sind.[610]

Für die **fehlende Aktivität eines Markts** spricht, wenn keine oder ausschließlich solche 873 Transaktionen stattfinden, die nachweislich aus erzwungenen Geschäften, Zwangsliquidationen oder Notverkäufen resultieren. Auch **indikative Kurse**, die insb. von Preis-Service-Agenturen veröffentlicht werden und denen keine tatsächlichen Transaktionen zugrunde liegen und bei denen es am verbindlichen Willen fehlt, zu diesem Preis zu kontrahieren, sind keine Preise auf einem aktiven Markt.

Ist kein handelbarer Kurs verfügbar, hat die Ermittlung des Verkehrswerts durch die KAG 874 oder die Depotbank bei den Vermögensgegenständen gem. § 24 Abs. 1 InvRBV bei sorgfältiger Einschätzung nach geeigneten **Bewertungsmodellen** unter Berücksichtigung der aktuellen Marktgegebenheiten zu erfolgen, bevor auf unternehmensspezifische Daten zurückgegriffen wird. Es muss sich um Bewertungsmodelle handeln, die auf einer anerkannten und geeigneten Methodik beruhen und alle Faktoren berücksichtigen, die Marktteilnehmer bei einer Preisfeststellung beachten würden. Gefordert werden eine ausführliche **Dokumentation der eingesetzten Bewertungsverfahren** und in regelmäßigen zeitlichen Abständen eine **Überprüfung ihrer Angemessenheit**. Dabei sind aktuelle Marktinformationen zu berücksichtigen. Hierzu sind die tatsächlich erzielten Verkaufspreise bzw. am Markt beobachtbaren Transaktionspreise regelmäßig mit den in den Bewertungsmodellen ermittelten Rechenkursen zum Transaktionszeitpunkt zu vergleichen, um die Marktnähe der Bewertungsannahmen für die Konzeption der Modelle durch eine ggf. notwendige Anpassung zu gewährleisten. Die Bewertung von OTC-Derivaten ist gem. Art. 8 Abs. 4 Buchst. b der Richtlinie 2007/16/EG zu überprüfen (§ 24 Abs. 2 InvRBV).

Bei Bewertungsmodellen sind alle Faktoren, die Marktteilnehmer bei einer Preisfeststellung beachten würden, zu berücksichtigen. Die Übereinstimmung mit anerkannten 875 wirtschaftlichen Methoden für die Preisfindung ist sicherzustellen.[611]

Zu den üblichen Bewertungsmethoden gehören das DCF-Verfahren sowie Optionspreismodelle. 876

Der Verkehrswert kann des Weiteren gem. § 24 Abs. 3 InvRBV auch **von einem Emit-** 877 **tenten, Kontrahenten oder sonstigen Dritten ermittelt** und mitgeteilt werden. Eine solche Preisstellung darf aber keinesfalls unkontrolliert übernommen werden. Voraussetzung ist, dass die Depotbank oder die KAG in der Lage sind, den Wert zu plausibilisieren. Die Plausibilisierung kann erfolgen anhand

– eines Vergleichs mit einer zweiten verlässlichen und aktuellen Preisquelle,
– eines Vergleichs des Werts mit einer eigenen modellbasierten Bewertung oder
– anderer geeigneter Verfahren.

Die beabsichtigte Entlastung durch die Beauftragung eines Dritten ist allerdings insoweit 878 eingeschränkt, wenn die KAG oder die Depotbank zur Überprüfung der Plausibilität eine

---

610 Vgl. *IDW RS HFA 9*, WPg Supplement 2/2007, S. 83 ff. = FN-IDW 2007, S. 326 ff., FN-IDW 2011, S. 326, Tz. 77 ff.
611 Vgl. IAS 39.AG76.

1147

eigene Berechnung anstellen oder eine zweite Preisquelle ermitteln muss. Sachgerecht (insb. angesichts des Mengengeschäfts) erscheint es auch, dass nachvollzogen werden kann und auch wird, ob das von dem Dritten gewählte Bewertungsmodell auf einer anerkannten und geeigneten Methodik beruht. Damit wäre der gesetzlich beabsichtigte Schutzzweck gleichfalls gewährleistet.

879 Wurde ein Finanzinstrument zuvor von demselben Wertpapiermakler erworben, von dem anschließend der ermittelte Verkehrswert zur Verfügung gestellt wird, ist diese Preisinformation als weniger objektiv und damit weniger verlässlich anzusehen. Dann gelten erhöhte Anforderungen an die Plausibilisierung, z.B. in Form zusätzlicher Nachweise bzw. Drittbestätigungen. Die Begründung zu § 24 Abs. 3 InvRBV führt hierzu weiter aus, dass, um die Art und Qualität der von solchen Institutionen vermittelten Informationen zu verstehen, es erforderlich sein kann, ein Verständnis von den zugrunde gelegten Bewertungsmethoden zu erlangen, z.B. ob die Werte auf der Grundlage des Handels eines identischen Finanzinstruments, eines ähnlichen Instruments oder auf Basis eines Barwertmodells bzw. einer Kombination dieser Alternativen ermittelt wurden. Auch wenn ein mitgeteilter Preis ggü. dem vorangegangenen Wert unverändert ist oder wenn es zu auffälligen Abweichungen gekommen ist, ist dieser Wert nach diesem Verfahren zu überprüfen. Die vorgenannten Plausibilisierungen sind von der Depotbank bzw. der KAG so zu dokumentieren, dass sie jederzeit nachvollziehbar sind.

880 Depotbank oder KAG müssen einen **Preis** auch dann überprüfen, wenn er ggü. dem vorangegangenen Wert **unverändert** ist oder wenn es zu **auffälligen Abweichungen** gekommen ist.

881 Legt der Dritte sein Bewertungsverfahren offen, sollte die Prüfung nach den Kriterien gem. § 24 Abs. 2 InvRBV erfolgen.[612]

882 Für die Fälle signifikanter Abweichungen zwischen verschiedenen Kursquellen oder grundsätzlicher Schwierigkeiten – bspw. bei illiquiden (strukturierten) Papieren – hat die Depotbank bzw. die KAG einen Eskalationsprozess zu definieren.

dd) Bewertung von Vermögensgegenständen mit dem Charakter einer unternehmerischen Beteiligung

883 Zu den zulässigen Vermögensgegenständen, die ein inländisches Investmentvermögen i.S.v. § 90g InvG (**sonstige SV sowie vergleichbare ausländische Investmentvermögen**) sowie § 112 InvG (**SV mit zusätzlichen Risiken**) erwerben darf, gehören gem. § 2 Abs. 4 Nr. 9 und 11 InvG auch **Unternehmensbeteiligungen**, deren Anteile nicht zum Handel an einer Börse zugelassen oder in einen organisierten Markt einbezogen sind, wenn der Verkehrswert ermittelt werden kann. Das betrifft Beteiligungen an in- und ausländischen PersGes. und KapGes. (Private Equity) wie auch andere Rechtsformen (etwa Trusts). In solche nicht wertpapiermäßig verbrieften Anlagen dürfen im Rahmen von sonstigen SV maximal 20% des Werts des SV investiert werden, wobei in Beteiligungen desselben Unternehmens nur bis zu 5% des Werts des SV angelegt werden dürfen.[613] Für den Erwerb einer Beteiligung gem. § 90h Abs. 1 Nr. 3 InvG kommt es nicht darauf an, in welche Vermögensgegenstände das Unternehmen selbst investiert ist oder welcher Geschäftstätigkeit es nachgeht. Es erfolgt keine Durchschau auf die einzelnen Vermögensgegenstände in der Beteiligung. Erworben werden können damit auch doppel- und mehrstöckige Beteiligun-

---

612 Vgl. Begr. zu § 24 Abs. 3 InvRBV.
613 Die Beschränkung der Anlage in Beteiligungen desselben Unternehmens auf 5% des Werts des SV dient der Risikostreuung des Portfolios.

gen. Für SV mit zusätzlichen Risiken beträgt die Grenze nicht börsennotierter bzw. in einen organisierten Markt einbezogener Unternehmensbeteiligungen 30% (§ 112 Abs. 1 Satz 3 InvG). Abweichend von den Anlagegrenzen für sonstige SV besteht keine Beschränkung auf 5% des Fondsvermögens in Beteiligungen desselben Unternehmens.

Inländische Investmentvermögen i.S.v. § 11 InvG, vergleichbare ausländische Investmentvermögen und InvAG dürfen **stille Beteiligungen** i.S.v. § 230 HGB gem. § 2 Abs. 4 Nr. 10 InvG an einem Unternehmen mit Sitz und Geschäftsleitung im Geltungsbereich des Gesetzes erwerben,[614] wenn deren Verkehrswert ermittelt werden kann. **884**

§ 25 InvRBV regelt erstmals die Bewertung von **Vermögensgegenständen mit dem Charakter einer unternehmerischen Beteiligung** (Unternehmensbeteiligungen und stille Beteiligungen i.S.v. § 230 HGB), deren Verkehrswert ermittelt werden kann. Es werden erstmals Anforderungen im Hinblick auf den Zeitpunkt und die Methode für die Wertermittlung formuliert. Die Kriterien und die Methode für die Wertermittlung, die für die Wertermittlung verwendeten Parameter, die zu verwendenden am Markt beobachtbaren Bezugsquellen für die Parameter und die Berechnung des Werts auf den Erwerbszeitpunkt einschließlich der getroffenen Annahmen sind zu **dokumentieren** (§ 25 Abs. 1 Satz 2 InvRBV). **885**

Vor dem Erwerb einer solchen unternehmerischen Beteiligung ist eine Bewertung zum Nachweis des Vorliegens der Erwerbsvoraussetzungen gem. § 36 Abs. 2 Satz 3 InvG nach anerkannten Grundsätzen für die Unternehmensbewertung durch einen unabhängigen Sachverständigen vorzunehmen (§ 25 Abs. 1 Satz 1 InvRBV).[615] **886**

Die Bewertung von nicht börsennotierten Anteilen erfolgt grds. anhand der **Kapitalwertmethode** (sog. **Ertragswertverfahren** bzw. **Discounted-Cash-flow-Verfahren** (DCF-Verfahren))[616] oder anhand von Schätzungen durch geeignete Multiplikatoren bzw. geeignete **approximative Verfahren**. **887**

Ertragswertverfahren und DCF-Verfahren beruhen beide auf der Barwertermittlung zukünftiger finanzieller Überschüsse.[617] Während im Rahmen des Ertragswertverfahrens der Unternehmenswert aus den zukünftig erwarteten Jahresergebnissen abgeleitet wird, beruht das DCF-Verfahren auf den zukünftig erwarteten Zahlungsmittelüberschüssen. Jeder Vermögensgegenstand hat einen inneren Wert, der auf Basis seiner Eigenschaften Zahlungsüberschüsse, Wachstum und Risiko ermittelt werden kann. Zur Bewertung sind folgende Parameter erforderlich: (1) Lebensdauer des Vermögensgegenstands (terminal value), (2) Zahlungsüberschüsse während der Lebensdauer und (3) Abzinsungsfaktor für die Zahlungsüberschüsse. Hervorzuheben ist, dass ein möglicher Liquidationswert des Unternehmens eine Wertuntergrenze darstellt. Nach der Begründung zu § 25 Abs. 1 InvG gehören zu den in eine Bewertung einfließenden Parametern „der risikoadäquate Zinssatz, **888**

---

614 Gemäß § 112 Abs. 1 Satz 3 InvG bis zu 30% des Werts des SV, soweit die Unternehmen nicht an einer Börse zugelassen oder in einen organisierten Markt einbezogen sind.

615 Die Bewertung eines Unternehmens durch einen WP erfolgt regelmäßig nach den Grundsätzen zur Durchführung von Unternehmensbewertungen (*IDW S 1 i.d.F. 2008*; WPg Supplement 3/2008, S. 68 ff. = FN-IDW 2008, S. 271 ff.). *IDW S 8* (WPg Supplement 1/2011, S. 85 ff. = FN-IDW 2011, S. 151 ff.) enthält Grundsätze, nach denen WP Stellung nehmen zur finanziellen Angemessenheit von Transaktionspreisen im Rahmen von unternehmerischen Initiativen (sog. Fairness Opinions). Unternehmerische Initiativen, in denen typischerweise Fairness Opinions zum Einsatz kommen, sind häufig geprägt durch zeitliche Restriktionen und eingeschränkten Informationszugang, was eine Unternehmensbewertung i.S.v. *IDW S 1* unmöglich macht. Fairness Opinions sind daher kein Instrument zur Ermittlung von Unternehmenswerten nach *IDW S 1*.

616 Vgl. auch Begr. zu § 25 Abs. 1 InvRBV.

617 Vgl. *IDW S 1 i.d.F. 2008*; WPg Supplement 3/2008, S. 68 ff. = FN-IDW 2008, S. 271 ff., Tz.101.

eine Marge für die jeweils aktuelle Marktliquidität und die Ableitung der Einnahmen und Ausgaben/Cash-Flows der Gesellschaft".

889   Im Bewertungsgutachten ist deutlich zu machen, auf welchen wesentlichen **Annahmen** der ermittelte Wert beruht und ob es sich bei den getroffenen Annahmen um solche des Sachverständigen oder der KAG handelt. Auch muss für einen Dritten erkennbar sein, wie von Ermessensspielräumen Gebrauch gemacht wurde.

890   Im Hinblick auf eine **Objektivierung der Bewertung** sollten die verwendeten Daten und Informationen aus zuverlässigen Quellen stammen und so weit wie möglich von einem Dritten verifiziert worden sein (z.B. testierte JA, Sachverständigengutachten, technische Gutachten).[618] Bestehen auf Ebene der zu bewertenden Gesellschaft latente Steuern, sind diese nur zu berücksichtigen, soweit sie voraussichtlich innerhalb der nächsten fünf Jahre nach ihrer Entstehung genutzt werden können.[619]

891   **Im Zeitpunkt des Erwerbs** ist als Verkehrswert gem. § 36 Abs. 3 InvG für Vermögensgegenstände mit dem Charakter einer unternehmerischen Beteiligung der **Kaufpreis** einschließlich der Anschaffungsnebenkosten anzusetzen (§ 25 Abs. 2 Satz 1 InvRBV). Spätestens nach Ablauf von zwölf Monaten nach Erwerb bzw. nach der letzten Bewertung hat eine (erneute) Bewertung der unternehmerischen Beteiligung zu erfolgen. Der sich hieraus ergebende Verkehrswert ist anzusetzen (§ 25 Abs. 2 Satz 2 InvRBV).

892   Die wesentlichen Parameter (z.B. Cash flow der Gesellschaft, risikoadäquater Zinssatz) sind in angemessenen Abständen zu überwachen und nach sorgfältiger Einschätzung im Hinblick auf wesentliche Änderungen und deren Auswirkungen im Vergleich zur letzten Bewertung zu überprüfen. Diese Überprüfung ist zu dokumentieren. Ergibt sich hieraus ein Anhaltspunkt, dass der Ansatz des zuletzt angesetzten Werts aufgrund von wesentlichen Veränderungen wesentlicher Bewertungsfaktoren nicht mehr sachgerecht ist, ist der Verkehrswert aufgrund einer vollständigen Bewertung erneut zu ermitteln und anzusetzen **(Folgebewertung)**. Die Entscheidung und die hierfür tragenden Gründe sind von dem für die Bewertung des Investmentvermögens Verantwortlichen nachvollziehbar zu dokumentieren. Bei Publikumsfonds sind wegen der börsentäglichen Anteilwertermittlung eher höhere Anforderungen an die zeitnahe Überprüfung der wesentlichen Bewertungsparameter zu stellen als bei nicht börsentäglicher Ermittlung der Anteilpreise von Spezialfonds.

893   Das verwendete **Bewertungsverfahren** ist grds. **stetig anzuwenden**. Abweichungen sind nur dann zulässig, wenn dadurch der Verkehrswert der Beteiligung zutreffender, d.h. sachgerechter ermittelt werden kann (z.B. nach einem Börsengang durch den Aktienkurs).[620]

894   Bei der Bewertung von unternehmerischen Beteiligungen ist der Bewerter in hohem Maße auf am Markt nicht öffentlich zugängliche Informationen angewiesen, die dieser nur von dem zu bewertenden Unternehmen selbst erhalten kann. Daher muss die KAG/InvAG diese Gesellschaft vertraglich verpflichten, ihr bzw. der die Bewertung durchführenden Depotbank in angemessenen Abständen die für die qualifizierte Überprüfung der Bewertung bzw. deren Durchführung erforderlichen Daten zu übermitteln.[621]

---

618 Vgl. Begr. zu § 25 Abs. 1 InvRBV.
619 Vgl. Begr. zu § 25 Abs. 1 InvRBV.
620 Vgl. Begr. zu § 25 Abs. 2 InvRBV.
621 Vgl. Begr. zu § 25 Abs. 2 InvRBV.

Kapitalanlagegesellschaften, Sondervermögen, Investment-Aktiengesellschaften   J

Führt die KAG die Bewertung des Investmentvermögens durch, sind der Depotbank die Bewertung und die hierfür verwendeten Informationen unmittelbar nach der Ermittlung des Werts zuzuleiten. Gleiches gilt für den Fall, dass die Depotbank die Bewertung übernimmt.[622]   **895**

Gemäß § 29 InvRBV sollen die Regelungen des § 25 InvRBV entsprechend gelten, wenn **Spezialfonds** gem. § 2 Abs. 4 Nr. 5, 6 und 8 InvG in **Immobilien, Immobilien-Gesellschaften** oder **ÖPP-Projektgesellschaften** investieren und mit den Anlegern eine Abweichung von den gesetzlichen Vorschriften gem. § 93 Abs. 3 InvG vereinbart wurde. Aus der Begründung zu § 29 InvRBV ergibt sich, dass dies nur Abweichungen von den gesetzlichen Vorgaben für die Bewertung von Immobilien, Immobilien-Gesellschaften oder ÖPP-Projektgesellschaften betrifft. Zweck von § 29 InvRBV ist es, für die Bewertung von Immobilien-Gesellschaften oder ÖPP-Projektgesellschaften einen **Mindeststandard** einzuführen, von dem auch im Bereich der Spezial-SV nicht abgewichen werden kann.   **896**

ee) Bewertung von Investmentanteilen und Bankguthaben sowie Verbindlichkeiten

Anteile an inländischen Investmentvermögen, EG-Investmentanteile und ausländische **Investmentanteile** sind gem. § 26 Abs. 1 InvRBV mit ihrem letzten festgestellten und erhältlichen Rücknahmepreis zu bewerten oder mit ihrem aktuellen Kurswert gem. § 23 Abs. 1 InvRBV (Bewertung auf der Grundlage von handelbaren Kursen). Der Verordnungsgeber hat nicht näher definiert, welche Anforderungen er an die Aktualität des Kurswerts gem. § 23 Abs. 1 InvRBV stellt. Stehen aktuelle Rücknahmepreise sowie handelbare Kurse nicht zur Verfügung, ist der Anteilpreis aufgrund geeigneter Bewertungsmethoden entsprechend § 24 InvRBV (Bewertung auf der Grundlage geeigneter Bewertungsmodelle) zu ermitteln. Damit findet die Bewertungshierarchie der InvRBV grds. auch für die Bewertung von Investmentanteilen Anwendung. Hierauf ist im JB hinzuweisen.   **897**

Bankguthaben sind mit ihrem Nennwert zzgl. zugeflossener Zinsen anzusetzen (§ 26 Abs. 2 Satz 1 InvRBV). **Festgelder** sind zum Verkehrswert i.S.v. § 24 Abs. 1 Satz 2 InvRBV zu bewerten, sofern das Festgeld kündbar ist und die Rückzahlung bei der Kündigung nicht zum Nennwert zzgl. Zinsen erfolgt. Damit sind renditeabhängige Kursveränderungen während der Laufzeit zu berücksichtigen und an den Zeitwert anzupassen.   **898**

Für die Ermittlung der Kurswerte von **Optionsrechten**, die zum Handel an einer Börse zugelassen oder in einen anderen organisierten Markt einbezogen sind, ist gem. § 36 Abs. 4 Satz 1 InvG auf die zuletzt festgestellten Kurse der betreffenden Terminbörse abzustellen, wobei zu diesen Kursen auch Aufträge ausgeführt worden sein müssen. Sind im engen zeitlichen Zusammenhang mit dem Abschluss des Optionsgeschäfts (noch) keine Kurse festgestellt worden, ist der Anschaffungswert zugrunde zu legen. Soweit kein Börsenhandel stattgefunden hat, dieser ausgesetzt wurde oder es sich nicht um eine börsengehandelte Option handelt, ist ersatzweise eine sachgerechte Schätzung zur Ermittlung des Verkehrswerts i.S.v. § 36 Abs. 3 Satz 1 InvG vorzunehmen. Der Verkehrswert eines Optionsrechts ist der Betrag, der für ein gleich ausgestattetes Recht zum Zeitpunkt der Bewertung aufgewendet werden müsste bzw. vereinnahmt werden könnte.   **899**

Finanz- und Devisenterminkontrakte sind gem. § 36 Abs. 4 Satz 2 InvG mit den geleisteten Einschüssen unter Einbeziehung der am Börsentag festgestellten Bewertungsgewinne und -verluste dem SV zuzurechnen.   **900**

---

[622] Vgl. Begr. zu § 25 Abs. 2 InvRBV.

901 Im Falle **schwebender Verpflichtungsgeschäfte** ist anstelle des von der KAG zu liefernden Vermögensgegenstands die von ihr zu fordernde Gegenleistung unmittelbar nach Abschluss des Geschäfts zu berücksichtigen (§ 36 Abs. 1 Satz 4 InvG). In der Praxis wurde die Unmittelbarkeit bislang als gewahrt betrachtet, wenn die Gegenleistung spätestens zwei Tage nach Geschäftsabschluss in die Preisberechnung einging. Bei sehr volatilen Kursen kann auch diese Frist bereits zu lang sein.

902 Rückerstattungsansprüche bzw. -verpflichtungen aus **Wertpapierdarlehen** sind mit dem jeweiligen Kurswert der übertragenen Wertpapiere anzusetzen (§ 36 Abs. 1 Satz 5 InvG). Bei **Wertpapierpensionsgeschäften** sind die Rückerstattungsansprüche bzw. -verpflichtungen mit dem Kurswert der übertragenen bzw. erhaltenen Wertpapiere anzusetzen.

903 **Swaps** werden mit dem Verkehrswert (Marktwert) angesetzt. Der Marktwert eines Swaps ist der Saldo der beiden abgezinsten zukünftigen Zahlungsströme (Barwert), die ausgetauscht werden.

904 **Verbindlichkeiten** sind zu ihrem Rückzahlungsbetrag auszuweisen (§ 26 Abs. 3 InvRBV).

ff) Besonderheiten bei der Bewertung von Immobilien

905 Immobilien sind grds. mit den vom Sachverständigenausschuss (§ 77 InvG) festgestellten Verkehrswerten anzusetzen.

906 Der Verkehrswert einer Immobilie wird bestimmt durch den Preis, der in dem Zeitpunkt, auf den sich die Ermittlung bezieht, im gewöhnlichen Geschäftsverkehr nach den rechtlichen Gegebenheiten und tatsächlichen Eigenschaften, der sonstigen Beschaffenheit und der Lage der Immobilie ohne Rücksicht auf ungewöhnliche oder persönliche Verhältnisse zu erzielen wäre (§ 27 Abs. 1 InvRBV, Muster-Geschäftsordnung für die Sachverständigen).

907 Diese Definition für Verkehrswerte von Immobilien steht in Einklang mit § 194 BauGB. Nach dem Klammerzusatz in § 194 BauGB entspricht der Verkehrswert einer Immobilie ihrem Marktwert. Der Marktwert einer Immobilie ist der geschätzte Betrag, für den die Immobilie am Bewertungsstichtag zwischen einem verkaufsbereiten Verkäufer und einem kaufbereiten Erwerber nach angemessenem Vermarktungszeitraum in einer Transaktion im gewöhnlichen Geschäftsverkehr verkauft werden könnte, wobei jede Partei mit Sachkenntnis, Umsicht und ohne Zwang handelt. Diese Definition des Marktwerts entspricht der Fassung der EU-Richtlinie 2006/48/EC, wie sie auch in § 16 Abs. 2 Satz 2 PfandBG wiedergegeben ist.

908 Davon abweichend sind **neu erworbene Immobilien** vor Erwerb von einem Sachverständigen i.S.v. § 77 Abs. 2 Satz 2 InvG, der nicht einem von der KAG gem. § 77 Abs. 1 InvG gebildeten Sachverständigenausschuss angehört, zu bewerten (§ 67 Abs. 5 InvG). Gemäß § 79 Abs. 1 Satz 4 InvG ist zum Zeitpunkt des Erwerbs und in den ersten zwölf Monaten nach dem Erwerb der **Kaufpreis** anzusetzen.[623] Davon abweichend ist der Wert erneut zu ermitteln und anzusetzen, wenn nach Auffassung der KAG der Ansatz des zuletzt ermittelten Werts oder des Kaufpreises aufgrund von Änderungen wesentlicher Bewertungsfaktoren nicht mehr sachgerecht ist. Die KAG hat ihre Entscheidung und die sie tragenden Gründe nachvollziehbar zu dokumentieren. Zu den wesentlichen Bewertungsfaktoren zählen z.B. der Abschluss neuer wesentlicher Mietverträge, wesentliche Änderungen des Liegenschaftszinssatzes, der Abschluss von Sanierungs- oder Umbauarbeiten.

---

[623] Gegebenenfalls abweichende Regelung bei Spezialfonds (§ 91 Abs. 3 InvG).

Daneben ist es empfehlenswert, dass sich die KAG eigene Regelungen gibt, in denen sie festhält, in welchen Fällen wesentliche Änderungen zu einem geänderten Wertansatz innerhalb und außerhalb des zwölfmonatigen Zeitraums führen. Die Anschaffungsnebenkosten sind gesondert, d.h. als eigener Posten in der Vermögensaufstellung, zu erfassen und über die voraussichtliche Haltedauer, längstens jedoch über zehn Jahre abzuschreiben.

Auch für **im Bau befindliche Objekte** sind während der Bauzeit grds. Verkehrswerte zu ermitteln (sog. Projektschätzungen). Dabei handelt es sich i.d.R. um auf den Fertigstellungszeitpunkt projizierte Ertragswerte. Im Rahmen der Anteilpreisberechnung fließen die Grundstücke im Bau i.d.R. mit den bis zu diesem Zeitpunkt aufgelaufenen Baukosten ein. Sofern die aktivierten Baukosten die Projektschätzungen abzgl. der noch ausstehenden Fertigstellungskosten übersteigen, ist die KAG gehalten, erfolgsneutral eine entsprechende Rückstellung zu bilden. 909

§ 27 Abs. 2 Nr. 3 InvRBV legt fest, dass dann, wenn die Herstellung einer Immobilie im Vordergrund steht, ein Ansatz von Anschaffungsnebenkosten neben dem Kaufpreis bzw. Verkehrswert zu unterbleiben hat. Solche Kosten sind damit Bestandteil der Herstellungskosten des im Bau befindlichen Objekts und beeinflussen nur das nicht realisierte Ergebnis (Vermögensstock). 910

Die Bewertung vor Erwerb (§ 67 Abs. 5 InvG) dient vorrangig der Plausibilisierung des Kaufpreises (§ 67 Abs. 5 InvG). Um eine hohe Unabhängigkeit der Erstbewertung einer Immobilie von der Folgebewertung zu gewährleisten und ungerechtfertigte Einwertungsgewinne[624] zu vermeiden,[625] erfolgt die Erstbewertung – im Gegensatz zur Folgebewertung – durch einen Sachverständigen, der **nicht** einem von der KAG gem. § 77 Abs. 1 InvG gebildeten **Sachverständigenausschuss** angehört (§ 67 Abs. 5 InvG). 911

Die **Anschaffungsnebenkosten** sind vom Kaufpreis bzw. Verkehrswert getrennt in einem separaten Posten der Vermögensaufstellung zu erfassen. Gemäß § 27 Abs. 2 Nr. 1 InvRBV ist zur Bestimmung der investmentrechtlichen Anschaffungsnebenkosten die **handelsrechtliche Definition des § 255 Abs. 1 HGB**, unter Berücksichtigung investmentrechtlicher Besonderheiten heranzuziehen. 912

Handelsrechtlich zählen die Nebenkosten des Erwerbs – bspw. Vermittlungs- und Maklergebühren, Provisionen, Notariats-, Gerichts- und Registerkosten, Anlieger- und Erschließungsbeiträge sowie die GrESt – zu den Anschaffungsnebenkosten.[626] 913

Investmentrechtlich wird diese Begriffsdefinition durch § 27 Abs. 2 Nr. 1 InvRBV erweitert. Demnach können unter der Voraussetzung, dass ein Erwerb der Immobilie aussichtsreich erscheint und die Kosten dem konkreten Erwerb zugeordnet werden können, also nicht allgemeiner Natur sind, auch bereits im Vorfeld entstehende Kosten angesetzt werden (§ 7 Abs. 5 Satz 6 InvRBV).[627] Nicht zulässig ist beispielsweise der Ansatz von Kosten für allgemeine Marktstudien, Wettbewerbsanalysen o.Ä. Eine etwaige aus Anlass des Erwerbs an die KAG zu zahlende Verwaltungsvergütung (sog. Kaufvergütung) zählt jedoch genauso zu den investmentrechtlichen Anschaffungsnebenkosten wie etwa die Kosten einer Due Diligence. 914

---

624 Einwertungsgewinne entstehen, wenn der Kaufpreis unterhalb des Verkehrswerts zum Zeitpunkt der Einwertung liegt. Da in den ersten zwölf Monaten regelmäßig der Kaufpreis anzusetzen ist, können Einwertungsgewinne frühestens nach Ablauf dieser Frist auf Basis der Wertfortschreibung entstehen.
625 Vgl. Gesetzesbegründung zu § 67 Abs. 5 InvG.
626 Vgl. *ADS*⁶, § 255 HGB, Tz. 21 ff.
627 Vgl. Begr. zu § 7 Abs. 5 InvRBV.

915 Die Anschaffungsnebenkosten sind gem. § 79 Abs. 1 Satz 6 InvG linear über die voraussichtliche Haltedauer abzuschreiben, höchstens jedoch über zehn Jahre. Ändert sich die ursprünglich geplante Haltedauer, so ist der Abschreibungszeitraum entsprechend anzupassen. Wird das Objekt veräußert, so sind die Anschaffungsnebenkosten in voller Höhe abzuschreiben. Anders als in der handelsrechtlichen Rechnungslegung sind die Abschreibungen jedoch nicht in der Ertrags- und Aufwandsrechnung zu erfassen (§ 79 Abs. 1 Satz 8 InvG); damit bleibt für die Praxis nur eine erfolgsneutrale Erfassung über die Entwicklungsrechnung ohne Reduzierung des ausschüttungsfähigen Betrags.

916 Nach der Erstbewertung sind Bestandsimmobilien regelmäßig **alle zwölf Monate** von einem von der KAG gem. § 77 InvG gebildeten **Sachverständigenausschuss** neu zu bewerten (§ 79 Abs. 1 Satz 3 InvG). Ist nach Auffassung der KAG der Verkehrswert (bzw. der Kaufpreis innerhalb der ersten zwölf Monate) aufgrund von Änderungen wesentlicher Bewertungsfaktoren als nicht mehr sachgerecht anzusehen, so ist ggf. bereits vor Ablauf des Zwölf-Monats-Zeitraums eine Neubewertung vorzunehmen (§ 79 Abs. 1 Satz 5 InvG). Da es sich bei Satz 5 um einen Ausnahmetatbestand handelt, ist die Entscheidung zur erneuten Bewertung (Zwischenbewertung) von der KAG nachvollziehbar zu dokumentieren.

917 Das InvG legt das bei der Bewertung der Immobilien anzuwendende Bewertungsverfahren nicht im Einzelnen fest, sondern fordert in § 77 Abs. 1a Satz 3 InvG lediglich die begründete Anwendung eines geeigneten, am jeweiligen Immobilien-Anlagemarkt anerkannten Wertermittlungsverfahrens. Auch der InvRBV legt kein Bewertungsverfahren fest, sondern definiert einzig den **Verkehrswert** einer Immobilie als durch den Preis bestimmt, der zum Zeitpunkt der Wertermittlung im gewöhnlichen Geschäftsverkehr nach den rechtlichen Gegebenheiten und tatsächlichen Eigenschaften, der sonstigen Beschaffenheit und der Lage der Immobilie ohne Rücksicht auf ungewöhnliche oder persönliche Verhältnisse zu erzielen wäre (§ 27 Abs. 1 InvRBV).

918 Die Auswahl des Bewertungsverfahrens wird damit der Expertise der Sachverständigen überlassen. In der Praxis wird bei der Bewertung der Immobilien regelmäßig das **Ertragswertverfahren** angewendet; als Hilfsmittel dienen dabei die WertV[628] und die WertR[629].

919 Für **im Ausland belegene Immobilien** sind gem. § 27 Abs. 2 Nr. 2 InvRBV im Rahmen der Anteilpreisberechnung ggf. **Rückstellungen für Steuern** zu bilden. Das gilt auch für Spezial-SV. Die Steuerrückstellungen berücksichtigen die im Falle eines Veräußerungsgewinns voraussichtlich zu erwartende Gewinnsteuerlast im ausländischen Belegenheitsstaat (sog. Capital Gain Taxes) und betragen grds. 100% der drohenden Steuerbelastung (der Steuersatz zum Bewertungsstichtag ist nach steuerlichen Vorschriften des Belegenheitsstaats zu ermitteln). Dabei wird die Veräußerung der Immobilie am Bewertungsstichtag zum Verkehrswert fingiert. Als Basis dient der Verkehrswert laut aktuellem Sachverständigengutachten abzgl. des steuerlichen Restbuchwerts. Veräußerungskosten, die sich bei Veräußerung steuermindernd auswirken, können über einen marktüblichen Abschlag mindernd berücksichtigt werden.

920 Die Berücksichtigung von Steuerminderungsbeträgen, die sich aufgrund der Bildung von Reinvestitionsrücklagen ergeben können, ist bei der Bildung der Steuerrückstellung zur Capital Gain Tax aufgrund der erheblichen Unsicherheit nicht zulässig.[630] Steuer-

---

628 Immobilienwertermittlungsverordnung (ImmoWertV) vom 19.05.2010 (BGBl. I, S. 639).
629 Wertermittlungsrichtlinien 2006 – WertR 2006 vom 01.03.2006, BAnz. Nr. 108a vom 10.06.2006 (Berichtigung vom 01.07.2006, BAnz. Nr. 121, S. 4798).
630 Vgl. § 27 Abs. 2 InvRBV i.V.m. mit der zugehörigen Begr.

minderungseffekte aufgrund vorliegender, nach dem Steuerrecht des Belegenheitsstaats verrechenbarer Verluste sind nur bis zur Höhe der Steuerbelastung auf den Veräußerungsgewinn zu berücksichtigen (§ 27 Abs. 2 Nr. 2 Satz 5 InvRBV). Dadurch können bspw. die latenten Veräußerungsgewinne eines Objekts (Verkehrswert > steuerlicher Restbuchwert) durch latente Veräußerungsverluste eines anderen Objekts im selben Belegenheitsstaat (Verkehrswert < steuerlicher Restbuchwert) ausgeglichen werden, vorausgesetzt, die Verluste sind nach dem Steuerrecht des Belegenheitsstaats verrechenbar. Denkbar ist auch die Einbeziehung von **Steuerminderungen aus laufender Geschäftstätigkeit**. Diese können entstehen, wenn bspw. Anschaffungsnebenkosten investmentrechtlich über einen separaten Posten aktiviert werden, nach dem Landesrecht des Belegenheitsstaats der Immobilie aber als Aufwand zu erfassen sind. Dadurch können sich steuerliche Verluste ergeben, die i.d.R. in zukünftige Perioden vorgetragen werden können.

Die **Bildung und Auflösung der Rückstellungen für Steuern auf Veräußerungsgewinne** ist erfolgsneutral vorzunehmen (§ 27 Abs. 2 Nr. 2 Satz 6 InvRBV); sie fließt daher über die unrealisierten Wertveränderungen in die Entwicklungsrechnung ein. **921**

In dem Fall, dass die **Veräußerung der Anteile an einer Immobilien-Gesellschaft** wesentlich wahrscheinlicher ist als die Veräußerung der Immobilie, ist bei der Bewertung von Beteiligungen ein Abschlag in Höhe des Betrags vorzunehmen, der bei Verkauf der Beteiligung infolge latenter Steuerlasten als Minderung des Kaufpreises für die Beteiligung erwartet wird (§ 27 Abs. 2 Nr. 2 Satz 7 InvRBV). Nach der Begründung ist die Veräußerung von Anteilen an einer Immobilien-Gesellschaft dann wesentlich wahrscheinlicher als die Veräußerung der einzelnen Immobilien, wenn unter Berücksichtigung aller für die Wahl der Transaktionsart entscheidungsrelevanten Aspekten (insb. der Höhe der Beteiligung und der aktuellen Marktlage) davon ausgegangen werden kann, dass diese für das SV vorteilhafter wäre und tatsächlich am Markt realisierbar ist. **922**

Auf Immobilien, die bei Inkrafttreten der InvRBV in einem SV gehalten werden, ist § 27 Abs. 2 Nr. 2 InvRBV erstmals fünf Jahre nach Inkrafttreten dieser Verordnung anzuwenden. In der Zeit zwischen dem Tag des Inkrafttretens dieser Verordnung und dem letzten Tag der darauffolgenden fünf Jahre sind linear Rückstellungen i.S.v. § 27 Abs. 2 Nr. 2 InvRBV aufzubauen. Einen nur kontinuierlichen Aufbau dieser Rückstellungen hält der Verordnungsgeber für nicht zulässig. **923**

gg) Besonderheiten bei der Bewertung von Beteiligungen an Immobilien-Gesellschaften

Vor dem Erwerb von Beteiligungen an Immobilien-Gesellschaften ist deren Wert gem. § 68 Abs. 2 InvG durch einen APr. i.S.v. § 319 Abs. 1 Satz 1 und 2 HGB zu ermitteln. Dies gilt auch für den Fall des indirekten Erwerbs durch eine im Bestand des SV stehende Immobilien-Gesellschaft (§ 68 Abs. 9 i.V.m. § 68 Abs. 2 InvG).[631] Wird die Immobilien-Gesellschaft von der KAG gegründet und wird die Immobilie erst nachträglich von der Immobilien-Gesellschaft erworben, ist eine Wertermittlung gem. § 68 Abs. 2 InvG nicht erforderlich. Auch in diesen Fällen darf jedoch in analoger Anwendung von § 67 Abs. 5 InvG der gem. § 68 Abs. 5 InvG ermittelte Verkehrswert laut Einwertungsgutachten den Kaufpreis der Immobilie (Gegenleistung) nicht oder nur unwesentlich übersteigen. Wie bei den direkt erworbenen Immobilien dient die Wertermittlung der Immobilien-Gesellschaft vor Erwerb der Feststellung der Angemessenheit der Gegenleistung unter sinngemäßer Anwendung des § 67 Abs. 5 InvG (§ 27 Abs. 1 InvRBV). Die Anforderungen an die **924**

---

[631] Der Hinweis auf § 319 Abs. 1 Satz 1 und Abs. 2 HGB betrifft die Fragen der Unabhängigkeit des APr.

Bewertung der Immobilien-Gesellschaft vor Erwerb gem. § 68 Abs. 2 InvG sind (durch den Verweis in § 69 Abs. 2 Satz 3 InvG) grds. dieselben wie die für die jährliche Wertermittlung gem. § 70 Abs. 2 InvG.

925 Bei der **Bewertung der Immobilien-Gesellschaft** ist von dem letzten mit dem BestV eines APr. versehenen JA der Immobilien-Gesellschaft auszugehen. Liegt der BestV mehr als drei Monate vor dem Bewertungsstichtag, ist von einer aktuellen, vom APr. geprüften Vermögensaufstellung auszugehen (§ 68 Abs. 2 Satz 2 InvG). Dies ist i.d.R. ein testierter Zwischenabschluss. Die Bewertung ist **nach den für die Bewertung von Unternehmensbeteiligungen allgemein anerkannten Grundsätzen** durchzuführen (§ 68 Abs. 2 Satz 3 i.V.m. § 70 Abs. 2 Satz 1 InvG). Konkrete Ausführungen zur **Bewertungssystematik** enthalten weder das InvG noch die InvRBV. Die jeweilige Immobilie ist im Rahmen der Bewertung analog zu den direkt gehaltenen Immobilien mit dem von einem Sachverständigen ermittelten Verkehrswert anzusetzen.[632] Indem die Immobilie der Unternehmensbewertung entzogen wird, wird eine wesentliche, ggf. sogar die einzige Ertragsquelle der Unternehmensbewertung entzogen. Da eine Ertragswertermittlung vor diesem Hintergrund nicht sinnvoll erscheint, kann der Wert der Beteiligung z.B. über die Ermittlung des sog. **Net Asset Value** erfolgen. Mit welchen Werten der die Bewertung durchführende APr. die Vermögensgegenstände und Schulden und ggf. weitere Wertkomponenten[633] im Rahmen der Bewertung ansetzt, bleibt seinem prüferischen Ermessen überlassen. Maßstab sollte regelmäßig die Werthaltigkeit im Rahmen einer Veräußerung sein.

926 Auch die InvRBV sieht kein konkretes Bewertungsverfahren vor, gibt aber einige Verfahrenshinweise: Gemäß § 28 Abs. 1 Satz 2 InvRBV[634] hat der Sachverständige die wesentlichen Grundlagen und Annahmen, insb. alle wertbeeinflussenden Faktoren im Gutachten darzulegen. Der die Beteiligung an einer Immobilien-Gesellschaft bewertende APr. hat in seinem Gutachten die wertmäßigen Zusammenhänge und Unterschiede zwischen dem Nettovermögenswert laut Vermögensaufstellung und dem ermittelten Beteiligungswert darzulegen und zu erläutern (§ 28 Abs. 1 InvRBV). Dies kann bspw. durch eine tabellarische Gegenüberstellung der Werte aus der Vermögensaufstellung mit den Werten, die im Rahmen der Wertermittlung angesetzt wurden, erfolgen.

927 **Nach dem Erwerb** ist eine Beteiligung an einer Immobilien-Gesellschaft in analoger Anwendung von § 79 Abs. 1 Satz 4 bis 6 InvG – genau wie eine von der Immobilien-Gesellschaft gehaltene Immobilie – zunächst mit dem Kaufpreis anzusetzen (§ 28 Abs. 2 Satz 1 InvRBV); die Anschaffungsnebenkosten sind getrennt zu erfassen. Gleiches gilt für alle Immobilien, die nachträglich für Rechnung einer (unmittelbar oder mittelbar gehaltenen) Immobilien-Gesellschaft erworben werden.

928 Spätestens nach Ablauf von zwölf Monaten ist die Beteiligung an einer Immobilien-Gesellschaft mit dem Wert anzusetzen, der von einem APr. (i.S.v. § 319 Abs. 1 Satz 1 und Abs. 2 HGB) nach den für die Bewertung von Unternehmensbeteiligungen allgemein anerkannten Grundsätzen der Unternehmensbewertung ermittelt wurde (§ 70 Abs. 2 Satz 1 InvG i.V.m. § 28 Abs. 3 InvRBV[635]). Wird die Beteiligung nicht direkt für Rechnung des

---

632 Für Wertermittlungen gem. § 68 InvG darf der Sachverständige nicht einem von der KAG gebildeten Sachverständigenausschuss angehören; für Wertermittlungen gem. § 70 Abs. 2 InvG hat der Sachverständige einem von der KAG gebildeten Sachverständigenausschuss anzugehören.
633 Vgl. auch § 28 Abs. 4 Satz 6 bis 8 InvRBV.
634 § 28 Abs. 1 InvRBV regelt die sog. Erstbewertung vor Erwerb einer Beteiligung an einer Immobilien-Gesellschaft.
635 § 28 Abs. 3 und 4 InvRBV enthalten u.a. Vorgaben für die sog. Regelbewertung von Beteiligungen an Immobilien-Gesellschaften.

SV, sondern indirekt über eine Immobilien-Gesellschaft (mittelbare Beteiligung) gehalten,[636] kann der Wert der mittelbar gehaltenen Beteiligungen z.B. auf einer konsolidierten Basis zusammen mit der Wertermittlung der direkten Beteiligung ermittelt werden (§ 28 Abs. 5 InvRBV).

Die Immobilien-Gesellschaft, an der die unmittelbare bzw. mittelbare Beteiligung besteht, muss vertraglich verpflichtet werden, **monatlich Vermögensaufstellungen** bei der KAG und der Depotbank einzureichen und diese einmal jährlich anhand des von einem APr. mit einem BestV versehenen JA der Immobilien-Gesellschaft prüfen zu lassen (§ 70 Abs. 1 Satz 1 InvG). Maßgeblich für die Anteilwertermittlung ist die aktuelle monatliche Vermögensaufstellung zum Zeitpunkt der Bewertung (§ 28 Abs. 3 Satz 2 InvRBV). Die Vermögensaufstellung dient sowohl als Grundlage für die Bewertung der Immobilien-Gesellschaft zur laufenden Preisermittlung (§ 70 Abs. 1 Satz 2 InvG) als auch als Basis zur Bewertung der Immobilien-Gesellschaft gem. § 68 Abs. 2 InvG bzw. § 70 Abs. 2 InvG. 929

Die KAG hat **einheitliche Grundsätze für das Mengengerüst und die Bewertung des Vermögens und der Schulden** aufzustellen und zu dokumentieren (§ 28 Abs. 3 Satz 3 InvRBV). Das Mengengerüst liegt insb. den Vermögensaufstellungen ausländischer Immobilien-Gesellschaften zugrunde und ist aus den einschlägigen lokalen Rechnungslegungsnormen zu entwickeln.[637] Das Mengengerüst soll unabhängig von lokalen Rechnungslegungsnormen die vollständige Erfassung aller Vermögensgegenstände und Schulden in den Vermögensaufstellungen sicherstellen. Insbesondere soll sichergestellt werden, dass auch fehlende Passivposten mit Schuldcharakter erfasst werden, Aktivposten ohne Vermögenscharakter jedoch nicht in die Bewertung einfließen.

Das Ergebnis der Bewertung durch den APr. hat ein **marktnaher Wert** zu sein (§ 28 Abs. 4 InvRBV). Ausgangspunkt ist der **Nettowert laut Vermögensaufstellung** (Summe der Vermögensgegenstände abzgl. Summe der Schulden). Gemäß § 28 Abs. 4 InvRBV liegt es im Ermessen des Bewerters, ggf. weitere, besondere Wertkomponenten anzusetzen. Die InvRBV führt folgende Beispiele auf: 930

– einen eventuell vorhandenen Geschäftswert entsprechend dem Geschäftsmodell der Immobilien-Gesellschaft,
– Wertkomponenten aufgrund erschwerter Vermarktungsmöglichkeiten der Beteiligung,
– abweichende Gewinnverteilungsabreden oder
– Vereinbarungen über Auseinandersetzungsguthaben im Falle der Auflösung der Immobilien-Gesellschaft.

Die Bewertung der Beteiligung durch einen APr. ist mindestens einmal jährlich durchzuführen. Der vom APr. ermittelte Wert der Beteiligung ist am ersten Preisermittlungstag, der auf die Bekanntgabe des Werts durch den APr. an die KAG folgt, anzusetzen. Bis zur nächsten Wertermittlung ist der Wert der Beteiligung im Rahmen des § 70 Abs. 1 InvG auf der Grundlage der monatlichen Vermögensaufstellungen durch die KAG fortzuschreiben. Die Wertfortschreibung darf sich gem. § 28 Abs. 6 InvRBV nur auf solche Wertkomponenten erstrecken, die keiner Bewertung mit wesentlichem Ermessensspielraum unterliegen. Dies gilt auch für den Fall, dass der Tag der Bekanntgabe des Beteiligungswerts vom Stichtag der Bewertung des APr. abweicht und zwischenzeitlich Ereignisse eingetreten sind, die Anlass zu einer Fortschreibung geben. 931

Als Beispiele für Bewertungsfaktoren, die grds. im Rahmen einer **Wertfortschreibung** zu berücksichtigen sind, nennt § 28 Abs. 7 InvRBV: 932

---

636 Zu den rechtlichen Voraussetzungen sog. doppel- bzw. mehrstöckiger Immobilien-Gesellschaften vgl. § 68 InvG.
637 Vgl. Begr. zu § 28 Abs. 3 InvRBV.

- Neubewertung oder Erstbewertung einer Immobilie durch den Sachverständigenausschuss,
- Neuerwerb einer Immobilie oder einer Immobilien-Gesellschaft,
- Verkauf der einzigen Immobilie, wenn der Kaufpreis nicht wesentlich vom Verkehrswert abweicht,
- Kapitalmaßnahmen,
- Ausschüttungen,
- Aufnahme oder Rückzahlung von Darlehen,
- nachträgliche Korrekturen der JA auf allen Beteiligungsstufen,
- Veränderung des Werts durch laufende Erträge und Aufwendungen.

933 Abweichend vom gesetzlich vorgesehenen jährlichen Bewertungsintervall ist – analog zur Bewertung der Immobilien – der Wert der Beteiligung neu zu ermitteln, wenn nach Auffassung der KAG der Ansatz des zuletzt ermittelten Werts aufgrund von **Änderungen wesentlicher Bewertungsfaktoren**, die nicht im Rahmen der Wertfortschreibung berücksichtigt werden können, nicht mehr sachgerecht ist (§ 28 Abs. 7 InvRBV). § 28 Abs. 7 InvRBV führt beispielhaft den Kauf oder Verkauf einer Immobilie auf, wenn dieser wesentliche Veränderungen bei anderen Vermögens- und Schuldposten der Gesellschaft nach sich ziehen könnte. Die KAG sollte in ihren internen Richtlinien Parameter bzw. Kriterien festlegen, wann eine Neubewertung der Immobilien-Gesellschaft durch den APr. durchzuführen ist. Die Entscheidung für eine Neubewertung und die dafür maßgeblichen Gründe sind analog zur Vorgehensweise bei einer Neubewertung der Immobilie revisionstechnisch nachvollziehbar zu dokumentieren. In der **Vermögensaufstellung** gem. § 44 Abs. 1 Satz 3 Nr. 1 InvG ist der gem. § 70 Abs. 2 InvG ermittelte und von der KAG bis zum Berichtsstichtag auf Basis der monatlichen Vermögensaufstellungen fortgeschriebene Wert der direkt für Rechnung **des SV gehaltenen Beteiligungen anzusetzen** (§ 28 Abs. 8 InvRBV). In die Anteilpreisberechnung darf der Beteiligungswert jedoch nur in Höhe der jeweiligen Beteiligungsquote einfließen.

934 Die aus den jährlichen Bewertungen der Beteiligung und den darauf aufbauenden monatlichen Wertfortschreibungen resultierenden Wertänderungen sind – unter Beachtung der Beteiligungsquote – bis zur Realisation durch Veräußerung als **unrealisierte Wertveränderungen** in der Rechnungslegung des SV zu erfassen. Der Ausweis im JB erfolgt in der Entwicklungsrechnung unter den Wertveränderungen der nicht realisierten Gewinne und Verluste bei Beteiligungen.

935 Bei **Spezialfonds**, die in Immobilien oder Beteiligungen an Immobilien-Gesellschaften investiert sind, sollte mit Zustimmung der Anleger von den dargestellten Regelungen abgewichen werden können (§ 91 Abs. 3 InvG). In diesen Fällen ist ein abweichendes Bewertungsverfahren in den Vertragsbedingungen zu regeln.

936 Durch die **Einbeziehung des APr.** in die (laufende) Bewertung der Immobilien-Gesellschaft ist zu klären, welche Prüfungs- und Bewertungsleistungen von dem APr. des SV übernommen werden können und welche nicht. In § 27 Abs. 3 Satz 6 InvRBV erfolgt eine Klarstellung insoweit, als die JA-Prüfung der Immobilien-Gesellschaft gem. § 70 Abs. 1 Satz 1 InvG, die jährliche Prüfung der Vermögensaufstellung gem. § 70 Abs. 1 Satz 1 InvG sowie die Bewertung der Immobilien-Gesellschaft gem. § 70 Abs. 2 InvG durch denselben APr. erfolgen dürfen, wenn für die Bestellung die jeweiligen Voraussetzungen erfüllt sind. Ebenso empfiehlt es sich, dass der APr. des betreffenden SV nicht mit dem Prüfer für die Bewertung gem. § 70 Abs. 2 InvG identisch ist, da sich Konstellationen, die eine Befangenheit auslösen, nicht ausschließen lassen.

f) Ertragsausgleich

Der **Ertragsausgleich** ist ein Verfahren, nach dem die bei Anteilscheinverkäufen im Ausgabepreis bezahlten Ertragsanteile (i.d.R. positiver Ertragsausgleich) bzw. bei Anteilscheinrücknahmen im Rücknahmepreis vergüteten ausschüttungsfähigen Ertragsanteile (i.d.R. negativer Ertragsausgleich) buchmäßig festgehalten und den einzelnen Ertrags- und Aufwandsarten (einschließlich der Vortragskonten und realisierten Gewinne) zugeordnet werden (Ausgleichsbetrag).

937

Durch den Ertragsausgleich wird gewährleistet, dass auch bei umfangreichen Anteilscheinumsätzen zu jedem Zeitpunkt ein für jeden Anteilinhaber identischer Anteil je Anteilschein an den ausschüttungsfähigen Erträgen zur Verfügung steht und die Ausschüttungen an die Altanleger nicht durch die im GJ hinzugekommenen Neuanleger geschmälert oder durch ausgeschiedene Anleger vergrößert werden. Dabei wird in Kauf genommen, dass Anteilinhaber, die z.B. kurz vor dem Ausschüttungstermin Anteilscheine erwerben, den auf Erträge entfallenden Teil des Ausgabepreises in Form einer Ausschüttung zurückerhalten (Ausschüttung des eingezahlten Kapitals). Die in den Erträgen enthaltenen Ertragsausgleichsbeträge unterliegen denselben steuerlichen Regelungen wie die Ertragsbestandteile, auf die sie entfallen (§ 9 InvStG). Die Durchführung eines Ertragsausgleichsverfahrens ist gesetzlich nicht vorgeschrieben. Sehen die Vertragsbedingungen für die Anwendung des Ertragsausgleichsverfahrens ein Wahlrecht vor, so ist dieses unter Beachtung des Stetigkeitsprinzips auszuüben.[638]

938

g) Fondsverschmelzung

Mit Inkrafttreten des InvG und des InvStG ist eine steuerneutrale Verschmelzung von SV möglich. Unter Verschmelzung wird hierbei die Übertragung von sämtlichen Vermögenswerten und Verbindlichkeiten von einem SV auf ein anderes bestehendes oder ein neues, dadurch gegründetes übernehmendes SV. Nach dem OGAW-IV-Umsetzungsgesetz ist nunmehr auch eine grenzüberschreitende Verschmelzung mit einem EU-Investmentvermögen möglich. Die Übertragung ist dabei an verschiedene Bedingungen geknüpft (§§ 40–40h InvG).[639]

939

Bei der Übertragung aller Vermögenswerte und Verbindlichkeiten eines SV auf ein anderes SV handelt es sich um eine **Anwachsung derselben zum Inventarwert** des aufnehmenden SV. Dabei sind zur Vermeidung der Realisierung von stillen Reserven und stillen Lasten die Vermögenswerte und Verbindlichkeiten auch im Rahmen der Übertragung zu Marktwerten mit ihren jeweiligen Einstandswerten bzw. den fortgeführten AK zu übernehmen und im aufnehmenden SV fortzuführen.[640] Die Differenz zwischen den Einstandswerten und den Marktwerten wird als unrealisiertes Ergebnis übernommen. Das Umtauschverhältnis bemisst sich nach dem Verhältnis der Nettoinventarwerte des übernommenen und des aufnehmenden SV am Übertragungsstichtag. Ein Verschmelzungsplan enthält weitere Einzelheiten (§ 40b InvG).

940

Auf den Übertragungsstichtag erstellt die KAG für das **untergehende SV**, dessen GJ bzw. Rumpf-GJ zwingend am Übertragungsstichtag endet, einen Zwischenbericht, der den Anforderungen an einen JB gem. § 44 Abs. 1 InvG entspricht. Dieser enthält sämtliche am Übertragungsstichtag im Bestand befindlichen Vermögenswerte und Verbindlichkeiten. In der Entwicklungsrechnung wird die Entwicklung des Fondsvermögens bis zum Über-

941

---

638 Zur Zulässigkeit der Ausgleichsbeträge vgl. Erlass FinMin. NW vom 10.01.1975, in: *Baur*, InvG², § 39, Rn. 27.
639 Gemäß § 40c Abs. 2 InvG ist die Verschmelzung entweder durch eine Depotbank, durch einen WP oder durch den APr. des übertragenden SV oder des übernehmenden SV oder EU-Investmentvermögens zu prüfen.
640 Vgl. *PricewaterhouseCoopers*, Novellierung InvR 2007, S. 71.

tragungszeitpunkt dargestellt. Dieses Fondsvermögen ist maßgeblich für die Berechnung des Umtauschverhältnisses. Die Ertrags- und Aufwandsrechnung enthält sämtliche ordentlichen Erträge und Aufwendungen des SV bis zum Übertragungszeitpunkt. Bei der Übertragung gehen die EK-Positionen des SV, d.h. Vorträge von realisierten und unrealisierten Gewinnen und Verlusten in dem aufnehmenden SV auf. Um dem Informationsbedürfnis der Anleger gerecht zu werden, sollten zusätzlich „Ergänzende Informationen zur Verschmelzung" in den JB aufgenommen werden.[641]

942 Am Ende des GJ erstellt die KAG für das aufnehmende SV einen JB (§ 44 Abs. 1 InvG). Die Aufstellung eines JB zum Übertragungsstichtag ist damit nicht erforderlich. Um den Charakter der Verschmelzung als „besonderes Anteilscheingeschäft" hervorzuheben, sollte in der Entwicklungsrechnung die Mittelzuführung aus der Verschmelzung gesondert dargestellt werden.[642]

943 Die Ertrags- und Aufwandsrechnung enthält die ordentlichen Erträge und Aufwendungen des GJ. Die Erträge und Aufwendungen des untergegangenen SV sind nur insofern in der Erfolgsrechnung enthalten, als sie auf den Zeitraum nach dem Übertragungsstichtag entfallen. Im Falle der Verschmelzung von Publikums-SV sollten neben der gem. § 44 Abs. 1 Nr. 5 InvG geforderten Darstellung des Fondsvermögens und Anteilwerts des SV zusätzlich auch das Fondsvermögen und der Anteilwert des untergegangenen SV zu den jeweiligen Stichtagen angegeben werden, um die Vergleichbarkeit der Werte offen zu legen.

h) Einreichungs- und Veröffentlichungspflichten

944 Der **JB** bzw. der **Auflösungs- und Abwicklungsbericht** ist spätestens **vier bzw. drei Monate** nach Ablauf des GJ im elektronischen BAnz. **bekannt zu machen** (§ 45 Abs. 1 und 2 InvG). Bekannt zu machen sind alle Teile des JB gem. § 44 Abs. 1 InvG einschließlich des besonderen Vermerks des APr. (§ 44 Abs. 5 Satz 4 InvG).[643] Der JB bzw. der Auflösungsbericht ist darüber hinaus unverzüglich nach erster Verwendung (d.h. nach Bekanntmachung im BAnz. bzw. Aushändigung an den Anteilscheininhaber) der BaFin und der DBB einzureichen (§ 45 Abs. 3 InvG).[644]

945 Der **HJB** ist spätestens **zwei Monate** nach dem Halbjahresstichtag auf demselben Wege wie der JB bekannt zu machen und unverzüglich nach erster Verwendung der BaFin und der DBB einzureichen (§ 45 Abs. 1 und 3 InvG).

946 Jahres-, Zwischen- und Auflösungsberichte von Spezial-SV sind der BaFin nur auf Anforderung einzureichen (§ 94 Satz 4 InvG). Die Erstellung von HJB von Spezial-SV ist gem. § 94 Satz 2 InvG nicht mehr erforderlich.

947 Die KAG oder die Depotbank ist verpflichtet, Ausgabe- und Rücknahmepreise bei jedem Anteilscheinumsatz von Publikums-SV, aber mindestens zweimal im Monat, bekannt zu machen und in einer hinreichend verbreiteten Wirtschafts- oder Tageszeitung zu veröffentlichen. Für Spezial-SV kann die Veröffentlichung entfallen (§ 95 Abs. 4 Satz 2 InvG).

---

641 Sinnvoll sind z.B. Informationen zum Umtauschverhältnis, dem Abrechnungspreis der Anteilscheine sowie eine Aufgliederung der Vorträge des SV.
642 Vgl. *PricewaterhouseCoopers,* Novellierung InvR 2007, S. 73.
643 Zur Nichtveröffentlichung des Tätigkeitsberichts vgl. *Baur,* InvG², § 24a, Tz. 12.
644 § 3 InvRBV legt Einreichungsmodalitäten für die Berichte gem. §§ 44, 110 und 111 InvG ggü. der BaFin fest.

Die KAG ist darüber hinaus verpflichtet, den Anlegern bei jeder Ausschüttung und bei 948
Thesaurierung von Erträgen die Besteuerungsgrundlagen bekannt zu machen (§ 5 Abs. 1
Nr. 1 und 2 InvStG).

i) Prüfung von Sondervermögen
aa) Prüfungspflicht und Prüfungsgegenstand

Der JB und der Zwischenbericht (§ 44 Abs. 3 InvG) sowie der Auflösungsbericht (§ 44 949
Abs. 4 InvG) jedes SV ist gem. § 44 Abs. 5 Satz 1 bzw. § 44 Abs. 6 Satz 1 InvG durch einen
APr. zu prüfen. Der HJB unterliegt nicht der Prüfungspflicht.

Für APr. von SV gelten § 318 Abs. 3 bis 7 HGB (Bestellung und Abberufung des APr.), 950
§ 319 HGB (Auswahl des APr. und Ausschlussgründe) und § 323 HGB (Verantwortlichkeit des APr., Haftungsbeschränkung) entsprechend (§ 44 Abs. 5 Satz 3 InvG).

Die Prüfung hat sich auch darauf zu erstrecken, ob bei der Verwaltung eines SV die Vorschriften 951
des InvG und die Vertragsbedingungen beachtet worden sind (§ 44 Abs. 5 Satz 5
InvG). Festzustellen ist insb., ob die Anlageentscheidungen dem Gesetz und den Vertragsbedingungen entsprechen.

Bei **Spezial-SV** ist gem. § 94 Satz 5 InvG zusätzlich zu prüfen, ob die Vertragsbedingungen 952
mit den Vorschriften des InvG übereinstimmen (§ 24 Abs. 3 InvPrüfbV). Dies gilt
insb. auch für die Anlagepolitik und Anlagegrundsätze der Spezial-SV betreffenden
rechtswirksamen Vereinbarungen mit der KAG. Hierdurch wird die wirksame Beaufsichtigung der Vertragsbedingungen von Spezial-SV sowie ggf. von sog. Side Letters und
vergleichbaren Ergänzungen der Vertragsbedingungen gewährleistet, da diese nicht von
der BaFin genehmigt werden und eine Abweichung von den gesetzlichen Vorgaben gem.
§ 91 Abs. 3 Nr. 1 InvG lediglich die Zustimmung des Anlegers erfordert.[645]

Gemäß § 44 Abs. 6 InvG hat der APr. bei der Übertragung eines SV auch den Zwischenbericht 953
bei der abgebenden KAG zu prüfen. Neben dem Zwischenbericht unterliegen auch
die der aufnehmenden KAG zur Fortführung der Buchhaltung übermittelten Saldenlisten
und Skontren der Prüfung durch den APr. der abgebenden KAG (§ 26 Abs. 3 InvPrüfbV).
Den APr. der aufnehmenden KAG trifft die Verpflichtung zur Prüfung des JB für das gesamte
GJ des SV, d.h. inklusive des Zeitraums, in dem das SV von der abgebenden KAG
verwaltet wurde. Er muss im Rahmen seiner Prüfung sicherstellen, dass er für alle Posten,
also auch für die während der Verwaltung durch die abgebende KAG im GJ des SV entstandenen
Erträge und Aufwendungen, die realisierten bzw. unrealisierten Gewinne und
Verluste sowie die unterjährigen Umsätze, die benötigte Prüfungssicherheit erlangt. Die
Verwendung des testierten Zwischenberichts einschließlich der Saldenlisten und Skontren
der abgebenden KAG (unter Berücksichtigung der einschlägigen Bestimmungen von
IDW PS 320[646]) dient diesem Zweck.

bb) Prüfungsbericht

Für den **Bericht über die Prüfung eines SV** sind § 321 HGB und die Grundsätze ord- 954
nungsmäßiger Berichterstattung bei Abschlussprüfungen nach *IDW PS 450*[647] sinngemäß
anzuwenden und die aufsichtsrechtlichen Anforderungen der BaFin zu beachten. Die besonderen Anforderungen an die Inhalte der PrB für SV regelt die InvPrüfbV. Kapitel 3 der

---

645 Vgl. Begr. zu § 24 Abs. 3 InvPrüfbV.
646 WPg 2004, S. 593 ff. = FN-IDW 2004, S. 383 ff., WPg Supplement 4/2009, S. 1 ff. = FN-IDW 2009, S. 533 ff.
647 WPg 2006, S. 113 ff., WPg Supplement 2009, S. 1 ff. = FN-IDW 2009, S. 533 ff.

InvPrüfbV konkretisiert die Prüfung des JB sowie des Zwischen- und Auflösungsberichts eines SV. Kapitel 1 „Allgemeines" regelt in § 24 Prüfungs- und Berichtsgrundsätze für SV.

955 Der **PrB** für den JB eines SV hat gem. § 24 Abs. 2 InvPrüfbV in einer **zusammengefassten Schlussbemerkung** zu allen wesentlichen Aspekten der Prüfung Stellung zu nehmen, so dass aus ihr selbst ein Überblick über die für die Rechnungslegung des SV bedeutsamen Feststellungen und die Einhaltung der aufsichtsrechtlichen Vorgaben gewonnen werden kann. Ihr muss auch zu entnehmen sein, ob die Vermögensgegenstände ordnungsgemäß bewertet wurden.

956 Der APr. des SV hat die **Ergebnisse der Prüfung der KAG** insb. in Bezug auf die in § 9 InvG (Allgemeine Verhaltensregeln), § 9a InvG (Organisationspflichten) und § 80b InvG (Risikomanagement von Immobilien-SV) genannten Anforderungen zu verwerten (§ 24 Abs. 4 InvPrüfbV).[648] Sollten hierbei Verstöße gegen Verhaltensregeln und Organisationspflichten konkrete Auswirkungen auf das einzelne SV haben, ist hierauf im PrB des jeweiligen SV einzugehen; die Auswirkungen sind darzustellen.

957 Der APr. hat die **Richtigkeit und Vollständigkeit des JB, Zwischen- und Auflösungsberichts** unter besonderer Berücksichtigung der Vermögensaufstellung, der Ertrags- und Aufwandsrechnung, der Entwicklungsrechnung sowie des Tätigkeitsberichts zu prüfen (§ 26 Abs. 1 InvPrüfbV). Wesentliche als Sammelposten ausgewiesene Positionen der Ertrags- und Aufwandsrechnung sind im PrB nachvollziehbar aufzuschlüsseln und zu erläutern.[649] Daneben hat der PrB eine **Stellungnahme zur vertragsgemäßen Belastung des SV mit Aufwendungen** zu enthalten (§ 26 Abs. 2 InvPrüfV).

958 Weiterhin ist im Hinblick auf die **ordnungsgemäße Verwaltung der SV** zu folgenden Sachverhalten vom APr. **zu berichten:**

959 Es ist über die **Verstöße gegen gesetzliche Bestimmungen und Bestimmungen der Vertragsbedingungen** und über die **Einhaltung der Nebenbestimmungen zur Genehmigung der Vertragsbestimmungen** zu berichten (§ 27 Abs. 1 InvPrüfbV). Die Berichterstattung umfasst bei Verstößen insb. eine Beschreibung des Verstoßes nach Art und Auswirkung für das SV, die Anteilinhaber und die KAG sowie die Darstellung der eingeleiteten Maßnahmen zur Vermeidung zukünftiger Verstöße einschließlich der Beurteilung ihrer Wirksamkeit (§ 27 Abs. 2 InvPrüfbV). Die Berichtspflicht umfasst auch die Frage, ob die für das SV erworbenen Vermögensgegenstände erwerbbar waren. Bei Bagatellverstößen gegen gesetzliche und vertragliche Bestimmungen mit Ausnahme der in § 28 Abs. 2 InvPrüfbV genannten Verstöße kann auf die Berichterstattung verzichtet werden, sofern es sich nicht um wiederholt auftretende Verstöße handelt, da diese auf organisatorische Mängel hindeuten könnten (§ 27 Abs. 3 InvPrüfbV).

960 Wesentliche **Verstöße gegen gesetzliche und vertragliche Anlagegrundsätze und Anlagegrenzen sowie Erwerbsverbote** sind unter Angabe von Art, Umfang, Dauer und Ursache im PrB darzustellen und zu erläutern. Bei Verstößen gegen gesetzliche und vertragliche Anlagegrenzen ist auch deren Rückführung dazustellen und zu beurteilen (§ 28

---

648 Nach der Begr. zu § 24 InvPrüfbV bringt das Inkrafttreten des InvÄndG ein mögliches Auseinanderfallen von APr. des Investmentvermögens und der KAG mehr Verantwortung bei der Abfassung der Berichte über die SV mit sich. Demnach könne nicht davon ausgegangen werden, dass der APr. der KAG alle verwaltete SV gekannt habe. Der APr. des SV habe daher grds. alle Vorschriften des InvG und der Vertragsbedingungen, die bei der Verwaltung des SV zu beachten sind, auf ihre Einhaltung zu prüfen, soweit dies nicht bereits Gegenstand der Prüfung der KAG war.

649 Vgl. Begr. zu § 26 Abs. 1 InvPrüfbV.

Abs. 1 Satz 2 InvPrüfbV).⁶⁵⁰ Des Weiteren ist insb. über die Einhaltung der gesetzlichen Pflichten und Verstöße gegen die gesetzlichen Regelungen gem. § 31 Abs. 4 bis 6 und §§ 54 bis 57, § 59 InvG sowie über die Einhaltung der Kreditaufnahmegrenzen des InvG zu berichten (§ 28 Abs. 2 Nr. 4 InvPrüfbV).

Anlagegrenzverletzungen, die in den ersten sechs Monaten seit Errichtung des SV auftreten, sind für die Berichterstattung nur dann von Interesse, wenn sie Hinweise auf gravierende Anlaufschwierigkeiten des SV liefern.⁶⁵¹   961

Die Aufsicht soll anhand der Berichterstattung beurteilen können, ob die Einhaltung der Anlagegrenzen funktioniert und ob die Depotbank ihren Kontrollpflichten gem. § 27 Abs. 1 Nr. 5 InvG ordnungsgemäß nachgekommen ist. Um einen Mindeststandard für die vielfältigen in der Praxis anzutreffenden Modelle zur Umsetzung dieser Kontrollaufgaben zu schaffen, hat die BaFin das Rundschreiben 6/2010 vom 02.07.2010 zu den Aufgaben und Pflichten der Depotbank nach den §§ 20 ff. InvG veröffentlicht.   962

Die Information der BaFin über die Einhaltung von Anlagegrenzen und Anlagegrundsätzen der SV erfolgt somit einerseits über die PrB der Prüfer des Wertpapierdienstleistungsgeschäfts (Depotbanktätigkeit) der Depotbanken. Andererseits kann sie entsprechende Informationen den PrB der APr. der SV entnehmen, wobei sie PrB von Spezial-SV nur auf Anforderung erhält (§ 94 Satz 4 InvG).   963

Im PrB ist gem. § 29 Abs. 1 InvPrüfbV zu beurteilen, ob die von der KAG getroffenen **organisatorischen Vorkehrungen** für das zu prüfende SV die Zulässigkeit der getroffenen Anlageentscheidungen nach dem InvG und den Vertragsbedingungen und die Einhaltung der Anlagegrenzen gewährleisten und ein angemessenes Risikomanagement zum Einsatz kommt. Über **Feststellungen der internen Revision**, soweit diese ein SV direkt betreffen, ist zu berichten (§ 29 Abs. 2 InvPrüfbV). Im PrB ist ferner die **Ordnungsmäßigkeit der Fondsbuchhaltung und des rechnungslegungsbezogenen internen Kontrollsystems** zusammenfassend zu beurteilen (§ 29 Abs. 3 InvPrüfbV). Bei **Dach-SV mit zusätzlichen Risiken** gem. § 113 InvG ist insb. auf die Einhaltung der Sorgfaltspflichten im Rahmen der Auswahl der Zielfonds sowie auf deren laufende Überwachung einzugehen (§ 29 Abs. 4 InvPrüfbV).   964

Es ist darzulegen, ob die von der KAG getroffenen **organisatorischen Vorkehrungen zur Anteilwertermittlung** für das zu prüfende SV ordnungsgemäß und geeignet sind und § 36 InvG eingehalten wurde (§ 30 Abs. 1 InvPrüfbV). Insbesondere sind die gem. § 36 Abs. 3 InvG **verwendeten Bewertungsmodelle** darzustellen und zu beurteilen. **Fehlerhafte Anteilpreise** sind darzustellen, die Gründe zu erläutern (§ 30 Abs. 2 InvPrüfbV), und über die Maßnahmen zu deren Beseitigung ist zu berichten (§ 30 Abs. 3 InvPrüfbV). Gemäß Begründung zu § 30 Abs. 2 InvPrüfbV kann sich die Darstellung auf wesentliche Fehler bei der Anteilpreisermittlung beschränken. Bis zum Erlass einer Rechtsverordnung⁶⁵² zur Behandlung von Fehlern bei der Anteilpreisermittlung gilt ein Fehler als   965

---

650 Eine Grenzverletzung ist gem. § 28 Abs. 1 Satz 3 InvPrüfbV für Berichtszwecke nur dann als unwesentlich anzusehen, wenn die Über- oder Unterschreitung nicht mehr als 0,5% des Fondsvermögens beträgt und innerhalb von drei Börsentagen behoben worden ist. Bei unbeabsichtigten Anlagegrenzverletzungen besteht die Berichtspflicht nur, wenn die Über- oder Unterschreitung nicht innerhalb von zehn Börsentagen behoben worden ist. Unbeabsichtigte Anlagegrenzverletzungen liegen im Einklang mit § 65 Abs. 1 Satz 2 InvG vor, wenn sie ohne Zutun der KAG und aufgrund eines Handelns der KAG, zu dem sie durch Gesetz, Vertragsbedingungen oder durch zulässig abgeschlossene Geschäfte verpflichtet ist, hervorgerufen werden. Insbesondere fallen hierunter Übertretungen aufgrund von Kursschwankungen oder Anteilrücknahmen.

651 Vgl. Begr. zu § 28 Abs. 1 InvPrüfbV.

652 Die BaFin hat am 3.5.2011 eine Konsultation der Verordnung zur Konkretisierung der in § 28 Abs. 3 InvG vorgesehenen Entschädigungsverfahren veranlasst.

wesentlich, wenn die prozentuale Differenz zwischen dem zuerst und dem im Nachhinein ermittelten, korrekten gerundeten Inventarwert bzw. Ausgabe- oder Rücknahmepreis 0,5% überschreitet. Bei Geldmarktfonds gilt ein Wert von 0,25%.

966 Beim **Einsatz von Derivaten** in einem SV hat der APr. im PrB zu beurteilen, ob die Anforderungen gem. § 5 Satz 3 DerivateV (Kontrollverfahren), § 9 Abs. 5 Satz 3 DerivateV (Zusammensetzung des Vergleichsvermögens), § 10 Abs. 3 DerivateV (Risikomodelle), § 26 Abs. 2 DerivateV (Stresstests) und § 28 Abs. 2 Satz 3 DerivateV (Richtlinie für den Erwerb strukturierter Produkte) eingehalten wurden (§ 31 InvPrüfbV). Darüber hinaus ist das zur Ermittlung der Grenzauslastung gem. § 51 Abs. 2 InvG verwendete Verfahren im PrB aufzuführen (§ 7 Satz 1 DerivateV).[653]

967 Nimmt die KAG für die Verwaltung des SV nicht nur vorübergehend **Anlageberatung** in Anspruch, so ist diese Leistung ggf. in einer Anlage zum PrB nach Art und Umfang unter Angabe des Leistungserbringers, des Vertragsdatums und -zeitraums darzustellen (§ 32 InvPrüfbV). Dies dient der Aufsicht zur Überprüfung der Richtigkeit der Angaben hinsichtlich der Auslagerung der Portfolioverwaltung in Abgrenzung zur Anlageberatung.[654]

968 Dem PrB von Publikums-SV sind gem. § 25 Abs. 1 InvPrüfbV **Angaben zum SV** voranzustellen, die der Aufsicht zur Vereinfachung der Auswertung eines PrB einen schnelleren Überblick über die Rahmendaten des geprüften SV ermöglichen.[655] Hierbei handelt es sich im Wesentlichen um Angaben, die bereits an anderer Stelle (Vertragsbedingungen, Verkaufsprospekt) genannt werden. Erstmals ist gem. Anlage 2 InvPrüfbV von der KAG für jedes Publikums-SV eine Portfolioumschlagsrate zu berechnen und hier anzugeben.[656] Für Spezial-SV wurde von diesem Erfordernis abgesehen, da für diese gem. § 94 Satz 4 InvG PrB lediglich auf Anforderung der BaFin einzureichen sind und die Angaben ohnehin anlassbezogen angefordert werden können.

969 Das **Ergebnis der Prüfung**[657] hat der APr. in einem besonderen Vermerk festzuhalten, der mit dem vollen Wortlaut im JB, Zwischen- oder Auflösungsbericht wiederzugeben ist. Der besondere Vermerk gem. § 44 Abs. 5 Satz 4 InvG beinhaltet ausschließlich das auf die Rechnungslegung bezogene Gesamturteil des APr. Zur Einhaltung der bankaufsichtsrechtlichen Anforderungen nimmt der APr. im PrB Stellung.

970 Für die Erteilung des **besonderen Vermerks** auf Basis des InvG sind neben § 322 HGB auch *IDW PS 400*[658] sowie *IDW PH 9.400.2*[659] zum JB bzw. *IDW PH 9.400.7*[660] zum Auflösungsbericht eines SV gem. § 44 Abs. 5 bzw. Abs. 6 InvG maßgeblich. Bei der Übertragung des Rechts zur Verwaltung eines SV während eines GJ von der KAG auf eine andere KAG muss der besondere Vermerk auch eine Aussage zur Ordnungsmäßigkeit der neben dem Zwischenbericht zu prüfenden Saldenlisten und Skontren, die der aufnehmenden KAG zwecks Fortführung der Buchhaltung übermittelt werden, enthalten (§ 26 Abs. 3 InvPrüfbV).

---

653 Vgl. Begr. zu § 31 InvPrüfbV.
654 Vgl. Begr. zu § 32 InvPrüfbV.
655 Vgl. Begr. zu § 32 InvPrüfbV.
656 Gemäß § 25 Abs. 2 InvPrüfbV sind die Angaben gem. Abs. 1 Nr. 14 (Portfolioumschlagsrate gem. Anlage 2, die die Berechnung der Portfolioumschlagsrate vorgibt) nicht auf Immobilien- und Infrastruktur-SV anzuwenden.
657 Zu den Besonderheiten bei Master-Feeder-Strukturen vgl. § 44 Abs. 5a InvG.
658 WPg Supplement 4/2010, S. 25 ff. = FN-IDW 2010, S. 537 ff.
659 WPg Supplement 2/2011, S. 106 f. = FN-IDW 2011, S. 235 f.
660 WPg Supplement 2/2011, S. 107 f. = FN-IDW 2011, S. 236 f.

Kapitalanlagegesellschaften, Sondervermögen, Investment-Aktiengesellschaften **J**

Der geprüfte JB, Zwischen- oder Auflösungsbericht ist dem PrB als Anlage beizufügen. 971
Der PrB ist bei Publikums-SV unverzüglich nach Beendigung der Prüfung der **BaFin einzureichen** (§ 44 Abs. 5 Satz 6 InvG). Bei Spezial-SV ist er der BaFin nur auf Anforderung einzureichen (§ 94 Satz 4 InvG).

cc) Spezielle Vorschriften für Immobilien- und Infrastruktur-Sondervermögen

Auf die PrB von Immobilien- und Infrastruktur-SV sind grds. die allgemeinen Vorschriften für alle SV anwendbar. Darüber hinaus gelten jedoch die zusätzlichen Berichtspflichten der §§ 34 bis 40 InvPrüfbV, die im Folgenden dargestellt sind. 972

Wurden im Berichtsjahr Immobilien oder Beteiligungen an Immobilien-Gesellschaften oder Beteiligungen an ÖPP-Projektgesellschaften erworben, so sind gem. § 34 InvPrüfbV folgende Informationen darzustellen: 973

– Gegenüberstellung des Ergebnisses der Bewertung vor Erwerb (§ 67 Abs. 5 und 7, § 68 Abs. 2, § 90b Abs. 2 InvG) und der aus dem SV erbrachten Gegenleistung (Kaufpreis zzgl. Anschaffungsnebenkosten wie Steuern, Notargebühren, Maklerkosten);
– Sicherstellung der Verfügungsbeschränkung gem. § 26 Abs. 1 Nr. 3 i.V.m. § 76 Abs. 1 InvG.[661]

Wurden im Berichtsjahr **Immobilien oder Beteiligungen an Immobilien-Gesellschaften veräußert**, sind die Verkehrswerte bzw. Beteiligungswerte gem. § 79 Abs. 1 Satz 2 bis 5 InvG der letzten zwei Jahre (einschließlich des Berichtsjahres) sowie die vertraglich vereinbarte und die tatsächlich dem SV zugeflossene Gegenleistung (d.h. vertraglich vereinbarter Veräußerungspreis sowie Veräußerungsnebenkosten) einander gegenüberzustellen. 974

Durch diese zusätzlichen Angaben bei Erwerb bzw. Veräußerung soll die Überwachung der Einhaltung von § 67 Abs. 5 und 7, § 68 Abs. 2 und § 82 Abs. 1 InvG zur Angemessenheit des Kauf- bzw. Veräußerungspreises gewährleistet werden. 975

Werden für Rechnung des SV **Vermögensgegenstände (Immobilien, Immobilien-Gesellschaften) im Ausland** erworben, so ist gem. § 35 InvPrüfbV im PrB darauf einzugehen, ob die KAG sichergestellt hat, dass die erworbene Rechtsposition mit deutschem Recht vergleichbar ist (z.B. hinsichtlich Eigentum, Teileigentum, Erbbaurecht). Dabei muss der APr. die Angemessenheit nicht selbst beurteilen, sondern nur die Maßnahmen der KAG (bspw. die Einholung eines Rechtsgutachtens) beschreiben.[662] Weiterhin hat der APr. die Kriterien (z.B. regionale Streuung aufgrund interner Vorgaben, freie Übertragbarkeit bzw. freier Kapitalverkehr) darzustellen, anhand deren die KAG geprüft hat, ob die Erwerbsvoraussetzungen gem. § 67 Abs. 3 Nr. 2 bis 5 InvG vorliegen. Eine eigene Beurteilung der Kriterien durch den APr. ist auch hier nicht erforderlich. 976

Auch über die **Bewertungsverfahren** ist gem. § 36 InvPrüfbV im PrB zu berichten. Demnach sind insb. folgende Angaben zu machen: 977

– namentliche Nennung der Sachverständigen, die für das SV im Berichtszeitraum bestellt waren,[663]

---

661 Die InvPrüfbV fordert lediglich die Darstellung der Wirksamkeit der Verfügungsbeschränkung beim Erwerb, eine rechtliche Beurteilung ist gemäß der Begr. zu § 34 InvPrüfbV nicht vorgesehen. Bei Objekten im Inland genügt der Hinweis auf die Eintragung der Verfügungsbeschränkung im Grundbuch; bei im Ausland gelegenen Objekten kann die Verfügungsbeschränkung z.B. durch eine einzelvertragliche Regelung oder Eintragung in ein örtliches Register erfolgen. Hierbei sind jedoch die rechtlichen Rahmenbedingungen des jeweiligen Landes zu beachten.
662 Vgl. Begr. zu § 35 InvPrüfbV.
663 Soweit die namentliche Nennung bereits im JB, Zwischen- bzw. Auflösungsbericht (Anlage zum PrB) erfolgt, kann zweckmäßigerweise hierauf verwiesen werden.

- Angabe, ob neu bestellte Sachverständige der BaFin ordnungsgemäß angezeigt worden sind,
- Angabe, ob sämtliche im Berichtszeitraum erstatteten Gutachten dem APr. vorliegen,
- Beurteilung, ob die Gutachten von einem sachverständigen Dritten in angemessener Zeit nachvollzogen werden können,
- Angabe, ob die KAG den Gutachtern alle für die Bewertung erforderlichen Unterlagen zur Verfügung gestellt hat,
- Angabe, ob alle Immobilien im gesetzlich vorgesehenen Bewertungsintervall vom Sachverständigenausschuss bewertet wurden und ob bei Eintritt wertverändernder Umstände neu bewertet wurde,
- Angabe, ob alle Gutachten vorlagen,
- Berichterstattung über Abweichungen von der Mustergeschäftsordnung gem. § 77 Abs. 1a Satz 2 InvG,
- Angabe, ob der Wert der Beteiligung an einer Immobilien-Gesellschaft oder ÖPP-Gesellschaft mindestens einmal im GJ von einem APr. i.S.v. § 319 Abs. 1 Satz 1 und 2 HGB gem. § 70 Abs. 2 InvG ermittelt wurde.

978 Im PrB sind gem. § 37 InvPrüfbV für alle **direkt und indirekt gehaltenen Immobilien die Verkehrswerte bzw. Kaufpreise**[664] für das Berichtsjahr sowie das Vj. einzeln anzugeben.

979 Um die Transparenz der Bewertungen und der damit einhergehenden Wertveränderungen zu erhöhen, sind gem. § 37 Abs. 2 InvPrüfbV sämtliche Immobilien (direkt und indirekt gehalten), deren Verkehrswert sich im Vergleich zum Vj. um mehr als 5% oder 5 Mio. € verändert hat, sowie die wesentlichen Parameter, die zu der Wertveränderung geführt haben, anzugeben. Im Falle der Veränderung der nachhaltig erzielbaren Mieten oder des Liegenschaftszinssatzes ist zusätzlich anzugeben, ob im Gutachten die Gründe für die Veränderung nachvollziehbar dargestellt sind.

980 Neben der Berichterstattung über Anlagevorschriften und Anlagegrenzverletzungen (§ 28 InvPrüfbV) ist für SV gem. § 38 InvPrüfbV entweder ergänzend zu § 28 Abs. 2 InvPrüfbV (d.h. im selben Berichtsabschnitt; siehe auch beispielhafte Gliederung in Abschn. C.7.2. InvPrüfbV) oder gesondert insb. über die Einhaltung folgender bzw. Verstöße gegen folgende gesetzlichen Pflichten zu berichten:

- Einhaltung der Zustimmungserfordernisse gem. § 68a Abs. 2 InvG[665],
- Darlehensgewährung an Immobilien-Gesellschaften i.S.v. § 69 InvG,
- Einhaltung der Grenze für die Belastung von Grundstückswerten (§ 82 Abs. 3 ggf. i.V.m. Abs. 4 InvG),
- Einhaltung der Höchst- und Mindestliquidität gem. § 80 Abs. 1 und 2 bzw. § 90b Abs. 7 InvG[666].

981 Gemäß § 39 InvPrüfbV ist auch über das Vergabeverfahren zu berichten; es ist zu beurteilen, ob die organisatorischen Vorkehrungen der KAG für die Vergabe von Leistungen an Dritte, die zu Lasten des SV abgerechnet werden, eingehalten wurden. Die Berichterstattung sollte eine Einschätzung zur Ordnungsmäßigkeit des Verfahrens beinhalten

---

664 Entsprechend dem Ansatz in der Vermögensaufstellung (vgl. § 79 Abs. 1 Satz 2 bis 4 InvG).
665 Erwirbt die KAG auf eigene Rechnung oder veräußert sie einen Vermögensgegenstand, der für Rechnung des SV gehalten wird, an ein MU, Schwesterunternehmen oder TU, so muss sie vorher die Zustimmung der BaFin einholen. Gleiches gilt für die Veräußerung an ein Unternehmen, an dem sie eine bedeutende Beteiligung i.S.v. § 1 Abs. 9 KWG hält. § 68a InvG gilt nicht für Spezialfonds (§ 95 Abs. 9 InvG).
666 Bei Spezialfonds entfällt die Berichtspflicht bzgl. der Höchstliquidität, wenn diese gem. § 91 Abs. 3 InvG vertraglich abbedungen wurde. Die Mindestliquidität gilt nicht für Spezialfonds (§ 95 Abs. 6 InvG).

Kapitalanlagegesellschaften, Sondervermögen, Investment-Aktiengesellschaften J

(u.a. Existenz und Einhaltung von Arbeitsanweisungen, Vergaberichtlinien, Kompetenzregelungen) sowie die vertraglichen Grundlagen nennen (Dienstleistungs-, Auslagerungsverträge). Je nach Umfang der Berichterstattung erscheint es ggf. sinnvoll, über das Vergabeverfahren gesondert zu berichten.

In § 40 InvPrüfbV sind Berichterstattungspflichten über die ordnungsgemäße Ertragsverwendung gem. § 78 InvG[667] geregelt. Hierunter fallen z.b. der Einbehalt für zukünftige Instandsetzungsmaßnahmen sowie die vertragsgemäße Belastung der SV mit eigenen Aufwendungen der KAG (z.b. Verwaltungsvergütung, Liegenschaftsgebühren, Kosten im Zusammenhang mit fehlgeschlagenen Objekterwerben). In diesem Zusammenhang ist darzustellen, nach welchem Verfahren die Preise für die eigenen Aufwendungen ermittelt wurden. Mit dieser Berichterstattungspflicht erhofft sich die Aufsicht eine höhere Transparenz der Kostenregelungen in den Allgemeinen und Besonderen Vertragsbedingungen. **982**

Der geprüfte JB, Zwischen- oder Auflösungsbericht ist dem PrB als Anlage beizufügen. Der PrB ist bei Publikums-SV unverzüglich nach Beendigung der Prüfung der BaFin einzureichen (§ 44 Abs. 5 Satz 6 InvG). Bei Spezial-SV ist er der BaFin nur auf Anforderung einzureichen (§ 94 Satz 4 InvG). **983**

3. Rechnungslegung und Prüfung von Investment-Aktiengesellschaften

a) Allgemeines

Gemäß § 1 Satz 1 InvG handelt es sich bei der InvAG um ein **Investmentvermögen** in Satzungsform. Die **rechtlichen Grundlagen** für die InvAG finden sich in §§ 96 bis 111a InvG. Durch die gesetzlich vorgeschriebene Rechtsform der AG[668] sind die zwingend erforderlichen Organe der InvAG durch das Aktienrecht vorgegeben als HV, Vorstand und AR. **984**

Aufgrund ihrer eigenen Rechtspersönlichkeit ist die InvAG ein Investmentvermögen, das in der Lage ist, sich selbst zu verwalten. In diesem Fall muss die InvAG eine eigene Organisationsstruktur vorhalten, also über eigene Räumlichkeiten, Mitarbeiter etc. verfügen, um ihrem satzungsmäßigen Zweck – der Anlage und Verwaltung ihrer Mittel – ordnungsgemäß nachkommen zu können. Die in diesem Fall für den Betrieb der InvAG notwendigen Vermögensgegenstände und Schulden bezeichnet man als **Investment-Betriebsvermögen** (§ 18 Abs. 1 Satz 1 InvRBV).[669] Die Mittel, die der Vermögensanlage dienen, werden als **Investment-AV** bezeichnet. **985**

Die Aktien der InvAG bestehen aus **Unternehmensaktien** und **Anlageaktien** (§ 96 Abs. 1 Satz 2 InvG). Die Inhaber der Unternehmensaktien sind zur Teilnahme an der HV der InvAG berechtigt und haben ein Stimmrecht. Eine Übertragung der Unternehmensaktien ist nur zulässig, wenn der Erwerber sämtliche Rechte und Pflichten aus diesen Aktien übernimmt. Ein Wechsel der Unternehmensaktionäre einer Publikums-InvAG ist der BaFin anzuzeigen.[670] Anlageaktien verbriefen grds. keine Rechte zur Stimmabgabe und **986**

---

667 Die Vorschrift gilt gem. § 90a InvG für Infrastruktur-SV entsprechend.
668 Die wünschenswerte Fungibilität der Anteile der InvAG kann nur in der Form der Aktie sichergestellt werden.
669 Bildet die InvAG ein Teil-Gesellschaftsvermögen, kann das Betriebsvermögen der Gesellschaft in einem solchen Teil-Gesellschaftsvermögen gebündelt sein, dessen Anleger typischerweise die Gründungsaktionäre sind. Als Alternative kommt eine anteilmäßige Verteilung auf sämtliche Teil-Gesellschaftsvermögen in Betracht, so dass alle Aktionäre (allerdings ggf. auch die reinen Anlageaktionäre) im gleichen Umfang am Betriebsvermögen beteiligt sind.
670 § 96 Abs. 1b Satz 4 bis 6 InvG.

zur Teilnahme an der HV.[671] Dementsprechend hat die Investition des Anlageaktionärs v.a. Anlagecharakter und beinhaltet kein unternehmerisches Risiko.[672]

987 Die Summe der Werte der von der InvAG ausgegebenen Aktien bezeichnet § 96 Abs. 1a Satz 1 InvG als **„Gesellschaftskapital"** und weicht damit bewusst von der im Aktienrecht verwendeten Bezeichnung des „Grundkapitals" ab. Entsprechend dem Vermögen eines SV muss das Gesellschaftskapital einer InvAG immer dem Nettovermögen der Gesellschaft entsprechen.[673]

988 Anders als die von einer KAG verwalteten SV, die Treuhandvermögen darstellen und an denen die KAG kein wirtschaftliches und im Regelfall auch kein rechtliches Eigentum hat, stellen die Vermögensgegenstände von Teil-Gesellschaftsvermögen einer InvAG sowohl rechtliches als auch wirtschaftliches Eigentum der InvAG dar.

989 Gemäß § 100 InvG kann eine InvAG auch ein Teil-Gesellschaftsvermögen bilden. In diesem Fall wird sie – in Anlehnung an die Möglichkeit zur Bildung von Umbrella-Fonds gem. § 34 InvG – als „InvAG in Form einer **Umbrella-Konstruktion**" bezeichnet. Eine Legaldefinition des Begriffs „Teil-Gesellschaftsvermögen" bieten weder das Investmentnoch das Gesellschaftsrecht.

990 § 100 Abs. 2 InvG erklärt die Vorschriften über die Haftungsseparierung bei einer SV-Umbrella-Konstruktion gem. § 34 Abs. 2a InvG für anwendbar. Damit wird klargestellt, dass die einzelnen Teil-Gesellschaftsvermögen vermögens- und haftungsrechtlich voneinander zu trennen sind. Dies gilt auch für den Fall der Insolvenz oder der Abwicklung eines Teil-Gesellschaftsvermögens.

991 Obwohl die InvAG aufgrund ihrer eigenen Rechtspersönlichkeit in der Lage ist, sich selbst zu verwalten, wird heute dennoch überwiegend die Alternative der fremdverwalteten InvAG gewählt. § 96 Abs. 4 InvG sieht für diesen Fall die Übertragung der „allgemeinen Verwaltungstätigkeit" auf eine KAG vor. Diese „allgemeine Verwaltungstätigkeit" umfasst insb. die Anlage und Verwaltung der Mittel der InvAG.[674] Anders als bei einer Auslagerung gem. § 16 InvG wird bei einer **Fremdverwaltung** jedoch auch die mit den übertragenen Aufgaben einhergehende Verantwortung übertragen. Dies beruht auf der Überlegung, dass die Fremdverwaltung gem. § 96 Abs. 4 InvG ausschließlich auf eine KAG übertragen werden kann und diese die Verwaltung der InvAG in ihre reguläre Geschäftstätigkeit genauso einbeziehen kann wie die Verwaltung eines SV. Insofern erscheint es sachgerecht, der KAG hier die vollständige Verantwortung für die allgemeine Verwaltungstätigkeit der InvAG aufzuerlegen und damit gerade nicht zu verlangen, dass seitens der fremdverwalteten InvAG noch ein Auslagerungscontrolling durchgeführt wird.

b) Rechnungslegung der Investment-Aktiengesellschaft

992 Nach der Legaldefinition in § 2 Abs. 5 Satz 1 InvG ist die InvAG ein Unternehmen, dessen Unternehmensgegenstand nach der Satzung auf die Anlage und Verwaltung seiner Mittel nach dem Grundsatz der Risikomischung zur gemeinschaftlichen Kapitalanlage in Vermögensgegenständen nach Abs. 4 Nr. 1 bis 4, 7 und 9 bis 11 beschränkt ist und bei dem die Anleger das Recht zur Rückgabe ihrer Anteile haben. Gemäß § 1 Satz 1 InvG handelt es

---

671 Eine abweichende Bestimmung kann jedoch in der Satzung der InvAG getroffen werden.
672 Vgl. BT-Drs. 16/5576, S. 83.
673 Vgl. BT-Drs. 16/5576, S. 84.
674 Auch die nach dem GwG bestehenden Pflichten können darunter fallen, dies sollte allerdings im Fremdverwaltungsvertrag klargestellt werden.

Kapitalanlagegesellschaften, Sondervermögen, Investment-Aktiengesellschaften **J**

sich bei einer InvAG um eine weitere, neben den Investmentfonds stehende Form des Investmentvermögens. Die Einordnung als Investmentvermögen einerseits und als Unternehmen andererseits führt – insb. im Bereich der Rechnungslegung – zu einem **Spannungsverhältnis** zwischen den Vorschriften des **HGB** und des **InvG**.[675]

Ausgangspunkt für die Rechnungslegung der InvAG sind gem. § 110 Abs. 1 InvG die Vorschriften des Dritten Buchs des HGB (§§ 238 bis 342 HGB).[676] Die InvAG erstellt somit einen JA, bestehend aus Bilanz, GuV und Anh., sowie einen LB. Da die InvAG gem. § 2 Abs. 1 Nr. 3b, Abs. 6 Nr. 5a KWG von der Instituteigenschaft ausgenommen ist und eine mit § 19d InvG vergleichbare analoge Anwendbarkeit der §§ 340a bis 340o HGB nicht angeordnet wird, gelten für JA und LB einer InvAG grds. die allgemeinen Rechnungslegungsvorschriften des HGB. Keine Geltung haben somit die Spezialvorschriften für KI sowie die RechKredV.[677] An deren Stelle treten die Vorschriften des InvG und der InvRBV. Letztere konkretisiert die Anforderungen an die Rechnungslegung einer InvAG insb. in §§ 17 bis 21 InvRBV.

993

§ 110 Abs. 1 InvG und § 17 Abs. 1 Satz 2 InvRBV erklären die Vorschriften des HGB allerdings nur insoweit für anwendbar, als das InvG und die InvRBV keine spezielleren Regelungen treffen. Solche Spezialvorschriften finden sich u.a. in § 110 Abs. 2 Satz 2 sowie § 110 Abs. 3 InvG. Wenn und soweit es sich um Vermögensgegenstände handelt, die „dem SV vergleichbar" sind, richten sich Gliederung, Ansatz und Bewertung in der Bilanz nach § 44 Abs. 1 Satz 3 Nr. 1 InvG; Gliederung und Ausweis in der GuV folgen § 44 Abs. 1 Satz 2 Nr. 4 InvG. Ob ein Vermögensgegenstand „dem SV vergleichbar" ist, bestimmt sich im Wesentlichen danach, ob er dem Investment-AV oder dem Investment-Betriebsvermögen zugeordnet ist.

994

Daraus ergibt sich, dass für das Investment-AV die Rechnungslegungsvorschriften des InvG anzuwenden sind, für das Betriebsvermögen indes die des HGB.[678] Gemäß § 17 Abs. 3 InvRBV richtet sich die Bewertung von Vermögensgegenständen des Investment-AV nach §§ 22 bis 26 InvRBV. Die Bewertung der „für den Betrieb der InvAG notwendigen" Vermögensgegenstände erfolgt in Anwendung des Niederstwertprinzips gem. § 253 Abs. 1 HGB grds. in Höhe der AK, ggf. gemindert um Abschreibungen. Den so ermittelten Wert der Vermögensgegenstände des Betriebsvermögens bestimmt § 18 Abs. 2 Satz 2 InvRBV als „Verkehrswert" i.S.v. § 96 Abs. 1a InvG. Diese Bestimmung ist erforderlich, da das Gesellschaftskapital gem. § 96 Abs. 1a InvG stets dem Gesellschaftsvermögen entsprechen muss, also der Summe der Verkehrswerte aller zum Gesellschaftsvermögen gehörenden Vermögensgegenstände. Ohne die Fiktion des § 18 Abs. 2 Satz 2 InvRBV könnte die Vorgabe des § 96 Abs. 1a InvG (die auch in der Satzung normiert sein muss) nicht eingehalten werden.

995

Weitere, von der InvAG zu erstellende **Berichte** sind gem. § 17 Abs. 1 und 2 InvRBV der **HJB** sowie – soweit anwendbar – ein Liquidationsbericht (Auflösung der gesamten InvAG), Zwischenbericht (Kündigung der fremdverwaltenden KAG) und Auflösungsbericht (Auflösung eines Teil-Gesellschaftsvermögens). Soweit bei einer InvAG in Form einer Umbrella-Konstruktion Publikums-Teil-Gesellschaftsvermögen gebildet werden, ist stets ein HJB unter Einbeziehung aller Teil-Gesellschaftsvermögen zu erstellen. Auch

996

---

675 In gesellschaftsrechtlicher Hinsicht besteht zudem ein Spannungsverhältnis zum Aktienrecht.
676 Vgl. auch § 17 Abs. 1 Satz 2 InvRBV: „Soweit sich aus den Vorschriften des InvG und dieser Verordnung nichts anderes ergibt, sind die Bestimmungen des Dritten Buchs des Handelsgesetzbuchs anzuwenden."
677 Die für die Rechnungslegung von AG geltenden Spezialregelungen der §§ 150 bis 158 AktG sind gem. § 110 Abs. 2 Satz 2 InvG ebenfalls nicht anwendbar.
678 Vgl. auch § 18 Abs. 2 InvRBV.

1169

diese Regelung lässt erkennen, dass der Gesetz- bzw. Verordnungsgeber die zwar vermögens- und haftungsrechtlich separierten Teil-Gesellschaftsvermögen dennoch als Teilmenge des einheitlichen Rechtssubjekts InvAG betrachtet.

997 Gemäß §§ 311 ff. AktG ist eine AG unter bestimmten Voraussetzungen verpflichtet, einen **Abhängigkeitsbericht** aufzustellen. Diese Verpflichtung besteht u.a. dann, wenn ein anderes Unternehmen unmittelbar oder mittelbar einen beherrschenden Einfluss ausüben kann (§ 17 AktG). Insbesondere für die Spezial-InvAG ist stets das Vorliegen der Voraussetzungen der §§ 311 ff. AktG zu prüfen.[679]

998 Erstellt die Gesellschaft einen Abhängigkeitsbericht, ist dieser gem. § 313 AktG vom APr. zu prüfen.

999 Gemäß § 110 Abs. 6 InvG sind **JA und LB** innerhalb der ersten zwei Monate des GJ für das vergangene GJ aufzustellen.

1000 Gemäß § 110 Abs. 2 InvG ist die **Bilanz** der InvAG in Staffelform aufzustellen und entsprechend § 18 InvRBV nach den Anforderungen an eine zusammengefasste Vermögensaufstellung gem. § 7 Abs. 2 InvRBV, also nach „sachgerechten Kriterien, insb. nach Anlageschwerpunkten", zu gliedern.[680] Diese „zusammengefasste Vermögensaufstellung" stellt die Bilanz der InvAG dar, die Vermögensaufstellung selbst (§ 7 Abs. 1 InvRBV) ist Teil des Anh. Es erfolgt somit eine Trennung der Angaben gem. § 44 Abs. 1 S. 1 Nr. 1 InvG in eine Vermögensaufstellung mit Einzelposten nach Märkten und Arten von Vermögensgegenständen (§ 7 Abs. 1 InvRBV) und in eine Zusammenfassung nach Anlagepolitik bzw. -schwerpunkten (§ 7 Abs. 2 InvRBV).

1001 Die **selbstverwaltete InvAG** hat in ihrer Bilanz das Investment-Betriebsvermögen gesondert von dem Investment-AV auszuweisen (§ 18 Abs. 1 Satz 1 InvRBV). Das Investment-Betriebsvermögen ist für Zwecke der Bilanzierung sowie der Aktienpreisermittlung ausschließlich nach den Grundsätzen des Dritten Buchs des HGB anzusetzen und zu bewerten; dieser Wert gilt zugleich als Verkehrswert i.S.v. § 96 Abs. 1a InvG (§ 18 Abs. 2 InvRBV). Auf die Bewertung des Investment-AV hingegen finden die Vorschriften des InvG und des Drittes Abschn. der InvRBV (§§ 22 bis 30 InvRBV) Anwendung.

1002 Besteht die InvAG in Form einer **Umbrella-Konstruktion**, „ist die Bilanz **darüber hinaus** nach Teil-Gesellschaftsvermögen aufzugliedern".[681] Da die Rechnungslegung sich in der Praxis im Regelfall „vom Teil-Gesellschaftsvermögen zur InvAG" vollziehen wird, ist damit im Ergebnis für jedes Teil-Gesellschaftsvermögen eine gesonderte zusammengefasste Vermögensaufstellung zu erstellen. Die Aufsummierung dieser einzelnen, zusammengefassten Vermögensaufstellungen („Teilbilanzen") ergibt sodann die Bilanz der InvAG als Ganzes. Die **GuV** ist gem. § 19 InvRBV entsprechend der Ertrags- und Aufwandsrechnung eines SV vorzunehmen. Bei der selbstverwalteten InvAG sind analog zur Bilanz (§ 18 Abs. 1 Satz 1 InvRBV) die dem Investment-Betriebsvermögen bzw. dem Investment-AV zuzurechnenden Aufwendungen und Erträge jeweils gesondert auszuweisen (§ 19 InvRBV). Für ein eventuell vorgesehenes Ertragsausgleichsverfahren gilt § 8 Abs. 5 InvRBV entsprechend.

---

679 Aktionäre ohne Stimmrecht (Anlageaktionäre) üben auch bei einer Kapitalmehrheit im Regelfall *keinen* beherrschenden Einfluss aus.

680 Die Gliederung ist nach geeigneten Kriterien unter Berücksichtigung der Anlagepolitik, bspw. nach wirtschaftlichen oder geografischen Kriterien, und nach prozentualen Anteilen am Wert des Vermögens vorzunehmen und soll einen verdichteten Überblick über die Zusammensetzung und die Höhe des Vermögens geben.

681 Vgl. § 18 Abs. 1 Satz 3 InvRBV.

1003 Sofern die InvAG in Form einer **Umbrella-Konstruktion** konzipiert ist, ist – gleich der Vorgehensweise bei der Bilanz – die GuV auch nach Teil-Gesellschaftsvermögen aufzugliedern. Aufgrund der haftungs- und vermögensrechtlichen Trennung der Teil-Gesellschaftsvermögen müsste ein Ertragsausgleichsverfahren – wenngleich nicht explizit durch den Verordnungsgeber statuiert – ebenfalls gesondert auf Teil-Gesellschaftsvermögen-Ebene durchgeführt werden.[682]

1004 Wie für SV ist auch für die InvAG gem. § 44 Abs. 1 Satz 3 Nr. 4a InvG i.V.m. § 9 Abs. 1 InvRBV über die beschlossene Verwendung der Erträge zu berichten. Der formale „Beschluss" über die **Ergebnisverwendung** wird jedoch für gewöhnlich erst in der HV der InvAG gefasst werden. Da die aktienrechtliche Satzungsstrenge (§ 23 Abs. 5 AktG) nicht gilt und somit vom Aktienrecht abweichende Vereinbarungen getroffen werden können, muss die Entscheidungskompetenz über die Verwendung des Bilanzgewinns jedoch nicht zwangsläufig bei der HV liegen; es kann bspw. eine abweichende Beschlusskompetenz des Vorstands festgelegt werden. Soweit dies in der Satzung bzw. den Anlagebedingungen bestimmt ist, darf die InvAG unter Einhaltung des von ihr selbst bestimmten Prozederes somit auch unterjährige Ausschüttungen vornehmen.

1005 Entgegen den Vorschriften des HGB, die den Anh. als Teil des JA bestimmen (vgl. § 264 Abs. 1 Satz 1 HGB) und schließlich den Inhalt des **LB** in § 289 HGB regeln, sieht die Systematik der InvRBV eine andere Reihenfolge vor: §§ 18 und 19 InvRBV regeln die Inhalte von Bilanz und GuV, § 20 InvRBV trifft Bestimmungen über den LB und § 21 InvRBV konkretisiert die an den Anh. zu stellenden Angaben. Der Grund für diese Abweichung dürfte in der Regelung des § 110 Abs. 4 InvG zu sehen sein, wonach der Anh. um diejenigen Angaben zu ergänzen ist, die nicht bereits in Bilanz, GuV oder LB enthalten sind. Damit kommt dem Anh. die Funktion eines Auffangtatbestands zu.

1006 Die Anwendbarkeit der Vorschriften des Dritten Buchs des HGB impliziert grds. die Geltung der Größenklassen nach § 267 HGB. Während der überwiegende Teil der daraus resultierenden Erleichterungen aufgrund der Spezialvorschriften des InvG im Regelfall keine Relevanz hat, war bislang nicht abschließend geklärt, ob auch die Aufstellung eines LB verpflichtend ist oder ob sich die InvAG – bei Vorliegen der erforderlichen Voraussetzungen – auf § 264 Abs. 1 Satz 3 HGB berufen kann.

1007 Überwiegend wurde in Anbetracht des § 110 Abs. 1 und 5 InvG die Ansicht vertreten, der Gesetzgeber sei vom Erfordernis eines LB ausgegangen. § 20 Abs. 1 InvRBV trifft nunmehr die ausdrückliche Regelung, dass die InvAG unabhängig von ihrer Größenklasse einen LB gem. § 289 HGB aufzustellen hat.

1008 Gemäß 20 Abs. 2 InvRBV ist der LB unter Berücksichtigung der Besonderheiten des Geschäftsmodells, insb. der Konstruktion und der Art der Verwaltung, um bestimmte **Angaben** zu ergänzen. Im Einzelnen handelt es sich um Angaben zur

– Anzahl der Teil-Gesellschaftsvermögen sowie deren Fondskategorie;
– Zuordnung der Unternehmensaktien zum Investment-AV und zum Betriebsvermögen; soweit vorhanden, getrennt nach Teil-Gesellschaftsvermögen;
– Stimmrechts- und Teilnahmeberechtigung von Anlageaktionären an der HV;
– Anzahl der umlaufenden Aktien; soweit vorhanden, getrennt nach Teil-Gesellschaftsvermögen;

---

682 Dies gilt insb. vor dem Hintergrund der Überlegung, dass eine InvAG sowohl Teil-Gesellschaftsvermögen bilden kann, deren Aktien nur einem eingeschränkten Kreis institutioneller Anleger zugänglich sind (Spezial-Teil-Gesellschaftsvermögen), als auch solche Teil-Gesellschaftsvermögen, die dem „Publikum" zugänglich sind.

- fremdverwaltenden KAG (soweit benannt), insb.
  a. Name und Rechtsform,
  b. wesentliche Merkmale des Verwaltungsvertrags (u.a. Dauer, Kündigungsrechte, Umfang, Verwaltungstätigkeit, Haftungsregelungen, Auslagerungen, Angaben zur Umsetzung der Anlageverwaltung),
  c. Gebühren;
- Belastung mit Kosten für die Verwaltung, ggf. getrennt nach Teil-Gesellschaftsvermögen.

1009 Gemäß § 20 Abs. 3 InvRBV hat der LB zudem einen Bericht über die Tätigkeit der InvAG im abgelaufenen GJ zu enthalten, der den Anforderungen des § 6 InvRBV an den Tätigkeitsbericht von SV entsprechen muss und ggf. nach Teil-Gesellschaftsvermögen zu trennen ist.[683]

1010 Bei Aussagen zur **Wertentwicklung des Investment-AV** sind § 42 Abs. 1 Nr. 26 InvG (Warnhinweis, dass die bisherige Wertentwicklung kein Indikator für die Zukunft ist) und § 4 Abs. 4 bis 7 WpDVerOV (Anforderungen an Aussagen zur früheren Wertentwicklung, zur Simulation einer früheren Wertentwicklung und zur zukünftigen Wertentwicklung) entsprechend anzuwenden (§ 20 Abs. 4 Satz 2 InvRBV).

1011 Eine **Beurteilung und Erläuterung der voraussichtlichen Entwicklung mit ihren wesentlichen Chancen und Risiken** (§ 289 Abs. 1 Satz 4 HGB) hat gem. § 20 Abs. 4 Satz 1 InvRBV nur für das Investment-Betriebsvermögen – soweit vorhanden – stattzufinden, nicht jedoch für das Investment-AV, da dieses insoweit der spezielleren investmentrechtlichen Rechnungslegung unterliegt, in der die Berichterstattung stets nur periodenbezogen erfolgt.

1012 Wegen der grundsätzlichen Anwendbarkeit der Vorschriften des HGB hat die Aufstellung des **Anh.** der InvAG zunächst der Vorschrift des § 284 HGB, insb. dessen Abs. 1, zu folgen.[684] Im Anh. einer InvAG sind somit diejenigen Angaben zu machen, die zu den einzelnen Posten der Bilanz oder der GuV vorgeschrieben sind oder die – in Ausübung eines Wahlrechts – nicht in die Bilanz oder in die GuV aufgenommen wurden.

1013 Die Berichterstattung für den Anh. hat ebenfalls – soweit anwendbar – getrennt nach Teil-Gesellschaftsvermögen zu erfolgen.

1014 Die Pflichtangaben gem. § 285 HGB sind gem. § 21 Abs. 2 InvRBV nur auf das Investment-Betriebsvermögen anzuwenden.

1015 Gemäß § 110a Abs. 4 InvG ist der Anh. über die Erfordernisse des § 284 und ggf. § 285 HGB hinaus um die Angaben gem. § 44 Abs. 1 InvG zu ergänzen, die nicht bereits in Bilanz, GuV oder LB gemacht worden sind. Wie oben dargestellt, dürfte diese Auffangfunktion des Anh. auch als Grund dafür zu sehen sein, dass die InvRBV – entgegen der Systematik des HGB und des InvG – den Inhalt des LB vor dem des Anh. konkretisiert.

1016 Die gem. § 44 Abs. 1 InvG erforderlichen Angaben werden durch § 21 Abs. 3 InvRBV konkretisiert. Demnach muss der Anh. insb. die folgenden Informationen enthalten:
- Vermögensaufstellung gem. § 7 Abs. 1 InvRBV,
- Aufstellung der während des Berichtszeitraums abgeschlossenen Geschäfte, die nicht mehr Gegenstand der Vermögensaufstellung sind, gem. § 5 Abs. 3 Nr. 7 InvRBV,

---

[683] Bildet die InvAG mehrere Teil-Gesellschaftsvermögen, ist der Tätigkeitsbericht lediglich auf Teil-Gesellschaftsvermögen-Ebene zu erstellen, nicht zusätzlich auch auf Ebene der InvAG.
[684] Vgl. auch Begr. zu § 21 InvRBV.

Kapitalanlagegesellschaften, Sondervermögen, Investment-Aktiengesellschaften J

– Gewinnverwendungsrechnung entsprechend § 44 Abs. 1 Satz 3 Nr. 4a InvG i.V.m. § 8 InvRBV,
– Entwicklungsrechnung gem. § 10 InvRBV,
– vergleichende Übersicht der letzten drei GJ gem. § 11 InvRBV.

Der Anh. beinhaltet somit einen Großteil der Informationen, die auch Bestandteil des JB eines SV wären. Im Falle einer Umbrella-Konstruktion sind diese Angaben ausschließlich getrennt nach Teil-Gesellschaftsvermögen zu machen. **1017**

c) Prüfung der Investment-Aktiengesellschaft

Vor dem Hintergrund der Kontrollfunktion des AR normiert § 110a Abs. 1 InvG für den AR eine eigenständige Prüfungspflicht von JA und LB der InvAG. Der Bericht über diese Prüfung des AR ist dem Vorstand und dem APr. zuzuleiten. Aus dieser Systematik lässt sich schließen, dass die Prüfung durch den AR zeitlich vor der Prüfung durch den APr. stattzufinden hat. Von den Vorschriften der §§ 170 und 171 AktG wird hier abgewichen, die vorsehen, dass der APr. an den Verhandlungen des AR teilzunehmen hat und über die wesentlichen Ergebnisse seiner Prüfung zu berichten hat (§ 171 Abs. 1 Satz 2 AktG). Die im Rahmen der Prüfung durch den AR einer InvAG bestehende Pflicht zur Berichterstattung ist nicht mit einer Billigung des JA durch den AR gleichzusetzen. Diese erfolgt erst nach der Prüfung durch den APr. und führt zur Feststellung von JA und LB.[685] **1018**

§ 110a Abs. 2 InvG normiert eine eigenständige **Prüfungspflicht** des JA und des LB durch einen APr.[686] Der APr. wird auf Vorschlag des AR von der HV gewählt und vom AR bestellt.[687] **1019**

Gegenstand der Prüfung sind gem. § 110a Abs. 2 Satz 1 InvG der JA und der LB der InvAG. Die Buchführung ist im Unterschied zur Prüfung gem. § 317 HGB nicht Gegenstand der Prüfung. Gemäß § 110a Abs. 2 Satz 5 InvG hat der APr. das Ergebnis der Prüfung in einem besonderen Vermerk zusammenzufassen, der in vollem Wortlaut im JA wiederzugeben ist. **1020**

Durch § 110a Abs. 3 InvG wird der Prüfungsgegenstand über JA und LB hinaus wie folgt **erweitert**: **1021**

– Einhaltung der Vorschriften des InvG, der Satzung und der Anlagebedingungen[688],
– Einhaltung der Anzeigepflichten gem. § 19c Abs. 1 Nr. 1 bis 3, 6 bis 10 sowie § 19c Abs. 2 und 3 InvG,
– Erfüllung der Anforderungen gem. § 16 InvG und nach dem GwG.

Gemäß § 110a Abs. 3 Satz 3 InvG hat der APr. das Ergebnis der Prüfung im PrB gesondert wiederzugeben. Aus der gesetzlichen Systematik ergibt sich, dass das Ergebnis der gem. § 110a Abs. 3 InvG vorzunehmenden Prüfung gerade nicht Gegenstand des besonderen Vermerks sein soll. **1022**

§§ 41 bis 43 InvPrüfbV konkretisieren die Anforderungen an die Prüfung gem. § 110a Abs. 2 und 3 InvG. § 42 Satz 1 InvPrüfbV erklärt die folgenden, für die Prüfung von KAG und SV geltenden Vorschriften für entsprechend anwendbar: **1023**

---

[685] Vgl. § 110a Abs. 1 Satz 3 InvG.
[686] Die Prüfungspflicht gem. § 110a InvG besteht unabhängig von der Größenklasse der InvAG; § 316 Abs. 1 Satz 1 i.V.m. § 267 Abs. 1 HGB ist somit nicht anwendbar.
[687] Hinsichtlich Auswahl, Haftung und Bestellung des Prüfers gelten die handelsrechtlichen Vorschriften sowie § 28 KWG entsprechend.
[688] Die Prüfungspflicht der Einhaltung der Vertragsbedingungen ergibt sich aus § 41 Abs. 1 InvPrüfbV.

- §§ 5 und 6 InvPrüfbV: Zusammenfassung der Prüfungsergebnisse und Berichtszeitraum;
- §§ 10 bis 13 Abs. 1 bis 5 InvPrüfbV: Eigenmittel, Anzeigewesen, Vorkehrungen zur Verhinderung von Geldwäsche und Terrorismusfinanzierung;
- § 24 Abs. 3 InvPrüfbV: Vertragsbedingungen, Anlagepolitik, Anlagegrundsätze für Spezial-SV;
- §§ 25 bis 31 InvPrüfbV: Angaben zum SV, Richtigkeit und Vollständigkeit des JB, Zwischen- oder Auflösungsberichts, Einhaltung von Gesetz und Vertragsbedingungen, Anlagevorschriften und Anlagegrenzverletzungen, ordnungsgemäße Geschäftsorganisation, Anteilwertermittlung, Einsatz von Derivaten.

1024 Auf die Prüfung der **selbstverwaltenden InvAG** sind darüber hinaus gem. § 42 Satz 2 InvPrüfbV folgende Normen entsprechend anzuwenden:

- § 8 Abs. 4 InvPrüfbV: Geeignetheit der Regelungen für Mitarbeitergeschäfte, Angemessenheit des EDV-Einsatzes;
- §§ 14 bis 19 InvPrüfbV (in Bezug auf Investment-Betriebsvermögen): geschäftliche Entwicklung im Berichtsjahr, Beurteilung der Vermögens- und Finanzlage, Beurteilung der Ertragslage, Risikolage, Erläuterungen zur Rechnungslegung, Datenübersicht;
- §§ 20, 21 und 32 InvPrüfbV (in Bezug auf Investment-AV): Berichtszeitraum und allgemeine Verhaltensregeln und Organisationspflichten einschließlich des Risikomanagements für die Verwaltung von SV, des Fremdbezugs von Dienstleistungen.

1025 Für die **fremdverwaltete InvAG** sind die in § 42 Satz 2 InvPrüfbV aufgeführten Vorschriften nicht zu prüfen, da die dort genannten Aufgaben nicht von der InvAG selbst, sondern von der fremdverwaltenden KAG wahrgenommen werden. In diesem Zusammenhang sind sie auch Gegenstand der Prüfung dieser KAG. Der APr. der fremdverwalteten InvAG hat die Ergebnisse der Prüfung der KAG zu verwerten (§ 41 Abs. 3 InvPrüfbV). Es sollte bereits im Fremdverwaltungsvertrag schriftlich zwischen KAG und InvAG eine Verpflichtung der KAG zur Herausgabe des vollständigen Berichts über die Prüfung ihres JA vereinbart werden.

1026 Gemäß § 43 InvPrüfbV ist zudem (für alle Formen der InvAG) über wesentliche Änderungen der rechtlichen, wirtschaftlichen und organisatorischen Grundlagen der InvAG zu berichten. Im Einzelnen ist zu berichten über:

- Änderungen der Satzung, Unternehmensaktionäre bzw. deren Stimmverhältnissen;
- Änderungen der Geschäftsleitung und ihrer personellen Zusammensetzung mit Angabe der jeweiligen Zuständigkeit der einzelnen Geschäftsleiter;
- Änderungen der rechtlichen und geschäftlichen Beziehungen zu verbundenen Unternehmen sowie über bemerkenswerte Beziehungen zu anderen Unternehmen und über wirtschaftlich bedeutsame Verträge geschäftspolitischer Natur, insb. zur KAG im Fall der Fremdverwaltung (die Berichterstattung kann entfallen, wenn der Abhängigkeitsbericht gem. § 312 AktG erstellt und der BaFin eingereicht worden ist);
- Änderungen im organisatorischen Aufbau der InvAG sowie der unter Risikoaspekten bedeutsamen Ablauforganisation (ein aktuelles Organigramm ist dem PrB als Anlage beizufügen);
- Übertragungen aller Vermögensgegenstände gem. § 100 Abs. 5 InvG.

1027 Soweit der APr. verpflichtet ist, nur über Änderungen zu berichten, hat er in angemessenen Abständen über die Darstellung der Änderungen hinausgehend vollständig zu be-

Kapitalanlagegesellschaften, Sondervermögen, Investment-Aktiengesellschaften **J**

richten. Über ausgelagerte, wesentliche Aktivitäten und Prozesse ist gesondert zu berichten, soweit die Berichterstattung nicht gem. § 21 Abs. 3 InvPrüfbV zu erfolgen hat.

Hat die InvAG ihre **allgemeine Verwaltungstätigkeit nicht auf eine fremdverwaltende KAG ausgelagert**, ist sie für die Einhaltung der daraus resultierenden Pflichten selbst verantwortlich. **1028**

§ 42 Satz 2 InvPrüfbV trägt dem dergestalt Rechnung, dass sich Prüfungspflicht und Prüfungsgegenstand auch auf folgende Sachverhalte zu beziehen haben: **1029**

– Beurteilung der Ordnungsmäßigkeit der Geschäftsorganisation, insb. der Geeignetheit der Regelungen für die persönlichen Geschäfte der Mitarbeiter, sowie der Angemessenheit der Kontroll- und Sicherheitsvorkehrungen für den Einsatz der EDV, soweit dies nicht die Verwaltung der Investmentvermögen betrifft;
– in Bezug auf das Investment-Betriebsvermögen: geschäftliche Entwicklung im Berichtsjahr; Beurteilung der Vermögens- und Finanzlage, der Ertragslage sowie der Risikolage; Vornahme von Erläuterungen zur Rechnungslegung; Erstellung einer Datenübersicht (Anlage 1 zur InvPrüfbV);
– in Bezug auf das Investment-AV: Prüfung der allgemeinen Verhaltensregeln und Organisationspflichten einschließlich des Risikomanagements in Bezug auf die Verwaltung von SV; Anwendbarkeit der Regelungen über den Berichtszeitraum (§ 20), Beurteilung des Fremdbezugs von Dienstleistungen.

Gemäß § 41 Abs. 2 InvPrüfbV hat die Berichterstattung bei **mehreren Teil-Gesellschaftsvermögen** getrennt nach Vermögen zu erfolgen. Über das für den Betrieb der InvAG notwendige Vermögen ist gesondert zu berichten. Entsprechend der oben dargestellten Systematik sind hier keine eigenständigen PrB zu erstellen, da Prüfungsgegenstand nur der Jahresabschluss der InvAG als Ganzes ist. Stattdessen ist dieser Gesamtbericht nach Teil-Gesellschaftsvermögen zu untergliedern, alternativ können auch Teil-PrB erstellt werden. **1030**

Für die Prüfung von JA und LB einer InvAG in Form einer Umbrella-Konstruktion ordnet § 110a Abs. 4 InvG an, dass der besondere Vermerk für die InvAG nur erteilt werden darf, wenn der besondere Vermerk für jedes einzelne Teil-Gesellschaftsvermögen erteilt worden ist. Diese Formulierung kann dahingehend missverstanden werden, dass für jedes Teil-Gesellschaftsvermögen gesondert ein besonderer Vermerk zu erteilen ist. Stattdessen ist nur ein besonderer Vermerk für die gesamte InvAG zu erteilen. Dieser darf jedoch nur unter der Voraussetzung erteilt werden, dass er auch für die einzelnen Teil-Gesellschaftsvermögen erteilt wurde. Es wird also nicht – analog zu den von einer KAG verwalteten SV – jedes einzelne Teil-Gesellschaftsvermögen mit einem besonderen Vermerk bestätigt.[689] Dies entspricht dem oben dargestellten Prinzip, dass eine völlig getrennte Rechnungslegung von Teil-Gesellschaftsvermögen und InvAG nicht möglich ist, da die Vermögensgegenstände der Teil-Gesellschaftsvermögen stets sowohl wirtschaftliches als auch rechtliches Eigentum der InvAG darstellen. Eine strikte Trennung in der Rechnungslegung und der daraus resultierenden Erteilung von gesonderten, besonderen Vermerken wäre insofern unsachgemäß. Zudem entspricht es gerade nicht dem Willen des Gesetzgebers, die Bildung von Teil-Gesellschaftsvermögen mit der Verwaltung von SV durch eine KAG gleichzusetzen, da die InvAG lediglich als weitere Form des Investmentvermögens konzipiert ist und nicht als Alternative zum Erfordernis einer KAG. **1031**

---

[689] Dies ergibt sich auch vor dem Hintergrund, dass für das einzelne Teil-Gesellschaftsvermögen keine gesonderte Berichterstattung über die Rechnungslegung erfolgt, sondern diese lediglich als „Teil" der Berichterstattung über die gesamte Rechnungslegung der InvAG zu sehen ist.

1175

VII. Erläuterungen zu den für Bausparkassen geltenden ergänzenden Vorschriften zur Rechnungslegung und Prüfung

1032 Bausparkassen[690] zählen gem. § 1 Abs. 1 und § 4 BSpkG i.V.m. § 1 Abs. 1 KWG zu den KI. Deshalb gelten für Rechnungslegung und Prüfung der Bausparkassen grds. die ergänzenden Vorschriften der §§ 340 bis 340o HGB und die RechKredV (vgl. Tz. 5 ff.). Die folgenden Ausführungen beschränken sich daher auf spezielle Regelungen für die Rechnungslegung und Prüfung von Bausparkassen.

1. Jahresabschluss

a) Überblick über die anzuwendenden Vorschriften

1033 Neben den für alle Kaufleute geltenden Vorschriften der §§ 242 bis 256a HGB sowie den ergänzenden Vorschriften der §§ 340 bis 340o HGB für KI und FDLI und der RechKredV haben Bausparkassen bei der Aufstellung des JA und LB **zusätzlich** die Vorschriften des BSpkG und der BSpkV zu beachten. Die **RechKredV** enthält insb. für die Gliederung der Bilanz und der GuV sowie in Bezug auf die Angabepflichten im Anh. besondere Regelungen für Bausparkassen (vgl. insb. § 2 Abs. 1, § 9 Abs. 1 und § 35 Abs. 1 Nr. 8 RechKredV).

Bausparkassen in der Rechtsform der AG müssen darüber hinaus die Vorschriften des **AktG** (§§ 58, 150, 152, 158, 160 AktG) zum JA anwenden (vgl. § 340 Abs. 1 S. 3 HGB).[691]

Darüber hinaus haben Bausparkassen die Vorschrift des § 26 **KWG** zu beachten.

1034 Die **BaFin** (das BAK) sowie der **BFA des IDW** haben in verschiedenen Schreiben (Rundschreiben, Stellungnahmen u.Ä.) zu Einzelfragen der Bilanzierung von Bausparkassen Stellung genommen. Diese Schreiben sind zwar nicht rechtsverbindlich; sie sind aber dennoch zu beachten, da sie Grundsätze ordnungsmäßiger Bilanzierung enthalten.[692]

b) Anwendungsbereich der ergänzenden Vorschriften

1035 Die Vorschriften des BSpkG, der BSpkV sowie die bausparkassenspezifischen Regelungen der RechKredV sind **unabhängig** von der **Rechtsform** und **Größe** von Bausparkassen anzuwenden. Sie gelten auch für KI, die das Bausparkassen durch **rechtlich unselbständige Einrichtungen** betreiben; diese KI mit Bausparabteilung gelten gem. § 18 Abs. 3 und 5 BSpkG insoweit als Bausparkasse. Sie haben das Vermögen der Bausparkasse getrennt zu verwalten und einen gesonderten JA sowie GB für die Bausparkasse zu erstellen.

c) Grundsätze für die Gliederung der Bilanz und Gewinn- und Verlustrechnung

1036 Die für die Bilanz und die GuV von KI maßgebenden Gliederungsgrundsätze gelten auch für Bausparkassen. So wenden Bausparkassen anstelle des Bilanzgliederungsschemas nach § 266 HGB ebenfalls das **Formblatt 1** für die **Gliederung** der **Bilanz** und anstelle des Gliederungsschemas gem. § 275 HGB das **Formblatt 2** oder **3** für die **Gliederung** der

---

[690] Vgl. zur Definition des Begriffs „Bausparkasse" § 1 Abs. 1 BSpkG.
[691] Gemäß § 2 Abs. 1 BSpkG dürfen private Bausparkassen nur in der Rechtsform der AG betrieben werden. Daneben sind Bausparkassen als ö.-r. Bausparkassen zulässig. Die Rechtsform der ö.-r. Bausparkasse wird nach § 2 Abs. 2 BSpkG von den Ländern bestimmt. Die Rechtsform der GmbH ist für Bausparkassen unzulässig, ebenso die Rechtsform des Einzelkaufmanns und der Personenhandelsgesellschaft.
[692] Die Schreiben der BaFin sind wiedergegeben in: Consbruch/Fischer, Abschn. F.

Bausparkassen J

GuV an (§ 2 Abs. 1 RechKredV). Für die Bilanz ist nur die Kontoform zugelassen. Die **GuV** kann in **Kontoform** (Formblatt 2) oder in **Staffelform** (Formblatt 3) aufgestellt werden.

Für Bausparkassen sind darüber hinaus in **Fußnoten** zu den Formblättern zur Berücksichtigung geschäftlicher Besonderheiten **Untergliederungen** bestimmter Posten der Bilanz und der GuV vorgeschrieben (vgl. § 2 Abs. 1 RechKredV). Kreditinstitute mit **Bausparabteilung** haben die für Bausparkassen vorgesehenen besonderen Posten in ihre Bilanz und in ihre GuV zu übernehmen (§ 2 Abs. 1 RechKredV). 1037

d) Erläuterungen zu Posten der Bilanz

Im Folgenden sind die einzelnen Posten der Bilanz in der **Reihenfolge** des Gliederungsschemas nach dem Formblatt 1 unter Berücksichtigung der in den **Fußnoten** zum Formblatt für Bausparkassen vorgeschriebenen Besonderheiten (vgl. § 2 Abs. 1 RechKredV) erläutert. Bilanzposten, die bereits unter Tz. 137 ff. erläutert wurden und keiner zusätzlichen Erläuterung für Bausparkassen bedürfen, werden im Folgenden nicht weiter dargestellt. Bausparkassenspezifische Besonderheiten in Bezug auf die Bewertung wurden – soweit erforderlich – bei der Darstellung der Bilanzposten berücksichtigt. 1038

Der Inhalt der einzelnen Bilanzposten gem. Formblatt 1 ist – von Ausnahmen abgesehen – in §§ **12 bis 25 RechKredV** näher geregelt. Ergänzende Hinweise zum Inhalt der Bilanzposten bei Bausparkassen ergeben sich aus dem **BSpkG** und der **BSpkV**. 1039

aa) Aktivseite
(1) Aktivposten Nr. 3 Forderungen an Kreditinstitute

Bausparkassen haben die Forderungen an KI gem. Fußnote 1 zum Bilanzformblatt 1 in folgende **Unterposten** zu untergliedern: 1040

a) Bauspardarlehen,
b) Vor- und Zwischenfinanzierungskredite,
c) sonstige Baudarlehen,
d) andere Forderungen.

Die **täglich fälligen Forderungen** sind in einem Darunter-Vermerk beim Unterposten d) auszugliedern.[693] Forderungen aus der vorgezogenen Gutschrift nach dem Bilanzstichtag eingegangener, aber bis zum Bilanzstichtag bereits bewirkter Bausparerzahlungen (sog. **unterwegs befindliche Überweisungen** auf **Bausparverträge**) sind je nach Schuldner bei den täglich fälligen Forderungen im Unterposten d) oder im Aktivposten Nr. 1 „Barreserve" zu erfassen. **Tilgungsstreckungsdarlehen** sind den Unterposten zuzuordnen, zu denen sie ihrer Art nach gehören. 1041

In den Unterposten a) bis c) sind alle für **wohnungswirtschaftliche Maßnahmen** i.S.v. § 1 Abs. 1 und 3 BSpkG gewährten Darlehen an KI auszuweisen. Zu erfassen sind nur solche Baudarlehen, die den **Sicherungserfordernissen des § 7 BSpkG** entsprechen. Im Unterposten a) dürfen nur Darlehen aus **zugeteilten Bausparverträgen** (Bauspardarlehen) ausgewiesen werden. Der Unterposten b) enthält alle **vor Zuteilung** des Bausparvertrags bis maximal zur Höhe der Bausparsumme gewährten Darlehen i.S.v. § 4 Abs. 1 Nr. 1 BSpkG. Unterposten c) erfasst alle nicht unter die Unterposten a) und b) fallenden Baudarlehen, insb. Wohnungsbaukredite ohne Bausparvertrag (sog. **Sofortdarlehen** i.S.v. § 4 Abs. 1 Nr. 2 BSpkG). 1042

---

693 Zur Definition des Begriffs „täglich fällige Forderungen" vgl. § 8 Abs. 3 RechKredV.

1177

1043 Der Unterposten d) enthält neben den **täglich fälligen Forderungen** alle Arten von nicht in Wertpapieren verbrieften **Forderungen aus Bausparkassengeschäften** an in- und ausländische KI mit vereinbarter Laufzeit oder Kündigungsfrist, die nicht den Unterposten a) bis c) zuzuordnen sind (vgl. § 14 RechKredV). Voraussetzung für den Ausweis im Unterposten c) ist, dass die Vorschriften des **§ 4 Abs. 3 BSpkG** über die zulässigen Geschäfte von Bausparkassen eingehalten sind.

1044 Die Forderungen an KI sind ebenso wie die Forderungen an Kunden mit dem Betrag der **in Anspruch genommenen** Kredite, nicht mit dem Betrag der Kreditzusagen auszuweisen.

(2) Aktivposten Nr. 4 Forderungen an Kunden

1045 Bausparkassen untergliedern die Forderungen an Kunden gem. Fußnote 2 zum Bilanzformblatt 1 in die **Unterposten**

a) Baudarlehen
  aa) aus Zuteilungen (Bauspardarlehen),
  ab) zur Vor- und Zwischenfinanzierung,
  ac) sonstige,
b) andere Forderungen.

1046 Von den sonstigen Baudarlehen im Unterposten ac) sind die durch Grundpfandrechte gesicherten Baudarlehen in einen Darunter-Vermerk auszugliedern. Als durch **Grundpfandrechte gesichert** gelten die Forderungen, für die der bilanzierenden Bausparkasse Grundpfandrechte bestellt, verpfändet oder abgetreten worden sind. Sie müssen den Erfordernissen des § 7 Abs. 1 BSpkG entsprechen (§ 15 Abs. 2 S. 2 RechKredV).

1047 In den Unterposten a) sind alle für **wohnungswirtschaftliche Maßnahmen** i.S.v. § 1 Abs. 1 und 3 BSpkG gewährten Darlehen an Kunden aufzunehmen. Bezüglich der in den Unterposten aa) bis ac) auszuweisenden Darlehen vgl. Tz. 1042. Die Forderungen aus Baudarlehen sind gekürzt um Wertberichtigungen auszuweisen.

1048 Der Unterposten b) erfasst alle nicht in Wertpapieren verbrieften **bausparkassengeschäftlichen Forderungen** an in- und ausländische Kunden (vgl. § 15 Abs. 1 RechKredV). Hierzu zählen auch Forderungen an Bausparer aus Abschlussgebühren. Darüber hinaus sind im Unterposten b) Forderungen aus Namensschuldverschreibungen, Sparbriefen u.Ä. zu erfassen. In den anderen Forderungen werden auch Darlehen an Betriebsangehörige, soweit es sich nicht um Baudarlehen handelt, ausgewiesen.

1049 Steuererstattungsansprüche, Schadensersatzforderungen, Forderungen an Vertreter und ähnliche Forderungen sind nicht als Kundenforderungen, sondern im Posten „Sonstige Vermögensgegenstände" (Aktivposten Nr. 14) zu erfassen.

1050 Die Forderungen an Kunden sind mit dem Betrag der **in Anspruch genommenen** Kredite, nicht mit dem Betrag der Kreditzusagen auszuweisen (§ 15 Abs. 1 S. 5 RechKredV).

(3) Aktivposten Nr. 6 Aktien und andere nicht festverzinsliche Wertpapiere

1051 Der Ausweis als Aktien und andere nicht festverzinsliche Wertpapiere kommt bei Bausparkassen insb. für Anteile an Spezialfonds in Betracht, da Geldanlagen von Bausparkassen den Beschränkungen des **§ 4 Abs. 3 BSpkG** unterliegen. Hierbei ist zu beachten, dass für die durch Spezialfonds getätigten Anlagen die Restriktionen des BSpkG ebenfalls zu beachten sind. Dies kann durch entsprechende Sonderbedingungen sichergestellt werden, die die KAG zur Einhaltung von § 4 Abs. 3 BSpkG verpflichten.

bb) Passivseite

(1) Passivposten Nr. 1 Verbindlichkeiten gegenüber Kreditinstituten

Der Bilanzposten „Verbindlichkeiten ggü. KI" ist von Bausparkassen in die **Unterposten**

a) Bauspareinlagen,
b) andere Verbindlichkeiten

zu untergliedern (Fußnote 6 zum Bilanzformblatt 1).

Die Bauspareinlagen auf **gekündigte** sowie auf **zugeteilte Verträge** sind als Darunter-Vermerk zum Unterposten a) auszuweisen. **Täglich fällige** Verbindlichkeiten sind in einen Darunter-Vermerk zum Unterposten b) auszugliedern.[694]

Als Bauspareinlagen im Unterposten a) sind neben den auf die Bausparverträge geleisteten **Sparbeiträgen** auch die gutgeschriebenen **Zinsen** auszuweisen. Der Ausweis der Bonusverpflichtungen aus sog. Renditetarifen (Wahltarifen, Optionstarifen, Wechslertarifen) hängt von den tariflichen Gegebenheiten ab. Handelt es sich nach den Tarifbedingungen um Verbindlichkeiten, sind sie als Bauspareinlagen auszuweisen; werden sie als Rückstellungen qualifiziert, erfolgt der Ausweis unter den anderen Rückstellungen (Passivposten Nr. 7, Unterposten c)).

Im Unterposten b) sind – mit Ausnahme der verbrieften Verbindlichkeiten (Passivposten Nr. 3) – neben den **täglich fälligen Verbindlichkeiten** alle Arten von **Verbindlichkeiten aus Bauspargeschäften** ggü. in- und ausländischen KI mit vereinbarter Laufzeit oder Kündigungsfrist auszuweisen (vgl. § 21 Abs. 1 RechKredV).

(2) Passivposten Nr. 2 Verbindlichkeiten gegenüber Kunden

Nach Fußnote 7 zum Bilanzformblatt 1 haben Bausparkassen den Passivposten Nr. 2 zu untergliedern in die **Unterposten**

a) Einlagen aus dem Bauspargeschäft und Spareinlagen
    aa) Bauspareinlagen
    ab) Abschlusseinlagen
    ac) Spareinlagen mit vereinbarter Kündigungsfrist von drei Monaten
    ad) Spareinlagen mit vereinbarter Kündigungsfrist von mehr als drei Monaten
b) andere Verbindlichkeiten
    ba) täglich fällig
    bb) mit vereinbarter Laufzeit oder Kündigungsfrist.

Die Bauspareinlagen auf gekündigte sowie zugeteilte Verträge sind in einem **Darunter-Posten** beim Unterposten aa) zu vermerken.

Unterposten aa) enthält alle von Kunden auf Bausparverträge geleisteten **Sparbeiträge** einschließlich der gutgeschriebenen **Zinsen** (Bausparguthaben). Zu Ausweis und Bewertung von Bonusverpflichtungen vgl. Tz. 1053. Auf Bauspar- bzw. Sonderkonten von Kunden gutgeschriebene **Wohnungsbauprämien** sind als Bauspareinlagen auszuweisen. Unterposten ab) hat in der Praxis kaum noch Bedeutung, da **Abschlusseinlagen** bei den gegenwärtig angebotenen Bauspartarifen nicht mehr vorgesehen sind. **Spareinlagen** dürfen je nach vereinbarter Kündigungsfrist in den Unterposten ac) und ad) nur ausgewiesen werden, wenn sie die Voraussetzungen nach § 21 Abs. 4 RechKredV und § 39 Abs. 6 RechKredV erfüllen. Im Unterposten b) sind – mit Ausnahme der verbrieften Ver-

---

[694] Zur Definition des Begriffs „täglich fällige Verbindlichkeiten" vgl. § 8 Abs. 3 RechKredV.

bindlichkeiten (Passivposten Nr. 3) – neben den **täglich fälligen Verbindlichkeiten** alle Arten von **Verbindlichkeiten aus Bauspargeschäften** ggü. in- und ausländischen Kunden mit vereinbarter Laufzeit oder Kündigungsfrist auszuweisen (vgl. § 21 Abs. 2 RechKredV).

1056 Verbindlichkeiten aus Lieferungen und Leistungen, Steuerschulden, Verbindlichkeiten ggü. Vertretern und andere nicht aus dem Bausparkassengeschäft mit Kunden herrührende Verpflichtungen sind nicht hier, sondern im Passivposten Nr. 5 (Sonstige Verbindlichkeiten) zu erfassen.

(3) Passivposten Nr. 7 Rückstellungen

1057 Zur **Untergliederung** der Rückstellungen und zum **Inhalt** der einzelnen Unterposten vgl. die Ausführungen in Tz. 230.

1058 Unter die **anderen Rückstellungen** (Unterposten c)) gehören bei Bausparkassen insb. **Rückstellungen für Kosten des Bauspargeschäfts** sowie **Rückstellungen für Bürgschaften aus dem Kreditgeschäft**. Rückstellungen für Kosten des Bauspargeschäfts betreffen u.a. Rückstellungen für

– Provisionsverpflichtungen,

– Bonifikationen aufgrund bestimmter Vermittlungsergebnisse,

– Werbeaufwendungen,

– Abschlussgebührenrückerstattung und -anrechnung,

– Bonusverpflichtungen,

– Versand der Jahreskontoauszüge,

– Bearbeitung von Wohnungsbauprämienanträgen sowie

– Ausgleichsansprüche ausgeschiedener Handelsvertreter (§ 89b HGB).

1059 Bei der Bewertung der Rückstellungen ist zu beachten, dass Rückstellungen mit einer **Restlaufzeit von mehr als einem Jahr** gem. § 253 Abs. 2 S. 1 HGB mit dem ihrer Restlaufzeit entsprechenden Marktzinssatz **abzuzinsen** sind. Die Bestimmung der Restlaufzeit kann bei bestimmten Rückstellungen (insb. für Bonusverpflichtungen und Abschlussgebührenrückerstattung und -anrechnung) Probleme aufwerfen, da diese keine einheitliche Restlaufzeit aufweisen, sondern ihnen eine Vielzahl von Einzelansprüchen mit unterschiedlicher Restlaufzeit zugrunde liegt. Hierbei wird es nicht zu beanstanden sein, wenn für Abzinsungszwecke die Restlaufzeit aus der erwarteten durchschnittlichen Restlaufzeit der Bausparverträge, die bspw. mittels der Kollektivsimulation der Bausparkasse ermittelt werden kann, abgeleitet wird. Im Rahmen der Abzinsung ist zu berücksichtigen, inwieweit der Bonus oder eine ähnliche Vergütung nach den Allgemeinen Bausparbedingungen als solche verzinslich ist. In diesem Fall bedarf es zur Ermittlung des Erfüllungsbetrags zunächst einer entsprechenden Aufzinsung.

1060 Als Basis für die Berechnung und Bewertung der Rückstellung für Ausgleichsansprüche von Außendienstmitarbeitern nach § 89b HGB können die zwischen dem Verband der Privaten Bausparkassen, der Bundesgeschäftsstelle der Landesbausparkassen sowie dem Bundesverband Deutscher Versicherungskaufleute abgestimmten „Grundsätze zur Errechnung der Höhe des Ausgleichsanspruchs (§ 89b HGB) im Bausparbereich" vom 27.08.1984 herangezogen werden.

(4) Passivposten Nr. 7a Fonds zur bauspartechnischen Absicherung

Gemäß Fußnote 11 zum Formblatt 1 haben Bausparkassen nach dem Passivposten Nr. 7 „Rückstellungen" in der Bilanz den **Posten Nr. 7a „Fonds zur bauspartechnischen Absicherung"** einzufügen. Dieser hat den Charakter einer zweckgebundenen Rücklage für besondere geschäftszweigbezogene Risiken der Bausparkassen und ist nicht abzuzinsen. Im Hinblick auf diesen Charakter gilt bzgl. latenter Steuern die für Vorsorgereserven nach § 340f und § 340g HGB anzuwendende Vorgehensweise entsprechend (vgl. Tz. 195). **1061**

Gemäß § 6 Abs. 1 S. 2 BSpkG sind **Erträge aus einer Anlage der Zuteilungsmittel, die vorübergehend nicht zugeteilt werden können**, weil Bausparverträge die Zuteilungsvoraussetzungen nicht erfüllen, in Höhe des Unterschiedsbetrags zwischen dem Zinsertrag aus der Zwischenanlage der Zuteilungsmittel und dem Zinsertrag, der sich bei Anlage der Zuteilungsmittel in Bauspardarlehen ergeben hätte, einem zur Wahrung der Belange der Bausparer bestimmten Sonderposten „Fonds zur bauspartechnischen Absicherung" zuzuführen.[695] **1062**

Die **Zuführung** zum Fonds zur bauspartechnischen Absicherung erfolgt jährlich zum Ende des GJ. Die Höhe der Zuführung wird aus den Beständen der nach § 6 Abs. 1 S. 2 BSpkG vorübergehend nicht zuteilbaren Zuteilungsmittel **(Schwankungsreserve)** zu den Berechnungsterminen für die Ermittlung der verfügbaren Zuteilungsmittel des abgelaufenen Jahres ermittelt. Der Zuführungsbetrag errechnet sich durch Multiplikation von sechs Zehnteln der jeweiligen Bestände der Schwankungsreserve mit dem Zinssatz, der sich als Differenz zwischen dem außerkollektivem Zinssatz und dem kollektivem Zinssatz ergibt (§ 10 Nr. 8 BSpkG i.V.m. § 8 Abs. 1 BSpkV). **1063**

Der **außerkollektive Zinssatz** kann dabei wahlweise errechnet werden aus

- den Zinserträgen der Bausparkasse aus den Geldanlagen nach § 4 Abs. 3 BSpkG und aus den Erträgen aus Vor- und Zwischenfinanzierungen nach § 4 Abs. 1 Nr. 1 BSpkG oder
- aus der von der DBB ermittelten und veröffentlichten Umlaufrendite aller einbezogenen inländischen Inhaberschuldverschreibungen (§ 10 Nr. 8 BSpkG i.V.m. § 8 Abs. 2 S. 1 BSpkV).

Der **kollektive Zinssatz** ist der mit den summenmäßigen Anteilen der einzelnen Bauspartarife im nicht zugeteilten Vertragsbestand gewogene Zinssatz für Bauspardarlehen (§ 10 Nr. 8 BSpkG i.V.m. § 8 Abs. 3 S. 1 BSpkV). Bei Tarifvarianten, deren niedrigstes individuelles Sparer-Kassen-Leistungsverhältnis[696] mindestens 0,8 beträgt, kann stattdessen der um 2,75 Prozentpunkte erhöhte Zinssatz für Bauspareinlagen herangezogen werden (§ 10 Nr. 8 BSpkG i.V.m. § 8 Abs. 3 S. 2 BSpkV). **1064**

Die Pflicht zum **Einsatz** des Fonds zur bauspartechnischen Absicherung ist in § 9 Abs. 1 BSpkV, der wahlweise Einsatz in § 9 Abs. 2 und 3 BSpkV geregelt. Die Höhe der möglichen **Auflösung** des Fonds zur bauspartechnischen Absicherung ist in § 9 Abs. 4 BSpkV festgelegt. Unabhängig davon kann die Bausparkasse am Ende eines GJ den Fonds soweit auflösen, als er zu diesem Zeitpunkt 3% der Bauspareinlagen übersteigt (§ 6 Abs. 1 S. 3 BSpkG). **1065**

---

695 Gemäß § 5 Abs. 2 Nr. 2a BSpkG müssen die Allgemeinen Geschäftsgrundsätze der Bausparkassen Bestimmungen über die Berechnung der Zuteilungsmittel, die nach § 6 Abs. 1 S. 2 BSpkG vorübergehend nicht zugeteilt werden können, und der Mehrerträge aus der Anlage dieser Mittel sowie über die Verwendung des daraus gebildeten Sonderpostens „Fonds zur bauspartechnischen Absicherung" enthalten.

696 Zu Einzelheiten vgl. *Bertsch/Hölzle/Laux*, S. 108 ff.

1066 In den Formblättern für die GuV sind für die **Fondszuführungen und -entnahmen** keine besonderen Posten vorgeschrieben. Nach der Stellungnahme *BFA 1/1995*[697] zur Bilanzierung des Fonds zur bausparthechnischen Absicherung können Zuführungen zum Fonds im Posten „**Sonstige betriebliche Aufwendungen**" und Entnahmen im Posten „**Sonstige betriebliche Erträge**" ausgewiesen werden; hierbei sollten die Aufwendungen aufgrund von Zuführungen und die Erträge wegen Entnahmen als Darunter-Vermerk in dem jeweiligen GuV-Posten ausgegliedert oder im Anh. angegeben werden. Alternativ ist nach der Stellungnahme *BFA 1/1995* ein Ausweis der Aufwendungen und Erträge aus Fondszuführungen und -entnahmen in einem **gesonderten Posten der GuV** grds. zulässig; ausgenommen hiervon sind jedoch die kompensationsfähigen Posten der GuV.[698] Die den Bausparkassen aufgrund des Bausparkassenrechts und des Systems zur Berechnung der Zuteilungsmittel eingeräumten **Wahlrechte** und Ermessensspielräume bei der Bildung und Auflösung des Fonds zur bausparthechnischen Absicherung stellen nach der Stellungnahme *BFA 1/1995* **keine Bewertungsmethoden** i.S.d. HGB dar. Das Stetigkeitsgebot des § 252 Abs. 1 Nr. 6 HGB ist daher nicht verletzt. Allerdings ist bei der Berechnung des außerkollektiven Zinssatzes ein Methodenwechsel gem. § 8 Abs. 2 S. 2 BSpkV nur aus wichtigem Grund zulässig.

(5) Passivposten Nr. 1 Buchstabe b) unter dem Bilanzstrich: Verbindlichkeiten aus Bürgschaften und Gewährleistungsverträgen

1067 Bausparkassen haben unter diesem Posten insb. die **Verpflichtungen aufgrund der Ablösung von Vor- und Zwischenfinanzierungskrediten** auszuweisen. Die Ablösungsbeträge sind für den Ausweis um die hierfür der Bausparkasse **verpfändeten Bauspareinlagen** zu vermindern (vgl. § 26 Abs. 2 S. 2 RechKredV). Sofern den Bausparkassen Meldungen der kreditgewährenden Institute über Zahlungsrückstände vorliegen und sich daraus ein Risikovorsorgebedarf ergibt, haben die Bausparkassen entsprechend **Rückstellungen** zu bilden; diese vermindern ebenfalls den Ablösungsbetrag.

(6) Passivposten Nr. 2 Buchstabe c) unter dem Bilanzstrich: Unwiderrufliche Kreditzusagen

1068 Als unwiderrufliche Kreditzusagen sind „alle unwiderruflichen Verpflichtungen, die Anlass zu einem Kreditrisiko geben können, zu vermerken" (§ 27 Abs. 2 S. 1 RechKredV). Bei Bausparkassen werden in diesem Posten hauptsächlich **Auszahlungsverpflichtungen** aus zugesagten, noch nicht ausgezahlten Baudarlehen und noch nicht ausgezahlte Beträge teilvalutierter Baudarlehen ausgewiesen. Der **Abschluss** eines **Bausparvertrags** gilt nicht als unwiderrufliche Kreditzusage (§ 27 Abs. 2 S. 2 RechKredV).

1069 Die Verpflichtungen aufgrund unwiderruflicher Kreditzusagen sind um die in Anspruch genommenen Kredite zu kürzen.

e) **Erläuterungen zu Posten der Gewinn- und Verlustrechnung**

aa) **Zinserträge (Formblatt 2 Spalte Erträge Nr. 1 bzw. Formblatt 3 Nr. 1)**

1070 Bausparkassen haben den Ertragsposten gem. Fußnote 2 zum Formblatt 2 bzw. Fußnote 1 zum Formblatt 3 zu untergliedern in die **Unterposten**:

---

[697] WPg 1995, S. 374 = FN-IDW 1995, S. 185.
[698] Vgl. *BFA 1/1995*, WPg 1995, S. 374 = FN-IDW 1995, S. 185.

Bausparkassen — J

1071 Zinserträge aus

a) Kredit- und Geldmarktgeschäften
  aa) Bauspardarlehen
  ab) Vor- und Zwischenfinanzierungskrediten
  ac) sonstigen Baudarlehen
  ad) sonstigen Kredit- und Geldmarktgeschäften
b) festverzinslichen Wertpapieren und Schuldbuchforderungen.

1072 Im Posten „Zinserträge" sind die Zinsen und zinsähnlichen Erträge aus dem **Bauspargeschäft** auszuweisen (vgl. § 28 RechKredV). **Zinsähnliche Erträge** entstehen insb. im **Kreditgeschäft**, z.B. in Form von **Gebühren** oder **Provisionen** (z.B. Bereitstellungsprovisionen). Bearbeitungsprovisionen und Kontoführungsgebühren sowie ähnliche Dienstleistungsgebühren sind **keine zinsähnlichen Erträge**; sie sind im Posten Provisionserträge (Formblatt 2 Spalte Erträge Nr. 4 bzw. Formblatt 3 Nr. 5) auszuweisen. Von Bausparkassen erhobene sog. **Kündigungsdiskonte** (Gebühr für eine vorzeitige unter Verzicht auf die Kündigungsfrist vorgenommene Verfügung über das Bauspargutaben) werden als sog. Vorschusszinsen im Zinsertrag vereinnahmt.

1073 In den Unterposten aa) bis ac) sind die Erträge der in den Aktivposten Nr. 3a) bis 3c) und Nr. 4a) ausgewiesenen **Forderungen aus Baudarlehen** zu erfassen. Im Unterposten ad) sind die sonstigen Zinsen und zinsähnlichen Erträge aus Kredit- und Geldmarktgeschäften auszuweisen. Hierzu zählen insb. die Erträge der Forderungen in den **Aktivposten Nr. 1 bis Nr. 4** (Barreserve, Schuldtitel öffentlicher Stellen und Wechsel, die zur Refinanzierung bei Zentralnotenbanken zugelassen sind, Forderungen an KI und Kunden), sofern es sich nicht um Forderungen aus Baudarlehen handelt. Der Unterposten b) umfasst v.a. die Erträge der festverzinslichen Wertpapiere aus dem **Aktivposten Nr. 5** (Schuldverschreibungen und andere festverzinsliche Wertpapiere).

bb) Provisionserträge (Formblatt 2 Spalte Erträge Nr. 4 bzw. Formblatt 3 Nr. 5)

1074 Der Posten „Provisionserträge" ist von Bausparkassen in die **Unterposten**

a) aus Vertragsabschluss und -vermittlung
b) aus der Darlehensregelung nach der Zuteilung
c) aus Bereitstellung und Bearbeitung von Vor- und Zwischenfinanzierungskrediten
d) andere Provisionserträge

zu untergliedern (Fußnote 5 zu Formblatt 2 bzw. Fußnote 4 zu Formblatt 3).

1075 Im Unterposten a) sind Provisionserträge auszuweisen, die im Zusammenhang mit dem **Abschluss oder der Vermittlung von Bausparverträgen** anfallen (insb. Abschluss- und Umschreibegebühren).[699]

1076 Die Provisionserträge aus der Darlehensregelung nach der Zuteilung (Unterposten b)) betreffen **Darlehensgebühren**, die dem Bauspardarlehen hinzugerechnet und über die Laufzeit vereinnahmt werden. Die Höhe der Darlehensgebühr ist in den Allgemeinen Bedingungen für Bausparverträge festgelegt.

1077 Unterposten c) enthält sämtliche Provisionserträge, die aus der **Bereitstellung und Bearbeitung von Vor- und Zwischenfinanzierungskrediten** resultieren (z.B. Kontoführungsgebühren, Beleihungswertermittlungsgebühren).

---
[699] Vgl. hierzu auch § 30 Abs. 1 S. 1 RechKredV.

1078 In den Unterposten d) sind alle Provisionserträge einzustellen, die den Unterposten a) bis c) **nicht zugeordnet** werden können. Hierzu zählen insb. von den Bausparern/Darlehensnehmern erhobene Gebühren für das Lastschrifteinzugsverfahren, für Vertrags- und Adressenänderungen, für die Bearbeitung von Wohnungsbauprämienanträgen, für die Prüfung, Verwaltung und Verwertung von Sicherheiten und die vorzeitige Ablösung von Vor- und Zwischenfinanzierungskrediten sowie Provisionen für Risikolebensversicherungen und Kontoführungs- und Bürgschaftsgebühren.[700]

1079 Der **Kostenanteil** für **Bausparerzeitschriften** ist unter dem GuV-Posten „sonstige betriebliche Erträge" auszuweisen. Ferner sind Provisionen, die in unmittelbarem Zusammenhang mit dem Kreditgeschäft stehen, grds. zusammen mit den Zinserträgen auszuweisen.

cc) Aufwendungen
(1) Zinsaufwendungen (Formblatt 2 Spalte Aufwendungen Nr. 1 bzw. Formblatt 3 Nr. 2)

1080 Gemäß Fußnote 1 zum Formblatt 2 bzw. Fußnote 2 zum Formblatt 3 untergliedern Bausparkassen die Zinsaufwendungen in die **Unterposten**

a) Bauspareinlagen
b) andere Zinsaufwendungen.

1081 Der Posten nimmt die Zinsaufwendungen und ähnlichen Aufwendungen aus dem **Bausparkassengeschäft** auf (vgl. § 29 RechKredV). **Zinsähnliche Aufwendungen** sind z.B. Bonifikationen oder sonstige Kapitalbeschaffungskosten im Zusammenhang mit der Hereinnahme oder Aufnahme von Geldern. Als zinsähnliche Aufwendungen kommen nur zeitraumbezogene Aufwendungen in Betracht, und zwar ohne Rücksicht darauf, ob sie periodisch für bestimmte Zeiträume oder einmal – bezogen auf einen Zeitraum – berechnet werden.

1082 Der Unterposten a) enthält die Aufwendungen für die in den Passivposten Nr. 1a) und Nr. 2a) Unterposten aa) ausgewiesenen **Verbindlichkeiten aus Bauspareinlagen**. Im Unterposten b) sind die sonstigen Zinsaufwendungen und ähnlichen Aufwendungen auszuweisen. Hierzu zählen insb. die Aufwendungen für die in den **Passivposten Nr. 1** (Verbindlichkeiten ggü. KI), **Nr. 2** (Verbindlichkeiten ggü. Kunden), **Nr. 3** (Verbriefte Verbindlichkeiten) und **Nr. 9** (Nachrangige Verbindlichkeiten) bilanzierten Verbindlichkeiten, sofern es sich nicht um Verbindlichkeiten aus Bauspareinlagen handelt.

1083 Ebenfalls im Unterposten b) sind die Aufwendungen aus der nach dem Bilanzrechtsmodernisierungsgesetz erforderlichen **Aufzinsung von Rückstellungen** auszuweisen, soweit es sich um Rückstellungen für das Bauspargeschäft handelt. Dies betrifft insb. die Aufzinsung der Rückstellungen für Zinsboni, wohingegen die laufende Zuführung zu den Bonusrückstellungen im Unterposten a) auszuweisen ist. Zinseffekte aus der Aufzinsung nicht-bausparkassengeschäftlicher Rückstellungen sind demgegenüber gem. § 277 Abs. 5 S. 1 HGB im sonstigen betrieblichen Aufwand gesondert auszuweisen.[701]

(2) Provisionsaufwendungen (Formblatt 2 Spalte Aufwendungen Nr. 2 bzw. Formblatt 3 Nr. 6)

1084 Der Posten „Provisionsaufwendungen" ist von Bausparkassen in die **Unterposten**

---
700 Vgl. hierzu auch § 30 Abs. 1 S. 2 RechKredV.
701 Vgl. *Goldschmidt/Meyding-Metzger/Weigel*, IRZ 2010, S. 63 (63).

Bausparkassen J

a) Provisionen für Vertragsabschluss und -vermittlung
b) andere Provisionsaufwendungen

zu untergliedern (Fußnote 4 zu Formblatt 2 bzw. Fußnote 5 zu Formblatt 3).

Im Unterposten a) sind Aufwendungen für Provisionen auszuweisen, die für den **Abschluss** oder die **Vermittlung von Bausparverträgen** vergütet werden (vgl. § 30 Abs. 2 ReckKredV). **1085**

Der Unterposten b) umfasst alle Provisionsaufwendungen, die dem Unterposten a) **nicht zugeordnet** werden können. Hierzu zählen insb. Aufwendungen für Risikolebensversicherungen, Bankspesen und Bürgschaftsgebühren. Die Aufwendungen für Bausparerzeitschriften sind unter den „anderen Verwaltungsaufwendungen" auszuweisen. **1086**

f) Anhang

Es wird auf die Ausführungen in Tz. 396 ff. zu den Angaben im Anh. von KI verwiesen, die grds. auch für Bausparkassen Anwendung finden. **1087**

Zusätzlich gelten für **Bausparkassen** folgende Regelungen für den Anh.: **1088**

§ 9 Abs. 1 S. 1 RechKredV (Fristengliederung) ist für Bausparkassen grds. entsprechend anzuwenden. **Bauspareinlagen** müssen **nicht** nach Restlaufzeiten aufgegliedert werden.

Bei der **Fristengliederung** nach **Restlaufzeiten** (§§ 8 und 9 RechKredV) ist zudem zu beachten:

– Für die Restlaufzeitengliederung von Bauspardarlehen kann von den in den Allgemeinen Bedingungen für Bausparverträge festgelegten Tilgungsbedingungen ausgegangen werden. Bei abweichenden Vereinbarungen (z.B. Stundung, Tilgungsstreckung) sind die Restlaufzeiten auf Basis dieser Vereinbarungen zu ermitteln.
– Im Hinblick darauf, dass bei der Ablösung von Vor- und Zwischenfinanzierungskrediten durch das Bausparguthaben und das Bauspardarlehen ein neues Darlehen (Bauspardarlehen) entsteht, ist die Restlaufzeit für Vor- und Zwischenfinanzierungskredite bis zum voraussichtlichen Zuteilungszeitpunkt (= Ablösezeitpunkt) zu ermitteln. Die Methode der Restlaufzeitenermittlung ist im Anh. anzugeben.

§ 35 Abs. 1 Nr. 8a RechKredV fordert zu den Bilanzposten „Forderungen an KI" (Aktivposten Nr. 3) und „Forderungen an Kunden" (Aktivposten Nr. 4) die Angabe der **rückständigen Zins- und Tilgungsbeträge für Baudarlehen** in einem Betrag sowie die Angabe der **noch nicht ausgezahlten bereitgestellten Baudarlehen**, aufgegliedert nach aa) aus Zuteilung, bb) zur Vor- und Zwischenfinanzierung und cc) sonstige.

§ 35 Abs. 1 Nr. 8b RechKredV: Zu den Bilanzposten „Verbindlichkeiten ggü. KI" (Passivposten Nr. 1) und „Verbindlichkeiten ggü. Kunden" (Passivposten Nr. 2) Angabe der **Bewegung des Bestands an nicht zugeteilten und zugeteilten Bausparverträgen** und vertraglichen **Bausparsummen**. Eine nach Tarifen differenzierte Darstellung ist in der RechKredV nicht ausdrücklich gefordert. Es ist vertretbar, dass insb. kleinere Tarifbestände zusammengefasst dargestellt werden.

§ 35 Abs. 1 Nr. 8c RechKredV: Zu den Bilanzposten „Verbindlichkeiten ggü. KI" (Passivposten Nr. 1), „Verbindlichkeiten ggü. Kunden" (Passivposten Nr. 2) und „Verbriefte Verbindlichkeiten" (Passivposten Nr. 3) Angabe der **aufgenommenen Fremdgelder** nach § 4 Abs. 1 Nr. 5 BSpkG und deren **Verwendung**.

§ 35 Abs. 1 Nr. 8d RechKredV: Zu den Bilanzposten „Forderungen an KI" (Aktivposten Nr. 3), „Forderungen an Kunden" (Aktivposten Nr. 4), „Verbindlichkeiten ggü. KI" (Passivposten Nr. 1) und „Verbindlichkeiten ggü. Kunden" (Passivposten Nr. 2) Angabe der **Bewegung der Zuteilungsmasse.**

1089 Die Angaben zu § 35 Abs. 1 Nr. 8b und 8d RechKredV können anstatt in den Anh. auch in einen **statistischen Anh. zum LB** aufgenommen werden, wenn der LB und der statistische Anh. im GB der Bausparkasse enthalten sind (§ 35 Abs. 1 Nr. 8 S. 2 RechKredV).[702]

1090 Nach der Stellungnahme *BFA 1/1995*[703] sind folgende Angaben zum Bilanzposten Nr. 7a „Fonds zur bauspartechnischen Absicherung" zweckmäßig:
 – Hinweis auf die nach dem BSpkG bestehende Verpflichtung zur Bildung des Fonds zur bauspartechnischen Absicherung,
 – Inanspruchnahme der Überleitungsbestimmungen nach § 19 Abs. 4 BSpkG.[704]

1091 Als **Organe der unselbständigen Bausparkassen** gelten die Organe des KI. Hinsichtlich der hierzu erforderlichen Angaben kann auf den Anh. des „MU" (z.B. Landesbank) verwiesen werden. Bestehen **direkte Beziehungen** der unselbständigen Bausparkasse zum KI, sind Angaben im Anh. der unselbständigen Bausparkasse erforderlich.

g) Lagebericht

1092 Für den Inhalt des LB von Bausparkassen gelten grds. die Ausführungen unter Tz. 403 zum LB von KI. Nachfolgend werden ausschließlich Besonderheiten von Bausparkassen dargestellt.

1093 Die Bewegung der Zuteilungsmasse und die Bewegung des Vertragsbestands können gem. § 35 Abs. 1 Nr. 8 S. 2 RechKredV anstatt im Anh. auch in einem **statistischen Anh. zum LB** dargestellt werden. Von dieser Möglichkeit wird in der Praxis im Regelfall Gebrauch gemacht. Die Bestandsbewegung muss dabei getrennt nach Tarifen und für alle Tarife zusammengefasst dargestellt werden.

1094 Um den Anforderungen des **§ 289 Abs. 1 HGB** zu genügen, muss der LB von Bausparkassen **mindestens folgende Angaben**[705] enthalten:
 a) Im Falle von **bedeutenden Entwicklungen** sind die zur Darstellung dieser Entwicklung erforderlichen besonderen Angaben aufzunehmen;
 b) **Neugeschäft** im Vergleich zum Vj.;
 c) **Vertragsbestand** am Jahresende im Vergleich zum Vj.;
 d) **Geldeingang** bzw. **Zuführungen** zur Zuteilungsmasse im Vergleich zum Vj.;
 e) **Auszahlungen** bzw. **Entnahmen** aus der Zuteilungsmasse im Vergleich zum Vj.;
 f) Stand der Zuteilungsmasse.

Bei den Angaben b) bis f) ist zu beachten:
 – Sofern eine Bausparkasse mehr als eine Zuteilungsmasse führt, sind die Angaben getrennt für jede Zuteilungsmasse gesondert auszuweisen.

---
702 Vgl. auch Schreiben des BAK v. 10.01.1989 (*Consbruch/Fischer*, Abschn. P 3.1).
703 WPg 1995, S. 374 = FN-IDW 1995, S. 185.
704 Vgl. *BFA 1/1995*, WPg 1995, S. 374 = FN-IDW 1995, S. 185.
705 Vgl. hierzu Schreiben des BAK v. 10.01.1989 und 30.05.1989 (*Consbruch/Fischer*, Abschn. P 3.1).

Bausparkassen **J**

- Sowohl die Angaben über das Neugeschäft als auch die Angaben über den Vertragsbestand am Jahresende – einschließlich Vergleich zum Vj. – sind nach der Anzahl und den Bausparsummen der neu abgeschlossenen bzw. im Bestand befindlichen Bausparverträge zu differenzieren.
- Bei der Darstellung der Zuführungen und der Entnahmen zu bzw. aus der Zuteilungsmasse sind erfolgende Einschleusungen bzw. Entnahmen von Fremdgeld ggf. gesondert auszuweisen.
- Der Stand der Zuteilungsmasse – noch nicht ausgezahlte Beträge am Jahresende – ist aus dem Vortrag aus dem Vj. und den Zuführungen bzw. Entnahmen zu entwickeln.[706]

Im **Risikobericht** haben Bausparkassen insb. auch die Maßnahmen und Instrumente zur Steuerung und Überwachung der **Risiken** aus dem **Kollektivgeschäft** darzustellen. **1095**

2. Prüfung

a) Vorschriften und Allgemeines

Als KI haben Bausparkassen unabhängig von ihrer Größe und Rechtsform ihren JA und LB durch einen APr. prüfen zu lassen (**Pflichtprüfung**; vgl. § 340k Abs. 1 HGB). Für die Prüfung gelten die unter Tz. 594 ff. genannten Vorschriften, Verlautbarungen und Standards. Ergänzende **Prüfungs-** und **Berichtspflichten** bei Bausparkassen ergeben sich aus § 13 BSpkG. **1096**

Hinsichtlich der Wahl, Beauftragung und Anzeige der APr. sowie des Zeitpunkts der Prüfung und Feststellung des JA und des Gegenstands der Prüfung gelten die Ausführungen unter Tz. 599 ff. **1097**

b) Besondere Pflichten des Prüfers

Der APr. hat gem. § 13 BSpkG bei der Prüfung des JA einer Bausparkasse festzustellen, ob **1098**

- die **Bausparsummen** den Allgemeinen Bedingungen für Bausparverträge entsprechend zugeteilt worden sind,
- die Bausparkasse die in § 5 Abs. 2 Nr. 2 BSpkG bezeichnete Bestimmung der **Allgemeinen Geschäftsgrundsätze** und die in § 5 Abs. 3 Nr. 5 BSpkG bezeichnete Bestimmung der Allgemeinen Bedingungen für Bausparverträge eingehalten hat und
- die Vorschriften einer nach § **10 erlassenen RVO** (BSpkV) beachtet worden sind.

Über die Ergebnisse ist im PrB zu berichten.

c) Prüfungsbericht
aa) Einleitung

Die Vorschriften in Bezug auf den **Inhalt** des Berichts über die Prüfung des JA und LB sowie die Pflichten zur **Vorlage** des PrB bei den gesetzlichen Vertretern bzw. beim AR und zur **Einreichung** bei der BaFin und der DBB sind in Tz. 637 ff. dargestellt worden. Die dortigen Ausführungen gelten für Bausparkassen entsprechend. **1099**

Die folgenden Ausführungen beschränken sich auf **bausparkassenspezifische** Anforderungen an den PrB.[707] **1100**

---

706 Vgl. hierzu Schreiben des BAK v. 10.01.1989 und 30.05.1989 (*Consbruch/Fischer*, Abschn. P 3.1).
707 Die besonderen Anforderungen für Bausparkassen sind im Abschn. 7 (Sondergeschäfte), Unterabschnitt 2 (Bausparkassen), in den Paragrafen 44 bis 50 PrüfV geregelt.

bb) Allgemeiner Teil
Rechtliche, wirtschaftliche und organisatorische Grundlagen

1101 In der Berichterstattung zu den rechtlichen, wirtschaftlichen und organisatorischen Grundlagen sind gem. § 44 Abs. 1 S. 1 PrüfbV die **Besonderheiten des Bauspargeschäfts** hervorzuheben. Gemäß § 44 Abs. 2 S. 1 PrüfbV ist ferner zur Einhaltung der Bestimmungen der Allgemeinen Geschäftsgrundsätze Stellung zu nehmen. Soweit wesentliche Verstöße gegen bausparspezifische gesetzliche oder aufsichtsrechtliche Vorschriften oder gegen die Allgemeinen Geschäftsgrundsätze festgestellt werden, ist hierüber gem. § 44 Abs. 2 S. 2 zu berichten.

Geschäftliche Entwicklung

1102 Bei Bausparkassen ist hier ergänzend darzustellen (vgl. § 46 PrüfbV):

- **geeignete Kennzahlen** zur Vermögens- und Ertragslage sowie zum Kollektivgeschäft[708],
- Veränderung und **Struktur des Bauspar- und Kreditneugeschäfts** (z.B. Fünf-Jahres-Vergleich),
- Einteilung des eingelösten Neugeschäfts und des nicht zugeteilten Bausparsummenbestands in aussagefähige **Größenklassen**,
- Angaben zu neu abgeschlossenen **Bausparvorratsverträgen**,
- **Stornoquote** (Verhältnis der stornierten Verträge zum abgeschlossenen Neugeschäft des Berichtsjahres),
- Anzahl und Bausparsumme der nicht oder nicht voll eingelösten Bausparverträge im Bestand.

Risikomanagement

1103 Auch bei der Berichterstattung über die **Angemessenheit des Risikomanagements** und der **Geschäftsorganisation** ist gem. § 44 Abs. 1 PrüfbV auf die Besonderheiten des Bauspargeschäfts einzugehen. Insbesondere betrifft dies die Einbindung von Risikokonzentrationen und deren Behandlung in die Risikostrategie und das Risikomanagement. Ferner hat der Prüfer über die Steuerung und Kontrolle des Vertriebs sowie über Risiken aus Verträgen im Zusammenhang mit dem Vertrieb zu berichten (§ 44 Abs. 1 S. 2 PrüfbV).

1104 Nimmt die Bausparkasse **derivative Sicherungsgeschäfte** vor, so hat der Prüfer zu beurteilen, ob diese Geschäfte tatsächlich ausschließlich der Begrenzung von Risiken aus zulässigen Geschäften dienen. Ferner ist zu beurteilen, ob sie geeignet sind, den Sicherungszweck zu erreichen (§ 48 Abs. 1 PrüfbV).

Die angemessene Einbindung der derivativen Geschäfte in das Risikomanagement ist gem. § 48 Abs. 2 PrüfbV zu beurteilen.

Kreditgeschäft

1105 Im Zusammenhang mit der Darstellung und Beurteilung der Organisation des Kreditgeschäfts nach § 29 PrüfbV ist auf die **Regeln für die Beleihungswertermittlung** einzugehen (vgl. § 45 Abs. 1 PrüfbV). Der APr. hat festzustellen, ob die einschlägigen Bestimmungen der **Allgemeinen Geschäftsgrundsätze** eingehalten wurden.

---

708 Vgl. zu möglichen Kennzahlen *Knüdeler*, Immobilien & Finanzierung 2009, S. 780 (782).

Im Einzelnen hat der APr. festzustellen (§ 45 Abs. 1 PrüfbV), ob **1106**

- die in **§ 5 Abs. 3 Nr. 5 BSpkG** bezeichneten Bestimmungen der Allgemeinen Bedingungen für Bausparkassen über die Sicherung der Forderungen aus Bauspardarlehen und
- die Regelungen in **§ 7 BSpkG** zur Sicherung der Darlehensforderungen eingehalten wurden.

Schließlich sind für die durch geltende Geschäftsbeschränkungen vorgegebenen **Kontin- 1107 gente** der **Ausnutzungsgrad** und die **betragsmäßige Inanspruchnahme** anzugeben (vgl. § 44 Abs. 2 Satz 3 PrüfbV). Dies betrifft im Einzelnen:

- Kontingent für sonstige Gelddarlehen (§ 4 Abs. 2 BSpkG),
- Kontingent für Darlehen gegen Verpflichtungserklärung oder ohne Sicherung (§ 6 Abs. 2 BSpkV),
- Kontingent für nicht grundpfandrechtlich gesicherte Darlehen (§ 6a BSpkV),
- Kontingent für gewerbliche Finanzierungen (§ 3 BSpkV),
- Kontingent für Schuldscheindarlehen (§ 4 Abs. 3 Nr. 6 BSpkG),
- Beteiligungskontingent (§ 4 Abs. 1 Nr. 6 BSpkG),
- Kontingente für Darlehen an Beteiligungsunternehmen (§ 4 BSpkV),
- Kontingente für Vor- und Zwischenfinanzierungskredite aus Zuteilungsmitteln (§ 1 BSpkV), soweit keine Ausnahmegenehmigung nach § 1 Abs. 4 BSpkV erteilt wurde,
- Kontingente für Groß- und Schnellbausparverträge (§ 2 BSpkV).

Die **Baudarlehen** sind jeweils in Größenklassen (bis 50.000 €, über 250.000 €) zu **glie- 1108 dern**, wobei mehrere Baudarlehen an einen Kreditnehmer zusammenzufassen sind (vgl. § 45 Abs. 2 PrüfbV):

- Bauspardarlehen,
- Vor- und Zwischenfinanzierungskredite,
- sonstige Baudarlehen.

Ertragslage

Das **Zinsergebnis** der Bausparkasse ist anhand eines **Margenvergleichs** zum Vj. zu **1109** analysieren. Hierbei sind folgende Margen einzubeziehen (§ 49 PrüfbV):

- **kollektive Marge** und kollektives Zinsergebnis als Gegenüberstellung der Zinserträge aus Bauspardarlehen und der für die Refinanzierung entstehenden Zinsaufwendungen;
- Marge und Zinsergebnis aus der **Zwischenanlage der freien Kollektivmittel**;
- Marge und Zinsergebnis aus dem über Fremdmittel (ohne Bauspareinlagen) **refinanzierten** Teil des **außerkollektiven Geschäfts**. Diese Angaben können entfallen, wenn sie keinen nennenswerten Umfang einnehmen;
- **verbleibendes Zinsergebnis** aus Eigenmitteln und unverzinslichen Passiva. Dieses ergibt sich als Residualgröße.

Finanz- und Liquiditätslage

Zur Beurteilung der Liquiditätslage sind gem. § 47 PrüfbV das Volumen und die Ver- **1110** wendung der aufgenommenen Fremdmittel am Geld- und Kapitalmarkt darzustellen.

Einhaltung sonstiger Pflichten im Anzeigewesen

Die Berichterstattung hat sich bei Bausparkassen auch auf die **Vollständigkeit**, **Richtigkeit** und **Rechtzeitigkeit** der Anzeigen

- zum Kreditkontingent aus Zuteilungsmitteln nach § 1 BSpkV,
- zu den Sonderangaben für Bausparkassen sowie
- zu den Meldungen über die Berechnung der für die Zuteilung verfügbaren Mittel

zu erstrecken (vgl. § 44 Abs. 3 PrüfbV).

Einhaltung sonstiger Pflichten im Kollektivgeschäft, bei Vor- und Zwischenfinanzierung

1111 Das **Zuteilungsverfahren** und die **Zuteilungssituation** sind anhand geeigneter Kennzahlen darzustellen (§ 50 Abs. 1 Satz 1 PrüfbV). Hierbei bietet sich eine Mehr-Jahres-Darstellung (z.B. für fünf Jahre) an, um längerfristige Entwicklungen erkennbar zu machen. Veränderungen ggü. den vorangegangenen GJ sind darzustellen. Die Angaben erfordern umfangreiche tabellarische Darstellungen, die dem PrB i.d.R. als Anlagen beigeheftet werden.

1112 Der Umfang und der Grund für die **Einschleusung außerkollektiver Mittel** in die Zuteilungsmittel ist darzulegen. Sofern **Tilgungsstreckungsdarlehen** gewährt wurden, sind insoweit gesonderte Angaben zur Einschleusung außerkollektiver Mittel zu machen (§ 50 Abs. 1 S. 2 und 3 PrüfbV). Für jeden Tarif sind die **Sparer-/Kassen-Leistungsverhältnisse** nach § 8 Abs. 1 Nr. 1 BSpkG anzugeben (§ 50 Abs. 4 PrüfbV).

1113 Der APr. hat darüber hinaus festzustellen,
- ob die Bausparsummen entsprechend den Allgemeinen Bedingungen für Bausparverträge **zugeteilt** und ob die in § 5 Abs. 2 Nr. 2 und 2a BSpkG bezeichneten Bestimmungen der Allgemeinen Geschäftsgrundsätze eingehalten wurden (§ 13 BSpkG),
- ob die **tatsächliche Dauer der Kreditinanspruchnahme** bei Darlehen nach § 1 Abs. 1 und 2 BSpkV, bei abgelösten sowie bei laufenden Darlehen die als voraussichtlich angenommenen Laufzeiten wesentlich überschritten hat (§ 1 Abs. 3 BSpkV).

1114 Das System der **Kollektivsimulation** ist gem. § 50 Abs. 2 PrüfbV darzustellen. Auf Basis der Ergebnisse der Kollektivsimulation ist die zukünftige Zuteilungssituation anhand eines realistischen und eines pessimistischen Szenarios (wobei Liquidität und Ertragslage gleichermaßen in Betracht zu ziehen sind) darzustellen und zu beurteilen. Diese Darstellung kann eventuell an die kollektive LB-Erstattung der Bausparkassen angelehnt werden, wenn die darin enthaltenen Szenarien aussagekräftig sind. Insbesondere ist in diesem Zusammenhang auf mögliche Risiken aus dem **Zusammentreffen niedrigverzinslicher Darlehensansprüche** und **hochverzinslicher Renditeverträge** einzugehen (§ 50 Abs. 3 PrüfbV) und auf besondere Risiken aus dem Zusammenspiel verschiedener Tarife bzw. Tarifvarianten hinzuweisen.

Zusätzlich ist die Qualität der Simulationen anhand von **Soll-Ist-Vergleichen** zu beurteilen, wobei zusätzliche Qualitätssicherungsmaßnahmen zur Beurteilung von Modellfehlern einbezogen werden sollten.

1115 Falls die Bausparkasse über eine **Ausnahmegenehmigung nach § 1 Abs. 4 BSpkV** verfügt, ist im Rahmen der JA-Prüfung zu beurteilen, ob das zugrunde liegende Simulationsmodell weiterhin als geeignet angesehen werden kann (§ 50 Abs. 5 PrüfbV).

1116 Gemäß § 50 Abs. 6 PrüfbV sind folgende Sachverhalte darzustellen:
- Umfang von Vor- und Zwischenfinanzierungen durch Dritte, für die unbedingte Ablösezusagen gegeben wurden,

- Berechnung des Zuführungsbetrags zum Fonds zur bauspartechnischen Absicherung, die hierfür relevanten Zinssätze und ggf. erfolgter Einsatz des Fonds zur bauspartechnischen Absicherung sowie
- Berechnung der kollektiven Sparer-Kassen-Leistungsverhältnisse der letzten fünf Jahre.

cc) Datenübersicht

Anlage 2 zur PrüfbV enthält eine **ergänzende Datenübersicht** für Bausparkassen. Diese ist, neben der Datenübersicht für KI (Anlage 1 zur PrüfbV), dem PrB beizufügen. **1117**

VIII. Schrifttumsverzeichnis

1. Verzeichnis der Monographien, Kommentare und Beiträge in Sammelwerken

Adler/Düring/Schmaltz (ADS), Rechnungslegung und Prüfung der Unternehmen, 6. Aufl., Stuttgart 1996–2001; *Bertsch/Hölzle/Laux*, Handwörterbuch der Bauspartechnik, Karlsruhe 1998; *Biba*, PrüfbV, in: Handbuch PrüfbV, Heidelberg 2010, Rn. 685; *Bähre/Schneider*, KWG, 3. Aufl., München 1986; *Baur*, Investmentgesetze, 2. Aufl., Berlin, New York 1997; *Beckmann/Scholtz/Vollmer*, Investment, Loseblattsammlung Berlin 2010; *Beck'sches Handbuch der Rechnungslegung – HGB und IFRS*, Loseblattsammlung, München Stand: 2011; *Beck'sches IFRS-Handbuch*, 3. Aufl., München 2009; *Bieg*, Bankbilanzierung nach HGB und IFRS, 2. Aufl., München 2010; *Birck/Meyer*, Die Bankbilanz, 1. bis 5. Teillieferung, Wiesbaden 1976 bis 1986; *Boos/Fischer/Schulte-Mattler*, KWG, 3. Aufl., München 2008; *Budde/Förschle/Winkeljohann*, Sonderbilanzen, 4. Aufl., München 2008; *Deloitte* (Hrsg.), iGAAP 2010 – Financial instruments: IAS 32, IAS 39, IFRS 7 and IFRS 9 explained, 6. Aufl., London 2010; *Deutsche Bundesbank*, Das Bilanzrechtsmodernisierungsgesetz aus Sicht der Bankenaufsicht, Monatsbericht September 2010, S. 49; *Deutsche Bundesbank*, Statistik der Banken und sonstigen Finanzinstitute, Richtlinien und Kundensystematik, Statistische Sonderveröffentlichung 1, Frankfurt am Main 2010; *Deutsche Bundesbank*, Monatliche Bilanzstatistik – Richtlinien zu den einzelnen Positionen des Hauptvordrucks; Frankfurt am Main 2010; *Deutscher Sparkassen- und Giroverband* (Hrsg.), Handwörterbuch Ordnungsmäßigkeit und Prüfung des Wertpapierdienstleistungs- und Depotgeschäfts, Stuttgart 2008 (Loseblattsammlung); *Ernst & Young* (Hrsg.), International GAAP 2010, o.O. 2010; *Frank/Glatzl/Beutel*, Aufsichtsrechtliche Meldepflichten, Frankfurt am Main 2008; *Gelhausen/Fey/Kämpfer*, Rechnungslegung und Prüfung nach dem Bilanzrechtsmodernisierungsgesetz, Düsseldorf 2009; *Hammer*, Spezialfonds im Steuerrecht aus Investorensicht, Frankfurt am Main 2007; *Heuser/Theile*, IFRS Handbuch, 4. Aufl., Köln 2009; *Hopt/Merkt*, Bilanzrecht, Beck'sche Kurz-Kommentare Bd. 9c, München 2010; Handwörterbuch des Rechnungswesens HWR, 3. Aufl., Stuttgart 1993; Handwörterbuch der Rechnungslegung und Prüfung HWRP, 3. Aufl., Stuttgart 2002; *Kempf*, Rechnungslegung von Investmentvermögen, Frankfurt am Main 2010; *Kempf/Günther*, Risikomanagement bei Kapitalanlagegesellschaften – Ein ganzheitlicher Risikoansatz / hrsg. v. PwC Deutsche Revision AG WPG und PricewaterhouseCoopers Unternehmensberatung GmbH, Frankfurt am Main 2001; *Kuhn/Scharpf*, Rechnungslegung von Financial Instruments nach IFRS: IAS 32, IAS 39 und IFRS 7, 3. Aufl., Stuttgart 2006; *Krumnow*, Rechnungslegung der Kreditinstitute, 2. Aufl., Stuttgart 2004; *Lüdenbach/Hoffmann*, IFRS Kommentar, 9. Aufl., Freiburg u.a.O. 2011; *Löw*, Rechnungslegung für Banken, 2. Aufl., Wiesbaden 2005; *Münchener Kommentar* zum Handelsgesetzbuch, 2. Aufl., München ab 2005; *PricewaterhouseCoopers* (Hrsg.), Novellierung des Investmentrechts 2007, Ein Praxishandbuch, Frankfurt am Main 2007; *PricewaterhouseCoopers*, IFRS für Banken, 4. Aufl., Frankfurt am Main 2008; *PricewaterhouseCoopers* (Hrsg.), Manual of accounting – Financial instruments, o.O 2010; *Rangol*, Die externe Prüfung des Wertpapiergeschäfts nach MiFID, in: von Böhlen/Kahn (Hrsg.), MiFID-Kompendium – Praktischer Leitfaden für Finanzdienstleister, o.O. 2008, S. 331; *Reischauer/Kleinhans*, KWG, Loseblattsammlung, Bonn Stand 2011; *Scharpf*, Finanzinstrumente, in: Küting/Pfitzer/Weber (Hrsg.), Das neue deutsche Bilanzrecht, 2. Aufl., Stuttgart 2009; *Schaber/Rehm/Märkl/ Spiess*, Handbuch strukturierte Finanzinstrumente, 2. Aufl., Düsseldorf 2009; *Scharpf/ Schaber*, Handbuch Bankbilanz, 4. Aufl., Düsseldorf 2011; *Schwennicke/Auerbach*, Kreditwesengesetz, München 2009; *Spieth/Krumb*, Die Depotprüfung, Stuttgart 1975; *Struwe/Thelen-Pischke*, in: Handbuch PrüfbV, Heidelberg 2010.

2. Verzeichnis der Beiträge in Zeitschriften

Bachmann, Rechtsfragen der Wertpapierleihe, ZHR 2009, S. 596; *BdB*, Ausschuss für Bilanzierung des BdB, Bilanzpublizität von Finanzderivaten, WPg 1995, S. 1; *Blankenheim/Kleinschmidt*, Die neue Investment-Prüfberichtsverordnung – ein wichtiger Schritt zur Modernisierung des Fondsstandortes Deutschland, BaFin-Journal 12/2008, S. 8; *Bundesverband deutscher Banken BdB*, Bilanzpublizität von Finanzderivaten, WPg 1995, S. 1; *Burger/Ulbrich*, Kapitalmarktorientierung in Deutschland – Aktualisierung der Studie aus dem Jahr 2003 vor dem Hintergrund der Änderung der Rechnungslegung, KoR 2005, S. 39; *Butzlaff/Gehrer/Meyer*, Zwischenberichterstattung von Kreditinstituten nach IFRS, IRZ 2009, S. 257; *Cortez/Schön*, Messung der Hegde Effektivität nach IAS 39, IRZ 2010, S. 171; *Eckes/Flick/Sierleja*, Kategorisierung und Bewertung von Finanzinstrumenten nach IFRS 9 bei Kreditinstituten, WPg 2010, S. 627; *Eckes/Weigel*, Zusätzliche Möglichkeiten der Umkategorisierung von finanziellen Vermögenswerten, IRZ 2009, S. 373; *Eckes/Weigel*, Die Fair Value-Option, KoR 2006, S. 1; *Gaber/Siwik*, Modellierung eines Portfolio Hedge Accounting für Zinsrisiken, Corporate Finance 2010, S. 223; *Gelhausen/Deubert/Klöcker*, Zweckgesellschaften nach BilMoG – Mehrheit der Risiken und Chancen als Zurechnungskriterium, DB 2010, S. 2005; *Goldschmidt/Meyding-Metzger/Weigel*, Änderungen in der Rechnungslegung von Kreditinstituten nach dem Bilanzrechtsmodernisierungsgesetz, IRZ 2010, S. 21 und S. 63; *Goldschmidt/Weigel*, Die Bewertung von Finanzinstrumenten bei Kreditinstituten in illiquiden Märkten nach IAS 39 und HGB, WPg 2009, S. 192; *Häuselmann/Wiesenbart*, Die Bilanzierung und Besteuerung von Wertpapier-Leihgeschäften, DB 1990, S. 2129; *Hartmann/Dost/Wessarges*, Herausforderungen bei der Einführung eines effektiven Zuwendungsmanagements nach § 31d WpHG, CCZ 2010, S. 88; *Jessen/Haaker/Briesemeister*, Der handelsrechtliche Rückstellungstest für das allgemeine Zinsänderungsrisiko im Rahmen der verlustfreien Bewertung des Bankbuchs, KoR 2011, S. 313–321 und 359–365; *Kempf*, Rechnungslegung von Investmentvermögen – Die neue Rechnungslegungs- und Bewertungsverordnung (InvRBV), CFB Ausgabe 03/2010, S. 157; *Kümpel*, Die Grundstruktur der Wertpapierleihe und ihre rechtlichen Aspekte, WM 1990, S. 909; *Kümpel/Pollmann*, Portfolio Fair Value Hedge Accounting von Zinsänderungsrisiken nach IAS 39, IRZ 2010, S. 231; *Knüdeler*, Abschlussprüfung von Bausparkassen – neue Anforderungen (Teil 1), Immobilien & Finanzierung 2009, S. 780; *Löw/Scharpf/Weigel*, Auswirkungen des Regierungsentwurfs zur Modernisierung des Bilanzrechts auf die Bilanzierung von Finanzinstrumenten, WPg 2008, S. 1011; *Märkl/Schaber*, IFRS 9 Financial Instruments – Neue Vorschriften zur Kategorisierung und Bewertung von finanziellen Vermögenswerten, KoR 2010, S. 65; *Mathews*, Die Behandlung von Treuhandverhältnissen im Bilanzrichtlinengesetz und in der Bankbilanzrichtlinie, BB 1987, S. 642; *Mathews*, Das Treuhandvermögen und der Gesetzentwurf zur Durchführung der EG-Richtlinie, BB

1989, S. 435; *Miletzki*, Die neuen Depotprüfungsbestimmungen und die Bekanntmachung zum Depotgeschäft, WM 1977, S. 1451; *Nguyen*, Hedge Accounting – Bilanzierung von Sicherungsgeschäften nach IAS 39, IRZ 2007, S. 299; *Prahl/Naumann*, Überlegungen für eine sachgerechte Bilanzierung der Wertpapierleihe, WM 1992, S. 1173; *Prahl/Naumann*, Bankkonzernrechnungslegung nach neuem Recht – Grundsätzliche Konzepte, wichtige Vorschriften zum Übergang und andere ausgewählte Fragen, WPg 1993, S. 235; *Rabenhorst*, Neue Anforderungen an die Berichterstattung des Abschlussprüfers durch das TransPuG, DStR 2003, S. 436; *Scharpf u.a.,* Bilanzierung von Finanzinstrumenten des Handelsbestands bei Kreditinstituten – Erläuterung von IDW RS BFA 2, WPg 2010, S. 439, und WPg 2010, S. 501; *Scharpf/Weigel/Löw,* Die Bilanzierung von Finanzgarantien und Kreditzusagen nach IFRS, WPg 2006, S. 1492; *Sellhorn/Hahn,* Bilanzierung strukturierter Finanzprodukte vor dem Hintergrund aktueller Entwicklungen, IRZ 2010, S. 397; *v. Treuberg/Scharpf,* Pensionsgeschäfte und deren Behandlung im Jahresabschluß von Kapitalgesellschaften nach § 340b HGB, DB 1991, S. 1233; *Wätke/Kopka*, Einzelfragen zu Zuwendungen im Rahmen der Prüfung nach § 36 WpHG, WPg 2010, S. 520; *Waschbusch*, Die Rechnungslegung der Kreditinstitute bei Pensionsgeschäften – Zur Rechtslage nach § 340b HGB, BB 1993, S. 172; *Weigel u.a.,* Ausweis- und Angabepflichten sowie Bewertungsfragen für Zinsswaps in IFRS-Konzernabschlüssen von Kreditinstituten, WPg 2007, S. 1049; *Weigel/Barz,* Finanzgarantien als Beispiel für Probleme im Zusammenhang mit der Bilanzierung nach IFRS, BankPraktiker 2006, S. 606; *Wendlandt/Knorr*, Das Bilanzrechtsreformgesetz – Zeitliche Anwendung der wesentlichen bilanzrechtlichen Änderungen des HGB und die Folgen für die IFRS-Anwendung in Deutschland, KoR 2005, S. 53.

Kapitel K

Erläuterungen zu den für Versicherungsunternehmen geltenden ergänzenden Vorschriften zur Rechnungslegung und Prüfung[1]

I. Einleitung

Versicherungsunternehmen[2] sind Unternehmen, die Versicherungsgeschäfte betreiben und nicht Träger der Sozialversicherung sind (§ 1 Abs. 1 VAG). Versicherungsgeschäfte werden in wirtschaftlicher Sicht als die „Deckung eines im Einzelnen ungewissen, insgesamt geschätzten Mittelbedarfs auf der Grundlage des Risikoausgleichs im Kollektiv und in der Zeit"[3] definiert. 1

Für die Rechnungslegung und Prüfung der VU haben sich neben den grds. geltenden allgemeinen Vorschriften ergänzende **branchenspezifische Normen** herausgebildet[4]. Dafür gibt es im Wesentlichen zwei Gründe. Der besondere Charakter des Versicherungsgeschäfts erfordert Bilanz- und GuV-Posten besonderer Art, die den JA anderer Unternehmen fremd sind. So führen bspw. Rückversicherungsvorgänge zu besonderen Offenlegungspflichten. Gleichzeitig ist die Struktur der Aktivseite der Bilanz durch eine Dominanz der Kapitalanlagen über die sachlichen Produktionsmittel gekennzeichnet, während auf der Passivseite das versicherungstechnische FK gegenüber den üblichen Formen der Fremdfinanzierung eine herausragende Bedeutung hat[5]. 2

Auch aus dem Umstand, dass die Publizität der VU **Instrument der Versicherungsaufsicht** ist, ergeben sich Einflüsse auf die Rechnungslegung und Prüfung der VU. Vor allem wegen der aus der Vorauszahlung der Prämien resultierenden Gläubigerstellung der VN wird von den VU nicht nur traditionell ein höheres Maß an Publizität erwartet[6], sondern auch dem Vorsichtsprinzip bei der Bewertung der Aktiva und Passiva besondere Beachtung geschenkt[7], da gerade bei der Ermittlung der versicherungstechnischen Rückstellungen ein hoher Schätzbedarf besteht.

Die Rechnungslegungsvorschriften von VU erfuhren im Rahmen der EU durch die „Richtlinie des Rates v. 19.12.1991 über den Jahresabschluss und den konsolidierten Abschluss von Versicherungsunternehmen"[8] eine erste umfassende **Harmonisierung**[9]. Die Transformation in nationales Recht erfolgte durch das Versicherungsbilanzrichtlinie- 3

---

1 Die Vorschriften für die Rechnungslegung und Prüfung der VU können hier nur in ihren Grundzügen dargestellt werden. Es wird daher grds. zu den gesamten Ausführungen auf das Schrifttumsverzeichnis am Ende dieses Kap. verwiesen.
2 Darstellungen des Versicherungswesens bzw. der VU in wirtschaftlicher und rechtlicher Sicht finden sich insb. bei *Farny* (HdV); *Farny*[5]; *Prölss*, VAG[12]; *IDW*, Versicherungsunternehmen[4].
3 *Farny*[5], S. 22.
4 Zur Zulässigkeit branchenspezifischer Rechnungslegungsvorschriften für VU vgl. *Ballwieser*, S. 43.
5 Vgl. *Farny*[4], S. 106.
6 Vgl. *IDW*, Versicherungsunternehmen[5], A Tz. 7.
7 Vgl. *Perlet* in: FS Moxter, S. 833/845.
8 Richtlinie 91/674/EWG über den JA und den konsolidierten Abschluss von VU (EG-Versicherungsbilanzrichtlinie – VersBiRiLi) v. 19.12.1991, Abl.EG 1991, Nr. L 374, S. 7–31.
9 Zu der VersBiRiLi vgl. insb. *KPMG*; *Geib/Ellenbürger/Kölschbach*, WPg 1992, S. 177; *Geib/Ellenbürger/Kölschbach*, WPg 1992, S. 209; *Laaß*, WPg 1991, S. 582; *Donath*, EuZW 1992, S. 719; *Welzel*, in: FS Karten, S. 501; *Altenburger*, S. 19; *Meyer*, S. 119; *KPMG/Comittée Européen des Assurances*; *Wiedmann*, Bilanzrecht[2], § 341 HGB, Rn. 2.

Gesetz[10] v. 24.06.1994 und die RechVersV[11]. Die gesetzlichen Vorschriften zur externen Rechnungslegung von VU sind fast ausschließlich im HGB und in der RechVersV kodifiziert. Durch das VersRiLiG wurde ein Zweiter Unterabschnitt zum Vierten Abschn. des Dritten Buches des HGB (§§ 341 bis 341p HGB) eingefügt. Am 08.11.1994 wurde vom BMJ im Einverständnis mit dem BMF und mit Zustimmung des Bundesrates auf der Grundlage der VO-Ermächtigung des geltenden § 330 HGB die RechVersV erlassen, welche Einzelheiten zum JA und zum LB sowie zum KA und KLB von VU regelt.

4 Im Zuge des **Bilanzrechtsmodernisierungsgesetzes** v. 28.05.2009 wurde das HGB grundlegend reformiert mit der Zielsetzung, eine Annäherung an internationale Bilanzierungsstandards zu erzielen, die dennoch eine Beibehaltung des bisherigen Systems der GoB sowie der Funktion des JA als Grundlage für die Ausschüttungsbemessung und steuerliche Gewinnermittlung zulässt[12]. Für die **versicherungsspezifischen HGB-Vorschriften** ergeben sich hieraus jedoch **keine wesentlichen Änderungen**; bspw. wurden die versicherungstechnischen Rückstellungen von den durch das Bilanzrechtsmodernisierungsgesetz geänderten Bewertungsanforderungen ausgenommen. Dies liegt zum einen an der bereits im Zuge des VersRiLiG erfolgten Harmonisierung, zum anderen – und vor allem – aber an der umfassenden Reform der europäischen Versicherungsaufsicht durch das als Solvency II bezeichnete EU-Projekt und der in diesem Zusammenhang angestrebten Harmonisierung der Bewertungsregeln. Aufgrund des Verweises auf die Vorschriften zur Erstellung des JA von großen KapGes. in § 341a Abs. 1 S. 1 HGB sind die Versicherer gleichwohl von den mit dem Bilanzrechtsmodernisierungsgesetz eingeführten Änderungen in den allgemeinen handelsrechtlichen Vorschriften betroffen.[13]

5 Die grundsätzliche Verpflichtung der VU, ihren JA und LB prüfen zu lassen, ergibt sich aus § 341k Abs. 1 HGB. Weiter sieht § 57 VAG besondere Pflichten des Prüfers von VU vor. Mit der „Verordnung über den Inhalt der PrB zu den JA von Versicherungsunternehmen (Prüfungsberichteverordnung – PrüfV)"[14] hat die Aufsichtsbehörde im Jahr 1998 unbeschadet der gesetzlichen Regelungen nach HGB und VAG ergänzende branchenspezifische Berichtspflichten für die APr. von VU niedergelegt.

II. Einteilung der Versicherungsunternehmen

1. Grundlagen

6 Die Rechtsgrundlagen für Rechnungslegung und Prüfung der VU unterscheiden sich z.T. in Abhängigkeit von **Rechtsform und Größe** der Unternehmen. Auch für die Frage der Aufsichtspflicht sind neben der Art der betriebenen Versicherungsgeschäfte Rechtsform und Größe der VU von Bedeutung.

7 Grundsätzlich können nach § 7 Abs. 1 VAG Erstversicherungsgeschäfte durch AG, VVaG sowie Körperschaften und Anstalten des öR betrieben werden. Zudem sind Niederlassungen ausländischer VU auf dem deutschen Versicherungsmarkt tätig. Unternehmen

---

10 Gesetz zur Durchführung der Richtlinie des Rates der Europäischen Gemeinschaften über den JA und den konsolidierten Abschluss von VU (Versicherungsbilanzrichtlinie-Gesetz – VersRiLiG) v. 24.06.1994, BGBl. I 1994, S. 1377; vgl. dazu auch *Ellenbürger/Horbach/Kölschbach*, WPg 1996, S. 41 und S. 113.
11 VO über die Rechnungslegung der VU (RechVersV) v. 08.11.1994, BGBl. I 1994, S. 3378; zuletzt geändert durch Art. 1 der VO v. 18.12.2009, BGBl. I 2009, S. 3934.
12 Vgl. Begr. RegE, BT-Drs. 16/10067, S. 1.
13 Vgl. *Geib/Ellenbürger*, VW 2008, S. 1173.
14 VO über den Inhalt der PrB zu den JA von VU (Prüfungsberichteverordnung – PrüfV) v. 03.06.1998, BGBl. I 1998, S. 1209; zuletzt geändert durch Art. 8 Abs. 16 des Gesetzes v. 04.12.2004, BGBl. I 2004, S. 3166.

Einteilung der Versicherungsunternehmen K

mit Sitz in einem anderen Mitgliedstaat der EU oder einem anderen Vertragsstaat des Abkommens über den EWR können außerdem gem. § 110a Abs. 1 VAG ohne Gründung einer Niederlassung im Dienstleistungsverkehr durch Mittelspersonen das Direktversicherungsgeschäft im Inland betreiben[15]. Auch für RVU gilt seit der Einführung des § 1a VAG durch das Vierte Finanzmarktförderungsgesetz v. 21.06.2002 die Beschränkung bei der Rechtsformwahl gem. § 7 Abs. 1 VAG.

Träger der **Versicherungsaufsicht** sind neben der BaFin mit Sitz in Bonn und Frankfurt am Main – einer bundesunmittelbaren, rechtsfähigen Anstalt des öffentlichen Rechts, die der Fach- und Rechtsaufsicht des Bundesministeriums der Finanzen untersteht – die Aufsichtsbehörden der Länder[16]. Aufsichtspflichtig i.S.d. VAG sind alle „Unternehmen, die den Betrieb von Versicherungsgeschäften zum Gegenstand haben und nicht Träger der Sozialversicherung sind (Versicherungsunternehmen)" (§ 1 Abs. 1 Nr. 1 VAG)[17], Pensionsfonds i.S.d. § 112 Abs. 1 VAG (§ 1 Abs. 1 Nr. 2 VAG) sowie Versicherungszweckgesellschaften i.S.d. § 121g VAG[18]. Auf Antrag können „kleinste" VVaG i.S.d. § 157a VAG von der laufenden Aufsicht befreit werden[19]. 8

Eine Aufzählung der Einrichtungen, die nicht der Versicherungsaufsicht unterliegen, enthält § 1 Abs. 3 VAG[20].

Bestimmte handelsrechtliche Vorschriften werden durch Regelungen des VAG sowie Anordnungen der Aufsichtsbehörde ergänzt. 9

Auf die folgenden Sachverhalte sei besonders hingewiesen:

– §§ 55 bis 56a VAG enthalten ergänzende Bestimmungen über die Rechnungslegung der VU.
– Die nach § 341k Abs. 1 S. 1 HGB grds. anzuwendenden handelsrechtlichen Vorschriften über die Prüfung des JA (§§ 316 bis 323 HGB) werden durch §§ 57 bis 64 VAG sowie durch § 341k Abs. 2, 3 und 4 HGB ergänzt bzw. abgewandelt.
– Die Satzung des VU ist als Teil des Geschäftsplans gem. § 5 Abs. 3 Nr. 1 VAG der Aufsichtsbehörde einzureichen.
– Der Satzungsinhalt eines VU unterliegt gem. § 9 VAG bestimmten aufsichtsrechtlichen Mindestanforderungen.
– Im Zusammenhang mit der Erteilung der Erlaubnis zum Geschäftsbetrieb ist gem. § 8 Abs. 1 Nr. 1 VAG i.V.m. § 7a Abs. 1 VAG die Erfüllung bestimmter Voraussetzungen hinsichtlich der fachlichen Eignung der Geschäftsleiter von (Rück-)VU erforderlich.
– Die BaFin hat gem. § 83 VAG gewisse, über die handelsrechtlichen Vorschriften hinausgehende Auskunfts- und Prüfungsrechte sowie ein Teilnahmerecht an Sitzungen des AR bzw. der obersten Vertretung von (Rück-)VU.
– §§ 12a und 12c VAG enthalten Bestimmungen über die Alterungsrückstellung in der Krankenversicherung.

---

15 Voraussetzung hierfür ist, dass die 3. EG-RL Anwendung findet; vgl. *Präve*, ZfV 1995, S. 258.
16 Zur Zusammenlegung der Bundesaufsichtsämter für das Kreditwesen, das Versicherungswesen und den Wertpapierhandel vgl. § 1 des Gesetzes über die BaFin (Finanzdienstleistungsaufsichtsgesetz – FinDAG). Aufsichtszuständigkeiten von BaFin und Landesaufsichtsbehörden bzw. die Übertragungsmöglichkeiten von Zuständigkeiten waren bis September 2005 im Gesetz über die Errichtung eines BAV (Bundesaufsichtsgesetz – BAG) (insbes. §§ 2–5 BAG) geregelt.
17 Zum Begriff des Versicherungsgeschäfts in juristischer Hinsicht s. *Präve* in: Prölss, VAG[12], § 1, Rn. 28.
18 Vgl. auch *Wiedmann*, Bilanzrecht[2], § 341 HGB, Rn. 16.
19 Vgl. *Kollhosser* in: Prölss, VAG[12], § 157a, Rn. 1.
20 Vgl. hierzu *Farny*[5], S. 131, der auch auf Grenzfälle im Bereich der Aufsichtspflicht eingeht.

- Gemäß § 65 VAG besteht eine RVO-Ermächtigung für das BMF bzw. – soweit auf dies übertragen – die BaFin bzgl. der Berechnung der Deckungsrückstellung in der Lebensversicherung.
- §§ 81c und 81d VAG enthalten Bestimmungen über die RfB bei der Lebens- und Krankenversicherung. So ist in § 81c Abs. 3 VAG explizit geregelt, dass die Finanzaufsicht die Möglichkeit hat, durch RVO Vorschriften über die Zuführung zur RfB – insb. über die Mindestzuführung in Abhängigkeit von den Kapitalerträgen, dem Risikoergebnis und den übrigen Ergebnissen – zu erlassen[21].
- Gemäß § 64a VAG sind VU zur Errichtung einer ordnungsgemäßen Geschäftsorganisation verpflichtet, die auch Anforderungen an ein angemessenes Risikomanagement beinhaltet[22]. Die diesbezügliche Verwaltungsauffassung hat die BaFin in den **MaRisk VA**[23] **dargelegt.**[24]

2. Versicherungs-Aktiengesellschaft[25]

10 Gewisse aktienrechtliche Vorschriften werden für Versicherungs-AG durch Regelungen des VAG, des HGB sowie durch Vorschriften der RechVersV ersetzt oder ergänzt.

Auf die folgenden Sachverhalte sei besonders hingewiesen[26]:

- Die in § 158 Abs. 1 S. 1 AktG enthaltene Regelung der Gewinnverwendungsrechnung ist in die Formblätter 2 und 3 RechVersV aufgenommen worden und findet somit bei VU aller Rechtsformen Anwendung.
- § 88 VAG ersetzt als Konkursvorschrift § 92 Abs. 2 AktG.
- Soweit die VN einer Versicherungs-AG eine nicht auf einem Rechtsanspruch beruhende Überschussbeteiligung erhalten, steht den Aktionären gem. § 56a Abs. 1 VAG eine Mindestdividende von 4% des Grundkapitals zu.
- Gemäß § 341a Abs. 5 Hs. 2 HGB hat bei RVU die HV oder die Versammlung der obersten Vertretung, die den JA entgegennimmt oder festzustellen hat, abweichend von § 175 Abs. 1 S. 2 AktG spätestens 14 Monate nach Ende des vergangenen GJ stattzufinden.

3. Versicherungsverein auf Gegenseitigkeit[27]

11 Der VVaG ist eine privatrechtliche Unternehmensform eigener Art für VU. § 15 VAG definiert den VVaG als einen Verein, der die Versicherung seiner Mitglieder nach dem Grundsatz der Gegenseitigkeit betreibt und dadurch rechtsfähig wird, dass ihm die Aufsichtsbehörde erlaubt, als VVaG Geschäfte zu betreiben. Der VVaG weist sowohl Merkmale einer Genossenschaft als auch eines Personalvereins, d.h. einer Vereinigung von

---

21 Vgl. VO über die Mindestbeitragsrückerstattung in der Lebensversicherung (MindestzuführungsVO – MindZV) v. 04.04.2008, BGBl. I 2008, S. 690, bzw. VO über die Mindestbeitragsrückerstattung bei Pensionsfonds (PF-MindestzuführungsV) v. 17.12.2008, BGBl. I., S. 2862. Die MindZV löste die ZRQuotenV, BGBl. I 1996, S. 1190, ab.
22 Vgl. Begr. RegE zur 9. VAG-Novelle, BT-Drs. 16/6518.
23 BaFin-Rundschreiben 3/2009, Aufsichtsrechtliche Mindestanforderungen an das Risikomanagement (MaRisk VA) *(www.bafin.de)*.
24 Vgl. weiterführend *Ellenbürger u.a.*, S. 1.
25 Vgl. *Farny*[5], S. 188; *Hübner*, in: HdV S. 965; *Schmidt* in: Große (Hrsg.), Bd. 3, S. 491; Beck Vers-Komm., § 341 HGB, Rn. 64.
26 Vgl. hierzu insb. *Farny*[5], S. 188.
27 Vgl. *Brenzel*; *Farny*[5], S. 205, m.w.H.; *Großfeld*; *Lorenz* in: HdV, S. 1147, m.w.N.; *Schmidt* in: Große (Hrsg.), Bd. 3, S. 521.

Personen zu wirtschaftlichen Zwecken, auf. Das Recht des VVaG ist daher durch Verweisungen auf das Recht anderer Unternehmensformen gekennzeichnet[28]. Es handelt sich um einen sog. **„großen VVaG"**, sofern der Wirkungskreis nicht bestimmungsgemäß sachlich, örtlich oder dem Personenkreis nach eng begrenzt ist. Ansonsten handelt es sich – eine entsprechende Entscheidung der BaFin vorausgesetzt[29] – um einen **„kleineren Verein"** i.S.d. § 53 Abs. 1 S. 1 VAG.

Die rechtlichen Grundlagen des „großen VVaG" sind insb.[30]:   12

- §§ 15 bis 52 VAG; die Bestimmungen enthalten neben privatrechtlichen Regelungen zum Unternehmensrecht auch das speziell auf den VVaG bezogene Versicherungsaufsichtsrecht, also eine ö.-r. Komponente.
- Regelungen des AktG, auf die in §§ 15 bis 52 VAG verwiesen wird.
- Vorschriften des GenG, insb. zum Konkurs (§§ 106 bis 118 GenG).
- Vorschriften des Vereinsrechts im BGB.
- Regelungen des HGB, die für den „großen VVaG" gem. § 16 VAG gelten.

Nach § 21 Abs. 2 VAG kann der „große VVaG" neben dem Mitgliedergeschäft in begrenztem Umfang auch Nichtmitglieder „gegen feste Entgelte" versichern, soweit in der Satzung die Erlaubnis zum Nichtmitgliedergeschäft erteilt wurde. Es handelt sich dann nicht mehr um einen „reinen", sondern um einen sog. „gemischten VVaG".   13

Der nur das Mitgliedergeschäft betreibende **„reine VVaG"** ist weder Kaufmann noch gilt er als Kaufmann, wird aber in mancher Hinsicht wie ein Kaufmann behandelt[31]. Gemäß § 16 VAG gelten auch für ihn gewisse handelsrechtliche Regelungen, hinsichtlich der Rechnungslegung insb. die Vorschriften des Zweiten Unterabschnitts des Vierten Abschn. i.V.m. mit dem Ersten und Zweiten Abschn. im Dritten Buch des HGB.

Der **„gemischte VVaG"**, dem es lt. Satzung erlaubt ist, außer Mitgliedern auch Nichtmitglieder zu festem Beitrag zu versichern, ist ohne Rücksicht auf den Umfang der Nichtmitgliederversicherung Kaufmann i.S.d. § 1 HGB[32].

4. Kleinere Versicherungsvereine auf Gegenseitigkeit im Sinne des § 53 VAG

Die Entscheidung, ob ein VVaG ein kleinerer Verein ist, trifft gem. § 53 Abs. 4 VAG die Aufsichtsbehörde. Die Voraussetzungen hierfür sind gem. § 53 Abs. 1 S. 1 VAG gegeben, wenn sich die Tätigkeit des Vereins auf einen Vz. oder eine genau bestimmte Versicherungsart beschränkt oder wenn ein örtlich oder dem Personenkreise nach eng begrenzter Wirkungskreis vorliegt. Die **Sondervorschriften** für die KlVVaG enthalten außerdem §§ 53 und 53b VAG. § 53 VAG beschreibt insb. den Rahmen, in dem die Bestimmungen der §§ 15 bis 52 VAG, des BGB und des GenG auf die KlVVaG anzuwenden sind[33].   14

---

28 Vgl. *Schmidt* in: Große (Hrsg.), Bd. 3, S. 521.
29 Vgl. § 53 Abs. 4 des Gesetzes über die Beaufsichtigung von VU (Versicherungsaufsichtsgesetz – VAG) v. 12.05.1901 i.d.F. der Bekanntmachung v. 17.12.1992, zuletzt geändert durch Art. 3 des Gesetzes v. 01.03.2011, BGBl. I 2011, S. 288.
30 Vgl. *Farny*[5], S. 205; *Lorenz* in: HdV, S. 1148.
31 Vgl. *Weigel* in: Prölss,VAG[12], § 16, Rn. 2; *Fahr/Kaulbach/Bähr*, VAG[4], § 16, Rn. 2.
32 Vgl. *Weigel* in: Prölss,VAG[12], § 16, Rn. 1; *Fahr/Kaulbach/Bähr*, VAG[4], § 16, Rn. 1.
33 Siehe hierzu insb. *Lipowsky* in: Prölss, VAG[12], § 53, Rn. 12.

15 Für die **Aufsicht** der KlVVaG ist zunächst die BaFin zuständig. Allerdings kann nach § 147 VAG bei VU von „geringer wirtschaftlicher Bedeutung" die Zuständigkeit auch auf eine Landesaufsichtsbehörde übertragen werden.

Neben den Bestimmungen für KlVVaG finden sich in §§ 156a bis 157a VAG Regelungen für sog. „kleinste VVaG", die weitere Erleichterungen enthalten[34]. So kann die Aufsichtsbehörde gem. § 157 Abs. 1 VAG VVaG, die nicht eingetragen zu werden brauchen, von der laufenden Aufsicht freistellen. Dies gilt unter der Voraussetzung, dass die Art des betriebenen Geschäfts und die sonstigen Umstände eine Beaufsichtigung zur Wahrung der Belange der Versicherten nicht notwendig erscheinen lassen. Voraussetzungen können insb. bei Sterbekassen und bei Vereinen mit örtlich begrenztem Wirkungskreis, geringer Mitgliederzahl und geringem Beitragsaufkommen vorliegen. Kleineren VVaG i.S.d. § 53 VAG ist das **Nichtmitgliedergeschäft** untersagt (§ 53 Abs. 1 S. 2 VAG). Sie sind weder Kaufmann noch gelten sie als Kaufmann. Die Geltung handelsrechtlicher **Rechnungslegungsvorschriften** ergibt sich aus § 53 Abs. 1 S. 1 VAG i.V.m. § 16 S. 2 VAG.

5. Öffentlich-rechtliche Versicherungsunternehmen[35]

16 Öffentlich-rechtliche VU werden in Form von **ö.-r. Körperschaften bzw. Anstalten** betrieben[36]. Die Unternehmensverfassung der ö.-r. Wettbewerbs-VU ergibt sich aus der Satzung. An die Stelle von Vorstand und AR treten bei ö.-r. VU das entsprechende Geschäftsführungs- und Überwachungsorgan (§ 3 VAG).

Öffentlich-rechtliche VU unterliegen kraft ihrer Rechtsform neben der **Versicherungsaufsicht** auch der **allgemeinen Dienstaufsicht** (auch Rechtsaufsicht, Körperschaftsaufsicht und Staatsaufsicht genannt).

Die Geltung der handelsrechtlichen Vorschriften des Zweiten Unterabschnitts des Vierten Abschn. i.V.m. den Vorschriften des Ersten und Zweiten Abschn. des Dritten Buches des HGB über die Rechnungslegung ergibt sich für ö.-r. VU aus § 55 Abs. 1 VAG.

6. Versicherungsunternehmen mit Sitz im Ausland[37]

17 Unternehmen mit Sitz **außerhalb** der Mitgliedstaaten der EU oder eines anderen Vertragsstaates des Abkommens über den EWR bedürfen gem. § 105 Abs. 1 VAG für die Aufnahme des Direktversicherungsgeschäfts im Inland der Erlaubnis durch die Aufsichtsbehörde, für die gem. § 106 Abs. 2 VAG u.a. die Errichtung einer Niederlassung im Geltungsbereich des VAG Voraussetzung ist. Unternehmen mit Sitz in einem Mitgliedstaat der EU oder einem anderen Vertragsstaat des Abkommens über den EWR dürfen gem. § 110a VAG das Direktversicherungsgeschäft im Inland durch eine Niederlassung oder im Dienstleistungsverkehr durch Mittelspersonen betreiben, ohne dass eine Erlaubnis der BaFin hierzu erforderlich ist. Eine Erlaubnis zur Errichtung einer Niederlassung benötigen jedoch VU mit Sitz in einem Vertragsstaat des Abkommens über den EWR, der nicht der EU angehört, sofern sie nicht den EG-RL auf dem Gebiet des Ver-

---

34 Zu den Größenkriterien s. *Kollhosser* in: Prölss, VAG[12], § 157a, Rn. 1.
35 Vgl. *Eichhorn*, VW 1980, S. 408; *Farny*[5], S. 226, m.w.N.; *Michaels/Rieger/Vogelsang*, in: HdV, S. 1135, m.w.H.; *Schmidt* in: Große (Hrsg.), Bd.3, S. 529.
36 Zur Unterscheidung s. insb. *Schmidt* in: Große (Hrsg.), Bd. 3, S. 529.
37 Siehe hierzu *Präve*, ZfV 1995, S. 258.

sicherungswesens unterliegen[38], z.B. P/StK sowie VVaG mit geringem Prämienaufkommen[39].

Von den Rechnungslegungsvorschriften der §§ 341 bis 341p HGB und der RechVersV 18 erfasst werden gem. § 341 Abs. 2 S. 1 HGB zunächst nur **die inländischen Niederlassungen** von **VU**, die nach den oben genannten Kriterien zum Betrieb des Direktversicherungsgeschäfts in der Bundesrepublik Deutschland **der Erlaubnis der deutschen Aufsichtsbehörde bedürfen.**

Der durch das Jahressteuergesetz 2010 in den § 341 Abs. 2 HGB eingefügte S. 2 stellt aber klar, dass auch die Niederlassungen von VU mit Sitz in einem Mitgliedstaat der EU oder einem anderen Vertragsstaat des Abkommens über den EWR die Ansatz- und Bewertungsvorschriften der §§ 341 bis 341h HGB sowie die diese ergänzenden Vorschriften der RechVersV zu beachten haben[40].

Ohnehin ist eine Relevanz der jeweils o.g. handelsrechtlichen Vorschriften nur dann gegeben, wenn für steuerliche Zwecke ein JA aufzustellen ist.

III. Rechnungslegung
1. Überblick über das Regelungssystem

Die zurzeit geltenden Rechnungslegungsvorschriften für VU beruhen auf der am 19 19.12.1991 vom EG-Ministerrat verabschiedeten **VersBiRiLi**. Diese wurde durch die Verabschiedung des **VersRiLiG** am 24.06.1994 in nationales Recht transformiert[41].

Den gesetzlichen Rahmen für die Rechnungslegung der VU bilden insb. das **HGB** – mit 20 den Vorschriften der **§§ 238 bis 335 HGB** und den für VU eingefügten **§§ 341 bis 341p HGB** – sowie einige Vorschriften des **VAG** und des **AktG**. Die in das HGB eingefügten §§ 341 bis 341p enthalten die meisten der vormals in den aufsichtsrechtlichen Vorschriften geregelten Bestimmungen zur externen Rechnungslegung von VU. Das Publizitätsgesetz findet für VU keine Anwendung.

Mit §§ **341 ff. HGB** als lex specialis zu den allgemeinen Rechnungslegungsvorschriften 21 wird den besonderen Publizitätserfordernissen der Versicherungswirtschaft Rechnung getragen, indem für den EA bzw. den KA festgelegt wird, welche Regelungen des AktG vollständig, eingeschränkt oder wahlweise für VU gelten. Gleichzeitig finden sich Regelungen, inwieweit durch den Erlass von RVO allgemeine durch versicherungsspezifische Rechnungslegungsvorschriften ersetzt werden.

Die Rechtsauffassung der Aufsichtsbehörde kam bis 1994 in den **VUBR**[42] zum Ausdruck. 22 Der rechtliche Charakter der VUBR entsprach einer allgemeinen Verwaltungsvorschrift der Aufsichtsbehörde[43]. Mit der Verabschiedung der RechVersV kommt den VUBR keine unmittelbare Geltung mehr zu, sie können jedoch weiter als eine Kommentierung bei

---

38 Vgl. § 110d Abs. 1 VAG.
39 Vgl. Begr. RegE, BT-Drs. 12/6959, S. 93.
40 Vgl. § 341 Abs. 2 S. 2 HGB sowie Begr. RegE, BT-Drs. 17/2249, S. 94.
41 Auf die für KA kapitalmarktorientierter VU anzuwendenden internationalen Rechnungslegungsstandards wird an anderer Stelle eingegangen; vgl. Kap. N dieses Handbuchs.
42 Bilanzierungsrichtlinien für VU (VUBR) v. 30.12.1987, VerBAV 1987, Sonderheft 12, geändert durch die Erste Änderung v. 28.02.1991 der Bilanzierungsrichtlinien für VU (VUBR), VerBAV 1991, S. 174.
43 Vgl. *IDW*, Versicherungsunternehmen[4], A Tz. 10.

Einzelfragen der Bilanzierung insoweit dienen, als sich aus der VO oder dem Gesetz keine von der Vergangenheit abweichenden Regelungen ergeben.

23 Versicherungsunternehmen sind gem. § 341i HGB unabhängig von ihrer Rechtsform und Größe zur **Konzernrechnungslegung** verpflichtet. Grundsätzlich gelten die handelsrechtlichen Vorschriften der §§ 290 bis 315a HGB; den Besonderheiten der Versicherungswirtschaft wird durch §§ 341i und 341j HGB Rechnung getragen[44].

24 Die Zuständigkeiten für den Erlass von Vorschriften zur externen Rechnungslegung der VU sind in § 330 HGB geregelt. § 330 Abs. 1 HGB enthält die allgemeine VO-Ermächtigung des BMJ, im Einvernehmen mit dem BMF und dem BMWi (der Zustimmung des Bundesrates bedarf es nicht) Formblätter und andere Vorschriften über die externe Rechnungslegung von KapGes. zu erlassen. RVO für VU sind gem. § 330 Abs. 3 HGB im Einvernehmen mit dem BMF zu erlassen und bedürfen außerdem der Zustimmung des Bundesrates[45]. Die Notwendigkeit der Zustimmung des Bundesrates ergibt sich aus der Tatsache, dass die VO Bestimmungen über Ansatz und Bewertung von versicherungstechnischen Rückstellungen enthält und diese auch für die steuerliche Einkommensermittlung der VU verbindlich sind. Damit sind Besteuerungsinteressen der Länder unmittelbar betroffen[46].

Die Ermächtigung des § 330 Abs. 1 HGB gilt zunächst unmittelbar nur für VersicherungsKapGes.. In § 330 Abs. 3 HGB wird die Geltung jedoch auf alle VU ungeachtet ihrer Rechtsform sowie auf Niederlassungen von VU aus den Staaten, die zum Betrieb des Direktversicherungsgeschäfts in der Bundesrepublik Deutschland der Erlaubnis der deutschen Aufsichtsbehörde bedürfen, ausgedehnt.

Aufgrund der VO-Ermächtigung in § 330 HGB ist die RechVersV v. 08.11.1994, zuletzt geändert durch Art. 1 der VO v. 18.12.2009,[47] erlassen worden, die Einzelheiten zum JA und LB sowie zum KA und KLB von VU regelt.

25 Der Vollständigkeit halber sei darauf hingewiesen, dass die Ermächtigung, Vorschriften bzgl. der **internen Rechnungslegung**, d.h. der Berichterstattung der VU ggü. der Aufsichtsbehörde, zu erlassen, nach § 55a Abs. 1 VAG beim BMF liegt. Das BMF hat von der in § 55a Abs. 1 S. 2 VAG eingeräumten Möglichkeit Gebrauch gemacht und die Ermächtigung zum Erlass der entsprechenden VO auf die BaFin übertragen[48]. Die „Verordnung über die Berichterstattung von Versicherungsunternehmen gegenüber dem Bundesaufsichtsamt für das Versicherungswesen (BerVersV)" wurde 1995 erlassen[49].

Vorschriften über die interne Rechnungslegung der unter Landesaufsicht stehenden VU werden gem. § 55a Abs. 3 VAG durch die jeweilige Landesregierung erlassen.

---

44 Zur Konzernrechnungslegung von VU nach IFRS vgl. Tz. 815.
45 Gemäß § 330 Abs. 3 S. 3 HGB bedarf es jedoch für den Erlass von RVO für VU nicht des Einvernehmens des BMWi.
46 Vgl. hierzu Bericht des Rechtsausschusses, BT-Drs. 12/7646, S. 3.
47 Vgl. BGBl. I 2009, S. 3934.
48 Die VO zur Übertragung der Zuständigkeit zum Erlass von RVO nach § 55a Abs. 1 des VAG auf das BAV trat am 10.07.1986, BGBl. I 1986, S. 1094, in Kraft und wurde durch Art. 2 der „Vierten VO zur Änderung der VO zur Übertragung von Befugnissen zum Erlass von RVO auf die BaFin" vom 14.05.2007, BGBl. I 2007, S. 993, mit Wirkung zum 07.06.2007 aufgehoben.
49 Verordnung über die Berichterstattung von VU gegenüber dem BAV (BerVersV) v. 14.06.1995, BGBl. I 1995, S. 858; Neufassung v. 29.03.2006, zuletzt geändert durch Art. 1 der VO v. 27.04.2010 BGBl. I 2010, S. 490.

2. Einzelabschluss

a) Gesetzliche Grundlagen

aa) Versicherungs-Aktiengesellschaften, Versicherungsvereine auf Gegenseitigkeit und öffentlich-rechtliche Versicherungsunternehmen

(1) Handelsgesetzbuch

Grundsätzlich gelten sämtliche handelsrechtlichen Vorschriften zur Rechnungslegung des HGB für **alle VU**, gleichgültig, ob sie Kaufmann sind oder nicht. Dies ergibt sich für: 26

- größere VVaG aus § 16 S. 2 VAG,
- KlVVaG i.S.d. § 53 VAG aus § 53 Abs. 1 S. 1 VAG i.V.m. § 16 S. 2 VAG,
- ö.-r. VU aus § 55 Abs. 1 VAG,
- Niederlassungen von VU aus den Staaten, deren VU zum Betrieb des Direktversicherungsgeschäfts in der Bundesrepublik Deutschland der Erlaubnis der deutschen Aufsichtsbehörde bedürfen[50], aus § 106 Abs. 2 S. 4 VAG i.V.m. § 55 Abs. 1 VAG bzw. § 110d Abs. 2 S. 1 VAG i.V.m. § 55 Abs. 1 VAG.

In den genannten Vorschriften enthaltene Verweisungen beziehen sich auf den **Ersten Abschn. (§§ 238 bis 263 HGB)** sowie auf den **Zweiten Abschn. (§§ 264 bis 335b HGB) im Dritten Buch des HGB**. Die Vorschriften gelten dabei für VU in der Rechtsform der AG unmittelbar und für VU anderer Rechtsformen mittelbar gem. den oben angeführten Verweisungen; sie sind unter Berücksichtigung der Besonderheiten der jeweiligen Rechtsform anzuwenden. Die branchenspezifischen Vorschriften zur Rechnungslegung des EA von VU finden sich in §§ 341 bis 341h HGB sowie in §§ 1 bis 57 und 61, 62 RechVersV. 27

Im folgenden Überblick sind die Paragraphen des Ersten Abschn. sowie des Ersten Unterabschnitts des Zweiten Abschn. des Dritten Buches des HGB aufgeführt, für die in §§ 341 ff. HGB sowie in der RechVersV Sonderregelungen bestehen. Für die nicht aufgeführten Regelungen der §§ 238 bis 289a HGB existieren keine versicherungsspezifischen Sondervorschriften. 28

Fundstelle	Stichwort	Anmerkung
§ 240 Abs. 3 HGB	Festbewertbildung	Keine Festwertbildung bei Grundbesitz; vgl. § 341b Abs. 3 HGB.
§ 243 Abs. 3 HGB	Aufstellungsfrist	Abweichende Fristenregelung; vgl. § 341a Abs. 1 sowie Abs. 5 HGB.
§ 246 Abs. 2 S. 1 HGB	Saldierungsverbot	Ausnahme: § 246 Abs. 2 S. 2 und 3 HGB sowie § 341a Abs. 2 S. 3 HGB.
§ 247 HGB	Inhalt der Bilanz	Verweis auf RechVersV in § 341a Abs. 2 S. 2 HGB.
§ 249 HGB	Rückstellungen	Zusätzlich §§ 341e bis 341h HGB sowie §§ 23 bis 32 RechVersV.
§ 251 HGB	Haftungsverhältnisse	Anstelle von § 268 Abs. 7 HGB Angabe der in § 251 HGB bezeichneten Haftungsverhältnisse im Anhang; vgl. § 51 Abs. 3 S. 1 RechVersV.

---

50 Vgl. § 330 Abs. 3 S. 2 HGB.

Fundstelle	Stichwort	Anmerkung
§ 253 Abs. 1 S. 1 HGB	AK-Prinzip für Vermögensgegenstände	Zur Bewertung von Kapitalanlagen vgl. §§ 341b Abs. 2 und 341c Abs. 1 HGB, zu Abweichungen vom Anschaffungskostenprinzip vgl. §§ 341c und d HGB.
§ 253 Abs. 3 HGB	Bewertung des AV	Vgl. § 341b Abs. 1 und Abs. 2 S. 1, Hs. 2 HGB.
§ 253 Abs. 4 HGB	Bewertung des Umlaufvermögens	Vgl. § 341b Abs. 2 HGB.
§ 253 Abs. 1 S. 2, 3 und 4 HGB	Erfüllungsbetrag für Rückstellungen	Bewertung von Rückstellungen: § 341e Abs. 1 S. 3 HGB.
§ 253 Abs. 2 HGB	Abzinsung von Rückstellungen	Gilt nicht für VU gem. § 341e Abs. 1 S. 3 HGB.
§ 264 Abs. 1 S. 4	Aufstellungsfristen für KapGes.	Gilt nicht für VU gem. § 341a Abs. 1 sowie Abs. 5 HGB.
§ 264 Abs. 3 HGB	Befreiung von der Aufstellung, Prüfung und Offenlegung in bestimmten Fällen	§ 341a Abs. 2 S. 4 HGB beschränkt Erleichterungen auf die Offenlegung.
§ 265 Abs. 5 HGB	Weitergehende Gliederung von Bilanz und GuV	Vgl. §§ 4 und 5 RechVersV.
§ 265 Abs. 6 HGB	Änderung der Bezeichnung von Bilanz- und GuV-Posten	Gilt nicht für VU gem. § 341a Abs. 2 S. 1 HGB.
§ 265 Abs. 7 HGB	Zusammenfassung von Bilanz- und GuV-Posten	§ 3 RechVersV i.V.m. § 341a Abs. 2 S. 2 HGB.
§ 265 Abs. 8 HGB	Verzicht auf Ausweis von Leerposten in Bilanz und GuV	Vgl. auch § 5 Abs. 3 RechVersV.
§ 266 HGB	Gliederung der Bilanz	Gilt nicht für VU gem. § 341a Abs. 2 S. 2 HGB; vgl. Formblatt 1 RechVersV.
§ 267 HGB	Umschreibung der Größenklassen	Gilt nicht für VU gem. § 341a Abs. 2 S. 1 HGB; vgl. auch § 341a Abs. 1 S. 1 HGB.
§ 268 Abs. 1 HGB	Aufstellung der Bilanz bei vollständiger/teilweiser Verwendung des Jahresergebnisses	Vgl. Formblatt 1 Fußnote 5 und 6a RechVersV.
§ 268 Abs. 2 HGB	Anlagenspiegel nach dem Bruttoprinzip	Nettoprinzip gem. Muster 1 RechVersV i.V.m. § 341a Abs. 2 S. 2 HGB.
§ 268 Abs. 4 S. 1 HGB	Gesonderter Ausweis von Forderungen mit einer Restlaufzeit von über einem Jahr	Gilt nicht für VU gem. § 341a Abs. 2 S. 1 HGB.
§ 268 Abs. 5 S. 1 HGB	Angabe der Verbindlichkeiten mit einer Restlaufzeit bis zu einem Jahr	Gilt nicht für VU gem. § 341a Abs. 2 S. 1 HGB.
§ 268 Abs. 5 S. 2 HGB	Gesonderter Ausweis von erhaltenen Anzahlungen auf Bestellungen	Gilt nicht für VU gem. § 341a Abs. 2 S. 1 HGB.
§ 268 Abs. 7 HGB	Gesonderte Angabe der Haftungsverhältnisse nach § 251 HGB	§ 51 Abs. 3 RechVersV i.V.m. § 341a Abs. 2 S. 2 HGB.

Fundstelle	Stichwort	Anmerkung
§ 272 Abs. 1 HGB	Gezeichnetes Kapital, nicht eingeforderte ausstehende Einlagen, „eingefordertes Kapital"	Regelung gilt für VU.
§ 272 Abs. 3 HGB	Gewinnrücklagen	Vgl. Fußnote 4 zu Formblatt 1 RechVersV.
§ 274a HGB	Größenabhängige Erleichterungen	Gilt nicht für VU gem. § 341a Abs. 1 S. 1 HGB; vgl. §§ 61 und 62 RechVersV.
§ 275 HGB	Gliederung der GuV	Gilt nicht für VU gem. § 341a Abs. 2 S. 2 HGB; vgl. Formblätter 2 bis 4 RechVersV.
§ 276 HGB	Größenabhängige Erleichterungen	Gilt nicht für VU gem. § 341a Abs. 2 S. 1 HGB; vgl. jedoch §§ 61 und 62 RechVersV.
§ 277 Abs. 1 HGB	Umsatzerlöse	Gilt nicht für VU gem. § 341a Abs. 2 S. 1 HGB.
§ 277 Abs. 2 HGB	Bestandsveränderungen	Gilt nicht für VU gem. § 341a Abs. 2 S. 1 HGB.
§ 277 Abs. 3 S. 2 HGB	Erträge/Aufwendungen aus Verlustübernahme bzw. GAV	Gesonderter Ausweis in den Formblättern 2 bis 4.
§§ 284 bis 289 bzw. § 289a HGB	Anhang[51] und LB	Zum Anhang vgl. §§ 51 bis 56 RechVersV und DRS 2-20, DRS 3-20. Zum LB vgl. § 57 RechVersV und DRS 5-20

Das **Verbot der Aktivierung von Abschlusskosten** für Versicherungsverträge ist in § 248 Abs. 1 Nr. 3 HGB im Abschn. der für alle Kaufleute geltenden Vorschriften kodifiziert[52]. **29**

Abschlusskosten lassen sich als die betrieblichen Aufwendungen definieren, die unmittelbar und mittelbar durch den Abschluss von Versicherungsverträgen verursacht werden. Zu den unmittelbaren Aufwendungen werden v.a. die Abschlussprovisionen sowie die entsprechenden Bezüge des angestellten Außendienstes, die Aufwendungen für eine mögliche ärztliche Untersuchung sowie für die Anlage der Versicherungsakte gezählt. Mittelbare Aufwendungen sind u.a. solche für Werbedrucksachen, Zeitungsanzeigen und sonstige Medienwerbung, die Schulung der Außendienstmitarbeiter und die Verwaltung der Außendienstorganisation[53].

Ziel des Verbots der Aktivierung von Abschlusskosten in § 248 Abs. 1 Nr. 3 HGB, das auch steuerrechtlich Geltung hat[54], ist es, die Aktivierung von handelsrechtlichen nonvaleurs in Höhe der Abschlusskosten zu verhindern[55].

---

51 Zu versicherungsspezifischen Anhangangaben vgl. v.a. die Ausführungen in Tz. 564 und Tz. 575 sowie Beck Vers-Komm., §§ 51–56 RechVersV, S. 531–566; zu allgemeinen Anhangangaben vgl. insb. Kap F Tz. 552–846; *ADS*[6], §§ 284–288 HGB, S. 1–180; BeBiKo[7], §§ 284–288 HGB, S. 1230–1392; vgl. weiterhin *KPMG*, S. 178–215, und insb. die Synopse auf S. 358–361 sowie die Checkliste für die Anhangangaben auf S. 366–382; *Wiedmann*, Bilanzrecht[2], §§ 284–288 HGB, S. 413–543.
52 Der Gesetzgeber hat damit das in Art. 18 Abs. 1 VersBiRiLi eingeräumte Wahlrecht in Anspruch genommen.
53 Vgl. *Welzel* in: KoRVU-Kommentar, Bd. I, D, Rn. 36; Beck Vers-Komm., § 43 Abs. 2 RechVersV, Rn. 27.
54 Erlass FM NRW v. 03.01.1966, VerBAV, S. 86; Erlass FM NRW v. 16.05.1966, VerBAV 1967, S. 97. Diese Verlautbarungen beziehen sich auf die Vorschrift des § 56 Abs. 2 VAG a.F., die jedoch wörtlich in § 248 Abs. 3 HGB a.F. und inhaltlich in § 248 Abs. 1 Nr. 3 HGB n.F. übernommen wurde.
55 Zur Aktivierung von sog. Zillmerforderungen vgl. Tz. 257.

30 Die **versicherungsspezifischen Vorschriften** des HGB sind wie folgt gegliedert:

1. Titel: Anwendungsbereich
   § 341 HGB
2. Titel: JA, LB
   § 341a HGB   Anzuwendende Vorschriften
3. Titel: Bewertungsvorschriften
   § 341b HGB   Bewertung von Vermögensgegenständen
   § 341c HGB   Namensschuldverschreibungen, Hypothekendarlehen und andere Forderungen
   § 341d HGB   Anlagestock der fondsgebundenen Lebensversicherung
4. Titel: Versicherungstechnische Rückstellungen
   § 341e HGB   Allgemeine Bilanzierungsgrundsätze
   § 341f HGB   Deckungsrückstellung
   § 341g HGB   Rückstellung für noch nicht abgewickelte Versicherungsfälle
   § 341h HGB   Schwankungsrückstellung und ähnliche Rückstellungen
5. Titel: KA, KLB
   § 341i HGB   Aufstellung, Fristen
   § 341j HGB   Anzuwendende Vorschriften
6. Titel: Prüfung
   § 341k HGB
7. Titel: Offenlegung
   § 341l HGB
8. Titel: Straf- und Bußgeldvorschriften, Zwangsgelder
   § 341m HGB   Strafvorschriften
   § 341n HGB   Bußgeldvorschriften
   § 341o HGB   Festsetzung von Ordnungsgeld
   § 341p HGB   Anwendung der Straf- und Bußgeld- sowie der Ordnungsgeldvorschriften auf Pensionsfonds

§ 341 HGB (Anwendungsbereich)

31 Gemäß § 341 Abs. 1 S. 1 HGB ist der Zweite Unterabschnitt des Vierten Abschn. im Dritten Buch des HGB für Unternehmen, die den Betrieb von Versicherungsgeschäften zum Gegenstand haben und nicht Träger der Sozialversicherung sind (§ 1 Abs. 1 VAG), anzuwenden. Dies erfolgt grds. **rechtsform- und größenunabhängig**.

32 Von der Anwendung ausgenommen ist gem. § 341 Abs. 1 S. 2 HGB lediglich eine Reihe von nicht unter die VersBiRiLi fallenden VU, für die nach der Begründung „die Anwendung der allgemeinen Rechnungslegungsbestimmungen für VU auch nicht erforderlich oder angemessen erscheint"[56]. Dies sind berufsständische Versorgungswerke, Versorgungseinrichtungen des öffentlichen Dienstes und der Kirche, kommunale Versorgungskassen und Zusatzversorgungskassen, betriebliche Unterstützungseinrichtungen, der Versorgungsverband Deutscher Wirtschaftsorganisationen sowie nicht rechtsfähige

---

56 Bericht des Rechtsausschusses, BT-Drs. 12/7646, S. 3.

Rechnungslegung

kommunale Schadenausgleiche[57]. Gemäß § 1a Abs. 1 VAG besteht jedoch die aufsichtsrechtliche Möglichkeit, die Anwendung handelsrechtlicher Regelungen über den Verweis des § 55 VAG wieder vorzuschreiben.

Niederlassungen ausländischer VU, die zur Aufnahme des Geschäftsbetriebes im Inland der Erlaubnis bedürfen, werden in § 341 Abs. 2 HGB ausdrücklich als VU i.S.d. § 341 Abs. 1 HGB bezeichnet und haben damit die Rechnungslegungsregelungen der §§ 341 ff. HGB zu beachten. 33

Im Umkehrschluss fallen Niederlassungen ausländischer VU, die zur Aufnahme des Geschäftsbetriebes nicht der Erlaubnis bedürfen, nicht unter den Regelungsbereich der §§ 341 ff. HGB.

Durch § 341 Abs. 4 HGB fallen unter den Regelungsbereich der §§ 341 bis 341l HGB auch Pensionsfonds i.S.d. § 112 VAG[58]. Pensionsfonds sollen entsprechend § 112 VAG VU weitgehend gleichgestellt werden. 34

Holdinggesellschaften, die selbst kein (Rück-)Versicherungsgeschäft betreiben, fallen nicht unter die Regelungen der §§ 341 bis 341l HGB. Gemäß § 341i Abs. 2 HGB haben allerdings Versicherungsholdinggesellschaften einen KA und KLB nach den für VU geltenden Vorschriften aufzustellen[59]. 35

§ 341a HGB (Anzuwendende Vorschriften)

§ 341a Abs. 1 HGB regelt die grundsätzliche **Anwendung der für große KapGes. geltenden Vorschriften** über den JA und LB sowie die einzuhaltenden Fristen bei der Erstellung und Vorlage von JA und LB von VU an den APr. 36

Versicherungsunternehmen, die nicht RVU i.S.d. § 341a Abs. 5 HGB sind, haben den JA und LB gem. § 341a Abs. 1 HGB in den ersten vier Monaten des folgenden GJ aufzustellen und dem APr. vorzulegen.

Rückversicherungsunternehmen i.S.d. § 341a Abs. 5 HGB (d.h. VU, die entweder ausschließlich die Rückversicherung zum Gegenstand haben, oder VU, deren Beiträge aus üG die übrigen Beiträge übersteigen) haben den JA und LB in den ersten zehn Monaten des folgenden GJ aufzustellen und dem APr. vorzulegen, sofern das GJ dem KJ entspricht; ansonsten gelten die für Erst-VU bestehenden Regelungen.

In Abweichung von § 175 Abs. 1 S. 2 AktG muss bei diesen RVU die HV bzw. Versammlung der obersten Vertretung, die den JA entgegennimmt oder festzustellen hat, spätestens 14 Monate nach Ende des GJ stattfinden (§ 341a Abs. 5 Hs. 2 HGB).

Die wesentlichen Ausnahmen von der unmittelbaren bzw. entsprechenden Anwendung handelsrechtlicher Vorschriften auf die Rechnungslegung von VU ergeben sich aus § 341a Abs. 2 HGB. 37

§ 341a Abs. 2 S. 1 HGB bestimmt die handelsrechtlichen Vorschriften, die für VU **ersatzlos** entfallen. Dies sind in erster Linie Regelungen zu einzelnen Posten der Bilanz und GuV (z.B. §§ 265 Abs. 6, 277 Abs. 1 und 2 HGB), Vorschriften im Zusammenhang mit handelsrechtlichen Größeneinteilungen (§§ 267, 276, 288 HGB), Vorschriften über den gesonderten Ausweis von bestimmten Forderungen, Verbindlichkeiten und Anzah- 38

---

57 Vgl. Bericht des Rechtsausschusses, BT-Drs. 12/7646, S. 3.
58 Zu besonderen Bilanzierungsfragen im Zusammenhang mit Pensionsfonds vgl. *Kölschbach/Engeländer*, VW 2003, S. 1152 und S. 1248.
59 Vgl. *Wiedmann*, Bilanzrecht², § 341i HGB, S. 1017.

lungen (§ 268 Abs. 4 S. 1 und Abs. 5 S. 1 und 2 HGB) sowie Vorschriften über Anhangangaben (§ 285 Nr. 8 Buchst. a).

39 § 341a Abs. 2 S. 2 HGB bestimmt die handelsrechtlichen Vorschriften, die für VU nicht gelten und an deren Stelle die Vorschriften der RechVersV treten.

Hier handelt es sich in erster Linie um die Gliederungsvorschriften für die Bilanz und GuV sowie Regelungen zu einzelnen Posten der Bilanz und GuV. Weiterhin sind einige Bestimmungen für den Anhang und den LB, die den Besonderheiten bei VU nicht Rechnung tragen, nicht anzuwenden. Die Formulierung „Anstelle ..." in § 341a Abs. 2 S. 2 HGB ist als Möglichkeit zu interpretieren, die von der Anwendung für VU ausgenommenen Vorschriften des HGB im Wege der RechVersV entweder durch gänzlich neue Vorschriften zu ersetzen oder – auf die Einzelregelung bezogen – ohne Ersatzregelung zu lassen oder aber Regelungen aus als nicht anzuwenden erklärten Vorschriftenkomplexen wieder in Kraft zu setzen.

40 Von der zuletzt genannten Möglichkeit hat der Verordnungsgeber hinsichtlich der Vorschrift des § 268 Abs. 7 HGB durch wörtliche Übernahme des Gesetzestextes in § 51 Abs. 3 RechVersV Gebrauch gemacht; ansonsten werden in den Formblättern bzw. im Verordnungstext versicherungsspezifische Ersatzregelungen getroffen. Hier sind in erster Linie anzuführen:

– der Inhalt und die Gliederungsvorschrift für die Bilanz (§ 247 Abs. 1 sowie § 266 HGB),
– § 2 i.V.m. Formblatt 1 RechVersV,
– die Gliederungsvorschrift für die GuV (§ 275 HGB),
– § 2 i.V.m. den Formblättern 2 bis 4 RechVersV,
– die Möglichkeit der Zusammenfassung bestimmter Posten der Bilanz und GuV (§ 265 Abs. 7 HGB),
– § 3 RechVersV,
– die Anhangangaben über die Aufgliederung der Umsatzerlöse (§ 285 Nr. 4 HGB),
– § 51 Abs. 4 RechVersV,
– die Anhangangabe über die Zusammensetzung des Personalaufwands (§ 285 Nr. 8 Buchst. b HGB),
– § 51 Abs. 5 i.V.m. Muster 2 RechVersV.

41 **§ 341a Abs. 2 S. 3 HGB** enthält die Vorschrift, dass das Saldierungsverbot des § 246 Abs. 2 HGB nicht anzuwenden ist, wenn abweichende Regelungen bestehen. Dies ist z.B. beim Abzug der Erträge aus RPT von den Aufwendungen für Versicherungsfälle gem. § 41 Abs. 2 RechVersV der Fall.

42 Die Anhangangabe des § 285 Nr. 3a HGB gilt für VU gem. **§ 341a Abs. 2 S. 5 HGB** nicht für solche finanziellen Verpflichtungen, die im Rahmen von Versicherungsgeschäften entstehen. Die aus Art. 7 VersBiRiLi übernommene Ausnahmeregelung vermeidet die Frage nach der Einordnung des Versicherungsschutzversprechens als sonstige finanzielle Verpflichtung und dessen Quantifizierbarkeit[60]. Dementsprechend bezieht sich die Ausnahmeregelung des 341a Abs. 2 S. 5 HGB auch nur auf eben diese finanziellen Verpflichtungen. Eine Anwendung der Ausnahmeregelung unter Hinweis auf § 7 Abs. 2 VAG, nach dem VU neben Versicherungsgeschäften nur solche Geschäfte betreiben dürfen, die mit Versicherungsgeschäften im Zusammenhang stehen, ist nicht zulässig.

---

60 Vgl. *Geib/Ellenbürger/Kölschbach*, WPg 1992, S. 177/183.

§ 341a Abs. 3 HGB bestimmt in Umsetzung von Art. 3 Abs. 1 VersBiRiLi, dass KVU, die 43
das Krankenversicherungsgeschäft ausschließlich oder überwiegend nach Art der Lebensversicherung betreiben, die für LVU geltenden Rechnungslegungsvorschriften entsprechend anzuwenden haben.

Gemäß **§ 341a Abs. 4 HGB** haben VU, für die die aktienrechtlichen Vorschriften nicht 44
bereits unmittelbar oder durch Verweis gelten[61], die Vorschriften über die Kapital- und Gewinnrücklagen (§ 152 Abs. 2 und 3 AktG), die Genussrechte (§ 160 Abs. 1 Nr. 6 AktG), die Vorlage an und die Prüfung durch den AR, die Feststellung des JA, die Gewinnverwendung und die ordentliche HV (§§ 170 bis 176 AktG)[62] entsprechend anzuwenden.

Hinsichtlich des Inhalts der **§§ 341b bis 341h HGB** vgl. die Ausführungen zu den jeweiligen Posten der Bilanz bzw. der GuV. Der Inhalt der **§§ 341i und 341j HGB** ist in diesem Kapitel in Abschn. III.4. („Konzernabschluss")[63] dargestellt; zum Inhalt von **§ 341k HGB** vgl. Abschn. IV. („Prüfung")[64]. 45

§ 341l HGB (Offenlegung)

Versicherungsunternehmen haben grds. die für **große KapGes.** geltenden Vorschriften 46
der §§ 325 bis 329 HGB über die Offenlegung unmittelbar anzuwenden. Nicht anwendbar sind indes die größenabhängigen Erleichterungen der §§ 326 und 327 HGB, da VU gem. § 341a Abs. 1 HGB die für große KapGes. geltenden Vorschriften zu beachten haben. Wegen der Rechtsformunabhängigkeit gelten die Offenlegungsregelungen auch für VU, die keine KapGes. sind, also z.B. VVaG. Das PublG findet keine Anwendung. Versicherungsunternehmen haben über die allgemeinen Offenlegungsvorschriften hinausgehend jedem Versicherten auf Verlangen den JA und den LB zu übersenden (§ 55 Abs. 3 VAG).

Damit ergeben sich für VU **rechtsform- und größenunabhängig** folgende Offenlegungspflichten[65]:

- JA[66] und LB,
- Bericht des AR,
- BestV oder Vermerk über dessen Versagung und, soweit nicht aus dem JA ersichtlich:
  • Angabe des Jahresergebnisses,
  • Ergebnisverwendungsvorschlag und Beschluss,
- Entsprechenserklärung zum Corporate-Governance-Kodex nach § 161 AktG durch börsennotierte AG (vgl. § 3 Abs. 2 AktG).

Der offen zu legende JA kapitalmarktorientierter VU, die nicht zur Aufstellung eines KA 47
verpflichtet sind, umfasst seit der Änderung des HGB durch das BilMoG neben Bilanz, GuV und Anhang auch eine Kapitalflussrechnung sowie einen Eigenkapitalspiegel und kann um eine Segmentberichterstattung erweitert werden.

Die offenlegungspflichtigen Unterlagen sind beim Betreiber des elektronischen BAnz. in elektronischer Form einzureichen. Von dort aus erfolgt dann im Anschluss sowohl die

---

61 Mit Ausnahme der KlVVaG i.S.d. § 53 VAG.
62 Für RVU, deren GJ dem KJ entspricht, gilt abweichend von § 175 Abs. 1 S. 2 AktG gem. § 341a Abs. 5 Hs. 2 eine Fristverlängerung auf 14 Monate nach Ende des vergangenen GJ.
63 Vgl. Tz. 637 ff.
64 Vgl. Tz. 724 ff.
65 Vgl. Beck Vers-Komm., § 341l HGB, Rn. 5.
66 Nach § 328 Abs. 1 Nr. 1 S. 2 HGB ist das Datum der Feststellung anzugeben, sofern der JA festgestellt worden ist.

Bekanntmachung im elektronischen BAnz., als auch die Übermittlung der offenlegungspflichtigen Unterlagen an das Unternehmensregister. Die entsprechende Einreichung der Unterlagen beim HR ist nicht mehr vorgesehen.[67]

48 **Börsennotierte Versicherungs-AG** sowie AG, die ausschließlich andere Wertpapiere als Aktien zum Handel an einem organisierten Markt i.S.d. § 2 Abs. 5 WpHG ausgegeben haben und deren ausgegebene Aktien auf eigene Veranlassung über ein multilaterales Handelssystem i.S.d. § 2 Abs. 3 Satz 1 Nr. 8 WpHG gehandelt werden, haben eine Erklärung zur Unternehmensführung nach § 289a HGB in ihren LB aufzunehmen und entweder auf diese Weise oder durch öffentliches Zugänglichmachen auf der Internetseite bekannt zu machen, wobei der LB im letzteren Fall einen Hinweis auf die Internetseite enthalten muss.

49 Für die Offenlegungspflicht ist grundsätzlich rechtsform- und größenunabhängig § 325 Abs. 1 S. 2 HGB maßgebend. Demnach ist der JA unverzüglich nach seiner Vorlage an die Gesellschafter, jedoch spätestens vor Ablauf des zwölften Monats des dem Abschlussstichtag nachfolgenden GJ offen zu legen (§ 325 Abs. 1 S. 2 i.V.m. § 3411 Abs. 1 S. 1 HGB). Für VU ergeben sich jedoch aus den Spezialvorschriften hiervon abweichende Offenlegungsfristen.

Nicht-kapitalmarktorientierte VU und kapitalmarktorientierte VU i.S.d. § 327a HGB, die in der Rechtsform des **VVaG** betrieben werden, aber keine kleineren Vereine sind, haben eine maximale Offenlegungsfrist von neun Monaten einzuhalten. Abweichend hiervon wird nicht kapitalmarktorientierten **RVU** und **VU**, deren Beiträge aus dem üG die übrigen Beiträge gem. § 341a Abs. 5 HGB übersteigen, eine Fristverlängerung auf 15 Monate gewährt[68]; diese gilt auch für RVU i.S.d. § 327a HGB.

Für **VU in der Rechtsform der AG** gilt eine Offenlegungsfrist von vier Monaten. Hierdurch verschärft sich faktisch auch die Aufstellungsfrist, obwohl auch diese rechtlich weiterhin vier Monate beträgt. Eine viermonatige Offenlegungsfrist gilt auch für kapitalmarktorientierte und nicht unter § 327a HGB fallende RVU und VU, deren Beiträge aus dem üG die übrigen Beiträge übersteigen. Für die Wahrung der Frist ist jeweils der Zeitpunkt der Einreichung der Unterlagen maßgebend.

Eine Befreiungsmöglichkeit besteht für die Offenlegung des JA von VU gem. § 341a Abs. 2 S. 4 HGB unter den in § 264 Abs. 3 HGB und § 264b HGB aufgeführten Voraussetzungen. Die Befreiungsvoraussetzung schließt TU von VU unabhängig von deren Rechtsform ein[69].

50 Neben den handelsrechtlichen Vorschriften zur Offenlegung sind auch einige aufsichtsrechtliche Vorschriften über die Offenlegung von VU zu beachten.[70]

(2) Versicherungsaufsichtsgesetz
§ 55 VAG (JA, LB)

51 § 55 Abs. 1 VAG enthält die Klarstellung, dass auch VU, die nicht Kaufmann sind, für Zwecke der Rechnungslegung, deren Prüfung und Offenlegung als Kaufmann gelten und insofern die Vorschriften der §§ 341 ff. HGB i.V.m. den Vorschriften des Ersten und Zweiten Abschn. des Dritten Buches des HGB anzuwenden haben.

---

67 Vgl. FN-IDW 2007, S. 323.
68 Vgl. § 3411 Abs. 1 S. 2 HGB.
69 Vgl. ausführlich zur Befreiung von der Offenlegung *Wiedmann*, Bilanzrecht², § 3411 HGB, Rn. 12, m.w.N.
70 Diese werden im folgenden Abschn. behandelt.

Rechnungslegung K

In § 55 Abs. 2 S. 1 VAG ist geregelt, dass VU den aufgestellten sowie später den festgestellten JA und LB der Aufsichtsbehörde unverzüglich einzureichen haben. § 55 Abs. 2 VAG lehnt sich an die entsprechenden Bestimmungen im KWG an und soll der Aufsichtsbehörde eine möglichst **frühzeitige Analyse** des JA ermöglichen, um Negativentwicklungen in der finanziellen Lage des VU frühzeitig erkennen zu können[71]. 52

Es ist den gesetzlichen Vertretern des VU weiterhin unbenommen, den aufgestellten JA nach Einreichung an die Aufsichtsbehörde noch zu ändern; schon allein deshalb, weil der JA nach Aufstellung gem. § 320 Abs. 1 HGB dem APr. vorgelegt werden muss und weil die **Feststellung** gem. § 341k Abs. 1 S. 3 HGB erst nach erfolgter Prüfung möglich ist.

§ 55 Abs. 2 S. 2 VAG enthält die zusätzliche Verpflichtung, auch einen aufgestellten KA und KLB unverzüglich der Aufsichtsbehörde einzureichen, falls VU diese aufstellen. 53

§ 55 Abs. 3 VAG enthält die Verpflichtung, jedem Versicherten auf Verlangen den JA und den LB in dem GJ, das dem Berichtsjahr folgt, zu übersenden. 54

§ 55a VAG (Rechnungslegung ggü. der Aufsicht; Ermächtigungsvorschriften)[72]

§ 55a VAG enthält Vorschriften über den ggü. der Aufsichtsbehörde zu erstellenden internen Bericht. Die Ermächtigung, durch RVO, die nicht der Zustimmung des Bundesrates bedarf, Vorschriften über den internen Bericht zu erlassen, obliegt gem. § 55a Abs. 1 VAG dem BMF; sie kann gem. § 55a Abs. 1 S. 2 VAG auf die BaFin übertragen werden[73]. 55

§ 55b VAG (Prognoserechnungen)

§ 55b VAG enthält Vorschriften über die Vorlage von Prognoserechnungen bei der Aufsichtsbehörde hinsichtlich des zu erwartenden Geschäftsergebnisses, der Solvabilitätsspanne, der Bewertungsreserven sowie der Risikotragfähigkeit des VU in adversen Situationen. 56

§ 55c VAG (Vorlage des Risikoberichts und des Revisionsberichts)

§ 55c VAG enthält die Verpflichtung zur Vorlage des Risiko- und Revisionsberichts bei der Aufsichtsbehörde. 57

§ 56a VAG (Überschussbeteiligung bei Versicherungs-AG)

In § 56a VAG wird geregelt, welche Beträge der RfB zuzuführen sind und unter welchen Umständen der RfB Mittel entzogen werden dürfen. 58

Bei einer Versicherungs-AG bestimmt der Vorstand mit Zustimmung des AR die Beträge, die für die Überschussbeteiligung von Versicherten zurückzustellen sind. Gemäß § 56a Abs. 1 VAG dürfen die nicht auf einem Rechtsanspruch beruhenden Teile der Überschussbeteiligung nur insoweit zurückgestellt werden, als an die Aktionäre noch eine **Mindestdividende** in Höhe von 4% des Grundkapitals verteilt werden kann. 59

§ 56a Abs. 2 VAG garantiert die Verwendungssicherung der Überschussbeteiligung der VN durch Einstellen dieser Beträge in die RfB. 60

Im Rahmen der 9. VAG-Novelle wurde § 56a VAG erweitert[74]. Bis dahin war die RfB ausschließlich zur Abwendung eines Notstandes zu verwenden. Mit der Neuregelung des 61

---

71 Vgl. Begr. RegE, BT-Drs. 12/5587, S. 32.
72 Vgl. Tz. 628.
73 Das BMF hat von der hier verankerten Möglichkeit Gebrauch gemacht; vgl. Tz. 628 ff.
74 Vgl. Art. 1 des Neunten Gesetzes zur Änderung des Versicherungsaufsichtsgesetzes v. 23.12.2007, BGBl. I., S. 3248.

§ 56a Abs. 3 VAG darf die RfB auch herangezogen werden, um unvorhersehbare Verluste aus den überschussberechtigten Versicherungsverträgen auszugleichen, die auf allgemeine Änderungen der Verhältnisse zurückzuführen sind. Ebenso darf die RfB verwendet werden, um die Deckungsrückstellung zu erhöhen, wenn die Rechnungsgrundlage aufgrund einer unvorhersehbaren und nicht nur vorübergehenden Änderung der Verhältnisse angepasst werden muss.

62 Der Begriff der Überschussbeteiligung wurde im Zuge der Reform des VVG (2008) um die durch § 153 VAG vorgeschriebene Beteiligung an den Bewertungsreserven der Versicherten erweitert.[75] Auch die Unfallversicherung mit Prämienrückgewähr verwendet die RfB als Puffer für derartige Risiken. Daher wurde die Unfallversicherung mit Prämienrückgewähr in § 56a Abs. 3 VAG bei der Verwendung der RfB entsprechend berücksichtigt.

63 Es existieren weiterhin aufsichtsrechtliche Bestimmungen zur Alterungsrückstellung in der Krankenversicherung (**§ 12a und 12c VAG**) sowie zur RfB in der Lebensversicherung (**§ 81c VAG**) und in der Krankenversicherung (**§ 81d VAG**). Ferner sind die erlassenen VO über die Rechnungsgrundlagen für die Deckungsrückstellung (Deckungsrückstellungsverordnung – DeckRV)[76], für die Alterungsrückstellung (Kalkulationsverordnung – KalV)[77] sowie über die Mindestbeitragsrückerstattung in der Lebensversicherung (Mindestzuführungsverordnung – MindZV)[78] bzw. für die überschussberechtigten Versorgungsverhältnisse der Pensionsfonds in der PF-MindZufV[79]zu beachten.

Es ist zu berücksichtigen, dass die Regelungen des VAG subsidiär zu den Regelungen des HGB gelten. So ist es möglich, dass die handelsrechtlich vorgesehene Vorsicht aufsichtsrechtliche Mindestanforderungen übersteigt; dies ist z.B. im Hinblick auf die Mindestanforderungen an Rechnungsgrundlagen zu berücksichtigen[80].

(3) Aktiengesetz

64 Für VU in der **Rechtsform der AG** gelten die Vorschriften über die Rechnungslegung und Prüfung im Fünften Teil des Ersten Buches des AktG (§§ 150 bis 176) unmittelbar. Ferner ist § 58 AktG über die Verwendung des Jahresüberschusses zu beachten.

65 Öffentlich-rechtliche **VU** sowie **VVaG** mit Ausnahme von kleineren Vereinen i.S.d. § 53 VAG haben nach § 341a Abs. 4 HGB die Bestimmungen in § 152 Abs. 2 und 3 AktG (Angaben über Einstellungen und Entnahmen in/aus Kapital- und Gewinnrücklagen), § 160 Abs. 1 Nr. 6 AktG (Angaben über Genussrechte) und §§ 170 bis 176 AktG (Prüfung des JA und des LB durch den AR, Feststellung des JA, Gewinnverwendung, ordentliche HV) entsprechend anzuwenden. Des Weiteren wird die Gliederung der GuV unter Berücksichtigung der teilweisen Gewinnverwendung in Fußnote 3 zu Formblatt 2, Fußnote 4 zu Formblatt 3 und Fußnote 9 zu Formblatt 4 RechVersV geregelt und findet somit auch auf ö.-r. VU sowie VVaG Anwendung.

---

75 Vgl. BGBl. I 2007, S. 2656, sowie *Römer*, DB 2007, S. 2523/2526 f.
76 VO über Rechnungsgrundlagen für die Deckungsrückstellungen (DeckRV) v. 06.05.1996, BGBl. I, S. 670, zuletzt geändert durch die VO zur Änderung der DeckRV und der PFDeckRV v. 01.03.2011, BGBl. I., S. 345.
77 Verordnung über die versicherungsmathematischen Methoden zur Prämienkalkulation und zur Berechnung der Alterungsrückstellung in der privaten Krankenversicherung (KalV) v. 18.11.1996, BGBl. I, S. 1783, zuletzt geändert durch die „Dritte VO zur Änderung der KalV" v. 22.10.2009, BGBl. I, S. 3670.
78 MindZV, BGBl. I 2008, S. 690, ersetzt die ZRQuotenV, BGBl. I 1996, S. 1190.
79 Vgl. PF-MindZV, BGBl. I. 2008, S. 2862.
80 Vgl. *Kölschbach* in: Prölss, VAG[12], § 65, Rn. 6.

Rechnungslegung K

§ 170 Abs. 1 und 3 AktG über die Vorlage des KA und des KLB gilt gem. § 341j Abs. 3 **66**
HGB unabhängig von der Rechtsform für alle VU mit Ausnahme der kleineren Vereine
i.S.d. § 53 VAG.

bb) Niederlassungen ausländischer Versicherungsunternehmen
Niederlassungen ausländischer VU, die zum Betrieb des Direktversicherungsgeschäfts im **67**
Inland **der Erlaubnis der deutschen Aufsichtsbehörde bedürfen**, haben die Vorschriften des HGB über die Rechnungslegung (§§ 238 bis 335 HGB) gem. § 106 Abs. 2
S. 4 bzw. § 110d Abs. 2 S. 1 VAG entsprechend anzuwenden. Die Anwendung der Vorschriften der §§ 341 bis 341p HGB ergibt sich aus § 341 Abs. 2 HGB.

Die Geltung der RechVersV für Niederlassungen ausländischer VU, die zum Betrieb des
Direktversicherungsgeschäfts im Inland der Erlaubnis der deutschen Aufsichtsbehörde
bedürfen, ergibt sich aus § 330 Abs. 3 S. 2 HGB.

Für die Offenlegung und Prüfung von JA und LB der Niederlassungen ausländischer VU **68**
sind folgende Vorschriften von Bedeutung:

- JA und LB der Hauptniederlassung müssen gem. § 106 Abs. 2 S. 4 Nr. 1 VAG jedem
  Versicherten auf Verlangen in deutscher Sprache übersandt werden; eine Verpflichtung
  der Veröffentlichung im BAnz. besteht aber nicht[81].
- Gemäß § 341k HGB i.V.m. §§ 316 bis 324 HGB ist eine Prüfung des JA und des LB
  vorgeschrieben.

Niederlassungen ausländischer VU, die zum Betrieb des Direktversicherungsgeschäfts im **69**
Inland **nicht der Erlaubnis der deutschen Aufsichtsbehörde bedürfen**, haben durch die
im Jahressteuergesetz 2010 eingefügte Ergänzung von § 341 Abs. 2 HGB um Satz 2 nun
die Ansatz- und Bewertungsvorschriften für VU (d.h. §§ 341 bis 341h HGB sowie die
ergänzenden Vorschriften der RechVersV) zu befolgen[82].

cc) Kleinere Vereine i.S.d. § 53 VAG[83]
Kleinere VVaG i.S.d. § 53 VAG, die nicht gem. § 157a Abs. 1 VAG von der Aufsicht **70**
nach dem VAG befreit sind, haben unabhängig von der Frage, ob sie unter Bundes- oder
Landesaufsicht stehen, grds. die Vorschriften des HGB zur Rechnungslegung und somit
auch die Regelungen der RechVersV zu beachten. Dies ergibt sich aus § 53 Abs. 1 S. 1
VAG i.V.m. § 16 S. 2 VAG.

Die ergänzenden Vorschriften zur Rechnungslegung der §§ 55 bis 64 VAG haben für alle
VU i.S.d. § 1 Abs. 1 VAG und somit auch für KlVVaG i.S.d. § 53 VAG Geltung.

Von der Anwendung der aktienrechtlichen Vorschriften der §§ 152 Abs. 2 und 3, 160
Abs. 1 Nr. 6 sowie 170 bis 176 AktG sind KlVVaG gem. § 341a Abs. 4 bzw. 341j Abs. 3
HGB ausdrücklich ausgenommen.

Die VO-Ermächtigung des § 330 HGB differenziert nicht zwischen kleineren Vereinen, **71**
die der Landesaufsicht unterliegen, und solchen, die durch die BaFin beaufsichtigt werden.

---

81 Eine entsprechende Verpflichtung ist weder vom Wortlaut des § 325a Abs. 2 HGB abgedeckt noch vom Gesetzgeber beabsichtigt; vgl. Bericht des Rechtsausschusses, BT-Drs. 12/7646, S. 5.
82 Vgl. BGBl. I 2010, S. 1797.
83 Vgl. *IDW*, Versicherungsunternehmen[5], A Tz. 25; *Richter/Geib* in: KoRVU-Kommentar, Bd. I, A, Rn. 38 und 59.

1213

§ 330 Abs. 4 HGB sieht vor, dass in der nach § 330 Abs. 1 HGB zu erlassenden RVO die Möglichkeit größenabhängiger Erleichterungen für die VU, die nicht unter den Anwendungsbereich der aufsichtsrechtlichen EG-RL fallen, besteht. Der Verordnungsgeber hat daraufhin für bestimmte, in § 61 Abs. 1 RechVersV definierte VU **Befreiungen** (§ 61 RechVersV) sowie **Vereinfachungen** (§ 62 RechVersV) vorgegeben, um eine im Verhältnis zur Größe der VU unangemessene Belastung zu vermeiden[84].

b) Verordnungen
aa) Verordnung über die Rechnungslegung von Versicherungsunternehmen (RechVersV)
(1) Grundlagen

72 Die **RechVersV** wurde durch das BMJ im Einvernehmen mit dem BMF und mit Zustimmung des Bundesrates auf der Grundlage des § 330 Abs. 1 HGB i.V.m. § 341a Abs. 2 S. 2 HGB am 08.11.1994 erlassen und zuletzt geändert durch Gesetz v. 18.12.2009[85]. Die VO gilt gem. § 1 RechVersV für alle VU und Niederlassungen, für die nach § 341 Abs. 1 und 2 HGB der Zweite Unterabschnitt des Vierten Abschn. des Dritten Buches des HGB anzuwenden ist. Somit erstreckt sich der Geltungsbereich auch auf Niederlassungen ausländischer VU, die für die Aufnahme des Direktversicherungsgeschäfts im Inland der Erlaubnis der deutschen Aufsichtsbehörde bedürfen, sowie auf KlVVaG i.S.d. § 53 VAG.

73 Die RechVersV regelt in ihren 65 Paragraphen Einzelheiten zum JA und LB sowie zum KA und KLB von VU[86].

74 Der Anwendungsbereich der VO wird in Abschn. 1 festgelegt, die Vorschriften zum EA und LB befinden sich in den Abschn. 2 bis 6. Der Siebente Abschn. enthält Vorschriften über die Konzernrechnungslegung[87], der Achte Abschn. legt Befreiungen und Vereinfachungen für VU, welche die Voraussetzungen des § 61 RechVersV erfüllen, fest. Abschnitt 9 beschäftigt sich mit Ordnungswidrigkeiten, und Abschn. 10 enthält die Schlussvorschriften.

(2) Bilanz und Gewinn- und Verlustrechnung

75 Die RechVersV behandelt im **Zweiten, Dritten und Vierten Abschn.** die Grundsätze zur Aufstellung und Gliederung der Bilanz und GuV nach den anzuwendenden Formblättern sowie die Regelungen zu einzelnen Posten der Bilanz und der GuV.

Der Zweite Abschn. **(§§ 2 bis 5 RechVersV)** regelt die Anwendbarkeit von Formblättern, die Zusammenfassung von Posten, Davon-Vermerke sowie Zusätze.

76 § 2 RechVersV sieht für die **Bilanz** die Verwendung des **Formblattes 1** sowie drei verschiedene Formblätter für die GuV vor. Schadenversicherungsunternehmen sowie RVU haben die **GuV** nach dem **Formblatt 2**, LVU, KVU und P/StK nach dem **Formblatt 3** und LVU, die auch das selbst abgeschlossene Unfallversicherungsgeschäft betreiben, sowie SchVU, die auch das selbst abgeschlossene Krankenversicherungsgeschäft nach Art der

---

[84] Die Prüfungspflicht für VU, die gem. § 61 Abs. 1 RechVersV von der Anwendung des § 341k HGB befreit sind, ist in der VO über die Prüfung des JA und des LB von VU, auf die § 341k HGB nicht anzuwenden ist, durch einen unabhängigen Sachverständigen (Sachverständigenprüfverordnung – SachvPrüfV) v. 19.04.2002 geregelt; vgl. BGBl. I, S. 1456.
[85] Vgl. BGBl. I 2009, S. 3934.
[86] Die RechVersV ersetzt die „VO über die Rechnungslegung von VU (Externe VUReV)" in der dritten Fassung v. 23.12.1986, VerBAV 1987, S. 98.
[87] Vgl. Tz. 637 ff.

Rechnungslegung K

Lebensversicherung betreiben (sofern dieses Geschäft einen größeren Umfang hat), nach dem **Formblatt 4** zu erstellen.

Zu den jeweiligen Formblättern existiert eine Vielzahl von Sonderregelungen für die Geschäftszweige bzw. für die Rechtsformen, die in Fußnoten fixiert sind.

Die in § 3 RechVersV vorgesehene Zusammenfassung von Posten ersetzt § 265 Abs. 7 HGB, § 4 RechVersV behandelt Davon-Vermerke in der Bilanz lt. Formblatt 1, § 5 RechVersV regelt in den Formblättern zu verwendende Zusätze hinsichtlich des in Rückdeckung gegebenen Geschäfts. 77

In **Abschn.** 3 der RechVersV sind Vorschriften zu einzelnen Posten der Bilanz enthalten (§§ 6 bis 21: Posten der Aktivseite, §§ 22 bis 35: Posten der Passivseite), Abschn. 4 (§§ 36 bis 50) enthält Vorschriften zu einzelnen Posten der GuV[88]. 78

(3) Anhang

Abschnitt 5 der RechVersV (**§§ 51 bis 56**) enthält Bestimmungen für die von VU zusätzlich zu den nach HGB verlangten branchenspezifischen Anhangangaben[89]. Die Vorschriften werden ergänzt durch die Muster des Anhangs (Muster 1 und 2). 79

§ 51 RechVersV schreibt zusätzliche Erläuterungen für VU vor. So ist gem. § 51 Abs. 2 RechVersV anstelle der in § 268 Abs. 2 HGB geforderten Angaben[90] die Entwicklung der Aktivposten B und C I bis III ausgehend von den Bilanzwerten des Vj. nach dem Muster 1 darzustellen, sofern keine entsprechende Darstellung in der Bilanz erfolgt. 80

§ 51 Abs. 3 RechVersV verlangt anstelle der in § 268 Abs. 7 HGB vorgeschriebenen Angaben die Angabe der in § 251 HGB bezeichneten Haftungsverhältnisse jeweils gesondert unter Angabe der gewährten Pfandrechte und sonstigen Sicherheiten. Bestehen solche Verpflichtungen ggü. verbundenen Unternehmen, so sind sie gesondert anzugeben. 81

§ 51 Abs. 4 RechVersV ersetzt die in § 285 Nr. 4 HGB geforderte Aufgliederung der Umsatzerlöse durch eine branchenspezifische Darstellung[91]. 82

§ 51 Abs. 5 RechVersV verlangt anstelle der Angaben nach § 285 Nr. 8 Buchst. b HGB die Aufgliederung der Provisionen und sonstigen Bezüge der Versicherungsvertreter für das sG sowie der Personalaufwendungen nach dem anliegenden Muster 2. Muster 2 RechVersV schreibt über die in der GuV erfolgende Aufgliederung nach Funktionsbereichen eine gesonderte Angabe der Aufwandsarten[92] vor. 83

In § 52 RechVersV sind zusätzliche Pflichtangaben zu einzelnen Posten der Bilanz und GuV enthalten[93], § 53 RechVersV enthält zusätzliche Angabepflichten für VU, die im sG mehrere Geschäftszweige betreiben. 84

§§ 54 bis 56 RechVersV regeln die Angabe des Zeitwerts von Kapitalanlagen im Anhang, sofern diese in der Bilanz zum Anschaffungswert ausgewiesen sind[94]. 85

---

88 Siehe hierzu die Ausführungen zur Bilanz (Tz. 95) und zur GuV (Tz. 515).
89 Zu den Anhangangaben, die einzelne Posten der Bilanz bzw. GuV betreffen, s. auch die Ausführungen zu den jeweiligen Posten.
90 Die Anwendung von § 268 Abs. 2 HGB ist gem. § 341a Abs. 2 S. 2 HGB für VU ausgeschlossen.
91 Vgl. hierzu Tz. 567 sowie Tz. 575.
92 Die Aufwendungen für Altersversorgung und Unterstützung sind in diese Darstellung einzubeziehen.
93 Siehe hierzu die Erläuterungen zu den jeweiligen Posten der Bilanz und GuV.
94 Vgl. Tz. 125 sowie *Geib*, S. 171.

1215

(4) Lagebericht

86 Grundsätzlich ist gem. **§ 341a Abs. 1 HGB** die Vorschrift des § 289 HGB über den **LB** auch von VU anzuwenden. § 57 RechVersV bestimmt, dass zusätzlich zu den in § 289 HGB geforderten Angaben weitere Informationen zu geben sind.

87 Angaben haben zu erfolgen u.a. über die betriebenen Vz. und Versicherungsarten im sG und im üG sowie über den Geschäftsverlauf in diesen Vz. bzw. Versicherungsarten. In diesem Zusammenhang ist zu beachten, dass Bagatellgrenzen für die Berichterstattung nicht existieren, d.h. grds. sind sämtliche betriebenen Vz. und im sG auch Versicherungsarten zu erläutern[95].

88 Lebensversicherungsunternehmen und P/StK haben die Versicherungsbestände im sG zusätzlich nach den Mustern 3 bis 5 aufzugliedern, VVaG haben die Ermittlung eines evtl. erhobenen Nachschusses zu erläutern. Außerdem sind Angabepflichten für VU, die mehrere Geschäftszweige betreiben, vorgesehen[96].

89 Verordnungen für kleinere Versicherungsvereine unter Landesaufsicht/VVaG i.S.d. § 53 VAG unterliegen – wie die überwiegende Zahl von VU – der VO-Ermächtigung des § 330 Abs. 1 HGB sowie der RechVersV gem. § 53 Abs. 1 S. 1 VAG i.V.m. § 16 S. 2 VAG unabhängig davon, ob sie der BaFin oder einer Landesaufsichtsbehörde unterstehen. Des Weiteren können KlVVaG unter Landesaufsicht bei Erfüllung der Voraussetzungen des § 61 RechVersV die Befreiungen des § 61 RechVersV bzw. die Vereinfachungen des § 62 RechVersV in Anspruch nehmen.

bb) Verordnung über die Rechnungslegung von Pensionsfonds

90 Die aufgrund der Ermächtigung in § 330 Abs. 1 i.V.m. Abs. 3 und Abs. 5 HGB am 25.02.2003 erlassene RechPensV[97] enthält ergänzende Vorschriften über die Rechnungslegung von Pensionsfonds i.S.d. § 112 Abs. 1 VAG, die nach § 341 Abs. 4 HGB die ergänzenden Vorschriften zur Rechnungslegung von VU anzuwenden haben.

91 Die RechPensV regelt Einzelheiten zum JA und LB sowie zum KA von Pensionsfonds. Der Aufbau der RechPensV entspricht weitgehend dem Aufbau der RechVersV.

Der Anwendungsbereich der VO wird in Abschn. 1. festgelegt, die Vorschriften zum EA und LB befinden sich in den Abschn. 2. bis 6. Der 7. Abschn. enthält Vorschriften über die Konzernrechnungslegung. Abschn. 8. beschäftigt sich mit Ordnungswidrigkeiten, und der 9. Abschn. enthält die Schlussvorschriften.

92 Ergänzend hierzu trat am 25.10.2005 die VO über die Berichterstattung von Pensionsfonds gegenüber der BaFin (BerPensV)[98] in Kraft. Diese VO beinhaltet v.a. Vorschriften hinsichtlich des internen jährlichen Berichts und des halbjährlichen Zwischenberichts für die Aufsichtsbehörde.

93 Am 12.10.2005 trat die VO über die versicherungsmathematische Bestätigung und den Erläuterungsbericht des verantwortlichen Aktuars bei Pensionsfonds (PF-AktuarV)[99] in Kraft. Diese VO beinhaltet v.a. Vorschriften hinsichtlich der versicherungsmathematischen Bestätigung sowie des Erläuterungsberichts des Aktuars.

---

95 Vgl. Beck Vers-Komm., § 57 RechVersV, Rn. 19.
96 Vgl. § 57 Abs. 5 RechVersV.
97 Vgl. BGBl. I 2003, S. 246, zuletzt geändert durch Art. 5 der VO vom 09.06.2011, BGBl. I, S. 1041.
98 Vgl. BGBl. I. 2005, S. 2048, zuletzt geändert durch VO v. 27.04.2010, BGBl. I., S. 466.
99 Vgl. BGBl. I. 2005, S. 3019

c) Einzelne Posten des Jahresabschlusses

Im Folgenden werden einzelne Posten aus Bilanz und GuV einschließlich der entsprechenden Anhangangaben behandelt. Dabei werden nur die wichtigsten versicherungsspezifischen Besonderheiten der einzelnen Posten dargestellt (zu den allgemeinen Rechnungslegungsvorschriften vgl. Kap. E und Kap. F dieses Handbuchs). Zur vertieften Behandlung versicherungsbezogener Fragestellungen wird auf die weiterführende Spezialliteratur verwiesen[100]. 94

aa) Bilanz

Die Erörterung der Bilanzposten folgt der **Bilanzgliederung nach Formblatt 1 RechVersV**. 95

(1) Aktiva
A. Ausstehende Einlagen auf das gezeichnete Kapital

Ausstehende Einlagen auf das gezeichnete Kapital sind verpflichtend von dem Posten „Gezeichnetes Kapital" offen abzusetzen. Das Wahlrecht gem. § 272 Abs. 1 S. 2 und 3 HGB a.F. besteht nicht mehr. Der Aktivposten „Ausstehende Einlagen auf das gezeichnete Kapital" wird damit in der Bilanzgliederung nach dem Bilanzrechtsmodernisierungsgesetz nicht mehr benötigt und wurde im Nachgang zum Bilanzrechtsmodernisierungsgesetz durch die VO zur Änderung von RVO v. 09.06.2011 rückwirkend zum 31.12.2010 gestrichen.[101] 96

B. Immaterielle Vermögensgegenstände

Im Posten „Immaterielle Vermögensgegenstände" sind gem. § 6 Abs. 1 RechVersV nach der Änderung der Vorschrift durch das Bilanzrechtsmodernisierungsgesetz folgende Unterposten gesondert auszuweisen: 97

I. selbst geschaffene gewerbliche Schutzrechte und ähnliche Rechte und Werte;

II. entgeltlich erworbene Konzessionen, gewerbliche Schutzrechte und ähnliche Rechte und Werte sowie Lizenzen an solchen Rechten und Werten;

III. Geschäfts- oder Firmenwert;

IV. geleistete Anzahlungen.

Ein Wahlrecht, diese Unterteilung nur im Anhang zu zeigen, existiert nicht. Versicherungsunternehmen haben die einzelnen Unterposten der immateriellen Vermögensgegenstände in ihrer **Entwicklung** darzustellen. Die Angaben haben, abweichend vom Bruttoprinzip des § 268 Abs. 2 HGB und ausgehend von den Bilanzwerten am Ende des vorhergehenden GJ bis hin zu den Bilanzwerten am Ende des GJ, durch Ausweis von Zugängen, Abgängen, Umbuchungen, Zuschreibungen und Abschreibungen zu erfolgen (**Nettoprinzip**). Die Darstellung kann wahlweise in Bilanz oder Anhang erfolgen (§ 6 Abs. 2 S. 1 RechVersV). Das Muster 1 des Anhangs (§ 51 Abs. 2 RechVersV) ist um die Unterposten der immateriellen Vermögensgegenstände erweitert worden, so dass auf eine Darstellung der Entwicklung in der Bilanz verzichtet werden kann. 98

---

100 Die Vorschriften für die Rechnungslegung und Prüfung der VU können hier nur in ihren Grundzügen dargestellt werden. Es wird daher grds. zu den gesamten Ausführungen auf das Schrifttumsverzeichnis am Ende dieses Kap. verwiesen.

101 Vgl. BGBl. I 2011, S. 1041.

1217

99 Das vor der Änderung des HGB und der RechVersV durch das Bilanzrechtsmodernisierungsgesetz bestehende Wahlrecht, **Aufwendungen für die Ingangsetzung und Erweiterung des Geschäftsbetriebes** nach § 269 Abs. 1 S. 1 HGB a.F. als Bilanzierungshilfe zu aktivieren, wurde durch Änderung des § 6 RechVersV im Zuge des Bilanzrechtsmodernisierungsgesetzes auch für VU abgeschafft.

Zur Darstellung der Währungsumrechnung in Muster 1 s. Tz. 124.

I. Selbst geschaffene gewerbliche Schutzrechte und ähnliche Rechte und Werte nach § 248 Abs. 2 HGB

100 Wie für Unternehmen anderer Branchen besteht auch für VU nach der Neufassung des § 248 durch das Bilanzrechtsmodernisierungsgesetz erstmals ein Aktivierungswahlrecht für selbst geschaffene immaterielle Vermögensgegenstände des AV. Von diesem Aktivierungswahlrecht bestehen gem. § 248 Abs. 2 S. 2 HGB **Ausnahmen** für Marken, Drucktitel, Verlagsrechte, Kundenlisten oder vergleichbare immaterielle Vermögensgegenstände des AV, die nicht entgeltlich erworben wurden. Hierfür besteht weiterhin ein Aktivierungsverbot.

101 Weiterführende Regelungen für die Bilanzierungsvorschriften von immateriellen Vermögensgegenständen finden sich in § 53c Abs. 3 S. 3 VAG. Danach dürfen aktivierte, selbst erschaffene immaterielle Vermögensgegenstände nicht bei der aufsichtsrechtlichen Ermittlung der Eigenmittel berücksichtigt werden[102]. Die Ausschüttungssperre gem. § 268 Abs. 8 HGB i.V.m. § 153 Abs. 2 S. 2 VVG wirkt sich bei Lebensversicherungen auch auf die Überschussbeteiligung aus[103].

102 **Aufwendungen für den Abschluss von Versicherungsverträgen** dürfen gem. § 248 Abs. 1 Nr. 3 HGB nicht aktiviert werden; dies gilt auch für Aufwendungen für die Beschaffung von EK (§ 248 Abs. 1 Nr. 2 HGB).

II. Entgeltlich erworbene Konzessionen, gewerbliche Schutzrechte und ähnliche Rechte und Werte sowie Lizenzen an solchen Rechten und Werten

103 Der Kaufpreis für den Erwerb eines Teil- oder Gesamt-Versicherungsbestandes ist trotz der in der Neufassung des § 6 RechVersV fehlenden expliziten Erwähnung wie vor der Einführung des Bilanzrechtsmodernisierungsgesetzes bei VU als immaterieller Vermögensgegenstand auszuweisen. Nach dem Wegfall der „sonstigen immateriellen Vermögensgegenstände" als gesonderte Kategorie ist dieser den gem. § 6 Abs. 1 Nr. 2 RechVersV zu den immateriellen Vermögensgegenständen gehörenden entgeltlich erworbenen Konzessionen, gewerblichen Schutzrechten und ähnlichen Rechten und Werten sowie Lizenzen an solchen Rechten und Werten zuzurechnen.

104 Neben dem Kaufpreis für den Erwerb eines Teil- oder Gesamt-Versicherungsbestandes ist unter diesem Posten auch entgeltlich erworbene sowie – unter bestimmten Voraussetzungen[104] – selbst erstellte EDV-Software auszuweisen.

III. Geschäfts- oder Firmenwert

105 Der selbst geschaffene Geschäfts- oder Firmenwert (originärer Goodwill) unterliegt auch zukünftig einem Bilanzierungsverbot. Die bereits vor der Änderung durch das Bi-

---

102 Vgl. *Lipowsky* in: Prölss, VAG[12], § 53c, Rn. 32.
103 Vgl. Tz. 457 zur RfB.
104 Wir verweisen hier auf die allgemeinen Ausführungen in diesem Handbuch.

lanzrechtsmodernisierungsgesetz bestehende Aktivierungsfähigkeit eines entgeltlich erworbenen Geschäfts- oder Firmenwerts (derivativen Goodwill), der sich aus dem Unterschied zwischen dem Kaufpreis eines Unternehmens und dem Saldo aus den Zeitwerten der einzelnen erworbenen Aktiva und der erworbenen Schulden ergibt, wurde im Zuge des Bilanzrechtsmodernisierungsgesetzes zur **Aktivierungspflicht**. Der entgeltlich erworbene Goodwill wird in § 246 Abs. 1 S. 4 HGB im Wege der Fiktion als zeitlich begrenzt nutzbarer Vermögensgegenstand definiert und ist damit per se aktivierungspflichtig[105]. Bei der Streichung des Zusatzes „entgeltlich" in § 6 Abs. 1 Nr. 3 RechVersV handelt es sich um eine redaktionelle Änderung. Da gem. § 246 Abs. 1 S. 4 HGB ohnehin ausschließlich ein entgeltlich erworbener Geschäfts- oder Firmenwert als zeitlich begrenzt nutzbarer Vermögensgegenstand gilt, erübrigt sich die Spezifizierung in der RechVersV.

Hinsichtlich der planmäßigen und außerplanmäßigen Abschreibungen gelten die allgemeinen Regelungen des § 253 Abs. 3 HGB. Abweichend von allen übrigen Vermögensgegenständen ist nach § 253 Abs. 5 S. 2 HGB eine spätere **Wertaufholung** beim entgeltlich erworbenen Goodwill **nicht zulässig**. 106

§ 285 Nr. 13 HGB verlangt bei einer unterstellten Nutzungsdauer von fünf Jahren für den aktivierten Goodwill hierzu eine Begründung im **Anhang**. 107

IV. Geleistete Anzahlungen

Anstelle der vor der Umsetzung des Bilanzrechtsmodernisierungsgesetzes auszuweisenden „**sonstigen immateriellen Vermögensgegenständen**", die den Charakter eines Sammelpostens aufweisen, tritt nun nach Änderung des § 6 RechVersV als neuer Abs. 1 Nr. 4 der Unterposten „geleistete Anzahlungen". 108

Die immateriellen Vermögensgegenstände sind gem. § 341b Abs. 1 S. 1 HGB nach den für das AV geltenden Vorschriften zu bewerten. Zwar stellt der Gesetzestext des § 341b Abs. 1 S. 1 HGB auch nach der Änderung durch das Bilanzrechtsmodernisierungsgesetz weiterhin ausschließlich auf entgeltlich erworbene immaterielle Vermögensgegenstände ab; aufgrund fehlender Hinweise auf eine beabsichtigte Differenzierung der für selbst erstellte und entgeltlich erworbene immaterielle Vermögensgegenstände geltenden Bewertungsvorschriften in Gesetzestext und Begründung zu § 248 HGB sowie den allgemeinen Bewertungsvorschriften der §§ 252 und 253 HGB liegt aber die Annahme nahe, dass es sich hierbei um ein redaktionelles Versehen handelt. Abschreibungen auf immaterielle Vermögensgegenstände wie Software sind im Rahmen der **Kostenverteilung** auf die Funktionsbereiche zu verteilen[106]. Zur Erfassung der Abschreibungen auf erworbene Versicherungsbestände in der GuV s. Tz. 524.

C. Kapitalanlagen (gemeinsame Vorschriften für alle Kapitalanlagen)
1. Ausweis der Kapitalanlagen in verbundenen Unternehmen und Beteiligungen

Innerhalb der Kapitalanlagen schreibt die RechVersV einen zusammengefassten Ausweis der Unternehmensverflechtungen unter Aktivposten „C.II Kapitalanlagen in verbundenen Unternehmen und Beteiligungen" vor. Dieser Posten umfasst die folgenden Unterposten: 109

– Anteile an verbundene Unternehmen,
– Ausleihungen an verbundene Unternehmen,

---

105 Vgl. Begr. RegE, BT-Drs. 16/10067, S. 47.
106 Vgl. *KPMG*, S. 169.

- Beteiligungen,
- Ausleihungen an Unternehmen, mit denen ein Beteiligungsverhältnis besteht.

Zu den in diesem Zusammenhang auftretenden Abgrenzungsfragen s. Tz. 163 ff.

2. Postenzusammenfassung

110 § 3 Nr. 1 RechVersV eröffnet VU unter bestimmten Voraussetzungen die Möglichkeit, Unterposten im Kapitalanlagebereich zusammenzufassen. Beispielsweise können die Unterposten Nr. 1 bis 4 zu Aktivposten „C.II Kapitalanlagen in verbundenen Unternehmen und Beteiligungen" zusammengefasst werden. Desgleichen besteht die Möglichkeit, die Unterposten Nr. 1 bis 6 zu Aktivposten „C.III Sonstige Kapitalanlagen" zusammenzufassen; dies gilt auch für die wiederum innerhalb des Unterpostens „Nr. 4 Sonstige Ausleihungen" mit kleinen Buchstaben a bis d versehenen Unterposten. Nach der Formulierung in § 3 RechVersV[107] ist es auch zulässig, die Zusammenfassung auf die letztgenannten, mit kleinen Buchstaben versehenen Unterposten zu den „Sonstigen Ausleihungen" zu beschränken.

Würde bei Vorliegen der einschlägigen Voraussetzungen generell von der Möglichkeit zur Postenzusammenfassung Gebrauch gemacht, würden unter „C. Kapitalanlagen" lediglich die mit römischen Ziffern bezeichneten Posten ausgewiesen werden. Allerdings ist im Hinblick auf die Gesamtdarstellung der Bilanz zu bemerken, dass die Möglichkeit zur Postenzusammenfassung bei den versicherungstechnischen Rückstellungen, dem bedeutendsten Passivposten, nicht besteht.

111 Die **Voraussetzungen** zur Ausübung der Wahlrechte gem. § 3 RechVersV entsprechen denen des § 265 Abs. 7 HGB[108]. Zu prüfen ist damit[109],

- ob der Betrag der zusammengefassten Posten für die Vermittlung eines den tatsächlichen Verhältnissen entsprechenden Bildes i.S.d. § 264 Abs. 2 HGB nicht erheblich ist oder
- ob durch die Zusammenfassung die Klarheit der Darstellung vergrößert wird.

Eine Zusammenfassung wegen **Unerheblichkeit** wird im Hinblick auf die Bedeutung der Kapitalanlagen, insb. für die Vermögenslage der VU, i.d.R. nicht in Betracht kommen.

112 Bei einer Zusammenfassung aus Gründen der **Klarheit der Darstellung** müssen die zusammengefassten Posten im Anhang gesondert ausgewiesen werden. Diese Voraussetzung wird wegen der nach § 51 Abs. 2 RechVersV erforderlichen Darstellung der Entwicklung der Kapitalanlagen in Muster 1 RechVersV grds. vorliegen. In der Kommentierung wird demgemäß auch im Hinblick auf die nach § 268 Abs. 2 HGB zulässige Darstellung des Anlagespiegels der Industrie- und Handelsunternehmen im Anhang die Möglichkeit der Zusammenfassung von Posten nach § 268 Abs. 7 HGB bejaht, um einen doppelten Ausweis in Bilanz und Anhang zu vermeiden[110]. Die Möglichkeit der Postenzusammenfassung gem. § 3 RechVersV aus Gründen der Klarheit der Darstellung im Kapitalanlagebereich wird damit grds. gegeben sein.

113 Es sei in diesem Zusammenhang darauf hingewiesen, dass es bei Vorliegen der oben genannten Voraussetzungen auch im Bereich der GuV zulässig ist, Postenzusammen-

---

107 „... können ... die mit einer arabischen ... Zahl oder mit einem kleinen Buchstaben versehenen Unterposten .. zusammengefasst werden".
108 Vgl. Kap. F Tz. 97.
109 Vgl. § 3 RechVersV Nr. 1 a) und b).
110 Vgl. *Emmerich*, WPg 1986, S. 698/701; ihm folgend *ADS*⁶, § 265 HGB, Tz. 92.

Rechnungslegung K

fassungen vorzunehmen[111]. Sowohl die gesamten Erträge aus Kapitalanlagen als auch die gesamten Aufwendungen für Kapitalanlagen[112] können ggf. zusammengefasst werden.

Sowohl bei Postenzusammenfassungen in der Bilanz als auch in der GuV ist nach §§ 265 Abs. 1 i.V.m. 341a Abs. 1 HGB der Grundsatz der Darstellungsstetigkeit zu beachten[113]. **114**

Weiterhin besteht im Rahmen der freiwilligen Publizität die Möglichkeit, JA in vom Gesetz abweichender Form wiederzugeben, etwa durch Postenzusammenfassungen, die über § 3 Nr. 1 RechVersV hinausgehen. Die Voraussetzungen dafür richten sich nach § 328 Abs. 2 HGB i.V.m. § 341l Abs. 1 S. 1 HGB. Zu beachten ist demnach[114], dass **115**

– ein Hinweis in der Überschrift auf die nicht der gesetzlichen Form entsprechende Veröffentlichung enthalten ist (S. 1),
– grds. kein BestV beigefügt ist (S. 2),
– bei einer den gesetzlichen Vorschriften entsprechenden Prüfung ein uneingeschränkter BestV erteilt wurde (S. 3),
– Angaben zur erfolgten Offenlegung gegeben werden (S. 4).

3. Bewertung

Das Formblatt 1 der RechVersV unterscheidet nicht zwischen **AV und Umlaufvermögen**. Zum Zwecke der Bewertung erfolgt jedoch der h.M.[115] folgend eine Unterscheidung zwischen AV und Umlaufvermögen. In §§ 341b und 341c HGB sind die Grundsätze der Bewertung der unter Aktivposten C. ausgewiesenen Kapitalanlagen kodifiziert. **116**

§ 341b Abs. 2 S. 1 HGB enthält die Bestimmung, Wertpapiere nach den für das Umlaufvermögen geltenden Vorschriften zu bewerten, es sei denn, dass sie dazu bestimmt sind, dauerhaft dem Geschäftsbetrieb zu dienen[116]. Daneben stellt § 341b Abs. 1 HGB klar, welche der dort genannten Vermögensgegenstände grds. nach den Regeln des AV zu bewerten sind. Abweichend davon können Namensschuldverschreibungen nach § 341c HGB mit dem **Nennwert**, Hypothekendarlehen und andere Forderungen mit den **fortgeführten Anschaffungskosten** angesetzt werden[117]. **117**

Im Grundsatz sind die unter Aktiva C. ausgewiesenen Kapitalanlagen mit den Anschaffungs- und Herstellungskosten anzusetzen. Die Bewertung der unter C. ausgewiesenen Kapitalanlagen erfolgt – mit Ausnahme der Wertpapiere – nach den für das AV geltenden Vorschriften. Aktien, einschließlich der eigenen Anteile, Investmentanteile sowie sonstige festverzinsliche und nicht festverzinsliche Wertpapiere sind nach den für das Umlaufvermögen geltenden Vorschriften zu bewerten, wenn die Wertpapiere durch das VU nicht dazu bestimmt sind, dauerhaft dem Geschäftsbetrieb zu dienen. Dann sind sie nach den Regelungen für das AV zu bewerten[118]. **118**

---

111 Vgl. BeBiKo[7], § 265 HGB, Rn. 17.
112 Formblatt 2 Nr. II 1, Formblatt 3 Nr. I 3, Formblatt 4 Nr. II 3 und Nr. III 2 bzw. Formblatt 2 Nr. II 2, Formblatt 3 Nr. I 10, Formblatt 4 Nr. II 10 und Nr. III 3 RechVersV.
113 Vgl. auch *ADS*[6], § 265 HGB, Tz. 6/24.
114 Vgl. BeBiKo[7], § 328 HGB, Rn. 18.
115 Vgl. z.B. *Angerer*, WPg 1968, S. 449; *IDW*, Versicherungsunternehmen[4], C Tz. 25; *Harmening*, WPg 1961, S. 185; *Richter*, WPg 1969, S. 6; *Wiedmann*, Bilanzrecht[2], § 341b HGB, Rn. 1.
116 § 341b Abs. 2 S. 1 HGB ist durch das Gesetz zur Änderung der Vorschriften über die Bewertung der Kapitalanlagen von VU und zur Aufhebung des Diskontsatz-Überleitungs-Gesetzes – Versicherungskapitalanlagen-Bewertungsgesetz (VerskapAG) v. 26.03.2002, BGBl. I, S. 1219, geändert worden.
117 Siehe hierzu Tz. 211.
118 Vgl. Tz. 179.

119 Bereits vor der Änderung des HGB durch das Bilanzrechtsmodernisierungsgesetz galt für alle VU wegen der nach § 341a i.V.m. § 280 HGB a.F. zwingenden Anwendung der Vorschriften für große KapGes. ein Wertaufholungsgebot für alle Kapitalanlagen, unabhängig davon, ob diese wie AV oder Umlaufvermögen bewertet werden. Die Neuregelung des Wertaufholungsgebots in § 253 Abs. 5 HGB, die für Gesellschaften aller Rechtsformen gilt, und die Aufhebung des § 280 HGB im Zuge des Bilanzrechtsmodernisierungsgesetzes haben daher für VU grds. keine sachliche Änderung zur Folge. Eine Änderung ergibt sich aber für die P/StK, die wegen der Befreiung von der Körperschaftsteuerpflicht bislang nach § 280 Abs. 2 HGB a.F. von der Anwendung des Wertaufholungsgebotes ausgenommen waren. Nach der Aufhebung des § 280 HGB ist das Wertaufholungsgebot nun auch bei diesen Gesellschaften anzuwenden.

120 Hauptanwendungsbereich des Wertaufholungsgebots sind bei VU die wie Umlaufvermögen zu bewertenden Wertpapiere (vgl. hierzu Tz. 178 und Tz. 202).

Anwendungsfälle für das Wertaufholungsgebot im Bereich der wie AV zu bewertenden Kapitalanlagen können insb. sein:

– Beteiligungsbewertung,
– Zuschreibung von Wertpapieren, die gem. § 341b Abs. 2 S. 1 Hs. 2 HGB wie AV bewertet werden,
– Zuschreibung von Barwertdifferenzen bei wegen Unverzinslichkeit abgewerteten langfristigen Forderungen[119].

121 Die unter Aktiva D. auszuweisenden „Kapitalanlagen für Rechnung und Risiko von Inhabern von Lebensversicherungspolicen" sind nach § 341d HGB mit dem Zeitwert zu bewerten[120].

122 Im Zuge des Bilanzrechtsmodernisierungsgesetzes wurde mit der Neufassung des § 254 HGB die Zulässigkeit der Bildung von Bewertungseinheiten aus Grund- und Sicherungsgeschäften – wie es seit 2006 nach § 5 Abs. 1a EStG bereits möglich ist – gesetzlich verankert. Wir verweisen hier auf die allgemeinen Grundsätze in Kap. E dieses Handbuchs.

4. Muster 1

123 Neben den für einzelne, jeweils in einem Bilanzposten zusammengefasste Kapitalanlagearten spezifischen Anhangangaben existieren auch solche, die für mehrere Bilanzposten gleichzeitig gelten. Eine dieser Angaben ist die Darstellung der GJ-Entwicklung nach Muster 1 RechVersV. Sie betrifft die Aktivposten B. und C.I bis C.III des Formblattes 1, d.h. die immateriellen Vermögensgegenstände und die Kapitalanlagen, und ist gem. § 51 Abs. 2 RechVersV Teil des Anhangs. Muster 1 enthält die Verpflichtung, die Entwicklung der immateriellen Vermögensgegenstände, differenziert nach Unterposten, darzustellen, soweit eine entsprechende Darstellung nicht in der Bilanz erfolgt. Die vorzunehmende Untergliederung der Kapitalanlagen in Muster 1 entspricht dem Ausweis der Kapitalanlageposten in der Bilanz. Die Darstellung der Entwicklung im GJ geht im Rahmen eines „Nettoausweises" von den Bilanzwerten des Vj. aus.

124 Muster 1 der RechVersV enthält keine Angaben, wo die aus der **Währungsumrechnung** entstehenden Kursdifferenzen auszuweisen sind. Es ist jedoch erforderlich, die Differenzen in einer gesonderten Spalte auszuweisen bzw. sie als solche – insb. durch ent-

---

119 Vgl. auch *König* in: KoRVU-Kommentar, Bd. I, B, Rn. 50/79.
120 Vgl. hierzu Tz. 247.

Rechnungslegung K

sprechende Vermerke in der Spalte „Abschreibungen" bzw. „Zuschreibungen" – kenntlich zu machen. Eine Einbeziehung der Währungskursdifferenzen in die Zu- und Abgänge wird als nicht zulässig angesehen[121].

5. Angabe der Zeitwerte

Seit der mit Wirkung zum 01.01.2008 in Kraft getretenen Änderung der RechVersV durch das Gesetz zur Reform des Versicherungsvertragsrechts[122] ist gem. § 54 Abs. 1 S. 1 RechVersV für zum Anschaffungswert und zum Nennwert ausgewiesene Kapitalanlagen von allen VU **jeweils der Zeitwert** im Anhang anzugeben. Die Zeitwertangabe pro Posten führt dazu, dass stille Reserven und stille Lasten innerhalb eines Postens saldiert ausgewiesen werden[123]. **125**

Zusätzlich zu der Angabe der Zeitwerte pro Bilanzposten sieht § 54 Abs. 2 RechVersV die Angabe der **Gesamtsumme der Anschaffungskosten** der in die Überschussbeteiligung einzubeziehenden Kapitalanlagen, der Gesamtsumme des beizulegenden Zeitwerts dieser Kapitalanlagen und des sich daraus ergebenden Saldos vor. Dieser entspricht den zum Bilanzstichtag bestehenden stillen Reserven, an denen die VN zu beteiligen sind und die aufgrund der erweiterten Anhangangabe dem veröffentlichten JA entnommen werden können[124]. Ein Rückschluss von der offengelegten Gesamtsumme auf die einem einzelnen VN zustehenden Beträge ist aber nicht möglich[125]. **126**

Für den **KA** ergeben sich keine Änderungen. Nach § 59 RechVersV besteht auch weiterhin keine Verpflichtung zur Angabe von Zeitwerten der Kapitalanlagen im Anhang. **127**

Für die **Ermittlung** der im Einzelnen anzugebenden Zeitwerte sind §§ 55 und 56 RechVersV maßgeblich. **128**

Der **Zeitwert der Grundstücke**, grundstücksgleichen Rechte und Bauten einschließlich der Bauten auf fremden Grundstücken ist gem. § 55 Abs. 1 RechVersV der Marktwert[126]. § 55 Abs. 3 RechVersV sieht vor, dass der Marktwert zumindest alle fünf Jahre für jedes einzelne Grundstück oder Gebäude nach einer allgemein anerkannten Methode zu ermitteln ist, wobei planmäßige Abschreibungen i.S.d. § 253 Abs. 3 S. 1 HGB nicht berücksichtigt werden dürfen. Soweit sich der Marktwert eines Grundstücks oder Gebäudes seit der letzten Schätzung vermindert hat, ist eine entsprechende Wertberichtigung vorzunehmen (§ 55 Abs. 4 RechVersV). Sind Grundstücke oder Gebäude zum Zeitpunkt der Aufstellung des JA verkauft worden oder sollen in nächster Zeit verkauft werden, so ist der nach den Absätzen 2 und 4 des § 55 RechVersV festgesetzte Marktwert gem. § 55 Abs. 5 RechVersV um die angefallenen oder geschätzten Realisierungsaufwendungen zu vermindern. Ist die Bestimmung des Marktwerts eines Grundstücks oder Gebäudes nicht möglich, so ist von den Anschaffungs- oder Herstellungskosten auszugehen (§ 55 Abs. 6 RechVersV). Im Anhang ist anzugeben, welche Bewertungsmethode herangezogen wurde, sowie die entsprechende Zuordnung der Grundstücke und Bauten nach dem Jahr, in dem ihre Bewertung erfolgte (§ 55 Abs. 7 RechVersV). **129**

---

121 Vgl. *Richter/Geib* in: KoRVU-Kommentar, Bd. I, E, Rn. 91; so auch *IDW*, Versicherungsunternehmen⁵, C Tz. 51; a.A. *König* in: KoRVU-Kommentar, Bd. I, B, Rn. 222.
122 Vgl. BGBl. I 2007, S. 2631.
123 Vgl. *Engeländer*, VersR 2007, S. 155, S. 162.
124 Vgl. RegE, BT-Drs. 16/3945, S. 121.
125 Vgl. *Engeländer*, VersR 2007, S. 155/156.
126 Zum Zeitwert von Grundstücken und Gebäuden vgl. *Geib*, S. 174; *Kölschbach*, GuG 1999, S. 200.

130 Der **Zeitwert der übrigen Kapitalanlagen** ist gem. § 56 Abs. 1 RechVersV der Freiverkehrswert. Dieser ist bei an zugelassenen Börsen notierten Kapitalanlagen grds. der Börsenkurswert am Abschlussstichtag. Bei anderen Kapitalanlagen gilt, sofern für diese ein Markt vorhanden ist, als Freiverkehrswert grds. der Durchschnittswert, zu dem diese am Abschlussstichtag gehandelt wurden (§ 56 Abs. 2 und 3 RechVersV). Entsprechend der Regelung bei den Grundstücken und Gebäuden sind bei Veräußerung oder Veräußerungsabsicht die angefallenen oder geschätzten Realisierungsaufwendungen vom Freiverkehrswert abzusetzen (§ 56 Abs. 4 RechVersV). Bei der Bewertung von Kapitalanlagen ist höchstens vom voraussichtlich realisierbaren Wert unter Berücksichtigung des Grundsatzes der Vorsicht auszugehen; im Anhang ist zusätzlich die jeweils angewandte Bewertungsmethode sowie der Grund für ihre Anwendung anzugeben (§ 56 Abs. 5 und 6 RechVersV).

131 Bewertungsspielräume treten insb. dann auf, wenn weder ein Börsenkurs noch ein Freiverkehrswert i.S.d. § 56 Abs. 3 RechVersV vorliegt. Für die Ermittlung eines Zeitwerts werden dann hauptsächlich Cash-Flow- und Ertragswertverfahren verwendet. Bei der Auswahl der Bewertungsparameter ist auf eine vernünftige kaufmännische Beurteilung abzustellen. Bei sog. Zero-Schuldscheindarlehen oder Zero-Namensschuldverschreibungen hat der VFA des *IDW* einen *IDW Rechnungslegungshinweis* zur Angabe von Zeitwerten gem. §§ 54 ff. RechVersV veröffentlicht[127]. Für die Bewertung von Anteilen an verbundenen Unternehmen und Beteiligungen ist *IDW RS HFA 10* heranzuziehen[128].

132 Unabhängig von der gem. § 54 RechVersV erforderlichen Anhangangabe des Zeitwerts besteht nach § 285 Nr. 18 HGB für den EA bzw. § 314 Abs. 1 Nr. 10 für den KA eine Verpflichtung zur Angabe des Zeitwerts für zu den Finanzanlagen (§ 266 Abs. 2 A. III HGB) gehörende Finanzinstrumente, die über ihrem beizulegenden Zeitwert ausgewiesen werden. Die im Zuge des BilReG[129] in das HGB eingefügte Angabepflicht umfasst neben dem Zeitwert noch einige weitere Angaben. Es sind anzugeben[130]:

„für zu den Finanzanlagen (§ 266 Abs. 2 A III.) gehörende Finanzinstrumente, die über ihrem beizulegenden Zeitwert ausgewiesen werden, da insoweit eine außerplanmäßige Abschreibung gem. § 253 Abs. 3 S. 4 unterblieben ist:

– der Buchwert und der beizulegende Zeitwert der einzelnen Vermögensgegenstände oder angemessener Gruppierungen sowie
– die Gründe für das Unterlassen der Abschreibung einschließlich der Anhaltspunkte, die darauf hindeuten, dass die Wertminderung voraussichtlich nicht von Dauer ist."

Diese Vorschrift gilt uneingeschränkt auch für VU und Pensionsfonds[131].

133 Eine Beschränkung der Anhangangaben auf Finanzinstrumente i.S.d. § 1 Abs. 11 KWG bzw. § 2 Abs. 2b WpHG ist zur Erfüllung der gesetzlichen Angabepflichten nicht ausreichend. Damit sind für alle Finanzanlagen, bei denen eine Abschreibung gem. § 253 Abs. 3 S. 4 HGB auf den niedrigeren beizulegenden Wert ganz oder teilweise unterlassen worden ist, die geforderten Anhangangaben zu machen.

---

127 Vgl. *IDW RH VFA 1.001*, WPg 2000, S. 440 f. = FN-IDW 2000, S. 157 f.
128 *IDW RS HFA 10*, WPg 2005, S. 1322 f. = FN-IDW 2005, S. 718 ff.
129 Gesetz zur Einführung internationaler Rechnungslegungsstandards und zur Sicherung der Qualität der Abschlussprüfung (Bilanzrechtsreformgesetz – BilReG) v. 04.12.2004, BGBl. I, S. 3166.
130 Vgl. hierzu im Einzelnen auch Kap. M, Tz. 746; vgl. auch *IDW RH HFA 1.005*, WPg Supplement 4/2010, S. 86 ff. = FN-IDW 2010, S. 567 ff.
131 Vgl. Gesetzesbegr. zum Gesetzentwurf BilReG gem. Kabinettsbeschluss v. 21.04.2004, S. 60. Die Anwendung der Vorschrift ergibt sich aus den Verweisungen in § 341a Abs. 1 HGB. Im Übrigen wird damit der (partiellen) Umsetzung der Fair-Value-RL sowie der Modernisierungsrichtlinie Rechnung getragen.

Der Wortlaut des § 285 Nr. 18 HGB setzt eine unterlassene Abschreibung gem. § 253 Abs. 3 S. 4 HGB voraus. Gemäß § 341b Abs. 1 S. 3 darf § 253 Abs. 3 S. 4 nur auf die in § 341b Abs. 1 S. 2 bezeichneten Vermögensgegenstände angewendet werden. Dieser Satz 2 gilt u. a. für Namensschuldverschreibungen, Hypothekendarlehen und andere Forderungen vorbehaltlich § 341b Abs. 2 HGB und § 341c HGB. Damit gilt § 253 Abs. 3 S. 4 gem. § 341b Abs. 1 S. 3 HGB nicht für solche Kapitalanlagen, die gem. § 341c abweichend von § 253 Abs. 1 S. 1 mit ihrem Nennwert oder ihren fortgeführten Anschaffungskosten angesetzt werden. Infolgedessen erscheint für diese Kapitalanlagen das Bestehen einer Angabepflicht nach § 285 Nr. 18 HGB zweifelhaft.

134 Für **einzelne Finanzinstrumente oder angemessene Gruppierungen** ist der Buchwert und der beizulegende Zeitwert auszuweisen, wenn der Buchwert über dem beizulegenden Zeitwert liegt und insoweit eine außerplanmäßige Abschreibung unterblieben ist.

In Abweichung zu der nach § 54 RechVersV für VU geforderten Zeitwertangabe

– werden von der Angabepflicht gem. § 285 Nr. 18 bzw. § 314 Abs. 1 Nr. 10 HGB nur solche Kapitalanlagen erfasst, deren Buchwert größer als der Zeitwert ist, d.h. es wird ausschließlich der Ausweis solcher Finanzinstrumente gefordert, die stille Lasten aufweisen. Eine Saldierung mit stillen Reserven der gleichen Gruppierung ist nicht zulässig;
– sind die Werte für die einzelnen Vermögensgegenstände oder für angemessene Gruppierungen anzugeben. Der Ausweis des Zeitwerts in einer Summe der Kapitalanlagen hingegen ist nicht ausreichend.

Aufgrund des Umfangs an Kapitalanlagen erscheint es für VU nicht praktikabel, die geforderten Angaben für einzelne Vermögensgegenstände zu machen. Im Rückgriff auf das Wahlrecht in § 285 Nr. 18 Buchst. a HGB sollten angemessene Gruppierungen vorgenommen werden. Die Gruppenbildung ist im konkreten Einzelfall danach auszurichten, dass jeweils vergleichbare Gründe für die Nichtvornahme der Abschreibung vorgelegen haben. Als angemessene Gruppierungen werden z.B. angesehen

– das Gliederungsschema gem. § 266 Abs. 2 A III HGB bzw.
– das Gliederungsschema gem. Formblatt 1 C II, III, gruppiert auf Basis der arabischen Ziffern.

Denkbar ist auch eine Gruppierung nach Risikoarten, z.B. Festverzinsliche Wertpapiere und Dividendenwerte.

135 Nach § 285 Nr. 19 HGB ist für jede Kategorie nicht zum beizulegenden Zeitwert bilanzierter **derivativer Finanzinstrumente** neben Art und Umfang auch der beizulegende Wert im Anhang anzugeben, sofern er sich nach § 255 Abs. 4 HGB verlässlich ermitteln lässt. Außerdem sind die Bewertungsmethode, ein ggf. vorhandener Buchwert, der Bilanzposten, in welchem der Buchwert erfasst ist, sowie die Gründe dafür, warum der beizulegende Zeitwert nicht bestimmt werden kann, anzugeben[132].

6. Angabe des Gesamtbetrags der sonstigen finanziellen Verpflichtungen

136 § 51 Abs. 1 RechVersV sieht u.a. vor, dass VU nach § 285 Nr. 3a HGB den Gesamtbetrag der sonstigen finanziellen Verpflichtungen, die nicht in der Bilanz enthalten und nicht nach § 251 HGB oder § 285 Nr. 3 HGB zu vermerken sind, im Anhang anzugeben haben, sofern diese Angabe für die Beurteilung der Finanzlage von Bedeutung ist. § 341a Abs. 2

---

[132] Zu allgemeinen Ausführungen zu den Anhangangaben nach § 285 Nr. 19 HGB vgl. Kap. F Tz. 806.

S. 5 HGB schränkt den Anwendungsbereich dieser Vorschrift insofern ein, als dass VU Angaben für solche finanziellen Verpflichtungen, die im Rahmen des Versicherungsgeschäfts entstehen, nicht vorzunehmen haben. Diese Ausnahmeregelung vermeidet insoweit die Frage nach der Einordnung des Versicherungsschutzversprechens als sonstige finanzielle Verpflichtung und dessen Quantifizierung. Dies bedeutet jedoch nicht, dass VU ganz von einer Angabe absehen können, mit der Begründung, dass sie gem. § 7 Abs. 2 VAG keine Geschäfte betreiben dürfen, die nicht mit dem Versicherungsgeschäft im Zusammenhang stehen[133].

137 Die Angabepflicht greift insb. im Zusammenhang mit den Kapitalanlagen von VU und gilt bspw. für finanzielle Verpflichtungen aus dem Geschäft mit derivativen Finanzinstrumenten oder aus Vorkäufen. Wegen der angabepflichtigen Sachverhalte kann grds. auf die allgemeine Literatur verwiesen werden[134].

138 Ein weiterer Anwendungsfall zur Angabepflicht ergibt sich aus dem gem. § 126 VAG – i.d.F. der VAG-Novelle 2004[135] – bei der Kreditanstalt für Wiederaufbau als nicht rechtsfähiges SV des Bundes einzurichtenden **Sicherungsfonds für die Lebensversicherer und dem Sicherungsfonds für die Krankenversicherer**[136].

139 Nach § 124 VAG besteht für Lebens- und Krankenversicherer eine Pflichtmitgliedschaft im jeweiligen Sicherungsfonds und zudem nach § 129 VAG entsprechend eine **Beitragspflicht** an den Sicherungsfonds.

Die Beiträge sollen die Fehlbeträge der übernommenen Versicherungsverträge und die durch die Tätigkeit des Sicherungsfonds entstehenden Kosten decken. Die VU sind verpflichtet, Jahresbeiträge und ggf. Sonderbeiträge zu leisten.

Die Beitragspflicht kann herab- oder heraufgesetzt werden, wenn der Sicherungsfonds ein ausreichendes Vermögen aufgebaut hat. Sonderbeiträge werden i.d.R. nur erforderlich sein, um das SV nach der Übernahme eines Versicherungsbestandes wieder aufzufüllen oder um zusätzliche Mittel einzufordern, wenn das vorhandene Vermögen nicht ausreicht[137].

140 Das Nähere über die Höhe der individuellen Jahresbeiträge und die Voraussetzungen von Sonderbeiträgen wird für **LVU** in einer RVO geregelt[138]. Das BMF hat durch RVO die Aufgaben und Befugnisse der Sicherungsfonds auf juristische Personen des Privatrechts übertragen. Der ursprünglich als freiwillige Auffanggesellschaft gegründeten **Protektor Lebensversicherungs-AG** wurden zusätzlich die Aufgaben und Befugnisse des gesetzlichen Sicherungsfonds für die Lebensversicherung übertragen[139].

---

133 Vgl. *Geib/Ellenbürger/Kölschbach*, WPg 1992, S. 177 und S. 221; *Ellenbürger/Horbach/Kölschbach*, WPg 1996, S. 41 und S. 113. Anderer Auffassung Beck Vers-Komm., § 341a HGB, Rn. 24.
134 Vgl. *ADS*[6], § 285 HGB, Tz. 28; BeBiKo[7], § 285 HGB, Rn. 41; *Epperlein/Scharpf*, DB 1994, S. 1629; vgl. auch Tz. 42.
135 Vgl. BGBl. I 2004, S. 3416.
136 Nach § 127 können Aufgaben und Befugnisse auch auf eine juristische Person des Privatrechts übertragen werden.
137 Vgl. BT-Drs. 15/3418.
138 Vgl. VO über die Finanzierung des Sicherungsfonds für die Lebensversicherer (Sicherungsfonds-Finanzierungs-VO (Leben) – SichLVFinV) v. 11.05.2006, BGBl. I, S. 1172, sowie § 129 Abs. 6 VAG.
139 Vgl. VO über die Übertragung von Aufgaben und Befugnissen eines Sicherungsfonds für die Lebensversicherung an die Protektor Lebensversicherungs-AG v. 11.05.2006, BGBl. I, S. 1170.

Die an den Sicherungsfonds geleisteten Beiträge gelten gem. § 129 Abs. 1 S. 3 VAG als Anlage i.S.d. § 1 und des § 2 Abs. 3 Anlageverordnung[140].

Eine Angabepflicht im Anhang gem. § 285 Nr. 3a HGB besteht insb. für die ggf. zusätzlich zu entrichtenden Sonderbeiträge. 141

Hinsichtlich des **Sicherungsfonds der KVU** bestehen insofern Unterschiede, als nach § 129 Abs. 5a VAG Abs. 1 S. 3 (Beiträge als Anlage i.S.d. Anlageverordnung) und die Abs. 2 bis 5 des § 129 VAG nicht anzuwenden sind. Damit entfallen insb. der Aufbau eines Mindestumfangs des Sicherungsfondsvermögens sowie die jährliche Beitragspflicht. Stattdessen erhebt der Sicherungsfonds *nach* der Übernahme der Versicherungsverträge Sonderbeiträge bis zur Höhe von maximal 2‰ der Summe der versicherungstechnischen Netto-Rückstellungen der angeschlossenen Krankenversicherer[141]. 142

Das BMF hat analog zu den LVU durch RVO die Aufgaben und Befugnisse der Sicherungsfonds auf juristische Personen des Privatrechts übertragen. Der ehemals freiwilligen Auffanggesellschaft **Medicator AG** wurden zusätzlich die Aufgaben und Befugnisse des gesetzlichen Sicherungsfonds für die Krankenversicherung übertragen[142].

I. Grundstücke, grundstücksgleiche Rechte und Bauten einschließlich der Bauten auf fremden Grundstücken

Unter diesem Posten werden bebaute und unbebaute Grundstücke, Anteile an Grundstücksgesellschaften bürgerlichen Rechts[143], grundstücksgleiche Rechte, Bauten auf fremden Grundstücken, Vorauszahlungen auf Grundstücke, Anzahlungen auf Bauten sowie Planungskosten einzeln ausgewiesen[144]. Maßgeblich für den Zeitpunkt der erstmaligen Bilanzierung bzw. den Abgang eines Grundstücks oder grundstücksgleichen Rechts ist nach den allgemeinen Grundsätzen das Vorliegen des wirtschaftlichen, nicht des rechtlichen Eigentums[145]. 143

Die **Bewertung** der Grundstücke, grundstücksgleichen Rechte und Bauten einschließlich der Bauten auf fremden Grundstücken erfolgt gem. § 341b Abs. 1 S. 1 HGB i.V.m. § 253 Abs. 3 S. 1 nach den für das AV geltenden Vorschriften. Demnach erfolgt die Bewertung zu Anschaffungs- oder Herstellungskosten vermindert um plan- oder außerplanmäßige Abschreibungen. Gemäß § 341b Abs. 3 HGB ist eine Bewertung der Grundstücke, Bauten und im Bau befindlichen Anlagen zum Festwert nicht zulässig. Dieser Bestimmung kommt insoweit nur klarstellende Bedeutung zu, als dass die Voraussetzungen für eine Festbewertung im Grundstücksbereich regelmäßig nicht gegeben sind[146]. 144

Von VU ist im Anhang der Bilanzwert der im Rahmen ihrer eigenen Tätigkeit genutzten Grundstücke und Bauten anzugeben[147]. Bei gemischt genutzten Grundstücken bzw. Bau- 145

---

140 VO über die Anlage des gebundenen Vermögens von VU (Anlageverordnung – AnlV) v. 20.12.2001, BGBl. I, S. 3913, zuletzt geändert durch Art. 1 VO v. 11.02.2011, BGBl. I, S. 250.
141 Vgl. § 129 Abs. 5a VAG.
142 Vgl. VO über die Übertragung von Aufgaben und Befugnissen eines Sicherungsfonds für die Krankenversicherung an die Medicator AG v. 11.05.2006, BGBl. I., S. 1171.
143 Siehe hierzu auch Tz. 150.
144 Die RechVersV enthält keine Bestimmungen zum Bilanzausweis des Postens Grundstücke, grundstücksgleiche Rechte und Bauten einschließlich der Bauten auf fremden Grundstücken. Allerdings kann davon ausgegangen werden, dass die bislang in den VUBR enthaltenen Regelungen im Grundsatz weiterhin Geltung haben. Zu möglichen Zweifelsfragen s. *IDW*, Versicherungsunternehmen[4], C Tz. 31; *König* in: KoRVU-Kommentar, Bd. I, B, Rn. 17.
145 Vgl. *IDW*, Versicherungsunternehmen[5], C Tz. 63; *König* in: KoRVU-Kommentar, Bd. I, B, Rn. 17, m.w.N.
146 Vgl. *KPMG*, S. 54. Zur Bewertung mit dem Festwert s. auch Kap. E Tz. 478.
147 Vgl. § 52 Nr. 1 Buchst. a RechVersV.

ten kann eine prozentuale Aufteilung entsprechend der Nutzfläche in Frage kommen. Da der Zweck dieser Anhangangabe die Offenlegung des nicht fungiblen, in Grundstücken und Gebäuden angelegten Vermögens ist, empfiehlt sich u.E. eine Angabe des gesamten Buchwerts der überwiegend eigengenutzten Grundstücke und Gebäude. Unter diesem Gesichtspunkt kann auch eine freiwillige, separate Angabe der überwiegend an verbundene Unternehmen vermieteten Gebäude in Betracht kommen[148].

II. Kapitalanlagen in verbundenen Unternehmen und Beteiligungen

146 Formblatt 1 RechVersV sieht vor, dass im Grundsatz alle Beziehungen mit verbundenen Unternehmen und Unternehmen, mit denen ein Beteiligungsverhältnis besteht, zusammengefasst unter „C.II Kapitalanlagen in verbundenen Unternehmen und Beteiligungen" auszuweisen sind. Ziel der Zusammenfassung ist der Ausweis aller Unternehmensverflechtungen innerhalb der Kapitalanlagen an einer Stelle. Zu diesem Zweck umfassen die dort ausgewiesenen Kapitalanlagen neben den Anteilen an verbundenen Unternehmen und den Beteiligungen (Unterposten Nr. 1 und 3) auch die Ausleihungen an diese Unternehmen (Unterposten Nr. 2 und 4).

II.1. Anteile an verbundenen Unternehmen

147 Der **Begriff des verbundenen Unternehmens** ist für Zwecke der Rechnungslegung in § 271 Abs. 2 HGB definiert[149]. Liegen die Voraussetzungen des § 271 Abs. 2 HGB vor, so hat, unabhängig von Höhe, Zielsetzung und Dauer des Erwerbs von Anteilen, ein Ausweis unter „Anteile an verbundenen Unternehmen" zu erfolgen.

148 Im Unterschied zu § 266 Abs. 2 HGB, der einen Ausweis der Anteile an verbundenen Unternehmen sowohl im **AV** als auch im **Umlaufvermögen** vorsieht, ergibt sich in Formblatt 1 RechVersV aufgrund der fehlenden Unterscheidung zwischen AV und Umlaufvermögen ein einheitlicher Ausweis. Diese fehlende Differenzierung kann bei VU im Einzelfall dazu führen, dass unter den Anteilen an verbundenen Unternehmen sowohl Anteile mit AV-Charakter als auch solche mit Umlaufvermögen-Charakter zu erfassen sind[150]. Das hat die Anwendung unterschiedlicher Bewertungsprinzipien innerhalb eines Bilanzpostens zur Folge. Dies entspricht den Bewertungskonsequenzen, die sich aus § 8 Abs. 1 und § 10 Abs. 1 S. 1 RechVersV für den zusammengefassten Ausweis von bspw. Inhaberschuldverschreibungen bzw. Namensschuldverschreibungen unter den Ausleihungen an verbundene Unternehmen oder an Unternehmen, mit denen ein Beteiligungsverhältnis besteht, ergeben.

149 Wegen der wie AV zu bewertenden Anteile an verbundenen Unternehmen vgl. die entsprechenden Ausführungen zu den Beteiligungen[151]. Erläuterungen bzgl. der für das Umlaufvermögen geltenden Bewertungsvorschriften finden sich insb. bei den Ausführungen zu Aktien, Investmentanteilen und anderen festverzinslichen Wertpapieren[152].

II.3. Beteiligungen

150 Der **Begriff der Beteiligung** ist in § 271 Abs. 1 HGB definiert[153]. Liegt eine Beteiligung vor, muss geprüft werden, ob nicht auch der Tatbestand eines verbundenen Unternehmens

---

148 Zu möglichen Wertansätzen vgl. *Ellenbürger/Horbach/Kölschbach*, WPg 1996, S. 41/42.
149 Vgl. hierzu Kap. F Tz. 250; s. auch *Richter/Geib* in: KoRVU-Kommentar, Bd. I, A, Rn. 213. Zu Abgrenzungsfragen zum Begriff des verbundenen Unternehmens in § 15 AktG vgl. Kap. T Tz. 54 sowie zu versicherungsspezifischen Aspekten *Richter/Geib* in: KoRVU-Kommentar, Bd. I, A, Rn. 219.
150 Vgl. *KPMG*, S. 57.
151 Siehe dazu Tz. 150.
152 Siehe dazu Tz. 166.
153 Vgl. hierzu z.B. *ADS*⁶, § 271 HGB, Tz. 1, m.w.N.

Rechnungslegung K

i.S.d. § 271 Abs. 2 HGB vorliegt. In diesem Fall geht der Ausweis unter „Anteile an verbundenen Unternehmen" vor.

Als Beteiligungen sind im Einzelnen auszuweisen:
- Anteile an Kapitalgesellschaften,
- Anteile an Personengesellschaften,
- stille Beteiligungen,
- Anteile an Grundstücksgesellschaften bürgerlichen Rechts, sofern sie als solche am Rechtsverkehr teilnehmen und ein gewisses eigenes wirtschaftliches Risiko tragen.

Abzugrenzen sind **Anteile an eG**, die nach § 271 Abs. 1 S. 5 HGB nicht als Beteiligungen gelten. Sie sind beim Posten „andere Kapitalanlagen" zu erfassen. 151

Der **Beteiligungsbegriff des § 271 Abs. 1 HGB** setzt eine **Daueranlageabsicht** voraus, da die Anteile der „Herstellung einer dauernden Verbindung" mit dem Unternehmen, an dem die Anteile gehalten werden, dienen. Als Voraussetzung eines Ausweises unter Beteiligungen ist damit zu prüfen, ob eine Daueranlageabsicht vorliegt. Merkmale, die auf eine Beteiligungsabsicht hindeuten, können bei VU insb. sein: Branchenverwandtschaft (VU, Grundstücks-, Vermögensverwaltungsgesellschaften u.Ä.), unternehmerische Verbindungen (Rückversicherungsbeziehungen, Kooperation im Vertrieb u.Ä.), personelle Verflechtungen im Vorstand oder AR sowie Funktionsausgliederungsverträge[154]. 152

Aus dem Kriterium der Daueranlageabsicht folgt, dass ein Ausweis von kurzfristig gehaltenen Anteilen, die wie Umlaufvermögen zu bewerten sind, für den Posten „Beteiligungen" nicht in Betracht kommt. Hält bspw. ein Unternehmen Aktien eines anderen Unternehmens, sowohl teilweise mit Beteiligungsabsicht als auch z.T. ohne Beteiligungsabsicht, muss ein differenzierter Ausweis unter „Beteiligungen" und dem Posten „C.III.1 Aktien, Investmentanteile und andere nicht festverzinsliche Wertpapiere" erfolgen. Dieser Ausweis entspricht § 266 Abs. 2 HGB, der, § 271 Abs. 1 HGB folgend, keinen Ausweis von Beteiligungen im Bereich des Umlaufvermögens vorsieht. 153

Fraglich könnte sein, ob ein Ausweis unter „Beteiligungen" bereits **vor der Eintragung der Gründung** oder der Kapitalerhöhung in das HR statthaft ist. Da das beteiligte Unternehmen – unabhängig davon, ob die rechtlichen Erfordernisse erfüllt sind – eine Investition in eine Beteiligung getätigt hat, ist diese Investition auch als Beteiligung auszuweisen[155]. Begründet wird diese Sichtweise damit, dass Vorleistungen, in Anlehnung an die Regelungen der VUBR[156], unter den Posten auszuweisen sind, unter dem der Vermögensgegenstand später ausgewiesen wird. Die Aktivierung von Beteiligungen richtet sich auch bei VU nach den allgemeinen Regelungen[157]. 154

Beteiligungen sind nach § 341b Abs. 1 S. 2 HGB entsprechend den Bewertungsvorschriften für das AV (§ 253 Abs. 3 HGB) zu bewerten[158]. Bei Erwerb von einem Dritten ergeben sich die **Anschaffungskosten**[159] aus Kaufpreis, zzgl. der anfallenden Nebenkosten (z.B. Notariatskosten, Spesen). Nicht Teil der Anschaffungskosten sind Aufwendungen, die der Vorbereitung der Entscheidung über den Erwerb dienen (z.B. Kosten eines Bewertungsgutachtens, Beratungskosten u.Ä.). Bei Neugründung und Kapitaler- 155

---
154 Vgl. *IDW*, Versicherungsunternehmen[5], C Tz. 97.
155 Vgl. *König* in: KoRVU-Kommentar, Bd. I, B, Rn. 129.
156 Vgl. Nr. I A 3.1 S. 3; I A 3.2 letzter Satz, I A 4.1 Abs. 1 VUBR.
157 Vgl. hierzu Kap. E Tz. 532.
158 Vgl. insb. *IDW RS HFA 10*, WPg 2005, S. 1322 f. = FN-IDW 2005, S. 718 ff.
159 Ausführlich z.B. in: *ADS*[6], § 253 HGB, Tz. 43, § 255 HGB, Tz. 17; BeBiKo[7], § 255 HGB, Rn. 141.

1229

höhungen entsprechen die Anschaffungskosten dem Betrag der Einlage zzgl. Nebenkosten.

156 Eine bei der Bilanzierung von Beteiligungen zu berücksichtigende Besonderheit stellt der **Organisationsfonds**[160] gem. § 5 Abs. 5 Nr. 3 VAG dar. Zahlungen für einen Organisationsfonds werden handelsrechtlich als Anschaffungskosten aktiviert.

157 Anteile an **Personenhandelsgesellschaften** sind grds. mit den Anschaffungs- bzw. Herstellungskosten anzusetzen. Abschreibungen sind stets vorzunehmen, wenn der Beteiligung zugleich ein niedrigerer Wert gem. § 253 Abs. 3 S. 3 HGB beizulegen ist[161]. Soweit dem Beteiligungswert der Personenhandelsgesellschaft ein niedrigerer Wert beizulegen ist, sind die Abschreibungsbeträge unter „b) Abschreibungen auf Kapitalanlagen" auszuweisen[162].

158 Die **Bewertung** der Kapitalanlagen in Unternehmen, mit denen ein Beteiligungsverhältnis besteht, und Anteilen an verbundenen Unternehmen mit AV-Charakter richtet sich nach den für das AV geltenden Vorschriften[163]. Dies stellt § 341b Abs. 1 S. 2 i.V.m. S. 1 HGB ausdrücklich fest. Dabei können bei vorübergehenden Wertminderungen gem. § 253 Abs. 3 S. 4 außerplanmäßige Abschreibungen auf den niedrigeren beizulegenden Wert vorgenommen werden. Sie sind gem. § 253 Abs. 3 S. 3 vorzunehmen bei dauernder Wertminderung[164]. Das Abschreibungswahlrecht zur Berücksichtigung nur steuerrechtlich zulässiger Wertansätze gem. § 254 HGB a.F. ist nicht mehr gestattet.

159 Bei Wegfall des Grundes für eine außerplanmäßige Abschreibung besteht gem. § 253 Abs. 5 S. 1 ein zwingendes **Wertaufholungsgebot**.

160 Im Anhang sind gem. § 285 Nr. 11 Angaben zum Besitz solcher Beteiligungen erforderlich, die mindestens 20% der Anteile an einem Unternehmen umfassen. Die Angabepflicht bezieht sich neben dem Namen und Sitz der Gesellschaft auch auf die Höhe des Anteils am Kapital, das Eigenkapital und das Ergebnis des letzten GJ, für das ein JA vorliegt. Zusätzlich haben börsennotierte KapGes. alle Beteiligungen an großen KapGes., die 5% überschreiten, anzugeben. Im Übrigen kann auf die allgemeine Literatur verwiesen werden[165].

II.2. und II.4. Ausleihungen an verbundene Unternehmen bzw. an Unternehmen, mit denen ein Beteiligungsverhältnis besteht

161 Unter den „**Ausleihungen an verbundene Unternehmen**" sind Ausleihungen zwischen verbundenen Unternehmen i.S.d. § 271 Abs. 2 HGB zu erfassen. „Ausleihungen an Unternehmen, mit denen ein Beteiligungsverhältnis besteht" sind sowohl Ausleihungen an das Unternehmen, das die Beteiligung hält (passives Beteiligungsverhältnis), als auch an das Unternehmen, an dem die Beteiligung gehalten wird (aktives Beteiligungsverhältnis). In Frage kommen also Ausleihungen an Unternehmen, mit denen ein aktives oder passives Beteiligungsverhältnis besteht[166].

---

160 Zum Organisationsfonds s. Tz. 304.
161 Vgl. *IDW RS HFA 18*, WPg 2006, S. 1302 ff. = FN-IDW 2006, S. 625 ff., Tz. 32; BeBiKo[7], § 253 HGB, Rn. 315.
162 Formblatt 2 II Nr. 2b; Formblatt 3 I Nr. 10b; Formblatt 4 II Nr. 10b, III Nr. 3b.
163 Vgl. insb. *IDW RS HFA 10*, WPg 2005, S. 1322 f. = FN-IDW 2005, S. 718 ff.
164 Durch die Überarbeitung des § 253 HGB im Zuge des Bilanzrechtsmodernisierungsgesetzes gilt das gemilderte Niederstwertprinzip nur noch für Finanzanlagen.
165 Vgl. hierzu z.B. BeBiKo[7], § 285 HGB, Rn. 230; s. auch Kap. F Tz. 654.
166 Vgl. *ADS*[6], § 266 HGB, Tz. 82.

Im Hinblick auf die Abgrenzung eines Ausweises der Ausleihungen an verbundene Unternehmen bzw. an Unternehmen, mit denen ein Beteiligungsverhältnis besteht, hat ein Ausweis unter Ausleihungen an verbundene Unternehmen stets Vorrang. **162**

Abgrenzungsfragen können sich ferner bei der Abgrenzung der unter den Ausleihungen zu erfassenden Vermögensgegenstände ergeben. Entsprechende Bestimmungen finden sich insb. in §§ 8 und 10 RechVersV. **163**

Nach § 8 Abs. 1 RechVersV ist bei „Inhaberschuldverschreibungen und anderen festverzinslichen Wertpapieren" ein Ausweis nur insoweit vorzunehmen, als nicht ein Ausweis unter „Ausleihungen an verbundene Unternehmen" bzw. „Ausleihungen an Unternehmen, mit denen ein Beteiligungsverhältnis besteht" vorgeht. Eine entsprechende Regelung existiert zu den „Sonstigen Ausleihungen" in § 10 Abs. 1 S. 1 RechVersV. **164**

Damit ergibt sich für die unter **C.III „Sonstige Kapitalanlagen"** auszuweisenden Posten

2. Inhaberschuldverschreibungen und andere festverzinsliche Wertpapiere

4. Sonstige Ausleihungen

a) Namensschuldverschreibungen
b) Schuldscheinforderungen und Darlehen
c) Darlehen und Vorauszahlungen auf Versicherungsscheine
d) übrige Ausleihungen

die Verpflichtung, bei Vorliegen der entsprechenden Voraussetzungen eine Umgliederung in die „Ausleihungen an verbundene Unternehmen" oder in die „Ausleihungen an Unternehmen, mit denen ein Beteiligungsverhältnis besteht" vorzunehmen.

Versteht man unter Ausleihungen Forderungen, die durch die Hingabe von Kapital erworben werden[167], kommt auch bei den „Hypotheken-, Grundschuld- und Rentenschuldforderungen", „Einlagen bei KI", „Anderen Kapitalanlagen" sowie den „Depotforderungen aus dem in Rückdeckung übernommenen Versicherungsgeschäft" grds. eine Umgliederung in Betracht. **165**

In den genannten Fällen ist nach der RechVersV eine Umgliederung nicht ausdrücklich erforderlich. Sieht man von einer – freiwilligen – Umgliederung ab, ist u.E. ein **Vermerk der Mitzugehörigkeit nach § 265 Abs. 3 HGB** geboten, wenn dies zur Aufstellung eines klaren und übersichtlichen JA notwendig ist. Diese Vermerkpflicht greift, wenn aufgrund unterschiedlicher Gliederungsprinzipien in der Bilanz Überschneidungen auftreten, so dass eine mehrfache Zugehörigkeit vorliegt[168]. Für eine Offenlegung der Unternehmensverflechtungen in Form eines Vermerks spricht auch die hohe Bedeutung, die die handelsrechtliche Rechnungslegung der Darstellung der Beziehungen zu verbundenen Unternehmen sowie zu Unternehmen, mit denen ein Beteiligungsverhältnis besteht, beimisst[169]. Dies wird auch deutlich i.d.R.ung des § 4 Abs. 1 RechVersV, der eine Offenlegung dieser Beziehungen in Form eines Davon-Vermerks bei den „Forderungen aus dem sG", den „Abrechnungsforderungen aus dem Rückversicherungsgeschäft" und den „Sonstigen Forderungen" verlangt.

Zur **Bewertung** und **Anhangangaben** zu den unter Ausleihungen auszuweisenden Kapitalanlagen wird auf die Erläuterungen zu den entsprechenden Kapitalanlageposten verwiesen.

---

167 Vgl. z.B. BeBiKo[7], § 266 HGB, Rn. 77.
168 Vgl. *ADS*[6], § 265 HGB, Tz. 39.
169 Vgl. *ADS*[6], § 266 HGB, Tz. 11.

III. Sonstige Kapitalanlagen
1. Aktien, Investmentanteile und andere nicht festverzinsliche Wertpapiere

166 Mit dem getrennten Ausweis von Aktien, Investmentanteilen und anderen nicht festverzinslichen Wertpapieren[170] einerseits sowie den Inhaberschuldverschreibungen und anderen festverzinslichen Wertpapieren[171] andererseits wird der Grundsatz der VersBiRiLi umgesetzt, dass **Wertpapiere nach Titeln mit variabler Verzinsung und mit fester Verzinsung** zu trennen sind[172]. Damit soll dem Umstand Rechnung getragen werden, dass nicht festverzinsliche Wertpapiere mit einem höheren Risiko als festverzinsliche Wertpapiere behaftet sein können[173].

167 § 7 RechVersV, der weitgehend § 17 RechKredV nachgebildet ist, sieht insb. den Ausweis folgender Vermögensgegenstände vor:

- Aktien,
- Zwischenscheine,
- Investmentanteile,
- Optionsscheine,
- Gewinnanteilscheine,
- als Inhaber- oder Orderpapiere ausgestaltete börsenfähige Genussscheine,
- andere nicht festverzinsliche Wertpapiere, soweit sie börsennotiert sind,
- vor Fälligkeit hereingenommene Gewinnanteilscheine.

168 Aktien sind unter diesem Posten auszuweisen, soweit sie nicht – bei Vorliegen der entsprechenden Voraussetzungen – als „Anteile an verbundenen Unternehmen" bzw. „Beteiligungen" auszuweisen sind. Eigene Aktien oder Anteile sind in einem gesondert dafür vorgesehenen Posten[174] auszuweisen[175].

169 **Aktien, Zwischenscheine, Investmentanteile, Optionsscheine und Gewinnanteilscheine** sind stets unter Aktiva C.III.1 auszuweisen; dies gilt unabhängig davon, ob sie börsenfähig oder börsennotiert sind.

Als Inhaber- oder Orderpapiere ausgestaltete Genussscheine sind unter diesem Posten nur zu erfassen, wenn sie börsenfähig sind.

Andere nicht festverzinsliche Wertpapiere – wie Bezugsrechte auf Aktien, Partizipationsscheine oder Liquidationsanteilsscheine – sind an dieser Stelle auszuweisen, soweit sie börsennotiert sind. Eine Beschreibung der Begriffe „börsenfähig" und „börsennotiert" enthält § 7 Abs. 2 und 3 RechKredV. Da § 7 RechVersV § 17 RechKredV nachgebildet ist[176], erscheint es zulässig, die in der RechKredV gegebenen Definitionen im Grundsatz auch für das Verständnis der in vergleichbarem Zusammenhang verwendeten Begriffe der RechVersV heranzuziehen.

170 Nach § 7 Abs. 2 RechKredV gelten Wertpapiere als **börsenfähig**, soweit sie die Voraussetzung einer Börsenzulassung erfüllen. Die Bedingungen für die amtliche Notierung an

---
170 Formblatt 1 Aktiva C III 1.
171 Formblatt 1 Aktiva C III 2.
172 Vgl. Art. 6 C III 1 und 2 VersBiRiLi; Begr. zu § 7 RechVersV, BR-Drs. 823/94, S. 114.
173 Vgl. Begr. zu § 7 RechVersV, BR-Drs. 823/94, S. 114.
174 Formblatt 1 Aktivseite F III.
175 Zur Bildung des Ausgleichspostens für aktivierte eigene Anteile s. Kap. F Tz. 426.
176 Vgl. Begr. zu § 7 RechVersV, BR-Drs. 823/94, S. 114.

einer deutschen Wertpapierbörse bzw. für die Zulassung zum geregelten Markt sind im Einzelnen im BörsG, in der BörsZulV sowie in der jeweiligen Börsenordnung geregelt[177]. § 7 Abs. 3 RechKredV bestimmt, dass als „börsennotiert" Wertpapiere gelten, „die an einer deutschen Börse zum amtlichen Handel oder zum geregelten Markt zugelassen sind, außerdem Wertpapiere, die an ausländischen Börsen zugelassen sind oder gehandelt werden". Ausgeschlossen sind damit bspw. Titel, die lediglich im Telefonverkehr oder im Rahmen von XETRA gehandelt werden[178].

Zu den Investmentanteilen sind Anteile an Grundstücks-, Wertpapier- und Beteiligungs-SV zu zählen. **171**

Fraglich könnte sein, unter welchem Posten **Genussrechte** auszuweisen sind, die nicht verbrieft oder verbrieft und nicht börsenfähig sind. Denkbar ist in den genannten Fällen in Anlehnung an *HFA 1/1994*[179] *ein Ausweis unter „4. Sonstige Ausleihungen ... d) übrige Ausleihungen".* **172**

Es sei in diesem Zusammenhang darauf hingewiesen, dass ein Ausweis von Genussscheinen unter Beteiligungen oder Anteile an verbundenen Unternehmen nicht in Betracht kommt. Genussscheine stellen verbriefte Genussrechte dar. Genussrechte können generell als Gläubigerrechte eigener Art umschrieben werden[180], die keine Mitgliedschaftsrechte gewähren. Ein Ausweis des Genussrechtskapitals beim Genussrechtsinhaber als „Anteile an verbundenen Unternehmen" oder „Beteiligungen" wird daher als nicht zulässig erachtet[181]. Dies gilt unabhängig davon, ob die Genussrechte beim Emittenten Eigen- oder Fremdkapitalcharakter haben[182]. Abweichungen hiervon werden nur dann als möglich erachtet, wenn die Kapitalüberlassung im Einzelfall mit entsprechenden Mitgliedschaftsrechten verbunden ist; davon ist jedoch nur in Ausnahmefällen auszugehen. **173**

Genussscheine, die von Beteiligungsunternehmen bzw. verbundenen Unternehmen begeben werden, sind unter „C.II.2 Ausleihungen an verbundene Unternehmen" bzw. „C.II.4 Ausleihungen an Unternehmen, mit denen ein Beteiligungsverhältnis besteht" auszuweisen. **174**

Ein Ausweis unter „Aktien, Investmentanteile und andere nicht festverzinsliche Wertpapiere" kommt für Anteile an eG einschließlich der Gewinnzuschreibungen wegen der fehlenden Verbriefung der Genossenschaftsanteile nicht in Frage. Ebenso kommt wegen § 271 Abs. 1 S. 5 HGB ein Ausweis unter Beteiligungen nicht in Betracht[183]. Versteht man unter Ausleihungen grds. Forderungen, die durch Hingabe von Kapital erworben wurden[184], erscheint auch ein Ausweis unter den „Sonstigen Ausleihungen – übrige" nicht möglich. Damit kommt für den Ausweis der Genossenschaftsanteile nur der Posten „6. Andere Kapitalanlagen" in Frage. Eine entsprechende Anpassung der Postenbezeichnung ist allerdings wegen der Nichtanwendbarkeit des § 265 Abs. 6 HGB durch VU[185] nicht zulässig. Denkbar ist hingegen – bei einem größeren Umfang an Genossen- **175**

---

177 Siehe z.B. den Überblick bei *Krumnow*, KI², § 7 RechKredV, Rn. 5.
178 Vgl. *Krumnow*, KI², § 7 RechKredV, Rn. 10.
179 Zur Behandlung von Genussrechten im JA von KapGes. s. *HFA 1/1994.*
180 Vgl. *Lipowsky* in: Prölss, VAG¹², § 53c, Rn. 35.
181 Vgl. *HFA 1/1994*, Abschn. 1 und 3.1.
182 Vgl. *HFA 1/1994*, Abschn. 3.2.
183 Vgl. *ADS*⁶, § 266 HGB, Tz. 81.
184 Vgl. BeBiKo⁷, § 266 HGB, Rn. 77.
185 Vgl. § 341a Abs. 2 S. 1 HGB.

schaftsanteilen –, einen zusätzlichen Unterposten gem. § 265 Abs. 5 HGB einzufügen oder eine entsprechende Anhangangabe zu machen.

176 **GmbH-Geschäftsanteile** stellen prinzipiell Beteiligungen oder Anteile an verbundenen Unternehmen dar. Da die GmbH-Geschäftsanteile grds. nicht verbrieft sind, kommt auch dann, wenn diese Anteile ausnahmsweise keine Beteiligung oder keinen Anteil an einem verbundenen Unternehmen darstellen, ein Ausweis unter „Aktien, Investmentanteile und andere nicht festverzinsliche Wertpapiere" nicht in Frage. Weil ebenso wie bei den Genossenschaftsanteilen ein Ausweis unter Ausleihungen nicht möglich ist, wird auch bei diesen Anteilen lediglich ein Ausweis unter „Andere Kapitalanlagen" in Betracht kommen. Auch in diesem Fall ist es denkbar, bei größerer Bedeutung dieser Anteile einen zusätzlichen Unterposten[186] einzufügen oder eine entsprechende Anhangangabe zu machen.

177 Bleiben beim Vorversicherer hinterlegte Aktien, Investmentanteile und andere nicht festverzinsliche Wertpapiere bei einer **Depotstellung** im Rahmen eines Rückversicherungsvertrags im Eigentum des rückversichernden Unternehmens, sind diese gem. § 13 Abs. 3 RechVersV bei diesem RVU unter den jeweiligen Kapitalanlageposten auszuweisen.

178 Die **Bewertung** der unter „Aktien, Investmentanteile und andere nicht festverzinsliche Wertpapiere" ausgewiesenen Vermögensgegenstände richtet sich nach § 341b Abs. 2 HGB. Die Bewertung der unter diesem Posten ausgewiesenen Vermögensgegenstände ist grds. nach den für das Umlaufvermögen geltenden Vorschriften § 253 Abs. 1 S. 1, Abs. 4 und 5, § 256 HGB (Anwendung des strengen Niederstwertprinzips; Wertaufholungsgebot) vorzunehmen. Investmentanteile sind mit ihrem Rücknahmepreis zu bewerten[187].

179 § 341b Abs. 2 S. 1 HGB wurde durch das Versicherungskapitalanlagen-Bewertungsgesetz v. 26.03.2002[188] um einen Hs. 2 ergänzt, der für die von VU gehaltenen Wertpapiere neben der gemäß Hs. 1 vorzunehmenden Bewertung nach den für das Umlaufvermögen anzuwendenden Regelungen die Vorschriften zur Bewertung von Kapitalanlagen des **AV** zulässt, wenn diese dazu bestimmt sind, **dauerhaft dem Geschäftsbetrieb zu dienen**. Hierfür in Frage kommen zum einen die in dem Posten C.III.1. des Formblattes 1 RechVersV ausgewiesenen Aktien (einschließlich der eigenen Anteile), Investmentanteile sowie sonstigen nicht festverzinslichen Wertpapiere, zum anderen die in dem Posten C.III.2. des Formblattes 1 RechVersV enthaltenen Inhaberschuldverschreibungen und anderen festverzinslichen Wertpapiere.

Die Möglichkeit einer Bewertung nach den für das AV geltenden Regelungen schützt v.a. VN von Lebensversicherungsverträgen, die eine Überschussbeteiligung vorsehen, da deren Höhe sich nach dem Bilanzgewinn der Unternehmen richtet[189].

180 Voraussetzung für eine Qualifizierung von Wertpapieren als AV ist, dass das VU **sowohl die Fähigkeit als auch die Absicht zur Daueranlage** dieser Wertpapiere besitzt. Dass die Fähigkeit zur dauerhaften Anlage der betreffenden Wertpapiere besteht, ist in einer **Liquiditätsrechnung** nachzuweisen[190]. Mit dem Abstellen auf die Absicht wird die subjektive Zweckbestimmung der Unternehmen maßgebend für die Bewertung der Wertpapiere[191]. Diese Absicht bzw. die Entscheidung zur Zweckbestimmung ist aktenkundig

---

186 Vgl. § 265 Abs. 5 HGB.
187 Vgl. *IDW RS VFA 1*, WPg 2000, S. 380 ff. = FN-IDW 2000, S. 6 ff.
188 Vgl. BGBl. I 2002, S. 1219.
189 Vgl. Begr. RegE, BT-Drs. 14/7436, S. 5.
190 Vgl. *IDW RS VFA 2*, WPg 2002, S. 475 ff. = FN-IDW 2002, S. 210 ff., Tz. 6.
191 Vgl. *IDW RS VFA 2*, WPg 2002, S. 475 ff. = FN-IDW 2002, S. 210 ff., Tz. 1.

Rechnungslegung K

zu machen. Hierzu ist ein **Vorstandsbeschluss** erforderlich[192]. Ein Vorstandsbeschluss kann in Form eines Rahmenbeschlusses mit regelmäßiger Information des Gesamtvorstandes erfolgen[193]. Eine willkürliche Zweckbestimmung ist nicht zulässig; Verkäufe von Wertpapieren aus dem AV, z.B. um bestehende oder erwartete Unterschiede aus dem Erwerbspreis und dem Veräußerungspreis kurzfristig zu nutzen, sind hingegen zulässig[194]. Wird beabsichtigt, ein Wertpapier zu veräußern, dessen Zeitwert zum Bilanzstichtag unterhalb des Buchwerts liegt, ist das Wertpapier nach den Grundsätzen für eine dauerhafte Wertminderung abzuschreiben, wenn nicht mehr erwartet wird, dass der Zeitwert bis zum Zeitpunkt der Veräußerung steigt[195].

Im Falle einer **dauerhaften Wertminderung**, d.h. einem nachhaltigen Absinken des den Wertpapieren zum Abschlussstichtag beizulegenden Wertes unter den Buchwert, ist eine Abschreibung zwingend vorzunehmen[196]. Indizien für eine dauerhafte Wertminderung sind u.a. der Umfang und die Dauer der Wertminderung[197]. **181**

Zur Vereinfachung der Feststellung der Dauerhaftigkeit einer Wertminderung, die grds. für jede einzelne gehaltene Kapitalanlage gesondert zu treffen ist, hat der *VFA* ein pauschaliertes Verfahren vorgeschlagen[198]. Hiernach hat die Beurteilung der Dauerhaftigkeit der einzelnen Wertminderung nach folgenden sog. **Aufgreifkriterien** zu erfolgen:

- Der Zeitwert des Wertpapiers liegt in den dem Bilanzstichtag vorangehenden sechs Monaten permanent um mehr als 20% unter dem Buchwert.
- Der Durchschnittswert der täglichen Börsenkurse des Wertpapiers liegt in den letzten zwölf Monaten um mehr als 10% unter dem Buchwert.

Der Aufgreifkriterien bedarf es nicht, wenn das VU konkrete Kenntnisse darüber besitzt, dass der tatsächliche Wert des Wertpapiers offensichtlich niedriger ist als der Buchwert[199].

Wenn die Aufgreifkriterien des *VFA* erfüllt sind, ist dies ein Indiz für eine voraussichtlich dauernde Wertminderung[200]. Auch wenn die Aufgreifkriterien erfüllt sind, kann ein Unternehmen möglicherweise nachweisen, dass eine Wertminderung nicht dauerhaft ist. Als **beizulegender Wert** gilt zunächst grds. der Börsenkurs[201]. Aufgrund von Faktoren, die außerhalb der Einschätzung der künftigen Ertragskraft von Unternehmen liegen, kann der Börsenkurs von einer langfristigen Einschätzung der Ertragskraft des jeweiligen Unternehmens abweichen. In diesem Falle ist eine außerplanmäßige Abschreibung auf den beizulegenden Wert vorzunehmen, der die langfristige Einschätzung der Ertragskraft des Unternehmens widerspiegelt. **182**

Wird nicht auf den Stichtagskurs am Bilanzstichtag abgeschrieben, ist nachzuweisen, weshalb für den nicht abzuschreibenden Betrag eine voraussichtlich nur vorübergehende Wertminderung angenommen wird[202]. Dieser Nachweis kann z.B. auf Grundlage einer **183**

---

192 Vgl. *IDW RS VFA 2*, WPg 2002, S. 475 ff. = FN-IDW 2002, S. 210 ff., Tz. 8.
193 Vgl. *Wiedmann*, Bilanzrecht², § 341b HGB, Rn. 121.
194 Vgl. *IDW RS VFA 2*, WPg 2002, S. 475 ff. = FN-IDW 2002, S. 210 ff., Tz. 10; vgl. auch *Wiedmann*, Bilanzrecht², § 341b HGB, Rn. 119.
195 Vgl. *IDW RS VFA 2*, WPg 2002, S. 475 ff. = FN-IDW 2002, S. 210 ff., Tz. 21.
196 Vgl. § 253 Abs. 3 S. 3 HGB.
197 Zu diesen und zu weiteren Indizien vgl. *IDW RS VFA 2*, WPg 2002, S. 475 ff. = FN-IDW 2002, S. 210 ff., Tz. 19.
198 Vgl. IDW Aktuell (2002) – VFA zur Bewertung von Kapitalanlagen bei VU *(www.idw.de)*.
199 Vgl. IDW Aktuell (2002) – VFA zur Bewertung von Kapitalanlagen bei VU *(www.idw.de)*.
200 Vgl. auch *Krumnow*, KI², § 340e HGB, Rn. 47.
201 Vgl. IDW Aktuell (2002) – VFA zur Bewertung von Kapitalanlagen bei VU *(www.idw.de)*.
202 Vgl. IDW Aktuell (2002) – VFA zur Bewertung von Kapitalanlagen bei VU *(www.idw.de)*.

repräsentativen Anzahl unabhängiger Analysteneinschätzungen bzgl. zukünftiger Börsenkurse oder auf Grundlage von Ertragswertverfahren basierend auf der Diskontierung repräsentativer, erwarteter **Earnings per Share (EPS)** und marktgerechter und nachvollziehbarer Annahmen (z.B. risikofreier Zins und angemessener Risikozuschlag) erfolgen. Ein Nachweis sollte vorzugsweise auf Grundlage mehrerer Methoden erfolgen, die die am Markt vorhandenen Informationen berücksichtigen.

184 Bei festverzinslichen Wertpapieren, die bis zur Endfälligkeit gehalten werden sollen, ist von einer dauerhaften Wertminderung auszugehen, wenn sich die Bonität des Emittenten wesentlich verschlechtert hat[203].

185 Bei Investmentfonds richtet sich die Beurteilung der Dauerhaftigkeit einer Wertminderung nach den in dem Fonds enthaltenen Vermögensgegenständen. Dabei sind sowohl das Risikoprofil des gesamten Fonds als auch mögliche Ausgleicheffekte innerhalb des Fonds zu berücksichtigen[204]. Des Weiteren sollte geklärt werden, ob eine Ausschüttung aus der Substanz des Fonds erfolgt ist[205].

186 Grundsätzlich gilt, dass aus Gründen der Vorsicht in Zweifelsfällen von einer dauernden Wertminderung auszugehen ist[206]. Im Falle der Absicherung mit Future-Kontrakten, mit denen Wertpapiere einerseits gegen Kursverluste abgesichert werden können, andererseits aber an steigenden Kursen nicht mehr partizipieren können, ist auf den Sicherungskurs abzuschreiben.

187 Die nach den Vorschriften für das AV und Umlaufvermögen bewerteten Wertpapiere sind jeweils getrennt buchhalterisch zu erfassen[207].

188 Im Anhang sollte u.E. im Rahmen der Erläuterung der Bilanzierungs- und Bewertungsmethoden ein ggf. verwendetes Aufgreifkriterium und das Wertfindungsverfahren dargestellt und erläutert werden.

189 Gemäß § 341b Abs. 2 HGB ist für VU eine **Gruppenbewertung** nach § 240 Abs. 4, § 256 S. 2 HGB für Aktien, Investmentanteile sowie sonstige festverzinsliche und nicht festverzinsliche Wertpapiere zulässig. § 284 Abs. 2 Nr. 4 HGB bestimmt für den Anhang, dass Unterschiedsbeträge bei Anwendung einer Bewertungsmethode nach §§ 240 Abs. 4, 256 S. 1 HGB anzugeben sind, wenn sich durch das Bewertungsvereinfachungsverfahren ein im Vergleich zum letzten Börsen- oder Marktpreis erheblicher Unterschied ergibt. Diese Angabepflicht dient der Offenlegung von Bewertungsreserven.

Fraglich ist, ob die **bei VU** angewandten Methoden der **Durchschnittsbewertung** – z.B. bei Papieren in Girosammelverwahrung – der Angabepflicht nach § 284 Abs. 2 Nr. 4 HGB unterliegen. Die Vorschriften der §§ 240 Abs. 4, 256 Satz 1 HGB, auf die sich die Anhangangabe gem. § 284 Abs. 2 Nr. 4 HGB bezieht, erlauben eine Form der Gruppenbewertung, bei der gleichartige oder annähernd gleichwertige Vermögensgegenstände zu einer Gruppe zusammengefasst werden. Im Unterschied zu einer Gruppenbewertung nach §§ 240 Abs. 4, 256 S. 1 HGB werden bei VU aber gleiche, d.h. identische Vermögensgegenstände (z.B. Stammaktien einer bestimmten AG) zum Zwecke der Bewertung zusammengefasst. Damit liegt kein Anwendungsfall der Gruppenbewertung i.S.d. §§ 240 Abs. 4, 256 S. 1 HGB vor. Vielmehr handelt es sich um eine Durchschnittsbewertung, die

---

203 Vgl. *IDW RS VFA 2*, WPg 2002, S. 475 ff. = FN-IDW 2002, S. 210 ff., Tz. 20.
204 Vgl. *IDW RS VFA 2*, WPg 2002, S. 475 ff. = FN-IDW 2002, S. 210 ff., Tz. 24.
205 Vgl. *Birck/Meyer*, Bankbilanz³, S. 109.
206 Vgl. *IDW RS VFA 2*, WPg 2002, S. 475 ff. = FN-IDW 2002, S. 210 ff., Tz. 16.
207 Vgl. *IDW RS VFA 2*, WPg 2002, S. 475 ff. = FN-IDW 2002, S. 210 ff., Tz. 10.

nicht in den Anwendungsbereich des § 284 Abs. 2 Nr. 4 HGB fällt. Diese Auffassung ist auch insoweit begründet, als bei den Methoden zur Ermittlung der Anschaffungskosten zwischen u.a. Einzelfeststellung, Durchschnittsbewertung und Gruppenbewertung unterschieden wird[208].

Gemäß § 341b Abs. 2 Hs. 1 HGB ist das Wertaufholungsgebot des § 253 Abs. 5 HGB zu beachten, das das vor der Änderung des HGB durch das Bilanzrechtsmodernisierungsgesetz in § 280 HGB a.F. geregelte Wertaufholungsgebot ersetzt und im Unterschied zu Letzterem auch für alle P/StK gilt. Hiernach ist eine Zuschreibung, maximal bis zur Höhe der Anschaffungskosten, vorzunehmen, wenn die Gründe einer früher vorgenommenen Abschreibung zum Bilanzstichtag nicht mehr bestehen. **190**

2. Inhaberschuldverschreibungen und andere festverzinsliche Wertpapiere

Formblatt 1 der RechVersV sieht einen getrennten Ausweis von „Aktien, Investmentanteilen und anderen nicht festverzinslichen Wertpapieren" einerseits sowie von „Inhaberschuldverschreibungen und anderen festverzinslichen Wertpapieren" andererseits vor[209]. **191**

Zusätzlich hierzu hat das IDW mit *IDW RS VFA 1* eine Stellungnahme zur Rechnungslegung zu *„Bewertung und Ausweis von Wertpapieren und Namensschuldverschreibungen im JA von VU"* veröffentlicht[210]. Diese umfasst neben der bilanziellen Behandlung von Wertpapieren und Namensschuldverschreibungen auch die bilanzielle Behandlung von Wertpapierpensions- und Wertpapierleihegeschäften, von Optionsgeschäften sowie Financial Futures und Forward Rate Agreements und die Umwandlung von Inhaberschuldverschreibungen in Namensschuldverschreibungen. Insbesondere für die Übertragung von Wertpapieren durch (echte oder unechte) Pensionsgeschäfte wird es als sachgerecht angesehen, die Grundsätze des § 340b HGB (Ergänzende Vorschriften für KI) heranzuziehen. **192**

Der Umfang des Postens „Inhaberschuldverschreibungen und andere festverzinsliche Wertpapiere" ist in § 8 RechVersV beschrieben. § 8 RechVersV hat, wie § 7 RechVersV mit § 16 RechKredV eine Parallelvorschrift in der Rechnungslegungsverordnung für die KI. **193**

Die unter diesem Posten auszuweisenden Titel müssen **börsenfähig** sein[211]. Wie bereits bei Verwendung des Begriffs „börsenfähig" in § 7 RechVersV liegt es auch in diesem Zusammenhang nahe, auf die in § 7 Abs. 2 RechKredV enthaltene Definition der „Börsenfähigkeit" zurückzugreifen. Danach gelten Wertpapiere als börsenfähig, die die Voraussetzung einer Börsenzulassung erfüllen[212]. Ferner genügt bei Schuldverschreibungen die einheitliche Ausstattung hinsichtlich Verzinsung, Laufzeitbeginn und Fälligkeit. Damit ist die Festlegung der Börsenfähigkeit für Schuldverschreibungen an die „Handelbarkeit" der Papiere und nicht an die Voraussetzungen einer Börsenzulassung geknüpft. **194**

Ferner ist zu beachten, dass bei Vorliegen der entsprechenden Voraussetzungen ein Ausweis der betreffenden Wertpapiere unter „Ausleihungen an verbundene Unternehmen" sowie „Ausleihungen an Unternehmen, mit denen ein Beteiligungsverhältnis besteht" vorgeht.

---
208 Vgl. *ADS*[6], Vorbem. zu HGB §§ 252–256, Tz. 18.
209 Vgl. Art. 6 C III 1 und 2 VersBiRiLi; Begr. zu § 7 RechVersV, BR-Drs. 823/94, S. 114.
210 Vgl. *IDW RS VFA 1*, WPg 2000, S. 380 ff. = FN-IDW 2000, S. 6 ff.
211 § 8 Abs. 1 RechVersV.
212 Vgl. Tz. 170.

195 Unter Beachtung der o.g. Voraussetzungen sind insb. die folgenden Titel hier zu erfassen:
- festverzinsliche Inhaberschuldverschreibungen,
- andere festverzinsliche Inhaberpapiere, unabhängig davon, ob sie in Wertpapierurkunden verbrieft oder als Wertrechte ausgestaltet sind,
- Orderschuldverschreibungen, die Teile einer Gesamtemission sind,
- Schatzwechsel,
- Schatzanweisungen,
- andere Geldmarktpapiere (Commercial papers, Euronotes, Certificates of deposit, Bons de caisse und ähnliche verbriefte Rechte),
- Kassenobligationen,
- vor Fälligkeit hereingenommene Zinsscheine.

196 Nach § 8 Abs. 2 RechVersV **gelten dabei als festverzinslich** auch Wertpapiere, die mit einem veränderlichen Zinssatz ausgestattet sind, sofern dieser an eine bestimmte Referenzgröße, bspw. einen Interbankzinssatz oder einen Euro-Geldmarktsatz, gebunden ist, sowie Null-Kupon-Anleihen, deren Zinsertrag regelmäßig in Gestalt eines Disagios bei der Emission geleistet wird, und Schuldverschreibungen, die einen anteiligen Anspruch auf Erlöse aus einem gepoolten Forderungsvermögen verbriefen. Bei den letztgenannten handelt es sich oft um sog. **Asset-backed securities**, d.h. um Wertpapiere, die durch einen Pool von Finanzaktiva, insb. Hypotheken, gedeckt und besichert sind[213].

197 Festverzinsliche Inhaberpapiere sind an dieser Stelle auch dann zu erfassen, wenn sie als **Wertrechte** ausgestaltet sind. Bei diesen Wertrechten handelt es sich um Anleihen, für die keine effektiven Stücke ausgedruckt werden und die einem Sammelverwahrer i.S.d. Depotrechts zur Sammelverwahrung anvertraut sind. Die als Gläubiger in das Schuldenbuch eingetragenen Wertpapier-Sammelbanken üben für ihre Kontoinhaber das Gläubigerrecht treuhänderisch aus. Ist die Anleihe nicht auf die Wertpapier-Sammelbank, sondern auf den Namen des bilanzierenden VU im Schuldbuch eingetragen, erfolgt der Ausweis innerhalb der „Sonstigen Ausleihungen" unter den Namensschuldverschreibungen[214].

198 § 8 Abs. 1 RechVersV bestimmt, dass sog. **Geldmarktpapiere** unter dem Posten „Inhaberschuldverschreibungen und andere festverzinsliche Wertpapiere" auszuweisen sind.

199 Im Hinblick auf die Bilanzierung von **Sparbriefen, Sparobligationen, Sparschuldverschreibungen** und ähnlichen Konstruktionen kommt es letztlich auf deren rechtliche Ausgestaltung an[215]. In der Mehrzahl der Fälle handelt es sich um Namensschuldverschreibungen, die unter den „Sonstigen Ausleihungen" zu bilanzieren sind. Dies gilt im Zweifel auch für Namenspapiere mit Inhaberklausel gem. § 808 BGB („hinkende Inhaberpapiere"). Liegt jedoch ein Sparbrief o.Ä. vor, der als reines Inhaberpapier ausgestaltet ist, erfolgt ein Ausweis unter den Inhaberschuldverschreibungen. Allerdings muss dann gem. § 8 Abs. 1 S. 1 RechVersV ebenfalls das Kriterium der Börsenfähigkeit im oben beschriebenen Sinne erfüllt sein.

200 Festverzinslichkeit wird grds. dann gegeben sein, wenn in den Emissionsbedingungen ein bestimmter Zinssatz sowie die periodische Zahlung der Zinsen versprochen werden[216]. Diese Voraussetzung wird bei **Wandelschuldverschreibungen** regelmäßig vorliegen,

---
213 Siehe hierzu *Früh*, BB 1995, S. 105.
214 Vgl. § 10 Abs. 1 Nr. 1 RechVersV.
215 Vgl. *Krumnow*, KI², § 16 RechKredV, Rn. 7.
216 Vgl. *Birck/Meyer*, Bankbilanz³, S. II 194.

Rechnungslegung K

während **Gewinnschuldverschreibungen** und **Genussrechte** als nicht festverzinsliche Wertpapiere anzusehen sind[217].

Bleiben bei ei**ner Depotstellung** im Rahmen eines Rückversicherungsvertrags beim Vorversicherer hinterlegte Inhaberschuldverschreibungen und andere festverzinsliche Wertpapiere im Eigentum des rückversichernden Unternehmens, sind diese gem. § 13 Abs. 3 RechVersV bei diesem RVU unter dem jeweiligen Kapitalanlageposten auszuweisen. 201

Die **Bewertung** der unter „Inhaberschuldverschreibungen und andere festverzinsliche Wertpapiere" ausgewiesenen Vermögensgegenstände richtet sich nach § 341b Abs. 2 HGB. Äquivalent zur Bewertung der unter „Aktien, Investmentanteile und andere nicht festverzinsliche Wertpapiere" ausgewiesenen Vermögensgegenstände sind auch die unter „Inhaberschuldverschreibungen und andere festverzinsliche Wertpapiere" gezeigten Vermögensgegenstände grds. nach den für das Umlaufvermögen geltenden Vorschriften (Anwendung des strengen Niederstwertprinzips) vorzunehmen, dürfen aber unter bestimmten Voraussetzungen wie AV bewertet werden[218]. 202

3. Hypotheken-, Grundschuld- und Rentenschuldforderungen

Unter diesem Posten werden Forderungen erfasst, für die dem bilanzierenden VU Pfandrechte an Grundstücken oder Schiffen gestellt worden sind und bei denen die Befriedigung allein durch Verwertung des belasteten Objekts gewährleistet ist. Soweit die Darlehen nur zusätzlich dinglich gesichert sind oder es sich um Tilgungsstreckungsdarlehen ohne dingliche Sicherung handelt, hat der Ausweis unter „Schuldscheinforderungen und Darlehen" zu erfolgen. Aus der Begründung zu § 9 RechVersV ergibt sich außerdem, dass dinglich gesicherte Forderungen, die durch einen Versicherungsvertrag zusätzlich gesichert sind, unter diesem Posten auszuweisen sind. Demgegenüber sind Forderungen, bei denen der Versicherungsvertrag die Hauptsicherheit darstellt, unter den „Sonstigen Ausleihungen" zu erfassen. 203

Nach der wirtschaftlichen Betrachtungsweise sind die Pfandrechte auch vor ihrer Eintragung im Grundbuch bzw. im Schiffsregister hier auszuweisen, sofern die hierüber abgeschlossenen Verträge notariell beurkundet und die Darlehensbeträge an den Darlehensnehmer oder treuhänderisch an einen Notar des Darlehensnehmers ausgezahlt sind. 204

§ 341c Abs. 3 HGB erlaubt, abweichend von § 253 Abs. 1 S. 1 HGB, die Bilanzierung der Hypotheken-, Grundschuld- und Rentenschuldforderungen sowie der Schuldscheinforderungen und -darlehen mit den **fortgeführten Anschaffungskosten.** Hierzu wird auf die gesonderten Ausführungen unter Tz. 222 verwiesen. 205

§ 341b Abs. 1 HGB stellt ausdrücklich klar, dass die unter diesem Posten ausgewiesenen Vermögensgegenstände nach den für das **AV** geltenden Vorschriften zu bewerten sind. Bei **voraussichtlich dauernden Wertminderungen**, z.B. wegen bestehender Ausfallrisiken, unzureichender Verzinslichkeit einzelner Forderungen oder des Währungskursrisikos bei Fremdwährungsforderungen, besteht eine Pflicht, bei **voraussichtlich vorübergehenden Wertminderungen** ein Wahlrecht, die Forderung mit dem am Bilanzstichtag beizulegenden niedrigeren Wert anzusetzen (§§ 253 Abs. 3 S. 3 und S. 4 HGB). Auch steuerrechtlich kommt der Unterscheidung zwischen „voraussichtlich dauernd" und „voraussichtlich vorübergehend" besondere Bedeutung zu, da auch hier die Teilwertabschreibung nur bei voraussichtlich dauernden Wertminderungen anerkannt ist[219]. 206

---

217 Siehe auch § 7 S. 1 RechVersV.
218 Vgl. Tz. 179.
219 Vgl. *Groh*, DB 1999, S. 978/981.

1239

207 Bei der Ermittlung von **Pauschalwertberichtigungen** zur Berücksichtigung des allgemeinen Kreditrisikos sind normierte Pauschalwertberichtigungen, die nicht auf unternehmensindividuell ermittelten Ausfallsätzen beruhen, steuerlich nicht anerkannt[220]. Voraussetzung für die steuerliche Anerkennung von Pauschalwertberichtigungen ist die Berücksichtigung von in der Vergangenheit gewonnenen unternehmensindividuellen Erfahrungen[221].

Wegen des Ausweises von Hypotheken-, Grundschuld- und Rentenschuldforderungen unter Ausleihungen an verbundene Unternehmen oder Beteiligungsunternehmen bzw. zur Kenntlichmachung der **Unternehmensverflechtung** im Rahmen eines Davon-Vermerks vgl. Tz. 165.

4. Sonstige Ausleihungen
a) Namensschuldverschreibungen

208 Unter den Namensschuldverschreibungen sind sämtliche Forderungen auszuweisen, bei denen die Kreditwürdigkeit des Schuldners im Vordergrund steht. Nicht entscheidend ist, ob und in welcher Weise die Forderungen gesichert sind. Gemäß § 10 Abs. 1 Nr. 1 RechVersV gehören zu den Namensschuldverschreibungen insb. die Namenspfandrechte, Namenskommunalobligationen, Namens-Landesbodenbriefe sowie die Anleihen des Bundes einschließlich der ehemaligen Bundesbahn und der ehemaligen Bundespost, der Länder und der Gemeinden, die auf den Namen des bilanzierenden VU im Schuldbuch eingetragen sind.

209 Bei Vorliegen der einschlägigen Voraussetzungen geht der Ausweis unter „Ausleihungen an verbundene Unternehmen" oder „Ausleihungen an Unternehmen, mit denen ein Beteiligungsverhältnis besteht" vor[222].

Formblatt 1 Aktivseite III Nr. 4a und b schreibt grds. einen getrennten Ausweis der Namensschuldverschreibungen einerseits und der Schuldscheinforderungen und Darlehen andererseits vor.

210 **Darlehen und Gehaltsvorschüsse** an Mitarbeiter (Arbeitnehmer, freie Versicherungsvermittler) in Höhe von mehr als sechs Monatsbezügen sind unter „Übrige Ausleihungen" zu erfassen (vgl. Tz. 227). Geringere Ausleihungen sind gem. § 10 Abs. 1 Nr. 4b Hs. 2 RechVersV unter dem Posten „Sonstige Forderungen" auszuweisen (vgl. Tz. 272 ff.).

211 § 341b Abs. 1 HGB stellt ausdrücklich klar, dass die unter diesem Posten ausgewiesenen Vermögensgegenstände nach den für das AV geltenden Vorschriften zu bewerten sind. Insoweit wird auf die Ausführungen zu den „Hypotheken-, Grundschuld- und Rentenschuldforderungen" verwiesen[223].

§ 341c Abs. 1 HGB lässt, abweichend von § 253 Abs. 1 S. 1 HGB, die Bilanzierung der Namensschuldverschreibungen mit dem **Nennbetrag** zu.

---

220 Vgl. Allgemeine Verwaltungsvorschrift zur Aufhebung der allgemeinen Verwaltungsvorschrift über die steuerliche Anerkennung von Sammelwertberichtigungen bei KI v. 04.07.1988, BAnz. 125, BStBl. I, S. 316; Steuerreformgesetz 1990, BGBl. I 1988, S. 1093/1139.
221 Siehe hierzu *BFA 1/1990: Zur Bildung von Pauschalwertberichtigungen für das latente Kreditrisiko im Jahresabschluß von Kreditinstituten*.
222 § 10 Abs. 1 Hs. 1 RechVersV.
223 Vgl. Tz. 206.

Das Wahlrecht zur Nennwertbilanzierung betrifft nur die unter „C. Kapitalanlagen, III. Sonstige Kapitalanlagen" ausgewiesenen Namensschuldverschreibungen" erstmals für GJ, die ab dem 01.01.2011 beginnen[224]. **212**

Voraussetzung für eine Bewertung zum Nennwert ist, dass die Differenz zwischen Anschaffungskosten und Nennbetrag Zinscharakter hat[225]. Abweichend von der in § 340e Abs. 2 HGB getroffenen Regelung für die KI ist jedoch davon abgesehen worden, diese Voraussetzung ausdrücklich in den Gesetzestext des § 341c HGB aufzunehmen; im Unterschied zu den KI – so führt die Begründung aus – halten VU „Wertpapiere" als Kapitalanlagen, so dass der Zinscharakter des Differenzbetrags regelmäßig gegeben ist. **213**

Im Fall der Neuausleihung sind Namensschuldverschreibungen nicht in der Höhe der Valutierung des Darlehens, sondern mit dem vereinbarten Rückzahlungsbetrag anzusetzen. **214**

Mit Blick auf § 340e Abs. 2 HGB sowie die entsprechenden Gesetzesmaterialien wird auch für **derivativ erworbene Forderungen** eine Nennwertbilanzierung als zulässig erachtet[226]. Dies ist nur konsequent, weil eine Differenzierung zwischen originärem oder derivativem Erwerb, wie vor Umsetzung der VersBiRiLi, zu einer Ungleichbehandlung wirtschaftlich durchaus vergleichbarer Sachverhalte führen würde. Oft ist es nur eine Frage der Abwicklungstechnik oder der Marktmacht, ob ein Darlehen originär oder derivativ erworben wird. **215**

Wird die Forderung mit dem Nennbetrag bilanziert, ist nach § 341c Abs. 2 S. 1 HGB ein **passiver Unterschiedsbetrag** zu bilanzieren (Ansatzpflicht) bzw. darf gem. § 341c Abs. 2 S. 2 HGB ein **aktiver Unterschiedsbetrag** (Ansatzwahlrecht) bilanziert werden. In diesen Fällen ist der Unterschiedsbetrag im passiven bzw. aktiven RAP aufzunehmen, planmäßig aufzulösen und in seiner jeweiligen Höhe in der Bilanz oder im Anhang gesondert anzugeben. **216**

Zur Bilanzierung eines aktiven bzw. passiven RAP vgl. Tz. 286 bzw. Tz. 511. **217**

Die Möglichkeit der Ausnutzung des Wahlrechts zwischen Anschaffungskostenbilanzierung und Nennwertbilanzierung gem. § 341c Abs. 1 HGB unterliegt als Wertansatzwahlrecht dem **Stetigkeitsgebot** des § 252 Abs. 1 Nr. 6 HGB[227]. Das bedeutet, dass vergleichbare Sachverhalte in aufeinander folgenden Abschlüssen sowie im gleichen Abschluss im Hinblick auf die Ausnutzung des Wahlrechts zur Nominalwertbilanzierung nicht unterschiedlich gehandhabt werden sollten. Jeder Fall einer Durchbrechung der Bewertungsstetigkeit führt zur Angabepflicht im Anhang gem. § 284 Abs. 2 Nr. 3 HGB[228]. Eine Anwendung der Effektivzinsmethode ist auch für Namensschuldverschreibungen zulässig[229]. **218**

Für die Umwandlung von Inhaberschuldverschreibungen in Namensschuldverschreibungen gelten die Grundsätze der *Stellungnahme des VFA „Bewertung und Ausweis von* **219**

---

224 Vgl. Gesetz zur Umsetzung der geänderten Bankenrichtlinie und der geänderten Kapitaladäquanzrichtlinie v. 19.11.2010, BGBl. I, S. 1611.
225 Begr.-RegE, BT-Drs. 12/5587, S. 26.
226 Vgl. *IDW RS VFA 1*, WPg 2000, S. 380 ff. = FN-IDW 2000, S. 6 ff., Tz. 3; vgl. auch die Kommentierung zu § 340e HGB: z.B. *Krumnow*, KI², § 340e HGB, Rn. 49.
227 Vgl. BeBiKo[7], § 252 HGB, Rn. 55 ff.
228 Zu Ausnahmen vom Stetigkeitsgebot vgl. *HFA 3/1997* (im Juni 2011 ersetzt durch *IDW RS HFA 38*), Abschn. 3.
229 Vgl. Begr.BR-Drs. 518/10, S. 85.

Wertpapieren und Namensschuldverschreibungen im JA der VU"[230]. Das Wahlrecht zur Nennwertbilanzierung des § 341c Abs. 1 HGB ist auf die erstmalige Bilanzierung von Namensschuldverschreibungen beschränkt. Im Fall einer Umwandlung ist nur eine Bilanzierung nach dem Anschaffungskostenprinzip gem. § 253 Abs. 1 S. 1 erlaubt[231]. Demnach bilden die ursprünglichen Anschaffungskosten der Inhaberschuldverschreibung auch die Anschaffungskosten der Namensschuldverschreibung. Allgemein ist der Buchwert des letzten Bilanzstichtages zu übernehmen, wobei eine Zuschreibung maximal bis zur Höhe der ursprünglichen Anschaffungskosten erfolgen kann, falls die Gründe für die vorgenommene Abschreibung zwischenzeitlich weggefallen sind[232]. Anderenfalls könnte es bei einem Übergang auf die Nennwertbilanzierung u.U. zu einem buchmäßigen Gewinnausweis kommen, falls im Übergangszeitpunkt eine Wertminderung eintritt[233].

b) Schuldscheinforderungen und Darlehen

220 Ein Ausweis unter „Ausleihungen an verbundene Unternehmen" oder „Ausleihungen an Unternehmen, mit denen ein Beteiligungsverhältnis besteht" geht bei Vorliegen der entsprechenden Voraussetzungen dem Ausweis unter „Schuldscheinforderungen und Darlehen" vor[234].

221 Weiterhin ist zu beachten, dass Darlehen und Gehaltsvorschüsse an Mitarbeiter – Arbeitnehmer und selbständige Versicherungsvermittler – in Höhe von mehr als sechs Monatsbezügen unter „Übrige Ausleihungen"[235] auszuweisen sind. Falls diese Darlehen durch Pfandrechte an Grundstücken gesichert sind, so muss ein Ausweis unter „Hypotheken-, Grundschuld- und Rentenschuldforderungen" erfolgen.

Tilgungsstreckungsdarlehen ohne dingliche Sicherung sind unter den „Übrigen Ausleihungen" zu erfassen[236].

222 Auch für Schuldscheinforderungen und -darlehen gilt gem. § 341b Abs. 1 HGB, dass die unter diesem Posten ausgewiesenen Vermögensgegenstände nach den für das **AV** geltenden Vorschriften zu bewerten sind. Vgl. hierzu die Ausführungen zu den „Hypotheken-, Grundschuld- und Rentenschuldforderungen" (Tz. 205).

§ 341c Abs. 3 HGB lässt abweichend hiervon eine Bewertung zu **fortgeführten Anschaffungskosten** zu. Danach können Schuldscheinforderungen und -darlehen wie Hypothekendarlehen und andere Forderungen zu Anschaffungskosten zzgl. oder abgl. der kumulierten Amortisation einer Differenz zwischen den Anschaffungskosten und dem Rückzahlungsbetrag unter Anwendung der Effektivzinsmethode bewertet werden[237].

---

230 Vgl. *IDW RS VFA 1*, WPg 2000, S. 380 ff. = FN-IDW 2000, S. 6 ff., sowie Tz. 192. Zur Diskussion eines geänderten Vorgehens im Zusammenhang mit der Nennwertbilanzierung unter Berücksichtigung von *IDW ERS VFA 1* s. Geib/Kölschbach, WPg 1999, S. 54/54–62.
231 Vgl. *IDW RS VFA 1*, WPg 2000, S. 380 ff. = FN-IDW 2000, S. 6 ff., Tz. 20.
232 Vgl. *IDW RS VFA 1*, WPg 2000, S. 380 ff. = FN-IDW 2000, S. 6 ff., Tz. 18.
233 Vgl. *IDW RS VFA 1*, WPg 2000, S. 380 ff. = FN-IDW 2000, S. 6 ff., Tz. 20, sowie die Beispiele bei *Geib/Kölschbach* WPg 1999, S. 54/58.
234 § 10 Abs. 1 Hs. 1 RechVersV.
235 § 10 Abs. 1 Nr. 4b RechVersV.
236 § 10 Abs. 1 Nr. 4a RechVersV.
237 Vgl. Gesetz zur Umsetzung der geänderten Bankrichtlinie und der geänderten Kapitaladäquanzrichtlinie v. 19.11.2010, BGBl. I, S. 1611.

Rechnungslegung   K

c) Darlehen und Vorauszahlungen auf Versicherungsscheine

An dieser Stelle sind Darlehen und Vorauszahlungen auf Versicherungsscheine auszu- 223
weisen, soweit sie den VN aufgrund der Allgemeinen Versicherungsbedingungen gewährt
werden. Darlehen und Vorauszahlungen auf Versicherungsscheine haben bei LVU, P/StK
sowie in geringem Umfang bei SchVU im Bereich der Unfallversicherung mit Beitragsrückgewähr Bedeutung. Sobald der Versicherungsvertrag rückkaufsfähig ist, kann dem
VN ein verzinsliches, grds. zurückzahlbares Darlehen – auch als Policendarlehen bezeichnet – gewährt werden. Vorauszahlungen sind die nicht zurückzahlbaren Leistungen
der Versicherungssumme vor Eintritt des Versicherungsfalls.

Handelt es sich nicht um längerfristige verzinsliche Vorauszahlungen, sondern um un- 224
verzinsliche Abschlagszahlungen aus Kulanzgründen oder Zinsforderungen, ist der Ausweis unter dem Aktivposten „E.III Sonstige Forderungen" vorzunehmen.

Policendarlehen und Vorauszahlungen sind mit dem Nominalbetrag zu bewerten. Tilgun- 225
gen sind abzusetzen. Abschreibungen bzw. Einzelwertberichtigungen kommen wegen der
Sicherheit in Form des Rückkaufswerts bzw. der Rückgewährsumme grds. nicht in Betracht.

Zur Angabepflicht von Vorauszahlungen und Darlehen auf Versicherungsscheine, die 226
Organmitgliedern gewährt werden, nach § 285 Nr. 9 Buchst. c HGB wird auf die Kommentierung in KoRVU verwiesen[238].

Die nach § 10 Abs. 2 RechVersV erforderliche Angabe des Betrags der Darlehen an VN
und Vorauszahlungen auf Versicherungsscheine muss im Anhang erfolgen, wenn sie sich
nicht aus der Bilanz ergibt[239].

d) Übrige Ausleihungen

Dieser Posten enthält in erster Linie **Tilgungsstreckungsdarlehen** und **Darlehen und** 227
Gehaltsvorschüsse an Mitarbeiter[240] (Arbeitnehmer, freie Versicherungsvermittler),
wenn sie sechs Monatsbezüge überschreiten. Betragen die Darlehen zum Zeitpunkt der
Gewährung weniger als sechs Monatsgehälter, sind sie dagegen unter dem Posten „E.III
Sonstige Forderungen" auszuweisen. Falls Darlehen dinglich gesichert sind, erfolgt ein
Ausweis unter „Hypotheken-, Grundschuld- und Rentenschuldforderungen".

Auch Tilgungsstreckungsdarlehen sind nur dann unter diesem Posten zu erfassen, wenn 228
sie nicht dinglich gesichert sind.

Außerdem werden an dieser Stelle **Genussrechte** ausgewiesen, die entweder nicht ver- 229
brieft oder aber verbrieft und nicht börsenfähig sind[241].

Nach § 10 Abs. 2 S. 1 RechVersV sind die übrigen Ausleihungen im Anhang aufzu- 230
gliedern, wenn sie einen größeren Umfang haben.

Im Übrigen geht – bei Vorliegen der einschlägigen Voraussetzungen – ein Ausweis unter
„Ausleihungen an verbundene Unternehmen" oder „Ausleihungen an Unternehmen, mit
denen ein Beteiligungsverhältnis besteht" dem Ausweis unter „Übrige Ausleihungen"
vor.

---
238 Vgl. *Richter/Geib* in: KoRVU-Kommentar, Bd. I, E, Rn. 211.
239 Zu der Möglichkeit der Postenzusammenfassung s. Tz. 110.
240 Vgl. § 10 Abs. 1 Nr. 4 RechVersV.
241 Vgl. Tz. 172.

5. Einlagen bei Kreditinstituten

231 Nach § 11 RechVersV sind unter diesem Posten die **Guthaben und Sparguthaben bei KI** auszuweisen, über die erst nach Ablauf einer Kündigungsfrist verfügt werden kann. Ebenfalls sind hier die zugunsten ausländischer Regierungen als **Kaution** hinterlegten Geldbestände zu erfassen.

Des Weiteren erscheint es sachgerecht, an dieser Stelle **Tagesgelder** auszuweisen[242].

232 Soweit über Einlagen bei KI trotz Verzinsung jederzeit verfügt werden kann, sind sie außerhalb des Kapitalanlagebereichs unter dem Posten „Laufende Guthaben bei KI, Schecks und Kassenbestand" zu erfassen. Dies betrifft auch die laufenden Postbankguthaben.

Zu einem Ausweis der Anlagen bei KI unter den Ausleihungen an verbundene Unternehmen bzw. an Unternehmen, mit denen ein Beteiligungsverhältnis besteht, wird auf Tz. 161 verwiesen.

233 Die Bewertung der Einlagen bei KI erfolgt zum Nennwert.

234 Bei der Darstellung des Postens in Muster 1 des Anhangs wird – abweichend von den übrigen Kapitalanlageposten – nur der Saldo aus den Zu- und Abgängen unter „Zugänge" oder „Abgänge" ausgewiesen.

6. Andere Kapitalanlagen

235 Der Postenbezeichnung nach handelt es sich um einen **Sammelposten für** solche **Kapitalanlagen**, die nicht anderen Kapitalanlageposten zugeordnet werden können. Obwohl nicht unmittelbar durch die RechVersV bestimmt, wird ein Ausweis unter „Andere Kapitalanlagen" nur insoweit in Frage kommen, als die Voraussetzungen für eine Umgliederung in „Ausleihungen an verbundene Unternehmen" bzw. „Unternehmen, mit denen ein Beteiligungsverhältnis besteht" nicht vorliegen.

236 Es liegt nahe, hier anstelle der in § 12 Abs. 1 RechVersV noch genannten, aus der Umstellungsrechnung resultierenden Ausgleichsforderungen auch **Rentenausgleichsforderungen, Ausgleichsforderungen und Sonderausgleichsforderungen** gem. den Gesetzen vom 05.08.1955, 24.12.1956 und 19.03.1963 zu erfassen.

237 Des Weiteren kommt ein Ausweis von **Genossenschaftsanteilen** sowie von **GmbH-Anteilen**, die nicht unter Beteiligungen oder verbundenen Unternehmen zu erfassen sind, in Frage[243].

Abweichend von der VersBiRiLi, die „**Anteile an gemeinschaftlichen Kapitalanlagen**" als extra auszuweisenden Aktivposten C.III.3 vorsieht, wurden diese Kapitalanlagen nach der RechVersV aufgrund ihrer untergeordneten Bedeutung für deutsche VU den anderen Kapitalanlagen zugeordnet[244]. Nach der VersBiRiLi ist unter diesem Posten der auf das bilanzierende Unternehmen entfallende Anteil an von mehreren Unternehmen oder Pensionsfonds gemeinsam gehaltenen Kapitalanlagen auszuweisen, die von einem dieser Unternehmen oder Pensionsfonds verwaltet werden[245]. Als „Anteile an gemeinschaftlichen Kapitalanlagen" könnten in Deutschland Kapitalanlagen in Betracht kommen, die im Rahmen der Bedeckung versicherungstechnischer Verpflichtungen aus Mitver-

---

242 Vgl. v. Treuberg/Angermayer, S. 212; KPMG, S. 87.
243 Vgl. Tz. 151.
244 Vgl. Begr. zu § 12 RechVersV, BR-Drs. 823/94, S. 116.
245 Vgl. Art. 10 VersBiRiLi.

Rechnungslegung

sicherungsverträgen bzw. Konsortialverträgen gehalten und von einem VU für Rechnung der anderen VU verwaltet werden[246].

Es ist jedoch in jedem Fall zu prüfen, ob nicht die Voraussetzungen für eine Umgliederung in „Ausleihungen an verbundene Unternehmen" bzw. „Unternehmen, mit denen ein Beteiligungsverhältnis besteht" vorliegen. 238

Die Bewertung der unter diesem Posten auszuweisenden Kapitalanlagen bestimmt sich nach § 341b Abs. 1 S. 2 HGB und erfolgt somit grds. nach den für das AV geltenden Bewertungsvorschriften.

Gemäß § 12 S. 2 RechVersV sind die „Anderen Kapitalanlagen" im **Anhang** zu erläutern, soweit sie einen größeren Umfang haben. 239

IV. Depotforderungen aus dem in Rückdeckung übernommenen Versicherungsgeschäft

Die Vorschriften zu diesem Posten finden sich in § 13 RechVersV. Versicherungsunternehmen, die das Rückversicherungsgeschäft betreiben, weisen hierunter die Forderungen an Vorversicherer in Höhe der von diesen einbehaltenen Sicherheiten oder der bei diesen oder Dritten gestellten Sicherheiten aus. Üblicherweise zahlt der Erstversicherer fällige Rückversicherungsprämien nicht in voller Höhe, sondern zu ca. 90% an das RVU. Die restlichen 10% werden als Sicherheit – bspw. gegen ein mögliches Kreditrisiko des RVU – einbehalten. In diesem Fall weist das RVU die noch ausstehenden 10% als Depotforderungen aus dem üG aus[247]. Depotforderungen aus dem übernommenen Versicherungsgeschäft sind somit Forderungen an Vorversicherer in Höhe der von diesen als Sicherheit einbehaltenen Beträge. Depotforderungen sind gesondert innerhalb der Kapitalanlagen auszuweisen, da sie eine besondere Art der Kapitalanlagen darstellen und deshalb auch als „Kapitalanlage-Surrogat"[248] bezeichnet werden. 240

Bei den an dieser Stelle auszuweisenden Forderungen handelt es sich um die Stellung von sog. **Bardepots**[249]. § 13 Abs. 3 RechVersV schreibt vor, dass Rückversicherer die beim Zedenten hinterlegten Wertpapiere unter den Kapitalanlagen auszuweisen haben, wenn sie in ihrem Eigentum verbleiben (sog. **Wertpapierdepots**). 241

Die Depotforderungen dürfen weder mit anderen Forderungen an den Vorversicherer zusammengefasst noch mit Verbindlichkeiten ggü. dem Vorversicherer aufgerechnet werden[250]. 242

Die Bewertung der Depotforderungen erfolgt grds. zum Nennwert. Ein niedrigerer Wert kann z.B. bei besonderen Währungs- und Auslandsrisiken angesetzt werden. Fremdwährungsforderungen sind ggf. mit dem Devisenkurs des Bilanzstichtags umzurechnen[251]. 243

Ebenso wie bei dem Posten „Einlagen bei KI" ist es bei den Depotforderungen herrschende Praxis, in Muster 1 des Anhangs lediglich den Saldo aus Zu- und Abgängen anzugeben. 244

---

246 Vgl. *Geib/Ellenbürger/Kölschbach*, WPg 1992, S. 177/181.
247 Vgl. *Gerathewohl*, S. 885.
248 *IDW*, Versicherungsunternehmen[5], C Tz. 178.
249 Vgl. hierzu *Lipowsky* in: Prölss, VAG[12], § 67, Rn. 3.
250 § 13 Abs. 2 RechVersV.
251 Vgl. *IDW*, Versicherungsunternehmen[5], C Tz. 183.

245 Zur Frage der freiwilligen Umgliederung in Ausleihungen an verbundene Unternehmen oder Unternehmen, mit denen ein Beteiligungsverhältnis besteht, bzw. zur Notwendigkeit eines Mitzugehörigkeitsvermerks vgl. Tz. 168.

D. Kapitalanlagen für Rechnung und Risiko von Inhabern von Lebensversicherungspolicen

246 Kapitalanlagen für Rechnung und Risiko von Inhabern von Lebensversicherungspolicen fallen grds. bei solchen Formen der Lebensversicherung an, bei denen sich der wirtschaftliche Wert des Vertrags nach Kapitalanlagen bestimmt, für die der VN das **Anlagerisiko** trägt.

Nach § 14 Abs. 1 RechVersV sind unter diesem Posten neben den Kapitalanlagen, nach deren Wertentwicklung sich der Wert oder die Überschüsse bei **fondsgebundenen Verträgen** bestimmen, auch Kapitalanlagen aus sog. **indexgebundenen Lebensversicherungsverträgen** auszuweisen, bei denen die Wertentwicklung vom Verlauf von Aktien- oder Währungsindizes abhängt. Außerdem sind Kapitalanlagen zu erfassen, die für Mitglieder eines **Tontinenunternehmens** gehalten werden und zur Verteilung an diese bestimmt sind. Die Umsetzung der 3. RL zur Lebensversicherung ermöglicht **Tontinenversicherungen** auch in Deutschland.

247 Kapitalanlagen für Rechnung und Risiko von Inhabern von Lebensversicherungspolicen sind gem. § 341d HGB mit dem **Zeitwert** unter Berücksichtigung des Grundsatzes der Vorsicht zu bewerten. Die grds. für die nicht unter Posten D ausgewiesenen Kapitalanlagen anzuwendenden Bewertungsvorschriften der §§ 341b und 341c HGB sind demzufolge nicht anzuwenden. Es liegt nahe, für die Ermittlung der Zeitwerte neben ggf. zu berücksichtigenden versicherungsvertraglichen Regelungen – soweit im Einzelfall anwendbar – insb. die in § 56 RechVersV niedergelegten Grundsätze zur Ermittlung von Zeitwerten bei Kapitalanlagen heranzuziehen.

248 § 14 Abs. 2 RechVersV verlangt, im **Anhang** die Zusammensetzung des Anlagestocks[252] und die Zahl der Anteileinheiten bzgl. Kapitalanlagen für Rechnung und Risiko von Inhabern von Lebensversicherungspolicen zum Abschlussstichtag anzugeben.

249 Die auf die hier ausgewiesenen Aktiva angewandten Bilanzierungs- und Bewertungsmethoden müssen im Anhang im Rahmen der Angaben nach § 284 Abs. 2 Nr. 1 HGB dargelegt werden.

250 Zum Ausweis der Erträge und Aufwendungen der fondsgebundenen Lebensversicherung s. die Ausführungen in Tz. 583 und Tz. 592.

E. Forderungen

251 Im Gegensatz zur Gliederung der Bilanz nach § 266 HGB, die die Forderungen entsprechend dem Schuldner ausweist, erfolgt nach Formblatt 1 RechVersV eine Gliederung der Forderungen in

I. Forderungen aus dem sG,

II. Abrechnungsforderungen aus dem Rückversicherungsgeschäft,

III. Sonstige Forderungen.

---

252 Vgl. § 54b VAG.

I. Forderungen aus dem selbst abgeschlossenen Versicherungsgeschäft

Zu den Forderungen und Verbindlichkeiten aus dem sG gehört nur das vom bilanzierenden VU nach außen im eigenen Namen abgeschlossene Erstversicherungsgeschäft. Es umfasst insb.:

- das Alleingeschäft, d.h. das von dem bilanzierenden VU allein gezeichnete Versicherungsgeschäft;
- das Führungseigengeschäft, d.h. die Anteile des Versicherungsgeschäfts, die von dem bilanzierenden VU als führende Gesellschaft als eigene Anteile gezeichnet worden sind;
- das Beteiligungsgeschäft, d.h. die Anteile des Versicherungsgeschäfts, die das bilanzierende VU im Wege der offenen Mitversicherung von anderen (führenden) VU erhalten hat.

252

Die Forderungen aus dem sG umfassen solche an VN und Versicherungsvermittler. Außerdem sind an dieser Stelle von P/StK die Forderungen an Mitglieds- und Trägerunternehmen auszuweisen. Lediglich solche Forderungen an Mitglieds- und Trägerunternehmen, die nicht aus dem Versicherungsgeschäft herrühren, sind unter den „Sonstigen Forderungen" zu erfassen.

253

1. Versicherungsnehmer

Zu den Forderungen aus dem sG an die VN gehören Beitragsforderungen aus uneingelösten Versicherungsscheinen, Nachträgen und Folgebeitragsrechnungen sowie sonstige Forderungen, z.B. aus Gebühren. Zu den VN zählen auch die Mitglieder eines VVaG. An dieser Stelle sind auch Forderungen auszuweisen, soweit sie aus abrechnungstechnischen Gründen den Versicherungsvertretern belastet worden sind; dies gilt auch für Makler und andere VU.

254

Nicht unter diesem Aktiv-Posten aufzuführen sind Forderungen aus der Versicherungsvermittlung und dem Führungsfremdgeschäft; sie sind unter dem Posten „Sonstige Forderungen" auszuweisen[253]. Unter den „Sonstigen Forderungen" sind außerdem die rückständigen, d.h. fälligen **Zinsen und Mieten** auszuweisen. Zins- und Mietforderungen, die auf die Zeit bis zum Abschlussstichtag entfallen, aber noch nicht fällig sind, werden unter den RAP erfasst[254]. Forderungen aufgrund von **RPT** sind von der „Rückstellung für noch nicht abgewickelte Versicherungsfälle" abzusetzen[255].

255

Lebensversicherungsunternehmen sowie P/StK, die die Deckungsrückstellung zillmern, haben den Aktivposten „E.I.1 Forderungen aus dem sG an VN" in „a) fällige Ansprüche" und „b) noch nicht fällige Ansprüche" zu untergliedern[256]. Unter b) sind die noch nicht fälligen Ansprüche der VU auf Beiträge der VN, soweit diese geleistete, rechnungsmäßig gedeckte Abschlussaufwendungen betreffen, auszuweisen[257].

256

Hinzuweisen ist in diesem Zusammenhang auf die im Rahmen des VersRiLiG in § 248 Abs. 3 HGB a.F. bzw. § 248 Abs. 1 Nr. 3 HGB aufgenommene Bestimmung, dass Aufwendungen aus dem Abschluss von Versicherungsverträgen nicht aktiviert werden dür-

257

---

253 § 17 RechVersV.
254 Vgl. Tz. 289.
255 Vgl. § 26 Abs. 2 RechVersV.
256 Fußnote 2 zu Formblatt 1.
257 § 15 Abs. 1 RechVersV.

fen. Die Begründung des Gesetzgebers zu dieser Bestimmung stellt klar, dass die Anwendung des **Zillmer-Verfahrens** keine **Aktivierung von Abschlusskosten** darstellt.

258 § 15 Abs. 2 RechVersV enthält eine **Sonderregelung für Lebensversicherungsverträge**, die bis zum Inkrafttreten des 3. Durchführungsgesetzes/EWG zum VAG (21.07.1994) nach von der Aufsichtsbehörde genehmigten Geschäftsplänen abgeschlossen wurden oder die nach Art. 16 § 2 dieses Gesetzes bis zum 31.12.1994 nach altem Recht abgeschlossen wurden. Für diese Verträge ist, wenn Garantiewerte vorgesehen sind, der Unterschiedsbetrag zwischen der geschäftsplanmäßigen Deckungsrückstellung und der uneingeschränkt gezillmerten Deckungsrückstellung unter den noch nicht fälligen Ansprüchen auszuweisen.

259 Die DeckRV[258] schreibt Berechnungsgrundlagen für die Bildung von Deckungsrückstellungen vor. Dies sind einerseits die anzuwendende versicherungsmathematische Berechnungsmethode sowie andererseits dieser Methode zugrunde zu legende Höchstzillmersätze bzw. Höchstzinssätze.

2. Versicherungsvermittler

260 Zu den Forderungen aus dem sG an Versicherungsvertreter bestehen keine gesonderten Vorschriften in der RechVersV. Forderungen an VN, die aus abrechnungstechnischen Gründen den Versicherungsvermittlern belastet werden, sind als solche grds. unter den Forderungen an VN zu erfassen. Ein Ausweis unter den Forderungen an Versicherungsvertreter wird nur in Frage kommen, soweit die Aussonderung dieser Forderungen aus den gesamten Forderungen an Versicherungsvertreter nur mit einem unverhältnismäßig hohen Aufwand durchgeführt werden kann.

261 Wenn auch nicht in § 17 RechVersV explizit genannt, werden Forderungen an Versicherungsvertreter aus der Versicherungsvermittlung, der bestehenden Praxis entsprechend, unter „Sonstige Forderungen" auszuweisen sein. Dies gilt ausdrücklich für die Forderungen aus der Versicherungsvermittlung für andere VU sowie aus dem Führungsfremdgeschäft[259].

Zusammengefasst ergeben sich damit die folgenden **Grundsätze**:

Forderungen an Versicherungsvermittler richten sich insb. an folgende Personenkreise:

– freie Versicherungsvertreter, einschließlich der Ausgeschiedenen;
– Versicherungsmakler;
– VU, z.B. aufgrund eines Beteiligungsgeschäfts oder eines Agenturvertrags;
– angestellte Vertreter, einschließlich der Ausgeschiedenen.

Im Einzelnen umfassen die Forderungen:

– Provisionsvorschüsse, einschließlich der vorausgezahlten Provisionen auf Versicherungen mit technischem Beginn im Folgejahr;
– Provisionsrückforderungen und
– Ansprüche auf kassierte, aber noch nicht abgeführte Beiträge.

262 **Nicht** unter den Forderungen aus dem sG an Versicherungsvermittler **auszuweisen sind**:

– Forderungen bzw. Verbindlichkeiten aus der Versicherungsvermittlung und dem Führungsfremdgeschäft;

---

[258] Vgl. DeckRV, BGBl. I 1996, S. 670, zuletzt geändert durch VO v. 01.03.2011, BGBl. I, S. 345.
[259] § 17 S. 2 RechVersV.

- die VN betreffende Belastungen für noch nicht eingelöste Versicherungsscheine, Nachträge und Folgebeitragsrechnungen sowie Belastungen aus z.B. Zinsen und Gebühren;
- Darlehensforderungen an Versicherungsvertreter (Ausweis unter „Hypotheken-, Grundschuld- und Rentenschuldforderungen", „Schuldscheinforderungen und Darlehen" oder „Sonstige Forderungen").

3. Mitglieds- und Trägerunternehmen

Dieser Posten tritt nur bei P/StK auf. An dieser Stelle sind Beitragsforderungen aus uneingelösten Versicherungsscheinen, Nachträgen und Folgebeitragsrechnungen sowie sonstige Forderungen, insb. aus Gebühren, soweit sich diese Forderungen an die Mitglieds- und Trägerunternehmen richten, auszuweisen. Beitragsforderungen an die Mitglieder sind dagegen unter den Forderungen aus dem sG an VN auszuweisen. Ferner sind hier noch nicht fällige Ansprüche auf Beiträge aufzunehmen, soweit sie geleistete und rechnungsmäßig gedeckte Abschlussaufwendungen betreffen. Auch Forderungen auf Zuwendungen von den Mitglieds- und Trägerunternehmen sowie bei überbetrieblichen Versorgungskassen Forderungen an beitragspflichtige Unternehmen, die gem. Satzung weder VU noch Mitglieds- oder Trägerunternehmen sind, sind unter diesem Posten auszuweisen. Lediglich solche Forderungen an Mitglieds- und Trägerunternehmen, die nicht aus dem Versicherungsgeschäft herrühren, sind unter den „Sonstigen Forderungen" zu erfassen[260].

Die **Bewertung** der Forderungen aus dem sG erfolgt zum Nennwert. Sie sind grds. einzeln zu bewerten (§ 252 Abs. 1 Nr. 3 HGB). Uneinbringliche Forderungen sind abzuschreiben. In der Bilanz werden spezielle Kreditrisiken durch direkte Abschreibungen berücksichtigt. **263**

Pauschalwertberichtigungen[261] kommen für folgende Forderungen in Betracht: **264**

- Forderungen aus dem sG an VN wegen des Zahlungsausfallrisikos beim VN;
- noch nicht fällige Ansprüche an VN;
- Forderungen aus dem sG an VN wegen des
  - Zahlungsausfallrisikos hinsichtlich der Provisionsvorschüsse und Provisionsrückforderungen;
  - Veruntreuungsrisikos hinsichtlich der kassierten, aber noch nicht abgeführten Beträge;
  - Zahlungsausfallrisikos beim VN, sofern der Versicherungsvertreter mit den uneingelösten Versicherungsscheinen, Nachträgen und Folgebeitragsrechnungen belastet ist und die Forderungen unter den Forderungen an Versicherungsvertreter ausgewiesen wurden.

Gemäß § 4 Nr. 1 RechVersV sind weiterhin die Forderungen an verbundene Unternehmen bzw. an Unternehmen, mit denen ein Beteiligungsverhältnis besteht, in einem **Davon-Vermerk** darzustellen. **265**

Gemäß § 3 RechVersV können die Forderungen aus dem sG an VN und Versicherungsvertreter sowie an Mitglieds- und Trägerunternehmen zusammengefasst werden. Voraussetzung ist, dass ihr Betrag nicht erheblich i.S.d. § 264 Abs. 2 HGB ist oder durch die **266**

---

260 Siehe Tz. 273.
261 Ausführlich bei *IDW*, Versicherungsunternehmen[5], B IV Tz. 499; *König* in: KoRVU-Kommentar, Bd. I, C, Rn. 56.

Zusammenfassung die Klarheit der Darstellung vergrößert wird. Im letzteren Fall müssen die zusammengefassten Posten im Anhang gesondert ausgewiesen werden.

II. Abrechnungsforderungen aus dem Rückversicherungsgeschäft

267 Die Abrechnungsforderungen aus dem Rückversicherungsgeschäft sind innerhalb des Aktivpostens „**E. Forderungen**" nach den Forderungen aus dem sG auszuweisen; Abrechnungsverbindlichkeiten[262] sind unter dem Passivposten „**I. Andere Verbindlichkeiten**" nach den Verbindlichkeiten aus dem sG auszuweisen.

268 Gemäß § 16 S. 1 RechVersV sind unter diesem Posten die „sich aus den laufenden **Abrechnungen mit den Vor- und Rückversicherern** und den Rückversicherungsmaklern ergebenden Forderungssalden aus dem üG und in Rückdeckung gegebenen Versicherungsgeschäft auszuweisen". Abrechnungsforderungen bzw. -verbindlichkeiten aus dem Rückversicherungsgeschäft entstehen aus dem Kontokorrentverkehr mit Vor- und RVU sowie mit Rückversicherungsmaklern im Zusammenhang mit aktiver und passiver Rückversicherung[263]. Der sog. liquide Saldo setzt sich aus Rückversicherungsbeiträgen, technischen Zinsen, Schadenzahlungen, Provisionen und Gewinnanteilen – technischer Saldo – sowie aus Einbehalt oder Veränderung von Depots zusammen[264].

269 Abweichend zu der Regelung bei Depotforderungen und -verbindlichkeiten[265] ist eine **Verrechnung** von Abrechnungsforderungen und -verbindlichkeiten ggü. demselben Unternehmen zulässig, wenn die Voraussetzungen des § 387 BGB erfüllt sind[266].

270 Eine Besonderheit des Abrechnungsverkehrs ist das sog. **Clean-cut-Verfahren**[267]. Dabei werden dem Rückversicherer vom Vorversicherer die auf ihn entfallenden Anteile an den versicherungstechnischen Rückstellungen nicht nur nachrichtlich aufgegeben, sondern am Ende des Rückversicherungsjahres als Portefeuille- und Schadenrückstellungs-Austritte belastet. Wesentlich ist jedoch, dass im Regelfall der Vorversicherer bei Clean-cut-Abrechnungen den zahlungsmäßigen Ausgleich des im Abrechnungssaldo enthaltenen Betrags für den Portefeuille- und Schadenrückstellungs-Austritt erst bei Kündigung des Rückversicherungsvertrags verlangt. Bei einem weiter bestehenden Vertrag wird i.d.R. unmittelbar auf die Abrechnung eine Portefeuille- und Schadenrückstellungs-Wiedereintrittsabrechnung erfolgen, mit der der zuvor errechnete Abrechnungssaldo – von Spitzen abgesehen – rückgängig gemacht wird. Im Ergebnis wird also der Portefeuille- und Schadenrückstellungs-Austritt nicht abgerechnet[268]. Dementsprechend sind bei Abrechnungen nach dem Clean-cut-Verfahren die versicherungstechnischen Rückstellungen sowie die Anteile der Rückversicherer an diesen Rückstellungen unter den versicherungstechnischen Rückstellungen auszuweisen.

Nur bei tatsächlich gekündigten Rückversicherungsverträgen umfassen die Abrechnungssalden auch die auf diese entfallenden versicherungstechnischen Rückstellungen[269], d.h. die Portefeuille- und Schadenrückstellungs-Austrittsbeträge.

---

262 Siehe Tz. 505.
263 Vgl. *Farny*⁴, S. 123.
264 Vgl. *IDW*, Versicherungsunternehmen⁵, C V Tz. 55 ff.
265 Vgl. Tz. 242.
266 Ausführlich bei *König* in: KoRVU-Kommentar, Bd. I, C, Rn. 24
267 Vgl. *Gerathewohl*, S. 869.
268 Vgl. *IDW*, Versicherungsunternehmen⁵, B V Tz. 57 ff.; *König* in: KoRVU-Kommentar, Bd. I, C 21.
269 Vgl. § 16 S. 2 RechVersV.

Rechnungslegung K

Aus Vereinfachungsgründen können Abrechnungssalden unter den „Abrechnungsforderungen bzw. -verbindlichkeiten aus dem Rückversicherungsgeschäft" ausgewiesen werden, sofern dabei nicht die Darstellung der versicherungstechnischen Brutto-Rückstellungen und der Rückversicherungsanteile verfälscht wird[270].

Abrechnungsforderungen und -verbindlichkeiten werden nach den allgemeinen handelsrechtlichen Grundsätzen bewertet. Pauschalwertberichtigungen zur Erfassung des allgemeinen Kreditrisikos sind zulässig[271]. **271**

III. Sonstige Forderungen

Nach § 17 RechVersV sind im Posten „Sonstige Forderungen" Forderungen auszuweisen, die einem anderen Posten nicht zugerechnet werden können. Hierzu gehören die **rückständigen, also fälligen Mieten und Zinsen**. Zins- und Mietforderungen, die auf die Zeit bis zum Abschlussstichtag entfallen, aber noch nicht fällig sind, werden unter dem RAP erfasst[272]. **272**

Ebenfalls unter den „sonstigen Forderungen auszuweisen sind die Forderungen aus der Versicherungsvermittlung für andere VU, aus dem Führungsfremdgeschäft und aus sonstigen Dienstleistungsverträgen, geleistete Kautionen, der einem VVaG als Gründungsstock zur Verfügung gestellte Betrag und Forderungen an Mitglieds- und Trägerunternehmen, die nicht aus dem Versicherungsgeschäft herrühren. **273**

Auch wenn nicht ausdrücklich in § 17 RechVersV erwähnt, sind hier zu erfassen: **274**

– Kredite an Vorstands- und AR-Mitglieder gem. §§ 89, 115 AktG, sofern sie nicht bei entsprechender dinglicher Sicherung unter „Hypotheken, Grundschuld- und Rentenschuldforderungen" auszuweisen sind;
– Darlehen und Gehaltsvorschüsse an Mitarbeiter (Arbeitnehmer, freie Versicherungsvertreter) bis zur Höhe von sechs Monatsbezügen, sofern sie nicht bei entsprechender dinglicher Sicherung unter „Hypotheken, Grundschuld und Rentenschuldforderungen" auszuweisen sind;
– Ansprüche aus Lebensversicherungsverträgen zur Rückdeckung von Ruhegehaltsverpflichtungen;
– antizipative Posten[273].

Vorausgezahlte Versicherungsleistungen sollten aus Gründen der Klarheit im Posten „Andere Vermögensgegenstände" ausgewiesen werden, da es sich bei ihnen i.d.R. um Auszahlungen vor dem Abschlussstichtag handelt, welche im neuen GJ nicht zu einer Rückzahlung führen. **275**

F. Sonstige Vermögensgegenstände

Die „Sonstigen Vermögensgegenstände" umfassen die Unterposten: **276**

I. Sachanlagen und Vorräte,
II. Laufende Guthaben bei KI, Schecks und Kassenbestand,
III. Andere Vermögensgegenstände.

---

270 Vgl. die Darstellung in der VUBR Nr. I P 3.0 Abs. 2 S. 3 und 4.
271 Vgl. *König* in: KoRVU-Kommentar, Bd. I, C, Rn. 46.
272 Vgl. Tz. 286.
273 Vgl. § 268 Abs. 4 S. 2 HGB.

Soweit bei den hier auszuweisenden Posten keine versicherungsspezifischen Besonderheiten vorliegen, wird auf die Ausführungen im Allgemeinen Teil verwiesen[274].

I. Sachanlagen und Vorräte

277 Mit Ausnahme des Ausweises der „Grundstücke, grundstücksgleichen Rechte und Bauten, einschließlich der Bauten auf fremden Grundstücken", der bei VU unter den Kapitalanlagen zu erfolgen hat,[275] ergeben sich bei dem Posten „Sachanlagen und Vorräte" keine versicherungsspezifischen Besonderheiten. Gemäß § 18 Abs. 1 RechVersV sind hier technische Anlagen und Maschinen, andere Anlagen sowie die Betriebs- und Geschäftsausstattung auszuweisen. Ebenso sind die im Zusammenhang mit dem Erwerb dieser Gegenstände geleisteten Anzahlungen sowie ggf. vorhandene Anlagen im Bau in dem Posten auszuweisen[276].

278 Zusammen mit den Sachanlagen sind die Vorräte auszuweisen. § 18 Abs. 2 RechVersV stellt klar, dass unter Vorräten i.S.d. RechVersV insb. Vorräte an Betriebsstoffen und Büromaterial sowie hierauf geleistete Anzahlungen zu verstehen sind.

Die unter „Sachanlagen und Vorräte" erfassten Anlagen und Vorräte sind gem. § 341b Abs. 1 S. 1 HGB **wie AV zu bewerten**. Mit dieser Regelung weicht der Gesetzgeber von den für die Allgemeinheit der Unternehmen bestehenden Bewertungsvorschriften zu den Vorräten ab. Hintergrund dieser abweichenden Vorschrift ist Art. 51 Buchst. a VersBiRiLi, demzufolge die unter Posten F.I des Art. 6 VersBiRiLi erfassten „Sachanlagen und Vorräte" nach Art. 35 der 4. EG-RL, also nach den für das AV geltenden Vorschriften, zu bewerten sind.

Nach § 341a Abs. 1 HGB i.V.m. §§ 256 S. 2 und 240 Abs. 3 HGB können die von VU unter den Vorräten erfassten Roh-, Hilfs- und Betriebsstoffe mit einem Festwert angesetzt werden.

II. Laufende Guthaben bei Kreditinstituten, Schecks und Kassenbestand

279 Dieser Posten umfasst die liquiden Mittel, die dem VU jederzeit zur Verfügung stehen. Die unter diesem Posten auszuweisenden Guthaben umfassen auch die ggf. vorhandenen Bestände an Bundesbankguthaben zum Abschlussstichtag[277].

280 An dieser Stelle sind auch die mit einem Sperrvermerk zugunsten Dritter versehenen laufenden Guthaben zu erfassen.

281 Beträge der am Abschlussstichtag noch nicht eingelösten Schadenschecks sowie der noch nicht ausgeführten Überweisungsaufträge sind entweder als sog. übergreifende Posten von Bankguthaben abzusetzen oder unter

– den Verbindlichkeiten ggü. VN,
– den sonstigen Verbindlichkeiten oder
– der Rückstellung für noch nicht abgewickelte Versicherungsfälle auszuweisen.

Die Absetzung der Schadenschecks von den Guthaben bei KI hat den Nachteil, dass dies zum Ausweis von Verbindlichkeiten führen kann, wenn die Beträge der noch nicht ein-

---

274 Siehe hierzu insb. Kap. E und Kap. F dieses Handbuchs.
275 Vgl. Formblatt 1 RechVersV; s. auch Tz. 143.
276 Zur Klassifizierung von Software als Sachanlagevermögen vgl. *IDW RS HFA 11*, WPg Supplement 3/2010, S. 57 ff. = FN-IDW 2010, S. 304 ff.
277 Zur Abgrenzung zu den unter den Kapitalanlagen auszuweisenden „Einlagen bei KI" vgl. Tz. 232.

gelösten Schadenschecks und der noch nicht ausgeführten Überweisungsaufträge die Guthaben übersteigen. Der Ausweis unter den sonstigen Verbindlichkeiten ist vorzuziehen[278].

§ 4 Nr. 1 RechVersV verlangt, die Forderungen an verbundene Unternehmen und die Forderungen an Unternehmen, mit denen ein Beteiligungsverhältnis besteht, lediglich zu den Unterposten des Aktivpostens „E. Forderungen" gesondert anzugeben. Durch die Umsetzung der VersBiRiLi ist damit zu den außerhalb des Kapitalanlagebereichs ausgewiesenen laufenden Guthaben bei KI ein entsprechender Davon-Vermerk nicht mehr erforderlich. Es sollte aber ein freiwilliger Davon-Vermerk erfolgen[279]. Dafür spricht auch der Umstand, dass zu den „Verbindlichkeiten ggü. KI" gem. § 4 Nr. 2 RechVersV die Verbindlichkeiten ggü. verbundenen Unternehmen und ggü. Unternehmen, mit denen ein Beteiligungsverhältnis besteht, gesondert anzugeben sind. **282**

III. Andere Vermögensgegenstände

Artikel 16 VersBiRiLi bestimmt, dass dieser Posten Vermögensgegenstände umfasst, die nicht unter die anderen Unterposten von „F. Sonstige Vermögensgegenstände" fallen; es handelt sich somit um einen Sammelposten. § 19 RechVersV enthält die Vorschrift, dass der Posten „Andere Vermögensgegenstände" im Anhang zu erläutern ist, wenn er einen größeren Umfang hat. **283**

Unter anderem werden hier Ansprüche ausgewiesen, die (noch) keine Forderung darstellen, weil sie erst nach dem Bilanzstichtag rechtlich entstehen. Als Beispiel hierfür lassen sich Steuererstattungsansprüche nennen, die erst durch einen Bescheid der Finanzbehörden rkr. werden[280]. **284**

Gemäß § 21 RechVersV haben rechnungslegungspflichtige deutsche Niederlassungen ausländischer VU den Überhang der Passiva über die Aktiva unter dem Posten „Ausgleichsbetrag" als letzten Posten auf der Aktivseite auszuweisen. Dabei handelt es sich um den Saldo des Verrechnungskontos aus dem Geschäftsverkehr zwischen Niederlassung und ausländischer Generaldirektion[281]. Dieser Posten ist in der VersBiRiLi nicht erwähnt, er ist allerdings notwendig, soweit inländische Niederlassungen ausländischer VU aufgrund gesetzlicher Verpflichtung oder freiwillig einen gesonderten, auf die Niederlassung bezogenen Abschluss aufstellen. **285**

Zum Posten „Ausgleichsbetrag" vgl. Tz. 296.

G. Rechnungsabgrenzungsposten

Der aktive RAP besteht aus den Unterposten „Abgegrenzte Zinsen und Mieten" sowie „Sonstige RAP". **286**

Unter dem Letzteren sind die in den Unterposten „Unterschiedsbetrag gemäß § 250 Abs. 3 HGB" bzw. „Sonstige RAP" ausgewiesenen Posten zusammenzufassen. **287**

Neben dem RAP nach § 250 Abs. 3 HGB sind damit als „Sonstige RAP" vor allem zu erfassen: **288**

---

278 Vgl. *Richter/Geib* in: KoRVU-Kommentar, Bd. I, A, Rn. 230.
279 Vgl. *Geib/Ellenbürger/Kölschbach*, WPg 1992, S. 177/183.
280 Vgl. Beck Vers-Komm., § 19 RechVersV, Rn. 3.
281 Zum Ausweis einer entsprechenden Verbindlichkeit siehe Tz. 512; vgl. auch § 35 RechVersV sowie Begr. zu § 21 RechVersV, BR-Drs. 823/94, S. 120.

– Agio auf Namensschuldverschreibungen und Schuldscheinforderungen;
– vorausgezahlte Betriebsaufwendungen, z.B. Versicherungsbeiträge und Kraftfahrzeugsteuer.

289 Zins- und Mieterträge, die auf die Zeit bis zum Bilanzstichtag entfallen, aber noch nicht fällig sind, sind als Unterposten „**Abgegrenzte Zinsen und Mieten**" auszuweisen[282]. Zu beachten ist in diesem Zusammenhang, dass unter RAP Zinsen und Mieten zu erfassen sind, die zwar auf das laufende GJ entfallen, aber noch nicht fällig sind, während die rückständigen, also bereits fälligen Mietforderungen im Posten „Sonstige Forderungen" erfasst werden.

Die Begründung zu § 20 RechVersV stellt in diesem Zusammenhang klar, dass Aufwendungen für den Abschluss von Versicherungsverträgen nicht unter den RAP auszuweisen sind. Das generelle Aktivierungsverbot für Abschlussaufwendungen ergibt sich aus § 248 Abs. 1 Nr. 3 HGB.

Im Übrigen gelten die allgemeinen Grundsätze[283].

H. Aktive latente Steuern

290 Durch das Bilanzrechtsmodernisierungsgesetz wurde – äquivalent zur diesbezüglichen Änderung des § 266 HGB[284] – der Posten „H. Aktive latente Steuern" erstmals als expliziter Posten in die Bilanzgliederung eingefügt.[285] Gemäß § 274 Abs. 1 S. 1 und 2 HGB besteht für Steuerlatenzen, die infolge der Anwendung des nunmehr geltenden **Temporary-Konzepts** aufgrund von Abweichungen zwischen Handels- und nationaler Steuerbilanz (EA) entstehen und sich in späteren GJ voraussichtlich abbauen, für aktive latente Steuern ein **Ansatzwahlrecht**.

291 Gründe für die Bildung aktiver latenter Steuern für VU können sich aus verschiedenen Sachverhalten ergeben, so z.B. dem Verbot der Teilwertabschreibung bei voraussichtlich vorübergehenden Wertminderungen oder der steuerlichen Verpflichtung zur Abzinsung von Schadenrückstellungen sowie deren „realitätsnäherer Bewertung", die zum Auseinanderfallen von handels- und steuerrechtlichem Ergebnis führen. Ebenfalls zu berücksichtigen sind im Bereich der Schadenrückstellungen Bewertungsdifferenzen, die sich „verewigen" können, wenn sie in gleichbleibender Größenordnung in jedem GJ erneut anfallen und gleichzeitig ein Ausgleich in dieser Größenordnung aufgrund von Geschäftsvorfällen aus Vj. erfolgt[286].

292 Da für die Bildung aktiver latenter Steuern keine branchenspezifischen Vorschriften existieren, verweisen wir, auch in Bezug auf die nach § 285 Nr. 29 bzw. § 314 Abs. 1 Nr. 21 HGB erforderlichen **Anhangangaben** zu den den Steuerlatenzen zugrunde liegenden Bewertungsdifferenzen auf den Allgemeinen Teil[287].

I. Aktiver Unterschiedsbetrag aus der Vermögensverrechnung

293 Wie der Posten „Aktive latente Steuern", so wurde auch der Posten „I. Aktiver Unterschiedsbetrag aus der Vermögensverrechnung" im Zuge des Bilanzrechtsmoder-

---

[282] § 20 RechVersV.
[283] Vgl. Kap. F Tz. 302.
[284] Vgl. § 266 Abs. 2 D. HGB.
[285] Vgl. Formblatt 1 RechVersV.
[286] *ADS*[6], § 274 HGB, Tz. 18.
[287] Vgl. Kap. E Tz. 281 ff., m. w. N.

nisierungsgesetzes in das Formblatt 1 eingefügt. Auch hierbei handelt es sich um eine äquivalent zur diesbezüglichen Änderung des § 266 HGB vollzogene Änderung[288]. Unter dem Posten auszuweisen sind Vermögensgegenstände i.S.d. § 246 Abs. 2 S. 2 und 3 HGB, d.h. solche, die

- ausschließlich der Erfüllung von Schulden aus Altersversorgungsverpflichtungen dienen und deshalb
- dem Zugriff aller Gläubiger entzogen sind.

Mangels versicherungsspezifischer Besonderheiten wird auf den Allgemeinen Teil verwiesen.[289] **294**

J. Nicht durch Eigenkapital gedeckter Fehlbetrag

Hier ist der Betrag der buchmäßigen Überschuldung i.S.d. § 268 Abs. 3 HGB auszuweisen. Es gelten die allgemeinen Grundsätze[290]. **295**

Die „Forderungen an die ausländische Generaldirektion" deutscher Niederlassungen ausländischer VU sind gem. § 21 RechVersV unter dem Posten **„Ausgleichsbetrag"** als letzter Posten auf der Aktivseite auszuweisen. Unter diesem Posten bzw. einem auf der Passivseite auszuweisenden „Ausgleichsbetrag"[291] ist der jeweilige Saldo des Verrechnungskontos aus dem Geschäftsverkehr mit dem Hauptsitz bzw. mit anderen ausländischen Niederlassungen der Generaldirektion zu erfassen. Über das Verrechnungskonto ist der Bilanzgewinn/Bilanzverlust der inländischen Niederlassung im jeweils folgenden GJ aufzulösen. Soweit für das Geschäft der Niederlassung gesonderte Rückversicherungsverträge bestehen, sind die auf das in Rückdeckung gegebene Versicherungsgeschäft entfallenden Beträge bei den jeweils in Betracht kommenden und entsprechend bezeichneten Posten als Unterposten und Angaben zu berücksichtigen. In gleicher Weise sollte auch hinsichtlich der auszugleichenden Abrechnungssalden aus dem Rückversicherungsgeschäft verfahren werden, wenn die zugrunde liegenden Rückversicherungsverträge von der ausländischen Generaldirektion abgeschlossen worden sind. **296**

(2) Passiva

A. Eigenkapital[292]

I. Gezeichnetes Kapital

Als gezeichnetes Kapital bezeichnet man das Kapital, auf das die Haftung der Gesellschafter für die Verbindlichkeiten der KapGes. ggü. den Gläubigern beschränkt ist. Bei der Versicherungs-AG ist an dieser Stelle das Grundkapital auszuweisen (§ 152 Abs. 1 S. 1 AktG). **297**

Nach der Änderung des § 272 Abs. 1 HGB im Zuge des Bilanzrechtsmodernisierungsgesetzes wird das bisherige Ausweiswahlrecht, die ausstehenden Einlagen im Wege des Brutto- oder Nettoausweises in der Bilanz zu zeigen, aufgehoben und der **Nettoausweis** als einzige Möglichkeit vorgeschrieben. Die nicht eingeforderten ausstehenden Einlagen sind in der Nebenspalte der Passiva von dem Posten „Gezeichnetes Kapital" offen abzu- **298**

---

288 Vgl. § 266 Abs. 2 E. HGB.
289 Vgl. Kap. E Tz. 88.
290 Vgl. Kap. F Tz. 306.
291 Vgl. § 35 RechVersV.
292 Vgl. hierzu *Farny*[4], S. 126; *IDW*, Versicherungsunternehmen[5], C Tz. 220; *Richter/Geib* in: KoRVU-Kommentar, Bd. I, A. Rn. 231; *KPMG*, S. 104.

setzen. Der verbleibende Betrag ist als Posten „Eingefordertes Kapital" in der Hauptspalte der Passivseite auszuweisen. Der vor der Änderung des HGB durch das Bilanzrechtsmodernisierungsgesetz im Fall des Bruttoausweises bestehende Aktivposten „Ausstehende Einlagen auf das gezeichnete Kapital" wird damit überflüssig und entfällt folgerichtig.[293]

299 Die **eingeforderten, aber noch nicht einbezahlten Einlagen** sind unter den Forderungen gesondert auszuweisen und entsprechend zu bezeichnen.

300 Versicherungs-AG haben ebenfalls die Angaben zum Grundkapital nach den allgemeinen Vorschriften der §§ 152 Abs. 1 S. 2 bis 4 und 160 Abs. 1 Nr. 1 bis 4 AktG zu machen[294].

301 An die Stelle des Unterpostens „Gezeichnetes Kapital" tritt bei VVaG der Unterposten „Gründungsstock"[295]. Bei VU, die weder KapGes. noch VVaG sind, ist der dem gezeichneten Kapital entsprechende Posten auszuweisen, und bei Niederlassungen ist das gezeichnete Kapital durch den Unterposten „Feste Kaution" zu ersetzen[296].

Zur bilanziellen Behandlung der nach der Änderung des § 272 HGB im Zuge des Bilanzrechtsmodernisierungsgesetzes in der Vorspalte offen vom gezeichneten Kapital abzusetzenden eigenen Anteile wird auf den Allgemeinen Teil verwiesen[297].

II. Kapitalrücklage

302 Der Inhalt des Unterpostens „II. Kapitalrücklage" bestimmt sich aus den branchenunabhängigen Vorschriften der §§ 272 Abs. 2 HGB, 232 und 237 Abs. 5 AktG sowie 42 Abs. 2 S. 3 GmbHG. Zuführungen und Entnahmen sind nach § 152 Abs. 2 AktG entweder in der Bilanz oder im Anhang gesondert anzugeben. Das gilt auch für VU, die nicht die Rechtsform der AG haben. Ausgenommen sind die kleineren Vereine[298].

303 Von inländischen Niederlassungen ausländischer VU sind hier die Beträge auszuweisen, die als EK gewidmet sind[299].

304 Zur Kapitalrücklage gem. § 272 Abs. 2 Nr. 4 HGB zählt auch der **Organisationsfonds**[300] gem. § 5 Abs. 5 Nr. 3 VAG. Ein Davon-Vermerk in der Bilanz ist nicht vorgesehen, erscheint aber wegen der Zweckbindung des Organisationsfonds aus Gründen der Klarheit angebracht[301].

---

293 Vgl. Tz. 96.
294 Vgl. Kap. F Tz. 312 und Kap. F Tz. 1030.
295 Zum Gründungsstock s. *Farny*[4], S. 126; *IDW*, Versicherungsunternehmen[5], C Tz. 221 ff.; *Weigel* in: Prölss, VAG[12], § 22, Rn. 1; *Fahr/Kaulbach/Bähr*, VAG[4], § 22, Rn. 1.
296 Vgl. Fußnote 3 zu Formblatt 1.
297 Vgl. Kap. F Tz. 320.
298 Vgl. § 341a Abs. 4 HGB.
299 Vgl. hierzu Anm. 7 zu Formblatt 100 der BerVersV.
300 Der Organisationsfonds enthält Mittel für den Aufbau der Verwaltung und des Vertreternetzes eines neu gegründeten VU; vgl. insb. *Farny*[4], S. 127; *IDW*, Versicherungsunternehmen[5], C Tz. 240 ff.; *Präve* in: Prölss, VAG[12], § 5, Rn. 113.
301 Versicherungsunternehmen erhalten verschiedentlich zur Finanzierung der Aufwendungen für den Aufbau der Verwaltung und der Außenorganisation Beträge von Nicht-Gesellschaftern, die in der Praxis ebenfalls als „Organisationsfonds" bezeichnet werden. In wirtschaftlicher Sicht handelt es sich bei den Einzahlungen von Dritten in den Organisationsfonds um den gleichen Sachverhalt wie bei den von Gesellschaftern geleisteten Einzahlungen. Zweckmäßig ist daher eine sinngemäße Anwendung des § 272 Abs. 2 Nr. 4 HGB für VU in der Weise, dass unter den Kapitalrücklagen alle von außen dem EK zugeführten Beträge – zweckgebunden oder zur freien Verfügung. des Unternehmens – ausgewiesen werden. Der durch Dritte in den Organisationsfonds eingezahlte Betrag sollte durch eine entsprechende Erweiterung des Davon-Vermerks kenntlich gemacht werden. Ist eine Rückzahlung dieses von Nicht-Gesellschaftern eingezahlten „Organisationsfonds" vereinbart, kommt der Ausweis unter Passiva G Nr. III. „Sonstige Rückstellungen" bzw. Passiva I Nr. V. „Sonstige Verbindlichkeiten" in Betracht; vgl. *Richter/Geib* in: KoRVU-Kommentar, Bd. I, A. Rn. 240.

Dieser Rücklage sind grds. die im GJ angefallenen **„Organisationsaufwendungen"** zu entnehmen.

III. Gewinnrücklagen

Zum Inhalt dieses Postens wird auf § 272 Abs. 3 und 4 HGB verwiesen. Zuführungen und Entnahmen sind je Unterposten nach § 152 Abs. 3 AktG entweder hier oder im Anhang anzugeben. Das gilt nach § 341a Abs. 4 HGB auch für VU, die nicht AG oder kleinere Vereine sind. 305

Nach Formblatt 1 RechVersV werden unter den Gewinnrücklagen ausgewiesen:

1. gesetzliche Rücklagen,
2. Rücklage für Anteile an einem herrschenden oder mehrheitlich beteiligten Unternehmen,[302]
3. satzungsmäßige Rücklagen,
4. andere Gewinnrücklagen.

Anstelle des Unterpostens „1. gesetzliche Rücklage" tritt bei ö.-r. VU die **„Sicherheitsrücklage"** und bei VVaG die **„Verlustrücklage gemäß § 37 VAG"**[303]. 306

Der Mindestbetrag der „Verlustrücklage nach § 37 VAG" ist durch die Satzung zu bestimmen, also nicht gesetzlich vorgeschrieben. Versicherungsvereine auf Gegenseitigkeit können die Verlustrücklage außer „zur Deckung eines außergewöhnlichen Verlustes" (§ 37 VAG) auch dann teilweise auflösen, wenn diese z.B. infolge einer erheblich verringerten Mitgliederzahl und der damit einhergehenden Verminderung der Deckungsrückstellung und des Vermögens des Vereins „überdotiert" ist. Die Auflösung ist nur zulässig, wenn in der Satzung eine entsprechende Regelung vorgesehen ist. Diese Bestimmung muss auch den Höchstbetrag der Verlustrücklage sowie die Zustimmung der Aufsichtsbehörde vorsehen.[304]

Anteile an einem herrschenden oder mit Mehrheit beteiligten Unternehmen – sog. Rückbeteiligungen (§§ 16 und 17 AktG) – sind wie bisher auf der Aktivseite der Bilanz auszuweisen. § 272 Abs. 4 HGB regelt seit seiner Änderung im Zuge des Bilanzrechtsmodernisierungsgesetzes die Bilanzierung einer für erworbene Anteile an einem herrschenden oder mit Mehrheit beherrschten Unternehmen zu bildenden Rücklage. Demnach ist die Rücklage außerhalb der Gewinnverwendung aus frei verfügbaren Rücklagen zu bilden und in Analogie zu § 266 Abs. 3 A. III. Nr. 2 HGB nach Formblatt 1 RechVersV innerhalb der Gewinnrücklagen, bezeichnet als „ Rücklage für Anteile an einem herrschenden oder mehrheitlich beteiligten Unternehmen", gesondert auszuweisen. 307

§ 272 Abs. 4 HGB ändert die bilanzielle Behandlung von Anteilen an herrschenden oder mit Mehrheit beteiligten Unternehmen nicht. Da eigene Anteile nach Inkrafttreten des Bilanzrechtsmodernisierungsgesetzes nicht mehr als Vermögensgegenstände aktiviert werden dürfen[305], kommt die Bildung einer ausschüttungsgesperrten Rücklage künftig nur noch für Anteile an einem herrschenden oder mit Mehrheit beteiligten Unternehmen in Betracht.

---

302 Siehe hierzu auch Kap. F Tz. 426.
303 Vgl. Fußnote 4 zu Formblatt 1 RechVersV.
304 Vgl. VerBAV 1987, S. 18; s. auch *Weigel* in: Prölss, VAG[12], § 37, Rn. 7.
305 Vgl. *Gelhausen/Fey/Kämpfer*, BilMoG, Kap. L, Rn. 16 ff.

Gemäß § 58 Abs. 2a S. 2 AktG ist des Weiteren der Betrag der nach dieser Vorschrift zu bildenden Rücklage in der Bilanz gesondert auszuweisen oder aber im Anhang anzugeben[306].

308 Da § 58 AktG für VVaG und ö.-r. VU keine unmittelbare Geltung hat und auch nicht entsprechend anzuwenden ist, muss die Grundlage für derartige Dotierungen in der Satzung geregelt sein[307]. Wenn auch eine ggf. gebildete Rücklage in diesem Fall eine „satzungsgemäße" Rücklage wäre, so dürfte es aus Gründen der Vergleichbarkeit gleichwohl zulässig sein, die Rücklage bei entsprechender Anpassung der Postenbezeichnung – z.B. als „Rücklage, die der Rücklage gem. § 58 Abs. 2a AktG entspricht" – gesondert zu erfassen.

Unterbleibt der gesonderte Ausweis der Rücklage gem. § 58 Abs. 2a AktG in der Bilanz, ist der Eigenkapitalanteil von Wertaufholungen unter „Andere Gewinnrücklagen" zu erfassen.

IV. Gewinnvortrag/Verlustvortrag
V. Jahresüberschuss/Jahresfehlbetrag

309 Wird die Bilanz gem. § 268 Abs. 1 S. 2 HGB – vgl. auch Fußnote 5 zum Formblatt 1 RechVersV – unter Berücksichtigung der teilweisen Verwendung des Jahresergebnisses aufgestellt, so tritt an die Stelle der Posten Passiva A IV „Gewinnvortrag/Verlustvortrag" und Passiva A V „Jahresüberschuss/Jahresfehlbetrag" der Posten Passiva A IV „Bilanzgewinn/Bilanzverlust". Ein vorhandener Gewinn- oder Verlustvortrag ist in den Posten Passiva A IV „Bilanzgewinn/Bilanzverlust" einzubeziehen und in der Bilanz oder im Anhang gesondert anzugeben. Für P/StK bestehen Sonderregelungen in Fußnote 6 a) zum Formblatt 1 RechVersV.

310 Fraglich kann sein, ob der Ausweis eines „Bilanzgewinns" bzw. „Bilanzverlusts" in der Bilanz auch dann vorgenommen werden kann, wenn der JA der Gesellschaft vor – teilweiser – Verwendung des Jahresergebnisses aufgestellt wird. Zur Wahrung der Vergleichbarkeit von Vj.- und GJ-Bilanz scheint dies zulässig. Voraussetzung ist allerdings, dass die Entwicklung vom Jahresüberschuss bzw. -fehlbetrag zum Bilanzgewinn bzw. -verlust aus der GuV oder aus dem Anhang erkennbar ist. Auf diese Weise ist die Darstellungsstetigkeit auch für die Fälle gewährleistet, in denen in einem Jahr der JA vor und in dem anderen Jahr nach – teilweiser – Verwendung des Jahresergebnisses aufgestellt wird[308].

B. Genussrechtskapital[309]

311 Aufgrund der aufsichtsrechtlichen Möglichkeiten, Genussrechtskapital den Eigenmitteln gem. § 53c VAG zuzurechnen[310], könnte geschlossen werden, dass unter dem Posten „Genussrechtskapital" nur solches Genussrechtskapital ausgewiesen wird, das die aufsichtsrechtlichen Voraussetzungen zur Anerkennung erfüllt.

312 Wie jedoch die Begründung zu § 22 RechVersV ausführt, soll das Genussrechtskapital insgesamt – unabhängig davon, ob die Voraussetzungen des § 53c Abs. 3a VAG erfüllt sind – wegen seiner besonderen Bedeutung unter einem eigenen Posten ausgewiesen

---

306 Zum Inhalt der Rücklage siehe Kap. F Tz. 400.
307 Vgl. *Richter/Geib* in: KoRVU-Kommentar, Bd. I, A, Rn. 258.
308 Vgl. *Richter/Geib* in: KoRVU-Kommentar, Bd. I, A, Rn. 261.
309 Vgl. *IDW*, Versicherungsunternehmen⁵, C Tz. 255 ff.; *Richter/Geib* in: KoRVU-Kommentar, Bd. I, A, Rn. 262, sowie *KPMG*, S. 106.
310 Vgl. § 53c Abs. 3 S. 1 Nr. 3a, Abs. 3a und 3c VAG.

werden[311]. Dies entspricht auch dem Ausweis des Genussrechtskapitals bei KI[312]. Beträge, die in weniger als zwei Jahren fällig werden bzw. aufgrund des Vertrags fällig werden können oder die Anrechnungsgrenzen des § 53c Abs. 3c VAG überschreiten, sind damit ebenfalls hier auszuweisen.

Im Anhang haben VU den Betrag des Genussrechtskapitals anzugeben, welcher vor Ablauf von zwei Jahren fällig wird[313]. **313**

Ein Kenntlichmachen der Beträge ggü. verbundenen Unternehmen oder Unternehmen, mit denen ein Beteiligungsverhältnis besteht, ist nicht erforderlich[314]. **314**

Für den Ausweis eines Verlustanteils sowie von Wiederauffüllungen in Folgejahren sehen die Formblätter 2 bis 4 im Rahmen der Gewinnverwendungsrechnung gesonderte Posten „**Entnahmen aus Genussrechtskapital**" bzw. „**Wiederauffüllung des Genussrechtskapitals**" vor[315]. **315**

Wenngleich die *HFA-Stellungnahme 1/1994* zur Behandlung von Genussrechten im JA von KapGes.[316] auf die Besonderheiten der Rechnungslegung von VU nicht eingeht, kann sie bei Zweifelsfragen entsprechende Hinweise geben. **316**

Die von AG gem. § 160 Abs. 1 S. 1 Nr. 6 AktG zu tätigenden Angaben zu Genussrechten sind auch von VU zu machen, die nicht AG, KGaA oder ein kleinerer Verein sind[317]. Anzugeben sind die Art und Zahl der Rechte am Abschlussstichtag sowie die im GJ neu entstandenen Rechte[318]. **317**

Zinsen auf Genussrechtskapital sind unter den „sonstigen Aufwendungen" (Formblatt 2 Posten Nr. II.5; Formblatt 3 Posten Nr. II.2; Formblatt 4 Posten Nr.III.6) zu erfassen. **318**

C. Nachrangige Verbindlichkeiten

Der Posten „C. Nachrangige Verbindlichkeiten" umfasst solche Verbindlichkeiten, die im Fall der Liquidation oder des Konkurses erst nach den Forderungen der anderen Gläubiger erfüllt werden dürfen[319]. **319**

Genussrechtskapital ist regelmäßig mit einer Nachrangabrede verbunden. Da Genussrechtskapital wegen seiner besonderen Bedeutung insgesamt in einem eigenen Posten ausgewiesen werden soll[320], geht ein Ausweis im Posten „B. Genussrechtskapital" dem Ausweis unter den nachrangigen Verbindlichkeiten vor. **320**

Besondere Anhangangaben werden für die nachrangigen Verbindlichkeiten nicht gefordert. **321**

D. Sonderposten mit Rücklageanteil

Dieser Posten, der vor der Änderung des HGB durch das Bilanzrechtsmodernisierungsgesetz gem. § 247 Abs. 3 HGB a.F. zu bilden war, ist nun im Zuge der mit dem Bilanz- **322**

---

311 Vgl. Begr. zu § 22 RechVersV, BR-Drs. 823/94, S. 120.
312 Vgl. *Krumnow*, KI², Erlass zu Passivposten Nr. 10, Rn. 2.
313 Vgl. § 52 Nr. 1 Buchst. b RechVersV.
314 Vgl. § 4 RechVersV.
315 Vgl. Fußnote 3 zu Formblatt 2, Fußnote 4 zu Formblatt 3 und Fußnote 9 zu Formblatt 4.
316 Vgl. WPg 1994, S. 419.
317 Vgl. § 341a Abs. 4 Hs. 2 HGB.
318 Vgl. *ADS*⁶, § 160 AktG, Tz. 58–61.
319 Vgl. § 22 RechVersV. Zum entsprechenden Posten bei KI s. *Krumnow*, KI², Erlass zu § 4 RechKredV.
320 Vgl. Begr. zu § 22 RechVersV, BR-Drs. 823/94, S. 120.

E. Versicherungstechnische Rückstellungen

323 Die versicherungstechnischen Rückstellungen sind i.d.R. der mit Abstand größte Passivposten in der Bilanz eines VU. Sie sind **von großer Bedeutung für die Vermögens-, Finanz- und Ertragslage** des Unternehmens[322]. „Versicherungstechnisch" bedeutet, „dass diese Passiva unmittelbar mit dem Versicherungsgeschäft verbunden und ihm eigentümlich sind"[323]. Der Begriff Rückstellung ist zu eng; es handelt sich u.a. auch um passive RAP oder Verbindlichkeiten[324].

Bevor auf die einzelnen versicherungstechnischen Rückstellungen eingegangen wird, soll im Folgenden zunächst ein Überblick über einige allgemeine – rückstellungsübergreifende – Problembereiche gegeben werden.

1. Allgemeine Bilanzierungsgrundsätze

324 Für die Bilanzierung von versicherungstechnischen Rückstellungen gelten, soweit die besonderen Vorschriften für VU der §§ 341 ff. HGB nichts anderes vorschreiben, die allgemeinen Vorschriften des Ersten Abschn. des Dritten Buches im HGB[325]; dies gilt insb. für § 249 Abs. 1 HGB über den Ansatz von Rückstellungen:

325 Gemäß § 249 HGB sind Rückstellungen zu bilden für ungewisse Verbindlichkeiten und für drohende Verluste aus schwebenden Geschäften, für bestimmte, in § 249 Abs. 1 Nr. 1 HGB genannte Aufwendungen und für Gewährleistungen, die ohne rechtliche Verpflichtung erbracht werden. Das vor der Änderung des HGB durch das Bilanzrechtsmodernisierungsgesetz bestehende allgemeine Passivierungswahlrecht für Aufwandsrückstellungen gem. § 249 Abs. 1 S. 3 und Abs. 2 HGB a.F. wurde zugunsten eines Passivierungsverbotes aufgehoben.

326 Hinsichtlich der Bewertungsvorschriften haben sich die für versicherungstechnische Rückstellungen geltende lex specialis der §§ 341e HGB ff. und die allgemeinen Bewertungsvorschriften seit der Neukonzeption der allgemeinen Rückstellungsbewertung in § 253 Abs. 1 S. 2 und Abs. 2 HGB durch das Bilanzrechtsmodernisierungsgesetz auseinander entwickelt. Die allgemeinen Vorschriften zur Rückstellungsbewertung sehen eine realitätsnähere Bewertung vor, was die Berücksichtigung von Preis- und Kostensteigerungen ebenso umfasst wie die Abzinsung von Rückstellungen mit einer Laufzeit von über einem Jahr.

327 Auf das **Bewertungskonzept der versicherungstechnischen Rückstellungen** haben die **Neuregelungen** des § 253 HGB **keinen Einfluss**. Versicherungsunternehmen haben, wie bereits vor der Änderung des HGB durch das Bilanzrechtsmodernisierungsgesetz „versicherungstechnische Rückstellungen auch insoweit zu bilden, wie dies nach vernünftiger kaufmännischer Beurteilung notwendig ist, um die dauernde Erfüllbarkeit der Verpflichtungen aus den Versicherungsverträgen sicherzustellen". Mit der Formulierung wird klargestellt, dass es sich hierbei nicht um ein Wahlrecht, sondern um eine Passivierungspflicht handelt. Der in § 341e Abs. 1 HGB neu eingefügte Satz 3 stellt klar, dass ver-

---

321 Zu den Übergangsregelungen vgl. Art. 67 Abs. 3 EGHGB; siehe auch Kap. E Tz. 126.
322 Vgl. *IDW*, Versicherungsunternehmen[5], A Tz. 68.
323 *Farny*[4], S. 129.
324 Vgl. *IDW*, Versicherungsunternehmen[5], A Tz. 68.
325 Vgl. Begr. RegE, BT-Drs. 12/5587, S. 26.

Rechnungslegung K

sicherungstechnische Rückstellungen nach den Wertverhältnissen am Abschlussstichtag, d.h. ohne Berücksichtigung künftiger Kosten- oder Preissteigerungen zu bewerten und nicht nach § 253 Abs. 2 HGB abzuzinsen sind.

Steuerrechtlich besteht nach § 6 Abs. 1 Nr. 3 EStG die grundsätzliche Verpflichtung zur Abzinsung von gewissen und ungewissen Verbindlichkeiten, die zum Auseinanderfallen von Handels- und Steuerbilanz führt. Die Abzinsungsproblematik der Rückstellung für noch nicht abgewickelte Versicherungsfälle wird in Tz. 417 diskutiert. **328**

Durch die Positionierung der Bestimmungen in den handelsrechtlichen Vorschriften sind sie über den Grundsatz der Maßgeblichkeit bei der steuerlichen Gewinnermittlung zu berücksichtigen[326].

Bei der handelsrechtlichen Bewertung zu berücksichtigen, und damit auch für die Steuerbilanz grds. maßgeblich, sind im Interesse der Versicherten erlassene aufsichtsrechtliche Vorschriften zur Berechnung der Rückstellungen und zur Zuweisung bestimmter Kapitalerträge zu den Rückstellungen[327]. Es handelt sich dabei um §§ 12a, 12c und 81d Abs. 3 VAG bzgl. der Alterungsrückstellung und der Ermittlung und Verteilung des Überschusses sowie der Zuführung zur RfB in der Krankenversicherung, § 56a VAG bzgl. der Zuführungen zur RfB generell, § 65 VAG bzgl. der Berechnung der Deckungsrückstellung, § 81c Abs. 3 VAG bzgl. der Zuführungen zur RfB in der Lebensversicherung und bei Pensionsfonds sowie § 116 VAG bzgl. der Deckungsrückstellung von Pensionsfonds. Zu berücksichtigen sind auch die aufgrund dieser Vorschriften erlassenen RVO: Die Ermittlung der Mindestzuführung zur RfB ist in der MindZV[328] bzw. für die überschussberechtigten Versorgungsverhältnisse der Pensionsfonds in der PF-MindZufV[329] geregelt. Die DeckRV bzw. für Pensionsfonds die PFDeckRV[330] schreibt die anzuwendenden Berechnungsgrundlagen für die Bildung der Deckungsrückstellungen vor. Die Aktuarverordnung (AktuarV)[331] bzw. die Pensionsfonds-Aktuarverordnung (PF-AktuarV)[332] regeln Einzelheiten zur Bestätigung des verantwortlichen Aktuars und zum dem Vorstand vorzulegenden Erläuterungsbericht. Die bei der Prämienkalkulation anzuwendenden Rechnungsgrundlagen und die Methoden zur Ermittlung der Alterungsrückstellung sind in der KalV geregelt[333]. Die Überschussverordnung (ÜbschV) schreibt Methoden der Ermittlung und Verteilung von Überzins und Überschuss in der Krankenversicherung vor[334]. **329**

2. Ausweis

Im Passivposten „E. Versicherungstechnische Rückstellungen" sind als Unterposten gesondert auszuweisen: **330**

---

326 Vgl. § 5 Abs. 1 EStG.
327 Vgl. § 341e Abs. 1 S. 2 HGB sowie Bericht des Rechtsausschusses, BT-Drs. 12/7646, S. 4.
328 Vgl. MindZV, BGBl. I 2008, S. 690 – ersetzt die ZRQuotenV, BGBl. I 1996, S. 1190.
329 Vgl. PF-MindestzuführungsV, BGBl. I 2008, S. 2862.
330 Vgl. DeckRV, BGBl. I 1996, S. 670, sowie PFDeckRV v. 20.12.2001, BGBl. I, S. 4183, beide zuletzt geändert durch VO v. 01.03.2011, BGBl. I, S. 345.
331 Vgl. VO über die versicherungsmathematische Bestätigung und den Erläuterungsbericht des verantwortlichen Aktuars (Aktuarverordnung – AktuarV) v. 06.11.1996, BGBl. I, S. 1681, zuletzt geändert durch VO v. 12.10.2005, BGBl. I, S. 3015.
332 Vgl. PF-AktuarV, BGBl. I 2005, S. 3019.
333 Vgl. KalV, BGBl. I 1996, S. 1783, zuletzt geändert durch VO v. 22.10.2009, BGBl. I, S. 3670.
334 Vgl. VO zur Ermittlung und Verteilung von Überzins und Überschuss in der Krankenversicherung (Überschussverordnung – ÜbschV) v. 08.11.1996, BGBl. I, S. 1687, zuletzt geändert durch VO v. 12.10.2005, BGBl. I, S. 3016.

I. Beitragsüberträge,
II. Deckungsrückstellung,
III. Rückstellung für noch nicht abgewickelte Versicherungsfälle,
IV. Rückstellung für erfolgsabhängige und erfolgsunabhängige Beitragsrückerstattung,
V. Schwankungsrückstellung und ähnliche Rückstellungen,
VI. Sonstige versicherungstechnische Rückstellungen.

331 Eine Zusammenfassung dieser Unterposten – wie sie z.B. gem. § 3 RechVersV für bestimmte Kapitalanlagen möglich ist – ist für die versicherungstechnischen Rückstellungen nicht zulässig. Auch ist ein Unterlassen der Aufteilung in die Bruttobeträge und die Beträge des in Rückdeckung gegebenen Geschäfts nicht erlaubt, da § 265 Abs. 7 HGB gem. § 341a Abs. 2 S. 2 HGB nicht anzuwenden ist.

Für die gesamten versicherungstechnischen Brutto-Rückstellungen, die Brutto-Rückstellung für noch nicht abgewickelte Versicherungsfälle sowie die Schwankungsrückstellung und ähnliche Rückstellungen sind im Rahmen der Vz.-spezifischen Anhangangaben die Beträge für das üG anzugeben[335].

3. Anteile für das in Rückdeckung gegebene Versicherungsgeschäft

332 Die Anteile für das in Rückdeckung gegebene Versicherungsgeschäft an den versicherungstechnischen Rückstellungen sind in der Vorspalte beim jeweiligen Rückstellungsposten vom Bruttobetrag offen abzusetzen. In der Hauptspalte wird der entsprechende Nettobetrag ausgewiesen[336].

333 Die Schwankungsrückstellung und ähnliche Rückstellungen werden auf der Basis versicherungstechnischer Nettozahlen ermittelt. Infolgedessen erfolgt auch der Ausweis netto bzw. f.e.R..

334 Die Vorspaltenangaben sowie die in Formblatt 1 vorgesehenen entsprechenden Unterposten können entfallen, wenn das Versicherungsgeschäft nicht in Rückdeckung gegeben wird[337].

Die in der Vorspalte anzugebenden und vom Bruttobetrag der versicherungstechnischen Rückstellung abzusetzenden Anteile der Rückversicherer sind aufgrund der vertraglichen Abmachungen mit den Rückversicherern zu ermitteln[338]. Besonderes gilt nur für die Rückversichereranteile an den Beitragsüberträgen. Diese sind grds. entsprechend den Methoden für die Bruttobeträge zu berechnen[339]. Damit soll den Besonderheiten bei Vz. mit fehlender Proportionalität zwischen Risikoverlauf und Beitrag Rechnung getragen werden[340]. Ebenso wie die Bruttobeitragseinnahmen sollen die Rückversicherungsbeiträge entsprechend dem Risikoverlauf bzw. zeitanteilig erfolgsmäßig abgegrenzt werden.

335 Da bei einer Kündigung des Rückversicherungsvertrags eine derartige Abgrenzung der Rückversicherungsbeiträge nicht sachgerecht wäre, ist in diesem Fall der Rückversichereranteil an den Beitragsüberträgen aus dem vertraglich vereinbarten Portefeuille-Stornosatz zu ermitteln. Dem trägt § 23 S. 2 Hs. 2 RechVersV Rechnung, der im Falle

---

335 Vgl. § 51 Abs. 4 S.1 Nr. 1 Buchst. h RechVersV.
336 Vgl. Passivposten E.I–IV, VI und F des Formblattes 1 RechVersV.
337 Vgl. § 5 Abs. 3 S. 1 RechVersV.
338 Vgl. § 23 S. 1 RechVersV.
339 Vgl. § 23 S. 2 RechVersV.
340 Vgl. Begr. zu § 23 RechVersV, BR-Drs. 823/94, S. 121.

einer Kündigung die Ermittlung des Rückversichereranteils aufgrund der vertraglichen Abmachung mit dem Rückversicherer fordert.

Aus Gründen der Vorsicht erscheint es darüber hinaus geboten, den Portefeuille-Stornosatz auch dann anzusetzen, wenn eine Kündigung des Rückversicherungsvertrags zu erwarten ist und der aus dem Portefeuille-Stornosatz resultierende Betrag kleiner ist als ein zeitanteiliger oder risikoverlauforientierter Wert[341].

Im Anhang sind die Methoden der Ermittlung der Anteile für das in Rückdeckung gegebene Versicherungsgeschäft an den einzelnen versicherungstechnischen Rückstellungen anzugeben und wesentliche Änderungen der Methoden ggü. dem vorausgegangenen GJ zu erläutern[342]. **336**

4. Näherungs- und Vereinfachungsverfahren

Gemäß der auf versicherungstechnische Rückstellungen anzuwendenden allgemeinen Regelung des § 252 Abs. 1 Nr. 3 HGB unterliegen versicherungstechnische Rückstellungen dem Grundsatz der Einzelbewertung[343]. Gleichartige oder annähernd gleichwertige Schulden können nach § 240 Abs. 4 HGB jeweils zu einer Gruppe zusammengefasst und mit dem gewogenen Durchschnittswert angesetzt werden. Ist eine Einzel- oder Gruppenbewertung jedoch nicht möglich oder mit unverhältnismäßig hohem Aufwand verbunden, so können versicherungstechnische Rückstellungen gem. § 341e Abs. 3 HGB mit Hilfe von Näherungs- und Vereinfachungsverfahren ermittelt werden. Voraussetzung ist allerdings, dass diese zu annähernd gleichen Ergebnissen wie Einzelberechnungen führen. Nähere Bestimmungen dazu enthält § 27 RechVersV, der Art. 61 der VersBiRiLi umsetzt[344]. **337**

§ 27 RechVersV regelt Verfahren der Nullstellungsmethode, des Standardsystems und der zeitversetzten Bilanzierung sowie die Voraussetzungen für ihre Anwendung. Voraussetzung für die Anwendung der in § 27 RechVersV geregelten Näherungs- und Vereinfachungsverfahren ist, dass zum Zeitpunkt der Bilanzaufstellung die das GJ betreffenden Informationen über die fälligen Beiträge oder die eingetretenen Versicherungsfälle aufgrund der Besonderheiten des Versicherungsgeschäfts nicht zu einer ordnungsgemäßen Schätzung ausreichen[345]. **338**

5. Nullstellungsmethode oder Standardsystem

Die Nullstellungsmethode ist in § 27 Abs. 2 RechVersV geregelt. Sie kann in solchen Vz. Anwendung finden, in denen nach Zeichnungsjahren abgerechnet wird, wie es in der Transportversicherung üblich ist. Danach werden in einem GJ die in diesem eingenommenen Beiträge erfasst, die aus Versicherungsverträgen resultieren, die im GJ oder in Vj. (Nachverrechnungsbeiträge) begonnen haben. **339**

Der Überschuss dieser Beiträge über die Zahlungen für Versicherungsfälle und die Aufwendungen für den Versicherungsbetrieb ist als versicherungstechnische Rückstellung zu passivieren.

---

341 Vgl. *Geib/Horbach* in: KoRVU-Kommentar, Bd. I, J, Rn. 63.
342 Vgl. § 52 Nr. 1 Buchst. c RechVersV.
343 Vgl. Begr. RegE, BT-Drs. 15/5587, S. 27.
344 Zur Zulässigkeit von Näherungsverfahren vgl. *IDW RS VFA 3,* WPg Supplement 3/2010, S. 104 ff. = FN-IDW 2010, S. 313 ff., Tz. 24.
345 Vgl. § 27 Abs. 1 S. 1 RechVersV. Aufgrund der geänderten Bilanzierungspraxis, z.B. durch Fast Close, werden die Voraussetzungen des § 27 RechVersV nur noch in seltenen Fällen vorliegen.

340 Wenngleich diese Rückstellung vom Charakter her gleichermaßen die Beitragsüberträge und die Schadenrückstellung verkörpert, erscheint es angebracht, diese unter der Rückstellung für noch nicht abgewickelte Versicherungsfälle auszuweisen. Das schreibt auch Art. 61 VersBiRiLi vor und entspricht der systematischen Einordnung der Verordnungsvorschrift im Anschluss an § 26 RechVersV zur Rückstellung für noch nicht abgewickelte Versicherungsfälle.

341 Sobald ausreichende Informationen zur individuellen Ermittlung vorliegen, „spätestens am Ende des dritten auf das Zeichnungsjahr folgenden Jahres"[346], ist die so gebildete Rückstellung durch eine einzeln zu ermittelnde Rückstellung für noch nicht abgewickelte Versicherungsfälle zu ersetzen[347]. Der BFH hat seinerzeit eine individuelle Ermittlung vom zweiten Jahr ab gefordert[348]. Durch die ausdrückliche Kodifizierung einer 3-Jahresfrist in der VO ergibt sich u.E. aufgrund der Maßgeblichkeit der Werte der Handelsbilanz für die Steuerbilanz auch die steuerliche Anerkennung der sich bei Anwendung der 3-Jahresfrist ergebenden Bilanzwerte. Gibt es Anzeichen dafür, dass das Ergebnis der betrachteten Zeichnungsjahre schlechter als Null ist, ist der zur Erfüllung derzeitiger und künftiger Verpflichtungen notwendige Betrag zurückzustellen[349].

342 Soweit möglich, z.B. bei konstanten Schadenverläufen, kann die versicherungstechnische Rückstellung in Höhe eines bestimmten Prozentsatzes der Beitragseinnahmen gebildet werden (Standardsystem)[350]. Bezüglich der Einzelheiten kann auf die einschlägige Kommentierung zur entsprechenden Regelung vor Umsetzung der VersBiRiLi verwiesen werden[351].

6. Zeitversetzte Bilanzierung

343 Unter den oben genannten Voraussetzungen können in der versicherungstechnischen Rechnung die Zahlen des Jahres eingesetzt werden, das dem GJ ganz oder teilweise vorausgeht. Jedoch darf die Zeitversetzung ein Jahr nicht übersteigen[352].

344 Auch bei diesem Verfahren sind die auf Grundlage der zeitversetzten Zahlen bilanzierten versicherungstechnischen Rückstellungen ggf. soweit aufzustocken, dass sie zur Erfüllung derzeitiger und künftiger Verpflichtungen ausreichen. Anwendung findet die zeitversetzte Bilanzierung insb. im in Rückdeckung übernommenen Versicherungsgeschäft und in der Kreditversicherung.

345 Die Anwendung eines der in § 27 RechVersV geregelten Näherungs- und Vereinfachungsverfahren ist im Anhang anzugeben und zu begründen. Bei einer Änderung des angewandten Verfahrens ist deren Einfluss auf die Vermögens-, Finanz- und Ertragslage darzulegen[353].

Bei Anwendung der Nullstellungsmethode bzw. des Standardsystems ist der Zeitraum bis zur Bildung einer nach allgemeinen Grundsätzen ermittelten Rückstellung für noch nicht abgewickelte Versicherungsfälle anzugeben[354].

---

346 § 27 Abs. 2 S. 3 RechVersV.
347 So auch Art. 61 Methode 1 VersBiRiLi.
348 Vgl. BFH-Urteil v. 30.07.1970 – I 124/65, BStBl. II 1971, S. 66–68.
349 Vgl. § 27 Abs. 1 S. 2 RechVersV.
350 Vgl. § 27 Abs. 2 S. 2 RechVersV.
351 Siehe *Geib/Horbach* in: KoRVU-Kommentar, Bd. I, J, Rn. 172.
352 Vgl. § 27 Abs. 3 S. 2 RechVersV; vgl. auch Beck Vers-Komm., § 341e HGB, Rn. 192.
353 Vgl. § 27 Abs. 4 S. 1 RechVersV.
354 Vgl. § 27 Abs. 4 S. 2 RechVersV.

Bei Anwendung der zeitversetzten Bilanzierung ist der Zeitraum anzugeben, um den das Jahr, dessen Zahlen ausgewiesen werden, dem GJ (des JA) vorausgeht, sowie der Umfang, den die betreffenden Geschäfte haben[355].

I. Beitragsüberträge

Unter dem Posten „Beitragsüberträge" sind die im GJ gebuchten Beiträge oder Beitragsraten auszuweisen, soweit sie für den über den Bilanzstichtag hinausgehenden Versicherungszeitraum bestimmt sind. Das Erfordernis zum Ansatz von Beitragsüberträgen resultiert aus dem Auseinanderfallen von Versicherungsperiode und GJ: Versicherungsprämien werden i.d.R. im Voraus für eine Versicherungsperiode (d.h. einen einfährigen Zeitraum[356]) bezahlt, die aber nicht zwangsläufig mit dem GJ des VU übereinstimmt. Nach dem Grundsatz der periodengerechten Erfolgsermittlung sind daher nach § 341e Abs. 2 Nr. 1 HGB für den Teil der Prämienzahlungen, die der Folgeperiode zuzurechnen sind, Beitragsüberträge zu bilden. 346

Bei den Bruttobeitragsüberträgen handelt es sich demzufolge um einen **transitorischen passiven RAP**, für den die allgemeine Begriffsbestimmung des § 250 Abs. 2 HGB bzw. des § 5 Abs. 5 S. 1 Nr. 2 EStG gilt. Hiernach gelten als passive RAP nur „Einnahmen vor dem Abschlussstichtag ..., soweit sie Ertrag für eine bestimmte Zeit nach diesem Tag darstellen". 347

Die in der Bilanz von den Bruttobeitragsüberträgen in der Vorspalte abzusetzenden Rückversicherungsanteile sind die im GJ gebuchten Rückversicherungsprämien, soweit sie für den über den Abschlussstichtag hinausgehenden Versicherungszeitraum bestimmt sind. Es handelt sich hierbei um einen – passivisch abgesetzten – aktiven RAP für „Ausgaben vor dem Abschlussstichtag ..., soweit sie Aufwand für eine bestimmte Zeit nach diesem Tag darstellen" (§ 250 Abs. 1 HGB bzw. § 5 Abs. 5 S. 1 Nr. 1 EStG)[357]. 348

Obwohl sie die Charakteristika eines RAP aufweisen, werden die Beitragsüberträge in die versicherungstechnischen Rückstellungen einbezogen. Der Umfang des Posteninhalts wird – quasi ergänzend zu der allgemeinen Begriffsbestimmung – in § 24 S. 1 RechVersV mit dem „Teil der gebuchten Bruttobeiträge, der als Ertrag für eine bestimmte Zeit nach dem Abschlussstichtag dem folgenden GJ oder den folgenden GJ zuzurechnen ist, soweit er nicht in einer anderen versicherungstechnischen Rückstellung auszuweisen ist" konkretisiert. 349

Beitragsüberträge kommen im Rückversicherungsgeschäft nur für die proportionale Rückversicherung in Betracht, d.h. für Quoten- und Summenexzedentenrückversicherung oder für Kombinationen aus diesen Vertragssparten. Bei nichtproportionalen Rückversicherungen (Schadenexzedenten- und Stop-loss-Verträge) ist das Versicherungsentgelt regelmäßig auf das betreffende GJ bezogen, so dass Beitragsüberträge entfallen. 350

Maßstab für die **Ermittlung der Beitragsüberträge** ist die zeitbezogene Gewährung von Versicherungsschutz, d.h. die Verteilung des Versicherungsschutzes auf das GJ und nachfolgende Rechnungslegungszeiträume. Dabei kann von einem im Regelfall gleich bleibenden Risikoverlauf während eines Versicherungszeitraums, also von einer im Zeit- 351

---
355 Vgl. § 27 Abs. 4 S. 3 RechVersV.
356 Vgl. § 9 des Gesetzes über den Versicherungsvertrag (Versicherungsvertragsgesetz – VVG) v. 23.11.2007.
357 Vgl. *Geib/Horbach* in: KoRVU-Kommentar, Bd. I, J, Rn. 33.

ablauf gegebenen Proportionalität zwischen Gewährung von Versicherungsschutz und Beitrag ausgegangen werden[358].

352 Ausgangspunkt für die Berechnung der Beitragsüberträge sind die im GJ gebuchten Bruttobeiträge. Die Zurechnung der Beiträge hat grds. einzeln[359] und zeitanteilig (pro rata temporis) zu erfolgen. In Vz. und Versicherungsarten, in denen es an einer zeitlichen Proportionalität zwischen dem Risikoverlauf und dem Beitrag fehlt, ist bei der Berechnung der Beitragsüberträge der im Zeitablauf unterschiedlichen Entwicklung des Risikos Rechnung zu tragen[360]. Dies ist bspw. in der Bauleistungsversicherung der Fall, in der das Risiko mit den zunehmend durchgeführten Baumaßnahmen ansteigt.

353 Bei der Einzelberechnung (Pro-rata-temporis-Methode) wird für jeden einzelnen Versicherungsvertrag der auf das Folgejahr bzw. die Folgejahre zu übertragende (noch nicht verdiente) Beitragsteil nach dem 1/360-System bzw. 1/720-System aufgrund der Zeitverhältnisse tagegenau berechnet[361].

354 § 341e Abs. 3 HGB lässt Näherungsverfahren nur unter der Voraussetzung zu, dass eine Einzelbewertung oder Gruppenbewertung nicht möglich ist oder der damit verbundene Aufwand unverhältnismäßig hoch wäre und dass dieses zu annähernd gleichen Ergebnissen wie Einzelberechnungen führt. Statistische Methoden, insb. Bruchteil- und Pauschalmethoden, sollten daher, auch wenn sich aus der VerBiRiLi und ihrer Begründung nicht eindeutig klären lässt, ob sie als Näherungsverfahren oder Verfahren der Gruppenbewertung einzustufen sind[362] (und die Voraussetzung im Fall der Zuordnung zur Gruppenbewertung nicht erforderlich wäre), nur dann angewendet werden, wenn diese Voraussetzung erfüllt ist. Unabhängig hiervon dürfen Bruchteil- und Pauschalmethoden nur unter der Voraussetzung angewendet werden, dass es sich um gleichartige oder annähernd gleichwertige Schulden handelt.

355 Bei Anwendung von statistischen Methoden zur Ermittlung der Beitragsüberträge ist grds. nach dem Bruchteilsystem (z.B. 1/24-, 1/12- oder 1/8-Methode) vorzugehen, wobei unterjährige Zahlungsweisen und unterjährige Verträge berücksichtigt werden müssen. Bei der Bruchteilmethode werden die Beitragseinnahmen je nach Fälligkeit auf bestimmte gleichgroße Zeitabschnitte (Monate oder Quartale) eines GJ aufgeteilt und die Beitragsüberträge in Bruchteilen dieser Beträge ermittelt, wobei die Höhe dieser Bruchteile von der Größe der Zeitabschnitte abhängt[363]. Bei dem – in Vz und Versicherungsarten, in denen die Dauer der Versicherungsverträge überwiegend kurzfristig ist – ebenfalls anwendbaren Pauschalsystem werden die gesamten Beitragseinnahmen eines GJ mit einem bestimmten Prozentsatz, dem sog. Beitragsübertragssatz, multipliziert[364].

Darüber hinaus ist unter bestimmten Voraussetzungen in Vz. oder Versicherungsarten, in denen nach Zeichnungsjahren abgerechnet wird, eine mit der Schadenrückstellung zu-

---

358 In Ausnahmefällen (z.B. Bauleistungsversicherung) ist auch eine Berechnung der Beitragsüberträge entsprechend dem Risikoverlauf möglich.
359 Vgl. § 252 Abs. 1 Nr. 3 HGB.
360 Vgl. § 24 S. 2 RechVersV.
361 Beitragsüberträge werden in der Lebensversicherung i.d.R. durch EDV nach der Pro-rata-temporis-Methode berechnet. Da die Beiträge in der Krankenversicherung entweder echte Monatsbeiträge sind oder es sich um Jahresbeiträge, die in gleichen Monatsraten fällig werden, handelt, sind Beitragsüberträge bei KVU nur in bestimmten Sonderfällen – z.B. kurzfristige Versicherungen gegen Einmalprämie – zu bilden. Vgl. *IDW, Versicherungsunternehmen*[5], B III Tz. 91.
362 Vgl. Begr. RegE, BT-Drs.
363 Vgl. *Baur*, S. 78; *Geib/Horbach* in: KoRVU-Kommentar, Bd. I, J, Rn. 51.
364 Siehe *Geib/Horbach* in: KoRVU-Kommentar, Bd. I, J, Rn. 55.

sammengefasste Ermittlung nach der Nullstellungsmethode oder dem Standardsystem zulässig[365].

Die **Bruttobeitragsüberträge für das üG** sind grds. nach den Aufgaben der Vorversicherer zu ermitteln. Liegen keine oder nur unvollständige Aufgaben der Vorversicherer vor, so sind die Bruttobeitragsüberträge unter Berücksichtigung der Beitragszahlungsperioden, der unterjährigen Zahlungsweisen und Verträge nach einer Bruchteilmethode oder näherungsweise nach der Pauschalmethode zu berechnen. 356

Die **Anteile der Rückversicherer** an den Bruttobeitragsüberträgen ergeben sich unter Berücksichtigung der abgeschlossenen Rückversicherungsverträge grds. nach dem Verfahren, welches für die Berechnung der Bruttobeitragsüberträge angewendet wird[366]. 357

Während die Notwendigkeit der Bildung von Beitragsüberträgen dem Grunde nach nie strittig war, sind hinsichtlich der **Bemessung der übertragsfähigen Beitragsteile** zahlreiche Zweifelsfragen aufgetreten, woraufhin die Finanzverwaltung in einem koordinierten Ländererlass[367] Einzelheiten zur Bemessung der Beitragsüberträge festgelegt hat. Hiernach sind die Beitragseinnahmen um „nicht übertragsfähige" Beitragsteile zu kürzen. Der für die Steuerbilanz maßgebliche Erlass wird von VU in der Praxis auch auf die Handelsbilanz angewendet. 358

Die Notwendigkeit oder die Möglichkeit von Kürzungen nicht übertragungsfähiger Beitragsanteile ist in § 341e Abs. 2 Nr. 1 HGB und § 24 RechVersV zwar nicht ausdrücklich angesprochen; ihre Formulierung steht einer entsprechenden Berechnung jedoch nicht entgegen[368]. Ein Verstoß gegen das Aktivierungsverbot für Abschlussaufwendungen in § 248 Abs. 1 Nr. 3 HGB liegt durch die Kürzung der Beitragsüberträge nicht vor, da es sich dabei, wie die Begründung zum RegE klarstellt, um eine pauschale Erfassung von solchen Teilen der Beiträge handelt, die einem späteren GJ nicht zuzurechnen sind[369]. 359

Bei der Ermittlung der nicht übertragsfähigen Beitragsteile ist im sG vom Tarifbeitrag – d.h. dem Beitrag, der keinen Ratenzuschlag enthält – bzw. von dem ihm entsprechenden Versicherungsentgelt auszugehen. Als nicht übertragungsfähige Einnahmeteile sind hiervon 85% der Provisionen und sonstigen Bezüge der Vertreter zu kürzen. Aus der sich danach ergebenden maßgeblichen Bemessungsgrundlage ist der Beitragsübertrag zeitanteilig zu ermitteln[370]. Der von den Bruttobeitragsüberträgen für das sG abzusetzende Anteil der Rückversicherer ist nach dem Erlass entsprechend der für das üG getroffenen Regelung zu ermitteln. Die Bemessungsgrundlage für den Beitragsübertrag ergibt sich hier durch Abzug von 92,5% der Rückversicherungsprovision vom Rückversicherungsbeitrag. Der Erstversicherer hat also bei der Ermittlung des Anteils für das in Rückdeckung gegebene Geschäft von den im GJ verrechneten Rückversicherungsbeiträgen ebenfalls 92,5% der erhaltenen Rückversicherungsprovision als nicht übertragungsfähige Teile zu kürzen[371]. 360

In der GuV ist die Veränderung der Beitragsüberträge in zwei Unterposten zu den „Verdienten Beiträgen f.e.R." brutto und als Anteil der Rückversicherer gesondert ausge- 361

---

365 Siehe Tz. 339.
366 Vgl. Tz. 352 sowie *Geib/Horbach* in: KoRVU-Kommentar, Bd. I, J, Rn. 62.
367 Vgl. Bemessung der Beitragsüberträge bei Versicherungsunternehmen, BMF v. 30.04.1974, VerBAV, S. 118.
368 Vgl. Begr. zu § 24 RechVersV mit Hinweis zur Steuerneutralität, BR-Drs. 823/94, S. 122, sowie Empfehlung der Ausschüsse, BR-Drs. 823/1/94, S. 1.
369 Vgl. Begr.-RegE, BT-Drs. 12/5587, S. 27.
370 Ausführlich *Geib/Horbach* in: KoRVU-Kommentar, Bd. I, J, Rn. 65.
371 Siehe hierzu *Geib/Horbach* in: KoRVU-Kommentar, Bd. I, J, Rn. 72.

wiesen[372]. Lediglich in der versicherungstechnischen Rechnung für das Lebens- und Krankenversicherungsgeschäft im KA ist der gesonderte Ausweis netto vorgeschrieben[373].

362 Für den Anhang gilt die allgemeine Angabepflicht des § 52 Nr. 1 Buchst. c RechVersV zu den Methoden der Ermittlung der einzelnen versicherungstechnischen Rückstellungen und wesentlichen Änderungen der Methoden.

II. Deckungsrückstellung

1. Vorbemerkung

Die Umsetzung der Dritten RL-Generation zur Lebensversicherung und Schadenversicherung veränderte den Inhalt des Bilanzpostens Deckungsrückstellung, insb. für die Lebensversicherung, erheblich. Sie führte zum Wegfall der Genehmigungspflicht für die technischen Geschäftspläne in weiten Bereichen. Die dadurch – unter dem Aspekt einer ausreichend vorsichtigen Bewertung der versicherungstechnischen Rückstellungen – notwendig werdenden Regelungen sind in die gesetzlichen Vorschriften aufgenommen worden. Allerdings ist in einigen Bereichen das Versicherungsgeschäft weiterhin an die Vorlage und Genehmigung von fachlichen Geschäftsunterlagen gebunden bzw. haben bereits genehmigte Geschäftspläne weiterhin Bestand.

363 Gemäß § 341e HGB sind die im Interesse der Versicherten erlassenen aufsichtsrechtlichen Vorschriften über die bei der Berechnung der Rückstellungen zu verwendenden Rechnungsgrundlagen einschließlich des dafür anzusetzenden Rechnungszinsfußes zu beachten[374]. Für die systematische Darstellung der Bewertungsvorschriften im Bereich der Deckungsrückstellung müssen daher neben den in §§ 341e, 341f und 341g HGB und §§ 15, 25 und 32 RechVersV für VU formulierten handelsrechtlichen Vorschriften auch die aufsichtsrechtlichen Vorschriften des VAG zur Berechnung der Deckungsrückstellung herangezogen werden. Für die Lebensversicherung sind § 65 VAG und die zu § 65 erlassene DeckRV[375] maßgeblich. Im Zuge der „VO zur Änderung der DeckRV und der PFDeckRV"[376] erfolgte eine Anpassung des Zinssatzes von 2,25% auf 1,75%, der ab dem 01.01.2012 gelten wird. Bis dahin ist weiterhin der aktuelle Höchstrechnungszinssatz von 2,25% maßgeblich[377]. Für die Krankenversicherung finden sich die aufsichtsrechtlichen Vorschriften in §§ 12, 12a, 12c VAG sowie in der zu § 12c VAG erlassenen KalV[378]. Für Pensionsfonds sind schließlich § 116 VAG und die zu § 116 VAG erlassene PFDeckRV[379] zu beachten.

364 Soweit das Versicherungsgeschäft auf der Basis zu genehmigender Geschäftspläne erfolgt, wird die Berechnung der Deckungsrückstellung weiterhin unter Zugrundelegung der geschäftsplanmäßig festgelegten Formeln und Rechnungsgrundlagen durchgeführt (§§ 11c und 11d VAG).

---

372 Vgl. Posten I.1.c und d, Formblätter 2, 3 und 4 RechVersV.
373 Vgl. Posten II.1c Formblatt 4 RechVersV.
374 Vgl. § 341e Abs. 1 S. 2 HGB.
375 Vgl. DeckRV, BGBl. I 1996, S. 670.
376 Vgl. BGBl. I 2011, S. 345.
377 Vgl. § 2 Abs. 1 DeckRV.
378 Vgl. KalV, BGBl. I 1996, S. 1783, zuletzt geändert durch die „Dritte VO zur Änderung der KalV" v. 22.10.2009, BGBl. I, S. 3670.
379 Vgl. BGBl. I 2001, S. 4183, zuletzt geändert durch Gesetz v. 15.07.2009, BGBl. I, S. 1939.

Rechnungslegung K

2. Lebensversicherung

Gemäß § 341f HGB sind für die Verpflichtungen aus dem Lebensversicherungsgeschäft (einschließlich Pensionsfonds) Deckungsrückstellungen zu bilden, die nach versicherungsmathematischen Grundsätzen zu berechnen sind. Die im Einzelnen zu berücksichtigenden Verpflichtungen betreffen dabei neben den vertraglich garantierten Versicherungsleistungen auch die bereits zugeteilten Überschussanteile. Ausgenommen davon sind die verzinslich angesammelten Überschussanteile, die unter den Verbindlichkeiten ggü. VN auszuweisen sind. 365

Obwohl nicht ausdrücklich im HGB erwähnt, gehören aufgrund Art. 18 der 3. Lebensversicherungsrichtlinie zu den Verpflichtungen aus dem Lebensversicherungsgeschäft auch die Optionen, die dem VN nach den Bedingungen des Vertrags zur Verfügung stehen, sowie die Verwaltungsaufwendungen und Provisionen. 366

Für die in Deutschland üblichen Optionen (z.B. Wahl zwischen Kapitalabfindung und Rentenzahlung) sind i.d.R. keine zusätzlichen Rückstellungen zu bilden. Jedes vertraglich vereinbarte Optionsrecht ist jedoch dahingehend zu überprüfen, ob eine Berücksichtigung bei der Deckungsrückstellung erforderlich ist. 367

Die Deckungsrückstellungen sind gem. § 341f Abs. 1 HGB nach der **prospektiven Methode** zu ermitteln. Sie errechnen sich demnach als versicherungsmathematischer Barwert aller zukünftigen Verpflichtungen aus den Versicherungsverträgen – einschließlich bereits zugeteilter Überschussanteile mit Ausnahme der verzinslich angesammelten Überschussanteile – nach Abzug des versicherungsmathematischen Barwerts der künftigen Beiträge. 368

Ist eine prospektive Ermittlung nicht möglich, hat die Berechnung der Rückstellungen nach der **retrospektiven Methode** zu erfolgen. Die Rückstellungen ergeben sich dann aufgrund der aufgezinsten Einnahmen und Ausgaben der vorangegangenen GJ[380].

Die aufgrund der vorgeschriebenen Berechnungsmethoden erforderlichen Rechnungsgrundlagen umfassen neben der Festsetzung eines Zinsfußes und Annahmen über die Wahrscheinlichkeit des Eintritts von Leistungsfällen (z.B. Sterblichkeits-, Berufsunfähigkeits-, Pflegefall- und Heiratswahrscheinlichkeiten) oftmals auch andere Wahrscheinlichkeiten, z.B. Kapitalabfindungswahrscheinlichkeiten. Dabei ist es grds. denkbar, in der Lebensversicherung die Deckungsrückstellungen und Beiträge auf Basis unterschiedlicher Rechnungsgrundlagen zu berechnen. 369

Für die Berechnung der Deckungsrückstellungen sind nach der Lebensversicherungsrichtlinie die zukünftig fälligen Beiträge zu berücksichtigen[381]. 370

Die Verwendung unterschiedlicher Rechnungsgrundlagen – z.B. Ansatz des Rechnungszinses für die Beitragskalkulation mit 2% und für die Berechnung der Deckungsrückstellung mit 2,25% – würde aber dazu führen, dass der versicherungsmathematische Barwert der künftigen Beiträge bei Zugrundelegung der Rechnungsgrundlagen für die Beitragskalkulation höher wäre als bei Zugrundelegung der Rechnungsgrundlagen zur Berechnung der Deckungsrückstellung. So wäre die Deckungsrückstellung als Saldo des Barwerts der künftigen Verpflichtungen abzgl. des Barwerts der künftigen Beiträge niedriger als wenn auch der Barwert der künftigen Beiträge mit den Rechnungsgrundlagen, die zur Berechnung der Deckungsrückstellung zu verwenden sind, berechnet worden wäre.

---
380 Vgl. Beck Vers-Komm., § 341 HGB, Rn. 3.
381 Vgl. Richlinie 2002/83/EG des Europäischen Parlaments und des Rates v. 05.11.2002 über Lebensversicherungen (Lebensversicherungsrichtlinie), Abl.EU Nr. L 345, S. 1.

371 Damit ergäbe sich bilanziell ein nicht realisierter Gewinn, der unter Beachtung des Imparitätsprinzips nicht ausgewiesen werden darf. Daraus resultiert, dass in diesem Fall bei der Berechnung der Deckungsrückstellungen wie bei der Berechnung der Beiträge Rechnungsgrundlagen – hier derselbe Rechnungszins von 2,25% – verwendet werden müssen.

372 Führen dagegen unterschiedliche Rechnungsgrundlagen bei der Beitragskalkulation und der Berechnung der Deckungsrückstellung dazu, dass die bilanzielle Deckungsrückstellung höher ist als bei einer Berechnung auf Basis der für die Berechnung der Deckungsrückstellung geltenden Rechnungsgrundlagen (z.B. bei Zugrundelegen eines Rechnungszinses bei der Beitragskalkulation von 2,75% gegenüber einem Rechungszins von 2,25% im Rahmen der Deckungsrückstellungsberechnung), so ist dieser höhere Wert in die Bilanz einzustellen. Hieraus ergibt sich zwangsläufig eine Vorfinanzierung.

373 Einmalige Abschlusskosten dürfen gem. § 25 Abs. 1 RechVersV nach einem angemessenen versicherungsmathematischen Verfahren, insb. dem Zillmerungsverfahren, berücksichtigt werden. Die von dem VU bei Vertragsabschluss aufgewendeten Abschlusskosten stellen – soweit entsprechende Forderungen aufgrund vertraglicher Vereinbarungen bestehen – bis zur Höhe des Zillmersatzes eine Forderung an VN dar, die mit den gesamten ersten Beiträgen abzgl. der für Risiko und Verwaltungskosten bestimmten Teile getilgt wird[382].

374 Gemäß § 15 Abs. 1 RechVersV sind von LVU sowie P/StK, die die Deckungsrückstellung zillmern, die noch nicht fälligen Ansprüche der VU auf Beiträge der VN sowie der Mitglieds- und Trägerunternehmen als Forderungen aus dem selbst abgeschlossenen Versicherungsgeschäft im Unterposten „noch nicht fällige Ansprüche" auszuweisen, soweit diese geleistete rechnungsmäßige Abschlusskosten betreffen.

375 Die Deckungsrückstellung muss gem. § 25 Abs. 2 RechVersV mindestens in Höhe des vertraglich oder gesetzlich garantierten Rückkaufswerts angesetzt werden. Sinngemäß gilt das auch für eine garantierte beitragsfreie Versicherungssumme.

Gemäß § 252 Abs. 1 Nr. 3 HGB sind die Deckungsrückstellungen für jeden Vertrag einzeln zu berechnen. Dem allgemeinen bilanzrechtlichen Vorsichtsprinzip in dem für VU erforderlichen Maße wird dadurch Rechnung getragen, dass gem. § 25 Abs. 1 S. 1 RechVersV für die Berücksichtigung der Risiken aus dem Versicherungsvertrag angemessene Sicherheitszuschläge anzusetzen sind. Eine Berücksichtigung darüber hinausgehender, nicht individualisierbarer Änderungsrisiken entbehrt der gesetzlichen Grundlage. Insofern ist davon auszugehen, dass die Bildung pauschaler, über die einzelvertragliche Berechnung hinausgehender Deckungsrückstellungen grds. unzulässig ist.

376 Gemäß § 341e Abs. 3 HGB sind Näherungsverfahren bei der Bewertung versicherungstechnischer Rückstellungen dann zulässig, wenn eine Einzel- oder Gruppenbewertung gem. § 252 Abs. 1 Nr. 3 bzw. § 240 Abs. 4 HGB nicht möglich oder mit unverhältnismäßig hohem Aufwand verbunden wäre und wenn anzunehmen ist, dass das Näherungsverfahren zu annähernd gleichen Ergebnissen wie die Einzelberechnung führt. Dennoch werden für die Berechnung der Deckungsrückstellungen in der Lebensversicherung Näherungsverfahren nur in Ausnahmefällen zur Anwendung kommen, da die vertragsbezogene Einzelberechnung der Deckungsrückstellungen in der Branche seit langem üblich ist.

377 Der Ausweis der Deckungsrückstellung im selbst abgeschlossenen Lebensversicherungsgeschäft erfolgt netto mit Angabe des Bruttobetrages und des Anteils der Rückver-

---

382 Zum Zillmerungsverfahren s. *Faigle/Engeländer*, VW 2001, S. 1570; Beck Vers-Komm., § 341 HGB, Rn. 31.

sicherer in der Vorspalte. Sofern der Rückversicherer ein Wertpapierdepot stellt, sind die daraus entstehenden Depotforderungen aus dem in Rückdeckung gegebenen Versicherungsgeschäft in der Vorspalte zur Deckungsrückstellung passivisch abzusetzen. Insofern entspricht die Bilanzierung beim Erstversicherer jener beim Rückversicherer, der die verpfändeten Wertpapiere unter seinen Wertpapieren ausweist[383].

Gemäß § 11a Abs. 3 Nr. 2 VAG hat der vom Unternehmen bestellte verantwortliche Aktuar – soweit es sich nicht um einen kleineren Verein i.S.d. § 53 Abs. 1 S. 1 VAG handelt – unter der Bilanz zu bestätigen, dass die Deckungsrückstellung nach § 341f HGB sowie der aufgrund des § 65 Abs. 1 VAG erlassenen RVO gebildet ist (sog. versicherungsmathematische Bestätigung). Im Fall von Pensionskassen bedarf es der versicherungsmathematischen Bestätigung durch den verantwortlichen Aktuar auch bei kleineren Vereinen i.S.d. § 53 Abs. 1 S. 1 VAG.[384] Er hat in einem Bericht an den Vorstand des VU zu erläutern, welche Kalkulationsansätze und weiteren Annahmen der Bestätigung zugrunde liegen[385]. Einzelheiten zur Bestätigung des verantwortlichen Aktuars und des auszufertigenden Erläuterungsberichts sind in der AktuarV geregelt[386]. **378**

3. Krankenversicherung

Gemäß § 341f Abs. 3 HGB ist in der Krankenversicherung, die nach Art der Lebensversicherung betrieben wird, als Deckungsrückstellung eine **Alterungsrückstellung** zu bilden. Hierzu gehören auch die Beträge, die der RfB entnommen und in einer Weise verwendet wurden, die zu einer Erhöhung der Alterungsrückstellungen führt, sowie Zuschreibungen, die dem Aufbau einer Anwartschaft auf Beitragsermäßigung im Alter dienen. Letzteres ist wohl als handelsrechtliche Ergänzung zur aufsichtsrechtlichen Vorschrift des § 12a VAG zu sehen. **379**

Die Alterungsrückstellung schafft den Ausgleich zwischen dem während der Versicherungsdauer mit zunehmendem Lebensalter prinzipiell steigenden Krankheitskostenrisiko und den gleich bleibenden Beiträgen, da bedingungsgemäß eine Erhöhung der Beiträge wegen des Älterwerdens der versicherten Person während der Dauer des Versicherungsvertrags ausgeschlossen ist. Die Beiträge liegen i.d.R. in den ersten Jahren über, in späteren Jahren unter dem tatsächlichen Leistungsbedarf. **380**

Die Berechnung der Alterungsrückstellungen erfolgt gem. § 341f Abs. 3 S. 2 HGB unter Berücksichtigung der für die Berechnung der Prämien geltenden aufsichtsrechtlichen Bestimmungen. Bei der Berechnung der Alterungsrückstellungen sind also grds. die Rechnungsgrundlagen der Prämienberechnungen zu verwenden, soweit die sich damit ergebende Vorsicht aus handelsrechtlicher Sicht ausreichend ist. Zu den versicherungsmathematischen Methoden zur Prämienkalkulation und zur Berechnung der Alterungsrückstellung hat die Aufsichtsbehörde auf Basis der Ermächtigungsgrundlage des § 12c VAG die KalV erlassen[387]. **381**

Der zu verwendende Rechnungszins darf gem. § 12 Abs. 1 Nr. 1 VAG i.V.m. Abs. 5, § 12c VAG und § 4 KalV für die gesamte nach Art der Lebensversicherung betriebene Krankenversicherung höchstens 3,5% betragen. **382**

---

383 Vgl. *Lipowsky* in: Prölss, VAG[12], § 67, Rn. 4.
384 Vgl. § 118b Abs. 2 S. 3 VAG.
385 Zu den weiteren Aufgaben des verantwortlichen Aktuars vgl. §§ 11a und 11c VAG.
386 BGBl. I 1996, S. 1681, zuletzt geändert durch VO v. 12.10.2005, BGBl. I, S. 3015.
387 Vgl. BGBl. I 1996, S. 1783, zuletzt geändert durch VO v. 22.10.2009, BGBl. I, S. 3670.

383 Gemäß § 25 Abs. 5 RechVersV darf eine Saldierung negativer und positiver Bilanzalterungsrückstellungen vorgenommen werden, soweit insgesamt die Aufrechnung nicht zu einer negativen Bilanzrückstellung führt.

384 Gemäß § 12 Abs. 3 Nr. 2 S. 1 VAG hat der von dem Unternehmen bestellte verantwortliche Aktuar unter der Bilanz zu bestätigen, dass bei der Berechnung der Alterungsrückstellungen die Vorschriften des § 12 Abs. 1 Nr. 1 und 2 VAG und die Regelungen der nach § 12c VAG erlassenen KalV[388] beachtet wurden. Für kleinere Vereine i.S.d. § 53 Abs. 1 S. 1 VAG ist die versicherungsmathematische Bestätigung nicht erforderlich.[389]

4. Schaden-Unfallversicherung

385 Gemäß § 341g Abs. 5 HGB sind Rückstellungen für Versicherungsleistungen, die aufgrund rkr. Urteils, Vergleichs oder Anerkenntnisses in Form einer Rente zu erbringen sind, nach anerkannten versicherungsmathematischen Methoden zu berechnen. Gemäß § 11e VAG gelten die Vorschriften des § 11a Abs. 1 bis 2a und 3 bis 6 VAG für die Berechnung der Rentendeckungsrückstellungen in den Sparten Kraftfahrzeug-Haftpflicht, Kraftfahrt-Unfall, Allgemeine Haftpflicht und Allgemeine Unfall entsprechend, d.h. auch hier sind die für die Berechnung der Deckungsrückstellung in der Lebensversicherung getroffenen Regelungen sowie die Bestellung eines verantwortlichen Aktuars maßgebend.

Auch für die Unfallversicherung mit Prämienrückgewähr sind die die Lebensversicherung betreffenden Vorschriften der §§ 11 bis 11c VAG gem. § 11d VAG entsprechend anzuwenden.

386 Gemäß § 25 Abs. 6 RechVersV ist die Beitragsdeckungsrückstellung in der Unfallversicherung mit Prämienrückgewähr unter dem Passivposten „E.II. Deckungsrückstellung" auszuweisen, während die Rentendeckungsrückstellungen im Posten „E.III. Rückstellungen für noch nicht abgewickelte Versicherungsfälle" erfasst werden.

5. Übernommenes Versicherungsgeschäft

387 Im indirekten Geschäft der Erstversicherer sowie bei RVU umfasst die Deckungsrückstellung zum einen die Beitragsdeckungsrückstellung für das übernommene Schaden- und Unfall-Versicherungsgeschäft nach Art der Lebensversicherung und zum anderen die Deckungsrückstellung für in Rückdeckung übernommenes Lebens- und Krankenversicherungsgeschäft. Die Deckungsrückstellungen für das üG sind nach den Rechnungsgrundlagen, die sich aus den Rückversicherungsverträgen ergeben, zu berechnen. Dies gilt auch dann, wenn die Brutto-Deckungsrückstellungen aufgrund von vertraglichen Abmachungen oder gesetzlichen Bestimmungen bei den Vorversicherern verbleiben.

6. Abgegebenes Versicherungsgeschäft

388 Der Anteil der Rückversicherer bzw. **Retrozessionäre** an den Brutto-Deckungsrückstellungen wird auf Grundlage der Rückversicherungsverträge errechnet.

7. Gewinn- und Verlustrechnung

389 In der GuV werden Änderungen der Deckungsrückstellung im Unterposten „Veränderung der übrigen versicherungstechnischen Netto-Rückstellungen" erfasst. Dabei sind für das Lebens- und Krankenversicherungsgeschäft in der Vorspalte der Bruttobetrag und der

---

388 BGBl. I 1996, S. 1783.
389 Vgl. § 12 Abs. 3 Nr. 2 S. 2 VAG.

Anteil der Rückversicherer anzugeben, und in der Zwischenspalte ist der Nettobetrag auszuweisen[390]. Im Schaden- und Unfallversicherungsgeschäft erfolgt ein Nettoausweis[391].

Eine Zusammenfassung mit der „Veränderung der sonstigen versicherungstechnischen Netto-Rückstellungen" ist im Schaden- und Unfallversicherungsgeschäft zulässig, wenn die Beträge nicht erheblich sind oder die Zusammenfassung zur Vergrößerung der Klarheit führt. Im letzteren Fall sind die Posten im Anhang gesondert auszuweisen[392]. 390

8. Anhang

Über die allgemeine Angabepflicht zu den Methoden der Ermittlung der Deckungsrückstellung und die Erläuterung von Änderungen der Methoden hinaus[393] haben LVU zusätzlich die zur Berechnung der Deckungsrückstellung, einschließlich der darin enthaltenen Überschussanteile, verwendeten versicherungsmathematischen Methoden und Berechnungsgrundlagen im Anhang anzugeben[394]. Mittels der zu erläuternden versicherungsmathematischen Methoden wird u.a. die Überprüfung der Angemessenheit der je Teilbestand auszuweisenden Verwaltungskostenrückstellung, Bonusdeckungsrückstellung sowie der Rückstellung für Rentenversicherung durchgeführt. Die anzugebenden Berechnungsgrundlagen je Teilbestand umfassen die zugrunde gelegte Ausscheideordnung, den Rechnungszins sowie die Zillmersätze[395]. 391

III. Rückstellung für noch nicht abgewickelte Versicherungsfälle

Gemäß § 341g Abs. 1 S. 1 HGB ist für Verpflichtungen aus bis zum Ende des GJ eingetretenen, aber noch nicht abgewickelten Versicherungsfällen eine „Rückstellung für noch nicht abgewickelte Versicherungsfälle" (Schadenrückstellung) zu bilden und in der Bilanz unter dem Passivposten E.III auszuweisen. Der Ausweis erfolgt netto unter Angabe des Bruttobetrages und des Rückversicherungsanteils in der Vorspalte. 392

Die Schadenrückstellungen sind damit Rückstellungen für **ungewisse Verbindlichkeiten** i.S.d. **§ 249 Abs. 1 S. 1 HGB**. Sie dienen der Erfassung von dem Grunde und/oder der Höhe nach ungewissen Verbindlichkeiten ggü. VN bzw. ggü. geschädigten Dritten aus realisierten wirtschaftlichen Risiken (wirtschaftlichen Schäden), die in Versicherungsverträgen von VU übernommen worden sind[396]. 393

Schaden- und Unfallversicherungsunternehmen

Grundsätzlich **setzt sich bei SchVU die am Bilanzstichtag bilanzierte** Schadenrückstellung des sG aus den folgenden **Teil-Schadenrückstellungen** zusammen: 394

1. Teil-Schadenrückstellung für bekannte Versicherungsfälle (ohne Renten-Versicherungsfälle und bekannte Spätschäden),
2. Teil-Schadenrückstellung für Renten-Versicherungsfälle (Renten-Deckungsrückstellung).

---

390 Vgl. Posten I.7a Formblatt 3 und Posten II.7a Formblatt 4.
391 Vgl. Posten I.5a Formblätter 2 und 4.
392 Vgl. § 3 Nr. 2a RechVersV.
393 Vgl. § 52 Nr. 1 Buchst. c RechVersV.
394 Vgl. § 52 Nr. 2 Buchst. a RechVersV.
395 Vgl. *Ellenbürger/Horbach/Kölschbach*, WPg 1996, S. 114.
396 Der Eintritt des versicherten Ereignisses wird im Versicherungsvertragsrecht als Versicherungsfall bezeichnet; vgl. ähnlich *Prölss/Martin*, VVG[28], § 1, Rn. 3.

3. Teil-Schadenrückstellung für Spätschäden,
4. Teil-Schadenrückstellung für Schadenregulierungsaufwendungen.

395 Abweichend von dem grds. geltenden Saldierungsverbot sind von der Summe dieser vier Teil-Schadenrückstellungen die Forderungen aus RPT aus bereits abgewickelten Versicherungsfällen abzusetzen[397]. Forderungen aus RPT aus noch nicht abgewickelten Versicherungsfällen sind dagegen bereits im Rahmen der Bewertung der einzelnen Teil-Schadenrückstellungen als rückstellungsbegrenzende Merkmale zu berücksichtigen.

396 § 26 Abs. 2 RechVersV schreibt in seinem Satz 1 nur allgemein vor, dass Forderungen aus RPT von der Rückstellung für noch nicht abgewickelte Versicherungsfälle abzusetzen sind. Steuerrechtlich besteht nach § 6 Abs. 1 Nr. 3a lit. c EStG bei der Bewertung von Rückstellungen explizit die Verpflichtung, künftige Vorteile gegenzurechnen und insofern im Versicherungsbereich Regresse, Provenues, Teilungsabkommen und Mitversicherungen zu berücksichtigen. Diese Verfahrensweise entspricht der handelsrechtlichen Praxis. In der Rechtsschutzversicherung gehören nach § 26 Abs. 2 S. 2 RechVersV zu den Forderungen auch bestehende Forderungen an den Prozessgegner auf Erstattung der Kosten. Erreichen die abgesetzten Forderungen einen größeren Umfang, so sind sie im Anhang anzugeben (§ 26 Abs. 2 S. 3 RechVersV). Die Anhangangabe betrifft u.E. nicht die Forderungen aus RPT aus noch nicht abgewickelten Versicherungsfällen, da diese nicht von der Schadenrückstellung abgesetzt, sondern im Rahmen der Bewertung der **einzelnen Versicherungsfälle** berücksichtigt werden. Zudem wird es durch eine Angabe nur von Forderungen aus RPT von bereits abgewickelten Versicherungsfällen möglich, den Umfang einer vom Gesetzgeber bewusst vorgeschriebenen Saldierung von getrennt aktivierungsfähigen Forderungen bei den Rückstellungen zu erkennen, soweit sie bedeutend sind. Außerdem spricht hierfür auch die Nachweisung 242 BerVersV[398], wonach nur die RPT-Forderungen aus abgewickelten Versicherungsfällen getrennt zu zeigen sind.

Forderungen aus RPT sind nur insoweit zu berücksichtigen, als sie „zweifelsfrei" zu erwarten sind.

397 Unter der Rückstellung für noch nicht abgewickelte Versicherungsfälle sind auch Beträge für **Rückkäufe, Rückgewährbeiträge und Austrittsvergütungen** zu erfassen[399].

398 Rückkäufe, Rückgewährbeträge und Austrittsvergütungen sind die Beträge, die dem VN aus den bis zum Bilanzstichtag vorzeitig gekündigten Verträgen (Rückkauf) oder abgelaufenen Verträgen (Rückgewähr) geschäftsplanmäßig zu vergüten sind, aber zum Bilanzstichtag noch nicht ausgezahlt wurden. Austrittsvergütungen kommen nur bei P/StK vor.

399 In der **GuV** ist die „Veränderung der Rückstellung für noch nicht abgewickelte Versicherungsfälle" in einem Unterposten zu den „Aufwendungen für Versicherungsfälle f.e.R."[400] auszuweisen. Der Ausweis erfolgt f.e.R. unter Angabe des Bruttobetrages und des Anteils der Rückversicherer in der Vorspalte.

400 Im **Anhang** haben SchVU sowie LVU, wenn sie es betreiben, für das selbst abgeschlossene Unfallversicherungsgeschäft den Betrag der Brutto-Rückstellung für noch nicht abgewickelte Versicherungsfälle, jeweils für das gesamte sG, das gesamte üG und

---

397 Vgl. hierzu Perlet, S. 64.
398 Vgl. Zeilen 08 und 18 auf S. 2 von Nachweisung 242 der BerVersV.
399 In Formblatt 100 der BerVersV bleibt es beim gesonderten Ausweis.
400 Vgl. Posten I 4 Formblätter 2 und 4; Posten I 6 Formblatt 3.

das gesamte Versicherungsgeschäft, anzugeben[401]. Sofern bestimmte Schwellenwerte überschritten werden, mindestens jedoch für die drei wichtigsten Vz.-Gruppen, Vz. oder Versicherungsarten, ist der Betrag für das sG nach den vorgeschriebenen Zweiggruppen, Zweigen und Arten zu untergliedern[402]. Des Weiteren gilt die allgemeine Angabepflicht zu den Methoden der Ermittlung der einzelnen versicherungstechnischen Rückstellungen und zu wesentlichen Änderungen der Methoden[403].

Außerdem gilt für VU die Verpflichtung zur **Erläuterung des Abwicklungsergebnisses** aus der Rückstellung für noch nicht abgewickelte Versicherungsfälle, **sofern dieses erheblich ist,** nach Art und Höhe im Anhang[404]. **401**

Aus der gem. Posten I.4 des Formblattes 2 RechVersV vorgesehenen Darstellung der Aufwendungen für Versicherungsfälle lässt sich nicht erkennen, welches Abwicklungsergebnis sich für Vj.-Rückstellungen ergibt, da sowohl die Zahlungen als auch die Rückstellungsveränderungen Vj.- und GJ-Schäden betreffen. Die Zahlungen für Vj.-Schäden sowie die Veränderung der Rückstellung für Vj.-Schäden stellen jedoch nur in Höhe des Abwicklungsergebnisses einen Aufwand oder Ertrag dar[405]. **402**

Die Formulierung des § 41 Abs. 5 RechVersV „nach Art und Höhe" wirft die Frage auf, ob die Abwicklungsergebnisse getrennt für die jeweiligen Vz. darzustellen sind und was unter der Angabe der „Höhe" zu verstehen ist. Offen lässt die RechVersV auch, wann es sich um erhebliche Abwicklungsergebnisse handelt. **403**

Die Konzeption der RechVersV, alle Vz.-bezogenen Angaben in den gesonderten Anhangvorschriften zu regeln, spricht für die Absicht des Verordnungsgebers, die Abwicklungsergebnisse für das Gesamtgeschäft anzugeben. Die Information über die Abwicklungsergebnisse je getrennt ausgewiesenem Vz. des sG ist nicht zwingend erforderlich. In die Angabe sind Abwicklungsergebnisse aus dem üG einzubeziehen.

§ 41 Abs. 5 RechVersV fordert ähnlich wie § 277 Abs. 4 S. 3 HGB die Erläuterung der aperiodischen Erfolgsbestandteile. Die diesbezüglichen Kommentierungen können daher hier entsprechend Anwendung finden. Zu beachten ist dabei jedoch, dass Abwicklungsergebnisse bei den Schadenrückstellungen wegen des Ungewissheitscharakters bei VU einen gewöhnlichen Sachverhalt darstellen. Insbesondere das Vorsichtsprinzip des § 341e Abs. 1 S. 1 HGB bei der Bemessung der versicherungstechnischen Rückstellungen wird i.d.R. zu Abwicklungsgewinnen führen. **404**

Eine allgemein verbindliche Größenordnung für eine Berichterstattungspflicht lässt sich nicht vorgeben. Denkbarer Maßstab für die Beurteilung der Erheblichkeit könnte die Eingangsschadenrückstellung sein.

Als Bezugsgröße kommt darüber hinaus das Gesamtergebnis in Betracht[406]. Da die Erläuterungspflicht in diesem Fall auch vom Einfluss anderer Erfolgsquellen – z.B. des Kapitalanlageergebnisses – abhängig wäre, erscheinen die „Aufwendungen für Versicherungsfälle f.e.R." als Maßstab jedoch eher geeignet.

---

401 Vgl. §§ 51 Abs. 4 S. 1 Nr. 1 Buchst. h aa, 53 S. 1 RechVersV.
402 Vgl. § 51 Abs. 4 S. 4 Hs. 2 RechVersV.
403 Vgl. § 52 Nr. 1 Buchst. c RechVersV.
404 Vgl. § 41 Abs. 5 RechVersV.
405 Vgl. *Laaß*, WPg 1991, S. 582/589.
406 Siehe auch *ADS⁶*, § 277 HGB, Tz. 88.

Wegen des erwähnten besonderen Charakters der aperiodischen Erfolgsgrößen im Versicherungsgeschäft dürften die Kriterien zur Beurteilung der Erheblichkeit bei den Abwicklungsverlusten enger anzusetzen sein als bei den Abwicklungsgewinnen[407].

Zur Frage des Umfangs der Erläuterung erscheint eine verbale Beschreibung der Relation des aperiodischen Anteils am Gesamtposten ausreichend[408].

405 Die **Anteile der Rückversicherer** bzw. Retrozessionäre an der Brutto-Schadenrückstellung bestimmen sich nach den Rückversicherungsverträgen. Für das sG erfolgt die Ermittlung des Anteils des RVU auf Grundlage der eigenen Ermittlung der Bruttowertansätze.

406 Für das **übernommene Versicherungsgeschäft** erfolgt die Berechnung auf Grundlage der Aufgaben der Vorversicherer bzw. eigener Ermittlung der Bruttowertansätze[409].

407 Auch wenn der Rückversicherer bzw. Schaden- und Unfallversicherer, der indirektes Geschäft betreibt, in vielen Fällen keine oder kaum Informationen über einzelne Versicherungsfälle des direkten Versicherungsgeschäfts hat, so gilt für ihn dennoch der Grundsatz der Einzelbewertung. Er gilt insoweit, als er für die Bewertung seiner Anteile an den Verpflichtungen des Erstversicherers zunächst dessen Aufgaben zugrunde legt[410].

408 Ein Rückversicherer darf die Aufgaben der Vorversicherer jedoch nicht ungeprüft übernehmen. Vielmehr muss er eigene Erkenntnisse über die Angemessenheit der Aufgaben der Vorversicherer in die Bewertung der Schadenrückstellung einfließen lassen.

409 Bedeutendste Grundlage für die angemessene Bewertung der Schadenrückstellung ist daher für den Rückversicherer die sorgfältige Analyse der Abwicklungsergebnisse der Vergangenheit. Dennoch ist die Bewertung der Schadenrückstellung für einen Rückversicherer insb. dann problematisch, wenn keine oder nur unvollständige Aufgaben der Vorversicherer vorliegen. In diesen Fällen hat der Rückversicherer die Brutto-Schadenrückstellung selbst zu berechnen bzw. gewissenhaft zu schätzen. Grundlage sind dann seine eigenen Kenntnisse des Marktes und des Vz. sowie statistische Erfahrungen der Vergangenheit für den betreffenden Rückversicherungsvertrag.

410 Ergibt sich aus eigenen Erfahrungen hinsichtlich eines Rückversicherungsvertrags, dass die von den Vorversicherern aufgegebenen Rückstellungen aller Voraussicht nach nicht ausreichen werden, so hat der Rückversicherer die aufgegebenen Rückstellungen um seiner Erkenntnis nach angemessene Zuschläge zu erhöhen.

411 Die **Teil-Schadenrückstellung für bekannte Versicherungsfälle** ist für die bis zum Bilanzstichtag gemeldeten, jedoch bis zu diesem Zeitpunkt noch nicht abgewickelten Versicherungsfälle zu bilden. Diese Teil-Schadenrückstellung umfasst nicht die offenen Renten-Versicherungsfälle zum Bilanzstichtag und grds. auch nicht die zum Bilanzstichtag bekannten Spätschäden. Bei Letzteren handelt es sich um solche Versicherungsfälle, bei denen das Meldejahr (also das Jahr, in dem der Versicherungsfall dem VU bekannt wurde) später als das Anfalljahr (also das Jahr, in dem der Versicherungsfall eingetreten oder verursacht worden ist) liegt. Diese sog. bekannten Spätschäden sind unter der Teil-Schadenrückstellung für Spätschäden zu erfassen.

---

407 Vgl. *Geib/Ellenbürger/Kölschbach*, WPg 1992, S. 177/185.

408 Siehe BeBiKo⁷, § 275 HGB, Rn. 226, wo diese Auffassung in Bezug auf die Erläuterungspflicht der a.o. Posten vertreten wird.

409 Zur Bilanzierung im übernommenen Geschäft vgl. *Geib/Horbach* in: KoRVU-Kommentar, Bd. I, J, Rn. 177; *Gerathewohl*, S. 687.

410 Vgl. *Gerathewohl*, S. 689.

Aus § 252 Abs. 1 Nr. 3 HGB ergibt sich für die Schadenrückstellung der Grundsatz der **Einzelbewertung**. Aus dem Charakter der Schadenrückstellung folgt, dass es sich um Schulden i.S.d. § 252 Abs. 1 Nr. 3 HGB handelt: Das VU hat ggü. dem VN oder einem geschädigten Dritten eine Verbindlichkeit, die aus dem Versicherungsvertrag resultiert und für die, soweit Grund und/oder Höhe der Verpflichtung noch ungewiss sind, eine Rückstellung zu bilden ist. Dieses Prinzip der Einzelbewertung, wonach jeder noch nicht abgewickelte Versicherungsfall einzeln zu bewerten ist, ist ein GoB[411]. Von der durch das Bilanzrechtsmodernisierungsgesetz novellierten Bewertungskonzeption für Rückstellungen nach § 253 HGB sind alle versicherungstechnischen Rückstellungen – und damit auch die Schadenrückstellung – ausgenommen[412]. **412**

Nach § 341e Abs. 1 HGB sind versicherungstechnische Rückstellungen weiterhin insoweit zu bilden, wie dies nach vernünftiger kaufmännischer Beurteilung notwendig ist, um die dauernde Erfüllbarkeit der Verpflichtungen aus den Versicherungsverträgen sicherzustellen. Diese Vorschrift betont die Besonderheiten des Versicherungsgeschäfts ggü. Geschäften der anderen gewerblichen Wirtschaft. Das Versicherungsgeschäft ist geprägt durch den Transfer von Risiken vom VN auf den Versicherer und die Notwendigkeit der Schätzung des künftigen Mittelbedarfs durch den Versicherer. Diese Schätzungsnotwendigkeit gilt sowohl bei der Kalkulation der Risikoprämie als auch bei der Überlegung, wie hoch Verpflichtungen ggü. VN oder Dritten bspw. aus eingetretenen Schäden sind. Anders als bei Nicht-VU ist bei VU dabei nicht die Notwendigkeit der Schätzung von Rückstellungen an sich, sondern die Häufigkeit der Schätzungen und – bedingt durch die Eigenart des Versicherungsgeschäfts – die Verfahrensweise der Schätzungen. Das Prinzip der „vernünftigen kaufmännischen Beurteilung" gilt indes wie bei anderen Unternehmen auch. **413**

Um sicherzustellen, dass VU dauerhaft ihre Verpflichtungen ggü. ihren Versicherten erfüllen können, kommt dem allgemeinen Vorsichtsprinzip bei VU aufgrund der in erhöhtem Maße erforderlichen Schätzungen eine besondere Bedeutung zu[413]. **414**

Schadenrückstellungen unterscheiden sich von Schulden durch ihre Ungewissheit. Sie sind daher wie gewisse Verbindlichkeiten mit ihrem (geschätzten) Erfüllungsbetrag oder dem höheren beizulegenden Wert am Bilanzstichtag zu bewerten[414]. Jeder Schätzung sind zwangsläufig gewisse Unsicherheitsmomente inhärent. Die Schätzung darf deshalb nicht risikoneutral im Sinne einer Gleichgewichtung von Chancen und Risiken durchgeführt werden; sie hat vielmehr unter Beachtung des bilanzrechtlichen Vorsichtsprinzips zu erfolgen. Durch vorsichtige Bewertung soll das Risiko vermindert werden, dass als Folge von (zu niedrigen) Schätzungen ein zu hoher Gewinn ausgewiesen wird, der aufgrund von Ausschüttungen, Steuerzahlungen und anderen erfolgsabhängigen Ausgaben letztlich zu einer ungerechtfertigten Verminderung der Haftungssubstanz führen würde. Die Schätzung ist daher so vorzunehmen, dass mit hinreichender Wahrscheinlichkeit für den einzelnen Versicherungsfall die späteren Ausgaben die geschätzte Schadenrückstellung nicht überschreiten[415]. **415**

---

411 Zur Anwendung von Gruppenbewertung oder Pauschalbewertung in begründeten Ausnahmefällen vgl. *Geib/Horbach* in: KoRVU-Kommentar, Bd. I, J, Rn. 107.
412 Vgl. Tz. 326.
413 Vgl. *Perlet*, in: FS Moxter, S. 833/844.
414 Vgl. *Groh*, BB 1988, S.1919/1920; *Perlet*, S. 70. Zur Bewertung von Schadenrückstellungen vgl. insb. *IDW RS VFA 3*, WPg Supplement 3/2010, S. 104 ff. = FN-IDW 2010, S. 313 ff.
415 Vgl. *IDW*, Versicherungsunternehmen⁵, B IV Tz. 104.

416 Nach § 6 Abs. 1 Nr. 3a lit. a EStG besteht steuerlich die Verpflichtung zur „realitätsnäheren Bewertung" von Schadenrückstellungen, wonach bei der Bewertung gleichartiger Verpflichtungen die Wahrscheinlichkeit der Inanspruchnahme auf Basis von Vergangenheitserfahrungen zu berücksichtigen ist. § 20 Abs. 2 KStG führt des Weiteren aus, dass die Vergangenheitserfahrungen bei der Bewertung von Schadenrückstellungen für jeden Vz. getrennt zu ermitteln sind und schließlich die Summe der einzeln bewerteten Schäden um einen bestimmten „Minderungsbetrag" zu kürzen ist.

417 Trotz des handelsrechtlich prinzipiell geltenden Grundsatzes der Einzelbewertung[416], sind pauschale Zu- oder Abschläge von einzeln ermittelten Schadenrückstellungen in begründeten Ausnahmefällen (z.B. wenn einzeln ermittelte Werte in einem pauschalen Verfahren korrigiert werden, um ergänzende Erkenntnisse zu berücksichtigen) zulässig[417]. In der Regel werden sie aber als nicht zulässig angesehen. Eine **Abzinsung der Schadenrückstellung** ist **handelsrechtlich** auch nach der Änderung der Bewertungskonzeption für Rückstellungen im Rahmen des Bilanzrechtsmodernisierungsgesetzes **weiterhin verboten**. Dies wird durch § 341e Abs. 1 S. 3 HGB eindeutig klargestellt. Die Schadenrückstellungen sind mit dem geschätzten Gesamtbetrag der noch zu leistenden Schadenzahlungen zu bewerten, da die Versicherungsleistungen, die aufgrund des Versicherungsvertrags mit dem VN vom VU erbracht werden, grundsätzlich keinen Zinsanteil enthalten[418]. Die generelle Abzinsungsverpflichtung in der Steuerbilanz[419] gilt für Schadenrückstellungen nur ausnahmsweise z.B. für im Zusammenhang mit Prozessen gesetzlich verzinsliche oder aufgrund vertraglicher Vereinbarungen verzinsliche Verbindlichkeiten.

418 Neben der Einzelbewertung ist unter bestimmten Voraussetzungen auch eine **Gruppenbewertung** gem. der Regelung in § 240 Abs. 4 HGB bei der Schadenrückstellungsermittlung aus Wirtschaftlichkeitsgründen möglich[420]. Sie bietet sich insb. für die in großer Zahl auftretenden Klein- oder Normalschäden mit im Einzelfall niedrigen Schadenbeträgen an. Gleichartige und annähernd gleichwertige Klein- oder Normalschäden können entsprechend § 240 Abs. 4 HGB jeweils zu einer Gruppe zusammengefasst und mit dem gewogenen Durchschnittswert angesetzt werden. Diese auf das Inventar bezogene Vorschrift ist gem. § 256 S. 2 HGB auch auf den JA anwendbar.

419 Die mit der Gruppenbewertung verbundene Angabe von Unterschiedsbeträgen, wenn sich bei Anwendung dieser Methode im Vergleich zu einer Bewertung zu einem aktuellen Börsenkurs oder Marktpreis ein erheblicher Unterschied ergibt[421], wird bei den Schadenrückstellungen ohne Bedeutung sein. Da Schadenrückstellungen weder an der Börse gehandelt werden noch für sie ein „Marktpreis" feststellbar ist, entfällt diese Angabepflicht[422]. Auch Portefeuille-Ein- und -Austritte führen nicht zu Marktpreisen i.S.d. § 284 Abs. 2 Nr. 4 HGB, da ein regelmäßiger Umsatz nicht stattfindet[423].

420 Weiterhin kann vom Einzelbewertungsgrundsatz abweichend auf **pauschalierte Einzelbewertungsverfahren** abgestellt werden. Dies gilt für Sachverhalte, in denen eine Ab-

---

416 Zur Anwendbarkeit auf die Schadenrückstellung s. Tz. 412.
417 Vgl. *IDW RS VFA 3*, WPg Supplement 3/2010, S. 104 ff. = FN-IDW 2010, S. 313 ff., Tz. 7. Grundsätzlich werden pauschale Bewertungsabschläge in der Handelsbilanz wegen des Einzelbewertungsgrundsatzes regelmäßig als nicht zulässig angesehen; vgl. *Perlet/Baumgärtel*, S. 389/393; *Perlet*, S. 55.
418 Vgl. *Perlet*, in: FS KPMG Nordtreu, S. 105/120; *Angerer*, S. 35/39.
419 Vgl. Tz. 328.
420 Vgl. *IDW RS VFA 3*, WPg Supplement 3/2010, S. 104 ff. = FN-IDW 2010, S. 313 ff., Tz. 9.
421 Vgl. § 284 Abs. 2 Nr. 4 HGB.
422 Vgl. *ADS⁶*, § 284 HGB, Tz. 154.
423 Vgl. *ADS⁶*, § 253 HGB, Tz. 508.

weichung zu einer größeren Genauigkeit und einer objektiveren Bewertung führt. Pauschalierte Einzelbewertungsverfahren bieten sich insb. für gleichartige Schadenfälle an, die keine Großschäden darstellen. Bei gleichartigen Schadenfällen wirken sich in einem Kollektiv beobachtbare Risikoausgleichseffekte aus. Diese erlauben eine Objektivierung der subjektiven Erwartungen hinsichtlich der Eintrittswahrscheinlichkeit für bekannte Versicherungsfälle. Es entspricht daher dem Einzelbewertungsgrundsatz, wenn die Höhe der erwarteten Schäden bei jedem Einzelfall geschätzt und zur Erhöhung der Prognosesicherheit bei der Ermittlung der Eintrittswahrscheinlichkeit auf statistische Erfahrungswerte bzgl. des Bestandes von Versicherungsfällen abgestellt wird[424]. Dies ist bspw. dann der Fall, wenn die Eigenarten des Versicherungsgeschäfts (z.B. in der Transportversicherung) einer Einzelbewertung entgegenstehen[425].

§ 341g Abs. 4 HGB bestimmt, dass bei Mitversicherungen die Schadenrückstellung der Höhe nach anteilig mindestens derjenigen entsprechen muss, die der führende Versicherer nach den Vorschriften oder der Übung in dem Land bilden muss, von dem aus er tätig ist. 421

Die **Teil-Schadenrückstellung für Renten-Versicherungsfälle** wird auch als **Renten-Deckungsrückstellung** bezeichnet. Die Renten-Deckungsrückstellung umfasst die Versicherungsleistungen, die aufgrund eines rkr. Urteils, Vergleichs oder Anerkenntnisses in Form einer Rente zu erbringen sind. Die Rückstellungsbeträge sind mit dem nach anerkannten versicherungsmathematischen Methoden berechneten Barwert analog zu § 341f HGB anzusetzen[426]. Dabei sind die in der gem. § 65 VAG erlassenen DeckRV vorgegebenen Parameter – z.B. bzgl. des Höchstzinssatzes – entsprechend zu berücksichtigen[427]. Auch hat das VU entsprechend den LVU einen verantwortlichen Aktuar zu bestellen, der u.a. für die gesetzlich vorgeschriebene Bemessung der Renten-Deckungsrückstellung Sorge zu tragen hat[428]. Für Entschädigungen, die wahrscheinlich nur in Form einer Rente zu erbringen sind, ist eine Berechnung der Rückstellungsbeträge nach versicherungsmathematischen Methoden in § 341g HGB zwar nicht vorgeschrieben. Eine solche erscheint allerdings sinnvoll, wenn sich die Höhe der Rückstellungen an den Barwert der zu erwartenden Rentenverpflichtungen anlehnt[429]. 422

Innerhalb der **Teil-Schadenrückstellung für Spätschäden** wird zwischen der Rückstellung für bekannte Spätschäden und der Rückstellung für unbekannte Spätschäden differenziert. Bei den **bekannten Spätschäden** handelt es sich um solche Versicherungsfälle, bei denen das Meldejahr (also das Jahr, in dem der Versicherungsfall dem VU bekannt wurde) später als das Anfalljahr (also das Jahr, in dem der Versicherungsfall eingetreten oder verursacht worden ist) liegt. Soweit es sich um Versicherungsfälle des GJ handelt, die zwischen dem Bilanzstichtag und dem Zeitpunkt der inventurmäßigen Feststellung der einzelnen Versicherungsfälle bekannt geworden sind, spricht man von bekannten Spätschäden des GJ. 423

Bei den übrigen Spätschäden handelt es sich um sog. **unbekannte Spätschäden**, d.h. Schäden, die bis zum Bilanzstichtag – entweder im GJ oder in Vj. – angefallen oder ver- 424

---

424 Vgl. *IDW RS VFA 3*, WPg Supplement 3/2010, S. 104 ff. = FN-IDW 2010, S. 313 ff., Tz. 3.
425 Zur Zulässigkeit pauschalisierter Einzelbewertungsverfahren vgl. *IDW RS VFA 3*, WPg Supplement 3/2010, S. 104 ff. = FN-IDW 2010, S. 313 ff.
426 Vgl. § 341g Abs. 5 HGB.
427 Vgl. §§ 11e i.V.m. 11a VAG und 341 Abs. 1 S. 2 HGB. Zur DeckRV vgl. BGBl. I 1996, S. 670, zuletzt geändert am 01.03.2011, BGBl. I, S. 345.
428 Vgl. §§ 11e i.V.m. 11a VAG; vgl. auch die AktuarV, BGBl. I 1996, S. 1681, zuletzt geändert durch VO v. 12.10.2005, BGBl. I, S. 3015.
429 Vgl. *Geib/Horbach* in: KoRVU-Kommentar, Bd. I, J, Rn. 115.

ursacht worden sind, aber bis zur Schließung des Schadenregisters noch nicht gemeldet wurden.

425 Die Rückstellungsbeträge für bekannte Spätschäden – des GJ oder der Vj. – sind grds. einzeln zu bewerten. Aber auch für diese Rückstellungen erscheint eine Gruppenbewertung oder eine Anwendung des Pauschalverfahrens zulässig[430].

426 Für die unbekannten Spätschäden schreibt § 341g Abs. 2 S. 1 HGB eine pauschale Bewertung vor[431]. Bei der pauschalen Bewertung dieser Rückstellung für unbekannte Spätschäden sind die Erfahrungen über die Anzahl von nach dem Abschlussstichtag gemeldeten Versicherungsfällen und die Höhe der damit verbundenen Aufwendungen zu berücksichtigen[432]. Daher werden bei der Bewertung der Spätschadenrückstellungen regelmäßig mathematisch-statistische Verfahren angewendet, um aus den Erfahrungen der Vergangenheit eine Projizierung für die Zukunft abzuleiten. Neben den Daten aus unternehmensinternen Quellen können dabei auch solche aus externen Quellen herangezogen werden[433]. Die vor Umsetzung der VersBiRiLi von der Aufsichtsbehörde entwickelte Schätzmethode kann weiterhin Anwendung finden[434].

427 Es empfiehlt sich, sowohl die Rückstellung für die bekannten als auch die für die unbekannten Spätschäden jeweils getrennt jahrgangsweise abzuwickeln. Einmal in der Spätschadenrückstellung berücksichtigte Versicherungsfälle sind in den Folgejahren in dieser Rückstellung zu belassen, auch wenn inzwischen aus dem unbekannten ein bekannter Versicherungsfall geworden ist. Es werden keine Umbuchungen zur Teil-Schadenrückstellung für bekannte Versicherungsfälle vorgenommen[435].

428 Die **Teil-Schadenrückstellung für Schadenregulierungsaufwendungen** ist für alle nach dem Bilanzstichtag voraussichtlich anfallenden Zahlungen dieser Art zu bilden. Zu den Schadenregulierungsaufwendungen gehören sowohl die einzelnen Versicherungsfällen direkt zurechenbaren als auch die diesen nur indirekt zurechenbaren Aufwendungen[436], unabhängig davon, ob diese Aufwendungen außerhalb oder innerhalb des bilanzierenden VU entstehen[437].

429 Bei der Bewertung dieser Teilschadenrückstellung sind die gesamten Schadenregulierungsaufwendungen zu berücksichtigen[438]. Der Wortlaut des § 341g Abs. 1 S. 2 HGB lässt offen, wie die Berücksichtigung zu erfolgen hat. Der Gesetzgeber bezweckt eine Begrenzung des Umfangs der Schadenregulierungsaufwendungen durch Ausschluss von Verwaltungskosten künftiger GJ, welche in Anlehnung an die vor Umsetzung der VersBiRiLi geltenden Vorschriften ausgeschlossen werden sollen. Diese Regelung stellt – vor dem Hintergrund der steuerneutralen Umsetzung der EG-RL – auf die im BMF-Schr.

---

430 Vgl. hierzu die Ausführungen in Tz. 418.
431 Zur Anwendung mathematisch-statistischer Verfahren bei der Bewertung der Spätschadenrückstellung vgl. *IDW RS VFA 3*, WPg Supplement 3/2010, S. 104 ff. = FN-IDW 2010, S. 313 ff., Tz. 14
432 Vgl. § 341g Abs. 2 S. 2 HGB.
433 Vgl. *IDW RS VFA 3*, WPg Supplement 3/2010, S. 104 ff. = FN-IDW 2010, S. 313 ff., Tz. 16
434 Vgl. Geschäftsbericht des BAV 1977, S. 43; *Geib/Horbach* in: KoRVU-Kommentar, Bd. I, J, Rn. 123, m.w.N.; *IDW*, Versicherungsunternehmen[5], B IV Tz. 136.
435 Möglich sind lediglich Umbuchungen zur Teil-Schadenrückstellung für Rentenversicherungsfälle; s. in diesem Zusammenhang auch Nachweisung 242 der BerVersV, z.B. Anm. 8.
436 Vgl. *IDW*, Versicherungsunternehmen[5], B IV Tz. 151.
437 Vgl. Beck Vers-Komm., § 341g HGB, Rn. 27.
438 Vgl. § 341g Abs. 1 S. 2 HGB.

v. 02.02.1973[439] vorgesehene Außerachtlassung von Schadenbearbeitungskosten bei den Schadenregulierungsaufwendungen ab[440].

Für die Höhe der Schadenrückstellung in der **Lebensversicherung** sind die ggü. Begünstigten bestehenden Verpflichtungen maßgebend[441]. In § 26 Abs. 1 S. 1 Hs. 2 RechVersV wird klargestellt, dass zu den ggü. den Begünstigten bestehenden Verpflichtungen auch die noch nicht abgewickelten Rückkäufe, Rückgewährbeträge und Austrittsvergütungen zählen und demzufolge in die Rückstellung für noch nicht abgewickelte Versicherungsfälle einzubeziehen sind.   430

Für das selbst abgeschlossene Versicherungsgeschäft müssen in der Lebensversicherung die bis zum Abschlussstichtag eingetretenen und bis zum Zeitpunkt der Bestandserfassung gemeldeten, aber noch nicht regulierten Versicherungsfälle einzeln bewertet werden. Einzeln zu bewerten sind auch die Versicherungsfälle, die zwar bis zum Abschlussstichtag eingetreten sind, aber erst nach dem Zeitpunkt der Bestandserfassung bis zur Bilanzaufstellung gemeldet werden.   431

Die bis zum Zeitpunkt der Bestandserfassung gemeldeten Versicherungsfälle sind in Höhe der Versicherungssumme, abzgl. eventueller Abschlagszahlungen, zu passivieren. Bei den nach dem Zeitpunkt der Bestandserfassung gemeldeten Versicherungsfällen ist der Unterschiedsbetrag zwischen der zu erbringenden Versicherungsleistung und der Deckungsrückstellung zum Bilanzstichtag in die Bilanz als Spätschadenrückstellung einzustellen.   432

Für Versicherungsfälle, die bis zum Abschlussstichtag eingetreten, aber bis zur Bilanzaufstellung unbekannt geblieben sind, ist zusätzlich eine Spätschadenrückstellung nach den Erfahrungen der Vergangenheit zu bilden. Ihre Schätzung bezieht sich auf die Risikosumme, d.h. die Versicherungssumme abzgl. bilanzierter Deckungsrückstellungen.   433

Bei Rückkauf ist der Betrag zu passivieren, der dem VN im Falle einer vorzeitigen Kündigung eines rückkauffähigen Lebensversicherungsvertrags zusteht. Das ist i.d.R. das Deckungskapital abzgl. eines vertraglich vereinbarten Rückkaufabzugs.   434

In der **Krankenversicherung** ist die Rückstellung dagegen anhand eines statistischen Näherungsverfahrens zu ermitteln[442]. Die Rückstellung umfasst die bis zum Bilanzstichtag eingetretenen Versicherungsfälle nur insoweit, als die Inanspruchnahme z.B. des Arztes, der Apotheke und des Krankenhauses vor dem Bilanzstichtag liegt oder Tagegeld für Tage vor dem Bilanzstichtag gewährt wird[443]. Die Rückstellung bemisst sich i.d.R. aus dem sich für die letzten drei GJ ergebenden durchschnittlichen Verhältnis von Zahlungen für Versicherungsfälle in den ersten – zwei bis drei – Monaten zu den gesamten Aufwendungen für Versicherungsfälle. Trotz der Formulierung in § 341g Abs. 3 HGB, dass bei der Berechnung die Zahlungen in den „**ersten**" Monaten zugrunde zu legen sind, erscheint bei hinreichender Schätzgenauigkeit auch ein kürzerer Zeitraum zulässig zu sein.   435

---

439 Vgl. DStZ, Ausg. B 1973, S. 74.
440 Siehe krit. dazu auch *Geib/Horbach* in: KoRVU-Kommentar, Bd. I, J, Rn. 145; *Perlet*, S. 77; *Boetius*, Rn. 1016, hierzu krit. *Wiedmann*, Bilanzrecht², § 341g HGB, Rn. 42.
441 Vgl. § 26 Abs. 1 S. 1 Hs. 1 RechVersV.
442 Vgl. § 26 Abs. 1 S. 2 RechVersV.
443 Vgl. § 341g Abs. 3 HGB und § 26 Abs. 1 S. 3 und 4 RechVersV.

IV. Rückstellung für erfolgsabhängige und erfolgsunabhängige Beitragsrückerstattung

436 Versicherungsunternehmen haben für erfolgsabhängige und erfolgsunabhängige Beitragsrückerstattungen eine Rückstellung (RfB) zu bilden und unter dem Passivposten E.IV. auszuweisen[444]. Was unter erfolgsabhängiger bzw. erfolgsunabhängiger Beitragsrückerstattung zu verstehen ist, regelt § 28 Abs. 2 und 3 RechVersV.

437 „Die **erfolgsabhängige Beitragsrückerstattung** umfasst die Beträge, die vom Gesamtergebnis, vom versicherungstechnischen Gewinn des gesamten Versicherungsgeschäfts, vom Ergebnis eines Vz. oder einer Versicherungsart abhängig sind"[445].

438 „Die **erfolgsunabhängige Beitragsrückerstattung** umfasst die Beträge, die vom Schadenverlauf oder vom Gewinn eines oder mehrerer Versicherungsverträge abhängig oder die vertraglich vereinbart oder gesetzlich geregelt sind"[446].

439 Der aufsichtsrechtliche und vertragsrechtliche Begriff der Überschussbeteiligung stimmt mit dem Begriff der erfolgsabhängigen Beitragsrückerstattung überein. Im Zuge der Reform des VVG (2008) wurde der Begriff „Überschussbeteiligung" erstmals explizit kodifiziert und auf die Beteiligung an den Bewertungsreserven ausgeweitet.[447] Da es sich bei dieser Beteiligung letztlich um ein Vorab auf die Beteiligung an den tatsächlich realisierten Überschüssen handelt, ist auch diese ausgeweitete Überschussbeteiligung als erfolgsabhängige Beitragsrückerstattung zu verstehen.

Die Erweiterung um „**mehrere Versicherungsverträge**" dürfte wohl auf Fälle abstellen, in denen ein VN bei einem VU mehrere Versicherungsverträge (z.B. Kranken- und Pflegeversicherung) abgeschlossen hat und der Schadenverlauf sämtlicher Verträge für die Beitragsrückerstattung maßgeblich sein soll.

440 Hintergrund für die Einbeziehung der Beitragsrückerstattungen, die **vertraglich vereinbart oder gesetzlich geregelt** sind, in die RechVersV bei deren Erlass im Jahr 1994 war die Aufnahme der gesetzlichen Regelung über die Verwendung des Überzinses bei der Krankenversicherung in das VAG[448]. Gemäß § 12a Abs. 1 VAG haben in der nach Art der Lebensversicherung betriebenen Krankheitskosten- und freiwilligen Pflegekrankenversicherung VU der Alterungsrückstellung einen bestimmten Prozentsatz der über die rechnungsmäßige Verzinsung hinausgehenden Kapitalerträge gutzuschreiben. Diese Beträge können gem. § 12a Abs. 3 VAG teilweise auch festgelegt und innerhalb von drei Jahren zur Prämienermäßigung oder zur Vermeidung bzw. Begrenzung von Prämienerhöhungen verwendet werden. Die Thesaurierung dieser Mittel fällt demnach unter die erfolgsunabhängige Beitragsrückerstattung.

Dieser Sachverhalt wird auch von § 28 Abs. 1 S. 2 RechVersV abgedeckt, wonach in der RfB auch die Beträge zurückzustellen sind, „die zur Verrechnung mit künftigen Beiträgen bestimmt sind, soweit sie nicht im Wege der Direktgutschrift gewährt werden".

441 Unter der RfB werden jeweils nur insoweit Beitragrückerstattungen als Verpflichtungen ausgewiesen, als sie den VN am Bilanzstichtag noch nicht gutgeschrieben worden sind. Verzinslich angesammelte, also den VN gutgeschriebene Überschussanteile sowie fällige,

---

[444] Vgl. § 28 RechVersV i.V.m. § 341e Abs. 2 Nr. 2 HGB; vgl. hierzu grds. *Kölschbach* in: Prölss, VAG[12], § 56a, Rn. 1–34.
[445] § 28 Abs. 2 RechVersV.
[446] § 28 Abs. 3 RechVersV.
[447] Vgl. § 153 VVG.
[448] Vgl. Begr. zu § 28 RechVersV, BR-Drs. 823/94, S. 128

jedoch noch nicht ausbezahlte Überschussanteile sind nicht unter der RfB, sondern im Posten „I.I.1. Verbindlichkeiten aus dem selbst abgeschlossenen Versicherungsgeschäft ggü. VN" auszuweisen[449].

Nicht unter der RfB, sondern unter den „Sonstigen versicherungstechnischen Rückstellungen" ist die Rückstellung für die erfolgsunabhängige Beitragsrückerstattung von SchVU auszuweisen, soweit sie vorsorglich bei einem mehrjährigen Beobachtungszeitraum vor Ablauf dieses Zeitraums gebildet wird[450]. **442**

Voraussetzung für die Rückstellungsbildung ist gem. § 341e Abs. 2 Nr. 2 HGB, dass die ausschließliche Verwendung der Rückstellungsbeträge zur Beitragsrückerstattung durch Gesetz, Satzung, geschäftsplanmäßige Erklärung oder vertragliche Vereinbarung gesichert ist. Die korrespondierende körperschaftsteuerliche Regelung des § 21 Abs. 2 S. 1 KStG nennt abweichend von der handelsrechtlichen Regelung nur die Satzung und die geschäftsplanmäßige Erklärung als Voraussetzung für eine Rückstellungsbildung. **443**

Grundsätzlich dürfen die der RfB zugewiesenen Beträge nur für die Überschussbeteiligung der Versicherten einschließlich der durch § 153 VVG vorgeschriebenen Beteiligung an den Bewertungsreserven verwendet werden[451]. In bestimmten, in § 56a Abs. 2 und 3 VAG geregelten **Ausnahmefällen** ist das VU jedoch berechtigt, in der RfB zurückgestellte Beträge **mit Zustimmung der Aufsichtsbehörde** für die im Gesetz genannten **abweichenden Zwecke**[452] zu verwenden, soweit es sich bei den Beträgen nicht um bereits festgelegte Überschussteile handelt. Neben der Verwendung zur Abwendung eines **Notstandes**[453] sind LVU und VU, die die Unfallversicherung mit Prämienrückgewähr betreiben, darüber hinaus berechtigt, die RfB heranzuziehen, um **unvorhersehbare Verluste aus den überschussberechtigten Versicherungsverträgen** auszugleichen, die auf allgemeine Änderungen der Verhältnisse zurückzuführen sind, sowie um die **Deckungsrückstellung** zu erhöhen, wenn aufgrund einer **unvorhersehbaren und nicht nur vorübergehenden Änderung der Verhältnisse** eine **Anpassung der Rechnungsgrundlagen** erforderlich ist[454]. **444**

In der Lebensversicherung und der nach Art der Lebensversicherung betriebenen Schaden- und Unfallversicherung[455] ist innerhalb der RfB eine Teilrückstellung für Schlussüberschussanteile und Schlusszahlungen nach Maßgabe der letzten Deklaration zu bilden[456]. Dazu zählt auch die interne Rückstellung zur Finanzierung dieser Beträge. Dieser sog. Schlussüberschussanteilfonds darf grds. nur für diese Zwecke verwendet werden[457] und ebenfalls nur im Ausnahmefall mit Zustimmung der Aufsichtsbehörde für die im Gesetz genannten abweichenden Zwecke[458], z.B. der Abwendung eines Notstandes, herangezogen werden[459]. **445**

---

449 Vgl. § 28 Abs. 4 RechVersV.
450 Vgl. § 31 Abs. 2 Nr. 3 RechVersV.
451 Vgl. § 56a Abs. 3 S. 1 VAG. § 56a VAG gilt für die Überschussbeteiligung bei Versicherungs-AG.
452 Vgl. § 56a Abs. 3 S. 2 und 3 VAG.
453 Vgl. § 56a Abs. 3 S. 2; vgl. hierzu auch *Fahr/Kaulbach/Bähr*, VAG[4], § 56a Rn. 8; *Varain/Faigle/Engeländer*, VW 2004, S. 482/482 f.
454 Vgl. § 56a Abs. 3 S. 3 VAG.
455 Vgl. § 28 Abs. 9 RechVersV.
456 Vgl. § 28 Abs. 6 S. 1 RechVersV sowie die Begr. zu § 28 Abs. 6 RechVersV, BR-Drs. 823/94, S. 129, und VerBAV 1988, S. 426.
457 Vgl. § 28 Abs. 6 S. 1 RechVersV.
458 Vgl. § 56a Abs. 2 und 3 VAG.
459 Vgl. § 28 Abs. 3 RechVersV i.V.m. § 56a Abs. 3 S. 2 VAG.

446 Mittels versicherungsmathematischer Berechnung sind die auf die abgelaufene Versicherungslaufzeit entfallenden Schlussgewinnanteile zu ermitteln. Dabei ist, entsprechend dem früheren Mustergeschäftsplan für die Überschussbeteiligung[460], von einer ab Versicherungsbeginn linear ansteigenden Anwartschaft auszugehen. Einzelheiten zur Berechnung enthält § 28 Abs. 7 bis 7e RechVersV. Die seit dem ursprünglichen Erlass der RechVersV unveränderten Bewertungsregeln wurden im Dezember 2009 im Zuge einer Änderungsverordnung an aktuelle Entwicklungen angepasst[461]. Berücksichtigt wurden hierbei die im Zeitablauf veränderte Ausgestaltung der Schlussüberschussanteilssysteme sowie die Erweiterung der Überschussbeteiligung um die Beteiligung an den Bewertungsreserven, die auch in Bezug auf die Regeln zur Ermittlung des Schlussüberschussanteilsfonds umgesetzt wurden. Die in § 28 Abs. 7d RechVersV angeführte „Kapitalmarktstatistik" zur Ermittlung des Zinssatzes wird jeweils in den gleichnamigen Statistischen Beiheften zum Monatsbericht der Deutschen Bundesbank veröffentlicht. Die für die Ermittlung der Umlaufrenditen herangezogenen Restlaufzeiten der Anleihen sollten grds. der (voraussichtlich) verbleibenden Versicherungsdauer der einzelnen Verträge möglichst entsprechen. Aus Vereinfachungsgründen erscheint auch eine Orientierung an der durchschnittlich verbleibenden Versicherungsdauer des betrachteten (Teil-)Bestandes zulässig.

447 In die Vorschriften der §§ 81c und 81d VAG sind Bestimmungen über die Mindestzuführungen zu den RfB der Lebens- und Krankenversicherer aufgenommen worden. Enthalten sind hier u.a. auch Ermächtigungen zum Erlass von VO über die Zuführungen – insb. die Mindestzuführungen – zu den RfB[462]. Auf dieser Basis ist von der BaFin die MindZV[463] bzw. für die überschussberechtigten Versorgungsverhältnisse der Pensionsfonds die PF-MindZufV[464] erlassen worden.

448 Pensions- und Sterbekassen haben in den Jahren, in denen eine versicherungsmathematische Berechnung der Deckungsrückstellung nicht erfolgt, die RfB um die Zuführungen in die Deckungsrückstellung zu vermindern. Die Beträge sind unter der Deckungsrückstellung gesondert auszuweisen[465].

449 Der Posten E.IV. sieht eine Untergliederung der Rückstellung nach erfolgsabhängiger und erfolgsunabhängiger Beitragsrückerstattung grds. nicht vor. Lediglich für die Krankenversicherung wird ein gesonderter Ausweis vorgeschrieben[466].

450 Es existiert keine explizite Vorschrift zur Auflösung der RfB. In allen Vz. sind allerdings die erfolgsabhängige und die erfolgsunabhängige RfB aufzulösen, soweit ein für die steuerliche Abzugsfähigkeit maßgeblicher **Höchstbetrag** überschritten wird[467].

451 Entsprechend dem Ausweis in der GuV[468] haben RVU Beträge der genannten Rückstellung unter der „RfB" zu erfassen. In der GuV haben RVU die Aufwendungen für Beitragsrückerstattung unter dem gleichnamigen Posten auszuweisen. Wenngleich es aufgrund von § 265 Abs. 6 i.V.m. § 341a Abs. 2 S. 1 HGB nicht zulässig erscheint, sollte

---

[460] Vgl. VerBAV 1988, S. 432.
[461] Vgl. VO zur Änderung der RechVersV sowie zur Änderung weiterer Rechnungslegungsverordnungen, BGBl. I 2009, S. 3934.
[462] Vgl. im Detail §§ 81c Abs. 3 und 81d Abs. 3 VAG.
[463] Vgl. MindZV, BGBl. I 2008, S. 690 – ersetzt die ZRQuotenV, BGBl. I 1996, S. 1190.
[464] Vgl. PF-MindestzuführungsV, BGBl. I. 2008, S. 2862.
[465] Vgl. § 28 Abs. 5 RechVersV.
[466] Vgl. Fußnote 7 zu Formblatt 1.
[467] Vgl. *Boetius*, Rn. 511, sowie *Kölschbach* in: Prölss, VAG[12], § 56a, Rn. 21, m.w.H.
[468] Vgl. § 42 Abs. 2 S. 1 RechVersV.

aus Gründen der Klarheit bei RVU die Bezeichnung der Bilanz- und GuV-Posten der Tatsache Rechnung tragen, dass RVU nur erfolgsunabhängige – weil i.d.R. von einem Rückversicherungsvertrag abhängige[469] – Beitragsrückerstattungen gewähren.

Die Aufwendungen für Beitragsrückerstattungen sind für das Lebens- und das nach Art der Lebensversicherung betriebene Krankenversicherungsgeschäft f.e.R. auszuweisen[470]. 452

In der GuV der SchVU sind die Aufwendungen für erfolgsunabhängige und erfolgsabhängige Beitragsrückerstattungen in einem Posten auszuweisen[471]. Für KVU ist eine Untergliederung nach erfolgsabhängiger und erfolgsunabhängiger Beitragsrückerstattung vorgeschrieben[472]. 453

Jedoch sind bei SchVU die jeweiligen Beträge im Anhang getrennt anzugeben, wenn sie einen größeren Umfang erreichen[473]. Weitere Regelungen zu den Aufwendungen für Beitragsrückerstattung sind in § 42 Abs. 1 und 2 S. 1 RechVersV enthalten. 454

Über die allgemeine Angabe zu den Methoden der Bilanzierung und Bewertung der einzelnen Bilanzposten sowie die Erläuterung von wesentlichen Änderungen derselben[474] hinaus sind von LVU sowie P/StK die zur Berechnung der RfB bzw. der Überschussanteile verwendeten versicherungsmathematischen Methoden und Berechnungsgrundlagen anzugeben[475]. Aus § 28 Abs. 8 Nr. 4 RechVersV als Spezialvorschrift für die RfB ergibt sich, dass letztere Angaben nur zur Berechnung des Schlussüberschussanteilfonds zu machen sind. Die zu erläuternden Methoden zur Berechnung von Deckungsrückstellungen umfassen die Angabe, ob Deckungsrückstellungen prospektiv oder retrospektiv berechnet wurden, ob Deckungsrückstellungen auf einzelvertraglicher Basis berechnet wurden sowie ob Kosten implizit oder explizit angesetzt wurden. Ferner sind die Rechnungsgrundlagen zu erläutern, d.h. die verwendete Ausscheideordnung, Rechnungszinssätze sowie Zillmersätze. Die zuvor genannten Ausführungen gelten sinngemäß für die erforderliche Angabe zum Schlussüberschussanteilfonds[476]. 455

§ 28 Abs. 8 RechVersV schreibt für LVU, P/StK sowie für die nach Art der Lebensversicherung betriebene Schaden- und Unfallversicherung für das selbst abgeschlossene Versicherungsgeschäft des Weiteren folgende Anhangangaben zur RfB vor: 456

1. die Entwicklung (Anfangsbestand, Zuführungen, Entnahmen und Endbestand),
2. auf einzelne Überschussanteilsarten entfallende Teile der RfB,
3. Angaben der festgesetzten Überschussanteile und ggf. des verwendeten Ansammlungszinssatzes unter Angabe des Zuteilungsjahres für die einzelnen Abrechnungsverbände bzw. Bestandsgruppen,
4. die Verfahren zur Berechnung der Schlussüberschussanteilfonds sowie die gewählten Rechnungsgrundlagen.

Zusätzlich zur Frage der Bilanzierung der tatsächlichen RfB haben die Änderungen des HGB durch das Bilanzrechtsmodernisierungsgesetz auch für den handelsrechtlichen JA 457

---

469 Auch wenn RVU an den erfolgsabhängigen Beitragsrückerstattungen ihrer Vorversicherer teilnehmen, wird diese Beteiligung aus Sicht des Rückversicherers zu einer erfolgsunabhängigen Beitragsrückerstattung, weil sie eben vom Vertrag mit dem Vorversicherer abhängt.
470 Vgl. Posten I 8 Formblatt 3 und II 8 Formblatt 4.
471 Vgl. Posten I 6 Formblätter 2 und 4.
472 Vgl. Fußnote 1 zu Formblatt 3.
473 Vgl. § 42 Abs. 3 RechVersV.
474 Vgl. § 284 Abs. 2 Nr. 1 und 3 HGB.
475 Vgl. § 52 Nr. 2 Buchst. a RechVersV.
476 Vgl. *Ellenbürger/Horbach/Kölschbach*, WPg 1996, S. 115.

das Thema der Bildung einer **latenten RfB** aufgeworfen. Diese war bislang in der Praxis ausschließlich zur Abbildung von Bewertungsunterschieden zwischen dem handelsrechtlichen EA und einem **nach IFRS aufgestellten KA** relevant[477].

Ausgehend vom prinzipiellen Erfordernis der Bildung von Latenzen immer dann, wenn die offen gelegte Bilanz und GuV von der für die Ausschüttungsbemessung und Überschussbeteiligung relevanten Bilanz und GuV abweichen[478], entsteht das **Erfordernis einer latenten RfB im EA nach Bilanzrechtsmodernisierungsgesetz**, falls von Ansatz- und/oder Bewertungswahlrechten Gebrauch gemacht wurde, die der Ausschüttungssperre nach § 268 Abs. 8 HGB unterliegen. Da ausschüttungsgesperrte Beträge i.S.d. § 268 Abs. 8 HGB bei der Bemessung des Überschussbeteiligungsanspruchs der VN anhand des verursachungsorientierten Verfahrens unberücksichtigt bleiben[479], bedarf es einer Rückstellung, die den Betrag abbildet, den das VU an die VN zu leisten hätte, wenn die nach den handelsrechtlichen Vorschriften angesetzten Werte in dieser Höhe realisiert würden[480].

V. Schwankungsrückstellung und ähnliche Rückstellungen[481]
Schwankungsrückstellungen

458 Schwankungsrückstellungen sind bei SchVU sowie RVU zum Ausgleich der Schwankungen im Schadenverlauf künftiger Jahre zu bilden. Sie dienen dem Risikoausgleich in der Zeit, indem sie durch die Verrechnung von Unter- und Überschäden der einzelnen Perioden stärkere Ausschläge der Erfolge einzelner Jahre aufgrund schwankender Schadenbelastungen verringern[482]. In Jahren mit geringer Schadenbelastung werden der Schwankungsrückstellung Beträge zugeführt **(Unterschaden)**, die in Jahren mit hoher Schadenbelastung entnommen werden **(Überschaden)**.

459 Die Verpflichtung zur Bildung einer Rückstellung zum Ausgleich der Schwankungen im Schadenverlauf künftiger Jahre ist in § 341h Abs. 1 HGB gesetzlich verankert.

Als Voraussetzungen zur Bildung werden „insb." angeführt:

1. Nach den Erfahrungen in dem betreffenden Vz. ist mit erheblichen Schwankungen der jährlichen Aufwendungen für Versicherungsfälle zu rechnen.
2. Die Schwankungen werden nicht durch Beiträge ausgeglichen.
3. Die Schwankungen dürfen nicht durch Rückversicherungen gedeckt sein.

Diese Voraussetzungen stimmen mit den steuerlichen Erfordernissen in § 20 Abs. 1 KStG überein. Auf die diesbezügliche Kommentierung kann daher verwiesen werden[483].

Die einzelnen Bestimmungen zur Bildung der Schwankungsrückstellung enthalten § 29 RechVersV und die Anlage zu § 29 RechVersV. Die Anlage übernimmt inhaltlich die Grundsätze der vor dem Erlass der RechVersV anzuwendenden Anordnung des BAV über

---
477 Zu einem weiteren theoretischen Anwendungsfall s. *Kölschbach*, S. 203.
478 Vgl. *Hammers*, S. 134.
479 Vgl. § 153 Abs. 2 S. 2 VVG.
480 Vgl. *Geib/Ellenbürger*, VW 2008, S. 1173/1174.
481 Vgl. *Bormann*, ZfV 1974, S. 594; *Braeß*, S. 7; *Braeß*, ZVersWiss 1967, S. 1; *Karten*, in: FS Gerhardt, S. 215; *Knoll*, ZVersWiss 1967, S. 19; *Nies*, WPg 1971, S. 653; *Nies*, WPg 1973, S. 337; *Nies*, VW 1979, S. 156; *Uhrmann*, StBp. 1988, S. 188; *Weiße*, WPg 1974, S. 470.
482 Vgl. *Farny*[4], S. 133.
483 Siehe *HHR*, § 20 KStG, Rn. 14–17.

Rechnungslegung K

die Schwankungsrückstellung[484, 485]. Bei Zweifelsfragen kann somit weiterhin die Kommentierung zur Anordnung herangezogen werden[486].

Die Schwankungsrückstellung ist grds. für alle Vz. der Schaden- und Unfallversicherung zu bilden. Für das in Rückdeckung übernommene Lebens- und Krankenversicherungsgeschäft und das von LVU betriebene Unfallversicherungsgeschäft ist keine Schwankungsrückstellung zu bilden. **460**

Die Vorschriften zur Bildung der Schwankungsrückstellung sind auch von RVU anzuwenden[487]. **461**

Was für Zwecke der Schwankungsrückstellung als „Vz." anzusehen ist, richtet sich nicht nach der Untergliederung der zweigbezogenen Angaben im Anhang gem. § 51 Abs. 4 RechVersV, sondern nach bestimmten Vorschriften der jeweils geltenden Fassung der Versicherungsberichterstattungverordnung (BerVersV)[488]. Auf jeden Fall gelten als Vz. die im Abschn. II Nr. 1 Abs. 2 der Anlage zu § 29 RechVersV angeführten Zweige[489]. **462**

Nach Abschn. I Nr. 1 der Anlage zu § 29 RechVersV haben SchVU in den Vz. eine Schwankungsrückstellung zu bilden, in denen **463**

– die verdienten Beiträge im Durchschnitt der letzten drei GJ (inkl. Bilanzjahr) 125.000 € übersteigen,
– die Standardabweichung der Schadenquoten des Beobachtungszeitraums von der durchschnittlichen Schadenquote mindestens 5% beträgt und
– die Summe aus Schaden- und Kostenquote mindestens einmal im Beobachtungszeitraum 100% der verdienten Beiträge eines GJ überschritten hat[490].

Die Hagelversicherung sowie die Kredit-, Kautions- und Vertrauensschadensversicherung sind aufgrund des stark ausgeprägten aleatorischen Charakters besonders auf eine funktionsfähige Schwankungsrückstellung angewiesen[491]. Deshalb sind im Interesse der dauernden Erfüllbarkeit der Verpflichtungen aus Versicherungsverträgen in der Anlage zur RechVersV Sonderregelungen enthalten, die auch steuerlich anerkannt werden[492]. **464**

Eine Änderungs- und Widerrufklausel, die es der Aufsichtsbehörde ermöglicht, im Einzelfall Abweichungen zuzulassen, ist in § 29 S. 2 RechVersV kodifiziert. **465**

Die Beträge der Schwankungsrückstellung sind im Rahmen der zweigbezogenen Angaben zusammen mit den der Schwankungsrückstellung ähnlichen Rückstellungen anzugeben[493]. Wegen der abweichenden Zweigbestimmungen ist eine Entsprechung mit den der Berechnung zugrunde liegenden Kollektiven nicht gegeben. **466**

Die Methoden zur Ermittlung der Schwankungsrückstellung sind anzugeben sowie wesentliche Änderungen derselben zu erläutern[494]. **467**

---

484 Vgl. BAV-Rundschreiben 7/91, VerBAV 1991, S. 420.
485 Vgl. Begr. zu § 29 RechVersV, BR-Drs. 823/94, S. 130.
486 Siehe insb. *Geib/Horbach* in: KoRVU-Kommentar, Bd. I, J, Rn. 220.
487 Vgl. Begr. zu § 29 RechVersV, BR-Drs. 823/94, S. 130.
488 Vgl. Anlage zu § 29 RechVersV, Abschn. II, Nr. 1 Abs. 1; zur Gegenüberstellung und Zuordnung zu Zweigen, Zweiggruppen und Arten gem. § 51 Abs. 4 Nr. 1 RechVersV s. Tz. 566.
489 Vgl. zu den Vz. in der Schwankungsrückstellung *Ellenbürger/Horbach/Kölschbach*, WPg 1996, S. 41/44.
490 Vgl. die Erläuterungen zu den Voraussetzungen in: *IDW*, Versicherungsunternehmen[5], B IV Tz. 336.
491 Vgl. *Wiedmann*, Bilanzrecht[2], § 341h HGB, Rn. 10.
492 Vgl. zu den Sonderregelungen *Boetius*, Rn. 1144.
493 Vgl. § 51 Abs. 4 Nr. 1 Buchst. h bb RechVersV.
494 Vgl. § 52 Nr. 1 Buchst. c RechVersV.

468 Da die Ermittlung der Schwankungsrückstellung nur für den Selbstbehalt erfolgt, sieht Formblatt 1 RechVersV – anders als bei den übrigen versicherungstechnischen Rückstellungen – keine Vorspalte für den Rückstellungsbetrag brutto und den Anteil für das in Rückdeckung gegebene Versicherungsgeschäft vor.

Der Schwankungsrückstellung ähnliche Rückstellungen

469 § 341h Abs. 2 HGB schreibt die Bildung einer Rückstellung „für Risiken gleicher Art, bei denen der Ausgleich von Leistung und Gegenleistung wegen des hohen Schadenrisikos im Einzelfall nach versicherungsmathematischen Grundsätzen nicht im GJ, sondern nur in einem am Abschlussstichtag nicht bestimmbaren Zeitraum gefunden werden kann" vor. Damit wird auch die Verpflichtung zur Bildung von Großrisikenrückstellungen kodifiziert.

470 Großrisiken sind nach allgemeiner Auffassung Risiken, deren mögliche Höchstschäden infolge einer Konzentration hoher Werte oder des Kumuls verschiedener Gefahren des gleichen Risikoobjekts mit großem Schadenmaximum (mpl = maximum possible loss) außergewöhnlich groß sind, während die Zahl der Risiken gering ist und vielfach die Schadenursache aus technologischen Gründen neuartig und/oder unbekannt ist"[495]. Aufgrund des Charakters der Großrisiken und aufgrund der technischen Entwicklung ist eine statische absolute Begriffsdefinition nicht möglich.

471 Die Großrisikenrückstellungen sind in der Bilanz zusammen mit der Schwankungsrückstellung im Posten „E.V. Schwankungsrückstellung und ähnliche Rückstellungen" auszuweisen.

472 In § 30 RechVersV wurden inhaltlich die BAV-Rundschreiben 1/81 über die Rückstellung für die Versicherung von Atomanlagen[496] und 8/91 über die Großrisikenrückstellung für die Produkthaftpflichtversicherung von Pharma-Risiken[497] im Wesentlichen übernommen. Bei Zweifelsfragen ist zu berücksichtigen, dass es Intention des Verordnungsgebers war, der bisherigen Praxis zu entsprechen[498].

473 In § 30 Abs. 2a RechVersV ist geregelt, in welcher Höhe VU **Rückstellungen für Terrorrisiken** bilden müssen[499]. Diese Regelung gilt unter den Voraussetzungen des § 341h Abs. 2 HGB für alle VU, die Terrorrisiken zeichnen, auch wenn die Regelung in erster Linie auf die Bedürfnisse des Spezialversicherers „Extremus" ausgerichtet ist. Inwieweit eine Separierung von in Verträgen anderer Vz. enthaltenen Terrorrisiken erforderlich ist, hängt von der Praktikabilität einer solchen Separierung ab[500].

474 Die Pharmarückstellung, die Atomanlagenrückstellung und die Rückstellung für Terrorrisiken treten an die Stelle einer Schwankungsrückstellung in den betreffenden Vz.[501]. Sind in einem GJ die Voraussetzungen nach § 341h Abs. 2 HGB zur Bildung einer Großrisikenrückstellung nicht mehr gegeben, ist die Großrisikenrückstellung in die Schwankungsrückstellung zu überführen[502].

---

495 Vgl. *Boetius*, Rn. 716.
496 VerBAV 1981, S. 122.
497 VerBAV 1992, S. 37.
498 Vgl. Begr. zu § 30 RechVersV, BR-Drs. 823/94, S. 131.
499 Vgl. Erste VO zur Änderung der VO über die Rechnungslegung von VU v. 27.05.2003, BGBl. I, S. 736.
500 Vgl. *Kölschbach* in: Prölss, VAG^{12}, § 341a.
501 Vgl. § 30 Abs. 3 S. 1 RechVersV.
502 Vgl. § 30 Abs. 3 S. 2 RechVersV.

Rechnungslegung K

Die Bestimmungen der RechVersV zur Atomanlagenrückstellung, zur Pharmarückstellung und zur Rückstellung für Terrorrisiken stellen keine abschließende Aufzählung möglicher Großrisikenrückstellungen dar. Unter den in § 341h Abs. 2 HGB genannten Voraussetzungen ist die Bildung weiterer Rückstellungen, etwa für Risiken aus Erdbeben oder anderen Naturkatastrophen, denkbar[503]. **475**

Entsprechend dem bilanziellen Ausweis der Rückstellung ist in der GuV die Veränderung der Schwankungsrückstellung und der ähnlichen Rückstellungen in einem Posten auszuweisen[504]. **476**

Im Anhang sind die „Schwankungsrückstellung und ähnlichen Rückstellungen" nach Maßgabe der zweigbezogenen Angaben gem. § 51 Abs. 4 Nr. 1 Buchst. h bb RechVersV zu untergliedern. Die Methoden zur Ermittlung der Großrisikenrückstellungen sind anzugeben und eventuelle Änderungen zu erläutern[505]. **477**

VI. Sonstige versicherungstechnische Rückstellungen

In dem Passivposten „E.VI. Sonstige versicherungstechnische Rückstellungen" sind die versicherungstechnischen Rückstellungen aufzunehmen, deren Ausweis nicht bei einem anderen Posten vorgesehen ist. **478**

Dazu gehören gem. § 31 RechVersV insb.:

(1) die Stornorückstellungen
   – zu den Forderungen aus dem selbst abgeschlossenen Versicherungsgeschäft, d.h.
     • Forderungen an VN aus noch nicht eingelösten Versicherungsscheinen, Nachträgen und Folgebeitragsrechnungen,
     • Forderungen an Versicherungsvertreter aus
       a. bereits kassierten, aber noch nicht an das bilanzierende VU abgeführten Beiträgen,
       b. belasteten, aber noch nicht eingelösten Versicherungsscheinen, Nachträgen und Folgebeitragsrechnungen,
   – zu vom bilanzierenden VU bereits kassierten Beiträgen in Höhe der voraussichtlich zurückzugewährenden Beiträge wegen des Fortfalls oder der Verminderung des technischen Risikos (versichertes Interesse) gem. § 80 VVG;
(2) Die Rückstellung für drohende Verluste für die einzelnen Vz. oder Versicherungsarten
   – des sG und
   – des üG und bei SchVU sowie RVU;
(3) die Rückstellungen aufgrund der Verpflichtungen aus der Mitgliedschaft zur Verkehrsopferhilfe e.V.[506];
(4) die Rückstellung für unverbrauchte Beiträge aus ruhenden Kraftfahrtversicherungen und Fahrzeugrechtsschutzversicherungen und
(5) die Rückstellung für die erfolgsunabhängige Beitragsrückerstattung, soweit sie vorsorglich bei einem mehrjährigen Beobachtungszeitraum vor Ablauf dieses Zeitraums gebildet wird.

---

503 Vgl. zu den Besonderheiten der Bildung von Kumulrisikenrückstellungen *Boetius*, Rn. 821.
504 Vgl. Posten I 10 Formblatt 2 und 4.
505 Vgl. § 52 Nr. 1 Buchst. c RechVersV.
506 § 31 Abs. 2 Nr. 1 RechVersV führt auch noch die Verpflichtungen aus der Mitgliedschaft zur Solidarhilfe e.V. auf. Bis 1994 übernahm der Verein „Solidarhilfe e.V." als Gemeinschaftsaufgabe im Falle des Konkurses einer seiner Mitglieder die Verpflichtungen aus noch nicht abgewickelten Kraftfahrzeug-Haftpflichtschäden. Diese Aufgaben wurden auf den Entschädigungsfonds übertragen; vgl. Begr.-RegE, BT-Drs. 12/6959, S. 111.

479 Die RfB bei RVU ist nicht unter den „Sonstigen versicherungstechnischen Rückstellungen", sondern unter dem Posten „Rückstellung für erfolgsabhängige und erfolgsunabhängige Beitragsrückerstattung"[507] auszuweisen, auch wenn es sich nicht um eine Beitragsrückerstattung an den Zedenten, sondern um eine Beteiligung des Rückversicherers an den Beitragsrückerstattungen des Zedenten an seine Kunden handelt[508].

(1) Stornorückstellungen

480 Zu den Beitragsforderungen an die VN und zu den bereits kassierten Beiträgen ist wegen Fortfalls oder Verminderung des technischen Risikos eine **Stornorückstellung** zu bilden[509]. Die Stornorückstellung ist damit klar von den aktivisch abgesetzten Pauschalwertberichtigungen zu den Beitragsforderungen an VN abzugrenzen. Während die Pauschalwertberichtigung dem allgemeinen Zahlungsausfallrisiko beim VN Rechnung trägt, berücksichtigt die Stornorückstellung den Fortfall oder die Verminderung des versicherungstechnischen Risikos z.B. aufgrund der Kündigung des VN wegen Risiko- oder Wagniswegfalls (unaufklärbares Abhandenkommen einer versicherten Sache, Zerstörung einer versicherten Sache, Verkauf einer versicherten Sache, Geschäftsaufgabe, Haushaltsauflösung usw.), aufgrund des Todes des VN oder aufgrund der Kündigung nach einem Versicherungsfall[510].

(2) Rückstellung für drohende Verluste

481 Die Verpflichtung zur Bildung einer **Rückstellung für drohende Verluste aus dem Versicherungsgeschäft**[511] wird über § 249 Abs. 1 S. 1 HGB hinaus in § 341e Abs. 2 Nr. 3 HGB geregelt. Demnach ist eine versicherungstechnische Rückstellung für Verluste, mit denen nach dem Abschlussstichtag aus bis zum Ende des GJ geschlossenen Verträgen zu rechnen ist, für die einzelnen Vz. oder Versicherungsarten des sG und des üG zu bilden[512]. Rückstellungsrelevante Merkmale (drohender Verlust etc.) ergeben sich nicht aus einzelnen Versicherungsverträgen, sondern aus einer Gefahrengemeinschaft. Diese Abweichung vom Einzelbewertungsgrundsatz wird damit erklärt, dass das Versicherungsverhältnis während seiner gesamten Laufzeit „eine durch die Gefahrengemeinschaft zusammengehaltene unteilbare Einheit mit einem über den Bilanzstichtag hinaus andauernden Schwebezustand darstellt"[513]. Hinweise dazu, was als Vz. oder Versicherungsart für Zwecke der Bildung einer Drohverlustrückstellung zu verstehen ist, geben die Vorschriften oder Gesetzesmaterialien nicht. In Betracht kommt die Zweigliederung des § 51 Abs. 4 RechVersV[514]. Dies kann allerdings zu praktischen Problemen bei der Aufschlüsselung für die detaillierte Gliederung in der Berichterstattung ggü. der BaFin führen. Denkbar ist auch eine Ermittlung der Rückstellung für drohende Verluste auf Basis der Kollektive, die auch der Ermittlung der Schwankungsrückstellung zugrunde liegen, also in Anlehnung an die Vz. gem. der Rechnungslegung ggü. der BaFin[515]. Steuerlich sind Rückstellungen für drohende Verluste nicht mehr anerkannt, seit 1997 Abs. 4a in § 5 EStG eingefügt wurde. Wegen der Aufhebung der umgekehrten Maßgeblichkeit der Steuer-

---

507 Vgl. Posten E.IV Formblatt 1.
508 Vgl. Tz. 451.
509 Vgl. *Geib/Horbach* in: KoRVU-Kommentar, Bd. I, J, Rn. 293.
510 Vgl. *Armbrüster* in: Prölss/Martin, VVG[28], § 80, Rn. 1.
511 Vgl. auch *Jäger*; *Telgenbüscher*, WPg 1995, S. 582/582–589.
512 Vgl. § 31 Abs. 1 Nr. 2 RechVersV.
513 *Boetius*, Rn. 655.
514 Siehe dazu Tz. 564.
515 Vgl. Anlage zu § 29 RechVersV, Abschn. II Rn. 1.

bilanz für die Handelsbilanz durch die Änderung des § 5 Abs. 1 EStG im Zuge des Bilanzrechtsmodernisierungsgesetzes haben die steuerlichen Regelungen für die Handelsbilanz keine Bedeutung mehr.

Grundsätzlich ist beim Versicherungsgeschäft von einer Ausgeglichenheit von Leistung und Gegenleistung auszugehen[516], da der Beitragskalkulation (Risikoprämienanteil[517]) das versicherungstechnische Äquivalenzprinzip zugrunde liegt oder liegen sollte[518]. Es kann jedoch in bestimmten Fällen durchaus zu drohenden Verlusten kommen, d.h. zu Situationen, in denen die tatsächlichen Erfordernisse von dem bei der Beitragskalkulation erwarteten Bedarf abweichen: **482**

– Der Versicherer hat zunächst den Schaden- und Kostenbedarf richtig angesetzt. Im Laufe des Gültigkeitszeitraums des Beitrags ergibt sich jedoch eine tatsächliche Abweichung von den erwarteten Werten. Grund hierfür kann z.B. der unerwartete Anstieg der Schadenhäufigkeit oder des Durchschnittsschadens sein. Ebenso könnte auch die Kostenentwicklung durch eine unerwartete Lohnpolitik zu einer tendenziellen Abweichung führen.

– Der Versicherer schätzt zwar die Kosten- und Schadenentwicklung richtig ein. Aus Gründen des Wettbewerbs lässt sich aber der ausreichende Beitrag nicht realisieren.

– Der Beitrag wurde von Anfang an in unwissentlicher Fehleinschätzung der späteren Entwicklung zu niedrig festgesetzt.

Wegen der bei der Ermittlung und Bewertung der Rückstellung für drohende Verluste auftretenden Besonderheiten wird auf die einschlägige Literatur verwiesen[519].

Zur Frage der Einbeziehung von **Kapitalanlageerträgen** bei der Ermittlung des drohenden Verlustes enthält die RechVersV keine ausdrückliche Regelung. Diesbezüglich sind demnach allgemeine Erwägungen heranzuziehen. Danach kommt eine Berücksichtigung von Zinserträgen grds. nur insoweit in Betracht, wie Mittel aus dem betrachteten Versicherungsgeschäft zufließen und diese zinsbringend angelegt werden können. Die Berücksichtigung weiterer Zinserträge widerspräche dem Imparitätsprinzip[520]. **483**

Die Einbeziehung von Kapitalanlageerträgen in den Saldierungsbereich entspricht auch der überwiegenden Literaturauffassung[521]. Gegen die Berücksichtigung von Kapitalanlageerträgen vorgebrachte Argumente[522] dürften durch den Beschluss des Großen Senats v. 23.06.1997 (GrS 2/93)[523] – sog. Apothekerfall – soweit entkräftet worden sein, dass nunmehr von einer h.M. für eine Einbeziehungspflicht von Kapitalanlageerträgen ausgegangen werden kann[524]. Nach Auffassung des Großen Senats ist der Saldierungsbereich bei der Drohverlustrückstellung, der wirtschaftlichen Betrachtung entsprechend, weit zu ziehen.

---

516 Vgl. *Nies*, StBp. 1984, S. 131; *Boetius*, Rn. 655, m.w.N.
517 Vgl. hierzu *Karten* in: Große (Hrsg.), Bd. 2, S. 244.
518 *Karten* in: Große (Hrsg.), Bd. 2, S. 244.
519 Vgl. insb. *Geib/Horbach* in: KoRVU-Kommentar, Bd. I, J, Rn. 262.
520 Siehe dazu *Geib/Wiedmann*, WPg 1994, S. 375; *Boetius* lehnt die Berücksichtigung grds. ab; vgl. *Boetius*, Rn. 676.
521 Vgl. z.B. *Telgenbüscher*, WPg 1995, S. 586, m.w.N.
522 Z.B. von *Boetius*, Rn. 676; *Kühnenberger*, VW 1990, S. 702.
523 Vgl. DB 1997, S. 1897–1900.
524 Vgl. bspw. zur Abzinsung *Herzig/Rieck*, DB 1997, S. 1885; *IDW RS HFA 4*, WPg Supplement 3/2010, S. 51 ff. = FN-IDW 2010, S. 298 ff., Tz. 26 und 41.

484 Erreicht die Rückstellung für drohende Verluste einen größeren Umfang, ist sie gem. § 31 Abs. 1 Nr. 2 RechVersV in der Bilanz – als Unterposten oder Davon-Vermerk – oder im Anhang getrennt auszuweisen. Dem Wortlaut dieser Vorschrift folgend, ist bei der Beurteilung des Umfangs und beim Ausweis die Rückstellung insgesamt und nicht je Vz. oder Versicherungsart zugrunde zu legen. Für die Beurteilung, ob es sich um einen größeren Umfang handelt, sollte das Verhältnis zum Betrag des gesamten Postens maßgeblich sein.

(3) Rückstellungen aufgrund Verpflichtungen aus der Mitgliedschaft zur Verkehrsopferhilfe e.V.

485 Dem Verein „**Verkehrsopferhilfe e.V.**" ist nach § 1 der „VO über den Entschädigungsfonds für Schäden aus Kraftfahrzeugunfällen" v. 14.12.1965 (BGBl. I, S. 2093)[525] die Stellung des Entschädigungsfonds für Schäden aus Kraftfahrzeugunfällen nach §§ 12 und 13 Abs. 4 des Pflichtversicherungsgesetzes – „Gesetz über die Pflichtversicherung für Kraftfahrzeughalter"[526] – zugewiesen worden. Nach dem Pflichtversicherungsgesetz kann derjenige, dem Ersatzansprüche aus Personen- und Sachschäden gegen den Halter, den Eigentümer oder den Fahrer eines Kraftfahrzeuges zustehen, diese Ersatzansprüche unter folgenden Voraussetzungen auch gegen den Entschädigungsfonds und damit gegen den Verein „Verkehrsopferhilfe" geltend machen:

1. wenn das Fahrzeug, durch dessen Gebrauch der Schaden verursacht worden ist, nicht ermittelt werden kann,
2. wenn die gesetzlich erforderliche Haftpflichtversicherung zugunsten des Halters, des Eigentümers und des Fahrers des Fahrzeugs nicht besteht,
3. wenn ein Versicherer keine Deckung gewährt, weil der Schaden vorsätzlich oder widerrechtlich herbeigeführt wurde oder
4. wenn über das Vermögen des leistungspflichtigen Versicherers ein Insolvenzverfahren eröffnet worden ist[527].

486 Da keine besonderen Vorschriften bestehen, kann zur Bewertung der anderen „Sonstigen versicherungstechnischen Rückstellungen" auf die einschlägige Kommentierung verwiesen werden[528].

487 In der GuV ist die Veränderung der „Sonstigen versicherungstechnischen Rückstellungen" als Saldogröße aus der Erhöhung und der Verminderung f.e.R. auszuweisen[529]. Eine Zusammenfassung mit der „Veränderung der Netto-Deckungsrückstellung" ist im Schaden- und Unfallversicherungsgeschäft zulässig, wenn die Beträge nicht erheblich sind oder dies zur Vergrößerung der Klarheit führt. Im letzteren Fall sind die Posten im Anhang gesondert auszuweisen[530].

488 Im Anhang sind die Methoden der Ermittlung der sonstigen versicherungstechnischen Rückstellungen anzugeben und eventuelle Änderungen der angewandten Methoden zu erläutern[531].

---

525 Zuletzt geändert durch VO v. 17.12.1994, BGBl. I, S. 3845.
526 Gesetz v. 07.11.1939 (RGBl. I, S. 2223) i.d.F. des Gesetzes v. 05.04.1965 (BGBl. I, S. 213), zuletzt geändert durch Art. 9 S. 2 des Gesetzes v. 10.12.2007, BGBl. I, S. 2833.
527 § 31 Abs. 2 Nr. 1 RechVersV führt auch noch die Verpflichtungen aus der Mitgliedschaft zur Solidarhilfe e.V. auf. Bis 1994 übernahm der Verein „Solidarhilfe e.V." als Gemeinschaftsaufgabe im Falle des Konkurses eines seiner Mitglieder die Verpflichtungen aus noch nicht abgewickelten Kraftfahrzeug-Haftpflichtschäden. Diese Aufgaben wurden auf den Entschädigungsfonds übertragen; vgl. Begr.-RegE, BT-Drs. 12/6959, S. 111.
528 Siehe etwa *Geib/Horbach* in: KoRVU-Kommentar, Bd. I, J, Rn. 261.
529 Vgl. Posten I 5b Formblatt 2, I 7b Formblatt 3, I 5b und II 7b Formblatt 4.
530 Vgl. § 3 RechVersV.
531 Vgl. § 52 Nr. 1 Buchst. c RechVersV.

F. Versicherungstechnische Rückstellungen im Bereich der Lebensversicherung, soweit das Anlagerisiko von Versicherungsnehmern getragen wird

Unter diesem Posten sind gem. § 32 RechVersV versicherungstechnische Rückstellungen für Verpflichtungen des VU aus Lebensversicherungsverträgen, deren Wert oder Ertrag sich nach Kapitalanlagen bestimmt, für die der VN das Risiko trägt oder bei denen die Leistung indexgebunden ist, auszuweisen. **489**

Neben den **fondsgebundenen Lebensversicherungen** sind hier auch Verpflichtungen aus sog. **indexgebundenen Lebensversicherungen** zu erfassen. Damit wird solchen Formen der Lebensversicherung Rechnung getragen, bei denen die VN das Anlagerisiko tragen, etwa durch Bindung der Leistung an die Entwicklung von Aktien- oder Währungsindizes, ohne dass hierzu gesonderte Fonds gebildet werden. **490**

Auch die versicherungstechnischen Rückstellungen gegenüber den Mitgliedern einer Tontine sind unter diesem Posten auszuweisen[532].

Darüber hinausgehende versicherungstechnische Rückstellungen, die im Hinblick auf Sterblichkeit, Aufwendungen für den Versicherungsbetrieb oder andere Risiken, wie im Fall von zugesicherten Mindestleistungen oder Rückkaufswerten, gebildet werden, sind unter dem Passivposten „E.II. Deckungsrückstellung" auszuweisen, da deren Wert eben nicht von bestimmten Kapitalanlagen abhängig oder indexgebunden ist[533]. **491**

Die versicherungstechnischen Rückstellungen sind, „soweit das Anlagerisiko von den VN getragen wird", in Formblatt 1 RechVersV in die Posten **492**

– „F.I. Deckungsrückstellung" und
– „F.II. Übrige versicherungstechnische Rückstellungen"

aufzugliedern.

Eine Umschreibung der jeweiligen Posteninhalte enthält die RechVersV nicht. Unter den „Übrigen versicherungstechnischen Rückstellungen" werden bspw. die Schadenrückstellungen für Naturalleistungen in Form von Fondsanteilen oder verzinsliche Ansammlungen, die in Fondsanteile umgewandelt werden, ausgewiesen.

Die Unterposten sind jeweils mit ihrem Nettobetrag, unter Angabe des Bruttobetrages und der Rückversichereranteile in den Vorspalten, auszuweisen. Da Rückversicherungen im Bereich der Lebensversicherung regelmäßig auf Risikobasis vereinbart werden, dürften Fragen im Zusammenhang mit den Rückversichereranteilen sowie der Bewertung von Depotverbindlichkeiten aus diesen Geschäften eher Gegenstand theoretischer Diskussionen sein. Der Wert des Passivpostens „F. Versicherungstechnische Rückstellungen …, soweit das Anlagerisiko von den VN getragen wird" korrespondiert daher i.d.R. mit dem Wert des Aktivpostens „D. Kapitalanlagen für Rechnung und Risiko von Inhabern von Lebensversicherungspolicen". **493**

Im Anhang sind die Methoden der Ermittlung der „Deckungsrückstellung" und der „übrigen versicherungstechnischen Rückstellungen" anzugeben sowie wesentliche Änderungen der Methoden zu erläutern[534]. Zusätzlich sind die zur Berechnung verwendeten versicherungsmathematischen Methoden und Berechnungsgrundlagen anzugeben[535]. **494**

---

532 Vgl. § 32 Abs. 3 RechVersV.
533 Vgl. § 32 Abs. 2 RechVersV.
534 Vgl. § 52 Nr. 1 Buchst. c RechVersV.
535 Vgl. § 52 Nr. 2 Buchst. a RechVersV.

G. Andere Rückstellungen

495 Der Posten „Andere Rückstellungen" folgt im Bilanzschema unmittelbar nach den versicherungstechnischen Rückstellungen. Er ist in die Unterposten

I. Rückstellungen für Pensionen und ähnliche Verpflichtungen,
II. Steuerrückstellungen und
III. Sonstige Rückstellungen.

untergliedert.

Die Unterposten können, wenn ihr Betrag nicht erheblich ist oder zur Vergrößerung der Klarheit, zusammengefasst werden. Im letzteren Fall sind sie jedoch im Anhang gesondert auszuweisen[536].

I. Rückstellungen für Pensionen und ähnliche Verpflichtungen

496 An dieser Stelle sind insb. die Rückstellungen für laufende Pensionszahlungen und für Anwartschaften auf Pensionen auszuweisen[537].

497 Für die Bilanzierung und Bewertung des Postens gelten die allgemeinen Grundsätze, auf die insofern verwiesen wird[538].

II. Steuerrückstellungen

498 Für die Bilanzierung und Bewertung des Postens gelten die allgemeinen Grundsätze, auf die insofern verwiesen wird[539]. Wegen der Besonderheiten bei der Besteuerung von VU wird auf die einschlägige Literatur verwiesen[540].

499 Eine evtl. zu bildende Rückstellung für latente Steuern ist mit der Änderung des HGB durch das Bilanzrechtsmodernisierungsgesetz nicht mehr als Davon-Vermerk zur Steuerrückstellung oder alternativ im Anhang auszuweisen, sondern als gesonderter Posten in der Bilanz darzustellen[541].

III. Sonstige Rückstellungen

500 Unter diesem Posten sind alle „anderen Rückstellungen" zu erfassen, die keinem anderen Posten zugeordnet werden können. In Betracht kommen hierfür u.a. die Rückstellungen für

– unterlassene Instandhaltungsaufwendungen (z.B. für Grundstücke), die innerhalb der ersten drei Monate des folgenden GJ nachgeholt werden;
– Aufwendungen für den JA.
– Verpflichtungen aus Urlaubsansprüchen der Arbeitnehmer;
– Tantiemen;
– Gewinnbeteiligungen der Versicherungsvertreter;

---

536 Vgl. § 3 Nr. 1 Buchst. d RechVersV.
537 Es sei darauf hingewiesen, dass nach einer Verlautbarung des BAV von 1968 (Geschäftsbericht des BAV 1968, S. 33) für VU eine Passivierungspflicht für Pensionsrückstellungen auch während des Zeitraums des allgemeinen Passivierungswahlrechts bestand. Siehe in diesem Zusammenhang auch *IDW*, Versicherungsunternehmen[5], C Tz. 267.
538 Vgl. Kap. E Tz. 221.
539 Vgl. Kap. F Tz. 438.
540 Vgl. insb. *IDW*, Versicherungsunternehmen[5], I; *HHR*, §§ 20, 21 KStG.
541 Vgl. Tz. 290 und Tz. 513.

- drohende Verluste aus dem allgemeinen Geschäft;[542]
- Abschlussprovisionen (nur bei LVU)[543]; sofern die noch nicht verdienten Provisionsteile bevorschusst werden, kann diese Rückstellung mit den Provisionsvorschüssen (Posten Aktiva E.I. Nr. 2) verrechnet werden; eine Verrechnung mit den noch nicht fälligen Ansprüchen an VN (Posten Aktiva E.I. Nr. 1) ist nicht zulässig;
- Jubiläumsaufwendungen;
- Vorruhestandsleistungen[544].

Für Bilanzierung und Bewertung der sonstigen Rückstellungen existieren keine branchenspezifischen Vorschriften. Es wird daher auf den allgemeinen Teil verwiesen[545]. Gemäß § 285 Nr. 12 HGB sind Rückstellungen, die unter diesem Posten nicht gesondert ausgewiesen sind, im Anhang zu erläutern, sofern sie einen nicht unerheblichen Umfang haben. 501

H. Depotverbindlichkeiten aus dem in Rückdeckung gegebenen Versicherungsgeschäft

Unter diesem Passivposten sind die Verbindlichkeiten ggü. Rückversicherern in Höhe der Beträge, die vom bilanzierenden VU als Sicherheit einbehalten oder ihm vom Rückversicherer für diesen Zweck belassen sind, auszuweisen[546]. 502

Eine Zusammenfassung der Depotverbindlichkeiten mit anderen Verbindlichkeiten ggü. dem Rückversicherer oder eine Verrechnung mit Forderungen an den Rückversicherer ist nicht zulässig[547]. 503

Es existieren keine speziellen Anhangangaben für Depotverbindlichkeiten; die Bestimmung des § 285 Nr. 1 und 2 HGB über die Angabe der Verbindlichkeiten mit einer Restlaufzeit von mehr als fünf Jahren und der gesicherten Verbindlichkeiten in der Bilanz oder im Anhang ist jedoch zu beachten. 504

I. Andere Verbindlichkeiten

Der Posten ist gem. Formblatt 1 RechVersV zu unterteilen in die folgenden Unterposten: 505

I. Verbindlichkeiten aus dem sG ggü.
   1. VN,
   2. Versicherungsvermittlern,
   3. Mitglieds- und Trägerunternehmen;
II. Abrechnungsverbindlichkeiten aus dem Rückversicherungsgeschäft;
III. Anleihen (davon: konvertibel);
IV. Verbindlichkeiten ggü. KI;
V. Sonstige Verbindlichkeiten (davon: aus Steuern und im Rahmen der sozialen Sicherheit).

---

542 Zur Rückstellung für drohende Verluste sowie zur Nichtanerkennung von Rückstellungen für drohende Verluste in der Steuerbilanz s. Tz. 481.
543 Vgl. *IDW*, Versicherungsunternehmen³, C I Tz. 106 und D Tz. 144; anders *IDW*, Versicherungsunternehmen⁵, C Tz. 271, wo auch die Abschlussprovisionen bei Unfall-VU einbezogen werden.
544 Zu weiteren Beispielen vgl. *IDW*, Versicherungsunternehmen⁵, C Tz. 271.
545 Vgl. Kap. F Tz. 442.
546 Vgl. § 33 Abs. 1 RechVersV.
547 Vgl. § 33 Abs. 2 RechVersV.

Verbindlichkeiten aus Hypotheken, Grund- und Rentenschulden sowie aus der Annahme gezogener Wechsel und der Ausstellung eigener Wechsel sind auf die in Betracht kommenden Unterposten zu verteilen.

506 Die weitere Untergliederung der Verbindlichkeiten aus dem sG in solche ggü.

1. VN,
2. Versicherungsvermittlern und
3. Mitglieds- und Trägerunternehmen

kann gem. § 3 Nr. 1e RechVersV entfallen, wenn der Betrag der Unterposten nicht erheblich ist oder zur Vergrößerung der Klarheit. Im zweiten Fall hat jedoch ein gesonderter Ausweis im Anhang zu erfolgen.

Die im Unterposten „… gegenüber VN" enthaltenen verzinslich angesammelten Überschussanteile sind von LVU sowie P/StK im Anhang anzugeben[548].

507 Hinsichtlich der Abrechnungsverbindlichkeiten aus dem Rückversicherungsgeschäft gelten die Bestimmungen zu den Abrechnungsforderungen sinngemäß[549].

508 Die Angabe größerer Beträge im Unterposten „Sonstige Verbindlichkeiten" ist nicht erforderlich. Unter den sonstigen Verbindlichkeiten sind alle dem Grunde und der Höhe nach feststehenden Verpflichtungen, soweit sie keinem anderen Bilanzposten zugeordnet werden können, auszuweisen[550].

509 Verbindlichkeiten ggü. der ausländischen Generaldirektion von Niederlassungen ausländischer VU sind unter dem als letzter Posten auf der Passivseite anzufügenden „Ausgleichsbetrag" zu erfassen[551].

510 Die in den mit römischen Zahlen versehenen Unterposten enthaltenen Verbindlichkeiten ggü. verbundenen Unternehmen und ggü. Unternehmen, mit denen ein Beteiligungsverhältnis besteht, sind jeweils gesondert anzugeben[552].

Die Bestimmungen des § 285 Nr. 1 und 2 HGB über die Angabe von Verbindlichkeiten mit einer Restlaufzeit von mehr als fünf Jahren und die gesicherten Verbindlichkeiten in der Bilanz oder im Anhang sind zu beachten.

K. Rechnungsabgrenzungsposten

511 Den Inhalt dieses Passivpostens regelt grds. die allgemeine Vorschrift des § 250 Abs. 2 HGB. Unter diesem Posten sind Einnahmen vor dem Bilanzstichtag auszuweisen, soweit sie Ertrag für eine bestimmte Zeit nach diesem Tag darstellen.

Von Bedeutung bei VU ist der hier aufzunehmende und planmäßig aufzulösende Unterschiedsbetrag zwischen den Anschaffungskosten und dem höheren, nach § 341c Abs. 1 HGB in der Bilanz angesetzten Nennbetrag von Namensschuldverschreibungen (**Disagio**)[553]. Der fortgeschriebene Unterschiedsbetrag ist in der Bilanz oder im Anhang gesondert anzugeben[554].

---

548 Vgl. § 52 Nr. 2 Buchst. b RechVersV.
549 Vgl. Tz. 267.
550 Vgl. *Farny*[4], S. 138. Hierzu gehören Verbindlichkeiten aus dem Nichtversicherungsgeschäft, z.B. aus Dienstleistungen, abzuführende Sozialversicherungsbeiträge, Steuerverbindlichkeiten für bereits veranlagte, aber noch nicht gezahlte Steuern und eine Vielzahl weiterer Einzelverbindlichkeiten.
551 Vgl. § 35 RechVersV sowie Begr. zu § 21 RechVersV, BR-Drs. 823/94, S. 120.
552 Vgl. § 4 Nr. 2 RechVersV.
553 Vgl. § 341c Abs. 2 S. 1 HGB.
554 Vgl. § 341c Abs. 2 S. 1 HGB.

Rechnungslegung **K**

Falls bei deutschen Niederlassungen ausländischer VU ein Überhang der Aktivposten über die übrigen Passivposten entsteht, haben diese Niederlassungen gem. § 35 RechVersV als letzten Posten auf der Passivseite den Posten „**Ausgleichsbetrag**" anzufügen[555]. **512**

I. Passive Latente Steuern

Äquivalent zum entsprechenden Posten auf der Aktivseite wurde auch auf der Passivseite – wie auch in § 266 HGB[556] – im Zuge des Bilanzrechtsmodernisierungsgesetzes ein neuer Posten „L. Passive latente Steuern" eingefügt[557]. In der Neufassung des § 274 Abs. 1 S. 1 und 2 HGB besteht für Steuerlatenzen, die aufgrund von Abweichungen zwischen Handels- und nationaler Steuerbilanz (EA) entstehen und sich in späteren GJ voraussichtlich abbauen, für passive latente Steuern eine **Ansatzpflicht**. **513**

Da für die Bildung passiver latenter Steuern keine branchenspezifischen Vorschriften existieren, verweisen wir auf die allgemeinen Grundsätze[558]. **514**

bb) Gewinn- und Verlustrechnung

Es wird an dieser Stelle nur auf einige ausgewählte Aspekte der GuV für VU eingegangen. Für die eingehendere Beschäftigung mit der Erfolgsrechnung der VU wird auf die einschlägige Literatur verwiesen[559]. **515**

(1) Vorbemerkungen
(a) Anwendung von Formblättern für die Gewinn- und Verlustrechnung

Die GuV von VU hat die Form einer durchgehenden **Staffelrechnung** mit einer formalen Trennung in eine versicherungstechnische und eine nichtversicherungstechnische Rechnung. **516**

§ 2 RechVersV schreibt hinsichtlich der Anwendung von Formblättern für die GuV abhängig von der Art des betriebenen Versicherungsgeschäfts Folgendes vor:

– Formblatt 2: SchVU und RVU,
– Formblatt 4: SchVU, die das selbst abgeschlossene Krankenversicherungsgeschäft nach Art der Lebensversicherung betreiben, wenn dieses Geschäft einen größeren Umfang hat,
– Formblatt 3: LVU, P/StK und KVU,
– Formblatt 4: LVU, die das selbst abgeschlossene Unfallversicherungsgeschäft betreiben.

(b) Spartenerfolgsrechnung

Schadenversicherungsunternehmen und RVU auf der einen und LVU, KVU und P/StK auf der anderen Seite haben grds. jeweils nur eine einheitliche GuV nach den oben aufgeführten Schemata zu erstellen. Die früher erforderliche Spartenerfolgsrechnung, nach der SchVU für den versicherungstechnischen Teil der GuV, soweit bestimmte Größen- **517**

---
555 Vgl auch Tz. 509.
556 Vgl. § 266 Abs. 3 E. HGB.
557 Vgl. Formblatt 1.
558 Vgl. Kap. E Tz. 282.
559 Zu grundsätzlichen Aspekten der Erfolgsrechnung von VU s. beispielhaft *Ellenbürger; Farny*[4], S. 139; *Welzel* in: KoRVU-Kommentar, Bd. I, D; *Lorch*, S. 46. Zum Aufbau der GuV nach der Transformation der VersBiRiLi s. insb. *KPMG*, S. 153.

kriterien erfüllt waren, für jeden Vz. des sG und für jeden Vz. des üG gesonderte Rechnungen aufzustellen hatten, ist seit der Umsetzung der VersBiRiLi in dieser Form entfallen und wird ersetzt durch die gem. § 51 RechVersV erforderlichen Anhangangaben[560].

(c) Brutto- oder Nettoausweis

518   Von besonderer Bedeutung ist der Ausweis des **in Rückdeckung gegebenen Versicherungsgeschäfts** in der GuV. Die Rückversicherer sind nach den vertraglichen Vereinbarungen an den Erträgen und Aufwendungen des Erstversicherers beteiligt. Sowohl in Formblatt 2 als auch in Formblatt 3 sind die versicherungstechnischen Erträge und Aufwendungen überwiegend nach Abzug der auf das in Rückdeckung gegebene Versicherungsgeschäft entfallenden Beträge nach dem Nettoprinzip auszuweisen.

Bei den Beiträgen, den Aufwendungen für Versicherungsfälle, den Aufwendungen für den Versicherungsbetrieb und den Veränderungen der Deckungsrückstellung (hier nur in Formblatt 3) wird das sog. modifizierte Nettoprinzip[561] angewandt; d.h. von den in der Vorspalte ausgewiesenen Bruttobeträgen werden die Anteile der Rückversicherer offen abgesetzt und nur die Nettobeträge in der Hauptspalte summiert.

(d) Umsatz- oder Erfolgsausweis

519   In der GuV sind Komponenten des **Erfolgsprinzips** und des **Umsatzsaldoprinzips** enthalten. Das Umsatzsaldoprinzip als Variante des Umsatzprinzips führt bspw. dazu, dass bei den Aufwendungen für Versicherungsfälle die Zahlungen für Versicherungsfälle im GJ getrennt von den Veränderungen der Rückstellung für noch nicht abgewickelte Versicherungsfälle ausgewiesen werden[562].

(e) Primär- oder Sekundärprinzip

520   Die GuV von VU enthält im Gegensatz zur handelsrechtlichen Gliederung der GuV nach dem Gesamtkostenverfahren (§ 275 Abs. 2 HGB) weitgehend keine primären Aufwandsarten, also Aufwendungen in der Art, wie sie im Verkehr des VU mit seiner Umwelt entstehen. In etwa vergleichbar mit dem Umsatzkostenverfahren (§ 275 Abs. 3 HGB) erfolgt vielmehr weitgehend ein **funktionsbereichsorientierter Ausweis** (Sekundärprinzip), d.h. die primären Aufwandsarten für den Ausweis in der GuV müssen bestimmten betrieblichen Bereichen oder Funktionen zugeordnet werden[563].

Gemäß § 43 Abs. 1 RechVersV sind grds. die **gesamten Personal- und Sachaufwendungen** des Unternehmens im Wege einer Kostenverteilung auf die verschiedenen Funktionsbereiche zu verteilen und als Funktionsbereichsaufwendungen in der GuV auszuweisen.

(f) Kostenverteilung

Aufwandsarten

521   Gemäß § 43 Abs. 1 RechVersV sind die gesamten Personal- und Sachaufwendungen in die Kostenverteilung einzubeziehen. Außerdem werden die kalkulatorischen Mietaufwendungen für die eigengenutzten Grundstücke und Bauten berücksichtigt. Diese Berück-

---

560 Vgl. Tz. 564.
561 Vgl. *Richter*, S. 887.
562 Siehe Formblatt 2 Posten I.4, Formblatt 3 Posten I.6 und Formblatt 4 Posten I.4 und II.6; vgl. auch Tz. 547.
563 Vgl. *Lorch*, S. 75.

sichtigung kalkulatorischer Aufwendungen – denen entsprechende fiktive Mieterträge bei den Kapitalanlageerträgen gegenüberstehen – erleichtert die Vergleichbarkeit von Betriebskostenergebnissen und Kapitalanlageergebnissen von VU, die Eigentümer eigengenutzter Grundstücke sind, und solchen, die in gemieteten Geschäftsräumen arbeiten[564]. Der Verordnungsgeber rechtfertigt die Erfassung und Verrechnung kalkulatorischer Erträge und Aufwendungen mit Art. 1 Abs. 1 der VersBiRiLi i.V.m. Art. 2 Abs. 6 der 4. EG-RL, der den Mitgliedstaaten gestattet, über die EG-RL hinaus weitere Angaben zu fordern[565].

Bei der Frage, welche Aufwendungen unter den „gesamten Personal- und Sachaufwendungen" zu verstehen sind, kann auf die in Nachweisung 202 der BerVersV[566] für die Rechnungslegung ggü. der Aufsichtsbehörde aufgeführten Aufwandsarten zurückgegriffen werden. Hierzu zählen: **522**

1. Provisionen und sonstige Bezüge der Versicherungsvertreter,
2. Rückversicherungsprovisionen,
3. Gehälter und Löhne,
4. Superprovisionen an Angestellte,
5. soziale Abgaben und Aufwand für Unterstützung,
6. Aufwand für Altersversorgung und Unterstützung,
7. Aufwendungen für Leiharbeitnehmer,
8. sonstiger persönlicher Aufwand,
9. Vergütungen für bezogene Dienstleistungen,
10. Abschreibungen,
11. sonstiger sachlicher Aufwand.

Die Zinszuführungen zu den Pensionsrückstellungen sind nicht als Personalaufwendungen den Funktionsbereichen zuzuordnen, sondern unter den sonstigen Aufwendungen zu erfassen[567]. **523**

Die Aufwandsart Abschreibungen schließt auch die folgenden Abschreibungen ein[568]: **524**

– Abschreibungen auf die Betriebs- und Geschäftsausstattung,
– Abschreibungen auf immaterielle Vermögensgegenstände, z.B. Software,
– Abschreibungen auf selbst geschaffene gewerbliche Schutzrechte und entgeltlich erworbene Konzessionen und Schutzrechte sowie Lizenzen daran,
– Abschreibungen auf den Kaufpreis für den Erwerb von Gesamt- oder Teilversicherungsbeständen[569],
– Abschreibungen auf aktivierte Aufwendungen für die Ingangsetzung und Erweiterung des Geschäftsbetriebs[570].

Nicht unter der Aufwandsart Abschreibungen zu erfassen sind Abschreibungen auf Forderungen sowie Aufwendungen aus der Bildung und Erhöhung von Pauschalwertberichtigungen zu Forderungen, soweit sie die zu den Kapitalanlagen gehörenden Forderungen

---

564 Vgl. Begr. zu § 43 RechVersV, BR-Drs. 823/94, S. 139.
565 Vgl. Begr. zu § 43 RechVersV, BR-Drs. 823/94, S. 139.
566 Vgl. Erste VO zur Änderung der Versicherungsberichterstattungs-VO, BGBl. I 2010, S. 527.
567 Vgl. § 48 S. 2 Nr. 3 RechVersV.
568 Vgl. Anm. 11 c) zu Nachweisung 202, Anlage 2 zur BerVersV.
569 Zur Begr. s. *Will/Weidenfeld*, WPg 1996, S. 434.
570 Aufgrund des Wegfalls der Möglichkeit zur Aktivierung von Aufwendungen für die Ingangsetzung und Erweiterung des Geschäftsbetriebs im Zuge des Bilanzrechtsmodernisierungsgesetzes werden diese Beträge zukünftig entfallen.

oder die Beitragsforderungen an die VN betreffen. Diese sind unter den Abschreibungen auf Kapitalanlagen bzw. mit den gebuchten Beiträgen zu saldieren[571].

525   Zu den auf die Funktionsbereiche aufzuteilenden Personalaufwendungen gehören auch die Aufwendungen für **Mitarbeiter-Jubiläen**.

Verteilungsmodus

526   Zur **Art und Weise der Verteilung** der Aufwendungen enthält § 43 Abs. 1 S. 4 RechVersV nähere Bestimmungen:

„Die Zuordnung der Aufwendungen auf die Funktionsbereiche und Vz. ist, soweit sie nicht direkt zurechenbar sind, grds. nach der Inanspruchnahme des Betriebsbereiches für den Funktionsbereich oder Vz. vorzunehmen."

Diese Vorschrift lehnt sich an Prinzipien an, die auch schon vor Umsetzung der VersBiRiLi Bestand hatten. Insofern kann an dieser Stelle auf die zahlreichen Ausführungen der Aufsichtsbehörde[572] zu diesen Themenkomplexen und auf die einschlägige Kommentierung[573] verwiesen werden.

Funktionsbereiche

527   Die gesamten Personal- und Sachaufwendungen – zzgl. kalkulatorischer Mietaufwendungen für die eigengenutzten Grundstücke und Bauten – sind nach § 43 Abs. 1 S. 1 RechVersV folgenden Funktionsbereichen zuzuordnen:

1. Regulierung von Versicherungsfällen, Rückkäufen und Rückgewährbeträgen;
2. Abschluss von Versicherungsverträgen;
3. Verwaltung von Versicherungsverträgen;
4. Verwaltung von Kapitalanlagen.

528   Die Funktionsbereiche „Regulierung von Versicherungsfällen" sowie „Regulierung von Rückläufen und Rückgewährbeträgen" werden in einem Funktionsbereich zusammengefasst.

529   Hinsichtlich der dem Funktionsbereich „Abschluss von Versicherungsverträgen" zuzurechnenden Aufwendungen (Abschlussaufwendungen) enthält § 43 Abs. 2 RechVersV nähere Bestimmungen:

Bei LVU sowie P/StK sind die rechnungsmäßig gedeckten Abschlussaufwendungen in einer Summe mit den überrechnungsmäßigen Aufwendungen auszuweisen (Posten I.9a in Formblatt 3)[574].

Grundsätzlich fallen für alle VU unter die **Abschlussaufwendungen** sowohl die unmittelbar zurechenbaren Aufwendungen (z.B. Abschlussprovisionen inkl. Verlängerungsprovisionen, soweit sie Abschlusskostencharakter haben[575], Zusatzprovisionen für Policenausfertigung, Arbeits- und Überweisungsprovisionen für das Beteiligungsgeschäft, Courtagen an Versicherungsmakler, Aufwendungen für die Anlegung der Versicherungsakte, für die Aufnahme des Versicherungsvertrags in den Versicherungsbestand und die ärztlichen Untersuchungen bei Abschluss von Versicherungsverträgen) als auch die nur mittelbar zurechenbaren Aufwendungen (z.B. allgemeine Werbeaufwendungen,

---

571 Vgl. § 48 S. 2 Nr. 4 RechVersV.
572 Zu diesem Zeitpunkt war dies das BAV.
573 Vgl. z.B. *Welzel* in: KoRVU-Kommentar, Bd. I, D, Rn. 18.
574 Vgl. Beck Vers-Komm., § 43 RechVersV, Rn. 27.
575 Vgl. Begr. zu § 43 RechVersV, BR-Drs. 823/94, S. 140.

Sachaufwendungen im Zusammenhang mit der Antragsbearbeitung und Policierung). Die Abschlussaufwendungen müssen von SchVU im Anhang gesondert angegeben werden[576].

Sämtliche Provisionen, die weder direkt noch indirekt dem Abschluss von Versicherungsverträgen zugerechnet werden können (z.B. Inkasso- und Bestandspflegeprovisionen), sind keine Abschlussaufwendungen i.S.d. RechVersV. Sie sind im Zweifel dem Funktionsbereich „**Verwaltung von Versicherungsverträgen**" zuzurechnen. Von der Aufteilung der Provisionen auf verschiedene Funktionsbereiche wird die Ermittlung der nicht übertragsfähigen Beitragsteile im Zusammenhang mit der Berechnung der Beitragsüberträge nicht berührt, da es sich bei den Provisionen um eine Aufwandsart handelt. 530

Die dem Funktionsbereich „Verwaltung von Versicherungsverträgen" zuzurechnenden Aufwendungen umfassen neben den Inkasso- und Bestandspflegeprovisionen auch die Aufwendungen für Schadenverhütung und -bekämpfung, die Aufwendungen für Gesundheitsfürsorge zugunsten der VN und die Aufwendungen der Bearbeitung der Beitragsrückerstattung sowie der passiven Rückversicherung einschließlich der Retrozession. Unbeachtlich ist dabei, ob die Aufwendungen direkt oder nur nach dem Grundsatz der Inanspruchnahme geschlüsselt zurechenbar sind.

Fraglich könnte sein, welchem Funktionsbereich die **für das üG gezahlten Rückversicherungsprovisionen** zuzuordnen sind. Diese werden in der proportionalen Rückversicherung gezahlt und nach einer häufig geäußerten Meinung als eine Beteiligung des Rückversicherers an den Betriebsaufwendungen des Vorversicherers angesehen. Sachgerecht wäre es demnach, die gezahlten Rückversicherungsprovisionen danach aufzuteilen, ob sie eine Beteiligung an den Aufwendungen für den Abschluss von Versicherungsverträgen oder eine Beteiligung an den Aufwendungen für die Verwaltung von Versicherungsverträgen des Vorversicherers darstellen. In der Praxis wird eine exakte Aufteilung nur in Ausnahmefällen möglich sein. Daher ist es u.E. zulässig, die gesamten gezahlten Rückversicherungsprovisionen dem Funktionsbereich „Verwaltung von Versicherungsverträgen" zuzuordnen. 531

Da andere möglicherweise als Abschlussaufwendungen zu qualifizierende betriebliche Aufwendungen im üG regelmäßig nur einen geringen Umfang haben, sollte auch hier eine Zuordnung zum Funktionsbereich „Verwaltung von Versicherungsverträgen" zulässig sein.

An Vorversicherer gezahlte **Gewinnbeteiligungen** sollten einheitlich erfasst werden. Ein Ausweis unter dem Funktionsbereich „Verwaltung von Versicherungsverträgen" bietet sich an. Eine Zuordnung zu den Aufwendungen für Beitragsrückerstattung kommt u.E. nicht in Betracht, da sich die Gewinnbeteiligung nicht auf die Beteiligung an den Beitragsrückerstattungen des Erstversicherers bezieht. 532

Bei der Aufteilung von Aufwendungen auf den Funktionsbereich „Abschluss von Versicherungsverträgen" oder den Funktionsbereich „Verwaltung von Versicherungsverträgen" ist es ohne Bedeutung, ob die Aufwendungen für die Angestellten im Außendienst oder für die selbständig tätigen Außendienstmitarbeiter erbracht werden. 533

Ausgleichsansprüche selbständiger Versicherungsvertreter entstehen mit Beendigung des Vertreterverhältnisses. Mit ihnen werden in der Schaden- und Unfallversicherung grds. die Vermittlungsentgelte pauschal erfasst, die noch nicht gezahlt sind und erst im Laufe der folgenden Jahre als Teile der Folgeprovisionen dem Vertreter zufließen wür- 534

---

576 § 43 Abs. 5 S. 2 RechVersV.

den[577]. Soweit die Folgeprovisionen für die laufende Betreuung des Kunden und die Verwaltung des Versicherungsvertrags gezahlt werden, sind die Ausgleichsansprüche dem Funktionsbereich „Verwaltung von Versicherungsverträgen" zuzurechnen. Ist eine Aufteilung nur mit einem unverhältnismäßigen Aufwand möglich, können u.E. die Ausgleichsansprüche vollständig dem Bereich der Verwaltung von Versicherungsverträgen zugeordnet werden.

535 § 43 Abs. 1 S. 2 RechVersV schreibt generell vor, dass diejenigen Personal- und Sachaufwendungen, die **nicht** den in der VO genannten Funktionsbereichen **zugeordnet werden können**, unter dem Posten „Sonstige Aufwendungen" zu erfassen sind.

Hierunter fallen die Aufwendungen für vom VU erbrachte Dienstleistungen sowie die Aufwendungen, die das VU als Ganzes betreffen.

536 Der Ausweis in der GuV stellt sich wie folgt dar:

	GuV-Posten
1. Regulierung von Versicherungsfällen, Rückkäufen und Rückgewährbeträgen	„Aufwendungen für Versicherungsfälle f.e.R." (Formblatt 2: Posten I.4; Formblatt 3: Posten I.6; Formblatt 4: Posten I.4 und II.6)
2. Abschluss von Versicherungsverträgen	„Bruttoaufwendungen für den Versicherungsbetrieb" (Formblatt 2: Posten I.7a; Formblatt 4: Posten I.7a) „Abschlussaufwendungen" (Formblatt 3: Posten I.9a; Formblatt 4: Posten II.9a)
3. Verwaltung von Versicherungsverträgen[578]	„Bruttoaufwendungen für den Versicherungsbetrieb" (Formblatt 2: Posten I.7a; Formblatt 4: Posten I.7a) „Verwaltungsaufwendungen" (Formblatt 3: Posten I.9b; Formblatt 4: Posten II.9b)
4. Verwaltung von Kapitalanlagen	„Aufwendungen für die Verwaltung von Kapitalanlagen …" (Formblatt 2: Posten II.2a; Formblatt 3: Posten I.10a; Formblatt 4: Posten II.10a und III.3a)

537 Von den „Bruttoaufwendungen für den Versicherungsbetrieb" (Formblatt 2: Posten I.7a; Formblatt 4: Posten I.7a) und der Summe der „Abschlussaufwendungen" und der „Verwaltungsaufwendungen" (Formblatt 3: Posten I. 9a und b; Formblatt 4: Posten II.9a und b) sind die erhaltenen Provisionen und Gewinnbeteiligungen aus dem in Rückdeckung gegebenen Versicherungsgeschäft abzuziehen und gesondert auszuweisen (Formblatt 2: Posten I.7b; Formblatt 3: Posten I.9c; Formblatt 4: Posten I.7b und II.9c). Hierzu gehören nach den Vorschriften des § 43 Abs. 4 RechVersV auch die vom Rückversicherer geleisteten anteiligen Erstattungen der dem Vorversicherer entstandenen originalen Aufwendungen für den Versicherungsbetrieb sowie die erhaltenen Aufbauprovisionen und andere Aufbauzuschüsse.

---

577 Vgl. *Jannott*, S. 1163; zur Frage der Rückstellungsbildung s. BeBiKo[7], § 249 HGB, Rn. 100.
578 Gemäß § 43 Abs. 5 S. 2 RechVersV haben SchVU die in der GuV gemeinsam unter dem Posten „Bruttoaufwendungen für den Versicherungsbetrieb" ausgewiesenen Abschluss- und Verwaltungsaufwendungen im Anhang gesondert anzugeben.

Rechnungslegung

(2) Die versicherungstechnische Gewinn- und Verlustrechnung der Schaden- und Unfall- sowie Rückversicherungsunternehmen

(a) Posten der GuV

1. Verdiente Beiträge für eigene Rechnung

Der Posten „I.1. Verdiente Beiträge f.e.R." der GuV der SchVU sowie der RVU enthält vier Unterpositionen: 538

Die Position „b) Abgegebene Rückversicherungsbeiträge" wird offen mit „a) Gebuchte Bruttobeiträge" saldiert; die Position „d) Veränderung des Anteils der Rückversicherer an den Bruttobeitragsüberträgen" wird offen mit „c) Veränderung der Bruttobeitragsüberträge" saldiert.

Die verdienten Beiträge f.e.R. ergeben sich als Saldo der beiden Restgrößen.

Unter den **gebuchten Beiträgen aus dem sG** sind alle im GJ fällig gewordenen laufenden und einmaligen Beiträge ohne Rücksicht darauf zu erfassen, ob sie ganz oder teilweise einem anderen GJ zuzurechnen sind, also auch die im GJ fällig gewordenen Nachverrechnungsbeiträge in den Vz., die nach Zeichnungsjahren abgerechnet werden (§ 36 Abs. 1 Nr. 5 RechVersV). Werden die tariflichen Jahresbeiträge allerdings vereinbarungsgemäß in Raten gezahlt, sind nur die im GJ fällig gewordenen Raten einschließlich der Ratenzuschläge hier auszuweisen (§ 36 Abs. 1 Nr. 1 RechVersV). Auch etwaige Nachschüsse von VVaG gehören in diesen Posten (§ 36 Abs. 1 Nr. 4 RechVersV)[579]. Einzubeziehen sind auch die Beiträge aus solchen Versicherungen, die in einen Versicherungspool eingebracht werden (§ 36 Abs. 1 Nr. 6 RechVersV), die Beiträge, die im Falle der offenen Mitversicherung von der führenden Gesellschaft als eigene Anteile gezeichnet worden sind (§ 36 Abs. 1 Nr. 7 RechVersV), sowie die Beiträge aus dem Beteiligungsgeschäft, die im Falle der offenen Mitversicherung der Mitversicherer von der führenden Gesellschaft erhalten hat (§ 36 Abs. 1 Nr. 8 RechVersV)[580]. 539

Eingänge aus in vorausgegangenen GJ abgeschriebenen bzw. stornierten Beitragsforderungen sowie die Erträge aus der Auflösung und Verminderung der Pauschalwertberichtigungen sind den gebuchten Beiträgen hinzuzufügen (§ 36 Abs. 1 Nr. 9 RechVersV). Die **Abschreibungen** von uneinbringlich gewordenen Beitragsforderungen an die VN sowie die Aufwendungen aus der Bildung und Erhöhung der Pauschalwertberichtigung zu den Beitragsforderungen an die VN sind von den gebuchten Bruttobeiträgen abzusetzen (§ 36 Abs. 2 S. 1 Nr. 2 RechVersV). Weiterhin hier abzusetzen ist die Versicherungsteuer, auch wenn sie nicht gesondert vom VN erhoben wird (§ 36 Abs. 2 S. 1 Nr. 1 RechVersV). Saldierungen der gebuchten Beiträge mit Beitragsrückerstattungen und Provisionen an die Vermittlungsvermittler sind nicht erlaubt (§ 36 Abs. 2 S. 2 RechVersV). 540

Als **gebuchte Beiträge aus dem üG** sind die von den Vorversicherern gutgeschriebenen Beiträge einschließlich eventueller Nebenleistungen der VN sowie die von einem Versicherungspool übernommenen Beiträge zu verstehen (§ 36 Abs. 3 RechVersV). Analog zu behandeln sind auch die Beiträge aus der sog. stillen Mitversicherung, da diese rechtlich eine Form der fakultativen Rückversicherung darstellt[581]. Die bei Abschluss oder Erhöhung des üG vom Vorversicherer erhaltenen Portefeuille-Eintrittsbeiträge sind ebenfalls als gebuchte Beiträge aus dem üG zu erfassen (§ 36 Abs. 3 Nr. 3 RechVersV). 541

---

579 Vgl. auch Begr. zu § 36 RechVersV, BR-Drs. 823/94, S. 133.
580 Zur Zugehörigkeit der offenen Mitversicherung zum sG s. Geschäftsbericht des BAV 1967, S. 31.
581 Hier erfährt der VN, im Gegensatz zur offenen Mitversicherung, nichts davon, dass der Erstversicherer andere Versicherer intern an dem Risiko beteiligt; vgl. Geschäftsbericht des BAV 1967, S. 31.

542 Als **abgegebene Rückversicherungsbeiträge** sind die den Rückversicherern im Rahmen der Zession bzw. Retrozession gutgeschriebenen Rückversicherungsbeiträge einschließlich eventueller Nebenleistungen der VN auszuweisen. Ausgewiesen werden hier auch die an Versicherungspools abgegebenen Beiträge (§ 37 S. 1 Nr. 2 RechVersV) sowie die bei Abschluss oder Erhöhung des in Rückdeckung gegebenen Versicherungsgeschäfts an die RVU abgeführten Portefeuille-Eintrittsbeiträge (§ 37 S. 1 Nr. 3 RechVersV)[582]. Sofern eine proportionale Rückversicherung vorliegt, sind von den gebuchten Rückversicherungsbeiträgen auch Abschreibungen auf Beiträge, an denen der Rückversicherer teilnimmt, abzusetzen und Eingänge aus abgeschriebenen Beiträgen entsprechend wieder hinzuzufügen[583].

543 Unter der Veränderung der Bruttobeitragsüberträge ist nach dem **Umsatzsaldoprinzip** der Unterschied zwischen den Bruttobeitragsüberträgen am Anfang und am Ende des GJ auszuweisen. Analog ist bei der Veränderung des Anteils der Rückversicherer an den Bruttobeitragsüberträgen vorzugehen[584].

2. Technischer Zinsertrag für eigene Rechnung

544 Mit dem technischen Zinsertrag erfolgt eine **Umbuchung**[585] eines Teils der Kapitalanlageerträge vom nichtversicherungstechnischen in den versicherungstechnischen Teil der GuV von SchVU bzw. RVU. Grundsätzlich betreffen die dergestalt transferierten Zinsträge gem. § 38 RechVersV:

– die Erträge aus den Kapitalanlagen (abzgl. der entsprechenden unmittelbaren Aufwendungen) des für die Bruttobeitragsrückstellung für die selbst abgeschlossenen Schaden- und Unfallversicherungen nach Art der Lebensversicherung gebildeten Deckungsstocks;
– die Zinszuführungen zur Brutto-Rentendeckungsrückstellung in den selbst abgeschlossenen Unfall- und Haftpflichtversicherungen,
– die Depotzinserträge aus den bei den Vorversicherern in Höhe der Brutto-Deckungsrückstellungen gestellten Sicherheiten für die in Rückdeckung übernommenen Lebens-, Kranken- sowie Schaden- und Unfallversicherungen nach Art der Lebensversicherung.

Von den Beträgen sind die an die Rückversicherer gezahlten **Depotzinsen** abzusetzen, soweit sie die einbehaltenen Sicherheiten für die Anteile der Rückversicherer an den genannten versicherungstechnischen Brutto-Rückstellungen betreffen[586].

Gegenposten zur Umbuchung ist der GuV-Posten II.3 Formblatt 2 bzw. III.4 Formblatt 4 RechVersV „Technischer Zinsertrag". An dieser Stelle wird der Zinsertrag brutto ausgewiesen, während er in der versicherungstechnischen Rechnung f.e.R. auszuweisen ist. Die Anteile der RVU an den technischen Zinsen kürzen die GuV-Posten II.5 Formblatt 2[587] bzw. III.6 Formblatt 4 RechVersV „Sonstige Aufwendungen"[588].

545 Gemäß § 38 Abs. 2 RechVersV sind im Anhang der Grund der Übertragung des technischen Zinsertrags und die Berechnungsgrundlage zu erläutern.

---

[582] Analog hierzu sind die bei Aufgabe oder Verminderung des üG vom RVU erhaltenen Portefeuille-Austrittsbeiträge abzusetzen; vgl. § 37 S. 2 RechVersV.
[583] Vgl. *Geib/Horbach* in: KoRVU-Kommentar, Bd. I, J, Rn. 345.
[584] Zu den Beitragsüberträgen s. auch Tz. 346.
[585] Wegen des entsprechenden Abzugspostens s. Tz. 610.
[586] Vgl. § 38 Abs. 1 S. 2 RechVersV.
[587] Vgl. Fußnote 2 in Formblatt 2 RechVersV.
[588] Vgl. § 48 S. 2 Nr. 3 RechVersV.

Rechnungslegung K

3. Sonstige versicherungstechnische Erträge für eigene Rechnung

Unter diesem Posten der versicherungstechnischen Erfolgsrechnung sind alle **nicht unter anderen Posten aufzuführenden** versicherungstechnischen Erträge auszuweisen. Hierbei handelt es sich gem. § 40 S. 2 Nr. 1 RechVersV insb. um: 546

– Mahngebühren und Verzugszinsen der VN sowie
– nicht abgehobene, verjährte Beitragsrückerstattung.

Von den sonstigen versicherungstechnischen Erträgen sind gem. § 40 S. 3 RechVersV die Anteile der Rückversicherer abzusetzen.

4. Aufwendungen für Versicherungsfälle für eigene Rechnung

Die Aufwendungen für Versicherungsfälle f.e.R. sind gem. Posten I.4 des Formblattes 2 RechVersV aufzugliedern in: 547

– Zahlungen für Versicherungsfälle und
– Veränderung der Rückstellung für noch nicht abgewickelte Versicherungsfälle.

Vom jeweiligen Bruttobetrag ist der Anteil der Rückversicherer offen in der Vorspalte zu saldieren.

Die Zahlungen für Versicherungsfälle setzen sich gem. § 41 Abs. 2 RechVersV zusammen aus: 548

– den gesamten Zahlungen für Versicherungsfälle des GJ und der Vj.;
– Rentenzahlungen, Zahlungen für Rückkäufe und Rückgewährbeträge;
– den dem Funktionsbereich „Regulierung von Versicherungsfällen, Rückkäufen und Rückgewährbeträgen" zugeordneten Personal- und Sachaufwendungen, bestehend aus externen und internen Regulierungsaufwendungen;
– Schadenreserveaustrittsvergütungen der Rückversicherer zum 31.12. des GJ;
– abzgl. der im GJ erhaltenen Zahlungen aus RPT sowie Zahlungen gem. § 26 Abs. 2 S. 2 RechVersV.

Zu den externen Regulierungsaufwendungen gehören gem. § 41 Abs. 2 S. 4 RechVersV insb. die Anwalts-, Gerichts- und Prozesskosten, Honorare für betriebsfremde Schadenregulierer sowie die Zusatzprovisionen für Schadenregulierung an die Versicherungsvermittler. Als Regulierungsaufwendungen sind auch die Aufwendungen zur Abwehr unbegründeter Ansprüche in der Haftpflichtversicherung sowie die entschädigungsgleichen Aufwendungen in der Rechtsschutzversicherung, die durch die Betreuung der VN und der Anwälte sowie die Prüfung der Erfolgsaussichten entstehen, zu berücksichtigen[589]. 549

Die Veränderung des Bruttobetrags der Rückstellung für noch nicht abgewickelte Versicherungsfälle ergibt sich gem. § 41 Abs. 3 RechVersV aus der Differenz zwischen dem entsprechenden Wert am Ende des GJ und demjenigen am Anfang des GJ. 550

Hinsichtlich des Anteils der Rückversicherer an den Zahlungen für Versicherungsfälle sowie an den Veränderungen der Rückstellung für noch nicht abgewickelte Versicherungsfälle verweist § 41 Abs. 4 RechVersV auf die entsprechende Anwendung der Vorschriften der Absätze 2 und 3. 551

Nach § 41 Abs. 5 RechVersV ist das Ergebnis aus der Abwicklung der aus dem vorhergehenden GJ übernommenen Rückstellung für noch nicht abgewickelte Versicherungsfälle nach Art und Höhe im Anhang auszuweisen, sofern dieses Ergebnis erheblich ist. 552

---

[589] Vgl. § 41 Abs. 2 S. 5 RechVersV.

5. Veränderung der übrigen versicherungstechnischen Netto-Rückstellungen

553 Unter diesem saldierten Posten sind insb. die Veränderung der Netto-Deckungsrückstellung, die Rückstellung für drohende Verluste sowie die Stornorückstellung auszuweisen.

554 Weiterhin sind hier u.E. auch die Veränderungen der Rückstellungen zu erfassen, die jährlich abgewickelt werden. Hier handelt es sich insb. um:

– die Rückstellung für ruhende Kraftfahrtversicherungen,
– die RfB aufgrund von Prämienregulierungsklauseln vor Ablauf des Beobachtungszeitraums,
– die Rückstellung aufgrund der Verpflichtung aus der Mitgliedschaft bei der Verkehrsopferhilfe e.V.

Für den Ausweis der Veränderung der o.g. Rückstellungen unter diesem Posten spricht, dass der Verordnungsgeber auch im Bereich der Aufwendungen für Versicherungsfälle durch den separaten Ausweis der Veränderung der Rückstellung für noch nicht abgewickelte Versicherungsfälle dem Umsatzsaldoprinzip besondere Bedeutung beigemessen hat[590]. Außerdem sind die Veränderungen der o.g. Rückstellungen in § 40 RechVersV (sonstige versicherungstechnische Erträge) bzw. § 44 RechVersV (sonstige versicherungstechnische Aufwendungen) – und auch in der expliziten Aufzählung in der Begründung hierzu – nicht aufgeführt.

555 Die Veränderung der übrigen versicherungstechnischen Netto-Rückstellungen ist gem. Formblatt 2 RechVersV zu unterteilen in:

– Netto-Deckungsrückstellung sowie
– sonstige versicherungstechnische Netto-Rückstellungen.

Gemäß Fußnote 1 zu Formblatt 2 entfällt die Unterteilung in die beiden Unterposten, sofern ein Passivposten „Deckungsrückstellung" nicht vorhanden ist; der Posten erhält dann die Bezeichnung „5. Veränderung der sonstigen versicherungstechnischen Netto-Rückstellungen".

6. Aufwendungen für die erfolgsabhängige und erfolgsunabhängige Beitragsrückerstattung für eigene Rechnung

556 Die SchVU weisen hier sowohl bei der **erfolgsabhängigen** als auch bei der **erfolgsunabhängigen** Beitragsrückerstattung grds. die Zuführungen zur RfB[591] zzgl. der um entsprechende Gewinne verminderten Verluste aus der Abwicklung der aus dem vorhergehenden GJ übernommenen Rückstellungen aus (§ 42 Abs. 2 S. 1 Nr. 1 und 2 RechVersV). Hiervon sind die Anteile der Rückversicherer abzuziehen (§ 42 Abs. 2 S. 2 HGB).

557 Rückversicherungsunternehmen weisen unter diesem Posten im Bereich der erfolgsunabhängigen Beitragsrückerstattung ebenfalls die Zuführungen zur Rückstellung, zzgl. der Abwicklungsverluste aus den Vj.-Rückstellungen, aus.

558 Erreichen die erfolgsabhängigen und erfolgsunabhängigen Beitragsrückerstattungen an die VN einen größeren Umfang, so sind sie gem. § 42 Abs. 3 RechVersV im Anhang anzugeben.

---

590 Vgl. Tz. 547.
591 Vgl. Tz. 436.

7. Aufwendungen für den Versicherungsbetrieb für eigene Rechnung

Der GuV-Posten Aufwendungen für den Versicherungsbetrieb f.e.R. enthält die den Funktionsbereichen 559

- Abschluss von Versicherungsverträgen sowie
- Verwaltung von Versicherungsverträgen

zugerechneten Personal- und Sachaufwendungen des Unternehmens zzgl. der kalkulatorischen Mietaufwendungen für die eigengenutzten Grundstücke und Bauten[592].

Die zusammengefasste Angabe von Abschluss- und Verwaltungsaufwendungen ist gem. § 43 Abs. 5 RechVersV nur in der GuV von SchVU vorgesehen; im Anhang sind diese Posten jedoch gesondert anzugeben.

Von den Bruttoaufwendungen für den Versicherungsbetrieb werden die erhaltenen Provisionen und Gewinnbeteiligungen aus dem in Rückdeckung gegebenen Geschäft offen abgesetzt. Hierzu gehören gem. § 43 Abs. 4 RechVersV auch die vom RVU geleistete anteilige Erstattung der dem Vorversicherer entstandenen originalen Aufwendungen für den Versicherungsbetrieb sowie die erhaltenen Aufbauprovisionen/-zuschüsse. 560

8. Sonstige versicherungstechnische Aufwendungen für eigene Rechnung

In diesem Posten sind die versicherungstechnischen Aufwendungen auszuweisen, die keinem anderen Posten zugeordnet werden können (§ 44 S. 1 RechVersV). Der Posten korrespondiert daher mit dem Posten „Sonstige versicherungstechnische Erträge f.e.R.". 561

Bei SchVU sowie RVU ist hier gem. § 44 S. 2 Nr. 1 RechVersV insb. die **Feuerschutzsteuer**, auch insoweit, als sie an den Vorversicherer erstattet wird, zu erfassen.

Weiterhin sind hier die Aufwendungen bzw. Zahlungen aufgrund der Mitgliedschaft im Verein Verkehrsopferhilfe e.V. zu erfassen[593].

Gemäß § 44 S. 3 RechVersV sind von den sonstigen versicherungstechnischen Aufwendungen die Anteile der Rückversicherer abzuziehen. 562

10. Veränderung der Schwankungsrückstellung und ähnlicher Rückstellungen

Unter diesem GuV-Posten ist der Unterschiedsbetrag zwischen den Bilanzwerten am Ende des vorausgegangenen GJ und am Ende des GJ sowohl für die Schwankungsrückstellung[594] als auch für die dieser Rückstellung ähnlichen Rückstellungen[595] auszuweisen. 563

(b) Anhangangaben

Schadenversicherungsunternehmen haben gem. § 51 Abs. 4 Nr. 1 RechVersV im **Anhang** ihres JA folgende Angaben zu machen: 564

---

592 Zum Verfahren der Kostenverteilung auf die Funktionsbereiche s. ausführlich Tz. 526.
593 § 31 Abs. 2 Nr. 1 RechVersV führt auch noch die Verpflichtungen aus der Mitgliedschaft zur Solidarhilfe e.V. auf. Bis 1994 übernahm der Verein „Solidarhilfe e.V." als Gemeinschaftsaufgabe im Falle des Konkurses eines seiner Mitglieder die Verpflichtungen aus noch nicht abgewickelten Kraftfahrzeug-Haftpflichtschäden. Diese Aufgaben wurden auf den Entschädigungsfonds übertragen; vgl. Begr.-RegE, BT-Drs. 12/6959, S. 111.
594 Vgl. Tz. 458.
595 Vgl. Tz. 469.

Die Angaben haben für das gesamte sG und das gesamte üG getrennt sowie für das gesamte Versicherungsgeschäft zu erfolgen. Eine Trennung kann unterbleiben, wenn die gebuchten Bruttobeiträge für das üG weniger als 10% der gebuchten Bruttobeiträge für das gesamte Versicherungsgeschäft ausmachen.die Angaben haben für das sG für folgende Vz.-Gruppen, Vz. und Versicherungsarten zu erfolgen:

- Unfall- und Krankenversicherung insgesamt;
  davon:
  - Unfallversicherung;
  - Krankenversicherung;
- Haftpflichtversicherung;
- Kraftfahrzeug-Haftpflichtversicherung;
- sonstige Kraftfahrtversicherungen;
- Feuer- und Sachversicherung;
  davon:
  - Feuerversicherung;
  - verbundene Hausratversicherung;
  - verbundene Gebäudeversicherung;
  - sonstige Sachversicherung;
- Transport- und Luftfahrt-Versicherung;
- Kredit- und Kautions-Versicherung;
- Rechtsschutzversicherung;
- Beistandsleistungsversicherung;
- sonstige Versicherungen.

565 Die Aufsichtsbehörde hat mit der Verlautbarung „Externe und Interne Rechnungslegung von SchVU für kombinierte Versicherungsprodukte"[596] der zunehmenden Bedeutung dieser Vertragsarten auf dem deutschen Versicherungsmarkt Rechnung getragen. Kombinierte Versicherungsprodukte zeichnen sich dadurch aus, dass Risiken verschiedener Vz. bzw. Versicherungsarten in einem Vertrag auf der Grundlage einheitlicher Bedingungen zu einem einheitlichen Preis versichert werden.

Im Interesse einer einheitlichen und aussagefähigen Rechnungslegung sollten nach Auffassung der Aufsichtsbehörde folgende Grundsätze beachtet werden:

1. Nur für Zwecke der Rechnungslegung ist eine pauschale Trennung von Beiträgen und/oder Schäden eines kombinierten Versicherungsproduktes, die im Rechnungswesen des VU ausschließlich einheitlich erfasst werden, nicht erforderlich.
2. Falls VN zwar einheitliche Preise in Rechnung gestellt werden, aus inner- oder überbetrieblichen Gründen aber Prämienanteile und Schadenaufwendungen getrennt nach den in kombinierten Versicherungsprodukten zusammengefassten Risiken erfasst werden, hat die Rechnungslegung (sowie die Kostenverteilung) nach den einzelnen Vz. und Versicherungsarten getrennt zu erfolgen.
3. Bei Kombination mit einem eindeutig bestimmbaren Hauptrisiko und angeschlossenen Risiken von lediglich untergeordneter Bedeutung ist eine Zuordnung zum Vz. des Hauptrisikos vorzunehmen.
4. Erscheint die Zuordnung zu einem Hauptrisiko mangels Dominanz eines Vz. bzw. einer Versicherungsart nicht sachgerecht, ist das kombinierte Versicherungsprodukt in der externen Rechnungslegung als sonstige Versicherung (§ 51 Abs. 4 S. 3 Buchst. j RechVersV) oder – falls ein Versicherungsprodukt mit der Begrenzung auf Risiken der

---

[596] Vgl. VerBAV 1997, S. 234.

Rechnungslegung **K**

Sparten 8 und 9 der Anlage A zum VAG vorliegt – als sonstige Sachversicherung (§ 51 Abs. 4 S. 3 Buchst. e dd RechVersV) zu erfassen.

Die Bezeichnungen der verschiedenen Vz. bzw. Versicherungsarten in § 51 Abs. 4 S. 3 RechVersV lassen sich der Anlage 1 Abschn. C der BerVersV wie folgt gegenüberstellen: **566**

RechVersV	BerVersV (Vz-Kennzahl)
– Unfallversicherung	– 03
– Krankenversicherung	– 02
– Haftpflichtversicherung	– 04, 25
– Kraftfahrzeug-Haftpflichtversicherung	– 05.1
– Sonstige Kraftfahrtversicherungen	– 05.2, 05.3, 05.9
– Feuerversicherung	– 08
– Verbundene Hausratversicherung	– 13
– Verbundene Gebäudeversicherung	– 14
– Sonstige Sachversicherung	– 28 (entspricht der Summe aus 09, 10, 11, 12, 15, 16, 17, 18, 21 und 23[597])
– Transportversicherung	– 19
– Luftfahrtversicherung	– 06
– Kredit- und Kautions-Versicherung	– 20
– Rechtsschutzversicherung	– 07
– Beistandsleistungsversicherung	– 24
– Sonstige Versicherungen	– 29.1, 29.3, 29.4, 29.6, 29.9.

Die Untergliederung nach Vz.-Gruppen, Vz. oder Versicherungsarten des sG kann gem. § 51 Abs. 4 S. 4 RechVersV entfallen, sofern die gebuchten Bruttobeiträge in den einzelnen Vz.-Gruppen, Vz. oder Versicherungsarten jeweils 10 Mio € nicht übersteigen. Auf jeden Fall sind aber die Angaben für die drei wichtigsten – i.d.R. die am Beitragsanteil gemessen größten – Vz.-Gruppen, Vz. oder Versicherungsarten zu machen.

Die Befreiungsgrenze von 10 Mio € gilt unabhängig von der Größe des VU.

Es sind keine gesonderten Angaben für einzelne Vz. des üG erforderlich. **567**

Schadenversicherungsunternehmen haben für das gesamte sG und das gesamte üG sowie für das gesamte Versicherungsgeschäft gem. § 51 Abs. 4 Nr. 1 RechVersV jeweils folgende Angaben zu machen:

a) gebuchte Bruttobeiträge;
b) verdiente Bruttobeiträge;
c) verdiente Nettobeiträge;
d) Bruttoaufwendungen für Versicherungsfälle;
e) Bruttoaufwendungen für den Versicherungsbetrieb;
f) Rückversicherungssaldo (Anteil des Rückversicherers an den verdienten Beiträgen abzgl. Anteil des Rückversicherers an den Aufwendungen unter d) und e)).

---

597 Hier müssen die auf den Betriebsunterbrechungsteil entfallenden Anteile sämtlicher Sachschadenversicherungen ausgewiesen werden, da nach Art. 63 der VersBiRiLi einheitlich alle Vermögensschadenversicherungen außer der Kredit- und Kautionsversicherung in dem Posten „Sonstige Vz." zu erfassen sind; vgl. Fußnote 7 Anlage 1 Abschn. C BerVersV.

g) versicherungstechnisches Ergebnis für eigene Rechnung;[598]
h) versicherungstechnische Brutto-Rückstellungen insgesamt, davon
- Brutto-Rückstellung für noch nicht abgewickelte Versicherungsfälle
- Schwankungsrückstellung und ähnliche Rückstellungen
i) Anzahl der mindestens einjährigen Versicherungsverträge (nur für das sG).

568 Die Angabe des Rückversicherungssaldos f) braucht im sG für die Feuer- und Sachversicherung nur insgesamt zu erfolgen. Die Beträge der hierin enthaltenen Sach-Vz. brauchen nicht gesondert genannt zu werden.

569 Alle Erst-VU – also auch die SchVU – haben gem. § 51 Abs. 4 Nr. 5 RechVersV die gebuchten Bruttobeiträge des sG nach folgender Herkunft zu untergliedern:
- Inland,
- andere EU-Staaten sowie Vertragsstaaten des Abkommens über den EWR,
- Drittländer[599].

570 Rückversicherungsunternehmen, also Unternehmen, die ausschließlich die Rückversicherung betreiben[600], haben lediglich die gebuchten Bruttobeiträge untergliedert nach dem Schaden- und Unfallversicherungsgeschäft und dem Lebensversicherungsgeschäft anzugeben (§ 51 Abs. 4 Nr. 6 RechVersV).

(3) Die versicherungstechnische Gewinn- und Verlustrechnung der Lebens- und Krankenversicherungsunternehmen
(a) Vorbemerkung

571 Die GuV der LVU und KVU sowie der P/StK wird gem. § 2 S. 1 Nr. 2 RechVersV nach dem Schema des **Formblattes 3** der RechVersV gegliedert. Für LVU, die auch das selbst abgeschlossene Unfallversicherungsgeschäft betreiben, ist gem. § 2 S. 1 Nr. 3 RechVersV die Anwendung des Formblattes 4 vorgesehen.

572 Der grundlegende Unterschied der GuV von LVU/KVU bzw. P/StK zur GuV der SchVU liegt im Wesentlichen in der **Einbeziehung der Erträge und Aufwendungen aus Kapitalanlagen in die versicherungstechnische Rechnung.**

(b) Posten der Gewinn- und Verlustrechnung und Anhangangaben
1. Verdiente Beiträge für eigene Rechnung

573 Die Zusammensetzung des Postens entspricht dem korrespondierenden Posten in der GuV der SchVU[601]. Von den gebuchten Bruttobeiträgen und der Veränderung der Bruttobeitragsüberträge wird jeweils der Anteil der Rückversicherer abgezogen; die verbleibende Restgröße ergibt die verdienten Beiträge f.e.R.

574 Unter den **gebuchten Beiträgen** sind alle im GJ fällig gewordenen laufenden und einmaligen Beiträge ohne Rücksicht darauf zu erfassen, ob sie ganz oder teilweise einem anderen GJ zuzurechnen sind. Werden die tariflichen Jahresbeiträge allerdings vereinbarungsgemäß in Raten gezahlt, sind nur die im GJ fällig gewordenen Raten einschließlich der Ratenzuschläge hier auszuweisen. Auch etwaige Nachschüsse von VVaG (§ 36

---

[598] Posten I.11 in Formblatt 2 der RechVersV.
[599] Die Angabepflicht entfällt, wenn die gebuchten Bruttobeiträge in den einzelnen Herkunftsgebieten jeweils weniger als 5% der gebuchten Bruttobeiträge im gesamten sG ausmachen (§ 51 Abs. 4 S. 1 Nr. 5 S. 2 RechVersV).
[600] § 2 S. 2 RechVersV.
[601] Vgl. Tz. 538.

Abs. 1 Nr. 4 RechVersV) sowie die Einmalbeiträge in der Lebensversicherung (§ 36 Abs. 1 Nr. 3 RechVersV) gehören in diesen Posten.

Anstelle der Aufgliederung der Umsatzerlöse nach Tätigkeitsbereichen (§ 285 Nr. 4 HGB) sieht § 51 Abs. 4 Nr. 2 bis 4 auch für LVU, KVU sowie P/StK jeweils gesonderte Anhangangaben vor[602].

575

Lebensversicherungsunternehmen haben die gebuchten Bruttobeiträge im **Anhang** gem. § 51 Abs. 4 Nr. 2 RechVersV wie folgt aufzugliedern:

- nach dem sG und dem üG, sofern Letzteres nicht weniger als 10% der gesamten gebuchten Bruttobeiträge ausmacht, sowie
- die gebuchten Beiträge aus dem sG nach den folgenden Gruppen:
  - Einzelversicherungen – Kollektivversicherungen;
  - laufende Beiträge – Einmalbeiträge;
  - Verträge ohne Gewinnbeteiligung – Verträge mit Gewinnbeteiligung – Verträge, bei denen das Anlagerisiko von den VN getragen wird.

Auch hier wird eine Wesentlichkeitsgrenze von 10% der gebuchten Beiträge des sG vorgegeben, bei deren Unterschreiten die Untergliederungen in den jeweiligen Gruppen entfallen können.

Darüber hinaus haben LVU den Rückversicherungssaldo anzugeben. Hierunter ist der Saldo aus

576

- verdienten Beiträgen der Rückversicherer,
- Anteil der RVU an den Bruttoaufwendungen für Versicherungsfälle,
- Anteil der RVU an den Bruttoaufwendungen für den Versicherungsbetrieb und
- Anteil der RVU an der Veränderung der Brutto-Deckungsrückstellung

zu verstehen.

Pensions- und Sterbekassen haben die gebuchten Bruttobeiträge gem. § 51 Abs. 4 Nr. 3 RechVersV nach folgenden Gruppen zu untergliedern:

577

- Einzelversicherungen – Kollektivversicherungen;
- laufende Beiträge – Einmalbeiträge;
- Pensionsversicherungen – Sterbegeldversicherungen – Zusatzversicherungen.

Für das Erfordernis der Untergliederung der Gruppen gilt auch hier, wie bei den LVU, die Wesentlichkeitsgrenze von 10%.

Des Weiteren haben auch die P/StK den Rückversicherungssaldo nach der für LVU maßgeblichen Zusammensetzung anzugeben.

578

Pensionskassen, bei denen die BaFin festgestellt hat, dass sie die Voraussetzungen des § 156a Abs. 3 S. 1 VAG i.d.F. v. 15.12.2004 erfüllen[603], haben die Beiträge zudem in solche aus Verträgen ohne und solche aus Verträgen mit Gewinnbeteiligung zu untergliedern.

KVU haben die gebuchten Bruttobeiträge des sG unter Einbeziehung der Beiträge aus der Rückstellung für erfolgsabhängige Beitragsrückerstattung wie folgt zu untergliedern:

579

---

602 Zu den Anhangangaben der SchVU s. Tz. 564.

603 Mit der Feststellung wurde auf Basis der damaligen Gesetzeslage die erhebliche wirtschaftliche Bedeutung der Pensionskassen von der BaFin anerkannt. Gegenwärtig wird gem. § 118b VAG zwischen regulierten und nicht regulierten Pensionskassen unterschieden. Die Feststellung des Vorliegens der Voraussetzungen des § 156a Abs. 3 S. 1 VAG berechtigt nach der gegenwärtigen Gesetzeslage zu einem Antrag auf Regulierung i.S.d. § 118b Abs. 3 VAG.

- Einzelversicherungen – Gruppenversicherungen;
- laufende Beiträge – Einmalbeiträge;
- Krankheitskostenvollversicherungen – Krankentagegeldversicherungen – selbständige Krankenhaustagegeldversicherungen – sonstige selbständige Teilversicherungen – Pflegeversicherungen – Beihilfeablöseversicherungen – Restschuld-/Lohnfortzahlungsversicherungen – Auslandsreisekrankenversicherungen;

Der in den genannten Posten enthaltene Beitragszuschlag für die Alterungsrückstellung i.S.v. § 12 Abs. 4a VAG ist anzugeben.

580 Auch der Rückversicherungssaldo ist von KVU anzugeben. Dieser ist wie für LVU zu ermitteln.

Darüber hinaus haben KVU die Zahl der versicherten natürlichen Personen insgesamt und aufgeteilt anzugeben. Die Aufteilung erfolgt nach

- Krankheitskostenvollversicherungen,
- Krankentagegeldversicherungen,
- selbständigen Krankenhaustagegeldversicherungen,
- sonstigen selbständigen Teilversicherungen,
- Pflegepflichtversicherungen und
- Beihilfeablöseversicherungen.

Außerdem ist die RfB und der Betrag i.S.v. § 12a VAG nach Muster 6 RechVersV im Anhang anzugeben.

Eine darüber hinausgehende Darstellung der Bewegung des Bestandes an Krankenversicherungen im LB ist nicht gefordert.

Nicht vorhandene Versicherungsarten müssen nicht aufgeführt werden[604].

2. Beiträge aus der Brutto-Rückstellung für Beitragsrückerstattung

581 An dieser Stelle sind die der RfB entnommenen Beträge auszuweisen, die in entsprechender Höhe in die Deckungsrückstellung eingehen. Es handelt sich um einen **über die Erfolgsrechnung abgewickelten Passivtausch**; Gewinnanteile an die VN nach dem Bonussystem werden der RfB entnommen und analog einer Einmalprämie zwecks Erhöhung des Versicherungsschutzes der Deckungsrückstellung zugeführt[605].

KVU weisen Beiträge aus der Brutto-RfB unter diesem Posten aus, die gem. § 12a VAG der Alterungsrückstellung zugeführt werden müssen. Die Thesaurierung dieser Mittel wird als **erfolgsunabhängige** Beitragsrückerstattung charakterisiert[606].

3. Erträge aus Kapitalanlagen

582 Erträge aus und Aufwendungen für Kapitalanlagen werden bei den LVU, KVU und P/StK – im Unterschied zu den SchVU und RVU – in den versicherungstechnischen Teil der GuV einbezogen. Damit wird dem Umstand Rechnung getragen, dass im Bereich der Lebens- und Krankenversicherung der Kapitalanlageerfolg des Unternehmens explizit bei der Kalkulation der Beiträge berücksichtigt wird[607].

---

604 Vgl. § 51 Abs. 4 Nr. 4 RechVersV.
605 Vgl. *Farny*[4], S. 147
606 Zur Aufnahme der gesetzlichen Regelung zur Verwendung des Überzinses vgl. Tz. 440.
607 Vgl. die betriebswirtschaftliche Würdigung dieses Sachverhalts bei *Ellenbürger*, S. 33.

Zum Inhalt des Postens vgl. die Ausführungen zu den nichtversicherungstechnischen GuV-Posten (Tz. 596).

4. Nicht realisierte Gewinne aus Kapitalanlagen

Gemäß § 39 RechVersV haben LVU die **nicht realisierten Gewinne** aus den Kapitalanlagen für Rechnung und Risiko von Inhabern von Lebensversicherungspolicen in dem Posten „Nicht realisierte Gewinne aus Kapitalanlagen" auszuweisen. Entsprechende Verluste werden unter dem Posten „Nicht realisierte Verluste aus Kapitalanlagen" ausgewiesen[608].

583

In diesen Erträgen bzw. Aufwendungen spiegelt sich die **Wertentwicklung der Kapitalanlagen** wider, für die der VN das Risiko trägt, soweit die entsprechenden Gewinne und Verluste nicht bereits durch Verkäufe realisiert sind. Die nicht realisierten Aufwendungen und Erträge haben keinen Einfluss auf das handelsrechtliche Ergebnis, da sie durch entsprechende Gegenbewegungen der auf die jeweiligen Lebensversicherungsverträge entfallenden Deckungsrückstellung neutralisiert werden. Die Gegenbewegungen werden demzufolge unter der Veränderung der übrigen versicherungstechnischen Netto-Rückstellungen erfasst[609].

5. Sonstige versicherungstechnische Erträge für eigene Rechnung

Unter diesem Posten werden versicherungstechnische Erträge ausgewiesen, deren Ausweis nicht unter einem anderen Posten vorgesehen ist. Hierzu zählen neben Mahngebühren und Verzugszinsen (§ 40 S. 2 Nr. 1 Buchst. a RechVersV) sowie den nicht abgehobenen, verjährten Beitragsrückerstattungen (§ 40 S. 2 Nr. 1 Buchst. b RechVersV)

584

– bei LVU die Erträge aus der Erhöhung der unter den Forderungen aus dem sG an VN – noch nicht fällige Ansprüche[610] – aktivierten Forderungen (§ 40 S. 2 Nr. 2 RechVersV),
– bei P/StK zusätzlich die Erträge aus den Zuwendungen von Mitglieds- und Trägerunternehmen zur vollständigen oder teilweisen Deckung der Aufwendungen für den Versicherungsbetrieb (§ 40 S. 2 Nr. 3 RechVersV).

Auch hier auszuweisen sind die Erträge aus der Auflösung und Verminderung der Pauschalwertberichtigung zu den aktivierten, noch nicht fälligen Ansprüchen an VN, obwohl diese in der RechVersV nicht explizit aufgeführt sind[611].

Von den Erträgen sind gem. § 40 S. 3 RechVersV die Anteile der Rückversicherer abzusetzen.

585

6. Aufwendungen für Versicherungsfälle für eigene Rechnung

Es kann grds. auf die Ausführungen zum korrespondierenden Posten in der GuV der SchVU verwiesen werden[612]. Gemäß § 41 RechVersV sind auch bei LVU, KVU sowie P/StK die Aufwendungen für Versicherungsfälle f.e.R. auszuweisen; vom Bruttobetrag der Zahlungen für Versicherungsfälle sowie vom Bruttobetrag der Veränderung der

586

---

608 Formblatt 3 I.4 bzw. I.11.
609 Formblatt 3 I.7a.
610 Lebensversicherungen sowie P/StK, bei denen Forderungen gem. § 15 RechVersV auftreten, haben den Aktivposten E. I.1 „Forderungen aus dem selbst abgeschlossenen Versicherungsgeschäft an VN" gem. Fußnote 2 zu Formblatt 1 zu untergliedern in „a) Fällige Ansprüche" und „b) Noch nicht fällige Ansprüche".
611 Dies ergibt sich aus der Begr. zu § 40 RechVersV, BR-Drs. 823/94, S. 137.
612 Vgl. Tz. 547.

Rückstellung für noch nicht abgewickelte Versicherungsfälle wird jeweils getrennt der Anteil der Rückversicherer saldiert.

7. Veränderung der übrigen versicherungstechnischen Netto-Rückstellungen

587 Aufwendungen und Erträge, die mit Veränderungen von versicherungstechnischen Brutto-Rückstellungen korrespondieren, werden saldiert unter Abzug der Anteile der Rückversicherer ausgewiesen.

Bei der **Deckungsrückstellung** kommt – im Gegensatz zur GuV der SchVU – das **modifizierte Nettoprinzip** zur Anwendung; die Anteile der Rückversicherer an der Deckungsrückstellung werden offen vom Bruttobetrag abgesetzt.

8. Aufwendungen für erfolgsabhängige und erfolgsunabhängige Beitragsrückerstattung für eigene Rechnung

588 Gemäß § 42 Abs. 1 RechVersV umfassen die Aufwendungen für die erfolgsabhängige Beitragsrückerstattung in der Lebens- und Krankenversicherung die Zuführungen zur Rückstellung für erfolgsabhängige Beitragsrückerstattung. Die Aufwendungen für erfolgsunabhängige Beitragsrückerstattung in der Krankenversicherung umfassen gem. § 42 Abs. 2 S. 1 RechVersV

– die Zuführung zur RfB,
– die Verluste aus der Abwicklung der aus dem vorhergehenden GJ übernommenen Rückstellungen; entsprechende Gewinne vermindern die Aufwendungen.

589 Gemäß Fußnote 1 zu Formblatt 3 haben KVU den Posten zu untergliedern in

– erfolgsabhängige,
– erfolgsunabhängige

Aufwendungen für Beitragsrückerstattung.

Die Aufwendungen für Beitragsrückerstattung sind von LVU, KVU sowie P/StK f.e.R. auszuweisen.

9. Aufwendungen für den Versicherungsbetrieb für eigene Rechnung

590 Im Gegensatz zur GuV der SchVU haben LVU, KVU und P/StK die Aufwendungen für den Versicherungsbetrieb **getrennt nach Abschluss- und Verwaltungsaufwendungen** auszuweisen. Gemäß § 43 Abs. 2 RechVersV umfassen die Abschlussaufwendungen bei LVU sowie P/StK auch die rechnungsmäßig gedeckten Abschlussaufwendungen.

Der Ausweis der Aufwendungen für den Versicherungsbetrieb erfolgt unter Anwendung des modifizierten Nettoprinzips, indem von der Summe der Abschluss- und Verwaltungsaufwendungen die erhaltenen Provisionen und Gewinnbeteiligungen aus dem in Rückdeckung gegebenen Versicherungsgeschäft offen abgesetzt werden.

10. Aufwendungen für Kapitalanlagen

591 Zur Einbeziehung des Postens in die versicherungstechnische Rechnung der LVU, KVU und P/StK s. die Ausführungen zu den Erträgen aus Kapitalanlagen[613]. Hinsichtlich des

---
[613] Vgl. Tz. 582.

Rechnungslegung K

Inhalts des Posten vgl. die Ausführungen zu den nichtversicherungstechnischen GuV-Posten[614].

11. Nicht realisierte Verluste aus Kapitalanlagen

Gemäß § 39 RechVersV haben LVU die nicht realisierten Verluste aus den Kapitalanlagen für Rechnung und Risiko von Inhabern von Lebensversicherungspolicen in diesem Posten auszuweisen. Zum Inhalt dieses Postens vgl. die Ausführungen zum Posten „Nicht realisierte Gewinne aus Kapitalanlagen"[615]. 592

12. Sonstige versicherungstechnische Aufwendungen für eigene Rechnung

Unter diesem Posten sind gem. § 44 S. 1 RechVersV die versicherungstechnischen Aufwendungen auszuweisen, die einem anderen Posten nicht zugeordnet werden können. Hierzu gehören bei LVU sowie P/StK gem. § 44 S. 2 Nr. 2 RechVersV insb. 593

– die Zinsen auf angesammelte Überschussanteile;
– die Direktgutschrift von Überschussanteilen, soweit diese nicht der Deckungsrückstellung zugeführt werden;
– die Aufwendungen aus der Verminderung der aktivierten, noch nicht fälligen Ansprüche an die VN;
– die an die Rückversicherer gezahlten Depotzinsen auf die einbehaltenen Sicherheiten.

Auch hier auszuweisen sind die Aufwendungen aus der Bildung und Erhöhung der Pauschalwertberichtigung zu den aktivierten, noch nicht fälligen Ansprüchen, obwohl diese in der RechVersV nicht explizit aufgeführt sind[616].

Nicht unter diesen Posten fallen die Aufwendungen für Gesundheitsvorsorge, die gem. § 43 Abs. 3 Nr. 4 RechVersV zu den Verwaltungsaufwendungen zählen.

Gemäß § 44 S. 3 RechVersV sind von den aufgeführten Aufwendungen die Anteile der Rückversicherer abzusetzen, so dass diese entsprechend dem Nettoprinzip ausgewiesen werden. 594

(4) Die nichtversicherungstechnischen Posten

An dieser Stelle wird nur auf die nichtversicherungstechnischen Posten der Erfolgsrechnung eingegangen, bei denen **versicherungsspezifische Besonderheiten** ggü. der allgemeinen Rechnungslegung gelten. 595

Erträge aus Kapitalanlagen

Gemäß Posten II.1 Formblatt 2 bzw. Posten I.3 Formblatt 3 RechVersV sind die Erträge aus Kapitalanlagen zu unterteilen in: 596

– Erträge aus Beteiligungen, davon: aus verbundenen Unternehmen;
– Erträge aus anderen Kapitalanlagen, davon: aus verbundenen Unternehmen:
  • Erträge aus Grundstücken, grundstücksgleichen Rechten und Bauten einschließlich der Bauten auf fremden Grundstücken,
  • Erträge aus anderen Kapitalanlagen;
– Erträge aus Zuschreibungen;

---
614 Vgl. Tz. 603.
615 Vgl. Tz. 583.
616 Dies ergibt sich aus der Begr. zu § 44 RechVersV, BR-Drs. 823/94, S. 141.

- Gewinne aus dem Abgang von Kapitalanlagen;
- Erträge aus Gewinngemeinschaften, GAV und Teil-GAV.[617]

Gemäß § 3 Nr. 2 Buchst. c RechVersV können die mit kleinen Buchstaben versehenen Unterposten zusammengefasst werden, wenn ihr Betrag für die Vermittlung eines den tatsächlichen Verhältnissen entsprechenden Bildes i.S.d. § 264 Abs. 2 HGB nicht erheblich ist oder wenn dadurch die Darstellung klarer wird; in diesem Fall müssen die zusammengefassten Posten jedoch im Anhang gesondert ausgewiesen werden.

597 Betreibt ein LVU auch das selbst abgeschlossene Unfallversicherungsgeschäft, sind die Erträge aus Kapitalanlagen, soweit sie unmittelbar mit dem Lebensversicherungsgeschäft zusammenhängen, in der versicherungstechnischen Rechnung für das Lebensversicherungsgeschäft auszuweisen. Betreibt ein SchVU auch das selbst abgeschlossene Krankenversicherungsgeschäft nach Art der Lebensversicherung, sind die Erträge aus Kapitalanlagen, soweit sie unmittelbar mit dem bezeichneten Krankenversicherungsgeschäft zusammenhängen, in der versicherungstechnischen Rechnung für das Krankenversicherungsgeschäft auszuweisen (§ 45 Abs. 1 RechVersV).

598 Die unter dem Unterposten b) auszuweisenden „Erträge aus anderen Kapitalanlagen" umfassen zunächst unter aa) „Erträge aus Grundstücken, grundstücksgleichen Rechten und Bauten einschließlich der Bauten auf fremden Grundstücken". Gemäß § 45 Abs. 2 RechVersV sind hier auch die kalkulatorischen Mieten für die eigengenutzten Grundstücke und Bauten auszuweisen[618]. Eine Kenntlichmachung der Erträge aus eigener Nutzung ist nicht erforderlich.

599 Weiterhin sind unter bb) auszuweisen „**Erträge aus anderen Kapitalanlagen**". Diese Erträge bestehen im Wesentlichen aus Zinsen und ähnlichen Erträgen. Hier sind aber darüber hinaus alle laufenden Erträge aus Kapitalanlagen auszuweisen, soweit sie nicht aus Beteiligungen oder Gewinngemeinschaften, GAV und Teil-GAV sowie Grundstücken, grundstücksgleichen Rechten und Bauten resultieren.

Hierunter fallen auch die erhaltenen Depotzinsen, die Bereitstellungszinsen für bereits zugesagte, aber noch nicht valutierte Hypothekendarlehen sowie Erträge aus Anteilen, die keine Beteiligungen darstellen. Außerdem werden an dieser Stelle die Erträge aus der Auflösung von Disagiobeträgen aus Namensschuldverschreibungen ausgewiesen.

600 Der Davon-Vermerk für **Erträge aus verbundenen Unternehmen** ist nur für die Summe der unter dem Unterposten b) „Erträge aus anderen Kapitalanlagen" auszuweisenden Erträge anzugeben.

601 Unter den „**Erträgen aus Zuschreibungen**" sind die einmaligen Erträge aus der grds. erforderlichen Höherbewertung von Kapitalanlagen (**buchmäßige Gewinne**), die insb. aus den Wertaufholungen gem. § 253 Abs. 5 HGB sowie bei der Auflösung und Verminderung von Einzel- und Pauschalwertberichtigungen entstehen, auszuweisen.

602 Der Posten „**Gewinne aus dem Abgang von Kapitalanlagen**" nimmt die bei der Veräußerung von Kapitalanlagen und bei der Einlösung von Wertpapieren entstandenen Buchgewinne auf.

---

617 Der Posten „Erträge aus der Auflösung des Sonderpostens mit Rücklageanteil" ist im Zuge des Bilanzrechtsmodernisierungsgesetzes weggefallen.
618 Die Gegenbuchung erfolgt unter den Aufwendungen für den Versicherungsbetrieb; vgl. hierzu auch Tz. 521.

Aufwendungen für Kapitalanlagen

Gemäß Posten II.2 Formblatt 2 bzw. Posten I.10 Formblatt 3 RechVersV sind die Aufwendungen für Kapitalanlagen zu unterteilen in: **603**

- Aufwendungen für die Verwaltung von Kapitalanlagen, Zinsaufwendungen und sonstige Aufwendungen für die Kapitalanlagen;
- Abschreibungen auf Kapitalanlagen;
- Verluste aus dem Abgang von Kapitalanlagen;
- Aufwendungen aus Verlustübernahme[619].

Gemäß § 3 Nr. 2 Buchst. d RechVersV können die mit kleinen Buchstaben versehenen Unterposten zusammengefasst werden, wenn ihr Betrag für die Vermittlung eines den tatsächlichen Verhältnissen entsprechenden Bildes i.S.d. § 264 Abs. 2 HGB nicht erheblich ist oder wenn dadurch die Darstellung klarer wird; in diesem Fall müssen die zusammengefassten Posten jedoch im Anhang gesondert ausgewiesen werden. **604**

Gemäß § 46 Abs. 1 RechVersV ist § 45 Abs. 1 RechVersV über den Ausweis der Erträge aus Kapitalanlagen bei LVU, die auch das selbst abgeschlossene Unfallversicherungsgeschäft betreiben, sowie bei SchVU, die auch das selbst abgeschlossene Krankenversicherungsgeschäft nach Art der Lebensversicherung betreiben, entsprechend auch auf die Aufwendungen für Kapitalanlagen anzuwenden[620]. **605**

Der Unterposten a) umfasst die Zinsaufwendungen, worunter auch die Schuldzinsen für Hypotheken auf den eigenen Grundbesitz (§ 46 Abs. 3 Nr. 5 RechVersV) auszuweisen sind. Zinsaufwendungen, die nicht auf Kapitalanlagen entfallen, sind dagegen unter den „Sonstigen Aufwendungen" auszuweisen[621]. **606**

Als Aufwendungen für die Verwaltung der Kapitalanlagen sind gem. § 46 Abs. 2 RechVersV die dem Funktionsbereich „Verwaltung von Kapitalanlagen" zugerechneten Personal- und Sachaufwendungen auszuweisen. **607**

Zu den sonstigen Aufwendungen für Kapitalanlagen zählen gem. § 46 Abs. 3 RechVersV insb.: **608**

- die Aufwendungen für die Grundstücke, grundstücksgleichen Rechte und Bauten einschließlich der Bauten auf fremden Grundstücken, wie Betriebskosten, Instandhaltungskosten, Mietausfallrisiken, Abgaben und Versicherungsbeiträge;
- Depotgebühren;
- Vergütungen an den Treuhänder für den Deckungsstock;
- Verluste aus Beteiligungen an Personengesellschaften;
- Schuldzinsen für Hypotheken auf den eigenen Grundbesitz.

Abschreibungen auf Zins- und Mietforderungen sind ferner unter diesem Posten aufzunehmen[622].

Unter dem Unterposten b) „**Abschreibungen auf Kapitalanlagen**" sind die gesamten Abschreibungen auf Kapitalanlagen nach § 253 HGB auszuweisen. Hier zu erfassen sind **609**

---

[619] Der Posten „Einstellungen in den Sonderposten mit Rücklageanteil" ist im Zuge des Bilanzrechtsmodernisierungsgesetzes weggefallen.
[620] Vgl. Tz. 597.
[621] Posten II.5 Formblatt 2 bzw. Posten II.2 Formblatt 3 RechVersV; vgl. auch Begr. zu § 46 RechVersV, BR-Drs. 823/94, S. 142.
[622] Zur Begr. vgl. *Ellenbürger/Horbach/Kölschbach*, WPg 1996, S. 49.

auch die Aufwendungen aus der Bildung und Erhöhung von Einzel- und Pauschalwertberichtigungen auf Kapitalanlagen.

Außerplanmäßige Abschreibungen nach § 253 Abs. 3 S. 3 und S. 4 HGB sind gem. § 277 Abs. 3 S. 1 HGB im Anhang anzugeben, sofern sie nicht in der GuV gesondert ausgewiesen werden[623].

Technischer Zinsertrag

610 Dieser nur in der GuV von SchVU und RVU[624] existierende Posten ist der Gegenposten zu Posten I.2 Formblatt 2 RechVersV „Technischer Zinsertrag f.e.R." und dient der Umbuchung eines Teils der Kapitalanlageerträge vom nichtversicherungstechnischen in den versicherungstechnischen Teil der GuV der SchVU bzw. RVU[625].

Der **Technische Zinsertrag** wird an dieser Stelle brutto, in der versicherungstechnischen Rechnung jedoch f.e.R. ausgewiesen. Um die abzuziehenden technischen Zinsen auf die Anteile der Rückversicherer an den betroffenen versicherungstechnischen Brutto-Rückstellungen in Höhe der an die Rückversicherer gezahlten Depotzinsen wird gem. § 48 S. 2 Nr. 3 RechVersV der GuV-Posten „**Sonstige Aufwendungen**"[626] gekürzt.

611 Gemäß § 38 Abs. 2 RechVersV sind im Anhang der Grund der Übertragung des technischen Zinsertrags und die Berechnungsgrundlage zu erläutern.

Sonstige Erträge

612 Dieser Posten dient der Aufnahme der Erträge des allgemeinen Teils der GuV, deren Ausweis nicht bei einem anderen Posten vorgesehen ist.

Es handelt sich hier gem. § 47 S. 2 RechVersV insb. um:

1. die Erträge aus erbrachten Dienstleistungen;
2. sonstige Zinsen und ähnliche Erträge, soweit sie nicht aus Kapitalanlagen herrühren;
3. die Erträge aufgrund von Eingängen aus abgeschriebenen Forderungen sowie Erträge aus der Auflösung und Verminderung der Pauschalwertberichtigungen zu den Forderungen, soweit diese Erträge nicht aus den
   – zu den Kapitalanlagen gehörenden Forderungen herrühren, die im Posten „Erträge aus Zuschreibungen" zu erfassen sind;
   – Beitragsforderungen an die VN herrühren, die im Posten „Gebuchte Bruttobeiträge" zu erfassen sind.

613 **Erträge aus Dienstleistungen** entstehen durch erbrachte Dienstleistungen für verbundene und nicht verbundene Unternehmen, z.B. für Führungsfremdgeschäft, für Versicherungsvermittlung und für andere erbrachte Dienstleistungen.

614 Unter den sonstigen Erträgen sind neben den in § 47 S. 2 RechVersV ausdrücklich aufgeführten Erträgen auch folgende Erträge auszuweisen:

– Währungskursgewinne, unabhängig davon, ob sie aus der Umrechnung versicherungstechnischer oder nichtversicherungstechnischer Posten resultieren (eine Verrechnung mit Währungskursverlusten ist nur innerhalb der gleichen Valuta zulässig).

---

623 Zu den Anhangangaben, die sich aus § 285 Nr. 18 HGB bzw. aus § 314 Abs. 1 Nr. 10 HGB im Falle unterlassener Abschreibungen auf Finanzinstrumente, die zu den Finanzanlagen gehören, ergeben; vgl. Tz. 132.
624 In Formblatt 4 RechVersV existiert dieser Posten zudem für LVU, die das selbst abgeschlossene Unfallversicherungsgeschäft betreiben.
625 Zum Inhalt des Postens vgl. Tz. 544.
626 Vgl. Tz. 619.

Etwas anderes kann sich ergeben, wenn ein VU im Rahmen seiner Kapitalanlagestrategie über eine kongruente Deckung der versicherungstechnischen Rückstellungen hinausgehend in Fremdwährungskapitalanlagen investiert. In diesem Fall kommt auch ein Ausweis der Währungskursgewinne unter den Erträgen aus Kapitalanlagen in Betracht. Die im Zuge des Bilanzrechtsmodernisierungsgesetzes neu geregelte Währungsumrechnung in § 256a HGB bzw. die Ausweisvorschrift des § 277 Abs. 5 S. 2 HGB sieht einen Ausweis unter „sonstige betriebliche Erträge" vor; aufgrund der Tatsache, dass dieser Posten bei VU fehlt, hat der Ausweis weiterhin unter den sonstigen Erträgen zu erfolgen;
– Erträge aus der Auflösung von „anderen Rückstellungen", z.B. Pensionsrückstellung oder Rückstellungen für drohende Verluste;
– Erträge aus der Veräußerung von Teilen der Betriebs- und Geschäftsausstattung;
– erhaltene Kontokorrentzinsen aus dem Abrechnungsverkehr mit Rückversicherern und anderen.

Sonstige Aufwendungen

Gemäß § 48 RechVersV sind unter diesem Posten die Aufwendungen auszuweisen, die einem anderen Posten nicht zugeordnet werden können. 615

Zu den sonstigen Aufwendungen gehören gem. § 48 S. 2 RechVersV insb.:
1. Personal- und Sachaufwendungen, die den in § 43 Abs. 1 Nr. 1 bis 4 genannten Funktionsbereichen nicht zugeordnet werden können;
2. die Zinsaufwendungen einschließlich der Zinszuführungen zur Pensionsrückstellung;
3. die Abschreibungen auf Forderungen sowie die Aufwendungen aus der Bildung und Erhöhung der Pauschalwertberichtigungen zu den Forderungen, soweit diese Aufwendungen nicht
   – die zu den Kapitalanlagen gehörenden Forderungen betreffen, die im Posten „Abschreibungen auf Kapitalanlagen" zu erfassen sind;
   – die Beitragsforderungen an die VN betreffen, die im Posten „Gebuchte Bruttobeiträge" als Abzugsposten zu behandeln sind;
4. die von der ausländischen Generaldirektion der inländischen Niederlassung in Rechnung gestellten Zentralverwaltungsaufwendungen.

Die unter 1. aufgeführten Aufwendungen betreffen im Wesentlichen Aufwandsarten, die das Unternehmen als Ganzes betreffen, sowie Aufwendungen für das Führungsfremdgeschäft, für Versicherungsvermittlung und für übrige erbrachte Dienstleistungen. 616

Die hier auszuweisenden Zinsaufwendungen sind solche, die nicht auf Kapitalanlagen entfallen. Die **Zinszuführungen zur Pensionsrückstellung** sind ebenfalls hier auszuweisen; trotz ihrer Eigenschaft als Bestandteil der Aufwendungen für Altersversorgung und Unterstützung werden die Zinszuführungen zur Pensionsrückstellung nicht in die Kostenverteilung einbezogen, da sie weder Personal- noch Sachaufwendungen darstellen[627]. Es sind hier nur solche Zinszuführungen auszuweisen, die auch tatsächlich im GJ für die Verzinsung aufwandswirksam geworden sind, also nur die rechnungsmäßigen Zinsen. Zur Problematik der Ermittlung des Zinsanteils an den Zuführungen zur Pensionsrückstellung kann auf die allgemeinen Ausführungen verwiesen werden[628]. 617

Auch die **Zinszuführungen zur Jubiläumsrückstellung** sind unter den sonstigen Aufwendungen auszuweisen. 618

---
627 Vgl. auch Tz. 523.
628 Vgl. Kap. E Tz. 221.

| K | Ergänzende Vorschriften für Versicherungsunternehmen |

619 Zu kürzen ist dieser Unterposten um die an die Rückversicherer gezahlten **Depotzinsen** für die einbehaltenen Sicherheiten, die von SchVU und RVU bei dem Posten „Technischer Zinsertrag f.e.R." zu berücksichtigen und von den LVU im Posten „Sonstige versicherungstechnische Aufwendungen f.e.R." zu erfassen sind[629].

620 Neben den in § 48 S. 2 RechVersV ausdrücklich aufgeführten Aufwendungen sind auch folgende Aufwendungen hierunter zu subsumieren:

– Währungskursverluste, unabhängig davon, ob sie aus der Umrechnung versicherungstechnischer oder nichtversicherungstechnischer Posten resultieren (eine Verrechnung mit Währungskursgewinnen ist nur innerhalb der gleichen Valuta zulässig). Etwas anderes kann sich ergeben, wenn ein VU im Rahmen seiner Kapitalanlagestrategie über eine kongruente Deckung der versicherungstechnischen Rückstellungen hinausgehend in Fremdwährungskapitalanlagen investiert. In diesem Fall kommt auch ein Ausweis der Währungskursverluste unter den Aufwendungen aus Kapitalanlagen in Betracht. Äquivalent zu den Gewinnen gilt auch hier der Ausweis trotz des im Zuge des Bilanzrechtsmodernisierungsgesetzes neu eingefügten § 256a HGB und der Ausweisregelung des § 277 Abs. 5 S. 2 HGB unverändert[630];

– restliche Aufwendungen, z.B. Verluste bei der Veräußerung von Teilen der Betriebs- und Geschäftsausstattung.

621 Gemäß Fußnote 2 zu Formblatt 2 RechVersV dürfen **international tätige RVU** Sonderzuführungen zur Rückstellung für noch nicht abgewickelte Versicherungsfälle statt in der versicherungstechnischen Rechnung unter dem Posten „I.4b) Veränderung der Rückstellung für noch nicht abgewickelte Versicherungsfälle" in der nichtversicherungstechnischen Rechnung unter dem Posten „II.5 Sonstige Aufwendungen" ausweisen. In diesem Fall haben die international tätigen RVU den Posten wie folgt zu gliedern:

a) Sonderzuführungen an die Rückstellung für nicht abgewickelte Versicherungsfälle;

b) übrige Aufwendungen.

(5) Überblick über das Formblatt 4 RechVersV

622 Gemäß § 2 S. 1 Nr. 3 und 4 RechVersV haben LVU, die das selbst abgeschlossene Unfallversicherungsgeschäft betreiben, sowie SchVU, die das selbst abgeschlossene Krankenversicherungsgeschäft nach Art der Lebensversicherung betreiben (sofern dieses einen größeren Umfang hat), ihre GuV nach dem **Formblatt 4** RechVersV aufzustellen.

Das Formblatt 4 ist grds. gem. § 58 Abs. 1 RechVersV auch für die Konzern-GuV anzuwenden; in verschiedenen Fußnoten werden Besonderheiten hinsichtlich der Bezeichnung von Posten in der Konzern-GuV geregelt.

623 Das Formblatt 4 RechVersV vereinigt Bestandteile der Formblätter 2 und 3 und hat folgenden Großaufbau:

I. Versicherungstechnische Rechnung für das selbst abgeschlossene Unfallversicherungsgeschäft;

II. Versicherungstechnische Rechnung für das Lebensversicherungsgeschäft;

III. Nichtversicherungstechnische Rechnung.

---

629 Vgl. Tz. 593.
630 Vgl. Tz. 614.

Nach den Fußnoten 1 und 4 zum Formblatt 4 RechVersV ergeben sich für SchVU, die das selbst abgeschlossene Krankenversicherungsgeschäft betreiben, folgende Bezeichnungen: 624

I. Versicherungstechnische Rechnung für das Schaden- und Unfallversicherungsgeschäft;
II. Versicherungstechnische Rechnung für das selbst abgeschlossene Krankenversicherungsgeschäft nach Art der Lebensversicherung;
III. Nichtversicherungstechnische Rechnung.

Es werden in einem Formblatt getrennte versicherungstechnische Rechnungen für die betriebenen Geschäftszweige und eine gemeinsame nichtversicherungstechnische Rechnung aufgestellt. 625

Die versicherungstechnischen Rechnungen schließen jeweils mit einem separaten versicherungstechnischen Ergebnis. Einbezogen sind hier alle Erfolgskomponenten, die auch bei Anwendung des Formblattes 2 bzw. 3 einbezogen würden.

So sind in die versicherungstechnische Rechnung für das Lebensversicherungsgeschäft bzw. für das nach Art der Lebensversicherung betriebene Krankenversicherungsgeschäft die auf diesen Bereich entfallenden Kapitalanlageerträge und -aufwendungen einzubeziehen[631]. Die weiteren Kapitalanlageerträge und -aufwendungen sind dagegen entsprechend der Vorgehensweise der SchVU bzw. RVU in der nichtversicherungstechnischen Rechnung auszuweisen[632]. 626

Die **Postenbezeichnungen** des Formblattes 4 stimmen bis auf eine Ausnahme mit denen der Formblätter 2 und 3 überein. In der versicherungstechnischen Rechnung für das Lebensversicherungsgeschäft bzw. für das nach Art der Lebensversicherung betriebene Krankenversicherungsgeschäft wird beim Posten „II.1. Verdiente Beiträge f.e.R." die Veränderung der Beitragsüberträge netto ausgewiesen; dagegen werden an entsprechender Stelle im Formblatt 3 unter Anwendung des modifizierten Nettoprinzips die Anteile der Rückversicherer offen in der Vorspalte saldiert. 627

3. Interne Rechnungslegung gegenüber der Aufsichtsbehörde

Mit der „internen" Rechnungslegung wird die **Berichterstattung** der VU ggü. der BaFin bezeichnet. Der Begriff, für den keine Legaldefinition existiert, umfasst die gesamten Berichts- und Vorlagepflichten eines jeweiligen Unternehmens gegenüber der Aufsichtsbehörde. 628

Ein wesentlicher Bestandteil dieser Berichtspflichten ergibt sich aus der am 14.06.1995 von der Aufsichtsbehörde auf Basis der Ermächtigungsgrundlage des § 55a Abs. 1 S. 1 und 2 VAG erlassenen BerVersV[633]. 629

Die BerVersV verlangt für alle VU, die der Bundesaufsicht unterliegen, sowie – mit gewissen Maßgaben – für das Geschäft von Niederlassungen ausländischer VU, die zum Betrieb des Direktversicherungsgeschäfts der Erlaubnis durch die deutsche Aufsichtsbehörde bedürfen, die Vorlage eines internen jährlichen Berichts. Versicherungsunternehmen, die der Bundesaufsicht unterliegen, haben außerdem vierteljährliche Zwischen- 630

---
631 Vgl. Posten II.3 sowie Posten II.10 Formblatt 4 RechVersV.
632 Vgl. Posten III.2 sowie Posten III.3 Formblatt 4 RechVersV.
633 BGBl. I 1995, S. 858; Neufassung v. 29.03.2006, zuletzt geändert durch Art. 1 der VO v. 27.04.2010 BGBl. I, S. 490.

berichte nach den Anforderungen der §§ 19 und 20 BerVersV zu erstellen. Grundlage hierfür ist § 55a Abs. 1 S. 1 Nr. 1a VAG.

631 Der der BaFin gem. § 1 BerVersV einzureichende interne Bericht, der aus einer für Aufsichtszwecke tiefer gegliederten Bilanz und GuV sowie besonderen Nachweisen und Erläuterungen besteht, ist zwar nicht durch den APr. zu prüfen, entspricht aber inhaltlich dem handelsrechtlichen JA, auch wenn die weitere Untergliederung für Zwecke der Aufsicht dazu führen kann, dass sich Beträge nicht unmittelbar aus dem JA ablesen lassen.

632 Für bestimmte kleinere Vereine i.S.d. § 53 Abs. 1 S. 1 VAG sind gem. §§ 21 und 22 BerVersV Befreiungen und Erleichterungen bei der Erstellung der internen Berichte vorgesehen.

633 Für VU, die unter Landesaufsicht stehen, können die Landesregierungen nach § 55a Abs. 3 VAG eine VO zur internen Berichterstattung dieser Unternehmen ggü. der Landesaufsichtsbehörde erlassen.

634 Versicherungsunternehmen, die der zusätzlichen Aufsicht gem. §§ 104a bis 104i VAG (Versicherungsgruppenaufsicht)[634] bzw. §§ 104k bis 104w VAG (Finanzkonglomerateaufsicht)[635] unterliegen, haben – falls es sich um die jeweils für die Berichterstattung an die Aufsichtsbehörde verantwortlichen Unternehmen handelt – nach den Vorgaben der Solvabilitätsbereinigungsverordnung (SolBerV) bzw. der Finanzkonglomerate-Solvabilitäts-VO (FkSolV) an die BaFin zu berichten.

635 Gemäß § 55b VAG kann die Aufsichtsbehörde zudem im Rahmen einer präventiven Aufsicht[636] unter Festlegung u.a. der Parameter, Stichtage und Berechnungsmethoden die Vorlage von Prognoserechnungen verlangen. Als Gegenstand der Prognoserechnungen werden im Gesetz explizit das erwartete Geschäftsergebnis, die erwartete Solvabilitätsspanne sowie die erwarteten Bewertungsreserven, jeweils zum Ende des laufenden GJ, und die Risikotragfähigkeit des VU in adversen Situationen genannt[637].

636 Außerdem existieren verschiedene Vorlage- und Anzeigepflichten, von denen hier einige wesentliche genannt werden: Gemäß § 55c VAG sind der Risikobericht und der Revisionsbericht der Aufsichtsbehörde vorzulegen; § 59 VAG fordert die Vorlage des PrB. Auch die vom verantwortlichen Aktuar ggf. zu erstellenden Erläuterungs- und Angemessenheitsberichte sind der Aufsichtsbehörde vorzulegen[638]. Anzeigepflichten ergeben sich v.a. aus den Vorschriften der §§ 11a, 13b bis 13e und 58 VAG.

---

634 Zur Versicherungsgruppenaufsicht s. *Kölschbach* in: Prölss, VAG[12], § 104g, und VO nach § 104g Abs. 2 des VAG über die Berechnung der bereinigten Solvabilität von Erst- und RückVU in einer Erst- oder Rückversicherungsgruppe, die gem. § 104a Abs. 1 Nr. 1 oder 2 VAG einer zusätzlichen Beaufsichtigung unterliegen (Solvabilitätsbereinigungs-VO – SolBerV) v. 20.12.2001, zuletzt geändert durch Art. 1 VO v. 27.02.2008, BGBl. I, S. 268.

635 Zur Finanzkonglomerateaufsicht vgl. VO über die Angemessenheit der Eigenmittelausstattung von Finanzkonglomeraten (Finanzkonglomerate-Solvabilitäts-VO – FkSolV) v. 02.09.2005, BGBl. I, S. 2688, zuletzt geändert durch VO v. 18.12.2008, BGBl. I S. 2767, sowie *Geib/Ott*, S. 555/568.

636 Vgl. *Fahr/Kaulbach/Bähr*, VAG[4], § 55b, Rn. 1.

637 Vgl. § 55b S. 1 VAG.

638 Vgl. § 11a Abs. 4 Nr. 2 VAG. Zu den Berichtspflichten s. auch *Bähr*, §18 Rn. 81 ff.; *Kölschbach* in: Prölss, VAG[12], § 55a, Rn. 58 und 59.

Rechnungslegung

4. Konzernabschluss
a) Konzernverbindungen in der Versicherungswirtschaft

In der Versicherungswirtschaft gibt es eine Vielzahl von Unternehmensverbindungen, die einen Konzern begründen[639]. Dies ist in erster Linie auf die aufsichtsrechtlich geforderte **Spartentrennung** zurückzuführen. Die BaFin erteilt die Erlaubnis zum Geschäftsbetrieb nur dann, wenn der Grundsatz der Spartentrennung eingehalten wird. Nach § 8 Abs. 1a VAG schließt der Betrieb der Lebensversicherung den Betrieb anderer Versicherungssparten aus. Das gleiche gilt für den Betrieb der substitutiven Krankenversicherung nach § 12 Abs. 1 VAG und den Betrieb anderer Versicherungssparten[640]. Um unter möglichst optimaler Ausnutzung der vorhandenen Ressourcen, insbesondere des Vertriebssystems, eine umfangreiche Produktpalette anbieten zu können, sind die VU gezwungen, bestimmte Geschäfte über selbständige Tochtergesellschaften zu betreiben. Diese Form der Interessenbündelung enthält keinen Verstoß gegen den Grundsatz der Spartentrennung.

637

Weitere Gründe für Konzernverbindungen in der Versicherungswirtschaft liegen in der **Internationalisierung** des Geschäfts sowie in der Tendenz zum **Allfinanzangebot** durch die Versicherer[641]. Das tendenziell zunehmende Auslandsengagement von VU geschieht u.a. durch den Erwerb von Kapitalanteilen an bereits eingeführten Gesellschaften bzw. die Gründung von Tochtergesellschaften. Die Erweiterung des Angebots bspw. um Bankprodukte[642] erfordert die Gründung oder den Erwerb von Anteilen an Tochtergesellschaften, da § 7 Abs. 2 VAG den Betrieb von versicherungsfremden Geschäften durch ein VU grundsätzlich[643] nicht zulässt[644]. Eine besondere Bedeutung kommt dabei der Erweiterung der Geschäftstätigkeit von VU um die Vermögensverwaltung (Asset Management) zu.

638

Neben diese aus dem Versicherungsgeschäft herrührenden Gründe für die bestehenden Konzernstrukturen sind jedoch andere in der Unternehmensorganisation begründete Überlegungen getreten. So bietet es sich im Einzelfall an, bestimmte **Verwaltungs- und/oder Dienstleistungsfunktionen** durch Ausgliederung auf rechtlich selbständige Unternehmen zu zentralisieren. Dies gilt auch für bestimmte Vertriebswege.

639

Nicht zuletzt ist in diesem Zusammenhang auch anzuführen, dass die zentrale Leitung bestehender Versicherungskonzerne vermehrt durch sog. **Holdinggesellschaften** wahrgenommen wird. Die Holding ist i.d.R. ein Nicht-VU in der Rechtsform der AG, die neben den Beteiligungen an den VU auch versicherungsfremde Aktivitäten, wie Finanzdienstleistungen, steuern kann[645].

640

Was die Versicherungsaufsicht betrifft, so wurden bereits durch die VAG-Novelle 2000[646] §§ 104a bis 104i VAG in das VAG eingefügt, die die zusätzliche Beaufsichtigung von VU

641

---

639 Vgl. insb. *Farny*⁵, S. 280; *Farny* in: FS Lorenz, S. 205/205–221.
640 Die Erlaubnis zum Betrieb der Rechtsschutzversicherung zusammen mit anderen Versicherungssparten ist an bestimmte, in § 8a VAG genannte Voraussetzungen geknüpft.
641 Vgl. *Kölschbach*, S. 1, m.w.N.; *Farny*⁵, S. 256.
642 Zur empirischen Bedeutung von Allfinanzkonzernen in Deutschland siehe *Stracke/Geitner* sowie international *Koguchi*, S. 7–62.
643 Für LVU ist bspw. auch der Betrieb von sog. Kapitalisierungsgeschäften zulässig; vgl. § 1 Abs. 4 S. 1 und 2 sowie Anlage Teil A Nr. 23 VAG.
644 Vgl. auch *Präve* in: Prölss, VAG¹², § 7, Rn. 11.
645 Vgl. *Farny*⁵, S. 286; *Weigel*, ZKW 1993, S. 219.
646 Gesetz zur Änderung des VAG, insb. zur Durchführung der EG-Richtlinie 98/78/EG v. 27.10.1998 über die zusätzliche Beaufsichtigung der einer Versicherungsgruppe angehörenden VU sowie zur Umstellung von Vorschriften auf den Euro v. 21.12.2000, BGBl. I, S. 1857.

1323

regeln, die einer **Versicherungsgruppe** angehören. Wesentliche Aspekte der zusätzlichen Aufsicht sind die Überwachung **gruppeninterner Geschäfte** und die Berechnung einer **bereinigten Solvabilität** für VU. Ziel ist insb. die Aufdeckung von Risiken, die sich aus einer gruppeninternen Kapitalschöpfung und einer Mehrfachbelegung des Eigenkapitals innerhalb der Gruppe ergeben können[647].

642 Darüber hinaus enthalten die im Zuge des FKRLUmsG[648] in das VAG eingefügten §§ 104k bis 104w VAG die Regelungen zur zusätzlichen Beaufsichtigung von VU, die einem Finanzkonglomerat angehören. Im Grundsatz sind Finanzkonglomerate i.S.d. VAG solche Finanzgruppen, die Dienstleistungen und Produkte in verschiedenen Finanzbranchen anbieten und die in § 104k Nr. 4 VAG genannten Voraussetzungen erfüllen. Die Feststellung, ob eine Finanzgruppe für Zwecke der Aufsicht als Finanzkonglomerat aufzufassen ist, obliegt der Aufsichtsbehörde. Die Aufsicht umfasst v.a. Regelungen hinsichtlich Solvabilität und Risikokonzentration auf Konglomeratsebene, gruppeninterner Transaktionen, internem Risikomanagement auf Konglomeratsebene sowie Zuverlässigkeit und fachlicher Eignung der Geschäftsleitung[649].

b) Gesetzliche Grundlagen

aa) Verpflichtung zum Konzernabschluss

643 Ebenso wie auf den EA finden die ergänzenden Vorschriften des HGB für VU auf den KA von VU i.S.d. § 341i HGB **rechtsform- und größenunabhängig** Anwendung[650].

644 Dementsprechend werden VU von den Vorschriften des PublG zur Konzernrechnungslegung ausgenommen[651]. Des Weiteren ist § 293 HGB über die größenabhängige Befreiung von der Konzernrechnungslegungspflicht von VU konsequenterweise nicht anzuwenden[652].

645 Die Verpflichtung zur rechtsform- und größenunabhängigen Konzernrechnungslegung stammt aus der VersBiRiLi und wird damit begründet, dass in den Mitgliedstaaten Konzerne unterschiedlicher Rechtsform miteinander im Wettbewerb stehen[653].

646 Um unangemessene Belastungen im Verhältnis zu ihrer Größe zu vermeiden, werden **bestimmte kleinere VU**, die nicht unter den Anwendungsbereich der VersBiRiLi fallen, von der Anwendung der Vorschriften über den KA befreit. Für die in § 61 RechVersV angeführten VU sind die Vorschriften über den KA nicht anzuwenden[654].

647 Der Anwendungsbereich der ergänzenden Vorschriften für VU zum KA schließt gem. § 341i Abs. 2 HGB über VU hinaus auch sog. **Versicherungsholdinggesellschaften** ein. Das sind solche Unternehmen, deren einziger oder hauptsächlicher Zweck darin besteht, Beteiligungen an TU zu erwerben, diese zu verwalten und rentabel zu machen, sofern es sich bei diesen TU ausschließlich oder hauptsächlich um VU handelt[655]. TU, die keine VU

---

647 Vgl. *Lipowsky* in: Prölss,VAG[12], §§ 104a–104f, 104h–104i, sowie *Kölschbach* in: Prölss, VAG[12], § 104g, und SolBerV.
648 Vgl. Gesetz zur Umsetzung der Richtlinie 2002/87/EG des Europäischen Parlaments und des Rates v. 16.12.2002 (Finanzkonglomeraterichtlinie-Umsetzungsgesetz) v. 21.12.2004, BGBl. I, S. 3610.
649 Zur Finanzkonglomerateaufsicht s. auch *Geib/Ott*, S. 555/568.
650 Vgl. § 341i Abs. 1 S. 1 HGB.
651 Vgl. § 11 Abs. 5 S. 1 PublG.
652 Vgl. § 341j Abs. 1 S. 2 HGB.
653 Vgl. Erwägungsgründe zur VersBiRiLi, S. 8.
654 Vgl. § 61 Abs. 1 RechVersV.
655 Vgl. § 341i Abs. 2 HGB.

sind und in wesentlichem Maße Tätigkeiten im Rahmen von **Funktionsausgliederungs- oder Dienstleistungsbeziehungen** mit anderen Konzernunternehmen wahrnehmen, sind dem Versicherungsgeschäft zuzurechnen. Sie stellen – lediglich rechtlich – ausgegliederte Einheiten des Versicherungsbetriebes dar[656]. Auf eine rein zahlenmäßige Mehrheit kommt es somit nicht an[657].

Damit stellt sich die Frage nach der Anwendbarkeit von Erleichterungsvorschriften für Versicherungskonzerne, z.B. verlängerte Aufstellungsfristen[658], auf Holdingkonstruktionen, bei denen ein **Nicht-VU** an der Spitze steht, nicht mehr. **648**

Mit der rechtsformunabhängigen Anwendung der handelsrechtlichen Konzernrechnungslegungsvorschriften für VU und Versicherungsholdinggesellschaften ist für die Konzernrechnungslegungspflicht auch von VVaG und ö.-r. VU das Bestehen eines **Mutter-Tochter-Verhältnisses i.S.d. § 290 Abs. 1 und 2 HGB** maßgeblich. **649**

Ein Mutter-Tochter-Verhältnis i.S.d. § 290 Abs. 1 HGB besteht nach Inkrafttreten des Bilanzrechtsmodernisierungsgesetzes dann, wenn ein Unternehmen auf ein anderes Unternehmen (TU) unmittelbar oder mittelbar einen beherrschenden Einfluss ausüben kann. Dieses kann als gegeben angesehen werden, wenn ein Unternehmen die Möglichkeit hat, die Finanz- und Geschäftspolitik eines Unternehmens dauerhaft zu bestimmen[659]. **650**

§ 290 Abs. 2 HGB führt vier typisierende Tatbestände an, die zu der Vermutung eines beherrschenden Einflusses führen. Dies sind: **651**

– die Mehrheit der Stimmrechte der Gesellschafter;
– die Mehrheit der Organbestellungsrechte;
– die Bestimmung der Finanz- und Geschäftspolitik aufgrund eines Beherrschungsvertrags oder der Bestimmungen der Satzung;
– das Tragen der Mehrheit der Risiken und Chancen einer Zweckgesellschaft.

Die Aufzählung in § 290 Abs. 2 HGB ist alternativ. Es ist für ein Mutter-Tochter-Verhältnis ausreichend, wenn eine der Bedingungen gegeben ist[660].

Im Zuge der Änderung des HGB durch das Bilanzrechtsmodernisierungsgesetz wurde mit § 290 Abs. 2 Nr. 4 HGB eine grundsätzliche Konsolidierungspflicht von Zweckgesellschaften eingeführt. Hiervon explizit ausgenommen sind jedoch Spezial-SV i.S.d. § 2 Abs. 3 InvG,[661] zu denen auch die von VU üblicherweise verwendeten Spezialfonds gehören. Die Ausnahme betrifft aufgrund des Bezugs auf § 2 Abs. 3 InvG zunächst inländische Spezialfonds[662]. Es ist aber davon auszugehen, dass auch ausländische Spezialfonds hierunter fallen, wenn sie eine der Definition des § 2 Abs. 3 InvG entsprechende Ausgestaltung aufweisen. **652**

Zu Befreiung von der Konzernrechnungslegungspflicht bei Einbeziehung eines MU als TU in einen übergeordneten KA/KLB und zur Verpflichtung bzw. Möglichkeit der Aufstellung eines KA nach IFRS gem. § 315a HGB wird – mangels versicherungsspezifischer Besonderheiten – auf den Allgemeinen Teil verwiesen[663].

---

656 Vgl. *Geib/Ellenbürger/Kölschbach*, WPg 1992, S. 228.
657 Vgl. *Geib/Ellenbürger/Kölschbach*, WPg 1992, S. 228; *Luttermann*, BB 1995, S. 193.
658 Vgl. Abschn. bb; *Geib/Axer*, WPg 1986, S. 270.
659 Vgl. *Kozikowski/Ritter* in: BeBiKo[7] § 290 HGB, Rn. 25; BT-Drs. 16/12407, S. 89; s. auch Kap. M Tz. 23.
660 Siehe Kap. M Tz. 40.
661 Vgl. § 290 Abs. 2 Nr. 4 S. 2 HGB.
662 Vgl. *Schurbohm-Ebnet/Zoeger*, DB 2009, Beil. 5, S. 54.
663 Siehe Kap. M Tz. 13 und 81.

bb) Fristen

653 Aufgrund der Besonderheiten des Versicherungsgeschäfts wird VU gegenüber den Unternehmen anderer Branchen eine **Fristverlängerung** zur **Aufstellung** des KA eingeräumt. § 341i Abs. 3 S. 1 HGB bestimmt, dass der KA und der KLB eines VU abweichend von § 290 Abs. 1 HGB innerhalb von zwei Monaten nach Ablauf der Aufstellungsfrist für den zuletzt aufzustellenden und in den KA einzubeziehenden Abschluss aufzustellen und dem KAPr. vorzulegen sind. Diese Frist wird jedoch zunächst auf höchstens zwölf Monate nach dem Stichtag des KA beschränkt. Falls es sich bei dem MU um eine KapGes. i.S.d. § 325 Abs. 4 S. 1 HGB und nicht zugleich i.S.v. § 327a HGB handelt, verkürzt sich diese Frist gem. § 341i Abs. 3 S. 1 Hs. 2 HGB auf vier Monate. Soweit lediglich inländische Erstversicherer in den KA einbezogen werden, beträgt die Aufstellungsfrist somit vier Monate[664].

654 Des Weiteren wird die **Toleranzfrist** für die Verpflichtung zur Aufstellung von **Zwischenabschlüssen** gem. § 299 Abs. 2 S. 2 HGB von drei auf sechs Monate verlängert[665].

655 Der **Aufsichtsbehörde** haben VU, die einen KA oder KLB aufstellen, diese Unterlagen **unverzüglich** einzureichen[666].

656 Der Vorstand eines VU in der Rechtsform der AG an der Spitze eines Versicherungskonzerns muss dem **AR** gem. § 170 Abs. 1 AktG den KA und den KLB unverzüglich nach der Aufstellung vorlegen. Darüber hinaus hat der AR eines VU in der Rechtsform einer AG gem. § 170 Abs. 3 AktG von den PrB Kenntnis zu nehmen. Für MU eines Versicherungskonzerns, die keine AG sind, gelten diese Vorschriften gem. § 341i Abs. 3 HGB entsprechend.

657 Der KA und der KLB sind gem. § 341i Abs. 4 HGB – abweichend von § 175 Abs. 1 S. 1 AktG – spätestens der nächsten nach Ablauf der Aufstellungsfrist für den KA und KLB einzuberufenden **HV**, die einen JA des MU entgegennimmt oder festzustellen hat, vorzulegen.

658 Abweichend von § 325 Abs. 3 HGB haben VU als MU[667] ihren KA, ohne Aufstellung des Anteilsbesitzes, mit dem dazu gehörigen BestV bzw. dem Vermerk über dessen Versagung und den KLB unverzüglich, spätestens vor Ablauf eines Monats nach der HV bzw. der dieser entsprechenden Versammlung der obersten Vertretung beim elektronischen BAnz. einzureichen[668].

659 Die von § 325 Abs. 3 HGB abweichende Regelung gilt nicht für Versicherungsholdinggesellschaften. Diese gelten gem. § 341i Abs. 2 HGB ausschließlich i.S.d. §§ 341i, 341j HGB als VU, nicht jedoch i.S.d. § 341l HGB.

cc) Auf den Konzernabschluss und -lagebericht anzuwendende Regelungen

660 Die für die Konzernrechnungslegung von VU bzw. Versicherungsholdinggesellschaften anzuwendenden Vorschriften werden wie für die Einzelrechnungslegung im **HGB** (§§ 341i, 341j) sowie in der **RechVersV** gem. § 330 Abs. 3 S. 4 HGB (§§ 58 bis 60 RechVersV) konzentriert.

---

[664] Vgl. § 341a Abs. 1 i.V.m. § 341i Abs. 3 S. 1 HGB.
[665] Vgl. § 341i Abs. 3 S. 2 HGB.
[666] Vgl. § 55 Abs. 2 S. 2 VAG.
[667] Wegen § 341j Abs. 2 HGB gilt die abweichende Regelung nicht für Versicherungsholdinggesellschaften; vgl. auch Tz. 694.
[668] Vgl. § 341l Abs. 2 HGB.

Rechnungslegung **K**

Wenngleich **Versicherungsholdinggesellschaften** dem Wortlaut des § 1 RechVersV zufolge nicht unmittelbar unter den Anwendungsbereich der §§ 58 bis 60 RechVersV fallen, erscheint die Anwendung dieser Vorschriften auch für sie sachgerecht und entspricht der Konzeption der VersBiRiLi, die grundsätzlich die Anwendung sämtlicher den konsolidierten Abschluss von VU betreffenden Vorschriften für Versicherungsholdinggesellschaften vorsieht[669]. **661**

§ 341i HGB regelt die rechtsform- und größenunabhängige Konzernrechnungslegungspflicht (Abs. 1 und 2) und enthält die Regelungen zu den Aufstellungs-, Zwischenabschluss- und Vorlagefristen (Abs. 3 und 4)[670]. **662**

§ 341j Abs. 1 S. 1 HGB schreibt die grundsätzliche Anwendung der allgemeinen Vorschriften zur Konzernrechnungslegung von KapGes. (§§ 290 bis 315a HGB)[671] vor. **663**

Ausgenommen werden in § 341j Abs. 1 S. 2 HGB lediglich **664**

- die in § 293 HGB geregelte größenabhängige Befreiung von der Konzernrechnungslegungspflicht[672];
- der Verweis auf die anzuwendenden allgemeinen Vorschriften zum EA in § 298 Abs. 1 HGB. An dessen Stelle verweist § 341j Abs. 1 S. 1 HGB auf die Anwendung der ergänzenden Vorschriften für den EA von VU (§§ 341a bis 341h HGB) sowie entsprechend auf die für die Rechtsform und Geschäftszweige der einbezogenen Unternehmen geltenden Vorschriften für große KapGes., soweit die Eigenart des KA keine Abweichung bedingt;
- die Möglichkeit der Zusammenfassung von Vorräten in einem Bilanzposten (§ 298 Abs. 2 HGB) sowie
- die Aufgliederung der Umsatzerlöse im Anhang nach § 314 Abs. 1 Nr. 3 HGB. An deren Stelle tritt die in § 59 Abs. 3 RechVersV geforderte Untergliederung der gebuchten Brutto-Beiträge[673].

In **modifizierter** Form sind auf den KA die folgenden Vorschriften anzuwenden: **665**

- Die in § 314 Abs. 1 Nr. 2a HGB geforderte Angabe der sonstigen finanziellen Verpflichtungen braucht nicht für solche zu erfolgen, die im Rahmen des Versicherungsgeschäfts entstehen[674].
- Im Falle der Erstellung eines KA nach internationalen Rechnungslegungsstandards gem. § 315a Abs. 1 HGB[675] sind abweichend von § 341j Abs. 1 S. 1 HGB nur §§ 290 bis 292 HGB zur Verpflichtung zur Aufstellung eines KA, zur befreienden Wirkung von EU/EWR-KA sowie zur RVO-Ermächtigung für befreiende KA von TU, deren MU ihren Sitz außerhalb der EU haben, und schließlich § 315a HGB anzuwenden.
- Von der Eliminierung von Zwischenergebnissen gem. § 304 Abs. 1 HGB kann über § 304 Abs. 2 HGB hinausgehend auch dann abgesehen werden, wenn die zugrunde liegenden Lieferungen und Leistungen zu marktüblichen Konditionen vorgenommen wurden und sie Rechtsansprüche von VN begründet haben[676].

---

669 Vgl. Art. 65 Abs. 2 VersBiRiLi.
670 Vgl. Abschn. bb.
671 Zweiter Unterabschn. des Zweiten Abschn. des Dritten Buches des HGB. Zu den allgemeinen, nichtversicherungsspezifischen Regelungen s. Kap. M.
672 Siehe Abschn. aa.
673 Siehe Tz. 684.
674 Vgl. § 341j Abs. 1 S. 3 HGB.
675 Vgl. hierzu Kap. N Tz. 1 ff.
676 Vgl. § 341j Abs. 2 HGB.

666 Die für den KA von VU und Versicherungsholdinggesellschaften anzuwendenden Formblätter für die **Bilanz**[677] und die **GuV**[678] regelt § 58 Abs. 1 bis 3 RechVersV.

667 Im Übrigen sind die für den EA geltenden **§§ 3 bis 50 RechVersV** (außer §§ 21 und 35 RechVersV über den Ausweis des Ausgleichsbetrages bei Niederlassungen) **auch für den KA anzuwenden, sofern dessen Eigenart keine Abweichung bedingt**[679].

668 §§ 59 und 60 RechVersV enthalten die HGB-Vorschriften ergänzende Regelungen zum **Konzernanahang**[680] und zum **KLB**[681].

dd) Konzernbilanz

669 Für den KA von VU und Versicherungsholdinggesellschaften[682] schreibt § 58 Abs. 1 S. 1 RechVersV die Verwendung des Bilanzschemas zum EA von VU **(Formblatt 1)** vor.

670 Abweichungen sind zulässig bzw. geboten, soweit dies die Besonderheiten des Konzerns bedingen[683].

671 Die **Fußnoten zu Formblatt 1** sind auch für die Zwecke der Konzernbilanz zu berücksichtigen. So ist z.B. bei Konsolidierung eines KVU die **RfB** in „1. erfolgsabhängige" und „2. erfolgsunabhängige" zu untergliedern[684]; die bei den übrigen VU bilanzierten RfB sind entsprechend aufzuteilen. Die Aufteilung der RfB kann auch darüber hinaus, unabhängig von der Einbeziehung eines KVU in den KA, aus Gründen der Klarheit geboten sein: der Verordnungsgeber hat von einer Untergliederung der RfB für den EA im Formblatt 1 in „erfolgsabhängige" und „erfolgsunabhängige" abgesehen, da in den spartengetrennten LVU und SchVU jeweils nur eine dieser Rückerstattungsarten von besonderer Bedeutung ist[685]. Dies ist bei einer Konsolidierung dieser Unternehmen aus Konzernsicht i.d.R. nicht der Fall. Dem unterschiedlichen Charakter der erfolgsabhängigen und erfolgsunabhängigen Beitragsrückerstattung sollte u.E., analog zu der für KVU geltenden Regelung und entsprechend der Anhangvorschrift zu den korrespondierenden Aufwandsposten[686], durch einen gesonderten Ausweis der Rückstellungsarten in der Bilanz oder im Anhang Rechnung getragen werden.

672 Die Aufstellung der Konzernbilanz unter Berücksichtigung einer teilweisen Verwendung des Konzernjahresergebnisses ist möglich[687], erscheint aber wegen der fehlenden Ausschüttungsbemessungsfunktion des KA nur wenig sinnvoll[688].

673 Im Übrigen sind auf die Konzernbilanz §§ **3 bis 20 und §§ 22 bis 34 RechVersV** entsprechend anzuwenden, soweit die Eigenart des KA keine Abweichungen bedingt[689].

---

677 Siehe Abschn. dd.
678 Siehe Abschn. ee.
679 Vgl. § 58 Abs. 4 RechVersV.
680 Siehe Abschn. ff.
681 Siehe Abschn. gg.
682 Vgl. Tz. 661.
683 Vgl. zu den Abweichungen Kap. M Tz. 235–242.
684 Vgl. § 58 Abs. 1 S. 1 RechVersV i.V.m. Fußnote 7 zu Formblatt 1.
685 Vgl. Begr. zu § 28 Abs. 2 RechVersV, BR-Drs. 823/94, S. 129.
686 Vgl. §§ 42 Abs. 3 i.V.m. 58 Abs. 4 Nr. 2 RechVersV.
687 Vgl. § 58 Abs. 4 RechVersV i.V.m. Fußnote 5 zu Formblatt 1 und Fußnote 9 zu Formblatt 4.
688 Siehe auch Kap. M Tz. 616, m.w.N.
689 Vgl. § 58 Abs. 4 RechVersV.

Darüber hinaus kann der Betrieb **mehrerer Geschäftszweige im Konzern, wie etwa bei** **Allfinanzkonzernen,** dazu führen, dass die für VU geltende Gliederung um Posten der für die anderen Geschäftszweige geltenden Gliederung zu ergänzen ist[690]. 674

Wird ein Konzern, an dessen Spitze ein VU steht, von den Aktivitäten eines anderen Geschäftszweiges dominiert, kann zur Vermittlung eines den tatsächlichen Verhältnissen entsprechenden Bildes des Konzerns in Abweichung von § 58 Abs. 1 S. 1 RechVersV die Anwendung einer auf diesen Geschäftszweig zugeschnittenen Gliederung geboten sein, bspw. das für KI geltende Gliederungsschema[691]. In diesem Fall sollte eine Erläuterung im Anhang erfolgen. 675

ee) Konzern-Gewinn- und Verlustrechnung

Für die Konzern-GuV schreibt § 58 Abs. 1 S. 1 RechVersV grundsätzlich die Anwendung des **Formblattes 4** vor, soweit die Besonderheiten des Konzerns keine Abweichung bedingen. Die Ausführungen zur Konzernbilanz beim Betrieb abweichender Geschäftszweige[692] gelten für die GuV entsprechend. 676

Die Konzern-GuV setzt sich aus drei **Teilrechnungen** zusammen: 677

I. Versicherungstechnische Rechnung für das Schaden- und Unfallversicherungsgeschäft[693],
II. Versicherungstechnische Rechnung für das Lebensversicherungsgeschäft/Lebens- und Krankenversicherungsgeschäft[694],
III. Nichtversicherungstechnische Rechnung.

Je nach den im Konzern betriebenen Versicherungsgeschäften sind die Überschriften der Teilrechnungen bzw. einzelner Posten entsprechend anzupassen: 678

– SchVU: Fußnoten 1 und 3 zu Formblatt 4,
– KVU: § 58 Abs. 2 RechVersV,
– international tätige RVU: Fußnote 2 zu Formblatt 2[695],
– P/StK: Fußnoten 2, 3 und 4 Anm. a zu Formblatt 3[696].

Bei KA von VVaG sowie ö.-r. VU ist außerdem die Fußnote 3 Buchst. a und b zum Formblatt 2 zu beachten[697]. Dies setzt allerdings voraus, dass die Konzern-GuV unter Berücksichtigung einer teilweisen **Verwendung des Konzernjahresergebnisses** aufgestellt wird[698]. 679

Das Formblatt 4 sieht je nach Herkunft der **Kapitalanlageerträge und -aufwendungen** deren getrennten Ausweis in der versicherungstechnischen Rechnung für das Lebens- und Krankenversicherungsgeschäft einerseits und in der nichtversicherungstechnischen Rechnung andererseits vor. Abweichend davon dürfen die gesamten Erträge aus und Aufwendungen für Kapitalanlagen in der Konzern-GuV zusammen, und zwar in der 680

---

690 Vgl. §§ 341j Abs. 1 i.V.m. 341a Abs. 1 und 265 Abs. 4 HGB.
691 Vgl. *Krumnow*, KI², § 340i HGB, § 341j HGB, Rn. 97.
692 Siehe Tz. 674.
693 Vgl. Fußnote 1 zu Formblatt 4.
694 Vgl. § 58 Abs. 2 RechVersV.
695 Vgl. § 58 Abs. 1 S. 3 RechVersV.
696 Vgl. § 58 Abs. 1 S. 3 RechVersV.
697 Vgl. § 58 Abs. 1 S. 3 RechVersV.
698 Vgl. auch Tz. 672.

nichtversicherungstechnischen Rechnung, ausgewiesen werden[699]. Die Erträge aus und Aufwendungen für Kapitalanlagen der konsolidierten LVU und KVU sind als **Saldo** in die versicherungstechnische Rechnung für das Lebens- und Krankenversicherungsgeschäft zu transferieren[700]. Die entsprechenden Änderungen im Gliederungsschema sind in § 58 Abs. 3 S. 3 RechVersV sowie in den Fußnoten 6 bis 8 zum Formblatt 4 geregelt.

681 Problematisch erscheint die Beschränkung des Zinstransfers auf die einbezogenen LVU und KVU. Da aus Gründen der Klarheit und Vergleichbarkeit gleiche Sachverhalte im KA gleich behandelt werden sollen, ist das von einbezogenen SchVU sowie RVU **übernommene Lebens- und Krankenversicherungsgeschäft** u.E. grundsätzlich zusammen mit dem von einbezogenen LVU und KVU betriebenen Versicherungsgeschäft in der versicherungstechnischen Rechnung für das Lebens- und Krankenversicherungsgeschäft auszuweisen[701]. Für das von einbezogenen SchVU sowie RVU übernommene Lebens- und Krankenversicherungsgeschäft ist indessen ein Zinstransfer gem. § 58 Abs. 3 RechVersV explizit nicht vorgesehen. Um Verzerrungen im Ausweis des versicherungstechnischen Ergebnisses im Lebens- und Krankenversicherungsgeschäft zu vermeiden, sollte in analoger Anwendung des § 58 Abs. 3 RechVersV die Möglichkeit des Transfers weiterer Kapitalanlageerträge zulässig sein.

682 Für Konzerne mit umfangreichen Rückversicherungsaktivitäten kann auch ein Ausweis des gesamten übernommenen Lebensversicherungsgeschäfts in der versicherungstechnischen Rechnung für das Schaden- und Unfallversicherungsgeschäft als sachgerecht angesehen werden[702]. Diese Behandlung entspricht derjenigen bei RVU[703]. Eine Orientierung ausschließlich an den Vz. der in den KA einbezogenen rechtlichen Einheiten entspricht indessen nicht dem Einheitsgedanken.

683 Auf die einzelnen Posten der Konzern-GuV sind §§ **36 bis 50 RechVersV** entsprechend anzuwenden, soweit die Eigenart des KA keine Abweichungen bedingt[704].

ff) Konzernanhang

684 Die in §§ 313 und 314 HGB für den Konzernanhang geforderten Angaben sind, von den nachstehenden zwei **Ausnahmen** abgesehen, auch in den Konzernanhang von VU bzw. Versicherungsholdinggesellschaften aufzunehmen[705]:

– Anstelle der Aufgliederung der Umsatzerlöse nach § 314 Abs. 1 Nr. 3 HGB sind die gebuchten Brutto-Beiträge zu untergliedern nach den in § 59 Abs. 3 RechVersV vorgegebenen Kriterien[706].

– Der Gesamtbetrag der sonstigen finanziellen Verpflichtungen nach § 314 Abs. 1 Nr. 2a HGB ist nur für solche Verpflichtungen anzugeben, die nicht im Rahmen des Versicherungsgeschäfts entstehen[707].

---

699 Vgl. § 58 Abs. 3 S. 1 RechVersV.
700 Vgl. § 58 Abs. 3 S. 2 RechVersV.
701 Vgl. auch die entsprechenden Bezeichnungen in Formblatt 4.
702 Vgl. *Wiedmann*, Bilanzrecht², § 341j HGB, Rn. 16.
703 Vgl. § 2 Abs. 1 S. 1 Nr. 1 RechVersV.
704 Vgl. § 58 Abs. 4 RechVersV.
705 Vgl. § 341j Abs. 1 S. 1 HGB.
706 Vgl. § 59 Abs. 1 RechVersV.
707 Vgl. § 341j Abs. 1 S. 3 HGB; zur entsprechenden Regelung im EA siehe Tz. 42 und Tz. 136.

Dies führt u.a. dazu, dass die für den EA verpflichtende Angabe der Verbindlichkeiten mit einer Restlaufzeit von mehr als fünf Jahren sowie der besonders gesicherten Verbindlichkeiten[708] auch im KA von VU zu machen ist[709]. **685**

Darüber hinaus sind aufgrund der entsprechenden Anwendung der Vorschriften zu der Einzelbilanz und Einzel-GuV[710] die in diesen Vorschriften geforderten Anhangangaben auch im Konzernanhang zu machen, soweit die Eigenart des KA gem. § 313 Abs. 1 S. 1 HGB keine Abweichungen bedingt. Demnach kann von Angaben abgesehen werden, die spezielle Informationsbedürfnisse des EA betreffen; dies sind solche Informationen, die sich auf unmittelbare Ansprüche der VN gegenüber den einzelnen VU beziehen. In Bezug auf die Lebensversicherung sind in diesem Zusammenhang insb. die Angabe der Zusammensetzung des Anlagestocks sowie die Zahl der Anteilseinheiten zum Abschlussstichtag hinsichtlich der Kapitalanlagen für Rechnung und Risiko von Inhabern von Lebensversicherungspolicen zu nennen; auch die Angaben zur RfB fallen hierunter. Ein Beispiel für die Schaden- und Unfallversicherung ist die **Erläuterung erheblicher Abwicklungsergebnisse** aus den Schadenrückstellungen[711]. Auch die Vorschriften des Abschnitts 5 RechVersV zum Anhang im EA (§§ 51–56) finden mangels Verweises in §§ 58 und 59 RechVersV keine Anwendung auf den Konzernanhang. Das bedeutet u.a., dass die detaillierten Angaben zu Vz.-Gruppen, Vz. und Versicherungsarten gem. § 51 Abs. 4 RechVersV nicht zu machen sind. Auch ergibt sich hieraus, dass für die Kapitalanlagen des Konzerns deren Zeitwert im Konzernanhang nicht anzugeben ist. **686**

Jedoch gilt nach den sonstigen Pflichtangaben zum Anhang gem. § 314 HGB, dass die beizulegenden Zeitwerte der Finanzinstrumente anzugeben sind, die zu den Finanzanlagen gehören und deren Buchwert den beizulegenden Wert übersteigt[712]. Ebenso sind im Konzernanhang Erläuterungen für jede Kategorie derivativer Finanzinstrumente entsprechend den Angaben im Anhang zu machen[713]. **687**

Gesondert vorgeschrieben ist für den Konzernanhang der Anlagespiegel gemäß Muster 1. Die Darstellung **beschränkt** sich allerdings, in Übereinstimmung mit der VersBiRiLi[714], auf die Posten **688**

- immaterielle Vermögensgegenstände,
- Grundstücke, grundstücksgleiche Rechte und Bauten und
- Kapitalanlagen in verbundenen Unternehmen und Beteiligungen[715].

Auch zum Konzernbilanzposten „Grundstücke, grundstücksgleiche Rechte und Bauten ..." sind entsprechend § 52 Nr. 1 Buchst. a RechVersV die **eigengenutzten Grundstücke und Bauten** anzugeben[716]. Wenngleich es sich aus dem Wortlaut der Vorschrift nicht explizit ergibt, spricht ihr Sinn und Zweck dafür, dass sich das Kriterium der Eigennutzung auf die Tätigkeit im Rahmen des Konzerns bezieht, also auch an konsolidierte Unternehmen zur Nutzung überlassene Grundstücke und Bauten unter die Angabepflicht fallen. Es sollen die Werte der Grundstücke und Bauten kenntlich gemacht werden, die **689**

---

708 Vgl. § 341a Abs. 1 i.V.m. § 285 Nr. 1 HGB.
709 Vgl. § 314 Abs. 1 Nr. 1 HGB.
710 Vgl. § 58 Abs. 4 RechVersV.
711 Vgl. *Ellenbürger/Horbach/Kölschbach*, WPg 1996, S. 117 f.
712 Vgl. § 314 Abs. 1 Nr. 10 HGB; dazu ausführlich Tz. 132.
713 Vgl. § 314 Abs. 1 Nr. 11 HGB; dazu ausführlich Tz. 135.
714 Vgl. Art. 8 VersBiRiLi.
715 Vgl. § 59 Abs. 2 RechVersV.
716 Vgl. § 59 Abs. 4 RechVersV.

durch die Eigennutzung an den Konzern gebunden sind und weniger den Charakter von Kapital- als von Sachanlagen haben.

690 VU haben des Weiteren im Konzernanhang die in § 251 HGB aufgezählten Haftungsverhältnisse anzugeben[717].

691 Durch die Umsetzung des BilReG haben alle konzernrechnungslegungspflichtigen Unternehmen gem. § 297 Abs. 1 HGB neben der Konzernbilanz, -GuV sowie dem -anhang eine **Kapitalflussrechnung** und einen **Eigenkapitalspiegel** zu erstellen. Nach § 297 Abs. 1 S. 2 HGB besteht ein Wahlrecht zur Erstellung einer **Segmentberichterstattung**; **kapitalmarktorientierte MU** sind aber gem. § 315a Abs. 1 und 2 HGB i.V.m. IFRS 8 dazu **verpflichtet**, den Konzernanhang um eine **Segmentberichterstattung** zu erweitern. Darüber hinausgehende gesetzliche Vorgaben zur Ausgestaltung der Segmentberichterstattung, der Kapitalflussrechnung bzw. des Eigenkapitalspiegels fehlen; diese Regelungslücke soll unter Heranziehung international anerkannter Rechnungslegungsgrundsätze und der Empfehlungen des Deutschen Rechnungslegungs Standards Committee (DRSC) geschlossen werden[718]. Weder die IFRS noch die US-GAAP gehen derzeit – von Einzelaussagen abgesehen – auf die branchenspezifischen Besonderheiten von VU bei Segmentberichterstattungen, Kapitalflussrechnungen und Eigenkapitalspiegeln ein. Das DRSC hat im Dezember 1999 – in Anlehnung an die allgemeinen internationalen Standards zur Kapitalflussrechnung und Segmentberichterstattung – zwei Standards verabschiedet (DRS 2-20: Zur Kapitalflussrechnung von VU; DRS 3-20: Zur Segmentberichterstattung von VU). Sie ergänzen die allgemeinen Standards des DRSC (DRS 2: Kapitalflussrechnung; DRS 3: Segmentberichterstattung), um versicherungsspezifischen Besonderheiten Rechnung zu tragen. Zur Darstellung des Eigenkapitalspiegels hat das DRSC im April 2001 den allgemeinen DRS 7 veröffentlicht[719].

gg) Konzernlagebericht

692 Für den KLB fordert § 60 RechVersV, über § 315 Abs. 1 und 2 HGB hinausgehend,

– die Angabe der betriebenen Vz. des sG und des üG und
– einen Bericht über den Geschäftsverlauf im selbst abgeschlossenen Lebens-, Kranken- sowie Schaden- und Unfallversicherungsgeschäft sowie im üG.

693 Die darüber hinausgehenden, für den Einzel-LB geforderten Angaben[720] sind im KLB nicht zu machen.

hh) Offenlegung

694 Versicherungsunternehmen[721], die MU sind, haben, abweichend von § 325 Abs. 3 HGB, unverzüglich nach der HV oder der entsprechenden Versammlung der obersten Vertretung, welcher der KA und KLB vorzulegen sind, jedoch spätestens vor Ablauf des dieser Versammlung folgenden Monats beim elektronischen BAnz. einzureichen[722]:

a) KA und KLB, mit Ausnahme der Aufstellung des Anteilsbesitzes,

b) Bestätigungsvermerk oder Vermerk über dessen Versagung.

---

717 Zur Herleitung vgl. *Ellenbürger/Horbach/Kölschbach*, WPg 1996, S. 118.
718 Vgl. Begr. zu § 297 HGB in: *Ernst/Seibert/Stuckert*, S. 93.
719 Vgl. hierzu Kap. M Tz. 883.
720 Siehe § 57 Abs. 3 bis 5 RechVersV.
721 Versicherungsholdinggesellschaften gelten lediglich als VU i.S.d. Fünften Titels über KA und KLB (§§ 341i, 341j HGB), nicht jedoch i.S.d. Siebenten Titels über die Offenlegung (§ 341l HGB).
722 Vgl. § 341l Abs. 3 HGB; zur Offenlegung befreiender KA siehe Kap. M Tz. 177 sowie Kap. M Tz. 102 und Kap. M Tz. 127.

Versicherungsunternehmen, die einen KA oder einen KLB aufstellen, haben diese Unterlagen der **Aufsichtsbehörde** unverzüglich einzureichen[723]. 695

c) Einzelfragen
aa) Konsolidierungskreis
Durch Wegfall des § 295 HGB zu den Einbeziehungsverboten im Rahmen des BilReG sind die Diskussionen um eine Einbeziehung bei abweichender Tätigkeit eines TU, z.B. im Zusammenhang mit sog. **Allfinanzkonzernen,** und um die Einbeziehung von Banken in den KA von VU et vice versa hinfällig geworden. 696

Wenn es sich nicht um einen „reinen" Versicherungskonzern, sondern um einen Mischkonzern handelt, d.h. die im Konzern zusammengeschlossenen Unternehmen sind überwiegend Nicht-VU, gelten für die Abgrenzung des Konsolidierungskreises die allgemeinen Grundsätze[724]. Zusätzliche Angaben im Anhang werden i.d.R. erforderlich sein, um ein den tatsächlichen Verhältnissen entsprechendes Bild der Vermögens-, Finanz- und Ertragslage des Konzerns zu vermitteln (§ 297 Abs. 2 S. 3 HGB). 697

bb) Vollständigkeit und einheitliche Bilanzierung
Grundsätzlich sind in den handelsrechtlichen KA die Vermögensgegenstände, Schulden und RAP sowie die Aufwendungen und Erträge der in den KA einbezogenen Unternehmen, unabhängig von ihrer Berücksichtigung in den EA dieser Unternehmen, vollständig aufzunehmen, es sei denn, dass für das MU ein Bilanzierungsverbot oder ein Bilanzierungswahlrecht besteht[725]. Das heißt, die Bilanzierungspflichten, -wahlrechte und -verbote richten sich nach den auf den EA des MU anzuwendenden Vorschriften. Die nach diesen Vorschriften zulässigen Bilanzierungswahlrechte können im KA unabhängig von der Ausübung in den EA des MU bzw. der TU neu ausgeübt werden. 698

Abweichend von diesem Grundsatz des § 300 Abs. 2 S. 1 HGB sieht S. 3 vor, dass Ansätze, die auf der Anwendung von für KI oder VU **wegen der Besonderheiten des Geschäftszweiges geltenden Vorschriften** beruhen, beibehalten werden dürfen; auf die Anwendung dieser Ausnahme ist im Konzernanhang hinzuweisen. 699

Grundlage für diese Vorschrift bildet Art. 66 Nr. 6 der **VersBiRiLi,** wonach der Grundsatz der einheitlichen Bewertung[726] keine Anwendung findet auf die Gegenstände des 700

– Passivvermögens, deren Bewertung durch die einbezogenen Unternehmen auf der Anwendung von versicherungsspezifischen Vorschriften beruht, und
– Aktivvermögens, deren Wertänderungen darüber hinaus Rechte von VN beeinflussen oder begründen.

Diese dem Wortlaut nach nur auf die Bewertung bezogene Regelung wurde in ihrer Transformation sinnvollerweise[727] auch auf Bilanzansätze übertragen[728]. 701

---

723 Vgl. § 55 Abs. 2 S. 2 VAG.
724 Siehe Kap. M Tz. 181.
725 Vgl. § 300 Abs. 2 S. 1 HGB.
726 Artikel 29 der Siebenten Richtlinie des Rates aufgrund von Art. 54 Abs. 3 Buchstabe g) des Vertrags über den konsolidierten Abschluss v. 13.06.1983, Abl.EG Nr. L 193, S. 1 (7. EG-Richtlinie).
727 Siehe *Geib/Ellenbürger/Kölschbach,* WPg 1992, S. 230.
728 Siehe dazu Begr. RegE zu Art. 1 Nr. 4 VersRiLiG; BT-Drs. 12/5587, S. 19; *Geib/Ellenbürger/Kölschbach*, WPg 1992, S. 230; *Luttermann,* BB 1995, S. 194.

702 Für die inländischen Versicherungs-TU in Versicherungskonzernen ist die Ausnahmevorschrift ohne Bedeutung, da ohnehin dieselben Ansatzvorschriften Anwendung finden. Sie ermöglicht es jedoch, dass für die ausländischen TU hinsichtlich des Bilanzansatzes u.a. versicherungstechnischer Rückstellungen das jeweilige Landesrecht und nicht das Recht des MU maßgeblich ist. Voraussetzung ist jedoch, dass es sich dabei um wegen der Besonderheiten des Geschäftszweiges geltende Vorschriften handelt[729]. Aus dem in der Regierungsbegründung[730] angeführten Beispiel der Schwankungsrückstellung sowie der zugrunde liegenden Vorschrift in der VersBiRiLi geht hervor, dass die Erleichterungsvorschrift auch bei der **Einbeziehung** von VU **in den KA eines VU** in Anspruch genommen werden kann[731].

703 Die Ausnahmeregelung beschränkt sich nicht auf die Beibehaltung eines Ansatzes, bspw. aktivierter Abschlussaufwendungen[732], sondern bezieht sich auch auf den **Nichtansatz** von Aktiva und Passiva. So kann bspw. im KA auf den Ansatz einer Schwankungsrückstellung für ein (ausländisches) TU verzichtet werden, wenn nach dem für das TU maßgeblichen Recht die Bildung einer **Schwankungsrückstellung** nicht zulässig ist[733]. Weitere Beispiele sind die Rückstellungen für drohende Verluste, Spätschäden oder Schadenregulierungsaufwendungen, wenn sie nach den jeweiligen ausländischen versicherungsspezifischen Regeln nicht gebildet worden sind[734].

cc) Einheitliche Bewertung

704 Neben der in § 300 Abs. 2 S. 3 HGB enthaltenen versicherungsspezifischen Ausnahme vom Grundsatz der einheitlichen Bilanzierung[735] kommen durch die Anwendung des § 341j Abs. 1 S. 1 i.V.m. §§ 341a bis 341h HGB sowie des § 308 Abs. 2 S. 2 HGB auch besondere Bewertungsvorschriften für den KA der VU zum Zuge.

705 Gemäß § 341j Abs. 1 S. 1 HGB sind auf den KA eines VU §§ 341a bis 341h HGB entsprechend anzuwenden. Das bedeutet zunächst, dass die auf den EA des Versicherungs-MU anzuwendenden besonderen Bewertungsvorschriften – entsprechend dem Grundsatz der einheitlichen Bewertung nach dem Recht des MU – auch für den KA anzuwenden sind.

706 In konsequenter Anwendung des Grundsatzes der einheitlichen Bewertung bedeutet dies, dass im KA eines VU **Wertpapiere** nach den für VU geltenden Vorschriften der §§ 341b und 341c HGB zu bewerten sind, auch soweit sie von in den KA einbezogenen **Nicht-VU** gehalten werden. Diese weite Auslegung wird jedoch einhellig abgelehnt[736]. Die genannten Regelungen stellen besondere Bewertungsvorschriften für die von VU gehaltenen Wertpapiere dar[737]. Wertpapiere von in den KA einbezogenen Unternehmen anderer Geschäftszweige sind nach den allgemeinen Grundsätzen zu bewerten.

707 Gemäß § 308 Abs. 2 S. 2 HGB dürfen Wertansätze, die auf der Anwendung von für KI oder VU **wegen der Besonderheiten des Geschäftszweiges geltenden Vorschriften**

---

729 Vgl. die Nachweise zur entsprechenden Regelung für die Bewertung in Tz. 708.
730 Begr. RegE, BT-Drs. 12/5587, S. 19.
731 Anders zur einheitlichen Bewertung im KA von KI *Krumnow*, KI², § 340i HGB, § 341j HGB, Rn. 169.
732 Vgl. *KPMG*, S. 224.
733 Vgl. Begr. RegE, BT-Drs. 12/5587, S. 19.
734 Vgl. *Brünglinghaus/Kubick-Winter* in: KoRVU-Kommentar, Bd. I, K, Rn. 73.
735 Siehe Tz. 699.
736 Vgl. *Geib/König*, WPg 1987, S. 667; *IDW*, Versicherungsunternehmen⁵, F Tz. 48.
737 Vgl. Tz. 117.

beruhen, im KA beibehalten werden. Auf die Anwendung dieser Ausnahmevorschrift ist im Konzern**anhang** hinzuweisen.

Die Regelung hat in erster Linie für die in den KA einbezogenen ausländischen Versicherungs-TU Bedeutung[738].

Soweit in den EA dieser TU Wertansätze enthalten sind, die auf der Anwendung von versicherungsspezifischen Vorschriften beruhen, dürfen diese Wertansätze in Durchbrechung des Grundsatzes der einheitlichen Bewertung unverändert in den KA übernommen werden. Dabei ist jedoch zu beachten, dass von der Vorschrift des § 308 Abs. 2 S. 2 HGB nur solche Wertansätze erfasst sind, die tatsächlich aufgrund von Besonderheiten des Geschäftszweiges nur für VU gelten, während **allgemein gültige Vorschriften**, die auch für VU – etwa durch eine Verweisung oder explizite Aufnahme in die entsprechenden gesetzlichen Vorschriften – gelten, **nicht** unverändert übernommen werden dürfen[739]. **708**

Die zur einheitlichen Bilanzierung getroffene Feststellung, dass von der Ausnahmeregelung auch bei **Einbeziehung eines VU** in einen Versicherungs-KA Gebrauch gemacht werden kann[740], gilt wegen der Regelung in der VersBiRiLi auch für die Möglichkeit, versicherungsspezifische Wertansätze beizubehalten. Da es sich bei dieser Möglichkeit der Beibehaltung abweichender Werte um eine **Erleichterung** handelt, kann u.E. eine einheitliche Inanspruchnahme nicht gefordert werden. Davon unberührt bleibt der Grundsatz der zeitlichen Stetigkeit gem. § 252 Abs. 1 Nr. 6 i.V.m. §§ 341j Abs. 1 S. 1 und 341a Abs. 1 HGB. **709**

Von Bedeutung ist § 308 Abs. 2 S. 2 HGB darüber hinaus in den Fällen, in denen ein VU in einen KA einbezogen wird, der durch ein MU erstellt wird, das selbst **nicht** VU ist. Durch § 308 Abs. 2 S. 2 HGB ist in diesem Fall sichergestellt, dass die in den EA der inländischen Versicherungs-TU enthaltenen versicherungsspezifischen Wertansätze (z.B. nach dem strengen Niederstwertprinzip bewertete Wertpapiere) unverändert aus den EA in den KA übernommen werden können[741]. **710**

Die Einführung des § 308a HGB soll die Umrechnung von auf ausländische Währung lautenden Abschlüssen für Zwecke der Aufstellung handelsrechtlicher KA vereinfachen und vereinheitlichen.[742] **711**

dd) Kapitalkonsolidierung

Bei der Kapitalkonsolidierung nach § 301 HGB können versicherungsspezifische Probleme auftreten[743]. **712**

Bei der Gründung eines VU verlangt die BaFin die Stellung eines sog. **Organisationsfonds**[744]. Bei dem Organisationsfonds handelt es sich i.d.R. um „andere Zuzahlungen" gem. § 272 Abs. 2 Nr. 4 HGB und damit um eine Kapitalrücklage. Der Posten ist in die Erstkonsolidierung einzubeziehen. Soweit in den Folgeperioden bei dem TU Verluste entstehen, die im EA durch eine Entnahme aus dem Organisationsfonds „ausgeglichen" werden, hat im KA eine Verrechnung mit den Konzerngewinnrücklagen zu erfolgen; für **713**

---

738 Vgl. *IDW*, Versicherungsunternehmen[5], F Tz. 50 f.
739 Vgl. *ADS*[6], § 308 HGB, Tz. 42; *Geib/König*, WPg 1987, S. 667; *IDW*, Versicherungsunternehmen[5], F Tz. 50.
740 Vgl. Tz. 702.
741 Vgl. *IDW*, Versicherungsunternehmen[5], F Tz. 51.
742 Vgl. BT-Drs 16/10067 S. 83.
743 Zu den allgemeinen Regelungen s. Kap. M Tz. 342.
744 Zum Organisationsfonds s. Tz. 304.

die nicht dem MU gehörenden Anteile ist eine Verrechnung im Ausgleichsposten für Anteile anderer Gesellschafter vorzunehmen. Die Entnahme aus dem Organisationsfonds ist im KA rückgängig zu machen; die Kapitalkonsolidierung ist durch den Vorgang nicht berührt[745].

714 § 301 HGB hat eine Aufdeckung der stillen Reserven und Lasten des TU im Zeitpunkt der Erstkonsolidierung zur Folge. Sofern es sich bei dem zu konsolidierenden TU um ein VU handelt, welches die VN über eine **erfolgsabhängige Beitragsrückerstattung** am Erfolg beteiligt, ist fraglich, ob die bei einer Veräußerung der entsprechenden Vermögensgegenstände realisierten stillen Reserven im Rahmen der Überschusszuweisung überwiegend der RfB zuzuführen sind.

715 Im Schrifttum[746] wurde hierzu bislang die Auffassung vertreten, dass die RfB unverändert aus dem EA übernommen werden kann. Begründet wird dies damit, dass sich die Gewinnbeteiligung der VN ausschließlich nach dem handelsrechtlichen Ergebnis des TU richtet. Nur in dieser Höhe besteht aus Sicht des Konzerns eine Verpflichtung gegenüber Dritten. Die RfB kann damit unverändert aus dem EA übernommen werden[747]. Allerdings wird es als sachgerecht angesehen, einen **Ausgleichsposten** zu dem ansonsten zu hoch ausgewiesenen Konzerneigenkapital zu bilden, mindestens jedoch entsprechende Angaben im Konzernanhang zu machen[748].

716 Entsprechend der Berücksichtigung latenter Steuern bei der Aufdeckung stiller Reserven[749] halten wir es für erforderlich, zur wirtschaftlich zutreffenden Bemessung der stillen Reserven und Lasten bei der Bemessung der Zeitwerte die Auswirkungen aus der Beteiligung der VN an den stillen Reserven im EA zu berücksichtigen.

717 Entsprechend dem Ausweis der Rückstellung bei mehrjährigem Beobachtungszeitraum[750] sollte die Rückstellung für latente Beitragsrückerstattung unter dem Posten „Sonstige versicherungstechnische Rückstellungen" ausgewiesen werden.

ee) Zwischenergebniseliminierung

718 § 304 Abs. 1 HGB schreibt vor, dass Zwischenergebnisse, die ganz oder teilweise auf Lieferungen und Leistungen zwischen einbezogenen Unternehmen beruhen, im KA zu eliminieren sind. Das Wahlrecht zur Unterlassung der Zwischenergebniseliminierung, wenn die Lieferungen und Leistungen zu üblichen Marktbedingungen vorgenommen worden sind und zugleich die Eliminierung einen unverhältnismäßig hohen Aufwand erfordern würde, ist durch das Gesetz zur weiteren Reform des Aktien- und Bilanzrechts, zu Transparenz und Publizität (Transparenz- und Publizitätsgesetz – TransPuG) v. 19.07.2002[751] entfallen.

719 Von der Zwischenergebniseliminierung kann nach § 341j Abs. 2 HGB abgesehen werden, wenn die zugrunde liegenden Lieferungen und Leistungen zu marktüblichen Konditionen vorgenommen wurden und sie **Rechtsansprüche von VN** begründet haben.

---

745 Vgl. *IDW*, Versicherungsunternehmen^5, F Tz. 56.
746 Vgl. *IDW*, Versicherungsunternehmen^3, H Tz. 63, sowie *Brünglinghaus/Kubick-Winter* in: KoRVU-Kommentar, Bd. I, K, Rn. 132.
747 Vgl. *Angermeyer/Oser*, VW 1996, S. 957.
748 Vgl. *Angermeyer/Oser*, VW 1996 S. 957, die einen Hinweis im Konzernanhang für ausreichend halten.
749 Vgl. *ADS*^{6}, § 301 HGB, Tz. 94.
750 Vgl. § 31 Abs. 2 Nr. 3 RechVersV.
751 BGBl. I 2002, S. 2681.

Veräußert bspw. ein LVU einen Vermögensgegenstand an ein anderes Konzernunternehmen mit einem Buchgewinn, so wird dieser im EA des LVU als Ertrag aus dem Abgang sowie (wesentlich) zu Lasten der Aufwendungen für Beitragsrückerstattung und zugunsten der RfB gebucht. In der Einzelbilanz des Käufers wird der Vermögensgegenstand mit dessen Anschaffungskosten, also dem Veräußerungspreis, angesetzt. Ohne die Vorschriften des § 341j Abs. 2 HGB wäre zunächst eine Zwischenergebniseliminierung vorzunehmen: zu Lasten des Ertrags aus dem Abgang des Vermögensgegenstandes und zugunsten des entsprechenden Bestandskontos beim Käufer. Zugleich erfolgt ggf. eine Schuldenkonsolidierung auf den Verrechnungskonten der an der Transaktion beteiligten Konzernunternehmen. 720

Nach § 341j Abs. 2 HGB kann auf die Zwischenergebniseliminierung verzichtet werden, wenn die zugrunde liegenden Geschäfte „Rechtsansprüche der VN begründet haben". Damit wird dem Zusammenhang bestimmter Verpflichtungen gegenüber den VN mit den Ergebnissen bestimmter Geschäfte Rechnung getragen. Das betrifft die **Zuführung zur Rückstellung für die (erfolgsabhängige) Beitragsrückerstattung**. Die RfB sind unverändert aus den EA zu übernehmen, da sie aus Sicht des Konzerns Verpflichtungen gegenüber Dritten, den VN, darstellen[752]. Bei einer Zwischenergebniseliminierung würde ein mit der „Mittelverwendung" (in Form der Beitragsrückerstattung) korrespondierender „Mittelzufluss" (aus dem Zwischengewinn) erst in einer Folgeperiode ausgewiesen[753], worin eine Verletzung des Grundsatzes der Abgrenzung der Sache nach gesehen werden könnte[754]. 721

Ein Verzicht auf die Zwischenergebniseliminierung ist anzugeben und bei wesentlicher Bedeutung im **Anhang** zu erläutern. Diese Angabe- bzw. Erläuterungspflicht ergab sich vor der Änderung des HGB durch das TransPuG unmittelbar aus dem Gesetz. Unseres Erachtens folgt eine solche Verpflichtung allerdings bereits aus der wesentlichen Abweichung von Konzern-GoB, die ein Verzicht auf die Zwischenergebniseliminierung bedeutet. Zur Darstellung eines den tatsächlichen Verhältnissen entsprechenden Bildes der Vermögens-, Finanz- und Ertragslage des Konzerns i.S.d. § 297 Abs. 2 HGB ist eine Anhangangabe und bei wesentlicher Bedeutung eine Erläuterung im Anhang nach wie vor erforderlich. 722

ff) Schuldenkonsolidierung

Die Schuldenkonsolidierung kann unter Rückgriff auf § 341j Abs. 2 HGB in dem unter Tz. 720 angeführten Fall nicht entfallen. Da sich normalerweise die Ansprüche und Verpflichtungen in gleicher Höhe gegenüberstehen, erfolgt die Aufrechnung ohne Einfluss auf das Konzernergebnis. Denkbar sind jedoch auch Fälle, in denen sich abweichende Wertansätze gegenüberstehen, die einer erfolgswirksamen Schuldenkonsolidierung bedürfen[755]. 723

---

752 Im Ergebnis ebenso *Brünglinghaus/Kubick-Winter* in: KoRVU-Kommentar, Bd. I, K, Rn. 81.
753 Vgl. *IDW*, Versicherungsunternehmen⁵, F Tz. 69.
754 Vgl. *Wollmert*, S. 66.
755 Siehe Kap. M Tz. 471.

IV. Prüfung

1. Jahresabschlussprüfung

a) Rechtsgrundlagen
aa) Gesetzliche Vorschriften

724 Gemäß § 341k Abs. 1 S. 1 HGB haben VU unabhängig von ihrer Größe ihren JA und LB sowie ihren KA und KLB prüfen zu lassen. Dabei finden grundsätzlich die Vorschriften der §§ 316 bis 323 HGB Anwendung. Abschlussprüfer können dabei ausschließlich WP oder WPG sein[756]. Hat keine vorgeschriebene Prüfung stattgefunden, so kann ein JA nicht festgestellt werden[757].

725 Diese Vorschriften gelten grundsätzlich auch für die Niederlassungen ausländischer VU, die zum Betrieb des Direktversicherungsgeschäfts in Deutschland der Erlaubnis der BaFin bedürfen und nach § 341 Abs. 2 HGB unter den Anwendungsbereich der ergänzenden Vorschriften für VU fallen[758].

726 Von der Prüfungspflicht befreit – und damit von der Anwendung des § 341k HGB sowie der §§ 316 bis 323 HGB ausgenommen – sind bestimmte in § 61 RechVersV beschriebene VU[759]. Daneben sind von der Anwendung ebenfalls ausgenommen die VU, die nach § 341 Abs. 1 S. 2 HGB nicht unter die VersBiRiLi fallen und für die nach der Begründung „die Anwendung der allgemeinen Rechnungslegungsbestimmungen für VU auch nicht erforderlich oder angemessen erscheint"[760].

Es gelten demnach für die JA-Prüfung von VU folgende Vorschriften[761]:

§ 341k HGB sowie §§ 316 bis 324a HGB:

727 Abweichend von den Bestimmungen des § 318 Abs. 1 S. 1 HGB wird bei VU der APr. des JA und LB sowie des KA und KLB vom AR bestimmt[762]. Auch die Auftragserteilung für die Prüfung von JA und KA erfolgt nach § 111 Abs. 2 S. 3 AktG i.V.m. § 35 Abs. 3 S. 1 VAG durch den AR und nicht durch den Vorstand[763].

728 Stellt der APr. bei Durchführung der Prüfung Unrichtigkeiten oder Verstöße gegen gesetzliche Vorschriften sowie Tatsachen fest,

– die den Bestand des geprüften Unternehmens oder des Konzerns gefährden können oder
– seine Entwicklung wesentlich beeinträchtigen können oder
– die schwerwiegende Verstöße der gesetzlichen Vertreter oder von Arbeitnehmern gegen Gesetz, Gesellschaftsvertrag oder Satzung darstellen,

so hat er darüber nicht nur im Rahmen seiner Berichterstattung zu informieren[764], sondern darüber hinaus auch die Aufsichtsbehörde unverzüglich zu unterrichten[765].

---

756 Vgl. § 341k Abs. 1 S. 2 HGB.
757 Vgl. § 341k Abs. 1 S. 3 HGB.
758 Vgl. hierzu die Erläuterungen unter Tz. 18.
759 Vgl. hierzu die detaillierte Darstellung in: *KPMG*, S. 243.
760 Bericht des Rechtsausschusses, BT-Drs. 12/7646, S. 3, sowie Tz. 36. Weitere eventuelle Prüfungspflichten für diese VU bleiben von der Bestimmung in § 341 Abs. 1 S. 2 HGB unberührt.
761 Im Folgenden wird nur auf die von den allgemeinen Vorschriften abweichenden Besonderheiten eingegangen.
762 Vgl. § 341k Abs. 2 HGB.
763 Vgl. *Lingemann/Wasmann*, BB 1998, S. 857; *Dörner*, DB 1998, S. 5; *Geib*, S. 39.
764 Vgl. § 321 Abs. 1 S. 3 HGB.
765 Vgl. § 341k Abs. 3 HGB.

Prüfung K

Ein Prüfer, der ein Unternehmen, das mit einem Erst-VU eine sich aus dem Kontrollverhältnis ergebende enge Verbindung nach § 8 Abs. 1 S. 4 Nr. 2 VAG unterhält, und zugleich dieses Erst-VU prüft, hat die BaFin zu unterrichten, sobald er Feststellungen entsprechend § 321 Abs. 1 S. 3 HGB bei dem verbundenen Unternehmen macht, soweit die festgestellten Tatsachen die Ausübung der Tätigkeit des VU wesentlich beeinträchtigen[766]. 729

Eine Verbindung nach § 8 Abs. 1 S. 4 Nr. 2 VAG besteht, sofern das Unternehmen ein TU oder TU eines TU des VU i.S.d. § 290 HGB ist oder das VU in einem gleichartigen Verhältnis mit einer natürlichen oder juristischen Person verbunden ist.

§ 11a Abs. 3 Nr. 2 VAG stellt klar, dass die versicherungsmathematische Bestätigung des verantwortlichen Aktuars hinsichtlich der ordnungsgemäßen Bildung der Deckungsrückstellungen[767] die Vorschriften zur Prüfung durch den WP in § 341k HGB nicht berührt und damit eine Prüfung durch den WP auch nicht überflüssig macht[768]. 730

§ 55a Abs. 1 Nr. 3 VAG:

Der Bundesminister der Finanzen wird ermächtigt, durch RVO, die nicht der Zustimmung des Bundesrates bedarf, für VU, die **nicht** der Landesaufsicht unterliegen, Vorschriften über den Inhalt der PrB nach § 341k HGB (für den EA und den KA) zu erlassen, soweit dies zur Durchführung der Aufsicht nach diesem Gesetz erforderlich ist. Die VO-Ermächtigung wurde gemäß § 55a Abs. 1 S. 2 VAG mit Hilfe einer VO[769] auf das BAV als Vorgänger der BaFin übertragen. Die Aufsichtsbehörde hat von der Ermächtigung hinsichtlich des Inhalts von PrB Gebrauch gemacht und mit der PrüfV[770] diesbezügliche Vorschriften erlassen. 731

§ 55a Abs. 3 VAG:

Für VU, die der Aufsicht durch die Aufsichtsbehörden der Länder unterliegen, können die Landesregierungen im Benehmen mit der BaFin durch RVO Vorschriften auch nach § 55a Abs. 1 Nr. 3 VAG (Inhalt von PrB) erlassen. Die Landesregierungen können diese Befugnis auf die Aufsichtsbehörde des Landes übertragen. 732

§ 57 Abs. 1 VAG:

Gemäß § 57 Abs. 1 VAG hat der APr. die Erfüllung der in das VAG aufgenommenen **Anzeigepflichten** sowie die Erfüllung **bestimmter Anforderungen**, die sich aus den Vorschriften zur zusätzlichen Beaufsichtigung von Versicherungsgruppen und von VU, die Finanzkonglomeraten angehören, zu prüfen. Zudem besteht nach § 57 Abs. 1 S. 3 VAG die Verpflichtung zur Prüfung des Risikofrüherkennungssystems gemäß § 317 Abs. 4 HGB bei allen VU, auf die § 91 Abs. 2 AktG anzuwenden ist. Die Prüfungspflicht gilt für alle VU in der Rechtsform der AG, durch Verweis in § 156 Abs. 2 VAG auch für alle ö.-r. VU und durch Verweis in § 34 VAG für VVaG. Wegen des Verweises in § 53 Abs. 1 VAG gilt die Prüfungspflicht jedoch nicht für kleine VVaG. Abzugrenzen ist das Risikofrüherkennungssystem vom Risikomanagementsystem i.S.d. § 64a VAG sowie den im BaFin-Rundschreiben 3/2009 festgelegten aufsichtsrechtlichen Mindestanforderungen an das Risikomanagement von VU(MaRisk (VA)). Dieses unterliegt nicht der Prüfungspflicht. 733

---

[766] Vgl. § 57 Abs. 1 S. 4 VAG.
[767] Vgl. Tz. 378.
[768] So auch die Begründung zu § 25 RechVersV, BR-Drs. 823/94, S. 126.
[769] Verordnung zur Übertragung der Zuständigkeit zum Erlass von RVO nach § 55 Abs. 1 des VAG auf das BAV v. 10.07.1986; BGBl. I, S. 1094.
[770] BGBl. I 1998, S. 1209, zuletzt geändert durch Art. 8 Abs. 16 des Gesetzes v. 04.12.2004, BGBl. I, S. 3166.

Bei den in § 57 Abs. 1 S. 1 VAG angeführten **Anzeigepflichten** handelt es sich um solche, die mit

- der Errichtung und Änderung betreffend einer Niederlassung durch das VU (§ 13b VAG),
- der Aufnahme und Erweiterung des Betriebs eines Direktversicherungsgeschäfts (§ 13c VAG),
- der Bestellung eines Geschäftsleiters (§ 13d Nr. 1 VAG),
- dem Ausscheiden eines Geschäftsleiters (§ 13d Nr. 2 VAG),
- dem Inkrafttreten sowie der späteren Änderung der Geschäftsordnung des Vorstandes und des AR (§ 13d Nr. 2a VAG),
- Satzungsänderungen, die eine Kapitalerhöhung zum Gegenstand haben (§ 13d Nr. 3 VAG),
- dem Erreichen, Über- und Unterschreiten von bestimmten Beteiligungsschwellen (§ 13d Nr. 4 VAG),
- der Qualifizierung des VU als TU eines anderen Unternehmens (§ 13d Nr. 4 VAG),
- dem Bestehen, der Änderung oder der Aufgabe einer sonstigen engen Verbindung nach § 8 Abs. 1 S. 4 VAG (§ 13d Nr. 4a VAG) sowie dem
- Halten einer bedeutenden Beteiligung (mittel- oder unmittelbar mehr als 10% des Nennkapitals oder der Stimmrechte) am VU (§ 13d Nr. 5 VAG) und
- Versicherungsholdinggesellschaften und gemischten Finanzholdinggesellschaften (§ 13e VAG)

verbunden sind. Im Einzelnen wird auf den jeweiligen Gesetzeswortlaut verwiesen[771].

734 Erweiterungen der Prüfungspflichten ergeben sich durch das FKRLUmsG. Es ist zu prüfen, ob die **Anforderungen**

- zu internen Kontrollverfahren für die Vorlage von Informationen und Auskünften zur zusätzlichen Beaufsichtigung von VU, die einer Versicherungsgruppe angehören (§ 104d VAG),
- zur Berechnung der bereinigten Solvabilität (§ 104g Abs. 1 VAG),
- zur Angemessenheit der Eigenmittel eines Finanzkonglomerats (§ 104q Abs. 1 S. 1 VAG) – die Angemessenheit der Eigenmittelausstattung richtet sich nach der Finanzkonglomerate-Solvabilitäts-VO (FkSolV)[772]; es sind außerdem § 104q Abs. 2 S. 2 bis 4 und Abs. 9 VAG zu berücksichtigen,
- zur Anzeige von Risikokonzentrationen auf Konglomeratsebene und bedeutender gruppeninterner Transaktionen (§ 104r Abs. 1 VAG) und zur Erfüllung der Voraussetzungen zur Durchführung bedeutender gruppeninterner Transaktionen (§ 104r Abs. 3 und Abs. 4 VAG)

erfüllt worden sind. Es wird auf den jeweiligen Gesetzeswortlaut verwiesen.

Auf Verlangen der Aufsichtsbehörde hat der Prüfer auch sonstige bei der Prüfung bekannt gewordene Tatsachen mitzuteilen, die gegen eine ordnungsgemäße Durchführung der Geschäfte des VU sprechen.

---

771 Vgl. auch *Kölschbach* in: Prölss, VAG[12], § 57, Rn. 1.
772 BGBl. I 2005, S. 2688, zuletzt geändert durch VO v. 18.12.2008, BGBl. I, S. 2767.

Prüfung K

§ 57 Abs. 1a VAG:

Gemäß § 57 Abs. 1a VAG hat der Prüfer eines VU im Rahmen der JA-Prüfung festzustellen, ob die **Verpflichtungen aus dem VAG und dem GwG**[773] zur Verhinderung von Geldwäsche und Terrorismusfinanzierung eingehalten wurden. 735

Nach § 2 GwG i.V.m. § 9 GwG und § 80d VAG müssen LVU und VU, die die Unfallversicherung mit Beitragsrückgewähr anbieten, interne Sicherungsmaßnahmen treffen, um zu verhindern, dass sie zur Geldwäsche und Terrorismusfinanzierung missbraucht werden können. Die in § 9 GwG und § 80d VAG genannten Vorkehrungen haben den Zweck, die Einhaltung der Verpflichtungen aus §§ 3 ff. GwG sicherzustellen. Ob Sicherungsmaßnahmen vorhanden sind und inwieweit sie funktionieren, ist Bestandteil der Prüfungshandlungen. 736

Vorkehrungen i.S.d. § 9 GwG und § 80d VAG sind u.a.:

– die Bestellung eines der Geschäftsleitung unmittelbar nachgeordneten Geldwäschebeauftragten, der Ansprechpartner für die Strafverfolgungsbehörden, das Bundeskriminalamt und die Aufsichtsbehörde ist,

– die Entwicklung und Aktualisierung interner Grundsätze, angemessener geschäfts- und kundenbezogener Sicherungssysteme und Kontrollen zur Verhinderung der Geldwäsche und der Finanzierung terroristischer Vereinigungen,

– die regelmäßige Unterrichtung der Beschäftigten, die befugt sind, bare und unbare Finanztransaktionen durchzuführen, und die mit der Anbahnung und Begründung von Geschäftsbeziehungen befasst sind, über die Methoden der Geldwäsche und der Terrorismusfinanzierung und die nach dem GwG bestehenden Pflichten.

Die Einhaltung der Sorgfaltspflichten gemäß §§ 3 bis 6 GwG ist Bestandteil der internen Sicherungsmaßnahmen und dementsprechend Bestandteil der Prüfung. Allgemeine Sorgfaltspflichten sind Identifizierungspflichten, die Klärung des wirtschaftlich Berechtigten, die Einholung von Informationen über den Zweck der Geschäftsverbindung und die kontinuierliche Überwachung der Geschäftsbeziehung. Hierbei ist zu berücksichtigen, ob der Versicherer den vereinfachten Sorgfaltspflichten der §§ 80e und 80f VAG unterliegt. 737

Zusätzlich zur Prüfung der konkreten Maßnahmen ist die vom zu prüfenden Unternehmen durchgeführte Gefährdungsanalyse einer Prüfung zu unterziehen. Ziel dieser Prüfung ist es festzustellen, ob die Vorgehensweise bzw. Konzeption der Analyse zur Ableitung angemessener Sicherungsmaßnahmen geeignet ist. Dabei ist zu berücksichtigen, ob die Gefährdungsanalyse in angemessener Art und Weise die versicherer- und gruppenspezifischen Risiken erfasst, identifiziert, kategorisiert und gewichtet hat, um darauf aufbauend geeignete Geldwäsche-Präventionsmaßnahmen zu definieren/umzusetzen. 738

Das Ergebnis der Prüfung der Erfüllung der Verpflichtungen gemäß § 57 Abs. 1a VAG ist in den PrB aufzunehmen[774]. 739

---

[773] Gesetz über das Aufspüren von Gewinnen aus schweren Straftaten (Geldwäschegesetz – GwG) v. 25.10.1993, BGBl. I, S. 1770, zuletzt geändert durch Art. 7 des Gesetzes v. 01.03.2011, BGBl. I, S. 288.
[774] § 57 Abs. 1a S. 2 VAG.

1341

§ 57 Abs. 2 VAG:

740 Durch RVO kann das BMF Vorschriften hinsichtlich des Inhalts der PrB zur Prüfung nach § 57 Abs. 1 S. 1 VAG (Erfüllung diverser Anzeigepflichten, Erfüllung diverser Anforderungen, die sich aus dem FKRLUmsG ergeben)[775] erlassen, soweit dies zur Erfüllung der Aufgaben der Aufsichtsbehörde erforderlich ist, insb. um einheitliche Unterlagen zur Beurteilung der von VU durchgeführten Versicherungsgeschäfte zu erhalten. Die VO-Ermächtigung ist gemäß § 57 Abs. 2 S. 2 VAG durch die VO v. 07.09.1994[776] auf die Aufsichtsbehörde übertragen worden. Der Entwurf einer RVO wurde 1997 veröffentlicht[777], aber ist seither nicht in Kraft getreten. Dennoch enthält der Entwurf Anhaltspunkte zur Umsetzung der Berichtspflichten nach § 57 Abs. 1 VAG in der Prüfungspraxis[778].

§ 58 VAG:

741 Der Vorstand des VU hat der Aufsichtsbehörde den vom AR bestimmten APr. unverzüglich anzuzeigen. Bei Bedenken kann die BaFin verlangen, dass innerhalb einer angemessenen Frist ein anderer APr. bestellt wird. Unterbleibt das oder hat die Aufsichtsbehörde auch gegen den neuen APr. Bedenken, so muss sie nach § 58 Abs. 2 S. 3 VAG den APr. selbst bestimmen. In diesem Fall gilt § 318 Abs. 1 S. 4 HGB mit der Maßgabe, dass die gesetzlichen Vertreter, bei Zuständigkeit des AR dieser[779], den Prüfungsauftrag unverzüglich dem von der Aufsichtsbehörde bestimmten Prüfer zu erteilen haben. Unberührt bleiben die gesellschaftsrechtlichen Möglichkeiten der Ablehnung des APr. nach § 318 Abs. 3 HGB[780].

§ 59 VAG:

742 Der Vorstand hat den PrB mit seinen Bemerkungen und denen des AR der Aufsichtsbehörde unverzüglich nach der Feststellung vorzulegen. Diese kann den Bericht mit dem APr. erörtern und ggf. Ergänzungen der Prüfung und des Berichts auf Kosten des VU veranlassen.

§ 60 VAG:

743 Für die der Landesaufsicht unterliegenden ö.-r. VU, für die zur Prüfung ihrer JA nach § 341k HGB zusätzliche landesrechtliche Vorschriften bestehen, gelten die Vorschriften in § 58 VAG (Anzeigepflicht des APr. bei der Aufsichtsbehörde) und in § 59 VAG (Vorlage des PrB bei der Aufsichtsbehörde) nicht.

§ 64 VAG:

744 Sofern VU unter den im Gesetz festgelegten Voraussetzungen von der Verpflichtung befreit sind, den JA prüfen zu lassen, sind die Vorschriften in § 58 VAG (Anzeigepflicht des APr. bei der Aufsichtsbehörde) und in § 59 VAG (Vorlage des PrB bei der Aufsichtsbehörde) nicht anzuwenden. Ob und wie solche VU zu prüfen sind, kann die Aufsichtsbehörde bestimmen.

§§ 137 und 138 VAG (Straf- und Bußgeldvorschriften).

---

775 Vgl. Tz. 733.
776 BGBl. I 1994, S. 2398.
777 Vgl. PrüfZV, in: *Wiechmann/Block* (Hrsg.), Versicherungsgesetze, Nr. 104.
778 Vgl. *Kölschbach* in: Prölss, VAG[12], § 57, Rn. 18.
779 Vgl. § 35 VAG und § 111 AktG.
780 Vgl. *Wiedmann*, Bilanzrecht[2], § 341k HGB, Rn. 17.

bb) PrüfV

Mit RVO v. 03.06.1998 hat der Gesetzgeber den Inhalt von PrB zur gesetzlichen JA- und KA-Prüfung geregelt. Die Notwendigkeit diesbezüglicher gesonderter Vorschriften für VU ist im Aufsichtsrecht begründet. Mit ihnen soll den Besonderheiten des Versicherungsgeschäfts Rechnung getragen werden. **745**

Im Gegensatz zum PrB eines Nicht-VU richtet sich der PrB eines VU nicht nur an den AR als gesetzlichen Vertreter, sondern auch an die BaFin. Daher soll die PrüfV auch deren Informationsbedürfnissen im Hinblick auf die drei Funktionen des PrB (Mitteilung der Feststellungen und des Prüfungsergebnisses, Begründung des Prüfungsergebnisses und Nachweis der Erfüllung des Prüfungsauftrages[781]) Rechnung tragen und den Grundsatz der Vollständigkeit des PrB für VU konkretisieren.

Die PrüfV ist eine RVO, die, im Gegensatz zu dem der PrüfV vorangehenden Rundschreiben R 3/82 des BAV, für den APr. unmittelbar bindend ist. Sie schreibt nur einen Mindestinhalt vor. Eine Erweiterung des Inhalts ist zulässig oder sogar geboten, sofern dies der verbesserten Darstellung der Vermögens-, Finanz- und Ertragslage bzw. der Prüfungsergebnisse dient.

Gesetzliche Grundlage für diese RVO ist § 55a Abs. 1 S. 1 Nr. 3 VAG, der das BMF zum Erlass einer solchen RVO ermächtigt. Die Ermächtigung wurde, wie in § 55a Abs. 1 S. 2 VAG vorgesehen, an die Aufsichtsbehörde delegiert und von dieser schließlich ausgeübt. **746**

Der Inhalt steht nicht im Widerspruch zu den Bestimmungen des HGB, sondern ist vielmehr eine Ergänzung handelsrechtlicher um branchenspezifische und aufsichtsrechtliche Normen. Die PrüfV kann die handelsrechtlichen Normen nicht außer Kraft setzen. Sie steht in der Normenhierarchie – als lediglich materielles Gesetz – unter dem HGB und stellt auch keine Ausnahmeregelung vom HGB dar. In der PrüfV sind die sich durch das KonTraG ergebenden Änderungen (etwa bzgl. der Prüfung des Risikofrüherkennungssystems) nicht berücksichtigt. Die aufsichtsrechtlichen Normen sind nur insoweit prüfungsrelevant, wie sie die Rechnungslegung betreffen. Für die Prüfung weitergehender Sachverhalte wurde in der Vergangenheit bemängelt, dass dem APr. hierzu die Legitimation fehlt. Daher sind solche Sachverhalte, z.B. die Solvabilität, im Rahmen der PrüfV von den berichtspflichtigen Sachverhalten ausgenommen. Es ist in diesem Zusammenhang allerdings auf die Prüfungspflichten hinzuweisen, die sich aus dem FKRLUmsG ergeben[782].

Die Berufsgrundsätze gelten für den APr. weiterhin, allerdings unter der Prämisse der Beachtung der PrüfV.

Die PrB für VU haben somit allen Anforderungen zu entsprechen, die sich aus Handelsrecht, Versicherungsaufsichtsrecht, dem *IDW Prüfungsstandard „Grundsätze ordnungsmäßiger Berichterstattung bei Abschlussprüfungen"*[783] und zusätzlichen vertraglichen Vereinbarungen ergeben.

Die PrüfV gilt sowohl für den PrB zum EA als auch für den zum KA. Die Vorschriften der §§ 4 Nr. 4, 5 Abs. 1 sowie der §§ 6, 11 und 16 PrüfV sind nicht auf RVU anzuwenden, die nicht die Rechtsform eines VVaG haben[784].

---

781 Vgl. *Lück*², S. 176; *ADS*⁶, § 321 HGB, Tz. 32; *Steiner*, S. 138.
782 Vgl. zu diesen § 57 Abs. 1 S. 1 VAG; s. auch Tz. 734.
783 *IDW PS 450*, WPg 2006, S. 113 ff., WPg Supplement 4/2009, S. 1 ff. = FN-IDW 2009, S. 533 ff.
784 Zu den Einzelheiten der PrüfV siehe Tz. 806.

747 Durch Inkrafttreten der „VO über die Prüfung des JA und des LB von VU, auf die § 341k des HGB nicht anzuwenden ist, durch einen unabhängigen Sachverständigen (Sachverständigenprüfverordnung – SachvPrüfV)"[785] ist die „VO über die Rechnungslegung bestimmter kleinerer VVaG i.S.d. § 53 des VAG – bkVReV" aufgehoben worden. Die SachvPrüfV regelt die Prüfungspflicht von VU, auf die § 341k HGB gem. § 61 Abs. 1 RechVersV nicht anzuwenden ist.

b) Prüfungstechnik
aa) Stellungnahmen des Versicherungsfachausschusses des IDW

748 Der VFA des IDW veröffentlicht im Rahmen seiner Facharbeit in unregelmäßigen Zeitabständen *IDW Prüfungsstandards*, *IDW Prüfungshinweise*, *IDW Stellungnahmen zur Rechnungslegung* und *IDW Rechnungslegungshinweise* zu Fragen der Prüfung und Rechnungslegung der VU[786]. Der APr. eines VU hat bei seiner Arbeit sorgfältig zu prüfen, ob die sich hieraus ergebenden Grundsätze in dem von ihm zu bearbeitenden Fall anzuwenden sind. Zu den Veröffentlichungen des VFA vgl. Anhang 3.

Im Übrigen wird in den IDW Fachnachrichten des IDW (FN-IDW) regelmäßig über die Facharbeit des VFA berichtet und dabei ggf. auch auf nicht veröffentlichte Stellungnahmen gegenüber der BaFin hingewiesen.

bb) Prüfungsmethode[787]

749 Stark vereinfachend lässt sich der **Prüfungsprozess** gedanklich in mehrere Schritte einteilen. Ausgangspunkt ist die Prüfung der angemessenen Ausgestaltung des IKS (Aufbauprüfung). In einem nächsten Schritt muss dann berücksichtigt werden, mit welcher Zuverlässigkeit das IKS mögliche Fehler identifiziert. Dazu müssen die internen Kontrollen auf ihre Angemessenheit und Wirksamkeit untersucht werden (Funktionsprüfung). Auf dem Ergebnis dieser Prüfungen aufbauend werden aussagebezogene Prüfungshandlungen durchgeführt. Ihr Ziel besteht darin, die noch verbleibenden Fehlermöglichkeiten zu lokalisieren. Die aussagebezogenen Prüfungen lassen sich in analytische Prüfungshandlungen und in Einzelfallprüfungen unterscheiden. Analytische Prüfungshandlungen sind im Wesentlichen Plausibilitätsprüfungen, während Einzelfallprüfungen auf Stichproben beruhen. Die Intensität der einzelnen Prüfungsschritte wird jeweils vom Ergebnis der vorangegangenen Prüfungen bestimmt.

750 Versicherungsunternehmen bilden in erheblichem Umfang Massenvorgänge über **IT-gestützte Geschäftsprozesse** ab. Soweit die Daten über die Massenvorgänge in die IT-gestützte Rechnungslegung Eingang finden und damit aufzeichnungspflichtige Geschäftsvorfälle abbilden, sind diese rechnungslegungsrelevant. Beim Einsatz von IT-gestützten Rechnungslegungssystemen sind die GoB beim Einsatz von IT entsprechend zu beachten[788].

Neben IT-Systemprüfungen unter dem Einsatz von Prüfsoftware ist die Analyse einzelner Prüffelder anhand von Kennzahlensystemen von Bedeutung. Im Rahmen der gewonnenen Prüfungsnachweise durch Kennzahlenvergleiche oder Benchmarks können bspw. in Zeitvergleichen Schwerpunkte für Einzelfallprüfungen lokalisiert werden.

---

785 Vgl. BGBl. I 2002, S. 1456.
786 Vgl. *IDW PS 201*, WPg Supplement 2/2008, S. 21 ff. = FN-IDW 2008, S. 172 ff., WPg Supplement 4/2009, S. 1 ff. = FN-IDW 2009, S. 533 ff., Tz. 13–15 und Tz. 28–30.
787 Auf die Ausführungen in Kap. R Tz. 32 wird verwiesen.
788 Vgl. hierzu *IDW RS FAIT 1*, WPg 2002, S. 1157 ff. = FN-IDW 2002, S. 649 ff.

Prüfung   K

Darüber hinaus sollten auch die Arbeiten der Internen Revision bzgl. der von VU in hohem Maße durchgeführten IT-gestützten Massenvorgänge Berücksichtigung finden[789]. Aus ihren Ergebnissen können sich ebenfalls wichtige Hinweise für die Prüfungstätigkeiten ergeben.

cc) IT-Systemprüfung/Prüfung des internen Kontrollsystems

Versicherungsunternehmen setzen in erheblichem Umfang IT zur Abwicklung ihrer Geschäftsprozesse ein. Neben konventionellen Prüfungshandlungen wie Abstimmprüfung, Übertragungsprüfung, rechnerische Prüfung und Belegprüfung ist daher die Prüfung der zugrunde liegenden IT-Systeme[790] und des IKS[791] unbedingt notwendiger Bestandteil der Prüfung eines VU. Moderne Prüfungsansätze erweitern die System- und Funktionsprüfung um eine Analyse der Geschäftsprozesse. 751

Ziel der **IT-Systemprüfung** ist die Beurteilung der IT-Fehlerrisiken, d.h. des Risikos wesentlicher Fehler im IT-System, soweit diese rechnungslegungsrelevant sind. Das IT-gestützte Rechnungslegungssystem ist vom APr. dahingehend zu beurteilen, ob es den gesetzlichen und berufsständischen Anforderungen – insb. den in *IDW RS FAIT 1* dargestellten Ordnungsmäßigkeits- und Sicherheitsanforderungen – entspricht, um die nach § 322 Abs. 1 S. 1 HGB i.V.m. § 317 Abs. 1 S. 1 HGB und § 321 Abs. 2 S. 3 HGB geforderten Prüfungsaussagen über die Ordnungsmäßigkeit der Buchführung treffen zu können. Demnach ist es Aufgabe des APr., das IT-System des VU insoweit zu prüfen, als dessen Elemente dazu dienen, Daten über Geschäftsvorfälle oder betriebliche Aktivitäten zu verarbeiten, die entweder direkt in die IT-gestützte Rechnungslegung einfließen oder als Grundlage für Buchungen im Rechnungslegungssystem in elektronischer Form zur Verfügung gestellt werden. Der Begriff der Rechnungslegung umfasst dabei die Buchführung, den JA und den LB bzw. auf Konzernebene den KA und KLB[792].

Im Rahmen der Planung und Durchführung der Abschlussprüfung muss der APr. auch eine Prüfung des **IKS** vornehmen. Originäre prüfungsrelevante Bestandteile des IKS sind das Rechnungslegungssystem einschließlich des Buchführungs- und ggf. des Risikofrüherkennungssystems. Das Rechnungslegungssystem ist dabei dahingehend zu beurteilen, ob es den gesetzlichen Anforderungen entspricht, um die nach § 322 Abs. 1 S. 1 HGB i.V.m. § 317 Abs. 1 S. 1 HGB und § 321 Abs. 2 S. 3 HGB geforderten Prüfungsaussagen über die Ordnungsmäßigkeit der Buchführung treffen zu können[793]. 752

Typischerweise kommen die folgenden Gebiete für eine Systemprüfung und/oder die Prüfung des IKS in Frage: 753

– Bestandsführung;
– Zahlungsverkehr (Inkasso/Exkasso);
– Provisionierungsverfahren;
– Schadenbearbeitung (inklusive Deckungsrückstellung bei LVU und Schadenrückstellungen bei SchVU)[794];
– Vermögensverwaltung und
– Rückversicherungen (aktive und passive).

---

789 Vgl. auch *IDW PS 321*, WPg 2002, S. 686 ff. = FN-IDW 2002, S. 333 ff., FN-IDW 2010, S. 423 ff.
790 Vgl. hierzu *IDW PS 330*, WPg 2002, S. 1167 ff. = FN-IDW 2002, S. 604 ff.
791 Vgl. hierzu *IDW PS 261*, WPg 2006, S. 1433 ff. = FN-IDW 2006, S. 710 ff., WPg Supplement 4/2009, S. 1 ff. = FN-IDW 2009, S. 533 ff.
792 Vgl. *IDW PS 330*, WPg 2002, S. 1167 ff. = FN-IDW 2002, S. 604 ff., Tz. 8.
793 Vgl. *IDW PS 261*, WPg 2006, S. 1433 ff. = FN-IDW 2006, S. 710 ff., WPg Supplement 4/2009, S. 1 ff. = FN-IDW 2009, S. 533 ff., Tz. 36.
794 Vgl. hierzu insb. *IDW PS 560*, WPg 2005, S. 104 ff. = FN-IDW 2005, S. 53 ff., Tz. 15.

Die Bedeutung der Prüfung von Prozessen und IT-Systemen ist durch die Einführung von E-Commerce-Systemen noch weiter angestiegen, da aus der Anbahnung und Abwicklung von Geschäftsvorfällen zwischen Marktteilnehmern in elektronischer Form unter Verwendung verschiedener Informations- und Kommunikationstechnologien über öffentlich zugängliche Netze ganz besondere IT-Risiken resultieren[795].

dd) Prüfung der nichtversicherungstechnischen Posten

Die Prüfung der Posten des JA, für die sich keine versicherungsspezifischen Besonderheiten ergeben, wird an anderer Stelle ausführlich behandelt.[796]

754 Die **Kapitalanlagen** stellen die vermögensmäßige Bedeckung der versicherungstechnischen Passiva dar. Es bestehen daher strenge Beleihungs-, Bewertungs- und Anlagevorschriften, deren Einhaltung unter dem Aspekt der Sicherheit, Risikomischung und der Liquidität geprüft werden muss[797].

755 Nach den obligatorischen Prüfungen der Bewegungen des Bestandes an Kapitalanlagen und ihrer Erträge und Aufwendungen hinsichtlich richtiger Gliederung und Bewertung sollte sich der APr. davon überzeugen, ob die erforderlichen Genehmigungen eingeholt, die Anzeigen an die Aufsichtsbehörde erstattet und die Höchstgrenzen für die Anlagen und Anlagegruppen eingehalten worden sind. Dies bezieht sich insb. auf die richtige Zuordnung der Kapitalanlagen zum Sicherungsvermögen[798], zum sonstigen gebundenen[799] und zum freien Vermögen unter Beachtung der Anlagevorschriften[800]. Einen Prüfungsschwerpunkt sollten hierbei auch die derivativen Finanzinstrumente und strukturierten Produkte bilden.

756 Nach § 54 Abs. 1 VAG ist bei den Kapitalanlagen eine angemessene Mischung und Streuung zu wahren. Einzelheiten hierzu regelt die gemäß § 54 Abs. 3 VAG erlassene Anlageverordnung[801].

757 Bis zum Inkrafttreten der PrüfV hatte der Prüfer die Einhaltung der Kapitalausstattungsvorschriften – **Solvabilität**[802] – zu prüfen. Eine entsprechende Verpflichtung wurde nicht in die PrüfV aufgenommen. Der APr. hat jedoch gemäß § 321 Abs. 1 S. 3 HGB darzustellen, ob bei Durchführung der Prüfung Unrichtigkeiten oder Verstöße gegen gesetzliche Vorschriften, wie die oben genannten Vorschriften, festgestellt wurden. Derartige Feststellungen lösen gemäß § 341k Abs. 3 HGB eine unmittelbare Berichtspflicht an die Aufsichtsbehörde aus. Zudem unterliegt seit der Aufnahme der entsprechenden Vorschriften in § 57 Abs. 1 S. 1 VAG sowohl die **Gruppen-** als auch die **Finanzkonglomeratesolvabilität** der Prüfungspflicht[803].

---

795 Vgl. *IDW RS FAIT 2*, WPg 2003, S. 1258 ff. = FN-IDW 2003, S. 559 ff.
796 Siehe hierzu Kap. R Tz. 397 ff.
797 Vgl. ausführlich bei *IDW*, Versicherungsunternehmen[5], E Tz. 6.
798 Vgl. § 66 VAG.
799 Vgl. § 54 Abs. 5 VAG.
800 Vgl. AnlV, BGBl. I 2001, S. 3913, zuletzt geändert durch VO v. 11.02.2011, BGBl. I, S. 250.
801 Vgl. AnlV, BGBl. I 2001, S. 3913, zuletzt geändert durch VO v. 11.02.2011, BGBl. I, S. 250.
802 Vgl. § 53c VAG i.V.m. Rundschreiben 2/88, VerBAV, S. 135, und Rundschreiben 3/88 des BAV, VerBAV, S. 195, sowie Hinweise zu Rundschreiben 2/88 v. 16.03.1988 und Rundschreiben 3/88 v. 25.03.1989 in VerBAV, S. 4; VerBAV 1992, S. 37.
803 Vgl. § 57 Abs. 1 S. 1 VAG sowie Tz. 734.

ee) Prüfung der versicherungstechnischen Rückstellungen
(1) Beitragsüberträge

Zunächst ist zu klären, ob die Beitragsüberträge für jeden Versicherungsvertrag einzeln (pro rata temporis), im Zuge der Gruppenbewertung oder durch Näherungsverfahren (Bruchteilsystem oder durch Pauschalsätze) errechnet worden sind. 758

Werden die Beitragsüberträge **je Vertrag** einzeln aus den Bestandsbeiträgen errechnet, so ist der Versicherungsbestand einer eingehenden Prüfung zu unterziehen. Wichtig ist, dass er vollständig erfasst und nach Vz., Zahlungsweisen und Fälligkeiten gegliedert ist. 759

Erfolgt die Berechnung der Beitragsüberträge nach dem **Bruchteilsystem** (z.B. Achtel-, Zwölftel- oder Vierundzwanzigstel-System), so ist zu prüfen, ob die in den einzelnen Monaten gebuchten Beiträge der Berechnung richtig zugrunde gelegt worden sind. Zu prüfen ist auch, ob unterjährige Zahlungsweisen und unterjährige Verträge berücksichtigt wurden. 760

Werden die Beitragsüberträge, insb. bei Versicherungsverträgen mit kurzer Laufzeit, **pauschal** ermittelt, so sind die als Bemessungsgrundlage erfassten gebuchten Beiträge und die angewendeten Pauschalsätze zu prüfen. Es müssen für jeden Vz. das Verhältnis der Beitragsüberträge zu den Beiträgen ermittelt und diese Kennzahlen kritisch mit den entsprechenden Daten der Vj. verglichen werden. Soweit sich daraus größere Abweichungen erkennen lassen, sind die Ursachen hierfür zu klären. 761

Die Prüfung der Beitragsüberträge schließt zwangsläufig den **GuV-Posten Beiträge** ein. In der GuV ist der Unterschied zwischen den Beitragsüberträgen am Ende des vorausgegangenen GJ und am Ende des GJ als Veränderung der Beitragsüberträge auszuweisen. 762

Es ist zu prüfen, ob bei der Ermittlung der Beitragsüberträge die jeweils abgesetzten, nicht übertragungsfähigen Beitragsteile entsprechend den hierzu ergangenen aufsichtsbehördlichen Verlautbarungen und Steuererlassen ermittelt worden sind. 763

Bei **LVU** werden die Beitragsüberträge i.V.m. der Deckungsrückstellung geprüft, weil bei der Berechnung der Beitragsüberträge der technische Versicherungsbestand, der auch Grundlage für die Deckungsrückstellung ist, zugrunde gelegt wird. Die Abstimmung des Vertragsbestandes mit dem Beitragsübertragsbestand kann aus zeitlichen Gründen oft nicht für den gesamten Bestand erfolgen. In diesem Fall sollten Teilbestände zugrunde gelegt werden und anhand des Prüfungsplans sichergestellt werden, dass im Laufe mehrerer Prüfungen die Abstimmung für alle Teilbestände erfolgt. Sodann sind in Stichproben Einzelwerte nachzurechnen. Dabei sollten Stichproben aus allen Tarifen gezogen werden. Bei der Nachrechnung sind die technischen Geschäftspläne zugrunde zu legen. Als Plausibilitätsprüfung bietet es sich z.B. an, einen Quotienten aus der Summe der Beitragsüberträge und dem Beitrags-Soll zu bilden. Die erhaltenen Werte können dann mit den entsprechenden Vj.-Werten verglichen werden. Sofern sich die versicherungstechnischen Voraussetzungen nicht geändert haben, weichen – bei hinreichend großen Beständen – die Quotienten in den verschiedenen Jahren nur unwesentlich voneinander ab. Bei Abweichungen von mehreren Prozent-Punkten sind die Gründe dafür zu suchen. 764

(2) Rückstellung für noch nicht abgewickelte Versicherungsfälle
(a) Schaden- und Unfallversicherungsunternehmen

Da die ausreichende Bemessung der Schadenrückstellung eine **erhebliche Bedeutung** für die Sicherstellung der dauernden Erfüllbarkeit der Verpflichtungen aus den Ver- 765 sicherungsverträgen hat, ist der Prüfung dieser Rückstellung ein besonderer Wert beizumessen.

766 *IDW PS 560* enthält hierzu die Grundsätze der Planung, der Durchführung und der Berichterstattung über die Prüfung der Schadenrückstellung aus Sicht des Berufsstandes[804]. Darüber hinaus werden Hinweise zur Prüfung der Schadenregulierungsprozesse, zur Durchführung aussagebezogener Prüfungshandlungen, zur Würdigung von Prüfungsnachweisen auf Basis mathematisch-statistischer Verfahren sowie zu den Besonderheiten der Prüfung der Schadenrückstellung gegeben.

767 Im Rahmen der Prüfungsplanung hat der APr. u.a. ausreichende Kenntnisse über die Geschäftstätigkeit und das wirtschaftliche und rechtliche Umfeld[805] sowie die Funktionsfähigkeit des IKS zu erwerben[806]. Zu Beginn der Prüfung der Schadenrückstellung muss er sich einen Überblick über den Prozess der Schadenregulierung und -bearbeitung verschaffen. Diese Kenntnisse sollen den APr. in die Lage versetzen, die für die Entwicklung der Prüfungsstrategie und Prüfungsplanung relevanten Risikofaktoren zu identifizieren und zu analysieren, und dienen als Grundvoraussetzung für sachgerechte Wesentlichkeitsschätzungen. Bei der Beurteilung, ob die relevanten Risiken aus den Versicherungsverträgen durch das VU angemessen berücksichtigt wurden, hat der APr. die Veränderungen des wirtschaftlichen Umfelds, unternehmensexterne Risikofaktoren, die Zeichnungspolitik des VU, das Regulierungsverhalten, die Abläufe und Organisation der mit der Regulierung befassten Unternehmensbereiche und die Qualifikation der Schadensachbearbeiter zu beachten. Auf Grundlage der vorläufigen Beurteilung der im Schadenbearbeitungs- und Schadenregulierungsprozess eingerichteten Kontrollmaßnahmen und ihrer Angemessenheit hat der APr. in einer angemessenen Kombination sowohl Systemprüfungen als auch aussagebezogene Prüfungshandlungen durchzuführen.

768 Durch die **Systemprüfung** des Schadenregulierungsprozesses holt der APr. Prüfungsnachweise über die angemessene Ausgestaltung (Aufbauprüfung) und die Wirksamkeit (Funktionsprüfung) des auf die Rechnungslegung bezogenen IKS ein. Ausgangspunkt der Systemprüfung ist die Aufnahme des Schadenregulierungsprozesses einschließlich der zur Erfassung, Verarbeitung und Abbildung der Verpflichtungen aus den Schadenfällen eingesetzten IT[807]. Im Rahmen der Aufbauprüfung hat der APr. den Prozess der Schadenregulierung zu analysieren und dessen Ablauf mit den wesentlichen Bearbeitungs- und Kontrollschritten zu beurteilen. Mit Hilfe der Funktionsprüfung gelangt der APr. zu einem Urteil, ob die eingerichteten Kontrollen und Sicherungsmaßnahmen im Arbeitsablauf angemessen und wirksam ausgeführt werden. Die Funktionsfähigkeit des IKS lässt sich durch stichprobenartige Überprüfung von erfolgten Verarbeitungs- und Kontrollvorgängen sowie durch Befragung und Beobachtung feststellen[808].

---

804 Vgl. *IDW PS 560*, WPg 2005, S. 104 ff. = FN-IDW 2005, S. 53 ff.

805 Vgl. *IDW PS 230*, WPg 2000, S. 842 ff. = FN-IDW 2000, S. 460 ff., WPg 2006, S. 218 = FN-IDW 2006, S. 1.

806 Vgl. *IDW PS 560*, WPg 2005, S. 104 ff. = FN-IDW 2005, S. 53 ff., Tz. 5–14. Zu den Grundsätzen der Planung der Abschlussprüfung vgl. *IDW PS 240*, WPg 2000, S. 846 ff. = FN-IDW 2000, S. 464 ff., WPg 2006, S. 218 = FN-IDW 2006, S. 1, WPg Supplement 1/2011, S. 1 = FN-IDW 2011, S. 113 f.; zur Prüfung des IKS vgl. *IDW PS 261*, WPg 2006, S. 1433 ff. = FN-IDW 2006, S. 710 ff., WPg Supplement 4/2009, S. 1 ff. = FN-IDW 2009, S. 533 ff.

807 Da es sich hierbei fast ausnahmslos um IT-gestützte Geschäftsprozesse handelt, sind – soweit diese Daten in die IT-gestützte Rechnungslegung Eingang finden und damit aufzeichnungspflichtige Geschäftsvorfälle abbilden – die Grundsätze der Abschlussprüfung bei Einsatz von IT entsprechend zu beachten; vgl. dazu *IDW PS 330*, WPg 2002, S. 1167 ff. = FN-IDW 2002, S. 604 ff.

808 Zur Aufbauprüfung und Funktionsprüfung des Schadenregulierungsprozesses vgl. ausführlich *IDW PS 560*, WPg 2005, S. 104 ff. = FN-IDW 2005, S. 53 ff., Tz. 15.

Prüfung K

Die Systemprüfung gibt Aufschluss darüber, in welchem Maße **aussagebezogene Prü-** 769
fungshandlungen durchgeführt werden müssen, um eine hinreichende Sicherheit darüber
zu erhalten, dass die in der Rechnungslegung enthaltenen Aussagen keine wesentlichen
falschen Angaben enthalten. Hierzu werden weitere Prüfungsnachweise im Rahmen der
aussagebezogenen Prüfungshandlungen einerseits durch analytische Prüfungshandlungen, aber auch durch Einzelfallprüfungen eingeholt.

Ein wesentliches Mittel im Rahmen der **analyseorientierten Prüfung** der Schadenrückstellungen ist der Einsatz von vergleichenden Kennzahlen und Benchmarks sowie die jahrgangsweise Abwicklung der Vj.- und der Ursprungsschadenrückstellungen (Ablaufstatistik); außerdem erlangen Verprobungsmethoden eine zunehmende Bedeutung. Wichtige Kennzahlen sind z.B. Abwicklungsgeschwindigkeit sowie – jeweils ursprünglich und bereinigt – Schadenquote, durchschnittlicher Schadenaufwand, Durchschnittsbetrag der zurückgestellten Schäden und Verhältnis der Schadenrückstellungen zu Schadenzahlungen bzw. zu den Beitragseinnahmen. Den Abwicklungsergebnissen aus der Schadenrückstellung als entscheidendem Anhaltspunkt für die Angemessenheit der Vj.-Rückstellungen ist dabei besondere Bedeutung beizumessen.

Schließlich liefern **Einzelfallprüfungen** dem APr. vor dem Hintergrund der aus der Prü- 770
fung des IKS und aus analytischen Prüfungshandlungen gewonnenen Prüfungsfeststellungen einen abschließenden Einblick in den Ablauf des Schadenregulierungsprozesses. Im Rahmen der Einzelfallprüfung werden einzelne Schadenakten geprüft[809].
Hierdurch soll sich der Prüfer einen abschließenden Eindruck über die ordnungsgemäße
Führung der Schadenakten und die Aktualität der gebildeten Rückstellungen verschaffen.
Dabei ist insb. zu berücksichtigen, ob Rückstellungsveränderungen durch Zahlungen und
Neuschätzungen ordnungsmäßig berücksichtigt worden sind.

Die Auswahl der zu prüfenden Einzelfälle ist unter Berücksichtigung der Angemessenheit 771
und Wirksamkeit des IKS und des Schadenregulierungsprozesses insgesamt sowie der
Zusammensetzung der Gesamtheit der Schadenrückstellungen nach pflichtgemäßem Ermessen des APr. zu treffen. Sofern der Prozess IT-gestützt ist, bietet es sich an, für die
Auswahl der Schadenakten neben der Höhe einzelner Rückstellungsbeträge anhand spezieller Selektionskritierien (z.B. Abwicklungsergebnis, Schadenanfalljahr, Schadenmeldejahr) auch besonders auffällige Einzelschäden für die Einzelfallprüfung auszuwählen.

Bei der Prüfung der Schadenrückstellungen dient der Einsatz **mathematisch-statisti-** 772
scher Verfahren[810] zur Würdigung der in der Systemprüfung und den aussagebezogenen
Prüfungshandlungen ermittelten Prüfungsnachweise. Anhand von statistischen Programmen werden dabei aus den Zahlungsreihen der Vergangenheit Zukunftswerte prognostiziert, die ein Beurteilungskriterium für die Rückstellungsbildung und damit für weitere Prüfungshandlungen sein können.

Die Ergebnisse dieser Auswertungen dürfen nicht unkritisch übernommen werden. Bei
der Herleitung der Prognosewerte beschreitet jedes der Verfahren einen anderen Weg.
Allen ist die Unterstellung gemeinsam, dass die vergangenheitsbezogenen Eingabedaten
in bestimmter Weise ein stagnierendes oder trendbezogenes Verhalten zeigen. Demzufolge ist es für die sinnvolle Anwendung jedes der Prognosemodelle erforderlich, die
Haltbarkeit der Modellannahmen anhand der Beobachtungsdaten zu überprüfen. Darüber

---

809 Vgl. *IDW PS 560*, WPg 2005, S. 104 ff. = FN-IDW 2005, S. 53 ff., Tz. 26 und Tz. 35.
810 Vgl. *IDW PS 560*, WPg 2005, S. 104 ff. = FN-IDW 2005, S. 53 ff., Tz. 41.

hinaus ist die Frage, ob ein erkennbarer Trend sich auch in der Zukunft fortsetzen wird, kritisch zu prüfen.

773 Außerdem sollten in die Untersuchung der Angemessenheit der am Ende des zu prüfenden GJ gestellten Schadenrückstellung die Schadendaten für die Vj.- und GJ-Schäden einbezogen sowie die Abwicklung der Teilschadenrückstellung für Spätschäden nach Anfalljahren berücksichtigt werden. Ergeben sich hierbei in Teilbereichen auffällige Abweichungen vom tatsächlichen Bedarf, so sind bei den nach einem Gruppenbewertungsverfahren und pauschal ermittelten Teilschadenrückstellungen die diesen Methoden zugrunde liegenden Faktoren zu überprüfen und erforderlichenfalls vom VU zu korrigieren.

774 Ein besonderes Augenmerk wird der APr. darauf richten, ob die in dem geprüften GJ angefallenen oder verursachten, jedoch erst in den Folgejahren dem VU gemeldeten Versicherungsfälle (sog. Spätschäden) durch eine ausreichende Spätschaden-Rückstellung – auch IBNR-Rückstellung (incurred but not reported) genannt – berücksichtigt worden sind. Es ist darauf zu achten, dass die zur Bemessung der Spätschaden-Rückstellung angewandten Schätzmethoden (z.B. geschätzte Stückzahl an Spätschäden multipliziert mit der durchschnittlichen Schadenhöhe solcher Spätschäden) die Erfahrungen der Vergangenheit angemessen berücksichtigen und ob die für die Berechnungen verwendeten Daten richtig, vollständig und relevant sind.

775 Wird die Schadenrückstellung nicht nach den Grundsätzen der Einzelbewertung, sondern im Wege der Gruppenbewertung oder nach pauschalen Schätzmethoden ermittelt, so muss der APr. sich davon überzeugen, dass die hierfür notwendigen Voraussetzungen bei dem VU gegeben sind[811].

776 Zur Verarbeitung von Massendaten im Rahmen der Prüfung der Schadenrückstellung wird der APr. oftmals mit **Selektionssoftware** arbeiten.

777 Die Prüfung der Rückstellungen muss sowohl für das Gesamtgeschäft als auch für den Selbstbehalt nach Abzug der Anteile der Rückversicherer erfolgen. Die Prüfung der in der Schadenrückstellung enthaltenen **Rückstellung für Schadenregulierungsaufwendungen** erstreckt sich insb. darauf, ob die in den einschlägigen Erlassen vorgesehenen Verfahren eingehalten und die zugrunde gelegten Daten ordnungsgemäß ermittelt worden sind.

778 Die **Renten-Deckungsrückstellung** ist daraufhin zu prüfen, ob die Berechnung in Übereinstimmung mit dem Geschäftsplan erfolgte. Es ist darauf zu achten, dass im GJ verrentete Schäden bei der Abwicklung der Vj.-Rückstellungen berücksichtigt werden und dass die verrenteten Schäden bei der Stellung der Schadenrückstellungen nicht erneut erfasst werden. Da für die Gegenwerte dieser Rückstellungen ein SV (Sicherungsvermögen) gebildet werden muss, ist zu gewährleisten, dass diese Versicherungsfälle rechtzeitig aus der Schadenrückstellung in die Renten-Deckungsrückstellung überführt werden.

(b) Lebensversicherungsunternehmen

779 Im Gegensatz zu SchVU ist hier für einen großen Teil der noch nicht abgewickelten Versicherungsfälle die Höhe der ausstehenden Versicherungsleistung genau bekannt[812]; es sei denn, es handelt sich um grundsätzliche Zweifel an der Leistungspflicht des VU oder um die pauschale Spätschadenrückstellung. Zudem werden die meisten Versicherungsfälle aus der Schadenrückstellung im folgenden GJ sehr schnell abgewickelt.

---

811 Vgl. hierzu Tz. 418.
812 Siehe auch Tz. 430.

Prüfung

Die **Prüfungsschwerpunkte** können sich daher neben der exakten Ermittlung der Versicherungsleistung im Einzelfall auf die Feststellung beschränken, dass für die in der Rückstellung für noch nicht abgewickelte Versicherungsfälle erfassten Fälle keine Deckungsrückstellungen oder Beitragsüberträge bilanziert sind (technische Bestandsabgrenzung). 780

Da die in der **Spätschadenrückstellung** erfassten nicht abgewickelten Versicherungsfälle erst nach dem Bestandsfeststellungstermin bekannt geworden sind, konnte für sie eine Bestandskorrektur nicht mehr vorgenommen werden. Aus diesem Grund werden für sie noch Beitragsüberträge und Deckungsrückstellungen ausgewiesen, die zur Ermittlung der Rückstellungshöhe von der Versicherungsleistung abgezogen werden müssen. 781

Es ist darauf zu achten, dass für noch nicht abgewickelte Fälle im Bereich der **Berufsunfähigkeitszusatzversicherung** – sofern sie einen wesentlichen Umfang angenommen haben – ebenfalls eine Rückstellung gebildet wird. Zu erfassen sind alle Fälle aus dem Bilanzjahr oder aus früheren Jahren, die bis zum Zeitpunkt der Bestandsfeststellung bzw. der Bilanzaufstellung gemeldet worden sind und bei denen die Berufsunfähigkeit 782

– bereits anerkannt wurde, die bestandsmäßige Verarbeitung mit Wirkung für das Bilanzjahr aber nicht mehr durchgeführt werden konnte,
– noch nicht anerkannt wurde.

Im letzten Fall sind in die Ermittlung der Rückstellungshöhe die aus den Beobachtungen der Vergangenheit gewonnenen Wahrscheinlichkeiten der Anerkennung der Berufsunfähigkeit und des Eintritts von Reaktivierungen einzubeziehen.

Bei der **Ermittlung des Abwicklungsergebnisses** ist zu beachten, dass sich bei der Spätschadenrückstellung unechte Abwicklungsgewinne und -verluste ergeben können. Unechte Verluste entstehen bei Todes- und Heiratsfällen (außer bei Tod zu Termfix- und Aussteuerversicherungen) dadurch, dass die Rückstellung in Höhe der Versicherungsleistung abzgl. Beitragsübertrag und Deckungsrückstellung gestellt wird, bei der Abwicklung die Zahlung aber in Höhe der Versicherungsleistung aus der Rückstellung genommen wird. Unechte Gewinne entstehen bei Tod zu Termfix- und Aussteuerversicherungen und bei Berufsunfähigkeitszusatzversicherungen. Hier wird im Bilanzjahr die Differenz zwischen der Aktiven-Deckungsrückstellung, die noch im Deckungsrückstellungsbestand ausgewiesen wird, und der Deckungsrückstellung im Todesfall bzw. bei Berufsunfähigkeit in die Spätschadenrückstellung eingestellt. Im Folgejahr wird diese Differenz nicht von der Spätschadenrückstellung in die Deckungsrückstellung umgebucht, sondern in der Spätschadenrückstellung aufgelöst (automatischer Gewinn) und in die Deckungsrückstellung als Aufwand über den entsprechenden GuV-Posten eingestellt. 783

(c) Krankenversicherungsunternehmen

Die Schadenrückstellung bei KVU wird grundsätzlich nicht im Wege der Einzelbewertung, sondern anhand eines Näherungsverfahrens ermittelt[813]. Dabei ist, ausgehend von den in den ersten Monaten des Folgejahres für das GJ gezahlten Versicherungsleistungen, auf den erwarteten Gesamtbedarf hochzurechnen. Hierbei werden die durchschnittlichen Erfahrungswerte aus mindestens drei vorhergehenden GJ zugrunde gelegt. Der APr. hat sich zunächst von der ordnungsgemäßen Ermittlung der Basiswerte zu überzeugen. Gleichzeitig ist aber auch darauf zu achten, ob aufgrund erkennbarer Trends oder sonstiger außergewöhnlicher Einflüsse die routinemäßige Anwendung der oben beschriebenen Durchschnittsmethode eine angemessene Dotierung der Schadenrück- 784

---

813 Siehe auch Tz. 435.

stellung gewährleistet. Die im Rahmen der Systemprüfung und der aussagenbezogenen Prüfungshandlungen eingeholten Prüfungsnachweise sollte der APr. zusätzlich auf Basis mathematisch-statistischer Verfahren würdigen[814].

(d) Alle Versicherungsunternehmen

785 In der GuV werden die Schadenleistungen für das GJ abzgl. der Erträge bzw. zzgl. der Aufwendungen aus der Abwicklung der Vj.-Schadenrückstellungen als Aufwendungen für Versicherungsfälle ausgewiesen. Bei den Feststellungen der Schadenleistungen ist auf eine richtige Erfassung und Abgrenzung der Versicherungsleistungen von den Aufwendungen für die Schadenregulierung zu achten. Diese Abgrenzung hat Bedeutung für die Berechnung der Rückstellung für Schadenregulierungsaufwendungen und für die Abrechnung mit dem Rückversicherer, der sich i.d.R. nur an den Versicherungsleistungen im engeren Sinne und bestimmten Teilen der Schadenregulierungsaufwendungen beteiligt. Es ist zu prüfen, ob bei Ermittlung der Versicherungsleistungen die getroffenen Vereinbarungen sowie die Versicherungsbedingungen beachtet worden sind.

(3) Deckungsrückstellung[815]

786 Bei **LVU** und **KVU** ist die Deckungsrückstellung im Allgemeinen der Höhe nach der **gewichtigste Bilanzposten**. Seine Bedeutung hinsichtlich der Erfüllbarkeit der tariflichen Leistungsverpflichtung gegenüber den VN unterstreichen dazu die Vorschriften in §§ 11a bis 12 VAG, nach denen der verantwortliche Aktuar unter der Bilanz die Richtigkeit der Berechnung ausdrücklich bestätigen muss. Darüber hinaus stellen § 11a Abs. 3 Nr. 2 VAG und § 17 Abs. 1 PrüfV klar, dass die versicherungsmathematische Bestätigung des verantwortlichen Aktuars die Prüfungspflicht des APr. nicht berührt und seine Prüfung damit auch nicht überflüssig macht[816].

787 Soweit eine Aktivierung von negativen Deckungsrückstellungen unter „Forderungen an VN – noch nicht fällige Ansprüche" erfolgt, wird dieses Aktivum im Zusammenhang mit der Deckungsrückstellung geprüft. Ebenso empfiehlt es sich, den GuV-Posten „Beiträge aus der Brutto-RfB" mitzuprüfen, da dieser Posten die für die Beitragsrückerstattung verwendeten Beträge repräsentiert, die zur Erhöhung der Versicherungssumme verwendet und am Ende des GJ der Deckungsrückstellung zugewiesen werden.

788 Der **technische JA-Bestand**, also das Inventar aller am Bilanzstichtag im Bestand befindlichen Versicherungsverträge, ist Grundlage für die Ermittlung der Deckungsrückstellung. Der APr. muss daher zunächst die Vollständigkeit des Inventars und die korrekte Stichtagsabgrenzung prüfen.

789 Weitere Prüfungshandlungen im Rahmen der Deckungsrückstellung beziehen sich auf die Ordnungsmäßigkeit der Bestandsführung, da die im Versicherungsbestand gespeicherten technischen Daten Grundlage für die mathematische Einzelberechnung sind. Die Vollständigkeit und Stichtagsabgrenzung des JA-Bestandes wird durch IT-Systemprüfungen, durch Abstimm- oder Vergleichsprüfungen sowie durch Kombination dieser Verfahren kontrolliert. Wesentlicher Teil der Abstimmhandlungen ist der Vergleich von JA-Bestand und **Inkassobestand** – sofern dieser noch getrennt geführt wird –, da dieser wegen seiner direkten Verbindung zum VN ein „lebender" Bestand ist, der sich weitgehend selbst kontrolliert und somit eine unbemerkte mehrjährige Fehlerakkumulation weitgehend aus-

---

814 Vgl. *IDW PS 560*, WPg 2005, S. 104 ff. = FN-IDW 2005, S. 53 ff., Tz. 41.
815 Vgl. insb. *Minz/Richter*, in: HdV, S. 585.
816 So auch die Begründung zu § 25 RechVersV, BR-Drs. 823/94, S. 126.

Prüfung K

schließt. Bei der Prüfung der Ordnungsmäßigkeit der Bestandsführung sind die gleichen Prüfungsmethoden anzuwenden wie bei der Prüfung der Vollständigkeit und der Stichtagsabgrenzung des Bestandes.

Ein Hauptaugenmerk der IT-Systemprüfung gilt in diesem Zusammenhang der Funktionsfähigkeit des **IKS**. Es wird dabei untersucht, inwieweit das Bestandsführungssystem durch interne Plausibilitäten und Prüfroutinen die Richtigkeit der technischen Daten im Bestand gewährleistet. Einzelprüfungen werden insoweit durchgeführt, als man für bestimmte Verträge die technischen Daten vollständig überprüft. Sinnvollerweise werden dabei Verträge herangezogen, bei denen im GJ bestimmte Vertragsänderungen vorgenommen wurden. Im Fall von aktionsmäßigen Bestandsänderungen können Plausibilitätskontrollen anhand der Verarbeitungsprotokolle oder Statistiken vorgenommen werden. Auch im Zusammenhang mit der Prüfung der mathematischen Berechnung der Deckungsrückstellung werden als umfassendste und sicherste Verfahren IT-Systemprüfungen durchgeführt. Im Rahmen der langfristigen Prüfungsplanung können in einem mehrjährigen Zyklus jeder Tarif oder jede sonstige Berechnungseinheit durch umfangreiche Stichproben geprüft werden. Dabei ist jedoch zu beachten, dass die Planung von Folgeprüfungen auf einem aktualisierten Kenntnisstand aufbaut[817]. Die rechnerische Höhe der Deckungsrückstellung und ihre Veränderung gegenüber dem Vj. wird außerdem mit Hilfe von Plausibilitäten und langjährigen Kennzahlen global verifiziert.

Die Prüfung der **Aggregation und Buchung** kann zum einen durch einen Vergleich des Ergebnisses der für die Elemente der einzelvertraglichen Stichproben genutzten Verdichtungsprogramme bzw. Auswertungsroutinen des LVU mit dem durch ein Prüfprogramm ermittelten Wert durchgeführt werden. Zum anderen können anhand von geeigneten Plausibilitätsprüfungen aggregierte Werte auf der Ebene von Teilbeständen verprobt werden. 790

Die Prüfung der **Rechnungsgrundlagen und der Bewertung** stellt die herausgehobene Prüfungshandlung im Rahmen der Prüfung der Deckungsrückstellung dar. 791

Hinsichtlich der Prüfung der Rechnungsgrundlagen des **Altbestandes** kann man sich i.d.R. darauf beschränken festzustellen, ob die Vorschriften des Geschäftsplans hierzu eingehalten worden sind und diese dem handelsrechtlichen Vorsichtsprinzip genügen. 792

Bezüglich der Prüfung der Rechnungsgrundlagen des **Neubestandes** ist der Erläuterungsbericht des verantwortlichen Aktuars gemäß § 11a Abs. 3 Nr. 2 VAG der Ausgangspunkt. Bei der Verwertung der Arbeiten des verantwortlichen Aktuars sind die allgemeinen Berufsgrundsätze zur Verwertung der Arbeit von Sachverständigen gemäß *IDW PS 322* zu beachten. Die Mindestanforderungen an den Erläuterungsbericht des verantwortlichen Aktuars werden im Wesentlichen durch § 6 AktuarV festgelegt. Gemäß § 7 AktuarV soll der Erläuterungsbericht des verantwortlichen Aktuars bei Abgabe der versicherungsmathematischen Bestätigung beim Vorstand vorliegen. 793

Für die kritische Würdigung des Berichts des verantwortlichen Aktuars ist es notwendig, dass sich der APr. auf Basis anderer Informationsquellen ein Bild im Hinblick auf die unternehmensspezifischen Risiken macht. Die wichtigste Informationsquelle bildet die interne Rechnungslegung gegenüber der BaFin. Die in den Nachweisungen 213 bis 219 unternehmensindividuell angegebene Gewinnzerlegung lässt den Einfluss einzelner Ergebnisquellen auf den Rohüberschuss bzw. Rohfehlbetrag erkennen. Hierbei ist zu berücksichtigen, dass die Gewinnzerlegung eine Analyse von Vergangenheitswerten dar- 794

---

817 Vgl. *IDW PS 240*, WPg 2000, S. 846 ff. = FN-IDW 2000, S. 464 ff., WPg 2006, S. 218 = FN-IDW 2006, S. 1, WPg Supplement 1/2011, S. 1 = FN-IDW 2011, S. 113 f., Tz. 13.

stellt und die Deckungsrückstellung i.d.R. prospektiv zu ermitteln ist. Die zweite wichtige Informationsquelle zur Beurteilung des Berichts des verantwortlichen Aktuars bilden die von der DAV verabschiedeten Fachgrundsätze.

795 Die Prüfung der Rechnungsgrundlagen umfasst im Einzelnen die Prüfung des verwendeten Rechnungszinses, die Prüfung von unternehmensindividuellen biometrischen Rechnungsgrundlagen, die Prüfung der Neubewertung der Deckungsrückstellung bei Rentenversicherungen und die Prüfung der Berücksichtigung von Verwaltungskosten[818].

(4) Rückstellung für Beitragsrückerstattung

796 Die Arbeit des APr. konzentriert sich hinsichtlich der Verwendung der RfB – soweit es die Entnahmen des GJ betrifft – auf die Prüfung des Verwendungszeitpunkts, die grundsätzliche Überschussberechtigung einzelner VN sowie die im Einzelfall exakte Höhe der entsprechenden Zuteilung. Dabei ist es unerheblich, ob die Entnahmen tatsächlich ausgezahlt, im Rahmen der Verbindlichkeiten verzinslich angesammelt oder als Beiträge in die Deckungsrückstellung geflossen sind. Bei den nicht ausgezahlten Verwendungsbeträgen, die also dem einzelnen VN in verbindlich zugeordneter Form im Unternehmen verbleiben, ergeben sich zu prüfende Querverbindungen z.B. zur Deckungsrückstellung (bei LVU und KVU) oder zu den Verbindlichkeiten gegenüber VN aus gutgeschriebenen bzw. nicht abgehobenen Überschussanteilen (LVU).

797 Hinsichtlich der Zuweisung zur RfB sind sowohl § 56a VAG als auch die entsprechenden Satzungs- und Geschäftsplanbestimmungen bzw. die vertraglichen Vereinbarungen mit der vorgenommenen Bilanzierung abzustimmen.

798 Gemäß § 56a VAG hat der AR bei Versicherungs-AG der Entscheidung des Vorstandes, welche Beträge für die Überschussbeteiligung der Versicherten zurückzustellen sind, zuzustimmen. Auch bei anderen Rechtsformen kann die Satzung ein entsprechendes Zustimmungserfordernis vorsehen. Bis der AR seine Genehmigung gegeben oder verweigert hat, ist eine Entscheidung des Vorstandes schwebend unwirksam[819]. Wird der Zustimmungsbeschluss des AR nicht zeitlich vor dem Datum der Testatserteilung gefasst, so berücksichtigt der geprüfte JA bereits einen Sachverhalt, der zu seiner Wirksamkeit noch eines von der Feststellung des geprüften JA unabhängigen Beschlusses des AR bedarf.

799 Nach Auffassung des VFA[820] empfiehlt es sich, den BestV unter der aufschiebenden Bedingung abzugeben, dass der AR dem Beschluss des Vorstandes über die Überschussbeteiligung der Versicherten zustimmt[821]. Im Rechtssinne handelt es sich um eine Erteilung des Testats unter einer aufschiebenden Bedingung (§ 158 BGB). Die Bedingung ist dem Testat unmittelbar voranzustellen[822]. Der VFA schlägt für den unter einer aufschiebenden Bedingung abgegebenen BestV folgende Formulierung vor[823]:

---

818 Vgl. hierzu ausführlich *IDW*, Versicherungsunternehmen[5], B I Tz. 120 f.
819 Vgl. *Kölschbach* in: Prölss, VAG[12], § 56a, Rn. 11.
820 Vgl. FN-IDW 1994, S. 396; der nach Auffassung des VFA aufzunehmende Zusatz, dass der BestV nicht ohne die vorangestellte Bedingung veröffentlicht werden kann, sofern die Bedingung noch nicht eingetreten ist, ist in *IDW PS 400*, WPg Supplement 4/2010, S. 25 ff. = FN-IDW 2010, S. 537 ff., Tz. 101, nicht vorgesehen.
821 Vgl. *ADS*[6], § 322 HGB, Tz. 50; vgl. zur grundsätzlichen Erteilung bedingter BestV *IDW PS 400*, WPg Supplement 4/2010, S. 25 ff. = FN-IDW 2010, S. 537 ff., Tz. 98; BeBiKo[7], § 322 HGB, Rn. 180.
822 Vgl. *IDW PS 400*, WPg Supplement 4/2010, S. 25 ff. = FN-IDW 2010, S. 537 ff., Tz. 101.
823 Vgl. FN-IDW 1994, S. 396.

"Unter der Bedingung, dass der AR dem Beschluss des Vorstandes zustimmt, vom Gesamtüberschuss € ... der RfB zuzuweisen, erteile/n ich/wir den nachstehenden Bestätigungsvermerk:

Bestätigungsvermerk des Abschlussprüfers ..."

Die Verwendung des BestV ohne die Angabe der aufschiebenden Bedingung sollte mit dem APr. abgestimmt werden[824].

Mit Eintritt der genannten Bedingung wird das Testat voll wirksam. Die Zufügung der Bedingung vor dem Testat kann dann entfallen.

(5) Schwankungsrückstellung

Ziel der Prüfung der Schwankungsrückstellung sowie der sog. Großrisikenrückstellungen und der Rückstellung für Terrorrisiken ist die Feststellung, dass die Berechnung der Rückstellung nach den Vorschriften der §§ 29 und 30 RechVersV sowie der Anlage zu § 29 RechVersV erfolgte. Hält ein Unternehmen über die nach den Vorschriften zu bildende Schwankungsrückstellung hinaus eine zusätzliche Risikovorsorge für angebracht, insb. weil der Sollbetrag der Schwankungsrückstellung noch nicht erreicht ist, so kann der entsprechende Betrag nicht unter dem Posten Schwankungsrückstellung ausgewiesen werden. Er ist unter dem Eigenkapital auszuweisen, wobei er als gesonderter Unterposten mit der Bezeichnung Schwankungsrücklage ausgewiesen werden kann[825]. 800

Als Prüfungsfelder lassen sich die Voraussetzungen der Rückstellungsbildung, die eingehenden Basisdaten des Beobachtungszeitraums, die Berechnung der Rückstellung sowie deren Ausweis im JA unterscheiden. Auf dem geprüften JA des vorangegangenen GJ kann dabei aufgesetzt werden.

(6) Rückstellung für drohende Verluste aus Versicherungsgeschäften

Für die Bildung der Rückstellung für drohende Verluste aus schwebenden Versicherungsgeschäften gibt es nicht *ein* gesetzliches Verfahren und auch nicht *ein* allgemein steuerlich und *ein* aufsichtsrechtlich anerkanntes Berechnungsschema. Im Rahmen der Prüfung ist die Rückstellung daher wie folgt zu untersuchen: 801

(1) Ist das vom VU angewendete Berechnungsverfahren als solches plausibel und ist gewährleistet, dass gemäß dem Imparitätsprinzip die gesamten drohenden Verluste aus dem am Ende des GJ vorhandenen Versicherungsbestand berücksichtigt werden? Zu prüfen ist, ob alle Leistungen des VU und alle Gegenleistungen an das VU in die Berechnung eingeflossen sind.

(2) Wird die Rückstellung jeweils für einzelne korrekt nach versicherungstechnischen Kriterien abgegrenzte Risikogruppen (z.B. Vz., Versicherungsarten) gebildet?

(3) Sind die einzelnen in die Berechnung eingeflossenen Zahlen der Vergangenheit korrekt?

(4) Inwieweit sind diese Vergangenheitsdaten für die Zukunft aussagekräftig oder sind aufgrund aktueller Entwicklungen Anpassungen notwendig?

---

824 Vgl. *IDW PS 400*, WPg Supplement 4/2010, S. 25 ff. = FN-IDW 2010, S. 537 ff., Tz. 100.
825 Vgl. Verstärkungen der Schwankungsrückstellung, VerBAV 1987, S. 78.

(7) Besonderheiten für in Rückdeckung übernommenes bzw. in Rückdeckung gegebenes Versicherungsgeschäft

802 Die Prüfung der versicherungstechnischen Rückstellungen – insb. Schadenrückstellung, Beitragsüberträge, Deckungsrückstellung und RfB – im Bereich des in Rückdeckung übernommenen Versicherungsgeschäfts erfolgt grundsätzlich nach den **Aufgaben** der Vorversicherer.

803 Mit Hilfe von **Ablaufstatistiken** kann sich der Prüfer im Bereich der Schadenrückstellung über den bisherigen Verlauf des Rückversicherungsgeschäfts informieren. Bei Abwicklungsverlusten muss sichergestellt werden, dass angemessene Zuschläge auf die Rückstellungsaufgaben der Vorversicherer vorgenommen werden. Der APr. muss sich weiterhin vergewissern, dass die Aufgaben anteilige Spätschadenrückstellungen enthalten. Bei fehlenden Aufgaben der Vorversicherer ist die Angemessenheit der geschätzten Rückstellungen zu prüfen.

804 Besondere Bedeutung bei der Prüfung international tätiger RVU hat das System der **Währungsumrechnung**. Dabei muss der Prüfer insb. feststellen, welche Währungsrisiken bestehen und welche Vorkehrungen getroffen wurden, um Währungsrisiken zu vermeiden. Ist Bilanzstichtag eines Rückversicherers der 30.06. und wird das versicherungstechnische Geschäft kalenderjahrgleich erfasst, muss der APr. kontrollieren, ob besondere Risiken zwischen dem 01.01. und dem Bilanzstichtag in der Rechnungslegung angemessen berücksichtigt sind.

805 Hinsichtlich des in **Rückdeckung gegebenen Versicherungsgeschäfts** hat der APr. zu prüfen, ob die Berechnung der auf die Rückversicherer bzw. Retrozessionäre entfallenden Anteile an den versicherungstechnischen Rückstellungen entsprechend den Rückversicherungs- bzw. Retrozessionsverträgen erfolgte.

c) Prüfungsbericht
aa) Gliederung

806 Der PrB besteht, der Gliederung der PrüfV[826] folgend, aus einem allgemeinen Teil, einem besonderen Teil und dem Anhang.

In den allgemeinen Teil sind Erläuterungen und Beurteilungen zu den gesellschaftsrechtlichen und organisatorischen Rahmenbedingungen und zur Vermögens-, Finanz- und Ertragslage aufzunehmen. Er enthält auch ein Gesamturteil in Form einer zusammenfassenden Schlussbemerkung. Im besonderen Teil sind die Posten des JA aufzugliedern und einzeln zu erläutern. Als Anhang ist der JA bzw. KA und LB des VU in der vom APr. bestätigten Fassung und eine Kopie oder Ausfertigung der unterschriebenen Vollständigkeitserklärung beizufügen. § 1 Abs. 6 PrüfV macht allerdings die Aufnahme der unterschriebenen Vollständigkeitserklärung in den PrB davon abhängig, ob überhaupt eine solche eingeholt wurde. Dies ist insofern unverständlich, als die Vollständigkeitserklärung vom WP nach den allgemeinen Berufsgrundsätzen grundsätzlich einzuholen ist[827]. Die einzige Möglichkeit, die zur Folge hat, dass keine Vollständigkeitserklärung vorliegt und der APr. dennoch nicht gegen die Berufsgrundsätze verstoßen hat, ist der unwahrscheinliche Fall, dass der Vorstand des VU die Erteilung derselben verweigert hat. Dieses ist grundsätzlich möglich, da der Vorstand nicht verpflichtet ist, eine Vollständigkeitserklärung abzugeben.

---

826 Vgl. dazu ausführlich *v. Treuberg/Angermayer*, WPg 1998, S. 839–850.
827 Vgl. *Jacobs* in: HWRP³, Sp. 184.

Prüfung K

Die PrüfV hat keine ausschließliche Gültigkeit. Sie stellt lediglich eine für aufsichtsrechtliche Belange notwendige Ergänzung der Vorschriften des HGB sowie von *IDW PS 450* dar.

Der durch das KonTraG eingeführte § 321 Abs. 4 HGB verlangt, dass die gem. § 317 Abs. 4 HGB bei amtlich notierten AG zu treffenden Feststellungen bzgl. des Überwachungssystems in einem besonderen Teil des PrB darzustellen sind. Die PrüfV beinhaltet diese Beurteilung jedoch nicht explizit. Es erscheint sachgerecht, das Risikoüberwachungssystem im Rahmen des allgemeinen Teils des PrB zu erläutern, sofern diese Erläuterung vom Rest des allgemeinen Teils eindeutig abgegrenzt wird. **807**

bb) Allgemeine Vorschriften

Die nach der PrüfV vorzunehmenden Feststellungen sind nachfolgend aufgelistet: **808**

§ 1 Abs. 1 PrüfV:

Die im PrB des JA und des LB bzw. des KA und des KLB enthaltenen Aussagen haben so übersichtlich und vollständig zu sein, dass aus ihnen die Vermögens-, Finanz- und Ertragslage des VU mit hinreichender Klarheit ersichtlich sind.

§ 1 Abs. 2 PrüfV:

Der Umfang der Berichterstattung hat dem pflichtgemäßen Ermessen des Prüfers und der Bedeutung der dargestellten Vorgänge zu entsprechen.

§ 1 Abs. 3 PrüfV:

Im Rahmen der Erläuterungen gem. § 321 Abs. 3 HGB sind Angaben über durchgeführte Zwischen- und Vorprüfungen zugeben.

§ 1 Abs. 5 PrüfV:

Im KPrB haben Ausführungen zu erfolgen, die einen Überblick über die Lage des Konzerns geben. Falls die Lage des Konzerns überwiegend durch ein einzelnes VU bestimmt wird, kann auf die Ausführungen im PrB dieses konzernangehörigen VU verwiesen werden, wenn der Gegenstand des Verweises im KPrB selbst hinreichend dargestellt wird.

§ 1 Abs. 6 PrüfV:

Dem PrB sind der JA, der LB in der vom APr. bestätigten Fassung sowie die Vollständigkeitserklärung, falls der APr. diese eingeholt hat, beizufügen.

§ 2 Abs. 1 PrüfV:

Der Berichtszeitraum (i.d.R. das am Stichtag des JA bzw. KA endende GJ) ist anzugeben.

§ 2 Abs. 2 PrüfV:

Für die Beurteilung der Vermögens-, Finanz- und Ertragslage besonders bedeutsame Vorgänge i.S.d. § 289 Abs. 2 Nr. 1 HGB und des § 315 Abs. 2 Nr. 1 HGB, die nach dem Bilanzstichtag eingetreten sind, sind im PrB eingehend darzulegen.

§ 3 S. 1 PrüfV:

Die geschäftliche Entwicklung des VU oder des Konzerns ist für das Berichtsjahr und das Vj. unter Gegenüberstellung der einzelnen Posten der Bilanz und GuV sowie der sonstigen sie kennzeichnenden Zahlen zu erläutern.

§ 3 S. 2 PrüfV:

Verweisungen auf den Inhalt vorausgegangener PrB sind grundsätzlich zu vermeiden.

§ 4 PrüfV:

Die **rechtlichen, wirtschaftlichen** und **organisatorischen Grundlagen** des VU sind darzustellen und zwar insb.:

- Kapital- und Gesellschaftsverhältnisse sowie ihre Änderungen;
- Verteilung der Zuständigkeiten der Geschäftsleiter;
- rechtliche und geschäftliche Beziehungen zu verbundenen Unternehmen und – soweit wesentlich – auch zu anderen Unternehmen sind anzugeben;
- Art und Umfang des aktiven und passiven Rückversicherungsgeschäfts unter Angabe wesentlicher Änderungen der Rückversicherungsverträge (gilt nicht für RVU, die nicht die Rechtsform des VVaG haben);
- Art und Umfang der Tätigkeiten im Ausland sind – getrennt nach Ländern innerhalb des EWR und solchen außerhalb des EWR – zu erläutern. Niederlassungen sind einzeln aufzuführen, sofern diese für die Vermögens-, Finanz- und Ertragslage wesentlich sind;
- Organisation des Rechnungswesens;
- Ausgestaltung der Innenrevision.

§ 5 Abs. 1 S. 1 PrüfV:

Die finanziellen Auswirkungen der **Beziehungen zu verbundenen Unternehmen und anderen Unternehmen** sind darzustellen, sofern sie die Vermögens-, Finanz- und Ertragslage wesentlich beeinflussen. Falls ein Abhängigkeitsbericht gem. § 312 AktG aufgestellt wird, kann diese Berichtspflicht entfallen.

§ 5 Abs. 1 S. 2 PrüfV:

Bei Dienstleistungsbeziehungen ist über Art und Umfang der Leistungen sowie über die Erträge und Aufwendungen je Dienstleistungsverhältnis zu berichten. Falls ein Abhängigkeitsbericht gem. § 312 AktG aufgestellt wird, kann diese Berichtspflicht entfallen.

§ 5 Abs. 2 PrüfV:

Falls bei verbundenen Unternehmen (Konzern-MU) ein KA oder Abhängigkeitsbericht nicht erstellt oder ein TU nicht in den KA einbezogen wurde, sind die Gründe dafür anzugeben.

Gemäß § 1 Abs. 4 PrüfV sind RVU, die nicht die Rechtsform eines VVaG haben, von der Anwendung des § 5 PrüfV weitestgehend ausgenommen. Unternehmensverträge gem. §§ 291 ff. AktG sind aber zu erläutern.

§ 6 Abs. 1 S. 1 PrüfV (gilt nicht für RVU[828]):

Im Rahmen der Berichterstattung über die **Rückversicherung** gem. § 4 Nr. 4 PrüfV ist sowohl auf die Ergebnisse der Rückversicherungsverträge insgesamt als auch auf die entsprechenden Ergebnisse in den wesentlichen Vz.-Gruppen, Vz. und Versicherungsarten (§ 51 Abs. 4 RechVersV) aus dem aktiven und passiven Rückversicherungsgeschäft einzugehen.

§ 6 Abs. 1 S. 2 PrüfV (gilt nicht für RVU[829]):

Zur Bonität der Forderungen aus dem Rückversicherungsgeschäft ist Stellung zu nehmen.

---

[828] Vgl. § 1 Abs. 4 PrüfV.
[829] Vgl. § 1 Abs. 4 PrüfV.

§ 6 Abs. 2 PrüfV (gilt nicht für RVU[830] und proportionale Rückversicherungsverträge, bei denen der Rückversicherer in Höhe des übernommenen Anteils an allen Risiken beteiligt wird[831]):

Rückversicherungsverträge, bei denen die Finanzierungsfunktion für den Zedenten im Vordergrund steht und der Transfer von versicherungstechnischem Risiko auf die Rückversicherer von untergeordneter Bedeutung ist, sind unter Nennung der wesentlichen Vertragsinhalte und -partner gesondert anzugeben.

§ 7 S. 1 PrüfV:

Die **Ordnungsmäßigkeit der Buchführung und der internen Kontrollmaßnahmen** ist zu beurteilen. Beim Einsatz von elektronischen Datenverarbeitungsanlagen ist Stellung zu nehmen, ob eine Verfahrensdokumentation vorliegt und das angewandte Verfahren ausreichende Kontrollmaßnahmen enthält.

§ 7 S. 2 PrüfV:

Bei Bestehen wesentlicher Mängel im Rechnungswesen ist im Bericht auf diese hinzuweisen.

§ 8 Abs. 1 PrüfV:

Die **Vermögenslage** ist unter Angabe der angewandten Bilanzierungs- und Bewertungsmethoden so darzustellen, dass alle Umstände, die zu ihrer sicheren Beurteilung erforderlich sind, erläutert werden. Im Gegensatz zum Rundschreiben R 3/82 fordert die PrüfV keine Aussage darüber, ob hinsichtlich der Kapitalanlagen die gesetzlichen, satzungsmäßigen und aufsichtsbehördlichen Bestimmungen und Grundsätze über die Vermögensanlage eingehalten worden sind[832]. Ungeachtet dessen hat der APr. gem. § 321 Abs. 1 S. 3 HGB darzustellen, ob bei Durchführung der Prüfung Unrichtigkeiten oder Verstöße gegen gesetzliche Vorschriften, insb. gegen §§ 54 ff. VAG festgestellt wurden.

§ 8 Abs. 2 PrüfV:

Es ist über Besonderheiten, die für die Beurteilung der Vermögenslage von Bedeutung sind, zu berichten, und zwar insb. über

– andere Zuzahlungen i.S.v. § 272 Abs. 2 Nr. 4 HGB, die die Gesellschafter in das Eigenkapital geleistet haben,
– Nachschüsse und Umlagen der Mitglieder eines VVaG i.S.d. §§ 24, 25 und 27 VAG,
– Garantien zur Sicherstellung einer ausreichenden Überschussbeteiligung der VN,
– Vermögensanlagen i.S.d. § 81b Abs. 3 VAG,
– Beteiligungen i.S.d. § 82 Abs. 1 VAG,
– Verfügungsbeschränkungen bei Wertpapieren,
– den Inhalt zugunsten verbundener und anderer Unternehmen abgegebener Erklärungen i.S.d. § 251 HGB i.V.m. § 51 Abs. 3 RechVersV.

§ 8 Abs. 3 PrüfV (gilt nur für Pensionskassen):

Konditionen, Umfang und Sicherheit von Anlagen bei Mitglieds- und Trägerunternehmen sind zu erläutern.

---

830 Vgl. § 1 Abs. 4 PrüfV.
831 Vgl. § 6 Abs. 3 PrüfV.
832 Anderer Auffassung *v. Treuberg/Angermayer*, WPg 1998, S. 845.

§ 9 PrüfV:

Bei Unternehmensverbindungen ist die Kostenverteilung auf die einzelnen Unternehmen sowie innerhalb des zu prüfenden Unternehmens auf die einzelnen Funktionsbereiche, namentlich

- Regulierung von Versicherungsfällen, Rückkäufen und Rückgewährbeträgen,
- Abschluss von Versicherungsverträgen,
- Verwaltung von Versicherungsverträgen,
- Verwaltung von Kapitalanlagen,
- sonstige Aufwendungen unter Aufteilung auf die einzelnen Vz. und ggf. Versicherungsarten,

darzustellen.

§ 10 PrüfV:

Es ist über die Methoden der Bewertung von Währungspositionen zu berichten.

§ 11 Abs. 1 S. 1 PrüfV (gilt nicht für RVU):

Bei Geschäften mit derivativen Finanzinstrumenten ist das Vorliegen der Voraussetzungen des § 7 Abs. 2 S. 2 VAG darzulegen.

§ 11 Abs. 1 S. 2 bis 4 PrüfV (gilt nicht für RVU):

Das Ergebnis aus Derivategeschäften ist anzugeben. In diesem Zusammenhang ist darzulegen, wie sich das Ergebnis aus diesen Geschäften auf die einzelnen Posten der Bilanz und GuV ausgewirkt hat. Darüber hinaus sind diejenigen Posten der Bilanz oder der GuV aufzuführen, denen Beträge aus derivativen Geschäften zugeordnet wurden.

§ 11 Abs. 1 S. 5 PrüfV (gilt nicht für RVU):

Die Bewertungsmethoden sind darzustellen.

§ 11 Abs. 2 S. 1 PrüfV (gilt nicht für RVU):

Für alle Gruppen von Derivaten sind die Risiken – insb. Bonitäts-, Zinsänderungs- und Währungsrisiken – getrennt zu erläutern.

§ 11 Abs. 2 S. 2 PrüfV (gilt nicht für RVU):

Vorkehrungen des VU zur Begrenzung der Risiken sind darzulegen.

§ 11 Abs. 2 S. 3 PrüfV (gilt nicht für RVU):

Bei außerhalb der Börse getätigten Geschäften ist anzugeben, ob das VU die Bonität der Vertragspartner festgestellt hat.

§ 11 Abs. 3 S. 1 PrüfV (gilt nicht für RVU):

Das Kontrollsystem für den Abschluss, die Abwicklung sowie die Erfassung der Derivate, insb. das Buchungssystem sowie die Kompetenz- und Zeichnungsbefugnisse sind darzustellen.

§ 11 Abs. 3 S. 2 PrüfV (gilt nicht für RVU):

Dabei ist insb. auf die Befolgung von Arbeitsanweisungen der Geschäftsleitung zu diesen Geschäften sowie die Berichterstattung gegenüber dem Vorstand und dem AR einzugehen.

§ 11 Abs. 3 S. 3 PrüfV (gilt nicht für RVU):

Es ist festzustellen, ob das Kontrollsystem jederzeit einen Überblick über diese Geschäfte erlaubt.

§ 11 Abs. 3 S. 4 PrüfV (gilt nicht für RVU):

Die Einhaltung der Anforderungen an Mitarbeitergeschäfte in Derivaten ist zu überprüfen.

§ 12 PrüfV:

Die Liquiditätslage ist darzustellen. Es ist auf Gefährdungen der Liquiditätslage einzugehen, ggf. ist über Verbesserungsmaßnahmen zu berichten.

§ 13 Abs. 1 S. 1 PrüfV:

Die Ertragslage ist unter Aufgliederung der ordentlichen und a.o. Aufwendungen und Erträge so darzustellen, dass alle Umstände, die zu ihrer sicheren Beurteilung erforderlich sind, erläutert werden.

§ 13 Abs. 1 S. 2 PrüfV:

Die einzelnen Posten sind mit denjenigen des Vj. zu vergleichen.

§ 13 Abs. 1 S. 3 PrüfV:

Besonderheiten bei den einzelnen Aufwands- und Ertragsposten sind anzugeben.

§ 13 Abs. 1 S. 4 PrüfV:

Das nichtversicherungstechnische Geschäft ist unter Herausstellung der wesentlichen ergebnisbestimmenden Aufwands- und Ertragsfaktoren darzulegen.

§ 13 Abs. 1 S. 5 PrüfV:

Der Einfluss der Tätigkeit im Ausland auf die Ertragslage ist gesondert darzustellen, sofern er wesentlich ist.

§ 13 Abs. 2 PrüfV (gilt nur für SchVU):

Für das versicherungstechnische Geschäft ist jeweils in den wesentlichen in § 51 Abs. 4 RechVersV genannten Vz.-Gruppen, Vz. und Versicherungsarten des selbst abgeschlossenen und des in Rückdeckung übernommenen Geschäfts untergliedert nach

- Bruttoergebnis,
- Rückversicherungsergebnis und
- Nettoergebnis,

jeweils vor und nach Zuführung zur Rückstellung für erfolgsabhängige Beitragsrückerstattung und Schwankungsrückstellung über die Ertragslage zu berichten. Dabei ist auf wesentliche Aufwands- und Ertragsfaktoren einzugehen.

§ 14 S. 1 PrüfV:

In der zusammenfassenden Schlussbemerkung ist insb. auf die geschäftliche Entwicklung, die Vermögens-, Liquiditäts- und Ertragslage einzugehen.

§ 14 S. 2 PrüfV:

Der Schlussbemerkung muss die Ordnungsmäßigkeit der angewandten Berechnungs- und Bewertungsmethoden, insb. im Hinblick auf die gebildeten Rückstellungen und Wertberichtigungen, zu entnehmen sein.

§ 14 S. 3 PrüfV:

Beanstandungen, die sich auf den BestV nicht ausgewirkt haben, sind zu erläutern, sofern deren Kenntnis für den Berichtsempfänger von Bedeutung sein kann.

§ 14 S. 4 PrüfV:

Der Schlussbemerkung ist der zu unterzeichnende BestV mit Siegel anzufügen.

§ 15 Abs. 1 S. 1 PrüfV:

Die einzelnen Posten der Bilanz und der GuV sind zu erläuten.

§ 15 Abs. 1 S. 2 PrüfV:

Die Erläuterung ist auch auf die Entwicklung wesentlicher Posten und Unterposten der Bilanz auszudehnen.

§ 15 Abs. 2 S. 1 PrüfV:

Die jeweiligen Bewertungsmethoden (je Bilanzposten) sind darzulegen.

§ 15 Abs. 2 S. 2 PrüfV:

Auf stille Reserven in den Kapitalanlagen ist hinzuweisen, soweit die entsprechenden Zeitwerte im Anhang gem. §§ 54 bis 56 RechVersV anzugeben sind.

§ 16 Abs. 1 S. 1 PrüfV (gilt nicht für RVU):

Bei Erläuterung der Forderungen aus dem sG an Versicherungsvermittler sowie VN ist unter Berücksichtigung der bis zum Berichtszeitpunkt gewonnenen Erkenntnisse über deren Einbringlichkeit und auch darüber zu berichten, inwieweit diese Forderungen bis zum Berichtszeitpunkt beglichen sind.

§ 16 Abs. 1 S. 2 PrüfV (gilt nicht für RVU):

Die mit dem Posten „Forderungen aus dem sG" zusammenhängenden Abschreibungen und Wertberichtigungen sowie ihre Berechnungsmethoden sind aufzuführen.

§ 16 Abs. 2 PrüfV (gilt nicht für RVU):

Bei den Forderungen aus dem selbst abgeschlossenen Versicherungsgeschäft an Versicherungsvertreter ist auch darüber zu berichten, ob die gestellten Sicherheiten für Provisionsvorschüsse und andere Forderungen ausreichend sind.

§ 17 Abs. 1 S. 1 PrüfV:

Bei allen versicherungstechnischen Rückstellungen (Beitragsüberträge; Deckungsrückstellung; Rückstellung für noch nicht abgewickelte Versicherungsfälle; Schwankungsrückstellung; Stornorückstellung; Rückstellung für unverbrauchte Beiträge aus ruhenden Kraftfahrtversicherungen; Rückstellung für drohende Verluste; andere versicherungstechnische Rückstellungen) sind jeweils die Berechnungs- und Bewertungsmethoden sowie deren Veränderungen gegenüber dem Vj. darzustellen.

§ 17 Abs. 1 S. 2 PrüfV:

Die Einhaltung der handels- und aufsichtsrechtlichen Vorschriften über die bei der Berechnung der Rückstellungen zu verwendenden Rechnungsgrundlagen einschließlich des dafür anzusetzenden Rechnungszinsfußes ist zu bestätigen.

§ 17 Abs. 1 S. 3 PrüfV:

Bei Feststellungen, die von denen des verantwortlichen Aktuars abweichen, ist eine gesonderte Angabe erforderlich.

§ 17 Abs. 2 S. 1 PrüfV:

Zu den Berechnungs- und Bewertungsmethoden der Rückstellung für noch nicht abgewickelte Versicherungsfälle gem. § 341g HGB i.V.m. § 26 RechVersV und der Rückstellung für drohende Verluste gem. § 341e Abs. 2 Nr. 3 HGB i.V.m. § 31 Abs. 1 Nr. 2 RechVersV ist, insb. im Hinblick auf deren Angemessenheit, Stellung zu nehmen.

§ 17 Abs. 3 PrüfV:

Falls der APr. einen unabhängigen Sachverständigen zur Beurteilung der versicherungstechnischen Rückstellungen heranzieht, ist dessen Name im PrB zu nennen.

§ 18 Abs. 1 S. 1 PrüfV:

Für das sG sind in der Schaden- und Unfallversicherung die Methoden der Ermittlung der Rückstellungen für bis zum Bilanzstichtag eingetretene und gemeldete Schäden einschließlich der Spätschäden, wiederauflebenden Schadenfälle, Großschäden und Schadenregulierungsaufwendungen für alle in § 51 Abs. 4 RechVersV genannten Vz.-Gruppen, Vz. und Versicherungsarten darzustellen und zu beurteilen.

§ 18 Abs. 1 S. 2 PrüfV:

In diesem Zusammenhang ist zu zeigen, in welcher Weise die je Schaden festgestellten Rückstellungsbeträge ermittelt wurden.

§ 18 Abs. 1 S. 3 PrüfV:

Bei Anwendung von Pauschalmethoden ist anzugeben, wie die Zahl der zugrunde gelegten offenen Schadenfälle ermittelt wurde.

§ 18 Abs. 1 S. 4 PrüfV:

Aussagefähige Angaben sind über Art und Umfang der Prüfung der Rückstellungen zu machen; insb. sind Hinweise zur evtl. durchgeführten Schadenrevision des Unternehmens und zu anderen vom Prüfer zur Urteilsbildung getroffenen Maßnahmen zu geben.

§ 18 Abs. 1 S. 5 PrüfV:

Zur ausreichenden Dotierung der zum Ende des Berichtsjahres ausgewiesenen Gesamtrückstellungen sowohl für die einzelnen Vz. als auch für das gesamte selbst abgeschlossene Versicherungsgeschäft ist – unter Angabe des Beurteilungsmaßstabes – Stellung zu nehmen.

§ 18 Abs. 1 S. 6 PrüfV:

Bei der Beurteilung der Berechnungs- und Bewertungsmethoden der Rückstellungen für die in § 51 Abs. 4 RechVersV genannten Vz. ist die Abwicklung der Ursprungsschadenrückstellung und ggf. der Rückstellungen, insb. im Hinblick auf deren Angemessenheit, nach Zeichnungsjahren zu berücksichtigen.

§ 18 Abs. 2 S. 1 PrüfV (gilt nur für LVU):

§ 18 Abs. 1 PrüfV ist bei LVU insb. auf Rückstellungen für noch nicht abgewickelte Versicherungsfälle in der Berufsunfähigkeits- und Pflegerentenversicherung anzuwenden.

§ 18 Abs. 2 S. 2 PrüfV (gilt nur für KVU):

§ 18 Abs. 1 PrüfV ist bei KVU insb. bzgl. angewandter Pauschalmethoden und der Abwicklung der Rückstellungen anzuwenden.

§ 18 Abs. 3 S. 1 PrüfV:

Für das üG sind die Methoden der Ermittlung der Rückstellung für alle Vz. gem. § 51 Abs. 4 RechVersV darzustellen und zu beurteilen.

§ 18 Abs. 3 S. 2 PrüfV:

Bei Abweichungen von den Aufgaben der Vorversicherer ist zur ausreichenden Dotierung der zum Ende des Berichtsjahres ausgewiesenen Gesamtrückstellung für die einzelnen Vz. sowie für das gesamte in Rückdeckung übernommene Versicherungsgeschäft – unter Angabe des Beurteilungsmaßstabes – Stellung zu nehmen.

§ 19 S. 1 PrüfV:

Es ist darüber berichten, ob die in § 341h HGB, §§ 29 und 30 RechVersV sowie die in der Anlage zu § 29 RechVersV ergangenen Bestimmungen über Bildung, Höhe, Zuführung, Entnahme und Auflösung für Schwankungsrückstellungen und ähnliche Rückstellungen beachtet worden sind.

§ 19 S. 2 PrüfV:

In diesem Zusammenhang ist anzugeben, in welchem Umfang und auf welche Art eine Nachprüfung erfolgt ist.

§ 20 PrüfV:

Die bei den sonstigen Aufwendungen und Erträgen ausgewiesenen Aufwendungen und Erträge für erbrachte Dienstleistungen sind gesondert anzugeben.

§ 21 PrüfV:

Sonstige finanzielle Verpflichtungen, deren Gesamtbetrag nach § 285 Nr. 3a HGB i.V.m. § 341a Abs. 2 S. 5 HGB im Anhang anzugeben ist, sind zu erläutern, sofern diese Angaben für die Beurteilung der Finanzlage von Bedeutung sind.

cc) Pensionsfonds

810 Durch § 341k i.V.m. § 341 Abs. 4 HGB[833] unterliegen **Pensionsfonds** unabhängig von ihrer Größe der Pflicht, den JA und den LB durch einen WP prüfen zu lassen[834]. Eine zur PrüfV äquivalente VO für Pensionsfonds ist bisher nicht erlassen worden. Die Vorschriften der PrüfV finden solange Anwendung, wie die BaFin von der Ermächtigung gem. § 118 i.V.m. § 55a Abs. 1 S. 1 Nr. 3 VAG keinen Gebrauch gemacht hat.

---

833 Eingeführt durch das AvmG, BGBl. I 2001, S. 1310.
834 Vgl. *Kölschbach* in: Prölss,VAG[12], § 55a, Rn. 66.

dd) Sachverständigenprüfverordnung

Mit der VAG-Novelle 2000 v. 21.12.2000[835] wurde § 55a Abs. 1 Nr. 4 VAG eingefügt, der das BMF – bzw. durch Subdelegation die BaFin – dazu ermächtigt, Vorschriften zur Prüfung des JA und des LB durch einen unabhängigen Sachverständigen zu erlassen. Dies betrifft die Prüfung des JA und des LB von VU, auf die § 341k HGB nicht anwendbar ist[836]. Die VO-Ermächtigung umfasst auch den Erlass von Regelungen über den Inhalt und die Frist für die Einreichung eines Sachverständigenberichts[837]. Hierdurch soll eine begrenzte Prüfungspflicht für solche VU geschaffen werden, die wegen ihrer Größe gem. § 61 RechVersV nicht der Abschlussprüfungspflicht durch den WP gem. § 341k HGB unterliegen. Die BaFin hat am 19.04.2002 eine Sachverständigenprüfungs-VO (SachvPrüfV) erlassen[838]. Die SachvPrüfV ist auf alle VU anzuwenden, die der Bundesaufsicht unterliegen und auf die § 341k HGB gem. § 61 RechVersV nicht anzuwenden ist. Von der Anwendung der SachvPrüfV sind VU ausgenommen, die unter Landesaufsicht stehen, sowie die nach § 157a VAG von der Aufsicht freigestellten VVaG. Hierunter fallen insb. solche VVaG mit einem örtlich eng begrenzten Wirkungskreis, geringer Mitgliederzahl und geringem Beitragsaufkommen[839]. 811

d) Bestätigungsvermerk

Der BestV von VU beruht auf § 322 HGB sowie auf *IDW PS 400*. Versicherungsspezifische Vorschriften existieren nicht. 812

Insbesondere ist es nicht sachgerecht, im beschreibenden Abschnitt des BestV auf § 341k HGB hinzuweisen. § 341k Abs. 1 HGB stellt die korrespondierende Norm zu § 316 HGB dar, indem die Prüfungspflicht auf VU unabhängig von ihrer Rechtsform und Größe ausgedehnt wird. Der in § 317 HGB geregelte Prüfungsumfang bleibt davon unberührt. Ebenso ist eine Ergänzung des Urteils des APr. um branchenspezifische Normen abzulehnen[840].

2. Konzernabschlussprüfung und Prüfungsbericht[841]

Die Prüfung der Konzernrechnungslegung bei Versicherungskonzernen enthält neben der Einhaltung der §§ 290 bis 315a HGB auch die Frage, inwieweit geschäftszweigspezifische Vorschriften – v.a. §§ 341i und 341j HGB sowie §§ 58 bis 60 RechVersV – beachtet wurden. Dabei lassen sich folgende Schwerpunkte identifizieren[842]: 813

– vollständige Einbeziehung aller zum Konsolidierungskreis gehörenden TU,
– Einhaltung der gesetzlichen Aufstellungsfristen und Beachtung der Vorschriften zum Stichtag,
– vollständige Erfassung aller Vermögensgegenstände, Schulden und RAP sowie der Erträge und Aufwendungen der in den KA einbezogenen Unternehmen,
– vollständige und richtige Kapitalkonsolidierung,
– vollständige und richtige Schuldenkonsolidierung,

---

835 Vgl. BGBl. I 2000, S. 1857.
836 Vgl. Tz. 747.
837 Vgl. *Kölschbach* in: Prölss,VAG[12], § 55a, Rn. 70.
838 Vgl. SachvPrüfV, BGBl. I 2002, S. 1456.
839 Zu Einzelheiten zur SachvPrüfV vgl. *Kölschbach* in: Prölss,VAG[12], § 55a, Rn. 70.
840 Zur ggf. erforderlichen Erteilung des BestV unter der aufschiebenden Bedingung, dass der AR dem Beschluss des Vorstandes über die Überschussbeteiligung der Versicherten noch nicht zugestimmt hat, siehe Tz. 798.
841 Vgl. insb. *IDW*, Versicherungsunternehmen[5], F Tz. 544.
842 Vgl. hierzu im Einzelnen auch Tz. 637.

- vollständige und richtige Aufwands- und Ertragskonsolidierung,
- vollständige und richtige Eliminierung von Zwischengewinnen,
- vollständige und richtige Ermittlung der latenten Steuern i.s.d. § 306 HGB,
- Zulässigkeit eventuell in Anspruch genommener Ausnahmeregelungen und Vollständigkeit und Richtigkeit der hiermit verbundenen Anhangangaben,
- generelle Vollständigkeit und Richtigkeit der Angaben im Anhang,
- Angaben im LB.

Für die Prüfung der einbezogenen JA gelten die allgemeinen Vorschriften[843].

814 An Inhalt und Aufbau des PrB bei Versicherungskonzernen stellt die PrüfV keine besonderen Anforderungen. Es wird daher auf die allgemeinen Grundsätze in *IDW PS 450* verwiesen.

V. Internationale Rechnungslegung von Versicherungsunternehmen

1. Vorbemerkung

815 Mit zunehmender Internationalisierung und steigendem Wettbewerb in der Versicherungswirtschaft sind auch VU auf internationale Kapitalmärkte angewiesen. Für ihre Inanspruchnahme ist die Aufstellung eines Abschlusses nach internationalen Rechnungslegungsvorschriften erforderlich. Gemäß § 315a HGB müssen MU, die einen organisierten Markt i.S.d. § 2 Abs. 1 S. 1 WpHG in Anspruch nehmen oder eine Zulassung zum Handel an einem solchen Markt beantragt haben, ihren KA nach IFRS erstellen.

Im Folgenden wird ein kurzer Überblick über die Bilanzierung von VU nach IFRS, insb. gemäß IFRS 4 für Versicherungsverträge, gegeben. Auf die Darstellung nichtversicherungsspezifischer Vorschriften wird an dieser Stelle verzichtet[844].

816 Falls bereits vor der erstmaligen Anwendung von IFRS 4 im GJ 2005 ein KA auf Basis internationaler Rechnungslegungsstandards aufgestellt wurde, folgt aus der Anwendung von IFRS 4 für die Bilanzierung der versicherungstechnischen Verpflichtungen die Fortführung der bis dahin angewandten Regelungen, d.h. der US-GAAP[845]. Zur Bilanzierung von Versicherungsverträgen nach US-GAAP wird auf Kap. G der vom IDW herausgegebenen Publikation „Rechnungslegung und Prüfung der Versicherungsunternehmen" verwiesen.

2. Bilanzierung von Versicherungsverträgen nach IFRS

a) Einleitung

817 Der International Accounting Standard Board (IASB) hat am 31.03.2004 mit dem **International Financial Reporting Standard 4: Insurance Contracts** (IFRS 4) erstmals einen Standard für Versicherungsverträge veröffentlicht. Vorausgegangen waren zwei Veröffentlichungen des IASC, der Vorgängerorganisation des IASB: ein Diskussionspapier sowie ein Draft Statement of Principles (DSOP). Den beiden Vorschlägen lag für Vermögenswerte und Schulden aus Versicherungsverträgen eine Zeitwertbilanzierung zu-

---

843 Vgl. insb. § 317 Abs. 3 HGB.
844 Allgemein zur Aufstellung von KA nach international anerkannten Rechnungslegungsgrundsätzen s. Kap. N dieses Handbuchs.
845 Vgl. IFRS 4.13.

grunde⁸⁴⁶. Der IASB hat jedoch angesichts der bestehenden Bedenken, ob eine Zeitwertbilanzierung das Versicherungsgeschäft überhaupt angemessen abzubilden vermag⁸⁴⁷, und wegen der zahlreichen unbeantworteten Fragen hinsichtlich einer zuverlässigen Umsetzung beschlossen, dass ein Übergang auf die Zeitwertbilanzierung bis zum Jahr 2005 von den VU nicht verlangt werden kann.

Der IASB hat das Projekt in zwei Phasen aufgeteilt: **Phase I** stellt mit IFRS 4 lediglich eine Übergangsregelung dar, die es den Unternehmen ermöglichen soll, weitestgehend ihre derzeitige Bilanzierungspraxis bei Versicherungsverträgen fortzuführen, bis im Rahmen der **Phase II** ein endgültiger Standard vorgelegt wird. Ein Mindestmaß an Transparenz und Vergleichbarkeit soll jedoch bereits in Phase I über erläuternde Angaben im Anhang und über eine Darstellung der Art und des Ausmaßes der Risiken aus Versicherungsverträgen herbeigeführt werden (IFRS 4.36). 818

Die Vorschriften von IFRS 4 betreffen sowohl solche Unternehmen, die bereits nach IFRS bilanzieren und angesichts der fehlenden Regelungen für die versicherungsspezifischen Posten die US-GAAP heranziehen, als auch solche Unternehmen, die bei der erstmaligen Bilanzierung nach IFRS i.S.v. IFRS 1 grundsätzlich die bisherigen handelsrechtlichen Bilanzierungsmethoden für Versicherungsverträge beibehalten sollen.

b) Anwendungsbereich und Definition von Versicherungsverträgen

aa) Anwendungsbereich

IFRS 4 findet Anwendung auf alle **Versicherungsverträge**, die ein Unternehmen als Versicherer abschließt, einschließlich der Rückversicherung; ob dagegen ein VU gegeben ist, ist unerheblich. Für **Rückversicherungsverträge** regelt IFRS 4 die Bilanzierung für beide Vertragspartner. Bei Erstversicherungsverträgen bzw. bei den unter IFRS 4 fallenden Finanzinstrumenten mit ermessensabhängiger Überschussbeteiligung (financial instruments with a discretionary participation feature) unterliegt nur die Bilanzierung beim Versicherer bzw. beim Anbieter des Finanzproduktes IFRS 4⁸⁴⁸. Erst-VN und Käufer der Finanzprodukte sind vom Anwendungsbereich nicht erfasst⁸⁴⁹. 819

Die Definition von Versicherungsverträgen setzt den Transfer von signifikanten versicherungstechnischen Risiken voraus. So gut wie alle in Deutschland üblichen Versicherungsprodukte dürften diese Definition erfüllen⁸⁵⁰. Keine Anwendung findet der Standard auf andere Vermögenswerte und Schulden eines VU, z.B. auf die Kapitalanlagen, die in erster Linie nach IAS 39 bzw. IAS 40 zu bilanzieren sind. 820

Darüber hinaus bieten viele Versicherer im kontinentaleuropäischen und angelsächsischen Ausland und zunehmend auch im Inland **Sparprodukte**⁸⁵¹ an, die mangels Transfers von signifikanten Versicherungsrisiken nicht die Definition eines Versicherungsvertrags erfüllen. Es handelt sich dann um Finanzinstrumente, die jedoch häufig wegen ihrer Langfristigkeit und erfolgsabhängigen Überschussbeteiligung Lebensversicherungs- 821

---

846 Vgl. DSOP, Rn. 3.3.
847 Vgl. bspw. *Meyer*, S. 119–137; *Perlet,* BFuP 2003, S. 441–456, sowie diverse Beiträge in: FS Richter.
848 Vgl. IFRS 4.2; Versicherer ist nach der Definition von IFRS 4 jede Partei eines Versicherungsvertrags, die Versicherungsrisiko übernimmt, unabhängig davon, ob es sich um ein beaufsichtigtes VU handelt oder nicht.
849 Versicherungsnehmer haben eigene Bilanzierungsmethoden gemäß IAS 8.10–12 zu entwickeln; vgl. auch IASB Update, Februar 2002; Sparer wenden IAS 39 an.
850 Vgl. *Kölsbach*, ZVersWiss 2004, S. 679.
851 Es handelt sich im Wesentlichen um Kapitalisierungsgeschäfte i.S d. § 1 Abs. 4 S. 3 VAG, aber auch um formal als Versicherungsverträge geltende Verträge mit insignifikantem Versicherungsschutz, z.B. bestimmte Formen der Finanzrückversicherung.

produkten ähneln. Der IASB hat entschieden, dass angesichts der noch fehlenden konzeptionellen Klarheit über die Bilanzierung von Überschussbeteiligungen auch diese Verträge, sofern sie eine ermessensabhängige Überschussbeteiligung enthalten, von IFRS 4 erfasst werden[852]. Finanzinstrumente ohne ermessensabhängige Überschussbeteiligung und ohne Transfer von signifikantem Versicherungsrisiko fallen dagegen in den Anwendungsbereich von IAS 32, IAS 39 und IAS 18.

822 Des Weiteren sind nach IFRS 4.4 vom Anwendungsbereich von IFRS 4 **ausgeschlossen**, unabhängig davon, ob sie die Definition eines Versicherungsvertrags erfüllen:

- Produktgarantien, die vom Hersteller gewährt werden;
- von Arbeitgebern zugesagte Versorgungsleistungen;
- bei Unternehmenszusammenschlüssen gewährte, von der zukünftigen Entwicklung abhängige Zahlungsansprüche oder Verpflichtungen (contingent consideration);
- vertragliche Rechte und Ansprüche, die von der zukünftigen Nutzung von bzw. Nutzungsrechten an nichtfinanziellen Vermögenswerten abhängen;
- Finanzgarantien, die aus dem Transfer anderer finanzieller Vermögenswerte und Schulden gemäß IAS 39 resultieren.

bb) Definition

823 Die Definition eines Versicherungsvertrags findet sich in IFRS 4 Appendix A und beschreibt diesen als „einen Vertrag, nach dem eine Partei (der Versicherer) ein **signifikantes Versicherungsrisiko** von einer anderen Partei (dem VN) übernimmt, indem sie vereinbart, dem VN eine **Entschädigung** zu leisten, wenn ein **spezifiziertes ungewisses zukünftiges Ereignis** (das versicherte Ereignis) den VN nachteilig betrifft."

cc) Versicherungsrisiko

824 IFRS 4 definiert **Versicherungsrisiko** sehr weit als „jedes auf eine andere Partei übertragene Risiko, das nicht Finanzrisiko ist" (IFRS 4, Appendix A). Als Finanzrisiko gilt danach jedes Risiko, welches aus der Veränderung von finanziellen Variablen oder nichtfinanziellen parteiunspezifischen Variablen resultiert[853].

825 Beim Versicherer aus Versicherungsverträgen resultierende **Kosten- oder Stornorisiken** stellen zunächst mangels Transfers für diesen kein Versicherungsrisiko dar. Überträgt der Versicherer dieses Risiko jedoch auf einen Rückversicherer, entsteht dabei in der Terminologie von IFRS 4 Versicherungsrisiko. Da vom Rückversicherer aber kein vom Vorversicherer schon übernommenes Versicherungsrisiko getragen wird, sondern ein originär erst bei diesem entstandenes Risiko, handelt es sich dabei nicht um eine Rück-[854], sondern um eine Erstversicherung (IFRS 4.B24(b)), d.h. nur der Rückversicherer behandelt seinen Vertrag nach IFRS 4.

dd) Signifikantes Versicherungsrisiko

826 Ein Versicherungsrisiko gilt als **signifikant**, wenn ein Versicherer in Fällen kommerzieller Bedeutung (commercial substance) signifikante zusätzliche Leistungen zu erbringen hat. In bestimmten Fällen kann entscheidend sein, dass das Ereignis einen signifikanten Schaden für den VN hervorruft, d.h. das Abweichungsrisiko beim VN selbst und nicht die

---

852 Vgl. IFRS 4.2, sog. „financial instruments with a discretionary participation feature".
853 Ein versichertes Ereignis gilt in diesem Zusammenhang als eine parteispezifische nichtfinanzielle Variable.
854 IFRS 4 definiert Rückversicherung gerade als Übernahme der Schäden aus vom Zedenten abgeschlossenen Verträgen.

Nettoleistung des Versicherers entscheidend ist (IFRS 4.B24(c)). Als Fälle mit kommerzieller Bedeutung gelten solche, die eine wahrnehmbare Wirkung auf die wirtschaftliche Sicht des Geschäfts haben (IFRS 4.B23), d.h. Ereignisse, deren Eintrittsmöglichkeit im Wirtschaftsleben Entscheidungen beeinflussen, und dass Marktteilnehmer z.b. hierfür explizit zusätzliche Mittel für Versicherungsschutz ausgeben.

Grundsätzlich muss für jeden einzelnen Versicherungsvertrag ein Transfer von signifikantem Versicherungsrisiko vorliegen. Anderenfalls könnte bei einer hinreichenden Bestandsgröße bzw. einer negativen Korrelation der Versicherungsverträge miteinander das Kriterium der Signifikanz bezogen auf das Portefeuille des Versicherers als nicht mehr gegeben angesehen werden (IFRS 4.B25). Aus Vereinfachungsgründen kann jedoch bei homogenen Beständen die Überprüfung auf typische Verträge beschränkt werden. 827

Die Definition von IFRS 4 verlangt, dass der Vertrag eine **Entschädigung** nur im Fall eines für den VN nachteiligen Ereignisses vorsieht (versichertes Interesse). Für die Fälle, in denen kein versichertes Interesse vorliegt, muss der Versicherungsvertrag einen Leistungsvorbehalt vorsehen. Sofern ein Produkt zwar eine Zahlung bei Eintritt bestimmter Ereignisse verbrieft, diese aber keine Entschädigung für ein nachteiliges Ereignis darstellt, führt dies für sich genommen noch nicht zu einem (Rück-)Versicherungsvertrag (IFRS 4. B14). Auch konzerninterne Patronatserklärungen, die nicht auf eine Entschädigung beim Gläubiger abstellen, sondern auf die Ausstattung des Schuldners mit finanziellen Mitteln, fallen damit nicht unter den Anwendungsbereich von IFRS 4. Bei Lebensversicherungsverträgen wird hingegen widerlegbar unterstellt, dass stets ein versichertes Interesse vorliegt, obwohl hier regelmäßig kein Leistungsvorbehalt bei fehlendem versicherten Interesse vorgesehen ist (IFRS 4.B18(c)). 828

ee) Versichertes Ereignis

Wesentliches Merkmal eines Versicherungsvertrags ist die Bezugnahme auf ein „**spezifiziertes ungewisses zukünftiges Ereignis**" (versichertes Ereignis) als Auslöser für eine Leistung. Die Ungewissheit kann sich dabei auf den Eintritt, den Zeitpunkt des Eintritts oder den Umfang der Folgen beziehen (IFRS 4.B2). Qualifizierendes Ereignis kann auch das Bekanntwerden des Schadenausmaßes (IFRS 4.B4) oder das Erleben eines Zeitpunkts sein. Letztgenanntes kann z.B. in Erlebensfallversicherungen der Fall sein, die den VN gegen die wirtschaftlichen Folgen des längeren Lebens absichern (IFRS 4.B18(d)). 829

Ein einmal als Versicherungsvertrag klassifizierter Vertrag bleibt ein Versicherungsvertrag bis zur Erfüllung aller Rechte und Pflichten (IFRS 4.B30). Verträge ohne signifikantes Versicherungsrisiko zu Beginn, das im späteren **Vertragsverlauf** jedoch erwartungsgemäß signifikant wird, sind bereits zu Beginn als Versicherungsvertrag einzuordnen. Ein Beispiel hierfür sind aufgeschobene Rentenversicherungen mit sehr langen Aufschubzeiten, bei denen bei Beendigung während der Aufschubzeit, auch im Todesfall, der Zeitwert des Rentenanspruchs gezahlt wird[855]. 830

Im Wesentlichen sind alle Verträge, die nach deutschem Aufsichts-, Vertrags- oder Steuerrecht als Versicherungen akzeptiert sind, auch Versicherungsverträge i.S.v. IFRS 4. Denn auch nach deutschem Recht ist – abgesehen von der Lebensversicherung – ein versichertes Interesse erforderlich. 831

---

855 Dieser Sachverhalt wird in IFRS 4 entgegen dem Exposure Draft nicht mehr explizit geregelt. Gleiches gilt für die Folge von Erhöhungen des Versicherungsrisikos. Wenn ursprünglich nicht als Versicherungsverträge klassifizierte Verträge durch diese Änderung nunmehr signifikantes Versicherungsrisiko enthalten, sind auch sie als Versicherungsverträge zu behandeln.

c) Zerlegung von Versicherungsverträgen
aa) Entflechtung der Einlagenkomponente

832 Viele Versicherungsprodukte lassen sich gedanklich in eine **Versicherungskomponente** und eine **Einlagenkomponente**[856] aufspalten, auch wenn bei einem Gesamtbeitrag für alle Leistungen normalerweise eine eindeutige Entflechtung nicht möglich ist. IFRS 4 sieht in einigen Fällen die Möglichkeit vor, Einlagenkomponenten in Versicherungsverträgen zu entflechten und konsistent als Finanzinstrumente zu behandeln. In diesen Fällen wird nur die nach Entflechtung im Vertrag verbleibende Versicherungskomponente nach IFRS 4 behandelt. Die Einlagenkomponente ist demgegenüber nach IAS 39 zu bilanzieren. Für die Zerlegung von Versicherungsverträgen kann es ein Wahlrecht, eine Verpflichtung oder ein Verbot der Entflechtung geben.

833 Eine Einlagenkomponente darf entflochten werden, soweit eine **getrennte Bewertung der Einlagenkomponente** möglich ist (IFRS 4.10). Das ist insb. dann der Fall, wenn die Einlagenkomponente künstlich mit einem Versicherungsvertrag verbunden ist, aber auch als eigenständiger Vertrag existieren könnte.

834 Die **Entflechtung** von Einlagenkomponenten ist nach IFRS 4 **zwingend** vorzunehmen, wenn eine getrennte Bewertung der Einlagenkomponente möglich ist und darüber hinaus Rechte und Pflichten aus der Einlagenkomponente nach der bislang angewandten Bilanzierungsmethode dem Grunde nach nicht angesetzt werden, aber nach IFRS anzusetzen wären. Demgegenüber stellen die IFRS keine Anforderungen an die Bilanzierung der Höhe nach, d.h. eine Pflicht zur Zerlegung wird nicht allein deshalb ausgelöst, weil die (zu entflechtende) Verpflichtung nach IAS 39 zu einem höheren Wert anzusetzen wäre, als sie ohne Entflechtung nach IFRS 4 ausgewiesen wird (IFRS 4.10(a)). Als Beispiel für eine mögliche Verpflichtung zur Entflechtung führt IFRS 4.IG Example 3 einen Rückversicherungsvertrag mit Ergebnisrechnung (experience account) an, also einen Anspruch des Rückversicherers, über die Zeit durch die Beiträge jede Leistung wieder erstattet zu bekommen. Da das Handelsrecht ein Gebot der Vollständigkeit[857] bzw. ein Gebot zur Bildung von Rückstellungen für drohende Verluste aus schwebenden Geschäften gemäß § 249 Abs. 1 S. 1 HGB enthält, ist die Verpflichtung von IFRS 4.10 für eine Zerlegung bei Unternehmen, die derzeit nach HGB bilanzieren, regelmäßig nicht gegeben.

835 Eine Entflechtung ist **verboten,** wenn die Einlagenkomponente nicht gesondert bewertet werden kann (IFRS 4.10(c)).

836 Sofern auf eine Entflechtung **verzichtet** werden kann und der Vertrag insgesamt als Versicherungsvertrag bilanziert wird, sind sämtliche hieraus resultierenden Zahlungsströme beim Angemessenheitstest für Verbindlichkeiten zu berücksichtigen (IFRS 4.15).

bb) Eingebettete Derivate

837 Nach IAS 39.11 sind bestimmte in Finanzinstrumente **eingebettete Derivate** zu separieren und mit dem Zeitwert zu bewerten sowie Änderungen des Zeitwerts in der GuV zu erfassen. Dies gilt auch für in Versicherungsverträgen eingebettete Derivate. Sofern der eingebettete Vertragsteil jedoch selbst die Definition eines Versicherungsvertrags erfüllt, ist er nicht zu separieren[858]. In anderen Fällen, die das Vorliegen eines separierungs-

---

856 Eine Einlagenkomponente ist eine nicht-derivative Vertragskomponente, die eigenständig in den Anwendungsbereich von IAS 39 fallen würde.
857 Vgl. § 246 Abs. 1 S. 1 HGB.
858 Vgl. IFRS 4.7. Die Ausnahme von der Separierungspflicht ist insoweit als eine Klarstellung zu verstehen, als Versicherungsverträge erst gar nicht die Definition eines Derivats nach IAS 39.9 erfüllen.

pflichtigen eingebetteten Derivats vermuten lassen, erscheint es angezeigt, die eingebettete Komponente auf die Erfüllung der Definition in IAS 39.9 zu überprüfen. Die im Rahmen von IAS 39 gegebene Erläuterung des Begriffs Derivat anhand von auf internationalen Märkten gehandelten Beispielen von Finanzinstrumenten ist bei der Analyse komplexer Versicherungsprodukte häufig nicht hilfreich. Vielmehr ist der wirtschaftliche Charakter im Einzelfall anhand der Definition zu überprüfen. Die durch IFRS 4.8 bzw. IAS 39.AG33(g) ausgesprochene Befreiung bestimmter Rückkaufsrechte konventioneller oder fondsgebundener Lebensversicherungsverträge von der Separierungspflicht ist zumeist schon darin begründet, dass solche Rechte ihrerseits nicht die Definition eines Derivats erfüllen.

In Versicherungsverträge eingebettete Derivate und nach IAS 39 zu separierende Derivate fallen in den **Anwendungsbereich von IAS 32** (IAS 32.4(d)). Entsprechend hat die Angabe ihres Zeitwerts im Anhang zu erfolgen (IFRS 7.25). Nicht anzugeben sind dementsprechend Zeitwerte von nichtseparierten eingebetteten Derivaten. Soweit sie nicht schon zusammen mit dem Grundvertrag zum beizulegenden Zeitwert ausgewiesen werden, sind hierzu aber Angaben über das enthaltene Marktrisiko zu machen (IFRS 4.39). 838

d) Bilanzierungsmethoden

Der IASB hat darauf verzichtet, mit IFRS 4 für die Übergangsregelung eine einheitliche Rechnungslegung festzulegen. Grundsätzlich sind für Versicherungsverträge die **bisherigen Bilanzierungsmethoden** beizubehalten, unabhängig davon, ob bisher schon ein IFRS-Abschluss erstellt wurde und IFRS 4 erstmals angewandt wird oder ob insgesamt erstmals ein IFRS-Abschluss erstellt wird. IAS 8.10–12, die die Vorgehensweise für den Fall von Regelungslücken in den IFRS festlegen, sind hierbei nicht anzuwenden[859]. Gemäß IFRS 4.35 i.V.m. IFRS 4.34(e) gilt Gleiches für Sparverträge mit ermessensabhängiger Überschussbeteiligung. Sofern also bisher schon ein IFRS-Abschluss erstellt wurde und mangels Vorschriften für Versicherungsverträge auf US-GAAP zurückgegriffen wurde, sind diese als bisherige Bilanzierungsmethode fortzuführen. Sofern erstmals ein IFRS-Abschluss erstellt wird und für die Versicherungsverträge zuvor die Vorschriften des HGB einschlägig waren, sind diese beizubehalten. 839

IFRS 4 schreibt dennoch einige wenige Änderungen vor. Nach dem IFRS-Rahmenkonzept dürfen Rückstellungen für Verpflichtungen aus noch nicht bestehenden Verträgen nicht gebildet werden. So dürfen **Großrisiken- bzw. Schwankungsrückstellungen**, soweit sie zur Deckung von Leistungen noch nicht abgeschlossener zukünftiger Verträge dienen sollen, nach IFRS 4.14(a) nicht als Rückstellung, sondern nur als Rücklage bilanziert werden. Allerdings betont die Implementation Guidance zu IFRS 4 die Bedeutung solch wichtiger Informationen für die Beurteilung der Unternehmenslage und die Notwendigkeit für Anhangangaben zu Katastrophenrisiken und zyklischen Risiken (IFRS 4. IG55–58). 840

Eine wesentliche Mindestanforderung von IFRS 4 ist der zu jedem Abschlussstichtag durchzuführende **Angemessenheitstest** (liability adequacy test) für Rückstellungen nach IFRS 4.15–19. Hiernach muss die angewandte Bilanzierungsmethode dazu führen, dass die Rückstellung zu jeder Zeit mindestens dem Barwert der jeweils für die Zukunft erwarteten Zahlungsströme entspricht. Der Ansatz des Erwartungswerts (bester Schätzwert) genügt; d.h. die Bewertung muss nicht vorsichtig sein. Vorgaben zum Diskontierungszins werden nicht gemacht. Die im Einklang mit dem HGB[860] entwickelten Bilanzierungs- 841

---

[859] Vgl. IFRS 4.13.
[860] Vgl. §§ 252 Abs. 1 Nr. 4, 341e Abs. 1, 341g HGB, § 25 RechVersV und § 5 DeckRV.

1371

methoden werden regelmäßig dieser Mindestanforderung genügen. Sollte die bisher angewandte Bilanzierungsmethode nicht sicherstellen, dass die Rückstellung stets einen Mindestwert im obigen Sinne erreicht, ist der Mindestwert nach IAS 37 zu bestimmen (IFRS 4.17(b)).

842 IFRS 4 fordert eine Bruttobilanzierung des Rückversicherungsgeschäfts. Demnach dürfen versicherungstechnische Verpflichtungen nicht mit Forderungen aus Rückversicherungsverträgen saldiert werden. Diese aktivierten Ansprüche aus der abgegebenen (passiven) **Rückversicherung** einschließlich der Rückversicherungsanteile an den versicherungstechnischen Rückstellungen sind gemäß IFRS 4.20 als nicht werthaltig anzusehen, wenn objektive Hinweise auf die Nichterfüllung der Ansprüche vorliegen und sich diese Minderung verlässlich schätzen lässt (impairment)[861]. In diesem Fall sind die Buchwerte entsprechend zu mindern.

843 Darüber hinaus ist eine **Änderung von Bilanzierungsmethoden** nur dann zulässig, wenn sie zu einer relevanteren oder zuverlässigeren Informationsvermittlung im JA führt, ohne das jeweils andere Kriterium zu beeinträchtigen (IFRS 4.22). IFRS 4 erlaubt grundsätzlich Änderungen der Bilanzierungsmethoden für Versicherungsverträge, und zwar sowohl bei erstmaliger Anwendung von IFRS als auch zu nachfolgenden Bilanzierungszeitpunkten (IFRS 4.21). IFRS 4.24–29 enthalten Einschränkungen für einige bestimmte Änderungen.

844 IFRS 4.27 verbietet bei der Bewertung von Rückstellungen grundsätzlich einen Übergang auf die Berücksichtigung unternehmensindividueller, d.h. auf dem individuellen Kapitalanlageportefeuille beruhender **Zinsannahmen** zur Bestimmung des Diskontierungszinses, wenn bisher unternehmensunabhängige Zinssätze verwendet wurden. Eine von den erwarteten zukünftigen individuellen Kapitalanlageerträgen abhängige Bewertung wird als weniger relevant und verlässlich angenommen. Durch die Formulierung als widerlegbare Vermutung dürfen aber auch aus erwarteten Kapitalerträgen abgeleitete Zinsannahmen eingeführt werden, sofern die in IFRS 4.28 angegebenen Kriterien erfüllt sind. So kann ein Übergang z.B. auf US-GAAP durchaus eine Verbesserung i.S.d. IFRS 4 darstellen, wenn die bisherige Methode (z.B. unter HGB) nicht aktuelle Marktzinssätze, sondern aufsichtsrechtlich vorgegebene, sehr konservative langfristige Annahmen vorschreibt. Der IASB hält es jedoch für „hochgradig unwahrscheinlich", dass ein Übergang auf aus erwarteten Kapitalerträgen abgeleitete Zinssätze begründet werden kann, wenn diese Zinssätze dann unmittelbar die Erstbewertung des Vertrags bestimmen (IFRS 4.29). Damit dürfte die Anwendung klassischer Formen der Bestandswertermittlung (z.B. embedded value) nicht zulässig sein, sofern sie nicht schon bislang angewandt wurden.

845 Der Standard erlaubt es, bei Bedarf die aus den US-GAAP stammende **Schattenbilanzierung** (shadow accounting) beizubehalten bzw. einzuführen (IFRS 4.30). Unter Schattenbilanzierung wird verstanden, bei nach IAS 39.55(b) angesetzten unrealisierten Gewinnen und Verlusten aus Vermögenswerten die RfB[862] so in der Bilanz anzusetzen, wie es bei entsprechenden realisierten Gewinnen oder Verlusten der Fall wäre. Die zugehörige Anpassung der RfB wird entsprechend den korrespondierenden unrealisierten Gewinnen und Verlusten direkt im Eigenkapital berücksichtigt[863]. Die ergebniswirksame Zuführung zur RfB bestimmt sich hingegen allein aufgrund der auch ergebniswirksam

---

861 Diese Vorschrift ersetzt die Prüfung nach IAS 36, nicht aber eine evtl. nach der bisherigen Bilanzierungsmethode vorgesehene Prüfung.

862 Ein weiterer Bilanzposten in Deutschland kann die Drohverlustrückstellung sein. Nach US-GAAP sind auch die abgegrenzten Abschlusskosten, die Deckungsrückstellung und die immateriellen Vermögenswerte betroffen.

863 Zur möglichen bestehenden Pflicht der Bildung einer latenten RfB im Rahmen der Schattenbilanzierung s. die Ausführungen zur ermessensabhängigen Überschussbeteiligung.

Internationale Rechnungslegung von Versicherungsunternehmen   K

erfassten realisierten Gewinne und Verluste. Die Behandlung der von unrealisierten Gewinnen und Verlusten betroffenen versicherungstechnischen Posten erfolgt damit wie die der nach IAS 12.58(a) ebenso betroffenen Ertragsteuern (in Bezug auf die Berücksichtigung latenter Steuern).

Im Fall einer Änderung der Bilanzierungsmethoden erfolgen die **Anhangangaben** nach den Vorgaben von IAS 8, da sich die Ausnahmeregelung von IFRS 4 hierauf nicht bezieht. 846

Weitere Einschränkungen oder Vorgaben zur Änderung der bisherigen Bilanzierungsmethoden werden nicht gemacht. Eine Abzinsung von Rückstellungen oder Reduzierung von Vorsichtskomponenten wird nicht verlangt. Ebenso wenig werden Regelungen zur Aktivierung oder Nichtaktivierung von Abschlusskosten getroffen. 847

Der IASB hat es abgelehnt, den VU spezielle Regelungen im Bereich der **Kapitalanlagen** zuzugestehen. Wie auch für Unternehmen anderer Branchen erfolgt die Bilanzierung von Kapitalanlagen nach IAS 39 grundsätzlich zu beizulegenden Zeitwerten[864]. Die Zeitwertbilanzierung der Kapitalanlagen führt dazu, dass sich bspw. ein Zinsanstieg auf der Aktivseite durch niedrigere Zeitwerte bei den festverzinslichen Kapitalanlagen auswirkt, während die Passivseite aufgrund der marktunabhängigen Abzinsung mit einem aufsichtsrechtlich vorgegebenen Zinssatz – falls überhaupt eine Abzinsung erfolgt – hiervon unberührt bleibt. Denkbar wäre auch, die **versicherungstechnischen Rückstellungen** mit einem Marktzins zu diskontieren. IFRS 4 lässt auch das zu. Nach IFRS 4.24 darf für frei vom Unternehmen zu wählende Teilbestände von versicherungstechnischen Rückstellungen eine Bewertung auf Basis der jeweils aktuellen Annahmen zum Abschlussstichtag eingeführt werden. Eine Vorgabe für die in Frage kommenden Teilbestände oder zur Bestimmung der Marktzinsen macht IFRS 4 allerdings nicht, lässt jedoch gleichzeitig Vereinfachungsmethoden zu, z.B. eine Zusammenfassung innerhalb bestimmter Zeiträume erwarteter Zahlungsströme (IFRS 4.BC176). 848

Bei Änderung der Bewertungsmethode für die versicherungstechnischen Passiva erlaubt IFRS 4 als Übergangslösung, auch bislang anders eingruppierte Kapitalanlagen in die Kategorie „ergebniswirksam zum beizulegenden Zeitwert bewertet" (at fair value through profit or loss) umzugruppieren, so dass sich gegenläufige Wertentwicklungen – zumindest soweit sich die Zahlungsströme entsprechen – ausgleichen (IFRS 4.45). 849

Ebenso besteht die Möglichkeit, diese Ausgleichseffekte statt einer Umgruppierung in den **Anhangangaben** zu erläutern, evtl. durch Angabe von Alternativwerten, die die Korrespondenz von Aktiva und Passiva verdeutlichen (IFRS 4.IG47). 850

e) Sonderregeln für Verträge mit Überschussbeteiligung
aa) Versicherungsverträge mit Überschussbeteiligung

IFRS 4 definiert anhand besonderer Kriterien den neuen Begriff der **ermessensabhängigen Überschussbeteiligung** (discretionary participation feature)[865]. Die ermessensabhängige Überschussbeteiligung entspricht einem vertraglichen Anspruch auf signifikante Zusatzleistungen (die in jeder beliebigen Form, z.B. auch in Form von Sachleistungen oder Beitragsverrechnungen, erbracht werden können), bei dem die vertraglichen Klauseln zur Bestimmung der Zusatzleistung auf den Überschuss des Unternehmens oder eines Teilbestandes oder auf einen Teil des Überschusses wie Zinsoder Sterblichkeitsüberschuss Bezug nehmen. Zudem muss der Vertrag die Bestimmung 851

---

864 Der Großteil der Kapitalanlagen von VU ist der Kategorie „zur Veräußerung verfügbar" zugeordnet und damit zu Zeitwerten zu bewerten.
865 Vgl. IFRS 4, Appendix A.

der Höhe oder wenigstens des Zuteilungszeitpunkts der zusätzlichen Leistungen ausdrücklich in das freie Ermessen des Versicherers stellen.

852 Damit enthalten z.B. **fondsgebundene Leistungen**, die an einen internen Fonds oder an gehaltene Fondsanteile anknüpfen, keine ermessensabhängige Überschussbeteiligung, da es bei diesen üblicherweise am Ermessen fehlt. Ebenso werden Zusatzleistungen, die vollständig im Ermessen des Versicherers liegen, ohne dass der Vertrag eine Bindung an den Überschuss des Versicherers vorsieht, von der Definition nicht erfasst[866].

853 Die Regelungen für die ermessensabhängige Überschussbeteiligung in IFRS 4 zielen v.a. auf die Beseitigung eines britischen Phänomens, nämlich der Möglichkeit, Überschüsse, über deren Aufteilung zwischen Versicherer und Versicherten noch nicht entschieden wurde, in einem besonderen Bilanzposten zwischen Eigenkapital und Fremdkapital auszuweisen (fund for future appropriation). Im Fall von Versicherungsverträgen mit ermessensabhängiger Überschussbeteiligung verbietet IFRS 4.34 einen solchen **Ausweis**. Stattdessen darf der noch nicht zugeordnete Betrag nur in den Kategorien Eigenkapital und Fremdkapital ausgewiesen werden. Abgesehen davon kann jede bestehende Bilanzierungsmethode zur Behandlung der ermessensabhängigen Überschussbeteiligung weiterverwendet werden. Allerdings sind zukünftige mögliche Ansprüche der VN aufgrund der ermessensabhängigen Überschussbeteiligung, die nicht als Verbindlichkeit klassifiziert wurde, in einer gesonderten Kategorie des Eigenkapitals auszuweisen (IFRS 4.34).

854 Bei einer im handelsrechtlichen JA angesetzten gebundenen **RfB** handelt es sich auch nach IFRS 4 um eine zu passivierende Verpflichtung. Eine im handelsrechtlichen JA gebildete freie RfB ist im Rahmen der Fortsetzung der Bilanzierungsmethoden ebenfalls weiterzuführen. Letztgenannte könnte theoretisch aufgelöst werden, wenn dies eine Verbesserung der Relevanz bedeutete. Angesichts der Tatsache, dass die freie RfB über § 56a Abs. 3 VAG einer Verwendungssicherung zugunsten der VN unterliegt, kann diese Voraussetzung als nicht erfüllt angesehen werden.

bb) Finanzinstrumente mit Überschussbeteiligung

855 Bei **Finanzinstrumenten** mit ermessensabhängiger Überschussbeteiligung bestimmt IFRS 4.35(b) für den Fall, dass ein Teil des Anspruchs der VN aus der ermessensabhängigen Überschussbeteiligung als Eigenkapital gezeigt wird, dass die sich unter IFRS 4 ergebende Gesamtrückstellung für den Vertrag mindestens so hoch sein muss, wie sie sich bei einer isolierten Anwendung von IAS 39, ggf. i.V.m. IAS 18, auf den garantierten Teil ergeben würde. Dies bewirkt insb., dass anfängliche Abschlusskosten nur beschränkt berücksichtigt werden können, nämlich soweit IAS 39 bzw. IAS 18 dies für den garantierten Teil erlauben.

856 Wird hingegen die ermessensabhängige Überschussbeteiligung insgesamt als Rückstellung ausgewiesen, ist auf diesen Vertrag ausschließlich IFRS 4 anzuwenden. Ein Vergleich mit einem Wert nach IAS 39 ist nicht erforderlich. Der IASB erachtet in diesem Fall den Angemessenheitstest für die Rückstellungen als ausreichend (IFRS 4.35(a)).

857 Für alle Finanzinstrumente mit ermessensabhängiger Überschussbeteiligung gelten die **Anhangangabepflichten** gem. IFRS 7. Nach IFRS 7.25 ist der Zeitwert von Spar- bzw. Kapitalisierungsverträgen im Anhang anzugeben. Soweit der Zeitwert eines Finanzinstruments mit ermessensabhängiger Überschussbeteiligung für die Anhangangaben

---

[866] Vgl. IFRS 4.BC162 mit Hinweis auf die in den USA typischen Universal-life-Verträge, bei denen die Zinszuteilung allein im Ermessen des Versicherers liegt.

nicht zuverlässig bestimmt werden kann, können stattdessen qualitative Angaben gemacht werden (IFRS 7.29 (b)). Die Beiträge für solche Verträge dürfen als Ertrag gezeigt werden, soweit dies bisher schon geschehen ist (IFRS 4.35(c)).

Der Standard macht keine Vorgabe, wie **Bewertungsunterschiede** zwischen IFRS-Konzernbilanz und dem für die Überschussbeteiligung maßgeblichen **handelsrechtlichen JA** zu bewerten sind (IFRS 4.BC160). Vorschriften zur Überschussbeteiligung und Beitragsrückerstattung im VAG betreffen unmittelbar nur den Teil der Überschüsse aus dem handelsrechtlichen EA. Nach § 56a Abs. 1 S. 1 VAG bestimmt der Vorstand mit Zustimmung des AR, welche Beträge zurückzustellen sind. Im Rahmen einer Fortführung der derzeitigen Bilanzierungsmethode wird die handelsrechtliche Komponente des § 56a VAG als Teil dieser fortzuführenden Bilanzierungsmethode gesehen. Damit besteht die Notwendigkeit, im IFRS-Abschluss vorab ausgewiesene Überschüsse bzw. unrealisierte Gewinne bei der Bildung der RfB zu berücksichtigen. Das ergibt sich des Weiteren aus dem allgemeinen Vollständigkeitsgebot in § 246 Abs. 1 S. 1 HGB sowie den allgemeinen Bilanzierungsgrundsätzen für versicherungstechnische Rückstellungen in § 341e Abs. 1 HGB. Die im Rahmen von US-GAAP zu bilanzierende latente RfB (einschließlich derer im Rahmen der Schattenbilanzierung) ist auch in einem **IFRS-KA** zu bilden. Gleiches gilt für die Aufteilung der RfB. Wurde diese bislang auf Basis des Rohüberschusses vorgenommen, so erfolgt sie im Rahmen eines IFRS-Abschlusses auf Basis des sich hier ergebenden Rohüberschusses. 858

f) Anhangangaben

Da IFRS 4 weitestgehend die Fortführung der bisherigen Bilanzierungsmethoden zulässt, soll ein Mindestmaß an Transparenz und Vergleichbarkeit der Abschlussinformationen durch Anhangangaben hergestellt werden. Die Anhangangaben müssen nach IFRS 4 **zwei Prinzipien** genügen: 859

- Beträge des JA, die aus Versicherungsverträgen resultieren, müssen identifiziert und erläutert werden (IFRS 4.36);
- der Versicherer soll Angaben machen, die es dem Informationsadressaten ermöglichen, Rückschlüsse auf die Art und das Ausmaß der Risiken aus Versicherungsverträgen zu ziehen (IFRS 4.38)[867].

IFRS 4 konkretisiert das **erste Prinzip** wie folgt (IFRS 4.37): 860

- Bilanzierungs- und Bewertungsmethoden für Versicherungsverträge sind zu erläutern. Die Darstellung kann sich auf die wesentlichen Bilanzierungs- und Bewertungsmethoden beschränken.
- Beträge in Posten der Bilanz bzw. der GuV, die aus Versicherungsverträgen resultieren, sind anzugeben. Zusätzlich anzugeben sind Zahlungsströme, die sich aus den Versicherungsverträgen ergeben, wenn der Versicherer eine Kapitalflussrechnung nach der direkten Methode aufstellt (IAS 7.18)[868]. Diese Angaben können auch durch gesonderte Posten in Bilanz, GuV bzw. Kapitalflussrechnung gemacht werden.
- Gewinne oder Verluste, die bei Abschluss eines Rückversicherungsvertrags entstanden sind, sind offen zu legen. Werden solche Gewinne oder Verluste zum Zeitpunkt des Vertragsabschlusses abgegrenzt und wird der Abgrenzungsposten in den Folge-

---

867 Die Angabepflichten des zweiten Prinzips wurden durch den im August 2005 veröffentlichten IFRS 7 „Financial Instruments: Disclosures" inhaltlich modifiziert.
868 Gemäß DRS 2-20 Tz. 9 wird die Anwendung der indirekten Methode für VU empfohlen.

perioden aufgelöst, sind der Auflösungsbetrag in der Berichtsperiode sowie der Abgrenzungsposten zu Beginn und am Ende der Periode anzugeben.
- Im Anhang sind die Verfahren zur Ermittlung von Annahmen mit wesentlichem Einfluss auf die Bewertung anzugeben. Wenn möglich, sind die Bewertungsannahmen zu quantifizieren.
- Auswirkungen von Änderungen der Bewertungsannahmen sind anzugeben. Dabei sind Änderungen mit wesentlichem Einfluss auf den Abschluss gesondert, ohne überlagernde Effekte aus anderen Änderungen der Bewertungsannahmen, darzustellen.
- Schließlich sind die Änderungen der Verpflichtungen aus Versicherungsverträgen, der Vermögenswerte, die sich aus Rückversicherungsverhältnissen ergeben, und, soweit vorhanden, zugehöriger abgegrenzter Abschlusskosten in der Berichtsperiode zu erläutern[869].

861 Um den Informationsadressaten ein Bild über die wirtschaftliche Belastung aus zukünftigen Zahlungsverpflichtungen zu vermitteln, sind gemäß dem zweiten Prinzip Informationen zu Art und Umfang der Risiken aus Versicherungsverträgen zu veröffentlichen. In Bezug auf das **zweite Prinzip** werden folgende Angabeerfordernisse durch IFRS 4 aufgestellt (IFRS 4.39):

- Angaben zu den Zielen, Methoden und Prozessen des Risikomanagements von Versicherungsverträgen und den konkreten Maßnahmen zur Handhabung solcher Risiken;
- Angaben zu den Versicherungsrisiken; deren Analyse vor und nach Abzug der passiven Rückversicherung erfolgen soll; hierzu sind:
  • Sensitivitäten der Versicherungsrisiken anzugeben.
  • Angaben zu machen zu Konzentrationen des Versicherungsrisikos, einschließlich einer Beschreibung, wie das Management diese Konzentrationen bestimmt, und einer Beschreibung der Charakteristika, die der Identifikation solcher Konzentrationen dienen (bspw. versicherte Ereignisse, geographische Bündelungen und Währungen);
  • Angaben zur tatsächlichen Schadenentwicklung im Vergleich zur prognostizierten Schadenentwicklung, also der Schadenabwicklung, zu machen; diese Angaben sollen sich auf solche Schäden beziehen, die noch nicht vollständig abgewickelt worden sind und voraussichtlich nicht innerhalb eines Jahres abgewickelt werden bzw. bzgl. derer ein Abwicklungsrisiko voraussichtlich für länger als ein Jahr bestehen wird; die Angaben sollen über die ganze Abwicklungsdauer gemacht werden, müssen jedoch für nicht mehr als zehn Jahre in die Vergangenheit zurückreichen;
  • Angaben bzgl. Ausfall-, Liquiditäts- und Marktrisiken zu machen, die IFRS 7.31–42 fordern würden, wenn Versicherungsverträge von IFRS 7 erfasst würden; jedoch gilt:
    – ein Versicherer braucht eine Restlaufzeiten-Analyse nach IFRS 7.39(a) nicht durchzuführen, falls er Angaben zu den voraussichtlichen Zeitpunkten der erwarteten Nettozahlungsströme aus den versicherungstechnischen Verpflichtungen macht; dies kann anhand einer Zeitreihenanalyse der erwarteten Bilanzwerte erfolgen;
    – verwendet der Versicherer alternative Methoden zur Handhabung von Sensitivitäten in Bezug auf Marktbedingungen, z.B. eine Analyse mittels embedded value, kann er diese Sensitivitätsanalysen zur Erfüllung der Angabepflicht nach IFRS 7.40(a) einsetzen; zusätzlich sind vom Versicherer die Angaben nach IFRS 7.41 zu erbringen; hierbei handelt es sich um die Erläuterung bzgl. der für

---

869 Im ED zu IFRS 4 hatte der IASB vorgesehen, die Angabe von Zeitwerten zu den Versicherungsverträgen im Anhang vorzuschreiben. Hierauf hat der IASB aber schließlich verzichtet.

die Sensitivitätsanalyse verwendeten Methode sowie ihrer Parameter, der Annahmen, des Ziels sowie der möglichen Informationseinschränkungen;
- Angaben über Marktrisiken zu machen, die sich aus eingebetteten Derivaten ergeben, welche in einem Versicherungsvertrag enthalten sind und nicht mit dem Zeitwert bewertet werden.

Zusätzlich wurde durch IFRS 7 ein ergänzender Paragraph in IFRS 4 aufgenommen: IFRS 4.39A stellt folgende Anforderungen an die notwendigen Sensitivitätsanalysen, wobei eine der beiden nachfolgenden Möglichkeiten anzugeben ist: **862**

– Sensitivitätsanalysen von unterstellten Änderungen wesentlicher Risikovariablen, die am Bilanzstichtag hätten eintreten können, im Hinblick auf die Auswirkungen auf Gewinn oder Verlust und Eigenkapital. Außerdem sind die der Sensitivitätsanalyse zugrunde liegenden Methoden und Annahmen sowie entsprechende Abweichungen zu Vorperioden anzugeben. Im Fall der Verwendung alternativer Methoden zur Handhabung von Sensitivitäten in Bezug auf Marktbedingungen, wie eine Analyse mittels embedded value (s.o.), genügt dies zusammen mit den Anforderungen nach IFRS 7.41 den geforderten Angabepflichten.
– Qualitative Informationen über Sensitivitäten und Informationen über Bestimmungen, die die Versicherungsverträge enthalten und die einen wesentlichen Einfluss auf Betrag, Zeitpunkt und Unsicherheit der zukünftig zu erwartenden Zahlungsströme haben.

Zu den Anhangangaben hat der IASB eine **Implementation Guidance** veröffentlicht. Es handelt sich bei der Implementation Guidance nicht um verbindliche Regelungen, sondern um Vorschläge, aus denen das Unternehmen die Angaben auswählen soll, die für die Umsetzung der Anforderungen von IFRS 4 zu den Anhangangaben als notwendig angesehen werden. Aus der Implementation Guidance folgen insb. keine Anforderungen, die über den Standard hinausgehen[870].

IFRS 4 stellt – als Ergebnis der Phase I des IASB-Projekts zur Entwicklung eines endgültigen IFRS zur Bilanzierung von Versicherungsverträgen – lediglich eine Übergangsregelung dar, die nach Abschluss der an die Veröffentlichung von IFRS 4 anschließenden Phase II von den Regelungen des endgültigen IFRS abgelöst wird. Zum endgültigen IFRS zur Bilanzierung von Versicherungsverträgen (oft als IFRS 4 Phase II bezeichnet) wurde im Mai 2007 als erstes Zwischenergebnis vom IASB ein Diskussionspapier veröffentlicht; im Juli 2010 folgte der ED[871]. Der aktuelle Zeitplan des IASB sieht die Veröffentlichung des endgültigen Standards nicht vor dem ersten Halbjahr 2013 vor. **863**

VI. Schrifttumsverzeichnis

1. Verzeichnis der Monographien, Kommentare und Beiträge in Sammelwerken

Altenburger, Die deutschen Jahresabschlußformblätter für Versicherungsunternehmen – Detailmängel und Verbesserungsvorschläge, in: Schwebler (Hrsg.), Dieter Farny und die Versicherungswirtschaft, Karlsruhe 1994, S. 19; *Angerer*, Zur Abzinsung der Rückstellung für noch nicht abgewickelte Versicherungsfälle, in: Schwebler (Hrsg.), Dieter Farny und die Versicherungswirtschaft, Karlsruhe 1994, S. 35; *Bähr* (Hrsg.), Handbuch des Versicherungsaufsichtsrechts, München 2011; *Ballwieser*, Zur Frage der Rechtsform-, Konzern- und Branchenunabhängigkeit der Grundsätze ordnungsmäßiger Buchführung,

---
870 Für eine ausführliche Darstellung von Vorschlägen der Implementation Guidance zu Anhangangaben siehe *KPMG*, S. 154.
871 Siehe ausführlich hierzu *Ellenbürger/Kölschbach*, VW 2010, S. 1230 und S. 1303.

in: Förschle (Hrsg.), Rechenschaftslegung im Wandel, FS Budde, München 1995, S. 43; *Baur*, Die Periodisierung von Beitragseinnahmen und Schadenausgaben im aktienrechtlichen Jahresabschluss von Schaden- und Unfallversicherungsunternehmen, Karlsruhe 1984; *Boetius*, Handbuch der versicherungstechnischen Rückstellungen, Köln 1996; *Braeß*, Betriebswirtschaftliche Gedanken zur Risikotheorie und Schwankungsrückstellung, Berlin 1965; *Brenzel*, Der Versicherungsverein auf Gegenseitigkeit, Unternehmensform und Rechtsstruktur im Wandel, Karlsruhe 1975; *Ellenbürger*, Die versicherungstechnische Erfolgsrechnung, Bergisch-Gladbach/Köln 1990; *Ellenbürger u.a.* (Hrsg.), Mindestanforderungen an das Risikomanagement (MaRisk) für Versicherungen, Stuttgart 2009; *Ernst/Seibert/Stuckert* (Hrsg.), KonTraG, KapAEG, StückAG, EuroEG, Düsseldorf 1998; *Farny*, Buchführung und Periodenrechnung in Versicherungsunternehmen, 4. Aufl., Wiesbaden 1992; *Farny*, Künftige Konzernstrukturen deutscher Versicherer, in: Hübner (Hrsg.), Rechte und Ökonomie der Versicherung, FS Lorenz, Karlsruhe 1994, S. 205; *Farny*, Versicherungsbetriebslehre, 5. Aufl., Karlsruhe 2011; *Farny u.a.* (Hrsg.), Handwörterbuch der Versicherung (HdV), Karlsruhe 1988; *Geib*, Die Pflicht zur Offenlegung des Zeitwertes von Kapitalanlagen der Versicherungsunternehmen nach Umsetzung der Versicherungsbilanzrichtlinie, Lohmar 1997; *Geib,* Der Wirtschaftsprüfer im Spannungsfeld zwischen Kundenorientierung und Prüfungspflicht, in: Wagner (Hrsg.), Aktuelle Fragen in der Versicherungswirtschaft, Karlsruhe 1998/99, S. 21; *Geib* (Hrsg.), Rechnungslegung von Versicherungsunternehmen, FS Richter, Düsseldorf 2001; *Geib/Ott*, Auswirkungen von Basel II und Solvency II auf Finanzkonglomerate, in: Gründl/Perlet (Hrsg.), Solvency II & Risikomanagement – Umbruch in der Versicherungswirtschaft, Wiesbaden 2005, S. 555; *Gerathewohl*, Rückversicherung, Grundlagen und Praxis, Bd. I, Karlsruhe 1976; *Großfeld*, Der Versicherungsverein auf Gegenseitigkeit im System der Unternehmensformen, Tübingen 1985; *Hammers*, Full Fair Value-Bilanzierung von Lebensversicherungsprodukten und mögliche Implikationen für die Produktgestaltung, Lohmar/Köln 2009; *Hübner,* Versicherungs-Aktiengesellschaft, in: Farny u.a. (Hrsg.), Handwörterbuch der Versicherung (HdV), Karlsruhe 1988, S. 965; *Jacobs*, in: HWRev[3], Sp. 184; *Jäger*, Rückstellungen für drohende Verluste aus schwebenden Geschäften in den Bilanzen von Versicherungsunternehmen, Wiesbaden 1991; *Jannott*, Versicherungsvermittlung, Recht der, in: Farny u.a. (Hrsg.), Handwörterbuch der Versicherung (HdV), Karlsruhe 1988, S. 1159; *Karten,* Zur Begründung einer sachgerechten Schwankungsrückstellung, in: Kalwar (Hrsg.), Sorgen, Vorsorgen, Versichern, FS Gerhardt, Karlsruhe 1975, S. 215; *Karten,* in: Große (Hrsg.), Gabler Versicherungs Enzyklopädie, Wiesbaden 1991, Bd. 2, S. 244; *Koguchi,* Financial Conglomeration, in: OECD (Hrsg.), Financial Conglomerates, Paris 1993, S. 7; *Kölschbach*, Grundlagen des Konzernabschlusses von Allfinanzkonzernen, Köln 1999; *KPMG* (Hrsg.), IFRS aktuell, Stuttgart 2004; *KPMG*, Rechnungslegung von Versicherungsunternehmen nach neuem Recht, Frankfurt/M. 1994; *KPMG/Comittée Européen des Assurances*, The European Insurance Accounts Directive – Analysis & Commentary, Paris 1995; *Lorch*, Publizitätsorientierte Gestaltung der Rechnungslegungsvorschriften für Versicherungsunternehmen, Karlsruhe 1974; *Lorenz,* Versicherungsverein auf Gegenseitigkeit, in: Farny u.a. (Hrsg.), Handwörterbuch der Versicherung (HdV), Karlsruhe 1988, S. 1147; *Lück,* Wirtschaftsprüfung und Treuhandwesen, 2. Aufl., Stuttgart 1991; *Mayr*, Internationalisierung der Konzernrechnungslegung deutscher Versicherungsunternehmen, München 1999; *Meyer*, Das Vorsichtsprinzip bei der Bilanzierung von Versicherungsunternehmen im Licht der Deregulierung, in: Mehring/Wolf (Hrsg.), FS Farny, Karlsruhe 1994, S. 99; *Meyer*, Full Value Accounting für Versicherungsunternehmen, in: Wagner/Koch (Hrsg.), Aktuelle Fragen der Versicherungswirtschaft, Karlsruhe 2003, S. 119; *Michaels/Rieger/Vogelsang,* Versicherungsunternehmen, öffentlich- rechtliche, in: Farny u.a. (Hrsg.),

Handwörterbuch der Versicherung (HdV), Karlsruhe 1988, S. 1135; *Minz/Richter*, Prüfung von Versicherungsunternehmen, in: Farny u.a. (Hrsg.), Handwörterbuch der Versicherung (HdV), Karlsruhe 1988, S. 581; *Perlet*, Rückstellungen für noch nicht abgewickelte Versicherungsfälle in Handels- und Steuerbilanz, Karlsruhe 1986; *Perlet*, Zur Umsetzung der Versicherungsbilanzrichtlinie in deutsches Recht, in: Ballwieser (Hrsg.), Bilanzrecht und Kapitalmarkt, FS Moxter, Düsseldorf 1994, S. 833; *Perlet*, Zur „realitätsnäheren" Bewertung der Schadenrückstellungen der Versicherungswirtschaft im Rahmen der geplanten Steuerreform, in: KPMG (Hrsg.), FS KPMG Nordtreu 1947–1997, Hannover 1997, S. 105; *Perlet/Baumgärtel*, Zur Bedeutung der Pauschalbewertung bei Rückstellungen für ungewisse Verbindlichkeiten, in: Budde/Moxter/Offerhaus (Hrsg.), Handelsbilanzen und Steuerbilanzen, FS Beisse, Düsseldorf 1997, S. 389; *Richter*, Auswirkungen des künftigen EG-Rechts auf die Rechnungslegung in der Versicherungswirtschaft, in: Göppl/Henn (Hrsg.), Geld, Banken und Versicherungen, Bd. II, Königstein 1981, S. 880; *Schmidt*, in: Große (Hrsg.), Gabler Versicherungs Enzyklopädie, Wiesbaden 1991, Bd. 3, S. 521; *Steiner*, Der Prüfungsbericht des Abschlussprüfers, Köln 1991; *Stracke/Geitner*, Finanzdienstleistungen, Heidelberg 1992; *v. Treuberg/Angermayer*, Jahresabschluss von Versicherungsunternehmen, Handbuch zum Versicherungsbilanzrichtlinie-Gesetz und zur RechVersV, Stuttgart 1995; *Welzel u.a.* (Hrsg.), Kompendium zur Rechnungslegung der Versicherungsunternehmen (Loseblattsammlung), 2. Aufl., Karlsruhe 1982 (Grundwerk); *Welzel*, Das Vorsichtsmotiv im EG-Versicherungsbilanzrecht, in: Hesberg (Hrsg.), Risiko, Versicherung, Markt, FS Karten, Karlsruhe 1994, S. 501; *Welzel u.a.* (Hrsg.), KoRVU-Kommentar (KoRVU-compact), Bd. I: Kommentar zum Kompendium zur Rechnungslegung der Versicherungsunternehmen, 2. Aufl., Karlsruhe 1991; *Wiechmann/Block* (Hrsg.), Versicherungsgesetze, München (Loseblattausgabe); *Wollmert*, Die Konzernrechnungslegung von Versicherungsunternehmen als Informationsinstrument, Marburg 1992.

2. Verzeichnis der Beiträge in Zeitschriften

Angerer, Zur Bewertung von Beteiligungen bei Versicherungsunternehmen, WPg 1968, S. 449; *Angermeyer/Oser*, Konzernrechnungslegung von Versicherungsunternehmen (II): Eine systematische Betrachtung vor dem Hintergrund des Versicherungsbilanzrichtlinie-Gesetzes, VW 1996, S. 955; *Bormann*, Wie groß muss die Schwankungsreserve sein?, ZfV 1974, S. 594; *Braeß*, Die „Schwankungsrückstellung" in betriebswirtschaftlicher und steuerlicher Sicht, ZVers Wiss 1967, S. 1; *Dörner*, Ändert das KonTraG die Anforderungen an den Abschlußprüfer?, DB 1998, S. 1; *Donath*, Die EG-Versicherungsbilanzrichtlinie 91/674/EWG, EuZW 1992, S. 719; *Eichhorn*, Die Unternehmensziele in der öffentlich-rechtlichen Wettbewerbsversicherung, VW 1980, S. 408; *Ellenbürger/Horbach/Kölschbach*, Ausgewählte Einzelfragen zur Rechnungslegung von Versicherungsunternehmen nach neuem Recht (Teil I), WPg 1996, S. 41; *Ellenbürger/Kölschbach*, Vor einem großen Schritt hin zu neuen Bilanzierungsstandards, VW 2010, S. 1230 und 1303; *Emmerich*, Fragen der Gestaltung des Jahresabschlusses nach neuem Recht, WPg 1986, S. 698; *Engeländer*, Überschussbeteiligung nach dem Regierungsentwurf zum VVG, VersR 2007, S. 155, S. 162; *Epperlein/Scharpf*, Anhangaben im Zusammenhang mit sogenannten Finanzinnovationen, DB 1994, S. 1629; *Faigle/Engeländer*, Die Zillmerung in der Lebensversicherung, VW 2001, S. 1570; *Früh*, Asset Backed Securities / Securitization am Finanzplatz Deutschland, BB 1995, S. 105; *Geib/Axer*, Aufstellungsfristen für den Jahresabschluß und Konzernabschluß von Versicherungsunternehmen nach neuem Recht, WPg 1986, S. 267; *Geib/Ellenbürger*, VW 2008, S. 1173; *Geib/Ellenbürger/Kölschbach*, Ausgewählte Fragen zur EG-Versicherungsbilanzrichtlinie (VersBiRiLi) (Teil I), WPg 1992, S. 177; *Geib/Ellenbürger/*

Kölschbach, Ausgewählte Fragen zur EG-Versicherungsbilanzrichtlinie (VersBiRiLi) (Teil II), WPg 1992, S. 221; *Geib/Kölschbach*, Zur Bewertung und zum Ausweis von Wertpapieren und Namensschuldverschreibungen im Jahresabschluß der Versicherungsunternehmen *(IDW ERS VFA 1)*, WPg 1999, S. 54; *Geib/König*, Einzelfragen zur Rechnungslegung von Versicherungskonzernen nach neuem Recht, WPg 1987, S. 661; *Geib/ Wiedmann*, Zur Abzinsung von Rückstellungen in der Handels- und Steuerbilanz, WPg 1994, S. 369; *Groh*, Abzinsung von Verbindlichkeitsrückstellungen?, BB 1988, S. 1919; *Groh*, Steuerentlastungsgesetz 1999/2000/2002: Imparitätsprinzip und Teilwertabschreibung, DB 1999, S. 978; *Harmening*, Zum Begriff des Umlaufvermögens bei Lebensversicherungsunternehmen, WPg 1961, S. 185; *Herzig/Rieck*, Saldierungsbereich bei Drohverlustrückstellungen im Gefolge der Apothekerentscheidung, DB 1997, S. 1881; *Knoll*, Die Schwankungsrückstellung und ihre betriebswirtschaftliche Funktion, ZVersWiss 1967, S. 19; *Kölschbach*, Offenlegung des Zeitwertes von Immobilien im Abschluss von Versicherungsunternehmen, GuG 1999, S. 200; *Kölschbach*, Aktuelle Entwicklungen in der Beaufsichtigung und Rechnungslegung von Versicherungsunternehmen: IFRS und Solvency II, ZVersWiss 2004, S. 675; *Kölschbach/Engeländer*, Ausgewählte Fragen zur Bilanzierung von Pensionsfonds (I), VW 2003, S. 1152; *Kühnenberger*, Zur Bildung von Drohverlustrückstellungen bei Versicherungsunternehmen (I), VW 1990, S. 695; *Laaß*, Die Publizitätsvorschriften für inländische Versicherungsunternehmen (VU) – Nach Berücksichtigung der künftigen Richtlinie des Rates über den Jahresabschluß und den konsolidierten Abschluß von VU, WPg 1991, S. 582; *Lingemann/Wasmann*, Mehr Kontrolle und Transparenz im Aktienrecht: Das KonTraG tritt in Kraft, BB 1998, S. 853; *Luttermann*, Konzernrechnungslegung der Versicherungsunternehmen, BB 1995, S. 191; *Nies*, Rückstellungen für drohende Verluste bei schwebenden Dauerschuldverhältnissen unter besonderer Berücksichtigung des Versicherungsgeschäfts, StBp 1984, S. 131; *Nies*, Zur Neuordnung der Rückstellung zum Ausgleich des schwankenden Jahresbedarfs, VW 1979, S. 156; *Nies*, Rückstellungen zur künftigen Schadendeckung im Versicherungsgeschäft, WPg 1971, S. 653; *Nies*, Die Rückstellung zum Ausgleich des schwankenden Jahresbedarfs (Schwankungsrückstellung), WPg 1973, S. 337; *Nissen*, Kumulationsverbote des EStG und der Prämiengesetze, DStZ Ausg. A 1973, S. 74; *Perlet*, Fair Value-Bilanzierung bei Versicherungsunternehmen, BFuP 2003, S. 441; *Präve*, Möglichkeiten und Grenzen der Versicherungsaufsicht im europäischen Binnenmarkt, ZfV 1995, S. 258; *Richter*, Zur Bewertung von Beteiligungen bei Versicherungsunternehmen, WPg 1969, S. 6; *Römer*, Die kapitalbildende Lebensversicherung nach dem neuen Versicherungsvertragsgesetz, DB 2007, S. 2523; *Telgenbüscher*, Rückstellungen für drohende Verluste bei Versicherungsunternehmen, WPg 1995, S. 582; *Uhrmann*, Die Schwankungsrückstellung in der Schaden-/Unfallversicherung, StBp. 1988, S. 188; *v. Treuberg/Angermayer*, Die Ausgestaltung des Prüfungsberichts des Abschlußprüfers von Versicherungsunternehmen nach der neuen Prüfungsberichteverordnung, WPg 1998, S. 839; *Varain/Faigle/Engeländer*, In der Notlage steht auch die freie RfB mit ein, VW 2004, S. 482; *Weigel*, Die Holding in der Assekuranz – was kann sie leisten?, ZKW 1993, S. 219; *Weiße*, Schwankungsrückstellung und Großrisikenrückstellung nach versicherungsmathematischen Grundsätzen, WPg 1974, S. 470; *Will/Weidenfeld*, Erfolgswirtschaftliche Wirkungen des geänderten Ausweises der Betriebsaufwendungen in der Gewinn- und Verlustrechnung von Schaden-/Unfallversicherungsunternehmen, WPg 1996, S. 431.

Kapitel L

Erläuterungen zu den für Wirtschaftsbetriebe, nichtwirtschaftliche Einrichtungen und Kernverwaltungen der öffentlichen Hand geltenden Vorschriften zur Rechnungslegung und Prüfung

I. Vorschriften zur Rechnungslegung und Prüfung für Wirtschaftsbetriebe und nichtwirtschaftliche Einrichtungen der öffentlichen Hand

1. Begriffe

Wirtschaftsbetriebe der öffentlichen Hand sind Unternehmen, deren Eigenkapital sich mehrheitlich unmittelbar oder mittelbar im Eigentum von Gebietskörperschaften (Bund, Ländern, Gemeinden oder Gemeindeverbänden) befindet. Sie lassen sich unterscheiden nach

- der **Rechtsform**:
  Wirtschaftsbetriebe der öffentlichen Hand werden
  - privatrechtlich (z.B. als AG, GmbH) oder
  - öffentlich-rechtlich betrieben; in diesem Fall können sie
    - rechtlich selbständig als Körperschaft (z.B. Zweckverband) bzw. als rechtsfähige Anstalt (z.B. Kommunalunternehmen[1], Sparkasse, Rundfunkanstalt) oder
    - rechtlich unselbständig (z.B. als Eigenbetrieb oder Betrieb nach § 26 BHO/LHO) geführt werden.
- dem **Eigentümer/Träger**:
  Die öffentliche Hand kann – wie bei sog. Eigengesellschaften (ein Träger) oder gemischt-öffentlichen Gesellschaften (mehrere öffentliche Träger) – allein oder – wie bei sog. gemischt-wirtschaftlichen Gesellschaften – auch gemeinsam mit privaten Anteilseignern Eigentümer eines Unternehmens in privater Rechtsform sein.
- der Zugehörigkeit zu einer **Branche**:
  Wirtschaftsbetriebe der öffentlichen Hand sind überwiegend Unternehmen der Verkehrs- und Versorgungswirtschaft, der Kranken- und Altenpflege, der Wohnungswirtschaft, aber auch Kreditinstitute (z.B. Sparkassen) und Versicherungen.

Für Wirtschaftsbetriebe wird – in den Ländern unterschiedlich – im Rahmen der sog. **Schrankentrias** gefordert, dass sie einen öffentlichen Zweck erfüllen, dass dieser Zweck nicht besser und wirtschaftlicher durch Dritte erfüllt werden kann (Subsidiaritätsklausel) und dass sie in einem angemessenen Verhältnis zur Leistungsfähigkeit der Gemeinde und zum voraussichtlichen Bedarf stehen. Unter verfassungsrechtlichen Gesichtspunkten stehen sich die Selbstverwaltungsgarantie der Kommune aus Art. 28 Abs. 2 GG „im Rahmen der Gesetze" und das Örtlichkeitsprinzip sowie der Ausnahmecharakter der privatwirtschaftlichen Betätigung der Kommunen und das Bestreben nach Marktöffnung gegenüber, die insb. durch EU-Recht um Aspekte des Konkurrentenschutzes und des Beihilfeverbots ergänzt werden[2].

---

1 Diese Rechtsform besteht derzeit (noch) nicht in allen Bundesländern.
2 Nach EU-Recht (Richtlinie 80/723/EWG der Kommission v. 25.06.1980 über die Transparenz der finanziellen Beziehungen zwischen den Mitgliedstaaten und den öffentlichen Unternehmen) liegt ein öffentliches Unternehmen vor, wenn „die öffentliche Hand aufgrund Eigentums, finanzieller Beteiligung, Satzung oder sonstiger Bestimmungen, die die Tätigkeit des Unternehmens regeln, unmittelbar oder mittelbar einen beherrschenden Einfluß ausüben kann". Öffentliche Unternehmen können überwiegend einem besonderen Recht (öffentliches Recht oder Sondergesetzgebung) oder überwiegend dem allgemeinen Recht unterliegen. Gemäß Art. 16 und 86 des Vertrags von Lissabon haben sich die Mitgliedstaaten verpflichtet, dass sie „in bezug auf öffentliche Unternehmen und auf Unternehmen, denen sie besondere oder ausschließliche Rechte gewähren, keine diesem Vertrag und insb. dessen Art. 12 und 81 bis 89 widersprechende Maßnahmen treffen oder beibehalten".

2   Das Kommunalrecht grenzt nach der Art der Betätigung von den Wirtschaftsbetrieben die **nichtwirtschaftlichen Einrichtungen** ab und nennt hierfür folgende Fallgruppen (siehe z.B. § 107 Abs. 2 GO NRW)[3]:

– Unternehmen, zu denen die Gemeinde gesetzlich verpflichtet ist,
– Einrichtungen des Bildungs-, Gesundheits- und Sozialwesens, der Kultur, des Sports, der Erholung, der Abfall- und Abwasserbeseitigung, der Straßenreinigung sowie Einrichtungen ähnlicher Art,
– Einrichtungen, die als Hilfsbetriebe ausschließlich der Deckung des Eigenbedarfs ihres Trägers dienen.

Organisationsrechtlich bestehen zwischen den wirtschaftlichen und nichtwirtschaftlichen Unternehmen keine zwingenden Unterschiede; die nichtwirtschaftlichen Einrichtungen werden zunehmend in der Form eines Eigenbetriebs bzw. einer eigenbetriebsähnlichen Einrichtung geführt. Interkommunale Zusammenarbeit ist z.B. in der Form des Zweckverbands möglich.

2. Rechtsgrundlagen

a) Vorbemerkungen

3   Die **Vorschriften über Rechnungslegung und Prüfung bei Wirtschaftsbetrieben und nichtwirtschaftlichen Einrichtungen der öffentlichen Hand** entsprechen im Wesentlichen denen des Handels- und Gesellschaftsrechts mit z.T. weitergehenden Anforderungen. Besonderheiten ergeben sich bei den Bundes- und Landesunternehmen v.a. aus dem Haushaltsrecht sowie für die kommunalen Betriebe und Einrichtungen aus den GO, dem Eigenbetriebsrecht und kommunalrechtlichen Prüfungsvorschriften[4].

4   Die Vorschriften auf Länder- und Kommunalebene weisen zwar grundlegende Gemeinsamkeiten auf, weichen allerdings im Detail voneinander ab. Auf diese Unterschiede soll hier i.S. einer übersichtlichen Darstellung nicht näher eingegangen werden. Vielmehr sei auf die im folgenden Abschn. b) genannten Gesetze und VO verwiesen.

b) Bundesebene

Gesetz über die Grundsätze des Haushaltsrechts des Bundes und der Länder (Haushaltsgrundsätzegesetz – HGrG) v. 19.08.1969, BGBl. I, S. 1273, zuletzt geändert durch Gesetz v. 27.05.2010, BGBl. I, S. 671.

Bundeshaushaltsordnung (BHO) v. 19.08.1969, BGBl. I, S. 1284, zuletzt geändert durch Gesetz v. 09.12.2010, BGBl. I, S. 1885.

c) Länder- und Kommunalebene
Baden-Württemberg

Landeshaushaltsordnung für Baden-Württemberg (LHO) v. 19.10.1971, GBl., S. 428, zuletzt geändert durch Gesetz v. 25.01.2012, GBl., S. 65.

---

3   Vgl. *Bolsenkötter/Dau/Zuschlag*, Abschn. R, Rn. 26 und 47. Nicht alle Bundesländer unterscheiden zwischen wirtschaftlichen und nichtwirtschaftlichen Unternehmen; vgl. z.B. Art. 86 GO Bay., § 116 GO LSA sowie § 71 ThürKO.

4   Auf Besonderheiten bei rechtlich selbständigen Wirtschaftsbetrieben der öffentlichen Hand, die als juristische Personen des öffentlichen Rechts betrieben werden, soll im Folgenden aus Vereinfachungsgründen nicht näher eingegangen werden, da für sie im Gegensatz zu anderen Rechtsformen überwiegend individuelle Vorschriften gelten.

Gemeindeordnung für Baden-Württemberg (GO) i.d.F. der Bek. v. 24.07.2000, GBl., S. 581, ber. S. 698, zuletzt geändert durch Gesetz v. 25.01.2012, GBl., S. 65.

Gesetz über die Eigenbetriebe der Gemeinden (Eigenbetriebsgesetz – EigBG) i.d.F. der Bek. v. 08.01.1992, GBl., S. 22, zuletzt geändert durch Gesetz v. 04.05.2009, GBl., S. 185.

Verordnung des Innenministeriums über die Wirtschaftsführung und das Rechnungswesen der Eigenbetriebe (Eigenbetriebsverordnung – EigBVO) v. 07.12.1992, GBl., S. 776.

Verordnung des Innenministeriums über das kommunale Prüfungswesen (Gemeindeprüfungsordnung – GemPrO) v. 14.06.1993, GBl., S. 494, zuletzt geändert durch Gesetz v. 01.12.2005, GBl., S. 710.

Bayern

Haushaltsordnung des Freistaates Bayern (Bayerische Haushaltsordnung – BayHO) v. 08.12.1971, GVBl., S. 433, zuletzt geändert durch Gesetz v. 14.04.2011, GVBl., S. 150.

Gemeindeordnung für den Freistaat Bayern (GO) i.d.F. der Bek. v. 22.08.1998, GVBl., S. 796, zuletzt geändert durch Gesetz v. 27.07.2009, GVBl., S. 400.

Eigenbetriebsverordnung (EBV) v. 29.05.1987, GVBl., S. 195, zuletzt geändert durch VO v. 05.10.2007, GVBl., S. 707.

Verordnung über Kommunalunternehmen (KUV) v. 19.03.1998, GVBl., S. 220, geändert durch VO v. 05.10.2007, GVBl., S. 707.

Verordnung über das Prüfungswesen zur Wirtschaftsführung der Gemeinden, der Landkreise und der Bezirke (Kommunalwirtschaftliche Prüfungsverordnung – KommPrV) v. 03.11.1981, GVBl., S. 492, zuletzt geändert durch VO v. 29.05.1987, GVBl., S. 195.

Berlin

Verfassung von Berlin v. 23.11.1995, GVBl., S. 779, zuletzt geändert durch Gesetz v. 17.03.2010, GVBl., S. 134.

Landeshaushaltsordnung (LHO) i.d.F. der Bek. v. 30.01.2009, GVBl., S. 31, zuletzt geändert durch Gesetz v. 18.09.2011, GVBl., S. 492.

Berliner Betriebegesetz (BerlBG) v. 14.07.2006, GVBl., S. 827, zuletzt geändert durch Gesetz v. 19.04.2011, GVBl., S. 174.

Gesetz über die Eigenbetriebe des Landes Berlin (Eigenbetriebsgesetz – EigG) v. 13.07.1999, GVBl., S. 374.

Brandenburg

Landeshaushaltsordnung (LHO) i.d.F. der Bek. v. 21.04.1999, GVBl. I, S. 106, zuletzt geändert durch Gesetz v. 19.12.2011, GVBl. I 35/2011.

Kommunalverfassung des Landes Brandenburg (mit Gemeindeordnung (GO)) i.d. Neufassung v. 18.12.2007, GVBl. I, S. 286, geändert durch Gesetz v. 09.01.2012, GVBl. I Nr. 1, ber. Nr. 7.

Verordnung über die Eigenbetriebe der Gemeinden (Eigenbetriebsverordnung – EigV) v. 26.03.2009, GVBl. II, S. 150.

Bremen

Haushaltsordnung der Freien Hansestadt Bremen (Landeshaushaltsordnung – LHO) v. 25.05.1971, Brem.GBl., S. 143, zuletzt geändert durch Gesetz v. 17.05.2011, Brem.GBl., S. 371.

Bremisches Gesetz für Eigenbetriebe und sonstige Sondervermögen des Landes und der Stadtgemeinden (BremSVG) v. 24.11.2009, Brem.GBl., S. 505.

Hamburg

Haushaltsordnung der Freien und Hansestadt Hamburg (Landeshaushaltsordnung – LHO) v. 23.12.1971, HmbGVBl., S. 261, ber. HmbGVBl. 1972, S. 10, zuletzt geändert durch Gesetz v. 26.01.2010, HmbGVBl., S. 108.

Hessen

Hessische Landeshaushaltsordnung (LHO) i.d.F. der Bek. v. 15.03.1999, GVBl. I, S. 248, zuletzt geändert durch Gesetz v. 24.03.2010, GVBl. I, S. 119.

Hessische Gemeindeordnung (HGO) i.d.F. der Bek. v. 07.03.2005, GVBl. I, S. 142, zuletzt geändert durch Gesetz v. 16.12.2011, GVBl. I, S. 786.

Eigenbetriebsgesetz (EigBGes) v. 09.06.1989, GVBl. I, S. 154, zuletzt geändert durch Gesetz v. 16.12.2011, GVBl. I, S. 786.

Verordnung zur Bestimmung der Formblätter für den Jahresabschluss der Eigenbetriebe v. 09.06.1989, GVBl. I, S. 162.

Gesetz zur Regelung der überörtlichen Prüfung kommunaler Körperschaften (ÜPKKG) v. 22.12.1993, GVBl. I, S. 708, zuletzt geändert durch Gesetz v. 08.03.2011, GVBl. I, S. 153.

Mecklenburg-Vorpommern

Landeshaushaltsordnung (LHO) Mecklenburg-Vorpommern i.d.F. der Bek. v. 10.04.2000, GVOBl. M-V, S. 159, zuletzt geändert durch Gesetz v. 07.07.2011, GVOBl. M-V, S. 411.

Kommunalverfassung für das Land Mecklenburg-Vorpommern (KV M-V) (mit Gemeindeordnung (GO)) i.d.F. der Bek. v. 13.07.2011, GVOBl. M-V, S. 777.

Verordnung über die Eigenbetriebe der Gemeinden (Eigenbetriebsverordnung M-VEigVO) v. 25.02.2008, GVOBl. M-V, S. 71.

Formblätter: Verwaltungsvorschrift zur Eigenbetriebsverordnung (VVEigVO), Erlass des Innenministeriums Mecklenburg-Vorpommern v. 10.03.1999, Abl. M-V, S. 322.

Kommunalprüfungsgesetz (KPG M-V) v. 10.11.2009, GVOBl. M-V, S. 617, geändert durch Gesetz v. 17.12.2009, GVOBl. M-V, S. 687.

Niedersachsen

Niedersächsische Landeshaushaltsordnung (LHO) i.d.F. der Bek. v. 30.04.2001, Nds. GVBl., S. 276, zuletzt geändert durch Gesetz v. 30.06.2011, Nds. GVBl., S. 210.

Niedersächsisches Kommunalverfassungsgesetz (NKomVG) v. 17.12.2010, Nds. GVBl., S. 576, zuletzt geändert durch Gesetz v. 17.11.2011, Nds. GVBl., S. 422.

Eigenbetriebsverordung (EigBetrVO) v. 27.01.2011, Nds. GVBl., S. 21.

Formblätter: RdErl. des Ministeriums des Inneren v. 15.08.1989, Nds. MBl., S. 972.

Verordnung über die Prüfung des Jahresabschlusses der Eigenbetriebe und anderer prüfungspflichtiger Einrichtungen (JAPrüfVO) v. 14.07.1987, Nds. GVBl., S. 125.

Nordrhein-Westfalen

Landeshaushaltsordnung (LHO) i.d.F. der Bek. v. 26.04.1999, GV NRW, S. 158, zuletzt geändert durch Gesetz v. 17.12.2009, GV NRW, S. 950.

Gemeindeordnung für das Land Nordrhein-Westfalen (GO NRW) i.d.F. der Bek. v. 14.07.1994, GV NRW, S. 666, zuletzt geändert durch Gesetz v. 13.12.2011, GV NRW, S. 685.

Eigenbetriebsverordnung (EigVO) i.d.F. der Bek. v. 16.11.2004, GV NRW, S. 671, ber. GV NRW 2005, S. 15, zuletzt geändert durch VO v. 17.12.2009, GV NRW, S. 641.

Verordnung über kommunale Unternehmen und Einrichtungen als Anstalt des öffentlichen Rechts (Kommunalunternehmensverordnung – KUV) v. 24.10.2001, GV. NRW, S. 773, zuletzt geändert durch VO v. 17.12.2009, GV NRW, S. 641.

Verordnung über die Durchführung der Jahresabschlussprüfung bei Eigenbetrieben und prüfungspflichtigen Einrichtungen v. 09.03.1981, GV NRW, S. 147, zuletzt geändert durch VO v. 05.08.2009, GV NRW, S. 438.

Rheinland-Pfalz

Landeshaushaltsordnung (LHO) v. 20.12.1971, GVBl. 1972, S. 2, zuletzt geändert durch Gesetz v. 17.06.2008, GVBl., S. 103.

Gemeindeordnung (GO) i.d.F. der Bek. v. 31.01.1994, GVBl., S. 153, zuletzt geändert durch Gesetz v. 28.09.2010, GVBl., S. 272.

Eigenbetriebs- und Anstaltsverordnung (EigAnVO) v. 05.10.1999, GVBl., S. 373.

Landesverordnung über die Prüfung kommunaler Einrichtungen v. 22.07.1991, GVBl., S. 331, geändert durch VO v. 28.08.2001, GVBl., S. 210.

Saarland

Gesetz betreffend Haushaltsordnung des Saarlandes (LHO) v. 05.11.1999, Abl. 2000, S. 194, zuletzt geändert durch Gesetz v. 01.12.2011, Abl., S. 556.

Kommunalselbstverwaltungsgesetz (KSVG) (mit Gemeindeordnung) i.d.F. der Bek. v. 27.06.1997, Abl., S. 682, zuletzt geändert durch Gesetz v. 11.02.2009, Abl., S. 1215.

Eigenbetriebsverordnung (EigVO) v. 29.11.2010, Abl., S. 1426.

Verordnung über die Prüfung des Jahresabschlusses der Eigenbetriebe und sonstigen Unternehmen ohne eigene Rechtspersönlichkeit mit Sonderrechnung (Jahresabschlussprüfungsverordnung) v. 29.11.2010, Abl., S. 1424.

Sachsen

Haushaltsordnung des Freistaates Sachsen (Sächsische Haushaltsordnung – SäHO) i.d.F. der Bek. v. 10.04.2001, SächsGVBl., S. 153, zuletzt geändert durch Gesetz v. 15.12.2010, SächsGVBl., S. 387.

Gemeindeordnung für den Freistaat Sachsen (SächsGemO) i.d. Neufassung v. 18.03.2003, SächsGVBl., S. 55, ber. S. 159, zuletzt geändert durch Gesetz v. 27.01.2012, SächsGVBl., S. 130.

Gesetz über kommunale Eigenbetriebe im Freistaat Sachsen (Sächsisches Eigenbetriebsgesetz – SächsEigBG) i.d.F. der Bek. v. 15.02.2010, SächsGVBl., S. 38.

Verordnung über die Wirtschaftsführung, das Rechnungswesen und die Jahresabschlussprüfung der kommunalen Eigenbetriebe (Sächsische Eigenbetriebsverordnung – SächsEigBVO) v. 15.02.2010, SächsGVBl., S. 57.

Verordnung über das kommunale Prüfungswesen Doppik (Sächsische Kommunalprüfungsordnung-Doppik – SächsKomPrüfVO-Doppik) v. 25.10.2011, SächsGVBl., S. 604.

Sachsen-Anhalt

Landeshaushaltsordnung des Landes Sachsen-Anhalt v. 30.04.1991, GVBl. LSA, S. 35, zuletzt geändert durch Gesetz v. 17.02.2012, GVBl. LSA, S. 52.

Gemeindeordnung für das Land Sachsen-Anhalt (GO LSA) i.d.F. der Bek. v. 10.08.2009, GVBl. LSA, S. 383, geändert durch Gesetz v. 30.11.2011, GVBl. LSA, S. 814.

Gesetz über die kommunalen Eigenbetriebe im Land Sachsen-Anhalt (Eigenbetriebsgesetz – EigBG) v. 24.03.1997, GVBl. LSA, S. 446, zuletzt geändert durch Gesetz v. 26.05.2009, GVBl. LSA, S. 238.

Gesetz über die kommunalen Anstalten des öffentlichen Rechts (Anstaltsgesetz – AnstG) v. 03.04.2001, GVBl. LSA, S. 136, geändert durch Gesetz v. 15.12.2009, GVBl. LSA, S. 648.

Verordnung über die kommunalen Anstalten des öffentlichen Rechts (Anstaltsverordnung – AnstVO) v. 14.01.2004, GVBl., S. 38.

Schleswig-Holstein

Landeshaushaltsordnung (LHO) i.d.F. der Bek. v. 29.06.1992, GVOBl. Schl.-H., S. 381, zuletzt geändert durch Gesetz v. 17.12.2010, GVOBl. Schl.-H., S. 789, ber. 2011 S. 20.

Gemeindeordnung (GO) i.d.F. der Bek. v. 28.02.2003, GVOBl. Schl.-H., S. 57, zuletzt geändert durch Gesetz v. 19.01.2012, GVOBl. Schl.-H., S. 89.

Landesverordnung über die Eigenbetriebe der Gemeinden (Eigenbetriebsverordnung – EigVO) v. 15.08.2007, GVOBl. Schl.-H., S. 404.

Landesverordnung über Kommunalunternehmen als Anstalt des öffentlichen Rechts (KUVO) v. 01.12.2008, GVOBl. Schl.-H., S. 735.

Gesetz über die überörtliche Prüfung kommunaler Körperschaften und die Jahresabschlussprüfung kommunaler Wirtschaftsbetriebe (Kommunalprüfungsgesetz – KPG) i.d.F. der Bek. v. 28.02.2003, GVOBl. Schl.-H., S. 129, zuletzt geändert durch Gesetz v. 17.02.2011, GVOBl. Schl.-H., S. 50.

Thüringen

Thüringer Landeshaushaltsordnung (ThürLHO) i.d.F. der Bek. v. 19.09.2000, GVBl., S. 282, zuletzt geändert durch Gesetz v. 21.12.2011, GVBl., S. 534.

Wirtschaftsbetriebe und nichtwirtschaftliche Einrichtungen L

Thüringer Gemeinde- und Landkreisordnung (Thüringer Kommunalordnung – ThürKO) i.d.F. der Bek. v. 28.01.2003, GVBl., S. 41, zuletzt geändert durch Gesetz v. 21.12.2011, GVBl., S. 531.

Thüringer Eigenbetriebsverordnung (ThürEBV) v. 15.07.1993, GVBl., S. 432, zuletzt geändert durch VO v. 30.11.2011, GVBl., S. 561.

Formblätter: Verwaltungsvorschriften zur Thüringer Eigenbetriebsverordnung (Verv-ThürEBV), Erlass des Thüringer Innenministeriums v. 23.09.1993, St. Anz., S. 1654.

3. Rechnungslegung
a) Besonderheiten bei Wirtschaftsbetrieben der öffentlichen Hand in privater Rechtsform

Jahresabschluss und LB eines Wirtschaftsbetriebs der öffentlichen Hand in privater Rechtsform sind unabhängig von der tatsächlichen Größenklasse gem. § 267 HGB nach den Vorschriften des Dritten Buches des HGB für große KapGes. aufzustellen (vgl. zur Anwendung dieser Vorschriften Kap. E und Kap. F dieses Handbuchs). Dies resultiert als Beteiligungsvoraussetzung aus § 65 Abs. 1 Nr. 4 BHO bzw. aus entsprechenden Bestimmungen der jeweiligen LHO bzw. GO der Länder. 5

Neben JA und LB haben Wirtschaftsbetriebe der öffentlichen Hand in privater Rechtsform regelmäßig auf gleicher Rechtsgrundlage auch einen Wirtschaftsplan sowie einen mehrjährigen Finanzplan zu erstellen. Der Wirtschaftsplan umfasst einen Erfolgs- und einen Vermögensplan sowie eine Stellenübersicht. 6

Unternehmen in NRW, an denen eine Gemeinde mehr als 50 v.H. der Anteile hält, müssen zudem im oder im Zusammenhang mit dem LB darstellen, inwieweit der öffentliche Zweck erfüllt wird[5]. 7

b) Besonderheiten bei Eigenbetrieben

Für **Eigenbetriebe mit Kaufmannseigenschaft** gelten die Vorschriften des Ersten Abschnitts des Dritten Buches des HGB (§§ 238 bis 263), soweit nicht das Kommunalrecht abweichende Vorschriften enthält; im Übrigen werden Eigenbetriebe mit Kaufmannseigenschaft durch das Eigenbetriebsrecht des jeweiligen Landes über Verweisregelungen grundsätzlich verpflichtet, ihren JA weitgehend entsprechend den Vorschriften des Dritten Buches des HGB für große KapGes. zu erstellen; dabei sind z.T. abweichende und ergänzende Regelungen im Eigenbetriebsrecht zu beachten[6]. Vergleichbares gilt für Eigenbetriebe, denen keine Kaufmannseigenschaft zugeschrieben werden kann. Hier können kraft der Gesetzgebungshoheit der Länder die §§ 238 bis 263 HGB und auch die §§ 264 ff. HGB nur angewendet werden, wenn die jeweiligen Landesgesetze entsprechende Verweise enthalten[7]. 8

Bei den Verweisregelungen stellt sich die Frage, ob diese **dynamisch** oder **statisch** zu interpretieren sind, also eine spätere Änderung der über den Verweis anzuwendenden Vorschrift (hier also der HGB-Vorschrift) zu berücksichtigen ist oder nicht[8]. Die Verweise

---

5 Vgl. § 108 Abs. 3 Nr. 2 GO NW; vgl. hierzu auch *St/KFA 1/1996: Gegenstand und Prüfung der Berichterstattung gem. § 108 Abs. 2 Nr. 2 GO NRW.*
6 Vgl. dazu auch *Bolsenkötter/Dau/Zuschlag,* Abschn. W, Rn. 281, sowie für NRW Tz. 30; *Vogelpoth/Poullie/Voß,* WPg 2009, S. 83/85.
7 Vgl. *Vogelpoth/Poullie/Voß,* WPg 2009, S. 83/84 f., m.w.N.
8 Vgl. dazu grundlegend BVerfG v. 01.03.1978, NJW, S. 1475.

sind z.T. eindeutig (i.d.R. dann statisch), oft aber auch sprachlich allgemein gehalten und dann interpretationsbedürftig[9]. Sachlich dürften kaum Zweifel daran bestehen, dass eine dynamische Interpretation sinnvoll ist und dass damit die Änderungen des HGB durch das BilMoG mit den im EGHGB vorgegebenen Terminen und Übergangsregelungen auch für die kommunalen Eigenbetriebe gelten[10].

9   Rechnungswesen und Rechnungslegung eines Eigenbetriebs umfassen neben der Buchführung, dem JA, dem LB und der Kostenrechnung auch eine Erfolgsübersicht, einen Wirtschaftsplan sowie einen mehrjährigen Finanzplan.

10 Statt der kaufmännischen doppelten Buchführung ist in einigen Ländern, z.B. in Bayern und Sachsen[11], noch eine **Kameralbuchführung** zulässig, wenn aus ihr ein JA nach den kaufmännischen Regeln abgeleitet werden kann.

11 Für den JA und LB eines Eigenbetriebs gelten im Wesentlichen die folgenden Besonderheiten[12]:

12 Der JA besteht aus der Bilanz, der Erfolgsrechnung (im Folgenden auch als GuV bezeichnet) und dem Anhang. Es gelten **Formblätter** für die **Bilanz** und die **GuV**, die im Wesentlichen mit der Gliederung nach § 266 und § 275 HGB übereinstimmen, und für den **Anlagennachweis** als Teil des Anhangs. Eine andere Gliederung, die der Gegenstand des Unternehmens bedingt, muss gleichwertig sein.

13 Das **Sachanlagevermögen** ist in den Bilanz-Formblättern tiefer gegliedert als nach § 266 Abs. 2 A. II HGB. Die Gliederung berücksichtigt Besonderheiten der Verkehrs- und Versorgungswirtschaft. Die Entwicklung des AV wird – im Unterschied zu § 268 Abs. 2 S. 1 HGB – zwingend im Anhang dargestellt (vgl. Tz. 25).

14 **Forderungen/Verbindlichkeiten** ggü. der Gemeinde sind gesondert auszuweisen, weil sie weder den verbundenen Unternehmen noch den Beteiligungen zugeordnet werden können. Eigenbetriebe des Versorgungsbereiches müssen zudem Forderungen aus dem Energie- oder Wasserverbrauch auf den Bilanzstichtag abgrenzen (vgl. dazu Tz. 39).

15 Innerhalb des **Eigenkapitals** wird abweichend vom HGB nach Stammkapital, allgemeinen und zweckgebundenen Rücklagen sowie Gewinn/Verlust unterschieden. § 272 HGB sowie § 270 Abs. 1 HGB finden insoweit keine Anwendung. Das **Stammkapital** eines Eigenbetriebs ist mit dem Betrag anzusetzen, der in der Satzung festgelegt ist. Ausstehende Zahlungen der Gemeinde sind als Forderungen auszuweisen; abweichend von § 272 Abs. 1 HGB wird nicht nach eingeforderten und nicht eingeforderten Einlagen unterschieden.

16 **Rücklagen** können sowohl aus dem Jahresgewinn als auch aus Einzahlungen der Gemeinde gebildet werden. Die Eigenbetriebsvorschriften sehen insb. auch vor, dass **Kapitalzuschüsse** der öffentlichen Hand, die die Gemeinde für ihren Eigenbetrieb erhalten hat, erfolgsneutral dem EK zuzuführen sind; dadurch kann die Bildung einer steuerfreien Rücklage zur Anlagenerneuerung ermöglicht werden. Der Zuschussgeber kann aber auch bestimmen, dass der Zuschuss als Sonderposten ausgewiesen wird, der dann – korrespondierend zu den Abschreibungen – erfolgswirksam aufzulösen ist.

---

9   Vgl. zu dieser Diskussion *Bolsenkötter*, ZögU 2009, S. 258; *Vogelpoth/Poullie/Voß*, WPg 2009, S. 83; *Bauer/Kirchmann/Saß*, WPg 2009, S. 143; *Ellerich/Radde*, WPg 2009, S. 780.
10 Vgl. zur Begründung insb. *Bolsenkötter*, ZögU 2009, S. 258/267.
11 Vgl. z.B. § 18 Abs. 1 EBV Bay., § 6 Abs. 1 SächsEigBVO.
12 Vgl. dazu auch *Bolsenkötter/Dau/Zuschlag*, Abschn. W, Rn. 282 ff.

Wirtschaftsbetriebe und nichtwirtschaftliche Einrichtungen **L**

Der Bilanzposten **Gewinn/Verlust** entspricht dem Saldo aus dem Gewinn/Verlust des Vj., 17
dessen Verwendung/Ausgleich sowie dem Gewinn/Verlust des WJ. Eine Aufstellung der
Bilanz unter Berücksichtigung der Ergebnisverwendung nach §§ 268 Abs. 1, 270 Abs. 2
HGB ist nicht zulässig.

In den Formblättern für die Bilanz sind vom handelsrechtlichen Gliederungsschema ab- 18
weichende Posten und Vermerke enthalten. So ist der **Sonderposten mit Rücklageanteil**,
dessen Bilanzausweis § 273 HGB a.F. regelte, in den Formblättern als Posten C unmittelbar nach dem EK auszuweisen. Die Vorschriften, nach denen der Sonderposten mit
Rücklageanteil gebildet wurde, sind im Anhang anzugeben. Vor dem Hintergrund der
dynamischen Interpretation der Verweisregelungen (vgl. Tz. 8) und unter Berücksichtigung der Übergangsvorschrift des Art. 67 Abs. 3 EGHGB erscheint eine Überarbeitung
der Formblätter zweckmäßig.

Nach dem Sonderposten mit Rücklageanteil sehen die Formblätter auch einen Posten D 19
Empfangene Ertragszuschüsse vor. Hierunter werden Bauzuschüsse von Kunden ausgewiesen (vgl. Tz. 40), falls sie nicht – was ebenfalls zulässig ist – von den Anschaffungsoder Herstellungskosten der bezuschussten Anlagen abgesetzt werden.

Das Eigenbetriebsrecht weicht hinsichtlich der **Behandlung von Pensionsverpflich-** 20
tungen in Details von Art. 28 EGHGB ab. So gilt in einigen Ländern als Voraussetzung
für die Inanspruchnahme des Wahlrechts für die Rückstellungsbildung ein anderer Stichtag, bis zu dem der Pensionsberechtigte seinen Rechtsanspruch erworben haben muss, als
nach Art. 28 Abs. 1 EGHGB. Das Wahlrecht kann nicht ausgeübt werden, wenn der Eigenbetrieb das Versorgungsverhältnis schon bisher durch eine Rückstellung (vollständig)
berücksichtigt hatte.

Die **GuV** ist gemäß Formblatt nach dem GKV gegliedert; die Anwendung des UKV schei- 21
det somit aus. Das Formblatt gibt im Unterschied zum HGB zwingend vor, dass Erträge aus
Gewinngemeinschaften, GAV und Teil-GAV sowie Aufwendungen aus Verlustübernahme
nach dem Ergebnis der gewöhnlichen Geschäftstätigkeit auszuweisen sind.

Die Gliederung der GuV schließt mit dem Ausweis des Jahresgewinns bzw. -verlusts ab. 22
Die **Ergebnisverwendung** ist nachrichtlich in der GuV anzugeben. Ein Jahresgewinn
kann an die Gemeinde abgeführt, den Rücklagen zugewiesen oder auf neue Rechnung
vorgetragen werden. Ein Verlust ist i.d.R. binnen fünf WJ durch Gewinne oder durch Zuschüsse der Gemeinde auszugleichen.

Neben JA und LB hat ein Eigenbetrieb eine **Erfolgsübersicht** zu erstellen, sofern das 23
Unternehmen mehr als einen Betriebszweig hat. Für die Übersicht ist ein Formblatt vorgegeben, nach dem die Aufwendungen und Erträge jeweils nach Sparten dargestellt werden. Die Steuern vom Einkommen und vom Ertrag, das außerordentliche Ergebnis, die
Veränderungen des Sonderpostens mit Rücklageanteil, die Finanzerträge einschließlich
der Erträge aus Gewinngemeinschaften, GAV und Teil-GAV sowie die Aufwendungen
aus Verlustübernahme werden allerdings für das gesamte Unternehmen angegeben.
Einige Länder haben bei Neuregelungen des Eigenbetriebsrechts in den letzten Jahren auf
Vorschriften zur Erfolgsübersicht oder auf eine Formblattregelung hierzu verzichtet,
schreiben aber z.T. Spartenrechnungen (im Einzelnen unterschiedlich) vor.

24 Für den Inhalt des **Anhangs** bei Eigenbetrieben gelten folgende Besonderheiten:
- § 286 Abs. 4 HGB ist in einigen Ländern nicht anzuwenden,
- § 285 Nr. 8 und 14 bis 16 sowie § 286 Abs. 2 und 3 HGB sind für Eigenbetriebe nicht anzuwenden/nicht relevant und
- die Angaben gem. § 285 Nr. 9 und 10 HGB betreffen die Mitglieder der Werks- oder Betriebsleitung und des Werks- oder Betriebsausschusses.

25 Die Entwicklung des AV ist zwingend im Anhang darzustellen. Das Formblatt für den **Anlagennachweis** zeigt horizontal die Entwicklung des AV sowie ergänzend den durchschnittlichen Abschreibungssatz und den durchschnittlichen RBW je Bilanzposten; die vertikale Gliederung geht tiefer als jene nach HGB und berücksichtigt Branchenbesonderheiten.

26 Für den Inhalt des **LB** verweist das Eigenbetriebsrecht der meisten Länder auf § 289 HGB[13]; in den anderen Ländern wurde im Wesentlichen der Wortlaut des § 289 HGB a.F. übernommen. Darüber hinaus verlangt das Eigenbetriebsrecht weitere Pflichtangaben; so ist auch einzugehen auf:

- Änderungen im Grundstücksbestand,
- Änderungen im Bestand, der Leistungsfähigkeit und Ausnutzung der wichtigsten Anlagen,
- bestehende und geplante Bauvorhaben,
- die Entwicklung des EK und der Rückstellungen,
- die Umsatzerlöse, die mittels einer Mengen- und Tarifstatistik des Berichtsjahres zu zeigen und mit dem Vj. zu vergleichen sind, und
- den Personalaufwand, der mittels einer Statistik über die zahlenmäßige Entwicklung der Belegschaft unter Angabe der Gesamtsummen der einzelnen Bestandteile des Personalaufwandes für das WJ darzustellen ist.

27 Eigenbetriebe können bei der Erstellung des JA **keine größenabhängigen Erleichterungen** – wie nach §§ 266 Abs. 1 S. 3, 274a, 276, 288 HGB i.V.m. § 267 Abs. 1 und 2 HGB – in Anspruch nehmen, da sie insoweit großen KapGes. i.S.d. HGB gleichgestellt sind[14].

28 **Jahresabschluss, LB** und **Erfolgsübersicht** sind innerhalb von drei Monaten nach Ende des WJ **aufzustellen**. Die Satzung kann allerdings eine Frist von bis zu sechs Monaten festlegen.

29 Der Rat der Gemeinde stellt den JA und den LB i.d.R. innerhalb eines Jahres nach Ende des WJ fest. Er beschließt dann auch über die **Verwendung des Jahresgewinns oder die Behandlung des Jahresverlusts**.

30 Anlässlich der Neuordnung des kommunalen Haushaltsrechts[15] (Umstellung des Haushalts- und Rechnungswesens auf die Doppik und Anlehnung der Rechnungslegung an die der KapGes. nach HGB) hat **Nordrhein-Westfalen** für die Eigenbetriebe ein Wahlrecht geschaffen: Sie können sich dem neuen Haushaltsrecht unterwerfen oder noch stärker als bisher dem Handelsrecht folgen. Für die Buchführung (§ 19 Abs. 1 EigVO NRW) sowie

---

13 Ob diese Verweise in dynamischer Interpretation auch die inzwischen erweiterten Anforderungen der Neufassung des § 289 HGB erfassen, mag juristisch zweifelhaft sein; es entspricht aber der Intention des Eigenbetriebsrechts; vgl. auch Tz. 8.

14 §§ 326, 327 HGB kommen nicht in Betracht, da die Publizität landesrechtlich geregelt ist.

15 Gesetz über ein Neues Kommunales Finanzmanagement für Gemeinden im Land Nordrhein-Westfalen (Kommunales Finanzmanagementgesetz NRW – NKFG NRW) v. 16.11.2004, GV NRW, S. 644.

für die Bilanz und GuV (§ 27 EigVO NRW) gelten also handels- oder haushaltsrechtliche Grundsätze. Insofern finden die §§ 22 und 23 EigVO NRW (Bilanz und GuV) nur auf einen nach HGB-Vorschriften zu erstellenden Abschluss Anwendung (Verweise auf §§ 266 und 275 HGB). Gemäß § 23 Abs. 2 EigVO NRW haben Eigenbetriebe mit mehr als einem Betriebszweig für den Schluss eines jeden WJ eine GuV für jeden Betriebszweig (also keine Erfolgsübersicht) aufzustellen und in den Anhang aufzunehmen; auf Formblätter wird nicht mehr verwiesen. Auch für den Anhang und den LB kommen insofern entweder die Regelungen der §§ 24 und 25 EigVO NRW (bei JA) oder die GemHVO-Vorschriften in Betracht. Für den nach HGB aufgestellten JA bestimmt § 24 EigVO NRW, dass der Anlagenspiegel (früher Anlagennachweis) entsprechend der Gliederung der Bilanz darzustellen ist. Der LB gem. § 25 EigVO NRW ist entsprechend § 289 HGB aufzustellen; er muss auch auf im Rahmen der Prüfung nach § 53 HGrG getroffene Feststellungen eingehen.

c) Besonderheiten bei rechtsfähigen Anstalten des öffentlichen Rechts (Kommunalunternehmen)

Für die rechtsfähige Anstalt des öffentlichen Rechts im kommunalen Bereich (Kommunalunternehmen) gelten die Vorschriften des Ersten Abschnitts des Dritten Buches des HGB (§§ 238 bis 263), sofern sie Kaufmann i.S.d. §§ 1 ff. HGB ist; da es sich hierbei um ein rechtlich selbständiges Unternehmen handelt, greift jedoch § 263 HGB (Zulässigkeit kommunalrechtlicher Sonderregelungen) nicht ein; gleichwohl bestehen **Vorschriften für die Rechnungslegung**, die weitestgehend an die Eigenbetriebe angelehnt sind. Länderspezifische Regelungen sehen überwiegend vor, dass JA zu erstellen sind, die im Wesentlichen den für große KapGes. bestehenden sowie den z.T. strengeren eigenbetriebsrechtlichen Anforderungen (z.B. Wahlrechtseinschränkungen) entsprechen (vgl. Tz. 8). Die Bilanz, die GuV und der Anlagennachweis sind ggf. entsprechend den Formblättern nach dem Eigenbetriebsrecht zu gliedern. Auch wird für Unternehmen mit mehreren Sparten eine Erfolgsübersicht oder Spartenrechnung gefordert.

31

d) Branchenspezifische Besonderheiten

Wirtschaftsbetriebe der öffentlichen Hand gehören überwiegend Branchen an, für die der Gesetzgeber **spezielle Vorschriften zur Rechnungslegung** erlassen hat.

32

Insbesondere aufgrund des öffentlichen Auftrags, der ökonomischen Legitimation und des kommunalen („Gesellschafter"-)Hintergrundes (vgl. Tz. 1) sowie des häufig komplexen Unternehmensgegenstandes von öffentlichen Unternehmen (z.B. bei energie- oder verkehrswirtschaftlichen Unternehmen) wurde die Rechnungslegung um Vorschriften zur Rechenschaftslegung ergänzt. Dies umfasst nicht nur die Rechenschaftslegung aufgrund regulatorischer Vorschriften (z.B. im Rahmen des EnWG, EEG, KWK-G und PBefG[16]), sondern auch Erklärungen, Anträge oder Angaben, die z.B. aufgrund steuerlicher (z.B. im Rahmen des StromStG oder EnergieStG) zu erfüllen sind.

33

---

16 Gesetz über die Elektrizitäts- und Gasversorgung (Energiewirtschaftsgesetz – EnWG) v. 07.07.2005, BGBl. I, S. 1970, ber. S. 3621, zuletzt geändert durch Gesetz v. 16.01.2012, BGBl. I, S. 74; Gesetz für den Vorrang Erneuerbarer Energien (Erneuerbare-Energien-Gesetz – EEG) v. 25.10.2008, BGBl. I, S. 2074, zuletzt geändert durch Gesetz v. 22.12.2011, BGBl. I, S. 3044; Gesetz für die Erhaltung, die Modernisierung und den Ausbau der Kraft-Wärme-Kopplung (Kraft-Wärme-Kopplungsgesetz) v. 19.03.2002, BGBl. I, S. 1092, zuletzt geändert durch Gesetz v. 28.07.2011, BGBl. I, S. 1634; Personenbeförderungsgesetz (PBefG) i.d.F. der Bek. v. 08.08.1990, BGBl. I, S. 1690, zuletzt geändert durch Gesetz v. 22.11.2011, BGBl. I, S. 2272.

aa) Verkehrsbereich

34 Kapitalgesellschaften, die Eisenbahnen des öffentlichen Verkehrs oder die Beförderung von Personen im Linienverkehr betreiben, müssen die Posten des Sachanlagevermögens weiter aufgliedern[17]. So ist in der Bilanzgliederung dem Posten gem. § 266 Abs. 2 A. II Nr. 1 („Grundstücke, grundstücksgleiche Rechte und Bauten einschließlich der Bauten auf fremden Grundstücken") der Vermerk anzufügen:

– „davon
   a. Geschäfts-, Betriebs- und andere Bauten
   b. Bahnkörper und Bauten des Schienenweges"

und der Posten A. II im Weiteren wie folgt zu gliedern:

2. Gleisanlagen, Streckenausrüstung und Sicherungsanlagen
3. Fahrzeuge für Personen- und Güterverkehr
4. Maschinen und maschinelle Anlagen, die nicht zu Nr. 2 oder 3 gehören
5. andere Anlagen, Betriebs- und Geschäftsausstattung
6. geleistete Anzahlungen und Anlagen im Bau.

Anstelle dieser Aufgliederung darf die Gliederung gem. § 266 Abs. 2 A. II Nr. 1 bis 4 HGB beibehalten werden, wenn die entsprechenden Angaben im Anhang gemacht werden.

35 Nach den Formblättern für die Bilanz (vgl. Tz. 12) gliedern **Eigenbetriebe** des Verkehrsbereiches das Sachanlagevermögen weitgehend wie vorstehend beschrieben.

36 Seit dem 03.12.2009 gilt in den Mitgliedstaaten unmittelbar die **VO 1370/2007**[18]. Die VO ist immer dann zu beachten, wenn öffentliche Personenverkehrsdienste (Linienverkehre auf der Schiene oder Straße im Nah- und Fernverkehr) durch die Gewährung ausschließlicher Rechte und/oder von Ausgleichsleistungen durch die zuständigen nationalen Behörden gefördert werden. In diesem Fall haben Betreiber, die im Wege der Direktvergabe beauftragt werden, die Vorschriften des Anhangs der VO 1370/2007 zu beachten. Sie verlangen eine Begrenzung des Ausgleichs auf den Nettoeffekt der Belastung, die durch die Erfüllung der gemeinwirtschaftlichen Verpflichtung beim Betreiber ausgelöst wird, eine Trennungsrechnung und ein Quersubventionsverbot für Ausgleichsleistungen für wettbewerbliche Aktivitäten, eine Begrenzung des Gewinns auf eine übliche Kapitalrendite sowie eine Anreizgewährung für eine wirtschaftliche Geschäftsführung und zur Qualitätssicherung auf hohem Niveau.

bb) Versorgungsbereich

37 Energieversorgungsunternehmen haben ungeachtet ihrer Eigentumsverhältnisse und ihrer Rechtsform einen JA nach den für KapGes. geltenden Vorschriften des HGB aufzustellen, prüfen zu lassen und offen zu legen[19]. „Energie" bedeutet in diesem Zusammenhang Elektrizität und Gas, soweit sie zur leitungsgebundenen Energieversorgung verwendet werden (§ 3 Nr. 14 EnWG).

---

17 Vgl. § 2 Abs. 1 der Verordnung über die Gliederung des Jahresabschlusses von Verkehrsunternehmen v. 27.02.1968, BGBl. I, S. 193, zuletzt geändert durch VO v. 13.07.1988, BGBl. I, S. 1057.
18 Verordnung (EG) Nr. 1370/2007 v. 23.10.2007 über öffentliche Personenverkehrsdienste auf Schiene und Straße und zur Aufhebung der Verordnungen (EWG) Nr. 1191/69 und (EWG) Nr. 1107/70 des Rates, Abl.EU Nr. L 315, S. 1.
19 Vgl. § 6b Abs. 1 EnWG; vgl. auch *Entwurf IDW Stellungnahme zur Rechnungslegung: Rechnungslegung von Energieversorgungsunternehmen nach dem Energiewirtschaftsgesetz (IDW ERS ÖFA 2)*.

Unternehmen, die i.S.v. § 3 Nr. 38 EnWG zu einem vertikal integrierten Energiever- **38** sorgungsunternehmen verbunden sind, haben zudem nach § 6b Abs. 3 S. 1 EnWG für jede ihrer Tätigkeiten in den Bereichen Elektrizitätsübertragung, Elektrizitätsverteilung, Gasfernleitung, Gasverteilung, Gasspeicherung und Betrieb von LNG-Anlagen getrennte Konten so zu führen, wie dies erforderlich wäre, wenn diese Tätigkeiten von rechtlich selbständigen Unternehmen ausgeführt würden (sog. **buchhalterische Entflechtung** bzw. **buchhalterisches Unbundling**); außerhalb der genannten Tätigkeiten können die Konten jeweils für den Elektrizitätssektor, den Gassektor und für andere Bereiche zusammengefasst werden (§ 6b Abs. 3 S. 3 und 4 EnWG). Für jeden der genannten Tätigkeitsbereiche ist intern eine den HGB-Vorschriften für KapGes. entsprechende Bilanz und GuV aufzustellen; die Jahresabschlussprüfung umfasst auch eine Beurteilung der ordnungsgemäßen Entflechtung der internen Rechnungslegung (§ 6b Abs. 5 EnWG)[20].

Versorgungsunternehmen messen den Verbrauch an Energie oder Wasser ihrer zahl- **39** reichen Tarifkunden i.d.R. nicht genau am Bilanzstichtag. Insoweit bedarf es geeigneter Schätzverfahren, um zum Ende des GJ unter den Forderungen aus Lieferungen und Leistungen wegen noch ausstehender Abrechnung den **Verbrauch** zwischen Ablese- und Bilanzstichtag **abzugrenzen**[21].

Eine Besonderheit gilt für Versorgungsunternehmen, die aufgrund allgemeiner Liefer- **40** bedingungen **Bauzuschüsse** von den Empfängern von Versorgungsleistungen für den Anschluss an das Versorgungsnetz erheben (zu Ertragszuschüssen vgl. Tz. 19). Diese Bauzuschüsse sind als Rechnungsabgrenzungsposten oder empfangene Ertrags- oder Baukostenzuschüsse zu passivieren und über die Nutzungsdauer der entsprechenden Vermögensgegenstände erfolgswirksam aufzulösen. Die Auflösungsbeträge werden als Umsatzerlöse in der GuV ausgewiesen. Aktivische Absetzung der Zuschüsse ist i.d.R. bei Eigenbetrieben zulässig (s. Tz. 19)[22]. Bei Netzbetreibern stellen Bauzuschüsse eine Vorauszahlung des Anschlussnehmers auf die Netzentgelte dar und sind gem. § 9 Abs. 1 StromNEV und GasNEV über einen Zeitraum von 20 Jahren aufzulösen. Die Weiterleitung an den Netzeigentümer ist als eine Vorauszahlung auf die Netzpacht zu interpretieren und in der Bilanz des Netzbetreibers zu aktivieren und entsprechend der Minderung des Pachtentgeltes – also wiederum über 20 Jahre – abzuschreiben. Beim Netzeigentümer sind die Bauzuschüsse als Vorauszahlung auf das Pachtentgelt zu passivieren und korrespondierend zur Bilanzierung beim Netzbetreiber aufzulösen[23].

cc) Entsorgungsbereich

Werden Unternehmen im Bereich der Entsorgung, z.B. der Abfall- und Abwasserbe- **41** seitigung, in der Form eines Eigenbetriebs oder als eigenbetriebsähnliche Einrichtung geführt, gelten im Wesentlichen die für Eigenbetriebe vorgeschriebenen Regelungen zur

---

20 Vgl. *Entwurf IDW Prüfungsstandard: Prüfung von Energieversorgungsunternehmen (IDW EPS 610 n.F.)*, Tz. 8; die Vorschriften des EnWG wurden aufgrund der Richtlinie 2009/72/EG des Europäischen Parlaments und des Rates v. 13.07.2009 über gemeinsame Vorschriften für den Elektrizitätsbinnenmarkt und zur Aufhebung der Richtlinie 2003/54/EG, Abl.EU Nr. L 211, S. 55, und der Richtlinie 2009/73/EG des Europäischen Parlaments und des Rates v. 13.07.2009 über gemeinsame Vorschriften für den Erdgasbinnenmarkt und zur Aufhebung der Richtlinie 2003/55/EG, Abl.EU Nr. L 211, S. 94, durch Gesetz v. 26.07.2011 (BGBl. I, S. 1554) umfassend geändert.
21 Zum Abgrenzungsverfahren sowie zu den Fragen der Rechnungslegung und Prüfung vgl. *IDW Prüfungshinweis: Prüfung der Jahresverbrauchsabgrenzung bei rollierender Jahresverbrauchsablesung bei Versorgungsunternehmen (IDW PH 9.314.1)*; danach ist der Verbrauch nicht einfach zeitproportional, sondern unter Berücksichtigung von – auch wetterbedingten – Verbrauchsschwankungen abzugrenzen.
22 Vgl. IDW Eingaben v. 12.03.2004 und vom 22.12.2004; zur ertragsteuerlichen Behandlung s. BMF-Schr. v. 07.10.2004 – IV B 2 – S 2137 – 2/04.
23 *Hünger/Welter*, Versorgungswirtschaft 2007, S. 29.

Rechnungslegung (vgl. Tz. 8). Einzelne Bundesländer haben mit Rücksicht auf die besonderen Erfordernisse von Entsorgungsbetrieben **ergänzende Gliederungsvorschriften** erlassen (Gliederung des AV in der Bilanz und im Anlagennachweis). Für die **Entgelte** (Gebühren und Beiträge) sind die Vorschriften des Kommunalabgabenrechts (z.B. mit den Auswirkungen auf die bilanzielle Behandlung eines Gebührenausgleichs[24]) zu beachten. Auch die **Abwasserabgabe** wirft Fragen hinsichtlich ihres Ausweises im JA auf[25].

dd) Krankenhäuser und Pflegeeinrichtungen

42 Krankenhäuser unterliegen unabhängig von der Rechtsform, in der sie betrieben werden, der Krankenhaus-Buchführungsverordnung (KHBV)[26], soweit sie nicht unter die Ausnahmen gem. § 1 Abs. 2 KHBV fallen. Krankenhäuser, die **KapGes.** sind, brauchen die handelsrechtlichen Gliederungsvorschriften (§§ 266, 268 Abs. 2, 275 HGB) unter bestimmten Voraussetzungen nicht anzuwenden. Machen sie von diesem Wahlrecht Gebrauch, haben sie die in der KHBV vorgesehenen Formblätter für die Bilanz, GuV und den Anlagennachweis (umfasst auch immaterielle Vermögensgegenstände und das Finanzanlagevermögen) anzuwenden. In diesem Fall dürfen sie von den Aufstellungserleichterungen für kleine bzw. mittelgroße KapGes. (§§ 266 Abs. 1 S. 3, 276 HGB) keinen Gebrauch machen; erleichternde Bestimmungen sind jedoch für die Offenlegung vorgesehen. Im Übrigen gelten die Vorschriften des HGB.

43 **Krankenhäuser**, die nicht als KapGes. betrieben werden, also z.B. **Eigenbetriebe**, haben Bilanz, GuV und Anlagennachweis nach Maßgabe der Formblätter der KHBV zu erstellen. Zusätzlich verpflichtet die KHBV hinsichtlich Ansatz, Bewertung und Ausweis in Bilanz und GuV zur Anwendung bestimmter Vorschriften des HGB. Krankenhäuser haben im Übrigen die von den Ländern erlassenen Vorschriften zu beachten.

44 Die KHBV enthält ferner rechtsformunabhängig anzuwendende Bestimmungen über den Ausweis bestimmter **Sonder- und Ausgleichsposten**, die dem Zweck dienen, Art und Volumen der öffentlichen Förderung transparent zu machen (§ 5 Abs. 2–5 KHBV). Außerdem verpflichtet die KHBV Krankenhäuser, eine **Kosten- und Leistungsrechnung** zu führen, die eine betriebsinterne Steuerung sowie eine Beurteilung der Wirtschaftlichkeit und Leistungsfähigkeit erlaubt (§ 8 KHBV).

45 **Pflegeeinrichtungen** unterliegen der rechtsformunabhängig geltenden Pflege-Buchführungsverordnung (PBV)[27]. Die PBV enthält **Formblätter** für Bilanz, GuV, Anlagennachweis und Fördernachweis. Die Formblätter weisen bei der Gliederung z.T. erhebliche Abweichungen ggü. der KHBV auf. Im Übrigen lehnt sich die PBV sehr stark an die in der KHBV getroffenen Regelungen an[28].

---

24 *Bolsenkötter/Dau/Zuschlag*, Abschn. W, Rn. 503.
25 *Bolsenkötter/Dau/Zuschlag*, Abschn. W, Rn. 466/578.
26 Verordnung über die Rechnungs- und Buchführungspflichten von Krankenhäusern (Krankenhaus-Buchführungsverordnung – KHBV) v. 24.03.1987, BGBl. I, S. 1045, zuletzt geändert durch VO v. 09.06.2011, BGBl. I, S. 1041; vgl. im Übrigen *IDW Stellungnahme zur Rechnungslegung: Einzelfragen zur Rechnungslegung von Krankenhäusern (IDW RS KHFA 1)*.
27 Zu Einzelfragen vgl. §§ 5 und 8 der Verordnung über die Rechnungs- und Buchführungspflichten der Pflegeeinrichtungen (Pflege-Buchführungsverordnung – PBV) v. 22.11.1995, BGBl. I, S. 1528, zuletzt geändert durch VO v. 09.06.2011, BGBl. I, S. 1041, und die Formblätter gem. Anlagen.
28 Der durch das Gesetz zur strukturellen Weiterentwicklung der Pflegeversicherung (Pflege-Weiterentwicklungsgesetz) v. 28.05.2008, BGBl. I, S. 874, angefügte § 75 Abs. 7 SGB XI verpflichtet verschiedene Spitzenverbände der Sozialhilfe und der Pflegeeinrichtungen, gemeinsam einheitliche Grundsätze ordnungsgemäßer Pflegebuchführung für ambulante und stationäre Pflegeeinrichtungen zu erarbeiten und zu vereinbaren; Ziel ist die Ablösung der als zu verwaltungsaufwendig und bürokratisch kritisierten PBV.

Wirtschaftsbetriebe und nichtwirtschaftliche Einrichtungen   L

Hinsichtlich der Besonderheiten bei der Jahresabschlussprüfung von Krankenhäusern und 46
Pflegeeinrichtungen vgl. die Erläuterungen in Kap. Q Tz. 1069 und Kap. Q Tz. 1087.

ee) Wohnungsunternehmen

Für Wohnungsunternehmen gilt rechtsformunabhängig die FormblattVO Wohnungs- 47
unternehmen[29], nach der

- in der Bilanz
  - nach einem bestimmten Formblatt zu gliedern ist (§ 1 Abs. 1 S. 1) und
  - zusätzliche Posten für branchenspezifische Vermögensgegenstände und Verbindlichkeiten aufzunehmen sind (§ 2 Abs. 2 und 3);
- in der GuV
  - der Posten Umsatzerlöse nach vier verschiedenen Erlösarten aufzugliedern ist (§ 1 Abs. 1 S. 2 erster Hs.) oder entsprechende Angaben im Anhang zu machen sind (§ 2 Abs. 4) und
  - bei Anwendung des GKV die Posten § 275 Abs. 2 Nr. 2 und 5 HGB durch andere Posten zu ersetzen sind.

Besondere Bestimmungen sind außerdem für die Offenlegung von JA von mittelgroßen Wohnungsunternehmen getroffen (§ 2a).

Zu Besonderheiten hinsichtlich Rechnungslegung und Prüfung von Wohnungsunter- 48
nehmen vgl. im Übrigen die Stellungnahmen des IFA sowie die Erläuterungen in Kap. Q
Tz. 1111.

ff) Andere Branchen

Zu den Vorschriften für **KI** und **Versicherungen**, die sich in öffentlicher Hand befinden, 49
vgl. die Erläuterungen in den Kap. J und K dieses Handbuchs sowie Kap. Q Tz. 871 und
Kap. Q Tz. 947.

Bei unmittelbaren und mittelbaren Mehrheitsbeteiligungen der Rundfunkanstalten oder bei Gesellschaften, bei denen ein Prüfungsrecht des zuständigen Rechnungshofs besteht, haben die **Rundfunkanstalten** nach § 16d Abs. 1 S. 2 RStV dafür Sorge zu tragen, dass das Beteiligungsunternehmen im Rahmen der Jahresabschlussprüfung auch die Marktkonformität seiner kommerziellen Tätigkeiten i.S.v. § 16a RStV prüfen lässt[30].

Das **Transparenzrichtlinie-Gesetz**[31] schafft eine branchenübergreifende Rechtsgrundlage zur rechnungsmäßigen Trennung nach Geschäftsbereichen. Ziel des Gesetzes ist es, der EU-Kommission die Anwendung der wettbewerbsrechtlichen Bestimmungen auf Unternehmen zu erleichtern, die einerseits auf öffentlich-rechtlich geschützten Märkten agieren und/oder Dienstleistungen von allgemeinem wirtschaftlichen Interesse erbringen und hierfür Beihilfen erhalten und andererseits – in weiteren Geschäftsbereichen – unter chancengleichen Marktbedingungen mit dritten Unternehmen konkurrieren. Quersubventionen aus dem geschützten bzw. finanziell unterstützten Bereich in den Wett-

---

29 § 2a der Verordnung über Formblätter für die Gliederung des Jahresabschlusses von Wohnungsunternehmen v. 22.09.1970, BGBl. I, S. 1334, zuletzt geändert durch Gesetz v. 25.05.2009, BGBl. I, S. 1102, sieht größenabhängige Erleichterungen vor.

30 Vgl. zu den Auswirkungen des RStV im Einzelnen *IDW Prüfungsstandard: Berichterstattung über die Erweiterung der Abschlussprüfung nach § 16d Abs. 1 Satz 2 Rundfunkstaatsvertrag (IDW PS 721)*.

31 Gesetz zur Umsetzung der Richtlinie 2000/52/EG der Kommission v. 26.07.2000 zur Änderung der Richtlinie 80/723/EWG über die Transparenz der finanziellen Beziehungen zwischen den Mitgliedstaaten und den öffentlichen Unternehmen (Transparenzrichtlinie-Gesetz – TranspRLG) v. 16.08.2001, BGBl. I, S. 2141, geändert durch Gesetz v. 21.12.2006, BGBl. I, S. 3364.

bewerbsbereich, die mit dem Gemeinsamen Markt unvereinbar sind, sollen verhindert werden. Nach der bisherigen Umsetzung wird das Transparenzrichtlinie-Gesetz nur subsidiär zu den anderen gesetzlichen Regelungen zur Entflechtung angewendet[32].

4. Prüfung

a) Besonderheiten bei Wirtschaftsbetrieben der öffentlichen Hand in privater Rechtsform

aa) Erweiterung der Prüfungs- und Berichtspflicht

50 § 65 Abs. 1 Nr. 4 BHO bzw. entsprechende Bestimmungen der jeweiligen LHO bzw. GO[33] sehen vor, dass eine Beteiligung an einem Unternehmen in der Rechtsform des privaten Rechts nur eingegangen werden soll, wenn gewährleistet ist, dass der JA nach den Vorschriften des Dritten Buches des HGB für große KapGes. bzw. den Vorschriften des Eigenbetriebsrechts aufzustellen und zu prüfen ist. Diese – wegen des Zusammentreffens von kommunalen und handelsrechtlichen Rechtsgebieten – erforderliche Gestaltung führt dazu, dass der JA und der LB eines Wirtschaftsbetriebs der öffentlichen Hand in privater Rechtsform überwiegend nach den Vorschriften des Dritten Buches des HGB für **große KapGes.** geprüft werden (vgl. zur Anwendung dieser Vorschriften die Kap. P, Q und R dieses Handbuchs), unabhängig davon, in welche Größenklasse gem. § 267 HGB sie tatsächlich fallen.

51 Gebietskörperschaften können außerdem eine Erweiterung des Prüfungsumfangs und der **Berichtspflicht gem. § 53 HGrG** verlangen, wenn eine Gebietskörperschaft mit mindestens 25 v.H. an einem Unternehmen in privater Rechtsform beteiligt ist und ihr zusammen mit anderen Gebietskörperschaften die Mehrheit der Anteile zusteht; neben Buchführung, JA und LB sind danach auch die Ordnungsmäßigkeit der Geschäftsführung zu prüfen und die wirtschaftlichen Verhältnisse darzustellen. Haushaltsrecht und Kommunalrecht verpflichten die Gebietskörperschaften, von diesem Recht Gebrauch zu machen.

52 Die Prüfung nach § 53 HGrG ist im Rahmen der Abschlussprüfung durchzuführen. Der APr. ist allerdings weder berechtigt noch verpflichtet, nach § 53 HGrG zu prüfen und zu berichten, wenn er dazu nicht von dem zu prüfenden Unternehmen (auf Verlangen der Gebietskörperschaft) gesondert beauftragt wurde. Er hat lediglich das zuständige Organ schriftlich auf die noch ausstehende Auftragserteilung hinzuweisen, sofern die Voraussetzungen für eine solche Erweiterung der Abschlussprüfung gegeben sind[34].

53 Zur Prüfung und Berichterstattung gem. § 53 HGrG vgl. im Einzelnen Tz. 66.

bb) Prüfungen durch öffentliche Prüfungseinrichtungen

54 Wirtschaftsbetriebe der öffentlichen Hand in privater Rechtsform müssen neben der (erweiterten) Jahresabschlussprüfung – im Rahmen der in § 54 HGrG genannten Voraussetzungen – dulden, dass sich die Rechnungsprüfungsbehörde (BRH, LRH oder RPA) der jeweiligen Gebietskörperschaft zur Klärung von Fragen, die bei der Prüfung staatlicher Betätigung bei privatrechtlichen Unternehmen auftreten (§ 44 HGrG, § 92 BHO/LHO),

---

32 Bolsenkötter/Poullie, ZögU 2001, S. 204.
33 In einigen Ländern müssen bzw. können kleine KapGes. i.S.v. § 267 Abs. 1 HGB, an denen eine Gemeinde beteiligt ist, nach kommunalen Vorschriften geprüft werden, die für Eigenbetriebe gelten und von den Vorschriften des Dritten Buches des HGB für große KapGes. abweichen können; vgl. u.a. § 73 Abs. 1 KV M-V, § 108 Abs. 1 Nr. 8 GO NW sowie zu den Abweichungen auch Tz. 59.
34 Vgl. hierzu auch *IDW Prüfungsstandard: Berichterstattung über die Erweiterung der Abschlussprüfung nach § 53 HGrG (IDW PS 720)*, Tz. 2.

Wirtschaftsbetriebe und nichtwirtschaftliche Einrichtungen L

im Unternehmen unmittelbar unterrichtet (Einsichtnahme in den Betrieb, die Bücher und die Schriften des Unternehmens als sog. **Betätigungsprüfung**)[35].

b) Besonderheiten bei Eigenbetrieben
aa) Erweiterung der Prüfungs- und Berichtspflicht

Eigenbetriebe müssen – unabhängig von ihrer Größenordnung – ihren JA und LB entsprechend den Maßstäben des Dritten Buches des HGB für **große KapGes.** prüfen lassen[36]; dies gilt im Allgemeinen auch für nichtwirtschaftliche Einrichtungen, die nach den Vorschriften über die Wirtschaftsführung und das Rechnungswesen der Eigenbetriebe geführt werden. Die Prüfung der Eigenbetriebe regeln überwiegend die GO, in einigen Ländern auch eigenbetriebsrechtliche Vorschriften oder spezielle Gesetze und VO[37]. 55

Darüber hinaus sehen die Prüfungsvorschriften der Länder eine Erweiterung der Abschlussprüfung um die **Prüfung der Ordnungsmäßigkeit der Geschäftsführung sowie der wirtschaftlichen Verhältnisse** explizit oder durch Verweis auf § 53 HGrG vor. Durch diese Bestimmungen wird der APr. unmittelbar verpflichtet; eines gesonderten Auftrages bedarf es dafür insoweit nicht. 56

Zur Prüfung und Berichterstattung nach § 53 HGrG vgl. im Einzelnen Tz. 66. 57

bb) Auswahl und Bestellung der Abschlussprüfer

Auswahl und Bestellung der APr. sind in den einzelnen Ländern unterschiedlich geregelt. Die APr. werden i.d.R. durch die Gemeindevertretungen vorgeschlagen. Der Prüfungsauftrag wird in NRW durch die GPA, in SchlH und M-V durch den LRH und in anderen Ländern durch die Gemeinden erteilt[38]. 58

Abschlussprüfer eines kommunalen Eigenbetriebs können in einigen Ländern außer einem WP oder einer WPG auch ö.-r. Prüfungseinrichtungen (z.B. Bayerischer kommunaler Prüfungsverband[39]) sein; in Nds. sind die öffentlichen RPA für die Abschlussprüfung zuständig (§ 123 NGO). Im Regelfall bedient sich aber die ö.-r. Prüfungseinrichtung eines WP oder einer WPG. 59

cc) Prüfungsbericht und Bestätigungsvermerk

Einzelne Länder haben RL oder Grundsätze über die Gliederung und den Inhalt der PrB erlassen[40]. Außerdem hat der ÖFA des IDW einen entsprechenden *IDW Prüfungshinweis* vorgelegt *(IDW Prüfungshinweis: Berichterstattung über die Prüfung öffentlicher Unternehmen (IDW PH 9.450.1))*. Liegen in einem Land RL zum PrB vor, sind sie Bestandteil 60

---

35 Vgl. z.B. *Zavelberg*, S. 723.
36 Das Prüfungsrecht der Länder sieht – im Einzelnen unterschiedlich – allgemeine oder auch zeitweilige bzw. befristete Befreiungen von der Prüfungspflicht vor; siehe hierzu *Bolsenkötter/Dau/Zuschlag*, Abschn. W, Rn. 738/739.
37 Vgl. z.B. § 107 GO Bay., § 27 EigBGes Hessen, § 11 KPG M-V. Eigenbetriebe in Baden-Württemberg müssen ihren JA nicht durch einen APr. prüfen lassen. Für sie kann allerdings eine Pflichtprüfung in Betracht kommen, wenn branchenspezifische Vorschriften wie § 6b EnWG dazu verpflichten (vgl. auch Tz. 38).
38 Vgl. z.B. § 106 Abs. 2 GO NRW, § 9 Abs. 1 KPG Schl.-H., § 14 Abs. 1 KPG M-V.
39 Vgl. § 107 Abs. 2 GO Bay.
40 Vgl. Richtlinien für die Erstellung des PrB, Anlage zu Allgemeine Vertragsbedingungen für die Jahresabschlussprüfung kommunaler Wirtschaftsbetriebe, Bek. des Innenministers Schl.-H. v. 31.10.2003, Abl., S. 848, und Grundsätze des Landesrechnungshofes Mecklenburg-Vorpommern zur Jahresabschlussprüfung kommunaler Wirtschaftsbetriebe nach Abschnitt III Kommunalprüfungsgesetz – KPG M-V – sowie von Betrieben mit Beteiligung des Landes (Grundwerk) v. 18.04.2011.

des Prüfungsauftrags; *IDW PH 9.450.1* ist dann ergänzend zu berücksichtigen. Bestehen keine landesspezifischen RL zum PrB, ist *IDW PH 9.450.1* der Berichterstattung zugrunde zu legen.

61 *IDW PH 9.450.1* basiert auf dem *IDW Prüfungsstandard: Grundsätze ordnungsmäßiger Berichterstattung bei Abschlussprüfungen (IDW PS 450)*. Er sieht insb. vor, dass auf die **Feststellungen aus der Erweiterung des Prüfungsauftrags** vor der Wiedergabe des BestV gesondert einzugehen ist.

62 Das kommunale Prüfungsrecht der einzelnen Länder enthält unterschiedliche Regelungen für den BestV. Im Grundsatz entsprechen die bestehenden Regelungen jedoch weitgehend der des § 322 HGB (vgl. *IDW Prüfungsstandard: Grundsätze für die ordnungsmäßige Erteilung von Bestätigungsvermerken bei Abschlussprüfungen (IDW PS 400))*. In einigen Ländern muss der BestV darüber hinaus auch eine Aussage über das Ergebnis der Prüfung der wirtschaftlichen Verhältnisse enthalten[41]. Da es sich bei den entsprechenden Regelungen zum BestV im kommunalen Prüfungsrecht der Länder grds. nicht um Vorschriften handelt, die im Sinne einer dynamischen Verweisung auf § 322 HGB die jeweils aktuelle Fassung übernehmen, können sich für die davon betroffenen kommunalen Wirtschaftsbetriebe Unterschiede in der Testatsformulierung ggü. Wirtschaftsbetrieben anderer Bundesländer sowie ggü. Unternehmen in privater Rechtsform ergeben. Eine ergänzende dynamische Interpretation erscheint nur bei den Landesvorschriften denkbar, die allgemein auf das HGB verweisen. Da der Gesetzgeber mit den Novellierungen des § 322 HGB u.a. eine Verbesserung der Berichterstattung anstrebte, hält der ÖFA des IDW bei der Prüfung von kommunalen Wirtschaftsbetrieben die Erteilung eines **BestV nach den Grundsätzen des § 322 HGB** (i.d.F. des KonTraG[42]) – ggf. ergänzt um eine nach landesrechtlichen Vorschriften vorgesehene Aussage zu den wirtschaftlichen Verhältnissen des geprüften Betriebs – für sachgerecht[43]. Hierzu hat er den *IDW Prüfungshinweis: Zur Erteilung des Bestätigungsvermerks bei kommunalen Wirtschaftsbetrieben (IDW PH 9.400.3)* vorgelegt. Der *IDW Prüfungshinweis* basiert auf *IDW PS 400* und enthält u.a. ein Formulierungsbeispiel für die Einbindung einer Aussage zu den wirtschaftlichen Verhältnissen unter Bezugnahme auf entsprechende landesrechtliche Vorschriften[44].

dd) Prüfungen durch örtliche und überörtliche Prüfungseinrichtungen

63 Wirtschaftsführung, Rechnungswesen, Wirtschaftlichkeit, Sparsamkeit oder Vergabewesen eines kommunalen Eigenbetriebs können z.B. Gegenstand einer Prüfung durch öffentliche Prüfungseinrichtungen sein, die unabhängig von der Jahresabschlussprüfung auf der Grundlage des kommunalen Prüfungsrechts[45] durchgeführt werden. Als **Prüfungseinrichtungen** kommen – nach Ländern unterschiedlich – LRH, Prüfungsanstalten (BaWü., NRW), Prüfungsverband (nur Bay.), überörtliche Gemeinde- und Kommunalprüfungsämter sowie RPA der Kreise und Städte in Betracht.

---

41 § 7 Abs. 4 Nr. 2 KommPrV Bay., § 14 Abs. 2 KPG M-V, § 28 Abs. 2 EigBetrVO Nds. sowie § 4 Abs. 2 JAPrüfVO Nds., § 14 Abs. 3 KPG Schl.-H.

42 Gesetz zur Kontrolle und Transparenz im Unternehmensbereich (KonTraG) v. 27.04.1998, BGBl. I, S. 786.

43 Vgl. *ÖFA des IDW*, FN-IDW 2000, S. 101 f. Hinzuweisen ist darauf, dass § 322 HGB nicht nur umfassend durch das KonTraG, sondern auch durch das Gesetz zur Einführung internationaler Rechnungslegungsstandards und zur Sicherung der Qualität der Abschlussprüfung (Bilanzrechtsreformgesetz – BilReG) v. 04.12.2004, BGBl. I, S. 3166, geändert wurde.

44 Ein sog. Formeltestat wird nur in Bay. und Nds. verlangt. Zum Formeltestat in Nds. vgl. die Ergebnisse der 96. Sitzung sowie der 104. Sitzung des ÖFA des IDW.

45 Vgl. z.B. § 131 Abs. 2 Nr. 5 HGO, § 132 HGO i.V.m. § 88 LHO Hessen.

Die Prüfungsbereiche der Jahresabschlussprüfung und der örtlichen und überörtlichen 64
Prüfung durch öffentliche Prüfungseinrichtungen können sich überschneiden. Hier empfehlen sich daher rechtzeitige **Abstimmungen**, um Doppelarbeit zu vermeiden. Zum Verhältnis von Jahresabschlussprüfung und örtlicher sowie überörtlicher Prüfung kommunaler Wirtschaftsbetriebe vgl. im Übrigen *St/KFA 1/1981: Die Jahresabschlussprüfung im Verhältnis zur örtlichen und überörtlichen Prüfung bei kommunalen Wirtschaftsbetrieben ohne eigene Rechtspersönlichkeit.* Zur Besonderheit in Nds. s.o. Tz. 59.

c) Besonderheiten bei rechtsfähigen Anstalten des öffentlichen Rechts (Kommunalunternehmen)

Die Prüfung des JA und des LB einer kommunalen rechtsfähigen Anstalt des öffentlichen 65
Rechts ist weitestgehend in Übereinstimmung mit den für Eigenbetriebe geltenden Vorschriften geregelt (vgl. Tz. 55), also durch besondere kommunalrechtliche Bestimmungen oder durch Verweise auf die HGB-Regelungen[46]. Gegenstand und Maßstab der Prüfung entsprechen denen für große KapGes. nach den Vorschriften des HGB (§§ 317 ff.). Darüber hinaus sind die Vorschriften über die Erweiterung des Prüfungsauftrags und über die erweiterten Berichterstattungspflichten (§ 53 HGrG i.V.m. § 55 Abs. 2 HGrG) zu beachten. § 53 HGrG greift hier unabhängig von der Höhe der Beteiligung an dem Kommunalunternehmen, soweit nicht andere Vorschriften von der Rechnungsprüfung befreien (§ 48 Abs. 2 S. 2 und 3 HGrG).

d) Prüfung der Ordnungsmäßigkeit der Geschäftsführung und der wirtschaftlichen Verhältnisse

aa) Einheitlicher IDW Prüfungsstandard

Für die Prüfung und Berichterstattung nach § 53 HGrG hat der ÖFA des IDW nach Ab- 66
stimmung mit Vertretern des BMF, des BRH und der LRH *IDW PS 720* verabschiedet, der einheitlich von allen Unternehmen, die der Prüfung der Ordnungsmäßigkeit der Geschäftsführung und der wirtschaftlichen Verhältnisse unterliegen, anzuwenden ist[47]. Bei der Anwendung von *IDW PS 720* sind jedoch die Größe, Rechtsform und Branche des jeweiligen Unternehmens angemessen zu berücksichtigen. *IDW PS 720* besteht im Kern aus einem Fragenkatalog. Im Interesse einer **stärkeren Problemorientierung der Berichterstattung** nach § 53 HGrG wurde dieser Fragenkatalog mit dem Ziel überarbeitet, durch Straffung und Fokussierung auf bestimmte Themen den Nutzen für die Adressaten zu erhöhen und dadurch auch den deutlichen Bestrebungen des Gesetzgebers im Hinblick auf den PrB gem. § 321 HGB zu entsprechen[48].

bb) Anwendungshinweise

Zur Gewährleistung der Einheitlichkeit und Qualität der Berichterstattung enthält 67
IDW PS 720 außer dem Fragenkatalog einige Anwendungshinweise, die im Folgenden kurz dargestellt werden.

Die Gestaltung der Einzelfragen wurde dem Ziel der einheitlichen Anwendung von 68
IDW PS 720 auf Unternehmen verschiedener Größe, Rechtsform und Branche untergeordnet. Dementsprechend sind die Fragen überwiegend allgemein gehalten. Dies bedeutet nicht, dass z.B. **branchenbedingte Besonderheiten** unberücksichtigt bleiben können. Sie

---

46 *Bolsenkötter/Dau/Zuschlag*, Abschn. A, Rn. 60.
47 Vgl. *Eibelshäuser/Kämpfer*, S. 336; *Heuer*, Haushaltsrecht, § 53 HGrG; vgl. auch *Eibelshäuser*, S. 919; *Potthoff/Forster*, WPg 1975, S. 393.
48 Vgl. *Gross/Möller*, WPg 2004, S. 317; *Scheffler*, WPg 2002, S. 1289.

sind – sofern wesentlich – an geeigneter Stelle in die Beantwortung der vorgegebenen Fragen einzubeziehen oder es ist darüber hinausgehend zu berichten. Insoweit kann der Fragenkatalog weder abschließend sein noch wird er – in Anbetracht unterschiedlicher Unternehmensgröße und Rechtsform – immer in allen Teilen gleiche Bedeutung haben. Es wird daher als zulässig angesehen, dass insb. bei kleineren Unternehmen je nach Unternehmensart und -situation nicht bei jeder Abschlussprüfung alle Fragen des Katalogs mit gleicher Intensität beantwortet werden.

69 Soweit Fragen des Katalogs im Einzelfall nicht relevant sind, ist dies zu begründen. Die Angabe „Entfällt" genügt dieser Anforderung nicht.

70 Die Bildung von (jährlich wechselnden) **Prüfungsschwerpunkten**, etwa im Rahmen einer mehrjährigen Prüfungsplanung, ist zulässig; im PrB ist hierauf hinzuweisen.

71 Soweit Fragen die **künftige Unternehmensentwicklung** betreffen, hat der APr. die Angaben des Unternehmens unter Plausibilitätsgesichtspunkten zu würdigen (*IDW PS 720*, Tz. 9). Soweit er die Angemessenheit von Aussagen oder Sachverhalten nicht beurteilen kann, hat er dies im PrB anzugeben. Hält der APr. eine vertiefende Behandlung, die den Rahmen der Jahresabschlussprüfung übersteigt, für erforderlich, hat er auch darauf hinzuweisen.

72 Im Fragenkatalog wird grds. Fragen zur **Beurteilung von Konzernverhältnissen** ein deutliches Gewicht zugemessen. Generell gilt, dass bei Unternehmen, die auch Mutterunternehmen i.S.d. § 290 HGB sind, in der Antwort auf Fragen, die sowohl das Mutterunternehmen als auch den Konzern betreffen, auf beide Bereiche einzugehen ist (*IDW PS 720, Tz. 12*).

73 *IDW PS 720*, Tz. 15, empfiehlt im Übrigen, die Fragen in einer **Anlage zum PrB** zusammenhängend zu beantworten; dabei sind die Fragen vor der Beantwortung jeweils zu wiederholen. Zulässig ist auch, über die Feststellungen nach § 53 HGrG in einem Teilbereich des PrB zu berichten, wenn er als solcher gekennzeichnet und im PrB mit einer zusammenfassenden Darstellung der wesentlichen Ergebnisse darauf verwiesen wird. Sofern in der Berichterstattung nach § 53 HGrG auf andere Ausführungen im PrB verwiesen wird, sind die Bezugsstellen konkret anzugeben (*IDW PS 720*, Tz. 17).

74 *IDW PS 720* enthält auch die Empfehlung, in einem gesonderten Abschnitt der Berichterstattung nach § 53 HGrG über die **Berücksichtigung von Vorjahresbeanstandungen bzw. -empfehlungen** zu berichten.

cc) Fragenkatalog

75 Der in *IDW PS 720*, Tz. 19, enthaltene Fragenkatalog gliedert den Prüfungsgegenstand „Ordnungsmäßigkeit der Geschäftsführung" und „wirtschaftliche Verhältnisse" in fünf **Teilgebiete**:

- Ordnungsmäßigkeit der Geschäftsführungsorganisation,
- Ordnungsmäßigkeit des Geschäftsführungsinstrumentariums,
- Ordnungsmäßigkeit der Geschäftsführungstätigkeit,
- Vermögens- und Finanzlage und
- Ertragslage.

Jedes dieser Teilgebiete setzt sich aus verschiedenen **Fragenkreisen** zusammen, die wiederum Überschriftcharakter für die ihnen zugeordneten **Unterfragen** haben. Nachfolgend wird ein kurzer Überblick über die Inhalte der einzelnen Teilgebiete gegeben, ohne im Einzelnen auf die Untergliederung in Fragenkreise und Unterfragen einzugehen.

Die Ordnungsmäßigkeit der **Geschäftsführungsorganisation** ist danach zu beurteilen, 76 inwieweit die Zusammensetzung und die Tätigkeit der Unternehmensorgane den rechtlichen Bestimmungen entsprechen sowie den individuellen Verhältnissen des Unternehmens gerecht werden.

Die Prüfung der Ordnungsmäßigkeit des **Geschäftsführungsinstrumentariums** betrifft 77 sowohl die allgemeinen Regeln der Aufbau- und Ablauforganisation als auch im Besonderen das Planungs- und Rechnungswesen, das Informationssystem und das Controlling, Regelungen zum Einsatz von Finanzinstrumenten, anderen Termingeschäften, Optionen und Derivaten sowie die interne Revision. Der Prüfer hat im Grundsatz festzustellen, ob diese Geschäftsführungsinstrumente gewährleisten, dass den Entscheidungsträgern zeitnah relevante Informationen zur Verfügung gestellt, die Daten systematisch ausgewertet und ggf. welche Konsequenzen daraus im Unternehmen gezogen werden. Darüber hinaus erstreckt sich die Prüfung auf die allgemeinen organisatorischen Regelungen (Organisationsplan, RL, Arbeitsanweisungen) im Unternehmen, die eine ordnungsgemäße Durchführung von Entscheidungen gewährleisten sollen.

Bei Wirtschaftsbetrieben der öffentlichen Hand, deren Geschäftsführer in besonderem 78 Maße zum sorgsamen Umgang mit den ihnen anvertrauten Mitteln und zur Aufrechterhaltung der Funktionsfähigkeit des Unternehmens verpflichtet sind, ist unabhängig von der Rechtsform und Größe grds. davon auszugehen, dass ein angemessenes **Risikofrüherkennungssystem** eingerichtet ist. Im Rahmen der Prüfung der Ordnungsmäßigkeit der Geschäftsführung nach § 53 HGrG ist deshalb auch festzustellen, ob die Geschäftsführung ein Risikofrüherkennungssystem[49] eingerichtet hat und ob dieses geeignet ist, seine Aufgaben zu erfüllen (vgl. auch Kap. P dieses Handbuchs).

Die Ordnungsmäßigkeit der **Geschäftsführungstätigkeit** setzt voraus, dass Entschei- 79 dungen entsprechend externen und internen Vorgaben sowie nach anerkannten betriebswirtschaftlichen Erkenntnissen und Grundsätzen getroffen werden. Vorgaben können sich dabei aus dem Gesetz, der Satzung, der Geschäftsordnung, vertraglichen Vereinbarungen mit Geschäftspartnern oder aus bindenden Beschlüssen des Überwachungsorgans ergeben. Darüber hinaus muss der Prüfer z.B. feststellen, inwieweit die Geschäftsführung das Überwachungsorgan über wesentliche Vorgänge und die wirtschaftliche Lage des Unternehmens informiert. Die Prüfung der Ordnungsmäßigkeit der Geschäftsführungstätigkeit schließt auch ein, dass der Prüfer auf ungewöhnliche, risikoreiche oder nicht ordnungsgemäß abgewickelte Geschäftsvorfälle sowie erkennbare Fehldispositionen und wesentliche Unterlassungen eingeht. Außerdem enthält der Fragenkatalog Fragen zur Vorbereitung und Umsetzung von Investitionsentscheidungen sowie zur Auftragsvergabe. Die Zweckmäßigkeit einzelner Maßnahmen der Geschäftsführung ist jedoch nicht Gegenstand der Prüfung.

Die Prüfung der **wirtschaftlichen Verhältnisse** umfasst Fragen nach der **Vermögens-,** 80 **Finanz- und Ertragslage** des Unternehmens. Dabei kann sich der Prüfer auf die Informationen stützen, die er bei der Prüfung des JA und LB gewonnen hat. Soweit die Beantwortung der Fragen sich bereits aus dem Bericht über die Prüfung des JA und LB ergibt, kann zweckmäßigerweise auf die entsprechenden Sachverhaltsdarstellungen verwiesen werden.

---

49 Vgl. *IDW Prüfungsstandard: Die Prüfung des Risikofrüherkennungssystems nach § 317 Abs. 4 HGB (IDW PS 340)* sowie Kap. R Tz. 623 ff.

81 Hinsichtlich der **Vermögenslage** hat der Prüfer insb. auf Vermögensgegenstände, Verbindlichkeiten und andere finanzielle Verpflichtungen zu achten, die nach Art und/oder Umfang ungewöhnlich sind oder wesentliche stille Reserven enthalten. Hinsichtlich der **Finanzlage** muss er auf Fragen eingehen, die die Deckungsrelationen und Fristigkeiten von Vermögen und Schulden, die Eigenfinanzierungsfähigkeit, das Liquiditätsmanagement, die Finanzbeziehungen im Konzern und die Inanspruchnahme von Fördermitteln betreffen.

82 Der Prüfer hat auch festzustellen, ob sich ggf. aus einer unangemessenen **Eigenkapitalausstattung** des Unternehmens Finanzierungsprobleme ergeben können. In diesem Zusammenhang ist der Frage nachzugehen, inwieweit die (vorgeschlagene) Verwendung der Gewinne mit der wirtschaftlichen Lage des Unternehmens vereinbar ist. Eine Besonderheit gilt insoweit für **Eigenbetriebe**: Sie sind als Sondervermögen der Gemeinden zwar nicht insolvenzfähig, sollen aber aufgrund entsprechender eigenbetriebsrechtlicher Vorschriften[50] mit einem angemessenen EK ausgestattet sein, damit sie sich weitgehend unabhängig vom Haushalt der Gemeinde am Markt wirtschaftlich betätigen können[51].

83 Eine Beurteilung der **Ertragslage** setzt hinreichende Kenntnis über die Quellen des Jahresergebnisses voraus. Dafür ist das Ergebnis – soweit möglich – nach Sparten aufzugliedern, die einzelnen Erträge und Aufwendungen sind nach ihren Mengen- und Preiskomponenten zu trennen. Darüber hinaus müssen betriebs- oder periodenfremde Einflüsse sowie einmalige Vorgänge, die den Erfolg des Unternehmens entscheidend beeinflusst haben, aufgezeigt werden (vgl. auch Kap. F Tz. 1105). Die Ursachen für einzelne verlustbringende Geschäfte sind anzugeben. Zudem ist der Frage nachzugehen, inwieweit die Verluste beeinflussbar waren und inwieweit sie zeitnah durch Maßnahmen begrenzt wurden. Vom Prüfer wird neben einer vergangenheitsbezogenen Darstellung auch erwartet, dass er ggf. über die vom Unternehmen getroffenen bzw. beabsichtigten Maßnahmen zur Verbesserung der Ertragslage berichtet.

84 Die Prüfung der wirtschaftlichen Verhältnisse muss im Übrigen gerade hinsichtlich der Ertragslage Besonderheiten berücksichtigen, die bei Wirtschaftsbetrieben der öffentlichen Hand vorliegen können. So haben viele dieser Unternehmen primär einen öffentlichen Zweck und nicht erwerbswirtschaftliche Ziele zu erfüllen. **Rentabilitätsmaßstäbe**, wie sie für ein rein privatwirtschaftliches Unternehmen gelten, können in solchen Fällen nicht angelegt werden. Zwar sollen nach den entsprechenden Bestimmungen in den meisten Bundesländern Eigenbetriebe eine marktübliche Verzinsung des EK als Ertrag für den Gemeindehaushalt erwirtschaften, dennoch hat die Erfüllung der öffentlichen Zwecke Vorrang[52]. Diese Zwecke sollten aber im Sinne des **Wirtschaftlichkeitsprinzips** mit dem geringstmöglichen Aufwand erreicht werden. In einigen Ländern (z.B. in NRW[53]) sehen die Prüfungsvorschriften explizit vor, dass der APr. auch **Entscheidungshilfen** für die Organisation und die wirtschaftliche Führung des geprüften Eigenbetriebs geben soll[54].

---

50 Vgl. z.B. § 10 Abs. 2 EigBGes Hessen.
51 Vgl. hierzu auch *IDW Prüfungshinweis: Beurteilung der Angemessenheit der Eigenkapitalausstattung öffentlicher Unternehmen (IDW PH 9.720.1)*.
52 Vgl. *Bolsenkötter/Dau/Zuschlag*, Abschn. W, Rn. 37.
53 Vgl. § 1 Abs. 3 der VO über die Durchführung der Jahresabschlussprüfung bei Eigenbetrieben und prüfungspflichtigen Einrichtungen.
54 Vgl. hierzu *St/KFA 1/1984: Entscheidungshilfen im Rahmen der Jahresabschlussprüfung bei kommunalen Wirtschaftsbetrieben.*

e) Public-Corporate-Governance-Kodex

Die Entwicklungen in der Kapitalmarktregulierung haben zu einer Vielzahl von Regelungen geführt, in denen die Verantwortung und Zusammenarbeit der Leitungs- und Überwachungsorgane von KapGes. geregelt und Verhaltensmaßstäbe („good corporate governance") gesetzt werden. Im Mittelpunkt stehen hierbei v.a. der Deutsche Corporate Governance Kodex und die börsennotierten Gesellschaften auferlegte Pflicht (§ 161 AktG), eine sog. Entsprechenserklärung zu den Verhaltensempfehlungen des Kodex abzugeben (vgl. Kap. F Tz. 990), sowie die durch das BilMoG eingeführten Anforderungen für kapitalmarktorientierte KapGes. i.S.v. § 264d HGB (§§ 264 Abs. 1 S. 2, 289 Abs. 5, 324 HGB). Diese Entwicklungen haben auch dazu geführt, bei der Konkretisierung dessen, was unter ordnungsmäßiger Geschäftsführung zu verstehen ist, die spezifischen Belange von Unternehmen der öffentlichen Hand einzubeziehen. In der Konsequenz bedeutete dies, einen **besonderen Corporate-Governance-Kodex** für diese Unternehmen zu entwickeln, um dadurch eine angemessene Übertragung des kapitalmarktinduzierten Modells für moderne Unternehmensüberwachung auf öffentliche Unternehmen sicherzustellen[55]. Am 01.07.2009 hat die Bundesregierung Grundsätze guter Unternehmens- und Beteiligungsführung für den Bereich des Bundes verabschiedet. Damit soll die Transparenz bei Unternehmen mit mehrheitlich öffentlicher Beteiligung des Bundes erhöht werden. Kern des Regelwerks ist der **Public-Corporate-Governance-Kodex**, der die Gedanken der Corporate Governance auf die Besonderheiten öffentlicher Beteiligungsunternehmen ausrichtet. Das Präsidium des Deutschen Städtetages hat am 12.05.2009 Eckpunkte für einen Public-Corporate-Governance-Kodex für kommunale Unternehmen beschlossen.

85

II. Vorschriften zur Rechnungslegung und Prüfung für die Kernverwaltungen der öffentlichen Hand

1. Reformierung des öffentlichen Rechnungswesens

Der traditionelle Rechnungsstil der öffentlichen Verwaltung ist die zahlungsstromorientierte **Kameralistik**, d.h. Einnahmen und Ausgaben werden jeweils in der Periode des Zahlungsvorgangs erfasst. Die Kameralrechnung kann damit zwar für Kontroll- und Nachweis-(Dokumentations-)Funktionen im Hinblick auf die Zahlungsströme genutzt werden, ist aber für andere Nachweise (Vermögen und Verbindlichkeiten, Ressourcenverbrauch und Ergebnisse) und insb. für eine effiziente Verwaltungssteuerung wenig geeignet.

86

Aus diesem Grund gab es sowohl national wie auch international seit den 1990er Jahren verstärkte Bemühungen um eine aussagefähigere Gestaltung des öffentlichen Rechnungswesens. Diese Entwicklung war dadurch gekennzeichnet, dass die bisher primär zahlungsstromorientierte öffentliche Haushaltswirtschaft und -rechnung um Komponenten des (auch kalkulatorischen) Ressourcenverbrauchs und der ertragsorientierten Periodisierung der Einnahmen sowie auch um eine Vermögensrechnung, die in Anlehnung an kaufmännische Bilanzen das öffentliche Vermögen und insb. auch die öffentlichen Schulden möglichst vollständig darstellt, erweitert wurde. International bezeichnet man diese Neuausrichtung üblicherweise als *accrual accounting;* in Deutschland lassen sich die Konzepte zur Umstellung des Rechnungswesens öffentlicher Verwaltungen unter dem Begriff des sog. **integrierten öffentlichen Rechnungswesens** zusammenfassen[56]. Dieses

87

---

55 Vgl. *Schwintowski*, NVwZ 2001, S. 607; *Siekmann*, S. 282; vgl. auch die Beiträge in *Ruter/Sahr/Waldersee*.
56 Vgl. *PwC Deutsche Revision* (Hrsg.), m.w.N. Andere Termini sind ebenfalls gebräuchlich.

weist im Wesentlichen die folgenden Charakteristika auf: Kernpunkte bilden eine ressourcen-, verbrauchs- und leistungsorientierte Ergebnisrechnung (GuV) sowie eine Vermögensrechnung (Bilanz). Zahlungsstromorientierte Geldrechnungen (Finanzrechnung, Kapitalflussrechnung) werden beibehalten. Die zwingende Verbindung sämtlicher Teile des Rechnungswesens wird formal über die Buchungstechnik und materiell über die Bilanzierungs- und Bewertungsgrundsätze hergestellt. Hierbei geht es aber nicht nur um den Wechsel der Buchführungstechnik, sondern um ein grundlegend neues Steuerungssystem für Politik und Verwaltung. Als Referenzmodell der Ergebnis- und Vermögensrechnung dient die handelsrechtliche Rechnungslegung mit Anpassungen an die besonderen Verhältnisse bei Gebietskörperschaften. Rechnungsstil ist die doppelte Buchführung. Darüber hinaus werden verstärkt betriebswirtschaftliche Steuerungsinstrumente – z.B. die Kosten- und Leistungsrechnung – eingesetzt. Die Ausrichtung an kaufmännischen Referenzmodellen führte zu Beginn der Reformen dazu, dass die Reformansätze durch eine zu starke Fokussierung auf die Rechnungslegung und eine tendenzielle Vernachlässigung der Haushaltsaspekte gekennzeichnet waren und damit bei den Anwendern z.T. auf Widerstand stießen.

88 An der Diskussion um die **Reform des kommunalen Rechnungs- und Haushaltswesens** sind u.a. die Kommunale Gemeinschaftsstelle für Verwaltungsmanagement (KGSt) – eine der Verwaltungsrationalisierung dienende Einrichtung deutscher Kommunen –, der Deutsche Städtetag und maßgeblich auch die Innenministerkonferenz (IMK) der Bundesländer beteiligt. Entscheidende Bedeutung für die Reform des Gemeindehaushaltsrechts hatte ein Beschluss der Ständigen Konferenz der IM und Innensenatoren der Länder auf der Grundlage von Empfehlungen des Arbeitskreises III „Kommunale Angelegenheiten", Unterausschuss „Reform des Gemeindehaushaltsrechts"[57]. Der Beschluss enthält klare Empfehlungen für eine Neufassung des kommunalen Haushaltsrechts, zu denen zwei Leittexte für dessen Novellierung gehören, einmal auf doppischer Grundlage und alternativ auf Grundlage der erweiterten Kameralistik.

89 Die **erweiterte Kameralistik** ist dadurch gekennzeichnet, dass sie dem der Doppik zugrunde liegenden Ressourcenverbrauchskonzept folgt, dass also eine i.W. gleiche Rechnungslegung ermöglicht wird und dass auch verwaltungsintern gleiche Steuerungsansätze verfolgt werden. Wesentliche Charakteristika sind hiernach:

– Gliederung des Vermögens- und des Verwaltungshaushalts nach Produktbereichen, Produktgruppen und Produkten, ggf. verbunden zu einem finanziellen Rahmen (Budget), und gesteuert über Zielvorgaben und Kennzahlen (verstärkte dezentrale Bewirtschaftungsbefugnis);
– Kosten- und Leistungsrechnung (Sollvorschrift);
– Vermögensrechnung mit Vorgaben zur vollständigen Erfassung, zur Bewertung einschl. „flächendeckender Abschreibungen" und zu den Rückstellungen;
– Unterschiede sieht die IMK in Details der Periodenabgrenzung. Eine Ergebnisrechnung ist nicht ausdrücklich empfohlen, aber machbar und sinnvoll.

90 Eine **Konzernrechnungslegung**, also die Erstellung von Gesamtabschlüssen für die Kernverwaltung und die ausgegliederten Einheiten, ist mit der erweiterten Kameralistik allerdings nicht sinnvoll realisierbar.

91 Auch von Seiten des IDW wurden die Reformbestrebungen begleitet und inhaltliche Empfehlungen in einem Entwurf einer *IDW Stellungnahme zur Rechnungslegung* nie-

---

57 Beschlussniederschrift über die 173. Sitzung der Ständigen Konferenz der IM und Innensenatoren der Länder (mit Anlagen) am 21.11.2003 in Jena.

dergelegt *(Entwurf IDW Stellungnahme zur Rechnungslegung: Rechnungslegung der öffentlichen Verwaltung nach den Grundsätzen der doppelten Buchführung (IDW ERS ÖFA 1))*[58].

2. Rechtsgrundlagen

a) Vorbemerkungen

Im föderalen System besitzen die einzelnen Bundesländer gem. Art. 70 Abs. 1 GG die **Gesetzgebungskompetenz für das Kommunalrecht** und damit auch für das kommunale Haushalts- und Rechnungswesen. Anders als die Vorschriften über Rechnungslegung und Prüfung bei Wirtschaftsbetrieben und nichtwirtschaftlichen Einrichtungen der öffentlichen Hand weisen die Vorschriften über Rechnungslegung und Prüfung für die Kernverwaltungen **erhebliche Unterschiede** zu denen des Handels- und Gesellschaftsrechts auf. Für kommunale Jahres- und Gesamtabschlüsse gelten die Vorschriften des öffentlichen Haushaltsrechts und damit nur mehr oder weniger in Anlehnung an „historische" Fassungen des HGB erlassene Landesvorschriften. Besonderheiten ergeben sich für die Kernverwaltungen aus den GO, den GemHVO und den dazu erlassenen Verwaltungsvorschriften[59].

92

Die Vorschriften auf Länder- und Kommunalebene weisen zwar grundlegende Gemeinsamkeiten auf, weichen allerdings im Detail voneinander ab. Auf diese Unterschiede soll hier i.S. einer übersichtlichen Darstellung nicht näher eingegangen werden. Vielmehr sei in Ergänzung zu der Aufstellung unter Tz. 4 auf die im Folgenden dargestellten Gesetze und VO verwiesen.

93

b) Länder- und Kommunalebene

Baden-Württemberg

Verordnung über die Haushaltswirtschaft der Gemeinden (Gemeindehaushaltsverordnung – GemHVO) v. 11.12.2009, GBl., S. 770.

Verordnung über die Kassenführung der Gemeinden (Gemeindekassenverordnung – GemKVO) v. 11.12.2009, GBl., S. 791.

Bayern

Verordnung über das Haushalts-, Kassen- und Rechnungswesen der Gemeinden, der Landkreise und der Bezirke nach den Grundsätzen der doppelten kommunalen Buchführung (Kommunalhaushaltsverordnung-Doppik – KommHV-Doppik) i.d.F. v. 05.10.2007, GVBl., S. 678.

Verordnung über das Haushalts-, Kassen- und Rechnungswesen der Gemeinden, der Landkreise und der Bezirke nach den Grundsätzen der Kameralistik (Kommunalhaushaltsverordnung-Kameralistik – KommHV-Kameralistik) i.d.F. v. 05.10.2007, GVBl., S. 707.

---

58 Vgl. auch das IDW Symposium zur Reform der Rechnungslegung der öffentlichen Verwaltung, WPg-Sonderheft 2004.

59 Vgl. dazu etwa *Vogelpoth/Poullie*, WPg 2007, S. 517; *Vogelpoth/Poullie/Voß*, WPg 2009, S. 83/87; *Lasar*, Verwaltung & Management 2010, S. 128; *Müller/Weller*, Verwaltung & Management 2010, S. 259; *Weller*, der gemeindehaushalt 2010, S. 135.

Brandenburg

Gesetz zur Reform der Kommunalverfassung und zur Einführung der Direktwahl der Landräte sowie zur Änderung sonstiger kommunalrechtlicher Vorschriften (Kommunalrechtsreformgesetz – KommRRefG) v. 18.12.2007, GVBl. I, S. 286.

Verordnung über die Aufstellung und Ausführung des Haushaltsplans der Gemeinden (Kommunale Haushalts- und Kassenverordnung – KomHKV) v. 14.02.2008, GVBl. II, S. 14, geändert durch VO v. 28.06.2010, GVBl. II 38/2010.

Hamburg

Einführung der Kaufmännischen Buchführung in der Verwaltung, Mitteilung des Senats an die Bürgerschaft, Drs. 17/3161 v. 05.08.2003.

Hessen

Verordnung über die Aufstellung und Ausführung des Haushaltsplans der Gemeinde mit doppelter Buchführung (Gemeindehaushaltsverordnung – GemHVO-Doppik) v. 02.04.2006, GVBl. I, S. 235, geändert durch VO v. 27.12.2011, GVBl. I, S. 840.

Verordnung über die Kassenführung der Gemeinden (Gemeindekassenverordnung – GemKVO) v. 27.12.2011, GVBl. I, S. 830, ber. 2012, S. 19.

Mecklenburg-Vorpommern

Gesetz zur Einführung der Doppik im kommunalen Haushalts- und Rechnungswesen (Kommunal-Doppik-Einführungsgesetz – KomDoppikEG) v. 14.12.2007, GVOBl. M-V, S. 410.

Gemeindehaushaltsverordnung-Doppik (GemHVO-Doppik) v. 25.02.2008, GVOBl. M-V, S. 34, geändert durch Gesetz v. 13.12.2011, GVOBl. M-V, S. 1118.

Gemeindekassenverordnung-Doppik (GemKVO-Doppik) v. 25.02.2008, GVOBl. M-V, S. 62.

Niedersachsen

Verordnung über die Aufstellung und Ausführung des Haushaltsplans sowie die Abwicklung der Kassengeschäfte der Gemeinden auf der Grundlage der kommunalen Doppik (Gemeindehaushalts- und -kassenverordnung – GemHKVO) v. 22.12.2005, Nds. GVBl., S. 458, ber. 2006 S. 441, zuletzt geändert durch VO v. 01.02.2011, Nds. GVBl., S. 31.

Nordrhein-Westfalen

Gesetz zur Einführung des Neuen Kommunalen Finanzmanagements für Gemeinden im Land Nordrhein-Westfalen (NKF Einführungsgesetz NRW – NKFEG NRW) v. 16.11.2004, GV. NRW, S. 644, geändert durch Gesetz v. 09.10.2007, GV. NRW, S. 380.

Verordnung über das Haushaltswesen der Gemeinden im Land Nordrhein-Westfalen (Gemeindehaushaltsverordnung NRW – GemHVO NRW) v. 16.11.2004, GV. NRW, S. 644, ber. 2005 S. 15, geändert durch Gesetz v. 08.12.2009, GV. NRW, S. 837.

Rheinland-Pfalz

Landesgesetz zur Einführung der kommunalen Doppik (KomDoppikLG) v. 02.03.2006, GVBl., S. 57.

Gemeindehaushaltsverordnung (GemHVO) v. 18.05.2006, GVBl. S. 203, zuletzt geändert durch VO v. 06.04.2010, GVBI., S. 64.

Gemeindeeröffnungsbilanz-Bewertungsverordnung (GemEBilBewVO) v. 28.12.2007, GVBI. 2008, S. 23.

Saarland

Gesetz zur Einführung des Neuen Kommunalen Rechnungswesens im Saarland v. 12.07.2006, Abl. S. 1614.

Kommunalhaushaltsverordnung (KommHVO) v. 10.10.2006, Abl. S. 1842, zuletzt geändert durch VO v. 05.10.2009, Abl. S. 1694.

Sachsen

Verordnung über die kommunale Haushaltswirtschaft nach den Regeln der Doppik (Sächsische Kommunalhaushaltsverordnung-Doppik – SächsKomHVO-Doppik) v. 08.02.2008, SächsGVBl., S. 202, geändert durch VO v. 12.11.2008, SächsGVBl., S. 638.

Verordnung über die kommunale Kassenführung (Kommunalkassenverordnung – KomKVO) v. 26.01.2005, SächsGVBI., S. 3, zuletzt geändert durch VO v. 22.07.2008, SächsGVBl., S. 524.

Sachsen-Anhalt

Gesetz zur Einführung des Neuen Kommunalen Haushalts- und Rechnungswesens für die Kommunen des Landes Sachsen-Anhalt v. 22.03.2006, GVBl. LSA, S. 128, zuletzt geändert durch Gesetz v. 26.05.2009, GVBl. LSA, S. 238.

Verordnung über die Aufstellung und Ausführung des Haushaltsplanes der Gemeinden im Land Sachsen-Anhalt nach den Grundsätzen der Doppik (Gemeindehaushaltsverordnung-Doppik – GemHVO-Doppik) v. 30.03.2006, GVBI. LSA, S. 204.

Verordnung über die Kassenführung der Gemeinden im Land Sachsen-Anhalt nach den Grundsätzen der Doppik (Gemeindekassenverordnung-Doppik – GemKVO-Doppik) v. 30.03.2006, GVBI. LSA, S. 128.

Schleswig-Holstein

Landesverordnung über die Aufstellung und Ausführung eines kameralen Haushaltsplanes der Gemeinden (Gemeindehaushaltsverordnung-Kameral – GemHVO-Kameral) v. 02.05.2007, GVOBl. Schl.-H., S. 254, ber. S. 421, zuletzt geändert durch VO v. 02.07.2009, GVOBl. Schl.-H., S. 395.

Landesverordnung über die Kassenführung der Gemeinden mit einer Haushaltswirtschaft nach den Grundsätzen der kameralen Buchführung und der Sonderkassen (Gemeindekassenverordnung-Kameral – GemKVO-Kameral) v. 17.07.2007, GVOBl. Schl.-H., S. 347, geändert durch VO v. 04.10.2010, GVOBl. Schl.-H., S. 555.

Landesverordnung über die Aufstellung und Ausführung eines doppischen Haushaltsplanes der Gemeinden (Gemeindehaushaltsverordnung-Doppik – GemHVO-Doppik) v. 05.08.2007, GVOBl. Schl.-H., S. 382, zuletzt geändert durch VO v. 23.11.2009, GVOBl. Schl.-H., S. 858.

Thüringen

Thüringer Gemeindehaushaltsverordnung-Doppik (ThürGemHV-Doppik) v. 11.12.2008, GVBl., S. 504.

Thüringer Verordnung über das Haushalts-, Kassen- und Rechnungswesen der Gemeinden (Thüringer Gemeindehaushaltsverordnung – ThürGemHV) v. 26.01.1993, GVBl., S. 181, zuletzt geändert durch VO v. 15.09.2006, GVBl., S. 520.

Thüringer Gesetz über die kommunale Doppik (ThürKDG) i.d.F. der Bekanntmachung v. 19.11.2008, GVBl., S. 381, geändert durch Gesetz v. 04.05.2010, GVBl., S. 115.

94 Die Entwicklung zur Doppik ist auf Ebene der Länder weniger weit fortgeschritten. Auf Landesebene haben auf Basis der in Tz. 4 dargestellten Rechtslage (HGrG, LHO) inzwischen Hamburg (Eröffnungsbilanz zum 01.01.2006) und Hessen (Eröffnungsbilanz zum 01.01.2009) doppische Abschlüsse aufgestellt[60].

c) Bundesebene

95 Das vom Bund geplante Modell einer modernen (erweiterten) Kameralistik basiert auf der in Tz. 4 dargestellten Rechtslage (HGrG, BHO)[61]:

– Das kamerale Rechnungswesen bleibt auch künftig erhalten.
– Es wird weiterhin einen titelorientierten Haushaltsteil im Bundeshaushalt geben.
– Die geplante ergebnisorientierte Darstellung im Bundeshaushalt (Gliederung nach fachlichen Zielen) ist ebenfalls als ergänzende Darstellung nach HGrG und BHO zulässig.
– Das vorgesehene effektivere und effizientere Haushaltsaufstellungsverfahren nach dem „top-down-Prinzip" lässt sich auf Basis der geltenden Rechtslage realisieren.

96 Ob und inwieweit sich aufgrund der Erkenntnisse aus der bis zum Jahr 2013 geplanten Pilotphase des Projekts MHR (Modernisierung des Haushalts- und Rechnungswesens) mit zwei Bundesressorts ein Bedarf für rechtliche Änderungen der BHO ergibt, wird in den kommenden Jahren während der Pilotierung geprüft.

97 Ursächlich für die **divergierende Entwicklung zwischen der Kommunal- und Bundesebene** dürften die besondere Komplexität der zentralisierten Landesverwaltung wie auch eine besondere Haushaltsstruktur auf der Bundesebene sein. Dies zeigt sich z.B. an dem vergleichsweise hohen Anteil von (sozial motivierten) Transferleistungen sowie Zinsausgaben und besonderen Bewertungsproblemen, z.B. beim militärischen Vermögen, historischen Gebäuden sowie den Kultur- und Naturgütern. Daneben bestehen aber auch besondere Probleme bei der Ertragsrealisierung, da es sich z.B. beim überwiegenden Teil der Erträge um Steuern oder um steuerähnliche Erträge handelt, denen keine direkt zurechenbaren und annähernd gleichwertigen individuellen Gegenleistungen zugrunde liegen. Vergleichbare Probleme bestehen auf der Aufwandsseite bei der Frage, ob für sozialpolitische oder gesellschaftliche Verpflichtungen auf der Grundlage bestehender Leistungsgesetze oder anderer Rechtsgrundlagen Rückstellungen zu bilden sind[62]. Eine Haushaltsreform auf den nicht-kommunalen Ebenen wird damit nur als begrenzt nützlich und weniger dringlich als auf den anderen Ebenen staatlicher Verwaltungsstrukturen eingeschätzt[63].

---

60 Vgl. *Bolsenkötter* (Hrsg.); *PwC* (Hrsg.); *Vogelpoth/Poullie*, WPg 2007, S. 517.
61 Vgl. Monatsbericht des BMF 10/2008 sowie Verlautbarung vom 17.12.2008.
62 Vgl. zu diesen Problemen im Einzelnen *PwC* (Hrsg.), S. 35 f.
63 Die angedeuteten Probleme führten zu einer intensiven Diskussion um die Notwendigkeit von Grundsätzen ordnungsmäßiger öffentlicher Buchführung (GoöB); vgl. hierzu zustimmend *Arbeitskreis Integrierte Verbundrechnung*, WPg 2005, S. 887, und eher ablehnend *Eibelshäuser*, Der Konzern 2006, S. 618, und *Kämpfer/ Breidert*, WPg-Sonderheft 2004, S. S 119.

d) Bundesrechnungshof und Haushaltsgrundsätzemodernisierungsgesetz

Der BRH sprach die vielfältigen Probleme hinsichtlich der Einführung der Doppik in seinem **Bericht nach § 99 BHO** über die Modernisierung des staatlichen Haushalts- und Rechnungswesens vom 17.08.2006[64] deutlich an. Er sah „angesichts der verschiedenen Reformansätze und der bisher abwartenden Haltung des Bundes die Gefahr, dass sich auf den einzelnen Verwaltungsstufen in Deutschland zahlreiche unterschiedliche und aufwendige Verfahren parallel entwickeln". Er hielt es daher für „angezeigt, einen möglichst einheitlichen Ansatz für das Haushaltswesen von Bund und Ländern beizubehalten oder zu entwickeln ... (und) darauf zu achten, dass die internationalen Entwicklungen ausreichend berücksichtigt werden, um eine Abkopplung oder Isolierung zu vermeiden". **98**

Der Bericht des BRH nach § 99 BHO über die Modernisierung des staatlichen Haushalts- und Rechnungswesens und die HGrG-Initiative der Bundesländer Hamburg und Hessen führten zu dem **Haushaltsgrundsätzemodernisierungsgesetz**[65]. Wesentliches Ziel des HGrGMoG ist, eine Koexistenz unterschiedlicher Rechnungswesensysteme zu ermöglichen, innerhalb dieser Systeme jeweils ein Mindestmaß einheitlicher Vorgaben zu setzen und über die jeweiligen Gebietskörperschaften hinaus eine Einheitlichkeit der erforderlichen übergreifenden Datenlieferung zu gewährleisten. Dies soll durch eine Abkehr von der bisher zwingenden Verpflichtung, das Haushalts- und Rechnungswesen kameral zu gestalten (§ 1a HGrG) und durch einheitliche Vorgaben für die Gestaltung typisierbarer Reformvorhaben erreicht werden (§ 7a HGrG). Mit der Einfügung von § 1a HGrG fiel zwar die Notwendigkeit des bisherigen Parallelbetriebs weg; der Gesetzgeber hat sich trotz seiner Modernisierungsabsicht aber nicht auf das System der Doppik festgelegt[66]. **99**

e) International Public Sector Accounting Standards

Auf internationaler Ebene sind vom IPSAS Board der IFAC Rechnungslegungsstandards für den öffentlichen Sektor (International Public Sector Accounting Standards – **IPSAS**) erarbeitet worden[67]. Anpassungen an geltende IAS/IFRS werden vorgenommen, wenn für die Rechnungslegung im öffentlichen Sektor besondere Modifikationen erforderlich sind. Spezifika der Rechnungslegung im öffentlichen Sektor, die von den bestehenden IAS/IFRS nicht abgedeckt werden, führten zur Entwicklung von IPSAS, denen kein korrespondierender IAS/IFRS gegenübersteht. Übersicht 1 zeigt die zum 02.04.2012 geltenden IPSAS. **100**

---

64 Bericht nach § 99 BHO über die Modernisierung des staatlichen Haushalts- und Rechnungswesens, BT-Drs. 16/2400 v. 17.08.2006.

65 Für das staatliche Haushaltsrecht hat der Bund gem. Art. 109 Abs. 4 GG im Rahmen der konkurrierenden Gesetzgebung die Möglichkeit, mit Zustimmung des Bundesrates haushaltsrechtliche Vorgaben gegenüber den Bundesländern zu definieren; seit 1969 geschieht dies durch das HGrG. Vgl. Gesetz zur Modernisierung des Haushaltsgrundsätzegesetzes und zur Änderung anderer Gesetze (Haushaltsgrundsätzemodernisierungsgesetz – HGrGMoG) v. 31.07.2009, BGBl. I, S. 2580; vgl. auch *Heiling/Wirtz*, WPg 2009, S. 821.

66 Gesetz über die Grundsätze des Haushaltsrechts des Bundes und der Länder (Haushaltsgrundsätzegesetz – HGrG) v. 19.08.1969 (BGBl. I, S. 1273), zuletzt geändert durch Gesetz v. 27.05.2010 (BGBl. I, S. 671); vgl. in diesem Zusammenhang auch die auf der Homepage des BMF zur Verfügung gestellten Dokumente „Standards staatlicher Doppik", „Verwaltungskontenrahmen" und „Integrierter Produktrahmen".

67 *IFAC Handbook*; vgl. *Vogelpoth*, WPg-Sonderheft 2004, S. S 23; *Müller-Marqués Berger* (Hrsg.); *KPMG* (Hrsg.); *Vogelpoth/Dörschell/Viehweger*, WPg 2007, S. 1001; *Müller-Marqués Berger*, WPg 2009, S. 863.

IPSAS	Englische Bezeichnung	Deutsche Bezeichnung	Korrespondierender IAS/IFRS
IPSAS 1	Presentation of Financial Statements	Darstellung des Jahresabschlusses	IAS 1
IPSAS 2	Cash Flow Statements	Kapitalflussrechnungen	IAS 7
IPSAS 3	Accounting Policies, Changes in Accounting Estimates and Errors	Bilanzierungs- und Bewertungsmethoden, Änderungen von Schätzungen und Fehler	IAS 8
IPSAS 4	The Effects of Changes in Foreign Exchange Rates	Auswirkungen von Änderungen der Wechselkurse	IAS 21
IPSAS 5	Borrowing Costs	Fremdkapitalkosten	IAS 23
IPSAS 6	Consolidated Financial Statements and Accounting for Controlled Entities	Konzernabschluss und Bilanzierung von beherrschten Einheiten	IAS 27
IPSAS 7	Accounting for Investments in Associates	Bilanzierung von Anteilen an assoziierten Unternehmen	IAS 28
IPSAS 8	Interests in Joint Ventures	Anteile an Joint Ventures	IAS 31
IPSAS 9	Revenue from Exchange Transactions	Erträge aufgrund von Leistungsaustausch	IAS 18
IPSAS 10	Financial Reporting in Hyperinflationary Economies	Rechnungslegung in Hochinflationsländern	IAS 29
IPSAS 11	Construction Contracts	Fertigungsaufträge	IAS 11
IPSAS 12	Inventories	Vorräte	IAS 2
IPSAS 13	Leases	Leasingverhältnisse	IAS 17
IPSAS 14	Events after the Reporting Date	Ereignisse nach dem Bilanzstichtag	IAS 10
IPSAS 15	Financial Instruments: Disclosure and Presentation	Finanzinstrumente: Angaben und Darstellung	IAS 32
IPSAS 16	Investment Property	Als Finanzinvestitionen gehaltene Immobilien	IAS 40
IPSAS 17	Property, Plant and Equipment	Sachanlagen	IAS 16
IPSAS 18	Segment Reporting	Segmentberichterstattung	IAS 14
IPSAS 19	Provisions, Contingent Liabilities and Contingent Assets	Rückstellungen, Eventualschulden und Eventualforderungen	IAS 37
IPSAS 20	Related Party Disclosures	Angaben über Beziehungen zu nahe stehenden Unternehmen und Personen	IAS 24
IPSAS 21	Impairment of Non-Cash-Generating Assets	Wertminderung von nicht ertragbringenden Vermögenswerten	IAS 36

IPSAS	Englische Bezeichnung	Deutsche Bezeichnung	Korrespondierender IAS/IFRS
IPSAS 22	Disclosure of Financial Information about the General Government Sector	Ausweis von Finanzinformationen über den allgemeinen Regierungssektor	Kein direkt korrespondierender IAS/IFRS
IPSAS 23	Revenue from Non-Exchange Transactions (Taxes and Transfers)	Erlöse, denen kein Austauschvorgang zugrunde liegt (Steuern und Transferleistungen)	Kein direkt korrespondierender IAS/IFRS
IPSAS 24	Presentation of Budget Information in Financial Statements	Darstellung von Budget-Informationen in Jahresabschlüssen	Kein direkt korrespondierender IAS/IFRS
IPSAS 25	Employee Benefits	Leistungen an Arbeitnehmer	IAS 19
IPSAS 26	Impairment of Cash-Generating Assets	Wertminderung von ertragbringenden Vermögenswerten	IAS 36
IPSAS 27	Agriculture	Landwirtschaft	IAS 41
IPSAS 28	Financial Instruments: Presentation	Finanzinstrumente: Darstellung	IAS 32
IPSAS 29	Financial Instruments: Recognition and Measurement	Finanzinstrumente: Ansatz und Bewertung	IAS 39
IPSAS 30	Financial Instruments: Disclosures	Finanzinstrumente: Angaben	IFRS 7
IPSAS 31	Intangible Assets	Immaterielle Vermögenswerte	IAS 38
IPSAS 32	Service Concession Arrangements: Grantor	Vereinbarung von Dienstleistungskonzessionen: Konzessionsgeber	Kein direkt korrespondierender IAS/IFRS
IPSAS ED 34	Social Benefits: Disclosure of Cash Transfers to Individuals and Households	Sozialleistungen: Angaben zu Transferzahlungen an Privatpersonen und Haushalte	Kein direkt korrespondierender IAS/IFRS
IPSAS ED 41	Entity Combinations from Exchange Transactions	Zusammenschlüsse von Organisationseinheiten durch Austauschtransaktionen	
IPSAS ED 46	Reporting on the Long-Term Sustainablility of a Public Sector Entity's Finances	Berichterstattung über die langfristige Nachhaltigkeit der Finanzen von Einheiten des öffentlichen Sektors	Kein direkt korrespondierender IAS/IFRS
IPSAS ED 47	Financial Statement Discussion and Analysis	Lagebericht	Kein direkt korrespondierender IAS/IFRS
IPSAS ED	Key Characteristics of the Public Sector with Potential Implications for Financial Reporting	Haupteigenschaften des öffentlichen Sektors mit möglichen Auswirkungen auf die Rechnungslegung	Kein direkt korrespondierender IAS/IFRS

IPSAS	Englische Bezeichnung	Deutsche Bezeichnung	Korrespondierender IAS/IFRS
IPSAS CF-ED 1	Conceptual Framework for General Purpose Financial Reporting by Public Sector Entities: • Role, Authority and Scope; • Objectives and Users; • Qualitative Characteristics; and • Reporting Entity	Rahmenkonzept für allgemeine Abschlüsse öffentlicher Einheiten: • Funktion, Verbindlichkeit und Anwendungsbereich; • Zielsetzungen und Adressaten; • Qualitative Anforderungen; und • Berichtende Einheit	Kein direkt korrespondierender IAS/IFRS
Cash Basis IPSAS	Financial Reporting under the Cash Basis of Accounting	Rechnungslegung auf der Grundlage des Zahlungsprinzips	Kein direkt korrespondierender IAS/IFRS

Übersicht 1: Zum 02.04.2012 geltende IPSAS

101 Die nationalen Reformen in Deutschland wurden trotz der vielfältigen sachlichen Berührungspunkte bislang von den internationalen Harmonisierungsbemühungen im Detail kaum beeinflusst[68]. Es ist davon auszugehen, dass auf längere Sicht wie im unternehmerischen Rechnungswesen eine Angleichung der nationalen Vorschriften an die internationalen Standards nicht zu umgehen sein wird. Eine frühzeitige Berücksichtigung der Anforderungen der IPSAS könnte den mit Sicherheit nicht unerheblichen späteren Umstellungsaufwand deutlich verringern.

102 Die Entwicklung der IPSAS als internationale Grundsätze für die öffentliche Rechnungslegung folgt der Entwicklung der IFRS als internationale Grundsätze für die unternehmerische Rechnungslegung zeitlich verzögert und schließt inhaltliche Modifikationen ein. Dies dürfte letztlich auch die Diskussion um eigenständige oder nicht eigenständige **Grundsätze ordnungsmäßiger öffentlicher Buchführung**[69] in Deutschland beenden: In dem Maße, in dem international eigenständige IPSAS formuliert werden, werden sich diese auch auf Deutschland übertragen lassen und zur Fortentwicklung der Grundsätze ordnungsmäßiger Buchführung und Bilanzierung für den öffentlichen Sektor beitragen[70]. Hilfreich für die Akzeptanz der IPSAS dürfte sicherlich sein, wenn diese wie die IAS/IFRS in einen europarechtlichen Übernahmeprozess eingebunden werden.

3. Rechnungslegung

103 Bis auf Berlin haben inzwischen alle Bundesländer die doppelte Buchführung und das integrierte öffentliche Rechnungswesen in der Haushaltsgesetzgebung für ihre Kommunen berücksichtigt (vgl. Übersicht 2). Aufgrund der föderalistischen Gesetzgebungskompetenz haben die einzelnen Bundesländer eigene Wege der Umsetzung gewählt; einige Länder haben für ihre Vorschriften zur Doppik zusätzlich Übergangsregelungen von mehreren Jahren vorgesehen. Die in Hessen und Schleswig-Holstein zur Option gestellte erweiterte Kameralistik erfüllt deren Kriterien (vgl. Tz. 89) nur in Teilen. Der **doppische**

---
68 *Vogelpoth*, WPg-Sonderheft 2004, S. S 23/25.
69 Vgl. etwa *Arbeitskreis Integrierte Verbundrechnung*, WPg 2005, S. 887.
70 *Vogelpoth/Poullie*, WPg 2007, S. 517/525, und *Governmental Accounting Standards Board*.

Jahresabschluss wird durch den **doppischen Gesamtabschluss** (Konzernabschluss) ergänzt[71].

Bundesland	Doppik/Kameralistik	Jahresabschluss spätestens ab bzw. seit	Gesamtabschluss spätestens ab bzw. seit
Baden-Württemberg	Doppik	31.12.2016	31.12.2018
Bayern	Wahlrecht zwischen Doppik und Kameralistik	Keine Fristen	Spätestens fünf Jahre nach dem ersten doppischen Jahresabschluss
Berlin	Kameralistik	–	–
Brandenburg	Doppik	31.12.2011	Spätestens zwei Jahre nach dem ersten doppischen Jahresabschluss
Bremen	Doppik	31.12.2010	Keine Fristen
Hamburg	Doppik	31.12.2006	31.12.2007
Hessen	Doppik	31.12.2015	31.12.2021
Mecklenburg-Vorpommern	Doppik	31.12.2012	Spätestens drei Jahre nach dem ersten doppischen Jahresabschluss
Niedersachsen	Doppik	31.12.2012	31.12.2012
Nordrhein-Westfalen	Doppik	31.12.2009	31.12.2010
Rheinland-Pfalz	Doppik	31.12.2009	31.12.2013
Saarland	Doppik	31.12.2009	31.12.2014
Sachsen	Doppik	31.12.2013	31.12.2016
Sachsen-Anhalt	Doppik	31.12.2013	31.12.2016
Schleswig-Holstein	Wahlrecht zwischen Doppik und erweiterter Kameralistik	Keine Fristen	Spätestens sechs Jahre nach dem ersten doppischen Jahresabschluss
Thüringen	Wahlrecht zwischen Doppik und Kameralistik	Keine Fristen	Spätestens drei Jahre nach dem ersten doppischen Jahresabschluss

Übersicht 2: Termine für den doppischen Jahres- und Gesamtabschluss

104 Bemerkenswert für den Rechtsrahmen der doppischen Abschlüsse ist, dass alle Bundesländer eigene landeshaushaltsrechtliche Vorschriften zur Bilanzierung, Bewertung und zum Ausweis für den kommunalen Jahres- und Gesamtabschluss erlassen haben. Die Unterschiede zwischen den einzelnen Rechtsvorschriften der Länder, aber auch zum HGB sind zu vielfältig, als dass sie hier dargestellt werden können[72].

105 Aufgrund eigenständiger landesspezifischer Rechtsvorschriften besteht die in Tz. 8 geschilderte Problematik der Verweisregelungen hier also nicht. Eine auch hier wünschenswerte **dynamische Interpretation** – insb. vor dem Hintergrund des BilMoG – ist nur partiell über eine entsprechend modifizierte Auslegung der GoB möglich; diese Aus-

---

71 Bezüglich kommunaler Gesamtabschlüsse ist insb. auf das Modellprojekt zur Einführung des Neuen Kommunalen Finanzmanagements (NKF) in NRW hinzuweisen, an dem sich die Städte Düsseldorf, Dortmund, Essen, Solingen und Lippstadt sowie der Kreis Unna beteiligten.

72 Vgl. dazu etwa *Vogelpoth/Poullie*, WPg 2007, S. 517; *Lasar*, Verwaltung & Management 2010, S. 128; *Müller/Weller*, Verwaltung & Management 2010, S. 259; *Weller*, der gemeindehaushalt 2010, S. 135.

legung kann aber nicht über dem Gesetz stehen und gesetzliche Regelungen außer Kraft setzen[73]. Mithin ist das **BilMoG** auf den doppischen Jahres- und Gesamtabschluss der Gemeinden nicht anzuwenden und lediglich teilweise das Gedankengut des BilMoG im Rahmen der Auslegung der GoB zu beachten[74]. Sinnvolle Gesamtabschlüsse sind vor diesem Hintergrund nur schwierig zu erstellen[75]. Da es sich bei einem doppischen Gesamtabschluss nicht um einen nach den Anforderungen des HGB aufgestellten, geprüften und offengelegten Konzernabschluss handelt, ist er auch kein gem. § 291 HGB befreiender übergeordneter handelsrechtlicher Konzernabschluss. Dies führt dazu, dass neben dem kommunalen Gesamtabschluss wie bisher handelsrechtliche Teilkonzernabschlüsse – etwa für eine Stadtwerke AG – aufzustellen sind.

4. Prüfung

106 Die Prüfung der doppischen Jahresabschlüsse und Gesamtabschlüsse ist ebenso **Pflichtaufgabe der örtlichen Prüfung** (RPA) wie die bisherige Prüfung der kameralen Jahresrechnung; so definieren es weitgehend übereinstimmend die GO der Länder. Teilweise werden die RPA auch nur als ausführendes Organ des Rechnungsprüfungsausschusses tätig. Insofern ändern der neue Rechnungsstil und die Abbildung des Ressourcenverbrauchs die Rolle der örtlichen Rechnungsprüfung nicht.

107 Der **Prüfungsgegenstand** wird in den Ländern unterschiedlich abgegrenzt, dazu gehören z.B. nicht nur Bilanz bzw. Vermögensrechnung, (Teil-)Ergebnisrechnung, (Teil-)Finanzrechnung, Inventur, Anhang, Lagebericht bzw. Rechenschaftsbericht und Anlagen zum Anhang, sondern auch die Übersicht über örtlich festgelegte Nutzungsdauern der Vermögensgegenstände oder auch Entscheidungen und Verwaltungsvorgänge aus übertragenen Aufgaben mit erheblicher finanzieller Bedeutung (vgl. etwa § 104 Abs. 2 GO BbgKVerf); Entsprechendes gilt für den Gesamtabschluss und Gesamtlagebericht. Insgesamt erstreckt sich die Prüfung darauf, ob die für die Rechnungslegung geltenden gesetzlichen Vorschriften einschließlich der GoB und die ergänzenden Bestimmungen der Satzungen und sonstigen ortsrechtlichen Bestimmungen beachtet worden sind. In den Bundesländern bestehen erhebliche Unterschiede bzgl. der Formulierung einer § 264 Abs. 2 S. 1 HGB vergleichbaren Generalklausel oder den als Soll-Größe zu beachtenden GoB[76]; inhaltliche Unterschiede dürften sich daraus aber nicht ergeben.

108 Obwohl sich durch die Einführung der Doppik der Prüfungsgegenstand bei den Kernverwaltungen dem Prüfungsgegenstand bei den wirtschaftlichen und nichtwirtschaftlichen Einrichtungen der öffentlichen Hand angenähert hat, soll die Prüfung der Kernverwaltungen offensichtlich in der praktischen **Durchführungshoheit der Kommunen** bleiben. Teilweise können in den Bundesländern aber (befristet) WP oder auch (sachver-

---

[73] Die jeweiligen Landesgesetze enthalten im Zusammenhang mit dem Gesamtabschluss umfangreiche eigene Regelungen und verweisen lediglich hinsichtlich der Frage, was zu konsolidieren ist, auf die eher konsolidierungstechnischen Vorschriften der §§ 300 ff. HGB. Die Tatsache, dass die Landesgesetze daneben auch eigene Regelungen zur Konsolidierung enthalten, zeigt wiederum, dass sie die Regelungskompetenz nicht vollständig auf den Bundesgesetzgeber verlagern wollten, so dass davon auszugehen ist, dass dieser Verweis nur der Vereinfachung dient.

[74] Vgl. *Vogelpoth/Poullie/Voß*, WPg 2009, S. 83/86 f.; *Ellerich/Radde*, WPg 2009, S. 780; *Lasar*, Verwaltung & Management 2010, S. 128/131.

[75] *PwC* (Hrsg.), S. 109.

[76] Vgl. *IDW Prüfungsstandard: Prüfung des Jahresabschlusses und Lageberichts einer Gebietskörperschaft (IDW PS 730)*, Tz. 16; vgl. auch *IDW ERS ÖFA 1* und *IDW Prüfungsstandard: Prüfung von Eröffnungsbilanzwerten im Rahmen von Erstprüfungen (IDW PS 205)* sowie *Vogelpoth/Poullie*, WPg 2007, S. 517/521 f., sowie die Hinweise der GPA und des IDW vom 27.06.2008 zur „Prüfung der Eröffnungsbilanz und des Jahresabschlusses einer Gemeinde in NRW", WPg 2008, S. 757 f.

ständige) Dritte zur Prüfung hinzugezogen werden. Da in keinem Bundesland die Beauftragung Dritter ausgeschlossen wird, ist davon auszugehen, dass der Einsatz eines WP – ergänzend und unterstützend zu den jeweils verantwortlich benannten Institutionen der örtlichen Rechnungsprüfung – erlaubt ist.

Soweit keine ausdrücklichen Regelungen in den gemeinderechtlichen Vorschriften des betreffenden Bundeslandes über die Prüfung des JA von Gemeinden vorgesehen sind, hat der WP als APr. auch für die Prüfung von JA von Gemeinden §§ 317 ff. HGB zu beachten; zum Prüfungsgegenstand vgl. Tz. 107. Die Prüfung der Ordnungsmäßigkeit der Haushaltsführung ist hingegen nur insoweit Gegenstand der Jahresabschlussprüfung, als die Rechnungslegung betroffen ist. Aufgrund länderspezifischer Vorschriften können auftragsgemäß Prüfungstätigkeiten, die über die Prüfung der Rechnungslegung nach §§ 317 ff. HGB hinausgehen (wie die Prüfung der Einhaltung des Haushaltsplans), Gegenstand der Jahresabschlussprüfung sein[77].

109

III. Schrifttumsverzeichnis

1. Verzeichnis der Monographien und Beiträge in Sammelwerken

Bolsenkötter/Dau/Zuschlag, Gemeindliche Eigenbetriebe und Anstalten, 5. Aufl., Stuttgart 2004; *Bolsenkötter* (Hrsg.), Die Zukunft des öffentlichen Rechnungswesens – Reformtendenzen und internationale Entwicklung, Baden-Baden 2007; *Eibelshäuser*, Die Aufgaben des Abschlussprüfers nach § 53 Haushaltsgrundsätzegesetz, in: Ballwieser u.a. (Hrsg.), Bilanzrecht und Kapitalmarkt, FS Moxter, Düsseldorf 1994, S. 919; *Eibelshäuser/Kämpfer*, Prüfung nach § 53 HGrG, in: Förschle/Peemöller (Hrsg.), Wirtschaftsprüfung und Interne Revision, Heidelberg 2004, S. 336; *Governmental Accounting Standards Board, White Paper*: Why governmental accounting and financial reporting is – and should be – different, Norwalk/CT 2006; *IFAC Handbook of International Public Sector Accounting Pronouncements*, New York 2010; *KPMG* (Hrsg.), IPSAS – Autorisierte Übersetzung der IPSAS Standards mit Flowcharts, Glossar und Begriffen, Zürich 2008; *Müller-Marqués Berger* (Hrsg.), Internationale Rechnungslegung für den öffentlichen Sektor (IPSAS) – Grundlagen und Einzeldarstellungen, Stuttgart 2008; *Potthoff*, Prüfung der Ordnungsmäßigkeit der Geschäftsführung, Stuttgart u.a. 1982; *PwC Deutsche Revision* (Hrsg.), Integriertes öffentliches Rechnungswesen, Frankfurt am Main 2000; *PwC Deutsche Revision* (Hrsg.), Die Eröffnungsbilanz der Gebietskörperschaft, Frankfurt/Main 2002; *PwC* (Hrsg.), Der reformierte öffentliche Haushalt – Stand nationaler Reformen und internationale Reformtendenzen, Stuttgart 2009; *Ruter/Sahr/Waldersee*, Public Corporate Governance, Wiesbaden 2005; *Siekmann*, Corporate Governance und öffentlich-rechtlich organisierte Unternehmen, in: Jahrbuch für neue politische Ökonomie, Tübingen 1996, S. 282; *Zavelberg*, Die Prüfung der Betätigung des Bundes bei Unternehmen durch den Bundesrechnungshof, in: Moxter u.a. (Hrsg.), Rechnungslegung, FS Forster, Düsseldorf 1992, S. 723

2. Verzeichnis der Beiträge in Zeitschriften

Arbeitskreis Integrierte Verbundrechnung, Eckpunkte für die Grundsätze ordnungsmäßiger Buchführung im öffentlichen Haushalts- und Rechnungswesen auf Basis der integrierten Verbundrechnung, WPg 2005, S. 887; *Bauer/Kirchmann/Saß*, Mögliche Auswirkungen der Änderungen durch das Bilanzrechtsmodernisierungsgesetz (BilMoG) auf

---

[77] Vgl. *IDW PS 730*, Tz. 16.

die kommunale Doppik, WPg 2009, S. 143; *Bolsenkötter*, Modernisierung des Bilanzrechts – Auswirkungen auf öffentliche Unternehmen und Verwaltungen, ZögU 2009, S. 258; *Bolsenkötter/Poullie*, Auswirkungen der Änderung der EU-Transparenzrichtlinie auf das Rechnungswesen, ZögU 2001, S. 204; *Eibelshäuser*, Bilanzierungsgrundsätze und öffentliche Rechnungslegung, Der Konzern 2006, S. 618; *Ellerich/Radde*, Keine Auswirkungen des BilMoG auf den kommunalen Jahresabschluss?, WPg 2009, S. 780; *Forster*, Die durch § 53 HGrG erweiterte Abschlussprüfung von privatrechtlichen Unternehmen, WPg 1975, S. 393; *Gross/Möller*, Auf dem Weg zu einem problemorientierten Prüfungsbericht, WPg 2004, S. 317; *Heiling/Wirtz*, Anmerkungen zur Modernisierung des Haushaltsgrundsätzegesetzes – Grundsätze staatlicher Doppik, WPg 2009, S. 821; *Hünger/Welter*, Bilanzierung von Baukostenzuschüssen im Pachtmodell – Passive Rechnungsabgrenzungsposten beim Netzbetreiber, Versorgungswirtschaft 2007, S. 29; *Kämpfer/Breidert*, Zweckentsprechende Bilanzierung in den Jahresabschlüssen der hessischen Landesverwaltung, WPg-Sonderheft 2004, S. S 119; *Lasar*, Keine Harmonisierung im öffentlichen Haushalts- und Rechnungswesen, Verwaltung & Management 2010, S. 128; *Müller-Marqués Berger*, Reform der öffentlichen Rechnungslegung – Auswirkungen auf den Berufsstand der Wirtschaftsprüfer, WPg 2009, S. 863; *Müller/Weller*, Bilanzrechtsmodernisierungsgesetz (BilMoG) und mögliche Änderungsnotwendigkeiten der kommunalen Einzelabschlüsse, Verwaltung & Management 2010, S. 259; *Potthoff/ Forster*, Die durch § 53 des Haushaltsgrundsätzegesetzes erweiterte Abschlußprüfung von privatrechtlichen Unternehmen, WPg 1975, S. 393; *Scheffler*, Die Berichterstattung des Abschlussprüfers aus der Sicht des Aufsichtsrates, WPg 2002, S. 1289; *Schwintowski*, Corporate Governance im öffentlichen Unternehmen, NVwZ 2001, S. 607; *Vogelpoth*, Vergleich der IPSAS mit den deutschen Rechnungslegungsgrundsätzen für den öffentlichen Bereich, WPg-Sonderheft 2004, S. S 23; *Vogelpoth/Dörschell/Viehweger*, Rechnungslegung nach den IPSAS – Aktuelle Entwicklungen, WPg 2007, S. 1001; *Vogelpoth/ Poullie*, Einführung der Doppik im Gemeindehaushaltsrecht der Bundesländer, WPg 2007, S. 517; *Vogelpoth/Poullie/Voß*, Probleme im Zusammenwirken von HGB, BilMoG und kommunaler Rechnungslegung, WPg 2009, S. 83; *Weller*, Rechnungslegungsbezogene Inkonsistenzen in den Rechtsgrundlagen der Bundesländer zum kommunalen Gesamtabschluss, der gemeindehaushalt 2010, S. 135.

Kapitel M

Erläuterungen zur Rechnungslegung und Prüfung im Konzern nach dem Handelsgesetzbuch

I. Leitgedanken der Konzernrechnungslegung

1. Aufgaben des Konzernabschlusses[1]

Für Zwecke des KA[2] tritt an die Stelle der einzelnen, rechtlich selbständigen Unternehmen die wirtschaftliche Einheit des Konzerns, die für die Aufstellung des KA wie ein einheitliches Unternehmen behandelt wird (vgl. § 297 Abs. 3 S. 1 HGB)[3]. Aufgabe des KA ist es daher, ein den tatsächlichen Verhältnissen entsprechendes Bild der **Vermögens-, Finanz- und Ertragslage** des Konzerns zu geben, wobei die Aussagen der Konzernbilanz, der Konzern-GuV, der KFR, des Eigenkapitalspiegels und ggf. einer SegBE durch den KAnh. und KLB ergänzt und erläutert werden. 1

Da die einzelnen konsolidierten Unternehmen unbeschadet der wirtschaftlichen Einheit des Konzerns rechtlich selbständig bleiben, sind sie auch weiterhin zur Aufstellung eines eigenen JA nach den für sie geltenden Vorschriften verpflichtet. Der KA ersetzt nicht die JA, auch nicht den des MU; er tritt vielmehr als besonderer Abschluss der größeren wirtschaftlichen Einheit des Konzerns selbständig neben die JA der rechtlich selbständigen Unternehmen. § 264 Abs. 3 HGB[4] ermöglicht es TU in der Rechtsform einer KapGes. allerdings, die Vorschriften des 2. Abschn. des dritten Buchs des HGB über den Inhalt, die Prüfung und die Offenlegung des JA unter bestimmten Voraussetzungen nicht anzuwenden. Die betreffenden KapGes. brauchen somit nur diejenigen Regelungen zu beachten, die für alle Kaufleute gelten[5]. Entsprechendes gilt für KapGes. & Co., die bei Einhaltung bestimmter Bedingungen die Befreiungsvorschrift des § 264b HGB anwenden können. 2

Der KA unterscheidet sich vom JA jedoch dadurch, dass er **keine Grundlage für die Gewinnverteilung** bildet. Auch die Gesellschafter des MU haben keine Gewinnansprüche an den Konzern, sondern ausschließlich an das MU. Der KA bedarf der Billigung durch den AR oder die HV einer AG bzw. der Billigung durch die Gesellschafter einer GmbH (§§ 42a Abs. 4, 46 Nr. 1b GmbHG). Der AR muss erklären, ob Einwendungen zu erheben sind oder ob er den vom Vorstand aufgestellten KA **billigt** (§ 171 Abs. 2 S. 5 AktG). Bei fehlender Billigung durch den AR entscheidet die HV über die Billigung des KA (§ 173 Abs. 1 S. 2 AktG)[6]. Für die Billigung ist nach § 316 Abs. 2 HGB Voraussetzung, dass eine KAP stattgefunden hat. 3

Auch die **Stellung der Gläubiger** der einzelnen konsolidierten Unternehmen wird durch den KA **nicht berührt**. Ihre Ansprüche richten sich ausschließlich an das Konzernunter- 4

---

1 Der KA umfasst nach der Legaldefinition in § 297 Abs. 1 HGB die Konzernbilanz, die Konzern-GuV, den KAnh., die KFR und den Eigenkapitalspiegel. Er kann um eine SegBE erweitert werden. Im Folgenden umfasst jedoch aus Vereinfachungsgründen der Begriff KA i.d.R. auch den KLB, sofern sich nicht aus dem Zusammenhang etwas anderes ergibt. Zur Erweiterung der Bestandteile des KA vgl. Tz. 785, 833, 843.

2 Zur Bedeutung des KA für die Konzernleitung, für Aktionäre, Gläubiger und sonstige Interessenten, vgl. ADS[6], Vorbem. zu §§ 290-315 und *Busse v. Colbe u.a.*, Konzernabschlüsse[9], S. 18.

3 Vgl. im Einzelnen Tz. 6.

4 Neu eingefügt durch das Kapitalaufnahmeerleichterungsgesetz (KapAEG), v. 20.04.1998, BGBl. I, S. 707.

5 Vgl. im Einzelnen *Giese/Rabenhorst/Schindler*, BB 2001, S. 511 sowie *Förschle/Deubert* in BeBiKo[7], § 264, Rn. 101-175.

6 § 337 Abs. 1 AktG wurde durch das TransPuG aufgehoben. Erforderliche Regelungsinhalte wurden in andere Paragraphen des AktG übernommen (vgl. §§ 131, 170, 175 AktG, 13 EGAktG).

nehmen, demgegenüber die Forderung besteht, es sei denn, dass andere Konzernunternehmen Haftungsverhältnisse eingegangen sind[7].

5 Der KA ist ferner **keine Grundlage für die Besteuerung**, die grds. an die einzelnen rechtlich selbständigen Unternehmen anknüpft. Das Steuerrecht ignoriert, von einigen Ausnahmen abgesehen, die wirtschaftliche Einheit des Konzerns. Auch die Ansprüche des Fiskus richten sich daher, wie die der Anteilseigner und Gläubiger, nicht an den Konzern, sondern an die einzelnen Konzernunternehmen[8].

2. Einheitstheorie

6 Den Gründen, die den Gesetzgeber zum Erlass der Konzernrechnungslegungsvorschriften veranlasst haben[9], kann ein KA nicht gerecht werden, in dem unter Verzicht auf die Ausschaltung der Ergebnisse innerkonzernlicher Beziehungen die einzelnen Posten der Bilanz, der GuV oder der KFR nur additiv zusammengefasst sind. Die seitens des Gesetzgebers vom KA erwarteten Aussagen sind vielmehr nur dann möglich, wenn unter Verzicht auf alle Doppelerfassungen und unter Ausschaltung aller Erfolge, die nicht durch Lieferungen und Leistungen an Konzernfremde entstanden sind, die Vermögens-, Finanz- und Ertragslage des Konzerns als wirtschaftlicher Einheit gezeigt wird (Einheitstheorie § 297 Abs. 3 S. 1 HGB). Das Wesen der Einheitstheorie besteht darin, dass sie den Konzern als eine in sich geschlossene **wirtschaftliche Einheit** ansieht, in der die einzelnen Unternehmen unbeschadet ihrer rechtlichen Selbständigkeit wirtschaftlich die Stellung unselbständiger Betriebsabteilungen einnehmen. Mit dem BilMoG[10] hat der Gesetzgeber – dem internationalen Vorbild[11] folgend – auch Zweckgesellschaften über das Kriterium der wirtschaftlichen Beherrschung in den Konsolidierungskreis einbezogen. Danach ist beim Vorliegen bestimmter Umstände davon auszugehen, dass Unternehmen, die zur Erreichung eines eng begrenzten und genau definierten Ziels des MU dienen, das bei wirtschaftlicher Betrachtung die Mehrheit der Risiken und Chancen trägt, zwar nicht rechtlich, sehr wohl aber wirtschaftlich beherrscht werden[12].

7 Die Konzernrechnungslegungsvorschriften des HGB bauen in Übereinstimmung mit der im Schrifttum nahezu einhellig vertretenen Auffassung[13] und der auch im internationalen Bereich vorherrschenden Praxis[14] auf einer so verstandenen Einheitstheorie auf[15]. Daraus folgt, dass bei Zweifelsfragen eine sachgerechte Lösung grds. im Rahmen der Einheitstheorie gefunden werden muss.

8 Der Einheitstheorie als Gesamtkonzeption der Konzernrechnungslegungsvorschriften steht nicht entgegen, dass die Rechnungslegungsnormen bei der Behandlung einiger

---

7 Vgl. z.B. zur Frage der Patronatserklärungen *IDW RH HFA 1.013*.
8 Vgl. hierzu *Grotherr*, WPg 1995, S. 81 m.w.N.
9 Vgl. Begr. AktG 1965, *Kropff*, AktG, S. 437/443; vgl. ebenso Präambel zur 7. EG-RL, abgedruckt bei *Biener/Schatzmann*, Konzernrechnungslegung, S. 1.
10 Bilanzrechtsmodernisierungsgesetz (BilMoG) v. 25.05.2009, BGBl. I, S. 1101.
11 Vgl. SIC-12 und IAS 27.
12 Vgl. Begr. Beschlussempf. BilMoG, BT-Drs. 16/12407, S. 89.
13 Vgl. *Schuhmann*, S. 35; *Wentland* sowie die dort angegebene Literatur; vgl. auch *Havermann* in FS Goerdeler, S. 173 sowie *Küting/Weber*, Konzernabschluss[5], S. 54-55 m.w.N.
14 Vgl. IAS 27 (2008), insbes. IAS 27.4 u. .18.
15 Vgl. BR-Drs. 163/85, S. 32; zur Interessentheorie vgl. *Bores*, S. 47/130; sowie ADS[6], Vorbem. zu §§ 290-315; vgl. hierzu aber *Baetge/Kirsch/Thiele*, Konzernbilanzen[8], S. 61-63, wonach in § 297 Abs. 3 S. 1 HGB lediglich der Einheitsgrundsatz normiert ist. Nach *Baetge* kann § 297 Abs. 3 S. 1 HGB sowohl der Einheitstheorie als auch der Interessentheorie mit Vollkonsolidierung zugeordnet werden; ausführlich dazu auch *Ruppert*, S. 19.

Leitgedanken der Konzernrechnungslegung **M**

Einzelfragen nicht immer bzw. nicht in vollem Umfang der Einheitstheorie folgen (z.B. bei der Quotenkonsolidierung). Diese Abweichungen sind keine bewusste Abkehr von der Einheitstheorie, sondern im Wesentlichen das Ergebnis politischer Kompromisse, soweit nicht einer einfachen Lösung bewusst der Vorzug vor der konsequenten Durchführung einer theoretisch sachgerechten Konzeption gegeben worden ist.

Aus der Einheitstheorie folgt, dass die aus der Zusammenfassung der JA resultierenden Doppelerfassungen zu eliminieren sind. Dies betrifft Beteiligungsverhältnisse, Kredit- und Haftungsverhältnisse sowie Lieferungen und Leistungen zwischen den einbezogenen Unternehmen. **9**

Der aus der Addition der JA gewonnene Summenabschluss ist deshalb durch folgende **Konsolidierungsmaßnahmen** zum KA umzuformen: **10**

– Beteiligungen an einbezogenen Unternehmen sind mit dem darauf entfallenden EK zu verrechnen (Kapitalkonsolidierung);

– Forderungen und Verbindlichkeiten zwischen den einbezogenen Unternehmen sind aufzurechnen (Schuldenkonsolidierung);

– Aufwendungen und Erträge aus Geschäften zwischen einbezogenen Unternehmen sind aufzurechnen (Aufwands- und Ertragskonsolidierung);

– aus Konzernsicht nicht realisierte Gewinne und Verluste sind aus den Beständen zu eliminieren (Zwischenerfolgseliminierung).

3. Anzuwendende Vorschriften

Die **Pflicht zur Aufstellung** eines KA bestimmt sich nach der in nationales Recht umgesetzten 7. EG-RL[16]. Die gesetzlichen Vorschriften über die Pflicht zur Aufstellung eines KA und KLB bei Gesellschaften im Inland sind im Wesentlichen in den **§§ 290-293 HGB** zusammengefasst. Sie sind jedoch grds. nur dann anzuwenden, wenn an der Spitze eines Konzerns/Teilkonzerns eine AG/KGaA, eine GmbH oder eine KapGes. & Co. (§ 264a Abs. 1 HGB) steht. Auf die Rechtsform des TU kommt es dabei nicht an. Die weitergehende Regelung der 7. EG-RL (Art. 4, Mitgliedstaatenwahlrecht), auch Konzerne, an deren Spitze keine KapGes. steht, zur Konzernrechnungslegung zu verpflichten, wenn ein TU die Rechtsform einer KapGes. hat, wurde nicht in das HGB übernommen. **11**

Unabhängig von der Rechtsform und Größe sind KI nach § 340i Abs. 1 HGB und VU nach § 341i Abs. 1 HGB zur Aufstellung eines KA und KLB verpflichtet. Konzerne, an deren Spitze ein Einzelkaufmann oder eine PersGes. steht, sind nach den Vorschriften des HGB nicht zur Aufstellung eines KA verpflichtet. Eine Ausnahme stellt der Fall des § 264a Abs. 1 HGB dar. Eine Pflicht zur Aufstellung eines KA kann sich bei Überschreiten bestimmter Größenkriterien jedoch ggf. aus dem **PublG** ergeben[17]. **12**

Gem. § 315a Abs. 3 HGB dürfen MU ihren KA nach **den von der EU übernommenen IFRS** aufstellen. Die Erstellung eines KA nach den Bilanzierungsvorschriften des HGB ist dann nicht mehr erforderlich (**befreiender KA**). **13**

---

16 Vgl. Stellungnahme der Kommission der EG (in Kommentare zu bestimmten Art. der Verordnung (EG) Nr. 1606/2002, S. 7, http://ec.europa.eu/internal_market/accounting/docs/ias/200311-comments/ias-200311-comments_de.pdf; zit. 06.06.2011).

17 Vgl. dazu im Einzelnen O Tz. 6 ff.

14 Kapitalmarktorientierte MU[18] haben in ihrem KA die von der EU übernommenen IFRS anzuwenden[19]. Ob ein MU zur Aufstellung eines KA verpflichtet ist, richtet sich allerdings weiterhin nach den nationalen Vorschriften der §§ 290-293 HGB.

15 Wird kein IFRS-KA aufgestellt, so bilden die §§ 294-314 HGB die maßgeblichen Rechnungslegungsvorschriften. Die Vorschriften des § 315 HGB zum KLB sind sowohl bei HGB- als auch bei IFRS-KA anzuwenden (§ 315a HGB).

16 In einem HGB-KA sind neben den Vorschriften der §§ 290-315 HGB die vom DSR auf der Grundlage des § 342 HGB verabschiedeten **Deutschen Rechnungslegungs Standards (DRS)** zu beachten. Die DRS gelten, wenn sie vom BMJ bekannt gemacht worden sind, widerlegbar als GoB für den KA. Die DRS konkretisieren einerseits Einzelregelungen der §§ 290 ff. HGB, z.B. zur KFR oder zum KLB. Ein Verstoß kann Auswirkungen auf den BestV haben, wenn die im Einzelfall gewählte Darstellung nicht den GoB entspricht. Andererseits schränken die DRS aber auch handelsrechtlich vorgegebene Wahlrechte ein[20], fordern über die gesetzlichen Regelungen hinausgehende Angaben oder weichen von bisher gefestigter Literaturmeinung ab. Eine von bekannt gemachten DRS abw. Ausübung gesetzlicher Wahlrechte im KA ist zulässig, da DRS gesetzliche Wahlrechte nicht einschränken können. Der KAPr. hat allerdings im PrB auf Abweichungen von einer durch einen DRS vorgegebenen Bilanzierung hinzuweisen[21]. Zweifelhaft erscheint, ob über die gesetzlichen Regelungen hinausgehende Angabepflichten der DRS, z.B. Nennung der *earnings per share* nach DRS 4.56, zwingend zu befolgen sind. Die geforderten Angaben sind jedenfalls dann zu machen, wenn sie zur Vermittlung eines den tatsächlichen Verhältnissen entsprechenden Bildes der Vermögens-, Finanz- und Ertragslage i.S.v. § 297 Abs. 2 S. 3 HGB erforderlich sind.

17 Das berichtende Unternehmen hat im KAnh. auf die Anwendung der DRS in den Ausführungen zu den Bilanzierungs- und Bewertungsmethoden (§ 313 Abs. 1 Nr. 1 HGB) hinzuweisen[22, 23]. Sofern nur einzelne Teile von DRS beachtet wurden, ist im KAnh. zu erläutern, welche DRS von der Anwendung ausgenommen wurden bzw. welche Teile von DRS nicht beachtet wurden, da der Abschlussadressat im Allgemeinen von einer Beachtung der DRS ausgehen kann. Ferner ist in diesem Fall anzugeben, wie stattdessen verfahren worden ist.

4. Grundsatz der Stetigkeit

18 Die nach dem HGB zulässigen Konsolidierungsmethoden sind im Einzelnen gesetzlich geregelt, wobei allerdings Wahlrechte und Ermessensspielräume gewährt werden. Die Ausübung der Wahlrechte und Ermessensspielräume unterliegt dem Grundsatz der **Stetigkeit der Konsolidierungsmethoden** (§ 297 Abs. 3 S. 2 HGB)[24]. Daraus folgt, dass in den Folgejahren auf denselben Sachverhalt die Konsolidierungsmethoden unverändert anzuwenden sind (zeitliche Stetigkeit). Darüber hinaus ergibt sich aus dem Grundsatz der Stetigkeit und der Verpflichtung, ein den tatsächlichen Verhältnissen entsprechendes Bild

---

18 Zum Begriff vgl. N Tz. 2.
19 Art. 4 der sog. IAS-Verordnung, Verordnung (EG) Nr. 1606/2002 des Europäischen Parlaments und des Rates betreffend die Anwendung internationaler Rechnungslegungsstandards, v. 19.07.2002, Abl.EG Nr. L 243, S. 1; zum Zeitpunkt der erstmaligen Anwendung vgl. N Tz. 1144.
20 Ein Beispiel ist die durch DRS 8.30 formulierte Pflicht zur quotalen Zwischenergebniseliminierung bei Anwendung der Equity-Methode im Gegensatz zum Wahlrecht des § 312 Abs. 5 S. 4 HGB.
21 Vgl. *IDW PS 450*, Tz. 134.
22 Vgl. Tz. 715.
23 Vgl. zur Auswirkung auf die Berichterstattung Tz. 928.
24 Vgl. auch Tz. 725 f.

der Vermögens-, Finanz- und Ertragslage zu vermitteln (§ 297 Abs. 2 S. 2 HGB), dass auf gleichartige Sachverhalte dieselben Konsolidierungsmethoden anzuwenden sind (sachliche Stetigkeit). Vollkonsolidierung (§ 301 HGB), Quotenkonsolidierung (§ 310 HGB) und Equity-Konsolidierung (§§ 311, 312 HGB) gehen grds. von unterschiedlichen Sachverhalten aus, so dass sich insoweit im Regelfall die Frage der sachlichen Stetigkeit nicht stellt. Fraglich ist jedoch, ob z.B. bei mehreren GU (§ 310 HGB) das Wahlrecht zwischen Quotenkonsolidierung (§ 310 HGB) und der Anwendung der Equity-Methode (§ 312 HGB) einheitlich ausgeübt werden muss. Nach DRS 13 „Grundsatz der Stetigkeit und Berichtigung von Fehlern" sind Wahlrechte dieser Art bei gleichartigen Sachverhalten nur einheitlich auszuüben (vgl. DRS 13.15). Es ist jedoch von Fall zu Fall zu prüfen, ob es sich bei der Konsolidierung unterschiedlicher Unternehmen wirklich um gleichartige Sachverhalte handelt. Entscheidend muss letztlich bleiben, welche Konsolidierungsmethode im Einzelfall den besseren Einblick in die Vermögens-, Finanz- und Ertragslage des Konzerns gibt (§ 297 Abs. 2 HGB). Eine willkürliche Ausübung der Wahlrechte und Ermessensspielräume ist unzulässig.

In Ausnahmefällen sind auch **Abweichungen vom Gebot der zeitlichen Stetigkeit** der Konsolidierungsmethoden zugelassen (§ 297 Abs. 3 S. 3 HGB). Als solche Ausnahmefälle sind nach DRS 13.8 und 13.16 insb. Änderungen der gesetzlichen oder sonstigen Grundlagen der Konzernrechnungslegung (z.B. Gesetze, Rechtsprechung oder DRS) oder die Durchbrechung des Stetigkeitsgrundsatzes zur Verbesserung der Darstellung der Vermögens-, Finanz- und Ertragslage bei strukturellen Veränderungen im Konzern anzusehen. Sie sind allerdings im **Konzernanhang** anzugeben und zu begründen (§ 297 Abs. 3 S. 4 HGB). Die Auswirkungen aus der Anwendung eines anderen Bilanzierungsgrundsatzes sind betragsmäßig einzeln für die betreffenden Bilanzposten darzustellen (DRS 13.29).

19

Nach DRS 13.25 sind **Fehler aus Vorperioden** zu berichten, wobei die Auswirkungen grds. im Ergebnis der Berichtsperiode zu berücksichtigen sind. Fehler sind nach DRS 13.6 Unrichtigkeiten oder Verstöße gegen zwingende Bilanzierungsgrundsätze. Sie ergeben sich aufgrund bewusster Verstöße (z.B. Betrug, Täuschung) oder aus Versehen (unbewusste Unrichtigkeit) wie z.B. Rechenfehler oder Fehlinterpretationen von Sachverhalten. Wenn Fehler einer früheren Periode die Darstellung der Vermögens-, Finanz- und Ertragslage beeinträchtigen, müssen nach DRS 13.26 die betreffenden Abschlüsse aller Vorperioden geändert werden, soweit sie nach Feststellung des Fehlers zu veröffentlichen sind oder freiwillig veröffentlicht werden[25].

20

II. Pflicht zur Aufstellung eines Konzernabschlusses und Konzernlageberichts

1. Grundsatz

Die Voraussetzungen für die Verpflichtung zur Aufstellung eines KA und KLB sind in § 290 Abs. 1 und 2 HGB zusammengefasst. Beiden Absätzen liegt das **Konzept des beherrschenden Einflusses** zugrunde. Die Pflicht zur Aufstellung eines KA setzt ein Mutter-Tochter-Verhältnis zwischen zwei Unternehmen voraus. Dabei kommt § 290 Abs. 1 HGB die Funktion einer Generalnorm zur Definition des Mutter-Tochter-Verhältnisses zu, während § 290 Abs. 2 HGB einen nicht abschließenden Katalog von vier Tatbeständen enthält, die jeweils unwiderlegbar beherrschenden Einfluss begründen[26]. § 290 HGB a.F.

21

---

25 Siehe zur Änderung von KA aufgrund der Änderung von JA auch *IDW RS HFA 6*, Tz. 39.
26 Vgl. *Küting/Seel*, DStR 2009, Beihefter zu Heft 26/2009, S.37*/40*.

stellte auf zwei unterschiedliche Konzeptionen ab[27]. § 290 Abs. 1 HGB a.F. enthielt das Konzept der einheitlichen Leitung[28], welches auf das AktG 1965 und den darin enthaltenen Konzernbegriff zurückging. Unabhängig davon verlangte § 290 Abs. 2 HGB a.F. die Aufstellung eines KA und KLB, auf der Basis des in der angelsächsischen Rechnungslegung vorherrschenden Control-Konzepts, dem jedoch keine eigenständige Konzerndefinition zugrunde liegt.

22 Gemäß § 290 Abs. 5 HGB[29] entfällt die Pflicht zur Aufstellung eines KA nach HGB, wenn sämtliche TU aufgrund der Einbeziehungswahlrechte des § 296 HGB nicht einbezogen werden. Dies gilt auch für kapitalmarktorientierte MU[30]. § 296 Abs. 3 HGB fordert die Begründung der Inanspruchnahme der Einbeziehungswahlrechte im KAnh.. § 296 HGB ist im Fall des § 290 Abs. 5 HGB zwar mangels Konzernrechnungslegungspflicht nicht anwendbar; es erscheint dennoch sachgerecht, im Anh. des MU zumindest auf das Bestehen der Befreiung nach § 290 Abs. 5 HGB hinzuweisen[31].

2. Konzept des beherrschenden Einflusses (Control-Konzept)

a) Definition des Mutter-Tochter-Verhältnisses (§ 290 Abs. 1 HGB)

23 Grundvoraussetzung für die Verpflichtung zur Aufstellung eines KA und KLB nach § 290 Abs. 1 HGB ist ein Mutter-Tochter-Verhältnis, das durch den beherrschenden Einfluss eines MU auf ein anderes Unternehmen (TU) begründet wird. Dabei ist es unerheblich, ob der beherrschende Einfluss unmittelbar oder mittelbar ausgeübt werden kann. Ein beherrschender Einfluss liegt immer dann vor, wenn ein Unternehmen die Möglichkeit hat, die Finanz- und Geschäftspolitik eines anderen Unternehmens dauerhaft zu bestimmen, um aus dessen Tätigkeit Nutzen zu ziehen. Für die Konsolidierungspflicht ist es nicht erforderlich, dass der beherrschende Einfluss auch tatsächlich ausgeübt wird[32]. Es kommt lediglich darauf an, dass das MU die Möglichkeit hat, einen beherrschenden Einfluss auszuüben. Es erscheint sachgerecht, die Möglichkeit, einen beherrschenden Einfluss auszuüben, anhand der Zurechnungsvorschriften des § 290 Abs. 3 S. 1 und 2 HGB zu beurteilen. Diese gelten nach dem Wortlaut zwar nur für die Beurteilung der Typisierungstatbestände des § 290 Abs. 2 HGB, jedoch finden sie nach ihrem Sinn und Zweck auch für die Beurteilung, ob einem MU Einflussmöglichkeiten mittelbar i.S.d. § 290 Abs. 1 S. 1 HGB zustehen, Anwendung. Dabei ist allerdings nicht ausgeschlossen, dass der Begriff „mittelbar ausüben" in § 290 Abs. 1 S. 1 HGB weitere Zurechnungstatbestände erfasst[33].

---

27 Vgl. dazu auch *Niessen*, WPg 1983, S. 653.
28 Vgl. hierzu *Schruff* in WP Handbuch 2006 Bd. I = Voraufl., M Tz. 24-38.
29 § 290 Abs. 5 wurde mit dem BilMoG eingeführt und hat für nicht kapitalmarktorientierte Unternehmen lediglich klarstellende Wirkung. Für kapitalmarktorientierte Unternehmen war bisher umstritten, ob für die Beurteilung, dass mindestens ein vollkonsolidierungspflichtiges TU vorliegt, die Regelungen zur Abgrenzung des Konsolidierungskreises nach IFRS oder HGB heranzuziehen sind. Diese Frage wird nun durch § 290 Abs. 5 HGB eindeutig geklärt. Vgl. zu dieser Thematik ausführlicher *Gelhausen/Fey/Kämpfer*, BilMoG, Q, Rn. 97-99.
30 Vgl. Begr. Beschlussempf. BilMoG, BT-Drs. 16/12407, S. 90.
31 Vgl. *Gelhausen/Fey/Kämpfer*, BilMoG, Q, Rn. 100, unter Verweis auf die bisherige Kommentierung zur Inanspruchnahme der faktischen Befreiung.
32 Vgl. Begr. Beschlussempf. BilMoG, BT-Drs. 16/12407, S. 89; DRS 19.10.
33 Vgl. *Gelhausen/Fey/Kämpfer*, BilMoG, Q, Rn. 12.

Pflicht zur Aufstellung eines Konzernabschlusses und Konzernlageberichts **M**

§ 290 Abs. 1 HGB geht auf das Mitgliedsstaatenwahlrecht in Art. 1 Abs. 2 lit. a der Kon- **24** zernbilanzrichtlinie[34] zurück. Durch Art. 2 Nr. 1 der Modernisierungsrichtlinie[35] wurde Art. 1 Abs. 2 lit. a der Konzernbilanzrichtlinie dahingehend geändert, dass es nicht mehr auf die tatsächliche Ausübung des beherrschenden Einflusses ankommt. Zudem ist das bisherige Beteiligungserfordernis entfallen. Art. 1 Abs. 2 lit. a der Konzernbilanzrichtlinie enthält als alternativen Tatbestand die Ausübung von Kontrolle über ein TU. Da der Begriff des beherrschenden Einflusses den Begriff der Kontrolle umfasst, wurde die mögliche Kontrolle nicht als separates Tatbestandsmerkmal in § 290 Abs. 1 HGB aufgenommen[36].

Die Geschäftspolitik umfasst grundlegende Entscheidungen in allen bedeutenden Unter- **25** nehmensbereichen (insb. Produktion, Vertrieb, Investition, Forschung- und Entwicklung und Personal)[37]. Die Finanzpolitik ist integraler Bestandteil der Geschäftspolitik[38]. Die Möglichkeit zur Bestimmung der **Finanz- und Geschäftspolitik** ist insb. dann gegeben, wenn ein Unternehmen seine Interessen bei allen wesentlichen strategischen, operativen und finanziellen Entscheidungen eines anderen Unternehmens – auch gegen dessen Einzelinteressen – durchsetzen kann[39].

Die Möglichkeit zur Bestimmung der Finanz- und Geschäftspolitik muss auf eine **gewisse** **26** **Dauer** angelegt sein und nicht nur vorübergehend bestehen[40]. Das Merkmal der Dauerhaftigkeit trägt zu einer stetigen Abgrenzung des Konsolidierungskreises bei[41], wodurch die Vergleichbarkeit aufeinander folgender KA verbessert wird.

Fraglich ist, ob es zur Begründung eines beherrschenden Einflusses neben der rechtlichen **27** Entscheidungsmacht zusätzlich erforderlich ist, dass das MU aus der Tätigkeit des anderen Unternehmens direkt oder indirekt Nutzen ziehen kann[42]. Trotz der insoweit missverständlichen Gesetzesbegründung ist die Nutzenziehung nicht als kumulativ zu erfüllende Voraussetzung für den beherrschenden Einfluss i.S.d. § 290 Abs. 1 S. 1 HGB zu verstehen, sondern als Hinweis auf die wirtschaftliche Betrachtungsweise im Fall abweichender Zuordnung. So liegt z.B. trotz formalrechtlicher Inhaberschaft der Mehrheit der Stimmrechte kein Mutter-Tochter-Verhältnis vor, wenn der Nutzen aus der Geschäftstätigkeit einem Dritten zusteht und die Rechte nach § 290 Abs. 3 S. 4 HGB diesem zugerechnet werden. Auch bei der Zurechnung des beherrschenden Einflusses im Fall von Zweckgesellschaften wird nunmehr nach § 290 Abs. 2 Nr. 4 HGB ausdrücklich auf diese wirtschaftliche Betrachtungsweise abgestellt.

b) Präsenzmehrheit bei Hauptversammlungen

Eine **nachhaltige Präsenzmehrheit** in der HV kann beherrschenden Einfluss ver- **28** mitteln[43]. Dies ist denkbar, wenn einem Großaktionär (direkt und indirekt) weniger als die

---

34 7. EG-RL 83/349/EWG des Rates der Europäischen Gemeinschaft über den konsolidierten Abschluss v. 13.06.1983 (Konzernbilanzrichtlinie), Abl.EU 1983 Nr. L 193 S. 1, in der konsolidierten Fassung v. 16.07.2009.
35 Modernisierungsrichtlinie, Abl.EU 2003 Nr. L 178, S.16.
36 Vgl. Begr. Beschlussempf. BilMoG, BT-Drs. 16/12407, S. 89.
37 Vgl. *Gelhausen/Fey/Kämpfer*, BilMoG, Q, Rn. 16.
38 Vgl. ADS[6], § 311 HGB, Tz. 19.
39 Vgl. hierzu auch DRS 19.11; *Küting/Seel*, DStR 2009, Beihefter zu Heft 26/2009, S.37*/38*.
40 Vgl. Begr. Beschlussempf. BilMoG, BT-Drs. 16/12407, S. 89; DRS 19.7.
41 Vgl. *Gelhausen/Fey/Kämpfer*, BilMoG, Q, Rn. 18.
42 So *Kozikowski/Ritter* in BeBiKo[7], § 290, Rn. 25; *Küting/Koch* in Küting/Pfitzer/Weber, Bilanzrecht[2], S. 387 mit Hinweis auf den Wortlaut der Begr. Beschlussempf. BilMoG, BT-Drs. 16/2407; S. 89.
43 Vgl. Begr. Beschlussempf. BilMoG, BT-Drs. 16/12407, S. 89.

Hälfte der Stimmrechte zustehen, er jedoch nachhaltig über die Mehrheit der in der HV vorhandenen oder vertretenen Stimmen verfügt. Solche Konstellationen sind insb. dann denkbar, wenn eine AG zahlreiche Kleinaktionäre hat, die weder selbst an der HV teilnehmen noch sich durch eine Stimmrechtsvollmacht vertreten lassen[44]. Beherrschender Einfluss durch eine Präsenzmehrheit setzt voraus, dass mit hinreichender Sicherheit erwartet werden kann, dass die Mehrheit auch in künftigen HV gegeben sein wird[45]. Zudem muss sie für eine gewisse Dauer bestehen[46]. Hierzu wird z.T. die Auffassung vertreten, dass zu dem Zeitpunkt, zu dem erstmals eine Präsenzmehrheit bestand, prospektiv unter Berücksichtigung der Anwesenheitsquote der vergangenen Jahre beurteilt werden muss, ob von einer nachhaltigen Präsenzmehrheit ausgegangen werden kann[47]. Andererseits wird die Auffassung vertreten, dass für die Annahme eines beherrschenden Einflusses erforderlich sei, dass das MU nachweisbar über einen längeren Zeitraum die Präsenzmehrheit inne habe[48].

c) Potenzielle Stimmrechte

29 Potenzielle Stimmrechte können ein Indikator für die Möglichkeit zur Ausübung eines beherrschenden Einflusses sein[49]. Die diese Möglichkeit vermittelnden Rechtspositionen und sonstigen Einflussmöglichkeiten müssen dem MU zustehen. Das bedeutet hier, dass das MU über wirtschaftliches Eigentum an den die Stimmrechte vermittelnden Anteilen besitzen muss. Bei einer isolierten Kaufoption ist diese Voraussetzung regelmäßig nicht erfüllt. Etwas anderes kann dann gelten, wenn der aktuelle Anteilseigner eine gegenläufige Put-Option mit identischen Ausübungsbedingungen inne hat, durch die bei wirtschaftlicher Betrachtungsweise ein treuhandähnliches Verhältnis entsteht[50].

d) Rechtsform des Mutterunternehmens

30 MU sind, auch wenn die übrigen Voraussetzungen erfüllt sind, nur dann nach § 290 HGB zur Aufstellung eines KA und KLB verpflichtet, wenn sie die Rechtsform der **AG/KGaA**, der **SE**, der **GmbH** oder der **KapGes. & Co.** (§ 264a Abs. 1 HGB) haben. Auf die **Rechtsform der TU** kommt es nicht an.

31 Unabhängig von ihrer Rechtsform und Größe[51] sind **Kreditinstitute** als MU zur Konzernrechnungslegung nach § 340i Abs. 1 HGB verpflichtet. Diese Verpflichtung gilt auch für andere MU, deren einziger Zweck darin besteht, Beteiligungen an TU zu erwerben sowie die Verwaltung und Verwertung dieser Beteiligungen wahrzunehmen, sofern diese TU ausschließlich oder überwiegend KI sind (§ 340i Abs. 3 HGB).

32 **VU** sind ebenfalls rechtsform- und größenunabhängig[52] als MU nach § 341i Abs. 1 HGB zur Konzernrechnungslegung verpflichtet. Als VU gelten auch solche MU, deren einziger oder hauptsächlicher Zweck darin besteht, Beteiligungen an TU zu erwerben, diese Beteiligungen zu verwalten und rentabel zu machen, sofern diese TU ausschließlich oder überwiegend VU sind (§ 341i Abs. 2 HGB).

---

44 Vgl. hierzu im Detail auch DRS 19.70-74.
45 Vgl. *Gelhausen/Fey/Kämpfer*, BilMoG, Q, Rn. 28-30.
46 Vgl. Begr. Beschlussempf. BilMoG, BT-Drs. 16/12407, S. 89.
47 So *Gelhausen/Fey/Kämpfer*, BilMoG, Q, Rn. 31.
48 So *Kozikowski/Ritter* in BeBiKo[7], § 290, Rn. 51; *Küting/Koch* in Küting/Pfitzer/Weber, Bilanzrecht[2], S. 392.
49 Vgl. DRS 19.75 ff.
50 Vgl. *Gelhausen/Fey/Kämpfer*, BilMoG, Q, Rn. 37-38.
51 Vgl. Tz. 128.
52 Vgl. Tz. 128.

33 Steht an der Konzernspitze ein **Einzelkaufmann** oder eine **Personenhandelsgesellschaft**, so kann sich eine Konzernrechnungslegungspflicht aus § 11 PublG ergeben, wenn die dort genannten Größenmerkmale überschritten wurden[53].

34 Sind die übrigen Voraussetzungen erfüllt, so ist auch eine Muttergesellschaft in Abwicklung zur Konzernrechnungslegung verpflichtet[54].

35 Bestimmte **KapGes. & Co.** müssen die Vorschriften für KapGes. beachten[55]. Für KapGes. & Co. ist die Pflicht zur Aufstellung eines KA nach den §§ 290 ff. HGB begrenzt auf die in § 264a HGB beschriebenen Anwendungsfälle. Danach sind Personenhandelsgesellschaften (OHG und KG), bei denen nicht wenigstens ein persönlich haftender Gesellschafter eine natürliche Person oder eine OHG, KG oder andere PersGes. mit einer natürlichen Person als persönlich haftendem Gesellschafter ist, verpflichtet, die ergänzenden Vorschriften für KapGes. (§§ 264 ff. HGB) zu beachten.

36 Der Anwendungsbereich ist damit weiter gefasst als der der GmbH & Co.-RL[56]. Dieser war in Art. 1 Nr. 1 der GmbH-&-Co.-RL auf die OHG und KG beschränkt, an der als persönlich haftende Gesellschafter nur KapGes. beteiligt sind. Das HGB erfasst dagegen auch solche Personenhandelsgesellschaften, an denen bspw. nur Stiftungen oder Genossenschaften als persönlich haftende Gesellschafter beteiligt sind.

37 Der von einer KapGes. & Co. aufzustellende KA (§ 297 HGB) sowie der KLB (§ 315 HGB) haben den HGB-Vorschriften für die Konzernrechnungslegung bei KapGes. zu entsprechen. Auch hinsichtlich der Offenlegungspflichten sind die KapGes. & Co. den KapGes. gleichgestellt. Damit sind der JA und der LB sowie der KA und der KLB innerhalb von zwölf Monaten nach dem Abschlussstichtag beim Betreiber des elektronischen BAnz. einzureichen und bekannt machen zu lassen (§ 325 Abs. 1 S. 1, Abs. 2 S. 1, Abs. 3 HGB).

38 Die beteiligte KapGes. (typischerweise eine **Komplementär-GmbH**) ist grds. ebenfalls zur Konzernrechnungslegung verpflichtet[57]. Die KapGes. & Co. kann bereits für sich betrachtet einen Konzern i.S.d. § 290 HGB darstellen. Ob die KapGes. als MU einen eigenen Geschäftsbetrieb unterhält, hat keinen Einfluss. Entscheidend ist einzig das Vorliegen eines Mutter-Tochter-Verhältnisses aufgrund der Möglichkeit, einen beherrschenden Einfluss auszuüben. Der beherrschende Einfluss kann sich aus § 290 Abs. 2 HGB[58] ergeben, da die Komplementär-GmbH i.d.R. als Leitungsorgan i.S.d. § 290 Abs. 2 Nr. 2 HGB der KapGes. & Co. KG anzusehen ist[59, 60]. Die Konzernrechnungslegungspflicht der Komplementär-GmbH kann durch gesellschaftsvertragliche Regelungen (z.B. Beschränkung der Geschäftsführungsbefugnis) oder im Fall der Einheitsgesellschaft, bei der die Anteile an der Komplementärin von der KG gehalten werden, vermieden werden[61].

---

53 Vgl. im Einzelnen O Tz. 23.
54 Vgl. ADS[6], § 290, Tz. 126; *Siebourg* in HdKonzernR[2], § 290, Rn. 8; a.A. wohl *Bohl/Schamburg-Dickstein* in HdR[5], § 71 GmbHG, Rn. 33.
55 Eingeführt durch die sog. GmbH-&-Co.-RL, Abl.EG 1990, Nr. L 317, S. 60 sowie deren Umsetzung durch das KapCoRiLiG, BGBl. I 2000, S. 154.
56 RL des Rates zur Änderung der RL 78/660/EWG und 83/349/EWG über den JA bzw. den konsolidierten Abschluss hinsichtlich ihres Anwendungsbereiches v. 08.11.1990 (GmbH-&-Co.-RL), Abl.EG, 1990 Nr. L 317 S. 60.
57 So bereits die Gesetzesbegründung zum KapCoRiLiG, vgl. BR-Drs. 458/99, S. 32.
58 Vgl. hierzu Tz. 51.
59 Vgl. *IDW RS HFA 7*, Tz. 56.
60 Die Konzernrechnungslegungspflicht der Komplementär-GmbH i.d.R. verneinend Herrmann, WPg 2001, S. 278.
61 Vgl. *IDW RS HFA 7*, Tz. 57; ADS[6], § 290, Tz. 124.

e) Sitz des Mutterunternehmens

39 Zur Aufstellung eines KA und KLB sind nur MU mit **Sitz im Inland** verpflichtet (§ 290 Abs. 1 HGB). Dabei ist unter Inland der Geltungsbereich des Grundgesetzes zu verstehen.

3. Unwiderlegbare Beherrschungsvermutungen des § 290 Abs. 2 HGB
a) Grundsatz

40 Während § 290 Abs. 1 HGB im Sinne einer Generalnorm eine abstrakte Definition des Mutter-Tochter-Verhältnisses enthält, nennt § 290 Abs. 2 HGB vier konkrete Tatbestände, die unwiderlegbar zur **Annahme eines beherrschenden Einflusses** führen[62]. Dabei begründet jeder der Tatbestände für sich genommen ein Mutter-Tochter-Verhältnis[63]. Insoweit ist nach den HGB-Vorschriften auch eine KapGes., die sich ausschließlich auf die **Vermögensverwaltung** beschränkt, der aber z.b. die Mehrheit der Stimmrechte an einem TU zusteht, zur Aufstellung eines KA verpflichtet[64]. Mit den in § 290 Abs. 2 Nr. 1-3 HGB enthaltenen Tatbeständen wurde materiell das Control-Konzept i.S.d. § 290 Abs. 2 HGB a.F. übernommen[65]. Durch das BilMoG neu in das HGB aufgenommen wurde eine zusätzliche Beherrschungsvermutung (§ 290 Abs. 2 Nr. 4 HGB) zu so genannten Zweckgesellschaften[66].

41 § 290 Abs 2 Nr. 1-3 HGB setzt wie auch § 290 Abs. 2 HGB a.F. die verpflichtenden Regelungen des Art. 1 Abs. 1 der Konzernbilanzrichtlinie[67] um, dem eine rein formalrechtliche Control-Definition zugrunde liegt (legal control concept)[68] Demgegenüber liegt § 290 Abs. 1 HGB eine wirtschaftliche Control-Definition (economic control concept) zugrunde[69].

42 Im Schrifttum ist umstritten, ob sich das MU seiner Rechtspositionen durch vertragliche Vereinbarungen, z.B. durch einen **Entherrschungs- oder Stimmbindungsvertrag** begeben kann, so dass ein Mutter-Tochter-Verhältnis nicht mehr besteht und die Konsolidierung entfällt, oder ob lediglich ein Sachverhalt geschaffen wird, der unter § 296 Abs. 1 Nr. 1 HGB zu subsumieren ist und zu einem Konsolidierungswahlrecht führt. Bleibt das Mutter-Tochter-Verhältnis bestehen, so bleibt das TU ein verbundenes Unternehmen i.S.v. § 271 Abs. 2 HGB mit allen sich daraus ergebenden Konsequenzen, z.B. für die Pflicht zur Aufstellung eines KA (vorbehaltlich von Befreiungstatbeständen, z.B. § 290 Abs. 5 HGB) oder den Bilanzierungsausweis und die Angabepflichten im Anh. Wird das Mutter-Tochter-Verhältnis dagegen negiert, so scheidet das fragliche Unternehmen nicht nur aus der Konsolidierungspflicht, sondern auch aus dem Kreis der verbundenen Unternehmen aus[70].

---

62 Vgl. *Küting/Seel*, DStR 2009, Beihefter zu Heft 26/2009, S.37*/38*.
63 Vgl. *Gelhausen/Fey/Kämpfer*, BilMoG, Q, Rn. 39. Zur Frage der zweifachen Konzernzugehörigkeit bei Zweckgesellschaften siehe Tz. 67.
64 Einzelkaufleute und Personenhandelsgesellschaften, die ausschließlich Vermögensverwaltung betreiben und die nicht die Aufgaben der Konzernleitung wahrnehmen, brauchen gem. § 11 Abs. 5 S. 2 PublG keinen KA aufzustellen (vgl. auch O Tz. 11).
65 Vgl. *Küting/Seel*, DStR 2009, Beihefter zu Heft 26/2009, S.37*/38*.
66 Vgl. hierzu Tz. 56 ff.
67 Konzernbilanzrichtlinie, Abl.EG 1983 Nr. L 193, S.1.
68 Vgl. *Niessen*, WPg 1983, 653/654.
69 Vgl. *Küting/Seel*, DStR 2009, Beihefter zu Heft 26/2009, S.37*/39*.
70 Ein Mutter-Tochter-Verhältnis bejahend vgl. z.B. T Tz. 390; *Kozikowski/Ritter* in BeBiKo[7], § 290, Rn. 46-47; ADS[6], § 290, Tz. 29/38; ebenso *Ulmer* in FS Goerderler, S. 641; verneinend *Siebourg* in HdKonzernR[2], § 290, Rn. 73; *Biener/Berneke*, BiRiLiG, S. 287; offenlassend *Maas/Schruff*, WPg 1986, S. 201; BHdR, C 200, Rn. 31.

Pflicht zur Aufstellung eines Konzernabschlusses und Konzernlageberichts **M**

Die Formulierung des § 290 Abs. 2 HGB, nach der es darauf ankommt, dass einem Unternehmen Rechte „zustehen"[71], kann als Ausdruck für eine wirtschaftliche Zugehörigkeit/Zurechnung interpretiert werden[72, 73]. **43**

Aus der Anwendung des formalrechtlichen Control-Konzepts, aber auch insb. wegen des Wortlauts der Hinzurechnungs- und Kürzungsvorschriften des § 290 Abs. 3 HGB[74], wird auch die Auffassung vertreten, dass der Begriff „zustehen" lediglich auf die formalrechtliche Inhaberschaft abstellt[75]. **44**

Welcher der beiden Auffassungen der Vorzug gegeben wird, ist für die Praxis unbedeutend, da auch bei formalrechtlicher Auslegung des Begriffs „zustehen" in § 290 Abs. 2 HGB durch die Hinzurechnungs- und Kürzungsvorschriften in § 290 Abs. 3 HGB im Ergebnis auch hier eine wirtschaftliche Zurechnung bzw. Zuordnung der Rechte erreicht wird. **45**

b) Mehrheit der Stimmrechte

Steht einer KapGes. mit Sitz im Inland (MU) die **Mehrheit der Stimmrechte** der Gesellschafter an einem anderen Unternehmen zu, so ist sie grds.[76] zur Aufstellung eines KA und KLB verpflichtet. Auf die Höhe der Kapitalbeteiligung kommt es dabei nicht an. Wird z.B. die Stimmenmehrheit nur über Mehrstimmrechtsaktien erreicht, so ist die Voraussetzung des § 290 Abs. 2 Nr. 1 HGB voll erfüllt. Die Vorschrift stellt auf die Möglichkeit der Einflussnahme auf die Leitung des TU mit Hilfe der Stimmenmehrheit in den entsprechenden Gremien ab. Diese Möglichkeit muss rechtlich gesichert sein und darf sich nicht auf rein faktische Verhältnisse stützen. Auch eine nachhaltige HV-Präsenzmehrheit erfüllt nicht die Voraussetzung des § 290 Abs. 2 Nr. 1 HGB[77]. Das Gesetz spricht eindeutig von der Mehrheit der Stimmen „der Gesellschafter" und nicht von den Stimmen der „anwesenden Gesellschafter". **46**

Die Mehrheit der Stimmrechte schließt normalerweise auch die tatsächliche Beherrschungsmöglichkeit ein. Sie wird jedoch von § 290 Abs. 2 Nr. 1 HGB nicht verlangt. Man wird daher davon ausgehen müssen, dass die Voraussetzungen für die Anwendung von § 290 Abs. 2 Nr. 1 HGB auch dann erfüllt sind, wenn z.B. ein MU an einem TU nur mit 51% (einfache Mehrheit) beteiligt ist und Satzung oder Gesellschaftsvertrag gleichzeitig für wesentliche Beschlüsse eine Mehrheit von 75% (qualifizierte Mehrheit) verlangen[78]. In diesen Fällen ist § 296 Abs. 1 Nr. 1 HGB einschlägig. Daraus ergibt sich ein Konsolidierungswahlrecht für diese Tochtergesellschaften[79]. **47**

„Welcher Teil der Stimmrechte einem Unternehmen zusteht, bestimmt sich (in diesem Zusammenhang; die Verf.) nach dem Verhältnis der Zahl der Stimmrechte, die es aus den ihm gehörenden Anteilen ausüben kann, zur Gesamtzahl aller Stimmrechte. Von der Gesamtzahl aller Stimmrechte sind die Stimmrechte aus eigenen Anteilen **abzuziehen**, **48**

---

71 So im Übrigen auch bereits § 16 AktG 1965.
72 Vgl. auch § 16 Abs. 1 AktG; T Tz. 8, 363; *Siebourg* in HdKonzernR², § 290, Rn. 77.
73 Zur Bedeutung von Treuhandverhältnissen in diesem Zusammenhang vgl. T Tz. 369.
74 Vgl. Tz. 69.
75 Vgl. ADS⁶, § 290. Tz. 30; *Kozikowski/Ritter* in BeBiKo⁷, § 290, Rn. 46-47.
76 Wegen möglicher Ausnahmen bei mehrstufigen Konzernen vgl. Tz. 81; Für weitere Ausnahmen vgl. § 290 Abs 5 HGB sowie Tz. 128 zu größenabhängigen Befreiungen.
77 Siehe aber Tz. 28.
78 Vgl. DRS 19.23; ebenso ADS⁶, § 290, Tz. 35; *Kozikowski/Ritter* in BeBiKo⁷, § 290, Rn. 45; *Wiedmann, Bilanzrecht*², § 290, Rn. 18; a.A. *Siebourg* in HdKonzernR², § 290, Rn. 70.
79 Vgl. DRS 19.23; DRS 19.81 ff.

die dem TU selbst, einem seiner TU oder einer anderen Person für Rechnung dieser Unternehmen gehören" (§ 290 Abs. 4 HGB). Die Vorschrift entspricht praktisch § 16 Abs. 3 i.V.m. Abs. 2 S. 3 AktG, so dass auf die Erläuterungen dazu verwiesen werden kann[80]. Im Gegensatz zur aktienrechtlichen Regelung sind jedoch von der Gesamtzahl aller Stimmrechte nicht nur die Stimmrechte aus eigenen Anteilen, die dem (abhängigen Unternehmen)/TU selbst oder einem anderen für dessen Rechnung gehören, abzuziehen, sondern darüber hinaus auch die Stimmrechte aus Anteilen, die „einem seiner TU bzw. einer anderen Person für Rechnung dieser Unternehmen gehören"[81].

c) Recht zur Besetzung der Mehrheit der Leitungsorgane

49 Steht einer KapGes. mit Sitz im Inland das Recht zu, bei einem anderen Unternehmen „**die Mehrheit der Mitglieder des die Finanz- und Geschäftspolitik bestimmenden Verwaltungs-, Leitungs- oder Aufsichtsorgans** zu bestellen oder abzuberufen", und ist sie „**gleichzeitig Gesellschafter**", so hat sie stets beherrschenden Einfluss und damit grds.[82] einen KA und KLB aufzustellen (§ 290 Abs. 2 Nr. 2 HGB). Bei dem durch das BilMoG ergänzten Passus des „die Finanz- und Geschäftspolitik bestimmenden" Organs handelt es sich ausweislich der Gesetzesbegründung lediglich um eine redaktionelle Ergänzung. Demnach genügt weiterhin die Mitverantwortung für die Festlegung der Finanz- und Geschäftspolitik. Durch die Ergänzung wird jedoch klargestellt, dass ein Besetzungsrecht für ein Organ, dem eine ausschließlich beratende Funktion zukommt (denkbar wären freiwillige Beiräte), die Voraussetzungen des § 290 Abs. 2 Nr. 2 HGB nicht erfüllt[83]. Von der Vorschrift erfasst werden somit die Entsendungs- und Abberufungsrechte in Bezug auf Vorstandsmitglieder, Geschäftsführer, geschäftsführende Gesellschafter, Aufsichtsräte, Verwaltungsräte, Beiräte und Personen, die ähnliche Management- und Aufsichts-/Kontrollaufgaben im deutschen dualistischen System wahrnehmen.

50 I.d.R. ist das Recht zur Bestellung oder Abberufung von Personen dieser Organe mit der Mehrheit der Stimmrechte der Gesellschafter verbunden. Unabhängig davon kann einem Unternehmen ein Besetzungsrecht für die Mehrheit der Mitglieder der Gesellschaftsorgane aufgrund von Entsendungsrechten oder von Vereinbarungen mit anderen Gesellschaftern zustehen[84]. Bedeutung haben solche Entsendungsrechte insb. für GmbHs und Personenhandelsgesellschaften, da bei der AG zwingend der AR den Vorstand bestellt und Entsendungsrechte höchstens für ein Drittel der AR-Mitglieder eingeräumt werden können (§ 101 Abs. 2 S. 4 AktG)[85].

51 Die Vorschrift stellt nicht auf eine Kapitalbeteiligung, sondern auf die Gesellschafterstellung ab. „Sie ist deshalb auch auf Gesellschaften mit beschränkter Haftung anzuwenden, die Komplementäre von Personenhandelsgesellschaften sind, ohne eine Kapitaleinlage geleistet zu haben"[86]. Die Komplementärin kann zwar die Mitglieder des Leitungsorgans weder bestellen noch abberufen. Nach dem gesetzlichen Normalstatut ist sie jedoch selbst Leitungsorgan, vertreten durch ihre Geschäftsführer. Damit steht der Komplementär-GmbH ein stärkeres Recht zu als ein Bestellungsrecht. Entspr. verwirklicht die Komplementärin den Tatbestand des § 290 Abs. 2 Nr. 2 HGB. Dies gilt jedoch nicht, wenn

---

80 Vgl. T Tz. 92 ff.
81 Im Gegensatz dazu vgl. die Regelung des § 16 Abs. 3 i.V.m. Abs. 2 S. 3 AktG (vgl. T Tz. 93).
82 Wegen möglicher Ausnahmen bei mehrstufigen Konzernen vgl. Tz. 81. Für weitere Ausnahmen vgl. § 290 Abs 5 HGB sowie Tz. 128 zu größenabhängigen Befreiungen.
83 Vgl. *Gelhausen/Fey/Kämpfer*, BilMoG, Q, Rn. 44-46.
84 Vgl. zum AktG 1965 z.B. *Rittner*, DB 1976, S. 1513-1515.
85 Vgl. *Kropff*, DB 1986, S. 364.
86 *Biener/Schatzmann*, Konzernrechnungslegung, S. 6.

die Leitungsmacht der Komplementärin durch gesellschaftsvertragliche Regelungen zugunsten eines oder mehrerer Kommanditisten dergestalt eingeschränkt ist, dass diese die wesentlichen Entscheidungen zur Finanz- und Geschäftspolitik treffen[87].

Die Bezugnahme auf die Gesellschafterstellung schließt jedoch Entsendungsrechte Dritter (z.B. KI) als Voraussetzung für das Entstehen eines Mutter-Tochter-Verhältnisses aus. Die Möglichkeit zur Berufung von Personen in und zur Abberufung aus solchen Organen muss rechtlich gesichert sein und darf sich nicht auf rein faktische Verhältnisse (z.B. Präsenzmehrheit, faktische Abhängigkeit) stützen. 52

d) Beherrschender Einfluss aufgrund Beherrschungsvertrag oder Satzungsbestimmung

Eine inländische KapGes. ist grds.[88] zur Konzernrechnungslegung verpflichtet, wenn ihr aufgrund eines **Beherrschungsvertrags**[89] oder einer **Satzungsbestimmung** das Recht zusteht, die Finanz- oder Geschäftspolitik eines anderen Unternehmens zu bestimmen (§ 290 Abs. 2 Nr. 3 HGB). 53

Satzungsbestimmungen begründen nur dann ein Mutter-Tochter-Verhältnis, wenn sie in ihrer Gesamtheit eine Beherrschung eines Unternehmens gestatten. Dies ist jedenfalls dann der Fall, wenn die Satzung die entscheidenden Kriterien eines Beherrschungsvertrages enthält. Praktische Bedeutung dürfte die **Beherrschung durch Satzungsbestimmungen** in erster Linie für die GmbH haben, da bei der AG die Möglichkeiten einer Einflussnahme über die Satzung durch § 23 Abs. 5 AktG begrenzt sind[90]. Im Übrigen ist davon auszugehen, dass § 290 Abs. 2 Nr. 3 HGB nicht zwischen Satzungen und Gesellschaftsverträgen differenziert. 54

Für beide Fälle – Beherrschungsvertrag und Satzung – wird – im Gegensatz zu den vorhergehenden Nr. 1 und 2 – nach dem Wortlaut des Gesetzes eine Gesellschafterstellung nicht vorausgesetzt[91]. Sie ergibt sich jedoch für beide Fälle aus den Gesamtzusammenhängen. 55

e) Zweckgesellschaften

Wenn eine inländische KapGes „bei wirtschaftlicher Betrachtung die **Mehrheit der Risiken und Chancen** eines Unternehmens trägt, das zur Erreichung eines eng begrenzten und genau definierten Ziels des MU dient (**Zweckgesellschaft**)", so ist sie grds.[92] zur Konzernrechnungslegung verpflichtet (§ 290 Abs. 2 Nr. 4 HGB). Diese Regelung wurde erst gegen Ende des Gesetzgebungsverfahrens vor dem Hintergrund der Finanzmarktkrise in das BilMoG aufgenommen[93]. 56

---

87   Vgl. *IDW RS HFA 7*, Tz. 56-57.
88   Zu möglichen Ausnahmen bei mehrstufigen Konzernen vgl. Tz. 81.
89   Zu den Anforderungen, die ein solcher Beherrschungsvertrag zu erfüllen hat, vgl. T Tz. 243 ff. sowie ADS[6], § 290, Tz. 54-57.
90   *Windbichler* in Großkomm. AktG[4], Rn. 31 zu § 17.
91   Vgl. dazu auch ADS[6], § 290, Tz. 61.
92   Wegen möglicher Ausnahmen bei mehrstufigen Konzernen vgl. Tz. 81. Für weitere Ausnahmen vgl. § 290 Abs 5 HGB sowie Tz. 128 zu größenabhängigen Befreiungen.
93   Im Zuge der Finanzmarktkrise erachtete es der Rechtsausschuss für erforderlich, durch die Konsolidierung von Zweckgesellschaften nach § 290 Abs. 2 Nr. 4 HGB die Auslagerung von Risiken aus dem handelsrechtlichen KA einzuschränken. Für Details vgl. Begr. Beschlussempf. BilMoG, BT-Drs. 16/12407, S. 89.

aa) Begriff der Zweckgesellschaft

57 Nach dem Gesetzeswortlaut dient eine Zweckgesellschaft, „zur Erreichung eines **eng begrenzten und genau definierten Ziels** der Muttergesellschaft" (§ 290 Abs. 2 Nr. 4 HGB). Als mögliche Beispiele für solche eng begrenzten und genau definierten Ziele nennt die Gesetzesbegründung Leasinggeschäfte, ausgelagerte Forschungs- und Entwicklungstätigkeiten und Verbriefungsgeschäfte[94]. In der Literatur wird als weiteres denkbares Beispiel die Auslagerung von Funktions- oder Servicebereichen, auch im Rahmen eines so genannten MBO, genannt[95].

58 Eine Zweckgesellschaft im Sinn des § 290 Abs. 2 Nr. 4 HGB liegt nur dann vor, wenn sie für das MU eine bestimmte Funktion erfüllt („einem bestimmten Zweck dient"). In Betracht kommen z.B. eine Finanzierungsfunktion oder die Versorgung mit bestimmten Gütern und Dienstleistungen (Beschaffungsfunktion). Dient die Gesellschaft dagegen einer Vielzahl anderer Parteien oder nimmt sie allgemein am Geschäftsleben teil, mit der Folge, dass regelmäßig unternehmerische Entscheidungen zu treffen sind, so dürfte es sich i.d.R. nicht um eine Zweckgesellschaft i.S.d. § 290 Abs. 2 Nr. 4 HGB handeln[96].

59 Bei Zweckgesellschaften werden die wichtigsten unternehmerischen Entscheidungen oftmals bereits bei der Errichtung vertraglich festgelegt (z.B. durch Betriebsführungsverträge). Die weitere Tätigkeit des betreffenden Unternehmens folgt dann einer so genannten Autopilot-Steuerung. Gesellschaftsrechtlich begründete Einflussmöglichkeiten sind dann wirtschaftlich bedeutungslos.

60 Nicht vorausgesetzt wird in § 290 Abs. 2 Nr. 4 HGB, dass die Zweckgesellschaft nur den Zielen eines einzigen – anderen – Unternehmens dient. Im Regelfall wird die Errichtung einer Zweckgesellschaft mehreren Parteien dienen. Trägt eine der Parteien die Mehrheit der Chancen und Risiken aus der Zweckgesellschaft, so ist davon auszugehen, dass die Zweckgesellschaft vor allem den Zielen dieses Partners dient[97].

bb) Mehrheit der Risiken und Chancen

61 Ein MU hat stets beherrschenden Einfluss, wenn es „**bei wirtschaftlicher Betrachtung die Mehrheit der Risiken und Chancen**"(§ 290 Abs. 2 Nr. 4 HGB) aus der Geschäftstätigkeit der Zweckgesellschaft trägt. Wie zu ermitteln ist, wer die Mehrheit der Risiken und Chancen aus einer Zweckgesellschaft trägt, ist nicht kodifiziert. Die Gesetzesbegründung stellt jedoch klar, dass die in SIC-12 genannten Kriterien herangezogen werden können[98]. Hieraus kann allerdings nicht zwingend eine Deckungsgleichheit mit SIC 12 gefolgert werden, da lediglich eine Angleichung der HGB-Regelungen an die entsprechenden IFRS-Regelungen erwünscht ist[99]. Für die Auslegung des § 290 Abs. 2 Nr. 4 HGB bedeutet dies, dass zunächst auf den Wortlaut, die Systematik und den Zweck des HGB zurückzugreifen ist. Auf die Regelungen des SIC-12 kann unterstützend rekurriert werden, sofern sie nicht im Widerspruch zu Wortlaut, Systematik oder Zweck des HGB stehen[100].

---

94 Vgl. Begr. Beschlussempf. BilMoG, BT-Drs. 16/12407, S. 89.
95 Vgl. *Gelhausen/Fey/Kämpfer*, BilMoG, Q, Rn. 58.
96 Vgl. hierzu *Schruff*, Der Konzern 2009, S. 511/514; *Lüdenbach/Freiberg*, BB 2009, S. 1230/1232; sowie *Gelhausen/Fey/Kämpfer*, BilMoG, Q, Rn. 62-63.
97 Vgl. *Gelhausen/Fey/Kämpfer*, BilMoG, Q, Rn. 64-65; *Mujkanovic*, StuB 2009, S. 374/377.
98 Vgl. Begr. Beschlussempf. BilMoG, BT-Drs. 16/12407, S. 89.
99 Zu Details vgl. Gelhausen/Fey/Kämpfer, BilMoG, Q, Rn. 53; *Küting/Koch* in Küting/Pfitzer/Weber, Bilanzrecht², S. 382; *Mujkanovic*, StuB 2009, S. 374/375-376.
100 Vgl. *Küting/Koch* in Küting/Pfitzer/Weber, Bilanzrecht², S. 382.

In Anlehnung an SIC-12.10 (c) und (d) sind für die Beurteilung zunächst solche Risiken **62** und Chancen zu berücksichtigen, die typischerweise mit einer Eigentümerstellung an der Zweckgesellschaft verbunden sind. Demnach können **Chancen** bspw. in ausgeschütteten Netto-Barmittelzuflüssen, Periodenüberschüssen sowie Reinvermögensansprüchen oder Residualansprüchen bei Liquidation bestehen. Der Anspruch auf die Mehrheit der Chancen muss dabei wegen der wirtschaftlichen Betrachtung nicht aufgrund einer Gesellschafterstellung bestehen, es kann vielmehr auch auf Treuhandvereinbarungen, Verträgen, Übereinkünften oder anderen Konstrukten beruhen[101]. Synergieeffekte und andere Formen von Nutzen, die nicht bei der Zweckgesellschaft selbst anfallen, bleiben bei der Beurteilung unberücksichtigt[102].

Residual- oder Eigentümerrisiken aus der Geschäftstätigkeit der Zweckgesellschaft **63** betreffen die Verwertung des Vermögens der Zweckgesellschaft. Sie können sich bspw. in Zinsänderungs- oder Ausfallrisiken, Refinanzierungs- oder Liquiditätsrisiken sowie Forschungs- und Entwicklungsrisiken konkretisieren[103]. Zweckgesellschaften werden häufig mit sehr geringem EK ausgestattet, so dass das potenzielle MU die entsprechenden Risiken auf indirektem Weg trägt, bspw. durch Bürgschaften oder Patronatserklärungen gegenüber Kreditgebern oder durch die Gewährung von nachrangigen oder nicht im üblichen Maß besicherten Darlehen (first loss). Auch Werthaltigkeitsgarantien in Form von Andienungsrechten für die Anteile an der Zweckgesellschaft sind denkbar. Andienungsrechte können auch in den Fällen, in denen Zweckgesellschaften über nennenswertes, von Dritten aufgebrachtes EK verfügen, dazu führen, dass nicht die formellen Eigenkapitalgeber die Mehrheit der Risiken tragen, sondern der Stillhalter des Andienungsrechts. Dies kann bspw. dann der Fall sein, wenn das Andienungsrecht derart gestaltet ist, dass die Eigenkapitalgeber bei Andienung ihre ursprüngliche Einlage zuzüglich einer marktüblichen Verzinsung wiedererlangen[104].

Im Hinblick auf die Zielsetzung des Gesetzgebers, die handelsrechtliche Konsolidie- **64** rungspflicht an diejenige nach IAS 27 i.V.m. SIC-12 anzugleichen[105], erscheint es sachgerecht, auf die absolute Mehrheit der Chancen und Risiken abzustellen[106]. D.h., eine Konsolidierungspflicht ergibt sich nicht bereits deshalb, weil eine Partei mehr Chancen und Risiken als alle anderen an einer Transaktion beteiligten Parteien trägt[107]. Sind die Chancen und Risiken, bspw. aufgrund von Informationsasymmetrien[108], unterschiedlich verteilt, so ist ausweislich der Gesetzesbegründung vorrangig auf die Risiken abzustellen[109].

cc) Unternehmenseigenschaft

Als Zweckgesellschaft i.S.d. § 290 Abs. 2 Nr. 4 HGB kommen zunächst „Unternehmen" **65** in Betracht. Diese werden in der Gesetzesbegründung definiert als „Wirtschaftseinheiten, die eigenständige Interessen kaufmännischer oder wirtschaftlicher Art mittels einer nach

---

101 Vgl. *Küting/Koch* in Küting/Pfitzer/Weber, Bilanzrecht², S. 398.
102 Vgl. *IDW RS HFA 2*, Tz. 66; ebenso *Küting/Koch* in Küting/Pfitzer/Weber, Bilanzrecht², S. 398 f; a.A. *Mujkanovic*, StuB 2009, S. 374/377.
103 Vgl. *Mujkanovic*, StuB 2009, S. 374/377.
104 Vgl. *Gelhausen/Fey/Kämpfer*, BilMoG, Q, Rn. 70-71.
105 Vgl. Begr. Beschlussempf. BilMoG, BT-Drs. 16/12407, S. 89.
106 Vgl. *Schruff*, Der Konzern 2009, S. 511/517.
107 Vgl. z.B. in analoger Anwendung von *IDW RS HFA 2*, Tz. 67: *Gelhausen/Fey/Kämpfer*, BilMoG, Q, Rn. 75.
108 Vgl. *IDW RS HFA 2*, Tz. 68.
109 Vgl. Begr. Beschlussempf. BilMoG, BT-Drs. 16/12407, S. 89.

außen in Erscheinung tretenden Organisation verfolgen"[110]. Um Umgehungen der Konsolidierungspflicht durch rechtsgestaltende Maßnahmen zu verhindern[111], erweitert § 290 Abs. 2 Nr. 4 S. 2 HGB den möglichen Kreis potenzieller Zweckgesellschaften über Unternehmen hinaus um **sonstige juristische Personen** des Privatrechts und **unselbständige Sondervermögen** des Privatrechts. Unter die sonstigen juristischen Personen fallen z.b. eingetragene bzw. wirtschaftliche Vereine oder rechtsfähige Stiftungen. I. d. R. werden diese Rechtsträger ohnehin den oben zitierten Unternehmensbegriff erfüllen[112]. Bei den unselbständigen Sondervermögen des Privatrechts kann es sich um Investment-Vehikel handeln[113], soweit sie nicht durch § 290 Abs. 2 Nr. 4 S. 2 HGB ausdrücklich ausgeschlossen sind[114]. Darüber hinaus kommen auch schuldrechtlich abgegrenzte Vermögensmassen (z.b. ein Portfolio) in Betracht, wie sie z.b. bei Verbriefungstransaktionen eingesetzt werden[115].

66 **Unterstützungskassen und ähnliche externe Versorgungseinrichtungen** können die Kriterien einer Zweckgesellschaft erfüllen. Sie sind in den Konsolidierungskreis einzubeziehen, wenn das MU die Mehrheit der Risiken und Chancen trägt[116]. Die Einbeziehung in den Konsolidierungskreis ändert allerdings nicht den Charakter der Verpflichtung als mittelbare Pensionsverpflichtung, für die gem. Art 28 Abs. 1 S. 2 EGHGB ein Passivierungswahlrecht bezüglich dieses Fehlbetrags besteht[117].

dd) Mehrfache Konzernzugehörigkeit von Zweckgesellschaften

67 Fraglich ist, ob in Konstellationen, in denen einem Unternehmen die Mehrheit der Stimmrechte einer (Autopilot-)Zweckgesellschaft zusteht und ein anderes Unternehmen bei wirtschaftlicher Betrachtung die Mehrheit der Chancen und Risiken der Zweckgesellschaft trägt, grds. beide Unternehmen zur Konsolidierung der Zweckgesellschaft verpflichtet sind. Das erstgenannte Unternehmen verwirklicht in diesen Fällen den Tatbestand des § 290 Abs. 2 Nr. 1 HGB, das letztgenannte Unternehmen jenen des § 290 Abs. 2 Nr. 4 HGB. Hierzu wird z.T. die Auffassung vertreten, dass bei mehrfacher Erfüllung der unwiderlegbaren Beherrschungsvermutungen des § 290 Abs. 2 HGB durch mehrere MU durch teleologische Reduktion des § 290 Abs. 2 HGB derjenige Tatbestand zur Anwendung kommen solle, der dem Konzept des beherrschenden Einflusses entspricht[118]. Dieses Ergebnis entspräche der Regelung in den IFRS (IAS 27.13). Demgegenüber wird hier vertreten, dass § 290 Abs. 2 Nr. 1 HGB eine unwiderlegbare Vermutung darstellt und deshalb einer teleologischen Reduktion nicht zugänglich ist[119]. Diese Überlegung wird auch durch Art. 1 Abs. 1 lit. a der 7. EG-RL gestützt, der die Mitgliedsstaaten verpflichtet, im Falle einer Stimmrechtsmehrheit eine Konsolidierungspflicht zu kodifizieren[120]. Eine Konsolidierung auf der Basis von § 290 Abs. 2 Nr. 1 HGB kann dann allerdings i.d.R. durch Ausübung des Einbeziehungswahlrechts des § 296 Abs. 1 Nr.1 HGB aufgrund er-

---

110 Begr. Beschlussempf. BilMoG, BT-Drs. 16/12407, S. 89.
111 Vgl. Begr. Beschlussempf. BilMoG, BT-Drs. 16/12407, S. 89.
112 Vgl. *Gelhausen/Fey/Kämpfer*, BilMoG, Q, Rn. 85.
113 Vgl. *Gelhausen/Fey/Kämpfer*, BilMoG, Q, Rn. 85; *Zoeger/Möller*, KoR 2009, S. 309/313.
114 Vgl. dazu Tz. 68.
115 Zellen einer Silo- oder Zebra-Struktur. Vgl. hierzu *Gelhausen/Fey/Kämpfer*, BilMoG, Q, Rn. 86-89.
116 Vgl. DRS 19.46.
117 Vgl. DRS 19.47.
118 Vgl. *Lüdenbach/Freiberg*, BB 2009, S. 1230/1231
119 Vgl. im Ergebnis auch Tz. 40.
120 Vgl. *Schruff*, Der Konzern 2009, S. 511/518.

heblicher und dauernder Beschränkung der Ausübung der Rechte des MU unterbleiben[121]. Ein Mutter-Tochter-Verhältnis bleibt jedoch bestehen[122].

ee) Ausnahme für Spezial-Sondervermögen

Vom Anwendungsbereich des § 290 Abs. 2 Nr. 4 HGB explizit ausgenommen sind Spezial-Sondervermögen i.S.d. § 2 Abs. 3 InvG (§ 290 Abs. 2 Nr. 4 S. 2 HGB). Als Ausgleich für den Informationsverlust aufgrund der unterbleibenden Konsolidierung wurden in § 314 Abs. 1 Nr. 18 HGB entsprechende Anhangangaben kodifiziert[123]. Es ist fraglich, ob über den Gesetzeswortlaut hinaus auch ausländische Investmentvermögen, die in ihrer rechtlichen Ausgestaltung Spezialfonds im Sinn des § 2 Abs. 3 InvG entsprechen, unter die Ausnahmeregelung fallen. In der Literatur hat sich hierzu noch keine einheitliche Auffassung gebildet[124]. Nach DRS 19.49 umfasst die Ausnahme auch ausländische Sondervermögen, wenn sie hinsichtlich der für Spezial-Sondervermögen geltenden Anforderungen des InvG im Einzelfall als gleichwertig anzusehen sind.

68

f) Zurechnung von Rechten (Mittelbare Tochterunternehmen)

Die Rechte, die einem MU nach § 290 Abs. 2 HGB zustehen, sind um Hinzurechnungen und **Abzüge** zu korrigieren (§ 290 Abs. 3 HGB).

69

Als Rechte, die einem MU zustehen, gelten auch (§ 290 Abs. 3 S. 1 HGB):

70

– Rechte, die einem TU zustehen,
– Rechte, die für Rechnung des MU handelnden Personen zustehen,
– Rechte, die für Rechnung des TU handelnden Personen zustehen.

Diese **Hinzurechnungen** entsprechen inhaltlich der sog. Mittlerfunktion des Abhängigkeitsverhältnisses (§ 16 Abs. 4 AktG). Auf die Ausführungen dazu kann verwiesen werden[125].

Der Wortlaut von § 290 Abs. 2 HGB stellt nur auf unmittelbare Mutter-Tochter-Beziehungen ab und enthält keinen Hinweis darauf[126], dass auch mittelbare TU in den KA einzubeziehen sind. Durch die Hinzurechnungen in § 290 Abs. 3 S. 1 HGB wird erreicht, dass auch Unternehmen, an denen der Muttergesellschaft Rechte nur kraft Zurechnung zustehen, TU sind. Durch die Zurechnung der dem MU nur mittelbar zustehenden Rechte werden in **mehrstufigen Konzernen** die Rechte eines TU an seinem TU dem MU auf jeder höheren Stufe zugerechnet, so dass als TU eines MU alle mittelbaren TU gelten[127].

71

Dem MU sind weiterhin solche Rechte zuzurechnen, über die es selbst oder ein TU aufgrund einer Vereinbarung mit anderen Gesellschaftern dieses Unternehmens verfügen kann (§ 290 Abs. 3 S. 2 HGB). Anwendungsfälle dieser Vorschrift sind Stimmrechtsbindungsverträge, Stimmrechtsüberlassungsverträge, Poolverträge, Konsortial- und ähnliche Verträge, die einem Gesellschafter alleine die Ausübung der (Stimm-)Rechte er-

72

---

121 Vgl. hierzu Tz. 188 ff.
122 Vgl. so auch *Gelhausen/Fey/Kämpfer*, BilMoG, Q, Rn. 43; *Kozikowski/Ritter* in BeBiKo[7], § 290, Rn. 31.
123 Vgl. Begr. Beschlussempf. BilMoG, BT-Drs. 16/12407, S. 89 f.
124 Gegen eine Ausdehnung der Ausnahmevorschrift vgl. *Gelhausen/Fey/Kämpfer*, BilMoG, Q, Rn. 92; tendenziell offener vgl. *Schurbohm-Ebneth/Zoeger*, DB 2009, Beil. Nr. 5, S. 53/54; für eine Ausdehnung vgl. *Schruff*, Der Konzern 2009, S. 511/519-520.
125 Vgl. T Tz. 79; vgl. dazu im Einzelnen auch ADS[6], § 290, Tz. 136-145.
126 Anders z.B. § 17 Abs. 1 AktG, der ausdrücklich von einer unmittelbaren und mittelbaren Beherrschung und Abhängigkeit spricht.
127 Vgl. auch Begr. RegE, BR-Drs. 163/85, S. 49.

möglichen[128]. Ist ein Unternehmen mit einem anderen in der Weise verbunden, dass es über dessen Stimmen verfügen kann, so sind sie seinen eigenen Stimmen i.S.v. § 290 Abs. 2 HGB **hinzuzurechnen**[129]. Dabei ist es durchaus möglich, dass erst durch diese Hinzurechnungen ein Mutter-Tochter-Verhältnis i.S.v. § 290 Abs. 2 Nr. 1 HGB und damit die Verpflichtung zur Konzernrechnungslegung entsteht. Diese Hinzurechnung geht eindeutig über § 16 AktG hinaus[130]. Sie musste jedoch zwingend aus Art. 1 Abs. 1 d bb der Konzernbilanzrichtlinie in deutsches Recht übernommen werden.

73 Von den Rechten, die dem MU unmittelbar oder kraft Zurechnung zustehen, sind **abzuziehen** (§ 290 Abs. 3 S. 3 HGB):

- Rechte, die mit Anteilen verbunden sind, die von dem MU oder von TU für Rechnung einer anderen Person gehalten werden;
- Rechte, die mit Anteilen verbunden sind, die als Sicherheit gehalten werden, sofern diese Rechte nach Weisung des Sicherungsgebers oder, wenn ein KI die Anteile als Sicherheit für ein Darlehen hält, im Interesse des Sicherungsgebers ausgeübt werden.

74 Diese Abzüge entsprechen fast spiegelbildlich den Hinzurechnungen nach § 290 Abs. 3 S. 1 und 2 HGB. Sie unterstreichen die in diesem Zusammenhang anzuwendende wirtschaftliche Betrachtungsweise[131].

g) Teilkonzernabschlüsse (Stufenkonzept)

75 § 290 Abs. 1 und 2 HGB verpflichten grds.[132] jedes MU zur Aufstellung eines KA und KLB, sofern die dort im Einzelnen genannten Voraussetzungen erfüllt sind. Das hat zur Folge, dass in mehrstufigen Konzernen jedes **TU**, das **gleichzeitig** im Verhältnis zu nachgeordneten Unternehmen MU ist, für den ihm nachgeordneten Teil des Konzerns einen Teil-KA und Teilkonzern-LB aufstellen muss[133, 134]. Diese Stufenkonzeption, die die Aufstellung von Teil-KA neben einem Gesamt-KA verlangt, wird insb. mit den schutzwürdigen Interessen von Minderheitsgesellschaftern, Gläubigern und sonstigen Adressaten begründet.

76 Der deutsche Gesetzgeber hat durch eine Ausnutzung der **Befreiungsmöglichkeiten** die Folge der Anwendung des Stufenkonzepts, das aus Art. 1 Abs. 1 der Konzernbilanzrichtlinie[135] übernommen werden musste, erheblich abgeschwächt[136].

77 Selbst wenn diese Befreiungsvorschriften nicht greifen, tritt die Verpflichtung zur Teilkonzernrechnungslegung nur dann ein, wenn das jeweilige TU, das gleichzeitig MU ist, die in § 290 Abs. 1 HGB gestellten Voraussetzungen des Sitzes und der Rechtsform voll erfüllt. Stufenunternehmen mit Sitz im Ausland (auch innerhalb des EWR) brauchen nach deutschem Recht für den ihnen nachgeordneten Bereich des Konzerns keinen Teil-

---

128 So auch *Hoffmann-Becking/Rellermeyer* in FS Goerdeler, S. 208; ADS[6], § 290, Tz. 141.
129 Kritisch dazu *Kropff*, DB 1986, S. 368.
130 Vgl. dazu T Tz. 92.
131 Vgl. dazu im Einzelnen ADS[6], § 290, Tz. 140-149 sowie *Siebourg* in HdKonzernR[2], § 290, Rn. 93-112 m.w.N.
132 Wegen der Befreiungsmöglichkeiten vgl. Tz. 81.
133 Die Teil-KA und Teilkonzern-LB sind zu prüfen (§ 316 Abs. 2 HGB) und müssen veröffentlicht werden (§ 325 Abs. 3 HGB).
134 Hat die Obergesellschaft/das oberste MU mehrere TU, die ihrerseits ähnlich gestaffelte TU haben, so können sich bei schematischer Darstellung der aus § 290 Abs. 2 HGB abgeleiteten Pflichten tannenbaumähnliche Gebilde ergeben. Daher wird die Verpflichtung zur Aufstellung von Teil-KA in diesem Zusammenhang häufig als „Tannenbaumprinzip" bezeichnet.
135 Konzernbilanzrichtlinie, Abl.EG 1983 Nr. L 193, S.1.
136 Vgl. Tz. 81.

Pflicht zur Aufstellung eines Konzernabschlusses und Konzernlageberichts **M**

konzernabschluss aufzustellen. Allerdings kann die Verpflichtung zur Teilkonzernrechnungslegung auf einer „niedrigeren" Stufe des Konzerns wieder aufleben, wenn über das Ausland Beteiligungen an inländischen Unternehmen gehalten werden, die ihrerseits an anderen TU im In- und Ausland beteiligt sind.

Ist ein TU mit Sitz im Inland, das gleichzeitig MU ist, keine KapGes. bzw. KapCoGes. im Sinne von § 264a HGB, so treffen für dieses Unternehmen die Verpflichtungen aus § 290 HGB nicht zu[137]. **78**

Auch hier kann indessen die Verpflichtung zur Teilkonzernrechnungslegung wieder aufleben, wenn eines der diesem Unternehmen nachgeordneten Unternehmen die Voraussetzungen des § 290 Abs. 1 oder 2 HGB erfüllt. Die Verpflichtung zur Teilkonzernrechnungslegung kann in solchen Fällen eine oder mehrere Stufen überspringen. **79**

Durch die Einordnung der Regeln über die Teilkonzernrechnungslegung in die Vorschriften für die Gesamtkonzernrechnungslegung wird deutlich, dass Teil-KA und Teilkonzern-LB aufzustellen sind wie ein Gesamt-KA und ein Gesamtkonzern-LB (Fiktion eines Gesamt-KA). Aus dem Abschluss kann man nicht erkennen, ob es sich um einen Gesamt- oder einen Teil-KA handelt. Teil-KA und Teilkonzern-LB sind daher als solche zu bezeichnen, damit die Adressaten nicht in die Irre geführt werden. **80**

4. Befreiende Konzernabschlüsse und Konzernlageberichte
a) Grundsatz

Befreiende KA sind Abschlüsse, die von einem MU aufgestellt werden, wodurch ein ihm nachgeordnetes TU, das gleichzeitig MU ist, von der Verpflichtung freigestellt wird, für seinen Teilbereich des Konzerns einen Teil-KA und Teilkonzern-LB aufzustellen. Befreiende KA können von der Konzernspitze **(Gesamt-KA)** oder von einem Unternehmen aufgestellt werden, das in der Konzernhierarchie zwischen dem zur Teilkonzernrechnungslegung verpflichteten Unternehmen und der Konzernspitze steht **(Teilkonzernabschluss auf höherer Ebene)**. Sie können von einem Unternehmen mit Sitz im **Inland**, im **EWR** oder im **Nicht-EWR** aufgestellt werden. **81**

Die Befreiungsvorschriften sind in den §§ 291 und 292 HGB enthalten. Dabei regelt § 291 HGB die befreienden KA für MU mit Sitz im Inland und im EWR. § 292 HGB enthält eine Ermächtigung zum Erlass einer Rechtsverordnung, in der die Anforderungen enthalten sind, die an Unternehmen mit Sitz außerhalb des EWR zu stellen sind, die einen befreienden KA aufstellen wollen. **82**

b) Mutterunternehmen mit Sitz im Inland/innerhalb des EWR
aa) Befreiender Konzernabschluss eines Mutterunternehmens

Ein **MU**, das zugleich TU eines MU **mit Sitz im EWR** ist, braucht unter bestimmten Voraussetzungen[138] einen Teil-KA und Teilkonzern-LB nicht aufzustellen, wenn ein KA und KLB seines MU (befreiendes MU), die bestimmte Anforderungen erfüllen müssen[139], in Deutschland veröffentlicht werden (§ 291 Abs. 1 S. 1 HGB). Das befreiende MU kann seinen Sitz im Inland oder in einem anderen Mitgliedstaat der EU/Vertragsstaat des EWR haben. Es braucht nicht an der Spitze des Konzerns zu stehen. So kann z.B. ein Teil- **83**

---

137 Eine ggf. nach § 11 Abs. 3 PublG bestehende Verpflichtung zur Aufstellung eines Teil-KA und Teilkonzern-LB bleibt unberührt.
138 Vgl. die folgenden Ausführungen.
139 Vgl. Tz. 91 ff sowie ADS⁶, § 291, Tz. 6 m.w.N.

1435

konzern in Deutschland, der zu einem US-Konzern gehört, von der Verpflichtung zur Aufstellung eines Teil-KA und Teilkonzern-LB befreit werden, wenn ein TU des Konzerns mit Sitz in Frankreich, das im Verhältnis zu dem deutschen Konzernteil MU ist, einen Teil-KA in Deutschland veröffentlicht, der den Anforderungen des § 291 HGB genügt.

84 Die Befreiung setzt voraus, dass das übergeordnete MU als KapGes. mit Sitz in einem Mitgliedsland der EU/Vertragsstaat des EWR zur Aufstellung eines KA unter Einbeziehung des zu befreienden MU und seiner TU verpflichtet wäre (§ 291 Abs. 1 S. 2 HGB). Die nicht ganz leicht zu verstehende Einschränkung soll als eine **Umschreibung des Unternehmensbegriffs**[140] verstanden werden und klarstellen, dass **Privatpersonen, Bund, Länder und Gemeinden** keine befreienden MU sein können[141]. Es kommt ferner nicht darauf an, ob das befreiende MU groß oder klein ist und ob der befreiende KA freiwillig oder aufgrund außerhalb des HGB liegender rechtlicher Verpflichtungen (z.B. PublG) aufgestellt wird. Entscheidend für die Befreiung ist allein, dass die Anforderungen des § 291 HGB erfüllt werden.

85 Zwischen dem befreienden Unternehmen und dem Unternehmen, das von der Konzernrechnungslegung befreit werden soll, muss eine Mutter-Tochter-Beziehung i.S.d. in nationales Recht transformierten Kriteriums des Art. 1 der 7. EG-RL bestehen. Dies bedeutet, dass bei einem befreienden Unternehmen mit Sitz in Deutschland zwischen diesem und der zu befreienden Teilkonzernspitze eine Mutter-Tochter-Beziehung i.S.d. § 290 HGB vorliegen muss. Eine freiwillige Einbeziehung des zu befreienden MU, die über die in § 290 HGB genannten Kriterien hinausgeht, hat somit keine befreiende Wirkung. Hat das befreiende MU seinen Sitz in einem anderen EU-Mitgliedstaat/Vertragsstaat des EWR, so richtet sich die Mutter-Tochter-Beziehung nach dem in Übereinstimmung mit Art. 1 der 7. EG-RL transformierten Recht des jeweiligen Staates[142].

bb) Konsolidierungskreis

86 Der **Konsolidierungskreis** muss das befreiende MU, das zu befreiende MU und seine TU umfassen (§ 291 Abs. 2 S. 1 Nr. 1 HGB). Stellt die Konzernspitze den befreienden KA und LB auf[143], so ist bei entsprechendem Verhalten der Minderheitsgesellschafter[144] die Verpflichtung zur Aufstellung von Stufenabschlüssen[145] praktisch aufgehoben.

87 Die **Konsolidierungswahlrechte** (§ 296 HGB) gelten auch **für den befreienden KA** (§ 291 Abs. 2 S. 1 Nr. 1 HGB).

88 Ob sich für die Anwendung der **Konsolidierungswahlrechte** (§ 296 HGB)[146] unterschiedliche Gesichtspunkte **in verschieden großen Konsolidierungskreisen** ergeben, kommt auf den Einzelfall an. Im Allgemeinen wird man davon ausgehen können, dass die in § 296 Abs. 1 Nr. 1-3 HGB angesprochenen Sachverhalte für alle Konsolidierungskreise gelten. Für den Fall des § 296 Abs. 1 Nr. 3 HGB ist jedoch auch eine andere Beurteilung für einen größeren Konsolidierungskreis vorstellbar, wenn an eine innerkonzernliche Veräußerung der Anteile von einem Unternehmen des kleineren Konsolidierungskreises

---

140 Zum Unternehmensbegriff im Dritten Buch des HGB vgl. T Tz. 337.
141 Vgl. Bericht des Rechtsausschusses zu § 291 HGB (BT-Drs. 10/4268, S. 113).
142 Vgl. dazu im Einzelnen ADS[6], § 291, Tz. 13 m.w.N.
143 Vgl. Tz. 83 sowie Tz. 112.
144 Vgl. Tz. 110.
145 Vgl. Tz. 75.
146 Vgl. im Einzelnen Tz. 188 ff.

an ein Unternehmen des größeren Konsolidierungskreises gedacht ist. Änderungen in der Betrachtungsweise können sich auch für die Anwendung von § 296 Abs. 2 HGB ergeben[147], da ein TU, das für die Vermittlung eines den tatsächlichen Verhältnissen entsprechenden Bildes der Vermögens-, Finanz- und Ertragslage des Konzerns in einem kleineren Konsolidierungskreis sehr wohl von Bedeutung ist, in einem größeren Kreis durchaus von untergeordneter Bedeutung sein kann.

Generell gilt, dass alle **Konsolidierungswahlrechte** bei der Aufstellung eines befreienden KA **neu ausgeübt** werden können und ggf. auch müssen. Diese Auffassung steht mit dem Wortlaut des § 291 Abs. 2 Nr. 1 HGB in Einklang. Es kommt also nicht darauf an, ob das befreite Unternehmen in einem von ihm zu erstellenden Teil-KA die Wahlrechte in gleicher Weise ausgeübt hätte[148, 149]. Die Ausübung eines Konsolidierungswahlrechts ist jedoch dann schädlich für die befreiende Wirkung, wenn das obere MU das zu befreiende untere MU nicht in den KA einbezieht[150]. 89

Wird ein befreiender KA von einem **MU mit Sitz in einem anderen Mitgliedstaat der EU/Vertragsstaat des EWR** aufgestellt, so ergeben sich i.d.R. für die **Abgrenzung des Konsolidierungskreises** keine Probleme, da sich der Konsolidierungskreis nach den dort geltenden Vorschriften in Übereinstimmung mit der 7. EG-RL richtet[151]. 90

cc) Inhalt

Der befreiende KA und der KLB müssen dem **Recht** entsprechen, das für das den **befreienden KA und KLB** erstellende MU maßgeblich ist. Es muss jedoch mit den Anforderungen der 7. EG-RL in Einklang stehen (§ 291 Abs. 2 Nr. 2 1. Hs. HGB). 91

Ist das befreiende MU eine KapGes. mit Sitz im Inland, so ist diese Voraussetzung durch einen ordnungsmäßigen KA erfüllt. Dasselbe gilt für den KA einer KapGes. mit Sitz in einem Mitgliedstaat der EU[152], wobei allerdings der KA wegen einer von Deutschland abw. Ausübung von Mitgliedstaatenwahlrechten der 4. und 7. EG-RL einen anderen materiellen Inhalt haben und auch anders gegliedert sein kann. So kann z.B. der befreiende KA für einen deutschen Teilkonzern, der zu einem Konzern in einem anderen EU-Staat gehört, auf der Basis von Wiederbeschaffungskosten (Art. 33 Abs. 1a 4. EG-RL) aufgestellt sein. Die Bilanz könnte in Staffelform (Art. 10 4. EG-RL) und die GuV in Kontoform (Art. 24/26 4. EG-RL) aufgestellt sein. Die Zwischenergebniseliminierung könnte auf die Höhe der Beteiligungsquoten beschränkt (Art. 26 Abs. 1c S. 2 7. EG-RL) oder die Anwendung der Quotenkonsolidierung für GU ausgeschlossen sein (Art. 32 Abs. 1 7. EG-RL). 92

Wird ein befreiender KA und KLB von einem MU mit Sitz in einem anderen Vertragsstaat des EWR, der nicht Mitgliedstaat der EU ist, erstellt, so ist die Übereinstimmung mit den Vorschriften der 7. EG-RL nicht automatisch gegeben. 93

---
147 Vgl. im Einzelnen Tz. 203 ff.
148 Ebenso *Busse v. Colbe u.a.*, Konzernabschlüsse⁹, S. 76 sowie *Siebourg* in HdKonzernR², § 291, Rn. 19, der jedoch eine generelle Neuausübung der Konsolidierungswahlrechte auf der Ebene des befreienden MU wohl nicht anerkennt (vgl. § 291, Rn. 18).
149 Ebenso BHdR, C 200, Rn. 72; *Kozikowski/Ritter* in BeBiKo⁷, § 291, Rn. 16 sowie ADS⁶, § 291, Tz. 34.; nach dem Wortlaut des § 291 Abs. 2 S. 1 Nr. 1 HGB könnte auch die Auffassung vertreten werden, dass die Konsolidierungswahlrechte im befreienden KA in gleicher Weise ausgeübt werden müssen, so z.B. *Biener/Berneke*, BiRiLiG, S. 297.
150 Ebenso *Kozikowski/Ritter* in BeBiKo⁷, § 291, Rn. 17; ADS⁶, § 291, Tz. 35; BHdR, C 200, Rn. 72.
151 Vgl. dazu auch Tz. 91 ff.
152 Vgl. dazu die Aufzählung der Rechtsformen in Art. 4 Abs. 1 7. EG-RL.

94 Bei der Beurteilung der Übereinstimmung mit der 4. und 7. EG-RL ist zu berücksichtigen, dass sich die darin enthaltenen Regeln und sonstigen Anforderungen verändert haben[153], so dass ein KA, der entspr. den von der EU übernommenen IFRS aufgestellt wurde und bestimmte zusätzliche in der 7. EG-RL geforderte Anhangangaben enthält, im Einklang mit der 7. EG-RL steht. Nach der Begründung zur Modernisierungsrichtlinie wurden alle Unstimmigkeiten zwischen IFRS und der 7. EG-RL seinerzeit beseitigt. Das Einklangserfordernis ist daher in dem Sinne auszulegen, dass der IFRS-KA ein den tatsächlichen Verhältnissen entsprechendes Bild der Vermögens-, Finanz- und Ertragslage vermitteln muss und die Kriterien der Verständlichkeit, Erheblichkeit und Vergleichbarkeit erfüllt, ohne dass damit eine strenge Einhaltung jeder einzelnen Bestimmung der 7. EG-RL erforderlich ist[154].

95 Fraglich kann sein, ob ein befreiender KA für einen deutschen Teilkonzern auch dann vorliegt, wenn dieser Abschluss zwar deutschem Recht (HGB/AktG/GmbHG) entspricht, nicht aber dem des Landes, in dem das befreiende MU seinen Sitz hat.

96 Praktische Bedeutung könnte diese Frage z.B. dann haben, wenn eine britische Nicht-KapGes. den Hauptteil ihrer wirtschaftlichen Tätigkeit in Deutschland hat oder ein US-Konzern seine Beteiligungen an deutschen Unternehmen in einer Nicht-KapGes. in Großbritannien zusammengefasst hat. In beiden Fällen könnte ein Interesse daran bestehen, ggf. eine ganze Reihe von Teil-KA in Deutschland durch Aufstellung eines befreienden KA in Großbritannien zu vermeiden. Dabei könnte es wesentlich einfacher und kostengünstiger sein, den relativ unbedeutenden britischen Bereich auf die in Deutschland vorgeschriebene Rechnungslegung umzustellen, als umgekehrt. Ein solcher in Großbritannien nach deutschem Recht aufgestellter Abschluss ist nach dem Wortlaut von § 291 Abs. 2 Nr. 2 HGB kein befreiender KA, da er nicht britischem Recht entspricht. Dieses Ergebnis ist jedoch unbefriedigend. Die Bezugnahme auf das Recht des Staates, in dem das befreiende MU seinen Sitz hat, kann nur als **Diskriminierungsverbot**[155] innerhalb der EU angesehen werden. Das ist schon deswegen erforderlich, weil Abweichungen der nationalen Rechte innerhalb der EU nur durch unterschiedliche Ausübung nationaler Wahlrechte bedingt sein dürfen, die sich wiederum in den durch Art. 54 Abs. 3g EWGV gezogenen Grenzen der Gleichwertigkeit bewegen müssen. Keineswegs darf durch die Bezugnahme auf das für das befreiende MU geltende Recht eine weitergehende Harmonisierung verlangt werden. Folgt man den Überlegungen zum Diskriminierungsverbot, könnte davon auszugehen sein, dass auch ein KA, der in einem anderen EWR-Staat[156] nach deutschen, durch die 7. EG-RL bestimmten Konzernbilanzierungsvorschriften aufgestellt worden ist, befreiende Wirkung i.S.v. § 291 HGB hat[157]. Da ein IFRS-KA, ggf. bei entsprechender Ausübung der Wahlrechte, im Einklang mit der 7. EG-RL steht[158], kann diese Problematik durch einen freiwilligen befreienden IFRS-KA umgangen werden, sofern das Mitgliedstaatenwahlrecht des Art. 5 der IAS-Verordnung (Wahlrecht zur Aufstellung eines IFRS-KA nicht-kapitalmarktorientierter Gesellschaften) in dem Mitgliedstaat umgesetzt wurde, in dem das MU seinen Sitz hat. Fällt das befreiende MU als kapi-

---

153 Vgl. Rn. 15 der Begründung zur RL 2003/51/EG, Abl.EG 2003, Nr. 178, S. 16.
154 Vgl. Rn. 4 der Begründung zur RL 2003/51/EG, Abl.EG 2003, Nr. 178, S. 16 sowie Art. 3 Abs. 2 der IAS-Verordnung.
155 Vgl. dazu auch Art. 8 Abs. 2 7. EG-RL sowie *Biener/Schatzmann*, Konzernrechnungslegung, S. 18.
156 Dasselbe gilt auch, wenn ceteris paribus ein MU in einem Nicht-EWR-Land einen solchen Abschluss aufstellt, wenn auch das Diskriminierungsverbot insoweit nicht notwendigerweise gilt.
157 Kritisch dazu *Kozikowski/Ritter* in BeBiKo[7], § 291, Rn. 22; *Siebourg* in HdKonzernR[2], § 291, Rn. 26.
158 Vgl. Tz. 94.

talmarktorientierte Gesellschaft in den Anwendungsbereich der IAS-Verordnung, hat es ohnehin seinen KA nach IFRS aufzustellen[159].

Fraglich könnte ebenso sein, ob ein KA auch dann noch befreiende Wirkung hat, wenn er Unternehmen enthält, die zwar in Deutschland, nicht aber in dem Mitgliedstaat der EU/ Vertragsstaat des EWR, in dem der befreiende Abschluss aufgestellt werden soll, TU sind[160]. Ein solcher Fall könnte eintreten, wenn z.B. eine Vorkonsolidierung für den deutschen Bereich, in der solche Unternehmen enthalten sind, aus praktischen Gründen unverändert in einen befreienden KA in einem anderen EWR-Staat einbezogen werden soll. Nach dem Wortlaut des Gesetzes ist ein solcher Abschluss nicht von § 291 Abs. 2 Nr. 2 des Gesetzes abgedeckt, da er nicht dem Recht des Landes entspricht, in dem der KA aufgestellt wird. Da die materielle Abweichung nur aus einem Bereich kommen kann, der in Deutschland Bestandteil der RL ist, sollten gegen die Befreiungswirkung wegen des Diskriminierungsverbots keine Bedenken entstehen[161]. 97

Stellt eine Nicht-KapGes. mit Sitz im Inland oder EWR einen KA und KLB auf, dann hat er nur dann befreiende Wirkung, wenn er die Voraussetzungen des § 291 HGB erfüllt. Ist ein solcher KA nach dem PublG (§ 11 Abs. 1, 3) aufgestellt worden, so dürfen zur Erzielung einer Befreiungswirkung bestimmte Erleichterungsvorschriften des PublG nicht in Anspruch genommen werden (§ 13 Abs. 3 S. 3 PublG)[162]. 98

dd) Prüfung

Der befreiende KA und KLB müssen nach dem jeweiligen Recht, dem das befreiende MU unterliegt, von einem in Übereinstimmung mit den Vorschriften der Abschlussprüferrichtlinie[163] **zugelassenen APr.** geprüft worden sein (§ 291 Abs. 2 Nr. 2 HGB)[164]. Endet die Prüfung des befreienden KA mit einer Einschränkung oder Versagung des BestV, so kommt diesem trotzdem grds. Befreiungswirkung zu. Bei einer Versagung kann etwas anderes gelten, wenn die Gründe hierfür so weit gehen, dass der befreiende KA nach dem Gesamtbild der Umstände nicht nach dem maßgeblichen und mit den Anforderungen der 7. EG-RL übereinstimmenden Recht aufgestellt wurde und damit auch insgesamt nicht den Anforderungen des § 291 Abs. 2 Nr. 2 HGB entspricht. Es kann sich hierbei nur um eine Entscheidung im Einzelfall handeln. Diese Auslegung ergibt sich aus dem Gesetzeswortlaut, da nach § 291 Abs. 1 S. 1 HGB der befreiende KA auch einschließlich eines Vermerks über die Versagung des BestV offengelegt werden kann. Zudem sind an den befreienden KA keine größeren Anforderungen als an den entfallenden KA zu stellen, da im Falle der Versagung des BestV ein inländisches MU ebenfalls nicht verpflichtet ist, einen neuen KA aufzustellen[165]. 99

---

159 Vgl. dazu N Tz. 1.
160 Z.B. Tochterunternehmen i.S.v. § 290 Abs. 2 Nr. 4 HGB vgl. Tz. 77.
161 Vgl. auch Tz. 91; ebenso *Siebourg* in HdKonzernR², § 291, Rn. 21.
162 Vgl. im Einzelnen O Tz. 47.
163 Abschlussprüferrichtlinie, Abl.EU 2008 Nr. L 157, S. 87; der Wortlaut des § 291 Abs. 2 Nr. 2 HGB verweist auf die RL 84/253/EWG, also auf die 8. EG-RL. Diese wurde zwar mit der Abschlussprüferrichtlinie aufgehoben, Art. 50 der Abschlussprüferrichtlinie regelt aber, dass Bezugnahmen auf die 8. EG-RL als Bezugnahmen auf die Abschlussprüferrichtlinie gelten.
164 Wegen weiterer Einzelheiten vgl. Tz. 903 sowie ADS⁶, § 291, Tz. 40
165 Vgl. ADS⁶, § 291, Tz. 41.

ee) Anhang

100 Werden ein befreiender KA und KLB aufgestellt, so hat das befreite Unternehmen im Anh. zu seinem JA (§§ 284 ff. HGB) **folgende Angaben** zu machen (§ 291 Abs. 2 Nr. 3 HGB):

- Name und Sitz des MU, das den befreienden KA und KLB aufstellt,
- einen Hinweis auf die Befreiung von der Verpflichtung, einen KA und einen KLB aufzustellen sowie
- eine Erläuterung der im befreienden KA angewandten, vom deutschen Recht abw. Bilanzierungs-, Bewertungs- und Konsolidierungsmethoden[166].

101 Diese Angaben richten sich an die Adressaten des JA des befreiten Unternehmens. Bei den Erläuterungspflichten ist ein verbales Eingehen auf wesentliche Unterschiede als ausreichend zu betrachten. Quantitative Angaben werden nicht verlangt[167]. Falls der befreiende KA des übergeordneten MU nach den von der EU übernommenen IAS/IFRS aufgestellt wurde, besteht keine Erläuterungspflicht, da nach § 315a HGB und nach EU-Recht auch die von der EU übernommenen IAS/IFRS zu den in Deutschland anwendbaren Regelungen zählen. Im JA des zu befreienden MU sollte in solchen Fällen explizit auf die Tatsache hingewiesen werden, dass der befreiende KA nach den von der EU übernommenen IAS/IFRS aufgestellt wurde.

ff) Offenlegung

102 Der befreiende KA und der KLB einschließlich des BestV oder des Vermerks über seine Versagung müssen im elektronischen **BAnz.** (§ 325 Abs. 3 i.V.m. Abs. 1 HGB) in deutscher Sprache **bekannt gemacht** werden (§ 291 Abs. 1 S. 1 HGB). Der befreiende KA und KLB unterliegen somit derselben Publizität wie ein andernfalls von dem befreiten Unternehmen aufzustellender Teil-KA und Teilkonzern-LB. Eine Vorlagepflicht nach § 170 AktG oder § 42a GmbHG besteht für den befreienden KA und -lagebericht nicht[168].

103 Von dem Mitgliedstaatenwahlrecht der Übersetzung in die deutsche Sprache (Art. 7 Abs. 2 b bb S. 2 der 7. EG-RL) hat der Gesetzgeber Gebrauch gemacht, „weil die Offenlegung in einer fremden Sprache die Kenntnisnahme vom Inhalt des befreienden KA und KLB in einer Weise erschweren würde, die den Interessenten nicht zuzumuten ist"[169].

104 Auf die Beglaubigung der Übersetzung, die als Mitgliedstaatenwahlrecht ebenfalls hätte verlangt werden können, wurde dagegen verzichtet[170]. Eine Umrechnung ausländischer Währungen in EUR ist ebenfalls nicht erforderlich.

105 Die Offenlegung zum Zweck der Befreiung obliegt dem befreiten Unternehmen[171]. Sie muss vor Ablauf des zwölften Monats nach dem Stichtag des zu befreienden Unternehmens erfolgen (§ 291 Abs. 1 S. 1 i.V.m. § 325 Abs. 3 HGB). Die Offenlegung kann aus der Natur der Sache heraus nicht früher geschehen, als der befreiende KA und KLB des MU aufgestellt, geprüft, gebilligt und zur Veröffentlichung freigegeben sind. Dafür mögen in den Mitgliedstaaten der EU/Vertragsstaaten des EWR unterschiedliche Fristen

---

166 Diese Erläuterungspflicht wurde im Rahmen des KapAEG in § 291 Abs. 2 HGB aufgenommen, um sicherzustellen, dass die JA Adressaten angemessen über die Anwendung ausländischer Bilanzierungsmethoden unterrichtet werden; vgl. Begründung aus dem Regierungsentwurf, abgedruckt in *Ernst/Seibert/Stuckert*, S. 143.
167 Vgl. *Kozikowski/Ritter* in BeBiKo[7], § 291, Rn. 28.
168 Vgl. hierzu *Maas/Schruff*, WPg 1991, S. 765/770.
169 RegBegr. zu § 297 HGB (jetzt § 291 HGB), BR-Drs. 163/85, S. 44.
170 Vgl. RegBegr. zu § 297 HGB (jetzt § 291 HGB), BR-Drs. 163/85, S. 44.
171 Vgl. *Wiedmann*, Bilanzrecht[2], § 291, Rn. 16 und *Kozikowski/Ritter* in BeBiKo[7], § 291, Rn. 11.

Pflicht zur Aufstellung eines Konzernabschlusses und Konzernlageberichts **M**

gelten[172]. Auf jeden Fall wird dies – unter Annahme desselben Abschlussstichtages für alle Konzernunternehmen – erst einige Monate nach dem Abschlussstichtag des zu befreienden Unternehmens und möglicherweise erst nach dessen eigener HV sein. Da andererseits die ordnungsgemäße Veröffentlichung des befreienden KA und KLB Voraussetzung für eine wirksame Befreiung sein soll, hat dies zur Folge, dass über die Frage, ob das zu befreiende Unternehmen nicht doch einen Teil-KA und Teilkonzern-LB aufstellen muss, endgültig erst Monate nach dem Abschlussstichtag entschieden werden kann[173].

gg) Grenzen der Befreiungsmöglichkeit

Die Befreiungsmöglichkeit des § 291 Abs. 1 HGB durch einen übergeordneten KA gilt nicht bei bestimmten kapitalmarktorientierten MU (§ 291 Abs. 3 Nr. 1 HGB) oder wenn bestimmte Minderheitenvoten gegeben sind (§ 291 Abs. 3 Nr. 2 HGB). **106**

Die Befreiungsmöglichkeit durch einen übergeordneten KA besteht nicht, wenn von einem MU, das zugleich TU ist, ausgegebene Wertpapiere im Sinne von § 2 Abs. 1 S. 1 WpHG am Abschlussstichtag an einem organisierten Markt im Sinne von § 2 Abs. 5 WpHG notiert sind (§ 291 Abs. 3 Nr. 1 HGB)[174]. **107**

Damit können Unternehmen, die gem. Art. 4 der IAS-Verordnung ihren KA nach den von der EU übernommenen IFRS aufstellen müssen, nicht durch einen übergeordneten KA befreit werden. Hat das zu befreiende MU die Zulassung i.S.d. § 315a Abs. 2 HGB beantragt, so kann es bis zur Zulassung von der Aufstellung eines Teil-KA befreit werden (vgl. § 291 Abs. 3 S. 1 Nr. 1 HGB). In diesem Fall ist es nicht erforderlich, dass der befreiende Gesamt-KA nach IFRS aufgestellt wird. Nach Zulassung ist eine Befreiung nach § 291 Abs. 1 HGB nicht mehr möglich. **108**

Die Befreiung tritt nicht ein, wenn ein bestimmter Prozentsatz von Minderheitsaktionären/-gesellschaftern, die an dem zu befreienden MU beteiligt sind, die Aufstellung eines KA und KLB beantragen (§ 291 Abs. 3 Nr. 2 HGB)[175]. Durch das den Minderheiten zugestandene Recht, die Aufstellung eines ergänzenden KA verlangen zu können, soll ihnen die Möglichkeit gegeben werden, zusätzliche Informationen über den Teilbereich des Konzerns zu erhalten, an dem sie beteiligt sind[176, 177]. **109**

Hat das zu befreiende MU die Rechtsform einer **AG/KGaA**, so kann die Befreiung nicht erreicht werden, wenn mindestens **10 v. H.** der Aktionäre spätestens 6 Monate vor Ablauf des Konzern-GJ die Aufstellung eines Teil-KA und Teilkonzern-LB beantragen. Ist das zu **110**

---

172 Die 7. EG-RL enthält dafür keine Anforderungen. Jedoch sieht Art. 4 Abs. 1 u. 3 der Transparenz-RL für Wertpapieremittenten an geregelten Märkten eine Frist von vier Monaten für die Veröffentlichung von KA nach dem Ende des GJ vor.
173 Zu den Problemen, die sich in diesem Zusammenhang für den APr. des zu befreienden MU ergeben, vgl. *Maas/Schruff*, WPg 1991, S. 765/770.
174 Durch das TransPuG wurde für nach dem 31.12.2002 beginnende GJ (Art. 54 EGHGB) die Befreiungsmöglichkeit durch einen übergeordneten KA für MU in der Rechtsform einer AG aufgehoben, deren Aktien zum Handel im amtl. Markt (vgl. zum Begriff amtl. Markt *Berger/Lütticke* in BeBiKo⁵, § 291, Rn. 37). zugelassen sind. Durch das BilReG wurde diese Vorschrift für nach dem 31.12.2004 beginnende GJ dahingehend neu gefasst, dass die Notierung auf einem geregelten Markt ausschlaggebend wurde. Durch das BilMoG erfolgte eine redaktionelle Aktualisierung dahingehend, dass der Begriff des geregelten Marktes durch denjenigen des organisierten Marktes ersetzt wurde (vgl. Begr. RegE BilMoG, BT-Drs. 16/10067, S. 79.).
175 Diese Bestimmung ist trotz Verweises in § 11 Abs. 6 PublG auf § 291 HGB auf befreiende publizitätsgesetzliche KA nicht anwendbar (sinngemäße Anwendung), vgl. auch BR-Drs. 163/85, S. 44.
176 Vgl. dazu Tz. 75.
177 Einem weitergehenden Antrag, „die Befreiung zu versagen, wenn die Arbeitnehmervertretungen die Aufstellung eines KA und eines KLB beantragen", wurde mehrheitlich vom Rechtsausschuss nicht entsprochen, vgl. BT-Drs. 10/4268, S. 113.

111 Die in § 291 Abs. 3 Nr. 2 S. 2 HGB a.f. enthaltene Regelung, wonach die Befreiung in den Fällen, in denen dem **MU**, das einen befreienden KA und KLB erstellen will, **mindestens neunzig v. H.** der Anteile an dem zu befreienden Unternehmen gehören, der **Zustimmung** sämtlicher **anderer Gesellschafter** bedarf, wurde mit dem BilMoG gestrichen. Durch diese Änderung wird das Mitgliedsstaatenwahlrecht des Artikels 8 Abs. 1 der Konzernbilanzrichtlinie an die Unternehmen weitergegeben. Dadurch wird auch die nach § 291 Abs. 3 Nr. 2 S. 2 HGB a.f. verursachte rechtssystematisch unverständliche Situation beseitigt, dass kleinere Minderheiten einen größeren Schutz erhalten als größere Minderheiten[178].

c) Mutterunternehmen mit Sitz außerhalb des EWR

112 Für **MU**, die einen befreienden KA und KLB erstellen wollen und ihren Sitz **außerhalb des EWR** haben, ist das BMJ ermächtigt, im Einvernehmen mit dem BMF und dem BMWi eine entsprechende **Rechtsverordnung** zu erlassen (§ 292 Abs. 1 S. 1 HGB)[179]. Am 30.11.1991 ist die vom BMJ erlassene Rechtsverordnung zu § 292 HGB (Konzernabschlussbefreiungsverordnung = KonBefrV) in Kraft getreten[180]. In der Zwischenzeit wurde die KonBefrV mehrfach geändert. Die letzte Änderung der KonBefrV erfolgte mit dem BilMoG.

113 **Grundsätzlich** stellen die Befreiungsvorschriften der KonBefrV darauf ab, dass auch MU, die ihren Sitz außerhalb des EWR haben, **zu den gleichen Bedingungen** einen befreienden KA und KLB aufstellen können wie Unternehmen mit Sitz innerhalb des EWR. Die §§ 1 und 2 KonBefrV entsprechen weitgehend dem § 291 HGB, so dass grds. auf die entsprechenden Ausführungen verwiesen werden kann[181].

114 Das befreiende MU, das seinen Sitz nicht in einem EU-Mitgliedstaat oder einem anderen Vertragsstaat des EWR hat, darf nicht zwischen den Rechten der EU-Mitgliedstaaten/ EWR-Vertragsstaaten wählen, um eine ihm günstig erscheinende Transformation der 7. EG-RL anzuwenden. Es muss immer das Recht eines Mitgliedstaates/Vertragsstaates anwenden, in dem ein zu befreiendes MU seinen Sitz hat (§ 3 S. 1 KonBefrV). So kann z.B. ein MU mit Sitz in den USA einen befreienden KA und KLB für den Konzernteil in Deutschland nur dann nach Luxemburger Recht aufstellen, wenn es dort ein TU hat, das andernfalls zur Teilkonzernrechnungslegung verpflichtet wäre. Diese Regelung soll verhindern, dass sich MU aus Nicht-EWR-Staaten jeweils das EU-Mitgliedstaatenrecht/ EWR-Vertragsstaatenrecht auswählen, das die geringsten Anforderungen an die Konzernrechnungslegung stellt[182]. Um in solchen Fällen dem deutschen Handelsregister die Prüfung der Übereinstimmung mit den Vorschriften des anderen Mitgliedstaates zu ersparen, ist bei Einreichung des befreienden KA und KLB zum Handelsregister eine Bestätigung über die erfolgte Hinterlegung in dem anderen Mitgliedstaat/Vertragsstaat beizufügen (§ 3 S. 2 KonBefrV).

---

178 Vgl. Begr. RegE BilMoG, BT-Drs. 16/10067, S. 79; für detaillierte Ausführungen zum alten Rechtsstand siehe *Schruff* in WP Handbuch 2006 Bd. I = Voraufl., M Tz. 102-103.
179 Zum Umsetzungsverfahren vgl. § 292 Abs. 4 HGB.
180 Konzernabschlussbefreiungsverordnung (KonBefrV), v. 15.11.1991, BGBl. I, S. 2122. Für die Teilkonzerne, die nach den Vorschriften des PublG konzernrechnungslegungspflichtig sind, findet die KonBefrV ebenso Anwendung (§ 13 Abs. 4 PublG i.V.m. § 292 HGB i.V.m. KonBefrV), vgl. auch O Tz. 47.
181 Vgl. Tz. 83.
182 Zur Kritik an dieser Regelung vgl. *Maas/Schruff*, WPg 1991, S. 765 sowie *Wollmert/Oser*, DB 1995, S. 53.

Pflicht zur Aufstellung eines Konzernabschlusses und Konzernlageberichts **M**

Die KonBefrV geht jedoch insoweit über die Anwendung von § 291 HGB hinaus, als auch **115** eine Konzernrechnungslegung befreiende Wirkung haben kann, die einem nach EU-Mitgliedstaatenrecht/EWR-Vertragsstaatenrecht aufgestellten KA und KLB **gleichwertig** ist (§ 2 Abs. 1 Nr. 2 KonBefrV). Unter welchen Voraussetzungen ein KA und KLB jedoch als gleichwertig angesehen werden kann, ist in der KonBefrV nicht geregelt. Von dem Wahlrecht nach § 292 Abs. 3 S. 1 HGB, in der Rechtsverordnung zu bestimmen, welche Voraussetzungen im Einzelnen erfüllt sein müssen, damit Gleichwertigkeit vorliegt, hat der Verordnungsgeber keinen Gebrauch gemacht. Ebenso hat der Verordnungsgeber auf die Möglichkeit verzichtet, zusätzliche Angaben und Erläuterungen zum KA vorzuschreiben, um die Gleichwertigkeit herzustellen (§ 292 Abs. 3 S. 2 HGB). Das Kriterium der Gleichwertigkeit macht deutlich, dass eine exakte Anwendung etwa der deutschen Konzernrechnungslegungsvorschriften oder der Vorschriften eines anderen EU-Mitgliedstaates/EWR-Vertragsstaates nicht erforderlich ist. Entscheidend ist vielmehr das **Gesamtbild**, und zwar insoweit, als die Vermögens-, Finanz- und Ertragslage in dem befreienden KA und KLB so dargestellt sein muss, dass keine wesentlichen Informationsverluste gegenüber einem nach deutschen Vorschriften oder nach den Vorschriften eines anderen EU-Mitgliedstaates oder EWR-Vertragsstaates aufgestellten KA und KLB entstehen[183].

Die **EU-Kommission** hat in einer **Stellungnahme**[184], die sich auf das Mitgliedstaaten- **116** wahlrecht des Art. 11 Abs. 1 b 7. EG-RL bezieht, eine Auslegung des Begriffs der Gleichwertigkeit vorgelegt. Danach sind für die Auslegung des Begriffs der Gleichwertigkeit „diejenigen Vorschriften des Gemeinschaftsrechts (d.h. der 4. und 7. EG-RL – der Verf.) zugrunde zu legen, denen alle innerhalb der EU erstellten Abschlüsse entsprechen müssen, und zwar unabhängig von der Ausübung der den Mitgliedstaaten eingeräumten Wahlrechte"[185]. Im Ergebnis wird die Gleichwertigkeit nach Auffassung der EU-Kommission damit durch den Rahmen der in der 7. EG-RL enthaltenen Vorschriften bestimmt. Insoweit gilt für befreiende KA und KLB aus Nicht-EWR-Staaten kein niedrigerer Maßstab als für die Gleichwertigkeit von Abschlüssen aus verschiedenen Mitgliedstaaten der EU/Vertragsstaaten des EWR[186]. Schließt man sich dieser Auffassung an, so wäre in Deutschland jeder KA und KLB als befreiend anzuerkennen, der insgesamt den Vorschriften eines oder verschiedener EU-Mitgliedstaaten/EWR-Vertragsstaaten entspricht[187].

Eine derartige Auslegung des Begriffs der Gleichwertigkeit erscheint jedoch mit § 3 S. 1 **117** KonBefrV nicht vereinbar.

Vielmehr kann für das Kriterium der Gleichwertigkeit nach § 3 S. 1 KonBefrV nicht jedes **118** beliebige – mit den Anforderungen der 4. und 7. EG-RL übereinstimmende – Recht eines EU-Mitgliedstaates/EWR-Vertragsstaates als Maßstab herangezogen werden, sondern lediglich das Recht des EU-Mitgliedstaates/EWR-Vertragsstaates, in dem mit befreiender Wirkung ein KA und KLB offengelegt wird[188].

---

183 Vgl. ADS[6], § 292, Tz. 44.
184 Kommission der Europäischen Gemeinschaften, Stellungnahme zur Gleichwertigkeit von Abschlüssen von Unternehmen aus Drittländern, Brüssel, den 13.03.1991, XI/109/90 DE (2. Rev.).
185 Kommission der Europäischen Gemeinschaften, Stellungnahme zur Gleichwertigkeit von Abschlüssen von Unternehmen aus Drittländern, Brüssel, den 13.03.1991, XI/109/90 DE (2. Rev.).
186 Vgl. *Maas/Schruff*, WPg 1991, S. 765/768.
187 Vgl. ADS[6], § 292, Tz. 45.
188 Vgl. Tz. 115; ebenso ADS[6], § 292, Tz. 46 und im Ergebnis wohl auch *Busse v. Colbe u.a.*, Konzernabschlüsse[9], S. 81.

119 Materielle Bedeutung kommt dieser Einschätzung insb. im Hinblick auf die unterschiedliche Inanspruchnahme der Mitgliedstaatenwahlrechte in den einzelnen EU-Mitgliedsländern zu[189].

120 Welche Abweichungen von den deutschen Konzernrechnungslegungsvorschriften den Tatbestand der Gleichwertigkeit gefährden können und welche Anhangangaben notwendig sind, um die Gleichwertigkeit herzustellen, ist jeweils im **Einzelfall** zu prüfen. Keinesfalls ist es vertretbar, KA und KLB aus Nicht-EU-Mitgliedstaaten/EWR-Vertragsstaaten pauschal als gleichwertig anzuerkennen[190].

121 Ein KA, der entspr. den von der EU übernommenen IFRS aufgestellt wurde und bestimmte zusätzliche in Art. 34 bzw. Art. 36 7. EG-RL geforderte Anhangangaben bzw. Lageberichtsangaben enthält (vgl. auch § 315a Abs. 1 HGB), steht im Einklang mit der 7. EG-RL[191]. Da die von der EU übernommenen IFRS auch im KA inländischer MU angewandt werden dürfen (§ 315a Abs. 3 HGB), bestehen gegen die Befreiung durch den IFRS-KA eines übergeordneten ausländischen MU keine Bedenken.

122 Ein KA nach US-GAAP kann das Gleichwertigkeitskriterium erfüllen und kann unter bestimmten Voraussetzungen befreiende Wirkung erlangen. Zusätzliche in der 7. EG-RL geforderte Anhangangaben müssen ggf. gemacht werden. Da nach US-GAAP kein KLB existiert, müssen dem Art. 36 7. EG-RL gleichwertige Angaben an anderer Stelle in den veröffentlichten Unterlagen in vergleichbarer Form in einer geschlossenen Darstellung gegeben werden. Die notwendigen Angaben können in die MD&A innerhalb des KA nach US-GAAP aufgenommen werden.

123 <u>Abweichungen</u> von den deutschen Konzernrechnungslegungsvorschriften beeinträchtigen die Gleichwertigkeit dann nicht, wenn diese Abweichungen im **Konzernanhang** hinreichend genau erläutert werden (§ 2 Abs. 1 Nr. 4c KonBefrV). Die Erläuterung kann sich auf qualitative Angaben beschränken.

124 Abweichungen, die im Hinblick auf die Vermittlung eines den tatsächlichen Verhältnissen entsprechenden Bildes der Vermögens-, Finanz- und Ertragslage von **untergeordneter Bedeutung** sind, stehen der befreienden Wirkung nicht entgegen[192].

125 Die befreiende Wirkung eines KA und KLB eines MU mit Sitz außerhalb des EWR tritt grds. nur dann ein, wenn der KA von einem **APr.** geprüft worden ist, der in Übereinstimmung mit den Vorschriften der Abschlussprüferrichtlinie[193] zugelassen ist. In der Fassung vor BilMoG enthielt § 2 Abs. 1 Nr. 3 KonBefrV zusätzlich das Erfordernis, dass der KLB geprüft werden muss[194]. Diese Voraussetzung wurde durch das BilMoG gestrichen[195]. Andere APr. sollen nur dann befugt sein, mit befreiender Wirkung zu prüfen, wenn sie eine den Anforderungen der Abschlussprüferrichtlinie **gleichwertige Befähigung** haben und der KA in einer den Anforderungen des HGB entsprechenden Weise geprüft worden ist (§ 2 Abs. 1 Nr. 3 KonBefrV)[196]. Häufig wird der KA eines MU mit Sitz

---

189 Vgl. *Busse v. Colbe u.a.*, Konzernabschlüsse[9], S. 81.
190 Vgl. hierzu insb. ADS[6], § 292, Tz. 47; *Kozikowski/Ritter* in BeBiKo[7], § 292, Rn. 25.
191 Vgl. Tz. 94.
192 Vgl. *Busse v. Colbe u.a.*, Konzernabschlüsse[9], S. 81; *Havermann* in FS Zünd, S. 263/270.
193 Abschlussprüferrichtlinie, Abl.EU 2008 Nr. L 157, S. 87; in der Fassung vor BilMoG enthielt § 2 Abs. 1 Nr. 3 KonBefrV einen Verweis auf die 8. EG-RL; diese wurde durch die Abschlussprüferrichtlinie aufgehoben. Die Anforderungen der Abschlussprüferrichtlinie gehen dabei über die Anforderungen der 8. EG-RL hinaus, vgl. detaillierter *Gelhausen/Fey/Kämpfer*, BilMoG, Q, Rn. 129.
194 Die KonBefrV in der Fassung nach BilMoG ist ab 29.05.2009 anwendbar.
195 Zu den Hintergründen vgl. z.B. *Gelhausen/Fey/Kämpfer*, BilMoG, Q, Rn. 136.
196 Zu den Aufgaben des APr. des zu befreienden MU vgl. *Maas/Schruff*, WPg 1991, S. 765/770.

außerhalb des EWR von einem APr. geprüft sein, der nicht auf der Grundlage der Abschlussprüferrichtlinie zugelassen ist. In diesen Fällen muss der ausländische APr. über gleichwertige fachliche und persönliche Voraussetzungen verfügen. APr., die Mitglied einer Berufsorganisation sind, deren Prüfungsgrundsätze oder nationale Vorschriften den RL der IFAC entsprechen, werden im Allgemeinen die Anforderungen der Gleichwertigkeit erfüllen. Sofern Wertpapiere i.S.d. § 2 Abs. 1 S. 1 WpHG des MU, das den befreienden KA und KLB erstellt, an einer **inländischen Börse zum Handel** am regulierten Markt zugelassen sind, weist ein nicht nach den Vorschriften der Abschlussprüferrichtlinie zugelassener APr. des MU nur dann eine gleichwertige Befähigung auf, wenn er entweder gem. § 134 Abs. 1 WPO bei der WPK **eingetragen** ist, oder die Gleichwertigkeit gem. § 134 Abs. 4 WPO **anerkannt** ist (§ 2 Abs. 1 S. 2 KonBefrV sowie § 292 Abs. 2 S. 2 HGB)[197]. Zudem ist in diesem Fällen eine **Bescheinigung der WPK** gem. § 134 Abs. 2a WPO über die Eintragung des APr. oder eine Bestätigung der WPK gem. § 134 Abs. 4 S. 8 WPO über die Befreiung von der Eintragungsverpflichtung **offen zu legen** (§ 1 S. 2 KonBefrV). Diese Regelungen gelten nicht, wenn ausschließlich Schuldtitel des MU i.S.d. § 2 Abs. 1 S. 1 Nr. 3 WpHG mit einer Mindeststückelung von 50.000 € oder dem entsprechenden Betrag in anderer Währung an einer inländischen Börse zum Handel am regulierten Markt zugelassen sind (§ 1 S. 3 und § 2 Abs. 1 S. 3 KonBefrV sowie § 292 Abs. 2 S. 3 HGB)[198].

Bei der Durchführung der Prüfung, die den Anforderungen des HGB entsprechen muss, sind insb. die Grundsätze über die Pflicht zur Prüfung (§ 316 HGB), die Auswahl des APr. (§ 319 HGB), die Vorlagepflicht/das Auskunftsrecht (§ 320 HGB) und den BestV (§ 322 HGB) zu beachten[199]. Nicht einbezogen in die Verweisung der Begründung zu § 2 Abs. 1 Nr. 3 KonBefrV ist der PrB nach § 321 HGB, da es sich hier nicht um eine Vorschrift des harmonisierten EU-Rechts handelt[200]. **126**

Der befreiende KA und KLB einschließlich des BestV muss nach den Vorschriften, die für den entfallenden KA und KLB maßgeblich sind, in deutscher Sprache offengelegt werden (§ 1 S. 1 KonBefrV). Die **Offenlegung** hat sich demnach an den Vorschriften der §§ 325 ff. HGB zu orientieren. Danach müssen der befreiende KA und KLB der Gesellschaft im elektronischen BAnz. bekannt gemacht werden[201]. **127**

5. Größenabhängige Befreiungen

a) Grundsatz

Für die Konzerne, die bestimmte **Größenmerkmale** nicht überschreiten, sehen die HGB-Vorschriften eine Befreiung von der Konzernrechnungslegung vor. Die Befreiung gilt, sofern die im Einzelnen dafür erforderlichen Voraussetzungen erfüllt sind, grds. für alle andernfalls zur Konzernrechnungslegung verpflichteten MU in der Rechtsform der AG, SE, KGaA, GmbH und KapGes. & Co. (§ 293 Abs. 1 HGB). Für MU, die KI bzw. Finanzdienstleistungsunternehmen oder VU sind, gilt die Befreiung nicht, da die An- **128**

---

197 Vgl. hierzu weiterführend *Gelhausen/Fey/Kämpfer*, BilMoG, Q, Rn. 129-133.
198 Diese Regelungen sind erstmals anzuwenden in dem nach dem 31.12.2008 beginnenden Geschäftsjahr, vgl. Art. 66 Abs. 2 EGHGB.
199 Vgl. Begr. BMJ, 3507/12-32 3683/91, S. 9 zu § 2 KonBefrV; die Änderung des § 2 Abs. 1 Nr. 3 KonBefrV hatte ausweislich der Gesetzesbegründung (vgl. Begr. RegE BilMoG, BT-Drs. 16/10067, S. 112) nur klarstellende Wirkung dahingehend, dass kein Erfordernis besteht, den KLB einer gleichwertigen Prüfung zu unterziehen, so dass hinsichtlich der Verweisung auf die entsprechenden deutschen handelsrechtlichen Regelungen die ursprüngliche Begründung zur KonBefrV weiter Bestand hat.
200 Vgl. Begr. BMJ, 3507/12-32 3683/91, S. 9 zu § 2 KonBefrV.
201 Zur Veröffentlichung in einem anderen Mitgliedstaat vgl. § 3 KonBefrV.

wendung des § 293 HGB ausdrücklich für KI nach § 340i Abs. 2 S. 2 HGB und für VU nach § 341j Abs. 1 S. 2 HGB ausgeschlossen ist. Die Konzernrechnungslegungspflichten für Nicht-Kapitalgesellschaften nach § 11 Abs. 1 PublG bleiben unberührt.

129 Ein MU ist grds.[202] von der Verpflichtung zur Aufstellung eines KA und KLB befreit, wenn an **zwei**[203] aufeinanderfolgenden Abschlussstichtagen die Schwellenwerte von mindestens zwei der drei Merkmale Bilanzsumme, Umsatzerlöse und durchschnittliche Arbeitnehmerzahl unterschritten werden. Als Bezugsgrundlage können entweder die summierten JA des MU und der TU des Konsolidierungskreises (Bruttomethode) oder aber auch ein konsolidierter Abschluss dieser Unternehmen (Nettomethode) gewählt werden (§ 293 Abs. 1 HGB)[204].

130 Bei der **Bruttomethode** setzen sich Bilanzsumme und Umsatzerlöse aus den kumulierten Werten aller JA der Konzerngesellschaften zusammen, ohne dass Konsolidierungsbuchungen vorgenommen wurden. „Eine Anpassung an die konzerneinheitlichen Bilanzierungs- und Bewertungsvorschriften (§§ 300, 308 HGB) ist nicht erforderlich, soweit die JA dem für sie maßgeblichen Recht entsprechen"[205]. Dadurch wird die Überprüfung der Konzernrechnungslegungspflicht aufgrund der Größenklassenkriterien erleichtert, da nicht erst ein KA aufgestellt werden muss. I.d.R. wird der Bruttomethode die HB I[206] zugrunde gelegt werden[207]. Es ist jedoch nicht ausgeschlossen, die Bruttomethode auf der Grundlage von niedrigeren Wertansätzen einer HB II nach einheitlichen Bilanzierungs- und Bewertungsvorschriften anzuwenden. Im Vergleich zur Nettomethode entsteht daraus kein ungerechtfertigter Vorteil. Ebenso erscheint es zulässig, insgesamt bei Anwendung der Bruttomethode von IFRS-Einzelabschlüssen auszugehen, zumal der Sinn der Bruttomethode darin besteht, insb. bei der Existenz von ausländischen TU ohne größeren Aufwand die Verpflichtung zur Konzernrechnungslegung zu bestimmen[208].

131 Die Schwellenwerte des § 293 Abs. 1 S. 1 Nr. 2 HGB **(Nettomethode)** erfordern dagegen einen aufgestellten KA. Ist der KA eines MU in der Vergangenheit (freiwillig nach § 315a Abs. 3 HGB) unter Anwendung der IFRS aufgestellt worden, so kann der Nettomethode der IFRS-KA für die Überprüfung der größenabhängigen Befreiung zugrunde gelegt werden.

132 Die Grenzwerte für Bilanzsumme und Umsatzerlöse bei der Bruttomethode liegen um etwa **20%** über denen der Nettomethode. Die Differenz ist als Ausgleich für die Verminderung beider Größenmerkmale durch Konsolidierungsvorgänge (z.B. Kapitalkonsolidierung, Schuldenkonsolidierung, Zwischenergebniskonsolidierung, Konsolidierung von Innenumsatzerlösen) gedacht. Es ist den MU freigestellt, welcher Methode sie sich bedienen. Das Wahlrecht kann auch von Jahr zu Jahr unterschiedlich[209], jedoch an einem Stichtag nur einheitlich für den gesamten **Konsolidierungskreis** angewandt werden. Die Anwendung der Bruttomethode erspart den MU eine Probekonsolidierung, wie sie nach dem PublG erforderlich ist[210].

---

202 Vgl. aber die Ausnahme von der Befreiungsmöglichkeit für kapitalmarktorientierte Unternehmen (§ 293 Abs. 5 HGB), Tz. 150.
203 § 11 PublG stellt im Gegensatz dazu auf drei aufeinanderfolgende Abschlussstichtage ab; vgl. O Tz. 23.
204 Im § 11 PublG ist ausschließlich die Nettomethode vorgesehen.
205 Vgl. ADS[6], § 293. HGB Tz. 8.
206 Unter HB I werden die JA nach dem jeweiligen Landesrecht (auch der ausländischen TU) verstanden.
207 Vgl. *Kozikowski/Ritter* in BeBiKo[7], § 293, Rn. 12.
208 Vgl. Begr. RegE, BT-Drucks, 10/3440, S. 45.
209 Das Stetigkeitsgebot des § 297 Abs. 3 S. 2 HGB trifft nicht zu, da es sich bei der Befreiung nach § 293 HGB nicht um eine Konsolidierungsmethode handelt.
210 Vgl. O Tz. 30.

Maßgebend für die Feststellung, ob die Größenmerkmale erreicht sind, ist bei Anwendung der Bruttomethode der Abschlussstichtag des MU (§ 293 Abs. 1 Nr. 1 HGB), bei Anwendung der Nettomethode ist der KA-Stichtag maßgeblich (§ 293 Abs. 1 Nr. 2 HGB). 133

Die Schwellenwerte des § 293 Abs. 1 HGB wurden mehrfach **geändert**. Durch das BilMoG wurden bei der Bruttomethode die Grenzwerte für die Bilanzsumme von € 19.272.000 auf € 23.100.000 und die Umsatzerlöse von € 38.544.000 auf € 46.200.00 erhöht. Bei der Nettomethode wurden die Größenkriterien Bilanzsumme von € 16.060.000 auf € 19.250.000 und Umsatzerlöse von € 32.120.000 auf € 38.500.000 angehoben. Die neuen Werte sind erstmals für nach dem 31.12.2007 beginnende GJ anzuwenden (vgl. Art. 66 Abs. 1 EGHGB). Dabei sind für die Beurteilung, ob am 31.12.2008 die Schwellenwerte an zwei aufeinanderfolgenden Abschlussstichtagen über- oder unterschritten wurden, zum 31.12.2007 und zum 31.12.2006 bereits die erhöhten Schwellenwerte zugrunde zu legen[211]. Der Schwellenwert bzgl. der Arbeitnehmerzahl blieb mit 250 Arbeitnehmern unverändert. 134

b) Abgrenzung des Konsolidierungskreises

Die Abgrenzung des Konsolidierungskreises kann im Zusammenhang mit § 293 HGB unmittelbar einen Einfluss auf die Befreiung oder Nicht-Befreiung von der Konzernrechnungslegung haben. Fraglich ist, ob für die **Ermittlung der Größenmerkmale** alle oder nur die andernfalls tatsächlich konsolidierten TU maßgebend sind. Nach Sinn und Zweck der Vorschrift können die Größenmerkmale sich nur auf einen KA beziehen, der aufgestellt würde, wenn die Voraussetzungen für eine Befreiung nach § 293 HGB nicht gegeben sind. Dabei ist zu beachten, dass der Konsolidierungskreis sich nach den §§ 294, 296 HGB oder ggf. auch nach IAS 27.4, IAS 27.12 -.17 bestimmen kann[212]. 135

Das heißt, dass für die Ermittlung der Größenmerkmale Konzernbilanzsumme und Außenumsatzerlöse TU, für die ein Konsolidierungswahlrecht besteht, berücksichtigt werden dürfen, aber nicht berücksichtigt zu werden brauchen. Insoweit haben die MU einen Gestaltungsspielraum bei der Anwendung von § 293 HGB. 136

Diese Auslegung wird insb. von dem Wortlaut bestätigt, den das Gesetz für das dritte Größenmerkmal nach der Nettomethode (Anzahl der beschäftigten Arbeitnehmer, § 293 Abs. 1 S. 1 Nr. 2c HGB) verwendet: „Das Mutterunternehmen und die in den KA einbezogenen Tochterunternehmen". Da das Gesetz mit der Einführung der Bruttomethode lediglich eine Arbeitsvereinfachung, aber keine über den Schätzrahmen von 20% hinausgehenden materiellen Differenzierungen schaffen wollte[213], ist davon auszugehen, dass auch für die Abgrenzung des Konsolidierungskreises im Zusammenhang mit § 293 HGB kein Unterschied zwischen der Brutto- und der Nettomethode besteht. 137

c) Größenmerkmale
aa) Bilanzsumme

Für die Ermittlung der **„Bilanzsummen"** nach der **Bruttomethode** (§ 293 Abs. 1 S. 1 Nr. 1a HGB) sind die Bilanzsummen des MU und der TU, die in den KA einbezogen werden sollen, zu addieren. Wird in den Einzelbilanzen auf der Aktivseite ein „nicht durch 138

---

211 Vgl. Begr. RegE BilMoG, BT-Drs. 16/10067, S. 98.
212 Vgl. zum Konsolidierungskreis im Einzelnen Tz. 181 ff sowie N Tz. 881 für IAS 27.4, 27.12 -.18.
213 In der Begründung zum RegE von § 299 HGB (jetzt § 293 HGB) heißt es dazu: „... damit die Unternehmen nicht genötigt werden, einen KA aufzustellen, nur um feststellen zu können, ob sie zur Konzernrechnungslegung verpflichtet sind", BR-Drs. 163/85, S. 45.

EK gedeckter Fehlbetrag" (§ 268 Abs. 3 HGB) ausgewiesen, so ist die Summe dieser Beträge abzuziehen. In den Einzelbilanzen enthaltene Rückstellungen und Verbindlichkeiten für Verbrauchsteuern und Monopolabgaben dürfen hier – anders als nach § 1 Abs. 2 S. 1 PublG – nicht von der Bilanzsumme abgezogen werden[214].

139 Für die Ermittlung der Konzernbilanzsumme nach der **Nettomethode** (§ 293 Abs. 1 Nr. 2a HGB) ist grds. die Aufstellung einer Probekonzernbilanz nach den Vorschriften des HGB erforderlich. Kapital- und Schuldenkonsolidierung sind vorzunehmen. Zwischenergebnisse sind, soweit erforderlich, zu eliminieren. Soweit bei der Gestaltung der Konzernbilanz nach dem HGB Bilanzierungs- und Bewertungswahlrechte bestehen, können sie auch dann in Anspruch genommen werden, wenn dadurch die Konzernbilanzsumme unter die kritische Grenze sinken sollte. Ist der KA eines MU in der Vergangenheit (freiwillig nach § 315a Abs. 3 HGB) unter Anwendung der IFRS aufgestellt worden, so kann der Nettomethode auch der IFRS-KA zugrunde gelegt werden, selbst wenn die Konzern-Bilanzsumme wegen abw. Gliederungs- und Ausweisvorschriften der IFRS niedriger sein sollte als nach denen des HGB.

140 Wie bei der Bruttomethode ist auch bei der Nettomethode ein etwaiger ausgewiesener Fehlbetrag auf der Aktivseite von der Konzernbilanzsumme zu kürzen (§ 293 Abs. 1 Nr. 2a HGB). Rückstellungen und Verbindlichkeiten für Verbrauchsteuern und Monopolabgaben dürfen auch hier nicht abgezogen werden.

141 Die Aufstellung einer Probebilanz ist nicht erforderlich, wenn die Befreiung bereits durch die Merkmale des § 293 Abs. 1 Nr. 2b und c HGB begründet wird. Trifft nur eines der Merkmale nach § 293 Abs. 1 Nr. 2b oder c HGB zu, wird auch in diesen Fällen auf die Aufstellung einer vollständigen Konzern-Probebilanz verzichtet werden können, wenn bereits überschlägige Rechnungen ergeben, dass der Schwellenwert hinsichtlich der Konzernbilanzsumme keinesfalls überschritten wird.

bb) Umsatzerlöse

142 Die „**Umsatzerlöse**" nach der **Bruttomethode** (§ 293 Abs. 1 Nr. 1b HGB) werden durch Addition der in den Einzel-GuV ausgewiesenen Umsatzerlöse ermittelt. In den Umsatzerlösen enthaltene Verbrauchsteuern und Monopolabgaben dürfen – anders als in § 1 Abs. 2 S. 3 PublG – nicht abgesetzt werden[215].

143 Bei Anwendung der **Nettomethode** (§ 293 Abs. 1 Nr. 2b HGB) treten an die Stelle der summierten Umsatzerlöse aus den Einzel-GuV die **Außenumsatzerlöse** des Konzerns. Darin enthaltene Verbrauchsteuern und Monopolabgaben dürfen nicht abgesetzt werden. Umsatzerlöse aus dem Lieferungs- und Leistungsverkehr mit nicht in den KA einbezogenen TU gelten als Außenumsatzerlöse. Bei Zusammenfassungen von Unternehmen mit stark heterogener wirtschaftlicher Tätigkeit in einem KA müssen die Umsatzerlöse ggf. abw. vom Ausweis in den JA ausgewiesen werden[216].

144 Wird das Größenmerkmal „Anzahl der Beschäftigten" nicht überschritten, so wird es – sofern nicht überschlägige Rechnungen bereits eindeutige Ergebnisse liefern – im Interesse eines möglichst geringen Aufwands i.d.R. zweckmäßig sein, zunächst das Merkmal „Außenumsatzerlöse" zu prüfen, ehe eine Konzern-Probebilanz aufgestellt wird.

---

214 Vgl. im Einzelnen O Tz. 32.
215 Vgl. im Einzelnen O Tz. 32.
216 Vgl. Tz. 621 ff.

cc) Anzahl der Arbeitnehmer

145 Die Ermittlung der Anzahl der Arbeitnehmer ist bei der Brutto- und bei der Nettomethode in gleicher Weise vorzunehmen[217]. Abgestellt wird ausschließlich auf die Zahl der Arbeitnehmer, die bei Unternehmen des Konsolidierungskreises beschäftigt sind. Der Sitz der Unternehmen des Konsolidierungskreises hat für die Befreiung keine Bedeutung[218].

146 Für die Ermittlung der durchschnittlichen Zahl der Arbeitnehmer ist § 267 Abs. 5 HGB anzuwenden (§ 293 Abs. 1 S. 2 HGB)[219].

d) Beginn und Dauer der Befreiung

147 Die Befreiung von der Konzernrechnungslegungspflicht tritt grds. erstmals für den zweiten[220] der aufeinanderfolgenden Abschlussstichtage ein, an dem mindestens zwei der drei Merkmale des § 293 Abs. 1 HGB zutreffen. Dabei braucht es sich nicht an jedem Abschlussstichtag um die gleichen Merkmale zu handeln. Die Befreiung entfällt erst dann wieder, wenn für zwei aufeinanderfolgende Abschlussstichtage mindestens **zwei der drei Größenmerkmale** überschritten werden. Ein KA braucht demnach erst für den zweiten der aufeinanderfolgenden Abschlussstichtage aufgestellt zu werden, an dem die genannten Größenmerkmale überschritten sind (§ 293 Abs. 4 HGB)[221]. Der durch das BilMoG in § 293 Abs. 4 S. 2 HGB[222] aufgenommene Verweis auf § 267 Abs. 4 S. 2 HGB bewirkt, dass bei erstmaliger Konzernbildung nach einer **Neugründung** oder **Umwandlung** die größenabhängige Befreiung nicht in Anspruch genommen werden kann, wenn die Schwellenwerte des § 293 Abs. 1 HGB überschritten werden[223]. Vor Einfügung dieses Verweises wurde in der Kommentierung die Auffassung vertreten, dass in Anwendung von § 293 Abs. 4 HGB in solchen Fällen die Befreiungsmöglichkeit des § 293 Abs. 1 HGB in Anspruch genommen werden könne[224]. Unter Neugründung ist dabei das erstmalige Entstehen eines Mutter-Tochter-Verhältnisses im Sinne von § 290 HGB zu verstehen. Dabei wird in der Kommentierung auch eine so genannte wirtschaftliche Neugründung unter § 293 Abs. 4 S. 2 HGB gefasst. Hierunter sind bspw. solche Fälle zu verstehen, in denen zwei inaktive Gesellschaften (MU und TU) das erste operative TU erwerben. Für Umwandlungsfälle kann § 293 Abs. 4 S. 2 HGB dann relevant sein, wenn einer der beteiligten Rechtsträger durch den Umwandlungsvorgang den Status eines MU im Sinne von § 290 HGB erlangt[225].

148 Unabhängig davon hat ein MU nur so lange einen KA und einen KLB aufzustellen, wie ein Mutter-Tochter-Verhältnis vorliegt (§ 290 HGB). Besteht ein solches Verhältnis am maßgeblichen Abschlussstichtag nicht mehr, entfällt damit automatisch die Verpflichtung zur Konzernrechnungslegung, ohne dass eine weitere Frist einzuhalten ist.

---

217 Vgl. Tz. 137.
218 Vgl. im Gegensatz dazu § 11 Abs. 1 Nr. 3 PublG; O Tz. 38.
219 Vgl. F Tz. 73.
220 Vgl. im Gegensatz dazu § 11 PublG; O Tz. 39.
221 Einer Meldepflicht i.S.v. § 12 Abs. 2 PublG bedarf es nicht.
222 § 293 Abs. 4 S. 2 HGB ist im Gegensatz zu § 293 Abs. 1 HGB verpflichtend erst für Geschäftjahre, die nach dem 31.12.2009 beginnen, anzuwenden (vgl. Art. 66 Abs. 3 S. 1 EGHGB). Im Falle vorzeitiger Anwendung aller durch das BilMoG geänderten Vorschriften ist eine Anwendung für alle Geschäftsjahre, die nach dem 31.12.2008 beginnen, geboten (vgl. Art. 66 Abs. 3 S. 6 EGHGB).
223 Vgl. *Küting/Koch* in Küting/Pfitzer/Weber, Bilanzrecht², S. 408.
224 Vgl. *Hoyos/Ritter-Thiele* in BeBiKo⁶, § 293, Rn. 28.
225 Vgl. detaillierter *Gelhausen/Fey/Kämpfer*, BilMoG, Q, Rn. 152-159.

149 Die aktuellen Schwellenwerte sind zur Bestimmung der Konzernrechnungslegungspflicht auch auf die entsprechenden **Vorjahreszahlen** anzuwenden.

e) Nichtanwendbarkeit der Befreiungsregel

150 Die Befreiung von der Aufstellung eines KA und eines KLB ist ausgeschlossen, wenn das MU selbst oder eines der in den KA einbezogenen TU am Abschlussstichtag kapitalmarktorientiert im Sinn des § 264d HGB ist (§ 293 Abs. 5 HGB)[226].

151 Sind Aktien eines nichtkonsolidierten TU, z.B. aufgrund der Konsolidierungswahlrechte des § 296 HGB, zum amtl. Handel zugelassen, so berührt das die Befreiung nicht.

6. Abschlussstichtag, Konzerngeschäftsjahr, Geschäftsjahr der einbezogenen Unternehmen

a) Abschlussstichtag

152 Der KA ist gem. § 299 Abs. 1 HGB auf den Stichtag des JA des **MU** aufzustellen.

153 Wird das GJ des MU geändert und deshalb nach § 240 Abs. 2 S. 2 HGB ein Rumpf-GJ eingelegt, hat dies wegen § 299 Abs. 1 HGB auch ein Konzern-Rumpf-GJ zur Folge[227].

b) Geschäftsjahr der einbezogenen Unternehmen

154 Die **JA der in den KA einbezogenen Unternehmen** sollen auf den Stichtag des KA aufgestellt werden. Da § 299 Abs. 2 S. 1 HGB somit nur eine Sollvorschrift enthält, sind die konsolidierten Unternehmen in der Wahl ihres Abschlussstichtages grds. frei. Liegt der Abschlussstichtag eines konsolidierten Unternehmens allerdings **mehr als drei Monate** vor dem KA-Stichtag, so muss dieses Unternehmen auf den Konzernabschlussstichtag einen **Zwischenabschluss** aufstellen (§ 299 Abs. 2 S. 2 HGB)[228]. Seine Aufgabe besteht darin, einen Abrechnungszeitraum zu schaffen, der abw. vom normalen GJ des Unternehmens Grundlage für die Aufstellung des KA ist[229]. Für die rechtlichen Beziehungen der Gesellschaft zu ihren Gesellschaftern sowie für die Besteuerung hat er keine Bedeutung. Eine Billigung durch den AR ist nicht vorgesehen[230]. Insb. bildet der Zwischenabschluss keine Grundlage für die Gewinnverteilung und unterscheidet sich insoweit wesentlich vom JA.

155 Trotz abw. Stichtage kann auf die **Aufstellung eines Zwischenabschlusses verzichtet** werden[231], wenn der Abschlussstichtag des einbezogenen Unternehmens nicht mehr als drei Monate (bei VU 6 Monate, § 341i Abs. 3 S. 2 HGB) vor dem Stichtag des KA liegt (§ 299 Abs. 2 S. 2 HGB). Auch in diesem Falle geht i.d.R. ein Zeitraum von zwölf Monaten in die Konzernrechnungslegung ein, allerdings mit einer Phasenverschiebung von

---

226 § 293 Abs. 5 HGB hat im Rahmen des BilMoG eine redaktionelle Änderung dahingehend erfahren, dass im Vergleich zum § 293 Abs. 5 HGB a.F. statt einer Beschreibung kapitalmarktorientierter Unternehmen auf die Vorschrift des § 264d HGB verwiesen wird.
227 So im Ergebnis auch *Förschle/Deubert* in BeBiKo[7], § 299, Rn. 4.
228 Zur Kritik an dieser Regelung vgl. *Maas/Schruff*, WPg 1985, S. 1; *Harms/Küting*, BB 1985, S. 432 Für den KA für VU gilt statt der 3-Monats-Frist eine 6-Monats-Frist (§ 341i Abs. 3 S. 2 HGB).
229 Vgl. auch *IDW St/HFA 4/1988*, WPg 1988, S. 682.
230 Vgl. dazu im Einzelnen *Mock*, DB 1987, S. 2553.
231 Der Verzicht auf die Aufstellung von Zwischenabschlüssen wird insb. mit Kosten- und Zeitersparnis begründet. Ob diese Gründe tatsächlich zutreffen, braucht an dieser Stelle nicht geprüft zu werden, vgl. hierzu *Niehus*, DB 1984. S. 1792; *v. Wysocki/Wohlgemuth*, Konzernrechnungslegung[4], S. 38; *Maas/Schruff*, WPg 1985, S. 1; *Harms/Küting*, BB 1985, S. 432. Er wird im deutschen Schrifttum überwiegend abgelehnt, vgl. ebenda sowie ADS[6], § 299, Tz. 27 m.w.N.

bis zu drei Monaten. Ist der Konzernabschlussstichtag z.B. der 31.12., so brauchen die einbezogenen Unternehmen, deren GJ zwischen dem 30.9. und dem 31.12. endet, keinen Zwischenabschluss aufzustellen. Grundlage für die Konsolidierung ist dann ihr regulärer JA. Liegt der Abschluss eines einbezogenen TU nach dem Stichtag des KA, so ist stets ein Zwischenabschluss aufzustellen[232].

Vorgänge von besonderer Bedeutung, die zwischen dem (abw.) Abschlussstichtag des konsolidierten TU und dem Konzernabschlussstichtag eingetreten sind, sind in der Konzernbilanz und der Konzern-GuV zu berücksichtigen oder im KAnh. anzugeben (§ 299 Abs. 3 HGB). Dadurch soll die Informationslücke geschlossen werden, die durch die Konsolidierung von JA mit unterschiedlichem Zeitbezug entsteht, und Missbräuche ausgeschlossen oder zumindest erkennbar gemacht werden[233]. 156

Hat ein **Gemeinschaftsunternehmen**, das nach § 310 HGB im Wege der Quotenkonsolidierung einbezogen wird[234], einen abw. Stichtag, kann auf einen Zwischenabschluss unter denselben Bedingungen wie für vollkonsolidierte TU verzichtet werden (§ 310 Abs. 2 HGB). DRS 9.9 verlangt dagegen die Einbeziehung auf der Grundlage von Zwischenabschlüssen für jeden Fall abw. GJ. Demgegenüber ist für die Anwendung der Equity-Methode auf die Bewertung von Anteilen an **assoziierten Unternehmen**[235] weder ein Zwischenabschluss erforderlich (§ 312 Abs. 6 S. 1 HGB) noch verlangt das Gesetz Angaben zu Vorgängen von besonderer Bedeutung. Allerdings verlangt DRS 8.12 f. bei abw. Stichtag des assoziierten Unternehmens von mehr als drei Monaten die Aufstellung eines Zwischenabschlusses. Wird kein Zwischenabschluss aufgestellt, sind nach DRS 8.13 Vorgänge von besonderer Bedeutung in der Konzernbilanz und in der Konzern-GuV zu berücksichtigen. 157

c) Zwischenabschlüsse

Die Konzernrechnungslegungsvorschriften enthalten **keine** besonderen Vorschriften für die Aufstellung eines Zwischenabschlusses. In den **Prüfungsvorschriften** (§ 317 Abs. 3 S. 1 HGB) heißt es jedoch, dass die KAPr. die im KA zusammengefassten JA in entsprechender Anwendung des § 317 Abs. 1 HGB zu prüfen haben. Der Verweis in § 317 Abs. 1 HGB auf die Beachtung der gesetzlichen Vorschriften kann nur so verstanden werden, dass Zwischenabschlüsse keine Abschlüsse minderer Qualität sein dürfen. Ihre Aufstellung und namentlich die dabei angewandten Bilanzierungs- und Bewertungsmethoden richten sich nach dem Recht des MU (§§ 300, 308 HGB), d.h., es gelten die allgemeinen Grundsätze für die Aufstellung einer HB II[236]. Zwar spricht § 317 Abs. 3 S. 1 HGB nicht allgemein von Abschlüssen, sondern einengend von JA, jedoch darf man dieser Differenzierung in diesem Zusammenhang keine Bedeutung beimessen. In der Regierungsbegründung heißt es nämlich, dass der KAPr. nur dann die Verantwortung für die Ordnungsmäßigkeit des KA übernehmen kann, wenn die ihm zugrunde liegenden Abschlüsse geprüft sind[237]. Dieser Grundsatz gilt sowohl für Jahres- als auch für Zwischenabschlüsse[238]. 158

---

232 Zur Aufstellung eines Zwischenabschlusses vgl. statt vieler ADS[6], § 299, Tz. 23 sowie *Trützschler* in HdKonzernR[2], § 299, Rn. 22.
233 Vgl. BT-Drs. 10/4268, S. 115; *Biener/Schatzmann*, Konzernrechnungslegung, S. 44.
234 Vgl. Tz. 599 ff.
235 Vgl. *IDW St/HFA 4/1988*, WPg 1988, S. 682; im Einzelnen vgl. Tz. 535.
236 Vgl. hierzu Tz. 247, 265, 306.
237 Vgl. BR-Drs. 163/85, S. 46.
238 Zwischenabschlüsse i.S.d. § 299 Abs. 2 S. 2 HGB sind zu unterscheiden von unterjährigen Abschlüssen, die in einen Zwischenbericht Eingang finden. DRS 16 ist daher auf die hier erörterten Zwischenabschlüsse nicht anwendbar.

159 Der Zwischenabschluss muss wie jeder JA ordnungsmäßig aus den Büchern und sonstigen Unterlagen des Unternehmens entwickelt werden. Die statistische Ableitung muss so vollständig sein, dass ein Sachverständiger jederzeit die Entwicklung des Zwischenabschlusses aus den Büchern und sonstigen Unterlagen vornehmen kann. Die statistischen Ableitungen sind Bücher i.S.d. HGB und wie diese aufzubewahren.

160 Grds. gelten auch für den Zwischenabschluss die allgemeinen Regeln für den Nachweis von Vermögensgegenständen und Schulden im JA. Im Hinblick darauf, dass der Zwischenabschluss keine Grundlage für die Gewinnverteilung und Besteuerung ist, erscheint auch die Anwendung vereinfachter Verfahren vertretbar, solange die Darstellung der Vermögens-, Finanz- und Ertragslage des Konzerns dadurch nicht beeinträchtigt wird. Dies gilt insb. dann, wenn der Stichtag des KA nur wenige Monate nach dem Stichtag des JA liegt. In diesen Fällen wird im Allgemeinen eine globale Weiterentwicklung der auf den Jahresabschlussstichtag im Einzelnen festgestellten Vermögensgegenstände und Schulden auf den Stichtag des Zwischenabschlusses genügen[239].

161 Fraglich ist, wie im Zwischenabschluss ergebnisabhängige Aufwendungen zu errechnen sind, wobei insb. die **Ertragsteuern** bedeutsam sind. Bei der Ermittlung der im Zwischenabschluss auszuweisenden Ertragsteuern sind **zwei** Bereiche zu unterscheiden:

– die Berechnung der Steueraufwendungen nach Maßgabe eines nach steuerrechtlichen Vorschriften ermittelten Ergebnisses; und
– die Berechnung der latenten Steuern nach Maßgabe des § 274 HGB.

162 Probleme bei der Ermittlung der Steueraufwendungen nach Maßgabe eines nach steuerrechtlichen Vorschriften ermittelten Ergebnisses entstehen im Zwischenabschluss dadurch, dass Bemessungsgrundlage für die Ertragsteuern das (nach steuerrechtlichen Vorschriften ermittelte) Ergebnis des GJ des TU ist, der Zwischenabschluss auf den Stichtag des KA dagegen regelmäßig Teile aus zwei Einzelgeschäftsjahren zu einer neuen Einheit zusammenfasst.

163 Grds. sind folgende Lösungsmöglichkeiten denkbar[240]:

(1) Für den Zwischenabschluss wird eine fiktive Veranlagung durchgeführt, wobei unterstellt wird, dass das im Zwischenabschluss ausgewiesene Ergebnis, welches sich aus einem Teilergebnis des letzten und einem Teilergebnis des neuen Einzel-GJ zusammensetzt, tatsächlich der Besteuerung unterliegt[241].

(2) Die zweite Möglichkeit besteht darin, als Steueraufwand für das Konzern-GJ den in den anteiligen Einzel-GJ tatsächlich angefallenen Steueraufwand – soweit bereits bekannt – zu übernehmen. Danach wird für den ersten Teil des Konzern-GJ, der mit dem letzten Teil des bereits abgeschlossenen Einzel-GJ identisch ist, der Differenzbetrag aus dem für das abgelaufene Einzel-GJ veranlagten Ertragsteueraufwand und dem im Vj. (für die zweite Teilperiode) schon berücksichtigten Aufwand übernommen. Für den zweiten Teil des Konzern-GJ, der mit dem ersten Teil des Einzel-GJ übereinstimmt, wird der Ertragsteueraufwand nach Maßgabe des in diesem Zeitraum erwirtschafteten Ergebnisses geschätzt.

164 Neben die Ermittlung der Steueraufwendungen nach Maßgabe **eines nach steuerrechtlichen Vorschriften** ermittelten Ergebnisses tritt auch im Zwischenabschluss die **Be-**

---

[239] Vgl. statt vieler ADS[6], § 299, Tz. 32/34.
[240] Vgl. *Haase/Lanfermann*, WPg 1970, S. 209/213; *Förschle/Deubert* in BeBiKo[7], § 299, Rn. 21.
[241] Vgl. dazu die Beispiele bei *Kohlstruck*, DB 1966, S. 949; kritisch zu dieser Methode vgl. *Förschle/Deubert* in BeBiKo[7], § 299, Rn. 21.

rechnung etwaiger **latenter Steuern**. Diesbezüglich ergeben sich aus einem Zwischenabschluss keine Besonderheiten, so dass auf die allgemeinen Grundsätze zur Abgrenzung latenter Steuern verwiesen werden kann[242].

Da ein im Zwischenabschluss ausgewiesener Gewinn als solcher nicht der Verwendung **165** unterliegt, kann fraglich sein, wie sich die **Gewinnverwendung** im letzten JA auf den Zwischenabschluss auswirkt. In der Literatur werden dazu verschiedene Vorschläge gemacht[243]. Im Hinblick darauf, dass der KA keine Gewinnverwendungsgrundlage ist, und aus Vereinfachungsgründen sollten keine Bedenken bestehen, wenn die tatsächliche Gewinnverwendung des letzten GJ in den Zwischenabschluss unverändert übernommen wird[244].

Zwischenabschlüsse, die zwecks Einbeziehung des TU in den KA aufgestellt werden, **166** müssen geprüft werden (§ 317 Abs. 3 S. 1 HGB). Auch in diesem Zusammenhang ist wiederum festzustellen, dass der Gesetzestext von JA und nicht allgemein von Abschlüssen spricht. Aus dem Gesamtzusammenhang ergibt sich jedoch, dass dieser Einengung keine Bedeutung beizumessen ist[245].

d) Verzicht auf Zwischenabschlüsse
aa) Zu berücksichtigende/anzugebende Vorgänge

Wird bei einem vom Konzernabschlussstichtag **abw. Stichtag** eines einbezogenen Unternehmens auf die Aufstellung eines Zwischenabschlusses verzichtet, so „sind **Vorgänge** **167** **von besonderer Bedeutung** für die Vermögens-, Finanz- und Ertragslage eines in den KA einbezogenen Unternehmens, die zwischen dem Abschlussstichtag dieses Unternehmens und dem Abschlussstichtag des KA eingetreten sind, in der Konzernbilanz und der Konzern-GuV zu berücksichtigen oder im KAnh. anzugeben" (§ 299 Abs. 3 HGB)[246].

Die im KA zu berücksichtigenden und anzugebenden Vorgänge sind **zeitlich** und **sachlich** **168** begrenzt. Zeitlich sind nur die Vorgänge zu berücksichtigen/anzugeben, die zwischen dem Abschlussstichtag des einbezogenen Unternehmens und dem KA-Stichtag eingetreten sind. Dabei kann es sich immer nur um einen Zeitraum von drei Monaten handeln. Die sachliche Begrenzung ergibt sich daraus, dass nur die Vorgänge zu berücksichtigen/anzugeben sind, die von „besonderer Bedeutung für die Vermögens-, Finanz- und Ertragslage eines in den KA einbezogenen Unternehmens" sind (§ 299 Abs. 3 HGB). Demnach kommt es nicht darauf an, ob die Vorgänge für die Aussagefähigkeit des KA von besonderer Bedeutung sind, sondern ob sie für die Darstellung der Vermögens-, Finanz- und Ertragslage irgendeines konsolidierten Unternehmens von besonderer Bedeutung sind[247]. Dabei wird die Wesentlichkeit nicht von einzelnen, sondern von der Summe aller Geschäftsvorfälle bestimmt, die für die Frage der Berücksichtigung/Angabe entscheidend sein können.

Die Frage, **wann** Vorgänge von besonderer Bedeutung sind, lässt sich nicht allgemein **169** beantworten. Ebenso wie bei vergleichbaren Regelungen (z.B. Konsolidierungswahlrecht des § 296 Abs. 2 HGB) wollte der Gesetzgeber offensichtlich eine flexible Regelung

---
242 Vgl. F Tz. 303 u. 462 sowie die dort angegebene Literatur.
243 Vgl. ADS[6], § 299, Tz. 38; zur Auswirkung bei Ergebnisübernahmeverträgen vgl. ADS[6], § 299, Tz. 43.
244 Ebenso *Förschle/Deubert* in BeBiKo[7], § 299, Rn. 22.
245 Vgl. ADS[6], § 299, Tz. 56.
246 Während diese Regelung für die Einbeziehung von GU entspr. anwendbar ist (§ 310 Abs. 2 HGB), besteht keine derartige Verpflichtung bei der Einbeziehung assoziierter Unternehmen, bei denen die Abweichung der Stichtage bis zu zwölf Monate betragen kann (§ 312 Abs. 6 S. 1 HGB); vgl. auch Tz. 583.
247 Ebenso vgl. *IDW St/HFA 4/1988*, WPg 1988, S. 682.

schaffen, die für eine Beurteilung nach starren Verhältniszahlen keinen Raum lässt. Insoweit muss die Frage der besonderen Bedeutung eines Vorganges für ein konsolidiertes Unternehmen jeweils im Einzelfall entschieden werden. Insb. muss sichergestellt sein, dass ein wesentlicher Informationsverlust, der durch die Nichtaufstellung eines Zwischenabschlusses entstehen kann, ausgeschlossen ist[248].

170 Dabei ist zu berücksichtigen, dass bei stetigem, in etwa gleichbleibendem Lieferungs- und Leistungsverkehr eines Unternehmens mit abw. Abschlussstichtag im Zeitablauf das Geschäftsvolumen der in den KA eingeflossenen, aber aus der Sicht einer einheitlichen Konzernabrechnungsperiode eigentlich dem Vj. zuzurechnenden Geschäftsvorfälle und der aus dieser Sicht dem Konzern-GJ eigentlich zuzurechnenden, aber im KA nicht berücksichtigten Geschäftsvorfälle im Wesentlichen gleich hoch ist. In diesen Fällen wird daher grds. kein wesentlicher Informationsverlust entstehen, der im KA eine Berücksichtigung oder Angabepflicht begründet. Man wird die Vorgänge von besonderer Bedeutung dagegen eher im außerordentlichen Bereich suchen müssen, z.B. Zu-/Abgang wesentlicher Beteiligungen, Bekanntwerden neuer Tatsachen, die zu außerplanmäßigen Abschreibungen, Wertberichtigungen oder zur Bildung von Rückstellungen führen, wesentliche Darlehenstilgungen oder Eingehen neuer Verbindlichkeiten. Wesentliche Vorgänge können auch bei Saisonunternehmen entstehen, wenn sich die Hauptgeschäftstätigkeit auf den fraglichen Dreimonatszeitraum konzentriert und deutlich vom Vj. abweicht. Entstehen bei der Konsolidierung erhebliche Unterschiedsbeträge, so können sich hieraus bereits Hinweise auf das Vorliegen von Vorgängen von besonderer Bedeutung ergeben[249].

bb) Art der Berücksichtigung/Angabe

171 Vorgänge von besonderer Bedeutung können **entweder** in der **Konzernbilanz** und **Konzern-GuV** berücksichtigt **oder** aber im **Konzernanhang** angegeben werden. Die Auswahl des Informationsweges liegt im Ermessen des rechnungslegenden MU. Beide Möglichkeiten sind zwar vom Wortlaut her alternativ zu verstehen, dennoch können auch bei Berücksichtigung der Vorgänge in der Konzernbilanz und Konzern-GuV zusätzliche Erläuterungen im KAnh. erforderlich sein[250].

172 Aufgrund des unterschiedlichen Zeitbezugs des in den KA eingehenden Zahlenmaterials werden konzerninterne Vorgänge zwischen dem (abw.) Abschlussstichtag des einbezogenen TU und dem KA-Stichtag im KA nur „einseitig" erfasst. Wird z.B. zwischen dem (abw.) Abschlussstichtag eines einbezogenen TU und dem KA-Stichtag eine konzerninterne Verbindlichkeit (Darlehen oder Waren) des einbezogenen TU beglichen, so ist bei Summation der JA im KA die konzerninterne Verbindlichkeit enthalten, die korrespondierende Forderung hingegen nicht mehr. Andererseits wird auch die Vermögensseite (z.B. Zahlungsmittel oder Waren) im KA entspr. zu hoch ausgewiesen.

173 Beeinträchtigungen der Ertragslage ergeben sich insb., wenn zwischen den abw. Abschlussstichtagen einbezogener Unternehmen Waren mit Zwischengewinn/-verlust innerhalb dieses Konsolidierungskreises veräußert werden. Hierbei kann der Fall auftreten, dass aus Konzernsicht **Zwischenergebnisse zu eliminieren** sind, die im Warenbestand des KA nicht vorhanden sind. Aufgrund der nur einseitigen Erfassung konzerninterner Vorgänge müssen ggf. Konsolidierungsmaßnahmen unterbleiben, die anderenfalls erfor-

---

248 Vgl. auch BR-Drs. 163/85, S. 37; *Biener/Schatzmann*, Konzernrechnungslegung, S. 44.
249 Ebenso vgl. *IDW St/HFA 4/1988*, WPg 1988, S. 682.
250 Vgl. *IDW St/HFA 4/1988*, WPg 1988, S. 682/683. Nach IAS 27.23 sind bei der Einbeziehung eines Unternehmens auf Basis eines Abschlusses mit abw. Stichtag wesentliche Vorgänge stets durch Nachbuchungen zu berücksichtigen.

derlich wären (z.B. Eliminierung von Zwischenergebnissen), oder es entstehen bei Durchführung von Konsolidierungsmaßnahmen systemwidrige Restposten (z.B. **Schuldenkonsolidierung, Konsolidierung der Innenumsatzerlöse**)[251].

Eine sachgerechte „Berücksichtigung" in Konzernbilanz und Konzern-GuV bedeutet demnach, dass die „Vorgänge von besonderer Bedeutung" in der HB II des betreffenden Unternehmens **nachgebucht** werden. Je umfangreicher diese Nachbuchungen sind, desto mehr nähert sich die HB II einem Zwischenabschluss an[252]. Da die nachgebuchten Vorgänge wegen der Phasenverschiebung im nächsten JA des TU enthalten sind, müssen sie, wie die Anpassungen der HB I an die HB II, im Zeitablauf verfolgt werden[253], da sonst die Gefahr besteht, dass wesentliche Vorgänge in zwei aufeinanderfolgenden KA enthalten sind. Die so korrigierte HB II liegt dann der Konsolidierung zugrunde. Ob über **gezielte Einzelkorrekturen** hinaus auch **pauschale Korrekturbuchungen** und die Bildung von Ausgleichsposten zulässig[254] sind, ist nur im Einzelfall zu beurteilen[255]. 174

Werden **Vorgänge von besonderer Bedeutung** nicht in der Konzernbilanz bzw. Konzern-GuV berücksichtigt, müssen sie im **Konzernanhang** angegeben werden. Auch hierzu ist eine **vollständige Durchsicht** aller Geschäftsvorfälle in dem nicht erfassten Zeitraum erforderlich[256]. 175

Die Angaben im Anh. müssen der „Berücksichtigung" in Bilanz und GuV gleichwertig sein. Dies ist nur dann der Fall, wenn Zahlenangaben gemacht werden, die es dem Leser erlauben, die wesentlichen Korrekturen, die aufgrund des fehlenden Zwischenabschlusses im KA unterblieben sind, gedanklich nachzuvollziehen. Rein verbale Angaben können diese Voraussetzungen nicht erfüllen[257]. Wohl aber können **zusätzliche Erläuterungen** zu Zahlenangaben notwendig sein, die ihre Auswirkungen auf Konzernbilanz und Konzern-GuV erkennbar machen[258]. 176

7. Fristen

Die gesetzlichen Vertreter des MU haben den KA und KLB in den ersten **fünf Monaten** nach dem Stichtag des KA **aufzustellen** (§ 290 Abs. 1 S. 1 HGB). Ist das MU eine kapitalmarktorientierte Kapitalgesellschaft im Sinne von § 325 Abs. 4 S. 1 HGB[259], so sind der KA und Konzern-LB in den ersten vier Monaten nach dem Stichtag aufzustellen und offenzulegen (§ 290 Abs. 1 S. 2 i.V.m. § 325 Abs. 4 S. 1 und § 325 Abs. 1 S. 2 HGB). Da der KA grds. auf festgestellten und geprüften JA aufbauen muss[260], ist diese Frist kurz. Eine Verlängerung ist auch durch Satzung nicht möglich. 177

---

251 Zu weiteren Beispielen vgl. ADS[6], § 299, Tz. 85.
252 Vgl. *Maas/Schruff*, WPg 1985, S. 1/3.
253 Vgl. Tz. 306 ff.
254 So *Harms/Küting*, BB 1985, S. 432/435.
255 Der Bericht des Rechtsausschusses zum BiRiLiG geht davon aus, dass der APr. auf Unsicherheiten, die sich aus dem Fehlen eines Zwischenabschlusses ergeben, durch Ergänzung seines Bestätigungsvermerks hinweist (vgl. BT-Drs. 10/4268, S. 115).
256 Vgl. *Niehus*, DB 1984, S. 1792.
257 Vgl. *Maas/Schruff*, WPg 1985, S. 3; *Harms/Küting*, BB 1985, S. 432/435; ADS[6], § 299, Tz. 100.
258 Zu einer eventuellen Ergänzung des Bestätigungsvermerks in diesem Zusammenhang gilt auch für diesen Teil der Alternative die Auffassung des Rechtsausschusses (vgl. BT-Drs. 10/4268, S. 115).
259 D.h., eine kapitalmarktorientierte Kapitalgesellschaft im Sinn des § 264d HGB, die nicht ausschließlich zum Handel an einem organisierten Markt zugelassene Schuldtitel im Sinn des § 2 Abs. 1 Nr. 3 WpHG mit einer Mindeststückelung von 50.000 € oder dem am Ausgabetag entsprechenden Gegenwert einer anderen Währung begibt.
260 Wegen der Frage, ob noch nicht endgültig festgestellte JA in den KA einbezogen werden können, vgl. ADS[6], § 290, Tz. 158; zur Einbeziehung assoziierter Unternehmen nach der Equity-Methode vgl. Tz. 583.

178 Für **VU** gilt derzeit eine branchenspezifische Ausnahme von der Fünfmonatsfrist. Nach § 341i Abs. 3 S. 1 HGB sind der KA und der KLB innerhalb von zwei Monaten nach Ablauf der Aufstellungsfrist für den zuletzt aufzustellenden und in den KA einzubeziehenden Abschluss, spätestens jedoch innerhalb von zwölf Monaten nach dem Stichtag des KA, für das vergangene GJ aufzustellen. Damit wird der verlängerten Aufstellungsfrist für VU, insb. für RVU (§ 341a Abs. 1 und 5 HGB), Rechnung getragen.

179 Die Frist für die **Prüfung** des KA wird von dem Termin der Haupt-/Gesellschafterversammlung bestimmt. Bei MU in der Rechtsform der **AG/KGaA**[261] sind der KA und der KLB unverzüglich nach ihrer Aufstellung dem AR vorzulegen (§ 170 Abs. 1 AktG). Der AR hat den KA zu prüfen und zu billigen (vgl. § 171 AktG). An den Verhandlungen des AR oder eines entsprechenden Ausschusses muss der APr. teilnehmen. Hat der AR eines MU den KA nicht gebilligt, so entscheidet die HV über die Billigung (§ 173 Abs. 1 S. 2 AktG). Die HV muss in den ersten acht Monaten des GJ stattfinden (§ 175 Abs. 1 S. 2 AktG). Die Einberufungsfrist mit Hinterlegungs- oder Anmeldefrist beträgt i.d.R. etwa sechs Wochen (vgl. § 123 AktG). Mit Beginn dieser Frist ist der KA bereits zur Einsichtnahme auszulegen (§ 175 Abs. 2 AktG). Aus dem Zusammenwirken der Vorschriften ergibt sich für die Prüfung des KA durch den APr. (§ 317 HGB) ein Zeitraum von ebenfalls rd. sechs Wochen. Allerdings ist es zulässig, sinnvoll und üblich, dass mit der Prüfung des KA bereits während der Aufstellungsphase, vielfach sogar weit vor dem Stichtag begonnen wird.

180 Geschäftsführer eines MU in der Rechtsform der **GmbH** haben nach der Aufstellung unverzüglich den Gesellschaftern den KA zur Billigung vorzulegen. Soweit ein AR vorhanden ist, ist dessen Bericht ebenfalls unverzüglich vorzulegen (§ 42a Abs. 1 und 4 GmbHG). Die Gesellschafter haben grds.[262] spätestens bis zum Ablauf der ersten acht Monate über die Billigung des KA zu beschließen (§ 42a Abs. 2 GmbHG).

III. Abgrenzung des Konsolidierungskreises

1. Grundsatz

181 Welche Unternehmen in den handelsrechtlichen KA einzubeziehen sind (Konsolidierungskreis), richtet sich nach §§ 294, 296 HGB[263].

182 Grundvoraussetzung für die Einbeziehung in den KA ist das Bestehen eines **Mutter-Tochter-Verhältnisses**. In welchen Fällen ein solches Verhältnis besteht, ergibt sich aus § 290 HGB[264]. Grds. müssen alle **TU** in den KA einbezogen werden. Jedoch dürfen neben dem MU auch nur TU einbezogen werden, d.h. der **Tatbestand** des möglichen beherrschenden Einflusses nach § 290 HGB muss erfüllt sein. Unternehmen, die diese Voraussetzung nicht erfüllen, wie dies z.B. bei einem nach wirtschaftlichen Kriterien abgegrenzten Konsolidierungskreis sein kann[265], dürfen nicht in den gesetzlichen KA einbezogen werden. Derartige „erweiterte KA" oder „Gruppenabschlüsse" besitzen keine rechtliche Relevanz, insb. besitzen sie keine befreiende Wirkung i.S.d. §§ 291, 292 HGB[266].

---

261 Zur KGaA vgl. §§ 278 Abs. 3, 283 Nr. 9 u. 11 AktG.
262 Für die kleine GmbH (§ 267 Abs. 1 HGB) ist eine Frist von elf Monaten vorgesehen (§ 42a Abs. 2 GmbHG).
263 Zur Abgrenzung des Konsolidierungskreises im KA nach IFRS vgl. N Tz. 881, 1023.
264 Vgl. dazu im Einzelnen Tz. 21.
265 Zu praktischen Beispielen vgl. *Haeger/Zündorf*, DB 1991, S. 1841.
266 Vgl. Tz. 81.

Abgrenzung des Konsolidierungskreises   **M**

Ausnahmen von der grundsätzlichen Einbeziehungspflicht für TU bestehen nur noch in   **183**
den **Konsolidierungswahlrechten** (§ 296 HGB)[267].

Die §§ 294, 296 HGB gelten grds. auch für KA und Konzern-LB von **Kreditinstituten**   **184**
und **VU**. Während dies für VU uneingeschränkt gilt (vgl. § 341j Abs. 1 HGB), werden die
Vorschriften zum Konsolidierungskreis für KA von Kreditinstituten durch die Vorschrift
des § 340j HGB ergänzt. Für die Abgrenzung des Konsolidierungskreises nach den Vorschriften des **PublG** gelten die §§ 294, 296 HGB sinngemäß (§ 13 Abs. 2 S. 1 1. Hs.
PublG)[268].

Als **TU** des den KA erstellenden MU gelten nicht nur die jeweils **unmittelbaren**, sondern   **185**
auch die **mittelbaren** TU (§ 290 Abs. 1 S. 1 HGB). Sie müssen jedoch unmittelbar oder
mittelbar TU des den (Teil-)KA erstellenden MU sein. Ein Unternehmen ist nicht bereits
deshalb TU des den (Teil-)KA erstellenden MU, weil es TU eines diesem übergeordneten
oder gleichgeordneten MU ist.

Die §§ 294, 296 HGB schließen unmittelbar an § 290 HGB an. Die Konsolidierungs-   **186**
wahlrechte des § 296 Abs. 1 Nr. 1-3 und Abs. 2 HGB gelten für jedes einzelne TU. Es
muss jedoch von Jahr zu Jahr erneut geprüft werden, ob die Voraussetzungen für die Inanspruchnahme der Wahlrechte noch gegeben sind.

2. Konsolidierungspflicht

Das MU hat in den KA grds. **alle mittel- und unmittelbaren TU** – unabhängig von ihrem   **187**
Sitz **(Weltabschluss)** – einzubeziehen (§ 294 Abs. 1 HGB). Dies gilt auch für die Konzernrechnungslegung nach dem PublG[269], „damit sich der Konsolidierungskreis (...) nicht
von dem der Konzerne der AG, KGaA und GmbH unterscheidet"[270].

3. Konsolidierungswahlrechte
a) Beschränkungen in der Ausübung der Rechte

„Ein Tochterunternehmen braucht in den KA nicht einbezogen zu werden, wenn **erheb-**   **188**
liche und **andauernde Beschränkungen** die **Ausübung** der **Rechte** des MU in Bezug auf
das Vermögen oder die **Geschäftsführung** dieses Unternehmens **nachhaltig beeinträchtigen**" (§ 296 Abs. 1 Nr. 1 HGB). Zur Anwendung des Konsolidierungswahlrechts
ist es dabei ausreichend, wenn einer der beiden Beschränkungssachverhalte besteht.

In Fällen, bei denen trotz Mehrheitsbeteiligung die Ausübung eines beherrschenden Ein-   **189**
flusses nachhaltig beeinträchtigt ist, wird sich allein aus § 290 Abs. 1 S. 1 HGB regelmäßig keine Konsolidierungspflicht ergeben. Durch § 290 Abs. 2 Nr. 1 HGB wird jedoch
dennoch ein beherrschender Einfluss unwiderlegbar vermutet. § 296 Abs. 1 Nr. 1 HGB
gewährt in solchen Fällen ein Einbeziehungswahlrecht.

§ 296 Abs. 1 Nr. 1 HGB stellt auf die Beschränkung in der Ausübung der Rechte ab. Die   **190**
Beschränkungen können **rechtlicher** und/oder **tatsächlicher** Natur sein. Das Fehlen einer
tatsächlichen Einflussnahme reicht bei bestehender Beherrschungsmöglichkeit für die
Inanspruchnahme des Einbeziehungswahlrechts nicht aus[271].

---

267 Zur Frage der Berichterstattung, wenn im Grenzfall durch Ausübung von Konsolidierungswahlrechten die
    Aufstellung eines KA entfällt, vgl. Tz. 693.
268 Vgl. dazu im Einzelnen O Tz. 54.
269 Vgl. § 13 Abs. 2 PublG i.V.m. § 294 Abs. 1 HGB.
270 RegBegr. zu § 278 HGB (jetzt § 294 HGB) BR-Drs. 163/85, S. 37; vgl. im Einzelnen dazu auch O Tz. 68.
271 Vgl. DRS 19.82.

1457

191 Die Beschränkungen der Rechte können sich auf das Vermögen oder die Geschäftsführung des Unternehmens beziehen. Dabei muss sich die Beschränkung auf das ganze Vermögen oder zumindest seine wesentlichen Teile erstrecken. Verfügungsbeschränkungen über einzelne Vermögensgegenstände wie z.b. Sicherungsübereignungen genügen nicht. Beschränkungen, die allen Geschäftsführungen in einer bestimmten Branche oder Region auferlegt sind (z.B. Umweltschutzauflagen, kartellrechtliche Beschränkungen), fallen nicht unter § 296 Abs. 1 Nr. 1 HGB.

192 Beschränkungen der Geschäftsführungsrechte und/oder der Vermögensrechte können **tatsächlicher** Natur sein (z.b. politische, wirtschaftspolitische Verhältnisse); sie können aber auch auf **gesellschaftsrechtlicher oder vertraglicher** Grundlage beruhen. Tatsächliche und rechtliche Beschränkungen liegen z.B. vor, wenn über ein TU das Insolvenzverfahren eröffnet worden ist.[272]

193 Gesellschaftsrechtliche Beschränkungen können sich ergeben, wenn die Beschlussfassung an qualifizierte Mehrheiten geknüpft ist (z.B. 75%)[273]. Bei satzungsmäßigen Mitwirkungs- oder Zustimmungserfordernissen der Minderheitsgesellschafter bzgl. der Geschäfts- bzw. Finanzpläne oder der Investitionsbudgets kann das Konsolidierungswahlrecht in Anspruch genommen werden. Handelt es sich dagegen um die Beteiligung schützende Rechte der Minderheitsgesellschafter, die dem gesetzlichen Normalstatut (z.B. eines typisch stillen Gesellschafters) entsprechen, kommt ein Verzicht auf die Einbeziehung in den Konsolidierungskreis nicht in Betracht. Beispiele für schützende Rechte der Minderheitsgesellschafter sind Zustimmungserfordernisse zu Satzungsänderungen oder Kapitalerhöhungen[274].

194 Wesentliche Bedeutung kommt dem Konsolidierungswahlrecht bei der Einbeziehung ausländischer TU zu, wenn aufgrund politischer Verhältnisse die Geschäftsführungs- und/oder Vermögensrechte des MU durch den ausländischen Staat beeinträchtigt werden. Als Beschränkung der Ausübung von Rechten kommen hier insb. ein Verbot der Besetzung von Organen mit Repräsentanten des MU oder sonstiger Einflussnahmen sowie eine drohende oder tatsächliche Verstaatlichung oder staatliche Zwangsverwaltungen in Betracht. Ob die Beschränkung im Transfer von Gewinnen und der Konvertierbarkeit von Währungen für sich allein bereits ein ausreichender Grund für die Inanspruchnahme des Wahlrechts ist, hängt davon ab, ob die Beschränkungen erheblich und andauernd sind und die Rechte des MU erheblich beeinträchtigen. In Fällen, in denen diese Beschränkungen in Einklang mit den Interessen des MU stehen, bspw. wenn ohnehin die Reinvestition der betreffenden Mittel vorgesehen ist, kann das Einbeziehungswahlrecht des § 296 Abs. 1 Nr. 1 HGB nicht in Anspruch genommen werden[275]

195 Die Frage, ob vertragliche Beschränkungen der Ausübung der Rechte des MU etwa in Form eines Entherrschungsvertrages zu einem Konsolidierungswahlrecht nach § 296 Abs. 1 Nr. 1 HGB führen oder der Annahme eines Control-Verhältnisses entgegenstehen, wird im Schrifttum nicht einhellig beantwortet[276].

196 Der Gefahr einer Aushöhlung des Konsolidierungskreises wirken die Voraussetzungen einer „erheblichen und andauernden Beschränkung" sowie einer „nachhaltigen Beeinträchtigung" entgegen. Diese Kriterien machen deutlich, dass ein **strenger Maßstab** bei

---

272 Vgl. *IDW ERS HFA 17 n.F.*, Tz. 43.
273 Vgl. Tz. 47.
274 Vgl. *Förschle/Deubert* in BeBiKo⁷, § 296, Rn. 11.
275 Vgl. *Förschle/Deubert* in BeBiKo⁷, § 296, Rn. 11.
276 Vgl. dazu Tz. 42.

Inanspruchnahme des Konsolidierungswahlrechts angewendet werden muss. Geringfügige oder nur vorübergehende Beschränkungen der Verfügungsgewalt über ein TU können keinesfalls das Konsolidierungswahlrecht begründen. Die Inanspruchnahme des Konsolidierungswahlrechts scheidet insb. dann aus, wenn bestimmte Geschäftsvorfälle mit dem Ziel der Ergebnisverlagerung durchgeführt werden[277] oder wenn die Beschränkung im Interesse des Konzerns liegt[278].

Bei **Zweckgesellschaften** im Sinne von § 290 Abs. 2 Nr. 4 HGB[279] in der Fassung des BilMoG sind zwar die für die Beherrschung der Finanz- und Geschäftspolitik erforderlichen Rechte i.d.R nicht dem Rechtsträger zugeordnet, der die Mehrheit der Chancen und Risiken trägt. Dennoch kann in solchen Fällen nicht unter Hinweis auf das Fehlen oder auf formalrechtliche Beschränkungen der Geschäftsführungsrechte das Einbeziehungswahlrecht des § 296 Abs. 1 Nr. 1 HGB in Anspruch genommen werden[280]. **197**

b) Unverhältnismäßig hohe Kosten oder Verzögerungen

TU brauchen nicht in den KA einbezogen zu werden, wenn „die für die Aufstellung des KA erforderlichen Angaben nicht ohne **unverhältnismäßig hohe Kosten oder Verzögerungen** zu erhalten sind" (§ 296 Abs. 1 Nr. 2 HGB). **198**

Diese Vorschrift führt Wirtschaftlichkeitsüberlegungen in die Rechnungslegung ein und stellt damit auf das Verhältnis von Grenzkosten und Grenznutzen des KA ab. Sie ist aber insofern problematisch, als die unbestimmten Rechtsbegriffe „unverhältnismäßig hohe Kosten" und „unverhältnismäßige Verzögerungen" wegen ihrer mangelnden Quantifizierbarkeit praktisch kaum ausfüllbar sind[281]. Sie sollte daher als eine **Ausnahmevorschrift** angesehen werden, die im Hinblick auf das Vollständigkeitsgebot (§ 294 Abs. 1 HGB) nur in extremen Fällen und nur für einen befristeten Zeitraum anwendbar ist[282]. Die Weltabschlüsse großer deutscher Konzerne, die in den meisten Fällen nicht unerheblich früher als vom Gesetz vorgesehen[283] vorgelegt werden, beweisen, dass auch die Konsolidierung einer größeren Zahl ausländischer TU bei entsprechender Organisation und Vorbereitung die Vorlage eines KA wenige Monate nach dem Konzernabschlussstichtag gestattet. Zeitliche Verzögerungen, die Anlass für den Ausschluss eines Unternehmens von der Konsolidierung sind, können daher für den Regelfall nur außergewöhnliche Ereignisse oder Katastrophenfälle sein (z.B. Zusammenbruch der Datenverarbeitung, Streik, Vernichtung von Unterlagen oder Anlagen durch Naturkatastrophen, politische Behinderungen)[284]. Daneben ist eine Inanspruchnahme des Wahlrechts möglich, wenn ein nicht unbedeutendes TU erst kurz vor dem Konzernabschlussstichtag erworben worden ist und bis zu diesem Zeitpunkt eine Umstellung seines Rechnungswesens als vorbereitende Maßnahme für die Einbeziehung in den KA auch bei normalem Geschäftsablauf nicht möglich war[285]. **199**

---

277 Vgl. ADS⁶, § 296, Tz. 2.
278 Vgl. *Sahner/Sauermann* in HdKonzernR², § 296, Rn. 10.
279 Vgl. dazu Tz. 56.
280 Vgl. DRS 19.85 h); *Förschle/Deubert* in BeBiKo⁷, § 296, Rn. 12 m.w.N.
281 Zur Kritik vgl. auch IDW, WPg 1985, S. 191; *Sahner/Kammers*, DB 1983, S. 2212.
282 Vgl. DRS 19.87 ff; stellvertretend für viele ADS⁶, § 296, Tz. 19.
283 Vgl. § 175 AktG.
284 Vgl. DRS 19.91; *v. Wysocki/Wohlgemuth*, Konzernrechnungslegung⁴, S. 88, die darauf hinweisen, dass Mängel im innerkonzernlichen Informationssystem die Nichteinbeziehung eines TU in den KA nicht rechtfertigen.
285 Vgl. DRS 19.92; ADS⁶, § 296, Tz. 18.

200 Wann die Kosten für die Einbeziehung eines Unternehmens in den KA „unverhältnismäßig hoch" sind, lässt sich quantitativ nicht erfassen, da es „Normalkosten" für die Einbeziehung eines Unternehmens nicht gibt. So weichen z.B. die Kosten für die Konsolidierung von TU in den Hochinflationsländern ganz erheblich von denen der Konsolidierung eines durchschnittlichen deutschen Unternehmens ab, ohne dass daraus abgeleitet werden könnte, dass für die Einbeziehung von TU aus Hochinflationsländern generell ein Wahlrecht besteht. Auch hier wird man sich auf Ausnahmefälle beschränken müssen, in denen die Kosten für ein gegebenes Unternehmen in einem unverhältnismäßigen Ausmaß von denen für die Konsolidierung eines vergleichbaren Unternehmens in vergleichbarer Lage abweichen[286].

c) Beabsichtigte Weiterveräußerung

201 „Ein Tochterunternehmen braucht in den KA nicht einbezogen zu werden, wenn die Anteile des TU **ausschließlich** zum Zwecke ihrer **Weiterveräußerung** gehalten werden" (§ 296 Abs. 1 Nr. 3 HGB). Das Wahlrecht wird in erster Linie von Kreditinstituten[287] und anderen professionellen Anlegern anzuwenden sein, die aus unterschiedlichen Gründen Beteiligungen an Industrie- und ggfs. auch anderen Unternehmen von vornherein mit Weiterveräußerungsabsicht erwerben. Bei Industrieunternehmen wird dies im Allgemeinen nicht der Fall sein. Ein Verzicht auf die Einbeziehung nach § 296 Abs. 1 Nr. 3 HGB ist nur zulässig, wenn bereits bei Erwerb der Anteile die Weiterveräußerungsabsicht besteht. Für TU, die zuvor konsolidiert worden sind und nach einigen Jahren Konzernzugehörigkeit veräußert werden sollen, ist das Konsolidierungswahlrecht nicht anwendbar[288]. Ein TU ist erst dann nicht mehr in den KA einzubeziehen, wenn der beherrschende Einfluss geendet hat (DRS 4.44)[289]. Von Bedeutung ist das Konsolidierungswahlrecht allerdings dann, wenn im Rahmen der Akquisition eines Teilkonzerns Beteiligungen an einzelnen TU mit Weiterveräußerungsabsicht erworben wurden. Die Weiterveräußerungsabsicht zeigt sich in diesem Fall im Allgemeinen darin, dass solche Unternehmen ihrer Struktur nach nicht in den Konzern passen, d.h. dass es keine wirtschaftlichen Gründe für eine Integration gibt und dass das MU auch keine Anstrengungen für eine Integration unternimmt.

202 Im Gesetz ist keine zeitliche Begrenzung des Wahlrechts vorgesehen. Allerdings wird man ab einer gewissen Zeitdauer nicht mehr von dem ausschließlichen Zweck der Weiterveräußerung ausgehen können[290]. Die Veräußerungsabsicht des MU muss nachvollziehbar sein[291]. Zumindest ist an jedem Konzernabschlussstichtag erneut zu prüfen, ob die Voraussetzungen für das Konsolidierungswahlrecht noch gegeben sind[292].

---

286 *Biener/Schatzmann*, Konzernrechnungslegung, S. 26 scheinen dagegen als Kriterium eher einen Vergleich der Kosten für die Konsolidierung eines spezifischen TU mit den Kosten für den gesamten KA anzustreben, was zu einem geregelten Wahlrecht für Tochterunternehmen in bestimmten Ländern führen könnte.

287 Für KA von KI wird § 296 Abs. 1 Nr. 3 HGB durch § 340j Abs. 2 HGB ergänzt. Bei Inanspruchnahme des Konsolidierungswahlrechtes verlangt § 340j Abs. 2 HGB unter bestimmten Voraussetzungen die Beifügung des JA des nicht einbezogenen TU sowie zusätzliche Angaben im KAnh.

288 Vgl. DRS 19.97.

289 Vgl. zur Diskussion über das Ende der Einbeziehungspflicht ausführlich *Maas/Schruff* in FS Havermann, S. 417 sowie ADS[6], § 296, Tz. 23 und *Busse v. Colbe u.a.*, Konzernabschlüsse[9], S. 117.

290 Vgl. ADS[6], § 296, Tz. 25; *v. Wysocki/Wohlgemuth*, Konzernrechnungslegung[4], S. 88 wollen die Anwendung des Wahlrechts auf drei Jahre nach Erwerb des Unternehmens beschränken.

291 Vgl. ADS[6], § 296, Tz. 26.

292 DRS 19.99; Insoweit wäre die Situation vergleichbar mit dem Ausweis von Beteiligungen (Beteiligungsabsicht) oder der Zuordnung von Wertpapieren zum Anlage- oder Umlaufvermögen (Absicht der Daueranlage).

d) Tochterunternehmen von geringer Bedeutung

Von der Einbeziehung grds. konsolidierungspflichtiger TU kann abgesehen werden, „wenn es für die Verpflichtung, ein den tatsächlichen Verhältnissen entsprechendes Bild der Vermögens-, Finanz- und Ertragslage des Konzerns zu vermitteln, **von untergeordneter Bedeutung** ist" (§ 296 Abs. 2 S. 1 HGB)[293].

Die Frage, wann ein TU i.d.S. von geringer Bedeutung ist, lässt sich nicht durch starre Verhältniszahlen beantworten. Auch der Ausweis nicht nennenswerter Aufwendungen und Erträge ist für sich allein noch kein sicheres Kriterium für eine geringe Bedeutung (z.B. Grundstücksgesellschaft mit großem Vermögen und geringen Aufwendungen und Erträgen).

Die Bedeutung des einzelnen TU für die Darstellung der Vermögens-, Finanz- und Ertragslage des Konzerns kann nur im Zusammenhang mit der gesamten wirtschaftlichen Tätigkeit des Konzerns bewertet werden. Wesentliche Gesichtspunkte, die für eine Einbeziehung sprechen können, sind z.B. die Übertragung unternehmenstypischer Funktionen auf Tochtergesellschaften (z.B. Grundstücksgesellschaften, Finanzierungsgesellschaften), die strukturelle Belastung des Konzernergebnisses mit Verlusten (z.B. Entwicklungs- und Forschungsgesellschaft) oder die Möglichkeit, bei Ausklammerung aus dem Konsolidierungskreis die Eliminierung von Zwischenergebnissen in nennenswertem Umfang zu vermeiden.

In Einzelfällen könnten unter diese Vorschrift z.B. soziale Hilfsgesellschaften zu subsumieren sein[294].

Auch wenn ein einzelnes TU bei isolierter Betrachtung von untergeordneter Bedeutung ist, können mehrere solcher TU in ihrer Gesamtheit durchaus nicht von untergeordneter Bedeutung für die Aussagefähigkeit des KA sein (§ 296 Abs. 2 S. 2 HGB). In diesem Fall sind mindestens so viele TU einzubeziehen, dass die verbleibenden in ihrer Gesamtheit von untergeordneter Bedeutung sind.

e) Angaben im Konzernanhang

Die Inanspruchnahme jedes der in § 296 HGB aufgeführten **Einbeziehungswahlrechte** erfordert neben den Angaben nach § 313 Abs. 2 Nr. 1 HGB[295] zusätzlich eine **Begründung im Konzernanhang** (§ 296 Abs. 3 HGB). Eine Beifügung der entsprechenden JA zum KA ist jedoch nicht erforderlich.

f) Anwendung der Equity-Methode

Die Anwendung der Equity-Methode kommt auch für solche TU in Betracht, die in Ausübung eines Konsolidierungswahlrechts nicht in den KA einbezogen werden. Dies bedeutet nicht, dass automatisch alle gem. § 296 HGB nicht konsolidierten TU unter Anwendung der Equity-Methode in den KA einbezogen werden müssen. Wegen der unterschiedlichen Voraussetzungen für die Qualifizierung von Unternehmen als TU oder assoziierte Unternehmen[296] muss geprüft werden, ob die Voraussetzungen für die Anwendung der Equity-Methode vorliegen. Ist dies der Fall, so muss die Equity-Methode

---

293 Kritisch zu dieser Regelung vgl. *Sahner/Kammers*, DB 1983, S. 2209.
294 Sie können auch unter das Konsolidierungswahlrecht des § 296 Abs. 1 Nr. 1 HGB fallen.
295 Vgl. im Einzelnen Tz. 687.
296 Möglichkeit des beherrschenden Einflusses/ Halten einer Beteiligung i.S.v. § 271 Abs. 1 HGB und tatsächliche Ausübung eines maßgeblichen Einflusses, vgl. im Einzelnen Tz. 542.

angewendet werden. Es kommt dann nicht mehr darauf an, aus welchen der in § 296 HGB genannten Gründen das TU nicht in den KA einbezogen worden ist. Für diese Unternehmen bedeutet das Konsolidierungswahlrecht des § 296 HGB letztlich eine Wahl zwischen einer Vollkonsolidierung oder Einbeziehung nach der Equity-Methode. Werden die Voraussetzungen nicht erfüllt, so ist – auch freiwillig – eine Anwendung der Equity-Methode nicht möglich, so dass die betreffenden TU im KA mit den fortgeführten AK zu erfassen sind.

210 Eine Sonderstellung nehmen diejenigen TU ein, die unter § 296 Abs. 2 S. 1 HGB fallen. Auf diese TU braucht die Equity-Methode nicht angewandt zu werden, auch wenn ein maßgeblicher Einfluss tatsächlich ausgeübt wird, da das Gesetz für die Anwendung der Equity-Methode in diesen Fällen ebenfalls ein Wahlrecht vorsieht (§ 311 Abs. 2 HGB). Gegen eine freiwillige Einbeziehung dieser Unternehmen nach der Equity-Methode bestehen keine Bedenken.

g) Stetigkeit der Abgrenzung

211 Die verschiedenen Wahlrechte, die das Gesetz dem MU für die **Abgrenzung des Konsolidierungskreises** einräumt, lassen die Frage aufkommen, ob die Gesellschaft diese Rechte von Jahr zu Jahr neu ausüben kann oder ob sie an die einmal getroffene Wahl auch in den folgenden Jahren gebunden ist. Die Aussagefähigkeit des KA – insb. bei einem Zeitvergleich – hängt entscheidend von der Beibehaltung des einmal gewählten Konsolidierungskreises ab. Deshalb sind Änderungen in der Ausübung der Konsolidierungswahlrechte, die nicht durch veränderte Verhältnisse bedingt sind, grds. nicht zulässig[297].

212 Generell misst das HGB dem **Grundsatz der Stetigkeit** eine große Bedeutung zu. Die angewandten Ansatz- und Bewertungsmethoden sind beizubehalten (§ 298 Abs. 1 i.V.m. § 246 Abs. 3 bzw. § 252 Abs. 1 Nr. 6 HGB). Dasselbe gilt für die angewandten Konsolidierungsmethoden (§ 297 Abs. 3 S. 2 HGB). Beide Vorschriften betreffen expressis verbis nicht die Abgrenzung des Konsolidierungskreises. Sie unterstützen jedoch die Auslegung des § 297 Abs. 2 S. 2 HGB, im Interesse des Einblicks in die Vermögens-, Finanz- und Ertragslage des Konzerns in der Ausübung der Konsolidierungswahlrechte Kontinuität zu wahren.

213 Hat sich die **Zusammensetzung** des Konsolidierungskreises gegenüber dem Vj. wesentlich **geändert** (z.B. Zugang, Abgang konsolidierungspflichtiger Unternehmen), so sind – unbeschadet der Angaben nach §§ 296 Abs. 3, 313 Abs. 2 Nr. 1 S. 2 HGB – weitere Angaben im KA aufzunehmen, um die Vergleichbarkeit der KA herzustellen (§ 294 Abs. 2 S. 1 HGB). Diese Angaben sind, obgleich der Wortlaut der Vorschrift nicht vom KAnh., sondern umfassender vom KA spricht, ausweislich der Gesetzesbegründung zum BilMoG ausschließlich im KAnh. zulässig[298]. Sie müssen so detailliert sein, dass trotz eines veränderten Konsolidierungskreises ein Vergleich mit den für die Aussage des KA wesentlichen Posten möglich ist. Dies ist im Allgemeinen ohne Zahlangaben (absolute Zahlen oder Prozentzahlen über Abweichungen) zu den im Bilanzgliederungsschema (§ 266 HGB) mit römischen Zahlen bezeichneten Postengruppen sowie zu den Konzernaußenumsatzerlösen, den betrieblichen Aufwendungen und Erträgen, dem Finanzergebnis, dem außerordentlichen Ergebnis, den Steuern und dem Konzernjahresergebnis nicht möglich[299]. Anstelle dieser zusätzlichen Angaben ist es auch zulässig, neben den Vorjahreszahlen die an den geänderten Konsolidierungskreis angepassten Vorjahreszahlen in

---

297 So auch *v. Wysocki/Wohlgemuth*, Konzernrechnungslegung[4], S. 37.
298 Vgl. Begr. RegE BilMoG, BT-Drs. 16/10067, S. 80.
299 Ebenso *IDW ERS HFA 44*, Tz. 12-14.

einer dritten Spalte darzustellen[300]. Eine Berichterstattung ist jedoch nicht bei jeder Änderung des Konsolidierungskreises erforderlich, sondern nur dann, wenn sie für die Aussagefähigkeit der Vermögens-, Finanz- und Ertragslage des Konzerns wesentlich ist[301]. DRS 4.56 verlangt explizit von kapitalmarktorientierten MU für das Jahr des Erwerbs sowie für das Vj. die Angabe der Umsatzerlöse, des Ergebnisses vor außerordentlichen Posten, des Jahresüberschusses und im Falle des Erwerbs eines börsennotierten Unternehmens des Ergebnisses je Aktie für das erworbene Unternehmen.

IV. Konzernbilanz

1. Inhalt der Konzernbilanz

a) Zusammenfassung der Einzelbilanzen

Die Konzernbilanz wird durch Zusammenfassung der Einzelbilanzen aller in den KA einbezogenen Unternehmen erstellt (§ 300 Abs. 1 S. 1 HGB). Eine eigenständige Konzernbuchführung, aus der die Konzernbilanz unmittelbar und regelmäßig abgeleitet werden kann, ist grds. nicht erforderlich. Allerdings erfordern die anzuwendenden Konsolidierungsmethoden und die damit verbundenen, je nach Sachlage mehr oder weniger umfangreichen Umbewertungen und deren Fortschreibung erhebliche Nebenrechnungen, die als Teile einer speziellen Konzernbuchführung angesehen werden können[302]. **214**

b) Grundsatz der Vollkonsolidierung

Der **Einheitstheorie**[303] folgend schreibt das Gesetz für die Einbeziehung von TU grds. die sog. Voll- oder Bruttokonsolidierung mit Minderheitenausweis vor. Die Vermögensgegenstände, Schulden, RAP und Sonderposten aus der HB für Konsolidierungszwecke (HB II) der einbezogenen Unternehmen werden unabhängig von der Beteiligungsquote des MU mit ihren vollen Beträgen in die Konzernbilanz aufgenommen (§ 300 Abs. 2 HGB). **215**

Für Anteile an einbezogenen Unternehmen, die nicht dem MU oder anderen konsolidierten TU (§ 290 Abs. 3 HGB) gehören, ist in Höhe ihres Anteils am EK ein **Ausgleichsposten** unter entsprechender Bezeichnung innerhalb des EK in der Konzernbilanz auszuweisen (§ 307 Abs. 1 HGB)[304]. **216**

Abw. hiervon hat der Gesetzgeber in § 310 HGB die beteiligungsproportionale Übernahme der Bilanzposten von sog. GU zugelassen („Quotenkonsolidierung")[305]. Ähnliches gilt für die Anwendung der sog. Equity-Methode (§ 312 HGB) für die Bewertung von Beteiligungen an assoziierten Unternehmen (§ 311 Abs. 1 HGB)[306]. **217**

2. Gliederung

a) Grundsatz

Für die Konzernbilanz gilt zunächst die **Generalnorm** des § 297 Abs. 2 HGB. Danach ist der KA klar und übersichtlich aufzustellen. Er hat unter Beachtung der GoB ein den tatsächlichen Verhältnissen entsprechendes Bild der Vermögens-, Finanz- und Ertragslage **218**

---
300   Vgl. *IDW ERS HFA 44*, Tz. 15-17.
301   Vgl. *IDW ERS HFA 44*, Tz. 11.
302   Vgl. Tz. 313.
303   Vgl. Tz. 6.
304   Vgl. Tz. 237.
305   Vgl. Tz. 603.
306   Vgl. Tz. 535.

des Konzerns zu vermitteln[307]. Führen besondere Umstände dazu, dass der KA ein den tatsächlichen Verhältnissen entsprechendes Bild nicht vermittelt, so sind zusätzliche Angaben im KAnh.[308] zu machen.

219 Das HGB enthält keine eigenständigen Vorschriften für die Gliederung der Konzernbilanz. Stattdessen verweist § 298 Abs. 1 HGB auf das **Gliederungsschema für große KapGes.** (§ 266 Abs. 2 und 3 HGB). Außerdem enthält § 298 Abs. 1 HGB weitere Verweise auf ergänzende Gliederungsvorschriften für die Einzelbilanz (insb. §§ 265, 268 HGB), die für die Konzernbilanz entspr. anzuwenden sind.

Die Vorschriften über den KA enthalten darüber hinaus ausdrückliche Vereinfachungen gegenüber der Einzelbilanz sowie Erweiterungen der Gliederung um gesondert auszuweisende, aus der Konsolidierungstechnik resultierende Posten.

b) Entsprechende Anwendung von Gliederungsvorschriften für die Einzelbilanz
aa) Anzuwendende Vorschriften

220 Im Einzelnen sind folgende Vorschriften des HGB, die die Bilanzgliederung der KapGes. nach § 266 Abs. 2 und 3 HGB ergänzen, für die Konzernbilanz entspr. anzuwenden (§ 298 Abs. 1 HGB):

- Saldierungsverbot (§ 246 Abs. 2 S. 1 HGB);
- Saldierungsgebot von Deckungsvermögen mit Schulden aus Altersversorgungsverpflichtungen oder vergleichbaren langfristig fälligen Verpflichtungen (§ 246 Abs. 2 S. 2 HGB);
- Stetigkeit der Gliederung (§ 265 Abs. 1 HGB);
- Angabe der Vorjahresbeträge (§ 265 Abs. 2 HGB);
- Vermerk der Mitzugehörigkeit zu anderen Posten (§ 265 Abs. 3 S. 1 HGB);
- Erweiterung der Gliederung bei mehreren Geschäftszweigen (§ 265 Abs. 4 HGB);
- freiwillig weitergehende Untergliederung (§ 265 Abs. 5 S. 1 HGB);
- freiwillige Einfügung neuer Posten, wenn ihr Inhalt nicht von einem vorgeschriebenen Posten gedeckt wird (§ 265 Abs. 5 S. 2 HGB);
- Abweichungen vom Gliederungsschema, wenn dies zur Klarheit und Übersichtlichkeit erforderlich ist (§ 265 Abs. 6 HGB);
- Zusammenfassung bestimmter Posten bei unwesentlichen Beträgen (§ 265 Abs. 7 Nr. 1 HGB);
- Zusammenfassung von Posten zur Vergrößerung der Klarheit bei Aufgliederung im KAnh. (§ 265 Abs. 7 Nr. 2 HGB);
- kein Ausweis von Leerposten, sofern auch im Vj. kein Betrag ausgewiesen wurde (§ 265 Abs. 8 HGB);
- Darstellung der horizontalen Entwicklung des AV (§ 268 Abs. 2 HGB)[309];
- Vermerk des Betrages der Forderungen mit einer Restlaufzeit von mehr als einem Jahr (§ 268 Abs. 4 HGB);
- Vermerk des Betrages der Verbindlichkeiten mit einer Restlaufzeit von bis zu einem Jahr (§ 268 Abs. 5 HGB);
- gesonderter Ausweis der erhaltenen Anzahlungen, soweit nicht offen von dem Posten „Vorräte" abgesetzt (§ 268 Abs. 5 S. 2 HGB);

---

307 Vgl. zur Generalnorm Kap. F.
308 Vgl. Tz. 781.
309 Vgl. hierzu Tz. 224.

Konzernbilanz

- gesonderter Ausweis eines aktivierten Disagio, sofern nicht Angabe im Anh. erfolgt (§ 268 Abs. 6 HGB);
- Vermerk der Haftungsverhältnisse unter der Bilanz[310] (§ 251 HGB i.V.m. § 268 Abs. 7 HGB);
- Ausweis der nicht eingeforderten ausstehenden Einlagen auf das Kapital (Abzug vom Posten „Gezeichnetes Kapital") sowie Ausweis der eingeforderten, aber noch nicht eingezahlten Einlagen auf das gezeichnete Kapital (unter den Forderungen), (§ 272 Abs. 1 S. 3 HGB);
- Ausweis eigener Anteile als Abzugsposten vom „Gezeichneten Kapital" (§ 272 Abs. 1a HGB);
- gesonderter Ausweis eines Postens „Nicht durch EK gedeckter Fehlbetrag" (§ 268 Abs. 3 HGB);
- Wahlrecht zum unverrechneten Ausweis von aktiven und passiven latenten Steuern (§ 274 Abs. 1 S. 3 HGB);
- sofern das MU eine AG ist: gesonderter Ausweis des auf jede Aktiengattung entfallenden Betrages des Grundkapitals, Vermerk des bedingten Kapitals, Gesamtstimmenzahl von Mehrstimmrechtsaktien und der übrigen Aktien (§ 298 Abs. 1 HGB i. V.m. § 152 Abs. 1 AktG);
- sofern das MU eine GmbH ist: gesonderter Ausweis von „eingeforderten Nachschüssen" unter den Forderungen sowie gesonderter Ausweis des dem Aktivum entsprechenden Betrags unter den „Kapitalrücklagen" (§ 298 Abs. 1 HGB i.V.m. § 42 Abs. 2 GmbHG)[311].

Durch Verweis in § 298 Abs. 1 HGB gelten die Definitionen der Posten des Gliederungsschemas der Einzelbilanz auch für die Konzernbilanz[312].

Für den KA von Kreditinstituten und VU sind die durch Rechtsverordnung erlassenen besonderen Gliederungsvorschriften (**Formblätter**) zu beachten (§ 340i Abs. 2 i.V.m. § 340a Abs. 2 für KI, § 341j Abs. 1 i.V.m. § 341a Abs. 2 für VU, jeweils i.V.m. § 330 HGB)[313]. **221**

Auf den KA sind auch die für die **Rechtsform** der in den KA einbezogenen Unternehmen mit Sitz im Geltungsbereich des HGB geltenden Vorschriften anzuwenden, soweit die Eigenart des KA keine Abweichungen bedingt oder in den Vorschriften des HGB über den KA nicht etwas anderes bestimmt ist (§ 298 Abs. 1 HGB). Die Anwendung von Vorschriften, die nur für eine bestimmte Rechtsform gelten, auf einen KA, in dem Unternehmen verschiedener Rechtsformen zusammengefasst werden, wirft jedoch einige Probleme auf, die eine generelle Anwendung **rechtsformspezifischer Vorschriften** im KA zweifelhaft erscheinen lassen[314]. **222**

Wurde in der Vergangenheit noch diskutiert, ob Rücklagenbewegungen im KA dargestellt werden sollten[315], hat der Gesetzgeber zunächst mit dem TransPuG für kapitalmarktorientierte MU und mit dem BilReG für alle nach § 290 HGB zur Konzernrech- **223**

---

310 Vgl. im Einzelnen Tz. 462.
311 Zu den Besonderheiten in den Fällen, dass das MU nicht die Rechtsform einer KapGes. hat, vgl. Tz. 98 sowie O Tz. 74.
312 Z. B. die Definition des AV (§ 247 Abs. 2), der Beteiligung (§ 271 Abs. 1), des gezeichneten Kapitals (§ 272 Abs. 1), der Kapital- und der Gewinnrücklagen (§ 272 Abs. 2 u. 3).
313 Für KI RechKredV, BGBl. I 1998, S. 3658; im Einzelnen vgl. Kap. J; für VU RechVersV v. 09.06.1998; vgl. K Tz. 24.
314 Vgl. *Havermann* in IDW Fachtagung 1986, S. 43/48.
315 Vgl. *Schruff* in WP Handbuch 2000 Bd. I, M Tz. 203.

nungslegung verpflichteten MU den (Konzern-)Eigenkapitalspiegel als Bestandteil des KA verbindlich vorgeschrieben[316] (§ 297 Abs. 1 S. 1 HGB).

bb) Anlagespiegel im Konzernabschluss

224 Auch für den KA verlangt das HGB (§ 298 Abs. 1 i.V.m. § 268 Abs. 2 HGB) die horizontale Darstellung der Entwicklung des AV (Anlagespiegel). Der Anlagespiegel kann entweder in die Bilanz oder den KAnh. aufgenommen werden. Er hat die Entwicklung ausgehend von den ursprünglichen Anschaffungs- oder Herstellungskosten darzustellen (Bruttomethode)[317].

225 Für den Anlagespiegel im KA können **Besonderheiten** auftreten, die sich teilw. daraus ergeben, dass für die Zuordnung zu den Spalten des Anlagespiegels aus der Sicht des Konzerns als einheitliches Unternehmen (§ 297 Abs. 3 HGB) eine andere Beurteilung als bei der Zuordnung im JA erforderlich ist[318]. Werden z.B. Vermögensgegenstände des AV zwischen einbezogenen Unternehmen veräußert, so ist eine Saldierung der jeweiligen Beträge in der Spalte „Abgänge" und der Spalte „Zugänge" erforderlich. Wird ein Vermögensgegenstand innerhalb des AV nach der konzerninternen Übertragung unter einem anderen Posten ausgewiesen als bisher bei dem liefernden Unternehmen (z.B. Verkauf einer Maschine, die beim Empfänger Bestandteil einer im Bau befindlichen Anlage wird), so liegt aus Konzernsicht eine Umbuchung vor.

226 Weitere Probleme für den Anlagespiegel im KA ergeben sich bei der Anwendung der **Equity-Methode** für die Bewertung von Beteiligungen an assoziierten Unternehmen[319]. Nach der Equity-Methode ist der Wertansatz der Beteiligung in jedem Jahr um die anteiligen Eigenkapitalveränderungen des assoziierten Unternehmens zu erhöhen bzw. zu vermindern (§ 312 Abs. 4 HGB). Diese Wertänderungen sind den betreffenden Spalten des Anlagespiegels zuzuordnen. Dabei ist zwischen Veränderungen des anteiligen EK, die mit einer mengenmäßigen Änderung der gehaltenen Anteile verbunden sind, und solchen, die auf den anteiligen Jahreserfolg und Ausschüttungen zurückzuführen sind, zu unterscheiden.

227 Quantitative Änderungen des Anteilsbesitzes führen zum Ausweis in der Spalte „Zugänge" bzw. „Abgänge".

228 Demgegenüber ist in der Übernahme des anteiligen Jahresüberschusses eine wertmäßige Erhöhung der Beteiligung zu sehen, die deshalb nach h.M.[320] als Zuschreibung[321] auszuweisen ist. Bei der Anwendung der Equity-Methode kann für den Ausweis unter Zuschreibungen grds. nicht vorausgesetzt werden, dass vorher Abschreibungen erfolgt sind[322]. Ebenso wenig kann die Zuschreibung durch die AK begrenzt werden, da die Equity-Methode im Gegensatz zum Anschaffungskostenprinzip, das die deutsche Rechnungslegung grds. beherrscht, darauf ausgelegt ist, dass der Beteiligungsbuchwert nicht

---

316 Zu Einzelheiten des Eigenkapitalspiegels vgl. Tz. 833.
317 Wegen Einzelheiten zum Anlagespiegel vgl. F Tz. 123.
318 Vgl. hierzu im Einzelnen ADS⁶, § 298, Tz. 115-117.
319 Zur Anwendung der Equity-Methode vgl. Tz. 535.
320 Vgl. *Küting/Zündorf* in HdKonzernR², § 312, Rn. 105; ADS⁶, § 298, Tz. 141; *Winkeljohann/Böcker* in BeBiKo⁷, § 312, Rn. 73. Unter der Voraussetzung entsprechender Erläuterung im KAnh. wird jedoch von den genannten Kommentaren der Ausweis als „Zugang" nicht ausgeschlossen.
321 Auch der thesaurierte Gewinnanteil lässt sich nicht als Zugang im Sinne nachträglicher AK auffassen. Vgl. *Havermann*, WPg 1975, S. 240.
322 Vgl. dagegen *IDW St/HFA 3/1976*, WPg 1976, S. 593. Ferner *Küting/Zündorf*, BB 1986, Beilage 7, S. 12.

die AK der Anteile, sondern den jeweiligen Anteil am bilanziellen EK des assoziierten Unternehmens – unabhängig von den ursprünglichen AK – widerspiegelt.

Anteilige Jahresfehlbeträge führen ebenso zur Minderung des Beteiligungsbuchwertes wie Gewinnausschüttungen des assoziierten Unternehmens[323], da sie das anteilige bilanzielle EK des assoziierten Unternehmens vermindern[324]. Sie sind als wertmäßige Änderungen des Buchwertes der Beteiligung in der Spalte „Abschreibungen" auszuweisen. **229**

Während im Anlagespiegel die Abschreibungen kumuliert auszuweisen sind, sind nach der Vorstellung des Gesetzgebers[325] als „Zuschreibungen" nur die Beträge des GJ auszuweisen (§ 268 Abs. 2 HGB). Damit sich zu jedem Abschlussstichtag der Buchwert aus der horizontalen Darstellung rechnerisch ableiten lässt, müssen die Zuschreibungen des GJ im Anlagespiegel des folgenden Abschlussstichtages mit den kumulierten Abschreibungen verrechnet werden[326]. Diese Verrechnung kann zum Ausweis negativer kumulierter Abschreibungen führen, wenn die Gewinnthesaurierungen bei assoziierten Unternehmen die kumulierten anteiligen Jahresfehlbeträge und Ausschüttungen übersteigen. **230**

Darin zeigt sich, dass der Anlagespiegel nach der gesetzlichen Regelung ohne Berücksichtigung der Besonderheiten der Equity-Methode konzipiert worden ist. Für die Darstellung der **Equity-Methode im Anlagespiegel** erscheinen die folgenden Ausweisformen besser geeignet: **231**

Der Anlagespiegel wird um eine Spalte „kumulierte Zuschreibungen" erweitert[327]. In dieser Spalte werden sämtliche anteiligen Jahresüberschüsse des assoziierten Unternehmens, die nach dem Erwerb der Beteiligung erwirtschaftet worden sind, ausgewiesen. Sämtliche anteiligen Jahresfehlbeträge, Dividendenausschüttungen und Abschreibungen auf den aktiven Unterschiedsbetrag werden kumuliert unter den Abschreibungen ausgewiesen (Bruttomethode). Der Nachteil dieser Methode besteht darin, dass durch die Kumulierungen der Anlagespiegel zahlenmäßig sehr aufgebläht wird[328], zumal die betriebsgewöhnliche Nutzungsdauer von Beteiligungen theoretisch unbegrenzt ist. **232**

Die Nachteile der Bruttomethode vermeidet die Nettomethode dadurch, dass unter den Abschreibungen nur der im GJ angefallene Betrag (Dividenden, anteiliger Jahresfehlbetrag, Abschreibung des Unterschiedsbetrages) ausgewiesen wird und ebenso unter den Zuschreibungen nur der anteilige Jahresüberschuss des GJ. In der Spalte der AK wird dann der jeweilige Wertansatz des vorhergehenden Stichtages ausgewiesen. Ergänzend dazu ist der Betrag bei Erstkonsolidierung, der andernfalls als ursprüngliche AK anzusetzen wäre, in der Bilanz zu vermerken oder im Anh. anzugeben. **233**

In jedem Falle sollten die Begriffe „Zuschreibungen" und „Abschreibungen" durch „anteilige Eigenkapitalmehrungen" und „anteilige Eigenkapitalminderungen" oder ähnliche Begriffe, die den Sachverhalt besser treffen als Zu- und Abschreibungen, ersetzt werden. Dies könnte durch Einfügung zusätzlicher Spalten im Anlagespiegel oder auch durch eine besondere Kennzeichnung dieser Posten in der Zu- oder Abschreibungsspalte und zusätzliche Erläuterungen in der Bilanz oder im Anh. geschehen. **234**

---

323   Vgl. Tz. 569.
324   Vgl. *Havermann*, WPg 1975, S. 235.
325   Vgl. Bericht des Rechtsausschusses zu § 268 Abs. 2 HGB, BT-Drs. 10/4268, S. 10.
326   Vgl. F Tz. 123.
327   Vgl. *Küting/Haeger/Zündorf*, BB 1985, S. 1953.
328   Vgl. hierzu sowie zu weiteren Darstellungsmöglichkeiten *Busse v. Colbe* in FS Grochla, S. 249-262; *Küting/Zündorf*, BB 1986, Beil. 7 S. 12. Vgl. ferner *Zündorf*, S. 58.

c) Gesetzlich vorgeschriebene Abweichungen gegenüber der Einzelbilanz

235 Die **Vorräte** (Roh-, Hilfs- und Betriebsstoffe, unfertige Erzeugnisse, unfertige Leistungen, fertige Erzeugnisse und Waren) dürfen **in der Konzernbilanz** zu einem Posten zusammengefasst werden, wenn die Aufgliederung wegen besonderer Umstände mit einem unverhältnismäßigen Aufwand verbunden wäre (§ 298 Abs. 2 HGB). Werden z.B. Halbfabrikate sowohl innerhalb des Konzerns weiterverarbeitet als auch an Dritte verkauft, so sind die Halbfabrikate grds. in unfertige Erzeugnisse und Fertigerzeugnisse aufzuteilen. Sofern die Zweckbestimmung noch nicht feststeht, könnte die Zuordnung nach der im abgelaufenen GJ dominierenden Verwendung erfolgen[329]. Erst wenn die dafür erforderlichen Informationen nicht ohne unverhältnismäßigen Aufwand zu erhalten sind, ist die Zusammenfassung der Vorräte zu einem Posten zulässig[330]. Die Tendenz zu einer eher restriktiven Auslegung der Erleichterung durch Zusammenfassung wird auch damit begründet, dass viele Unternehmen bei Aufstellung der Einzelbilanz mit den gleichen Problemen konfrontiert sind und offenbar in der Lage sind, diese zu lösen.

In der Standardgliederung für große KapGes. sind auch die Anzahlungen auf das Umlaufvermögen den Vorräten zugeordnet (§ 266 Abs. 2 B.I.4 HGB). Für sie dürfte eine Zusammenfassung mit den übrigen Vorräten im Allgemeinen jedoch nicht in Frage kommen, da kaum anzunehmen ist, dass ihr gesonderter Ausweis mit einem unverhältnismäßig hohen Aufwand verbunden ist.

236 Ein **Unterschiedsbetrag** (Restposten) aus der Kapitalkonsolidierung ist in der Konzernbilanz, wenn er auf der Aktivseite entsteht, als **Geschäfts- oder Firmenwert** (Goodwill) bzw., wenn er auf der Passivseite entsteht, als **Unterschiedsbetrag aus der Kapitalkonsolidierung** gesondert auszuweisen (§ 301 Abs. 3 HGB). Der passivische Unterschiedsbetrag ist nach § 301 Abs. 3 S. 1 HGB grds. als gesonderter Posten nach dem EK auszuweisen[331]. Die Möglichkeit, den passiven Unterschiedsbetrag je nach seinem bilanziellen Charakter den Rücklagen oder den Rückstellungen zuzuordnen, besteht nach den Änderungen durch das BilMoG nicht mehr[332]. Der konsequente Ausweis in einem gesonderten Posten nach dem EK dient dem besseren Verständnis der Abschlussadressaten. Auch die Verrechnung eines passiven Unterschiedsbetrags mit einem Geschäfts- oder Firmenwert aus anderen Unternehmenserwerben kommt nach der Streichung von § 301 Abs. 3 S. 3 HGB a.F. durch das BilMoG nicht mehr in Betracht[333].

237 Für Anteile an einbezogenen TU, die nicht dem MU oder anderen konsolidierten TU gehören, ist in der Konzernbilanz ein „**Ausgleichsposten für die Anteile der anderen Gesellschafter**" in Höhe ihres Anteils am EK" auszuweisen (§ 307 Abs. 1 HGB). Der Posten umfasst die Anteile konzernfremder Gesellschafter am gesamten EK des jeweiligen TU. Ein gesonderter Vermerk der auf Gewinne und Verluste entfallenden Beträge in der Konzernbilanz ist nicht erforderlich, da diese Beträge in der Konzern-GuV gezeigt werden müssen (§ 307 Abs. 2 HGB). Das HGB verlangt den Minderheitenausweis innerhalb des EK (§ 307 Abs. 1 HGB) und macht damit klar, dass dieser Posten materiell EK des Konzerns ist[334]. Da der Posten Anteile aus allen Eigenkapitalposten umfassen kann, wird er zweckmäßigerweise als Posten VI oder zwischen den Posten III und IV ausgewiesen.

---

329 Vgl. Protokollerklärung des Rates und der Kommission Nr. 11 zu Art. 17 der 7. EG-RL.
330 Vgl. ADS[6], § 298, Tz. 226 und *Wiedmann*, Bilanzrecht[2], § 298, Rn. 45.
331 Vgl. hierzu Tz. 375 ff. Wegen der notwendigen Erläuterungen im KAnh. vgl. Tz. 705.
332 Vgl. Begr. RegE BilMoG, BT-Drs. 16/10067, S. 81-82.
333 Vgl. Begr. RegE BilMoG, BT-Drs. 16/10067, S. 81.
334 Abgesehen von den – i.d.R. relativ geringfügigen – Ergebnisanteilen, die zur Ausschüttung bestimmt sind.

Konzernbilanz **M**

238 Der in der Konzernbilanz der Komplementär-GmbH ausgewiesene Ausgleichsposten für die Anteile anderer Gesellschafter (§ 307 Abs. 1 HGB) enthält bei **KapGes. & Co.** das anteilige, den Kommanditisten zustehende EK an der KapGes. & Co. KG. Aus Gründen der Klarheit sollte dieses in einem einzufügenden Posten z.B. „Anteile der Kommanditisten" ausgewiesen werden, damit das EK der Kommanditisten getrennt von dem fremden Dritten zustehenden EK gezeigt wird[335].

239 Nach dem Wortlaut des § 307 Abs. 1 HGB ist der Ausgleichsposten „für nicht dem MU gehörende Anteile an einem einbezogenen TU zu bilden". Diese Formulierung bedeutet indessen nicht, dass Anteile, die einem anderen konsolidierten TU gehören, auch in den Ausgleichsposten einzubeziehen sind[336]. Diese Anteile und das entsprechende konsolidierungspflichtige Kapital sind vielmehr der Kapitalkonsolidierung zu unterwerfen[337]. Sie müssen als konzerninterne Kapitalverflechtung eliminiert werden, um zur Darstellung des Konzerns als einheitliches Unternehmen (§ 297 Abs. 3 HGB) Doppelerfassungen auszuschließen.

240 Eine Rücklage nach § 272 Abs. 4 HGB für Anteile an dem MU, die einem konsolidierten TU gehören (**Rücklagen für sog. Rückbeteiligung**)[338], ist im Rahmen der Konsolidierung rückgängig zu machen. Die Anteile sind aus der Sicht des Konzerns eigene Anteile des MU und als solche in der Konzernbilanz mit ihrem Nennwert bzw. dem rechnerischen Wert in der Vorspalte offen von dem Posten „Gezeichnetes Kapital" abzusetzen (§ 301 Abs. 4 HGB).

Eigene Anteile des erworbenen Unternehmens sind nach DRS 4.22 mit dessen EK zu verrechnen[339].

241 Wird von einem konsolidierten Unternehmen eine **Beteiligung an einem assoziierten Unternehmen** gehalten, so ist diese Beteiligung in der Konzernbilanz unter einem besonderen Posten mit entsprechender Bezeichnung (z.B. „Beteiligungen an assoziierten Unternehmen") **auszuweisen** (§ 311 Abs. 1 HGB). Dieser Posten wird zweckmäßigerweise in die Standardgliederung (§ 266 Abs. 2 und 3 HGB) im Finanzanlagevermögen nach dem Posten A.III.3. eingefügt. Der Sonderausweis ist nicht erforderlich, „wenn die Beteiligung für die Vermittlung eines den tatsächlichen Verhältnissen entsprechenden Bildes der Vermögens-, Finanz- und Ertragslage des Konzerns von untergeordneter Bedeutung ist" (§ 311 Abs. 2 HGB).

242 Werden **Beteiligungen an assoziierten Unternehmen** nach der Equity-Methode bewertet und ergibt sich aus der Kapitalaufrechnung[340] ein **Unterschiedsbetrag**, so ist dieser im **Konzernanhang** anzugeben (§ 312 Abs. 1 S. 2 HGB). Nach der Aufhebung des Wahlrechts zur Kapitalanteilsmethode durch das BilMoG kommt ein gesonderter Ausweis des Unterschiedsbetrags in der Konzernbilanz nicht mehr in Betracht.

d) Systembedingte Abweichungen

243 Für die Konzernbilanz gilt das Gliederungsschema des § 266 Abs. 2 und 3 HGB nur so weit, wie die Eigenart der Konzernbilanz nicht Abweichungen bedingt (§ 298 Abs. 1 HGB). Neben den gesetzlich vorgeschriebenen Abweichungen und Vereinfachungen sind

---
335 Vgl. hierzu *Lanfermann* in FS Ludewig, S. 580; *Ellerich* in HdKonzernR[2], III, Rn. 13.
336 Zur Berechnung des Postens vgl. Tz. 410.
337 Zum Ausweis von Anteilen, die von nichtkonsolidierten TU gehalten werden, vgl. ADS[6], § 307, Tz. 11.
338 Vgl. Tz. 431.
339 Vgl. Tz. 436.
340 Vgl. Tz. 553.

insb. **Umgliederungen** von Posten der Einzelbilanzen in der Konzernbilanz erforderlich, um die Sachverhalte im KA so auszuweisen, als ob der Konzern auch rechtlich eine Einheit wäre (§ 297 Abs. 3 HGB). Hierzu sind als Beispiele zu nennen[341]:

244   Ein Konzernunternehmen hat bei einem anderen Konzernunternehmen eine Maschine zur eigenen Verwendung bestellt. Am Stichtag des KA ist die Maschine von dem herstellenden Unternehmen noch nicht fertig gestellt und wird deshalb in der Bilanz dieses Unternehmens unter „unfertige Erzeugnisse" (B.I.2) ausgewiesen. Aus Konzernsicht handelt es sich um eine Anlage im Bau, die im AV in der Konzernbilanz unter A.II.4. auszuweisen ist.

245   Liegen – bei sonst ähnlichen Bedingungen wie im vorgenannten Fall – am Abschlussstichtag keine Bestellungen anderer Konzernunternehmen vor, sondern sind Erzeugnisse auf Vorrat gearbeitet und folglich in der Bilanz des herstellenden Unternehmens als fertige Erzeugnisse ausgewiesen worden, so wird man zwei Fälle unterscheiden müssen:

a. Die Gegenstände werden ausschließlich von Konzernunternehmen zur Verwendung in deren AV abgenommen. Hier ist wie im vorangegangenen Fall zu verfahren.

b. Die Gegenstände werden von Konzernunternehmen zur Verwendung in deren AV und von Dritten abgenommen. Soweit keine genaueren Maßstäbe vorliegen, sollte auf die überwiegende Art der Verwendung abgestellt werden[342].

246   Hat ein in die Konsolidierung einbezogenes TU im JA eine Rücklage für Anteile an dem MU gebildet, das den KA aufstellt (§ 272 Abs. 4 HGB), so ist diese Rücklage in der Konsolidierung rückgängig zu machen. Die Anteile sind in der Konzernbilanz in der Vorspalte offen vom Posten „Gezeichnetes Kapital" des MU abzusetzen, da es sich aus Konzernsicht um eigene Anteile des MU handelt[343].

Die Rücklage für Anteile an einem herrschenden oder mit Mehrheit beteiligten Unternehmen ist im Rahmen der Konsolidierung dagegen nicht rückgängig zu machen, wenn dieses MU selbst TU eines konsolidierten MU ist. In diesem Falle wird die Rücklage nach den allgemeinen Grundsätzen in die Kapitalkonsolidierung einbezogen[344].

3. Bilanzansatz
a) Grundsatz

247   Das HGB unterscheidet für den KA zwischen Ansatz- und Bewertungsvorschriften. Die Frage, welche Vermögensgegenstände, Schulden, RAP und Sonderposten in die Konzernbilanz aufzunehmen sind, aufgenommen werden können oder nicht aufgenommen werden dürfen (**Ansatzvorschriften**), ist in § 300 HGB geregelt; die Frage der **Bewertung** der tatsächlich in die Konzernbilanz aufgenommenen Vermögensgegenstände und Schulden wird in § 308 HGB beantwortet[345].

248   In die Konzernbilanz sind sämtliche Vermögensgegenstände, Schulden, RAP und Sonderposten[346] der konsolidierten TU aufzunehmen (§ 300 Abs. 1 HGB). Dies gilt unabhängig davon, ob sie tatsächlich bei den entsprechenden Tochtergesellschaften bilanziert

---

341   Vgl. ADS[6], § 298, Tz. 162.
342   Vgl. *Forster*, S. 104.
343   Zur Behandlung der Anteile in der Konzernbilanz vgl. Tz. 431.
344   Vgl. dazu Tz. 433.
345   Vgl. Tz. 265.
346   Als Sonderposten i.S.d. § 300 Abs. 1 HGB kommen weiterhin z.B. erhaltene Zuschüsse in Betracht; vgl. *IDW St/HFA 1/1984* zu Bilanzierungsfragen bei Zuwendungen und *IDW RS HFA 15*.

sind (§ 300 Abs. 2 S. 1 HGB)[347]. Der **Grundsatz der Vollständigkeit** (§ 298 Abs. 1 i.V.m. § 246 Abs. 1 HGB) gilt aufgrund der expliziten Vorschrift des § 300 Abs. 2 HGB auch für die Konzernbilanz.

Voraussetzung für die Aufnahme in die Konzernbilanz ist allerdings, dass diese Posten „nach dem Recht des MU bilanzierungsfähig sind und die Eigenart des KA keine Abweichung bedingt" (§ 300 Abs. 1 HGB)[348]. Nach dem Recht des MU zulässige Bilanzierungswahlrechte bleiben unberührt (§ 300 Abs. 2 S. 2 HGB). Insoweit gehen die speziellen Wahlrechte dem Vollständigkeitsgebot vor. 249

b) Notwendige Anpassungen

Ansatzpflichten, -verbote und -wahlrechte für die Konzernbilanz richten sich grds. nach den Vorschriften, die für das MU gelten, das den KA aufstellt (§ 300 Abs. 1 S. 2 HGB). Hat das MU die Rechtsform einer KapGes., so sind die Ansatzvorschriften der §§ 246-251 und 274 HGB anzuwenden. Diese Ansatzvorschriften sind auch dann anzuwenden, wenn das MU nicht die Rechtsform einer KapGes. hat, der KA aber befreiende Wirkung i.S.d. § 291 HGB erhalten soll (§ 291 Abs. 2 Nr. 2 HGB)[349]. 250

Sofern die JA der einbezogenen TU diesen Ansatzvorschriften nicht entsprechen, sind sie vor der Konsolidierung durch Aufstellung einer sog. HB II[350] anzupassen. Für **inländische TU**, die nicht in der Rechtsform einer KapGes. geführt werden, ergibt sich die Notwendigkeit zur **Aufstellung einer Handelsbilanz II** z.B. dann, wenn latente Steuern nicht gem. § 274 HGB berücksichtigt worden sind, weil diese Verpflichtung nur für KapGes. gilt. Notwendig werden Anpassungen v.a. bei JA einbezogener TU mit Sitz im Ausland, soweit die landesrechtlichen JA nicht mit den deutschen Ansatzpflichten und -verboten übereinstimmen. 251

Hat z.B. ein **ausländisches TU** in Übereinstimmung mit seinem nationalen Recht Aufwendungen für die Gründung des Unternehmens und für die Beschaffung des EK oder für selbsterstellte Marken, Drucktitel, Verlagsrechte, Kundenlisten oder vergleichbare immaterielle Vermögensgegenstände des AV aktiviert, so dürfen diese Posten nicht in eine deutsche Konzernbilanz übernommen werden (§ 300 Abs. 1 S. 2 i.V.m. § 248 Abs. 2 S. HGB). 252

Andererseits verlangt § 300 Abs. 2 S. 1 HGB die Aufnahme von Vermögensgegenständen, Schulden, RAP und Sonderposten, deren Bilanzierung nach dem für das MU geltende Recht geboten ist, auch dann, wenn sie in den zu konsolidierenden JA nicht enthalten sind. Hat z.B. ein zu konsolidierendes ausländisches TU einen immateriellen Vermögensgegenstand erworben und in Übereinstimmung mit seinem nationalen Recht nicht aktiviert, so muss dieser Gegenstand in die Konzernbilanz aufgenommen werden. Dasselbe gilt, wenn RAP nicht aktiviert bzw. passiviert worden sind (§ 298 Abs. 1 i.V.m. § 250 HGB). 253

Eine Ergänzung der Konzernbilanz um Posten, die in keiner einbezogenen Einzelbilanz enthalten sind, kann auch die Folge von Konsolidierungsvorgängen sein. So muss in der Konzernbilanz ein Abgrenzungsposten für latente Steuern auf Konsolidierungs- 254

---

347 Zu den dadurch entstehenden bilanzpolitischen Möglichkeiten vgl. die Ausführungen Tz. 265, die sinngemäß gelten.
348 Im Gegensatz zu den Bewertungsvorschriften (§ 308 Abs. 2 S. 4 HGB) ist für die Ansatzvorschriften ein Abweichen von dem für das MU geltenden Recht im Gesetz nicht zugelassen.
349 Zu den Anforderungen an einen befreienden Abschluss nach § 11 PublG vgl. O Tz. 47.
350 Vgl. im Einzelnen Tz. 306.

maßnahmen angesetzt werden[351], die zu Differenzen zwischen den handelsrechtlichen und steuerlichen Wertansätzen führen (§ 306 HGB)[352].

c) Systembedingte Anpassungen

255 Soweit die einbezogenen Unternehmen ihren Sitz im Inland haben, müssen sie unabhängig von ihrer Rechtsform bereits bei Aufstellung ihres handelsrechtlichen JA die Ansatzpflichten und -verbote beachten, die für KapGes. und für alle übrigen Kaufleute gemeinsam gelten (§§ 246-251 HGB). Insoweit ergibt sich grds. aus dem HGB selbst keine Notwendigkeit, Änderungen der JA bezüglich des Bilanzansatzes vorzunehmen.

256 Die Übernahme von Bilanzansätzen aus den Einzelabschlüssen kommt nicht in Betracht, wenn einzelne Sachverhalte bei Anwendung der Einheitstheorie (§ 297 Abs. 3 HGB) für den KA anders zu beurteilen sind als für den JA[353]. Ist z.B. in der Einzelbilanz eines einbezogenen Unternehmens ein von einem anderen einbezogenen Unternehmen entgeltlich erworbenes Verlagsrecht aktiviert worden, so liegt aus Konzernsicht (Einheitstheorie) ein **selbst geschaffenes Verlagsrecht** vor, dessen Aktivierung nach § 248 Abs. 2 S. 2 HGB unzulässig ist[354]. Das aktivierte Verlagsrecht ist daher im Jahr des Erwerbs in der HB II zu eliminieren; die in Folgejahren in der HB I verrechneten Abschreibungen sind in der HB II ebenfalls erfolgswirksam zu korrigieren[355].

d) Freiwillige Anpassungen

257 Bestehen für Vermögensgegenstände, Schulden und Sonderposten **Ansatzwahlrechte**, so dürfen sie im KA unabhängig von ihrer Ausübung im JA eines konsolidierten Unternehmens ausgeübt werden (§ 300 Abs. 2 S. 2 HGB). So dürfen z.B. nicht aktivierte Entwicklungskosten für selbst geschaffene Vermögensgegenstände in der Einzelbilanz eines konsolidierten Unternehmens (§ 248 Abs. 2 S. 1 HGB) aus anderen bilanzpolitischen Zielsetzungen in der HB II aktiviert werden. Ebenso darf ein in der Einzelbilanz aktivierungsfähiges, aber nicht aktiviertes Disagio (§ 250 Abs. 3 HGB) in der HB II nachaktiviert werden.

258 Voraussetzung ist in allen Fällen, dass das Wahlrecht nach dem Recht des MU besteht. Auf die Behandlung des Vorgangs nach den Vorschriften, die für das TU gelten, kommt es nicht an. Lässt z.B. ein Mitgliedstaat der EU in seinem nationalen Recht die Aktivierung von „Aufwendungen für die Errichtung und Erweiterung des Unternehmens" zu, wozu er nach Art. 34 Abs. 1 lit. a) der 4. EG-RL berechtigt ist, so können gleichwohl diese Aufwendungen, sofern sie bei einem einbezogenen TU angefallen sind, in einem nach § 290 HGB aufgestellten KA nicht aktiviert werden[356].

259 Eine einheitliche Ausübung von Ansatzwahlrechten bei gleichgelagerten Sachverhalten war nach h.M.[357] bisher nicht erforderlich. An den KA sollten insoweit keine strengeren Anforderungen gestellt werden als an den JA[358]. Demgegenüber war bereits bisher nach

---

351 Vgl. Tz. 478.
352 Im Gegensatz zur Einzelbilanz, in der für den Aktivposten „latente Steuern" ein Ansatzwahlrecht besteht (§ 274 Abs. 1 HGB), besteht für die Konzernbilanz eine Ansatzpflicht (§ 306 HGB).
353 § 300 Abs. 1 S. 2 HGB: „und die Eigenart des KA keine Abweichungen bedingt".
354 Vgl. ADS[6], § 300, Tz. 15.
355 Vgl. *Havermann* in FS Döllerer, S. 185-203. Zur Frage des Zusammenhangs von HB I und II, die bei systembedingten Abweichungen entsteht, vgl. Tz. 306.
356 Das Aktivierungswahlrecht nach § 269 HGB a.F. wurde durch das BilMoG aufgehoben.
357 Vgl. ADS[6], § 300, Tz. 19 m.w.N.
358 Vgl. zum JA E Tz. 300.

Konzernbilanz **M**

DRS 13.7 die Erfassung von Posten in sachlicher und zeitlicher Hinsicht stetig beizubehalten. Das **Gebot der Ansatzstetigkeit** wurde durch das BilMoG aus Gründen der Verbesserung der Transparenz gesetzlich kodifiziert und ist nach § 298 Abs. 1 i.V.m. § 246 Abs. 3 HGB auch für den KA zu beachten. Abweichungen vom Grundsatz der Ansatzstetigkeit sind nur unter entsprechender Anwendung des § 252 Abs. 2 HGB in begründeten Ausnahmefällen zulässig (§ 298 Abs. 1 i.V.m. § 246 Abs. 3 S. 2 HGB)[359].

Das Wiederaufleben der Bilanzansatzwahlrechte im KA ermöglicht eine Vereinheitlichung in der Ausübung von Ansatzwahlrechten in der Konzernbilanz, die häufig von Konzernen aus Gründen der Vergleichbarkeit und innerkonzernlichen Kontrolle freiwillig angestrebt wird, ohne Konflikte mit den bilanzpolitischen Zielsetzungen der JA zu verursachen. Darüber hinaus bietet die Neuausübung von Ansatzwahlrechten bei den JA von TU **mit Sitz innerhalb der EU** die Möglichkeit, einige der in den EU-Ländern unterschiedlich ausgeübten nationalen Wahlrechte der 4. EG-RL, die in einigen Staaten z.T. als Ansatzpflichten oder -verbote transformiert worden sind, für den KA im Sinne einer einheitlichen Bilanzierung zu überbrücken. 260

e) Ausnahmen von der Anpassungspflicht

Ansätze, die auf speziellen Vorschriften für KI und VU beruhen, dürfen nach § 300 Abs. 2 S. 3 HGB auch im KA eines MU, das selbst nicht nach den Sondervorschriften der §§ 340i, 341i HGB zur Konzernrechnungslegung verpflichtet ist, beibehalten werden. Wird von diesem Wahlrecht Gebrauch gemacht, so ist im KAnh. darauf hinzuweisen. Entsprechende Beibehaltungswahlrechte gelten nach § 308 Abs. 2 S. 2 HGB auch für die Bewertung[360]. 261

Im Gegensatz zur Bewertung kann auf die Anpassung an die Bilanzansatzvorschriften auch dann nicht verzichtet werden, wenn ihre Auswirkungen nur von untergeordneter Bedeutung sind. 262

f) Erstmalige Anwendung von § 300 HGB

Wird ein TU erstmals einbezogen, so können die Anpassungen an die Bilanzansatzvorschriften, die für das MU gelten, erhebliche Beträge ergeben. Würden diese Anpassungen insgesamt im Konzernerfolg wirksam, wäre durch die außergewöhnlichen Ergebniseinflüsse die Vergleichbarkeit mit anderen Abrechnungsperioden gestört. Die **Anpassungsmaßnahmen**, die sich auf **Vorperioden** beziehen, sollten daher das Konzernjahresergebnis nicht berühren[361]. Dabei ist es unerheblich, ob diese Beträge in der HB II erfolgswirksam oder erfolgsneutral behandelt werden. Die erstmalige Anwendung bezieht sich auf den Stichtag, der für die Erstkonsolidierung nach § 301 Abs. 2 HGB maßgebend ist[362]. Fällt der **Stichtag der Erstkonsolidierung** auf den Stichtag der Konzernbilanz (z.B. der 31.12.), so wird das gesamte Jahresergebnis der HB II in die Kapitalkonsolidierung einbezogen[363]. In der Konzern-GuV ist das ggf. einbezogene Ergebnis der HB II zu neut- 263

---

359 Mögliche Ausnahmefälle werden in DRS 13.8 aufgezählt.
360 Vgl. Tz. 271.
361 Die gleiche Frage stellt sich bei der Anpassung an die einheitliche Bewertung, vgl. Tz. 275. Vergleichbare Probleme ergeben sich auch bei der Schuldenkonsolidierung und Zwischenergebniseliminierung erstmalig einbezogener TU. Die erfolgsneutrale Behandlung der auf Vorperioden entfallenden Beträge dürfte auch aufgrund Art. 27 Abs. 4 EGHGB als Grundsatz ordnungsmäßiger Konsolidierung gelten, vgl. *Busse v. Colbe u.a.*, Konzernabschlüsse[7], S. 143 und *Förschle* in BeBiKo[7], § 300, Rn. 33 sowie Tz. 340.
362 Vgl. hierzu Tz. 385.
363 Vgl. *IDW St/HFA 3/1995*, Abschn. II.2.

1473

ralisieren³⁶⁴. Besondere Maßnahmen zur Neutralisierung der Auswirkungen von Anpassungen an die einheitlichen Bilanzierungsgrundsätze sind dann nicht erforderlich.

264 Fällt der Stichtag der Erstkonsolidierung dagegen auf den **Beginn des Konzern-GJ**, so muss sich die erstmalige Anwendung der einheitlichen Bilanzansatzvorschriften ebenfalls auf diesen Stichtag beziehen. Die vorperiodischen Sachverhalte werden damit ebenfalls im EK erfasst, das der Erstkonsolidierung zugrunde liegt. Die Fortschreibung dieser Anpassungen zum 31.12. erfolgt dann nach den allgemeinen Grundsätzen. Anpassungen, die Geschäftsvorfälle des Berichtsjahres betreffen, werden im Jahreserfolg der HB II und im Konzernerfolg wirksam.

4. Bewertung

a) Grundsatz

265 Die Bewertungsvorschriften für den KA sind in § 308 HGB zusammengefasst. Danach ist die Bewertung der Vermögensgegenstände und Schulden in der Konzernbilanz vollständig **gelöst** von den zugrunde liegenden Einzelbilanzen. Die **Konzernbilanz** ist als Bilanz eines einheitlichen Unternehmens anzusehen, für die eine **eigenständige Bilanzpolitik** ohne Präjudizien aus den JA verfolgt werden kann. Alle Vermögensgegenstände und Schulden können im Rahmen der gesetzlich zulässigen Spielräume neu bewertet werden, sämtliche Ansatz- und Bewertungswahlrechte³⁶⁵ leben wieder auf. So kann z.B. die Bilanzpolitik bei einem einbezogenen Unternehmen darauf ausgerichtet sein, ein möglichst niedriges Ergebnis darzustellen. Für die Einbeziehung in den KA können die gleichen Vermögensgegenstände und Schulden so bewertet werden, dass im Rahmen der gesetzlichen Möglichkeiten ein möglichst hohes Ergebnis erreicht wird. Das im KA nach HGB ausgewiesene Ergebnis kann sich daher auch mehr oder weniger weit von der Summe der Einzelergebnisse der konsolidierten Unternehmen entfernen.

Allerdings sind die Unternehmen bei der Bewertung in der Konzernbilanz nicht völlig frei, sondern müssen folgende Einschränkungen beachten:

266 Gesetzlicher Maßstab für die Bewertung von Vermögensgegenständen und Schulden in der Konzernbilanz sind grds. die auf die Bilanz des MU **anwendbaren Bewertungsmethoden** (§ 308 Abs. 1 S. 1 HGB).

Wird der KA von einer deutschen KapGes. aufgestellt, so sind die im Rahmen der für KapGes. geltenden Vorschriften zulässigen Methoden anzuwenden. Das Gleiche gilt für den von einem Unternehmen anderer Rechtsform mit Sitz im Inland³⁶⁶ aufgestellten KA, der befreiende Wirkung nach § 291 Abs. 2 HGB erhalten soll³⁶⁷. Die in Art. 29 Abs. 2 der 7. EG-RL als Mitgliedstaatenwahlrecht enthaltene Möglichkeit, Bewertungsvorschriften anderer EG-Länder für den KA zuzulassen, ist nicht übernommen worden. Eine Bewertung mit Wiederbeschaffungskosten, die in der 4. EG-RL zugelassen (Art. 33) und von einigen Mitgliedsländern in nationales Recht transformiert worden ist, ist daher unzulässig. Abweichungen von den Bewertungsmethoden, die nach den Vorschriften für das MU anwendbar sind, werden in Ausnahmefällen unter entsprechender Angabe- und Begründungspflicht (§ 308 Abs. 2 S. 4 HGB) sowie generell in Fällen von untergeordneter Bedeutung (§ 308 Abs. 2 S. 3 HGB) zugelassen.

---
364 Vgl. hierzu ADS⁶, § 305, Tz. 95.
365 Vgl. Tz. 257.
366 Zu den Anforderungen an die Bewertung bei befreienden KA ausländischer MU sowie freiwillig von Nicht-KapGes. aufgestellten KA vgl. Tz. 98.
367 Zum KA nach dem PublG vgl. O Tz. 83.

Die Vermögensgegenstände und Schulden sind in der Konzernbilanz **„einheitlich"** (nach 267
den auf den JA des MU anwendbaren Bewertungsmethoden) zu bewerten (§ 308 Abs. 1
S. 1 HGB). Das heißt keineswegs, dass die Bewertungswahlrechte der §§ 252-256 HGB in
der Konzernbilanz für jeden Vermögensgegenstand und jede Schuld immer in die gleiche
Richtung ausgeübt werden müssen. Einheitlich i.d.S. bedeutet zunächst, dass der Rahmen
der für das MU anwendbaren Bewertungsmethoden (KapGes.) eingehalten werden muss.
Innerhalb dieses Rahmens dürfen gleiche Sachverhalte grds. nicht nach unterschiedlichen
Methoden oder unter Verwendung unterschiedlicher Rechengrößen (z.B. Nutzungsdauer)
bewertet werden[368].

Gleiche Sachverhalte sind in diesem Zusammenhang art- und funktionsgleiche Vermögensgegenstände und Schulden, die den gleichen wertbestimmenden Faktoren unterliegen. Allerdings sind für die Prüfung der Gleichheit von Sachverhalten strenge Maßstäbe anzulegen, damit es nicht zu einer Nivellierung in der Bewertung von verschiedenen bewertungsrelevanten Umständen kommt.

Werden auf den KA **Bewertungsmethoden** angewandt, die zwar nach den Bewertungsvorschriften des HGB für KapGes. zulässig sind, jedoch von denen abweichen, die das MU auf seinen JA tatsächlich anwendet, so sind diese Abweichungen im KAnh. anzugeben und zu begründen (§ 308 Abs. 1 S. 3 HGB)[369].

Die auf den KA angewandten Bewertungsmethoden unterliegen dem **Grundsatz der** 268
Stetigkeit (§ 298 Abs. 1 i.V.m. § 252 Abs. 1 Nr. 6 HGB). Allerdings darf auch davon „in
begründeten Ausnahmefällen" **abgewichen** werden (§ 298 Abs. 1 i.V.m. § 252 Abs. 2
HGB). Mögliche Ausnahmefälle werden in DRS 13.8 aufgezählt.

b) Notwendige Bewertungsanpassungen

Eine Änderung der Wertansätze des JA einbezogener Unternehmen wird notwendig, 269
wenn und soweit diese Werte nicht mit den Bewertungsmethoden vereinbar sind, die für
den KA einheitlich anzuwenden sind[370]. Von der Notwendigkeit der Bewertungsanpassung[371] sind insb. betroffen:

– JA ausländischer Unternehmen mit Sitz innerhalb der EU, soweit aufgrund unterschiedlicher Ausübung nationaler Wahlrechte der 4. EG-RL die Wertansätze nicht mit den deutschen Bewertungsvorschriften vereinbar sind[372] (z.B. Bewertung zu höheren Wiederbeschaffungskosten gemäß Art. 33 der 4. EG-RL);
– JA ausländischer Unternehmen mit Sitz außerhalb der EU, die in erheblichem Umfang Verstöße gegen deutsche Bewertungsvorschriften enthalten können.

Notwendig ist eine Bewertungsanpassung auch dann, wenn in dem JA eines auslän- 270
dischen TU Beteiligungen nach der Equity-Methode oder einer anderen Methode, die mit
dem Anschaffungskostenprinzip unvereinbar ist, bewertet sind. Dies gilt auch für solche
Beteiligungen, die im KA gem. §§ 311, 312 HGB als Beteiligungen an assoziierten Un-

---

368 Der Bericht des Rechtsausschusses zu § 308 HGB, BT-Drs. 10/4268, S. 116, führt aus: „Die Absicht des Regierungsentwurfs, den MU alle Bewertungsmöglichkeiten des deutschen Rechts für den KA unabhängig von deren Anwendung in den JA des MU und der TU einzuräumen, kommt nunmehr klarer zum Ausdruck. Es bleibt allerdings dabei, dass im KA einheitlich zu bewerten ist, so dass Bewertungswahlrechte nebeneinander nur ausgeübt werden können, soweit diese Möglichkeit auch für den JA einer einzelnen KapGes. besteht." Vgl. auch *IDW St/HFA 3/1988* und ADS[6], § 308, Tz. 10.
369 Vgl. *Wiedmann*, Bilanzrecht[2], § 308, Rn. 7.
370 Vgl. dazu sowie zu den möglichen Abweichungen Tz. 265.
371 Zu den Fragen des Zusammenhangs von HB I und II, die in diesen Fällen auftreten, vgl. Tz. 306.
372 Vgl. *Funk*, S. 145/166.

ternehmen nach der Equity-Methode bilanziert werden. Diese Notwendigkeit ergibt sich bereits bei formaler Anwendung der deutschen Bewertungsvorschriften für den JA von TU. Sie lässt sich weiterhin damit begründen, dass für die Kapitalkonsolidierung das anteilige konsolidierungspflichtige EK nach einheitlichen Maßstäben ermittelt werden muss. Die Anwendung der Equity-Methode beeinflusst das EK des beteiligten Unternehmens.

c) Ausnahmen von der Anpassungspflicht

271 Wertansätze, die auf zwingenden Spezialvorschriften für **Kreditinstitute** (z.B. § 340f HGB) oder **Versicherungsunternehmen** (§ 341g Abs. 4 HGB) beruhen und mit den Bewertungsvorschriften des HGB für KapGes. nicht vereinbar sind, dürfen beibehalten werden, auch wenn das MU selbst nicht unter eine der Spezialvorschriften fällt. Wird von dieser Ausnahme Gebrauch gemacht, so ist im KAnh. auf die Inanspruchnahme hinzuweisen (§ 308 Abs. 2 S. 2 HGB).

272 Materiell geht es dabei primär um das Recht zur Beibehaltung von versicherungstechnischen **Rückstellungen** und der besonderen **stillen Reserven** bei Banken in der Konzernbilanz[373]. Stille Reserven i.S.v. § 340f HGB können jedoch in der Konzernbilanz, etwa zum Ausgleich von Verlusten bei anderen konsolidierten Unternehmen, aufgelöst werden, ohne dass ihre Fortführung in den JA davon berührt wird.

273 Dem allgemeinen Grundsatz der **Wesentlichkeit** entspr. kann auf die Anpassung der nach abw. Methoden ermittelten Wertansätze verzichtet werden, wenn die Auswirkungen der Anpassung im Hinblick auf die in § 297 Abs. 2 HGB geforderte Vermittlung eines den tatsächlichen Verhältnissen entsprechenden Bildes nur von untergeordneter Bedeutung wären (§ 308 Abs. 2 S. 3 HGB). Für diese Fälle wird folgerichtig keine Angabe im KAnh. verlangt.

274 Darüber hinaus kann in nicht abschließend bestimmten **Ausnahmefällen** auf die sonst notwendige Bewertungsanpassung verzichtet werden (§ 308 Abs. 2 S. 4 HGB). Allerdings ist eine **restriktive** Handhabung dieser Ausnahmeregelung geboten[374], da der Informationsverlust des KA bei abw. Bewertung auch durch die mit der Inanspruchnahme verbundene Verpflichtung zur Angabe[375] und Begründung der Abweichung nur in Einzelfällen ausgeglichen werden kann. Mit dieser Ausnahmeregelung soll in besonderen Fällen die Praktikabilität der Konsolidierung gewährleistet werden[376], da der Verzicht auf die Einbeziehung eines TU eine stärkere Gefährdung des Informationswertes bedeuten würde als eine Einbeziehung mit abw. Bewertung und gleichzeitiger Erläuterung. Ein denkbarer Anwendungsfall wäre z.B. die erstmalige Einbeziehung eines TU, für das gleichzeitig nach § 296 Abs. 1 Nr. 2 HGB die Nichteinbeziehung zulässig wäre, weil die Bewertungsanpassung zu unverhältnismäßigen Verzögerungen führen würde.

d) Erstmalige Anwendung der einheitlichen Bewertung

275 Wird ein TU **erstmals** in den Konsolidierungskreis **einbezogen**, so ist die Bewertungsanpassung in der HB II auf den maßgeblichen Stichtag der Erstkonsolidierung (§ 301 Abs. 2 HGB) vorzunehmen. Die Anpassungsbeträge aus der erstmaligen Anwendung der

---

373 Vgl. Begr. RegE § 289 HGB-EK, BR-Drs. 163/85, S. 41.
374 Vgl. *Biener*, DB 1983 Beilage Nr. 19, S. 8; *IDW St/HFA 3/1988*, WPg 1988, S. 484; ADS[6], § 308, Tz. 49.
375 Eine Quantifizierung der Bewertungsabweichung wird in diesen Ausnahmefällen vom Gesetz nicht verlangt. Allerdings ist der Einfluss von Bewertungsabweichungen auf die Vermögens-, Finanz- und Ertragslage gem. § 313 Abs. 1 Nr. 3 HGB im KAnh. gesondert darzustellen; vgl. im Einzelnen Tz. 731.
376 Vgl. *Biener*, DB 1983 Beilage Nr. 19, S. 8.

Konzernbilanz   M

einheitlichen Bewertung gehen in das konsolidierungspflichtige Kapital ein und beeinträchtigen somit nicht die Vergleichbarkeit des Konzernerfolges mit anderen Perioden[377].

5. Fremdwährungsumrechnung
a) Bedeutung und anzuwendende Normen

In den KA sind aufgrund des Weltabschlussprinzips nach § 294 Abs. 1 HGB auch ausländische TU einzubeziehen. Die Konsolidierung ausländischer JA setzt die vorherige Umrechnung der Fremdwährungsbeträge in EUR voraus. Die **Aufgabe der Währungsumrechnung** besteht somit darin, die Währung der in den KA einzubeziehenden JA zu **vereinheitlichen** und damit deren Zusammenfassung zum KA zu ermöglichen[378].   **276**

Der nach deutschen Vorschriften zu erstellende KA ist zwingend in **EUR** aufzustellen (§ 298 Abs. 1 i.V.m. § 244 HGB).   **277**

Das Handelsrecht enthielt **bisher keine Vorschriften**, nach welchen Grundsätzen in fremder Währung erstellte Abschlüsse in EUR umzurechnen sind; es verlangte lediglich die Angabe der gewählten Methode im KAnh. (§ 313 Abs. 1 Nr. 2 HGB)[379]. Die Entscheidung der Unternehmensleitung hinsichtlich des Umrechnungsverfahrens war bisher durch die Generalnorm des § 297 Abs. 2 S. 2 HGB begrenzt[380]. Zur Schließung dieser gesetzlichen Regelungslücke hatte der DSR mit DRS 14 „Währungsumrechnung" einen Rechnungslegungsstandard zur Währungsumrechnung im KA entwickelt (§ 342 Abs. 1 Nr. 1, Abs. 2 HGB). DRS 14[381] sah zur Währungsumrechnung das Konzept der funktionalen Währung vor und lehnte sich dabei weitgehend an IAS 21 an[382].   **278**

Durch das BilMoG wurde die **modifizierte Stichtagskursmethode** nach § 308a HGB für die Umrechnung von auf fremde Währung lautenden Abschlüssen eingeführt. Die neue Vorschrift verfolgt den Zweck, die gegenwärtige Bilanzierungspraxis bei der Umrechnung von auf ausländische Währung lautenden Abschlüssen gesetzlich zu verankern und die Fremdwährungsumrechnung bei der Aufstellung von handelsrechtlichen KA zu vereinfachen und zu vereinheitlichen[383]. Die Abwendung vom international anerkannten Konzept der funktionalen Währung begründet der Gesetzgeber damit, dass die Ermittlung der funktionalen Währung auf einer Reihe von Indizien beruht und letztlich nicht zweifelsfrei festgestellt werden kann und die Praxis daher sehr häufig davon ausgeht, dass TU ihr Geschäft selbständig und unabhängig von dem MU betreiben. Den dahinter stehenden Überlegungen, dass die Umrechnung zu Stichtagskursen in der Praxis erheblich weniger Aufwand bereitet, als die Umrechnung zu historischen Kursen, trägt § 308a HGB durch die Kodifizierung der modifizierten Stichtagskursmethode Rechnung[384].   **279**

Die Anwendung der Zeitbezugsmethode ist, abgesehen von Fällen, in denen ihre Anwendung für eine den tatsächlichen Verhältnissen entsprechende Darstellung der Vermögens-, Finanz- und Ertragslage unwesentlichen ist, für den handelsrechtlichen KA   **280**

---

377   Vgl. dazu im Einzelnen auch die Ausführungen in Tz. 340, die hier sinngemäß gelten.
378   Vgl. *HFA-Entwurf*, WPg 1998, S. 549.
379   Vgl. zu den notwendigen Anhangangaben Tz. 720 ff.
380   Das IASB und der FASB haben mit IAS 21 und FASB ASC Topic 830 verbindliche Regelungen zur Fremdwährungsumrechnung publiziert.
381   DRS 14 wurde im Zuge der Anpassung der DRS an das BilMoG mit DRÄS 4 außer Kraft gesetzt.
382   Vgl. zum Konzept der funktionalen Währung nach IAS 21 N Tz. 904 ff.
383   Vgl. Begr. RegE BilMoG, BT-Drs. 16/10067, S. 83.
384   Vgl. Begr. RegE BilMoG, BT-Drs. 16/10067, S. 84.

nicht mehr relevant[385]. Für TU aus **Hochinflationsländern** findet die modifizierte Stichtagskursmethode keine Anwendung, so dass die gegenwärtige Praxis der Inflationsbereinigung von § 308a HGB unberührt bleibt[386].

281 Die modifizierte Stichtagskursmethode nach § 308a HGB ist für GJ, die nach dem 31.12.2009 beginnen, die einzig zulässige Methode für die Umrechnung von auf fremde Währung lautenden Abschlüssen. Ein **Wechsel der Umrechnungsmethode** ist nur notwendig, wenn Abschlüsse von TU bisher auf der Basis des Konzepts der funktionalen Währung mit der Zeitbezugsmethode umgerechnet wurden. Es ergeben sich keine Änderungen, wenn schon vor Umsetzung des BilMoG die modifizierte Stichtagskursmethode nach DRS 14 angewendet wurde. Der Wechsel von der Zeitbezugs- zur modifizierten Stichtagskursmethode ist **prospektiv** vorzunehmen, d.h. die historischen Kurse für das EK müssen nicht rückwirkend ermittelt werden[387]. Die Eigenkapitaldifferenz aus der Währungsumrechnung nach § 308a S. 3 HGB hat folglich für bisher nach der Zeitbezugsmethode umgerechnete Abschlüsse im Übergangszeitpunkt, d.h. zu Beginn des GJ in dem das BilMoG erstmals angewendet wird, einen Wert von Null.

b) Währungsumrechnung nach § 308a HGB

282 Die modifizierte Stichtagskursmethode nach § 308a HGB erfordert die Umrechnung der **Aktiv- und Passivposten** einer auf fremde Währung lautenden Bilanz in EUR zum Devisenkassamittelkurs am Abschlussstichtag. Hiervon ausgenommen ist das EK, das mit dem historischen Kurs umzurechnen ist, d.h. mit dem Kurs zum Zeitpunkt, an dem die jeweiligen Kapitaltransaktionen stattgefunden haben (§ 308a S. 1 HGB)[388].

283 Eine Umrechnung mit dem Devisenkassamittelkurs am Konzernabschlussstichtag ist auch dann vorzunehmen, wenn ein TU mit **abweichendem Abschlussstichtag**[389] nicht auf der Grundlage eines auf den Konzernabschlussstichtag aufgestellten Zwischenabschlusses einbezogen wird[390]. Vorgänge von besonderer Bedeutung nach § 299 Abs. 3 HGB können in diesen Fällen aus Vereinfachungsgründen zu Transaktionskursen umgerechnet werden, wenn sich bis zum Konzernabschlussstichtag keine wesentlichen Wechselkursschwankungen ergeben[391].

284 Die Posten der **Gewinn- und Verlustrechnung** sind zum Durchschnittskurs in EUR umzurechnen (§ 308a S. 2 HGB). Aus Praktikabilitätserwägungen wird vom Grundsatz des Zeitraumbezugs der GuV und der sich daraus systematisch ergebenden Umrechnung zu Transaktionskursen abgewichen[392]. Für die Umrechnung innerhalb der GuV ist ein periodenbezogener Durchschnittskurs heranzuziehen. Im Hinblick auf die erforderliche Genauigkeit sind Monatsdurchschnittskurse grds. ausreichend[393]. Aufgrund der in aller Regel aufgestellten Monatsabschlüsse ergibt sich in der Praxis insgesamt eine Umrechnung mit gewichteten Monatsdurchschnittskursen bezogen auf die Jahresverkehrszahlen der

---

385 Vgl. Begr. RegE BilMoG, BT-Drs. 16/10067, S. 84.
386 Vgl. Begr. RegE BilMoG, BT-Drs. 16/10067, S. 84; siehe auch Tz. 303.
387 Vgl. *Gelhausen/Fey/Kämpfer*, BilMoG, Q, Rn. 402.
388 Für eine Übersicht der für die einzelnen Eigenkapitalposten geltenden Umrechnungskurse vgl. *Gelhausen/Fey/Kämpfer*, BilMoG, Q, Rn. 361-365.
389 Vgl. im Einzelnen Tz. 167.
390 Vgl. *Kozikowski/Leistner* in BeBiKo[7], § 308a, Rn. 31.
391 Vgl. *Kozikowski/Leistner* in BeBiKo[7], § 308a, Rn. 31.
392 Vgl. Begr. RegE BilMoG, BT-Drs. 16/10067, S. 84.
393 Vgl. ADS[6], § 298 Tz. 17.

Konzernbilanz

GuV[394]. Da die Vorschriften des § 308a HGB eine Umrechnung der Zwischensummen der GuV und des Jahresergebnisses nicht vorsehen, ergeben sich diese als Saldo der umgerechneten Aufwendungen und Erträge[395].

Umrechnungsdifferenzen, die aus der Umrechnung der Aufwendungen und Erträge mit dem jeweiligen Durchschnittskurs sowie des EK mit den jeweils historischen Kursen und der Umrechnung aller weiteren Bilanzpositionen mit dem Stichtagskurs entstehen, sind ergebnisneutral zu erfassen. Umrechnungsdifferenzen sind innerhalb des Konzerneigenkapitals nach den Rücklagen unter dem Posten „**Eigenkapitaldifferenz aus Währungsumrechnung**" auszuweisen (§ 308a S. 3 HGB). 285

Bei teilweisem oder vollständigem **Ausscheiden des TU** ist der Posten Eigenkapitaldifferenz aus Währungsumrechnung in entsprechender Höhe erfolgswirksam aufzulösen (§ 308a S. 4 HGB). Der Begriff Ausscheiden umfasst nicht nur die Veräußerung eines TU, sondern auch jedes sonstige Ausscheiden, wie bspw. die Liquidation oder die Eröffnung eines Insolvenzverfahrens[396]. Die Währungsumrechnung im Zusammenhang mit einer Endkonsolidierung hat mit dem Devisenkassamittelkurs zum Zeitpunkt des Ausscheidens des TU zu erfolgen[397]. 286

Ist eine teilweise Veräußerung mit einer **Statusänderung** verbunden, dürfen nur die der neuen Anteilsquote entsprechenden kumulierten Umrechnungsdifferenzen erfolgsneutral bestehen bleiben, die den abgehenden Anteilen entsprechenden Umrechnungsdifferenzen sind ergebniswirksam aufzulösen[398]. Dies gilt bei einem Übergang von der Vollkonsolidierung auf die Quotenkonsolidierung bzw. auf die Equity-Methode, da in diesen Fällen die Währungsumrechnung nach § 308a HGB entspr. angewendet werden muss bzw. kann[399]. Bei einem Übergang auf die Anschaffungskostenmethode sind die kumulierten Währungsdifferenzen auf die verbleibenden Anteile ebenfalls erfolgsneutral fortzuführen, da im KA nach DRS 4.49 das entsprechende Reinvermögen zu Konzernbilanzbuchwerten als AK der Beteiligung anzusetzen ist[400]. 287

c) Währungsumrechnung und Konsolidierungsmaßnahmen
aa) Kapitalkonsolidierung

Da das zum Zeitpunkt der Erstkonsolidierung umgerechnete EK die Grundlage für sämtliche Folgekonsolidierungen bildet, ist für die Kapitalkonsolidierung bei ausländischen TU stets das mit dem **historischen Devisenkassamittelkurs** umgerechnete EK der Erstkonsolidierung maßgebend. „Änderungen des EK im Zeitablauf aufgrund von Wechselkursschwankungen sind demzufolge für Zwecke der Kapitalkonsolidierung ebenso ohne Belang wie bspw. Eigenkapitaländerungen aufgrund von erwirtschafteten Verlusten bzw. thesaurierten Gewinnen"[401]. Das konsolidierungspflichtige EK ist bei ausländischen TU mit dem zum Erstkonsolidierungszeitpunkt[402] geltenden Stichtagskurs umzurechnen, so 288

---

394 Vgl. *Kozikowski/Leistner* in BeBiKo[7], § 308a, Rn. 35.
395 Vgl. Begr. RegE BilMoG, BT-Drs. 16/10067, S. 84.
396 Vgl. Begr. Beschlussempf. BilMoG, BT-Drs. 16/12407, S. 90.
397 Vgl. *Kozikowski/Leistner* in BeBiKo[7], § 308a, Rn. 46.
398 Vgl. *Kozikowski/Leistner* in BeBiKo[7], § 308a, Rn. 47.
399 Vgl. Tz. 298 f; *Deubert*, DStR 2009, S. 340/344.
400 Vgl. Tz. 451; a.A. *Gelhausen/Fey/Kämpfer*, BilMoG, Q, Rn. 380-381, die neben der erfolgsneutralen auch die erfolgswirksame Übergangskonsolidierung für zulässig erachten.
401 *Duckstein/Dusemond*, DB 1995, S. 1675.
402 Vgl. im Einzelnen Tz. 385 ff.

dass Kursveränderungen die Folgekonsolidierung deshalb nicht beeinflussen[403]. Die aus der Umrechnung der Vermögensgegenstände und Schulden des TU resultierenden Differenzen werden somit nicht in die Kapitalkonsolidierung einbezogen, sondern erfolgsneutral nach § 308a S. 3 HGB in den Posten Eigenkapitaldifferenz aus Währungsumrechnung eingestellt. Nach DRS 7.7 ist der auf Minderheitsgesellschafter entfallende Anteil der Währungsumrechnungsdifferenzen dem **Ausgleichsposten für Anteile anderer Gesellschafter** zuzurechnen[404].

bb) Geschäfts- oder Firmenwert und aufgedeckte stille Reserven und Lasten

289 Sowohl die gesetzlichen Regelungen des HGB zur Konzernrechnungslegung als auch DRS 4 enthalten keine Vorschriften über die maßgebliche Währung für die Fortführung der bei der Erstkonsolidierung aufgedeckten stillen Reserven und Lasten sowie des Geschäfts- oder Firmenwerts bzw. eines passiven Unterschiedsbetrag aus der Kapitalkonsolidierung. Nach überwiegender Auffassung hat die Bewertung der aufgedeckten stillen Reserven und Lasten aus der Kapitalkonsolidierung in der **Fremdwährung des TU** zu erfolgen, da diese letztlich Teil eines einheitlich im Ausland investierten Vermögens sind und folglich korrespondierend zu den übrigen Vermögensgegenständen und Schulden des TU behandelt werden sollten[405]. Im Hinblick auf die Zuordnung des Geschäfts- oder Firmenwerts bzw. eines ggf. entstehenden passiven Unterschiedsbetrags aus der Kapitalkonsolidierung ist zu entscheiden, ob dieser als Vermögensgegenstand bzw. zukünftige Belastung des erworbenen TU oder des MU zu interpretieren ist[406]. Erfolgt die Fortführung in der Fremdwährung des TU, sind die sich ergebenden Umrechnungsdifferenzen nach § 308a S. 3 HGB erfolgsneutral im Posten Eigenkapitaldifferenz aus Währungsumrechnung zu erfassen.

290 Darüber hinaus wird die Folgebewertung der im Rahmen der Kapitalkonsolidierung aufgedeckten stillen Reserven und Lasten sowie des Geschäfts- oder Firmenwerts bzw. eines passiven Unterschiedsbetrags aus der Kapitalkonsolidierung in der **Konzernwährung des MU** entspr. der überwiegenden bisherigen handelsrechtlichen Konzernrechnungslegungspraxis auch nach Inkrafttreten der Änderungen durch das BilMoG weiterhin als zulässig erachtet[407].

291 Einen **Sonderfall** stellt die Kapitalkonsolidierung in einem ausländischen Teilkonzern in Landeswährung dar, da sich bei der Umrechnung der Unterschiedsbeträge zum Stichtagskurs wechselkursbedingte Veränderungen dieser Werte in EUR ergeben. Dies kann dazu führen, dass auf EUR-Basis insgesamt ein höherer oder niedrigerer Unterschiedsbetrag erfolgswirksam verrechnet wird, als bei der Erstkonsolidierung vorhanden war. Die diesen Veränderungen zugrunde liegenden Wertschwankungen der aufgedeckten stillen Reserven und Lasten und der Geschäfts- oder Firmenwerte sind jedoch systembedingt und aus denselben Gründen zu berücksichtigen wie bei den anderen Bilanzposten[408].

---

403 Vgl. *HFA-Entwurf*, WPg 1998, S. 552.
404 So auch *Langenbucher* in HdKonzernR[2], Kapitel II, Rdn. 1188.
405 So auch *Oser/Mojadadr/Wirth*, KoR 2008, S. 575/576; *Kozikowski/Leistner* in BeBiKo[7], § 308a, Rn. 72; *Gelhausen/Fey/Kämpfer*, BilMoG, Q, Rn. 387-389.
406 Vgl. *Kozikowski/Leistner* in BeBiKo[7], § 308a, Rn. 74; *Oser/Mojadadr/Wirth*, KoR 2008, S. 575/577.
407 Vgl. *Busse v. Colbe u.a.*, Konzernabschlüsse[9], S. 311-312; *Kozikowski/Leistner* in BeBiKo[7], § 308a, Rn. 72-76; *Gelhausen/Fey/Kämpfer*, BilMoG, Q, Rn. 389.
408 Vgl. *HFA-Entwurf*, WPg 1998, S. 552 und weiterführend ADS[6], § 301, Tz. 295.

cc) Schuldenkonsolidierung

Wechselkursveränderungen bei konzerninternen Forderungen und Verbindlichkeiten dürfen sich nach der **Einheitstheorie** nicht auf das Konzernergebnis auswirken und sind daher bei der Schuldenkonsolidierung zu eliminieren[409]. Begründet wird dies damit, dass Währungsgewinne und -verluste nur aus dem im Ausland investierten Vermögen bzw. aus den in Fremdwährung aufgenommenen Schulden gegenüber konzernfremden Dritten resultieren können, nicht jedoch aus konzerninternen Kreditverhältnissen.

292

Werden auf EUR lautende Forderungen oder Verbindlichkeiten zwischen MU und TU sowohl im JA eines ausländischen TU als auch im KA zum Stichtagskurs umgerechnet, ergeben sich keine Umrechnungsdifferenzen. Die sich bei der Bewertung im JA des TU evtl. ergebenden Erfolgsbeiträge sind jedoch bei der Schuldenkonsolidierung erfolgswirksam zu **eliminieren**. Entsprechendes gilt für Forderungen und Verbindlichkeiten zwischen MU und TU in der Währung des TU, wobei zu eliminierende Erfolgsbeiträge in diesem Fall beim MU anfallen[410].

293

Aufrechnungsdifferenzen können bei der Schuldenkonsolidierung aus Wechselkursänderungen entstehen, wenn die Bewertung von auf EUR lautenden Forderungen oder Verbindlichkeiten im JA des TU zum historischen Kurs erfolgt und der entsprechende Fremdwährungsbetrag anschließend mit dem niedrigeren bzw. höheren Stichtagskurs umgerechnet wird[411]. Entsprechendes gilt für Forderungen oder Verbindlichkeiten zwischen MU und TU in der Währung des TU, wenn die Fremdwährungsbeträge im JA des MU mit dem historischen Kurs angesetzt werden[412]. Die aus der Währungsumrechnung resultierenden Umrechnungsdifferenzen sind grds. **erfolgsneutral** in den Posten Eigenkapitaldifferenz aus Währungsumrechnung einzustellen[413].

294

In der Literatur wird jedoch in Anlehnung an die Argumentation in der internationalen Rechnungslegung[414] auch die Auffassung vertreten, dass die Erfolgsbeiträge aus den JA im KA beibehalten werden können und die **ergebniswirksame** Eliminierung von Aufrechnungsdifferenzen aufgrund von Wechselkursänderungen zulässig ist[415]. Insb. vor dem Hintergrund der durch das BilMoG angestrebten Vereinfachung der Währungsumrechnung[416] ist diese Vorgehensweise nicht zu beanstanden[417]. Eine erfolgsneutrale Erfassung von Währungsumrechnungsdifferenzen ist in Ausnahme hiervon jedoch dann notwendig, wenn die konzerninternen Darlehen aus Sicht des MU beteiligungsähnlichen bzw. aus Sicht des TU eigenkapitalersetzenden Charakter haben, d.h. wenn die Rückzahlung weder geplant noch wahrscheinlich ist[418]. In diesen Fällen handelt es sich um Darlehen als Teil einer sog. Nettoinvestition in einen ausländischen Geschäftsbetrieb.

295

Unabhängig von der angewandten Methode ist eine **erfolgswirksame Vereinnahmung** von Beträgen, die bei der Schuldenkonsolidierung als Eigenkapitaldifferenz aus der Währungsumrechnung erfasst wurden, nach § 308a S. 4 HGB in der Periode der Beendigung des zugrunde liegenden Schuldverhältnisses vorzunehmen, da die Rückzahlung

296

---

409 Vgl. ADS[6], § 303, Tz. 37; *Kozikowski/Leistner* in BeBiKo[7], § 308a, Rn. 84 m.w.N.
410 Vgl. *HFA-Entwurf*, WPg 1998, S. 552.
411 Vgl. *Kozikowski/Leistner* in BeBiKo[7], § 308a, Rn. 81.
412 Vgl. E Tz. 483 zur Währungsumrechnung nach § 256a im JA.
413 Vgl. *Kozikowski/Leistner* in BeBiKo[7], § 308a, Rn. 84; *Gelhausen/Fey/Kämpfer*, BilMoG, Q, Rn. 392.
414 Vgl. IAS 21.45.
415 Vgl. *Kozikowski/Leistner* in BeBiKo[7], § 308a, Rn. 85.
416 Vgl. Begr. RegE BilMoG, BT-Drs. 16/10067, S. 83.
417 So auch *Gelhausen/Fey/Kämpfer*, BilMoG, Q, Rn. 397.
418 Vgl. *Kozikowski/Leis*tner in BeBiKo[7], § 308a, Rn. 87.

des Darlehens bei wirtschaftlicher Betrachtungsweise als teilweise Liquidation anzusehen ist[419].

dd) Zwischenergebniseliminierung

297 Die **Zwischenergebniseliminierung** muss mit der Währungsumrechnung der Bestandswerte abgestimmt werden, wenn Vermögensgegenstände zwischen zwei Konzernunternehmen verkauft werden, die in verschiedenen Währungen bilanzieren, z.B. bei Lieferungen des MU an Vertriebsgesellschaften im Ausland[420]. Werden Zwischengewinne bzw. Zwischenverluste unabhängig von der Währungsumrechnung eliminiert, kann dies im Ergebnis zu einer überhöhten Wertkorrektur und somit zu einem unzutreffenden Ausweis im KA führen[421]. Im Fall von Lieferungen des MU an ausländische TU sind bei einer wesentlichen Abwertung der Auslandswährung korrespondierende Korrekturen des zu eliminierenden Zwischengewinns notwendig. Entspr. ist bei einer wesentlichen Aufwertung der Auslandswährung zu verfahren, wenn ausländische TU Vermögensgegenstände mit Zwischengewinn an das MU liefern[422].

ee) Quotenkonsolidierung

298 Die Umrechnung der auf fremde Währung lautenden Abschlüsse im Rahmen der Quotenkonsolidierung hat nach § 310 Abs. 2 i.V.m. § 308a HGB ebenfalls nach der modifizierten Stichtagskursmethode zu erfolgen.

ff) Equity-Methode

299 Mit der Einführung des § 308a HGB durch das BilMoG sollte für die Währungsumrechnung von ausländischen assoziierten Unternehmen bei der Equity-Methode ebenfalls die **modifizierte Stichtagskursmethode** zur Anwendung kommen[423]. Der Equity-Wert im KA ergibt sich hierbei durch die Umrechnung des anteiligen EK mit dem jeweiligen Devisenkassamittelkurs zum Konzernabschlussstichtag[424]. Die aus Wechselkursschwankungen resultierenden Veränderungen des anteiligen EK des assoziierten Unternehmens sind erfolgsneutral in den KA zu übernehmen und entspr. im Konzerneigenkapital unter dem Posten Eigenkapitaldifferenz aus Währungsumrechnung auszuweisen[425].

d) Sonderfragen der Währungsumrechnung
aa) Latente Steuern bei der Währungsumrechnung

300 Die Währungsumrechnung ist der Anpassung der handelsrechtlichen HB I an die konzerneinheitliche HB II zuzuordnen, so dass grds. die Regelungen zur Berücksichtigung latenter Steuern nach § 298 Abs. 1 i.V.m. § 274 HGB anzuwenden sind[426]. Temporäre Differenzen die sich aus der Währungsumrechnung ergeben sind als sog. **outside basis**

---

419 So auch *Kozikowski/Leistner* in BeBiKo[7], § 308a, Rn. 87; *Gelhausen/Fey/Kämpfer*, BilMoG, Q, Rn. 398.
420 Vgl. *Busse v. Colbe u.a.*, Konzernabschlüsse[9], S. 406-408.
421 Vgl. *Kozikowski/Leistner* in BeBiKo[7], § 308a, Rn. 91.
422 Vgl. *Busse v. Colbe u.a.*, Konzernabschlüsse[9], S. 408; *Kozikowski/Leistner* in BeBiKo[7], § 308a, Rn. 92.
423 Vgl. *Melcher/Murer*, DB 2010, S. 1597/1601; *Kozikowski/Leistner* in BeBiKo[7], § 308a, Rn. 61; *Küting/Mojadadr*, DB 2008, S. 1869/1872; *Gelhausen/Fey/Kämpfer*, BilMoG, Q, Rn. 352.
424 Vgl. *Gelhausen/Fey/Kämpfer*, BilMoG, Q, Rn. 352.
425 Vgl. DRS 8.25.
426 Vgl. *Kozikowski/Fischer* in BeBiKo[7], § 306, Rn. 9.

differences einzustufen[427]. Im Gegensatz zu § 306 S. 4 HGB wird in § 274 HGB die Abgrenzung latenter Steuern auf sog. outside basis differences nicht explizit vom Anwendungsbereich ausgeschlossen, aber nach Sinn und Zweck der durch den Gesetzgeber in § 306 HGB aufgenommenen Ausnahme[428] sind auch für konzernspezifische Effekte aus der Währungsumrechnung keine latenten Steuern zu berücksichtigen[429]. Auch nach DRS 18.28 sind auf temporäre Differenzen aus der Umrechnung von auf fremde Währung lautenden Abschlüssen zum Zwecke der Einbeziehung in den KA keine latenten Steuern zu berücksichtigen.

bb) Bewertungseinheiten

Währungsrisiken aus **Nettoinvestitionen in wirtschaftlich selbständige ausländische Teileinheiten** können im KA z.B. durch das Eingehen einer Fremdwährungsverbindlichkeit beim MU abgesichert werden[430]. Während der Abschluss des ausländischen TU nach § 308a HGB erfolgsneutral umgerechnet wird, erfolgt die Umrechnung langfristiger Fremdwährungsverbindlichkeiten beim MU nach § 256a HGB unter Beachtung des Imparitätsprinzips grds. erfolgswirksam. Bedingt durch die unterschiedlichen Umrechnungsmethoden kann sich im KA eine Ergebnisauswirkung ergeben, die aufgrund des Sicherungszusammenhangs wirtschaftlich nicht gerechtfertigt ist.

301

In diesem Zusammenhang wird in der Literatur in Anlehnung an die internationale Rechnungslegung[431] die Auffassung vertreten, dass bei der Erstellung des KA eine erfolgsneutrale Umrechnung der Fremdwährungsverbindlichkeit beim MU mit dem Stichtagskurs zulässig ist, sofern eine **Bewertungseinheit** i.S.v. § 254 HGB zwischen der Nettoinvestition in das ausländische TU und der Fremdwährungsverbindlichkeit des MU vorliegt[432]. Differenzen aus der Umrechnung der Fremdwährungsverbindlichkeit werden in diesem Fall in Höhe des effektiven Teils der Bewertungseinheit im Posten „Eigenkapitaldifferenz aus Währungsumrechnung" ausgewiesen[433]. Die als Eigenkapitaldifferenz aus Währungsumrechnung erfassten Beträge bleiben auch bei Beendigung der Bewertungseinheit bzw. bei Rückzahlung des Darlehens bis zum teilweisen oder vollständigen Ausscheiden des TU nach § 308a S. 4 HGB bestehen[434].

302

cc) Besonderheiten der Umrechnung hochinflationärer Währungen

In der Gesetzesbegründung zum BilMoG wird ausgeführt, dass die modifizierte Stichtagskursmethode für TU aus **Hochinflationsländern** keine Anwendung findet und die diesbezüglich gegenwärtige Praxis von § 308a HGB unberührt bleibt[435]. Die gegenwärtige Praxis wurde bisher durch DRS 14 geregelt. Zwar wurde DRS 14 im Zuge der Anpassung der DRS an das BilMoG mit DRÄS 4 außer Kraft gesetzt, aber aufgrund der Regelungslücke in § 308a HGB ist es vertretbar, inhaltlich weiterhin auf die Regelungen

303

---

427 Vgl. Oser/Mojadadr/Wirth, KoR 2008, S. 575/580 m.w.N.; Kozikowski/Leistner in BeBiKo[7], § 308a, Rn. 157.
428 Vgl. Begr. Beschlussempf. BilMoG, BT-Drs. 16/12407, S. 90.
429 So auch Oser/Mojadadr/Wirth in Küting/Pfitzer/Weber, Bilanzrecht[2], S. 460; Kozikowski/Fischer in BeBiKo[7], § 306, Rn. 102; Zwirner/Künkele, StuB 2009, S. 722/725; Strickmann in Kessler/Leinen/Strickmann, Handbuch BilMoG[2], S. 739.
430 Vgl. ADS International, Abschn. 5, Tz. 70-73.
431 Vgl. IAS 39.102 und IFRIC 16.
432 Vgl. Kozikowski/Leistner in BeBiKo[7], § 308a, Rn. 108.
433 Vgl. Kozikowski/Leistner in BeBiKo[7], § 308a, Rn. 107.
434 Vgl. Kozikowski/Leistner in BeBiKo[7], § 308a, Rn. 108.
435 Vgl. Begr. RegE BilMoG, BT-Drs. 16/10067, S. 84.

des DRS 14 hinsichtlich der Währungsumrechnung von TU aus Hochinflationsländern zurückzugreifen[436].

304 Volkswirtschaften werden als hochinflationär angesehen, wenn die kumulierte Inflationsrate innerhalb eines **Dreijahreszeitraums 100%** oder mehr beträgt[437]. Daneben enthält DRS 14.36 in Übereinstimmung mit IAS 29.3 weitere Indikatoren, die auf ein Hochinflationsland hinweisen. Die Umrechnung von JA aus Hochinflationsländern erfordert zunächst die **Bereinigung der Abschlüsse um Inflationseffekte** um die Werte der Abschlussposten in Kaufkrafteinheiten des Abschlussstichtags auszudrücken (DRS 14.35). Nach der Inflationsbereinigung wird die Umrechnung mit der Stichtagskursmethode vorgenommen[438]. Alternativ können indexbezogene Verfahren herangezogen werden, die die allgemeine Geldwertänderung widerspiegeln (DRS 14.38). Der Inflationsgewinn oder -verlust auf die Nettoposition der monetären Aktiva und Passiva ist ergebniswirksam im Zinsergebnis zu erfassen[439]. Danach sind in einem zweiten Schritt alle Posten mit dem Stichtagskurs in die Berichtswährung umzurechnen.

305 Für TU in Hochinflationsländern kann alternativ auch eine **Parallelbuchführung in Hartwährung** (z.B. EUR) zur Inflationsbereinigung vorgenommen werden. In diesem Fall ist keine gesonderte Inflationsbereinigung erforderlich, da durch die Verwendung historischer Kurse für die nichtmonetären Vermögensgegenstände und das EK die geänderten Kaufkraftverhältnisse implizit berücksichtigt werden[440].

6. Überleitung von der Einzelbilanz zur Konzernbilanz
a) Einführung einer Handelsbilanz II

306 Die Aufstellung einer **Handelsbilanz II** ist – abgesehen von der notwendigen Anpassung der Gliederung – unerlässliche Voraussetzung für die Aufstellung eines KA nach HGB, wenn Vermögensgegenstände, Schulden, RAP und Sonderposten aus den Bilanzen von TU im KA anders angesetzt oder bewertet werden sollen als in den JA (HB I)[441]. Dabei kommt es nicht darauf an, ob das betreffende TU seinen Sitz im Inland, innerhalb der EU oder im übrigen Ausland hat und ob die Änderung gesetzlich erforderlich ist oder freiwillig vorgenommen wird.

b) Form und Inhalt der Handelsbilanz II

307 Korrekturen in der **Handelsbilanz II** gegenüber der HB I kommen grds. in folgenden Bereichen vor:

 – Gliederung (§ 298 Abs. 1 i.V.m. § 266 HGB);
 – Bilanzansatz (§ 300 HGB);
 – Bewertung (§ 308 HGB);
 – Währungsumrechnung (§ 308a HGB).

308 Anpassungen der **Gliederung** lassen sich für den Inlandsbereich weitgehend dadurch vermeiden, dass alle inländischen TU bereits in ihrer Einzelbilanz das Gliederungsschema anwenden, das für den KA gilt. Im Allgemeinen wird es sich dabei um das Schema für

---
436 So auch *Küting/Mojadadr* in Küting/Pfitzer/Weber, Bilanzrecht², S. 489.
437 Vgl. auch IAS 29; N Tz. 915.
438 Vgl. *Kozikowski/Leistner* in BeBiKo⁷, § 308a, Rn. 116-117.
439 Vgl. *Kozikowski/Leistner* in BeBiKo⁷, § 308a, Rn. 116.
440 Vgl. *HFA-Entwurf*, WPg 1998, S. 553.
441 Vgl. im Einzelnen Tz. 247, *Havermann* in FS Döllerer, S. 185.

Konzernbilanz

große und mittelgroße KapGes. (§ 266 HGB) handeln, das um Besonderheiten des MU oder anderer konsolidierter Unternehmen zu ergänzen ist. TU mit Sitz im Ausland müssen ihre HB I nach Landesrecht gliedern, so dass hier ggf. größere Umstellungen nach Konzernbilanzrichtlinien erforderlich sind.

Grds. ist das **Mengengerüst** aus der HB I in die HB II zu übernehmen. Allerdings sind auch hier bereits Korrekturen erforderlich, soweit die Bilanzansatzvorschriften nach Landesrecht nicht mit § 300 HGB vereinbar sind. Dies trifft z.b. dann zu, wenn in der HB I in Übereinstimmung mit dem betreffenden Landesrecht ein selbst geschaffenes Markenrecht aktiviert worden ist oder wenn eine passivierte Rückstellung nicht mit deutschem Recht vereinbar ist. Andererseits sind ggf. Aktiv- und Passivposten in die HB II aufzunehmen, die nach § 300 HGB bilanzierungsfähig oder bilanzierungspflichtig sind, jedoch in der HB I nicht enthalten sind. Dies könnte z.B. gelten für die Aktivierung von Entwicklungskosten für selbst geschaffene immaterielle Vermögensgegenstände nach § 248 Abs. 2 HGB, wenn dies aufgrund der Sachlage und des deutschen Bilanzrechts möglich ist, nicht jedoch nach ausländischem Recht. Bei der Überleitung der HB I in die HB II können sich darüber hinaus Änderungen sowohl für inländische als auch für ausländische TU immer dann ergeben, wenn Ansatzwahlrechte im KA anders ausgeübt werden sollen als in der HB I[442]. 309

Für die Überleitung der Bewertung in der HB I zur HB II können sich die gleichen Fallgruppen ergeben. Maßstab für die **Bewertung von Aktiva und Passiva in der HB II** sind die auf den JA des MU anwendbaren Bewertungsmethoden (§ 308 Abs. 1 S. 1 HGB) bzw. ihre Umsetzung – insb. für den Bereich der Wahlrechte – in die spezifische Konzernbilanzrichtlinie. Schließen z.B., was im Ausland teilw. zulässig ist, Abschreibungen auf bebaute Grundstücke auch Abschreibungen aufgrund und Boden mit ein, so ist die Abschreibung insoweit in der HB II rückgängig zu machen. Andererseits kann es notwendig sein, dass ein Firmenwert in der HB I eines TU mit Sitz im Ausland in der HB II schneller abgeschrieben werden muss, um den Anforderungen von § 298 Abs. 1 i.V.m. § 253 Abs. 1 S. 1 HGB zu genügen. Neben diesen notwendigen Korrekturen können sich zahlreiche Umbewertungen aus der von den JA (HB I) abw. Ausübung von Bewertungswahlrechten ergeben[443]. Zu den notwendigen Anpassungsmaßnahmen in der HB II rechnet bei TU mit Sitz im Ausland auch die Währungsumrechnung nach § 308a HGB. 310

Durch diese Änderungen entfernt sich die HB II mehr oder weniger weit von der HB I. Sie ist, als Ergebnis einer statistischen Nebenrechnung („Konzernbuchführung"), die Bilanz, die der Konsolidierung zugrunde gelegt wird. Sie ist keine Grundlage für Gewinnausschüttungen des betreffenden TU, für die Besteuerung oder für die Haftung gegenüber Dritten. Sie bedarf keiner Feststellung oder Billigung eines Leitungsorgans und wird nicht offengelegt. 311

c) Ergebnisauswirkung in der Handelsbilanz II

Die **Unterschiede in Bilanzansatz und Bewertung** zwischen HB I und HB II haben i.d.R. Auswirkungen auf das in der HB II ausgewiesene EK und Ergebnis. Die Veränderung der Unterschiede gegenüber dem vergleichbaren Betrag des Vj. wird voll erfolgswirksam und geht in das Jahresergebnis der HB II ein. Gleichzeitig muss aufgrund dieses veränderten Ergebnisses eine erneute Berücksichtigung latenter Steuern (§ 298 Abs. 1 i.V.m. § 274 HGB) vorgenommen werden, die ebenfalls erfolgswirksam ist. Die Auswirkungen der Anpassungsmaßnahmen werden bei der **erstmaligen Einbeziehung** eines TU im kon- 312

---

442 Vgl. im Einzelnen Tz. 257.
443 Vgl. im Einzelnen Tz. 265.

solidierungspflichtigen EK erfasst und beeinträchtigen somit nicht die Vergleichbarkeit mit anderen Perioden[444].

d) Fortschreibung der Handelsbilanz II

313 Abweichungen im Ansatz und der Bewertung von Aktiva und Passiva zwischen HB I und **HB II** müssen regelmäßig verfolgt werden, da sie häufig zu Ergebnisbeeinflussungen über eine Reihe von Jahren führen. So führen z.B. Änderungen bei der Bewertung von Sachanlagegegenständen, deren Nutzung zeitlich begrenzt ist, zu Differenzen zwischen der Höhe der Abschreibungen in HB I und HB II für den Rest der Nutzungsdauer. Dies ist stets der Fall, wenn z.B. ein TU mit Sitz im Ausland Sachanlagen zu Wiederbeschaffungskosten oder zum beizulegenden Zeitwert *(fair value)* bewertet. Änderungen bei der Bewertung der Vorräte haben Ergebnisauswirkungen nicht nur im Jahr ihrer Vornahme, sondern auch im Jahr der Veräußerung. Die Summe der Unterschiede zwischen HB I und HB II nach Berücksichtigung latenter Steuern ist für jeden Stichtag den entsprechenden Korrekturen des Vj. gegenüberzustellen. Die Veränderungen des Unterschiedsbetrags werden erfolgswirksam in den entsprechenden GuV-Posten gebucht und gehen in das Jahresergebnis des Konzerns ein.

314 Die Anpassungen in der HB II können statistisch erfasst und als Nebenrechnung von Jahr zu Jahr weitergeführt werden. Sie können jedoch in Abhängigkeit von der Anzahl und vom Sitz der TU sowie der Konzernbilanzpolitik sehr bald ein Ausmaß erreichen, das die Einrichtung einer besonderen **„Konzernbuchführung"** zweckmäßig erscheinen lässt[445], in der die von den HB I abw. Posten zusammengefasst und nach den RL des MU bilanziert werden. Die Überleitung der HB I zur HB II muss jederzeit nachvollziehbar sein. Sie ist notwendiger Gegenstand der Prüfung des KA (§ 317 Abs. 3 HGB).

7. Eliminierung von Zwischenergebnissen
a) Grundsatz

315 Aus der Sicht des Konzerns als einem wirtschaftlich einheitlichen Unternehmen (§ 297 Abs. 3 S. 1 HGB) sind Gewinne, die aus Lieferungen und Leistungen zwischen den Unternehmen des Konsolidierungskreises entstehen **(Zwischengewinne)**, so lange unrealisiert, bis die Lieferung oder Leistung ohne oder nach Be- oder Verarbeitung den Kreis der in die Konsolidierung einbezogenen Unternehmen verlassen hat. Dasselbe gilt sinngemäß für Verluste aus Lieferungen und Leistungen zwischen den einbezogenen Unternehmen **(Zwischenverluste)**. Das **Realisationsprinzip** gilt auch für den KA (§ 298 Abs. 1 i.V.m. § 252 Abs. 1 Nr. 4 HGB); dies führt i.V.m. der Einheitstheorie dazu, dass Gewinne und Verluste nicht dann realisiert werden, wenn die Lieferung oder Leistung die rechtlich selbständige Einheit des einzelnen Unternehmens verlässt, sondern die größere wirtschaftliche Einheit des Konzerns (§ 304 Abs. 1 HGB). Bis dahin **müssen** Ergebnisse aus konzern**internen** Lieferungen und Leistungen im KA **erfolgsneutral** bleiben. I.d.R. folgt einer Zwischengewinn-/Zwischenverlusteliminierung zu einem späteren Zeitpunkt eine Zwischengewinn-/Zwischenverlustrealisierung.

316 Die Eliminierung von Zwischenergebnissen (§ 304 Abs. 1 HGB) ist ein konsolidierungstechnischer Vorgang, bei dem die **Konzernanschaffungs-/Konzernherstellungskosten** den in der HB II für Konzernbestände angesetzten Werten gegenübergestellt werden. Sie berührt daher auch nicht die Einzelbilanzen der konsolidierten Unternehmen. Dem steht

---
444 Vgl. Tz. 263.
445 Vgl. *Havermann* in FS Döllerer, S. 197 und *Ruhnke*.

nicht entgegen, dass die Verrechnungspreise für Lieferungen und Leistungen zwischen den Unternehmen des Konsolidierungskreises so festgesetzt werden, dass eliminierungspflichtige Beträge nicht entstehen. I.d.R. wird dies durch die Bewertung zu Konzernanschaffungs-/Konzernherstellungskosten erreicht[446, 447].

Grds. gebietet die **Zwischengewinneliminierung**, dass der betreffende Vermögensgegenstand in der Konzernbilanz mit einem niedrigeren Wert angesetzt wird als in der HB II des Empfängers der Lieferung oder Leistung. Umgekehrt liegen die Werte in der Konzernbilanz nach der Eliminierung von Zwischenverlusten über den Werten, mit denen die betreffenden Konzernbestände in der HB II angesetzt worden sind[448]. 317

Für die **Technik der Eliminierung** von Zwischenergebnissen genügt eine Gegenüberstellung der in der HB II angesetzten Werte mit den Konzernanschaffungs-/Konzernherstellungskosten. Überschreitet der in der HB II angesetzte Wert die höchstmöglichen Konzernanschaffungs-/Konzernherstellungskosten, so muss die Differenz (Zwischengewinn) eliminiert werden. Überschreitet der Wertansatz der HB II diese Höchstgrenze nicht, so wird der Wert aus der HB II in die Konzernbilanz übernommen. 318

Liegt der Wertansatz in der HB II unterhalb der Konzernanschaffungs-/Konzernherstellungskosten, so ist dieser höhere Wert anzusetzen, sofern nicht ein niedrigerer beizulegender Wert (§ 253 Abs. 3, 4 HGB) anzusetzen ist. 319

Die Zwischenergebnisse sind **in voller Höhe** aus den betreffenden Konzernbeständen zu eliminieren. Ob für die Verrechnung im EK die quotale Aufteilung der eliminierten Beträge in einen Konzernanteil und einen Anteil anderer Gesellschafter[449] in Betracht kommt, ist umstritten. Unter Bezugnahme auf die Einheitstheorie könnte eine Aufteilung des zu eliminierenden Zwischenergebnisses begründet werden[450]. Allerdings stellt sich dann die Frage, ob sie aus dem Minderheitenanteil des liefernden oder des empfangenden Unternehmens zu eliminieren sind[451]. Auch in dieser Frage besteht keine einheitliche Auffassung[452]. Die Aufteilung wirft in mehrstufigen Konzernen außerdem erhebliche praktische Probleme auf[453]. Vor diesem Hintergrund wird unter Berücksichtigung des Wortlauts des § 307 HGB die Auffassung aufrechterhalten, dass als Ausgleichsposten für Anteile anderer Gesellschafter nur der auf diese entfallende Teilbetrag des bilanziellen EK lt. HB II des TU zugrunde zu legen ist, weshalb sich die Konsolidierungsmaßnahmen in diesem Posten nicht auswirken[454]. 320

b) Konzernanschaffungs- und Konzernherstellungskosten

Das Gesetz enthält weder den Begriff des Zwischengewinns noch den des Zwischenverlustes. § 304 Abs. 1 HGB enthält statt dessen eine Bewertungsvorschrift für Vermögens- 321

---

446 Wegen möglicher Abweichungen vgl. Tz. 334.
447 Ob sich daraus Konsequenzen für die Besteuerung ergeben, ist eine Frage des Einzelfalls, die für die Konzernrechnungslegung keine Bedeutung hat.
448 Wegen weiterer Einzelheiten vgl. Tz. 333.
449 Vgl. AK „Weltabschlüsse" der Schmalenbach-Gesellschaft – Deutsche Gesellschaft für Betriebswirtschaft e.V., Rn. 281; BHdR, C 450, Rn. 45.
450 Vgl. *Busse v. Colbe*, ZfbF 1985, S. 767; *Förschle/Hoffmann* in BeBiKo[7], § 307, Rn. 53.
451 Vgl. *Förschle/Hoffmann* in BeBiKo[7], § 307, Rn. 54-57.
452 So plädieren *Küting/Göth*, WPg 1997, S. 316 für eine anteilige Eliminierung aus dem EK- und Ergebnisanteil der Minderheiten des liefernden Unternehmens; a.A. Ebeling/Baumann, BB 2000, S. 1669, die für eine Eliminierung aus dem Minderheitenanteil des Empfängers eintreten.
453 Vgl. *Weber/Zündorf* in HdKonzernR[2], § 307, Rn. 11.
454 Vgl. ADS[6], § 304, Tz. 110.

gegenstände, die aus Lieferungen oder Leistungen anderer einbezogener Unternehmen stammen. Konzernbestände sind „in der Konzernbilanz mit einem Betrag anzusetzen, zu dem sie in der auf den Stichtag des KA aufgestellten Jahresbilanz dieses Unternehmens angesetzt werden könnten, wenn die in den KA einbezogenen Unternehmen auch rechtlich ein einziges Unternehmen bilden würden". Aus der Sicht der Einheitstheorie können Konzernbestände Handelswaren, unfertige und fertige Erzeugnisse, unfertige Leistungen, Roh-, Hilfs- und Betriebsstoffe oder selbsterstellte Anlagegegenstände sein. Vermögensgegenstände sind in der Einzelbilanz höchstens mit den Anschaffungs- oder Herstellungskosten anzusetzen (§ 253 Abs. 1 S. 1 HGB). Übertragen auf das „Unternehmen Konzern" bedeutet dies, dass der Betrag, mit dem Konzernbestände in der Bilanz dieses Unternehmens angesetzt werden können (§ 304 Abs. 1 HGB), i.d.R. durch die Konzernanschaffungs- oder Konzernherstellungskosten bestimmt wird[455].

322 Zu den **Konzernanschaffungskosten** gehören neben den ursprünglichen AK des liefernden Unternehmens, das den Vermögensgegenstand von Dritten erworben hat (§ 255 Abs. 1 HGB), alle angefallenen direkt zurechenbaren Aufwendungen, die im Zusammenhang mit der Weiterveräußerung entstanden sind. Sind die konzerninternen Transaktionskosten auf Leistungen eines einbezogenen Unternehmens zurückzuführen (z.B. Transport), so sind diese Kosten um evtl. Zwischenergebnisse zu bereinigen[456].

323 Grundlage für die Ermittlung der **Konzernherstellungskosten** sind die Herstellungskosten des liefernden Unternehmens gem. § 255 Abs. 2, 2a und 3 HGB. Diesen „Einzelherstellungskosten" sind solche Kosten hinzuzurechnen, die aus der Sicht eines rechtlich selbständigen Unternehmens nicht aktivierungsfähig sind, aus der Sicht des Konzerns jedoch den Charakter aktivierbarer Herstellungskosten erhalten. Dies gilt z.B. für die bei der Lieferung entstandenen Transportkosten, die unter der Fiktion der rechtlichen Einheit (§ 297 Abs. 3 S. 1 HGB) als innerbetriebliche Transportkosten anzusehen sind[457], sofern diese Kosten im Rahmen des Herstellungsprozesses anfallen.

324 Andererseits dürfen bestimmte im JA aktivierungsfähige Kosten im KA nicht aktiviert werden (z.B. an einbezogene Unternehmen gezahlte Lizenzen für von diesen selbst entwickelte Patente). Vertriebsgemeinkosten dürfen in keinem Fall aktiviert werden. Die im JA aktivierungsfähigen, aus Konzernsicht nicht aktivierbaren Kosten werden bei der **Abwertung auf die Konzernherstellungskosten** ebenso eliminiert wie ein Zwischengewinn.

325 Der Begriff der „Zwischengewinneliminierung" wird daher dem Sachverhalt nicht vollkommen gerecht. Zutreffender wäre die Bezeichnung „Abwertung auf die niedrigeren Konzernherstellungskosten"[458]. In der Praxis hat sich jedoch der Begriff der Zwischengewinneliminierung durchgesetzt.

326 Bei dieser Betrachtung führt der Ansatz der höchstmöglichen Konzernherstellungskosten gegenüber einem niedrigeren Konzern-Verrechnungspreis nicht nur zur Eliminierung von Zwischenverlusten, sondern auch zur Aktivierung von Aufwendungen, die im JA nicht aktivierungsfähig, aus Konzernsicht jedoch aktivierbare Kosten sind. Daher wäre es sys-

---

455 Ist jedoch in der HB II nach § 253 Abs. 3, 4 HGB ein niedrigerer Wertansatz angesetzt worden, so ist dieser auch in der Konzernbilanz anzusetzen. Vgl. hierzu auch Tz. 336.
456 Wegen möglicher Befreiungen von der Verpflichtung zur Eliminierung von Zwischenergebnissen in derartigen Fällen vgl. Tz. 334.
457 Zu den weiteren Hinzurechnungen (Verpackungsmaterial, Transportversicherung etc.) vgl. *Havermann* in IDW Fachtagung 1966, S. 75/80; vgl. auch *Winkeljohann/Beyersdorff* in BeBiKo', § 304, Rn. 15.
458 Vgl. *Havermann* in IDW Fachtagung 1966, S. 75/80.

tematisch richtig, von einer **„Aufwertung auf die höheren Konzernherstellungskosten"** anstatt von einer Eliminierung von Zwischenverlusten zu sprechen[459].

Vielfach wird die Eliminierung oder zusätzliche Aktivierung von Kosten, die aus Konzernsicht ihren Charakter verändern, keine praktische Bedeutung haben, wenn im Fall von Zwischengewinnen nicht die Untergrenze bzw. im Fall von Zwischenverlusten nicht die Obergrenze der Konzernherstellungskosten angesetzt werden soll. **327**

Die zulässige **Bandbreite** bei der Bestimmung der Konzernherstellungskosten sowie die Ausnahmeregelung des § 304 Abs. 2 HGB lassen die Relevanz der zusätzlichen Eliminierung bzw. Aktivierung solcher Bestandteile der Konzernherstellungskosten als gering erscheinen[460]. **328**

Mit der Bezugnahme auf den Betrag, zu dem die betreffenden Vermögensgegenstände im JA eines rechtlich einheitlichen Unternehmens angesetzt werden könnten (§ 304 Abs. 1 HGB), wird die aus der Einzelbilanz bekannte Bandbreite bei der Ermittlung der Herstellungskosten (§ 255 Abs. 2, 2a und 3 HGB)[461] auch für die Konzernbilanz übernommen. **329**

Die **Obergrenze** der Konzernherstellungskosten wird demnach bestimmt durch die höchstmöglichen Herstellungskosten des liefernden Unternehmens (unabhängig davon, ob sie in der Einzelbilanz bzw. HB II tatsächlich angesetzt worden sind), zzgl. der Kosten, die nicht im Rahmen der Einzelherstellungskosten, wohl aber als Konzernherstellungskosten aktiviert werden dürfen, abzgl. der Kosten, die wohl im Rahmen der Einzelherstellungskosten, nicht aber als Konzernherstellungskosten aktivierungsfähig sind. **330**

Die **Untergrenze** der Konzernherstellungskosten wird bestimmt durch die niedrigstmöglichen Herstellungskosten des liefernden Unternehmens (unabhängig davon, ob sie in dessen Einzelbilanz bzw. HB II angesetzt worden sind), zzgl. direkt zurechenbarer Kosten, die nicht im Rahmen der Einzelherstellungskosten, wohl aber als Konzernherstellungskosten aktiviert werden müssen, abzgl. der Kosten, die im Rahmen der Einzelherstellungskosten, nicht aber als Konzernherstellungskosten aktiviert werden dürfen. Aufgrund des Ineinandergreifens von Bewertungswahlrechten bei den Herstellungskosten und Zwischenerfolgseliminierung sind Zwischengewinne nur eliminierungspflichtig, soweit der Wert laut HB II die höchstmöglichen Konzernherstellungskosten überschreitet. Zwischenverluste sind nur eliminierungspflichtig, soweit die niedrigstmöglichen Konzernherstellungskosten den Wert lt. HB II übersteigen. Die Differenz zwischen höchstmöglichen und niedrigstmöglichen Konzernherstellungskosten kann, aber braucht in beiden Fällen der Erfolgseliminierung nicht eliminiert zu werden[462]. Es ist daher gerechtfertigt, im Rahmen der Zwischengewinneliminierung nach § 304 HGB von eliminierungspflichtigen und eliminierungsfähigen Ergebnisanteilen zu sprechen[463]. Die Ausübung der Wahlrechte bei der Abgrenzung der Konzernherstellungskosten unterliegt jedoch dem Gebot **einheitlicher Bewertung** (§ 308 Abs. 1 S. 1 HGB)[464]. Somit wird es als unzulässig angesehen, die Konzernherstellungskosten auf der Basis von Vollkosten fest- **331**

---

[459] So auch *Jöris* in IDW Fachtagung 1985, S. 232.
[460] Die grundsätzliche Verpflichtung zur Eliminierung von Zwischenergebnissen dürfte in den meisten Fällen, in denen Bestandteile der Konzernherstellungskosten davon betroffen wären, durch § 304 Abs. 2 HGB aufgehoben sein. Vgl. im Einzelnen Tz. 334.
[461] Vgl. im Einzelnen E Tz. 342.
[462] So auch *Jöris* in IDW Fachtagung 1985, S. 234.
[463] Vgl. *Winkeljohann/Beyersdorff* in BeBiKo[7], § 304, Rn. 16.
[464] Vgl. ADS[6], § 304, Tz. 30.

zulegen, wenn identische Produkte im Bestand des liefernden Unternehmens zu Teilkosten in der HB II bewertet sind[465].

332 Da die Abgrenzung der Konzernherstellungskosten zu den Bilanzierungsgrundsätzen zählt, ist nach DRS 13.7, 13.15 die sachliche und zeitliche Stetigkeit zu beachten. Damit besteht das Wahlrecht zur Festlegung, ob z.b. die Ober- oder die Untergrenze der Konzernherstellungskosten angesetzt werden soll, grds. nur bei der erstmaligen Erstellung des KA.

c) Pflichteliminierung von Zwischenergebnissen

333 Das Gesetz knüpft die Verpflichtung zur Eliminierung von Zwischenergebnissen gem. § 304 Abs. 1 HGB an folgende **Voraussetzungen**:

Es muss sich um Vermögensgegenstände (Sachen, Rechte) handeln. Eine Zwischenergebniseliminierung ist für Leistungen, die sich nur in Aufwendungen und Erträgen niederschlagen (z.B. Aufnahme eines Kredites durch ein Konzernunternehmen zu einem Zinssatz von 8% und Weitergabe an ein anderes Unternehmen zu 12%) nicht relevant. Da sich Aufwendungen und Erträge in solchen Fällen bei sachgerechter Bilanzierung in gleicher Höhe gegenüberstehen, sind sie bei den Konsolidierungsvorgängen in der GuV gegeneinander aufzurechnen. Mehr- oder Mindergewinne aufgrund von Zinserträgen und Zinsaufwendungen gleichen sich dadurch aus[466].

Die Vermögensgegenstände müssen am Stichtag des KA bei einem in den KA einbezogenen Unternehmen vorhanden sein; d.h., sie müssen bei den jeweiligen Unternehmen ordnungsgemäß aufgenommen und bilanziert sein.

Die Vermögensgegenstände müssen ganz oder teilw. Lieferungen oder Leistungen anderer in den KA einbezogener Unternehmen darstellen. Die Eliminierungspflicht tritt also nicht bei Lieferungen von TU schlechthin ein, sondern nur dann, wenn das liefernde Unternehmen in den KA einbezogen wird. Nach § 296 HGB nichteinbezogene TU werden wie Fremdunternehmen[467] behandelt. Zwischenergebnisse sind auch bei solchen Gegenständen zu eliminieren, die nur teilw. Lieferungen anderer einbezogener Unternehmen darstellen, z.B. unfertige Erzeugnisse, für die Rohstoffe verwendet wurden, die z.T. von einbezogenen, z.T. von nichteinbezogenen Unternehmen geliefert worden sind.

Vermögensgegenstände, die nur mittelbar aus Lieferungen einbezogener Konzernunternehmen stammen, unmittelbar jedoch von Fremdunternehmen bezogen worden sind, unterliegen nach der Einheitstheorie nicht der Pflicht zur Eliminierung von Zwischenergebnissen, soweit keine missbräuchlichen Handhabungen vorliegen[468].

d) Ausnahmen von der Eliminierungspflicht

334 Auf die Eliminierung kann nur verzichtet werden, wenn die Zwischenergebnisse im Hinblick auf die Generalnorm (§ 297 Abs. 2 S. 2 HGB) von untergeordneter Bedeutung sind (§ 304 Abs. 2 HGB).

---

465 Vgl. v. *Wysocki/Wohlgemuth*, Konzernrechnungslegung[4], S. 142; BHdR, C 430, Rn. 73.
466 Werden im Rahmen der Möglichkeiten des § 255 Abs. 3 HGB Fremdkapitalzinsen in die Herstellungskosten der Bestände einbezogen, unterliegen sie ebenfalls der Verpflichtung zur Eliminierung von Zwischenergebnissen, sofern sie gegenüber anderen einbezogenen Unternehmen anfallen.
467 Bei Lieferungen von assoziierten Unternehmen sind bei Anwendung der Equity-Methode Zwischenergebnisse gem. § 312 Abs. 5 S. 3 HGB zu eliminieren. Vgl. hierzu Tz. 573.
468 Vgl. ADS[6], § 304, Tz. 49-51. Eine andere Beurteilung gilt jedoch bei Lieferungen von sog. assoziierten Unternehmen, die nach der Equity-Methode einbezogen werden. Vgl. hierzu Tz. 573.

Konzernbilanz M

335 Zwischenergebnisse aus konzerninternen **Lieferungen in das abnutzbare AV** eines einbezogenen Unternehmens erfüllen im Allgemeinen nicht die Voraussetzungen für einen Verzicht auf die Eliminierung, da sie in den meisten Fällen erhebliche Beträge darstellen.

336 Die Zwischengewinneliminierung **entfällt**, soweit Vermögensgegenstände, die ganz oder teilw. auf Lieferungen oder Leistungen anderer einbezogener Unternehmen zurückzuführen sind, in der Bilanz des Empfängers nicht mit dem Konzern-Verrechnungspreis, sondern – rechtlich zwingend oder zulässig – mit einem Wert angesetzt sind, der unter den Konzernanschaffungs-/Konzernherstellungskosten liegt. Dabei ist es unbedeutend, ob dieser Wert bereits aus dem JA in die HB II übernommen oder erstmals in der HB II gem. § 308 HGB angesetzt worden ist. In diesen Fällen ist ein ggf. aufgrund des Konzern-Verrechnungspreises entstandener Zwischengewinn bereits durch die **Abschreibungen** auf den **niedrigeren Wert** nach § 253 Abs. 3 S. 3 oder Abs. 4 S. 1 HGB erfolgswirksam ausgeschaltet worden.

337 Die Verpflichtung zur Eliminierung von Zwischengewinnen lebt wieder auf, wenn nach Wegfall des Abschreibungsgrundes eine **Wertaufholung** (§ 253 Abs. 5 HGB) vorgenommen wird. In Höhe der Differenz zwischen den fortgeführten, d.h. um planmäßige Abschreibungen verringerten Konzernanschaffungs- oder -herstellungskosten und dem höheren Buchwert nach Zuschreibung ergibt sich ein Zwischengewinn, der grds. eliminierungspflichtig ist.

338 **Zwischenverluste** sind aus den gleichen Gründen nicht mehr zu eliminieren, wenn die Vermögensgegenstände aus konzerninternen Lieferungen oder Leistungen in der Einzelbilanz und/oder HB II mit einem **niedrigeren Wert** als den Konzernanschaffungs-/Konzernherstellungskosten angesetzt worden sind, dieser Wert aber in der Konzernbilanz nach § 304 Abs. 1 HGB beizubehalten ist, weil z.B. der Vermögensgegenstand zwischen dem Zeitpunkt der Lieferung und dem Abschlussstichtag einen Wertverfall erlitten hat, der einen niedrigeren Wertansatz erforderlich werden lässt.

e) Zwischenergebniseliminierung bei abnutzbaren Anlagegegenständen

339 Sofern innerhalb des Konsolidierungskreises abnutzbare Anlagegegenstände mit eliminierungspflichtigen Zwischenergebnissen geliefert worden sind, ist zu beachten, dass die darauf vorgenommenen Abschreibungen, die in der Einzel-GuV ausgewiesen werden, aus der Sicht des Konzerns zu hoch (Zwischengewinn) bzw. zu niedrig (Zwischenverlust) sind. Im KA dürfen Abschreibungen nur von den Konzernherstellungs- oder -anschaffungskosten vorgenommen werden. Bei der Zwischenergebniseliminierung sind die jährlichen **Abschreibungen** aus der Einzel-GuV insoweit zu **korrigieren**. Diese Korrekturen sind jährlich so lange durchzuführen, bis der Vermögensgegenstand voll abgeschrieben ist. Auf die Nutzungsdauer des Gegenstandes bezogen, realisieren sich so die Zwischenergebnisse[469].

f) Erstmalige Eliminierung von Zwischenergebnissen

340 Die erstmalige Eliminierung von Zwischenergebnissen vermindert/erhöht in voller Höhe den Jahresüberschuss des Konzerns, während in späteren Jahren nur noch die Differenzbeträge gegenüber dem Vj. erfolgswirksam werden[470]. Dies hätte zur Folge, dass das Jahresergebnis des Konzerns bei erstmaliger Aufstellung des KA durch erstmalige Eliminierung von Zwischengewinnen i.d.R. stärker belastet würde als in den Folgejahren.

---

469 Vgl. das ausführliche Beispiel bei ADS[6], § 304, Tz. 81.
470 Vgl. Tz. 661.

Derselbe Effekt ergäbe sich bei einer starken Ausdehnung des Konsolidierungskreises auf bisher nicht konsolidierte Konzernunternehmen. Diese Auswirkungen der erstmaligen Eliminierung von Zwischenergebnissen können jedoch vermieden werden. Ist erstmals ein KA aufzustellen, so kann z.B. der Betrag der Zwischenergebnisse zum Ende des Vj. statistisch ermittelt werden. Dieser Betrag wird dann im ersten KA erfolgsneutral mit dem Ergebnisvortrag oder den Gewinnrücklagen des Konzerns verrechnet. Im Konzernjahresergebnis werden dann nur noch die Veränderungen gegenüber dem Stand am Ende des Vj. wirksam.

341 Auf die Eliminierung von **Zwischenergebnissen**, die **vor dem Zeitpunkt der Erstkonsolidierung** entstanden sind, kann vollständig verzichtet werden[471].

8. Kapitalkonsolidierung

a) Grundsatz

342 Werden Aktiva und Passiva der in den KA einbezogenen Unternehmen additiv zusammengefasst, so kommt es im KA insoweit zu Doppelerfassungen von Nettovermögen, als die Posten „Beteiligungen" der MU und die hinter ihnen stehenden Posten in den Bilanzen der TU nur zwei verschiedene Erscheinungsformen derselben Sache sind. Der Beseitigung dieser Doppelerfassungen dient die **Kapitalkonsolidierung**.

343 § 300 Abs. 1 S. 2 HGB definiert die Form der **Kapitalkonsolidierung** wie folgt: „An die Stelle der dem MU gehörenden Anteile an den einbezogenen TU treten die Vermögensgegenstände, Schulden, RAP und Sonderposten der TU, soweit sie nach dem Recht des MU bilanzierungsfähig sind und die Eigenart des KA keine Abweichungen bedingt ...". Ergänzend dazu heißt es in § 307 Abs. 1 HGB: „In der Konzernbilanz ist für nicht dem MU gehörende Anteile an in den KA einbezogenen TU ein Ausgleichsposten für die Anteile der anderen Gesellschafter in Höhe ihres Anteils am EK unter entsprechender Bezeichnung innerhalb des EK gesondert auszuweisen". Aus beiden Vorschriften ergibt sich, dass die Vollkonsolidierung mit Minderheitenausweis anzuwenden ist.

344 Für die Kapitalkonsolidierung schreibt § 301 HGB die **Erwerbsmethode** *(purchase*-Methode) vor. Die Kapitalkonsolidierung nach der Interessenzusammenführungsmethode (§ 302 HGB a.F.) wurde durch das BilMoG in Anlehnung an die internationale Rechnungslegung aufgegeben[472]. Die Erwerbsmethode ist nach BilMoG nur noch in Form der **Neubewertungsmethode** zulässig. Die bisher alternativ zulässige Buchwertmethode wurde durch das BilMoG zugunsten einer besseren Vergleichbarkeit des handelsrechtlichen KA und einer Annäherung an die internationalen Rechnungslegungsstandards aufgehoben[473].

345 Die Erwerbsmethode unterscheidet zwischen Erst- und Folgekonsolidierungen. Die Aufrechnung des Beteiligungsbuchwertes erfolgt grds. zu jedem Stichtag mit dem Betrag des anteiligen EK, das sich zum Zeitpunkt der **Erstkonsolidierung** ergibt. Spätere Gewinnthesaurierungen des TU haben keinen Einfluss auf einen Unterschiedsbetrag aus der Kapitalkonsolidierung, da alle Rücklagenbewegungen in der Bilanz des TU (HB II) anteilig bei den Gewinnrücklagen des Konzerns und dem Ausgleichsposten für Anteile anderer Gesellschaften berücksichtigt werden.

---

471 Vgl. ADS⁶, § 304, Tz. 124.
472 Vgl. Begr. RegE BilMoG, BT-Drs. 16/10067, S. 82. Praktische Bedeutung hatte die Interessenzusammenführungsmethode während der Geltung des § 302 HGB nicht erlangt.
473 Vgl. Begr. RegE BilMoG, BT-Drs. 16/10067, S. 80.

Konzernbilanz

Ob und in welcher Höhe ein Unterschiedsbetrag aus der Kapitalkonsolidierung entsteht, 346
hängt von der Höhe des anteiligen EK ab. § 301 Abs. 1 HGB lässt die Ermittlung des EK
nur auf der Basis der Zeitwerte der Vermögensgegenstände, Schulden, RAP und Sonderposten zu (sog. **Neubewertungsmethode**). Ein nach der Erstkonsolidierung verbleibender Unterschiedsbetrag ist in der Konzernbilanz, wenn er auf der Aktivseite entsteht als **Geschäfts- oder Firmenwert** bzw. wenn er auf der Passivseite entsteht, als **Unterschiedsbetrag aus der Kapitalkonsolidierung** gesondert auszuweisen (§ 301 Abs. 3 S. 1 HGB).

b) Konsolidierungspflichtige Anteile

In die **Kapitalkonsolidierung** sind die dem MU gehörenden Anteile an jedem einzelnen 347
TU einzubeziehen[474]. Als Anteile, die dem MU gehören, gelten auch Anteile, die anderen
einbezogenen Unternehmen gehören. Der Wortlaut des § 301 Abs. 1 HGB erfasst nicht die
von einbezogenen TU gehaltenen Anteile an anderen einbezogenen Unternehmen.
Gleichwohl ist nach der Einheitstheorie (§ 297 Abs. 3 HGB) die Einbeziehung auch solcher Anteile in die Kapitalkonsolidierung erforderlich[475]. Sofern das TU abhängig i.S.d.
§ 17 AktG ist, werden die von ihm gehaltenen Anteile dem MU nach § 271 Abs. 1 S. 4
HGB i.V.m. § 16 Abs. 4 AktG zugerechnet. In den Fällen, in denen das TU nicht abhängig
ist, werden die von diesem gehaltenen Anteile analog § 290 Abs. 3 HGB dem MU zum
Zweck der Kapitalkonsolidierung zugerechnet[476]. Im Ergebnis unterliegen damit sämtliche Anteile an einbezogenen TU, die einem vollkonsolidierten Unternehmen gehören,
der Konsolidierungspflicht. Ausgenommen davon sind lediglich vom TU gehaltene
eigene Anteile, die nach § 272 Abs. 1a HGB mit dem EK des TU zu verrechnen sind[477].

Ebenfalls vom Gesetz nicht ausdrücklich geregelt ist die Frage, ob **Anteile** an einbezo- 348
genen TU, die einem nach § 310 HGB im Wege der **Quotenkonsolidierung einbezogenen
GU** gehören, in die Konsolidierung einbezogen werden müssen. Würden diese Anteile
nicht konsolidiert, so käme es in der Konzernbilanz zum Ausweis von Anteilen an einbezogenen TU (in Höhe der Quote, mit der das GU einbezogen wird) und zur Einbeziehung des auf diese Anteile entfallenden EK des TU in den Ausgleichsposten für
Anteile anderer Gesellschafter. Die Konsolidierung dieser Anteile wird daher für notwendig gehalten, um eine der Einheitstheorie entsprechende Darstellung des EK in der
Konzernbilanz zu gewährleisten[478].

Anteile i.d.S. sind, unabhängig davon, unter welchen Posten sie in der Einzelbilanz[479] 349
ausgewiesen werden, alle kapitalmäßigen Beteiligungen mit Einlagen bei TU. Darunter
fallen auch Einlagen bei PersGes., für die unbeschadet der Frage, ob Einlagen bei PersGes.
formalrechtlich als Anteile zu bezeichnen sind, eine Konsolidierungspflicht besteht, sofern die übrigen Voraussetzungen erfüllt sind. Zu den Anteilen i.S.v. § 301 HGB gehören
somit grds.[480] (§ 266 Abs. 2 HGB):

- Anteile an verbundenen Unternehmen in den Finanzanlagen (A.III.1.);
- Anteile an verbundenen Unternehmen in den Wertpapieren des Umlaufvermögens (B.III.1.)

---

[474] Vgl. hierzu *Wiedmann*, Bilanzrecht[2], § 301, Rn. 6.
[475] Vgl. ADS[6], § 301, Tz. 15.
[476] Vgl. ADS[6], § 301, Tz. 18.
[477] Vgl. hierzu im Einzelnen *Förschle/Deubert* in BeBiKo[7], § 301, Rn. 15-17.
[478] Vgl. *Dusemond/Weber/Zündorf* in HdKonzernR[2], § 301, Rn. 30; ADS[6], § 301, Tz. 20; *Förschle/Deubert* in BeBiKo[7], § 301, Rn. 12 und *Wiedmann*, Bilanzrecht[2], § 310, Rn. 12.
[479] Vgl. hierzu F Tz. 250.
[480] Zu eigenen Anteilen (B.III.2) einbezogener TU vgl. Tz. 431.

350 Aufzurechnen ist der **Buchwert** der konsolidierungspflichtigen Anteile nach den Wertverhältnissen zum Zeitpunkt der Erstkonsolidierung. Fällt die Erstkonsolidierung auf den Erwerbszeitpunkt, so entspricht der Wertansatz i.d.R. den AK der Anteile. Sind dagegen nach Erwerb, aber vor dem Zeitpunkt der Erstkonsolidierung Abschreibungen auf die Beteiligung nach § 253 Abs. 3 HGB vorgenommen worden, so muss der niedrigere Wertansatz beibehalten werden, wenn dies den konzerneinheitlich anzuwendenden Bewertungsmethoden entspricht. Waren die Abschreibungen wegen voraussichtlich dauernder Wertminderung zwingend, so ist der niedrigere Wertansatz der Erstkonsolidierung zugrunde zu legen[481].

351 Wurden vor Erstanwendung des BilMoG aus steuerlichen Gründen Sonderabschreibungen auf konsolidierungspflichtige Anteile vorgenommen und nach dem Wahlrecht in Art. 67 Abs. 4 S. 1 EGHGB fortgeführt, sind diese vor der Erstkonsolidierung rückgängig zu machen[482].

c) Erstkonsolidierung nach der Neubewertungsmethode
aa) Wertansatz des konsolidierungspflichtigen Kapitals
(1) Grundlagen

352 Zur Durchführung der Erstkonsolidierung nach der Neubewertungsmethode wird der Wert der konsolidierungspflichtigen Anteile mit dem auf sie entfallenden EK des TU verrechnet, das dem Zeitwert der in den KA aufzunehmenden Vermögensgegenstände[483], Schulden, RAP und Sonderposten entspricht, der diesen zum maßgeblichen Erstkonsolidierungszeitpunkt beizulegen ist (§ 301 Abs. 1 S. 2 HGB). Ausgenommen von der Bewertung zum beizulegenden Zeitwert sind nach § 301 Abs. 1 S. 3 HGB lediglich Rückstellungen und latente Steuern, die nach den allgemeinen Bewertungsvorschriften in § 253 Abs. 1 S. 2 u. 3, Abs. 2 HGB bzw. § 274 Abs. 2 HGB zu bewerten sind.

353 Bei der Neubewertungsmethode werden vor der Kapitalkonsolidierung alle stillen Reserven und Lasten in voller Höhe aufgedeckt. Das **konsolidierungspflichtige Kapital** erhöht sich jedoch nur um den Anteil der stillen Reserven, die dem Konzern aufgrund seiner Beteiligung zustehen. Die übrigen stillen Reserven werden den Anteilen anderer Gesellschafter (§ 307 HGB) zugerechnet, die ebenfalls an der Auflösung stiller Reserven partizipieren. Die Neubewertung umfasst nicht den ggf. vorhandenen originären Geschäfts- oder Firmenwert, da das Bilanzierungsverbot für den originären Firmenwert[484] auch für die HB II gilt. Ein Geschäfts- oder Firmenwert kann jedoch bei der Durchführung der Kapitalkonsolidierung aufgedeckt werden.

354 Die Neubewertung wird i.d.R. bereits vor der Konsolidierung in einer gesonderten **Neubewertungsbilanz** oder simultan innerhalb der Konsolidierung durchgeführt, so dass die Zeitwerte anschließend vollständig in die Konzernbilanz übernommen werden. Ausgangspunkt hierfür ist eine auf den Erstkonsolidierungszeitpunkt aufgestellte, an die konzerneinheitliche Bilanzierung und Bewertung angepasste HB II des TU.

355 Das **konsolidierungspflichtige Kapital** umfasst grds. sämtliche Posten des **bilanziellen Eigenkapitals** (§ 266 Abs. 3 A. HGB) der aufgestellten Neubewertungsbilanz ein-

---

[481] Vgl. ADS[6], § 301, Tz. 35; a.A. *Dusemond/Weber/Zündorf* in HdKonzernR[2], § 301, Rn. 38.

[482] Vgl. *Förschle/Deubert* in BeBiKo[7], § 301, Rn. 34.

[483] Dabei sind auch die im JA des TU nicht bilanzierungsfähigen Vermögensgegenstände zu berücksichtigen; vgl. ADS[6], § 301, Tz. 104.

[484] Der originäre Firmenwert darf nicht angesetzt werden, weil er kein Vermögensgegenstand im Sinn von § 246 Abs. 1 S. 1 HGB ist.

schließlich des Ergebnisvortrags und des Jahresergebnisses[485], soweit es nicht früheren Anteilseignern zusteht. Bei PersGes. sind als Kapital in diesem Zusammenhang die **Einlagen** anzusehen, die die Beteiligung der Gesellschafter am Vermögen des Unternehmens zum Ausdruck bringen sollen.

(2) Ansatz von Bilanzposten des erworbenen Unternehmens

In der Neubewertungsbilanz sind sämtliche Vermögensgegenstände, Schulden, RAP und Sonderposten des erworbenen TU anzusetzen, unabhängig davon, ob sie beim TU bereits bilanziert waren oder nicht (DRS 4.17). Maßgeblich hierfür ist die Sicht des erwerbenden Unternehmens. Sind im Kaufpreis der Anteile auch nichtaktivierbare **immaterielle Vermögensgegenstände** des TU abgegolten worden (z.B. selbst geschaffene Verlagsrechte), so liegt aus der Perspektive des Konzerns ein entgeltlicher Erwerb vor, so dass die erworbenen immateriellen Anlagegegenstände nicht nur aktivierungsfähig, sondern auch aktivierungspflichtig sind[486]. Dies gilt auch für immaterielle Vermögensgegenstände, die das erworbene TU aufgrund des Aktivierungswahlrechts nach § 248 Abs. 2 HGB nicht bilanziert hat. 356

Geschäftswertähnliche Vermögenswerte wie z.B. allgemeine Standortvorteile, Ruf der Firma, oder Know How und Qualität der Mitarbeiter können nicht eigenständig in der Neubewertungsbilanz angesetzt werden, da es sich hierbei nicht um selbständig verwertbare bilanzierungsfähige Vermögensgegenstände handelt[487]. 357

Ein im JA des erworbenen Unternehmens nach § 246 Abs. 1 S. 4 HGB bilanzierter **Geschäfts- oder Firmenwert** ist nach überwiegender Literaturmeinung nicht gesondert in die Neubewertungsbilanz aufzunehmen, sondern aufgrund der Einheitstheorie und der Erwerbsfiktion im verbleibenden Unterschiedsbetrag aus der Kapitalkonsolidierung nach § 301 Abs. 3 S. 1 HGB zu erfassen[488]. Im Hinblick auf die Fiktion als zeitlich begrenzt nutzbarer Vermögensgegenstand durch § 246 Abs. 1 S. 4 HGB wird es allerdings auch als vertretbar erachtet, den Geschäfts- oder Firmenwert aus dem JA des TU mit dem Buchwert in die Neubewertungsbilanz zu übernehmen[489]. Der eventuell verbleibende Unterschiedsbetrag wird durch den separaten Ansatz des erworbenen Geschäfts- oder Firmenwerts vermindert. 358

Alt-Pensionsverpflichtungen, die nach Art. 28 Abs. 1 EGHGB nicht passiviert werden brauchen, stellen eine stille Last dar und sind dementsprechend im KA zu bilanzieren[490]. 359

Aufwendungen für **Restrukturierungsmaßnahmen** beim erworbenen TU werden regelmäßig erst durch Entscheidungen nach dem Erwerb zu Außenverpflichtungen, so dass zum Erwerbszeitpunkt aus Sicht des erwerbenden Konzerns nur eine Innenverpflichtung und damit noch nicht eine Schuld des erworbenen TU vorliegt[491]. Nach Erstanwendung des BilMoG ist eine Passivierung von **Aufwandsrückstellungen** durch den Wegfall von § 249 Abs. 2 HGB a.F. jedoch nicht mehr möglich. Dies gilt nach § 298 Abs. 1 HGB auch 360

---

485   Zur Behandlung der Rücklage für eigene Anteile (§ 272 Abs. 4 HGB) vgl. Tz. 431.
486   Vgl. ADS[6], § 301, Tz. 79-83; ebenso *Dusemond/Weber/Zündorf* in HdKonzernR[2], § 301, Rn. 76; *Förschle/Deubert* in BeBiKo[7], § 301, Rn. 61; *Ordelheide*, DB 1986, S. 493 sowie *v. Wysocki/Wohlgemuth*, Konzernrechnungslegung[4], S. 114.
487   Vgl. ADS[6], § 301, Tz. 104; *Förschle/Deubert* in BeBiKo[7], § 301, Rn. 67.
488   Vgl. *Förschle/Deubert* in BeBiKo[7], § 301, Rn. 68; *Förschle/Hoffmann* in Budde/Förschle/Winkeljohann, Sonderbilanzen[4], Abschn. K, Rn. 20. m.w.N.
489   Vgl. für Details *Förschle/Deubert* in BeBiKo[7], § 301, Rn. 68.
490   Vgl. *Förschle/Deubert* in BeBiKo[7], § 301, Rn. 62 m.w.N.
491   Vgl. *Stibi/Klaholz*, BB 2009, S. 2582/2585; *Förschle/Deubert* in BeBiKo[7], § 301, Rn. 65-66.

für die Kaufpreisverteilung im Rahmen der Kapitalkonsolidierung. Eine Restrukturierungsrückstellung ist folglich nur noch dann zu berücksichtigen, wenn bereits zum Erstkonsolidierungszeitpunkt eine Außenverpflichtung vorliegt und dadurch in der HB II des erworbenen TU eine Rückstellung nach den allgemeinen Grundsätzen gemäß § 249 Abs. 1 S. 1 HGB gebildet werden muss. Dies ist dann der Fall, wenn das Reinvermögen des TU bereits zum Erwerbszeitpunkt unabhängig vom konkreten Erwerber mit einer faktischen Verpflichtung zur Durchführung einer Restrukturierungsmaßnahme belastet ist[492]. Entgegen der Regelung des HGB sieht DRS 4.19 unter bestimmten, kumulativ zu erfüllenden Voraussetzungen immer noch die Möglichkeit zum Ansatz einer Restrukturierungsrückstellung im KA vor, auch wenn sie noch zu keiner Verbindlichkeit bzw. Rückstellung in der Bilanz des erworbenen Unternehmens geführt hat.

361 Im Gegensatz zu Restrukturierungsrückstellungen sind Schulden des TU, deren rechtliche Entstehung eine unmittelbare Folge des Unternehmenserwerbs ist, bei der Erstkonsolidierung in der HB II des TU durch eine entsprechende Rückstellung nach § 249 Abs. 1 S. 1 HGB zu berücksichtigen[493]. Dies betrifft z.B. **Entschädigungsvereinbarungen** für Mitarbeiter oder Geschäftsführer, die das TU bereits vor dem Erwerb durch das MU unter aufschiebender Bedingung für den Fall einer Übernahme, sog. change-of-control-Klauseln, abgeschlossen hat[494].

362 Bei der Neubewertung der stillen Reserven und Lasten sind nach § 306 HGB auch die steuerlichen Auswirkungen zu berücksichtigen. Die erfolgsneutrale Aufdeckung stiller Reserven und Lasten im Rahmen der Neubewertung führt zu temporären Differenzen zwischen den Wertansätzen in der Konzernbilanz und deren steuerlichen Wertansätzen, so dass nach dem bilanzorientierten Temporary-Konzept des § 306 HGB **latente Steuern** anzusetzen sind[495]. Der Ansatz von latenten Steuern bei der Erstkonsolidierung erfolgt erfolgsneutral und wirkt sich entspr. auf den verbleibenden Geschäfts- oder Firmenwert bzw. passiven Unterschiedbetrag aus der Kapitalkonsolidierung aus[496].

363 Eine Aktivierung latenter Steuern auf **steuerliche Verlustvorträge und Zinsvorträge** über die das erworbene TU im Erstkonsolidierungszeitpunkt verfügt, ist in der HB II nur unter der Beachtung der Verlustabzugsbeschränkungen nach § 8c KStG möglich[497]. Verlustvorträge bei den MU oder bei anderen bereits konsolidierten TU, die durch den Erwerb und die damit verbundenen Gewinnerwartungen erstmals nutzbar werden, dürfen in der Neubewertungsbilanz bei der Ermittlung der latenten Steuern nicht berücksichtigt werden, da sie nicht Gegenstand des Anschaffungsvorgangs sind und insofern nicht erworben wurden[498].

(3) Bewertung von Bilanzposten des erworbenen Unternehmens

364 Nach § 301 Abs. 1 S. 2 HGB ist das erworbene EK in der Neubewertungsbilanz mit dem Betrag anzusetzen, der dem **beizulegenden Zeitwert** der in den KA aufzunehmenden Vermögensgegenstände, Schulden, RAP und Sonderposten entspricht. Eine Ausnahme von der Bewertung zum beizulegenden Zeitwert besteht nur für Rückstellungen und latente Steuern. Als Folge der begrifflichen Änderung vom beizulegenden Wert auf den

---

492 Vgl. *Förschle/Deubert* in BeBiKo[7], § 301, Rn. 66; *Gelhausen/Fey/Kämpfer*, BilMoG, Q, Rn. 199-201.
493 Vgl. *Stibi/Klaholz*, BB 2009, S. 2582/2585.
494 Vgl. *Gelhausen/Fey/Kämpfer*, BilMoG, Q, Rn. 202.
495 Vgl. Begr. RegE BilMoG, BT-Drs. 16/10067, S. 83 sowie Tz. 478 ff.
496 Vgl. *Kühne/Melcher/Wesemann*, WPg 2009, S. 1057/1062.
497 Vgl. *Gelhausen/Fey/Kämpfer*, BilMoG, Q, Rn. 197.
498 Vgl. Begr. RegE BilMoG, BT-Drs. 16/10067, S. 81 sowie Tz. 501.

Konzernbilanz **M**

beizulegenden Zeitwert durch das BilMoG ist die Bewertung der Bilanzposten des erworbenen Unternehmens somit nicht mehr aus Sicht des erwerbenden Unternehmens, sondern in Anlehnung an die internationale Praxis soweit wie möglich auf der Basis der objektivierten Sicht eines unabhängigen Marktteilnehmers vorzunehmen[499].

Der beizulegende Zeitwert ist als **Marktpreis** definiert (§ 298 Abs. 1 i.V.m. § 255 Abs. 4 S. 1 HBG) und entspricht damit dem Betrag, zu dem sachverständige, vertragswillige und voneinander unabhängige Marktteilnehmer unter normalen Marktbedingungen einen Vermögensgegenstand erwerben würden[500]. Der beizulegende Zeitwert einer Schuld ist der Betrag, zu dem diese unter Berücksichtigung des aktuellen Zinsniveaus abgelöst werden könnte[501]. **365**

Bei der Ermittlung des beizulegenden Zeitwerts ist die **Bewertungshierarchie** in § 255 Abs. 4 HGB zu beachten. Der Marktpreis nach § 255 Abs. 4 S. 1 HGB ist demzufolge soweit möglich auf einem **aktiven Markt**[502] zu ermitteln, da das Vorhandensein öffentlich notierter Marktpreise der bestmögliche objektive Hinweis für den beizulegenden Zeitwert ist[503]. **366**

Für die Neubewertung der erworbenen Vermögensgegenstände und Schulden bei der Erstkonsolidierung werden objektivierte Marktpreise in der überwiegenden Zahl der Fälle aufgrund fehlender aktiver Märkte nicht vorliegen, so dass nach § 255 Abs. 4 S. 2 HGB allgemein anerkannte Bewertungsmethoden zur Bestimmung des beizulegenden Zeitwerts heranzuziehen sind[504]. In diesen Fällen wird der beizulegende Zeitwert dann entweder aus den **Marktpreisen vergleichbarer Geschäftsvorfälle** abgeleitet, oder, wenn dies nicht möglich ist, unter Anwendung **sonstiger anerkannter Bewertungsverfahren** ermittelt[505]. Soweit sich die Zahlungsströme den einzelnen Vermögensgegenständen zurechnen lassen, kommen hierfür in Analogie zu IFRS insb. **kapitalwertorientierte Bewertungsverfahren**[506] in Form von Ertragswert- oder DCF-Verfahren in Betracht[507]. **367**

Kostenorientierte Bewertungsverfahren in Form der **Reproduktions- oder Wiederbeschaffungskostenmethode** sind nur anzuwenden, wenn die Wertermittlung durch marktpreisorientierte und kapitalwertorientierte Verfahren nicht möglich ist, z.B. weil kein aktiver Markt vorliegt oder sich die zukünftigen Zahlungsströme nicht auf einzelne Vermögensgegenstände zuordnen lassen[508]. **368**

Kann der beizulegende Zeitwert durch anerkannte Bewertungsverfahren nicht zuverlässig bestimmt werden, ist ein Ansatz als Vermögensgegenstand oder Schuld in der Neubewertungsbilanz nicht möglich, so dass sich die zugrundeliegenden Sachverhalte im Geschäfts- oder Firmenwert bzw. im passiven Unterschiedsbetrag aus der Kapitalkonsolidierung niederschlagen, soweit sie im Kaufpreis berücksichtigt wurden[509]. Ein Rückgriff auf die fortgeführten Anschaffungs- oder Herstellungskosten des erworbenen TU nach § 255 Abs. 4 S. 3 HGB ist in diesen Fällen ausgeschlossen, da sich die Regelung auf die **369**

---

499 Vgl. Begr. RegE BilMoG, BT-Drs. 16/10067, S. 81; *Stibi/Klaholz*, BB 2009, S. 2582/2583.
500 Vgl. *Förschle/Deubert* in BeBiKo[7], § 301, Rn. 79; *Müller* in Haufe HGB Kommentar[2], § 301, Rn. 57; E Tz. 372, 374.
501 Vgl. *IDW RS HFA 16*, Tz. 373.
502 Zur Definition eines aktiven Markts vgl. E Tz. 375 sowie Begr. RegE BilMoG, BT-Drs. 16/10067, S. 61.
503 Vgl. Begr. RegE BilMoG, BT-Drs. 16/10067, S. 61.
504 Vgl. *Gelhausen/Fey/Kämpfer*, BilMoG, Q, Rn. 205; *Förschle/Deubert* in BeBiKo[7], § 301, Rn. 79.
505 Vgl. Begr. RegE BilMoG, BT-Drs. 16/10067, S. 61.
506 Vgl. *IDW RS HFA 16*, Tz. 18 für die Darstellung der verfügbaren Bewertungsverfahren.
507 Vgl. *Stibi/Klaholz*, BB 2009, S. 2582/2583.
508 Vgl. *Förschle/Deubert* in BeBiKo[7], § 301, Rn. 79; *IDW RS HFA 16*, Tz. 39-42.
509 Vgl. *Stibi/Klaholz*, BB 2009, S. 2582/2583.

Folgebewertung bezieht, während bei der Erstkonsolidierung die AK aus Konzernsicht ermittelt werden[510].

370 Wegen der objektivierten Bewertung zum beizulegenden Zeitwert dürfen subjektive kaufpreisbestimmende Einflussfaktoren, wie z.b. Werteinflüsse aufgrund von **Nutzungsentscheidungen des Erwerbers**, bei der Erstkonsolidierung nicht berücksichtigt werden[511]. Entspr. ist die Bewertung unabhängig von der konkreten Verwendungsabsicht, so dass auch mit Stilllegungsabsicht erworbene Vermögensgegenstände zum beizulegenden Zeitwert zu bilanzieren sind[512]. Wertänderungen der erworbenen Vermögensgegenstände und Schulden, die erst durch spätere **wertbegründende Entscheidungen des Erwerbers** herbeigeführt werden, sind nicht bei der Erstkonsolidierung zu berücksichtigen, sondern werden nach den allgemeinen Grundsätzen zum Zeitpunkt der Wertänderung ergebniswirksam erfasst[513].

371 Nach § 301 Abs. 1 S. 3 HGB sind **Rückstellungen** und **latente Steuern** in der Neubewertungsbilanz nach den für den handelsrechtlichen JA geltenden Vorschriften der § 253 Abs.1 S. 2 u. 3, Abs. 2 sowie § 274 Abs. 2 HGB zu bewerten. Diese durch das BilMoG vorgesehene Ausnahme von der Bewertung zum beizulegenden Zeitwert dient der Vereinfachung der Wertermittlung dieser Posten bei der Neubewertung für Zwecke der Kapitalkonsolidierung[514]. Ohne diese Ausnahme wäre insb. eine Abzinsung zum aktuellen Marktzinssatz erforderlich.

bb) Behandlung aktiver Unterschiedsbeträge

372 Bei der Erstkonsolidierung werden sich in den meisten Fällen die Werte der aufzurechnenden Anteile und das anteilige neubewertete EK nicht in gleicher Höhe gegenüberstehen. Sind die AK der Beteiligung höher als das anteilige **konsolidierungspflichtige Kapital**, so ist der Unterschiedsbetrag nach § 301 Abs. 3 S. 1 HGB als Geschäfts- oder Firmenwert zu qualifizieren, da vorhandene stille Reserven und Lasten bereits bei der Neubewertung aufgelöst worden sind.

373 Ein Geschäfts- oder Firmenwert kann folgende **Ursachen** haben[515]:

– Gegenwert nicht bilanzierter immaterieller Vermögensgegenstände, weil sie nicht die Kriterien eines Vermögensgegenstandes nach HGB erfüllen, z.B. Know-how und Qualität der Mitarbeiter oder Marktstellung des erworbenen TU;
– Barwert künftiger Ertragserwartungen aus der Fortführung des Unternehmens, die über den Substanzwert des Vermögens hinausgehen;
– Synergieeffekte aus dem Zusammenschluss mit anderen Unternehmen des Konzerns;
– Erweiterung der strategischen Handlungsalternativen durch den Erwerb des TU.

cc) Behandlung passiver Unterschiedsbeträge

374 Ein passiver Unterschiedsbetrag entsteht bei der Erstkonsolidierung dann, wenn der Buchwert der Beteiligung[516] geringer ist als das anteilige EK der HB II des TU nach Aufdeckung aller stiller Reserven und Lasten.

---

510 Vgl. *Leinen* in Kessler/Leinen/Strickmann, Handbuch BilMoG[2], S. 702; *Stibi*, KoR 2008, S. 517/521.
511 Vgl. *Schurbohm-Ebneth/Zoeger*, DB 2009, Beil. Nr. 5 zu Heft 23, S. 53/55.
512 Zur Berücksichtigung von Restrukturierungsmaßnahmen vgl. Tz. 360.
513 Vgl. *Förschle/Deubert* in BeBiKo[7], § 301, Rn. 80; *Gelhausen/Fey/Kämpfer*, BilMoG, Q, Rn. 206.
514 Vgl. Begr. Beschlussempf. BilMoG, BT-Drs. 16/12407, S. 90.
515 Vgl. *Busse v. Colbe u.a.*, Konzernabschlüsse[9], S. 236; *Küting/Weber*, Konzernabschluss[12], S. 350.
516 Zum Zeitpunkt des Erwerbs mit den AK identisch.

Ein passiver Unterschiedsbetrag kann folgende **Ursachen** haben[517]: 375

– Überbewertung von Aktiva oder Unterbewertung von Passiva;
– im Kaufpreis berücksichtigte Verlusterwartungen;
– günstiges Gelegenheitsgeschäft (in der Praxis dürfte dies eher die Ausnahme sein);
– Gewinnthesaurierung nach dem Erwerbszeitpunkt bei einem TU, das bislang nicht konsolidiert wurde.

Aktiva des TU können z.B. in Bezug auf den Kaufpreis der Beteiligung überbewertet sein, 376
weil sie nach Übernahme durch das MU anderweitig verwendet oder stillgelegt werden sollen. Dies Situation kann entstehen, da bei der Erstkonsolidierung in Anlehnung an die internationale Praxis nicht die subjektive Sicht des Erwerbers maßgeblich ist, sondern die objektivierte Sicht eines unabhängigen Marktteilnehmers[518] und folglich subjektive kaufpreisbestimmende Einflussfaktoren des Erwerbers nicht berücksichtigt werden dürfen[519]. Soweit diese Faktoren zu einer Reduzierung des Kaufpreises geführt haben, hat der Unterschiedsbetrag **Wertberichtigungscharakter**.

Passiva können unterbewertet sein, wenn Rückstellungen für im Einzelnen zu bezeich- 377
nende Gründe nicht oder nicht in ausreichender Höhe gebildet worden sind, z.B. im Fall von nicht passivierbaren Aufwandsrückstellungen. Der Unterschiedsbetrag hat insoweit **Rückstellungscharakter**.

Ist der Kaufpreis aufgrund einer nachhaltig zu erwartenden schlechten Ertragslage unter 378
das konsolidierungspflichtige Kapital gesenkt worden, so hat der passive Unterschiedsbetrag insoweit den Charakter eines Zuschusses zur Aufbesserung zukünftiger Ertragslagen bzw. den **Charakter eines negativen Geschäftswertes** *(badwill).*

Besteht die Ursache eines passiven Unterschiedsbetrags darin, dass wegen glücklicher 379
Umstände der Kaufpreis niedriger als das anteilige neubewertete EK war *(lucky buy)*, so hat der Unterschiedsbetrag **Eigenkapitalcharakter**.

dd) Ausweis verbleibender Unterschiedsbeträge

Ein nach der Verrechnung der konsolidierungspflichtigen Anteile mit dem auf sie ent- 380
fallenden anteiligen EK des TU verbleibender **aktiver Unterschiedsbetrag** ist in der Konzernbilanz als **Geschäfts- oder Firmenwert** (§ 266 Abs. 2 A.I.3. HGB) auszuweisen (§ 301 Abs. 3 S. 1 HGB). In einer internen Nebenrechnung ist der Goodwill auf die betreffenden Geschäftsfelder eines Unternehmens aufzuteilen (DRS 4.30). Er gehört zum immateriellen AV und muss somit auch in den Anlagespiegel (§ 268 Abs. 2 HGB) aufgenommen werden. Sind aus der Konsolidierung mehrerer TU mehrere aktive Restbeträge entstanden, so dürfen sie zu einem Posten zusammengefasst werden. Sie dürfen auch mit den aus den Einzelbilanzen in die Konzernbilanz zu übernehmenden Geschäfts- oder Firmenwerten zusammengefasst werden, so dass in der Konzernbilanz als Geschäfts- oder Firmenwert nur ein einziger Posten ausgewiesen wird. Der Posten und seine wesentlichen Veränderungen gegenüber dem Vj. müssen im Anh. erläutert werden (§ 301 Abs. 3 S. 2 HGB). Wesentliche Veränderungen sind bereits aus dem Anlagespiegel abzulesen. Daher kann sich die Erläuterungspflicht für den Geschäfts- oder Firmenwert im Allgemeinen auf

---

517 Vgl. *Havermann* in UEC-Kongress; *Wiedmann*, Bilanzrecht², § 309, Rn. 28 und *Küting/Weber*, Konzernabschluss¹², S. 359-361.
518 Vgl. *Schurbohm-Ebneth/Zoeger*, DB 2009, Beil. Nr. 5 zu Heft 23, S. 53/55.
519 Vgl. hierzu Tz. 364.

381 Das Wahlrecht nach § 309 Abs. 1 S. 3 HGB a.F., den Geschäfts- oder Firmenwert auch **offen mit den Rücklagen** im KA zu **verrechnen**, ist mit der Neufassung des § 309 Abs. 1 HGB durch das BilMoG weggefallen. Eine erfolgsneutrale Verrechnung stand jedoch bereits vor der Neuregelung durch das BilMoG nicht in Einklang mit DRS 4[521]. Nach Art. 66 Abs. 3 S. 4 EGHGB ist § 309 Abs. 1 HGB ab dem Umstellungsstichtag prospektiv anzuwenden, so dass etwaige historische Rücklagenverrechnungen im KA nicht rückgängig gemacht werden dürfen, d.h. die bisherige Behandlung ist fortzuführen[522]. Folglich kann die Rücklagenverrechnung bis zur Endkonsolidierung des betreffenden Unternehmens beibehalten werden[523].

Vor Paragraph 381 steht: die Zuordnung wesentlicher Beträge, insb. bei den Zugängen, sowie die Abschreibungspolitik beschränken[520].

382 Ein verbleibender **passiver Restbetrag** aus der Kapitalkonsolidierung muss in der Konzernbilanz gesondert nach dem EK als „**Unterschiedsbetrag aus der Kapitalkonsolidierung**" ausgewiesen werden (§ 301 Abs. 3 S. 1 HGB)[524]. Die Möglichkeit, den passiven Unterschiedsbetrag je nach seinem bilanziellen Charakter den Rücklagen oder den Rückstellungen zuzuordnen, besteht nach den Änderungen durch das BilMoG zukünftig nicht mehr. Diese Änderung im Ausweis findet auch Anwendung auf Altfälle[525]. Der konsequente Ausweis in einem gesonderten Posten nach dem EK dient dem besseren Verständnis der Abschlussadressaten[526]. Die Ursachen und der wirtschaftliche Charakter des jeweiligen passiven Unterschiedsbetrags[527] müssen allerdings bei den Erläuterungen im KAnh. nach § 301 Abs. 3 S. 2 HGB angegeben werden[528].

383 Mit der Streichung von § 301 Abs. 3 S. 3 HGB a.F. durch das BilMoG wurde auch das **Ausweiswahlrecht** zur Verrechnung passiver Unterschiedsbeträge mit einem Goodwill aus anderen Unternehmenserwerben aufgehoben. Die Abschaffung des Saldierungswahlrechts bezieht sich hierbei ausdrücklich auch auf Altfälle, d.h. auf den Ausweis von aktiven und passiven Unterschiedsbeträgen aus Erwerbsvorgängen vor Anwendung des BilMoG[529]. Folglich sind zum Umstellungsstichtag ggf. bisher in der Konzernbilanz saldierte Werte entspr. umzugliedern, wenn diese noch nicht vollständig abgeschrieben oder aufgelöst worden sind[530]. Es wird empfohlen, in diesen Fällen auch die Verrechnung im Vorjahresausweis unter Anpassung der Vorjahreszahlen rückgängig zum machen[531].

384 Ein passiver Unterschiedsbetrag kann auch aufgrund erheblicher Gewinnthesaurierung bei einem TU entstehen, das bisher nicht konsolidiert wurde, z.B. weil ein MU erstmalig zur Aufstellung eines KA verpflichtet ist oder auf die Einbeziehung des TU bisher nach § 296 HGB verzichtet wurde[532], wenn das neubewertete EK des TU die historischen AK des MU übersteigt. In diesem Fällen ist nach h.M. eine Umgliederung des passiven Un-

---

520 Vgl. DRS 4.57
521 Vgl. DRS 4.28 in der Fassung vom 31.08.2005.
522 Vgl. *IDW RS HFA 28*, Tz. 62.
523 Vgl. Tz. 448.
524 Vgl. hierzu Tz. 374. Wegen der notwendigen Erläuterungen im KAnh. vgl. Tz. 705.
525 Vgl. Begr. Beschlussempf. BilMoG, BT-Drs. 16/12407, S. 95.
526 Vgl. Begr. RegE BilMoG, BT-Drs. 16/10067, S. 81-82.
527 Vgl. hierzu Tz. 375.
528 Vgl. Begr. RegE BilMoG, BT-Drs. 16/10067, S. 82.
529 Vgl. Beschlussempf. BilMoG, BT-Drs. 16/12407, S. 95.
530 Vgl. *IDW RS HFA 28*, Tz. 63.
531 Vgl. *Gelhausen/Fey/Kämpfer*, BilMoG, Q, Rn. 252.
532 Vgl. hierzu Tz. 188.

terschiedsbetrags in die Konzerngewinnrücklagen geboten, da es sich um erwirtschaftetes EK während der Konzernzugehörigkeit handelt[533].

ee) Stichtag der Erstkonsolidierung

Mit dem BilMoG wurden die nach § 301 Abs. 2 HGB a.F. bestehenden Wahlrechte zur Festlegung des Stichtags für die Erstkonsolidierung abgeschafft. Nach § 301 Abs. 2 S. 1 HGB ist die Erstkonsolidierung grds. zu dem **Zeitpunkt** durchzuführen, zu dem ein Unternehmen **TU geworden** ist. Diese Änderung berücksichtigt die Tatsache, dass eine Beteiligung nicht mehr zwingende Voraussetzung für eine Konsolidierung ist[534]. Der Zeitpunkt, zu dem ein Unternehmen TU wird, ist nach der Begründung zum Regierungsentwurf[535] des BilMoG i.d.R. mit dem Zeitpunkt des Anteilserwerbs identisch. Der Stichtag der Erstkonsolidierung entspricht somit grds. der Konzeption der Erwerbsmethode, welche eine Verrechnung der AK der Beteiligung mit dem beizulegenden Zeitwert des anteiligen EK zum Erwerbszeitpunkt vorsieht. Nur dadurch ist eine klare Trennung von erworbenen Ergebnissen und solchen, die in das Konzernergebnis eingehen, möglich. Je weiter sich die tatsächliche Erstkonsolidierung vom Erwerbsstichtag entfernt, desto mehr ergeben sich Verschiebungen zwischen Kapitalkonsolidierung und Konzernerfolg. **385**

DRS 4.11 verlangt keinen Zwischenabschluss zum Erstkonsolidierungszeitpunkt. Die Durchführung der Erstkonsolidierung zu dem Zeitpunkt, zu dem das Unternehmen TU geworden ist, setzt jedoch bei unterjährigen Unternehmenszusammenschlüssen die **Aufstellung eines Zwischenabschlusses** voraus[536]. Zur Ermittlung des konsolidierungspflichtigen Kapitals und der Unterschiedsbeträge sind somit verlässliche Monats- oder Quartalszahlen oder zumindest so umfangreiche Nebenrechnungen, die einem Zwischenabschluss fast gleichkommen, notwendig[537]. Hierbei ist es unbedenklich, wenn der exakte Zugangszeitpunkt wenige Tage vor oder nach dem Stichtag eines Zwischenabschlusses liegt, sofern die Mengen- und Wertänderungen zwischen diesen Zeitpunkten unwesentlich sind oder wesentliche Vorgänge von besonderer Bedeutung nachgebucht werden[538]. **386**

Aus Praktikabilitätsgründen lässt § 301 Abs. 2 S. 3 u. 4 HGB in Sonderfällen eine Verschiebung der Erstkonsolidierung auf den **Stichtag der erstmaligen Einbeziehung** des TU in den KA zu. Dies kommt dann in Betracht, wenn ein MU erstmalig zur Aufstellung eines KA verpflichtet ist, z.B. weil die Schwellenwerte nach § 293 HGB überschritten werden, oder wenn bisher auf die Einbeziehung des TU in den KA in Ausübung eines Konsolidierungswahlrechts gemäß § 296 HGB verzichtet worden ist. Als Zeitpunkt der erstmaligen Einbeziehung ist in diesen Fällen der Beginn des Konzerngeschäftsjahres anzusehen. Dies ergibt sich daraus, dass die Einbeziehung in den KA nicht nur die Kon- **387**

---

533 Vgl. ADS[6], § 301, Tz. 135; *Oser/Reichart/Wirth* in Küting/Pfitzer/Weber, Bilanzrecht[2], S. 424; a.A. *Förschle/Hoffmann* in BeBiKo[7], § 309, Rn. 30 die auch eine sofortige erfolgswirksame Auflösung nach § 309 Abs. 2 Nr. 2 HGB für zulässig erachten.
534 Vgl. hierzu Tz. 21 ff.
535 Vgl. Begr. RegE BilMoG, BT-Drs. 16/10067, S. 81.
536 Vgl. ebenso *Oser/Reichart/Wirth* in Küting/Pfitzer/Weber, Bilanzrecht[2], S. 421; *Küting*, DStR 2008, S. 1396/1398.
537 Zu statistischen Vereinfachungsmöglichkeiten siehe auch *IDW St/HFA 3/1995*, WPg 1995, S. 697, die sich jedoch nur auf die GuV-Posten beziehen. Darüber hinaus ist sicherzustellen, dass ein evtl. statistisch ermitteltes Jahresergebnis auch zum bilanziellen EK als Reinvermögenssaldo unter Wahrung der Bilanzidentität passt.
538 Vgl. *Gelhausen/Fey/Kämpfer*, BilMoG, Q, Rn. 236.

zernbilanz, sondern auch die Konzern-GuV betrifft[539]. Die Erleichterungen sind nicht anwendbar, wenn das Unternehmen in dem Jahr TU geworden ist, für das der KA aufgestellt wird.

388 Hat ein MU bisher einen **freiwilligen KA** oder für die Einbeziehung in einen befreienden, übergeordneten KA einen **internen KA** aufgestellt, so ist nach dem Wortlaut von § 301 Abs. 2 S. 3 HGB eine erneute Zeitwertbewertung des Reinvermögens auf den Beginn der erstmaligen Konzernrechnungslegungspflicht vorzunehmen. In diesen Situationen ist § 301 Abs. 2 S. 3 HGB als Kann-Regelung zu verstehen, weil die erforderlichen Informationen für die Kapitalkonsolidierung zum historischen Zeitpunkt, zu dem das Unternehmen TU geworden ist (§ 301 Abs. 2 S. 1 HGB), aufgrund des freiwilligen KA bereits vorliegen, so dass eine erneute Erstkonsolidierung auf den Beginn der Konzernabschlusspflicht nicht notwendig ist[540].

389 Ist ein TU nicht an einem bestimmten Stichtag erworben worden, sondern sind die Anteile an der Beteiligung (z.B. über die Börse) in mehreren Schritten erworben worden, so ist für diesen **Sukzessiverwerb** die Erstkonsolidierung zwingend auf den **Stichtag** durchzuführen, zu dem das Unternehmen **TU geworden** ist (§ 301 Abs. 2 S. 1 HGB), z.B. bei Erreichen der Mehrheit der Stimmrechte (§ 290 Abs. 2 Nr. 1 HGB). Mit der Erstanwendung des BilMoG ist im Unterschied zum alten Recht für Fälle des sukzessiven Anteilserwerbs eine Erstkonsolidierung zu den jeweiligen, unterschiedlichen Erwerbszeitpunkten nicht mehr zulässig. Dies bedeutet, dass für alle Anteile eine Erstkonsolidierung auf der Grundlage der Wertverhältnisse zu dem Zeitpunkt zu erfolgen hat, zu dem das einbezogene Unternehmen TU geworden ist. Die fortgeführten AK einer Beteiligung, die bisher nach der Anschaffungskostenmethode bilanziert wurde bzw. der fortgeführte Equity-Wert, sofern ein assoziiertes Unternehmen zu einem TU wird, werden bei der Kapitalkonsolidierung nach § 301 Abs. 1 HGB wie zusätzliche AK behandelt[541]. Im Gegensatz zur internationalen Rechnungslegung nach IFRS[542] ist die erstmalige Vollkonsolidierung im Fall von sukzessiven Anteilserwerben nach HGB somit immer **erfolgsneutral**.

ff) Vorläufige Erstkonsolidierung

390 Können die Wertansätze für die übernommenen Vermögensgegenstände und Schulden oder die Aufwendungen des Beteiligungserwerbs zum Zeitpunkt, zu dem das Unternehmen TU geworden ist, nicht endgültig ermittelt werden, so besteht nach § 301 Abs. 2 S. 2 HGB die Möglichkeit einer **vorläufigen Erstkonsolidierung**. Bessere Erkenntnisse über das Mengen- und Wertgerüst, d.h. wertaufhellende Informationen, sind innerhalb von zwölf Monaten nach dem Zeitpunkt, zu dem das Unternehmen TU geworden ist, zu berücksichtigen. Wertaufhellende Informationen können sich hierbei auch in Bezug auf die Einschätzung der Nutzungsdauer des Geschäfts- oder Firmenwerts ergeben[543]. Eine ggf. notwendige Anpassung muss laut Gesetzesbegründung zum BilMoG grds. erfolgsneutral erfolgen, da sie sich aus einem erfolgsneutralen Anschaffungsvorgang ergibt[544]. Wertbegründende Erkenntnisse sind von der Jahresfrist nach § 301 Abs. 2 S. 2 HGB nicht betroffen. Sie wirken sich somit nicht auf die Erstkonsoldiierung aus und müssen folglich

---

539 Vgl. ADS[6], § 301, Tz. 120.
540 Vgl. *Förschle/Deubert* in BeBiKo[7], § 301, Rn. 137-138; *Gelhausen/Fey/Kämpfer*, BilMoG, Q, Rn. 241-242.
541 Vgl. *Klaholz/Stibi*, KoR 2009, S. 297/298.
542 Vgl. N Tz. 885.
543 Vgl. *Gelhausen/Fey/Kämpfer*, BilMoG, Q, Rn. 416-418 zur Anpassung der Abschreibung des Geschäfts oder Firmenwerts aufgrund einer geänderten Nutzungsdauer.
544 Vgl. Begr. RegE BilMoG, BT-Drs. 16/10067, S. 81.

nach den allgemeinen Grundsätzen und damit regelmäßig erfolgswirksam behandelt werden[545].

Bei der Beurteilung, ob innerhalb der zwölfmonatigen Frist **wertaufhellende Informationen** vorliegen, muss beachtet werden, dass bei der Ermittlung der beizulegenden Zeitwerte zum Erstkonsolidierungszeitpunkt nicht die subjektive Sicht des Erwerbes maßgeblich ist, sondern die **objektivierte Sicht** eines unabhängigen Marktteilnehmers[546]. Subjektive Erwartungen des Erwerbers über den Wert von Vermögensgegenständen und Schulden, z.B. aufgrund von Nutzungsentscheidungen, dürfen nicht als Indikatoren für die Wertverhältnisse zum Erstkonsolidierungszeitpunkt herangezogen werden. Wegen der objektivierten Bewertung zum beizulegenden Zeitwert liegen folglich keine besseren Erkenntnisse über die Wertverhältnisse zum Erstkonsolidierungszeitpunkt vor, wenn ein bei der vorläufigen Zugangsbewertung bewerteter Vermögensgegenstand durch spätere Entscheidungen des Erwerbers mit einem niedrigeren Wert veräußert wird, z.B. weil er nicht betriebsnotwendig war[547]. Solche Werteinflüsse sind im KA nach den allgemeinen Grundsätzen und somit erfolgswirksam zu erfassen, auch wenn sie innerhalb des Zeitfensters nach § 301 Abs. 2 S. 2 HGB auftreten[548].

391

Eine **Anpassung der Erstkonsolidierung**, z.B. aufgrund einer vorläufigen Bewertung von Bilanzposten des erworbenen Unternehmens, hat erfolgsneutral und unter Anpassung der latenten Steuern zu erfolgen und resultiert in einer Änderung der Residualgröße Geschäfts- oder Firmenwert bzw. des passiven Unterschiedsbetrags aus der Kapitalkonsolidierung, wenn die AK der konsolidierungspflichtigen Anteile unverändert bleiben. In diesem Zusammenhang ist nicht näher geregelt, ob es sich um eine retrospektive, d.h. **rückwirkende Anpassung** des Geschäfts- oder Firmenwerts handelt, wodurch eine Anpassung der Abschreibungen in der Vorperiode notwendig werden könnte, oder um eine Anpassung, die prospektiv erfolgt und folglich die Vorperiode unberührt lässt[549]. Aus dem Sinn und Zweck der Vorschrift ergibt sich, dass Anpassungen so vorzunehmen sind, als hätten die entsprechenden Erkenntnisse bereits zu dem Zeitpunkt vorgelegen, zu dem das Unternehmen TU geworden ist, mit der Folge, dass ggf. notwendige Anpassungen retrospektiv vorzunehmen sind[550]. In diesem Zusammenhang ist im Korrekturjahr auch eine Anpassung der Vorjahreszahlen (§ 298 Abs. 1 i.V.m. § 265 Abs. 2 S. 3 HGB) sinnvoll[551].

392

d) Folgekonsolidierungen
aa) Grundlagen

Die **Grundsätze für die Folgekonsolidierung** sind aus der Konzeption der Erwerbsmethode unter Berücksichtigung der Einheitstheorie (§ 297 Abs. 3 S. 1 HGB) sowie der allgemeinen Bewertungsvorschriften abzuleiten[552]. Gesetzliche Regelungen bestehen nur für den Geschäfts- oder Firmenwert und den passiven Unterschiedsbetrag aus der Kapitalkonsolidierung (§ 309 HGB). Eine Fortschreibung ist ebenfalls für die bei der Erstkonsolidierung aufgedeckten stillen Reserven und Lasten notwendig und erfolgt entspr.

393

---

545 Vgl. *Stibi*, KoR 2008, S. 517/522.
546 Vgl. hierzu Tz. 364.
547 Vgl. *Gelhausen/Fey/Kämpfer*, BilMoG, Q, Rn. 224.
548 Vgl. *Gelhausen/Fey/Kämpfer*, BilMoG, Q, Rn. 224.
549 Vgl. *Schurbohm-Ebneth/Zoeger*, DB 2009, Beilage Nr. 5 zu Heft 23, S. 53/56.
550 Vgl. ebenso *Stibi*, KoR 2008, S. 517/522; *Oser/Reichart/Wirth* in Küting/Pfitzer/Weber, Bilanzrecht[2], S. 423; *Gelhausen/Fey/Kämpfer*, BilMoG, Q, Rn. 226; *Förschle/Deubert* in BeBiKo[7], § 301, Rn. 120.
551 So auch *Stibi*, KoR 2009, S. 517/522; *Gelhausen/Fey/Kämpfer*, BilMoG, Q, Rn. 227.
552 Vgl. ADS[6], § 301, Tz. 143.

der Entwicklung der Posten, denen sie im Rahmen der Erstkonsolidierung zugeordnet wurden[553]. Die Folgekonsolidierung ist im Unterschied zur Erstkonsolidierung grds. erfolgswirksam.

394 Im Hinblick auf die **Technik** der Folgekonsolidierung ist zu beachten, dass der KA zu jedem Stichtag erneut aus der Zusammenfassung der EA (HB II) der einbezogenen Unternehmen zu entwickeln ist. Die Fortschreibung der aufgedeckten stillen Reserven und Lasten kann entspr. der Behandlung im Rahmen der Erstkonsolidierung entweder direkt in der HB II[554] oder ggf. in einer weiteren Ergänzungsbilanz, der sog. HB III bzw. Neubewertungsbilanz erfolgen[555].

bb) Fortschreibung der Zurechnungen zu Vermögensgegenständen und Schulden

395 Soweit bei der Erstkonsolidierung **stille Reserven** aufgedeckt und verschiedenen Aktiva zugerechnet worden sind, müssen bei den Folgekonsolidierungen die Abschreibungen auf Vermögensgegenstände, deren Nutzung zeitlich begrenzt ist, von den höheren, in der Konzernbilanz ausgewiesenen Werten vorgenommen werden. Dabei sind, auch für den zugerechneten Betrag, die Restnutzungsdauer und die **Abschreibungsmethode** anzuwenden, die in der HB II für den betreffenden Vermögensgegenstand angewandt werden. Mit der endgültigen Abschreibung des Vermögensgegenstandes ist dann auch die in der Erstkonsolidierung aufgedeckte und zugeordnete stille Reserve aufgelöst. In gleicher Weise ist auch die bei der Erstkonsolidierung gebildete passive latente Steuer aufzulösen.

396 Soweit stille Reserven beim **nicht abnutzbaren AV** aufgedeckt worden sind, ist zum Zeitpunkt des Abgangs ein ggf. im JA entstandener Buchgewinn um den Betrag aufgedeckter stiller Reserven aus der Erstkonsolidierung zu kürzen. Ein entstandener Buchverlust ist um die ggf. noch in der Konzernbilanz ausgewiesene stille Reserve zu erhöhen. Die auf die aufgedeckten stillen Reserven gebildete passive latente Steuer ist zum Zeitpunkt des Abgangs ebenfalls ergebniswirksam aufzulösen.

397 Sind stille Reserven in den **Vorräten** bei der Erstkonsolidierung aufgedeckt worden, so vermindern sie bei Veräußerung an Dritte den Gewinn aus dem JA bzw. erhöhen einen Verlust.

cc) Abschreibung des Geschäfts- oder Firmenwerts

398 Ein Geschäfts- oder Firmenwert, der bei der Erstkonsolidierung in die Konzernbilanz aufgenommen worden ist, ist **planmäßig** über die voraussichtliche wirtschaftliche Nutzungsdauer abzuschreiben (§ 309 Abs. 1 i.V.m. § 253 Abs. 3 HGB). Mit dem BilMoG fallen die bisherigen Wahlrechte mit dem Ziel der Verbesserung der Vergleichbarkeit des handelsrechtlichen KA[556] weg. Zudem wird ein Einklang mit der Regelung für den JA hergestellt.

399 Nach DRS 4.31 darf dem Geschäfts- oder Firmenwert eine längere **Nutzungsdauer** als fünf Jahre nur in begründeten Ausnahmefällen zugrunde gelegt werden. Dabei ist eine Aufteilung des Goodwill auf die betreffenden Geschäftsfelder eines Unternehmens vorzunehmen und die Nutzungsdauer gesondert zu ermitteln (DRS 4.30, 32). Eine andere als die lineare Abschreibungsmethode ist nach DRS 4.31 nur dann zulässig, wenn diese Me-

---

[553] Vgl. *Förschle/Deubert* in BeBiKo[7], § 301, Rn. 180.
[554] Abweichungen zwischen der HB I und der HB II aufgrund der Anpassung an einheitliche Bilanzierungs- und Bewertungsvorschriften werden ebenfalls in der HB II fortgeschrieben.
[555] Vgl. ADS[6], § 301, Tz. 146.
[556] Vgl. Begr. RegE BilMoG, BT-Drs. 16/10067, S. 84.

Konzernbilanz **M**

thode den Abnutzungsverlauf zutreffend widerspiegelt[557]. Die Nutzungsdauer der Geschäfts- oder Firmenwerte ist im KAnh. bei den Erläuterungen zu den Bewertungsmethoden nach § 313 Abs. 1 Nr. 1 HGB anzugeben. Wenn die geschätzte Nutzungsdauer eines entgeltlich erworbenen Geschäfts- oder Firmenwerts fünf Jahre überschreitet, ist dies im KAnh. zu begründen (§ 314 Nr. 20 HGB).

Die **Bestimmung der Nutzungsdauer** eines Geschäfts- oder Firmenwerts erfordert eine Analyse der Komponenten und Ursachen, die zu seiner Entstehung beigetragen haben und eine Einschätzung, über welchen Zeitraum die daraus resultierenden wirtschaftlichen Vorteile voraussichtlich wirksam werden[558]. Hierbei sind die rechtlichen, ökonomischen und technischen Rahmenbedingungen des erworbenen Unternehmens zu berücksichtigen[559]. Anhaltspunkte für die Schätzung der Nutzungsdauer werden in DRS 4.33 aufgelistet. Zudem ist die Restnutzungsdauer des Geschäfts- oder Firmenwerts an jedem Abschlussstichtag zu überprüfen (DRS 4.34). **400**

Eine **außerplanmäßige Abschreibung** des Geschäfts- oder Firmenwerts aus der Kapitalkonsolidierung auf den niedrigeren beizulegenden Wert ist nach § 309 Abs. 1 i.V.m. § 253 Abs. 3 S. 3 HGB vorzunehmen, wenn am Abschlussstichtag eine voraussichtlich dauernde Wertminderung vorliegt. Eine Wertminderung liegt vor, wenn der **beizulegende Wert** des Geschäfts- oder Firmenwerts, d.h. der Ertragswert der Beteiligung[560] abzüglich des Zeitwerts des Reinvermögens des TU niedriger ist als der Restbuchwert des Geschäfts- oder Firmenwerts[561]. Der Geschäfts- oder Firmenwert wird im KA nur für die Anteile der MU ausgewiesen, so dass bei der Ermittlung des beizulegenden Werts der auf die Minderheiten entfallende Anteil sowohl am Ertragswert der Beteiligung als auch am Zeitwert des Reinvermögens nicht zu berücksichtigen ist. Die Gründe für eine außerplanmäßige Abschreibung können z.B. in gesunkenen Gewinnerwartungen oder in Änderungen bei den für die Bestimmung der Nutzungsdauer relevanten Faktoren liegen. Bevor eine außerplanmäßige Abschreibung auf den Geschäfts- oder Firmenwert vorgenommen wird, sind die Wertansätze der Vermögensgegenstände und Schulden des TU, insb. die bei der Erstkonsolidierung aufgedeckten stillen Reserven zu überprüfen und vorrangig außerplanmäßig auf den jeweiligen ggf. niedrigeren beizulegenden Wert abzuschreiben[562]. **401**

Die Überprüfung der Werthaltigkeit des Geschäfts- oder Firmenwerts wird für Konzernzwecke nach HGB grds. auf der Basis der jeweiligen **rechtlichen Einheit** vorgenommen[563]. Sofern allerdings der Geschäfts- oder Firmenwert im Erstkonsolidierungszeitpunkt nach DRS 4.30 auf Geschäftsfelder aufgeteilt wurde, ist die Werthaltigkeit eines jeden Teilbetrags gesondert zu überprüfen (DRS 4.35). **402**

Zuschreibungen beim Geschäfts- oder Firmenwert aus der Kapitalkonsolidierung sind nicht zulässig. Ein niedrigerer Wertansatz aufgrund einer außerplanmäßigen Abschreibung ist nach § 298 Abs. 1 i.V.m. § 253 Abs. 5 S. 2 HGB beizubehalten[564]. Hintergrund dafür ist, dass die eingetretene Wertaufholung eines Geschäfts- oder Firmenwerts nicht allein auf dem Wegfall der Gründe für die außerplanmäßige Abschreibung beruht, sondern **403**

---

557 Vgl. ADS[6], § 301, Tz. 146.
558 Vgl. *Gelhausen/Fey/Kämpfer*, BilMoG, Q, Rn. 409.
559 Vgl. *Schurbohm-Ebneth/Zoeger*, DB 2009, Beil. Nr. 5 zu Heft 23, S. 53/57.
560 Vgl. *IDW RS HFA 10*, Tz. 3.
561 Vgl. *Förschle/Deubert* in BeBiKo[7], § 301, Rn. 240; *Gelhausen/Fey/Kämpfer*, BilMoG, Q, Rn. 425.
562 Vgl. *Förschle/Hoffmann* in BeBiKo[7], § 309, Rn. 13; *Gelhausen/Fey/Kämpfer*, BilMoG, Q, Rn. 421.
563 Vgl. hierzu im Einzelnen *Gelhausen/Fey/Kämpfer*, BilMoG, Q, Rn. 424.
564 Vgl. hierzu auch *Gelhausen/Fey/Kämpfer*, BilMoG, Q, Rn. 431.

auch auf der Geschäftstätigkeit des Unternehmens und somit zumindest teilweise ein nicht aktivierungsfähiger originärer Firmenwert entsteht, der auch nach den mit dem BilMoG geänderten Regelungen nicht aktiviert werden darf[565].

dd) Auflösung passiver Unterschiedsbeträge

404 Grds. ist der passive Unterschiedsbetrag aus der Erstkonsolidierung in den Folgejahren unverändert fortzuführen. Die **ergebniswirksame Auflösung** ist **nur** unter folgenden **Voraussetzungen** zulässig (§ 309 Abs. 2 HGB):

– Eine zum Zeitpunkt des Erwerbs der Anteile oder der erstmaligen Konsolidierung erwartete ungünstige Entwicklung der Ertragslage des TU oder erwartete Aufwendungen des MU für das TU sind eingetreten;

– am Abschlussstichtag steht fest, dass der Unterschiedsbetrag einem realisierten Gewinn entspricht.

405 Ist im Kaufpreis der Beteiligung ein Abschlag vorgenommen worden, der ungünstige Ergebniserwartungen antizipiert, die sich zum Zeitpunkt der Erstkonsolidierung noch nicht im bilanziellen EK des TU niedergeschlagen haben, und wird das EK des TU in den Folgejahren durch die erwarteten negativen Entwicklungen oder Aufwendungen verringert, sind insoweit die Voraussetzungen für die Auflösung des Passivpostens erfüllt (§ 309 Abs. 2 Nr. 1 HGB). Durch die erfolgswirksame Auflösung wird in der Konzern-GuV der Verlust des TU kompensiert. Für eine zutreffende Darstellung der Vermögens-, Finanz- und Ertragslage ist die **Auflösung** des passiven Unterschiedsbetrages in diesem Fall **erforderlich**[566], obwohl die Formulierung des § 309 Abs. 2 HGB „... darf ... nur aufgelöst werden, wenn ..." zunächst auf ein Wahlrecht hindeuten könnte.

406 Nach DRS 4.41 ist der Anteil des passiven Unterschiedbetrags, der die beizulegenden Zeitwerte der erworbenen nicht-monetären Vermögensgegenstände nicht übersteigt, planmäßig über die gewichtete durchschnittliche Restnutzungsdauer der erworbenen, abnutzbaren Vermögensgegenstände zu vereinnahmen. Insofern wird der passive Unterschiedsbetrag wie eine Wertberichtigung zu den neubewerteten Vermögensgegenständen behandelt. Der übersteigende Betrag ist nach DRS 4.41 zum Zeitpunkt der erstmaligen Einbeziehung in den KA als Ertrag zu vereinnahmen.

407 Schwieriger ist die Frage der Auflösung zu beantworten, wenn die zum Zeitpunkt der Erstkonsolidierung erwarteten Aufwendungen und Verluste nicht eintreten, ohne dass der Kaufpreis nachträglich erhöht wird. In diesen Fällen erweist sich der Unternehmenskauf nachträglich als *lucky buy*, so dass die Auflösungsregelung des DRS 4.41 anzuwenden ist[567].

408 Ist ein passiver Unterschiedsbetrag allein darauf zurückzuführen, dass nach dem Erwerb, aber vor dem Stichtag der Erstkonsolidierung Gewinne thesauriert worden sind, so ist insoweit nach h.M. die erfolgsneutrale Umgliederung in die Gewinnrücklagen geboten[568].

---

565 Vgl. Begr. RegE BilMoG, BT-Drs. 16/10067, S. 57; ADS[6], § 301, Tz. 197; *Förschle/Hoffmann* in BeBiKo[7], § 309, Rn. 16.
566 So auch *Ordelheide*, WPg 1984, S. 244; *Busse v. Colbe*, ZfbF 1985, S. 773. Ebenso DRS 4.40.
567 So im Ergebnis auch *Förschle/Hoffmann* in BeBiKo[7], § 309, Rn. 22-24.
568 Vgl. ebenso ADS[6], § 301, Tz. 135; *Oser/Reichart/Wirth* in Küting/Pfitzer/Weber, Bilanzrecht[2], S. 424; a.A. *Förschle/Hoffmann* in BeBiKo[7], § 309, Rn. 30 die auch eine sofortige erfolgswirksame Auflösung nach § 309 Abs. 2 Nr. 2 HGB für zulässig erachten.

ee) Rücklagenveränderungen bei einbezogenen Tochterunternehmen

Wesentliches Merkmal der Kapitalkonsolidierung ist neben der **Unterscheidung von Erst- und Folgekonsolidierung** die systematische **Trennung von Kapital- und Gewinnrücklagen**. Kapitalrücklagen sind erworbene Rücklagen. Sie gehen in jedem Fall in die Konsolidierung ein. Soweit Gewinnrücklagen im Konzern nach der Erstkonsolidierung erwirtschaftete und thesaurierte Gewinne enthalten, müssen sie in der Konzernbilanz als andere Gewinnrücklagen (§ 266 Abs. 3 A.III.4 HGB) ausgewiesen werden[569], soweit sie nicht anderen Gesellschaftern (§ 307 Abs. 1 HGB) zustehen[570]. In der Konzernbilanz werden sie zusammen mit den Gewinnrücklagen des MU ausgewiesen.

409

e) Ausgleichsposten für Anteile anderer Gesellschafter

Bei der Vollkonsolidierung sind die Vermögensgegenstände, Schulden, RAP und Sonderposten[571] aus dem JA des TU in voller Höhe, d.h. unabhängig von dem Beteiligungsprozentsatz des MU und anderer einbezogener Unternehmen in die Konzernbilanz zu übernehmen (§ 300 Abs. 1 S. 2 HGB). Für nicht dem MU gehörende Anteile[572] an einbezogenen Unternehmen ist in der Konzernbilanz ein Ausgleichsposten in Höhe des Anteils anderer Gesellschafter am EK unter entsprechender Bezeichnung gesondert auszuweisen (§ 307 Abs. 1 HGB). Der Ausgleichsposten ist in der Konzernbilanz **innerhalb des Eigenkapitals auszuweisen**. Der Anteil am Ergebnis braucht nur in der Konzern-GuV gesondert ausgewiesen zu werden (§ 307 Abs. 2 HGB).

410

Der Ausgleichsposten umfasst grds. den auf andere Gesellschafter entfallenden **Teil des gesamten bilanziellen Eigenkapitals** auf der Basis der Bilanz, die der Konsolidierung zugrunde gelegt wird. Rechnerisch ergibt sich der Betrag durch Multiplikation der Beteiligungsquote der anderen Gesellschafter mit dem Endbestand des EK i.S.d. § 266 Abs. 3 A HGB. Ggf. sind abw. Gewinnverteilungsabreden zu berücksichtigen. Hält das TU Anteile an dem MU, das den KA aufstellt (**Rückbeteiligung**), und hat das TU dafür eine Rücklage nach § 272 Abs. 4 HGB gebildet, so steht den anderen Gesellschaftern der anteilige Teilbetrag der Rücklage zu[573]. Da diese Anteile als eigene Anteile des MU in der Konzernbilanz nach § 301 Abs. 4 HGB offen vom gezeichneten Kapital abzusetzen sind, ist in Höhe des auf die Minderheiten entfallenden Anteils eine korrespondierende Umgliederung zwischen den Eigenkapitalbestandteilen der Gesellschafter des MU und dem Ausgleichsposten für andere Gesellschafter notwendig[574].

411

Die Neubewertungsmethode führt zur vollständigen Aufdeckung derjenigen stillen Reserven, die in der Einzelbilanz des konsolidierten TU enthalten sind. Die aufgedeckten stillen Reserven sind den anderen Gesellschaftern entspr. ihrer Beteiligungsquote am EK des einbezogenen TU zuzurechnen (§ 307 Abs. 1 HGB). Sie erhöhen insoweit den Ausgleichsposten. In den Folgekonsolidierungen werden die aufgelösten stillen Reserven nach den allgemeinen Regeln[575] erfolgswirksam abgeschrieben. Dadurch vermindert sich anteilig auch der Ausgleichsposten. Ein ggf. im Rahmen der Erstkonsolidierung zu aktivierender Geschäfts- oder Firmenwert[576] berührt den Ausgleichsposten dagegen nicht.

412

---

569 Vgl. ADS⁶, § 301, Tz. 201.
570 Vgl. dazu Tz. 410.
571 Vgl. Tz. 248.
572 Anteile, die anderen einbezogenen TU gehören, gelten als Anteile des MU; vgl. Tz. 347.
573 Vgl. zur Begründung *Zilias/Lanfermann*, WPg 1980, S. 89/95.
574 Vgl. auch Tz. 437.
575 Vgl. Tz. 393.
576 Vgl. Tz. 380.

413 In den Ausgleichsposten für andere Gesellschafter gehen nicht nur die bei Erstkonsolidierung auf diese Gesellschafter entfallenden Eigenkapitalanteile ein, sondern auch die bei den Folgekonsolidierungen auf diesen Kreis entfallenden Rücklagenzuführungen und Ergebnisanteile.

414 Entsteht bei der Konsolidierung neben den i.d.R. passiven Ausgleichsposten ausnahmsweise auch ein **aktiver Ausgleichsposten**, so bestehen gegen eine Saldierung aktiver und passiver Posten grds. keine Bedenken, wenn die Posten im KAnh. aufgegliedert werden[577].

415 Halten TU, die nicht in den KA einbezogen werden, Anteile an einbezogenen Unternehmen, so ist insoweit eine Kapitalkonsolidierung nicht möglich. Eine Einbeziehung dieser Kapitalanteile in den „Ausgleichsposten für Anteile anderer Gesellschafter" (§ 307 Abs. 1 HGB) gibt den Sachverhalt nicht zutreffend wieder, da es sich um Anteile handelt, die indirekt dem MU gehören. Sie sollten gesondert z.B. unter der Bezeichnung „Ausgleichsposten für Anteile nichtkonsolidierter TU" ausgewiesen werden[578].

f) Veränderungen im Buchwert der konsolidierungspflichtigen Anteile
aa) Zugänge und Abgänge

416 Wird durch den **Erwerb weiterer Anteile** an einem bereits früher einbezogenen TU der Buchwert der konsolidierungspflichtigen Anteile erhöht, so ist für die zusätzlichen Anteile eine **Erstkonsolidierung** gem. § 301 HGB vorzunehmen[579]. Auch nach DRS 4.26 ist die Aufstockung von Mehrheitsbeteiligungen als Erwerbsvorgang abzubilden mit der Folge, dass eine Erstkonsolidierung weiterer Anteile auf der Grundlage der Wertverhältnisse des jeweiligen Zugangs erforderlich ist. Dabei wiederholen sich alle Konsolidierungsvorgänge, die für jede Erstkonsolidierung gelten. Gleichzeitig werden neue Voraussetzungen für Folgekonsolidierungen geschaffen[580]. Dies ist erforderlich, weil das Verhältnis zwischen AK und anteiligem EK für jeden zusätzlichen Anteilserwerb unterschiedlich sein kann. Je weiter die Erwerbsstichtage auseinander liegen, desto mehr wird sich auch das Kapital durch in der Zwischenzeit erwirtschaftete Ergebnisse und, sofern verschiedene GJ betroffen sind, durch Rücklagenbewegungen verändern. Bei einer Vielzahl von Erwerbsschritten dürfen nach DRS 4.26 als Bewertungszeitpunkte die wesentlichen Teilerwerbsschritte gewählt werden.

417 Werden **Anteile** an einem einbezogenen Unternehmen **an Dritte verkauft**, so ist grds. auf den Stichtag des Übergangs[581] eine Anpassung unter Berücksichtigung des Abgangs durchzuführen. Aus Vereinfachungsgründen auf den ersten folgenden Abschlussstichtag abzustellen, steht nicht im Einklang mit DRS 4.44. Wird das TU nach einer teilw. Veräußerung weiterhin einbezogen, so ist gem. DRS 4.47 das Veräußerungsergebnis zu bestimmen, indem dem Veräußerungserlös die anteiligen Konzernbuchwerte der Vermögens- und Schuldposten des betreffenden TU gegenübergestellt werden. Die in der Konzernbilanz weiterhin vollständig ausgewiesenen einzelnen Vermögens- und Schuldposten inkl. stiller Reserven selbst bleiben unberührt, da sie unabhängig von der Beteiligungsquote aufgedeckt worden sind. Ein noch vorhandener Geschäfts- oder Firmenwert ist jedoch um den auf verkaufte Anteile entfallenden Teilbetrag zu reduzieren. Auch insoweit

---
[577] Demgegenüber sehen *Oechsle/Schipper*, WPg 1994, S. 344, sowie *Küting/Göth*, BB 1994, S. 2446 die Saldierung sowie den passiven Ausweis eines insgesamt negativen Ausgleichspostens als notwendig an.
[578] Vgl. hierzu ADS⁶, § 307, Tz. 11.
[579] So auch *Förschle/Deubert* in BeBiKo⁷, § 301, Rn. 216 und ADS⁶, § 301, Tz. 176.
[580] Vgl. Tz. 393.
[581] § 301 Abs. 2 HGB regelt nur die Konsolidierung bei Zugängen.

muss der Anteil anderer Gesellschafter (§ 307 HGB) entspr. korrigiert werden (vgl. DRS 4.48).

Mit der Veräußerung der Anteile verändert sich das Verhältnis von Konzernanteilen und **418** Anteilen anderer Gesellschafter. Daher müssen die zum Verkaufszeitpunkt auf die verkauften Anteile entfallenden Rücklagen, die nach der erstmaligen Einbeziehung bei den TU aus thesaurierten Gewinnen gebildet worden sind und bisher in den Gewinnrücklagen des Konzerns ausgewiesen wurden, erfolgswirksam behandelt werden[582]. Nach der Veräußerung wird der auf diese Anteile entfallende Teil des EK auf der Grundlage der HB II in den **Ausgleichsposten für Anteile anderer Gesellschafter** (§ 307 HGB) einbezogen.

bb) Abschreibungen und Zuschreibungen

Abschreibungen auf konsolidierungspflichtige Anteile, die nach der Erstkonsolidie- **419** rung vorgenommen werden, können nicht in den KA übernommen werden, da die Anteile nicht im KA als solche ausgewiesen werden. Sie sind vielmehr im Rahmen der Grenzen der Bewertungsvorschriften bei den Vermögensgegenständen und Schulden zu berücksichtigen, die materiell die Beteiligung verkörpern und in der Konzernbilanz anstatt des abstrakten Postens „Beteiligungen" ausgewiesen werden. Um dieses Ergebnis zu erreichen, muss bei der Konsolidierung die Abschreibung auf die Beteiligung rückgängig gemacht werden[583]. Es kann jedoch erforderlich sein, im KA zu Lasten des Konzernjahresüberschusses/-fehlbetrages außerplanmäßige Abschreibungen auf diejenigen Vermögensgegenstände vorzunehmen, die durch die Beteiligung repräsentiert werden. Hierfür bieten sich in erster Linie die bei der Erstkonsolidierung aufgedeckten stillen Reserven und ggf. ein noch vorhandener Geschäfts- oder Firmenwert an[584]. Sind diese Beträge bereits abgeschrieben oder ist ein aktiver Unterschiedsbetrag bei der Erstkonsolidierung nicht entstanden, so sind im Rahmen der Bewertungsvorschriften ggf. weitere Abschreibungen auf die entsprechenden Vermögensgegenstände vorzunehmen[585]. Ggf. kann auch die Bildung von Rückstellungen in Frage kommen. In jedem Fall ist im Vorfeld zu prüfen, ob sich die Gründe für die außerplanmäßige Wertminderung der Beteiligung im handelsrechtlichen JA des MU bereits im KA niedergeschlagen haben, z. B. über die Verluste in der HB II des entsprechenden TU. Eine voraussichtlich dauerhafte Wertminderung der Beteiligung am TU im handelsrechtlichen JA des MU nach § 253 Abs. 3 S. 3 HGB ist auf Konzernebene zumindest ein **Anlass für die Überprüfung der Werthaltigkeit** eines ggf. noch vorhandenen Geschäfts- oder Firmenwerts[586]. In der Konzern-GuV werden die Aufwendungen unter den dafür vorgesehenen Posten ausgewiesen (z.B. § 275 Abs. 2 HGB: Abschreibungen auf immaterielle Vermögensgegenstände des AV und Sachanlagen, Nr. 7a; Materialaufwand, Nr. 5a; Sonstige betriebliche Aufwendungen, Nr. 8).

Werden Abschreibungen auf konsolidierungspflichtige Anteile, die nach der Erstkonsolidierung vorgenommen worden sind, durch **Wertaufholung** zulässigerweise rückgängig gemacht, so ist die **Zuschreibung** aus dem JA bei der Konsolidierung zu stornieren. Gleichzeitig sind im KA erfolgswirksame Zuschreibungen bei den einzelnen

---

582 Zur erfolgswirksamen Anpassung vgl. Schindler, Kapitalkonsolidierung, S. 167; ADS[6], § 301, Tz. 191; a.A. *Weber/Zündorf*, BB 1989, S. 1852, 1863, die Veräußerung als reinen Kapitalvorgang erfolgsneutral behandeln wollen.
583 So auch ADS[6], § 301, Tz. 194; AK „Externe Unternehmensrechnung" der Schmalenbach-Gesellschaft – Deutsche Gesellschaft für Betriebswirtschaft e.V., S. 107.
584 Vgl. Tz. 401.
585 Vgl. ebenso *Weber/Zündorf*, BB 1989. S. 1852/1864.
586 Vgl. *Gelhausen/Fey/Kämpfer*, BilMoG, Q, Rn. 421.

Vermögensgegenständen vorzunehmen, die in der vorhergehenden Abrechnungsperiode außerplanmäßig abgeschrieben worden sind. Dabei kann die Wertaufholung auch die aufgedeckten stillen Reserven aus der Erstkonsolidierung betreffen. Hierbei muss jedoch beachtet werden, dass bei Anlagegegenständen, die einem Wertverzehr unterliegen, die Höchstgrenze für die Zuschreibung durch die Ausgangswerte abzgl. der planmäßigen Abschreibung bestimmt wird. Für den Geschäfts- oder Firmenwert hingegen ist eine Zuschreibung nach § 298 Abs. 1 i.V.m. § 253 Abs. 5 S. 2 HGB unzulässig[587].

g) Veränderungen des konsolidierungspflichtigen Kapitals

420 **Konsolidierungspflichtiges Kapital** i.S.d. § 301 HGB ist das Kapital, das der Erstkonsolidierung zugrunde liegt[588]. Wird das Kapital des TU gegen Einlagen erhöht, so stehen sich i.d.R. die Aufstockung des Beteiligungsbuchwerts und die Erhöhung des anteiligen konsolidierungspflichtigen Kapitals in gleicher Höhe gegenüber[589], so dass sich insoweit kein Unterschiedsbetrag ergibt[590].

421 Bei einer **Kapitalerhöhung aus Gesellschaftsmitteln** wird der Buchwert der Beteiligung nicht verändert. Wird die Kapitalerhöhung aus Rücklagen durchgeführt, die bereits bei der Erstkonsolidierung vorhanden waren, so handelt es sich insoweit nur um eine Umschichtung innerhalb des konsolidierungspflichtigen Kapitals. Kapitalerhöhungen aus Gewinnrücklagen, die nach der Erstkonsolidierung entstanden sind, berühren die Kapitalkonsolidierung nicht. Sie führen jedoch dazu, dass das Grundkapital konsolidierter TU in der Konzernbilanz weiterhin als Gewinnrücklagen ausgewiesen wird. Wegen der unterschiedlichen Rechtsnatur beider Kapitalkategorien, insb. auch im Hinblick auf die Verfügbarkeit für Ausschüttungen, ist in wesentlichen Fällen dieser Art ein Hinweis darauf im KAnh. oder als Fußnote erforderlich, dass es sich bei diesen Gewinnrücklagen des Konzerns um Grundkapital von TU handelt.

422 Werden **Rücklagen von TU**, die bereits zum Zeitpunkt der Erstkonsolidierung vorhanden waren, **zur Deckung von Verlusten** bei diesen Unternehmen **aufgelöst**, so bleibt die Erstkonsolidierung unberührt, wenn gleichzeitig der Beteiligungsbuchwert entspr. abgeschrieben wird. Da sich Rücklagenauflösung und Abschreibung in gleicher Höhe gegenüberstehen, ist es sinnvoll, in der Konzern-GuV die Abschreibung aus der GuV des MU unmittelbar mit der Entnahme aus der Rücklage beim TU zu saldieren. Aus der Sicht eines einheitlichen Unternehmens handelt es sich bei beiden Vorgängen nur um konzerninterne Verrechnungen, von denen der KA frei bleiben muss. Der Verlust des TU wird damit voll im Konzernerfolg wirksam. Die gleichen Überlegungen gelten für den Fall der Kapitalherabsetzung zum Zweck des Verlustausgleichs beim TU, wenn gleichzeitig eine Abschreibung in gleicher Höhe auf die Anteile in der Bilanz des Unternehmens vorgenommen wird.

423 Unterbleibt eine Abschreibung auf den Beteiligungsbuchwert in der Bilanz des MU, so ist die Rücklagenentnahme bzw. Kapitalherabsetzung zu stornieren, weil die eingetretene

---

587 Vgl. Tz. 401.
588 Veränderungen des Kapitals von TU, die dieses konsolidierungspflichtige Kapital nicht berühren, z.B. spätere Gewinnthesaurierungen, Entnahmen aus während der Konzernzugehörigkeit gebildeten Rücklagen, berühren die Kapitalkonsolidierung nicht.
589 Eine Abweichung kann jedoch bei einer Kapitalerhöhung gegen Sacheinlagen entstehen, deren bisheriger Buchwert unter dem Ausgabekurs der neuen Anteile liegt, sofern der Buchwert als Anschaffungspreis der neuen Anteile bilanziert wird. Vgl. hierzu *Weber*, S. 214; ferner ADS[6], § 255, Tz. 96. Zur Eliminierung von Zwischengewinnen bei Sacheinlagen vgl. ADS[6], § 301, Tz. 185.
590 Aktivierungspflichtige Anschaffungsnebenkosten, die einen aktiven Unterschiedsbetrag verursachen können, sollten nach einhelliger Auffassung im KA als sonstige betriebliche Aufwendungen ausgebucht werden. Vgl. hierzu z.B. ADS[6], § 301 Tz. 184.

Eigenkapitalminderung des TU aus Konzernsicht stets als Verlustbeitrag der Konzern-GuV darzustellen ist und ebenso wie erwirtschaftete thesaurierte Gewinne in den Gewinnrücklagen des Konzerns und dem Ausgleichsposten für Anteile anderer Gesellschafter zu verrechnen ist. Die Verluste werden deshalb in der Konzern-GuV vollständig wirksam.

Die Auflösung von bereits vor der Erstkonsolidierung vorhandenen Rücklagen bei dem TU zur Deckung von Verlusten ist auf Konzernebene darüber hinaus zumindest ein Anlass für die Überprüfung der Werthaltigkeit eines aus der Erstkonsolidierung ggf. noch nicht vollständig abgeschriebenen Geschäfts- oder Firmenwerts, da sich die bei Erwerb des TU bezahlten Gewinnerwartungen offenbar nicht realisieren lassen. Die ggf. entstehende „doppelte" Aufwandsverrechnung ist aus Konzernsicht durch eine doppelte Wertminderung gerechtfertigt. Ist ein Geschäfts- oder Firmenwert aus der Erstkonsolidierung bereits abgeschrieben, sind keine weiteren Maßnahmen erforderlich. 424

Werden aufgelöste Kapitalrücklagen von TU nicht zur Verlustdeckung, sondern zur **Ausschüttung** verwendet, so handelt es sich dabei wirtschaftlich um eine Kapitalrückzahlung und aus der Sicht des Konzerns um eine interne Kapitalverlagerung (soweit es nicht Anteile anderer Gesellschafter betrifft). Die Auflösung sollte daher, insb. wenn im ersten Jahr nach der Erstkonsolidierung erworbene Gewinne des TU an das MU ausgeschüttet werden, zu einer Abschreibung auf den Beteiligungsbuchwert in gleicher Höhe führen. Im JA des MU stehen sich dann Beteiligungsertrag und Abschreibung in gleicher Höhe gegenüber und werden in der Konsolidierung verrechnet, so dass der gesamte Vorgang zutreffend erfolgsneutral bleibt. Eine Änderung der Erstkonsolidierung ist dann nicht erforderlich. Dies gilt entspr. für den Fall der Ausschüttung eines erworbenen Gewinnvortrags. 425

h) Ausstehende Einlagen

Die Konsolidierung der ausstehenden Einlagen auf das gezeichnete Kapital ist im Gesetz nicht im Einzelnen geregelt und muss daher nach allgemeinen Konsolidierungsgrundsätzen vorgenommen werden. Im Einzelnen sind, abhängig von der **Doppelnatur** ausstehender Einlagen, die teils Forderungscharakter bzw. teils den Charakter von Korrekturposten auf das gezeichnete Kapital haben, die folgenden Fälle zu unterscheiden: 426

aa) Ausstehende Einlagen des Mutterunternehmens

Soweit einbezogene TU zur Einzahlung verpflichtet sind, wird die **Einzahlungsverpflichtung** spätestens zum Zeitpunkt der Einforderung bei diesen als Verbindlichkeit passiviert sein. Die entsprechende Forderung[591] sowie die Verbindlichkeit sind der Einheitstheorie entspr. (§ 297 Abs. 3 HGB) in diesem Fall bei der Schuldenkonsolidierung (§ 303 Abs. 1 HGB) zu eliminieren. 427

Ist die ausstehende Einlage **nicht eingefordert** und folglich bei dem verpflichteten TU nicht passiviert, so ist die Bilanzierung der ausstehenden Einlage stets aus dem JA des MU unverändert in die Konzernbilanz zu übernehmen. Dies gilt auch für ausstehende Einlagen, zu deren Einzahlung Dritte oder nichtkonsolidierte TU verpflichtet sind. 428

bb) Ausstehende Einlagen der Tochterunternehmen

Eingeforderte ausstehende Einlagen eines TU, aus denen ein anderes einbezogenes Unternehmen zur Zahlung verpflichtet ist, sind bei der Schuldenkonsolidierung (§ 303 Abs. 1 429

---

591 Zum Ausweis ausstehender Einlagen im JA nach § 272 Abs. 1 HGB vgl. F Tz. 287.

HGB) wegzulassen. Sind die ausstehenden Einlagen **nicht eingefordert**, so sind sie nach § 272 Abs. 1 S. 3 HGB ihrem Charakter als **Korrekturposten** entspr. bereits im JA des jeweiligen TU vom gezeichneten Kapital offen abzusetzen[592]. Folglich sind sie auch nicht Bestandteil des konsolidierungspflichtigen Kapitals des TU.

430 Ausstehende Einlagen, die **eingefordert** und zu deren Einzahlung Dritte verpflichtet sind, werden unter den Forderungen mit entsprechender Bezeichnung **gesondert ausgewiesen**. Nicht eingeforderte ausstehenden Einlagen gegenüber Dritten sind bereits in der HB I offen vom gezeichneten Kapital des TU abzusetzen (§ 272 Abs. 1 S. 3 HGB) und somit ebenfalls nicht Bestandteil des konsolidierungspflichtigen Kapitals. Mit der Neufassung des § 272 Abs. 1 HGB durch das BilMoG wurde das bisherige Ausweiswahlrecht beseitigt und der Nettoausweis zwingend vorgeschrieben, mit der Folge, dass es bezüglich der bilanziellen Behandlung der nicht eingeforderten ausstehenden Einlagen auf Anteile anderer Gesellschafter und der nicht eingeforderten Einlagen des MU keine Unterschiede mehr geben kann.

i) Eigene Anteile und Rückbeteiligung

431 Auch eigene Anteile haben grds. eine Doppelnatur und wurden vor dem BilMoG entweder als kurzfristig realisierbare Vermögensgegenstände oder auch als Korrekturposten zum gezeichneten Kapital, z.B. bei einem Aktienerwerb zum Zweck der Einziehung, klassifiziert. Während bisher der Vermögenscharakter im Vordergrund stand und eigene Anteile des MU in der Konzernbilanz i.d.R. im Umlaufvermögen ausgewiesen wurden, ist nach dem Inkrafttreten des BilMoG nur noch der passive Ausweis zulässig[593]. Die Neufassung von § 301 Abs. 4 HGB ist eine Folge der Änderung des 272 Abs. 1a und 4 HGB.

432 Eigene Anteile des MU (§ 298 Abs 1 S. 1 i.V.m. § 272 Abs. 1a HGB) sowie Anteile an dem MU, die von anderen einbezogenen Unternehmen gehalten werden (**„Rückbeteiligung"**), sind in der Konzernbilanz mit ihrem Nennwert, oder falls ein solcher nicht vorhanden ist, mit ihrem rechnerischen Wert, in der Vorspalte offen vom gezeichneten Kapital des MU abzusetzen (§ 301 Abs. 4 HGB). Die von TU gehaltenen Rückbeteiligungen werden auf Konzernebene entspr. dem Grundgedanken der wirtschaftlichen Einheit als eigene Anteile des MU klassifiziert.

433 Dabei ist in diesem Zusammenhang, wie sich aus dem Sinn der Vorschrift – Ausweis des haftenden Kapitals des Unternehmens, das an der Spitze des Konzerns steht – und der Entwicklung der Vorschrift[594] eindeutig ergibt, nur das MU zu verstehen, das den KA aufstellt. Gehören in einem mehrstufigen Konzern TU Anteile an MU, die gleichzeitig TU sind, (**Rückbeteiligungen an unteren MU**) so bestehen gegen die Konsolidierung dieser Anteile bei der Konsolidierung gegenseitiger Beteiligungen[595] keine Bedenken[596].

434 Haben einbezogene Unternehmen für von ihnen gehaltene Anteile an dem MU (§ 266 Abs. 2 A.III.1 HGB) im JA Rücklagen gem. § 272 Abs. 4 HGB gebildet, so sind diese bei der Konsolidierung rückgängig zu machen. Die Anteile sind nach § 301 Abs. 4 HGB offen

---

[592] Zum Ausweis ausstehender Einlagen im JA nach § 272 Abs. 1 HGB vgl. F Tz. 287.
[593] Zum Ausweis eigener Anteile im JA nach § 272 Abs. 1a HGB vgl. F Tz. 320.
[594] Im geänderten Vorschlag des 7. EG-RL vom 12.12.1978 (Dok. KOM 78/703 endg.) heißt es in Art. 12 Abs. 1b S. 1: „Abw. von Abs. 1 Buchst. a) werden die Anteile abhängiger und in die Konsolidierung einbezogener Konzernunternehmen am Kapital des beherrschenden Konzernunternehmens nicht konsolidiert."
[595] Vgl. Tz. 437.
[596] Vgl. *Gelhausen/Fey/Kämpfer*, BilMoG, Q, Rn. 257.

Konzernbilanz

vom gezeichneten Kapital des MU abzusetzen und im KA so abzubilden, als hätte das MU die eigenen Anteile selbst erworben[597].

Sind an übrigen einbezogenen Unternehmen, die Anteile an dem MU halten, **andere Gesellschafter** beteiligt, so steht ihnen die bei diesen Unternehmen gebildete Rücklage für Anteile an dem MU anteilig zu. Wird die Rücklage bei der Konsolidierung rückgängig gemacht, ist sie daher in Höhe der Minderheitsbeteiligung in den Ausgleichsposten für Anteile anderer Gesellschafter umzugliedern. Dagegen wird aufgrund des eindeutigen Wortlauts in § 301 Abs. 4 HGB der komplette Nennwert bzw. rechnerische Wert der Anteile, inklusive des auf die anderen Gesellschafter entfallenden Anteils vom gezeichneten Kapital des MU abgesetzt[598]. In der Höhe des auf die Minderheiten entfallenden Anteils ist allerdings eine korrespondierende Umgliederung zwischen den Eigenkapitalbestandteilen der Gesellschafter des MU und dem Ausgleichsposten für andere Gesellschafter notwendig[599]. Nur dadurch kann sichergestellt werden, dass die Höhe des Ausgleichspostens für Anteile anderer Gesellschafter nach § 307 Abs. 1 HGB dem anteiligen EK des TU entspricht[600]. Die Differenz zwischen dem Nennbetrag bzw. dem rechnerischen Wert und den Konzernanschaffungskosten der Rückbeteiligung ist anschließend anteilig zu Lasten der Eigenkapitalbestandteile der Gesellschafter des MU und des Ausgleichspostens für andere Gesellschafter zu erfassen. 435

Eigene Anteile der **übrigen einbezogenen Unternehmen** sind nach § 272 Abs. 1a HGB bereits in der HB I bzw. bei einem ausländischen TU in der HB II mit ihrem Nennwert oder dem rechnerischen Wert offen vom gezeichneten Kapital des TU abzusetzen bzw. mit den frei verfügbaren Rücklagen zu verrechnen. Folglich sind sie nicht Bestandteil des konsolidierungspflichtigen Kapitals des jeweiligen TU. Dies wird durch DRS 4.22 verdeutlicht, demzufolge die eigenen Anteile des erworbenen Unternehmens mit dessen EK zu verrechnen sind. 436

j) Gegenseitige Beteiligungen

Gegenseitige Beteiligungen liegen dann vor, wenn zwei TU direkt oder indirekt aneinander beteiligt sind, wobei es auf die Höhe der Beteiligung nicht ankommt. Nach dem Grundsatz des § 301 Abs. 1 HGB ist für jedes der beiden einzubeziehenden und gegenseitig beteiligten Unternehmen eine uneingeschränkte Kapitalkonsolidierung durchzuführen. Lediglich Anteile am Kapital des MU, das den KA aufstellt (Rückbeteiligung am obersten MU), sind als eigene Anteile des MU offen vom gezeichneten Kapital abzusetzen (§ 301 Abs. 4 HGB)[601]. 437

Die Konsolidierung bereitet keine besonderen Schwierigkeiten, sofern sämtliche Anteile der gegenseitig beteiligten Unternehmen einbezogenen Unternehmen gehören. Die **Erstkonsolidierung** lässt sich in solchen Fällen in der Weise durchführen, dass die Summe aller Beteiligungsbuchwerte von der Summe des neu bewerteten konsolidierungspflichtigen Kapitals abgezogen wird[602]. Ein nach der Verrechnung verbleibender Unterschiedsbetrag ist nach § 301 Abs. 3 S. 1 HGB als Geschäfts- oder Firmenwert bzw. als Unterschiedsbetrag aus der Kapitalkonsolidierung zu qualifizieren[603]. 438

---
597 Vgl. Begr. RegE BilMoG, BT-Drs. 16/10067, S. 82.
598 Vgl. *Gelhausen/Fey/Kämpfer*, BilMoG, Q, Rn. 264.
599 Vgl. *Gelhausen/Fey/Kämpfer*, BilMoG, Q, Rn. 264.
600 Vgl. Tz. 437.
601 Vgl. Tz. 432.
602 Vgl. zur Konsolidierung gegenseitiger Beteiligungen ohne andere Gesellschafter auch ADS[6], § 301, Tz. 250-254.
603 Vgl. Tz. 352 ff.

1513

439 Sind an den einbezogenen TU, die Anteile an anderen einbezogenen TU halten, Dritte beteiligt, so stellen die Anteile an den anderen einbezogenen Unternehmen zugleich **indirekte Anteile der anderen Gesellschafter** an dem Vermögen und dem Gewinn dieser anderen einbezogenen Unternehmen dar. Gleiches gilt auch für den Fall der gegenseitigen Beteiligungen, allerdings mit dem Unterschied, dass die indirekten Anteile an dem anderen einbezogenen Unternehmen wiederum indirekte Anteile an dem Unternehmen enthalten, an dem die anderen Gesellschafter direkt beteiligt sind. Daraus ergeben sich gleichzeitig wieder indirekte Ansprüche an das andere einbezogene Unternehmen. Für die Erstkonsolidierung gegenseitiger Beteiligungen lassen sich die direkten und indirekten Fremd- und Konzernanteile am Kapital mit Hilfe simultaner Gleichungen oder auch anderer Rechenverfahren darstellen und ermitteln[604].

k) Kapitalkonsolidierung in mehrstufigen Konzernen
aa) Grundsatz

440 Während in einstufigen Konzernen die Konsolidierung aller TU gleichzeitig durchgeführt werden kann (Kernkonsolidierung), müssen in mehrstufigen Konzernen – sofern nicht vereinfachte Verfahren angewandt werden – die einzelnen Unternehmen nacheinander konsolidiert werden. Dabei wird das im Konzernaufbau am weitesten von den obersten MU entfernte TU mit dem über ihm stehenden MU, dieses wiederum mit dem über ihm stehenden MU usw. bis zum obersten MU konsolidiert **(Kettenkonsolidierung)**.

441 Häufig überspringen Beteiligungsverhältnisse innerhalb eines Konzerns eine Stufe. In solchen Fällen ist die unmittelbare Beteiligung einer höheren Konzernstufe, die noch über der nächst höheren Stufe steht, bei der Konsolidierung mit der nächst höheren Stufe zunächst wie ein Fremdanteil zu behandeln und erst bei der Konsolidierung mit der Stufe, die diese Beteiligung hält, nach den allgemeinen Regeln zu konsolidieren[605].

bb) Behandlung der Unterschiedsbeträge aus der Erstkonsolidierung und des Ausgleichspostens anderer Gesellschafter bei Beteiligung Dritter

442 Bei der **Kapitalkonsolidierung in mehrstufigen Konzernen** kann ein verbleibender Geschäfts- oder Firmenwert bzw. passiver Unterschiedsbetrag aus der Konsolidierung von Vorstufen als Korrektur des konsolidierungspflichtigen Kapitals in die weitere Konsolidierung übernommen werden, so dass im Ergebnis die indirekten Anteile des Konzerns und der anderen Gesellschafter zutreffend berücksichtigt werden[606]. Ein Geschäfts- oder Firmenwert darf, soweit er auf Anteile anderer Gesellschafter entfällt, im KA nicht angesetzt werden, so dass es zweckmäßig ist, einen Geschäfts- oder Firmenwert aus der Konsolidierung einer unteren Stufe auf der nächst höheren Ebene mit dem konsolidierungspflichtigen Kapital zu verrechnen[607]. In gleicher Weise ist auch ein passiver Unterschiedsbetrag aus der Konsolidierung einer Vorstufe in die nächste Stufe zu übernehmen und zur Korrektur dem konsolidierungspflichtigen Kapital hinzuzurechnen[608]. Ein Geschäfts- oder Firmenwert bzw. passiver Unterschiedsbetrag aus der Kapitalkonsolidierung kann nicht unverändert in die nächste Stufe übernommen werden[609], weil sonst die indi-

---
604 Vgl. *Lanfermann/Stolberg*, WPg 1970, S. 353 und *Busse v. Colbe u.a.*, Konzernabschlüsse[9], S. 309-310.
605 Für Beispiele vgl. *Förschle/Hoffmann* in BeBiKo[7], § 301, Rn. 387-388.
606 Vgl. ADS[6], § 301, Tz. 223-231.
607 Vgl. ADS[6], § 301, Tz. 232.
608 Vgl. ADS[6], § 301, Tz. 230.
609 Vgl. ADS[6], § 301, Tz. 227 mit Beispiel. Demgegenüber vertreten *Busse v. Colbe u.a.*, Konzernabschlüsse[9], S. 305-307, die Auffassung, dass eine Korrektur zur Berücksichtigung indirekter Fremdanteile auf der nächst höheren Stufe nicht vorzunehmen sei.

rekten Fremdanteile unzutreffend behandelt würden. Der Anteil anderer Gesellschafter am Kapital eines einbezogenen TU ist daher immer dann, wenn dieses TU seinerseits andere einbezogene Unternehmen beherrscht (insofern also MU ist), unter Berücksichtigung der indirekten Fremdanteile zu errechnen[610].

Neben der stufenweisen Konsolidierung bestehen noch **Simultankonsolidierungsverfahren**, welche die Konsolidierung als Lösung eines linearen Gleichungssystems auf der Basis von Matrizenrechnungen konzipieren. Das Prinzip dieser Konsolidierung besteht darin, zunächst die direkten und die indirekten Anteile des Konzerns und der anderen Gesellschafter am konsolidierungspflichtigen Kapital formelmäßig unter Umgehung von Vor- und Zwischenkonsolidierung zu errechnen und dann in einem Schritt die Konsolidierung durchzuführen[611]. Wegen der verfahrensimmanenten Saldierung von Unterschiedsbeträgen bestehen Bedenken gegen die Zulässigkeit der Simultankonsolidierung[612]. Auch stellt sie keine wesentliche Vereinfachung dar. 443

cc) Ausschaltung einer Konzernstufe

Halten TU außerhalb des Konsolidierungskreises Anteile an anderen einbezogenen Unternehmen, so wird die Einbeziehung der Letztgenannten in die Konsolidierung nicht dadurch ausgeschlossen, dass ihre Anteile von einem Unternehmen gehalten werden, das selbst nicht konsolidiert wird. Das gilt selbst dann, wenn das von der Konsolidierung ausgeschlossene TU alle Anteile eines zu konsolidierenden Unternehmens hält[613]. In diesem Fall kann lediglich die Kapitalkonsolidierung auf einer bestimmten Stufe des Konzerns nicht durchgeführt werden, so dass es insoweit zu einer Aufblähung von Aktiva und Passiva in der Konzernbilanz kommt[614]. Die entsprechenden Eigenkapitalanteile sollten unter der Bezeichnung „Ausgleichsposten für Anteile nicht konsolidierter TU" oder als Davon-Vermerk des Ausgleichspostens für Anteile anderer Gesellschafter deutlich gemacht werden. Im Übrigen wird die Kapitalkonsolidierung nach den allgemeinen Grundsätzen durchgeführt. Allerdings wird eine **Sprungkonsolidierung**, d.h. eine mittelbare Konsolidierung für diese Anteile auch als zulässig angesehen[615]. 444

l) Konsolidierungsmaßnahmen bei Ausscheiden aus dem Konsolidierungskreis

Das Gesetz regelt nicht explizit, wie das Ausscheiden eines TU aus dem Konsolidierungskreis im KA darzustellen ist. Aus der Einheitstheorie (§ 297 Abs. 3 S. 1 HGB) folgt jedoch, dass die mit dem Ausscheiden verbundenen Abgänge von Vermögens- und Schuldposten des TU so darzustellen sind wie im JA eines einheitlichen Unternehmens. Dies gilt auch für den Ausweis eines **Veräußerungsgewinns bzw. -verlustes**[616]. Aus diesen Gründen ist das einfache Weglassen des TU nicht zulässig. 445

Der maßgebliche **Endkonsolidierungszeitpunkt** ist der Zeitpunkt, zu dem der beherrschende Einfluss des MU endet oder die Voraussetzungen für die Ausübung eines Ein- 446

---

610 Vgl. hierzu im Einzelnen ADS[6], § 307, Tz. 41-50 sowie *Wiedmann*, Bilanzrecht[2], § 301, Rn. 80 mit Beispiel.
611 Vgl. im Einzelnen *Forster/Havermann*, WPg 1969, S. 1/4, *Lanfermann/Stolberg*, WPg 1970, S. 353 und Vgl. *Küting/Weber*, Konzernabschluss[12], S. 403.
612 Zu den Bedenken vgl. *Busse v. Colbe u.a.*, Konzernabschlüsse[9], S. 310 und *Förschle/Hoffmann* in BeBiKo[7], § 301, Rn. 371.
613 Die Anteile werden dem übergeordneten MU zugerechnet, vgl. hierzu ADS[6], § 301, Tz. 15; *Busse v. Colbe u.a.*, Konzernabschlüsse[9], S. 319.
614 Vgl. ADS[6], § 301, Tz. 239-240.
615 Vgl. *Busse v. Colbe u.a.*, Konzernabschlüsse[9], S. 318-321.
616 Vgl. AK „Externe Unternehmensrechnung" der Schmalenbach-Gesellschaft – Deutsche Gesellschaft für Betriebswirtschaft e.V., S. 82.

beziehungswahlrechts nach § 296 HGB erfüllt sind. Bei einer unterjährigen Veräußerung der Anteile ist somit grds. die Aufstellung eines Zwischenabschlusses erforderlich. Für die Aufstellung eines Zwischenabschlusses besteht allerdings keine gesetzlich Verpflichtung, so dass es nicht zu beanstanden ist, wenn die Endkonsolidierung auf der Grundlage des letzten JA des TU vor dem Ausscheiden aus dem Konsolidierungskreis vorgenommen wird[617]. Diese vereinfachte Vorgehensweise steht allerdings nicht im Einklang mit DRS 4.44-51.

447 Sowohl für die Darstellung im Anlagespiegel des Konzerns als auch für die Ermittlung des Veräußerungserfolges sind die abgehenden Vermögensgegenstände und Schulden mit den **fortgeführten Konzernwerten** zum Endkonsolidierungszeitpunkt anzusetzen[618]. Eigenkapitaldifferenzen aus der Währungsumrechnung sind nach § 308a S. 4 HGB beim teilweisen oder vollständigen Ausscheiden des TU in entsprechender Höhe erfolgswirksam aufzulösen. Die auf die konzernfremden Gesellschafter entfallenden Anteile an den Vermögensgegenständen und Schulden sind nach DRS 4.46 erfolgsneutral mit dem Ausgleichsposten für die Minderheitsgesellschafter im EK zu verrechnen.

448 Ein **Geschäfts- oder Firmenwert**, der bei einer Erstkonsolidierung vor Anwendung der BilMoG-Vorschriften nach § 309 Abs. 1 S. 3 HGB a.F. erfolgsneutral mit Rücklagen verrechnet wurde, muss bei Ausscheiden des betreffenden TU aus dem Konsolidierungskreis grds. erfolgswirksam werden[619]. Entsprechendes gilt für einen noch nicht aufgelösten passiven Unterschiedsbetrag aus der Erstkonsolidierung[620]. Die Veränderungen der passiven Unterschiedsbeträge sind im KAnh. zu erläutern (§ 301 Abs. 3 S. 2 HGB).

m) Wechsel der Konsolidierungsmethode
aa) Übergang auf die Quotenkonsolidierung

449 Wird als Folge einer Anteilsveräußerung ein TU zu einem GU ist das Veräußerungsergebnis nach DRS 4.47 so zu bestimmen, dass die Vermögensgegenstände und Schulden des TU einschließlich des Goodwill entspr. der Veräußerungsquote in der Endkonsolidierung berücksichtigt werden. Wird das GU nach § 310 Abs. 1 HGB quotal in den KA einbezogen, sind die verbleibenden Anteile an den Vermögensgegenständen und Schulden weiterhin anteilig in den KA einzubeziehen, während die konzernfremden Gesellschaftern zustehenden Anteile ergebnisneutral gegen deren EK zu verrechnen sind (DRS 4.50). Der **Übergang** auf die Quotenkonsolidierung ist hinsichtlich der nicht verkauften Anteile somit **erfolgsneutral**.

bb) Übergang auf die Equity-Methode

450 Aus der Fiktion der wirtschaftlichen Einheit des Konzerns folgt, dass der Übergang von der Vollkonsolidierung auf die Equity-Methode als Abgang der einzelnen Vermögensgegenstände und Schulden des TU abzubilden ist. Nach DRS 4.49 werden die AK der verbleibenden Beteiligung in Höhe des anteiligen Reinermögens zu Konzernbilanzbuchwerten angesetzt. Der Übergang auf die Equity-Methode ist somit für die **verbleibenden Anteile** ebenfalls **erfolgsneutral** (DRS 4.51). Bei der Übergangskonsolidierung auf die

---

617 Vgl. ADS[6], § 301, Tz. 274-276; *Förschle/Deubert* in BeBiKo[7], § 301, Rn. 327.
618 Vgl. hierzu im Einzelnen ADS[6], § 301, Tz. 260-276 sowie *Förschle/Deubert* in BeBiKo[7], § 301, Rn. 305-318.
619 H.M., vgl. *Ordelheide*, WPg 1987, S. 311; AK „Externe Unternehmensrechnung" der Schmalenbach-Gesellschaft – Deutsche Gesellschaft für Betriebswirtschaft e.V., S. 83; *Förschle/Deubert* in BeBiKo[7], § 301, Rn. 308; *Baetge/Herrmann*, WPg 1995, S. 225; a.A. *Dusemond/Weber/Zündorf* in HdKonzernR[2], § 301, Rn. 371; *Oser*, WPg 1995, S. 266.
620 Vgl. DRS 4.45; zu den Konsolidierungsmaßnahmen im Einzelnen ADS[6], § 301, Tz. 262-264.

Equity-Methode erfolgt keine erneute Erwerbsbilanzierung, d.h. die fortgeschriebenen stillen Reserven und Lasten sowie ein ggf. noch vorhandener Geschäfts- oder Firmenwert werden anteilig in der für die Equity-Bewertung notwendigen statistischen Nebenrechnung fortgeführt[621].

cc) Übergang auf die Anschaffungskostenbewertung

Beim Übergang auf die Anschaffungskostenbewertung sind die **verbleibenden Anteile** im KA nicht mit anteiligen fortgeführten AK aus dem JA des MU anzusetzen, sondern nach DRS 4.49 mit dem **anteiligen Reinvermögen zu Konzernbilanzbuchwerten**. Entgegen der bisherigen h.M.[622] ist somit der Übergang auf die Anschaffungskostenbewertung hinsichtlich der nicht veräußerten Anteile auch erfolgsneutral, so dass zum Übergangszeitpunkt kein Unterschied zwischen einem Wechsel auf die Equity-Methode oder die Anschaffungskostenbewertung besteht[623].

451

9. Schuldenkonsolidierung

a) Grundsatz

Unter Schuldenkonsolidierung versteht man die **Aufrechnung der Forderungen und Schulden** zwischen den in die Konsolidierung einbezogenen Unternehmen. Ihre sachliche Berechtigung findet die Schuldenkonsolidierung in der Einheitstheorie; gesetzliche Grundlage ist § 303 Abs. 1 HGB: „Ausleihungen und andere Forderungen, Rückstellungen und Verbindlichkeiten zwischen den in den KA einbezogenen Unternehmen sowie entsprechende RAP sind wegzulassen."

452

Die **Begriffe Forderungen und Verbindlichkeiten** sind nicht in dem engen bilanztechnischen Sinne des § 266 HGB zu verstehen, sondern weit auszulegen, so dass auch ausstehende **Einlagen, Anzahlungen, Wechselforderungen, Guthaben bei Kreditinstituten, sonstige Vermögensgegenstände** sowie **Eventualverbindlichkeiten** grds. zu eliminieren sind. Hiervon ausgenommen sind marktgängige Anleihen, die von einem anderen einbezogenen Unternehmen erworben wurden, solange die Wiederveräußerung an Dritte möglich ist[624].

453

Für die Notwendigkeit der Schuldenkonsolidierung kommt es grds. nicht darauf an, ob sich im Einzelfall Forderungen und Schulden in gleicher Höhe oder überhaupt gegenüberstehen. So stehen z.B. i.d.R. konzerninternen Rückstellungen keine Forderungen gegenüber. Allerdings muss aus dem System heraus eine Aufrechnung prinzipiell möglich sein. Diese Voraussetzung ist nicht gegeben, wenn ein assoziiertes Unternehmen (§ 311 HGB) nach der Equity-Methode (§ 312 HGB) in den KA einbezogen wird. In diesem Falle entfällt auch die Konsolidierung der Haftungsverhältnisse. Im Prinzip möglich ist dagegen die Schuldenkonsolidierung bei Anwendung der Quotenkonsolidierung[625].

454

Dem allgemeinen Grundsatz der Wesentlichkeit entspr. darf auf die Schuldenkonsolidierung in den Fällen verzichtet werden, in denen dies keine Auswirkungen auf die geforderte Vermittlung eines den tatsächlichen Verhältnissen entsprechenden Bildes der Vermögens-, Finanz- und Ertragslage des Konzerns hat (§ 303 Abs. 2 HGB).

455

---

621 Vgl. hierzu im Einzelnen *Förschle/Deubert* in BeBiKo[7], § 301, Rn. 340-344.
622 Vgl. ADS[6], § 301, Tz. 283.
623 Vgl. DRS 4.51; *Förschle/Deubert* in BeBiKo[7], § 301, Rn. 350-351.
624 Vgl. ADS[6], § 303, Tz. 17; *Busse v. Colbe u.a.*, Konzernabschlüsse[9], S. 360.
625 Vgl. Tz. 599.

b) Rückstellungen

456 In den Einzelbilanzen (ggf. HB II) freiwillig oder zwingend angesetzte Rückstellungen werden grds. in die Konzernbilanz übernommen (§ 300 Abs. 2 HGB). Eine **Eliminierungspflicht** besteht jedoch für Rückstellungen, die zur Abdeckung von Verpflichtungen gegenüber anderen einbezogenen Unternehmen gebildet worden sind[626]. Aus der Sicht des Konzerns stehen diese Rückstellungen für Verbindlichkeiten gegenüber sich selbst. Sie müssen auch dann „weggelassen" (§ 303 Abs. 1 HGB) werden, wenn ihnen keine Forderungen bei konsolidierten Konzernunternehmen gegenüberstehen.

457 Ein **Weglassen innerkonzernlicher Rückstellungen** ist jedoch insoweit nicht möglich, als diese aus der Sicht des Konzerns einen anderen Charakter bekommen und daher aus anderen Gründen als denen, die ursprünglich zu ihrer Bildung geführt haben, beibehalten werden müssen. So kann z.b. eine **Rückstellung für Gewährleistungen** aus der Sicht des Konzerns den Charakter einer Rückstellung für unterlassene Reparaturen oder einer Wertberichtigung annehmen[627].

458 Die Beibehaltung einer Rückstellung kann auch dann notwendig sein, wenn die Rückstellung nur formell durch Geschäftsbeziehungen mit einem konsolidierten Unternehmen bedingt ist, materiell jedoch gegenüber einem Dritten besteht. So ist z.B. das Weglassen einer Rückstellung für drohende Verluste aus schwebenden Geschäften mit einem konsolidierten Unternehmen dann nicht zulässig, wenn das zur Lieferung verpflichtete Unternehmen (z.B. eine Konzerneinkaufsgesellschaft) seinerseits zu den gleichen Bedingungen einem konzernfremden Unternehmen verpflichtet ist und in seiner Bilanz das schwebende Geschäft nicht bilanziert ist. Ein ähnlicher Sachverhalt kann dann gegeben sein, wenn eine Garantierückstellung nur formell gegenüber einem konsolidierten Unternehmen, materiell aber gegenüber einem Dritten besteht[628].

c) Rechnungsabgrenzungsposten

459 Soweit der Bildung von RAP konzerninterne Schuldverhältnisse (z.B. Verrechnung von Zinsen, Mieten, Pachten) zugrunde liegen, besteht für sie eine Eliminierungspflicht nach § 303 Abs. 1 HGB. Dabei ist unerheblich, dass der Ausgleich von Anspruch und Verpflichtung nicht in Geld, sondern durch eine andere Leistung erfolgt. Schwierigkeiten können sich bei der **Konsolidierung eines Disagios** ergeben. Werden innerhalb des Konsolidierungskreises Darlehen (Anleihen, Hypotheken) mit einem Disagio gewährt, so ist der Schuldner verpflichtet, die Verbindlichkeit mit ihrem Erfüllungsbetrag zu passivieren (§ 253 Abs. 1 S. 2 HGB), während ihm freigestellt ist, das Disagio im Jahr der Entstehung der Verbindlichkeit voll als Aufwand zu behandeln oder zu aktivieren und abzuschreiben. Der Gläubiger wird im Allgemeinen seine Forderung mit dem Nominalbetrag ansetzen, ist dann jedoch verpflichtet, das Disagio passiv abzugrenzen und ratierlich aufzulösen. Infolge der Passivierungspflicht des Disagios beim Gläubiger und des Aktivierungswahlrechts beim Schuldner sowie der ggf. unterschiedlichen Auflösung werden sich häufig aktives und passives Disagio nicht in gleicher Höhe gegenüberstehen. Durch das „Weglassen" beider Posten entsteht dann ein aktiver oder passiver Überhang, der im Zuge der erfolgswirksamen Schuldenkonsolidierung zu verrechnen ist.

---

[626] Vgl. *Busse v. Colbe u.a.*, Konzernabschlüsse⁹, S. 361; HdJ, Abt. V/4, Rn. 30 sowie *Wiedmann*, Bilanzrecht², § 303, Rn. 18.

[627] Vgl. *Busse v. Colbe u.a.*, Konzernabschlüsse⁹, S. 361-362.

[628] Vgl. *Busse v. Colbe u.a.*, Konzernabschlüsse⁹, S. 362; AK „Externe Unternehmensrechnung" der Schmalenbach-Gesellschaft – Deutsche Gesellschaft für Betriebswirtschaft e.V., S. 89; ADS⁶, § 303, Tz. 16.

Dasselbe gilt, wenn der Gläubiger die Forderung nur mit dem Ausgabebetrag aktiviert und **460** den jährlichen Anteil aus der Differenz zwischen Ausgabe- und Rückzahlungskurs durch Aufstockung der Forderung vereinnahmt[629].

Nach den gleichen Grundsätzen ist sinngemäß zu verfahren, wenn vertraglich bei Fällig- **461** keit des Darlehens die Zahlung eines Aufgeldes (Agio) vorgesehen ist.

d) Eventualverbindlichkeiten und Haftungsverhältnisse

Eventualverbindlichkeiten und **Haftungsverhältnisse**, die nach § 251 i.V.m. § 268 **462** Abs. 7 HGB unter der Einzelbilanz zu vermerken sind, müssen auch unter der Konzernbilanz **vermerkt** werden (§ 298 Abs. 1 HGB). Das setzt voraus, dass auch die in die Konsolidierung einbezogenen Unternehmen, die nicht die Rechtsform einer KapGes. haben, ihre Haftungsverhältnisse in entsprechender Aufgliederung (§ 268 Abs. 7 HGB) dem MU mitteilen.

Die **Haftungsverhältnisse** der konsolidierten Unternehmen dürfen jedoch nicht generell **463** additiv in den KA übernommen werden, sondern unterliegen grds. wie alle anderen Posten des JA der Eliminierungspflicht. Die Verpflichtung ergibt sich für die Eventualverbindlichkeiten – wie für andere Verbindlichkeiten – aus § 303 Abs. 1 HGB und für alle anderen Haftungsverhältnisse – sowie für die Eventualverbindlichkeiten ergänzend – aus § 297 Abs. 3 HGB. Danach ist im KA die Vermögens-, Finanz- und Ertragslage der einbezogenen Unternehmen so darzustellen, als ob diese insgesamt ein (rechtlich) einheitliches Unternehmen wären. Daher müssen alle Vermerke unter der Bilanz entfallen, die aus dem Rechtsverkehr der konsolidierten Unternehmen untereinander entstanden sind.

Der Vermerk des **Wechselobligos** (§ 251 HGB) muss insoweit entfallen, als sich Wechsel, **464** die von einem einbezogenen Unternehmen ausgestellt oder indossiert worden sind, in der Hand eines anderen konsolidierten Unternehmens befinden. Dasselbe gilt, wenn bei einem einbezogenen Unternehmen die Wechsel als Wechselverbindlichkeiten auszuweisen sind. Dabei ist unerheblich, ob in der Indossantenkette auch konzernfremde Dritte sind[630, 631].

Bürgschaften und **Gewährleistungsverträge** (§ 251 HGB) von konsolidierten Unter- **465** nehmen gegenüber anderen einbezogenen Unternehmen dürfen in der Konzernbilanz nicht vermerkt werden, weil diese Verpflichtungen aus der Sicht des Konzerns eine Verpflichtung gegenüber sich selbst bedeuten. Dies gilt unabhängig davon, ob die Bürgschaft (bzw. der Gewährleistungsvertrag) für Verbindlichkeiten eines ebenfalls in den KA einbezogenen Unternehmens geleistet worden ist.

Leisten einbezogene Unternehmen Bürgschaften für die Verbindlichkeiten anderer ein- **466** bezogener Unternehmen gegenüber konzernfremden Dritten, so muss im KA der Vermerk der Bürgschaft unterbleiben, da die ihr zugrunde liegende Hauptschuld bereits unter den Passiven des Konzerns ausgewiesen wird und darüber hinaus für den Konzern keine Verbindlichkeit besteht. Wird ceteris paribus ein Gewährleistungsvertrag geschlossen oder eine **Patronatserklärung** abgegeben, so hängt die Behandlung im KA davon ab, inwieweit das Garantieversprechen eine über den Rahmen der Hauptschuld wesentlich hinausgehende wirtschaftliche Belastung für den Konzern bedeutet. Liegt eine solche Belastung vor, ist der Vermerk nach den allgemeinen Grundsätzen in die Konzernbilanz zu über-

---

629 So z.B. die Handhabung bei Zero-Bonds. Vgl. *IDW St/HFA 1/1986; Bordewin*, WPg 1986, S. 263.
630 Zu den Schwierigkeiten der Erfassung vgl. ADS[6], § 266, Tz. 231.
631 Zur Angabepflicht des Wechselobligos gegenüber nichtkonsolidierten TU im Anh. (§ 314 Abs. 1 Nr. 2a 2. Hs. HGB) vgl. Tz. 764.

nehmen – unabhängig davon, ob es sich aus der Sicht des Konzerns um Garantien für eigene Verbindlichkeiten handelt[632]. Ist diese Voraussetzung nicht erfüllt, muss der Vermerk entfallen.

467 Auch Vermerke aus der **Bestellung von Sicherheiten** für fremde Verbindlichkeiten (§§ 251, 268 Abs. 7 HGB) wie Sicherungsübertragungen, Bestellung von Pfandrechten an beweglichen Sachen, Bestellung von Grundpfandrechten u.ä. dürfen nicht in die Konzernbilanz übernommen werden, wenn die Begünstigten aus diesen Haftungsverhältnissen ebenfalls in den KA einbezogene Unternehmen sind. Ob die gesicherte Verbindlichkeit von einem einbezogenen Unternehmen oder einem Dritten geschuldet wird, ist dann unerheblich. Aus der Sicht der **Einheitstheorie** bestellt der Konzern sich in allen diesen Fällen selbst eine Sicherheit. Haften konsolidierte Unternehmen Dritten aus der Bestellung von Sicherheiten für Verbindlichkeiten anderer Dritter, so handelt es sich aus der Sicht des Konzerns um eine Haftung für eine fremde Verbindlichkeit. Die Haftung ist folglich als Bilanzvermerk in die Konzernbilanz zu übernehmen (§ 251 i.V.m. § 298 Abs. 1 HGB). Ist der Dritte ein nichtkonsolidiertes TU, so ist dies im KAnh. anzugeben (§ 314 Abs. 1 Nr. 2 2. Hs. HGB), sofern dies nicht bereits freiwillig im Bilanzvermerk (z.B. „davon gegenüber nicht konsolidierten TU") geschehen ist. Haften konsolidierte Unternehmen Dritten aus der Bestellung von Sicherheiten für Verbindlichkeiten anderer konsolidierter TU, so ist ein Vermerk unter der Bilanz nach § 251 i.V.m. § 298 Abs. 1 HGB nicht erforderlich, da in diesem Falle die Verbindlichkeit als solche in der Konzernbilanz enthalten ist. Allerdings muss dann die Besicherung der Verbindlichkeit im KAnh. angegeben werden (§ 314 Abs. 1 Nr. 1 2. Hs. HGB)[633].

468 Haften mehrere einbezogene Unternehmen nebeneinander für die Verbindlichkeit eines anderen einbezogenen Unternehmens und liegt insoweit eine „Übersicherung" der Verbindlichkeit vor, so ist der Vermerk nur in der Höhe anzugeben, in der der Konzern höchstens haftet.

e) Drittschuldverhältnisse

469 Drittschuldverhältnisse (Fremdschuldverhältnisse) liegen dann vor, wenn konzernfremde Dritte gegenüber verschiedenen Unternehmen des Konsolidierungskreises gleichzeitig Forderungen und Verbindlichkeiten haben. Als Drittunternehmen gelten auch die nach § 296 HGB nicht einbezogenen Unternehmen; unbeschadet dessen liegen aus der Sicht des Konzerns als wirtschaftlicher Einheit (§ 297 Abs. 3 HGB) Forderungen und Verbindlichkeiten gegenüber demselben Dritten vor. Es entspricht daher der Einheitstheorie, die verrechenbaren Drittschuldverhältnisse mit in die Schuldenkonsolidierung einzubeziehen[634].

470 Das HGB verlangt jedoch nur eine Konsolidierung von Forderungen und Verbindlichkeiten „zwischen den in den KA einbezogenen Unternehmen". Zu einer Konsolidierung von Drittschuldverhältnissen besteht demnach keine Verpflichtung. Gegen eine **freiwillige Konsolidierung** von Drittschuldverhältnissen bestehen dagegen keine Bedenken, soweit dabei die Grenzen, die § 246 Abs. 2 HGB einer Saldierung von Forderungen und Verbindlichkeiten in der Einzelbilanz setzt[635], nicht überschritten werden[636].

---

[632] Vgl. auch *Busse v. Colbe u.a.*, Konzernabschlüsse[9], S. 364; ADS[6], § 303, Tz. 22.
[633] Vgl. im Einzelnen Tz. 733.
[634] Vgl. ADS[6], § 303, Tz. 29; *Busse v. Colbe u.a.*, Konzernabschlüsse[9], S. 363.
[635] Vgl. § 387 BGB.
[636] Vgl. *Busse v. Colbe u.a.*, Konzernabschlüsse[9], S. 363, unter Hinweis auf a.A. zur Rechtslage vor 1965; ADS[6], § 303, Tz. 30; *Winkeljohann/Beyersdorff* in BeBiKo[7], § 303, Rn. 32.

f) Erfolgswirksame Schuldenkonsolidierung

Im Normalfall der Schuldenkonsolidierung stehen sich Forderungen und Verbindlichkeiten in gleicher Höhe gegenüber. Das „Weglassen" (§ 303 Abs. 1 HGB) ist erfolgsneutral und konsolidierungstechnisch unproblematisch. Nicht selten jedoch weichen konsolidierungspflichtige Forderungen und Verbindlichkeiten voneinander ab, wobei in aller Regel der Wertansatz der Forderungen unter dem der Verbindlichkeiten liegt. Die Gründe dafür können z.b. darin liegen, dass der Gläubiger Ausleihungen mit einem niedrigeren Wertansatz gem. § 253 Abs. 3 HGB angesetzt oder unverzinsliche Darlehen auf den Barwert abgezinst hat, während die entsprechenden Verbindlichkeiten beim Schuldner zum Erfüllungsbetrag passiviert sind. 471

Im Falle des konzernintern mit **Disagio** gewährten Darlehens übersteigt der Buchwert der Verbindlichkeit den der Forderung dann, wenn der Gläubiger bei Hingabe des Darlehens das Disagio nicht passiv abgrenzt, sondern das Darlehen mit dem Auszahlungsbetrag bilanziert und den Buchwert direkt über die Laufzeit verteilt aufstockt, während der Schuldner das Disagio sofort als Aufwand behandelt (§ 250 Abs. 3 HGB)[637]. 472

Weiterhin können **Forderungen** an einbezogene Unternehmen, die zum Umlaufvermögen des Gläubigers zählen, nach dem Niederstwertprinzip nach § 253 Abs. 3 S. 1 HGB abgewertet sein. **Konzerninternen Rückstellungen** werden nur in Ausnahmefällen Forderungen anderer einbezogener Unternehmen gegenüberstehen. 473

Der Umkehrfall, dass konzerninterne Forderungen die entsprechenden Verbindlichkeiten übersteigen, dürfte nur ausnahmsweise eintreten, da der Schuldner stets den Erfüllungsbetrag der Schuld bilanziert und für den Gläubiger die AK der Forderung die Obergrenze der Bewertung bilden (Ausnahme: Obligationen eines einbezogenen Unternehmens, die ein anderes einbezogenes Unternehmen zu einem Überparikurs erworben hat). 474

Unabhängig davon, ob und in welcher Höhe ein Gegenposten vorhanden ist, sind Forderungen und Verbindlichkeiten nach § 303 Abs. 1 HGB „wegzulassen"; dies hat grds. ein „Ausbuchen" der aktiven und passiven Restbeträge zur Folge. Die Restbeträge werden dadurch ergebniswirksam, wobei je nachdem, ob es sich um eine erstmalige oder wiederholte Verrechnung des Restbetrages handelt, zwischen einer Beeinflussung des **Jahresergebnisses** einerseits und des **Ergebnisvortrages** oder der **Gewinnrücklagen** des Konzerns andererseits zu unterscheiden ist[638]. 475

Nicht um Restbeträge handelt es sich bei Differenzen zwischen konzerninternen Forderungen und Verbindlichkeiten, die sich aus buchungstechnischen Abweichungen ergeben (z.B. **zeitliche Buchungsunterschiede**). Diese Beträge sind nicht erfolgswirksam zu verrechnen, sondern bei der Konsolidierung anzupassen. Zweckmäßigerweise sollten solche Differenzen bereits bei Aufstellung der Einzelbilanzen festgestellt und berichtigt werden. 476

g) Erstmalige Schuldenkonsolidierung

Bei der erstmaligen erfolgswirksamen Schuldenkonsolidierung kann das Jahresergebnis des Konzerns in außergewöhnlichem Umfang beeinflusst werden. Dadurch könnte die Vergleichbarkeit mit anderen Abschlüssen beeinträchtigt werden. Daher kann der Unterschiedsbetrag aus der Schuldenkonsolidierung nach dem Stand zu Beginn des Konzern-GJ erfolgsneutral in die **Gewinnrücklagen** eingestellt oder mit diesen offen verrechnet 477

---

637 Zum konzerninternen Disagio vgl. Tz. 459.
638 Vgl. Tz. 673.

werden. Dieser Betrag ist nicht Bestandteil des Jahresergebnisses[639]. Ergebniswirksam wird dann nur die auf das Konzern-GJ entfallende Veränderung des Unterschiedsbetrages.

10. Berücksichtigung latenter Steuern aus der Konsolidierung

a) Grundsatz

478 Durch das BilMoG erfolgt bei der Berücksichtigung latenter Steuern im handelsrechtlichen KA ein Wechsel vom GuV-orientierten Konzept (timing-Konzept) auf das international übliche **bilanzorientierte Konzept** (temporary-Konzept)[640]. Die Änderungen in § 306 HGB korrespondieren mit der Neufassung des § 274 HGB[641], so dass für den handelsrechtlichen JA und KA nach wie vor ein einheitliches Konzept zur Berücksichtigung latenter Steuern zur Anwendung kommt. Während nach dem bisherigen GuV-orientierten Konzept die periodengerechte Erfolgsermittlung im Vordergrund stand, verfolgt das bilanzorientierte Konzept primär die zutreffende Darstellung der Vermögenslage[642].

479 Nach der bilanzorientierten Methode sind grds. alle temporären Bilanzierungs- und Bewertungsdifferenzen zwischen den handelsrechtlichen Wertansätzen und den entsprechenden steuerlichen Werten in die Ermittlung der latenten Steuern einzubeziehen. Die bilanzorientierte Methode umfasst im Gegensatz zum GuV-orientierten Konzept auch **quasi-permanente Differenzen**, d.h. Differenzen, die zwar zeitlich begrenzt sind, aber deren Umkehrzeitpunkt bzw. -zeitraum von den Entscheidungen des Unternehmens abhängig ist und sich so ggf. erst bei Verkauf der betreffenden Vermögensgegenstände oder bei Liquidation des Unternehmens umkehren[643].

480 Durch die konzeptionelle Änderung wird nicht mehr auf Ergebnisdifferenzen, sondern auf Bilanzunterschiede abgestellt, so dass zukünftig auch latente Steuern auf **erfolgsneutral entstandene Differenzen** zu erfassen sind. Hieraus ergibt sich im Vergleich zum bisherigen GuV-orientierten Konzept ein wesentlicher Unterschied hinsichtlich des Umfangs der Berücksichtigung latenter Steuern im KA, da zukünftig zwingend latente Steuern auf erfolgsneutral entstandene Differenzen aus der Erstkonsolidierung zu ermitteln sind[644].

481 Ferner sind nach § 274 Abs.1 S. 4 HGB zukünftig auch **steuerliche Verlustvorträge und Zinsvorträge** bei der Berechnung der aktiven latenten Steuern zu berücksichtigen, sofern sich die daraus resultierenden Vorteile innerhalb der nächsten fünf Jahre[645] voraussichtlich realisieren lassen[646]. Für den KA waren nach DRS 10[647] allerdings bereits in der Vergangenheit aktive latente Steuern auf steuerliche Verlustvorträge und Steuergutschriften

---

639 Wegen weiterer Einzelheiten sowie anderer Möglichkeiten vgl. die Erläuterungen Tz. 340, die sinngemäß gelten.
640 Vgl. Begr. RegE BilMoG, BT-Drs. 16/10067, S. 83.
641 Vgl. F Tz. 170 u. 179.
642 Vgl. ausführlich ADS⁶, § 274, Tz. 11-15; *Kühne/Melcher/Wesemann*, WPg 2009, S. 1005/1006; *Küting/Seel* in Küting/Pfitzer/Weber, Bilanzrecht², S. 502.
643 Vgl. ADS International, Abschn. 20, Tz. 51; *Wendholt/Wesemann*, DB 2009, Beil. Nr. 5 zu Heft 23, S. 64/66.
644 Vgl. Begr. RegE BilMoG, BT-Drs. 16/10067, S. 83.
645 Zur Reduktion eines verbleibenden Passivüberhangs können nach h.M. auch solche steuerlichen Verlustvorträge berücksichtigt werden, deren Verrechenbarkeit erst nach Ablauf von fünf Jahren zu erwarten ist. Vgl. DRS 18.22, Begründung A5; *Kühne/Melcher/Wesemann*, WPg 2009, S. 1057/1058.
646 Vgl. ausführlich F Tz. 186.
647 Der Deutschen Rechnungslegungsstandard Nr. 10 (DRS 10) „Latente Steuern im Konzernabschluss" wurde durch den Deutschen Rechnungslegungs Änderungsstandard Nr. 4 (DRÄS 4) vom 04.02.2010 außer Kraft gesetzt.

anzusetzen, sofern der damit verbundene Steuervorteil mit hinreichender Wahrscheinlichkeit realisiert werden konnte[648].

Die Ermittlung latenter Steuern im handelsrechtlichen KA lässt sich auch nach der Neufassung des § 306 HGB in einen **dreistufigen Prozess** unterteilen[649]. Die nationalen JA (HB I – erste Stufe) werden auf die HB II nach den handelsrechtlichen Bilanzierungs- und Bewertungsvorschriften des Konzerns übergeleitet (HB II – zweite Stufe). Auf der dritten Stufe werden latente Steuern aus Konsolidierungsmaßnahmen nach § 306 HGB berücksichtigt. 482

Die Abgrenzung latenter Steuern auf temporäre Differenzen aus der HB I (erste Stufe) und aus der Anpassung an die konzerneinheitlichen Bilanzierungs- und Bewertungsvorschriften in der HB II (zweite Stufe) erfolgt nach § 298 Abs.1 i.V.m. § 274 HGB[650]. Latente Steuern, die aufgrund von **Bewertungsanpassungen**[651] gem. § 308 HGB im JA entstehen, sind nicht im Rahmen der Konsolidierung, sondern bereits in der HB II zu berücksichtigen. Sie sind als Maßnahmen des fünften Titels vom Wortlaut des § 306 HGB nicht erfasst. 483

Fraglich ist, ob auch die **Anpassung des Bilanzansatzes** (§ 300 HGB) den Konsolidierungsmaßnahmen i.S.v. § 306 S. 1 HGB zuzurechnen ist oder wie die Bewertung (§ 308 HGB) in den Bereich der HB II gehört. § 300 HGB gehört formell zum vierten Titel und damit nach dem Wortlaut des Gesetzes auch zu den Maßnahmen mit Folgewirkungen für die Berücksichtigung latenter Steuern nach § 306 HGB. Inhaltlich gehört diese Vorschrift jedoch wie § 308 HGB in den Bereich der HB II. Sie ist daher auch wie § 308 HGB zu behandeln, da ansonsten Vorschriften mit gleichen materiellen Konsequenzen für die Aussagefähigkeit des KA unterschiedlich behandelt werden[652]. 484

Der Anwendungsbereich der dritten Stufe der Berücksichtigung latenter Steuern nach § 306 HGB im KA erstreckt sich somit lediglich auf **Konsolidierungsmaßnahmen** einschließlich der Aufdeckung der stillen Reserven und Lasten bei der Erstkonsolidierung[653]. Dabei sind als Maßnahmen solche Konsolidierungstechniken zu verstehen, die in den §§ 300-307 HGB geregelt sind (§ 306 S. 1 HGB)[654]. Dasselbe gilt für andere Konsolidierungsmaßnahmen wie Gewinnübernahmen im Konsolidierungskreis[655], die sich aus § 297 Abs. 3 S. 1 HGB ergeben, ohne dass sie formell bei den §§ 300-307 HGB aufgezählt sind. Sie sind jedoch als Maßnahmen der Aufwands- und Ertragskonsolidierung (§ 305 HGB) indirekt erfasst[656]. 485

Die Differenzierung zwischen den drei verschiedenen Stufen der Berücksichtigung latenter Steuern ist von Bedeutung, da nach § 306 S. 1 HGB für latente Steuern aufgrund von Konsolidierungsmaßnahmen eine **Aktivierungs- und Passivierungspflicht** besteht, während für die Aktivierung eines Überhangs von aktiven latenten Steuern, die auf temporäre Differenzen aus der HB I oder aus der Anpassung an die konzerneinheitlichen Bilanzierungs- und Bewertungsvorschriften in der HB II beruhen, nach § 274 Abs. 1 S. 2 486

---

648 Vgl. DRS 10.11-14.
649 Vgl. Begr. RegE BilMoG, BT-Drs. 16/10067, S. 83.
650 So auch bereits bisher ADS[6], § 306, Tz. 25 sowie *Küting/Seel* in Küting/Pfitzer/Weber, Bilanzrecht[2], S. 524; *Kozikowski/Fischer* in BeBiKo[7], § 306, Rn. 7; *Gelhausen/Fey/Kämpfer*, BilMoG, Q, Rn. 282.
651 Vgl. Tz. 306 ff.
652 Vgl. die Ausführungen in Tz. 558, die hier sinngemäß gelten.
653 Vgl. im Detail Tz. 482.
654 Drittes Buch, zweiter Abschn., zweiter Unterabschn., vierter Titel HGB.
655 Vgl. Tz. 636.
656 Vgl. Tz. 513 ff. zur Abgrenzung latenter Steuern bei phasenverschobenen Ergebnisübernahmen.

HGB ein **Ansatzwahlrecht**[657] besteht. Das Aktivierungswahlrecht des § 274 Abs. 1 S. 2 HGB kann nach § 300 Abs. 2 S. 2 HGB im KA unabhängig von der Ausübung im handelsrechtlichen JA der einbezogenen Unternehmen einheitlich neu ausgeübt werden[658]. Zu beachten ist in diesem Zusammenhang allerdings, dass eine unterschiedliche Ausübung des Aktivierungswahlrechts für den Überhang an aktiven latenten Steuern aus der ersten Stufe (HB I) und der zweiten Stufe (HB II) nicht sachgerecht ist[659].

487 Während sich die Verpflichtung zum Ansatz aktiver latenter Steuern nach DRS 10 auch auf temporäre Differenzen aus der HB I (erste Stufe) und aus der Anpassung an die konzerneinheitlichen Bilanzierungs- und Bewertungsvorschriften in der HB II (zweite Stufe) erstreckte, wird das handelsrechtliche Aktivierungswahlrecht nach § 274 Abs. 1 S. 2 HGB durch **DRS Nr. 18 „Latente Steuern"**[660] nicht mehr eingeschränkt[661].

488 Die Währungsumrechnung ist der Anpassung an die konzerneinheitlichen Bilanzierungs- und Bewertungsmethoden zuzuordnen, so dass grds. die Regelungen zur Berücksichtigung latenter Steuern nach § 298 Abs.1 i.V.m. § 274 HGB anzuwenden sind[662]. Temporäre Differenzen, die sich aus der **Währungsumrechnung** ergeben, sind als sog. Outside Basis Differences einzustufen[663]. Im Gegensatz zu § 306 S. 4 HGB existiert in § 274 HGB keine explizite Ausnahmeregelung für die Berücksichtigung latenter Steuern auf sog. Outside Basis Differences. Nach dem Sinn und Zweck der durch den Gesetzgeber in § 306 HGB aufgenommenen Ausnahme[664] sind jedoch auch für konzernspezifische Effekte aus der Währungsumrechnung keine latenten Steuern abzugrenzen[665]. Dies sieht auch der DRS 18 so vor[666].

489 **Voraussetzungen** für die Abgrenzung latenter Steuern aus Konsolidierungsmaßnahmen nach § 306 S. 1 HGB, die kumulativ erfüllt sein müssen, sind:

– Es gibt Differenzen zwischen den handelsrechtlichen Wertansätzen der Vermögensgegenstände, Schulden oder RAP und deren steuerlichen Wertansätzen,
– die Differenzen sind auf Konsolidierungsmaßnahmen nach §§ 300-307 HGB zurückzuführen,
– die Differenzen müssen sich in späteren GJ voraussichtlich wieder abbauen und
– die Differenzen führen insgesamt zu einer künftigen Steuerbelastung (passive latente Steuer) oder zu einer künftigen Steuerentlastung (aktive latente Steuer).

490 Latente Steuern aus der Konsolidierung sind voraussichtliche künftige Steuerbe- oder -entlastungen einer Periode, die sich aufgrund temporärer Abweichungen zwischen dem Ansatz in der Konzernbilanz und den Bilanzansätzen in der HB II der einbezogenen Unternehmen ergeben.

---

657 Vgl. F Tz. 178 u. 199 zum Ansatzwahlrecht nach § 274 Abs. 1 S. 2 HGB.
658 Vgl. Tz. 257.
659 Vgl. *Kühne/Melcher/Wesemann*, WPg 2009, S. 1057/1063.
660 Deutscher Rechnungslegungs Standard Nr. 18 (DRS 18) „Latente Steuern" des DRSC vom 08.06.2010.
661 Vgl. DRS 10.10 und DRS 18.14.
662 So auch *Kozikowski/Fischer* in BeBiKo[7], § 306, Rn. 9; *Küting/Weber*, Konzernabschluss[12], S. 258; *Gelhausen/Fey/Kämpfer*, BilMoG, Q, Rn. 283.
663 Vgl. *Oser/Mojadadr/Wirth*, KoR 2008, S. 575/580 m.w.N.; *Kozikowski/Leistner* in BeBiKo[7], § 308a, Rn. 157.
664 Vgl. Begr. Beschlussempf. BilMoG, BT-Drs. 16/12407, S. 90.
665 So auch *Oser/Mojadadr/Wirth* in Küting/Pfitzer/Weber, Bilanzrecht[2], S. 460; *Kozikowski/Fischer* in BeBiKo[7], § 306, Rn. 102; *Zwirner/Künkele*, StuB 2009, S. 722/725; *Strickmann* in Kessler/Leinen/Strickmann, Handbuch BilMoG[2], S. 739.
666 Vgl. DRS 18.28-30.

Konzernbilanz

491 Eine **aktive latente Steuer** entsteht bei temporären Differenzen zwischen der Konzern- und Steuerbilanz, wenn diese künftig zu einer Steuerentlastung führen[667]. Dies ist dann der Fall, wenn

- Vermögensgegenstände in der Konzernbilanz niedriger bewertet sind als in der Steuerbilanz,
- Vermögensgegenstände in der Steuerbilanz, aber nicht in der Konzernbilanz angesetzt werden,
- Verbindlichkeiten in der Konzernbilanz höher bewertet sind als in der Steuerbilanz, oder
- Verbindlichkeiten in der Konzernbilanz, aber nicht in der Steuerbilanz angesetzt werden.

492 Führen temporäre Differenzen in den Bilanzansätzen zu einer künftigen Steuerbelastung, sind **passive latente Steuern** zu bilden. Dies ist dann der Fall, wenn

- Vermögensgegenstände in der Konzernbilanz höher bewertet sind als in der Steuerbilanz,
- Vermögensgegenstände in der Konzernbilanz, aber nicht in der Steuerbilanz angesetzt werden,
- Verbindlichkeiten in der Konzernbilanz niedriger bewertet sind als in der Steuerbilanz, oder
- Verbindlichkeiten in der Steuerbilanz, aber nicht in der Konzernbilanz angesetzt werden.

b) Temporäre Differenzen aus Konsolidierungsmaßnahmen

493 Temporäre Differenzen zwischen den handelsrechtlichen und steuerlichen Wertansätzen, die für die Berücksichtigung latenter Steuern nach § 306 HGB in Betracht kommen, können aus folgenden Konsolidierungsmaßnahmen entstehen:

aa) Kapitalkonsolidierung

494 Die Abgrenzung latenter Steuern nach § 306 HGB a.F. auf aufgedeckte stille Reserven und Lasten bei der **Erstkonsolidierung nach § 301 HGB** wurde nach dem bisherigen GuV-orientierten Timing-Konzept nach h.M. abgelehnt, weil es sich nicht um zeitlich begrenzte Ergebnisdifferenzen, sondern um quasi-permanente Differenzen handelt[668]. Stattdessen wurde die Bildung von latenten Steuern bei der Erstkonsolidierung als Konsequenz aus einer wirtschaftlich zutreffenden Bemessung der stillen Reserven und Lasten gefordert bzw. als zulässig erachtet[669]. Dagegen waren nach DRS 10 bereits in der Vergangenheit zeitliche Differenzen aus der Aufdeckung stiller Reserven und Lasten bei der Kapitalkonsolidierung bei der Abgrenzung latenter Steuern zwingend zu berücksichtigen[670].

495 Durch den konzeptionellen Wechsel vom GuV-orientierten Timing-Konzept zum bilanzorientierten Temporary-Konzept umfasst § 306 HGB zur Berücksichtigung latenter Steuern auch erfolgsneutral entstandene quasi-permanente Differenzen[671]. Folglich beinhaltet die Erfassung latenter Steuern nach § 306 HGB nun auch **temporäre Differenzen** aus

---

667 Vgl. *Küting/Seel* in Küting/Pfitzer/Weber, Bilanzrecht², S. 505.
668 Vgl. *v. Wysocki/Wohlgemuth*, Konzernrechnungslegung⁴, S. 207; ADS⁶, § 306, Tz. 26; *Förschle/Deubert* in BeBiKo⁶, § 301, Rn. 81.
669 Vgl. ADS⁶, § 301, Tz. 94; BeBiKo⁶, § 301, Rn. 81-82; *Busse v. Colbe u.a.*, Konzernabschlüsse⁹, S. 287 m.w.N.
670 Vgl. DRS 10.5 i.V.m. DRS 10.16.
671 Vgl. Tz. 478 ff.

erfolgsneutral aufgedeckten stillen Reserven und Lasten bei der **Kapitalkonsolidierung**, da die Konzernbilanzwerte durch die Neubewertung von den Werten in der Steuerbilanz abweichen und hieraus aus Konzernsicht künftige Steuerbe- oder -entlastungen resultieren[672].

496 Bei der Erstkonsolidierung erfolgt der Ansatz von latenten Steuern in der Neubewertungsbilanz, ebenso wie die Aufdeckung der zugrunde liegenden stillen Reserven und Lasten, **erfolgsneutral** und führt somit zu einer entsprechenden Erhöhung oder Verminderung des konsolidierungspflichtigen EK[673]. Die latenten Steuern haben insofern einen Einfluss auf den verbleibenden Geschäfts- oder Firmenwert bzw. passiven Unterschiedsbetrag aus der Kapitalkonsolidierung[674].

497 Nach § 306 S. 3 HGB dürfen latente Steuern auf den **Geschäfts- oder Firmenwert** bzw. den passiven Unterschiedsbetrag aus der Kapitalkonsolidierung entspr. dem bisher international üblichen Vorgehen nicht angesetzt werden. Dies wird damit begründet, dass der nach § 301 Abs. 3 HGB verbleibende Unterschiedsbetrag als Residualgröße zu interpretieren ist und eine Einbeziehung zu einer Aufblähung der latenten Steuern und des Geschäfts- oder Firmenwerts bzw. des passiven Unterschiedsbetrags führen würde[675]. Diese Differenzen bleiben auch in den Folgejahren unberücksichtigt, da ein entsprechender Ansatz in der Steuerbilanz fehlt und somit auch eine spätere Veränderung des Geschäfts- oder Firmenwerts, z.B. durch planmäßige Abschreibungen nach § 309 Abs. 1 i.V.m. § 253 Abs. 3 HGB, keinen Einfluss auf die Berücksichtigung latenter Steuern hat[676]. Liegt dagegen ein steuerlich abzugsfähiger Geschäfts- oder Firmenwert vor, so besteht nach DRS 18.25 ein Wahlrecht zur Bildung von latenten Steuern auf die temporären Differenzen zwischen dem Konsolidierungsgoodwill und dem steuerlichen Firmenwert[677].

498 Bei der Kapitalaufrechnung von **Personengesellschaften** sind Ergänzungsbilanzen beim steuerlichen Wertansatz grds. zu berücksichtigen[678]. Ergeben sich in diesem Zusammenhang aus der **Folgebewertung** Differenzen zwischen dem Geschäfts- oder Firmenwert in einer steuerlichen Ergänzungsbilanz und dem handelsrechtlichen Wertansatz, z.B. weil ein Geschäfts- oder Firmenwert steuerlich mit einer anderen Nutzungsdauer abgeschrieben wird, sind diese Differenzen in die Bilanzierung latenter Steuern einzubeziehen[679].

499 Dies gilt grds. auch für temporäre Differenzen aus dem **erstmaligen Ansatz** eines Geschäfts- oder Firmenwerts i.S.v. § 246 Abs. 1 S. 4 HGB im Zusammenhang mit einem **Asset Deal**, die sich durch eine vom Handelsrecht abweichende Verteilung des Kaufpreises auf die erworbenen Vermögensgegenstände und Schulden in der Steuerbilanz ergeben könnte, z.B. weil Drohverlustrückstellungen steuerlich nach § 5 Abs. 4a S. 1 EStG nicht angesetzt werden dürfen. In der Literatur wird es jedoch auch als sachgerecht und

---

672 Vgl. Begr. RegE BilMoG, BT-Drs. 16/10067, S. 83; *Küting/Seel* in Küting/Pfitzer/Weber, Bilanzrecht[2], S. 525.
673 Vgl. *Gelhausen/Fey/Kämpfer*, BilMoG, Q, Rn. 292.
674 Vgl. *Kühne/Melcher/Wesemann*, WPg 2009, S. 1057/1062.
675 Vgl. Begr. RegE BilMoG, BT-Drs. 16/10067, S. 83.
676 Vgl. *Kühne/Melcher/Wesemann*, WPg 2009, S. 1057/1063; *Küting/Seel* in Küting/Pfitzer/Weber, Bilanzrecht[2], S. 527.
677 Da DRS 18 offen lässt, in welcher Weise die latenten Steuern in diesem Fall zu ermitteln sind, wird es als zulässig erachtet, auf Verfahren zurückzugreifen, die sich bereits in der internationalen Rechungslegung etabliert haben. Vgl. hierzu im Detail *Loitz*, DB 2010, S. 2177/2182.
678 Vgl. ausführlich *Kozikowski/Fischer* in BeBiKo[7], § 306, Rn. 16; DRS 18.39.
679 Vgl. DRS 18.25; *Schurbohm-Ebneth/Zoeger*, DB 2009, Beil. Nr. 5 zu Heft 23, S. 53/56; *Kühne/Melcher/Wesemann*, WPg 2009, S. 1057/1061; *Gelhausen/Fey/Kämpfer*, BilMoG, Q, Rn. 309.

Konzernbilanz **M**

vertretbar angesehen, auf die sich ergebenden temporären Differenzen aus der Zugangsbewertung eines Geschäfts- oder Firmenwerts keine latenten Steuern anzusetzen[680].

Aktive latente Steuern auf **steuerliche Verlustvorträge und Zinsvorträge**, über die das erworbene TU im Erstkonsolidierungszeitpunkt bereits verfügt, können in der HB II nach §§ 300 Abs. 2 S. 1, 298 Abs.1 i.V.m. 274 Abs. 1 HGB grds. erfolgsneutral berücksichtigt werden, sofern innerhalb der nächsten fünf Jahre eine Verrechenbarkeit zu erwarten ist[681]. Allerdings besteht nach § 274 Abs. 1 S. 2 und 4 HGB bei einem Überhang an aktiven latenten Steuern auch in diesem Fall ein Aktivierungswahlrecht für den aktiven Saldo, welches dem Gebot der Ansatzstetigkeit nach § 246 Abs. 3 HGB unterliegt[682]. Aufgrund der **Verlustabzugsbeschränkung** nach § 8c KStG ist jedoch zu berücksichtigen, dass mit einem Unternehmenserwerb auch ein anteiliger oder voller Untergang der bestehenden steuerlichen Verlustvorträge und Zinsvorträge[683] des TU einhergehen kann, so dass ein Ansatz von aktiven latenten Steuern bei der Erstkonsolidierung insoweit nicht möglich ist[684]. **500**

Im Gegensatz dazu dürfen **Verlustvorträge** des erwerbenden Unternehmens oder Verlustvorträge auf der Ebene anderer bereits konsolidierter Unternehmen, die durch den Erwerb und die damit verbundenen Gewinnerwartungen **erstmals nutzbar** werden, bei der Kapitalkonsolidierung nicht berücksichtigt werden, da es sich hierbei nicht um Vermögensgegenstände des erworbenen TU handelt[685]. Die Aktivierung dieser latenten Steuern hat stattdessen nach § 274 Abs. 1 S. 4 HGB erfolgswirksam bei demjenigen Konzernunternehmen zu erfolgen, bei dem der Verlustvortrag besteht[686]. **501**

Aufgrund fehlender expliziter **Übergangsregelungen** führen die Änderungen des § 306 HGB durch das BilMoG grds. zu einer retrospektiven Anpassung aller historischen Erstkonsolidierungen, sofern bisher entgegen DRS 10 keine latenten Steuern berücksichtigt wurden[687]. Aus Vereinfachungsgründen wird es allerdings auch als zulässig erachtet, für alle im Übergangszeitpunkt noch verbleibenden Restbuchwerte stiller Reserven und Lasten latente Steuern erfolgsneutral durch Verrechnung mit den Gewinnrücklagen zu bilden und in den Folgejahren fortzuschreiben[688]. **502**

bb) Eliminierung von Zwischenergebnissen

Durch die **Eliminierung von Zwischenergebnissen** wird der Konzernerfolg um die aus Konzernsicht nicht realisierten Erfolgsbeiträge korrigiert, die in der Einzel-GuV enthalten sind. Die dadurch entstehenden Differenzen zwischen den Wertansätzen in der handelsrechtlichen Konzernbilanz und den steuerlichen Wertansätzen sind zeitlich begrenzt, wenn die Eliminierungen der Zwischenergebnisse das Umlaufvermögen oder das abnutzbare AV betreffen. Mit dem Verkauf bzw. Verbrauch werden die Eliminierungen rea- **503**

---

680 Vgl. *Kühne/Melcher/Wesemann*, WPg 2009, S. 1057/1061; *Gelhausen/Fey/Kämpfer*, BilMoG, Q, Rn. 308.
681 Vgl. Begr. RegE BilMoG, BT-Drs. 16/10067, S. 81.
682 Vgl. DRS 18.12; *Kühne/Melcher/Wesemann*, WPg 2009, S. 1057/1062.
683 § 8c KStG ist nach § 4h EStG i.V.m. § 8a KStG auf Zinsvorträge entspr. anzuwenden.
684 Vgl. *Gelhausen/Fey/Kämpfer*, BilMoG, Q, Rn. 197.
685 Vgl. Begr. RegE BilMoG, BT-Drs. 16/10067, S. 81.
686 Vgl. Begr. RegE BilMoG, BT-Drs. 16/10067, S. 81; *Küting/Seel* in Küting/Pfitzer/Weber, Bilanzrecht², S. 527.
687 Vgl. *Gelhausen/Fey/Kämpfer*, BilMoG, Q, Rn. 330-339 für eine ausführliche Darstellung der Übergangsvorschriften in Bezug auf die Änderungen des § 306 HGB.
688 Vgl. *Oser/Reichart/Wirth* in Küting/Pfitzer/Weber, Bilanzrecht², S. 428; *Küting/Seel* in Küting/Pfitzer/Weber, Bilanzrecht², S. 531; *Gelhausen/Fey/Kämpfer*, BilMoG, Q, Rn. 338.

lisiert. Insoweit ist im Fall eines zu eliminierenden Zwischengewinns grds. eine aktive und für den Fall der Eliminierung von Zwischenverlusten eine passive latente Steuer zu bilden.

504 Dagegen entstehen **quasi-permanente Differenzen**, wenn die Eliminierung das nicht abnutzbare AV betrifft. Die Eliminierung wird dann im Extremfall erst mit dem Verkauf oder der Liquidation des Unternehmens realisiert. Diese Differenzen wurden bei der Steuerabgrenzung vor der Änderung durch das BilMoG nach h.M. so lange nicht berücksichtigt, wie mit einer Veräußerung an Dritte nicht gerechnet werden konnte[689]. Dagegen waren bereits in der Vergangenheit nach DRS 10.5 i.d.F. vor BilMoG auch quasi-permanente Differenzen bei der Abgrenzung latenter Steuern zu berücksichtigen. Das BilMoG führte zur Umstellung auf das international übliche bilanzorientierte Konzept zur Abgrenzung latenter Steuern, so dass nun auch auf quasi-permanente Differenzen zwingend latente Steuern zu bilden sind[690].

cc) Schuldenkonsolidierung

505 Stehen sich im Rahmen der **Schuldenkonsolidierung** zu verrechnende Forderungen und Verbindlichkeiten nicht in gleicher Höhe gegenüber, ist die Konsolidierung i.d.R. erfolgswirksam[691]. Die Differenzbeträge sind bei der Berechnung der latenten Steuern nach § 306 HGB zu berücksichtigen. Entsprechendes gilt für die Eliminierung von konzerninternen Rückstellungen und RAP.

dd) Aufwands- und Ertragskonsolidierung

506 Durch die **Aufwands- und Ertragskonsolidierung** kommt es grds. nicht zu unterschiedlichen Wertansätzen von Vermögensgegenständen und Schulden in der Konzernbilanz und Steuerbilanz, so dass latente Steuern nach § 306 HGB nicht zu berücksichtigen sind[692].

ee) Equity-Methode und Quotenkonsolidierung

507 Zwar sind nach dem Wortlaut des § 306 S. 1 HGB latente Steuern nur auf Bewertungsunterschiede, die durch Konsolidierungsmaßnahmen der §§ 300 bis 307 HGB entstehen, zu bilden, aber die h.M. fordert auch bei **Anwendung der Equity-Methode** nach § 312 HGB den **Ansatz latenter Steuern**[693]. DRS 18 ist analog auch auf die Konsolidierung von assoziierten Unternehmen nach § 312 HGB anzuwenden. Entspr. sind auf die Unterschiede zu den steuerlichen Wertansätzen in Bezug auf die bei der Erstkonsolidierung ermittelten stillen Reserven und Lasten latente Steuern zu erfassen und in den Folgejahren fortzuschreiben[694]. Nach DRS 18.14 besteht für aktive latente Steuern, die auf der Anpassung an die konzerneinheitlichen Bilanzierungs- und Bewertungsmethoden beruhen, allerdings ein Ansatzwahlrecht nach § 274 HGB.

508 Differenzen können sich auch zwischen dem Equity-Wert im KA und dem Steuerwert der Beteiligung beim MU aus anteilig zuzurechnenden Ergebnisübernahmen ergeben, die nach der Equity-Methode unabhängig von einer Ausschüttung sind. Zwar kehren sich

---

689 Vgl. *v. Wysocki/Wohlgemuth*, Konzernrechnungslegung⁴, S. 206; ADS⁶, § 306, Tz. 33.
690 Vgl. Tz. 479.
691 Vgl. Tz. 471.
692 Vgl. *Kozikowski/Fischer* in BeBiKo⁷, § 306, Rn. 26; ADS⁶, § 306, Tz. 35.
693 So auch *Gelhausen/Fey/Kämpfer*, BilMoG, Q, Rn. 453; Oser, Der Konzern 2008, S. 106/113; *Küting* DStR 2008, S. 1396/1401: keine Pflicht, freiwillige Anwendung des § 306 HGB sinnvoll.
694 Vgl. DRS 18.26, Begründung A7.

Konzernbilanz

diese Differenzen zum Zeitpunkt der Gewinnausschüttung i.d.R. wieder um, aber es handelt sich hierbei um sog. **Outside Basis Differences**, für die § 306 S. 4 HGB ausdrücklich vorsieht, dass sie bei der Ermittlung latenter Steuern nicht zu berücksichtigen sind[695].

Latente Steuern sind nach § 310 Abs. 2 HGB i.V.m. § 306 HGB auch bei **GU** zu berücksichtigen, sofern diese nach § 310 HGB **quotal konsolidiert** werden. — 509

c) Outside Basis Differences

Bei der Abgrenzung latenter Steuern im handelsrechtlichen KA ist grds. zwischen sog. Inside Basis Differences und Outside Basis Differences zu unterscheiden[696]. **Inside Basis Differences** sind temporäre Differenzen, die im Abschluss des jeweiligen TU, GU bzw. assoziierten Unternehmens entstehen, d.h. Bilanzdifferenzen zwischen den handelsrechtlichen Wertansätzen und dem jeweiligen Steuerwert der Vermögensgegenstände, Schulden und RAP[697]. Die Berücksichtigung latenter Steuern für Inside Basis Differences umfasst Bewertungsunterschiede bei der HB I und der HB II sowie Bewertungsunterschiede, die durch Konsolidierungsmaßnahmen nach §§ 301 bis 307 HGB entstehen[698]. — 510

Ferner können temporäre Differenzen zwischen dem handelsrechtlichen Wertansatz des im KA bilanzierten Nettovermögens und dem steuerlichen Beteiligungsbuchwert für die betreffende Gesellschaft beim rechtlichen MU bestehen, sog. **Outside Basis Differences**. Outside Basis Differences betreffen somit die Ebene des rechtlichen MU bzw. die zukünftigen steuerlichen Konsequenzen der Anteilseigner[699]. Während zum Zugangszeitpunkt der Beteiligungsbuchwert in der Steuerbilanz des MU und das anteilige Nettovermögen des TU im KA noch übereinstimmen, ergeben sich durch die Folgebewertung Bilanzdifferenzen, z.B. aus thesaurierten Gewinnen, Wechselkurseffekten aus der Währungsumrechnung nach § 308a HGB oder aus der Änderung des steuerlichen Beteiligungsbuchwerts, z.B. durch eine entsprechende Teilwertabschreibung in der Steuerbilanz des MU[700]. Diese Outside Basis Differences sind temporäre Bilanzdifferenzen, die nach dem bilanzorientierten Temporary-Konzept theoretisch bei der Berechnung latenter Steuern zu berücksichtigen sind, weil eine zukünftige Dividendenausschüttung bzw. Veräußerung eine entsprechende zusätzliche Steuerbelastung beim MU auslöst[701]. — 511

Allerdings werden nach § 306 S. 4 HGB temporäre Differenzen zwischen dem steuerlichen Wertansatz einer Beteiligung an einem TU, assoziierten Unternehmen oder GU und dem handelsrechtlichen Wertansatz des im KA angesetzten Nettovermögens (**Outside Basis Differences**) bei der Berechnung latenter Steuern aus Konsolidierungsmaßnahmen nicht berücksichtigt. Dieses **Ansatzverbot** gilt entspr. für Outside Basis Differences im Zusammenhang mit ausländischen Betriebsstätten. Unter Inkaufnahme von konzeptionellen Unstimmigkeiten wurde diese Ausnahme mit Praktikabilitätserwägungen begründet[702]. — 512

Die Ausnahme nach § 306 S. 4 HGB gilt grds. unabhängig davon, ob sich die Outside Basis Differences in absehbarer Zeit umkehren oder realisieren und damit zu einem Steu- — 513

---

695 Vgl. Begr. Beschlussempf. BilMoG, BT-Drs. 16/12407, S. 90.
696 Zur Abgrenzung und Definition von Inside und Outside Basis Differences vgl. z.B. ausführlich *Loitz*, WPg 2008, S. 1110/1111.
697 Vgl. *Gelhausen/Fey/Kämpfer*, BilMoG, Q, Rn. 310.
698 Vgl. Tz. 482 ff.
699 Vgl. *Küting/Seel* in Küting/Pfitzer/Weber, Bilanzrecht², S. 528.
700 Vgl. *Loitz*, WPg 2008, S. 1110/1111.
701 Vgl. *Küting/Seel* in Küting/Pfitzer/Weber, Bilanzrecht², S. 528.
702 Vgl. Begr. Beschlussempf. BilMoG, BT-Drs. 16/12407, S. 90.

ereffekt führen⁷⁰³. Das Ansatzverbot nach § 306 S. 4 HGB ist nicht **auf phasenverschobene Ergebnisübernahmen** anzuwenden, d.h. wenn in einem Folgejahr die Ausschüttung des erzielten Ergebnisses vom TU an das MU so gut wie sicher ist und als Folge davon weitere Ertragsteuern anfallen⁷⁰⁴. In diesem Fall ergibt sich die Verpflichtung nämlich nicht primär aus dem Steuerabgrenzungskonzept, sondern vielmehr unmittelbar aus § 278 HGB i.V.m. § 298 Abs. 1 HGB, wonach die Steuern vom Einkommen und Ertrag auf der Grundlage des Gewinnverwendungsvorschlags zu berechnen sind⁷⁰⁵. Im Gegensatz hierzu soll nach DRS 18.31 das Ansatzverbot des § 306 S. 4 HGB auch auf phasenverschobene Ergebnisübernahmen Anwendung finden, sofern noch kein Gewinnverwendungsbeschluss vorliegt.

514 Nach § 8b Abs. 1 und 5 KStG sind Dividenden zu 95% steuerfrei⁷⁰⁶. Daher führt in dieser Höhe ein späterer Ausgleich der temporären Differenzen aus phasenverschobenen Ergebnisübernahmen nicht zu einer tatsächlichen steuerlichen Be- oder Entlastung, zumindest sofern die Beteiligung von einem in den KA einbezogenen inländischen Unternehmen gehalten wird, so dass eine Berücksichtigung latenter Steuern in dieser Höhe nicht in Betracht kommt. Allerdings werden nach § 8b Abs. 5 KStG in Höhe von 5% nicht abzugsfähige Betriebsausgaben fingiert, die insoweit einer Begrenzung der Steuerfreiheit von Dividenden gleichkommt⁷⁰⁷ und bei einem Steuersatz von bspw. 30% zu einer zusätzlichen Steuerbelastung von 1,5% (5% x 30%) bei den Anteilseignern führt. Für diese künftige Steuerbelastung ist aufgrund der phasengleichen Vereinnahmung der Ergebnisse im handelsrechtlichen KA eine **latente Steuerrückstellung** nach § 249 Abs. 1 S. 1 HGB zu erfassen, wenn die Ausschüttung unter den dargestellten Voraussetzungen ernsthaft beabsichtigt ist⁷⁰⁸.

515 Ist eine **phasengleiche Gewinnvereinnahmung**⁷⁰⁹ bereits im handelsrechtlichen JA des MU erfolgt, so ist der zusätzliche Steueraufwand aus der Dividendenbesteuerung dort zu erfassen und darf folglich nicht in die Eliminierung der Beteiligungserträge nach § 305 HGB einbezogen werden⁷¹⁰. Die entsprechende passive latente Steuer ist auch im KA auszuweisen.

d) Ansatz latenter Steuern aus Konsolidierungsmaßnahmen

516 Der Ansatz latenter Steuern auf temporäre Differenzen aus Konsolidierungsmaßnahmen setzt nach § 306 S. 1 HGB voraus, dass sich diese in späteren GJ voraussichtlich wieder abbauen und daraus eine Steuerbe- oder -entlastung resultiert. Die Beurteilung der voraussichtlichen **Realisierung der Steuereffekte**⁷¹¹ ist anhand von Wahrscheinlichkeitsüberlegungen vorzunehmen, bei denen das handelsrechtliche Vorsichtsprinzip zu beachten ist⁷¹². Im Gegensatz zur Aktivierung latenter Steuern auf Verlustvorträge nach

---

703 Vgl. *Kühne/Melcher/Wesemann*, WPg 2009, S. 1057/1063.
704 Vgl. *Gelhausen/Fey/Kämpfer*, BilMoG, Q, Rn. 315.
705 Vgl. *Loitz*, DB 2010, S. 2177/2183.
706 Dies gilt auch für Buchgewinne aus der Veräußerung von Anteilen an KapGes.; vgl. § 8b Abs. 2 und 3 KStG.
707 Vgl. ADS International, Abschn. 20, Tz. 62 mit Verweis auf *Dötsch/Pung*, DB 2004, S. 151.
708 Vgl. *Gelhausen/Fey/Kämpfer*, BilMoG, Q, Rn. 316.
709 Vgl. F Tz. 558 ff.
710 Vgl. *Gelhausen/Fey/Kämpfer*, BilMoG, Q, Rn. 318.
711 Vgl. hierzu im Detail auch F Tz. 175 f.
712 Vgl. Begr. RegE BilMoG, BT-Drs. 16/10067, S. 67.

§ 274 Abs.1 S. 4 HGB[713] besteht für den **Prognosezeitraum** ebenso wie nach bisherigem Recht[714] keine feste zeitliche Begrenzung[715].

Maßgeblich für die Prognose der Realisierbarkeit der Steuereffekte ist nicht die Ebene des Konzerns, da dieser kein eigenständiges Steuersubjekt ist, sondern die **Ebene des Unternehmens**, dem die jeweiligen Vermögensgegenstände und Schulden, für die durch Konsolidierungsmaßnahmen eine temporäre Differenz entsteht, zuzuordnen sind[716]. Insb. wenn ein TU bereits in der Vergangenheit nicht über ausreichende nachhaltige steuerliche Gewinne verfügt hat, sind an den Nachweis der hinreichenden Wahrscheinlichkeit für die Realisierung aktiver latenter Steuern hohe Anforderungen zu stellen[717].

517

Die Voraussetzungen für eine hinreichende Wahrscheinlichkeit der **Realisierung aktiver latenter Steuern** sind für Zwecke der Konzernrechnungslegung dann erfüllt, wenn[718]

518

– am Abschlussstichtag zu versteuernde passive temporäre Differenzen einer verrechnungsfähigen Steuerart in ausreichender Höhe gegenüber demselben Steuergläubiger bestehen, die sich in den entsprechenden GJ voraussichtlich auflösen werden, oder

– erwartet werden kann, dass gegenüber demselben Steuergläubiger zukünftig zu versteuernde Gewinne in ausreichender Höhe anfallen werden, z.B. durch den Eingang von profitablen, in Folgejahren abzuwickelnden Aufträgen, oder

– durch eingeleitete oder wahrscheinliche steuerliche Gestaltungsmaßnahmen steuerpflichtige Gewinne in die betreffende Gesellschaft verlagert werden können.

e) Bewertung latenter Steuern aus Konsolidierungsmaßnahmen
aa) Maßgeblicher Steuersatz

Die Bewertung latenter Steuern aus Konsolidierungsmaßnahmen erfolgt gem. § 306 S. 5 i.V.m. § 274 Abs. 2 HGB mit den **unternehmensindividuellen Steuersätzen** der in den KA einbezogenen TU. Hierbei ist auf die Steuersätze abzustellen, die zum Zeitpunkt des Abbaus der Differenzen voraussichtlich gültig sind. Sind die künftigen Steuersätze nicht bekannt, hat die Berechnung mit den am Abschlussstichtag gültigen Steuersätzen zu erfolgen[719].

519

Gesetzesänderungen, zu denen auch Änderungen des Steuersatzes zählen, sind zu berücksichtigen, sobald die Verabschiedung der Änderung durch die maßgebliche gesetzgebende Körperschaft vor oder am Abschlussstichtag erfolgt ist (DRS 18.46 ff). In Deutschland sind **geänderte Steuersätze** zu berücksichtigen, wenn die Zustimmung von Bundestag und Bundesrat erfolgt ist, wobei die Zustimmung des Bundesrates i.d.R. nachgelagert und damit die entscheidende ist[720]. Eine Unterzeichnung des relevanten Gesetzes durch den Bundespräsidenten wird für die Berücksichtigung nicht vorausgesetzt. In den vergangenen Jahren gebildete latente Steuern sind aufgrund geänderter Steuersätze vollständig anzupassen. Unabhängig davon, ob diese ursprünglich erfolgswirksam oder

520

---

713 Vgl. F Tz. 186.
714 Vgl. ADS⁶, § 274, Tz. 17.
715 Vgl. *Wendholt/Wesemann*, DB 2009, Beil. Nr. 5 zu Heft 23, S. 64/67.
716 Vgl. *Kozikowski/Fischer* in BeBiKo⁷, § 306, Rn. 35; DRS 18.17.
717 Vgl. Begr. RegE BilMoG, BT-Drs. 16/10067, S. 67.
718 Vgl. DRS 18.23.
719 Vgl. hierzu auch Begr. RegE BilMoG, BT-Drs. 16/10067, S. 68.
720 Vgl. hierzu auch Begr. RegE BilMoG, BT-Drs. 16/10067, S. 68; DRS 18.48.

521 Die Verpflichtung zur Verwendung von unternehmensindividuellen Steuersätzen gilt auch für internationale KA. Die Verwendung eines **konzerneinheitlichen Steuersatzes**, der sich an den durchschnittlichen Steuersätzen der einbezogenen Unternehmen orientiert, ist grds. nicht vorgesehen. Hintergrund hierfür ist, dass nicht der Konzern selbst die Grundlage für die Besteuerung ist, sondern die einbezogenen Unternehmen die jeweiligen Steuersubjekte sind. Dadurch wird die Fiktion der wirtschaftlichen Einheit des Konzerns zugunsten einer den tatsächlichen Verhältnissen entsprechenden Darstellung der Vermögens-, Finanz- und Ertragslage zurückgedrängt[722]. In der Regierungsbegründung zum BilMoG wird klargestellt, dass nur unter Verhältnismäßigkeits- und Wesentlichkeitsgesichtspunkten die Bewertung latenter Steuern ausnahmsweise mit einem konzerneinheitlichen, durchschnittlichen Steuersatz erfolgen kann[723].

Die einleitende Textpassage (vor 521):

erfolgsneutral gebildet wurden, hat die Anpassung der latenten Steuern an geänderte Steuersätze erfolgswirksam zu erfolgen[721].

522 Die Verwendung unternehmensindividueller Steuersätze führt dazu, dass bei der **Aufstellung der HB II** zur Anpassung der einzubeziehenden JA an konzerneinheitliche Bilanzierungs- und Bewertungsmethoden die Steuersätze des jeweiligen TU heranzuziehen sind. Dies gilt entspr. auch für temporäre Differenzen aus der Kapitalkonsolidierung sowie der Schulden-, Aufwands- und Ertragskonsolidierung[724], mit der Folge, dass die Konsolidierungsmaßnahmen den entsprechenden Konzernunternehmen zuzuordnen sind. Bei der **Erstkonsolidierung** ist folglich der Steuersatz des zu konsolidierenden TU für Wertdifferenzen aus der Aufdeckung stiller Reserven und Lasten heranzuziehen. Bei der **Zwischenergebniseliminierung** ist nach DRS 18.45 der Steuersatz des Unternehmens maßgeblich, das die Lieferung oder Leistung empfangen hat. Dies ergibt sich bereits als Folge der Umstellung auf das bilanzorientierte Temporary-Konzept nach der Liability Methode, da dies der Steuersatz ist, mit dem sich der Steuereffekt wieder umkehrt[725].

523 Für die Aufstellung von Abschlüssen bei einer **Zwischenberichterstattung** ist der unternehmensindividuelle Steuersatz auf der Grundlage der besten Schätzung des gewichteten durchschnittlichen jährlichen Ertragssteuersatzes heranzuziehen (DRS 18.43 i.V.m. DRS 16.24).

bb) Abzinsungsverbot

524 Latente Steuern auf Konsolidierungsmaßnahmen dürfen nach § 306 S. 5 i.V.m. § 274 Abs. 2 S. 1 HGB nicht abgezinst werden. Dies gilt nach § 301 Abs. 1 S. 3 HGB auch für bei der Erstkonsolidierung erfasste latente Steuern. Dies führt zu einer Abweichung des allgemeinen Bewertungsprinzips des § 301 HGB, wonach grds. der beizulegende Zeitwert maßgebend ist[726].

cc) Fortschreibung latenter Steuern

525 Soweit sich die handelsrechtlichen und steuerlichen Wertansätze, die zum Ansatz latenter Steuern geführt haben, in den Folgejahren wieder ausgleichen, ist der bilanzierte Posten entspr. aufzulösen.

---

721 Vgl. DRS 18.54.
722 Vgl. Begr. RegE BilMoG, BT-Drs. 16/10067, S. 83.
723 Vgl. Begr. RegE BilMoG, BT-Drs. 16/10067, S. 83.
724 Vgl. DRS 18.41.
725 Vgl. *Loitz*, DB 2009, S. 913/917.
726 Vgl. Tz. 364.

Konzernbilanz M

Die Erfassung oder Auflösung latenter Steuern ist grds. **erfolgswirksam**. Eine erfolgs- 526
neutrale Erfassung kommt nur dann in Betracht, wenn temporäre Differenzen zwischen
handelsrechtlichen und steuerlichen Wertansätzen bei der erfolgsneutralen Einbuchung
von Anschaffungsvorgängen entstehen[727]. Ein Beispiel hierfür ist die erfolgsneutrale Bildung von latenten Steuerposten bei der Kapitalaufrechnung. Die Auflösung der aufgedeckten stillen Reserven und Lasten ist dagegen in den Folgeperioden ergebniswirksam, so dass auch die daraus resultierende Veränderung der latenten Steuern ergebniswirksam berücksichtigt wird[728].

Temporäre Differenzen zwischen den Wertansätzen in der Konzernbilanz und der Steuer- 527
bilanz können auch erstmals bei der **Folgekonsolidierung** auftreten, sofern aufgedeckte stille Reserven und Lasten auch steuerlich berücksichtigt werden, wie z.b. beim Erwerb von PersGes., und sich die Folgebilanzierung zwischen Handels- und Steuerrecht, z.B. aufgrund unterschiedlicher Abschreibungen, unterscheidet[729]. Für diese temporären Differenzen sind latente Steuern nach den allgemeinen Grundsätzen des § 274 HGB zu erfassen.

Anpassungen latenter Steuern aufgrund **geänderter Steuersätze** oder sonstiger steuer- 528
licher Vorschriften sind jedoch immer erfolgswirksam vorzunehmen und zwar unabhängig davon, ob diese ursprünglich erfolgswirksam oder erfolgsneutral gebildet wurden[730].

Voraussetzung für die Bildung aktiver latenter Steuern ist nach § 306 S. 1 HGB, dass der 529
Steuervorteil mit hinreichender Wahrscheinlichkeit realisiert werden kann. Dazu muss auf der Basis einer Steuerplanungsrechnung in den künftigen GJ mit einem hinreichend zu versteuernden Einkommen gerechnet werden können. Insb. in Verlustsituationen können sich hieran Zweifel ergeben. Daher sind die dem Ansatz und der Bewertung zugrunde liegenden Annahmen, Steuersätze und Wahrscheinlichkeiten zu jedem Abschlussstichtag unter Berücksichtigung des Vorsichtsprinzips zu überprüfen[731]. Ist eine Realisierung in voller Höhe nicht mehr wahrscheinlich, so sind latente Steuerpositionen nach § 306 S. 5 i.V.m. § 274 Abs. 2 S. 2 HGB ergebniswirksam aufzulösen bzw. zu korrigieren, soweit mit einer anderen als der ursprünglich ermittelten Höhe zu rechnen ist.

Erwartungsänderungen im Zusammenhang mit Unternehmenserwerben können ebenfalls 530
zu einer Änderung der Bilanzierung von latenten Steuern führen. Sind z.B. bei der Erstkonsolidierung aktive latente Steuern des erworbenen Unternehmens in der Konzernbilanz nicht angesetzt worden, weil die Realisierungswahrscheinlichkeit nicht gegeben war, ist eine Aktivierung bei geänderter Erwartung in späteren GJ nachzuholen. Erwartungsänderungen über die Realisierung von steuerlichen Verlustvorträgen i.S.d. § 301 Abs. 2 S. 2 HGB führen innerhalb von zwölf Monaten nach dem Zeitpunkt zu dem das Unternehmen TU geworden ist, zu einer ergebnisneutralen Anpassung der Kapitalkonsolidierung[732]. Dabei wird der Geschäfts- oder Firmenwert bzw. der passive Unterschiedsbetrag so berichtigt, als ob die aktive latente Steuer bereits bei der Erstkonsolidierung angesetzt worden wäre[733]. Sofern sich die Einschätzung bezüglich der Realisierbarkeit akti-

---

727 Vgl. DRS 18. 50 ff.
728 Vgl. DRS 18.52.
729 Vgl. *Gelhausen/Fey/Kämpfer*, BilMoG, Q, Rn. 293.
730 Vgl. DRS 18.54.
731 Vgl. DRS 18.24.
732 Vgl. DRS 18.55.
733 Vgl. Tz. 392.

ver latenter Steuern nach dem Anpassungszeitraum von zwölf Monaten ändert, hat die Anpassung ergebniswirksam zu erfolgen[734].

f) Ausweis latenter Steuern aus der Konsolidierung
aa) Konzernbilanz

531 Aktive und passive latente Steuern aus Konsolidierungsmaßnahmen dürfen alternativ zu dem in § 306 S. 1 HGB vorgesehenen Nettoausweis auch „unverrechnet" ausgewiesen werden (§ 306 S. 2 HGB). Die Ausübung dieses Wahlrechts unterliegt dem Gebot der Ansatzstetigkeit nach § 298 Abs. 1 i.V.m. § 246 Abs. 3 HGB[735].

532 Der Ausweis latenter Steuern hat in der Konzernbilanz nach § 298 Abs.1 i.V.m. § 266 HGB analog zum Ausweis im JA jeweils nach den RAP als „**Aktive latente Steuern**" (§ 266 Abs. 2 D. HGB) bzw. als „**Passive latente Steuern**" (§ 266 Abs. 3 E. HGB) zu erfolgen.

533 Die **Zusammenfassung von latenten Steuern**, die aus **Konsolidierungsmaßnahmen** nach § 306 HGB entstanden sind, mit entsprechenden Posten, die bereits im **JA** bzw. der **HB II** nach § 274 HGB enthalten sind, ist nach § 306 S. 6 HGB zulässig[736].

bb) Konzern-Gewinn- und Verlustrechnung

534 Die aus der Abgrenzung resultierenden Erträge und Aufwendungen sind in der Konzern-GuV nach § 306 S. 5 i.V.m. § 274 Abs. 2 S. 3 HGB gesondert unter dem Posten „Steuern vom Einkommen und vom Ertrag" (§ 275 Abs. 2 Nr. 18, Abs. 3 Nr. 17 HGB) auszuweisen. Der gesonderte Ausweis kann wahlweise entweder durch Einführung einer gesonderten Zeile, durch einen Vorspaltenausweis oder durch einen Davon-Vermerk erfolgen[737]. Die nach § 274 und § 306 HGB zu erfassenden latenten Steueraufwendungen und -erträge dürfen analog der Saldierung in der Bilanz nach § 306 S. 6 HGB auch in der GuV saldiert werden[738].

11. Equity-Methode
a) Grundsatz

535 Nach dem Grundkonzept der Equity-Methode[739] wird der **Wertansatz der Beteiligung**, ausgehend von den AK, in den Folgejahren entspr. der Entwicklung des anteiligen bilanziellen EK des **assoziierten Unternehmens** fortgeschrieben[740]. Anteilige Jahresüberschüsse werden in dem Jahr ihrer Entstehung in die Konzern-GuV als gesonderter Posten übernommen und gleichzeitig dem Buchwert der Beteiligung zugeschrieben. Anteilige Jahresfehlbeträge des assoziierten Unternehmens führen zu einer entsprechenden Abschreibung des Beteiligungsbuchwertes. Die Ausschüttung von Dividenden führt zu einer – erfolgsneutralen – Minderung des Wertansatzes, da die Dividende aus bereits im Jahr der Gewinnentstehung erfolgswirksam vereinnahmten anteiligen Jahresüberschüssen eine

---

734 Vgl. DRS 18.55.
735 Vgl. hierzu auch DRS 18.56 ff.
736 So auch DRS 18.62.
737 Vgl. DRS 18.59 i.V.m. DRS 18.60.
738 so auch *Küting/Seel* in Küting/Pfitzer/Weber, Bilanzrecht², S. 530; *Gelhausen/Fey/Kämpfer*, BilMoG, Q, Rn. 329.
739 Zur Darstellung der Grundkonzeption der Equity-Methode vgl. bspw. ADS⁶, § 312, Tz. 1; *Busse v. Colbe u.a.*, Konzernabschlüsse⁹, S. 513-517.
740 Vgl. *Schäfer*, S. 17.

Konzernbilanz **M**

erfolgsneutrale Vermögensumschichtung darstellt[741]. Die Equity-Methode zur Bewertung von Beteiligungen ist grds. im JA und KA denkbar. In Deutschland darf die Equity-Methode jedoch nur im KA angewandt werden, so dass insoweit die Wertansätze für Beteiligungen an assoziierten Unternehmen in JA und KA voneinander abweichen[742]. Diese Abweichungen sind in einer Nebenrechnung fortzuschreiben[743].

Im KA geht die **Bedeutung der Equity-Methode** über eine reine Beteiligungsbewertung hinaus. Mit der gesonderten Ermittlung und Abschreibung/Auflösung von aktiven und passiven Unterschiedsbeträgen aus der erstmaligen Kapitalaufrechnung sowie der grds. vorgeschriebenen Eliminierung von Zwischenerfolgen enthält sie Elemente einer Vollkonsolidierung[744], deren Auswirkungen allerdings auf den Anteil beschränkt ist, der dem MU gehört. Es werden jedoch nicht die (anteiligen) Vermögensgegenstände und Schulden, Aufwendungen und Erträge gesondert ausgewiesen, sondern als Netto-Betrag der diese anteilig repräsentierende Beteiligungswert. **536**

Vorausgesetzt, die AK der Beteiligung entsprechen genau dem anteiligen bilanziellen EK des assoziierten Unternehmens zum Erwerbszeitpunkt, führt die Equity-Methode stets zum Ausweis der Beteiligung in Höhe des anteiligen bilanziellen EK des assoziierten Unternehmens. In den meisten Fällen werden sich jedoch die AK der Beteiligung und das anteilige bilanzielle EK des assoziierten Unternehmens nicht in gleicher Höhe gegenüberstehen. Bei der erstmaligen Anwendung der Equity-Methode im KA ist daher eine **Kapitalaufrechnung** zur Ermittlung des Unterschiedsbetrages vorzunehmen (§ 312 Abs. 1 HGB). Je nachdem, ob der Unterschiedsbetrag aktiv oder passiv ist, wird er in den Folgejahren fortgeschrieben oder aufgelöst, so dass der Wertansatz der Beteiligung sich tendenziell dem Wert des anteiligen bilanziellen EK des assoziierten Unternehmens nähert. Die Technik der in einer Nebenrechnung durchgeführten Kapitalaufrechnung bei Anwendung der Equity-Methode entspricht im Prinzip in allen wesentlichen Punkten derjenigen bei Vollkonsolidierung gem. § 301 HGB. **537**

Nach § 312 Abs. 1 HGB a. F. waren bisher zwei Varianten, die Buchwertmethode und die Kapitalanteilsmethode zulässig, wobei jedoch nur die Buchwertmethode im Einklang mit DRS 8 stand. Beide Methoden unterschieden sich i.d.R. nur im Ausweis bzw. der Zuordnung des Firmenwerts. Bei der Buchwertmethode wird der Equity-Wert in einem Bilanzposten ausgewiesen. Bei der Kapitalanteilsmethode wurden dagegen das anteilige EK und der Firmenwert in zwei getrennten Posten gezeigt. Nach der Neufassung des § 312 Abs. 1 HGB durch das BilMoG ist künftig nur noch die **Buchwertmethode** zulässig. Die Änderungen des § 312 HGB durch das BilMoG verfolgen den Zweck der Vereinfachung und Vereinheitlichung der Konsolidierung von assoziierten Unternehmen und führen gleichzeitig zu einer Annäherung an die internationalen Rechnungslegungsstandards[745]. **538**

Für die Höhe des Konzernergebnisses – nach Abzug der auf andere Gesellschafter entfallenden Gewinne/Verluste – macht es keinen Unterschied, ob ein Beteiligungsunternehmen als TU (§ 290 HGB) oder assoziiertes Unternehmen (§ 311 HGB) eingestuft und demzufolge nach der Methode der Vollkonsolidierung oder nach der Equity-Methode in **539**

---

741 Vgl. *Havermann*, WPg 1975, S. 234.
742 Die 4. EG-RL sieht in Art. 59 für die Equity-Methode im JA ein Mitgliedstaatenwahlrecht vor, von dem jedoch im HGB kein Gebrauch gemacht worden ist.
743 Vgl. hierzu *Kessler*, BB 1999, S. 1750.
744 Vgl. Tz. 10.
745 Vgl. Begr. RegE BilMoG, BT-Drs. 16/10067, S. 84.

den KA einbezogen wird. Daher wird die Equity-Methode auch als „kleine" oder „einzeilige" Konsolidierung bezeichnet[746].

b) Assoziierte Unternehmen
aa) Voraussetzungen

540 Grundvoraussetzung für die Einbeziehung eines Unternehmens in den KA nach der Equity-Methode ist, dass es sich dabei um ein assoziiertes Unternehmen (§ 311 HGB) handelt. Liegt nicht einmal maßgeblicher Einfluss vor, so ist auch eine freiwillige Einbeziehung nach der Equity-Methode nicht möglich. Die Beteiligung muss dann mit ihrem Buchwert, d.h. mit den fortgeführten AK, in den KA übernommen werden.

541 Der Begriff **„assoziiertes Unternehmen"** beschreibt eine Unternehmensverbindung[747], die durch folgende Merkmale gekennzeichnet ist (§ 311 Abs. 1 HGB):

- Ein in den KA einbezogenes Unternehmen besitzt eine Beteiligung[748] (§ 271 Abs. 1 HGB) an einem anderen Unternehmen;
- dieses andere Unternehmen wird nicht im Wege der Voll-[749] oder Quotenkonsolidierung[750] in den KA einbezogen;
- das einbezogene beteiligte Unternehmen übt tatsächlich einen maßgeblichen Einfluss auf die Geschäfts- und Finanzpolitik des anderen Unternehmens aus.

bb) Maßgeblicher Einfluss

542 Der Begriff „maßgeblicher Einfluss", das entscheidende Tatbestandsmerkmal für assoziierte Unternehmen, entzieht sich einer exakten Definition und kann nur umschrieben werden[751]. Dafür werden im Schrifttum[752] folgende rechtliche und wirtschaftliche **Kriterien** genannt:

- Stimmrechtsausübungen in der HV/Gesellschafterversammlung, die unter der Mehrheitsgrenze liegen,
- Vertretung in Aufsichts-/Leitungsorganen ohne die Möglichkeit, diese Gremien zu kontrollieren,
- erhebliche Liefer- und Leistungsverflechtungen,
- erhebliche finanzielle Beziehungen,
- erhebliche technologische Beziehungen.

543 Diese Mittel können bei entsprechender Ausgestaltung einen maßgeblichen Einfluss begründen. Sie können auch die Grundlage für die Ausübung eines beherrschenden Einflusses sein. Der maßgebliche Einfluss ist im Vergleich zum beherrschenden Einfluss stets

---

746 Vgl. *Havermann*, WPg 1975, S. 237. Vgl. hierzu auch *Kirsch*.
747 Assoziierte Unternehmen i.S.d. § 311 HGB sind nicht „verbundene Unternehmen" i.S.d. § 271 Abs. 2 HGB, § 15 AktG.
748 Zum Begriff der Beteiligung vgl. F Tz. 258.
749 Wegen Einbeziehungswahlrechten bei TU vgl. Tz. 188.
750 Vgl. Tz. 599.
751 Nach DRS 8.3 wird maßgeblicher Einfluss als Mitwirkung verstanden, ohne dass damit beherrschender Einfluss verbunden ist; die dort genannten Indizien stimmen mit dem Schrifttum weitgehend überein.
752 Vgl. *Havermann*, WPg 1975, S. 238; *Küting/Köthner/Zündorf* in HdKonzernR², § 311, Rn. 15-22.

eine schwächere Form der Einflussnahme[753]; insb. ist er keine dominierende Einflussnahme.

Entscheidend ist nach § 311 Abs. 1 HGB, dass der maßgebliche Einfluss **tatsächlich** **544** **ausgeübt** wird. Die Möglichkeit allein, einen solchen Einfluss auszuüben, genügt nicht. § 311 HGB steht damit in einem systematischen Gegensatz zu § 290 Abs. 1 HGB, der für die Qualifikation eines Unternehmens als TU nicht auf die tatsächliche Beherrschung, sondern auf die Möglichkeit abstellt, einen beherrschenden Einfluss auszuüben[754].

Da das Kriterium des maßgeblichen Einflusses einer abstrakten Definition kaum zugänglich **545** ist, sieht das Gesetz eine **objektivierte Vermutung** für die Annahme eines maßgeblichen Einflusses vor. Danach wird bei einem Stimmrechtsanteil von 20% und mehr widerlegbar vermutet, dass das beteiligte Unternehmen einen maßgeblichen Einfluss ausübt (§ 311 Abs. 1 S. 2 HGB). Für die Berechnung des Stimmrechtsanteils sind den Stimmrechten des beteiligten Unternehmens auch die Rechte hinzuzurechnen, die einem TU gehören[755].

Die tatsächliche Ausübung eines maßgeblichen Einflusses ist auch bei einem Stimm- **546** rechtsanteil von weniger als 20% nicht ausgeschlossen. Ein assoziiertes Unternehmen liegt jedoch in diesem Fall nur dann vor, wenn nachgewiesen wird, dass tatsächlich ein maßgeblicher Einfluss ausgeübt wird.

Besteht aufgrund eines Stimmrechtsanteils von 20% und mehr zwar die Möglichkeit, ei- **547** nen maßgeblichen Einfluss auszuüben, wird diese jedoch nicht tatsächlich genutzt, so ist damit die **Assoziierungsvermutung widerlegt**. Sie kann insb. durch den Umstand widerlegt werden, dass die notwendigen Angaben für die Anwendung der Equity-Methode nicht zu erhalten sind[756]. Die Beweislast liegt bei dem MU, das den KA aufstellt. Die Vermutung kann nicht allein mit dem Hinweis widerlegt werden, dass die Einflüsse nicht zu einer Vertretung im Vorstand oder AR geführt haben[757], vielmehr sind stets zusätzlich die Kompetenzregelungen sowie die übrigen wirtschaftlichen und technologischen Abhängigkeiten im Einzelfall zu berücksichtigen[758].

cc) Bereiche des maßgeblichen Einflusses

Die Einflussnahme muss sich auf die **Geschäfts- und Finanzpolitik** richten (§ 311 Abs. 1 **548** HGB). Mit dem Begriff der Geschäftspolitik wird zwar grds. jeder Entscheidungsbereich eines Unternehmens erfasst, doch ist davon auszugehen, dass es für die Annahme eines assoziierten Unternehmens nicht erforderlich ist, dass sich der Einfluss auf sämtliche Bereiche erstreckt. Erstreckt sich der Einfluss nur auf einzelne Bereiche der Geschäftspolitik, so sind als weitere Kriterien die Bedeutung dieser Entscheidungsbereiche innerhalb der gesamten Geschäftspolitik sowie die Intensität und Regelmäßigkeit der Einflussnahme heranzuziehen. Da die Finanzpolitik explizit als Gegenstand der Einflussnahme vom Ge-

---

753 Vgl. *Havermann* in IDW, Rechnungslegung, S. 405/421; *Bühner/Hille*, WPg 1980, S. 261. Zur Einordnung in die Systematik der handelsrechtlichen Unternehmensverbindungen vgl. ferner *Busse v. Colbe u.a.*, Konzernabschlüsse⁹, S. 526.
754 Vgl. im Einzelnen Tz. 23.
755 Die Zurechnung der von TU gehaltenen Stimmrechte ist nach Art. 33 Abs. 1 S. 3 i.V.m. Art. 2 der 7. EG-RL zwingend vorgeschrieben. Dass in § 311 Abs. 1 HGB ein entsprechender Verweis nicht enthalten ist, ist offenbar ein redaktionelles Versehen.
756 Vgl. Protokollerklärung Abs. 20 zu Art. 33 Abs. 1 u. 2, die vom Rat und der Kommission abgegeben worden ist, abgedruckt bei *Biener/Schatzmann, Konzernrechnungslegung*, S. 52; vgl. auch Begr. RegE zu § 292 RegE HGB, BR-Drs. 163/85, S. 42.
757 So aber *Biener/Schatzmann*, Konzernrechnungslegung, S. 55; BHdR, C 510, Rz. 61.
758 Vgl. ADS⁶, § 311, Tz. 49.

setz erwähnt wird, könnte der Eindruck entstehen, dass in diesem Bereich die Einflussnahme besonders spürbar sein muss oder dass die gesetzliche Vermutung widerlegt ist, wenn eine Einflussnahme in diesem Bereich nicht nachweisbar ist. Die Finanzpolitik ist jedoch integraler Bestandteil der gesamten Geschäftspolitik. Es ist daher davon auszugehen, dass mit den Worten „Geschäfts- und Finanzpolitik" ein zusammenhängender Einflussbereich umschrieben werden soll, in dem weder die Geschäfts- noch die Finanzpolitik besondere Priorität hat.

dd) Intensität und Dauer des maßgeblichen Einflusses

549 Die Intensität der Einflussnahme muss über die Ausübung normaler Aktionärsrechte (z.B. Kontroll- und Vetorechte der HV) hinausgehen[759]. Im Gegensatz zum Beherrschungsverhältnis wird jedoch die Möglichkeit der uneingeschränkten Durchsetzung der eigenen Interessen des beteiligten Unternehmens für ein Assoziierungsverhältnis nicht vorausgesetzt. So ist grds. die Ausübung eines maßgeblichen Einflusses nicht durch die Tatsache ausgeschlossen, dass einem anderen, nicht zum Konzern gehörenden Unternehmen die Stimmrechtsmehrheit zusteht[760].

550 Nach DRS 8.6 ist die Equity-Methode bei einem nur vorübergehenden Einfluss nicht anzuwenden. Die einmalige oder gelegentliche Einflussnahme in Einzelentscheidungen begründet kein Assoziierungsverhältnis. Zwar wird eine bestimmte Dauer der Einflussnahme im Gesetz nicht verlangt, doch wird sich i.d.R. aus der mittel- oder langfristigen Ausrichtung der Geschäftspolitik ergeben, dass sich die Einflussnahme über mehrere Jahre erstreckt. Andererseits ist die Befristung der Einflussnahme allein zumindest bis zum Eintritt der Befristung kein hinreichender Tatbestand zur Widerlegung der Assoziierungsvermutung[761]. Sind die Anteile ausschließlich zur Weiterveräußerung in der nahen Zukunft erworben worden, so ist gem. DRS 8.7 die Equity-Methode nicht anzuwenden.

c) Anwendungsbereich der Equity-Methode

551 Die Anwendung der Equity-Methode kommt für folgende **Beteiligungen** in Betracht:

– Beteiligungen, die zwischen 20% und 50% der Stimmrechte gewähren, sofern nicht die Assoziierungsvermutung (§ 311 Abs. 1 S. 2 HGB) widerlegt ist;
– Beteiligungen, die weniger als 20% der Stimmrechte gewähren, sofern die Ausübung eines maßgeblichen Einflusses nachgewiesen ist;
– Beteiligungen an TU (§ 290 HGB), die nicht in den Konsolidierungskreis nach § 296 Abs. 1 Nr. 1 und 2, Abs. 2 HGB einbezogen zu werden brauchen[762];
– Beteiligungen an GU, sofern sie nicht nach der Methode der Quotenkonsolidierung (§ 310 HGB) einbezogen werden.

552 Liegt ein Assoziierungsverhältnis vor, so braucht die Equity-Methode gleichwohl nicht angewendet zu werden, wenn die Beteiligung für die Vermittlung eines den tatsächlichen Verhältnissen entsprechenden Bildes der Vermögens-, Finanz- und Ertragslage des Konzerns von untergeordneter Bedeutung ist (§ 311 Abs. 2 HGB). Das **Kriterium der untergeordneten Bedeutung** ist nach DRS 8.5 sowohl für jedes einzelne Unternehmen als auch für alle als unwesentlich anzusehenden Unternehmen insgesamt zu prüfen.

---

759 Vgl. *Havermann* in IDW, Rechnungslegung, S. 421; *Schäfer* (1982), S. 215; *Biener*, DB 1983 Beil. 19, S. 12; *Küting/Köthner/Zündorf* in HdKonzernR², § 311, Rn. 26.
760 So auch *Schäfer*, S. 208.
761 Vgl. *Schäfer*, S. 208.
762 Vgl. im Einzelnen Tz. 188.

d) Konsolidierung nach der Buchwertmethode
aa) Erstkonsolidierung

Bei der **Buchwertmethode** wird die Beteiligung an einem assoziierten Unternehmen mit ihrem Buchwert, der zum Zeitpunkt der erstmaligen Anwendung in aller Regel mit den AK übereinstimmt, in die Konzernbilanz übernommen (§ 312 Abs. 1 S. 1 HGB). Die Beteiligung ist gesondert unter der Bezeichnung „Beteiligungen an assoziierten Unternehmen" auszuweisen (§ 311 Abs. 1 S. 1 HGB). 553

Auch bei Anwendung der Equity-Methode muss zwischen **Erst- und Folgekonsolidierung** unterschieden werden. Die Erstkonsolidierung ist wie bei der Vollkonsolidierung (§ 301 Abs. 1 HGB) erfolgsneutral; die Folgekonsolidierungen lösen prinzipiell erfolgswirksame Vorgänge aus. Die konsolidierungstechnischen Überlegungen folgen in allen wesentlichen Punkten der Kapitalkonsolidierung im Rahmen der Vollkonsolidierung[763]. Anders als bei der Vollkonsolidierung wird jedoch nach Durchführung der Erstkonsolidierung bei Anwendung der Equity-Methode ein aktiver oder passiver Unterschiedsbetrag nicht in der Konzernbilanz ausgewiesen, sondern der Beteiligungsbuchwert wird unverändert aus der Einzelbilanz in die Konzernbilanz übernommen[764]. 554

Übersteigt der Buchwert der Beteiligung das anteilige bilanzielle EK, so ergibt sich ein **aktiver Unterschiedsbetrag**, der im KAnh. einschließlich des darin enthaltenen Geschäfts- oder Firmenwerts anzugeben ist (§ 312 Abs. 1 S. 2 HGB). Diese Angaben sind nach den Änderungen durch das BilMoG zukünftig in jedem GJ zu machen[765]. 555

Eine entsprechende Angabepflicht im KAnh. besteht ebenfalls, wenn bei der Erstkonsolidierung das anteilige EK des assoziierten Unternehmens den Buchwert der Beteiligung übersteigt und dadurch ein **passiver Unterschiedsbetrag** entsteht. DRS 8.47 schreibt die Angabe des aktiven bzw. passiven Unterschiedsbetrags sowie des Betrags von Goodwill bzw. negativem Unterschiedsbetrag für jedes assoziierte Unternehmen bei erstmaliger Einbeziehung im KAnh. vor. DRS 8.49 fordert ferner zu jedem Abschlussstichtag die Angabe des Gesamtbetrags der Goodwills und der negativen Unterschiedsbeträge, die auf sämtliche assoziierte Unternehmen entfallen. 556

Die Höhe des aktiven oder passiven Unterschiedsbetrages hängt von dem Beteiligungsbuchwert und von der Höhe des anteiligen EK ab, das nicht unbedingt auf den in der HB I des assoziierten Unternehmens ausgewiesenen Betrag festgelegt ist. Wendet das assoziierte Unternehmen in seinem JA **Bewertungsmethoden** an, die von den im KA verwendeten abweichen, so können abw. bewertete Vermögensgegenstände und Schulden für die Anwendung der Equity-Methode an die im KA angewandten Bewertungsmethoden angepasst werden (§ 312 Abs. 5 S. 1 HGB). Zwingend ist dies jedoch nicht. DRS 8.8 fordert für die Ermittlung des Equity-Werts lediglich, dass die Bilanzierungs-, Bewertungs- und Konsolidierungsmethoden den Vorschriften des HGB und der DRS entsprechen müssen. Praktisch bedeutet dies, dass in diesem Rahmen § 308 Abs. 2 S. 1 HGB auch bei der Equity-Methode für die Ermittlung des anteiligen EK und der Jahresergebnisse wahlweise angewendet werden kann[766]. Werden solche **Bewertungsanpassungen in der Handelsbilanz II** vorgenommen, so schlagen die Bewertungsanpassungen automatisch auf die Höhe des aktiven oder passiven Unterschiedsbetrages durch. Trotz des Wahlrechts geht das Gesetz offenbar davon aus, dass die Anpassung an die Bewertungsmethoden des 557

---

763 Vgl. im Einzelnen Tz. 342.
764 Insoweit hat der Begriff der Kapitalkonsolidierung im Rahmen der Equity-Methode einen anderen Inhalt als bei der Vollkonsolidierung.
765 Vgl. *Winkeljohann/Böcker* in BeBiKo[7], § 312, Rn. 32.
766 Vgl. im Einzelnen Tz. 265.

KA der Normalfall ist. Für den Ausnahmefall der Nichtanpassung ist daher eine Berichterstattung im KAnh. vorgeschrieben (§ 312 Abs. 5 S. 2 HGB). Diese Einschränkung ist notwendig, weil trotz des maßgeblichen Einflusses nicht absolut sichergestellt ist, dass das Beteiligungsunternehmen von dem assoziierten Unternehmen die für eine Bewertungsanpassung erforderlichen Informationen bekommt.

558 Obwohl das Gesetz (§ 312 Abs. 5 HGB) ausdrücklich nur von einer Anpassung von Bewertungsmethoden spricht, ist nach h.M. auch eine Anpassung der **Bilanzansatzmethoden** bei Anwendung der Equity-Methode analog § 300 Abs. 2 HGB zulässig[767]. Zweck der vorgesehenen Bewertungsanpassung ist die Ermittlung des EK nach einheitlichem Maßstab. Da jedoch die Vereinheitlichung der Ansatzmethoden ebenso Auswirkungen auf die Höhe des anteiligen EK hat wie die Anpassung der Bewertungsmethoden, ist auch eine Anpassung der von dem assoziierten Unternehmen tatsächlich angewandten Bilanzansatzmethoden an die im KA verwendeten zulässig. Eine Erläuterung im KAnh. ist auch in diesem Fall zu geben, wenn die Anpassungen des Bilanzansatzes im JA des assoziierten Unternehmens nicht vorgenommen worden sind. Dies ergibt sich aus § 313 Abs. 1 Nr. 3 HGB, wonach bei Abweichungen von Bilanzierungs- und Bewertungsmethoden im KA gleichermaßen die Angabe- und Begründungspflicht besteht. Dementsprechend fordert DRS 8.49 generell die Angabe der vom assoziierten Unternehmen angewandten Bilanzierungs- und Bewertungsmethoden.

559 Hat das assoziierte Unternehmen seinen Abschluss in fremder Währung aufgestellt, sind das EK und das Jahresergebnis in EUR umzurechnen. Hierzu ist § 308a HGB entspr. anzuwenden[768].

560 Aktive und passive Konsolidierungsunterschiede sind wie bei der Vollkonsolidierung[769] zu analysieren und den entsprechenden Aktiva und Passiva des assoziierten Unternehmens insoweit zuzuordnen, als deren beizulegender Zeitwert höher oder niedriger ist als ihr Buchwert (§ 312 Abs. 2 S. 1 HGB). Bei der Aufdeckung der stillen Reserven und Lasten ist die sog. **Anschaffungskostenrestriktion** zu beachten, so dass ein passiver Unterschiedsbetrag nicht entstehen kann, wenn die AK das anteilige bilanzielle EK des assoziierten Unternehmens übersteigen. Dies bedeutet, dass aus der Aufdeckung stiller Reserven kein passiver Unterschiedsbetrag entstehen kann[770]. Aus der Regierungsbegründung zum BilMoG[771] ergibt sich, dass trotz der angestrebten Annäherung an die internationale Rechnungslegung das handelsrechtliche Verständnis der Buchwertmethode, d.h. die Begrenzung der Aufdeckung der stillen Reserven und Lasten durch die AK der Beteiligung, beibehalten werden soll[772].

561 Die Zuordnungen bei der **Erstkonsolidierung** sind – ebenso wie ihre Fortführungen in den Folgekonsolidierungen – nur in Form von Nebenrechnungen möglich, da die Aktiva und Passiva selbst in der Konzernbilanz nicht enthalten sind[773]. Bei der Zuordnung des Unterschiedsbetrags gelten die in § 301 Abs. 1 S. 3 HGB für die Bewertung von Rückstellungen und latenten Steuern eingeführten Vereinfachungen auch für assoziierte Un-

---

767 Vgl. *Winkeljohann/Böcker* in BeBiKo[7], § 312, Rn. 77; ADS[6], § 312, Tz. 132-135; *Busse v. Colbe u.a.*, Konzernabschlüsse[9], S. 530.
768 Vgl. Tz. 299.
769 Vgl. im Einzelnen Tz. 372 ff.
770 Vgl. *Winkeljohann/Böcker* in BeBiKo[7], § 312, Rn. 30;
771 Vgl. Begr. RegE BilMoG, BT-Drs. 16/10067, S. 85.
772 Vgl. *Melcher/Murer*, DB 2010, S. 1597/1600; *Stibi*, KoR 2008, S. 517/523; *Winkeljohann/Böcker* in BeBiKo[7], § 312, Rn. 30; *Knorr/Seidler* in Haufe HGB Kommentar[2], § 312, Rn. 37; a.A. zur Rechtslage *Gelhausen/Fey/Kämpfer*, BilMoG, Q, Rn. 457.
773 Vgl. ADS[6], § 312, Tz. 83; *Winkeljohann/Böcker* in BeBiKo[7], § 312, Rn. 9.

ternehmen (§ 312 Abs. 2 S. 4 HGB)[774]. Soweit eine Zuordnung nicht möglich ist, wird der verbleibende **aktive Unterschiedsbetrag** als Geschäfts- oder Firmenwert nach § 312 Abs. 2 S. 3 i.V.m. § 309 Abs. 1 HGB in den Folgeperioden **abgeschrieben**.

Zwar sind nach dem Wortlaut des § 306 HGB latente Steuern nur auf Bewertungsunterschiede, die durch Konsolidierungsmaßnahmen des Vierten Titels des Dritten Buchs des HGB (§§ 300-307 HGB) entstehen zu bilden, aber die h.M. fordert auch bei Anwendung der Equity-Methode den **Ansatz latenter Steuern**[775]. Entspr. sollen auch nach DRS 18.26 bei Anwendung der Equity-Methode auf die bei der Erstkonsolidierung ermittelten stillen Reserven und Lasten (sog. **inside basis differences**) latente Steuern zu erfassen und in den Folgejahren fortzuschreiben sein[776]. Nach DRS 18.14 besteht für aktive latente Steuern, die auf der Anpassung an die konzerneinheitliche Bilanzierungs- und Bewertungsmethoden beruhen, allerdings ein Ansatzwahlrecht[777]. Für die Bewertung der latenten Steuern ist der individuelle Steuersatz des assoziierten Unternehmens maßgebend, der zum Zeitpunkt des Abbaus der Differenzen voraussichtlich gilt[778]. Dagegen sind Bilanzunterschiede zwischen der Bewertung der assoziierten Unternehmens im KA des MU mit dem Equity-Wert und der Bewertung der Beteiligung in der Steuerbilanz des MU mit den AK (sog. **Outside Basis Differences**) bei der Ermittlung der latenten Steuern nach § 306 S. 4 HGB nicht zu berücksichtigen[779]. 562

Die Nebenrechnungen erfordern detaillierte Informationen über die Einzelheiten der Wertansätze in der Bilanz des assoziierten Unternehmens, die im Fall von Minderheitsbeteiligungen häufig nicht verfügbar sein werden[780]. Verweigert das assoziierte Unternehmen die zur Anwendung der Equity-Methode notwendigen Auskünfte, so ist die Vermutung eines maßgeblichen Einflusses (§ 311 Abs. 1 S. 2 HGB) als widerlegt anzusehen[781]. 563

Können die Wertansätze der Vermögensgegenstände und Schulden des assoziierten Unternehmens bei der Erstkonsolidierung nicht endgültig ermittelt werden, so sind diese bei besseren Erkenntnissen nach § 312 Abs. 3 S. 2 HGB innerhalb der darauf folgenden zwölf Monate ab dem Zeitpunkt, zu dem das Unternehmen assoziiertes Unternehmen geworden ist, anzupassen. Eine ggf. notwendige **Anpassung der Erstkonsolidierung** hat erfolgsneutral sowie retrospektiv zu erfolgen und resultiert in einer Änderung des Geschäfts- oder Firmenwerts bzw. des passiven Unterschiedsbetrags, wenn die AK unverändert bleiben[782]. Im Übrigen kann wegen der Übereinstimmung auf die Erläuterungen zu § 301 Abs. 2 S. 2 HGB verwiesen werden[783]. 564

---

774 Vgl. Tz. 371.
775 So auch *Busse v. Colbe u.a.*, Konzernabschlüsse⁹, S. 557-550; *Gelhausen/Fey/Kämpfer*, BilMoG, Q, Rn. 453; *Oser*, Der Konzern 2008, S. 106/113; *Küting*,DStR 2008, S. 1396/1401: keine Pflicht, freiwillige Anwendung des § 306 HGB sinnvoll.
776 Vgl. DRS 18.26, Begründung A7.
777 Vgl. Tz. 487.
778 Vgl. DRS 18.41.
779 Vgl. DRS 18.29.
780 Vgl. *Havermann* in IDW, Rechnungslegung, S. 435.
781 Vgl. auch Begr. RegE zum gleichlautenden § 292 RegE HGB, BR-Drs. 163/85, S. 42.
782 Vgl. Tz. 392
783 Vgl. Tz. 390 ff.

bb) Folgekonsolidierungen

565 Die Zuordnung eines **aktiven Unterschiedsbetrags** zu den entsprechenden Wertansätzen der Vermögensgegenstände, Schulden, RAP und Sonderposten des assoziierten Unternehmens dient dazu, die **Abschreibung** des Unterschiedsbetrags in den Folgejahren an die Behandlung der betreffenden Posten im JA des assoziierten Unternehmens zu binden. Soweit diese Posten in den Folgejahren fortgeführt, abgeschrieben oder aufgelöst werden, ist der den entsprechenden Posten zugeordnete Unterschiedsbetrag im KA fortzuführen, abzuschreiben oder aufzulösen (§ 312 Abs. 2 S. 2 HGB). Ein nicht verteilter Restbetrag ist als Geschäfts- oder Firmenwert planmäßig über die voraussichtliche Nutzungsdauer abzuschreiben (§ 312 Abs. 2 S. 3 i.V.m. § 309 Abs. 1 HGB)[784]. Nach DRS 8.23 darf die Nutzungsdauer des Goodwills nur in begründeten Ausnahmefällen 20 Jahre übersteigen. Ein passiver Unterschiedsbetrag ist analog zur Vollkonsolidierung zu behandeln[785].

566 Die Auflösungsbeträge eines **passiven Unterschiedsbetrags** werden bei der Equity-Methode ebenfalls in einer Nebenrechnung ermittelt[786]. Da das Ergebnis der Nebenrechnung in den Posten „Beteiligungen" eingeht, wird die **Auflösung** der passiven Unterschiedsbeträge gleichwohl erfolgswirksam; anteilige Jahresfehlbeträge oder erwartete Aufwendungen werden dadurch kompensiert[787]. Die **Auflösung** eines passiven Unterschiedsbetrages aus der Erstkonsolidierung bei der Equity-Methode kann zu einer Zuschreibung der Beteiligung über die AK hinaus führen[788]; ein zwangsläufiges und systemimmanentes Ergebnis der Equity-Methode, die als zwingende Bewertungsmethode nach § 312 HGB dem sonst geltenden Anschaffungskostenprinzip vorgeht.

567 In der Konzern-GuV ist nach § 312 Abs. 4 S. 2 HGB das auf assoziierte Beteiligungen entfallende Ergebnis unter einem gesonderten Posten zu erfassen[789]. Die Abschreibungen der aktiven und die Auflösung der passiven Konsolidierungsunterschiede führen tendenziell dazu, dass der Wertansatz der Beteiligung sich dem Betrag des bilanziellen EK des assoziierten Unternehmens annähert, da grds. alle Ergebnisübernahmen sowie Gewinnausschüttungen des assoziierten Unternehmens nach der Erstkonsolidierung automatisch den Beteiligungsbuchwert verändern.

e) Übernahme von anteiligen Ergebnissen bei Anwendung der Equity-Methode
aa) Ermittlung des Beteiligungsergebnisses

568 Der bei der Erstkonsolidierung in der Konzernbilanz ausgewiesene Wert der Beteiligung an einem assoziierten Unternehmen verändert sich bei den Folgekonsolidierungen um anteilige Gewinne, Verluste und Gewinnausschüttungen. Dabei kommt es nicht darauf an, ob anteilige Gewinne des assoziierten Unternehmens ausgeschüttet oder thesauriert werden sollen[790].

569 Anteilige **Gewinne** erhöhen erfolgswirksam den Wert der Beteiligung im Jahr ihrer Entstehung, anteilige **Verluste** vermindern, ebenfalls erfolgswirksam, im Jahr ihrer Entstehung den Wert der Beteiligung. Dagegen müssen Gewinnausschüttungen im KA erfolgsneutral bleiben, da sie schon bei Gewinnentstehung erfolgswirksam berücksichtigt

---

784 Vgl. im Einzelnen Tz. 398.
785 Vgl. im Einzelnen Tz. 374.
786 Vgl. *Havermann* in IDW, Rechnungslegung, S. 435.
787 Vgl. *Küting/Zündorf* in HdKonzernR², § 312, Rn. 89.
788 Vgl. hierzu *Schäfer*, S. 267.
789 Vgl. Tz. 652.
790 Vgl. *Havermann*, WPg 1975, S. 234.

wurden. In der Höhe des anteiligen ausgeschütteten Ergebnisses treten an die Stelle des Beteiligungswertes im KA Forderungen oder liquide Mittel (Aktivtausch). In der Konzern-GuV ist der im JA des beteiligten Unternehmens vereinnahmte Beteiligungsertrag zu eliminieren. Der Gesetzestext (§ 312 Abs. 4 HGB) spricht indessen nicht von anteiligen Ergebnissen und Ergebnisübernahmen, sondern – zur Vermeidung von Missverständnissen[791] – von Eigenkapitalveränderungen. Dabei ist EK die Summe der in § 266 Abs. 3 A. HGB zusammengefassten Posten I bis V. Nur wenn sich der Gesamtbetrag dieser Posten gegenüber dem Vj. erhöht, ist auch der Beteiligungswert – anteilig – zu erhöhen. Eigenkapitalminderungen sind entspr. zu berücksichtigen. Daraus wird auch deutlich, dass Umbuchungen innerhalb des EK, z.b. bei Kapitalerhöhung aus Gesellschaftsmitteln, den Beteiligungswert nicht berühren[792, 793]. Ändert sich jedoch aufgrund von Kapitalmaßnahmen das zuzurechnende anteilige EK, z.B. durch Kapitalerhöhungen, bei denen das beteiligte Unternehmen nicht entspr. seiner bisherigen Beteiligungsquote teilnimmt, so ist nach DRS 8.42 der Teil des Änderungsbetrags des anteiligen EK, der nicht auf die Einlagen des beteiligten Unternehmens entfällt, erfolgswirksam zu berücksichtigen[794].

570 Erfolgsneutrale Veränderungen des EK des assoziierten Unternehmens, die nicht in der GuV zu erfassen sind und nicht auf Transaktionen mit den Anteilseignern beruhen, sind nach DRS 8.25 entspr. der Beteiligungsquote erfolgsneutral in den KA zu übernehmen. Dies gilt nach DRS 8.26 für sämtliche Veränderungen des kumulierten übrigen Konzernergebnisses gem. DRS 7.5, z.B. aufgrund der Fremdwährungsumrechnung des JA des assoziierten Unternehmens.

571 Die Beteiligungsergebnisse werden i.d.R. nicht unverändert aus der HB I des assoziierten Unternehmens in den KA übernommen. Sie können je nach Sachlage verschiedenen **Korrekturen** unterliegen, die zweckmäßigerweise in einer HB II[795] oder einer ihr im Ergebnis entsprechenden Ergebnisfortschreibung vorgenommen werden. Im Einzelnen können sich Ergebniskorrekturen ergeben aus:

– Anpassungen an einheitliche Bilanzierungs- und Bewertungsmethoden;
– der Eliminierung von Zwischenergebnissen;
– der Abschreibung von aktiven oder Auflösung von passiven Unterschiedsbeträgen.

bb) Anpassungen an einheitliche Bilanzierungs- und Bewertungsmethoden

572 Wendet das assoziierte Unternehmen in seinem JA vom KA abw. Bewertungsmethoden an, so können abw. bewertete Vermögensgegenstände und Schulden für die Erstkonsolidierung angepasst werden. Sie müssen in diesem Fall auch für die Ermittlung des anteiligen Ergebnisses im Rahmen der Folgekonsolidierungen nach den auf den KA angewendeten Bewertungsmethoden angepasst werden (§ 312 Abs. 5 S. 1 HGB). Dasselbe gilt auch für die Anpassung der Bilanzansatzmethoden[796]. Korrekturen in beiden Bereichen wirken sich unmittelbar auf die Höhe des zu übernehmenden Ergebnisses aus. Nach DRS 8.8 dürfen ausländische assoziierte Unternehmen vom HGB und den DRS abw. Ansatz- und Bewertungsvorschriften nicht beibehalten.

---

791 So *Biener/Schatzmann*, Konzernrechnungslegung, S. 54.
792 Zum Ausweis der Ergebnisübernahme in der Konzern-GuV und zur Behandlung der Ertragsteuern des assoziierten Unternehmens vgl. Tz. 652.
793 Zum Ausweis der Veränderungen des Beteiligungswertes im Anlagenspiegel vgl. Tz. 226.
794 Vgl. *Winkeljohann/Böcker* in BeBiKo[7], § 312, Rn. 71 m.w.N.
795 Vgl. im Einzelnen Tz. 557 sowie Tz. 306.
796 Vgl. Tz. 558.

cc) Eliminierung von Zwischenergebnissen

573 Bei der Equity-Methode ist § 304 über die Behandlung der Zwischenergebnisse entspr. anzuwenden, soweit die maßgeblichen Sachverhalte bekannt oder zugänglich sind (§ 312 Abs. 5 S. 3 HGB). Danach sind Vermögensgegenstände, die in den KA zu übernehmen sind und die ganz oder teilw. auf **Lieferungen** oder **Leistungen assoziierter Unternehmen** beruhen, in der Konzernbilanz so anzusetzen, als wenn Lieferer und Empfänger auch rechtlich ein einziges Unternehmen bilden würden[797]. Bestände aus Lieferungen und Leistungen von Unternehmen des Konsolidierungskreises **an assoziierte Unternehmen** unterliegen bei entsprechender Anwendung des § 304 Abs. 1 HGB **nicht** der Zwischenergebniseliminierungspflicht, da diese Bestände nicht, jedenfalls nicht als solche, in den KA übernommen werden[798]. Die Beschränkung auf sog. Up-stream-Lieferungen resultiert aus der Formulierung des § 304 Abs. 1 HGB als Bewertungsvorschrift für Vermögensgegenstände, die in der Konzernbilanz angesetzt sind[799]. Dem steht nicht entgegen, dass der zu eliminierende Betrag des Zwischenergebnisses formell nicht bei dem Wertansatz der gelieferten Vermögensgegenstände verrechnet wird, sondern im Wertansatz der Beteiligung an assoziierten Unternehmen[800]. Die jeweilige Veränderung des Betrags eliminierter Zwischenergebnisse gegenüber dem Stand am Ende des Vj. ist als Korrektur des übernommenen Jahreserfolgs des assoziierten Unternehmens zu behandeln.

574 DRS 8.30 sieht demgegenüber sowohl für Up-stream-Lieferungen als auch für down-stream-Lieferungen die Eliminierung von Zwischenergebnissen vor. Ferner sieht DRS 8.32 vor, dass das eliminierte Zwischenergebnis ausschließlich bei dem Wertansatz der Beteiligung an dem assoziierten Unternehmen verrechnet wird.

575 Für die Praxis der Eliminierung von Zwischenergebnissen aus den zu übernehmenden anteiligen Jahreserfolgen assoziierter Unternehmen sind folgende Vereinfachungen und Ausnahmen zugelassen:

– An die Stelle der allgemeinen Verpflichtung zur Eliminierung von Zwischenergebnissen tritt auch im Zusammenhang mit der Equity-Methode das Wahlrecht des § 304 Abs. 2 HGB *(materiality)*[801];
– eine Pflicht zur Eliminierung von Zwischenergebnissen besteht nur, „soweit die für die Beurteilung maßgeblichen Sachverhalte bekannt oder zugänglich sind" (§ 312 Abs. 5 S. 3 HGB). Diese Einschränkung soll offenbar den Besonderheiten der Assoziierungsverhältnisse Rechnung tragen, da eine zuverlässige Zwischenerfolgseliminierung nur möglich ist, wenn die Kalkulationsunterlagen des liefernden Unternehmens bei Aufstellung des KA bekannt sind. Der Verzicht auf eine Zwischenergebniseliminierung aus diesem Grunde ist daher nicht möglich, wenn TU, die nicht in die Vollkonsolidierung einbezogen werden, im KA nach der Equity-Methode bewertet werden[802].

576 Nach DRS 8.30 ist die Zwischengewinneliminierung ohne Ausnahme durchzuführen. Einen Lösungsvorschlag, wie zu verfahren ist, wenn die notwendigen Informationen nicht zu erhalten sind, enthält DRS 8 nicht. Sind die Informationen über die Anschaffungs- oder Herstellungskosten des assoziierten Unternehmens nicht zugänglich, kann die Equity-

---

[797] Vgl. im Einzelnen Tz. 333.
[798] Vgl. *Havermann*, WPg 1987, S. 319; *Sahner/Häger*, BB 1988, S. 1783; *Küting/Zündorf* in HdKonzernR², § 312, Rn. 214; *Winkeljohann/Böcker* in BeBiKo⁷, § 312, Rn. 95.
[799] Vgl. *Wiedmann*, Bilanzrecht, § 312, Rn. 18.
[800] Vgl. *Zündorf*, S. 174; *Sahner/Häger*, BB 1988, S. 1783; zur Kritik vgl. *Fricke*, S. 323.
[801] Vgl. im Einzelnen Tz. 334.
[802] Vgl. Tz. 209.

Methode auch ohne Eliminierung der Zwischenergebnisse aufgrund der Ausnahmevorschrift des § 312 Abs. 5 S. 3 HGB durchgeführt werden. Die Assoziierungsvermutung (§ 311 Abs. 1 S. 2 HGB) kann damit nicht widerlegt werden.

Die Eliminierung der Zwischenergebnisse darf auf den Teil beschränkt werden, der der Beteiligungsquote entspricht (§ 312 Abs. 5 S. 4 HGB). Damit besteht ein gesetzliches Wahlrecht zwischen der vollen und der beteiligungsproportionalen Zwischengewinneliminierung. Die beteiligungsproportionale Eliminierung der Zwischenergebnisse wird bei der Equity-Methode – im Gegensatz zur Vollkonsolidierung – für sachgerecht gehalten[803], da sich bei Up-stream-Lieferungen der realisierte Zwischengewinn nur quotal im Beteiligungsansatz widerspiegelt[804]. DRS 8.30 lässt dementsprechend nur die beteiligungsproportionale Zwischengewinneliminierung zu. 577

dd) Abschreibungen und Auflösungen von Unterschiedsbeträgen

Unterschiedsbeträge, die bei der Erstkonsolidierung im Rahmen der Equity-Methode entstehen, werden bei den Folgekonsolidierungen je nach Sachlage erfolgswirksam abgeschrieben bzw. aufgelöst. Sie sind mit den ebenfalls erfolgswirksamen Ergebnisübernahmen zu verrechnen und nach DRS 8.45 in der Konzern-GuV unter dem Ergebnis aus assoziierten Unternehmen **auszuweisen**[805]. 578

f) Negativer Wert der Beteiligung

Entstehen beim assoziierten Unternehmen über eine Reihe von Jahren Verluste, so kann dies zur Folge haben, dass der Beteiligungsbuchwert auf null absinkt. Es stellt sich dann die Frage, ob auch bei weiteren Verlusten des assoziierten Unternehmens unverändert die Equity-Methode anzuwenden ist, was zu negativen Beteiligungsbuchwerten führen würde. Im Gesetz ist dieser Fall nicht geregelt, wenngleich die konsequente Anwendung von § 312 Abs. 4 HGB zu diesem Ergebnis führen kann. 579

Nach DRS 8.27[806] wird bei Erreichen der Null-Grenze die Anwendung der **Equity-Methode ausgesetzt**. Die Beteiligung wird mit einem Erinnerungsposten fortgeführt. Weitere Verluste beim assoziierten Unternehmen werden in einer Nebenrechnung erfasst. Erzielt das assoziierte Unternehmen nach Unterschreiten der Null-Grenze wieder Gewinne, so sind diese zunächst mit in der Nebenrechnung erfassten Verlusten aufzurechnen. Erst nach vollständiger Kompensation der in der Nebenrechnung vorgetragenen Verlustanteile mit angefallene Gewinne oder Leistungen der Gesellschafter wird die Equity-Methode durch Zuschreibungen zum Beteiligungsbuchwert wieder fortgeführt. 580

Verpflichtet sich das Beteiligungsunternehmen gegenüber dem assoziierten Unternehmen zur **Übernahme** weiterer **Verluste** oder ähnlicher finanzieller Hilfsmaßnahmen auch nach Erreichen der Null-Grenze des Beteiligungsbuchwertes, so sind dafür nach den allgemeinen Grundsätzen beim Beteiligungsunternehmen **Rückstellungen oder Verbindlichkeiten** zu passivieren[807], die gem. § 300 Abs. 1 HGB in die Konzernbilanz zu übernehmen sind. 581

---

803 Vgl. *Harms/Küting*, BB 1982, S. 2160; *Schäfer*, S. 298; *Fricke*, S. 270; *Busse v. Colbe*, ZfbF 1985, S. 778.
804 Vgl. *Winkeljohann/Böcker* in BeBiKo[7], § 312, Rn. 111.
805 Vgl. *Havermann*, WPg 1987, S. 317; *Harms*, BB 1987, S. 935/939.
806 Vgl. zur internationalen Praxis IASB, IAS 28 (revised 2008), Tz. 29.
807 So auch *Biener/Schatzmann*, Konzernrechnungslegung, S. 55.

g) Außerplanmäßige Abschreibungen auf eine Beteiligung

582 Wie andere Detailfragen der Equity-Methode ist eine außerplanmäßige Abschreibung im KA auf Beteiligungen, die nach der Equity-Methode bewertet werden, in § 312 HGB offen gelassen. Der Vornahme **außerplanmäßiger Abschreibungen** steht die Anwendung der Equity-Methode nicht entgegen[808]. Nach DRS 8.28 ist außerplanmäßig abzuschreiben, wenn der beizulegende Zeitwert der Anteile niedriger als der Wertansatz nach der Equity-Methode ist. Die außerplanmäßigen Abschreibungen mindern nach DRS 8.29 zunächst den Goodwill, der bei der Buchwertmethode in der Nebenrechnung erfasst wird. Bei der Fortschreibung in Folgeperioden ist zu beachten, dass bei Eintritt der durch die außerplanmäßige Abschreibung antizipierten Verluste keine erneute Berücksichtigung dieser Verluste erfolgen darf[809]. Wenn der Grund für die außerplanmäßige Abschreibung in einer späteren Periode entfällt, ist eine Zuschreibung erforderlich, wobei die Zuschreibung auf die fortgeführten AK begrenzt ist[810]. In diesem Zusammenhang ist zu beachten, dass nach § 312 Abs. 2 S. 3 i.V.m. §§ 309 Abs. 1 und 253 Abs. 5 S. 2 HGB für den Geschäfts- oder Firmenwert ein Wertaufholungsverbot besteht[811]. Entgegen der Regelung des HGB sieht DRS 8.29 jedoch nach wie vor auch eine Wertaufholung des Goodwills in künftigen Perioden vor, wenn der Grund für die vorherige außerplanmäßige Abschreibung nicht mehr besteht.

h) Abweichender Abschlussstichtag des assoziierten Unternehmens

583 Für die Anwendung der Equity-Methode ist der jeweils letzte JA des assoziierten Unternehmens zugrunde zu legen (§ 312 Abs. 6 S. 1 HGB). Anders als bei der Vollkonsolidierung[812] ist demnach in keinem Fall ein Zwischenabschluss aufzustellen. Im Extremfall könnte der Abschlussstichtag des assoziierten Unternehmens zwölf Monate vor dem Stichtag des KA liegen[813]. Diese Vorschrift wird als Vereinfachungsregel aufgefasst, die der Tatsache Rechnung tragen soll, dass der Einfluss des Beteiligungsunternehmens, z.B. auf die Umstellung des GJ des assoziierten Unternehmens, begrenzt ist[814]. Dies gilt insb. dann, wenn das betreffende Unternehmen assoziiertes Unternehmen im Verhältnis zu mehreren Beteiligungsgesellschaften mit möglicherweise unterschiedlichen Abschlussstichtagen ist[815]. Auch wenn der Wortlaut des Gesetzes einen Zwischenabschluss nicht abdeckt, bestehen im Hinblick auf die erhöhte Aussagekraft des KA keine Bedenken gegen die Verwendung eines solchen. Damit besteht ein faktisches Wahlrecht, den jeweils letzten JA zu verwenden oder einen Zwischenabschluss aufzustellen. Dieses faktische Wahlrecht wird jedoch durch DRS 8 eingeschränkt[816].

584 Bei übereinstimmendem GJ ist der „letzte JA" i.S.v. § 312 Abs. 6 S. 1 HGB grds. der auf den Konzernabschlussstichtag aufgestellte JA des assoziierten Unternehmens. In vielen Fällen wird ein solcher Abschluss noch nicht im Rechtssinne „festgestellt" sein. Einer solchen Feststellung bedarf es auch nicht, weil das Erfordernis der Feststellung nicht in das Gesetz aufgenommen worden ist. Bei einem prüfungspflichtigen assoziierten Unternehmen ist es nicht erforderlich, der Anwendung der Equity-Methode einen geprüften JA

---

808 Vgl. *Havermann*, WPg 1975, S. 234.
809 Vgl. *Küting/Zündorf* in HdKonzernR², § 312, Rn. 83; IDW, WPg 2001, S. 216/220.
810 Zur Obergrenze der Zuschreibung siehe DRS 8.29.
811 Vgl. *Melcher/Murer*, DB 2010, S. 1597/1601.
812 Vgl. Tz. 386.
813 Vgl. *Maas/Schruff*, WPg 1985, S. 1/6.
814 Vgl. *Müller*, DB 1980, S. 268.
815 Vgl. *Schäfer*, S. 347.
816 Vgl. Tz. 585.

Konzernbilanz M

zugrunde zu legen. Es muss sich dabei um eine Fassung handeln, die mit hinreichender Wahrscheinlichkeit von den zuständigen Organen festgestellt wird[817].

Hat das assoziierte Unternehmen einen vom Konzern-GJ abw. **Abschlussstichtag**, so verlangt DRS 8.12 – über die gesetzlichen Anforderungen hinausgehend[818] – die Aufstellung eines Zwischenabschlusses des assoziierten Unternehmens für Zwecke der Equity-Methode, wenn dessen Stichtag um mehr als 3 Monate vor dem Stichtag des KA endet. Liegt der Abschlussstichtag des assoziierten Unternehmens bis zu drei Monate vor dem Konzernabschlussstichtag, so darf auch nach DRS 8 der aufgestellte JA des assoziierten Unternehmens verwendet werden. Allerdings verlangt DRS 8.13 bei fehlendem Zwischenabschluss, Vorgänge von besonderter Bedeutung für die wirtschaftliche Lage des Konzerns in der Konzern-Bilanz und Konzern-GuV zu berücksichtigen. Bei Verzicht auf die Aufstellung eines Zwischenabschlusses ist nach DRS 8.13 der Grundsatz der Stetigkeit in Bezug auf die zeitliche Abweichung zwischen dem Abschlussstichtag des assoziierten Unternehmens und dem Konzernabschlussstichtag sowie auf die Länge der jeweiligen einbezogenen Berichtsperioden zu beachten. 585

Wird die Equity-Methode nicht auf ein assoziiertes Unternehmen, sondern auf ein nicht im Wege der Vollkonsolidierung einbezogenes **TU**[819] angewandt, so sollte für diesen Fall nach der allgemeinen Regel des § 299 Abs. 2 HGB ggf. ein Zwischenabschluss erstellt werden. Hier haben es die MU in der Hand, für die Vorlage eines Abschlusses auf den Konzernabschlussstichtag, eines zeitnahen Abschlusses[820] oder Zwischenabschlusses zu sorgen, so dass die Erleichterungen wegen der begrenzten Möglichkeit zur Einflussnahme auf assoziierte Unternehmen hier entfallen können. 586

i) Konzernabschluss des assoziierten Unternehmens als Grundlage für die Equity-Methode

Stellt das assoziierte Unternehmen einen KA auf, so ist von diesem und nicht vom JA des assoziierten Unternehmens auszugehen (§ 312 Abs. 6 S. 2 HGB). Diese Regelung ist die Konsequenz daraus, dass sich der maßgebliche Einfluss des beteiligten Unternehmens nicht nur auf das assoziierte Unternehmen selbst, sondern auch auf dessen TU erstreckt. 587

Bei der Ermittlung des anteiligen EK anhand der Konzernbilanz des assoziierten Unternehmens ist zu berücksichtigen, dass der Ausgleichsposten für Anteile anderer Gesellschafter, obwohl zum EK gehörend[821], nach DRS 8.11 nicht in die Bemessungsgrundlage des Investors einzubeziehen ist[822]. Dementsprechend sind auch bei der Übernahme des anteiligen Konzernergebnisses Gewinne und Verluste anderer Gesellschafter abzusetzen. 588

j) Abweichungen zwischen dem Wert der Beteiligung im Einzel- und Konzernabschluss

Da die Equity-Methode in Deutschland ausschließlich im KA angewendet wird und die Beteiligungen an assoziierten Unternehmen in den JA, die der Konsolidierung zugrunde 589

---

817 Vgl. ebenso *Küting/Hayn/Zündorf* in HdKonzernR[2], § 312, Rn. 192; *Winkeljohann/Böcker* in BeBiKo[7], § 312, Rn. 118.
818 Vgl. Tz. 583.
819 Vgl. Tz. 209.
820 Nicht mehr als 3 Monate vor dem Stichtag des KA.
821 Vgl. § 307 HGB.
822 Vgl. *Fricke*, S. 116; *Busse v. Colbe u.a.*, Konzernabschlüsse[9], S. 534; *Küting/Zündorf* in HdKonzernR[2], § 312, Rn. 20. Zur weiteren Abgrenzung des anteiligen EK im Fall der Ermittlung aus dem KA des assoziierten Unternehmens vgl. *Fricke*, S. 116.

gelegt werden, nach dem Anschaffungskostenprinzip bewertet sind, ergeben sich in der Konsolidierung Differenzbeträge in Höhe der Abweichung zwischen dem Buchwert im JA und dem Equity-Wert nach dem Stand am Ende des Vj.

590 In jeder Konzernbilanz muss daher erneut der Wertansatz für die Beteiligung auf den Stand am Ende des Vj. gebracht werden, ehe die Veränderungen des laufenden Jahres vorgenommen werden können. Als Gegenposten sind die **Gewinnrücklagen** in der Konzernbilanz entspr. zu korrigieren.

591 Auf Bilanzunterschiede zwischen der Bewertung der Beteiligung in der Steuerbilanz des MU und der Bewertung nach der Equity-Methode im handelsrechtlichen KA des MU (sogenannte „**outside basis differences**") sind nach DRS 18.29 keine latenten Steuern zu erfassen[823].

k) Methodenwechsel
aa) Erwerb oder erstmalige Einbeziehung eines assoziierten Unternehmens

592 Der Wertansatz für die Beteiligung (§ 312 Abs. 1 S. 1 HGB) und die Unterschiedsbeträge (§ 312 Abs. 1 S. 2 HGB) werden auf der Grundlage der Wertansätze zu dem **Zeitpunkt**, zu dem das Unternehmen **assoziiertes Unternehmen geworden** ist, ermittelt (§ 312 Abs. 3 S. 1 HGB). Nach § 311 Abs. 1 S. 1 HGB ist dies der Zeitpunkt, von dem an ein maßgeblicher Einfluss auf die Geschäfts- und Finanzpolitik tatsächlich ausgeübt wird[824]. Die Regelung entspricht inhaltlich derjenigen für den Stichtag der Erstkonsolidierung bei Vollkonsolidierung (§ 301 Abs. 2 S. 1 HGB). Die Ausführungen dazu[825] gelten daher sinngemäß für die Fälle, in denen die Beteiligung an dem assoziierten Unternehmen erworben und zum nächstmöglichen Zeitpunkt auf der Basis der Equity-Methode in den KA einbezogen wird. DRS 8 verlangt, dass bei einem unterjährigen Erwerb ein Zwischenabschluss aufzustellen ist (DRS 8.12-14).

593 Erfolgt die Anwendung der Equity-Methode erst zu einem späteren Zeitpunkt, zum Beispiel weil das assoziierte Unternehmen bisher nach § 311 Abs. 2 HGB von **untergeordneter Bedeutung** war oder weil das MU **erstmals zur Aufstellung eines KA** nach §§ 290 ff. HGB verpflichtet ist, so ist das anteilige EK bei Erstkonsolidierung nach § 312 Abs. 3 S. 1 HGB zu dem Zeitpunkt zu ermitteln, zu dem das Unternehmen assoziiertes Unternehmen geworden ist[826]. Liegt dieser Zeitpunkt weit in der Vergangenheit, wäre diese Vorgehensweise sehr aufwendig und würde praktisch bedeuten, dass trotz Nichteinbeziehung in den KA die Equity-Methode seit dem Zeitpunkt, zu dem das Unternehmen assoziiertes Unternehmen geworden ist, in einer Nebenrechnung rückwirkend angewendet werden muss bzw. auf den Stichtag der erstmaligen Anwendung der Equity-Methode fortgeschrieben wird. Der vom Gesetzgeber angestrebte Gleichlauf zwischen §§ 312 und 301 HGB[827] rechtfertigt die analoge Anwendung des § 301 Abs. 2 S. 3 u. 4 HGB[828] mit der Folge, dass die Bewertung in diesen Fällen auch auf den Beginn des Konzerngeschäftsjahres vorgenommen werden kann, in dem das assoziierte Unternehmen erstmals nach der Equity-Methode einbezogen wird[829].

---

823 Vgl. hierzu auch *Oser/Reichart/Wirth* in Küting/Pfitzer/Weber, Bilanzrecht², S. 436.
824 Vgl. Tz. 542.
825 Vgl. im Einzelnen Tz. 385.
826 Dieses Problem entsteht nur deshalb, weil in Deutschland die Equity-Methode im JA nicht angewandt werden darf.
827 Vgl. Begr. Beschlussempf. und Bereich des Rechtsausschusses BilMoG, BT-Drs. 16/12407, S. 90.
828 Vgl. *Melcher/Murer*, DB 2010, S. 1597/1602; *Gelhausen/Fey/Kämpfer*, BilMoG, Q, Rn. 470-472.
829 Vgl. Tz. 387.

Wird in diesen Sonderfällen die Vereinfachung bezgl. des Erstkonsolidierungszeitpunkts **594** nicht in Anspruch genommen, ist für die erstmalige Anwendung der Equity-Methode nach dem Wortlaut des § 312 Abs. 3 S. 1 HGB auf die Wertverhältnisse zum Zeitpunkt, zu dem das Unternehmen assoziiertes Unternehmen geworden ist, abzustellen. Dies bedeutet, dass eine **retroaktive Anpassung** notwendig ist, um die Wertverhältnisse in einer Nebenrechnung auf den Zeitpunkt fortzuführen, zu dem die Beteiligung erstmals nach der Equity-Methode einbezogen wird[830]. Soweit die nach der Equity-Methode erforderlichen Fortschreibungen des Beteiligungswertes die Jahre vor erstmaliger Anwendung betreffen, werden sie im Wertansatz der Beteiligung zum Zeitpunkt der erstmaligen Anwendung berücksichtigt. Im Jahr der erstmaligen Anwendung der Equity-Methode ergibt sich dadurch in Höhe der Differenz zum bisherigen Buchwert eine Änderung des EK im KA. Dabei ist es sachgerecht, diese Differenz, die i.d.R. positiv ist, unmittelbar den Gewinnrücklagen[831] zuzuführen, ohne das Konzernergebnis zu berühren, weil die Beteiligung zum Übergangszeitpunkt so dargestellt werden soll, als wäre sie von Anfang an nach der Equity-Methode bewertet worden. Diese Methode kann insb. bei einem lange Zeit zurückliegenden Beteiligungserwerb sehr aufwendig sein.

Eine Beteiligung, die bisher nach der Anschaffungskostenmethode zu bilanzieren war, kann sich z.B. aufgrund einer Erhöhung der Beteiligungsquote für die Anwendung der Equity-Methode qualifizieren (**sukzessiver Anteilserwerb**). Für die dann erstmals erforderliche Neubewertung der anteiligen erworbenen Vermögensgegenstände, Schulden, RAP und Sonderposten ist nach § 312 Abs. 1 S. 1 HGB grds. auf den Zeitpunkt abzustellen, zu dem das Unternehmen assoziiertes Unternehmen geworden ist. Eine tranchenweise Ermittlung der Unterschiedsbeträge ist durch die Änderungen des BilMoG nicht mehr zulässig[832]. Die Vorgehensweise bei einem sukzessiven Anteilserwerb von assoziierten Unternehmen entspricht somit der Regelung in § 301 Abs. 2 S. 1 HGB zur Umsetzung der Erwerbsmethode im Rahmen der Vollkonsolidierung von TU, die sukzessive erworben wurden[833].

bb) Erwerb weiterer Anteile ohne Statusänderung als assoziiertes Unternehmen

Werden weitere Anteile an einem Unternehmen erworben, das bereits nach der Equity- **595** Methode bilanziert wird, sind nach DRS 8.35 für die neuerworbenen Anteile die Wertverhältnisse zum Zeitpunkt des jeweiligen Erwerbs zugrunde zu legen. Der Unterschiedsbetrag ist zu jedem Zeitpunkt des Erwerbs gesondert zu ermitteln und gesondert in den Folgeperioden fortzuschreiben.

cc) Übergang von der Equity-Methode zur Vollkonsolidierung

Wird ein assoziiertes Unternehmen zu einem TU, so stellt nach DRS 8.33 der Equity-Wert **596** zum Zeitpunkt des Übergangs auf die Vollkonsolidierung die anteiligen AK der Beteiligung dar. Im Übrigen gelten die Regelungen für die Vollkonsolidierung sinngemäß[834]. Entsprechendes gilt für den Übergang von der Equity-Methode zur Quotenkonsolidierung[835].

---

830 So auch ADS[6], § 312, Tz. 68.
831 Vgl. Tz. 408.
832 Vgl. *Oser/Reichart/Wirth* in Küting/Pfitzer/Weber, Bilanzrecht[2], S. 436; *Gelhausen/Fey/Kämpfer*, BilMoG, Q, Rn. 469; *Winkeljohann/Böcker* in BeBiKo[7], § 312, Rn. 47.
833 Vgl. Tz. 389.
834 Vgl. Tz. 342.
835 Vgl. DRS 8.34.

dd) Übergang von der Equity-Methode zur Anschaffungskostenmethode

597 Durch den Verkauf von Anteilen oder aufgrund anderer Vorgänge kann der Fall eintreten, dass die Ausübung eines maßgeblichen Einflusses für die Zukunft ausgeschlossen ist. Eine bisher nach der Equity-Methode bewertete Beteiligung ist dann nach der AK-Methode zu bilanzieren. Das Gesetz regelt die dazu erforderliche Umstellung der Bewertung nicht explizit.

598 In einem solchen Fall ist die Beteiligung im KA entspr. der Anschaffungskostenmethode zu bilanzieren. Nach DRS 8.37 gilt als AK der letzte Equity-Wert zum Veräußerungszeitpunkt vermindert um den auf den abgehenden Teil entfallenden Equity-Wert[836]. Der Veräußerungserfolg ergibt sich als Differenz zwischen erzieltem Veräußerungserlös und dem auf den abgehenden Anteil entfallenden Equity-Wert. Hinsichtlich der nicht veräußerten Anteile ist nach DRS 8.38 der Übergang auf die Anschaffungskostenmethode erfolgsneutral. Materiell handelt es sich dabei um eine Änderung des Konsolidierungskreises, die im KAnh. zu erläutern ist.

12. Quotenkonsolidierung

a) Grundsatz

599 GU dürfen in den KA entspr. den Anteilen am Kapital einbezogen werden, die dem MU gehören (§ 310 Abs. 1 HGB). Mit der tatsächlich ausgeübten gemeinsamen Führung ist stets zugleich ein maßgeblicher Einfluss auf die Geschäfts- und Finanzpolitik verbunden, so dass GU nach § 310 HGB daher gleichzeitig auch den Tatbestand assoziierter Unternehmen erfüllen. Damit besteht ein Wahlrecht, GU anteilsmäßig oder nach der Equity-Methode zu bilanzieren[837]. Die gewählte Konsolidierungsmethode ist anzugeben und stetig beizubehalten (DRS 9.7). Für die anteilsmäßige Einbeziehung hat sich in der Praxis der Begriff der **Quotenkonsolidierung** durchgesetzt.

600 Die Vorschrift des § 310 HGB begründet keine originäre Verpflichtung zur Aufstellung eines KA, sondern kann nur als besondere Konsolidierungstechnik in Verbindung mit einem nach §§ 290 HGB oder 11 PublG aufzustellenden KA verstanden werden[838]. Das Einbeziehungswahlrecht nach 296 Abs. 2 HGB in Bezug auf Unternehmen von untergeordneter Bedeutung ist auf GU entspr. anzuwenden[839].

b) Begriff des Gemeinschaftsunternehmens

601 Der **Begriff GU** ist im HGB nicht enthalten. Folgt man § 310 Abs. 1 HGB, dann lassen sich GU definieren als Unternehmen, die von einem in den KA einbezogenen MU oder TU gemeinsam mit einem oder mehreren nicht in den KA einbezogenen Unternehmen geführt werden. Die **gemeinsame Führung** muss tatsächlich ausgeübt sein. Nach DRS 9.3 ist gemeinsame Führung dann gegeben, wenn die Gesellschafterunternehmen strategische Geschäftsentscheidungen und Entscheidungen über Investitions- und Finanzierungstätigkeiten einstimmig treffen. Die gemeinsame Führung kann durch Bestimmungen der Satzung oder vertragliche Absprachen sichergestellt werden. Ausnahmsweise kann auch bei Stimmrechtsmehrheit ein GU vorliegen, wenn z.B. die Stimmrechtsmehrheit aufgrund vertraglicher Vereinbarung nicht ausgeübt werden darf oder nach Be-

---

[836] So bereits *Busse v. Colbe u.a.*, Konzernabschlüsse[9], S. 557; a.A. *Schäfer*, S. 329; *Küting/Zündorf* in HdKonzernR[2], § 312, Rn. 163; *Winkeljohann/Böcker* in BeBiKo[7], § 312, Rn. 58.
[837] Vgl. ADS[6], § 310, Tz. 5; *Winkeljohann/Böcker* in BeBiKo[7], § 310, Rn. 8; *Busse v. Colbe u.a.*, Konzernabschlüsse[9], S. 493.
[838] Vgl. ADS[6], § 310, Tz. 6; *Busse v. Colbe u.a.*, Konzernabschlüsse[9], S. 493.
[839] Vgl. *Busse v. Colbe u.a.*, Konzernabschlüsse[9], S. 496; *Winkeljohann/Böcker* in BeBiKo[7], § 310, Rn. 45

stimmungen der Satzung in allen wesentlichen Punkten die einstimmige Ausübung der Stimmrechte vorgesehen ist[840]. In diesen Fällen ist § 296 Abs. 1 Nr. 1 HGB einschlägig[841], so dass aufgrund der Stufenkonzeption des HGB faktisch ein Konsolidierungswahlrecht zwischen der Vollkonsolidierung und der Quotenkonsolidierung besteht.

In allen Fällen ist jedoch für die Einbeziehung in den KA die **Unternehmenseigenschaft** des GU erforderlich[842]. Die Rechtsform ist hierbei grds. unerheblich. Nach herrschender Meinung sollte die gemeinsame Führung i.S.d. § 310 Abs. 1 HGB **auf Dauer** angelegt sein[843]. Ob ein GU auch in der Rechtsform einer GbR, insb. als Arbeitsgemeinschaft geführt werden kann, richtet sich nach dem Zweck und der Dauer der Gesellschaft im Einzelfall[844]. 602

Die gemeinsame Führung setzt ferner eine **Beteiligung** nach § 271 Abs. 1 HGB an dem GU voraus, da § 310 HGB Abs.1 HGB eine Einbeziehung entspr. den Anteilen am Kapital fordert[845]. Der Gesetzgeber hat im HGB keine Mindestbeteiligungshöhe und damit keine Begrenzung der Anzahl der Gesellschafter vorgesehen. Die Anzahl der Gesellschafter kann jedoch nicht beliebig hoch sein, damit die Voraussetzung der gemeinsamen Führung vorliegt. Im Regelfall wird die Beteiligung der Gesellschafter zwischen 20-50% der Kapital- und Stimmrechtsanteile liegen[846]. Für die Beurteilung des Einflusses ist die **Höhe der Stimmrechte** ausschlaggebend. Hierbei ist es nicht erforderlich, dass die Stimmrechtsanteile bzw. die Kapitalanteile zwischen den Gesellschaftern paritätisch verteilt sind, denn für die gemeinsame Führung ist ausschlaggebend, dass wesentliche Entscheidungen einstimmig getroffen werden[847]. Ferner ist es nicht notwendig, dass alle Gesellschafter an der gemeinsamen Führung beteiligt sind. Allerdings müssen in diesem Fall die Partnerunternehmen, welche die gemeinsame Führung ausüben, zumindest insgesamt über die Mehrheit der Stimmrechte verfügen[848]. 603

Die gemeinsame Führung setzt darüber hinaus die **wirtschaftliche Unabhängigkeit** der Gesellschafterunternehmen voraus[849]. Nach § 310 Abs. 1 HGB muss das GU von mehreren Unternehmen gemeinsam geführt werden, von denen mindestens ein Unternehmen nicht in den KA einbezogen wird. In diesem Zusammenhang stellt sich die Frage, ob es sich bei den nicht in den KA einbezogenen Unternehmen um konzernfremde Unternehmen handeln muss oder ob hierfür auch verbundene Unternehmen gem. § 271 Abs. 2 HGB, die aufgrund von § 296 HGB nicht konsolidiert wurden, in Betracht kommen[850]. Die nach § 296 HGB nicht konsolidierten Unternehmen sind TU, so dass aufgrund der Zurechnungsvorschrift des § 290 Abs. 3 HGB in diesem Fällen dem MU die Mehrheit der Stimmrechte zustehen wird[851]. Folglich besteht aufgrund der Beherrschung durch das MU (§ 290 Abs. 2 Nr. 1 HGB) grds. eine Konsolidierungspflicht[852]. In diesem Fall haben die 604

---

840 Vgl. ADS[6], § 310, Tz. 22.
841 Vgl. Tz. 188.
842 Vgl. *IDW St/HFA 1/1993*, WPg 1993, S. 441/444.
843 Vgl. ADS[6], § 310, Tz. 26; *Winkeljohann/Böcker* in BeBiKo[7], § 310, Rn. 20.
844 Vgl. ADS[6], § 290, Tz. 94; *Winkeljohann/Böcker* in BeBiKo[7], § 310, Rn. 21.
845 Vgl. *Baetge/Kirsch/Thiele*, Konzernbilanzen[8], S. 338.
846 Vgl. ADS[6], § 310, Tz. 15; *Winkeljohann/Böcker* in BeBiKo[7], § 310, Rn. 25-26.
847 Vgl. *Busse v. Colbe u.a.*, Konzernabschlüsse[9], S. 495; *Winkeljohann/Böcker* in BeBiKo[7], § 310, Rn. 25.
848 Vgl. ADS[6], § 310, Tz. 16.
849 Vgl. *Baetge/Kirsch/Thiele*, Konzernbilanzen[8], S. 314.
850 Vgl. ADS[6], § 310, Tz. 17-18 für Fälle, in denen das nicht in den KA einbezogene Unternehmen ein assoziiertes Unternehmen oder ein anderes GU ist.
851 Vgl. ADS[6], § 310, Tz. 17; *Winkeljohann/Böcker* in BeBiKo[7], § 310, Rn. 37-38.
852 § 296 HGB bleibt unberührt.

Unternehmen kein Wahlrecht, entweder die Vollkonsolidierung oder die Quotenkonsolidierung anzuwenden.

c) Bestimmung der zu konsolidierenden Anteile

605 GU sind bei Anwendung der Quotenkonsolidierung nach § 310 Abs. 1 HGB entspr. den Anteilen am Kapital, die dem MU gehören, einzubeziehen. Die Berechnungsgrundlage bestimmt sich damit nach den **Kapitalanteilen** und nicht nach den Stimmrechten[853]. Maßgebend sind nicht die Anteile einzelner Konzernunternehmen, sondern die Anteile aller Konzernunternehmen am GU[854]. Als Anteile, die dem MU gehören, gelten auch Anteile, die einem von ihm abhängigen Unternehmen gehören (§ 271 Abs. 1 S. 4 HGB i.V. m. § 16 Abs. 4 AktG sowie § 290 Abs. 3 HGB). Für die Feststellung, welcher Prozentsatz der Anteile an einem Unternehmen dem MU gehört, ist grds. § 16 Abs. 2 und 4 AktG anzuwenden (§ 271 Abs. 1 S. 4 HGB)[855].

d) Konsolidierungstechnik

606 Grds. ist für die Quotenkonsolidierung die gleiche Konsolidierungstechnik anzuwenden wie bei der Vollkonsolidierung. Jedoch sind Aktiva und Passiva, Aufwendungen und Erträge sowie die Zahlungsströme nur in Höhe der Anteile am Kapital des GU in den KA zu übernehmen. Sie werden dort unter den entsprechenden Posten mit den übrigen aus den JA übernommenen Aktiva und Passiva, Aufwendungen und Erträgen sowie Zahlungsströmen zusammengefasst[856]. Es entfällt – als Wesensmerkmal der Quotenkonsolidierung – der Ausgleichsposten für Anteile anderer Gesellschafter (§ 307 HGB). Im Übrigen sind die §§ 297 bis 309 HGB entspr. anzuwenden:

– Für die zu übernehmenden Aktiva und Passiva des GU gelten die Grundsätze der Anwendung einheitlicher Bilanzierungsvorschriften (§ 300 HGB)[857] und einheitlicher Bewertungsmethoden (§ 308 HGB)[858];

– der Beteiligungsbuchwert ist wie bei der Vollkonsolidierung (§ 301 HGB) mit dem anteiligen konsolidierungspflichtigen EK aufzurechnen. Ein Unterschiedsbetrag wird wie bei der Vollkonsolidierung behandelt;

– Forderungen und Schulden zwischen den in den KA einbezogenen Unternehmen sind in Höhe der Anteile an dem GU wegzulassen (§ 310 Abs. 2 i.V.m. § 303 HGB). Ist ein MU z.B. mit 30% an einem GU beteiligt, so werden 70% einer Forderung gegenüber dem GU nicht eliminiert. Sie gelten als Forderungen gegenüber Dritten. Werden andere GU in den KA einbezogen, an denen das MU mit unterschiedlich hohen Prozentsätzen beteiligt ist, so ist eine Konsolidierung von Forderungen und Verbindlichkeiten zwischen den GU nur in der Höhe des geringsten Beteiligungsprozentsatzes möglich. Diese Grundsätze gelten auch für die Konsolidierung von Haftungsverhältnissen i.S.v. § 251 HGB[859];

– Zwischenergebnisse sind nur in der Höhe der Anteile am Kapital des GU zu eliminieren (DRS 9.10). Dies gilt nach DRS 9.11 sowohl für Lieferungen und Leistungen von dem

---

853 Vgl. *Busse v. Colbe u.a.*, Konzernabschlüsse⁹, S. 497; ADS⁶, § 310, Tz. 29.
854 Vgl. ADS⁶, § 310, Tz. 30 mit ausgewählten Beispielen für die wichtigsten Konstellationen bei der Zurechnung von Anteilen.
855 Vgl. hierzu auch Tz. 347; vgl. ferner *Sigle* in HdKonzernR², § 310. Rn. 40; *Winkeljohann/Böcker* in BeBiKo⁷, § 310, Rn. 30; ADS⁶, § 310, Tz. 30.
856 Vgl. DRS 9.19.
857 Vgl. Tz. 247.
858 Vgl. Tz. 265.
859 Vgl. Tz. 462.

GU an das MU bzw. einem TU (Up-stream-Lieferungen) als auch für solche in umgekehrter Richtung (Down-stream-Lieferungen). Bei Lieferungen und Leistungen zwischen zwei GU (Cross-stream-Lieferungen) werden daraus entstehende Zwischenergebnisse entspr. dem Produkt der Beteiligungsquoten multipliziert mit dem Gewinn bzw. Verlust des liefernden GU eliminiert (DRS 9.12);
– Innenumsatzerlöse sowie Aufwendungen und Erträge zwischen dem MU und dem GU sind nur in der Höhe der Beteiligungsquote zu eliminieren (DRS 9.10);
– nach DRS 9.9 ist bei abw. Stichtag ein Zwischenabschluss aufzustellen. Die Inanspruchnahme der gesetzlichen Möglichkeit, auf die Aufstellung eines Zwischenabschlusses zu verzichten, wenn der Stichtag des GU nicht mehr als drei Monate vor dem Stichtag des KA liegt (§ 310 Abs. 2 i.V.m. § 299 Abs. 2 HGB), steht nicht im Einklang mit DRS 9.

e) Änderung der Beteiligungsquote

Wird ein GU zu einem TU, so stellen die bislang anteilig in dem KA einbezogenen Vermögensgegenstände und Schulden zum Zeitpunkt des Übergangs auf die Vollkonsolidierung die anteiligen AK dar. Der bisher nicht erfasste Anteil der Vermögensgegenstände und Schulden ist mit dem beizulegenden Zeitwert anzusetzen (DRS 9.15). **607**

Verringert sich der Grad der Einflussnahme und wird die gemeinsame Führung nicht mehr ausgeübt, bilden die bisher anteilig einbezogenen Vermögensgegenstände und Schulden die Grundlage für die Bestimmung der AK der Beteiligung. Dies gilt sowohl für die Anwendung der Equity-Methode bei maßgeblichem Einfluss (DRS 9.16) als auch dann, wenn kein maßgeblicher Einfluss besteht und nach der Anschaffungskostenmethode bilanziert werden muss (DRS 9.17). **608**

Bei vollständiger Veräußerung der Beteiligung bestimmt sich der Veräußerungserfolg aus der Gegenüberstellung des Verkaufserlöses und der im KA zum Veräußerungszeitpunkt erfassten Vermögensgegenstände und Schulden des GU inkl. Goodwill (DRS 9.18). **609**

V. Konzern-Gewinn- und Verlustrechnung

1. Grundsatz

Auch für die Konsolidierung der Gewinn- und Verlustrechnung (GuV) bildet die **Einheitstheorie** (§ 297 Abs. 3 HGB) die theoretische Grundlage. Danach dürfen in der Konzern-GuV grds. nur Aufwendungen und Erträge aus dem Geschäftsverkehr mit Dritten ausgewiesen werden. Aufwendungen und Erträge, die aus Geschäften zwischen den einbezogenen Unternehmen entstanden sind, müssen gegeneinander aufgerechnet oder so umgegliedert werden, wie sie aus der Sicht eines einheitlichen Unternehmens auszuweisen sind (**Aufwands- und Ertragskonsolidierung**). Mehr noch als bei der Konzernbilanz muss die Einheitstheorie bei der Konzern-GuV zu einer sachgerechten Lösung von Konsolidierungsfragen herangezogen werden, weil das Gesetz nur die wesentlichen Konsolidierungsgrundsätze umschreibt und auf die Regelung konsolidierungstechnischer Einzelfragen verzichtet. **610**

Das HGB schreibt als einzig zulässige Form für die Konzern-GuV die vollkonsolidierte Form mit ungekürzter **Gliederung** vor. Allerdings werden für diese ungekürzte Gliederung in Staffelform sowohl das Gesamtkostenverfahren (§ 275 Abs. 2 HGB) als auch das Umsatzkostenverfahren (§ 275 Abs. 3 HGB) zugelassen. **611**

612 Gesetzliche Grundlage für die Konzern-GuV nach HGB ist § 305 HGB. Außerdem sind § 307 Abs. 2 HGB (Ausweis des auf andere Gesellschafter entfallenden Gewinns und Verlustes) und § 306 HGB (Latente Steuern) zu beachten. Weitere Hinweise auf allgemeine, die GuV betreffende Vorschriften, die auf die Konzern-GuV entspr. anzuwenden sind, enthält § 298 Abs. 1 HGB.

613 Aufwendungen und Erträge aus Lieferungen und Leistungen zwischen den in den KA einbezogenen Unternehmen brauchen nach dem Gesamt- und nach dem Umsatzkostenverfahren nicht eliminiert zu werden, „wenn die wegzulassenden Beträge für die Vermittlung eines den tatsächlichen Verhältnissen entsprechenden Bildes der Vermögens-, Finanz- und Ertragslage des Konzerns nur von untergeordneter Bedeutung sind" (§ 305 Abs. 2 HGB).

2. Entsprechende Anwendung der Vorschriften über die Einzel-Gewinn- und Verlustrechnung

614 Grds. gelten für die Gliederung der Konzern-GuV die Schemata nach § 275 Abs. 2 und 3 HGB, sofern die Eigenart des KA keine Abweichungen bedingt oder ausdrücklich etwas anderes vorgeschrieben ist (§ 298 Abs. 1 HGB). Außerdem gilt auch für die Konzern-GuV die Ermächtigung des § 330 HGB zum Erlass von Formblattvorschriften.

615 Im Einzelnen sind folgende Vorschriften des HGB, die die GuV einer KapGes. nach § 275 Abs. 2 u. 3 HGB ergänzen, für die Konzern-GuV entspr. anzuwenden:

- Vollständigkeitsgebot (§ 298 Abs. 1 i.V.m. § 246 Abs. 1);
- Saldierungsverbot (§ 298 Abs. 1 i.V.m. § 246 Abs. 2 S.1);
- Saldierungsgebot für Aufwendungen und Erträge aus Planvermögen und Schulden aus Altersversorgungsverpflichtungen oder vergleichbaren langfristig fälligen Verpflichtungen (§ 298 Abs. 1 i.V.m. § 246 Abs. 2 S. 2);
- Stetigkeit der Gliederung (§ 298 Abs. 1 i.V.m. § 265 Abs. 1);
- Angabe der Vorjahresbeträge (§ 298 Abs. 1 i.V.m. § 265 Abs. 2);
- Erweiterung der Gliederung bei mehreren Geschäftszweigen (§ 298 Abs. 1 i.V.m. § 265 Abs. 4);
- freiwillig weitergehende Untergliederung (§ 298 Abs. 1 i.V.m. § 265 Abs. 5 S. 1);
- freiwillige Einfügung neuer Posten, wenn ihr Inhalt nicht von einem vorgeschriebenen Posten gedeckt wird (§ 298 Abs. 1 i.V.m. § 265 Abs. 5 S. 2);
- Abweichungen vom Gliederungsschema, wenn dies zur Klarheit und Übersichtlichkeit erforderlich ist (§ 298 Abs. 1 i.V.m. § 265 Abs. 6);
- Zusammenfassung bestimmter Posten bei unwesentlichen Beträgen (§ 298 Abs. 1 i.V. m. § 265 Abs. 7 Nr. 1);
- Zusammenfassung von Posten zur Vergrößerung der Klarheit bei Aufgliederung im KAnh. (§ 298 Abs. 1 i.V.m. § 265 Abs. 7 Nr. 2);
- kein Ausweis von Leerposten, sofern auch im Vj. kein Betrag ausgewiesen wurde (§ 298 Abs. 1 i.V.m. § 265 Abs. 8);
- Definition der Umsatzerlöse (§ 298 Abs. 1 i.V.m. § 277 Abs. 1). Für die Abgrenzung von den sonstigen betrieblichen Erträgen (§ 298 Abs. 1 i.V.m. § 275 Abs. 2 Nr. 4, Abs. 3 Nr. 6) in Konzernen mit heterogener wirtschaftlicher Tätigkeit ist entscheidend, wie die Erträge aus der Sicht eines einheitlichen Unternehmens gliederungsmäßig einzuordnen wären (§ 297 Abs. 3 S. 1);
- Definition der Bestandsveränderung (§ 298 Abs. 1 i.V.m. § 277 Abs. 2);

- Definition der außerordentlichen Erträge und außerordentlichen Aufwendungen (§ 298 Abs. 1 i.V.m. § 277 Abs. 4). Dabei wird der Begriff „gewöhnliche Geschäftstätigkeit" nicht vom MU, sondern von der Tätigkeit des Konzerns bestimmt (§ 297 Abs. 3 S. 1)[860];
- Verpflichtung zum jeweils gesonderten Ausweis von außerplanmäßigen Abschreibungen gem. § 253 Abs. 3 S. 3 und 4 (§ 298 Abs. 1 i.V.m. § 277 Abs. 3 S. 1);
- Verpflichtung zum jeweils gesonderten Ausweis von Erträgen und Aufwendungen aus Verlustübernahme und aufgrund einer Gewinngemeinschaft, eines Gewinnabführungsvertrags oder Teil-Gewinnabführungsvertrags erhaltenen oder abgeführten Gewinnen unter entsprechender Bezeichnung (§ 298 Abs. 1 i.V.m. § 277 Abs. 3)[861];
- Verpflichtung, vom Ertrag aus einem Gewinnabführungsvertrag oder Teil-Gewinnabführungsvertrag einen vertraglich zu leistenden Ausgleich für außenstehende Gesellschafter abzutreten bzw. einen übersteigenden Betrag unter den Aufwendungen aus der Verlustübernahme auszuweisen (§ 298 Abs. 1 HGB i.V.m. § 158 Abs. 2 AktG). Die Vorschrift gilt expressis verbis nur für die AG; bei Verträgen gleichen wirtschaftlichen Inhalts mit einer GmbH oder zwischen Gesellschaften mbH sollte entspr. verfahren werden. Ihre praktische Bedeutung ist ohnehin gering, da sie nur dann gilt, wenn Unternehmen, die ihre Ergebnisse an Unternehmen des Konsolidierungskreises abführen, nicht in den KA einbezogen werden[862];
- Verpflichtung zum jeweils gesonderten Ausweis von Erträgen und Aufwendungen aus der Ab- bzw. Aufzinsung sowie aus der Währungsumrechnung nach § 256a HGB (§ 298 Abs. 1 i.V.m. § 277 Abs. 5)
- Berechnung der Ertragsteuern auf der Grundlage eines Ergebnisverwendungsbeschlusses oder eines Vorschlags dazu (§ 298 Abs. 1 i.V.m. § 278). Die Anwendung dieser Vorschrift auf den KA, der keine Grundlage für die Ergebnisverwendung ist, kann nur bedeuten, dass die Steuern insoweit unverändert aus dem JA in die Konzern-GuV zu übernehmen sind;
- Ausweis eines Ertrags aus Kapitalherabsetzung und Einstellung in die Kapitalrücklage nach den Vorschriften über die vereinfachte Kapitalherabsetzung (§ 240 AktG). Auf beide Sachverhalte verweist § 298 Abs. 1 HGB („die für die Rechtsform geltenden Vorschriften"). Nach der hier vertretenen Auffassung (Tz. 620) ist jedoch eine Darstellung der Rücklagenbewegung in der Konzern-GuV nicht erforderlich. Im Übrigen entfallen diese Posten teilw. aufgrund einer durch die Sache gebotenen Konsolidierungstechnik bei der Kapitalkonsolidierung[863];
- gesonderter Ausweis des Ertrags aufgrund höherer Bewertung gem. dem Ergebnis der Sonderprüfung und des Ertrags aufgrund höherer Bewertung gem. gerichtlicher Entscheidung (§ 298 Abs. 1 HGB i.V.m. § 261 AktG). Da die Sonderprüfung nur die Einzel- und nicht die Konzernbilanz betrifft, ist auch ein Sonderausweis in der Konzern-GuV nicht sinnvoll. Darüber hinaus ist fraglich, ob die Aufwertung wegen der ggf. abw. Bewertung in der HB II[864] überhaupt Einfluss auf die Bewertung in der Konzernbilanz hat.

Wird der KA von einer AG/KGaA erstellt oder ist ein TU dieser Rechtsform einbezogen, so ist fraglich, ob in der Konzern-GuV bzw. im KA die **Gewinnverwendungsrechnung** (§ 158 Abs. 1 AktG) darzustellen ist. Für eine GmbH besteht diese Verpflichtung nicht. § 298 Abs. 1 HGB verlangt zwar grds. eine entsprechende Anwendung „der für die

616

---

860 Vgl. im Einzelnen F Tz. 492 ff., 505 und 585.
861 Zur Einfügung in die Normalgliederung vgl. F Tz. 487 ff.
862 Bei Konsolidierung beider Unternehmen sind diese Beträge als anderen Gesellschaftern zustehende Gewinne auszuweisen, vgl. im Einzelnen Tz. 655.
863 Vgl. Tz. 420.
864 Vgl. Tz. 265.

Rechtsform und den Geschäftszweig der in den KA einbezogenen Unternehmen mit Sitz im Geltungsbereich dieses Gesetzes geltenden Vorschriften", jedoch gilt dies nur, soweit die Eigenart des KA keine Abweichungen bedingt. Dies bedeutet auf jeden Fall, dass rechtsformspezifische Regelungen auf einen KA, der Unternehmen unterschiedlicher Rechtsformen umfasst, nicht ohne weiteres übertragen werden können[865]. Hinzu kommt, dass der KA keine Grundlage für die Gewinnverwendung ist. Die Ergebnisverwendungsrechnung kann daher immer nur fiktiven Charakter haben[866], zumal die dort ausgewiesenen Beträge nicht notwendigerweise für Ausschüttungen zur Verfügung stehen[867]. Die Ergebnisverwendungsrechnung ist daher eher geeignet, die Adressaten des KA zu verwirren statt ihnen ein zutreffendes Bild von der Gewinnverwendungspolitik im Konzern zu geben. In Übereinstimmung mit § 298 Abs. 1 HGB erscheint es daher wegen der Eigenart des KA sinnvoll, auf eine Ergebnisverwendungsrechnung zu verzichten[868]. Dies gilt auch für den Alternativausweis im Anh. (§ 158 Abs. 1 S. 2 AktG). Stattdessen sind die geforderten Angaben zu Rücklagenbewegungen im Eigenkapitalspiegel[869] zu machen (§ 297 Abs. 1 HGB).

617 Nach dem Posten **Jahresüberschuss/-fehlbetrag** sind dann nur noch der auf andere Gesellschafter entfallende Verlust und der diesen zustehende Gewinn (§ 307 Abs. 2 HGB) gesondert auszuweisen[870].

618 Soll gleichwohl die Überleitung vom **Jahresüberschuss** zum Konzernbilanzergebnis lückenlos in der GuV oder im Anh. gezeigt werden, so ist Voraussetzung dafür, dass von den in den KA einbezogenen Unternehmen, unabhängig von ihrer Rechtsform, entspr. aufbereitete Daten zur Verfügung stehen. Eine Beschränkung, etwa auf die in den KA einbezogenen AG, ist unzulässig (§ 297 Abs. 2 HGB).

619 Die Erleichterung für kleine und mittelgroße KapGes., Posten der GuV zu einem Posten „Rohergebnis" zusammenfassen zu dürfen (§ 276 HGB), gilt nicht für die Konzern-GuV.

3. Systembedingte Abweichungen von der Gliederung der Einzel-Gewinn- und Verlustrechnung

620 Abweichungen von der **Gliederung** der GuV nach § 275 Abs. 2 und Abs. 3 HGB, die durch die Eigenart der Konzern-GuV bedingt sind (§ 298 Abs. 1 HGB), sind insb. jene Umgliederungen, die sich daraus ergeben, dass bestimmten Sachverhalten, denen in der Einzel-GuV ein Posten zugewiesen ist, aus der Sicht des Konzerns als einheitliches Unternehmen (**Einheitstheorie**) ein anderer Inhalt beizulegen ist. Im Prinzip können systembedingte Abweichungen sowohl beim GKV als auch beim UKV erforderlich sein. Im Folgenden werden dazu einige Beispiele gegeben:

– Bei der Abgrenzung der Umsatzerlöse gegenüber den sonstigen betrieblichen Erträgen ist auf die für die gewöhnliche Geschäftstätigkeit des Konzerns typischen Erzeugnisse und Dienstleistungen (§ 277 Abs. 1 HGB) abzustellen. Wenn Unternehmen mit heterogener wirtschaftlicher Tätigkeit im KA zusammengefasst werden, sind deshalb ggf. in der GuV eines einbezogenen Unternehmens ausgewiesene Umsatzerlöse (z.B. aus

---

865 Vgl. hierzu Tz. 222.
866 Vgl. *Busse v. Colbe*, WPg 1978, S. 657.
867 Vgl. Tz. 675.
868 So auch *Harms/Küting*, BB 1983, S. 349; *v. Wysocki/Wohlgemuth*, Konzernrechnungslegung[4], S. 256; *Havermann* in IDW Fachtagung 1986, S. 43/48; ADS[6], § 298, Tz. 196.
869 Vgl. Tz. 833.
870 Vgl. hierzu Tz. 655.

Vermietung oder Verpachtung bei einer Haus- und Grundstücksvermietungsgesellschaft) in der Konzern-GuV als sonstige betriebliche Erträge auszuweisen[871];
- hat ein Unternehmen Abschreibungen auf Beteiligungen, auf Wertpapiere des AV oder auf sonstige Wertpapiere des Umlaufvermögens vorgenommen, die es im selben Jahr von einem anderen einbezogenen Unternehmen mit eliminierungspflichtigem Zwischengewinn bezogen hat, so sind die „Abschreibungen auf Finanzanlagen ..." (Nr. 12)[872] aus der Einzel-GuV in der Konzern-GuV mit dem unter „sonstige betriebliche Erträge" (Nr. 4) ausgewiesenen Buchgewinn zu saldieren. Ein darüber hinaus verbleibender Buchgewinn unterliegt der Zwischenergebniseliminierung (§ 304 HGB);
- leistet ein MU im Zusammenhang mit Ergebnisübernahmeverträgen garantierte Dividenden an Minderheitsgesellschafter eines TU, so sind diese Zahlungen in der Einzel-GuV des MU von dem Ertrag aus dem Gewinnabführungsvertrag abzusetzen. Aus der Sicht des Konzerns handelt es sich dabei um anderen Gesellschaftern zustehende Gewinne, die nach dem Jahresüberschuss bzw. Jahresfehlbetrag gesondert auszuweisen sind (§ 307 Abs. 2 HGB)[873];
- liefert ein Unternehmen A eine selbst hergestellte Maschine an das ebenfalls konsolidierte Unternehmen B zur Nutzung in dessen AV und entstehen in diesem Zusammenhang bei A Transportkosten, die B gesondert in Rechnung gestellt werden, so sind diese Kosten in der Einzel-GuV von A bei Anwendung des UKV als Vertriebskosten (§ 275 Abs. 3 Nr. 4 HGB) auszuweisen. Aus der Sicht des Konzerns handelt es sich jedoch um Herstellungskosten (§ 275 Abs. 3 Nr. 2 HGB). Daraus sind die Konsequenzen für die Berechnung der Konzernherstellungskosten[874] und die Konsolidierung der Innenumsatzerlöse zu ziehen.

4. Gesamtkostenverfahren
a) Konsolidierung der Innenumsatzerlöse
aa) Grundsatz

Als **Innenumsatzerlöse** werden die Erlöse aus **Lieferungen und Leistungen** zwischen den in den KA einbezogenen Unternehmen bezeichnet. **Außenumsatzerlöse** sind umgekehrt alle Umsatzerlöse, die im Lieferungs- und Leistungsverkehr mit nicht in den KA einbezogenen Unternehmen entstanden sind. Umsatzerlöse aus Lieferungen und Leistungen an TU, die außerhalb des Konsolidierungskreises stehen, gehören demnach zu den Außenumsatzerlösen.

Gem. § 305 Abs. 1 Nr. 1 HGB sind die **Innenumsatzerlöse** entweder

- mit den auf sie entfallenden Aufwendungen zu verrechnen oder
- in Bestandsänderungen umzugliedern oder
- in andere aktivierte Eigenleistungen umzugliedern.

Sind diese Konsolidierungsvorgänge durchgeführt, so werden in der Konzern-GuV als Umsatzerlöse nur noch Außenumsatzerlöse ausgewiesen.

Die Konsolidierung der **Innenumsatzerlöse** darf nicht mit der Eliminierung von Zwischenergebnissen verwechselt werden, auch wenn in der Praxis beide Fragen eng miteinander verflochten sind. Die Innenumsatzerlöse müssen in der Konzern-GuV unab-

---

871 Vgl. ADS⁶, § 298, Tz. 181.
872 Die Nr.-Angaben entsprechen § 275 Abs. 2 HGB.
873 Vgl. Tz. 641.
874 Vgl. Tz. 321.

hängig davon, ob Zwischengewinne oder -verluste zu eliminieren sind oder nicht, konsolidiert werden.

bb) Innenumsatzerlöse aus Lieferungen

624 1) Gegenstände, die vom liefernden Unternehmen selbst hergestellt oder be- bzw. verarbeitet worden sind

Die erforderlichen Konsolidierungsvorgänge werden im Folgenden einzeln an praktischen Beispielen dargestellt:

– Umgliederung in andere aktivierte Eigenleistungen

Unternehmen A liefert eine selbst hergestellte Maschine an das ebenfalls einbezogene Unternehmen B. Der **Innenumsatzerlös** in der Einzel-GuV A ist aus der Sicht des Konzerns eine andere aktivierte Eigenleistung. Der Betrag ist von Nr. 1 nach Nr. 3 umzugliedern[875].

Ist aus der Lieferung bei Unternehmen A ein Zwischengewinn/-verlust entstanden, so ist die andere aktivierte Eigenleistung um den darin enthaltenen Zwischengewinn/-verlust zu korrigieren.

Werden von A kleinere Zubehörteile für das AV von B geliefert, die bei B, wie z.T. in der Praxis üblich, zunächst wie Roh-, Hilfs- und Betriebsstoffe auf Lager genommen werden, ehe sie (in der gleichen Abrechnungsperiode) in das AV eingehen, so wird bei B eine andere aktivierte Eigenleistung ausgewiesen, die in die Konzern-GuV übernommen werden kann. In diesem Fall ist jedoch der Materialaufwand in der Einzel-GuV von B überhöht, so dass insoweit für die Konzern-GuV eine Saldierung zwischen Innenumsatzerlös (Nr. 1) und Materialaufwand (Nr. 5a) erforderlich ist.

– Umgliederung in Bestandsänderungen

Unternehmen A liefert an das ebenfalls konsolidierte Unternehmen B selbst hergestellte Gegenstände, die bei B am Abschlussstichtag lagern und zur Weiterveräußerung bestimmt sind. Aus der Sicht des Konzerns liegt kein Umsatzerlös, sondern eine Bestandserhöhung vor. In der Konzern-GuV ist folglich eine Umgliederung der Umsatzerlöse (Nr. 1) in Bestandserhöhung (Nr. 2) erforderlich. War der Umsatzerlös höher als die Konzernherstellungskosten, so ist die Bestandserhöhung außerdem um diese Differenz zu vermindern. Im Fall eines eliminierungspflichtigen Zwischenverlustes ist die Differenz den Beständen und den Bestandsveränderungen hinzuzurechnen.

Waren die entsprechenden Gegenstände am Abschlussstichtag bei B im Stadium der Weiterverarbeitung, so weist B in seiner Einzel-GuV bereits zutreffend eine Bestandserhöhung aus, die in die Konzern-GuV zu übernehmen ist. Der Innenumsatzerlös (Nr. 1) ist in diesem Falle mit dem überhöhten Materialaufwand (Nr. 5a) zu saldieren.

– Verrechnung mit den Aufwendungen des Empfängers

Unternehmen A liefert an das ebenfalls in die Konsolidierung einbezogene Unternehmen B einen selbst hergestellten Gegenstand, der von B noch im gleichen Konzern-GJ ohne oder nach Weiterbe- oder -verarbeitung veräußert wird. Aus der Sicht des Konzerns liegt die Herstellung eines Erzeugnisses in verschiedenen Abteilungen mit nur einem echten Umsatz (dem Außenumsatzerlös von B) vor.

---

875 Die Nr.-Angaben beziehen sich auf das Gliederungsschema der GuV nach § 275 Abs. 2 HGB.

Konzern-Gewinn- und Verlustrechnung **M**

Der Innenumsatzerlös von A (Nr. 1) ist mit dem Materialaufwand von B (Nr. 5a) im Rahmen der Konsolidierung zu saldieren. Ist bei der Lieferung von A an B ein Zwischengewinn/-verlust entstanden, so ist er durch die Lieferung von B an einen Dritten realisiert worden, so dass weitere Korrekturen nicht erforderlich sind.

Veräußert B an Dritte ohne oder nach Weiterverarbeitung Gegenstände, die es in einem früheren GJ von A erworben und in seiner Bilanz am letzten Stichtag als Roh-, Hilfs- und Betriebsstoffe ausgewiesen hatte, so werden in der Einzel-GuV von B ein Materialaufwand und ein Außenumsatzerlös ausgewiesen. Im KA auf den vorhergehenden Stichtag sind diese Gegenstände aber als unfertige Erzeugnisse und Bestandsänderung behandelt worden. Aus der Sicht des Konzerns liegt daher kein Materialeinsatz, sondern eine Bestandsminderung vor. Unter den in § 305 Abs. 1 HGB geregelten Fällen ist dieser Vorgang nicht zu erfassen. Zur Darstellung des Konzerns als einheitliches Unternehmen (§ 297 Abs. 3 S. 1 HGB) ist jedoch dieser Teil des aus der GuV von B stammenden Materialaufwands in den Posten Bestandsänderung umzugliedern[876].

2) Gegenstände, die von einbezogenen Unternehmen nicht hergestellt oder verarbeitet worden sind **625**

– Verrechnungen mit den Aufwendungen des Empfängers

Das einbezogene Unternehmen A kauft Roh-, Hilfs- und Betriebsstoffe bei Dritten, die es an das ebenfalls in die Konsolidierung einbezogene Unternehmen B verkauft, das die Stoffe noch in der gleichen Abrechnungsperiode ohne oder nach Weiterverarbeitung verkauft. Die **Innenumsatzerlöse** (Nr. 1) von A sind mit dem Materialaufwand (Nr. 5a) von B zu saldieren. Ebenso ist zu verfahren, wenn B die Stoffe zwar noch nicht veräußert, aber weiterverarbeitet hat, so dass diese bei B als fertige/unfertige Erzeugnisse und als Bestandsänderung (Nr. 2) ausgewiesen werden.

– Verrechnung mit den Aufwendungen des Lieferers

Unternehmen A kauft Roh-, Hilfs- und Betriebsstoffe von einem Dritten, die es ohne weitere Be- oder Verarbeitung an das ebenfalls in die Konsolidierung einbezogene Unternehmen B verkauft, bei dem die Bestände am Abschlussstichtag unverändert lagern. In diesem Falle handelt es sich aus der Sicht des Konzerns um einen erfolgsneutralen Einkauf von Roh-, Hilfs- und Betriebsstoffen.

Die Innenumsatzerlöse (Nr. 1) von A sind mit dem ebenfalls bei A ausgewiesenen Wareneinsatz (Nr. 5a) zu saldieren[877].

– Umgliederung in andere aktivierte Eigenleistungen

Unternehmen A kauft bei einem Dritten eine Maschine und verkauft sie ohne Be- und Verarbeitung an das ebenfalls in die Konsolidierung einbezogene Unternehmen B zur Verwendung in dessen AV.

Wird die Maschine zum Einstandspreis von A an B weiterveräußert, so stehen sich Innenumsatzerlöse (Nr. 1) und Wareneinsatz (Nr. 5a) bei A in gleicher Höhe gegenüber, so dass beide Posten wie bei anderen Handelswaren (s.o.) gegeneinander aufzurechnen sind. Dasselbe Ergebnis wird erreicht, wenn die Maschine von A mit einem Zwischengewinn/-verlust an B verkauft wird, der eliminiert werden muss. Danach stehen sich Innen-

---

876 Vgl. ADS[6], § 305, Tz. 29.
877 Zur Behandlung von Transportkosten, die in den Innenumsatzerlösen enthalten sein können, vgl. *Heine*, WPg 1976, S. 113/118 sowie ADS[6], § 305 Tz. 32.

umsatzerlöse und Materialaufwand des Lieferers wieder in gleicher Höhe gegenüber; eine Saldierung wie bei den anderen Handelswaren ist ohne Schwierigkeiten möglich.

cc) Innenumsatzerlöse aus Leistungen

626 Unter **Innenumsatzerlösen** aus Leistungen sind alle gem. § 277 Abs. 1 HGB i.V.m. § 305 Abs. 1 Nr. 1 HGB als Umsatzerlöse auszuweisenden Erträge zu verstehen, die nicht aus der Veräußerung von Gegenständen entstanden sind. I.d.R. werden diesen Innenumsatzerlösen des leistenden Unternehmens gleich hohe Aufwendungen des Empfängers gegenüberstehen (z.B. Mieten, Pachten), so dass eine Konsolidierung keine Schwierigkeiten bereitet. In Ausnahmefällen kann auch eine Aktivierung beim Empfänger in Betracht kommen (z.B. Leistungen im Rahmen aktivierungspflichtiger Reparaturen). Die Innenumsatzerlöse sind dann nach den unter bb) erläuterten Grundsätzen zu konsolidieren.

b) Konsolidierungen anderer Erträge und Verluste
aa) Grundsatz

627 In der Konzern-GuV sind neben den Umsatzerlösen auch andere Erträge aus Lieferungen und Leistungen zwischen den in den KA einbezogenen Unternehmen zu konsolidieren. Sie sind „mit den auf sie entfallenden Aufwendungen zu verrechnen, soweit sie nicht als andere aktivierte Eigenleistungen auszuweisen sind" (§ 305 Abs. 1 Nr. 2 HGB).

628 Unter „andere Erträge" sind in diesem Zusammenhang alle Erträge aus Lieferungen und Leistungen zwischen den konsolidierten Unternehmen zu verstehen, die keine Umsatzerlöse sind, unabhängig davon, unter welcher Bezeichnung sie in der Einzel-GuV der einbezogenen Unternehmen ausgewiesen werden. Ggf. kann auch eine Umgruppierung von Verlusten aus Lieferungen erforderlich werden.

bb) Andere Erträge aus Lieferungen

629 Die Konsolidierung der anderen Erträge aus Lieferungen hat praktische Bedeutung für die Erträge aus dem Abgang von Anlagegegenständen und anderen Erträgen aus Lieferungen, die als sonstige betriebliche Erträge (Nr. 4) zusammengefasst sind, und ggf. auch für die a.o. Erträge (Nr. 15).

630 Die in den sonstigen betrieblichen Erträgen enthaltenen Erträge aus dem **Abgang von Gegenständen des AV** sind aus der Sicht des Konzerns Zuschreibungen. Eine Konsolidierung wird i.d.R. nicht erforderlich sein, da die Zuschreibung im Rahmen der Zwischengewinneliminierung zu stornieren ist. Sollte ausnahmsweise eine Zwischengewinneliminierung wegen untergeordneter Bedeutung nicht erforderlich sein (§ 304 Abs. 2 HGB), so wird auch eine Umgruppierung nicht erforderlich sein, da sie für die Aufwandsund Ertragskonsolidierung ebenfalls unwesentlich sein dürfte (§ 305 Abs. 2 HGB) und die Zuschreibungen ohnehin unter Nr. 4 auszuweisen sind.

631 Die Erträge aus dem Abgang von Gegenständen des **Umlaufvermögens** sind wie die Umsatzerlöse zu konsolidieren: Verrechnung mit Aufwendungen des Empfängers, Umgliederung in aktivierte Eigenleistungen[878]. Die von § 305 HGB beabsichtigte vollständige Konsolidierung verlangt – auch wenn dies im Wortlaut des Gesetzes nicht genannt ist – eine Umgruppierung in Bestandsveränderungen für den – sicherlich seltenen –

---
[878] Vgl. Tz. 625.

Konzern-Gewinn- und Verlustrechnung **M**

Fall, dass Lieferungen, die zu anderen Erträgen führen, aus der Sicht des Konzerns als Herstellung eines unfertigen oder fertigen Erzeugnisses anzusehen sind.

cc) Andere Verluste aus Lieferungen

Die Konsolidierung anderer Verluste aus Lieferungen ist vom Wortlaut des Gesetzes nicht gedeckt. Gleichwohl verlangt der hinter § 305 HGB stehende Gedanke der Einheitstheorie auch in diesen Fällen eine Eliminierung (§ 297 Abs. 3 S. 1 HGB). Praktische Bedeutung hat die Verlustkonsolidierung aus Lieferungen in erster Linie für Verluste aus dem Abgang von Gegenständen des AV, die in den sonstigen betrieblichen Aufwendungen (§ 275 Abs. 2 Nr. 8 HGB) enthalten sind. Aus der Sicht des Konzerns handelt es sich dabei um außerplanmäßige Abschreibungen. Werden die bei der Lieferung entstandenen Zwischenverluste eliminiert (§ 304 Abs. 1 HGB), so entfällt damit die Notwendigkeit einer weiteren Konsolidierung. **632**

dd) Andere Erträge aus Leistungen

1. Verrechnung mit den Aufwendungen der Empfänger

In erster Linie fallen unter die „anderen Erträge aus ... Leistungen" solche, denen gleich hohe Aufwendungen des Empfängers gegenüberstehen (z.B. **Zinsen, Mieten, Pachten**). Die Konsolidierung erfolgt ohne Schwierigkeiten durch Saldierung der gleich hohen Posten, die – soweit sie nicht gesondert ausweispflichtig sind – unter den sonstigen betrieblichen Erträgen (Nr. 4) und sonstigen betrieblichen Aufwendungen (Nr. 8) bzw. ggf. unter dem Materialaufwand (Nr. 5b) ausgewiesen werden. **633**

2. Aktivierung der Aufwendungen beim Empfänger

Wenn den Erträgen des leistenden Unternehmens entsprechende Aufwendungen gegenüberstehen, die beim Empfänger der Leistung zu aktivieren sind, wie z.B. Beratungshonorare im Zusammenhang mit dem Erwerb oder der Erstellung eines Gegenstandes des AV oder Leistungen im Rahmen aktivierungspflichtiger Reparaturen, so handelt es sich aus der Sicht des Konzerns um **andere aktivierte Eigenleistungen**. Diese Erträge sind gem. § 305 Abs. 1 Nr. 2 HGB in diesen Posten (Nr. 3) umzugliedern. **634**

Sofern andere Erträge aus Leistungen beim Empfänger im Rahmen der Herstellungskosten von unfertigen und fertigen Erzeugnissen aktiviert werden (z.B. Konstruktionsleistungen bei langfristiger Fertigung, die beim leistenden Unternehmen nicht als Umsatzerlöse ausgewiesen werden), so sind die anderen Erträge des leistenden Unternehmens in der Konzern-GuV umzugliedern in Bestandsveränderungen, auch wenn dieser Konsolidierungsvorgang von § 305 Abs. 1 Nr. 2 HGB nicht gedeckt ist (§ 297 Abs. 3 S. 1 HGB). **635**

c) Ergebnisübernahmen innerhalb des Konsolidierungskreises
aa) Erträge aus Beteiligungen

Den Posten Erträge aus Beteiligungen (Nr. 9)[879], Erträge aus anderen Wertpapieren (Nr. 10) und ggf. auch aus sonstigen Zinsen und ähnlichen Erträgen (Nr. 11) stehen in einem bestimmten Umfang keine Aufwendungen, sondern Gewinne anderer konsolidierter Unternehmen gegenüber. Um eine Doppelerfassung der Gewinne in der Konzern-GuV zu vermeiden, muss bei Aufstellung des KA die Einbuchung der **Gewinnvereinnahmung** **636**

---

879 Zur Ergebnisübernahme bei Anwendung der Equity-Methode vgl. Tz. 650.

bei der Muttergesellschaft in sinngemäßer Anwendung des § 305 Abs. 1 Nr. 2 HGB gewinnmindernd storniert werden. Eine solche Konsolidierung ist jedoch nur dann möglich, wenn die Gewinne noch in dem Jahr, in dem sie erwirtschaftet werden, von den anspruchsberechtigten einbezogenen KU vereinnahmt werden[880].

637 Werden die Gewinne dagegen **nicht im Jahr der Gewinnerzielung**, sondern im nächsten Jahr der Gewinnausschüttung von dem beteiligten Unternehmen übernommen, so erscheint in diesen Fällen der gleiche Gewinn im ersten Jahr im Abschluss des TU und im zweiten Jahr in dem des MU. Bei der Konsolidierung ist diese aus der Phasenverschiebung zwischen Gewinnerzielung und -vereinnahmung beruhende Auswirkung zu beseitigen, weil sonst der gleiche Gewinn im Jahresergebnis zweier aufeinanderfolgender Konzern-GJ enthalten wäre. Aus Konzernsicht sind diese vereinnahmten Beteiligungserträge im Vj. erzielte Gewinne, die weder ausgeschüttet noch einer Rücklage zugeführt worden sind. Sie sind daher aus den betreffenden Ertragsposten in den Ergebnisvortrag bzw. die **Gewinnrücklagen** umzugliedern[881].

bb) Ergebnisübernahmen aufgrund von Ergebnisübernahmeverträgen

638 Sind zwischen konsolidierten Unternehmen Ergebnisübernahmeverträge abgeschlossen worden, so stehen sich bei 100% Anteilsbesitz des MU die in den GuV der betreffenden Unternehmen gesondert auszuweisenden Erträge und Aufwendungen (§ 277 Abs. 3 S. 2 HGB) in gleicher Höhe gegenüber, so dass eine Aufrechnung möglich ist.

639 Sind an dem TU andere Gesellschafter beteiligt und besteht demnach eine Verpflichtung zur **Ausgleichszahlung** gem. § 304 AktG, so ist zu unterscheiden, ob diese in Form einer **Rentabilitäts- oder einer Rentengarantie** zugesagt ist[882].

640 Verpflichtet sich das MU, das einbezogene TU so zu stellen, dass es den angemessenen Ausgleich zahlen kann (**Rentabilitätsgarantie**), so erscheint die zu zahlende Dividende unter den Aufwendungen des TU. Im Übrigen stehen sich die Gewinnabführungen bzw. Verlustdeckungen bei Mutter- und Tochterunternehmen in gleicher Höhe gegenüber, so dass beide gegeneinander aufgerechnet werden können. Die im JA des TU gebuchte **garantierte Dividende** ist in der Konzern-GuV nach dem Jahresüberschuss als „anderen Gesellschaftern zustehender Gewinn" auszuweisen. Das Jahresergebnis des Konzerns erhöht sich dementsprechend.

641 Leistet das MU die Ausgleichszahlung selbst **(Rentengarantie)**, so ist in seiner GuV der um die Rentengarantie verminderte Ertrag oder erhöhte Aufwand aus der Ergebnisübernahme auszuweisen (§ 158 Abs. 2 AktG). Erträge und entsprechende Aufwendungen bei MU und TU stehen sich dann nicht mehr in gleicher Höhe gegenüber. Bei der Konsolidierung ist die Ausgleichszahlung wiederum in den Posten „anderen Gesellschaftern zustehender Gewinn" umzugliedern. Danach können Ergebnisabführung und -übernahme saldiert werden.

642 Einer solchen Konsolidierung steht § 158 Abs. 2 AktG nicht entgegen, da diese Vorschrift für die Konzern-GuV nur anzuwenden ist, „soweit ihre Eigenart keine Abweichung bedingt" (§ 298 Abs. 1 HGB).

---

880 Zum Zeitpunkt der Gewinnvereinnahmung vgl. E Tz. 535 ff., F Tz. 557 ff.
881 Zu weiteren Einzelheiten zum Ausweis vgl. Tz. 671.
882 Vgl. im Einzelnen ADS[6], § 305, Tz. 76-79; ADS[6], § 277, Tz. 67.

5. Umsatzkostenverfahren

a) Grundsatz

Auch für die Konzern-GuV nach dem UKV (§ 275 Abs. 3 HGB) gilt § 305 HGB uneingeschränkt. Sie ist daher eine vollkonsolidierte GuV, die nur Aufwendungen und Erträge enthalten darf, die aus dem Lieferungs- und Leistungsverkehr mit nichtkonsolidierten Unternehmen entstanden sind. Im Gegensatz zum GKV entfällt jedoch aus der Natur der Umsatzkostenrechnung heraus die Umgruppierung der **Innenumsatzerlöse** (§ 305 Abs. 1 Nr. 1 HGB) in Bestandsveränderungen und andere aktivierte Eigenleistungen. Dasselbe gilt für die Konsolidierung der **anderen Erträge** (§ 305 Abs. 1 Nr. 2 HGB). Darüber hinaus können sich bei der Konsolidierung der anderen Erträge und Verluste Abweichungen zum GKV daraus ergeben, dass einige Aufwandsarten nach § 275 Abs. 2 HGB anderen Gliederungsposten zuzuordnen sind als nach § 275 Abs. 3 HGB (z.B. Abschreibungen).

Wie beim GKV müssen Innenumsatzerlöse und andere Erträge unbeschadet der Verpflichtung zur Eliminierung von Zwischenergebnissen (§ 304 HGB) eliminiert werden.

b) Konsolidierung der Innenumsatzerlöse

Die Konsolidierung wird im Folgenden einzeln an praktischen Beispielen dargestellt. Dabei werden zur Gegenüberstellung mit dem GKV dieselben Sachverhalte zugrunde gelegt wie in Abschn. 4.

aa) Innenumsatzerlöse aus Lieferungen

1) Gegenstände, die vom liefernden Unternehmen selbst hergestellt oder be- bzw. verarbeitet worden sind.

– Verrechnung mit Aufwendungen des Lieferers

Unternehmen A liefert eine selbst hergestellte Maschine an das ebenfalls einbezogene Unternehmen B zur Eigennutzung bei B. Aus der Sicht des Konzerns handelt es sich um die Herstellung einer Maschine zur Eigennutzung. Aufwendungen dafür dürfen nach dem System der Umsatzkostenrechnung nicht in der GuV enthalten sein. Sie werden erst in späteren Abrechnungsperioden als Abschreibungen im Posten Nr. 2[883] den verkauften Erzeugnissen gegenübergestellt. Um dieses Ergebnis zu erzielen, müssen die Innenumsatzerlöse von A mit den zugehörigen **Herstellungskosten** (Nr. 2) aus seiner eigenen GuV aufgerechnet werden (§ 305 Abs. 1 Nr. 1 HGB)[884]. Ist aus der Lieferung bei A ein eliminierungspflichtiger Zwischengewinn entstanden, so sind der **Innenumsatzerlös** und die AK der Maschine bei B um diesen Betrag zu vermindern. Im Falle eines Zwischenverlustes sind beide Posten entspr. zu erhöhen. Fallen bei solchen Lieferungen Transportkosten an, die in der Einzel-GuV des liefernden Unternehmens A als Vertriebskosten (Nr. 4) ausgewiesen sind und die als Bestandteil der Konzernherstellungskosten aktiviert werden, so sind die Innenumsatzerlöse insoweit auch mit den Vertriebskosten zu verrechnen[885].

In der gleichen Weise ist zu konsolidieren, wenn Unternehmen A kleinere Zubehörteile für das AV von B geliefert hat, die bei B, wie z.T. in der Praxis üblich, zunächst wie Roh-, Hilfs- und Betriebsstoffe auf Lager genommen werden, ehe sie (in derselben Abrech-

---

883 Postenangaben ohne nähere Bezeichnung beziehen sich auf das Gliederungsschema für das UKV (§ 275 Abs. 3 HGB).
884 Vgl. hierzu auch *v. Wysocki* in FS Goerdeler, S. 723.
885 Vgl. ADS⁶, § 305, Tz. 41.

nungsperiode) in das AV eingehen. Auf das Ergebnis von B hat dieser Vorgang keinen Einfluss. Die Innenumsätze von A sind demnach wiederum mit den ihnen entsprechenden Herstellungskosten von A zu saldieren.

Werden ceteris paribus von A an B selbst hergestellte Gegenstände geliefert, die am Abschlussstichtag noch bei B lagern und weiterveräußert werden sollen, so handelt es sich dabei aus der Sicht des Konzerns um unfertige oder fertige Erzeugnisse. Die erforderlichen Konsolidierungsvorgänge entsprechen den oben dargestellten.

– Verrechnung mit den Aufwendungen des Empfängers

Unternehmen A liefert an das ebenfalls einbezogene Unternehmen B einen selbst hergestellten Gegenstand, der von B noch im selben Konzern-GJ ohne oder nach einer Weiterbe- oder -verarbeitung an Dritte veräußert wird. Aus der Sicht des Konzerns liegt die Herstellung eines Erzeugnisses in verschiedenen Abteilungen mit nur einem wirklichen Umsatz (dem Außenumsatzerlös von B) vor. Die zur Erzielung dieses Umsatzes aufgewandten Herstellungskosten des Konzerns setzen sich zusammen aus denen des Unternehmens A und ggf. den bei B angefallenen Kosten der Weiterbe- oder -verarbeitung. Bei der Konsolidierung sind deshalb die Innenumsatzerlöse von A (Nr. 1) mit den bei B ausgewiesenen Herstellungskosten (Nr. 2), in die der gleiche Betrag als Kosten der Vorprodukte eingegangen ist, zu verrechnen.

Veräußert B an Dritte ohne oder nach Weiterverarbeitung Gegenstände, die es in einem früheren GJ von A erworben und in seiner Bilanz am letzten Stichtag als Roh-, Hilfs- und Betriebsstoffe ausgewiesen hatte, so werden in der Einzel-GuV von B Herstellungskosten und ein Außenumsatzerlös ausgewiesen. Aus der Sicht des Konzerns liegt bereits eine zutreffende Darstellung des Sachverhalts vor, so dass weitere Konsolidierungen nicht erforderlich sind.

646 2) Gegenstände, die vom liefernden Unternehmen nicht selbst hergestellt oder be- bzw. verarbeitet worden sind

– Verrechnung mit den Aufwendungen des Empfängers

Die Konsolidierung bereitet auch in den Fällen, in denen die Gegenstände vom liefernden Unternehmen nicht selbst hergestellt, be- oder verarbeitet worden sind (Handelsware), keine Schwierigkeiten, soweit diese vom Empfänger der Lieferung in der gleichen Abrechnungsperiode veräußert werden oder in abgesetzte Produkte eingehen.

Unternehmen A kauft Roh-, Hilfs- und Betriebsstoffe bei Dritten, die es an das ebenfalls in die Konsolidierung einbezogene Unternehmen B verkauft, das die Stoffe noch in derselben Abrechnungsperiode ohne oder nach Weiterverarbeitung verkauft. Die **Innenumsatzerlöse** (Nr. 1) von A sind mit den Herstellungskosten (Nr. 2) von B in Übereinstimmung mit dem Wortlaut des Gesetzes zu saldieren.

Sind bei der Lieferung von A an B Zwischenergebnisse entstanden, so sind sie durch den Weiterverkauf in derselben Abrechnungsperiode realisiert worden.

– Verrechnung mit den Aufwendungen des Lieferers

Unternehmen A kauft Roh-, Hilfs- und Betriebsstoffe von einem Dritten, die es ohne weitere Be- oder Verarbeitung an das ebenfalls in die Konsolidierung einbezogene Unternehmen B verkauft, bei dem die Bestände am Abschlussstichtag unverändert lagern. Den Innenumsatzerlösen von A stehen dann die eigenen Herstellungskosten gegenüber, die gegeneinander aufzurechnen sind.

Konzern-Gewinn- und Verlustrechnung **M**

Die gleichen Konsolidierungsbuchungen sind erforderlich, wenn Unternehmen A bei einem Dritten Handelswaren kauft und an B weiterverkauft, wo sie am Abschlussstichtag nach Weiterverarbeitung als unfertige oder fertige Erzeugnisse lagern, oder wenn A eine Maschine einkauft und unverändert an B zur Verwendung in dessen AV verkauft. In allen diesen Fällen handelt es sich aus der Sicht von A um Handelswaren.

bb) Innenumsatzerlöse aus Leistungen

Unter **Innenumsatzerlösen** aus Leistungen sind alle gem. § 277 Abs. 1 HGB i.V.m. § 305 Abs. 1 Nr. 1 HGB als Umsatzerlöse auszuweisenden Erträge zu verstehen, die nicht aus der Veräußerung von Gegenständen entstanden sind. I.d.R. werden diesen Innenumsatzerlösen des leistenden Unternehmens gleich hohe Aufwendungen des Empfängers gegenüberstehen (z.B. Mieten, Pachten), so dass eine Konsolidierung keine Schwierigkeiten bereitet. In Ausnahmefällen kann auch eine Aktivierung beim Empfänger in Betracht kommen (z.B. Leistungen im Rahmen aktivierungspflichtiger Reparaturen). Die Innenumsatzerlöse sind dann mit den entsprechenden Aufwendungen (i.d.R. „**Herstellungskosten**") des leistenden Unternehmens zu konsolidieren. 647

c) Konsolidierungen anderer Erträge und Verluste

Die Konsolidierung der anderen Erträge betrifft die nicht als Umsatzerlöse ausgewiesenen Erträge aus Lieferungen und Leistungen zwischen einbezogenen Unternehmen. Die Lieferungen und Leistungen können beim Empfänger als Aufwendungen erfasst oder aktiviert worden sein. Die anzuwendende Konsolidierungstechnik ist grds. dieselbe wie bei vergleichbaren Umsatzerlösen. Auf eine Besonderheit bzgl. der Aktivierung der Aufwendungen beim Empfänger wird im Folgenden hingewiesen: Führen die Leistungen eines einbezogenen Unternehmens bei dem Empfänger zu einer Aktivierung (z.B. Beratungshonorare im Zusammenhang mit dem Erwerb oder der Erstellung eines Gegenstandes des AV; Leistungen im Zusammenhang mit aktivierungspflichtigen Geschäftsvorfällen), so stehen den Erträgen des leistenden Unternehmens keine Aufwendungen aus der GuV des Empfängers gegenüber. Die Erträge sind deshalb mit den entsprechenden Aufwendungen des leistenden Unternehmens (i.d.R. „sonstige betriebliche Aufwendungen", Nr. 7) aufzurechnen. 648

d) Ergebnisübernahmen innerhalb des Konsolidierungskreises

Hinsichtlich des Ausweises von Aufwendungen und Erträgen des Beteiligungs- und Wertpapierbereichs sowie des Finanzbereichs unterscheidet sich die GuV nach dem UKV nicht von der nach dem GKV. Zur Konsolidierung der Ergebnisübernahmen innerhalb des Kreises einbezogener Unternehmen kann deshalb auf die zum GKV dargestellten Grundsätze[886] verwiesen werden. 649

6. Ergebnisübernahmen im Rahmen der Equity-Methode

a) Grundsatz

Bei Anwendung der **Equity-Methode** werden die anteiligen Jahresergebnisse der assoziierten Unternehmen grds.[887] im Jahr ihrer Entstehung unabhängig von ihrer Aus- 650

---

886 Vgl. Tz. 636.
887 Ausnahmen ergeben sich bei abw. Abschlussstichtag des assoziierten Unternehmens sowie im Fall der Verwendung des Vorjahresabschlusses (vgl. Tz. 583).

schüttung übernommen[888]. Darüber hinaus sind die Abschreibungen auf einen aktiven Unterschiedsbetrag[889] sowie ggf. die Vereinnahmung eines passiven Unterschiedsbetrags[890] erfolgswirksam zu berücksichtigen.

651 Werden in einem späteren Jahr die Gewinne des assoziierten Unternehmens teilw. oder vollständig ausgeschüttet, so ist die Dividende als Beteiligungsertrag in der Einzel-GuV des beteiligten einbezogenen Unternehmens enthalten. Um die doppelte Berücksichtigung des anteiligen Jahresergebnisses assoziierter Unternehmen in zwei Konzern-GJ zu vermeiden, ist die Dividende erfolgsmindernd zu eliminieren und gleichzeitig der Wertansatz der Beteiligung zu reduzieren[891].

b) Ausweis

652 Das auf die Beteiligungen an assoziierten Unternehmen entfallende Ergebnis ist nach § 312 Abs. 4 S. 2 HGB unter einem **gesonderten Posten** auszuweisen. Zweckmäßigerweise werden übernommene Gewinne als „Erträge aus assoziierten Unternehmen" zwischen den Posten „Erträge aus Beteiligungen" und „Erträge aus anderen Wertpapieren und Ausleihungen des Finanzanlagevermögens" ausgewiesen[892]. Die Übernahme negativer Ergebnisanteile sollte dementsprechend unter der Bezeichnung „Aufwendungen aus Verlustübernahme von assoziierten Unternehmen" nach den „Abschreibungen auf Finanzanlagen" ausgewiesen werden.

653 Da das Gesetz den gesonderten Ausweis indessen für das „auf assoziierte Beteiligungen entfallende **Ergebnis**" verlangt, dürfte es auch zulässig sein, positive und negative Ergebnisanteile zusammenzufassen und unter Berücksichtigung der Abschreibungen von Unterschiedsbeträgen als „Ergebnis aus Beteiligungen an assoziierten Unternehmen" in einem Posten auszuweisen[893].

Außerordentliche Ergebnisanteile sind nach DRS 8.45 als Davon-Vermerk auszuweisen oder im Anh. anzugeben.

c) Berücksichtigung der steuerlichen Konsequenzen

654 Das Gesetz verlangt die Berücksichtigung von „Eigenkapitalveränderungen" in den Folgejahren (§ 312 Abs. 4 S. 1 HGB). Daher liegt es nahe, nur das anteilige Jahresergebnis **nach Steuern** zu übernehmen. Dementsprechend verlangt DRS 8.46, das Ergebnis aus der Änderung des Equity-Werts in der Konzern-GuV nach Kürzung um Ertragsteuern (netto) auszuweisen.

7. Anteile anderer Gesellschafter am Gewinn/Verlust

655 Der im Jahresergebnis des Konzerns enthaltene, anderen Gesellschaftern zustehende Gewinn und der auf sie entfallende Verlust ist nach dem Posten Jahresüberschuss/Jahresfehlbetrag unter den Bezeichnungen „Konzernfremden/anderen Gesellschaftern zustehender Gewinn" bzw. „auf Konzernfremde/andere Gesellschafter entfallender Verlust" ge-

---

888 Vgl. im Einzelnen Tz. 535 und Tz. 568.
889 Vgl. hierzu Tz. 565.
890 Vgl. Tz. 566.
891 Vgl. hierzu Tz. 569.
892 So auch *Harms*, BB 1987, S. 938; AK „Externe Unternehmensrechnung" der Schmalenbach-Gesellschaft – Deutsche Gesellschaft für Betriebswirtschaft e.V., S. 154; *Winkeljohann/Böcker* in BeBiKo[7], § 312, Tz. 65-66.
893 Vgl. *Gross/Schruff/v. Wysocki*, Jahresabschluss[2], S. 259; *Küting/Zündorf* in HdKonzernR[2], § 312, Rn. 115.

sondert auszuweisen (§ 307 Abs. 2 HGB). Der Ergebnisanteil wird ggf. auf der Grundlage der für die Konsolidierung verwendeten **Handelsbilanz II** ermittelt.

Die so errechneten Beträge sind als „ideelle" Anteile der anderen Gesellschafter am Gewinn/Verlust des jeweiligen TU anzusehen und brauchen – im Falle des Gewinns – nicht mit der geplanten oder tatsächlichen Ausschüttung übereinzustimmen. Die Anteile anderer Gesellschafter werden von erfolgswirksamen Konsolidierungsmaßnahmen bei der Kapitalkonsolidierung (§ 301 Abs. 1 HGB) berührt. Erfolgswirksam eliminierte Zwischengewinne werden vollständig zu Lasten des Konzernanteils verrechnet[894]. 656

Als „anderen Gesellschaftern zustehender Gewinn" sind auch die wiederkehrenden Ausgleichszahlungen nach § 304 AktG auszuweisen, die im Fall eines Gewinnabführungsvertrags den Minderheitsgesellschaftern zustehen[895]. 657

VI. Konzernergebnis

1. Grundsatz

Als Konzernergebnis wird hier der Konzernbilanzgewinn/-verlust bezeichnet, der sich aus dem Jahresergebnis, dem Ergebnisvortrag und den Rücklagenbewegungen im Konzern ableitet. Dieser Betrag wird nicht notwendigerweise in einer Summe in der Konzernbilanz ausgewiesen; seine Elemente erscheinen vielmehr als Einzelposten in der Gruppe EK (§ 266 Abs. 3 A. HGB), wobei die Rücklagenbewegung nur aus einer Differenzrechnung gegenüber dem Vj. abgeleitet werden kann. In der Konzern-GuV wird der Konzernbilanzgewinn/-verlust als letzter Posten ausgewiesen, falls sie eine Ergebnisverwendungsrechnung enthält[896]. 658

Das Konzernergebnis weicht regelmäßig von der Summe der entsprechenden Ergebnisse aus den konsolidierten JA (HB II) ab. Gründe dafür sind erfolgswirksame Konsolidierungsmaßnahmen, die Bereinigung zeitlicher Verschiebungen zwischen Ergebniserzielung und Ergebnisvereinnahmung, inkl. der Anwendung der Equity-Methode, und ähnliche konsolidierungstechnische Maßnahmen einschließlich der dadurch ausgelösten Steuerabgrenzung sowie die Aufteilung des Ergebnisses in zwei Gruppen von Anteilseignern: MU und andere Gesellschafter. Addiert man dazu noch die Korrekturen der Einzelbilanzen (HB I), die bereits in der HB II vorzunehmen sind, so kann je nach Sachlage die Differenz zwischen der Summe der Einzelbilanzergebnisse und dem Konzernbilanzergebnis eine erhebliche Größenordnung erreichen. Ursache dafür ist die Fiktion der Einheit des Konzerns (§ 297 Abs. 3 HGB). Durch die dadurch erforderlichen Konsolidierungsmaßnahmen sowie die Neuausübung von Bilanzierungs- und Bewertungswahlrechten löst sich der KA von den zugrunde liegenden JA. 659

2. Eliminierung von Zwischenergebnissen

Zwischengewinne und Zwischenverluste aus konzerninternen Lieferungen und Leistungen, die in die Bestände der Einzelbilanzen der einbezogenen Unternehmen eingegangen sind, müssen eliminiert werden[897]. 660

---

894 Vgl. Tz. 320.
895 Vgl. hierzu Tz. 639 und *Wiedmann*, Bilanzrecht², § 307, Rn. 16.
896 Vgl. im Einzelnen Tz. 621.
897 Vgl. Tz. 315.

661 Soweit die Lieferungen/Leistungen im GJ erfolgt sind, haben die daraus entstandenen Zwischenergebnisse sich in den Einzel-GuV der betreffenden einbezogenen Unternehmen ausgewirkt. Sie müssen in der Konzern-GuV aus dem Konzern-Jahresüberschuss/-fehlbetrag eliminiert werden.

662 Konsolidierungstechnisch wird die Erfolgswirksamkeit der Zwischenergebniseliminierung durch eine Verrechnung der eliminierungspflichtigen Beträge bei den einzelnen Posten der Konzern-GuV erreicht. Im Wesentlichen sind dies bei Anwendung des GKV (§ 275 Abs. 2 HGB) die Innenumsatzerlöse, Bestandsänderungen, andere aktivierte Eigenleistungen, Materialaufwendungen, sonstige betriebliche Erträge und sonstige betriebliche Aufwendungen und bei Anwendung des UKV (§ 275 Abs. 3 HGB) die Innenumsatzerlöse, Herstellungskosten und sonstige betriebliche Aufwendungen/Erträge.

663 Im Jahr der Veräußerung an Dritte wird ein vorher eliminiertes Zwischenergebnis realisiert. Ist ein Zwischengewinn eliminiert worden, so ist das im KA ausgewiesene Ergebnis entspr. höher als im JA.

664 Betrachtet man **zusammengefasst** im Zeitablauf die jeweils in einer Abrechnungsperiode neu entstandenen und die bereits in den Vj. eliminierten Zwischenergebnisse sowie die Realisierungen im GJ von in früheren GJ eliminierten Zwischenergebnissen, so lässt sich die Konsolidierung technisch vereinfachen: Eliminierungen und Realisierungen von Zwischenergebnissen saldieren sich, so dass lediglich ein Block zu eliminieren ist, der die aus den am jeweiligen Konzernabschlussstichtag vorhandenen Konzernbeständen zu eliminierenden Zwischenergebnisse widerspiegelt. Dieser Betrag schlägt sich in voller Höhe im Konzerneigenkapital (Jahresergebnis, Ergebnisvortrag, Gewinnrücklagen) nieder. **Ergebniswirksam** wird jedoch nicht der Gesamtbetrag, sondern nur seine **Veränderung gegenüber dem Vorjahr**. Erhöht sich der Block der zu eliminierenden Zwischenergebnisse gegenüber dem Vj., so vermindert sich in Höhe des Differenzbetrags das Konzernjahresergebnis. Vermindert sich der Block gegenüber dem Vj., wird das Konzernjahresergebnis um diesen Betrag verbessert[898].

665 Zwischengewinne, die bereits in früheren Jahren eliminiert worden sind, müssen so lange **erfolgsneutral** bleiben, bis sie aus der Sicht des Konzerns realisiert sind. Dies ist dann der Fall, wenn die Gegenstände an Dritte veräußert sind oder wenn sich – z.B. bei abnutzbaren Anlagegegenständen – die Zwischenergebnisse durch Verrechnung entspr. niedrigerer Abschreibungen aufgelöst haben. Es entspricht daher dem Wesen des KA, die eliminierten Zwischenergebnisse in der Zeit zwischen der erfolgswirksamen Eliminierung und der ebenfalls erfolgswirksamen Realisierung erfolgsneutral wie einen Ergebnisvortrag zu behandeln und sie mit den Gewinnrücklagen zu verrechnen[899] oder als gesonderten Posten innerhalb des EK auszuweisen[900].

3. Erfolgswirksame Schuldenkonsolidierung

666 Das „Weglassen" (§ 303 Abs. 1 HGB) von Restposten aus der Schuldenkonsolidierung[901] wirkt sich auf das Konzernergebnis unterschiedlich aus, je nachdem, ob es sich dabei um ein erstmaliges oder um ein wiederholtes Weglassen handelt.

667 Wird z.B. ein unverzinsliches **Darlehen** im Jahr der Gewährung beim Darlehensgeber **abgezinst**, so vermindert der Abzinsungsaufwand in dessen JA den Jahresüberschuss. Die

---

[898] Vgl. u.a. *Dreger*, S. 169; *Busse v. Colbe u.a.*, Konzernabschlüsse[9], S. 419.
[899] Vgl. bspw. *Winkeljohann/Beyersdorff* in BeBiKo[7], § 304, Rn. 51; ADS[6], § 304, Tz. 95.
[900] Vgl. *Busse v. Colbe u.a.*, Konzernabschlüsse[9], S. 460-462.
[901] Vgl. Tz. 471.

Eliminierung dieses konzerninternen Vorgangs aus dem KA verlangt eine Stornierung der Abzinsung bei der Konsolidierung. Das Jahresergebnis des Konzerns übersteigt dann um den Abzinsungsbetrag den entsprechenden Posten im JA. Insoweit ist die Schuldenkonsolidierung ergebniswirksam. In den Folgejahren darf der im KA bereits in Vj. ergebniswirksam konsolidierte Betrag das Konzernergebnis nicht noch einmal berühren, sondern ist im KA als Gewinnvortrag bzw. in den Gewinnrücklagen[902] des Konzerns zu berücksichtigen oder als gesonderter Posten innerhalb des EK auszuweisen[903]. Andererseits müssen auch die im JA des Darlehensgebers enthaltenen Aufzinsungsbeträge im KA erfolgsneutral bleiben. Sie sind daher ebenfalls in diesen Posten zu verrechnen.

In der Praxis treffen im Allgemeinen bei einer Vielzahl von Darlehensgewährungen erstmalige **Abzinsungen und Aufzinsungen** von in früheren Jahren gewährten Darlehen in derselben Abrechnungsperiode zusammen. Für eine zusammengefasste Konsolidierung lässt sich dann folgende allgemeine Regel aufstellen: Die Differenz zwischen den wegzulassenden Forderungen und Verbindlichkeiten ist in Höhe ihrer Veränderung gegenüber dem Vj. im Jahresergebnis des Konzerns zu verrechnen (ergebniswirksame Schuldenkonsolidierung). Erhöhungen der Differenz gegenüber dem Vj. verbessern das Jahresergebnis des Konzerns, Verminderungen verschlechtern es. Die Gesamtdifferenz nach dem Stand des Vj. bzw. der unveränderte Block geht in den Ergebnisvortrag oder die Gewinnrücklagen des Konzerns ein oder ist als gesonderter Posten innerhalb des Konzerneigenkapitals auszuweisen[904, 905]. **668**

4. Erfolgswirksame Kapitalkonsolidierung

Soweit bei der Kapitalkonsolidierung gem. § 301 Abs. 1 HGB stille Reserven und stille Lasten im Rahmen der Erstkonsolidierung den betreffenden Vermögensgegenständen zugeordnet worden sind oder soweit ein Firmenwert aktiviert worden ist[906], entstehen in den Folgejahren Aufwendungen aus dem Wertverzehr oder Verbrauch dieser Vermögensgegenstände. Ausgenommen davon sind solche stille Reserven und Lasten, die Vermögensgegenständen zugeordnet worden sind, die nicht der Abnutzung unterliegen. Die Abschreibungen sind in der Konzern-GuV unter den dafür im Gliederungsschema vorgesehenen Posten auszuweisen[907]. Sie ergeben sich unmittelbar aus der Kapitalkonsolidierung, sind daher auch in keiner Einzel-GuV enthalten[908] und vermindern unmittelbar das Konzernjahresergebnis. Die Auflösung eines passiven Unterschiedsbetrags aus der Erstkonsolidierung führt in den Folgejahren zu einer Erhöhung des Konzernjahresergebnisses außerhalb der JA. **669**

5. Ergebnisübernahme aus Beteiligungen

Werden Erträge aus Beteiligungen konsolidierter Unternehmen an anderen konsolidierten Unternehmen übernommen, so können Phasenverschiebungen zwischen Gewinner- **670**

---

902 Vgl. Tz. 673.
903 Vgl. *Busse v. Colbe u.a.*, Konzernabschlüsse⁹, S. 460-462.
904 Vgl. *Busse v. Colbe u.a.*, Konzernabschlüsse⁹, S. 460-462.
905 Zu der Frage, ob die eliminierten Zwischenergebnisse in den Gewinnrücklagen oder im Ergebnisvortrag verrechnet werden sollten, vgl. Tz. 674.
906 Vgl. Tz. 380.
907 GKV: Abschreibungen, Materialaufwand, Bestandsveränderung, sonstige betriebliche Aufwendungen.
908 Dies gilt uneingeschränkt bei der hier vertretenen Auffassung, dass auch die Neubewertung im Rahmen der Vollkonsolidierung (§ 301 Abs. 1 HGB) zu den Konsolidierungsmaßnahmen und nicht in den Bereich der Aufstellung einer HB II gehört.

zielung und Gewinnvereinnahmung dazu führen, dass vereinnahmte Erträge im KA in den **Gewinnvortrag** bzw. die **Gewinnrücklagen** umzugliedern sind[909].

6. Ergebnisübernahme von assoziierten Unternehmen

671 Die Anwendung der Equity-Methode ist in Deutschland nur im KA gestattet. Dies führt dazu, dass das Ergebnis im KA um anteilige Gewinne, die nicht ausgeschüttet werden, und um anteilige Verluste von den Ergebnissen im JA abweicht. Aufgrund der systemimmanenten Periodengleichheit von Ergebniserzielung und Ergebnisvereinnahmung schlagen sich diese Abweichungen stets im Jahresergebnis des Konzerns nieder[910].

7. Anteile anderer Gesellschafter am Konzernergebnis

672 Sind an einbezogenen Unternehmen andere Gesellschafter beteiligt, so ist in der Konzernbilanz ein Ausgleichsposten für ihre Anteile am EK gesondert auszuweisen[911]. Der im Jahresergebnis des Konzerns enthaltene anderen Gesellschaftern zustehende Gewinn und der auf sie entfallende Verlust sind nach dem Jahresergebnis gesondert auszuweisen[912].

8. Ergebnisvortrag und Gewinnrücklagen

673 Der Ergebnisvortrag ist seiner Natur nach ein Unterkonto des – i.d.R. festen – Kapitalkontos und, insb. als **Gewinnvortrag**, dazu bestimmt, Gewinnspitzen, die weder den Rücklagen zugeführt noch ausgeschüttet werden sollen, vorübergehend zu speichern und in einer späteren Abrechnungsperiode erneut zur Disposition zu stellen. Der Ergebnisvortrag kann daher auch als ein positives oder negatives Eigenkapitalkonto mit Speicherfunktion bezeichnet werden. Diese Speicherfunktion hat dazu geführt, dass dem Ergebnisvortrag im KA konzernspezifische Speicherfunktionen zugewiesen worden sind: z.B. die Aufnahme des nicht im Jahresergebnis wirksamen Blocks der **eliminierten Zwischenergebnisse**, der erfolgsneutral verrechneten **Unterschiedsbeträge aus der Schuldenkonsolidierung**[913] oder der **Differenzbeträge aus der Phasenverschiebung zwischen Gewinnerzielung und Gewinnvereinnahmung** bei der Übernahme von Beteiligungserträgen innerhalb des Konsolidierungskreises. Hinzu kommen nach den Vorschriften des HGB Differenzbeträge, die sich aus der Anwendung der Equity-Methode nur im KA[914] ergeben.

674 Gleichwohl besteht wirtschaftlich gesehen kein zwingender Grund, die Speicherfunktion ausschließlich dem Ergebnisvortrag zuzuweisen. Sie könnte auch von den **Rücklagen** oder einem gesonderten Posten innerhalb des Konzerneigenkapitals[915] übernommen werden. Wird die Speicherfunktion dem Gewinnvortrag zugewiesen, so sind Erläuterungen im KAnh. erforderlich. Es darf nämlich nicht übersehen werden, dass der Ergebnisvortrag im JA keine allgemeine Speicherfunktion, sondern nur eine Speicherfunktion für Gewinnausschüttungen hat. Fehlt es an Erläuterungen, so könnten fälschlicherweise aus der Höhe des Ergebnisvortrags Rückschlüsse auf das Ausschüttungspotenzial des Konzerns zu dem Abschlussstichtag geschlossen werden, auf den der KA aufgestellt worden ist. Abgesehen davon, dass der KA keine Grundlage für die Ergebnis-

---

909 Vgl. Tz. 638.
910 Vgl. im Einzelnen Tz. 650.
911 Vgl. im Einzelnen Tz. 655.
912 Vgl. Tz. 655.
913 Vgl. Tz. 666.
914 Vgl. Tz. 650.
915 Vgl. *Busse v. Colbe u.a.*, Konzernabschlüsse⁹, S. 460-462.

Konzernanhang

verwendung ist und daher auch keine Regeln für Rücklagenzuführungen im KA bestehen, stehen die konzernspezifischen Zuweisungen zum Ergebnisvortrag im Gegensatz zu den aus den Einzelbilanzen (HB I) übernommenen Anteilen auch für Gewinnausschüttungen nicht zur Verfügung. Der Konzernbilanzgewinn wird dementsprechend in zahlreichen KA in derselben Höhe wie der Bilanzgewinn des MU ausgewiesen.

VII. Konzernanhang

1. Grundsatz

Der KAnh. ist neben der Konzernbilanz, der Konzern-GuV, der KFR[916] und dem Eigenkapitalspiegel[917] Pflichtbestandteil des KA (§ 297 Abs. 1 S. 1 HGB). Die Bestandteile des KA haben gemeinsam die Aufgabe, ein den tatsächlichen Verhältnissen entsprechendes Bild der **Vermögens-, Finanz- und Ertragslage** des Konzerns zu vermitteln (§ 297 Abs. 2 HGB).

Den Unternehmen ist es freigestellt, bestimmte Angaben entweder in die Konzernbilanz/Konzern-GuV oder den KAnh. aufzunehmen.

Systematisch lassen sich die Berichts- und Angabepflichten des KAnh. drei Teilbereichen zuordnen:

Erläuterung der Konzernbilanz und Konzern-GuV:

Hierher gehören z.B. die Erläuterung der angewandten Bilanzierungs- und Bewertungsmethoden (§ 313 Abs. 1 Nr. 1 HGB), der Abweichungen von den angewandten Bilanzierungs-, Bewertungs- und Konsolidierungsmethoden (§ 313 Abs. 1 Nr. 3 HGB) sowie die Angaben, die der Verdeutlichung der Abgrenzung des Konsolidierungskreises gelten (§ 313 Abs. 2 HGB).

Ergänzung von Konzernbilanz, Konzern-GuV, KFR und SegBE:
Zu nennen sind z.B. die sonstigen Pflichtangaben, die in § 314 Abs. 1 HGB zusammengefasst sind, wie z.B. Restlaufzeiten und Besicherungen bei Verbindlichkeiten, Gesamtbetrag der sonstigen finanziellen Verpflichtungen, Aufgliederung der Umsatzerlöse, Anzahl der Arbeitnehmer, Bezüge von Mitgliedern der Leitungsorgane.

Ersatz von Angaben zur Konzernbilanz- und Konzern-GuV:
Diesem Bereich lassen sich alle diejenigen Angaben zuordnen, die das Unternehmen wahlweise in der Konzernbilanz/Konzern-GuV oder im KAnh. machen kann. Dazu gehört z.B. die Angabe von Vorgängen von besonderer Bedeutung bei fehlendem Zwischenabschluss (§ 299 Abs. 3 HGB). Die Einräumung dieses Wahlrechts ist deswegen möglich, weil der KAnh. der gleichen Publizität wie Konzernbilanz und Konzern-GuV unterliegt. Daraus ergibt sich auch, dass sie absolut gleichwertig sein müssen. Eine verbale Erläuterung im Anh. kann daher eine Zahlenangabe in der Konzernbilanz oder Konzern-GuV nicht ersetzen.

Der Inhalt des KAnh. ist nicht auf die gesetzlich vorgeschriebenen Angaben begrenzt. Die **DRS** konkretisieren bestimmte explizit gesetzlich vorgeschriebene Angaben und fordern darüber hinaus weitergehende Angaben. Diese weitergehenden Angaben der DRS sind zumindest dann verpflichtend, wenn sie zur Vermittlung eines den tatsächlichen Verhältnissen entsprechenden Bildes der Vermögens-, Finanz- und Ertragslage des Konzerns

---

916 Vgl. im Einzelnen Tz. 785.
917 Vgl. im Einzelnen Tz. 833.

i.S.d. § 297 Abs. 2 S. 3 HGB erforderlich sind[918]. Der Anh. kann ebenfalls auch um freiwillige Angaben, z.B. um eine **inflationsbereinigte Rechnung**, ergänzt werden.

679 Unter bestimmten Voraussetzungen können vom HGB vorgesehene Pflichtangaben allerdings auch unterlassen werden (§ 313 Abs. 3 HGB).

680 Zwar fehlt im zweiten Unterabschnitt des HGB zum KA und KLB eine § 286 Abs. 1 HGB entsprechende Regelung, nach der die Berichterstattung im Anh. insoweit zu unterbleiben hat, „als es für das Wohl der Bundesrepublik Deutschland oder eines ihrer Länder erforderlich ist". Es ist aber auch von einer Geltung dieser Schutzklausel für KA auszugehen, da es inhaltlich kaum nachvollziehbar sein dürfte, wenn § 286 Abs. 1 HGB auf JA beschränkt sein sollte[919]. Im Übrigen kann auf die entsprechenden Ausführungen zum JA verwiesen werden[920].

681 Ein KAnh. ist von **allen MU** aufzustellen, die der Konzernrechnungslegungspflicht nach §§ 290 ff. HGB unterliegen[921]. Dies gilt auch dann, wenn an der Spitze des **publizitätspflichtigen Konzerns** eine Personenhandelsgesellschaft oder ein Einzelkaufmann steht, die (der) kraft Rechtsform nicht zur Aufstellung eines Anh. für ihren (seinen) JA verpflichtet ist. Es kommt auch nicht darauf an, ob der aufzustellende KA ein Gesamt-KA oder ein Teil-KA ist. Auch ein ausländisches MU, das einen befreienden KA für einen inländischen Teilkonzern erstellt, ist zur Aufstellung eines KAnh. verpflichtet (§§ 291, 292 HGB i.V.m. KonBefrV). Der Inhalt des KAnh. ist jedoch davon abhängig, ob ein HGB- oder ein IFRS-KA aufgestellt wird. Bei einem IFRS-KA bestimmt sich der Inhalt des KAnh. nach IFRS. In diesem Fall gelten neben den von den IFRS geforderten Angaben zusätzlich die Anforderungen aus §§ 313 Abs. 2 und 3, § 314 Abs. 1 Nr. 4, 6, 8 und 9 HGB, die allgemeine Angaben zum Umfang des Konsolidierungskreises sowie der Beteiligungsgesellschaften, zu Arbeitnehmern, Organbezügen, zur Corporate-Governance-Erklärung sowie den Prüfungshonoraren verlangen (§ 315a Abs. 1 HGB).

682 Der KAnh. steht selbständig neben den Anhängen zu den JA einbezogener Unternehmen. Dem steht nicht entgegen, dass der **Anhang des MU** und der **Konzernanhang zusammengefasst** werden dürfen (§ 298 Abs. 3 S. 1 HGB). In diesem Falle müssen sie jedoch auch gemeinsam offengelegt werden (§ 298 Abs. 3 S. 2 HGB). Werden KAnh. und Anh. des MU zusammengefasst, so kommt es weniger darauf an, an welcher Stelle die Angaben gemacht werden, sondern vielmehr darauf, dass alle gesetzlichen Angaben in zutreffender Weise enthalten sind[922]. Die Grenzen der Zusammenfassung liegen dort, wo die Klarheit und Übersichtlichkeit der Berichterstattung, der auch gegenseitige Verweise dienlich sein können, beeinträchtigt werden[923]. Dabei muss stets hervorgehen, welche Angaben sich auf den Konzern und welche Angaben sich nur auf das MU beziehen (§ 298 Abs. 3 S. 3 HGB).

683 Für den KAnh. des HGB gelten die gleichen **Offenlegungspflichten** wie für die übrigen Bestandteile des KA. **Größenabhängige Erleichterungen** sind für den KAnh. weder bei der Aufstellung noch bei der Offenlegung vorgesehen. Erleichterungen bestehen jedoch

---

918 Vgl. zu Beispielen *Ellrott* in BeBiKo[7], § 313, Rn. 60.
919 Vgl. *Dörner/Wirth* in HdKonzernR[2], § 314, Rn. 403.
920 Vgl. F Tz. 1061.
921 Zur Aufstellung des KAnh. nach dem PublG vgl. O Tz. 92. Zur Konzernrechnungslegungspflicht von KI und VU vgl. Tz. 12 sowie J Tz. 420 und K Tz. 24.
922 Zu der grundsätzlichen Unterscheidung von Angaben, Aufgliederung, Ausweis, Begründung, Darstellung und Erläuterung vgl. F Tz. 657.
923 Zu den allgemeinen Berichtsgrundsätzen vgl. im Einzelnen auch ADS[6], § 313, Tz. 21; Ellrott in BeBiKo[7], § 313, Rn. 13.

für KI nach § 340i Abs. 2 S. 2 HGB[924] und für VU nach § 341j Abs. 1 S. 2 und 3 HGB[925]. Darüber hinaus gibt es bestimmte Erleichterungen für die Aufstellung des KAnh. nach § 13 Abs. 3 S. 1 PublG[926].

Die Bestimmungen über den Inhalt des KAnh. ergeben sich aus vier Gruppen von Vorschriften: **684**

– Angabepflichten aus §§ 313, 314 HGB
– Angabepflichten, die sich unmittelbar aus den übrigen Konzernrechnungslegungsvorschriften der §§ 290 ff. HGB ergeben
– Angabepflichten aus bestimmten Vorschriften zum JA einschließlich rechtsform- und geschäftszweigbedingter Vorschriften, die aufgrund des Verweises in § 298 Abs. 1 HGB auch für den KAnh. entspr. gelten.
– von den DRS geforderte Angaben.

Bezüglich der Angabepflichten aus bestimmten Vorschriften zum JA einschließlich rechtsform- und geschäftszweigbedingter Vorschriften, die aufgrund des Verweises in § 298 Abs. 1 HGB auch für den KAnh. entspr. gelten, kann auf die entsprechenden Ausführungen zum JA verwiesen werden[927]. Die übrigen gesetzlichen Vorschriften sind im folgenden Abschn. systematisch zusammengestellt[928]. Die von den DRS geforderten Angaben ergeben sich unmittelbar aus diesen selbst.

2. Tabellarische Übersicht der gesetzlichen Angabepflichten für den Konzernanhang

Die folgende Übersicht gibt alle handelsrechtlichen Vorschriften[929] in aufsteigender Paragraphen-Reihenfolge wieder, die bei der Aufstellung des KAnh. zu beachten sind (Pflichtangaben). Angaben, die wahlweise auch in der Konzernbilanz/Konzern-GuV gemacht werden können, sind mit einem * versehen. **685**

Vorschrift	Gegenstand der Angabe	Erörterung Kapitel Tz.
HGB		
§ 264 Abs. 3 Nr. 4	Erleichterungen bei der Rechnungslegung für TU	M 759
§ 264b Nr. 3	Erleichterungen bei der Rechnungslegung für unter § 264a Abs. 1 HGB fallende Personen- handelsgesellschaften	M 759
§ 294 Abs. 2 S. 1	Änderung des Konsolidierungskreises	M 211
§ 296 Abs. 3	Einbeziehungswahlrechte	M 188
§ 297 Abs. 2 S. 3	Zusätzliche Angaben zur Vermittlung eines den tatsächlichen Verhältnissen entsprechenden Bildes	M 781
§ 297 Abs. 3 S. 4 und 5	Abweichungen von auf den vorhergehenden KA angewandten Konsolidierungsmethoden	M 724

---

924 KI können insb. auf die Angaben nach § 314 Abs. 1 Nr. 1, 3 und 6c HGB verzichten; vgl. dazu im Einzelnen J Tz. 569.
925 VU können insb. auf die Angaben nach § 314 Abs. 1 Nr. 3 und unter bestimmten Voraussetzungen auch nach § 314 Abs. 1 Nr. 2a HGB verzichten; vgl. dazu im Einzelnen K Tz. 665, 684.
926 Zu den Erleichterungen im PublG vgl. im Einzelnen O Tz. 48 ff.
927 Vgl. F Tz. 668.
928 Zur Strukturierung des KAnh. vgl. z.B. *Selchert/Karsten*, BB 1986, S. 1258; ADS[6], § 313 Tz. 37.
929 Auf die Angabe von rechtsform- und geschäftszweigbedingten Angabepflichten (§ 298 Abs. 1 HGB) ist jedoch verzichtet worden; vgl. dazu F Tz. 692 ff.

Vorschrift	Gegenstand der Angabe	Erörterung Kapitel Tz.
§ 298 Abs. 1 i.V.m. § 265 Abs. 1 S. 2	Abweichungen beim Aufbau und bei der Gliederung der Konzernbilanz und der Konzern-GuV	F 732 u. 885
i.V.m. § 265 Abs. 2 S. 2 u. 3	Nicht vergleichbare oder angepasste Vorjahresbeträge	F 735 u. 886
i.V.m. § 265 Abs. 3*	Vermerk der Mitzugehörigkeit zu anderen Posten der Konzernbilanz	F 284
i.V.m. § 265 Abs. 4 S. 2	Gliederung nach verschiedenen Gliederungsvorschriften	F 737 u. 887
i.V.m. § 265 Abs. 7 Nr. 2	Zusammenfassung von Posten zwecks größerer Klarheit der Darstellung	F 738 u. 888
i.V.m. § 268 Abs. 1 S. 2 2. Hs.*	Angabe eines Ergebnisvortrages aus dem Vj.	F 410
i.V.m. § 268 Abs. 2 S. 1*	Anlagenspiegel	F 123
i.V.m. § 268 Abs. 2 S. 3*	Abschreibungen des GJ auf AV	F 134
i.V.m. § 268 Abs. 4 S. 2	Antizipative Abgrenzungsposten unter den sonstigen Vermögensgegenständen	F 748
i.V.m. § 268 Abs. 5 S. 3	Antizipative Abgrenzungsposten unter den Verbindlichkeiten	F 771
i.V.m. § 268 Abs. 6*	Disagio/Rückzahlungsagio	F 302
i.V.m. § 268 Abs. 7*	Haftungsverhältnisse	F 463
i.V.m. § 277 Abs. 3 S. 1*	Außerplanmäßige Abschreibung nach § 253 Abs. 3 S. 3 und S. 4 HGB	F 908
i.V.m. § 277 Abs. 4 S. 2	Außerordentliche Erträge und Aufwendungen	F 905
i.V.m. § 277 Abs. 4 S. 3	Periodenfremde Erträge und Aufwendungen	F 905
§ 299 Abs. 3*	Vorgänge von besonderer Bedeutung bei fehlendem Zwischenabschluss	M 171
§ 300 Abs. 2 S. 3 2. Hs.	Beibehaltung von Bilanzansätzen für KI und VU	M 261
§ 301 Abs. 3 S. 2	Unterschiedsbetrag aus der Kapitalkonsolidierung	M 705
§ 308 Abs. 1 S. 3	Vom Abschluss des MU abw. Bewertungen im KA	M 729
§ 308 Abs. 2 S. 2 2. Hs.	Beibehaltung von Wertansätzen für KI und VU	M 731
§ 308 Abs. 2 S. 4 2. Hs.	Abweichung von einheitlicher Bewertung	M 731
§ 310 Abs. 2 i.V.m. den dort angegebenen Vorschriften	Der Bruttokonsolidierung entsprechende Angabepflichten bei Anwendung der anteilsmäßigen Konsolidierung	M 599
§ 312 Abs. 1 S. 2	Unterschiedsbetrag bei der Equity-Methode	M 555
§ 312 Abs. 5 S. 2	Verzicht auf die Anpassung an einheitliche Bewertung bei einem assoziierten Unternehmen	M 557
§ 313 Abs. 1 Nr. 1	Bilanzierungs- und Bewertungsmethoden	M 712
§ 313 Abs. 1 Nr. 2	Währungsumrechnung	M 720
§ 313 Abs. 1 Nr. 3	Abweichungen von Bilanzierungs-, Bewertungs- und Konsolidierungsmethoden	M 724
§ 313 Abs. 2 Nr. 1 S. 1	Konsolidierte TU	M 687

Konzernanhang

Vorschrift	Gegenstand der Angabe	Erörterung Kapitel Tz.
§ 313 Abs. 2 Nr. 1 S. 2	Nichtkonsolidierte TU	M 691
§ 313 Abs. 2 Nr. 2 S. 1	Assoziierte Unternehmen	M 693
§ 313 Abs. 2 Nr. 2 S. 2	Assoziierte Unternehmen, die wegen untergeordneter Bedeutung nicht nach der Equity-Methode bilanziert werden	M 694
§ 313 Abs. 2 Nr. 3	GU	M 695
§ 313 Abs. 2 Nr. 4	Angaben zu Unternehmen, an denen ein Anteilsbesitz von 20% oder mehr besteht; Angabe aller Beteiligungen von börsennotierten MU oder TU an großen KapGes., wenn diese 5% der Stimmrechte überschreiten	M 697
§ 313 Abs. 3 S. 2	Schutzklausel	M 704
§ 314 Abs. 1 Nr. 1 1. Hs.	Gesamtbetrag der Verbindlichkeiten mit einer Restlaufzeit von mehr als fünf Jahren	M 732
§ 314 Abs. 1 Nr. 1 2. Hs.	Gesamtbetrag der Verbindlichkeiten, die durch Pfandrechte und ähnliche Rechte von einbezogenen Unternehmen gesichert sind, einschließlich Art und Form der Sicherheiten	M 732
§ 314 Abs. 1 Nr. 2	Art und Zweck sowie Risiken und Vorteile von nicht in der Konzernbilanz enthaltenen Geschäften	M 760
§ 314 Abs. 1 Nr. 2a 1. Hs.	Gesamtbetrag der sonstigen finanziellen Verpflichtungen	M 761
§ 314 Abs. 1 Nr. 2a 2. Hs.	Sonstige finanzielle Verpflichtungen und Haftungsverhältnisse gegenüber nicht konsolidierten Unternehmen	M 763
§ 314 Abs. 1 Nr. 3	Aufgliederung der Umsatzerlöse	M 735
§ 314 Abs. 1 Nr. 4 1. Hs.	Zahl der beschäftigten Arbeitnehmer/Personalaufwand	M 770/741
§ 314 Abs. 1 Nr. 4 2. Hs.	Zahl der Arbeitnehmer von nur anteilmäßig einbezogenen Unternehmen	M 768
§ 314 Abs. 1 Nr. 6a	Bezüge von Organmitgliedern	M 770
§ 314 Abs. 1 Nr. 6b	Bezüge früherer Organmitglieder und Pensionsverpflichtungen für diesen Personenkreis	M 770
§ 314 Abs. 1 Nr. 6c	Vorschüsse, Kredite, Haftungsverhältnisse zugunsten von Organmitgliedern	M 770
§ 314 Abs. 1 Nr. 7	Eigene Anteile am MU	M 743
§ 314 Abs. 1 Nr. 8	Bei einbezogenen börsennotierten Unternehmen Angabe zur Entsprechenser- klärung zum DCGK	M 778
§ 314 Abs. 1 Nr. 9	Das vom APr. des KA für das GJ berechnete Honorar für bestimmte Leistungen	M 779
§ 314 Abs. 1 Nr. 10	Bestimmte Angaben für zu den Finanzanlagen (§ 266 Abs. 2 A.III) gehörende Finanzinstrumente, die über ihren beizulegenden Zeitwerten ausgewiesen werden	M 746
§ 314 Abs. 1 Nr. 11	Bestimmte Angaben für jede Kategorie nicht zum beizulegenden Zeitwert bilanzierter derivativer Finanzinstrumente	M 745
§ 314 Abs. 1 Nr. 12	Bestimmte Angaben zu mit dem beizulegenden Zeitwert bewerteten Finanzinstrumenten des Handelsbestands	M 747
§ 314 Abs. 1 Nr. 13	Geschäfte mit nahe stehenden Unternehmen und Personen	M 782
§ 314 Abs. 1 Nr. 14	Forschungs- und Entwicklungskosten	M 748

Vorschrift	Gegenstand der Angabe	Erörterung Kapitel Tz.
§ 314 Abs. 1 Nr. 15	Bewertungseinheiten	M 749
§ 314 Abs. 1 Nr. 16	Pensionsrückstellungen	M 750
§ 314 Abs. 1 Nr. 17	Verrechnung von Vermögensgegenständen und Schulden	M 752
§ 314 Abs. 1 Nr. 18	Investmentvermögen	M 754
§ 314 Abs. 1 Nr. 19	Gründe der Einschätzung des Risikos der Inanspruchnahme aus Haftungsverhältnissen	M 763
§ 314 Abs. 1 Nr. 20	Planmäßige Abschreibung des Geschäfts- oder Firmenwerts über mehr als 5 Jahre	M 755
§ 314 Abs. 1 Nr. 21	Latente Steuern	M 756
EGHGB		
Art. 28 Abs. 2	Nichtpassivierte Pensionsverpflichtungen und ähnliche Verpflichtungen (Fehlbetrag)	F 759
Art. 67 Abs. 1 S.4	Angabe der Überdeckung bei Inanspruchnahme des Beibehaltungswahlrechts für Pensionsrückstellungen beim Übergang auf BilMoG gem. Art 67 Abs. 1 S. 2 EGHGB	F 841
Art. 67 Abs. 2	Angabe des Fehlbetrags bei Pensionsrückstellungen aufgrund von Art. 67 Abs. 1 S. 1 EGHGB	F 764
Art. 67 Abs. 5 S. 1	Erläuterung des im KA wahlweise fortgeführten Postens „Aufwendungen für die Ingangsetzung des Geschäftsbetriebs und dessen Erweiterung" nach § 269 S. 1 2. Hs. HGB a.F.	F 743
Art. 67 Abs. 5 S. 2	Angabe der Methode der KapKons bei Interessenzusammenführung (§ 302 Abs. 3 HGB a.F.) bei ihrer wahlweisen Beibehaltung	M 706
Art. 67 Abs. 8 S. 2	Hinweis auf Verzicht der Anpassung der Vorjahreszahlen bei erstmaliger Anwendung des BilMoG	F 735

3. Angabepflichten zum Konsolidierungs- und Beteiligungsbereich[930]

a) Grundsatz

686 Die Angabepflichten zum Konsolidierungs- und Beteiligungsbereich (§ 313 Abs. 2 HGB) stehen in engem sachlichem Zusammenhang mit den Vorschriften zur **Abgrenzung des Konsolidierungskreises** (§§ 294 Abs. 1 i.V.m. 290, 296 HGB) sowie mit den Vorschriften zu den sonstigen Beteiligungsbeziehungen des Konzerns (§§ 310, 311, 298 i.V.m. 271 Abs. 1 HGB). Die Vorschriften ergänzen sich gegenseitig und bilden eine sachliche Einheit. Sie sollen dem Leser des KA Auskunft darüber geben, welche Unternehmen zum Konzern gehören, welcher Art die Unternehmensverbindung ist und welche Unternehmen in die Konsolidierung einbezogen worden sind. Je nach Sachlage kann dieser Angabenkatalog sehr umfangreich sein. Unter bestimmten Voraussetzungen können nicht kapitalmarktorientierte MU für die Angaben nach § 313 Abs. 2 HGB die Schutzklausel gem. § 313 Abs. 3 S. 1 HGB in Anspruch nehmen[931].

---

930 Beteiligung ist hier nicht i.S.d. § 271 Abs. 1 HGB zu verstehen, da nicht alle Angabepflichten eine Beteiligung i.S.d. § 271 Abs. 1 HGB voraussetzen (vgl. z.B. § 313 Abs. 2 Nr. 4 HGB).
931 Zur Schutzklausel vgl. Tz. 704.

b) Konsolidierte Tochterunternehmen

Im KAnh. sind für die in den KA einbezogenen Unternehmen folgende Angaben zu machen (§ 313 Abs. 2 Nr. 1 S. 1 HGB): **687**

- Name;
- Sitz;
- Höhe des Anteils am Kapital (%);
- ggf. Konsolidierungsgrund.

Die Angaben gelten nicht nur für die wesentlichen, sondern für alle in den KA einbezogenen Unternehmen. Es kommt auch nicht darauf an, ob die Unternehmen ihren Sitz im Inland oder im Ausland haben. Eine allgemeine Wesentlichkeitsklausel gibt es nicht. **688**

Neben Namen und Sitz der konsolidierten Unternehmen ist auch „der Anteil am Kapital der TU, der den MU und den in den KA einbezogenen TU gehört oder von einer für Rechnung dieser Unternehmen handelnden Person gehalten wird" (§ 313 Abs. 2 Nr. 1 S. 1 HGB), anzugeben. Bei der Errechnung des Kapitalanteils (Beteiligungsquote) sind deshalb nicht nur die Anteile zu berücksichtigen, die dem MU unmittelbar gehören, sondern auch die Anteile, die ihm zuzurechnen sind[932]. **689**

Anzugeben ist ferner auch „der zur Einbeziehung in den KA verpflichtende Sachverhalt, sofern die Einbeziehung nicht auf einer der Kapitalbeteiligung entsprechenden Mehrheit der Stimmrechte beruht" (§ 313 Abs. 2 Nr. 1 S. 1 HGB). Der in der Praxis am weitesten verbreitete Konsolidierungsgrund (Kapital- und Stimmrechtsmehrheit) braucht demnach nicht angegeben zu werden. Er wird offenbar als der Normalfall für die Begründung eines Mutter-Tochter-Verhältnisses angesehen. Für den Vertragskonzern nach § 291 Abs. 1 AktG bzw. § 290 Abs. 2 Nr. 3 HGB kann die Angabepflicht zweifelhaft sein, da in diesen Fällen praktisch immer auch eine Kapital- und Stimmrechtsmehrheit gegeben ist. Gleichwohl sollte hier der die Mehrheiten überlagernde Beherrschungsvertrag als Grund für die Einbeziehung in den KA angegeben werden. Eine Angabepflicht besteht auch in den Fällen der Einbeziehung einer Zweckgesellschaft nach § 290 Abs. 2 Nr. 4 HGB. Die übrigen Fälle – Beherrschungsmöglichkeit (§ 290 Abs. 1 HGB) ohne Stimmrechtsmehrheit, Recht zur Bestellung und Abberufung der Mehrheit der Mitglieder des Verwaltungs-, Leitungs- oder Aufsichtsorgans bei Minderheitsbeteiligung (§ 290 Abs. 2 Nr. 2 HGB), beherrschender Einfluss aufgrund einer Satzungsbestimmung ohne Mehrheitsbeteiligung (§ 290 Abs. 2 Nr. 3 HGB) und die Stimmrechtsmehrheit bei abweichender Kapitalbeteiligungsquote (§ 290 Abs. 2 Nr. 1 HGB) – sind praktisch eher Ausnahmeerscheinungen, die als Abweichung von der Regel angabepflichtig sind. **690**

c) Nichtkonsolidierte Tochterunternehmen

Werden TU nicht in den KA einbezogen (§ 296 HGB), so bestehen gleichwohl die Angabepflichten im KAnh. wie für die konsolidierten TU (§ 313 Abs. 2 Nr. 1 S. 2 HGB)[933]. Es entfällt jedoch naturgemäß die Angabe des Konsolidierungsgrundes[934]. Stattdessen ist die **Nichteinbeziehung anzugeben** und zu **begründen** (§ 296 Abs. 3 HGB). **691**

Besteht ein HGB-Konzern neben dem MU nur aus TU, die aufgrund des § 296 HGB nicht konsolidiert werden, so ist nicht alleine wegen der Angabe- und Erläuterungspflichten **692**

---

932 Vgl. auch Tz. 69.
933 Vgl. die vorstehenden Ausführungen.
934 Ebenso *Dörner/Wirth* in HdKonzernR², §§ 313, 314 Rn. 290.

nach §§ 313 Abs. 2 Nr. 1 S. 2 sowie 296 Abs. 3 HGB ein KAnh. zu erstellen[935]. Vielmehr sind die notwendigen Angaben im Anh. des MU zu machen, da ein KAnh. ohne Konzernbilanz und Konzern-GuV wenig sinnvoll ist[936]. Angaben und Begründung werden zweckmäßigerweise in die Berichterstattung nach § 285 Nr. 11 HGB eingefügt. Ist das MU wegen seiner Rechtsform nicht verpflichtet, einen Anh. zu erstellen, so entfällt diese Möglichkeit.

d) Assoziierte Unternehmen

693 Für assoziierte Unternehmen (§ 311 HGB) sind sinngemäß die gleichen Angaben zu machen wie für TU (§ 313 Abs. 2 Nr. 2 S. 1 HGB)[937]:

- Name;
- Sitz;
- Höhe des Anteils am Kapital (%)[938].

694 Wird die Beteiligung an dem assoziierten Unternehmen nicht nach der Equity-Methode (§ 312 HGB) bilanziert, weil „die Beteiligung für die Vermittlung eines den tatsächlichen Verhältnissen entsprechenden Bildes der Vermögens-, Finanz- und Ertragslage des Konzerns von untergeordneter Bedeutung ist" (§ 311 Abs. 2 HGB), so ist auch dieses anzugeben und zu begründen (§ 313 Abs. 2 Nr. 2 S. 2 HGB).

e) Gemeinschaftsunternehmen

695 Für GU, „die nach § 310 HGB nur anteilmäßig in den KA einbezogen worden sind", sind folgende Angaben zu machen (§ 313 Abs. 2 Nr. 3 HGB):

- Name;
- Sitz;
- Höhe des Anteils am Kapital (%)[939];
- Tatbestand, aus dem sich die Anwendung der Quotenkonsolidierung ergibt.

696 Aus der Erläuterung des „Tatbestands, aus dem sich die Anwendung der Quotenkonsolidierung ergibt", muss zumindest erkennbar sein, mit wie vielen anderen Unternehmen das Unternehmen gemeinsam geführt wird. Eine Angabe der Namen dieser anderen Unternehmen ist wünschenswert[940].

f) Unternehmen, an denen ein Anteilsbesitz von mindestens 20% besteht

697 Die in § 313 Abs. 2 Nr. 4 HGB erwähnten Angaben müssen für Unternehmen gemacht werden, „bei denen das MU, ein TU oder eine für Rechnung dieser Unternehmen handelnde Person mindestens den fünften Teil der Anteile besitzt". Anders als zu Abs. 2 Nr. 1 bis 3[941], wonach es darauf ankommt, dass dem Mutter- oder TU die Anteile „gehören", stellt der Wortlaut dieser Vorschrift auf den „Besitz" der Anteile ab. Daraus könnte abgeleitet werden, dass es auf die Ausübung der tatsächlichen Gewalt über die Anteile ankommt und sich daher die Berichtspflicht auf solche Anteile beschränkt, die das MU oder

---

935 Vgl. Tz. 208.
936 Ebenso ADS[6], § 313, Tz. 103; *Dörner/Wirth* in HdKonzernR[2], §§ 313, 314, Rn. 291.
937 Vgl. Tz. 687.
938 Zur Berechnung der Beteiligungsquote vgl. Tz. 689.
939 Zur Berechnung der Beteiligungsquote vgl. Tz. 689.
940 Ebenso ADS[6], § 313, Tz. 109.
941 Art. 34 Nr. 5 der 7. EG-RL verwendet in diesem Zusammenhang den Begriff „beteiligt ist".

ein TU unmittelbar besitzen, zzgl. der Anteile, die eine andere Person für Rechnung eines dieser Unternehmen hält. Würde erst die Zusammenrechnung der Anteile, die das MU und TU halten, zu einer Überschreitung der 20%-Grenze führen, so entstünde nach dieser Auffassung keine Berichtspflicht.

Aus dem Sinn und Zweck der Vorschrift, insb. aber im Vergleich zur entsprechenden Regelung in § 285 Nr. 11 HGB für den Anh. zum JA, die einen ausdrücklichen Hinweis auf die Zurechnungsvorschrift des § 16 Abs. 2 und 4 AktG enthält, muss jedoch gefolgert werden, dass eine Berichtspflicht im KAnh. auch dann besteht, wenn erst durch **Zusammenrechnung** der Anteile, die das MU und die TU halten, die 20%-Grenze überschritten wird[942]. **698**

Die Angabepflicht setzt nicht das Bestehen eines Beteiligungsverhältnisses i.S.v. § 271 Abs. 1 HGB voraus. Es genügt, dass mindestens 20% der Anteile gehalten werden. Werden Anteile von TU gehalten, so kommt es ferner nicht darauf an, ob sie in den KA einbezogen werden oder nicht[943]. **699**

Im Einzelnen sind anzugeben: **700**

- Name;
- Sitz;
- Höhe des Anteils am Kapital (%);
- Höhe des EK;
- Ergebnis des letzten GJ.

g) Beteiligungen an großen KapGes., die 5% der Stimmrechte überschreiten

"Ferner sind anzugeben alle Beteiligungen an großen KapGes., die andere als die in (§ 313 Abs. 2) Nummer 1 bis 3 bezeichneten Unternehmen sind, wenn sie von einem börsennotierten MU, einem börsennotierten TU oder einer für Rechnung eines dieser Unternehmen handelnden Person gehalten werden und fünf vom Hundert der Stimmrechte überschreiten" (§ 313 Abs. 2 Nr. 4 S. 2 HGB). **701**

Ungeachtet einer möglichen Inanspruchnahme der **Schutzklausel**[944] gilt – im Gegensatz zu den Angabepflichten nach § 313 Abs. 2 Nr. 1 bis 3 HGB – die allgemeine Materiality-Klausel. Auf die Angaben kann **verzichtet** werden, „wenn sie für die Vermittlung eines den tatsächlichen Verhältnissen entsprechenden Bildes der Vermögens-, Finanz- und Ertragslage des Konzerns von untergeordneter Bedeutung sind" (§ 313 Abs. 2 Nr. 4 S. 3 HGB). Darüber hinaus kann auf die Angabe des EK und des Ergebnisses verzichtet werden, „wenn das in Anteilsbesitz stehende Unternehmen seinen JA nicht offen zu legen hat und das MU, das TU oder die Person weniger als die Hälfte der Anteile an diesem Unternehmen besitzt" (§ 313 Abs. 2 Nr. 4 S. 4 HGB). **702**

Im Übrigen kann auf die Erläuterung zu der ähnlich gestalteten Angabepflicht im JA (§§ 285 Nr. 11, 286 Abs. 3 HGB) verwiesen werden[945]. **703**

---

942 So auch *Biener/Schatzmann*, Konzernrechnungslegung, S. 61; ebenso ADS⁶, § 313, Tz. 111; *Dörner/Wirth* in HdKonzernR², §§ 313/314, Rn. 304.
943 Vgl. dazu die davon abw. Regel in § 313 Abs. 2 Nr. 1 bis 3 HGB.
944 Vgl. Tz. 704.
945 Vgl. F Tz. 970.

h) Schutzklausel

704 Die Angaben nach § 313 Abs. 2 HGB können insoweit unterbleiben, „als nach vernünftiger kaufmännischer Beurteilung damit gerechnet werden muss, dass durch die Angaben dem MU, einem TU oder einem anderen in Abs. 2 bezeichneten Unternehmen **erhebliche Nachteile** entstehen können" (§ 313 Abs. 3 S. 1 HGB). Die Schutzklausel bezieht sich nur auf die Angaben, die nach § 313 Abs. 2 HGB zu machen sind. Angaben über die Ausübung von Konsolidierungswahlrechten (§ 296 Abs. 3 HGB) können nicht unter Berufung auf die Schutzklausel unterbleiben. „Die in Abs. 2 bezeichneten Unternehmen" sind assoziierte Unternehmen, GU und Unternehmen, von denen das MU, TU oder Dritte für Rechnung eines dieser Unternehmen mindestens den fünften Teil der Anteile besitzen, und große KapGes., an denen eine Beteiligung von einem börsennotierten MU, einem börsennotierten TU oder einer für Rechnung eines dieser Unternehmen handelnden Person gehalten wird, die 5% der Stimmrechte übersteigt. Wird von der Schutzklausel Gebrauch gemacht, so muss dies im KAnh. angegeben werden (§ 313 Abs. 3 S. 2 HGB). Die Schutzklausel ist nicht anzuwenden, „wenn ein MU oder eines seiner TU kapitalmarktorientiert im Sinn des § 264d ist" (§ 313 Abs. 3 S. 3 HGB).

4. Angabepflichten zu den Konsolidierungsmethoden

a) Kapitalkonsolidierung (Purchase-Methode)

705 Gem. § 301 Abs. 3 S. 2 sind die in der Konzernbilanz ausgewiesenen Unterschiedsbeträge und deren wesentliche Veränderungen im KAnh. zu erläutern. Das Gesetz lässt dabei offen, was im Einzelnen unter „Erläuterung" zu verstehen ist. Aus dem Sinn und Zweck dieser Vorschrift muss jedoch gefolgert werden, dass eine lediglich aus der gesetzlichen Formulierung abgeleitete Definition der Posten nicht ausreicht. DRS 4.57f enthalten konkretisierende Vorschriften zur Erläuterung dieser Posten.

b) Kapitalkonsolidierung bei Interessenzusammenführung

706 Die Kapitalkonsolidierung nach der Interessenzusammenführungsmethode ist für Erwerbsvorgänge, die ab Beginn des GJ der Erstanwendung des BilMoG[946] getätigt wurden, nicht mehr zulässig (Art. 67 Abs. 5 S. 2 EGHGB). Für Erwerbsvorgänge, die vor dem Beginn des GJ der Erstanwendung vorgenommen wurden, darf die Kapitalkonsolidierung nach der Interessenzusammenführungsmethode beibehalten werden. In diesen Fällen sind auch die von § 302 Abs. 2 und 3 HGB a.F. vorgesehenen Anhangangabpflichten grds. weiter zu erfüllen[947].

c) Quotenkonsolidierung

707 Die Angabepflichten bei der Quotenkonsolidierung entsprechen denen der Vollkonsolidierung (§ 310 Abs. 2 HGB). Nach DRS 9 sind zudem im Jahr des Erwerbs (DRS 9.21) sowie an allen folgenden Abschlussstichtagen detaillierte Angaben zu einem Goodwill (DRS 9.23) und einem passivischen Unterschiedsbetrag (DRS 9.24) zu machen. Kapitalmarktorientierte MU müssen den Anh. um Angaben zu den Bilanz- und GuV-Posten und zu den nicht bilanzierten finanziellen Verpflichtungen (DRS 9.25) sowie um Angaben bei Veräußerung eines GU (DRS 9.26) erweitern.

---

[946] Dies ist im Regelfall das GJ, das nach dem 31.12.2009 begonnen hat (Art. 66 Abs. 3 S.1 EGHGB); bei vorzeitiger Anwendung des BilMoG das GJ, das nach dem 31.12.2008 begonnen hat (Art. 66 Abs. 3 S. 6 EGHGB).
[947] Vgl. *Ellrott* in BeBiKo[7], Art. 67 EGHGB, Anm. 22.

d) Equity-Methode

Bei Anwendung der **Equity-Methode** ist der Unterschiedsbetrag zwischen Buchwert und anteiligem EK, der bei der Erstkonsolidierung nach der Buchwertmethode entsteht, im KAnh. anzugeben (§ 312 Abs. 1 S. 2 HGB)[948]. Dies gilt nicht nur bei erstmaliger Anwendung sondern auch für jeden folgenden KA. Nach DRS 8 sind zudem Angaben bei erstmaliger Einbeziehung (DRS 8.47) zur Höhe der AK sowie zur Abschreibungsdauer und -methode eines Goodwill erforderlich. Zudem fordert DRS 8.49 zu jedem Abschlussstichtag die Angabe der finanziellen Verpflichtungen aus Haftungen gegenüber dem assoziierten Unternehmen oder ggü. Dritten aufgrund einer Vereinbarung mit dem assoziierten Unternehmen und der vom assoziierten Unternehmen angewandten Bilanzierungs- und Bewertungsmethoden sowie für wesentliche assoziierte Unternehmen einer zusammengefassten Bilanz und GuV. **708**

Wendet ein assoziiertes Unternehmen in seiner HB I vom KA abw. Bewertungsmethoden an und werden sie nicht den konzerneinheitlichen Methoden angepasst, so ist dies im KAnh. anzugeben (§ 312 Abs. 5 S. 2 HGB). Die Vorschrift überschneidet sich insoweit mit § 313 Abs. 1 Nr. 3 HGB[949]. **709**

Auf die Eliminierung von Zwischenergebnissen kann bei der Equity-Methode in bestimmten Fällen verzichtet werden. Außerdem kann die Eliminierung im Gegensatz zur Vollkonsolidierung auf einen Prozentsatz beschränkt werden, der der Beteiligungshöhe des MU entspricht (§ 312 Abs. 5 S. 3 und 4 HGB). Sofern diesbzgl. von DRS 8.30 abgewichen wird, d.h. eine vollständige Eliminierung durchgeführt wird, sind im KAnh. nach § 313 Abs. 1 Nr. 1 HGB dazu Angaben zu machen. **710**

e) Abweichung von Konsolidierungsmethoden[950]

5. Angabepflichten zu Bilanzierungs- und Bewertungsmethoden sowie zu einzelnen Posten der Konzernbilanz und Konzern-Gewinn- und Verlustrechnung

Eine große Zahl der Angabepflichten zu diesem Teil entspricht den Angaben und Erläuterungen für den Anh. zum JA. Soweit sich für den KAnh. keine Besonderheiten ergeben, wird daher im Folgenden auf die Erläuterungen zu §§ 284 ff. HGB verwiesen, die insoweit sinngemäß gelten. **711**

a) Bilanzierungs- und Bewertungsmethoden

Im KAnh. sind „die auf die Posten der Konzernbilanz und der Konzern-GuV angewandten **Bilanzierungs- und Bewertungsmethoden**" anzugeben (§ 313 Abs. 1 Nr. 1 HGB). **712**

Die Vorschrift entspricht vollinhaltlich § 284 Abs. 2 Nr. 1 HGB für den Anh. zum JA. Für die Anwendung von § 313 Abs. 1 Nr. 1 HGB gelten daher die Erläuterungen zu § 284 Abs. 2 Nr. 1 HGB entspr.[951] **713**

Besondere Erläuterungspflichten für den KA ergeben sich darüber hinaus aus der Verpflichtung zur **einheitlichen Bilanzierung** (§ 300 HGB) **und einheitlichen Bewertung** (§ 308 HGB). Aus den Erläuterungen muss hervorgehen, wie im KA bilanziert und bewertet worden ist. **714**

---

948 Vgl. hierzu im Einzelnen *Küting/Zündorf* in HdKonzernR², § 312, Rn. 64.
949 Vgl. Tz. 724.
950 Vgl. dazu Tz. 729.
951 Vgl. F Tz. 695.

715 Da die DRS nach Bekanntmachung durch das BMJ die Vermutung der Konzern-GoB innehaben und Bilanzierungsgrundsätze darstellen, sollte im KAnh. auf die Anwendung der DRS hingewiesen werden. Wurden die DRS im KA nicht vollständig beachtet, so sollte angegeben werden, von welchen Vorschriften der DRS abgewichen worden ist; ferner ist in diesem Fall anzugeben, wie stattdessen verfahren worden ist[952].

716 In Zusammenhang mit der Vollkonsolidierung nach der **Neubewertungsmethode** (§ 301 Abs. 1 S. 2 HGB) ist die konkrete Ermittlung des verwandten „beizulegenden Zeitwertes" näher zu beschreiben, z.B. indizierte AK, Wiederbeschaffungskosten aus Richtsatzkarteien, Marktpreise, Wiederbeschaffungskosten abzgl. Normalabschreibungen. Außerdem muss aus den Erläuterungen hervorgehen, wie die Aufwertungsbeträge bewertet, abgeschrieben oder aufgelöst werden. Im Allgemeinen wird dafür ein Hinweis genügen, dass auch auf die Aufwertungsbeträge die konzerneinheitlichen Bilanzierungs- und Bewertungsmethoden angewandt werden.

717 Einer besonderen Erläuterung bedarf im Allgemeinen das **„Konzernergebnis"**[953]. Dabei ist auch darauf einzugehen, ob und ggf. in welchem Umfang das Ergebnis für Ausschüttungen zur Verfügung steht. Die Behandlung (z.B. Ausweis im Ergebnisvortrag oder als Sonderposten, Verrechnung in den Gewinnrücklagen) der wesentlichen erfolgswirksamen Konsolidierungsvorgänge (z.B. Eliminierung von Zwischenerfolgen, erfolgswirksame Schuldenkonsolidierung) sowie der zeitlichen Divergenzen zwischen Ergebniserzielung und Ergebnisvereinnahmung sollte erläutert werden. Erläuterungsbedürftig sind im Allgemeinen auch die Vornahme und die Auswirkung von Ergebniskorrekturen gemäß § 299 Abs. 3 HGB.

718 Obwohl § 313 Abs. 1 Nr. 1 HGB keine generellen Erläuterungen der Abschlussposten verlangt, ergibt sich daraus nicht, dass auf sämtliche Erläuterungen, die nicht ausdrücklich im HGB aufgeführt sind, verzichtet werden kann[954]. Entspr. der Forderung, dass der KA ein den tatsächlichen Verhältnissen entsprechendes **Bild der Vermögens-, Finanz- und Ertragslage** des Konzerns vermitteln muss, können ergänzende Angaben dann erforderlich werden, wenn das geforderte Bild andernfalls nicht vermittelt wird[955].

719 DRS 4.52-.61 verlangt detaillierte Angaben zu Unternehmenserwerben. Dies gilt ebenso bzgl. detaillierter Angaben bei GU (DRS 9.20-.26) und bei der Bilanzierung von Anteilen an assoziierten Unternehmen im KA (DRS 8.47-49).

b) Währungsumrechnung

720 Im KAnh. sind die **„Grundlagen für die Umrechnung"** ausländischer Währungen in EUR anzugeben (§ 313 Abs. 1 Nr. 2 HGB). Die Vorschrift stimmt wörtlich mit der für den EA überein[956]. Allerdings kommt der Währungsumrechnung im KA aufgrund der Konsolidierungspflicht auch der ausländischen TU (Weltabschlussprinzip § 294 Abs. 1 HGB) besondere Bedeutung zu.

721 In der Kommentierung werden unterschiedliche Auffassungen dahingehend vertreten, ob bei der Darstellung der Grundlagen für die Umrechnung die modifizierte Stichtagskursmethode beschrieben werden muss, was durch eine Wiederholung des Gesetzeswortlauts

---
952 Zu den Konsequenzen für die Berichterstattung des APr. in diesen Fällen vgl. Tz. 928.
953 Vgl. Tz. 658; gl. A. ADS[6], § 313, Tz. 68; *Dörner/Wirth* in HdKonzernR[2], §§ 313/314, Rn. 261; *Ellrott* in BeBiKo[7], § 313, Rn. 82.
954 Ebenso ADS[6], § 313, Tz. 58.
955 Vgl. dazu auch die entsprechenden Ausführungen für den JA, F Tz. 656, 664, 693 u. 876.
956 Vgl. auch die entsprechenden Erläuterungen zu § 284 Abs. 2 Nr. 2 HGB, F Tz. 720 u. 883.

Konzernanhang

von § 256a bzw. § 308a HGB geschehen könnte[957], oder ob lediglich Abweichungen von der Norm oder die Ausübung verbliebener Wahlrechte Gegenstand einer Angabepflicht sind[958].

In jedem Falle sind die bei der Umrechnung der Posten der Bilanz und der GuV angewendeten Kurse anzugeben, insb. ist hier auf die Ermittlung der für die Umrechnung der GuV verwendeten Durchschnittskurse einzugehen. Zudem ist anzugeben, wie die sich ergebende Umrechnungsdifferenz behandelt wurde (§ 308a S. 3 HGB). **722**

Bei der Umrechnung mit Stichtagskursen können sich Währungsdifferenzen im Anlagenspiegel ergeben, da die planmäßigen und außerplanmäßigen Abschreibungen hier mit dem Stichtagskurs und nicht wie in der GuV mit dem Kurs am Transaktionstag oder dem Durchschnittskurs umgerechnet werden. Die Umrechnungsdifferenz ist in diesem Fall im Anlagenspiegel unter den Zuführungen bzw. Abschreibungen des GJ auszuweisen[959]. Ein weiteres Problem ergibt sich, wenn im Brutto-Anlagenspiegel die historischen AK mit den Stichtagskursen umgerechnet werden, wodurch die Vergleichbarkeit mit dem Vj. gestört wird. Es kann daher zweckmäßig sein, die Beträge zu jedem Posten zu vermerken, die sich bei Umrechnung mit den historischen Kursen ergeben hätten. Alternativ können die historischen AK mit den historischen Kursen umgerechnet werden und die Anpassungen an den Stichtagskurs in einer gesonderten Spalte für jeden Posten gezeigt werden[960]. **723**

c) Abweichung von Bilanzierungs-, Bewertungs- und Konsolidierungsmethoden
aa) Grundsatz

Abweichungen von Bilanzierungs-, Bewertungs- und Konsolidierungsmethoden sind im KAnh. anzugeben und zu begründen. Ihr Einfluss auf die Vermögens-, Finanz- und Ertragslage des Konzerns ist gesondert darzustellen (§ 313 Abs. 1 Nr. 3 HGB). Die Vorschrift entspricht nahezu wörtlich der für den JA (§ 284 Abs. 2 Nr. 3 HGB). Wegen der unterschiedlichen Sachlage ist sie für den KA lediglich um die Darstellung der **Abweichungen bei den Konsolidierungsmethoden** ergänzt worden. Der Wortlaut des Gesetzes schließt zwei im Ansatz unterschiedliche Arten von Abweichungen ein: Abweichungen von einem vorhergehenden KA (Stetigkeit) und Abweichungen in Teilbereichen von den grds. im KA angewandten Bilanzierungs-, Bewertungs- und Konsolidierungsmethoden. Teilw. ergeben sich diese Erläuterungspflichten auch aus Spezialvorschriften außerhalb des § 313 Abs. 1 Nr. 3 HGB. Dabei kann der Umfang der Berichts- und Erläuterungspflichten graduell voneinander abweichen. Da diese Vorschriften jedoch ähnliche Sachverhalte betreffen, werden sie hier zusammengefasst. **724**

bb) Abweichungen vom vorhergehenden Konzernabschluss (Stetigkeit)

Das Stetigkeitsgebot für die Konsolidierungsmethoden[961] unterscheidet sich grds. nicht von dem für die Bewertungsmethoden[962], wie auch die Gleichsetzung in § 313 Abs. 1 Nr. 3 HGB zeigt. „Die auf den vorhergehenden KA angewandten Konsolidierungsmethoden sind beizubehalten. Abweichungen [...] sind in Ausnahmefällen zulässig. Sie sind im KAnh. anzugeben und zu begründen. Ihr Einfluss auf die Vermögens-, Finanz- und Er- **725**

---

957 Vgl. *Gelhausen/Fey/Kämpfer*, BilMoG, Q, Rn. 384.
958 Vgl. *Ellrott* in BeBiKo[7], § 313, Rn. 93.
959 Vgl. *HFA-Entwurf*, WPg 1998, S. 554.
960 Vgl. ADS[6], § 298, Tz. 36.
961 Vgl. Tz. 19.
962 Vgl. E Tz. 306.

tragslage des Konzerns ist anzugeben." (§ 297 Abs. 3 S. 2 bis 5 HGB) Die Formulierung deckt sich praktisch mit § 313 Abs. 1 Nr. 3 HGB[963].

726 Zu den Konsolidierungsmethoden gehören:
- die Kapitalkonsolidierung (§ 301 HGB);
- die Konsolidierung nach der Equity-Methode (§ 312 HGB)[964];
- die Quotenkonsolidierung (§ 310 HGB);
- die Schuldenkonsolidierung (§ 303 HGB);
- die Eliminierung von Zwischenergebnissen (§ 304 HGB);
- die Aufwands- und Ertragskonsolidierung (§ 305 HGB);
- ggf. die Berücksichtigung latenter Steuern (§ 306 HGB)[965].

727 Zu den Konsolidierungsmethoden gehören ferner alle jene Techniken, die aus der **Einheitstheorie** (§ 297 Abs. 3 S. 1 HGB) abzuleiten und nicht im Einzelnen im Gesetz geregelt sind (z.B. Ergebnisübernahmen innerhalb des Konsolidierungskreises)[966].

728 Werden vom Vj. abw. Konsolidierungsmethoden angewandt, genügt es nicht, auf die Tatsache der Abweichung hinzuweisen. Vielmehr muss **begründet** werden, warum dieser Wechsel vorgenommen worden ist. Außerdem muss der Einfluss auf die Vermögens-, Finanz- und Ertragslage des Konzerns dargestellt werden. Allgemeine Hinweise darauf, dass sich durch den Wechsel in der Konsolidierungsmethode der Einblick in die Vermögens-, Finanz- und Ertragslage des Konzerns verbessert hat, genügen diesen Anforderungen nicht. Vielmehr muss dargestellt werden, in welchen Bereichen und in welcher Form sich der Einblick verbessert hat, und ggf. auch, wie er sich quantitativ ausgewirkt hat. Der Leser muss durch die Erläuterungen in die Lage versetzt werden, sich ein Bild davon zu machen, wie der KA bei Beibehaltung der Methode ausgesehen hätte. So sind nach DRS 13.29 die Auswirkungen aus der Anwendung eines anderen Bilanzierungsgrundsatzes[967] betragsmäßig einzeln für die betreffenden Bilanzposten darzustellen und für die maßgeblichen Posten der Vorjahresabschlüsse Pro-forma-Angaben zu machen und zu erläutern, soweit die Angaben nicht bereits in der Konzernbilanz bzw. der Konzern-GuV selbst gemacht wurden. Ausweisänderungen sind ebenfalls zu erläutern (DRS 13.23). Sofern Änderungen von Schätzungen, z.B. Nutzungsdauern, Auswirkungen auf die Vermögens-, Finanz- und Ertragslage haben, sind deren Auswirkungen für die Berichtsperiode nach DRS 13.30 betragsmäßig anzugeben und zu erläutern. Auf Auswirkungen in Folgeperioden ist hinzuweisen. Darüber hinaus sind nach DRS 13.32 Angaben zur Korrektur von Fehlern erforderlich.

cc) Abweichungen in Teilbereichen des Konzernabschlusses
(1) Abweichungen von den angewandten Bewertungsmethoden des Mutterunternehmens

729 „Abweichungen von den auf den JA des MU angewandten Bewertungsmethoden sind im KAnh. anzugeben und zu begründen." (§ 308 Abs. 1 S. 3 HGB)

---

963 Der Abweichung zwischen „anzugeben" in § 297 Abs. 3 S. 5 HGB und „darzustellen" in § 313 Abs. 1 Nr. 3 HGB wird in diesem Zusammenhang keine Bedeutung beigelegt.
964 Ebenso ADS[6], § 313, Tz. 86; *Dörner/Wirth* in HdKonzernR[2], §§ 313/314, Rn. 241; *Ellrott* in BeBiKo[7], § 313, Rn. 128; a.A. *Biener/Berneke*, BiRiLiG, S. 384; BHdR, C 600, Rn. 75.
965 Vgl. dazu Tz. 478.
966 Zur abw. Abgrenzung des Konsolidierungskreises vgl. Tz. 211.
967 Zu den Bilanzierungsgrundsätzen zählen gem. DRS 13.6 die angewandten Ansatz-, Ausweis-, Bewertungs- und Konsolidierungsvorschriften und -methoden sowie die Ausübung bestehender Ansatz-, Ausweis-, Bewertungs- und Konsolidierungswahlrechte.

Konzernanhang **M**

Die Berichtspflicht nach § 308 Abs. 1 S. 3 HGB umfasst Abweichungen zwischen den **730** tatsächlichen im JA des MU angewandten Bewertungsmethoden und den tatsächlich im KA angewandten Bewertungsmethoden (z.b. unterschiedliche Ausübung von Bewertungswahlrechten).

(2) Ausnahmen vom Gebot der einheitlichen Bewertung

Wertansätze aus den JA einbezogener Unternehmen, die nicht den Bewertungsmethoden **731** für KapGes. entsprechen, sind im KA grds. anzupassen (§ 308 Abs. 2 S. 1 HGB)[968]. Eine einheitliche Bewertung braucht nicht vorgenommen zu werden, wenn ihre Auswirkung für die Vermittlung eines den tatsächlichen Verhältnissen entsprechenden Bilds der Vermögens-, Finanz- und Ertragslage des Konzerns von untergeordneter Bedeutung ist (§ 308 Abs. 2 S. 3 HGB). Insoweit kann auch eine Berichterstattung unterbleiben. Darüber hinaus lässt das Gesetz näher bezeichnete Ausnahmen zu, die im KAnh. anzugeben und zu begründen sind[969]:

- Werden Wertansätze aufgrund von Spezialvorschriften für KI (z.B. stille Reserven i.S.v. § 340f HGB) oder VU (z.B. Rückstellungen i.S.d. § 341e HGB) zulässigerweise in den KA übernommen, obwohl sie mit den Bewertungsvorschriften des HGB für KapGes. nicht vereinbar sind (§ 308 Abs. 2 S. 2 1. Hs. HGB), so ist im KAnh. auf diesen Tatbestand hinzuweisen (§ 308 Abs. 2 S. 2 2. Hs. HGB). Entsprechende Beibehaltungswahlrechte gelten nach § 300 Abs. 2 S. 3 HGB auch für die Bilanzansatzvorschriften[970];
- werden in vom Gesetz nicht näher bezeichneten Ausnahmefällen (§ 308 Abs. 2 S. 4 1. Hs. HGB) Anpassungen an die einheitliche Bewertung nicht vorgenommen, so ist auch darüber zu berichten; die Unterlassung der Anpassung ist zu begründen. Eine solche Ausnahme könnte z.b. dann vorliegen, wenn ein Unternehmen erst kurze Zeit vor dem Abschlussstichtag TU geworden ist, eine Umstellung auf die einheitlichen Konzernrechnungslegungsrichtlinien nicht mehr möglich war und diese eine Einbeziehung dieses Unternehmens in den KA verzögern würde.

d) Restlaufzeit und Besicherung von Verbindlichkeiten

Zum Gesamtbetrag der in der Konzernbilanz ausgewiesenen Verbindlichkeiten sind im **732** KAnh. folgende Angaben zu machen (§ 314 Abs. 1 Nr. 1 HGB):

- Gesamtbetrag der Verbindlichkeiten mit einer Restlaufzeit von mehr als fünf Jahren;
- Gesamtbetrag der von konsolidierten Unternehmen gesicherten Verbindlichkeiten unter Angabe von Art und Form der Sicherheiten.

Die Vorschrift ist dem § 285 Nr. 1 HGB für den Anh. zum JA nachgebildet, so dass grds. **733** auf die Erläuterungen dort verwiesen werden kann[971]. Im Gegensatz zu § 285 Nr. 1 HGB verlangt § 314 Abs. 1 Nr. 1 HGB jedoch **die Angaben nur für den Gesamtbetrag** der ausgewiesenen Verbindlichkeiten und nicht für jeden einzelnen Posten der Verbindlichkeiten[972].

---

968 Vgl. dazu Tz. 269.
969 Zum Ineinandergreifen der speziellen Berichterstattungspflichten nach § 308 HGB und § 313 Abs. 1 Nr. 3 HGB vgl. Tz. 725.
970 Vgl. dazu Tz. 261.
971 Vgl. F Tz. 765.
972 Die Angabepflicht der Restlaufzeiten von bis zu einem Jahr bei jedem einzelnen Posten bleibt davon jedoch unberührt (§§ 298 Abs. 1 i.V.m. 268 Abs. 5 HGB).

734 Zu berichten ist nicht über die Sicherheit als solche, sondern über die in der Konzernbilanz ausgewiesene Verbindlichkeit. Damit entfällt automatisch die Angabepflicht nach § 314 Abs. 1 Nr. 1 HGB für aus den JA übernommene konzerninterne besicherte Verbindlichkeiten, die bei der Schuldenkonsolidierung weggelassen worden sind. Für die Angabepflicht nach § 314 Abs. 1 Nr. 1 HGB kommt es nicht darauf an, ob die Sicherheit von dem Unternehmen gewährt worden ist, das die Verbindlichkeit in die Konzernbilanz eingebracht hat, oder von einem anderen in den KA einbezogenen Unternehmen. Entscheidend ist lediglich, dass die Verbindlichkeit gegenüber einem Dritten besteht und dass diesem Dritten von einem in den KA einbezogenen Unternehmen die in § 314 Abs. 1 Nr. 1 HGB angesprochenen Rechte eingeräumt worden sind. Die Angabepflicht besteht auch dann, wenn die Verbindlichkeit gegenüber einem nichtkonsolidierten Konzernunternehmen besteht. Nach dem Wortlaut des Gesetzes ist eine besondere Erwähnung dieser Tatsache im Gegensatz zu § 314 Abs. 1 Nr. 2a 2. Hs. HGB nicht erforderlich.

e) Aufgliederung der Umsatzerlöse

735 Die Umsatzerlöse des Konzerns sind im KAnh. nach Tätigkeitsbereichen und nach geografisch bestimmten Märkten aufzugliedern, soweit sich, unter Berücksichtigung der Organisation des Verkaufs von für die gewöhnliche Geschäftstätigkeit des Konzerns typischen Erzeugnissen und der für die gewöhnliche Geschäftstätigkeit des Konzerns typischen Dienstleistungen, die Tätigkeitsbereiche und geografisch bestimmten Märkte untereinander erheblich unterscheiden (§ 314 Abs. 1 Nr. 3 HGB). Wenn der KA um eine SegBE (§ 297 I S. 2 HGB) erweitert wird, brauchen diese Angaben nicht gemacht zu werden (§ 314 Abs. 2 HGB).

736 Die Vorschrift ist § 285 Nr. 4 HGB für den JA nachgebildet, so dass grds. auf die Erläuterungen dort verwiesen werden kann[973]. Das gilt auch für die Abgrenzung der Produktgruppen und geografischen Bereiche. Für den KA gelten jedoch darüber hinaus einige Besonderheiten:

737 Die Aufgliederung beschränkt sich auf die in der Konzern-GuV ausgewiesenen (Außen-) Umsatzerlöse; eine **Segmentierung** der bei der Konsolidierung eliminierten (Innen-) Umsatzerlöse ist nach dieser Regelung nicht erforderlich[974].

738 Das Gesetz lässt offen, ob die Segmentierung nach geografischen Märkten[975] sich auf den Ort der jeweiligen Betriebstätigkeit (Umsatzherkunft) oder auf den jeweiligen Absatzmarkt bezieht. Wird auf den Ort der Betriebstätigkeit abgestellt, so ist z.B. der Umsatz eines südafrikanischen TU – unabhängig davon, ob der Umsatz mit einem deutschen oder südafrikanischen Unternehmen getätigt worden ist – als südafrikanischer Umsatz im KA auszuweisen.

739 Wird jedoch auf den jeweiligen regionalen Absatzmarkt abgestellt, so ist der Umsatz des Konzerns nach dem Sitz des jeweiligen Geschäftspartners zu segmentieren. Ein Umsatz eines südafrikanischen TU mit einem deutschen Geschäftspartner würde insoweit einem Umsatz eines deutschen Konzernunternehmens mit deutschen Geschäftspartnern gleichgestellt.

---

973 Vgl. F Tz. 889 sowie weiterführend Zimmermann, DStR 1998, S. 1974; größenabhängige Erleichterungen (vgl. § 288 HGB) sind jedoch für den KAnh. nicht vorgesehen.

974 Vgl. *Biener/Schatzmann*, Konzernrechnungslegung, S. 61; ebenso ADS[6], § 314, Tz. 21; *Dörner/Wirth* in HdKonzernR[2], §§ 313/314, Rn. 340; *Ellrott* in BeBiKo[7], § 314, Rn. 25. Zur Frage der Berücksichtigung von Innenumsätzen vgl. auch *Baumann* in FS Goerdeler, S. 22 sowie *Selchert*, BB 1992, S. 2035.

975 Ähnliche Probleme können sich auch für die Segmentierung der Außenumsatzerlöse nach Tätigkeitsbereichen/Produktgruppen ergeben.

Unter dem Gesichtspunkt der Aufdeckung der mit ausländischen Umsätzen verbundenen Risiken kann keine der beiden Möglichkeiten voll befriedigen. Für den JA stellt sich dieses Problem i.d.R. nicht[976], da hier nur eine absatzmarktorientierte Segmentierung einen Sinn macht. Auch für den KA sollte diese Aufteilung angewandt werden, da sich andernfalls Angaben im Einzel- und Konzernanhang widersprechen. Eine zusätzliche geografische Segmentierung nach dem Ort der jeweiligen Betriebstätigkeit kann interessante Aufschlüsse liefern, wird jedoch vom Gesetz nicht gefordert[977]. 740

f) Personalaufwand

Bei Anwendung des **UKV** ist der Personalaufwand aus der Konzern-GuV nicht ersichtlich. Daher ist im Anh., zur Herstellung der Gleichwertigkeit beider Verfahren, der im GJ verursachte Personalaufwand anzugeben (§ 314 Abs. 1 Nr. 4 1. Hs. HGB). 741

Offenbar stellt das Gesetz jedoch an die Gleichwertigkeit von GKV und UKV im KA geringere Anforderungen als im JA. So enthält § 314 Abs. 1 Nr. 4 1. Hs. HGB im Gegensatz zu § 285 Nr. 8b HGB nicht die Forderung, dass der Personalaufwand nach § 275 Abs. 2 Nr. 6 HGB gegliedert werden muss. Es genügt daher, wenn Löhne und Gehälter, die sozialen Abgaben und Aufwendungen für Altersversorgung und Unterstützung in einem Betrag im KAnh. angegeben werden. Auch eines Davon-Vermerks, der die Abgaben und Aufwendungen für die Altersversorgung offen legt, bedarf es nicht. Diese Auffassung wird auch dadurch unterstützt, dass auf die Angabe des Materialaufwands (§ 275 Abs. 2 Nr. 5 HGB), der wie der Personalaufwand aus einer nach dem UKV erstellten GuV nicht ersichtlich ist, im Gegensatz zum Einzelanhang (§ 285 Nr. 8a HGB) im KAnh. vollständig verzichtet wird. 742

g) Eigene Anteile

Im KAnh. ist über den Bestand an Anteilen an dem MU zu berichten, die 743

– das MU selbst;
– ein TU;
– ein anderer für Rechnung des MU;
– ein anderer für Rechnung eines TU

erworben oder als Pfand genommen hat (§ 314 Abs. 1 Nr. 7 1. Hs. HGB).

Die Angabepflicht betrifft zunächst eigene Anteile des MU und Anteile am MU, die von einem konsolidierten TU gehalten werden. Diese Anteile dürfen nicht in die Kapitalkonsolidierung einbezogen werden, sondern sind in der Konzernbilanz als eigene Anteile des MU in der Vorspalte offen von dem Posten „Gezeichnetes Kapital" abzusetzen (§ 301 Abs. 4 HGB bzw. § 298 Abs. 1 S. 1 i.V.m. § 272 Abs. 1a HGB). Sie erstreckt sich jedoch darüber hinaus auf Anteile, die von einem nichtkonsolidierten TU oder von Dritten für Rechnung des MU oder eines TU (Vorratsaktien) gehalten werden und als solche nicht im KA ausgewiesen sind. Anteile, die von einem assoziierten Unternehmen oder einem nach der Quotenkonsolidierung in den KA einbezogenen Unternehmen erworben oder als Pfand genommen worden sind, brauchen nicht angegeben zu werden, wenn dies nicht für Rechnung eines in den KA einbezogenen Unternehmens geschehen ist. Dasselbe gilt für Anteile, die ein Dritter für Rechnung eines nichtkonsolidierten TU erworben oder als 744

---

976 Grds. können die gleichen Fragen auch bei rechtlich unselbständigen Zweigniederlassungen im Ausland auftreten. Diese Fälle sind jedoch selten und i.d.R. nicht von besonderem Gewicht. Für Ausnahmefälle gelten die vorstehenden Überlegungen sinngemäß.
977 Vgl. hierzu im Einzelnen auch ADS[6], § 314, Tz. 21-23; *Dörner/Wirth* in HdKonzernR[2], §§ 313/314, Rn. 343.

Pfand genommen hat[978]. Soweit die Anteile an dem MU nicht von ihm selbst gehalten werden, werden dadurch die Angaben nach § 313 Abs. 2 Nr. 1 HGB teilw. auf das MU ausgedehnt, teilw. gehen die Angaben gemäß § 314 Abs. 1 Nr. 7 HGB auch darüber hinaus (Zahl und Nennbetrag oder rechnerischer Wert der Anteile sowie Anteil am Kapital, § 314 Abs. 1 Nr. 7 2. Hs. HGB). Eine Inanspruchnahme der **Schutzklausel** (§ 313 Abs. 3 HGB) ist nach dem Wortlaut des Gesetzes nicht möglich.

h) Derivative Finanzinstrumente

745   Zu derivativen Finanzinstrumenten sind nach § 314 Abs. 1 Nr. 11 HGB bestimmte Angaben zu machen[979].

i) Zu Finanzanlagen gehörende Finanzinstrumente

746   Für zu den Finanzanlagen (§ 266 Abs. 2 A. III) gehörende Finanzinstrumente sind nach § 314 Abs. 1 Nr. 10 HGB bestimmte Angaben zu machen[980]. Aufgrund der Spezialvorschrift des § 314 Abs. 1 Nr. 18 HGB entfällt die Angabepflicht nach Nr. 10 für Anteile oder Anlageaktien an Investmentvermögen von mehr als 10%.

j) Mit dem beizulegenden Zeitwert bewertete Finanzinstrumente

747   § 314 Abs. 1 Nr. 12 HGB fordert für gemäß § 340e Abs. 3 S. 1 HGB mit dem beizulegenden Zeitwert bewertete Finanzinstrumente des Handelsbestands bestimmte Angaben[981].

k) Gesamtbetrag der Forschungs- und Entwicklungskosten

748   Sofern im KA Gebrauch von dem Aktivierungswahlrecht des § 248 Abs. 2 HGB für selbst geschaffene immaterielle Vermögensgegenstände des Anlagevermögens gemacht wurde, fordert § 314 Abs. 1 Nr. 14 HGB die Angabe des Gesamtbetrags der Forschungs- und Entwicklungskosten des GJ der in den KA einbezogenen Unternehmen sowie des davon auf die selbst geschaffenen immateriellen Vermögensgegenstände des Anlagevermögens entfallenden Betrags. Da der Wortlaut der Vorschrift dem des § 285 Nr. 22 HGB für den JA entspricht, wird auf die entsprechenden Ausführungen verwiesen[982].

l) Bewertungseinheiten

749   § 314 Abs. 1 Nr. 15 HGB verlangt bei Anwendung des § 254 HGB im KA die Angabe bestimmter Informationen zu den Grundgeschäften (Nr. 15 lit. a)), zur Effektivität der Bewertungseinheit (Nr. 15 lit. b)) sowie eine Erläuterung der mit hoher Wahrscheinlichkeit erwarteten Transaktionen, die in die Bewertungseinheiten einbezogen wurden (Nr. 15 lit c)), soweit diese Angaben nicht im KLB gemacht werden. Da die Vorschrift der entsprechenden Regelung für den JA in § 285 Nr. 23 HGB nachgebildet ist, kann grds. auf die entsprechenden Erläuterungen verwiesen werden[983]. Im KAnh. umfasst die Angabevorschrift neben den Bewertungseinheiten in den Bilanzen der einbezogenen Unternehmen auch die Bewertungseinheiten gem. § 254 HGB, bei denen Grund- und Sicherungsge-

---

978   Vgl. ADS[6], § 314, Tz. 53; a.A. *Ellrott* in BeBiKo[7], § 314, Rn. 85.
979   Vgl. dazu im Einzelnen F Tz. 806 ff.
980   Vgl. dazu im Einzelnen F Tz. 797 ff.
981   Vgl. dazu im Einzelnen F Tz. 819 ff.
982   Vgl. F Tz. 823 ff.
983   Vgl. F Tz. 826 ff.

schäft von verschiedenen einbezogenen Unternehmen mit fremden Dritten kontrahiert wurden und erst im Rahmen der Konsolidierung zu einer Bewertungseinheit zusammengefasst werden[984]. Sofern jedoch im JA Bewertungseinheiten gebildet wurden, bei denen Grund- und Sicherungsgeschäfte zwischen den einbezogenen Unternehmen geschlossen wurde, sind diese durch Konsolidierungsmaßnahmen analog § 303 Abs. 1 HGB zu eliminieren[985].

m) Rückstellungen für Pensionen und ähnliche Verpflichtungen

§ 314 Abs. 1 Nr. 16 HGB fordert für die in der Konzernbilanz ausgewiesenen Rückstellungen für Pensionen und ähnliche Verpflichtungen die Angabe des angewandten versicherungsmathematischen Berechnungsverfahrens und der grundlegenden Annahmen der Berechnung, wie Zinssatz, erwartete Lohn- und Gehaltssteigerungen und zugrunde gelegte Sterbetafeln. Die Vorschrift ist der des § 285 Nr. 24 HGB nachgebildet, so dass grds. auf die entsprechenden Erläuterungen verwiesen werden kann[986]. 750

Fraglich ist jedoch, ob die im KAnh. ggf. angegebenen Fehlbeträge (Art. 28 Abs. 2, Art. 67 Abs. 2 EGHGB) unter die Erläuterungspflicht des § 314 Abs. 1 Nr. 16 HGB fallen. Nach dem Wortlaut „zu den in der Konzernbilanz ausgewiesenen Rückstellungen für Pensionen" wäre dies zu verneinen. Unter Hinweis auf die entsprechende Auslegung der korrespondierenden Vorschrift für den JA (§ 285 Nr. 24 HGB) wird teilweise eine Erläuterungspflicht gesehen, obgleich der Wortlaut des § 285 Nr. 24 HGB für den JA keine Beschränkung auf die in der Bilanz ausgewiesenen Rückstellungen enthält[987]. 751

n) Verrechnung von Vermögensgegenständen und Schulden nach § 246 Abs. 2 HGB

Falls in der Konzernbilanz ausgewiesene Vermögensgegenstände und Schulden nach § 246 Abs. 2 HGB verrechnet wurden, verlangt § 314 Abs. 1 Nr. 17 HGB die Angabe der AK und der beizulegenden Zeitwerte der verrechneten Vermögensgegenstände, des Erfüllungsbetrags der verrechneten Schulden sowie der verrechneten Aufwendungen und Erträge[988]. In den Fällen, in denen der beizulegende Zeitwert nicht anhand des Marktpreises auf einem aktiven Markt bestimmt wurde, sondern mit Hilfe allgemein anerkannter Bewertungsmethoden, verlangt § 314 Abs. 1 Nr. 17 2. Hs. HGB die Angabe der grundlegenden Annahmen dieser Bewertungsmethode entspr. § 314 Abs. 1 Nr. 12 lit. a) HGB[989]. 752

Die Angabepflicht umfasst auch Verrechnungen von ausgegliederten Vermögensgegenständen verschiedener einbezogener Unternehmen mit Schulden aus Altersversorgungsverpflichtungen oder vergleichbaren langfristig fälligen Verpflichtungen anderer voll- oder quotenkonsolidierter Unternehmen, sofern die übrigen Voraussetzungen des § 246 Abs. 2 S. 2 HGB erfüllt sind; dies kann bspw. bei **Versorgungswerken im Konzern** der Fall sein[990]. 753

---

984 Vgl. *Ellrott* in BeBiKo⁷, § 314, Anm. 118.
985 Vgl. *Gelhausen/Fey/Kämpfer*, BilMoG, R, Anm. 59.
986 Vgl. F Tz. 838
987 Vgl. *Ellrott* in BeBiKo⁷, § 314, Anm. 121.
988 Vgl. im Einzelnen die Erläuterungen zur entsprechenden Vorschrift für den JA (§ 285 Nr. 25), F Tz. 847.
989 Vgl. hierzu die Erläuterungen zu § 285 Nr. 20, F Tz. 819.
990 Vgl. *Ellrott* in BeBiKo⁷, § 314, Rn. 125.

o) Anteile oder Anlageaktien an Investmentvermögen

754 § 314 Abs. 1 Nr. 18 HGB verlangt bestimmte Angaben „zu den in der Konzernbilanz ausgewiesenen Anteilen oder Anlageaktien an inländischen Investmentvermögen im Sinn des § 1 des InvG oder vergleichbaren ausländischen Investmentanteilen im Sinn des § 2 Abs. 9 des InvG", wenn die einbezogenen Unternehmen mehr als 10% der jeweiligen Anteile oder Anlageaktien besitzen. Falls bei einer voraussichtlich nicht dauernden Wertminderung eine Abschreibung gemäß § 253 Abs. 3 S. 4 HGB unterblieben ist, ersetzt § 314 Abs. 1 Nr. 18 letzter Hs. HGB die Angabepflicht nach § 314 Abs. 1 Nr. 10 lit. b) HGB. Die Vorschrift ist derjenigen des § 285 Nr. 26 HGB für den JA nachgebildet, so dass auf die dortigen Ausführungen verwiesen werden kann.[991]

p) Planmäßige Abschreibung des Geschäfts- oder Firmenwerts aus der Kapitalkonsolidierung über einen Zeitraum von mehr als fünf Jahren

755 Falls für einen entgeltlich erworbenen Geschäfts- oder Firmenwert aus der Kapitalkonsolidierung eine betriebliche Nutzungsdauer von mehr als fünf Jahren angenommen wird, fordert § 314 Abs. 1 Nr. 20 HGB die Angabe von Gründen, die diese Annahme rechtfertigen. Die Vorschrift entspricht derjenigen des § 285 Nr. 13 HGB, so dass auf die entsprechenden Ausführungen verwiesen werden kann[992].

q) Latente Steuern

756 Im KAnh. ist anzugeben, „auf welchen Differenzen oder steuerlichen Verlustvorträgen die latenten Steuern beruhen und mit welchen Steuersätzen die Bewertung erfolgt ist" (§ 314 Abs. 1 Nr. 21 HGB). Die Regelung entspricht wortgleich der Regelung des § 285 Nr. 29 HGB, so dass hinsichtlich Inhalt und Umfang der Berichtspflicht grds. auf die dortigen Erläuterungen verwiesen werden kann[993]. Da § 306 S. 6 HGB die Zusammenfassung der latenten Steuern aus Konsolidierungsmaßnahmen mit denen gemäß § 274 HGB gestattet, erstreckt sich die Angabepflicht auf alle latenten Steuern der einbezogenen Unternehmen[994]. Fraglich ist, wie die Angabe der für die Bewertung verwandten Steuersätze im Falle unterschiedlicher Ertragsteuersätze auszugestalten ist. Nach dem Wortlaut der Vorschrift müsste für jedes einbezogene Unternehmen der individuelle Steuersatz angegeben werden, soweit diese differieren. In Deutschland ist dies wegen unterschiedlicher gewerbesteuerlicher Hebesätze der Fall. In der Kommentierung wird die Auffassung vertreten, dass dem Gesetzeszweck in solchen Fällen Genüge getan werde, wenn die Angabe einer Bandbreite erfolge[995].

757 Über die gesetzlichen Angabepflichten hinausgehend verlangt DRS 18 weitere Angaben:

- Nach DRS 18.64 sind Angaben zu den Differenzen oder Verlustvorträgen zu machen, für die in Ausübung des Ansatzwahlrechts nach § 274 Abs. 1 S. 2 HGB keine latenten Steuern angesetzt worden sind oder die mit zu versteuernden Differenzen verrechnet worden sind. Hierzu werden qualitative Angaben als i.d.R. ausreichend angesehen.
- DRS 18.66 verlangt außerdem die Angabe des Betrags und ggfs. Verfallsdatums von Differenzen, für die kein latenter Steueranspruch angesetzt worden ist, sowie von ungenutzten steuerlichen Verlustvorträgen und ungenutzten Steuergutschriften.

---

991 Vgl. F Tz. 853.
992 Vgl. F Tz. 744
993 Vgl. F Tz. 751.
994 Vgl. *Ellrott* in BeBiKo[7], § 314, Rn. 130.
995 Vgl. *Ellrott* in BeBiKo[7], § 314, Rn. 131.

Konzernanhang M

- Zusätzlich verlangt DRS 18.67 eine Überleitungsrechnung, die den Zusammenhang zwischen dem erwarteten Steueraufwand und dem ausgewiesenen Steueraufwand erläutert[996]

In Bezug auf die Angaben nach DRS 18.64 und DRS 18.67 teilt der HFA die Ansicht des DSR, dass diese Angaben sachgerecht sind und den Abschlussadressaten entscheidungsnützliche Informationen vermitteln. Allerding besteht für diese Angaben keine gesetzliche Pflicht, so dass es nach Auffassung des HFA nicht zu beanstanden ist, wenn der KAnh. die Angaben nach DRS 18.64 und 18.67 nicht enthält[997].

r) Änderungen des Konsolidierungskreises[998]

s) Fehlender Zwischenabschluss[999]

t) Verweis auf die entsprechende Anwendung der Vorschriften zum Anhang des Jahresabschlusses[1000]

6. Sonstige Angabepflichten

a) Erleichterungen für Tochterunternehmen bezüglich der Aufstellung, Prüfung und Offenlegung des Jahresabschlusses und des Lageberichts

Nach § 264 Abs. 3 Nr. 4 HGB ist die Inanspruchnahme der Erleichterungen[1001] durch ein TU im Anh. des vom MU aufgestellten KA anzugeben. „Inhaltlich stellt die Anhangangabe [...] eine Erklärung des TU über die Inanspruchnahme der Erleichterungen des § 264 Abs. 3 HGB dar, die von dem MU in den KA und über diesen in das Handelsregister übernommen wird, das für das TU zuständig ist"[1002]. **758**

Zwar gehört es nicht zu den Aufgaben des KAPr., das Vorliegen der Erleichterungsvoraussetzungen zu überprüfen; gleichwohl hat der Prüfer im Anschluss an das Prüfungsurteil auf die zu diesem Zeitpunkt mangelnde Erfüllung der Anwendungsvoraussetzungen des § 264 Abs. 3 HGB hinzuweisen, sofern er diese bei der KAP erkennt[1003]. **759**

Die Inanspruchnahme der entsprechenden Erleichterungen für TU gemäß § 264 Abs. 4 HGB, § 264b HGB und § 5 Abs. 6 PublG ist ebenfalls im KAnh. anzugeben.

b) Nicht in der Konzernbilanz enthaltene Geschäfte

§ 314 Abs. 1 Nr. 2 HGB fordert Angaben zu Art und Zweck sowie Risiken und Vorteilen von nicht in der Konzernbilanz enthaltenen Geschäften des MU und der einbezogenen TU, soweit dies notwendig ist, um die Finanzlage des Konzerns zu beurteilen. Die Regelung ist derjenigen für den JA in § 285 Nr. 3 HGB nachgebildet, so dass grds. auf die ent- **760**

---

996 Zur Darstellung vgl. z.B. *Loitz*, DB 2008, S. 1389/1393.
997 Insoweit kommt eine Einschränkung des BestV nicht in Betracht. Der Konzernabschlussprüfer hat jedoch im PrB auf die Abweichung von DRS 18 hinzuweisen und entspr. zu begründen, weshalb diese nicht zu beanstanden war. Zu Details vgl. FN-IDW 2010, S. 451.
998 Vgl. dazu die Erläuterung zu § 294 Abs. 2 S. 1 HGB, Tz. 211.
999 Vgl. dazu die Erläuterung zu § 299 Abs. 3 HGB; Tz. 175.
1000 Vgl. dazu im Einzelnen F Tz. 692 ff.
1001 Vgl. zu § 264 Abs. 3 HGB im Einzelnen F Tz. 28 ff.
1002 Vgl. *IDW PH 9.200.1*, Tz. 14.
1003 Vgl. *IDW PH 9.200.1*, Tz. 15, 16.

sprechenden Erläuterungen verwiesen werden kann[1004]. Nach dem Wortlaut der Vorschrift erstreckt sich die Angabepflicht nicht auf außerbilanzielle Geschäfte von nicht einbezogenen TU, von quotal einbezogenen GU und von assoziierten Unternehmen mit Dritten[1005]; sie umfasst jedoch außerbilanzielle Geschäfte des MU oder von einbezogenen TU mit diesen Unternehmen[1006]. Für außerbilanzielle Geschäfte, die bei der Konsolidierung eliminiert werden, besteht ebenfalls keine Angabepflicht[1007].

c) Sonstige finanzielle Verpflichtungen

761 Im KAnh. ist der Gesamtbetrag der **sonstigen finanziellen Verpflichtungen**, die nicht in der Konzernbilanz erscheinen und nicht als Haftungsverhältnisse (§ 298 Abs. 1 i.V.m. §§ 251, 268 Abs. 7 HGB) oder nach § 314 Abs. 1 Nr. 2 anzugeben sind, zu nennen, sofern diese Angabe für die Beurteilung der Finanzlage des Konzerns von Bedeutung ist. Die in diesem Betrag enthaltenen Verpflichtungen gegenüber **nichtkonsolidierten TU** sind gesondert anzugeben (§ 314 Abs. 1 Nr. 2a HGB). Die Vorschriften sind § 285 Nr. 3a HGB für den JA nachgebildet, so dass auf die Erläuterungen dort grds. verwiesen werden kann[1008, 1009].

762 Aus der Natur des KA ergibt sich, dass, wie bei Forderungen und Verbindlichkeiten sowie Haftungsverhältnissen zwischen den in den KA einbezogenen Unternehmen, hier nur solche finanziellen Verpflichtungen auszuweisen sind, die gegenüber nichtkonsolidierten Unternehmen bestehen. Sonstige finanzielle Verpflichtungen gegenüber konsolidierten Unternehmen belasten den Konzern als einheitliches Unternehmen (§ 297 Abs. 3 S. 1 HGB) nicht und sind daher wegzulassen. Daher schreibt § 314 Abs. 1 Nr. 2a HGB folgerichtig vor, dass Verpflichtungen gegenüber nichtkonsolidierten TU gesondert anzugeben sind. Auch diese Verpflichtungen sind interner Art und belasten den Konzern als Einheit nicht.

d) Haftungsverhältnisse gegenüber nicht konsolidierten Unternehmen

763 Sofern sie nicht auf der Passivseite der Konzernbilanz auszuweisen sind, müssen unter der Bilanz oder im Anh. folgende **Haftungsverhältnisse** jeweils gesondert und soweit zutreffend unter Angabe der gewährten Pfandrechte und sonstigen Sicherheiten ausgewiesen werden (§§ 298 Abs. 1 i.V.m. 251, 268 Abs. 7 HGB):

– Verbindlichkeiten aus der Begebung und Übertragung von Wechseln (Wechselobligo);
– Verbindlichkeiten aus Bürgschaften, Wechsel- und Scheckbürgschaften;
– Verbindlichkeiten aus Gewährleistungsverträgen;
– Haftungsverhältnisse aus der Bestellung von Sicherheiten für fremde Verbindlichkeiten.

Haftungsverhältnisse sind auch dann anzugeben, wenn ihnen gleichwertige Rückgriffsforderungen gegenüberstehen (§ 251 S. 2 HGB). Auf die Erläuterungen zu §§ 251, 268 Abs. 7 HGB kann insoweit verwiesen werden[1010]. Für **Eventualverbindlichkeiten**

1004 Vgl. F Tz. 772.
1005 Vgl. *IDW RS HFA 32*, Tz. 29.
1006 Vgl. *Ellrott* in BeBiKo[7], § 314, Rn. 13.
1007 Vgl. *IDW RS HFA 32*, Tz. 30.
1008 Vgl. F Tz. 783; vgl. auch *Ellrott* in BeBiKo[7], § 314, Rn. 14; *Dörner/Wirth* in HdKonzernR[2], §§ 313/314, Rn. 329.
1009 Anders als im Anh. zum JA sind im KAnh. jedoch keine größenabhängigen Erleichterungen vorgesehen (§ 288 S. 1 HGB).
1010 Vgl. F Tz. 463, 980.

Konzernanhang

und Haftungsverhältnisse, die zwischen konsolidierten Unternehmen bestehen, entfällt die Angabepflicht[1011]. Ausweispflichtig unter der Konzernbilanz oder im KAnh. bleiben demnach – neben den Verpflichtungen gegenüber Dritten – die Haftungsverhältnisse gegenüber **nichtkonsolidierten TU**, wobei Letztere gesondert, ggf. durch einen Davon-Vermerk anzugeben sind (§ 314 Abs. 1 Nr. 2a 2. Hs. HGB).

Der Angabepflicht nach § 314 Abs. 1 Nr. 2a 2. Hs. HGB kommt jedoch insoweit nur klarstellende Bedeutung zu, als sich diese Berichtspflicht bereits aus § 298 Abs. 1 HGB i. V.m. § 268 Abs. 7 2. Hs. HGB ergibt[1012]. **764**

Die Haftungsverhältnisse gegenüber nichtkonsolidierten Unternehmen dürfen im KAnh. nicht mit den sonstigen finanziellen Verpflichtungen (§ 314 Abs. 1 Nr. 2a 1. Hs. HGB) gegenüber nichtkonsolidierten Unternehmen zusammengefasst werden. **765**

e) Zahl der beschäftigten Arbeitnehmer

Im KAnh. ist die **durchschnittliche Zahl der Arbeitnehmer** der in den KA einbezogenen Unternehmen während des GJ getrennt nach Gruppen anzugeben (§ 314 Abs. 1 Nr. 4 1. Hs. HGB). Die Vorschrift ist § 285 Nr. 7 HGB nachgebildet, so dass auf die Erläuterungen dort weitgehend verwiesen werden kann[1013]. **766**

Für die Berechnung der durchschnittlichen Zahl der Arbeitnehmer fehlen – ebenso wie in § 285 Nr. 7 HGB zum JA – im Gesetz nähere Angaben. Auch für den KAnh. liegt es jedoch nahe, die Zahl der durchschnittlich beschäftigten Arbeitnehmer in entsprechender Anwendung des § 267 Abs. 5 HGB zu bestimmen[1014]. **767**

Zu erfassen sind alle Arbeitnehmer, die bei Unternehmen des Konsolidierungskreises beschäftigt sind, unabhängig davon, ob es sich um Unternehmen mit Sitz im Inland oder im Ausland handelt[1015]. Das Gesetz spricht jedoch allgemein von in den KA einbezogenen Unternehmen. Dies wirft die Frage nach der Behandlung der Arbeitnehmer von **Gemeinschaftsunternehmen** und **assoziierten Unternehmen** auf. GU, die nur quotal in den KA einbezogen werden (§ 310 HGB), sind nicht generell von der Angabepflicht ausgeschlossen, sondern gesondert anzugeben sind (§ 314 Abs. 1 Nr. 4 2. Hs. HGB). Für assoziierte Unternehmen fehlt es an einem solchen Hinweis. Da diese „Unternehmen" jedoch nicht in dem hier erwähnten Sinne in den KA einbezogen werden, sondern lediglich ein nach bestimmten Regeln modifizierter und fortgeschriebener Wert einer Beteiligung, kann man davon ausgehen, dass in Übereinstimmung mit dem Gesetzestext die Arbeitnehmer assoziierter Unternehmen nicht in die Angabepflicht nach § 314 Abs. 1 Nr. 4 1. Hs. HGB einzubeziehen sind. Gegen eine freiwillige Angabe bestehen keine Bedenken, wenn die Zahl wie für GU gesondert angegeben wird, so dass die eigentliche Angabepflicht nicht verwässert wird. Auch hier bleibt offen, wie die im Gesetz erwähnten „Gruppen" abzugrenzen sind. Neben der für den JA möglichen Aufteilung kommt für den KA in erster Linie eine **Segmentierung** nach geografischen Bereichen in Frage, wobei die Länder oder Ländergruppen mit der für die Umsatzerlöse[1016] gewählten Auflistung übereinstimmen sollten[1017]. **768**

1011 Vgl. Tz. 462.
1012 Zur Definition der verbundenen Unternehmen i.S.d. Dritten Buches des HGB vgl. § 271 Abs. 2 HGB.
1013 Vgl. F Tz. 913.
1014 Vgl. auch den expliziten Hinweis auf § 267 Abs. 5 HGB in § 293 Abs. 1 S. 2 HGB. Ebenso ADS[6], § 314, Tz. 29; zu möglichen anderen Methoden vgl. *Dörner/Wirth* in HdKonzernR[2], §§ 313/314, Rn. 350.
1015 Anders dagegen die Regelung des § 11 Abs. 1 Nr. 3 PublG.
1016 Vgl. Tz. 735.
1017 Bei börsennotierten MU sind dagegen die Regelungen zur SegBE zu beachten; vgl. Tz. 843.

769 Neben der Aufteilung nach geografischen Bereichen könnten z.B. auch Gruppenbildungen nach Funktionen, Geschlecht, Nationalität oder Geschäftssparten durchgeführt werden, wobei diese Aufteilungen insb. den Bestrebungen internationaler Organisationen entgegenkommen würden[1018].

f) Gesamtbezüge, Vorschüsse und Kredite sowie Haftungsübernahmen für Organmitglieder des Mutterunternehmens

770 „Für die Mitglieder des Geschäftsführungsorgans, eines AR, eines Beirats oder einer ähnlichen Einrichtung des MU" sind jeweils für jede Personengruppe gesondert folgende Angaben zu machen (§ 314 Abs. 1 Nr. 6 HGB):

– die für die Wahrnehmung ihrer Aufgaben im MU und den TU gewährten Gesamtbezüge sowie die Anzahl der gewährten Bezugsrechte und sonstige aktienbasierte Vergütungen (§ 314 Abs. 1 Nr. 6a S. 1-4 HGB);

– die für die Wahrnehmung ihrer Aufgaben im MU und den TU gewährten Gesamtbezüge der früheren Mitglieder der Organe des MU und ihrer Hinterbliebenen sowie der Betrag der gebildeten oder nicht gebildeten Pensionsrückstellungen für diesen Personenkreis (§ 314 Abs. 1 Nr. 6b HGB);

– die vom MU und den TU gewährten Vorschüsse und Kredite sowie die zugunsten dieser Personengruppen eingegangenen Haftungsverhältnisse (§ 314 Abs. 1 Nr. 6c HGB).

771 Falls das MU eine börsennotierte AG ist, sind zusätzlich unter Namensnennung die individuellen Bezüge jedes einzelnen Vorstandsmitglieds, aufgeteilt nach erfolgsunabhängigen und erfolgsbezogenen Komponenten, sowie Komponenten mit langfristiger Anreizwirkung und Drittleistungen anzugeben. Darüber hinaus wird die individualisierte und aufgegliederte Angabe von Leistungen, die einem Vorstandsmitglied für den Fall einer vorzeitigen oder regulären Beendigung seiner Tätigkeit zugesagt wurden, sowie der im GJ vereinbarten Änderungen solcher Zusagen und der im GJ zugesagten und gewährten Leistungen an im GJ ausgeschiedene Vorstandsmitglieder verlangt (§ 314 Abs. 1 Nr. 6a S. 5-8 HGB).

772 Die Zusatzangaben für MU, die börsennotierte AG sind, dürfen unterbleiben, wenn die HV des MU dies beschlossen hat (§ 314 Abs. 2 S. 2 HGB i.V.m. § 286 Abs. 5 S.1 HGB).

773 Die Angabepflichten sind grds. dem Anh. zum JA (§ 285 Nr. 9 HGB) nachgebildet[1019]. Die Definition und die zeitliche Abgrenzung der Gesamtbezüge und der individuellen Bezüge der aktiven Organmitglieder, die Definition der Gesamtbezüge der früheren Organmitglieder und ihrer Hinterbliebenen und die Angaben zur Rückstellungsbildung für diesen Personenkreis sowie die Einzelheiten zu gewährten Vorschüssen und Krediten, die hier nicht im Einzelnen wiedergegeben sind, stimmen wörtlich mit § 285 Nr. 9 HGB überein, so dass insoweit auf die Erläuterungen zum Einzelanhang verwiesen werden kann[1020].

774 Für den KAnh. sind darüber hinaus folgende Besonderheiten[1021] zu beachten:

– Berichtspflichtig sind Bezüge der Mitglieder des Geschäftsführungsorgans, AR, Beirats oder einer ähnlichen Einrichtung des MU und nicht etwa der Organmitglieder aller in den KA einbezogenen Unternehmen. Dasselbe gilt für Vorschüsse und Kredite an

---

1018 Vgl. *Havermann* in UEC-Kongress, S. 14/18.
1019 Anders als in § 285 Nr. 9 HGB sind im KAnh. jedoch keine größenabhängigen Erleichterungen vorgesehen (§ 288 Abs. 1 HGB).
1020 Vgl. F Tz. 917; vgl. auch DRS 17 sowie ADS[6], § 314, Tz. 41.
1021 Zu den Besonderheiten, wenn ein KI zum Konzern gehört, vgl. ADS[6], § 314, Tz. 49.

Konzernanhang **M**

diesen Personenkreis sowie die Bezüge ehemaliger Mitglieder dieses Personenkreises oder ihrer Hinterbliebenen. Bezüge etc. für Organmitglieder von TU, die nicht gleichzeitig Organmitglied des MU sind, begründen daher keine Berichtspflicht;

– für die Angabepflicht kommt es nicht darauf an, ob die Gesamtbezüge ausschließlich vom MU oder anteilmäßig auch von dem oder den TU gezahlt werden, und auch nicht darauf, ob bei vollständiger Zahlung durch das MU ein Teil der Gesamtbezüge an TU im In- oder Ausland weiterbelastet wird. Die Zahlstelle hat also für die Angabepflicht keine Bedeutung;

– anzugeben sind die Gesamtbezüge usw. der Organmitglieder des MU, die sie für die Wahrnehmung ihrer Aufgaben im MU und den TU erhalten. Dabei kommt es nicht darauf an, ob bei einer Mitgliedschaft in Organen sowohl des MU als auch des TU die Organe vergleichbare oder unterschiedliche Aufgaben haben. Angabepflichtig sind nicht nur die Bezüge von Aufsichtsrats-/Vorstandsmitgliedern des MU, die in gleicher Funktion auch beim TU tätig sind, sondern auch die Bezüge, die ein Vorstandsmitglied des MU in seiner Eigenschaft als AR-Mitglied eines TU bekommt;

– MU ist das Unternehmen, das den KA aufstellt. Wird in einem Konzern auf einer nachgeordneten Stufe ein Teil-KA aufgestellt, so beziehen sich die Angabepflichten auf die Organmitglieder dieses Unternehmens. Erhalten z.B. Vorstandsmitglieder des MU eines Teilkonzerns etwa wegen ihrer Spartenverantwortung Bezüge auch von Konzernunternehmen, die nicht zu diesem Teilbereich des Konzerns gehören (Konzernunternehmen auf höherer Ebene oder auf gleicher Ebene), so sind diese Bezüge nach dem Wortlaut des Gesetzes nicht angabepflichtig. Wird ein befreiender KA von einem MU in einem Mitgliedstaat der EU/Vertragsstaat des EWR aufgestellt (§ 291 HGB), so sind die entsprechenden Angaben von diesem Unternehmen zu machen, und zwar in dem Umfang, der in diesem Land notwendig ist. Unterschiede zum deutschen Recht können sich dabei rechtlich aus der unterschiedlichen Ausübung der Mitgliedstaatenwahlrechte der Art. 34 Nr. 12 S. 3 und Art. 34 Nr. 13 S. 3 der 7. EG-RL[1022] und ggf. auch tatsächlich daraus ergeben, dass die Vorschriften in anderen Mitgliedstaaten weniger detailliert sind. Wird ein befreiender KA von einem Unternehmen außerhalb des EWR aufgestellt, so richtet sich die Angabepflicht nach § 292 HGB i.V.m. der KonBefrV[1023];

– anzugeben sind die Bezüge für die Wahrnehmung der Aufgaben von Organmitgliedern bei dem MU und bei allen TU. Es kommt nicht darauf an, ob die TU ihren Sitz im Inland oder im Ausland haben und auch nicht darauf, ob die TU in den KA einbezogen oder gem. § 296 HGB von der Konsolidierung ausgeschlossen werden[1024]. Allerdings muss es sich stets um TU i.S.v. § 290 Abs. 1 und 2 HGB handeln;

– die Gesamtbezüge sind jeweils für jede einzelne Personengruppe in einem Betrag anzugeben. Erhält ein Vorstandsmitglied des MU zusätzlich zu den Vorstandsbezügen auch AR-Bezüge von TU, so sind auch diese mit den Vorstandsbezügen zusammenzufassen und als Bezüge auszuweisen, die Vorstandsmitglieder des MU erhalten. Eine weitere Differenzierung verlangt das Gesetz nicht.

Mit der Umsetzung des Art. 4 der sog. EG-Mittelstandsrichtlinie wurde für den JA in **775** § 286 Abs. 4 HGB eine Ausnahmeregelung geschaffen, wonach die Anhangangaben über Organbezüge nach § 285 Nr. 9a und b HGB dann unterbleiben können, „wenn sich anhand

---

1022 Das Mitgliedstaatenwahlrecht gestattet die Ausdehnung der Angabepflichten nach § 314 Abs. 6 HGB auf GU (§ 310 HGB) und auf assoziierte Unternehmen (§ 311 HGB). Der deutsche Gesetzgeber hat davon keinen Gebrauch gemacht.
1023 Vgl. Tz. 112.
1024 Vgl. DRS 17, Rn. 15.

dieser Angaben die Bezüge eines Mitglieds dieser Organe feststellen lassen"[1025] und das berichtende Unternehmen keine börsennotierte AG ist.

776 Nach der Gesetzesbegründung[1026] ist die Regelung aus Gründen des Datenschutzes erforderlich. Eine für den KA vergleichbare Ausnahmeregelung existiert jedoch nicht[1027], obwohl der Schutz persönlicher Daten im KAnh. in gleicher Weise relevant werden kann. Dies umso mehr, wenn der Anh. des MU und der KAnh. zusammengefasst und gemeinsam offengelegt werden[1028].

777 Wird das Fehlen der Ausnahmeregelung im KAnh. nicht als bewusster Regelungsverzicht des Gesetzgebers interpretiert, so sprechen Sinn und Zweck für eine analoge Anwendung des § 286 Abs. 4 HGB auch auf den KAnh.[1029]

g) Corporate-Governance-Erklärung

778 Nach § 314 Abs. 1 Nr. 8 HGB hat der KAnh. für jedes in den KA einbezogene börsennotierte Unternehmen die Angabe zu enthalten, dass die nach § 161 des AktG vorgeschriebene Entsprechenserklärung zum DCGK abgegeben und wo sie öffentlich zugänglich gemacht worden ist. Diese Vorschrift ist § 285 Nr. 16 HGB nachgebildet, so dass grds. auf die entsprechenden Erläuterungen verwiesen werden kann[1030]. Unter den in den KA einbezogenen börsennotierten Unternehmen sind für Zwecke des § 314 Abs. 1 Nr. 8 HGB die einbezogenen vollkonsolidierten und quotal konsolidierten börsennotierten AG (i.S.v. § 3 Abs. 2 AktG) sowie Gesellschaften, „die ausschließlich andere Wertpapiere als Aktien zum Handel an einem organisierten Markt im Sinn des § 2 Abs. 5 des WpHG ausgegeben [haben] und deren ausgegebene Aktien auf eigene Veranlassung über ein multilaterales Handelssystem im Sinn des § 2 Abs. 3 S. 1 Nr. 8 des WpHG gehandelt werden" (§ 161 Abs. 1 S. 2 AktG) zu verstehen[1031].

h) Honorar des Abschlussprüfers

779 Nach § 314 Abs. 1 Nr. 9 HGB ist das von dem APr. des KA für das GJ berechnete Gesamthonorar aufgeschlüsselt in das Honorar für

a. die Abschlussprüfungsleistungen,
b. andere Bestätigungsleistungen
c. Steuerberatungsleistungen,
d. sonstige Leistungen

anzugeben. Die Vorschrift ist derjenigen des § 285 Nr. 17 für den JA nachgebildet, so dass grds. auf die entsprechenden Ausführungen verwiesen werden kann[1032].

780 Im KA umfasst die Angabepflicht das vom KAPr. oder seinen verbundenen Unternehmen für das GJ berechnete Gesamthonorar für Leistungen der vier Kategorien, die diese gegenüber dem MU sowie gegenüber vollkonsolidierten TU und quotal konsolidierten GU

1025 Vgl. F Tz. 951.
1026 BT-Drs. 12/7912, S. 23.
1027 Auch in der Mittelstandsrichtlinie war für den KA ein derartiges Wahlrecht nicht vorgesehen.
1028 Vgl. auch ADS[6], § 314, Tz. 50.
1029 Ebenso ADS[6], § 314, Tz. 50; Zur Auslegung dieser Vorschrift vgl. auch Schreiben des BMJ vom 06.03.1995 III A 3 – 3507/1 – 13 (D) – 1 II – 32 – 2014/94 abgedruckt in DB 1995, S. 639; vgl. auch *Feige/Ruffert*, DB 1995, S. 637.
1030 Vgl. F Tz. 990.
1031 Vgl. *Ellrott* in BeBiKo[7], § 314, Rn. 89.
1032 Vgl. F Tz. 992.

Konzernanhang

erbracht haben. In letzterem Fall erscheint die Einbeziehung der Honorare entspr. der Beteiligungsquote sachgerecht[1033]. Die Angabepflicht umfasst dabei nach *IDW RS HFA 36* entgegen dem Wortlaut der Vorschrift nur das Honorar, das im GJ im KA als Aufwand erfasst wurde[1034]. Werden für die Inanspruchnahme der Erleichterungspflicht des § 285 Nr. 17 letzter Satzteil HGB auch Honorare anderer APr. als des KAPr. oder dessen verbundener Unternehmen angegeben, so ist für jede der vier Kategorien die Summe der auf diese APr. entfallenden Honorare entweder gesondert oder in einem Davon-Vermerk anzugeben[1035]. Falls § 314 Abs.1 Nr. 9 HGB innerhalb eines mehrstufigen Konzerns für mehrere Teilkonzernabschlüsse anwendbar ist, ist jeder Teilkonzern isoliert zu betrachten. D.h., Angaben in Bezug auf dem Teilkonzern-MU über- oder gleichgeordnete verbundene Unternehmen sind nicht erforderlich[1036].

i) Zusätzliche Angaben zur Vermittlung des in § 297 Abs. 2 Satz 2 HGB geforderten Bildes

Im KAnh. sind zusätzliche Angaben erforderlich, sofern der KA unter Beachtung der GoB ein den tatsächlichen Verhältnissen entsprechendes Bild der **Vermögens-, Finanz- und Ertragslage** nicht vermitteln kann (§ 297 Abs. 2 S. 3 HGB). Diese Vorschrift ist § 264 Abs. 2 S. 2 HGB nachgebildet. Daher kann auf die Erläuterungen dort verwiesen werden[1037]. 781

j) Berichterstattung über Beziehungen zu nahe stehenden Personen (Related Parties)

Gemäß § 314 Abs.1 Nr. 13 HGB sind zumindest die nicht zu marktüblichen Bedingungen zustande gekommenen Geschäfte des MU und seiner TU, soweit sie wesentlich sind, mit nahe stehenden Unternehmen und Personen anzugeben. Dies umfasst auch Angaben zur Art der Beziehung, zum Wert der Geschäfte sowie weitere Angaben, die für die Beurteilung der Finanzlage des Konzerns notwendig sind. Geschäfte mit und zwischen mittel- oder unmittelbar in 100-prozentigem Anteilsbesitz stehenden in einen KA einbezogenen Unternehmen sind von der Angabepflicht ausgenommen. Eine Zusammenfassung der Angaben über Geschäfte nach Geschäftsarten ist zulässig, sofern die getrennte Angabe für die Beurteilung der Auswirkungen auf die Finanzlage des Konzerns nicht notwendig ist. Da die Vorschrift unter Bezugnahme auf den KA wortgleich mit der korrespondierenden Vorschrift für den JA (§ 285 Nr. 21 HGB) ist, kann hinsichtlich der Erläuterungen zu Inhalt und Umfang der Angabepflichten auf die dortigen Ausführungen[1038] verwiesen werden. 782

Aus Konzernsicht ergeben sich einige Besonderheiten der Angabepflicht. Nach dem Gesetzeswortlaut umfasst die Vorschrift die angabepflichtigen Geschäfte des MU und seiner TU – unabhängig davon, ob diese in den KA einbezogen werden oder nicht. GU oder assoziierte Unternehmen fallen somit nicht in den Anwendungsbereich der Vorschrift[1039], wohl aber Geschäfte des MU oder seiner TU mit GU oder assoziierten Unternehmen, da diese nahe stehend sind[1040]. Zudem ist für Zwecke des KAnh. der Kreis der nahe stehenden 783

1033 Vgl. *IDW RS HFA 36*, Tz. 19.
1034 Vgl. *IDW RS HFA 36*, Tz. 21.
1035 Vgl. *IDW RS HFA 36*, Tz. 20.
1036 Vgl. *IDW RS HFA 36*, S. 508, Tz. 23.
1037 Vgl. F Tz. 1057; zu den von den DRS geforderten Angaben vgl. Tz. 678.
1038 Vgl. F Tz. 1004
1039 Vgl. Begr. RegE BilMoG, BT-Drs. 16/10067, S. 86.
1040 Vgl. *Ellrott* in BeBiKo⁷, § 314, Rn. 107.

Unternehmen und Personen weiter gezogen als für den Anh. des JA, da alle Unternehmen bzw. Personen dem Konzern nahe stehend sind, die dem MU oder einbezogenen TU nahe stehend i.S.d. § 314 Abs. 1 Nr. 13 HGB[1041] sind[1042].

784 Nach dem Wortlaut des § 314 Abs. 1 Nr. 13 Teilsatz 2 HGB besteht eine Befreiung von der Angabepflicht für Geschäfte mit und zwischen mittel- und unmittelbar in 100-prozentigem Anteilsbesitz stehenden in einen KA einbezogenen Unternehmen. Dies würde im Umkehrschluss bedeuten, dass eine Berichterstattungspflicht für Geschäfte mit und zwischen Unternehmen eines Konsolidierungskreises, die in einem Anteilsbesitz von weniger als 100% stehen, bestünde. Da der KA den Konzern als wirtschaftliche Einheit abbilden soll (§ 297 Abs. 3 S. 1 HGB), besteht kein Erfordernis, im KAnh. auch über konzerninterne Transaktionen zu berichten[1043].

VIII. Kapitalflussrechnung
1. Geltungsbereich und anwendbare Regelungen

785 Neben der Konzernbilanz, der Konzern-GuV, dem KAnh. und dem Eigenkapitalspiegel gehört auch die Kapitalflussrechnung (KFR) zu den Pflichtbestandteilen des KA (§ 297 Abs. 1 S. 1 HGB).

786 Mit der Einführung der Pflicht zur Aufstellung einer KFR verfolgte der Gesetzgeber das Ziel, den Inhalt des nach den Vorschriften des HGB aufgestellten KA an den international üblichen Umfang von KA anzupassen. Dabei verzichtete er bewusst auf eine gesetzliche Festlegung der Ausgestaltungsregeln, sondern überließ diese Aufgabe dem DRSC, dessen Standardisierungsrat am 29.10.1999 den Deutschen Rechnungslegungsstandard **(DRS) Nr. 2 „Kapitalflussrechnung"** verabschiedet hat.

787 KI haben zudem DRS 2-10 und VU DRS 2-20 zu beachten.

788 DRS 2 lehnt sich stark an internationale Standards an. Hierbei handelt es sich um den seit 1988 geltenden US-amerikanischen **SFAS 95 (FASB ASC Topic 230)** „Statement of Cash Flows" sowie den im Jahre 1992 vom IASC überarbeiteten **IAS 7** „Statement of Cash Flows". Durch diese Überarbeitung haben sich die beiden Standards in starkem Maße angenähert[1044]. IAS 7 ist daher von der SEC ausdrücklich anerkannt worden.

789 Mit DRS 2 hat das DRSC versucht, eine **vermittelnde Position** zwischen den sich in verschiedenen Details unterscheidenden FASB ASC Topic 230 und IAS 7 einzunehmen[1045] und somit eine Kompatibilität des DRS 2 sowohl mit FASB ASC Topic 230 als auch mit IAS 7 zu gewährleisten. Diese doppelte Kompatibilität wird durch die Einräumung von Wahlrechten erreicht, die es den Unternehmen je nach Bedarf erlauben, eine mit FASB ASC Topic 230 oder IAS 7 übereinstimmende KFR aufzustellen. Dabei sind zusätzlich zu denjenigen Angabepflichten, die sich gleichlautend in FASB ASC Topic 230 und IAS 7 finden, auch sämtliche Angabepflichten, die sich aus jeweils nur einem der Referenzstandards ergeben, übernommen worden[1046]. Allerdings sind in DRS 2 auch

---

1041 Vgl. hierzu im Einzelnen die Erläuterungen zu § 285 Nr. 21, F Tz. 1004.
1042 Vgl. *IDW RS HFA 33*, Tz. 28-29; *Ellrott* in BeBiKo⁷, § 314, Rn. 107-108.
1043 Vgl. *IDW RS HFA 33*, Tz. 30.
1044 Vgl. *Amen*, WPg 1995, S. 499.
1045 Zu den Unterschieden zwischen FASB ASC Topic 230 (entspricht inhaltlich SFAS 95) und IAS 7 (revised 1992) vgl. bspw. *v. Wysocki*, DB 1999, S. 2373.
1046 Vgl. hierzu kritisch *v. Wysocki*, DB 1999, S. 2374.

Ausweis- und Angabepflichten enthalten, die weder in FASB ASC Topic 230 noch in IAS 7 zu finden sind[1047].

2. Aufgaben und Grundsätze der Kapitalflussrechnung

Der zahlungsstromorientierten Darstellung in einer KFR werden gegenüber Bewegungs- oder Veränderungsbilanzen[1048] folgende **Vorteile** zugeschrieben[1049]:

– Vermittlung eines objektiven Bildes der Finanzlage, da Bilanzierungs- und Bewertungsvorschriften ohne Einfluss sind; dies führt auch zu einer besseren Vergleichbarkeit auf nationaler und internationaler Ebene;
– die Adressaten müssen nicht über Kenntnisse der jeweiligen Rechnungslegungsstandards verfügen;
– die in Unternehmen mitunter vernachlässigte Bedeutung der Liquidität wird intern unterstrichen;
– liquiditätsorientierte Rechnungen haben sich als besonders geeignet für Prognosemodelle zur Vorhersage von Unternehmenswachstum und Unternehmenszusammenbrüchen erwiesen.

Für die finanzwirtschaftliche Beurteilung eines Unternehmens sind die ihm zugeflossenen Finanzierungsmittel sowie deren Verwendung von Bedeutung. Die KFR soll den Einblick in die Fähigkeit des Unternehmens verbessern, künftig finanzielle Überschüsse zu erwirtschaften, seine Zahlungsverpflichtungen zu erfüllen und Ausschüttungen an Anteilseigner zu leisten. Hierzu soll sie für die Berichtsperiode die Zahlungsströme darstellen und darüber Auskunft geben, wie das Unternehmen aus der laufenden Geschäftstätigkeit Finanzmittel erwirtschaftet hat und welche zahlungswirksamen Investitions- und Finanzierungsmaßnahmen vorgenommen wurden[1050]. Die Darstellung geht von der Veränderung des sog. **Finanzmittelfonds** aus, bei dem es sich um den Bestand an Zahlungsmitteln und Zahlungsmitteläquivalenten handelt. Eine KFR soll nicht nur die Veränderungen des Finanzmittelfonds während der abgelaufenen Rechnungsperiode darstellen, sondern v.a. die Quellen, aus denen der Finanzmittelfonds gespeist worden ist, und deren Verwendung in den verschiedenen Bereichen des Konzerns.

Zur Realisierung dieser Zielsetzung hat sich in den Standards das sog. **Aktivitätsformat** durchgesetzt, bei dem die Zahlungsströme den betrieblichen Bereichen zugeordnet werden, durch die sie ausgelöst wurden[1051]. Die KFR wird in die Bereiche laufende Geschäftstätigkeit, Investitionstätigkeit und Finanzierungstätigkeit untergliedert. Dies ermöglicht eine Strukturanalyse der Zahlungsströme und im Zeitablauf detaillierte Analysen der finanziellen Entwicklung[1052]. Die Summe dieser Zahlungsströme entspricht nach Berücksichtigung der wechselkursbedingten und sonstigen Wertänderungen der Fondsbestände der Änderung des Finanzmittelfonds in der Berichtsperiode (DRS 2.7).

Da es sich bei der KFR um die Darstellung von Zahlungsströmen handelt, sind gemäß DRS 2.48 nur Geschäftsvorfälle, die zu einer Veränderung des Finanzmittelfonds führen, die also **zahlungswirksam** sind, in die KFR aufzunehmen. Als Beispiele für zahlungsunwirksame Geschäftsvorfälle werden in DRS 2.49 u.a. der Erwerb von Vermögenswer-

---

1047 Vgl. die Synopse bei *v. Wysocki*, DB 1999, S. 2375.
1048 Vgl. *v. Wysocki* in Dörner, Reform, S. 439.
1049 Vgl. im Folgenden *Pfuhl* in HdKonzernR², II Rn. 1212.
1050 DRS 2.1.
1051 Die Gliederung der KFR nach Mittelherkunft und Mittelverwendung ist dagegen nicht mehr gebräuchlich.
1052 Vgl. *Pfuhl* in HdKonzernR², II Rn. 1225.

793 Daneben sind bei der Aufstellung einer KFR u.a. die Grundsätze der Nachprüfbarkeit, Wesentlichkeit und Stetigkeit (insb. bei der Abgrenzung des Finanzmittelfonds) sowie das Bruttoprinzip zu beachten[1053].

794 Die **Nachprüfbarkeit** wird dadurch sichergestellt, dass die KFR aus dem Rechnungswesen und der daraus nach nationalen oder international anerkannten Grundsätzen abgeleiteten Bilanz und GuV entwickelt wird (DRS 2.11).

795 Der Grundsatz der **Wesentlichkeit** zeigt sich bspw. darin, dass alle Vorgänge von wesentlicher Bedeutung stets gesondert innerhalb des jeweiligen Tätigkeitsbereichs auszuweisen sind (DRS 2.25, 2.32, 2.35). Weiterhin verlangt DRS 2.50 einen gesonderten Ausweis von wesentlichen Zahlungsströmen aus außerordentlichen Geschäftsvorfällen. Schließlich sind nur wesentliche Wechselkursänderungen in einem vom Cashflow aus laufender Geschäftstätigkeit, Investitionstätigkeit und Finanzierungstätigkeit getrennten Posten auszuweisen. Unwesentliche Wechselkursänderungen können dagegen mit dem sich aufgrund von Bewertungsvorgängen ergebenden Unterschiedsbetrag zusammengefasst werden (DRS 2.20, 2.21).

796 DRS 2.15 sieht außer bei der indirekten Darstellung des Cashflows aus laufender Geschäftstätigkeit grds. einen unsaldierten Ausweis der Zahlungsströme vor und postuliert somit das **Bruttoprinzip**. Zahlungsströme dürfen nur bei hoher Umschlagshäufigkeit, großen Beträgen und kurzen Laufzeiten saldiert ausgewiesen werden (DRS 2.15a). Eine Ausnahme vom Bruttoprinzip gilt auch bei Zahlungsströmen für Rechnung von Dritten, wenn sie überwiegend auf Aktivitäten der Dritten zurückzuführen sind (DRS 2.15b).

797 Der Grundsatz der **Stetigkeit** verlangt, dass die Abgrenzung des Finanzmittelfonds, die Gliederung der KFR (DRS 2.10), die Zuordnung von Zahlungsströmen zu den Bereichen (z.B. DRS 2.39) und die Saldierung von Zahlungsströmen beibehalten werden.

798 Die Konzern-KFR ist nach DRS 2.13 unter der Fiktion der **wirtschaftlichen Einheit** des Konzerns aufzustellen. Dies bedeutet, dass sämtliche konzerninternen Beziehungen aus der KFR zu eliminieren sind und somit ausschließlich Zahlungsströme abzubilden sind, die sich im Geschäftsverkehr mit Konzernfremden ergeben[1054]. Zu den eliminierungspflichtigen Zahlungsströmen gehören z.B. Aufnahme und Tilgung von konzerninternen Krediten, Zahlungen im Zusammenhang mit konzerninternen Lieferungen oder Leistungen oder Zahlungen aufgrund von konzerninternen Dividenden. Soweit die KFR aus der Konzernbilanz und Konzern-GuV abgeleitet wird, ist eine Eliminierung nicht mehr notwendig, da diese bereits im Zuge der Konsolidierung vorgenommen wurde.

3. In eine Konzern-Kapitalflussrechnung einzubeziehende Unternehmen

799 Um den Zusammenhang mit den übrigen Abschlussrechnungen zu gewährleisten und Manipulationsmöglichkeiten auszuschließen, ist für die Konzern-KFR grds. der dem KA zugrunde liegende Konsolidierungskreis maßgeblich[1055].

800 Alle in den KA einbezogenen Unternehmen sind entspr. ihrer **Konsolidierungsmethode** in die KFR aufzunehmen (DRS 2.14). Dies hat besondere Bedeutung für die Einbeziehung von GU und assoziierten Unternehmen. Während quotal konsolidierte GU auch quotal in

---

[1053] Vgl. *v. Wysocki*, DB 1999, S. 2373.
[1054] Vgl. *Pfuhl* in HdKonzernR², II Rn. 1218.
[1055] Vgl. *Pfuhl* in HdKonzernR², II Rn. 1220.

Kapitalflussrechnung

die Konzern-KFR einfließen[1056], werden laut DRS 2.14 nach der Equity-Methode bilanzierte Unternehmen „in der KFR nur anhand der Zahlungen zwischen ihnen und dem Konzern und anhand der Zahlungen im Zusammenhang mit dem Erwerb oder Verkauf der Beteiligungen an ihnen erfasst". Entspr. sind Dividendenzahlungen von assoziierten Unternehmen grds. in den Zahlungsströmen aus laufender Geschäftstätigkeit enthalten.

In der KFR sind die Zahlungsströme aller vollkonsolidierten TU mit Dritten zusammengefasst, so dass die Ein- und Auszahlungen eines TU entspr. ihrer Herkunft in die drei Bereiche der KFR eingehen. Davon zu unterscheiden sind Zahlungen im Zusammenhang mit dem Erwerb von TU und deren Veräußerung. Diese Zahlungen sind ausschließlich den Investitionszahlungen zuzuordnen (DRS 2.44). Daraus ergibt sich, dass bei indirekter Ermittlung der Zahlungsströme aus laufender Geschäftstätigkeit die zu berücksichtigenden Änderungen der Bestände (z.B. Vorräte) um die Änderungen des Konsolidierungskreises zu korrigieren sind. Außerdem müssen aus dem Cashflow aus laufender Geschäftstätigkeit die Gewinne und Verluste aus der Veräußerung eines TU eliminiert werden. 801

Bei Unternehmenskäufen und -verkäufen ist nur der liquiditätswirksame Betrag in der Konzern-KFR zu berücksichtigen. Bei der Ermittlung der durch Veränderungen des Konsolidierungskreises bedingten Zahlungsströme ist daher darauf zu achten, „dass die bei einer Erstkonsolidierung eines TU in die Verfügungsgewalt des Konzerns gelangenden Zahlungsmittel mit der Anschaffungsauszahlung saldiert bzw. im umgekehrten Fall bei der Entkonsolidierung mit dem Verkaufspreis verrechnet werden (Nettoausweis)"[1057]. Bei der Ermittlung der Veränderung des Finanzmittelfonds als Vergleich der Bestände am Anfang und am Ende der betrachteten Periode ist folglich sicherzustellen, dass Veränderungen des Konsolidierungskreises eliminiert werden. 802

4. Abgrenzung des Finanzmittelfonds

Die Finanzlage wird mit Hilfe der KFR auf der Grundlage der Veränderungen des Fondsvermögens beurteilt. Daher kommt der Abgrenzung dieses Fondsvermögens eine bedeutende Rolle zu. In den Finanzmittelfonds dürfen nur Zahlungsmittel und Zahlungsmitteläquivalente einbezogen werden (DRS 2.16). Hierdurch werden Bewertungseinflüsse auf die Fondsdarstellung vermieden[1058]. 803

Der Finanzmittelfonds umfasst nur **liquide Mittel** ersten Grades (DRS 2.17), wobei grds. davon ausgegangen wird, dass der Finanzmittelfonds dem Buchwert des Bilanzpostens „B.IV Kassenbestand, Bundesbankguthaben, Guthaben bei Kreditinstituten und Schecks" nach § 266 Abs. 2 HGB entspricht. Dies folgt aus der Verpflichtung zur rechnerischen Überleitung auf die betreffenden Bilanzposten, soweit der Finanzmittelfonds nicht dem Posten B.IV entspricht (DRS 2.52c). 804

Gemäß DRS 2.6 bzw. 2.18 handelt es sich bei den **Zahlungsmitteläquivalenten** um „als Liquiditätsreserve gehaltene, kurzfristige, äußerst liquide Finanzmittel, die jederzeit in Zahlungsmittel umgewandelt werden können und nur unwesentlichen Wertschwankungen unterliegen". Hierbei kann es sich bspw. um festverzinsliche Wertpapiere des Umlaufvermögens handeln. Mit dieser Erweiterung des Finanzmittelfonds um Zahlungsmitteläquivalente wird der Praxis des Cash-Managements, kurzfristig für die Liquidi- 805

1056 Die entsprechenden Bestände des Finanzmittelfonds sind gem. DRS 2.53 gesondert anzugeben.
1057 *Pfuhl* in HdKonzernR², II Rn. 1221; vgl. auch DRS 2.44.
1058 Vgl. *v. Wysocki* in Dörner, Reform, S. 451.

tätsdisposition nicht benötigte Mittel in liquide verzinsliche Anlagen zu investieren und diese bei Bedarf zu liquidieren, Rechnung getragen[1059].

Zahlungsmitteläquivalente, die die Voraussetzungen des DRS 2.18 erfüllen, haben im Regelfall nur Restlaufzeiten von nicht mehr als drei Monaten. „Die Einlösungsrisiken der Finanzmittel z.B. durch Wechselkursänderungen oder die mangelnde Bonität eines Wechselschuldners dürfen demzufolge nur eine untergeordnete Rolle spielen"[1060]. Zur Vermeidung von Umgliederungen ist die Ermittlung der Restlaufzeiten nicht am Abschlussstichtag, sondern am Zugangstag bzw. dem Erwerbszeitpunkt des betreffenden Postens auszurichten[1061]. Die Beschränkung der Restlaufzeit auf maximal drei Monate ist nur als Anhaltspunkt zu verstehen. Sofern die anderen in DRS 2.18 angeführten Voraussetzungen für die Klassifizierung von Finanzmitteln als Zahlungsmitteläquivalente erfüllt sind, kann auch die Zuordnung von Zahlungsmitteläquivalenten mit einer Restlaufzeit von mehr als drei Monaten zum Finanzmittelfonds in besonderen Fällen gerechtfertigt sein.

806 Da der Finanzmittelfonds eine Bruttogröße darstellt, sind Saldierungen mit kurzfristigen Verbindlichkeiten grds. nicht zulässig. Eine Ausnahme gilt allerdings für jederzeit fällige Bankverbindlichkeiten, die in die Disposition der liquiden Mittel einbezogen werden (DRS 2.19).

807 Die Definition und die Zusammensetzung des Finanzmittelfonds sowie Auswirkungen von Änderungen dieser Definition auf die Anfangs-/Endbestände sowie die Zahlungsströme der Vorperiode sind als **ergänzende Angaben** der KFR in den Anh. aufzunehmen (DRS 2.52). Führen bspw. Kreditvereinbarungen zu Verwendungsbeschränkungen bei den im Finanzmittelfonds enthaltenen Zahlungsmitteln und Zahlungsmitteläquivalenten, müssen diese Beschränkungen im KAnh. offengelegt und ihre Höhe angegeben werden (DRS 2.53)[1062].

5. Aufstellungstechniken der Konzernkapitalflussrechnung

808 DRS 2.12 lässt hinsichtlich der Ermittlung von Zahlungen sowohl die originäre als auch die derivative Methode zu: „Bei der originären Ermittlung werden alle Geschäftsvorfälle, die zu Veränderungen des Finanzmittelfonds führen, einzelnen Zahlungsströmen zugeordnet. Bei der derivativen Ermittlung geht man von den Zahlenwerten des Rechnungswesens aus". DRS 2.13 eröffnet zusätzlich die Möglichkeit, von den KFR der einbezogenen TU auszugehen und diese durch Konsolidierung zur Konzern-KFR zusammenzufassen.

809 Bei der **originären Ermittlung** werden die Zahlungsströme unmittelbar erfasst. Als Grundlage hierfür können die Buchhaltungen der einbezogenen Unternehmen dienen. Voraussetzung hierfür ist, dass bei sämtlichen Buchungen spezielle Buchungsschlüssel aufgenommen werden, um eine maschinelle Auswertung der Zahlungskonten zu ermöglichen[1063]. Über die Buchungsschlüssel müsste die Zuordnung der Geschäftsvorfälle, die auf Zahlungskonten gebucht werden, zu den Unterposten der KFR möglich sein. Zur originären Ermittlung der KFR gehört im zweiten Schritt, dass aus den Zahlungsströmen

---

1059 Vgl. *Gebhardt*, BB 1999, S. 1314 mit kritischen Anm. Der von Gebhardt geforderte gesonderte Ausweis aller Zahlungen aus Cash-Management-Aktivitäten dürfte aber über die in DRS 2.52a vorgesehene Angabe der Definition des Finanzmittelfonds hinausgehen.
1060 *Förschle/Kroner* in BeBiKo[7], § 297, Rn. 57.
1061 Vgl. DRS 2.18 und *Mansch/Stolberg/v. Wysocki*, WPg 1995, S. 188.
1062 Vgl. *Förschle/Kroner* in BeBiKo[7], § 297, Rn. 58.
1063 Vgl. *Pfuhl* in HdKonzernR[2], II Rn. 1215.

Kapitalflussrechnung   M

die konzerninternen Transaktionen eliminiert werden. Dazu müssen ebenfalls die organisatorischen Voraussetzungen (Buchungsschlüssel, Konten) geschaffen werden.

Bei der **derivativen Ermittlung** werden die Zahlungsströme aus dem KA abgeleitet. Dabei werden z.B. die Umsatzeinzahlungen ermittelt, indem die Umsatzerlöse (GuV) um die Bestandsveränderung der Forderungen aus Lieferungen und Leistungen korrigiert werden. Zusätzliche Aufbereitungsmaßnahmen sind notwendig[1064]. So sind die Veränderungen des Konsolidierungskreises sowohl in den Cashflows der einzelnen Bereiche als auch im Finanzmittelfonds zu bereinigen[1065]. Weiterhin muss für die Eliminierung der konzerninternen Ein- und Auszahlungen im Bereich der Finanzierungstätigkeit gesichert sein, dass die Zahlungen abgegrenzt werden können. Dies kann durch entsprechende Kontoführung, Buchungsschlüssel oder Konzernabfragen geschehen.   810

Die derivative Ermittlung der Konzern-KFR geht i.d.R. einher mit der **indirekten** Darstellung des Cashflows aus laufender Geschäftstätigkeit. Die zugrunde liegenden Veränderungen von Bilanzpositionen können ggf. durch Wechselkursänderungen bedingt sein. Da diesen Veränderungen keine Zahlungsströme entgegenstehen, sind sie aus den Cashflows zu eliminieren. Dazu ist es notwendig, die betroffenen Bilanzposten mit dem Kurs am Anfang der Periode umzurechnen. Die Differenz der Umrechnung des Bestandes am Ende der Periode mit den beiden Kursen gibt die wechselkursbedingte Änderung an. Die TU sollten diese im Konzernpackage melden.

Eine **dritte Möglichkeit** zur Ermittlung der Zahlungsströme einer Konzern-KFR besteht in der Konsolidierung der KFR der einbezogenen Konzernunternehmen. Diese Art der Ermittlung der Konzern-KFR ist dadurch gekennzeichnet, dass zunächst eine KFR für jedes der einbezogenen Unternehmen erstellt wird und dann diese KFR konsolidiert werden. Hierbei kann auf zweierlei Weise vorgegangen werden: Entweder kann die Konsolidierung auf der Ebene der TU erfolgen und die konsolidierten KFR werden anschließend zusammengefasst oder es wird nach Zusammenfassung der Rechnungen der einbezogenen Unternehmen zu einer Summenkapitalflussrechnung diese global konsolidiert[1066]. Unabhängig davon, welche Methode gewählt wird, sind auf der Ebene der TU die konzerninternen Zahlungsströme zu separieren. Die Kommunikation zur Konzernspitze erfolgt bei der ersten Variante implizit durch bereinigte TU-KFR, bei der zweiten Variante durch entsprechende Angaben in den Konzernpackages. Jedenfalls ist die vorherige Abstimmung ähnlich wie bei der Schuldenkonsolidierung zu empfehlen, da hierdurch der Aufwand, um die bei der Konsolidierung im obersten MU auftretenden Differenzen zu klären, minimiert werden kann.   811

Bei der **Darstellung** der Zahlungsströme der Konzern-KFR gewährt DRS 2.12 weniger Wahlrechte als bei deren **Ermittlung**. So müssen die Einzahlungen und Auszahlungen aus der Investitions- und Finanzierungstätigkeit unmittelbar als solche in der KFR ausgewiesen werden (direkte Darstellung). Die Entwicklung des Zahlungssaldos aus laufender Geschäftstätigkeit darf dagegen wahlweise auch indirekt in Form einer Rückrechnung dargestellt werden[1067]. Hierbei ist gemäß DRS 2.24b das Periodenergebnis[1068] um zahlungsunwirksame Aufwendungen und Erträge, um Bestandsänderungen bei Posten des   812

1064 Vgl. *Pfuhl* in HdKonzernR², II Rn. 1217.
1065 Vgl. Tz. 802.
1066 Vgl. *Pfuhl* in HdKonzernR², II Rn. 1216.
1067 Vgl. zu diesem Wahlrecht kritisch *Pfuhl* in HdKonzernR², II Rn. 1226; *Amen*, WPg 1995, S. 500 und *Busse v. Colbe* in HWR³, Sp. 1081.
1068 Hiermit ist das Periodenergebnis vor außerordentlichen Posten (vgl. DRS 2.28) und Ertragsteuern (vgl. DRS 2.43) gemeint.

Nettoumlaufvermögens (ohne Finanzmittelfonds) und um alle Posten, die Zahlungsströme aus der Investitions- und Finanzierungstätigkeit sind, zu korrigieren.

6. Das Aktivitätsformat der Kapitalflussrechnung
a) Beschreibung der drei Tätigkeitsbereiche

813 DRS 2.8 sieht in Anlehnung an IAS 7.10 vor, dass die Cashflows entspr. der jeweiligen wirtschaftlichen Tätigkeit des Unternehmens einem der drei Bereiche „laufende Geschäftstätigkeit", „Investitionstätigkeit", „Finanzierungstätigkeit" zuzuordnen sind. Präzisierend wird in DRS 2.23 und im Gliederungsschema in DRS 2.26 ausgeführt, dass der Bereich der laufenden Geschäftstätigkeit von den beiden anderen Bereichen negativ abzugrenzen ist. Somit müssen auch Zahlungen, die von ihrem Charakter her nicht zur laufenden Geschäftstätigkeit zählen, trotzdem diesem Bereich zugeordnet werden, soweit sie nicht eindeutig zur Investitions- oder Finanzierungstätigkeit gehören. Beispielhaft sind hier Versicherungsleistungen, Prozessgewinne und Spenden zu nennen.

b) Laufende Geschäftstätigkeit

814 Der Cashflow aus der laufenden Geschäftstätigkeit stammt aus den auf Erlöserzielung ausgerichteten zahlungswirksamen Tätigkeiten des Unternehmens sowie sonstigen Aktivitäten, die nicht der Investitions- oder Finanzierungstätigkeit zuzuordnen sind (DRS 2.6) und ergibt sich damit insb. aus dem Produktions-, Verkaufs- sowie dem Servicebereich. Er resultiert regelmäßig aus Geschäftsvorfällen, die in das Jahresergebnis einfließen[1069]. Auch Ein- und Auszahlungen aus außerordentlichen Posten sind in den Cashflow aus der laufenden Geschäftstätigkeit aufzunehmen und bei Wesentlichkeit gesondert auszuweisen (DRS 2.50).

815 Die von DRS 2 vorgesehene **Mindestgliederung** des Bereichs der laufenden Geschäftstätigkeit bei Anwendung der indirekten Methode ist als äußerst knapp zu bezeichnen, da schon bei einer externen Erstellung einer KFR – die Anwendung des Gesamtkostenverfahrens in der GuV vorausgesetzt – eine detailliertere Untergliederung möglich ist[1070].

816 Gliederungsschema zur Darstellung des **Cashflow aus laufender Geschäftstätigkeit nach der direkten Methode** (gemäß DRS 2.26):

1.   Einzahlungen von Kunden für den Verkauf von Erzeugnissen, Waren und Dienstleistungen
2.–   Auszahlungen an Lieferanten und Beschäftigte
3.+   Sonstige Einzahlungen, die nicht der Investitions- oder Finanzierungstätigkeit zuzuordnen sind
4.–   Sonstige Auszahlungen, die nicht der Investitions- oder Finanzierungstätigkeit zuzuordnen sind
5.+/–   Ein- und Auszahlungen aus außerordentlichen Posten
6.=   Cashflow aus laufender Geschäftstätigkeit

817 Gliederungsschema der Überleitungsrechnung zur Darstellung des **Cashflow aus laufender Geschäftstätigkeit nach der indirekten Methode** (gemäß DRS 2.27):

1.   Periodenergebnis (einschließlich Ergebnisanteilen von Minderheitsgesellschaftern) vor außerordentlichen Posten
2.+/–   Abschreibungen/Zuschreibungen auf Gegenstände des AV

[1069] Vgl. *v. Wysocki*, Kapitalflußrechnung, S. 14.
[1070] Vgl. *Amen*, WPg 1995, S. 505.

Kapitalflussrechnung

3.+/– Zunahme/Abnahme der Rückstellungen
4.+/– Sonstige zahlungsunwirksame Aufwendungen/Erträge
(bspw. Abschreibung auf ein aktiviertes Disagio)
5.–/+ Gewinn/Verlust aus dem Abgang von Gegenständen des AV
6.–/+ Zunahme/Abnahme der Vorräte, der Forderungen aus Lieferungen und Leistungen sowie anderer Aktiva, die nicht der Investitions- oder Finanzierungstätigkeit zuzuordnen sind
7.+/– Zunahme/Abnahme der Verbindlichkeiten aus Lieferungen und Leistungen sowie anderer Passiva, die nicht der Investitions- oder Finanzierungstätigkeit zuzuordnen sind
8.+/– Ein- und Auszahlungen aus außerordentlichen Posten
9.= Cashflow aus der laufenden Geschäftstätigkeit

c) Investitionstätigkeit

„Der Cashflow aus der Investitionstätigkeit stammt aus Zahlungsströmen im Zusammenhang mit den Ressourcen des Unternehmens, mit denen langfristig, meist länger als ein Jahr, ertragswirksam gewirtschaftet werden soll" (DRS 2.30). Zusätzlich werden in diesem Bereich auch Zahlungsströme aufgrund von bestimmten Finanzmittelanlagen bei der kurzfristigen Finanzdisposition erfasst (DRS 2.31). Der gesonderte Ausweis der Cashflows aus der Investitionstätigkeit soll somit Informationen über den Mitteleinsatz für künftige Erfolge und für künftige Einnahmenüberschüsse vermitteln[1071].

DRS 2 sieht eine **differenzierte Darstellung** der Investitionstätigkeit vor. So sind nicht nur die Einzahlungen aus Abgängen von Gegenständen des AV sowie die Auszahlungen für Investitionen in das AV auszuweisen. Vielmehr müssen die Zahlungsströme nach Gegenständen des Sachanlagevermögens, Gegenständen des immateriellen AV, Gegenständen des Finanzanlagevermögens, nach Verkauf bzw. Erwerb von konsolidierten Unternehmen und sonstigen Geschäftseinheiten sowie nach Finanzmittelanlagen im Rahmen der kurzfristigen Finanzdisposition differenziert werden. Letztere sind gemäß DRS 2.31 dann der Investitionstätigkeit zuzuordnen, „sofern diese nicht zum Finanzmittelfonds gehören oder zu Handelszwecken gehalten werden".

Der **Cashflow aus der Investitionstätigkeit** ist gemäß DRS 2.32 mindestens wie folgt zu gliedern:

1. Einzahlungen aus Abgängen von Gegenständen des Sachanlagevermögens
2.– Auszahlungen für Investitionen in das Sachanlagevermögen
3.+ Einzahlungen aus Abgängen von Gegenständen des immateriellen AV
4.– Auszahlungen für Investitionen in das immaterielle AV
5.+ Einzahlungen aus Abgängen von Gegenständen des Finanzanlagevermögens
6.– Auszahlungen für Investitionen in das Finanzanlagevermögen
7.+ Einzahlungen aus dem Verkauf von konsolidierten Unternehmen und sonstigen Geschäftseinheiten
8.– Auszahlungen aus dem Erwerb von konsolidierten Unternehmen und sonstigen Geschäftseinheiten
9.+ Einzahlungen aufgrund von Finanzmittelanlagen im Rahmen der kurzfristigen Finanzdisposition
10.– Auszahlungen aufgrund von Finanzmittelanlagen im Rahmen der kurzfristigen Finanzdisposition
11.= Cashflow aus der Investitionstätigkeit

1071 Vgl. v. *Wysocki*, Kapitalflußrechnung, S. 21.

d) Finanzierungstätigkeit

821 Durch den separaten Ausweis der Zahlungsvorgänge im Finanzierungsbereich soll die Abschätzung künftiger Ansprüche der Kapitalgeber gegenüber dem Unternehmen erleichtert werden[1072]. „Dem Cashflow aus der Finanzierungstätigkeit sind grds. die Zahlungsströme zuzuordnen, die aus Transaktionen mit den Unternehmenseignern und Minderheitsgesellschaftern[1073] konsolidierter TU sowie aus der Aufnahme oder Tilgung von Finanzschulden resultieren" (DRS 2.34). Im Bereich der Finanzierungstätigkeit werden somit zum einen die Zahlungsströme aus der Außenfinanzierung mit EK und zum anderen die Zahlungsströme aus der Außenfinanzierung mit Fremdkapital erfasst.

822 Während in der Mindestgliederung nach DRS 2.35 entspr. der Bilanzgliederung des § 266 Abs. 3 HGB die Eigenkapitalgeberzahlungen vor den Fremdkapitalgeberzahlungen ausgewiesen werden, sieht FASB ASC Topic 230-10-55-10 eine umgekehrte Reihenfolge vor. Letztere erlaubt die Bildung einer Zwischensumme nach den Zahlungen von/an Fremdkapitalgeber, wodurch die auf die Eigenkapitalgeber entfallenden Einzahlungsüberschüsse bzw. Finanzbedarfe separat aufgezeigt werden[1074].

823 Der **Cashflow aus der Finanzierungstätigkeit** ist gemäß DRS 2.35 mindestens wie folgt zu gliedern:

1. Einzahlungen aus Eigenkapitalzuführungen (Kapitalerhöhungen, Verkauf eigener Anteile etc.)
2.– Auszahlungen an Unternehmenseigner und Minderheitsgesellschafter (Dividenden, Erwerb eigener Anteile, Eigenkapitalrückzahlungen, andere Ausschüttungen)
3.+ Einzahlungen aus der Begebung von Anleihen und der Aufnahme von (Finanz-)Krediten
4.– Auszahlungen aus der Tilgung von Anleihen und (Finanz-)Krediten
5.= Cashflow aus der Finanzierungstätigkeit

e) Abgrenzungsprobleme zwischen den drei Bereichen

824 Zahlungsströme, die sich **mehreren** Tätigkeitsbereichen zuordnen lassen, sind auf die betroffenen Tätigkeitsbereiche nach vernünftiger kaufmännischer Beurteilung aufzuteilen oder dem vorrangig betroffenen Bereich zuzuordnen (DRS 2.9).

825 Für Zahlungen im Zusammenhang mit **Sicherungsgeschäften** *(hedging)* sieht DRS 2.47 eine Zuordnung entspr. der sachlichen Zugehörigkeit des Grundgeschäftes vor.

826 Erhaltene und gezahlte **Zinsen**, erhaltene **Dividenden** sowie gezahlte **Ertragsteuern** sollen grds. der laufenden Geschäftstätigkeit zugeordnet werden (DRS 2.36 und .41). Allerdings dürfen nach DRS 2 in sachlich begründeten Ausnahmefällen erhaltene Zinsen und Dividenden der Investitionstätigkeit und gezahlte Zinsen der Finanzierungstätigkeit zugeordnet werden (DRS 2.39). Entsprechendes gilt für gezahlte Ertragsteuern, die ausnahmsweise einem der anderen beiden Bereiche zugeordnet werden können, wenn sie eindeutig zu einem Geschäftsvorfall dieser Tätigkeitsbereiche gehören (DRS 2.42)[1075]. In der Literatur wird dieses Wahlrecht z.T. kritisiert, da es den Vergleich von Unternehmen

---

1072 Vgl. *v. Wysocki*, Kapitalflußrechnung, S. 24.
1073 In Abweichung zu den international anerkannten Regelwerken sollen gemäß DRS 2.51 Zahlungen an bzw. von Minderheitsgesellschaftern in der KFR oder im Rahmen der ergänzenden Angaben im Anh. gesondert ausgewiesen werden.
1074 Vgl. *Gebhardt*, BB 1999, S. 1320.
1075 FASB ASC Topic 230 eröffnet ein solches Wahlrecht dagegen nicht.

Kapitalflussrechnung

erschwere und materiell nicht gerechtfertigt sei[1076]. Dagegen kann mit der Möglichkeit einer Zuordnung von erhaltenen Zinsen und Dividenden zum Investitionsbereich in der KFR besser berücksichtigt werden, dass Finanzinvestitionen einen anderen Charakter als das „normale" Geschäft des Unternehmens haben können. Auch die Zuordnung von Steuerzahlungen zu einem anderen Bereich als der gewöhnlichen Geschäftstätigkeit ist zweckmäßig, sofern sie einem Zahlungsstrom aus diesem Bereich eindeutig zurechenbar sind. Als Beispiel können Veräußerungsgewinne aus Anlageverkäufen angeführt werden[1077].

7. Bereinigung um zahlungsunwirksame Veränderungen des Finanzmittelfonds

Um ein den tatsächlichen Verhältnissen entsprechendes Bild der Finanzlage zu vermitteln, darf eine Finanzrechnung nicht von Periodisierungen und Bewertungen beeinflusst werden. Entscheidend ist, zu welchem Zeitpunkt dem Unternehmen Liquidität durch Auszahlungen entzogen worden und durch Einzahlungen zugeflossen ist[1078]. 827

Der Finanzmittelfonds, soweit er ausschließlich aus liquiden Mitteln besteht, unterliegt weder Periodisierungs- noch Bewertungseinflüssen. Soweit Zahlungsmitteläquivalente enthalten sind, können **Bewertungsänderungen** auftreten (vgl. DRS 2.20). Sofern Zahlungsmittel oder Zahlungsmitteläquivalente auf Fremdwährungen lauten, unterliegt die Bestandsänderung in Konzernwährung den **Wechselkursveränderungen** (vgl. DRS 2.21). Durch Wert- und Wechselkursänderung können Veränderungen des Finanzmittelfonds vom Anfang zum Ende der Periode in Konzernwährung entstehen, die jedoch nicht auf Zahlungsvorgängen beruhen. Diese nichtzahlungswirksamen Veränderungen sind in der Darstellung der Entwicklung des Finanzmittelfonds ebenso wie die konsolidierungskreisbedingten Änderungen gesondert anzugeben (DRS 2; Anlage). Nicht zahlungswirksame, bewertungsbedingte Änderungen des Finanzmittelfonds entstehen z.B., wenn im Fonds Wertpapiere enthalten sind, die zum Abschlussstichtag abgewertet wurden. Wechselkursbedingte Änderungen werden ermittelt, indem die Zahlungsmittelbestandsveränderung in Fremdwährung ermittelt und mit dem Durchschnittskurs umgerechnet wird. Dem wird die Differenz des Zahlungsmittelbestands zu Anfang und am Ende der Periode in Konzernwährung gegenübergestellt. Der Saldo beider Beträge ist die wechselkursbedingte Änderung. Diese Entwicklungen sind für jeden Bestand an Zahlungsmitteln in Fremdwährung getrennt zu ermitteln. Insb. in internationalen Konzernen können die Beträge erheblich sein, da die Zahlungsmittelbestände der ausländischen (außerhalb des Euro-Raums) TU in den Konzernfinanzmittelfonds eingehen. 828

8. Wechselkurseinflüsse auf die Darstellung der Cashflows

DRS 2.22 legt fest, dass Zahlungsvorgänge in anderen Währungen als in der Berichtswährung des Konzerns grds. mit dem zum Zahlungszeitpunkt gültigen Transaktionskurs in die Berichtswährung umzurechnen sind. DRS 2.22 lässt vereinfachend auch die Umrechnung mit gewogenen **Periodendurchschnittskursen** zu. „Die Umrechnung mit Periodendurchschnittskursen sollte immer dann Anwendung finden, wenn hierdurch keine erheblichen Unterschiedsbeträge gegenüber einer Umrechnung zu Tageskursen entstehen. Dies setzt v.a. voraus, dass die Zahlungsströme kontinuierlich während des GJ anfallen."[1079] Sofern die KFR aus dem KA abgeleitet wird, liegen bereits umgerechnete 829

1076 Vgl. bspw. *Amen*, WPg 1995, S. 505.
1077 Vgl. *Jakoby/Maier/Schmechel*, WPg 1999, S. 228.
1078 Vgl. *Förschle/Kroner* in BeBiKo[7], § 297, Rn. 52.
1079 *Plein*, WPg 1998, S. 14-15.

Werte zugrunde. Dann muss jedoch beachtet werden, dass bei der indirekten Darstellung der Cashflows aus laufender Geschäftstätigkeit aus der Veränderung der Aktiva und Passiva die wechselkursbedingten Änderungen zu eliminieren sind. Ihre Höhe hängt von den im KA verwandten Wechselkursen[1080] ab. Sofern Wechselkurseinflüsse erfolgswirksam erfasst wurden, müssen diese Beträge ebenfalls korrigiert werden.

830 Zusätzlich zu den wechselkursbedingten Wertänderungen des Finanzmittelfonds (wechselkursbedingte Fondsänderung) entstehen bei der derivativen Methode zahlungsunwirksame Differenzen aus der Währungsumrechnung durch die wechselkursbedingte Änderung der Bilanzposten. Wechselkursbedingte Änderungen des Anfangsbestands ergeben sich bspw., wenn sich der Vorratsbestand aufgrund einer Umrechnung mit dem (gesunkenen) Stichtagskurs verringert. Obwohl in Landeswährung keine Bestandsveränderung stattgefunden hat, kann sich der entsprechende Bestandsposten somit in Konzernwährung ändern. In solchen Fällen sind Korrekturrechnungen erforderlich, die eine zumindest näherungsweise Eliminierung der durch die Änderung der Umrechnungskurse induzierten „Bestandsänderungen" gewährleisten[1081].

831 Zur Eliminierung der wechselkursbedingten Bestandsänderungen müssen zunächst die Bestandsveränderungen der einzelnen Bilanzpositionen in der Berichtswährung des TU ermittelt werden. Die Bestandsveränderungen lassen sich aus den Konzernpackages der TU errechnen. Der errechnete Betrag[1082] wird anschließend (bei Anwendung der Vereinfachungsregel, vgl. Tz. 829) zum Periodendurchschnittskurs in die Konzernwährung umgerechnet. Die so ermittelten Beträge werden addiert und der aus der Konzernbilanz ermittelten Differenz des Bestandes in Konzernwährung zu Anfang und am Ende der Periode gegenübergestellt. Der Saldo aus beiden Beträgen ist die wechselkursbedingte Differenz. Die Differenz zwischen diesen beiden Berechnungen stellt den Effekt aus der Wechselkursänderung dar. Die Eliminierung der währungsbedingten Bestandsveränderungen ist allerdings nur dann mit dieser Berechnung beendet, wenn es im Berichtsjahr keine internen Leistungsbeziehungen zwischen TU und MU gegeben hat[1083].

832 Auf die Problematik von Währungen von **Hochinflationsländern** oder von Ländern mit ausgeprägten politischen Risiken sowie auf die Handelsintensität der Währungen wird weder in DRS 2 noch in den international anerkannten Standards zur KFR eingegangen, obwohl Finanzmittelbestände in solchen Währungen mit erheblichen Wertänderungsrisiken verbunden sein können. Somit ist nicht geklärt, ob alle Fremdwährungen oder z.B. nur auf aktiven Märkten gehandelte stabile Währungen in den Finanzmittelfonds einbezogen werden dürfen[1084]. Auch wenn DRS 2 dies nicht vorsieht, erscheint zumindest ein gesonderter Ausweis bspw. in Form einer grob segmentierten Ergänzungsrechnung sinnvoll[1085].

IX. Eigenkapitalspiegel

833 Der Eigenkapitalspiegel ist ein Pflichtbestandteil des KA (§ 297 Abs. 1 S. 1 HGB). Regelungen zu den notwendigen Angaben im Eigenkapitalspiegel enthält das Gesetz nicht.

1080 Vgl. zur Fremdwährungsumrechnung Tz. 276.
1081 Vgl. DRS 2.20; *Förschle/Kroner* in BeBiKo[7], § 297, Rn. 72-74 und *v. Wysocki* in Dörner, Reform, S. 479.
1082 Dieser stellt die Volumenänderung dar.
1083 Vgl. *Plein*, WPg 1998, S. 14/15.
1084 Vgl. *Gebhardt*, BB 1999, S. 1315.
1085 Vgl. *Busse v. Colbe* in HWR[3], Sp. 1081/1083.

Eigenkapitalspiegel M

Diese gesetzliche Lücke wird durch den Deutschen Rechnungslegungsstandard **(DRS) Nr. 7 „Konzerneigenkapital und Konzerngesamtergebnis"** ausgefüllt.

Ziel des Eigenkapitalspiegels ist es, durch eine systematische Darstellung der Entwicklung des Konzerneigenkapitals und des Konzerngesamtergebnisses zur Informationsverbesserung beizutragen (DRS 7.1). Hierbei wird die Entwicklung des EK des MU gesondert von der Entwicklung des EK der Minderheitsgesellschafter abgebildet. 834

Der Konzerneigenkapitalspiegel hat die in DRS 7.7 und die in der Anlage zu DRS 7 dargestellten Posten zu enthalten (DRS 7.6). Nach DRS 7.7 ist die Veränderung der folgenden Posten des Konzerneigenkapitalspiegels darzustellen: 835

	Gezeichnetes Kapital des MU
–	Nicht eingeforderte ausstehende Einlagen des MU
+	Kapitalrücklage
+	Erwirtschaftetes Konzerneigenkapital
–	Eigene Anteile
+	Kumuliertes übriges Konzernergebnis, soweit es auf die Gesellschafter des MU entfällt
=	EK des MU gem. Konzernbilanz
+	EK der Minderheitsgesellschafter – davon: Minderheitenkapital – davon: Kumuliertes übriges Konzernergebnis, soweit es auf Minderheitsgesellschafter entfällt
=	Konzerneigenkapital

Ist das MU keine KapGes., so sind die betreffenden Posten des Konzerneigenkapitals entspr. anzupassen (DRS 7.8).

Der Posten „eingeforderte ausstehende Einlagen des MU" entspricht § 272 Abs. 1 S. 3 HGB.

Für die Zusammensetzung des Postens **Kapitalrücklage** des MU gelten § 272 Abs. 2 HGB, §§ 150 ff. AktG (Höhe, Entnahme, Einstellung in die Kapitalrücklage), §§ 229, 240 AktG (Kapitalherabsetzung), § 237 Abs. 5 AktG (Einziehung von Aktien), § 232 AktG (zu hoch angenommene Verluste) sowie die §§ 26 ff. und 42 Abs. 2, 58a ff. GmbHG. 836

Das „**erwirtschaftete Konzerneigenkapital**" wird aus dem Konzernjahresüberschuss/-fehlbetrag des GJ bzw. früherer GJ gebildet (Gewinnrücklagen, Ergebnisvortrag und Jahresüberschuss/-fehlbetrag). Dazu gehören auch die kumulierten einbehaltenen Jahresüberschüsse der TU seit deren Einbeziehung in den KA sowie die kumulierten Beträge aus ergebniswirksamen Konsolidierungsvorgängen. Im internationalen Kontext werden diese Eigenkapitalkomponenten als „Retained Earnings" bezeichnet[1086]. 837

Dagegen enthält der Posten „**kumuliertes übriges Konzernergebnis**" den Saldo der Veränderungen des Konzerneigenkapitals der vorhergehenden GJ und des laufenden GJ, die nicht ergebniswirksam zu erfassen sind und die nicht auf Ein- und Auszahlungen auf der Ebene der Gesellschafter beruhen. Das übrige Konzernergebnis umfasst z.B. die Eigenkapitaldifferenz aus der Fremdwährungsumrechnung (§ 308a HGB) und andere erfolgsneutrale Transaktionen. Die Voraussetzungen für eine ergebniswirksame Erfassung (re- 838

1086 Vgl. *Förschle/Kroner* in BeBiKo[7], § 297, Rn. 107.

cycling) des kumulierten übrigen Konzernergebnisses werden nicht durch DRS 7 geregelt, sondern ergeben sich aus den einschlägigen handelsrechtlichen Bestimmungen und aus den jeweiligen Regelungen in anderen DRS[1087].

839 Erfolgsneutrale Effekte zur Erfassung der Auswirkungen aus der **Anwendung neuer Gesetze** (z.B. Art. 67 EGHGB zu Übergangsvorschriften zum BilMoG) fallen bei wörtlicher Auslegung des DRS 7 ebenfalls unter den Posten „kumuliertes übriges Konzernergebnis". Sachgerecht ist jedoch der Ausweis unter dem Posten „erwirtschaftetes Konzerneigenkapital", da diese Effekte ohne die entsprechenden Sonderregelungen ergebniswirksam zu erfassen wären[1088].

840 Der Posten „Eigene Anteile" enthält auch sog. Rückbeteiligungen (DRS 7.13)[1089].

841 In Bezug auf das **Eigenkapital der Minderheitsgesellschafter** wird zwischen dem „Minderheitskapital" und dem auf diese Gesellschafter entfallenden „kumulierten übrigen Konzernergebnis" unterschieden.

842 Darüber hinaus sind **ergänzende Angaben** bzgl. des Ausschüttungspotenzials (zur Verfügung stehender Betrag, Ausschüttungssperren) sowie zu den wesentlichen übrigen Veränderungen des Konzerneigenkapitals und des Konzernergebnisses notwendig (vgl. DRS 7.15). Diese Angaben können innerhalb des Konzerneigenkapitalspiegels oder alternativ im KAnh. vorgenommen werden[1090].

X. Segmentberichterstattung

1. Grundlagen

843 Der KA besteht aus der Konzernbilanz, der Konzern-GuV, dem KAnh., der KFR und dem Eigenkapitalspiegel (§ 297 Abs. 1 S. 1 HGB). Er kann um eine **Segmentberichterstattung** (SegBE)[1091] erweitert werden (§ 297 Abs. 1 S. 2 HGB).

844 Der Gesetzgeber verzichtete bewusst auf eine gesetzliche Festlegung der einzelnen Voraussetzungen und Ausgestaltungsregeln, sondern überließ diese Aufgabe dem DRSC[1092], dessen Standardisierungsrat den Deutschen Rechnungslegungsstandard **(DRS) Nr. 3 „Segmentberichterstattung"** verabschiedet hat.

845 KI haben zudem DRS 3-10 und VU DRS 3-20 zu beachten.

Da sich die Gewinnspannen, die Risiken und die Wachstumsaussichten einzelner Unternehmensbereiche stark unterscheiden können, lässt die für die GuV vorgeschriebene **Ergebnisspaltung** nach Funktionen (Betriebsergebnis, Finanzergebnis) und nach Regelmäßigkeit der Erfolgsströme (ordentliches, außerordentliches Ergebnis) keine Aussagen über Erfolgs- und Risikopotenziale einzelner Bereiche zu. Durch die SegBE werden die gerade bei diversifizierten Unternehmen problematischen Aggregationen in Bilanz und GuV zumindest partiell wieder rückgängig gemacht, was differenziertere Rückschlüsse

---

1087 Vgl. ADS International, Abschn. 22, Tz. 206.
1088 Vgl. ADS International, Abschn. 22, Tz. 206; *Förschle/Kroner* in BeBiKo[7], § 297, Rn. 111.
1089 Vgl. Tz. 240.
1090 So auch *Förschle/Kroner* in BeBiKo[7], § 297, Rn. 120.
1091 Als Segment kann „jede isolierbare Untereinheit (Produktgruppe, Geschäftszweig, profit center etc.) innerhalb einer diversifizierten Wirtschaftseinheit (Unternehmung, Konzern)" verstanden werden; vgl. *Haase*, BFuP 1979, S. 455.
1092 Vgl. BT-Drs. 13/10038, S. 44.

auf die Vermögens-, Finanz- und Ertragslage sowie die Risikosituation der einzelnen Unternehmensbereiche überhaupt erst ermöglicht[1093].

Empirische Untersuchungen zur freiwilligen Veröffentlichung von Segmentberichten durch deutsche Unternehmen haben gezeigt, dass das Bedürfnis der externen Adressaten nach zusätzlichen Informationen von den bilanzierenden Unternehmen zunehmend berücksichtigt wird[1094] und dass die Quantität und Qualität der SegBE beständig zugenommen hat[1095]. Angesichts der Entscheidungsrelevanz der durch die SegBE zur Verfügung gestellten Informationen[1096] und der stärkeren Fokussierung auf die **Informationsfunktion** des KA ermöglicht die SegBE den Investoren die Beurteilung, welchen Erfolgsbeitrag die einzelnen Segmente liefern und ob mit einer Diversifikation in verschiedene Geschäftszweige der Gesamtertrag bzw. der Unternehmenswert gesteigert wird[1097].

Zur Segmentabgrenzung hat sich inzwischen der *management approach* durchgesetzt. Dieser legt die Struktur der internen Steuerung als Basis für die externe SegBE zugrunde und führt daher zu einer Konvergenz zwischen interner und externer Berichterstattung[1098]. Diesem Ansatz folgt grds. auch DRS 3. **846**

Durch den *management approach* soll den Adressaten der externen Rechnungslegung der Blick auf das Unternehmen aus der Perspektive des Managements ermöglicht werden[1099]. Man geht dabei davon aus, dass die Unternehmensleitung i.d.R. die beste Informationsbasis besitzen müsste, „um das Unternehmen in einzelne Segmente einzuteilen, den Ressourcenverbrauch aufzuteilen und die Leistung eines Segments abzubilden, mit dem Ziel, entscheidungsrelevante Informationen zu gewinnen"[1100]. Da für das Management entscheidungsrelevante Informationen auch für externe Adressaten entscheidungsrelevant sein müssten, kann die Konvergenz zwischen interner und externer Berichterstattung als Hauptvorteil des *management approach* angesehen werden. **847**

Der *management approach* gewährleistet hinsichtlich der **intersubjektiven Nachprüfbarkeit** ein hohes Maß an Objektivität, da das Management nicht die Möglichkeit hat, in der SegBE von der ursprünglich eingerichteten internen Berichterstattung abzuweichen. Dies schließt zwar nicht aus, dass intern nach unzweckmäßigen Kriterien segmentiert wird und dies die Berichterstattung nach außen beeinflusst. Es wird aber verhindert, dass für die externe Berichterstattung ggf. verschleiernde Modifikationen vorgenommen werden können[1101]. Beim *management approach* ist eine bilanzpolitisch motivierte Veränderung der SegBE somit unwahrscheinlich[1102]. **848**

Der *management approach* hat die **intertemporäre Vergleichbarkeit** und Kontrolle der Segmente eines Unternehmens zum Ziel[1103]. Damit dieses Ziel erreicht wird, kommt dem Grundsatz der Stetigkeit bei diesem Ansatz eine besonders hohe Bedeutung zu. Eine **849**

1093 Vgl. *Haller/Park*, ZfbF 1994, S. 499; *Husmann*, WPg 1997, S. 349/352; *Fey/Mujkanovic*, DBW 1999, S. 262 und *Küting/Pilhofer*, DStR 1999, S. 559.
1094 Vgl. *Bernards*, DStR 1995, S. 1366.
1095 Vgl. die empirischen Ergebnisse bei Husmann, WPg 1998, S. 816.
1096 Vgl. die entsprechenden Ergebnisse einer empirischen Untersuchung: AICPA (1994).
1097 Vgl. *Böcking*, in Dörner, Reform, S. 509/512.
1098 Vgl. *Böcking*, in Dörner, Reform, S. 509/522.
1099 Vgl. *Husmann*, WPg 1998, S. 822 und *Küting/Pilhofer*, DStR 1999, S. 562.
1100 *Böcking/Benecke*, WPg 1998, S. 97.
1101 Vgl. *Böcking*, in Dörner, Reform, S. 509/524.
1102 Vgl. *Husmann*, WPg 1998, S. 820.
1103 Vgl. *Husmann*, WPg 1998, S. 821.

Umstrukturierung der internen Berichterstattung und damit auch der Segmente erfordert somit auch entspr. angepasste Segment-Informationen für vergangene Berichtsperioden[1104].

2. Segmentberichterstattung nach DRS 3

850 Unternehmen, die freiwillig eine SegBE erstellen, sollen DRS 3 beachten (DRS 3.4).

a) Segmentierungsgrundsätze

851 Gemäß DRS 3.9 hat die Segmentierung primär anhand **operativer Segmente** zu erfolgen. Diese sind zum einen durch die Entfaltung von geschäftlichen Tätigkeiten, „die potenziell oder tatsächlich zu externen bzw. intersegmentären Umsatzerlösen führen", zum anderen durch eine regelmäßige Überwachung durch die Unternehmensleitung charakterisiert (DRS 3.8).

852 Hinsichtlich der Definition von operativen Segmenten müssen nach DRS 3.8 auch Segmente in der SegBE erfasst werden, die ihre Leistungen ausschließlich oder überwiegend an andere operative Segmente abgeben (**vertikal integrierte Segmente**). Zur Schaffung einer größeren Transparenz sind gemäß DRS 3.45 die Grundlagen zur Bestimmung der **Verrechnungspreise** anzugeben. Dies ist gerade bei der Verwendung nicht marktgerechter Preise von großer Bedeutung, da ansonsten der Verteilungsmodus zwischen den Segmenten nicht nachvollziehbar wäre und damit eventuelle Quersubventionierungen nicht erkennbar würden[1105].

853 Die Segmente sind nur dann getrennt anzugeben, wenn sie eine bestimmte Wesentlichkeit erreichen. DRS 3.15 sieht vor, dass ein operatives Segment dann anzugeben ist, „wenn

– seine Umsatzerlöse mit externen Kunden und mit anderen Segmenten mindestens 10% der gesamten externen und intersegmentären Umsatzerlöse ausmachen oder
– sein Ergebnis mindestens 10% des zusammengefassten Ergebnisses aller operativen Segmente mit positivem Ergebnis oder aller operativen Segmente mit negativem Ergebnis beträgt, wobei der jeweils größere Gesamtbetrag zugrunde zu legen ist, oder
– sein Vermögen mindestens 10% des gesamten Vermögens aller operativen Segmente ausmacht."

854 Das **Unterschreiten** dieser 10%-Regeln[1106] bedeutet allerdings nicht, dass ein operatives Segment im Rahmen der SegBE nicht angegeben werden darf. DRS 3.16 eröffnet die Möglichkeit, ein solches Segment anzugeben, wenn dadurch die Klarheit und Übersichtlichkeit der SegBE nicht beeinträchtigt wird. Dies gilt auch für Segmente, die in der vorangegangenen Periode noch zu den anzugebenden Segmenten zählten und denen von der Konzernleitung weiterhin wesentliche Bedeutung beigemessen wird (DRS 3.17).

855 Wenn die den anzugebenden Segmenten zuzuordnenden externen Umsatzerlöse insgesamt **weniger als 75%** der gesamten konsolidierten Umsatzerlöse des Unternehmens ausmachen, besteht die Pflicht, zusätzliche, nach den 10%-Regeln nicht getrennt anzuge-

---

1104 Vgl. *Böcking*, in Dörner, Reform, S. 509/526.

1105 Vgl. *Böcking/Benecke*, WPg 1998, S. 92 und *Böcking*, in Dörner, Reform, S. 509/525. Die in E-DRS 3 noch enthaltene Soll-Vorschrift, nach der den Verrechnungspreisen zwischen den Segmenten nach Möglichkeit Marktbedingungen zugrunde gelegt werden sollen, wurde in DRS 3 nicht übernommen.

1106 Diese sind auch in IFRS 8.13 und FASB ASC Topic 280-10-50-12 enthalten und stellen ein international allgemein akzeptiertes Maß zur Abgrenzung von anzugebenden und nicht getrennt anzugebenden Segmenten dar; vgl. *Fey/Mujkanovic*, DBW 1999, S. 268.

Segmentberichterstattung M

bende operative Segmente zu berücksichtigen, bis mindestens 75% der gesamten Umsatzerlöse durch die berichtspflichtigen Segmente aufgegliedert werden (DRS 3.12)[1107].

Umgekehrt besteht die Möglichkeit, ein gemäß der 10%-Regeln anzugebendes Segment nicht anzugeben, wenn das **Überschreiten** der Größenkriterien voraussichtlich einmalig und auf außergewöhnliche Umstände zurückzuführen ist (DRS 3.18). 856

DRS 3.8 unterscheidet anzugebende operative Segmente und sonstige operative Segmente, die von den anzugebenden operativen Segmenten **negativ abgegrenzt** sind. Während für jedes anzugebende Segment gesonderte Angaben gemäß DRS 3.25 erforderlich sind, werden diese Angaben für die sonstigen Segmente zusammengefasst (DRS 3.29). 857

Im Regelfall hat sich die Segmentabgrenzung an der **internen Organisations- und Berichtsstruktur** zu orientieren und folgt daher dem *management approach* (DRS 3.9 und 10). Es wird ausdrücklich unterstellt, dass die interne Strukturierung auf die unterschiedlichen Chancen und Risiken der Aktivitäten des Unternehmens abstellt. Dies ist allerdings nicht verpflichtend, so dass auch eine von den Chancen und Risiken abw. Segmentierung denkbar ist. Allerdings erfordert die Zusammenfassung von Geschäftsfeldern mit unterschiedlichen Chancen und Risiken innerhalb eines Segments zusätzliche Angaben und muss begründet werden (DRS 3.28). 858

DRS 3.10 geht davon aus, dass sich i.d.R. entweder eine **produktorientierte oder eine geografische Segmentierung** ergeben wird. In DRS 3.8 wird ein produktorientiertes Segment definiert als „eine Teileinheit eines Unternehmens, das anhand gleicher oder ähnlicher Produkte oder Dienstleistungen abgegrenzt werden kann". Hierzu gehören auch nach Kundengruppen abgegrenzte Segmente. Als geografisches Segment bezeichnet DRS 3.8 „eine Teileinheit eines Unternehmens, die nach einem spezifischen regionalen Umfeld abgegrenzt werden kann". Bei der geographischen Segmentierung ist sowohl eine Ausrichtung an den Absatzmärkten *(market locations)* als auch eine Ausrichtung an den Standorten der Aktiva *(operating locations)* möglich. Während die Orientierung an den Absatzmärkten auf die Beurteilung der Ertragsstruktur eines Unternehmens abzielt, lässt die Orientierung an den Standorten der Aktiva Schlüsse über die Aufwandsentwicklung im jeweiligen Segment zu[1108]. 859

Eine Abweichung von diesen beiden Segmentierungsalternativen ist möglich, wenn die interne Strukturierung des berichtenden Konzerns anders aufgebaut ist[1109]. DRS 3.11 verlangt von der Unternehmensleitung, sich bei der externen SegBE für eine Segmentierung zu entscheiden, wenn in der internen Organisations- und Berichtsstruktur mehrere Segmentierungen bestehen. Diese Entscheidung hat in Übereinstimmung mit dem *risk-and-reward approach* zu erfolgen, d.h. eine Orientierung an der Chancen- und Risikostruktur des Unternehmens ist nach DRS 3.11 verpflichtend. 860

Schließlich ermöglicht DRS 3.13 die Zusammenfassung anzugebender operativer Segmente, sofern diese im Verhältnis zueinander **homogene Chancen und Risiken** aufweisen. Beispiele, in welchen Fällen von einer solchen Homogenität auszugehen ist, finden sich für produktorientierte und geografische Segmente in DRS 3.8 i.V.m. DRS 3.14. 861

1107 Diese Regelung entspricht IFRS 8.15 und FASB ASC Topic 280-10-50-14.
1108 Vgl. *Fey/Mujkanovic*, DBW 1999, S. 267.
1109 Allerdings sind auch hier gemäß DRS 3.38 zusätzliche Angaben erforderlich.

b) Kongruenz der Segmentdaten mit den Bilanz- und GuV-Daten

862 Die SegBE ist gemäß DRS 3.20 ausdrücklich Teil des KA. Daraus wird abgeleitet, dass eine **Kongruenz** der anzuwendenden Bilanzierungs- und Bewertungsnormen in allen Konzernabschlussbestandteilen einschließlich der SegBE zwingend gewährleistet werden muss. Der Segmentbericht muss daher auf Bilanz- und GuV-Daten aufbauen, da die segmentierten Daten zur Erläuterung von Bilanz und GuV dienen[1110]. Es ist demzufolge nicht zulässig, z.b. kalkulatorische Kosten in die einzelnen zu segmentierenden KA-Posten einzubeziehen. Zusätzlich verlangt DRS 3.37 Überleitungsrechnungen, um die Daten im Segmentbericht den korrespondierenden Posten des KA zuordnen zu können. In diesem Punkt wird vom *management approach* abgewichen, da die Unternehmen unabhängig von der internen Vorgehensweise zur Anwendung einheitlicher und mit dem KA übereinstimmender Rechnungslegungsmethoden für alle Segmente gezwungen werden. IFRS 8.25 sowie FASB ASC Topic 280-10-50-27 verzichten dagegen auf das Kongruenzerfordernis, was eine konsequentere Anwendung des *management approach* darstellt. Hierdurch können Abweichungen zwischen den intern und den im KA verwandten Rechnungslegungsmethoden auftreten, welche allerdings ausführlich erläutert und/oder durch mehrere Überleitungsrechnungen transparent gemacht werden müssen (FASB ASC Topic 280-10-50-29 und; IFRS 8.27 f.)[1111].

863 DRS 3.22 verlangt, dass die für die Segmente ausgewiesenen Vermögens- und Schuldposten sowie die Aufwendungen und Erträge miteinander korrespondieren. Die Posten der Bilanz und der GuV müssen dem jeweiligen Segment allerdings nicht unmittelbar zurechenbar sein, sondern es genügt, wenn die Rechengrößen mit Hilfe eines **sachgerechten Schlüssels** und auf eine für Dritte nachvollziehbare Weise auf die Segmente verteilt werden können. Zweifellos ergibt sich durch diese in DRS 3.23 vorgesehene Vereinfachung ein nicht unbeträchtlicher Spielraum bei den bei der SegBE offenzulegenden Daten[1112].

864 Bei der Festlegung des **Segmentergebnisses** orientiert sich DRS 3.24 dagegen wieder tendenziell am *management approach*, da das berichtende Unternehmen das Segmentergebnis u.a. unter Berücksichtigung geschäftszweigspezifischer Besonderheiten selbst definieren kann. Somit kommen als Segmentergebnis nicht nur das Betriebsergebnis oder das Ergebnis der gewöhnlichen Geschäftstätigkeit gemäß HGB, sondern bspw. auch das Ergebnis vor Zinsen und Steuern (EBIT) in Betracht. Derartige Ergebnisdefinitionen laufen der Zielsetzung der zwischenbetrieblichen Vergleichbarkeit zuwider[1113]; die gemäß DRS 3.44 notwendige Angabe der Segmentergebnisdefinition schafft aber eine ausreichende Transparenz.

c) Angabe- und Erläuterungspflichten

865 Die in DRS 3.25 ff. festgelegten Angabepflichten stimmen im Wesentlichen mit den entsprechenden internationalen Regelungen in IFRS 8 und FASB ASC Topic 280 überein. Die folgende Tabelle fasst die Pflichtangaben unter Angabe der entsprechenden Textziffern des DRS 3 zusammen.

1110 Vgl. *Haller/Park*, ZfbF 1994, S. 510.
1111 Vgl. hierzu auch *Böcking/Benecke*, WPg 1998, S. 106; *Fink/Ulbrich*, DB 2007, S. 981/983.
1112 Vgl. *Naumann*, BB 1999, S. 2290. Die Grundsätze etwaiger Aufteilungen gemeinsam genutzter Vermögenswerte und von zugeordneten Schulden sind gemäß DRS 3.44 zu erläutern.
1113 Vgl. dazu kritisch IDW, das ein vordefiniertes Segmentergebnis für zwingend erforderlich hält; vgl. Stellungnahme des IDW zum Entwurf eines Deutschen Rechnungslegungsstandards Nr. 3 (E-DRS 3) „Segmentberichterstattung" vom 22.10.1999, WPg, S. 892.

Segmentberichterstattung

Angabepflichten gemäß DRS 3[1114]	Tz.
Produkte und Dienstleistungen je Segment	27
Produktorientierte Daten (in Summe) im Falle einer nicht produktorientierten Segmentierung	38
Falls keine geografische Segmentierung, Mindestangaben für unternehmensrelevante geografische Regionen	39, 40
Umsatzerlöse mit Dritten	31a
Intersegmentäre Umsätze	31a
Umsatzerlöse mit Großkunden	42
Nicht zahlungswirksame Aufwendungen (außer Abschreibungen)	31b
Abschreibungen	31b
Zinserträge und Zinsaufwendungen[1115]	32, 33
Aufwendungen und Erträge aus Ertragsteuern	33, 34
Ergebnis aus Beteiligungen an assoziierten Unternehmen	31b
Erträge aus sonstigen Beteiligungen des Segments	31b
Segmentergebnis und dessen Definition	31b/44
Investitionen in das langfristige Segmentvermögen	31d
Segmentvermögen einschließlich der Beteiligungen	31c
Segmentschulden	31e
Überleitungsrechnungen zum KA	37
Grundlagen zur Bestimmung der Verrechnungspreise für intersegmentäre Transfers	45
Anpassungen der Vorjahresdaten bei Durchbrechung des Stetigkeitsgrundsatzes	47

Erläuterungspflichten gemäß DRS 3	Tz.
Beschreibung jedes anzugebenden Segments	25, 26
Bestimmungsfaktoren der Segmentabgrenzung und Segmentaggregation	25, 26
Zusammenfassung von Geschäftsfeldern mit verschiedenen Chancen und Risiken innerhalb eines Segments	28
Zusammensetzung aller angegebenen Segmentbeträge	44
Aufteilungen gemeinsam genutzter Vermögenswerte und zugeordneter Schulden	44
Wesentliche Überleitungsposten im Rahmen der Überleitungsrechnungen zum JA	37
Gründe für die Durchbrechung des Stetigkeitsgrundsatzes	47
Wesentliche Posten im Zusammenhang mit dem Wegfall eines Segments	48

In DRS 3.36 wird die Angabe des **Cashflow** aus laufender Geschäftstätigkeit je Segment empfohlen.

d) Stetigkeitsgrundsatz

Da DRS 3 im Wesentlichen dem *management approach* folgt, ist die in DRS 3.46 geforderte Stetigkeit der SegBE von allergrößter Bedeutung. Diese ist nicht nur bei der Segmentierung und der Bestimmung der anzugebenden Segmente, sondern auch bei der Darstellung des Segmentberichts zu gewährleisten[1116]. **866**

Bei einer (nur in Ausnahmefällen zulässigen) Methodenänderung bei der SegBE sind die Daten der **Vorperiode** entspr. anzupassen. Haben sich bspw. aufgrund einer Konsolidierungsänderung Modifikationen in der Segmentstruktur ergeben, so ist bei der SegBE diese **867**

1114 Gemäß DRS 3.43 sind die Informationen für den Berichtszeitraum und die entsprechende Vorperiode anzugeben. Dies gilt auch für erstmalig anzugebende Segmente (DRS 3.30).
1115 Vgl. allerdings die Einschränkung in DRS 3.35.
1116 So ausdrücklich noch E-DRS 3.45.

Segmentstruktur auch der Vorperiode zugrunde zu legen. Die zusätzliche Angabe der tatsächlichen Vorjahresdaten wird von DRS 3 zwar nicht verlangt, ist aber im Hinblick auf die Informationsfunktion der SegBE zweckmäßig[1117].

868 Im Falle einer Durchbrechung der Stetigkeit lässt DRS 3 keine Ausnahmen von der Pflicht zur Anpassung der Vorjahresdaten zu, was die intertemporäre Vergleichbarkeit auch bei der Vornahme von Methodenänderungen sicherstellt.

869 Zusätzlich zu den Anpassungen der Vorjahreszahlen hat das MU die Durchbrechung der Stetigkeit zu erläutern und die Gründe hierfür offen zu legen (DRS 3.47).

XI. Konzernlagebericht

1. Grundsatz

870 **Aufgabe** des KLB ist es, den Adressaten entscheidungsrelevante und verlässliche Informationen zur Verfügung zu stellen, die es ihnen ermöglichen, sich ein zutreffendes Bild von Geschäftsverlauf und Lage des Konzerns zu machen. Dabei soll der KLB nicht nur über Vergangenes berichten, sondern auch über wesentliche, den künftigen Geschäftsverlauf bestimmende Chancen und Risiken informieren. Dem KLB ist somit eine umfassendere Aufgabe gestellt als dem KAnh., der sich darauf beschränkt, Angaben in Konzernbilanz und Konzern-GuV zu erläutern, zu ergänzen und ggf. zu ersetzen. Der KLB ist jedoch im Gegensatz zum KAnh. **kein Bestandteil** des KA.

871 Ein KLB ist gem. § 290 Abs. 1 HGB von **allen MU** aufzustellen, die der Konzernrechnungslegungspflicht nach den §§ 290 ff. HGB unterliegen[1118]. Dies gilt auch dann, wenn an der Spitze des **publizitätspflichtigen Konzerns** eine Personenhandelsgesellschaft oder ein Einzelkaufmann steht, die (der) kraft Rechtsform nicht zur Aufstellung eines LB für ihren (seinen) JA verpflichtet ist[1119]. Ebenfalls gilt dies, wenn anstelle eines HGB-KA ein IFRS-KA aufgestellt wird (§ 315a HGB).

872 Zum Inhalt des KLB enthält **§ 315 HGB** die gesetzlichen Mindestanforderungen, die durch DRS 15 weiter konkretisiert werden. Der KLB hat durch Erweiterungen der Berichtspflichten als Instrument der Berichterstattung kapitalmarktorientierter Unternehmen weiter an Bedeutung gewonnen. Hervorzuheben sind

– Angaben zur Einschätzung von Übernahmehindernissen (§ 315 Abs. 4 HGB)
– Versicherung der gesetzlichen Vertreter zur Darstellung der tatsächlichen Verhältnisse sowie der Chancen und Risiken („Bilanzeid") (§ 315 Abs. 1 S. 6 HGB)
– Angaben zu den Grundzügen des Vergütungssystems (§ 315 Abs. 2 Nr. 4 HGB)

873 Durch das **BilMoG** wurden die Berichtspflichten außerdem erweitert um Angaben zum internen Kontroll- und Risikomanagementsystem im Hinblick auf den Konzernrechnungslegungsprozess (§ 315 Abs. 2 Nr. 5 HGB), sofern ein kapitalmarktorientiertes Unternehmen zum Konsolidierungskreis gehört[1120].

1117 Diese sog. Drei-Spalten-Form wird auch von *IDW ERS HFA 44*, Tz. 15 für die Herstellung der Vergleichbarkeit aufeinanderfolgender KA bei wesentlichen Änderungen des Konsolidierungskreises empfohlen. Dieselben Gründe lassen diese Darstellung auch für die SegBE zweckmäßig erscheinen.
1118 Auch KI und VU, die MU eines Konzerns sind, haben grds. einen KLB aufzustellen (§§ 340i Abs. 1; 341i Abs. 1 HGB); vgl. J Tz. 420 und K Tz. 23, 73, 668, 692.
1119 Zum PublG vgl. O Tz. 109.
1120 Die durch das BilMoG eingeführten Berichtspflichten gemäß § 315 Abs. 2 Nr. 5 HGB sowie die Erleichterungen gemäß § 315 Abs. 4 Nr. 1, 3 und 9 HGB sind gemäß Art. 66 Abs. 2 S. 1 EGHGB erstmals für nach dem 31.12.2008 beginnende Geschäftsjahre anzuwenden.

Konzernlagebericht **M**

Im KLB sind der **Geschäftsverlauf** einschließlich des Geschäftsergebnisses und die **Lage** 874
des Konzerns darzustellen (§ 315 Abs. 1 S. 1 HGB). Der Geschäftsverlauf und die Lage
des Konzerns sind ausgewogen und umfassend der Komplexität der Geschäftstätigkeit
entspr. zu analysieren (§ 315 Abs. 1 S. 2 HGB). Dabei sind bedeutsame finanzielle und
nichtfinanzielle Leistungsindikatoren einzubeziehen und unter Bezugnahme auf die im
KA enthaltenen Beträge und Angaben zu erläutern (§ 315 Abs. 1 S. 3 f. HGB). Ferner ist
im KLB die **voraussichtliche Entwicklung** mit ihren wesentlichen Chancen und Risiken
zu beurteilen und zu erläutern (§ 315 Abs. 1 S. 5 HGB).

Der KLB soll auch eingehen auf Vorgänge von besonderer Bedeutung nach dem Schluss 875
des Konzerngeschäftsjahres (§ 315 Abs. 2 Nr. 1 HGB), auf Risikomanagementziele und
-methoden und Risiken im Zusammenhang mit Finanzinstrumenten (§ 315 Abs. 2 Nr.
HGB) sowie auf den Bereich Forschung und Entwicklung (§ 315 Abs. 2 Nr. 3 HGB).
Ferner sind von bestimmten Gesellschaften die Grundzüge des Vergütungssystems (§ 315
Abs. 2 Nr. 4 HGB) und die wesentlichen Merkmale des internen Kontroll- und des Risikomanagementsystems im Hinblick auf den Konzernrechnungslegungsprozess darzustellen (§ 315 Abs. 2 Nr. 5 HGB).

DRS 15 konkretisiert die **Mindestanforderungen** an die Berichterstattung nach § 315 876
HGB; freiwillig darüber hinausgehende Angaben waren stets zulässig und sind aufgrund
der Neufassung der Vorschrift weiterhin geboten[1121]. Es bestehen auch keine Bedenken,
im Geschäftsbericht weitere Ausführungen zur Lage des Konzerns zu machen, die nach
Inhalt und Darstellungsweise (z.B. Fotos, Tabellen und andere grafische Darstellungen)
über die Mindesterfordernisse hinausgehen. Allerdings muss der KLB im Geschäftsbericht dann so deutlich von den übrigen Erläuterungen abgesetzt sein, dass dem Leser ohne
Schwierigkeiten erkennbar ist, in welcher Weise der gesetzlichen Verpflichtung (§ 315
HGB) Genüge getan wird[1122]. Eine **Zusammenfassung des KLB mit dem LB**, den das
MU als Ergänzung seines JA aufgestellt hat (§ 289 HGB), ist vom Gesetz ausdrücklich
gestattet (§ 315 Abs. 3 i.V.m. § 298 Abs. 3 HGB). Allerdings darf nicht ohne weiteres von
einer Deckungsgleichheit zwischen der Lage des Konzerns und der des MU ausgegangen
werden, so dass eine auf die jeweiligen Besonderheiten eingehende Berichterstattung erforderlich ist[1123]. Dabei sind Informationen zu trennen, die den Konzern, nicht aber das
MU betreffen. Nach DRS 15.21 sollte der KLB und der LB des MU im Interesse der
Klarheit und Übersichtlichkeit nicht zusammengefasst werden, insb. dann nicht, wenn auf
den KA und den JA unterschiedliche Rechnungslegungsgrundsätze angewendet werden.

Der Wortlaut der Vorschriften für den KLB (§ 315 HGB) und den LB (§ 289 HGB) ist bis 877
auf zwei Ausnahmen praktisch identisch. Eine Ausnahme ist die Angabepflicht über bestehende Zweigniederlassungen nach § 289 Abs. 2 Nr. 4 HGB, die im KLB nicht erforderlich ist. Die zweite Ausnahme ist, dass im Gegensatz zu § 289 Abs. 3 HGB im KA
aufgrund der Vorgaben in Art. 36 der 7. EG-RL keine größenabhängige Befreiungsmöglichkeit für bestimmte Angaben im LB besteht. Grds. kann daher auch hier auf die
Erläuterungen zu § 289 HGB verwiesen werden, die sinngemäß auch für den KLB gelten[1124]. Auch im KLB ist sowohl über die Risiken zu berichten, die einen wesentlichen
Einfluss auf die **Vermögens-, Ertrags- und Finanzlage des Konzerns** haben könnten,
als auch über die Risiken, die den Fortbestand des Konzerns gefährden oder nicht mehr als

---

1121 Vgl. *Wiedmann*, Bilanzrecht[2], § 315, Rn. 5.
1122 Ebenso *Biener/Berneke*, BiRiLiG, S. 394; AK „Externe Unternehmensrechnung" der Schmalenbach-Gesellschaft – Deutsche Gesellschaft für Betriebswirtschaft e.V., S. 172.
1123 Vgl. *Ellrott* in BeBiKo[7], § 315, Rn. 40.
1124 Vgl. F Tz. 1080.

1617

gesichert erscheinen lassen[1125]. Ist eine SegBE Bestandteil des KA, so sind im KLB auch segmentbezogene Informationen bereitzustellen (DRS 15.13). Für die Aufnahme einer gesonderten **Erklärung zur Unternehmensführung** in den LB für bestimmte kapitalmarktorientierte AG nach § 289a HGB findet sich keine entsprechende Vorschrift im KLB. Der deutsche Gesetzgeber folgt insoweit der Abänderungsrichtlinie[1126], die eine solche Verpflichtung nicht vorsieht[1127].

878 Für den KLB sind DRS 15 und hinsichtlich der Risikoberichterstattung DRS 5, DRS 5-10 bzw. 5-20 zu beachten. DRS 15 gilt für alle MU, die gesetzlich zur Aufstellung eines KLB gem. § 315 HGB verpflichtet sind oder die einen solchen freiwillig aufstellen (DRS 15.4). Damit haben auch MU, die einen **IFRS-KA** aufstellen, DRS 15 zu beachten. Die bisher in DRS 15a konkretisierten Anforderungen bezüglich übernahmerechtlicher Angaben und Erläuterungen im KLB wurden im Zuge der notwendigen Anpassungen der DRS an die Änderungen des BilMoG in DRS 15 integriert.

2. Geschäftsverlauf und Lage des Konzerns (§ 315 Abs. 1 S. 1 bis S. 4 HGB)

879 Im KLB sind der **Geschäftsverlauf** einschließlich des Geschäftsergebnisses und die **Lage** des Konzerns so darzustellen, dass ein den tatsächlichen Verhältnissen entsprechendes Bild vermittelt wird (§ 315 Abs. 1 S. 1 HGB). Der Geschäftsverlauf und die Lage des Konzerns sind ausgewogen und umfassend der Komplexität der Geschäftstätigkeit entspr. zu analysieren (§ 315 Abs. 1 S. 2 HGB). Der Geschäftsverlauf ist eine vergangenheitsorientierte und zeitraumbezogene Entwicklung der Geschäftstätigkeit im abgelaufenen GJ inkl. der hierfür ursächlichen Ereignisse (DRS 15.8). Die Lage des Konzerns ist dagegen eine zeitpunktbezogene Situation des Konzerns.

880 Neben den vollkonsolidierten Unternehmen (§ 294 HGB) sind auch die nicht in den KA einbezogenen TU (§ 296 HGB), die quotal konsolidierten Unternehmen (§ 310 HGB) sowie die assoziierten Unternehmen (§ 311 HGB) in die Darstellung gemäß § 315 Abs. 1 HGB aufzunehmen.

881 Eine Einzeldarstellung des Geschäftsverlaufs und der Lage der in den KA einbezogenen Unternehmen wird nicht verlangt. Die nicht gesonderte Erwähnung der einbezogenen Unternehmen muss so verstanden werden, dass Hinweise auf Einzelheiten, die wohl für ein einbezogenes Unternehmen, nicht aber für den Konzern in seiner Gesamtheit von Bedeutung sind, nicht erwähnt zu werden brauchen und dass auch eine Bezugnahme auf einzelne Unternehmen nicht erforderlich ist. Daraus wird auch deutlich, dass Maßstab für das **„den tatsächlichen Verhältnissen entsprechende Bild"** der Konzern ist.

882 Stellt das MU einen **Teil-KA** auf, so erstreckt sich die Berichterstattung im LB des Teilkonzerns grds. auf den Teil des Konzerns, der dem MU nachgeordnet ist. Eine andere Betrachtungsweise kann dann geboten sein, wenn die Lage des Teilkonzerns erheblich von der des Gesamtkonzerns abweicht. Ist z.B. die Lage des Teilkonzerns gut, die des Gesamtkonzerns jedoch desolat und sind Auswirkungen daraus auf den Teilkonzern zu erwarten, dann gehört es zur Vermittlung eines den tatsächlichen Verhältnissen entsprechenden Bildes, auch darüber im Teilkonzernlagebericht zu berichten.

1125 Vgl. *Ellrott* in BeBiKo[7], § 315, Rn. 22 sowie ausführlicher *Ellrott* in BeBiKo[7], § 289, Rn. 43-54.
1126 RL 2006/46/EG des Europäischen Parlaments und des Rates vom 14.06.2006 zur Änderung der RL des Rates 78/660/EWG, 83/349/EWG, 86/635/EWG und 91/674/EWG (Abänderungsrichtlinie), ABl.EU 2006 Nr. L 224.
1127 Vgl. Abänderungsrichtlinie, ABl.EU 2006 Nr. L 224, Erwägungsgrund (10).

Sind bei **nichtkonsolidierten Konzernunternehmen** Ereignisse eingetreten, die für die Lage des Konzerns von Bedeutung sind, so ist auch darüber im Bericht über die Lage des Konzerns zu berichten. 883

Der Geschäftsverlauf und die Lage des Konzerns sind nicht nur darzustellen, sondern auch anhand von bedeutsamen **finanziellen und nichtfinanziellen Leistungsindikatoren** zu analysieren (§ 315 Abs. 1 S. 3 f. HGB). Zu den nichtfinanziellen Leistungsindikatoren gehören zum Beispiel Informationen über den Kundenstamm, über Umwelt- und Arbeitnehmerbelange, über den Bereich Forschung und Entwicklung und unter Umständen auch über die gesellschaftliche Reputation des Konzerns (DRS 15.145)[1128]. Die Angaben zu den nichtfinanziellen Leistungsindikatoren sind grds. qualitativer Natur, sofern nicht quantitative Angaben notwendig sind, um ein Verständnis über die Lage und den Geschäftsverlauf herzustellen (DRS 15.32). 884

Im KLB verwendete Kennzahlen sind auf die Angaben im KA nachvollziehbar überzuleiten (DRS 15.18). Die Darstellung und Analyse des Geschäftsverlaufs und der Lage des Konzerns muss ausgewogen, umfassend sowie dem Umfang und der Komplexität der Geschäftstätigkeit des Konzerns entsprechen (§ 315 Abs. 1 S. 2 HGB). Konkretisierungen dazu enthält DRS 15.36 ff. Dabei ist die Einschätzung und Beurteilung durch die Unternehmensleitung in den Vordergrund zu stellen (DRS 15.28). Über einmalige Effekte im abgelaufenen GJ sowie über Abweichungen vom vorangegangenen KLB ist zu berichten (DRS 15.33).

Die Darstellung und Analyse des Geschäftsverlaufs und der Lage des Konzerns muss ohne Rückgriff auf die Angaben des KA verständlich sein (DRS 15.10). Jedoch kann auf detailliertere Informationen im KA verwiesen werden (DRS 15.11).

3. Voraussichtliche Entwicklung (§ 315 Abs. 1 S. 5 HGB)

Einen Einblick in die Lage des Konzerns geben nicht nur die Verhältnisse im abgelaufenen GJ, sondern auch der Verlauf der ersten Monate des neuen GJ und v.a. die voraussichtlich künftigen Entwicklungen. Daher ist nach § 315 Abs. 1 S. 5 HGB im KLB die **voraussichtliche Entwicklung** mit ihren wesentlichen Chancen und Risiken zu beurteilen und zu erläutern. Die zugrunde liegenden Annahmen sind anzugeben. 885

Auch hierbei kommt es grds. nur auf solche Entwicklungen an, die den **Konzern in seiner Gesamtheit** und nicht nur einzelne Konzernunternehmen beeinflussen. Gleichwohl kann auch über einzelne Konzernunternehmen zu berichten sein, wenn sich aufgrund neuerer Entwicklungen für die überschaubare Zukunft z.B. abzeichnet, dass einzelne Konzernunternehmen stillzulegen sind und dies gleichzeitig für die Lage des Konzerns bedeutsam ist.

Bei der Beurteilung und Erläuterung der voraussichtlichen Entwicklung (Prognosebericht) ist über **wesentliche Chancen und Risiken** ausgewogen zu berichten (DRS 15.14). Eine Aufrechnung von Risiken und Chancen ist nicht gestattet (DRS 15.12). Die Risikoberichterstattung hat entspr. DRS 5 und für Kredit- und Finanzdienstleistungsinstitute außerdem nach DRS 5-10 und für VU nach DRS 5-20 zu erfolgen (DRS 15.91). **Bestandsgefährdende Risiken** sind gesondert hervorzuheben (DRS 5.15). Die Darstellung der Chancen der voraussichtlichen Entwicklung kann getrennt von oder gemeinsam mit der Risikoberichterstattung im KLB erfolgen (DRS 15.92). 886

1128 Vgl. DRS 15.146 für weitere Beispiele zu nichtfinanziellen Leistungsindikatoren.

887 DRS 15.86 verlangt als **Prognosezeitraum** mindestens zwei Jahre ab dem KA-Stichtag. Er kann ggf. in Abhängigkeit von der Art des Geschäfts des Konzerns auch länger sein. Der zugrunde gelegte Prognosezeitraum ist anzugeben. Für bestandsgefährdende Risiken beträgt der Prognosezeitraum grds. ein Jahr (DRS 5.24). Die Quantifizierung der erwarteten Entwicklung der wesentlichen Einflussfaktoren der Ertrags- und Finanzlage für das auf den KA-Stichtag folgende GJ wird empfohlen (DRS 15.177). Ist aufgrund besonderer Umstände eine quantitative Prognose mit zu großer Unsicherheit behaftet, wird empfohlen, dies anzugeben und zu begründen (DRS 15.180). Von konkreten Aussagen zur voraussichtlichen Entwicklung kann abgesehen werden, wenn die Prognosefähigkeit des Unternehmens durch eine außergewöhnlich hohe Unsicherheit aufgrund gesamtwirtschaftlicher Rahmenbedingungen in Bezug auf die zukünftige Entwicklung wesentlich beeinträchtigt ist. Allerdings kann auf eine Prognoseberichterstattung nicht ganz verzichtet werden[1129]. Sofern zukunftsgerichtete Aussagen aufgrund solcher Umstände weniger konkret als üblich getroffen werden, sind die besonderen Umstände sowie deren Auswirkungen auf die Prognosefähigkeit und auf die Ertrags-, Finanz- und Vermögenslage des Unternehmens zu beschreiben (DRS 15.90).

888 Ist die SegBE Bestandteil des KA, so ist auf die voraussichtliche Entwicklung der Segmente gesondert einzugehen (DRS 15.89).

889 Im Übrigen kann wegen der Übereinstimmung auf die Erläuterungen zu § 289 Abs. 1 HGB verwiesen werden[1130].

4. Versicherung der gesetzlichen Vertreter (§ 315 Abs. 1 S. 6 HGB)

890 Durch das TUG vom 05.01.2007[1131] wurde § 315 Abs. 1 HGB um die Versicherung der gesetzlichen Vertreter, den sogenannten Bilanzeid, erweitert. Nach § 315 Abs. 1 S. 6 HGB sind die gesetzlichen Vertreter eines **kapitalmarktorientierten MU** i.S.d. § 297 Abs. 2 S. 4 HGB verpflichtet zu versichern, dass nach bestem Wissen im KLB der Geschäftsverlauf einschließlich des Geschäftsergebnisses und die Lage des Konzerns so dargestellt sind, dass ein den tatsächlichen Verhältnissen entsprechendes Bild vermittelt wird, und dass die wesentlichen Chancen und Risiken der voraussichtlichen Entwicklung beschrieben sind.

891 Die Erklärung der gesetzlichen Vertreter für den KA nach § 297 Abs. 2 S. 4 HGB und den KLB nach § 315 Abs. 1 S. 6 HGB können separat erfolgen oder alternativ zu einer einheitlichen Erklärung zusammengefasst werden. Die Erklärung ist als „**Versicherung der gesetzlichen Vertreter**" zu kennzeichnen (DRS 15.142). Der Wortlaut der jeweils separaten bzw. der einheitlichen Erklärung ist durch DRS 15.142 vorgegeben. Im Übrigen entspricht § 315 Abs. 1 S.6 HGB wörtlich § 289 Abs. 1 S. 5 HGB für den JA[1132].

5. Einzelangaben (§ 315 Abs. 2 HGB)

892 Neben der Darstellung der Gesamtlage des Konzerns schreibt das Gesetz Ausführungen zu einigen Einzelsachverhalten vor, die in § 315 Abs. 2 HGB zusammengefasst sind. Über die dort genannten Sachverhalte „**soll**" berichtet werden. Das Wort „soll" darf nicht im Sinne eines Berichterstattungswahlrechts verstanden werden. Es besteht vielmehr eine

---

1129 Vgl. Beschluss des OLG Frankfurt vom 24.11.2009 – WpÜG 11 und 12/2009 im Enforcement-Verfahren eines kapitalmarktorientierten Unternehmen.
1130 Vgl. F Tz. 1098 und *Ellrott* in BeBiKo[7], § 315, Rn. 22.
1131 Transparenzrichtlinie-Umsetzungsgesetz (TUG) v. 05.01.2007, BGBl. I, S. 10.
1132 Vgl. F Tz. 1122.

Konzernlagebericht **M**

Berichterstattungs**pflicht**, wenn die Angaben nach vernünftiger kaufmännischer Beurteilung wesentliche Informationen für den Leser darstellen[1133].

a) Vorgänge von besonderer Bedeutung nach Schluss des Geschäftsjahres (§ 315 Abs. 2 Nr. 1 HGB)

Zu berichten ist über **Vorgänge**, die **nach Schluss des Konzern-GJ** eingetreten sind und für die Lage des Konzerns von besonderer Bedeutung sind. Auf die Darstellung von Vorgängen, die für die Lage eines einzelnen Konzernunternehmens von besonderer Bedeutung sind, kann dann verzichtet werden, wenn sie nicht gleichzeitig auch für den Konzern von besonderer Bedeutung sind. Ihre erwarteten Auswirkungen auf die Vermögens-, Finanz- und Ertragslage sind zu erläutern (DRS 15.81). Im Übrigen entspricht § 315 Abs. 2 Nr. 1 HGB wörtlich § 289 Abs. 2 Nr. 1 HGB für den JA[1134]. 893

b) Risiken im Zusammenhang mit Finanzinstrumenten (§ 315 Abs. 2 Nr. 2 HGB)

Nach § 315 Abs. 2 Nr. 2 HGB soll der KLB jeweils in Bezug auf die Verwendung von Finanzinstrumenten durch die Gesellschaft – sofern dies für die Beurteilung der Lage oder der zukünftigen Entwicklung von Bedeutung ist – auch eingehen auf die **Risikomanagementziele und -methoden** der Gesellschaft einschließlich ihrer Methoden zur Absicherung aller wichtigen Arten von Transaktionen, die im Rahmen der Bilanzierung von Sicherungsgeschäften erfasst werden, sowie die Preisänderungs-, Ausfall- und Liquiditätsrisiken sowie die Risiken aus Zahlungsstromschwankungen, denen die Gesellschaft ausgesetzt ist. 894

Die Risikoberichterstattung hinsichtlich der Verwendung von Finanzinstrumenten ist in DRS 15.93 ff konkretisiert. Eine separate Aufnahme der Informationen in den KLB ist nicht notwendig, wenn die geforderten Angaben im KAnh. dargestellt werden. Stattdessen ist auf die entsprechende Anhangangabe zu verweisen (DRS 15.98). Im Übrigen kann wegen der Übereinstimmung auf die Erläuterungen zu § 289 Abs. 2 Nr. 2 HGB verwiesen werden[1135]. 895

c) Forschung und Entwicklung des Konzerns (§ 315 Abs. 2 Nr. 3 HGB)

Mit der Berichterstattungspflicht über „den Bereich Forschung und Entwicklung des Konzerns" (§ 315 Abs. 2 Nr. 3 HGB) folgt das Gesetz Überlegungen von internationalen Organisationen[1136]. Die Aktivitäten zu **Forschung und Entwicklung** sind nur darzustellen, wenn sie für eigene Zwecke des Konzerns durchgeführt werden, wozu auch die Inanspruchnahme der Leistungen Dritter zählt (DRS 15.40). Die Erläuterungspflichten bestehen unabhängig davon, ob die Entwicklungskosten aktiviert wurden. Dabei haben die Informationen einen Einblick in die globale Ausrichtung der Forschungs- und Entwicklungsaktivitäten sowie deren Intensität in zeitlicher Hinsicht zu vermitteln (DRS 15.41). Wesentliche Veränderungen der Aktivitäten gegenüber dem Vj. sind anzugeben und zu erläutern (DRS 15.42). Eine Forderung nach Zahlenangaben lässt sich aus dem HGB nicht ableiten. Auf die Erläuterungen zum LB nach § 289 HGB wird verwiesen[1137]. 896

1133 Ebenso ADS[6], § 315, Tz. 20.
1134 Vgl. F Tz. 1124.
1135 Vgl. F Tz. 1124.
1136 vgl. auch IASC, IAS 9 (revised 1993), Accounting for Research and Development Costs.
1137 Vgl. F Tz. 1082 und 1134; ADS[6], § 315, Tz. 26; *Lück* in HdKonzernR[2], § 315, Rn. 65.

d) Grundzüge des Vergütungssystems (§ 315 Abs. 2 Nr. 4 HGB)

897 Der KLB einer börsennotierten AG soll auch auf die **Grundzüge des Vergütungssystems** für die in § 314 Abs. 1 Nr. 6 HGB genannten Gesamtbezüge eingehen. Werden die Angaben der individualisierten Vorstandsbezüge entspr. § 314 Abs. 1 Nr. 6 Buchstabe a S. 5-9 HGB im Vergütungsbericht innerhalb des KLB gemacht, können diese im KAnh. unterbleiben. Im Übrigen kann wegen der Übereinstimmung auf die Erläuterungen zu § 289 Abs. 2 Nr. 5 HGB für den LB verwiesen werden[1138].

e) Internes Kontrollsystem und Risikomanagementsystem (§ 315 Abs. 2 Nr. 5 HGB)

898 Ist eines der in den KA einbezogenen TU oder das MU selbst kapitalmarktorientiert i.S.d. § 264d HGB, soll der KLB auch auf die **wesentlichen Merkmale** des internen **Kontroll- und des Risikomanagementsystems** im Hinblick auf den Konzernrechnungslegungsprozess eingehen[1139].

899 Der **Konzernrechnungslegungsprozess** umfasst die wesentlichen Rechnungslegungsprozesse der in den KA einbezogenen Unternehmen (einschließlich etwaiger quotal einbezogener GU) sowie die Konsolidierungs- und Berichtsprozesse. Dazu gehören auch Überleitungen auf die sog. HB II, Fortschreibungen von Konsolidierungsmaßnahmen („Konzernbuchführung") und andere Nebenrechnungen, die zur Erstellung des KA erforderlich sind. Zu berichten ist über die wesentlichen Merkmale der Prozesse sowie über die Grundsätze und Verfahren zur Sicherung der Wirksamkeit der Kontrollen im Konzern-Rechnungslegungsprozess[1140]. Ob die Kontrollen wirksam waren oder sind, muss nicht angegeben werden. Die Berichterstattung bezüglich des Risikomanagementsystems bezieht sich in diesem Zusammenhang auf die eingerichteten Maßnahmen zur Identifizierung und Bewertung wesentlicher Risiken bei der Erstellung des KA, deren Begrenzung und der Gewährleistung adäquater Berücksichtigung im KA[1141]. Die Berichterstattung kann auch mit den Ausführungen zum allgemeinen Risikomanagementsystem zusammengefasst werden und damit in die Berichterstattung über Chancen und Risiken der künftigen Entwicklung einbezogen werden, sofern das die Klarheit des KLB nicht beeinträchtigt[1142]. Im Übrigen wird auf die Erläuterungen zum LB nach § 289 HGB verwiesen[1143].

6. Übernahmerechtliche Angaben und Erläuterungen (§ 315 Abs. 4 HGB)

900 MU, die einen **organisierten Markt** i.S.d. § 2 Abs. 7 WpÜG durch ausgegebene Stimmrechtsaktien in Anspruch nehmen, haben im KLB zahlreiche Angaben zu machen, die potenzielle Bieter eines Übernahmeangebots über die Ausstattung der Aktien und etwaige Übernahmehindernisse informieren sollen[1144].

901 Die Angaben nach § 315 Abs. 4 HGB dürfen nicht unter Hinweis auf den LB des MU weggelassen werden. Allerdings besteht nunmehr die Möglichkeit, die Angaben in den KAnh. aufzunehmen und im KLB auf diese zu verweisen (§ 315 Abs. 4 S. 2 HGB). Dop-

---

1138 Vgl. F Tz. 1139.
1139 § 315 Abs. 2 Nr. 5 HGB eingefügt durch das BilMoG in Umsetzung von Art 36. Abs. 2 lit f) der 7. EG-RL idF der Abänderungsrichtlinie 2006/46/EU Abl.EU 2006 Nr. L 224, S. 1 ff.
1140 Vgl. hierzu DRS 15.103.
1141 Vgl. auch DRS 15.104.
1142 Vgl. DRS 15.106; Begr. RegE BilMoG, BT-Drs. 16/10067, S. 86.
1143 Vgl. F Tz. 1080.
1144 Vgl. Begr. RegE, BT-Drs. 16/1003, S. 15; § 315 Abs. 4 HGB eingefügt durch Übernahmerichtlinie-Umsetzungsgesetz v. 08.07.2006, BGBl. I, S. 1426.

pelangaben innerhalb der Konzernrechnungslegung sollen dadurch vermieden werden, wobei eine klare Präferenz für die Angabe im KAnh. aus dem Wortlaut der Vorschrift zu entnehmen ist[1145].

Die Angabepflichten für den KLB nach § 315 Abs. 4 HGB entsprechen denen des § 289 Abs. 4 HGB für den LB des MU[1146]. Die Anforderungen an die Berichterstattung im KLB nach § 315 Abs. 4 HGB werden in DRS 15.107 ff weiter konkretisiert. **902**

XII. Prüfung
1. Prüfungspflicht und Prüfungsberechtigte

Der nach § 290 HGB aufzustellende KA und der KLB eines MU in der Rechtsform einer KapGes. oder KapGes. & Co. sind durch einen APr. nach Maßgabe der §§ 316 ff. HGB zu prüfen (§ 316 Abs. 2 HGB). **903**

Zur **Prüfung** des KA und des KLB eines MU in der Rechtsform einer KapGes. oder KapGes. & Co. sind nur WP und WPG berechtigt (§ 316 Abs. 2 i.V.m. § 319 Abs. 1 HGB). Dies gilt uneingeschränkt auch dann, wenn KA und KLB von einer mittelgroßen GmbH (§ 267 Abs. 2 HGB) aufgestellt werden, deren JA von einem vBP oder einer BPG geprüft wird. **904**

Der KAPr. muss über eine wirksame **Qualitätskontrollbescheinigung** verfügen (§ 319 Abs. 5 i.V.m. Abs. 1 S. 3 HGB). **905**

Der Vorbehalt für WP und WPG gilt darüber hinaus für die Prüfung von KA und KLB, die von MU anderer Rechtsformen mit Sitz im Inland aufgrund einer gesetzlichen Verpflichtung (z.B. KA nach PublG) oder freiwillig aufgestellt werden, weil sie eine befreiende Wirkung i.S.v. § 291 HGB haben sollen. Es kommt ferner nicht darauf an, ob es sich um Gesamt- oder Teilkonzernabschlüsse handelt. Der deutsche Gesetzgeber hat die Prüfungsbefugnis der vBP und BPG in zweifacher Weise eingeschränkt: **906**

– auf JA und LB;
– auf mittelgroße GmbH und mittelgroße Personenhandelsgesellschaften i.S.d. § 264a Abs. 1 HGB.

Daraus und auch aus der Gegenüberstellung von § 319 Abs. 1 S. 2 mit S. 1 HGB, der ganz allgemein von der Abschlussprüfung und nicht einschränkend von der JAP spricht, ergibt sich eindeutig, dass **vBP** und **BPG** zur Prüfung von KA **nicht befugt** sind. **907**

Sollen ein KA und KLB, die von einem **MU mit Sitz in einem Mitgliedsland der EU/ Vertragsstaat des EWR** aufgestellt worden sind, befreiende Wirkung i.S.v. § 291 HGB haben, so müssen sie von den nach jeweiligem nationalen Recht des befreienden MU für die Prüfung von KA zugelassenen APr. geprüft sein. Die Qualifikation dieser Prüfer muss in Deutschland auch dann anerkannt werden, wenn die Regelungen für dessen Berufszulassung und dessen Prüfungsbefugnisse in Einzelheiten von den entsprechenden Vorschriften in HGB und WPO abweichen. **908**

Sollen ein KA und KLB, die von einem **MU mit Sitz außerhalb der EU** aufgestellt werden, befreiende Wirkung haben, so ist dies gem. § 292 HGB nur möglich, wenn der KA von einem Prüfer gleichwertiger Qualifikation in einer den Grundsätzen der §§ 316 ff. **909**

1145 Vgl. Begr. RegE BilMoG, BT-Drs. 16/10067, S. 77.
1146 Vgl. hierzu F Tz. 1148.

HGB entsprechenden Weise geprüft worden sind[1147]. Die Gleichwertigkeit bezieht sich auf die Anforderungen der Abschlussprüfer-RL der EU[1148].

910 Nicht in Übereinstimmung mit der 8. EG-RL zugelassene APr. von übergeordneten MU aus einem Drittstaat i.S.v. § 3 Abs. 1 S. 1 WPO (weder Mitgliedstaat der EU noch Vertragsstaat des EWR), deren Wertpapiere i.S.v. § 2 Abs. 1 S. 1 WpHG an einer inländischen Börse zum Handel am regulierten Markt zugelassen sind, gelten nur als gleichwertig, wenn sie nach § 134 Abs. 1 WPO registriert sind oder die Gleichwertigkeit nach § 134 Abs. 4 WPO anerkannt ist[1149]. Ausgenommen hiervon sind APr. von MU die nur mit Schuldtiteln i.S.v. § 2 Abs. 1 S. 1 Nr. 3 WpHG mit einer Mindeststückelung von 50.000 € oder einem entsprechenden Betrag anderer Währung an einer inländischen Börse zum Handel am regulierten Markt zugelassen sind (§ 292 Abs. 2 S. 3 HGB).

2. Bestellung des Konzernabschlussprüfers

911 Zum KAPr. ist grds. der **APr. des MU** bestellt, der für die Prüfung des in den KA einbezogenen JA des MU bestellt worden ist (§ 318 Abs. 2 S. 1 HGB). Dem APr. des MU wird eine Vorrangstellung eingeräumt, weil dieser am ehesten in der Lage sein wird, die Verhältnisse des MU und seiner TU zu überblicken.

912 Für die Prüfung des KA kann auch ein **anderer APr. gewählt** werden. In diesem Fall wird der APr. grds. von den Gesellschaftern des MU gewählt (§ 318 Abs. 1 S. 1 2. Hs. HGB). Bei Gesellschaften mbH und KapGes. & Co. kann der Gesellschaftsvertrag etwas anderes bestimmen (§ 318 Abs. 1 S. 2 HGB). Bei der Auswahl des KAPr. sind die Restriktionen des § 319 Abs. 2 bis 4 HGB entspr. zu beachten (§ 319 Abs. 5 HGB). Zusätzlich sind bei der Prüfung des KA von MU, die kapitalmarktorientiert i.S.d. § 264d HGB sind, die Restriktionen des § 319a Abs. 1 HGB zu beachten (§ 319a Abs. 2 HGB). Durch die mit dem BilMoG erfolgte Einfügung des § 319b HGB werden die wesentlichen Ausschlusstatbestände der §§ 319, 319a HGB auf Netzwerkmitglieder des KAPr. ausgedehnt mit der Folge, dass ein WP oder eine WPG auch dann von der Prüfung des KA ausgeschlossen ist, wenn die Gründe nicht bei ihm/ihr selbst, einem Sozietätspartner oder einem verbundenen Unternehmen liegen, sondern bei einem Netzwerkmitglied, ggfs. auch bei Sitz im Ausland.

913 Ist für den JA des MU kein APr. bestellt und mangels Prüfungspflicht nicht zu bestellen, so müssen die **Organe** des MU unter Beachtung des § 319 Abs. 2 bis 4 HGB, des § 319a Abs. 1 HGB sowie des § 319b Abs. 1 HGB einen KAPr. bestellen. Andernfalls hat auf Antrag der gesetzlichen Vertreter, des AR oder eines Gesellschafters das **Gericht** den KAPr. zu bestellen (§ 318 Abs. 4 HGB). Die in § 318 Abs. 2 HGB geregelte Automatik greift in diesen Fällen nicht. Sie kann auch dann nicht greifen, wenn das MU eine mittelgroße GmbH (§ 267 Abs. 2 HGB) ist und für deren JA ein vBP oder eine BPG bestellt ist, da das Prüfungsrecht von vBP und BPG auf die Prüfung von JA und LB mittelgroßer GmbH und mittelgroßer GmbH & Co. KG beschränkt ist (§ 319 Abs. 1 S. 2 HGB)[1150].

1147 Vgl. § 2 Abs. 1 Nr. 3 KonBefrV; vgl. auch Tz. 115 ff.
1148 RL 2006/43, ABl.EU 2006, L 157, S. 104
1149 Vgl. z.B. WPK-Magazin 2/2009, Erfassung von Abschlussprüfern aus Drittländern in Deutschland, S. 10.
1150 Zu den übrigen Vorschriften über die Auswahl, Bestellung und Abberufung der APr. vgl. §§ 318, 319 HGB sowie A Tz. 599 ff. (zur Auftragserteilung) nach A Tz. 622 ff. (zur Auftragsbeendigung).

3. Gegenstand und Umfang der Prüfung
a) Prüfung der Konzernrechnungslegung

Die Prüfung des KA hat sich darauf zu erstrecken, ob die gesetzlichen Vorschriften und sie ergänzende Bestimmungen des Gesellschaftsvertrags oder der Satzung beachtet sind (§ 317 Abs. 1 S. 2 HGB). Zu prüfen ist demnach in erster Linie, ob die Vorschriften der §§ 290 bis 314 HGB bzw. der IFRS (§ 315a HGB) eingehalten sind. Die „konsolidierungsbedingten Anpassungen" (§ 317 Abs. 3 S. 1 HGB) sind nach den Vorstellungen des Gesetzgebers neben den Konsolidierungsmaßnahmen auch die in der HB II wegen der einheitlichen Bilanzierung vorgenommenen Anpassungen[1151]. Sinngemäß sind die in §§ 238, 239 enthaltenen Anforderungen an eine ordnungsmäßige Buchführung auf die konsolidierungsbedingten Anpassungen zu übertragen. Die Buchführung über die konsolidierungsbedingten Anpassungen ist auf ihre Ordnungsmäßigkeit zu prüfen (§ 317 Abs. 3 S. 1 i.V.m. Abs. 1 S. 1 HGB)[1152]. Die Prüfung schließt auch die Prüfung der Einhaltung der DRS ein[1153]. 914

Der KLB ist gem. § 317 Abs. 2 HGB darauf zu prüfen, ob er mit dem KA sowie den bei der Prüfung gewonnenen Erkenntnissen im Einklang steht, ob er insgesamt eine zutreffende Vorstellung von der Lage des Konzerns vermittelt und ob die Chancen und Risiken der künftigen Entwicklung zutreffend dargestellt sind[1154]. 915

Die Vorschriften des § 316 Abs. 2 HGB und daran anschließend § 317 HGB stellen expressis verbis nur auf KapGes. ab. Sie gelten jedoch auch für den befreienden KA und KLB, die von einer **Nichtkapitalgesellschaft** mit Sitz im Inland aufgestellt werden. Sie gilt auch für KapGes. & Co., die gem. § 264a HGB die Vorschriften des Ersten bis Fünften Unterabschnittes des Zweiten Abschn. des Dritten Buches des HGB anzuwenden haben. 916

b) Prüfung der Jahresabschlüsse

Der APr. des KA hat auch die im KA zusammengefassten JA daraufhin zu prüfen, ob sie den gesetzlichen Vorschriften entsprechen (§ 317 Abs. 3 S. 1 HGB). Dieser Prüfungspflicht unterliegen **alle einbezogenen JA** unabhängig von der Rechtsform des einbezogenen Unternehmens. Wird ein Unternehmen auf der Basis eines Zwischenabschlusses einbezogen, so muss dieser auch nach den gleichen Vorschriften geprüft werden. Häufig werden für die Zusammenfassung zum KA (Teil-)KA verwendet. In diesen Fällen unterliegen diese hinsichtlich der Konsolidierungsmaßnahmen der Prüfungspflicht durch den KAPr.. Auch die quotenkonsolidierten Unternehmen sind grds. durch den KAPr. zu prüfen. Anders dagegen sind die Abschlüsse der Unternehmen, die mit der Equity-Methode im KA abgebildet werden, nicht zu prüfen[1155]. Dies ist dadurch begründet, dass die Equity-Methode eine Bewertungsmethode ist. § 317 Abs. 3 S. 1 HGB ist ausschließlich auf konsolidierte Unternehmen (Voll- oder Quotenkonsolidierung) anzuwenden[1156]. 917

Art und Ausmaß der erforderlichen Prüfung eines JA ist dabei unter Wesentlichkeitsgesichtspunkten zu bestimmen. So kann es sein, dass Prüfungshandlungen, die bei der handelsrechtlichen JAP (§§ 316 ff. HGB) wesentlich für die Prüfung des dargestellten Bildes der Vermögens-, Finanz- und Ertragslage sind, im Kontext der KAP unterbleiben 918

1151 Vgl. ADS⁶, § 317, Tz. 204.
1152 Vgl. ADS⁶, § 317, Tz. 205.
1153 Vgl. ADS⁶, § 317, Tz. 133.
1154 Die Vorschriften über die Prüfung des Einzel- und KLB stimmen wörtlich überein.
1155 Insofern besteht ein Unterschied zur Vorgehensweise nach ISA 600, da dieser Standard At-Equity- Beteiligungen anderen Teilbereichen grds. gleichstellt. Vgl. ISA 600.A2.
1156 Vgl. ADS⁶, § 317, Tz. 182 u. 196.

können, wenn mögliche Auswirkungen auf das im KA vermittelte Bild der Lage unwesentlich sind. Daneben kann für Konzernzwecke hinsichtlich der JA nicht bedeutsamer Konzernunternehmen ggf. auch eine kritische Durchsicht (Review) ausreichend sein[1157].

919 Sind die JA durch einen **anderen APr. geprüft worden**, so hat der KAPr. dessen Arbeit zu überprüfen und dies zu dokumentieren (§ 317 Abs. 3 S. 2 HGB). Die bis zur Verabschiedung des BilMoG zulässige Übernahme der Arbeiten eines anderen externen Prüfers, bei der sich die Prüfungshandlungen darauf beschränkt haben, ob die gesetzlichen Voraussetzungen der Übernahme gegeben sind, ist damit nicht mehr zulässig. Unabhängig von der Prüfung der JA durch einen anderen APr. trägt der KAPr. die volle Verantwortung für die Ordnungsmäßigkeit des KA. Es gelten daher die allgemeinen Regeln für die Verwertung von Prüfungsergebnissen anderer APr.[1158] Detailliertere Ausführungen dazu, wie die Überprüfung der Arbeit eines anderen APr. und deren Dokumentation i.S.d. § 317 Abs. 3 S. 2 HGB druch den KAPr. erfolgt, werden sich, nach dessen endgültiger Verabschiedung, aus den Anforderungen des IDW PS 320 n.F. ergeben[1159].

920 Ergeben sich z.B. aus der Durchsicht des PrB oder der Konsolidierungsunterlagen Zweifel an der Ordnungsmäßigkeit des JA oder der Prüfungsdurchführung, muss der KAPr. zusätzliche Prüfungshandlungen vornehmen und sich ein weitergehendes eigenes Urteil bilden. Ggf. sind Fehler in den JA, die sich auch auf den KA auswirken, unter Berücksichtigung des Grundsatzes der Wesentlichkeit zu korrigieren.

921 Wenn der BestV zum JA **eingeschränkt oder versagt** worden ist, muss der KAPr. sich durch eigene Prüfungsfeststellungen davon überzeugen, ob und ggf. wie weit die Gründe, die zu einer Einschränkung oder Versagung des BestV geführt haben, auch die Gesetzmäßigkeit des KA berühren. Ist das der Fall und werden die Gründe nicht beseitigt, so ist auch der BestV zum KA einzuschränken. Zur Urteilsbildung kann der KAPr. insoweit Prüfungsfeststellungen bei allen Konzernunternehmen treffen oder Auskunftsrechte gegenüber diesen Unternehmen sowie deren APr. wahrnehmen (§ 320 Abs. 3 S. 2 HGB).

922 Die einzelnen LB der in den KA einbezogenen Unternehmen unterliegen nicht der Prüfung durch den KAPr.. Dies liegt daran, dass der KLB nicht als Zusammenfassung der einzelnen LB zu verstehen ist, sondern einen Überblick über den Geschäftsverlauf und die Lage des Konzerns als wirtschaftliche Einheit gibt[1160].

4. Prüfungs- und Auskunftsrechte

923 Die gesetzlichen Vertreter einer KapGes., die einen KA aufzustellen hat, haben dem **KAPr.** den KA, den KLB, die JA, LB und, wenn eine Prüfung stattgefunden hat, die PrB des MU und der TU vorzulegen (§ 320 Abs. 3 S. 1 HGB), gleichgültig, ob diese Unternehmen einbezogen werden oder nicht. Die **Vorlagepflicht** gilt auch für einbezogene Zwischenabschlüsse. Sie schließt ferner die zur Aufstellung des KA und KLB notwendigen Konsolidierungsunterlagen (Überleitungen zur HB II, Nebenrechnungen zur Equity-Methode etc.) ein.

924 Die **Prüfungs- und Auskunftsrechte**, die dem APr. einer KapGes. nach § 320 Abs. 1 S. 2 und Abs. 2 HGB eingeräumt sind, hat der KAPr. bei dem MU und den TU in gleicher Weise. Darüber hinaus hat der KAPr. die einem APr. nach § 320 Abs. 2 HGB zustehenden Auskunftsrechte auch gegenüber den APr. des MU und der TU (§ 320 Abs. 3 S. 2 HGB).

[1157] Vgl. *Baetge/Kirsch/Thiele*, § 317, Rn. 131.
[1158] Vgl. *IDW PS 320;* vgl. R Tz. 854.
[1159] Vgl. *IDW EPS 320 n.F.*, Tz. 5.
[1160] Vgl. ADS[6], § 317, Tz. 188.

Nach dem Wortlaut des Gesetzes hat der KAPr. derartige Prüfungs- und Auskunftsrechte **nicht gegenüber assoziierten Unternehmen** (§ 311 HGB) und **Gemeinschaftsunternehmen** (§ 310 HGB), die nicht gleichzeitig TU i.S.v. § 290 HGB sind, sowie deren APr. Gleichwohl kann auch in diesen Fällen zumindest ein Anlass zu Auskünften bestehen. Der KAPr. wird dann das MU veranlassen müssen, um entsprechende Auskünfte einzuholen oder eine unmittelbare Verbindung mit den entsprechenden Unternehmen herzustellen. Erhält der Prüfer auf wesentliche Fragen keine Auskünfte und kann er notwendige Prüfungshandlungen nicht durchführen, so liegt hierin ein Prüfungshemmnis. Wird dadurch die Ordnungsmäßigkeit des KA oder KLB in einem wesentlichen Punkt in Frage gestellt, so muss er ggf. seinen BestV einschränken. 925

5. Dokumentations- und Vorlagepflichten

Stützt sich der KAPr. im Hinblick auf einbezogene TU auf die Ergebnisse von APr. aus Drittstaaten und sind diese APr. nicht nach § 134 Abs. 1 WPO registriert bzw. nicht von einer Vereinbarung über berufsaufsichtsrechtliche Zusammenarbeit mit der WPK gem. § 57 Abs. 9 S. 5 Nr. 3 WPO erfasst, so hat der KAPr. auf schriftliche Anforderung der WPK Unterlagen über die Arbeit der anderen APr. vorzulegen (§ 51b Abs. 4a WPO). Der KAPr. wird hierzu i.d.R. zu Beginn der Prüfung eine Vereinbarung mit dem Drittstaatenprüfer treffen, die ihm Zugang zu den Unterlagen in angemessener Zeit sichert[1161]. 926

Sofern der KAPr. aus rechtlichen oder anderen Gründen keinen Zugang zu den Unterlagen über die Arbeit der APr. und APG aus Drittstatten erhält, sind der **Versuch** der Erlangung dieser Unterlagen und die bestehenden Hindernisse zu **dokumentieren**. Nach schriftlicher Aufforderung durch die WPK hat der KAPr. die Gründe für die Nichterlangung der Unterlagen mitzuteilen. 927

6. Berichterstattung

Sofern im KA ein gesetzliches Wahlrecht abw. von einer durch das BMJ bekannt gemachten Bestimmung des DRSC ausgeübt wird, begründet dies gemäß *IDW PS 450* Tz. 134 keine Einwendungen des APr. gegen die Ordnungsmäßigkeit der Rechnungslegung, sondern nur eine Berichterstattung im **Prüfungsbericht** (Abschn. „Ordnungsmäßigkeit der Konzernrechnungslegung")[1162]. Werden dagegen die in den DRS enthaltenen Konkretisierungen der Einzelregelungen der §§ 290 ff. HGB nicht beachtet, so ist der BestV ggf. einzuschränken oder zu versagen, es sei denn, im Einzelfall wäre die GoB-Vermutung des § 342 Abs. 2 HGB widerlegt. Werden die in den DRS zusätzlich geforderten Angaben, die über gesetzliche Regelungen hinausgehen, nicht gemacht, so kann dies Auswirkungen auf den **BestV** haben, wenn durch das Unterlassen der Angabe gleichzeitig gegen die Generalnorm des § 297 Abs. 2 S. 3 HGB verstoßen wird[1163]. 928

7. Ausblick: Besondere Überlegungen zu Konzernabschlussprüfungen nach ISA 600 (Revised & Redrafted)

a) Anwendungsbereich und -zeitpunkt

Prüfungen von KA i.S.d. HGB fallen in den Anwendungsbereich des ISA 600 (RR). Die in diesem Standard enthaltenen besonderen Überlegungen zur Prüfung von KA wurden im Rahmen des Clarity-Projekts des IAASB grundlegend überarbeitet und erweitert. 929

1161 Vgl. BT-DRs. 16/10267, S. 110; siehe auch *IDW PS 320*, Tz. 32a.
1162 Zum PrB vgl. im Übrigen Q Tz. 9.
1163 Zum BestV vgl. im Übrigen Q Tz. 391.

930 ISA 600 gilt entspr. des vom IAASB vorgesehenen Anwendungszeitpunkts für alle Prüfungen von KA für Zeiträume die am oder nach dem **15.12.2009** beginnen[1164]. Eine Anwendungspflicht ergibt sich in Deutschland nach § 317 Abs. 5 HGB erst nach Annahme des ISA durch die EU-Kommission bzw. bis dahin nach Transformation der entsprechenden Anforderungen in *IDW Prüfungsstandards*[1165]. Es ist beabsichtigt, diese Transformation im Fall des ISA 600 durch eine Neufassung des IDW PS 320 vorzunehmen[1166].

931 Die Überlegungen des ISA 600 betrachten insb. das Verhältnis zwischen dem KAPr. und sog. Teilbereichsprüfern. Bei Teilbereichsprüfern handelt es sich in Deutschland in aller Regel um die APr. von in den KA einbezogenen TU. Unter den Begriff eines Teilbereichs i. S. d. ISA 600 können aber auch GU, assoziierte Unternehmen und sonstige Beteiligungen sowie rechtlich unselbständige Geschäftsbereiche (z.B. Sparten, Zweigniederlassungen oder geografische Regionen) fallen, deren Finanzinformationen in einen KA einbezogen werden. Zu Teilbereichsprüfern können ferner auch WP gehören, die auf Anforderungen des KAPr. eine prüferische Durchsicht oder festgelegte Prüfungshandlungen im Hinblick auf Finanzinformationen eines Teilbereichs durchführen oder einzelne Kontensalden, Arten von Geschäftsvorfällen oder Abschlussangaben eines Teilbereichs prüfen.

b) Konzeptionelle Grundlagen: Prüfungsrisiko der Konzernabschlussprüfung

932 Der KAPr. hat ausreichende und angemessene Prüfungsnachweise hinsichtlich der Finanzinformationen der TU und anderer Teilbereiche sowie über den Konsolidierungsprozess einzuholen, um letztlich einen BestV erteilen zu können, dass der KA in allen wesentlichen Aspekten in Übereinstimmung mit den relevanten Rechnungslegungsnormen aufgestellt wurde[1167]. Die Prüfung des KA ist damit so zu planen und durchzuführen, dass die erforderlichen Prüfungsaussagen mit hinreichender Sicherheit gefällt werden können. Zu diesem Zweck ist das Risiko der Abgabe eines fehlerhaften Prüfungsurteils für den KA auf ein akzeptables Maß zu begrenzen (**Prüfungsrisiko**). Das Prüfungsrisiko für den KA setzt sich aus dem Risiko wesentlicher falscher Angaben des KA (Fehlerrisiko) und dem Risiko, dass der APr. derartige falsche Angaben nicht entdeckt (Entdeckungsrisiko), zusammen[1168].

933 Risiken wesentlicher falscher Angaben im KA können insb. in den Finanzinformationen der TU und anderer Teilbereiche enthalten sein oder aus dem Konsolidierungsprozess resultieren. Entspr. verhält es sich mit dem Entdeckungsrisiko bei der KAP, das sowohl das **Entdeckungsrisiko** des KAPr. als auch das **Entdeckungsrisiko** der APr. der TU und anderer Teilbereichsprüfer umfasst[1169]. Vor dem Hintergrund der Gesamtverantwortung des KAPr. folgt daraus, dass sich der KAPr. in verstärktem Maße auch mit den Fehlerrisiken und daraufhin ergriffenen prüferischen Reaktionen auf der Ebene der Teilbereiche sowie mit den Teilbereichsprüfern selbst auseinandersetzen muss.

1164 Vgl. ISA 600.7.
1165 Vgl. *Förschle/Schmidt* in BeBiKo[7], § 317, Rn. 195.
1166 Vgl. *IDW EPS 320 n.F.*, Tz. 6
1167 Vgl. ISA 600.8b; *IDW EPS 320 n.F.*, Tz. 8 .
1168 Vgl. ISA 600.6.
1169 Vgl. *Noodt*, WPg 2006, S. 894/897; *IDW EPS 320 n.F.*, Tz. 2.

c) Feststellung von Risiken

aa) Verstehen des Konzerns, seiner Teilbereiche und des jeweiligen Umfelds

Der KAPr. hat bereits während der Phase der Auftragsannahme bzw. -fortführung explizit ein Verständnis von dem Konzern, seiner TU und übrigen Teilbereiche und des jeweiligen Umfelds (einschließlich der konzernweiten Kontrollen) zu erlangen, das es ihm ermöglicht, die (wahrscheinlich) **bedeutsamen Teilbereiche** des Konzerns zu **identifizieren**[1170]. Dieses Verständnis ist im Laufe der Prüfung weiter zu vertiefen, so dass es möglich ist, die ursprüngliche Einschätzung der bedeutsamen Teilbereiche zu bestätigen oder zu revidieren[1171]. Wertvolle Hinweise können sich hierbei auch aus der Ausgestaltung des konzerninternen Berichtswesens ergeben[1172]. 934

Zu den bedeutsamen Teilbereichen zählen MU, TU oder andere Teilbereiche, die für sich genommen – allein der Größe nach – **von wirtschaftlicher Bedeutung für den Konzern** sind oder bei denen der KAPr. aufgrund spezifischer Merkmale oder Umstände davon ausgeht, dass sie (wahrscheinlich) bedeutsame Risiken wesentlicher falscher Angaben im KA beinhalten[1173]. Ab wann ein Teilbereich wirtschaftlich bedeutend für den Konzern ist, obliegt letztlich dem pflichtgemäßen Ermessen des KAPr. In der Praxis werden hierzu häufig prozentuale Grenzwerte für eine oder mehrere geeignete Bezugsgrößen (z.B. Vermögensposten, Schulden, Cash-Flows, Gewinn oder Umsatz) festgelegt, ab deren Überschreiten ein Teilbereich als bedeutsam gilt. Einen Anhaltspunkt für solche Grenzwerte liefert ISA 600.A5, der beispielhaft 15% der jeweiligen Bezugsgröße vorschlägt, wobei zugleich ausdrücklich festgestellt wird, dass ggf. eine höhere oder niedrigere Prozentzahl in Abhängigkeit von den mandatsspezifischen Gegebenheiten angemessener sein kann[1174]. Eine höhere Prozentzahl könnte z.B. in Betracht kommen, wenn geeignete und wirksame konzernweite Kontrollen implementiert wurden und diese präzise genug sind, wesentliche falsche Angaben im KA zu verhindern bzw. aufzudecken und zu korrigieren. Ebenfalls denkbar ist, bei gleichzeitiger Verwendung mehrerer Bezugsgrößen jeweils verschiedene Prozentsätze zu wählen. 935

ISA 600 enthält keine Ausführungen, ob sich die **Bezugsgröße** zur Ermittlung wirtschaftlich bedeutsamer Teilbereiche auf **konsolidierte oder nicht-konsolidierte Werte** zu beziehen hat. Da auf der Basis der Bezugsgröße eine Aussage über die relative finanzielle Größe des Teilbereichs im Verhältnis zum Gesamtkonzern ermittelt werden soll, empfiehlt es sich – um wertmäßige Verzerrungen zu vermeiden –, sowohl bei den Konzerngrößen als auch bei den Größen der Teilbereiche auf gleiche Bezugsgrößen abzustellen. Der Vorteil einer konsolidierten Bezugsgröße ist, dass sich dadurch die Größenverhältnisse widerspiegeln, wie sie auch im KA abgebildet sind. Daher können konsolidierte Bezugsgrößen grds. genutzt werden[1175]. Betrachtet der KAPr. demgegenüber z.B. das Transaktionsvolumen eines Teilbereichs als primären Indikator für dessen Größe und das damit verbundene Fehlerpotenzial, so kann die Verwendung nicht-konsolidierter Werte vorzuziehen sein. Schließlich wird der KAPr. oft aus rein praktischen Erwägungen auf nicht-konsolidierte Werte zurückgreifen, solange keine konsolidierten Werte vor- 936

[1170] Vgl. ISA 600.12; *IDW EPS 320 n.F.*, Tz.14.
[1171] Vgl. ISA 600.18 (a); *IDW EPS 320 n.F.*, Tz.14. Anlage 2 des ISA 600 und Anh. 1 *des IDW EPS 320 n.F.* enthalten eine beispielhafte Aufzählung von Sachverhalten, die zu dem erforderlichen Verständnis des KAPr. gehören können.
[1172] Vgl. *Niemann/Bruckner*, DStR 2010, S. 345/346.
[1173] Vgl. ISA 600.9 (m); *IDW EPS 320 n.F.*, Tz.9 b).
[1174] Vgl. ISA 600.A5; *IDW EPS 320 n.F.*, Tz. A6.
[1175] Vgl. *Förschle/Schmidt* in BeBiKo[7], § 317, Rn. 197.

liegen, wobei bekannte wesentliche Veränderungen der Größenverhältnisse durch den Konsolidierungsprozess ergänzend beurteilt und ggf. berücksichtigt werden können.

937 Daneben gilt ein Teilbereich aufgrund seiner spezifischen Merkmale oder Umstände als bedeutsam, wenn von ihm **wahrscheinlich bedeutsame Risiken** im Hinblick auf den KA ausgehen, die bei der Prüfung des KA besonders zu berücksichtigen sind. So können z.B. von einem TU, das für den Devisenhandel oder das Cash-Management des Konzerns verantwortlich ist, bedeutsame Risiken für den KA ausgehen, auch wenn dieses für sich genommen nicht von wirtschaftlicher Bedeutung ist. Ein anderes Beispiel wäre ein TU oder ein andererTeilbereich, der über einen hohen Bestand potenziell überalterter Vorräte verfügt, aber im Übrigen nicht bedeutsam im Hinblick auf den KA ist[1176].

bb) Verstehen der Abschlussprüfer der TU und anderer Teilbereichsprüfer

938 Ein wesentlicher Faktor für eine erfolgreiche KAP liegt in der Zusammenarbeit des KAPr. mit den APr. der TU und anderen Teilbereichsprüfern. Ein wichtiges Element in diesem Zusammenhang ist die Verpflichtung des KAPr., sich ein **ausreichendes Verständnis** von allen Teilbereichsprüfern zu verschaffen, die nach Aufforderung des KAPr. Untersuchungen der Finanzinformationen von TU oder anderen Teilbereichen durchführen. Der KAPr. hat sich ein Verständnis zu verschaffen darüber[1177]:

– ob der Teilbereichsprüfer die für die Prüfung des KA relevanten berufsständischen Anforderungen versteht und einhalten wird und insb. unabhängig ist,
– die berufliche Kompetenz des Teilbereichsprüfers,
– ob der KAPr. in dem Umfang in die Tätigkeit des Teilbereichsprüfers einbezogen werden kann, der zum Erlangen ausreichender geeigneter Prüfungsnachweise erforderlich ist, und
– ob der Teilbereichsprüfer in einem regulatorischen Umfeld tätig ist, in dem APr. aktiv beaufsichtigt werden.

939 **Mögliche Handlungen** zur Erlangung des erforderlichen Verständnisses im ersten Jahr der Zusammenarbeit reichen von einer persönlichen Diskussion aller relevanten Themenbereiche mit dem Teilbereichsprüfer im Rahmen eines Besuchs über die Verwendung entsprechender Fragebögen oder die Anforderung schriftlicher Bestätigungen bis hin zur Einholung ergänzender Informationen und Auskünfte von Berufsverbänden oder anderen zuverlässigen dritten Personen[1178]. Art, zeitliche Einteilung und Umfang diesbezüglicher Prüfungshandlungen hängen dabei u.a. von folgenden Faktoren ab[1179]:

– bereits vorhandenen Erfahrungen mit dem oder Kenntnisse über den Teilbereichsprüfer,
– Gemeinsamkeiten des KAPr. und des Teilbereichsprüfers hinsichtlich der Prüfungsmethodik, Grundsätzen und Verfahren der Qualitätssicherung sowie deren Überwachung,
– Übereinstimmung oder Ähnlichkeit des Rechtssystems, des Systems der Berufsaufsicht und der Qualitätskontrolle, der Aus- und Fortbildung, der Berufsverbände und der relevanten Prüfungsstandards, der Sprache und Kultur.

1176 Vgl. ISA 600.A6 u. A49; *IDW EPS 320 n.F.*, Tz. A7.
1177 Vgl. ISA 600.19; *IDW EPS 320 n.F.*, Tz. 15.
1178 Vgl. ISA 600.A35; *IDW EPS 320 n.F.*, Tz. A24.
1179 Vgl. ISA 600.A33; *IDW EPS 320 n.F.*, Tz. A19; Für eine ausführliche Diskussion einzelner Faktoren vgl. *Noodt*, WPg 2006, S. 894/899.

Prüfung　　　　　　　　　　　　　　　　　　　　　　　　　　　　　　　　　M

Umfang und Intensität der Handlungen zur Erlangung des erforderlichen Verständnisses　940
nehmen ab, je besser der KAPr. die Tätigkeit des Teilbereichsprüfers z.B. aufgrund der
Gleichheit ihrer Arbeitsweisen oder der Dauer der bisherigen Zusammenarbeit einschätzen kann. Hat der KAPr. z.B. aufgrund mehrjähriger Zusammenarbeit mit dem APr.
eines TU bereits ein ausreichendes Verständnis erlangt, so kann es genügen, dieses lediglich zu aktualisieren und hierzu eine schriftliche Bestätigung dieses APr. einzuholen, ob
und ggf. bei welchen genannten Themenbereichen sich Änderungen ergeben haben[1180].

d) Festlegung der Wesentlichkeitsgrenzen

Mit ISA 600 wird der Grundsatz der Wesentlichkeit für die Prüfung des KA konkretisiert,　941
indem erstmals Vorgaben hinsichtlich der Verantwortlichkeiten für die Ermittlung der
Wesentlichkeitsgrenzen sowie deren Ausgestaltung vorgeschrieben werden. Im Einzelnen
ist der KAPr. verpflichtet, nach pflichtgemäßem Ermessen folgende **verschiedene Wesentlichkeitsgrenzen** festzulegen[1181]:

- die Wesentlichkeitsgrenze für den KA als Ganzes (bei der Festlegung der Konzernprüfungsstrategie),
- (ggf.) Wesentlichkeitsgrenzen für bestimmte Arten von Geschäftsvorfällen, Kontensalden oder Abschlussangaben,
- die Teilbereichswesentlichkeiten bei solchen TU und anderen Teilbereichen, für die für Zwecke der Prüfung des KA eine Prüfung oder prüferische Durchsicht durchgeführt wird,
- eine Schwelle, oberhalb derer falsche Angaben nicht als zweifelsfrei unbeachtlich („clearly trivial") für den KA anzusehen sind.

Sofern die **Finanzinformationen eines TU oder anderen Teilbereichs** zum Zwecke der　942
Prüfung des KA zu prüfen sind, hat der KAPr. zudem die Toleranzwesentlichkeit(en) auf
Teilbereichsebene zu beurteilen[1182].

Teilbereichswesentlichkeiten müssen jeweils **kleiner sein als die Wesentlichkeitsgrenze**　943
für den KA als Ganzes[1183]. In ISA 600 wird jedoch explizit darauf hingewiesen, dass die
Teilbereichswesentlichkeit kein arithmetischer Anteil der Wesentlichkeitsgrenze für den
KA als Ganzes sein muss. Sie kann – und wird in der Praxis regelmäßig – daher auch
größer als ein solcher Wert sein. In aller Regel ist nämlich davon auszugehen, dass in den
meisten Teilbereichen ein geringerer Fehler als die maximal zulässige (Fehler-)Abweichung unentdeckt bleibt und dass Fehler verschiedener Teilbereiche zumindest teilweise
gegenläufig sind und sich insoweit kompensieren. Die Summe aus den einzelnen Teilbereichswesentlichkeiten wird somit regelmäßig größer als die Wesentlichkeitsgrenze für
den KA als Ganzes sein[1184].

Die **Teilbereichswesentlichkeiten** bilden die Basis für die Festlegung der Prüfungs-　944
strategie und die Ableitung der Toleranzwesentlichkeit, die der Planung von Art, zeitlicher
Einteilung und Umfang der Prüfungshandlungen bei den einzelnen Aussagen in den Finanzinformationen eines Teilbereichs zugrunde zu legen ist, soweit dies für die Prüfung

---

1180 Vgl. ISA 600.A35; *IDW EPS 320 n.F.*, Tz. A24.
1181 Vgl. ISA 600.21; *IDW EPS 320 n.F.*, Tz. 18, sieht auch die Festlegung einer Toleranzwesentlichkeit für den KA als Ganzes vor.
1182 Vgl. ISA 600.22; *IDW EPS 320 n.F.*, Tz. 19.
1183 Vgl. ISA 600.21 (c); *IDW EPS 320 n.F.*, Tz. 18 c).
1184 Vgl. ISA 600.A43; *IDW EPS 320 n.F.*, Tz. A25.

des KA erforderlich ist[1185]. Ferner ist die Teilbereichswesentlichkeit von Bedeutung für das für die Prüfung des KA abzugebende Urteil des Teilbereichsprüfers, ob die festgestellten und nicht korrigierten Fehler auf der Ebene des jeweiligen Teilbereichs einzeln oder insgesamt wesentlich sind[1186].

945 Für verschiedene Teilbereiche können **unterschiedliche Teilbereichswesentlichkeiten** festgelegt werden. Aufgrund ihrer Bedeutung für die weitere Prüfungsplanung auf Teilbereichsebene ist es regelmäßig sinnvoll, eine Teilbereichswesentlichkeit festzulegen, welche die spezifischen Gegebenheiten der einzelnen Teilbereiche berücksichtigt. Dies kann durch die Festlegung einer individuellen Teilbereichswesentlichkeit je Teilbereich geschehen. Bei Prüfungen von Konzerne, die eine sehr große Zahl von Teilbereichen umfassen, ist eine individuelle Beurteilung jedes Teilbereichs oftmals wenig praktikabel. In diesen Fällen können z.b. basierend auf quantitativen Benchmarks oder qualitativen Kriterien Gruppen von Teilbereichen gebildet werden, für die jeweils eine Teilbereichswesentlichkeit festgelegt wird.

946 Sind die Finanzinformationen eines TU oder anderen Teilbereichs aufgrund von Gesetzen, anderen Rechtsvorschriften oder aus anderen Gründen prüfungspflichtig (**Statutory Audit**), können die in diesem Zusammenhang vom APr. des TU oder des anderen Teilbereichs ermittelten Wesentlichkeitsgrenzen auch für die Prüfung der Finanzinformationen des betreffenden Teilbereichs für Konzernzwecke zugrunde gelegt werden. Voraussetzung ist jedoch, dass der KAPr. sich vergewissert, dass die gewählte Wesentlichkeitsgrenze für den Teilbereichsabschluss als Ganzes sowie die niedrigere(n) Toleranzwesentlichkeitsgrenze(n) zur Risikobeurteilung und Festlegung weiterer Prüfungshandlungen auf der Ebene des Teilbereichs die Anforderungen des ISA 600 erfüllen[1187].

e) Reaktion auf festgestellte Risiken

aa) Festlegung der Art der Untersuchungen, die zu den Finanzinformationen von Teilbereichen durchzuführen sind

947 Für TU und andere Teilbereiche, die aufgrund ihres **wirtschaftlichen Gewichts bedeutsam** für den Konzern sind, muss für die Prüfung des KA eine Prüfung der Finanzinformationen des Teilbereichs unter Berücksichtigung der relevanten Teilbereichswesentlichkeit durchgeführt werden[1188].

948 Demgegenüber besteht bei TU oder anderen Teilbereichen, die nicht aufgrund ihrer finanziellen Größe, sondern nur wegen ihrer besonderen **Merkmale oder der gegebenen Umstände** wahrscheinlich bedeutsame Fehlerrisiken wesentlicher falscher Angaben im KA beinhalten, ein Ermessensspielraum. So hat der KAPr. beziehungsweise ein Teilbereichsprüfer in Abhängigkeit von den identifizierten Risiken für diesen Teilbereich einen oder mehrere der nachfolgenden **Untersuchungshandlungen** durchzuführen[1189]:

— Prüfung der Finanzinformationen des Teilbereichs (z.B. wenn das bedeutsame Risiko nicht auf bestimmte Bereiche der Finanzinformationen des Teilbereichs begrenzt ist),

---

1185 Hat der APr. eines TU für Zwecke der gesetzlichen Abschlussprüfung des JA eine Wesentlichkeitsgrenze bestimmt, die unter der vom KAPr. mitgeteilten Teilbereichswesentlichkeit liegt, so wird in der Praxis i.d.R. diese niedrigere Grenze entscheidend für die Festlegung der Prüfungshandlungen sein.
1186 Vgl. ISA 600.A46; *IDW EPS 320 n.F.*, Tz. A25.
1187 Vgl. ISA 600.23; *IDW EPS 320 n.F.*, Tz.20 sieht dies ebenfalls vor, sofern die Anforderunges des *IDW EPS 320 n.F.* erfüllt sind.
1188 Vgl. ISA 600.26; *IDW EPS 320 n.F.*, Tz.23.
1189 Vgl. ISA 600.27; *IDW EPS 320 n.F.*, Tz. 24.

Prüfung **M**

– Prüfung von einzelnen Kontensalden, Arten von Geschäftsvorfällen oder Abschlussangaben, die im Zusammenhang mit den wahrscheinlich bedeutsamen Risiken wesentlicher falscher Angaben im KA stehen (z.B. wenn das bedeutsame Risiko auf einen oder wenige Kontensalden begrenzt ist und der Teilbereich ansonsten nicht bedeutsam ist),
– festgelegte Prüfungshandlungen, die im Zusammenhang mit den wahrscheinlich bedeutsamen Risiken wesentlicher falscher Angaben im KA stehen (z.B. wenn das Verständnis des KAPr. über einen Teilbereich und ein bestimmtes bedeutsames Risiko so konkret ist, dass es in Reaktion darauf geeignete Untersuchungshandlungen selbst festlegen kann).

Für TU und andere Teilbereiche, die auf der Basis der bisherigen Risikoeinschätzung als **949** **nicht bedeutsam** angesehen werden, sieht ISA 600 vor, die für die Prüfung des KA erforderliche Art der Untersuchungen in mehreren Schritten festzulegen. Zunächst hat das Konzernprüfungsteam **analytische Prüfungshandlungen auf Konzernebene** durchzuführen[1190]. Diese dienen der Überprüfung, ob die ursprüngliche Risikoeinschätzung hinsichtlich der nicht bedeutsamen Teilbereiche angemessen war und somit tatsächlich keine Anzeichen für bedeutsame Risiken wesentlicher falscher Angaben im KA bestehen[1191]. Die analytischen Prüfungshandlungen auf Konzernebene stellen ihrem Charakter nach Prüfungshandlungen zur Risikobeurteilung dar und sollten daher bereits im Rahmen der Prüfungsplanung durchgeführt werden, so dass bei Identifizierung eines bedeutsamen Risikos wesentlicher falscher Angaben im KA noch genügend Zeit für eine Anpassung der Prüfungsstrategie und des Prüfungsprogramms verbleibt.

Im zweiten Schritt beurteilt der KAPr., ob die bereits vorliegenden oder erwarteten **Prü- 950 fungsnachweise** aus den Tätigkeiten im Zusammenhang mit den Finanzinformationen der bedeutsamen Teilbereiche, der Prüfung der konzernweiten internen Kontrollen und des Konsolidierungsprozesses sowie der analytischen Prüfungshandlungen auf Konzernebene **ausreichen**, um mit hinreichender Sicherheit ein Prüfungsurteil für den KA fällen zu können. Häufig wird dies nicht der Fall sein, so dass der KAPr. im dritten Schritt auch für **ausgewählte nicht bedeutsame Teilbereiche** entweder eine der drei vorgenannten Arten von Untersuchungshandlungen oder eine prüferische Durchsicht der Finanzinformationen dieser Teilbereiche festzulegen hat[1192]. Die Auswahl, welche nicht bedeutsamen Teilbereiche zum Gegenstand einer dieser vier alternativen Untersuchungshandlungen gemacht werden, ist dabei im Zeitablauf zu variieren. Zweck dieser Variierung ist es, ein Überraschungsmoment bei der Auswahl nicht bedeutsamer Teilbereiche zu schaffen[1193].

bb) Einbindung in die Tätigkeit der APr. von TU und anderer Teilbereichsprüfer

Entspr. der Gesamtverantwortung für die Prüfung des KA hat der KAPr. sich auch mit den **951** Risiken wesentlicher falscher Angaben bei den TU und anderen Teilbereichen auseinanderzusetzen. ISA 600 fordert explizit, dass der KAPr. bei **bedeutsamen Teilbereichen** in die Risikobeurteilungen der APr. von TU und anderer Teilbereichsprüfer **eingebunden** wird. Hierdurch wird sichergestellt, dass Risiken wesentlicher falscher Angaben im KA, deren Tragweite ein Teilbereichsprüfer allein nicht vollständig absehen kann und die erst in Gesamtbetrachtung mehrerer Teilbereiche als bedeutsam zu beurteilen sind,

---

1190 Vgl. ISA 600.28; *IDW EPS 320 n.F.*, Tz. 25.
1191 Vgl. ISA 600.A50; *IDW EPS 320 n.F.*, Tz. A28.
1192 Vgl. ISA 600.29; *IDW EPS 320 n.F.*, Tz.26.
1193 Vgl. ISA 600.A51.

erkannt werden¹¹⁹⁴. Eine Einbindung in die Risikobeurteilungen der Prüfer nicht bedeutsamer Teilbereiche ist hingegen nicht zwingend erforderlich¹¹⁹⁵.

952 Art, zeitliche Einteilung und Umfang des Einbezugs in die Risikobeurteilungen variieren grds. entspr. dem Verständnis des KAPr. von dem Teilbereichsprüfer. Unabhängig davon muss die Einbindung **zumindest nachfolgende Maßnahmen** umfassen¹¹⁹⁶:

- Erörterung der für den Konzern bedeutsamen Geschäftstätigkeiten des Teilbereichs mit dem Teilbereichsprüfer oder dem Teilbereichsmanagement,
- Erörterung der Anfälligkeit des Teilbereichs für wesentliche falsche Angaben in den Finanzinformationen aufgrund von Verstößen oder Irrtümern mit dem Teilbereichsprüfer,
- Durchsicht der Dokumentation des Teilbereichsprüfers über festgestellte bedeutsame Risiken wesentlicher falscher Angaben im KA. Diese Durchsicht kann auf der Grundlage eines Memorandums erfolgen, das die wesentlichen Inhalte der Dokumentation des Teilbereichsprüfers zu den festgestellten bedeutsamen Risiken widerspiegelt.

953 Eine effektive und effiziente Form der Einbindung in die Risikobeurteilungen der APr. von TU und anderer Teilbereichsprüfer besteht darin, dass Mitglieder des Konzernprüfungsteams bei bedeutsamen Teilbereichen an den nach ISA 315¹¹⁹⁷ bei jeder Abschlussprüfung im Prüfungsteam durchzuführenden Diskussionen über wesentliche Fehlerrisiken teilnehmen¹¹⁹⁸.

954 Wenn bei einem Teilbereich **bedeutsame Risiken** wesentlicher falscher Angaben für den KA festgestellt werden, hat der KAPr. ferner zu beurteilen, ob die seitens des Teilbereichsprüfers gezogenen Konsequenzen für die Prüfungsdurchführung angemessen sind und ob eine weitergehende Einbindung in die Durchführung der vom Teilbereichsprüfer festgelegten Prüfungshandlungen erforderlich ist¹¹⁹⁹.

cc) Konsolidierungsprozess

955 Das Verständnis des KAPr. über den Konsolidierungsprozess, dass parallel zum Verständnis über den Konzern, seiner Teilbereiche und Umfelder sowie des konzernweiten internen Kontrollsystems erlangt wird, muss so weit gehen, dass es möglich ist, die mit dem Konsolidierungsprozess verbundenen **Risiken** wesentlicher falscher Angaben in Bezug auf den KA zu identifizieren und zu beurteilen¹²⁰⁰. Wenn der KAPr. bei der Planung seiner Prüfungshandlungen zum Konsolidierungsprozess von einem wirksamen konzernweiten IKS ausgeht, oder falls aussagebezogene Prüfungshandlungen allein nicht zu ausreichenden und geeigneten Prüfungsnachweisen hinsichtlich der Konsolidierung führen können, so sind auch Funktionsprüfungen durchzuführen¹²⁰¹. Wichtig für die Erlan-

---

1194 Vgl. *Link/Giese/Kunellis*, BB 2008, S.378/380.
1195 Sie kann aber z.B. in Abhängigkeit des Verständnisses vom Teilbereichsprüfer geboten sein, vgl. ISA 600. A54; *IDW EPS 320 n.F.*, Tz. A23.
1196 ISA 600.30; *IDW EPS 320 n.F.*, Tz. 28. Für weitere Beispiele vgl. ISA 600.A55 und *IDW EPS 320 n.F.*, Tz. A33.
1197 ISA 315 „Identifizierung und Beurteilung der Risiken wesentlicher falscher Angaben aus dem Verstehen der Einheit und ihres Umfelds".
1198 Vgl. *Link/Giese/Kunellis*, BB 2008, S.378/380.
1199 Vgl. ISA 600.31; *IDW EPS 320 n.F.*, Tz. 29.
1200 Vgl. ISA 600.17 (b), 18 (b) u. A30; *IDW EPS 320 n.F.*, Tz. 14. Anlagen 2 und 3 des ISA 600 und Anh. 1 und 2 des *IDW EPS 320 n.F.* enthalten beispielhafte Aufzählungen von Aspekten des Konsolidierungsprozesses, über die ein Verständnis erlangt werden kann, sowie konzernspezifische Indikatoren, die auf Risiken wesentlicher falscher Angaben im KA hindeuten können.
1201 Vgl. ISA 600.25 u. 32; *IDW EPS 320 n.F.*, Tz. 22 u. 30.

Prüfung **M**

gung eines ausreichend detaillierten Verständnisses des Konsolidierungsprozesses ist ferner eine Analyse der konzernweiten Rechnungslegungsrichtlinien[1202] durch den KAPr. Im Vordergrund stehen dabei Fragen der Übereinstimmung der kommunizierten Anweisungen mit den maßgeblichen Rechnungslegungsnormen und deren Eindeutigkeit und praktische Umsetzbarkeit[1203].

Im Hinblick auf den Konsolidierungsprozess nennt ISA 600 konkrete **Prüfungsziele**, die bei der Planung und Durchführung der Prüfungshandlungen zu berücksichtigen sind. So muss der KAPr. beurteilen, ob[1204] 956

- alle relevanten TU und anderen Teilbereiche in den KA einbezogen wurden,
- die in der Berichterstattung der APr. von TU und anderer Teilbereichsprüfers an den KAPr. enthaltenen Finanzinformationen identisch mit den in den KA einbezogenen Finanzinformationen sind
- (ggf.) die Finanzinformationen der Teilbereiche an die konzerneinheitlichen Bilanzierungs- und Bewertungsvorgaben angepasst wurden,
- (ggf.) abweichende Abschlussstichtage innerhalb des Konzerns vereinheitlicht wurden,
- die vorgenommen Konsolidierungsanpassungen und Umgliederungen angemessen, vollständig und (rechnerisch) richtig sind,
- mögliche Risikofaktoren für Verstöße oder eine zielgerichtete einseitige Einflussnahme des Managements bestehen, die wesentliche falsche Angaben im KA verursachen können.

dd) Ereignisse nach dem Abschlussstichtag

ISA 600 unterscheidet bei seinen Anforderungen an die Berücksichtigung von Ereignissen nach dem Abschlussstichtag zwischen Teilbereichen, bei denen eine Prüfung der Finanzinformationen durchgeführt wurde und Teilbereichen, bei denen eine andere Art von Untersuchungen festgelegt wurde. Im Falle einer **Prüfung der Finanzinformationen** eines Teilbereichs sind spezifische Prüfungshandlungen durchzuführen, um Ereignisse zu identifizieren, die zwischen dem Datum der Finanzinformationen des Teilbereichs und dem Datum des BestV zum KA eingetreten sind und eine Korrektur oder zusätzliche Angaben in der Rechnungslegung erfordern. Entsprechende Prüfungshandlungen können sowohl von dem KAPr. als auch von den APr. der TU bzw. den Prüfern anderer Teilbereiche durchgeführt werden. Werden **andere Untersuchungshandlungen** als eine Prüfung der Finanzinformationen durchgeführt, so muss der KAPr. die Teilbereichsprüfer lediglich auffordern, mitzuteilen, wenn ihnen relevante Ereignisse nach dem Abschlussstichtag bekannt werden[1205]. 957

f) Beurteilung von erlangten Prüfungsnachweisen auf ausreichenden Umfang und Eignung

Aufgrund seiner Gesamtverantwortung obliegt es dem KAPr. zu entscheiden, ob ausreichende und geeignete Prüfungsnachweise als Grundlage für sein Prüfungsurteil zum KA vorliegen. Dazu wertet der KAPr. nach pflichtgemäßem Ermessen die **Berichter-** 958

1202 ISA 600.A24-A25 enthält eine Diskussion des üblichen Regelungsumfangs konzernweiter Rechnungslegungsrichtlinien.
1203 Vgl. *Link/Giese/Kunellis*, BB 2008, S. 378/379.
1204 Vgl. ISA 600.33-37; *IDW EPS 320 n.F.*, Tz. 31-33.
1205 Vgl. ISA 600.38-39; *IDW EPS 320 n.F.*, Tz. 34-35.

stattung der APr. **von TU und anderer Teilbereichsprüfer** aus, wobei nachfolgende Punkte zu beachten sind[1206]:

- bedeutsame Sachverhalte sind je nach den Umständen mit dem Teilbereichsprüfer, dem Teilbereichsmanagement oder dem Konzernmanagement zu erörtern,
- es ist festzustellen, ob eine Durchsicht anderer relevanter Teile der Prüfungsdokumentation erforderlich ist (z.B. Arbeitspapiere mit Relevanz für bestimmte bedeutsame Risiken wesentlicher falscher Angaben)[1207].

959 Sind angesichts unzureichender Tätigkeiten eines Teilbereichsprüfers zusätzliche Prüfungshandlungen erforderlich, muss der KAPr. entscheiden, ob diese von dem Teilbereichsprüfer oder dem KAPr. durchzuführen sind[1208].

960 Bei der **Ableitung des Prüfungsurteils** beurteilt der KAPr., ob für diese Zwecke ausreichende und geeignete Prüfungsnachweise sowohl durch die eigenen Prüfungshandlungen hinsichtlich des Konsolidierungsprozesses als auch durch die Tätigkeit des KAPr. und der Teilbereichsprüfer im Hinblick auf die Finanzinformationen der Teilbereiche erlangt wurden. Ferner sind vom KAPr. die Auswirkungen aller nicht korrigierten falschen Angaben, die entweder vom KAPr. identifiziert oder von Teilbereichsprüfern kommuniziert wurden, sowie ggf. auf Konzern- oder Teilbereichsebene aufgetretene Prüfungshemmnisse zu berücksichtigen[1209]. Bei der Beurteilung möglicher Auswirkungen der nicht korrigierten falschen Angaben auf das Prüfungsurteil wird nach allgemeinen Grundsätzen[1210] zunächst zu überprüfen sein, ob die Wesentlichkeit für den KA als Ganzes unverändert angemessen ist oder angepasst werden muss, um dann feststellen zu können, ob die nicht korrigierten falschen Angaben im KA einzeln oder insgesamt wesentlich sind.

g) Kommunikation

aa) Kommunikation mit den APr. von TU und anderen Teilbereichsprüfern

961 Neben ihrer Natur nach einseitigen Wegen der Informationsvermittlung, wie z.B. der Versendung schriftlicher Audit Instructions, sind bislang (mündliche) zweiseitige Erörterungen allenfalls ergänzend in Betracht zu ziehen, aber nicht verpflichtend. Die neue Fassung des ISA 600 verlangt demgegenüber in mehreren Anforderungen, dass der KAPr. und der Teilbereichsprüfer wichtige Informationen im Sinne einer effektiven **Zwei-Wege-Kommunikation** miteinander erörtern. Gelingt es dem KAPr. nicht, eine effektive Zwei-Wege-Kommunikation mit den Teilbereichsprüfern zu etablieren, besteht das Risiko, dass für das Konzernprüfungsurteil keine ausreichenden und geeigneten Prüfungsnachweise erlangt werden können[1211].

962 Explizit gefordert sind Erörterungen bei der Einbindung des KAPr. in die Risikobeurteilungen des Prüfers eines bedeutsamen Teilbereichs[1212]. Regelmäßig erforderlich werden sie bei der Erlangung eines Verständnisses des KAPr. über den Konzern, seine Teilbereiche und des jeweiligen Umfelds (einschließlich der konzernweiten internen Kon-

---

1206 ISA 600.42; *IDW EPS 320 n.F.*, Tz. 38
1207 Vgl. ISA 600.A61.
1208 Vgl. ISA 600.43; *IDW EPS 320 n.F.*, Tz. 39
1209 Vgl. ISA 600.44-45; *IDW EPS 320 n.F.*, Tz. 40-41.
1210 Vgl. ISA 450.10-11; *IDW PS 250*, Tz. 18a u. 20.
1211 Vgl. ISA 600.A57.
1212 Vgl. ISA 600.30 (a) u. (b); *IDW EPS 320 n.F.*, Tz. 28.

Prüfung **M**

trollen) sein[1213]. Zudem hat der KAPr. alle bedeutsamen Sachverhalte, die ihm vom APr. eines TU oder einem anderen Teilbereichsprüfer mitgeteilt werden, mit diesem zu diskutieren[1214]. Die gestiegene Bedeutung der Kommunikation wird auch dadurch unterstrichen, dass es zu den in ISA 600 definierten Zielen des KAPr. zählt, in der gebotenen Klarheit mit den Teilbereichsprüfern über den Umfang und den Zeitraum ihrer Tätigkeit in den jeweiligen Teilbereichen sowie über ihre Arbeitsergebnisse zu kommunizieren[1215] und dass der Standard detaillierte Vorgaben zum Mindestumfang[1216] und zu den einzelnen Inhalten des Informationsaustauschs enthält und ferner verlangt, dass diese zeitgerecht zu erfolgen hat[1217].

bb) Kommunikation mit dem Konzernmanagement und dem AR des MU

ISA 600 ergänzt die allgemeinen Grundsätze des KAPr. zur Kommunikation mit dem Management und dem AR des MU um konzernspezifische Sachverhalte. Somit gelten weiterhin ISA 260[1218] und ISA 265[1219] sowie die spezifischen Kommunikations- und Berichtspflichten anderer ISA.[1220] **963**

Das **Konzernmanagement** ist hinsichtlich **Schwachstellen bei den internen Kontrollen zu informieren.** Dabei wird klargestellt, dass es in der Verantwortung des KAPr. steht, zu entscheiden, welche der identifizierten Schwachstellen bei den internen Kontrollen mitzuteilen sind. Es wird bei dieser Entscheidung sowohl Feststellungen bei den konzernweiten Kontrollen als auch bei den Kontrollen in den Teilbereichen berücksichtigen. Dabei ist unbedeutend, ob die Schwachstelle bei den internen Kontrollen durch den KAPr. aufgedeckt oder von dem Teilbereichsprüfer identifiziert wurde[1221]. **964**

Nach ISA 600.47 sind **Verstöße**, die vom KAPr. festgestellt oder ihm vom Teilbereichsprüfer mitgeteilt wurden, stets an das Konzernmanagement zu kommunizieren. Gleiches gilt bereits für Informationen, die darauf hindeuten, dass möglicherweise ein Verstoß vorliegt[1222]. **965**

Bei der **Kommunikation an den AR des MU** sind ferner nachfolgende Sachverhalte mit Bezug zum Prüfungsprozess und zur Prüfungsdurchführung zu berücksichtigen[1223]: **966**

– eine Übersicht über die Art der Tätigkeiten, die zu den Finanzinformationen der Teilbereiche durchzuführen sind,
– eine Übersicht über die Art der geplanten Einbindung des KAPr. in die Tätigkeit, die von den Teilbereichsprüfern zu den Finanzinformationen von bedeutsamen Teilbereichen durchzuführen ist,

---

1213 Vgl. ISA 600.A28, A29 u. A31.
1214 Alternativ möglich ist aber auch eine direkte Diskussion über die mitgeteilten Sachverhalte zwischen dem KAPr. und dem Teilbereichsmanagement bzw. dem Konzernmanagement. Vgl. ISA 600.42 (a) sowie *IDW EPS 320 n.F.*, Tz 38.
1215 Vgl. ISA 600.8 (b) (i); *IDW EPS 320 n.F.*, Tz. 8.
1216 Im Einzelnen vgl. ISA 600.40-41; *IDW EPS 320 n.F.*, Tz.36-37.
1217 Vgl. auch *Niehues*, IRZ 2006, S. 249/253.
1218 ISA 260 „Kommunikation mit den für die Überwachung Verantwortlichen".
1219 ISA 265 „Communicating Deficiencies in Internal Control to Those Charged with Governance and Management".
1220 Gleiches gilt im Fall des *IDW EPS 320 n.F.* im Hinblick auf die Kommunikation des APr. nach *IDW PS 450* und *470*
1221 Vgl. ISA 600.46; *IDW EPS 320 n.F.*, Tz 43.
1222 Vgl. ISA 600.47, A64; *IDW EPS 320 n.F.*, Tz 44..
1223 Vgl. ISA 600.49, A66; *IDW EPS 320 n.F.*, Tz. 45.

1637

- Fälle, in denen sich aus der Beurteilung der Arbeitsergebnisse eines Teilbereichsprüfers durch den KAPr. gravierende Bedenken zur Qualität der Tätigkeit dieses Prüfers ergeben haben,
- jegliche Beschränkungen der KAP, z.B. Fälle, in denen der Zugang des KAPr. zu Informationen u.U. beschränkt wurde.

967 Daneben sind **Verstöße oder vermutete Verstöße**, an denen das Konzernmanagement, das Teilbereichsmanagement oder Mitarbeiter mit bedeutsamen Funktionen bei konzernweiten Kontrollen beteiligt waren, an den AR des MU zu berichten. Dies gilt ebenso für Verstöße anderer Personengruppen, die zu einer wesentlichen falschen Angabe im KA geführt haben[1224].

968 Im Rahmen der Prüfung eines KA kann es vorkommen, dass dem KAPr. **Informationen** oder Sachverhalte bekannt werden, die für die **Prüfung des JA eines** (einbezogenen) **Konzernunternehmens bedeutsam** sein könnten, dem Teilbereichsmanagement jedoch möglicherweise unbekannt sind (z.B. mögliche Rechtsstreitigkeiten, Pläne zur Außerbetriebnahme wesentlicher betrieblicher Vermögenswerte, Ereignisse nach dem Stichtag oder bedeutsame rechtliche Vereinbarungen). In diesen Fällen hat der KAPr. das Konzernmanagement aufzufordern, entsprechende Informationen an das Teilbereichsmanagement weiterzugeben. Falls sich das Konzernmanagement weigert, ist dies mit dem AR des MU zu erörtern. Führt dies auch nicht zu Klärung, ist im Einzelfall unter Berücksichtigung der gesetzlichen und berufsständischen Verschwiegenheitspflicht von dem KAPr. zu überlegen, ob es dem APr. des JA des Konzernunternehmens empfehlen soll, den BestV nicht zu erteilen, bis der Sachverhalt geklärt ist[1225].

h) Dokumentation

969 Ergänzend zu den allgemeinen Dokumentationspflichten hat der KAPr. nach eine Analyse der Teilbereiche in die Arbeitspapiere aufzunehmen, aus der hervorgeht, welche Teilbereiche als bedeutsam angesehen werden und welche Art der Untersuchungen zu den Finanzinformationen der einzelnen Teilbereiche durchgeführt werden[1226]. Zur **Dokumentation** dieser Analyse bietet es sich z.B. an aufzuzeichnen, welche Prozentsätze und Bezugsgrößen zur Identifizierung von Teilbereichen verwendet werden, die für sich genommen von wirtschaftlicher Bedeutung für den Konzern sind, oder welche bedeutsamen Risiken wesentlicher falscher Angaben im KA festgestellt wurden und von welchen Teilbereichen diese Risiken ausgehen.

970 Ferner zu dokumentieren sind Art, Zeitpunkt und Umfang der Einbindung des KAPr. in die Tätigkeit, die von den APr. der TU und anderen Teilbereichsprüfern zu den Finanzinformationen bedeutsamer Teilbereiche durchgeführt werden. Soweit durchgeführt, zählt hierzu auch ein **Arbeitspapierreview** bei Teilbereichsprüfern sowie die hieraus gezogenen Schlussfolgerungen des KAPr. Den Arbeitspapieren beizufügen ist schließlich auch der schriftliche Informationsaustausch zwischen dem KAPr. und den APr. der TU und anderen Teilbereichsprüfern über die Anforderungen des KAPr.

1224 Vgl. ISA 600.49 (e); *IDW EPS 320 n.F.*, Tz. 45 d).
1225 Vgl. ISA 600.48, A65; *IDW EPS 320 n.F.*, Tz. 46, A46.
1226 Vgl. ISA 600.50; *IDW EPS 320 n.F.*, Tz 47.

XIII. Schrifttumsverzeichnis

1. Verzeichnis der Monographien und Beiträge in Sammelwerken

AICPA , Improving Business Reporting – A Customer Focus, New York 1994; *AK „Weltabschlüsse" der Schmalenbach-Gesellschaft – Deutsche Gesellschaft für Betriebswirtschaft e.V.*, Aufstellung internationaler Konzernabschlüsse / hrsg. v. Busse v. Colbe/ Müller, Wiesbaden 1979; *AK „Externe Unternehmensrechnung" der Schmalenbach-Gesellschaft – Deutsche Gesellschaft für Betriebswirtschaft e.V.*, Aufstellung von Konzernabschlüssen, Grundsatz: Berücksichtigung latenter Steuern bei der erfolgswirksamen Schuldenkonsolidierung / hrsg. v. Busse v. Colbe/Müller/Reinhard, 2. Aufl., Düsseldorf 1989; *Baumann*, Die Segment-Berichterstattung im Rahmen der externen Finanzpublizität, in: Havermann (Hrsg.), Bilanz- und Konzernrecht, FS Goerdeler, Düsseldorf 1987, S. 22; *Böcking*, Segmentberichterstattung – Ein Baustein zur Kontrolle und Transparenz im Unternehmensbereich!, in: Dörner/Menold/Pfitzer (Hrsg.), Reform des Aktienrechts, der Rechnungslegung und Prüfung, Stuttgart 1999, S. 509; *Bores*, Konsolidierte Erfolgsbilanzen und andere Bilanzierungsmethoden für Konzerne und Kontrollgesellschaften, Leipzig 1935; *Busse v. Colbe*, Die Equitymethode zur Bewertung von Beteiligungen im Konzernabschluß, in: Gaugler (Hrsg.), Zukunftsaspekte der anwendungsorientierten Betriebswirtschaftslehre, FS Grochla, Stuttgart 1986, S. 249; *Dreger*, Der Konzernabschluss, Wiesbaden 1969; *Ernst/Seibert/Stuckert*, KonTraG, KapAEG, StückAG, EuroEG – Textausgabe, Düsseldorf 1998; *Forster u.a.*, Praktische Probleme im neuen Aktienrecht / hrsg. von dem Deutschen Institut für Betriebswirtschaft und dem Institut für Interne Revision i.V.m. der Zeitschrift Interne Revision, Berlin 1967, S. 93; *Fricke*, Rechnungslegung für Beteiligungen nach der Anschaffungskostenmethode und nach der Equity-Methode, Bochum 1983; *Funk*, Die Bilanzierung nach neuem Recht aus der Sicht eines international tätigen Unternehmens, in: Baetge (Hrsg.), Das neue Bilanzrecht – Ein Kompromiß divergierender Interessen?, Düsseldorf 1985, S. 145; *Gross/Schruff/v. Wysocki*, Der Konzernabschluss nach neuem Recht, 2. Aufl., Düsseldorf 1987; *Havermann*, Zweifelsfragen der Rechnungslegung im Konzern, in: IDW (Hrsg.), Wirtschaftsprüfung im neuen Aktienrecht : Bericht über die Fachtagung 1966, Düsseldorf 1966, S. 75; *Havermann*, in: UEC (Hrsg.), Bericht über den UEC-Kongress, Dublin 1978, S. 14; *Havermann*, Methoden der Bilanzierung von Beteiligungen (einschließlich der „Equity"-Methode), in: IDW (Hrsg.), Rechnungslegung und Prüfung in internationaler Sicht, Düsseldorf 1978, S. 405; *Havermann*, Offene Fragen der Konzernrechnungslegung, in: IDW (Hrsg.), Bericht über die Fachtagung 1986 des Instituts der Wirtschaftsprüfer, Düsseldorf 1986, S. 43; *Havermann*, Der Konzernabschluß nach neuem Recht – ein Fortschritt?, in: Havermann (Hrsg.), Bilanz- und Konzernrecht, FS Goerdeler, Düsseldorf 1987, S. 173; *Havermann*, in: Helbling (Hrsg.), Revision und Rechnungslegung im Wandel, FS Zünd, Zürich, 1988, S. 263; *Havermann*, Die Handelsbilanz II - Zweck, Inhalt und Einzelfragen ihrer Erstellung, in: Knobbe-Keuk (Hrsg.), Handelsrecht und Steuerrecht, FS Döllerer, Düsseldorf 1988, S. 185; *Hoffmann-Becking/Rellermeyer*, Gemeinschaftsunternehmen im neuen Recht der Konzernrechnungslegung, in: Havermann (Hrsg.), Bilanz- und Konzernrecht, FS Goerdeler, Düsseldorf 1987, S. 199; *Jöris*, in: IDW (Hrsg.). Bericht über die Fachtagung 1985 des Instituts der Wirtschaftsprüfer, Düsseldorf 1985, S. 231; *Kirsch*, Die Equity-Methode im Konzernabschluss, Düsseldorf 1990; *Lanfermann*, Die Bilanzierung des Eigenkapitals der GmbH & Co. KG de lege ferenda – Überlegungen zur Transformation der GmbH & Co. Richtlinie -, in: Baetge (Hrsg.), Rechnungslegung, Prüfung und Beratung, FS Ludewig, Düsseldorf 1996, S. 580; *Maas/Schruff*, Ausgliederungen aus dem Konsolidierungskreis, in: Lanfermann (Hrsg.), Internationale Wirtschaftsprüfung, FS Havermann, Düssseldorf 1995, S. 417; *Ruhnke*, Konzernbuchführung, Düsseldorf 1995; *Ruppert*, Währungsumrechnung im Konzernabschluss, Düsseldorf 1993; *Schäfer*, Bilanzierung von Beteiligungen an assoziierten Unternehmen nach der Equity-Methode, Thun/ Frankfurt a.M. 1982; *Schindler*, Kapitalkonsolidierung nach dem Bilanzrichtlinien-Gesetz, Frankfurt a.m., 1986; *Schuhmann*, Der Konzernabschluss, Wiesbaden 1962; *Ulmer*, Begriffsvielfalt im Recht der verbundenen Unternehmen als Folge des Bilanzrichtlinien-Gesetzes, in: Havermann (Hrsg.), Bilanz- und Konzernrecht, FS Goerdeler, Düsseldorf 1987, S. 641; *v. Wysocki*, Die Konsolidierung der Innenumsatzerlöse nach § 305 Abs. 1 Nr. 1 HGB, in: Havermann (Hrsg.), Bilanz- und Konzernrecht, FS Goerdeler, Düsseldorf 1987, S. 723; *v. Wysocki*, Grundlagen, nationale und internationale Stellungnahmen zur Kapitalflußrechnung, in: v. Wysocki (Hrsg.), Kapitalflußrechnung, Stuttgart 1998, S. 1; *v. Wysocki*, Die Kapitalflußrechnung als Teil des Anhangs börsennotierter Mutterunternehmen nach § 297 Abs. 1 S. 2 HGB, in: Dörner/Menold/Pfitzer (Hrsg.), Reform des Aktienrechts, der Rechnungslegung und der Prüfung, Stuttgart 1999, S. 439; *Weber*, GoB für Beteiligungen, Düsseldorf 1980; *Wentland*, Die Konzernbilanz als Bilanz der wirtschaftlichen Einheit Konzern, Frankfurt/Bern/Las Vegas 1979; *Zündorf*, Quotenkonsolidierung versus Equity-Methode, Stuttgart 1987; *Zündorf*, Der Anlagespiegel im Konzernabschluss, Stuttgart 1990.

2. Verzeichnis der Beiträge in Zeitschriften

Amen, Die Kapitalflußrechnung als Rechnung zur Finanzlage : Eine kritische Betrachtung der Stellungnahme HFA 1/1995: „Die Kapitalflußrechnung als Ergänzung des Jahres- und Konzernabschlusses", WPg 1995, S. 499; *Baetge/Herrmann*, Probleme der Endkonsolidierung im Konzernabschluß, WPg 1995, S. 225; *Bernands*, Segmentberichterstattung in den Geschäftsberichten deutscher Unternehmen, DStR 1995, S. 1366; *Biener*, Die Konzernrechnungslegung nach der Siebenten Richtlinie des Rates der Europäischen Union übern den Konzernabschluß, DB 1983, Beil. Nr. 19, S. 8; *Böcking/Benecke*, Neue Vorschriften zur Segmentberichterstattung nach IAS und US-GAAP unter dem Aspekt des Business Reporting, WPg 1998, S. 92; *Bordewin*, Bilanzierung von Zero-Bonds, WPg 1986, S. 263; *Bühner/Hille*, Anwendungsprobleme der Equity-Methode für die Konzernrechnungslegung in der Europäischen Gemeinschaft, WPg 1980, S. 261; *Busse v. Colbe*, Neuere Entwicklungstendenzen in der Konzernrechnungslegung, WPg 1978, S. 657; *Busse v. Colbe*, Der Konzernabschluß im Rahmen des Bilanzrichtlinie-Gesetz, ZfbF 1985, S. 767; *Deubert*, Auflösung der „Eigenkapitaldifferenz aus Währungsumrechnung" nach § 308a S. 4 HGB i.d.F. des RegE BilMoG, DStR 2009, S. 340; *Dötsch/Pung*, Die Neuerungen bei der Körperschaftsteuer und bei der Gewerbesteuer durch das Steuergesetzgebungspaket vom Dezember 2003, Teil 2: Die Änderungen insbes. bei der Verlustnutzung und bei § 8b KStG, DB 2004, S. 151; *Duckstein/Dusemond*, Aus der Währungsumrechnung resultierende Eigenkapitaldifferenzen in einem international tätigen Konzern, DB 1995, S. 1675; *Ebeling/Baumann*, Konsolidierung mehrstufiger Konzerne nach der Methode der Integrierten Konsolidierungstechnik, BB 2000, S. 1669; *Feige/Ruffert*, Zur Bedeutung der Ausnahmeregelung des § 286 Abs. 4 HGB, DB 1995, S. 637; *Fey/Mujkanovic*, Segmentberichterstattung im internationalen Umfeld, DBW 1999, S. 262; *Fink/Ulbrich*, IFRS 8 : Paradigmenwechsel in der Segmentberichterstattung, DB 2007, S. 981; *Forster/Havermann*, Zur Ermittlung der kozernfremden Gesellschaftern zustehenden Kapital- und Gewinnanteile, WPg 1969, S. 1; *Gebhardt*, Empfehlungen zur Gestaltung informativer Kapitalflußrechnungen nach internationalen Grundsätzen, BB 1999, S. 1314; *Giese/Rabenhorst/Schindler*, Erleichterungen bei der Rechnungslegung, Prüfung und Offenlegung von Konzerngesellschaften, BB 2001, S. 511; *Grotherr*, Übertragung von Konzernrechnungslegungsgrundsätzen ins Konzernsteuerrecht?, WPg 1995, S. 81; *Haase*, Segmentpublizität, BFuP 1979, S. 455; *Haase/Lanfermann*, Grundlegende und aktuelle Probleme bei der Erstellung von Zwischenabschlüssen, WPg 1970, S. 209; *Haeger/Zündorf*, Abgrenzung des Konsolidierungskreises nach der wirtschaftlichen Zugehörigkeit, DB 1991, S. 1841; *Haller/Park*, Grundsätze ordnungsmäßiger Segmentberichterstattung, ZfbF 1994, S. 499; *Harms*, Ausweisfragen bei der Bewertung „at equity", BB 1987, S. 935; *Harms/Küting*, Latente Steuern nach dem Regierungsentwurf des Bilanzrichtlinie-Gesetzes, BB 1982, S. 843; *Harms/Küting*, Zur Weiterentwicklung des Erfolgs- und Ergebnisausweises im Konzernabschluß, BB 1983, S. 349; *Harms/Küting*, Konsolidierung bei unterschiedlichen Bilanzstichtagen nach künftigem Konzernrecht, BB 1985, S. 432; *Havermann*, Zur Bilanzierung von Beteiligungen an Kapitalgesellschaften in Einzel- und Konzernabschlüssen, WPg 1975, S. 234; *Havermann*, Die Equity-Bewertung von Beteiligungen, WPg 1987, S. 317; *Heine*, Vorbereitung und Aufstellung des Konzernabschlusses, WPg 1967, S. 116; *Herrmann*, Zur Rechnungslegung der GmbH & Co. KG im Rahmen des KapCoRiLiG, WPg 2001, S. 278; *HFA*, 142. Sitzung des HFA, FN-IDW 1992, S. 481; *HFA*, E-DRS 12 „Latente Steuern" im Konzernabschluß", FN-IDW 2001, S. 489; *HFA*, 185. Sitzung des HFA, FN-IDW 2003, S. 22; *HFA*, Geänderter Entwurf einer Verlautbarung zur Währungsumrechnung im Jahres- und Konzernabschluß, WPg 1986, S. 664; *Husmann*, Segmentierung des Konzernabschlusses zur bilanzanalytischen Untersuchung der wirtschaftlichen Lage des Konzerns, WPg 1997, S. 349; *Husmann*, Würdigung der Segmentberichterstattung nach dem Management Approach auf der Basis der deutschen Bilanzierungspraxis, WPg 1998, S. 816; *IDW*, Stellungnahme zur Transformation der 7. EG-Richtlinie, WPg 1984, S. 511; *IDW*, 2. Stellungnahme zur Transformation der 7. EG-Richtlinie, WPg 1985, S. 191; *IDW*, Entwurf Deutscher Rechnungslegungsstandard Nr. 3 (E-DRS 3) „Segmentberichterstattung", WPg 1999, S. 892; *IDW*, Stellungnahme zu E-DRS 8 „Bilanzierung von Anteilen an assoziierten Unternehmen im Konzernabschluß", WPg 2001, S. 216; *Jakoby/ Maier/Schmechel*, Internationalisierung der Publizitätspraxis bei Kapitalflußrechnungen : Eine empirische Untersuchung der DAX-Unternehmen für den Zeitraum 1988 bis 1997, WPg 1999, S. 228; *Kessler*, Zur konsolidierungstechnischen Umsetzung der Equity-Methode im Konzernabschluß nach HGB, BB 1999, S. 1750; *Klaholz/Stibi*, Sukzessiver Anteilserwerb nach altem und neuem Handelsrecht, KoR 2009, S. 297; *Kohlstruck*, Ertragsteuern im Konzernabschluß nach dem AktG 1965, DB 1966, S. 949; *Kropff*, „Verbundene Unternehmen" im Aktiengesetz und im Bilanzrichtlinien-Gesetz, DB 1986, S. 364; *Kühne/Melcher/Wesemann*, Latente Steuern nach BilMoG, WPg 2009, S. 1005 u. 1057; *Küting*, Geplante Neuregelungen der Kapitalkonsolidierung durch das Bilanzrechtsmodernisierungsgesetz, DStR 2008, S. 1396; *Küting/Göth*, Minderheitenanteile im Konzernabschluß eines mehrstufigen Konzerns, WPg 1997, S. 316; *Küting/Göth*, Negatives EK von Tochterunternehmen in der Kapitalkonsolidierung und die Auswirkungen auf den Konzernabschluß, BB 1994, S. 2446; *Küting/Haeger/Zündorf*, Die Erstellung des Anlagengitters nach künftigem Bilanzrecht, BB 1985, S. 1953; *Küting/Mojadadr*, Währungsumrechnung im Einzel- und Konzernabschluss nach dem RegE zum BilMoG, DB 2008, S. 1869; *Küting/Pilhofer*, Die neuen Vorschriften zur Segmentberichterstattung nach US-GAAP : Schließung der Regelungslücke in § 279 HBG, Abs. 1 HGB durch Adaption internationaler Standards?, DStR 1999, S. 559; *Küting/Seel*, Das neue deutsche Konzernbilanzrecht – Änderungen der Konzernrechnungslegung durch das Bilanzrechtsmodernisierungsgesetz (BilMoG), DStR 2009, Beiheft zu Heft 26, S. 37*; *Küting/ Zündorf*, Die Equity-Methode im deutschen Bilanzrecht, BB 1986, Beil. 7, S. 12; *Lanfermann/Stolberg*, Zur Kapital- und Gewinnkonsolidierung bei gegenseitigen Beteiligungen, WPg 1970, S. 353; *Link/Giese/Kunellis*, Geschäftsrisikoorientierte Prüfung des Konzernabschlusses : neue Anforderungen und Handlungsspielräume bei einer Prüfung nach ISA 600, BB 2008, S. 378; *Loitz*, DRS 18 – Bilanzierung latenter Steuern nach dem Bilanzrechtsmodernisierungsgesetz, DB 2010, S. 2177; *Loitz*, Latente Steuern für Outside

Basis Differences nach IFRS, WPg 2008, S. 1110; *Loitz*, Latente Steuern nach dem Bilanzrechtsmodernisierungsgesetz (BilMoG), DB 2008, S. 1389; *Loitz*, Latente Steuern nach dem Bilanzrechtsmodernisierungsgesetz (BilMoG) – ein Wahlrecht als Mogelpackung?, DB 2009, S. 913; *Lüdenbach/Freiberg*, Mutter-Tochter-Verhältnisse durch beherrschenden Einfluss nach dem BilMoG, BB 2009, S. 1230; *Maas/Schruff*, Unterschiedliche Stichtage im künftigen Konzernabschluß?, WPg 1985, S. 1; *Maas/Schruff*, Der Konzernabschluß nach neuem Recht, WPg 1986, S. 201; *Maas/Schruff*, Befreiende Konzernrechnungslegung von Mutterunternehmen mit Sitz außerhalb der EG, WPg 1991, S. 765; *Mansch/Stolberg/v. Wysocki*, Die Kapitalflußrechnung als Ergänzung des Jahres- und Konzernabschlusses : Anmerkungen zur gemeinsamen Stellungnahme HFA 1/1995 des Hauptfachausschusses und der Schmalenbach-Gesellschaft, WPg 1995, S. 188; *Melcher/Murer*, Die Auswirkungen des BilMoG auf die Equity-Methode nach § 312 HGB, DB 2010, S. 1597; *Mock*, Billigung des Zwischenabschlusses gem. § 299 Abs. 2 HGB durch den Aufsichtsrat?, DB 1987, S. 2553; *Müller*, Zum geänderten Entwurf einer 7. EG-Richtlinie über den Konzernabschluß, DB 1980, S. 268; *Mujkanovic*, Zweckgesellschaften nach dem BilMoG, StuB 2009, S. 374; *Naumann*, Standardentwurf zur Segmentberichterstattung, BB 1999, S. 2290; *Niehus*, Neues Konzernrecht für die GmbH, DB 1984, S. 1792; *Niemann/Bruckner*, Qualitätssicherung bei der KAP, DStR 2010, S. 345; *Niessen*, Grundsatzfragen der 7. Richtlinie über den konsolidierten Abschluß, WPg 1983, S. 653; *Noodt*, KAP nach internationalen Prüfungsvorschriften : Wesentliche Änderungen des neuen ED ISA 600 gegenüber dem aktuell geltenden IDW PS 320, WPg 2006, S. 894; *Nordmeyer*, Die Einbeziehung von Joint Ventures in den Konzernabschluß, WPg 1994, S. 301; *Oechsle/Schipper*, Negative Fremdanteile im Konzernabschluß, WPg 1994, S. 344; *Ordelheide*, Anschaffungskostenprinzip im Rahmen der Erstkonsolidierung gem. § 301 HGB, DB 1986, S. 493; *Ordelheide*, Kapitalkonsolidierung nach der Erwerbsmethode, WPg 1984, S. 244; *Ordelheide*, Konzernkonsolidierung und Konzernerfolg, WPg 1987, S. 311; *Oser*, Erfolgsneutral verrechnete Geschäfts- oder Firmenwerte aus der Kapitalkonsolidierung im Lichte der Entkonsolidierung, WPg 1995, S. 266; *Oser*, Konzernrechnungslegung nach dem HGB i.d.F. des BilMoG, Der Konzern 2008, S. 106; *Oser/Mojadadr/Wirth*, Kapitalkonsolidierung von Fremdwährungsabschlüssen, KoR 2008, S. 575; *Plein*, Die Eliminierung von Effekten aus Wechselkursänderungen bei indirekt erstellten Konzernkapitalflußrechnungen, WPg 1998, S. 14; *Rittner*, Die Beteiligung als Grund der Abhängigkeit einer Aktiengesellschaft, DB 1976, S. 1513; *Ruhnke/Canitz*, Besonderheiten der Prüfung von Konzernabschlüssen : Darstellung und Analyse des Proposed ISA 600RR unter besonderer Berücksichtigung einer geschäftsrisikoorientierten Prüfung, WPg 2007, S. 447; *Sahner/Häger*, Zur Zwischenerfolgseliminierung beim Beteiligungsansatz „at equity", BB 1988, S. 1783; *Sahner/Kammers*, Die Abgrenzung des Konsolidierungskreises nach der 7. EG-Richtlinie im Vergleich zum Aktiengesetz 1965 – ein Fortschritt?, DB 1983, S. 2209; *Schindler*, Konsolidierung von Gemeinschaftsunternehmen : Ein Beitrag zu § 310 HGB, BB 1987, S. 158; *Schruff*, Die Behandlung von Zweckgesellschaften, Der Konzern 2009 S. 511; *Schurbohm-Ebneth/Zoeger*, Zur Umsetzung der HGB-Modernisierung durch das BilMoG : Internationalisierung des handelsrechtlichen Konzernabschlusses, DB 2009, Beil. 5 zu H. 23, S. 53; *Selchert*, Die Aufgliederung der Umsatzerlöse im KAnh., BB 1992, S. 2035; *Selchert/Karsten*, Inhalt und Gliederung des KAnh., BB 1986, S. 1258; *Stibi*, Die handelsrechtliche Konzernrechnungslegung nach dem Regierungsentwurf des BilMoG, KoR 2008, S. 517; *Stibi/Klaholz*, Kaufpreisverteilung im Rahmen der Kapitalkonsolidierung nach BilMoG, BB 2009, S. 2582; *v. Wysocki*, DRS 2 : Neue Regeln des Deutschen Rechnungslegungs Standards Committee zur Aufstellung von Kapitalflußrechnungen, DB 1999, S. 2373; *v. Wysocki*, Konzernabschluß : Aufstellungs- und Einbeziehungspflichten nach neuem

Recht, WPg 1987, S. 280; *Weber/Zündorf*, Der Einfluß von Veränderungen des Beteiligungsbuchwerts auf die Kapitalkonsolidierung, BB 1989, S. 1852; *Wendholt/Wesemann*, Zur Umsetzung der HGB-Modernisierung durch das BilMoG : Bilanzierung von latenten Steuern im Einzel- und Konzernabschluss, DB 2009, Beil. 5 zu H. 23, S. 64; *Wollmert/ Oser*, Der IASC-Abschluß eines Drittlandsunternehmens als befreiender Konzernabschluß?, DB 1995, S. 53; *Zilias/Lanfermann*, Die Neuregelung des Erwerbs und Haltens eigener Aktien, WPg 1980, S. 89; *Zimmermann,* Zur Anwendung der Schutzklausel im Rahmen der Segmentberichterstattung im Einzel- und Konzernabschluß, DStR 1998, S. 1974; *Zoeger/Möller*: Konsolidierungspflicht für Zweckgesellschaften nach dem BilMoG, KoR 2009, S. 309; *Zwirner/Künkele*, Währungsumrechnung nach HGB : Abgrenzung latenter Steuern, StuB 2009, S. 722.

Kapitel N

Rechnungslegung nach IFRS

I. Rechtliche Grundlagen der Rechnungslegung nach IFRS in Deutschland

1. Konzernabschluss kapitalmarktorientierter Mutterunternehmen

a) Anwendungsbereich

Nach Art. 4 der VO 1606/2002[1] haben kapitalmarktorientierte MU, die dem Recht eines Mitgliedstaats unterliegen, Ihren KA nach den gem. Art. 6 Abs. 2 der VO 1606/2002 von der EU übernommenen IFRS aufzustellen. Diese Vorschrift der VO 1606/2002 stellt für betroffene Unternehmen unmittelbar anwendbares Recht dar. Ob ein Unternehmen „MU" ist und zur Aufstellung eines KA verpflichtet ist, richtet sich allerdings weiterhin nach den §§ 290-293 HGB[2]. Darüber hinaus schreibt § 315a Abs. 1 HGB vor, dass die betroffenen MU bestimmte Vorschriften des HGB, die den KA und KLB betreffen, neben den IFRS anzuwenden haben.

Ein MU ist **kapitalmarktorientiert** i.S.d. VO 1606/2002, wenn es Wertpapiere ausgegeben hat, die am Abschlussstichtag zum Handel an einem geregelten Markt in (irgend) einem Mitgliedstaat zugelassen sind. Mit dem BilMoG wurde der Begriff „kapitalmarktorientiert" erstmals auch im HGB kodifiziert[3]. Sind Wertpapiere ausschließlich von TU ausgegeben, so besteht nach der VO 1606/2002 keine Pflicht zur IFRS-Anwendung. Auf der Grundlage des Art. 5 lit. B der VO 1606/2002 hat der deutsche Gesetzgeber die Pflicht zur Anwendung der IFRS auf diejenigen MU ausgeweitet, die am Abschlussstichtag die Zulassung eines Wertpapiers zu einem organisierten Markt i.S.d. § 2 Abs. 5 WpHG im Inland beantragt haben[4].

Die VO 1606/2002 verweist zur Definition eines **geregelten Markts** auf Art. 1 Abs. 13 der RL 93/22/EWG[5] über Wertpapierdienstleistungen. Die RL 93/22/EWG wurde am 30.04.2006 durch die RL 2004/39/EG[6] ersetzt. Bezugnahmen auf die RL 93/22/EWG gelten als Bezugnahme auf die RL 2004/39/EG[7]. Art. 4 Abs. 1 Nr. 14 der RL 2004/39/EG definiert einen geregelten Markt als „ein von einem Marktbetreiber betriebenes und/oder verwaltetes multilaterales System, das die Interessen einer Vielzahl Dritter am Kauf und Verkauf von Finanzinstrumenten innerhalb des Systems und nach seinen nichtdiskretionären Regeln in einer Weise zusammenführt oder das Zusammenführen fördert, die zu einem Vertrag in Bezug auf Finanzinstrumente führt, die gem. den Regeln und/oder Systemen des Markts zum Handel zugelassen wurden, sowie eine Zulassung erhalten hat und ordnungsgemäß und gem. den Bestimmungen des Titels III [der RL 2004/39/EG] funktioniert"[8]. Jeder Mitgliedstaat ist verpflichtet, ein Verzeichnis der geregelten Märkte,

---

1 Vgl. Verordnung (EG) Nr. 1606/2002 des Europäischen Parlaments und des Rates vom 19.07.2002 betreffend die Anwendung internationaler Rechnungslegungsstandards, Abl.EU 2002, Nr. L 243, S. 1-4 (VO 1606/2002).
2 Vgl. M Tz. 11.
3 Vgl. § 264d HGB; *Zwirner*, KoR 2010, S. 1 (1-5); hierzu F Tz 24.
4 Vgl. § 315a Abs. 2 HGB.
5 RL 93/22/EWG, Abl.EG 1993, Nr. L 141, S. 27-46.
6 RL 2004/39/EG, Abl.EU 2004, Nr. L 145, S. 1-44.
7 Vgl. Art. 69 der RL 2004/39/EG.
8 Art. 4 Abs. 1 Nr. 14 der RL 2004/39/EG; vgl. auch Vorbem. (6) der RL 2004/39/EG sowie *Seitz*, AG 2004, S. 497/499-501.

für die er Herkunftsmitgliedstaat ist, zu erstellen[9]. Das Verzeichnis wird im Amtsblatt der Europäischen Union sowie auf der Internetseite der Kommission veröffentlicht[10].

4   Während in der VO 1606/2002 der Begriff des „geregelten Markts" verwendet und dieser Begriff in der RL 2004/39/EG definiert wird, verweist § 315a HGB auf den „organisierten Markt i.S.d. § 2 Abs. 5 Wertpapierhandelsgesetz"[11]. Ein **organisierter Markt** i.S.d. § 2 Abs. 5 WpHG ist ein im Inland, in einem anderen Mitgliedstaat der EU oder in einem anderen Vertragsstaat des Abkommens über den Europäischen Wirtschaftsraum betriebenes oder verwaltetes, durch staatliche Stellen genehmigtes, geregeltes und überwachtes multilaterales System, das die Interessen einer Vielzahl von Personen am Kauf und Verkauf von dort zum Handel zugelassenen Finanzinstrumenten innerhalb des Systems und nach festgelegten Bestimmungen in einer Weise zusammenbringt oder das Zusammenbringen fördert, die zu einem Vertrag über den Kauf dieser Finanzinstrumente führt. Die Voraussetzungen eines organisierten Markts erfüllt in Deutschland der regulierte Markt gem. § 32ff. BörsG, der an die Stelle der früheren Marktsegmente amtlicher Markt und geregelter Markt getreten ist, nicht aber der Freiverkehr[12]. Ebenfalls anerkannt als organisierter Markt ist die Terminbörse EUREX[13]. Das in § 2 Abs. 5 WpHG definierte multilaterale System entspricht der Definition des geregelten Markts i.S.d. Art. 4 Abs. 1 Nr. 14 der RL 2004/39/EG, wodurch die in dem Verzeichnis der einzelnen Mitgliedstaaten der EU aufgeführten geregelten Märkte auch als organisierte Märkte i.S.d. WpHG anzusehen sind[14]. Die terminologische Unterscheidung hat somit keinen inhaltlichen Unterschied zur Folge.

5   Der Begriff **Wertpapier** ist in Art. 4 der VO 1606/2002 nicht bestimmt. Die RL 2004/39/EG enthält eine Begriffsbestimmung von „übertragbaren Wertpapieren". Dies sind Gattungen von Wertpapieren, die auf einem Kapitalmarkt gehandelt werden können, mit Ausnahme von Zahlungsinstrumenten[15].

6   **Wertpapiere** i.S.d. § 2 Abs. 1 S. 1 WpHG sind, auch wenn keine Urkunden über sie ausgestellt sind, alle Gattungen von übertragbaren Wertpapieren mit Ausnahme von Zahlungsinstrumenten, die ihrer Art nach auf den Finanzmärkten handelbar sind. Zu den Wertpapieren gehören insb.

(1) Aktien,
(2) andere Anteile an in- oder ausländischen juristischen Personen, PersGes. und sonstigen Unternehmen, soweit sie Aktien vergleichbar sind, sowie Zertifikate, die Aktien vertreten,
(3) Schuldtitel,
  (1) insb. Genussscheine und Inhaberschuldverschreibungen und Orderschuldverschreibungen sowie Zertifikate, die Schuldtitel vertreten,
  (2) sonstige Wertpapiere, die zum Erwerb oder zur Veräußerung von Wertpapieren nach den Nummern (1) und (2) berechtigen oder zu einer Barzahlung führen, die

---

9   Vgl. Art. 47 der RL 2004/39/EG.
10 In Deutschland sind geregelte Märkte i.S.d. EG-RL die regulierten Märkte der jeweiligen deutschen Börsen sowie die Terminbörse Eurex, die European Energy Exchange und der Startup Market Hamburg, vgl. Abl.EU 2009, Nr. C 158, S. 5.
11 Die vom Sprachgebrauch der RL abweichende Bezeichnung ist darauf zurückzuführen, dass der Begriff des „geregelten Markts" bereits zur Bezeichnung des seinerzeit neben dem amtlichen Handel existierenden Segments öffentlich-rechtlich strukturierten börslichen Marktsegmente besetzt war und mögliche Irreführungen ausgeschlossen werden sollten, vgl. RegE Umsetzungsgesetz, BR-Drucks. 963/96, S. 103.
12 Auch Teilbereiche des Freiverkehrs, wie z.B. der sog. „Entry Standard" der Frankfurter Wertpapierbörse, fallen nicht unter § 2 Abs. 5 WpHG, vgl. *Fuchs*, WpHG, § 2, Tz. 149.
13 Vgl. *Fuchs*, WpHG, § 2, Tz. 149.
14 Vgl. *Assmann/Schneider*, WpHG[5], § 2, Tz. 159, 161.
15 Im Einzelnen vgl. Art. 4 Abs. 1 Nr. 18 der RL 2004/39/EG.

in Abhängigkeit von Wertpapieren, von Währungen, Zinssätzen oder anderen Erträgen, von Waren Indices oder Messgrößen bestimmt wird.

Wertpapiere sind auch Anteile an Investmentvermögen, die von einer Kapitalanlagegesellschaft oder einer ausländischen Investmentgesellschaft ausgegeben werden. Nicht unter Wertpapiere i.S.d. § 2 Abs. 1 S. 1 WpHG fallen bspw. Namensschuldverschreibungen und andere Wertpapiere, die nur durch Abtretung (§ 398 BGB) übertragen und daher nicht an einem Markt gehandelt werden können[16].

Stellt ein Unternehmen seinen KA nach IFRS freiwillig auf und soll er befreiende Wirkung haben, hat es bestimmte Vorschriften des **HGB** hinsichtlich des KA und des KLB zu befolgen (§ 315a Abs. 3 i.V.m. Abs. 1 HGB)[17].

b) Anwendung der von der EU übernommenen IFRS

Die VO 1606/2002 bezieht sich auf die Anwendung solcher IFRS, die nach dem Verfahren des Art. 6 Abs. 2 der VO 1606/2002 übernommen wurden[18]. Dabei ist ein zweistufiges Verfahren zur Übernahme der IFRS vorgesehen. Die VO 1606/2002 stellt den Basisrechtsakt dar; die Übernahme der IFRS erfolgt im Rahmen eines **Komitologieverfahrens**[19]. Bei diesem Verfahren handelt es sich um ein gegenüber eigenständigen Verordnungs- bzw. Richtlinienverfahren verkürztes Verfahren, das schnelles und flexibles Handeln zur Übernahme der IAS/IFRS gewährleistet[20]. Die EU-Kommission arbeitet bei Entscheidungen über die Übernahme der IFRS mit einem aus Fachleuten zusammengesetzten Ausschuss (European Financial Reporting Advisory Group (EFRAG)) und mit einem Ausschuss von Vertretern der Mitgliedstaaten (Accounting Regulatory Committee (ARC)) zusammen. Die EFRAG gibt fachliche Unterstützung und holt Kommentare interessierter Kreise ein. Auf dieser Basis sowie unter Beachtung des Rahmenkonzepts der IFRS gibt die EFRAG eine Empfehlung an die EU-Kommission bzgl. der Übernahme der IFRS ab[21].

Die **Übernahme** eines Standards bzw. einer Interpretation setzt voraus, dass der Standard bzw. die Interpretation ein den tatsächlichen Verhältnissen entsprechendes Bild der Vermögens-, Finanz- und Ertragslage einer Gesellschaft vermittelt, dass er dem europäischen öffentlichen Interesse entspricht und dass er den Kriterien Verständlichkeit, Erheblichkeit, Verlässlichkeit und Vergleichbarkeit genügt, damit die Abschlüsse für die Adressaten von Nutzen sind (Art. 3 Abs. 2 VO 1606/2002).

Die übernommenen IFRS werden als Kommissionsverordnung veröffentlicht (Art. 3 Abs. 4 VO 1606/2002) und sind damit **unmittelbar geltendes Recht** in den Mitgliedstaaten der EU. Für Unternehmen, die erstmalig mit der Anwendung von IFRS konfrontiert sind, sehen die IFRS Sonderregelungen (IFRS 1) vor[22].

---

16 Zum Begriff des Wertpapiers vgl. *Assmann/Schneider*, WpHG[5], § 2, Tz. 4-34.
17 Vgl. Tz. 13 zu den Anforderungen von § 315a Abs. 1 HGB.
18 Das Framework ist nicht Teil der IFRS und wird somit auch nicht von der EU übernommen, vgl. *Buchheim/Gröner/Kühne*, BB 2004, S. 1783 (1785).
19 Vgl. Art. 6 Abs. 2 VO 1606/2002 i.V.m. dem Beschluss des Rates vom 28.06.1999 zur Festlegung der Modalitäten für die Ausübung der der Kommission übertragenen Durchführungsbefugnisse (1999/468/EG), Abl.EG, Nr. L 184, S. 23-26; *Ernst*, BB 2001, S. 823 (823).
20 Vgl. *Ernst*, BB 2001, S. 823 (823).
21 Vgl. *Buchheim/Gröner/Kühne*, BB 2004, S. 1783 (1783-1784).
22 Vgl. Tz. 1144ff.

c) Anwendung einzelner Vorschriften des HGB

12 Ist ein Unternehmen zur Aufstellung eines IFRS-KA verpflichtet, hat es gem. § 315a HGB zusätzlich zu den von der EU übernommenen IFRS bestimmte Vorschriften des **HGB** zu befolgen. So richten sich die Konzernabschlussaufstellungspflicht (§§ 290-293 HGB), die Prüfungspflicht (§ 316 Abs. 2 HGB) und die Offenlegungspflichten (§ 325 HGB) nach den Vorschriften des Handelsgesetzbuchs. Ferner sind § 294 Abs. 3 HGB, der die Mitwirkungspflicht von TU bei der Aufstellung des KA regelt, sowie § 297 Abs. 2 S. 4 HGB hinsichtlich des zu leistenden Bilanzeids[23] und § 298 Abs. 1 HGB, soweit dieser auf die §§ 244, 245 HGB betreffend Sprache, Währung und Unterzeichnung des Abschlusses verweist, anzuwenden (§ 315a HGB)[24].

13 Gemäß § 315a Abs. 1 S. 1 HGB sind darüber hinaus auch bestimmte Regelungen des HGB zum Inhalt des **Konzernanhangs** (§§ 313 Abs. 2 und 3, 314 Abs. 1 Nr. 4, 6, 8 und 9 sowie Abs. 2 S. 2 HGB) bei der Erstellung eines IFRS-KA zu befolgen. Dies bedeutet, dass der KAnh. zusätzlich zu den nach IFRS geforderten Angaben auch folgende Informationen enthalten muss:

- Angaben zum Konsolidierungskreis und zum Konzernanteilsbesitz gem. § 313 Abs. 2 HGB (es sei denn, es greift die Schutzvorschrift des § 313 Abs. 3 HGB)[25];
- die durchschnittliche Zahl der Arbeitnehmer der in den KA einbezogenen Unternehmen während des GJ, getrennt nach Gruppen, sowie der in dem GJ verursachte Personalaufwand, sofern er nicht gesondert im Konzern-Periodenergebnis ausgewiesen ist; die durchschnittliche Zahl der Arbeitnehmer von nach § 310 HGB nur anteilsmäßig einbezogenen Unternehmen ist gesondert anzugeben (§ 314 Abs. 1 Nr. 4 HGB)[26];
- die Höhe der Bezüge der Mitglieder des Geschäftsführungsorgans, des AR, eines Beirats oder einer ähnlichen Einrichtung des MU, jeweils für jede Personengruppe gesondert und im Fall eines börsennotierten MU für die Vorstandsmitglieder namentlich einzeln gem. § 314 Abs. 1 Nr. 6 HGB[27];
- für jedes in den KA einbezogene börsennotierte Unternehmen eine Aussage, dass die Erklärung nach § 161 AktG abgegeben wurde und wo sie öffentlich zugänglich gemacht wurde (§ 314 Abs. 1 Nr. 8 HGB)[28];
- das vom KAPr. für das GJ berechnete Gesamthonorar, getrennt nach Honoraren für Abschlussprüfungsleistungen, für andere Bestätigungsleistungen, für Steuerberatungsleistungen und für sonstige Leistungen (§ 314 Abs. 1 Nr. 9 HGB)[29].

14 Gemäß § 315a HGB i.V.m. § 315 HGB ist auch ein IFRS-KA um einen KLB zu ergänzen.

2. Konzernabschlüsse nicht kapitalmarktorientierter Mutterunternehmen

15 Der deutsche Gesetzgeber hat auf der Grundlage von Art 5 lit. B der VO 1606/2002 zugelassen, dass auch nicht kapitalmarktorientierte MU ihren KA mit befreiender Wirkung nach IFRS aufstellen dürfen (§ 315a Abs. 3 HGB). Macht ein MU von diesem Wahlrecht Gebrauch, so hat es die von der EU übernommenen IFRS sowie die in § 315a Abs. 1 HGB

---

23 Vgl. M Tz. 890 f.
24 Vgl. auch Begr. RegE BilReG zu § 315a HGB, S. 34.
25 Vgl. M Tz. 704.
26 Vgl. M Tz. 766.
27 Vgl. M Tz. 770.
28 Vgl. M Tz. 778.
29 Vgl. M Tz. 779.

genannten handelsrechtlichen Vorschriften vollständig zu befolgen (§ 315a Abs. 3 S. 2 HGB).

3. Befreiende Offenlegung eines IFRS-Einzelabschlusses

§ 325 Abs. 2a HGB ermöglicht es KapGes., statt des HGB-JA einen IFRS-EA im elektronischen BAnz. zu veröffentlichen. Ein HGB-JA ist in diesen Fällen weiterhin für **gesellschafts- und steuerrechtliche Zwecke** erforderlich. Bei der Aufstellung eines IFRS-EA, der statt des HGB-JA im elektronischen BAnz. veröffentlicht werden soll, sind die von der EU übernommenen IFRS vollumfänglich anzuwenden. **16**

Gemäß § 325 Abs. 2a S. 3 HGB sind bei der Erstellung eines für die Offenlegung befreienden IFRS-EA die Vorschriften des HGB zu Klarheit und Übersichtlichkeit des aufgestellten Abschlusses, Sprache, Währung, Unterzeichnung des Abschlusses (§§ 243 Abs. 2, 244, 245 HGB), zur Aufbewahrung von Unterlagen (§ 257 HGB) sowie zum Bilanzeid (§ 264 Abs. 2 S. 3 HGB) zu befolgen. **17**

Darüber hinaus hat der **Anhang** eines für die Offenlegung befreienden IFRS-EA folgende Angaben zu enthalten: **18**

- die durchschnittliche Zahl der Arbeitnehmer während des GJ, getrennt nach Gruppen, sowie der in dem GJ verursachte Personalaufwand, gegliedert wie in § 275 Abs. 2 Nr. 6 HGB vorgesehen; sofern das UKV angewandt wird, nach § 285 Nr. 7 und 8b) HGB;
- die Höhe der Bezüge der Mitglieder des Geschäftsführungsorgans, des AR, eines Beirats oder einer ähnlichen Einrichtung des MU, jeweils für jede Personengruppe nach § 285 Nr. 9 (die Schutzvorschrift des § 286 Abs. 4 HGB gilt insoweit nicht);
- alle Mitglieder des Geschäftsführungsorgans und eines AR, auch wenn sie im GJ oder später ausgeschieden sind, mit dem Familiennamen und mindestens einem ausgeschriebenen Vornamen sowie dem ausgeübten Beruf und bei börsennotierten Gesellschaften auch den woanders ausgeübten Aufsichtsratsmandaten bzw. Mitgliedschaften in ähnlichen Kontrollgremien nach § 285 S. 1 Nr. 10 HGB;
- eine Aufstellung über den Anteilsbesitz gem. § 285 S. 1 Nr. 11 und 11a HGB;
- Name und Sitz des MU, das den KA für den größten Kreis von Unternehmen aufstellt, und ihres MU, das den KA für den kleinsten Kreis von Unternehmen aufstellt, sowie im Fall der Offenlegung der von diesen MU aufgestellten KA der bzw. die Ort(e), wo diese erhältlich sind (§ 285 S. 1 Nr. 14 HGB);
- soweit es sich um den Anh. des JA einer Personenhandelsgesellschaft i. S. d. § 264a Abs. 1 HGB handelt, Name und Sitz der Gesellschaften, die persönlich haftende Gesellschafter sind, sowie deren gezeichnetes Kapital (§ 285 Nr. 15 HGB);
- eine Aussage, dass die Erklärung nach § 161 AktG abgegeben wurde und wo sie öffentlich zugänglich gemacht wurde (§ 285 Nr. 16 HGB);
- das vom APr. für das GJ berechnete Gesamthonorar, getrennt nach Honoraren für die Abschlussprüfungsleistungen, für andere Bestätigungsleistungen, für Steuerberatungsleistungen und für sonstige Leistungen, soweit die Angaben nicht in einem das Unternehmen einbeziehenden KA enthalten sind (§ 285 Nr. 17 HGB).

Von den Vorschriften zum Unterlassen von Angaben haben für einen für die Offenlegung befreienden IFRS-EA nur die Regelungen des § 286 Abs. 1, Abs. 3 und Abs. 5 HGB Gültigkeit. Insbesondere ist ein Verzicht auf die Offenlegung der **Vorstands- und Aufsichtsratsbezüge** aus Gründen des Schutzes der Persönlichkeitssphäre der einzelnen Mitglieder nach § 286 Abs. 4 HGB nicht zulässig. **19**

20 Gemäß § 325 Abs. 2a HGB i.V.m. § 289 HGB ist auch ein IFRS-EA um einen **Lagebericht** zu ergänzen.

II. Grundlagen der Rechnungslegung nach IFRS
1. Normative Grundlagen

21 Die Grundlage für die Rechnungslegung nach IFRS bilden die **IFRS** und **IAS**[30] sowie deren Interpretationen (**IFRIC** und **SIC**) (IAS 1.7). Sämtliche Anforderungen aller Standards und Interpretationen sind zu beachten. Andernfalls darf ein Abschluss nicht als mit den IFRS übereinstimmend bezeichnet werden (IAS 1.16).

22 Von grundlegender Bedeutung ist weiterhin das **Rahmenkonzept für die Aufstellung und Darstellung von Abschlüssen** (Conceptual Framework (CF)). Dieses kann als theoretischer Unterbau der IFRS-Rechnungslegung verstanden werden, ist aber selbst kein Standard. Es hat nicht die Funktion einer Generalnorm und geht somit nicht den Vorschriften der einzelnen Standards vor (CF, Purpose and status). Vielmehr haben die Anforderungen aus den einzelnen Standards in Fällen, in denen ein Konflikt besteht, Vorrang (CF, Purpose and status). Zu beachten sind die im Rahmenkonzept niedergelegten Definitionen sowie Ansatz- und Bewertungskriterien jedoch bei der Festlegung und Prüfung von Bilanzierungs- und Bewertungsmethoden, wenn in den IFRS keine Regelungen für den betreffenden Sachverhalt existieren (IAS 8.11(b); CF, Purpose and status).

23 Deutsche Unternehmen, die nach Art. 4 der VO 1606/2002 oder nach § 315a HGB einen IFRS-KA aufstellen bzw. einen IFRS-EA nach § 325 Abs. 2a HGB im elektronischen BAnz. offenlegen, haben die von der EU übernommenen IFRS zu beachten[31]. Die EU übernimmt jedoch nur Standards und Interpretationen. Das Rahmenkonzept ist weder ein Standard noch eine Interpretation und wurde folglich nicht von der EU übernommen. Gleichwohl erkennt die EU die Bedeutung des Rahmenkonzepts als „Grundlage für die Urteilsbildung bei der Lösung von Rechnungslegungsproblemen" an[32].

24 Ist ein Sachverhalt weder in einem Standard noch in einer Interpretation geregelt, hat die Unternehmensleitung nach eigenem Urteil Bilanzierungs- und Bewertungsmethoden zu entwickeln, die dazu führen, dass in dem betreffenden Abschluss Informationen enthalten sind, die für die **Entscheidungsfindung** der Abschlussadressaten relevant und die zuverlässig sind (IAS 8.10). Informationen sind dann als zuverlässig einzustufen, wenn sie die Vermögens-, Finanz- und Ertragslage sowie die Zahlungsströme des Unternehmens den tatsächlichen Verhältnissen entsprechend darstellen und die gegebenen Informationen die wirtschaftliche Substanz einer Transaktion abbilden und nicht nur deren rechtliche Form. Ferner haben die Informationen neutral (i.S.v. frei von Verzerrungen), vorsichtig und in allen wesentlichen Aspekten vollständig (IAS 8.10(b)) zu sein.

25 In IAS 8.11 werden **verbindliche Regeln** (auch bzgl. der Reihenfolge ihrer Anwendung) und in IAS 8.12 **fakultative Hinweise** dafür gegeben, wie eine Unternehmensleitung Bilanzierungs- und Bewertungsmethoden bei Regelungslücken entwickeln kann. Zunächst

---

30 Die Rechnungslegungsstandards des IASB, das aus dem IASC hervorgegangen ist, werden IFRS genannt. Die bereits bestehenden Standards des IASC, die als IAS bezeichnet werden, behalten ihre Bezeichnung und – soweit nichts anderes entschieden wurde – ihre Gültigkeit bei. Der Begriff IFRS ist zugleich Oberbegriff für die IAS und die IFRS sowie die dazugehörigen Interpretationen IFRIC und SIC (IAS 1.7).

31 Vgl. Tz. 9ff.

32 Zur Fassung des Rahmenkonzepts vor Beginn der sukzessiven Überarbeitung vgl. EU-Kommission, Kommentare zu bestimmten Artikeln der IAS-Verordnung und zur 4. und 7. EG-RL, http://ec.europa.eu/internal_market/accounting/docs/ias/200311-comments/ias-200311-comments_de.pdf (zit. 10.11.2011), S. 6; *Schöllhorn/Müller*, DStR 2004, S. 1623/1624.

Grundlagen der Rechnungslegung nach IFRS

sind IFRS, die ähnliche und verwandte Sachverhalte behandeln, und – falls keine entsprechenden Regelungen in den IFRS existieren – die Definitionen, Ansatzvorschriften und Bewertungskonzepte für Vermögenswerte, Schulden, Erträge und Aufwendungen des Rahmenkonzepts heranzuziehen (IAS 8.11). Ergänzend **können**, soweit dies nicht im Widerspruch zu den IFRS und dem Rahmenkonzept steht, aktuelle Verlautbarungen anderer Standardsetter, soweit diesen ein ähnliches Rahmenkonzept wie den IFRS zugrunde liegt[33], sonstige Rechnungslegungsverlautbarungen und akzeptierte Branchenpraktiken berücksichtigt werden (IAS 8.12).

Das IASB und das FASB haben im September 2010 die Phase A ihres gemeinsamen Projekts zur **Entwicklung und Verbesserung eines Rahmenkonzepts** für die IFRS verabschiedet. Das überarbeitete Rahmenkonzept soll die Grundlage für die Entwicklung zukünftiger Standards bilden und basiert auf den bisherigen für IFRS bzw. US-GAAP gültigen Rahmenkonzepten. Das Projekt zur Überarbeitung hat unter anderem noch folgende weitere Phasen: **26**

– Phase B: Definitionen der Abschlussposten, Ansatz und Ausbuchung,
– Phase C: Bewertung,
– Phase D: Berichtseinheit,
– Phase E: Grenzen der Berichterstattung, Ausweis und Anhangangaben,
– Phase F: Zweck und Status des Rahmenkonzepts,
– Phase G: Anwendung des Rahmenkonzepts bei nicht erfolgswirtschaftlichen Organisationen (not-for-profit entities),
– Phase H: Sonstiges.

Phase A umfasst Kapitel 1 zur Zielsetzung der Finanzberichterstattung (The objective of general purpose financial reporting) und Kapitel 3 zu den Merkmalen entscheidungsnützlicher Informationen (Qualitative characteristics of useful financial information)[34]. **27**

Die fertiggestellten Abschnitte des **Conceptual Framework for Financial Reporting** ersetzen die jeweiligen Abschnitte des bisherigen Rahmenkonzepts aus dem Jahr 1989. In der ab dem 01.01.2011 geltenden Fassung sind die noch nicht endgültig überarbeiteten Teile des bisherigen Rahmenkonzepts in Abschn. 4 enthalten. **28**

Das IASB und das FASB haben am 11.03.2010 einen gemeinsamen **Entwurf zum Konzept der Berichtseinheit** (ED 2010/2 Conceptual Framework for Financial Reporting – The Reporting Entity) veröffentlicht. Wesentlicher Bestandteil des Entwurfs ist die Definition einer Berichtseinheit (Phase D des Projekts zur Entwicklung und Verbesserung eines Rahmenkonzepts für die IFRS). Eine Berichtseinheit ist danach ein begrenzter Umfang an wirtschaftlichen Aktivitäten, dessen finanzielle Informationen für derzeitige und zukünftige Kapitalgeber von wesentlicher Bedeutung sein könnten. Gemäß dem Entwurf ist eine Berichtseinheit gekennzeichnet durch drei wesentliche Merkmale: **29**

– Durchführung wirtschaftlicher Aktivitäten in der Gegenwart, Vergangenheit und Zukunft,
– objektive Abgrenzbarkeit dieser wirtschaftlichen Aktivitäten von denen anderer Unternehmen und von ihrem wirtschaftlichen Umfeld und

---

33 Beispielsweise können dies die US GAAP, UK GAAP, Australian und Canadian GAAP, aber auch Verlautbarungen des DRSC, insb. des RIC, sowie Verlautbarungen des IDW zu IFRS-Themen sein. Zur Fassung des Rahmenkonzepts vor Beginn der sukzessiven Überarbeitung vgl. *Baetge* u.a., IFRS², Teil B, IAS 8, Rn. 62.
34 Zu einem Vergleich der Änderungen mit den bisherigen Regelungen des Framework vgl. *Kirsch*, DStZ 2011, S. 26 (26-35).

1651

– potenzieller Nutzen der Finanzinformationen über die wirtschaftlichen Aktivitäten für zukünftige Investitionsentscheidungen sowie für die Einschätzung, ob die zur Verfügung stehenden Ressourcen sinnvoll eingesetzt wurden.

30 Zusätzlich enthält der Entwurf Erläuterungen dahingehend, wann die Erstellung eines KA notwendig ist, und geht darüber hinaus auf weitere Arten von Abschlüssen ein.

2. Zwecke der Rechnungslegung nach IFRS

31 Die Rechnungslegungsstandards des IASB sind weitgehend geprägt durch die angloamerikanische Rechnungslegungsphilosophie, die, im Gegensatz zu dem den Gläubigerschutz betonenden kontinentaleuropäischen Modell, die Informationsbedürfnisse der Adressaten in den Vordergrund stellt[35]. Dabei geht das Rahmenkonzept des IASB davon aus, dass bestehende und potenzielle Investoren, Kreditgeber sowie sonstige Gläubiger die primären Nutzer von Abschlüssen sind (CF.OB2). Die Abschlüsse zielen allerdings nicht primär auf einen umfassenderen Adressatenkreis, wie z.B. das Management, Aufsichtsbehörden oder die Öffentlichkeit im Allgemeinen, auch wenn diese den Abschluss als nützlich empfinden könnten (CF.OB9-10). Die Abschlüsse sind darauf ausgerichtet, Kapitalgebern Informationen zu vermitteln und zukünftige Gewinne der Unternehmen einschätzen zu können (CF.OB3), da sie selbst nicht in der Lage sind, Unternehmen zur Bereitstellung der notwendigen Informationen zu verpflichten (CF.OB5). Sie haben nicht das Ziel, Unternehmenswerte zu ermitteln, sondern sollen Kapitalgeber dazu befähigen, auf Grundlage der Informationen Unternehmenswerte ermitteln zu können (CF.OB7).

32 Aus der starken Orientierung an den Informationsbedürfnissen resultieren sehr umfangreiche Angabepflichten (disclosures) und eine im Vergleich zum HGB veränderte Bedeutung des Vorsichtsprinzips sowie eine Betonung der periodengerechten Gewinnermittlung.

3. Grundprinzipien der Rechnungslegung

33 Grundprinzipien der Rechnungslegung nach IFRS sind die im Rahmenkonzept dargestellte zugrunde liegende Annahme (underlying assumption) und die qualitativen Anforderungen an entscheidungsnützliche Informationen (qualitative characteristics of useful financial information). Bei der zugrunde liegenden Annahme handelt es sich um die Prämisse der Unternehmensfortführung (CF.4.1). Die qualitativen Anforderungen werden unterteilt in grundlegende qualitative Anforderungen (fundamental qualitative characteristics) und unterstützende qualitative Anforderungen (enhancing qualitative characteristics). Erstere umfassen die Anforderung der Relevanz und die der glaubwürdigen Darstellung (CF.QC5-18). Letztere umfassen die Anforderungen der Vergleichbarkeit, der Überprüfbarkeit, der Zeitnähe und der Verständlichkeit (CF.QC19-34). Die unterstützenden qualitativen Anforderungen sollen zum einen die Entscheidungsnützlichkeit der Informationen erhöhen. Zum anderen sollen sie im Fall von mehreren Darstellungsformen, welche sich in ihrer Relevanz und ihrer glaubwürdigen Darstellung nicht unterscheiden, als Entscheidungshilfe für eine dieser Darstellungsformen dienen (CF.QC19). Ergänzt und präzisiert werden die Anforderungen durch Bestimmungen des IAS 1 zu den allgemeinen Merkmalen (general features) eines IFRS-Abschlusses.

---

35 Zur Fassung des Rahmenkonzepts vor Beginn der sukzessiven Überarbeitung vgl. ADS International, Abschn. 1, Rn. 39; *Baetge* u.a., IFRS², Teil A, Kap. I, Rn. 4.

Grundlagen der Rechnungslegung nach IFRS

a) Zugrunde liegende Annahme

Der Abschluss wird normalerweise unter der Annahme aufgestellt, dass das Unternehmen 34
seine Geschäftsaktivitäten in einem überblickbaren Zeithorizont fortführt. Die Prämisse
der **Unternehmensfortführung** (going concern) (CF.4.1) ist so lange aufrechtzuerhalten,
bis die Unternehmensleitung entweder beabsichtigt, das Unternehmen aufzulösen, das
Geschäft einzustellen oder keine realistische Alternative zur Auflösung bzw. Einstellung
hat (IAS 1.25). Bei erheblichen Zweifeln an der Fortführungsfähigkeit ergeben sich entsprechende Angabepflichten (IAS 1.25). Zur Beurteilung der Fortführungsfähigkeit ist ein
Zeitraum von mindestens zwölf Monaten nach dem Abschlussstichtag zugrunde zu legen
(IAS 1.26).

b) Die qualitativen Anforderungen an die Rechnungslegung
aa) Grundlegende qualitative Anforderungen

Relevanz ist dann gegeben, wenn die Abschlussinformationen Unterschiede in den Ent- 35
scheidungen der Nutzer des Abschlusses bewirken können (CF.QC7). Abschlussinformationen sind immer dann relevant, wenn sie Vorhersagewert, Bestätigungswert oder
beides haben (CF.QC8). Vorhersagewert hat eine Abschlussinformation immer dann,
wenn sie genutzt werden kann, um künftige Entwicklungen darzustellen, wobei sie Abschlussadressaten dazu befähigen soll, ihre eigenen Prognosen zu treffen (CF.QC9). Im
Gegensatz dazu hat eine Abschlussinformation Bestätigungswert, wenn sie Informationen
über in der Vergangenheit getroffene Prognosen vermittelt (CF.QC10). Beide Werte hängen grds. miteinander zusammen, da ein Vorhersagewert meistens auch bestätigenden
Charakter hat und dem Abschlussadressaten ermöglicht, seine Prognosen zu korrigieren
bzw. zu verbessern (CF.QC10).

Die Relevanz einer Information wird dabei durch ihre Art und Wesentlichkeit bedingt, 36
wobei Informationen wesentlich sind, wenn ihr Weglassen oder ihre fehlerhafte Darstellung die auf der Basis des Abschlusses getroffenen wirtschaftlichen Entscheidungen
der Adressaten beeinflussen können (CF.QC11). Weder das Rahmenkonzept noch ein
Standard oder eine Interpretation geben eine quantitative Grenze für Wesentlichkeit vor.
Es muss eine Entscheidung im Einzelfall getroffen werden. Ausfluss des Wesentlichkeitsgedankens ist die Forderung, jeden wesentlichen Posten in den Abschlüssen gesondert darzustellen, während unwesentliche Posten mit Posten ähnlicher Art oder Funktion zusammenzufassen sind (IAS 1.29). Die Wesentlichkeit kann in Bezug auf die gesonderte Angabe in den Anhangangaben anders zu beurteilen sein als hinsichtlich der gesonderten Darstellung in den anderen Abschlussbestandteilen (IAS 1.30). Bei
Unwesentlichkeit braucht den spezifischen Angabeerfordernissen der IFRS nicht entsprochen zu werden (IAS 1.31).

Glaubwürdige Darstellung (faithful representation) liegt vor, wenn die Informationen 37
das darstellen, was sie vorgeben darzustellen (CF.QC12). Die glaubwürdige Darstellung
ist durch die drei Merkmale der vollständigen, neutralen und fehlerfreien Darstellung gekennzeichnet.

Vollständig (complete)

Die im Abschluss enthaltenen Informationen müssen sämtliche Informationen umfassen, die für das Verständnis des abgebildeten Sachverhalts notwendig sind. Hierzu
können neben einer Darstellung der jeweiligen Beträge auch Beschreibungen und Erläuterungen gehören (CF.QC13).

Neutral (neutral)
Die in einem Abschluss enthaltenen Informationen müssen frei von jeglicher verzerrender Beeinflussung sein. Eine Selektion oder Gestaltung von Informationen in der Absicht, auf Seiten der Adressaten erwünschte Ergebnisse zu erzielen, ist nicht zulässig (CF.QC14).

Fehlerfrei (free from error)
Eine fehlerfreie Darstellung liegt vor, wenn die Darstellung eines Sachverhalts keine (wesentlichen) Fehler oder Auslassungen enthält und bei der Auswahl und Anwendung des Prozesses zur Generierung der dargestellten Informationen ebenfalls keine (wesentlichen) Fehler aufgetreten sind (CF.QC15).

38   Zur Erfüllung beider grundlegenden Anforderungen wird eine mehrstufige Vorgehensweise vorgeschlagen (CF.QC18). In einem ersten Schritt ist der ökonomische Sachverhalt zu identifizieren, der entscheidungsnützlich für die Adressaten der Finanzinformationen der Berichtseinheit sein könnte. Anschließend sind die korrespondierenden Informationen mit der höchsten Relevanz zu bestimmen, die in einem dritten Schritt auf ihre Verfügbarkeit und glaubwürdige Darstellung hin zu untersuchen sind. Sofern die Darstellung der Informationen an den Kriterien des dritten Schritts scheitert, sind die Schritte zwei und drei für Informationen mit abnehmender Relevanz im Sinne eines iterativen Prozesses so lange zu wiederholen, bis die entsprechenden Informationen ermittelt wurden.

bb) Unterstützende qualitative Anforderungen

39   Die Anforderung der **Vergleichbarkeit** (comparability) bezieht sich zum einen auf die Abschlüsse eines Unternehmens im Zeitablauf und zum anderen auf die Abschlüsse verschiedener Unternehmen untereinander (CF.QC20). Die Einhaltung der Anforderung der Vergleichbarkeit soll Nutzer in die Lage versetzen, Gemeinsamkeiten und Unterschiede einzelner Sachverhalte zu identifizieren und zu verstehen (CF.QC21). Die Erreichung dieses Ziels wird durch stetige Anwendung der Rechnungslegungsmethoden erreicht. Die Stetigkeit umfasst zum einen die Beibehaltung der Rechnungslegungsmethoden im Zeitablauf. Zum anderen erstreckt sie sich auch auf die einheitliche Anwendung der Rechnungslegungsmethoden für art- und funktionsgleiche Abschlussposten (CF.QC22).

40   Bei Durchbrechung der Darstellungsstetigkeit sind **Vergleichsbeträge** – soweit praktikabel – umzugliedern (IAS 1.41); andernfalls sind Angaben über Grund und Art der unterlassenen Umgliederung der Vergleichsbeträge zu machen (IAS 1.42). Werden Vergleichsbeträge umgegliedert, müssen Angaben zu der Art der Umgliederung, dem Betrag eines jeden umgegliederten Postens bzw. einer Postengruppe sowie dem Grund für die Umgliederung erfolgen (IAS 1.41).

41   Das Kriterium der **Überprüfbarkeit** (verifiability) ist erfüllt, wenn verschiedene sachkundige und unabhängige Beobachter zu der im Wesentlichen übereinstimmenden Einschätzung gelangen können, dass bei dem betreffenden Sachverhalt eine glaubwürdige Darstellung erreicht ist (CF.QC26). Dabei kann bei quantitativen Angaben auch die Darstellung einer Bandbreite möglicher Werte und deren Eintrittswahrscheinlichkeiten sachgerecht sein. Die Überprüfung kann direkt oder indirekt erfolgen. Die direkte Überprüfung erfolgt durch unmittelbare Beobachtung (z.B. durch Nachzählen). Bei der indirekten Überprüfung werden die Parameter und die Funktionsweise eines Berechnungsmodells verifiziert. Beispielsweise erfolgt die indirekte Überprüfung des Buchwerts der Vorräte durch Überprüfung des Mengengerüsts, der Bewertungsmaßstäbe und des Nachrechnens auf der Basis des unterstellten Verbrauchsfolgeverfahrens (CF.QC27). Bei zukunftsgerichteten Informationen, welche sich ggf. erst in zukünftigen Perioden über-

prüfen lassen, sind insb. die zugrunde liegenden Annahmen der dargestellten Informationen anzugeben (CF.QC28).

Die **Zeitnähe** (timeliness) fordert, dass Informationen rechtzeitig vorliegen, sodass die Adressaten diese noch für Entscheidungen berücksichtigen können. Die Entscheidungsnützlichkeit einer Information nimmt grds. im Zeitverlauf ab, d.h., je älter die Information ist, desto geringer ist ihre Entscheidungsnützlichkeit. Allerdings können bestimmte Informationen auch mit großem zeitlichem Abstand zum Abschlussstichtag noch als zeitnah gelten, sofern sie bspw. den Nutzern des Abschlusses zur Identifizierung oder Beurteilung von Trends dienen können (CF.QC29). 42

Die **Verständlichkeit** kommt durch die klare und prägnante Darstellung zum Ausdruck (CF.QC30). 43

cc) Beschränkung entscheidungsnützlicher Informationen

Als Beschränkung der Bereitstellung entscheidungsnützlicher Informationen sieht das IASB die hierdurch verursachten **Kosten**. Wie in der ursprünglichen Fassung des Rahmenkonzepts hat weiterhin eine Abwägung von Kosten und Nutzen der jeweiligen Information zu erfolgen. Der aus der Information abzuleitende Nutzen muss die Kosten der Informationsbereitstellung rechtfertigen (CF.QC35)[36]. 44

c) Allgemeine Merkmale eines IFRS-Abschlusses

In den grundlegenden Überlegungen des IAS 1.15-46 werden Elemente aus dem Rahmenkonzept[37] in einen verbindlichen Standard umgesetzt. Ergänzungen und Präzisierungen ergeben sich insb. im Hinblick auf folgende Grundfragen der Rechnungslegung: 45

aa) Vermittlung eines den tatsächlichen Verhältnissen entsprechenden Bilds

Nach IAS 1.15 haben Abschlüsse die Vermögens-, Finanz- und Ertragslage sowie die Cashflows eines Unternehmens den tatsächlichen Verhältnissen entsprechend darzustellen. Ein solches den tatsächlichen Verhältnissen entsprechendes Bild ergibt sich annahmegemäß in nahezu allen Fällen dann, wenn ein Abschluss – auf der Basis des Rahmenkonzepts – unter korrekter Anwendung der IFRS, ggf. ergänzt um zusätzliche Angaben (IAS 1.17(c)), aufgestellt wird (IAS 1.15). Das Prinzip der **„fair presentation"** hat in der Rechnungslegung nach IFRS den Stellenwert eines (restriktiv anzuwendenden) **overriding principle**[38]. Dies bedeutet, dass in extrem seltenen Fällen unter dem Gesichtspunkt der Vermittlung eines den tatsächlichen Verhältnissen entsprechenden Bilds von einzelnen Regelungen der IFRS abgewichen werden muss (IAS 1.19). Umstände, die Abweichungen von den Vorschriften eines Standards rechtfertigen, sind auf die äußerst seltenen Fälle beschränkt, in denen die Unternehmensleitung zu dem Ergebnis gelangt, dass die Befolgung einer Anforderung in einem Standard so irreführend wäre, dass sie zu einem Konflikt mit den Zielsetzungen des Rahmenkonzepts führen würde (IAS 1.19). Praktisch relevant wird diese Regelung wohl nur bei Sachverhalten sein, die neu sind und deshalb bei Erstellung der Standards noch nicht berücksichtigt wurden[39]. Wird von einem Standard oder einer Interpretation abgewichen, ist (in den notes) anzugeben (IAS 1.20): 46

---

36 Zu den einzelnen Bestandteilen der Kosten- und der Nutzeneffekte vgl. *Kirsch*, DStZ 2011, S. 26 (32).
37 Im Einzelnen Unternehmensfortführung, IAS 1.25-26, sowie Wesentlichkeit, insb. im Zusammenhang mit der Zusammenfassung von Posten, IAS 1.29-31, Vergleichsinformationen, IAS 1.38-44, und Darstellungsstetigkeit, IAS 1.45-46.
38 Vgl. unter Bezugnahme auf IAS 1.13 a.F. ADS International, Abschn. 1, Rn. 113.
39 Vgl. BeBiKo[7], § 264, Rn. 216.

- dass die Unternehmensleitung zu dem Schluss gekommen ist, dass der Abschluss die Vermögens-, Finanz- und Ertragslage sowie die Cashflows des Unternehmens den tatsächlichen Verhältnissen entsprechend darstellt;
- dass das Unternehmen die anzuwendenden Standards und Interpretationen befolgt hat, mit der Ausnahme, dass von einer Regelung eines Standards bzw. einer Interpretation abgewichen wurde, um ein den tatsächlichen Verhältnissen entsprechendes Bild zu vermitteln;
- die Bezeichnung des Standards (bzw. der Interpretation), von dem das Unternehmen abgewichen ist; die Art der Abweichung einschließlich der Bilanzierungsweise, die der Standard (bzw. die Interpretation) fordern würde; der Grund, warum diese Bilanzierungsweise unter den gegebenen Umständen irreführend wäre, und die Bilanzierungsweise, die angewandt wurde, sowie
- für jede dargestellte Periode die finanziellen Auswirkungen der Abweichung auf jeden Abschlussposten, der bei Einhaltung der Vorschrift berichtet worden wäre.

47 Kann in Einzelfällen nicht von den Bestimmungen eines Standards bzw. einer Interpretation abgewichen werden, da die in dem entsprechenden Land geltenden gesetzlichen Rahmenbedingungen dies verbieten, sind u.a. die Anpassungen anzugeben, die nach Ansicht des Managements notwendig wären, um ein den tatsächlichen Verhältnissen entsprechendes Bild zu vermitteln (IAS 1.23).

48 Um zu gewährleisten, dass nur in äußerst seltenen Fällen von einem Standard oder einer Interpretation abgewichen wird, stellt der Standard eine **widerlegbare Vermutung** auf. Wenn andere Unternehmen unter ähnlichen Umständen eine bestimmte Regelung anwenden, kann auch eine Anwendung bei dem betroffenen Unternehmen nicht so irreführend sein, dass von der Regelung abgewichen werden müsste (IAS 1.24(b)).

bb) Periodenabgrenzung

49 Nach dem Konzept der Periodenabgrenzung werden die Auswirkungen von Geschäftsvorfällen und anderen Ereignissen dann erfasst, wenn sie auftreten, d.h. wenn Vermögenswerte, Schulden, EK, Erträge und Aufwendungen die im Rahmenkonzept enthaltenen Definitionen und Erfassungskriterien erfüllen. Sie werden im Abschluss der Periode ausgewiesen, der sie zuzurechnen sind (IAS 1.27-28). Grund hierfür ist, dass ein periodengerechter Ausweis von Erträgen und Aufwendungen zu einer besseren Einschätzung der vergangenen und zukünftigen Entwicklung des Unternehmens führt (CF. OB17).

cc) Saldierung von Posten

50 Die Verrechnung von Vermögenswerten und Schulden sowie von Ertrags- und Aufwandsposten ist nur dann zulässig, wenn dies von einem Standard oder einer Interpretation ausdrücklich gefordert oder erlaubt wird (IAS 1.32). Beispielsweise enthält IAS 32.42 Vorschriften zur Saldierung von **finanziellen Vermögenswerten** und **finanziellen Verbindlichkeiten**. Diese sind nur dann zu saldieren, wenn das Unternehmen einen **Rechtsanspruch** hat, die Beträge gegeneinander aufzurechnen, und zusätzlich beabsichtigt ist, entweder den Ausgleich auf Nettobasis herbeizuführen oder gleichzeitig mit der Verwertung des betreffenden Vermögenswerts die dazugehörige Verbindlichkeit abzulösen. Bei **Unwesentlichkeit** ist darüber hinaus eine Zusammenfassung von Gewinnen und Verlusten, die aus einer Gruppe von ähnlichen Geschäftsvorfällen entstehen, vorzunehmen. Dies gilt bspw. für Gewinne und Verluste aus Währungsumrechnungen oder aus Finanzinstrumenten, die zu Handelszwecken gehalten werden (IAS 1.35).

Grundlagen der Rechnungslegung nach IFRS

Ergebnisse von **Vorgängen, die selbst keine Umsatzerlöse generieren,** jedoch im Zusammenhang mit der hauptsächlichen Umsatztätigkeit anfallen, sind, sofern dies den Gehalt des Geschäftsvorfalls oder des Ereignisses widerspiegelt, durch Saldierung aller Erträge mit den zugehörigen Aufwendungen darzustellen. Dies gilt bspw. für Gewinne und Verluste aus der Veräußerung von AV sowie für Aufwand in Verbindung mit Rückstellungen gem. IAS 37, der aufgrund einer vertraglichen Vereinbarung mit Dritten (z.B. Lieferantengewährleistung) erstattet wird (IAS 1.34). IAS 1.33 stellt klar, dass die Bewertung von Vermögenswerten nach Abzug von Wertberichtigungen, z.B. Abschlägen für veraltete Bestände und Wertberichtigungen von Forderungen, keine Saldierung darstellt.

51

dd) Häufigkeit der Berichterstattung

Ein vollständiger Abschluss nach IFRS (inklusive Vergleichsinformationen) ist mindestens jährlich aufzustellen[40]. Sofern durch eine Änderung des Abschlussstichtags der **Berichterstattungszeitraum** kürzer oder länger als ein Jahr wird, hat das Unternehmen neben dem konkreten Berichterstattungszeitraum den Grund für einen veränderten Berichterstattungszeitraum sowie die mangelnde Vergleichbarkeit der Vergleichsbeträge anzugeben (IAS 1.36). Bei einem Wechsel des Abschlussstichtags entsteht damit grds. nicht die Notwendigkeit der Einlegung eines Rumpfgeschäftsjahrs. Aufgrund der bestehenden gesellschaftsrechtlichen Vorgaben, dass ein GJ nicht mehr als ein Jahr betragen darf, scheidet eine Verlängerung des Berichterstattungszeitraums in Deutschland praktisch aus[41]. Ebenso kommt einem gem. IAS 1.37 aus praktischen Erwägungen zulässigen Berichterstattungszeitraum von 52 Wochen wegen der gesellschaftsrechtlichen Vorgaben in Deutschland keine praktische Bedeutung zu[42].

52

4. Bestandteile der Rechnungslegung

Ein **vollständiger IFRS-Abschluss** besteht aus:

53

- einer Bilanz zum Abschlussstichtag (statement of financial position);
- einer Gesamtergebnisrechnung für die Periode (statement of comprehensive income);
- einer Eigenkapitalveränderungsrechnung für die Periode (statement of changes in equity);
- einer KFR für die Periode (statement of cash flows) und
- dem Anh. (notes), der eine zusammenfassende Darstellung der wesentlichen Rechnungslegungsmethoden und sonstige Erläuterungen (accounting policies and other explanatory information) enthält (IAS 1.10), zu denen für Unternehmen im Anwendungsbereich des IFRS 8[43] auch die Segmentberichterstattung gehört[44];
- einer Bilanz zu Beginn der frühesten Vergleichsperiode, sofern Rechnungslegungsmethoden rückwirkend angewendet oder Posten im Abschluss in Übereinstimmung mit IAS 8 rückwirkend angepasst oder umgegliedert werden[45].

Die **Bezeichnung** der Bestandteile kann abweichend von den in IAS 1 verwendeten Begriffen erfolgen (IAS 1.10).

54

---

40 Zur Zwischenberichterstattung vgl. Tz. 1123ff.
41 Vgl. unter Bezugnahme auf IAS 1.49 a.F. *Baetge* u.a., IFRS², Teil B, IAS 1, Rn. 76.
42 Vgl. unter Bezugnahme auf IAS 1.50 a.F. *Baetge* u.a., IFRS², Teil B, IAS 1, Rn. 77.
43 Vgl. Tz.1050f.
44 Vgl. unter Bezugnahme auf IAS 1.7(e) und .91(b) a.F. ADS International, Abschn. 28, Rn. 8.
45 Neben der sonst geforderten Darstellung von zwei Bilanzstichtagen (aktuelles Jahr und Vj.) wäre in diesen Fällen auch die Eröffnungsbilanz des Vj. darzustellen (IAS 1.10(f), .39). Vgl. zu einem Anwendungsbeispiel *KPMG*, Insights into IFRS 2010/11, S. 26-27, Rn. 2.1.35.

55 Deutsche Unternehmen, die nach Art. 4 der VO 1606/2002 oder nach § 315a HGB einen IFRS-KA aufstellen bzw. einen IFRS-EA nach § 325 Abs. 2a HGB im elektronischen BAnz. offenlegen, haben den IFRS-Abschluss gem. §§ 315a Abs. 1 HGB bzw. 325 Abs. 2a HGB um einen nach den Regelungen des HGB aufgestellten (**Konzern-**)**Lagebericht** zu ergänzen[46].

5. Gliederungsvorschriften

a) Gliederung der Bilanz

56 Die Mindestanforderungen zur Gliederung der Bilanz sind in IAS 1.54-80A enthalten. Zur Bilanz wird kein konkretes **Gliederungsschema** vorgegeben[47]. Ebenso ist nicht ausdrücklich vorgeschrieben, ob die Darstellung der Bilanz in Konto- oder in Staffelform zu erfolgen hat (IAS 1.57). Daraus wird in der Literatur geschlossen, dass sowohl die **Kontoform** als auch die **Staffelform** zulässig ist, wobei die Staffelform als die adäquate Darstellungsweise angesehen wird[48].

57 Nach IAS 1.60 ist die Bilanz grds. nach **kurz- und langfristigen Vermögenswerten** sowie nach **kurz- und langfristigen Schulden** zu gliedern. In Ausnahmefällen ist eine Gliederung nach Liquidität zulässig, wenn dieses Gliederungsprinzip zuverlässigere und relevantere Informationen liefert als die grds. vorgesehene Gliederung nach kurz- und langfristigen Posten. IAS 1.63 nennt beispielhaft Finanzinstitute als eine Gruppe von Unternehmen, für die eine Gliederung nach Liquidität relevantere Informationen liefert, da diese Unternehmen keine Waren oder Dienstleistungen im Rahmen eines eindeutig identifizierbaren Geschäftszyklus anbieten. Als weitere Gruppen von Unternehmen können VU sowie Investment- und Beteiligungsgesellschaften genannt werden.

58 Welche Vermögenswerte und Schulden als kurz- und langfristig einzustufen sind, wird in IAS 1.66 und .69 geregelt[49]. Ergänzend hierzu wird in IAS 1.56 festgestellt, dass latente Steueransprüche bzw. -verbindlichkeiten nicht als kurzfristige Vermögenswerte bzw. Schulden ausgewiesen werden dürfen. Eine Bilanzgliederung, die sich an den Gliederungsvorschriften des § 266 HGB orientiert, erfüllt insoweit nicht die Gliederungsanforderungen nach IFRS[50].

59 Neben der grds. vorgesehenen Gliederung der Bilanz in kurz- und langfristige Posten regelt IAS 1.54, welche **Posten** zumindest in der Bilanz darzustellen sind:

(a) Sachanlagen;
(b) als Finanzinvestition gehaltene Immobilien;
(c) immaterielle Vermögenswerte;
(d) finanzielle Vermögenswerte (ohne die Beträge, die unter (e), (h) und (i) ausgewiesen werden);

---

[46] IAS 1 sieht neben dem Abschluss einen freiwilligen Bericht des Managements über die Unternehmenslage, die wesentlichen Merkmale der Vermögens-, Finanz- und Ertragslage sowie die wichtigsten Unsicherheiten, denen sich ein Unternehmen gegenübersieht, vor (IAS 1.13). Zur Vereinheitlichung einer solchen Berichterstattung hat das IASB am 08.12.2010 ein sog. Practice Statement „Management Commentary" veröffentlicht, welches keinen IFRS darstellt und somit nicht verpflichtend anzuwenden ist. Zu Einzelheiten vgl. *Melcher/Murer*, DB 2011, S. 430 (430-434).

[47] Vgl. zur Bilanzgliederung nach IFRS auch die Rechnungslegungs Interpretation Nr. 1 (RIC 1), hrsg. vom Rechnungslegungs Interpretations Committee des DRSC, die eine beispielhafte Bilanzgliederung enthält.

[48] Vgl. unter Bezugnahme auf IAS 1.68 a.F. *Lüdenbach/Hoffmann*, KoR 2004, S. 89 (90-93); ADS International, Abschn. 7, Rn. 71; *Baetge* u.a., IFRS², Teil B, IAS 1, Rn. 80.

[49] Zur Erläuterung vgl. *Lüdenbach/Hoffmann*, IFRS⁹, § 2, Rn. 31-39.

[50] Vgl. Rechnungslegungs Interpretation Nr. 1 (RIC 1), hrsg. vom Rechnungslegungs Interpretations Committee des DRSC, Rn. 35.

Grundlagen der Rechnungslegung nach IFRS

(e) nach der Equity-Methode bilanzierte Finanzanlagen;
(f) biologische Vermögenswerte;
(g) Vorräte;
(h) Forderungen aus Lieferungen und Leistungen und sonstige Forderungen;
(i) Zahlungsmittel und Zahlungsmitteläquivalente;
(j) Summe der Vermögenswerte, die gem. IFRS 5 als zur Veräußerung gehalten eingestuft werden, und der Vermögenswerte, die zu einer als zur Veräußerung gehalten eingestuften Veräußerungsgruppe gehören;
(k) Verbindlichkeiten aus Lieferungen und Leistungen und sonstige Verbindlichkeiten;
(l) Rückstellungen;
(m) finanzielle Verbindlichkeiten (ohne die Beträge, die unter (k) und (l) ausgewiesen werden);
(n) laufende Steuerschulden und Steuererstattungsansprüche;
(o) latente Steuerschulden und latente Steueransprüche;
(p) Schulden, die den Veräußerungsgruppen zugeordnet sind, die gem. IFRS 5 als zur Veräußerung gehalten eingestuft werden
(q) nicht beherrschende Anteile, die im EK dargestellt werden;
(r) gezeichnetes Kapital und Rücklagen, die den Eigentümern der Muttergesellschaft zuzuordnen sind.

Nach IAS 1.55 sind **zusätzliche Posten, Überschriften und Zwischensummen** in die Darstellung der Bilanz aufzunehmen, wenn diese Informationen für das Verständnis der Vermögens- und Finanzlage des berichtenden Unternehmens relevant sind. **60**

Zu den **ergänzenden Informationen**, die entweder in der Bilanz oder im Anh. darzustellen sind, finden sich Regelungen in IAS 1.77-80A. **61**

Ein **Muster** zur Darstellung der Bilanz mit einer Gliederung in kurz- und langfristige Posten ist in IAS 1.IG6 enthalten. Dieses Muster ist nicht verpflichtend, da die „guidance on implementing" von IAS 1 nicht Bestandteil des Standards ist. Auch RIC 1[51] enthält eine solche Mustergliederung; diese hat aber ebenfalls keinen verbindlichen Charakter. Zur Darstellung der zur Veräußerung gehaltenen langfristigen Vermögenswerte oder Abgangsgruppen in der Bilanz ist ergänzend IFRS 5.IG Beispiel 12 zu berücksichtigen, der allerdings ebenfalls nicht verpflichtend ist. **62**

b) Gliederung der Gesamtergebnisrechnung
aa) Allgemein

Die Regelungen zur Darstellung der Gesamtergebnisrechnung sind in IAS 1.81-105 enthalten. Die Gesamtergebnisrechnung kann gem. IAS 1.81 entweder als ein einziges Rechenwerk (**one statement approach**) oder in zwei separaten Aufstellungen (**two statements approach**) dargestellt werden[52]. Nach dem *one statement approach* ist das Periodenergebnis (profit or loss) um die im sonstigen Ergebnis (other comprehensive income) erfassten Ergebnisbestandteile, z.B. Wertänderungen bei „zur Veräußerung verfügbaren finanziellen Vermögenswerten" (available-for-sale financial assets), fortzuschreiben und stellt somit einen unselbstständigen Teil der Gesamtergebnisrechnung dar. Im Rahmen des *two statements approach* bleibt das Periodenergebnis (profit or loss) ein eigenständiger **63**

---

51 Vgl. Rechnungslegungs Interpretation Nr. 1 (RIC 1), hrsg. vom Rechnungslegungs Interpretations Committee des DRSC, die im Anhang eine beispielhafte Bilanzgliederung enthält.
52 Vgl. vertiefend *Zülch/Fischer/Erdmann*, WPg 2007, S. 963 (965-967); *Wenk/Jagosch*, DStR 2008, S. 1251 (1253-1255); *Bischof/Molzahn*, IRZ 2008, S. 171 (173-177).

Bestandteil. Der Gewinn oder Verlust der Periode wird in die zweite Aufstellung als Startwert übertragen und unter Angabe der direkt im sonstigen Ergebnis (other comprehensive income) erfassten Ergebnisbestandteile in einer separaten Aufstellung zum Gesamtergebnis entwickelt.

64 In der Gesamtergebnisrechnung sind – unabhängig von der Ausübung des Darstellungswahlrechts – **sämtliche Veränderungen des Eigenkapitals** in der Abrechnungsperiode anzugeben. Einzige Ausnahme hierzu stellen die Transaktionen mit Eigentümern in ihrer Stellung als Eigentümer dar (z.B. Kapitaleinzahlungen, Rückerwerb von Eigenkapitalinstrumenten des Unternehmens, Dividenden)[53]. Diese Eigenkapitaländerungen sind Gegenstand der Eigenkapitalveränderungsrechnung[54].

65 Nach IAS 1.85 sind **zusätzliche Posten, Überschriften und Zwischensummen** in die Darstellung der Gesamtergebnisrechnung und der ggf. gesonderten Darstellung des Periodenergebnisses aufzunehmen, wenn diese Informationen für das Verständnis der Ertragslage des berichtenden Unternehmens relevant sind.

66 Weder in der Gesamtergebnisrechnung noch in der ggf. gesonderten Darstellung des Periodenergebnisses noch im Anh. dürfen **außerordentliche Erträge und Aufwendungen** dargestellt werden (IAS 1.87).

67 Bei Anwendung des *two statements approach* sind das unverwässerte und das verwässerte **Ergebnis je Aktie** gem. IAS 33.67A in der gesonderten Darstellung des Periodenergebnisses anzugeben[55].

68 Zu den **ergänzenden Informationen**, die entweder in der Gesamtergebnisrechnung oder im Anh. darzustellen sind, finden sich Regelungen in IAS 1.97-105. Insbesondere bei wesentlichen Ertrags- und Aufwandsposten sind deren Art und Betrag gesondert anzugeben (IAS 1.97).

69 Ein **Muster** zur Darstellung der Gesamtergebnisrechnung nach dem *one statement approach* und dem *two statements approach* ist in IAS 1.IG6 enthalten. Diese Muster sind nicht verbindlich, da die „guidance on implementing" von IAS 1 nicht Bestandteil des Standards ist.

bb) Periodenergebnis (profit or loss)

70 Für das Periodenergebnis – als selbstständiger oder unselbstständiger Teil der Gesamtergebnisrechnung – wird kein konkretes **Gliederungsschema** vorgegeben. Im Periodenergebnis sind alle Erträge und Aufwendungen zu berücksichtigen, sofern ein Standard oder eine Interpretation nichts anderes vorschreibt (IAS 1.88).

71 Die Aufwendungen des Periodenergebnisses sind gem. IAS 1.99 entweder nach dem **Gesamtkostenverfahren** oder dem **Umsatzkostenverfahren** zu gliedern. Diese Aufgliederung kann entweder im Periodenergebnis selbst oder im Anh. erfolgen (IAS 1.99). Nach IAS 1.100 wird die geforderte Aufgliederung im Periodenergebnis empfohlen. In IAS 1.103 wird darauf hingewiesen, dass mit dem UKV dem Abschlussadressaten oftmals relevantere Informationen gegeben werden. Daraus wird auf eine Bevorzugung des Um-

---

53 Vgl. *KPMG*, IFRS aktuell[3], S. 109.
54 Vgl. hierzu Tz. 1043ff.
55 Vgl. auch Tz. 1106f.

satzkostenverfahrens geschlossen[56]. Analysen der deutschen IFRS-Bilanzierungspraxis zeigen einen Trend hin zum UKV[57]. International ist das UKV üblich[58]. Unternehmen, die das UKV anwenden, haben zusätzliche Informationen über die Aufwandsarten, einschließlich der planmäßigen Abschreibungen und der Leistungen an Arbeitnehmer, in den Anh. aufzunehmen (IAS 1.104).

IAS 1.82(a)-(f) enthält eine Aufzählung der **Posten**, die zumindest im Periodenergebnis darzustellen sind: 72

– Umsatzerlöse;
– Finanzierungsaufwendungen;
– Gewinn- und Verlustanteile an assoziierten Unternehmen und Joint Ventures, die nach der Equity-Methode bilanziert werden;
– Steueraufwendungen;
– Summe aus (a) dem Ergebnis nach Steuern aus aufgegebenen Geschäftsbereichen und (b) dem Ergebnis nach Steuern aus der Bewertung mit dem beizulegenden Zeitwert abzgl. Veräußerungskosten oder aus der Veräußerung jeweils von Vermögenswerten oder Veräußerungsgruppen, die aufgegebene Geschäftsbereiche darstellen;
– Gewinn oder Verlust der Periode.

Zudem sind im Periodenergebnis als Posten der **Ergebniszuordnung** die Gewinne bzw. Verluste anzugeben, die den nicht beherrschenden Anteilen (Minderheitsanteilen) und den Eigentümern des MU zuzurechnen sind (IAS 1.83(a)). 73

Ein **Muster** zur Darstellung des Periodenergebnisses sowohl nach dem UKV als auch nach dem Gesamtkostenverfahren ist in IAS 1.IG6 enthalten. Dieses Muster ist nicht verbindlich, da die „guidance on implementing" von IAS 1 nicht Bestandteil des Standards ist. Als Beispiel zur Darstellung aufgegebener Geschäftsbereiche in der Gesamtergebnisrechnung wird auf IFRS 5.IG Beispiel 11 verwiesen[59]. 74

cc) Sonstiges Ergebnis (other comprehensive income)

Das sonstige Ergebnis umfasst **Ertrags- und Aufwandsposten**, die nach anderen IFRS nicht im Periodenergebnis erfasst werden dürfen oder müssen (IAS 1.7). Dazu gehören z.B.[60] 75

– Währungsumrechnungsdifferenzen,
– Gewinne und Verluste aus der Absicherung einer Nettoinvestition in einen ausländischen Geschäftsbetrieb,
– Änderungen der Neubewertungsrücklage bei immateriellen Vermögenswerten (IAS 38) und Sachanlagevermögen (IAS 16)[61],
– effektiver Teil der Änderung des beizulegenden Zeitwerts aus der Absicherung von Zahlungsströmen (cash flow hedge),
– Änderungen des beizulegenden Zeitwerts von "zur Veräußerung verfügbaren Finanzinstrumenten (available-for-sale financial instruments),

---

56 Vgl. unter Bezugnahme auf IAS 1.82 a.F *Küting/Keßler/Gattung*, KoR 2005, S. 15 (19); *Baetge* u.a., IFRS², Teil B, IAS 1, Rn. 153.
57 Vgl. *Petersen/Zwirner*, StuB 2007, S. 719 (723-724).
58 Vgl. ADS International, Abschn. 7, Rn. 197.
59 Vgl. auch Tz. 1001ff.
60 Vgl. *KPMG*, IFRS aktuell³, S. 110, bzw. *PricewaterhouseCoopers*, Manual of Accounting, S. 4084, Rn. 4.201.
61 Vgl. IAS 16.39 bzw. IAS 38.85.

– versicherungsmathematische Gewinne und Verluste aus leistungsorientierten Versorgungsplänen.

76 Als **Mindestanforderung** ist gem. IAS 1.82(g) jeder Bestandteil des sonstigen Ergebnisses gesondert in der Gesamtergebnisrechnung anzugeben. Aus den einzelnen Bestandteilen ist der Anteil am sonstigen Ergebnis, der auf assoziierte Unternehmen oder Joint Ventures entfällt, die nach der Equity-Methode bilanziert werden, herauszurechnen und gesondert darzustellen (IAS 1.82(h)). Ebenfalls gesondert ist das Gesamtergebnis der Periode auszuweisen (IAS 1.82(i)). Bei der Ergebniszuordnung ist anzugeben, welcher Anteil des Gesamtergebnisses auf die nicht beherrschenden Anteile (Minderheitsanteile) und welcher Anteil auf die Eigentümer des MU entfällt (IAS 1.83(b)).

77 In den einzelnen IFRS ist geregelt, ob und wann zuvor im sonstigen Ergebnis erfasste Beträge in das Periodenergebnis umzugliedern sind (sog. **recycling**). So werden z.B. nicht realisierte Gewinne aus Wertänderungen von zur Veräußerung verfügbaren Finanzinstrumenten bis zum Zeitpunkt der Realisation im sonstigen Ergebnis erfasst. Bei Realisation erfolgt eine Erfassung der realisierten Gewinne oder Verluste im Periodenergebnis. Auch bei einem Verkauf von ausländischen Geschäftsbetrieben oder wenn eine abgesicherte erwartete Transaktion das Periodenergebnis beeinflusst, erfolgt eine Umgliederung der im sonstigen Ergebnis erfassten Beträge (vgl. IAS 1.95). Die resultierenden **Umgliederungsbeträge** (reclassification adjustments) sind zur Vermeidung einer Doppelerfassung im Gesamtergebnis vom sonstigen Ergebnis in der Periode abzuziehen, in der die realisierten Gewinne oder Verluste in das Periodenergebnis umgegliedert werden (vgl. IAS 1.93). Diese Umgliederungsbeträge können entweder in der Gesamtergebnisrechnung oder im Anh. angegeben werden. Sofern die Darstellung im Anh. erfolgt, sind die Bestandteile des sonstigen Ergebnisses nach Berücksichtigung korrespondierender Umgliederungsbeträge anzugeben (IAS 1.94). Umgliederungsbeträge fallen weder bei Veränderungen der Neubewertungsrücklagen an, die gem. IAS 16 oder IAS 38 bilanziert werden, nochbei versicherungsmathematischen Gewinnen oder Verlusten aus leistungsorientierten Plänen (IAS 1.96)[62].

78 Die Bestandteile des sonstigen Ergebnisses sind entweder vor oder nach **Ertragsteuern** in der Gesamtergebnisrechnung darzustellen. Bei der Darstellung vor Ertragsteuern hat der Ausweis der auf die Bestandteile des sonstigen Ergebnisses entfallenden Ertragsteuern in der Gesamtergebnisrechnung als zusammengefasster Betrag zu erfolgen (IAS 1.91(b)). Unabhängig von der gewählten Darstellungsform ist gem. IAS 1.90 der Betrag der Ertragsteuern, der auf die einzelnen Bestandteile des sonstigen Ergebnisses (einschließlich der Umgliederungsbeträge) entfällt, entweder in der Gesamtergebnisrechnung oder im Anh. anzugeben.

79 Ein **Muster** zur Darstellung der Umgliederungsbeträge sowie der Steuereffekte im Rahmen der Gesamtergebnisrechnung ist in IAS 1.IG6 enthalten. Dieses Muster ist nicht verbindlich, da die „guidance on implementing" von IAS 1 nicht Bestandteil des Standards ist.

dd) Ausblick

80 Das IASB hat am 16.06.2011 das Amendment zu IAS 1 **Presentation of Items of Other Comprehensive** verabschiedet. Änderungen ergeben sich lediglich hinsichtlich der Darstellung der Posten innerhalb des sonstigen Ergebnisses. Nach dem Amendment sind die

---

[62] Bei immateriellen Vermögenswerten und Sachanlagen erfolgt eine Umgliederung in die Gewinnrücklagen (vgl. Tz. 152 bzw. Tz. 181f). Versicherungsmathematische Gewinne oder Verluste werden direkt unter den Gewinnrücklagen ausgewiesen (vgl. IAS 1.96).

Posten im sonstigen Ergebnis zukünftig in zwei Gruppen zu untergliedern: Posten, die zu einem späteren Zeitpunkt in das Periodenergebnis umzugliedern sind, sowie Posten, die zukünftig nicht in das Periodenergebnis umzugliedern sind[63]. Sofern ein Unternehmen von der Möglichkeit Gebrauch macht, die Steuereffekte im sonstigen Ergebnis in einer Summe auszuweisen[64], müssen die Steuereffekte zukünftig auf die beiden Gruppen aufgeteilt werden. Die vom IASB empfohlene Bezeichnung der Gesamtergebnisrechnung ändert sich in **Statement of Profit and Loss and Other Comprehensive Income** anstelle von **Statement of Comprehensive Income**. Das Amendment ist verpflichtend für GJ, die am oder nach dem 01.07.2012 beginnen, anzuwenden. Die EU hat die Änderungen noch nicht übernommen[65].

III. Ansatz- und Bewertungsgrundsätze nach IFRS

1. Ansatz von Posten in der Bilanz und der Gesamtergebnisrechnung

Im Rahmenkonzept wird der Ansatz von Posten in der Bilanz und in der Gesamtergebnisrechnung zweistufig geregelt: Zunächst ist zu prüfen, ob die definitorischen Voraussetzungen für die Elemente erfüllt sind, die grds. im Abschluss berücksichtigt werden können: Vermögenswerte (assets) und Schulden (liabilities) sowie als Saldogröße das EK in der Bilanz sowie Erträge (income) und Aufwendungen (expenses) in der Gesamtergebnisrechnung. Auf der zweiten Stufe sind dann konkrete **Ansatzkriterien** (recognition criteria) zu prüfen, anhand derer bestimmt wird, unter welchen Voraussetzungen die Posten konkret im Abschluss zu berücksichtigen sind[66]. 81

a) Die Definition der Abschlussposten (Elements of Financial Statements)
aa) Vermögenswerte

Ein Vermögenswert ist nach CF.4.4(a) eine Ressource, die aufgrund von in der Vergangenheit liegenden Ereignissen in der Verfügungsmacht des Unternehmens steht und aus der zukünftige Zuflüsse von wirtschaftlichem Nutzen (future economic benefits) an das Unternehmen erwartet werden. 82

Die in der **Vergangenheit liegenden Geschäftsvorfälle oder anderen Ereignisse**, die zum Zugang eines Vermögenswerts führen, sind im Regelfall Kauf oder Produktion; jedoch können auch andere Geschäftsvorfälle oder Ereignisse Vermögenswerte erzeugen, z. B. die Entdeckung von Bodenschätzen oder das Übertragen eines Grundstücks aufgrund eines staatlichen Förderprogramms. Für die Zukunft erwartete Ereignisse, bspw. die Absicht, Vorräte zu kaufen, erfüllen nicht die Definition von Vermögenswerten (CF.4.13). 83

Der einem Vermögenswert innewohnende Nutzen besteht in dem Potenzial, direkt oder indirekt zum Zufluss von Zahlungsmitteln oder Zahlungsmitteläquivalenten an das Unternehmen beizutragen (CF.4.8). Wenn ein Unternehmen Ausgaben tätigt, kann dies ein substanzieller Hinweis sein, dass es damit anstrebt, künftigen wirtschaftlichen Nutzen zu generieren. Es ist jedoch kein schlüssiger Beweis dafür, dass ein Posten vorliegt, der die Definition eines Vermögenswerts erfüllt. Das Fehlen einer entsprechenden Ausgabe schließt andererseits nicht aus, dass ein Posten die Definition eines Vermögenswerts erfüllt, bspw. bei einem geschenkten Gegenstand (CF.4.14). 84

---

63 Vgl. Tz. 77.
64 Vgl. Tz. 78.
65 http://www.efrag.org/Front/c1-306/Endorsement-Status-Report_EN.aspx (zit. 10.11.2011).
66 Vgl. unter Bezugnahme auf F.47-81 a.F. und F.82-98 a.F. *Baetge* u.a., IFRS², Teil A, Kap. II, Rn. 68.

85 Nicht entscheidend für das Vorliegen eines Vermögenswerts sind eine physische Substanz (CF.4.11) und das rechtliche Eigentum, wesentlich dagegen der (erwartete) **künftige Nutzenzufluss und die Verfügungsmacht** darüber. Ein Vermögenswert liegt, etwa im Fall eines Leasingverhältnisses, auch dann vor, wenn das Unternehmen die Verfügungsmacht über den aus dem jeweiligen Posten erwarteten Nutzen ausübt; dabei muss die Verfügungsmacht nicht notwendigerweise auf gesetzlichen Rechten beruhen, etwa bei Know-how aus Entwicklungstätigkeiten, wenn das Unternehmen durch dessen Geheimhaltung die Verfügungsmacht über den daraus erwarteten Nutzen ausübt (CF.4.12).

86 Der Begriff des Vermögenswerts des Rahmenkonzepts ist nicht mit dem Begriff eines Vermögensgegenstands, wie er durch das **HGB** geprägt wird, gleichzusetzen. Er geht über den Umfang der nach HGB in der Bilanz anzusetzenden Vermögensgegenstände hinaus, da z.B. auch RAP grds. umfasst werden[67].

87 Der Ansatz von Vermögenswerten in der Bilanz setzt voraus, dass die Erfassungskriterien[68] erfüllt sind.

bb) Schulden

88 Nach CF.4.4(b) ist eine Schuld eine **gegenwärtige Verpflichtung** des Unternehmens aus vergangenen Ereignissen, von deren Erfüllung erwartet wird, dass aus dem Unternehmen **Ressourcen abfließen**, die wirtschaftlichen Nutzen verkörpern. Es muss sich dabei zwingend um eine Drittverpflichtung handeln[69]. Die Verpflichtung kann als Folge eines bindenden Vertrags oder einer gesetzlichen Vorschrift rechtlich durchsetzbar sein; es kann sich jedoch auch um eine faktische Verpflichtung handeln, die aus dem üblichen Geschäftsgebaren oder aus dem Wunsch, gute Geschäftsbeziehungen zu pflegen oder in angemessener Weise zu handeln, erwachsen ist. Abzustellen ist hierbei auf die jeweilige Unternehmenspolitik (CF.4.15).

89 Eine Schuld kann nur aus einer gegenwärtigen, nicht jedoch aus einer zukünftigen Verpflichtung resultieren; die bloße Entscheidung, in der Zukunft Vermögenswerte zu erwerben, begründet keine solche Verpflichtung. Die Verpflichtung muss grds. **unwiderruflich**[70] sein in der Weise, dass dem Unternehmen wenig, wenn überhaupt, Ermessensfreiheit gelassen ist, den Abfluss von Ressourcen an eine andere Partei zu vermeiden (CF.4.16). Wenn die Definition erfüllt ist, besteht eine Schuld auch dann, wenn ihre Höhe, bspw. bei Garantie- oder Pensionsverpflichtungen, nur durch Schätzung ermittelt werden kann (CF.4.19).

90 Im Verhältnis zum entsprechenden Begriff des **deutschen Handelsrechts** ist der Begriff einerseits weiter gefasst, da er auch grds. passive RAP umfasst, andererseits aber auch enger, da bestimmte Rückstellungen, insb. Aufwandsrückstellungen (unterlassene Instandhaltung oder Abraumbeseitigung gem. § 249 Abs. 1 Nr. 1 HGB), nicht enthalten sind[71]. Wie bei den Vermögenswerten sind nicht alle Schulden in der Bilanz zu passivieren, sondern nur diejenigen, die auch die Erfassungskriterien[72] erfüllen.

---

67 Vgl. *Baetge* u.a., IFRS², Teil A, Kap. II, Rn. 74.
68 Vgl. Tz. 99.
69 Vgl. unter Bezugnahme auf F.60 a.F. ADS International, Abschn. 1, Rn. 161.
70 Vgl. unter Bezugnahme auf F.61 a.F. *Baetge* u.a., IFRS², Teil A, Kap. II, Rn. 78.
71 Vgl. *Baetge* u.a., IFRS², Teil A, Kap. II, Rn. 81.
72 Vgl. Tz. 99.

Ansatz- und Bewertungsgrundsätze nach IFRS

cc) Eigenkapital

Das Rahmenkonzept definiert EK als den nach Abzug aller Schulden verbleibenden **Restbetrag** der Vermögenswerte des Unternehmens (CF.4.4(c)). Der in der Bilanz auszuweisende Betrag ist abhängig von dem Ansatz und der Bewertung der Vermögenswerte und Schulden; er ist somit nur im Ausnahmefall mit dem Börsenwert oder dem sich bei Veräußerung in Einzelteilen oder als Ganzes ergebenden Wert identisch (CF.4.22). Die Definition des EK gilt nicht nur für KapGes., sondern auch für Unternehmen anderer Rechtsformen (CF.4.23). Die Gliederung des EK hat sich an den Informationsinteressen der Rechnungslegungsadressaten auszurichten und wird deshalb rechtsformabhängig vorzunehmen sein (CF.4.20-21)[73]. 91

dd) Erträge

Das Rahmenkonzept (CF.4.25(a)) definiert Erträge als **Zunahme des wirtschaftlichen Nutzens** in der Berichtsperiode in Form von Zuflüssen oder Wertsteigerungen von Vermögenswerten oder einer Abnahme von Schulden, die zu einer Erhöhung des EK führen, welche nicht auf eine Einlage der Anteilseigner zurückzuführen ist. Es wird dabei unterschieden zwischen Erlösen aus der gewöhnlichen Tätigkeit (**revenue**) und anderen Erträgen (**gains**) (CF.4.29). Erlöse aus der gewöhnlichen Geschäftstätigkeit umfassen insb. Umsatzerlöse, Honorare und Gebühren, Zinsen, Dividenden sowie Lizenz- und Mieteinnahmen im Rahmen der gewöhnlichen Geschäftstätigkeit (CF.4.29; IAS 18.1 und .7), während die anderen Erträge insb. die Zuwächse an wirtschaftlichem Nutzen enthalten, die durch Wertsteigerungen von Vermögenswerten und Wertminderungen von Schulden entstehen. Hierzu zählen bspw. Gewinne aus der Veräußerung von langfristigen Vermögenswerten (CF.4.31). 92

Andere Erträge (gains) können im Rahmen oder außerhalb der gewöhnlichen Geschäftstätigkeit eines Unternehmens entstehen (CF.4.30). Die Definition von Erträgen schließt auch rein bewertungsinduzierte und in diesem Sinne unrealisierte Erträge ein. Andere Erträge sind in der Gesamtergebnisrechnung aufgrund ihrer Entscheidungsrelevanz grds. gesondert zu zeigen; ein Nettoausweis nach Abzug der damit verbundenen Aufwendungen ist jedoch zulässig (CF.4.31). 93

Erträge, die die obige Definition erfüllen, dürfen nur dann in der Gesamtergebnisrechnung ausgewiesen werden, wenn zusätzlich die entsprechenden Kriterien für die Erfassung[74] erfüllt sind (CF.4.26). 94

ee) Aufwendungen

Aufwendungen werden vom Rahmenkonzept (CF.4.25(b)) als **Abnahme des wirtschaftlichen Nutzens** in der Berichtsperiode in Form von Abflüssen oder Verminderungen von Vermögenswerten oder Erhöhung von Schulden definiert, die zu einer Abnahme des EK führen, die nicht auf Ausschüttungen an die Anteilseigner zurückzuführen ist. Unterschieden wird hierbei zwischen **im Rahmen der gewöhnlichen Tätigkeit anfallenden Aufwendungen** wie Umsatzkosten, Löhne oder Abschreibungen (CF.4.33) und anderen Aufwendungen (**losses**). 95

Andere Aufwendungen (losses) können sowohl im Rahmen der gewöhnlichen Tätigkeit eines Unternehmens als auch außerhalb entstehen (CF.4.34); andere Aufwendungen sind bspw. Aufwendungen aufgrund eines Brands oder einer Überschwemmung oder Auf- 96

---

73 Vgl. *Baetge* u.a., IFRS², Teil A, Kap. II, Rn. 83.
74 Vgl. Tz. 99.

wendungen aus der Veräußerung von langfristigen Vermögenswerten. Unter die Definition fallen auch unrealisierte andere Aufwendungen, bspw. aus Wechselkursänderungen. Werden andere Aufwendungen erfolgswirksam in der Gesamtergebnisrechnung erfasst, sind sie aufgrund der Entscheidungsrelevanz grds. gesondert auszuweisen; ein Nettoausweis nach Verrechnung mit entsprechenden Erträgen ist zulässig (CF.4.35).

97 Aufwendungen sind nur dann in der Gesamtergebnisrechnung zu zeigen, wenn zusätzlich die entsprechenden Kriterien für die Erfassung[75] erfüllt sind (CF.4.26).

b) Erfassung von Abschlussposten

aa) Der Begriff Erfassung

98 Nach den Grundsätzen der IFRS ist die Berücksichtigung in Bilanz und Gesamtergebnisrechnung als zweistufiger Prozess zu sehen. Zunächst muss ein Posten (item) bestimmte Voraussetzungen erfüllen, damit er als Abschlussposten (element) generell für die Erfassung in dem Abschluss in Frage kommt. Tatsächlich erfasst werden die Posten jedoch nur dann, wenn sie die Kriterien für die Erfassung (**recognition**) erfüllen. Erfassung bedeutet die Abbildung des Geschäftvorfalls in Worten und durch einen Geldbetrag und die Darstellung dieses Geldbetrags in der Bilanz und der Gesamtergebnisrechnung (CF.4.37). Für Geschäftsvorfälle, die die Kriterien für die Erfassung erfüllen, besteht die Pflicht zur Erfassung; geschieht dies nicht, kann dies weder durch die Angabe der angewandten Bilanzierungs- und Bewertungsmethoden noch durch Anhangangaben oder Erläuterungen kompensiert werden (CF.4.37).

bb) Generelle Erfassungskriterien

99 Für die Erfassung eines Postens, der die Definition eines Abschlusspostens in der Bilanz bzw. in der Gesamtergebnisrechnung erfüllt, gelten die beiden folgenden Kriterien (CF.4.38):

- **Wahrscheinlichkeit eines künftigen wirtschaftlichen Nutzenzu- oder Nutzenabflusses**: Es muss wahrscheinlich sein, dass jeglicher künftige wirtschaftliche Nutzen, der mit dem Posten verknüpft ist, dem Unternehmen zufließen oder von ihm abfließen wird (CF.4.38(a)). Die Beurteilung des Grads an Unsicherheit, dem der zukünftige Zu- oder Abfluss an wirtschaftlichem Nutzen unterliegt, ist auf der Basis der zum Zeitpunkt der Abschlussaufstellung zur Verfügung stehenden Informationen vorzunehmen (CF.4.40). Eine Mindestwahrscheinlichkeit wird im Rahmenkonzept nicht festgelegt[76].

- **Verlässlichkeit der Bewertung**: Dem Posten müssen AK oder HK oder andere Werte beizumessen sein, die verlässlich ermittelt werden können. Das Kriterium der Verlässlichkeit[77] ist auch dann erfüllt, wenn **eine hinreichend genaue Schätzung** der Werte möglich ist. Ist eine solche Schätzung jedoch nicht möglich, kann der betreffende Posten nicht in der Bilanz oder in der Gesamtergebnisrechnung angesetzt werden (CF.4.41).

---

75 Vgl. Tz. 99.
76 Vgl. zur Diskussion möglicher Wahrscheinlichkeitshöhen ADS International, Abschn. 1, Rn. 150.
77 Die Verlässlichkeit (reliability) als ursprünglich eigenständige qualitative Anforderung an IFRS-Abschlüsse wurde bei der Überarbeitung des Framework (vgl. hierzu Tz. 26f.) formal gestrichen. Die wesentlichen Kernelemente des bisherigen Terminus der Verlässlichkeit sind nach Auffassung des IASB in der neu ergänzten Anforderung nach glaubwürdiger Darstellung (vgl. hierzu Tz. 37) enthalten (CF.BC3.24); hierzu kritisch *Kirsch*, DStZ 2011, S. 26 (30-31).

cc) Erfassung von Bilanzposten

Ein **Vermögenswert** ist in der Bilanz zu erfassen, wenn der künftige wirtschaftliche Nutzenzufluss wahrscheinlich ist und eine Bewertung verlässlich erfolgen kann (CF.4.44). Wenn Ausgaben getätigt wurden, aber ein Nutzenzufluss über die aktuelle Berichtsperiode hinaus für unwahrscheinlich gehalten wird, ist der Geschäftsvorfall in der Gesamtergebnisrechnung als Aufwand zu erfassen. Die Behandlung als Aufwand impliziert weder eine Fehlentscheidung noch, dass die Unternehmensleitung mit der Ausgabe keinen zukünftigen wirtschaftlichen Nutzen erzielen wollte, sondern lediglich, dass der Grad der Gewissheit hinsichtlich des künftigen wirtschaftlichen Nutzens für eine Aktivierung nicht gegeben ist (CF.4.45 und .4.52). 100

Eine **Schuld** ist in der Bilanz zu erfassen, wenn es wahrscheinlich ist, dass die Erfüllung einer gegenwärtig bestehenden Verpflichtung zu einem Abfluss von Ressourcen führt, die wirtschaftlichen Nutzen verkörpern, und eine verlässliche Bewertung des Erfüllungsbetrags möglich ist (CF.4.46). 101

Verpflichtungen aus **beidseitig teilerfüllten Verträgen** sind grds. nicht als Schulden zu erfassen. Solche Verpflichtungen können jedoch die Definition einer Schuld erfüllen, und eine Passivierung kann in Betracht zu ziehen sein, wenn die Kriterien für die Erfassung unter den gegebenen Umständen erfüllt sind (CF.4.46)[78]. 102

dd) Erfassung von Aufwendungen und Erträgen

Die Erfassung von Aufwendungen und Erträgen[79] erfolgt simultan mit der Abnahme bzw. Zunahme des Werts der korrespondierenden Vermögenswerte bzw. Schulden. Entscheidend ist grds. der Zeitpunkt, zu dem die Wertzu- bzw. Wertabnahme zuverlässig ermittelt werden kann (CF.4.47 und .4.49)[80]. Die Erfassung als Aufwand ist vorgesehen, wenn und soweit eine Ausgabe keinen als Vermögenswert in der Bilanz erfassbaren künftigen wirtschaftlichen Nutzen stiftet (CF.4.52) oder wenn eine Schuld besteht, ohne dass die Erfassung eines Vermögenswerts in Betracht kommt (CF.4.53). Konkretisierende Vorschriften für die Erfassung finden sich in den einzelnen Standards. 103

Bei der Erfassung von Aufwendungen und Erträgen ist zu beachten, dass Erträge und Aufwendungen, die unmittelbar aus denselben Geschäftsvorfällen oder anderen Ereignissen resultieren, gleichzeitig erfasst werden (**matching principle**). Ein Beispiel ist die gleichzeitige Erfassung von Erträgen aus dem Verkauf von Waren und den korrespondierenden Umsatzkosten. Der Ansatz von Posten in der Bilanz, die nicht die Definition von Vermögenswerten oder Schulden erfüllen, darf aus dieser Konzeption jedoch nicht abgeleitet werden (CF.4.50). Entsteht der wirtschaftliche Nutzen über mehrere Perioden hinweg, ist mangels unmittelbarer Zuordnungsmöglichkeit zu den entsprechenden Erträgen die Erfassung auf der Basis systematischer und vernünftiger Verteilungsverfahren (Abschreibung oder Amortisierung) vorzunehmen (CF.4.51)[81]. 104

2. Bewertung von Bilanzposten
a) Allgemeine Bewertungsgrundsätze

Die allgemeinen Bewertungsgrundsätze der IFRS werden nicht wie im deutschen Handelsrecht geschlossen definiert, sie lassen sich vielmehr teilweise explizit aus dem Rah- 105

---

78 Vgl. ADS International, Abschn. 1, Rn. 162.
79 Zur Erfassung von Umsatzerlösen (revenue) siehe auch IAS 18 sowie Tz. 822ff.
80 Vgl. unter Bezugnahme auf F.92 a.F. ADS International, Abschn. 1, Rn. 192.
81 Vgl. unter Bezugnahme auf F.96 a.F. ADS International, Abschn. 1, Rn. 201.

menkonzept (Framework) und IAS 1 sowie teilweise implizit aus den einzelnen sachverhaltsbezogenen IFRS ableiten[82]. So ist der Grundsatz der **Unternehmensfortführung** die einzige zugrunde liegende Annahme des Rahmenkonzepts (CF.4.1), welche zusätzlich in IAS 1 konkretisiert wird (IAS 1.25-26). Der Grundsatz der **Periodenabgrenzung**, der im Rahmenkonzept nunmehr in Kapitel 1 zur Zielsetzung der Finanzberichterstattung enthalten ist (CF.OB17), wird in IAS 1 weiter ausgeführt (IAS 1.27-28). Der Grundsatz der **Stetigkeit**, welcher durch IAS 1.45-46 präzisiert wird, leitet sich aus der unterstützenden qualitativen Anforderung nach Vergleichbarkeit des Rahmenkonzepts ab (CF.QC20-25).

106 Die Grundsätze der **Bilanzidentität** und der **Einzelbewertung** gelten im Vergleich zum deutschen Handelsrecht nur in eingeschränkter Form. Die Bilanzidentität ergibt sich grds. aus der qualitativen Anforderung nach Vergleichbarkeit (CF.QC20-25); sie gilt allerdings nicht uneingeschränkt. So erfordern die IFRS eine Durchbrechung zur Berichtigung wesentlicher Fehler und bei Änderung der Bilanzierungs- und Bewertungsmethoden (IAS 8.42 und .22).

107 Die grundsätzliche **Pflicht zur Einzelbewertung** lässt sich daraus ableiten, dass das Rahmenkonzept vorsieht, dass jeder einzelne Posten, der die Definition des Abschlusspostens erfüllt, im Periodenabschluss zu erfassen ist, sofern die Erfassungskriterien erfüllt sind (CF.4.37-43)[83]. Zudem hat nach IAS 36 bei bestimmten Vermögenswerten der Wertminderungstest (impairment test) grds. unter Bezugnahme auf den einzelnen Vermögenswert zu erfolgen (IAS 36.9, .10, .66). Des Weiteren finden sich auch in anderen Standards Hinweise zur grundsätzlichen Einzelbewertung (z.B. für Vorräte IAS 2.23 und .29; bei Fertigungsaufträgen IAS 11.7). Jedoch werden sich in bestimmten Fällen, insb. beim Wertminderungstest gem. IAS 36, Abweichungen vom Einzelbewertungsgrundsatz ergeben, da unter bestimmten Umständen verschiedene Vermögenswerte in einer zahlungsmittelgenerierenden Einheit zusammenzufassen sind[84]. Weitere **Ausnahmen vom Einzelbewertungsgrundsatz** erfolgen bei Anwendung von Zuordnungsverfahren (cost formulas) bei Vorräten (IAS 2.25), bei Veräußerungsgruppen (disposal groups; gem. IFRS 5.4) sowie – unter engen Voraussetzungen – bei Sicherungsgeschäften (IAS 39.83).

b) Wertbegriffe und Wertkonzeptionen

108 Im Rahmenkonzept werden die folgenden **vier** grundlegenden **Wertkonzeptionen** definiert: historische Kosten (historical cost), Tageswert (current cost), Veräußerungswert bzw. Erfüllungsbetrag (realisable (settlement) value) und Barwert (present value) (CF.4.55). Von Bedeutung sind darüber hinaus die in einzelnen Standards definierten Wertbegriffe beizulegender Zeitwert (fair value, z.B. IAS 16.6, 18.7, 32.11, 39.9, IFRS 3 Anh. A), Nettoveräußerungswert (net realisable value, z.B. IAS 2.6) und erzielbarer Betrag (recoverable amount, IAS 36.6). Der jeweils anzuwendende Bewertungsmaßstab ergibt sich grds. aus dem sachverhaltsbezogenen IFRS, bei Wertminderungen von Vermögenswerten – insb. des AV (mit Einschränkungen) – aus IAS 36 sowie bei Unternehmenszusammenschlüssen (business combinations) aus IFRS 3. Im Folgenden werden die Wertkonzeptionen dargestellt:

– Erfassung zu **historischen Kosten** bedeutet, dass Vermögenswerte mit den zum Zeitpunkt des Erwerbs hingegebenen Zahlungsmitteln oder Zahlungsmitteläquivalenten oder dem beizulegenden Zeitwert einer für den Erwerb erbrachten anderweitigen Gegenleistung angesetzt werden. Schulden werden nach diesem Konzept mit dem Betrag,

---

82 Vgl. *Baetge* u.a., IFRS[2], Teil A, Kap. II, Rn. 132.
83 Vgl. unter Bezugnahme auf F.82-84 a.F. *Baetge* u.a., IFRS[2], Teil A, Kap. II, Rn. 148.
84 Vgl. Tz. 223.

den der Bilanzierende im Austausch gegen das Eingehen der Verpflichtung erhalten hat oder, bspw. bei Steuerverpflichtungen, mit dem bei Unterstellung eines normalen Geschäftsgangs zur Erfüllung voraussichtlich zu leistenden Betrag an Zahlungsmitteln oder Zahlungsmitteläquivalenten angesetzt (CF.4.55(a)).

– Der **Tageswert** ist für einen Vermögenswert der Betrag an Zahlungsmitteln oder Zahlungsmitteläquivalenten, der für den Erwerb desselben oder eines entsprechenden Vermögenswerts zum gegenwärtigen Zeitpunkt gezahlt werden müsste. Der Ansatz von Schulden erfolgt zu dem nicht diskontierten Betrag an Zahlungsmitteln oder Zahlungsmitteläquivalenten, der zum gegenwärtigen Zeitpunkt zur Begleichung der Verpflichtung erforderlich wäre (CF.4.55(b)).

– Bei einer Bewertung zum **Veräußerungswert bzw. Erfüllungsbetrag** werden Vermögenswerte mit dem Betrag an Zahlungsmitteln oder Zahlungsmitteläquivalenten angesetzt, der zum gegenwärtigen Zeitpunkt durch Veräußerung des Vermögenswerts im normalen Geschäftsverlauf erzielt werden könnte. Der Erfüllungsbetrag für Schulden ist der nicht diskontierte Betrag an Zahlungsmitteln oder Zahlungsmitteläquivalenten, der bei Annahme eines gewöhnlichen Geschäftsgangs voraussichtlich zur Erfüllung der Verpflichtung geleistet werden müsste (CF.4.55(c)). Für die Wertermittlung der Schulden sind im Gegensatz zum Tageswert nicht die Aufwendungen zum gegenwärtigen Zeitpunkt, sondern im Rückzahlungszeitpunkt maßgeblich. Unterschiede ergeben sich bspw., wenn zur Ablösung eines weiterlaufenden Darlehens eine Vorfälligkeitsentschädigung geleistet werden müsste.

– Der **Barwert** eines Vermögenswerts ergibt sich aus der Abzinsung aller künftigen Zahlungsmittelüberschüsse, die der betreffende Posten bei einem normalen Geschäftsverlauf voraussichtlich generieren wird. Der Barwert von Schulden ergibt sich entsprechend aus den im normalen Geschäftsverlauf zu erwartenden Zahlungsmittelabflüssen (CF.4.55(d)).

– Der **beizulegende Zeitwert** findet insb. Anwendung bei der Abbildung von Unternehmenserwerben (IFRS 3.18), dem alternativ zulässigen Neubewertungsmodell bei der Bewertung von Sachanlagen und immateriellen Vermögenswerten (IAS 16.31, IAS 38.75), bestimmten Finanzinstrumenten (IAS 39.46) sowie bei der Bewertung von als Finanzinvestition gehaltenen Immobilien (IAS 40.30). Es ist der Betrag, zu dem zwischen sachverständigen, vertragswilligen und voneinander unabhängigen Parteien ein Vermögenswert getauscht oder eine Schuld beglichen werden könnte (IAS 18.7). In diesem Sinne stellt der beizulegende Zeitwert grds. einen Marktwert oder Verkehrswert dar[85].

– Der **erzielbare Betrag** ist der höhere Betrag von Nutzungswert (value in use) und beizulegendem Zeitwert abzgl. Veräußerungskosten (fair value less costs to sell) (IAS 36.6). Dabei ist der Nutzungswert der Barwert der geschätzten künftigen Cashflows, die aus der fortgesetzten Nutzung eines Vermögenswerts und aus dessen Abgang am Ende der Nutzungsdauer voraussichtlich entstehen werden (IAS 36.6, .30)[86]. Dabei stellt der Nutzungswert im Gegensatz zum beizulegenden Zeitwert stets einen unternehmensspezifischen Wert dar[87]. Der beizulegende Zeitwert abzgl. Veräußerungskosten dagegen ist der Betrag, der durch den Verkauf eines Vermögenswerts bzw. einer

---

85 Vgl. *Baetge* u.a., IFRS², Teil A, Kap. II, Rn. 166; für detaillierte Hinweise zur Bestimmung des beizulegenden Zeitwerts von im Rahmen von Unternehmenserwerben erworbenen Vermögenswerten vgl. IFRS 3.B41-45 und für speziell von als Finanzinvestition gehaltenen Immobilien vgl. IAS 40.39-49.

86 Zu den Grundlagen für die Schätzung der künftigen Cashflows vgl. IAS 36.31, zu den dabei einzubeziehenden und nicht einzubeziehenden Elementen vgl. IAS 36.33, 36.39, 36.44, 36.50, zum Abzinsungssatz vgl. IAS 36.55.

87 Zur Abgrenzung zwischen Nutzungswert und beizulegendem Zeitwert am Beispiel von als Finanzinvestition gehaltenen Immobilien vgl. IAS 40.49.

zahlungsmittelgenerierenden Einheit in einer Transaktion zu Marktbedingungen zwischen sachverständigen, vertragswilligen und voneinander unabhängigen Parteien nach Abzug der Veräußerungskosten erzielt werden könnte (IAS 36.6, .25). Beim erzielbaren Betrag handelt es sich somit um einen aus dem Vergleich eines Barwerts nach CF.4.55(d) mit einem angepassten beizulegenden Zeitwert gewonnenen Wertansatz.

– Nach IFRS ist zwischen dem **beizulegenden Zeitwert abzgl. Veräußerungskosten** und dem **Nettoveräußerungswert** (net realisable value) zu unterscheiden. Der beizulegende Zeitwert abzgl. Veräußerungskosten stellt – neben dem Nutzungswert – einen Vergleichsmaßstab im Rahmen durchzuführender Wertminderungstests nach IAS 36 dar. Des Weiteren ist er bei der Bewertung von zur Veräußerung gehaltenen langfristigen Vermögenswerten und aufgegebenen Geschäftsbereichen heranzuziehen, wenn er niedriger als der Buchwert ist (IFRS 5.15). Der Nettoveräußerungswert hingegen entspricht dem erwarteten, im normalen Geschäftsgang erzielbaren Verkaufserlös abzgl. der geschätzten Kosten bis zur Fertigstellung und der geschätzten notwendigen Verkaufskosten (IAS 2.6). Dieser Wertansatz ist bei der Vorratsbewertung als Vergleichswert zu den AK oder HK (IAS 2.28) heranzuziehen. Die beiden Werte müssen nicht notwendigerweise überstimmen: Der beizulegende Zeitwert abzgl. Veräußerungskosten ist ein aus dem beizulegenden Zeitwert, zu dem zwischen sachverständigen, vertragswilligen und voneinander unabhängigen Parteien ein Vermögenswert getauscht werden könnte, abgeleiteter Wert, währenddessen der Nettoveräußerungswert ein unternehmensspezifischer Wert ist (IAS 2.7).

c) Anschaffungskosten und Herstellungskosten
aa) Definition

109 Die IFRS definieren **Anschaffungs- oder Herstellungskosten** (cost) als den zum Erwerb oder zur Herstellung eines Vermögenswerts entrichteten Betrag an Zahlungsmitteln oder Zahlungsmitteläquivalenten oder den beizulegenden Zeitwert einer anderen Entgeltform zum Zeitpunkt des Erwerbs bzw. der Herstellung oder, falls zutreffend, den Betrag, der diesem Vermögenswert beim erstmaligen Ansatz gem. den besonderen Bestimmungen anderer IFRS, wie bspw. IFRS 2 bei einer aktienbasierten Vergütung, beizulegen ist (IFRS 2.7). Gemäß den Wertkonzeptionen des Rahmenkonzepts handelt es sich um die historischen Kosten. Die Bestandteile der AHK werden in den jeweiligen Standards, die die einzelnen Bilanzposten behandeln, präzisiert und erläutert (z.B. IAS 2.10 für Vorräte, IAS 16.16 für Sachanlagen, IAS 38.25-34 für erworbene bzw. IAS 38.65-67 für selbst erstellte immaterielle Vermögenswerte).

110 Als Bestandteile der AK oder HK sind alle Kosten des Erwerbs und der Be- und Verarbeitung sowie die sonstigen Kosten einzubeziehen, die angefallen sind, um die Vermögenswerte an ihren derzeitigen Ort und in ihren derzeitigen Zustand zu versetzen. Die **Anschaffungskosten** (costs of purchase) umfassen den Kaufpreis, Einfuhrzölle und andere Steuern, Transport- und Abwicklungskosten sowie sonstige Kosten, die dem Erwerb von Fertigerzeugnissen, Materialien und Leistungen **unmittelbar zugerechnet** werden können. Skonti, Rabatte und andere vergleichbare Beträge werden bei der Ermittlung der Kosten des Erwerbs abgezogen (für Vorräte: IAS 2.11, ähnlich IAS 16.16(a) für Sachanlagevermögen und IAS 38.27(a) für immaterielle Vermögenswerte).

111 In die AK oder HK von körperlichen oder immateriellen Vermögenswerten sind des Weiteren alle **direkt zurechenbaren Aufwendungen** einzubeziehen, die anfallen, um den Vermögenswert zu dem Standort und in den erforderlichen, vom Management beabsichtigten betriebsbereiten Zustand zu bringen (IAS 16.16(b) bzw. IAS 38.27(b)). Zu den direkt zurechenbaren Aufwendungen zählen die Kosten der Standortvorbereitung, der erstmaligen Lieferung und Verbringung, der Installation bzw. Montage, Honorare (z.B. für Architekten und Ingenieure) und die Aufwendungen für Testläufe sowie die Aufwendungen für Leistungen an Arbeitnehmer (wie in IAS 19 beschrieben), die direkt aufgrund der Herstellung oder Anschaffung bzw. durch Versetzung in den betriebsbereiten Zustand des Vermögenswerts anfallen (IAS 16.17 bzw. IAS 38.28).

Bei Sachanlagen umfassen die AHK auch die beim erstmaligen Ansatz geschätzten Kosten für den **Abbruch** und das **Abräumen** des Gegenstands und die Wiederherstellung des Standorts, an dem er sich befindet, bzw. die Verpflichtung, die ein Unternehmen entweder bei Erwerb des Gegenstands oder aus dessen Nutzung eingeht, sofern es während einer gewissen Periode den Vermögenswert zu anderen Zwecken als zur Herstellung von Vorräten verwendet hat (IAS 16.16(c)). Dabei kann es sich grds. um Verpflichtungen zur Entsorgung, Wiederherstellung oder um ähnliche Verpflichtungen handeln, z.B. Abbruch einer Fabrikanlage, Sanierung von Umweltschäden (Rekultivierung) oder Entfernung von Sachanlagen. Bewertungsänderungen einer in die AHK einbezogenen Rückstellung zur Entsorgung, Wiederherstellung oder einer ähnlichen Verpflichtung, die auf Änderungen der erwarteten Fälligkeit, der Höhe des geschätzten Ressourcenabflusses zur Erfüllung der Verpflichtung oder auf einer Änderung des Abzinsungssatzes beruhen, sind gem. IFRIC 1 grds. auch im Buchwert des betroffenen Vermögenswerts zu erfassen (IFRIC 1.2 und .4). 112

Verwaltungs- und andere Gemeinkosten, die nicht direkt dem Erwerb des Vermögenswerts oder seiner Versetzung in den betriebsbereiten Zustand zugerechnet werden können, Kosten für die Eröffnung einer neuen Betriebsstätte sowie für die Einführung eines neuen Produkts oder einer neuen Dienstleistung (u.a. Kosten für Werbung und andere verkaufsfördernde Maßnahmen) sowie Schulungskosten zählen nicht zu den AHK (IAS 16.19 bzw. IAS 38.29). 113

Die **Erfassung** von AHK **endet**, wenn sich der Vermögenswert an dem Standort und in dem vom Management beabsichtigten betriebsbereiten Zustand befindet. Alle danach anfallenden Aufwendungen, die aus der Nutzung oder Verlagerung, z.B. bei grds. betriebsbereiten Vermögenswerten, die noch nicht voll in Betrieb gesetzt worden sind, resultieren, sowie Anlaufkosten und Anfangsverluste, gehören nicht zu den AHK (IAS 16.20 bzw. IAS 38.30). 114

Erfolgt eine **längerfristige Stundung** des Anschaffungspreises (Lieferantenkredit, Kauf auf Ziel) und liegt damit eine implizite Finanzierung vor, so ist – analog der für das Sachanlagevermögen geltenden Vorschriften (IAS 16.23) – der Barwert des Anschaffungspreises für die Bestimmung der AK maßgeblich, wenn der zu berücksichtigende Zinseffekt nicht unwesentlich ist und das vereinbarte Zahlungsziel das übliche Maß überschreitet und sofern keine Aktivierung der Fremdkapitalkosten gem. IAS 23 in Betracht kommt (IAS 2.18, IAS 16.23, IAS 38.32)[88]. 115

Bei Erwerb durch **Tausch** sind die AK grds. mit dem beizulegenden Zeitwert zu bemessen (IAS 16.24, IAS 38.45), wenn das Tauschgeschäft wirtschaftliche Substanz hat[89]. 116

Die **Herstellungskosten des Vorratsvermögens** (costs of conversion) umfassen sowohl die den Produktionseinheiten direkt zurechenbaren Kosten, bspw. Fertigungslöhne, als 117

---

88 Vgl. ADS International, Abschn. 15, Rn. 40; vgl. auch die Ausführungen in Tz. 123ff.
89 Vgl. Tz. 168.

auch systematisch zugerechnete fixe[90] und variable[91] Produktionsgemeinkosten, die bei der Umwandlung von Rohstoffen in Fertigerzeugnisse entstehen (IAS 2.12), d.h., es gilt das aus dem *matching principle* resultierende Vollkostenprinzip[92]. Die Zurechnung der fixen Produktionsgemeinkosten hat grds. auf der Basis der Normalauslastung zu erfolgen. Bei außergewöhnlich hohem Produktionsvolumen ist der auf die einzelne Produkteinheit entfallende Betrag der fixen Gemeinkosten zu mindern, um eine Bewertung über den Herstellungskosten zu verhindern (IAS 2.13). Nicht zugerechnete fixe Gemeinkosten, die bei Unterschreiten der Normalauslastung entstehen, sind in der Periode ihres Anfallens als Aufwand zu erfassen (IAS 2.13). Sonstige Kosten dürfen nur in die AK oder HK einbezogen werden, wenn sie dazu gedient haben, die Gegenstände an den derzeitigen Ort oder in den derzeitigen Zustand zu versetzen. Dabei kann es sich auch um nicht produktionsbezogene Gemeinkosten oder Kosten der Produktentwicklung für bestimmte Kunden handeln (IAS 2.15). Dazu gehören auch Abschreibungen auf aktivierte immaterielle Vermögenswerte, wie Entwicklungskosten (IAS 2.15, IAS 38.97 und .99). Nicht einbeziehbar sind anormale Beträge für Ausschuss-, Fertigungslohn- und sonstige Produktionskosten, Lagerkosten mit Ausnahme von erforderlichen Zwischenlagern im Produktionsprozess, Verwaltungsgemeinkosten, die nicht dem Fertigungsbereich zugerechnet werden können, sowie Vertriebskosten (IAS 2.16)[93].

118 Die Ermittlung der **Herstellungskosten für selbst erstellte Sachanlagen** folgt grds. denselben Grundsätzen, die auch beim Erwerb von Vermögenswerten angewandt werden (IAS 16.22). Werden allerdings Vermögenswerte im normalen Geschäftsverlauf zu Veräußerungszwecken hergestellt, so bemessen sich die Herstellungskosten der Sachanlagen gem. IAS 2.

119 Bei **Dienstleistungsunternehmen** enthalten die Herstellungskosten von unfertigen Leistungen im Wesentlichen die Löhne, Gehälter und sonstigen Kosten des Personals, das unmittelbar für die Leistungserbringung eingesetzt ist, einschließlich des jeweiligen Personals für Leitungs- und Überwachungsaufgaben, sowie die zurechenbaren Gemeinkosten; nicht einzubeziehen sind Kosten des Vertriebspersonals und des Personals der allgemeinen Verwaltung sowie Gewinnmargen (IAS 2.19).

120 Die **Herstellungskosten von selbst erstellten immateriellen Vermögenswerten** umfassen alle Aufwendungen, die ab dem Zeitpunkt anfallen, in dem der immaterielle Vermögenswert erstmals die Ansatzkriterien erfüllt (IAS 38.65); vor diesem Zeitpunkt angefallene, bereits als Aufwand berücksichtigte Kosten dürfen nicht nachträglich als Teil der Herstellungskosten aktiviert werden (IAS 38.71). In die Herstellungskosten sind alle bei der Schaffung und Herstellung des Vermögenswerts sowie seiner Vorbereitung für die geplante Nutzung anfallenden Kosten einzubeziehen, sofern sie direkt zurechenbar sind (IAS 38.66). Dies umfasst insb. die Ausgaben für die bei der Herstellung ge- oder verbrauchten Materialien und Dienstleistungen, Aufwendungen für Leistungen an Arbeitnehmer (wie in IAS 19 definiert), die bei der Erzeugung des immateriellen Vermögenswerts anfallen, wie bspw. Löhne, Gehälter und andere mit der Beschäftigung verbundene Kosten, sowie Registrierungsgebühren eines Rechtsanspruchs und Abschreibungen auf bei der Erstellung des Vermögenswerts genutzte Patente und Lizenzen. Die Einbeziehung von Fremdkapitalkosten richtet sich nach IAS 23. Vertriebs-, Verwaltungs- und sonstige

---

90 Zum Beispiel Kosten, die unabhängig vom Produktionsvolumen relativ konstant anfallen, wie Abschreibungen und Instandhaltungsaufwendungen von Betriebsgebäuden und -anlagen sowie die Kosten von Betriebsleitung und -verwaltung.
91 Darunter fallen Material- und Fertigungsgemeinkosten.
92 Vgl. Beck-IFRS³, § 8, Rn. 34.
93 Zur Einbeziehung von Fremdkapitalkosten vgl. Tz. 123ff.

Ansatz- und Bewertungsgrundsätze nach IFRS

nicht direkt der Vorbereitung auf die Nutzung dienende Gemeinkosten, aufgrund von Ineffizienzen entstehende Kosten und Anlaufverluste sowie Kosten für die Schulung der Mitarbeiter im Umgang mit dem immateriellen Vermögenswert dürfen nicht angesetzt werden (IAS 38.67).

Für **nachträgliche Anschaffungs- oder Herstellungskosten** (subsequent costs) gelten die **Ansatzkriterien** des IAS 16.7 für Sachanlagen[94] bzw. IAS 38.21, .22 und .57 für immaterielle Vermögenswerte[95]. Dabei ist nicht entscheidend, dass dem Unternehmen voraussichtlich künftiger wirtschaftlicher Nutzen über die ursprünglich bemessene Ertragskraft des Vermögenswerts hinaus zufließen wird. Auch substanzerhaltende Maßnahmen, die auf den andauernden, gleichmäßigen Gebrauch der Sachanlage abzielen, können zu nachträglichen AK oder HK führen, sofern sie die Ansatzkriterien erfüllen. 121

Im Gegensatz zu substanzerhaltenden Instandhaltungsaufwendungen werden **laufende Wartungskosten** (day-to-day servicing) nicht angesetzt, sondern bei Anfall erfolgswirksam im Periodenergebnis erfasst (IAS 16.12). Ist die regelmäßige Durchführung **größerer Wartungen** Voraussetzung für den Betrieb einer Sachanlage (z.B. Generalüberholungen), werden die dadurch anfallenden Kosten bei Durchführung der Wartung im Buchwert der Sachanlage erfasst, wenn die Ansatzkriterien des IAS 16.7 erfüllt sind. Erfüllen die Wartungsausgaben die Voraussetzung für die Aktivierung als einzelne Komponente, sind sie nach dem Komponentenansatz zu aktivieren[96]. Ein verbleibender Buchwert der Kosten für die vorhergehende Wartung wird ausgebucht (IAS 16.14). 122

bb) Berücksichtigung von Fremdkapitalkosten

Fremdkapitalkosten, die direkt dem Erwerb, dem Bau oder der Herstellung eines sog. **qualifizierten Vermögenswerts** (qualifying asset) zugeordnet werden können, sind grds. verpflichtend als Teil der AK oder HK zu aktivieren (IAS 23.8). Die Aktivierung ist ausnahmsweise nicht verpflichtend bei qualifizierten Vermögenswerten, die zum beizulegenden Zeitwert bewertet werden (z.B. biologische Vermögenswerte i.S.d. IAS 40) und bei Vorräten, die in großen Mengen wiederholt gefertigt oder auf andere Weise hergestellt werden (IAS 23.4). Unter Fremdkapitalkosten sind Zinsen und weitere im Zusammenhang mit der Aufnahme von FK angefallene Kosten eines Unternehmens zu subsumieren (IAS 23.5)[97]. Ein qualifizierter Vermögenswert liegt vor, wenn ein beträchtlicher Zeitraum[98] erforderlich ist, um den Vermögenswert in seinen beabsichtigten gebrauchs- oder verkaufsfähigen Zustand zu versetzen (IAS 23.5)[99]. Dabei dürfen allerdings Fremdkapitalkosten nur dann aktiviert werden, wenn es wahrscheinlich ist, dass dem Unternehmen hieraus ein künftiger wirtschaftlicher Nutzen erwächst und die Kosten verlässlich bewertet werden können (IAS 23.9). Eine Wertminderung ist vorzunehmen, wenn der Buchwert oder die letztlich zu erwartenden AK oder HK des qualifizierten Vermögenswerts höher als der erzielbare Betrag oder sein Nettoveräußerungswert ist/sind (IAS 23.16). 123

---

94 Vgl. Tz. 161f.
95 Vgl. Tz. 138ff.
96 Vgl. Tz. 163f., 171 und 190.
97 Zum Umfang der Fremdkapitalkosten vgl. IAS 23.6. Zur Definition und zur weiteren Erläuterung vgl. *IDW RS HFA 37*, Tz. 7-10.
98 Gemäß *IDW RS HFA 37* gilt die widerlegbare Vermutung, dass ein beträchtlicher Zeitraum gegeben ist, falls der Erwerb, der Bau oder die Herstellung voraussichtlich mehr als ein Jahr erfordern wird, vgl. *IDW RS HFA 37*, Tz. 5.
99 Vgl. zu möglichen qualifizierten Vermögenswerten IAS 23.7.

124 Der **Beginn der Aktivierung**[100] von Fremdkapitalkosten eines qualifizierten Vermögenswerts bestimmt sich nach dem Zeitpunkt, ab dem folgende Kriterien des IAS 23.17 kumulativ erfüllt sind:

- Ausgaben für den Vermögenswert fallen an;
- Fremdkapitalkosten fallen an;
- die erforderlichen Arbeiten zur Herstellung des Vermögenswerts für den beabsichtigten Gebrauch bzw. Verkauf werden durchgeführt.

125 Das **Ende der Aktivierung** richtet sich nach dem Abschluss aller wesentlichen Arbeiten (IAS 23.22). Bei gesonderter Nutzbarkeit von Teilen eines qualifizierten Vermögenswerts ist die Aktivierung zu beenden, sobald alle wesentlichen Arbeiten an dem betreffenden Teil abgeschlossen sind (IAS 23.24). Wird die aktive Entwicklung des qualifizierten Vermögenswerts für einen längeren Zeitraum unterbrochen, ist die Aktivierung von Fremdkapitalkosten auszusetzen (IAS 23.20).

126 Der **Umfang** der aktivierbaren Fremdkapitalkosten[101] ergibt sich aus den Fremdkapitalkosten, die vermieden worden wären, wenn die Ausgaben für den qualifizierten Vermögenswert nicht getätigt worden wären (IAS 23.10). Bei speziell für die Beschaffung eines qualifizierten Vermögenswerts aufgenommenen Fremdmitteln stellen dies die tatsächlich angefallenen Kosten abzgl. etwaiger Erträge aus der Zwischenanlage der Mittel (IAS 23.12) dar. Bei nicht zweckgebundener Mittelaufnahme sind die aktivierbaren Fremdkapitalkosten durch Anwendung eines Finanzierungskostensatzes (gewogener Durchschnitt der Fremdkapitalkosten für Kredite, die während der Periode bestanden haben und nicht speziell für die Beschaffung eines qualifizierten Vermögenswerts aufgenommen worden sind) zu ermitteln (IAS 23.14)[102]. Der während einer Periode aktivierte Betrag darf die in der Periode tatsächlich angefallenen Fremdkapitalkosten nicht übersteigen (IAS 23.14). Zu den Finanzierungskosten gehören auch die Nebenkosten (IAS 23.5).

127 **Angabepflichten** bestehen bzgl. der in der Periode aktivierten Fremdkapitalkosten sowie des Finanzierungskostensatzes (IAS 23.26).

cc) Behandlung von Zuwendungen der öffentlichen Hand (Zuschüsse)

128 Das Prinzip der Zuordnung von Aufwendungen und Erträgen (matching principle) verlangt, **Zuwendungen der öffentlichen Hand** (government grants) so zu verteilen, dass sie jeweils in der Periode als Ertrag erfasst werden, in der auch die ihnen gegenüberstehenden Aufwendungen anfallen. Zuwendungen für Vermögenswerte sind daher in der Bilanz entweder als passivischer Abgrenzungsposten (deferred income) anzusetzen oder vom Buchwert des Vermögenswerts abzusetzen (IAS 20.24). Der passivische Abgrenzungsposten ist während der Nutzungsdauer des Vermögenswerts auf einer planmäßigen und vernünftigen Grundlage ertragswirksam aufzulösen (IAS 20.26). Wird die Zuwendung von dem Buchwert abgesetzt, so reduziert dies das Abschreibungspotenzial, was über die Nutzungsdauer des Vermögenswerts aufwandsmindernd zu positiven Erfolgsbeiträgen führt (IAS 20.27). Für die KFR wird eine gesonderte Darstellung empfohlen (IAS 20.28). Ertragsbezogene Zuwendungen können entweder gesondert in der Gesamtergebnisrechnung ausgewiesen oder mit den entsprechenden Aufwendungen saldiert

---
100 Vgl. *IDW RS HFA 37*, Tz. 25-27.
101 Zu Einzelheiten vgl. *IDW RS HFA 37*, Tz. 11-16.
102 Zu Einzelheiten vgl. *IDW RS HFA 37*, Tz. 17-24.

werden (IAS 20.29)[103]. Entsteht eine Rückzahlungsverpflichtung, ist dies als Berichtigung einer Schätzung gem. IAS 8 zu behandeln (IAS 20.32).

d) Währungsumrechnung im Einzelabschluss

Bei der erstmaligen Erfassung eines Geschäftsvorfalls ist mit dem Kassakurs zum Zeitpunkt des Geschäftsvorfalls umzurechnen (IAS 21.21). Bei der Folgebewertung sind monetäre Fremdwährungsposten mit dem Stichtagskurs, zu historischen Kosten in Fremdwährung bewertete nicht monetäre Posten zum Kurs am Tag des Geschäftsvorfalls und zum beizulegenden Zeitwert in Fremdwährung bewertete nicht monetäre Posten mit dem Kurs anzusetzen, der am Tag der Ermittlung dieses Werts gültig war (IAS 21.23). Umrechnungsdifferenzen aus einem monetären Posten – mit Ausnahme von Differenzen aus Nettoinvestitionen in ausländische Geschäftsbetriebe (IAS 21.32) – sind in der Periode ihrer Entstehung erfolgswirksam im Periodenergebnis zu erfassen (IAS 21.28). Falls ein Gewinn oder Verlust aus einem nicht monetären Posten direkt im sonstigen Ergebnis erfasst wird, ist jeder Umrechnungsbestandteil dieses Gewinns oder Verlusts ebenfalls im sonstigen Ergebnis zu erfassen (IAS 21.30)[104].

129

e) Ereignisse nach dem Abschlussstichtag

IAS 10 regelt grds.[105] in zeitlicher und sachlicher Hinsicht, welche **Ereignisse nach dem Abschlussstichtag** noch im Abschluss des Vj. zu berücksichtigen sind. In zeitlicher Hinsicht werden Ereignisse im Abschluss berücksichtigt, die im folgenden GJ bis zur Freigabe des Abschlusses zur Veröffentlichung (date when the financial statements are authorised for issue)[106] eintreten. Ereignisse, die danach eintreten, werden nicht berücksichtigt. In sachlicher Hinsicht sind solche Ereignisse von Einfluss auf Ansatz und Bewertung im Abschluss für die abgelaufene Periode, die Gegebenheiten, die am Abschlussstichtag vorgelegen haben, erkennen lassen (adjusting events). Ereignisse, die Gegebenheiten erkennen lassen, die nach dem Abschlussstichtag eingetreten sind (non-adjusting events), haben dagegen keinen Einfluss auf Ansatz und Bewertung im Abschluss für die abgelaufene Periode; solche Ereignisse können jedoch unter bestimmten Voraussetzungen Angaben im Anh. des Abschlusses für das abgelaufene GJ auslösen (IAS 10.21). Stets berücksichtigungspflichtig bei Ansatz und Bewertung sind solche Ereignisse, die nach dem Abschlussstichtag eintreten und einer Unternehmensfortführung (going concern) entgegenstehen (IAS 10.14).

130

f) Ausblick

Das IASB hat gemeinsam mit dem FASB am 12.05.2011 den **IFRS 13 Fair Value Measurement** verabschiedet. Dieser führt zu einer weitgehenden Kongruenz zwischen den IFRS und US-GAAP. Der Standard fasst die zuvor in verschiedenen Standards enthaltenen Regelungen zur Ermittlung eines beizulegenden Zeitwerts in einem Standard zusammen und ist verpflichtend für GJ, die am oder nach dem 01.01.2013 beginnen, anzuwenden. Die EU hat die Änderungen noch nicht übernommen[107].

131

---

103 Gegebenenfalls muss die Zuwendung dann im Anhang angegeben werden (IAS 20.31).

104 Vgl. Tz. 75ff.

105 Einzelfallbezogene Regelungen, die ggf. von diesen Grundsätzen abweichen, finden sich in IAS 1.72, .74, .76, .137(a), IAS 2.30, IAS 19.20(b), IAS 33.64, IAS 37.75, IFRS 3.59(b) und .B66 sowie IFRS 5.12.

106 Erfolgt nach der Freigabe zur Veröffentlichung noch eine Änderung, bevor die Billigung vorliegt, so ist nach Änderung eine erneute Freigabe erforderlich und der Abschluss in diesem Sinne noch offen für Ereignisse, die Gegebenheiten erkennen lassen, die am Abschlussstichtag vorgelegen haben.

107 http://www.efrag.org/Front/c1-306/Endorsement-Status-Report_EN.aspx (zit. 10.11.2011).

132 Durch IFRS 13 werden die Definition und die Ermittlung des beizulegenden Zeitwerts sowie die zugehörigen Anhangangaben vereinheitlicht. Dabei regelt der Standard, wie beizulegende Zeitwerte ermittelt werden, nicht jedoch, was zum beizulegenden Zeitwert zu bewerten ist (IFRS 13.BC8). Gleichzeitig mit der Verabschiedung des IFRS 13 wurden Amendments für die Standards vorgenommen, die eine Fair Value-Bewertung oder Fair Value-Angaben vorsehen, um die Terminologie und die Vorschriften insgesamt zu vereinheitlichen.

133 Die Ermittlung von beizulegenden Zeitwerten nach IFRS 13 bezieht sich dabei auf die Bewertungsobjekte Vermögenswerte, Schulden und eigene Eigenkapitalinstrumente (IFRS 13.4). In Abgrenzung zu IFRS 13 umfasst die Terminologie des zu ermittelnden beizulegenden Zeitwertes nicht die Ermittlung des Nettoveräußerungswerts in IAS 2 und des Nutzungswerts in IAS 36. Zudem sind vom Anwendungsbereich des IFRS 13 anteilsbasierte Vergütungen (IFRS 2) und Leasingtransaktionen (IAS 17) ausgenommen (IFRS 13.6).

134 Gemäß der in IFRS 13.24 verankerten **Definition des beizulegenden Zeitwerts** handelt es sich um einen Preis, den ein Unternehmen am Bewertungsstichtag beim Verkauf eines Vermögenswerts erhält oder bei der Übertragung einer Verbindlichkeit entrichten muss (exit price). Hierzu wird eine reguläre (orderly) Transaktion zwischen beliebigen Marktteilnehmern unterstellt (IFRS 13.15). Die Bewertung zum beizulegenden Zeitwert basiert auf einer hypothetischen Transaktion; das Vorliegen einer tatsächlichen Absicht ist nicht relevant (IFRS 13.20, .21). Bei der Bewertung von Vermögenswerten und Schulden wird vom liquidesten Markt (Hauptmarkt) ausgegangen. In Ermangelung eines solchen Markts kann von dem Markt mit der bestmöglichen Verwendung aus Sicht eines Marktteilnehmers (vorteilhaftester Markt) ausgegangen werden (IFRS 13.16).

135 Die **Ermittlung des beizulegenden Zeitwerts** ist angelehnt an die bereits in IFRS 7 für Finanzinstrumente verankerte dreistufige Fair Value-Hierarchie. Demgemäß wird der beizulegende Zeitwert soweit wie möglich marktbasierend ermittelt und in Abhängigkeit von der Art der hierfür verwendeten Inputfaktoren dem Level 1, 2 oder 3 zugeordnet (IFRS 13.3, .72).

136 IFRS 13 sieht umfassendere – und zudem für alle Anwendungsbereiche identische – **Anhangangaben**, zur Ermittlung des beizulegenden Zeitwerts vor. Dies erfolgt in den jeweiligen Standards grds. durch einen Verweis auf die Anhangangaben des IFRS 13. Abweichend hierzu sind für zum Fair Value bewertetes Planvermögen nach IAS 19, für zum Fair Value bewertete Alterversorgungspläne des IAS 26 sowie für Vermögenswerte, für die entsprechend IAS 36 der erzielbare Betrag der beizulegende Zeitwert abzüglich der Verkaufskosten ist, nicht die Angabepflichten des IFRS 13, sondern die des jeweiligen Standards maßgeblich.

137 Der **Umfang der Anhangangaben** ist zum einen davon abhängig, ob die Bilanzierung (dauerhaft oder ausnahmsweise) zum beizulegenden Zeitwert erfolgt und zum anderen von der Zuordnung zu dem jeweiligem Level in der Fair Value-Hierarchie (IFRS 13.91ff). Mit steigender Subjektivität bei der Ermittlung des beizulegenden Zeitwertes nehmen die geforderten Anhangangaben zu. Im Gegensatz zur gegenwärtigen Regelung bei Finanzinstrumenten sind zukünftig umfangreichere Anhangangaben zum beizulegenden Zeitwert in Zwischenabschlüsse aufzunehmen (IAS 34.16A(j), IFRS 13.BC222).

IV. Ansatz und Bewertung einzelner Posten im IFRS-Abschluss

1. Immaterielle Vermögenswerte

a) Definition und Ansatz

Die bilanzielle Behandlung immaterieller Vermögenswerte des AV ist in IAS 38 geregelt. Ein immaterieller Vermögenswert ist ein **identifizierbarer, nichtmonetärer Vermögenswert ohne physische Substanz**, über den das Unternehmen aufgrund eines vergangenen Ereignisses Verfügungsmacht erlangt hat und dessen erwarteter künftiger wirtschaftlicher Nutzen dem Unternehmen zufließen wird (IAS 38.8). Dabei handelt es sich nicht bei allen Vorteilen um einen immateriellen Vermögenswert, da sich dieser erst durch kumulative Erfüllung der drei Kriterien Identifizierbarkeit (identifiability), Verfügungsmacht (control) und künftiger wirtschaftlicher Nutzen (future economic benefit) konkretisieren muss (IAS 38.11-17).

138

Die **Identifizierbarkeit** erfordert, dass der immaterielle Vermögenswert eindeutig vom Geschäfts- oder Firmenwert abzugrenzen ist (IAS 38.11). Diese Abgrenzung gelingt grds., wenn der Vermögenswert separierbar ist, was erfordert, dass der Vermögenswert selbstständig oder verbunden mit einem anderen Vermögenswert, einer Schuld oder einem Vertrag veräußert, übertragen, lizenziert, vermietet oder getauscht werden kann (IAS 38.12(a)). Identifizierbarkeit liegt aber auch dann vor, wenn der immaterielle Vermögenswert aus einem vertraglichen oder gesetzlichen Anspruch hervorgeht, und zwar unabhängig davon, ob diese Ansprüche vom Unternehmen oder anderen Ansprüchen separierbar und damit selbstständig verkehrsfähig sind (IAS 38.12(b))[108].

139

Die **Verfügungsmacht** setzt voraus, dass das Unternehmen die Fähigkeit hat, den künftigen wirtschaftlichen Nutzen aus dem Vermögenswert zu ziehen, und den Zugriff Dritter auf diesen Nutzen beschränken kann (IAS 38.13). Dies basiert im Regelfall, jedoch nicht notwendigerweise, auf juristisch durchsetzbaren Ansprüchen. In Betracht kommen z.B. Urheberrechte oder den Arbeitnehmern auferlegte gesetzliche Vertraulichkeitspflichten (IAS 38.14). Selbst die Aktivierung von Humankapital bzw. der aus diesem resultierende wirtschaftliche Nutzen sowie von vertraglich nicht geschützten Kundenbeziehungen ist nicht ausgeschlossen (IAS 38.15-16)[109].

140

Das Kriterium des **künftigen wirtschaftlichen Nutzens** erfordert, dass wirtschaftliche Vorteile aus der Nutzung des Vermögenswerts hervorgehen (IAS 38.17). Dies können z.B. Erlöse aus dem Verkauf von Produkten oder der Erbringung von Dienstleistungen, Kosteneinsparungen oder andere Vorteile sein, die sich für das Unternehmen aus der Eigennutzung ergeben.

141

Neben den beschriebenen Kriterien für das Bestehen eines immateriellen Vermögenswerts müssen für dessen Aktivierung auch noch die Voraussetzungen des **wahrscheinlichen künftigen Nutzenzuflusses** sowie der **verlässlichen Bewertbarkeit** erfüllt sein (IAS 38.21). Dabei ist die Beurteilung der Wahrscheinlichkeit des erwarteten künftigen wirtschaftlichen Nutzenzuflusses auf der Basis von vernünftigen und begründeten Annahmen vorzunehmen, die auf der bestmöglichen Einschätzung des Managements bzgl. der wirtschaftlichen Rahmenbedingungen beruhen, die während der voraussichtlichen Nutzungsdauer des Vermögenswerts gelten werden (IAS 38.22).

142

---

108 Zu Beispielen identifizierbarer immaterieller Vermögenswerte vgl. *Esser/Hackenberger*, KoR 2004, S. 402 (404).
109 Zur Bilanzierung von Humankapital vgl. *Homberg/Elter/Rothenburger*, KoR 2004, S. 249 (249).

143 Ausgaben für die Erzeugung eines künftigen wirtschaftlichen Vorteils, der jedoch nicht die Ansatzkriterien des IAS 38 erfüllt, leisten ggf. einen Beitrag zum selbst geschaffenen Geschäfts- oder Firmenwert. Ein **selbst geschaffener Geschäfts- oder Firmenwert** darf nicht als Vermögenswert aktiviert werden, da es sich nicht um eine durch das Unternehmen kontrollierte identifizierbare Ressource handelt (d.h., er ist weder separierbar oder aus vertraglichen oder gesetzlichen Rechten entstanden), deren HK verlässlich bewertet werden können (IAS 38.48).

144 Um beurteilen zu können, ob ein **selbst geschaffener immaterieller Vermögenswert** die Ansatzkriterien erfüllt, ist zwischen Forschungsphase (research phase) und Entwicklungsphase (development phase) zu unterscheiden (IAS 38.52). **Forschungsaufwendungen** bzw. Aufwendungen in der **Forschungsphase** eines internen Projekts sind nicht aktivierbar (IAS 38.54)[110], während ein aus der **Entwicklung** bzw. der **Entwicklungsphase**[111] eines internen Projekts entstehender immaterieller Vermögenswert unter folgenden, vom Unternehmen darzulegenden Voraussetzungen anzusetzen ist (IAS 38.57):

- Die Fertigstellung des immateriellen Vermögenswerts zur Gebrauchs- bzw. Marktreife ist technisch möglich;
- das Unternehmen hat die Absicht, den immateriellen Vermögenswert zur Gebrauchs- bzw. Marktreife zu bringen;
- das Unternehmen ist zur Nutzung bzw. Vermarktung in der Lage;
- das Unternehmen kann darlegen, auf welche Art und Weise der immaterielle Vermögenswert künftige Nutzenzuflüsse generieren wird, u.a. durch Nachweis eines entsprechenden Markts oder, bei interner Nutzung, des entsprechenden Nutzens;
- die technischen, finanziellen und sonstigen Ressourcen für den Abschluss der Entwicklung und die Nutzung oder Vermarktung des immateriellen Vermögenswerts sind verfügbar;
- das Unternehmen ist in der Lage, die Aufwendungen, die dem immateriellen Vermögenswert während der Entwicklungsphase zuzurechnen sind, zuverlässig zu bewerten.

145 Um den Nachweis zu erbringen, dass ein immaterieller Vermögenswert einen **künftigen Nutzenzufluss** generiert, sind die Grundsätze des IAS 36 zur Ermittlung des Nutzungswerts bzw. des beizulegenden Zeitwerts abzgl. Veräußerungskosten heranzuziehen[112]. Soweit der künftige Nutzen nur in Verbindung mit anderen Vermögenswerten erzeugt werden kann, ist dabei das Konzept der zahlungsmittelgenerierenden Einheiten (cash-generating units) des IAS 36 anzuwenden (IAS 38.60). Der Nachweis der zur Entwicklung erforderlichen technischen, finanziellen und sonstigen Ressourcen kann z.B. durch einen Unternehmensplan sowie ggf. durch entsprechende Kreditzusagen seitens der Fremdkapitalgeber erfolgen (IAS 38.61). Zur verlässlichen Kostenzurechnung in der Entwicklungsphase bedarf es eines entsprechend ausgebauten Kostenrechnungssystems (IAS 38.62), um die anfallenden Entwicklungskosten, (z.B. Gehälter, Materialverbrauch) und die Inanspruchnahme externer Dienstleistungen (z.B. Registergebühren) verursachungsgerecht erfassen zu können.

146 Ist eine Trennung zwischen Forschungsphase und Entwicklungsphase nicht möglich, sind alle Aufwendungen so zu behandeln, als ob sie in der Forschungsphase angefallen wären (IAS 38.53), d.h., sie sind sofort erfolgswirksam im Periodenergebnis zu erfassen.

---

110 Zur Definition der Forschungsphase und zu Beispielen vgl. IAS 38.54-56.
111 Zu Beispielen für Entwicklungstätigkeiten vgl. IAS 38.59.
112 Vgl. Tz. 227ff. zum beizulegenden Zeitwert abzgl. Veräußerungskosten sowie Tz. 232ff. zum Nutzungswert.

Ansatz und Bewertung einzelner Posten im IFRS-Abschluss N

Ansatzverbote gelten für selbst geschaffene Markennamen[113], Drucktitel, Verlagsrechte, 147
Kundenlisten und ähnliche Rechte und Werte, da die Kosten hierfür nicht von denen für
die Entwicklung des Unternehmens als Ganzes abgegrenzt werden können (IAS 38.63).
Ebenfalls in der Periode des Anfallens erfolgswirksam im Periodenergebnis zu erfassen
sind Gründungs- und Anlaufkosten, Ausgaben für Aus- und Weiterbildung, für Werbung
und Verkaufsförderung (z.B. Versandhauskataloge) sowie die Kosten der Verlegung oder
Reorganisation des Unternehmens oder Teilen davon, da diese Ausgaben regelmäßig
nicht dazu führen, dass ein aktivierbarer immaterieller Vermögenswert oder sonstiger
Vermögenswert erworben oder erstellt wird (IAS 38.69).

b) Bewertung

Die **Zugangsbewertung** von immateriellen Vermögenswerten erfolgt zu AK oder HK 148
(IAS 38.24)[114]. Bei Erwerb im Rahmen eines Tauschgeschäfts bemessen sich die AK des
empfangenen immateriellen Vermögenswerts an dem beizulegenden Zeitwert, es sei denn,
es fehlt dem Tauschgeschäft an wirtschaftlichem Gehalt[115] oder weder der beizulegende
Zeitwert des erhaltenen Vermögenswerts noch der des hingegebenen Vermögenswerts
sind verlässlich ermittelbar. Erfolgt die Bewertung nicht zum beizulegenden Zeitwert,
sind die AK in Höhe des Buchwerts des hingegebenen Vermögenswerts zu bemessen
(IAS 38.45).

Wird ein immaterieller Vermögenswert im Rahmen eines **Unternehmenszusammen-** 149
schlusses (business combination) erworben, ist dieser gesondert in Höhe des beizulegenden Zeitwerts zum Erwerbszeitpunkt zu aktivieren (IFRS 3.18, IAS 38.33)[116].

Die **Folgebewertung** eines immateriellen Vermögenswerts erfolgt grds. nach dem An- 150
schaffungskostenmodell oder alternativ nach dem Neubewertungsmodell (IAS 38.72).

Nach dem **Anschaffungskostenmodell** (cost model) ist ein immaterieller Vermögenswert 151
zu AK oder HK abzgl. kumulierter (planmäßiger) Abschreibungen und aller kumulierten
Wertminderungsaufwendungen i.S.v. IAS 36 zu bewerten (IAS 38.74).

Im Rahmen des **Neubewertungsmodells** (revaluation model) ist der immaterielle Ver- 152
mögenswert mit dem Neubewertungsbetrag fortzuführen, der dem beizulegenden Zeitwert zum Zeitpunkt der Neubewertung abzgl. späterer kumulierter Abschreibungen und
kumulierter Wertminderungsaufwendungen entspricht. Die Anwendung des Neubewertungsmodells ist aber nur zulässig, wenn für den betreffenden immateriellen
Vermögenswert ein aktiver Markt existiert (IAS 38.75)[117]. Neubewertungen sind in regelmäßigen Abständen vorzunehmen, damit keine wesentlichen Unterschiede zwischen
Buchwert und beizulegendem Zeitwert am Abschlussstichtag auftreten (IAS 38.75); bei
starken Schwankungen kann eine jährliche Neubewertung erforderlich sein (IAS 38.79).
Das Neubewertungsmodell ist für eine Gruppe von immateriellen Vermögenswerten, die
hinsichtlich ihrer Art und ihres Verwendungszwecks im Unternehmen ähnlich sind, einheitlich anzuwenden (IAS 38.72f.). Sofern die Neubewertung für einen Vermögenswert in
der Gruppe mangels eines aktiven Markts nicht möglich ist, ist er mit den fortgeführten
AK oder HK anzusetzen (IAS 38.81). Die Zuschreibung des Buchwerts eines immateriellen Vermögenswerts aufgrund einer Neubewertung ist in der Gesamtergebnis-

---
113 Zur Bilanzierung von erworbenen Marken vgl. *Gerpott/Thomas*, DB 2004, S. 2485 (2485).
114 Vgl. im Einzelnen Tz. 109ff.
115 Zur Konkretisierung des Kriteriums vgl. IAS 38.46.
116 Zu weiteren Details vgl. Tz. 939ff.
117 Zu den Eigenschaften eines aktiven Markts vgl. IAS 38.8 und 38.78.

rechnung gesondert im sonstigen Ergebnis (other comprehensive income) zu erfassen und innerhalb des EK als Neubewertungsrücklage auszuweisen, sofern nicht durch die Neubewertung eine zuvor im Periodenergebnis der Gesamtergebnisrechnung erfasste Wertminderung rückgängig gemacht wird. In diesem Umfang ist die Werterhöhung im Periodenergebnis der Gesamtergebnisrechnung als Ertrag zu erfassen (IAS 38.85). Verringerungen des Buchwerts aufgrund einer Neubewertung oder einer Wertminderung sind zunächst mit der Neubewertungsrücklage für den betreffenden Vermögenswert zu verrechnen und in der Gesamtergebnisrechnung im sonstigen Ergebnis zu erfassen; ein verbleibender Restbetrag ist im Periodenergebnis der Gesamtergebnisrechnung zu erfassen (IAS 38.86). Die Neubewertungsrücklage kann bei Realisierung durch Stilllegung oder Abgang bzw. entsprechend der Nutzung des immateriellen Vermögenswerts direkt vom sonstigen Ergebnis in die Gewinnrücklagen umgebucht werden (IAS 38.87).

153 Ein Unternehmen hat des Weiteren festzustellen, ob die **Nutzungsdauer** eines immateriellen Vermögenswerts **begrenzt** (finite) oder **unbestimmbar** (indefinite) ist (IAS 38.88). Sofern unter Berücksichtigung aller relevanten Faktoren[118] keine Begrenzung der Nutzungsdauer bestimmbar ist, sind die Regelungen für immaterielle Vermögenswerte mit unbestimmbarer Nutzungsdauer anzuwenden. Dabei ist „unbestimmt" nicht mit dem Begriff „unendlich" (infinite) gleichzusetzen. Die Nutzungsdauer eines immateriellen Vermögenswerts, der auf vertraglichen oder gesetzlichen Ansprüchen beruht, darf nicht länger als der Zeitraum sein, den die Ansprüche umfassen. Er kann jedoch kürzer sein, je nachdem, über welche Periode das Unternehmen diesen Vermögenswert voraussichtlich nutzt. Soweit die vertraglichen oder gesetzlichen Regelungen eine Verlängerung der Nutzung des immateriellen Vermögenswerts ermöglichen, muss die Verlängerungszeit in die Nutzungsdauer mit einbezogen werden, soweit die Verlängerung durch das Unternehmen ohne Eingehen erheblicher Kosten erreicht werden kann. Bei im Rahmen von Unternehmenszusammenschlüssen angesetzten zurückerworbenen Rechten sind bei der Bestimmung der Nutzungsdauer Verlängerungen über den Vertragszeitraum hinaus nicht zu berücksichtigen (IAS 38.94-96).

154 Immaterielle Vermögenswerte mit **begrenzter Nutzungsdauer** sind unabhängig von dem gewählten Bewertungsmodell (Anschaffungskosten- bzw. Neubewertungsmodell) **planmäßig** über die geschätzte Nutzungsdauer abzuschreiben, in der der Vermögenswert voraussichtlich **nutzbar** (available for use) ist. Die Abschreibung beginnt, sobald der Vermögenswert genutzt werden kann, d.h., sobald er sich am vorgesehenen Standort und im beabsichtigten betriebsbereiten Zustand befindet. Entscheidend ist nicht die abstrakte Verfügbarkeit über einen immateriellen Vermögenswert, sondern die unternehmensindividuelle Nutzbarkeit (IAS 38.97). Liegen der Zugang eines immateriellen Vermögenswerts und dessen betriebsindividuelle Nutzbarkeit zeitlich auseinander, so erfolgt in dieser Zeit zwar keine planmäßige Abschreibung; es ist jedoch in jedem Fall ein jährlicher Wertminderungstest nach IAS 36 durchzuführen (IAS 36.10(a)). Dadurch wird der Tatsache Rechnung getragen, dass sich der Wert des immateriellen Vermögenswerts unabhängig von der tatsächlichen Nutzung im Betrieb verändern kann.

155 Die **Abschreibungsmethode** muss den erwarteten Verbrauch des künftigen wirtschaftlichen Nutzens widerspiegeln. Es ist die lineare Methode anzuwenden, wenn der Verlauf des Nutzenverzehrs nicht zuverlässig bestimmbar ist (IAS 38.97). Grds. ist ein **Restwert** nicht zu berücksichtigen. Sofern ein Dritter sich jedoch verpflichtet hat, den immateriellen Vermögenswert am Ende der Nutzungsdauer zu erwerben oder ein aktiver Markt für den Vermögenswert besteht (IAS 38.100), muss das Abschreibungsvolumen nach Abzug des

---

118 Zu Beispielen vgl. die nicht abschließende Aufzählung in IAS 38.90 und IAS 38.92.

Restwerts ermittelt werden. Abschreibungsdauer und -methode sind mindestens zu jedem Abschlussstichtag zu überprüfen und ggf. anzupassen. Ein aktiver Markt für den Vermögenswert kann allerdings nur dann herangezogen werden, wenn der Restwert unter Bezugnahme auf diesen Markt ermittelt werden kann (IAS 38.100(b)(i)) und es wahrscheinlich ist, dass ein solcher Markt am Ende der Nutzungsdauer des Vermögenswerts bestehen wird (IAS 38.100(a)(ii)). Die Anpassungen sind als Änderungen von Schätzungen gem. IAS 8 zu korrigieren (IAS 38.104).

Immaterielle Vermögenswerte mit unbestimmbarer Nutzungsdauer dürfen nicht abgeschrieben werden (IAS 38.107). Für diese muss aber jährlich und wann immer ein Anhaltspunkt dafür existiert, dass eine Wertminderung eingetreten sein könnte, gem. IAS 36 ein Wertminderungstest durchgeführt werden (IAS 38.108). Des Weiteren ist in jeder Berichtsperiode zu untersuchen, ob die Umstände noch bestehen, die zur Einschätzung einer unbestimmten Nutzungsdauer geführt haben. Ist dies nicht mehr der Fall, ist die Änderung der Einschätzung der Nutzungsdauer nach IAS 8 abzubilden (IAS 38.109). 156

Unabhängig davon, ob ein immaterieller Vermögenswert mit begrenzter oder unbestimmbarer Nutzungsdauer besteht, sind die Überprüfung auf Wertminderung und ein ggf. zu erfassender **Wertminderungsaufwand** entsprechend den Regelungen von IAS 36 vorzunehmen (IAS 38.111). Ein immaterieller Vermögenswert ist im Wert gemindert, wenn der erzielbare Betrag des immateriellen Vermögenswerts unter seinem Buchwert liegt[119]. 157

c) Anhangangaben

Zur Erfüllung der **Angabepflichten** sind die immateriellen Vermögenswerte in Gruppen (classes) zu gliedern, die hinsichtlich ihrer Art und ihres Verwendungszwecks innerhalb des Unternehmens ähnlich sind (z.B. (a) Markennamen, (b) Drucktitel und Verlagsrechte, (c) Computersoftware, (d) Lizenzen und Franchiseverträge, (e) Urheberrechte, Patente und sonstige gewerbliche Schutzrechte, Nutzungs- und Betriebskonzessionen, (f) Rezepte, Geheimverfahren, Modelle, Entwürfe und Prototypen, (g) in der Entwicklung befindliche immaterielle Vermögenswerte) (IAS 38.119). Für jede dieser Gruppen sind u.a. anzugeben, 158

- ob die Nutzungsdauern begrenzt oder unbestimmbar sind – und wenn sie begrenzt sind, die zugrunde gelegte Nutzungsdauer;
- die Abschreibungsmethoden im Fall der begrenzten Nutzungsdauer;
- die Bruttobilanzwerte und die kumulierten Abschreibungen zu Beginn und am Ende der Periode sowie
- die korrespondierenden Posten in der Gesamtergebnisrechnung (IAS 38.118(a)-(d)).

Für die **Überleitung des Buchwerts zu Beginn und am Ende der Periode (Anlagespiegel)** wird u.a. ein gesonderter Ausweis der Zugänge aus unternehmensinterner Entwicklung, aus gesondertem Erwerb und aufgrund von Unternehmenszusammenschlüssen gefordert. Ferner sind Vermögenswerte, die i.S.v. IFRS 5 als zur Veräußerung gehalten eingestuft sind, Wertveränderungen aufgrund des Neubewertungsmodells, Wertveränderungen aufgrund von Wertminderungen (impairment) oder Wertaufholungen, planmäßige Abschreibungen,die Nettowährungsdifferenzen aufgrund der Währungsumrechnung von Abschlüssen oder ausländischen Betriebsstätten in die Darstellungs-

---

[119] Zur näheren Erläuterung der Bestimmung und Erfassung von Wertminderungen bei Vermögenswerten siehe Tz. 210ff.

währung des Abschlusses sowie sonstige Buchwertänderungen während der Periode anzugeben (IAS 38.118(e)).

159 **Spezielle Angabepflichten** ergeben sich darüber hinaus für immaterielle Vermögenswerte, deren Nutzungsdauer unbestimmt ist, bzgl. der Gründe und Faktoren, die zu dieser Einschätzung geführt haben (IAS 38.122(a)). Des Weiteren bestehen spezielle Angabepflichten bei immateriellen Vermögenswerten von wesentlicher Bedeutung für den Abschluss des Unternehmens, bei Erwerb von immateriellen Vermögenswerten, die aus einer Zuwendung der öffentlichen Hand resultieren, sowie bei beschränkten Eigentumsrechten und Verpfändung (IAS 38.122(b)-(d)). Der Betrag von eingegangenen Verpflichtungen zum Erwerb immaterieller Vermögenswerte ist ebenfalls anzugeben (IAS 38.122(e)). Wendet das Unternehmen das Neubewertungsmodell an, so sind bei der Folgebewertung die Angaben nach IAS 38.124(a)-(c) zu machen. Auch der Gesamtbetrag der als Aufwand erfassten Ausgaben für Forschung und Entwicklung ist anzugeben (IAS 38.126).

2. Sachanlagen

a) Definition und Abgrenzung

160 Sachanlagen (property, plant and equipment) i.S.d. IAS 16 umfassen **materielle Vermögenswerte**, die für Zwecke der Herstellung oder der Lieferung von Gütern oder Dienstleistungen, zur Vermietung an Dritte oder für Verwaltungszwecke gehalten und erwartungsgemäß länger als eine Periode genutzt werden (IAS 16.6). IAS 16 ist auf die Bilanzierung von Sachanlagen anzuwenden, soweit nicht ein anderer Standard eine andere Behandlung erfordert oder zulässt (IAS 16.2)[120]. So ist bspw. eine geleaste Sachanlage nach den Grundsätzen des IAS 17[121] nach dem Übergang von Risiken und Nutzen (risks and rewards; IAS 17.8) zu erfassen. Auch in diesem Fall richten sich alle anderen Aspekte der bilanziellen und erfolgsrechnerischen Abbildung des Vermögenswerts, insb. die Folgebewertung bzw. die Abschreibung, nach IAS 16 (IAS 16.4).

b) Ansatz

161 Der Ansatz (recognition) von Sachanlagen richtet sich nach den **allgemeinen Grundsätzen**[122]. Nach IAS 16.7 sind die AK oder HK einer Sachanlage nur dann als Vermögenswert anzusetzen, wenn es (a) wahrscheinlich ist, dass ein mit der Sachanlage verbundener künftiger wirtschaftlicher Nutzen dem Unternehmen zufließen wird und wenn (b) die AK oder HK einer Sachanlage verlässlich bewertet werden können. Kosten für Sachanlagen sind zu dem Zeitpunkt, zu dem sie anfallen, anhand der Ansatzkriterien des IAS 16.7 auf Ansatzfähigkeit zu prüfen (IAS 16.10). Bedeutende Ersatzteile, Wartungsgeräte und andere Bereitschaftsausrüstung, die normalerweise als Vorräte behandelt werden, sind dann als Sachanlagen anzusetzen, wenn das Unternehmen sie erwartungsgemäß länger als eine Periode nutzt (IAS 16.8).

162 Auch beim Tausch von Vermögenswerten bzw. in den Fällen der unter IFRIC 18[123] fallenden Übertragungen von Vermögenswerten von Kunden an ein bilanzierendes Unternehmen ist ein Ansatz geboten.

---

120 Vom Anwendungsbereich des IAS 16 ausgenommen sind Sachanlagen, die gemäß IFRS 5 als zur Veräußerung gehalten klassifiziert werden, biologische Vermögenswerte, die mit landwirtschaftlicher Tätigkeit in Zusammenhang stehen (vgl. IAS 41), Vermögenswerte aus der Exploration und Evaluierung nach IFRS 6, Abbau- und Schürfrechte sowie Bodenschätze wie Öl, Erdgas und ähnliche nichtregenerative Ressourcen (IAS 16.3).

121 Vgl. Tz. 270ff.

122 Diese gelten auch für andere Vermögenswerte, wie bspw. für immaterielle Vermögenswerte (vgl. IAS 38) und als Finanzinvestition gehaltene Immobilien (vgl. IAS 40).

123 Zum Anwendungsbereich und den Regelungen des IFRIC 18 vgl. Tz. 856ff.

Ansatz und Bewertung einzelner Posten im IFRS-Abschluss

Werden **Bestandteile** (parts) einer Sachanlage im Zuge von Instandhaltungsmaßnahmen 163
regelmäßig während der Nutzungsdauer der Sachanlage ersetzt, ist der Restbuchwert des
Bestandteils, der ersetzt wird, gem. den entsprechenden Regelungen (**Ausbuchung**) des
IAS 16.67-72 auszubuchen; die AK oder HK des Ersatzteils sind im Buchwert des Gesamtvermögenswerts zu erfassen (Komponentenansatz; IAS 16.13)[124]. Ausschlaggebend
für die Identifikation von Bestandteilen sind die Verhältnisse des Einzelfalls[125]. Wird
bspw. im Fall einer Wohnimmobilie die Außenfassade in regelmäßigen zeitlichen Abständen vollständig erneuert und sind die dabei anfallenden Aufwendungen im Verhältnis
zum Gesamtwert der Immobilie wesentlich, spricht dies für die Erfassung der Außenfassade als gesonderter Bestandteil[126]. Die AHK der Fassade sind im Buchwert des Gesamtvermögenswerts gesondert zu erfassen (IAS 16.12-14). Fallweise Ausbesserungsarbeiten führen demgegenüber nicht zur Identifikation eines Bestandteils bzw. zu einer
Nachaktivierung als Bestandteil der Sachanlage[127]. Die Grenzen der Zerlegung des Vermögenswerts in einzelne Bestandteile ergeben sich aus dem übergeordneten Wesentlichkeitsgrundsatz[128].

Aufgrund der dargestellten Regelung sowie des Gebots, einzelne Bestandteile einer 164
Sachanlage gesondert zu bewerten[129], sind zum **Zeitpunkt des erstmaligen Ansatzes** einer Sachanlage deren wesentliche Bestandteile zu identifizieren und die AK oder HK der
Sachanlage den einzelnen Bestandteilen zuzuordnen (IAS 16.44).

c) Zugangsbewertung

Beim erstmaligen Ansatz ist eine Sachanlage mit den **Anschaffungs- oder Herstel-** 165
lungskosten[130] zu bewerten (IAS 16.15).

Bestimmte Sachanlagen werden aufgrund von **Umweltschutz- oder Sicherheitsbe-** 166
stimmungen erworben. Beispiele sind Luftfilter- und Kläranlagen. Sie dienen nicht unmittelbar der Herstellung oder der Lieferung von Gütern oder Dienstleistungen (zur Definition von Sachanlagen vgl. IAS 16.6), begründen jedoch gleichwohl mittelbar den
künftigen wirtschaftlichen Nutzenzufluss aus den in Beziehung stehenden Vermögenswerten. Solche Sachanlagen sind mithin als Vermögenswerte anzusetzen. Der Buchwert
der Sachanlagen sowie des in Beziehung stehenden Vermögenswerts ist jedoch auf Wertminderung gem. IAS 36 zu prüfen (IAS 16.11).

Die AK oder HK einer Sachanlage entsprechen dem **Barpreisäquivalent** zum Stichtag 167
der erstmaligen Erfassung. Im Fall eines über das branchenübliche Zahlungsziel hinaus
vereinbarten Zahlungsaufschubs ist der vereinbarte Betrag über die Zahlungsfrist zu dis-

---

124 Zu der gesonderten Folgebewertung einzelner Teile eines einzelnen Sachanlagevermögenswerts (nachfolgend auch Gesamtvermögenswert) vgl. Tz. 171. Die Vorgehensweise wird auch als Komponentenansatz (component approach) bezeichnet; vgl. hierzu grundlegend *Hoffmann/Lüdenbach*, BB 2004, S. 375 (375-377) sowie *Andrejewski/Böckem*, KoR 2005, S. 75 (75-81); zu einem Praxisbeispiel zur Umstellung der Bilanzierung des Sachanlagevermögens auf IFRS mit besonderer Betonung des Komponentenansatzes vgl. *Focken/Schaefer*, BB 2004, S. 2343 (2343-2349).
125 Nicht entscheidend für die Identifikation von Bestandteilen ist es, ob die einzelnen identifizierten Bestandteile eine unterschiedliche Nutzungsdauer aufweisen; vgl. hierzu *Andrejewski/Böckem*, KoR 2005, S. 75 (78).
126 Zur Bedeutung einer umfassenden dokumentierten Instandhaltungsplanung als Voraussetzung für die Identifikation einzelner Bestandteile vgl. *Andrejewski/Böckem*, KoR 2005, S. 75 (79).
127 Zum Begriff der nachträglichen AK oder HK nach IAS 16.12 vgl. Tz. 121.
128 *Andrejewski/Böckem*, KoR 2005, S. 75 (78), sprechen sich dafür aus, bei Bestandteilen, deren Wert 5 % der ursprünglichen AK oder HK des Gesamtvermögenswerts nicht überschreitet, auf eine gesonderte Erfassung und Folgebewertung zu verzichten.
129 Vgl. Tz. 171.
130 Zu den Bestandteilen der AK oder HK vgl. Tz. 109ff.

kontieren; die Differenz zwischen Barwert und Nominalbetrag des Kaufpreises ist über den Zeitraum des Zahlungsaufschubs als Zinsaufwand zu erfassen, wenn diese nicht gem. IAS 23[131] aktiviert werden (IAS 16.23).

168 Beim **Tausch** einer Sachanlage gegen nicht monetäre Vermögenswerte sind die AK oder HK mit dem beizulegenden Zeitwert anzusetzen[132]. Ist der beizulegende Zeitwert des hingegebenen sowie des erworbenen Vermögenswerts gleichermaßen verlässlich bestimmbar, ist der beizulegende Zeitwert des hingegebenen Vermögenswerts als AK des erworbenen Vermögenswerts anzusetzen. Ist der beizulegende Zeitwert des erhaltenen Vermögenswerts eindeutiger bestimmbar (more clearly evident) als der beizulegende Zeitwert des hingegebenen Vermögenswerts, so ist der beizulegende Zeitwert des erworbenen Vermögenswerts als AK des erworbenen Vermögenswerts anzusetzen. Eine Ausnahme von dem dargestellten Bewertungsgrundsatz liegt dann vor, wenn es dem Tausch an wirtschaftlichem Gehalt[133] fehlt oder wenn weder der beizulegende Zeitwert des hingegebenen Vermögenswerts noch der des erworbenen Vermögenswerts hinreichend verlässlich bestimmt[134] werden kann. Wird in diesen Fällen die im Tausch erworbene Sachanlage nicht zum beizulegenden Zeitwert angesetzt, entsprechen die AK oder HK der Sachanlage dem Buchwert des hingegebenen Vermögenswerts (IAS 16.24).

d) Folgebewertung
aa) Bewertungswahlrecht

169 Für die Folgebewertung sieht IAS 16.29 ein Bewertungswahlrecht vor. Sachanlagen können entweder nach dem **Anschaffungskostenmodell** (cost model; IAS 16.30 und .43-66)[135] oder nach dem **Neubewertungsmodell** (revaluation model; IAS 16.31-42)[136] bewertet werden.

bb) Bewertung zu fortgeführten Anschaffungs- und Herstellungskosten

170 Nach dem Anschaffungskostenmodell sind Sachanlagen zu fortgeführten AK anzusetzen. Die Fortschreibung der AK erfolgt durch **planmäßige Abschreibung** (depreciation; IAS 16.43-62), soweit es sich um einen abnutzbaren Vermögenswert handelt, sowie ggf. durch die Erfassung einer **Wertminderung** nach IAS 36[137].

171 Jeder **Bestandteil** (part)[138] einer Sachanlage, dessen AK oder HK im Verhältnis zu den gesamten AK oder HK der Sachanlage wesentlich sind, soll nach dem Komponentenansatz gesondert abgeschrieben werden[139]. Unter bestimmten Umständen können einzelne Bestandteile zusammengefasst und ihre Buchwerte in Summe abgeschrieben werden. Voraussetzung hierfür ist, dass die einzelnen Bestandteile die gleiche Nutzungsdauer aufweisen (IAS 16.45). Bei der zusammengefassten Folgebewertung einzelner Be-

---

131 Zur Aktivierung von Fremdkapitalkosten vgl. Tz. 123ff.
132 Die Vorschrift gilt auch für Fälle, in denen ein Vermögenswert gegen eine Kombination von monetären und nicht monetären Vermögenswerten getauscht wird.
133 Zur Konkretisierung des Kriteriums vgl. IAS 16.25.
134 Zu Sachverhaltsgestaltungen, die dazu führen können, dass der beizulegende Zeitwert einer Sachanlage nicht hinreichend verlässlich bestimmt werden kann, vgl. IAS 16.26.
135 Vgl. Tz. 170ff.
136 Vgl. Tz. 176ff.
137 Vgl. Tz. 210ff.
138 Zum Begriff vgl. Tz. 163.
139 Bestandteile mit verhältnismäßig unwesentlichen Ak oder HK können gesondert abgeschrieben werden (IAS 16.47).

standteile muss gleichwohl gewährleistet sein, dass der Restbuchwert eines einzelnen Bestandteils bei Abgang des betreffenden Bestandteils in einer Art und Weise ermittelt werden kann, als ob der einzelne Bestandteil gesondert abgeschrieben worden wäre[140].

Die Abschreibung eines Vermögenswerts **beginnt**, wenn er sich an seinem Standort in dem vom Management beabsichtigten betriebsbereiten Zustand befindet (IAS 16.55). Der Abschreibungsbetrag für jede Periode ist **erfolgswirksam** im Periodenergebnis zu erfassen; eine Ausnahme von dem Grundsatz ist dann gegeben, wenn der Abschreibungsbetrag in den Buchwert eines anderen Vermögenswerts, etwa als Teil der HK nach IAS 2[141], einzubeziehen ist (IAS 16.48). Ein Vermögenswert, der zur Veräußerung gehalten wird, ist nicht weiter abzuschreiben[142]. 172

Das **Abschreibungsvolumen** (depreciable amount) eines Vermögenswerts ist planmäßig über seine Nutzungsdauer zu verteilen (IAS 16.50). Bei der Bestimmung des Abschreibungsvolumens ist der **Restwert** (residual value) des Vermögenswerts (IAS 16.53) zum Ende der Nutzungsdauer[143] zu berücksichtigen. Die **Nutzungsdauer** (useful life) eines Vermögenswerts wird durch die voraussichtliche Nutzung in dem Unternehmen bestimmt; insofern sind insb. unternehmensspezifische Faktoren, aber auch marktbezogene wie bspw. technische oder wirtschaftliche Überholung, zu berücksichtigen. Schätzwertanpassungen für den Restwert sowie für die Nutzungsdauer sind nach IAS 8 zu erfassen[144]. 173

Die **Abschreibungsmethode**[145] ist so zu wählen, dass der tatsächliche Verlauf des Nutzenverzehrs durch die Abschreibung der AK oder HK reflektiert wird (IAS 16.60). Grds. sind die lineare, die degressive oder die leistungsabhängige Abschreibung anwendbar (IAS 16.62). Die Abschreibungsmethode ist mindestens am Ende eines jeden GJ zu überprüfen. Schätzwertänderungen sind nach IAS 8 zu erfassen[146]. 174

Eine etwaige **Wertminderung** (impairment) über die planmäßigen Abschreibungen hinaus ist nach den Grundsätzen des IAS 36 zu erfassen[147]. Erhält ein Unternehmen eine **Entschädigung** von Dritten für die Wertminderung, den Untergang oder die Außerbetriebnahme einer Sachanlage, so ist der Betrag zu dem Zeitpunkt erfolgswirksam im Periodenergebnis zu erfassen, ab dem er so gut wie sicher ist[148]. 175

cc) Neubewertung

Alternativ zu dem skizzierten Bewertungsmodell zu fortgeführten AK oder HK können Sachanlagen, deren beizulegender Zeitwert verlässlich bestimmt werden kann, nach dem erstmaligen Ansatz neu bewertet werden (**revaluation model**; IAS 16.31). Neubewertungen sind planmäßig und in hinreichenden Abständen durchzuführen, um we- 176

---
140 Zu einem Beispiel vgl. *Andrejewski/Böckem*, KoR 2005, S. 75 (75-81).
141 Vgl. Tz. 117.
142 Vgl. Tz. 325.
143 Zur Definition vgl. IAS 16.6.
144 Vgl. Tz. 876.
145 Zur Diskussion unterschiedlicher, alternativ möglicher Abschreibungsmethoden vgl. ADS International, Abschn. 9, Rn. 90-92; *KPMG*, Insights into IFRS 2010/11, S. 284-286, Rn. 3.2.160, sowie *Pricewaterhouse-Coopers*, Manual of Accounting, S.16064ff., Rn. 16.241ff.
146 Vgl. Tz. 876.
147 Vgl. Tz. 210ff.
148 Vgl. *KPMG*, Insights into IFRS 2010/11, S. 295, Rn. 3.2.430, bzw. PricewaterhouseCoopers, Manual of Accounting, S. 16077f., Rn. 16.290-293.

sentliche Abweichungen zwischen Buchwert und beizulegendem Zeitwert zum Abschlussstichtag zu vermeiden (IAS 16.31).

177 Die **Schätzung des beizulegenden Zeitwerts** orientiert sich bei Sachanlagen i.d.R. an Marktwerten. Liegen für Sachanlagen keine Marktwerte vor, ist alternativ auf Schätzwerte für den beizulegenden Zeitwert zurückzugreifen; diese Schätzungen können auf der Grundlage eines Ertragswertverfahrens oder als Wiederbeschaffungskosten ermittelt werden (IAS 16.33). Die kumulierte Abschreibung kann zum Neubewertungsstichtag auf zwei Arten behandelt werden: Die kumulierte Abschreibung kann entweder proportional zur Änderung des Bruttobuchwerts (gross carrying amount) angepasst werden (IAS 16.35 (a)). Diese Verfahrensweise bietet sich an, wenn ein Vermögenswert im Indexverfahren zu fortgeführten Wiederbeschaffungskosten neu bewertet wird. Alternativ kann die kumulierte Abschreibung vor Neubewertung vom Bruttobuchwert des Vermögenswerts abgezogen und der so ermittelte Nettobetrag dem Neubewertungsbetrag (revalued amount) des Vermögenswerts angepasst werden (IAS 16.35(b)).

178 Bei **Immobilien**[149] erfolgt die Ermittlung des beizulegenden Zeitwerts i.d.R. auf der Basis eines marktdatenbasierten Wertermittlungsverfahrens. Ein externer Gutachter kann mit der Wertermittlung beauftragt werden (IAS 16.32). Die kumulierte Abschreibung wird in der Praxis häufig nach der dargestellten Alternative des IAS 16.35(b) behandelt.

179 Die **Häufigkeit der Neubewertung** hängt ab von den erwarteten Änderungen des beizulegenden Zeitwerts der Sachanlagen, die neu bewertet werden sollen. Je nach Volatilität der Wertansätze kann eine jährliche Neubewertung (hohe Volatilität) erforderlich sein; bei geringen Wertschwankungen können Neubewertungen in einem zeitlichen Abstand von drei bis fünf Jahren durchgeführt werden (IAS 16.34).

180 Wird eine Sachanlage neu bewertet, sind sämtliche Vermögenswerte der **Gruppe** (class), zu der der Vermögenswert gehört, neu zu bewerten (IAS 16.36). Solche Gruppen sind z.B. unbebaute Grundstücke, bebaute Grundstücke und Gebäude, Maschinen und technische Anlagen, Schiffe, Flugzeuge, Kraftfahrzeuge sowie Betriebs- oder Geschäftsausstattung (IAS 16.37). Damit soll vermieden werden, dass eine selektive Neubewertung vorgenommen wird und der Abschluss eine Mischung aus fortgeführten AK oder HK und Neubewertungsbeträgen zu verschiedenen Zeitpunkten enthält. Eine Gruppe von Vermögenswerten darf auch auf rollierender Basis neu bewertet werden, vorausgesetzt, die Neubewertung wird innerhalb einer kurzen Zeitspanne abgeschlossen und die einzelnen Neubewertungen werden zeitgerecht durchgeführt (IAS 16.38).

181 Ergibt sich aus der Neubewertung eine Steigerung des Wertansatzes einer Sachanlage, so ist der Betrag der Wertsteigerung im sonstigen Ergebnis zu erfassen und innerhalb des EK in einer **Neubewertungsrücklage** zu kumulieren; dies gilt nur, soweit nicht durch die Neubewertung eine zu einem früheren Zeitpunkt erfolgswirksam erfasste Wertminderung rückgängig gemacht wird: In diesem Umfang ist die Werterhöhung als Ertrag zu erfassen (IAS 16.39). Ergibt sich aus der Neubewertung eine Wertminderung, sind die entsprechenden Beträge zunächst mit einer etwaigen Neubewertungsrücklage zu verrechnen, die aus einer früheren Neubewertung des betreffenden Vermögenswerts resultiert; ein darüber hinausgehender Betrag ist erfolgswirksam im Periodenergebnis zu erfassen (IAS 16.40). Wird ein Vermögenswert, der zuvor neu bewertet wurde, ausgebucht, so kann der auf den Vermögenswert entfallende Betrag direkt in die Gewinnrücklagen eingestellt werden. Eine Übertragung der Neubewertungsrücklage in die Gewinnrücklage kann auch im Fall der Stilllegung sowie der Veräußerung erfolgen. Im Verlauf der Nutzung des neu be-

---

149 Zur Wertermittlung von Immobilien, die als Anlage i.S.d. IAS 40 gehalten werden, vgl. auch Tz. 200.

Ansatz und Bewertung einzelner Posten im IFRS-Abschluss | **N**

werteten Vermögenswerts kann die Differenz zwischen der Abschreibung auf den neu bewerteten Buchwert und der Abschreibung auf der Basis der historischen AK oder HK von der Neubewertungsrücklage in die Gewinnrücklagen übertragen werden. Übertragungen von der Neubewertungsrücklage in die Gewinnrücklagen haben insofern keine Auswirkungen auf die Gesamtergebnisrechnung (IAS 16.41).

Die sich aus der Neubewertung eventuell ergebenden **tatsächlichen und latenten Steuern** sind im sonstigen Ergebnis zu erfassen, wenn sich die Steuer auf einen Vermögenswert bezieht, der in der gleichen oder einer anderen Periode ebenfalls im sonstigen Ergebnis erfasst wurde (IAS 16.42 i.V.m. IAS 12.61A und .62). | 182

e) Ausbuchung

Sachanlagen sind auszubuchen, wenn sie veräußert werden oder wenn dauerhaft kein weiterer Nutzen aus der fortgesetzten Nutzung oder einem Abgang (disposal) zu erwarten ist (IAS 16.67). Wird ein auf der Grundlage der allgemeinen Ansatzgrundsätze des IAS 16.7 gesondert im Buchwert ausgewiesener **Bestandteil** (part)[150] einer Sachanlage ersetzt, ist der verbleibende Buchwert des Bestandteils auszubuchen (IAS 16.13). Dies gilt unabhängig davon, ob der einzelne Bestandteil gesondert abgeschrieben wurde oder nicht. Kann der Restbuchwert des ersetzten Bestandteils nicht ermittelt werden, können die Wiederbeschaffungskosten (cost of the replacement) als Indikator für die AK oder HK zum Erwerbs- bzw. Herstellungszeitpunkt angenommen werden (IAS 16.70). | 183

Die bei Ausbuchung entstehenden **Gewinne oder Verluste** sind erfolgswirksam im Periodenergebnis (profit or loss) zu erfassen (IAS 16.68)[151]. Der Gewinn oder Verlust aus der Ausbuchung einer Sachanlage entspricht der Differenz zwischen Nettoveräußerungserlös (net disposal proceeds) und dem Buchwert des Vermögenswerts bzw. des Bestandteils eines Vermögenswerts. Für die Bestimmung des Zeitpunkts, zu dem die Ausbuchung erfolgt, sind die Kriterien des IAS 18 anzuwenden[152]. **Abgangsgewinne** dürfen jedoch nicht unter den Umsatzerlösen (revenue)[153] ausgewiesen werden (IAS 16.68). | 184

Das erhaltene Entgelt beim Abgang einer Sachanlage ist zunächst mit dem beizulegenden Zeitwert zu erfassen. Erfolgt die Zahlung für den erhaltenen Gegenstand nicht zum Zeitpunkt des Abgangs, sondern zu einem späteren Zeitpunkt, ist die Gegenleistung in Höhe des Barwerts zu erfassen; der **Zinsanteil** an dem Nominalbetrag ist als Zinsertrag gem. IAS 18 zu erfassen (IAS 16.72). | 185

f) Anhangangaben

Für jede Gruppe (class) von Sachanlagen enthält IAS 16.73 **Angabepflichten**[154] bzgl. | 186

- der Bewertungsgrundlagen für die Bestimmung des Bruttobuchwerts der AK oder HK;
- der verwendeten Abschreibungsmethoden;
- der angenommenen Nutzungsdauern bzw. Abschreibungssätze;
- der Bruttobuchwerte und
- der kumulierten Abschreibungen (einschließlich des kumulierten Wertminderungsaufwands) zu Beginn und zum Ende der Periode.

---

150 Zum Komponentenansatz vgl. Tz. 163, 171 und 190.
151 Bei Sale-and-lease-back-Transaktionen richtet sich die Erfassung von Abgangsgewinnen oder -verlusten nach IAS 17; vgl. Tz. 291ff.
152 Vgl. Tz. 827ff..
153 Vgl. Tz. 822.
154 Zu umfassenden Praxisbeispielen vgl. *KPMG*, Illustrative Financial Statement, S. 117.

187 Daneben ist im Anh. zu berichten über etwaige Beschränkungen von Verfügungsrechten, als Sicherheiten für Schulden verpfändete Sachanlagen, den Betrag an Ausgaben, der im Buchwert einer Sachanlage während der Erstellung erfasst wurde, den Betrag vertraglicher Verpflichtungen für den Erwerb von Sachanlagen sowie – wenn nicht gesondert in der Gesamtergebnisrechnung ausgewiesen – erfolgswirksam im Periodenergebnis erfasste Entschädigungen von Dritten für Sachanlagen, die einer Wertminderung unterlagen, die untergegangen sind oder außer Betrieb genommen wurden (IAS 16.74). Zudem ist über die Abschreibungsmethoden und die Festlegung der Nutzungsdauern zu berichten (IAS 16.75). Die Berichtspflicht wird bei Änderung von rechnungslegungsbezogenen Schätzgrundlagen möglicherweise erweitert um Angaben zu Restwerten, geschätzten Kosten für den Abbruch oder die Wiederherstellung von Sachanlagen, Nutzungsdauern, sowie Abschreibungsmethoden, sofern die Voraussetzungen des IAS 8 erfüllt sind (IAS 16.76).

188 Weiterhin sind in der ebenfalls nach den Gruppen untergliederten **Überleitung des Buchwerts zu Beginn und zum Ende der Periode (Anlagespiegel)** die folgenden Posten gesondert aufzuführen (IAS 16.73(e)(i)-(ix)):
– Zugänge;
– Sachanlagen, die nach IFRS 5 als zur Veräußerung bestimmt (held for sale) klassifiziert wurden oder einer Abgangsgruppe (disposal group)[155] angehören, und sonstige Abgänge;
– Erwerbe durch Unternehmenszusammenschlüsse;
– Wertsteigerungen und Wertminderungen aufgrund von Neubewertungen nach IAS 16.31, .39 und .40 sowie erfasste und stornierte Wertminderungen nach IAS 36, die im sonstigen Ergebnis erfasst wurden;
– nach IAS 36 im Periodenergebnis erfasste Wertminderungen;
– nach IAS 36 erfolgswirksam stornierte Wertminderungen;
– Abschreibungen;
– Nettoumrechnungsdifferenzen aufgrund der Umrechnung von Abschlüssen von der funktionalen in eine andere Darstellungswährung, einschließlich der Umrechnung des Abschlusses einer Betriebsstätte in die Darstellungswährung des berichtenden Unternehmens;
– andere Änderungen.

Zusätzliche Angaben sind nach IAS 36 für wertgeminderte Sachanlagen erforderlich[156].

189 Werden Sachanlagen nach dem **Neubewertungsmodell** bewertet, sind im Anh. anzugeben: der Stichtag der Neubewertung, Informationen darüber, ob ein externer Gutachter bei der Wertfindung hinzugezogen wurde, das Wertermittlungsverfahren sowie die Schätzgrundlage für die Ermittlung des beizulegenden Zeitwerts, das Ausmaß, in dem der beizulegende Zeitwert auf der Grundlage beobachtbarer Marktpreise ermittelt wurde, für jede neu bewertete Gruppe von Sachanlagen der Buchwert, der sich nach der Bewertung zu AK oder HK ergeben hätte, sowie der Bestand und die Veränderung der Neubewertungsrücklage (IAS 16.77).

190 Nach IAS 16.73 werden keine gesonderten Anhangangaben zu den einzelnen identifizierten Bestandteilen einer Sachanlage gefordert. Erforderlich sind damit lediglich eine interne Dokumentation der Bestandteile sowie deren Fortschreibung. Der **Komponentenansatz** dient damit der differenzierten Folgebewertung sowie der Ermittlung von

---

155 Vgl. Tz. 306ff.
156 Vgl. Tz. 254f.

Abgangserfolgen; er findet jedoch keinen Niederschlag in der Darstellung der Sachanlagen in Bilanz oder Anh..

3. Als Finanzinvestition gehaltene Immobilien
a) Definition und Abgrenzung

Als Finanzinvestition gehaltene Immobilien – nachfolgend kurz: Anlageimmobilien[157] (investment property) – sind solche Grundstücke und/oder Gebäude oder Teile von Gebäuden, die entweder durch den Eigentümer selbst oder durch den Leasingnehmer im Rahmen eines Finanzierungsleasingverhältnisses genutzt werden, um **Mieteinnahmen**[158] und/oder **Wertsteigerungen** zu erzielen (vgl. IAS 40.5)[159]. Immobilien, die im Rahmen eines Operating-Leasingverhältnisses gehalten werden, können durch den Leasingnehmer als Anlageimmobilien klassifiziert werden, wenn die Immobilie ansonsten die Definitionskriterien des IAS 40 erfüllt und der Leasingnehmer für die Folgebewertung das Modell des beizulegenden Zeitwerts (fair value model; IAS 40.33-55) anwendet[160]. Das Klassifizierungswahlrecht kann für jede Immobilie gesondert ausgeübt werden. Wird das Klassifizierungswahlrecht für eine im Rahmen eines Operating-Leasingverhältnisses gehaltene Immobilie angewandt, sind allerdings sämtliche Anlageimmobilien nach dem Modell des beizulegenden Zeitwerts zu bewerten (IAS 40.6). Auch im Bau befindliche Immobilien sind Anlageimmobilien, wenn sie zur künftigen Nutzung als Anlageimmobile erstellt oder entwickelt werden[161] und dies nicht im Auftrag eines Dritten erfolgt (IAS 40.8 (e) i.V.m. 40.9(b)).

191

Kernunterschied zwischen vom Eigentümer selbst genutzten Immobilien (owner-occupied property) und Anlageimmobilien ist, dass der durch die Anlageimmobile generierte Zahlungsstrom unabhängig von der Geschäftstätigkeit des Unternehmens ist (IAS 40.7). Anlageimmobilien dienen insb. nicht der Herstellung von Gütern oder der Erbringung von Dienstleistungen; sie werden nicht für Verwaltungszwecke genutzt[162] und stehen nicht zum Verkauf im Rahmen der gewöhnlichen Geschäftstätigkeit des Unternehmens[163] (IAS 40.5)[164]. In diesem Zusammenhang ist die **Vertragsgestaltung** bei der Nutzungsüberlassung einer Immobilie von besonderer Bedeutung (IAS 40.13). Wird bspw. ein erfolgsabhängiger Mietbestandteil vereinbart, so reflektiert der mit der Immobilie generierte Zahlungsstrom anteilig die Risiken aus der durch den Mieter in der Immobilie betriebenen Geschäftstätigkeit und nicht die Risiken aus der alleinigen Vermietung einer Immobilie.

192

---

157 Vgl. grundlegend *Böckem/Schurbohm*, KoR 2002, S. 38 (38-41); zu Detailfragen der praktischen Implementierung vgl. *Böckem/Schurbohm-Ebneth*, KoR 2003, S. 335 (335-343).

158 Die Mieteinnahmen müssen aus der Vermietung mit Dritten erzielt werden; Vermietungen zwischen Konzernunternehmen sind aufgrund der einheitstheoretischen Grundlage der Konzernrechnungslegung nach IFRS nicht zu berücksichtigen (IAS 40.15).

159 Vgl. IAS 40.8 zu einer Positivabgrenzung des Begriffs „als Finanzinvestition gehaltene Immobilie"; vgl. IAS 40.9 zu einer Negativabgrenzung in Abhängigkeit von der Verwendung der zu klassifizierenden Immobilie. Aus dem Anwendungsbereich des IAS 40 sind Sachverhalte ausgenommen, die durch IAS 17 abgedeckt werden (IAS 40.3(a)-(f)). Biologische Vermögenswerte, die mit landwirtschaftlicher Tätigkeit in Zusammenhang stehen, Abbau- und Schürfrechte sowie Bodenschätze, wie Öl, Erdgas und ähnliche nicht regenerative Ressourcen, fallen ebenfalls nicht in den Anwendungsbereich des IAS 40 (IAS 40.4).

160 Zur Anwendung des IAS 40 auf Immobilien-Leasingobjekte vgl. *Vogel*, in: Weber/Baumunk/Pelz, Rn. 613 - 758; *Helmschrott*, DB 2001, S. 2457 (2457-2458).

161 Eingefügt durch das Annual Improvements Project 2008.

162 Beide Verwendungszusammenhänge sprechen für eine Klassifikation der Immobilie als Sachanlage, für die IAS 16 einschlägig ist.

163 Die Veräußerungsabsicht von Erwerb an führt zur Klassifizierung einer Immobilie als Vorrat, der nach IAS 2 zu erfassen und bewerten ist.

164 Zur Klassifizierung von Immobilien vgl. grundlegend *Böckem/Schurbohm*, in: Weber/Baumunk/Pelz, Rn. 14-79.

Bei derartigen Vertragsgestaltungen kommt je nach Risikogehalt des Zahlungsstroms eine Klassifizierung als vom Eigentümer selbst genutzte Immobilie und damit eine Bilanzierung nach IAS 16 in Betracht[165].

193 Besonderheiten ergeben sich im Fall einer **Mischnutzung**. Wird eine Immobilie teilweise vom Eigentümer selbst genutzt [166] und z.T. vermietet, so sind die einzelnen Bestandteile der Immobilie gesondert zu klassifizieren, wenn die einzelnen Teile gesondert veräußert oder im Rahmen eines Finanzierungsleasings zur Nutzung überlassen werden können. Anderenfalls kann die gesamte Immobilie nur dann als Anlageimmobilie klassifiziert werden, wenn der vom Eigentümer selbst genutzte Teil im Verhältnis zum vermieteten Teil unwesentlich (insignificant, IAS 40.10) ist[167].

b) Ansatz

194 Nach IAS 40.16 sind die AK oder HK einer Anlageimmobilie unter Beachtung der **allgemeinen Ansatzkriterien** für Vermögenswerte anzusetzen, d.h., wenn es (a) wahrscheinlich ist, dass dem Unternehmen ein mit der Anlageimmobilie verbundener künftiger wirtschaftlicher Nutzen zufließen wird, und wenn (b) die AK oder HK der Anlageimmobilie verlässlich bewertet werden können. Weitere Aufwendungen sind zum Zeitpunkt ihres Anfalls daraufhin zu prüfen, ob sie den Ansatzkriterien entsprechen. Kosten der laufenden Instandhaltung sind im Periodenergebnis zu erfassen (IAS 40.18).

195 Einzelne **Bestandteile** (parts) einer Anlageimmobilie können durch Ersatz ausgetauscht werden. Wird bspw. der Innenausbau einer Immobilie vollständig erneuert, so werden die dadurch entstandenen Aufwendungen als nachträgliche AK angesetzt, wenn die Ansatzkriterien erfüllt sind. Der Buchwert des ausgewechselten Bestandteils der Anlageimmobilie ist nach den Grundsätzen des IAS 40.66 auszubuchen (IAS 40.19). Der Komponentenansatz[168] kommt damit auch für Anlageimmobilien zur Anwendung.

c) Zugangsbewertung

196 Eine Anlageimmobilie ist zum Zugangszeitpunkt mit ihren **Anschaffungs- oder Herstellungskosten** zu bewerten (IAS 40.20). Neben dem Kaufpreis zählen auch die der Transaktion direkt zurechenbaren Kosten, wie Honorare und Gebühren für Rechtsberatung, etwaige Steuern, die in Zusammenhang mit der Eigentumsübertragung der Immobilie anfallen, und andere Transaktionskosten zu den AK bzw. HK (IAS 40.20, .21)[169].

197 **Geleaste Immobilien**, die als Anlageimmobilien klassifiziert werden, sind in den Abschlüssen von Leasingnehmern nach den Regelungen des IAS 17.20 zu bewerten (IAS 40.25). Demnach ist die Anlageimmobilie zum niedrigeren Wert aus beizulegendem Zeitwert und dem Barwert der Mindestleasingzahlungen zu erfassen[170].

---

165 Zu Kriterien für die Beurteilung einer Vertragsgestaltung im Hinblick auf die Klassifizierung einer Immobilie vgl. *KPMG*, Insights into IFRS 2010/11, S. 336 Rn. 3.4.100.60.
166 Die Eigennutzung kann auch darin bestehen, dass innerhalb einer vollständig vermieteten Immobilie Nebenleistungen (ancillary services), wie bspw. Reinigungsdienstleistungen, erbracht werden (IAS 40.11-12).
167 *Böckem/Schurbohm-Ebneth*, KoR 2003, S. 335 (339) schlagen einen Grenzwert von unter 5 % vor.
168 Vgl. Tz. 163, 171 und 190.
169 Zu einer Negativabgrenzung der einbeziehungspflichtigen Kosten vgl. IAS 40.23.
170 Zur Erfassung der korrespondierenden Schuld vgl. IAS 40.25, .26, IAS 17.20.

Ansatz und Bewertung einzelner Posten im IFRS-Abschluss **N**

Beim **Tausch** einer Anlageimmobilie gegen nicht monetäre Vermögenswerte sind die AK **198** oder HK mit dem beizulegenden Zeitwert anzusetzen (IAS 40.27)[171]. Eine Ausnahme von dem Bewertungsgrundsatz liegt dann vor, wenn es dem Tausch an wirtschaftlichem Gehalt[172] fehlt oder wenn weder der beizulegende Zeitwert des hingegebenen Vermögenswerts noch der des erworbenen Vermögenswerts hinreichend verlässlich bestimmt[173] werden kann. In diesen Fällen entsprechen die AK oder HK der Anlageimmobilie dem Buchwert des hingegebenen Vermögenswerts (IAS 40.27). Ist der beizulegende Zeitwert des hingegebenen sowie des erworbenen Vermögenswerts gleichermaßen verlässlich bestimmbar, ist der beizulegende Zeitwert des hingegebenen Vermögenswerts als AK des erworbenen Vermögenswerts anzusetzen. IAS 40.29 definiert insofern einen Vorrang des beizulegenden Zeitwerts bei der Bewertung von im Tausch erworbenen Vermögenswerten, wenn die beizulegenden Zeitwerte verlässlich bemessen werden können. Ist der beizulegende Zeitwert des erhaltenen Vermögenswerts eindeutiger bestimmbar (more clearly evident) als der beizulegende Zeitwert des hingegebenen Vermögenswerts, so ist der beizulegende Zeitwert des erworbenen Vermögenswerts als AK des erworbenen Vermögenswerts anzusetzen.

d) Folgebewertung
aa) Bewertungswahlrecht

Für die Folgebewertung sieht IAS 40.30 ein Bewertungswahlrecht vor, welches grds. für **199** sämtliche Anlageimmobilien als Bilanzierungsmethode anzuwenden ist[174]. Anlageimmobilien können entweder nach dem **Modell des beizulegenden Zeitwerts** (fair value model; IAS 40.33-55) oder nach dem **Anschaffungskostenmodell** (cost model; IAS 40.56) bewertet werden. Das Modell des beizulegenden Zeitwerts kann nicht gewählt werden, wenn der beizulegende Zeitwert bereits zum Erwerbszeitpunkt nicht hinreichend zuverlässig ermittelt werden konnte (IAS 40.53). Werden Immobilien, die im Rahmen eines Operating-Leasingverhältnisses gehalten werden, als Anlageimmobilien klassifiziert, muss der Leasingnehmer für die Folgebewertung das Modell des beizulegenden Zeitwerts anwenden (IAS 40.34). In dem Fall sind auch alle anderen Anlageimmobilien nach dem Modell des beizulegenden Zeitwerts zu bewerten (IAS 40.6)[175]. Ein Wechsel des einmal gewählten Bewertungsmodells ist nach IAS 8.14(b) nur dann möglich, wenn das neue Bewertungsmodell dazu führt, dass der Abschluss zuverlässigere und relevantere Informationen enthält; dies wird nach IAS 40.31 im Regelfall nur für die Anwendung des Modells des beizulegenden Zeitwerts angenommen.

bb) Modell des beizulegenden Zeitwerts

Nach dem Modell des beizulegenden Zeitwerts (fair value model) ist eine Anlageim- **200** mobilie auf den erstmaligen Ansatz folgend mit dem beizulegenden Zeitwert zu bewerten (IAS 40.33). Wertänderungen sind im Gewinn oder Verlust der Periode zu erfassen, in der sie entstanden sind (IAS 40.35). Für die Ermittlung des beizulegenden Zeitwerts wird empfohlen – jedoch nicht vorgeschrieben –, einen unabhängigen Gutachter hinzuzu-

---

171 Die Vorschrift gilt auch für Fälle, in denen ein Vermögenswert gegen eine Kombination von monetären und nicht monetären Vermögenswerten getauscht wird.
172 Zur Konkretisierung des Kriteriums vgl. IAS 40.28.
173 Zu Sachverhaltsgestaltungen, die dazu führen können, dass der beizulegende Zeitwert einer Anlageimmobilie nicht hinreichend verlässlich bestimmt werden kann, vgl. IAS 40.29.
174 Vgl. zu den Ausnahmen IAS 40.32A, .53 bis .55.
175 Zur Wahlrechtsmöglichkeit im Fall von als Finanzinvestitionen gehaltenen Immobilien, die Verbindlichkeiten bedecken, deren Rückzahlung vom Zeitwert der Vermögenswerte abhängt, siehe IAS 40.32A bis .32C.

ziehen, der eine entsprechende berufliche Qualifikation besitzt (IAS 40.32). Der beizulegende Zeitwert ist definiert als der Wert, zu dem ein Vermögenswert zwischen sachverständigen, transaktionsbereiten und voneinander unabhängigen Transaktionspartnern getauscht werden kann[176]. Transaktionskosten sind bei der Ermittlung des beizulegenden Zeitwerts nicht abzuziehen (IAS 40.37). Der Wert soll die **Marktbedingungen** am Bewertungsstichtag reflektieren (IAS 40.38).

cc) Anschaffungskostenmodell

201 Nach dem Anschaffungskostenmodell (cost model) sind Anlageimmobilien nach den Regelungen des IAS 16 für dieses Modell zu bewerten[177]. Dies schließt die Anwendung des IFRS 5 ein, bspw. im Fall einer geplanten Veräußerung (IAS 40.56).

e) Übertragungen

202 Ändert sich die Verwendung einer Immobilie im Unternehmen im Zeitablauf, so hat dies Einfluss auf die Klassifizierungsentscheidung[178]. In dem Fall ist eine Übertragung (transfer) in den Anwendungsbereich eines anderen Standards erforderlich[179]. Wird bspw. eine Anlageimmobilie nicht mehr zur Miete genutzt und im Anschluss daran als Verwaltungsgebäude von dem die Immobilie besitzenden Unternehmen genutzt, so fällt die Immobilie von Beginn der Eigennutzung an in den Anwendungsbereich des IAS 16. Wurde die Anlageimmobilie bisher zum beizulegenden Zeitwert bewertet, so entspricht der beizulegende Zeitwert zum Stichtag der Nutzungsänderung den AK oder HK der Immobilie für die Folgebewertung nach IAS 16 (IAS 40.60).

f) Abgänge

203 Eine Anlageimmobilie ist zu dem Zeitpunkt auszubuchen, zu dem sie abgeht oder dauerhaft nicht mehr genutzt werden soll und aus ihrem Abgang kein zukünftiger wirtschaftlicher Nutzen mehr erwartet werden kann (IAS 40.66). Gewinne oder Verluste als Differenz des Nettoveräußerungserlöses und des Buchwerts der Anlageimmobilie sind in der Periode des Abgangs **im Periodenergebnis** zu erfassen (IAS 40.69)[180].

204 **Entschädigungen** von Dritten für die Wertminderung, den Untergang oder die Außerbetriebnahme einer Anlageimmobilie sind im Periodenergebnis zu erfassen, wenn die Forderung realisiert werden kann (IAS 40.72).

g) Anhangangaben

205 **Unabhängig** von dem gewählten Bewertungsmodell sind für Anlageimmobilien u.a. Angaben zu machen (IAS 40.75)[181]

– zum Bewertungsmodell;

---

[176] IAS 40.39-52 konkretisieren zum einen das Wertkonzept des beizulegenden Zeitwerts (IAS 40.39-44), zum anderen die Herleitung des beizulegenden Zeitwerts aus Marktinformationen. Hinsichtlich des Wertkonzepts entspricht der beizulegende Zeitwert dem Verkehrswert nach § 194 BauGB; ein nach der WertR, WertV ermittelter Verkehrswert ist demnach IAS-40-konform; vgl. *Böckem/Schurbohm*, KoR 2002, S. 38 (45); zu einer detaillierten Diskussion der Wertermittlungsverfahren vgl. *Löw*, in: Weber/Baumunk/Pelz, Rn. 305-357.

[177] Vgl. Tz. 170 ff.

[178] Zur Klassifizierung vgl. Tz. 191 ff.

[179] Zu denkbaren Fallkonstellationen vgl. IAS 40.57-65.

[180] Dies gilt nicht, wenn nach den Grundsätzen für Sale-and-Lease-back-Transaktionen des IAS 17 (vgl. Tz. 291 ff.) eine andere Erfassung gefordert wird.

[181] Die Angabepflichten gelten zusätzlich zu etwaigen Angabepflichten nach IAS 17 (IAS 40.74).

Ansatz und Bewertung einzelner Posten im IFRS-Abschluss **N**

- zur Klassifizierung der Anlageimmobilien;
- zur Ermittlung des beizulegenden Zeitwerts;
- zu den in der Berichtsperiode im Periodenergebnis erfassten Beträgen sowie
- zu etwaigen Verfügungsbeschränkungen an gehaltenen Anlageimmobilien und
- zu vertraglichen Verpflichtungen zum Kauf, Neubau oder zur Entwicklung von Anlageimmobilien[182].

Zusätzlich zu den Angabepflichten des IAS 40.75 sind bei Anwendung des **Modells des** **206** **beizulegenden Zeitwerts** Angaben nach IAS 40.76-78 erforderlich. Dazu zählen insb. eine differenzierte Darstellung der Veränderung der Buchwerte der Anlageimmobilien seit Periodenbeginn in Form einer **Überleitungsrechnung** unter gesonderter Angabe der Zugänge durch Erwerb und/oder nachträgliche AK oder HK nach IAS 40.17-19, Zugänge durch Erwerb im Rahmen eines Unternehmenszusammenschlusses, Abgänge durch Umklassifizierung zu veräußernder Anlageimmobilien in den Anwendungsbereich des IFRS 5, im Periodenergebnis erfasste Änderungen des beizulegenden Zeitwerts, etwaige Nettoumrechnungsdifferenzen und Übertragungen in den bzw. aus dem Bestand vom Eigentümer selbst genutzten Immobilien sowie Übertragungen in den bzw. aus dem Immobilienbestand des Umlaufvermögens (IAS 40.76(a)-(g)).

Zusätzlich zu den Angabepflichten des IAS 40.75 sind bei Anwendung des **An-** **207** **schaffungskostenmodells** Angaben nach IAS 40.79 erforderlich. Dazu zählen insb. eine differenzierte Darstellung der Veränderung der Buchwerte der Anlageimmobilien seit Periodenbeginn in Form eines **Anlagespiegels** unter gesonderter Angabe der Zugänge durch Erwerb und/oder nachträgliche AK oder HK nach IAS 40.17-19, Zugänge durch Erwerb im Rahmen eines Unternehmenszusammenschlusses, Abgänge durch Umklassifizierung zu veräußernder Anlageimmobilien in den Anwendungsbereich des IFRS 5, Abschreibungen, nach IAS 36 erfasste Wertminderungen, etwaige Nettoumrechnungsdifferenzen und Übertragungen in den bzw. aus dem Bestand von vom Eigentümer selbst genutzten Immobilien sowie Übertragungen in den bzw. aus dem Immobilienbestand des Umlaufvermögens (IAS 40.79(d)). Zudem sind die Abschreibungsmethoden sowie die Nutzungsdauern anzugeben.

Hervorzuheben ist, dass auch bei Anwendung des Anschaffungskostenmodells der **bei-** **208** **zulegende Zeitwert** der Anlageimmobilien angegeben werden muss (IAS 40.79(e)). Damit kommt den Bestimmungen zur Definition und Ermittlung des beizulegenden Zeitwerts (IAS 40.36-52) auch bei Bewertung der Anlageimmobilien zu AK oder HK hohe Relevanz zu.

h) Ausweis

Anlageimmobilien sind gem. IAS 1.54(b) in einem **gesonderten Bilanzposten** auszu- **209** weisen. Der Ausweis unter den Sachanlagen kommt damit nicht in Betracht.

4. Wertminderung von Vermögenswerten

a) Begriff und Anwendung

IAS 36 enthält übergreifende Regelungen für mehrere Arten von Vermögenswerten zur **210** Durchführung von Wertminderungstests und für die Erfassung von **Wertminderungsaufwendungen**. Vergleichswert ist der durch Nutzung oder Verkauf eines Vermögens-

---

[182] Vgl. auch *KPMG*, Insights into IFRS 2010/11, S. 347, Rn. 3.4.270.20, die sich dafür aussprechen, den Gesamtbestand an Anlageimmobilien je nach Verwendung, bspw. vermietete Bürogebäude, vermietete Produktionsstätten u.Ä., im Anhang aufzugliedern.

1693

werts **erzielbare Betrag** (recoverable amount). Dieser Wert ist der höhere Betrag aus dem Vergleich von Nutzungswert und beizulegendem Zeitwert abzgl. der Verkaufskosten (IAS 36.6). Dabei ist der **Nutzungswert** (value in use) der Barwert der geschätzten künftigen Cashflows, die von einem Vermögenswert oder einer zahlungsmittelgenerierenden Einheit voraussichtlich generiert werden. Der **beizulegende Zeitwert abzgl. der Verkaufskosten** (fair value less costs to sell) dagegen ist der Betrag, der durch Verkauf eines Vermögenswerts oder einer zahlungsmittelgenerierenden Einheit in einer Transaktion zu Marktbedingungen zwischen sachverständigen, vertragswilligen und voneinander unabhängigen Parteien nach Abzug der Veräußerungskosten erzielt werden könnte (IAS 36.6).

211 Unter bestimmten Voraussetzungen[183] ist der Wertminderungstest nicht für einen einzelnen Vermögenswert, sondern auf der Ebene einer **zahlungsmittelgenerierenden Einheit** (**ZGE**; cash-generating unit) durchzuführen. In diesem Fall ist der erzielbare Betrag für die ZGE zu ermitteln. Eine ZGE ist definiert als kleinste identifizierbare Gruppe von Vermögenswerten, die durch ihren Einsatz im Unternehmen Mittelzuflüsse erzeugt, die weitestgehend unabhängig von denen anderer Vermögenswerte sind (IAS 36.6).

212 Liegt der Buchwert eines Vermögenswerts oder einer ZGE über dem erzielbaren Betrag, wird der Vermögenswert bzw. die ZGE als wertgemindert (impaired) bezeichnet und der Buchwert ist auf den erzielbaren Betrag abzuschreiben. Die Differenz wird als **Wertminderungsaufwand (impairment loss)** bezeichnet (IAS 36.59)[184].

213 IAS 36 ist nicht anwendbar auf **Vermögenswerte**, für die in **anderen Standards** spezielle Regelungen für die Erfassung von Wertminderungen enthalten sind, sodass sich der Anwendungsbereich im Wesentlichen auf immaterielle Vermögenswerte, Sachanlagen, als Finanzinvestition gehaltene Immobilien[185], aus landwirtschaftlicher Tätigkeit erwachsende biologische Vermögenswerte[186] sowie Anteile an TU gem. IAS 27, assoziierte Unternehmen gem. IAS 28 und Joint Ventures gem. IAS 31 beschränkt[187] (IAS 36.2). Daneben gelten die Regelungen des IAS 36 auch für die Durchführung des regelmäßigen Wertminderungstests für den Geschäfts- oder Firmenwert (goodwill) nach IFRS 3.54 i.V. m. 3.B63(a)[188].

---

183 Vgl. Tz. 223.

184 Vgl. zur Verteilung des Wertminderungsaufwands auf die einzelnen Vermögenswerte der ZGE die Ausführungen in Tz. 250f.

185 Ausgenommen sind nach IAS 40 zum beizulegenden Zeitwert bewertete Immobilien, die als Finanzinvestition gehalten werden.

186 Ausgenommen sind biologische Vermögenswerte, die nach IAS 41 zum beizulegenden Zeitwert bewertet werden.

187 Generell fallen auch noch nicht fertiggestellte Vermögenswerte unter den Anwendungsbereich des IAS 36, vgl. *KPMG*, Insights into IFRS 2010/11, S. 721, Rn. 3.10.20. Im Einzelnen sind gemäß IAS 36.2 aus dem Anwendungsbereich ausgeschlossen: Vorräte (IAS 2), Vermögenswerte, die aus Fertigungsaufträgen entstehen (IAS 11), latente Steueransprüche (IAS 12), Vermögenswerte, die aus Leistungen an Arbeitnehmer resultieren (IAS 19), finanzielle Vermögenswerte, die in den Anwendungsbereich von IAS 39 fallen, und die Finanzinvestition gehaltene Immobilien (IAS 40) sowie im Zusammenhang mit landwirtschaftlicher Tätigkeit stehende biologische Vermögenswerte (IAS 41), die zum beizulegenden Zeitwert bewertet werden. Ebenso nicht in den Anwendungsbereich von IAS 36 fallen abgegrenzte AK und immaterielle Vermögenswerte eines Versicherers aufgrund eines Versicherungsvertrags (IFRS 4) sowie langfristige Vermögenswerte (oder Veräußerungsgruppen), die gemäß IFRS 5 als zur Veräußerung gehalten klassifiziert sind. Bei Letztgenannten ist allerdings zu berücksichtigen, dass IFRS 5.22-23 Rückgriff auf einige Bewertungsvorschriften des IAS 36 nehmen.

188 Vgl. Tz. 948.

b) Pflicht zur Durchführung von Wertminderungstests
aa) Anlassbezogene Wertminderungstests

An jedem Abschlussstichtag[189] hat das Unternehmen zu prüfen, ob ein **Anhaltspunkt** 214
dafür vorliegt, dass ein Vermögenswert wertgemindert sein könnte. Dies bedeutet nicht, dass das Unternehmen an jedem Abschlussstichtag für jeden einzelnen Vermögenswert einen Wertminderungstest durchführen muss. Zunächst ist lediglich zu prüfen, ob Umstände (**Wertminderungsindikatoren**) vorliegen, die ein erhöhtes Risiko für Wertminderungen anzeigen. Wenn dies der Fall ist, ist eine vertiefte Prüfung erforderlich[190] und das Unternehmen hat den erzielbaren Betrag für den von dem Wertminderungsindikator betroffenen Vermögenswert zu ermitteln (IAS 36.9). Kann der erzielbare Betrag für den einzelnen Vermögenswert nicht ermittelt werden, ist der Wertminderungstest auf der Basis der ZGE vorzunehmen, zu der der Vermögenswert gehört (IAS 36.66)[191].

IAS 36.12 nennt folgende Anhaltspunkte, die bei der Beurteilung, ob eine Wertminderung 215
vorliegen könnte, zu berücksichtigen sind:

Externe Informationsquellen:

- Der Marktwert eines Vermögenswerts ist in der Berichtsperiode wesentlich stärker gesunken, als dies durch Zeitablauf oder gewöhnliche Nutzung zu erwarten wäre;
- in dem technologischen, marktbezogenen, wirtschaftlichen oder rechtlichen Umfeld des Unternehmens oder dem relevanten Markt für den Vermögenswert sind wesentliche nachteilige Veränderungen eingetreten oder in der nächsten Zukunft zu erwarten;
- die Marktzinssätze oder andere Marktrenditen, die sich auf die Berechnung des Nutzungswerts (als Barwert der geschätzten künftigen Cashflows) auswirken werden, steigen an, sodass sich der erzielbare Betrag wesentlich vermindert;
- der Buchwert des Reinvermögens des Unternehmens übersteigt seine Marktkapitalisierung[192].

Interne Informationsquellen:

- Es liegen substanzielle Anhaltspunkte für eine Überalterung oder einen physischen Schaden eines Vermögenswerts vor;
- während der Berichtsperiode sind wesentliche nachteilige Veränderungen in Ausmaß oder Art der Nutzung aufgetreten bzw. solche Veränderungen werden für die nahe Zukunft erwartet (bspw. in Form von geplanten Stilllegungen oder Restrukturierungen des Bereichs, in dem die Vermögenswerte eingesetzt sind, oder in Form des vorzeitigen Abgangs des Vermögenswerts[193]) oder es erfolgt eine Neueinschätzung der vormalig unbestimmbaren Nutzungsdauer eines Vermögenswerts als nunmehr begrenzt;
- das interne Berichtswesen liefert substanzielle Anhaltspunkte dafür, dass die wirtschaftliche Leistungsfähigkeit eines Vermögenswerts geringer ist als erwartet.

Daneben verweisen andere Standards als IAS 36 auf Sachverhalte, die auf eine mögliche 216
Wertminderung von Vermögenswerten hindeuten. Hierzu zählen z.B. der Wegfall eines

---

189 Hierzu zählen auch die Stichtage von Zwischenberichten (IAS 34.B36).
190 Vgl. unter Bezugnahme auf IAS 36.8 a.F. ADS International, Abschn. 9, Rn. 101. Das Vorliegen von Anhaltspunkten für eine Wertminderung kann auch eine Überprüfung und ggf. Änderung von Restnutzungsdauer, Abschreibungsmethode oder Restbuchwert erfordern (IAS 36.17).
191 Vgl. Tz. 241ff.
192 Vgl. hierzu unter Bezugnahme auf IAS 36.9 a.F. ADS International, Abschn. 9, Rn. 104.
193 Sind jedoch Vermögenswerte nach IFRS 5 als zur Veräußerung einzustufen, so sind diese nach den Vorschriften des IFRS 5 zu bilanzieren und nicht nach IAS 36; allerdings sehen die Regelungen des IFRS 5 einen Rückverweis auf Teilbereiche des IAS 36 vor.

aktiven Markts für immaterielle Vermögenswerte (IAS 38.83), die Erwartung künftiger operativer Verluste (IAS 37.65) sowie das Vorliegen eines belastenden Vertrags (IAS 37.69). Über die genannten **Wertminderungsindikatoren** hinaus sollte das bilanzierende Unternehmen weitere branchen- oder unternehmensspezifische Kriterien entwickeln und anwenden[194], und zwar insb. dann, wenn sich im Zeitablauf herausstellt, dass die Sensitivität der allgemeinen Indikatoren nicht ausreicht, um auftretende Wertminderungen zu erfassen[195]. Die Wertminderungsindikatoren sind nicht allein auf einzelne Vermögenswerte anzuwenden, sondern – nicht zuletzt aufgrund des Wesentlichkeitsgrundsatzes – auch insb. auf ZGE[196].

217 Liegt bei einem Vermögenswert ein physischer Totalschaden vor, so wird im Regelfall davon auszugehen sein, dass er sein **Nutzenpotenzial vollständig verloren** hat (z.B. Einsturz eines Gebäudes). Der vollständige Verlust des Nutzenpotenzials ist zu unterscheiden von den genannten Wertminderungsindikatoren. Werden von einem Vermögenswert keine künftigen wirtschaftlichen Vorteile mehr erwartet, so ist der Abgang des Vermögenswerts zu erfassen, d.h., der Vermögenswert ist auszubuchen (IAS 16.67; IAS 38.112). In diesen Fällen ist insofern kein Wertminderungstest mehr durchzuführen.

218 Bei der Durchführung anlassbezogener Wertminderungstests ist der **Wesentlichkeitsgrundsatz** zu beachten. Eine Ermittlung des erzielbaren Betrags ist bspw. entbehrlich, wenn Berechnungen gezeigt haben, dass der erzielbare Betrag wesentlich über dem Buchwert liegt und in der Zwischenzeit keine Ereignisse eingetreten sind, die zu einer Beseitigung der Differenz zwischen Buchwert und erzielbarem Betrag geführt haben, oder wenn der Effekt aus einem gestiegenen Diskontierungszinssatz durch eine entsprechende Steigerung der Umsatzerlöse kompensiert werden kann (IAS 36.16). Sie ist außerdem dann nicht notwendig, wenn von Wertminderungsindikatoren betroffene einzelne Vermögenswerte für den jeweiligen Abschluss insgesamt schon nicht wesentlich sind[197]. In der Praxis sind damit v.a. solche Anzeichen von Bedeutung, die negative Entwicklungen auf den Absatz- oder Beschaffungsmärkten für Unternehmenseinheiten abbilden und sich nachteilig auf deren Ertragskraft auswirken.

bb) Regelmäßige Wertminderungstests

219 Neben den anlassbezogenen Wertminderungstests sind für einige Vermögenswerte bzw. für ZGE auch **regelmäßige Wertminderungstests** nach den Vorschriften des IAS 36 vorgesehen. Für diese Vermögenswerte ist daher unabhängig vom Auftreten von Wertminderungsindikatoren der erzielbare Betrag einmal pro GJ zu ermitteln und dem Buchwert gegenüberzustellen. Hierbei handelt es sich um die folgenden Vermögenswerte (IAS 36.10):

– immaterielle Vermögenswerte mit unbestimmbarer Nutzungsdauer;
– immaterielle Vermögenswerte, die noch nicht nutzungsbereit sind;
– bei einem Unternehmenszusammenschluss erworbene Geschäfts- oder Firmenwerte.

220 Der Wertminderungstest für die bezeichneten immateriellen Vermögenswerte kann zu einem beliebigen **Zeitpunkt** während des GJ durchgeführt werden. Er kann des Weiteren

---

194 Vgl. etwa zu Wertminderungsindikatoren für Immobilienvermögenswerte *Baumunk/Beys*, in: Weber/Baumunk/Pelz, Rn. 497. Gegebenenfalls sind Informationssysteme einzurichten oder zu ergänzen, um Anhaltspunkte für Wertminderung erheben und auswerten zu können, vgl. unter Bezugnahme auf IAS 36.9-10 a.F. ADS International, Abschn. 9, Rn. 103 u. 109.
195 Vgl. IAS 36.13.
196 Vgl. *Heuser/Theile*, IFRS[4], Rn. 1545.
197 Vgl. *Heuser/Theile*, IFRS[4], Rn. 1546.

Ansatz und Bewertung einzelner Posten im IFRS-Abschluss N

für unterschiedliche immaterielle Vermögenswerte zu verschiedenen Zeitpunkten innerhalb des GJ durchgeführt werden. Einmal gewählte Zeitpunkte während des GJ sind stetig beizubehalten. Wurde ein von einem regelmäßigen Wertminderungstest betroffener immaterieller Vermögenswert während des laufenden GJ erstmalig angesetzt, so ist für diesen der erste Wertminderungstest noch vor Ablauf des laufenden GJ durchzuführen (IAS 36.10(a)).

Die Ermittlung des erzielbaren Betrags ist für die in Tz. 219 beschriebenen immateriellen Vermögenswerte aufgrund einer **Vereinfachungsvorschrift** nicht in jedem Fall erforderlich, wenn dieser in Vorperioden bereits einmal bestimmt wurde und die folgenden **Bedingungen** kumulativ erfüllt sind (IAS 36.24): 221

– Falls der Wertminderungstest für einen betroffenen immateriellen Vermögenswert durch eine Bewertung der diesen umfassenden ZGE erfolgt, dürfen sich die diese ZGE bildenden Vermögenswerte und Schulden seit der letzten Ermittlung ihres erzielbaren Betrags nicht wesentlich verändert haben;
– der zuletzt ermittelte erzielbare Betrag überstieg den Buchwert wesentlich;
– die Wahrscheinlichkeit, dass der erzielbare Betrag bei einer aktuellen Ermittlung kleiner ist als der Buchwert, ist aufgrund einer Analyse der wertbestimmenden Umstände und Ereignisse äußerst gering.

c) Ermittlung des erzielbaren Betrags und Erfassung von Wertminderungen
aa) Vorbemerkungen

Dem **Konzept der Wertminderung (impairment)** nach IAS 36 liegt das Ziel zugrunde, nur dann eine Abwertung vorzunehmen, wenn der wirtschaftliche Wert – im Standard als erzielbarer Betrag bezeichnet – eines Vermögenswerts bzw. einer ZGE auch tatsächlich unter dem entsprechenden Buchwert liegt. Bei der Bestimmung des erzielbaren Betrags ist dabei von den Erwartungen über die profitabelste Verwendung des betreffenden Vermögenswerts auszugehen, d.h., es wird unterstellt, dass ein Unternehmen einen Gegenstand nur dann veräußert, wenn sein beizulegender Zeitwert abzgl. der Verkaufskosten größer ist als sein Nutzungswert, und dass es ihn weiter nutzt, wenn der Nutzungswert den Veräußerungswert übersteigt. Der erzielbare Betrag ist somit der höhere Betrag, der entweder durch weitere Nutzung oder durch Veräußerung generiert werden kann[198]. Eine Abwertung ist demzufolge nur vorzunehmen, wenn sowohl der beizulegende Zeitwert abzgl. der Verkaufskosten als auch der Nutzungswert den Buchwert unterschreiten. Sofern einer dieser Werte den Buchwert übersteigt, ist es daher nicht erforderlich, den anderen Wert zu ermitteln, und es ist keine Wertminderung zu erfassen (IAS 36.19). 222

Der erzielbare Betrag ist grds. für jeden einzelnen Vermögenswert zu bestimmen. Allerdings ist es häufig schwierig oder unmöglich, einzelnen Vermögenswerten einen (im Wesentlichen) durch sie generierten Zahlungsstrom zuzuordnen, wie dies für die Ermittlung des Nutzungswerts erforderlich ist[199]. Aus diesem Grund enthält IAS 36 das Konzept der **zahlungsmittelgenerierenden Einheit (ZGE)**. Eine ZGE ist definiert als kleinste identifizierbare Gruppe von Vermögenswerten, die durch ihren Einsatz im Unternehmen Mittelzuflüsse erzeugt, die weitestgehend unabhängig von denen anderer Vermögenswerte sind (IAS 36.6). Eine ZGE liegt u.a. vor, wenn durch einen Vermögenswert oder eine 223

---
198 Vgl. auch *Epstein/Jermakowicz*, S. 328-329.
199 Vgl. *Beyhs*, S. 95; *Epstein/Jermakowicz*, S. 329-330. Möglich ist die Zurechnung weitestgehend unabhängiger Zahlungsströme z.B. regelmäßig bei als Finanzinvestition gehaltenen Immobilien, vgl. *Baumunk/Beys*, in: Weber/Baumunk/Pelz, Rn. 488 und 515. Diese fallen allerdings für das bilanzierende Unternehmen nur dann in den Anwendungsbereich von IAS 36, wenn sie zu fortgeführten AK bzw. HK bewertet werden.

Gruppe von Vermögenswerten Erzeugnisse produziert oder Dienstleistungen erstellt werden, für die ein aktiver Markt besteht. Die vollständige oder teilweise unternehmensinterne Nutzung der produzierten Erzeugnisse oder der erstellten Dienstleistungen ist für die Abgrenzung einer ZGE irrelevant (IAS 36.70)[200].

224 In der **Praxis** können **ZGE** bspw. ein Produktsegment, ein Werk oder eine Filiale eines Unternehmens sein[201]. In Einzelfällen kann es auch zur Identifikation des gesamten Unternehmens als ZGE kommen; dies dürfte jedoch eher die Ausnahme darstellen[202]. Können einem potenziell wertgeminderten Vermögenswert Zahlungsmittelzuflüsse nicht einzeln zugerechnet werden, ist bei der Ermittlung des erzielbaren Betrags auf eine ZGE abzustellen[203]. Dieses Vorgehen führt dazu, dass kein Wertminderungsaufwand zu erfassen ist, wenn der erzielbare Betrag der ZGE über ihrem Buchwert liegt, selbst wenn der beizulegende Zeitwert abzgl. Verkaufskosten des einzelnen zunächst betrachteten Vermögenswerts dessen Buchwert unterschreitet[204].

225 Die Ermittlung des erzielbaren Betrags und die nachfolgende Durchführung des Wertminderungstests auf der Basis der ZGE können unterbleiben, wenn der beizulegende Zeitwert abzgl. der Verkaufskosten des betrachteten einzelnen Vermögenswerts seinen Buchwert übersteigt oder wenn man davon ausgehen kann, dass der Nutzungswert des Vermögenswerts nahe bei seinem beizulegenden Zeitwert abzgl. der Verkaufskosten liegt und der beizulegende Zeitwert abzgl. der Verkaufskosten ermittelt werden kann (IAS 36.22).

226 Es ist folglich nicht immer notwendig, sowohl den beizulegenden Zeitwert abzgl. der Verkaufskosten als auch den Nutzungswert für einen einzelnen Vermögenswert bzw. eine ZGE zu bestimmen. Gibt es **keinen Grund zu der Annahme, dass der Nutzungswert den beizulegenden Zeitwert abzgl. der Verkaufskosten wesentlich übersteigt**, dann gilt – weil nur der größere dieser beiden Werte den erzielbaren Betrag ausmacht – der beizulegende Zeitwert abzgl. der Verkaufskosten als erzielbarer Betrag (IAS 36.21). Dies ist etwa häufig der Fall bei Vermögenswerten, die zum Verkauf anstehen oder die nicht mehr aktiv im Unternehmen genutzt werden.

bb) Beizulegender Zeitwert abzgl. der Verkaufskosten

227 Für die Bestimmung des **beizulegenden Zeitwerts** enthalten IAS 36.25-29 eine **Wertermittlungshierarchie**. Nach dieser Hierarchie ist der beizulegende Zeitwert zunächst – soweit möglich – mittels verbindlicher Verkaufsvereinbarungen in einer Transaktion zu Marktbedingungen (arm's length transaction) zu ermitteln. Liegen solche Verkaufsvereinbarungen nicht vor, ist bei Vorliegen eines aktiven Markts auf öffentlich zugängliche Informationen wie Preislisten oder Preisangaben des Handels abzustellen. Ist dies, wie bei einer Vielzahl von in der Produktion eingesetzten Maschinen und Anlagen, nicht möglich, kann auf der nächsten Stufe der Wertermittlungshierarchie auf Werte aus kürzlich stattgefundenen Transaktionen von ähnlichen Vermögenswerten zurückgegriffen werden. Bei diesen sind, um Vergleichbarkeit mit dem tatsächlichen Bewertungsobjekt herzustellen,

---

200 Dieses Abgrenzungskriterium ist v.a. für vertikal integrierte Unternehmensstrukturen zu beachten, vgl. *KPMG*, Insights into IFRS 2010/11, S. 724, Rn. 3.10.80; *Heuser/Theile*, IFRS[4], Rn. 1525-1526; unter Bezugnahme auf IAS 36.69-70 a.F. ADS International, Abschn. 9, Rn. 113.
201 Zur Identifikation und Abgrenzung von ZGE bei Immobilien vgl. *Baumunk/Beyhs*, in: Weber/Baumunk/Pelz, Rn. 505-516.
202 Vgl. *Epstein/Jermakowicz*, S. 329-330.
203 Zur Identifikation und Abgrenzung von zahlungsmittelgenerierenden Einheiten vgl. IAS 36.IE1.
204 Vgl. *Ernst & Young*, S. 1124-1125.

Anpassungen für Alter, Zustand, Produktionskapazität u.Ä. vorzunehmen[205]. Liegen auch solche Transaktionen nicht vor, so ist der beizulegende Zeitwert auf Grundlage der besten verfügbaren Informationen zu ermitteln.

Vermögenswerte, die unter den Anwendungsbereich des IAS 36 fallen, sind häufig nicht hinreichend marktgängig[206], was in der Praxis zu Problemen bei der Ableitung des beizulegenden Zeitwerts durch Marktbeobachtung führt. In diesen Fällen ist es zulässig, den beizulegenden Zeitwert abzgl. der Verkaufskosten auf der Basis von Bewertungsmodellen zu ermitteln, z.B. eines **Discounted-Cashflow-(DCF-)Verfahrens** (IAS 36.27, .BC69)[207]. Dabei können grds. unterschiedliche DCF-Verfahren zum Einsatz kommen; die einzelnen Bewertungsparameter sind marktorientiert zu bestimmen[208]. Nicht zulässig ist die Ermittlung des beizulegenden Zeitwerts abzgl. der Verkaufskosten auf der Basis von Wiederbeschaffungskosten, weil diesen keine unmittelbare Absatzmarktperspektive zugrunde liegt[209]. 228

Grds. ist bei der Ermittlung des beizulegenden Zeitwerts aus Objektivierungsgründen ein hypothetischer Erwerber zu unterstellen. Dieser kann als durchschnittlicher Marktteilnehmer mit einer repräsentativen Verwendungsabsicht für den jeweiligen Vermögenswert angesehen werden. Die für die **Wertermittlung** erforderlichen Informationen sind **streng marktbezogen** zu ermitteln. Insbesondere sind öffentlich zugängliche Informationen wie veröffentlichte Preislisten, Marktstudien, Berichte über einzelne Vermögenswerte und Branchen sowie Analystenreports zu berücksichtigen[210]. 229

Um zum Referenzwert für den Wertminderungstest zu gelangen, sind die **Verkaufskosten** jeweils vom beizulegenden Zeitwert abzuziehen. Solche Verkaufskosten, die bereits als Schulden passiviert wurden, sind hierbei jedoch nicht zu berücksichtigen; es sei denn, ein Käufer wäre gezwungen, eine solche Schuld im Fall eines Kaufs zu übernehmen (IAS 36.28f. i.V.m. 36.78). Zu berücksichtigen sind nur die dem Verkauf direkt zurechenbaren Kosten. Leistungen aus Gründen der Beendigung von Arbeitsverhältnissen mit Mitarbeitern sowie im Zusammenhang mit künftigen Reorganisationen fallen nicht unter die abzuziehenden Verkaufskosten. Beispiele für zu berücksichtigende Kosten sind Rechtsberatungskosten, durch den Verkauf anfallende Steuern und alle Kosten, die notwendig sind, um einen Vermögenswert in einen verkaufsbereiten Zustand zu versetzen, wie z.B. Rückbaukosten (IAS 36.28). 230

In Fällen, in denen eine Bestimmung des beizulegenden Zeitwerts abzgl. der Verkaufskosten nicht möglich ist, ist der erzielbare Betrag mit dem **Nutzungswert** gleichzusetzen (IAS 36.20). 231

cc) Nutzungswert

Für die Ermittlung des **Nutzungswerts** sind zwei Schritte erforderlich: zum einen die Schätzung der Zahlungsströme aus der künftigen Nutzung des Vermögenswerts (oder einer ZGE) während dessen (deren) Nutzungsdauer und aus dem Abgang, zum anderen die Ermittlung und Anwendung eines angemessenen Diskontierungszinssatzes 232

---

205 Vgl. auch *Epstein/Jermakowicz*, S. 328.
206 Vgl. auch *Ernst & Young*, S. 1087.
207 Vgl. *KPMG*, Insights into IFRS 2010/11, S. 732, Rn. 3.10.190.30.
208 Vgl. *IDW RS HFA 16*, Tz. 24-34.
209 Vgl. *KPMG*, Insights into IFRS 2010/11, S. 732, Rn. 3.10.190.50; *IDW RS HFA 16*, Tz. 20.
210 Vgl. ähnlich *IDW RS HFA 16*, Tz. 7; zur Ermittlung des beizulegenden Zeitwerts abzgl. der Verkaufskosten mittels verschiedener Bewertungsverfahren vgl. *IDW RS HFA 16*, Tz. 18-20.

(IAS 36.31). Zudem müssen sich die Erwartungen hinsichtlich eventueller wertmäßiger oder zeitlicher Veränderungen der künftigen Zahlungsströme, die mit dem Vermögenswert verbundene Unsicherheit sowie andere Faktoren, die zu einer Beeinflussung der künftigen Zahlungsströme führen könnten, in der Berechnung des Nutzungswerts widerspiegeln (IAS 36.30(b), (d) und (e)), wobei diese Elemente entweder bei der Ermittlung der künftigen Zahlungsströme oder des angemessenen Diskontierungszinssatzes berücksichtigt werden können (IAS 36.32).

233 Die **Prognose der künftigen Zahlungen** muss sich auf vernünftige und vertretbare Annahmen stützen[211]. Dabei sollen die Annahmen die bestmögliche Einschätzung der wirtschaftlichen Rahmenbedingungen während der Restlaufzeit durch die Unternehmensleitung widerspiegeln, unter besonderer Beachtung unternehmensexterner Informationen. Als Basis für die Prognosen sind die aktuellen Finanzpläne heranzuziehen. Diese umfassen regelmäßig einen Detailplanungszeitraum, i.d.R. maximal fünf Jahre, für den die Zahlungen spezifisch prognostiziert werden. Für die darüber hinausgehende Zeit sind die Zahlungen durch Extrapolation zu schätzen. Die verbleibende Nutzungsdauer des Vermögenswerts bzw. der ZGE beschränkt dabei den Prognosehorizont[212]. Bei der Extrapolation ist eine gleichbleibende oder abnehmende Wachstumsrate für die Zahlungen zu unterstellen; eine steigende Wachstumsrate ist nur in Ausnahmefällen bei entsprechender Begründung zulässig. Die verwendete Wachstumsrate darf die langfristige Durchschnittswachstumsrate für die Produkte, die Branche bzw. die Region oder für den Markt, in dem das bilanzierende Unternehmen tätig ist, grds. nicht übersteigen. Eine höhere Wachstumsrate bedarf einer besonderen Begründung (IAS 36.33).

234 Bei der Prognose der Zahlungsströme sind **Effekte** einer künftigen **Restrukturierung**, zu der sich das bilanzierende Unternehmen noch nicht verpflichtet hat[213], nicht zu berücksichtigen. Das Gleiche gilt für Ein- und Auszahlungen im Zusammenhang mit einer künftigen **Verbesserung eines Vermögenswerts** (IAS 36.44). Das Verbot der Berücksichtigung künftiger Verbesserungsmaßnahmen korrespondiert mit der Anforderung, einen Vermögenswert so zu bewerten, wie er sich am Bewertungsstichtag darstellt (IAS 36.45). Die entsprechenden Maßnahmen dürfen erst ab dem Zeitpunkt in der Zahlungsprognose berücksichtigt werden, in dem die mit ihnen verbundenen Auszahlungen getätigt wurden (IAS 36.48)[214]. Befindet sich eine Verbesserungs- oder Erweiterungsinvestition am Abschlussstichtag bereits in der Umsetzung, sodass bereits wesentliche Investitionsauszahlungen angefallen sind, die Maßnahme jedoch noch nicht abgeschlossen ist, so sind bei der Ermittlung des Nutzungswerts sowohl die noch anfallenden Auszahlungen als auch die aus der Maßnahme erwarteten künftigen ökonomischen Vorteile einzubeziehen[215].

235 Besteht ein Vermögenswert oder eine ZGE aus **mehreren Komponenten**[216], die für die Funktionsfähigkeit des Vermögenswerts unabdingbar sind, so gilt der Ersatz von Kom-

---

211 Die Angemessenheit der getroffenen Annahmen ist dabei durch eine Ursachenanalyse für Differenzen zwischen vergangenen Zahlungsprognosen und den für den Planungszeitraum tatsächlich eingetretenen Ist-Zahlungen zu beurteilen. Die Annahmen für aktuelle Zahlungsprognosen müssen mit den Ist-Zahlungen der Vergangenheit übereinstimmen; dabei sind jedoch Effekte von Ereignissen und/oder Umständen zu berücksichtigen, welche sich seit den in der Vergangenheit eingetretenen Zahlungen ergeben haben, vgl. IAS 36.34.
212 Vgl. auch Tz. 235 und 242.
213 Zur Berücksichtigung von Restrukturierungen im Einzelnen vgl. IAS 36.46-47 sowie IAS 36.IE5.
214 Vgl. IAS 36.IE6.
215 Vgl. *IDW RS HFA 16*, Tz. 105.
216 Vgl. hierzu z.B. Tz. 163.

Ansatz und Bewertung einzelner Posten im IFRS-Abschluss

ponenten mit kürzerer Nutzungsdauer als Erhaltungsmaßnahme, die in die Ermittlung des Nutzungswerts einbezogen werden muss (IAS 36.49)[217].

Sind **Vermögenswerte noch nicht nutzungsbereit** und enthält dementsprechend ihr Buchwert noch nicht alle aktivierungspflichtigen AK bzw. HK, so sind die bis zur Herstellung der Nutzungsbereitschaft noch erwarteten Auszahlungen bei der Zahlungsprognose zu berücksichtigen. Im Gegenzug sind auch alle Einzahlungen, welche der Vermögenswert ab Nutzungsbeginn voraussichtlich erwirtschaften wird, in die Ermittlung des Nutzungswerts einzubeziehen. Derartige Vermögenswerte können bspw. im Herstellungsprozess befindliche Gebäude oder noch laufende Entwicklungsprojekte (immaterielle Vermögenswerte, die noch nicht nutzungsbereit sind) sein (IAS 36.42). 236

Die für die Nutzungswertermittlung zu prognostizierenden Zahlungsströme dürfen keine Mittelzu- oder -abflüsse aus **Finanzierungsaktivitäten** sowie aus **Ertragsteuern** enthalten (IAS 36.50). 237

Als **Abzinsungssatz** ist ein Zinssatz vor Steuern anzusetzen. Er hat die spezifischen Risiken des Vermögenswerts wiederzuspiegeln und entspricht somit der Marktrendite einer hinsichtlich Zahlungszeitpunkten, Beträgen und Risikoprofil vergleichbaren Investition (IAS 36.55, IAS 36.A16). Die Kapitalstruktur sowie die Finanzierung des Unternehmens sind für die Ermittlung des Abzinsungssatzes irrelevant (IAS 36.A19). Ausgangspunkte für die Ermittlung eines marktbezogenen Kapitalisierungszinssatzes werden in IAS 36.A17 genannt: Als Referenzwerte können die gewichteten durchschnittlichen Kapitalkosten des Unternehmens, Zinssätze für Neukredite sowie andere marktübliche Fremdkapitalzinssätze angenommen werden. Da die am Markt beobachtbaren Renditen risikobehafteter Eigenkapitaltitel Steuereffekte beinhalten, sind die Marktdaten um diese Effekte zu bereinigen. Ein „Hochschleusen" (grossing up) ist dabei nur im Fall gleichbleibender Cashflows akzeptabel[218]. Im Fall variabler Cashflows kann der Vor-Steuerzinssatz unter der Annahme, dass die Abzinsung des Vor-Steuer-Cashflows mit dem Vor-Steuer-Diskontierungszinssatz zu dem gleichen Ergebnis führt wie die Abzinsung des Nach-Steuer-Cashflows mit dem Nach-Steuer-Diskontierungszinssatz[219], iterativ ermittelt werden. 238

Basiert die Ermittlung des Nutzungswerts auf **Zahlungsströmen in Fremdwährung**, so sind diese zunächst in Fremdwährung zu schätzen und mit einem für diese Währung angemessenen Zinssatz zu diskontieren. Anschließend ist der so berechnete Barwert in Fremdwährung mit dem Stichtagskurs umzurechnen (IAS 36.54)[220]. 239

Ein etwaiger **Wertminderungsaufwand** ist durch Gegenüberstellung des erzielbaren Betrags mit dem Buchwert des Vermögenswerts zu ermitteln und grds. aufwandswirksam zu erfassen. Handelt es sich jedoch um einen Vermögenswert, der nach anderen Standards bilanziert wird (bspw. nach IAS 16 und IAS 38 mit dem jeweiligen Neubewertungsmodell), so sind in diesem Fall die in dem jeweiligen Standard vorgesehenen Regeln für eine direkte Erfassung im sonstigen Ergebnis anzuwenden[221]. Nach erfolgter Abschreibung entspricht der Buchwert grds. dem erzielbaren Betrag des Vermögenswerts. Die planmäßige Abschreibung ist für die Folgezeit an den neuen Buchwert des Ver- 240

---

217 Ebenso als Erhaltungsinvestitionen zu behandeln sind grds. künftige Ausgaben aus Gründen des Umweltschutzes oder der Sicherheit sowie für Großwartungsmaßnahmen, vgl. *IDW RS HFA 16*, Tz. 106.
218 Vgl. IAS 36.BCZ85.
219 Vgl. IAS 36.BCZ85 und .BC94.
220 Dies kann im Einzelfall dazu führen, dass der Nutzungswert eines Vermögenswerts auf der Basis eines anderen Fremdwährungskurses umgerechnet wird als der korrespondierende Buchwert, vgl. *Ernst & Young*, S. 1106.
221 Vgl. Tz. 152 und 181f.

mögenswerts anzupassen (IAS 36.63). Wenn der Wertminderungsaufwand den vorhandenen Buchwert des Vermögenswerts übersteigt, ist für den übersteigenden Betrag eine Schuld, bspw. in Form einer Rückstellung gem. IAS 37, zu passivieren, wenn dies von einem anderen Standard verlangt wird (IAS 36.62). Ist eine Schuld nach diesen Vorschriften nicht anzusetzen, wird der Restbetrag im Abschluss nicht erfasst[222].

d) Ermittlung von erzielbarem Betrag und Buchwert bei zahlungsmittelgenerierenden Einheiten

241 Lässt sich der erzielbare Betrag für einen einzelnen Vermögenswert nicht ermitteln, ist der Wertminderungstest auf der Basis der ZGE durchzuführen, zu der er gehört; **erzielbarer Betrag und Buchwert** sind demgemäß für die ZGE zu ermitteln. Die Ermittlung des erzielbaren Betrags für eine ZGE erfolgt dabei analog der Vorgehensweise bei einzelnen Vermögenswerten[223]. Der Buchwert der ZGE ist grds. als Summe der Buchwerte derjenigen Vermögenswerte zu ermitteln, die zur künftigen Erwirtschaftung der Zahlungen, die in die Ermittlung des Nutzungswerts eingeflossen sind, beitragen werden (IAS 36.76 (a))[224]. Buchwerte von Schulden werden grds. nicht berücksichtigt (IAS 36.76(b))[225].

242 Zur Abgrenzung von zu berücksichtigenden Erhaltungsmaßnahmen und **nicht zu berücksichtigenden Verbesserungsmaßnahmen** bzw. Erweiterungsinvestitionen bei der Nutzungswertermittlung ist IAS 36.49 maßgeblich. Bei Letztgenannten handelt es sich um Investitionen, welche die Ertragskraft des betrachteten Vermögenswerts erhöhen. Bei ZGE, die aus mehreren zu ihrem Betrieb unerlässlichen Vermögenswerten bestehen, gilt die künftige Ersatzbeschaffung von Vermögenswerten mit kürzeren Nutzungsdauern als Erhaltungsmaßnahme, die bei der Ermittlung des Nutzungswerts zu berücksichtigen ist. Diese Anforderungen zur Differenzierung bei künftigen Maßnahmen im Zusammenhang mit einer ZGE führen in der Praxis nicht selten zur Notwendigkeit der Anpassung von internen Cashflow-Planungen, die unter Berücksichtigung von Erweiterungsinvestitionen aufgestellt werden[226].

243 Um **Doppelzählungen** zu vermeiden, sind bei der Ermittlung des Nutzungswerts keine Zahlungen aus Vermögenswerten zu berücksichtigen, die von den Zahlungsströmen der betrachteten ZGE weitgehend unabhängig sind. Ein Beispiel hierfür stellen künftige Tilgungszahlungen für bereits aktivierte Forderungen dar. Aus dem gleichen Grund sind auch künftige Auszahlungen, die bereits als Schulden in der Bilanz passiviert sind (Rückstellungen, Verbindlichkeiten aus Lieferungen und Leistungen etc.), nicht in die Zahlungsprognose zur Ermittlung des Nutzungswerts einzubeziehen (IAS 36.43). Um diesen Anforderungen zu genügen, ist somit grds. eine entsprechende **Abgrenzung** der Zahlungen erforderlich.

244 Aus **Vereinfachungsgründen** ist es jedoch zulässig, auf die in Tz. 243 beschriebene **Abgrenzung zu verzichten**. In diesem Fall wird der erzielbare Betrag unter Berücksichtigung von künftigen Ein- und Auszahlungen ermittelt, die auf die beschriebenen bilanzierten Vermögenswerte und Schulden entfallen (IAS 36.79). Allerdings ist dann auf eine mit dieser Vorgehensweise konsistente Ermittlung des Buchwerts der betroffenen ZGE zu achten[227].

---

222 Vgl. *Beyhs*, S. 166.
223 Vgl. IAS 36.74 i.V.m. IAS 36.19-57; vgl. Tz. 222ff.
224 Vgl. auch *IDW RS HFA 16*, Tz. 84.
225 Vgl. hierzu jedoch die Ausnahme in Tz. 245.
226 Vgl. *Ernst & Young*, S. 1103-1104.
227 Vgl. Tz. 249.

Ansatz und Bewertung einzelner Posten im IFRS-Abschluss N

Entgegen dem Grundsatz, Finanzierungsaktivitäten bei der Ermittlung des Nutzungswerts 245
und Schulden bei der Ermittlung des Buchwerts unberücksichtigt zu lassen[228], kann es im
Einzelfall notwendig sein, den erzielbaren Betrag einer ZGE nach **Berücksichtigung bestimmter Schulden** zu bestimmen. Hierbei handelt es sich um solche Schulden, ohne die
die betroffene ZGE nicht übertragen werden kann. Dieser Fall kann v.a. bei Schulden
auftreten, die einen engen Bezug zur operativen Tätigkeit der entsprechenden ZGE aufweisen (z.B. bei Rückbauverpflichtungen). Der erzielbare Betrag ist dann (wertmindernd)
unter Berücksichtigung der Auszahlung für die entsprechende Schuld zu ermitteln.
Ebenso ist in solchen Fällen der Buchwert der jeweiligen Schuld bei der Ermittlung des
Buchwerts der ZGE abzuziehen (IAS 36.78).

Ob der Buchwert eines **Geschäfts- oder Firmenwerts** bei der Bestimmung des Buch- 246
werts einer ZGE einzubeziehen ist, hängt davon ab, um welche Art ZGE es sich handelt.
Zwei Fälle sind denkbar: Zum einen kann es sich um eine ZGE handeln, der nach
IAS 36.80 Geschäfts- oder Firmenwerte für Zwecke der Durchführung eines regelmäßigen Wertminderungstests zugeordnet wurden. In diesem Fall sind die entsprechend zugeordneten Geschäfts- oder Firmenwerte additiv in den Buchwert der ZGE einzubeziehen.
Zum anderen kann es sich um eine ZGE handeln, der keine Geschäfts- oder Firmenwerte
zugeordnet wurden (z.B. auf einer niedrigeren Ebene des Unternehmens, für die nicht alle
Eigenschaften des IAS 36.80 erfüllt sind). Eine Zuordnung von Geschäfts- oder Firmenwerten hat dann zu unterbleiben (IAS 36.88).

Neben einer etwaigen Einbeziehung von Geschäfts- oder Firmenwerten in die Ermittlung 247
des Buchwerts einer ZGE sind auch sog. **gemeinschaftliche Vermögenswerte** (corporate
assets) zu berücksichtigen. Derartige Vermögenswerte sind dadurch gekennzeichnet, dass
sie keine eigenen Mittelzuflüsse erzeugen, die unabhängig von anderen Vermögenswerten
oder Gruppen von Vermögenswerten sind, und dass ihr Buchwert der betrachteten ZGE
nicht vollständig zugeordnet werden kann (IAS 36.100). Beispiele für gemeinschaftliche
Vermögenswerte sind Verwaltungsgebäude mit übergreifender Funktion, die Bestandteile
eines zentralen Fuhrparks oder auch Forschungszentren[229].

Bei der Abgrenzung einer ZGE ist zu beurteilen, ob es **gemeinschaftliche Vermögens-** 248
werte im bilanzierenden Unternehmen gibt, die zumindest in einer indirekten Leistungsbeziehung mit der **betrachteten ZGE stehen.** Ist dies der Fall, so ist zu prüfen, ob ein Teil
des Buchwerts des gemeinschaftlichen Vermögenswerts auf einer vernünftigen und stetigen Basis der betrachteten ZGE zugeordnet werden kann. Wird diese Frage bejaht, so ist
der entsprechende Teil des Buchwerts des gemeinschaftlichen Vermögenswerts in den
Buchwert der ZGE einzubeziehen. Für die Aufteilung des gemeinschaftlichen Vermögenswerts kommen dabei grds. mehrere Bemessungsgrundlagen in Frage (z.B. Buchwerte der ZGE, die mit dem gemeinschaftlichen Vermögenswert in Beziehung stehen[230],
oder die tatsächliche Inanspruchnahme durch die betrachtete ZGE)[231]. Wird die Zuordenbarkeit hingegen verneint, so ist der Buchwert der betrachteten ZGE zunächst unter Vernachlässigung des jeweiligen gemeinschaftlichen Vermögenswerts zu ermitteln und dem
erzielbaren Betrag gegenüberzustellen. Anschließend ist – ausgehend von der zunächst
betrachteten ZGE – diejenige (größere) ZGE zu identifizieren, welche die zunächst betrachtete ZGE einschließt und der sich ein Teil des Buchwerts des gemeinschaftlichen
Vermögenswerts auf einer vernünftigen und stetigen Basis zuordnen lässt. Für diese neu

---

228 Vgl. Tz. 237 bzw. zur Ermittlung des Nutzungswerts Tz. 241ff.
229 Vgl. zur Behandlung von gemeinschaftlichen Vermögenswerten auch IAS 36.IE8.
230 Vgl. IAS 36.IE8.
231 Vgl. Beck-IFRS[3], § 27, Rn. 110; unter Bezugnahme auf IAS 36.86 a.F. ADS International, Abschn. 9, Rn. 118.

identifizierte ZGE ist anschließend der Buchwert unter Einbeziehung des relevanten Buchwertteils des gemeinschaftlichen Vermögenswerts zu bestimmen und dem erzielbaren Betrag der neu identifizierten ZGE gegenüberzustellen (IAS 36.102).

249 Vor der Gegenüberstellung des Buchwerts der ZGE mit ihrem erzielbaren Betrag ist darauf zu achten, dass beide Werte im Verhältnis zueinander konsistent ermittelt werden (**Konsistenzprinzip**; IAS 36.75). Das heißt, es gehen nur die Buchwerte derjenigen Vermögenswerte in den Buchwert der ZGE ein, die ihr direkt zugerechnet oder aufgrund einer nachvollziehbaren Allokationsregel zugeordnet werden können und die zur Erwirtschaftung der im Rahmen der Nutzungswertermittlung angesetzten prognostizierten Zahlungsmittelzuflüsse beitragen (IAS 36.76). Insbesondere ist hierbei auf die in den Tz. 243 bis Tz. 245 genannten Sachverhalte zu achten. Werden bspw. aufgrund der Vereinfachungsvorschrift des IAS 36.79[232] künftige Einzahlungen bei der Ermittlung des Nutzungswerts angesetzt, die aus Vermögenswerten resultieren, welche von den Zahlungsströmen der betrachteten ZGE weitestgehend unabhängig sind, so sind die Buchwerte der entsprechenden Vermögenswerte auch bei der Ermittlung des Buchwerts der betroffenen ZGE additiv einzubeziehen. Werden die genannten Einzahlungen entsprechend dem in Tz. 243 beschriebenen Regelfall hingegen nicht nutzungswerterhöhend berücksichtigt, so ist der Buchwert der ZGE unter Vernachlässigung der Buchwerte der jeweiligen Vermögenswerte zu berechnen. In der Praxis ist diese Vorschrift v.a. im Bereich des Umlaufvermögens relevant. So kann der Nutzungswert einer ZGE unter Berücksichtigung von künftigen Einzahlungen, die aus Verkäufen des Vorratsvermögens resultieren, ermittelt werden. In diesem Fall müssen dann jedoch auch die Buchwerte der entsprechenden Vermögenswerte des Vorratsvermögens in den Buchwert der ZGE einbezogen werden. Entsprechend ist vorzugehen, wenn künftige Auszahlungen in die Nutzungswertermittlung einbezogen werden, die mit passivierten Schulden in Verbindung stehen[233].

e) Erfassung von Wertminderungsaufwand bei einer zahlungsmittelgenerierenden Einheit

250 Ein Wertminderungsaufwand für eine ZGE liegt vor, wenn ihr Buchwert ihren erzielbaren Betrag übersteigt (IAS 36.6). Wird für eine ZGE, der nach IAS 36.80 ein Geschäfts- oder Firmenwert zugeordnet wurde[234], ein Wertminderungsaufwand ermittelt, ist zunächst dieser **Geschäfts- oder Firmenwert** abzuschreiben. Ein darüber hinausgehender Wertminderungsaufwand – und Wertminderungsaufwand von ZGE ohne Geschäfts- oder Firmenwerte – wird den **übrigen Vermögenswerten** der ZGE proportional im Verhältnis der Buchwerte zugeordnet (IAS 36.104). Allerdings darf bei der Zuordnung des Wertminderungsaufwands die Wertuntergrenze nicht unterschritten werden, die sich als Maximum von beizulegendem Zeitwert abzgl. Verkaufskosten und Nutzungswert des einzelnen Vermögenswerts (jeweils, sofern bestimmbar) sowie dem Wert null ergibt. Kann einem Vermögenswert aufgrund dieser Wertuntergrenze der proportional auf ihn entfallende Wertminderungsaufwand der ZGE nicht vollständig zugerechnet werden, wird ein verbleibender Restbetrag den anderen Vermögenswerten der ZGE wiederum proportional zu ihren Buchwerten belastet (IAS 36.105).

251 Die nach dem Verteilungsverfahren in Tz. 250 ermittelten **Abschreibungsbeträge** für die einzelnen Vermögenswerte einer ZGE sind grds. erfolgswirksam im Periodenergebnis zu

---
232 Vgl. Tz. 244.
233 Vgl. Tz. 244f.
234 Vgl. Tz. 246.

erfassen. Dies gilt jedoch nicht für Vermögenswerte, die im Rahmen ihrer Folgebewertung regelmäßig neu bewertet werden. Die diesen Vermögenswerten zugeordneten Abschreibungsbeträge sind nach den Vorschriften des Neubewertungsmodells zu erfassen[235]. Sollte bei einer ZGE der ermittelte Wertminderungsaufwand aufgrund der in Tz. 250 genannten Wertuntergrenzen nicht vollständig bei den einzelnen Vermögenswerten erfasst werden können, so ist ein verbleibender Restbetrag nur dann zu passivieren, wenn dies von einem anderen Standard verlangt wird (IAS 36.108), bspw. in Form der Rückstellungsbildung gem. IAS 37. Ist eine Schuld nach diesen Vorschriften nicht anzusetzen, bleibt der Restbetrag im Abschluss unerfasst[236].

f) Wertaufholung (Aufhebung eines Wertminderungsaufwands)

An jedem Abschlussstichtag hat das Unternehmen zu prüfen, ob **Anhaltspunkte** dafür bestehen, dass eine in Vj. erfasste Wertminderung nicht mehr besteht oder sich vermindert haben könnte. In diesem Fall ist der erzielbare Betrag des betreffenden Vermögenswerts zu ermitteln (IAS 36.110). Die hierbei gem. IAS 36.111 zu beachtenden Anhaltspunkte aus externen und internen Informationsquellen entsprechen weitgehend den Anhaltspunkten für eine Wertminderung (IAS 36.12) mit umgekehrtem Vorzeichen. Haben sich die Bewertungsparameter seit der Erfassung der Wertminderung geändert, erfolgt eine Zuschreibung des Buchwerts auf den neuen erzielbaren Betrag (IAS 36.114). Dies gilt allerdings nur, wenn die Werterhöhung mit einer Erhöhung des geschätzten Leistungspotenzials des Vermögenswerts gegenüber dem Zeitpunkt einhergeht, zu dem der Wertminderungsaufwand erfasst wurde (IAS 36.115). Eine Werterhöhung, die allein auf einem durch das Fortschreiten der Zeit verringerten Abzinsungseffekt beruht, ist nicht zu berücksichtigen (IAS 36.116). Obergrenze der Zuschreibung ist jeweils der durch Vornahme von planmäßigen Abschreibungen fortgeschriebene Wert, der sich ohne die frühere Erfassung der Wertminderung ergeben hätte (IAS 36.117). Hinsichtlich der Erfolgswirksamkeit gelten die Regelungen für die Erfassung einer Wertminderung mit umgekehrtem Vorzeichen, d.h., die Werterhöhung ist sofort als Ertrag im Periodenergebnis zu verbuchen, sofern nicht zu Neubewertungsbeträgen bilanziert wurde (IAS 36.119). Der Abschreibungsplan ist an den neuen Buchwert anzupassen (IAS 36.121). **252**

Bei **ZGE** ist die Werterhöhung analog der Vorgehensweise bei der Erfassung einer Wertminderung anteilig auf die Vermögenswerte (mit Ausnahme des Geschäfts- oder Firmenwerts[237]) zu verteilen (IAS 36.122). Der erzielbare Betrag der einzelnen Vermögenswerte der ZGE, sofern bestimmbar, oder ihr ohne Erfassung des Wertminderungsaufwands fortgeschriebener Buchwert dürfen bei dieser Verteilung nicht überschritten werden (IAS 36.123). **253**

g) Angabepflichten

Für jede Gruppe von Vermögenswerten bestehen Angabepflichten bzgl. der in der Berichtsperiode im Gewinn oder Verlust sowie im sonstigen Ergebnis erfassten **Wertminderungsaufwendungen** und Wertaufholungen. Dabei sind jeweils die Angabe der Höhe der Wertminderungsaufwendungen und Wertaufholungen sowie bei der Erfassung im Gewinn oder Verlust auch die betreffenden Posten der Gesamtergebnisrechnung erforderlich (IAS 36.126). **254**

---

235 Vgl. Tz. 152 und 181f.
236 Vgl. *Beyhs*, S. 166.
237 Für Geschäfts- oder Firmenwerte gilt ein Wertaufholungsverbot; vgl. IAS 36.124.

255 Bei **Wesentlichkeit** der Wertminderung oder Werterhöhung eines einzelnen Vermögenswerts (einschließlich Geschäfts- oder Firmenwert) oder einer ZGE für das Unternehmen als Ganzes ergeben sich weitere Angabepflichten für den jeweiligen Wertminderungstest. Hierzu zählen insb. die Ereignisse und Umstände, die zur Wertminderung oder Wertaufholung geführt haben, der Betrag des erfassten Wertminderungsaufwands bzw. der Wertaufholung und die Art des Vermögenswerts bzw. eine Beschreibung der ZGE. Daneben ist anzugeben, ob der erzielbare Betrag der beizulegende Zeitwert abzgl. Verkaufskosten oder der Nutzungswert ist, und die Berechnungsgrundlagen dieser Werte (IAS 36.130). Sind die Wertminderungsaufwendungen bzw. ihre Aufhebung nur als Ganzes für das Unternehmen wesentlich, sind die wichtigsten Gruppen, die von dem Vorgang betroffen sind, sowie die auslösenden Ereignisse und Umstände zu nennen (IAS 36.131).

256 In Bezug auf die **Segmentberichterstattung** des bilanzierenden Unternehmens gem. IFRS 8 sind für jedes berichtspflichtige Segment die erfassten Wertminderungsaufwendungen und Wertaufholungen anzugeben. Dabei ist zwischen Wertminderungsaufwendungen und Wertaufholungen zu unterscheiden, die im Gewinn oder Verlust und im sonstigen Ergebnis (bei Vermögenswerten, die nach dem Neubewertungsmodell bilanziert werden) erfasst wurden (IAS 36.129).

257 IAS 36 sieht besondere Angaben für die regelmäßigen Wertminderungstests vor, die für immaterielle Vermögenswerte mit unbestimmbarer Nutzungsdauer bzw. für Geschäfts- oder Firmenwerte durchzuführen sind. Zunächst sind für jede ZGE, der **Geschäfts- oder Firmenwerte bzw. immaterielle Vermögenswerte mit unbestimmbarer Nutzungsdauer** zugeordnet sind, die **wesentlich** im Verhältnis zum Gesamtbuchwert der Geschäfts- oder Firmenwerte bzw. der immateriellen Vermögenswerte mit unbestimmbarer Nutzungsdauer des bilanzierenden Unternehmens sind, die folgenden Informationen anzugeben (IAS 36.134):

- Buchwert des zugeordneten Geschäfts- oder Firmenwerts;
- Buchwert der zugeordneten immateriellen Vermögenswerte mit unbestimmbarer Nutzungsdauer;
- Angabe, ob der erzielbare Betrag durch den Nutzungswert oder den erzielbaren Betrag bestimmt wurde.

258 Für jede **ZGE** gem. Tz. 257, deren erzielbarer Betrag als **Nutzungswert** bestimmt wurde, sind anzugeben (IAS 36.134(d)):

- eine Beschreibung jeder wesentlichen Annahme für die Zahlungsprognose, d.h. derjenigen Annahmen, auf die der erzielbare Betrag am sensibelsten reagiert;
- eine Beschreibung des Managementansatzes zur Bestimmung des jeder wesentlichen Annahme zugewiesenen Werts (wurden sie bspw. aus Erfahrungswerten abgeleitet, stimmen sie mit unternehmensexternen Informationen überein? etc.);
- der Horizont für die Zahlungsprognose und, sofern die Zahlungsprognose einen Zeitraum von fünf Jahren übersteigt, der Grund hierfür;
- die Wachstumsrate für die Extrapolation der Zahlungen und, sofern diese die langfristige durchschnittliche Wachstumsrate nach Tz. 233 übersteigt, der Grund hierfür;
- Abzinsungssatz, der auf die Zahlungsprognose angewandt wurde.

259 Für jede **ZGE** gem. Tz. 257, deren erzielbarer Betrag als **beizulegender Zeitwert abzgl. Verkaufskosten** bestimmt wurde, ist die Methode zu dessen Bestimmung anzugeben und, sofern dieser nicht über Beobachtung eines Marktpreises ermittelt wurde, außerdem (IAS 36.134(e)(i)-(ii)):

Ansatz und Bewertung einzelner Posten im IFRS-Abschluss N

- eine Beschreibung jeder wesentlichen Annahme für die Ermittlung des beizulegenden Zeitwerts abzgl. der Verkaufskosten, d.h. derjenigen Annahmen, auf die der erzielbare Betrag am sensibelsten reagiert;
- eine Beschreibung des Ansatzes zur Bestimmung des jeder wesentlichen Annahme zugewiesenen Werts (z.B. Herkunft, Zusammenhang mit Erfahrungswerten, Übereinstimmung mit unternehmensexternen Informationen etc.).

Sofern der beizulegende Zeitwert abzgl. Verkaufskosten über ein DCF-Modell ermittelt wird, sind zusätzlich folgende Angaben notwendig (IAS 36.134(e)(iii)-(v)):

- der Zeitraum der prognostizierten Cashflows;
- die zur Extrapolation der Cashflow-Prognosen verwendete Wachstumsrate;
- der oder die für Diskontierungszwecke verwendete Zinssatz/verwendeten Zinssätze.

Für jede **ZGE** gem. Tz. 257, bei der eine für möglich gehaltene **Änderung einer wesentlichen Annahme** zur Bestimmung des erzielbaren Betrags dazu führen würde, dass der Buchwert der ZGE ihren erzielbaren Betrag übersteigt, ist im Sinne einer **Sensitivitätsanalyse** anzugeben (IAS 36.134(f)): **260**

- der Betrag, mit dem der erzielbare Betrag der ZGE ihren Buchwert übersteigt,
- der Wert, der der wesentlichen Annahme zugewiesen wurde,
- der Betrag, um den sich der zuvor genannte Wert ändern müsste, damit – nach Berücksichtigung aller Folgewirkungen dieser Anpassung auf die übrigen wertbestimmenden Variablen – der erzielbare Betrag dem Buchwert entspricht.

Bei **Geschäfts- oder Firmenwerten** sowie bei **immateriellen Vermögenswerten mit unbestimmbarer Nutzungsdauer** kann es dazu kommen, dass diese (anteilig) **mehreren ZGE zugeordnet** sind. Ist ein einzelner derart einer ZGE zugeordneter Betrag nicht wesentlich im Vergleich zum Gesamtbuchwert des Geschäfts- oder Firmenwerts oder der gesamten immateriellen Vermögenswerte mit unbestimmbarer Nutzungsdauer des Unternehmens, ist einerseits diese Tatsache anzugeben. Andererseits ist die Summe der Buchwerte von Geschäfts- oder Firmenwerten bzw. von immateriellen Vermögenswerten mit unbestimmbarer Nutzungsdauer, die solchen ZGE zugeordnet sind, anzugeben. Sollte diese Summe im Vergleich zu den jeweiligen Gesamtbuchwerten des Unternehmens wesentlich sein und die erzielbaren Beträge der betroffenen ZGE auf denselben wesentlichen Annahmen beruhen, so sind für diese ZGE ferner anzugeben (IAS 36.135): **261**

- die Summe der Geschäfts- oder Firmenwerte, die diesen ZGE zugeordnet wurden;
- die Summe der immateriellen Vermögenswerte mit unbestimmbarer Nutzungsdauer, die diesen ZGE zugeordnet wurden;
- eine Beschreibung der wesentlichen Annahmen;
- eine Beschreibung des Managementansatzes zur Bestimmung der den wesentlichen Annahmen zugewiesenen Werte (z.B. Herkunft, Zusammenhang mit Erfahrungswerten, Übereinstimmung mit unternehmensexternen Informationen etc.);
- falls eine für möglich gehaltene Änderung der wesentlichen Annahmen dazu führen würde, dass die Summe der Buchwerte der ZGE über der Summe der erzielbaren Beträge der ZGE liegt, so sind für diese Beträge die Angaben nach Tz. 260 entsprechend zu machen.

5. Leasing
a) Leasingverhältnisse

262 Die Erfassung von Leasingverhältnissen ist in IAS 17 geregelt. Der Standard ist grds. auf alle **Leasingverhältnisse** anzuwenden; jedoch werden Leasingverhältnisse über bestimmte nicht regenerative Ressourcen und Lizenzvereinbarungen über bestimmte immaterielle Vermögenswerte vom Anwendungsbereich ausgeschlossen[238]. Bei Leasingverhältnissen, die als Finanzinvestition gehaltene Immobilien oder biologische Vermögenswerte zum Gegenstand haben, ist IAS 17 als Bewertungsgrundlage dieser Vermögenswerte nicht anzuwenden (IAS 17.2).

263 Die Anwendung von IAS 17 setzt voraus, dass die zu beurteilende Transaktion als Leasingverhältnis einzustufen ist bzw. ein Leasingverhältnis enthält. IAS 17.4 definiert ein **Leasingverhältnis** als eine Vereinbarung, durch die der Leasinggeber dem Leasingnehmer gegen eine Zahlung oder eine Reihe von Zahlungen das Recht zur Nutzung eines Vermögenswerts für einen vereinbarten Zeitraum überträgt. Die Abgrenzung, ob ein Leasingverhältnis vorliegt, kann in der Praxis im Einzelfall Schwierigkeiten bereiten. Vielfach sind Vereinbarungen anzutreffen, die Nutzungsrechte einräumen, jedoch nicht als Leasingvertrag bezeichnet sind. In anderen Fällen sind mehrere Leistungskomponenten in einem Vertrag zusammengefasst (sog. „Mehrkomponenten-Verträge"), wobei eine dieser Leistungskomponenten ein Leasingverhältnis darstellt; in diesem Fall ist die Leasingkomponente herauszulösen und entsprechend der Vorschriften des IAS 17 bilanziell abzubilden[239].

264 Zur Beurteilung, ob eine vertragliche Vereinbarung ein Leasingverhältnis darstellt oder enthält, ist **IFRIC 4** heranzuziehen[240]. IFRIC 4.1 nennt als Beispiele für Verträge, mit denen Nutzungsrechte an einem Vermögenswert übertragen werden können, Outsourcing-Verträge, Vereinbarungen in der Telekommunikationsindustrie über die Bereitstellung von Leitungs- oder Netzkapazitäten sowie sog. Take-or-pay-Vereinbarungen, bei denen der Erwerber festgelegte Zahlungen zu leisten hat, unabhängig davon, ob die vertragliche Leistung in Anspruch genommen wird. Nach IFRIC 4.6 ist bei der Beurteilung des wirtschaftlichen Gehalts einer Vereinbarung hinsichtlich des Vorliegens eines Leasingverhältnisses darauf abzustellen, ob

– die Vertragserfüllung von der Nutzung eines bestimmten Vermögenswerts abhängt und
– der Vertrag ein Recht zur Nutzung des Vermögenswerts überträgt[241].

265 Im Gegensatz zur Beurteilung, ob **einzelne Verträge** ein Nutzungsrecht an einem Vermögenswert enthalten, kann auch eine Beurteilung erforderlich sein, ob mehrere **miteinander verbundene Transaktionen** in einer Gesamtbetrachtung wirtschaftlich auch ein Nutzungsrecht übertragen. SIC-27.3 stellt hierzu klar, dass es erforderlich sein kann, mehrere Transaktionen als einen einheitlichen Geschäftsvorfall zu betrachten und zu bi-

---

238 Vom Anwendungsbereich des IAS 17 sind Leasingverhältnisse in Bezug auf die Entdeckung und Verarbeitung von Mineralien, Öl, Erdgas und ähnlichen nicht regenerativen Ressourcen sowie Lizenzvereinbarungen bspw. über Filme, Videoaufnahmen, Theaterstücke, Manuskripte, Patente und Urheberrechte ausgeschlossen (IAS 17.2). Zur Anwendung des IAS 40 auf Immobilien-Leasingobjekte vgl. *Helmschrott*, DB 2001, S. 2457 (2457-2458).
239 Vgl. zu Beispielen für derartige Vereinbarungen IFRIC 4.1 und zur Notwendigkeit der Trennung der Leasingzahlungen von anderen Zahlungen IFRIC 4.12f., *Ernst & Young*, S. 1247ff., bzw. *KPMG*, Insights into IFRS 2010/11, S. 1246, Rn. 5.1.510.50f.
240 Zu Inhalt und Auswirkungen von IFRIC 4 zur Identifizierung von Leasingverhältnissen vgl. *Kümpel/Becker*, PiR 2008, S. 1 (1-7).
241 Hinsichtlich weiterführender Erläuterungen dieser beiden Voraussetzungen vgl. IFRIC 4.7-9. Zu Inhalt und Auswirkungen von IFRIC 4 zur Identifizierung von Leasingverhältnissen vgl. *Götz/Spanheimer*, BB 2005, S. 259 (259-265).

Ansatz und Bewertung einzelner Posten im IFRS-Abschluss

lanzieren, wenn der wirtschaftliche Gehalt der einzelnen Transaktionen nur bei einer Gesamtbetrachtung verständlich ist. In Betracht kommen Geschäfte, die wirtschaftlich verbunden sind, im Ganzen verhandelt werden und zeitlich aufeinanderfolgend durchgeführt werden[242].

Leasingverhältnisse über **Grundstücke und Gebäude** sind wie andere Leasingverhältnisse entweder als Finanzierungsleasing oder als Operating-Leasingverhältnis nach den allgemeinen Grundsätzen zu klassifizieren, wobei Grundstücke i.d.R. eine unbegrenzte wirtschaftliche Nutzungsdauer haben (IAS 17.15A)[243]. Für die Klassifizierung von Grundstücken bedeutet dies, dass eine lange Leasingvertragsdauer ein Indikator für das Vorliegen eines Finanzierungsleasings ist, gerade weil alle signifikanten Risiken und Chancen auf den Leasingnehmer übergehen[244]. **266**

Bei einem Leasingverhältnis, das Grundstücke und Gebäude umfasst, werden zum Zweck der Leasingklassifizierung die Grundstücke und Gebäude grds. getrennt beurteilt. Die Aufteilung der Mindestleasingzahlungen einschließlich einmaliger Vorauszahlungen erfolgt nach dem Verhältnis der beizulegenden Zeitwerte für die beiden Komponenten zu Beginn des Leasingverhältnisses. Sofern die Leasingzahlungen zwischen diesen beiden Komponenten nicht zuverlässig aufgeteilt werden können, wird das gesamte Leasingverhältnis als Finanzierungsleasingverhältnis eingestuft, solange nicht klar ist, dass beide Komponenten Operating-Leasingverhältnisse sind (IAS 17.16). Grundstück und Gebäude können nur dann als eine Einheit behandelt werden, wenn der für das Grundstück gem. IAS 17.20 anzusetzende Wert – d.h. der niedrigere Wert aus dem beizulegenden Zeitwert und dem Barwert der Mindestleasingzahlungen – unwesentlich ist, wobei die wirtschaftliche Nutzungsdauer des Gebäudes als wirtschaftliche Nutzungsdauer des gesamten Leasinggegenstands gilt (IAS 17.17). **267**

Sofern der Leasingnehmer das Grundstück und das Gebäude als Finanzinvestition gehaltene Immobilie gem. IAS 40 bilanziert und das Modell des beizulegenden Zeitwerts anwendet, ist eine gesonderte Bewertung der beiden Komponenten nur notwendig, wenn eine Einstufung einer oder beider Komponenten ansonsten unsicher wäre (IAS 17.18). **268**

Nach IAS 40 besteht die Möglichkeit, eine im Rahmen eines Operating-Leasingverhältnisses gehaltene Immobilie als Finanzinvestition zu klassifizieren. In diesem Fall erfolgt eine Bilanzierung wie bei einem Finanzierungsleasing. Auf den angesetzten Vermögenswert ist das Modell des beizulegenden Zeitwerts anzuwenden. Diese Bilanzierung ist beizubehalten, auch wenn sich Rechte des Leasingnehmers an der Immobilie durch spätere Ereignisse derart ändern, dass die Voraussetzungen für eine Klassifizierung als Finanzinvestition gehaltene Immobilie nicht mehr erfüllt sind. Beispiele hierfür sind die **269**

---

242 SIC-27IG.A2 nennt hierzu Beispiele, wie etwa Lease-and-leaseback-Transaktionen. Als wesentlicher Anwendungsfall von SIC-27 sind sog. „US-Leasingtransaktionen" zu sehen; vgl. zu den Grundstrukturen derartiger Transaktionen *Bühner/Sheldon*, DB 2001, S. 315 (315-318) und zur bilanziellen Darstellung nach IFRS *Völke*, WPg 2002, S. 669 (669-673).

243 Bis zur Änderung durch das Annual Improvements Project (AIP) 2009 wurden Leasingverträge über Grundstücke normalerweise als Operating-Leasingverhältnisse eingestuft, wenn nicht erwartet werden konnte, dass am Ende der Laufzeit das Grundstückseigentum auf den Leasingnehmer übergeht (IAS 17.14-15 a.F.). Dies wurde damit begründet, dass aufgrund der unbegrenzten wirtschaftlichen Nutzungsdauer eines Eigentumsübergangs normalerweise im Wesentlichen nicht alle mit dem Eigentum verbundenen Risiken und Chancen übertragen werden. Diese Regelungen wurden gestrichen, um insb. bei langfristigen Leasingverhältnissen über Grundstücke eine ökonomisch zutreffende Abbildung – i.d.R. als Finanzierungsleasingverhältnis – zu erreichen. Bei langfristigen Leasingverhältnissen kann der Leasingnehmer hinsichtlich der Chancen und Risiken aus wirtschaftlicher Sicht wie ein Erwerber zu beurteilen sein, unabhängig davon, ob am Ende der Laufzeit das Eigentum übergeht.

244 Vgl. IAS 17.BC8B-BC8C.

eigene Nutzung solcher Immobilien oder die Untervermietung, bei der alle wesentlichen Risiken und Chancen an eine unabhängige dritte Partei übertragen werden[245].

b) Klassifizierung von Leasingverhältnissen

270 Die bilanzielle Behandlung eines identifizierten Leasingverhältnisses ist von dessen **Klassifizierung** abhängig. Die Klassifizierung ist grds. zu Beginn des Leasingverhältnisses (inception of the lease) durchzuführen (IAS 17.13)[246]. IAS 17 unterscheidet zwischen:

- **Finanzierungsleasingverhältnissen** (finance lease), bei denen im Wesentlichen sämtliche mit dem Eigentum an dem Leasinggegenstand verbundenen Risiken und Chancen auf den Leasingnehmer übertragen werden, und
- **Operating-Leasingverhältnissen** (operate lease), bei denen die wesentlichen Eigentumsrisiken an dem Leasinggegenstand beim Leasinggeber verbleiben (IAS 17.4 und .8).

Bei der Klassifizierung eines Leasingverhältnisses ist eher auf den wirtschaftlichen Gehalt der Vereinbarung als auf die formale Gestaltung abzustellen (IAS 17.10)[247]. Da sowohl der Leasinggeber als auch der Leasingnehmer für Zwecke der Bilanzierung das Leasingverhältnis zu klassifizieren haben, ist es möglich, dass beide dasselbe Leasingverhältnis aufgrund unterschiedlicher Informationen und Gegebenheiten abweichend klassifizieren (IAS 17.9).

271 Die Klassifizierung eines Leasingverhältnisses erfordert eine **Gesamtbetrachtung** der einzelnen Gestaltungselemente. IAS 17.10 nennt fünf Beispiele für Situationen und IAS 17.11 zusätzlich drei Indikatoren, die für sich genommen oder in Kombination dazu führen können, dass ein Leasingverhältnis als Finanzierungsleasing zu klassifizieren ist. Diese **Beispiele** und **Indikatoren** dienen als Auslegungsbasis[248]. Je stärker die Indikatoren sowie die in den Beispielen genannten Gestaltungselemente im Sachverhalt ausgeprägt sind, desto mehr spricht dies für die Klassifizierung als Finanzierungsleasing[249].

272 Die fünf **Beispiele für Situationen** des IAS 17.10, die normalerweise einzeln oder in Kombination zur Klassifizierung eines Leasingverhältnisses als Finanzierungsleasing führen, sind nachfolgend aufgeführt:

- Das Eigentum am Leasinggegenstand wird am Ende der Laufzeit des Leasingverhältnisses (ohne weiteres Zutun der Beteiligten)[250] auf den Leasingnehmer übertragen;
- der Leasingnehmer hat die Option, den Vermögenswert zu einem im Optionsausübungszeitpunkt erwartungsgemäß deutlich unter dem beizulegenden Zeitwert liegenden Kaufpreis zu erwerben, sodass zu Beginn des Leasingverhältnisses mit hin-

---

245 Vgl. IAS 17.19.
246 Die Änderungen des IAS 17 durch das AIP 2009 bzgl. der Klassifizierung von Grundstücken und Gebäuden (vgl. IAS 17.15A) sind erstmalig für GJ, die am oder nach dem 01.01.2010 beginnen, anzuwenden (IAS 17.69A). Die dazu erlassenen Übergangsvorschriften des IAS 17.68A schreiben eine Neubeurteilung aller betroffenen und noch nicht beendeten Leasingverhältnisse vor. Sich ergebende Änderungen sind nach den Regelungen des IAS 8 retrospektiv abzubilden.
247 Bei Leasingverträgen über mehrere Objekte (multiple leased assets) mit unterschiedlichen Nutzungsdauern und beizulegenden Zeitwerten sind die Klassifizierungskriterien für jedes Objekt anzuwenden (vgl. *KPMG*, Insights into IFRS 2010/11, S. 1229, Rn. 5.1.260).
248 Zur Diskussion, ob es sich bei den Beispielen und Indikatoren um Auslegungshilfen oder konkrete Zurechnungskriterien handelt, vgl. ADS International, Abschn. 12, Rn. 30.
249 Vgl. ADS International, Abschn. 12, Rn. 30.
250 Vgl. ADS International, Abschn. 12, Rn. 33.

reichender Sicherheit von einer Optionsausübung auszugehen ist (sog. günstige Kaufoption)[251];
- die Laufzeit des Leasingverhältnisses umfasst den überwiegenden Teil der wirtschaftlichen Nutzungsdauer des Leasinggegenstands, auch wenn das rechtliche Eigentum nicht übertragen wird;
- zu Beginn des Leasingverhältnisses entspricht der Barwert der Mindestleasingzahlungen im Wesentlichen mindestens dem beizulegenden Zeitwert des geleasten Vermögenswerts;
- der Leasinggegenstand hat eine derart spezielle Beschaffenheit, sodass ihn nur der Leasingnehmer ohne wesentliche Veränderungen nutzen kann (Spezialleasing).

Die drei Indikatoren des IAS 17.11, die neben den Beispielen des IAS 17.10 einzeln oder in Kombination zur Klassifizierung als **Finanzierungsleasing** führen können, lauten:
- Der Leasingnehmer kann das Leasingverhältnis auflösen und hat die Verluste des Leasinggebers aus der Auflösung zu tragen;
- Gewinne oder Verluste aus Schwankungen des beizulegenden Zeitwerts des Restwerts fallen dem Leasingnehmer zu;
- der Leasingnehmer kann das Leasingverhältnis über eine zweite Mietperiode fortführen und die dabei zu zahlende Miete ist wesentlich niedriger als die marktübliche Miete.

Die Klassifizierung spezifischer Sachverhaltsgestaltungen auf der Grundlage der dargestellten Beispiele und Indikatoren ist häufig **ermessensbehaftet**, da die Einzelkriterien Ermessensspielräume belassen[252].

c) Leasingverhältnisse im Abschluss des Leasingnehmers

Beim **Finanzierungsleasing** hat der Leasingnehmer zu Beginn der Laufzeit des Leasingverhältnisses (commencement of the lease term) einen Vermögenswert und in gleicher Höhe die Verpflichtung für künftige Leasingzahlungen als Schuld in der Bilanz anzusetzen. Die Bewertung hat zu Beginn des Leasingverhältnisses (inception of the lease) mit dem beizulegenden Zeitwert oder, sofern dieser niedriger ist, mit dem Barwert der Mindestleasingzahlungen zu erfolgen (IAS 17.20). Anfängliche direkte Kosten (initial direct costs), die der Verhandlung und dem Abschluss eines Leasingvertrags direkt zugerechnet werden können[253], sind dem für den Vermögenswert angesetzten Betrag hinzuzurechnen (IAS 17.20, .24).

Die **Mindestleasingzahlungen** (minimum lease payments) sind diejenigen Zahlungen, die der Leasingnehmer während der Laufzeit des Leasingverhältnisses zu leisten hat oder zu denen er herangezogen werden kann. Diese umfassen beim Leasingnehmer auch die von ihm oder von nahe stehenden Unternehmen oder Personen gegenüber dem Leasinggeber garantierten Beträge und beim Leasinggeber zusätzlich die diesem gegenüber von einem Dritten garantierten Beträge. Bei einer für den Leasingnehmer günstigen Kaufoption, deren Ausübung hinreichend sicher ist, ist der für die Ausübung der Option zu zahlende Preis ebenfalls einzubeziehen. Nicht einzubeziehen sind bedingte Mietzah-

---

251 Vgl. zur günstigen Kaufoption in der Praxis *Findeisen*, FLF 2005, S. 28 (28-32).
252 Zur Erläuterung der Beispiele und Indikatoren vgl. *Alvarez/Wotschofsky/Miething*, WPg 2001, S. 933 (935-940) und zu den bilanzpolitischen Möglichkeiten vgl. *Vater*, DStR 2002, S. 2094 (2099-2100).
253 Zur Definition anfänglicher direkter Kosten vgl. IAS 17.4.

lungen[254] und vom Leasinggeber zu zahlende Dienstleistungen und Steuern, die ihm erstattet werden (IAS 17.4).

277 Zur Abzinsung ist der **dem Leasingverhältnis zugrunde liegende Zinssatz** (interest rate implicit in the lease) zu verwenden, sofern dieser vom Leasingnehmer ermittelt werden kann; ansonsten ist der Grenzfremdkapitalzinssatz (incremental borrowing rate) des Leasingnehmers zur Barwertermittlung heranzuziehen (IAS 17.20). Der dem Leasingverhältnis zugrunde liegende Zinssatz ist definiert als der Zinssatz, der die folgende Gleichung erfüllt (IAS 17.4)[255]:

$$\sum \begin{matrix} \text{Barwert der Mindest-} \\ \text{leasingzahlungen zzgl. Barwert} \\ \text{des nicht garantierten Restwerts} \end{matrix} = \sum \begin{matrix} \text{Beizulegender Zeitwert des Leasing-} \\ \text{gegenstands zzgl. anfänglicher direk-} \\ \text{ter Kosten des Leasinggebers} \end{matrix}$$

278 Der **Grenzfremdkapitalzinssatz** ist definiert als der Zinssatz, den der Leasingnehmer bei einem vergleichbaren Leasingverhältnis zu zahlen hätte. Kann dieser nicht ermittelt werden, ist der Zinssatz heranzuziehen, der bei einem fremdfinanzierten Kauf des Vermögenswerts unter gleichen Bedingungen hinsichtlich Fristigkeit und Sicherheiten zu zahlen wäre (IAS 17.4).

279 Die **Folgebewertung** der Leasinggegenstände ist gem. IAS 16, IAS 36 bzw. IAS 38 vorzunehmen. Ist zu Beginn des Leasingverhältnisses ein Eigentumsübergang auf den Leasingnehmer nicht hinreichend sicher, so ist der Vermögenswert vollständig über den kürzeren Zeitraum aus der Laufzeit des Leasingverhältnisses und der Nutzungsdauer des Leasinggegenstands abzuschreiben (IAS 17.27).

280 Die **Mindestleasingzahlungen** sind in die anteiligen Finanzierungskosten und den Tilgungsanteil der Restschuld aufzuteilen. Die Finanzierungskosten sind so über die Laufzeit des Leasingverhältnisses als Aufwand zu erfassen, dass sich für die über die Perioden jeweils verbleibende Restschuld eine konstante Verzinsung ergibt. Bedingte Mietzahlungen sind in der Periode ihres Anfallens als Aufwand zu erfassen (IAS 17.25).

281 Die **Anhangangaben** beim Finanzierungsleasing umfassen den Nettobuchwert je Gruppe von Vermögenswerten zum Abschlussstichtag, eine Überleitung der Summe der künftigen Mindestleasingzahlungen zu deren Barwert (auch zeitlich gegliedert), die in der Berichtsperiode als Aufwand erfassten bedingten Mietzahlungen und die Summe der aus unkündbaren Untermietverhältnissen zu erwartenden Mindestzahlungen. Zudem ist eine allgemeine Beschreibung der wesentlichen Leasingvereinbarungen erforderlich, die auch Angaben enthält zur Festlegung bedingter Mietzahlungen, zu vereinbarten Verlängerungs- oder Kaufoptionen und Preisanpassungsklauseln sowie zu aus Leasingvereinbarungen resultierenden Beschränkungen, die etwa Dividenden, weitere Kreditaufnahmen und zusätzliche Leasingverträge betreffen (IAS 17.31). Daneben sind die Anhangangaben anderer Standards zu beachten. Zum einen sind gem. IAS 17.31 die Anhangangaben nach IFRS 7 zu machen. Zum anderen sind zu den Leasinggegenständen ggf. Anhangangaben nach IAS 16, IAS 36, IAS 38, IAS 40 und IAS 41 erforderlich (IAS 17.32).

282 Bei **Operating-Leasingverhältnissen** sind die Leasingzahlungen grds. linear über die Laufzeit des Leasingverhältnisses als Aufwand zu erfassen, es sei denn, eine andere systematische Vorgehensweise trägt dem zeitlichen Verlauf des Nutzens beim Leasingnehmer eher Rechnung (IAS 17.33). Dies gilt auch dann, wenn die Zahlungen nicht der

---

254 Für eine Einbeziehung von bedingten Mietzahlungen (contingent rent) auf der Basis der ersten Leasingrate, wenn die Höhe der Leasingraten von der Höhe bestehender Zinssätze oder Indizes abhängt, vgl. ADS International, Abschn. 12, Rn. 74.

255 Vgl. *Kirsch*, S. 64.

Ansatz und Bewertung einzelner Posten im IFRS-Abschluss

vorgesehenen Aufwandserfassung entsprechen (IAS 17.34). Gewährt ein Leasinggeber einem Leasingnehmer Anreize zum Abschluss eines Operating-Leasingverhältnisses, so hat der Leasingnehmer den daraus resultierenden Nutzen – entsprechend der Erfassung der Leasingzahlungen – grds. linear von den Leasingraten über die Laufzeit des Leasingverhältnisses zu kürzen (SIC-15.5).

Die **Anhangangaben** umfassen 283

- die Summe künftiger Mindestleasingzahlungen aus unkündbaren Operating-Leasingverhältnissen (zeitlich gegliedert);
- die Summe der aus unkündbaren Untermietverhältnissen zu erwartenden Mindestzahlungen;
- im Aufwand erfasste Zahlungen aus Leasingverhältnissen und Untermietverhältnissen, unterteilt nach Mindestleasingzahlungen, bedingten Mietzahlungen und Zahlungen aus Untermietverhältnissen.

Zudem ist eine allgemeine Beschreibung der wesentlichen Leasingvereinbarungen erforderlich, die auch Angaben enthält zur Festlegung bedingter Mietzahlungen, zu vereinbarten Verlängerungs- oder Kaufoptionen und Preisanpassungsklauseln sowie zu aus Leasingvereinbarungen resultierenden Beschränkungen, die etwa Dividenden, weitere Kreditaufnahmen und zusätzliche Leasingverträge betreffen. Darüber hinaus sind die Angaben gem. IFRS 7 zu machen (IAS 17.35).

d) Leasingverhältnisse im Abschluss des Leasinggebers

Vermögenswerte aus einem **Finanzierungsleasing** hat der Leasinggeber in der Bilanz als 284 **Forderung** anzusetzen und mit dem **Nettoinvestitionswert aus dem Leasingverhältnis** (net investment in the lease) zu bewerten (IAS 17.36). Dieser Wert ergibt sich aus der Bruttoinvestition (Summe der Mindestleasingzahlungen aus Sicht des Leasinggebers zzgl. eines dem Leasinggeber zuzurechnenden nicht garantierten Restwerts), abgezinst mit dem Zinssatz, der dem Leasingverhältnis zugrunde liegt (IAS 17.4). Aus der Differenz von Brutto- und Nettoinvestition in das Leasingverhältnis ergibt sich der noch nicht realisierte Finanzertrag (IAS 17.4). Die Leasingzahlungen sind vom Leasinggeber als Kapitalrückzahlung und Finanzertrag zu behandeln (IAS 17.37); dabei sind die Finanzerträge so zu erfassen, dass sich eine konstante periodische Verzinsung der Nettoinvestition des Leasinggebers ergibt (IAS 17.39). Anfängliche direkte Kosten vermindern bei einem Leasinggeber, der nicht Hersteller oder Händler ist, die über die Laufzeit des Leasingverhältnisses zu erfassenden Erträge; bei Leasinggebern, die Hersteller oder Händler sind, werden Aufwendungen aus Verhandlungen und dem Abschluss von Leasingverträgen von der Definition anfänglicher direkter Kosten ausgeschlossen und bei der Erfassung des Verkaufsgewinns aus dem Finanzierungsleasing als Aufwand erfasst (IAS 17.4, .38).

Geschätzte nicht garantierte **Restwerte**, die in den Bruttoinvestitionswert aus dem Lea- 285 singverhältnis eingeflossen sind, sind in regelmäßigen Abständen auf ihre Werthaltigkeit zu überprüfen. Bei einer Minderung des Restwerts ist die Ertragsverteilung über die Laufzeit des Leasingverhältnisses zu berichtigen; Minderungen bereits abgegrenzter Beträge sind unmittelbar erfolgswirksam zu erfassen (IAS 17.41).

Bei Leasinggebern, die **Hersteller oder Händler** sind, unterteilt sich der Ertrag aus dem 286 Leasingverhältnis in zwei Komponenten (IAS 17.43):

- den Gewinn oder Verlust, wie er sich bei einer direkten Veräußerung des Leasinggegenstands unter Berücksichtigung üblicher Preisminderungen und Rabatte ergeben würde;
- den Finanzertrag über die Laufzeit des Leasingverhältnisses.

287 Der **Veräußerungsgewinn** ist nach der gleichen Methode wie bei direkten Verkaufsgeschäften im Periodenergebnis zu erfassen. Werden für die Kalkulation der Leasingraten zur Absatzförderung niedrigere Zinssätze verwendet, ist der Verkaufsgewinn nur in der Höhe zu erfassen, die sich bei der Berechnung der Leasingraten mit einem marktüblichen Zinssatz ergeben hätte. Anfängliche direkte Kosten sind bei der Erfassung des Verkaufsgewinns als Aufwand zu berücksichtigen (IAS 17.42).

IAS 17 enthält keine Regelungen, ob und ggf. wie bei Leasinggebern, die nicht Hersteller oder Händler des Leasinggegenstands sind, Veräußerungsgewinne und -verluste zu erfassen sind. Aus IAS 17.42 ist jedoch im Umkehrschluss zu folgern, dass sich bei der Ausbuchung des Leasingobjekts und dem erstmaligen Ansatz der Nettoinvestition in das Leasingverhältnis beim Leasinggeber keine Ergebniswirkungen ergeben[256].

288 Die **Anhangangaben** umfassen
- eine Überleitung von der Bruttoinvestition in das Leasingverhältnis auf den Barwert der ausstehenden Mindestleasingzahlungen am Abschlussstichtag;
- eine zeitliche Aufgliederung der Bruttoinvestition in das Leasingverhältnis und des Barwerts der ausstehenden Mindestleasingzahlungen am Abschlussstichtag;
- den noch nicht realisierten Finanzertrag;
- die nicht garantierten Restwerte, die zugunsten des Leasinggebers anfallen;
- die kumulierten Wertberichtigungen auf uneinbringliche Mindestleasingzahlungen;
- die als Ertrag erfassten bedingten Mietzahlungen sowie
- eine allgemeine Beschreibung der wesentlichen Leasingvereinbarungen.

Darüber hinaus sind die Angaben gem. IFRS 7 zu machen (IAS 17.47).

289 Bei einem **Operating-Leasingverhältnis** setzt der Leasinggeber die Vermögenswerte in der Bilanz an (IAS 17.49) und nimmt Abschreibungen auf abschreibungsfähige Leasinggegenstände gem. IAS 16 und 38 vor (IAS 17.53). Etwaige Wertminderungen sind auf der Grundlage des IAS 36 zu erfassen (IAS 17.54). Die Leasingerträge sind linear über die Laufzeit des Leasingverhältnisses zu erfassen, sofern nicht eine andere planmäßige Verteilung dem zeitlichen Nutzenverlauf aus dem Leasinggegenstand eher entspricht (IAS 17.50).

290 Die **Anhangangaben** umfassen die Summe und eine zeitliche Aufgliederung der künftigen Mindestleasingzahlungen aus unkündbaren Operating-Leasingverhältnissen, die als Ertrag erfassten bedingten Mietzahlungen und eine allgemeine Beschreibung der Leasingvereinbarungen. Darüber hinaus sind die Angaben gem. IFRS 7 (IAS 17.56) sowie, soweit einschlägig, gem. IAS 16, 36, 38, 40 und 41 erforderlich (IAS 17.57).

e) Sale-and-lease-back-Transaktionen

291 Als Sale-and-lease-back-Transaktion wird die **Veräußerung** eines Vermögenswerts und die anschließende **Rückmietung** desselben Vermögenswerts bezeichnet. Die bilanzielle Behandlung einer Sale-and-lease-back-Transaktion ist davon abhängig, ob die Klassifizierung des Leasingverhältnisses zu einem Finanzierungsleasing oder einem Operating-

---

256 Vgl. ADS International, Abschn. 12, Rn. 247.

Ansatz und Bewertung einzelner Posten im IFRS-Abschluss   N

Leasingverhältnis führt (IAS 17.58). Die Klassifizierung eines Leasingverhältnisses bei einer Sale-and-lease-back-Transaktion hat in Ermangelung besonderer Vorschriften nach den allgemeinen Grundsätzen des IAS 17.7-19 zu erfolgen[257].

Ist die Rückmietung als **Finanzierungsleasing** zu klassifizieren, so darf ein beim Verkäufer (Leasingnehmer) entstehender Veräußerungsgewinn nicht unmittelbar als Ertrag erfasst werden; vielmehr ist dieser Überschuss der Verkaufserlöse über den Buchwert des Vermögenswerts abzugrenzen und über die Laufzeit des Leasingverhältnisses erfolgswirksam zu erfassen (IAS 17.59). 292

Führt die Klassifizierung zu einem **Operating-Leasingverhältnis**, ist die Erfassung von Gewinnen und Verlusten aus der Veräußerung vom Verhältnis des Veräußerungserlöses zum beizulegenden Zeitwert abhängig. Entspricht der Veräußerungserlös dem beizulegenden Zeitwert, ist ein entstehender Gewinn und Verlust sofort zu erfassen. Das gilt auch für einen unter dem beizulegenden Zeitwert liegenden Veräußerungspreis, außer wenn ein Verlust durch unter dem Marktniveau liegende Leasingzahlungen ausgeglichen wird. In diesem Fall ist der Verlust abzugrenzen und im Verhältnis zu den Leasingzahlungen über die voraussichtliche Nutzungsdauer des Leasinggegenstands zu verteilen. Übersteigt der Veräußerungspreis den beizulegenden Zeitwert, so ist der übersteigende Betrag abzugrenzen und über die voraussichtliche Nutzungsdauer des Leasinggegenstands erfolgswirksam zu erfassen (IAS 17.61). Liegt der Buchwert des Vermögenswerts zum Zeitpunkt der Sale-and-lease-back-Transaktion über dem beizulegenden Zeitwert, ist ein Verlust in Höhe des Unterschiedsbetrags sofort zu erfassen (IAS 17.63). Dagegen ist bei einem Finanzierungsleasing eine derartige Korrektur nur notwendig, wenn eine Wertminderung gem. IAS 36 vorliegt, d.h. der Buchwert den erzielbaren Betrag überschreitet (IAS 17.64). 293

Die im Rahmen der Bilanzierung beim Leasinggeber und Leasingnehmer dargestellten **Anhangangaben** sind auch bei Sale-and-lease-back-Transaktionen zu machen. Im Rahmen der Beschreibung der Leasingverhältnisse ist auch auf einzigartige oder ungewöhnliche Bestimmungen bei Sale-and-lease-back-Transaktionen einzugehen (IAS 17.65). 294

f) Exkurs: Zusammenhang zwischen der Klassifizierung von Leasingverhältnissen nach IAS 17 und einer etwaigen Konsolidierungspflicht von Zweckgesellschaften nach SIC-12

Ist der Leasinggeber eine **Leasingobjektgesellschaft**, so ist unabhängig von der Klassifizierung des Leasingverhältnisses anhand der Indikatoren des SIC-12.10 zu beurteilen, ob die Leasingobjektgesellschaft zu konsolidieren ist[258]. Die Indikatoren des SIC-12 basieren grds. wie die dargestellten Beispiele und Indikatoren des IAS 17 auf dem sog. risk and rewards approach: Sie stellen mithin auf die Risiko- und Chancenverteilung zwischen der Zweckgesellschaft und dem Trägerunternehmen ab. Trotz der konzeptionell gleichen Ausrichtung des IAS 17 und des SIC-12 kann es in Einzelfällen zu unterschiedlichen Beurteilungen der Konsolidierungspflicht auf der einen und der Klassifizierung des Leasingverhältnisses auf der anderen Seite kommen. So ist es bspw. denkbar, „dass der Leasingnehmer eine SPE in Form einer Leasingobjektgesellschaft zu konsolidieren hat, obwohl das zwischen der Leasingobjektgesellschaft als Leasinggeber und dem Leasingnehmer abgeschlossene Leasingverhältnis als Operating-Leasingverhältnis i.S.v. IAS 17 zu qualifizieren ist. Aufgrund der unterschiedlichen Ausprägungen des risks and benefits 295

---

257 Vgl. ADS International, Abschn. 12, Rn. 125.
258 Zu den in der Leasingpraxis üblichen Gestaltungen von Leasingobjektgesellschaften und deren Einbeziehung in den Konzernabschluss vgl. *Schimmelschmidt/Happe*, DB 2004, Beil. 9, S. 1 (1-12).

1715

approach lässt die Entscheidung über die Zuordnung von Vermögenswerten somit allenfalls mittelbare Rückschlüsse auf die Konsolidierung einer SPE zu"[259].

g) Aktuelle Entwicklung der Regelungen zur Bilanzierung von Leasingverhältnissen

296 Das IASB hat im August 2010 einen **Exposure Draft**[260] **zur Leasingbilanzierung** veröffentlicht. Dieser resultiert aus dem gemeinsam mit dem FASB durchgeführten Projekt zur Überarbeitung und Vereinheitlichung der Leasingbilanzierung und soll in einen neuen bzw. geänderten Standard zur Bilanzierung von Leasingverhältnissen münden. Das im ED vorgeschlagene Konzept würde sowohl für den Leasingnehmer als auch für den Leasinggeber zu einer fundamentalen Änderung der Leasingbilanzierung führen.

297 Der geplante neue Standard soll die folgenden, bisher für Fragen der Bilanzierung von Leasingverhältnissen einschlägigen Vorschriften, ersetzen: IAS 17 Leasingverhältnisse, IFRIC 4 Feststellung, ob eine Vereinbarung ein Leasingverhältnis enthält, SIC-15 Operating-Leasingverhältnisse – Anreize und SIC-27 Beurteilung des wirtschaftlichen Gehalts von Transaktionen in der rechtlichen Form von Leasingverhältnissen.

298 Nach dem Exposure Draft soll zum einen die Notwendigkeit der Klassifizierung der Leasingverhältnisse beim **Leasingnehmer** entfallen, sodass es für den Leasingnehmer den sog. Off-Balance-Sheet-Effekt und die bisherige Unterscheidung zwischen Finanzierungsleasing und Operating-Leasingverhältnissen nicht mehr geben wird. Kerngedanke der geplanten neuen Vorschrift ist die generelle bilanzielle Erfassung aller Leasingverhältnisse und der damit einhergehenden vertraglichen Rechte und Verpflichtungen in der Bilanz des Leasingnehmers. Leasingnehmer sollen für alle Leasingverhältnisse den sog. right-of-use-Ansatz verwenden. Demnach hat der Leasingnehmer einen Vermögenswert für sein Nutzungsrecht am Leasingobjekt (right-of-use asset) und eine Verbindlichkeit für die zukünftigen Leasingzahlungen (liability to make lease payments) zu erfassen[261]. Mit wenigen Ausnahmen würde daraus resultieren, dass grds. alle Leasingverhältnisse in den Bilanzen der Leasingnehmer abzubilden sind.

299 Für die Bilanzierung von Leasingverhältnissen aus Sicht des **Leasinggebers** werden im ED zwei unterschiedliche Modelle vorgeschlagen: das Performance-Obligation-Modell und das Derecognition-Modell.

300 Sofern der Leasinggeber weiterhin wesentlichen mit dem Leasingobjekt verbundenen Risiken und Chancen ausgesetzt ist, soll das **Performance-Obligation-Modell** Anwendung finden. Hiernach erfolgt beim Leasinggeber weiterhin eine unveränderte Bilanzierung des Leasinggegenstands mit seinen fortgeführten AK. Daneben sollen ein neuer Vermögenswert für die Ansprüche auf zukünftige Leasingzahlungen (right to receive lease payments) und gleichzeitig eine nichtfinanzielle Verbindlichkeit für die Verpflichtung zur Nutzungsüberlassung des Leasinggegenstands (performance obligation) erfasst werden. Im Rahmen des Performance-Obligation-Modells wird das Leasingverhältnis als Gewährung einer Dienstleistung gegenüber dem Leasingnehmer abgebildet, sodass die Erlöse des Leasinggebers mit Erbringung der Nutzungsüberlassungsverpflichtung kontinuierlich über die Leasingdauer realisiert werden[262].

---

259 *IDW ERS HFA 2*, Tz. 64.
260 ED/2010/9 Leases vom 17.08.2010. Vgl. dazu ausführlich *Laubach/Findeisen/Murer*, DB 2010, S. 2401 (2401-2410).
261 Vgl. ED/2010/9.10.
262 Vgl. ED/2010/9.BC16-BC18.

Ansatz und Bewertung einzelner Posten im IFRS-Abschluss N

Das **Derecognition-Modell** soll zur Anwendung kommen, wenn dem Leasinggeber keine 301
wesentlichen Risiken und Chancen aus dem zugrunde liegenden Leasingobjekt verbleiben[263]. Nach dem Derecognition-Modell wird das Leasingverhältnis als teilweise Übertragung des Leasinggegenstands auf den Leasingnehmer interpretiert. Dementsprechend wird ein Teil des Leasinggegenstands ausgebucht und gleichzeitig eine Forderung gegenüber dem Leasingnehmer bzgl. der zukünftigen Leasingzahlungen erfasst (right to receive lease payments). Der auszubuchende Teil repräsentiert das Nutzungsrecht des Leasingnehmers zur Nutzung des Leasingobjekts während der Leasingdauer. Der beim Leasinggeber verbleibende Teil des Leasinggegenstands (residual asset) ist weiterhin beim Leasinggeber zu bilanzieren. Nach dem Derecognition-Modell ist die Leistungsverpflichtung mit der Übergabe des Nutzungsrechts erfüllt, sodass der Leasingnehmer zu diesem Zeitpunkt alle Erlöse zu realisieren hat, die nicht der Finanzierungskomponente eines Leasingvertrags zuzuordnen sind. Bei Anwendung des Derecognition-Modells würde der Leasinggeber folglich bei der Ausbuchung des zur Nutzung überlassenen Teils des Leasingobjekts und der Einbuchung der Leasingforderung einen Gewinn oder Verlust realisieren[264].

Das IASB hat in 2011 verschiedene Änderungen des ursprünglichen Standardentwurfs 302
beschlossen. Dazu gehören u.a. folgende Entscheidungen:

– Für die Bilanzierung beim Leasinggeber wurde das Performance Obligation-Modell aufgegeben. Stattdessen sollen Leasingverhältnisse beim Leasinggeber nach dem Receivable and Residual-Modell, das eine Weiterentwicklung des Derecognition-Modells darstellt, abgebildet werden.
– Für kurzfristige Leasingverhältnisse (Verträge mit einer maximalen Laufzeit von 12 Monaten) wurden Vereinfachungen beschlossen. Danach brauchen Leasingnehmer und Leasinggeber keine Vermögenswerte aus dem Leasingverhältnis anzusetzen, sondern können die Leasingzahlungen während der Laufzeit des Leasingverhältnisses im Gewinn oder Verlust erfassen, ähnlich wie bei der Bilanzierung eines Operating Leasingverhältnisses nach den derzeit gültigen Vorschriften.
– Die Dauer des Leasingverhältnisses wird nun definiert als die unkündbare Grundmietzeit zuzüglich optionaler Perioden, für die ein wesentlicher Anreiz besteht, den Vertrag zu verlängern.
– Variable Mietzahlungen sind bei der Ermittlung der Leasingverpflichtung oder deren Neubeurteilung nur dann einzubeziehen, wenn diese indexbasiert oder wirtschaftlich betrachtet als Mindestleasingzahlungen anzusehen sind.

Zum jetzigen Zeitpunkt hat das IASB noch nicht für alle Themen der Leasingbilanzierung 303
Vorschläge erarbeitet. Ein geänderter Entwurf ist für das erste Halbjahr 2012 geplant. Die Verabschiedung eines endgültigen Standards wird im zweiten Halbjahr 2012 erwartet.

6. Zur Veräußerung gehaltene langfristige Vermögenswerte
a) Definition und Abgrenzung

IFRS 5 definiert die Voraussetzungen, um langfristige Vermögenswerte als zur Veräußerung gehalten zu klassifizieren. Für diese gelten besondere Bewertungs- und Ausweisvorschriften. **Ausgenommen** von den Bewertungsvorschriften des IFRS 5 sind jedoch folgende langfristige Vermögenswerte (IFRS 5.5): 304

– latente Steueransprüche (IAS 12);

---
263 Vgl. ED/2010/9.28-29.
264 Vgl. ED/2010/9.BC19-BC22.

- Vermögenswerte, die aus Leistungen an Arbeitnehmer resultieren (IAS 19);
- finanzielle Vermögenswerte, die in den Anwendungsbereich des IAS 39 fallen;
- langfristige Vermögenswerte, die nach dem Modell des beizulegenden Zeitwerts in IAS 40 bilanziert werden;
- langfristige Vermögenswerte, die mit dem beizulegenden Zeitwert abzgl. geschätzter Verkaufskosten gem. IAS 41 angesetzt werden;
- vertragliche Rechte im Rahmen von Versicherungsverträgen laut Definition in IFRS 4.

305 Die Bewertungs- und Ausweisvorschriften gelten ebenso für langfristige Vermögenswerte, die als zur Ausschüttung an Eigentümer (in ihrer Eigenschaft als Eigentümer) gehalten klassifiziert werden (IFRS 5.5A).

b) Klassifizierung

306 Ein langfristiger Vermögenswert[265] ist als zur Veräußerung gehalten (held for sale) zu klassifizieren, wenn der zugehörige Buchwert nicht durch fortgesetzte Nutzung, sondern überwiegend (principally) durch ein **Veräußerungsgeschäft** realisiert werden soll (IFRS 5.6)[266]. Um dieses Kriterium zu erfüllen, müssen bestimmte Bedingungen erfüllt sein: Der Vermögenswert muss in seinem gegenwärtigen Zustand sofort veräußerbar sein und die Veräußerung muss höchstwahrscheinlich (highly probable)[267] sein (IFRS 5.7f.).

307 Ein Vermögenswert ist **sofort veräußerbar**, wenn ein Unternehmen die Absicht und die Fähigkeit hat, einen Vermögenswert in seinem aktuellen Zustand zu verkaufen. Während eine noch bevorstehende Leerräumung eines Gebäudes der sofortigen Veräußerbarkeit nicht entgegensteht, verhindert eine noch bevorstehende Renovierung die Klassifizierung als zur Veräußerung gehalten[268].

308 Die **Veräußerung** ist **höchstwahrscheinlich**, wenn die zuständige Managementebene einen Plan für die Veräußerung des Vermögenswerts beschlossen hat und vor dem Abschlussstichtag mit der Suche nach einem Käufer und der Durchführung des Plans aktiv begonnen wurde. Dazu muss der Vermögenswert zu einem Preis, der in einem angemessenen Verhältnis zum aktuellen beizulegenden Zeitwert steht, angeboten worden sein (IFRS 5.8).

309 Zudem muss die Veräußerung erwartungsgemäß innerhalb von **zwölf Monaten** nach Klassifizierung als abgeschlossener Verkauf in Betracht kommen (IFRS 5.8). Eine Verzögerung der Veräußerung über diesen Zeitraum hinaus steht der Klassifizierung nicht entgegen, wenn die Umstände nicht vom Unternehmen zu vertreten sind (IFRS 5.9)[269].

310 Soweit für die Veräußerung die **Zustimmung der Anteilseigner** (shareholders' approval) notwendig ist, ist die Wahrscheinlichkeit der Zustimmung der Anteilseigner in die Beurteilung einzubeziehen (IFRS 5.8).

311 Auch ein **Tausch** gegen einen anderen langfristigen Vermögenswert ist als Veräußerungsgeschäft zu qualifizieren, sofern der Tausch wirtschaftliche Substanz aufweist[270] (IFRS 5.10).

---

265 Zur Definition von langfristigen Vermögenswerten vgl. IFRS 5, Appendix A, i.V.m. IAS 1.66; zur Anwendung des IFRS 5 im Fall einer Darstellung nach Liquidität vgl. Fn zu IFRS 5.2, .BC11.

266 Die Veräußerung von Anteilen an einem TU stellt ebenfalls ein Veräußerungsgeschäft in diesem Sinne dar, wenn die Beherrschung verloren geht (IFRS 5.8A). Vgl. zur Klassifizierung insgesamt auch *IDW ERS HFA 2*, Tz. 89f.

267 Highly probable wird laut IFRS 5, Appendix A, definiert als significantly more likely than probable.

268 Vgl. IFRS 5.IG Examples 1 bis 3.

269 Vgl. IFRS 5, Appendix B.

270 Zur wirtschaftlichen Substanz bei einem Tauschgeschäft vgl. IAS 16.25.

Ansatz und Bewertung einzelner Posten im IFRS-Abschluss N

Im Fall der **Stilllegung** sind gem. IFRS 5 die stillgelegten Vermögenswerte jedoch nicht als zur Veräußerung gehalten zu klassifizieren, obwohl – so IFRS 5.13 ausdrücklich – stillgelegte Vermögenswerte die Kriterien zur Klassifizierung als aufgegebener Geschäftsbereich durchaus erfüllen können. 312

Die vorgenannten Vorschriften finden analog auch auf Gruppen von Vermögenswerten (**Veräußerungs- bzw. Abgangsgruppen** (disposal group) [271]) Anwendung (IFRS 5.6). Voraussetzung ist, dass die Vermögenswerte der Gruppe gemeinsam in einer einzigen Transaktion veräußert werden sollen. Auch Schulden, die bei der Transaktion übertragen werden sollen, gehören mit zur Veräußerungsgruppe (IFRS 5, Appendix A). 313

Ein erworbener **Geschäfts- oder Firmenwert** ist mit in die Veräußerungsgruppe einzubeziehen, wenn diese einer ZGE (cash generating unit) entspricht, der entsprechend den Bewertungsvorschriften des IAS 36 der Geschäfts- oder Firmenwert zugeordnet wurde oder es sich um einen Geschäftsbereich innerhalb einer solchen ZGE handelt (IFRS 5, Appendix A). 314

Die Klassifizierung langfristiger Vermögenswerte (oder Veräußerungsgruppen) als zur **Ausschüttung an Eigentümer** gehalten erfordert, dass das Unternehmen zur Ausschüttung an die Eigentümer verpflichtet ist[272]. Dies ist dann der Fall, wenn die Vermögenswerte (oder Veräußerungsgruppen) in ihrem gegenwärtigen Zustand sofort ausgeschüttet werden können und die Ausschüttung höchstwahrscheinlich ist (IFRS 5.12A). 315

Die Ausschüttung ist höchstwahrscheinlich, wenn Maßnahmen zur Durchführung eingeleitet wurden und davon ausgegangen werden kann, dass die Ausschüttung innerhalb von zwölf Monaten ab der Klassifizierung abgeschlossen ist. Zudem muss eine Änderung oder Rückgängigmachung des Plans zur Ausschüttung unwahrscheinlich sein. Eine ggf. notwendige Zustimmung der Anteilseigner muss zum Zeitpunkt der Klassifizierung noch nicht vorliegen. Die Wahrscheinlichkeit der Zustimmung der Anteilseigner ist aber bei der Beurteilung ebenfalls zu berücksichtigen (IFRS 5.12A).

c) **Erstmalige Bewertung nach IFRS 5 zum Zeitpunkt der Klassifizierung**
aa) **Bewertung einzelner Vermögenswerte**

Ein langfristiger Vermögenswert, der als zur Veräußerung gehalten klassifiziert wird, ist mit dem **niedrigeren Wert** aus seinem aktuellen **Buchwert** (carrying amount) und dem **beizulegenden Zeitwert abzgl. Veräußerungskosten** (fair value less costs to sell) zu bewerten (IFRS 5.15). 316

Der Buchwert ist anhand der (letztmalig) vor der Klassifizierung anzuwendenden Bewertungsvorschriften zu ermitteln (IFRS 5.18), d.h., insb. sind noch planmäßige Abschreibungen bis zum Zeitpunkt der Klassifizierung zu erfassen und Wertminderungstests durchzuführen[273]. 317

Eine etwaige Abwertung vom Buchwert auf einen niedrigeren beizulegenden Zeitwert[274] abzgl. Veräußerungskosten[275] ist als Wertminderung (impairment) erfolgswirksam im Periodenergebnis zu erfassen (IFRS 5.20). 318

---

271 Zum Begriff der Abgangsgruppe vgl. auch *IDW ERS HFA 2*, Tz. 96.
272 Die Ausnahmen vom Anwendungsbereich des IFRIC 17 (IFRIC 17.4-7) bestehen in IFRS 5 nicht.
273 Vgl. *KPMG*, Insights into IFRS 2010/11, S. 1313-1314, Rn. 5.4.50.10, bzw. *PricewaterhouseCoopers*, Manual of Accounting, S. 26040f, Rn. 26.110.
274 Definition vgl. IFRS 5, Appendix A.
275 Definition vgl. IFRS 5, Appendix A.

1719

319 Ein langfristiger Vermögenswert, dessen **Erwerb mit Weiterveräußerungsabsicht** erfolgt, ist mit dem niedrigeren Wert aus Buchwert, mit dem der Vermögenswert beim Zugang zu bewerten wäre, wenn er nicht mit Veräußerungsabsicht erworben worden wäre (bspw. AK), und dem beizulegenden Zeitwert abzgl. Veräußerungskosten zu bewerten (IFRS 5.16). Vermögenswerte, die mit Weiterveräußerungsabsicht im Rahmen eines Unternehmenszusammenschlusses erworben wurden, sind mit dem beizulegenden Zeitwert abzgl. Veräußerungskosten zu bewerten (IFRS 3.31).

bb) Bewertung von Veräußerungsgruppen

320 Die vorgenannten Bewertungsvorschriften finden **analog** auch Anwendung auf Veräußerungsgruppen. Unmittelbar vor der Klassifizierung hat die Bewertung sämtlicher einbezogener Vermögenswerte und Schulden nach den bisherigen Regelungen zu erfolgen. Zum Zeitpunkt der Klassifizierung erfolgt dann die Bewertung der gesamten Veräußerungsgruppe nach IFRS 5.15. Dabei ist der Buchwert der Veräußerungsgruppe, bestehend aus der Summe der Buchwerte sämtlicher Vermögenswerte abzgl. Schulden, die bei der Transaktion veräußert bzw. übertragen werden sollen, mit dem gesamten beizulegenden Zeitwert der Veräußerungsgruppe abzgl. Veräußerungskosten zu vergleichen.

321 Liegt der beizulegende Zeitwert abzgl. Veräußerungskosten unterhalb des Buchwerts der Veräußerungsgruppe, ist die Differenz zum Buchwert als Wertminderung zu erfassen (IFRS 5.20). Zu verteilen ist der Wertminderungsaufwand nur auf die Vermögenswerte, die in den Anwendungsbereich der Bewertungsvorschriften des IFRS 5 fallen[276]. Die Verteilung ist entsprechend der Vorgehensweise des IAS 36 zuerst auf Geschäfts- oder Firmenwerte und nachfolgend auf diejenigen Vermögenswerte im Verhältnis ihrer Buchwerte vorzunehmen, die in den Anwendungsbereich der Bewertungsvorschriften des IFRS 5 fallen (IFRS 5.23)[277]. Die nicht in den Anwendungsbereich der Bewertungsvorschriften fallenden Vermögenswerte werden weiter nach den für sie einschlägigen Vorschriften bewertet.

cc) Bewertung von Tochterunternehmen, Gemeinschaftsunternehmen und assoziierten Unternehmen

322 Einen Sonderfall stellt der Erwerb eines TU dar, das mit Weiterveräußerungsabsicht erworben wird. Dieses ist zwar zu konsolidieren[278]; jedoch ist es nicht notwendig, die AK des Unternehmenszusammenschlusses auf sämtliche erworbenen Vermögenswerte, Schulden und Eventualschulden einzeln zu verteilen. Vielmehr kann eine **vereinfachte Konsolidierung** angewandt werden[279]: Die AK werden mit dem beizulegenden Zeitwert des erworbenen TU gleichgesetzt, anschließend ist der beizulegende Zeitwert der Schulden zu ermitteln. Der beizulegende Zeitwert der Vermögenswerte ergibt sich als Differenz zwischen den AK und dem beizulegenden Zeitwert der Schulden[280].

323 Anteile an assoziierten Unternehmen und an GU sind zum Zeitpunkt des Erwerbs gem. IFRS 5 zu bewerten, sofern die Kriterien zur Klassifizierung erfüllt sind[281].

---

276 Vgl. zur Abgrenzung der (langfristigen) Vermögenswerte, die in den Anwendungsbereich des IFRS 5 fallen, die Ausführungen in Tz. 304f.
277 Vgl. IAS 36.104(a) und (b).
278 Vgl. IAS 27.12 einschließlich Fußnote.
279 Für im Rahmen des Unternehmenszusammenschlusses erworbene Vermögenswerte, die nicht unter die Bewertungsvorschriften des IFRS 5 fallen, sind dennoch gesondert die beizulegenden Zeitwerte abzgl. Veräußerungskosten zu ermitteln, sofern deren Folgebewertung im sonstigen Ergebnis durchzuführen ist. Vgl. *KPMG*, Insights into IFRS 2010/11, S. 1326, Rn 5.4.250.
280 Vgl. IFRS 5.IG Example 13.
281 Vgl. IAS 28.13(a) und .14 sowie IAS 31.42.

dd) Bewertung von zur Ausschüttung gehaltenen Vermögenswerten

Im Fall der Klassifizierung als zur Ausschüttung gehalten erfolgt die Bewertung mit dem niedrigeren Wert aus aktuellem Buchwert und dem beizulegenden Zeitwert abzgl. Ausschüttungskosten (fair value less costs to distribute)[282]. 324

d) Folgebewertung

Ein abnutzbarer Vermögenswert, der als zur Veräußerung i.S.d. IFRS 5 gehalten wird, ist **nicht** weiter **planmäßig abzuschreiben** (IFRS 5.25). 325

An den auf die Klassifizierung folgenden Abschlussstichtagen sind die Vermögenswerte erneut mit den beizulegenden Zeitwerten abzgl. Veräußerungskosten zu bewerten. Weitere **Abwertungen** sind dabei im Periodenergebnis als Wertminderung (impairment) zu erfassen (IFRS 5.20). **Aufwertungen** sind ebenfalls erfolgswirksam zu erfassen; jedoch dürfen maximal die gem. IFRS 5 und etwaige zuvor gem. IAS 36 erfasste Wertminderungen rückgängig gemacht werden (IFRS 5.21). 326

Bei **Veräußerungsgruppen** sind zum Zeitpunkt einer Folgebewertung zuerst die nicht in den Anwendungsbereich der Bewertungsvorschriften des IFRS 5 fallenden Vermögenswerte nach den für sie einschlägigen Bewertungsvorschriften zu bewerten, bevor die Veräußerungsgruppe insgesamt bewertet wird (IFRS 5.19). 327

Eine **Abwertung** der Veräußerungsgruppe insgesamt gegenüber dem Zeitpunkt der Klassifizierung (oder einer bereits erfolgten Folgebewertung) ist im Periodenergebnis als Wertminderung zu erfassen, soweit diese nicht bereits nach IFRS 5.19 erfasst wurde (IFRS 5.20). 328

Aufwertungen der Veräußerungsgruppe insgesamt sind ebenfalls erfolgswirksam zu erfassen, soweit sie nicht bereits nach IFRS 5.19 erfasst wurden, und dürfen die kumulierten Wertminderungen nach IFRS 5 und IAS 36 nicht übersteigen (IFRS 5.22). 329

Die Abwertungen der Veräußerungsgruppe insgesamt haben entsprechend der Reihenfolge in IAS 36.104 zu erfolgen, d.h. zuerst auf Geschäfts- oder Firmenwerte und nachfolgend auf die in den Anwendungsbereich der Bewertungsvorschriften des IFRS 5 fallenden Vermögenswerte im Verhältnis ihrer Buchwerte (IFRS 5.23). Aufwertungsbeträge sind hingegen nur auf die Vermögenswerte im Verhältnis ihrer Buchwerte zu verteilen. Für den Geschäfts- oder Firmenwert besteht ein Zuschreibungsverbot (IAS 36.122). 330

Der **Zeitpunkt der Veräußerung** richtet sich nach den Vorschriften der IAS 16 und IAS 38; noch nicht erfasste Gewinne oder Verluste sind zum Zeitpunkt der Ausbuchung im Periodenergebnis zu erfassen (IFRS 5.24). 331

e) Planänderungen

Vermögenswerte oder Veräußerungsgruppen, die die Kriterien als zur Veräußerung gehalten nicht mehr erfüllen, sind nicht mehr als solche zu klassifizieren, zu bewerten und auszuweisen. Die Bewertung erfolgt zum niedrigeren Wert aus dem Buchwert, der sich ohne die Klassifizierung ergeben hätte (Buchwert vor der Klassifizierung, angepasst um planmäßige Abschreibungen und Neubewertungen (revaluations)) und dem erzielbaren Betrag (recoverable amount)[283] im Zeitpunkt der Entscheidung, nicht mehr zu veräußern (IFRS 5.27). 332

---

[282] Vgl. IFRS 5.15A; zu den Ausschüttungskosten vgl. Fn. zu IFRS 5.15A.
[283] Zur Definition des erzielbaren Betrags vgl. IAS 36.18 sowie Tz. 210.

333 Wird ein **assoziiertes Unternehmen** oder ein **Gemeinschaftsunternehmen** nicht mehr als zur Veräußerung gehalten klassifiziert, sind die anzuwendenden Bewertungs- bzw. Konsolidierungsmethoden (Equity-Bewertung bzw. anteilsmäßige Konsolidierung) rückwirkend anzuwenden; Vj. sind dabei anzupassen (IAS 28.15 und IAS 31.43).

f) Ausweis und Anhangangaben[284]

334 Die zur Veräußerung gehaltenen langfristigen Vermögenswerte, die Vermögenswerte der Veräußerungsgruppen und die Vermögenswerte der mit Weiterveräußerungsabsicht erworbenen TU sind getrennt von anderen Vermögenswerten in einem **gesonderten Bilanzposten** auszuweisen. Der Bilanzposten umfasst damit auch Vermögenswerte, die nicht in den Anwendungsbereich der Bewertungsvorschriften des IFRS 5 fallen. Die im Rahmen einer geplanten Veräußerung zu übertragenden Schulden sind getrennt von anderen Schulden in einem ebenfalls gesonderten Bilanzposten auszuweisen. Vermögenswerte und Schulden dürfen dabei **nicht saldiert** werden (IFRS 5.38). Anpassungen für das Vj. sind nicht vorzunehmen (IFRS 5.40).

335 Die Hauptgruppen der in den gesonderten Posten zusammengefassten Vermögenswerte und Schulden sind (mit Ausnahme der Posten eines erworbenen TU; IFRS 5.39) in der Bilanz oder im Anh. **aufzugliedern** (IFRS 5.38).

336 Zusätzlich sind folgende Angaben im Anh. zu machen:
- Beschreibung der langfristigen Vermögenswerte und Veräußerungsgruppen (IFRS 5.41(a));
- Beschreibung der Sachverhalte, Umstände, Art und Weise und des voraussichtlichen Zeitpunkts der (erwarteten) Veräußerung (IFRS 5.41(b));
- der gem. IFRS 5 erfasste Gewinn oder Verlust unter Angabe des Postens der Gesamtergebnisrechnung, sofern nicht gesondert ausgewiesen (IFRS 5.41(c)), und
- das Segment, in dem die langfristigen Vermögenswerte oder Veräußerungsgruppen enthalten sind, sofern eine Segmentberichterstattung erstellt wird (IFRS 5.41(d)).

337 Werden die Kriterien als zur Veräußerung gehalten erst **nach dem Abschlussstichtag** erfüllt, darf der langfristige Vermögenswert (bzw. die Veräußerungsgruppe) in dem betreffenden Abschluss nicht als zur Veräußerung gehalten klassifiziert werden. Werden die Kriterien als zur Veräußerung gehalten **nach dem Abschlussstichtag, jedoch vor der Genehmigung zur Veröffentlichung** des Abschlusses erfüllt, sind die Anhangangaben gem. IFRS 5.41(a), (b) und (d) zu machen (IFRS 5.12).

338 Liegt eine Planänderung vor, so ist diese im Anh. zu beschreiben; Vorjahreszahlen sind grds. nicht anzupassen (IFRS 5.42, .28).

---

[284] Zu den Ausweis- und Anhangangaben bei aufgegebenen Geschäftsbereichen vgl. Tz.1001ff.

Ansatz und Bewertung einzelner Posten im IFRS-Abschluss   N

7. Vorräte

a) Zielsetzung und Anwendungsbereich

Die Bilanzierung und Bewertung von **Vorräten** ist im Wesentlichen in IAS 2 geregelt[285]. **339**
Definiert sind Vorräte als Vermögenswerte, die

- zum Verkauf im normalen Geschäftsgang gehalten werden;
- sich in der Herstellung für einen solchen Verkauf befinden oder
- als Roh-, Hilfs- und Betriebsstoffe zum Verbrauch bei einer solchen Herstellung oder bei der Erbringung einer Dienstleistung bestimmt sind (IAS 2.6).

Der Anwendungsbereich des IAS 2 umfasst zum Weiterverkauf erworbene Waren, einschließlich zum Verkauf bestimmter Grundstücke und Gebäude[286], fertige und unfertige Erzeugnisse, Roh-, Hilfs- und Betriebsstoffe[287] sowie unfertige Leistungen. Die Bilanzierung unfertiger Erzeugnisse und unfertiger Leistungen richtet sich entweder nach den Regelungen für Vorräte in IAS 2 oder nach den Regelungen in IAS 11 für Fertigungsaufträge. IAS 11 ist hierbei als Spezialnorm zu IAS 2 zu verstehen. Dies bedeutet, dass unfertige Erzeugnisse immer dann nach Maßgabe des IAS 11 abzubilden sind, wenn die Fertigung Gegenstand eines Vertrags ist, der eine kundenspezifische Fertigung einzelner Gegenstände oder einer Anzahl von Gegenständen vorsieht, die hinsichtlich Design, Technologie und Funktion oder hinsichtlich ihrer Verwendung aufeinander abgestimmt oder voneinander abhängig sind (IAS 11.3)[288]. **340**

Die Erfassung richtet sich nach den allgemeinen Grundsätzen des Rahmenkonzepts für Vermögenswerte (CF.4.8-14, .44-45)[289]. Bei unterwegs befindlichen Gütern werden die Vermögenswerte zum Zeitpunkt des Gefahrenübergangs beim Empfänger erfasst, Kommissionswaren zählen zu den Vorräten des Kommittenten, Vorräte in Konsignationslägern werden dem Empfänger mit der Entnahme zugerechnet[290]. Ersatz- und Verschleißteile werden als Vorräte eingestuft, es sei denn, dass sie über mehr als eine Periode genutzt werden können. Wiederverwendbare Verpackungen, die über mehrere Perioden genutzt werden, wie z.B. Pfandflaschen, zählen zu den Sachanlagen[291]. **341**

b) Bewertung

aa) Anschaffungs- oder Herstellungskosten von Vorräten

Vorräte sind bis zur Veräußerung mit den AK oder HK (cost) oder dem niedrigeren Nettoveräußerungswert (net realisable value) zu bewerten (IAS 2.9). Die **Anschaffungs- oder Herstellungskosten** von Vorräten umfassen sämtliche Kosten des Erwerbs, der Be- und Verarbeitung sowie die sonstigen Kosten, die angefallen sind, um die Vorräte an ihren **342**

---

285 Nicht anwendbar ist IAS 2 auf unfertige Erzeugnisse im Rahmen von Fertigungsaufträgen (IAS 11), Finanzinstrumente (IAS 32, IAS 39) und biologische Vermögenswerte (IAS 41) (vgl. Tz. 2.2). Hinsichtlich der Bewertung ist IAS 2 nicht anwendbar auf Vorräte von Erzeugern land- und forstwirtschaftlicher Erzeugnisse, landwirtschaftlichen Produktionen nach der Ernte sowie Mineralien und mineralischen Stoffen, soweit diese zum Nettoveräußerungswert bewertet werden. Ebenso sind vom Anwendungsbereich des IAS 2 hinsichtlich der Bewertung Vorräte von Warenmaklern/-händlern ausgenommen, soweit sie zum beizulegenden Zeitwert abzüglich der Veräußerungskosten bewertet werden (vgl. IAS 2.3).
286 Zur Zuordnung von Immobilien zu den Anwendungsbereichen von IAS 2, IAS 11, IAS 16, IAS 40 oder IFRS 5 vgl. *Künkele/Zwirner*, IRZ 2009, S. 97 (97-99).
287 In den Anwendungsbereich des IAS 2 fallen jedoch keine Betriebsstoffe produktionsfremder Bereiche, vgl. unter Bezugnahme auf IAS 2.4 a.F. ADS International, Abschn. 15, Rn. 22.
288 Vgl. Tz. 355.
289 Zu den Erfassungsvoraussetzungen detailliert unter Bezugnahme auf IAS 2.4 a.F. ADS International, Abschn. 15, Rn. 26.
290 Vgl. unter Bezugnahme auf IAS 18.14 a.F. ADS International, Abschn. 15, Rn. 27.
291 Vgl. *KPMG*, Insights into IFRS 2010/11, S. 685, Rn 3.8.40.

derzeitigen Ort und in ihren derzeitigen Zustand zu bringen (IAS 2.10)[292]. Wird der Kaufpreis für Vorräte über ein branchenübliches Zahlungsziel hinaus gestundet, so erfolgt der Ansatz der Vorräte mit dem **Barwert**. Die HK enthalten weder Gewinnmargen noch nicht zurechenbare Gemeinkosten. Die Differenz zwischen dem Einkaufspreis und dem Barwert ist als Zinsaufwand nach der Effektivzinsmethode zu erfassen (IAS 2.18). IAS 2.19 sieht für **Dienstleistungsunternehmen** vor, dass diese ebenfalls etwaige unfertige Leistungen zu HK bewerten, wobei in diesem Fall insb. Personalkosten anfallen[293]. Landwirtschaftliche Erzeugnisse sind zum Zeitpunkt der Ersterfassung nach erfolgter Ernte zum beizulegenden Zeitwert abzgl. der geschätzten Kosten zum Verkaufszeitpunkt (fair value less costs to sell at the point of harvest; IAS 2.20) zu bewerten.

343 Resultiert aus einem einzelnen Produktionsprozess mehr als ein Produkt (**Kuppelproduktion**), fordert IAS 2.14 eine Schlüsselung der gesamten HK auf die einzelnen Produkte auf sachgerechter und konsistenter Basis, sofern sich die HK der einzelnen Produkte nicht unmittelbar feststellen lassen. Fallen Nebenprodukte in unwesentlichem Umfang an, können die Nebenprodukte zum Nettoveräußerungswert angesetzt werden; die HK des Hauptprodukts werden in diesem Fall als Differenz zwischen den Gesamtherstellungskosten und den Nettoveräußerungswerten der Nebenprodukte berechnet.

bb) Verfahren zur Bewertung und Zuordnung der Anschaffungs- oder Herstellungskosten

344 Zur **Vereinfachung** der Ermittlung der AK oder HK kommen folgende Verfahren in Betracht:

– **Standardkosten**, die auf der Basis der normalen Höhe des Materialeinsatzes und der Fertigungslöhne sowie der normalen Leistungsfähigkeit und Kapazitätsauslastung berechnet werden. Die verwendeten Standardkosten sind dabei regelmäßig zu überprüfen und ggf. zu aktualisieren (IAS 2.21);

– die **retrograde Methode**, bei der die AK der Vorräte durch Abzug einer angemessenen Bruttogewinnspanne vom erwarteten Verkaufspreis ermittelt werden. Die Höhe der Bruttogewinnspanne kann als Durchschnittswert für eine Produktgruppe (for each retail department) ermittelt werden. Diese Methode gelangt häufig zur Anwendung bei einer großen Anzahl von Vorratsposten mit hoher Umschlagshäufigkeit und ähnlichen Bruttogewinnspannen, für die ein anderes Verfahren der Anschaffungskostenermittlung nicht praktikabel ist (IAS 2.22).

345 Gemäß IAS 2.23 sind Vorräte grds. **einzeln** zu bewerten. Diese Vorgehensweise ist bei Einzelstücken oder Vorräten, die für spezielle Projekte angeschafft wurden und vom übrigen Bestand getrennt aufbewahrt werden, möglich[294]. Bei einer großen Zahl gleichartiger bzw. austauschbarer Vermögenswerte, für die eine Einzelbewertung nicht praktikabel ist, nennt IAS 2.25 (i.V.m. 2.27) die folgenden Zuordnungsverfahren (cost formulas):

– die Bewertung zum **Fifo-Verfahren**, bei dem angenommen wird, dass die zuerst gekauften bzw. produzierten Vorräte als Erstes verbraucht oder verkauft werden;

– die Bewertung zum **gewogenen Durchschnitt**; dieser kann periodenbezogen oder gleitend bei jedem Neuzugang ermittelt werden.

---
292 Vgl. Tz. 109ff.
293 Vgl. die Ausführungen in Tz. 373.
294 Vgl. unter Bezugnahme auf IAS 2.19-20 a.F. ADS International, Abschn. 15, Rn. 61.

Ein Unternehmen kann unter Beachtung des Stetigkeitsgrundsatzes grds. frei bestimmen, welches der Vereinfachungsverfahren angewandt wird. Allerdings muss nach IAS 2.25 ein Unternehmen für alle Vorräte von **ähnlicher Beschaffenheit und Verwendung** das gleiche Verfahren der Zuordnung von AK oder HK anwenden. Unterschiedliche Zuordnungsverfahren können bei unterschiedlicher Beschaffenheit oder Verwendung, bspw. bei Verwendung bestimmter Rohstoffe in unterschiedlichen Geschäftsbereichen, gerechtfertigt sein. Unterschiedliche geografische Standorte von Vorräten allein sind nicht ausreichend, um unterschiedliche Zuordnungsverfahren zu rechtfertigen (IAS 2.26). 346

Andere als die in IAS 2 genannten Verbrauchsfolgeverfahren (z.B. Lifo) dürfen nicht angewandt werden[295]. Allerdings darf ein dem Lifo-Verfahren vergleichbares Verfahren u.U. angewandt werden, wenn es den tatsächlichen Verbrauchsverhältnissen entspricht (IAS 2.BC19). 347

cc) Wertminderung

Nach IAS 2.28 ist eine **Wertminderung auf den Nettoveräußerungswert** vorzunehmen, falls dieser unter den aktivierten AK oder HK liegt. Der **Nettoveräußerungswert** ist der geschätzte, im normalen Geschäftsgang erzielbare Verkaufserlös abzgl. der geschätzten Kosten bis zur Fertigstellung und der geschätzten notwendigen Vertriebskosten (IAS 2.6). Bei der Ermittlung des Nettoveräußerungswerts darf nicht von einem Zwangs- oder Notverkauf ausgegangen werden. Jedoch erfolgt die Ermittlung nicht zwingend unter der Annahme, dass ein Veräußerungsgeschäft zwischen unabhängigen, sachverständigen und vertragswilligen Geschäftsparteien vorliegt. Erfolgt regelmäßig eine Veräußerung zwischen nahe stehenden Personen, ist es daher zulässig, die dort erzielten Preise als Nettoveräußerungswert zugrunde zu legen[296]. 348

Die Wertminderung erfolgt im Regelfall als **Einzelwertberichtigung** (IAS 2.29). Bei ähnlichen oder miteinander in Zusammenhang stehenden Vermögenswerten kann jedoch auch eine Gruppenbewertung sachgerecht sein, bspw. bei Vorräten derselben Produktgruppe, die einen ähnlichen Verwendungszweck haben und an demselben geografischen Standort produziert und vermarktet werden. Dienstleistungsunternehmen haben generell jede mit einem gesonderten Preis abzurechnende Leistung einzeln zu bewerten (IAS 2.29). 349

Die Ermittlung des Nettoveräußerungswerts hat auf Grundlage der zuverlässigsten zum Zeitpunkt der Wertermittlung zur Verfügung stehenden Informationen zu erfolgen; Ereignisse nach dem Abschlussstichtag mit **wertaufhellendem Charakter** sind zu berücksichtigen (IAS 2.30). 350

Die **beabsichtigte Verwendung** der Vorräte ist bei der Bewertung zu berücksichtigen. Sind bspw. über bestimmte Vorratsmengen Liefer- oder Leistungsverträge abgeschlossen, basiert der Nettoveräußerungswert auf den vertraglich fixierten Preisen; darüber hinausgehende Bestände sind dann auf der Basis der allgemeinen Verkaufspreise zu bewerten (IAS 2.31). Für die Herstellung von Vorräten bestimmte Roh-, Hilfs- und Betriebsstoffe sind absatzmarktbezogen zu bewerten, d.h. nur dann abzuwerten, wenn die entsprechenden Fertigerzeugnisse nicht mindestens zu ihren HK verkauft werden können. Ist eine Wertminderung erforderlich, können die Wiederbeschaffungskosten ein geeigneter Schätzwert für den Nettoveräußerungswert sein (IAS 2.32). 351

---

295 Vgl. *Baetge* u.a., IFRS², Teil B, IAS 2, Rn. 83.
296 Vgl. unter Bezugnahme auf IAS 2.4 a.F. ADS International, Abschn. 15, Rn. 123.

352 Der Nettoveräußerungswert ist in den **Folgeperioden zu überprüfen**. Bei Wegfall des Wertminderungsgrunds ist zwingend auf den höheren Nettoveräußerungswert, höchstens jedoch auf die ursprünglichen AK oder HK, zuzuschreiben (IAS 2.33).

c) Zeitliche Erfassung von Aufwand

353 Aufwand aufgrund des Verkaufs von Vorräten ist in der Periode zu erfassen, in der die mit dem Verkauf einhergehenden Umsatzerlöse (revenue) nach den Grundsätzen des IAS 18 realisiert werden. Wertminderungen auf den niedrigeren Nettoveräußerungswert sind in der Periode zu erfassen, in der die Wertverhältnisse, die die Abschreibung begründen, eingetreten sind. Wertaufholungen sind als Minderung des Materialaufwands in der Berichtsperiode, in der die entsprechenden Wertverhältnisse eingetreten sind, zu erfassen (IAS 2.34). Eine Erfassung über mehrere Perioden kommt nur in Frage, wenn die Vorräte z.b. als Teil von selbst erstellten Sachanlagen verwendet werden (IAS 2.35).

d) Anhangangaben

354 Für das Vorratsvermögen bestehen im Wesentlichen **Angabepflichten** zu den folgenden Sachverhalten (IAS 2.36):

- angewandte Bilanzierungs- und Bewertungsverfahren einschließlich der Zuordnungsverfahren;
- Gesamtbuchwert der Vorräte sowie die Buchwerte in einer unternehmensspezifischen Untergliederung[297];
- Buchwert der Vorräte, die mit dem beizulegenden Zeitwert abzgl. Veräußerungskosten angesetzt wurden;
- Materialaufwand bzw. die Umsatzkosten (cost of sales[298]) der Berichtsperiode;
- der auf das Vorratsvermögen entfallende Betrag von Wertminderungen;
- Wertaufholungen sowie deren Ursachen;
- Buchwert von als Sicherheiten verpfändeten Vorräten.

8. Fertigungsaufträge
a) Zielsetzung und Anwendungsbereich

355 Die Erlöserfassung im Fall der Auftragsfertigung ist in IAS 11 geregelt. Ein **Fertigungsauftrag** ist ein Vertrag über die kundenspezifische Fertigung einzelner Gegenstände oder einer Anzahl von Gegenständen, die hinsichtlich Design, Technologie und Funktion oder hinsichtlich der Verwendung aufeinander abgestimmt sind (IAS 11.3). Beispiele sind Verträge über den Bau eines Gebäudes, einer Straße, eines Schiffs oder eine Gesamtheit von Vermögenswerten, die speziell für den Auftraggeber entwickelt werden und die hinsichtlich ihres Aufbaus, ihres Zwecks oder ihrer Nutzung sowie in technischer und funktionaler Hinsicht eng aufeinander abgestimmt oder voneinander abhängig sind, wie es bspw. bei einer Raffinerie oder einer komplexen Fertigungsanlage der Fall ist (IAS 11.4). Zu den Fertigungsaufträgen zählen auch Dienstleistungsaufträge, die direkt mit der Fertigung eines Vermögenswerts in Verbindung stehen, wie z.B. Architektenleistungen (IAS 11.5(a)). Weiterhin können immaterielle Vermögenswerte, wie z.B. die Program-

---

[297] Gemäß IAS 2.37 ist im Regelfall eine Aufteilung in Handelswaren, Roh-, Hilfs- und Betriebsstoffe sowie unfertige und fertige Erzeugnisse vorzunehmen; bei Dienstleistungsunternehmen genügt der Ausweis als unfertige Leistungen.

[298] Zu den Bestandteilen vgl. auch IAS 2.38; zu gesonderten Angabepflichten bei Anwendung des Gesamtkostenverfahrens vgl. IAS 2.39.

mierung einer umfangreichen Softwarelösung, unter IAS 11 fallen[299]. Serien- oder Standardproduktionen begründen keine Fertigungsaufträge, auch wenn spezielle Kundenwünsche berücksichtigt werden[300]. Eine Abgrenzung zwischen Fertigungsauftrag und Standardproduktion kann z.B. durch den Kostenanteil der speziellen Kundenwünsche zu den Gesamtkosten getroffen werden[301].

Für **Verträge über die Errichtung von Immobilien** enthält IFRIC 15 Leitlinien für die Klärung der Frage, ob ein Vertrag als Fertigungsauftrag i.S.v. IAS 11 zu klassifizieren ist. Gemäß IFRIC 15.11 ist der Anwendungsbereich von IAS 11 dann eröffnet, wenn der Käufer die Möglichkeit hat, die strukturellen Hauptelemente der zu errichtenden Immobilie zu ändern. Dabei ist es unerheblich, ob der Käufer diese Möglichkeit nutzt. Falls der Käufer lediglich die Möglichkeit hat, den Bauplan unwesentlich zu ändern, bspw. dergestalt, dass er aus vorgegebenen Variationen ein Design auswählen kann, liegt hingegen kein Fertigungsauftrag i.S.v. IAS 11 vor, sondern ein Vertrag über den Verkauf von Gütern, der gem. IAS 18 zu bilanzieren ist (IFRIC 15.12). 356

Umsätze und Aufwendungen in Zusammenhang mit Bau- und Ausbauleistungen, die im Rahmen einer **öffentlich-privaten Dienstleistungskonzessionsvereinbarung** durch den Betreiber erbracht werden, sind ebenfalls entsprechend IAS 11 zu erfassen (IFRIC 12.13 und .14), sofern die Dienstleistungskonzessionsvereinbarung die Anwendungsvoraussetzungen des IFRC 12.5 erfüllt. 357

b) Arten von Fertigungsaufträgen

Fertigungsaufträge werden in **Festpreisverträge** (fixed price contract), ggf. mit Preisgleitklauseln, und **Kostenzuschlagsverträge** (cost plus contract) unterschieden (IAS 11.3). Auch Kombinationen aus beiden Typen sind möglich (IAS 11.6). Bei Festpreisverträgen wird zwischen Auftraggeber und Auftragnehmer ein fester Preis, ggf. pro Outputeinheit, vereinbart. Ein Kostenzuschlagsvertrag ist dagegen ein Fertigungsauftrag, bei dem der Auftragnehmer bestimmte Kosten zzgl. einer vereinbarten Marge oder eines bestimmten Festbetrags vergütet bekommt (IAS 11.3). 358

c) Zusammenfassung und Segmentierung von Fertigungsaufträgen

Die Regelungen des IAS 11 sind grds. auf jeden einzelnen Fertigungsauftrag anzuwenden. Allerdings kann der wirtschaftliche Gehalt mehrerer, gesondert abgeschlossener Verträge dazu führen, dass diese Verträge nicht unabhängig voneinander, sondern im Rahmen einer Gesamtbetrachtung bilanziert werden müssen. Gleichsam ist es möglich, dass einzelne Regelungen eines Vertrags wirtschaftlich unabhängig voneinander sind, sodass für die Anwendung des IAS 11 ein einzelner Vertrag in seine Komponenten aufgeteilt werden muss (IAS 11.7). 359

Eine **Zusammenfassung** von Verträgen ist zwingend vorzunehmen, wenn mehrere Verträge 360

– in einem einheitlichen Zusammenhang verhandelt werden;
– in ihrem wirtschaftlichen Gehalt so eng miteinander verbunden sind, dass sie Teile eines Gesamtprojekts mit einer Gesamtgewinnspanne sind, und
– gleichzeitig oder in unmittelbarer zeitlicher Abfolge erfüllt werden (IAS 11.9(a)-(c)).

---

299 Vgl. ADS International, Abschn. 16, Rn. 11 sowie IAS 38.3(a).
300 Vgl. *IDW ERS HFA 2*, Tz. 1.
301 Vgl. ADS International, Abschn. 16, Rn. 9.

361 Eine **Segmentierung** eines Vertrags muss erfolgen, wenn ein Auftrag mehrere Einzelleistungen enthält, für die getrennte Angebote abgegeben wurden, über die separat verhandelt wurde und bei denen die Kosten und Erträge getrennt ermittelbar sind (IAS 11.8) [302]. Bei **Folgeaufträgen** liegt ein eigener Fertigungsauftrag vor, wenn dieser sich in Design, Technologie etc. wesentlich von dem vorangegangenen Auftrag unterscheidet oder der Preis für den Folgeauftrag losgelöst vom vorherigen Auftrag verhandelt wird (IAS 11.10). Es besteht kein Wahlrecht zur Zusammenfassung oder Segmentierung, wenn die Bedingungen erfüllt sind. Mit dieser Regelung soll verhindert werden, dass bspw. eine sofortige Verlustantizipation für einen Einzelauftrag umgangen werden könnte, wenn er mit einem gewinnträchtigen, jedoch wirtschaftlich gesonderten Vertrag zusammengefasst würde[303].

d) Erfassung von Fertigungsaufträgen
aa) Auftragserlöse

362 Voraussetzung für die Erfassung von Fertigungsaufträgen nach den Grundsätzen des IAS 11 ist die verlässliche Messbarkeit der Auftragserlöse sowie der Auftragskosten (IAS 11.23(a) und (d) für Festpreisverträge sowie IAS 11.24(b) für Kostenzuschlagsverträge). Zu den **Auftragserlösen** zählen (IAS 11.11):

– der ursprünglich vertraglich vereinbarte Erlös, bewertet zum beizulegenden Zeitwert (IAS 11.12)[304];
– Zahlungen für Abweichungen (variations) im Gesamtwerk (bzw. für Abwandlungen am zu erstellenden Vermögenswert);
– Ansprüche (claims) für im Kaufpreis nicht kalkulierte Kosten, z.B. aufgrund vom Kunden zu verantwortender Verzögerungen, und
– Anreize (incentive payments), z.B. für das Einhalten oder Unterschreiten der Bauzeit.

Abweichungen, Nachforderungen und Prämien müssen wahrscheinlich zu Erlösen führen und zudem verlässlich messbar sein (IAS 11.11(b)(i) und (ii)). Andere als die oben genannten Erlösarten sind nicht zu berücksichtigen. So sind z.B. Erträge aus dem Verkauf von überschüssigen Materialien nicht als Auftragserlöse, sondern als Minderungen der Auftragskosten zu berücksichtigen[305].

363 Änderungen des Auftragswerts (i.d.R. Erhöhungen) aufgrund von **Abweichungen** (inhaltliche Änderungen der vereinbarten Leistung) dürfen bei der Bestimmung der Auftragserlöse nur dann berücksichtigt werden, wenn der Kunde die Abweichung und die daraus resultierende Preiserhöhung wahrscheinlich akzeptiert (IAS 11.13(a)) und der entsprechende Erlös verlässlich ermittelbar ist (IAS 11.13(b)).

364 Entsprechend müssen bei **Ansprüchen** die Verhandlungen so weit fortgeschritten sein, dass der Anspruch vom Kunden wahrscheinlich akzeptiert wird. Zudem muss die zu erwartende Zahlung verlässlich ermittelbar sein (IAS 11.14). Im Einzelnen sollten Ansprüche nur dann berücksichtigt werden, wenn aufgrund sachverständiger Beurteilung ein Rechtsanspruch auf die Zahlung besteht, die Zusatzkosten durch zum Zeitpunkt des Vertragsschlusses nicht vorhersehbare Umstände und nicht durch mangelhafte Leistung bzw.

---

302 Vgl. zur Segmentierung oder Zusammenfassung von Fertigungsaufträgen grds. *Baetge* u.a., IFRS², Teil B, IAS 11, Rn. 18-31 sowie ADS International, Abschn. 16, Rn. 24-36.
303 Vgl. ADS International, Abschn. 16, Rn. 25.
304 Zum Begriff des beizulegenden Zeitwerts vgl. Tz. 108.
305 Vgl. ADS International, Abschn. 16, Rn. 58 und 89.

Leistungsfähigkeit des Auftraggebers entstanden sind und die Kosten identifizierbar und verhältnismäßig sind[306].

Anreize für die Erfüllung bestimmter Leistungsanforderungen können nur berücksichtigt werden, wenn aufgrund des Projektfortschritts mit der Erfüllung der entsprechenden Voraussetzungen gerechnet werden kann und der Zusatzertrag verlässlich ermittelbar ist (IAS 11.15). 365

Sofern ein **Zahlungsziel** gewährt wird, ist es sachgerecht, nur den Barwert der Kaufpreisforderung als Auftragserlös zu erfassen. Erfolgt die Finanzierung wesentlich oder ausschließlich über die Gewährung längerfristiger unverzinslicher Anzahlungen, so erscheint es sachgerecht, den Zinsvorteil der Vorfinanzierung in die Auftragserlöse einzubeziehen[307]. 366

bb) Auftragskosten

Die **Auftragskosten** umfassen die folgenden Beträge: 367

– alle dem Auftrag direkt zurechenbaren Kosten (IAS 11.16(a) und .17);

– allgemeine Kosten der Auftragsfertigung, die dem einzelnen Auftrag zugerechnet werden können (IAS 11.16(b) und .18)[308];

– sonstige Kosten, die aufgrund des Vertrags dem Kunden in Rechnung gestellt werden können (IAS 11.16(c) und .19).

Nicht in die Auftragskosten **einbezogen** werden dürfen allgemeine Verwaltungskosten, Forschungs- und Entwicklungskosten, sofern ihre Erstattung nicht ausdrücklich vertraglich vereinbart ist, Vertriebskosten sowie planmäßige Abschreibungen auf stillstehende Anlagen und Maschinen, die nicht der Abwicklung eines bestimmten Auftrags dienen (IAS 11.20). 368

Einzeln zurechenbare **Kosten der Auftragserlangung** dürfen berücksichtigt werden, wenn das Unternehmen den Auftrag voraussichtlich erhalten wird und die Kosten einzeln identifizierbar und zuverlässig messbar sind. Allerdings ist die nachträgliche Einbeziehung von Auftragserlangungskosten, die in einer Vorperiode bereits als Aufwand erfasst wurden, unzulässig (IAS 11.21). Zu den Kosten der Auftragserlangung zählen z.B. Rechtsanwaltshonorare, Beratungshonorare, aber auch sog. nützliche Abgaben[309]. 369

Überhöhte Kosten, die dem Auftrag direkt zugerechnet werden können, sind als Bestandteil der Auftragskosten zu erfassen[310]. 370

Fremdkapitalkosten, die einem Projekt zurechenbar sind, zählen grds. zu den Auftragskosten. Etwaige Erträge aus der vorübergehenden Anlage erhaltener Anzahlungen für das Projekt sind bei der Ermittlung der den Auftragskosten zuzurechnenden Fremdkapitalkosten abzusetzen[311]. 371

---

306 Vgl. *Baetge* u.a., IFRS², Teil B, IAS 11, Rn. 70.
307 Vgl. *IDW ERS HFA 2*, Tz. 12.
308 Weiterführend *Baetge* u.a., IFRS², Teil B, IAS 11, Rn. 77-81.
309 Vgl. ADS International, Abschn. 16, Rn. 96.
310 Vgl. *IDW ERS HFA 2*, Tz. 7.
311 Weiterführend *Baetge* u.a., IFRS², Teil B, IAS 11, Rn. 78–80.

cc) Voraussetzungen für die Anwendung der Percentage-of-completion-Methode

372 IAS 11 sieht für Fertigungsaufträge die Anwendung der **Percentage-of-completion-Methode** vor, d.h. die Erfassung von Auftragserlösen und Auftragskosten entsprechend dem Leistungsfortschritt bzw. dem Fertigstellungsgrad[312] am Abschlussstichtag. Im Einzelnen müssen für die Anwendung der Percentage-of-completion-Methode bei **Festpreisverträgen** die folgenden **Kriterien** kumulativ erfüllt sein (IAS 11.23):

- Die Auftragserlöse können verlässlich bewertet werden;
- der Zufluss des wirtschaftlichen Nutzens aus dem Vertrag an das Unternehmen ist wahrscheinlich;
- sowohl die bis zur Fertigstellung noch anfallenden Kosten als auch der Fertigstellungsgrad können am Abschlussstichtag verlässlich bewertet werden und
- die Auftragskosten für den betreffenden Auftrag können eindeutig abgegrenzt und zuverlässig bestimmt werden, sodass die tatsächlich angefallenen Auftragskosten mit früheren Schätzungen verglichen werden können.

373 Ähnliche Kriterien gelten gem. IAS 18.20 für die Gewinnrealisierung nach dem Fertigstellungsgrad bei **Dienstleistungsaufträgen,** bei denen eine bestimmte Leistung geschuldet wird[313].

374 Im Allgemeinen ist davon auszugehen, dass ein Unternehmen die für die Anwendung der Percentage-of-completion-Methode erforderlichen **Schätzungen** verlässlich vornehmen kann, wenn ein Vertrag geschlossen wurde, der die Rechte und Pflichten jeder Vertragspartei einschließlich der Zahlungsbedingungen und der Voraussetzungen für die Vertragserfüllung eindeutig bestimmt. Weiterhin sind ein adäquat ausgestaltetes Kostenrechnungs- und Budgetierungssystem sowie eine regelmäßige Überprüfung und ggf. Korrektur von Auftragskosten und Auftragserlösen während der Projektabwicklung erforderlich (IAS 11.29)[314]. Bestehen in der Folgeperiode Zweifel an der Realisierbarkeit der bereits als Umsatzerlöse erfassten Beträge, so sind entsprechende Wertminderungen (IAS 11.28) nach den allgemeinen Grundsätzen zur Bewertung von Forderungen zu erfassen[315].

375 Für **Kostenzuschlagsverträge** müssen die folgenden beiden Anwendungskriterien erfüllt sein (IAS 11.24):

- Der Zufluss des wirtschaftlichen Nutzens aus dem Vertrag an das Unternehmen ist wahrscheinlich und
- die Auftragskosten für den betreffenden Auftrag können, unabhängig davon, ob sie gesondert abrechenbar sind oder nicht, eindeutig abgegrenzt und zuverlässig bewertet werden.

376 Sind diese Kriterien für einen Fertigungsauftrag **nicht erfüllt** und ist somit das Ergebnis des Fertigungsauftrags nicht verlässlich schätzbar, sind die Auftragskosten in der Periode ihres Anfallens als Aufwand zu erfassen. Ein Erlös ist nur in Höhe der bisher angefallenen voraussichtlich abrechenbaren Auftragskosten zu erfassen (IAS 11.32). Eine Gewinnrealisierung nach der Percentage-of-completion-Methode vor Beendigung des Vertrags ist somit nicht möglich. Die Anwendung der Percentage-of-completion-Methode wird ausgesetzt, bis eine verlässliche Ergebnisschätzung wieder möglich ist.

---

312 Zur Messung des Fertigstellungsgrads vgl. Tz. 377f.
313 Vgl. Tz. 852f.
314 Weiterführend ADS International, Abschn. 16, Rn. 47-53.
315 Vgl. Tz. 397f.

dd) Messung des Fertigstellungsgrads

Zur Bestimmung des Fertigstellungsgrads kommen **verschiedene Methoden** in Betracht (IAS 11.30)[316]: 377

– Ermittlung auf der Basis der angefallenen Kosten, d.h., die angefallenen Auftragskosten können am Stichtag ins Verhältnis zu den geschätzten Gesamtkosten gesetzt werden (cost-to-cost method);
– Ermittlung auf der Basis der erbrachten Leistung, d.h., der bis zum Stichtag erbrachte Input in Leistungseinheiten, z.B. Arbeitsstunden, wird ins Verhältnis zur insgesamt zu erbringenden Leistung gesetzt (effort-expended method);
– Ermittlung auf der Basis des Anteils der fertiggestellten Leistung an der geschuldeten Gesamtleistung; dabei kann bspw., wenn mehrere gesonderte Teile produziert werden, der Fertigstellungsgrad auf der Basis der fertiggestellten oder gelieferten Teile ermittelt werden (units-of-delivery method).

Für jeden Fertigungsauftrag ist diejenige Methode anzuwenden, die zu einer verlässlichen Ermittlung des Fertigstellungsgrads führt. Die genannten Methoden dürften für die meisten Projekte anwendbar sein[317].

Vom Kunden erhaltene An- und Abschlagszahlungen spiegeln den Leistungsfortschritt häufig nicht korrekt wider. Bei Ermittlung des Fertigstellungsgrads auf der Basis der angefallenen Auftragskosten dürfen nur die Ausgaben für durchgeführte Arbeiten, nicht jedoch für geliefertes oder bereitgestelltes, aber noch nicht verwendetes Material oder für Vorauszahlungen an Subunternehmer berücksichtigt werden (IAS 11.31). 378

ee) Erfassung in Bilanz und im Periodenergebnis

Im Periodenergebnis werden zum jeweiligen Stichtag Erträge (Aufwendungen) entsprechend dem sich aus dem Fertigstellungsgrad ergebenden Anteil an den Auftragserlösen (Auftragskosten) erfasst. Im Ergebnis erfolgt dadurch die **anteilsmäßige Erfassung des erwarteten Gewinns** für die in der Berichtsperiode erbrachte Leistung. 379

Aus der Abgrenzung der 380

– angefallenen und der nach Maßgabe des Fertigstellungsgrads zu erfassenden Aufwendungen sowie
– der Teilabrechnungen (progress billings) und der nach Maßgabe des Fertigstellungsgrads zu erfassenden Auftragserlöse

ergeben sich Bilanzposten in Höhe der Abgrenzungsbeträge[318]. Die Salden setzen sich zusammen aus den angefallenen Kosten zzgl. der kumulierten realisierten Gewinne abzgl. der kumulierten Verluste und der für tatsächlich erbrachte Leistungen in Rechnung gestellten Beträge (progress billings) (IAS 11.43). **Aktivsalden** entstehen bei laufenden Aufträgen, bei denen die angefallenen Kosten zzgl. der ausgewiesenen Gewinne (abzgl. ausgewiesener Verluste) die Teilabrechnungen übersteigen (IAS 11.43); **Passivsalden**, wenn die Teilabrechnungen die angefallenen Kosten zzgl. der ausgewiesenen Gewinne (abzgl. ausgewiesener Verluste) übersteigen (IAS 11.44)[319].

---

316 Vgl. *Baetge* u.a., IFRS², Teil B, IAS 11, Rn. 87 ; ADS International, Abschn. 16, Rn. 102.
317 Vgl. ADS International, Abschn. 16, Rn. 102, 104.
318 Vgl. zu einem umfassenden Beispiel ADS International, Abschn. 16, Rn. 172-177.
319 Vgl. *Baetge* u.a., IFRS², Teil B, IAS 11, Rn. 113 -114.

ff) Erfassung erwarteter Verluste

381 Übersteigen die Auftragskosten voraussichtlich die Auftragserlöse[320], müssen die **erwarteten Verluste** sofort in voller Höhe als Aufwand erfasst werden (IAS 11.36). Ein zuvor aktivisch ausgewiesener Saldo ist auszubuchen. Die Höhe der Verluste wird unabhängig vom Fertigstellungsgrad bestimmt (IAS 11.37). Als Beispiele für Verlustaufträge nennt IAS 11.34 u.a. Situationen, in denen die Durchsetzbarkeit der Ansprüche nicht gewährleistet ist, weil die Gültigkeit des Vertrags nicht sichergestellt ist, ein schwebender Rechtsstreit oder ein laufendes Gesetzgebungsverfahren anhängig ist oder der Kunde seinen Verpflichtungen nicht nachkommen kann.

e) Ausweis und Anhangangaben

382 IAS 11 enthält keine Regelungen zum **Ausweis** der Aktiv- und Passivsalden. Hinweise zur Anwendung von IAS 11 gibt allerdings *IDW ERS HFA 2*. Der Posten „Fertigungsaufträge mit aktivischem Saldo gegenüber Kunden" (gross amount due from customers for contract work) umfasst nach *IDW ERS HFA 2* die bis dahin entstandenen Auftragskosten zzgl. vereinnahmter Gewinne, abzgl. entstandener Verluste und abzgl. bereits für tatsächlich erbrachte Leistungen in Rechnung gestellter Beträge, unabhängig davon, ob sie vom Kunden bezahlt wurden oder nicht (progress billings); ein Ausweis dieses Postens unter den Forderungen ist sachgerecht. In Rechnung gestellte Beträge dürfen also bei der Ermittlung des Aktivsaldos erst nach Erbringung der Leistung abgezogen werden, wobei Leistungserbringung nicht mit Übergang von Chancen und Risiken gleichzusetzen ist[321]. Geldeingänge aufgrund von Abschlags- oder Anzahlungsrechnungen, die vor der Leistungserbringung liegen, sind bis zum Zeitpunkt der Leistungserbringung unter den Verbindlichkeiten zu erfassen[322].

383 Der Ausweis eines negativen Saldos hat als Posten „Fertigungsaufträge mit passivischem Saldo gegenüber Kunden" (gross amount due to customers for contract work) unter den Verbindlichkeiten zu erfolgen. Eine Verrechnung von Aufträgen mit negativem Saldo mit solchen mit positivem Saldo ist nicht zulässig[323]. Nach Beendigung des Fertigungsauftrags und erfolgter Schlussabrechnung ist der auf den Auftrag entfallende Betrag im Posten „Fertigungsaufträge mit aktivischem Saldo gegenüber Kunden" in die „Forderungen aus Lieferungen und Leistungen" und ggf. in die „Rückstellungen für Gewährleistungsverpflichtungen" umzubuchen[324]. Erlöse aus Fertigungsaufträgen sind in der Gesamtergebnisrechnung als Umsatzerlöse auszuweisen und entweder dort oder im Anh. gesondert anzugeben[325].

384 **Angabepflichten** bestehen bzgl.

- der in der Berichtsperiode erfassten Auftragserlöse;
- der Methoden ihrer Ermittlung sowie
- der Methoden zur Ermittlung des Fertigstellungsgrads laufender Projekte (IAS 11.39).

---

320 Die Berücksichtigung lediglich variabler Kosten scheidet mithin aus; vgl. ADS International, Abschn. 16, Rn. 132.
321 Vgl. *IDW ERS HFA 2*, Tz. 17.
322 Vgl. *IDW ERS HFA 2*, Tz. 18.
323 Vgl. *IDW ERS HFA 2*, Tz. 19.
324 Vgl. *IDW ERS HFA 2*, Tz. 21.
325 Vgl. *IDW ERS HFA 2*, Tz. 22.

Ansatz und Bewertung einzelner Posten im IFRS-Abschluss   N

Für am Abschlussstichtag laufende Projekte sind die Summe der angefallenen Kosten und der ausgewiesenen Gewinne (abzgl. etwaiger Verluste), der Betrag erhaltener Anzahlungen und der Betrag von Einbehalten anzugeben (IAS 11.40).

Anzugeben sind weiterhin Fertigungsaufträge mit aktivischem Saldo gegenüber Kunden (gross amount due from customers for contract work) als Vermögenswert und Fertigungsaufträge mit passivischem Saldo gegenüber Kunden (gross amount due to customers for contract work) als Schuld (IAS 11.42). 385

Angabepflichten bestehen ferner für Eventualforderungen und Eventualverbindlichkeiten gem. IAS 37, die bspw. aufgrund von Gewährleistungen, Nachforderungen, Vertragsstrafen oder möglichen Verlusten entstehen können (IAS 11.45). 386

Im Juni 2010 wurde vom IASB der Entwurf ED/2010/6 Revenue from Contracts with Customers veröffentlicht, der die bisherigen Standards IAS 11 und IAS 18 ersetzen soll[326]. 387

9. Forderungen und sonstige Vermögenswerte

a) Forderungen und sonstige Vermögenswerte als Finanzinstrumente im Sinne von IAS 32 und IAS 39

Für Forderungen und sonstige Vermögenswerte existiert kein spezieller Standard. Im Regelfall handelt es sich um **Finanzinstrumente**[327], für die hinsichtlich Ansatz, Bewertung und Darstellung IAS 32 und IAS 39 zu beachten sind. Darüber hinaus regelt IAS 32 die Abgrenzung von Eigen- und Fremdkapitalinstrumenten sowie einige spezielle Ausweisfragen[328]. Nach diesen Standards liegen Finanzinstrumente bei allen Verträgen vor, die gleichzeitig bei einem Unternehmen[329] zu einem finanziellen Vermögenswert und bei einem anderen zu einer finanziellen Verbindlichkeit oder zu einem Eigenkapitalinstrument führen (IAS 32.11). 388

Bei **Forderungen** liegt ein finanzieller Vermögenswert insofern vor, als ein Unternehmen das vertragliche Recht hat, flüssige Mittel oder andere finanzielle Vermögenswerte von einem anderen Unternehmen zu erhalten bzw. finanzielle Vermögenswerte oder finanzielle Verbindlichkeiten mit einem anderen Unternehmen zu potentiell vorteilhaften Bedingungen zu tauschen (IAS 32.11(c)). Demzufolge sind gesetzliche Ansprüche (z.B. Steuerforderungen) kein finanzieller Vermögenswert im Sinne des IAS 39 bzw. IAS 32, da diese nicht auf einer vertraglichen Grundlage basieren (vgl. IAS 32.AG12). 389

Insbesondere auf Forderungen aus Leasingverhältnissen, auf Vermögenswerte eines Arbeitgebers aus Altersversorgungsplänen sowie auf Rechte aus Versicherungsverträgen sind die Regelungen zu Ansatz und Bewertung von Finanzinstrumenten nicht oder nur teilweise anzuwenden (IAS 32.4, IAS 39.2), da die Regelungen aus den jeweiligen Standards (IAS 17, IAS 19 bzw. IFRS 4) hierzu vorgehen. 390

Die **Angabepflichten** sind in IFRS 7 geregelt[330]. 391

---

326 Vgl. hierzu im Übrigen Tz. 864ff.
327 Vgl. auch IAS 32.AG4 und .AG10. Zu einer ausführlichen Darstellung der Bilanzierung von Finanzinstrumenten s. Tz. 563ff.
328 Darüber hinausgehend zum Ausweis von Finanzinstrumenten in der Bilanz und Gesamtergebnisrechnung vgl. *Löw*, KoR 2006, Beil. 1, S. 3 (3-31).
329 Aufgrund der weiten Definition von Unternehmen (entity) in IAS 32.14, die auch Einzelpersonen (individuals) einschließt, zählen zu den Finanzinstrumenten auch Forderungen an Nichtunternehmen, z.B. Forderungen aus dem Verkauf von Waren an Endverbraucher.
330 Vgl. Tz. 400.

1733

b) Forderungen aus Lieferungen und Leistungen

392 Für **Forderungen aus Lieferungen und Leistungen,** die bei vielen Unternehmen einen wesentlichen Teil der Forderungen ausmachen, ergibt sich aus der Anwendung der Standards zur Behandlung von Finanzinstrumenten Folgendes:

aa) Erstmaliger Ansatz und Ausbuchung

393 Voraussetzung für den **erstmaligen Ansatz** in der Bilanz ist grds., dass das Unternehmen Vertragspartei geworden ist und infolgedessen das Recht auf Empfang von flüssigen Mitteln hat. Bei Waren- oder Dienstleistungsgeschäften[331] hat mindestens eine der Vertragsparteien die vertraglich zugesagte Leistung so weit erbracht, dass ein Anspruch auf die Gegenleistung besteht (IAS 39.14, .AG35).

394 Hinsichtlich der **Ausbuchung** ist ein allgemeines siebenstufiges Prüfverfahren (IAS 39.15-20, .AG36) anzuwenden[332]. Die Realisation, der Verfall oder die Aufgabe des Zahlungsanspruchs führt zwingend zur Ausbuchung (IAS 39.17(a)).

bb) Bewertung

395 Die **Erstbewertung** hat zum beizulegenden Zeitwert (fair value) der Forderung unter Einbeziehung der direkt zurechenbaren Transaktionskosten[333] zu erfolgen (IAS 39.43). Bei kurzfristigen[334] unverzinslichen Forderungen kann für die Ermittlung des beizulegenden Zeitwerts von einer Diskontierung abgesehen werden, wenn der Diskontierungseffekt nicht wesentlich ist (IAS 39.AG79). Sofern nicht eine Zinskomponente für eine ungewöhnlich lange Zielgewährung enthalten ist, erfolgt der Ansatz von Forderungen aus Lieferungen und Leistungen daher regelmäßig mit dem Rechnungsbetrag.

396 Hinsichtlich der **Folgebewertung** unterscheidet IAS 39 vier Hauptkategorien von finanziellen Vermögenswerten (IAS 39.9, .45), wobei Forderungen aus Lieferungen und Leistungen regelmäßig der **Kategorie „Kredite und Forderungen"** (loans and receivables) zuzuordnen sind. Solche Forderungen sind grds. mit den fortgeführten AK unter Verwendung der Effektivzinsmethode zu bewerten (IAS 39.46(a)). Erfolgt die Erstbewertung mit dem Rechnungsbetrag, ergeben sich aus der Verwendung der Effektivzinsmethode keine Effekte.

cc) Erfassung von Wertminderungen

397 Abschreibungen sind auf die Forderungen vorzunehmen, wenn eine Wertminderung eingetreten ist. Die **Ermittlung** erfolgt in zwei Schritten: Zum Abschlussstichtag ist im ersten Schritt festzustellen, ob ein objektiver Hinweis auf eine Wertminderung vorliegt (IAS 39.58). Ein solcher Hinweis kann sich in Bezug auf Forderungen aus Lieferungen und Leistungen z.B. aus Informationen über erhebliche finanzielle Schwierigkeiten des Schuldners, aus Vertragsbruch in Form von Zahlungsausfall oder -verzug, aus im Hinblick auf finanzielle Probleme gewährten Zugeständnissen (z.B. Stundungen) oder aus erhöhten

---
331 Mit Ausnahme von Terminkontrakten.
332 Vgl. Tz. 576f.
333 Keine Berücksichtigung von Transaktionskosten erfolgt, wenn Forderungen aus Lieferungen und Leistungen ausnahmsweise der Kategorie „erfolgswirksam zum beizulegenden Zeitwert bewertete finanzielle Vermögenswerte" zugeordnet werden (IAS 39.43).
334 Der Begriff „kurzfristig" wird in IAS 39.A79 nicht definiert. In der Literatur wird die Auffassung vertreten, dass eine Abzinsung im Regelfall unterbleiben kann, wenn die Laufzeit nicht mehr als sechs Monate (*KPMG*, Insights into IFRS 2010/11, S. 469, Rn 3.6.750.10) bzw. ein Jahr (*Lüdenbach/Hoffmann*, IFRS⁹, § 28, Rn. 118) beträgt.

Wahrscheinlichkeiten für eine Insolvenz oder ein sonstiges Sanierungsverfahren des Schuldners ergeben (IAS 39.59). Liegt ein solcher Hinweis vor, ist im zweiten Schritt ein möglicher Wertminderungsbedarf zu ermitteln. Dazu ist der mit dem ursprünglichen effektiven Zinssatz ermittelte Barwert der erwarteten künftigen Cashflows zu schätzen und auf diesen abzuschreiben, soweit er den Buchwert unterschreitet (IAS 39.58, .63). Mögliche Verwertungserlöse aus Sicherheiten sind bei der Cashflow-Schätzung zu berücksichtigen[335]. Cashflows kurzfristiger Forderungen werden nicht abgezinst, falls der Abzinsungseffekt unwesentlich ist (IAS 39.AG84). Für Gruppen gleichartiger finanzieller Vermögenswerte ist die Bewertung und Erfassung einer Wertminderung oder Uneinbringlichkeit auf Portfoliobasis möglich (IAS 39.64).

Gewinne und Verluste aufgrund einer Ausbuchung, Wertminderung oder Amortisation werden erfolgswirksam im Periodenergebnis erfasst (IAS 39.63). **398**

Bei **Wertaufholung** nach zuvor durchgeführter Abschreibung erfolgt eine erfolgswirksame Zuschreibung, jedoch maximal bis zu den fortgeführten AK (IAS 39.65). **399**

dd) Anhangangaben

Die **Angabepflichten** zu Forderungen aus Lieferungen und Leistungen sind in IFRS 7 „Finanzinstrumente: Angaben" enthalten, da es sich bei Forderungen aus Lieferungen und Leistungen um Finanzinstrumente i.S.v. IAS 32.11 i.V.m. 32.AG4(a) handelt. Zu detaillierten Ausführungen zu den Angabepflichten vgl. Tz. 688ff. **400**

c) Ausweis von Forderungen und sonstigen Vermögenswerten in der Bilanz

In der Mindestgliederung für die Bilanz nach IAS 1.54 wird zwischen Forderungen aus Lieferungen und Leistungen und sonstige Forderungen (IAS 1.54(h)) sowie übrigen finanziellen Vermögenswerten (IAS 1.54(d))[336] unterschieden. Zu den Forderungen aus Lieferungen und Leistungen gehören insb. auch Wechselforderungen, Forderungen gegenüber verbundenen Unternehmen und gegenüber Unternehmen, an denen Anteile gehalten werden, sowie Forderungen gegenüber Anteilseignern, Mitarbeitern und Führungskräften[337]. Wenn es für eine den tatsächlichen Verhältnissen entsprechende Darstellung erforderlich ist, ist über die Mindestgliederung hinaus eine weitere Untergliederung vorzunehmen (IAS 1.55). In diesem Fall sind die Forderungen entweder in der Bilanz oder im Anh. weiter zu untergliedern in Forderungen gegenüber Handelskunden, gegenüber nahe stehenden Unternehmen und Personen (related parties)[338] sowie in Vorauszahlungen (prepayments) und sonstige Forderungen (IAS 1.78(b)). **401**

Für **aktive Rechnungsabgrenzungsposten** ist in den IFRS kein eigener Posten vorgesehen. Solche Posten dürfen grds. nur dann aktiviert werden, wenn sie die Definition eines Vermögenswerts erfüllen (IAS 1.28; CF.4.4(a) i.V.m. CF.4.8f.). Der Ausweis hat dann unter den Forderungen aus Lieferungen und Leistungen, unter sonstigen Forderungen oder unter Vorauszahlungen zu erfolgen. Die nach HGB als aktive RAP ausweisbaren Zölle und Verbrauchsteuern sind nach IFRS dem Vorratsvermögen zuzuordnen[339]. **402**

---

335 Zu unterschiedlichen Möglichkeiten der Berücksichtigung von Verwertungserlösen aus Sicherheiten bei der Cashflow-Schätzung vgl. *KPMG*, Insights into IFRS 2010/11, S. 527, Rn 3.6.1490.25-.30.
336 Mit Ausnahme der nach der Equity-Methode bilanzierten Finanzanlagen, der Zahlungsmittel und Zahlungsmitteläquivalente sowie der o.g. Forderungen.
337 Vgl. BeBiKo[7], § 266, Rn. 112-117.
338 Zu Begriff sowie Umfang der Angabepflichten bei related parties vgl. IAS 24.
339 Vgl. BeBiKo[7], § 250, Rn. 59.

10. Eigenkapital

a) Einführung

403 Die zentralen **Kriterien für die Abgrenzung von Eigen- und Fremdkapital**[340] nach IFRS finden sich in IAS 32 Finanzinstrumente: Darstellung.

404 Die Abgrenzungskriterien gelten für alle Unternehmen. Rechtsform- oder branchenbezogene Sonderregelungen existieren nicht (IAS 32.4).

b) Definition und Klassifizierung

405 Das Rahmenkonzept definiert EK als den nach Abzug aller Schulden verbleibenden Restbetrag der Vermögenswerte des Unternehmens[341]. Darauf aufbauend ist ein **Eigenkapitalinstrument** definiert als ein Vertrag, der einen Residualanspruch an den Vermögenswerten eines Unternehmens nach Abzug aller dazugehörigen Schulden begründet (IAS 32.11). Die Residualbetrachtung steht einer weiteren Untergliederung des EK nicht entgegen (IAS 1.54 und .78(e)). Ein Finanzinstrument ist dann als **Eigenkapitalinstrument** zu klassifizieren, wenn nach IAS 32.16 die folgenden Kriterien erfüllt sind:

- Das Finanzinstrument enthält keine vertragliche Verpflichtung für den Emittenten, flüssige Mittel oder einen anderen finanziellen Vermögenswert an ein anderes Unternehmen abzugeben oder finanzielle Vermögenswerte oder Verbindlichkeiten mit einem anderen Unternehmen unter potenziell nachteiligen Bedingungen zu tauschen, und,
- das Finanzinstrument kann in den Eigenkapitalinstrumenten des Emittenten erfüllt werden und ist ein originäres Instrument, das keine Verpflichtung des Emittenten zur Abgabe einer variablen Anzahl eigener Eigenkapitalinstrumente enthält, oder
- es ist ein derivatives Instrument, das vom Emittenten nur durch Austausch eines festen Betrags finanzieller Vermögenswerte gegen eine feste Anzahl eigener Eigenkapitalinstrumente erfüllt wird.

406 Darüber hinaus wird ein Instrument, das der Definition einer finanziellen Verbindlichkeit entspricht, als Eigenkapitalinstrument eingestuft, wenn es über die in IAS 32.16A und .16B (**kündbare Finanzinstrumente**)[342] oder die in IAS 32.16C und .16D (**Finanzinstrumente mit Anspruch auf das anteilige Nettovermögen ausschließlich im Liquidationsfall**)[343] beschriebenen Merkmale verfügt und die dort genannten Bedingungen erfüllt. Danach können unter bestimmten Voraussetzungen Anteile an bestimmten Pers.-Ges., Genossenschaften, Investmentaktiengesellschaften mit veränderlichem Kapital oder Investmentfonds trotz ihrer grds. gegebenen Kündigungsmöglichkeit des Inhabers als EK angerechnet werden[344].

407 Das **erste Kriterium (IAS 32.16(a))** konkretisiert den Begriff **Residualanspruch** dahingehend, dass der Emittent eines Eigenkapitalinstruments nicht zur Rückgewähr des erhaltenen Kapitals bzw. zum Kapitaldienst (Gewinnausschüttungen) durch Abgabe finanzieller Vermögenswerte an den Inhaber des Eigenkapitalinstruments verpflichtet sein darf (IAS 32.17). Sind die Kriterien für ein Eigenkapitalinstrument nicht erfüllt, liegt eine finanzielle Verbindlichkeit vor (IAS 32.11).

---

340 Vgl. hierzu auch *IDW RS HFA 45*. Für eine umfassende Darstellung vgl. *KPMG*, Eigenkapital versus FK.
341 Im Einzelnen vgl. CF.4.4(c) und .20-23.
342 Vgl. Tz. 419ff.
343 Vgl. Tz. 425ff.
344 Vgl. *IDW RS HFA 45*, Tz. 16 i.V.m. Tz. 46 sowie RIC 3.

Ansatz und Bewertung einzelner Posten im IFRS-Abschluss N

In der Praxis finden sich häufig vertragliche Vereinbarungen, die rechtlich die Gestalt von 408
EK, wirtschaftlich aber den Gehalt von FK haben. Nach dem Wortlaut des Standards ist
die **wirtschaftliche Substanz** und nicht allein die rechtliche Gestaltung des einzelnen
Vertragsverhältnisses maßgeblich für die Einstufung als EK oder FK (IAS 32.18). Allerdings hat das IASB klargestellt, dass für die Einstufung lediglich solche Verpflichtungen
zu berücksichtigen sind, die aus den Vertragsbedingungen des Finanzinstruments explizit
oder implizit hervorgehen. Eine faktische, nicht auf Vertragsbedingungen beruhende
Verpflichtung führt hingegen nicht zur Einstufung eines Finanzinstruments als finanzielle
Verbindlichkeit[345].

Auch Finanzinstrumente, die eine **Rücknahmepflicht des Emittenten** vorsehen, ohne 409
dass sich der Emittent einer Verpflichtung zur Abgabe finanzieller Vermögenswerte entziehen kann, werden als FK eingestuft (IAS 32.19). Beispiele hierfür sind insb. Finanzinstrumente mit Inhaberkündigungsrechten (puttable instruments nach IAS 32.18(b)), die
nicht unter die Ausnahmeregelungen in IAS 32.16A-B fallen. Unbeschadet der Regelung
für Vorzugsaktien (preference shares nach IAS 32.18(a)) sind **stimmrechtslose Vorzugsaktien** i.S.v. § 139 AktG grds. als EK zu klassifizieren, es sei denn, dass eine feste
Vorabdividende gezahlt wird. Einer Eigenkapitalklassifizierung steht auch der Anspruch
auf Nachzahlung der im Vj. ausgefallenen Vorzugsdividende nicht entgegen.

Eine finanzielle Verbindlichkeit des Emittenten liegt auch dann vor, wenn aufgrund ver- 410
traglicher Bedingungen eine **indirekte Verpflichtung** zur Abgabe finanzieller Vermögenswerte gegeben ist; ein Finanzinstrument kann z.B. eine nicht finanzielle Verpflichtung enthalten, die nur dann zu erfüllen ist, wenn der Emittent keine Ausschüttung
vornimmt oder das Instrument nicht zurückkauft – in diesen Fällen liegt bei wirtschaftlicher Betrachtungsweise eine finanzielle Verbindlichkeit des Emittenten vor
(IAS 32.20(a)).

Eine Erfüllungsoption kann auch derart vereinbart sein, dass die Verpflichtung des Emit- 411
tenten in der Abgabe finanzieller Vermögenswerte oder **alternativ in der Abgabe eigener
Anteile**, deren Wert wesentlich höher als der Wert der finanziellen Vermögenswerte ist,
besteht. In diesem Fall liegt zwar keine ausdrückliche Verpflichtung zur Abgabe finanzieller Vermögenswerte vor, es ist jedoch anzunehmen, dass der Emittent aufgrund des
Werts der Anteile für einen Barausgleich optieren wird; damit liegt faktisch eine finanzielle Verbindlichkeit vor (IAS 32.20(b)).

Sofern ein Kreditnehmer Eigenkapitalinstrumente zur Ablösung finanzieller Ver- 412
bindlichkeiten an den Kreditgeber ausgibt, regelt **IFRIC 19 Tilgung finanzieller Verbindlichkeiten durch Eigenkapitalinstrumente** die bilanziellen Konsequenzen (IFRIC
19.2). Diese Eigenkapitalinstrumente sind als Teil der gezahlten Gegenleistung zur vollständigen oder teilweisen Tilgung der finanziellen Verbindlichkeit anzusehen
(IFRIC 19.5). Die zur Tilgung ausgegebenen Eigenkapitalinstrumente werden insofern
bei ihrem erstmaligen Ansatz zum beizulegenden Zeitwert bewertet (IFRIC 19.6). Sofern
der beizulegende Zeitwert der Eigenkapitalinstrumente nicht verlässlich ermittelt werden
kann, ist der Bewertung der beizulegende Zeitwert der getilgten finanziellen Verbindlichkeit zugrunde zu legen (IFRIC 19.7). Der Unterschiedsbetrag zwischen dem
Buchwert der getilgten finanziellen Verbindlichkeit und dem erstmaligen Wertansatz der
Eigenkapitalinstrumente ist gem. IAS 39.41 im Periodenergebnis zu erfassen, wobei der
Ansatz und die Bewertung des Eigenkapitalinstruments erst zum Tilgungszeitpunkt der
finanziellen Verbindlichkeit erfolgen darf (IFRIC 19.9).

---

345 Vgl. IASB Update June 2006, S. 4; IFRIC Update November 2006, S. 8.

413 Das **zweite Kriterium** für ein Eigenkapitalinstrument **(IAS 32.16(b))** konkretisiert den Begriff Residualanspruch bei Finanzinstrumenten, die in Eigenkapitalinstrumenten des Emittenten (**eigene Eigenkapitalinstrumente**) erfüllt werden können. Ist die Anzahl der abzugebenden eigenen Anteile vertraglich fixiert, so liegt ein Eigenkapitalinstrument vor. Der beizulegende Zeitwert der abzugebenden eigenen Anteile ist nicht fixiert, d.h., es liegt keine feste Zahlungsverpflichtung und damit auch keine finanzielle Verbindlichkeit vor. Der Emittent kann sich seiner Verpflichtung durch Abgabe von Eigenkapitalinstrumenten entziehen, ohne dass der Residualanspruch, den die eigenen Anteile verkörpern, dadurch eliminiert wird, dass er z.b. an bestimmte Wert- oder Preisverhältnisse gebunden ist. Umgekehrt führen Vereinbarungen, die die Abgabe einer variablen Anzahl eigener Anteile vorsehen, zu einer finanziellen Verbindlichkeit. Aufgrund der Indexierung besteht faktisch eine feste Verpflichtung und kein Residualanspruch (IAS 32.21). Anders verhält es sich, wenn ein Vertrag die Ausgabe einer festen Anzahl von Eigenkapitalinstrumenten gegen einen festen Betrag an finanziellen Vermögenswerten vorsieht (z.B. Aktienoption). Bei einem solchen Vertrag handelt es sich um ein (derivatives) Eigenkapitalinstrument (IAS 32.22). Ein Vertrag, der das Unternehmen zu einem Rückkauf eigener Anteile zu einem bestimmten Preis verpflichtet, stellt eine finanzielle Verbindlichkeit in Höhe des Barwerts des Rückkaufpreises dar (IAS 32.23). Ein Vertrag, zu dessen Erfüllung das Unternehmen eine feste Anzahl von Eigenkapitalinstrumenten gegen einen variablen Betrag an flüssigen Mitteln oder anderen finanziellen Vermögenswerten hingibt, ist ebenfalls als finanzielle Verbindlichkeit zu qualifizieren (IAS 32.24).

414 Ein Vertrag kann ein Unternehmen zur Abgabe finanzieller Vermögenswerte in Abhängigkeit vom Eintreten oder Nichteintreten unsicherer künftiger Ereignisse, die außerhalb der Kontrolle sowohl des Emittenten als auch des Inhabers liegen, verpflichten (z.B. Änderungen von Aktienindizes, Zinssätzen, steuerlichen Vorschriften, Leistungskennzahlen oder Periodenergebnissen). Da sich der Emittent bei solchen **bedingten Erfüllungsvereinbarungen** (contingent settlement provisions) der Verpflichtung zur Abgabe finanzieller Vermögenswerte nicht entziehen kann, liegt grds. eine finanzielle Verbindlichkeit vor (IAS 32.25). Ein Eigenkapitalinstrument ist ausnahmsweise nur in dem Fall gegeben, in dem der Emittent lediglich bei einer Liquidation gezwungen werden kann, die Verpflichtung in finanziellen Vermögenswerten zu erfüllen, wenn der betroffene Vertrag die Bedingungen für kündbare Instrumente in IAS 32.16A und .16B erfüllt oder wenn der Eintritt der Bedingung, die eine Erfüllung in finanziellen Vermögenswerten erforderlich machen könnte, nicht wirklich besteht (IAS 32.25(a)-(c)). Eine bedingte Erfüllungsvereinbarung in einem Vertrag ist dann realitätsfern, wenn eine Zahlungsverpflichtung in Form von flüssigen Mitteln oder einer variablen Anzahl eigener Eigenkapitalinstrumente nur im Fall eines Ereignisses angezeigt ist, dessen Eintritt extrem selten, äußerst ungewöhnlich und sehr unwahrscheinlich ist (IAS 32.AG28). Als sehr unwahrscheinlich wird i.d.R. die **Ausübung eines außerordentlichen Kündigungsrechts** eingestuft, das an den Wegfall der Geschäftsgrundlage geknüpft ist; derartige Kündigungsrechte stehen einer Klassifizierung als EK nicht entgegen, wenn es sich um reine Schutzrechte für den Extremfall handelt[346].

415 Ein **Derivat**, das einer Vertragspartei ein **Erfüllungswahlrecht** (settlement option) einräumt, stellt einen finanziellen Vermögenswert oder eine finanzielle Verbindlichkeit dar, sofern nicht alle Erfüllungsalternativen zu einer Klassifizierung als Eigenkapitalinstrument führen (IAS 32.26). Folglich sind Derivate, die durch Abgabe von Eigenkapitalinstrumenten oder durch Barausgleich erfüllt werden können, stets als FK zu klassifizieren (z.B. Aktienoptionen; IAS 32.27).

---
346 Vgl. *IDW RS HFA 45*, Tz. 17.

Ansatz und Bewertung einzelner Posten im IFRS-Abschluss   N

Bei Finanzinstrumenten, die sowohl EK- als auch Fremdkapitalelemente enthalten, sog. **zusammengesetzte Finanzinstrumente** (compound instruments), sind die EK- und Fremdkapitalelemente getrennt darzustellen (split accounting; IAS 32.28)[347]. Ein typisches Beispiel für ein zusammengesetztes Finanzinstrument ist eine **Wandelanleihe**, die ein Fremdkapitalinstrument mit eingebetteter Option des Inhabers zum Umtausch in Stammaktien des Emittenten darstellt. Um für die Inhaber der Wandelanleihe als potenzielle Aktionäre einen Verwässerungseffekt zu verhindern, enthalten die meisten Anleihebedingungen Regelungen zur Anpassung des Wandlungsverhältnisses für folgende Fälle: **416**

(1) Aktiensplit, Zusammenlegung von Stammaktien, Neuklassifizierung;
(2) außerordentliche Bardividenden oder Aktiendividenden;
(3) Kapitalerhöhungen, Ausgabe von Bezugsrechten an Stammaktionäre;
(4) Ausgabe von weiteren Wandlungsinstrumenten;
(5) Nichteinhaltung einer vorgegebenen Eigenkapitalquote.

Soweit die Anpassung des Wandlungsverhältnisses auf die vom Emittenten zu kontrollierenden Fälle (1) bis (4) beschränkt bleibt, wird das Wandlungsrecht zum Emissionszeitpunkt im EK erfasst. Falls (zusätzlich) eine Anpassung des Wandlungsverhältnisses im Fall (5) erfolgt, der vom Eintritt unsicherer künftiger Ereignisse abhängt, ist die Wandelanleihe insgesamt als FK zu erfassen; dabei ist zu prüfen, ob das Wandlungsrecht als eingebettetes Derivat gem. IAS 39.11 gesondert zu bilanzieren ist[348]. Bei Ausübung der Wandlungsoption wird der Buchwert der Wandelanleihe in das EK umgebucht; die ursprüngliche Eigenkapitalkomponente bleibt als EK bilanziert (IAS 32.AG32). Bei Nichtausübung der Wandlungsoption verbleibt die ursprüngliche Eigenkapitalkomponente ebenfalls unverändert im EK, während die Anleihe zum Nominalbetrag getilgt wird. Eine Änderung der Ausübungswahrscheinlichkeit der Option während der Laufzeit hat keine Auswirkungen auf die ursprüngliche Klassifizierung als EK und FK.   **417**

c) Kündbare Instrumente und bei Liquidation entstehende Verpflichtungen

In Bezug auf   **418**

– kündbare Instrumente sowie
– Instrumente, die ein Unternehmen verpflichten, einer anderen Partei im Fall der Liquidation einen proportionalen Anteil an seinem Nettovermögen zu liefern,

wurde IAS 32 geändert. Ziel dieser Änderungen war es, für bestimmte Instrumente im Rahmen einer Ausnahmeregelung eine Eigenkapitalklassifizierung zu ermöglichen, obwohl die Instrumente die Definition einer finanziellen Verbindlichkeit erfüllen[349].

aa) Kündbare Instrumente

Kündbare Finanzinstrumente (puttable financial instruments) werden als Finanzinstrumente definiert, die ihren Inhaber dazu berechtigen, sie gegen flüssige Mittel oder andere finanzielle Vermögenswerte an den Emittenten zurückzugeben oder die bei Eintritt eines ungewissen künftigen Ereignisses, bei Ableben des Inhabers oder bei dessen Eintritt   **419**

---
347 Bei der Verteilung des Buchwerts eines zusammengesetzten Finanzinstruments auf die Eigen- und Fremdkapitalkomponente wird der Eigenkapitalkomponente der Restwert zugewiesen, der sich nach Abzug des getrennt für die Schuldkomponente ermittelten Betrags vom beizulegenden Zeitwert des gesamten Instruments ergibt, vgl. IAS 32.31.
348 Vgl. *IDW RS HFA 45*, Tz. 32-34.
349 Vgl. zu den Auswirkungen der Änderungen an IAS 32 etwa *Löw/Antonakopoulos*, KoR 2008, S. 261 (261-271) oder auch *Petersen/Zwirner*, DStR 2008, S. 1060 (1060-1066). Zur Rechtslage vor Verabschiedung der Änderung an IAS 32 vgl. etwa *Meyer/Bornhofen/Homrighausen*, KoR 2005, S. 285 (286).

in den Ruhestand automatisch an den Emittenten zurückgehen (IAS 32.11). Obwohl sie die Definition einer finanziellen Verbindlichkeit erfüllen, werden kündbare Instrumente als EK eingestuft, wenn die Voraussetzungen in IAS 32.16A und.16B kumulativ gegeben sind.

420 Nach IAS 32.16A sind folgende Bedingungen zu erfüllen[350]:

- **Proportionaler Residualanspruch** (IAS 32.16A(a)): Der Inhaber des kündbaren Instruments verfügt über das Recht, im Fall der Liquidation des Unternehmens einen beteiligungsproportionalen Anteil an dessen Nettovermögen zu erhalten. Situationen mit einem negativen Liquidationsreinvermögen (net liabilities) sind hierbei nicht zu berücksichtigen[351].
- **Nachrangigste Klasse von Instrumenten** (IAS 32.16A(b)): Das Instrument zählt zu der Klasse von Instrumenten, die im Liquidationsfall allen anderen im Rang nachgeht. Die Einstufung richtet sich nach den im Klassifizierungszeitpunkt gegebenen Verhältnissen bei hypothetischer Liquidation. Tritt bei maßgeblichen Umständen eine Veränderung ein, so hat das Unternehmen die Einstufung zu überprüfen (IAS 32.AG14B).
- **Identische Ausstattungsmerkmale** (IAS 32.16A(c)): Alle Finanzinstrumente der nachrangigsten Klasse haben identische Ausstattungsmerkmale. Beispielsweise sind all diese Instrumente kündbar und die Formel oder die Methode zur Berechnung des Rückkaufs bzw. des Rücknahmepreises ist für alle Instrumente dieser Klasse gleich. Diese Bedingung betrifft ausschließlich die finanziellen Ausstattungsmerkmale, etwa die Beteiligung am Periodenergebnis und am Liquidationserlös (RIC 3.15).
- **Keine weiteren Zahlungsverpflichtungen** (IAS 32.16A(d)): Außer der mit der Rückgabe des kündbaren Instruments verbundenen Zahlungsverpflichtung für den Emittenten besteht keine vertragliche Zahlungsverpflichtung bzw. nachteilige Tauschverpflichtung gegenüber einem anderen Unternehmen. Außerdem stellt es keinen Vertrag i.S.v. IAS 32.16(b) dar, der in eigenen Eigenkapitalinstrumenten des Unternehmens erfüllt werden kann. Zielsetzung dieser Bedingung ist die Einschränkung von sog. „structuring opportunities" (RIC 3.20).
- **Zulässige Grundlage der erwarteten Zahlungen** (IAS 32.16A(e)): Die für das Instrument über seine Laufzeit insgesamt erwarteten Zahlungsströme beruhen substanziell[352] auf dem buchhalterischen (Gewinne oder Verluste oder Veränderung des bilanzierten Nettovermögens) oder dem ökonomischen (Veränderungen des beizulegenden Zeitwerts des bilanzierten und des nicht bilanzierten Nettovermögens) Unternehmenserfolg. Der buchhalterische Unternehmenserfolg ist nach den einschlägigen IFRS zu ermitteln (IAS 32.AG14E). Als „substanziell" wird die Prägung der Zahlungsströme auch dann angesehen, wenn sie unter 90 % bleibt. Allerdings dürfte ein Anteil von 50 % deutlich zu niedrig sein (RIC 3.27). Die Laufzeit endet mit der Rückgabe des Instruments an das Unternehmen, wobei zwischenzeitliche Eigentümerwechsel unbeachtlich sind (RIC 3.28).

421 Eine Klassifikation als Eigenkapitalinstrument ist jedoch nur dann möglich, wenn neben den vorstehenden Bedingungen in IAS 32.16A(a)-(e) **zusätzlich** die **Vorgaben in IAS 32.16B** erfüllt werden[353]. Danach darf der Emittent keine weiteren Finanzinstrumente oder Verträge halten, auf die Folgendes zutrifft:

---
350 Vgl. konkretisierend RIC 3.7-28.
351 Vgl. *Schmidt*, BB 2008, S. 434 (435).
352 Der Begriff „substantially" in IAS 32.16A(e) wird in RIC 3 übersetzt mit „substanziell". Die deutsche EU-Übersetzung verwendet den Begriff „im Wesentlichen".
353 Die Vorschrift wurde als zusätzliche Bedingung zur Vorbeugung eines zu starken Gestaltungsmissbrauchs aufgenommen.

– Die gesamten Zahlungsflüsse beruhen im Wesentlichen auf Gewinnen oder Verlusten, auf Veränderungen bei den bilanzwirksamen Nettovermögenswerten oder auf Veränderungen beim beizulegenden Zeitwert der bilanzwirksamen und -unwirksamen Nettovermögenswerte des Unternehmens (mit Ausnahme etwaiger Auswirkungen des Instruments selbst) (IAS 32.16B(a)) und
– sie beschränken die Restrendite für die Inhaber des kündbaren Instruments erheblich oder legen diese fest (IAS 32.16B(b)).

Unschädlich sind in diesem Zusammenhang **nichtfinanzielle Verträge** zwischen dem Unternehmen und den Inhabern der kündbaren Finanzinstrumente, wenn sie einem Drittvergleich standhalten und dies durch das Unternehmen belegbar ist. Als ein Beispiel lassen sich z.b. Grundstücksüberlassungsverträge zwischen einem Gesellschafter und dem Unternehmen heranziehen[354]. Beispielhaft dafür, dass es zu keiner Eigenkapitalklassifikation kommt, wäre der Fall anzuführen, in dem die Gesellschafter einer Kommanditgesellschaft dieser auch noch zusätzlich Genussrechtskapital oder stille Einlagen zur Verfügung stellen und über diese Instrumente ein Großteil des sonst entstehenden Periodenergebnisses bereits abgeschöpft würde. In diesem Fall würde das Kommanditkapital nicht als EK klassifiziert werden[355].

Gesellschaftsrechtliche Abfindungsklauseln[356] können für die Bedingungen in IAS 32.16A(c) und IAS 32.16A(e) bedeutsam sein. Gesellschaftsvertragliche Abfindungsklauseln ersetzen regelmäßig die Abfindung nach dem gesetzlichen Leitbild des § 738 BGB oder konkretisieren die Berechnung nach dieser Vorschrift. Gesellschaftsrechtliche Abfindungsklauseln etwa, die auf eine Abfindung unterhalb des anteiligen Unternehmenswerts gerichtet sind, verletzen nicht die Bedingung in IAS 32.16A(c). Die kündbaren Instrumente der nachrangigsten Klasse müssen hinsichtlich der Abfindungsklauseln allerdings gleich ausgestattet sein (RIC 3.30). Nach RIC 3.37 ist es zudem unproblematisch, wenn die laufenden Ergebnisse, an denen der Gesellschafter partizipiert, nach den handelsrechtlichen Normen ermittelt werden und nicht nach IFRS. Danach mindern zwischenzeitliche Ausschüttungen, unabhängig, in welcher Höhe und nach welchen Rechnungslegungsnormen sie bemessen werden, in entsprechender Höhe den Unternehmenswert, sodass die Kombination aus den laufenden Ausschüttungen und dem anteiligen Unternehmenswert per Definition der ökonomischen Performance entspricht (RIC 3.37). Regelmäßig kann davon ausgegangen werden, dass auch eine Abfindung zum handelsrechtlichen Buchwert mit ggf. entsprechender Anpassung in Verbindung mit den laufenden Ausschüttungen eine Prägung der dem Instrument während seiner Lauf- bzw. Lebenszeit zuzuordnenden und insgesamt zu erwartenden Zahlungsströme durch die ökonomische Performance ergibt, sodass dann IAS 32.16A(e) erfüllt ist (RIC 3.38).

Gesellschafterdarlehen wirken sich grds. nicht auf die Klassifizierung der Einlagen des Gesellschafters als EK oder FK aus. Besondere Konstellationen, in denen dies dennoch der Fall sein kann, sind in RIC 3.39 aufgeführt.

bb) Bei Liquidation entstehende Verpflichtungen

Instrumente (oder Bestandteile derselben), die das Unternehmen dazu verpflichten, einer anderen Partei im Fall der **Liquidation** einen proportionalen Anteil an seinem Nettover-

---

[354] Weitere Beispiele für Instrumente, die für eine Klassifikation als EK in Frage kommen, wenn sie unter handelsüblichen Konditionen mit unverbundenen Parteien geschlossen wurden und die Voraussetzungen von IAS 32.16A erfüllen, finden sich in IAS 32.AG14J.
[355] Vgl. auch *Vater*, IFRS-Änderungskommentar², S. 129, Rn. 39f.
[356] Zur Würdigung gesellschaftsvertraglicher Abfindungsklauseln im Rahmen von IAS 32 vgl. RIC 3.29-38.

mögen zu liefern, werden ungeachtet der Tatsache, dass sie die Definition einer finanziellen Verbindlichkeit erfüllen, als EK eingestuft, wenn die Voraussetzungen in IAS 32.16C und .16D kumulativ gegeben sind. Eine solche Verpflichtung entsteht entweder, weil die Liquidation gewiss ist und sich der Kontrolle des Unternehmens entzieht (wie z. B. bei Unternehmen, deren Lebensdauer von Anfang an begrenzt ist) oder ungewiss ist, dem Inhaber des Instruments aber als Option zur Verfügung steht (IAS 32.16C).

426 IAS 32.16C nennt folgende **Voraussetzungen** für die Einstufung als EK, die kumulativ erfüllt sein müssen:

– Das Instrument gibt dem Inhaber das Recht, im Fall der Liquidation des Unternehmens einen proportionalen Anteil an dessen Nettovermögen zu erhalten (IAS 32.16C(a));
– das Instrument zählt zu der Klasse von Instrumenten, die allen anderen im Rang nachgeht (IAS 32.16C(b));
– alle Finanzinstrumente der nachrangigsten Klasse sind für das Unternehmen mit der gleichen vertraglichen Verpflichtung verbunden, im Fall der Liquidation einen proportionalen Anteil an seinem Nettovermögen zu liefern (IAS 32.16C(c)).

427 Eine Eigenkapitalklassifizierung ist nach IAS 32.16D darüber hinaus nur dann angezeigt, wenn außerdem seitens des Emittenten keine weiteren Finanzinstrumente oder Verträge gehalten werden, auf die Folgendes zutrifft:

– Die Zahlungsströme beruhen im Wesentlichen auf dem buchhalterischen oder ökonomischen Unternehmenserfolg des Unternehmens (IAS 32.16D(a)) und
– die Restrendite für die Inhaber des kündbaren Instruments wird erheblich beschränkt oder festgelegt (IAS 32.16D(b)).

428 Im Gegensatz zu den Kriterien für kündbare Instrumente ist es für eine Eigenkapitalklassifizierung von Instrumenten, die einen Anteil am Liquidationserlös gewähren, nicht von Belang, ob während ihrer Laufzeit weitere vertragliche Zahlungsverpflichtungen bestehen. Insoweit sind nur die Verpflichtungen zum Liquidationszeitpunkt relevant. Auch die Nachrangigkeit gegenüber anderen Instrumenten hat nur zu diesem Zeitpunkt vorzuliegen. Sämtliche Verpflichtungen während des Bestehens des Unternehmens sind insofern irrelevant[357].

cc) Umgliederung und Bedeutung der Regelungen für den Konzernabschluss

429 Eine **Umgliederung** in das EK bzw. FK ist zu dem Zeitpunkt vorzunehmen, an dem die Bedingungen von IAS 32.16A-16D erstmals erfüllt sind bzw. nicht mehr erfüllt werden (IAS 32.16E). Die Umgliederung eines Eigenkapitalinstruments in eine finanzielle Verbindlichkeit erfolgt derart, dass zum Zeitpunkt der Umgliederung die finanzielle Verbindlichkeit zu ihrem beizulegenden Zeitwert zu bewerten ist (IAS 32.16F(a)). Differenzen zwischen dem Buchwert des Eigenkapitalinstruments und dem beizulegenden Zeitwert der finanziellen Verbindlichkeit sind im EK zu erfassen (IAS 32.16F(a)). Sofern ein als finanzielle Verbindlichkeit bilanziertes Finanzinstrument nachträglich die Bedingungen für ein Eigenkapitalinstrument erfüllt, ist das Eigenkapitalinstrument zum Buchwert der finanziellen Verbindlichkeit zu bewerten (IAS 32.16F(b)).

430 Die Ausnahmeregelungen für kündbare Instrumente nach IAS 32.16A und .16B bzw. IAS 32.16C und .16D sind bei der Einstufung nicht beherrschender Anteile im **Konzernabschluss** nicht anzuwenden. Somit werden Instrumente, die nach diesen Vorschriften im EA als EK eingestuft sind und bei denen es sich um nicht beherrschende

---

357 Vgl. mit weiteren Erläuterungen *Löw/Antonakopoulos*, KoR 2008, S. 261 (268).

Ansatz und Bewertung einzelner Posten im IFRS-Abschluss **N**

Anteile handelt, im KA als Verbindlichkeiten eingestuft (IAS 32.AG29A). Wenn es sich beim TU bspw. um eine Personenhandelsgesellschaft handelt, die mehrheitlich, aber nicht vollständig im Eigentum des MU steht, ist ein Eigenkapitalausweis der Minderheitenanteile im KA nicht möglich. Die sich infolge der Kapitalkonsolidierung ergebenden im Fremdbesitz stehenden Anteile sind entgegen der allgemeinen Regelung in IAS 1 und IAS 27 zwingend im FK auszuweisen und entsprechend zu bewerten[358].

d) Ansatz, Bewertung und Ausweis

Hinsichtlich **Ansatz und Bewertung** von Eigenkapitalinstrumenten beim Emittenten enthalten die IFRS grds. keine spezifischen Regelungen. Eigenkapitalinstrumente fallen aus der Perspektive des Emittenten insb. nicht in den Anwendungsbereich von IAS 39 (IAS 39.2(d)). Daher ist bei Eigenkapitalinstrumenten nur im Zeitpunkt der Emission eine Bewertung (zum beizulegenden Zeitwert der Gegenleistung) vorzunehmen; eine Folgebewertung wird nicht durchgeführt. Besondere Ansatz- und Bewertungsregeln gibt es allerdings für Eigenkapitalinstrumente, die als anteilsbasierte Vergütungen nach IFRS 2 ausgegeben werden[359]. **431**

Eigene Anteile (treasury shares) sind vom EK abzusetzen (IAS 32.33). Für die Absetzung eigener Anteile bestehen folgende Möglichkeiten, die ursprünglich in SIC-16.10 geregelt waren und weiterhin angewandt werden können, auch wenn sie nicht explizit in IAS 32 übernommen wurden und SIC-16 aufgehoben wurde: **432**

– Absetzung der gesamten AK der eigenen Anteile vom EK in einem Posten (one-line adjustment);
– Behandlung entsprechend der (Erst-)Emission, d.h. Absetzung des Nennwerts vom gezeichneten Kapital sowie Verrechnung des Differenzbetrags zu den AK mit anderen Eigenkapitalkategorien (par-value method);
– Anpassung jeder betroffenen Eigenkapitalkategorie.

Eine spätere, erneute Ausgabe von zurückerworbenen eigenen Anteilen wird wie eine neue Emission von Anteilen behandelt. Der Erwerb eigener Aktien ist als Veränderung des EK auszuweisen. Bei Erwerb, Veräußerung oder Einziehung eigener Aktien darf kein Gewinn oder Verlust erfasst werden (IAS 32.33). **433**

Transaktionskosten einer Eigenkapitaltransaktion sind nicht als Aufwand im Periodenergebnis auszuweisen, sondern werden unter Abzug ihrer Steuerwirkung (soweit steuerlich abzugsfähig) direkt von dem durch die Kapitalerhöhung zufließenden EK abgesetzt (IAS 32.35). Es darf sich hierbei jedoch nur um der Eigenkapitaltransaktion direkt zurechenbare Kosten handeln, die ohne die Kapitalerhöhung vermieden worden wären. Beispiele hierfür sind Register- und andere behördliche Gebühren, Kosten für Rechtsberater, WP und andere professionelle Berater sowie Druckkosten und Börsenumsatzsteuern; Kosten für eingestellte Eigenkapitaltransaktionen sind als Aufwand zu erfassen (IAS 32.37). Aufwendungen bei der Ausgabe von zusammengesetzten Finanzinstrumenten sind den jeweiligen Eigen- und Fremdkapitalkomponenten proportional zu ihrer Höhe zuzuordnen (IAS 32.38). **434**

Die Einstufung eines Finanzinstruments als finanzielle Verbindlichkeit oder als Eigenkapitalinstrument ist ausschlaggebend für die Erfassung der mit dem zugrunde liegenden Instrument verbundenen **Zinsen, Dividenden, Verluste und Gewinne** als Aufwand oder **435**

---

358 Vgl. mit weiteren Erläuterungen *Baetge* u.a., IFRS[2], Teil B, IAS 32, Rn. 63 sowie *Vater*, IFRS-Änderungskommentar[2], S. 131, Rn. 51. Zum grundsätzlichen Ausweis von nicht beherrschenden Anteilen im EK vgl. Tz. 966.
359 Vgl. Tz. 802ff.

1743

Ertrag im Periodenergebnis. So werden bspw. Ausschüttungen aus einem Finanzinstrument, welches als Fremdkapitalinstrument klassifiziert wurde, als Aufwand erfasst.[360] Im Gegensatz dazu sind Dividenden aus einem Finanzinstrument, welches als Eigenkapitalinstrument klassifiziert wurde, im EK zu erfassen. Ebenso wird der Rückkauf von Eigenkapitalinstrumenten als Bewegung im EK abgebildet (IAS 32.36).

e) Anhangangaben

436 In der Bilanz sind zumindest das gezeichnete Kapital und die den Eigentümern der Muttergesellschaft zuzuordnenden Rücklagen auszuweisen (IAS 1.54(r)). In der Konzernbilanz sind die nicht beherrschenden Anteile (non-controlling interests) innerhalb des EK in einem gesonderten Posten darzustellen (IAS 1.54(q) und 27.27). Sofern es für das Verständnis der Vermögens- und Finanzlage des Unternehmens relevant ist, muss das EK entweder in der Bilanz oder im Anh. weiter aufgegliedert werden, bspw. nach Gruppen von eingezahltem Kapital, Agio aus der Anteilsausgabe und Rücklagen (IAS 1.55 und .78 (e)). Weitere **Angabepflichten** bestehen nach IAS 1.79(a) für jede Gruppe von Anteilen hinsichtlich:

– der Anzahl der genehmigten Anteile;
– der Anzahl der ausgegebenen und voll eingezahlten Anteile und der Anzahl der ausgegebenen und nicht voll eingezahlten Anteile;
– des Nennwerts der Anteile bzw. der Tatsache, dass die Anteile nennwertlos sind;
– einer Überleitung der Anzahl der im Umlauf befindlichen Anteile am Anfang der Periode auf die Anzahl am Ende der Periode;
– der Rechte, Vorzugsrechte und Beschränkungen der Rechte der einzelnen Gattungen von Anteilen einschließlich Beschränkungen bei der Ausschüttung und der Kapitalrückzahlung[361];
– der eigenen sowie der von Tochter- als auch von assoziierten Unternehmen gehaltenen Anteile;
– der Anteile, die für eine Ausgabe aufgrund von Optionen und Verkaufsverträgen vorgehalten werden, unter Angabe der Vertragsbedingungen und Beträge.

Ferner ist eine Beschreibung von Art und Zweck sämtlicher Rücklagen erforderlich (IAS 1.79(b)). Die Angaben des IAS 1.79 können entweder in der Bilanz, in der Eigenkapitalveränderungsrechnung oder im Anh. erfolgen. Für Unternehmen ohne gezeichnetes Kapital, z.B. PersGes. oder Treuhandfonds, sind vergleichbare Angaben erforderlich (IAS 1.80).

437 Für als Eigenkapitalinstrument eingestufte kündbare Finanzinstrumente hat ein Unternehmen im Anh. weitere Angaben vorzunehmen, sofern diese nicht bereits an anderer Stelle erfolgt sind (IAS 1.136A):

– Zusammengefasste quantitative Daten zu dem als EK eingestuften Betrag;
– Ziele, Methoden und Verfahren, mit deren Hilfe das Unternehmen seiner Verpflichtung nachkommen will, die Instrumente zurückzukaufen oder zurückzunehmen, wenn die Inhaber dies verlangen, einschließlich aller Änderungen der vorangegangenen Periode;
– der bei Rücknahme oder Rückkauf dieser Klasse von Finanzinstrumenten erwartete Mittelabfluss; und

---

360 Dies betrifft z.B. Zinsen aus einer als FK klassifizierten Anleihe.
361 Seit 2007 verlangt IFRS 7.7 die Erläuterung aller Finanzinstrumente, um deren Auswirkungen auf die Vermögens-, Finanz- und Ertragslage erkennen zu können. Hierzu gehören auch die Ausstattungsmerkmale von Eigenkapitalinstrumenten (ordinary shares/preference shares).

Ansatz und Bewertung einzelner Posten im IFRS-Abschluss   N

– Informationen darüber, wie der bei Rücknahme oder Rückkauf erwartete Mittelabfluss ermittelt wurde.

Sofern ein Unternehmen ein die Bedingungen des IAS 32.16A-16D erfüllendes oder nicht mehr erfüllendes Eigenkapitalinstrument nach IAS 32.16E i.V.m. 32.16F zwischen finanzieller Verbindlichkeit und EK umgegliedert hat, sind die dem EK und den finanziellen Verbindlichkeiten zu- bzw. abgehenden Beträge sowie der Zeitpunkt und die Gründe für die Umgliederung anzugeben (IAS 1.80A)[362]. **438**

Weiterhin sind der Betrag der Ausschüttungen, der vor Veröffentlichung des Abschlusses vorgeschlagen oder beschlossen und noch nicht im Abschluss des abgelaufenen Jahres als Ausschüttung bilanziert wurde (in Summe sowie als Betrag je Anteil), sowie der Betrag der nicht ausgewiesenen kumulativen Vorzugsdividenden im Anh. zu nennen (IAS 1.137). **439**

Gewinne und Verluste aus der vollständigen oder teilweisen Tilgung von finanziellen Verbindlichkeiten durch Eigenkapitalinstrumente sind als gesonderter Posten im Periodenergebnis anzugeben (IFRIC 19.11). **440**

f) Aufstellung der Eigenkapitalveränderungsrechnung

Zu den Pflichtbestandteilen eines IFRS-Abschlusses gehört auch die Aufstellung der Veränderung des EK[363] für die Periode (**statement of changes in equity for the period** – IAS 1.10(c)). Ausführungen zur Eigenkapitalveränderungsrechnung finden sich in Tz. 1043ff. **441**

11. Rückstellungen
a) Leistungen an Arbeitnehmer
aa) Definition und Abgrenzung

Zielsetzung des IAS 19 ist die Regelung der Erfassung, Bewertung sowie der Angabepflichten für Leistungen an Arbeitnehmer (employee benefits) durch den Arbeitgeber (IAS 19.1). IAS 19 bezieht sich – mit Ausnahme von Leistungen, auf die IFRS 2 anwendbar ist[364] – auf sämtliche derartigen Leistungen an Arbeitnehmer, unabhängig von der formalen Ausgestaltung des Rechtsverhältnisses zwischen Arbeitgeber, Arbeitnehmer und ggf. Versorgungseinrichtung (IAS 19.3 und .24). Damit fallen auch faktische Verpflichtungen in den Anwendungsbereich (IAS 19.52). Folgende Leistungen werden unterschieden (IAS 19.4): **442**

– **Kurzfristig fällige Leistungen an Arbeitnehmer (short-term employee benefits):** Löhne und Gehälter einschließlich Lohnzahlungen bei Urlaub und Krankheit, Sozialversicherungsbeiträge, geldwerte Leistungen, wie medizinische Versorgung, Unterbringung, Dienstwagen oder ein kostenloses oder vergünstigt bereitgestelltes Angebot an Waren und Dienstleistungen, für aktive Arbeitnehmer sowie innerhalb von zwölf Monaten nach Ende der Berichtsperiode ausgezahlte Erfolgsbeteiligungen;
– **Leistungen nach Beendigung des Arbeitsverhältnisses (post-employment benefits):** Betriebsrenten und andere Altersversorgungsleistungen sowie Lebensversicherungen und medizinische Versorgung nach Beendigung des Arbeitsverhältnisses;

---
362 Zu den Vorschriften zur Umgliederung vgl. Tz. 429f.
363 Zur Definition von EK und der Abgrenzung zu FK vgl. Tz. 403ff.
364 Vgl. hierzu Tz. 796ff.

- **Andere langfristig fällige Leistungen an Arbeitnehmer (other long-term employee benefits):** Sonderurlaub nach langjähriger Dienstzeit, Freistellungen, Zahlungen für langjährige Dienstzeit und Jubiläen, Versorgungsleistungen bei Erwerbsunfähigkeit, Erfolgsbeteiligungen und andere Vergütungsbestandteile, die nicht vollständig innerhalb von zwölf Monaten ausgezahlt werden, und
- **Leistungen aus Anlass der Beendigung des Arbeitsverhältnisses (termination benefits).**

bb) Kurzfristig fällige Leistungen an Arbeitnehmer

443 **Kurzfristig fällige Leistungen** (short-term employee benefits)[365] werden in der Berichtsperiode im Periodenergebnis erfasst, in der der Arbeitnehmer seine entsprechende Arbeitsleistung erbringt (IAS 19.10). Abgrenzungskriterium für die Fristigkeit ist, dass die betreffenden Leistungen voraussichtlich innerhalb von zwölf Monaten nach Ende der Periode, in der der Arbeitnehmer die entsprechende Arbeitsleistung erbracht hat, fällig sind (IAS 19.7).

444 Für die **Bewertung der Verpflichtung** bzw. des zu erfassenden Aufwands sind keine versicherungsmathematischen Annahmen erforderlich; eine Abzinsung kommt aufgrund der kurzen Fristigkeit nicht in Frage (IAS 19.9-10).

445 Bei **kurzfristig fälligen Abwesenheitsvergütungen** (short-term compensated absences) wird nach IAS 19.11f. unterschieden zwischen:

- ansammelbaren Ansprüchen (accumulating compensated absences), die in die Zukunft vorgetragen und in späteren Perioden genutzt werden können, und
- nicht ansammelbaren Ansprüchen (non-accumulating compensated absences), die verfallen, wenn sie in der laufenden Periode nicht vollständig genutzt werden, und die den Arbeitnehmer bei Ausscheiden aus dem Unternehmen auch nicht zum Barausgleich berechtigen (IAS 19.16).

446 **Ansammelbare Ansprüche** sind in der Periode, in der sie vom Arbeitnehmer erdient wurden, zu erfassen und mit dem Wert anzusetzen, den das Unternehmen voraussichtlich bei Inanspruchnahme zahlen muss (IAS 19.13-15). Sind z.B. Urlaubsansprüche nur eingeschränkt ansammelbar, weil sie z.B. an einem bestimmten Stichtag nach dem Abschlussstichtag verfallen, so ist bei der Bewertung der abgegrenzten Schuld[366] zum Abschlussstichtag des GJ, in dem der Urlaubsanspruch entstanden ist, auch zu berücksichtigen, inwieweit Ansprüche voraussichtlich nicht in Anspruch genommen werden und verfallen.

447 **Nicht ansammelbare Ansprüche** verfallen, wenn die Ansprüche in dem betreffenden Zeitraum nicht geltend gemacht wurden, wie bspw. Elternzeit (maternity or paternity leave) (IAS 19.16).

448 **Erfolgsbeteiligungen** (profit sharing and bonus plans) sind nur dann zu erfassen, wenn eine rechtliche oder faktische Verpflichtung für das Unternehmen besteht und die Höhe der Verpflichtung verlässlich geschätzt werden kann (IAS 19.17). Voraussetzungen für eine verlässliche Schätzung sind, dass eine Formel zur Bestimmung der Leistungshöhe fixiert wurde, das Unternehmen die zu zahlenden Beträge festsetzt, bevor der Abschluss zur Veröffentlichung freigegeben (authorised for issue) wird oder die bisherige Praxis ei-

---

365 Zur Erfassung, Bewertung sowie den Anhangangaben von kurzfristig fälligen Leistungen an Arbeitnehmer vgl. IAS 19.10-23.
366 Vgl. Tz. 496.

nen sicheren Rückschluss (clear evidence) auf den zu zahlenden Betrag zulässt (IAS 19.20). Danach wird i.d.R. für zukünftige Bonus- und Tantiemezahlungen, die sich auf das abgelaufene GJ oder auf einen abweichenden Zeitraum, der im GJ endet, beziehen, eine Rückstellung zu bilden sein.

cc) Leistungen nach Beendigung des Arbeitsverhältnisses
(1) Abgrenzungskriterium für leistungsorientierte und beitragsorientierte Pläne

Pläne für Leistungen nach Beendigung des Arbeitsverhältnisses (post-employment benefit plans) werden in Abhängigkeit von dem wirtschaftlichen Gehalt der dem Plan zugrunde liegenden Leistungsbedingungen und -voraussetzungen als leistungsorientierter oder als beitragsorientierter Plan klassifiziert (IAS 19.25)[367]. Für beide Kategorien bestimmt IAS 19 eine grundlegend eigenständige Vorgehensweise für die bilanzielle und erfolgsrechnerische Erfassung. Die Klassifikation des Plans erfolgt unabhängig von der Finanzierung der Zusage, die entweder unternehmensintern im Rahmen der betrieblichen Innenfinanzierung über die Bildung von Pensionsrückstellungen[368] oder unternehmensextern, bspw. über einen Fonds, erfolgen kann. Ausschlaggebend ist allein, wer das **versicherungsmathematische Risiko** sowie das **Anlagerisiko** trägt. Das versicherungsmathematische Risiko besteht darin, dass die Leistungen zum Leistungszeitpunkt höher ausfallen, als zu einem davor liegenden Zeitpunkt erwartet; das Anlagerisiko besteht darin, dass die angelegten Vermögenswerte nicht ausreichen, um die erwarteten Leistungen zu erbringen (IAS 19.25).

449

(2) Ansatz, Bewertung und Angabepflichten für beitragsorientierte Versorgungspläne

Ist die rechtliche oder faktische Verpflichtung des Arbeitgebers auf die Zahlung eines **vereinbarten Beitrags** an einen unternehmensexternen Versorgungsträger, wie bspw. eine Versicherung, einen Fonds u.Ä., beschränkt (beitragsorientierter Plan), wird die Höhe der Zahlungen an den begünstigten Arbeitnehmer im Leistungsfall durch die bei dem externen Versorgungsträger angesammelten Vermögenswerte begrenzt. Das versicherungsmathematische Risiko sowie das Anlagerisiko aus dem unternehmensexternen Versorgungsträger trägt somit bei beitragsorientierten Plänen der Arbeitnehmer (IAS 19.7 und .25).

450

Für die **Bewertung der beitragsorientierten Verpflichtung** sind keine versicherungsmathematischen Annahmen erforderlich, weil die Höhe der Verpflichtung des Unternehmens in jeder Berichtsperiode durch den zu entrichtenden Beitrag determiniert wird (IAS 19.43). Damit reduziert sich die bilanzielle Erfassung auf die periodische Abgrenzung von zu erfassendem Aufwand und entrichteten Beiträgen, wenn diese betragsmäßig voneinander abweichen (IAS 19.44). Noch zu leistende Zahlungen sind in der Bilanz als Schuld (accrued expense), Überzahlungen, die zur Rückerstattung oder zur Verringerung künftiger Zahlungen führen, als Vermögenswert (prepaid expense) anzusetzen; die Verpflichtungen sind nur dann abzuzinsen, wenn sie nicht in voller Höhe innerhalb von zwölf Monaten fällig sind. In der Gesamtergebnisrechnung sind die zu zahlenden Beträge grds. als Aufwand im Periodenergebnis zu erfassen (IAS 19.44). Der im Zusammenhang mit einem beitragsorientierten Plan erfasste Aufwand ist im Anh. anzugeben (IAS 19.46). Ferner sind – soweit notwendig – gem. IAS 24 zusätzliche Angaben zu bei-

451

---

367 Vgl. auch die umfassenden Erläuterungen in *Ernst & Young*, S. 1897ff., bzw. *KPMG*, Insights into IFRS 2010/11, S. 1047, Rn. 4.4.100-.260.
368 Vgl. *Gohdes/Meier*, BB 2003, S. 1375 (1375).

tragsorientierten Plänen für Mitglieder des Managements in Schlüsselpositionen sowie deren nahe Angehörige (key management personnel) zu machen (IAS 19.47).

(3) Ansatz, Bewertung und Angabepflichten für leistungsorientierte Verpflichtungen

452 Verbleiben versicherungsmathematische Risiken sowie Anlagerisiken bei dem Arbeitgeber, der eine Pensionszusage gemacht hat, ist die Zusage als **leistungsorientierter Plan** zu klassifizieren[369]. Verpflichtet sich z.B. der Arbeitgeber, dem begünstigten Arbeitnehmer bestimmte Leistungen nach Beendigung des Arbeitsverhältnisses zu gewähren, z.b. eine jährliche Zahlung in Höhe eines bestimmten Prozentsatzes des zuletzt gezahlten Gehalts, so trägt der Arbeitgeber das Risiko der Gehaltsentwicklung als Teil des versicherungsmathematischen Risikos. Anders als bei beitragsorientierten Plänen ist die Zahlung des Arbeitgebers erst in der Zukunft zu erbringen und der Höhe nach unsicherheitsbehaftet. Das Risiko des Arbeitgebers besteht unabhängig von der institutionellen Ausgestaltung des Versorgungswerks darin, zum Leistungszeitpunkt über ausreichende finanzielle Mittel zu verfügen, um die Leistungen erbringen zu können.

453 Unmittelbare, d.h. unternehmensintern **über Pensionsrückstellungen finanzierte Zusagen,** stellen grds. leistungsorientierte Pläne dar. Gleiches gilt für über Unterstützungskassen finanzierte Versorgungspläne. Das Vorsorgerisiko konkretisiert sich hier in der Einstandspflicht für etwaige Deckungslücken. Formal beitragsorientiert ausgestaltete Zusagen sind dann als leistungsorientiert zu klassifizieren, wenn es je nach Entwicklung der angesammelten finanziellen Mittel zu einer Beitragserhöhung für den Arbeitgeber kommen kann. Garantiert der Arbeitgeber dem Arbeitnehmer eine Mindestverzinsung auf die eingezahlten Beiträge, so resultiert daraus ein leistungsorientierter Plan, da der Arbeitgeber mit der Übernahme der Mindestgarantie anteilig Anlagerisiken übernimmt[370].

454 Der **Bilanzwert** leistungsorientierter Verpflichtungen ist wie folgt zu ermitteln (IAS 19.54):

Barwert der leistungsorientierten Verpflichtung (defined benefit obligation) zum Abschlussstichtag[371]
+ (./.) etwaige versicherungsmathematische Gewinne (Verluste), die aufgrund der Anwendung der Erfassungsmethode nach IAS 19.92-93 noch nicht erfasst wurden[372]
./. ein etwaiger, bisher nicht erfasster nachzuverrechnender Dienstzeitaufwand[373]
./. ggf. vorhandenes Planvermögen (plan assets), bewertet zum beizulegenden Zeitwert am Abschlussstichtag[374].

---

369 In IAS 19.7 werden leistungsorientierte Pläne in einer Negativabgrenzung als solche Pläne definiert, die nicht unter die Definition der beitragsorientierten Pläne fallen.
370 Vgl. *KPMG*, Insights into IFRS 2010/11, S. 1054, Rn. 4.4.200, sowie *PricewaterhouseCoopers*, Manual of Accounting, S. 11028, Rn. 11.106.
371 Vgl. Tz. 458.
372 Zum Begriff, zu den Entstehungsursachen sowie der Erfassung, z.B. nach der Korridormethode, vgl. Tz. 457, 461 sowie insb. 467ff.
373 Vgl. Tz. 472.
374 Vgl. Tz. 462ff.

Ansatz und Bewertung einzelner Posten im IFRS-Abschluss   **N**

Der sich aus der Rechnung ergebende Betrag der Verpflichtung kann **negativ** sein und **455** somit einen Vermögenswert darstellen. Der Vermögenswert ist dann mit dem kleineren der beiden folgenden Wertansätze zu bewerten (sog. asset ceiling[375]; IAS 19.58)[376]:

- dem nach IAS 19.54 ermittelten Wertansatz oder
- der Summe der kumulierten nicht erfassten versicherungsmathematischen Gewinne und Verluste, dem nicht erfassten nachzuverrechnenden Dienstzeitaufwand und dem Barwert eines wirtschaftlichen Nutzens in Form von Rückerstattungen aus dem Plan oder Minderungen künftiger Beitragszahlungen an den Plan.

Der in jeder Periode im **Gewinn oder Verlust** zu erfassende Aufwand (oder Ertrag) ergibt **456** sich spiegelbildlich zur Veränderung des Bilanzansatzes in der Berichtsperiode wie folgt (IAS 19.61):

       Dienstzeitaufwand der Periode (current service cost)[377]
+   Zinsaufwand (interest cost)[378]
./.   erwarteter Ertrag aus etwaigem Planvermögen (plan assets) (IAS 19.105- 107)[379] und aus anderen Erstattungsansprüchen (IAS 19.104A)
+ (./.) versicherungsmathematische Verluste (Gewinne)[380]
+   nachzuverrechnender Dienstzeitaufwand (past service costs)[381]
+ / ./. Auswirkungen etwaiger Abgeltungen (settlements) und Plankürzungen (curtailments), bspw. bei Abfindung des Berechtigten oder schuldbefreiender Übertragung auf einen neuen Verpflichteten (neuer Arbeitgeber, Versicherung) bzw. bei einer erheblichen Reduktion der erfassten Arbeitnehmer oder der zugesagten Leistungen (IAS 19.109).
+   Auswirkungen der Obergrenze in IAS 19.58(b), sofern sie nicht nach IAS 19.93C im sonstigen Ergebnis erfasst werden.

Die ersten drei Komponenten des Pensionsaufwands, d.h. der Dienstzeitaufwand, der **457** Zinsaufwand sowie der erwartete Ertrag aus etwaigem Planvermögen, werden auf der Grundlage der zu Beginn des GJ vorliegenden Schätzparameter, insb. der versicherungsmathematischen Annahmen, die der Bewertung der leistungsorientierten Verpflichtung sowie dem Planvermögen zugrunde gelegt werden, ermittelt. **Abweichungen** zwischen diesen Erwartungswerten und den Werten, die sich auf der Grundlage der (aktualisierten) Schätzparameter zum Abschlussstichtag ergeben, kumulieren in den sog. **versicherungsmathematischen Gewinnen oder Verlusten** (actuarial gains or losses)[382].

Leistungsorientierte Verpflichtungen (defined benefit obligations) sind grds. langfristig **458** und daher mit dem Barwert anzusetzen (IAS 19.66). Der **Barwert der Verpflichtung** ist nach der Methode der laufenden Einmalprämien (projected unit credit method) zu ermitteln (IAS 19.64). Der Methode der laufenden Einmalprämien liegt die Zielsetzung zu-

---

375 Vgl. auch IFRIC 14; zu einer umfassenden Diskussion vgl. *KPMG*, Insights into IFRS 2010/11, S. 1077-1084, Rn. 4.4.660, sowie *PricewaterhouseCoopers*, Manual of Accounting, S. 11071ff., Rn. 11.214ff.
376 In bestimmten Konstellationen (vgl. IAS 19.58B) kann sich aus der Anwendung des IAS 19.58 ein Gewinn oder Verlust ergeben; für diese Fälle enthält IAS 19.58A Sonderregelungen zur bilanziellen und erfolgsrechnerischen Erfassung; siehe auch IAS 19 Anhang C.
377 Es handelt sich dabei um den Anstieg des Barwerts der leistungsorientierten Verpflichtung aufgrund der während der Berichtsperiode erdienten Pensionsansprüche (IAS 19.7).
378 Der Zinsaufwand ergibt sich, indem der zu Beginn der Periode festgesetzte Diskontierungszinssatz auf die für die Periode ermittelte leistungsorientierte Verpflichtung angewandt wird (IAS 19.82).
379 Vgl. Tz. 466.
380 Zu Ursachen und den alternativ möglichen Erfassungsmethoden, z.B. der sog. Korridormethode, vgl. Tz. 467ff.
381 Zu Ursachen und Erfassung des nachzuverrechnenden Dienstzeitaufwands vgl. Tz. 472.
382 Vgl. IAS 19.7 sowie Tz. 461.

grunde, in jeder Berichtsperiode Aufwand in Höhe des Gegenwerts der neu erworbenen Zusagen zu erfassen (IAS 19.65)[383]. Die Zuordnung der leistungsorientierten Verpflichtungen zu den einzelnen Berichtsperioden ergibt sich grds. aus der der Zusage zugrunde liegenden Planformel (benefit formula; IAS 19.67). Dies bedeutet, dass sich die Periodenzuordnung danach bestimmt, wie der Arbeitnehmer seine Arbeitsleistung im Gegenzug für eine leistungsorientierte Zusage erbringt (IAS 19.68)[384].

459 Der Gesamtwert der leistungsorientierten Verpflichtung wird zum Abschlussstichtag u.a. unter Rückgriff auf **versicherungsmathematische Annahmen** (actuarial assumptions) ermittelt (IAS 19.54 i.V.m 19.72f.). Die versicherungsmathematischen Annahmen müssen unvoreingenommen (unbiased)[385] und aufeinander abgestimmt (mutually compatible) [386] sein (IAS 19.72). Sie umfassen demografische Annahmen über die gegenwärtige und zukünftige Zusammensetzung des Anwärterbestands, biometrische Daten zur Sterblichkeit, Fluktuation, zum Anteil der begünstigten Arbeitnehmer mit ebenfalls leistungsberechtigten Angehörigen sowie Annahmen über die Inanspruchnahme von Leistungen aus Plänen zur medizinischen Versorgung (IAS 19.73(a)). Zusätzlich sind für die Bewertung des Verpflichtungsbestands finanzielle Annahmen über den Zinssatz für die Abzinsung, die erwarteten Gehaltssteigerungen[387], die Kostentrends für Leistungen in der medizinischen Versorgung sowie die erwarteten Erträge aus Planvermögen erforderlich (IAS 19.73(b)). Die zum Abschlussstichtag entstandenen Verpflichtungen sind demnach zu Zukunftswerten zu bewerten. Der Zukunftsbezug ist lediglich für die Bewertung des Verpflichtungsbestands maßgeblich; erwartete Änderungen des Mengengerüsts, die sich am Abschlussstichtag nicht aus den formalen Regelungen des Plans oder einer faktischen Verpflichtung ergeben, sind nicht zu berücksichtigen, da nach IAS 19.86[388] ausschließlich Leistungsänderungen in die Bewertung aufzunehmen sind.

460 Zu den versicherungsmathematischen Annahmen gehört ferner der **Diskontierungszinssatz**. Der Diskontierungszinssatz ist auf der Grundlage der Renditen zu bestimmen, die am Abschlussstichtag für erstrangige festverzinsliche Industrieanleihen[389] am Markt erzielt werden. Besteht kein liquider Markt für derartige Industrieanleihen, ist ersatzweise auf die Marktrendite von Regierungsanleihen zurückzugreifen. Währung und Laufzeiten der zugrunde gelegten Anleihen[390] haben mit der Währung und der geschätzten Fristigkeit der leistungsorientierten Verpflichtung übereinzustimmen (IAS 19.78). Eine zum Abschluss-

---

383 Bei der Methode der laufenden Einmalprämien ergibt sich so die Gesamtverpflichtung zum Stichtag aus den kumulierten Zusagen der Vorperioden sowie der aktuellen Berichtsperiode; es handelt sich mithin um ein Ansammlungsverfahren. Im Gegensatz dazu stellt das steuerrechtlich vorgeschriebene Teilwertverfahren (§ 6a EStG) ein Gleichverteilungsverfahren dar. Zu einem Vergleich beider Methoden vgl. *Faßhauer*, S. 30 (30-31) m.w.N.

384 IAS 19 enthält keine Regelung zur Häufigkeit der Bewertung. Wurde die Bewertung einige Monate vor dem Stichtag ausgeführt, so ist der Wert um zwischenzeitliche wesentliche Änderungen der versicherungsmathematischen Annahmen zu korrigieren, vgl. *KPMG*, Insights into IFRS 2010/11, S. 1061, Rn. 4.4.330.10, sowie *PricewaterhouseCoopers*, Manual of Accounting, S. 11066, Rn. 11.203. Zur unterjährigen Bewertung im Rahmen der Zwischenberichterstattung vgl. *PricewaterhouseCoopers*, Manual of accounting, S. 11068ff., Rn. 11.207-213.

385 Das heißt weder nach oben noch nach unten verzerrt, IAS 19.74.

386 Zu Beispielen vgl. IAS 19.75.

387 Zur Relevanz der Inflationsrate für die Renten- und Gehaltstrends vgl. *Gohdes/Baach*, BB 2004, S. 2571 (2571-2573).

388 Diese führen entweder zu nachzuverrechnendem Dienstzeitaufwand (vgl. Tz. 472) oder zu laufendem Dienstzeitaufwand (vgl. Tz. 456).

389 Als erstrangige Industrieanleihen werden im Regelfall solche angesehen, die bei Standard and Poor's mit AA bzw. bei Moody's mit Aa2 oder besser bewertet sind. Zur Ermittlung des Diskontierungszinssatzes vgl. Beck-IFRS³, § 26, Rn. 61-63 sowie *Gohdes/Baach*, BB 2004, S. 2571.

390 Da häufig keine ausreichend langfristigen Industrieanleihen zur Verfügung stehen, die die Fälligkeiten der zu zahlenden Leistungen widerspiegeln, werden langfristige Zinssätze durch Extrapolation geschätzt.

stichtag eingetretene Änderung des Diskontierungszinssatzes resultiert in versicherungsmathematischen Gewinnen oder Verlusten. Diese wirken sich nur so weit auf den Pensionsaufwand des GJ und damit auf den Bilanzansatz zum Stichtag aus, wie die versicherungsmathematischen Gewinne und Verlust des GJ bilanziell und erfolgsrechnerisch erfasst werden[391].

Versicherungsmathematische Gewinne und Verluste am Gesamtverpflichtungsbestand entstehen in jeder Berichtsperiode durch ein Abweichen der tatsächlichen Werte zum Abschlussstichtag von den Schätzwerten der versicherungsmathematischen Annahmen zu Periodenbeginn[392] (IAS 19.7 und .94)[393]. Sie werden mit versicherungsmathematischen Gewinnen oder Verlusten im Zusammenhang mit dem Planvermögen[394] summiert und einheitlich erfasst[395]. 461

Werden Zusagen an Arbeitnehmer unternehmensextern finanziert[396], resultiert daraus unter bestimmten in den Definitionen des IAS 19.7 aufgezeigten Bedingungen das sog. **Planvermögen** (plan assets), das bilanziell mit der leistungsorientierten Verpflichtung saldiert zu erfassen ist[397]. Aufgrund von mit der Saldierung einhergehenden positiven Kapitalstruktureffekten wird in der Praxis vielfach durch Schaffung von Planvermögen die bilanzielle Auslagerung von Pensionsverpflichtungen angestrebt. Soweit diese Strukturen außerhalb der gesetzlich normierten Durchführungswege[398] gestaltet werden[399], stellen die Gestaltungsanforderungen der Planvermögensdefinition des IAS 19.7 die wesentlichen Restriktionen für die Gestaltung derartiger Strukturen dar. 462

IDW ERS HFA 2[400] setzt sich grundlegend mit der **Bilanzierung von Planvermögen** im Zusammenhang mit Pensionsverpflichtungen nach IAS 19 auseinander. Dabei wird auch der Einfluss bestimmter Gestaltungen, wie bspw. 463

– Personenidentität des Leitungsorgans des Trägerunternehmens und des Pensionsfonds,
– bestehende Forderungen des Pensionsfonds gegenüber dem Trägerunternehmen sowie
– die Übertragung von nicht finanziellen Vermögenswerten auf den Pensionsfonds mit anschließender Nutzungsüberlassung an das Trägerunternehmen,

thematisiert und im Hinblick auf die Berücksichtigung von Vermögenswerten eines Pensionsfonds als Planvermögen diskutiert.

Das Planvermögen nach IAS 19.7 umfasst sowohl **Vermögenswerte, die von einem langfristig ausgelegten Fonds** zur Erfüllung von Leistungen an Arbeitnehmer gehalten werden, als auch sog. **qualifizierte Versicherungspolicen** (qualifying insurance policies)[401]. Letztgenannte dienen entsprechend der Zielsetzung der Ausfinanzierung von 464

---

391 Zu den Erfassungsalternativen vgl. Tz. 467ff.
392 Beispiele sind die Änderung des Marktzinssatzes, aus dem der Diskontierungszinssatz abgeleitet wird, sowie Anpassungen der biometrischen Rechnungsgrundlage aufgrund neuerer statistischer Erhebungen.
393 Vgl. Tz. 457.
394 Vgl. Tz. 466.
395 Vgl. Tz. 471.
396 Alternativ zu der unternehmensinternen Finanzierung über Pensionsrückstellungen.
397 Zur Ermittlung des Bilanzpostens vgl. Tz. 454f.
398 Insbesondere Pensionskassen und Pensionsfonds i.S.d. § 1b Abs. 3 des Gesetzes zur Verbesserung der betrieblichen Altersversorgung (BetrAVG); sowie Unterstützungskassen i.S.d. § 1b Abs. 4 BetrAVG. Auch für diese Durchführungswege ist die Planvermögensdefinition des IAS 19.7 relevant, wenn eine Saldierung von Vermögenswerten und Verpflichtungsbestand nach IAS 19.54 angestrebt wird.
399 Etwa durch sog. contractual trust agreements (CTA); vgl. *Sprick/Sartoris*, in: Kolvenbach/Sartoris, S. 199-220.
400 Vgl. *IDW ERS HFA 2*, Tz. 66f.
401 Zur Diskussion von Rückdeckungsversicherungen in diesem Zusammenhang vgl. Beck-IFRS³, § 26, Rn. 40.

Anwartschaften der Kapitaldeckung, nicht der Risikovorsorge[402]. Für beide der angesprochenen Finanzierungsalternativen werden eigenständige Definitionskriterien aufgeführt.

465 Planvermögen ist zum Abschlussstichtag mit dem **beizulegenden Zeitwert** (fair value) zu bewerten (IAS 19.102). Der beizulegende Zeitwert ist grds. auf der Basis von Marktpreisen zu ermitteln. Sofern kein Marktwert verfügbar ist, muss eine Schätzung des beizulegenden Zeitwerts mithilfe von Wertermittlungsverfahren, wie bspw. Discounted-Cashflow-Verfahren, erfolgen.

466 **Versicherungsmathematische Gewinne und Verluste** ergeben sich im Zusammenhang mit der Bewertung des Planvermögens aus der Differenz zwischen dem zu Beginn der Berichtsperiode erwarteten Anlageertrag und dem tatsächlichen Anlageertrag aus den investierten Vermögenswerten (IAS 19.105). Der erwartete Ertrag aus Planvermögen (expected return on plan assets) basiert auf dem zu Beginn der Berichtsperiode herrschenden Marktzinssatz, dessen Fristigkeit der Restlaufzeit der leistungsorientierten Verpflichtung entspricht (IAS 19.106)[403]. Versicherungsmathematische Gewinne und Verluste werden unabhängig von der Entstehungsursache summiert und einheitlich erfasst. Soweit sie in der aktuellen Berichtsperiode nicht bilanziell und erfolgsrechnerisch erfasst werden[404], kumuliert sich der außerbilanziell zu dokumentierende Bestand (unrecognized actuarial gains and losses) im Zeitablauf[405].

467 Die bilanzielle und erfolgsrechnerische Erfassung[406] versicherungsmathematischer Gewinne und Verluste kann nach der sog. **Korridormethode** (IAS 19.92) erfolgen. Danach sind Teile der versicherungsmathematischen Gewinne und Verluste als Ertrag oder Aufwand im Periodenergebnis zu erfassen (und wirken sich damit in Form einer Minderung oder Erhöhung des Bilanzansatzes aus), wenn der Saldo der kumulierten nicht erfassten (unrecognized) versicherungsmathematischen Gewinne oder Verluste **zum Ende der vorangegangenen Berichtsperiode** den höheren der folgenden Beträge übersteigt (IAS 19.92):

– 10 % des Barwerts der leistungsorientierten Verpflichtung zum Ende der vorangegangenen Berichtsperiode;
– 10 % des beizulegenden Zeitwerts eines etwaigen Planvermögens zum Ende der vorangegangenen Berichtsperiode.

Der übersteigende Betrag ist über die erwartete durchschnittliche Restlebensarbeitszeit der durch den Plan begünstigten Arbeitnehmer im Periodenergebnis zu erfassen (IAS 19.93). Die Korridormethode führt dazu, dass versicherungsmathematische Gewinne und Verluste frühestens in der Periode, die auf die Periode ihrer Entstehung folgt, anteilig im Periodenergebnis erfasst werden.

468 Alternativ zu der dargestellten Erfassung nach der Korridormethode besteht ein Wahlrecht, **jedes andere systematische Verfahren** anzuwenden, das zu einer schnelleren Erfassung der versicherungsmathematischen Gewinne und Verluste führt (IAS 19.93).

---

402 Bei vollständigem Risikotransfer auf ein VU resultiert eine beitragsorientierte Zusage; vgl. Tz. 450f.
403 Zu einer detaillierten Darstellung der Berechnung vgl. *PricewaterhouseCoopers*, Manual of accounting, S. 11083f., Rn. 11.232-234.
404 Vgl. nachfolgende Tz. 466.
405 Bei der Erstanwendung der IFRS besteht nach IFRS 1.D10-11 das Wahlrecht zur sofortigen Erfassung des Betrags (vgl. Tz. 1185). Zu Gestaltungsspielräumen bei der Erstanwendung der IFRS am Beispiel von Pensionsverpflichtungen vgl. *Schwinger/Mühlberger*, KoR 2004, S. 29 (29).
406 Zum Periodenaufwand vgl. Tz. 456f.; aus dem Bilanzansatz (vgl. Tz. 454f.) werden nicht erfasste versicherungsmathematische Gewinne und Verluste herausgerechnet.

Ansatz und Bewertung einzelner Posten im IFRS-Abschluss   **N**

Versicherungsmathematische Gewinne und Verluste können schließlich auch **unmittel-** **469**
bar in der Berichtsperiode, in der sie entstehen, erfasst werden (IAS 19.93 sowie zur
Klarstellung auch IAS 19.93A). In dem Fall wird – vorbehaltlich etwaigen nachzuverrechnenden Dienstzeitaufwands – der Barwert der leistungsorientierten Verpflichtung
(defined benefit obligation) zum Abschlussstichtag erfasst. Das Planvermögen wird zum
beizulegenden Zeitwert zum Abschlussstichtag in die Saldierung nach IAS 19.54 einbezogen.

Darüber hinaus ist nach IAS 19.93A-93D auch die Erfassung versicherungs- **470**
mathematischer Gewinne und Verluste im **sonstigen Ergebnis** der Gesamtergebnisrechnung bei korrespondierender Erfassung im **Eigenkapital** möglich.

Die gewählte Vorgehensweise für die Erfassung ist für **sämtliche** leistungsorientierten **471**
Verpflichtungen und für den **Gesamtbestand** an versicherungsmathematischen Gewinnen und Verlusten für die berichtende Einheit anzuwenden (IAS 19.93). Ein Wechsel
der Erfassungsmethoden kommt nach IAS 8.14(b) nur dann in Betracht, wenn die Änderung dazu führt, dass der Abschluss zuverlässigere und relevantere Informationen vermittelt. Dies wird regelmäßig nur dann der Fall sein, wenn auf ein Verfahren gewechselt
wird, das zu einer schnelleren und insb. zeitnäheren Erfassung versicherungsmathematischer Gewinne und Verluste führt. Verzerrungen bei der Darstellung der Vermögenslage durch die außerbilanzielle Dokumentation bisher nicht erfasster versicherungsmathematischer Gewinne und Verluste werden so gemindert.

Nachzuverrechnender Dienstzeitaufwand (past service cost) entsteht, wenn ein Unter- **472**
nehmen einen leistungsorientierten Plan rückwirkend ändert, d.h. auch mit Wirkung für
bereits in Vorperioden erdiente Zusagen. Der Betrag entspricht dem Teil der Veränderung
des Barwerts der Verpflichtung, der der Arbeitsleistung vergangener Perioden zuzuordnen
ist (IAS 19.7 und IAS 19.96-97). Nachzuverrechnender Dienstzeitaufwand ist grds. linear
auf den durchschnittlichen Zeitraum bis zur Unverfallbarkeit der Anwartschaften erfolgswirksam im Periodenergebnis zu erfassen; die nicht erfassten Beträge sind bis zu
ihrer Erfassung außerbilanziell zu dokumentieren.

Grds. sind solche **Angaben** zu machen, die es dem Bilanzleser ermöglichen, die Art der **473**
leistungsorientierten Verpflichtung sowie die Auswirkungen von Änderungen des Verpflichtungsbestands einzuschätzen (IAS 19.120). Zur Erfüllung dieser Zielsetzung enthält
IAS 19.120A eine Vielzahl von Einzelangaben. Dazu zählen u.a. Angaben zu

– der gewählten Methode zur Erfassung versicherungsmathematischer Gewinne und
  Verluste (IAS 19.120A(a));
– den betrieblichen Versorgungsplänen des Unternehmens (IAS 19.120A(b));
– der Entwicklung des Barwerts der leistungsorientierten Verpflichtung sowie des beizulegenden Zeitwerts des Planvermögens, untergliedert in Einzelposten (IAS 19.120A
  (c) und (e));
– einer Überleitungsrechnung vom Barwert der leistungsorientierten Verpflichtung sowie dem beizulegenden Zeitwert des Planvermögens auf den Bilanzposten nach
  IAS 19.54 (IAS 19.120A(f));
– dem in der Berichtsperiode im Periodenergebnis erfassten Aufwand (Ertrag), untergliedert in Einzelkomponenten (IAS 19.120A(g));
– dem Gesamtbetrag der in der Berichtsperiode im sonstigen Ergebnis erfassten versicherungsmathematischen Gewinne und Verluste (IAS 19.120A(h)) sowie den kumulierten, im sonstigen Ergebnis erfassten Betrag der versicherungsmathematischen
  Gewinne und Verluste für Unternehmen, die eine Erfassung im sonstigen Ergebnis
  gem. IAS 19.93A vornehmen (IAS 19.120A(i));

1753

- den tatsächlichen Erträgen aus Planvermögen sowie den tatsächlichen Erträgen aus Erstattungsansprüchen, die gem. IAS 19.104A als Vermögenswert angesetzt worden sind (IAS 19.120A(m))
- den wesentlichen versicherungsmathematischen Annahmen, die der Bewertung der leistungsorientierten Verpflichtung zugrunde gelegt wurden (IAS 19.120A(n));
- einer Sensitivitätsanalyse der leistungsorientierten Verpflichtung gegenüber möglichen Schwankungen der angenommenen Trendentwicklung für Kosten der medizinischen Versorgung (medical costs) (IAS 19.120A(o));
- einer 5-Jahres-Rückschau zum Barwert der leistungsorientierten Verpflichtung, dem beizulegenden Zeitwert des Planvermögens und dem Überschuss (ggf. Fehlbetrag) des Plans sowie zu bestimmten erfahrungsbedingten Berichtigungen (IAS 19.120A(p));
- einem Schätzwert für die Dotierung eines etwaigen unternehmensexternen Versorgungswerks in der auf den Abschlussstichtag folgenden Berichtsperiode (IAS 19.120A(q)).

(4) Gemeinschaftliche Pläne mehrerer Arbeitgeber und gemeinschaftlich verwaltete Pläne

474 Gemeinschaftliche Pläne mehrerer Arbeitgeber (multi-employer plans) sind beitrags- oder leistungsorientierte Pläne (außer staatliche Pläne), bei denen

- **Vermögenswerte zusammengeführt** werden, die von verschiedenen, nicht einer gemeinschaftlichen Beherrschung (not under common control) unterliegenden Unternehmen in den Plan eingebracht wurden, und
- die Vermögenswerte zur Gewährung von Leistungen an Arbeitnehmer aus mehr als einem Unternehmen verwendet werden, ohne dass die Beitrags- und die Leistungshöhe von dem Unternehmen, in dem die entsprechenden Arbeitnehmer beschäftigt sind, abhängen (IAS 19.7).

475 Liegt ein leistungsorientierter Plan vor, sind der auf das berichtende Unternehmen entfallende Anteil an der leistungsorientierten Verpflichtung, dem Planvermögen und dem mit dem Plan verbundenen Aufwand nach den Grundsätzen für leistungsorientierte Pläne zu bilanzieren und die nach IAS 19.120A erforderlichen Angaben zu machen (IAS 19.29)[407]. Liegen für die Abbildung des leistungsorientierten Plans keine ausreichenden Informationen vor, muss das berichtende Unternehmen die Zusage nach den Grundsätzen für beitragsorientierte Pläne abbilden; in diesem Fall sind zusätzliche Anhangangaben erforderlich (IAS 19.30).

476 Leistungsorientierte Pläne, bei denen eine Risikoteilung zwischen mehreren Unternehmen unter gemeinsamer Beherrschung (under common control) erfolgt, bspw. zwischen MU und ihren TU, sind nicht gemeinschaftliche Pläne mehrerer Arbeitgeber i.S.d. IAS 19 (IAS 19.34). Solche Pläne sind als **gemeinschaftlich verwaltete Pläne** (group administration plans) zu bezeichnen, für die die Sonderregelungen für gemeinschaftliche Pläne mehrerer Arbeitgeber, insb. die Ausnahmeregelung des IAS 19.32 von den Erfassungsregeln für leistungsorientierte Pläne, nicht gelten. Aus Konzernsicht werden diese Pläne nach den allgemeinen dargestellten Grundsätzen für leistungsorientierte Pläne erfasst. In den **separaten Abschlüssen** der Konzernunternehmen sind die Pläne nach den spezifischen Regelungen des IAS 19.34A-34B abzubilden. Dabei sind die im Rahmen des Plans belasteten Beträge als Pensionsaufwand (net defined benefit costs) zu erfassen, soweit eine vertragliche Vereinbarung oder verlautbarte Verfahrensweise (stated policy) über die Weiterbelastung des Pensionsaufwands für den Gesamtplan an die einzelnen

---
[407] Vgl. zu Ansatz und Bewertung Tz. 452ff. und zu den Angabepflichten Tz. 473.

Konzernunternehmen besteht. Falls weder eine vertragliche Vereinbarung noch eine verlautbarte Verfahrensweise über die Weiterbelastung besteht, soll der Pensionsaufwand in dem separaten Abschluss[408] oder dem EA (separate or individual financial statement) des rechtlichen Trägers der Versorgungsverpflichtung (group entity that is legally the sponsoring employer) erfasst werden. Die Teilnahme an einem gemeinschaftlich verwalteten Plan führt zu einem Geschäftsvorfall zwischen nahe stehenden Unternehmen, der für jedes teilnehmende Unternehmen zu Angabepflichten im separaten Abschluss oder im EA führt. Neben den Angaben nach IAS 24.17 sind Angaben nach IAS 19.34B(a) bis (d) erforderlich.

dd) Andere langfristig fällige Leistungen an Arbeitnehmer

Die Erfassung anderer langfristig fälliger Leistungen an Arbeitnehmer (other long-term employee benefits), wie bspw. Sonderurlaub nach langjähriger Dienstzeit (sabbatical leave), Jubiläumsgelder, langfristige Erwerbsunfähigkeitsleistungen sowie Erfüllungsrückstände aus Altersteilzeitvereinbarungen[409], unterscheidet sich von der Behandlung von Leistungen nach Beendigung des Arbeitsverhältnisses dadurch, dass versicherungsmathematische Gewinne und Verluste und nachzuverrechnender Dienstzeitaufwand sofort zu erfassen sind (IAS 19.126f.). **477**

Der **Bilanzansatz** für andere langfristig fällige Leistungen an Arbeitnehmer ist daher wie folgt zu ermitteln (IAS 19.128): **478**

Barwert der leistungsorientierten Verpflichtung (defined benefit obligation) zum Abschlussstichtag[410]

./. ggf. vorhandenes Planvermögen (plan assets), bewertet zum beizulegenden Zeitwert am Abschlussstichtag[411].

Der im **Periodenergebnis** zu erfassende Betrag ergibt sich aus dem laufenden Dienstzeitaufwand, dem Zinsaufwand, den erwarteten Erträgen aus einem Planvermögen und etwaigen Erstattungsansprüchen, versicherungsmathematischen Gewinnen und Verlusten, nachzuverrechnendem Dienstzeitaufwand sowie den Auswirkungen von Plankürzungen und Abgeltungen (IAS 19.129). **479**

ee) Leistungen aus Anlass der Beendigung des Arbeitsverhältnisses

Voraussetzung für die **Erfassung** von Leistungen aus Anlass der Beendigung des Arbeitsverhältnisses (termination benefits) sind entsprechende nachweisbare, vereinbarte oder unausweichliche Verpflichtungen (IAS 19.133). Ein zum Nachweis erforderlicher detaillierter Plan muss Angaben zu Standort, Funktion und Anzahl der Arbeitnehmer, deren Arbeitsverhältnis beendet werden soll, die entsprechend aufgeteilten Leistungen sowie den Zeitpunkt der Umsetzung enthalten (IAS 19.134). Bei Fälligkeit nach mehr als zwölf Monaten sind die Beträge zu diskontieren (IAS 19.139). Bei Abfindungsangeboten für freiwilliges Ausscheiden ist die Anzahl der voraussichtlich ausscheidenden Mitarbeiter als Grundlage für die Bewertung zu schätzen (IAS 19.140). Bei Unsicherheit über die Zahl der ausscheidenden Mitarbeiter liegt eine Eventualschuld vor, für die sich Angabepflichten nach IAS 37 ergeben (IAS 19.141). **480**

---

408 Zur Definition vgl. IAS 27.4.
409 Zu einer Diskussion unterschiedlicher Ausgestaltungen der Altersteilzeit in diesem Zusammenhang vgl. *Heuser/Theile*, IFRS[4], Rn. 2483.
410 Zur Bewertung vgl. Tz. 458.
411 Vgl. Tz. 462ff.

481 Nach *IDW RS HFA 3*[412] stellt die Verpflichtung zur Zahlung von **Aufstockungsbeträgen bei Altersteilzeitregelungen** Leistungen aus Anlass der Beendigung des Arbeitsverhältnisses (termination benefits) i.S.v. IAS 19.7 dar (*IDW RS HFA 3*, Tz. 8). Die Passivierung hat mit Abschluss der Vereinbarung zwischen Arbeitgeber und Arbeitnehmer zu erfolgen. Bei Tarifverträgen oder Betriebsvereinbarungen mit Ablehnungsmöglichkeit des Arbeitgebers ist die Zahl der Arbeitnehmer zugrunde zu legen, für die keine Ablehnungsmöglichkeit besteht (*IDW RS HFA 3*, Tz. 10). Bei der Abschätzung der Wahrscheinlichkeit der Inanspruchnahme kann mangels Erfahrungen der Vergangenheit auf die Ergebnisse einer unternehmensinternen Umfrage zurückgegriffen werden. Auswirkungen von Tod oder Invalidität sind nach versicherungsmathematischen Grundsätzen zu berücksichtigen. Für die aus der jährlich vorzunehmenden Barwertaufstockung resultierenden Aufwendungen wird der Ausweis als Zinsaufwand empfohlen (*IDW RS HFA 3*, Tz. 11-12)[413].

ff) Ausblick

482 Das IASB hat am 16.06.2011 Änderungen von **IAS 19 Employee Benefits** [IAS 19R (revised 2011)] veröffentlicht, die in GJ, die am oder nach dem 01.01.2013 beginnen, verpflichtend anzuwenden sind[414]. Der **Kern der Änderungen** liegt in der Abschaffung der Korridor-Methode. Verbunden damit ändert sich auch die Darstellung der künftig verpflichtend sofort zu erfassenden versicherungsmathematischen Gewinne und Verluste in der Gesamtergebnisrechnung. Zudem wird vom IASB ein prinzipienorientiertes disclosure-Konzept für pensionsbezogene Angaben eingeführt. Die EU hat die Änderungen noch nicht übernommen[415].

483 In Folge der **Abschaffung der Korridor-Methode** ist die Netto-Pensionsverpflichtung (net defined benefit liability)[416] zu jedem Stichtag unter Berücksichtigung stichtagsaktueller Bewertungsparameter vollständig und unmittelbar bilanziell und erfolgsrechnerisch zu erfassen. Neben den versicherungsmathematischen Gewinnen und Verlusten sind auch die sogenannten nachzuverrechnenden Dienstzeitaufwendungen (past service costs) unmittelbar zum Entstehungszeitpunkt zu erfassen. Dies gilt auch dann, wenn sie zum Stichtag noch verfallbar sind. Die skizzierten Änderungen führen zu einer fundamentalen Neuausrichtung der Pensionsbilanzierung nach IFRS an einer strikten Bilanzorientierung[417].

484 In der **Gesamtergebnisrechnung** wird künftig die Veränderung der Netto-Pensionsverpflichtung in drei Komponenten differenziert. Nach IAS 19R.120(a) und (b) werden nur noch die Dienstzeit-Komponente (IAS 19R.8), bestehend aus dem Dienstzeitaufwand der Periode (current service costs), dem nachzuverrechnenden Dienstzeitaufwand (past service costs) sowie Erträgen oder Verlusten aus Planabgeltungen (settlements) und der Netto-Zinsaufwand oder -ertrag (net interest on the defined benefit liability/asset) im Periodenergebnis erfasst. Der Netto-Zinsaufwand oder -ertrag ermittelt sich künftig durch

---

412 *IDW Stellungnahme zur Rechnungslegung: Bilanzierung von Verpflichtungen aus Altersteilzeitregelungen nach IAS und handelsrechtlichen Vorschriften (IDW RS HFA 3)*; vgl. auch WPg 1998, S. 1063 (1063-1065).
413 Zur Behandlung von Erstattungsbeträgen der BfA vgl. auch *IDW RS HFA 3*, Tz. 14-15, zur Behandlung von Erfüllungsrückständen im Fall des Blockmodells *IDW RS HFA 3*, Tz. 16.
414 Vgl. ausführlicher *Faßhauer/Böckem*, WPg 2011, S.1003 (1003-1012), *Pawelzik*, PiR 2011, S. 212 (212-218), sowie *Mehlinger/Seeger*, BB 2011, S. 1771 (1771-1774).
415 http://www.efrag.org/Front/c1-306/Endorsement-Status-Report_EN.aspx (zit. 10.11.2011).
416 Vgl. IAS 19R.63. Die Netto-Pensionsverpflichtung wird als Differenz des Barwerts der Leistungsverpflichtungen nach Abzug etwaigen Planvermögens, bewertet zum beizulegenden Zeitwert, definiert; vgl. IAS 19R.8.
417 Vgl. CF 4.4. iVm 4.24.

Ansatz und Bewertung einzelner Posten im IFRS-Abschluss

die Multiplikation des Diskontierungszinssatzes mit der Netto-Pensionsverpflichtung, d. h. dem Saldo aus der Pensionsverpflichtung und etwaigem Planvermögen[418]. Die dritte Ergebniskomponente, die sog. Neubewertungen (remeasurements), ist zwingend im sonstigen Ergebnis zu erfassen. Hierzu zählen auch die versicherungsmathematischen Gewinne und Verluste der Berichtsperiode[419].

Das IASB hat im Zuge der Änderung von IAS 19 auch die **Angabepflichten** zu leistungsorientierten Pensionsplänen verändert, um den Adressaten einen weitreichenden Einblick in die Risikostruktur von betrieblichen Versorgungswerken zu ermöglichen. Zu diesem Zwecke wird ein neues **prinzipienorientiertes disclosure-Konzept** eingeführt, das eine unternehmensspezifische Beurteilung (business judgement) über den erforderlichen Detailierungsgrad sowie die ggf. notwendige Bildung von Schwerpunkten hinsichtlich der Angaben erfordert[420]. 485

b) Steuerrückstellungen

IAS 12 regelt die Behandlung von tatsächlichen und von latenten Steuerschulden und -ansprüchen aus Ertragsteuern. Hierzu zählen alle in- und ausländischen Steuern, die an das steuerpflichtige, d.h. das zu versteuernde Einkommen (taxable profit) anknüpfen. Hierzu zählen auch die bei einer Ausschüttung an das berichtende Unternehmen anfallenden Quellensteuern (withholding taxes) (vgl. IAS 12.2)[421]. 486

Nach IAS 12.12 sind Ertragsteuern für die laufende und frühere Berichtsperioden in dem Umfang, in dem sie noch nicht bezahlt sind, **als Schuld anzusetzen**; übersteigt der bereits entrichtete Betrag die Steuerschuld, ist der Unterschiedsbetrag als Vermögenswert anzusetzen. Das gilt auch, wenn das Unternehmen einen Vorteil aus einem steuerlichen Verlustrücktrag hat (IAS 12.13). Der Anspruch darf erst in der Periode aktiviert werden, in der der steuerliche Verlust entsteht, da der Vermögenswert vorher noch nicht hinreichend konkretisiert ist (IAS 12.14). 487

Die Steuerschulden bzw. -ansprüche sind mit dem Betrag zu **bewerten**, der als Zahlung an die (bzw. als Erstattung von der) Steuerbehörde zu erwarten ist. Für laufende Steuerzahlungen (bzw. Steuererstattungen), die für die laufende oder eine frühere Berichtsperiode erhoben werden, sind die zum Abschlussstichtag gültigen (enacted) bzw. in Kürze geltenden (substantively enacted) Steuersätze und Steuervorschriften anzuwenden (IAS 12.46 und .48). Die angekündigte Steuersatzänderung muss berücksichtigt werden, wenn sie von den zuständigen Gesetzgebungsorganen inhaltlich beschlossen ist und mit hinreichender Sicherheit rechtsverbindlich werden wird[422]. Im deutschen Rechtskreis ist diese Bedingung bei Bundesgesetzen bei Beschluss des Bundestags und zusätzlich ggf. bei Nichteinspruch des Bundesrats bzw. der Einigung beider Organe im Vermittlungsausschuss gegeben[423]. 488

---

418 Dadurch werden die beiden bisher bekannten Pensionsaufwandskomponenten – Zinsaufwand und der erwartete Ertrag aus Planvermögen – zu einer Komponente zusammengefasst und die erwartete Rendite auf etwaiges Planvermögen typisierend in Höhe des Diskontierungszinssatzes angenommen; sie kann nicht mehr entsprechend der Verzinsungserwartung nach Maßgabe der *asset allocation* geschätzt werden.

419 Vgl. IAS 19R.120(c).

420 Vgl. *Faßhauer/Böckem*, WPg 2011, S.1003 (1009-1010).

421 In Deutschland fallen darunter die Körperschaftsteuer, der Solidaritätszuschlag sowie die Gewerbeertragsteuer (die Kapitalertragsteuer stellt lediglich eine besondere Erhebungsform dar), nicht dagegen die Umsatzsteuer, die Grundsteuer oder die Kfz-Steuer, vgl. ADS International, Abschn. 20, Rn. 2.

422 Vgl. ADS International, Abschn. 20, Rn. 25.

423 Vgl. *Ernsting*, WPg 2001, S. 11 (14); *Klein*, DStR 2001, S. 1450 (1453).

489 Im **Unterschied** zu den latenten Steuern[424] enthält IAS 12 für die tatsächlichen Steuern kein Abzinsungsverbot. Entsprechend den allgemeinen Grundsätzen bzgl. des Zeitwerts des Geldes ist somit eine Abzinsung vorzunehmen, sofern der Abzinsungseffekt wesentlich ist[425].

490 Der Steueraufwand ist grds. im **Periodenergebnis** zu erfassen (IAS 12.57-60)[426]. Sofern der zugrunde liegende Sachverhalt im sonstigen Ergebnis erfasst wurde, sind auch die korrespondierenden Steuern im sonstigen Ergebnis darzustellen (IAS 12.61A(a)). Steuern, die auf direkt dem EK zu belastende oder gutzuschreibende Beträge entfallen, sind hingegen ohne Berührung der Gesamtergebnisrechnung im EK zu erfassen (IAS 12.61A (b)). Der dem Gewinn oder Verlust aus der gewöhnlichen Tätigkeit zuzurechnende Steueraufwand oder -ertrag ist in der Gesamtergebnisrechung gesondert darzustellen (IAS 12.77).

491 Steueransprüche und Steuerschulden sind in der **Bilanz** getrennt von anderen Vermögenswerten und Schulden auszuweisen. Ferner sind tatsächliche Steueransprüche und -schulden getrennt von latenten Ansprüchen und Schulden auszuweisen (IAS 1.54(n) und (o)). Eine Saldierung von tatsächlichen Steueransprüchen und -schulden ist nur zulässig, wenn ein einklagbares Recht auf Aufrechnung besteht und das Unternehmen beabsichtigt, den Ausgleich auf Nettobasis herbeizuführen oder gleichzeitig mit der Realisierung des Vermögenswerts die dazugehörige Schuld abzulösen (IAS 12.71). Dies gilt auch für die Saldierung von tatsächlichen Steueransprüchen und -schulden verschiedener Unternehmen im KA, d.h., auch in diesem Fall muss ein entsprechendes einklagbares Recht auf eine Nettozahlung bestehen oder die Unternehmen müssen eine gleichzeitige Realisierung des Anspruchs und Ablösung der Schuld beabsichtigen (IAS 12.73).

492 Die **Angabepflichten** sind in IAS 12.79-88 geregelt. Angabepflichten in Zusammenhang mit tatsächlichen Steuern bestehen u.a. bzgl. der Bestandteile des Steueraufwands bzw. -ertrags (IAS 12.79-80), bzgl. direkt im EK erfasster Steuern, bzgl. der Relation zwischen Steuern und dem Ergebnis vor Ertragsteuern, bzgl. Steuersatzänderungen und bzgl. auf aufgegebene Geschäftsbereiche (discontinued operations) entfallender Steuern (IAS 12.81).

c) Sonstige Rückstellungen, Eventualschulden und Eventualforderungen
aa) Begriffsdefinitionen

493 IAS 37 regelt die Ansatzkriterien, Bewertungsgrundlagen und Angabepflichten von sonstigen Rückstellungen sowie von in der Bilanz nicht anzusetzenden (IAS 37.27 und .31), jedoch ggf. einer Angabepflicht im Anh. unterliegenden Eventualschulden und Eventualforderungen. Aus dem Anwendungsbereich ausgeschlossen sind insb. noch zu erfüllende Verträge[427], außer ein solcher Vertrag ist belastend[428] (onerous contract), Finanzinstrumente (einschließlich Garantien) im Anwendungsbereich von IAS 39 sowie Verpflichtungen aus Fertigungsaufträgen, Ertragsteuern, Leasingverhältnissen[429], Leis-

---
424 Vgl. Tz. 553.
425 Zum Beispiel über IAS 8.11(a) i.V.m. IAS 37.45 analog, vgl. auch ADS International, Abschn. 20, Rn. 31.
426 Vgl. zu den Ausnahmen ADS International, Abschn. 20, Rn. 14-15.
427 Ein noch zu erfüllender Vertrag ist ein Vertrag, bei dem beide Parteien ihre Verpflichtungen in keiner Weise oder zu gleichen Teilen teilweise erfüllt haben (IAS 37.3).
428 Ein belastender Vertrag ist ein Vertrag, bei dem die unvermeidbaren Kosten zur Erfüllung der vertraglichen Verpflichtungen höher sind als der erwartete wirtschaftliche Nutzen (IAS 37.10).
429 Mit Ausnahme von belastenden Operating-Leasingverhältnissen, vgl. IAS 37.5(c).

tungen an Arbeitnehmer und Versicherungsverträge, soweit sie in den betreffenden Standards (IAS 11, IAS 12, IAS 17, IAS 19, IFRS 4) behandelt werden (IAS 37.1-5).

Nach IAS 37.10 bis .13 ist eine **Rückstellung** (provision) eine Schuld[430], die bzgl. ihrer Fälligkeit oder ihrer Höhe ungewiss ist. Eine **Eventualschuld** (contingent liability) liegt vor bei einer möglichen Verpflichtung, die aus vergangenen Ereignissen resultiert und deren tatsächliches Eintreten von einem oder mehreren unsicheren zukünftigen Ereignissen abhängt, die nicht vollständig unter der Kontrolle des Unternehmens stehen, oder bei einer gegenwärtigen Verpflichtung, die auf vergangenen Ereignissen beruht, jedoch nicht erfasst wird, weil zumindest eines der allgemeinen Erfassungskriterien für eine Schuld („Wahrscheinlichkeit eines künftigen Abflusses von Ressourcen mit wirtschaftlichem Nutzen" bzw. „Verlässlichkeit der Bewertung") nicht erfüllt wird[431]. 494

Eine **Eventualforderung** (contingent asset) ist ein möglicher Vermögenswert, der aus vergangenen Ereignissen resultiert und dessen tatsächliches Entstehen von einem oder mehreren unsicheren zukünftigen Ereignissen abhängt, die nicht vollständig unter der Kontrolle des Unternehmens stehen; insb. ist bei solchen Eventualforderungen das für die Erfassung eines Vermögenswerts erforderliche Kriterium des so gut wie sicheren (virtually certain) künftigen Zuflusses von wirtschaftlichem Nutzen nicht erfüllt (IAS 37.10 und .IG A). 495

Von den Rückstellungen sind **abgegrenzte Schulden** (accruals) zu unterscheiden. Dabei handelt es sich nach IAS 37.11 um Schulden (bspw. Verbindlichkeiten aus Lieferungen und Leistungen), bei denen das Unternehmen die Lieferung oder Leistung zwar erhalten hat, die Verbindlichkeit jedoch noch nicht beglichen wurde und die Rechnungserstellung noch nicht erfolgt ist oder bei denen der Preis noch nicht endgültig vereinbart wurde. Bei abgegrenzten Schulden kann es sich ferner um Verbindlichkeiten gegenüber Mitarbeitern handeln, die bspw. aus der Abgrenzung von Urlaubsgeldern entstehen. Der wesentliche Unterschied zu den Rückstellungen ist der deutlich geringere Grad an Unsicherheit über den Betrag oder den Erfüllungszeitpunkt, selbst wenn auch hier häufig Schätzungen erforderlich sind. Während für abgegrenzte Schulden ein Ausweis unter den Verbindlichkeiten aus Lieferungen und Leistungen oder unter den sonstigen Verbindlichkeiten möglich ist, sind Rückstellungen getrennt auszuweisen. 496

bb) Sonstige Rückstellungen

(1) Ansatz

Kriterien für den **Ansatz** einer Rückstellung sind nach IAS 37.14: 497

– das Bestehen einer rechtlichen oder faktischen gegenwärtigen Verpflichtung aufgrund eines Ereignisses in der Vergangenheit;
– ein wahrscheinlicher Abfluss von Ressourcen mit wirtschaftlichem Nutzen zur Erfüllung dieser Verpflichtung und
– die Möglichkeit einer verlässlichen Schätzung der Höhe der Verpflichtung.

Ein **verpflichtendes Ereignis** (obligating event) schafft eine rechtliche oder faktische Verpflichtung, zu deren Erfüllung das Unternehmen keine realistische Alternative hat (IAS 37.10 und .17). Dies ist ausschließlich dann gegeben, wenn entweder die Erfüllung der Verpflichtung rechtlich durchgesetzt werden kann oder wenn bei einer faktischen Verpflichtung das verpflichtende Ereignis eine gerechtfertigte Erwartungshaltung (valid 498

---
430 Zur Definition einer Schuld (liability) vgl. CF4.4(b) i.V.m. 4.15f.
431 Vgl. IAS 37.10 und CF.4.38; zur Abgrenzung zwischen Rückstellungen und Eventualschulden siehe ergänzend Entscheidungsbaum IAS 37.IG B.

expectation) bei einer anderen Partei hervorgerufen hat, dass das Unternehmen diese Verpflichtung erfüllen wird[432]. Beispiele für solche faktischen Verpflichtungen sind Restrukturierungsmaßnahmen, kulanzweise Kaufpreiserstattungen sowie veröffentlichte und durchgeführte Umweltschutzmaßnahmen. Nicht als faktische Verpflichtung anzusehen sind dagegen nicht veröffentlichte Beschlüsse der Unternehmensleitung[433]. Im **Zweifel** ist eine gegenwärtige Verpflichtung anzunehmen, wenn zum Abschlussstichtag mehr für ihre Existenz spricht als dagegen (more likely than not) (IAS 37.15). Ist dies nicht der Fall, liegt lediglich eine Eventualschuld vor (IAS 37.16).

499 Es dürfen nur solche Verpflichtungen angesetzt werden, die aus Ereignissen der Vergangenheit resultieren und **unabhängig von der künftigen Unternehmenstätigkeit des Unternehmens** entstehen (IAS 37.19). Kann sich das Unternehmen bspw. durch den Wechsel der Geschäftstätigkeit oder auch durch Stilllegung einer Produktionsstätte der Verpflichtung entziehen, darf keine Rückstellung angesetzt werden.

500 Ein **verpflichtendes Ereignis** muss nicht unmittelbar zu einer Verpflichtung führen; die Verpflichtung kann auch erst zu einem späteren Zeitpunkt entstehen, etwa durch eine Gesetzesänderung (etwa bzgl. der Beseitigung von Umweltschäden) oder durch eine Handlung des Unternehmens (IAS 37.21). Noch nicht verabschiedete Gesetze führen i.d.R. nicht zu rückstellungsbegründenden Verpflichtungen, außer in den seltenen Fällen, in denen die Verabschiedung des Gesetzes in der vorliegenden Form so gut wie sicher ist (IAS 37.22).

501 Eine Verpflichtung i.S.v. IAS 37 liegt nur dann vor, wenn eine **Außenverpflichtung** besteht, d.h. die Verpflichtung gegenüber einer anderen Partei vorliegt, wobei die Kenntnis der Identität dieser Partei nicht erforderlich ist; sie kann auch gegenüber der Öffentlichkeit in ihrer Gesamtheit bestehen. Eine Entscheidung der Unternehmensleitung allein begründet eine solche Verpflichtung noch nicht. Mangels Drittverpflichtung sind Aufwandsrückstellungen somit nach IFRS nicht zulässig (IAS 37.20).

502 Ein **Abfluss von Ressourcen** ist wahrscheinlich (probable), wenn mehr dafür als dagegen spricht (more likely than not), d.h., wenn die Wahrscheinlichkeit, dass das betreffende Ereignis eintritt, größer ist als die Wahrscheinlichkeit, dass es nicht eintritt, also über 50 % liegt[434] (IAS 37.23). Bei einer Vielzahl ähnlicher Verpflichtungen, etwa bei Produktgarantien oder ähnlichen Verträgen, ist die Wahrscheinlichkeit des Ressourcenabflusses für die gesamte Gruppe von Verpflichtungen zu bestimmen (IAS 37.24).

503 Auch wenn Rückstellungen naturgemäß in höherem Maße der Unsicherheit unterliegen als andere Bilanzposten, ist in aller Regel davon auszugehen, dass ein Spektrum möglicher Ergebnisse bestimmbar und damit eine für den Ansatz einer Rückstellung ausreichend **zuverlässige Schätzung** möglich ist. Nur in äußerst seltenen Fällen wird es für möglich gehalten, dass eine Verpflichtung nicht in der Bilanz als Rückstellung auszuweisen, sondern als Eventualschuld anzugeben ist, weil keine zuverlässige Schätzung vorgenommen werden kann (IAS 37.25).

(2) Bewertung

504 Zur Bewertung von Rückstellungen ist grds. die **bestmögliche Schätzung** (best estimate) der Ausgabe heranzuziehen, die nach vernünftiger kaufmännischer Betrachtung erforderlich wäre, um die Verpflichtung zum Abschlussstichtag abzulösen (to settle) bzw. sie

---

[432] Kritisch hierzu insb. unter dem Aspekt der Rückstellungsobjektivierung *Moxter*, DStR 2004, S. 1057 (1059).
[433] Vgl. ADS International, Abschn. 18, Rn. 24.
[434] Vgl. ADS International, Abschn. 18, Rn. 44; a.A. *Haaker*, KoR 2005, S. 8 (10-13).

auf einen Dritten zu übertragen (IAS 37.36-37). Der Betrag, den das Unternehmen für eine Ablösung bzw. Übertragung zu zahlen hätte, stellt nach IAS 37.37 die bestmögliche Schätzung dar, auch wenn eine solche Ablösung bzw. Übertragung in der Praxis regelmäßig auf Schwierigkeiten stößt. Maßgeblich ist die Einschätzung durch die Unternehmensleitung, ergänzt durch Erfahrungswerte aus ähnlichen Vorgängen sowie ggf. Sachverständigengutachten. Zusätzliche Informationen aufgrund von Ereignissen nach dem Abschlussstichtag sind in die Bewertung einzubeziehen (IAS 37.38).

IAS 37 regelt nicht abschließend, welche Kosten bei der Bewertung von Rückstellungen zu berücksichtigen sind. Die Forderung nach einer bestmöglichen Schätzung impliziert, dass die der jeweiligen Verpflichtung zurechenbaren **Vollkosten** angesetzt werden müssen. Der Vollkostenansatz enthält neben den Einzelkosten auch die verpflichtungsbezogenen Gemeinkosten. Allerdings sind allgemeine Verwaltungs- und Vertriebskosten nicht einzubeziehen. Dabei ist jeweils zu beachten, dass nur die durch die Verpflichtung zusätzlich entstehenden Einzel- und Gemeinkosten (incremental costs) rückstellungsfähig sind[435]. Für Aufwendungen der künftigen Geschäftstätigkeit darf keine Rückstellung gebildet werden (IAS 37.18). **505**

Die **Unsicherheit** bei der Schätzung ist bei einer großen Zahl von Einzelposten durch Bildung des statistischen Erwartungswerts zu berücksichtigen. Bei einer Bandbreite von Werten mit einer gleichen Wahrscheinlichkeit ist das arithmetische Mittel innerhalb dieser Bandbreite anzusetzen (IAS 37.39). Bei einer einzelnen Verpflichtung stellt der wahrscheinlichste Wert die bestmögliche Schätzung dar. Dies gilt allerdings nicht bei einer einseitigen Verteilung, d.h., wenn andere mögliche Ergebnisse zum Großteil entweder über oder unter dem wahrscheinlichsten Wert liegen; in solchen Fällen ist ein höherer bzw. niedrigerer Wert anzusetzen (IAS 37.40)[436]. Bei Vorliegen von Unsicherheit ist das Prinzip der Vorsicht (prudence) anzuwenden, um eine Unterbewertung von Aufwendungen bzw. Schulden zu verhindern. Nach Interpretation des IASB darf jedoch besonders nachteiligen Ereignissen nicht eine höhere als die realistische Wahrscheinlichkeit zugeordnet werden; die Bildung übermäßiger Rückstellungen und eine vorsätzliche Überbewertung von Schulden lassen sich durch das Vorliegen von Unsicherheiten nicht rechtfertigen. Insbesondere ist eine doppelte Berücksichtigung des Risikos, zum einen bei der Schätzung der Kosten und zum anderen bei der Festlegung der zugeordneten Wahrscheinlichkeit, zu vermeiden (IAS 37.43). **506**

Wenn der Zinseffekt wesentlich[437] ist, sind (langfristige) Rückstellungen **abzuzinsen**[438], wobei es nicht erforderlich ist, dass sie explizit einen Zinsanteil enthalten[439]. Es ist ein Zinssatz vor Steuern heranzuziehen, der die spezifischen Risiken der Verpflichtung und die Marktsituation widerspiegelt; eine Doppelberücksichtigung von Risiken in den zukünftigen Zahlungsströmen und im Zinssatz ist zu vermeiden (IAS 37.45-47)[440]. **507**

---

435 Vgl. ADS International, Abschn. 18, Rn. 66.
436 Soweit eine bestmögliche Schätzung unter dem möglichen Maximalbetrag einer Verpflichtung bleibt, ist diese Differenz nicht als Eventualschuld zu erfassen, vgl. *KPMG*, Insights into IFRS 2010/11, S. 818-819, Rn 3.12.110.40.
437 Hinsichtlich des Wesentlichkeitskriteriums verzichtet IAS 37 auf eine Konkretisierung. Nach allgemeiner Auffassung wird eine Abzinsung ab einer Restlaufzeit von grds. mehr als einem Jahr erforderlich sein, vgl. von *Baetge* u.a., IFRS², Teil B, IAS 37, Rn. 109.
438 Die Veränderung der Rückstellung in nachfolgenden Perioden durch Aufzinsung ist als Fremdkapitalkosten (borrowing cost) zu erfassen (IAS 37.60); zu den Ausweismöglichkeiten bei einer im Zeitablauf eintretenden Änderung des Diskontierungszinssatzes vgl. ADS International, Abschn. 18, Rn. 85f.
439 Vgl. *KPMG*, Offenlegung von Finanzinstrumenten, S. 115.
440 Weiterführend vgl. ADS International, Abschn. 18, Rn. 82-96.

1761

508 In die Bewertung der Rückstellung einzubeziehen sind **künftige Ereignisse**, die mit ausreichender Sicherheit erwartet werden, bspw. Kosteneinsparungen aufgrund des technischen Fortschritts, Lernkurveneffekte oder Auswirkungen von künftigen Gesetzesänderungen, sofern ausreichend objektive und substanzielle Hinweise vorliegen, dass die Verabschiedung so gut wie sicher ist (IAS 37.48-50).

509 Nach IAS 37.59 sind Rückstellungen an **jedem Abschlussstichtag zu überprüfen** und anzupassen. Bei abgezinsten Rückstellungen sind die jeweiligen Aufzinsungen im Zinsaufwand zu zeigen (IAS 37.60). Ändert sich der Erfüllungsbetrag, sind die Regelungen des IAS 8.32-40 zu Schätzungsänderungen anzuwenden, d.h., die Auswirkungen der Änderung sind erfolgswirksam im Periodenergebnis zu erfassen.

510 **Erstattungen** (reimbursements) im Zusammenhang mit Verpflichtungen, für die eine Rückstellung gebildet wurde, z.B. Zahlungen von Versicherungen, dürfen grds.[441] nicht bei der Bemessung der Rückstellung in der Bilanz saldiert werden, sondern sind, sofern die entsprechenden Voraussetzungen vorliegen, als gesonderter Vermögenswert zu aktivieren. Ein Erstattungsanspruch kann nur angesetzt werden, wenn dieser so gut wie sicher ist (virtually certain). Damit erfordert die Aktivierung eines Erstattungsanspruchs eine deutlich höhere Wahrscheinlichkeit als die Passivierung einer Rückstellung. In der Gesamtergebnisrechnung ist ein Nettoausweis des Aufwands nach Abzug der Erstattung zulässig (IAS 37.53-54).

511 Rückstellungen sind **aufzulösen,** wenn ein Abfluss von Ressourcen mit wirtschaftlichem Nutzen nicht mehr wahrscheinlich (i.S.d. IAS 37) ist (IAS 37.59).

512 Eine **Inanspruchnahme** der Rückstellungen ist nur für diejenigen Ausgaben zulässig, für die sie ursprünglich gebildet wurden (IAS 37.61-62).

(3) Einzelfälle

513 Für **künftige betriebliche Verluste** (future operating losses) darf keine Rückstellung gebildet werden, da die Kriterien für das Vorliegen einer Schuld sowie die allgemeinen Ansatzkriterien für eine Rückstellung nicht erfüllt sind (IAS 37.10, .14 und .63). Allerdings kann in diesem Fall ein Anzeichen für eine Wertminderung (impairment) von Vermögenswerten vorliegen, was nach IAS 36 zu überprüfen ist (IAS 37.65).

514 Für Verluste aus **belastenden Verträgen** (onerous contracts) besteht ein Passivierungsgebot. Ein solcher Vertrag liegt vor, wenn die unvermeidbaren Kosten zur Erfüllung der vertraglichen Verpflichtungen höher sind als der wirtschaftliche Nutzen (IAS 37.10 und .68). Die unvermeidbaren Kosten sind der niedrigere Betrag, der entweder aus der Erfüllung der Verpflichtungen oder aufgrund von bei Nichterfüllung entstehenden Schadenersatzzahlungen oder Vertragsstrafen entsteht. Bevor eine Rückstellung gebildet wird, sind jedoch ggf. Wertminderungen für mit dem Vertrag in Zusammenhang stehende Vermögenswerte zu erfassen (IAS 37.66-69).

515 Rückstellungen für **Restrukturierungsmaßnahmen** sind nur zu bilden, wenn für das Unternehmen eine entsprechende faktische Verpflichtung besteht (IAS 37.72). Restrukturierungsmaßnahmen sind von der Unternehmensleitung geplante und gesteuerte Programme, die entweder den sachlichen Umfang der vom Unternehmen betriebenen

---

[441] Ausnahmsweise ist ein saldierter Ausweis, d.h. ein Nichtansatz der Verpflichtung, möglich, sofern die Verpflichtung des Unternehmens entfällt, wenn der Dritte, der die Erstattung leisten sollte, nicht zahlt (IAS 37.57).

Geschäftstätigkeit oder die Art und Weise, in der die Geschäftstätigkeit betrieben wird, wesentlich verändern (IAS 37.10)[442].

Für das Vorliegen einer faktischen Verpflichtung definiert IAS 37.72 in Ergänzung zu den allgemeinen Ansatzkriterien des IAS 37.14 für Restrukturierungsrückstellungen folgende **spezielle Anforderungen**: **516**

– Es muss ein detaillierter, formaler Restrukturierungsplan vorliegen, der zumindest Angaben zu den betroffenen Geschäftsbereichen oder Teilgebieten davon, zu den wichtigsten betroffenen Standorten, zu Standort, Funktion und ungefährer Zahl der Mitarbeiter, die voraussichtlich für die Beendigung ihres Beschäftigungsverhältnisses eine Abfindung erhalten werden, zu den entstehenden Ausgaben sowie zum Umsetzungszeitpunkt des Restrukturierungsplans enthält. Zusätzlich muss die baldige Umsetzung vorgesehen sein, sodass wesentliche Änderungen des Restrukturierungsplans unwahrscheinlich erscheinen (IAS 37.74); und
– das Unternehmen muss bei den Betroffenen eine gerechtfertigte Erwartung geweckt haben, dass die Maßnahmen durchgeführt werden, indem mit der Umsetzung des Restrukturierungsplans begonnen wurde oder die wesentlichen Bestandteile den Betroffenen gegenüber angekündigt wurden. Die Ankündigung muss hinreichend detailliert sein (IAS 37.73). Ein bloßer Restrukturierungsbeschluss der Unternehmensleitung oder von Aufsichtsgremien vor dem Abschlussstichtag reicht für die Begründung einer Rückstellung mangels faktischer Verpflichtung regelmäßig nicht aus (IAS 37.75).

Beim **Verkauf** von Teilbereichen entsteht eine Verpflichtung erst, wenn ein bindender Verkaufsvertrag vorliegt (IAS 37.78). Der Verkaufsbeschluss allein ist nicht hinreichend; ggf. kann in dieser Situation jedoch eine nach IAS 36 durch Abschreibung zu berücksichtigende Wertminderung vorliegen (IAS 37.79). **517**

Bei **Bemessung der Restrukturierungsrückstellung** sind nur die Aufwendungen zu berücksichtigen, die notwendigerweise im Zusammenhang mit der Restrukturierung anfallen und die nicht mit den fortgeführten Aktivitäten des Unternehmens in Zusammenhang stehen. Aufwendungen für die Umschulung weiterbeschäftigter Mitarbeiter, für Marketing und für Investitionen in neue Systeme und Vertriebsnetze dürfen nicht angesetzt werden (IAS 37.80-81). Nicht zu berücksichtigen sind andererseits auch Erträge aus dem Abgang von Vermögenswerten, selbst wenn der Verkauf als Teil der Restrukturierung geplant ist (IAS 37.83). **518**

Entsorgungs-, Wiederherstellungs- und ähnliche Verpflichtungen sind bei erstmaligem Ansatz des betreffenden Vermögenswerts als Bestandteil der AK nach IAS 16 und zugleich als Rückstellung nach IAS 37 zu erfassen. Bewertungsänderungen bestehender Entsorgungs-, Wiederherstellungs- und ähnlicher Verpflichtungen sind entsprechend IFRIC 1 in Abhängigkeit von dem gewählten Bewertungsmodell der Sachanlagen[443] zu behandeln. Bei Anwendung des Anschaffungskostenmodells (cost model) sind Änderungen der Rückstellung zu dem Buchwert des dazugehörigen Vermögenswerts zu addieren oder davon abzuziehen. Ist der abzuziehende Betrag größer als der Buchwert, ist der überschießende Teil im Periodenergebnis zu erfassen. Bei einer Erhöhung der AK (in Folge einer Erhöhung der diesbezüglichen Rückstellung für Entsorgungs-, Wiederherstellungs- und ähnliche Verpflichtungen) hat das bilanzierende Unternehmen zu überprüfen, ob ggf. ein Anhaltspunkt für eine Wertminderung i.S.v. IAS 36 vorliegt (IFRIC 1.5). **519**

---

442 Für Beispiele vgl. IAS 37.70.
443 Anschaffungskostenmodell oder Neubewertungsmodell, vgl. hierzu im Einzelnen Tz. 169 ff.

(4) Darstellung und Angaben

520 Die **Angabepflichten für Rückstellungen** enthalten die Erstellung eines Rückstellungsspiegels mit nach Gruppen[444] gegliederten Angaben

- zum Buchwert zu Beginn und am Ende der Berichtsperiode;
- zu in der Berichtsperiode neu gebildeten Rückstellungen einschließlich der Erhöhung bestehender Rückstellungen;
- zur Inanspruchnahme von Rückstellungen;
- zur Auflösung nicht mehr benötigter Beträge sowie
- bei Abzinsung, zu Erhöhungen aufgrund der Aufzinsung im Zeitablauf sowie zu Anpassungen aufgrund von Zinssatzänderungen (IAS 37.84).

521 Weiterhin sind für jede Gruppe von Rückstellungen die Art der Verpflichtung und der erwartete zeitliche Anfall zu beschreiben und es ist auf die mit Betrag und Zeitpunkt verbundenen Unsicherheiten einzugehen. Falls erforderlich, sind die Annahmen bzgl. zukünftiger Entwicklungen, die bei der Bewertung berücksichtigt wurden, einzubeziehen. Anzugeben sind auch erwartete Erstattungen und der Betrag, mit dem entsprechende Vermögenswerte angesetzt wurden (IAS 37.85). Die Angaben zu Rückstellungen, Eventualschulden und Eventualforderungen können in den äußerst seltenen Fällen weitgehend unterbleiben, in denen die Position des Unternehmens in einem Rechtsstreit durch eine Angabe ernsthaft beeinträchtigt sein würde; in diesem Fall bestehen jedoch Angabepflichten allgemeinen Charakters zu der Art des Rechtsstreits sowie zu der Tatsache, dass bestimmte Angaben unterlassen wurden, und zu den Gründen hierfür (IAS 37.92).

cc) Eventualschulden

522 Eventualschulden dürfen in der Bilanz nicht angesetzt werden (IAS 37.27). Es besteht jedoch eine Angabepflicht im Anh., wenn die Möglichkeit eines Abflusses von Ressourcen, die wirtschaftlichen Nutzen enthalten, **nicht unwahrscheinlich** (remote) ist (IAS 37.28). Bei gesamtschuldnerischen Verpflichtungen ist der wahrscheinlich auf das eigene Unternehmen entfallende Teil als Rückstellung auszuweisen; der auf die anderen Parteien entfallende ist als eine Eventualverbindlichkeit anzugeben (IAS 37.29).

523 Sofern die Möglichkeit eines Mittelabflusses bei Erfüllung nicht unwahrscheinlich ist, ist jede Gruppe von Eventualschulden kurz zu beschreiben; die daraus resultierenden geschätzten finanziellen Auswirkungen, Unsicherheiten hinsichtlich des Betrags und der Fälligkeit sowie ggf. bestehende Möglichkeiten der Erstattung sind (falls praktikabel) **anzugeben**. Die Schätzung hat entsprechend den Bewertungsregeln für Rückstellungen zu erfolgen. Angabepflichten bestehen ferner hinsichtlich der Unsicherheiten bei Betrag und Zeitpunkt von Mittelabflüssen und ob Erstattungen zu erwarten sind (IAS 37.86). Zusammenhänge zwischen Rückstellungen und Eventualschulden sind deutlich zu machen (IAS 37.88).

dd) Eventualforderungen

524 Für Eventualforderungen, bspw. Ansprüche, die das Unternehmen in gerichtlichen Verfahren mit unsicherem Ausgang durchzusetzen versucht, besteht eine Angabepflicht im Anh.. Entscheidendes Kriterium ist ein **wahrscheinlicher** (probable) Zufluss wirtschaftlichen Nutzens (IAS 37.34). Für den Ansatz als Vermögenswert muss der Zufluss wirtschaftlichen Nutzens dagegen so gut wie sicher sein; ansonsten besteht ein Ansatzverbot (IAS 37.31-33).

---

[444] Zur Gruppenbildung vgl. IAS 37.87.

Eventualforderungen sind, nach Gruppen gegliedert, kurz zu beschreiben; die geschätzten finanziellen Auswirkungen sind unter analoger Anwendung der Bewertungsregeln für Rückstellungen anzugeben (IAS 37.89). 525

ee) Ausblick

Das IASB hat am 19.02.2010 zu der geplanten Neufassung des IAS 37 einen **Working Draft** veröffentlicht. Dieser stellt eine Kombination der geplanten Vorschriften zu Ansatz und Darstellung von Schulden aus dem ursprünglichen Entwurf zu IAS 37, ergänzt um die durch den Entwurf ED/2010/1 Measurement of Liabilities in IAS 37 geplanten Änderungen hinsichtlich der Bewertung von Schulden, dar. Das Projekt wurde vorerst vom IASB zurückgestellt. Bei der Entscheidung über das weitere Arbeitsprogramm soll auch über die Fortsetzung des Projekts beraten werden[445]. 526

Der **Anwendungsbereich** des Standards sollte von Rückstellungen und Eventualverbindlichkeiten auf alle Schulden ausgeweitet werden, die nicht in den Anwendungsbereich anderer Standards fallen (insb. IAS 19 und IAS 39) und nicht aus einem noch schwebenden Geschäft, bei dem kein Drohverlust vorliegt, resultieren. Geplant war zudem, die Begriffe der Eventualforderung (contingent asset) und der Eventualverbindlichkeit (contingent liability) abzuschaffen. Des Weiteren enthielt der Working Draft Ausführungen zum geplanten zukünftigen Ansatz und zur Bewertung von Rückstellungen. 527

12. Verbindlichkeiten

a) Verbindlichkeiten als Finanzinstrumente im Sinne von IAS 32 und IAS 39

Wie bei den Forderungen handelt es sich auch bei den Verbindlichkeiten im Regelfall um **Finanzinstrumente**[446], für die hinsichtlich Ansatz, Bewertung und Darstellung IAS 32 und IAS 39 zu beachten sind. Darüber hinaus regelt IAS 32 die Abgrenzung von Eigen- und Fremdkapitalinstrumenten sowie einige spezielle Ausweisfragen[447]. Nach diesen Standards liegen Finanzinstrumente bei allen Verträgen vor, die gleichzeitig bei einem Unternehmen zu einem finanziellen Vermögenswert und bei einem anderen Unternehmen zu einer finanziellen Verbindlichkeit oder zu einem Eigenkapitalinstrument führen. 528

Eine **finanzielle Verbindlichkeit** ist insb. dann gegeben, wenn das Unternehmen die vertragliche Verpflichtung hat, flüssige Mittel oder einen anderen finanziellen Vermögenswert an ein anderes Unternehmen abzugeben (IAS 32.11)[448]. Die Definition trifft somit sowohl auf Verbindlichkeiten aus Lieferungen und Leistungen als auch auf Finanzverbindlichkeiten (z.B. Bankverbindlichkeiten) und sonstige Verbindlichkeiten zu. Entsprechend der Definition zählen gesetzliche Ansprüche (z.B. Steuerverbindlichkeiten) sowie die in IAS 37 definierten faktischen Verpflichtungen (z.B. auf Grund öffentlicher Übernahme der Verantwortung) nicht zu den finanziellen Verbindlichkeiten, da beide nicht auf einer vertraglichen Grundlage basieren (vgl. IAS 32.AG12). 529

Die Regelungen zu Ansatz, Bewertung und Darstellung von Finanzinstrumenten sind u.a. auf Verbindlichkeiten aus Leasingverhältnissen, Verpflichtungen aus Altersversorgungs- 530

---

[445] http://www.ifrs.org/Current+Projects/IASB+Projects/Liabilities/Liabilities.htm (zit. 02.11.2011).

[446] Vgl. auch IAS 32.AG4. Zu einer ausführlichen Darstellung der Bilanzierung von Finanzinstrumenten s. Tz. 563ff.

[447] Darüber hinausgehend zum Ausweis von Finanzinstrumenten in der Bilanz und Gesamtergebnisrechnung vgl. *Löw*, KoR 2006, Beil. 1, S. 3 (3-31).

[448] Aufgrund der weiten Definition von Unternehmen (entity) in IAS 32.14, die auch Einzelpersonen (individuals) einschließt, können auch Verbindlichkeiten gegenüber Nichtunternehmen Finanzinstrumente sein.

plänen und Verbindlichkeiten aus Versicherungsverträgen nicht oder nur teilweise anzuwenden (IAS 32.4, IAS 39.2), da die Regelungen aus den jeweiligen eigenen Standards (IAS 17, IAS 19 bzw. IFRS 4) hierzu vorgehen.

531 Die **Angabepflichten** sind in IFRS 7 geregelt[449].

b) Ansatz und Bewertung von Verbindlichkeiten
aa) Erstmaliger Ansatz und Ausbuchung

532 Voraussetzung für den **erstmaligen Ansatz** von Verbindlichkeiten in der Bilanz ist, dass das Unternehmen Vertragspartei geworden ist und infolgedessen eine **rechtliche Verpflichtung** zur Zahlung von flüssigen Mitteln hat. Bei Waren- oder Dienstleistungsgeschäften hat mindestens eine der Vertragsparteien die vertraglich zugesagte Leistung so weit erbracht zu haben, dass ein Anspruch auf die Gegenleistung besteht (IAS 39.14, .AG35).

533 Voraussetzung für die teilweise oder vollständige **Ausbuchung** (derecognition) einer Verbindlichkeit ist deren Tilgung. Diese liegt vor, wenn die entsprechende vertragliche Verpflichtung erfüllt, erlassen oder ausgelaufen (z.B. verjährt) ist (IAS 39.39). Wird ein Schuldinstrument durch ein anderes Schuldinstrument mit wesentlich anderen Vertragsbedingungen ersetzt oder werden die Vertragsbedingungen wesentlich geändert, ist die alte Schuld auszubuchen und gleichzeitig eine neue zu erfassen (IAS 39.40, .AG62).

bb) Bewertung

534 Die **Erstbewertung** einer finanziellen Verbindlichkeit hat zum beizulegenden Zeitwert (fair value) unter Einbeziehung der direkt zurechenbaren Transaktionskosten zu erfolgen. Transaktionskosten sind nicht zu berücksichtigen, wenn die Verbindlichkeit in der Folge erfolgswirksam zum beizulegenden Zeitwert bewertet wird (IAS 39.43).

535 IAS 39 unterteilt die finanziellen Verbindlichkeiten hinsichtlich der **Folgebewertung** in zwei Hauptkategorien. Dabei werden finanzielle Verbindlichkeiten grds. in die Kategorie „sonstige Verbindlichkeiten" (other liabilities) eingestuft und zu fortgeführten AK bilanziert. Von diesem Grundsatz ausgenommen sind finanzielle Verbindlichkeiten, die beim erstmaligen Ansatz als „erfolgswirksam zum beizulegenden Zeitwert bewertete finanzielle Verbindlichkeiten" (financial liabilities at fair value through profit or loss) eingestuft werden, weil sie entweder zu Handelszwecken gehalten werden oder die Fair Value Option genutzt wird (IAS 39.9, .47)[450].

cc) Anhangangaben

536 **Angabepflichten** zu finanziellen Verbindlichkeiten sind in IFRS 7 „Finanzinstrumente: Angaben" geregelt. Zu detaillierten Ausführungen zu den Angabepflichten vgl. Tz. 688ff.

c) Ausweis von Verbindlichkeiten in der Bilanz

537 In der Mindestgliederung für die Bilanz gem. IAS 1.54 wird für den Bereich der Verbindlichkeiten ein getrennter Ausweis zumindest von **Verbindlichkeiten aus Lieferungen und Leistungen und sonstigen Verbindlichkeiten** (trade and other payables),

---

449 Vgl. Tz. 536.
450 Die Voraussetzungen für die „erfolgswirksame Bewertung zum beizulegenden Zeitwert" entsprechend denen für Aktiva, vgl. Tz. 585ff.

Steuerverbindlichkeiten gem. IAS 12 und **Finanzschulden** (financial liabilities) gefordert.

Ferner verlangt IAS 1.60 eine grundsätzliche Bilanzgliederung nach kurzfristigen und langfristigen Posten. Dabei gelten nach IAS 1.69 **Schulden** dann als **kurzfristig**, wenn mindestens eines der nachfolgenden Kriterien erfüllt ist: 538

– Die Schuld wird voraussichtlich innerhalb des gewöhnlichen Verlaufs des Geschäftszyklus des Unternehmens getilgt werden; es handelt sich dabei um Schulden, die Teil des bei der gewöhnlichen Geschäftstätigkeit eingesetzten Betriebskapitals (working capital) sind, wie bspw. Verbindlichkeiten aus Lieferungen und Leistungen oder Verbindlichkeiten für Personal- und sonstige betriebliche Kosten, und zwar unabhängig von ihrer Restlaufzeit.
– Zum anderen gelten alle Schulden, deren Erfüllung innerhalb von zwölf Monaten nach dem Abschlussstichtag erwartet wird, als kurzfristig, und zwar auch dann, wenn sie nicht im Rahmen des laufenden Geschäftszyklus getilgt werden; Beispiele sind der kurzfristig fällige Teil der langfristigen verzinslichen Verbindlichkeiten, Kontokorrentkredite, Steuerverbindlichkeiten bzw. sonstige nicht aus Lieferungen und Leistungen resultierende Verbindlichkeiten.
– Die Schuld wird primär zu Handelszwecken gehalten.
– Das Unternehmen hat kein uneingeschränktes Recht, die Erfüllung um mindestens zwölf Monate nach dem Abschlussstichtag zu verschieben.

Alle anderen Verbindlichkeiten, insb. verzinsliche Schulden, die der langfristigen Finanzierung des Betriebskapitals dienen und nicht innerhalb von zwölf Monaten zu tilgen sind, gelten als **langfristig**. Ursprünglich langfristige, aber innerhalb von zwölf Monaten nach dem Abschlussstichtag zu tilgende Verbindlichkeiten sind weiterhin als langfristig auszuweisen, wenn eine langfristige Refinanzierung am Abschlussstichtag vorliegt und eine entsprechende Vereinbarung abgeschlossen wurde (IAS 1.73-76). 539

Unter den Posten **Verbindlichkeiten aus Lieferungen und Leistungen und sonstige Verbindlichkeiten** fallen neben Verbindlichkeiten aus Lieferungen und Leistungen auch kurzfristige Wechselverbindlichkeiten, Verpflichtungen zur Zahlung von Dividenden, kurzfristig zu verrechnende Anzahlungen und zurückzuzahlende Kautionen sowie Abgrenzungsposten für Löhne und Gehälter, Zinsen und Mieten. 540

Die **langfristigen Finanzschulden** umfassen sowohl in Wertpapierform verbriefte als auch nicht verbriefte Verbindlichkeiten einschließlich Verbindlichkeiten, die Wandlungs-, Options- oder sonstige Rechte gewähren. Verbindlichkeiten aus Genussrechten fallen i.d.R. ebenfalls in diese Kategorie, da sie nach IAS 32 i.d.R. nicht in ihrer Gesamtheit als EK zu qualifizieren sind[451]. 541

Wenn es für das Verständnis der Vermögens- und Finanzlage erforderlich ist, ist **über die Mindestgliederung hinaus** eine weitere Untergliederung der genannten Posten vorzunehmen (IAS 1.55). Dabei muss eine Beurteilung hinsichtlich Art, Betrag und Fälligkeitszeitpunkt der Verbindlichkeiten erfolgen (IAS 1.58(c)). Die Untergliederung ist entweder in der Bilanz oder im Anh. in angemessener Form anzugeben (IAS 1.77). 542

Der Ausweis nach Bewertungskategorien ist in der Praxis unüblich und ist zudem mit den Anforderungen einer Aufgliederung nach kurz- und langfristigen Verbindlichkeiten nicht kompatibel[452]. 543

---

451 Vgl. *IDW RS HFA 45*, Tz. 16, 20, 28.
452 Vgl. *Löw*, KoR 2006, Beil. 1, S. 3 (13-19).

544 Für **passive Rechnungsabgrenzungsposten** ist in den IFRS kein eigener Posten vorgesehen. Solche Posten dürfen grds. nur dann erfasst werden, wenn die Definition einer Schuld erfüllt ist (IAS 1.28; CF.4.4(b)). Der Ausweis hat unter den Verbindlichkeiten aus Lieferungen und Leistungen und sonstigen Verbindlichkeiten zu erfolgen, wenn die RAP innerhalb von zwölf Monaten realisiert werden; andernfalls ist ein Ausweis unter den langfristigen Schulden vorzunehmen[453].

13. Latente Steuern
a) Konzeptionelle Grundlagen

545 Der Steuerabgrenzung nach IAS 12 liegt das bilanzorientierte **Temporary-Konzept** zugrunde[454]. Demnach sind grds. zu berücksichtigen (IAS 12.5):

- sämtliche aufgrund von zu versteuernden temporären Differenzen (taxable temporary differences) künftig zu zahlenden Ertragsteuern als latente Steuerschulden (IAS 12.15) und
- alle aufgrund von abzugsfähigen temporären Differenzen (deductible temporary differences), ungenutzten steuerlichen Verlustvorträgen und Steuergutschriften künftig erstattungsfähigen Beträge als latente Steueransprüche (IAS 12.24).

546 Unter **temporären Unterschieden** (temporary differences) versteht man Unterschiede zwischen dem Buchwert eines Vermögenswerts oder einer Schuld in der Bilanz (book base) und dem Wertansatz dieses Vermögenswerts bzw. dieser Schuld für Zwecke der Steuerbemessung (tax base) (IAS 12.5)[455], die sich zukünftig ausgleichen werden. Wann sich die Differenzen voraussichtlich ausgleichen, ist grds. unerheblich. Entscheidend ist lediglich, dass sich bei Realisation des betreffenden Vermögenswerts bzw. Erfüllung der betreffenden Schuld steuerliche Konsequenzen (tax consequences) ergeben. Dies kann sich bspw. dadurch ergeben, dass ein Unterschied zwischen dem Buchwert eines Vermögenswerts und dem Wertansatz dieses Vermögenswerts für Zwecke der Steuerbemessung in den Folgeperioden zu unterschiedlichen Abschreibungen führt. Sind die Unterschiede allerdings nicht zu versteuern (taxable) bzw. nicht abzugsfähig (deductible), führt dies nicht zur Bilanzierung von latenten Steuern nach IAS 12[456].

b) Erfassung von latenten Steuerschulden und latenten Steueransprüchen

547 Die folgende Übersicht zeigt die Entstehungsfälle von aktiven und passiven latenten Steuern[457]:

	IFRS-Buchwert > Steuerwert	IFRS-Buchwert < Steuerwert
Vermögenswert	zu versteuernde Differenz → passive latente Steuer	abzugsfähige Differenz → aktive latente Steuer
Schuld	abzugsfähige Differenz → aktive latente Steuer	zu versteuernde Differenz → passive latente Steuer

---

453 Vgl. BeBiKo⁷, § 250, Rn. 60.
454 Vgl. IAS 12.7 sowie *Lüdenbach/Hoffmann*, IFRS⁹, § 26, Rn. 11.
455 Zur Ermittlung des Steuerwerts vgl. im Einzelnen IAS 12.7-10 und ADS International, Abschn. 20, Rn. 64-81.
456 Vgl. z.B. zur Steuerfreiheit im Fall des § 8b Abs. 2 KStG: ADS International, Abschn. 20, Rn. 61-63.
457 Siehe auch BHdR, B 235, Rn. 116; Kirsch, DStR 2003, S. 703 (704).

Ansatz und Bewertung einzelner Posten im IFRS-Abschluss

Latente Steuerschulden (deferred tax liabilities) sind für alle zu versteuernden temporären Differenzen (taxable temporary differences) anzusetzen, deren künftige Auflösung zu einem höheren steuerlichen Ergebnis führt[458] (IAS 12.5). Auf zu versteuernde temporäre Differenzen aus der erstmaligen Erfassung eines Geschäfts- oder Firmenwerts im Rahmen eines Unternehmenszusammenschlusses dürfen keine latenten Steuern erfasst werden (IAS 12.15(a) und .21). Ausgenommen sind auch latente Steuerschulden, die entstehen, wenn ein Vermögenswert oder eine Schuld erstmals und ergebnisneutral angesetzt wird (d. h. weder das bilanzielle Ergebnis vor Steuern noch das zu versteuernde Ergebnis beeinflusst) und der erstmalige Ansatz nicht im Zusammenhang mit einem Unternehmenserwerb (business combination) steht (IAS 12.15 und .22(c)). Auf zu versteuernde temporäre Unterschiede bzgl. der Wertansätze von Anteilen an TU, Zweigniederlassungen, assoziierten Unternehmen und Joint Ventures sind latente Steuerschulden dann nicht anzusetzen, wenn das Unternehmen den zeitlichen Verlauf der Umkehrung der temporären Differenz steuern kann und die Umkehrung der temporären Differenz in absehbarer Zeit nicht zu erwarten ist (IAS 12.39)[459].

548

Latente Steueransprüche (deferred tax assets) sind grds. für alle abzugsfähigen temporären Unterschiede (deductible temporary differences) anzusetzen, d.h. für alle temporären Differenzen, deren Auflösung zu einem niedrigeren steuerlichen Ergebnis führt[460] (IAS 12.5), soweit diese wahrscheinlich (probable) mit künftigen steuerpflichtigen Gewinnen verrechnet werden können. Die zu schätzende Wahrscheinlichkeit ist i.S.v. „more likely than not", also als eine Wahrscheinlichkeit größer als 50 %, auszulegen[461]. Im Gegensatz zum HGB besteht nach IAS 12 somit eine grundsätzliche Aktivierungspflicht. Ausgenommen sind latente Steueransprüche, die entstehen, wenn ein Vermögenswert oder eine Schuld erstmals und ergebnisneutral angesetzt wird (d.h. weder das bilanzielle Ergebnis vor Steuern noch das zu versteuernde Ergebnis beeinflusst) und der erstmalige Ansatz nicht im Zusammenhang mit einem Unternehmenserwerb steht (IAS 12.24 und .33). Latente Steueransprüche auf abzugsfähige Unterschiede zwischen den Wertansätzen von Anteilen an TU, Zweigniederlassungen, assoziierten Unternehmen und Joint Ventures sowie den entsprechenden Steuerwerten sind anzusetzen, soweit sich der temporäre Unterschied in absehbarer Zeit umkehren und ein steuerpflichtiger Gewinn zur Verrechnung voraussichtlich zur Verfügung stehen wird (IAS 12.44).

549

Die Voraussetzung der **künftigen Verrechenbarkeit** ist gegeben, wenn in Bezug auf dieselbe Steuerbehörde und dasselbe Steuersubjekt in der Periode, in der sich der abzugsfähige Unterschiedsbetrag voraussichtlich umkehrt, oder in den Perioden, in die ein Vor- oder Rücktrag eines entstehenden Verlusts erfolgen kann, zu versteuernde temporäre Differenzen (taxable temporary differences) in ausreichendem Umfang vorhanden sind (IAS 12.28). Ist dies nicht der Fall, ist die Voraussetzung nur dann erfüllt, wenn mit hinreichender Wahrscheinlichkeit in ausreichendem Umfang ein steuerpflichtiger Gewinn in

550

---

458 Dies ist der Fall, wenn bei einem Vermögenswert der Buchwert den Steuerwert (tax base) übersteigt (vgl. IAS 12.16 mit Beispiel), wenn die steuerliche Abschreibung die handelsbilanzielle übersteigt oder wenn aktivierte Entwicklungskosten steuerlich sofort als Aufwand verrechnet werden (vgl. IAS 12.17); weiterhin bei steuerlich nicht nachvollzogener Neubewertung von AV oder bei der Neubewertung von Finanzinstrumenten zum beizulegenden Zeitwert (vgl. IAS 12.20).

459 Zu den möglichen Ursachen (nicht ausgeschüttete Gewinne, Wechselkursänderungen, Wertminderungen des erzielbaren Betrags beim Beteiligungsbuchwert eines assoziierten Unternehmens) vgl. IAS 12.38; vgl. auch ausführlich zu dem Sachverhalt ADS International, Abschn. 20, Rn. 131-136. Zur Notwendigkeit der Bilanzierung von latenten Steuern bei geplanten Unternehmensveräußerungen bzw. Ausschüttungen vgl. *Melcher/Skowronek*, KoR 2011, S. 108 (108-115).

460 Beispielsweise bei steuerlich nicht oder nicht in vollem Umfang anerkannten Rückstellungen (vgl. IAS 12.25 und .26(a)).

461 Vgl. *Ernst & Young*, S. 1583, bzw. *KPMG*, Insights into IFRS 2010/11, S. 884, Rn. 3.13.170.40.

den entsprechenden Perioden in Bezug auf dieselbe Steuerbehörde und dasselbe Steuersubjekt zur Verfügung stehen wird oder aufgrund von Steuergestaltungsmaßnahmen generiert werden kann (IAS 12.29).

551 Weiterhin sind latente Steueransprüche anzusetzen für künftig zu erwartende Steuerminderungen aus **Verlustvorträgen** und **Steuergutschriften** (tax credits). Voraussetzung ist, dass voraussichtlich künftig entsprechende steuerpflichtige Gewinne vorhanden sein werden, gegen die eine Verrechnung möglich ist (IAS 12.34). Die Kriterien bzgl. der Verrechenbarkeit mit künftig erwarteten Gewinnen entsprechen den für abzugsfähige temporäre Unterschiede dargestellten Kriterien. Da allerdings die Existenz ungenutzter Verlustvorträge ein Anhaltspunkt dafür sein kann, dass zukünftig nicht ausreichende steuerpflichtige Gewinne generiert werden können, ist eine besonders sorgfältige Einschätzung, ggf. mit zusätzlichen Angabe- und Begründungspflichten, erforderlich (IAS 12.35 und .82).

c) Bewertung

552 Für die Bewertung von latenten Steueransprüchen und latenten Steuerschulden sind die erwarteten **Steuersätze** für die Periode heranzuziehen, in der ein Vermögenswert realisiert oder eine Schuld erfüllt wird, d.h., in der sich die Differenz voraussichtlich umkehren wird. Zugrunde zu legen sind dabei die Steuersätze und Steuergesetze, die zum Abschlussstichtag gelten oder die angekündigt sind und deren Inkrafttreten mit Sicherheit zu erwarten ist (IAS 12.47)[462]. Ändern sich die Steuersätze in Abhängigkeit von der Höhe des zu versteuernden Einkommens, wie z.B. nach dem gewerbesteuerlichen Staffeltarif, ist der für den Zeitpunkt der Auflösung der temporären Differenz erwartete Durchschnittssteuersatz zu verwenden (IAS 12.49).

553 Latente Steueransprüche und Steuerschulden dürfen **nicht abgezinst** werden (IAS 12.53). Die Buchwerte der latenten Steueransprüche sind zu jedem Abschlussstichtag zu überprüfen und ggf. anzupassen. Wenn es nicht mehr wahrscheinlich ist, dass ausreichende steuerpflichtige Gewinne zur Verrechnung zur Verfügung stehen werden, sind die latenten Steueransprüche entsprechend abzuwerten (IAS 12.56).

d) Ausweis

554 Latente Steueransprüche und latente Steuerschulden sind in der **Bilanz** getrennt von anderen Vermögenswerten und Schulden darzustellen. Sie sind gesondert von den tatsächlichen Steueransprüchen und Steuerschulden auszuweisen (IAS 1.54(o)). Latente Steueransprüche und Steuerschulden dürfen nicht als kurzfristige (current) Vermögenswerte bzw. Schulden ausgewiesen werden (IAS 1.56).

555 In Abweichung vom grundsätzlichen Saldierungsverbot sind latente Steueransprüche und latente Steuerschulden dann, aber auch nur dann zu **saldieren**, wenn für die tatsächlichen Steueransprüche und Steuerschulden ein einklagbares Recht zur Aufrechnung besteht und die latenten Steueransprüche und latenten Steuerschulden sich auf von derselben Steuerbehörde (tax authority) erhobene Steuern beziehen. Ferner müssen die Ansprüche und Schulden dasselbe Steuersubjekt oder verschiedene Steuersubjekte betreffen, die entweder beabsichtigen, den Ausgleich der tatsächlichen Steuerschulden und -ansprüche auf Nettobasis herbeizuführen oder aus der Realisierung der Ansprüche die Ablösung der Schulden *zeitgleich* vorzunehmen (IAS 12.74)[463].

---

[462] Vgl. dazu ADS International, Abschn. 20, Rn. 25.

[463] Zu einer kompakten Darstellung der rechtlichen Voraussetzungen im deutschen Rechtsraum nach § 226 AO vgl. ADS International, Abschn. 20, Rn. 35-37.

Latente wie tatsächliche Steuern sind **erfolgswirksam** im Periodenergebnis zu erfassen, 556
sofern sie nicht auf Geschäftsvorfälle oder Ereignisse zurückzuführen sind, die in der
gleichen oder einer anderen Perioden im sonstigen Ergebnis oder direkt im EK zu erfassen
sind (IAS 12.58(a)) bzw. ihre Ursache in einem Unternehmenszusammenschluss haben
(IAS 12.58(b))[464].

Tatsächliche und latente Steuern, die sich auf Posten beziehen, die in der gleichen oder in 557
einer anderen Periode **im sonstigen Ergebnis** erfasst werden, müssen ebenfalls im sonstigen Ergebnis erfasst werden (IAS 12.61A(a)). Beispiele für solche Posten sind Änderungen im Buchwert infolge einer Neubewertung von Sachanlagevermögen oder Währungsumrechnungsdifferenzen infolge einer Umrechnung des Abschlusses eines ausländischen Geschäftsbetriebs (IAS 12.62). Sofern sich die tatsächlichen und latenten Steuern auf Posten beziehen, die direkt im EK erfasst wurden, müssten diese ebenfalls dort direkt erfasst werden (IAS 12.61A(b)). Dies ist z. B. der Fall für eine Anpassung des Anfangssaldos der Gewinnrücklagen infolge einer Änderung der Rechnungslegungsmethode, die rückwirkend angewendet wird oder infolge einer Fehlerkorrektur (IAS 12.62A).

Falls eine Ermittlung der tatsächlichen oder latenten Steuer, die sich auf Posten bezieht, 558
die außerhalb des Periodenergebnisses erfasst werden, zu aufwendig ist, kann eine **angemessene anteilige Verrechnung** auf der Basis der tatsächlichen und latenten Steuern des Unternehmens bzw. eine andere sachgerechte Aufteilung vorgenommen werden (IAS 12.63).

Sofern ein Unternehmen im Rahmen der **Neubewertung von Sachanlagen oder imma-** 559
teriellen Vermögenswerten Beträge im sonstigen Ergebnis erfasst, müssen auch die daraufhin entstehenden latenten Steuern im sonstigen Ergebnis erfasst werden. Entscheidet sich das Unternehmen, in jeder Periode auf der Basis des Nutzungsverlaufs Beträge in die Gewinnrücklagen zu übertragen, darf eine Übertragung nur nach Abzug von latenten Steuern erfolgen (IAS 12.64).

e) Anhangangaben

Nach IAS 12.79 sind die Hauptbestandteile des Steueraufwands bzw. -ertrags anzugeben. 560
Dazu gehören u.a.:

- der latente Steueraufwand bzw. -ertrag, der auf dem Entstehen bzw. der Umkehrung temporärer Unterschiede beruht (IAS 12.80(c));
- der latente Steueraufwand bzw. -ertrag, der auf einer Änderung der Steuersätze oder Einführung neuer Steuern beruht (IAS 12.80(d));
- die Minderung des tatsächlichen und des latenten Steueraufwands aufgrund der Nutzung bisher nicht bilanzierter steuerlicher Verlustvorträge, aufgrund von Steuergutschriften oder infolge temporärer Unterschiede aus einer früheren Periode (IAS 12.80 (e),(f)); sowie
- der latente Steueraufwand infolge einer Abwertung bzw. der Aufhebung einer früheren Abwertung eines latenten Steueranspruchs (IAS 12.80(g)).

Zu erläutern sind ferner die Relation zwischen Steueraufwand bzw. -ertrag und dem Er- 561
gebnis vor Ertragsteuern (sog. tax rate reconciliation; IAS 12.81(c)) sowie Änderungen
der anzuwendenden Steuersätze gegenüber der Vorperiode (IAS 12.81(d)). Angabepflichten bestehen weiterhin u.a.:

---

[464] Vgl. zu Ausführungen zu latenten Steuern im KA Tz. 938, 946, 971ff.

- für die Gesamtsumme der tatsächlichen und latenten Steuern, die aus direkt mit dem EK verrechneten Vorgängen resultieren (und damit ebenfalls direkt im EK erfasst werden) (IAS 12.81(a)),
- für Steuern im Zusammenhang mit den im sonstigen Ergebnis erfassten Beträgen (IAS 12.81(ab)),
- für die in der Bilanz nicht in Form von latenten Steueransprüchen angesetzten abzugsfähigen temporären Differenzen, nicht genutzten Verlustvorträgen und noch nicht genutzten Steuergutschriften (ggf. mit Datum des Verfalls) (IAS 12.81(e)) sowie
- für die Gesamtsumme der temporären Unterschiede im Zusammenhang mit Anteilen an TU, Zweigniederlassungen, assoziierte Unternehmen und Joint Ventures, für die gem. IAS 12.39 keine latenten Steuerschulden bilanziert wurden (IAS 12.81(f)).

562 Die in der Bilanz angesetzten latenten Steueransprüche und Steuerschulden sind für jede im Abschluss dargestellte Periode nach der Art der temporären Unterschiede und der noch nicht genutzten Verlustvorträge und Steuergutschriften aufzugliedern (IAS 12.81(g)(i)). Falls der im Periodenergebnis erfasste latente Steuerertrag oder -aufwand nicht aus Änderungen der in der Bilanz angesetzten Beträge hervorgeht, ist dieser in entsprechender Untergliederung ebenfalls darzustellen (IAS 12.81(g)(ii)). Zusätzliche Angabepflichten können sich aus IAS 12.82 für in einer Verlustsituation angesetzte aktive latente Steuern ergeben.

14. Finanzinstrumente
a) Begriff und Anwendungsbereich

563 Die Bilanzierung von Finanzinstrumenten ist in IAS 32, IAS 39 und IFRS 7 geregelt.[465] **IAS 39** legt die Grundsätze für den **Ansatz und die Bewertung** von Finanzinstrumenten fest. **IAS 32** enthält die Regelungen zur **Darstellung**, insb. zum Ausweis von emittierten Finanzinstrumenten als EK oder FK. Die **Angabepflichten** sind in **IFRS 7** enthalten. Die Standards sind von allen Unternehmen anzuwenden, unabhängig von der Branche, Rechtsform oder Größe[466].

564 Ein **Finanzinstrument** wird als **Vertrag** definiert, der gleichzeitig bei einem Unternehmen zu einem finanziellen Vermögenswert und bei einem anderen Unternehmen zu einer finanziellen Verbindlichkeit oder einem Eigenkapitalinstrument führt (IAS 32.11). Nach dem Verständnis des Standards umfassen Finanzinstrumente sowohl die klassischen bilanziellen Finanzinstrumente (bspw. Kassenbestand, Forderungen, Verbindlichkeiten oder Wertpapiere) als auch die aus originären Finanzinstrumenten abgeleiteten **Derivate**.

565 **Finanzielle Vermögenswerte** sind flüssige Mittel, Eigenkapitalinstrumente anderer Unternehmen sowie vertragliche Rechte, flüssige Mittel oder andere finanzielle Vermögenswerte von einem anderen Unternehmen zu erhalten oder unter potenziell vorteilhaften Bedingungen zu tauschen. Darüber hinaus ergeben sich finanzielle Vermögenswerte aus Verträgen, die in eigenen Eigenkapitalinstrumenten des Unternehmens erfüllt werden oder erfüllt werden können und die die entsprechenden Anforderungen an die Definition der finanziellen Vermögenswerte des IAS 32.11(d) erfüllen (IAS 32.11).

566 **Finanzielle Verbindlichkeiten** umfassen vertragliche Verpflichtungen, flüssige Mittel oder andere finanzielle Vermögenswerte an ein anderes Unternehmen abzugeben oder zu potenziell nachteiligen Bedingungen zu tauschen. Darüber hinaus ergeben sich finanzielle Verbindlichkeiten aus Verträgen, die in eigenen Eigenkapitalinstrumenten des Unter-

---
465 IAS 39 soll dabei durch IFRS 9 ersetzt werden (vgl. Tz. 748ff.)
466 Vgl. IAS 32.4, IAS 39.2 sowie IFRS 7.3.

Ansatz und Bewertung einzelner Posten im IFRS-Abschluss N

nehmens erfüllt werden oder erfüllt werden können und die die entsprechenden Anforderungen an die Definition der finanziellen Verbindlichkeiten des IAS 32.11(b) erfüllen (IAS 32.11).

Eigenkapitalinstrumente sind Verträge, die einen Residualanspruch an den Vermögenswerten eines Unternehmens nach Abzug aller dazugehörigen Schulden begründen (IAS 32.11). 567

Ein **Derivat** ist ein Finanzinstrument oder ein anderer Vertrag, der in den Anwendungsbereich des IAS 39 fällt und alle der **drei** folgenden **Merkmale** aufweist (IAS 39.9): 568
- Der Wert ändert sich in Abhängigkeit von einem bestimmten Basiswert;
- es erfordert keine oder im Vergleich zum Basiswert bzw. zu anderen Verträgen mit ähnlichen Wertschwankungen eine geringe Anschaffungsauszahlung; und
- es wird in der Zukunft beglichen.

Verträge über Derivate, die mehrere Komponenten enthalten, sind als ein Derivat anzusehen und nicht in die einzelnen Bestandteile aufzuteilen[467]. Als typische Beispiele für Derivate werden Forwards, Swaps, Futures und Optionen genannt[468]. 569

IAS 32, IAS 39 und IFRS 7 sind – von wenigen, genau abgegrenzten Sachverhalten abgesehen – auf alle Finanzinstrumente anzuwenden, die die weite Begriffsdefinition eines Finanzinstruments erfüllen. Allerdings sind die **Anwendungsbereiche** der genannten Standards nicht vollkommen deckungsgleich. Dass ein Sachverhalt vom Anwendungsbereich eines Standards ausgenommen ist, bedeutet nicht automatisch, dass die anderen Standards auf den Sachverhalt ebenfalls nicht anzuwenden sind[469]. Grds. ausgenommene Anwendungsbereiche ergeben sich im Überblick wie folgt: 570

	IAS 32	IAS 39	IFRS 7	Anwendbarer Standard
Anteile an TU	X	X	X	IAS 27
Anteile an assoziierten Unternehmen	X	X	X	IAS 28
Anteile an Joint Ventures	X	X	X	IAS 31
Rechte und Verpflichtungen eines Arbeitgebers aus Altersversorgungsplänen	X	X	X	IAS 19
Finanzinstrumente, Verträge und Verpflichtungen im Zusammenhang mit aktienbasierten Vergütungstransaktionen	X	X	X	IFRS 2
Rechte und Verpflichtungen im Zusammenhang mit Versicherungsverträgen (ausgenommen ausgewählte eingebettete Derivate und ausgewählte Finanzgarantien)	X	X	X	IFRS 4

---
[467] Vgl. *KPMG*, Insights into IFRS 2010/11, S. 430, Rn. 3.6.170.30.
[468] Vgl. IAS 39.AG 9; IAS 39.IG.B.2. Vgl. auch *Ernst & Young*, S. 2041-2042; *PricewaterhouseCoopers*, Manual of accounting – Financial Instruments, Rn. 4.38.
[469] Vgl. IAS 32.4-10, IAS 39.2-7, IFRS 7.3-5. Vgl. auch *KPMG*, Insights into IFRS 2010/11, S. 413, Rn. 3.6.10-.20 mit einer Gegenüberstellung der Anwendungsbereiche.

	IAS 32	IAS 39	IFRS 7	Anwendbarer Standard
Rechte und Verpflichtungen, die im Zusammenhang mit einem Vertrag entstehen, der eine ermessensabhängige Überschussbeteiligung enthält	X	X		IFRS 4
Leasingverträge		X		IAS 17
Eigene Eigenkapitalinstrumente (einschließlich Options- und Bezugsrechte)		X		IAS 32
Finanzinstrumente, die gemäß IAS 32.16A und .16B oder IAS 32.16C und .16D als Eigenkapitalinstrumente eingestuft werden		X	X	IAS 32
Terminkontrakte zwischen einem Käufer und einem Verkäufer zum künftigen Kauf bzw. Verkauf eines Geschäftsbetriebs (*acquiree*), bei Unternehmenszusammenschluss		X		IFRS 3
Kreditzusagen, die bestimmte Voraussetzungen erfüllen		X		IAS 37
Ansprüche zur Erstattung von Inanspruchnahmen aus gebildeten Rückstellungen		X		IAS 37

571 Verträge über den Kauf oder Verkauf von **nicht finanziellen Posten** fallen in den Anwendungsbereich des IAS 32, IAS 39 und IFRS 7[470], wenn eine der Parteien das Recht auf Erfüllung in bar, durch andere Finanzinstrumente oder durch Tausch von Finanzinstrumenten hat. Davon ausgenommen sind Verträge zum Zweck des Empfangs oder der Lieferung von nicht finanziellen Posten, die gem. dem erwarteten Einkaufs-, Verkaufs- oder Nutzungsbedarf des Unternehmens abgeschlossen wurden und in diesem Sinne weiter behalten werden (own use exemption)[471].

b) Abgrenzung von Eigen- und Fremdkapital

572 Die Kriterien für eine Abgrenzung von finanziellen Verbindlichkeiten und Eigenkapitalinstrumenten finden sich in IAS 32. Finanzinstrumente sind prinzipiell nach dem wirtschaftlichen Gehalt und nicht allein nach der rechtlichen Gestaltung als EK oder FK einzustufen (IAS 32.18). Zu einer Darstellung der Abgrenzung von EK und FK vgl. Tz. 403ff.

c) Erfassung und Ausbuchung von Finanzinstrumenten

573 Finanzielle Vermögenswerte oder finanzielle Verbindlichkeiten sind ab dem Zeitpunkt zu bilanzieren, zu dem das Unternehmen Vertragspartei des Finanzinstruments (IAS 39.14) wird. Dieser Zeitpunkt wird als **Handelstag** (trade date) bezeichnet. Ein Unternehmen ist Vertragspartei, wenn es eine Verpflichtung zum Kauf oder Verkauf von Finanzinstrumenten eingegangen ist, also sobald ein Kaufvertrag abgeschlossen ist und damit die Bedingungen der Abwicklung festgelegt worden sind bzw. sobald eine finanzielle Ver-

---
470 IAS 32.8-10 und IAS 39.5-7 enthalten gleichlautende Regelungen. IFRS 7.5 verweist auf IAS 39.5-7.
471 Vgl. ausführlich *IDW RS HFA 25*; zur Anwendung von IAS 39 auf Kreditzusagen sowie auf Finanzgarantien vgl. *Scharpf/Weigel/Löw*, WPg 2006, S. 1492 (1492-1504).

pflichtung fest eingegangen wird. Unbedingte Forderungen und Verbindlichkeiten sind demnach anzusetzen, wenn das Unternehmen Vertragspartei wird und daher das Recht auf Empfang oder die rechtliche Verpflichtung zur Zahlung von flüssigen Mitteln besitzt. Bei Waren- oder Dienstleistungsgeschäften[472] muss eine der Vertragsparteien die vertraglich zugesagte Leistung so weit erbracht haben, dass ein Anspruch auf die Gegenleistung in Form von flüssigen Mittel besteht. Demgegenüber sind geplante künftige Geschäfte, unabhängig von ihrer Eintrittswahrscheinlichkeit, keine Vermögenswerte oder Verbindlichkeiten eines Unternehmens (IAS 39.AG35).

Alternativ ist es möglich, finanzielle Vermögenswerte, die im Rahmen von marktüblichen (regular-way) Käufen und Verkäufen erworben werden, erst ab dem Zeitpunkt der Erfüllung des Verpflichtungsgeschäfts anzusetzen, also auf die effektive Lieferung des finanziellen Vermögenswerts abzustellen. Dieser Zeitpunkt wird als **Erfüllungstag** (settlement date) bezeichnet (IAS 39.38, .AG53-AG56).

Als **marktübliche Käufe und Verkäufe** gelten Transaktionen, bei denen zwischen Handels- und Erfüllungstag eine marktübliche Spanne an Abwicklungstagen liegt[473]. Bei der Beurteilung ist auf die Bedingungen des jeweiligen Markts, an dem die konkrete Transaktion abgeschlossen wird, abzustellen.

Der **Abgangszeitpunkt** von finanziellen Vermögenswerten und finanziellen Verbindlichkeiten lässt sich regelmäßig anhand der den Transaktionen zugrunde liegenden vertraglichen Vereinbarungen feststellen. Praktische Schwierigkeiten bei der Prüfung des Abgangs von finanziellen Vermögenswerten ergeben sich regelmäßig dann, wenn der Bilanzierende trotz (formal) erfolgter Übertragung noch über verbleibende oder neu vereinbarte Rechte an den finanziellen Vermögenswerten verfügt oder weitere Verpflichtungen im Zusammenhang mit diesen Vermögenswerten übernimmt.

Liegt eine Übertragung der finanziellen **Vermögenswerte** an konzernfremde Dritte vor, kommen folgende Konzepte bei der Beurteilung der **Ausbuchung** zur Anwendung:

- component approach – vollständige oder teilweise Ausbuchung eines finanziellen Vermögenswerts,
- risk-and-reward approach – Ausbuchung, wenn die wesentlichen Chancen und Risiken übertragen werden,
- control approach – Ausbuchung, wenn die Verfügungsmacht über einen finanziellen Vermögenswert verloren geht,
- continuing involvement approach – keine Ausbuchung in Höhe des anhaltenden Engagements.

Um eine praktikablere Untersuchung von Transaktionen zu ermöglichen, wurde vom IASB ein **siebenstufiges Prüfverfahren** entwickelt, das die genannten Ausbuchungskonzepte integriert und anhand dessen die Frage der Ausbuchung von finanziellen Vermögenswerten zu beantworten ist. Dieses Verfahren ist nachfolgend dargestellt (IAS 39.15-37, .AG36)[474].

---

472 Mit Ausnahme von Terminkontrakten (IAS 32.AG35(c)).
473 Vgl. vertiefend mit Beispielen *Löw/Lorenz*, in: Löw, S. 415 (443-447).
474 Vgl. ausführlich mit Beispielen *IDW RS HFA 9*, Tz. 113-236.

Abgangskriterien

Abbildung 1[475]

578 Voraussetzung für die teilweise oder vollständige Ausbuchung einer **Verbindlichkeit** ist deren Tilgung. Diese liegt vor, wenn die entsprechende vertragliche Verpflichtung erfüllt, erlassen oder ausgelaufen (z.B. verjährt) ist (IAS 39.39). Wird ein Schuldinstrument durch ein anderes Schuldinstrument mit wesentlich anderen Vertragsbedingungen ersetzt oder werden die Vertragsbedingungen wesentlich geändert, ist die alte Verbindlichkeit auszubuchen und gleichzeitig eine neue zu erfassen (IAS 39.40, .AG62).

d) Bewertung von Finanzinstrumenten
aa) Kategorisierung von finanziellen Vermögenswerten und finanziellen Verbindlichkeiten

579 Finanzielle Vermögenswerte und finanzielle Verbindlichkeiten sind beim **erstmaligen Ansatz** grds. mit dem beizulegenden Zeitwert (fair value) zu bewerten (IAS 39.43). Die Zugangs- und Folgebewertung (bzw. die Erfassung der Bewertungseffekte entweder im sonstigen Ergebnis oder im Periodenergebnis) richten sich im Wesentlichen danach, welchen Kategorien die Finanzinstrumente zugeordnet werden.

580 **Finanzielle Vermögenswerte** sind zum Zugangszeitpunkt in eine der vier folgenden Hauptkategorien einzustufen (IAS 39.9):

– „Kredite und Forderungen" (loans and receivables);
– „bis zur Endfälligkeit zu haltende Finanzinvestitionen" (held-to-maturity investments);

---
[475] In Anlehnung an IAS 39.AG36.

- „erfolgswirksam zum beizulegenden Zeitwert bewertete finanzielle Vermögenswerte" (financial assets at fair value through profit or loss); oder
- „zur Veräußerung verfügbare finanzielle Vermögenswerte" (available for sale financial assets).

Bei diesen Kategorien handelt es sich ausschließlich um Bewertungskategorien, nicht um Ausweiskategorien. Die Kategorisierung kann für jedes Finanzinstrument einzeln vorgenommen werden; eine einheitliche Kategorisierung gleichartiger Finanzinstrumente ist somit nicht erforderlich[476].

„**Kredite und Forderungen**" sind nicht derivative finanzielle Vermögenswerte mit festen oder bestimmbaren Zahlungen, die nicht in einem aktiven Markt notiert sind. Nicht in diese Kategorie fallen Vermögenswerte, die der Kategorie „zu Handelszwecken gehaltene finanzielle Vermögenswerte"[477] zuzuordnen sind oder dort freiwillig eingestuft wurden (Fair Value Option[478]). Ebenfalls ausgenommen sind Vermögenswerte, die der Kategorie „zur Veräußerung verfügbare finanzielle Vermögenswerte" freiwillig zugeordnet wurden oder dort einzustufen sind, weil der Inhaber seine ursprüngliche Investition aus anderen Gründen als einer Bonitätsverschlechterung nicht mehr wiedererlangen könnte (IAS 39.9, .AG26). Die Kategorie umfasst im Wesentlichen originäre Forderungen, z.B. Forderungen aus Lieferungen und Leistungen, und Darlehen. **581**

Anteile an einem Pool von Vermögenswerten, die keine „Kredite und Forderungen" darstellen (z.B. Anteile an Investmentfonds), können der Kategorie „Kredite und Forderungen" nicht zugeordnet werden (IAS 39.9).

Finanzielle Vermögenswerte der Kategorie „**bis zur Endfälligkeit zu haltende Finanzinvestitionen**" sind nicht derivative finanzielle Vermögenswerte mit festen oder bestimmbaren Zahlungen (darunter auch variabel verzinsliche Wertpapiere, IAS 39.AG17) sowie einer festen Laufzeit, bei denen das Unternehmen die feste Absicht und Fähigkeit hat, sie bis zur Fälligkeit zu halten. Aktien können bspw. mangels Fälligkeit nicht dieser Kategorie zugeordnet werden. Eigenkapitalinstrumente haben regelmäßig eine unbegrenzte Laufzeit. Für finanzielle Vermögenswerte, die die Klassifikationskriterien für „Kredite und Forderungen" erfüllen, ist eine Einstufung in diese Kategorie ebenfalls nicht zulässig (IAS 39.9). **582**

Wenn von einem (Konzern-)Unternehmen finanzielle Vermögenswerte **aus der Kategorie „bis zur Endfälligkeit zu haltende Finanzinvestitionen"** in signifikanter Höhe aus wirtschaftlichen oder Liquiditätsgründen **verkauft oder in andere Kategorien transferiert** worden sind und dieser Verkauf/Transfer nicht unter die in IAS 39.9 dargestellten Ausnahmen fällt, sind sämtliche finanziellen Vermögenswerte aus der Kategorie „bis zur Endfälligkeit zu haltende Finanzinvestitionen" (ggf. konzernweit) auszubuchen und der Kategorie „zur Veräußerung verfügbare finanzielle Vermögenswerte" zuzuordnen (sog. „**tainting rule**"[479]). Die bei der Bewertung zum beizulegenden Zeitwert auftretenden Bewertungsunterschiede sind im sonstigen Ergebnis (Neubewertungsrücklage) zu erfassen (IAS 39.52). **583**

Von der „**tainting rule" ausgenommen** sind nach IAS 39.9 folgende Sachverhalte: **584**

---
476 Vgl. *Schruff*, in: Gerke/Siegert, S. 91/97.
477 Vgl. Tz. 586f.
478 Vgl. Tz. 588ff.
479 Die Pflicht zur Umgliederung und die nachfolgende Sperre der Kategorie „bis zur Endfälligkeit zu haltende Finanzinvestitionen" aufgrund von unzulässigen vorzeitigen Verkäufen werden auch als „tainting" (von englisch to taint = verderben, beflecken, anstecken) bezeichnet. Damit soll Missbrauch verhindert werden.

– Der Verkauf oder die Umgliederung der bis zur Endfälligkeit zu haltenden Finanzinvestition liegt zeitlich so nahe am Endfälligkeits- oder Ausübungstermin des finanziellen Vermögenswertes (z.B. weniger als drei Monate vor Ablauf), dass Veränderungen des Marktzinses keine wesentlichen Auswirkungen auf den beizulegenden Zeitwert des finanziellen Vermögenswerts haben würden.

– Der Verkauf oder die Umgliederung der bis zur Endfälligkeit zu haltenden Finanzinvestition findet statt, nachdem das Unternehmen nahezu den gesamten ursprünglichen Kapitalbetrag des finanziellen Vermögenswerts durch planmäßige oder vorzeitige Zahlungen erhalten hat.

– Der Verkauf oder die Umgliederung der bis zur Endfälligkeit zu haltenden Finanzinvestition ist einem isolierten Sachverhalt zuzurechnen, der außerhalb des Einflusses des Unternehmens liegt, von einmaliger Natur ist und vom Unternehmen nicht vorhergesehen werden konnte (z.B. Bonitätsverschlechterungen oder eine geänderte Steuergesetzgebung (IAS 39.AG22)).

585 Die Kategorie „**erfolgswirksam zum beizulegenden Zeitwert bewertete finanzielle Vermögenswerte**" wird in zwei Subkategorien aufgeteilt. In der ersten Untergruppe finden sich die „zu Handelszwecken gehaltenen finanziellen Vermögenswerte". In die zweite Subkategorie, die als Fair Value Option bezeichnet wird, können finanzielle Vermögenswerte designiert werden, um sie ab Zugang erfolgswirksam zum beizulegenden Zeitwert zu bewerten.

586 In die Subkategorie „**zu Handelszwecken gehaltene finanzielle Vermögenswerte**" sind Finanzinstrumente einzuordnen, die (IAS 39.9(a))

– hauptsächlich mit der Absicht erworben oder eingegangen wurden, das Finanzinstrument kurzfristig zu verkaufen oder zurückzukaufen, um einen Gewinn aus kurzfristigen Schwankungen des Preises bzw. der Händlermarge zu erzielen,

– Teil eines Portfolios eindeutig identifizierter und gemeinsam verwalteter Finanzinstrumente sind, für das in der jüngeren Vergangenheit Hinweise auf kurzfristige Gewinnmitnahmen bestanden, oder

– Derivate sind (mit Ausnahme von Derivaten, die als Sicherheitsinstrumente designiert wurden und als solche effektiv sind).

587 Zu Handelszwecken gehaltene derivative Finanzinstrumente schließen auch **eingebettete Derivate**[480] ein, die getrennt zu bilanzieren und keine Bestandteile einer Sicherungsbeziehung nach IAS 39.71 sind.

588 Finanzielle Vermögenswerte können beim erstmaligen Ansatz unter Nutzung der **Fair Value Option** als „erfolgswirksam zum beizulegenden Zeitwert bewertet" eingestuft werden. „Die Designationsmöglichkeit erleichtert in der Praxis den Umgang mit strukturierten Produkten, insb. strukturierten Emissionen, da die aufwändige Untersuchung von Finanzinstrumenten auf eingebettete Derivate und die Prüfung ihrer Trennungspflicht entfallen kann, wenn die strukturierten Produkte in ihrer Gesamtheit erfolgswirksam zum Fair Value bewertet werden"[481].

589 Nach IAS 39.9 ist eine **Designation in** die Kategorie „**erfolgswirksam zum beizulegenden Zeitwert**" zum einen möglich, wenn dadurch eine Erhöhung der Relevanz der Abschlussinformationen erzielt werden kann, weil

---
480 Vgl. zu eingebetteten Derivaten Tz. 637ff.
481 *Löw/Lorenz*, in: Löw, S. 415/484.

Ansatz und Bewertung einzelner Posten im IFRS-Abschluss **N**

- Inkongruenzen bei der Bewertung oder beim Ansatz (accounting mismatches) reduziert werden, die ansonsten durch unterschiedliche Bewertungsvorschriften für Vermögenswerte und Verbindlichkeiten oder unterschiedliche Erfassung von Gewinnen und Verlusten entstehen würden (IAS 39.9(b)(i)), oder
- Finanzinstrumente auf Fair Value-Basis gesteuert werden und ihre Wertentwicklung auf dieser Basis gemessen und intern an Personen in Schlüsselpositionen des Unternehmens berichtet wird (IAS 39.9(b)(ii)).

Zum anderen kann die **Fair Value Option für hybride Finanzinstrumente**, d.h. Finanzinstrumente mit einem oder mehreren eingebetteten Derivaten, genutzt werden, es sei denn (IAS 39.9, .11A): **590**

- die eingebetteten Derivate verändern die vertraglich vereinbarten Cashflows nur unwesentlich oder
- bei erstmaliger Beurteilung eines vergleichbaren hybriden Instruments ist mit geringem Analyseaufwand ersichtlich, dass die Abtrennung der eingebetteten Derivate unzulässig ist.

Verwendung findet die Fair Value Option ferner für die Abbildung von **Sicherungszusammenhängen**[482]. Bei Nutzung des Designationswahlrechts und einer Einstufung eines wirtschaftlich abgesicherten Grundgeschäfts in die Subkategorie „erfolgswirksam zum beizulegenden Zeitwert bewertete finanzielle Vermögenswerte" unterliegt das Grundgeschäft der gleichen Bewertungskonzeption wie das zur Sicherung eingesetzte Derivat. Wertänderungen von Grundgeschäft und Derivat gleichen sich weitgehend aus. Die umfangreichen Dokumentations- und Effektivitätsanforderungen des Hedge Accounting brauchen nicht erfüllt zu werden.[483] **591**

Unter der Kategorie **„zur Veräußerung verfügbare finanzielle Vermögenswerte"** sind alle nicht derivativen finanziellen Vermögenswerte zu fassen, die vom Bilanzierenden in diese Kategorie designiert wurden oder die in diese Residualkategorie einzuordnen sind, weil sie nicht als „Kredite und Forderungen", „bis zur Endfälligkeit zu haltende Finanzinvestitionen" bzw. als „erfolgswirksam zum beizulegenden Zeitwert bewertet" eingestuft werden können (IAS 39.9). Die Kategorie kann somit als „Sammelposten" für jene finanziellen Vermögenswerte angesehen werden, die keiner der anderen Kategorien zugeordnet werden können oder sollen. **592**

IAS 39 unterteilt die **finanziellen Verbindlichkeiten** in zwei Hauptkategorien. Dabei werden finanzielle Verbindlichkeiten grds. in die Kategorie „sonstige Verbindlichkeiten" (other liabilities) eingestuft und zu fortgeführten AK bilanziert. Von diesem Grundsatz ausgenommen sind finanzielle Verbindlichkeiten, die unter den gleichen Bedingungen, die für die Aktivseite gelten, beim erstmaligen Ansatz als „erfolgswirksam zum beizulegenden Zeitwert bewertete finanzielle Verbindlichkeiten" (financial liabilities at fair value through profit or loss) eingestuft werden (IAS 39.47, .9). **593**

Analog zu den finanziellen Vermögenswerten differenziert IAS 39 auch bei finanziellen Verbindlichkeiten der Kategorie „erfolgswirksam zum beizulegenden Zeitwert bewertete finanzielle Verbindlichkeiten" zwischen Finanzinstrumenten der Subkategorie „zu Handelszwecken gehaltene finanzielle Verbindlichkeiten" und jenen Verbindlichkeiten, die beim erstmaligen Ansatz unter Ausnutzung der Fair Value Option als „erfolgswirksam zum beizulegenden Zeitwert bewertet" designiert werden (IAS 39.9). Verbindlichkeiten, **594**

---

482 Vgl. auch *Löw*, BB 2005, S. 2175 (2175-2185); *Löw/Blaschke*, BB 2005, S. 1727 (1731-1734).
483 Vgl. Tz. 655 und Tz. 664ff.

die zu Handelszwecken eingegangen werden, sind alle derivativen Finanzinstrumente mit negativen Marktwerten sowie Lieferverpflichtungen aus Wertpapierleerverkäufen[484].

bb) Zugangsbewertung von Finanzinstrumenten

595 Die Zugangsbewertung eines finanziellen Vermögenswerts oder einer finanziellen Verbindlichkeit erfolgt zum **beizulegenden Zeitwert** (fair value). Bei Finanzinstrumenten, die nicht der Kategorie „erfolgswirksam zum beizulegenden Zeitwert bewertet" zugeordnet werden, sind darüber hinaus die dem Erwerb des finanziellen Vermögenswerts oder der Emission der finanziellen Verbindlichkeit direkt zurechenbaren **Transaktionskosten** zu berücksichtigen (IAS 39.43). Bei finanziellen Vermögenswerten werden die Transaktionskosten zum beizulegenden Zeitwert hinzugerechnet, bei finanziellen Verbindlichkeiten in Abzug gebracht. Transaktionskosten sind alle zusätzlich anfallenden Kosten, die dem Erwerb des Vermögenswerts oder der Emission einer Verbindlichkeit direkt zurechenbar sind, nicht aber Finanzierungskosten, interne Verwaltungskosten oder Haltekosten (IAS 39.9, .AG13).

596 Bei Finanzinstrumenten, die als **„erfolgswirksam zum beizulegenden Zeitwert"** bewertet werden, bleiben die Transaktionskosten aus Praktikabilitätsgründen unberücksichtigt, da andernfalls zum Zeitpunkt der ersten Folgebewertung eine erfolgswirksame Buchwertanpassung in Höhe der Transaktionskosten auf den beizulegenden Zeitwert vorzunehmen wäre. Sämtliche Transaktionskosten werden bei diesen Finanzinstrumenten direkt erfolgswirksam im Periodenergebnis erfasst. Bei Vorliegen eines „all-in"-Preises wird dieser in einen „reinen" Kaufpreis und eine Transaktionskostenkomponente zerlegt[485].

597 Bei Finanzinstrumenten der Kategorie **„zur Veräußerung verfügbare finanzielle Vermögenswerte"** sind die Transaktionskosten zum Zeitpunkt der ersten Folgebewertung im sonstigen Ergebnis (Neubewertungsrücklage) zu erfassen. Die weitere Behandlung der Transaktionskosten richtet sich danach, ob aus dem Finanzinstrument fixe oder bestimmbare Zahlungen resultieren und das Instrument eine begrenzte Laufzeit hat. Ist dies der Fall, erfolgt eine Amortisierung der Transaktionskosten mittels Effektivzinsmethode über die Laufzeit des Finanzinstruments; andernfalls werden die Transaktionskosten entweder mit Abgang oder bei Wertminderung (impairment) des Instruments erfolgswirksam im Periodenergebnis erfasst (IAS 39.IG.E.1.1).

598 Die bei späterer Veräußerung des Finanzinstruments voraussichtlich anfallenden Transaktionskosten dürfen bei der Ermittlung des beizulegenden Zeitwerts im Zugangszeitpunkt nicht berücksichtigt werden (IAS 39.IG.E.1.1).

cc) Folgebewertung von Finanzinstrumenten

599 Die Bewertung der Finanzinstrumente der Kategorien **„Kredite und Forderungen"**, **„bis zur Endfälligkeit zu haltende Finanzinvestitionen"** und **„sonstige Verbindlichkeiten"** erfolgt zu fortgeführten AK unter Anwendung der Effektivzinsmethode[486] (IAS 39.46).

600 Finanzinstrumente, die den Kategorien „erfolgswirksam zum beizulegenden Zeitwert bewertete finanzielle Vermögenswerte bzw. Verbindlichkeiten" oder „zur Veräußerung verfügbare finanzielle Vermögenswerte" angehören, werden zum beizulegenden Zeitwert

---

484 Vgl. *Löw/Lorenz*, in: Löw, S. 415/487.
485 Vgl. *Löw/Lorenz*, in: Löw, S. 415/470.
486 Vgl. zur Effektivzinsmethode mit Beispielen insb. *Löw/Lorenz*, in: Löw, S. 415/501-509; *Kuhn/Scharpf*, Rn. 525-538.

bewertet (IAS 39.46). Die Kategorien unterscheiden sich in der Erfassung der **Wertänderungen**. Während Wertänderungen von Finanzinstrumenten, die der Kategorie „zum beizulegenden Zeitwert bewertete finanzielle Vermögenswerte bzw. Verbindlichkeiten" angehören, im Periodenergebnis zu erfassen sind, werden Wertänderungen von Finanzinstrumenten, die zur Veräußerung verfügbar sind, (zunächst) im sonstigen Ergebnis (Neubewertungsrücklage) erfasst. Erst bei Abgang oder bei Vorliegen einer dauerhaften Wertminderung erfolgt eine erfolgswirksame Umgliederung (reclassification) in das Periodenergebnis (IAS 39.55).

dd) Anzuwendende Wertmaßstäbe

Der **beizulegende Zeitwert** ist definiert als der Betrag, zu dem zwischen sachverständigen, vertragswilligen und voneinander unabhängigen Geschäftspartnern ein Vermögenswert getauscht oder eine Schuld beglichen werden kann (IAS 32.11, IAS 39.9). 601

Für die **Ermittlung des beizulegenden Zeitwerts** gibt IAS 39 eine **Rangfolge** vor, die nachfolgend dargestellt wird[487]. 602

(1) Aktiver Markt – notierter Kurs

Öffentlich notierte Marktpreise auf einem aktiven Markt sind der beste objektive Hinweis für den beizulegenden Zeitwert. Wenn Marktpreise vorhanden sind, werden sie für die Bewertung des finanziellen Vermögenswerts oder der finanziellen Verbindlichkeit verwendet (IAS 39.48, .AG71). 603

(2) Kein aktiver Markt – Bewertungsverfahren

Wird das Finanzinstrument nicht an einem aktiven Markt gehandelt, sind geeignete Bewertungsverfahren zu verwenden, um den beizulegenden Zeitwert zu ermitteln. Angemessene Bewertungsverfahren sind z.B. der Vergleich mit dem beizulegenden Zeitwert eines Finanzinstruments mit fast identischen Charakteristika, die Discounted-Cashflow-Methode und Optionspreismodelle (IAS 39.AG74). 604

(3) Kein aktiver Markt – Eigenkapitalinstrumente

Der beizulegende Zeitwert von Eigenkapitalinstrumenten, die nicht auf einem aktiven Markt gehandelt werden, sowie von Derivaten, die mit einem nicht notierten Eigenkapitalinstrument verbunden sind und nur durch die Lieferung eines solchen beglichen werden können, ist zuverlässig ermittelbar, wenn die Bandbreite der vernünftigen Schätzungen des beizulegenden Zeitwerts für dieses Instrument unerheblich ist oder die Eintrittswahrscheinlichkeiten der verschiedenen Schätzungen innerhalb dieser Bandbreite vernünftig bestimmt und für die Bewertung verwendet werden können (IAS 39.AG80). Ist eine zuverlässige Ermittlung nicht möglich, erfolgt die Bewertung zu AK. IAS 39 geht davon aus, dass der beizulegende Zeitwert i.d.R. zuverlässig ermittelt werden kann (IAS 39.46(c), .AG81). Die Bewertung zu AK sollte daher einen seltenen Ausnahmefall darstellen. 605

---

[487] Vgl. zum folgenden Abschnitt IAS 39.48-49, .AG69-AG82; *IDW RS HFA 9*, Tz. 63–112; *KPMG*, Insights into IFRS 2010/11, S. 479-483, Rn. 3.6.930-.980. Die Anzahl der Hierarchiestufen für Zwecke der Bewertung ist in IAS 39 nicht explizit geregelt. Das IASB geht – ohne Berücksichtigung von Eigenkapitalinstrumenten, die nicht auf einem aktiven Markt notiert sind – von drei Hierarchiestufen aus (IFRS 7.BC39C). Diese sind jedoch nicht mit den Hierarchiestufen für Angabezwecke (IFRS 7.27A) identisch (IFRS 7.BC39B). Das IDW sieht hingegen eine fünfstufige Bewertungshierarchie, vgl. Positionspapier des IDW zu Bilanzierungs- und Bewertungsfragen im Zusammenhang mit der Subprime-Krise vom 10.12.2007, http://www.idw.de/idw/download/Subprime-Positionspapier.pdf?id=424920 (zit. 16.11.2011), S. 4-6.

606 Als **fortgeführte Anschaffungskosten** eines finanziellen Vermögenswerts oder einer finanziellen Verbindlichkeit wird der Betrag bezeichnet, mit dem ein finanzieller Vermögenswert oder eine finanzielle Verbindlichkeit bei der erstmaligen Erfassung bewertet wird, abzgl. Tilgungen und zzgl. oder abzgl. der kumulierten Amortisierung einer etwaigen Differenz zwischen dem ursprünglichen Betrag und dem bei Endfälligkeit rückzahlbaren Betrag mittels der Effektivzinsmethode sowie abzgl. einer etwaigen Wertminderung oder einer Wertberichtigung wegen Uneinbringlichkeit (IAS 39.9).

beizulegender Zeitwert gem. Erstbewertung[488]	
abzgl.	geleistete Tilgungen
abzgl./zzgl.	kumulierte Amortisation einer etwaigen Differenz zwischen dem ursprünglichen Betrag und dem bei Endfälligkeit rückzahlbaren Betrag mittels der Effektivzinsmethode
abzgl.	ggf. erfasste Wertminderungen
= **fortgeführte Anschaffungskosten**	

Abbildung 2

607 Bei der **Effektivzinsmethode** wird die Amortisierung unter Verwendung des effektiven Zinssatzes eines finanziellen Vermögenswerts oder einer finanziellen Verbindlichkeit berechnet. Als effektiver Zinssatz gilt der Kalkulationszinssatz, mit dem die geschätzten künftigen Ein- und Auszahlungen über die erwartete Laufzeit des Finanzinstruments auf den gegenwärtigen Buchwert des finanziellen Vermögenswerts oder der finanziellen Verbindlichkeit abgezinst werden. In diese Berechnung fließen alle unter den Vertragspartnern gezahlten oder erhaltenen Gebühren und sonstigen Entgelte mit ein, also auch die Anschaffungsnebenkosten (IAS 39.9)[489].

ee) Wertminderungen

608 Bei finanziellen Vermögenswerten sind ggf. **Wertminderungen** (impairment) zu berücksichtigen. Dazu enthält IAS 39 eigene Regelungen. Die allgemeinen Regelungen des IAS 36 kommen nicht zur Anwendung (IAS 36.2(e)). Nicht erforderlich ist die Berücksichtigung von Wertminderungen bei Vermögenswerten, die als „erfolgswirksam zum beizulegenden Zeitwert" bewertet werden, da hier alle Änderungen des beizulegenden Zeitwerts automatisch im Gewinn oder Verlust der Periode erfasst werden[490].

609 Die Ermittlung von Wertminderungen erfolgt in zwei Schritten. Im ersten Schritt ist zu prüfen, ob ein **objektiver Hinweis** auf eine Wertminderung vorliegt (loss event, trigger event). Diese Überprüfung hat zu jedem Abschlussstichtag zu erfolgen (IAS 39.58). Nur wenn ein entsprechender Hinweis vorliegt, ist im zweiten Schritt ein Wertminderungsbedarf zu ermitteln. Bei der Ermittlung ist zu unterscheiden zwischen finanziellen Vermögenswerten, die zu fortgeführten AK bilanziert werden (IAS 39.63), und solchen, die der Kategorie „zur Veräußerung verfügbar" angehören (IAS 39.67-68). Darüber hinaus bestehen besondere Regelungen für nicht notierte Eigenkapitalinstrumente, deren beizulegender Zeitwert nicht verlässlich ermittelt werden kann und die deshalb zu AK bilanziert

---

[488] Vgl. IAS 39.43.
[489] Die Saldierung von gezahlten oder erhaltenen Gebühren und sonstigen Entgelten auf Einzelgeschäftsebene wird als zulässig erachtet (IAS 1.32-35).
[490] Vgl. *Heuser/Theile*, IFRS[4], S. 354.

Ansatz und Bewertung einzelner Posten im IFRS-Abschluss

werden, sowie für Derivate auf solche Eigenkapitalinstrumente, die nur durch Andienung erfüllt werden können (IAS 39.66).

Gemäß IAS 39.59 ist ein finanzieller Vermögenswert bzw. eine Gruppe finanzieller Vermögenswerte dann wertgemindert, wenn ein objektiver Hinweis auf eine Wertminderung vorliegt, der auf einem Ereignis beruht, das nach dem erstmaligen Ansatz eingetreten ist und Einfluss auf die erwarteten künftigen Zahlungsströme haben wird. Verluste aus künftig erwarteten Ereignissen dürfen nicht erfasst werden. IAS 39.59 nennt die folgenden **allgemeinen Beispiele** für objektive Hinweise auf eine Wertminderung: 610

- erhebliche finanzielle Schwierigkeiten des Emittenten oder Schuldners,
- Vertragsbruch, wie z.B. Ausfall oder Verzug von Zins- oder Tilgungszahlungen,
- Zugeständnisse an den Kreditnehmer aus wirtschaftlichen oder rechtlichen Gründen, die im Zusammenhang mit dessen finanziellen Schwierigkeiten stehen,
- erhöhte Wahrscheinlichkeit der Insolvenz oder einer Sanierungsnotwendigkeit des Kreditnehmers,
- Verschwinden des aktiven Markts für den finanziellen Vermögenswert aufgrund von finanziellen Schwierigkeiten,
- beobachtbare Daten zeigen, dass eine messbare Minderung der erwarteten künftigen Zahlungsströme einer Gruppe von finanziellen Vermögenswerten seit erstmaligem Ansatz eingetreten ist, obwohl die Minderung nicht einem einzelnen finanziellen Vermögenswert der Gruppe zugerechnet werden kann.

Darüber hinaus enthält IAS 39.61 besondere Beispiele für objektive Hinweise auf eine Wertminderung bei **Eigenkapitalinstrumenten**: 611

- wesentliche negative Veränderungen des technologischen, ökonomischen oder rechtlichen Umfelds sowie des Marktumfelds des Emittenten,
- signifikanter oder länger anhaltender Rückgang des beizulegenden Zeitwerts unter die AK[491].

(1) Zu fortgeführten Anschaffungskosten bewertete finanzielle Vermögenswerte

Bei den **zu fortgeführten Anschaffungskosten bewerteten finanziellen Vermögenswerten** handelt es sich um „Kredite und Forderungen"[492] sowie um „bis zur Endfälligkeit zu haltende Finanzinvestitionen". Bei diesen Vermögenswerten wird die Höhe der Wertminderung als Differenz zwischen dem Buchwert des Vermögenswerts und dem Barwert der erwarteten künftigen Cashflows, diskontiert mit dem originären Effektivzinssatz des Finanzinstruments, ermittelt. Der Buchwert des Vermögenswerts ist durch Direktabschreibung oder (indirekt) über eine Wertberichtigung erfolgswirksam zu reduzieren (IAS 39.63, .AG84). 612

Cashflows in Bezug auf **kurzfristige Forderungen** brauchen aus Wesentlichkeitsgründen im Allgemeinen nicht diskontiert zu werden (IAS 39.AG84). 613

Für bedeutende Vermögenswerte (significant assets) ist die Ermittlung der Wertminderung in einer **Einzelfallbetrachtung** vorzunehmen. Erwartete Veräußerungserlöse 614

---

491 Die Begriffe „signifikant" und „länger anhaltend" werden im Standard nicht näher spezifiziert. Nach Auffassung des IFRIC stellt die Quantifizierung eine Ermessensentscheidung des Bilanzierenden dar, vgl. IFRIC Update July 2009, S. 5. In der Literatur wird ein Rückgang von mehr als 20 % bzw. über einen Zeitraum von mehr als bis zwölf Monaten als Richtwert genannt. Vgl. *Ernst & Young*, S. 2302-2303; *Lüdenbach/Hoffmann, IFRS*[9], § 28, Rn. 163; *KPMG*, Insights into IFRS 2010/11, S. 520, Rn. 3.6.1410.30; *PricewaterhouseCoopers*, IFRS für Banken, S. 389.

492 Zur Wertminderung von finanziellen Vermögenswerten der Kategorie „Kredite und Forderungen" vgl. ausführlich *IDW RS HFA 9*, Tz. 237-293.

aus Sicherheiten sind bei der Beurteilung einzubeziehen. Für nicht bedeutende Vermögenswerte kann die Untersuchung individuell oder auf Portfolioebene durchgeführt werden[493]. Einzeln betrachtete Vermögenswerte, bei denen kein objektiver Hinweis auf eine Wertminderung festgestellt wird, sind in die portfoliobasierte Untersuchung einzubeziehen (IAS 39.64).

615 Nach der Buchung einer Wertminderung wird der **Zinsertrag** nach der Effektivzinsmethode auf Grundlage des Zinssatzes erfasst, der zur Abzinsung der künftigen Cashflows bei der Bestimmung der Wertminderung verwendet wurde (IAS 39.AG93). Bei zu fortgeführten AK bewerteten Finanzinstrumenten ist dies der originäre Effektivzinssatz.

616 Eine **spätere Wertaufholung** ist, soweit diese objektiv auf einen nach der Erfassung der Wertminderung eingetretenen Sachverhalt zurückzuführen ist, maximal bis zu dem Buchwert zu erfassen, der sich ohne vorherige Wertminderung ergeben hätte. Die Wertaufholung ist erfolgswirksam im Periodenergebnis zu erfassen (IAS 39.65).

(2) „Zur Veräußerung verfügbare finanzielle Vermögenswerte"

617 Gewinne und Verluste aus Wertschwankungen von Finanzinstrumenten aus der Kategorie „**zur Veräußerung verfügbare finanzielle Vermögenswerte**", die nicht als Wertminderungen (impairment) anzusehen sind, sind grds. so lange im sonstigen Ergebnis (Neubewertungsrücklage) zu erfassen, bis der finanzielle Vermögenswert ausgebucht wird (IAS 39.55(b)). Verluste, die aus der Bewertung zum beizulegenden Zeitwert im sonstigen Ergebnis erfasst wurden, sind bei Vorliegen eines objektiven Hinweises auf eine bestehende Wertminderung erfolgswirksam zu berücksichtigen.

618 Der aus dem sonstigen Ergebnis in das Periodenergebnis **zu übertragende Verlust** ergibt sich bei zur Veräußerung verfügbaren Finanzinstrumenten aus der Differenz zwischen AK abzgl. etwaiger Tilgungen und Amortisationsbeträge und dem aktuellen beizulegenden Zeitwert (abzgl. etwaiger Wertminderungen, die bereits erfolgswirksam im Periodenergebnis erfasst wurden) (IAS 39.68).

619 Nach der Buchung einer Wertminderung wird der **Zinsertrag** nach der Effektivzinsmethode mit dem Zinssatz erfasst, der zur Abzinsung der künftigen Cashflows bei der Bestimmung der Wertminderung verwendet wurde (IAS 39.AG93). Bei Instrumenten der Kategorie „zur Veräußerung verfügbare finanzielle Vermögenswerte" kann dieser Zinssatz auf der Grundlage des beizulegenden Zeitwerts, der der Ermittlung der Wertminderung zugrunde gelegt wurde, neu berechnet werden[494].

620 Bei **Wertaufholungen** ist nach Eigen- und Fremdkapitalinstrumenten zu differenzieren. Erfolgswirksam erfasste Wertberichtigungen für **Eigenkapitalinstrumente**, die als „zur Veräußerung verfügbar" eingestuft wurden, dürfen nicht erfolgswirksam rückgängig gemacht werden. Es ist vielmehr vorgeschrieben, dass Wertaufholungen im sonstigen Ergebnis (Neubewertungsrücklage) vorzunehmen sind (IAS 39.69).

621 Demgegenüber sind Wertaufholungen für **Fremdkapitalinstrumente** erfolgswirksam vorzunehmen. Wenn der beizulegende Wert des Schuldinstruments in einer nachfolgenden Berichtsperiode ansteigt und sich der Anstieg objektiv auf ein Ereignis[495] zurückführen lässt, das nach der erfolgswirksamen Verbuchung der Wertminderung auftritt,

---

[493] Vgl. *KPMG*, Insights into IFRS 2010/11, S. 533, Rn. 3.6.1570.10, sowie *PricewaterhouseCoopers*, Manual of accounting – Financial Instruments, Rn. 9.136.
[494] Vgl. *KPMG*, Insights into IFRS 2010/11, S. 538, Rn. 3.6.1620.10.
[495] Hinsichtlich der unterschiedlichen Möglichkeiten, welche Ereignisse für eine Wertaufholung berücksichtigt werden können, vgl. z.B. *KPMG*, Insights into IFRS 2010/11, S. 529-530, Rn. 3.6.1520.40-.60.

ist die Wertberichtigung rückgängig zu machen und der Betrag der Wertaufholung erfolgswirksam zu erfassen (IAS 39.70). Die darüber hinausgehenden Wertsteigerungen sind im sonstigen Ergebnis (Neubewertungsrücklage) zu erfassen.

(3) Zu Anschaffungskosten bewertete finanzielle Vermögenswerte

Zu Anschaffungskosten bewertet werden nicht notierte Eigenkapitalinstrumente, deren beizulegender Zeitwert nicht verlässlich ermittelt werden kann, sowie Derivate auf solche Eigenkapitalinstrumente, die nur durch Andienung erfüllt werden können (IAS 39.46(c), .AG80-81). Bei diesen Instrumenten ergibt sich der Betrag der Wertminderung als Differenz zwischen dem Buchwert und dem Barwert der geschätzten zukünftigen Cashflows, abgezinst mit der aktuellen Marktrendite eines vergleichbaren Instruments. Wertaufholungen dürfen nicht erfasst werden (IAS 39.66). 622

ff) Umgliederung

Die Umgliederung zwischen Kategorien von Finanzinstrumenten ist nur in bestimmten Konstellationen und unter bestimmten Bedingungen zulässig. Abhängig von der Kategorie, der ein finanzieller Vermögenswert zugeordnet ist, kann die Umgliederung in eine andere Bewertungskategorie nach IAS 39 unzulässig, zulässig oder sogar zwingend sein. Die möglichen Fallkonstellationen sind in der nachfolgenden Übersicht dargestellt[496]. Für finanzielle Verbindlichkeiten ist eine Umgliederung grds. unzulässig. 623

Umgliederung von	Umgliederung nach				
	erfolgswirksam zum beizulegenden Zeitwert bewertet	bis zur Endfälligkeit zu halten	Kredite und Forderungen	zur Veräußerung verfügbar	zu Anschaffungskosten bewertet
erfolgswirksam zum beizulegenden Zeitwert bewertet (Handel ohne Derivate)	–	zulässig (IAS 39.50 (c), .50B)	zulässig (IAS 39.50 (c), .50D)	zulässig (IAS 39.50 (c), .50B)	verpflichtend (IAS 39.54)
erfolgswirksam zum beizulegenden Zeitwert bewertet (Derivate, Fair Value Option)	–	nicht zulässig (IAS 39.50 (a), (b))	nicht zulässig (IAS 39.50 (a), (b))	nicht zulässig (IAS 39.50 (a), (b))	verpflichtend (IAS 39.54)

---

[496] In Anlehnung an *KPMG*, Insights into IFRS 2010/11, S. 473, Rn. 3.6.850.20; *PricewaterhouseCoopers*, Manual of Accounting – Financial Instruments, Rn. 6.74.5. Zu den Änderungen der Umgliederungsvorschriften durch die Amendments zu IAS 39 von Oktober/November 2008 und März 2009 s. auch *IDW RS HFA 26*.

Umgliederung von	Umgliederung nach				
	erfolgswirksam zum beizulegenden Zeitwert bewertet	bis zur Endfälligkeit zu halten	Kredite und Forderungen	zur Veräußerung verfügbar	zu Anschaffungskosten bewertet
bis zur Endfälligkeit zu halten	nicht zulässig (IAS 39.50)	–	nicht zulässig (Umkehrschluss IAS 39.50-54; *IDW RS HFA 9*, Tz. 87)	verpflichtend (IAS 39.51, .52)	nicht zulässig (IAS 39.46 (b))
Kredite und Forderungen	nicht zulässig (IAS 39.50)	nicht zulässig (Umkehrschluss IAS 39.50-54; *IDW RS HFA 9*, Tz. 87-88)	–	nicht zulässig (Umkehrschluss IAS 39.50-54; *IDW RS HFA 9*, Tz. 87-88)	nicht zulässig (IAS 39.46 (a))
zur Veräußerung verfügbar	nicht zulässig (IAS 30.50)	zulässig (IAS 39.54)	zulässig (IAS 39.50E)	–	verpflichtend (IAS 39.54)
zu Anschaffungskosten bewertet	verpflichtend (IAS 39.53)	nicht zulässig (IAS 39.46 (c), .9)	nicht zulässig (IAS 39.46 (c), .9)	verpflichtend (IAS 39.53)	–

Abbildung 3

(1) Umgliederung in die Kategorie oder aus der Kategorie „erfolgswirksam zum beizulegenden Zeitwert bewertete finanzielle Vermögenswerte"

624 Grds. **unzulässig** sind Umgliederungen aus der Kategorie „erfolgswirksam zum beizulegenden Zeitwert bewertete finanzielle Vermögenswerte" für Derivate (IAS 39.50(a)) und finanzielle Vermögenswerte, für die die Fair Value Option in Anspruch genommen wurde (IAS 39.50(b))[497].

625 **Nicht derivative finanzielle Vermögenswerte**, die zu Handelszwecken gehalten werden, dürfen **umgegliedert** werden, wenn sie nicht mehr mit der Absicht gehalten werden, sie kurzfristig zu veräußern oder zurückzukaufen (IAS 39.50(c)) und

– außergewöhnliche Umstände (rare circumstances)[498] vorliegen, durch die eine Umgliederung in die Kategorien „bis zur Endfälligkeit zu haltende Finanzinvestitionen"

---

[497] Zum Sonderfall der Bewertung zu AK vgl. Tz. 634ff.
[498] Als Beispiel für außergewöhnliche Umstände wurde vom IASB in einer Pressemitteilung die Verschlechterung der Weltfinanzmärkte im dritten Quartal 2008 genannt, http://www.iasb.org/NR/rdonlyres/7AF46D80-6867-4D58-9A12-92B931638528/0/PRreclassifications.pdf (zit. 02.11.2011); vgl. auch Verordnung (EG) Nr. 1004/2008, Abl.EU Nr. L 275, S. 37.

oder „zur Veräußerung verfügbare finanzielle Vermögenswerte" möglich wird (IAS 30.50B),

oder

- die Vermögenswerte beim erstmaligen Ansatz der Definition von „Kredite und Forderungen" entsprochen hätten und das Unternehmen die Absicht und Fähigkeit hat, die Vermögenswerte auf absehbare Zeit[499] oder bis zur Fälligkeit zu halten, wodurch eine Umgliederung in die Kategorie „Kredite und Forderungen" möglich wird (IAS 30.50D).

Der beizulegende Zeitwert zum Zeitpunkt der Umgliederung stellt die neuen bzw. fortgeführten AK dar. Vor der Umgliederung erfolgswirksam im Periodenergebnis erfasste Gewinne oder Verluste dürfen nicht rückgängig gemacht werden (IAS 39.50C, .50F).

Umgliederungen in die Kategorie „erfolgswirksam zum beizulegenden Zeitwert bewertete finanzielle Vermögenswerte" sind **nicht zulässig**. Eine Einstufung in diese Kategorie kann – sofern die Zugangskriterien erfüllt sind – nur beim erstmaligen Ansatz erfolgen (IAS 39.50). 626

(2) Umgliederung aus der Kategorie „bis zur Endfälligkeit zu haltende Finanzinvestitionen"[500]

Bis zur Endfälligkeit zu haltende Finanzinvestitionen sind als „zur Veräußerung verfügbare finanzielle Vermögenswerte" umzugliedern und mit dem beizulegenden Zeitwert neu zu bewerten, wenn sich die Absicht oder die Fähigkeit ändert, sie bis zur Endfälligkeit zu halten (IAS 39.51). 627

Verkäufe oder Umgliederungen aus dieser Kategorie führen, sofern der Betrag nicht unwesentlich ist oder eine der in IAS 39.9 genannten Ausnahmen zutrifft, zu einer Umgliederung sämtlicher bis zur Endfälligkeit zu haltender Finanzinvestitionen in die Kategorie „zur Veräußerung verfügbare finanzielle Vermögenswerte" und zu einer entsprechenden Neubewertung zum beizulegenden Zeitwert (sog. „Tainting"[501]; IAS 39.52 i.V.m. 39.9). 628

Nach einer nicht unwesentlichen Umgliederung aus dieser Kategorie darf konzernweit in den folgenden zwei GJ keine Neueinstufung als „bis zur Endfälligkeit zu halten" erfolgen (IAS 39.9). 629

(3) Umgliederung aus der Kategorie „Kredite und Forderungen"

Die Definition von „Kredite und Forderungen" schließt Vermögenswerte aus, die auf einem aktiven Markt gehandelt werden (IAS 39.9). Nach der Stellungnahme *IDW RS HFA 9* ist eine Umklassifizierung aus dieser Kategorie nicht zulässig, wenn sich ein aktiver Markt erst nach dem erstmaligen Ansatz entwickelt[502]. Hingegen wird in der Literatur auch die 630

---

499 Der Begriff „auf absehbare Zeit" wird in IAS 39 nicht definiert. Nach *IDW RS HFA 9*, Tz. 23, darf keine Absicht bestehen, den Vermögenswert kurzfristig zu verkaufen, wobei Halteabsicht und Haltefähigkeit vom bilanzierenden Unternehmen nachzuweisen sind.
500 Siehe auch Tz. 582ff.
501 Vgl. Tz. 583f.
502 Vgl. *IDW RS HFA 9*, Tz. 87-88.

Auffassung vertreten, dass in diesem Fall eine Umklassifizierung in die Kategorie „zur Veräußerung verfügbare finanzielle Vermögenswerte" erfolgen kann[503].

(4) Umgliederung aus der Kategorie „zur Veräußerung verfügbare finanzielle Vermögenswerte"

631 Zur Veräußerung verfügbare finanzielle Vermögenswerte können **in die Kategorie „bis zur Endfälligkeit zu haltende Finanzinvestitionen"** umgegliedert werden, sofern nunmehr die Absicht und Fähigkeit besteht, diese bis zur Endfälligkeit zu halten, oder eine Sperrfrist aufgrund des „Tainting" abgelaufen ist (IAS 39.54).

632 Eine Umgliederung **in die Kategorie „Kredite und Forderungen"** ist möglich, wenn die Vermögenswerte bei Umgliederung der Definition von „Kredite und Forderungen" entsprechen und das Unternehmen die Absicht und die Fähigkeit hat, sie auf absehbare Zeit oder bis zu ihrer Fälligkeit zu halten (IAS 39.50E).

633 Der beizulegende Zeitwert zum Zeitpunkt der Umgliederung stellt die neuen bzw. fortgeführten AK dar. Vor der Umgliederung im sonstigen Ergebnis (Neubewertungsrücklage) erfasste Gewinne und Verluste werden wie folgt behandelt:

– Verteilung über die Restlaufzeit mittels Effektivzinsmethode bei finanziellen Vermögenswerten mit fester Laufzeit bzw.

– Verbleib im sonstigen Ergebnis (Neubewertungsrücklage) bis zum Abgang bei finanziellen Vermögenswerten ohne feste Laufzeit (IAS 39.50F, .54).

(5) Sonderfall: Bewertung zu Anschaffungskosten

634 **Nicht notierte Eigenkapitalinstrumente** sind grds. zum beizulegenden Zeitwert zu bewerten. Sie fallen entweder in die Kategorie „erfolgswirksam zum beizulegenden Zeitwert bewertete finanzielle Vermögenswerte" oder in die Kategorie „zur Veräußerung verfügbare finanzielle Vermögenswerte". Derivate auf solche Eigenkapitalinstrumente, die nur durch Andienung erfüllt werden können, stellen „erfolgswirksam zum beizulegenden Zeitwert bewertete finanzielle Vermögenswerte" dar.

635 Kann der beizulegende Zeitwert dieser Instrumente nicht länger verlässlich ermittelt werden, erfolgt ein Übergang auf die Bewertung zu AK. Der beizulegende Zeitwert zum Übergangszeitpunkt stellt die neuen AK dar (IAS 39.54)[504].

636 Sobald der beizulegende Zeitwert wieder verlässlich ermittelt werden kann, ist die Bewertung mit dem beizulegenden Zeitwert wieder aufzunehmen (IAS 39.53).

e) Eingebettete Derivate

637 **Eingebettete Derivate** (embedded derivatives) sind integraler Bestandteil eines nicht derivativen Basisvertrags und nicht gesondert von diesem handelbar. Charakteristisch für diese zusammengesetzten (hybriden), strukturierten Instrumente ist, dass ein Teil der Zahlungsströme ähnlichen Schwankungen ausgesetzt ist wie ein frei stehendes Derivat (IAS 39.10).

---

503 Vgl. *PricewaterhouseCoopers*, Manual of Accounting – Financial Instruments, Rn. 6.72.1; *Ernst & Young*, S. 2197. Nach *KPMG*, Insights into IFRS 2010/11, S. 478, Rn. 3.6.900.10, besteht die Möglichkeit der Umgliederung zumindest dann, wenn der aktive Markt auf absehbare Zeit weiter besteht.

504 Zur Erfassung der vor der Umgliederung im sonstigen Ergebnis (Neubewertungsrücklage) erfassten Gewinne und Verluste vgl. Tz. 600.

Ansatz und Bewertung einzelner Posten im IFRS-Abschluss N

Es ist möglich, dass ein hybrides Instrument mehr als ein einzelnes eingebettetes Derivat **638** enthält. **Mehrere eingebettete Derivate** werden regelmäßig als ein einziges, zusammengesetztes Derivat betrachtet. Davon abweichend erfolgt eine getrennte Bilanzierung, wenn die eingebetteten Derivate unterschiedlichen Risiken ausgesetzt sind, jederzeit getrennt werden können und unabhängig voneinander sind. Weiterhin sind als EK eingestufte Derivate und solche, die einen finanziellen Vermögenswert oder eine finanzielle Verbindlichkeit darstellen, getrennt zu bilanzieren (IAS 39.AG29).

IAS 39.11 enthält **Kriterien** zur Bestimmung, ob das eingebettete Derivat und der Basisvertrag voneinander zu trennen, gesondert zu bilanzieren und zu bewerten sind. Demnach **639** ist das eingebettete Derivat nur dann vom Basisvertrag zu trennen, wenn die drei folgenden Bedingungen kumulativ erfüllt sind:

- Die wirtschaftlichen Merkmale und Risiken des eingebetteten Derivats sind nicht eng mit den wirtschaftlichen Merkmalen und Risiken des Basisvertrags verbunden,
- ein eigenständiges Instrument mit den gleichen vertraglichen Bedingungen wie das eingebettete Derivat erfüllt die Definition eines derivativen Finanzinstruments und
- das gesamte strukturierte Instrument wird nicht „erfolgswirksam zum beizulegenden Zeitwert" bewertet.

Ist ein eingebettetes Derivat vom Basisvertrag **getrennt** zu **bilanzieren**, so gelten für **640** dieses Derivat die Vorschriften des IAS 39[505]. Der Basisvertrag ist ebenfalls nach den Regelungen dieses Standards zu bilanzieren, sofern es sich um ein Finanzinstrument handelt. Andernfalls richtet sich die Bilanzierung nach dem Standard, der für den entsprechenden Vermögenswert oder die Verbindlichkeit zur Anwendung kommt (IAS 39.11).

Besondere praktische Bedeutung erlangt die Frage, ob die **wirtschaftlichen Merkmale** **641** **und Risiken** von Basisvertrag und Derivat als eng verbunden angesehen werden können. IAS 39 führt in der Application Guidance zahlreiche Beispiele auf, bei denen eine enge Verbindung von Basisvertrag und Derivat vorliegt bzw. nicht gegeben ist (IAS 39.AG30-AG33).

Das zweite Kriterium für eine Trennung von eingebetteten Derivaten bezieht sich auf die **642** **Derivate-Definition** des IAS 39[506]. Sofern eine Nebenabrede als Derivat einzustufen ist und eine Pflicht zur getrennten Bilanzierung besteht, ist das eingebettete Derivat nach den Vorschriften von IAS 39 zu bilanzieren.

Nach dem dritten Kriterium kann eine Untersuchung der Trennungspflicht unterbleiben, **643** wenn das gesamte strukturierte **Finanzinstrument zum beizulegenden Zeitwert bewertet** wird und die Wertänderungen erfolgswirksam im Periodenergebnis erfasst werden.

Finanzinstrumente, die ein oder mehrere eingebettete Derivate enthalten, können nach **644** IAS 39.9, .11A beim erstmaligen Ansatz unter Nutzung der **Fair Value Option**[507] grds. als „erfolgswirksam zum beizulegenden Zeitwert bewertet" eingestuft werden.[508]

---

505 Explizit in den Anwendungsbereich des IAS 39 fallen in Leasingverhältnisse eingebettete Derivate (IAS 39.2 (b)(iii)) sowie Derivate, die in Versicherungsverträge eingebettet sind. Letzteres gilt nicht, wenn es sich bei dem Derivat selbst um einen Versicherungsvertrag handelt (IAS 39.2(e)). Grds. greifen die Regelungen des IAS 39 immer dann, wenn ein spezieller Standard keine Regelungen zur Behandlung eingebetteter Derivate enthält; vgl. z.B. *KPMG*, Insights into IFRS 2010/11, S. 435, Rn. 3.6.270.430.

506 Vgl. Tz. 568.

507 Zu den Ausnahmen zur Nutzung der Fair Value Option bei zusammengesetzten Finanzinstrumenten vgl. Tz. 590.

508 Vgl. Tz. 588f.

645 Die Beurteilung, ob ein eingebettetes Derivat vom Basisvertrag zu trennen ist, erfolgt grds. bei Zugang des Finanzinstruments. Eine **Neubeurteilung der Trennungspflicht** ist nur in folgenden Fällen durchzuführen (IFRIC 9.7):

– die Vertragsbedingungen werden derart geändert, dass sich die vertraglichen Cashflows erheblich ändern, oder
– ein finanzieller Vermögenswert wird aus der Kategorie „erfolgswirksam zum beizulegenden Zeitwert bewertete finanzielle Vermögenswerte" in eine andere Bewertungskategorie umgegliedert.

646 Im Fall der Umgliederung eines finanziellen Vermögenswerts hat die Neubeurteilung auf der Grundlage der Umstände zum späteren der beiden folgenden Zeitpunkte zu erfolgen (IFRIC 9.7A):

– Zeitpunkt, zu dem das Unternehmen erstmalig Vertragspartei wurde,
– Zeitpunkt, zu dem Vertragsbedingungen derart geändert wurden, dass sich die vertraglichen Cashflows wesentlich geändert haben.

647 IAS 39.AG28 stellt bzgl. der **Bewertung** im Fall der Trennung klar, dass zunächst der beizulegende Zeitwert des eingebetteten Derivats zu ermitteln ist. Der Buchwert des Basisvertrags ergibt sich dann als Differenz zwischen den AK des hybriden Finanzinstruments und dem beizulegenden Zeitwert des eingebetteten Derivats. Kann der beizulegende Zeitwert des Derivats nicht verlässlich ermittelt werden, ist umgekehrt vorzugehen. In diesem Fall ist der Buchwert des eingebetteten Derivats als Differenz zwischen dem beizulegenden Zeitwert des hybriden Finanzinstruments und dem beizulegenden Zeitwert des Basisvertrags zu ermitteln (IAS 39.13).

648 Wenn das trennungspflichtige eingebettete Derivat weder bei Zugang noch an den folgenden Stichtagen gesondert bewertet werden kann, so ist das gesamte hybride Instrument wie ein zu Handelszwecken gehaltenes Finanzinstrument zu behandeln und als „erfolgswirksam zum beizulegenden Zeitwert" zu bewerten (IAS 39.12). Aus dieser Vorschrift wird deutlich, dass mit den Regeln zur Bilanzierung von eingebetteten Derivaten vermieden werden soll, über Konstruktionen mit hybriden Finanzinstrumenten eine erfolgswirksame Bewertung von Derivaten zum beizulegenden Zeitwert zu umgehen.

f) Micro Hedge Accounting

649 Die kompensatorische Abbildung gegenläufiger Wertentwicklungen von risikobehafteten Grundgeschäften und Sicherungsinstrumenten in der Buchführung wird als **Hedge Accounting** bezeichnet. Hedge Accounting ist von dem wirtschaftlichen Konzept einer Absicherung im Rahmen der Risikosteuerung zu unterscheiden. Die Absicherung einer offenen Position durch Aufbau einer gegenläufigen Sicherungsposition im wirtschaftlichen Sinne wird Hedging genannt[509]. Hedging erfordert ein System zur Risikoidentifikation und Risikomessung. Die Steuerung – also die Erhöhung oder Absicherung von offenen Positionen – erfolgt im Risikomanagement durch geeignete Risikomanagementinstrumente (z.B. Zins- oder Währungsderivate)[510].

650 Mit der Anwendung von **Hedge Accounting** i.S.d. IAS 39[511] wird das **Ziel** verfolgt, den Nettoeinfluss der unterschiedlichen Bewertungskonzepte für sachlich zusammengehörende Instrumente auf das Periodenergebnis zu begrenzen, weil es ohne die Anwendung

---

509 Vgl. *Löw/Lorenz*, in: Löw, S. 415/556.
510 Vgl. *Löw*, in: Wagenhofer, S. 169 (169-201); *Timmermann*, in: FS Krumnow, S. 377 (377-404).
511 Vgl. ausführlich *IDW RS HFA 9*, Tz. 294-410.

Ansatz und Bewertung einzelner Posten im IFRS-Abschluss

des Hedge Accounting zu wirtschaftlich nicht begründbaren Ergebnisschwankungen kommen kann.

Für das Hedge Accounting unterscheidet IAS 39 zwischen drei Arten von Sicherungsbeziehungen (IAS 39.86). Die Behandlung von Gewinnen oder Verlusten aus den Sicherungsbeziehungen steht in Abhängigkeit von der gewählten Art dieser Beziehung. **651**

Der **Fair Value Hedge** und der **Cashflow Hedge** sind die beiden zentralen Hedge-Accounting-Modelle des IAS 39, die in der Praxis überwiegend zum Einsatz kommen. Die **Absicherung einer Nettoinvestition in einen ausländischen Geschäftsbetrieb** (hedge of a net investment in a foreign operation) stellt lediglich einen spezifischen Anwendungsfall des Cashflow Hedge dar[512]. **652**

Fair Value Hedges dienen der Absicherung von Bilanzposten oder identifizierbaren Komponenten von Bilanzposten gegen mögliche Fair-Value-Änderungen, die das Ergebnis beeinflussen, sowie der Absicherung fester Verpflichtungen (IAS 39.89-94). Als Beispiel für einen Fair Value Hedge kann die Absicherung eines Festzinspostens gegen Änderungen des beizulegenden Zeitwerts aufgeführt werden, die durch Veränderungen der Marktzinssätze hervorgerufen werden. Auch die Abbildung der Absicherung eines Lagerbestands gegen Marktpreisschwankungen erfolgt mittels eines Fair Value Hedge. Fair Value Hedges umfassen ebenso die Absicherung von bilanzunwirksamen festen Verpflichtungen (firm commitments) (IAS 39.86(a)). **653**

Cashflow Hedges dienen der Absicherung gegen das Risiko schwankender Cashflows aus Bilanzposten sowie aus erwarteten und mit hoher Wahrscheinlichkeit eintretenden künftigen Transaktionen (forecasted transactions) (IAS 39.86(b)). Ein Beispiel für einen Cashflow Hedge ist ein Swap, mit dem ein variabel verzinslicher Vermögenswert oder eine variabel verzinsliche Verbindlichkeit in einen festverzinslichen Vermögenswert oder eine festverzinsliche Verbindlichkeit getauscht wird. **654**

Als Voraussetzung für Hedge Accounting wird neben dem Vorliegen von zulässigen Grund- und Sicherungsgeschäften auch die kumulative Erfüllung **verschiedener Anforderungen** z.B. an die Dokumentation sowie den Nachweis einer hohen Effektivität der Sicherungsbeziehung verlangt (IAS 39.88). **655**

Bis zur Endfälligkeit zu haltende Finanzinvestitionen sind als **Grundgeschäfte** von der Absicherung gegen Zinsänderungen ausgeschlossen (IAS 39.79), da mit der Zuordnung von Finanzinstrumenten zu dieser Kategorie annahmegemäß die Absicht besteht, sie bis zur Endfälligkeit zu halten. Zwischenzeitliche Marktwertschwankungen wegen Zinsänderungen spielen somit keine Rolle (IAS 39.IG.F.2.9.). **656**

Derivative Finanzgeschäfte qualifizieren sich ebenfalls grds. nicht als zu sichernde Grundgeschäfte, da diese der Kategorie „zu Handelszwecken gehalten" zugeordnet sind und sich jegliche Änderungen des beizulegenden Zeitwerts ohnehin im Periodenergebnis niederschlagen. Eine Ausnahme stellt die Designierung gekaufter Optionen als Grundgeschäft im Rahmen eines Fair Value Hedge dar (IAS 39.IG.F.2.1.). **657**

Cashflow Hedges können auch der Absicherung von Risiken aus Schwankungen der Zahlungsströme einer **erwarteten Transaktion** dienen. Die meisten der formalen Grundvoraussetzungen gelten für die Anwendung des Fair Value Hedge und des Cashflow Hedge gleichermaßen. Die Zulässigkeit von Sicherungsbeziehungen bei antizipativen Geschäften ist an die Erfüllung ergänzender Kriterien geknüpft. **658**

---

512 Vgl. HdJ, Abt. IIIa/4, Rn. 418, 422 mit Beispiel.

659 Voraussetzung für die Absicherung einer **erwarteten Transaktion** durch einen **Cashflow Hedge** ist, dass die Wahrscheinlichkeit des Eintritts eines zukünftigen Geschäftsvorfalls als hoch einzuschätzen ist (IAS 39.80). Zur Beurteilung sind folgende Sachverhalte heranzuziehen[513]:

- Häufigkeit ähnlicher Transaktionen in der Vergangenheit,
- finanzielle und operative Situation des Unternehmens im Hinblick darauf, ob es das in Frage stehende Geschäft ausführen kann,
- erheblicher Ressourceneinsatz für einen bestimmten Bereich,
- aus Störungen des Unternehmensablaufs resultierendes Verlustpotenzial, wenn das Geschäft nicht getätigt wird,
- Existenz von Alternativen, die zum gleichen Ergebnis führen wie der geplante Geschäftsvorfall, und
- Details der Unternehmensplanung.

660 Sofern zukünftige Geschäftsvorfälle nicht genügend spezifiziert werden können, wie geplante Ausschüttungen oder nicht genau identifizierbare Käufe oder Verkäufe, kommen diese als Grundgeschäft für einen Cashflow Hedge nicht in Frage[514].

661 Beim Hedge Accounting können grds. nur derivative Finanzinstrumente als **Sicherungsinstrumente** eingesetzt werden. Nicht derivative Finanzinstrumente können nur dann als Sicherungsinstrument eingestuft werden, wenn es sich bei dem Sicherungsziel um die Absicherung eines Währungsrisikos handelt (IAS 39.72 und .IG.F.1.2.).

662 Eigenkapitalinstrumente des eigenen Unternehmens können nicht als Sicherungsinstrumente eingesetzt werden. Voraussetzung für eine Qualifizierung zur Absicherung ist, dass das Unternehmen einem bestimmten Risiko ausgesetzt ist, welches sich negativ auf das Periodenergebnis auswirken könnte (IAS 39.IG.F.2.7.).

663 Normalerweise wird ein Sicherungsinstrument in seiner Gesamtheit einer Sicherungsbeziehung zugeordnet. Als zulässige Ausnahmen hiervon sind die Trennung des inneren Werts und des Zeitwerts eines Optionsvertrags sowie die Trennung der Zinskomponente vom Kassakurs eines Terminkontrakts in den Standard aufgenommen worden, da in diesen Fällen der innere Wert einer Option und die Kassakurskomponente eines Terminkontrakts getrennt bewertet werden können (IAS 39.74).

664 Die **Dokumentation** umfasst die Identifikation des Sicherungsinstruments und des abgesicherten Postens sowie der Art des abgesicherten Risikos. Außerdem sind das Risikomanagementziel des Unternehmens und das Ziel der einzelnen Absicherung sowie die Prüfung der Effektivität zu dokumentieren (IAS 39.88(a)). Die Dokumentation der Sicherungsbeziehung hat zu Beginn der Sicherungsbeziehung vorzuliegen. Sie darf nicht nachträglich angelegt werden.

665 Voraussetzung für das Hedge Accounting ist, dass die Sicherungsbeziehung im Hinblick auf die dem abgesicherten Risiko zuzurechnenden Änderungen des beizulegenden Zeitwerts oder der Cashflows als hoch effektiv (highly effective) eingestuft wird (IAS 39.88 (b)).

666 Eine Hedge-Beziehung wird als **hoch effektiv** eingestuft, wenn die beiden folgenden Bedingungen kumulativ erfüllt sind (IAS 39.AG105):

---

513 Vgl. IAS 39.88(c), ausführlich IAS 39 IG.F.3.7 und IG.F.3.11.
514 Vgl. IAS 39.IG.F.2.4.

Ansatz und Bewertung einzelner Posten im IFRS-Abschluss   N

- Das Unternehmen kann zu Beginn der Hedge-Beziehung und für die nachfolgenden Perioden davon ausgehen, dass eine hohe Effektivität bzgl. der gegenläufigen Fair-Value- oder Cashflow-Änderungen, bezogen auf das gesicherte Risiko, gegeben ist (Ex-ante-Effektivitätstest). Aufgrund der zu US-GAAP analogen Formulierung „highly effective" kann bei Anwendung der Dollar-Offset-Methode von einer Bandbreite von 80 bis 125 % ausgegangen werden[515];
- retrospektiv wird für die Sicherungsbeziehung ebenfalls eine Effektivität innerhalb der Bandbreite von 80 bis 125 % gemessen (Ex-post-Effektivitätstest).

IAS 39 schreibt keine bestimmte **Methode zur Beurteilung der Effektivität** eines Sicherungsgeschäfts vor. Die gewählte Methode hat sich jedoch an der Risikomanagementstrategie des Unternehmens zu orientieren[516]. Die gewählte Verfahrensweise zur Beurteilung der Wirksamkeit ist zu Beginn der Sicherungsbeziehung zu dokumentieren und stetig über die gesamte Laufzeit der Sicherungsbeziehung anzuwenden. **667**

Ein Sicherungsgeschäft kann als **perfekt** angesehen werden, wenn die wesentlichen Vertragsbedingungen, d.h. Nominal- und Kapitalbetrag, Laufzeiten, Zinsanpassungstermine, Zeitpunkte der Zins- und Tilgungszahlungen sowie die Bemessungsgrundlage zur Festsetzung der Zinsen, bei Grundgeschäft und Sicherungsinstrument identisch sind (Critical Terms Match). Gleichwohl ist es selbst in diesem Fall nicht zulässig, auf eine **fortlaufende Dokumentation und Durchführung** der Hedge-Effektivität während der Laufzeit des Hedge zu verzichten. **668**

Die **bilanzielle Behandlung** von Gewinnen und Verlusten aus dem gesicherten Grundgeschäft und dem Sicherungsinstrument ist abhängig von dem verwendeten Hedge-Accounting-Modell (Fair Value Hedge oder Cashflow Hedge). **669**

Die Bewertungsergebnisse aus **Fair Value Hedges** werden wie folgt erfasst (IAS 39.89): **670**

- Der Gewinn oder Verlust aus der Bewertung des Sicherungsinstruments (Derivats) zum beizulegenden Zeitwert ist erfolgswirksam im Periodenergebnis zu erfassen. Dies gilt ebenfalls für die Gewinne und Verluste aus der Währungskomponente des gem. IAS 21 bewerteten Buchwerts bei der Absicherung eines Währungsrisikos durch ein nicht derivatives Finanzinstrument;
- bei zur Veräußerung verfügbaren finanziellen Vermögenswerten ist der dem abgesicherten Risiko zuzurechnende Gewinn oder Verlust nicht in das sonstige Ergebnis zu buchen, sondern erfolgswirksam im Periodenergebnis zu erfassen;
- wird das Grundgeschäft zu (fortgeführten) AK bewertet, ist sein Buchwert um den dem abgesicherten Risiko zuzurechnenden Gewinn oder Verlust anzupassen und die Anpassung im Periodenergebnis zu erfassen.

Bewertungsergebnisse aus **Cashflow Hedges** werden wie folgt erfasst (IAS 39.95): **671**

- Der Anteil am Gewinn oder Verlust aus einem Sicherungsinstrument, der als hoch effektiv eingestuft wurde[517], ist im sonstigen Ergebnis (Cashflow-Hedge-Rücklage) zu erfassen;
- der ineffektive Teil des Hedge ist erfolgswirksam im Periodenergebnis zu erfassen;
- die Beträge, die im sonstigen Ergebnis erfasst wurden, sind in derjenigen Berichtsperiode in das Periodenergebnis umzugliedern, in der die gesicherten Cashflows er-

---

515 Vgl. IAS 39.AG105, .BC136 und .BC136A; vgl. auch *KPMG*, Insights into IFRS 2010/11, S. 588, Rn. 3.7.120.10, bzw. *PricewaterhouseCoopers*, Manual of accounting – Financial Instruments, Rn. 10.146ff.

516 Vgl. IAS 39.AG107; *KPMG*, Insights into IFRS 2010/11, S. 623, Rn. 3.7.480.10, bzw. *PricewaterhouseCoopers*, Manual of accounting – Financial Instruments, Rn. 10.159.

517 Vgl. Tz. 665ff.

folgswirksam werden (z.B. wenn eine erwartete Transaktion tatsächlich eintritt) (IAS 39.97)[518].

672 Die Bilanzierung eines **Fair Value Hedge** ist einzustellen, wenn einer der folgenden Sachverhalte vorliegt (IAS 39.91):

– das Sicherungsinstrument läuft aus oder wird veräußert, beendet oder ausgeübt,
– das Sicherungsgeschäft erfüllt nicht mehr die Grundvoraussetzungen des IAS 39.88 (z. B. durch Wegfall der Effektivität) oder
– die Designation wird beendet.

673 Die Bilanzierung eines **Cashflow Hedge** ist einzustellen, wenn einer der folgenden Sachverhalte vorliegt (IAS 39.101):

– Das Sicherungsinstrument läuft aus oder wird veräußert, beendet oder ausgeübt. In diesem Fall verbleibt der kumulative Gewinn oder Verlust aus dem effektiven Teil des Sicherungsgeschäfts, der im sonstigen Ergebnis erfasst wurde, als gesonderter Posten im EK, bis die vorgesehene Transaktion eingetreten ist. Mit Eintritt der Transaktion ergibt sich eine erfolgswirksame Umgliederung des Eigenkapitalbetrags in das Periodenergebnis. Dieser gleicht in entsprechender Höhe den Ergebniseffekt aus der Transaktion aus. Zu beachten ist, dass der Ersatz oder die Weiterführung eines Sicherungsinstruments durch ein anderes Sicherungsinstrument dann nicht als Auslaufen oder Beendigung gilt, wenn der Ersatz oder die Weiterführung Teil der durch das bilanzierende Unternehmen dokumentierten Absicherungsstrategie ist.

– Das Sicherungsgeschäft erfüllt nicht mehr die Grundvoraussetzungen von IAS 39.88 (z.B. durch Wegfall der Effektivität) bzw. die Designation wird formal aufgehoben. In diesem Fall verbleibt der kumulative Gewinn oder Verlust aus dem effektiven Teil des Sicherungsgeschäfts, der im sonstigen Ergebnis erfasst wurde, als gesonderter Posten im EK, bis die vorhergesehene Transaktion eintritt.

674 Die Bilanzierung eines Cashflow Hedge zur **Absicherung einer erwarteten Transaktion** ist einzustellen, wenn deren Eintritt nicht mehr erwartet wird. Die im EK aufgelaufenen Gewinne oder Verluste sind in diesem Fall sofort erfolgswirksam in das Periodenergebnis umzugliedern (IAS 39.101(c)).

g) Macro Hedge Accounting

675 Neben den Ausgestaltungen des Micro Hedge Accounting bestehen zwei Möglichkeiten zur bilanziellen Abbildung von Sicherungsbeziehungen auf einer Macro-Ebene, nämlich der **Macro Fair Value Hedge von Zinsrisiken** und der **Macro Cashflow Hedge**[519]. Dabei werden die beiden oben dargestellten Hedge-Accounting-Modelle zur Bilanzierung der Sicherungsbeziehungen von der Micro- auf die Macro-Ebene übertragen.

676 Der Macro Fair Value Hedge ermöglicht die Absicherung eines Portfolios von finanziellen Vermögenswerten und Verbindlichkeiten gegen Zinsänderungsrisiken. IAS 39 gibt zur Anwendung ein zehnstufiges Verfahren vor[520].

---

518 Vgl. auch Tz. 77.
519 Vgl. IAS 39.IG.F.6.2 und .IG.F.6.3.
520 Vgl. IAS 39.AG114; ausführlich *IDW RS HFA 9*, Tz. 358-410 sowie *Löw/Lorenz*, in: Löw, S. 415/590-600.

h) Ausweis

Der **Ausweis von Finanzinstrumenten** in Bilanz und Gesamtergebnisrechnung wird nicht explizit in den IFRS geregelt. IAS 39 Finanzinstrumente: Ansatz und Bewertung enthält keine expliziten Aussagen zu Posten der Bilanz und der Gesamtergebnisrechnung. Die nach IAS 39.9 vorliegenden Hauptkategorien für finanzielle Vermögenswerte und finanzielle Verbindlichkeiten dienen der Bewertung (IAS 39.45 und .47). Weiterhin enthält IFRS 7 detaillierte Offenlegungspflichten im Anh. für Finanzinstrumente. Auch die gem. IAS 1 Darstellung des Abschlusses bestehenden Mindestanforderungen an die Gliederung der beiden Abschlussbestandteile lassen keine einheitlichen Vorschriften für Finanzinstrumente erkennen. 677

Die **Bilanz** ist gemäß IAS 1.60ff. grds. in kurzfristige und langfristige Vermögenswerte sowie kurzfristige und langfristige Schulden zu gliedern, es sei denn, eine Bilanzgliederung nach Liquiditätsnähe ist zuverlässig[521]. 678

Im Schrifttum werden hinsichtlich einer Hauptgliederung des Bilanzausweises zwei mögliche **Ausweiskonzeptionen** diskutiert, zum einen die Gliederung nach der juristischen oder betriebswirtschaftlichen Betrachtungsweise, zum anderen eine Gliederung entsprechend der Klassifizierung der Finanzinstrumente zum Zwecke der Bewertung[522]. 679

IAS 1.54 verlangt in der **Bilanz** für finanzielle Vermögenswerte eigene Positionen für Zahlungsmittel und Zahlungsmitteläquivalente, Forderungen aus Lieferungen und Leistungen und übrige finanzielle Vermögenswerte (ausgenommen der at-Equity zu bilanzierenden Finanzanlagen, die gemäß IAS 1.54(e) gesondert auszuweisen sind). Für finanzielle Verbindlichkeiten wird mindestens eine Position Verbindlichkeiten aus Lieferungen und Leistungen und sonstige Verbindlichkeiten verlangt[523]. Weitere Posten sind aufzunehmen, wenn sie für die Beurteilung der Unternehmenslage wesentlich sind (IAS 1.55). 680

Änderungen des beizulegenden Zeitwerts von „zur Veräußerung verfügbaren Vermögenswerten" sind im sonstigen Ergebnis zu erfassen[524]. Für diese Wertänderungen ist im EK ein gesonderter Rücklagenposten zu bilden (vgl. IAS 1.106(d)(ii)). Gleiches gilt bei der Bilanzierung von Sicherungsbeziehungen als Absicherung von Zahlungsströmen (*cash flow hedge*) oder als Absicherung einer Nettoinvestition in einen ausländischen Geschäftsbetrieb (*hedge of net investment in a foreign operation*). Auch hier ist der Teil des Gewinns oder Verlusts aus einem Sicherungsinstrument, das nachweislich effektiv ist, über das sonstige Ergebnis in einem gesonderten Posten (*hedging reserve*) im EK zu erfassen[525]. 681

Unabhängig davon, welche Darstellungsform der **Gesamtergebnisrechnung**[526] gewählt wird, sind u.a. mindestens die **Finanzierungsaufwendungen** gesondert auszuweisen (IAS 1.82(b), .84). Darüber hinaus sind zusätzliche Posten oder Zwischensummen einzufügen, wenn eine solche Darstellung für das Verständnis der Ertragslage des Unternehmens relevant ist (IAS 1.85). IAS 1 beinhaltet keine weiteren Ausführungen zur Darstellung von Gewinnen und Verlusten aus Finanzinstrumenten. Diesbezügliche Gewinne und Verluste sollten in dem der Sache nach geeigneten Posten ausgewiesen werden[527]. 682

---

521 Vgl. Tz. 57.
522 Vgl. *Löw* KOR 2006, Beil. 1, S.3 (13-17).
523 Vgl. Tz. 59.
524 Vgl. Tz. 600 sowie ausführlich Tz. 617f.
525 Vgl. Tz. 671.
526 Zu den beiden Darstellungsformen vgl. Tz. 63.
527 Vgl. *Ernst & Young*, S. 2594, sowie *KPMG* Insights into IFRS 2010/11, S.1369, Rn. 5.6.80.10.

683 Für die **Hauptgliederung der Gesamtergebnisrechnung** bzw. der Darstellung des Periodenergebnisses gibt es analog zur Bilanzgliederung zwei mögliche Alternativen: zum einen eine Gliederung nach juristischer bzw. betriebswirtschaftlicher Betrachtungsweise, zum anderen eine Gliederung entsprechend der Klassifizierung der Finanzinstrumente zum Zwecke ihrer Bewertung[528].

i) Saldierungsvorschriften

684 Die Behandlung von **Ergebnisbeiträgen** aus Finanzinstrumenten (Zinsen, Dividenden, Gewinne oder Verluste) wird in IAS 32 geregelt (IAS 32.35-41). Diese werden **analog der Klassifikation** als EK-Instrument oder als Verbindlichkeit behandelt (IAS 32.36).

685 Für den Ausweis von finanziellen Vermögenswerten und finanziellen Verbindlichkeiten gilt das **Bruttoprinzip**. Die Verrechnung von finanziellen Vermögenswerten und finanziellen Verbindlichkeiten unter ausschließlicher Angabe des entsprechenden **Nettopostens** wird von IAS 32 jedoch **gefordert**, falls die nachstehenden **Bedingungen kumulativ erfüllt** sind (IAS 32.42)[529]:

- Es liegt zum gegenwärtigen Zeitpunkt ein einklagbares Recht vor, die erfassten Beträge gegeneinander aufzurechnen, und
- seitens des Unternehmens wird beabsichtigt, den Ausgleich auf Nettobasis herbeizuführen oder gleichzeitig mit der Verwertung des betreffenden Vermögenswerts die dazugehörige Verbindlichkeit abzulösen.

686 Eine **Nettobilanzierung** ist dagegen i.d.R. bei folgenden Sachverhalten **nicht zulässig** (IAS 32.49):

- Mehrere verschiedene Finanzinstrumente werden kombiniert, um die Merkmale eines einzelnen Instruments zu erzielen (synthetisches Finanzinstrument),
- aus Finanzinstrumenten mit gleichem Risikoprofil, aber unterschiedlichen Vertragsparteien, resultieren finanzielle Vermögenswerte oder Verbindlichkeiten,
- finanzielle oder andere Vermögenswerte dienen als Sicherheit für finanzielle Verbindlichkeiten (ohne Rückgriffsmöglichkeit),
- finanzielle Vermögenswerte werden in ein Treuhandverhältnis zur Begleichung einer Verbindlichkeit gegeben, ohne dass die Vermögenswerte vom Gläubiger zum Ausgleich der Verbindlichkeit akzeptiert werden (z.B. Tilgungsfondsvereinbarung),
- bei Verpflichtungen, die aus Schadenereignissen entstehen, kann eine Abdeckung durch den Rückgriff auf Dritte (z.B. Versicherungen) angenommen werden, da ein entsprechender Entschädigungsanspruch besteht.

687 Das IASB hat im Januar 2011 den Exposure Draft ED/2011/1 Offsetting Financial Assets and Financial Liabilities veröffentlicht. Das IASB beabsichtigt die finale Veröffentlichung des Standards im vierten Quartal 2011[530]. Nach den geplanten Neuregelungen wäre eine Saldierung von finanziellen Vermögenswerten und finanziellen Verbindlichkeiten immer dann erforderlich, wenn das Recht auf Aufrechnung jederzeit rechtlich durchsetzbar ist und die Möglichkeit, dieses Recht auszuüben, unbedingt ist. Zudem sieht der Entwurf umfangreiche Anhangangaben vor.

---

528 Vgl. *Löw*, KOR 2006, Beil.1, S. 3 (19 - 23).
529 Vgl. zur Saldierung von finanziellen Vermögenswerten und finanziellen Verbindlichkeiten vertiefend *Kuhn/Scharpf*, S. 132-134.
530 http://www.iasb.org/Current+Projects/IASB+Projects/IASB+Work+Plan.htm (zit. 30.09.2011).

Ansatz und Bewertung einzelner Posten im IFRS-Abschluss   N

j) Anhangangaben

IFRS 7 Finanzinstrumente: Angaben fasst die **Angabepflichten zu Finanzinstrumenten** in einem Standard zusammen[531]. **688**

Um die **Bedeutung von Finanzinstrumenten** für die Vermögens-, Finanz- und Ertragslage eines Unternehmens besser beurteilen zu können und um die **Art und das Ausmaß der Risiken**, die sich aus Finanzinstrumenten ergeben, darzustellen, schreibt IFRS 7 **Angaben und Erläuterungen** zu den entsprechenden Instrumenten (IFRS 7.8-30) und den daraus resultierenden Risiken (IFRS 7.31-42) vor. Die Angaben beziehen sich sowohl auf bilanzwirksame (on-balance sheet) als auch auf bilanzunwirksame Instrumente (off-balance sheet, z.B. Kreditzusagen) (IFRS 7.4). **689**

Die Pflichtangaben zur Bedeutung der eingesetzten Finanzinstrumente umfassen Angaben zur Bilanz, zur Gesamtergebnisrechnung sowie andere Angaben. Dabei sind die Informationen zum Teil nach Bewertungskategorien (IFRS 7.8-10, .12, .20(a)) und zum Teil nach Klassen von Finanzinstrumenten (IFRS 7.6, .13, .16) vorzunehmen. **690**

Die Klassen sind hierbei entsprechend ihrer Art bzw. ihres Charakters zu unterteilen[532]. Bei den Klassen ist mindestens zwischen Instrumenten, die zu fortgeführten AK bewertet werden und solchen, die zum beizulegenden Zeitwert bewertet werden, zu unterscheiden (IFRS 7.B2(a)). Zusätzlich sind Finanzinstrumente, die nicht in den Anwendungsbereich des IFRS 7 fallen, als eigene Klassen zu behandeln (IFRS 7.B2(b)). Die Bildung der Klassen erfolgt unternehmensspezifisch und unterscheidet sich von den gem. IAS 39.9 definierten Kategorien (IFRS 7.B1). **691**

Bei den Angaben zur Bilanz sind zu den einzelnen **Bewertungskategorien** nach IAS 39 die jeweiligen **Buchwerte** entweder in der Bilanz oder im Anh. anzugeben. Die Angabe der Buchwerte hat bis auf die Ebene der Subkategorien zu erfolgen. Im Fall von zum beizulegenden Zeitwert bewerteten finanziellen Vermögenswerten und finanziellen Verbindlichkeiten ist demnach eine getrennte Offenlegung für die zu Handelszwecken gehaltenen Finanzinstrumente und jenen, die mittels Fair Value Option designiert wurden, erforderlich (IFRS 7.8). **692**

Sofern eine **Designation** von finanziellen Vermögenswerten und/oder finanziellen Verbindlichkeiten **als erfolgswirksam zum beizulegenden Zeitwert** vorgenommen wurde, bestehen zusätzliche Angabepflichten nach IFRS 7.9 und 7.10, die im Folgenden genannt werden. **693**

Wurden Kredite oder Forderungen als „erfolgswirksam zum beizulegenden Zeitwert" zu bewerten eingestuft, sind folgende Informationen offenzulegen (IFRS 7.9): **694**
– das maximale Ausfallrisiko des Kredits oder der Forderung zum Berichtsstichtag,
– der Betrag, um den ein zugehöriges Kreditderivat dieses maximale Ausfallrisiko mindert,
– die periodische und kumulierte bonitätsinduzierte Wertänderung sowie
– die periodische und kumulierte bonitätsinduzierte Wertänderung der zugehörigen Kreditderivate seit der Designation des Kredits bzw. der Forderung.

Werden finanzielle Verbindlichkeiten als „erfolgswirksam zum beizulegenden Zeitwert" designiert, ist ebenfalls der Betrag der Fair-Value-Änderung anzugeben, der aus den Än- **695**

---

[531] Vgl. zu den nachfolgenden Ausführungen insb. *IDW RS HFA 24*, *KPMG*, Offenlegung von Finanzinstrumenten, bzw. *KPMG*, IFRS[4], S. 225-232; *Kuhn/Scharpf*, S. 583-682 sowie *PricewaterhouseCoopers*, IFRS für Banken, S. 1227-1287.

[532] Vgl. *IDW RS HFA 24*, Tz. 8.

derungen des Kreditrisikos resultiert. Die Angabe ist jeweils periodisch und kumulativ zu ermitteln. Weiterhin ist der Unterschiedsbetrag zwischen dem Buchwert der finanziellen Verbindlichkeit und dem Betrag, den das Unternehmen vertraglich bedingt bei Fälligkeit an den Inhaber der Verbindlichkeit zu zahlen hat, anzugeben (IFRS 7.10).

696 Für die Angaben zu den Wertänderungen nach IFRS 7.9(c) und .10(a) sind die Methoden anzugeben, die zur Bestimmung der kreditrisikobezogenen Änderungen des beizulegenden Zeitwerts verwendet werden (IFRS 7.11).

697 Umgliederungen von Finanzinstrumenten zwischen den einzelnen Kategorien sind unter bestimmten Umständen möglich. Dabei kommen Umgliederungen nach IAS 39.51-54 i.d. R. nur zwischen den Kategorien bis zur Endfälligkeit gehalten und zur Veräußerung verfügbar vor. Für diese Umgliederungen sind der jeweilige Betrag je Kategorie sowie die Gründe für die Umgliederung offenzulegen (IFRS 7.12).

698 Aufgrund der Finanzmarktkrise wurden zusätzliche Umgliederungsmöglichkeiten aus den Kategorien „zu Handelszwecken gehalten" oder "zur Veräußerung verfügbar" zugelassen, die erweiterten Offenlegungsanforderungen unterliegen (IFRS 7.12A i.V.m. IAS 39.50B, .50D, .50E)[533]. Die nach IFRS 7.12A zur Verfügung zu stellenden Informationen umfassen dabei:

- den umgegliederten Betrag je Kategorie,
- die Buchwerte und die beizulegenden Zeitwerte aller (in der aktuellen oder in früheren Perioden) umgegliederten finanziellen Vermögenswerte für jede Berichtsperiode bis zur Ausbuchung,
- sofern es sich um eine Umgliederung aufgrund einer außergewöhnlichen Situation nach IAS 39.50B handelt, sind die Fakten und die Umstände zu erläutern,
- für die Berichtsperiode der Umgliederung sowie die vorhergehende Berichtsperiode die im Gewinn oder Verlust oder im sonstigen Ergebnis erfassten Gewinne oder Verluste aus dem finanziellen Vermögenswert,
- für die Berichtsperiode der Umgliederung und für jede Berichtsperiode bis zur Ausbuchung des finanziellen Vermögenswerts Angaben, die aufzeigen, welche Auswirkungen auf den Gewinn oder Verlust der Periode oder auf das sonstige Ergebnis bestanden hätten, wenn keine Umgliederung erfolgt wäre; die Angaben sind für jede Berichtsperiode seit der Umgliederung bis zur Ausbuchung vorzunehmen,
- der Effektivzins und die erwarteten Zahlungsmittelzuflüsse für den finanziellen Vermögenswert zum Zeitpunkt der Umgliederung.

699 Sofern es bei der **Übertragung von finanziellen Vermögenswerten** zu keiner oder keiner vollständigen Ausbuchung kommt, sind für jede Klasse die Art dieser finanziellen Vermögenswerte zu erläutern, die verbleibenden Chancen und Risiken darzustellen sowie die Buchwerte der finanziellen Vermögenswerte und die damit verbundenen (assoziierten) Verbindlichkeiten anzugeben. Ist der finanzielle Vermögenswert durch das Unternehmen nach Maßgabe seines **anhaltenden Engagements**[534] anzusetzen, sind der gesamte Buchwert der ursprünglichen Position sowie der Betrag des weiterhin angesetzten Teils und der Buchwert der damit verbundenen (assoziierten) Verbindlichkeit offenzulegen (IFRS 7.13). Assoziierte Verbindlichkeiten sind finanzielle Schulden, die im Rahmen von

---

[533] Vgl. zu Umgliederungsvorschriften insgesamt Tz. 623ff.; zu den aufgrund der Finanzmarktkrise geänderten Vorschriften vgl. *IDW RS HFA 26*.
[534] Vgl. IAS 39.30 i.V.m. 39.AG48.

Wertpapierpensions- und Wertpapierleihegeschäften[535] beim Pensionsgeber und beim Verleiher für den erhaltenen Betrag zu bilden sind.

Ist ein Unternehmen Kreditnehmer, so sind die Buchwerte der als **Sicherheiten gestellten** finanziellen Vermögenswerte einschließlich der Beträge, die nach IAS 39.37(a) umgegliedert wurden und die wesentlichen Sicherungsbedingungen darzustellen (IFRS 7.14). Die Angabepflicht nach IFRS 7.14 bezieht sich ausschließlich auf Sicherheiten in Form von finanziellen Vermögenswerten. **700**

Ist das Unternehmen hingegen Kreditgeber, so ist der beizulegende Zeitwert der **gehaltenen Sicherheiten** offenzulegen, die ohne Ausfall des Schuldners weiterveräußert oder weiterverpfändet werden können. Darüber hinaus ist auch der beizulegende Zeitwert jener Sicherheiten anzugeben, die bereits weiterveräußert bzw. weiterverpfändet wurden, und ob das Unternehmen zur Rückgabe dieser finanziellen Vermögenswerte an den Eigentümer verpflichtet ist. Ebenso sind die wesentlichen Vereinbarungen und Bedingungen bei der Verwertung dieser Sicherheiten zu erläutern (IFRS 7.15). Die Angaben müssen nicht für jede einzelne Sicherheit erfolgen, sondern können entsprechend IFRS 7.B3 auch zusammengefasst werden. Für Sicherheiten, die der Sicherungsnehmer nur bei Ausfall des Sicherungsgebers verwerten kann, sind jedoch die Angabepflichten zum Kreditrisiko zu beachten, die eine Beschreibung gehaltener Sicherheiten sowie sonstiger Kreditbesicherungen fordern (vgl. IFRS 7.36(b)). **701**

Sofern Unternehmen Kreditausfälle auf einem **Wertberichtigungskonto** erfassen, ist für jede Klasse von finanziellen Vermögenswerten die Entwicklung eines solchen Kontos in Form einer Überleitungsrechnung vom Eröffnungsbestand bis zum Endbestand darzustellen (IFRS 7.16). Die Erläuterung der Nutzung des Wertberichtigungskontos hat beiden Angaben zu den Bilanzierungs- und Bewertungsmethoden zu erfolgen (IFRS 7.B5(d)). **702**

Für eigene Emissionen in Form von **zusammengesetzten Finanzinstrumenten** (compound financial instruments), die sowohl eine Fremd- als auch eine Eigenkapitalkomponente und mehrere eingebettete Derivate aufweisen, deren Werte voneinander abhängen, ist über die Wertinterdependenzen der eingebetteten Derivate zu berichten. Ebenso sind Angaben zu den Eigen- und Fremdkapitalkomponenten vorzunehmen (IFRS 7.17 i.V.m. IAS 32.28). **703**

Kommt es zu **Zahlungsverzug oder Vertragsbrüchen** (covenant breaches) bei eigenen Verbindlichkeiten, ist über die bestehende Leistungsstörung zu berichten. Dabei sind die folgenden Informationen offenzulegen (IFRS 7.18): **704**

- Einzelheiten zu allen in der Berichtsperiode aufgetretenen Zahlungsstörungen, welche Tilgungs- oder Zinszahlungen, Tilgungsfonds (*sinking fund*) oder Tilgungsbedingungen (*redemption terms*) der Darlehensverbindlichkeiten betreffen,
- den Buchwert der Darlehensverbindlichkeiten, die zum Abschlussstichtag betroffen sind,
- Angabe der Tatsache, ob die Zahlungsstörung beseitigt wurde oder die Bedingungen für die Darlehensverbindlichkeiten neu ausgehandelt wurden, bevor der Abschluss zur Veröffentlichung freigegeben wurde.

Der Standard rekurriert auf tatsächlich erfolgte, nicht auf drohende Vertragsbrüche. Weiterhin bezieht sich die Angabepflicht nicht auf kurzfristige Verbindlichkeiten aus Liefe-

---

535 Zur Bilanzierung von Wertpapierpensions- und Wertpapierleihegeschäften vgl. ausführlich *IDW RS HFA 9*, Tz. 205-236; *Kuhn/Scharpf*, S.222-235; *PricewaterhouseCoopers*, IFRS für Banken, S. 569-589.

rungen und Leistungen, die üblichen Kreditbedingungen unterliegen (IFRS 7 Appendix A)[536].

705 Für während des Berichtszeitraums vorkommende **andere** als die in Tz. 704 genannten **Vertragsbrüche** sind vergleichbare Angaben wie nach IFRS 7.18 offen zu legen, sofern der Darlehensgeber aufgrund dieser Verstöße eine vorzeitige Rückzahlung fordern kann. Die Angabepflichten bestehen jedoch nur, sofern die Verstöße nicht bis zum Abschlussstichtag behoben oder die Darlehensbedingungen neu ausgehandelt wurden. Eine Behebung oder Neuverhandlung, die erst nach dem Abschlussstichtag erfolgte, befreit nicht von der Angabepflicht (IFRS 7.19).

706 Vertragsbrüche und Verstöße gegen Darlehensvereinbarungen können auch Auswirkungen auf die nach IAS 1 vorzunehmende Klassifizierung der Darlehensverbindlichkeit als kurz- oder langfristig[537] sowie die Angaben zum Liquiditätsrisiko nach IFRS 7.39(a)[538] haben.

707 Gemäß IFRS 7.20(a) sind für jede der in IAS 39.9 definierten Kategorien von Finanzinstrumenten die **Nettogewinne oder Nettoverluste** aus der Bewertung der Instrumente entweder in der Gesamtergebnisrechnung oder im Anh. anzugeben.

708 In diesem Zusammenhang ist für zur Veräußerung verfügbare finanzielle Vermögenswerte zusätzlich die **Entwicklung der Neubewertungsrücklage** in der Form zu erläutern, dass ein getrennter Ausweis jener Gewinne bzw. Verluste erfolgt, die in der Berichtsperiode im sonstigen Ergebnis erfasst wurden, von solchen, die vom EK in den Gewinn oder Verlust umgegliedert wurden.

709 Darüber hinaus sind die **gesamten Zinserträge und Zinsaufwendungen** offenzulegen, die aus Finanzinstrumenten resultieren, die nicht „erfolgswirksam zum beizulegenden Zeitwert" bewertet werden (IFRS 7.20(b)). Gleiches gilt für die **gesamten Provisionserträge und Provisionsaufwendungen**, bei denen es sich nicht um Beträge handelt, die bei der Bestimmung des Effektivzinssatzes einbezogen wurden (IFRS 7.20(c)).

710 In Bezug auf **wertgeminderte finanzielle Vermögenswerte** sind zum einen die vereinnahmten Zinserträge auf wertgeminderte Forderungen anzugeben (IFRS 7.20(d)), zum anderen ist die Höhe des Wertminderungsaufwands gesondert nach Klassen von finanziellen Vermögenswerten offenzulegen (IFRS 7.20(e)). Weitere Analysen zu Wertminderungen sind bei der Berichterstattung zu den Risiken aus Finanzinstrumenten vorzunehmen[539].

711 Die Berichterstattung zu Finanzinstrumenten erfordert auch spezifische Angaben zu den angewandten Bilanzierungs- und Bewertungsmethoden (IFRS 7.21 i.V.m. 7.B5), zu bilanziellen Sicherungsbeziehungen (IFRS 7.22-24) sowie zur Ermittlung des beizulegenden Zeitwerts (IFRS 7.25-30).

712 Gemäß IAS 1.117 i.V.m. IFRS 7.21 sind die wesentlichen angewandten **Bilanzierungs- und Bewertungsmethoden** sowie die zur Erstellung des Abschlusses verwendeten Bewertungsgrundlagen anzugeben. Die konkreten Angabepflichten für Finanzinstrumente sind in IFRS 7.B5 niedergelegt.

---

536 Vgl. *IDW RS HFA 24*, Tz. 26-27.
537 Vgl. Tz. 538.
538 Vgl. Tz. 738 ff.
539 Vgl. Tz. 730 ff.

Ansatz und Bewertung einzelner Posten im IFRS-Abschluss   N

Wenn finanzielle Vermögenswerte oder Verbindlichkeiten als **„erfolgswirksam zum beizulegenden Zeitwert" designiert** wurden, sind folgende Angaben zu machen (vgl. IFRS 7.B5(a)): 713

– die Art der finanziellen Vermögenswerte oder Verbindlichkeiten, die als „erfolgswirksam zum beizulegenden Zeitwert" eingestuft wurden,
– die Kriterien für diese Designation bei erstmaligem Ansatz und
– wie die in IAS 39.9, .11A bzw. .12 vorgeschriebenen Bedingungen für diese Designation erfüllt werden.

Wenn zur Erfassung von **Wertminderungen von finanziellen Vermögenswerten** ein Wertberichtigungskonto verwendet wird, sind die folgenden Informationen anzugeben (IFRS 7.B5(d)): 714

– die Kriterien, wann der Buchwert von wertgeminderten finanziellen Vermögenswerten direkt herabgesetzt (oder im Falle einer Wertaufholung direkt erhöht) wird,
– wann das Wertberichtigungskonto verwendet wird, sowie
– die Kriterien für die Abschreibung von Beträgen, die zu Lasten des Wertberichtigungskontos gegen den Buchwert wertgeminderter finanzieller Vermögenswerte gebucht werden.

IFRS 7.B5(f) verlangt die Angabe der **Kriterien**, anhand derer der Eintritt eines **Wertminderungsverlusts** objektiv nachgewiesen werden kann. Hierbei sind die unternehmensspezifischen Kriterien[540], die für den Eintritt einer Wertminderung verwendet werden, bspw. pro Klasse von Finanzinstrumenten darzustellen. Wenn für finanzielle Vermögenswerte **neue Konditionen ausgehandelt** wurden, die ansonsten überfällig oder wertgemindert würden, sind die Bilanzierungs- und Bewertungsmethoden für diese finanziellen Vermögenswerte anzugeben (IFRS 7.B5(g)). 715

Weitere Angaben, die in den Bilanzierungs- und Bewertungsmethoden darzustellen sind, umfassen: 716

– die Kriterien für die Einstufung finanzieller Vermögenswerte als zur Veräußerung verfügbar (IFRS 7.B5(b)),
– ob reguläre Erwerbe und Verkäufe von finanziellen Vermögenswerten zum Handelstag oder zum Erfüllungstag erfasst werden (IFRS 7.B5(c)) und
– wie das Ergebnis aus der Bewertung der einzelnen Kategorien von Finanzinstrumenten ermittelt wird (z.B. ob in das Ergebnis aus der Bewertung von „erfolgswirksam zum beizulegenden Zeitwert" bewerteten Posten Zins- oder Dividendenerträge mit eingehen (IFRS 7.B5(e)).

Für **bilanzielle Sicherungsbeziehungen** sind im Abschluss eine Beschreibung der einzelnen Arten von Sicherungsbeziehungen – getrennt nach Fair Value Hedge, Cashflow Hedge und Absicherung einer Nettoinvestition in einen ausländischen Geschäftsbetrieb – sowie eine Erläuterung des zu sichernden Risikos vorzunehmen. Zusätzlich sind die eingesetzten Sicherungsinstrumente zu beschreiben und deren beizulegender Zeitwert anzugeben (IFRS 7.22). 717

Die einzelnen Sicherungsarten sind durch weitergehende qualitative und quantitative Angaben zu konkretisieren (IFRS 7.23-24). 718

---
540 Vgl. *IDW RS HFA 24*, Tz. 33.

719 Bei **Absicherungen des beizulegenden Zeitwerts** (Fair Value Hedges) sind die Gewinne und Verluste aus dem Sicherungsinstrument und aus dem Grundgeschäft anzugeben, soweit diese dem abgesicherten Risiko zuordenbar sind (IFRS 7.24(a)).

720 Bei **Absicherungen von Zahlungsströmen** (Cashflow Hedges) sind Angaben zu den Perioden erforderlich, in denen die Zahlungsströme erwartungsgemäß eintreten werden, und wann diese voraussichtlich bei der Bestimmung des Periodenergebnisses berücksichtigt werden (IFRS 7.23(a)). Zudem ist eine Beschreibung erforderlich für alle erwarteten künftigen Transaktionen, für die vormals eine bilanzielle Sicherungsbeziehung erfolgte, mit deren Eintritt jedoch nicht länger gerechnet wird (IFRS 7.23(b)). Darüber hinaus ist die Entwicklung der Cashflow-Hedge-Rücklage zu erläutern. Dabei sind Angaben vorzunehmen, über die in der Periode im sonstigen Ergebnis erfassten Beträge sowie über die Beträge, die aus dem EK in das Periodenergebnis umgegliedert bzw. in die erstmalige Bewertung der AK einbezogen wurden (IFRS 7.23(c)-(e)). Zusätzlich sind die im Periodenergebnis erfassten Ineffektivitäten offenzulegen (IFRS 7.24(b), (c)).

721 Für jede Klasse von finanziellen Vermögenswerten und finanziellen Verbindlichkeiten ist der **beizulegende Zeitwert** (fair value) anzugeben, um einen Vergleich mit dem Buchwert sowie eine Überleitung auf die Bilanzposten zu ermöglichen (IFRS 7.25). Bei der Angabe der beizulegenden Zeitwerte können die finanziellen Vermögenswerte und finanziellen Verbindlichkeiten insoweit zusammengefasst bzw. saldiert werden, wie auch eine Saldierung der entsprechenden Buchwerte in der Bilanz erfolgt (vgl. IFRS 7.26).

722 Weiterhin sind für jede Klasse von Finanzinstrumenten die Methoden und, sofern Bewertungstechniken (valuation techniques) angewendet werden, die Annahmen zur Bestimmung der beizulegenden Zeitwerte der einzelnen Klassen von finanziellen Vermögenswerten und finanziellen Verbindlichkeiten sowie ggf. Änderungen und deren Gründe anzugeben (IFRS 7.27).

723 Die zum beizulegenden Zeitwert bewerteten Finanzinstrumente sind nach Klassen in eine **dreistufige Fair-Value-Hierarchie** einzuordnen und tabellarisch darzustellen[541]. Für die Ermittlung des beizulegenden Zeitwerts werden je nach verwendeten Inputdaten folgende Levels unterschieden:

- Level 1 basiert auf Preisen für identische Vermögenswerte oder Verbindlichkeiten, die auf aktiven Märkten notiert sind und unverändert übernommen werden können.
- Level 2 basiert auf direkt (als Preise) oder indirekt (von Preisen abgeleiteten) beobachtbaren Inputdaten für Vermögenswerte oder Verbindlichkeiten, die keine notierten Preise nach Level 1 darstellen.
- Level 3 basiert auf Inputdaten für Vermögenswerte oder Verbindlichkeiten, die nicht auf beobachtbare Marktdaten zurückzuführen sind.

724 Des Weiteren sind die im Folgenden beschriebenen quantitativen Angaben nach Klassen in Form einer Tabelle offenzulegen, falls keine andere Darstellungsform angemessener ist:

- die Hierarchiestufe, der die Finanzinstrumente gemäß IFRS 7.27A in ihrer Gesamtheit zugeordnet werden (IFRS 7.27B(a)).
- bedeutende Transfers zwischen Stufe 1 und Stufe 2 sowie die Gründe für den Wechsel (IFRS 7.27B(b)).
- für Finanzinstrumente, die in **Level 3** eingeordnet werden, eine Überleitungsrechung von der Eröffnungsbilanz zur Schlussbilanz mit folgenden Detailangaben (IFRS 7.27B (c)):

---
541 Vgl. auch *IDW RS HFA 24*, Tz. 40-44.

- die Summe der erfassten Gewinne bzw. Verluste sowie eine Beschreibung, in welchem Posten der Gesamtergebnisrechnung bzw. einer ggf. aufgestellten gesonderten Darstellung des Periodenergebnisses sie ausgewiesen werden,
- die gesamten im sonstigen Ergebnis erfassten Gewinne und Verluste,
- Käufe, Verkäufe, Emissionen und Glattstellungen (mit gesonderter Angabe jeder Art der Veränderung),
- Umgliederungen in bzw. aus der Stufe 3 (z.B. Umgliederungen aufgrund von Veränderungen der Beobachtbarkeit von Marktdaten) sowie die Gründe für diese Umgliederungen.

IFRS 7.27B(d) fordert darüber hinaus für die am Ende der Berichtsperiode noch gehaltenen Level 3 Finanzinstrumente die Angabe des auf diese entfallenden Betrags der gesamten im Jahresergebnis erfassten Gewinne bzw. Verluste sowie eine Beschreibung, in welchem Posten diese Gewinne und Verluste in der Gesamtergebnisrechnung bzw. einer ggf. aufgestellten gesonderten Darstellung des Periodenergebnisses ausgewiesen werden. 725

Schließlich schreibt IFRS 7.27B(e) die Angabe der Ergebnisse einer **Sensitivitätsanalyse** hinsichtlich der Auswirkungen von Änderungen einzelner oder mehrerer Inputdaten vor. Der Effekt dieser Veränderungen ist ebenfalls offen zu legen. Darüber hinaus ist anzugeben, wie dieser Effekt berechnet worden ist. Die Wesentlichkeit ist hinsichtlich der Auswirkungen auf den Gewinn oder Verlust sowie der Summe der Vermögenswerte oder der Verbindlichkeiten zu beurteilen. Werden die Änderungen des beizulegenden Zeitwerts im sonstigen Ergebnis erfasst, ist die Beurteilung hinsichtlich der Summe des EK vorzunehmen. 726

Wenn für ein Finanzinstrument **kein aktiver Markt** existiert, ist es möglich, dass der beizulegende Zeitwert bei erstmaligem Ansatz und der Betrag, der zu diesem Zeitpunkt unter Anwendung der Bewertungstechnik ermittelt wird, einander nicht entsprechen[542]. Der Grund hierfür ist, dass bei erstmaligem Ansatz grds. der Transaktionspreis (d.h. der beizulegende Zeitwert der gegebenen oder erhaltenen Gegenleistung) als der beste Nachweis für den beizulegenden Zeitwert angesehen wird und dieser daher in der Bilanz zum Ansatz kommt. Wenn sich eine solche Differenz ergibt, sind für jede Klasse von Finanzinstrumenten die folgenden Angaben erforderlich (IFRS 7.28): 727

- die Methode diese Differenz im Periodenergebnis zu erfassen, um eine Veränderung der Faktoren (einschl. des Faktors Zeit) widerzuspiegeln, die Marktteilnehmer bei der Preisfestsetzung berücksichtigen würden,
- die aggregierte Differenz, die noch im Periodenergebnis zu Beginn und zu Ende der Berichtsperiode zu erfassen ist, sowie eine Überleitungsrechnung einer Änderung dieser Differenz.

In **Ausnahmefällen** kann von den Angaben zu dem beizulegenden Zeitwert abgesehen werden. Dies gilt für folgende Fälle (IFRS 7.29): 728

- wenn der Buchwert eine angemessene Approximation des beizulegenden Zeitwerts darstellt, wie es z.B. bei kurzfristigen Forderungen bzw. Verbindlichkeiten aus Lieferungen und Leistungen der Fall ist,
- bei Finanzinvestitionen in Eigenkapitalinstrumente, für die keine notierten Marktpreise auf einem aktiven Markt bestehen und deren beizulegender Zeitwert nicht verlässlich ermittelt werden kann,
- für mit solchen Eigenkapitalinstrumenten verbundenen Derivate,

---

542 Vgl. IAS 39.AG76f. und *IDW RS HFA 24*, Tz. 45.

– sofern Verträge mit ermessensabhängigen Überschussbeteiligungen i.S.v. IFRS 4 vorliegen, deren beizulegender Zeitwert nicht verlässlich bestimmt werden kann.

729 In den vier letztgenannten Fällen sind dem Bilanzadressaten die folgenden zusätzlichen Informationen zur Verfügung zu stellen (IFRS 7.30):

– die Tatsache, dass der beizulegende Zeitwert für diese Instrumente nicht zuverlässig ermittelt werden kann,
– eine Beschreibung der Finanzinstrumente, ihres Buchwerts und eine Erklärung, warum der beizulegende Zeitwert nicht zuverlässig ermittelt werden kann,
– Informationen über den Markt für diese Instrumente,
– Informationen über die Tatsache, warum und auf welche Art und Weise das Unternehmen die Veräußerung der Finanzinstrumente plant,
– wenn Finanzinstrumente, deren beizulegender Zeitwert zuvor nicht zuverlässig ermittelt werden konnte, ausgebucht werden, ist diese Tatsache, der Buchwert zum Zeitpunkt der Ausbuchung sowie der bei Abgang erfasste Gewinn bzw. Verlust anzugeben.

730 Hinsichtlich der mit dem Einsatz von Finanzinstrumenten verbundenen **Risiken** hat das Unternehmen qualitative als auch quantitative Angaben zur Art und zum Ausmaß der entsprechenden Risiken vorzunehmen. Zu den berichtspflichtigen Risiken zählen u.a. (IFRS 7.31-32):

– Marktrisiko (market risk) mit den folgenden Ausprägungen:
  – Währungsrisiko (currency risk)
  – Zinsänderungsrisiko (interest rate risk)
  – Preisrisiko (price risk)
– Ausfallrisiko (credit risk)
– Liquiditätsrisiko (liquidity risk)

731 Nach IFRS 7.32A werden durch die geforderten qualitativen Angaben die quantitativen Angaben zu den Risiken ergänzt und unterstützt, damit der Bilanzadressat die Einzelinformationen zu den Risiken zu einem umfassenden Gesamtbild zusammenfügen kann. Die **qualitativen Angaben** umfassen für jede Risikoart eine Beschreibung des Umfangs und der Entstehung der einzelnen Risiken. Ferner sind die Risikomanagementmethoden und die Risikomanagementsteuerung darzustellen. Veränderungen im Vergleich zur Vorperiode sind ebenfalls offenzulegen (IFRS 7.33, zu praktischen Hinweisen zur Erfüllung dieser Anforderungen siehe IFRS 7.IG15ff.).

732 Bei der quantitativen Berichterstattung ist eine **quantitative Zusammenfassung** der einzelnen Risikoarten und deren Ausmaß anzugeben, denen das Unternehmen am Berichtsstichtag ausgesetzt ist. Dabei basieren diese Informationen auf den Informationen, die intern Mitgliedern der obersten Führungs- und Überwachungsebene (key management personnel) gemäß IAS 24 zur Verfügung gestellt werden. Darüber hinaus ist eine Darstellung wesentlicher **Risikokonzentrationen** zu erläutern (IFRS 7.34).

733 Für die Risikoarten Ausfallrisiko, Liquiditätsrisiko und Marktrisiko werden Mindestanforderungen in IFRS 7.36-42 definiert[543] es sei denn, das Risiko ist nicht wesentlich (IFRS 7.34(b)).

734 **Ausfallrisiken** werden u. a. verursacht durch die Gewährung von Krediten an Kunden und Platzierung von Einlagen bei anderen Unternehmen, der Abschluss von derivativen Finanzinstrumenten sowie die Gewährung von Finanzgarantien (IFRS 7.B10). Zur Beur-

---

[543] Vgl. *IDW RS HFA 24*, Tz. 47-75.

Ansatz und Bewertung einzelner Posten im IFRS-Abschluss N

teilung des Ausfallrisikos sind für jede Klasse von bilanzwirksamen und bilanzunwirksamen finanziellen Vermögenswerten folgende Angaben erforderlich (IFRS 7.36(a)-(d)):

- maximales Ausfallrisiko zum Berichtsstichtag ohne Berücksichtigung gehaltener Sicherheiten oder anderer Kreditbesicherungen;
- Beschreibung der gehaltenen Sicherheiten sonstiger risikomindernder Vereinbarungen (credit enhancements) in Bezug auf den zuvor genannten anzugebenden Betrag;
- Informationen über die Kreditqualität der finanziellen Vermögenswerte, die weder überfällig noch wertgemindert sind[544] und
- den Buchwert der finanziellen Vermögenswerte, deren Bedingungen neu verhandelt wurden, da sie andernfalls überfällig oder wertgemindert gewesen wären.

Der Betrag, der das **maximale Kreditrisiko** am besten widerspiegelt ist i.d.R. der Bruttobuchwert abzüglich ggf. aller gemäß IAS 32 saldierten Beträge sowie abzüglich etwaigem Wertminderungsaufwand nach IAS 39 (IFRS 7.B9). **735**

Für finanzielle **Vermögenswerte**, die entweder **überfällig oder wertgemindert** sind, verlangt IFRS 7.37 zusätzlich die folgenden Angaben je Klasse: **736**

- Für finanzielle Vermögenswerte, die überfällig aber nicht wertgemindert sind, ist eine Altersstrukturanalyse dieser finanziellen Vermögenswerte offenzulegen.
- Für finanzielle Vermögenswerte, die zum Abschlussstichtag aufgrund einer Einzelbetrachtung wertgemindert wurden, ist eine Analyse einschl. der Faktoren, die bei der Ermittlung der Wertminderung zu Grunde gelegt wurden, offenzulegen.

Wenn aufgrund der **Inanspruchnahme von Sicherheiten** während der Berichtsperiode finanzielle oder nicht-finanzielle Vermögenswerte zugehen und diese Vermögenswerte die Ansatzkriterien gemäß IFRS erfüllen, sind die Art und der Buchwert der erhaltenen Vermögenswerte anzugeben. Weiterhin ist offzulegen, ob und wie die Vermögenswerte veräußert bzw. im laufenden Geschäftsbetrieb genutzt werden sollen, falls die Vermögenswerte nicht unmittelbar in Bargeld umwandelbar sind (IFRS 7.38). **737**

Die geforderten Angaben zum **Liquiditätsrisiko** umfassen zum einen die Offenlegung einer Fälligkeits-/Restlaufzeitenanalyse für die bestehenden finanziellen Verbindlichkeiten und zum anderen eine Beschreibung des Liquiditätsrisikomanagements (IFRS 7.39, zu weiteren Hinweisen siehe IFRS 7.B10 und .B11). **738**

Bei der **Restlaufzeitenanalyse** sind originäre und derivative finanzielle Verbindlichkeiten getrennt darzustellen. Auch offenzulegen sind die Beträge der ausgereichten Finanzgarantien und unwiderruflichen Kreditzusagen. Die Betragsangaben in den einzelnen Laufzeitbändern basieren auf den vertraglichen undiskontierten Zahlungsströmen (IFRS 7.39 i.V.m. 7.B11B). **739**

Zu den **Marktrisiken** zählen Währungs-, Zins- und andere Preisrisiken (IFRS 7.IG32). Für jede Risikoart hat das Unternehmen eine **Sensitivitätsanalyse** durchzuführen. Es sind die Auswirkungen auf das Periodenergebnis und das EK darzustellen, wenn es zum Berichtsstichtag zu einer Änderung der relevanten Risikoparameter gekommen wäre. Dabei sind die verwendete Methodik und die zugrunde gelegten Annahmen zu erläutern und ggf. Änderungen im Vergleich zum Vj. anzugeben und zu begründen (IFRS 7.40). **740**

Erstellt ein Unternehmen eine **intern zum Risikomanagement verwendete Sensitivitätsanalyse** (z.B. Value-at-Risk), die die wechselseitige Abhängigkeit der Risikovariablen (z.B. Zinssätze, Wechselkurse etc.) widerspiegelt, kann diese anstelle der in IFRS 7.40 **741**

---

[544] Vgl. zu weiteren Hinweisen IFRS 7.IG23.

genannten Analyse verwendet werden. Hierbei ist ebenfalls eine quantitative Darstellung der Ergebnisse sowie eine Beschreibung der Methode und der einbezogenen Parameter erforderlich (IFRS 7.41). Sofern eine Value-at-Risk-Analyse Anwendung findet, sind zusätzlich die Angaben nach IFRS 7.40(b) und (c) zu beachten[545].

742 Die geforderten **Angaben zur Risikoberichterstattung** des IFRS 7.31-42 sind im Abschluss selbst vorzunehmen. Möglich ist jedoch auch eine Platzierung innerhalb des Risikoberichts im Lagebericht. Hierzu ist ein eindeutiger Querverweis in den Abschluss selbst aufzunehmen, der auf den entsprechenden Berichtsteil verweist (IFRS 7.B6).

k) Ausblick

743 Im Rahmen des IAS 39 Replacement Projects hat das IASB für die **Übertragung von finanziellen Vermögenswerten** zusätzliche Vorschriften erlassen (IFRS 7.42A-42H). Die neuen Anforderungen sind die Reaktion des IASB auf die Forderung des Financial Stability Board nach einer Verbesserung der Offenlegungsstandards für außerbilanzielle Finanzinstrumente[546]. Die neu eingefügten Paragraphen beinhalten sowohl Angaben zu finanziellen Vermögenswerten, die nicht ausgebucht wurden, als auch zu solchen, die ausgebucht wurden, bei welchen die Gesellschaft jedoch ein anhaltendes Engagement eingegangen ist[547]. Die Änderungen sind anzuwenden für GJ, die ab dem 01.07.2011 beginnen. Die EU hat die Änderungen noch nicht übernommen[548].

744 Durch die Ausbuchungsregeln des IAS 39.15ff. kann der **Transfer von finanziellen Vermögenswerten** auf einen Dritten zu den nachfolgenden **Fallvarianten** führen[549]:

- fortgesetzte Bilanzierung des gesamten finanziellen Vermögenswerts (Fall 1),
- fortgesetzte Bilanzierung des finanziellen Vermögenswerts in Höhe des eingegangenen anhaltenden Engagements (Fall 2) und
- Ausbuchung des gesamten finanziellen Vermögenswerts (Fall 3)[550].

745 Die **Anhangangaben im Fall 1**, d.h. der fortgesetzte Bilanzierung des gesamten finanziellen Vermögenswerts, wurden insgesamt **ausgeweitet**. Dabei wurden die bisher in IFRS 7.13[551] verlangten Anhangangaben übernommen. Zusätzlich sind gemäß IFRS 7.42D(b)-(e) die folgenden Informationen offenzulegen:

- die mit nicht vollständig ausgebuchten finanziellen Vermögenswerten verbundenen Risiken, eine Beschreibung der Zusammenhänge zwischen dem immer noch bilanzierten finanziellen Vermögenswert und der gleichzeitig erfassten finanziellen Verbindlichkeit,
- der beizulegende Zeitwert des finanziellen Vermögenswerts und der zugehörigen finanziellen Verbindlichkeit sowie die verbleibende Nettoposition, soweit das erwerbende Unternehmen zur Befriedigung seiner Ansprüche nur auf den transferierten finanziellen Vermögenswert zugreifen kann,
- die Buchwerte des finanziellen Vermögenswerts und der finanziellen Verbindlichkeit.

---

545 Vgl. *IDW RS HFA 24*, Tz. 74.
546 Die FSB Anforderungen sind Teil eines Maßnahmenprogramms zur Bewältigung der Finanzkrise. Vgl. *FSF*, Report of the Financial Stability Forum on enhancing Market and Institutionel Resilience, 07.04.2008; http://www.financialstabilityboard.org/publications/r_0804.pdf (zit. 18.11.2011).
547 Vgl. *Weber*, KoR 2010, S. 631 (633-634).
548 http://www.efrag.org/Front/c1-306/Endorsement-Status-Report_EN.aspx (zit. 02.11.2011).
549 Vgl. Tz. 576ff.
550 Vgl. *Bardens/Meurer*, WPg 2011, S. 618 (620).
551 Vgl. Tz. 699.

Für **Fall 2**, d.h. der fortgesetzten Bilanzierung des finanziellen Vermögenswerts in Höhe des eingegangenen anhaltenden Engagements, sieht die Neufassung des IFRS 7 **unverändert** vor, dass der ursprüngliche Buchwert des finanziellen Vermögenswerts sowie der Buchwert des verbleibenden finanziellen Vermögenswerts und der finanziellen Verbindlichkeit anzugeben ist (IFRS 7.42D(f)). Ob auch Angaben nach IFRS 7.42(c) und (d) zu machen sind, ist noch unklar[552]. 746

Im **Fall 3**, d.h. der Ausbuchung des gesamten finanziellen Vermögenswerts, sieht IFRS 7 aktuelle keine Anhangangaben vor[553]. Im Gegensatz zur bisherigen Vorgehensweise sieht IFRS 7 **zukünftig** für den Fall der vollständigen Ausbuchung des finanziellen Vermögenswerts bei anhaltendem Engagement **umfassende Anhangangaben** vor. IFRS 7.42E bis G enthält im Wesentlichen die folgenden Informationspflichten: 747

- Buchwerte und Zeitwerte der finanziellen Vermögenswerte und Verbindlichkeiten, in denen sich das anhaltende Engagement wiederspiegelt,
- maximales Verlustrisiko sowie Informationen zur Berechnung dieses Risikos,
- Höhe sowie Fälligkeitsanalyse möglicher Auszahlungen, die sich durch das anhaltende Engagement ergeben könnten,
- Gewinne und Verluste aus der Übertragung des finanziellen Vermögenswerts sowie aus der Bewertung des anhaltenden Engagements,
- Zeitpunkt des Verkaufs und weitere Informationen, sofern sich der Verkauf von finanziellen Vermögenswerten nicht gleichmäßig über das GJ verteilt[554].

l) IAS 39 Replacement Project / IFRS 9 Finanzinstrumente

aa) Einführung

IFRS 9 Finanzinstrumente ist Teil des IASB-Projekts zum Ersatz von IAS 39 Finanzinstrumente: Ansatz und Bewertung. Primäres Ziel des Projektes ist die Vereinfachung der Regelungen zur Bilanzierung von Finanzinstrumenten (IFRS 9.IN2), die insb. im Rahmen der Finanzkrise verstärkt in die Kritik geraten waren. 748

Das IASB hat dieses Projekt in **drei Phasen** aufgeteilt: 749
Phase 1: Klassifizierung und Bewertung
Phase 2: Methodologie der Wertminderung
Phase 3: Bilanzierung von Sicherungsgeschäften

Die **Zielsetzung** des IFRS 9 besteht darin, Rechnungslegungsgrundsätze für finanzielle Vermögenswerte und finanzielle Verbindlichkeiten aufzustellen, die den Abschlussadressaten relevante und entscheidungsnützliche Informationen zur Bestimmung der Höhe und des Zeitpunktes zukünftiger Zahlungsströme und der damit verbundenen Unsicherheit liefern (IFRS 9.1.1). 750

IFRS 9 (2009) Finanzinstrumente wurde am 12.11.2009 vom IASB veröffentlicht und behandelte ausschließlich finanzielle Vermögenswerte. Das IASB hat im Oktober 2010 IFRS 9 (2009) um die Regelungen zur Klassifizierung und Bewertung von finanziellen Verbindlichkeiten sowie zur Ausbuchung von finanziellen Vermögenswerten und finanziellen Verbindlichkeiten ergänzt (**IFRS 9 (2010)**). Dabei wurden die Regelungen zur Ausbuchung[555] unverändert aus IAS 39 übernommen. 751

---

552 Vgl. *Bardens/Meurer*, WPg 2011, S. 618 (621).
553 Vgl. *Bardens/Meurer*, WPg 2011, S. 618 (621).
554 Vgl. IAS IFRS 7.42G(c).
555 Vgl. Tz. 688ff. hinsichtlich der diesbezüglichen neuen Anhangangaben in IFRS 7.

752 Die veröffentlichte Version des IFRS 9 ist Abschluss der Phase 1. Die endgültigen Regelungen zu den Phasen 2 und 3 werden in 2012 erwartet[556]. Es ist vorgesehen, dass diese in IFRS 9 einfließen, welcher IAS 39 schließlich vollständig ersetzen wird (IFRS 9.IN5).

753 In der derzeitigen Version ist IFRS 9 auf alle in den **Anwendungsbereich** von IAS 39 fallende Finanzinstrumente anzuwenden, d.h. IFRS 9 enthält keine eigenständigen Vorschriften zur Abgrenzung des Anwendungsbereichs (IFRS 9.2.1).

bb) Finanzielle Vermögenswerte

754 Nach IFRS 9 ist im Zugangszeitpunkt eines finanziellen Vermögenswerts der Wertmaßstab für dessen Folgebewertung festzulegen – sog. **Klassifizierung** (IFRS 9.3.1.1, .4.1.1). Die Folgebewertung erfolgt entweder „zum beizulegenden Zeitwert" (Fair Value) oder „zu fortgeführten AK" (at amortised cost) (IFRS 9.5.2.1). Die Klassifizierung finanzieller Vermögenswerte ist nach IFRS 9.4.1.1 auf der Basis des Geschäftsmodell- und des Zahlungsstrom-Kriteriums vorzunehmen.

755 Ein finanzieller Vermögenswert kann dabei nur dann der **Kategorie „zu fortgeführten Anschaffungskosten"** zugeordnet werden, wenn folgende **Kriterien** kumulativ erfüllt sind (IFRS 9.4.1.2):

- Das Geschäftsmodell besteht darin, den finanziellen Vermögenswert zu halten und die vertraglichen Zahlungsströme zu vereinnahmen, und

- der finanzielle Vermögenswert generiert zu bestimmten Zeitpunkten vertraglich vereinbarte Zahlungsströme, die ausschließlich aus Zins- und Tilgungszahlungen auf den ausstehenden Nominalbetrag bestehen.

Sind diese Kriterien nicht erfüllt, ist der finanzielle Vermögenswert zum beizulegenden Zeitwert zu bewerten.

---

556 http://www.iasb.org/Current+Projects/IASB+Projects/IASB+Work+Plan.htm (zit. 01.11.2011).

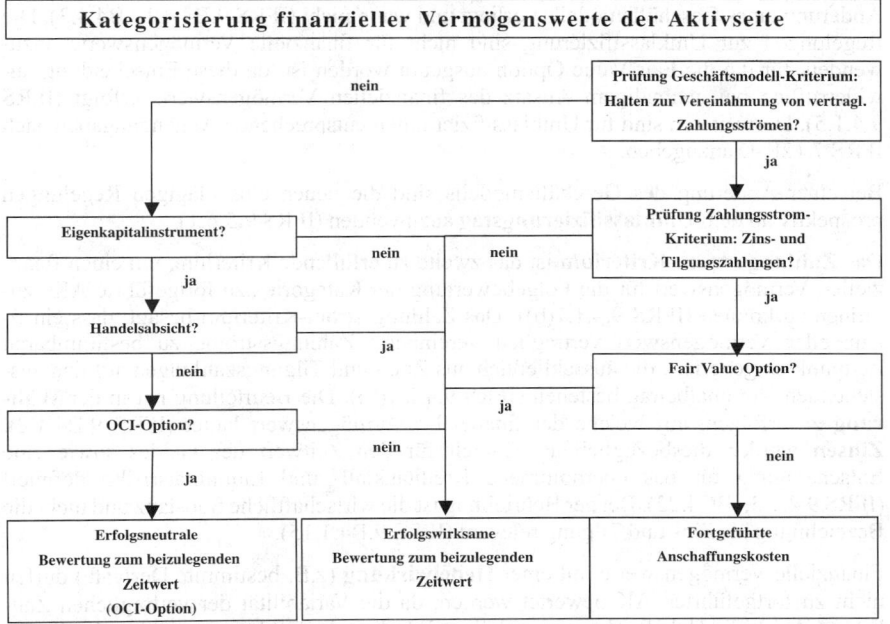

Abbildung 4: Entscheidungsbaum zur Kategorisierung von Finanzinstrumenten der Aktivseite[557]

Das **Kriterium des Geschäftsmodells** ist nicht auf der Ebene des einzelnen finanziellen Vermögenswerts, sondern auf einer höheren Aggregationsebene (z.B. ein Portfolio) zu beurteilen, da die Kategorisierung davon abhängt, wie das Unternehmen das Geschäftsmodell betreibt (IFRS 9.B4.1.2). Für die Bestimmung des Geschäftsmodells besteht kein Wahlrecht, sondern dies hat auf beobachtbaren Tatsachen zu basieren (IFRS 9.BC4.20). Es ist im Standard explizit vorgesehen, dass eine Gesellschaft auch mehrere Geschäftsmodelle i.S.v. IFRS 9 betreiben kann. So können z.B. unterschiedliche Portfolien unterschiedlich behandelt werden (IFRS 9.B4.1.2). 756

In bestimmten Ausnahmefällen spricht auch ein **Verkauf** von finanziellen Vermögenswerten nicht gegen ein Geschäftsmodell, welches finanzielle Vermögenswerte zur Vereinnahmung vertraglicher Zahlungen hält (IFRS 9.B4.1.3). Kommt es jedoch zu einer nicht nur seltenen Anzahl (more than an infrequent number) von Verkäufen, hat die Gesellschaft die ursprüngliche Beurteilung des Geschäftsmodell-Kriteriums zu überprüfen (IFRS 9.B4.1.3). 757

Eine **Umklassifizierung** von finanziellen Vermögenswerten ist verpflichtend, wenn die Gesellschaft das Geschäftsmodell zur Steuerung der finanziellen Vermögenswerte ändert (IFRS 9.4.4.1). Sonstige Umkategorisierungen sind nicht möglich[558]. Nach Erwartungen des IASB sind solche Änderungen nur sehr selten und müssen durch das Senior Manage- 758

---

557 Vgl. *KPMG*, Insights into IFRS 2010/11, S. 545, Rn. 3.6A.5.10.
558 Vgl. *Märkl/Schaber*, KoR 2010, S.65 (71).

ment als Ergebnis von externen oder internen Änderungen festgelegt werden. Sie haben signifikant für die Geschäftstätigkeit der bilanzierenden Gesellschaft und nachweisbar gegenüber externen Parteien zu sein (IFRS 9.B4.4.1). IFRS 9 enthält Beispiele, wann die Änderung eines Geschäftsmodells vorliegt und wann nicht (IFRS 9.B4.4.1, .B4.4.3). Die Regelungen zur Umklassifizierung sind nicht für finanzielle Vermögenswerte anzuwenden, für die die Fair Value Option ausgeübt worden ist, da diese Entscheidung unwiderruflich bei erstmaligem Ansatz des finanziellen Vermögenswerts erfolgt (IFRS 9.4.1.5). Desweiteren sind für Umklassifizierungen entsprechende Anhangangaben nach IFRS 7.12B-D anzugeben.

759   Bei einer Änderung des Geschäftsmodells sind die neuen einschlägigen Regelungen prospektiv ab dem **Umklassifizierungstag** anzuwenden (IFRS 9.5.6.1).

760   Das **Zahlungsstrom-Kriterium** ist das zweite zu erfüllende Kriterium, um einen finanziellen Vermögenswert für die Folgebewertung der Kategorie „zu fortgeführte AK" zuordnen zu können (IFRS 9.4.1.1(b)). Das Zahlungsstrom-Kriterium besagt, dass ein finanzieller Vermögenswert vertraglich vereinbarte Zahlungsströme zu bestimmbaren Zeitpunkten generiert, die ausschließlich aus Zins- und Tilgungszahlungen auf den ausstehenden Nominalbetrag bestehen (IFRS 9.4.2.1(b)). Die Beurteilung hat in der **Währung** zu erfolgen, auf welche der finanzielle Vermögenswert lautet (IFRS 9.B4.1.8). **Zinsen** werden diesbezüglich als Entgelt für den Zeitwert des Geldes sowie eine Entschädigung für das übernommene Kreditausfall- und Liquiditätsrisiko definiert (IFRS 9.4.1.3, .BC4.22). Bei der Beurteilung ist die wirtschaftliche Substanz und nicht die Bezeichnung als Zins und Tilgung relevant (IFRS 9.B4.1.15).

761   Finanzielle Vermögenswerte mit einer **Hebelwirkung** (z.B. bestimmte Derivate) dürfen nicht zu fortgeführten AK bewertet werden, da die Variabilität der vertraglichen Zahlungen durch die Hebelwirkung so erhöht wird, dass die Zahlungen nicht mehr die Eigenschaften von Zinsen i.S.v. IFRS 9.4.1.3 haben (IFRS 9.B4.1.9).

762   Vertragliche Rechte zur vorzeitigen **Kündigung** oder **Verlängerung** der vertraglich vereinbarten Laufzeit sind mit dem Zahlungsstrom-Kriterium vereinbar, sofern die Kündigungs- bzw. Verlängerungsoptionen nicht an ungewisse zukünftige Ereignisse anknüpfen (d.h. bedingt sind), es sei denn sie schützen

– den Inhaber vor verschlechterter Bonität, Zahlungsausfällen, Vertragsbrüchen des Schuldners oder einem change of control beim Emittenten,
– den Inhaber vor steuerlichen oder (anderen) gesetzlichen Änderungen (IFRS 9.B4.1.10 (a), .B4.1.11(a)).

Bei einer **Kündigungsoption** darf ferner der vorzeitig fällige Betrag im Wesentlichen nur den ausstehenden Nominalbetrag und darauf entfallende Zinsen repräsentieren, ggf. zuzüglich einer angemessenen Vorfälligkeitsentschädigung (IFRS 9.B4.1.10(b)). Im Falle einer **Verlängerungsoption** dürfen die während der Verlängerungsperiode fälligen Zahlungsströme ausschließlich Zins- und Tilgungszahlungen auf den ausstehenden Nominalbetrag beinhalten (IFRS 9.B4.1.11(b)). Andere vertragliche Merkmale, die eine Veränderung des Zeitpunktes oder des Betrags der Zins- und Tilgungszahlungen bewirken, erfüllen das Kriterium nicht, es sei denn, es handelt sich um eine variable Verzinsung, die Entgelt für den Zeitwert des Geldes und das übernommene Kreditausfallrisiko beinhaltet (IFRS 9.B4.1.12).

763   Der Standard enthält einige **Beispiele**, um das **Zahlungsstrom-Kriterium** zu erläutern (IFRS 9.B4.1.13, .B4.1.14). So können z.B. Inflations-Anleihen oder Anleihen mit Zinsobergrenzen und/oder Zinsuntergrenzen ausschließlich Zahlungsströme beinhalten, die

Ansatz und Bewertung einzelner Posten im IFRS-Abschluss

nur aus Zins und Tilgung bestehen. Dies ist bspw. nicht der Fall bei Wandelanleihen oder Reverse Floatern.

Bei **Non-recourse Finanzierungen** ist zur Beurteilung des Zahlungsstrom-Kriteriums eine Durchschau auf die zugrunde liegenden Vermögenswerte oder die Zahlungen aus diesen Vermögenswerten erforderlich. Diese Finanzierungen sind gekennzeichnet durch das Rückgriffsrecht des Gläubigers auf bestimmte Vermögenswerte des Schuldners oder Zahlungen aus diesen Vermögenswerten, nicht aber auf den Schuldner selbst bzw. auf andere Vermögenswerte des Schuldners (IFRS 9.B4.1.16-B4.1.17). 764

Nachrangige Schuldinstrumente können das Zahlungsstrom-Kriterium erfüllen, wenn die Nichtleistung des Schuldners einen Vertragsbruch darstellt und im Falle der Insolvenz der Gläubiger einen rechtlichen Anspruch auf Rückzahlung der ausstehenden Beträge (Zins- und Tilgungszahlungen) hat (IFRS 9.B4.1.19). 765

Finanzielle Vermögenswerte aus der Tranchenbildung von **Verbriefungstransaktionen** können nur dann zu fortgeführten AK bewertet werden, wenn die Voraussetzungen von IFRS 9.B4.1.20-B4.1.26 kumulativ erfüllt sind. Es ist u.a. erforderlich, dass die Vertragsbedingungen der Tranche selbst (ohne Durchschau auf die zugrunde liegenden Vermögenswerte) ausschließlich Tilgungs- und Zinszahlungen auf den ausstehenden Nominalbetrag begründen (IFRS 9.B4.1.21(a)) als auch, dass die bilanzierende Gesellschaft in der Lage ist, auf die zugrunde liegenden finanziellen Vermögenswerte durchzuschauen, die die Zahlungsströme der Tranche generieren (IFRS 9.B4.1.22). 766

Es sind die Zahlungsströme des ganzen Finanzinstruments zu beurteilen; eine Trennung von **eingebetteten Derivaten** ist bei finanziellen Vermögenswerten nicht erlaubt (IFRS 9.4.3.2). 767

Ein Unternehmen kann freiwillig einen finanziellen Vermögenswert der Kategorie "erfolgswirksame Bewertung zum beizulegenden Zeitwert" zuweisen, wenn sich dadurch Rechnungslegungsanomalien beseitigen oder erheblich verringern lassen (**Fair Value Option**) (IFRS 9.4.1.5). 768

Eigenkapitalinstrumente (z.B. Aktien, GmbH-Anteile), die nicht zum Handel gehalten werden, können zum Zugangszeitpunkt einmalig und unwiderruflich der Kategorie „erfolgsneutrale Bewertung zum beizulegenden Zeitwert" zugeordnet werden (**OCI-Option**) (IFRS 9.5.7.1). Bei Ausübung des Wahlrechts sind die Wertänderungen im sonstigen Ergebnis (OCI) zu erfassen. Es besteht keine Möglichkeit einer späteren Umgliederung (**recycling**) in das Periodenergebnis. 769

cc) Finanzielle Verbindlichkeiten

IFRS 9 (2010) enthält Regelungen zur Klassifizierung und Bewertung von finanziellen Verbindlichkeiten. Mit Ausnahme der bilanziellen Abbildung der Fair Value Option wurden alle Vorschriften unverändert aus IAS 39[559] übernommen[560]. 770

Bei der **Fair Value Option für finanzielle Verbindlichkeiten** wurde die Art der Erfassung der Fair-Value-Veränderungen hinsichtlich des eigenen Kreditrisikos neu geregelt. Fair-Value-Veränderungen aufgrund des eigenen Kreditrisikos sind im sonstigen Ergebnis abzubilden, während sämtliche anderen Fair-Value-Veränderungen erfolgswirksam im Periodenergebnis zu erfassen sind (IFRS 9.5.7.7). Davon ist nur abzuwei- 771

---
[559] Vgl. Tz. 579, 593f.
[560] Vgl. *Wiechens/Kropp*, KoR 2011, S. 225 (225-229).

chen, falls dies zu einer Rechnungslegungsanomalie führt (IFRS 9.5.7.8). In einem solchen Fall ist die gesamte Fair-Value-Veränderung erfolgswirksam im Periodenergebnis zu erfassen.

772 Für finanzielle Verbindlichkeiten ist im Gegensatz zu den finanziellen Vermögenswerten[561] die Behandlung von **eingebetteten Derivaten** nicht neu geregelt worden. Die bisher in IAS 39 verankerten Vorschriften zur Trennung von eingebetteten Derivaten[562] vom Basisinstrument wurden für finanzielle Verbindlichkeiten in IFRS 9 (2010) übernommen (IFRS 9.4.3.3-4.3.7).

773 Eine **Umklassifizierung** von finanziellen Verbindlichkeiten sieht IFRS 9 nicht vor (IFRS 9.4.4.2).

dd) Bewertung

774 Die Bewertung von finanziellen Vermögenswerten und finanziellen Verbindlichkeiten erfolgt zum Zugangszeitpunkt zum **beizulegenden Zeitwert** (IFRS 9.5.1.1). Transaktionskosten sind Teil der AK, falls das Finanzinstrument nicht der Bewertungskategorie „erfolgswirksame Bewertung zum beizulegenden Zeitwert" zugewiesen ist. Die Folgebewertung ist entweder zu fortgeführten AK unter Anwendung der Effektivzinsmethode oder zum beizulegenden Zeitwert vorzunehmen (IFRS 9.4.2.1 und .5.2.1). Für bestimmte finanzielle Verbindlichkeiten (z.B. Finanzgarantien und bestimmte Kreditzusagen) gelten besondere Vorschriften zur Bewertung (IFRS 9.4.2.1).

775 **Veränderungen des beizulegenden Zeitwerts** werden im Periodenergebnis erfasst. Davon ausgenommen sind folgende Wertänderungen:

– Finanzinstrumente, welche in einer bilanziellen Sicherungsbeziehung stehen. Für Sicherungsbeziehungen gelten zunächst weiterhin die Regelungen von IAS 39.
– Eigenkapitalinstrumente, die zum Zugangszeitpunkt unwiderruflich der Kategorie „erfolgsneutrale Bewertung zum beizulegenden Zeitwert" (OCI-Option) zugeordnet wurden[563].
– Finanzielle Verbindlichkeiten, für die die Fair Value Option in Anspruch genommen wurde[564].

776 In einigen wenigen Fällen können die AK von **Eigenkapitalinstrumenten** einen angemessenen Näherungswert für den beizulegenden Zeitwert darstellen. Diese Regelung gilt auch für Derivate mit physischer Belieferung in solchen Eigenkapitalinstrumenten (IFRS 9.B5.4.14). Für Banken und Investmentfonds ist diese Ausnahmeregelung nicht anwendbar (IFRS 9.BC5.18). Darüber hinaus sind die AK kein angemessener Näherungswert, wenn sich z.B. die Tätigkeit, Performance oder die allgemeine Umgebung des Unternehmens ändert, welches das Finanzinstrument hält[565].

ee) Anhangangaben

777 IFRS 9 enthält **keine gesonderten Vorschriften** zu Anhangangaben. Die Anhangangaben für Finanzinstrumente befinden sich einheitlich in IFRS 7 „Finanzinstrumente: Angaben"[566]. Um den geänderten Regelungen nach IFRS 9 Rechnung zu tragen, wurden ent-

---
561 Vgl. Tz. 767.
562 Vgl. ausführlich Tz. 637ff.
563 Vgl. Tz. 769.
564 Vgl. Tz. 771.
565 Vgl. die Beispiele in IFRS 9.B5.4.15.
566 Vgl. Ausführungen in Tz. 688ff.

Ansatz und Bewertung einzelner Posten im IFRS-Abschluss **N**

sprechende Anpassungen von IFRS 7 vorgenommen. So wurden bspw. mit der Veröffentlichung von IFRS 9 (2009, 2010) zusätzliche Anhangangaben eingeführt für Finanzinstrumente der Kategorie „erfolgsneutrale Bewertung zum beizulegenden Zeitwert", zur Fair Value Option sowie zu den geänderten Umklassifizierungsvorschriften zwischen den Bewertungskategorien (IFRS 7.10A, .11A, .11B, .12B, .12C, .12D, .20A).

ff) Erstanwendung von IFRS 9 und Übergangsvorschriften

IFRS 9 (2010) ist derzeit verpflichtend auf GJ anzuwenden, die am oder nach dem 01.01.2013 beginnen (IFRS 9.7.1.1). Bis zu diesem Zeitpunkt kann sich eine Gesellschaft auch entscheiden, nur IFRS 9 (2009) vorzeitig anzuwenden. 778

Das IASB hat am 04.08.2011 einen Exposure Draft **ED/2011/03 Mandatory Effective Date of IFRS 9** veröffentlicht. Der Exposure Draft beinhaltet den Vorschlag, den verpflichtenden Erstanwendungszeitpunkt von IFRS 9 auf den 01.01.2015 zu verschieben. Eine frühere Anwendung soll weiterhin möglich bleiben. Die Kommentierungsfrist endet am 21.10.2011. 779

Grds. ist eine **retrospektive Anwendung** in Übereinstimmung mit IAS 8[567] vorzunehmen, jedoch sind die Regelungen nicht auf Finanzinstrumente anzuwenden, die bereits zum Zeitpunkt der erstmaligen Anwendung ausgebucht wurden (IFRS 9.7.2.1). 780

Bei der Erstanwendung von IFRS 9 sind vielfältige **Übergangsvorschriften** (IFRS 9.7.2.3-7.2.16) zu beachten. Im Sinne der Übergangsvorschriften entspricht der Zeitpunkt der erstmaligen Anwendung dem Zeitpunkt, an dem das bilanzierende Unternehmen erstmals die Vorschriften von IFRS 9 anwendet (IFRS 9.7.2.2). Die Übergangsvorschriften betreffen u.a. die Klassifizierung, die hybriden Instrumente, die Fair Value Option, die Effektivzinsmethode und nicht notierte Eigenkapitalinstrumente (IFRS 9.7.2.3-7.2.16). Ebenso bestehen für die Erstanwendung von IFRS 9 zusätzliche Offenlegungsvorschriften. So sind z.B. die Kategorien nach IAS 39 und IFRS 9 per Datum der erstmaligen Anwendung gegenüberzustellen (IFRS 7.44I)[568]. 781

Die EU hat IFRS 9 bis jetzt nicht übernommen (endorsed); die EFRAG hat die Übernahmeempfehlung (endorsement advice) am 12.11.2009 bis auf Weiteres vertagt[569]. Hintergrund ist, dass erst nach Abschluss aller drei Phasen die Regelungen von IFRS 9 im Ganzen gewürdigt werden sollen. 782

gg) Vorgeschlagenes Modell zu Wertminderungen

In der Phase 2 des Projekts zum Ersatz von IAS 39 hat das IASB am 05.11.2009 ein Wertminderungsmodell (**ED/2009/12 Amortised Cost and Impairment**) für diejenigen Finanzinstrumente vorgeschlagen, die zu fortgeführten AK bewertet werden. Das vorgeschlagene Modell beruht auf **erwarteten Zahlungsausfällen (expected loss model)**[570]. 783

Das IASB reagierte damit auf diverse Kritik am bisherigen **Wertminderungsmodell**, indem es insb. das Vorliegen eines objektiven Hinweises auf ein bereits eingetretenes Schadenereignis als Voraussetzung für die Erfassung einer Wertminderung[571] abschaffen 784

---

567 Vgl. Ausführungen zu IAS 8 in Tz. 875ff.
568 Vgl. *Kuhn*, IRZ 2010, S.103 (110-111).
569 http://www.efrag.org/Front/c1-306/Endorsement-Status-Report_EN.aspx (zit. 10.11.2011).
570 Vgl. *Schmidt*, WPg 2010, S. 286 (286-293); *Schaber/Märkl/Kroh*, KoR 2010, S. 241 (241-246); *Bär*, KoR 2010, S. 289 (289-296).
571 Vgl. Tz. 609f.

will. Weiterhin sind Schätzungen über zukünftige Kreditausfälle bereits bei Ersterfassung der Kredite zu berücksichtigen, indem diese den Effektivzinssatz reduzieren. Jede fortlaufende Schätzungsänderung soll hinsichtlich der erwarteten Zahlungsströme zu einer erfolgswirksamen Anpassung des Buchwerts führen.

785 Das IASB hat im Januar 2011 als Konsequenz der Kommentierung zum Exposure Draft ein **Supplement zum ED/2009/12** veröffentlicht. Das Supplement behandelt die zeitliche Erfassung der Risikovorsorge in offenen Kreditportfolien. Die Kommentierungsfrist endete am 01.04.2011. Das IASB plant aufgrund der erneuten wesentlichen Überarbeitung der Vorschläge, im ersten Halbjahr 2012 einen weiteren Re-Exposure Draft zur Diskussion zu stellen[572].

hh) Vorgeschlagene Neuregelungen zur Bilanzierung von Sicherungsbeziehungen

786 In der Phase 3 des Projekts zum Ersatz von IAS 39 hat das IASB am 06.12.2010 einen Entwurf zur **Bilanzierung von Sicherungsbeziehungen** veröffentlicht (**ED/2010/13 Hedge Accounting**). In der vorliegenden Entwurfsfassung sind noch keine Regelungen zu Makro- bzw. Portfoliohedges enthalten. Diese sollen zu einem späteren Zeitpunkt in eine separate Entwurfsfassung gebracht und zusammen mit diesen Regelungen verabschiedet werden.

787 Der aktuelle Entwurf sieht grundlegende Änderungen gegenüber den bisherigen Regelungen von IAS 39 vor. Mit den Regelungen soll eine Annäherung der Bilanzierung von Sicherungszusammenhängen an das interne Risikomanagement der Unternehmen erreicht werden. Dies soll es den Anlegern erleichtern, die Auswirkungen der Risikosteuerung auf die künftigen Zahlungsströme zu erkennen.

788 **Wesentliche Neuerungen** bestehen unter anderem in der Abschaffung des retrospektiven Effektivitätstests, der Möglichkeit, unter bestimmten Voraussetzungen eine rein qualitative Effektivitätsbetrachtung vorzunehmen, der Möglichkeit zur Abbildung von Nettopositionen als zu sichernde Grundgeschäfte oder der größeren Flexibilität in der Auswahl der Sicherungsinstrumente. Auf der anderen Seite sieht der aktuelle Entwurf vor, eine freiwillige Beendigung von Sicherungsbeziehungen nicht mehr ohne Weiteres zuzulassen, sowie Eigenkapitalinstrumente, die zum Zugangszeitpunkt unwiderruflich der Kategorie „erfolgsneutrale Fair-Value-Bewertung" zugeordnet wurden[573], nicht als Grundgeschäfte zu erlauben. Weiterhin ergeben sich zusätzliche Angabepflichten, insb. im Hinblick auf Beschreibungen der Risikosteuerung und die Auswirkungen auf den Abschluss.

789 Die Kommentierungsfrist zum vorliegenden Entwurf endete am 09.03.2010; für das vierte Quartal 2011 ist ein Review Draft angekündigt, die finale Verabschiedung soll im ersten Halbjahr 2012 erfolgen[574]. Zudem hat das IASB einen Entwurf zu den Regelungen zu **Makro- bzw. Portfoliohedges** für das erste Halbjahr 2012 angekündigt[575].

---

572 http://www.ifrs.org/Current+Projects/IASB+Projects/IASB+Work+Plan.htm (zit. 01.11.2011)
573 Vgl. Tz. 769.
574 http://www.ifrs.org/Current+Projects/IASB+Projects/IASB+Work+Plan.htm (zit. 01.11.2011)
575 http://www.ifrs.org/Current+Projects/IASB+Projects/IASB+Work+Plan.htm (zit. 01.11.2011)

15. Versicherungsverträge

a) Überblick

Mit IFRS 4 hat das IASB 2004 erstmals einen Standard zur Behandlung von Versicherungsverträgen verabschiedet. Dieser Standard ist das erste Teilergebnis eines umfassenden Projekts zur Bilanzierung und Bewertung von Versicherungsverträgen.

IFRS 4 beabsichtigt, zunächst ein Mindestmaß an Transparenz und Vergleichbarkeit durch Angabepflichten zu gewährleisten. Daher gewährt der Standard zur Bilanzierung und Bewertung im Wesentlichen Ausnahmen von der Anwendung sonst einschlägiger Vorschriften, sodass die vor erstmaliger Anwendung angewandten Methoden zur Bilanzierung von Versicherungsverträgen bis auf Weiteres weitgehend unverändert fortgeführt werden können. Allerdings ergeben sich für VU in bestimmten Fällen signifikante Änderungen der Bilanzierung im Vergleich zum HGB[576].

b) Anwendungsbereich

IFRS 4 ist anzuwenden auf **alle Versicherungsverträge**, die ein Unternehmen als Versicherer bzw. als Zedent abschließt. Ob es sich bei diesem Unternehmen um ein VU i.S.d. VAG oder § 341 HGB handelt, ist unerheblich. Für Rückversicherungsverträge regelt IFRS 4 die Bilanzierung für beide Vertragspartner. Für alle anderen von IFRS 4 erfassten Versicherungsverträge und Finanzprodukte regelt IFRS 4 nur die Bilanzierung beim Versicherer bzw. Anbieter (IFRS 4.2).

Die **Definition** eines **Versicherungsvertrags** stellt auf den Transfer eines signifikanten Versicherungsrisikos ab (IFRS 4, Appendix A)[577]. Versicherungsverträge, die daneben eine Einlagekomponente oder ein Derivat beinhalten, sind unter bestimmten in IFRS 4 geregelten Bedingungen in ihre Komponenten zu zerlegen (Entflechtung); diese sind dann gesondert nach den einschlägigen Standards zu bewerten[578].

Die wenigen Festlegungen, die IFRS 4 zur Bilanzierung und Bewertung getroffen hat, haben praktische Bedeutung nur für VU[579].

Für eine detaillierte Darstellung von IFRS 4 vgl. im Übrigen Kapitel K Tz. 817 ff.

16. Anteilsbasierte Vergütung

a) Definition und Abgrenzung

IFRS 2 regelt die erfolgsrechnerische und bilanzielle Erfassung unterschiedlicher Formen anteilsbasierter Vergütung. Im Einzelnen findet IFRS 2 Anwendung auf anteilsbasierte Vergütung mit Ausgleich durch **Eigenkapitalinstrumente** (equity-settled share-based payment; IFRS 2.10-29[580]), anteilsbasierte Vergütung mit **Barausgleich** (cash-settled share-based payment transactions; IFRS 2.30-33[581]) sowie anteilsbasierte Vergütung mit wahlweisem Barausgleich oder Ausgleich durch Eigenkapitalinstrumente, nachfolgend als **Kombinationsmodelle** bezeichnet (share-based payment transactions with cash alternatives; IFRS 2.34-43[582]).

---

576 Vgl. im Einzelnen K Tz. 815.
577 Vgl. im Einzelnen K Tz. 819 ff.
578 Vgl. im Einzelnen K Tz. 834.
579 Vgl. im Einzelnen K Tz. 817.
580 Hierunter fallen z.B. Arbeitnehmern gewährte Aktienoptionen; vgl. Tz. 802ff.
581 Vgl. Tz. 807ff.
582 Vgl. Tz. 809ff.

797 IFRS 2 ist grds. für sämtliche Unternehmen verbindlich, die IFRS-Abschlüsse aufstellen und die Vermögenswerte oder Dienstleistungen gegen anteilsbasierte Vergütung erwerben (IFRS 2.2). Dies gilt auch dann, wenn die anteilsbasierte Vergütung nicht durch das die Vermögenswerte oder Dienstleistungen empfangende Unternehmen selbst, sondern durch ein anderes, demselben Konzernverbund angehörendes Unternehmen oder durch einen Gesellschafter eines Konzernunternehmens gewährt wird. In diesen Fällen unterliegen sowohl das die Vermögenswerte oder Dienstleistungen empfangende als auch das die anteilsbasierte Vergütung gewährende Unternehmen den Regelungen des IFRS 2 (IFRS 2.3A)[583].

b) Erfassung

798 Wie bei **Anschaffungsgeschäften**, bei denen die Gegenleistung für überlassene Vermögenswerte oder erbrachte Dienstleistungen in Geld oder Geldäquivalenten besteht, sind die erhaltenen Vermögenswerte oder Dienstleistungen[584] auch bei Erwerb durch anteilsbasierte Vergütung i.S.d. IFRS 2 nach den allgemeinen Grundsätzen[585] anzusetzen. Je nach Form der Gegenleistung ist nach IFRS 2.7:

- eine **Eigenkapitalmehrung** zu verbuchen, wenn Eigenkapitalinstrumente gewährt werden;
- eine **Schuld** zu erfassen, wenn Vermögenswerte oder Dienstleistungen gegen anteilsbasierte Vergütung mit Barausgleich erworben werden;
- eine Eigenkapitalmehrung und/oder eine Schuld anzusetzen, je nach **gewählter Vergütungsform** bei Kombinationsmodellen.

799 In den Fällen, in denen die erhaltenen Vermögenswerte oder die erbrachte Dienstleistung nicht zu einem zu bilanzierenden Vermögenswert führen, ist **Aufwand**[586] zu erfassen (IFRS 2.8). Dies ist grds. dann der Fall, wenn Arbeitnehmer anteilsbasiert vergütet werden[587].

800 Im Fall der Aufwandserfassung ist neben der Bewertung[588] fraglich, zu **welchem Zeitpunkt** bzw. **über welchen Zeitraum** der Aufwand erfasst werden soll. Bei Aktienoptionsplänen entscheiden die spezifischen Regelungen zur Ausübung der Optionen über die Aufwandserfassung. Zwei Grundfälle sind zu unterscheiden:

- Können die gewährten Optionen unmittelbar zum Gewährungszeitpunkt (grant date)[589] ausgeübt werden, ist Aufwand unmittelbar **zum Gewährungszeitpunkt** zu erfassen;
- können die gewährten Optionen erst nach Ablauf einer Sperrfrist bzw. eines Erdienungszeitraums (vesting period)[590] und nach Eintritt vereinbarter Bedingungen ausgeübt werden, ist der Aufwand grds. pro rata temporis über den Erdienungszeitraum hinweg zu erfassen.

---

[583] Zum sachlichen Anwendungsbereich vgl. detailliert *Baetge* u.a., IFRS², Teil B, IFRS 2, Rn. 7-25.
[584] Zum Beispiel als Teil der AK für einen Vermögenswert nach IAS 16.17(f).
[585] Vgl. z.B. IAS 16.7 zu den Erfassungskriterien für Sachanlagen.
[586] Die konsequente Erfassung von Aufwand wurde international kontrovers diskutiert; vgl. hierzu *Küting/Dürr*, WPg 2004, S. 609 (615-616) sowie *Zeimes/Thuy*, KoR 2003, S. 39 (39).
[587] Zu den Zielsetzungen anteilsbasierter Vergütungsformen eingehend *Schruff/Hasenburg*, BFuP 1999, S. 616 (616-617).
[588] Vgl. nachfolgend Tz. 802ff.
[589] Zu Detailfragen zur Bestimmung des Gewährungszeitpunkts vgl. *Ernst & Young*, S. 1709-1714, bzw. *PricewaterhouseCoopers*, Manual of Accounting, S. 12026ff., Rn. 12.67-71.
[590] Zu Detailfragen zur Bestimmung des Erdienungszeitraums vgl. *Ernst & Young*, S. 1703, bzw. *KPMG*, Insights into IFRS 2010/11, S. 1147-1148, Rn. 4.5.510.

Ansatz und Bewertung einzelner Posten im IFRS-Abschluss

Die **zeitliche Abfolge** der typischen Ausgestaltungsformen von Aktienoptionsprogrammen[591] wird beispielhaft in der nachfolgenden Abbildung wiedergegeben. 801

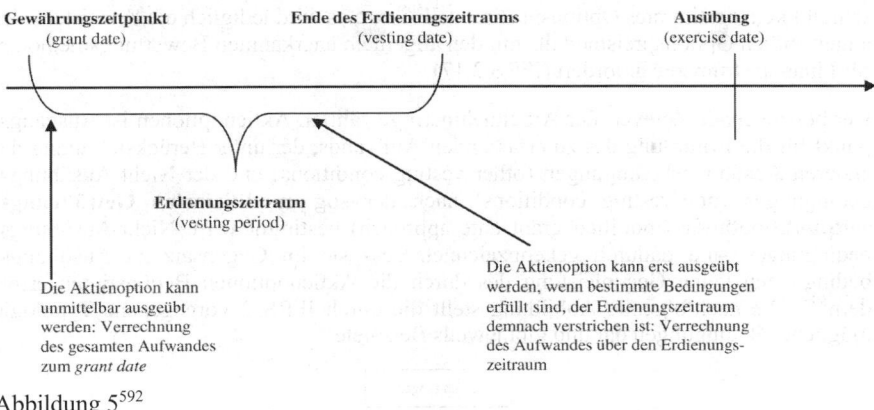

Abbildung 5[592]

c) **Bewertung anteilsbasierter Vergütung**

aa) **Anteilsbasierte Vergütung mit Ausgleich durch Eigenkapitalinstrumente**

Anteilsbasierte Vergütung mit Ausgleich durch Eigenkapitalinstrumente liegt definitionsgemäß dann vor, wenn ein Unternehmen als Gegenleistung für empfangene Vermögenswerte oder Dienstleistungen eigene Eigenkapitalinstrumente hingibt oder keine Verpflichtung hat, die anteilsbasierte Vergütung zu gewähren (IFRS 2, Appendix A). Der letztgenannte Fall kann dann auftreten, wenn das berichtende Unternehmen die Vermögenswerte oder Dienstleistungen empfängt und ein anderes Unternehmen im Konzernverbund die anteilsbasierte Vergütung gewährt[593]. Werden Güter oder Dienstleistungen gegen anteilsbasierte Vergütung mit Ausgleich durch Eigenkapitalinstrumente erworben, werden zu erfassende Vermögenswerte oder ggf. der zu erfassende Aufwand mit dem **beizulegenden Zeitwert** (fair value) der empfangenen Güter oder Dienstleistungen bewertet (**direkte Bewertung**; IFRS 2.10). Nur sofern durch die direkte Methode der beizulegende Zeitwert nicht zuverlässig ermittelt werden kann, erfolgt die Bewertung indirekt durch die Bewertung der gewährten Eigenkapitalinstrumente (IFRS 2.10). Werden Mitarbeiter anteilsbasiert vergütet, schreibt IFRS 2.11 zwingend die **indirekte Bewertung** der erhaltenen Arbeitsleistung über den beizulegenden Zeitwert der gewährten Eigenkapitalinstrumente zum Zeitpunkt der Gewährung (grant date) vor. 802

Der beizulegende Zeitwert von Aktienoptionen ist entweder über beobachtbare Marktpreise für in Ausstattung und Laufzeit vergleichbare Optionen oder über ein anerkanntes finanzmathematisches **Optionspreismodell** zu ermitteln (IFRS 2.16f. und .B1-B41)[594]. 803

---

591 Zur Abgrenzung von Aktienoptionsprogrammen und sog. employees share purchase plans sowie den Implikationen für die Erfassung im Abschluss vgl. *KPMG*, Insights into IFRS 2010/11, S. 1148-1152, Rn. 4.5.530.

592 In Anlehnung an *KPMG*, IFRS aktuell, S. 35.

593 Vgl. weiterführend zu anteilsbasierter Vergütung im Konzern (group share-based payments) *Ernst & Young*, S. 1833-1860, *KPMG*, Insights into IFRS 2010/11, S. 1172-1174, Rn. 4.5.890, bzw. *PricewaterhouseCoopers*, Manual of Accounting, S. 12079ff., Rn. 12.169-205.

594 Zur Bestimmung und Modifikation der Bewertungsparameter bei der Bewertung von Aktienoptionen vgl. grds. *Vater*, WPg 2004, S. 1246 (1246-1258). Nur in Ausnahmefällen ist die Bewertung zum sog. inneren Wert (intrinsic value) der Option, d.h. der Differenz zwischen dem Ausübungskurs und dem aktuellen Marktpreis, zulässig (IFRS 2.24); vgl. IFRS 2.IG Beispiel 10 zur Bewertung von Aktienoptionen zum inneren Wert.

Derartige Modelle nehmen Bezug auf die der Option zugrunde liegenden **Gestaltungsparameter**, wie insb. den Bezugskurs sowie die Laufzeit, und **Marktparameter**, wie bspw. die Volatilität des betreffenden Aktienkurses und den risikofreien Zins. IFRS 2 schreibt kein bestimmtes Optionspreismodell[595] vor; es wird lediglich die Konsistenz des angewandten Optionspreismodells mit den allgemein anerkannten Bewertungsmethoden für Finanzinstrumente gefordert (IFRS 2.17).

804 Der beizulegende Zeitwert der Arbeitnehmern gewährten Aktienoptionen ist Ausgangspunkt für die Ermittlung des zu erfassenden Aufwands, der unter Berücksichtigung der anderen Ausübungsbedingungen (other vesting conditions) und der Nicht-Ausübungsbedingungen (non-vesting conditions) nach der sog. **modifizierten Gewährungszeitpunktmethode** (modified grant date approach) bestimmt wird. Nicht-Ausübungsbedingungen sind dadurch gekennzeichnet, dass sie im Gegensatz zu Ausübungsbedingungen keine Gegenleistung des durch die Aktienoptionen Begünstigten erfordern[596]. Die nachfolgende Abbildung stellt die durch IFRS 2 vorgegebene Typologie möglicher Bedingungen dar und gibt jeweils Beispiele[597].

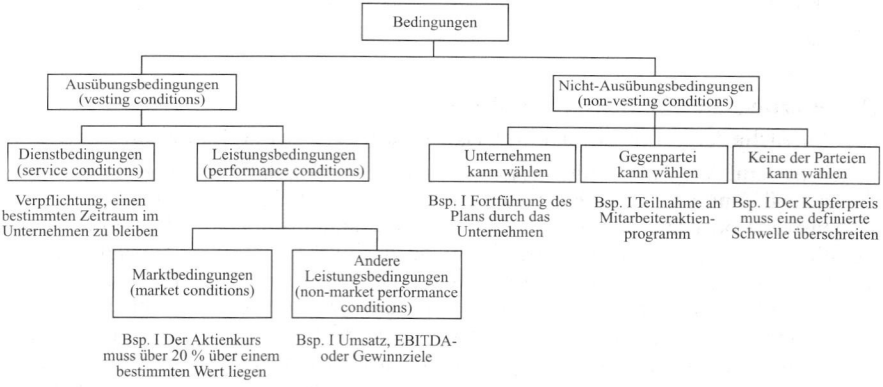

Abbildung 6

805 Die **Marktbedingungen** (market conditions) und die Nicht-Ausübungsbedingungen gehen unmittelbar in die Bewertung des gewährten Eigenkapitalinstruments ein. Der zu erfassende Aufwand wird aufbauend auf der Ermittlung des beizulegenden Zeitwerts der Optionen durch Gewichtung dieses Werts mit den Eintrittswahrscheinlichkeiten der **Dienstbedingungen und anderen Leistungsbedingungen** berechnet. Wird bspw. in einem Aktienoptionsplan vereinbart, dass die gewährten Optionen nur dann ausgeübt werden können, wenn die begünstigten Arbeitnehmer über einen Zeitraum von drei Jahren ununterbrochen für das die Optionen gewährende Unternehmen tätig sind[598] und in jedem der drei Jahre ein EBIT-Wachstum von 15 %[599] erreicht wird – wobei das Unternehmen erwartet, dass dieses EBIT-Wachstum erreicht wird –, und liegt die Fluktuationsrate erfahrungsgemäß über diesen Zeitraum bei 20 %, so wird der beizulegende Zeitwert mit der Eintrittswahrscheinlichkeit für die Ausübung der Option (100 % – 20 % = 80 %) multipliziert.

---

595 Gängig sind etwa das Binomialmodell oder das Black/Scholes-Modell.
596 Vgl. IFRS 2.BC171A.
597 Vgl. für einen Überblick auch IFRS 2.IG24.
598 Diese Bedingung ist als Dienstbedingung (service condition) einzustufen.
599 Diese Bedingung ist als andere Leistungsbedingung (non-market performance condition) einzustufen.

Gesamtaufwand = beizulegender Zeitwert der ausgegebenen Optionen * 80 %

Über den Zeitraum bis zur möglichen Ausübung wird der so ermittelte Gesamtaufwand anteilig erfasst (IFRS 2.15). Können bspw. die gewährten Optionen frühestens nach Ablauf von drei Jahren ab dem Gewährungszeitpunkt ausgeübt werden, so wird vom Gewährungszeitpunkt an in jeder Berichtsperiode ein Drittel des Gesamtaufwands erfasst.

Ändern sich die **Schätzwerte** für die Eintrittswahrscheinlichkeiten der Dienstbedingungen und anderen Leistungsbedingungen, bspw. die Fluktuationsrate oder das EBIT-Wachstum, im Zeitablauf, so wird der periodisch zu erfassende Aufwand unter Rückgriff auf den geänderten Schätzwert neu ermittelt (IFRS 2.20)[600]. Ändern sich dagegen die Schätzwerte für die hinsichtlich der Bestimmung des beizulegenden Zeitwerts relevanten Marktbedingungen oder der Nicht-Ausübungsbedingungen, wird der zum Gewährungszeitpunkt ermittelte beizulegende Zeitwert nicht angepasst bzw. aktualisiert (IFRS 2.21, .21A)[601]. Wird eine Nicht-Ausübungsbedingung endgültig nicht erfüllt, so sind je nach Art der Bedingung zwei Fälle zu unterscheiden: Handelt es sich um eine Nicht-Ausübungsbedingung, bei der keine der beiden Parteien wählen kann, ob sie erfüllt wird, z.B. das Überschreiten eines bestimmten Kaufpreises, so hat dies keinen Einfluss auf die weitere Abbildung der anteilsbasierten Vergütung. Das heißt, der periodisch zu erfassende Aufwand wird weiterhin planmäßig erfasst (IFRS 2.21A). Wird hingegen eine Nicht-Ausübungsbedingung nicht erfüllt, bei der das Unternehmen bzw. die Gegenpartei wählen kann, ob sie erfüllt wird, so ist der Aufwand, der ansonsten über den verbleibenden Erdienungszeitraum zu erfassen gewesen wäre, sofort in voller Höhe zu erfassen (IFRS 2.28A)[602]. 806

bb) Anteilsbasierte Vergütung mit Barausgleich

Anteilsbasierte Vergütung mit Barausgleich (cash-settled share-based payment) liegt definitionsgemäß dann vor, wenn ein Unternehmen als Gegenleistung für den Erhalt von Vermögenswerten oder Dienstleistungen die Verpflichtung eingeht, in Abhängigkeit von der Wertentwicklung von eigenen Eigenkapitalinstrumenten oder von Eigenkapitalinstrumenten eines anderen Unternehmens desselben Konzerns (group entity) liquide Mittel zu übertragen (IFRS 2.A)[603]. Derartige Vergütungsformen werden auch als Wertsteigerungsrechte (share appreciation rights, SAR) bezeichnet. Der wesentliche Unterschied zu anteilsbasierter Vergütung mit Ausgleich durch Eigenkapitalinstrumente besteht darin, dass der Vorgang nicht eigenkapitalwirksam ist und dem Unternehmen, anders als bei Ausübung gewährter Optionen, kein Kapital zufließt. Vielmehr müssen Barmittel aufgewendet werden. 807

Aufwand wird in Höhe des unter Rückgriff auf ein Optionspreismodell ermittelten beizulegenden Zeitwerts der ausgegebenen Rechte erfasst. Korrespondierend zu der Aufwandserfassung wird eine **Schuld** für die Verpflichtung zum Barausgleich erfasst (IFRS 2.30). Wird eine Sperrfrist vereinbart, ist die Schuld pro rata temporis aufzustocken (IFRS 2.32). Anders als bei anteilsbasierter Vergütung mit Ausgleich durch Eigen- 808

---

600 In der Berücksichtigung von Schätzwertänderungen für die Dienstbedingungen und anderen Leistungsbedingungen liegt der Unterschied zur reinen Gewährungszeitpunktmethode, bei der der Aufwand unter Berücksichtigung der Schätzgrundlagen zum Gewährungszeitpunkt ermittelt und nachfolgend nicht angepasst wird.

601 Vgl. IFRS 2.IG Beispiele 1ff. zu umfassenden Zahlenbeispielen für die Berechnung des periodischen Aufwands.

602 Vgl. IFRS 2.IG24 für eine tabellarische Übersicht zur Behandlung der verschiedenen Arten von Bedingungen.

603 Vgl. weiterführend zu anteilsbasierter Vergütung im Konzern (group share-based payments) *Ernst & Young*, S. 1833-1860, *KPMG*, Insights into IFRS 2010/11, S. 1172-1174, Rn 4.5.890, bzw. *PricewaterhouseCoopers*, Manual of Accounting, S. 12079ff., Rn. 12.169-205.

kapitalinstrumente wird der zu erfassende Aufwand bzw. der beizulegende Zeitwert zu jedem Berichtsstichtag bis zur endgültigen Ausübung auf der Basis eines Optionspreismodells unter Berücksichtigung von Änderungen der Bewertungsparameter neu berechnet (IFRS 2.33)[604].

cc) Kombinationsmodelle

809 Kombinationsmodelle lassen einem der Transaktionspartner die **Wahl** zwischen Barausgleich und Ausgleich durch Eigenkapitalinstrumente.

810 Liegt das **Wahlrecht bei dem** Güter oder Dienstleistungen gegen eine anteilsbasierte Vergütung beziehenden **Unternehmen**, ist die Vergütung wie anteilsbasierte Vergütungen mit Barausgleich zu erfassen, wenn die Vergütung mit Eigenkapitalinstrumenten wirtschaftlich nicht sinnvoll oder rechtlich nicht möglich ist oder sich aus der bisherigen Unternehmenspraxis ergibt, dass regelmäßig der Barausgleich gewählt wurde (IFRS 2.41f.). Andernfalls sind die dargestellten Grundsätze der Erfassung von anteilsbasierten Vergütungen mit Ausgleich durch Eigenkapitalinstrumente anzuwenden (IFRS 2.43).

811 Liegt das **Wahlrecht bei dem** Güter oder Dienstleistungen gegen anteilsbasierte Vergütung gewährenden **Transaktionspartner**, ist die durch das Unternehmen eingegangene Verpflichtung wie ein zusammengesetztes Finanzinstrument (compound financial instrument) zu erfassen, das sich aus folgenden Komponenten zusammensetzt (IFRS 2.35):

– einer Fremdkapitalkomponente (debt component), d.h. dem Recht des Transaktionspartners, Geld oder Geldäquivalente zu verlangen, und
– einer Eigenkapitalkomponente (equity component), d.h. dem Recht des Transaktionspartners, Eigenkapitalinstrumente zu verlangen.

Der Aufwand ist in Höhe des beizulegenden Zeitwerts des zusammengesetzten Finanzinstruments zu erfassen; der beizulegende Zeitwert setzt sich aus den beizulegenden Zeitwerten der Eigenkapital- und der Fremdkapitalkomponente zusammen.

812 Bei der **direkten Aufwandsermittlung** entspricht der beizulegende Zeitwert der Eigenkapitalkomponente der Differenz zwischen dem beizulegenden Zeitwert der erhaltenen Güter oder Dienstleistungen und dem beizulegenden Zeitwert der Fremdkapitalkomponente zu dem Zeitpunkt, zu dem die Güter geliefert oder die Dienstleistungen erbracht werden (IFRS 2.35). Wird bei der anteilsbasierten Vergütung von Mitarbeitern der beizulegende Zeitwert der erhaltenen Arbeitnehmerleistung indirekt ermittelt (IFRS 2.36), ist zum Gewährungszeitpunkt zunächst die Fremdkapitalkomponente und erst in einem zweiten Schritt die Eigenkapitalkomponente unter Berücksichtigung des Verzichts auf Ausübung der Fremdkapitalkomponente durch den Arbeitnehmer zu bewerten (IFRS 2.37). Stehen sich etwa bei der Wahl zwischen Aktienoptionen und Barausgleich nach Maßgabe der Wertentwicklung von Wertsteigerungsrechten die beizulegenden Zeitwerte der Eigen- und der Fremdkapitalkomponente in gleicher Höhe gegenüber, so beträgt der beizulegende Zeitwert der Eigenkapitalkomponente null. Der beizulegende Zeitwert des zusammengesetzten Finanzinstruments entspricht dann dem der Fremdkapitalkomponente (IFRS 2.37). Alternativ ist denkbar, dass sowohl die Eigen- als auch die Fremdkapitalkomponente einen positiven beizulegenden Zeitwert haben. Die Fremdkapitalkomponente ist nach den Regelungen für anteilsbasierte Vergütungen mit Barausgleich (IFRS 2.30-33), die Eigenkapitalkomponente nach denen für anteilsbasierte Vergütungen, die mit Eigenkapitalinstrumenten bedient werden, zu ermitteln (IFRS 2.10-29).

---

[604] Vgl. IFRS 2.IG Beispiel 12 zur Vorgehensweise bei der Ausgabe von Wertsteigerungsrechten.

Zu dem Zeitpunkt, zu dem die anteilsbasierte **Vergütung**, sei es durch Barausgleich oder 813
durch die Ausgabe von Eigenkapitalinstrumenten, **erbracht** wird, ist die für die Fremdkapitalkomponente angesetzte Verpflichtung zum beizulegenden Zeitwert aufwandswirksam neu zu bewerten und

– falls der Barausgleich gewählt wurde, gegen Barmittel auszubuchen, oder
– falls Eigenkapitalinstrumente ausgegeben wurden, in das EK umzubuchen (IFRS 2.39-40)[605].

d) Anteilsbasierte Vergütungen zwischen Unternehmen einer Gruppe

IFRS 2 ist ebenso anwendbar, wenn der Ausgleich einer anteilsbasierten Vergütung von 814
einem anderen Unternehmen der Gruppe im Namen des Unternehmens, das die Güter oder Dienstleistungen erhält oder erwirbt, vorgenommen wird (IFRS 2.3A). Der Begriff der Unternehmensgruppe ist dabei unter Bezugnahme auf IAS 27.4 als MU mit all seinen TU definiert[606]. Das die anteilsbasierte Vergütung empfangende Unternehmen hat diese Güter und Dienstleistungen nach IFRS 2 in seinem EA zu bilanzieren (IFRS 2.43A)[607].

Unternehmen, die die Güter oder Dienstleistungen erhalten, müssen diese als anteils- 815
basierte Vergütung mit Ausgleich durch Eigenkapitalinstrumente bewerten, wenn es sich bei der gewährten Prämie um die eigenen Eigenkapitalinstrumente handelt oder wenn keine Verpflichtung besteht, bei der anteilsbasierten Vergütung einen Ausgleich vorzunehmen. In allen anderen Fällen erfolgt eine Bewertung der Güter und Dienstleistungen als anteilsbasierte Vergütung mit Barausgleich (IFRS 2.43B). Die Bilanzierung ist dabei unabhängig von etwaigen gruppeninternen Rückzahlungsvereinbarungen (IFRS 2.43D).

Unternehmen, die den Ausgleich bei einer anteilsbasierten Vergütung vornehmen, 816
während ein anderes Unternehmen der Gruppe die Dienstleistungen erhält, erfassen eine solche Transaktion nur dann als anteilsbasierte Vergütung mit Ausgleich durch Eigenkapitalinstrumente, wenn der Ausgleich durch eigene Eigenkapitalinstrumente erfolgt. In allen anderen Fällen erfolgt eine Bilanzierung der Transaktion als anteilsbasierte Vergütung mit Barausgleich (IFRS 2.43C).

Sofern Mitarbeiter zwischen Unternehmen einer Gruppe wechseln, finden sich in IFRS 2. 817
B59 bis .B61 Regelungen, wie eine Bewertung der den verschiedenen Konzernunternehmen zugeflossenen Arbeitsleistungen zu erfolgen hat[608].

e) Anhangangaben

Die Angabepflichten nach IFRS 2 enthalten Mindestanforderungen, um den nach- 818
folgenden drei Zielsetzungen zu genügen. Der Abschlussadressat soll in die Lage versetzt werden,

– Art und Umfang der während der Berichtsperiode bestehenden anteilsbasierten Vergütungssysteme zu verstehen (IFRS 2.44);
– zu verstehen, wie der beizulegende Zeitwert der erhaltenen Güter und Dienstleistungen bzw. der gewährten Eigenkapitalinstrumente in der Berichtsperiode ermittelt wurde (IFRS 2.46);

---

605 Vgl. IFRS 2.IG Beispiel 13 zu einem umfassenden Zahlenbeispiel für ein Kombinationsmodell.
606 Vgl. *KPMG*, IFRS aktuell[4], S. 55.
607 Zur Klassifizierung anteilsbasierter Vergütungen innerhalb einer Gruppe vgl. *PricewaterhouseCoopers*, Manual of Accounting, S. 12079ff., Rn. 12.170ff., sowie ausführlich *KPMG*, IFRS aktuell[4], S. 57f.
608 Vgl. hierzu *Ernst & Young*, S. 1858, sowie ausführlich *KPMG*, IFRS aktuell[4], S. 59f.

- die Auswirkungen anteilsbasierter Vergütungsformen auf die Vermögens-, Finanz- und Ertragslage zu verstehen (IFRS 2.50).

819 Um die Art und den Umfang der während der Berichtsperiode **bestehenden anteilsbasierten Vergütungssysteme** zu verstehen, sind folgende Mindestangaben vorzunehmen (IFRS 2.45):

- Beschreibung der einzelnen Arten von anteilsbasierten Vergütungsvereinbarungen, die während der Periode bestanden, einschließlich deren Vertragsbedingungen, wobei Informationen zu substanziell ähnlichen Vereinbarungen zusammengefasst werden dürfen (IFRS 2.45(a));
- Aufgliederung der Anzahl und der gewichteten Durchschnitte der Ausübungspreise der Aktienoptionen jeweils für die nachfolgenden Gruppen: zu Beginn der Berichtsperiode ausstehende Optionen, in der Berichtperiode gewährte/verwirkte/ausgeübte/verfallene Optionen, am Ende der Berichtsperiode ausstehende/ausübbare Optionen (IFRS 2.45 (b));
- Für in der Berichtsperiode ausgeübte Optionen zudem der gewichtete durchschnittliche Aktienkurs am Tag der Ausübung bzw. bei regelmäßiger Ausübung ein gewichteter Durchschnittskurs (IFRS 2.45(c));
- Für am Ende der Berichtsperiode ausstehende Optionen die Bandbreite an Ausübungspreisen und der gewichtete Durchschnitt der restlichen Vertragslaufzeit, wobei bei großen Bandbreiten der Standard Vereinfachungen vorsieht (IFRS 2.45(d)).

820 Um die **Ermittlung des beizulegenden Zeitwerts** der erhaltenen Güter und Dienstleistungen bzw. der gewährten Eigenkapitalinstrumente in der Berichtsperiode zu verstehen, sind nach IFRS 2.47 u.a. nachfolgende Angaben erforderlich:

- Für in der Berichtsperiode gewährte Aktienoptionen: die gewichteten Durchschnitte der beizulegenden Zeitwerte der Optionen am Bewertungsstichtag sowie Angaben zu den verwendeten Optionspreismodellen zur Bestimmung der erwarteten Volatilität und der Einbeziehung anderer Ausstattungsmerkmale (IFRS 2.47(a));
- Für andere in der Berichtsperiode gewährte Eigenkapitalinstrumente: die Anzahl und der gewichtete Durchschnitt der beizulegenden Zeitwerte dieser Eigenkapitalinstrumente am Bewertungsstichtag sowie weitere Angaben zur Einbeziehung von Dividenden oder anderer Ausstattungsmerkmale, erweitert um Hinweise zur Bestimmung der beizulegenden Zeitwerte, falls diese nicht anhand von beobachtbaren Marktpreisen ermittelt wurden (IFRS 2.47(b));
- Erläuterungen sowie weitere Angaben zu anteilsbasierten Vergütungen, die in der Berichtsperiode geändert wurden (IFRS 2.47(c)).

821 Zum Verständnis der **Auswirkungen** anteilsbasierter Vergütungsformen **auf die Vermögens-, Finanz- und Ertragslage** müssen Angaben zu dem in der Berichtsperiode erfassten Gesamtaufwand und dem erfassten Aufwand aus anteilsbasierten Vergütungen mit Ausgleich durch Eigenkapitalinstrumente (IFRS 2.51(a)) sowie dem Gesamtbuchwert der Verpflichtungen aus anteilsbasierten Vergütungen (IFRS 2.51(b)(i)) und dem inneren Wert der Verpflichtungen aus anteilsbasierten Vergütungen durch Barausgleich (IFRS 2.51(b)(ii)), jeweils zum Ende der Berichtsperiode, erfolgen.

17. Aufwendungen und Erträge in der Gesamtergebnisrechnung
a) Erträge
aa) Zielsetzung und Anwendungsbereich

IAS 18 enthält insb. Regelungen zur Bestimmung des **Zeitpunkts**, zu dem bestimmte Erträge (**Erlöse** (revenue)) zu **erfassen** sind. Im Gegensatz zu der weiten Definition des Begriffs ‚income' innerhalb des Rahmenkonzepts (CF.4.29) ist der Anwendungsbereich des IAS 18 „Umsatzerlöse"[609] auf bestimmte ausgewählte Geschäftsvorfälle im Rahmen der gewöhnlichen Tätigkeit des Unternehmens[610] beschränkt (IAS 18, Zielsetzung). Der Standard regelt die Erfassung von Erlösen in Zusammenhang mit (IAS 18.1)

822

– dem Verkauf von Gütern (sale of goods);
– der Erbringung von Dienstleistungen (rendering of services) und
– der Nutzung von Vermögenswerten des Unternehmens durch Dritte gegen Zinsen, Lizenzgebühren und Dividenden (interests, royalties and dividends)[611].

bb) Höhe der zu erfassenden Erlöse

Umsatzerlöse sind zum **beizulegenden Zeitwert**[612] der erhaltenen oder der zu beanspruchenden Gegenleistung zu bemessen (IAS 18.9). I.d.R. ergibt sich die Bewertung aus dem vertraglich vereinbarten Kaufpreis (IAS 18.10). Wurde ein längerfristiges Zahlungsziel eingeräumt und stellt dies einen Finanzierungsvorgang dar, ist die Zinskomponente zu separieren und im Zinsertrag auszuweisen (IAS 18.11)[613].

823

Beim **Tausch** von Gütern oder Dienstleistungen gegen **gleichartige und gleichwertige** Güter oder Dienstleistungen sind keine Erlöse zu erfassen (IAS 18.12)[614]. Werden jedoch Güter oder Dienstleistungen gegen der Art und dem Wert nach **unterschiedliche** Güter oder Dienstleistungen ausgetauscht, sind Erlöse in Höhe des beizulegenden Zeitwerts der erhaltenen Güter oder Dienstleistungen unter Berücksichtigung etwaiger Geldzahlungen zu erfassen. Kann der beizulegende Zeitwert der erhaltenen Güter oder Dienstleistungen nicht hinreichend verlässlich bestimmt werden, bemessen sich die Erlöse nach dem beizulegenden Zeitwert der hingegebenen Güter oder der gewährten Dienstleistungen unter Berücksichtigung etwaiger zusätzlicher Geldzahlungen (IAS 18.12)[615].

824

cc) Abgrenzung des Geschäftsvorfalls

Die nachfolgend dargestellten Kriterien der Erlösrealisierung sind im konkreten Sachverhalt in wirtschaftlicher Betrachtungsweise zu würdigen (IAS 18.13). Im Einzelfall kann dies erfordern, den Geschäftsvorfall, der hinsichtlich einer möglichen Erlöserfassung zu würdigen ist, aus einer Gesamtheit von Geschäftsvorfällen heraus zu **isolieren**. Dies ist insb. dann der Fall, wenn die übrigen Geschäftsvorfälle nicht in einem engen Zu-

825

---

609 Zu einer Negativabgrenzung des Anwendungsbereichs vgl. IAS 18.6.
610 Zur Bedeutung des Kriteriums für die sachliche Abgrenzung des Ertragsbegriffs vgl. *PricewaterhouseCoopers*, Manual of Accounting, S. 9001, Rn. 9.6. Grds. gelten die nachfolgend dargestellten Erfassungskriterien bspw. auch für Veräußerungsgeschäfte, die nicht im Rahmen der gewöhnlichen Tätigkeit eines Unternehmens stattfinden.
611 Zur Definition der einzelnen Entgeltarten vgl. IAS 18.5.
612 Zum Begriff des beizulegenden Zeitwerts vgl. Tz. 108.
613 Zur Ertragsmessung vgl. *Baetge* u.a., IFRS², Teil B, IAS 18, Rn. 15; zur Ermittlung des relevanten Zinssatzes für die Entgeltseparierung bei Kaufpreisstundung vgl. *Baetge* u.a., IFRS², Teil B, IAS 18, Rn. 17.
614 Zu den AK von Sachanlagen und als Finanzinvestitionen gehaltenen Immobilien beim Tausch vgl. Tz. 168 und 198.
615 Vgl. detailliert *Baetge* u.a., IFRS², Teil B, IAS 18, Rn. 110 sowie Rn. 111 zur Ertragserfassung beim Dienstleistungstausch nach SIC-31.

sammenhang mit dem betrachteten Geschäftsvorfall stehen, wenn also Sachverhaltsdetails der übrigen Geschäftsvorfälle nicht auf die Würdigung der Kriterien zur Erlöserfassung im betrachteten Geschäftsvorfall zurückwirken. Enthält bspw. das Entgelt bei Veräußerungsgeschäften zugleich auch Entgeltbestandteile für über einen bestimmten nachfolgenden Zeitraum zu erbringende Dienstleistungen[616], so ist das Entgelt aufzuteilen in den Teil, der auf die Lieferung und Leistung entfällt, und in den Teil, der auf die Dienstleistungserbringung entfällt. Ob und wann ein Erlös zu realisieren ist, ist in der Folge gesondert für die beiden Geschäftsvorfälle zu beurteilen.

826 Liegt dagegen ein **Interdependenzverhältnis** zwischen formal gesondert abgeschlossenen Geschäftsvorfällen vor, etwa wenn im Zuge einer Veräußerungstransaktion unmittelbar der Rückkauf der Güter zu einem späteren Zeitpunkt vereinbart wird (IAS 18.13), so ist gem. der wirtschaftlichen Betrachtungsweise eine Gesamtwürdigung der Geschäftsvorfälle vorzunehmen[617].

dd) Transaktionsarten im Regelungsbereich des IAS 18
(1) Erlöse aus dem Verkauf von Gütern

827 Für die Erfassung von Erlösen aus dem **Verkauf von Gütern** (sale of goods) müssen nach IAS 18.14(a)-(e) folgende Voraussetzungen kumulativ erfüllt sein:

– Die maßgeblichen Risiken und Chancen (significant risks and rewards of ownership), die mit dem Eigentum an den veräußerten Gütern verbunden sind, sind auf den Käufer übergegangen;
– das Unternehmen behält weder ein weiter bestehendes Verfügungsrecht (continuing managerial involvement) in einem Umfang, wie er üblicherweise mit Eigentum verbunden ist, noch die tatsächliche Verfügungsmacht (effective control) über die veräußerten Güter;
– die Höhe der Erlöse kann verlässlich bestimmt werden;
– es ist hinreichend wahrscheinlich (probable), dass dem Unternehmen der wirtschaftliche Nutzen zufließen wird, der an den Verkauf geknüpft ist; und
– die in Zusammenhang mit dem Verkauf angefallenen oder noch anfallenden Kosten können verlässlich ermittelt werden.

828 Der Zeitpunkt des **Risiko-/Chancenübergangs** ist im spezifischen Sachverhalt zu würdigen. Er fällt i.d.R. mit der Übertragung des rechtlichen Eigentums oder mit dem Übergang des Besitzes auf den Käufer zusammen. Risiken und Chancen können jedoch auch zu einem anderen Zeitpunkt übergehen, z.B. zum Zeitpunkt des Übergangs des wirtschaftlichen Eigentums an dem Gut (IAS 18.15). Verbleiben unwesentliche Risiken beim Verkäufer, bspw. bei einem Eigentumsvorbehalt oder bei Vereinbarung eines Rückgaberechts[618], hindert dies die Erfassung von Erlösen nicht (IAS 18.17). In den folgenden Fällen werden dagegen die maßgeblichen Risiken nicht übertragen, sodass Erlöse nicht erfasst werden dürfen (IAS 18.16(a)-(d)):

– Der Verkäufer übernimmt eine Gewährleistung für eine mangelfreie Leistung, die über die marktübliche Gewährleistung hinausgeht;
– der Erhalt des Verkaufserlöses hängt von den Erlösen aus dem Weiterverkauf des Guts durch den Käufer ab;

---
616 Zu derartigen Systemgeschäften vgl. auch *Heuser/Theile*, IFRS⁴, Rn. 632.
617 Vgl. *Baetge* u.a., IFRS², Teil B, IAS 18, Rn. 48f.
618 Zur Ertragserfassung bei Rückgaberecht des Käufers detailliert *Baetge* u.a., IFRS², Teil B, IAS 18, Rn. 34; siehe aber Tz. 834.

Ansatz und Bewertung einzelner Posten im IFRS-Abschluss N

- Gegenstände werden einschließlich Aufstellung und Montage geliefert, wobei die Aufstellung und Montage einen wesentlichen Vertragsbestandteil ausmachen und noch nicht abgeschlossen wurden;
- der Käufer hat unter bestimmten im Kaufvertrag vereinbarten Umständen ein Rücktrittsrecht, und beim Verkäufer besteht Unsicherheit bzgl. der Wahrscheinlichkeit der Ausübung dieses Rechts.

In der praktischen Anwendung problematisch ist die Auslegung der in IAS 18.14(d) genannten Erfassungsvoraussetzung des **wahrscheinlichen Nutzenzuflusses**. Das implizierte „Anspruchsniveau an die Einzahlungserwartung"[619] wird in IAS 18 nicht unmittelbar erläutert; vielmehr ist eine Detailanalyse der einzelnen in IAS 18 dargestellten Sachverhalte vorzunehmen unter Einbeziehung der den Standard ergänzenden Beispiele (illustrative examples): 829

(a) Gewährleistungen

Der Verkauf von Gütern geht regelmäßig mit **Gewährleistungsverpflichtungen** seitens des veräußernden Unternehmens einher. Diese beruhen auf gesetzlicher Verpflichtung oder freiwilliger Kulanz und beinhalten i.d.R. die Verpflichtung zu Reparaturleistungen, zur Ersatzlieferung oder zur Erstattung des Kaufpreises in Folge bestehender Herstellungs- oder Produktionsfehler. Solche allgemein geschäftsüblichen Gewährleistungsverpflichtungen stehen dem Übergang der maßgeblichen Chancen und Risiken nicht entgegen und hindern folglich die Erlösrealisierung nicht (IAS 18.16(a)). In diesen Fällen wird der Umsatz ungekürzt ausgewiesen und die Gewährleistungsverpflichtung durch die aufwandswirksame Bildung einer Rückstellung abgebildet[620]. 830

Die geschäftsüblichen Gewährleistungsverpflichtungen für Herstellungs- und Produktionsfehler sind abzugrenzen von **Gewährleistungsverpflichtungen, die über das geschäftsübliche Maß hinausgehen,** sowie von **Restwert- und Ertragsgarantien**. Über das geschäftsübliche Maß hinausgehende Gewährleistungsverpflichtungen können verhindern, dass die maßgeblichen Chancen und Risiken auf den Verkäufer übergehen; in einem solchen Fall stehen sie der Erlösrealisierung im Weg (IAS 18.16(a)). Liegt eine Restwertgarantie vor, hängt es von der Höhe des garantierten Restwerts ab, ob von einem Übergang der maßgeblichen Chancen und Risiken ausgegangen werden kann. Tendenziell wirkt ein vergleichsweise hoher garantierter Restwert einem Übergang der maßgeblichen Chancen und Risiken entgegen und hindert die Erlösrealisierung. Ebenso können Garantien, die vom Verkäufer gewährt werden und die sich auf die Ertragskraft des veräußerten Guts beziehen, den Übergang der maßgeblichen Chancen und Risiken auf den Käufer hindern (IAS 18.16(b)). 831

(b) Aufschiebende und auflösende Bedingungen

Das Wirksamwerden eines Verkaufs von Gütern kann von dem Eintritt zukünftiger Ereignisse (**aufschiebende Bedingung**) abhängig sein; in anderen Fällen soll der Verkauf bis zu dem Zeitpunkt gültig sein, an dem ein bestimmtes Ereignis eintritt (**auflösende Bedingung**). Aufschiebend bedingte Geschäfte sind rechtlich betrachtet schwebende Geschäfte. Bei auflösend bedingten Geschäften wurde geliefert, und daher sind sie rechtlich betrachtet zunächst wirksam; tritt die auflösende Bedingung ein, erfolgte eine Rückabwicklung des Geschäfts. Für die Beurteilung der Erlösrealisierung bei bedingten Geschäften nach IFRS ist jedoch nicht die rechtliche Qualifikation maßgeblich, sondern es ist 832

---

619 Vgl. *Baetge* u.a., IFRS², Teil B, IAS 18, Rn. 31.
620 Vgl. zur Bildung von sonstigen Rückstellungen Tz. 497ff.

auf den Übergang der maßgeblichen Chancen und Risiken bei einer wirtschaftlichen Betrachtungsweise abzustellen. Deshalb erfolgt die Bilanzierung von aufschiebend und auflösend bedingten Geschäften nach Maßgabe derselben Kriterien.

833 Bei Verkaufsgeschäften, bei denen der Zufluss der Gegenleistung oder das gesamte Geschäft unter der **Bedingung des Weiterverkaufs** geschlossen wird, ist eine Erlösrealisierung ausgeschlossen, solange die Bedingung noch nicht erfüllt ist (IAS 18.16(b)). Das Absatzrisiko eines Guts ist stets als so schwerwiegend anzusehen, dass davon auszugehen ist, dass die maßgeblichen Chancen und Risiken beim Verkäufer verbleiben.

834 Ist bei einem Verkaufsgeschäft ein unbedingtes **Rückgaberecht** oder ein „**Kauf auf Probe**" vereinbart oder besteht ein käuferseitiges Recht auf Rücktritt vom Vertrag, so besteht grds. bis zum Zeitpunkt des Erlöschens des Rückgabe- oder Rücktrittsrechts eine so hohe Unsicherheit bzgl. der Entstehung des Gegenleistungsanspruchs, dass dies die Erlösrealisierung hindert[621]. Kann der Verkäufer die Wahrscheinlichkeit der Rücknahmen verlässlich bestimmen, so hat er die Erlöse zu erfassen und das Rückgaberisiko in Form einer Verbindlichkeit zu berücksichtigen[622].

835 Erfolgt eine Lieferung unter **Eigentumsvorbehalt**, so wirkt dies einer Erlösrealisierung auf Seite des Verkäufers nicht entgegen[623]. Der Eigentumsvorbehalt dient der Sicherung des Gegenleistungsanspruchs des Verkäufers und kann auch nur vom Verkäufer geltend gemacht werden. Von daher liegt es ausschließlich in der Hand des Verkäufers, ob er bei Nichterfüllung durch den Käufer von seinem Eigentumsvorbehalt Gebrauch macht und Herausgabe verlangt oder ob er auf anderweitiger Durchsetzung seines (bereits bestehenden) Gegenleistungsanspruchs beharrt.

(c) Installationsleistungen und Endkontrollen des Kunden

836 Die Erlösrealisierung bei Lieferungen, die mit noch ausstehenden verkäuferseitigen **Installationsleistungen** verknüpft sind, ist davon abhängig, welchen Komplexitätsgrad und welchen Umfang die ausstehenden Installationsleistungen gemessen am Wert des gelieferten Guts haben. Handelt es sich um einfache und wenig aufwendige Installationsarbeiten, wie z.B. den Anschluss einer Waschmaschine an eine Stromquelle und an die Wasser-/Abwasserleitung, so hindern diese im Allgemeinen die Erlösrealisierung nicht. Einfache Installationsarbeiten sind i.d.R. durch einen hohen Standardisierungsgrad und einen gewissen Routinecharakter gekennzeichnet, sodass mit ihrer Verrichtung kein wesentliches Risiko für die Vertragserfüllung und damit die Entstehung des Gegenleistungsanspruchs einhergeht[624].

837 Ist bei einem Verkaufsgeschäft eine **Endkontrolle durch den Kunden** vereinbart, so richtet sich die Frage der Erlösrealisierung beim Verkäufer danach, welchen Einfluss die Endkontrolle des Kunden auf die Entstehung des Gegenleistungsanspruchs hat. Dient die Endkontrolle lediglich der Bestimmung nur solcher Merkmale des verkauften Guts, die zwar wesentlichen Einfluss auf die Höhe des Kaufpreises oder anderer Vertragsbestandteile haben, jedoch das Geschäft dem Grunde nach nicht in Frage stellen können, weil die Beschaffenheit des Guts nachweislich innerhalb der vertraglich geforderten Bandbreiten liegt, so kann i.d.R. eine Erlösrealisierung vorgenommen werden[625]. Hat die

---

621 *Epstein/Jermakowicz*, S. 270-272.
622 Vgl. IAS 18.16(d), .17.
623 Vgl. IAS 18.17.
624 Vgl. IAS 18.IE2(a).
625 Vgl. IAS 18.IE2(b).

Endkontrolle dagegen den Charakter einer Endabnahme, die für das Entstehen des Gegenleistungsanspruchs konstitutiv ist, und besteht daher noch ein nicht vernachlässigbares Erfüllungsrisiko, so erfolgt die Erlösrealisierung erst mit erfolgter Endabnahme durch den Kunden oder nach Ablauf einer ggf. vereinbarten Abnahmefrist.

(d) Verkäufe mit späterer Lieferung

Üblicherweise erfolgen bei Verkaufsgeschäften der Übergang der maßgeblichen Risiken und Chancen sowie der Übergang der Verfügungsmacht zeitgleich mit der Lieferung. Eine Ausnahme hiervon bilden sog. **„bill and hold transactions"**. Bei solchen Geschäften erfolgt eine Lieferung auf ausdrücklichen Wunsch des Kunden mit zeitlicher Verzögerung und i.d.R. auch nach Entrichtung des Kaufpreises. In der Zwischenzeit liegt rechtlich ein Verwahrungsgeschäft vor. Nach IAS 18.IE1 müssen für eine Erlösrealisierung in diesen Fällen folgende Bedingungen kumulativ erfüllt sein: 838

- das rechtliche Eigentum an den Gütern ist mit Beginn der Verwahrung auf den Käufer übergegangen und eine Rechnungsstellung mit üblichen Zahlungskonditionen wird vom Kunden akzeptiert;
- die spätere Lieferung der Güter ist wahrscheinlich;
- Identifizierbarkeit, Verfügbarkeit und Lieferbereitschaft der Güter (Separierung der Güter beim Verkäufer);
- zeitliche Verlagerung der Lieferung auf ausdrücklichen Wunsch des Käufers.

Im Unterschied zu den „bill and hold transactions" führen **„lay away sales"** i.d.R. nicht zu einer Erlösrealisierung. Bei „lay away sales" erfolgt die Lieferung erst mit der vollständigen Entrichtung des Kaufpreises. Die Entrichtung des Kaufpreises und die Lieferung des Kaufgegenstands sind damit konstitutiv für die Erlösrealisierung. Belegen in Ausnahmefällen Erfahrungswerte, dass die meisten Geschäfte dieser Art erfolgreich vollzogen werden, so können unter der Voraussetzung, dass bereits ein wesentlicher Teilbetrag der Zahlungen geleistet wurde und die zu liefernden Güter identifiziert, verfügbar und lieferbereit sind, die dazugehörigen Erlöse in voller Höhe realisiert werden (IAS 18. IE3). 839

(e) Beteiligung von Zwischenhändlern

Beim **Kommissionsgeschäft** veräußert der Kommissionär Güter in eigenem Namen und auf Rechnung des Kommittenten. i.d.R. verbleiben die maßgeblichen Chancen und Risiken bzgl. der Güter so lange beim Kommittenten, bis der Kommissionär die Güter an Dritte verkauft hat. Eine Erlösrealisierung beim Kommittenten erfolgt damit erst mit Lieferung der Güter an Dritte (IAS 18.IE2(c)). 840

Werden in einer Vertriebskette **Zwischenhändler** eingeschaltet, so ist der wirtschaftliche Gehalt der Handelsvereinbarungen daraufhin zu untersuchen, wer die maßgeblichen Chancen und Risiken der Güter trägt. Handelt der „Zwischenhändler" lediglich als Stellvertreter des Verkäufers (agent), so trägt er die Chancen und Risiken aus den gehandelten Gütern nicht; eine Erlösrealisierung erfolgt erst mit der Weiterveräußerung an Dritte (IAS 18.IE6). Ist der Zwischenhändler dagegen selbstständiger Träger von Chancen und Risiken aus den Gütern, so gehen diese i.d.R. mit Lieferung auf den Zwischenhändler über und die dazugehörigen Erlöse können beim Verkäufer erfasst werden. Indikatoren für einen Übergang der maßgeblichen Chancen und Risiken sind: 841

- der Zwischenhändler ist aus seinem Absatzgeschäft primär zur Leistung verpflichtet und die Erfüllungsrisiken treffen ihn; er trägt auch das Verwertungs- und Rücknahmerisiko bzgl. der Güter sowie das Delkredererisiko bzgl. der Kunden;
- der Zwischenhändler trägt das Risiko des zufälligen Untergangs noch nicht verkaufter Güter;
- der Zwischenhändler hat die Möglichkeit zur eigenen Preisgestaltung und vereinbart die zu erbringende Leistung selbst;
- der Zwischenhändler nimmt eigene Wertschöpfungshandlungen an den Gütern vor;
- der Zwischenhändler wählt seine Lieferanten selbst aus[626].

Sofern ein Zwischenhändler nicht selbst Träger der maßgeblichen Chancen und Risiken ist, kann er diese auch nicht auf Dritte übertragen. Daher kann bei einem solchen Zwischenhändler keine Erlösrealisierung in Höhe des Verkaufspreises der Güter erfolgen. Die Erlösrealisierung erfolgt dann bei Verkauf an Dritte bzw. mit erbrachter Vermittlungsleistung in Höhe der mit dem Verkäufer vereinbarten Vermittlungsprovision nach Maßgabe der Grundsätze für die Erlösrealisierung bei Dienstleistungen (IAS 18.8)[627].

(f) Mehrkomponentenverträge

842 Bündelt eine Vereinbarung mehrere einzeln identifizierbare Leistungskomponenten zu einer Gesamtleistung, liegt ein Mehrkomponentengeschäft (**multi-element arrangement** oder **arrangement with multiple deliverables**) vor. Unter folgenden – kumulativ zu erfüllenden – Voraussetzungen ist nach IFRS eine gesonderte bilanzielle Betrachtung der einzelnen Leistungskomponenten angezeigt:

- am Abschlussstichtag steht die Erfüllung einzelner Leistungskomponenten noch aus, d. h., für das Gesamtgeschäft sind die Erlösrealisierungskriterien noch nicht erfüllt; es wurden jedoch bereits einzelne identifizierbare Leistungskomponenten erbracht, oder es muss bei den Anhangangaben eine getrennte Betrachtung der Leistungskomponenten erfolgen (Kriterium der Notwendigkeit einer gesonderten bilanziellen Betrachtung);
- der Kunde wäre auch an der bereits gelieferten Komponente isoliert von den anderen Komponenten interessiert, d.h., die bereits gelieferte Komponente bringt dem Kunden einen selbstständigen Nutzen (Kriterium der Eigenständigkeit);
- der Komponente können auf verlässlicher Basis Kosten- und Erlösanteile zugerechnet werden (Kriterium der verlässlichen Kosten- und Erlösermittlung)[628].

Wird eine Leistung auch außerhalb eines Mehrkomponentengeschäfts als Einkomponentengeschäft angeboten, so ist dies ein Beleg für die Eigenständigkeit der Leistungskomponente[629].

843 Erfolgt eine **gesonderte bilanzielle Betrachtung** der Leistungskomponenten, so ist jede Leistungskomponente separat auf die Erfüllung der Erlösrealisierungskriterien zu untersuchen und gesondert zu bewerten. Hierzu wird der Gesamterlös der Vereinbarung im Verhältnis der beizulegenden Zeitwerte der einzelnen Leistungskomponenten aufgeteilt (IAS 18.9); eine ggf. bereits vorgenommene vertragliche Aufteilung der Gesamtgegenleistung durch die Geschäftspartner ist insoweit nicht maßgeblich. Alternativ sieht IAS 18.

---

626 Vgl. *KPMG*, Insights into IFRS 2010/11, S. 1017-1018, Rn. 4.2.660.60, bzw. *PricewaterhouseCoopers*, Manual of Accounting, S. 9047ff., Rn. 9.159-168.
627 Vgl. auch Tz. 852f.
628 Vgl. IAS 18.13, IAS 18.IE11, SIC-27.8 in analoger Anwendung.
629 Vgl. IAS 11.8 in analoger Anwendung.

Ansatz und Bewertung einzelner Posten im IFRS-Abschluss　　　　　　　　　　　　N

IE11 die Aufteilung der Gesamtgegenleistung nach dem Verhältnis der Kosten zzgl. eines angemessenen Gewinnzuschlags der einzelnen Leistungskomponenten vor. Die Erlösrealisation für jede separat betrachtete Leistungskomponente richtet sich nach der Art der jeweiligen bereits erbrachten Leistung und den entsprechend einschlägigen Vorschriften[630].

Zu den Mehrkomponentenverträgen gehören gem. IFRIC 13 auch **Kundenbindungs-** 844
programme (miles and more, payback etc.). Diese nutzen Unternehmen um Kunden Anreize zum Kauf ihrer Güter oder Dienstleistungen zu bieten. Bei Käufen von Gütern oder Dienstleistungen gewähren Unternehmen den Kunden Prämiengutschriften (häufig sog. Treuepunkte). Diese können die Kunden gegen kostenlose oder preisreduzierte Güter oder Dienstleistungen einlösen (IFRIC 13.1).

Zur **Bilanzierung von Kundenbindungsprogrammen** haben Unternehmen nach 845
IFRIC 13.5 i.V.m. IAS 18.13 die Prämiengutschrift als einzelnen abgrenzbaren Bestandteil des Verkaufsgeschäfts zu behandeln. Der beizulegende Zeitwert der erhaltenen Gegenleistung aus dem Verkauf ist zwischen der Prämiengutschrift und den anderen Bestandteilen des Geschäftsvorfalls aufzuteilen (IFRIC 13.5). Der Teil der Gegenleistung, der der Prämiengutschrift zuzuordnen ist, ist mit dem beizulegenden Zeitwert zu bewerten, d.h. mit dem Betrag, für den die Prämiengutschrift separat hätte verkauft werden können (IFRIC 13.6).

Der **Zeitpunkt der Vereinnahmung** des abgegrenzten Betrags **im Periodenergebnis** 846
richtet sich danach, ob die Prämie durch das Unternehmen selbst oder durch einen Dritten bereitgestellt wird. Stellt das Unternehmen die Prämien selbst bereit, ist der abgegrenzte Betrag erst dann als Ertrag zu erfassen, wenn die Gutschrift eingelöst wird und das Unternehmen seiner Verpflichtung zur Aushändigung der Prämie nachgekommen ist, mithin die Gegenleistungspflicht erfüllt ist (IFRIC 13.7). Wird die Prämie durch einen Dritten bereitgestellt, hat das Unternehmen zu prüfen, ob es die für die Prämie erhaltene Gegenleistung auf eigene Rechnung oder im Auftrag einer anderen Partei vereinnahmt hat. Hat das Unternehmen die Gegenleistung auf eigene Rechnung vereinnahmt, erfasst es den Ertrag, wenn es seine Verpflichtung in Bezug auf die Prämie erfüllt hat (IFRIC 13.8(b)). Hat das Unternehmen die Gegenleistung für einen Dritten vereinnahmt, erfasst es den Ertrag grds. dann, wenn bei dem Dritten die Verpflichtung zur Lieferung der Prämie und der Anspruch auf eine entsprechende Gegenleistung entstanden sind (IFRIC 13.8(a) (ii))[631].

(g) Franchise-Verträge

Franchise-Verträge beinhalten i.d.R. eine Vielzahl von Komponenten, wie z.B. die zeitlich 847
befristete Überlassung von Markenrechten, laufende kommerzielle, organisatorische und technische Beratung, Vermietung von Räumlichkeiten sowie den Verkauf von Einrichtungsgegenständen. Damit liegt ggf. ein Mehrkomponentenvertrag vor, der in seine Bestandteile zu zerlegen ist[632]. Ein Bestandteil des Vertrags ist dann häufig der Verkauf von Einrichtungsgegenständen, bzgl. deren Verwendung im Rahmen der Aktivitäten des Franchise-Nehmers die Franchise-Verträge i.d.R. bestimmte die Nutzungsmöglichkeiten und Verfügungsrechte des Franchise-Nehmers einschränkende Auflagen vorsehen, die

---

630 Vgl. IAS 18.IE14(ciii), .IE17 und .IE18.
631 Soweit zu erwarten ist, dass die unvermeidbaren Kosten für die Erfüllung der Verpflichtung zur Lieferung der Prämie die erhaltene Gegenleistung übersteigen, liegt für das Unternehmen ein belastender Vertrag vor. Für den Unterschiedsbetrag ist gem. IAS 37 eine Verbindlichkeit anzusetzen (IFRIC 13.9).
632 Vgl. Tz. 842ff.

einen Übergang der wesentlichen Chancen und Risiken auf den Franchise-Nehmer fraglich erscheinen lassen. Nach IAS 18.IE18(a) und herrschender Literaturmeinung[633] wird der Übergang der wirtschaftlichen Verfügungsmacht und damit der maßgeblichen Chancen und Risiken bzgl. der Einrichtungsgegenstände nicht in Frage gestellt, sodass der Franchise-Geber mit Lieferung der Gegenstände den dazugehörigen Erlös ausweist.

(h) Sukzessivlieferverträge

848 Sieht ein Kaufvertrag keine Leistungserfüllung in einem Zug, sondern in Teillieferungen vor, die funktional voneinander unabhängig erfolgen und über einen gewissen Zeitraum erbracht werden sollen (**Sukzessivliefervertrag**), so sind die Erlöse mit Erbringung der Teillieferungen zu erfassen (z.B. Lieferung einer Gesamtjahresmenge Bier in Teillieferungen)[634]. Stehen die Teillieferungen jedoch als Teil einer funktionalen Gesamtlieferung in Verbindung mit anderen (nachfolgenden) Lieferungen (z.B. Lieferung eines Baukrans in Teilen), darf eine Erlösrealisierung erst mit Erbringung der letzten Teillieferung erfolgen (IAS 18.16(c)). Wurde bereits ein Erlös gebucht und fällt **nachträglich** die Voraussetzung für den Erlösausweis weg, etwa weil sich Zweifel an der Einbringlichkeit ergeben, ist die **Korrektur** der Forderung als Wertberichtigungsaufwand und nicht als Korrektur des ursprünglichen Umsatzerlöses zu erfassen (IAS 18.18).

(i) Verträge über die Errichtung von Immobilien

849 IFRIC 15 regelt, ob ein Vertrag über die Errichtung einer Immobilie in den Anwendungsbereich von IAS 18 „Umsatzerlöse" oder in den Anwendungsbereich von IAS 11 „Fertigungsaufträge"[635] fällt und wann eine Erfassung der Erlöse zu erfolgen hat (IFRIC 15.6). Die Beurteilung muss dabei für jeden Vertrag einzeln vorgenommen werden und ist von den jeweiligen Vertragsbestimmungen und Umständen abhängig (IFRIC 15.10).

850 Verträge über die Errichtung einer Immobilie fallen dann unter den **Anwendungsbereich** des IAS 11, wenn der Auftraggeber – vor oder während der Bauphase – die Möglichkeit hat, auf die strukturellen Hauptelemente des Bauplans Einfluss zu nehmen (IFRIC 15.11). Demgegenüber liegt ein Anwendungsfall von IAS 18 vor, wenn der Käufer nur begrenzte Möglichkeiten der Einflussnahme auf den Bauplan hat. Dies ist der Fall, wenn er ein Design aus von dem Unternehmen vorgegebenen Variationen auswählen oder das Basisdesign lediglich unwesentlich ändern darf (IFRIC 15.12).

851 Im **Anwendungsbereich des IAS 18** sind die folgenden Fälle für die **Erlösrealisierung** zu unterscheiden: Verkauft das Unternehmen Immobilien, sind die Erlöse regelmäßig erst mit der Fertigstellung/Abnahme der Immobilie zu realisieren (IFRIC 15.16 i.V.m. 15.18 und IAS 18.14)[636]. Muss das Unternehmen weitere Güter liefern oder Dienstleistungen erbringen, die in Bezug auf die dem Käufer bereits übergebene Immobilie einzeln identifizierbar sind, ist vom Vorliegen eines Mehrkomponentenvertrags auszugehen (IFRIC 15.19 i.V.m. 15.8). Gehen die Risiken der im Bau befindlichen Immobilie dagegen kontinuierlich mit dem Baufortschritt auf den Käufer über, ist die Percentage-of-completion-Methode anzuwenden (IFRIC 15.17). Erbringt das Unternehmen lediglich Dienst-

---

633 Vgl. *Baetge* u.a., IFRS², Teil B, IAS 18, Rn. 81.
634 Die Erfassungskriterien des IAS 18.14 sind insoweit erfüllt.
635 Vgl. Tz. 355ff.
636 Muss das Unternehmen an einer bereits an den Käufer übergebenen Immobilie weitere Arbeiten vornehmen, hat es gemäß IAS 18.19 eine Schuld anzusetzen und einen Aufwand zu erfassen. Die Schuld ist gemäß IAS 37 zu bewerten (IFRIC 15.19).

leistungen – dies ist zu vermuten, wenn es keine Fertigungsmaterialien erwerben oder liefern muss –, dann handelt es sich grds. um einen Vertrag über die Erbringung von Dienstleistungen, für den IAS 18.20ff. anzuwenden ist.

(2) Erlöse aus der Erbringung von Dienstleistungen

Erlöse aus Dienstleistungen sind nach der **Percentage-of-completion-Methode**[637] zu erfassen, wenn folgende Bedingungen kumulativ erfüllt sind (IAS 18.20): 852

– Die Höhe der Erlöse kann zuverlässig ermittelt werden;
– der Zufluss des wirtschaftlichen Nutzens aus dem Dienstleistungsgeschäft an das Unternehmen ist wahrscheinlich;
– der Fertigstellungsgrad am Abschlussstichtag ist zuverlässig bestimmbar; und
– die bereits angefallenen Kosten und die noch anfallenden Kosten sind verlässlich zu ermitteln.

Als Voraussetzung für die verlässliche Ermittlung der Erlöse müssen die rechtlich durchsetzbaren Ansprüche des Leistenden und des Leistungsempfängers, die Höhe der Gegenleistung sowie die Abwicklungsmodalitäten festgelegt sein. Weiterhin sind i.d.R. ein adäquat ausgestaltetes Kostenrechnungs- und Budgetierungssystem sowie die regelmäßige Überprüfung und ggf. Korrektur der geschätzten Erlöse während der Erbringung der Dienstleistung erforderlich (IAS 18.23). Die **Methoden zur Ermittlung des Fertigstellungsgrads** entsprechen im Wesentlichen denen bei Fertigungsaufträgen[638]. Wenn das Ergebnis des Dienstleistungsgeschäfts nicht verlässlich schätzbar ist, darf kein Ausweis von Erlösen erfolgen, d.h., Erlöse dürfen nur in Höhe der angefallenen Aufwendungen angesetzt werden (IAS 18.26). Bestehen darüber hinaus Zweifel, dass die angefallenen Kosten erstattet werden, dürfen keine Erlöse, sondern nur der angefallene Aufwand erfasst werden (IAS 18.28). 853

(3) Erlöse aus Zinsen, Lizenzgebühren und Dividenden

Erlöse aus der Nutzung von Vermögenswerten des Unternehmens durch Dritte in Form von Zinsen, Lizenzgebühren oder Dividenden sind zu erfassen, wenn der Zufluss des wirtschaftlichen Nutzens aus dem Geschäft an das Unternehmen wahrscheinlich ist und die Höhe der Erlöse zuverlässig ermittelt werden kann (IAS 18.29). Dabei werden **Zinsen** zeitanteilig nach Maßgabe des Effektivzinssatzes, d.h. unter Berücksichtigung eines Agios oder Disagios, erfasst (IAS 18.30(a), .32). **Lizenzerträge** (bzw. Nutzungsentgelte) werden auf der Basis des wirtschaftlichen Gehalts des zugrunde liegenden Vertrags (z.B. entsprechend der Laufzeit oder der Stückzahl) abgegrenzt (IAS 18.30(b), .33)[639]. **Dividenden** werden dann angesetzt, wenn dem Anteilseigner ein Rechtsanspruch auf die Zahlung zusteht (IAS 18.30(c)). 854

Beim Ermittelnden sind Zinsen, Dividenden, Gewinne und Verluste im Zusammenhang mit **Finanzinstrumenten** oder ihren Komponenten, die finanzielle Verbindlichkeiten darstellen, gem. IAS 32.35 im Periodenergebnis als Erträge bzw. Aufwendungen zu erfassen. Dabei ist die Klassifizierung des Finanzinstruments als Eigen- oder Fremdkapitaltitel insb. dafür ausschlaggebend, ob eine Erfolgswirkung eintritt. Entsprechend sind auch die mit dem Rückkauf oder der Refinanzierung von finanziellen Verbind- 855

---
[637] Zur Percentage-of-completion-Methode vgl. Tz. 372ff.; die Anforderungen von IAS 11 sind gem. IAS 18.21 auf die Behandlung von Dienstleistungen entsprechend anzuwenden.
[638] Vgl. IAS 18.24; vgl. auch Tz. 377f.
[639] Zur Abgrenzung von Lizenzvergabe und Übergang des wirtschaftlichen Eigentums am Beispiel von Film- und Softwarelizenzen vgl. auch *Heuser/Theile*, IFRS⁴, Rn. 644.

lichkeiten verbundenen Gewinne oder Verluste erfolgswirksam zu erfassen, während der Rückkauf oder die Refinanzierung von Eigenkapitalinstrumenten als Eigenkapitalveränderung abzubilden ist (IAS 32.36)[640].

(4) Abgrenzung von Vorabentgelten des Kunden von Zuschüssen zu Investitionen

856 Insbesondere in der (Energie-)Versorgungswirtschaft kommen **Entgelte mit Investitionsbezug** recht häufig vor (bspw. Netzanschlussgebühren, die Kunden bei dem Neuanschluss einer Immobilie zu entrichten haben). Bisher war umstritten, ob Entgelte mit Investitionsbezug als Vorabentgelte des Kunden auf den Bezug von Gütern oder Dienstleistungen gelten oder als Zuschüsse zu klassifizieren und entsprechend zu bilanzieren sind. Regelungen hierzu finden sich nun in **IFRIC 18 „Übertragung von Vermögenswerten durch einen Kunden"**, der zwischen der Übertragung von Sachanlagen und der Übertragung von Zahlungsmitteln durch den Kunden differenziert.

857 Der **Anwendungsbereich** des IFRIC 18 erstreckt sich auf die Bilanzierung von Verträgen, bei denen Unternehmen von Kunden Sachanlagen erhalten, die dann dazu verwendet werden müssen, den Kunden dauerhaft Zugang zu den betreffenden Gütern oder Dienstleistungen zu gewähren (IFRIC 18.5)[641]. Die Übertragung der Sachanlagen muss dabei nicht zwingend durch den Endkunden erfolgen (IFRIC 18.3). Ebenso werden vom Anwendungsbereich auch Verträge erfasst, bei denen das Unternehmen Zahlungsmittel von Kunden einzig und allein zum Bau oder Erwerb einer Sachanlage erhält und diese anschließend dazu verwenden muss, den Kunden dauerhaft Zugang zu den betreffenden Gütern oder Dienstleistungen zu gewähren (IFRIC 18.6).

858 Überträgt der Kunde eine Sachanlage, hat das Unternehmen zunächst zu prüfen, ob diese die Voraussetzungen eines aktivierungspflichtigen Vermögenswerts erfüllt (IFRIC 18.9-10). Ist dies zu bejahen, hat das Unternehmen die übertragene Sachanlage gem. IAS 16.7 zu erfassen und deren AK beim erstmaligen Ansatz gem. IAS 16.24 zum beizulegenden Zeitwert zu bewerten (IFRIC 18.11). Daraufhin ist – zur Klärung der Gegenbuchung – zu untersuchen, ob die im Tausch gegen die Übertragung der Sachanlage vom Unternehmen zu erbringende Leistung eine oder mehrere einzeln abgrenzbare Dienstleistungen darstellt (IFRIC 18.14). Hierzu bieten IFRIC 18.15-17 insb. für die (Energie-) Versorgungsunternehmen eine Reihe von Anhaltspunkten.

859 Ob der Anschluss eines Kunden an ein Leitungsnetz eine **einzeln abgrenzbare Dienstleistung** darstellt, lässt sich nach IFRIC 18.15 u.a. dadurch feststellen, ob der Kunde eine Verbindung zu einem Dienst erhält, die für ihn einen eigenständigen Wert darstellt, und ob sich der beizulegende Zeitwert dieser Verbindung verlässlich ermitteln lässt. Nach IFRIC 18.16 liegt ein Hinweis darauf vor, dass die Gewährung eines dauerhaften Zugangs zur Versorgung mit Gütern oder Dienstleistungen eine einzeln abgrenzbare Dienstleistung darstellt, wenn der Kunde, der die Übertragung vornimmt, den dauerhaften Zugang zu den Gütern oder Dienstleistungen künftig zu einem günstigeren Preis erhält als ohne die Übertragung der Sachanlage. Umgekehrt liegt ein Hinweis darauf vor, dass die Verpflichtung, dem Kunden dauerhaften Zugang zur Versorgung mit Gütern oder Dienstleistungen zu gewähren, aus der Betriebslizenz des Unternehmens oder einer anderen Regelung und nicht aus dem Vertrag über die Übertragung der Sachanlagen erwächst,

---

[640] Zu Erfassung und Ausweis von Kosten, die bei der Ausgabe oder beim Erwerb eigener Eigenkapitalinstrumente entstehen, vgl. IAS 32.37. Vgl. auch Tz. 434.

[641] Solche Übertragungen von Vermögenswerten können insbesondere bei Netzbetreibern in der Versorgungswirtschaft oder bei Outsourcingverträgen von z.B. informationstechnologischen Prozessen von Bedeutung sein (vgl. ausführlich zum Anwendungsbereich *KPMG*, IFRS aktuell[4], S. 179f.).

Ansatz und Bewertung einzelner Posten im IFRS-Abschluss N

wenn der Kunde, der die Übertragung vornimmt, für den dauerhaften Zugang zu den Gütern oder Dienstleistungen den gleichen Preis bezahlt wie Kunden, die keine Übertragung vorgenommen haben (IFRIC 18.17).

Wird nur eine Dienstleistung ermittelt, hat das Unternehmen die **Umsatzerlöse** bei deren Erbringung gem. IAS 18.20 zu erfassen (IFRIC 18.18). Wird mehr als eine einzeln abgrenzbare Dienstleistung ermittelt, muss nach IAS 18.13 jeder einzelnen Dienstleistung der beizulegende Zeitwert des vertraglich vereinbarten Entgelts zugeordnet werden; auf jede Dienstleistung sind die Erfassungskriterien des IAS 18 anzuwenden (IFRIC 18.19). Ist eine laufende Dienstleistung Teil des Vertrags, ist auch der Zeitraum, während dessen für die betreffende Dienstleistung Umsatzerlöse zu erfassen sind, üblicherweise im Vertrag festgelegt. Sollte in dem Vertrag kein bestimmter Zeitraum festgelegt sein, sind die Umsatzerlöse maximal für die Nutzungsdauer des übertragenen Vermögenswerts, mit dem die laufende Dienstleistung erbracht wird, zu erfassen (IFRIC 18.20). 860

Überträgt der Kunde keine Sachanlagen, sondern Zahlungsmittel zur Anschaffung oder Herstellung der Sachanlagen, so ist zu beurteilen, ob der Vertrag in den Anwendungsbereich des IFRIC 18 fällt (IFRIC 18.21. i.V.m. 18.6)[642]. Ist dies zu bejahen, gelten die vorstehenden Ausführungen zur unmittelbaren Übertragung einer Sachanlage entsprechend (IFRIC 18.21). 861

IFRIC 18 ist – auch wenn sachlich letztlich auf die (Energie-)Versorgungswirtschaft ausgerichtet – nicht auf diese beschränkt (IFRIC 18.2). 862

ee) Anhangangaben

Hinsichtlich der Erfassung von Umsatzerlösen sind zunächst die angewandten Bilanzierungs- und Bewertungsmethoden darzustellen, einschließlich der Methoden zur Ermittlung des Fertigstellungsgrads bei Dienstleistungsgeschäften (IAS 18.35(a)). Zudem sind die Erlöse nach wesentlichen Kategorien aufzugliedern (bspw. Verkauf von Erzeugnissen und Waren, Erbringung von Dienstleistungen, Zinsen, Nutzungsentgelte und Dividendenerträge) (IAS 18.35(b)). Ebenso müssen für jede Kategorie die aus Tauschgeschäften stammenden Beträge aufgeführt werden (IAS 18.35(c)). Eventualverbindlichkeiten und Eventualforderungen (z.B. aufgrund von Gewährleistungskosten, Klagen, Vertragsstrafen oder möglichen Verlusten) sind nach IAS 37 anzugeben (IAS 18.36)[643]. 863

ff) Ausblick

Im November 2011 hat das IASB als Reaktion auf Kritik in der Öffentlichkeit an den bisherigen Vorschlägen einen weiteren Standardentwurf (**ED/2011/6 „Revenue from Contracts with Customers"**) zur geplanten Neuregelung der Umsatzrealisierung veröffentlicht. Er ersetzt den im Juni 2010 veröffentlichten Standardentwurf ED/2010/6 Revenue from Contracts with Customers. Die vorrangige Zielsetzung besteht darin, die verschiedenen Modelle der Umsatzrealisierung in einem neuen einheitlichen Modell zusammenzufassen und Abgrenzungsprobleme und Überschneidungen mit anderen Standards zu beseitigen. Die Verabschiedung des finalen Standards wird im zweiten Halbjahr 2012 erwartet. 864

Der geplante neue Standard soll die folgenden, bisher für Fragen der Umsatzrealisierung einschlägigen Vorschriften, ersetzen: IAS 11 Fertigungsaufträge, IAS 18 Umsatzerlöse, 865

---

642 Vgl. zum Anwendungsbereich des IFRIC 18 Tz. 857.
643 Vgl. Tz. 522f. zu Eventualschulden sowie Tz. 524f. zu Eventualforderungen.

IFRIC 13 Kundenbindungsprogramme, IFRIC 15 Verträge über die Errichtung von Immobilien, IFRIC 18 Übertragung von Vermögenswerten durch einen Kunden und SIC-31 Umsatzerlöse – Tausch von Werbedienstleistungen.

866 Die Bestimmung der Höhe des Umsatzes bzw. der Zeitpunkt seiner Realisierung soll zukünftig in **fünf Schritten** erfolgen: Identifizierung des Vertrags bzw. der Verträge, Identifizierung aller separaten Leistungsverpflichtungen, Bestimmung des gesamten Transaktionspreises aus dem Kundenvertrag, Aufteilung des Transaktionspreises auf die separaten Leistungsverpflichtungen und abschließend Ertragserfassung zum Zeitpunkt der Erfüllung einer Leistungsverpflichtung.

867 Eine **Realisierung von Umsatz** liegt zukünftig einheitlich immer dann vor, wenn die Leistungsverpflichtung durch Übergang der Kontrolle an dem veräußerten Gut oder der erbrachten Dienstleistung (d.h. an dem Vermögenswert) auf den Kunden erfüllt ist. Kontrolle bedeutet in diesem Kontext die Möglichkeit, die Nutzung des Vermögenswerts zu bestimmen und den Nutzen aus dem Vermögenswert zu ziehen. Der Standardentwurf nennt ergänzende **Indikatoren**, die für die Beurteilung eines Kontrollübergangs zu einem bestimmten Zeitpunkt heranzuziehen sind, wobei diese nicht abschließend sind: Unbedingte Zahlungsverpflichtung des Kunden, Erlangung des rechtlichen Eigentums durch den Kunden, Erlangung des physischen Besitzes durch den Kunden, Übergang der Chancen und Risiken und Nachweis der Leistungsabnahme.

868 Bezogen auf Vertragsgestaltungen, in denen die resultierenden Umsätze bisher nach den Kriterien der **Percentage-of Completion-Methode (PoC)** vereinnahmt wurden, wird diese nur dann anwendbar bleiben, wenn der Kontrollübergang über einen bestimmten Zeitraum stattfindet. Der Standardentwurf enthält hierfür zwei Kriterien, von denen eines zum Nachweis eines zeitraumbezogenen Kontrollübergangs erfüllt sein muss.

869 **Weitere wesentliche Änderungen** ergeben sich z.B. hinsichtlich der Separierung von Teilleistungen bei Mehrkomponentengeschäften, variabler Preisbestandteile, des separaten Ausweises von Wertminderungen auf Kundenforderungen, der Ermittlung von Drohverlusten und Angabepflichten zur Höhe, Zeitpunkt und Unsicherheiten der umsatzbedingten Einzahlungen.

b) Außerordentliche und ungewöhnliche Aufwendungen und Erträge

870 **Außerordentliche** Erträge und Aufwendungen (extraordinary items) dürfen **weder in der Gesamtergebnisrechnung oder der gesonderten Darstellung des Periodenergebnisses noch im Anhang** als solche gezeigt werden (IAS 1.87).

871 Erträge und Aufwendungen, die für das Verständnis des Periodenergebnisses **wesentlich** sind, müssen **einzeln** angegeben werden (IAS 1.97). Eine solche Angabe umfasst eine Beschreibung des zugrunde liegenden Sachverhalts und eine Angabe der Höhe des Betrags. In IAS 1.98 werden Sachverhalte aufgeführt, die zu einer gesonderten Angabe von Erträgen und Aufwendungen führen können. Daraus ergibt sich, dass z.B. für **ungewöhnliche** Erträge und Aufwendungen aus Wertminderungen auf Vorräte oder Sachanlagen, aus der Veräußerung von AV, aus der Restrukturierung und aus der Auflösung von Rückstellungen eine gesonderte Ausweispflicht zur Folge haben könnten.

872 In Abhängigkeit von der **Wesentlichkeit** der ungewöhnlichen Erträge und Aufwendungen kommt eine gesonderte Zeile innerhalb der Gesamtergebnisrechnung oder innerhalb der gesonderten Darstellung des Periodenergebnisses infrage (IAS 1.88 i.V.m.

Ansatz und Bewertung einzelner Posten im IFRS-Abschluss N

1.97)[644]. Ein Ausweis in einem abgegrenzten Teil der Gesamtergebnisrechnung oder in dem gesondert darstellten Periodenergebnis – bspw. nach dem operativen Ergebnis – ist nicht zulässig. Stattdessen empfehlen sich eine Aufgliederung der einzelnen Posten sowie das Einfügen entsprechender Zwischensummen[645]. Vorjahresangaben sind grds. anzupassen[646].

Durch die vorstehenden Regelungen wird einerseits erreicht, dass die Nutzer des Abschlusses vertiefende **Informationen** zu den maßgeblichen Quellen des Periodenergebnisses erhalten, und anderseits verhindert, dass in der Gesamtergebnisrechnung, in der gesonderten Darstellung des Periodenergebnisses oder im Anh. ein unternehmensindividuell abgegrenztes wirtschaftliches Ergebnis (im Sinne eines nachhaltigen Ergebnisses vor außerordentlichen Einflüssen) dargestellt wird. 873

c) Aufwendungen und Erträge im Zusammenhang mit aufgegebenen Geschäftsbereichen

Zur Definition, Klassifizierung, Bewertung sowie zu den Ausweisvorschriften und Anhangangaben vgl. Tz. 994ff. 874

d) Änderungen von Schätzungen, Änderungen von Bilanzierungs- und Bewertungsmethoden und Korrektur von Fehlern

Eine der vier unterstützenden qualitativen Anforderungen des Rahmenkonzepts an (IFRS-) Abschlüsse ist die **Vergleichbarkeit** (comparability)[647]. Zur Sicherstellung dieses Ziels wird in IAS 8 u.a. die bilanzielle Behandlung von Änderungen von Ansatz und Bewertung geregelt. Folgende Sachverhalte können zu einer Änderung führen: 875

– Änderungen von Schätzungen (changes in accounting estimates; IAS 8.32-40);
– Änderungen von Bilanzierungs- und Bewertungsmethoden (changes in accounting policies; IAS 8.14-31) und
– Korrektur von Fehlern aus früheren Perioden (errors; IAS 8.41-49).

Vernünftige Schätzungen sind ein notwendiger Bestandteil der Aufstellung von Abschlüssen, deren Verlässlichkeit dadurch nicht beeinträchtigt wird (IAS 8.33). **Änderungen von Schätzungen** können sich bspw. ergeben in Bezug auf risikobehaftete Forderungen, die Überalterung von Vorräten, den beizulegenden Zeitwert von finanziellen Vermögenswerten oder Schulden, die Nutzungsdauer oder den erwarteten Abschreibungsverlauf des künftigen wirtschaftlichen Nutzens von abnutzbaren Vermögenswerten und Gewährleistungsgarantien (IAS 8.32). Die – teilweise schwer von den Methodenänderungen (und den Fehlerkorrekturen) abzugrenzenden – Änderungen von Schätzungen[648] sind regelmäßig **prospektiv** (IAS 8.36), d.h. in der laufenden und ggf. den folgenden Perioden, und erfolgswirksam zu berücksichtigen. Vorjahresbeträge sind nicht anzu- 876

---

644 IAS 1.88 schreibt vor, dass ein Unternehmen alle Ertrags- und Aufwandsposten der Periode im Periodenergebnis zu erfassen hat, es sei denn, ein IFRS schreibt etwas anderes vor. Damit dürfte eine Angabe im Anhang nur in Ausnahmefällen möglich sein.
645 Wird bspw. ein wesentlicher Teil der Umsatzkosten (z.B. Abschreibung von Vorräten, die durch einen Brand zerstört wurden) gesondert von den übrigen Umsatzkosten ausgewiesen, werden beide Posten in einer Zwischensumme „Umsatzkosten" zusammengefasst, vgl. *KPMG*, Insights into IFRS 2010/11, S. 951-952, Rn. 4.1.82.
646 Vgl. *KPMG*, Insights into IFRS 2010/11, S. 952, Rn. 4.1.82.70.
647 Die beiden grundlegenden qualitativen Anforderungen sind Relevanz und glaubwürdige Darstellung. Die übrigen unterstützenden qualitativen Anforderungen sind Überprüfbarkeit, Zeitnähe und Verständlichkeit (CF.QC4 und .QC19), vgl. auch Ausführungen zur Vergleichbarkeit in Tz. 39f.
648 Im Zweifel ist eine Schätzungsänderung anzunehmen (IAS 8.35).

1835

passen. Bei wesentlicher Bedeutung ergeben sich grds. **Angabepflichten**[649] hinsichtlich Art und Betrag der erfolgten Änderung (IAS 8.39). Soweit die Auswirkungen einer Schätzungsänderung auf zukünftige Perioden ausnahmsweise nicht verlässlich bestimmbar sind, darf auf die entsprechende Angabe verzichtet werden (IAS 8.39); hierauf ist jedoch explizit hinzuweisen (IAS 8.40).

877 In IAS 8.5 werden Bilanzierungs- und Bewertungsmethoden (bzw. Rechnungslegungsmethoden) definiert als die besonderen Prinzipien, grundlegenden Überlegungen, Konventionen, Regeln und Praktiken, die ein Unternehmen bei der Aufstellung und Darstellung eines Abschlusses verwendet. **Änderungen von Bilanzierungs- und Bewertungsmethoden** sind lediglich unter den Voraussetzungen des IAS 8.14 zulässig, d.h. bei normativen Änderungen oder zur Verbesserung der Darstellung im Sinne zuverlässiger und relevanterer Informationen (IAS 8.14). Im Abschluss sind Änderungen der Bilanzierungs- und Bewertungsmethoden grds. **retrospektiv** zu berücksichtigen, d.h. so, als sei die neu gewählte Methode auf die Geschäftsvorfälle von Anfang an angewandt worden (IAS 8.23). Demzufolge hat grds. eine Anpassung der (kumulierten) Beträge in den Eröffnungsbilanzwerten eines jeden betroffenen Vermögenswerts, Schuldpostens und einzelnen Eigenkapitalbestandteils (normalerweise vollständig über Gewinnrücklagen; IAS 8.26) der frühesten im Abschluss dargestellten Periode zu erfolgen. Lediglich bei Impraktikabilität bestehen Ausnahmen in Bezug auf eine rückwirkende Anwendung (IAS 8.50). So wird es in manchen Fällen nicht möglich sein, bis zum Ursprung des Sachverhalts zurückzugehen, bspw. aufgrund einer fehlenden oder für die spezifischen Zwecke nicht ausreichenden Datenbasis. In diesen Fällen erfolgt eine Anpassung der Beträge ab der ersten Periode, für die eine (rückwirkende) Anwendung möglich ist (IAS 8.24 i.V.m. 8.27). Bei wesentlichen Auswirkungen einer Änderung von Bilanzierungs- und Bewertungsmethoden ergeben sich **Angabepflichten** u.a. bzgl. der Art der Änderung, der Gründe für die Änderung und der Anpassungsbeträge der einzelnen betroffenen Posten des Abschlusses und des Ergebnisses je Aktie (sofern IAS 33 anzuwenden ist) für die Berichtsperiode und, soweit bestimmbar, für jede frühere dargestellte Periode (IAS 8.29).

878 Des Weiteren hat ein Unternehmen darüber zu berichten, wenn es einen bereits veröffentlichten **Standard** (oder eine entsprechende Interpretation), der (bzw. die) aber **noch nicht in Kraft** getreten ist, noch nicht anwendet. Zudem sind mögliche Auswirkungen auf den Abschluss des Unternehmens in der Periode der erstmaligen Anwendung abzuschätzen (IAS 8.30).

879 **Fehler** können bei der Erfassung, Bewertung, Darstellung oder Offenlegung von Bestandteilen eines Abschlusses entstehen. Ein Abschluss steht nicht in Einklang mit den IFRS[650], wenn hierin wesentliche Fehler oder absichtlich herbeigeführte unwesentliche Fehler (mit dem Ziel der Darstellung einer bestimmten Vermögens-, Finanz- und Ertragslage oder der Zahlungsströme) enthalten sind (IAS 8.41). Nach IAS 8.5 ist ein Fehler definiert als Auslassung oder fehlerhafte Angabe in dem (früheren) Abschluss eines Unternehmens, die sich aus der Nicht- oder Fehlanwendung von zuverlässigen Informationen – die zur Verfügung standen oder hätten eingeholt werden können[651] – ergeben hat. Zu den Fehlern zählen u.a. Rechenfehler, Fehler bei der Anwendung von Rechnungslegungsmethoden, Flüchtigkeitsfehler oder Fehlinterpretationen von Sachverhalten sowie Betrugsfälle (IAS 8.5).

---

649 Praktisch wird dies üblicherweise durch entsprechende Anhangangaben erfolgen, vgl. *Zülch/Wilms*, KoR 2004, S. 128 (130).
650 Vgl. IAS 1.16.
651 Jeweils bezogen auf den Zeitpunkt, in dem der Abschluss der entsprechenden Periode zur Veröffentlichung genehmigt wurde (issue date).

Im Abschluss sind **Korrekturen von Fehlern aus früheren Perioden** grds. **retrospektiv** 880
zu berücksichtigen (IAS 8.42). Somit hat – wie bei einer Methodenänderung – eine Anpassung der Beträge in den Eröffnungsbilanzwerten eines jeden betroffenen Vermögenswerts, Schuldpostens und einzelnen Eigenkapitalbestandteils der frühesten im Abschluss dargestellten Periode zu erfolgen. Eine prospektive Korrektur von Fehlern aus früheren Perioden ist grds. nicht zulässig. Wenn eine rückwirkende Fehlerkorrektur ausnahmsweise nicht vollständig möglich ist, bspw. aufgrund einer fehlenden oder für die spezifischen Zwecke nicht ausreichenden Datenbasis, dann erfolgt eine Anpassung der Beträge ab der ersten Periode, für die eine rückwirkende Anwendung möglich ist (IAS 8.44), ansonsten eine prospektive Fehlerkorrektur (IAS 8.45). Bei wesentlichen Auswirkungen ergeben sich **Angabepflichten** u.a. bzgl. der Art des Fehlers, der Anpassungsbeträge der einzelnen betroffenen Posten des Abschlusses und des Ergebnisses je Aktie (sofern IAS 33 anzuwenden ist) für jede relevante Periode (IAS 8.49(a)-(c)). Sollte die rückwirkende Fehlerkorrektur nicht möglich sein, ist über die Umstände, die dazu geführt haben, zu berichten. Zudem ist anzugeben, wie und ab wann der Fehler korrigiert wurde (IAS 8.49(d)).

V. Die Erstellung von Konzernabschlüssen nach IFRS

1. Überblick und Grundkonzeption

Für die Erstellung von KA ist eine Reihe von Einzelstandards einschlägig, die für sämtliche Unternehmen (entities) gelten. Der **Unternehmensbegriff** ist dabei weit gefasst und unabhängig von Größe, Rechtsform und Branche (IAS 27.12 i.V.m. 27.4). IAS 27 enthält Regelungen zur Abgrenzung des Konsolidierungskreises, zu den Grundsätzen der Konzernbilanzierung bzw. Konsolidierungstechnik, zur bilanziellen Behandlung bei Verlust der Beherrschung und zur Abbildung von TU (subsidiaries), assoziierten Unternehmen (associates) und Joint Ventures im separaten Abschluss nach IFRS und zu den dazugehörigen Anhangangaben. IFRS 3 regelt die Abbildung von Unternehmenszusammenschlüssen, IAS 28 die Bilanzierung von assoziierten Unternehmen und IAS 31 die Bilanzierung von Joint Ventures. Ferner sind für die Erstellung von KA nach IFRS u.a. IAS 12 zu latenten Steuern und IAS 21 zur Währungsumrechnung relevant. Die Abschlüsse von Konzernunternehmen mit Sitz in Hochinflationsländern sind nach den Grundsätzen des IAS 29 aufzustellen. 881

Die Regelungen zur Konzernrechnungslegung nach IFRS folgen weitgehend der **Einheitstheorie**. Danach sind die Konzernunternehmen im KA so darzustellen, als ob es sich bei dem Konzern (group) um ein einziges Unternehmen (entity) handelt (IAS 27.4). Ein Konzern ist definiert als ein MU (parent) mit allen seinen TU (subsidiaries) (IAS 27.4). 882

2. Aufstellungspflicht

Nach IAS 27.9 i.V.m. 27.4 hat jedes **MU** (parent), d.h. jedes Unternehmen, das mindestens ein TU (subsidiary) hat, einen KA aufzustellen. Diese Regelung hat für den deutschen Rechtskreis jedoch keine Bedeutung, da sich die Pflicht zur Aufstellung eines KA aus den Regelungen der § 290 HGB, § 11 PublG bzw. den §§ 340i und 341i HGB ergibt[652]. 883

IAS 27.10 enthält Befreiungsvorschriften für die Aufstellung eines KA. Diese haben allerdings – ebenso wie die Aufstellungspflicht nach IAS 27.9 i.V.m. 27.4 – im deutschen 884

---
652 Zur Aufstellungspflicht eines KA nach IFRS in Deutschland vgl. Tz. 1-4.

Rechtskreis keine Bedeutung; die Befreiungen von der Aufstellungspflicht sehen die §§ 291-293 HGB vor[653].

3. Vollkonsolidierungskreis
a) Beherrschung (control)

885 Für einen KA, der pflichtmäßig oder freiwillig nach § 315a HGB unter Beachtung der IFRS aufgestellt wird, richtet sich der Kreis der einzubeziehenden TU nach IAS 27.

886 Mutter-Tochter-Verhältnisse werden nach IAS 27 ausschließlich über das Vorliegen von Beherrschung (control) definiert (IAS 27.13 i.V.m. 27.4); das MU muss demnach die Möglichkeit haben, die Geschäfts- und Finanzpolitik (financial and operating policies) des einzubeziehenden TU so zu bestimmen, dass es Nutzen (benefits) aus dessen Tätigkeit ziehen kann[654]. Ob das MU diese Möglichkeit tatsächlich nutzt, ist für die Beurteilung, ob Beherrschung vorliegt, nicht relevant.

887 Besitzt ein Unternehmen direkt oder indirekt über TU **mehr als die Hälfte der Stimmrechte**, so wird (widerlegbar[655]) vermutet, dass Beherrschung besteht (IAS 27.13). Eine Kapitalbeteiligung ist nicht Voraussetzung für das Vorliegen von Beherrschung.

888 In seiner Oktobersitzung 2005 hat das IASB die Auffassung vertreten, dass auch durch **de facto control** eine Beherrschung i.S.v. IAS 27 vorliegen kann. Nach dieser Auslegung begründet auch eine faktische Präsenzmehrheit in der Hauptversammlung die Möglichkeit zur Beherrschung[656]. Das bilanzierende Unternehmen muss sich bei der Aufstellung seines KA für die Anwendung eines dieser Beherrschungskonzepte (Berücksichtigung oder Nicht-Berücksichtigung von de facto control) entscheiden.

889 Bei der Prüfung, ob ein Unternehmen die **Mehrheit der Stimmrechte** eines anderen Unternehmens besitzt, sind grds. – unabhängig davon, ob die Geschäftsführung des potenziell beherrschenden Unternehmens die Stimmrechtsmehrheit erwerben will oder nicht – auch potenzielle Stimmrechte (potential voting rights), die zum Beurteilungszeitpunkt (currently) ausübbar sind, zu berücksichtigen[657]. Potenzielle Stimmrechte sind bspw. Wandlungs- oder Optionsrechte (IAS 27.14). Die Möglichkeit, zum Beurteilungszeitpunkt eine Stimmrechtsmehrheit zu erwerben, führt zur widerlegbaren Vermutung, dass Beherrschung vorliegt[658].

890 Beherrschung kann auch **ohne eigene Stimmrechtsmehrheit** vorliegen, wenn die Stimmrechtsmehrheit auf einer mit anderen Anteilseignern abgeschlossenen Vereinbarung basiert, wenn die Finanz- und Geschäftspolitik aufgrund von Satzung oder Vertrag bestimmt werden kann, wenn die Möglichkeit besteht, die Mehrheit der Mitglieder des Leitungsorgans (board of directors or equivalent governing body) zu ernennen und abzuberufen, oder wenn Stimmrechtsmehrheit in diesem Leitungsorgan gegeben ist (IAS 27.13). Der Vertrag über die Ausübung von Stimmrechten kann schriftlich und mündlich geschlossen werden. Im Fall einer (engen) **zeitlichen Beschränkung** der Ver-

---

653 Zu den deutschen Befreiungsvorschriften vgl. M Tz. 81 ff.

654 Vgl. IAS 27.4; zu weiteren Ausführungen vgl. auch *PricewaterhouseCoopers*, Manual of Accounting, S. 24008f., Rn. 24.25-26.

655 Zur Widerlegung muss nach IAS 27.13 nachgewiesen werden, dass außergewöhnliche Umstände bestehen, aufgrund derer der Stimmrechtsbesitz keine Beherrschung begründet.

656 Vgl. *KPMG*, Insights into IFRS 2010/11, S. 74, Rn. 2.5.30.20-.40, sowie *PricewaterhouseCoopers*, Manual of Accounting, S. 24023, Rn. 24.70-71.

657 Vgl. IAS 27.14,.15 und.19, IAS 27.IG.

658 Vgl. *Ernst & Young*, S. 335, bzw. *KPMG*, Insights into IFRS 2010/11, S. 82, Rn. 2.5.130.10.

einbarung ist zu hinterfragen, ob die vertragliche Vereinbarung tatsächlich dazu ausreicht, Beherrschung i.S.v. IAS 27.13 zu erlangen. Die Möglichkeit der Bestimmung der Geschäfts- und Finanzpolitik bedarf einer gewissen Dauerhaftigkeit, um die Qualität einer Beherrschung zu gewinnen. Liegt eine Vereinbarung vor, die ein jederzeitiges Kündigungsrecht desjenigen vorsieht, der seine Stimmrechte überträgt, so liegt die mit den Stimmrechten verbundene Einflussmöglichkeit nach wie vor beim Übertragenden[659].

Hinsichtlich der vertraglichen Möglichkeit zur Ernennung der **Mehrheit des Leitungsorgans** ist es fraglich, welches Gremium als Leitungsorgan zu verstehen ist (z.b. Geschäftsführung oder Gesellschafterversammlung bei Unternehmen in der Rechtsform der GmbH bzw. Vorstand oder AR bei Unternehmen in der Rechtsform der AG). Für die Beurteilung dieser Fragestellung ist die konkrete Verteilung der Geschäftsführungs- und Aufsichtsfunktionen zu beachten. So kann die Möglichkeit zur Ernennung der Mehrheit des AR zur Beherrschung i.S.v. IAS 27.13(c) führen, wenn es z.b. Aufgabe des AR ist, das jährliche Budget zu genehmigen, oder der AR das Recht besitzt, die Mitglieder des Vorstands zu ernennen oder zu entlassen[660]. 891

Für die Beurteilung, ob und inwieweit ein Unternehmen ein anderes Unternehmen beherrscht, ist zwischen der Möglichkeit, die täglichen Geschäfte zu führen, und der Möglichkeit, die **Geschäfts- und Finanzpolitik** zu bestimmen, zu unterscheiden. So beherrscht etwa ein GmbH-Geschäftsführer, der einen nicht beherrschenden Anteil hält, nicht etwa aufgrund seiner Geschäftsführerstellung das von ihm operativ geleitete Unternehmen; er unterliegt hinsichtlich der Geschäfts- und Finanzpolitik – den grundlegenden und strategischen Entscheidungen – der Weisungsbefugnis des/der Mehrheitsgesellschafter(s)[661]. 892

Die Rechte eines Mehrheitsgesellschafters können durch **Rechte von Minderheiten** derart eingeschränkt sein, dass der Mehrheitsgesellschafter das betreffende Unternehmen faktisch nicht beherrschen kann. Diese Minderheitsrechte können auf gesetzlicher oder individual-vertraglicher bzw. gesellschaftsvertraglicher Grundlage beruhen. Beschränken sich die Minderheitsrechte auf Zustimmungspflichten oder Vetorechte bei Satzungsänderungen, bei bestimmten (für sie nachteiligen) Geschäften, Grundlagenentscheidungen im Zusammenhang mit der Auflösung der Gesellschaft bzw. der Eröffnung des Insolvenzverfahrens oder auf Entscheidungen im Zusammenhang mit der Ausgabe von Anteilen, so ist in analoger Anwendung der Regelung in EITF 96-16[662] die Beherrschung nicht in einem Maß eingeschränkt, dass eine Einbeziehung des Unternehmens zu unterbleiben hat. Ein anderes Bild ergibt sich, wenn die Besetzung des Leitungsorgans inklusive der Höhe der Entlohnung dieses Leitungsorgans oder Entscheidungen über geschäftspolitische und finanzpolitische Fragen inklusive des operativen Budgets zustimmungspflichtig sind. Die Beherrschung ist dabei nur dann beeinträchtigt, wenn die Minderheiten ihre Einwendungen auch in der Weise durchsetzen können, dass dies zu einer Änderung der Entscheidung führt; bloße Anhörungspflichten beeinträchtigen die Beherrschung durch den Mehrheitsgesellschafter nicht[663]. 893

---

659 Vgl. *KPMG*, Insights into IFRS 2010/11, S. 75, Rn. 2.5.40.
660 Vgl. *PricewaterhouseCoopers*, Manual of Accounting, S. 24017, Rn. 24.55-57; weitergehend *Baetge* u.a., IFRS², Teil B, IAS 27, Rn. 72, nach dem die Möglichkeit der Ernennung der Mehrheit des Leitungs- oder Aufsichtsorgans (im dualistischen System) zur Beherrschung ausreicht.
661 Vgl. *KPMG*, Insights into IFRS 2010/11, S. 76, Rn. 2.5.60.
662 Zur Anwendbarkeit von US-GAAP-Regelungen bei der Auslegung von IFRS vgl. Tz. 25.
663 Vgl. *KPMG*, Insights into IFRS 2010/11, S. 77, Rn. 2.5.80.

894 In den KA sind auch sämtliche **Zweckgesellschaften** (special purpose entities, SPE) einzubeziehen, wenn der wirtschaftliche Gehalt der Beziehung zwischen der Zweckgesellschaft und dem Konzern ein Beherrschungsverhältnis darstellt[664]. Beherrschung, auch ohne dass eine Beteiligung vorliegt, kann gem. SIC-12 insb. bestehen, wenn Risiken und Chancen aus der Tätigkeit der Zweckgesellschaft im Wesentlichen dem Konzern zukommen. Neben den Regelungen des IAS 27.13 für typische Fälle der Beherrschung formuliert SIC-12.10 spezielle Umstände, unter denen über die Regelung des IAS 27.13 hinaus eine Beherrschung der Zweckgesellschaft gegeben sein kann.

– So kann Beherrschung vorliegen, wenn die wesentlichen Aktivitäten der Zweckgesellschaft speziell auf die wirtschaftlichen Bedürfnisse des beherrschenden Unternehmens ausgerichtet sind (SIC-12.10(a)).

– Ein weiterer Indikator für Beherrschung liegt bspw. dann vor, wenn ein Unternehmen über die Entscheidungsmacht verfügt, um die Mehrheit der ökonomischen Vorteile[665] aus der Geschäftstätigkeit der Zweckgesellschaft ziehen zu können, oder wenn diese Entscheidungsmacht auf einen sog. Autopiloten delegiert ist (SIC-12.10(b)). Die ökonomischen Vorteile können in vielfältiger Weise dem beherrschenden Unternehmen zufließen; denkbar ist ein Transfer der Vorteile z.B. über Gewinnbezugsrechte, über für das beherrschende Unternehmen günstig ausgestaltete Transferpreise oder Sonderkonditionen. Ein typisches Beispiel für sog. Autopiloten können Grundstücksgesellschaften sein, die bei Sale-and-lease-back-Transaktionen eingeschaltet werden, um Vermögenswerte auszulagern, ohne dass die wesentlichen Vorteile aus der Kontrolle und Nutzung der Vermögenswerte verloren gehen.

– Eine Zweckgesellschaft kann auch dann in den KA einzubeziehen sein, wenn das beherrschende Unternehmen das Recht besitzt, sich die Mehrheit der ökonomischen Vorteile aus der Tätigkeit der Zweckgesellschaft anzueignen; meist geht die Verfügungsgewalt über die Vorteile auch mit der Übernahme von Risiken aus der Tätigkeit der Zweckgesellschaft einher (SIC-12.10(c)).

– Umgekehrt deutet auch die Übernahme der Mehrheit derjenigen Risiken, die typischerweise mit einer eigentumsähnlichen Position an der Zweckgesellschaft oder an den Vermögenswerten der Zweckgesellschaft verbunden sind (SIC-12.10(d)), darauf hin, dass dies mit der Zielsetzung der Aneignung der Vorteile aus der Tätigkeit der Zweckgesellschaft geschieht, und kann daher eine Konsolidierungspflicht begründen[666].

b) Konsolidierungswahlrechte und -verbote

895 In den KA sind grds. sämtliche in- und ausländischen TU einzubeziehen (IAS 27.12).

896 Konsolidierungswahlrechte und -verbote werden durch IAS 27 grds. nicht gewährt. Auch ein explizites Wahlrecht, auf die Einbeziehung von TU wegen geringfügiger Bedeutung zu verzichten, besteht nach IFRS nicht. Allerdings gilt auch in diesem Zusammenhang der Grundsatz der Wesentlichkeit[667]. Sobald die Voraussetzungen für die Einbeziehung als TU nicht mehr vorliegen, sind die Anteile unter Anwendung von IAS 39 als

---

[664] Vgl. zu diesem Themenbereich auch *IDW ERS HFA 2*, Tz. 45-65.

[665] Die Möglichkeit, sich die Mehrheit der ökonomischen Vorteile aus der Tätigkeit eines anderen Unternehmens anzueignen, ist kein konstitutives Merkmal des allgemeinen Beherrschungsbegriffs, wie er IAS 27 zugrunde liegt. Es handelt sich um ein spezielles Kriterium im Zusammenhang mit Zweckgesellschaften, vgl. *KPMG*, Insights into IFRS 2010/11, S. 81, Rn. 2.5.120, bzw. *PricewaterhouseCoopers*, Manual of Accounting, S. 24033f., Rn. 24.102-106.

[666] Vgl. *KPMG*, Insights into IFRS 2010/11, S. 85, Rn. 2.5.180.

[667] Vgl. *Ernst & Young*, S. 356, bzw. *PricewaterhouseCoopers*, Manual of Accounting, S. 24043f., Rn. 24.117.

Finanzinstrumente (EK-Instrumente) zu behandeln, sofern das TU nicht zu einem assoziierten Unternehmen gem. IAS 28 oder einem gemeinschaftlich geführten Unternehmen gem. IAS 31 geworden ist (IAS 27.36-37).

Ein TU ist auch dann zu konsolidieren, wenn es die Kriterien des IFRS 5 „als zur Veräußerung gehaltener Vermögenswert" bzw. als Abgangsgruppe erfüllt. Allerdings kann in diesem Fall eine vereinfachte Konsolidierung vorgenommen werden[668]. 897

Ein TU darf nicht mehr konsolidiert werden, wenn die Beherrschung (control) des MU über das TU nicht mehr besteht; dies ist z.B. dann der Fall, wenn aufgrund eines Wechsels der Eigentumsverhältnisse, wegen Übernahme der Beherrschung durch Behörden, staatliche Stellen oder Gerichte oder aufgrund von Vertragsvereinbarungen die Fähigkeit zur Bestimmung der operativen und finanziellen Geschicke des TU verloren geht (IAS 27.32 i.V.m. 27.4)[669]. 898

Ein TU mit abweichender Geschäftstätigkeit unterliegt weder einem Einbeziehungsverbot noch einem Einbeziehungswahlrecht. Es wird vielmehr ausdrücklich darauf hingewiesen, dass ein Unternehmen aus diesem Grund nicht von der Konsolidierung ausgenommen werden darf, da durch die Einbeziehung i.V.m. zusätzlichen Angaben, etwa im Rahmen der Segmentberichterstattung gem. IFRS 8, ein besserer Informationsgehalt erreicht werden kann (IAS 27.17). 899

Einschränkungen in der Möglichkeit der Aneignung der **wirtschaftlichen Vorteile** (z.B. keine Möglichkeit zum Beschluss von Dividendenausschüttungen) wirken ggf. ebenso der Beherrschung entgegen[670]. Ist der Übergang des Eigentums oder der Beherrschung aufschiebend bedingt (z.B. Zustimmung von Aufsichtsgremien oder der Hauptversammlung), so wird der Erwerb mit Erfüllung der aufschiebenden Bedingung vollzogen[671]. 900

4. Ansatz und Bewertung im Konzernabschluss

Der KA ist auf einen konzerneinheitlichen **KA-Stichtag**[672] aufzustellen (IAS 27.22). Bei abweichenden Stichtagen von TU sind grds. Zwischenabschlüsse erforderlich; wenn dies praktisch unmöglich[673] ist, dürfen auch Abschlüsse verwendet werden, die zu einem abweichenden Stichtag aufgestellt sind. In diesem Fall sind Anpassungen für wesentliche Geschäftsvorfälle oder andere zwischenzeitliche Ereignisse vorzunehmen (IAS 27.22-23). Die Anpassung hat in Form einer nachträglichen Korrekturbuchung zu erfolgen; verbale Erläuterungen allein reichen nicht aus[674]. Im Gegensatz zur Regelung des § 299 Abs. 2 HGB darf der Abschlussstichtag eines TU auch nach dem KA-Stichtag liegen[675]; der zeitliche Abstand zwischen den Abschlussstichtagen von TU und MU darf jedoch höchstens drei Monate betragen (IAS 27.23). 901

---

668 Vgl. Tz. 322f.
669 Vgl. Tz. 963ff.
670 Vgl. *KPMG*, Insights into IFRS 2010/11, S 139, Rn. 2.6.200.
671 Vgl. *KPMG*, Insights into IFRS 2010/11, S. 139-140, Rn. 2.6.210.
672 § 299 Abs. 1 HGB, wonach der KA auf den Stichtag des MU aufzustellen ist, gilt für den gem. § 315a HGB nach IFRS aufgestellten KA nicht. Aus dem Wortlaut des IAS 27.22 ergibt sich allerdings implizit, dass der KA auf den Stichtag des MU aufgestellt wird.
673 Zum – restriktiv auszulegenden – Begriff der praktischen Möglichkeit (practicability) vgl. *Baetge* u.a., IFRS², Teil B, IAS 27, Rn. 166.
674 Vgl. *Baetge* u.a., IFRS², Teil B, IAS 27, Rn. 169.
675 Vgl. BeBiKo⁷, § 299, Rn. 49.

902 KA sind unter Anwendung **einheitlicher Bilanzierungs- und Bewertungsgrundsätze** (uniform accounting policies) aufzustellen; dies bedeutet, dass ähnliche Geschäftsvorfälle und andere Ereignisse unter vergleichbaren Umständen gleich zu behandeln sind (IAS 27.24). Von IFRS eröffnete Wahlrechte sind demnach unabhängig von der Ausübung im EA bei vergleichbaren Sachverhalten im KA einheitlich auszuüben[676]. Dies gilt auch für eine ggf. wahlweise mögliche vorzeitige Anwendung neuer oder geänderter IFRS. Stetigkeit der Bilanzierungs- und Bewertungsmethoden ist nicht nur in sachlicher, sondern auch in zeitlicher Hinsicht geboten[677].

5. Währungsumrechnung

903 In IAS 21[678] werden drei Fragestellungen geregelt: die Bilanzierung von Geschäftsvorfällen und Salden in Fremdwährung auf EA-Ebene (soweit dies nicht innerhalb des Anwendungsbereichs von IAS 39 fällt[679]), die Umrechnung ausländischer Abschlüsse, die durch Vollkonsolidierung, Quotenkonsolidierung oder im Rahmen der Equity-Methode in den KA eines Unternehmens einbezogen werden, sowie die Umrechnung eines Abschlusses in eine von der funktionalen Währung des betreffenden Unternehmens abweichende Darstellungswährung. Hinsichtlich der Inflationsbereinigung der Abschlüsse in Hochinflationsländern gilt ergänzend IAS 29[680].

904 **Fremdwährung** ist eine von der funktionalen Währung eines Unternehmens abweichende Währung (IAS 21.8). Die **funktionale Währung** eines Unternehmens spiegelt die Währung des primären Wirtschaftsumfelds wider, in dem das Unternehmen tätig ist (IAS 21.8, .13).

905 Bei der Währungsumrechnung ist zunächst die funktionale Währung eines Unternehmens unter Beachtung der Kriterien des IAS 21.9-14 festzulegen. In abgestufter Wichtigkeit – mit Priorität auf IAS 21.9[681] – werden in den IAS 21.9-11 **Kriterien zur Bestimmung der funktionalen Währung eines Unternehmens** festgelegt. Dabei sind primär folgende Faktoren maßgebend: Währung der Verkaufspreise und Währung der Kosten (Lohn-, Material- und sonstige Kosten) (IAS 21.9). Ergänzend sind die Währung der Einnahmen aus Finanzierungstätigkeit und die Währung der Einnahmen aus betrieblicher Tätigkeit heranzuziehen (IAS 21.10). Bei der Bestimmung der funktionalen Währung eines **ausländischen Geschäftsbetriebs**[682] (foreign operation) ist nach IAS 21.11 zusätzlich die Frage des Ausmaßes der wirtschaftlichen Einbeziehung in den Konzernverbund relevant. Ein ausländischer Geschäftsbetrieb ist entweder als erweiterter Bestandteil des Geschäftsbetriebs des MU oder als wirtschaftlich unabhängiger Geschäftsbetrieb zu klassifizieren. Im Zweifel ist die Zuordnung nach dem Gesamtbild der wirtschaftlichen Verhältnisse vorzunehmen[683].

906 Bei einem **ausländischen Geschäftsbetrieb als erweiterter Bestandteil des Geschäftsbetriebs des MU** ist dessen funktionale Währung mit der des MU identisch. Ein aus-

---

676 Vgl. *Baetge* u.a., IFRS², Teil B, IAS 27, Rn. 172 und BeBiKo⁷, § 300, Rn. 61; BeBiKo⁷, § 308, Rn. 60.
677 Vgl. IAS 8.13; F.39 i.V.m. IAS 1.45; *Baetge* u.a., IFRS², Teil B, IAS 27, Rn. 174; BeBiKo⁷, § 300, Rn. 61.
678 IAS 21.3.
679 Vgl. ergänzend IAS 21.4-5.
680 Vgl. Tz. 916f.
681 Vgl. IAS 21.12.
682 Ausländischer Geschäftsbetrieb ist ein TU, ein assoziiertes Unternehmen, ein Joint Venture oder eine Niederlassung des berichtenden Unternehmens, dessen Geschäftstätigkeit in einem anderen Land angesiedelt oder in einer anderen Währung ausgeübt wird oder sich auf ein anderes Land oder eine andere Währung als die des berichtenden Unternehmens erstreckt (IAS 21.8).
683 Vgl. ADS International, Abschn. 5, Rn. 22.

ländischer Geschäftsbetrieb als erweiterter Bestandteil des Geschäftsbetriebs des MU liegt bspw. vor, wenn ausschließlich vom MU importierte Güter verkauft und die hieraus erzielten Einnahmen wieder zurückgeleitet werden (IAS 21.11(a)).

Für einen **ausländischen Geschäftsbetrieb als wirtschaftlich unabhängigen Geschäftsbetrieb** erfolgt eine eigenständige Bestimmung der funktionalen Währung nach den vorstehenden Regeln. Ein wirtschaftlich unabhängiger Geschäftsbetrieb kumuliert Zahlungsmittel und andere monetäre Posten in Landeswährung, tätigt Aufwendungen, erzielt Erträge und nimmt ggf. FK in Landeswährung auf (IAS 21.11(a)). Andere Indizien für das Vorliegen eines wirtschaftlich unabhängigen Geschäftsbetriebs sind ein verhältnismäßig geringer Umfang des Geschäftsvolumens mit dem MU, geringe direkte Zugriffsmöglichkeiten des MU auf den Cashflow des ausländischen Geschäftsbetriebs und die Finanzierung des ausländischen Geschäftsbetriebs aus dessen eigenen Cashflows (IAS 21.11(b)-(d)). 907

Eine **Änderung der funktionalen Währung** eines Unternehmens ist entsprechend IAS 21.13 nur zulässig, wenn sich die zugrunde liegenden Geschäftsvorfälle, Ereignisse und Umstände geändert haben[684]. 908

Bei der **Umrechnung einer Fremdwährungstransaktion** (Geschäftsvorfälle und Salden in Fremdwährung) auf EA-Ebene in die funktionale Währung zum Abschlussstichtag gilt folgende Regelung: 909

– Monetäre Posten sind zum Stichtagskurs,
– nicht monetäre Posten, die zu historischen AK oder HK bewertet werden, zum Kurs am Tag des Geschäftsvorfalls (soweit dies zu einem angemessenen Ergebnis führt, sind gem. IAS 21.22 vereinfachend Periodendurchschnittskurse zulässig) und
– nicht monetäre Posten, die zu aktuellen Zeitwerten bewertet werden[685], mit dem Kurs am Tag der Ermittlung dieses Werts umzurechnen (IAS 21.23).

Dabei entstehende **Umrechnungsdifferenzen** sind grds. **erfolgswirksam** im Periodenergebnis zu erfassen (IAS 21.28). Ausnahmen bestehen bei einzelnen nicht monetären Posten, die zu aktuellen Zeitwerten bewertet werden (IAS 21.30-31) und – auf der Ebene des KA – bei monetären Posten (bspw. Darlehen), die Teil einer Nettoinvestition des berichtenden Unternehmens in einen ausländischen Geschäftsbetrieb sind (IAS 21.32 i.V.m. 21.15). 910

Bei der **Umrechnung ausländischer Abschlüsse** auf KA-Ebene von der funktionalen Währung in die jeweilige Darstellungswährung gilt die **modifizierte Stichtagskursmethode**, bei der alle Vermögenswerte und Schulden zum Stichtagskurs sowie die Ertrags- und Aufwandsposten grds. zum Kurs am Tag des Geschäftsvorfalls, aus praktischen Erwägungen vereinfachend zu Periodendurchschnittskursen, umgerechnet werden (IAS 21.39-40 i.V.m. 21.44). Sie findet auf folgende Fälle Anwendung: 911

– Umrechnung von Abschlüssen von TU, deren funktionale Währung von der des MU abweicht, die gleichzeitig die Darstellungswährung des KA ist, bzw.
– KA, bei denen die Darstellungswährung von der funktionalen Währung des MU bzw. der des jeweiligen TU abweicht.

---

[684] Vgl. ADS International, Abschn. 5, Rn. 23.
[685] Beispielsweise Vorräte, die zum niedrigeren Nettoveräußerungswert bewertet werden (IAS 2.9, .28-33), Sachanlagen, die nach dem Neubewertungsmodell bewertet werden (IAS 16.31-42) oder als Finanzinvestitionen gehaltene Immobilien, die nach dem Modell des beizulegenden Zeitwerts bewertet werden (IAS 40.33-52).

912 Bei der modifizierten Stichtagskursmethode werden alle **Umrechnungsdifferenzen** im **sonstigen Ergebnis** erfasst und als separater Bestandteil des EK ausgewiesen; auf nicht beherrschende Anteile entfallende Beträge sind entsprechend auszuweisen (IAS 21.41). Ein aus dem Erwerb eines ausländischen Geschäftsbetriebs entstandener Geschäfts- oder Firmenwert und entstandene Auf- oder Abstockungsbeträge aus der Kapitalkonsolidierung sind zwingend als Vermögenswerte des ausländischen Geschäftsbetriebs zu behandeln (IAS 21.47). Folglich werden Wertänderungen des Geschäfts- oder Firmenwerts und der Auf- oder Abstockungsbeträge, die alleine aus im Zeitablauf schwankenden Kursen resultieren, im sonstigen Ergebnis erfasst. Bei Abgang[686] eines ausländischen Geschäftsbetriebs ist der kumulierte Betrag der Umrechnungsdifferenzen im Periodenergebnis zu berücksichtigen (IAS 21.48). Bei abweichendem Stichtag des ausländischen Geschäftsbetriebs ist – soweit nicht ein Zwischenabschluss auf den Abschlussstichtag des MU erstellt wird – der Abschluss des ausländischen Geschäftsbetriebs mit dem Stichtagskurs am abweichenden Abschlussstichtag des ausländischen Geschäftsbetriebs umzurechnen; Auswirkungen von wesentlichen Wechselkursschwankungen zwischen diesem Datum und dem Abschlussstichtag des MU sind nach IAS 21.46 ggf. durch Anpassungen entsprechend IAS 27.23 zu berücksichtigen. Abschlüsse von ausländischen Geschäftsbetrieben in Hochinflationsländern sind vor der Umrechnung nach IAS 29 anzupassen (IAS 21.43).

913 **Angabepflichten** bestehen insb. zum Betrag der im Periodenergebnis erfassten Umrechnungsdifferenzen, zum Saldo der ins EK eingestellten Umrechnungsdifferenzen und seiner Fortschreibung (IAS 21.51-57).

914 Bei der Umrechnung eines Abschlusses in eine von der funktionalen Währung des betreffenden Unternehmens abweichende Darstellungswährung gelten die zuvor dargestellten Regeln zur Umrechnung ausländischer Abschlüsse auf KA-Ebene, d.h. die modifizierte Stichtagskursmethode. Eine einfache lineare Umrechnung ist grds. nicht zulässig (IAS 21.39, .42, .55). Wird dennoch eine einheitliche Umrechnung des Abschlusses zum Stichtagskurs durchgeführt, sind zusätzliche Anhangangaben erforderlich (IAS 21.56-57).

6. Inflationsrechnung

915 Bei Hochinflation bilden Rechnungslegungsinformationen auf der Basis von nominalen Wertansätzen (**historical cost accounting**)[687] die Vermögens-, Finanz- und Ertragslage eines Unternehmens verzerrt ab. Die Wertansätze der Vermögenswerte und Schulden sind im Hinblick auf die Kaufkraft der nominalen AHK nicht vergleichbar. Nominale Erträge und Aufwendungen vernachlässigen den Kaufkraftverlust des Geldes im Zeitablauf. Werden Umsatzerlöse zu inflationär gestiegenen Preisen vereinnahmt, Abschreibungen dagegen auf der Basis historischer AK oder HK berechnet, resultiert ein **inflationär bedingter Scheingewinn**[688].

916 IAS 29 ist auf EA und KA von Unternehmen anzuwenden, deren funktionale Währung (functional currency)[689] die eines Hochinflationslands (hyperinflationary economy) ist (IAS 29.1). Stellt ein Unternehmen, dessen funktionale Währung die eines Hoch-

---

686 Abgang umfasst nach IAS 21.49 (vollständig oder teilweise) Verkauf, Liquidation, Kapitalrückzahlung und Betriebsaufgabe.
687 Zur Diskussion unterschiedlicher Kapitalerhaltungskonzeptionen vgl. ADS International, Abschn. 6, Rn. 5.
688 Vgl. zu den Determinanten der Scheingewinne *Havermann*, WPg 1974, S. 423 (425).
689 Zur Bestimmung der funktionalen Währung vgl. Tz. 904ff.

inflationslands ist, seinen Abschluss in einer Berichtswährung (presentation currency)[690] auf, die nicht von Hochinflation betroffen ist (sog. **Hartwährungsabschluss**), ist der Abschluss in der funktionalen Währung zunächst nach den Grundsätzen des IAS 29 anzupassen (vgl. IAS 21.43) und in einem zweiten Schritt nach den Grundsätzen des IAS 21.42 umzurechnen (sog. Restate-translate-Methode).

IAS 29 enthält Regelungen zur Umsetzung der Realkapitalerhaltung bei Hochinflation (hyperinflation), um der beschriebenen Informationsverzerrung der Nominalwertrechnung[691] entgegenzuwirken. Zu diesem Zweck sind die Wertansätze in der am **Abschlussstichtag geltenden Maßeinheit** (measuring unit current at the end of the reporting period, IAS 29.8) gleicher Kaufkraft auszuweisen. Statt der Bewertung zu (historischen) AK oder HK sind Wertansätze der nicht monetären Vermögenswerte[692], des EK sowie korrespondierende Erträge und Aufwendungen entsprechend der Geldentwertungsrate während der Berichtsperiode, gemessen an einem Index[693], zu jedem Stichtag neu zu ermitteln (sog. **Indexierung**, IAS 29.11). Durch die Indexierung werden bspw. die Wertansätze des Sachanlagevermögens mit einem Wert ausgewiesen, der der Kaufkraft der nominalen Anschaffungs- bzw. Herstellungskosten im Anschaffungs- bzw. Herstellungszeitpunkt entspricht[694]. Die Anpassungsbeträge aufgrund der Indexierung der Wertansätze sind erfolgswirksam im Periodenergebnis zu erfassen (IAS 29.27-28). 917

7. Kapitalkonsolidierung

a) Grundlagen

Bei der **Aufstellung des KA** werden die gleichartigen Posten der Vermögenswerte, der Schulden, des EK, der Erträge und der Aufwendungen in den Abschlüssen des MU und seiner TU addiert und zusammengefasst (IAS 27.18). 918

In IAS 27.18(a)-(c) ist unter Verweis auf IFRS 3 geregelt, dass bei der Erstellung des KA aufgrund der Einheitstheorie die Buchwerte der dem MU gehörenden Anteile an den TU mit den entsprechenden „neu bewerteten" EK-Anteilen des TU zu **verrechnen** sowie etwaige nicht beherrschende Anteile am EK und am Ergebnis zu ermitteln, getrennt auszuweisen und fortzuschreiben sind (Kapitalkonsolidierung). Der Anteil der nicht beherrschenden Anteile am EK, wie er sich bei der Erstkonsolidierung ergibt, wird in den Folgeperioden entsprechend den EK-Bewegungen seit dem Zeitpunkt des Zusammenschlusses fortgeschrieben. 919

Ein Unternehmenszusammenschluss i.S.d. IFRS 3 liegt nur dann vor, wenn der Erwerber Beherrschung über einen **Geschäftsbetrieb** (business) erlangt (IFRS 3.3). Ein Geschäftsbetrieb ist definiert als integrierte Gesamtheit von Vermögenswerten und Prozessen (integrated set of activities and assets), die mit der Zielsetzung einer Ertragserzielung oder einer Erzielung von Kostenersparnissen bzw. sonstigen ökonomischen Vorteilen für die Eigner oder Beteiligten geleitet werden kann (IFRS 3 App. A)[695]. Notwendig ist dabei nicht, dass sie selbstständig überlebensfähig (self-sustaining) ist; es genügt, dass sie sich 920

---

690 Zu den Begriffen vgl. IAS 21.8.
691 Vgl. IAS 29.11-28 zur Inflationsrechnung für Abschlüsse auf Nominalwertbasis. Daneben enthalten IAS 29.29-31 auch Regelungen zur Inflationsrechnung bei Tageswertbilanzen (current cost accounting).
692 Zu einer Differenzierung monetärer und nicht monetärer Vermögenswerte vgl. ADS International, Abschn. 6, Rn. 25.
693 Zur Bestimmung des Index vgl. IAS 29.3; vgl. auch Beck-IFRS³, § 33, Rn. 35-36.
694 Zu einem umfassenden Beispiel vgl. ADS International, Abschn. 6, Rn. 53.
695 Vgl. IFRS 3.B5-B12 zur Identifizierung eines Unternehmenszusammenschlusses und zur Definition eines Geschäftsbetriebs; vgl. auch *KPMG*, Insights into IFRS 2010/11, S. 128, Rn. 2.6.20-.30, bzw. *Pricewaterhouse-Coopers*, Manual of Accounting, S. 25005ff., Rn. 25.6ff. sowie S. 25011ff., Rn. 25.31ff.

in einem so fortgeschrittenen Entwicklungsstadium befindet, dass sie als Geschäftsbetrieb i.S.v. IFRS 3 gelten kann (IFRS 3.BC17).

921 Nicht in den Anwendungsbereich von IFRS 3 fallen u.a. konzerninterne Unternehmenserwerbe (**transactions under common control**, IFRS 3.2(c))[696]. Diese haben aus Sicht des Konzerns keinen wirtschaftlichen Gehalt, da sie innerhalb der berichtenden Einheit stattfinden, und führen daher nicht zu einer Behandlung nach IFRS 3[697]. Für konzerninterne Umstrukturierungen hat der HFA allerdings zwei grundsätzliche Vorgehensweisen identifiziert, die in Ergänzung zu IFRS 3 anwendbar sind[698].

922 Für die Kapitalkonsolidierung lässt IFRS 3 ausschließlich die **Erwerbsmethode** (acquisition method, IFRS 3.4) zu. Die Anwendung der Erwerbsmethode erfordert die folgenden vier Schritte (IFRS 3.5):

1. Identifizierung des Erwerbers;
2. Bestimmung des Erwerbszeitpunkts;
3. Ansatz und Bewertung der erworbenen identifizierbaren Vermögenswerte, der übernommenen Schulden und aller nicht beherrschenden Anteile an dem erworbenen Unternehmen;
4. Bilanzierung und Bestimmung des Geschäfts- oder Firmenwerts oder eines Gewinns aus einem Erwerb zu einem Preis unter Marktwert.

b) Identifizierung des Erwerbers

923 Die Anwendung der Erwerbsmethode bedingt, dass für jeden Unternehmenszusammenschluss ein **Erwerber** zu identifizieren ist (IFRS 3.6-7)[699]. Erwerber ist grds. derjenige Transaktionspartner, der die Beherrschung über das andere Unternehmen erlangt hat (IFRS 3.7, .B13 mit Verweisen auf IAS 27)[700], wobei es nicht auf die rechtliche, sondern auf die wirtschaftliche Betrachtungsweise aus der Anteilseignerperspektive ankommt. In den Fällen, in denen nicht eindeutig bestimmbar ist, welches Unternehmen die Beherrschung erlangt, können folgende Kriterien einen Hinweis auf den Erwerber geben. Das Vorliegen eines Kriteriums führt jedoch nicht zwingend zu einer Klassifizierung des betreffenden Unternehmens als Erwerber:

– Sofern der Unternehmenszusammenschluss überwiegend durch die Übertragung von Zahlungsmitteln oder sonstigen Vermögenswerten oder durch das Eingehen von Schulden erfolgt, ist Erwerber grds. das Unternehmen, das die Zahlungsmittel oder sonstigen Vermögenswerte überträgt oder die Schulden eingeht (IFRS 3.B14);
– Sofern der Unternehmenszusammenschluss überwiegend durch den Austausch von EK-Instrumenten erfolgt, ist Erwerber grds. das Unternehmen, das seine EK-Anteile ausgibt. Dabei sind neben den Konstellationen von umgekehrten Unternehmenserwerben (reverse acquisitions)[701] insb. folgende Umstände bei der Identifizierung des Erwerbers zu berücksichtigen: die relativen Stimmrechte an dem zusammengeschlossenen Unternehmen nach dem Unternehmenszusammenschluss (auch wenn es sich nur um einen nicht beherrschenden Anteil handelt), die Zusammensetzung des

---
[696] Vgl. IFRS 3.B1-B4. Vgl. auch *Ernst & Young*, S. 616.
[697] Vgl. *KPMG*, Insights into IFRS 2010/11, S. 1508-1510, Rn. 5.13.10-.20.
[698] Vgl. *IDW ERS HFA 2*, Tz. 33-44.
[699] Vgl. *PricewaterhouseCoopers*, Manual of Accounting, S. 25018, Rn. 25.51.
[700] Zum Begriff der Beherrschung vgl. Tz. 886ff.
[701] Vgl. Tz. 924.

Leitungsgremiums und der Geschäftsleitung des zusammengeschlossenen Unternehmens sowie die Bedingungen des Austauschs von EK-Anteilen (IFRS 3.B15);
- Erwerber ist im Allgemeinen das wesentlich größere Unternehmen (IFRS 3.B16);
- Die Veranlassung des Unternehmenszusammenschlusses geht i.d.R. vom Erwerber aus (IFRS 3.B17);
- Bei der Durchführung des Unternehmenszusammenschlusses durch ein neu gegründetes Unternehmen kann dieses i.d.R. nur dann als Erwerber anzusehen sein, wenn es als Gegenleistung Zahlungsmittel oder sonstige Vermögenswerte überträgt oder Schulden eingeht; im Fall der Ausgabe von EK-Anteilen durch das neu gegründete Unternehmen ist eines der sich zusammenschließenden Unternehmen, das vor dem Unternehmenszusammenschluss bestand, als Erwerber nach den Vorschriften der IFRS 3.B14-17 zu bestimmen (IFRS 3.B18).

Wegen der wirtschaftlichen Betrachtungsweise sind Transaktionen denkbar, bei denen der wirtschaftliche und der rechtliche Erwerber nicht identisch sind. Ein **umgekehrter Unternehmenserwerb** (reverse acquisition)[702] liegt vor, wenn ein Unternehmen A Anteile an einem Unternehmen B im Tausch gegen eigene Anteile erwirbt und dabei so viele Anteile des Unternehmens A an die bisherigen Anteilseigner des Unternehmens B ausgegeben werden, dass diese nun die Stimmrechtsmehrheit bei Unternehmen A besitzen. Auch wenn in diesem Fall zwar Unternehmen A rechtlich als MU angesehen wird, ist Unternehmen B als Erwerber zu klassifizieren, da dessen Anteilseigner nach dem Aktientausch Unternehmen A beherrschen. Deshalb wird A als erworbenes Unternehmen und B als Erwerber, der die Erwerbsmethode anzuwenden hat, angesehen (IFRS 3.B19)[703]. In diesem Fall wird der KA unter dem Namen des juristischen Erwerbers (Unternehmen A) aufgestellt und veröffentlicht; bilanziell werden aber im Rahmen der Erwerbsmethode die Vermögenswerte, Schulden und Eventualschulden des juristischen Erwerbers (Unternehmen A) mit den nach IFRS 3 ermittelten Beträgen angesetzt und die Buchwerte des juristisch erworbenen Unternehmens (Unternehmen B) fortgeführt (IFRS 3.B21).

924

c) Erwerbszeitpunkt

Der **Zeitraum,** in dem Vermögenswerte und Schulden eines TU in die Konzernbilanz und die Ergebnisse eines TU in das Konzernergebnis einzubeziehen sind, beginnt nach IFRS 3.8-9 mit dem Tag, an dem die Beherrschung vom MU erlangt wurde (acquisition date)[704], und reicht bis zu dem Tag, an dem das MU die Beherrschung verliert.

925

Die Erstkonsolidierung hat sich grds. auf den **Tag des Unternehmenserwerbs** (acquisition date) zu beziehen. Das ist normalerweise der Tag, an dem der Erwerber die Beherrschung erlangt[705]. Maßgeblich bei der Bestimmung des Tags des Erwerbs ist nicht die rechtliche Abwicklung des Vorgangs, sondern der wirtschaftliche Gehalt.

926

Wird der **Übergang des Eigentums** rückdatiert, so kommt es nicht allein darauf an, ob dem Erwerber ab diesem Datum die Gewinne und Verluste zugerechnet werden bzw. ob der Kaufpreis auf Grundlage der Wertverhältnisse an diesem Tag bestimmt wird. Entscheidend ist, wann die Beherrschung auf den Erwerber übergeht. Die Pflicht des Verkäufers, sich bei bestimmten grundlegenden Entscheidungen schon vorher mit dem Er-

927

---

702 Vgl. IFRS 3.B19-B27.
703 Zur Erstkonsolidierung bei reverse acquisitions vgl. *KPMG*, Insights into IFRS 2010/11, S. 138, Rn. 2.6.170 mit Verweis auf IFRS 3.IE1-15.
704 Vgl. *KPMG*, Insights into IFRS 2010/11, S. 138, Rn. 2.6.180.
705 Vgl. Tz. 886ff.

werber zu beraten, führt nicht unbedingt zu einer Vorverlegung des Erwerbszeitpunkts. Muss der Verkäufer jedoch die Zustimmung des Erwerbers bei bestimmten Entscheidungen einholen oder hat der Erwerber ein Vetorecht bzgl. bestimmter Entscheidungen, kann es in Abhängigkeit von der Art der Entscheidung zu einer Vorverlegung des Übergangs der Beherrschung kommen[706].

d) Ansatz und Bewertung der erworbenen identifizierbaren Vermögenswerte, der übernommenen Schulden und aller nicht beherrschenden Anteile an dem erworbenen Unternehmen

aa) Ansatz der erworbenen identifizierbaren Vermögenswerte, der übernommenen Schulden und aller nicht beherrschenden Anteile an dem erworbenen Unternehmen

928 Der Erwerber muss zum Erwerbszeitpunkt die erworbenen identifizierbaren Vermögenswerte, die übernommenen Schulden und alle nicht beherrschenden Anteile an dem erworbenen Unternehmen getrennt vom Geschäfts- oder Firmenwert ansetzen (IFRS 3.10)[707]. Voraussetzung für den Ansatz von Vermögenswerten und Schulden ist, dass diese die **Definition von Vermögenswerten bzw. Schulden im Rahmenkonzept des IASB** erfüllen (IFRS 3.11)[708].

929 Weitere Voraussetzung für den Ansatz von Vermögenswerten und Schulden ist, dass diese Bestandteil des Unternehmenszusammenschlusses sind und nicht als separate Transaktion gem. den dafür anwendbaren IFRS zu bilanzieren sind (IFRS 3.12, .51-52)[709]. Beispiele für separate Transaktionen außerhalb von Unternehmenszusammenschlüssen sind u.a. Transaktionen, die vorher bestehende Beziehungen (z.B. günstige oder ungünstige) Leasingverträge, Rechtsstreitigkeiten) zwischen dem Erwerber und dem erworbenen Unternehmen abwickeln[710]. Diese Transaktionen sind nicht Bestandteil des Unternehmenszusammenschlusses und getrennt von diesem zu bilanzieren.

930 Der Ansatz von Vermögenswerten und Schulden ist dabei nicht auf diejenigen beschränkt, die vor dem Unternehmenserwerb beim erworbenen Unternehmen angesetzt waren (IFRS 3.13). Beispielsweise können vom Erwerber erworbene identifizierbare immaterielle Vermögenswerte, wie Markennamen oder Kundenbeziehungen, anzusetzen sein, die vom erworbenen Unternehmen intern entwickelt und deren Kosten als Aufwand erfasst wurden.

931 Für den Ansatz von **materiellen Vermögenswerten** gelten daher die allgemeinen Kriterien des Rahmenkonzepts (vgl. IFRS 3.BC125-130 zu den Ansatzkriterien „Verlässlichkeit" und „Wahrscheinlichkeit")[711].

932 **Immaterielle Vermögenswerte** müssen grds. die folgenden allgemeinen Definitionskriterien erfüllen (IAS 38.18(a), IAS 38.8-17)[712]:

– Identifizierbarkeit;
– Verfügungsmacht über den Vermögenswert beim Unternehmen und
– Vorhandensein eines künftigen wirtschaftlichen Nutzens.

---

706 Vgl. *KPMG*, Insights into IFRS 2010/11, S. 77, Rn. 2.5.70.
707 Vgl. *Ernst & Young*, S. 490-491, sowie *KPMG*, Insights into IFRS 2010/11, S. 164, Rn. 2.6.560.
708 Vgl. Tz. 82ff. und 88ff.
709 Vgl. Tz. 944 zu Anschaffungsnebenkosten (IFRS 3.53).
710 Vgl. IFRS 3.B50-B62.
711 Vgl. *Ernst & Young*, S. 491, sowie *KPMG*, Insights into IFRS 2010/11, S. 165, Rn. 2.6.570.20.
712 Vgl. IFRS 3.B31-B40 und Beispiele zu immateriellen Vermögenswerten in IFRS 3.IE16-IE44.

Das Kriterium der **Identifizierbarkeit** ist erfüllt, wenn ein immaterieller Vermögenswert 933
separierbar (separable) ist, d.h. von dem Unternehmen verkauft, vermietet bzw. in anderer
Weise übertragen werden kann, oder wenn der immaterielle Vermögenswert aus einem
vertraglichen oder sonstigen gesetzlichen Anspruch entsteht (IAS 38.12). Die **Verfügungsmacht** bezeichnet die Fähigkeit des bilanzierenden Unternehmens, sich den
wirtschaftlichen Vorteil bzgl. des Vermögenswerts zu verschaffen und andere hiervon
auszuschließen. Es kommt ein juristisch durchsetzbarer Anspruch oder eine faktische
Machtposition in Frage. Das Kriterium der Verfügungsmacht ist normalerweise erfüllt,
wenn ein gerichtlich durchsetzbarer, gesetzlicher oder vertraglicher Anspruch vorliegt
(IAS 38.13). Das Kriterium des **künftigen wirtschaftlichen Nutzens** bezieht sich auf den
Zufluss wirtschaftlichen Nutzens an den (wirtschaftlichen) Eigentümer (IAS 38.17).

Die von IAS 38.21 für immaterielle Vermögenswerte geforderten Ansatzkriterien der 934
Wahrscheinlichkeit des Zuflusses des künftigen wirtschaftlichen Nutzens und der
verlässlichen Bestimmbarkeit des beizulegenden Zeitwerts werden für im Rahmen von
Unternehmenszusammenschlüssen erworbene immaterielle Vermögenswerte stets als erfüllt angesehen (IAS 38.33)[713].

Der Ansatz von **Schulden** im Rahmen eines Unternehmenszusammenschlusses erfolgt 935
nach den allgemeinen Kriterien des Rahmenkonzepts. So muss bedingt durch ein Ereignis
der Vergangenheit eine rechtliche oder faktische Verpflichtung vorliegen, die einen Abgang von wirtschaftlichen Vorteilen bedingt. Dabei umfasst der Begriff Schulden Verbindlichkeiten und Rückstellungen. Als spezielles Passivierungskriterium besteht für
Eventualschulden, die bei einem Unternehmenserwerb zugegangen sind, die verlässliche
Bestimmbarkeit des beizulegenden Zeitwerts (IFRS 3.22-23).

Ein grundsätzliches Ansatzverbot besteht für Vermögenswerte oder Schulden, die sich auf 936
Operating-Leasingverhältnisse beziehen, in denen das erworbene Unternehmen Leasingnehmer ist (IFRS 3.B28). Sofern das Operating-Leasingverhältnis jedoch im Vergleich zu den üblichen Marktbedingungen vorteilhafte bzw. nachteilige Bedingungen
aufweist, sind diese als immaterielle Vermögenswerte bzw. Schuld anzusetzen (IFRS 3.
B29).

Die erworbenen Vermögenswerte und übernommenen Schulden sind zum Erwerbszeit- 937
punkt unter Berücksichtigung der zu diesem Zeitpunkt vorliegenden Umstände vom Erwerber zu klassifizieren bzw. zu bestimmen, sofern eine **Klassifizierung** bzw. Bestimmung für die Folgebilanzierung erforderlich ist (IFRS 3.15)[714]. Ausgenommen von
dieser Vorschrift sind Leasing- und Versicherungsverträge, deren Klassifizierung anhand
der Verhältnisse zu Beginn des Vertragsverhältnisses erfolgt (IFRS 3.17, .BC188).

IFRS 3.22-28 enthalten **Ausnahmen** von dem Ansatzgrundsatz und den Ansatzbe- 938
dingungen für Eventualschulden, Ertragsteuern, Leistungen an Arbeitnehmer und Erstattungsansprüche. Hinsichtlich des Ansatzes von **Eventualschulden** kommt es zu einer
Durchbrechung der Grundsätze des IAS 37.27 (IFRS 3.23). Bei einem Unternehmenszusammenschluss sind Eventualschulden anzusetzen, soweit es sich um gegenwärtige
Verpflichtungen aus einem Ereignis in der Vergangenheit handelt und deren beizulegender
Zeitwert zuverlässig ermittelt werden kann. Schulden, die nicht verlässlich bewertet werden können, sind nach IFRS 3.23 im Rahmen eines Unternehmenszusammenschlusses
nicht zu berücksichtigen, da dort explizit gefordert wird, dass eine verlässliche Be-

---

713 IAS 38.33-41 sowie IFRS 3.IE16-IE44 enthalten darüber hinaus spezielle Bestimmungen zu Einzelfragen des
    Ansatzes von immateriellen Vermögenswerten bei Unternehmenszusammenschlüssen.
714 Vgl. Beispiele für eine erforderliche Klassifizierung in IFRS 3.16 und Beck-IFRS³, § 34, Rn. 86.

stimmbarkeit des beizulegenden Zeitwerts gegeben sein muss[715]. **Latente Steuern** sind in Übereinstimmung mit IAS 12 anzusetzen (IFRS 3.24-25)[716]. Diese umfassen auch latente Steuern auf steuerliche Verlustvorträge des erworbenen Unternehmens, sofern die Verlustvorträge nach einem Gesellschafterwechsel weiterhin nutzbar sind. Werden andererseits bestehende, bisher nicht nutzbare steuerliche Verlustvorträge des Erwerbers aufgrund des Unternehmenszusammenschlusses nutzbar, so erfolgt der Ansatz einer aktiven latenten Steuer nicht als Bestandteil des Unternehmenszusammenschlusses, sondern erfolgswirksam (IAS 12.67). Verpflichtungen und Vermögenswerte im Zusammenhang mit **Leistungen an Arbeitnehmer** sind in Übereinstimmung mit IAS 19 anzusetzen (IFRS 3.26)[717], und ein **Erstattungsanspruch** des Erwerbers gegen den Verkäufer ist nur dann anzusetzen, wenn auch die den Erstattungsanspruch auslösende Schuld angesetzt wird (IFRS 3.27).

bb) Bewertung der erworbenen identifizierbaren Vermögenswerte, der übernommenen Schulden und aller nicht beherrschenden Anteile an dem erworbenen Unternehmen

939 Die **erworbenen identifizierbaren Vermögenswerte und übernommenen Schulden** sind grds. mit ihrem beizulegenden Zeitwert zum Erwerbszeitpunkt zu bewerten (IFRS 3.18).

940 Bei der Bewertung der **nicht beherrschenden Anteile** hat das Unternehmen je Unternehmenszusammenschluss das Wahlrecht, diese entweder zum beizulegenden Zeitwert zum Erwerbszeitpunkt oder zum entsprechenden Anteil des identifizierbaren Nettovermögens des erworbenen Unternehmens zu bewerten (IFRS 3.19)[718].

941 **Ausnahmen** von der Bewertung zum beizulegenden Zeitwert bestehen für Ertragsteuern, Leistungen an Arbeitnehmer und Erstattungsansprüche, zurückerworbene Rechte, anteilsbasierte Vergütungstransaktionen und zur Veräußerung gehaltene langfristige Vermögenswerte. **Ertragsteuern** sind in Übereinstimmung mit IAS 12 (IFRS 3.24-25)[719] und Verpflichtungen und Vermögenswerte im Zusammenhang mit **Leistungen an Arbeitnehmer** in Übereinstimmung mit IAS 19 zu bewerten (IFRS 3.26)[720]. **Erstattungsansprüche** gegen den Verkäufer werden analog der den Erstattungsanspruch auslösenden Schuld bewertet. Wertberichtigungen für die Uneinbringlichkeit sind jedoch gesondert anzusetzen, sofern der Vermögenswert nicht zum beizulegenden Zeitwert bewertet wird (IFRS 3.27). Der Bewertung von **zurückerworbenen Rechten** liegen die vertraglich vereinbarten Bedingungen des aktuellen Vertrags zugrunde; mögliche Vertragsverlängerungen sind bei der Bewertung nicht zu berücksichtigen (IFRS 3.29)[721]. **Anteilsbasierte Vergütungen** des erworbenen Unternehmens, die durch anteilsbasierte Vergütungen des

---

715 Vgl. Tz. 962 zur Folgebewertung von Eventualschulden.
716 Vgl. Tz. 545ff.
717 Vgl. Tz. 442ff.
718 Nach den Improvements to IFRS (2010) sind für GJ, die am oder nach dem 01.07.2010 beginnen, nicht beherrschende Anteile zunächst dahingehend zu untersuchen, ob sie eine gegenwärtige Eigentümerstellung darstellen und im Fall der Liquidation einen Anspruch auf das anteilige Nettovermögen des Unternehmens gewähren. Für nicht beherrschende Anteile, die diese Kriterien erfüllen, hat das Unternehmen je Unternehmenszusammenschluss das Wahlrecht, diese entweder zum beizulegenden Zeitwert zum Erwerbszeitpunkt oder zum darauf entfallenden Anteil des identifizierbaren Nettovermögens des erworbenen Unternehmens zu bewerten. Alle anderen nicht beherrschenden Anteile (z.B. anteilsbasierte Vergütungen mit Ausgleich durch EK-Instrumente) sind mit ihrem beizulegenden Zeitwert zum Erwerbszeitpunkt zu bewerten, es sei denn, die IFRS erfordern eine andere Bewertungsgrundlage.
719 Vgl. Tz. 545ff.
720 Vgl. Tz. 442ff.
721 Vgl. Anwendungsleitlinien in IFRS 3.B35-B36.

Erwerbers ersetzt werden, sind zum Erwerbszeitpunkt in Übereinstimmung mit IFRS 2 zu bewerten (IFRS 3.30)[722]. Die Bewertung von **zur Veräußerung gehaltenen langfristigen Vermögenswerten** erfolgt in Übereinstimmung mit IFRS 5.15-18 (IFRS 3.31)[723].

e) Ansatz und Bewertung des Geschäfts- oder Firmenwerts oder eines Gewinns aus einem Erwerb zu einem Preis unter Marktwert

aa) Übertragene Gegenleistung

Die **übertragene Gegenleistung** (consideration transferred) ist mit dem beizulegenden Zeitwert zu bewerten und entspricht der Summe der zum Erwerbszeitpunkt geltenden beizulegenden Zeitwerte der vom Erwerber übertragenen Vermögenswerte, der von den bisherigen Eigentümern des erworbenen Unternehmens übernommenen Schulden und der vom Erwerber ausgegebenen EK-Anteile (IFRS 3.37)[724]. Die Unterschiede zwischen den Buchwerten und den beizulegenden Zeitwerten zum Erwerbszeitpunkt sind vom Erwerber im Periodenergebnis zu erfassen; verbleiben die übertragenen Vermögenswerte oder Schulden jedoch im zusammengeschlossenen Unternehmen, sind diese mit ihrem Buchwert unmittelbar vor dem Erwerbszeitpunkt zu bewerten (IFRS 3.38). In Situationen, in denen Erwerber und erworbenes Unternehmen ausschließlich EK-Anteile tauschen, ist der beizulegende Zeitwert der EK-Anteile des erworbenen Unternehmens zur Ermittlung der übertragenen Gegenleistung heranzuziehen, wenn dieser verlässlicher ermittelt werden kann (IFRS 3.33). 942

Ist der (endgültige) Kaufpreis von einem oder mehreren zukünftigen Ereignissen, bspw. von künftig zu erzielenden Ergebnissen, abhängig, ist diese **bedingte Gegenleistung** (contingent consideration) mit ihrem beizulegenden Zeitwert zum Erwerbszeitpunkt in die übertragene Gegenleistung einzubeziehen (IFRS 3.39). Eine Verpflichtung zur Zahlung einer bedingten Gegenleistung ist entweder als eine Schuld oder als EK zu klassifizieren; ein bedingter Erstattungsanspruch einer übertragenen Gegenleistung gegen den Veräußerer ist als Vermögenswert zu klassifizieren (IFRS 3.40). 943

Anschaffungsnebenkosten sind nicht Bestandteil der übertragenen Gegenleistung und sind in der Berichtsperiode als Aufwand zu erfassen, in der die Kosten anfallen und die Dienstleistungen empfangen werden; Kosten für die Ausgabe von Schuldtiteln oder EK-Instrumenten sind gem. IAS 32 und IAS 39 zu erfassen (IFRS 3.53). 944

bb) Geschäfts- oder Firmenwert

Gemäß IFRS 3.32 ist zum Erwerbszeitpunkt ein Geschäfts- oder Firmenwert zu aktivieren, der sich aus dem **Überschuss** der folgenden zwei Werte ergibt: 945

– der Summe aus
  – der übertragenen Gegenleistung,
  – dem Betrag aller nach IFRS 3 bewerteten nicht beherrschenden Anteile an dem übernommenen Unternehmen und,

---

722 Vgl. Tz. 796ff.; nach den Improvements to IFRS (2010) sind für GJ, die am oder nach dem 01.07.2010 beginnen, sowohl anteilsbasierte Vergütungen des erworbenen Unternehmens, die nicht durch anteilsbasierte Vergütungen des Erwerbers ersetzt werden, als auch anteilsbasierte Vergütungen des erworbenen Unternehmens, die durch anteilsbasierte Vergütungen des Erwerbers ersetzt werden, zum Erwerbszeitpunkt in Übereinstimmung mit IFRS 2 zu bewerten.

723 Vgl. Tz. 316ff.

724 Ausgenommen von der Bewertung zum beizulegenden Zeitwert sind bestimmte anteilsbasierte Vergütungsprämien (IFRS 3.37, .30).

- sofern es sich um einen sukzessiven Unternehmenszusammenschluss handelt, dem beizulegenden Zeitwert des vor dem Unternehmenszusammenschluss von dem Erwerber gehaltenen EK-Anteils am erworbenen Unternehmen,
- abzüglich des Saldos der nach IFRS 3 bewerteten erworbenen identifizierbaren Vermögenswerte und übernommenen Schulden.

Der Geschäfts- oder Firmenwert stellt den Entgeltanteil für diejenigen Vorteile dar, die sich nicht in gesonderten Vermögenswerten konkretisieren.

946 Auf den Geschäfts- oder Firmenwert wird zum Zeitpunkt der Erstkonsolidierung **keine latente Steuer** passiviert, da es sich um die Resultate aus der Verrechnung des – unter Einbeziehung der latenten Steuern gerechneten – beizulegenden Zeitwerts des anteiligen Nettovermögens mit dem Kaufpreis handelt (IAS 12.66). Latente Steuerschulden sind jedoch auf Unterschiedsbeträge zu berücksichtigen, die daraus resultieren, dass ein auch in der Steuerbilanz berücksichtigter Geschäfts- oder Firmenwert einer anderen Folgebewertung in der Steuerbilanz als in der IFRS-Bilanz unterliegt[725].

947 Im Zusammenhang mit dem Unternehmenserwerb übernommene, beim erworbenen Unternehmen bereits vorhandene Geschäfts- oder Firmenwerte (z.B. ein Geschäfts- oder Firmenwert eines Enkelunternehmens) gehen in die Bestimmung des **erworbenen Geschäfts- oder Firmenwerts** ein und dürfen im KA des Erwerbers nicht eigenständig fortgeführt werden.

948 Für immaterielle Vermögenswerte mit einer unbegrenzten Nutzungsdauer (indefinite useful life) sieht IAS 38.108 im Unterschied zu immateriellen Vermögenswerten mit einer begrenzten Nutzungsdauer (finite useful life) einen zumindest jährlich und ggf. anlassbezogen öfter durchzuführenden **Wertminderungstest** vor. Über IFRS 3.54 ist bzgl. des Wertminderungstestss bei der **Folgebewertung** eines Geschäfts- oder Firmenwerts IAS 36 anzuwenden. Beim Wertminderungstest wird der Buchwert des betreffenden Vermögenswerts mit seinem erzielbaren Betrag verglichen. Wenn sich aus diesem Vergleich eine Wertminderung ergibt, ist auf den erzielbaren Betrag abzuschreiben. Gemäß IAS 36.6 ist der erzielbare Betrag der höhere der beiden Beträge aus dem beizulegenden Zeitwert abzgl. Veräußerungskosten (fair value less costs to sell) und dem Nutzungswert (value in use).

949 Da der Geschäfts- oder Firmenwert nur kombiniert mit anderen Vermögenswerten nutzbar ist, ist der Wertminderungstest gem. IAS 36.66 auf der kleinsten bestimmbaren Ebene, auf der mehrere Vermögenswerte zusammengefasst eigene Zahlungsmittelströme erzeugen, sog. **zahlungsmittelgenerierenden Einheiten** (ZGE; cash generating units), durchzuführen. Zunächst ist daher der gesamte Geschäfts- oder Firmenwert auf einzelne ZGE aufzuteilen. Die Aufteilung hat – wenn möglich – noch im GJ des Unternehmenserwerbs, spätestens jedoch bis zum Ende des GJ, das dem GJ des Unternehmenserwerbs folgt, zu erfolgen (IAS 36.84). Die Aufteilung ist auf diejenigen ZGE vorzunehmen, die Vorteile aus den Synergieeffekten des Unternehmenszusammenschlusses ziehen. Die Abgrenzung der ZGE folgt der Einteilung, die für **Zwecke der internen Unternehmensleitung** (internal management purposes) getroffen wurde (IAS 36.80(a), .82). Die ZGE sind dabei nicht weiter als die Geschäftssegmente nach IFRS 8.5 zu fassen (IAS 36.80(b)).

950 Sofern eine **willkürfreie Aufteilung** des Geschäfts- oder Firmenwerts auf einzelne ZGE *nicht möglich ist*, kann ersatzweise auf Gruppen von ZGE aufgeteilt werden; die allgemeinen Regelungen für die Bestimmung und Buchung von Wertminderungen gelten dann

---

725 Vgl. IAS 12.21B; vgl. auch *KPMG*, Insights into IFRS 2010/11, S. 876, Rn. 3.13.110.10 mit Verweis auf S. 921-923, Rn. 3.13.690.

1852

entsprechend (IAS 36.81)[726]. Die Bestimmung der ZGE und die Aufteilung des Geschäfts- oder Firmenwerts auf die ZGE sind im Zeitablauf beizubehalten (IAS 36.72). Strukturiert das bilanzierende Unternehmen den Geschäftsbetrieb um, kann dies die Zusammensetzung der ZGE verändern. Die Zuordnung des Geschäfts- oder Firmenwerts folgt dann quotal der Neuzuordnung der anderen Vermögenswerte, so lange, wie der Bilanzierende nicht darlegen kann, dass eine andere Zuordnung die tatsächlichen Verhältnisse zutreffender abbildet (IAS 36.87). Dieselbe Vorgehensweise ist bei der Zuordnung auf den veräußerten und auf den zurückbehaltenen Teil anzuwenden, wenn das bilanzierende Unternehmen einen Unternehmensteil und damit ggf. Teile einer oder mehrerer ZGE veräußert (IAS 36.86).

Unterjährig erworbene Geschäfts- oder Firmenwerte sind, falls die Zuordnung rechtzeitig erfolgen konnte, noch vor Ende des Zugangsjahrs erstmalig einem Wertminderungstestzu unterziehen. Der Bilanzierende kann den Zeitpunkt, an dem der jährliche Wertminderungstestdurchgeführt werden soll, für jede ZGE individuell und frei wählen; allerdings ist er dann auch in Folgejahren an diesen Zeitpunkt für die jeweilige ZGE gebunden (IAS 36.96). 951

Bei den **Wertminderungstests für den Geschäfts- oder Firmenwert** wird der erzielbare Betrag für die einzelnen ZGE bestimmt. Der erzielbare Betrag für eine ZGE ist der höhere Wert aus beizulegendem Zeitwert der ZGE abzgl. der Kosten der Veräußerung (fair value less costs to sell) und dem Nutzungswert (value in use) der ZGE. Eine in Vorperioden durchgeführte detaillierte Bewertung einer ZGE kann die Grundlage für die Bewertung dieser ZGE in Folgeperioden bilden, wenn sich die Zusammensetzung der Vermögenswerte und Schulden (inklusive Eventualschulden) seitdem nicht wesentlich verändert hat, der erzielbare Betrag der ZGE in der Vorperiode deutlich den Buchwert der ZGE überstieg und wenn nach einer Analyse der mittlerweile eingetretenen Ereignisse und Umstände nicht zu erwarten ist, dass der erzielbare Betrag niedriger als der Buchwert der ZGE ist (IAS 36.99). 952

Dem **erzielbaren Betrag** der ZGE sind die **Buchwerte** des zugeordneten Geschäfts- oder Firmenwerts sowie der Vermögenswerte, Schulden und Eventualschulden **gegenüberzustellen**. Übersteigen die Buchwerte den erzielbaren Betrag, so sind in einem ersten Schritt der Geschäfts- oder Firmenwert, der der ZGE zugeordnet wurde, und in einem zweiten Schritt die übrigen Vermögenswerte nach Maßgabe des Verhältnisses ihrer Buchwerte abzuschreiben (IAS 36.104). Die Wertuntergrenze der Vermögenswerte stellt dabei stets deren individuell ermittelter erzielbarer Betrag dar, d.h. der höhere Wert aus beizulegendem Zeitwert abzgl. Veräußerungskosten und Nutzungswert. 953

cc) Erwerb zu einem Preis unter Marktwert (günstiger Kauf)

Ist der nach IFRS 3.32 ermittelte Betrag[727] negativ, so sind die Verfahren zu überprüfen, mit denen die Beträge für die identifizierbaren Vermögenswerte und Schulden, nicht beherrschenden Anteile an dem übernommenen Unternehmen und – im Fall eines sukzessiven Unternehmenserwerbs – die zuvor von dem Erwerber gehaltenen EK-Anteile an dem erworbenen Unternehmen sowie die Bemessung der übertragenen Gegenleistung ermittelt wurden (IFRS 3.36). Ein nach dieser Überprüfung verbleibender negativer Unterschiedsbetrag ist sofort erfolgswirksam im Periodenergebnis zu erfassen und dem Erwerber zuzurechnen (IFRS 3.34). 954

---

726 Vgl. Tz. 222ff.
727 Vgl. Tz. 945f.

f) Spezielle Arten von Unternehmenszusammenschlüssen

955 **Sukzessive Unternehmenszusammenschlüsse** sind dadurch gekennzeichnet, dass der Erwerber über ein Unternehmen Beherrschung erlangt, an dem er bereits zuvor Anteile gehalten hat (IFRS 3.41). Bei sukzessiven Unternehmenszusammenschlüssen sind die zuvor vom Erwerber gehaltenen Anteile an dem erworbenen Unternehmen zu dem zum Erwerbszeitpunkt geltenden beizulegenden Zeitwert neu zu bewerten. Ein aus der Neubewertung entstehender Gewinn bzw. Verlust ist erfolgswirksam im Periodenergebnis zu erfassen. Beträge, die zuvor im sonstigen Ergebnis erfasst wurden, sind so zu behandeln, als ob der Erwerber die zuvor gehaltenen Anteile unmittelbar veräußert hätte (IFRS 3.42)[728].

956 Die Erwerbsmethode findet auch auf **Unternehmenszusammenschlüsse ohne Übertragung einer Gegenleistung** Anwendung (IFRS 3.43). Darunter fallen u.a. der Erwerb von eigenen Anteilen durch das erworbene Unternehmen, sodass ein bisheriger Anteilseigner dadurch die Beherrschung erlangt, die Erlangung der Beherrschung durch Erlöschen von Vetorechten nicht beherrschender Anteile und der ausschließlich auf vertraglicher Grundlage vereinbarte Zusammenschluss von Geschäftsbetrieben. Im Fall des vertraglich vereinbarten Zusammenschlusses ist das nach IFRS 3 angesetzte Nettovermögen des erworbenen Unternehmens den nicht beherrschenden Anteilen zuzuordnen (IFRS 3.44).

g) Ansatz und Bewertung nach dem erstmaligen Ansatz

aa) Vorläufige Bilanzierung (provisional accounting)

957 Der Erwerber hat die Möglichkeit, den **Unternehmenszusammenschluss auf vorläufiger Basis zu bilanzieren** (provisional accounting), sofern noch nicht alle erforderlichen Informationen vorliegen. Diese vorläufigen Beträge sind **im Bewertungszeitraum** (measurement period) anzupassen (IFRS 3.45)[729]. Der Bewertungszeitraum beginnt mit dem Erwerbszeitpunkt und endet zu dem Zeitpunkt, an dem dem Erwerber alle erforderlichen Informationen vorliegen, spätestens aber ein Jahr nach dem Erwerbszeitpunkt.

958 Die **Anpassungen** umfassen den Ansatz und die Bewertung der erworbenen identifizierbaren Vermögenswerte, der übernommenen Schulden und aller nicht beherrschenden Anteile an dem erworbenen Unternehmen, der übertragenen Gegenleistung, der beim sukzessiven Unternehmenszusammenschluss zuvor vom Erwerber an dem erworbenen Unternehmen gehaltenen Anteile sowie des Geschäfts- oder Firmenwerts bzw. des Gewinns aus einem Erwerb zu einem Preis unter Marktwert (IFRS 3.45-47). Sie dürfen nur dann vorgenommen werden, wenn sie auf neuen Informationen über Tatsachen und Umstände beruhen, die bereits zum Erwerbszeitpunkt vorlagen und zu einem Ansatz oder einer anderen Bewertung geführt hätten, wenn sie bekannt gewesen wären. Die Anpassung der vorläufigen Beträge ist rückwirkend mit Anpassung der Vergleichszahlen vorzunehmen (IFRS 3.45, .49).

959 **Voraussetzung** für die Inanspruchnahme ist, dass der Erwerber im Anh. des Abschlusses der Erwerbsperiode darauf hingewiesen hat, dass noch nicht alle erforderlichen Informationen vorliegen und die Bilanzierung auf vorläufiger Basis erfolgt ist.

---

[728] Vgl. *KPMG*, Insights into IFRS 2010/11, S. 196-198, Rn. 2.6.1020; vgl. Tz. 945f. zur Ermittlung des Unterschiedsbetrags und Tz. 857f. zur vorläufigen Bilanzierung bei sukzessiven Unternehmenszusammenschlüssen.
[729] Vgl. *Ernst & Young*, S. 572-574, bzw. *PricewaterhouseCoopers*, Manual of Accounting, S. 25115ff., Rn. 25.304-310.

Die Erstellung von Konzernabschlüssen nach IFRS

Nach **Ablauf des Bewertungszeitraums** sind Beträge nur als Fehlerkorrektur nach IAS 8 anzupassen (IFRS 3.50). 960

bb) Bewertung nach dem Bewertungszeitraum (subsequent measurement)

Grds. sind die Bewertung und Bilanzierung der erworbenen Vermögenswerte, der übernommenen Schulden und der ausgegebenen EK-Instrumente **nach dem Bewertungszeitraum** (subsequent measurement) **nach den jeweils einschlägigen IFRS** vorzunehmen (IFRS 3.54). 961

Ausnahmen bestehen jedoch für zurückerworbene Rechte, Eventualschulden, Erstattungsansprüche und bedingte Gegenleistungen[730]. **Zurückerworbene Rechte** sind über die verbleibende Laufzeit des ursprünglichen Vertrags abzuschreiben (IFRS 3.55). **Eventualschulden** sind mit dem höheren der beiden Beträge aus einer Bewertung nach IAS 37 und aus der erstmaligen Bewertung abzgl. kumulativer Abschreibungen nach IAS 18 zu bewerten (IFRS 3.56). **Erstattungsansprüche** sind unter Berücksichtigung der Einbringlichkeit und vertraglicher Beschränkungen wie die ausgeglichene Schuld oder der entschädigte Vermögenswert zu bestimmen (IFRS 3.57). Bei Anpassungen von **bedingten Gegenleistungen**, die nicht unter die Anpassung im Bewertungszeitraum fallen, sind EK-Bestandteile nicht neu zu bewerten, Finanzinstrumente nach IAS 39 zum beizulegenden Zeitwert und andere Vermögenswerte und Schulden nach IAS 37 oder anderen anwendbaren IFRS zu bilanzieren (IFRS 3.58). 962

h) Ausscheiden eines Tochterunternehmens aus dem Konsolidierungskreis

Mit Bestehen einer **Veräußerungsabsicht**, die den Anforderungen der IFRS 5.6-8 genügt und zu einem Verlust der Beherrschung über ein TU führt, sind nach IFRS 5.8A alle Vermögenswerte, Schulden und Eventualschulden (inklusive eines dem abgebenden TU zugeordneten derivativen Geschäftswerts) als zwei unsaldierte Summenposten auf der Aktiv- und auf der Passivseite der Konzernbilanz (Abgangsgruppen; disposal group) auszuweisen. Die betroffenen Vermögenswerte und Schulden sind nach Hauptgruppen (major classes of assets and liabilities) entweder in der Konzernbilanz oder im Anh. aufzugliedern (IFRS 5.38)[731]. 963

Das TU muss zu dem Zeitpunkt, zu dem das MU die **Beherrschung über das TU verliert**, entkonsolidiert werden. Der Verlust der Beherrschung kann dabei auch durch zwei oder mehrere Transaktionen erfolgen; dabei können jedoch die in IAS 27.33 genannten Umstände darauf hinweisen, dass mehrere Transaktionen als eine Transaktion zu bilanzieren ist. 964

Nach IAS 27.34 sind zum Zeitpunkt des Verlusts der Beherrschung die folgenden **Schritte** durchzuführen: 965

– Ausbuchung aller Vermögenswerte und Schulden mit ihren Konzernbuchwerten;
– Ausbuchung des Konzernbuchwerts aller nicht beherrschenden Anteile (einschließlich aller diesen zuzuordnenden Bestandteile des sonstigen Ergebnisses) an dem ehemaligen TU;
– Erfassung des beizulegenden Zeitwerts der erhaltenen Gegenleistung und – im Fall einer Verteilung der Anteile an diesem TU an die Eigentümer – diese Verteilung der Anteile;

---

[730] Vgl. Anwendungsleitlinien in IFRS 3.B61.
[731] Vgl. zur Bewertung Tz. 316ff. und zum Ausweis Tz. 334ff.

- vollständige Bereinigung des Konzern-EK um alle im sonstigen Ergebnis erfassten Beträge, die das jeweilige TU betreffen; die Behandlung der einzelnen Bestandteile richtet sich nach den Vorschriften, die bei einer Ausbuchung der zugrunde liegenden Vermögenswerten und Schulden grds. anzuwenden wären (IAS 27.35);
- Wenn bei der Transaktion nicht alle Anteile an dem TU verkauft wurden, ist der verbleibende nicht beherrschende Anteil mit seinem beizulegenden Zeitwert zu erfassen. Ein aus dem Ausscheiden eines TU aus dem Konsolidierungskreis entstehender Abgangsgewinn bzw. -verlust ist erfolgswirksam im Periodenergebnis zu erfassen und dem MU zuzurechnen.

i) Nicht beherrschende Anteile

966 Die nicht beherrschenden Anteile sind **innerhalb des EK** getrennt vom EK der Eigentümer des MU auszuweisen (IAS 27.27). Gewinne bzw. Verluste und jeder Bestandteil des sonstigen Ergebnisses sind den Eigentümern des MU und den nicht beherrschenden Anteilen zuzuordnen, selbst dann, wenn die nicht beherrschenden Anteile dadurch negativ werden (IAS 27.28). Der Anteil der nicht beherrschenden Anteile am Ergebnis des Konzerns ist anhand des Gewinnverteilungsschlüssels und nicht anhand der Stimmrechtsverhältnisse zu bemessen[732].

967 **Veränderungen der Beteiligungsquote** des MU an TU, **die nicht zu einem Verlust der Beherrschung führen** sind als Transaktion mit Eigentümern, die in ihrer Eigenschaft als Eigentümer handeln, und daher als EK-Transaktion zu behandeln (IAS 27.30). In diesen Fällen sind die Buchwerte der beherrschenden und nicht beherrschenden Anteile so anzupassen, dass die Änderungen der an dem TU bestehenden Anteilsquoten widergespiegelt werden. Jede Differenz zwischen dem Anpassungsbetrag der nicht beherrschenden Anteile und dem beizulegenden Zeitwert der gezahlten oder erhaltenen Gegenleistung ist unmittelbar im EK zu erfassen und den Eigentümern des MU zuzurechnen (IAS 27.31)[733].

8. Schuldenkonsolidierung

968 Gemäß IAS 27.20-21 sind konzerninterne Salden und grds. auch daraus resultierende Gewinne sowie Verluste zu eliminieren. Dies gilt gem. IAS 21.45 allerdings nicht für Wechselkursgewinne oder -verluste aus monetären Posten (monetary items); diese sind als Ertrag bzw. Aufwand zu erfassen, mit Ausnahme von Umrechnungsdifferenzen aus monetären Posten, die als Teil einer Nettoinvestition in einen ausländischen Geschäftsbetrieb anzusetzen sind. In die Schuldenkonsolidierung einzubeziehen sind **alle konzerninternen Verpflichtungen und Ansprüche**; diese umfassen auch alle Verpflichtungen, denen kein bilanzierter Anspruch in der Summenbilanz gegenübersteht (z.B. Garantieverpflichtungen aus konzerninternen Lieferungen oder Leistungen), sowie Eventualschulden. Zur Behandlung von echten Aufrechnungsdifferenzen existieren keine Regelungen nach IFRS. Liegt die Aufwandsverrechnung für die Bildung eines Schuldpostens bspw. im aktuellen GJ, so kann eine erfolgswirksame Ausbuchung der Differenz gegen den Aufwandsposten, der bei der Bildung des Schuldpostens angesprochen wurde, angezeigt sein; liegt die Aufwandsbuchung für die Bildung des Schuldpostens in einem vergangenen GJ, so ist lediglich eine Ausbuchung gegen die Gewinnrücklagen sachgerecht.

---

[732] Vgl. *Lüdenbach/Hoffmann*, IFRS^9, § 32, Rn. 51 i.V.m. 151.
[733] Vgl. *Ernst & Young*, S. 386, bzw. *KPMG*, Insights into IFRS 2010/11, S. 104-105, Rn. 2.5.380.

9. Zwischenergebniseliminierung

Gemäß IAS 27.20-21 sind auch alle konzerninternen Gewinne in voller Höhe zu eliminieren. Unrealisierte Verluste sind ebenfalls zu eliminieren, es sei denn, der erzielbare Betrag (recoverable amount) liegt unter dem Konzernbuchwert des Vermögenswerts vor der internen Lieferung[734]. Sind die Gewinnspannen der Einzelumsätze nicht bekannt oder können sie nur unter Einsatz unverhältnismäßiger Mittel festgestellt werden, kann – solange keine wesentlichen Verzerrungen der Konzernertragslage zu erwarten sind – bei der Ermittlung der Zwischengewinne bzw. -verluste auf Durchschnittsmargen zurückgegriffen werden. 969

10. Aufwands- und Ertragskonsolidierung

Gemäß IAS 27.20-21 sind sämtliche konzerninternen Salden und Transaktionen, wie Umsatzerlöse, Aufwendungen und Dividenden, zu eliminieren. Typische Anwendungsfälle der Aufwands- und Ertragskonsolidierung sind konzerninterne Lieferungen und Leistungen sowie konzerninterne Finanzierungen. Wenn ein konzerninterner Vermögenswerttransfer mit einer aufwands- oder ertragswirksamen Transaktion einhergeht, sind die Auswirkungen auf die Folgebewertung (ggf. Korrektur der Abschreibungsbeträge um den anteiligen korrigierten konzerninternen Gewinn oder Verlust) und auf die latente Steuerabgrenzung sowohl im Zeitpunkt der Transaktion als auch ggf. in Folgejahren zu beachten. 970

11. Besonderheiten bei latenten Steuern im Konzernabschluss

Der Steuerabgrenzung nach IAS 12[735] liegt die bilanzorientierte **Verbindlichkeitsmethode** (balance sheet liability method) zugrunde[736]. Demnach sind grds. 971

– als latente Steuerschulden sämtliche aufgrund von zu versteuernden temporären Differenzen (taxable temporary differences) künftig zu zahlenden Ertragsteuern und

– als latente Steueransprüche alle aufgrund von abzugsfähigen temporären Unterschieden (deductible temporary differences), ungenutzten steuerlichen Verlustvorträgen und Steuergutschriften künftig erstattungsfähigen Beträge zu berücksichtigen (IAS 12.5, .15, .24).

Im KA werden temporäre Unterschiede durch den Vergleich der Buchwerte im KA mit den Steuerwerten ermittelt (IAS 12.11); nach deutschem Steuerrecht, das keine Besteuerung auf der Grundlage konsolidierter Werte kennt, ergibt sich der Steuerwert aus den Steuerbilanzen und -erklärungen der einzelnen einbezogenen Unternehmen. Im internationalen Konzern ist der Steuerwert immer nach den maßgeblichen nationalen Vorschriften des Landes zu bestimmen, in dem der Wertansatz des Vermögenswerts oder der Schuld steuerliche Wirkung entfaltet. 972

Latente Steuerschulden (deferred tax liabilities) sind für alle zu versteuernden temporären Unterschiede (taxable temporary differences), d.h. für alle temporären Differenzen, deren künftige Auflösung zu einem höheren steuerlichen Ergebnis führt (IAS 12.5), anzusetzen. **Ausgenommen** sind latente Steuerschulden aufgrund der Ersterfassung eines Geschäfts- oder Firmenwerts (IAS 12.15(a), .21, .66). 973

---
734 Vgl. BeBiKo[7], § 304, Rn. 80.
735 Vgl. ausführlich Tz. 545ff.
736 Vgl. IAS 12.7 sowie *Lüdenbach/Hoffmann*, IFRS[9], § 26, Rn. 11.

974 Bei der **Neubewertung** zum beizulegenden Zeitwert im Rahmen der Erstkonsolidierung im KA nach IFRS 3 entstehen temporäre Unterschiede, wenn keine entsprechende Bewertungsanpassung für Steuerzwecke erfolgt, sodass latente Steuern zu bilden sind (IFRS 3.66).

975 Wird der wirtschaftliche Vorteil aus einem **steuerlichen Verlustvortrag** oder ein anderer latenter Steueranspruch **eines erworbenen Unternehmens** zum Zeitpunkt des Unternehmenszusammenschlusses nicht als identifizierbarer Vermögenswert angesetzt[737], wird dieser Vorteil aber zu einem späteren Zeitpunkt realisiert, so ist der sich ergebende Vorteil wie folgt zu behandeln: Wenn er innerhalb des Bewertungszeitraums[738] erfasst wird und auf neuen Informationen über Tatsachen und Umständen beruht, die zum Erwerbszeitpunkt bestanden, ist der Buchwert des dazugehörigen Geschäfts- oder Firmenwerts zu verringern; falls der Buchwert dieses Geschäfts- oder Firmenwerts gleich null ist, sind alle verbleibenden Vorteile im Periodenergebnis zu erfassen. Alle anderen realisierten erworbenen latenten Steuervorteile sind grds. erfolgswirksame zu erfassen (IAS 12.68).

976 Die Bilanzierung von latenten Steuern bei der Abbildung eines Unternehmenszusammenschlusses hat bei der Erstkonsolidierung Auswirkungen auf den Geschäfts- oder Firmenwert bzw. den Gewinn aus einem Erwerb zu einem Preis unter dem Marktwert, weil dieser als Residualgröße ermittelt wird (IAS 12.66 i.V.m. 12.19 und .26(c)).

12. Ansatz und Bewertung von Anteilen an assoziierten Unternehmen (associates)

977 Die Bewertung von Anteilen an einem assoziierten Unternehmen (associate) ist im KA[739] nach der **Equity-Methode** vorzunehmen[740]. Ein assoziiertes Unternehmen liegt vor, wenn der Anteilseigner maßgeblichen Einfluss (significant influence) auf das Beteiligungsunternehmen hat und wenn das Beteiligungsunternehmen weder TU i.S.v. IAS 27 noch Joint Venture i.S.v. IAS 31 ist (IAS 28.2).

978 Unter **maßgeblichem Einfluss** ist die Möglichkeit zu verstehen, die finanz- und geschäftspolitischen Entscheidungen zu beeinflussen, ohne diese zu beherrschen oder gemeinschaftlich zu treffen (IAS 28.2); dies kann auch gegeben sein, wenn ein anderes Unternehmen das assoziierte Unternehmen beherrscht. Das Vorliegen von maßgeblichem Einfluss wird **ab einem Stimmrechtsanteil von 20 %** widerlegbar vermutet (IAS 28.6)[741]. Indikatoren für einen maßgeblichen Einfluss sind eine Vertretung im Leitungsorgan (governing body)[742], die Mitwirkung bei der Festlegung der Geschäftspolitik, Geschäftsbeziehungen in wesentlichem Umfang zwischen Anteilseigner und assoziiertem Unternehmen, ein Austausch von Führungspersonal oder technologische Abhängigkeit (IAS 28.7).

979 Bei der Einschätzung sind alle Fakten und Umstände in einem Gesamtbild der Verhältnisse abzuwägen. Es ist dabei jedoch – ähnlich wie beim Kriterium der Beherrschung nach IAS 27 – die **Möglichkeit zur Ausübung** eines maßgeblichen Einflusses entscheidend; ob das beteiligte Unternehmen von dieser Möglichkeit tatsächlich Gebrauch macht, ist irrelevant. Daher sind – analog zur Regelung nach IAS 27 – grds. auch poten-

---

737 Zu den Kriterien vgl. IFRS 3.10-17 mit Verweis auf das Rahmenkonzept.
738 Vgl. Tz. 957f.
739 In IAS 27.38 wird die Anwendung der Equity-Methode im EA von Unternehmen explizit ausgeschlossen.
740 Nicht in den Anwendungsbereich von IAS 28 fallen die Fälle, in denen die Anteile von Venture-Capital-Gesellschaften bzw. von Investmentgesellschaften und ähnlichen Gesellschaften gehalten werden (IAS 28.1).
741 Bei der Bestimmung der Beteiligungsquote sind – ähnlich wie bei der Anwendung des Beherrschungskriteriums in IAS 27 – sowohl die direkt als auch die indirekt gehaltenen Anteile zu berücksichtigen.
742 Vgl. ausführlich Tz. 890f.

Die Erstellung von Konzernabschlüssen nach IFRS

zielle Stimmrechte (potential voting rights) bei der Berechnung des Stimmrechtsanteils und damit bei der Beurteilung, ob ein maßgeblicher Einfluss vorliegt, heranzuziehen (IAS 28.8-9)[743].

Im KA ist auf assoziierte Unternehmen die **Equity-Methode** anzuwenden, es sei denn, die Anteile an dem Unternehmen werden mit der Absicht zur Veräußerung in naher Zukunft gehalten. In diesem Fall bemisst sich der zu bilanzierende Wert nach dem niedrigeren Wert aus dem letzten Equity-Wert und dem niedrigeren beizulegenden Zeitwert abzgl. Veräußerungskosten (IFRS 5.15). Die Beteiligung ist nach IAS 39 zu bilanzieren, wenn kein maßgeblicher Einfluss (mehr) vorliegt (IAS 28.18). Ein verbleibender Anteil an dieser Beteiligung ist mit dem beizulegenden Zeitwert zu bewerten und ein entstehender Abgangsgewinn bzw. -verlust erfolgswirksam im Periodenergebnis zu erfassen (IAS 28.18)[744]. Die mit der Beteiligung zusammenhängenden, im sonstigen Ergebnis erfassten Beträge sind so zu behandeln, als ob die entsprechenden Vermögenswerte oder Schulden bei der Beteiligung direkt abgegangen sind (IAS 28.19A). Im separaten Abschluss nach IFRS ist für die Bilanzierung von Anteilen entweder die Anschaffungskostenmethode oder IAS 39 anzuwenden (IAS 27.38). 980

Die Bilanzierung von Anteilen an assoziierten Unternehmen erfolgt ab dem Zeitpunkt nach der Equity-Methode, an dem die Kriterien eines assoziierten Unternehmens erfüllt sind (IAS 28.23). In der Folgezeit ist der jeweils letzte verfügbare Abschluss des assoziierten Unternehmens für die Anwendung der Equity-Methode zugrunde zu legen, sofern der Zeitraum zwischen dem Datum des KA und dem Datum des Abschlusses des assoziierten Unternehmens nicht mehr als drei Monate beträgt (IAS 28.24-25). Für wesentliche Ereignisse und Geschäftsvorfälle sind Anpassungen vorzunehmen. Weicht der Stichtag des assoziierten Unternehmens mehr als drei Monate vom Stichtag des KA ab, ist ein Zwischenabschluss aufzustellen. Anpassungen sind vorzunehmen, wenn das assoziierte Unternehmen **abweichende Bilanzierungs- und Bewertungsmethoden** anwendet (IAS 28.27). 981

Bei **Anwendung** der Equity-Methode werden die Anteile zunächst zu AK angesetzt. Der Buchwert wird in der Folge um den anteiligen Gewinn oder Verlust des assoziierten Unternehmens erhöht oder vermindert. Ausschüttungen werden vom Wert abgesetzt. Gegebenenfalls sind Wertanpassungen im sonstigen Ergebnis vorzunehmen, falls Änderungen im sontigen Ergebnis des assoziierten Unternehmens erfolgen (IAS 28.11). Der aktivische oder passivische **Unterschiedsbetrag** zwischen den AK und den anteiligen beizulegenden Zeitwerten des identifizierbaren Nettovermögens zum Erwerbszeitpunkt ist (in einer Nebenrechnung) zu ermitteln und wie folgt zu behandeln: Ein ermittelter Geschäfts- oder Firmenwert wird nicht gesondert ausgewiesen (one-line method) und nicht abgeschrieben (IAS 28.23(a)). Ein negativer Unterschiedsbetrag wird im Beteiligungsergebnis des Erwerbsjahrs erfasst (IAS 28.23(b)). Die aufgedeckten anteiligen stillen Reserven bzw. Lasten machen in den Folgeperioden aufgrund von Abschreibungen bzw. Auflösungen Anpassungen des Beteiligungsergebnisses erforderlich (IAS 28.23). 982

Der Geschäfts- oder Firmenwert unterliegt nicht gesondert den Regelungen zur Erfassung von Wertminderungen des IAS 36 (IAS 28.33). Die **Regelungen des IAS 36** sind vielmehr **auf den gesamten Beteiligungsbuchwert anzuwenden**, wenn bspw. eine negative Veränderung des Börsen- oder Marktpreises nach IAS 39 eine mögliche Wertminderung indiziert (IAS 28.33). Ein etwaiger Abwertungsbetrag wird keinem Vermögenswert, auch nicht dem Geschäfts- oder Firmenwert, sondern der Beteiligung als solcher zugeordnet. 983

---

743 Vgl. ausführlich IAS 27.IG.
744 Vgl. IAS 28.18 zur Ermittlung des Abgangsergebnisses.

Entsprechend wird eine Wertaufholung in dem Umfang ausgewiesen, in dem der erzielbare Betrag der Beteiligung steigt. Ergeben sich Anhaltspunkte für eine Wertminderung des Beteiligungsbuchwerts, ist zu prüfen, ob es Hinweise darauf gibt, dass auch andere Vermögenswerte (z.B. Forderungen an das assoziierte Unternehmen), die nicht Bestandteil der Investition sind, im Wert beeinträchtigt sind.

984 Übersteigt der auf den Anteilseigner entfallende **Verlust** den Buchwert der Anteile und anderer langfristiger Investitionen in das assoziierte Unternehmen (z.B. langfristige Kredite), werden die Anteile bzw. die anderen Investitionen mit einem Wert von null angesetzt. Darüber hinausgehende Verluste werden nur passiviert, soweit den Anteilseigner eine rechtliche oder faktische Zahlungsverpflichtung trifft (IAS 28.30). Gewinne dürfen erst wieder ausgewiesen werden, wenn der aufgelaufene nicht ausgewiesene Verlust ausgeglichen ist (IAS 28.30).

985 Eine Pflicht zur (anteiligen) **Zwischenergebniseliminierung** sowie zur Eliminierung anderer interner Salden enthält IAS 28.22. Gewinne und Verluste aus „upstream"- und „downstream"-Lieferungen sind anteilig in Höhe der Beteiligungsquote zu eliminieren (IAS 28.22). Die anteilige Zwischenergebniseliminierung korrigiert bei einer „downstream"-Lieferung den Equity-Beteiligungswert mit Gegenbuchung im Posten „Gewinn- und Verlustanteile an assoziierten Unternehmen" der Gesamtergebnisrechnung. Auch bei einer „upstream"-Lieferung wird der Posten „Gewinn- und Verlustanteile an assoziierten Unternehmen" der Gesamtergebnisrechnung korrigiert. Die Gegenbuchung kann entweder gegen den Beteiligungsbuchwert oder gegen den gelieferten Vermögenswert erfolgen. In den IFRS findet man diesbezüglich keine Regelung, sodass beide Möglichkeiten zulässig sind[745]. Probleme bei der Erhebung der realisierten Margen, insb. im Fall der „upstream"-Lieferungen, sind in der Praxis im Wege der Schätzung auf branchenüblicher Basis zu lösen.

986 Eine typische **Schuldenkonsolidierung** entfällt wegen Fehlens korrespondierender Schuld- und Anspruchsposten in der Bilanz. Allerdings dürften diejenigen besonderen Fälle der erfolgswirksamen Schuldenkonsolidierung (anteilig) zu berücksichtigen sein, in denen in der Berichtsperiode beim Investor aufwandswirksam Verpflichtungen gebucht wurden (z.B. Kulanz- oder Garantierückstellungen), die beim assoziierten Unternehmen noch nicht zu einer ertragswirksamen Einbuchung eines Anspruchs geführt haben. Auch der umgekehrte Fall ist entsprechend (ggf. im Wege der Schätzung) zu berücksichtigen[746].

987 Anteile an assoziierten Unternehmen sind im separaten Abschluss eines Anteilseigners nach IFRS in Übereinstimmung mit IAS 27.38-40 zu bilanzieren (IAS 28.35).

13. Ansatz und Bewertung von Anteilen an Joint Ventures

988 Bei Joint Ventures unterscheidet IAS 31 gemeinschaftlich geführte Tätigkeiten (jointly controlled operations), gemeinschaftlich geführtes Vermögen (jointly controlled assets) und gemeinschaftlich geführte Unternehmen (jointly controlled entities) (IAS 31.7)[747]. Einer gesonderten Behandlung im Rahmen der KA-Erstellung bedürfen nur Letztgenannte, die im Folgenden kurz als **Joint Ventures** bezeichnet werden.

---

745 Vgl. *KPMG*, Insights into IFRS 2010/11, S. 375-379, Rn. 3.5.430, sowie *PricewaterhouseCoopers*, Manual of Accounting, S. 27040, Rn. 27.141.1.

746 Vgl. *Pellens/Fülbier/Gassen*, Internationale Rechnungslegung[8], S. 827.

747 Vgl. zur Behandlung im EA und im KA IAS 31.13-17 zu gemeinsam geführten Tätigkeiten und IAS 31.18-23 zu gemeinsam geführtem Vermögen.

Die Erstellung von Konzernabschlüssen nach IFRS

Joint Ventures sind rechtlich selbstständige Unternehmen, bei denen eine vertragliche **Vereinbarung** (contractual arrangement)[748] zwischen den Partnerunternehmen (venturers) besteht, die eine **gemeinschaftliche Führung** (joint control) der wirtschaftlichen Aktivitäten begründet (IAS 31.24). Im Regelfall bringt jedes Partnerunternehmen flüssige Mittel oder andere Ressourcen in das Joint Venture ein. Jedes Partnerunternehmen hat Anspruch auf einen Anteil am Ergebnis; teilweise wird auch die Leistung (output) des Joint Ventures aufgeteilt (IAS 31.25). 989

Für die Bilanzierung von Anteilen an Joint Ventures besteht ein Wahlrecht. Eine Möglichkeit ist die **Quotenkonsolidierung** (IAS 31.30-37).[749] Dabei hat jedes Partnerunternehmen in seiner Bilanz seinen Anteil anzusetzen an den Vermögenswerten, über die gemeinschaftlich die Beherrschung ausgeübt wird, und an den Schulden, für die gemeinsame Haftung besteht. In die Gesamtergebnisrechnung hat jedes Partnerunternehmen seinen Anteil an den Aufwendungen und Erträgen der gemeinschaftlich geführten Gesellschaft einzubeziehen. Dabei sind die Regelungen von IAS 27 sinngemäß anzuwenden (IAS 31.33). Für den Ausweis in Konzernbilanz und Konzerngesamtergebnisrechnung sind zwei Darstellungsformen (reporting formats) möglich. Zum einen können die Beträge von Joint Ventures in die entsprechenden Posten des KA einbezogen werden, d.h. mit den Beträgen von vollkonsolidierten TU zusammengefasst werden; zum anderen ist ein getrennter Ausweis der von quotal einbezogenen Unternehmen stammenden Beträge unter Erweiterung der Gliederung unter den jeweiligen Hauptposten möglich (IAS 31.34). Saldierungen sind grds. unzulässig (IAS 31.35). 990

Schuldenkonsolidierung, Zwischenergebniseliminierung sowie Aufwands- und Ertragskonsolidierung sind unter analoger **Anwendung der Regeln für vollkonsolidierte Unternehmen** durchzuführen. 991

Die zweite Möglichkeit der Bilanzierung von Anteilen an assoziierten Unternehmen ist die **Equity-Bewertung** (IAS 31.38-41)[750]. Anteile an gemeinschaftlich geführten Unternehmen, die zum Zweck der **Veräußerung** gehalten werden, sind bei Erfüllen der Voraussetzungen nach IFRS 5 auszuweisen und zu bewerten (IAS 31.42). 992

Anteile an einem gemeinschaftlich geführten Unternehmen sind im separaten IFRS-EA eines Partnerunternehmens in Übereinstimmung mit IAS 27.38-40 zu bilanzieren (IAS 31.46). 993

14. Aufgegebene Geschäftsbereiche
a) Definition und Abgrenzung

IFRS 5 legt die Voraussetzungen für die Klassifizierung eines Geschäftsbereichs als aufgegebener Geschäftsbereich fest und schreibt gesonderte **Ausweisvorschriften** und **Anhangangaben** vor[751]. 994

Für das Vorliegen eines aufgegebenen Geschäftsbereichs (discontinued operation) muss es sich zunächst um einen Unternehmensbestandteil handeln. Ein Unternehmensbestandteil (component of an entity) setzt immer voraus, dass es sich um einen Geschäftsbereich handelt, dessen Geschäfte und Cashflows sowohl für betriebliche Zwecke als auch für Zwecke der externen Rechnungslegung klar vom restlichen Unternehmen abgegrenzt 995

---
748 Vgl. hierzu im Einzelnen IAS 31.9-12; bei Fehlen einer solchen Vereinbarung liegt kein Joint Venture vor.
749 Für GJ, die am oder nach dem 01.01.2013 beginnen, ist die Quotenkonsolidierung nicht mehr zulässig. Gemäß IFRS 11 sind GU dann nach der Equity-Methode im Konzernabschluss zu erfassen. Vgl. hierzu Tz. 1029.
750 Zur Bilanzierung nach der Equity-Methode vgl. Tz. 982ff.
751 Vgl. hierzu auch *IDW ERS HFA 2*, Tz. 89-121.

werden können. Somit besteht ein Unternehmensbestandteil **mindestens** aus einer **zahlungsmittelgenerierenden Einheit** (ZGE)[752] oder einer Gruppe von ZGE (IFRS 5.31).

b) Klassifizierung

996 Für die Darstellung als aufgegebener Geschäftsbereich bestehen zwei Voraussetzungen. Zum einen muss der jeweilige Unternehmensbestandteil entweder bereits abgegangen[753] sein oder die Kriterien als „zur Veräußerung gehalten" erfüllen und entsprechend klassifiziert[754] worden sein (IFRS 5.13, .32). Für diese Klassifizierung als „zur Veräußerung gehalten" müssen dabei die Kriterien sofortige Veräußerbarkeit und höchstwahrscheinliche Veräußerung erfüllt sein (IFRS 5.6-7).

997 Zusätzlich muss der Unternehmensbestandteil eines der drei folgenden Kriterien erfüllen (IFRS 5.32):
– Es handelt sich um einen gesonderten wesentlichen Geschäftszweig oder geografischen Geschäftsbereich;
– der (geplante) Abgang eines Unternehmensbestandteils ist Teil eines einheitlichen Plans zur Aufgabe eines gesonderten wesentlichen Geschäftszweigs oder geografischen Geschäftsbereichs; oder
– es handelt sich um ein mit ausschließlicher Weiterveräußerungsabsicht erworbenes TU[755].

Daneben sind auch solche Abgangsgruppen, die stillgelegt werden sollen – und die damit nicht die Voraussetzungen zum Ausweis als zur Veräußerung gehalten erfüllen – ab dem Tag der Stilllegung hinsichtlich des Ausweises als aufgegebene Geschäftsbereiche zu behandeln, wenn die o.g. Kriterien erfüllt sind (IFRS 5.13).

998 IFRS 5 gibt keine nähere Definition für die Begriffe **„gesonderter wesentlicher Geschäftszweig"** oder **„geografischer Geschäftsbereich"**. Bei der (geplanten) Aufgabe eines Geschäftssegments wird i.d.R. davon auszugehen sein, dass die Kriterien des IFRS 5.32 erfüllt sind[756]. Es kann sich jedoch auch um Geschäftszweige handeln, die kleiner als ein berichtspflichtiges Segment sind[757]. Wesentliche Produktlinien stellen im Allgemeinen wesentliche Geschäftszweige dar, wohingegen die Produktionseinstellung eines einzelnen Produkts, das durch ein ähnliches Produkt ersetzt werden soll, i.d.R. die Voraussetzungen nicht erfüllt. Die Schließung einer Betriebsstätte erfüllt ebenso nicht die Voraussetzungen, solange der betroffene Geschäftszweig an anderen Betriebsstätten weitergeführt wird[758].

999 Die Aufgabe muss nicht zwingend zu einem einzigen Zeitpunkt erfolgen. Soweit das Unternehmen einen **einheitlichen Plan** zur Aufgabe eines gesonderten wesentlichen Ge-

---

752 Vgl. IAS 36.6 und Tz. 223.
753 Abweichend von der amtlichen Übersetzung der IFRS wird der Begriff „disposed of" mit „abgegangen" statt mit „veräußert" und entsprechend der Begriff „disposal group" mit „Abgangsgruppe" statt mit „Veräußerungsgruppe" übersetzt, da ein Abgang sowohl durch Veräußerung als auch auf andere Weise erfolgen kann.
754 Vgl. Tz. 306ff.
755 Aufgrund der vorgeschlagenen Änderungen im ED „Discontinued Operations – Proposed amendments to IFRS 5" und aufgrund von weiteren Diskussionen des IASB im Dezember 2009 ist davon auszugehen, dass sich IFRS 5.32(c) zukünftig nicht auf ein TU (subsidiary), sondern auf einen Geschäftsbereich (business) beziehen wird.
756 Vgl. *KPMG*, Insights into IFRS 2010/11, S. 1320, Rn. 5.4.150, bzw. *PricewaterhouseCoopers*, Manual of Accounting, S. 26099f., Rn. 26.216.
757 Vgl. IFRS 5.BC71.
758 Vgl. *KPMG*, Insights into IFRS 2010/11, S. 1320, Rn. 5.4.170, bzw. *PricewaterhouseCoopers*, Manual of Accounting, S. 26010, Rn. 26.20.15.

schäftszweigs oder eines geografischen Geschäftsbereichs hat, muss auch dann der gesonderte Ausweis als aufgegebener Geschäftsbereich erfolgen, wenn die Aufgabe in mehreren Teilschritten erfolgt (IFRS 5.32(b)). Die Teilschritte können sowohl die Veräußerung von einzelnen Vermögenswerten oder Abgangsgruppen als auch die Aufgabe von Vermögenswerten durch Stilllegung oder Verschrottung beinhalten.

c) Bewertung

IFRS 5 enthält für aufgegebene Geschäftsbereiche **keine gesonderten Bewertungsvorschriften**. Ist ein aufgegebener Geschäftsbereich am Abschlussstichtag noch nicht veräußert, erfolgt die Bewertung der Vermögenswerte und Verbindlichkeiten nach den jeweils anzuwendenden IFRS. Für zur Veräußerung gehaltene Vermögenswerte bzw. Abgangsgruppen gelten die besonderen Bewertungsvorschriften der IFRS 5.15-29 [759]. Insb. sind die Vorschriften zu Wertminderungen (IAS 36) und zu Restrukturierungsrückstellungen (IAS 37.70-83)[760] zu beachten. **1000**

d) Gesonderte Ausweisvorschriften

Für alle aufgegebenen Geschäftsbereiche sind in der **Gesamtergebnisrechnung** in einer Summe gesondert anzugeben: die Summe aus dem Ergebnis nach Steuern der aufgegebenen Geschäftsbereiche und dem Ergebnis nach Steuern, das sich aus der Bewertung mit dem beizulegenden Zeitwert abzgl. Veräußerungskosten oder aus der Veräußerung der Vermögenswerte oder Abgangsgruppen, die den aufgegebenen Geschäftsbereich darstellen, ergeben hat (IFRS 5.33(a) bzw. IAS 1.82(e)). **1001**

Soweit es sich nicht um ein mit ausschließlicher Weiterveräußerungsabsicht erworbenes TU handelt, muss der nach IFRS 5.33(a) in der Gesamtergebnisrechnung angegebene Betrag zusätzlich entweder im **gesonderten Abschnitt** in der Gesamtergebnisrechnung, getrennt von den fortzuführenden Geschäftsbereichen, oder im Anh. weiter untergliedert werden (IFRS 5.33(b)). Bei **Tochterunternehmen**, die **mit Weiterveräußerungsabsicht** erworben wurden, braucht die Aufgliederung nicht gemacht zu werden. Diese **Untergliederung** muss die folgenden Angaben enthalten: **1002**

- Erlöse, Aufwendungen und Ergebnis vor Steuern des aufgegebenen Geschäftsbereichs;
- den zugehörigen Ertragsteueraufwand gem. IAS 12.81(h);
- den Gewinn oder Verlust, der bei der Bewertung mit dem beizulegenden Zeitwert abzgl. Veräußerungskosten oder bei der Veräußerung der Vermögenswerte oder Abgangsgruppe(n), die den aufgegebenen Geschäftsbereich darstellen, erfasst wurde;
- den zugehörigen Ertragsteueraufwand gem. IAS 12.81(h).

Die **Netto-Cashflows**, die der laufenden Geschäftstätigkeit sowie der Investitions- und Finanzierungstätigkeit des aufgegebenen Geschäftsbereichs zuzurechnen sind, sind ebenfalls wahlweise in der KFR oder im Anh. darzustellen (IFRS 5.33(c)). **1003**

Die gesonderte Darstellung gem. IFRS 5.33 muss auch für die zu Vergleichszwecken präsentierte(n) **Vorperiode(n)** erfolgen (IFRS 5.34). Insofern sind in den Vj.-Zahlen nicht nur die Ergebnisse der in Vj. aufgegebenen Geschäftsbereiche, sondern auch die Vj.-Ergebnisse der im laufenden GJ aufgegebenen Geschäftsbereiche anzugeben. **1004**

---

[759] Vgl. Tz. 316ff.
[760] Insbesondere ist auch die Pflicht zur Durchführung eines Wertminderungstests nach IAS 36 oder die Passivierung einer Schuld nach IAS 37 zu prüfen.

1005 Soweit in Vorperioden Geschäftsbereiche aufgegeben wurden, sind die sich hieraus ergebenden **Änderungen** von Beträgen im laufenden GJ, die mit der Aufgabe im Zusammenhang stehen, innerhalb unter „aufgegebene Geschäftsbereiche" in einer gesonderten Kategorie darzustellen (IFRS 5.35). Der Standard nennt in diesem Zusammenhang folgende Beispiele:

- Wegfall von Unsicherheiten, die durch die Bedingungen des Veräußerungsgeschäfts entstehen, wie bspw. die Auflösung von Kaufpreisanpassungen und Klärung von Entschädigungsfragen mit dem Käufer;
- Wegfall von Unsicherheiten, die auf die Geschäftstätigkeit des Unternehmensbestandteils vor seiner Veräußerung zurückzuführen sind oder in direktem Zusammenhang damit stehen, wie bspw. beim Verkäufer verbliebene Verpflichtungen aus der Umwelt- und Produkthaftung;
- Abgeltung von Verpflichtungen im Rahmen eines Versorgungsplans für Arbeitnehmer, sofern diese Abgeltung in direktem Zusammenhang mit dem Veräußerungsgeschäft steht.

Die Art und die Höhe solcher Anpassungen sind jeweils anzugeben.

1006 Soweit der aufgegebene Geschäftsbereich Vermögenswerte oder Abgangsgruppen enthält, die als zur Veräußerung gehalten klassifiziert sind, gelten für diese die gesonderten Ausweisvorschriften nach IFRS 5.38-40.

e) Änderungen eines Veräußerungsplans

1007 Soweit ein Unternehmensbestandteil nicht mehr zur Veräußerung gehalten wird[761], ist das Ergebnis dieses Unternehmensbestandteils nicht mehr im Abschnitt für aufgegebene Geschäftsbereiche auszuweisen[762]. Dementsprechend muss für das laufende GJ und ggf. für die dargestellten Vorperioden eine **Umgliederung** in die Erträge und Aufwendungen aus **fortzuführenden Geschäftsbereichen** vorgenommen werden. Für die Vorperioden muss ein entsprechender Hinweis darauf gegeben werden, dass es sich um angepasste Beträge handelt (IFRS 5.36).

15. Anhangangaben
a) Anhangangaben nach IAS 27 im Konzernabschluss

1008 Folgende **Angaben** sind nach IAS 27.41(a)-(f) im KA zu machen:

- die Art der Beziehung zwischen dem MU und einem einbezogenen TU, wenn keine Stimmrechtsmehrheit besteht;
- die Gründe dafür, dass trotz Stimmrechtsmehrheit keine Beherrschung besteht;
- der Abschlussstichtag des TU, wenn ein TU auf Grundlage eines vom KA-Stichtag abweichenden Stichtags oder einer abweichenden Berichtsperiode in den KA einbezogen wurde;
- Art und Umfang der wesentlichen Beschränkungen, die dazu führen, dass die Beherrschung bzgl. eines TU in der Weise nicht besteht, dass es keine Dividenden oder Rückzahlungen von ausgereichten Krediten erlangen kann und es daher nicht konsolidiert wird;

---
761 Vgl. IFRS 5.26-29.
762 Analog zu verfahren ist bei der Aufgabe eines Plans zur Stilllegung.

- eine Aufstellung, die die Auswirkungen aller Veränderungen der Beteiligungsquote eines MU an einem TU umfasst, die nicht zu einem Verlust der Beherrschung über das den Eigentümern des MU zuzurechnende EK führen;
- der entstandene Gewinn bzw. Verlust bei Verlust der Beherrschung über ein TU, der Anteil dieses Gewinns bzw. Verlusts, der durch die Bewertung der verbleibenden Anteile zum beizulegenden Zeitwert verursacht ist, und der Posten der Gesamtergebnisrechnung, in dem der Gewinn bzw. Verlust ausgewiesen ist.

b) Anhangangaben nach IFRS 3 bei Unternehmenszusammenschlüssen

Abschlussinteressenten sollen über die Art und die finanziellen Implikationen von Unternehmenszusammenschlüssen informiert werden, die während der Berichtsperiode oder nach dem Abschlussstichtag, aber vor der Freigabe des Abschlusses zur Veröffentlichung stattfanden (IFRS 3.59). Grds. sind für jeden im Berichtsjahr oder zwischen Abschlussstichtag und Aufstellungsdatum durchgeführten Unternehmenszusammenschluss, gem. IFRS 3.60, .B64-B65 folgende **Angaben** zu machen: 1009

- Name und Beschreibung des erworbenen Unternehmens (IFRS 3.B64(a));
- Erwerbszeitpunkt (IFRS 3.B64(b));
- der jeweilige Prozentsatz der erworbenen stimmberechtigten EK-Anteile (IFRS 3.B64 (c));
- die wesentlichen Gründe für den Unternehmenszusammenschluss und eine Beschreibung, wie der Erwerber die Beherrschung über das erworbene Unternehmen erlangt hat (IFRS 3.B64(d));
- eine qualitative Beschreibung der Faktoren, die zum Ansatz des Geschäfts- oder Firmenwerts führen (IFRS 3.B64(e));
- den beizulegenden Zeitwert der gesamten übertragenen Gegenleistung zum Erwerbszeitpunkt sowie den beizulegenden Zeitwert jeder wesentlichen Klasse von Gegenleistungen zum Erwerbszeitpunkt (IFRS 3.B64(f));
- für Vereinbarungen über eine **bedingte Gegenleistung und Erstattungsansprüche** den zum Erwerbszeitpunkt erfassten Betrag, eine Beschreibung der Vereinbarung sowie der Grundlage für die Bestimmung der Höhe der Zahlung und eine Einschätzung der Spanne der voraussichtlichen Zahlung (nicht abgezinst) bzw. – sofern zutreffend – die Tatsache und den Grund dafür, weshalb eine Einschätzung dieser Spanne nicht möglich ist. Wenn die Höhe der Zahlung unbegrenzt ist, hat der Erwerber dies anzugeben (IFRS 3.B64(g));
- für erworbene Forderungen (sowie für jede wesentliche Klasse von Forderungen) den beizulegenden Zeitwert der Forderungen, die vertraglich vereinbarten Bruttobeträge der Forderungen und die zum Erwerbszeitpunkt bestmögliche Schätzung der voraussichtlich nicht beizutreibenden vertraglichen Zahlungen (IFRS 3.B64(h));
- die für jede wesentliche Klasse von erworbenen Vermögenswerten und übernommenen Schulden zum Erwerbszeitpunkt erfassten Beträge (IFRS 3.B64(i));
- die in IAS 37.85 vorgeschriebenen Informationen für jede bei einem Unternehmenszusammenschluss erfasste **Eventualschuld**; sofern eine Eventualschuld nicht erfasst wurde, weil ihr beizulegender Zeitwert nicht verlässlich bewertet werden kann, die in IAS 37.86 verlangten Informationen und die Gründe, weshalb die Schuld nicht verlässlich bewertet werden kann (IFRS 3.B64(j));
- den Gesamtbetrag des Geschäfts- oder Firmenwerts, der voraussichtlich steuerlich abzugsfähig ist (IFRS 3.B64(k));
- für **Transaktionen**, die gem. IFRS 3.51 von den beim Unternehmenszusammenschluss erworbenen Vermögenswerten und übernommenen Schulden **gesondert erfasst** wer-

den, eine Beschreibung jeder Transaktion, wie der Erwerber jede Transaktion erfasst hat, die für jede Transaktion erfassten Beträge sowie die Abschlussposten, in denen diese Beträge ausgewiesen wurden, und die Methode zur Bestimmung des Erfüllungsbetrags, wenn es sich bei der Transaktion um die effektive Erfüllung einer vorher bestehenden Geschäftsbeziehung handelt (IFRS 3.B64(l)). Zudem muss jede im Anh. gesondert angegebene Transaktion den Betrag der zugehörigen Anschaffungsnebenkosten und eine Aufgliederung der im Aufwand erfassten Anschaffungsnebenkosten erweitert um die Posten in der Gesamtergebnisrechnung (statement of comprehensive income), in denen diese Beträge ausgewiesen wurden, enthalten; ebenso anzugeben sind die Beträge der nicht im Aufwand erfassten Emissionskosten und die Art deren Erfassung (IFRS 3.B64(m));
- bei einem **günstigen Erwerb** den Betrag eines jeden gem. IFRS 3.34 erfassten Gewinns sowie den Posten in der Gesamtergebnisrechnung, in dem der Gewinn erfasst wurde, und eine Darstellung der Gründe, warum die Transaktion zu einem Gewinn geführt hat (IFRS 3.B64(n));
- für jeden Unternehmenszusammenschluss, bei dem der Erwerber zum Erwerbszeitpunkt weniger als 100 % der Anteile an dem erworbenen Unternehmen hält, den zum Erwerbszeitpunkt erfassten Betrag des nicht beherrschenden Anteils an dem erworbenen Unternehmen sowie die Bewertungsgrundlage für diesen Betrag und für jeden zum beizulegenden Zeitwert bewerteten, nicht beherrschenden Anteil an einem erworbenen Unternehmen die Bewertungsmethoden und wesentliche in das Modell einfließende Parameter, die zur Bestimmung dieses Werts herangezogen wurden (IFRS 3.B64(o));
- bei einem **sukzessiven Unternehmenszusammenschluss** den beizulegenden Zeitwert zum Erwerbszeitpunkt des Anteils an dem erworbenen Unternehmen, den der Erwerber unmittelbar vor dem Erwerbszeitpunkt gehalten hat, und den Betrag aller Gewinne bzw. Verluste, die aus der Neubewertung zum beizulegenden Zeitwert des vor dem Unternehmenszusammenschluss durch den Erwerber gehaltenen Anteils am erworbenen Unternehmen (siehe IFRS 3.42) resultieren, sowie den Posten in der Gesamtergebnisrechnung (statement of comprehensive income), in dem dieser Gewinn oder Verlust erfasst wurde (IFRS 3.B64(p)); und
- die folgenden Informationen: die Beträge des Umsatzes sowie des Periodenergebnisses des erworbenen Unternehmens seit dem Erwerbszeitpunkt, die in der Gesamtergebnisrechnung (statement of comprehensive income) für die Berichtsperiode enthalten sind, und den Umsatz und das Periodenergebnis des zusammengeschlossenen Unternehmens für die Berichtsperiode, unter der Annahme, dass der Erwerbszeitpunkt für alle Unternehmenszusammenschlüsse innerhalb des Jahres am Anfang dieser Berichtsperiode gelegen hätte, es sei denn, die Angabe ist praktisch undurchführbar; in diesem Fall ist dies anzugeben (IFRS 3.B64(q)).

1010 Für Unternehmenszusammenschlüsse der Berichtsperiode, die für sich genommen jeweils als unwesentlich anzusehen, aber in Summe wesentlich sind, sind die **Angaben** des IFRS 3.B64(e)-(q) **zusammengefasst zu machen** (IFRS 3.B65).

1011 Im Fall eines **Unternehmenserwerbs nach dem Abschlussstichtag, aber vor der Freigabe des Abschlusses zur Veröffentlichung,** sind ebenfalls die o.g. Angaben des IFRS 3.B64 erforderlich, es sein denn, die erstmalige Bilanzierung des Unternehmenszusammenschlusses ist zum Zeitpunkt der Freigabe des Abschlusses zur Veröffentlichung nicht vollständig. In diesem Fall ist zu beschreiben, welche Angaben nicht gemacht werden konnten und aus welchen Gründen die Angaben unterblieben sind (IFRS 3.B66).

1012 **Angaben** müssen ebenfalls über **finanziellen Auswirkungen von Berichtigungen in der laufenden Berichtsperiode**, die in dieser oder einer früheren Berichtsperiode stattfanden, erfolgen (IFRS 3.61). Dabei müssen erforderliche Angaben einzeln für jeden wesentlichen Unternehmenszusammenschluss vorgenommen werden und dürfen nur für einzelne unwesentliche Unternehmenszusammenschlüsse zusammengefasst werden (IFRS 3. B67). Vor dem Hintergrund dieser Zielsetzung sind bei vorläufiger erstmaliger Bilanzierung eines Unternehmenszusammenschlusses die Gründe dafür und die davon betroffenen Vermögenswerte anzugeben, ebenso die Schulden, EK-Anteile oder zu berücksichtigende Posten sowie die Art und der Betrag aller im Bewertungszeitraum erfassten Berichtigungen (IFRS 3.B67(a)). Im Hinblick auf jeden dem Erwerbszeitpunkt folgenden Berichtszeitraum bis zu dem Zeitpunkt, zu dem das erwerbende Unternehmen die Verpflichtung bzw. das Recht im Zusammenhang mit einer bedingten Gegenleistung verliert, sind jegliche Veränderungen des angesetzten Betrags anzugeben, einschließlich der Differenzen, die sich bei der Auflösung bzw. Abwicklung ergeben, sämtliche Veränderungen, die sich bei der geschätzten Bandbreite möglicher (nicht abgezinster) Erfüllungsbeträge ergeben, und die angewandten Bewertungsmodelle sowie wesentliche Annahmen, die den Einschätzungen zugrunde gelegt wurden (IFRS 3.B67(b)). Außerdem muss der Erwerber für die bei einem Unternehmenszusammenschluss angesetzten Eventualschulden für jede Gruppe von Rückstellungen die nach IAS 37.84-85 geforderten Angaben[763] machen (IFRS 3.B67(c)).

Die Angabepflichten haben darüber hinaus das Ziel, Informationen darüber zu geben, welche **Änderungen** sich in der Berichtsperiode **bei den Buchwerten der bilanzierten Geschäfts- oder Firmenwerte** ergeben haben. Zu diesem Zweck wird verlangt, dass der Gesamtbuchwert des bilanzierten Geschäfts- oder Firmenwerts am Anfang der Berichtsperiode auf denjenigen am Ende der Berichtsperiode übergeleitet wird (IFRS 3.B67(d)). Die Überleitung hat in Form des Bruttoanlagespiegels zum Ende der Berichtsperiode zu erfolgen, unter gesonderter Angabe der Zugänge und Abgänge im Rahmen von Unternehmenserwerben und -veräußerungen, der kumulierten Wertminderungsaufwendungen am Anfang der Periode, der Wertminderungsaufwendungen der Berichtsperiode und der kumulierten Wertminderungsaufwendungen (IFRS 3.B67(d)(i), (ii), (vii) und (viii)). Getrennt anzugeben sind die Teile des Geschäfts- oder Firmenwerts, die auf Unternehmensteile entfallen, die gem. IFRS 5 zum Verkauf stehen (IFRS 3.B67(d)(iv)). Weiterhin gesondert zu nennen sind die Effekte von nachträglichen Anpassungen der latenten Steuern auf den bilanzierten Geschäfts- oder Firmenwert und die Effekte von Fremdwährungsumrechnungen (IFRS 3.B67(d)(iii) und (vi)). Darüber hinaus sind bzgl. der durchgeführten Wertminderungstests die nach IAS 36 geforderten Angaben zu machen (IFRS 3.B.67(d)(v)).

1013

Ebenso anzugeben und zu erläutern sind alle in der laufenden Periode erfassten Gewinne und Verluste, aus bei Unternehmenserwerben zugegangenen Vermögenswerten, Schulden und Eventualschulden, sofern sie für die Beurteilung der Ertragslage des Konzerns von Bedeutung sind (IFRS 3.B67(e)). Daneben bestehen Angabepflichten zu latenten Steuern gem. IAS 12.81(j), (k).

1014

Sofern darüber hinaus **Informationen** fehlen, die entsprechend der im Standard genannten Informationsziele (vgl. IFRS 3.59, .61) erforderlich sind, müssen auch diese bereitgestellt werden (IFRS 3.63).

1015

c) Assoziierte Unternehmen (IAS 28)

Angabepflichten im Zusammenhang mit Anteilen an **assoziierten Unternehmen** bestehen nach IAS 28.37 für:

1016

---

763 Vgl. Tz. 520f.

1867

- den beizulegenden Zeitwert von Anteilen an assoziierten Unternehmen (wenn öffentlich notierte Marktpreise vorhanden sind);
- zusammengefasste Finanzinformationen zu assoziierten Unternehmen (einschließlich zusammengefasster Angaben zu Vermögenswerten, Schulden, Erlösen und Ergebnissen);
- Erläuterungen über die Art des maßgeblichen Einflusses in den Fällen, in denen der Stimmrechtsanteil unter 20 % liegt und trotzdem von einem assoziierten Unternehmen ausgegangen wird;
- Erläuterungen über das Fehlen eines maßgeblichen Einflusses in den Fällen, in denen der Stimmrechtsanteil mindestens 20 % beträgt und nicht von einem assoziierten Unternehmen ausgegangen wird;
- Gründe für die Verwendung eines abweichenden Abschlussstichtags beim assoziierten Unternehmen sowie den Stichtag selbst;
- den Grund für die und das Ausmaß der Behinderungen beim Transfer von Finanzmitteln vom assoziierten Unternehmen zum Investor in Form von Bardividenden, Darlehens- und Vorschusstilgungen;
- den Wert eines nicht in der Gesamtergebnisrechnung erfassten Verlusts bei einem assoziierten Unternehmen, das einen negativen „statistischen" Equity-Wert aufweist;
- die Tatsache, dass die Investition in ein Unternehmen nach IAS 28.13 nicht nach der Equity-Methode abgebildet wird, obwohl es ein assoziiertes Unternehmen darstellt, und Finanzinformationen zu den davon betroffenen assoziierten Unternehmen.

1017 Anteile an assoziierten Unternehmen, die nach der Equity-Methode bilanziert werden, sind in der Konzernbilanz als langfristige Vermögenswerte zu klassifizieren[764]. In der Gesamtergebnisrechnung sind Gewinn- und Verlustanteile aus assoziierten Unternehmen gesondert auszuweisen[765]. Der Anteil des Anteilseigners an allen nach Maßgabe von IFRS 5 aufgegebenen Geschäftsbereichen der assoziierten Unternehmen ist ebenfalls gesondert anzugeben (IAS 28.38).

1018 Der Anteil des Anteilseigners an im **sonstigen Ergebnis des assoziierten Unternehmens ausgewiesenen Veränderungen** ist im sonstigen Ergebnis des Anteilseigners zu erfassen (IAS 28.39).

1019 Der Anteilseigner hat unter Beachtung von IAS 37 seinen Anteil an den **gemeinschaftlich mit anderen Anteilseignern eingegangenen Eventualschulden** eines assoziierten Unternehmens und solche **Eventualschulden**, die entstehen, weil der Anteilseigner getrennt für alle oder einzelne Schulden des assoziierten Unternehmens haftet, anzugeben (IAS 28.40).

d) Anteile an Joint Ventures (IAS 31)

1020 **Angabepflichten** bestehen im Zusammenhang mit Anteilen an **Joint Ventures** nach IAS 31.54-55 grds. für:

- Eventualschulden, die ein Partnerunternehmen bzgl. seiner Anteile an Joint Ventures eingegangen ist, sowie seinen Anteil an gemeinschaftlich mit anderen Partnerunternehmen eingegangenen Eventualschulden;
- den Anteil des bilanzierenden Partnerunternehmens an den Eventualschulden des Joint Ventures, für den es ggf. haftet;

---
[764] Vgl. auch die Mindestgliederungsvorschriften in IAS 1.54(e).
[765] Vgl. auch die Mindestgliederungsvorschriften in IAS 1.82(c).

– Eventualschulden, die aus der Haftung des bilanzierenden Partnerunternehmens für die Schulden der anderen Partnerunternehmen des Joint Ventures entstehen;
– alle Kapitalverpflichtungen des Partnerunternehmens in Bezug auf seine Anteile an Joint Ventures und seinen Anteil an den Kapitalverpflichtungen, die gemeinschaftlich mit anderen Partnerunternehmen eingegangen wurden, sowie sein Anteil an den Kapitalverpflichtungen der Joint Ventures selbst.

Ein Partnerunternehmen hat eine **Auflistung und Beschreibung** vorzunehmen von Anteilen an maßgeblichen Joint Ventures, der Anteilsquote an gemeinschaftlich geführten Unternehmen, sowie der Gesamtsumme aller kurzfristigen Vermögenswerte, langfristigen Vermögenswerte, kurzfristigen Schulden, langfristigen Schulden, Aufwendungen und Erträge in Zusammenhang mit den Anteilen an Joint Ventures (IAS 31.56). Ebenso ist die gewählte Bilanzierungsmethode (Equity-Methode oder Quotenkonsolidierung) zu nennen (IAS 31.57). 1021

16. Ausblick

Das IASB hat am 12.05.2011 **IFRS 10 Consolidated Financial Statements**, **IFRS 11 Joint Arrangements** und **IFRS 12 Disclosure of Interests in Other Entities** verabschiedet. Zudem wurde **IAS 28 (2011) Investments in Associates and Joint Ventures** an die neuen Vorschriften angepasst. Folge war auch die Änderung von **IAS 27 (2011) Separate Financial Statements**, der zukünftig lediglich die unveränderten Vorschriften zu IFRS-EA enthält. Die neuen bzw. geänderten Standards sind verpflichtend für GJ, die am oder nach dem 01.01.2013 beginnen, anzuwenden. Die EU hat die Änderungen noch nicht übernommen[766]. 1022

Die Abgrenzung des Konsolidierungskreises wird in Zukunft in **IFRS 10 Consolidated Financial Statements** auf der Basis einer einheitlichen Definition eines Mutter-Tochter-Verhältnisses erfolgen. Zudem konkretisiert IFRS 10 erstmals Fragestellungen wie z.B. Mitwirkungs- und Schutzrechte Dritter und Prinzipal-Agenten-Beziehungen. IFRS 10 ersetzt die bisher relevanten IAS 27 (2008) Consolidated and Separate Financial Statements und SIC-12 Consolidation – Special Purpose Entities. 1023

Die Dualität der Kontrollkonzepte in IAS 27 (2008) und SIC-12 wird in **IFRS 10 Consolidated Financial Statements** zugunsten eines einheitlichen Kontrollkonzepts aufgegeben, das durch drei Kriterien charakterisiert ist: die Entscheidungsmacht über die relevanten Aktivitäten, die variablen Rückflüsse, denen ein Investor aufgrund seines Verhältnisses zum Unternehmen ausgesetzt ist, und die Möglichkeit durch die Entscheidungsmacht des Unternehmens,die Höhe der Rückflüsse zu beeinflussen. Der Standard enthält eine Vielzahl von Erläuterungen und Anwendungsbeispielen. 1024

In Bezug auf die Konsolidierungsverfahren, die Bilanzierung nicht beherrschender Anteile und die Anwendungsvorschriften für den Verlust von Beherrschung sind die Regelungen des IFRS 10 vergleichbar mit den Vorschriften des IAS 27 (2008). 1025

Änderungen des Konsolidierungskreises sind restrospektiv abzubilden, soweit dies praktikabel ist. Ansonsten ist die Erstkonsolidierung bzw. die Entkonsolidierung zu Beginn des Jahres vorzunehmen, in dem dies erstmals praktikabel ist. 1026

Joint Arrangements stellen nach **IFRS 11** vertragliche Vereinbarungen von mindestens zwei Partnern über gemeinschaftliche wirtschaftliche Aktivitäten und die gemeinschaftliche Entscheidungsmacht über diese Aktivitäten dar. Unterschieden werden zwei Arten 1027

---

766 http://www.efrag.org/Front/c1-306/Endorsement-Status-Report_EN.aspx (zit. 10.11.2011).

von Joint Arrangements: **Joint Operations** und **Joint Ventures**. IFRS 11 ersetzt IAS 31 Interests in Joint Ventures und SIC-13 Jointly Controlled Entities – Non-Monetary Contributions by Venturers.

1028 Die **wesentlichen Änderungen** von IFRS 11 gegenüber IAS 31 beziehen sich insb. auf die folgenden Bereiche: Im Gegensatz zur derzeitigen Regelung soll hinsichtlich der Klassifikation nicht mehr nur auf die rechtliche Form des Joint Arrangements abgestellt werden. Vielmehr soll durch eine stärkere Fokussierung auf die vertraglichen Rechte und Pflichten sowie die Würdigung der wirtschaftlichen Beziehungen zwischen dem Joint Arrangement und den Partnern eine sachgerechtere Abbildung von Joint Arrangements in der Rechnungslegung erreicht werden.

1029 Das durch IAS 31 gewährte Wahlrecht, gemeinschaftlich geführte Unternehmen (jointly controlled entities; nach IFRS 11: „Joint Ventures") wahlweise nach der Equity-Methode oder der Quotenkonsolidierung in den IFRS-KA einzubeziehen, wird nach IFRS 11 abgeschafft. Zukünftig ist für diese Formen von Joint Arrangements ausschließlich die **Equity-Methode** zulässig. Handelt es sich nach den neuen Klassifikationskriterien um eine Joint Operation, sieht IFRS 11 eine Vorgehensweise vor, die im Ergebnis häufig mit der quotalen Konsolidierung vergleichbar sein wird.

1030 **IFRS 12 Disclosure of Interests in Other Entities** normiert die erforderlichen Anhangangaben zu Unternehmensverbindungen im KA und Joint Arrangements. So sind z.B. zusätzliche Angaben für nicht konsolidierte Zweckgesellschaften vorgesehen.

VI. Weitere Elemente des IFRS-Abschlusses und sonstige Angaben

1. Kapitalflussrechnung

1031 Die KFR (statement of cash flows) ist **Pflichtbestandteil** des IFRS-Abschlusses. Dies gilt sowohl für einen vollständigen Abschluss als auch für die Zwischenberichterstattung (interim financial reporting), wobei Letztgenannte eine KFR in verkürzter Form enthalten kann (IAS 7.1, IAS 1.10(d), IAS 34.8(d)).

1032 Die KFR erläutert Veränderungen des **Finanzmittelfonds** einer Periode[767]. Der Finanzmittelfonds besteht aus Zahlungsmitteln (cash) und Zahlungsmitteläquivalenten (cash equivalents). **Zahlungsmittel** umfassen bare Mittel (cash on hand) und Sichteinlagen (demand deposits[768]) (IAS 7.6). **Zahlungsmitteläquivalente** sind definiert als kurzfristige äußerst liquide Finanzinvestitionen, die jederzeit in bestimmte Zahlungsmittelbeträge umgewandelt werden können und nur unwesentlichen Wertschwankungsrisiken, wie Zinsänderungs- und Kreditrisiken[769], unterliegen (IAS 7.6). Es besteht die (widerlegbare) Vermutung, dass Finanzinvestitionen, die eine Restlaufzeit von maximal drei Monaten aufweisen, gerechnet ab dem Erwerbszeitpunkt des bilanzierenden Unternehmens, als Zahlungsmitteläquivalente zu klassifizieren sind (IAS 7.7). Bankverbindlichkeiten, die auf Anforderung rückzahlbar sind und die einen integralen Bestandteil der Zahlungsmitteldisposition des Unternehmens bilden, sind in den Finanzmittelfonds einzubeziehen, wohingegen sonstige Verbindlichkeiten gegenüber Kreditinstituten grds. zur Finanzierungstätigkeit gehören (IAS 7.8).

---

767 Zum Finanzmittelnachweis, der die Veränderung des Finanzmittelfonds aufzeigt, vgl. ADS International, Abschn. 23, Tz. 62.
768 Zur Erläuterung des Begriffs vgl. ADS International, Abschn. 23, Tz. 14.
769 Vgl. ADS International, Abschn. 23, Tz. 15.

Weitere Elemente des IFRS-Abschlusses und sonstige Angaben N

Um die Entwicklung des Finanzmittelfonds vom Anfang bis zum Ende der Periode mit den Cashflows der Periode abgleichen zu können, müssen auch **zahlungsunwirksame Veränderungen** des Finanzmittelfonds, wie die Veränderung von Umrechnungskursen bei Zahlungsmitteln in Fremdwährung, erfasst werden. Diese Veränderungen sind in der KFR gesondert auszuweisen[770]. 1033

Im Zuge der Darstellung der Finanzmittelfondsveränderung gibt die KFR Informationen über die **Herkunft und Verwendung von Cashflows** innerhalb einer Berichtsperiode. Hierzu werden die folgenden Bereiche unterteilt (IAS 7.10): 1034

- betriebliche Tätigkeit (operating activities);
- Investitionstätigkeit (investing activities);
- Finanzierungstätigkeit (financing activities).

Dabei können aus einzelnen Sachverhalten u.U. Cashflows resultieren, die verschiedenen Bereichen zuzuordnen sind. So kann bspw. eine Darlehensrückzahlung einen Zins- und Tilgungsanteil enthalten. In diesem Fall wird ggf. der Zinsanteil der betrieblichen Tätigkeit zugeordnet, während der Tilgungsanteil der Finanzierungstätigkeit zuzuordnen ist (IAS 7.12). IAS 7 enthält kein über die Aufgliederung in die genannten drei Bereiche hinausgehendes **Gliederungsschema** zur Aufstellung der KFR; Appendix A zu IAS 7 ist jedoch eine Beispielrechnung zu entnehmen.

Cashflows aus **betrieblicher Tätigkeit** stammen primär aus den auf Erlöserzielung ausgerichteten Tätigkeiten (principal revenue-producing activities) oder aus anderen Tätigkeiten, die nicht dem Bereich der Investitions- oder Finanzierungstätigkeiten (investing and financing activities) zuzurechnen sind (IAS 7.6). Der Standard nennt Beispiele für Cashflows, die aus der betrieblichen Tätigkeit generiert werden (IAS 7.14). Die Cashflows der betrieblichen Tätigkeit können direkt oder indirekt ermittelt werden (IAS 7.18) [771], wobei die direkte Methode zu bevorzugen ist (IAS 7.19). 1035

Cashflows aus **Investitionstätigkeit** werden durch den Erwerb und die Veräußerung von langfristigen Vermögenswerten und sonstigen Finanzinvestitionen, die nicht zu den Zahlungsmitteläquivalenten gehören, generiert (IAS 7.6). Cashflows aus **Finanzierungstätigkeit** umfassen Cashflows aus Geschäftsvorfällen, die sich auf den Umfang und die Zusammensetzung der Eigenkapitalposten und Kredite u.ä. Fremdkapitalposten auswirken (IAS 7.6). IAS 7.16-17 nennen Beispiele für Cashflows, die der Investitions- bzw. Finanzierungstätigkeit zuzurechnen sind. 1036

Die Hauptgruppen der Bruttoeinzahlungen und Bruttoauszahlungen, die aus Investitions- und Finanzierungstätigkeiten entstehen, sind grds. gesondert auszuweisen (IAS 7.21). Ein Nettoausweis ist nur für bestimmte (die in IAS 7.22 und .24 genannten) Cashflows zulässig. Um den gesonderten Ausweis vornehmen zu können, sind Cashflows aus Investitions- und Finanzierungstätigkeit i.d.R. direkt zu ermitteln[772]. 1037

Cashflows aus Transaktionen in **Fremdwährung** oder Cashflows **ausländischer Tochterunternehmen** sind in der funktionalen Währung[773] des Unternehmens zu erfassen. Die Umrechnung zwischen der Fremdwährung und der funktionalen Währung ist mit dem Umrechnungskurs zum Zahlungszeitpunkt vorzunehmen (IAS 7.25-26). Dabei ist es zu- 1038

---

770 Vgl. IAS 7.28 in Bezug auf Änderungen des Umrechnungskurses; ADS International, Abschn. 23, Tz. 22-27; Baetge u.a., IFRS², IAS 7, Tz. 31-33; dort auch zu Möglichkeiten der Darstellung sowie zu weiteren gesondert zu erfassenden zahlungsunwirksamen Veränderungen des Finanzmittelfonds.
771 Zu den Methoden vgl. ADS International, Abschn. 23, Tz. 10-12 und 41-52 m.w.N.
772 Vgl. ADS International, Abschn. 23, Tz. 54 u. 60.
773 Vgl. Tz. 904ff.

lässig, einen Umrechnungskurs zu verwenden, der dem Umrechnungskurs zum Zahlungszeitpunkt annähernd entspricht (IAS 7.27).

1039 Cashflows aus erhaltenen und gezahlten **Zinsen und Dividenden** sind jeweils gesondert anzugeben und stetig von Periode zu Periode einem der drei Bereiche zuzuordnen (IAS 7.31). Erhaltene und gezahlte Zinsen sowie erhaltene Dividenden sind bei Finanzinstitutionen i.d.R. der betrieblichen Tätigkeit zuzuordnen (IAS 7.33). **Ertragsteuerzahlungen** sind ebenfalls gesondert auszuweisen und der betrieblichen Tätigkeit zuzuordnen, sofern nicht eine eindeutige Zuordnung zur Investitions- oder Finanzierungstätigkeit möglich ist (IAS 7.35).

1040 Zahlungsströme aus dem Erwerb und dem Verkauf von **Tochterunternehmen** oder **sonstigen Geschäftseinheiten** sind gesondert auszuweisen und als Cashflows aus Investitionstätigkeit zu klassifizieren (IAS 7.39). Es bestehen umfangreiche Angabepflichten (IAS 7.40). Bei der Bilanzierung von Anteilen an assoziierten Unternehmen, Joint Ventures und TU nach der Equity- oder Anschaffungskostenmethode beschränken sich die in der KFR zu erfassenden Zahlungen auf die Cashflows zwischen den betroffenen Unternehmen, z.B. Dividenden und Kredite (IAS 7.37). Cashflows von quotal konsolidierten Joint Ventures sind anteilig zu erfassen (IAS 7.38).

1041 Für **aufgegebene Geschäftsbereiche** ist der Netto-Cashflow anzugeben, jeweils aufgeteilt in die Bereiche betriebliche Tätigkeit, Investitionstätigkeit und Finanzierungstätigkeit. Die Angabe kann im Anh. oder in den sonstigen Abschlussbestandteilen erfolgen (IFRS 5.33(c)). Der Standard legt nicht fest, in welchem Abschlussbestandteil die Angabe zu erfolgen hat. Die einzig sinnvolle Möglichkeit ist insofern eine Angabe innerhalb der KFR.

1042 Neben der Angabe von Finanzmittelbeständen, die Verfügungsbeschränkungen unterliegen, hat die Unternehmensleitung zu diesen Beständen auch eine Stellungnahme abzugeben (IAS 7.48); weiterhin sehen IAS 7.50-52 zusätzlich **fakultative Angaben** vor, z.B. zu den nicht ausgenutzten Kreditlinien, zu Cashflows bei quotenkonsolidierten Joint Ventures, zu Cashflows, die die betriebliche Kapazität erweitern, im Unterschied zu solchen, die zu deren Erhaltung erforderlich sind, sowie zu einer segmentbezogenen Aufgliederung.

2. Aufstellung der Veränderungen des Eigenkapitals

1043 Zu den Pflichtbestandteilen eines IFRS-Abschlusses gehört auch die Aufstellung der Veränderung des EK[774] für die Periode (**statement of changes in equity for the period** – IAS 1.10(c)). Dabei hat ein Unternehmen sämtliche Veränderungen des EK je Eigenkapitalkomponente darzustellen. Ein Zwischenbericht kann eine Aufstellung über Veränderungen des EK in verkürzter Form enthalten (IAS 34.8(c)).

1044 In IAS 1.106 wird präzisiert, dass ein Unternehmen in der Aufstellung der Veränderung des EK zumindest folgende **Posten** anzugeben hat:

– Gesamtergebnis für die Periode, wobei die Beträge, die den Eigentümern des MU bzw. den nicht beherrschenden Anteilen zuzurechnen sind, getrennt auszuweisen sind (IAS 1.106(a));
– für jeden Eigenkapitalbestandteil die Auswirkungen der gem. IAS 8 erfassten Änderungen der Bilanzierungs- und Bewertungsmethoden sowie Fehlerberichtigungen (IAS 1.106(b)) sowie

---
774 Zur Definition von EK und der Abgrenzung zu FK vgl. Tz. 405f.

– eine Überleitung vom Buchwert zu Beginn der Periode zum Buchwert am Ende der Periode für jede Eigenkapitalkomponente, wobei die folgenden Details gesondert anzugeben sind:
  – Ergebnis (Gewinn oder Verlust) der Periode (IAS 1.106(d)(i));
  – die einzelnen Posten des sonstigen Ergebnisses (IAS 106(d)(ii));
  – Geschäftsvorfälle mit Eigentümern in ihrer Eigenschaft als Anteilseigner, wobei Kapitalerhöhungen und Ausschüttungen sowie Änderungen der Anteile an TU, die nicht zu einem Beherrschungsverlust führen, getrennt ausgewiesen werden müssen (IAS 106(d)(iii)).

Zusätzlich hat ein Unternehmen nach IAS 1.107 entweder in der Eigenkapitalveränderungsrechnung oder im Anh. die Dividendenausschüttungen an die Eigentümer, die in der betreffenden Periode erfasst werden, auszuweisen (in Summe und als Betrag je Anteil). **1045**

Des Weiteren sind nach IAS 32.33 der Erwerb bzw. die Veräußerung eigener Anteile sowie die entsprechende Rücklage für eigene Anteile in der Eigenkapitalveränderungsrechnung abzubilden. **1046**

Gemäß IAS 1.108 gehören zu den **Eigenkapitalbestandteilen** nach IAS 1.106 bspw. die einzelnen Kategorien des eingebrachten Kapitals, der kumulierte Saldo jeder Kategorie des sonstigen Ergebnisses und die Gewinnrücklagen. Demgemäß ist zumindest nach den in der Bilanz ausgewiesenen Eigenkapitalposten aufzuschlüsseln, bspw. gezeichnetes Kapital, Kapitalrücklage, Gewinnrücklagen, Währungsumrechnungsrücklage, Neubewertungsrücklage etc. In der Konzernbilanz stellen auch die nicht beherrschenden Anteile EK dar (IAS 1.54(q)) und sind entsprechend in der Aufstellung über die Veränderungen des EK abzubilden. In diesem Fall enthalten die Eigenkapitalbestandteile nur die jeweils auf das MU entfallenden Beträge. Der auf die nicht beherrschenden Anteile entfallende Betrag ist unaufgeschlüsselt in einem Betrag anzugeben. **1047**

IAS 1.38 verpflichtet dazu, die Aufstellung über Veränderungen des EK mit **Vergleichsinformationen** zu versehen. Die Veränderung des EK ist somit ausgehend vom Beginn der Vorperiode darzustellen[775]. **1048**

Hinsichtlich des **formalen Aufbaus** der Aufstellung der Veränderungen des EK besteht weitgehende Gestaltungsfreiheit. In der Guidance on Implementing zu IAS 1 ist eine beispielhafte Aufstellung der Veränderungen des EK zu finden. **1049**

3. Segmentberichterstattung

a) **Anwendungsbereich**

Die Segmentberichterstattung nach IFRS 8 ist kein eigenständiger Bestandteil eines IFRS-Abschlusses, sondern **Teil des Anhangs** (IAS 1.10 und .112(b)). Im Gegensatz zu dem Großteil der übrigen IFRS ist IFRS 8 nicht grds. von allen Unternehmen, die nach IFRS Abschlüsse erstellen, verpflichtend anzuwenden, sondern lediglich von Unternehmen, deren **Eigen- und Fremdkapitaltitel** (equity or debt instruments) öffentlich gehandelt[776] werden oder die den Handel ihrer Eigen- oder Fremdkapitalinstrumente an einem öffentlichen Markt beantragt haben oder sich im Beantragungsprozess befinden und **1050**

---

775 Vgl. ADS International, Abschn. 22,Tz. 20.
776 Der hier benutzte Begriff des öffentlichen Handels ist unbestimmt. Es ist jedoch davon auszugehen, dass öffentlicher Handel weiter zu fassen ist als ein organisierter Markt gem. § 2 Abs. 5 WpHG. Der öffentliche Handel umfasst damit neben dem Handel im regulierten Markt – bisher amtl. Handel und geregelter Markt – auch den Handel im Freiverkehr; vgl. ADS International, Abschn. 28, Tz. 19-21.

ihren Abschluss zu diesem Zweck einer Wertpapieraufsichts- oder anderen Regulierungsbehörde vorlegen (IFRS 8.2). Freiwillige Segmentberichterstattungen in IFRS-Abschlüssen müssen den Anforderungen von IFRS 8 vollständig entsprechen. Anderenfalls darf diese Information nicht als Segmentberichterstattung/Segmentinformation bezeichnet werden (IFRS 8.3).

1051 Enthält ein **Geschäftsbericht**[777] (financial report) eines MU, dessen Eigen- oder Fremdkapitaltitel öffentlich gehandelt werden, sowohl den KA als auch dessen separaten EA, sind Segmentinformationen auf der Grundlage des KA ausreichend (IFRS 8.4). Ein in einen KA einbezogenes TU, dessen Eigen- oder Fremdkapitaltitel öffentlich gehandelt werden, hat den Anh. zum EA um Segmentinformationen zu ergänzen (IFRS 8.2(a)). Diese Segmentinformationen lösen keine Berichterstattungspflicht für den KA des MU aus (IFRS 8.BC23).

b) Bestimmung der berichtspflichtigen Geschäftssegmente

1052 Mit IFRS 8 erfolgte der Übergang von der vormals in IAS 14 vorgesehenen doppelten Segmentierung zur einfachen Segmentierung. Zudem wurde die verpflichtende Abgrenzung von geografischen Segmenten und Geschäftssegmenten aufgegeben. Die Segmentberichterstattung richtet sich nunmehr nach dem sog. **management approach** und folgt damit der internen Steuerung und Berichterstattung. Abzugrenzen sind nach IFRS 8.5 künftig ausschließlich Geschäftssegmente (operating segments).

1053 Zur Identifikation der berichtspflichtigen Geschäftssegmente ist der folgende **zweistufige Prozess** zu empfehlen:

– Abgrenzung der Geschäftssegmente,
– Bestimmung der berichtspflichtigen Geschäftssegmente.

aa) Abgrenzung der Geschäftssegmente

1054 Gemäß IFRS 8.5 ist ein **Geschäftssegment** definiert als ein Unternehmensbestandteil,

– der aus seiner Geschäftstätigkeit Umsatzerlöse und Aufwendungen erzielen kann,
– dessen Betriebsergebnisse regelmäßig von der verantwortlichen Unternehmensinstanz (chief operating decision maker) im Hinblick auf Entscheidungen über die Allokation von Ressourcen zu diesem Segment und die Bewertung seiner Ertragskraft überprüft werden und
– für den separate Finanzinformationen vorliegen.

1055 Die Definition des Geschäftssegments erfordert nicht, dass auch tatsächlich Umsatzerlöse und Aufwendungen erzielt werden. Es genügt vielmehr, dass Umsatzerlöse und Aufwendungen aus einer Geschäftstätigkeit erwirtschaftet werden können. Demgemäß können nach IFRS 8.5 auch **Gründungstätigkeiten** vor der Erzielung von Umsatzerlösen Geschäftssegmente sein, wenn die Aufnahme von Geschäftstätigkeiten beabsichtigt ist[778]. Allerdings ist nicht jeder Teil eines Unternehmens notwendigerweise ein Geschäftssegment. Werden in bestimmten Bereichen überhaupt keine Umsatzerlöse erzielt oder fallen Umsatzerlöse nur gelegentlich an – mangelt es also letztlich an einer Geschäfts-

---

777 In der offiziellen Übersetzung von IFRS 8 (vgl. EU-Verordnung Nr. 1126/2008, S. 432) wird der Begriff „financial report" uneinheitlich übersetzt. Bei der vorliegenden Kommentierung wird der Begriff mit GB, nicht Abschluss, übersetzt, um den Unterschied zwischen dem Abschluss einerseits und einem weiter gehenden Bericht andererseits deutlich zu machen.

778 Ungeachtet dessen kann ein solches Geschäftssegment mangels Erfüllung der quantitativen Schwellenwerte des IFRS 8.13 als nicht berichtspflichtig eingestuft werden.

Weitere Elemente des IFRS-Abschlusses und sonstige Angaben N

tätigkeit im operativen Bereich –, liegt kein Geschäftssegment vor (IFRS 8.6)[779]. Eine Konzernholding, die sich aus Umlagen finanziert, kann daher kein Geschäftssegment bilden[780]. Umgekehrt können Unternehmen, die nicht nach geografischen Segmenten oder Geschäftssegmenten organisiert sind und daher aus dem Anwendungsbereich des IAS 14 herausfielen, die Voraussetzungen für Geschäftssegmente nach IFRS 8.5 erfüllen[781]. Beispielsweise können Geschäftssegmente auch nach juristischen Einheiten oder Kundengruppen gebildet werden[782].

In IFRS 8.5(a) wird klargestellt, dass die aus der Geschäfttätigkeit erzielbaren Umsatzerlöse und Aufwendungen auch ausschließlich aus Geschäftsvorfällen mit anderen Bestandteilen desselben Unternehmens (transactions with other components of the same entity) stammen können. Daraus folgt, dass auch sog. **vertikale Segmente** – anders als nach dem früheren IAS 14 – Geschäftssegmente sein können, sofern die weiteren Voraussetzungen des IFRS 8 erfüllt sind. Das gilt jedoch nur, wenn sie auch bei der internen Steuerung und Berichterstattung Beachtung finden[783]. 1056

Aufgrund der von IFRS 8 verlangten Ausrichtung der Segmentberichterstattung an der internen Steuerung und Berichterstattung kommt der Identifizierung der verantwortlichen Unternehmensinstanz, an die in regelmäßigem Abstand berichtet wird, eine besondere Bedeutung zu. Der in IFRS 8.5 verwandte Begriff der **verantwortlichen Unternehmensinstanz** (chief operating decision maker) bezeichnet eine Funktion, bei der es sich nicht notwendigerweise um die eines Managers mit einer bestimmten Bezeichnung handeln muss (funktionale Betrachtung). Vielmehr muss die Funktion in der Allokation von Ressourcen für die Geschäftssegmente eines Unternehmens und in der Bewertung der Ertragskraft der einzelnen Geschäftssegmente bestehen (IFRS 8.7). Regelmäßig dürften von der Vorschrift die geschäftsführenden Organe eines Unternehmens – Vorstand, Geschäftsführung, geschäftsführende Gesellschafter – erfasst werden. Es kann sich dabei auch um eine Gruppe geschäftsführender Direktoren oder sonstiger Personen handeln (IFRS 8.7). Es ist zu erwarten, dass größere Unternehmen ein Segmentmanagement aufweisen, das direkt an die verantwortliche Unternehmensinstanz berichtet (IAS 8.9). Das Vorhandensein eines solchen Segmentmanagements stellt ein wichtiges Kriterium für die Abgrenzung der Geschäftssegmente bzw. zur Identifikation der Berichtsebenen dar. Die verantwortliche Unternehmensinstanz kann auch gleichzeitig ein Segmentmanagement bilden. Ein Segmentmanagement kann für mehrere Geschäftssegmente verantwortlich sein (IFRS 8.9). 1057

Die Abgrenzung der Geschäftssegmente kann Schwierigkeiten bereiten, wenn, wie bei Großunternehmen üblich, mehrere sich überschneidende Berichtsstrukturen vorliegen, die regelmäßig in sog. Matrixorganisationen anzutreffen sind (IFRS 8.BC27)[784]. In diesen 1058

---

779 Auch Pläne für Leistungen nach Beendigung des Arbeitsverhältnisses stellen keine Geschäftssegmente dar (IFRS 8.6).
780 Vgl. *Wenk/Jagosch*, KoR 2008, S. 661 (662).
781 Ist ein Unternehmen allein nach Funktionen organisiert (z.B. Einkauf, Verkauf, Vertrieb, Verwaltung), dürfte lediglich vom Vorliegen eines Geschäftssegments auszugehen sein, da die einzelnen funktional abgegrenzten Bereiche allein keine Geschäftstätigkeit aufnehmen und nicht operativ tätig werden können. Auch der Bereich Forschung und Entwicklung dürfte nur ausnahmsweise als Geschäftssegment einzustufen sein, wenn er nämlich ohne größere Umstrukturierung auch unternehmerische Tätigkeiten entfalten könnte; so auch *Lüdenbach/Hoffmann*, IFRS⁹, § 36, Rn. 21.
782 Vgl. *Wenk/Jagosch*, KoR 2008, S. 661 (669).
783 Ebenso *Wenk/Jagosch*, KoR 2008, S. 661 (665).
784 In IFRS 8.10 wird das Beispiel gebracht, dass in einem Unternehmen ein Manager weltweit für unterschiedliche Produkt- und Dienstleistungslinien verantwortlich ist, wohingegen ein anderer Manager für bestimmte geografische Gebiete zuständig ist und die verantwortliche Unternehmensinstanz die Betriebsergebnisse beider Reihen von Bereichen überprüft, für die beiderseits Finanzinformationen vorliegen.

Fällen wird im internen Berichtswesen **mehr als ein Segmentierungskriterium** verwendet. In einem solchen Fall ist das Unternehmen aufgerufen, unter Bezugnahme auf das in IFRS 8.1 niedergelegte Grundprinzip zu bestimmen, welche Bereiche die Geschäftssegmente darstellen (IFRS 8.10). Nach IFRS 8.1 hat ein Unternehmen Informationen anzugeben, anhand deren die Abschlussadressaten die Art und die finanziellen Auswirkungen der von ihm ausgeübten Geschäftstätigkeit sowie das wirtschaftliche Umfeld, in dem das Unternehmen tätig ist, beurteilen können[785].

bb) Bestimmung der berichtspflichtigen Geschäftssegmente

1059 Die identifizierten Geschäftssegmente gehen nicht automatisch in die Segmentberichterstattung ein. Vielmehr ermöglicht IFRS 8 – um eine Überfrachtung der Segmentberichterstattung zu verhindern – eine Zusammenfassung von Geschäftssegmenten und sieht zudem Wesentlichkeitsgrenzen (quantitative Schwellenwerte) vor (IFRS 8.11). Nach Maßgabe des IFRS 8.12 kommt eine **Zusammenfassung** von Geschäftssegmenten für die Bestimmung der Wesentlichkeitsgrenzen dann in Frage, wenn dies mit dem Grundprinzip des IFRS 8 in Einklang steht, sie vergleichbare wirtschaftliche Merkmale aufweisen und auch hinsichtlich aller nachfolgenden Kriterien vergleichbar sind[786]:

– Art der Produkte und Dienstleistungen,
– Art der Produktionsprozesse,
– Art oder Gruppe der Kunden für Produkte und Dienstleistungen,
– Methoden des Vertriebs der Produkte oder der Erbringung von Dienstleistungen und,
– falls erforderlich, Art der regulatorischen Rahmenbedingungen, z.B. im Bank- oder Versicherungswesen oder bei öffentlichen Versorgungsbetrieben[787].

1060 IFRS 8 enthält keine spezifizierten Aussagen darüber, unter welchen Voraussetzungen Geschäftssegmente **vergleichbare wirtschaftliche Merkmale** aufweisen. Von vergleichbaren wirtschaftlichen Merkmalen wird man aber wohl ausgehen können, wenn sich Kriterien wie bspw. das Umsatz- und Renditeverhältnis, der Umsatzentwicklungstrend, die Eigenkapitalausstattung oder der Cashflow in einer engen Bandbreite bewegen, einem vergleichbaren Trend folgen und auf externe Einflüsse vergleichbar reagieren.

1061 Darüber hinaus kann gem. IFRS 8.13 auf die Aufnahme von **unwesentlichen Geschäftssegmenten,** also Geschäftssegmenten, die keinen der quantitativen Schwellenwerte erfüllen, in die Segmentberichterstattung verzichtet werden. Sie können aber gleichwohl in die Segmentberichterstattung aufgenommen werden, wenn die Geschäftsführung der Auffassung ist, dass die Informationen über dieses Geschäftssegment für die Abschlussadressaten nützlich sind. Zudem kann ein Unternehmen unwesentliche Geschäftssegmente, also solche Geschäftssegmente, die die nachfolgend dargestellten quantitativen Schwellenwerte nicht überschreiten, nur dann zum Zweck der Schaffung eines berichtspflichtigen (wesentlichen) Geschäftssegments zusammenfassen, wenn die Geschäftssegmente ähnliche wirtschaftliche Merkmale und die meisten (majority) der in IFRS 8.12 genannten Kriterien aufweisen (IFRS 8.14).

---

[785] Hier wird den Unternehmen – gerade bei intransparenten Organisationsstrukturen – ein erheblicher Ermessensspielraum an die Hand gegeben; ähnlich auch *Wenk/Jagosch*, KoR 2008, S. 661 (663).

[786] IFRS 8.12 geht davon aus, dass Geschäftssegmente vergleichbar sind, wenn sie eine ähnliche langfristige Ertragsentwicklung aufweisen. Dies dürfte aber allenfalls als Indiz für die Vergleichbarkeit zu werten sein.

[787] Im Grundsatz legt IFRS 8 damit die gleichen Kriterien für eine Zusammenfassung der Geschäftssegmente an wie der bisherige IAS 14; so auch *Fink/Ulbrich*, DB 2007, S. 981 (982).

Weitere Elemente des IFRS-Abschlusses und sonstige Angaben N

Wesentliche Geschäftssegmente sind diejenigen Segmente, die einen der nachfolgend aufgeführten **quantitativen Schwellenwerte** überschreiten[788]: **1062**

- Der ausgewiesene Umsatzerlös des Geschäftssegments, einschließlich der Verkäufe an externe Kunden und der Verkäufe oder Transaktionen zwischen den Segmenten, beträgt mindestens 10 % der zusammengefassten internen und externen Umsatzerlöse aller Geschäftssegmente.
- Der absolute Betrag des ausgewiesenen Ergebnisses des Geschäftssegments entspricht mindestens 10 % des höheren Werts des zusammengefassten ausgewiesenen Gewinns aller Geschäftssegmente, die keinen Verlust verzeichnet haben, oder des zusammengefassten ausgewiesenen Verlusts aller Geschäftssegmente, die einen Verlust verzeichnet haben.
- Die Vermögenswerte des Geschäftssegments haben einen Anteil von mindestens 10 % an den kumulierten Aktiva aller Geschäftssegmente.

In diversifizierten Konzernen können die unwesentlichen Geschäftssegmente in Summe einen wesentlichen Teil des Unternehmens ausmachen. Um zu vermeiden, dass wesentliche Bereiche eines solchen Konzerns nicht Bestandteil der berichtspflichtigen Segmente sind, muss die Summe der gesamten externen Umsatzerlöse, die von den berichtspflichtigen Geschäftssegmenten ausgewiesen werden, nach IFRS 8.15 mindestens **75 % der Umsatzerlöse** des Konzerns ausmachen. Wird diese Schwelle nicht erreicht, müssen unwesentliche Geschäftssegmente im erforderlichen Umfang einbezogen werden, bis mindestens 75 % der Umsatzerlöse auf die berichtspflichtigen Geschäftssegmente entfallen. Dabei gibt IFRS 8 keine Handlungsanleitung zur Auswahl der zusätzlich heranzuziehenden unwesentlichen Geschäftssegmente, sondern stellt dies in das Ermessen der geschäftsführenden Organe. **1063**

Informationen über andere Geschäftstätigkeiten und nicht berichtspflichtige Geschäftssegmente sind nach Maßgabe des IFRS 8.16 in der **Kategorie „Alle sonstigen Segmente"** (all other segments) zusammengefasst darzustellen[789]. Die Herkunft der Umsatzerlöse dieser Kategorie ist zu beschreiben. **1064**

Da die Wesentlichkeit von Geschäftssegmenten für jede Berichtsperiode neu zu überprüfen ist, kann es vorkommen, dass ein in der Vorperiode noch als wesentlich eingestuftes Geschäftssegment unwesentlich oder umgekehrt ein bisher unwesentliches Geschäftssegment wesentlich wird. Ein **unwesentlich gewordenes Geschäftssegment** i.S.d. IFRS 8.13 muss in der neuen Berichtsperiode nicht mehr gesondert dargestellt werden. Etwas anderes gilt nur, wenn die geschäftsführenden Organe der Auffassung sind, dass das Geschäftssegment auch weiterhin von Bedeutung ist (IFRS 8.17). Damit dürfte wohl verbunden sein, dass diese sich auch weiterhin für Zwecke der internen Steuerung über das Geschäftssegment gesondert Bericht erstatten lassen. **1065**

Wird ein **bisher unwesentliches Geschäftssegment** in der laufenden Berichtsperiode als wesentliches und damit gesondert berichtspflichtiges Geschäftssegment identifiziert, verlangt IFRS 8.18 eine Anpassung der Vorjahresvergleichszahlen, soweit die erforderlichen Informationen verfügbar und die dabei entstehenden Kosten verhältnismäßig sind. **1066**

IFRS 8 gibt keine Begrenzung der Anzahl der berichtspflichtigen Geschäftssegmente vor. Gleichwohl legt IFRS 8.19 als Maßstab für eine zu detaillierte Segmentberichterstattung **1067**

---

[788] Die Wesentlichkeitsbestimmung ist für jede Berichtsperiode auf der Basis der Daten dieser Berichtsperiode neu vorzunehmen.

[789] Die Kategorie „Alle sonstigen Segmente" ist von sonstigen Abstimmungsposten in den Überleitungsrechnungen zu unterscheiden (IFRS 8.16).

die Anzahl von mehr als zehn berichtspflichtigen Geschäftssegmenten fest. Diese Zahl stellt jedoch nur einen groben Anhaltspunkt dar und entfaltet keine Bindungswirkung. Insofern kann IFRS 8.19 nicht zur Begründung einer niedrigeren Anzahl berichtspflichtiger Segmente herangezogen werden.

c) Bilanzierungs- und Bewertungsmethoden

1068 Auf die Segmentinformationen sind – entsprechend dem **management approach** – die Bilanzierungs- und Bewertungsmethoden anzuwenden, die auch der internen Steuerung und Berichterstattung zugrunde liegen (IFRS 8.25)[790]. Demgemäß sind Anpassungen und Eliminierungen, die während der Erstellung eines Unternehmensabschlusses und bei der Allokation von Umsatzerlösen und Aufwendungen sowie Gewinnen und Verlusten vorgenommen werden, bei der Ermittlung des ausgewiesenen Ergebnisses des Geschäftssegments nur dann zu berücksichtigen, wenn sie in das Ergebnis des Geschäftssegments eingeflossen sind, das von der verantwortlichen Unternehmensinstanz zugrunde gelegt wird[791]. Ebenso sind für die Geschäftssegmente nur diejenigen Vermögenswerte und Schulden auszuweisen, die auch der verantwortlichen Unternehmensinstanz berichtet werden. Werden dem Gewinn oder Verlust oder den Vermögenswerten oder Schulden eines einzelnen Geschäftssegments gemeinschaftlich durch mehrere Geschäftssegmente verursachte Beträge zugeordnet, so hat die Allokation dieser Beträge auf einer vernünftigen Basis zu erfolgen (IFRS 8.25).

1069 Denkbar ist auch, dass die verantwortliche Unternehmensinstanz mehr als einen Wertmaßstab für den Gewinn und Verlust sowie die Vermögenswerte und Schulden, also **mehr als eine Berichterstattung**, nutzt. In diesem Fall sind der Segmentberichterstattung gem. IFRS 8.26 die Bilanzierungs- und Bewertungsmethoden derjenigen Berichterstattung zugrunde zu legen, von der die geschäftsführenden Organe annehmen, dass sie am ehesten denjenigen Bilanzierungs- und Bewertungsmethoden entsprechen, die der Bewertung im Abschluss des Unternehmens zugrunde gelegt werden, die also den IFRS am nächsten kommen.

1070 Mit IFRS 8.27 wird der Tatsache Rechnung getragen, dass die für Zwecke der internen Steuerung und Berichterstattung angewandten Bilanzierungs- und Bewertungsmethoden einer **eingehenden Erläuterung** bedürfen, um das angestrebte Verständnis – den als besonders wertvoll erachteten Blick *„through managements's eyes"* – bei den Abschlussadressaten zu erreichen. Demgemäß sind die Bewertungsgrundlagen für den Gewinn und Verlust sowie die Vermögenswerte und Schulden jedes berichtspflichtigen Geschäftssegments zu erläutern. Die **Mindestangaben** – soweit nicht bereits aus den Überleitungsrechnungen nach IFRS 8.28 ersichtlich – umfassen[792]:

– Die Rechnungslegungsgrundlagen für sämtliche Geschäftsvorfälle zwischen den berichtspflichtigen Geschäftssegmenten (IFRS 8.27(a)).

---

[790] Hier unterscheidet sich IFRS 8 wesentlich von dem bisher anzuwendenden IAS 14. Nach IAS 14 waren ausschließlich die im KA angewandten Bilanzierungs- und Bewertungsmethoden für die Segmentberichterstattung maßgebend.

[791] Dies gilt auch für im KA nicht zulässige Bewertungsmethoden. Erfolgt die Vorratsbewertung für Zwecke der internen Steuerung bspw. auf der Basis der nach IFRS nicht zulässigen LiFo-Methode, ist dies entsprechend auch für Zwecke der Segmentberichterstattung zu berücksichtigen; so auch Wiley-Handb.-IFRS[6], Abschn. 22, Rn. 155.

[792] Die Unterschiede aus abweichenden Bilanzierungs- und Bewertungsmethoden müssen nicht gesondert für jedes einzelne berichtspflichtige Geschäftssegment angegeben werden. Eine kumulierte Angabe über alle berichtspflichtigen Geschäftssegmente hinweg wird als ausreichend angesehen (IFRS 8.DC39ff.). Dazu kritisch *Trapp/Wolz*, IRZ 2008, S. 85 (90).

Weitere Elemente des IFRS-Abschlusses und sonstige Angaben N

- Die Art etwaiger Unterschiede zwischen den Ergebnissen der berichtspflichtigen Geschäftssegmente und dem Gewinn oder Verlust des Unternehmens vor Steueraufwand oder -ertrag und Aufgabe von Geschäftsbereichen (IFRS 8.27(b)). Diese Unterschiede könnten Rechnungslegungsmethoden und Strategien für die Allokation von zentral angefallenen Kosten umfassen.
- Die Art etwaiger Unterschiede zwischen den Bewertungen der Vermögenswerte berichtspflichtiger Geschäftssegmente und den Vermögenswerten des Unternehmens (IFRS 8.27(c)). Die Unterschiede könnten Rechnungslegungsmethoden oder Strategien für die Allokation gemeinsam genutzter Vermögenswerte umfassen.
- Die Art etwaiger Unterschiede zwischen den Bewertungen der Schulden berichtspflichtiger Geschäftssegmente und den Schulden des Unternehmens (IFRS 8.27(d)). Diese Unterschiede könnten Rechnungslegungsmethoden oder Strategien für die Allokation von gemeinsam genutzten Schulden sein.
- Die Art etwaiger Änderungen der Bewertungsmethoden im Vergleich zu früheren Perioden, die zur Bestimmung des Ergebnisses des Geschäftssegments verwendet werden, sowie die Auswirkungen dieser Änderungen auf die Bewertung des Ergebnisses des Geschäftssegments (IFRS 8.27(e)).
- Art und Auswirkungen etwaiger asymmetrischer Allokationen auf berichtspflichtige Geschäftssegmente (IFRS 8.27(f)). Beispielsweise könnte ein Unternehmen einem Geschäftssegment einen Abschreibungsaufwand zuordnen, ohne dass das Geschäftssegment entsprechende abschreibungsfähige Vermögenswerte erhält.

d) Angaben zu Geschäftssegmenten
aa) Überblick

Nach Maßgabe des IFRS 8.20 hat ein Unternehmen, dem **Grundprinzip des IFRS 8** folgend, Informationen bereitzustellen, die es den Abschlussadressaten ermöglichen, die Art und die finanziellen Auswirkungen der von dem Unternehmen ausgeübten Geschäftstätigkeit sowie das wirtschaftliche Umfeld, in dem es tätig ist, zu beurteilen. 1071

Zu diesem Zweck hat ein Unternehmen für jede Periode, für die eine Gesamtergebnisrechnung erstellt wurde, die folgenden Angaben in der Segmentberichterstattung offenzulegen (IFRS 8.21): 1072

- Allgemeine Informationen (IFRS 8.21(a));
- Informationen über das Segmentergebnis, einschließlich einer genauen Beschreibung der einbezogenen Umsatzerlöse und Aufwendungen, sowie Informationen über Vermögenswerte und Schulden des Geschäftssegments und über die Grundlagen der Bewertung (IFRS 8.21(b)); und
- Überleitungsrechnungen von den Summen der Geschäftssegmentumsatzerlöse, des ausgewiesenen Geschäftssegmentperiodenergebnisses, der Geschäftssegmentvermögenswerte, der Geschäftssegmentschulden und sonstiger wichtiger Geschäftssegmentposten auf die entsprechenden Beträge des Unternehmens (IFRS 8.21(c)).

bb) Allgemeine Informationen

Um einen Einblick in die Abgrenzung der berichtspflichtigen Geschäftssegmente zu erhalten, verpflichtet IFRS 8.22(a) zur Angabe der Faktoren, die zur Identifizierung der berichtspflichtigen Geschäftssegmente verwendet worden sind. Denkbar ist, die Geschäftssegmente auf der Grundlage der Produkte und Dienstleistungen, der regionalen Tätigkeiten, unter Berücksichtigung des regulatorischen Umfelds oder einer Kombination von 1073

Faktoren festzulegen[793]. Ferner muss angegeben werden, ob Geschäftssegmente zusammengefasst worden sind. Weiterhin sind gem. IFRS 8.22(b) die Arten von Produkten und Dienstleistungen darzustellen, die die Grundlage der Umsatzerlöse jedes berichtspflichtigen Geschäftssegments darstellen.

cc) Informationen über den Gewinn oder Verlust sowie über die Vermögenswerte und Schulden

1074 In IFRS 8 wird vorgeschrieben, ein **Geschäftssegmentergebnis anzugeben**[794]. Das Gleiche gilt für die **Geschäftssegmentvermögenswerte** und die **Geschäftssegmentverbindlichkeiten**, dies aber unter der Bedingung, dass ein solcher Betrag auch der verantwortlichen Unternehmensinstanz regelmäßig gemeldet wird (IFRS 8.23).

1075 **Weitere Angaben** im Hinblick auf das **Geschäftssegmentergebnis** sind davon abhängig, ob die betreffenden Posten bei der Ermittlung des Geschäftssegmentergebnisses berücksichtigt wurden oder Gegenstand der regelmäßigen Berichterstattung an die verantwortliche Unternehmensinstanz sind. Soweit dies zu bejahen ist, ist zu berichten über:

- Umsatzerlöse von externen Kunden,
- Umsatzerlöse aufgrund von Transaktionen mit anderen Geschäftssegmenten desselben Unternehmens,
- Zinserträge,
- Zinsaufwendungen,
- planmäßige Abschreibungen,
- wesentliche Ertrags- und Aufwandsposten, die gem. IAS 1.97 separat gezeigt werden,
- Anteile des Unternehmens am Periodenergebnis von nach der Equity-Methode bilanzierten assoziierten Unternehmen und GU,
- Ertragsteueraufwand oder -ertrag, und
- wesentliche zahlungsunwirksame Posten, bei denen es sich nicht um planmäßige Abschreibungen handelt[795].

1076 Zinsaufwand und Zinsertrag dürfen dann netto für jedes Geschäftssegment gezeigt werden, wenn die Zinserträge den Großteil (majority) der Geschäftssegmenterträge ausmachen und die **Nettogröße** vorrangig für die interne Steuerung durch die verantwortliche Unternehmensinstanz Verwendung findet (IFRS 8.23).

1077 Auch zu den **Geschäftssegmentvermögenswerten** sind weiter gehende Angaben vorzunehmen, wenn die Voraussetzungen des IFRS 8.24 vorliegen, mithin auch der verantwortlichen Unternehmensinstanz die entsprechenden Informationen regelmäßig vorgelegt werden, auch wenn diese nicht in die Bewertung der Geschäftssegmentvermögenswerte einfließen. Anzugeben sind danach:

- Der Betrag der Beteiligungen an assoziierten Unternehmen und GU, die nach der Equity-Methode bilanziert werden (IFRS 8.24(a)), und
- der Betrag der Zugänge zu den langfristigen Vermögenswerten, ausgenommen Finanzinstrumente, latente Steueransprüche, Leistungen nach Beendigung des Arbeitsverhältnisses und Rechte aus Versicherungsverträgen (IFRS 8.24(b)).

---

793 Ähnlich auch Wiley-Handb.-IFRS[6], Abschn. 22, Rn. 73.

794 Dies gilt selbst dann, wenn sie – trotz grundsätzlicher Geltung des management approach – nicht Gegenstand der regelmäßigen Berichterstattung an die verantwortliche Unternehmensinstanz sind (IFRS 8.BC35).

795 Vgl. zur Diskussion einer Beschränkung der Angaben auf segmentierte externe und interne Umsatzerlöse Wiley-Handb.-IFRS[6], Abschn. 22, Rn. 64.

Weitere Elemente des IFRS-Abschlusses und sonstige Angaben **N**

dd) Überleitungsrechnungen

Neben den Angaben zu den einzelnen berichtspflichtigen Geschäftssegmenten sind Überleitungsrechnungen von den Daten der Geschäftssegmente auf die Werte auf Unternehmensebene aufzustellen. Nach IFRS 8.28 sind **Überleitungen** erforderlich von **1078**

- der Summe der Umsatzerlöse der Geschäftssegmente zu den Umsatzerlösen des Unternehmens,
- der Summe der Geschäftssegmentergebnisse zum Gewinn oder Verlust des Unternehmens vor Steueraufwand (Steuerertrag) und der Aufgabe von Geschäftsbereichen[796],
- der Summe der Geschäftssegmentsvermögenswerte zu den Vermögenswerten des Unternehmens,
- der Summe der Geschäftssegmentsschulden zu den Schulden des Unternehmens[797],
- der Summe der Beträge der berichtspflichtigen Geschäftssegmente für jede andere angegebene wesentliche Information auf den entsprechenden Betrag des Unternehmens.

Alle **wesentlichen Überleitungsbeträge** sind separat darzustellen und zu beschreiben. Hierzu zählen bspw. alle wesentlichen Anpassungen, die erforderlich sind, um die Geschäftssegmentergebnisse zum Gewinn oder Verlust des Unternehmens überzuleiten, und die auf unterschiedliche Bilanzierungs- und Bewertungsmethoden zurückzuführen sind[798]. Nicht erforderlich sind Überleitungen auf der Ebene der einzelnen Geschäftssegmente (IFRS 8.BC42). **1079**

ee) Angaben auf Unternehmensebene

Neben den qualitativen und quantitativen Angaben, die zu den berichtspflichtigen Geschäftssegmenten offenzulegen sind, lösen IFRS 8.31 ff. unter bestimmten Voraussetzungen weitere Angabepflichten auf der Unternehmensebene aus, um ein gewisses Maß an **vergleichbaren Informationen** sicherzustellen[799]. IFRS 8.31 ff. verlangen unabhängig von der internen Berichtsstruktur folgende Angaben, falls diese nicht bereits Bestandteil der Segmentberichterstattung sind: **1080**

- Umsatzerlöse von externen Kunden für jedes Produkt und jede Dienstleistung bzw. Gruppe vergleichbarer Produkte oder Dienstleistungen (IFRS 8.32).
- Umsatzerlöse von externen Kunden und langfristige Vermögenswerte nach geografischen Bereichen, mindestens nach In- und Ausland, sowie eine Aufteilung auf die wesentlichen Länder (IFRS 8.33).

Die Beträge der ausgewiesenen Umsatzerlöse stützen sich auf die Finanzinformationen, die für die Erstellung des Unternehmensabschlusses verwendet werden[800]. Diese Informationen dürfen nur dann unterbleiben, wenn sie nicht verfügbar oder nur mit unverhältnismäßigem finanziellen Aufwand zu beschaffen sind, was anzugeben ist. **1081**

---

796 Weist ein Unternehmen den berichtspflichtigen Geschäftssegmenten Posten wie Steueraufwand (Steuerertrag) zu, kann es die Überleitungsrechnung vom Gesamtbetrag der Geschäftssegmentergebnisse zum Gewinn oder Verlust des Unternehmens nach diesen Posten erstellen.

797 Dies jedoch nur, soweit die Geschäftssegmentschulden gemäß IFRS 8.23 ausgewiesen werden.

798 So auch Wiley-Handb.-IFRS[6], Abschn. 22, Rn. 71.

799 Die Angabepflichten betreffen insb. auch Unternehmen, die nur ein einziges berichtspflichtiges Geschäftssegment haben (IFRS 8.31).

800 Die Verwendung der für die Erstellung des Unternehmensabschlusses verwendeten Finanzinformationen ist hier folgerichtige Konsequenz der Durchbrechung des management approach.

1082 Erzielt das Unternehmen mit einem einzigen externen Kunden bzw. mit einer Gruppe von Unternehmen, von denen das Unternehmen weiß, dass diese unter gemeinsamer Beherrschung stehen, mindestens 10 % der gesamten Umsatzerlöse, so müssen diese Tatsache, der Gesamtbetrag der Umsatzerlöse sowie die betroffenen Segmente angegeben werden, wobei eine Offenlegung der Identität des Kunden nicht erfolgen muss (IFRS 8.34). Eine Zuordnung des Gesambetrags der Umsatzerlöse zu den einzelnen betroffenen Segmenten ist nicht erforderlich[801].

4. Erläuterung der Bilanzierungs- und Bewertungsmethoden im Anhang

1083 Gemäß IAS 1.10(e) ist der Anh. Pflichtbestandteil eines IFRS-Abschlusses und umfasst die maßgeblichen **Bilanzierungs- und Bewertungsmethoden** (accounting policies) sowie **sonstige Erläuterungen** (explanatory notes). Die Angaben haben gem. IAS 1.112 folgende Informationen zu enthalten:

- aktuelle Informationen über die Grundlagen der Aufstellung des Abschlusses (basis of preparation) sowie die besonderen Bilanzierungs- und Bewertungsmethoden (accounting policies);
- die von den einzelnen International Financial Reporting Standards verlangten Informationen, sofern sie nicht an anderer Stelle im Abschluss ausgewiesen sind; und
- zusätzliche Informationen, die nicht in anderen Abschlussbestandteilen enthalten sind, die aber für das Verständnis der anderen Abschlussbestandteile erforderlich sind.

1084 Gefordert wird eine systematische Darstellung mit **Querverweisen** zwischen den Posten von Bilanz, Gesamtergebnisrechnung, der gesonderten Darstellung des Periodenergebnisses (falls diese erstellt wird), der Aufstellung der Veränderungen des EK und der KFR zu den zugehörigen Angaben im Anh. (IAS 1.113). Vorgeschlagen wird die folgende **Gliederung** (IAS 1.114):

- Erklärung über die Übereinstimmung mit den International Financial Reporting Standards (statement of compliance with IFRS);
- Zusammenfassung der wesentlichen Bilanzierungs- und Bewertungsmethoden;
- ergänzende Angaben zu den in den einzelnen Abschlussbestandteilen dargestellten Posten in der Reihenfolge der Abschlussbestandteile und der darin enthaltenen Posten;
- andere Angaben, einschließlich Eventualschulden (contingent liabilities) und nicht finanzieller Angaben.

1085 Steht der Abschluss im Einklang mit allen IFRS, einschließlich Interpretationen, ist diese Tatsache in einer ausdrücklichen und uneingeschränkten Erklärung (**Übereinstimmungserklärung**) im Anh. anzugeben. Ein Abschluss darf nicht als mit den IFRS übereinstimmend bezeichnet werden, solange er nicht sämtliche Anforderungen erfüllt (IAS 1.16).

1086 In der **Zusammenfassung der wesentlichen Bilanzierungs- und Bewertungsmethoden** sind zum einen die für bestimmte Gruppen von Vermögenswerten oder Schulden verwendeten **Bewertungsgrundlagen** (measurement bases, d.h. historische Kosten, Tageswert, Netto-Veräußerungswert, beizulegender Zeitwert oder erzielbarer Betrag) zu beschreiben (IAS 1.117f.). Zum anderen sind die **spezifischen Bilanzierungs- und Bewertungsmethoden** zu beschreiben, die für das Verständnis des Abschlusses relevant sind. Dabei sind solche Methoden von besonderer Bedeutung, für die ein Wahlrecht innerhalb der IFRS existiert.

---

801 Vgl. *KPMG*, Insights into IFRS 2010/11, S. 1273, Rn. 5.2.230.45, bzw. *PricewaterhouseCoopers*, Manual of Accounting, S. 10050, Rn. 10.130ff.

Weitere Elemente des IFRS-Abschlusses und sonstige Angaben N

Anzugeben sind die **Ermessensausübungen** (judgements) des Managements zu den- 1087
jenigen Bilanzierungs- und Bewertungsmethoden,die die Beträge im Abschluss am wesentlichsten beeinflusst haben (IAS 1.122). Beispielsweise ist Folgendes anzugeben:

– Beurteilung, ob es sich bei Finanzanlagen um „bis zur Endfälligkeit zu haltende Finanzinvestitionen" handelt;
– Beurteilung, wann alle wesentlichen mit dem rechtlichen Eigentum verbundenen Risiken und Chancen der finanziellen Vermögenswerte und des Leasingvermögens auf andere Unternehmen übertragen werden;
– Beurteilung, ob es sich bei bestimmten Warenverkaufsgeschäften im Wesentlichen um Finanzierungsvereinbarungen handelt, durch die somit keine Umsatzerlöse erzielt werden; und
– Beurteilung, ob das Verhältnis zwischen einem Unternehmen und einer Zweckgesellschaft im Wesentlichen vermuten lässt, dass die Zweckgesellschaft durch das Unternehmen beherrscht wird.

Die Beschreibung kann wahlweise auch an anderer Stelle im Anh. gemacht werden.

Schätzungsunsicherheiten (estimation uncertainty), durch die ein beträchtliches Risiko 1088
entstehen kann, sodass innerhalb des nächsten GJ eine wesentliche Anpassung der Vermögenswerte oder Schulden erforderlich wird, sind zu beschreiben (IAS 1.125). Bei dieser Angabe handelt es sich um eine Pflichtangabe mit wesentlicher Bedeutung für den Abschlussadressaten. Nicht betroffen sind solche Risiken, die aus der Anpassung von Buchwerten entstehen, die aus Marktpreisen abgeleitet sind (IAS 1.128). Die betroffenen Vermögenswerte und Schulden sind hinsichtlich Art und Buchwert anzugeben, und es sind die verwendeten zukunftsbezogenen Annahmen und sonstigen Quellen der Unsicherheit zu beschreiben (IAS 1.129). Beispiele hierfür sind:

– Art der Annahme bzw. der sonstigen Schätzungsunsicherheit;
– Sensitivität der Buchwerte;
– erwartete Auflösung der Unsicherheit sowie angenommene Bandbreite der Unsicherheit;
– Anpassungen gegenüber früheren Annahmen.

Ergänzende Angaben resultieren aus den in übrigen Standards und Interpretationen ge- 1089
forderten Anhangangaben.

Aus IAS 1 ergibt sich zudem, dass die **Bilanzposten** auf angemessene Weise **weiter** zu 1090
untergliedern (IAS 1.77f.) und nähere Angaben für jede **Klasse von Anteilen** (u.a. Anzahl der genehmigten, ausgegebenen, voll bzw. nicht voll eingezahlten Anteile, Nennwert, Überleitung von der Anzahl am Anfang zu der Anzahl am Ende der Periode, Rechte, Vorzugsrechte und Beschränkungen, eigene Anteile sowie für Optionen und Verkaufsverträge vorgehaltene Anteile) und zu Art und Zweck von Rücklagen (IAS 1.79) zu machen sind.

Für **wesentliche Ertrags- oder Aufwandsposten** hat ein Unternehmen Art und Betrag 1091
dieser Posten gesondert anzugeben (IAS 1.97).

Den Unternehmen wird empfohlen, eine **Aufwandsgliederung** nach Art der Auf- 1092
wendungen (Gesamtkostenverfahren) oder nach Funktionen (UKV) in der Gesamtergebnisrechnung oder in der Darstellung des Periodenergebnisses zu machen; anderenfalls ist die Aufwandsgliederung im Anh. vorzunehmen (IAS 1.99f.). Bei Anwendung des Umsatzkostenverfahrens sind zusätzliche Angaben über die Art der Aufwendungen zu

1883

machen, einschließlich des Aufwands für planmäßige Abschreibungen sowie Leistungen an Arbeitnehmer (IAS 1.104).

1093 Die **anderen Angaben** umfassen u.a. Sitz und Rechtsform des Unternehmens sowie das Land, in dem es als juristische Person registriert ist, und die Adresse des eingetragenen Sitzes (registered office) oder, sofern davon abweichend, des Hauptsitzes, von dem aus die Geschäftstätigkeit betrieben wird (principal place of business); weiterhin eine Beschreibung der Art der Geschäftstätigkeit und der Hauptaktivitäten, den Namen des (direkt übergeordneten) MU und des obersten MU des Konzerns (IAS 1.138)[802].

1094 Daneben sind **Dividendenzahlungen** an die Gesellschafter des Unternehmens, die vorgeschlagen oder beschlossen wurden, bevor der Abschluss zur Veröffentlichung freigegeben wurde, anzugeben, soweit sie nicht als Verbindlichkeit passiviert wurden (IAS 1.137(a)). Auch aufgelaufene, noch nicht bilanzierte Vorzugsdividenden sind anzugeben (IAS 1.137(b)).

5. Ergebnis je Aktie

a) Zwecksetzung und Anwendungsbereich des Standards

1095 Mit IAS 33 werden Leitlinien für die Ermittlung und Präsentation des Ergebnisses je Aktie (earnings per share, EPS) vorgegeben, die den Zweck verfolgen, den Vergleich der Ertragskraft unterschiedlicher Unternehmen für dieselbe Berichtsperiode und unterschiedlicher Berichtsperioden für dasselbe Unternehmen zu erleichtern (IAS 33.1). Die zugrunde liegende Annahme ist, dass das Ergebnis je Aktie am Kapitalmarkt als **Bindeglied zwischen Rechnungslegung und Unternehmensbewertung** gilt.

1096 Nach IAS 33.2 sind alle Unternehmen, deren Stammaktien (ordinary shares) oder potenzielle Stammaktien (potential ordinary shares) öffentlich gehandelt werden oder die eine Emission von **öffentlich gehandelten Stammaktien** oder potenziellen Stammaktien eingeleitet haben, verpflichtet, ein Ergebnis je Aktie in Übereinstimmung mit IAS 33 zu ermitteln und anzugeben[803]. IAS 33.9 und .30 fordern sowohl die Ermittlung und Angabe des unverwässerten Ergebnisses je Aktie (sog. basic earnings per share) als auch des verwässerten Ergebnisses je Aktie (sog. diluted earnings per share). Stellt ein Unternehmen sowohl einen Einzel- als auch einen KA auf, genügt es, wenn das Ergebnis je Aktie auf der Basis des KA ermittelt wird (IAS 33.4). Ein Unternehmen, das sich zur Angabe des Ergebnisses je Aktie auf der Grundlage seines EA entscheidet, hat diese Ergebnisse ausschließlich in der Gesamtergebnisrechnung des EA, nicht aber im KA anzugeben. Wenn ein Unternehmen die Ergebnisbestandteile in einer gesonderten Darstellung des Periodenergebnisses nach Maßgabe des IAS 1.81 darstellt, so hat es das Ergebnis je Aktie nur in diesem Abschlussbestandteil auszuweisen (IAS 33.4A). Zudem ist die Angabe des Ergebnisses je Aktie auch in einem ggf. aufzustellenden **Zwischenbericht** erforderlich (IAS 34.11, .11A). Die freiwillige Angabe des Ergebnisses je Aktie hat in Übereinstimmung mit IAS 33 zu erfolgen (IAS 33.3).

---

802 Bei einem Abschluss, der nach § 315a HGB aufgestellt wird, sind darüber hinaus die in § 315a Abs. 1 HGB geforderten Anhangangaben zu beachten.

803 Vgl. *Heuser/Theile*, IFRS[4], Rn. 4700, die „in process of issuing ordinary shares or potential ordinary shares" dahingehend verstehen, dass der Handel an einer Wertpapierbörse beantragt wurde. Demgegenüber stellen *Lüdenbach/Hoffmann*, IFRS[9], § 35, Rn. 3, darauf ab, ob sich das Unternehmen erstmals in einem öffentlichen Angebot befindet.

Weitere Elemente des IFRS-Abschlusses und sonstige Angaben | N

b) Begriffsbestimmung

Nach **deutschem Aktienrecht** können Anteilsrechte an einem Unternehmen in Form von Stamm- und/oder Vorzugsaktien begründet werden, und zwar unabhängig davon, ob es sich bei ihnen um Nennbetrags- oder Stückaktien oder um Inhaber-, Namens- oder vinkulierte Namensaktien handelt. Dabei bilden Stammaktien und Vorzugsaktien verschiedene Aktiengattungen. | 1097

Unabhängig davon wird der **Begriff Stammaktie nach IAS 33** als das Eigenkapitalinstrument (equity instrument) definiert, das allen anderen Gruppen von Eigenkapitalinstrumenten nachgeordnet ist (IAS 33.5)[804]. Die Stammaktie partizipiert am Periodenergebnis des Unternehmens nachrangig nach allen anderen Eigenkapitalinstrumenten (IAS 33.6)[805]. Unter den Begriff der Stammaktie i.S.d. IAS 33 fallen danach grds. nur Stammaktien im aktienrechtlichen Sinn, nicht aber stimmrechtslose Vorzugsaktien i.S.d. § 139 AktG[806]. Etwas anderes gilt aber, wenn die Vorzugsdividende in Form einer Mehrdividende gewährt wird, die an die Dividende der Stammaktien gekoppelt ist, die Mehrdividende aber nicht vorrangig bedient wird, mithin ein Dividendenvorzug nicht besteht[807]. | 1098

Bei **potenziellen Stammaktien** handelt es sich um Finanzinstrumente (financial instruments) oder sonstige Verträge, die den Inhaber zum Bezug von Stammaktien berechtigen (IAS 33.5)[808]. Typische Beispiele hierfür sind Wandelschuldverschreibungen oder Aktienoptionsanleihen[809]. Bedeutung gewinnt der Begriff der potenziellen Stammaktien im Rahmen der Ermittlung des verwässerten Ergebnisses je Aktie. | 1099

c) Ermittlung des Ergebnisses je Aktie

aa) Unverwässertes Ergebnis je Aktie

Die Ermittlung des **unverwässerten Ergebnisses je Aktie** erfolgt im Wege der Division des den Stammaktien zurechenbaren Periodenergebnisses mit dem gewichteten Durchschnitt der Anzahl der während des GJ umlaufenden Stammaktien (IAS 33.10)[810]. | 1100

Das Ergebnis je Aktie ist unabhängig davon zu ermitteln, ob die Gesellschaft ein positives oder ein negatives **Periodenergebnis** erzielt hat (IAS 33.69). Es muss alle Aufwands- und Ertragsposten umfassen, die in der abgelaufenen Berichtsperiode erfasst worden und den Stammaktionären zuzurechnen sind (IAS 33.13). Folglich entspricht das zu verwendende Periodenergebnis grds. – je nach Berichtsperiode – dem Quartals-, Halbjahres- oder Jahresergebnis, jedoch bereinigt um sämtliche Ansprüche der Inhaber von Finanzinstrumenten mit Vorrechten, da diese Ansprüche zu befriedigen sind, bevor das Periodener- | 1101

---

[804] Der Begriff „equity instrument" wird über die Verweisung in IAS 33.8 i.S.v. IAS 32.11 definiert.
[805] Vgl. Beck-IFRS³, § 16, Rn. 2.
[806] Vgl.*IDW ERS HFA 2*, Tz. 29, sowie *Löw/Roggenbuck*, DBW 1998, S. 659 (662) und BB 2001, S. 1460 (1464); *Lüdenbach/Hoffmann*, IFRS⁹, § 35, Rn. 6. Für eine Berücksichtigung auch der Vorzugsaktien dagegen u.a. Baetge u.a., IFRS², IAS 33, Rn. 9; *Förschle*, in: FS Baetge, S. 499 ff; zur Behandlung von Genussrechten vgl. ebenfalls Baetge u.a., IFRS², IAS 33, Rn. 9.
[807] Vgl. *IDW ERS HFA 2*, Tz. 29; derartige stimmrechtslose Vorzugsaktien sind als gesonderte Stammaktienklasse i.S.v. IAS 33 einzustufen, für die getrennt von den anderen Stammaktien das Ergebnis je Aktie zu ermitteln ist, vgl. dazu *IDW ERS HFA 2*, Tz. 26f.
[808] Die Definition des Begriffs Finanzinstrument richtet sich über die Verweisung in IAS 33.8 nach IAS 32.11.
[809] Vgl. *Lüdenbach/Hoffmann*, IFRS⁹, § 35, Rn. 8.
[810] Vgl. zur Berechnung des unverwässerten und des verwässerten Ergebnisses je Aktie die in IAS 33.IE enthaltenen Berechnungsbeispiele für unterschiedliche Fallgestaltungen.

gebnis den Stammaktionären zur Verfügung steht[811]. Derartige Instrumente liegen in Deutschland i.d.R. in Form von Vorzugsaktien i.S.v. § 139 AktG vor[812].

1102 Bei der Ermittlung des **gewichteten Durchschnitts der Anzahl der während des GJ umlaufenden Stammaktien** nach IAS 33.19 sind alle Transaktionen zu berücksichtigen, die eine Veränderung der Anzahl der ausstehenden Stammaktien nach sich ziehen, wie z. B. die Ausgabe von jungen Aktien im Wege einer Kapitalerhöhung gegen Bareinlage, der Rückkauf und die Wiederveräußerung eigener Aktien oder Kapitalherabsetzungen gegen Rückzahlung von Kapital[813]. Von welchem Tag an neu ausgegebene Stammaktien in die Berechnung mit aufzunehmen sind, richtet sich nach der zugrunde liegenden Transaktion, wobei i.d.r. der Zeitpunkt maßgebend ist, zu dem die Gegenleistung fällig wird (IAS 33.21). Verändert sich die Anzahl der während des GJ umlaufenden Stammaktien, ohne dass es zu einer Veränderung der dem Unternehmen zur Verfügung stehenden Ressourcen kommt, z.b. durch eine Kapitalerhöhung aus Gesellschaftsmitteln, aufgrund der Durchführung eines Aktiensplits oder der Zusammenlegung von Aktien infolge einer Kapitalherabsetzung, erfordert dies eine rückwirkende Anpassung der Anzahl der ausstehenden Stammaktien für den Nenner (IAS 33.26, .64). Diese ist zum Zwecke der Vergleichbarkeit fiktiv auf den Beginn der im JA abgebildeten Perioden vorzunehmen; mithin regelmäßig auf den Anfang des vorhergehenden GJ.

bb) Verwässertes Ergebnis je Aktie

1103 Das **verwässerte Ergebnis je Aktie**, das die Auswirkungen auf die Kennzahl unter Berücksichtigung der Erhöhung der Aktienzahl durch potenzielle Stammaktien zeigt, ist rechnerisch in der gleichen Weise – im Wege der Division – zu ermitteln wie das unverwässerte Ergebnis je Aktie. Jedoch sind das Periodenergebnis und der gewichtete Durchschnitt der Anzahl der während des GJ umlaufenden Stammaktien unter der Annahme zu ermitteln, dass die potenziellen Stammaktien in tatsächlich ausstehende Stammaktien umgetauscht worden sind (IAS 33.31). Nach IAS 33.39 ist der maximal mögliche Verwässerungseffekt der potenziellen Stammaktien festzustellen.

1104 Zur **Bestimmung des Periodenergebnisses** ist zunächst von derselben Ergebnisgröße auszugehen wie für die Ermittlung des unverwässerten Ergebnisses je Aktie (IAS 33.33). Dieses Periodenergebnis ist sodann um diejenigen Veränderungen in Aufwendungen und Erträgen zu bereinigen, die sich aus einer Umwandlung der potenziellen Stammaktien ergeben hätten[814]. Dies betrifft bspw. die (ersparten) Zinsaufwendungen aus Wandelanleihen.

1105 Auch für die **Ermittlung der Anzahl der umlaufenden Stammaktien** ist von derselben Anzahl von Stammaktien auszugehen wie für die Berechnung des unverwässerten Ergebnisses je Aktie (IAS 33.36). Diese Anzahl ist um die gewichtete Anzahl der verwässernden potenziellen Stammaktien zu erhöhen[815]. Appendix A zu IAS 33 liefert umfangreiche Beispiele für die Berechnung der Aktienanzahl bei ausgewählten Transaktionen[816]. Als Umwandlungszeitpunkt wird – soweit eine tatsächliche Umwandlung der

---

811 Vgl. *Epstein/Mirza*, S. 838; Beck-IFRS³, § 16, Rn. 3; *Lüdenbach/Hoffmann*, IFRS⁹, § 35, Rn. 10f.
812 Vgl. *Epstein/Mirza*, S. 838.
813 Siehe dazu auch die Aufzählung in IAS 33.21.
814 Vgl. Baetge u.a., IFRS², IAS 33, Rn. 24; *Lüdenbach/Hoffmann*, IFRS⁹, § 35, Rn. 39.
815 Vgl. Beck-IFRS³, § 16, Rn. 12.
816 Vgl. dazu auch die Einzelfallbetrachtungen bei Beck-IFRS³, § 16, Rn. 17ff.; Baetge u.a., IFRS², IAS 33, Rn. 27; *Lüdenbach/Hoffmann*, IFRS⁹, § 35, Rn. 41ff.

potenziellen Stammaktien im GJ nicht erfolgte – der Beginn der Berichtsperiode angenommen, anderenfalls der später liegende Emissionszeitpunkt (IAS 33.36).

d) Ausweis und Anhangangaben

Für jede ausstehende Klasse von Stammaktien sind das unverwässerte und das verwässerte Ergebnis je Aktie gesondert zu ermitteln und in der **Gesamtergebnisrechnung** sowohl für KA bzw. JA als auch für Zwischenberichte für die darin abgebildeten Berichtsperioden anzugeben (IAS 33.66)[817]. Soweit Ergebnisse je Aktie für aufgegebene Geschäftsbereiche veröffentlicht werden, sind hierfür sowohl unverwässerte als auch verwässerte Kennzahlen in der (Konzern-)Gesamtergebnisrechnung oder im Anh. anzugeben (IAS 33.68)[818]. Der Ausweis von unverwässertem und verwässertem Ergebnis je Aktie ist auch dann vorzunehmen, wenn die Beträge negativ sind, es sich mithin um einen Verlust pro Aktie handelt (IAS 33.69).

1106

Zudem muss im **Anhang** darüber informiert werden, welche Ergebnisgrößen für die Berechnung des Ergebnisses je Aktie verwendet wurden. Weichen diese von dem in der Darstellung des (Konzern-)Periodenergebnisses ausgewiesenen Periodenerfolg ab, ist nach IAS 33.70(a) eine Überleitungsrechnung erforderlich. Das Gleiche gilt auch für die Anzahl der für die Berechnung zugrunde gelegten umlaufenden Stammaktien. Zu deren Erläuterung ist eine Überleitung von der aus dem gezeichneten Kapital abzuleitenden Aktienanzahl über die unverwässerte bis hin zur verwässerten Aktienanzahl zu liefern (IAS 33.70(b)). IAS 33.70(c) schreibt weiter vor, dass Angaben über alle Wertpapiere zu machen sind, die künftig einen potenziell verwässernden Einfluss auf das Ergebnis je Stammaktie haben können – bspw. Kapitalerhöhungen aufgrund genehmigten Kapitals i.S.v. §§ 202ff. AktG –, aber mangels verwässernden Einflusses in der Berichtsperiode nicht in die Berechnung des verwässerten Ergebnisses je Aktie eingegangen sind. Darüber hinaus sind nach IAS 33.70(d) alle Transaktionen mit Stammaktien oder potenziellen Stammaktien zu beschreiben, die sich nach dem Abschlussstichtag ereignet haben, soweit es sich nicht um Neuemissionen, die Ausgabe von Gratisaktien, Aktiensplits oder die Zusammenlegung von Aktien handelt. Erforderlich ist aber, dass die Transaktionen, hätten sie sich vor dem Abschlussstichtag ereignet, wesentliche Auswirkungen auf die Anzahl der Stammaktien oder die Anzahl der potenziellen Stammaktien gehabt hätten.

1107

e) Ausblick

Im August 2008 legte das IASB einen Standardentwurf zu IAS 33, ED IAS 33, vor. Zeitgleich veröffentlichte das FASB eine Überarbeitung des SFAS 128. Die Standardsetzer streben eine Vereinheitlichung und Vereinfachung der für die Kennzahlenermittlung maßgeblichen Regelungen an, wobei die einheitliche Berechnung der Aktienanzahl – also des Nenners – im Vordergrund steht[819]. Insbesondere die Einführung der sog. Fair-Value-Methode kann als wesentliche Vereinfachung aufgefasst werden. Danach sind erfolgswirksam zum beizulegenden Zeitwert bewertete Instrumente künftig von der Kennzah-

1108

---

817 Wenn ein Unternehmen die Ergebnisbestandteile in einer gesonderten Darstellung des Periodenergebnisses gem. IAS 1.81 ausweist, so hat es das unverwässerte und das verwässerte Ergebnis je Aktie gemäß den Anforderungen von IAS 33.66-67 in diesem Abschlussbestandteil auszuweisen (IAS 33.67A).

818 Weist ein Unternehmen die Ergebnisbestandteile in einer gesonderten Darstellung des Periodenergebnisses gem. IAS 1.81 aus, so hat es das unverwässerte und das verwässerte Ergebnis je Aktie für den aufgegebenen Geschäftsbereich gemäß den Anforderungen von IAS 33.68 in diesem Abschlussbestandteil oder im Anhang auszuweisen.

819 Vgl. zum Standardentwurf *Möhring/Eppinger*, KoR 2008, S. 721 (721); *Schütte*, DB 2009, S. 857 (857).

lenberechnung ausgenommen. Das Projekt wurde vom IASB vorerst gestoppt. Über eine Neuaufnahme soll im zweiten Halbjahr 2011 entschieden werden[820].

6. Angaben über Beziehungen zu nahe stehenden Unternehmen und Personen

a) Definition und Abgrenzung

1109 Beziehungen zu nahe stehenden Unternehmen und Personen (related parties) können sich auf die Darstellung eines den tatsächlichen Verhältnissen entsprechenden Bilds der Vermögens-, Finanz- und Ertragslage auswirken[821]. **Zielsetzung** des IAS 24 ist die Information der Abschlussadressaten durch **geeignete Angabepflichten** über bestehende Beziehungen zu nahe stehenden Unternehmen und Personen, über Vergütungen an Mitglieder des Managements in Schlüsselpositionen (key management personnel) sowie über Geschäftsvorfälle mit nahe stehenden Unternehmen und Personen und etwaige Auswirkungen auf den Jahresabschluss. IAS 24 enthält keine Erfassungs- und Bewertungsregeln, bspw., um die angesprochenen Auswirkungen zu eliminieren.

1110 Nahe stehende Personen oder Unternehmen eines berichtenden Unternehmens (entity) sind nach der **Definition** des IAS 24.9:

– natürliche Personen oder nahe Familienangehörige, die
  – das berichtende Unternehmen beherrschen oder gemeinsam beherrschen können (IAS 24.9(a)(i));
  – die Möglichkeit haben, maßgeblichen Einfluss auf das berichtende Unternehmen auszuüben (IAS 24.9(a)(ii)), oder
  – bei dem berichtenden Unternehmen oder dem MU des berichtenden Unternehmens Schlüsselpositionen innehaben (IAS 24.9(a)(iii)).
– Darüber hinaus sind Unternehmen als nahe stehend zu klassifizieren, wenn
  – sie im Verhältnis zu dem berichtenden Unternehmen Mutter-, Tochter- oder Schwesterunternehmen sind (IAS 24.9(b)(i)),
  – sie im Verhältnis zu dem berichtenden Unternehmen oder zu Mutter-, Tochter- oder Schwesterunternehmen des berichtenden Unternehmens assoziierte Unternehmen oder GU sind (IAS 24.9(b)(ii)),
  – sie GU derselben dritten Partei sind (IAS 24.9(b)(iii)),
  – ein Unternehmen GU einer dritten Partei und das andere Unternehmen assoziiertes Unternehmen derselben dritten Partei ist (IAS 24.9(b)(iv)),
  – das Unternehmen der Erfüllung eines Plans für Leistungen nach Beendigung des Arbeitsverhältnisses zugunsten der Arbeitnehmer des berichtenden Unternehmens oder zugunsten der Arbeitnehmer eines dem berichtenden Unternehmen nahe stehenden Unternehmens dient (IAS 24.9(b)(v)),
  – das Unternehmen von natürlichen Personen i.S.d. IAS 24.9(a) beherrscht wird oder unter gemeinschaftlicher Führung steht, an der eine natürliche Personen i.S.d. IAS 24.9(a) beteiligt ist (IAS 24.9(b)(vi)),
  – eine natürliche Person i.S.d. IAS 24.9(a)(i) maßgeblichen Einfluss auf das Unternehmen ausüben kann oder eine Schlüsselposition in dem Unternehmen innehat (IAS 24.9(b)(vii)).

1111 Der **Katalog** des IAS 24.9 zu Einflussmöglichkeiten, die eine Beziehung zwischen nahe stehenden Unternehmen und Personen begründen, ist **abschließend**. Ob eine der genannten Einflussmöglichkeiten im Einzelfall vorliegt, ist in wirtschaftlicher Be-

---
820 http://www.iasb.org/Current+Projects/IASB+Projects/IASB+Work+Plan.htm (21.07.2011).
821 Vgl. auch *Böckem*, WPg 2009, S. 644 (644); *Küting/Seel*, KoR 2008, S.227 (227).

Weitere Elemente des IFRS-Abschlusses und sonstige Angaben N

trachtungsweise[822] unter Berücksichtigung der Gesamtverhältnisse zu bestimmen; die rechtliche Gestaltung ist dagegen nicht ausschlaggebend[823].

Konkretisierungsbedürftig ist der Kreis der Personen, die **Schlüsselpositionen** inne haben. IAS 24.9 definiert Mitglieder des Managements in Schlüsselpositionen als diejenigen Personen, die für die Planung, Leitung und Überwachung der Unternehmenstätigkeit (entity) direkt oder indirekt zuständig und verantwortlich sind; dies schließt sämtliche Mitglieder des Geschäftsführungs- und Aufsichtsorgans ein. Gesellschaftsrechtliche Haftungsregeln sowie formale Kompetenzzuweisungen sind für die Identifikation der Mitglieder des Managements in Schlüsselpositionen irrelevant. Im Hinblick auf Angabepflichten im KA muss ein etwaiges Mitglied des Managements in Schlüsselpositionen für die Planung, Leitung und Überwachung der Konzerntätigkeit zuständig und verantwortlich sein: Der für die Zugehörigkeit zu der diskutierten Gruppe erforderliche Einflussbereich geht in dem Fall weit über die Aktivitäten des MU hinaus und umfasst die gesamte wirtschaftliche Einheit, die der Konzern bildet. 1112

Nahe Familienangehörige definiert IAS 24.9 als solche Angehörige einer natürlichen Person, von denen erwartet werden kann, dass sie die natürliche Person im Geschäftsgang mit dem berichtenden Unternehmen beeinflussen oder von der natürlichen Person im Geschäftsgang mit dem berichtenden Unternehmen beeinflusst werden. Widerlegbare Regelvermutungen (may) werden aufgestellt im Hinblick auf den im gemeinsamen Hausstand lebenden Ehegatten/Partner der natürlichen Person sowie ihrer Kinder, die Kinder des im gemeinsamen Hausstand lebenden Ehegatten/Partners der natürlichen Person sowie wirtschaftlich abhängige Familienangehörige der natürlichen Person und ihrer im gemeinsamen Hausstand lebenden Ehegatten/Partner[824]. Inwieweit eine Einflussnahme auch bei anderen Verwandtschaftsverhältnissen anzunehmen ist und insofern entsprechend der Zielsetzung des IAS 24 Anhangangaben erforderlich sind, muss – IAS 24.10 folgend – im Einzelfall entschieden werden. 1113

IAS 24.11 führt klarstellend Sachverhalte auf, in denen Unternehmen und/oder Personen nicht zueinander nahe stehend sind, wie etwa zwei Unternehmen, bei denen die gleiche Person Mitglied des Vorstands oder AR ist oder eine andere Schlüsselposition innehat oder eine Person, die bei einem Unternehmen eine Schlüsselposition innehat und bei einem anderen Unternehmen maßgeblichen Einfluss ausüben kann; Partnerunternehmen, die ein Joint Venture gemeinschaftlich führen, oder ein Unternehmen mit seinen Kapitalgebern, Gewerkschaften, Behörden, Kunden, Zulieferern u.a. Die Regelung stellt indes **keine Negativabgrenzung** dar, weil auch in den aufgezeigten Fällen der wirtschaftliche Gehalt der jeweiligen Beziehung nach IAS 24.10 zu prüfen ist, damit entschieden werden kann, ob die beteiligten Parteien aufgrund einer in IAS 24.9 aufgeführten Einflussnahmemöglichkeit (control, joint control, significant influence) einander nahe stehen. 1114

Mit IAS 24.12 wird klargestellt, dass auch die **Tochterunternehmen assoziierter Unternehmen** und die **Tochterunternehmen von Gemeinschaftsunternehmen** von dem Begriff des nahe stehenden Unternehmens umfasst werden. Demgemäß sind das TU eines assoziierten Unternehmens und ein Unternehmen, das auf das assoziierte Unternehmen maßgeblichen Einfluss ausüben kann, nahe stehende Unternehmen. 1115

---

822 Vgl. IAS 24.10.
823 Zu Beispielen vgl. *KPMG*, Insights into IFRS 2010/11, S. 1333, Rn. 5.5A.30, sowie *PricewaterhouseCoopers*, Manual of Accounting, S. 29A010ff., Rn. 29A.42ff.
824 Vgl. *Andrejewski/Böckem*, KoR 2005, S. 170 (172).

b) Angabepflichten

aa) Angaben zu bestimmten Beziehungen zu nahe stehenden Unternehmen und Personen

1116 Nach IAS 24.13 sind **Beziehungen zwischen Mutter- und Tochterunternehmen** anzugeben; die Angabepflicht gilt unabhängig davon, ob Geschäftsvorfälle zwischen den Unternehmen stattgefunden haben. Ein berichtendes Unternehmen hat den Namen des beherrschenden MU sowie ggf. den Namen des ranghöchsten beherrschenden Unternehmens oder einer beherrschenden natürlichen Person (ultimate controlling party) anzugeben. Legt weder das beherrschende MU noch das ranghöchste beherrschenden Unternehmen oder die beherrschende Person einen Abschluss offen, ist der Name des nächsten übergeordneten (Teilkonzern-)MU, das über dem unmittelbar beteiligten MU steht und einen Abschluss veröffentlicht, ebenfalls anzugeben (IAS 24.13, .16).

1117 Für den KA erscheint es geboten[825], Angaben zum Anteilsbesitz zu ergänzen, insb. Name, Sitz und Stimmrechtsanteil an TU und assoziierten Unternehmen, bspw. in Form einer **Anteilsbesitzliste**. Für den EA muss allerdings eine Auflistung aller wesentlichen Tochterunternehmen, GU und assoziierten Unternehmen unter Angabe des Namens, Sitzlandes, der Beteiligungsquote sowie einer ggf. abweichenden Stimmrechtsquote erfolgen (IAS 27.43(b)).

bb) Angaben zur Vergütung der Mitglieder des Managements in Schlüsselpositionen

1118 Nach IAS 24.17 ist die während der Berichtsperiode gewährte Vergütung (compensation) an die Mitglieder des Managements in Schlüsselpositionen sowohl in der Gesamtsumme als auch in Einzelbeträgen für die nachfolgenden Kategorien[826] anzugeben:

- kurzfristig fällige Leistungen an Arbeitnehmer;
- Leistungen nach Beendigung des Arbeitsverhältnisses;
- andere langfristig fällige Leistungen an Arbeitnehmer;
- Leistungen anlässlich der Beendigung des Arbeitsverhältnisses;
- anteilsbasierte Vergütungen.

1119 Leistungen an Arbeitnehmer umfassen nach IAS 24.9 **sämtliche Zuwendungen** (considerations), die den betreffenden Personen durch das berichtende Unternehmen als Gegenleistung für an das Unternehmung erbrachte Leistungen gewährt werden[827]. Im Bereich der Leistungen nach Beendigung des Arbeitsverhältnisses (post-employment benefits) umfassen die Angabepflichten nicht die gezahlten Pensionen (considerations paid; IAS 24.9)[828], sondern den Dienstzeitaufwand (service costs) sowie etwaigen nachzuverrechnenden Dienstzeitaufwand (past service costs) als Zuführungsbetrag zur bilanziell erfassten Verpflichtung.

---

825 Eine derartige Verpflichtung ergibt sich dagegen nicht aus dem Wortlaut des IAS 24.1-15. Für Joint Ventures besteht eine entsprechende Angabepflicht im Konzernabschluss nach IAS 31.56.
826 Die Terminologie bezieht sich auf die betreffenden Verpflichtungskategorien nach IAS 19 bzw., im letzten Fall, nach IFRS 2; vgl. auch IAS 24.9.
827 Vgl. IAS 24.9 zur Definition von Vergütung sowie zu einer detaillierten Auflistung der relevanten Leistungskategorien.
828 Ehemalige Mitglieder des Managements in Schlüsselpositionen sind nicht nahe stehende Personen nach IAS 24.9(d).

cc) Angaben zu Geschäftsvorfällen mit nahe stehenden Unternehmen und Personen

Um mögliche Auswirkungen von Beziehungen zwischen nahe stehenden Parteien auf den Abschluss transparent zu machen, sind nach IAS 24.18 die folgenden **Mindestangaben zu Geschäftsvorfällen** zwischen nahe stehenden Parteien zusätzlich zu etwaigen Angaben nach IAS 24.13[829] und IAS 24.17 zu machen:

- das Transaktionsvolumen (amount of the transaction);
- der Betrag etwaiger zum Abschlussstichtag bestehender offener Posten (outstanding balance);
- Informationen zu den Ausstattungsmerkmalen (terms and conditions) der den offenen Posten zugrunde liegenden Geschäftsvorfälle, wie Besicherung, Art der Gegenleistung (consideration) sowie etwaige gewährte oder erhaltene Garantien etc.;
- der Betrag der Wertberichtigungen auf Forderungen (provisions for doubtful debts), der offene Posten mit nahe stehenden Parteien betrifft, sowie
- der Aufwand der Berichtsperiode für uneinbringliche oder zweifelhafte Forderungen gegenüber nahe stehenden Parteien.

Ein berichtspflichtiges Unternehmen braucht die Angaben nach IAS 24.18 nicht zu machen, soweit Geschäftsvorfälle oder offene Posten betroffen sind, die mit **staatlichen Einrichtungen** vorgenommen worden sind, die das berichtspflichtige Unternehmen beherrschen, gemeinschaftlich führen oder maßgeblich beeinflussen können (IAS 24.25(a)). Das Gleiche gilt für Geschäftsvorfälle oder offene Posten mit einem anderen Unternehmen, das ebenso wie das berichtspflichtige Unternehmen von der gleichen staatlichen Einrichtung beherrscht, gemeinschaftlich geführt oder maßgeblich beeinflusst werden kann (IAS 24.25(b)).

Soweit ein berichtspflichtiges Unternehmen die Befreiung nach IAS 24.25 in Anspruch nimmt, hat es bzgl. der Geschäftsvorfälle und offenen Posten folgende **Angaben** zu machen (IAS 24.26):

- den Namen der staatlichen Einrichtung und die Art der Beziehung mit dem berichtspflichtigen Unternehmen (Beherrschung, gemeinschaftliche Führung, maßgeblicher Einfluss) (IAS 24.26(a));
- die Art und den Betrag der einzelnen wesentlichen Geschäftsvorfälle (IAS 24.26(b)(i));
- eine quantitative und qualitative Angabe zum Umfang im Einzelnen unwesentlicher, insgesamt aber wesentlicher Geschäftsvorfälle (IAS 24.26(b)(ii)).

VII. Zwischenberichterstattung

1. Anwendungsbereich

Ein **Zwischenbericht** (interim financial report) ist ein Finanzbericht, der einen vollständigen Abschluss oder einen verkürzten Abschluss für eine Zwischenberichtsperiode enthält. Für vollständige Abschlüsse ist IAS 1 anzuwenden; für verkürzte Abschlüsse gelten die gesonderten Vorschriften des IAS 34. Eine Zwischenberichtsperiode (interim period) ist dabei eine Finanzperiode, die kürzer als ein gesamtes GJ ist (IAS 34.4)[830].

---

829 Vgl. Tz. 1116.
830 Eine Berichterstattung über ein Rumpfgeschäftsjahr ist keine Zwischenberichterstattung; vgl. dazu IAS 1.36-37.

1124 IAS 34 regelt den Inhalt einer Zwischenberichterstattung, nicht aber die Pflicht zur Aufstellung von Zwischenberichten (IAS 34.1)[831]. Derartige Pflichten sind häufig in gesetzlichen Vorschriften oder privatwirtschaftlichen Regelungen der Börsen für börsennotierte Unternehmen enthalten.

1125 Eine **Verpflichtung zur Quartals- oder Halbjahresberichterstattung** ergibt sich **in Deutschland** insb. aus dem Kapitalmarktrecht. Unternehmen, die als Inlandsemittenten Aktien oder Schuldtitel i.S.d. § 2 Abs. 1 Satz 1 WpHG begeben, sind grds. zu einer Halbjahresberichterstattung verpflichtet (§§ 37w und 37y WpHG)[832]. Für an der Frankfurter Wertpapierbörse gehandelte Unternehmen besteht nach § 66 BörsO der Frankfurter Wertpapierbörse (Stand: 08.03.2010) die Pflicht zur Quartals- und Halbjahresberichterstattung.

1126 Kapitalmarktorientierten Unternehmen wird in IAS 34 **empfohlen**, wenigstens einen Halbjahresbericht zu erstellen und Zwischenberichte innerhalb von 60 Tagen nach Ende der Zwischenberichtsperiode zu veröffentlichen (IAS 34.1). Wenn ein (auch freiwillig erstellter) Zwischenbericht als mit den IFRS übereinstimmend bezeichnet wird, hat er allen Anforderungen des IAS 34 zu entsprechen (IAS 34.3 und .19).

2. Bestandteile eines Zwischenberichts

1127 Der Zwischenbericht kann einen **vollständigen Abschluss** (complete set of financial statements) nach IAS 1 enthalten, der unter Berücksichtigung sämtlicher zum Geschäftsjahresende geltender IFRS aufzustellen ist (IAS 34.5 und .9). In diesem Fall enthält er alle in IAS 1.10 genannten Bestandteile (components):

– eine Bilanz;
– eine Gesamtergebnisrechnung entweder in einer einzigen Gesamtergebnisrechnung („one-statement-approach") oder in zwei Aufstellungen: einer gesonderten Darstellung des Periodenergebnisses und einer Überleitung vom Gewinn oder Verlust zum Gesamtergebnis („two-statements-approach")[833];
– eine Eigenkapitalveränderungsrechnung;
– eine KFR;
– vollständige Anhangangaben nach den anzuwendenden IFRS und
– eine Bilanz zu Beginn der frühesten Vergleichsperiode („dritte Bilanz"), wenn ein Unternehmen eine Rechnungslegungsmethode rückwirkend anwendet oder Posten im Abschluss rückwirkend anpasst oder umgliedert.

1128 Alternativ kann der Zwischenbericht einen **verkürzten Abschluss** (condensed financial statements) in Übereinstimmung mit IAS 34 enthalten. Gemäß IAS 34.8 enthält dieser (mit Ausnahme der „dritten Bilanz") die gleichen **Mindestbestandteile**, diese jedoch in einer verkürzten (condensed) Form. Der verkürzte Abschluss hat mindestens jede Überschrift und jede Zwischensumme zu enthalten, die in dem letzten Abschluss eines GJ des Unternehmens enthalten waren, sowie die von IAS 34.15f.[834] vorgeschriebenen ausgewählten erläuternden Angaben. Aus der Formulierung der Anforderungen als mindestens bereitzustellende Informationen wird deutlich, dass ein Unternehmen auch **über die**

---

831 Auch die für IFRS-Erstanwender zu beachtende Vorschrift des IFRS 1.1 enthält keine Verpflichtung zur Erstellung von Zwischenberichten, klargestellt in IFRS 1.32.
832 Vgl. §§ 37x Abs. 3 und 37y WpHG zur Quartalsberichterstattung.
833 Vgl. Tz. 63 zu den Darstellungsmöglichkeiten der Gesamtergebnisrechnung. Falls ein Unternehmen im Abschluss zum Geschäftsjahresende für die Gesamtergebnisrechnung den „two-statement-approach" wählt, ist dieser auch in der Zwischenberichterstattung anzuwenden (IAS 34.8A).
834 Vgl. Tz. 1131f.

Mindestanforderung hinaus Posten in den Bestandteilen des Abschlusses einfügen sowie Angaben machen kann, ohne einen vollständigen Abschluss aufzustellen. Zusätzliche Posten und Anhangangaben **sind pflichtgemäß zu ergänzen**, wenn ihr Weglassen den Zwischenbericht irreführend erscheinen lassen würde (IAS 34.10).

Das unverwässerte und verwässerte **Ergebnis je Aktie** für die betreffende Zwischenberichtsperiode sind in dem vollständigen oder verkürzten Abschlussbestandteil anzugeben, der die einzelnen Gewinn- oder Verlustposten darstellt (IAS 34.11); wenn die einzelnen Gewinn- oder Verlustposten in einer gesonderten Darstellung des Periodenergebnisses erfolgt („two-statements-approach"), sind das unverwässerte und verwässerte Ergebnis je Aktie in diesem Abschlussbestandteil anzugeben (IAS 34.11A). | 1129

3. Umfang der Anhangangaben

Wird der Zwischenbericht in verkürzter Form nach IAS 34.8 aufgestellt, sind die nachfolgenden **ausgewählten erläuternden Anhangangaben** zu machen. Die Informationen sind grds. auf den Zeitraum vom Beginn des GJ bis zum **Ende der Zwischenberichtsperiode** (year-to-date basis) zu beziehen[835]. | 1130

Einem Zwischenbericht sind Erläuterungen aller Ereignisse und Geschäfte in der betreffenden Zwischenberichtsperiode beizufügen, die für das Verständnis der Veränderungen der Vermögens-, Finanz- und Ertragslage des Unternehmens seit dem Ende des letzten GJ notwendig sind (IAS 34.15). Da davon ausgegangen werden kann, dass der Adressat eines Zwischenberichts Zugang zum letzten Geschäftsbericht des Unternehmens hat, müssen unwesentliche Aktualisierung des im Anh. des letzten GB enthaltenen Informationen nicht aufgenommen werden (IAS 34.15A). Beispiele für Geschäftsvorfälle, die bei Erheblichkeit angegeben werden müssen, sind (IAS 35.15B): | 1131

- Erfassung eines Aufwands aus der Wertminderung von finanziellen Vermögenswerten, Sachanlagen, immateriellen Vermögenswerten oder anderen Vermögenswerten sowie Aufhebung solcher Wertminderungsaufwendungen (IAS 34.15B(b)),
- Verpflichtungen zum Kauf von Sachanlagen (IAS 34.15B(e)),
- Beendigung von Rechtsstreitigkeiten (IAS 34.15B(f)),
- Jeder Kreditausfall oder Bruch einer Kreditvereinbarung, der nicht bei oder vor Ablauf der Berichtsperiode beseitigt ist (IAS 34.15B(i)),
- Änderungen bei Eventualverbindlichkeiten oder Eventualforderungen (IAS 34.15B (m)).

Für viele der in IAS 34.15B genannten Posten enthalten die jeweiligen IFRS Leitlinien zu den entsprechenden Angabepflichten. Sofern eine Angabepflicht nach IAS 34.15B besteht, sollten die im letzten GB hierzu enthaltenen Angaben im Zwischenbericht erläutert und aktualisiert werden (IAS 34.15C). | 1132

Zusätzlich sollen Angaben zu Ereignissen und Geschäften in der betreffenden Zwischenberichtsperiode gemacht werden, wenn sie für das Verständnis der Zwischenberichtsperiode notwendig sind und nicht bereits an anderer Stelle des Zwischenberichts enthalten sind (IAS 34.16A): | 1133

- eine **Erklärung**, dass die **gleichen Bilanzierungs- und Bewertungsmethoden** sowie Berechnungsmethoden wie im letzten Abschluss des GJ angewandt wurden, bzw. Beschreibung der Art und Auswirkungen der Änderungen (IAS 34.16A(a));

---

835 Die nachfolgenden Ausführungen beziehen sich bereits auf die durch die Improvements to IFRS (2010) neu aufgenommenen IAS 34.15-15C sowie IAS 34.16A, die für GJ, die am oder nach dem 01.01.2011 beginnen, anwendbar sind. Diese ersetzen IAS 34.15 a.F. und IAS 34.16-18.

- Erläuterungen zu **Saison- oder Konjunktureinflüssen** auf die Geschäftstätigkeit innerhalb der Zwischenberichtsperiode (IAS 34.16A(b))[836];
- eine Beschreibung von **Sachverhalten**, die aufgrund ihrer Art, ihres Ausmaßes oder der Häufigkeit ungewöhnlich sind und einen Einfluss auf die Vermögenswerte, Schulden, EK, Periodenergebnis oder Cashflows haben (IAS 34.16A(c));
- Angaben zu Art und Umfang bei **Änderungen von Schätzungen**, die im Abschluss des letzten GJ oder in zwischenzeitlichen Zwischenberichten enthalten waren (IAS 34.16A(d))[837];
- Angaben zu **Emissionen**, **Rückkäufen** und **Rückzahlungen** von Eigen- und Fremdkapitaltiteln (IAS 34.16A(e));
- gezahlte **Dividenden**, gesondert für Stammaktien und sonstige Aktien (IAS 34.16A (f));
- sofern in einem Abschluss für ein GJ eine Segmentberichterstattung zu erstellen ist sind folgende **Segmentinformationen** anzugeben (IAS 34.16A(g))[838]: Umsatzerlöse von externen Kunden und zwischen den Segmenten, Segmentergebnis, Vermögenswerte, soweit sich wesentliche betragsmäßige Änderungen seit dem letzten Abschluss ergeben haben, eine Beschreibung der Unterschiede in der Segmentierungs- und der Bemessungsgrundlage des Segmentergebnisses im Vergleich zum letzten Abschluss sowie eine Überleitung der Summe der Segmentergebnisse zum Ergebnis des fortgeführten Bereichs vor Steuern im Zwischenabschluss (wesentliche Posten sind dabei gesondert zu beschreiben);
- **Ereignisse nach Ende der Zwischenberichtsperiode**, die nicht im Abschluss erfasst sind (IAS 34.16A(h))[839];
- Auswirkungen zu **Änderungen der Unternehmenszusammensetzung**, einschließlich Unternehmenszusammenschlüssen, Erwerb und Veräußerung von TU und langfristigen Finanzinvestitionen, Restrukturierungsmaßnahmen sowie Aufgaben von Geschäftsbereichen. Gab es in der Zwischenberichtsperiode Unternehmenszusammenschlüsse, sind zusätzlich zu den ausgewählten Anhangangaben nach IAS 34.16A die nach IFRS 3 erforderlichen Angaben zu machen (IAS 34.16A(i))[840].

4. Darzustellende Berichtsperioden

1134 Der Zwischenbericht hat für die Bestandteile des Abschlusses nach IAS 34.8 **Vergleichszahlen** (comparatives) der aktuellen Zwischenberichtsperiode für die jeweils angegebenen Zeiträume zu enthalten (IAS 34.20)[841]:

- Der **Bilanz** zum Zwischenberichtsstichtag ist die Bilanz zum Stichtag des vorangegangenen GJ gegenüberzustellen;

---

836 Vgl. Praxisbeispiel in *Ernst & Young*, S. 2852.

837 Ergibt sich in der letzten Zwischenberichtsperiode eine wesentliche Änderung eines zuvor berichteten Betrags und wird kein gesonderter Zwischenbericht erstellt, weil ein Abschluss für das gesamte GJ erstellt und veröffentlicht wird, so ist im Abschluss über das GJ hierüber zu berichten (IAS 34.26). Die Voraussetzung, dass es sich um eine „wesentliche Auswirkung auf die Zwischenberichtsperiode" handeln muss, wurde durch die Improvements to IFRS (2010) für GJ, die am oder nach dem 01.01.2011 beginnen, gestrichen.

838 Die Angabe von Segmentinformationen in einem Zwischenbericht ist nur für Unternehmen verpflichtend, die IFRS 8 verpflichtend anzuwenden haben: Dies sind IFRS-Bilanzierer, deren Schuld- oder Eigenkapitalinstrumente an einem öffentlichen Markt gehandelt werden oder die ihren Abschluss einer Regulierungsbehörde zwecks Emission beliebiger Kategorien von Instrumenten an einem öffentlichen Markt vorgelegt haben (IFRS 8.2).

839 Die Einschränkung auf „wesentliche" Ereignisse nach Ende der Zwischenberichtsperiode wurde durch die Improvements to IFRS (2010) für GJ, die am oder nach dem 01.01.2011 beginnen, gestrichen.

840 Vgl. Tz. 1009f.

841 Vgl. IAS 34, Appendix A, zu Beispielen für die Halbjahres- sowie die Quartalsberichterstattung.

- der **Gesamtergebnisrechnung** für die Zwischenberichtsperiode und für den Zeitraum vom Geschäftsjahresbeginn bis zum Zwischenberichtsstichtag (year-to-date) ist die Gesamtergebnisrechnung der beiden entsprechenden Zeiträume aus dem vorangegangenen GJ gegenüberzustellen;
- zur **Eigenkapitalveränderungsrechnung** für den Zeitraum vom Geschäftsjahresbeginn bis zum Zwischenberichtsstichtag (year-to-date) ist die Eigenkapitalveränderungsrechnung des entsprechenden Vorjahreszeitraums anzugeben;
- zur **Kapitalflussrechnung** für den Zeitraum vom Geschäftsjahresbeginn bis zum Zwischenberichtsstichtag (year-to-date) ist die KFR des entsprechenden Vorjahreszeitraums anzugeben;
- Vergleichsinformationen sind auch für die nach IAS 34 geforderten ausgewählten erläuternden quantitativen **Anhangangaben** zu machen; für verbale und beschreibende Anhangangaben gilt dies, wenn die Vergleichsinformationen für das Verständnis des Zwischenberichts von Bedeutung sind[842].

5. Bilanzierungs- und Bewertungsmethoden

Grds. sind in einem Abschluss eines Zwischenberichts die **gleichen Bilanzierungs- und Bewertungsmethoden** anzuwenden, die auch im letzten Abschluss des GJ angewandt wurden (IAS 34.28)[843]. Die Summe der Ergebnisse der Zwischenberichtsperioden hat dem Ergebnis des GJ zu entsprechen. Die Häufigkeit der Berichterstattung darf die Höhe des Jahresergebnisses nicht beeinflussen (IAS 34.28)[844]. Für die Erfassung von Vermögenswerten und Schulden sowie von Aufwendungen und Erträgen gelten damit grds. die gleichen Abgrenzungskriterien wie zum Geschäftsjahresende (IAS 34.28-39)[845].

Bewertungen sind auf der Basis einer Betrachtung vom Geschäftsjahresbeginn bis zum Ende der Zwischenberichtsperiode (year-to-date) vorzunehmen. Die Zwischenabschlüsse sind keine eigenständigen Abrechnungen der jeweils letzten Zwischenberichtsperiode. **Schätzwertänderungen** werden in der Zwischenberichtsperiode, in der sie aufgetreten sind, in die Bewertung einbezogen. Die vorangegangenen Zwischenberichtsperioden sind nicht rückwirkend anzupassen (IAS 34.36).

Der **Ertragsteueraufwand** wird in jeder Zwischenberichtsperiode auf Grundlage der besten Schätzung des gewichteten durchschnittlichen jährlichen Ertragsteuersatzes, nachfolgend kurz Effektivsteuersatz (effective tax rate), erfasst, der für das gesamte GJ erwartet wird[846]. Der Effektivsteuersatz wird auf der Grundlage des erwarteten Ergebnisses vor Steuern für das GJ sowie des erwarteten Steueraufwands für das GJ geschätzt. Die Ermittlung des Effektivsteuersatzes bedingt in Steuersystemen mit einkommensabhängigen Tarifen, bspw. einem Progressionstarif, eine Schätzung der erwarteten Steuerbemessungsgrundlage (expected total annual earnings; zu einem Beispiel der Steuersatzschätzung bei Progressionstarifen, IAS 34.B15). Der Effektivsteuersatz ist auf das Vorsteuerergebnis der Zwischenberichtsperiode anzuwenden. Der so ermittelte Er-

---

842 Vgl. auch *KPMG*, Insights into IFRS 2010/11, S. 1424, Rn. 5.9.70.

843 Zu den unterschiedlichen Konzeptionen der Zwischenberichterstattung vgl. *Schindler/Schurbohm/Böckem*, KoR 2002, S. 88 (91-92).

844 Gemäß IFRIC 10.8 dürfen jedoch in früheren Berichtsperioden erfasste Wertminderungsaufwendungen für Geschäfts- oder Firmenwerte, für gehaltene Eigenkapitalinstrumente oder finanzielle Vermögenswerte, die zu AK bilanziert werden, nicht rückgängig gemacht werden.

845 Vgl. IAS 34.40, Appendix B, mit Beispielen zur Anwendung der Bilanzierungs- und Bewertungsmethoden zum Zwischenberichtsstichtag.

846 Zu Implementierungsbeispielen vgl. *Ernst & Young*, S. 2873ff., bzw. *KPMG*, Insights into IFRS 2010/11, S. 1429-1431, Rn 5.9.160.50.

tragsteueraufwand für die Zwischenberichtsperiode umfasst sowohl die laufenden als auch die latenten Steuern (IAS 34.30(c))[847].

1138 Erträge oder Aufwendungen, für die in Abhängigkeit einer bezogenen Menge für das gesamte GJ **Rabatte** o.Ä. gewährt werden, sind auf der Basis der wahrscheinlich zum Geschäftsjahresende zutreffenden Menge zu ermitteln[848].

1139 **Erträge**, die innerhalb des GJ **saisonal** oder konjunkturell bedingt oder gelegentlich erzielt werden, sowie **Aufwendungen**, die **unregelmäßig** anfallen, sind nur dann im Abschluss des Zwischenberichts zu erfassen, wenn sie am Geschäftsjahresende ebenfalls erfasst werden würden (IAS 34.37-39).

1140 Besonderheiten ergeben sich bei der Zwischenberichterstattung hinsichtlich des **Rückgriffs auf Schätzwerte**: In einem Zwischenbericht darf in größerem Ausmaß als im Abschluss auf Schätzverfahren zurückgegriffen werden (IAS 34.41)[849]. So ist z.B. der Gesamtverpflichtungsbestand für Leistungen nach Beendigung des Arbeitsverhältnisses (post-employment benefits)[850] zu den unterjährigen Stichtagen nicht neu zu bewerten; vielmehr reicht es aus, den Wertansatz durch Extrapolation zu schätzen (IAS 34.C4). Gleiches gilt für Neubewertungen zum beizulegenden Zeitwert für Sachanlagen und Anlageimmobilien (IAS 34.C7)[851].

1141 Eine **Änderung** der angewandten **Bilanzierungs- und Bewertungsmethoden** (change in accounting policy) führt zur retrospektiven Änderung vorangegangener Zwischenberichte des aktuellen GJ sowie der Vergleichswerte aus den Vorjahreszeiträumen in Übereinstimmung mit IAS 8 (IAS 34.43(a)).

Wenn der kumulierte Anpassungseffekt aus der retrospektiven Anwendung der neuen Bilanzierungs- und Bewertungsmethode zu Beginn des GJ nicht bestimmt werden kann, führt dies zur **prospektiven Anwendung** zu dem frühestmöglichen Zeitpunkt, ab dem die Anwendung der neuen Bilanzierungs- und Bewertungsmethode **praktikabel** ist. Die Zwischenberichte der laufenden Berichtsperiode sowie ggf. die Vergleichswerte aus Vorperioden sind von dem so bestimmten Zeitpunkt an anzupassen (IAS 34.43(b)).

Zielsetzung der Regelung ist es, Änderungen der Bilanzierungs- und Bewertungsmethoden im laufenden GJ entweder retrospektiv oder spätestens ab Geschäftsjahresbeginn prospektiv abzubilden (IAS 34.44). Über die Änderungen ist im nächsten Abschluss für das gesamte GJ zu berichten (IAS 8.28).

1142 **Neue IFRS**, die seit Beginn eines GJ erstmals verpflichtend anzuwenden sind bzw. freiwillig angewandt werden, sind, soweit nicht anders geregelt, bereits in den Zwischenberichtsperioden anzuwenden (IAS 34.43).

1143 Für IFRS-Erstanwender sind, sofern Zwischenberichte erstellt werden müssen, Zusatzangaben erforderlich[852].

---

847 Vgl. insb. IAS 34.B12-14 sowie IAS 34.C5.
848 Vgl. IAS 34.B23, sowie *KPMG*, Insights into IFRS 2010/11, S. 1426, Rn. 5.9.100, bzw. *PricewaterhouseCoopers*, Manual of Accounting, S. 31063f., Rn. 31.188.
849 Vgl. IAS 34.42, Appendix C, *mit Beispielen* für die Verwendung von Schätzungen in Zwischenberichtsperioden.
850 Vgl. Tz. 449.
851 IAS 34, Appendix C, enthält eine Reihe weiterer Beispiele.
852 Vgl. IFRS 1.32.

VIII. Erstmalige Anwendung der IFRS

1. Zielsetzung und Anwendungsbereich

IFRS 1 enthält Regelungen zur erstmaligen Anwendung der IFRS in einem Abschluss[853]. **Zielsetzung** des IFRS 1 ist es, den Abschlussadressaten im ersten IFRS-Abschluss transparente und über sämtliche dargestellten Berichtsperioden hinweg vergleichbare, hochwertige Informationen zur Verfügung zu stellen, die einen geeigneten Ausgangspunkt für die Rechnungslegung nach IFRS darstellen und bei denen gleichzeitig die Kosten der Erstellung eines IFRS-Abschlusses in einem angemessenen Verhältnis zum Nutzen stehen (IFRS 1.1). 1144

IFRS 1 sieht grds. eine **retrospektive Anwendung** sämtlicher zum Zeitpunkt des Abschlussstichtags des ersten IFRS-Abschlusses geltender IFRS vor: Es ist mithin so zu bilanzieren, als sei schon immer nach IFRS bilanziert worden. Vor dem Hintergrund der Kosten-Nutzen-Anforderung gewährt IFRS 1 dem bilanzierenden Unternehmen eine Reihe von **Befreiungswahlrechten** (exemptions) und schreibt verbindlich **Ausnahmen** (exceptions) von der retrospektiven Anwendung der IFRS für ausgewählte Sachverhalte vor. 1145

IFRS 1 ist für den ersten IFRS-Abschluss anzuwenden. IFRS 1.3 definiert den ersten IFRS-Abschluss als den Abschluss, der eine ausdrückliche und uneingeschränkte Erklärung (explicit and unreserved statement) hinsichtlich der Befolgung sämtlicher IFRS enthält.[854] Insofern fallen bspw. solche Unternehmen in den Anwendungsbereich des IFRS 1[855], deren letzter Abschluss 1146

- nach nationalen Rechnungslegungsvorschriften aufgestellt wurde, die nicht in jeder Hinsicht mit IFRS übereinstimmen;
- eine ausdrückliche und uneingeschränkte Erklärung der Übereinstimmung mit IFRS (IAS 1.16) nicht enthielt;
- nur eine Erklärung der teilweisen Übereinstimmung mit IFRS enthielt;
- nach nationalen Rechnungslegungsvorschriften, die von IFRS abweichen, unter Berücksichtigung individueller IFRS, für die keine nationalen Vorgaben bestanden, aufgestellt wurde; oder
- nach nationalen Vorschriften mit Überleitung einiger Beträge auf nach IFRS ermittelte Beträge erstellt wurde.

IFRS 1 ist auch anzuwenden, wenn ein Unternehmen bisher nur zur internen Nutzung einen Abschluss nach IFRS erstellt hat, ohne dass dieser den Eigentümern oder sonstigen externen Abschlussadressaten zur Verfügung gestellt wurde (IFRS 1.3(b)). Hat das Unternehmen bisher nur für Konsolidierungszwecke eine Konzernberichterstattung nach IFRS erstellt, jedoch keinen vollständigen Abschluss gem. IAS 1, oder in früheren Perioden keine Abschlüsse veröffentlicht, liegen ebenfalls Anwendungsfälle des IFRS 1 vor (IFRS 1.3(c) und (d)). 1147

IFRS 1 ist nicht anzuwenden, wenn ein Unternehmen bereits nach IFRS bilanziert und bei der Erstellung des Abschlusses erstmalig **einzelne neu erlassene IFRS** anwendet. In diesem Fall ist nicht IFRS 1, sondern IAS 8 zur Änderung der Bilanzierungs- und Bewertungsmethode (change in accounting policy) sowie die ggf. in dem neuen Standard enthaltene Übergangsregelung (transitional provision) anzuwenden (IFRS 1.5). 1148

---

853 Zur gesetzlichen Grundlage für deutsche Unternehmen vgl. Beck-IFRS³, § 44, Rn. 2-7.
854 Vgl. zum Fall der Übereinstimmungserklärung trotz Nichtanwendung von IFRS-Regelungen *Heuser/Theile*, IFRS⁴, Rn. 5013.
855 Vgl. IFRS 1.3.

2. Grundsätze

1149 Ein Erstanwender muss nach IFRS 1.6 eine IFRS-**Eröffnungsbilanz** für den Zeitpunkt des Übergangs auf die Rechnungslegung nach IFRS (date of transition) erstellen, die den Ausgangspunkt für die weitere Anwendung der IFRS bildet: In der Eröffnungsbilanz werden erstmals sämtliche Vermögenswerte und Schulden nach IFRS erfasst und bewertet. Der Übergangszeitpunkt ist der Beginn der frühesten im IFRS-Abschluss dargestellten Vergleichsperiode (IFRS 1, App. A). Da in dem erstmaligen Abschluss nach IFRS die **Vergleichsinformationen** mindestens einer Vorperiode angegeben werden müssen (IAS 1.38)[856], sind mindestens drei Bilanzen nach IFRS zu erstellen. Die folgende Abbildung veranschaulicht den zeitlichen Ablauf der Erstanwendung der IFRS nach IFRS 1:

Übergangszeitpunkt
date of transition

Letzter Abschluss nach vorherigen Rechnungslegungsmethoden
most recent annual financial statements in accordance with previous GAAP

Erste IFRS-Berichtsperiode
first IFRS reporting period

30.12.2010/ 1.1.2011   31.12.2011   31.12.2012

Abbildung 7[857]

1150 Ein Unternehmen hat nach IFRS 1.7 in seiner IFRS-Eröffnungsbilanz und für sämtliche innerhalb des ersten IFRS-Abschlusses dargestellten Perioden **einheitliche Rechnungslegungsmethoden** anzuwenden. Dabei müssen sämtliche IFRS-Standards und Interpretationen, die zum Erstanwendungsstichtag in Kraft sind, **retrospektiv** angewandt werden. Dies bedeutet, dass die Abschlussposten im Übergangszeitpunkt so zu ermitteln sind, als ob schon immer nach IFRS bilanziert worden wäre. Dabei wird die Anwendung der Übergangsregelungen (transitional provisions) der Einzelstandards für den Übergangszeitpunkt nach IFRS 1.9 ausgeschlossen, soweit nicht nach den Anhängen B bis E zu IFRS 1 Ausnahmen bestehen. Die Anhänge B bis E sehen besondere Übergangsregelungen für ausgewählte Sachverhalte vor, die teilweise auch die Anwendung der Übergangsregelungen der Einzelstandards zulassen. Ferner können Erstanwender **noch nicht verbindliche Standards** anwenden, falls eine frühere Anwendung zulässig ist (IFRS 1.8).

1151 Bei der Aufstellung der IFRS-Eröffnungsbilanz ist der Erstanwender gem. IFRS 1.10 grds. verpflichtet, sämtliche nach IFRS ansatzpflichtige Vermögenswerte und Schulden anzusetzen, diese entsprechend den IFRS zu bewerten und auszuweisen und solche Ver-

---

856 Zu Überleitungsrechnungen vgl. Tz. 1230f.
857 Vgl. *KPMG*, IFRS aktuell, S. 4.

Erstmalige Anwendung der IFRS

mögenswerte und Schulden, die nach IFRS nicht anzusetzen sind, auszubuchen. Die umstellungsbedingten Anpassungen können dabei zu Änderungen der für die Steuerabgrenzung nach IAS 12 relevanten temporären Differenzen führen[858]. Auch für den ersten IFRS-Abschluss ist das Stetigkeitsprinzip zu beachten[859].

Sämtliche aus der Umstellung auf IFRS resultierenden Änderungen gegenüber den bisherigen Bilanzierungsregeln sind zum Übergangszeitpunkt, d.h. in der Eröffnungsbilanz direkt in den **Gewinnrücklagen** zu erfassen. Soweit angemessen, sind sie in eine andere Eigenkapitalkategorie aufzunehmen (IFRS 1.11). **1152**

Daneben existieren verschiedene **Befreiungswahlrechte** und verpflichtende **Ausnahmen** von der retrospektiven Anwendung. Sachverhalte, für die weder Befreiungen noch Ausnahmen gelten, sind vollständig retrospektiv nach IFRS abzubilden. **1153**

Für neue oder geänderte IFRS wird jeweils vom Board entschieden, ob diese von einem IFRS-Erstanwender retrospektiv oder prospektiv anzuwenden sind; dementsprechend erfolgt dann eine Änderung des IFRS 1 (IFRS 1.BC14). **1154**

3. Ausnahmen von den anzuwendenden Grundsätzen

IFRS 1 legt zum einen in den Anhängen C bis E bestimmte Befreiungen (IFRS 1.18) sowie zum anderen in IFRS 1.14-17 und im Anh. B bestimmte Verbote der retrospektiven Anwendung fest (IFRS 1.13), die in den folgenden Randnummern[860] näher erläutert werden. Zweck der Regelungen sind gewisse Vereinfachungen beim Übergang auf die IFRS-Bilanzierung. **1155**

a) Befreiungen von anderen IFRS
aa) Grundlagen

Die Anhänge C bis E enthalten abschließende **Befreiungswahlrechte**, die ausschließlich von Erstanwendern zum Zeitpunkt des Übergangs auf IFRS in Anspruch genommen werden können. Eine analoge Anwendung auf andere Vermögenswerte und Schulden oder ähnliche Sachverhalte ist ausgeschlossen (IFRS 1.18). Die Befreiungswahlrechte können grds. einzeln oder in beliebiger Kombination in Anspruch genommen werden. Allerdings ist zu berücksichtigen, dass einige Befreiungswahlrechte alternative Möglichkeiten eröffnen und die Anwendung von bestimmten Voraussetzungen abhängig ist. Bei Inanspruchnahme der Befreiungswahlrechte sind (latente) Steuerwirkungen zu beachten, die sich aufgrund temporärer Differenzen, die bei der Umstellung entstehen (IFRS 1.IG5), ergeben können. **1156**

Die Befreiungswahlrechte sind in den Anhängen nach Kategorien zusammengefasst. Angang C umfasst die Wahlrechte in Bezug auf Unternehmenszusammenschlüsse. In Anh. D sind die Wahlrechte zu den sonstigen Standards zusammengefasst. Für kurzfristige Befreiungen (short-term exemptions), die nur für eine Übergangszeit anzuwenden sind, ist Anh. E vorgesehen[861]. **1157**

Einige Befreiungswahlrechte beziehen sich für die Bewertung auf den beizulegenden Zeitwert. Bei der Ermittlung von **beizulegenden Zeitwerten** im Zusammenhang mit den Befreiungswahlrechten bestimmt IFRS 1.19, dass bei der Bestimmung die Wertver- **1158**

---

858 Vgl. ADS International, Abschn. 3a, Rn. 46.
859 Vgl. ADS International, Abschn. 3a, Rn. 31.
860 Vgl. Tz. 1156f.
861 Vgl. Tz. 1225f.

hältnisse des Zeitpunkts, für den sie ermittelt wurden, zugrunde zu legen sind. Die Berücksichtigung späterer Ereignisse ist hierbei nicht zulässig[862].

bb) Unternehmenszusammenschlüsse
(1) Anwendungsbereich

1159 Nach dem Grundsatz der retrospektiven Anwendung der IFRS müssten ohne das Wahlrecht des IFRS 1.C1 sämtliche **Unternehmenszusammenschlüsse** nach den am Abschlussstichtag geltenden IFRS, d.h. IFRS 3 (2008), abgebildet werden. Damit wären für die Unternehmenszusammenschlüsse, die bisher abweichend von diesen Regeln abgebildet wurden, die Erst- und Folgekonsolidierung neu durchzuführen. Dies hätte zur Folge, dass die beizulegenden Zeitwerte der erworbenen Vermögenswerte und Schulden sowie der aus der Kapitalkonsolidierung resultierende Unterschiedsbetrag neu ermittelt werden müssten. Voraussetzung hierfür wäre, dass die Informationen bezogen auf den Zeitpunkt des Unternehmenszusammenschlusses vorliegen (IFRS 1.BC32-34).

1160 Das Befreiungswahlrecht sieht dagegen vor, dass auf Unternehmenszusammenschlüsse, die **vor dem Übergangszeitpunkt** stattgefunden haben, IFRS 3 (2008) **nicht** angewandt werden muss (IFRS 1.18 i.V.m. 1.C1). Vielmehr kann bei Inanspruchnahme des Befreiungswahlrechts grds. – vorbehaltlich einer Reihe der Anpassungen nach IFRS 1, App. C – die **bisherige Abbildung** nach den bisher angewandten Rechnungslegungsgrundsätzen **beibehalten** werden.

1161 Entscheidet sich ein Unternehmen für das Befreiungswahlrecht, ist es auf sämtliche Unternehmenszusammenschlüsse anzuwenden, die der Definition von Unternehmenszusammenschlüssen des IFRS 3 (2008), App. A, entsprechen und die vor dem Übergangszeitpunkt stattgefunden haben[863]. Die Anwendbarkeit ist somit nicht von der Definition eines Unternehmenszusammenschlusses nach bisher angewandten Rechnungslegungsgrundsätzen abhängig. Die Befreiung ist nicht nur auf TU anzuwenden, sondern gilt auch für in der Vergangenheit erworbene Anteile an **assoziierten Unternehmen** und **Gemeinschaftsunternehmen (joint ventures)** (IFRS 1.C5).

1162 Das Wahlrecht kann jedoch auch dahingehend ausgeübt werden, ab einem bestimmten Zeitpunkt vor dem Übergangszeitpunkt einen Unternehmenszusammenschluss nach IFRS 3 (2008) abzubilden. In diesem Fall sind ab diesem Zeitpunkt die Regelungen des IFRS 3 (2008) auf alle Unternehmenszusammenschlüsse anzuwenden. Zugleich sind ab diesem Zeitpunkt die Regelungen des IAS 27 (2008) anzuwenden (IFRS 1.C1).

(2) Befreiung bereits in den Konzernabschluss einbezogener Tochterunternehmen

1163 Wenn die Befreiung von der retrospektiven Anwendung des IFRS 3 in Anspruch genommen wird, ist IFRS 1.C4(a)-(k) für die Abbildung von Unternehmenszusammenschlüssen einschlägig. Die **Klassifikation** des Unternehmenszusammenschlusses nach bisher angewandten Rechnungslegungsgrundsätzen als Erwerb, umgekehrter Unternehmenserwerb oder Interessenzusammenführung wird beibehalten (IFRS 1.C4(a)).

1164 Grds. sind **sämtliche Vermögenswerte und Schulden**, die im Zuge des jeweiligen Unternehmenszusammenschlusses erworben wurden, in der IFRS-Eröffnungsbilanz anzu-

---
862 Vgl. Beck-IFRS³, § 44, Rn. 51.
863 Darüber hinaus kann sich ein Unternehmen entscheiden, IFRS 3 auf Unternehmenszusammenschlüsse vor dem Übergangszeitpunkt anzuwenden; ab diesem Zeitpunkt ist die Anwendung des IFRS 3 für alle nachfolgenden Unternehmenszusammenschlüsse zwingend (IFRS 1.C1). Zu beachten ist, dass mit der Anwendung des IFRS 3 (2008) auch IAS 27 (2008) zwingend anzuwenden ist (IFRS 1.C1).

setzen. Auch solche Vermögenswerte und Schulden, die nach den bisher angewandten Rechnungslegungsgrundsätzen nicht bilanziert wurden, nach IFRS jedoch erfasst werden müssen, sind in der Eröffnungsbilanz anzusetzen.

Zwei Ausnahmen von dem Grundsatz werden in IFRS 1.C4(b)(i) und (ii) formuliert: Nicht anzusetzen sind demnach bestimmte finanzielle Vermögenswerte und Schulden, die nach den bisher angewandten Rechnungslegungsgrundsätzen vor dem Übergangszeitpunkt ausgebucht wurden (vgl. IFRS 1.B2)[864], sowie Vermögenswerte, einschließlich Geschäfts- oder Firmenwert, und Schulden, die im KA des Erwerbers nach bisher angewandten Rechnungslegungsgrundsätzen nicht erfasst wurden und die auch nach IFRS im separaten Abschluss des erworbenen Unternehmens nicht erfasst werden dürfen. Aus diesen Anpassungen **resultierende Effekte** sind direkt in den Gewinnrücklagen (retained earnings) zu erfassen. Soweit angemessen, sind sie in eine gesonderte Eigenkapitalkategorie aufzunehmen. 1165

Bilanzposten, die nach bisher angewandten Rechnungslegungsgrundsätzen angesetzt wurden, die die **Ansatzkriterien der IFRS jedoch nicht** erfüllen, sind gegen die Gewinnrücklagen auszubuchen, es sei denn, ein immaterieller Wert wurde nach bisher angewandten Rechnungslegungsgrundsätzen angesetzt und erfüllt die Ansatzkriterien des IAS 38 nicht. In diesem Fall ist der immaterielle Wert in den Geschäfts- und Firmenwert umzuklassifizieren (IFRS 1.C4(c)(i))[865], es sei denn, dieser wurde nach vorherigen Rechnungslegungsgrundsätzen mit dem EK verrechnet. 1166

Die **Wertansätze** der Vermögenswerte und Schulden zum Zeitpunkt der historischen Erstkonsolidierung gelten grds. als AK nach IFRS und bilden die Basis für zukünftige Abschreibungen, sofern nach IFRS eine Bewertung zu fortgeführten **Anschaffungskosten** vorgeschrieben ist (IFRS 1.C4(e)). Zu beachten ist allerdings, dass bei Vermögenswerten und Schulden, die nach IFRS nicht zu AHK bewertet werden, wie z.B. zu Handelszwecken gehaltene Finanzinstrumente (financial assets held for sale), eine neue **Bewertung** in der Eröffnungsbilanz zu erfolgen hat (IFRS 1.C4(d)). 1167

Im Rahmen eines Unternehmenszusammenschlusses erworbene Vermögenswerte oder übernommene Schulden, die nach vorheriger Rechnungslegung nicht bilanziert wurden und die nach IFRS nicht zum beizulegenden Zeitwert bewertet werden, sind in der Eröffnungsbilanz mit den Werten anzusetzen, die ihnen in einer IFRS-Bilanz des erworbenen Unternehmens beizumessen wären (IFRS 1.C4(f))[866]. 1168

Der nach bisher angewandten Rechnungslegungsgrundsätzen ermittelte Wertansatz des **Geschäfts- und Firmenwerts** ist zum Übergangszeitpunkt in die IFRS-Eröffnungsbilanz zu übernehmen, ggf. angepasst um 1169

– die Wertansätze von immateriellen Vermögenswerten, die nach IFRS, nicht aber nach den bisher angewandten Rechnungslegungsgrundsätzen gesondert zu erfassen sind (IFRS 1.C4(b), (f) und (g)(i));
– die Wertansätze der immateriellen Vermögenswerte, die nach den bisher angewandten Rechnungslegungsgrundsätzen, nicht aber nach IFRS gesondert zu erfassen sind (IFRS 1.C4(c)(i), (g)(i));

---

864 Bis zur Änderung des IFRS 1 im Dezember 2010 enthielt IFRS 1.B2 ein festes Bezugsdatum (01.01.2004) für die Anwendung dieser Ausnahme. Mit Inkrafttreten dieser Änderung (verpflichtende Anwendung für am oder nach dem 01.07.2011 beginnende GJ) ist der Betrachtungszeitpunkt nun für jeden Erstanwender individuell festzulegen.
865 Siehe dazu – basierend auf der vorher in IFRS 1.B2(c)(i) enthaltenen identischen Regelung – im Einzelnen ADS International, Abschn. 3a, Rn. 68-69.
866 Vgl. dazu auch das Beispiel in IFRS 1.C4(f).

- eine etwaige Wertminderung (impairment) des Geschäfts- oder Firmenwerts nach IAS 36 (IFRS 1.C4(g)(ii)).

Weitere Anpassungen sind nicht gestattet (IFRS 1.C4(h)). Wenn der Geschäfts- und Firmenwert mit den Rücklagen verrechnet worden ist, ist er in der Eröffnungsbilanz nicht anzusetzen (IFRS 1.C4(i)(i)). Ebenso dürfen keine Anpassungen aus dem Eintreten einer Bedingung, von der der Erwerbspreis abhängt, vorgenommen werden. Daraus resultierende Berichtigungen sind, wenn der Geschäfts- oder Firmenwert mit den Rücklagen verrechnet wurde, in den Gewinnrücklagen zu erfassen (IFRS 1.C4(i)(ii)).

1170 Weiterhin sind bei Ausübung des Befreiungswahlrechts nach IFRS 1.C1 sämtliche bestehenden negativen Geschäfts- oder Firmenwerte aus Unternehmenszusammenschlüssen vor dem Übergangszeitpunkt zum Übergangszeitpunkt mit dem EK zu verrechnen. Eine Überprüfung i.S.d. IFRS 3.34 ist nicht vorzunehmen[867].

1171 Schließlich ist zu beachten, dass sich bei Anpassungen der bisherigen Wertansätze Auswirkungen sowohl auf **nicht beherrschende Anteile** als auch auf **latente Steuern** ergeben (IFRS 1.C4(k)).

(3) Erstmals zu konsolidierende Tochterunternehmen

1172 Möglich ist, dass ein TU nach bisher angewandten Rechnungslegungsgrundsätzen nicht in den KA einbezogen wurde, etwa, weil das TU nach bisher angewandten Rechnungslegungsgrundsätzen nicht konsolidiert werden musste oder weil das MU keinen KA aufstellte. Für diese TU sind sämtliche Vermögenswerte und Schulden zum Übergangszeitpunkt mit dem Wert anzusetzen, der gem. IFRS in der Einzelbilanz des TU anzusetzen wäre. Soweit das TU nicht nach IFRS bilanziert, sind die Werte nach IFRS 1 zu ermitteln[868]. Der Geschäfts- und Firmenwert ergibt sich aus Sicht des den KA aufstellenden MU aus der Differenz aus:

- anteiligem Reinvermögen des TU nach IFRS zum Übergangszeitpunkt und
- den bilanzierten AK der Anteile im EA des MU[869].

1173 Dementsprechend beeinflussen Veränderungen des Reinvermögens beim TU zwischen dem Erwerbszeitpunkt und dem Übergangszeitpunkt den Geschäfts- oder Firmenwert. Die Aufrechnung von Reinvermögen und AK erfolgt vor Schuldenkonsolidierung und Zwischenergebniseliminierung[870]. Ergibt sich ein negativer Unterschiedsbetrag, ist dieser mit den Gewinnrücklagen zu verrechnen[871]. Da die Regelung des IFRS 1.C4(j) kein Anwendungsfall von IFRS 3 ist, hat die Anwendung keine Auswirkungen auf das Befreiungswahlrecht nach IFRS 1.C1 für bereits konsolidierte TU[872].

(4) Währungsumrechnung von Abschlüssen ausländischer Geschäftsbetriebe

1174 IAS 21.47 fordert, dass ein im Rahmen der Erstkonsolidierung entstandener Geschäfts- und Firmenwert sowie die im Rahmen der Erstkonsolidierung vorgenommenen Anpassungen der Wertansätze der Vermögenswerte und Schulden eines erworbenen ausländ-

---

[867] Vgl. Beck-IFRS³, § 44, Rn. 65.
[868] Vgl. ADS International, Abschn. 3a, Rn. 87.
[869] Wenn das TU nicht erworben, sondern gegründet wurde, darf kein Geschäfts- oder Firmenwert erfasst werden (IFRS 1.IG27; vgl. dazu auch *PricewaterhouseCoopers*, Manual of Accounting, S. 3045, Rn. 3.104).
[870] Vgl. ADS International, Abschn. 3a, Rn. 89.
[871] Vgl. *Theile*, DB 2003, S. 1745 (1750).
[872] Vgl. *Zeimes*, WPg 2003, S. 982 (988).

Erstmalige Anwendung der IFRS

ischen Geschäftsbetriebs (TU, GU, assoziiertes Unternehmen oder Niederlassung) – nachfolgend als Neubewertungsbeträge bezeichnet – als Vermögenswerte und Schulden des ausländischen Geschäftsbetriebs behandelt und mit dem Stichtagskurs am jeweiligen Abschlussstichtag umgerechnet werden. IFRS 1.C2 führt aus, dass bei Inanspruchnahme des Befreiungswahlrechts des IFRS 1.18 die Regelungen des IAS 21 für Unternehmenszusammenschlüsse vor dem Übergangszeitpunkt nicht retrospektiv auf einen im Rahmen der Erstkonsolidierung entstandenen Geschäfts- und Firmenwert sowie auf die Neubewertungsbeträge angewandt werden müssen. Es ist dem Unternehmen freigestellt, IAS 21 auf folgende Sachverhalte retrospektiv anzuwenden:

- sämtliche Unternehmenszusammenschlüsse, die vor dem Übergangszeitpunkt stattfanden, oder
- sämtliche retrospektiv nach den Vorschriften des IFRS 3 (2008) angepassten Unternehmenszusammenschlüsse gem. IFRS 1.C1 (IFRS 1.C3).

Entscheidet sich ein Unternehmen, das Befreiungswahlrecht in Anspruch zu nehmen und IAS 21 nach IFRS 1.C2 nicht retrospektiv auf den im Rahmen der Erstkonsolidierung entstandenen Geschäfts- und Firmenwert sowie die Neubewertungsbeträge anzuwenden, sind der Geschäfts- und Firmenwert sowie die Neubewertungsbeträge dem Erwerber als erworbene Vermögenswerte und Schulden zuzuordnen, sodass die nach bisher angewandten Rechnungslegungsvorschriften gewählten Umrechnungskurse beibehalten werden können. **1175**

cc) Beizulegender Zeitwert oder Neubewertung als Ersatz für Anschaffungs- und Herstellungskosten

Grds. sind, dem Gebot der **retrospektiven Anwendung** des IFRS 1.7 folgend, die Wertansätze von Sachanlagen so zu ermitteln, als ob IAS 16 schon immer angewandt worden wäre. Damit erfordert die erstmalige Anwendung der IFRS für Sachanlagen eine **Überprüfung** der bisherigen Erfassungs- und Bewertungsgrundsätze, z.B. der angewandten Abschreibungsmethoden und der zugrunde gelegten Nutzungsdauern. Sind die bisher angewandten Bewertungsgrundsätze IFRS-konform, können die nach diesen Rechnungslegungsgrundsätzen ermittelten fortgeführten AK oder HK in den IFRS-Abschluss übernommen werden. Wurde dagegen z.B. in einer Art und Weise abgeschrieben, die den tatsächlichen Wertverzehr nicht reflektiert, so sind die Wertansätze retrospektiv anzupassen (IFRS 1.IG7). **1176**

Um eine retrospektive, IFRS-konforme Ermittlung der fortgeführten AHK von Sachanlagen zu vermeiden, ist es nach IFRS 1.D5 möglich, diese im Umstellungszeitpunkt mit dem **beizulegenden Zeitwert** zu bewerten, wobei dieser dann als Ersatz für die AHK (**deemed cost**) verwendet werden kann. Eine Neubewertungsrücklage ist nicht zu bilden[873], vielmehr wird der Effekt aus der Neubewertung in der Gewinnrücklage (retained earnings) erfasst. **1177**

Das Wahlrecht des IFRS 1.D5 besteht für **jeden einzelnen Vermögenswert**, unabhängig von der Bewertung anderer Vermögenswerte. Neben den Sachanlagen kann die Bewertung zum Zeitpunkt des Übergangs mit dem beizulegenden Zeitwert nach IFRS 1.D7 auch verwendet werden für **1178**

- als Finanzinvestitionen gehaltene Immobilien, sofern das Anschaffungskostenmodell nach IAS 40 angewandt wird, und

---

873 Vgl. ADS International, Abschn. 3a, Rn. 108.

– immaterielle Vermögenswerte, die sowohl die Erfassungskriterien als auch die Voraussetzungen für eine Anwendung des Neubewertungsmodells von immateriellen Vermögenswerten nach IAS 38 erfüllen (insb. das Vorliegen eines aktiven Markts).

1179 Der Wert, der als Ersatz für die AK oder HK nach IFRS (deemed cost) verwendet wird, ersetzt auch die historischen AK bzw. HK im Anlagespiegel. Als kumulierte Abschreibungen sind im Anlagespiegel nur die ab dem Übergangszeitpunkt anfallenden Abschreibungen zu erfassen (IFRS 1.IG9).

1180 Bei Anwendung des Befreiungswahlrechts nach IFRS 1.D5 und .D7 sind **Anhangangaben** nach IFRS 1.30 zu machen[874].

1181 Neben einer Bewertung zum beizulegenden Zeitwert zum Übergangszeitpunkt erlaubt IFRS 1.D6, die Werte einer nach bisher angewandten Rechnungslegungsgrundsätzen am oder vor dem Übergangszeitpunkt vorgenommenen Neubewertung in den IFRS-Abschluss zu übernehmen, wenn die Neubewertung im Wesentlichen vergleichbar ist mit

– dem beizulegende Zeitwert oder
– den entsprechend einem allgemeinen oder spezifischen Preisindex angepassten (fortgeführten) AK oder HK nach IFRS[875].

1182 Weiterhin besteht die Möglichkeit der Übernahme von Wertansätzen nach bisher angewandten Rechnungslegungsgrundsätzen, die am oder vor dem Übergangszeitpunkt aufgrund eines **besonderen Ereignisses**, wie z.B. einer Privatisierung oder eines Börsengangs, in Höhe des beizulegenden Zeitwerts ermittelt wurden. Diese Wertansätze können ebenfalls beibehalten werden und bilden die Abschreibungsgrundlage vom Zeitpunkt der Neubewertung an (IFRS 1.D8(a) und .IG9).

1183 Treten diese besonderen Ereignisse **nach dem Übergangszeitpunkt** auf IFRS ein, aber während der vom ersten IFRS-Abschluss erfassten Periode, können ebenfalls die dann ermittelten beizulegenden Zeitwerte verwendet werden (IFRS 1.D8(b)). Die Anpassung ist in den Gewinnrücklagen oder – soweit angemessen – in einer gesonderten Eigenkapitalkategorie zu erfassen. Zum Übergangszeitpunkt kann das Unternehmen entweder die Regelungen des IFRS 1.D5-D7 anwenden oder die Vermögenswerte und Schulden nach den anderen Anforderungen des IFRS 1 bewerten.

dd) Leistungen an Arbeitnehmer

1184 Nach IAS 19.92f. besteht das Wahlrecht[876], sog. **versicherungsmathematische Gewinne und Verluste** innerhalb der durch die sog. Korridormethode vorgeschriebenen Grenzen außerbilanziell zu erfassen[877].

1185 Wenn ein Erstanwender sich für die Korridormethode entscheidet, muss er bei retrospektiver Anwendung von IAS 19 den außerbilanziell zu führenden Betrag rückwirkend ermitteln. Das Befreiungswahlrecht nach IFRS 1.D10 erlaubt, die kumulierten versicherungsmathematischen Gewinne und Verluste zum Übergangszeitpunkt bilanziell vollständig zu erfassen. Zum Übergangszeitpunkt wird damit bspw. eine Pensionsver-

---

874 Vgl. Tz. 1232.
875 Weiterführend hierzu ADS International, Abschn. 3a, Rn. 104, Bezug nehmend auf die inhaltsgleiche Regelung in IFRS 1.17 (2003).
876 Im Juni 2011 veröffentlichte das IASB den IAS 19 Employee Benefits (revised 2011), der die Abschaffung der Korridormethode beinhaltet. Zukünftig müssen versicherungsmathematische Gewinne und Verluste unmittelbar im sonstigen Ergebnis erfasst werden. Zum IAS 19 (revised 2011) vgl. Tz. 482ff.
877 Vgl. grundlegend Tz. 467.

pflichtung mit dem Barwert der leistungsorientierten Verpflichtung erfasst[878]. Dies gilt auch dann, wenn das Unternehmen in den nachfolgenden Berichtsperioden für die Anwendung der Korridormethode nach IAS 19.92 optiert. Dieses Wahlrecht des IFRS 1.D10 muss für sämtliche leistungsorientierten Pläne einheitlich ausgeübt werden[879].

Eine Ausweitung des Befreiungswahlrechts auf **nachzuverrechnenden Dienstzeitaufwand** ist nicht zulässig; dieser ist weiterhin rückwirkend nach IAS 19.96ff. zu behandeln (IFRS 1.BC52)[880]. **1186**

Die für die Bewertung der Verpflichtungen gegenüber Arbeitnehmern erforderlichen **versicherungsmathematischen Annahmen** entsprechen den Annahmen und Einschätzungen nach den bisher angewandten Rechnungslegungsgrundsätzen, es sei denn, die Annahmen waren fehlerhaft (IFRS 1.IG19). Wenn nach den bisherigen Rechnungslegungsgrundsätzen Annahmen für die Ermittlung der Pensionsrückstellungen nicht benötigt wurden, liegen nicht alle für die Anwendung von IAS 19 notwendigen Schätzungen vor, so dass diese bestimmt werden müssen (IFRS 1.IG20). Hierfür sind die Ausnahmeregelungen von IFRS 1 zu Schätzungen zu beachten[881]. Diese besagen, dass ausschließlich die Situation zum jeweiligen Stichtag maßgeblich ist, d.h., Entwicklungen nach diesem Zeitpunkt sind nicht zu berücksichtigen (IFRS 1.IG20). **1187**

Für eine zutreffende Darstellung der Pensionsverpflichtungen sind bei Erstanwendung der IFRS drei Zeitpunkte relevant: der Übergangszeitpunkt, der Abschlussstichtag des Vj. und der Abschlussstichtag des ersten veröffentlichten IFRS-Abschlusses. Eigentlich wäre zu **jedem dieser Zeitpunkte** eine versicherungsmathematische Bewertung der Pensionsverpflichtung vorzunehmen. IFRS 1.IG21 erlaubt es jedoch, eine Bewertung für nur einen oder zwei der oben angeführten Stichtage durchzuführen und für die verbleibenden Stichtage eine Fortschreibung bzw. Rückrechnung vorzunehmen. Allerdings sind wesentliche Schätzwertänderungen oder wesentliche eingetretene Geschäftsvorfälle durch entsprechende Anpassungen zu berücksichtigen. **1188**

ee) Kumulierte Umrechnungsdifferenzen

Nach IAS 21.39 müssen im KA Differenzen aus der Währungsumrechnung von ausländischen Geschäftsbetrieben mit einer abweichenden funktionalen Währung im Vergleich zum MU als gesonderter Posten im EK erfasst werden[882]. Bei Veräußerung des betreffenden ausländischen Geschäftsbetriebes sind die im EK gesondert geführten Differenzen erfolgswirksam in das Periodenergebnis auszubuchen. Bei **rückwirkender Anwendung** des IAS 21 sind diese Werte für jeden ausländischn Geschäftsbetrieb retrospektiv für die gesamte Zeit der Konzernzugehörigkeit zu ermitteln. **1189**

Das **Befreiungswahlrecht** des IFRS 1.D13 ermöglicht es Erstanwendern, auf eine retrospektive Anwendung von IAS 21 zum Übergangszeitpunkt zu verzichten. Bei Inanspruchnahme der Befreiung sind die kumulierten Umrechnungsdifferenzen für die betroffenen ausländischen Geschäftsbetriebe zum Übergangszeitpunkt mit einem Wert von null anzusetzen (IFRS 1.D13(a)). Eine erfolgswirksame Verrechnung von vor dem Übergangszeitpunkt entstandenen Umrechnungsdifferenzen im Fall der Veräußerung entfällt: **1190**

---

878 Im Fall vorliegenden Planvermögens gem. IAS 19.7 erfolgt der Ausweis in der Bilanz abzgl. des gesamten zum beizulegenden Zeitwert bewerteten Planvermögens (IAS 19.54).
879 Zum Fall, dass ein Mutterunternehmen nach dem TU auf IFRS umstellt, vgl. ADS International, Abschn. 3a, Rn. 144, sowie *Andrejewski/Böckem*, KoR 2004, S. 332 (336).
880 Vgl. Tz. 472.
881 Vgl. Tz. 1220ff.
882 Zur Währungsumrechnung vgl. auch Tz. 903ff.

Vielmehr wird in dem Fall lediglich die zwischen dem Übergangszeitpunkt und dem Veräußerungszeitpunkt kumulierte Umrechnungsdifferenz als Teil des Veräußerungserlöses erfasst (IFRS 1.D.13(b)). Das Befreiungswahlrecht umfasst auch Umrechnungsdifferenzen, die aus der Umrechnung monetärer Posten als Teil einer Nettoinvestition in einen ausländischen Geschäftsbetrieb nach IAS 21.15 und .32 entstanden sind[883]. Sofern ein Erstanwender das Befreiungswahlrecht in Anspruch nimmt, muss dies für sämtliche ausländischen Geschäftsbetriebe und Nettoinvestitionen in ausländische Geschäftsbetriebe einheitlich angewandt werden.

ff) Zusammengesetzte Finanzinstrumente

1191 IAS 32 verpflichtet Unternehmen, zusammengesetzte Finanzinstrumente (compound financial instruments), wie z.B. Aktienanleihen oder Wandelschuldverschreibungen, zum Zugangszeitpunkt in ihre (originären) **Eigen- und Schuldkomponenten** aufzuteilen und getrennt zu bilanzieren[884]. Über die Laufzeit eines zusammengesetzten Finanzinstruments resultieren aus dem Fremdkapitalanteil Zinsen, die im Periodenergebnis zu erfassen sind. Somit werden neben der Eigenkapitalmehrung durch die Erfassung der originären Eigenkapitalkomponente die Gewinnrücklagen durch die Erfassung des Zinsaufwands vermindert. In der Eröffnungsbilanz wären demnach im Rahmen einer retrospektiven Anwendung von IAS 32 beide Komponenten zu identifizieren und gesondert zu erfassen (IFRS 1.IG36). Gemäß IFRS 1.D18 kann eine solche Aufteilung in die originäre und die während der Laufzeit entstehende Eigenkapitalkomponente unterbleiben, sofern zum Übergangszeitpunkt die Fremdkapitalkomponente eines solchen Finanzinstruments bereits nicht mehr aussteht. IFRS 1.D18 enthält keine Aussage zu der Fragestellung, ob das Wahlrecht für jedes einzelne Instrument gesondert ausgeübt werden kann. Aufgrund der fehlenden Konkretisierung wird dies für zulässig erachtet[885].

gg) Vermögenswerte und Schulden von Tochterunternehmen, assoziierten Unternehmen und Joint Ventures

1192 Die Befreiungswahlrechte der IFRS 1.D16-D17 betreffen Fälle, in denen die Erstanwendung von IFRS bei einem TU und die **Erstanwendung** der IFRS durch das MU zeitlich **auseinanderfallen**. Voraussetzung für die Inanspruchnahme der Befreiungswahlrechte des IFRS 1.D16-D17 ist, dass das TU einen vollständigen IFRS-Abschluss erstellt und veröffentlicht[886]. Die Befreiungswahlrechte gelten entsprechend für die Fälle, in denen assoziierte Unternehmen oder Joint Ventures IFRS erstmals anwenden.

(1) Tochterunternehmen wird nach dem Mutterunternehmen IFRS-Erstanwender

1193 Sofern ein TU später als das MU IFRS-Erstanwender wird, kann das TU bei der Ermittlung der Wertansätze für seine Eröffnungsbilanz zwischen **zwei alternativen Vorgehensweisen** wählen:

a. Die Wertansätze können zum Zeitpunkt des Übergangs des TU nach IFRS 1 ermittelt werden, wobei die Befreiungswahlrechte ausgeübt werden können und die Verbote von dem TU zu beachten sind. Die Befreiungswahlrechte können von dem TU neu ausge-

---
883 Vgl. Beck-IFRS³, § 44, Rn. 93.
884 Vgl. Tz. 416f.
885 Vgl. *Andrejewski/Böckem*, KoR 2004, S. 332 (337), sowie ADS International, Abschn. 3a, Rn. 132.
886 Vgl. ADS International, Abschn. 3a, Rn. 134, Bezug nehmend auf die inhaltsgleiche Regelung in IFRS 1.24, .25 (2003).

übt werden, und zwar unabhängig von der bisher angewandten Ausübung durch das MU (IFRS 1.D16(b)).

b. Ein TU darf zum Zeitpunkt des Übergangs die Werte übernehmen, die für die Einbeziehung in den IFRS-KA des MU zu dessen Übergangszeitpunkt ermittelt wurden; die Übernahme dieser Werte hat vor Konsolidierungsmaßnahmen und Anpassungen aus der Abbildung des Unternehmenszusammenschlusses zu erfolgen. Die Werte basieren damit auf dem Übergangszeitpunkt des MU und auf dessen Anwendung von IFRS 1. Die Befreiungswahlrechte des IFRS 1 können dann nicht eigenständig von dem TU ausgeübt werden (IFRS 1.D16(a)). Damit können widersprüchliche Kapitalmarktinformationen über ein TU oder einen Teilkonzern vermieden werden[887]. Allerdings ist zu beachten, dass es aufgrund unterschiedlicher Wesentlichkeitsgrenzen oder durch zentral bei dem MU vorgenommene Anpassungen trotzdem zu Differenzen zwischen dem eigenständigen IFRS-Abschluss des TU und den in den KA des MU einbezogenen IFRS-Werten kommen kann (IFRS 1.IG31).

(2) Mutterunternehmen wird nach dem Tochterunternehmen IFRS-Erstanwender

Bei einem TU, das bereits vor dem MU einen IFRS-Abschluss erstellt hat, muss das MU die **Wertansätze** der Vermögenswerte und Schulden des TU nach IFRS 1.D17 **übernehmen**, nachdem Anpassungen für Konsolidierungsmaßnahmen und für Auswirkungen aus der Abbildung des Unternehmenszusammenschlusses vorgenommen wurden. Grds. müssten ansonsten sämtliche Wertansätze neu ermittelt werden, wenn die erstmalige Anwendung der IFRS beim Mutter- und beim TU zeitlich auseinanderfällt. Die Regelung des IFRS 1.D17 führt dazu, dass ein TU grds. für Zwecke des KA des MU die bereits ermittelten IFRS-Werte beibehält. Allerdings sind für Zwecke des KA des MU die Konsolidierungsbuchungen eines etwaigen Teilkonzernabschlusses des TU zu eliminieren und durch die Konsolidierungsbuchungen auf der Ebene des MU zu ersetzen. IFRS 1.IG30(a) stellt klar, dass die Erleichterungswahlrechte des IFRS 1.18 i.V.m. 1.C für Unternehmenszusammenschlüsse nicht durch IFRS 1.D17 eingeschränkt werden, soweit es sich um Vermögenswerte und Schulden aus Unternehmenszusammenschlüssen vor dem Übergangszeitpunkt des MU handelt. IFRS 1.IG30 gibt eine Unterteilung der Vermögenswerte und Schulden nach folgenden Gruppen vor[888]:

1194

– Vermögenswerte und Schulden, die vor dem Übergangszeitpunkt des MU im Rahmen von Unternehmenszusammenschlüssen erworben bzw. übernommen wurden (IFRS 1. IG 30(a) S. 1). Unternehmenszusammenschlüsse im Sinne dieser Regelung sind sowohl der Erwerb des TU durch das MU als auch spätere Unternehmenserwerbe des TU. Für alle Vermögenswerte und Schulden, die aus diesen Unternehmenserwerben stammen, gilt IFRS 1.18 i.V.m. 1.C. Das heißt, wenn die durch retrospektive Anwendung des IFRS 3 oder bei Inanspruchnahme von IFRS 1.18 i.V.m. 1.C durch das MU ermittelten Werte von denen des TU zum Zeitpunkt des Unternehmenserwerbs abweichen, sind die Buchwerte des TU für Konsolidierungszwecke anzupassen, und IFRS 1.D17 ist insoweit nicht anwendbar.

– Vermögenswerte und Schulden, die nach dem Unternehmenszusammenschluss, jedoch vor dem Übergangszeitpunkt des MU auf IFRS, durch das TU einzeln und nicht im Rahmen von Unternehmenszusammenschlüssen erworben wurden (IFRS 1.IG 30 (a) S. 2): IFRS 1.D17 gilt für diese Gruppe von Vermögenswerten und Schulden uneingeschränkt;

---

887 Vgl. *Andrejewski/Böckem*, KoR 2004, S. 332 (338).
888 Vgl. *IDW RS HFA 19*, Tz. 15.

– Vermögenswerte und Schulden, die nach dem Übergangszeitpunkt des MU auf IFRS durch das TU erworben wurden (IFRS 1.IG 30(b)): Diese Gruppe von Vermögenswerten und Schulden ist nach den jeweils einschlägigen IFRS zu bewerten; IFRS 1.D17 ist für diese Gruppe von Vermögenswerten und Schulden nicht relevant.

1195 Der Grundsatz der Anwendung einheitlicher Bilanzierungs- und Bewertungsmethoden (IAS 27.24) muss jedoch weiterhin gewahrt werden, d.h., im Abschluss des TU sind Anpassungen vorzunehmen, wenn Erfassungs- und Bewertungswahlrechte anders ausgeübt werden als von dem MU vorgegeben. Dies gilt für sämtliche oben genannten Gruppen von Vermögenswerten und Schulden. Hat ein TU nach seinem Übergang auf IFRS die Korridormethode angewendet und nutzt das Mutterunternehmen zum Übergangszeitpunkt das Wahlrecht zur vollständigen Erfassung der kumulierten versicherungsmathematischen Gewinne und Verluste, dann hängt die Bilanzierung der versicherungsmathematischen Gewinne und Verluste des TU davon ab, wie das MU in Zukunft bilanzieren wird:

– Wird es in Zukunft die Korridormethode anwenden, dann dürfen die beim TU nicht bilanzierten versicherungsmathematischen Gewinne und Verluste nicht erfasst werden.

– Wird es in Zukunft die Korridormethode nicht anwenden, dann sind sie zum Übergangszeitpunkt zu erfassen[889].

1196 Weiterhin sind beim TU Anpassungen vorzunehmen, wenn das TU in seinem eigenen IFRS-Abschluss bereits Regelungen anwendet, die im IFRS-KA des MU zum Übergangszeitpunkt nicht angewandt werden. Hierzu kann es z.B. dann kommen, wenn ein neuer Standard grds. prospektiv anzuwenden ist, jedoch eine retrospektive Anwendung erlaubt. Wird nun der Standard im EA des TU retrospektiv, im KA jedoch prospektiv angewandt, sind beim TU Anpassungen vorzunehmen[890].

1197 IFRS 1.D17 bezieht sich alternativ auf den separaten Abschluss des TU oder dessen Teilkonzernabschluss[891], je nachdem, in welchem Abschluss die Erstanwendung der IFRS zeitlich vor der des MU erfolgte.

hh) Klassifizierung (designation) von früher angesetzten Finanzinstrumenten

1198 IAS 39.45[892] und .47 bestimmen, dass Finanzinstrumente bei ihrer erstmaligen Erfassung für Zwecke der Folgebewertung bestimmten Kategorien zuzuordnen sind[893].

1199 Nach dem Befreiungswahlrecht in IFRS 1.D19 kann ein Unternehmen zum Übergangszeitpunkt auf IFRS unabhängig von einer bereits nach bisher angewandten Rechnungslegungsgrundsätzen vorgenommenen Klassifizierung eine erneute Einstufung in die Kategorien „erfolgswirksam zum beizulegenden Zeitwert bewertet" oder „zur Veräußerung verfügbar" vornehmen, also auch nach der ersten bilanziellen Erfassung. Im Fall der Einstufung als „erfolgswirksam zum beizulegenden Zeitwert bewertet" müssen die Vermögenswerte bzw. die Verbindlichkeiten zum Zeitpunkt der Klassifizierung die Kriterien des IAS 39.9 oder .11A erfüllen.

---

889 Vgl. zur Bilanzierung versicherungsmathematischer Gewinne und Verluste nach IFRS 1.D10 bei Anwendung des IFRS 1.D17: *IDW RS HFA 19*, Tz. 16-21.
890 Vgl. ADS International, Abschn. 3a, Rn. 150.
891 Vgl. Beck-IFRS³, § 44, Rn. 108.
892 Zur Neuregelung durch IFRS 9 vgl. Tz. 748ff.
893 Vgl. Tz. 579ff.

Erstmalige Anwendung der IFRS   N

ii) Anteilsbasierte Vergütungen

Die Befreiungswahlrechte des IFRS 1.D2 und .D3 regeln die Erstanwendung von IFRS 2,   **1200**
d.h. die Bilanzierung von aktienbasierten Vergütungen, im Übergangszeitpunkt. IFRS 1
verlangt keine einheitliche Anwendung des Befreiungswahlrechts für anteilsbasierte Vergütungen, daher kann das Wahlrecht jeweils eigenständig ausgeübt werden[894].

(1) Anteilsbasierte Vergütung durch Eigenkapitalinstrumente

Nach IFRS 1.D2 sind Eigenkapitalinstrumente aus anteilsbasierten Vergütungen[895], die   **1201**
am oder vor dem 07.11.2002 gewährt wurden, sowie solche, die nach dem 07.11.2002
gewährt wurden, aber vor dem Übergangszeitpunkt oder vor dem 01.01.2005 – je nachdem, welcher Zeitpunkt später liegt – ausübbar werden, von einem Erstanwender nicht
zwingend nach IFRS 2 abzubilden[896]. Dies basiert auf der Regelung des IFRS 2.53, nach
der IFRS 2 grds. prospektiv auf sämtliche im Rahmen von anteilsbasierten Vergütungsformen gewährten Eigenkapitalinstrumente anzuwenden ist, die nach dem 07.11.2002
gewährt wurden und die zum 01.01.2005, dem Zeitpunkt des Inkrafttretens des IFRS 2,
noch nicht ausübbar sind.

Ein Erstanwender darf die Eigenkapitalinstrumente aus den in Tz. 1201 genannten an-   **1202**
teilsbasierten Zusagen freiwillig nach IFRS 2 abbilden, wenn das Unternehmen den beizulegenden Zeitwert zum Bewertungszeitpunkt nach IFRS 2 ermittelt und bereits veröffentlicht hat. Die Veröffentlichung der beizulegenden Zeitwerte muss zwischen dem
Zeitpunkt der Gewährung und der Veröffentlichung des ersten IFRS-Abschlusses liegen[897]. Falls IFRS 2 nicht freiwillig angewandt wird, sind die Anhangangaben nach
IFRS 2.44-45[898] erforderlich. Bei Vorliegen von Anpassungen und Modifikationen von
eigenkapitalbasierten Zusagen, die nicht nach IFRS 2 dargestellt werden, kommt es nicht
zur Anwendung von IFRS 2.26-29, sofern die Modifikationen vor dem Übergangszeitpunkt vereinbart wurden. Macht ein Erstanwender von dem Befreiungswahlrecht Gebrauch, so sind diese Transaktionen in Übereinstimmung mit anderen IFRS sowie dem
Rahmenkonzept zu erfassen[899].

(2) Anteilsbasierte Vergütung mit Barausgleich

Nach IFRS 1.D3 brauchen Schulden aus anteilsbasierten Vergütungen, die vor dem   **1203**
Übergangszeitpunkt in Form von Barmitteln geleistet wurden, sowie solche, die vor dem
01.01.2005 beglichen wurden, von einem Erstanwender nicht nach IFRS 2 abgebildet zu
werden. Für Schulden, die nach IFRS 2 abgebildet werden, sind die Vergleichsinformationen für Perioden oder Zeitpunkte vor dem 07.11.2002 nicht verpflichtend anzupassen.

jj) Versicherungsverträge

Das Befreiungswahlrecht nach IFRS 1.D4 sieht vor, dass ein Erstanwender statt einer   **1204**
vollständigen retrospektiven Anwendung des IFRS 4 auf sämtliche Berichtsperioden des

---

894 Vgl. *IDW RS HFA 19*, Tz. 22; ADS International, Abschn. 3a, Rn. 169; beide Bezug nehmend auf die Regelung
    in IFRS 1.25B und .25C (2003).
895 Vgl. Tz. 796ff.
896 Für weiterführende Beispiele siehe IFRS 1.IG65.
897 Vgl. *Andrejewski/Böckem*, KoR 2004, S. 332 (340).
898 Vgl. Tz. 818f.
899 Vgl. ADS International, Abschn. 3a, Rn. 165.

IFRS-Abschlusses die Übergangsbestimmungen (transitional provisions) des IFRS 4.41-45 anwenden kann.

kk) In den Anschaffungskosten von Sachanlagen enthaltene Entsorgungsverpflichtungen

1205 Bei rückwirkender Anwendung des IFRIC 1 ist ein Erstanwender verpflichtet, sämtliche in der Vergangenheit notwendigen Anpassungen von Rückstellungen für Entsorgungs-, Wiederherstellungs- und ähnliche Verpflichtungen zu erfassen[900]. Nach IFRS 1.D21 braucht ein Erstanwender die Anforderungen des IFRIC 1 in Bezug auf Rückstellungen für Entsorgungs-, Wiederherstellungs- und ähnliche Verpflichtungen für den Zeitraum vor dem Übergangszeitpunkt nicht zu beachten. Stattdessen bewertet der Erstanwender die entsprechende Rückstellung für Entsorgungs-, Wiederherstellungs- und ähnliche Verpflichtungen zum Übergangszeitpunkt auf IFRS in der Eröffnungsbilanz gem. IAS 37.

1206 Der Rückstellungsbetrag wird für die Bewertung von Sachanlagen, auf die sich die Verpflichtung bezieht, auf den Zeitpunkt der Entstehung der Verpflichtung diskontiert. Die Diskontierung erfolgt dabei mit dem bzw. den historischen risikobereinigten Zinssätzen, die für die Zeit zwischen Ersterfassung und Zeitpunkt des Übergangs anzuwenden gewesen wären. Das Vorgehen führt zu einer Ermittlung des abgezinsten Betrags der Verpflichtung, so wie dieser zum Zeitpunkt der erstmaligen Erfassung der Rückstellung in den AK des zugehörigen Vermögenswerts zu berücksichtigen gewesen wäre. Anschließend wird die so ermittelte Anschaffungskostenkomponente der Sachanlage unter Berücksichtigung der für die Sachanlage gewählten Abschreibungsmethode und Nutzungsdauer auf den Übergangszeitpunkt fortgeschrieben[901].

ll) Fremdkapitalkosten

1207 Mit der Änderung des IAS 23 von März 2007 besteht die Verpflichtung, **Fremdkapitalkosten** im Zusammenhang mit qualifizierten Vermögenswerten zu aktivieren (IAS 23.8 (2007))[902]. IFRS 1.D23 gestattet, dass Erstanwender Fremdkapitalkosten gem. den Übergangsregelungen in IAS 23.27-28 aktivieren. IAS 23.27-28 erlauben den Anwendern eine prospektive Anwendung der neuen Regelungen ab dem Tag des Inkrafttretens. Als Zeitpunkt des Inkrafttretens der Regelungen des IAS 23 dürfen Erstanwender den 01.01.2009 oder den Übergangszeitpunkt anwenden, je nachdem, welcher der spätere Zeitpunkt ist (IFRS 1.D23). Die Anwendung der Regelungen des IFRS 1.D1(n) und .D23 hat nach IFRS 1.35 für GJ, die am oder nach dem 01.07.2009 beginnen, zu erfolgen. Eine frühere Anwendung ist zulässig.

mm) Leasingverhältnisse

1208 Vereinbarungen, die nicht in Form von Leasingverhältnissen gestaltet werden, jedoch eine Vereinbarung über die Nutzung eines Vermögensgegenstands beinhalten können, sind nach IFRIC 4 zu beurteilen. IFRS 1.D9 gestattet Erstanwendern, die Übergangsvorschriften des IFRIC 4 anzuwenden, die eine Beurteilung der zu Beginn der frühesten Vergleichsperiode noch bestehenden Vereinbarungen erlauben (IFRIC 4.17). Demzufolge können Erstanwender die zum Zeitpunkt des Übergangs noch bestehenden Vereinba-

---
900 Vgl. Tz. 519.
901 Für ein weiterführendes Beispiel siehe IFRS 1.IG203.
902 Vgl. Tz. 123ff.

Erstmalige Anwendung der IFRS   N

rungen entsprechend der zu diesem Zeitpunkt bestehenden Tatsachen und Umstände auf enthaltene Leasingverhältnisse hin beurteilen.

nn) Nach IFRIC 12 bilanzierte Vermögenswerte

IFRIC 12 regelt die Bilanzierung von Dienstleistungskonzessionsvereinbarungen im Zusammenhang mit Infrastruktureinrichtungen. Nach IFRS 1.D22 kann ein Erstanwender ebenfalls die Übergangsvorschriften des IFRIC 12 anwenden. Grds. sehen diese eine retrospektive Anwendung vor (IFRIC 12.29). Übergangserleichterungen nach IFRIC 12.30 können jedoch in Anspruch genommen werden, falls eine rückwirkende Anwendung nicht durchführbar sein sollte.   1209

oo) Übertragung von Vermögenswerten durch Kunden (IFRIC 18)

Der im Januar 2009 veröffentlichte IFRIC 18 behandelt die Bilanzierung der Übertragung von Sachanlagen oder Zahlungsmitteln durch Kunden an ein Unternehmen, die dazu verwendet werden müssen, den Kunden an ein Leitungsnetz anzuschließen oder ihm dauerhaften Zugang zu Gütern oder Dienstleistungen zu gewähren[903]. Nach den Übergangsregelungen des IFRIC 18.22 ist die Interpretation prospektiv auf solche Übertragungen anzuwenden, die ein Unternehmen am oder nach dem 01.07.2009 von einem Kunden erhält. Eine Anwendung auf erhaltene Übertragungen vor diesem Datum ist zulässig, wenn die notwendigen Informationen zum Zeitpunkt der früheren Übertragung vorlagen. Die Übergangsregelungen des IFRIC 18 können auch von Erstanwendern genutzt werden, so dass eine prospektive Anwendung ab dem 01.07.2009 oder dem Übergangszeitpunkt, falls dieser später ist, möglich ist (IFRS 1.D24). Darüber hinaus besteht nach IFRS 1.D24 das Wahlrecht, dass der Erstanwender ein beliebiges Datum vor dem Übergangszeitpunkt wählen kann, ab dem die Regelungen des IFRIC 18 auf solche Übertragungen von Kunden angewendet werden. In diesem Fall müssen jedoch ebenfalls die notwendigen Informationen zum Zeitpunkt der Vermögensübertragung vorliegen.   1210

pp) IFRIC 19

Das IASB hat im November 2009 IFRIC 19 veröffentlicht, der die Tilgung finanzieller Verbindlichkeiten durch Eigenkapitalinstrumente behandelt[904]. IFRS 1.D25 regelt diesbezüglich für Erstanwender, dass diese ebenfalls die Übergangsregelungen des IFRIC 19.12-13 anwenden können. IFRIC 19 ist erstmals für GJ anzuwenden, die am oder nach dem 01.07.2010 beginnen. Eine frühere Anwendung ist zulässig. IFRIC 19.13 schreibt vor, dass die Regelungen rückwirkend von Beginn der frühesten dargestellten Vergleichsperiode anzuwenden sind.   1211

qq) Möglichkeiten und Grenzen der Kombination der dargestellten Befreiungswahlrechte

Die dargestellten Befreiungswahlrechte können **gesondert** und damit grds. in **beliebiger Kombination** ausgeübt werden. Zum Beispiel kann das Befreiungswahlrecht für ein TU zu Unternehmenszusammenschlüssen nach IFRS 1.18 i.V.m. Appendix C in Anspruch genommen und zugleich ein Vermögenswert des Sachanlagevermögens des TU zum beizulegenden Zeitwert nach IFRS 1.18 i.V.m. 1.D5 bewertet werden. Dabei wird zuerst das Befreiungswahlrecht für Unternehmenszusammenschlüsse angewandt, das erlaubt, die   1212

---

903 Vgl. Tz. 856ff.
904 Vgl. Tz. 412.

Werte aus der historischen Erstkonsolidierung zu übernehmen. Auf diese Wertansätze werden darauf folgend für einzelne Vermögenswerte die beizulegenden Zeitwerte als Ersatz für die AHK ermittelt[905].

1213 Allerdings ist bei einigen der Befreiungswahlrechte eine **Kombination nicht möglich.** Zum Beispiel kann bei Anwendung der Ausnahmeregel des IFRS 1.D17, wenn das MU später als sein TU Erstanwender wird, für das TU das Befreiungswahlrecht zur Neubewertung nach IFRS 1.D5 nicht ausgeübt werden, da es sich bei diesem Wahlrecht nicht um Korrekturen im Rahmen der einheitlichen Bilanzierungs- und Bewertungsmethoden handelt. Das MU hat zwingend die Wertansätze des TU zu übernehmen[906].

b) Verpflichtende Ausnahmen von der retrospektiven Anwendung

1214 Die im Folgenden dargestellten Ausnahmen (exceptions) von der retrospektiven Anwendung sind **verpflichtend** anzuwenden. Das IASB möchte damit vermeiden, dass der Erstanwender vergangene Sachverhalte mit gegenwärtigem Wissen neu würdigt und abbildet (IFRS 1.IN5). Die Ausnahmen sind in IFRS 1.14-17 und Anh. B zu IFRS 1 geregelt (IFRS 1.13)

aa) Ausbuchung finanzieller Vermögenswerte und finanzieller Schulden

1215 Die Regelungen zur Ausbuchung (derecognition) von Finanzinstrumenten nach IAS 39[907] sind nach IFRS 1.13 i.V.m. 1.B2 ab dem 01.01.2004 **prospektiv** anzuwenden. Das bedeutet, dass vor dem 01.01.2004 nach bisher angewandten Rechnungslegungsvorschriften vorgenommene Ausbuchungen bei nicht derivativen finanziellen Vermögenswerten und nicht derivativen finanziellen Schulden nicht in Übereinstimmung mit den Regeln nach IAS 39 rückwirkend neu zu beurteilen sind. Im Zusammenhang mit diesen Transaktionen entstandene oder zurückbehaltene **Derivate** oder andere Rechte/Verpflichtungen (wie z.B. Bedienungsrechte) sind indes in der Eröffnungsbilanz rückwirkend gem. IAS 39 zu erfassen und zu bewerten, sofern sie zum Übergangszeitpunkt weiterhin bestehen (IFRS 1.BC23(a); IFRS 1.IG53).

1216 Unabhängig von dem Grundsatz der prospektiven Anwendung ab dem 01.01.2004 können Unternehmen die Vorschriften zur Ausbuchung nach IAS 39 von einem durch das berichtende Unternehmen frei zu wählenden Zeitpunkt an, der die Rückschau mithin begrenzt, retrospektiv anwenden. Hierfür ist allerdings Voraussetzung, dass die notwendigen Informationen zur Beurteilung, ob die Ausbuchungskriterien jeweils erfüllt waren, zu den entsprechenden (historischen) Zeitpunkten vorgelegen haben (IFRS 1.B3).

bb) Bilanzierung von Sicherungsbeziehungen

1217 In der IFRS-Eröffnungsbilanz darf die Bilanzierung von Sicherungsbeziehungen (Hedge Accounting) nur dann nach IAS 39 erfolgen, wenn die restriktiven Bedingungen dieses Standards bereits zum Zeitpunkt des Übergangs auf IFRS erfüllt sind (IFRS 1.13 i.V.m 1.B4-B6). Daher hat ein Unternehmen zum Zeitpunkt der IFRS-Eröffnungsbilanz sämtliche Derivate mit dem beizulegenden Zeitwert anzusetzen und alle aus Derivaten nach vorherigen Rechnungslegungsvorschriften als finanzielle Vermögenswerte und Schulden abgegrenzten Verluste und Gewinne auszubuchen (IFRS 1.B4).

---
905 Vgl. *KPMG*, Insights into IFRS 2010/11, S. 1554, Rn. 6.1.290.
906 Vgl. *Ernst & Young*, S. 270, sowie *KPMG*, Insights into IFRS 2010/11, S. 1554, Rn. 6.1.290.20.
907 Vgl. Tz. 576ff.

Sicherungsbeziehungen, bei denen etwa das Sicherungsgeschäft ein Kassainstrument **1218**
oder eine geschriebene Option ist oder bei denen bspw. das Grundgeschäft aus einem gegen das Zinsrisiko abzusichernden und bis zur Endfälligkeit zu haltenden Finanzinstrument besteht, erfüllen nicht die Bedingungen zur Bilanzierung von Sicherungsbeziehungen nach IAS 39 und dürfen daher nicht in der IFRS-Eröffnungsbilanz abgebildet werden. Auch aus Nettopositionen bestehende Grundgeschäfte qualifizieren sich grds. nicht für Sicherungsbeziehungen nach IAS 39. Allerdings ist es zulässig, spätestens zum Zeitpunkt des Übergangs auf IFRS einzelne Komponenten einer nach vorherigen Rechnungslegungsvorschriften ausgewiesenen Nettoposition (Makro-Hedge) als Grundgeschäft nach IAS 39 zu designieren (IFRS 1.B6).

Eine retrospektive Designation von Sicherungsbeziehungen ist nicht zulässig (IFRS **1219**
1.IG60-IG60B, .B6). Werden die restriktiven Bedingungen zum Hedge Accounting nicht erfüllt, sind die Vorschriften zur Beendigung vom Hedge Accounting anzuwenden (IAS 39.91 und .101, IFRS 1.B6).

cc) Schätzungen

Da die IFRS-Eröffnungsbilanz nachträglich erstellt wird, besteht die Möglichkeit, dass **1220**
sich Annahmen bzw. Schätzungen (estimates), die der Erstanwender nach bisher angewandten Rechnungslegungsgrundsätzen getroffen hat, zum Übergangszeitpunkt geändert haben. IFRS 1.14 und .17 bestimmen, dass die zum Übergangszeitpunkt auf IFRS vorzunehmenden Schätzungen mit den Schätzungen nach bisher angewandten Rechnungslegungsgrundsätzen zu demselben Zeitpunkt **übereinstimmen** müssen; dies gilt nicht, wenn diese Schätzungen objektiv fehlerhaft waren.

Der **Wertaufhellungszeitraum** verlängert sich demnach nicht bis zu dem Zeitpunkt der **1221**
tatsächlichen Erstellung der IFRS-Eröffnungsbilanz oder der Bilanz zum Ende der Vergleichsperiode. Er endet vielmehr jeweils zum gleichen Zeitpunkt wie der Wertaufhellungszeitraum, der der Erstellung des Abschlusses nach den vormals angewandten Rechnungslegungsvorschriften zugrunde lag. Spätere Änderungen von Schätzungen sind nach IAS 8.36-37 zu erfassen (IFRS 1.IG3(a)). Liegt jedoch ein Fehler vor, hat eine Korrektur aufgrund von IAS 8.41-49 in der Eröffnungsbilanz bzw. dem Abschluss der Vergleichsperiode zusammen mit den in IAS 8.49 verlangten Anhangangaben zu erfolgen.

Sofern nach bisher angewandten Rechnungslegungsgrundsätzen **keine Schätzungen** ge- **1222**
troffen wurden, weil kein den IFRS entsprechender Rechnungslegungsgrundsatz bestand, werden die im Übergangszeitpunkt verfügbaren Informationen unter Berücksichtigung der zum Übergangszeitpunkt aktuellen Verhältnisse zugrunde gelegt (IFRS 1.16, .IG3(c)). Der Wertaufhellungszeitraum für diese Sachverhalte endet zum Zeitpunkt der Freigabe des erstmaligen IFRS-Abschlusses zur Veröffentlichung (authorized for issue). Ob Wertaufhellung oder Wertbegründung vorliegt, ist nach den Vorschriften des IAS 10 zu beurteilen[908].

dd) Nicht beherrschende Anteile

Mit der Änderung des IAS 27 in 2008 wurde auch IFRS 1.B7 als weitere Ausnahme von **1223**
der retrospektiven Anwendung in IFRS 1 Anh. B eingefügt, der die Behandlung von nicht beherrschenden Anteilen regelt. Die Regelung ist eine Konsequenz der Änderungen des IAS 27 im Jahr 2008, die zu einer Änderung hinsichtlich des Ausweises und der Bewertung nicht beherrschender Anteile in der Gesamtergebnisrechnung sowie der Bilanz

---

[908] Vgl. Tz. 130.

führten. Um diesbezüglich eine vollständig retrospektive Anpassung zu vermeiden, schreibt IFRS 1.B7 vor, die folgenden Regelungen ausschließlich prospektiv ab dem Übergangszeitpunkt anzuwenden:

- IAS 27.28 (2008): Aufteilung des Gesamtergebnisses auf die Eigentümer des MU und auf die nicht beherrschenden Anteile, auch wenn deren Anteil dadurch negativ wird (IFRS 1.B7(a));
- IAS 27.30-31 (2008): Bilanzierung von Veränderungen des Anteils eines MU an einem TU, die nicht zu einem Verlust der Beherrschung führen, als Transaktion mit Eigentümern (IFRS 1.B7(b));
- IAS 27.34-37 (2008) sowie IFRS 5.8A: Bilanzierung im Fall des Verlusts der Beherrschung über ein TU und die entsprechende Anforderung des IFRS 5 (IFRS 1.B7(c)).

1224 Macht ein erstmaliger Anwender von dem Wahlrecht nach IFRS 1.C1 keinen Gebrauch und wendet IFRS 3 (2008) rückwirkend auf vergangene Unternehmenszusammenschlüsse an, so muss er auch IAS 27 (2008) rückwirkend anwenden (IFRS 1.C1). In diesem Zusammenhang sind auch die Regelungen des IFRS 1.13 i.V.m. 1.B7 vorzeitig anzuwenden (IFRS 1.37). Die Regelungen sind grds. für GJ zu beachten, die am oder nach dem 01.07.2009 beginnen.

c) Kurzzeitige Befreiungen

1225 Die Anlage E zu IFRS 1 beinhaltet kurzzeitige Befreiungen von IFRS. In der offiziellen Version des IASB sind darin zurzeit Regelungen im Zusammenhang mit der erstmaligen Anwendung des IFRS 9 enthalten (IFRS 1.E1, .E2). Dabei handelt es sich um Befreiungsvorschriften zur Anpassung von Vergleichsinformationen bei der erstmaligen Anwendung von IFRS 9. IFRS 9 ist von der EU noch nicht übernommen worden.

1226 In IFRS 1.E3 wurde erstmaligen Anwendern eine begrenzte Befreiung von Vergleichsangaben nach IFRS 7 ermöglicht. Diese können ebenfalls die Übergangsvorschriften des IFRS 7.44G anwenden. Eine Änderung des IFRS 7 Improving Disclosures about Financial Instruments hatte im März 2009 weitere Anhangangaben im Wesentlichen für Fair Value-Bewertungen und Liquiditätsrisiken eingeführt. Nach IFRS 7.44G sind diese weiteren Angaben in Abschlüssen anzugeben, die am oder nach dem 01.01.2009 beginnen. In den Vorjahresvergleichsperioden dieser Abschlüsse brauchen diese Angaben jedoch so lange nicht gemacht werden, wie die Vergleichsperioden vor dem 31.12.2009 enden. Damit soll erreicht werden, dass erstmalige Anwender nicht gegenüber Unternehmen benachteiligt werden, die ihre Abschlüsse bereits nach den IFRS erstellen.

4. Darstellung und Angaben

a) Grundlagen

1227 Grds. müssen im ersten veröffentlichten IFRS-Abschluss sämtliche Darstellungs- und Angabepflichten anderer IFRS erfüllt werden (IFRS 1.20). Werden nicht sämtliche Darstellungspflichten beachtet und sämtliche geforderten Anhangangaben gemacht, liegt kein vollständiger IFRS-Abschluss vor, und es kann keine uneingeschränkte Erklärung hinsichtlich der Befolgung von IFRS abgegeben werden[909]. Eine Ausnahme gilt bzgl. der Anhangangaben zu Änderungen der Rechnungslegungsmethode nach IAS 8, da IAS 8 in Bezug auf die Änderungen der Rechnungslegungsmethode für Erstanwender grds. keine Anwendung findet (IFRS 1.27). IFRS 1 enthält ferner zusätzliche Angabepflichten für einen erstmalig erstellten IFRS-Abschluss.

---

909 Vgl. Beck-IFRS³, § 44, Rn. 166.

b) Vergleichsinformationen

IAS 1.38 verlangt, dass ein IFRS-konformer Abschluss mindestens Vergleichsinformationen für sämtliche Zahleninformationen und ggf. auch für verbale Informationen für ein Jahr enthält. Dies gilt für sämtliche Abschlussbestandteile (Bilanz, Gesamtergebnisrechnung, Darstellung des Periodenergebnisses (soweit diese gesondert erfolgt), KFR, Aufstellung der Veränderung des EK und Anh.). Nach IFRS 1.6 hat der erstmalige IFRS-Abschluss auch eine Eröffnungsbilanz auf den Übergangszeitpunkt zu beinhalten, sodass drei Bilanzen darzustellen sind. IFRS 1.21 verlangt die Darstellung der zugehörigen Anhangangaben (related notes).

1228

Im Abschluss dargestellte nicht IFRS-konforme Informationen sind deutlich als nicht IFRS-konform zu kennzeichnen. Dies betrifft z.B. **historische Zeitreihen** in Übereinstimmung mit den vorherigen Rechnungslegungsmethoden und kann auch die Vergleichsperiode betreffen; solche Informationen können freiwillig angegeben werden oder können aufgrund nationaler Regelungen notwendig sein. Eine quantitative Überleitung der nicht IFRS-konformen Informationen zu den IFRS-konformen Informationen ist nicht notwendig, jedoch sind die wesentlichen Abweichungen qualitativ zu erläutern (IFRS 1.22).

1229

c) Erläuterungen des Übergangs auf IFRS und Überleitungsrechnungen
aa) Überleitungsrechnungen

Um den Einfluss der IFRS-Umstellung auf die Vermögens-, Finanz- und Ertragslage sowie auf die Mittelzu- und Mittelabflüsse darzustellen, sind insb. die folgenden Überleitungsrechnungen nach IFRS 1.23 zu veröffentlichen:

1230

- Überleitung des nach den bisher angewandten Rechnungslegungsgrundsätzen ermittelten EK auf das EK nach IFRS, sowohl zum Übergangszeitpunkt als auch zum Ende der Periode, die in dem letzten nach bisher angewandten Rechnungslegungsgrundsätzen aufgestellten Abschluss dargestellt wurde (IFRS 1.24(a)). Auf eine Überleitungsrechnung kann verzichtet werden, wenn kein Abschluss vorliegt[910];
- Überleitung des (Gesamt-)Ergebnisses, das in dem letzten nach bisher angewandten Rechnungslegungsgrundsätzen aufgestellten Abschluss ausgewiesen ist, auf das Gesamtergebnis nach IFRS derselben Berichtsperiode (IFRS 1.24(b)).

Die Darstellung der Überleitung muss so detailliert sein, dass die wesentlichen Anpassungen der Bilanz und Gesamtergebnisrechnung nachvollzogen werden können (IFRS 1.25). Weiterhin müssen die wesentlichen Abweichungen in der KFR erläutert werden (IFRS 1.25), wenn das Unternehmen nach vorherigen Rechnungslegungsgrundsätzen auch eine KFR erstellt hat. Die Effekte aus der Änderung von Bilanzierungs- und Bewertungsmethoden sowie aufgrund von Fehlern sind dabei gesondert darzustellen (IFRS 1.26). Ferner sind zum Übergangszeitpunkt die Angaben gem. IAS 36 zu machen, sofern Wertminderungsaufwendungen oder Wertaufholungen erstmalig bei der Erstellung der Eröffnungsbilanz erfasst werden (IFRS 1.24(c)).

1231

bb) Angaben zur Klassifizierung von Finanzinstrumenten

Nach IFRS 1.D19 kann ein Unternehmen zum Übergangszeitpunkt unabhängig von einer bereits im Vorabschluss vorgenommenen Klassifizierung vom Zuordnungswahlrecht in die Kategorien „erfolgswirksam zum beizulegenden Zeitwert bewertet" oder „zur Ver-

1232

---

910 Vgl. ADS International, Abschn. 3a, Rn. 237.

äußerung verfügbar" Gebrauch machen. Bei Inanspruchnahme des Befreiungswahlrechts hat das Unternehmen die folgenden Anhangangaben nach IFRS 1.29 zu machen:

– Angabe des beizulegenden Zeitwerts der finanziellen Vermögenswerte und der finanziellen Schulden der beiden Kategorien;
– Angabe der Klassifizierung und des Buchwerts im Abschluss nach den bisher angewandten Rechnungslegungsgrundsätzen.

cc) Neubewertung

1233 Sofern in dem erstmaligen IFRS-Abschluss statt der retrospektiv ermittelten AK oder HK für immaterielle Vermögenswerte, Sachanlagen und als Finanzinvestition gehaltene Immobilien die beizulegenden Zeitwerte als Ersatz für AK oder HK nach IFRS 1.D5 und .D7 angesetzt werden, sind nach IFRS 1.30 einmalig Angaben zur Summe der angesetzten beizulegenden Zeitwerte für jeden gesondert ausgewiesenen Bilanzposten und zu den Anpassungsbeträgen zu den bisherigen Buchwerten zu machen.

dd) Zwischenberichterstattung

1234 Sofern ein Unternehmen Zwischenberichte[911] nach IFRS erstellt und veröffentlicht, müssen diese IAS 34 entsprechen. Wenn ein Unternehmen für das GJ der Erstanwendung, d.h., bevor der erste IFRS-Abschluss veröffentlicht wird, Zwischenberichte nach IAS 34 veröffentlicht und diese Zwischenberichte Teile der Berichtsperiode der IFRS-Erstanwendung umfassen, sind in dem Zwischenbericht nach IFRS 1.32 auch die folgenden Überleitungsrechnungen anzugeben:

– Überleitung des nach bisher angewandten Rechnungslegungsgrundsätzen ermittelten EK auf das EK nach IFRS zum Ende der Vorjahresvergleichsperiode (IFRS 1.32(a)(i));
– Überleitung des nach bisher angewandten Rechnungslegungsgrundsätzen ermittelten Gesamtergebnisses auf das IFRS-Gesamtergebnis zum Stichtag der Vorjahresvergleichsperioden (current und year-to-date). Wurde nach bisherigen Rechnungslegungsgrundsätzen kein Gesamtergebnis ermittelt, ist vom Periodenergebnis auszugehen (IFRS 1.32(a)(ii)).

1235 Zudem sind nach IFRS 1.32(b) bei der ersten Zwischenberichterstattung auch die Überleitungen nach IFRS 1.24(a) und (b) sowie die entsprechenden Erläuterungen zu machen, soweit diese nicht bereits anderweitig veröffentlicht wurden.

1236 IAS 8 ist nicht anwendbar für Änderungen von Rechnungslegungsmethoden in Zwischenberichten durch IFRS-Erstanwender (IFRS 1.27, .BC97). Werden Rechnungslegungsmethoden oder die Inanspruchnahme von Befreiungen im erstmaligen IFRS-Abschluss gegenüber denen in einer Zwischenberichterstattung geändert, sind diese Änderungen entsprechend IFRS 1.23 zu erläutern sowie die Überleitungen nach IFRS 1.24(a) und (b) anzupassen (IFRS 1.27A). Diese Erläuterungen und Anpassungen der Überleitungen sind in jedem betroffenen Zwischenbericht zu machen (IFRS 1.32(c)).

1237 Darüber hinaus sind nach IFRS 1.33 **sämtliche Ereignisse und Transaktionen**, die wesentlich für das Verständnis des Geschäftsverlaufs sind, zu erläutern. Da der vorhergehende Abschluss nach bisher angewandten Rechnungslegungsgrundsätzen erstellt wurde, sind aus Vergleichbarkeitsgründen im erstmaligen Zwischenbericht nach IFRS weiter gehende Erläuterungen erforderlich, um die Entwicklung des Geschäftsverlaufs seit Veröffentlichung des letzten Abschlusses verstehen zu können. Wenn in einem bereits ver-

---

[911] Vgl. Tz. 1123.

öffentlichten Abschluss keine diesbezüglichen Angaben gemacht werden, ist es in einem Zwischenbericht erforderlich, neben den Anforderungen des IAS 34 zumindest die Bilanzierungsgrundsätze darzustellen. Empfehlenswert ist es darüber hinaus, zusätzliche Erläuterungen zu veröffentlichen, die für das Verständnis des Zwischenberichts wesentlich sind. Werden diese Angaben in anderen veröffentlichten Dokumenten dargestellt, genügt auch ein Querverweis dorthin.

IX. IFRS für SME
1. Einführung

Am 09.07.2009 verabschiedete das IASB den **International Financial Reporting Standard for Small and Medium-sized Entities (IFRS-SME)**. Eine Übernahme des Standards durch die Europäische Union mit der Folge der verpflichtenden Anwendung ist bisher nicht erfolgt[912]. Dies steht einer freiwilligen Anwendung des Standards zu Informationszwecken nicht entgegen[913]. 1238

Ausgehend von den bestehenden IFRS hat das IASB einen **eigenständigen Standard** konzipiert. Dabei wurden die Sprache vereinfacht, Textziffern gekürzt, komplexere Regelungen vereinfacht und insb. Wahlrechte abgeschafft. Verweise auf bestehende IFRS erfolgen nur in Ausnahmen. 1239

Der Standard besteht aus einer Einführung, insgesamt 35 Abschnitten zu einzelnen Themen, einem Glossar und einer Tabelle mit Verweisen auf die „Full IFRS". Darüber hinaus sind eine Begründung (Basis for Conclusions) der Regelungen, ein Musterabschluss (Illustrative Financial Statements) und eine Anhangcheckliste verfügbar. 1240

Sachverhalte, die durch den IFRS-SME nicht geregelt werden, sind – soweit möglich – in Analogie zur Bilanzierung gleicher oder ähnlicher durch den IFRS-SME erfasster Fälle abzubilden. Ziel ist es, relevante und verlässliche Informationen zu vermitteln. Ist kein Analogieschluss möglich, hat sich die Bilanzierung an dem im Standard dargelegten Konzept (Abschn. 2: Konzept und übergeordnete Grundsätze) zu orientieren. In verbleibenden Zweifelsfällen ist eine Bezugnahme auf Regelungen der bestehenden IFRS möglich, aber nicht verpflichtend (IFRS-SME 10.4-6). 1241

Die erstmalige **Überarbeitung** des IFRS-SME soll frühestens nach zwei Jahren erfolgen. Anschließend ist geplant, alle drei Jahre Entwürfe zu Änderungen zu veröffentlichen und diese umzusetzen. Berücksichtigung finden sollen dabei auch Änderungen bestehender IFRS, sofern diese Einfluss auf den IFRS-SME haben[914]. 1242

Für eine **Anwendbarkeit** im jeweiligen Rechtsraum muss der IFRS-SME durch den jeweiligen nationalen Gesetzgeber bzw. die zuständige Behörde oder zuständigen Organe übernommen werden. Dabei können landesspezifisch Kriterien eingeführt werden, die den Anwendungsbereich konkretisieren (IFRS-SME BC.70). 1243

---

912 Auf europäischer Ebene wird zurzeit diskutiert, ob und auf welchem Weg eine Übernahme des Standards möglich ist. Während einige Länder (z.B. Dänemark und Großbritannien) die vollständige und sofortige Einführung des IFRS-SME bevorzugen, lehnen andere Länder (z.B. Deutschland) dies mit unterschiedlichen Begründungen ab (vgl. IASB, IFRS for SMEs Update, Issue 2010-4, 24.06.2010).

913 Eine freiwillige Anwendung und Veröffentlichung würde jedoch zu keiner befreienden Wirkung gem. § 325 Abs. 2a HGB führen, da der IFRS-SME bisher nicht in europäisches Recht übernommen wurde. Denn dies fordert § 315a Abs. 1 HGB.

914 Vgl. IFRS-SME P16-18.

2. Anwendungsbereich

1244 Der **Anwendungsbereich** des Standards wird in Abschn. 1 festgelegt und betrifft „Small and Medium-sized Entities" (SMEs) (IFRS-SME 1.1). Eine SME ist definiert als ein Unternehmen (entity), das nicht öffentlich rechenschaftspflichtig ist und dessen Abschlüsse für externe Rechnungslegungsadressaten veröffentlicht werden (IFRS-SME 1.2 i.V.m. BC.80). Ein Unternehmen ist öffentlich rechenschaftspflichtig, wenn seine Schuld- oder Eigenkapitalinstrumente an einem Kapitalmarkt gehandelt werden oder wenn es Vermögenswerte für eine große Gruppe von Personen treuhänderisch verwaltet (IFRS-SME 1.3).

1245 Ein Unternehmen, das die **Anwendungsvoraussetzungen** des IFRS-SME **nicht erfüllt**, darf seinen Abschluss nicht als übereinstimmend mit dem IFRS-SME bezeichnen. Dies gilt selbst dann, wenn eine Anwendbarkeit im jeweiligen Rechtsraum gestattet oder sogar vorgeschrieben wird (IFRS-SME 1.5).

1246 Der IFRS-SME wurde ausgehend vom **Konzept** der bestehenden IFRS entwickelt (IFRS-SME BC.95(a)). Zielsetzung ist – ebenso wie bei den bestehenden IFRS – die Vermittlung entscheidungsnützlicher Informationen (IFRS-SME 2.1). Dabei wurden die qualitativen Anforderungen fast vollständig in den IFRS-SME übernommen. Abweichend von den bestehenden IFRS stehen sie im gleichen Verhältnis zueinander. Abschn. 2 des IFRS-SME enthält folgende **qualitative Anforderungen** an Informationen in der Rechnungslegung: Verständlichkeit, Relevanz, Wesentlichkeit, Verlässlichkeit, wirtschaftliche Betrachtungsweise, Vorsicht, Vollständigkeit, Vergleichbarkeit, Zeitnähe und die Abwägung von Kosten und Nutzen (IFRS-SME 2.4-14).

3. Wesentliche Abweichungen zwischen IFRS-SME und bestehenden IFRS

1247 Folgende bestehende IFRS wurden **nicht** in den IFRS-SME **übernommen**:

- IAS 26: Bilanzierung und Berichterstattung von Altersversorgungsplänen[915]
- IAS 33: Ergebnis je Aktie
- IAS 34: Zwischenberichterstattung
- IFRS 4: Versicherungsverträge[916]
- IFRS 5: Zur Veräußerung gehaltene langfristige Vermögenswerte und aufgegebene Geschäftsbereiche
- IFRS 8: Geschäftssegmente
- IFRS 9: Financial Instruments

1248 Nachfolgend werden die **wesentlichen** weiteren **Abweichungen** des IFRS-SME von den bestehenden IFRS, geordnet nach Abschnitten des Standards, kurz dargestellt[917]:

---

915 Die Berichterstattung von Altersversorgungsplänen ist vom Anwendungsbereich des IFRS-SME ausgenommen (vgl. IFRS-SME 1.3(b) i.V.m. BC.56(b)).
916 VU sind vom Anwendungsbereich des IFRS-SME ausgenommen (vgl. IFRS-SME 1.3(b)).
917 Zu weiteren Ausführungen zu den bestehenden IFRS (Stand: verpflichtende Anwendung auf GJ ab dem 01.01.2010) wird auf die jeweiligen Abschnitte in diesem Kapitel verwiesen. Auf Abweichungen in der Darstellung des Abschlusses wird nachfolgend nicht eingegangen, da die Unterschiede von untergeordneter Bedeutung sind. Der Umfang von Anhangangaben in dem IFRS-SME wurde jedoch deutlich reduziert (vgl. Abschn. 8 sowie die jeweiligen Abschnitte des IFRS-SME).

IFRS für SME

a) Konzernabschlüsse (Abschnitt 9 des IFRS-SME)   1249

IFRS-SME	IFRS
Aufstellungspflicht: Ein Unternehmen ist von der **Aufstellung** eines KA **befreit**, wenn es entweder ein TU ist und das MU einen KA nach IFRS oder IFRS-SME erstellt oder es nur TU hält, die mit dem Ziel der Weiterveräußerung innerhalb eines Jahres erworben wurden (IFRS-SME 9.3).	Die Vorschriften zur Befreiung von der Aufstellung eines KA sind restriktiver (IAS 27.10). Eine Befreiungsvorschrift für Unternehmen, deren Beteiligungen für den Zweck der kurzfristigen Weiterveräußerung erworben wurden, existiert nicht. Vgl. auch Tz. 884.

b) Finanzinstrumente (Abschnitte 11 und 12 des IFRS-SME)   1250

IFRS-SME	IFRS
Wahlrecht zur Anwendung des IAS 39: Bezüglich der Bilanzierung von Finanzinstrumenten besteht ein **Wahlrecht** zwischen der Anwendung der Abschn. 11 und 12 des IFRS-SME und den Ansatz- und Bewertungsvorschriften des IAS 39. Bei Anwendung des IAS 39 müssen die Angabepflichten des IFRS 7 nicht erfüllt werden (IFRS-SME 11.2). Eine Ausübung des Wahlrechts ist nur einheitlich für alle Finanzinstrumente möglich.	Die Anwendung von IAS 39 ist verpflichtend vorgeschrieben, ebenso die Anhangangabepflichten des IFRS 7. Vgl. auch Tz. 563ff. sowie Tz. 688ff.
Unterscheidung zwischen einfachen und komplexeren Finanzinstrumenten: Der IFRS-SME unterscheidet zwischen **einfachen** (Abschn. 11) und **komplexeren Finanzinstrumenten**[918] (Abschn. 12). In den jeweiligen Einleitungen zu den Abschn. 11 und 12 finden sich Beispiele, die eine Zuordnung der Finanzinstrumente zu den Abschnitten vereinfachen sollen (IFRS-SME 11.3-6; 12.3-5).	IAS 39 sieht eine solche Unterscheidung nicht vor.
Erstmalige Bewertung: Die erstmalige Bewertung **einfacher Finanzinstrumente** erfolgt zu Transaktionskosten (transaction price) einschließlich Anschaffungsnebenkosten (IFRS-SME 11.13). **Komplexere Finanzinstrumente** werden zum beizulegenden Zeitwert (i.d.R. transaction price) bewertet (IFRS-SME 12.7).	Beim erstmaligen Ansatz erfolgt die Bewertung grds. zum beizulegenden Zeitwert (IAS 39.43). Vgl. auch Tz. 595.

---

918 Zur Definition einfacher Finanzinstrumente (basic financial instruments) vgl. IFRS-SME 11.5. Komplexere Finanzinstrumente (other financial instruments) sind z.B. Optionen, Devisentermingeschäfte, Futures, Zinsswaps (vgl. IFRS-SME 11.6).

IFRS-SME	IFRS
Folgebewertung: IFRS-SME unterscheidet lediglich **zwei Kategorien** im Rahmen der Folgebewertung von Finanzinstrumenten. Die Bewertung erfolgt entweder zu fortgeführten AK oder zum beizulegenden Zeitwert (IFRS-SME 11.14, 12.8). Wertänderungen werden grds. erfolgswirksam erfasst. Der Anwendungsbereich für die Bewertung **einfacher Finanzinstrumente** zum beizulegenden Zeitwert wird beschränkt auf bestimmte Eigenkapitalinstrumente[919], die entweder am Kapitalmarkt gehandelt werden oder bei denen der beizulegende Zeitwert verlässlich bestimmt werden kann (IFRS-SME 11.14(c)). **Komplexere Finanzinstrumente** werden i.d.R. zum beizulegenden Zeitwert bewertet (IFRS-SME 12.8-9)[920].	Nach IAS 39 bestehen insgesamt vier Kategorien mit unterschiedlichen Auswirkungen. Wertänderungen werden teils erfolgswirksam im Periodenergebnis, teils im sonstigen Ergebnis erfasst. Vgl. zur Kategorisierung Tz. 579ff. und zur Folgebewertung Tz. 599f.
Sicherungsgeschäfte: Bei der Bilanzierung von **Sicherungsgeschäften** ist lediglich die Absicherung von Zins-, Währungs- und Preisrisiken erlaubt (IFRS-SME 12.17). Als **Sicherungsinstrumente** zugelassen sind lediglich Zins- oder Devisenswaps sowie Devisen- oder Warentermingeschäfte (IFRS-SME 12.18 (a)). Zudem muss das Sicherungsinstrument weitere Voraussetzungen erfüllen, die im IAS 39 nicht gefordert werden (vgl. IFRS-SME 12.18).	IAS 39 schränkt die Bilanzierung von Sicherungsgeschäften in Abhängigkeit zu den abzusichernden Risiken nicht ein. Eine Einschränkung der Sicherungsinstrumente ist weniger restriktiv (IAS 39.72-73). So sind z.B. auch Optionen als Sicherungsinstrumente zugelassen. Vgl. allgemein zum Hedge Accounting Tz. 649ff.
Eingebettete Derivate: Auf Regelungen zu **eingebetteten Derivaten** wurde verzichtet (vgl. IFRS-SME BC.101(d)). Finanzinstrumente mit eingebetteten Derivaten fallen in den Anwendungsbereich von Abschn. 12 und werden grds. zum beizulegenden Zeitwert bewertet (IFRS-SME BC.105). Eine **Trennung** des Derivats vom Basisvertrag **erfolgt nicht**.	Sofern ein eingebettetes Derivat vorliegt, muss eine Trennung des Derivats vom Basisvertrag vorgenommen werden (IAS 39.11). Vgl. Tz. 639f.

1251 c) Vorräte (Abschnitt 13 des IFRS-SME)

IFRS-SME	IFRS
Als **Verfahren zur Bewertung** der AK oder HK ist zusätzlich zu den Verfahren in IAS 2 die Verwendung des letzten Einkaufspreises zugelassen (IFRS-SME 13.16).	Als Verfahren sind lediglich das Standardkostenverfahren sowie die im Einzelhandel übliche Methode zugelassen (IAS 2.21-22). Vgl. auch Tz. 344.

---

919 Gemäß IFRS-SME 11.14(c) fallen hierunter nicht wandelbare Vorzugsaktien sowie unkündbare Stamm- bzw. Vorzugsaktien.

920 Ausnahmen bestehen lediglich für Eigenkapitalinstrumente, die nicht am Kapitalmarkt gehandelt werden und deren beizulegender Zeitwert auf keine andere Weise verlässlich bewertet werden kann.

IFRS für SME

d) Anteile an assoziierten Unternehmen sowie Anteile an Gemeinschaftsunternehmen (Abschnitte 14 und 15 des IFRS-SME)   1252

IFRS-SME	IFRS
Der Bilanzierende hat ein **Wahlrecht** zwischen der Equity-Methode, der Bewertung zu AK oder der Bewertung zum beizulegenden Zeitwert (IFRS-SME 14.4 und 15.9). Dabei kann die Equity-Methode nur im KA gewählt werden[921]. Die Ausübung des Wahlrechts muss einheitlich für alle Anteile einer Kategorie erfolgen. Sofern im KA die **Equity-Methode** gewählt wird, muss im EA eine der beiden anderen Methoden verwendet werden[922]. Entscheidet sich der Bilanzierende für die **Bewertung zu Anschaffungskosten**, ist bei einer Notierung des assoziierten Unternehmens bzw. des GU am Kapitalmarkt zwingend eine Bewertung zum beizulegenden Zeitwert vorzunehmen (IFRS-SME 14.7 und 15.12). Fällt die Wahl auf die **Bewertung zum beizulegenden Zeitwert**, muss die Bewertung zu fortgeführten AK erfolgen, sofern eine verlässliche Ermittlung des beizulegenden Zeitwerts nicht bzw. nur mit hohen Kosten und Aufwand möglich ist (IFRS-SME 14.10 und 15.15). Eine Möglichkeit zur **Quotenkonsolidierung** besteht nicht.	Einzelabschluss: Anteile an assoziierten Unternehmen und GU können entweder zu AK oder gem. IAS 39 bewertet werden. Das Wahlrecht ist einheitlich auszuüben (IAS 27.38). Konzernabschluss: Anteile an assoziierten Unternehmen sind grds. nach der Equity-Methode zu bilanzieren (IAS 28.13). Anteile an GU sind unter Verwendung der Quotenkonsolidierung oder der Equity-Methode anzusetzen (IAS 31.30, .38). Vgl. zum KA Tz. 980 und 990ff.
Equity-Methode: Bei Anwendung der **Equity-Methode** sind die letzten **Jahresabschlüsse** des assoziierten Unternehmens bzw. des GU zu verwenden. Anpassungen sind für wesentliche Geschäftsvorfälle vorzunehmen, sofern der Bilanzstichtag von dem Bilanzierenden abweicht (IFRS-SME 14.8(f) und 15.13).	Sofern der Bilanzstichtag des assoziierten Unternehmens bzw. des GU mehr als drei Monate vor dem Bilanzstichtag des Bilanzierenden liegt, ist grds. ein Zwischenabschluss aufzustellen (IAS 28.24-25 bzw. IAS 31.38-40 i.V.m. 28.24-25). Vgl. auch Tz. 981.
Ein identifizierter **Geschäfts- oder Firmenwert** ist zu fortgeführten AK zu bewerten (IFRS-SME 14.8(c) i.V.m. 19.23 bzw. 15.13 i.V.m. 14.8(c) i.V.m. 19.23). Vgl. hierzu auch die weiteren Ausführungen in Abschn. 19.	Für einen identifizierten Geschäfts- oder Firmenwert ist eine planmäßige Abschreibung untersagt (IAS 28.23(a) bzw. IAS 31.38-40 i.V.m. IAS 28.23(a)).

---

921 Vgl. Trainingsmaterial des IASB, Modul 14, S. 10, www.iasb.org/IFRS+for+SMEs/Training+material.htm (zit. 02.11.2011).
922 Vgl. Trainingsmaterial des IASB, Modul 14, S. 10, www.iasb.org/IFRS+for+SMEs/Training+material.htm (zit. 02.11.2011).

1253 **e) Als Finanzinvestition gehaltene Immobilien (Abschnitt 16 des IFRS-SME)**

IFRS-SME	IFRS
Folgebewertung: Als Finanzinvestition gehaltene Immobilien sind mit dem **beizulegenden Zeitwert** zu bewerten, sofern dieser ohne hohe Kosten und Aufwand verlässlich ermittelt werden kann. Ansonsten erfolgt die Bewertung zu fortgeführten AK gem. Abschn. 17 (IFRS-SME 16.7). Eine Angabe des beizulegenden Zeitwerts für zu fortgeführten AK bewertete Immobilien im **Anhang** ist nicht notwendig.	Der Bilanzierende hat ein einheitlich auszuübendes Wahlrecht zwischen der Bewertung zu AK und der Bewertung zum beizulegenden Zeitwert (IAS 40.30). Sofern der beizulegende Zeitwert nicht verlässlich ermittelt werden kann, ist die Bewertung mit den fortgeführten AK vorzunehmen (IAS 40.53). Bei der Wahl der Bewertung zu fortgeführten AK ist die Angabe der beizulegenden Zeitwerte im Anh. verpflichtend (IAS 40.79(e)). Vgl. hierzu Tz. 191ff. sowie Tz. 208.

1254 **f) Sachanlagen und immaterielle Vermögenswerte (ohne Geschäfts- oder Firmenwerte) (Abschnitte 17 und 18 des IFRS-SME)**

IFRS-SME	IFRS
Erfassung und Bewertung: Für selbst erstellte immaterielle Vermögenswerte werden die **Ausgaben** sowohl für die **Forschung** als auch für die **Entwicklung** grds. in der Periode als Aufwand erfasst, in der sie anfallen (IFRS-SME 18.14).	Ausgaben für die Entwicklung eines selbst erstellten immateriellen Vermögenswerts sind zu aktivieren, wenn ein Unternehmen die Voraussetzungen des IAS 38.57 erfüllt. Vgl. auch Tz. 144.
Folgebewertung: Sachanlagen und immaterielle Vermögenswerte sind zu **fortgeführten Anschaffungskosten** zu bewerten (IFRS-SME 17.15 und 18.18). Immateriellen Vermögenswerten wird eine **begrenzte Nutzungsdauer** zugesprochen (IFRS-SME 18.19). In der Folge sind sie planmäßig abzuschreiben (IFRS-SME 18.21). Sofern eine verlässliche Ermittlung der Nutzungsdauer nicht möglich ist, ist eine Nutzungsdauer von 10 Jahren zu unterstellen (IFRS-SME 18.20).	Der Bilanzierende hat ein Wahlrecht zwischen der Bewertung zu fortgeführten AK und der Bewertung zum beizulegenden Zeitwert (IAS 16.29 und IAS 38.72). Für immaterielle Vermögenswerte ist zwischen Vermögenswerten mit begrenzter und unbegrenzter Nutzungsdauer zu unterscheiden. Nur Vermögenswerte mit begrenzter Nutzungsdauer sind planmäßig abzuschreiben (IAS 38.88-89). Vgl. hierzu auch Tz. 150ff. bzw. 169ff.
Abschreibungsmethode, Restwert und Nutzungsdauer: Die **Abschreibungsmethode**, der **Restwert** und die **Nutzungsdauer** sind erst bei Vorliegen bestimmter Indikatoren zu überprüfen (IFRS-SME 17.19 und 18.24).	Die Abschreibungsmethode, der Restwert und die Nutzungsdauer sind mindestens am Ende jedes GJ zu überprüfen (IAS 16.51, .61 bzw. 38.102, .104). Vgl. auch Tz. 155 bzw. 174.

g) Unternehmenszusammenschlüsse und Geschäfts- oder Firmenwerte (Abschnitt 19 des IFRS-SME)

1255

IFRS-SME	IFRS
Unternehmenszusammenschlüsse: Abschn. 19 basiert weitestgehend auf **IFRS 3 (2004)**, wobei der Anwendungsbereich weiter gefasst ist und dem des IFRS 3 (2008) entspricht. Die verpflichtenden **Anhangangaben** (IFRS-SME 19.25-26) wurden erheblich reduziert[923]. Der IFRS 3 (2004) wurde in folgenden **wesentlichen Bereichen geändert**: – Anschaffungsnebenkosten (acquisition-related costs), – bedingte Gegenleistungen (contingent considerations), – Eventualschulden (contingent liabilities) – Berechnung des Geschäfts- oder Firmenwerts sowie – Behandlung des Erwerbs nicht beherrschender Anteile (non-controlling interests)[924].	Der IFRS 3 (2008) ist verpflichtend auf Unternehmenszusammenschlüsse anzuwenden, die in dem GJ stattgefunden haben, das am oder nach dem 01.07.2009 begonnen hat. Vgl. zum IFRS 3 (2008) Tz. 918ff.
Geschäfts- oder Firmenwert: Ein erworbener Geschäfts- oder Firmenwert ist ebenso wie die Vermögenswerte in Abschn. 17 und 18 zu **fortgeführten Anschaffungskosten** zu bewerten (IFRS-SME 19.23 i.V.m. 18.19-24). Sofern eine Nutzungsdauer nicht verlässlich ermittelt werden kann, ist von einer Nutzungsdauer von 10 Jahren auszugehen (IFRS-SME 19.23(a) i.V.m. 18.19-24). Eine Überprüfung der Abschreibungsmethode muss nur bei Vorliegen bestimmter Indikatoren erfolgen (IFRS-SME 23(b) i.V.m. Abschn. 27 des IFRS-SME).	Im Rahmen von Unternehmenszusammenschlüssen erworbene Geschäfts- oder Firmenwerte sind jährlich auf Wertminderungen zu überprüfen (IAS 36.10(b)). Eine planmäßige Abschreibung ist nicht gestattet[925]. Vgl. auch Tz. 948.

---

923 Im Vergleich hierzu verlangt IFRS 3 (2008) eine Vielzahl von Anhangangaben; vgl. Tz. 1009ff., bzw. IFRS 3.59-62 (2008) i.V.m. 3.B64-67.

924 Zu weiteren Ausführungen zu den wesentlichen Änderungen des IFRS 3 (2008) im Vergleich zum IFRS 3 (2004) vgl. *KPMG*, IFRS aktuell[3], S. 39-86.

925 Gemäß IAS 38.3(f) sind im Rahmen von Unternehmenszusammenschlüssen erworbene Geschäfts- oder Firmenwerte vom Anwendungsbereich des IAS 38 ausgeschlossen.

1256 h) Zuwendungen der öffentlichen Hand[926] **(Abschnitt 24 des IFRS-SME)**

IFRS-SME	IFRS
Erfassung und Bewertung: Zuwendungen der öffentlichen Hand sind erst nach Erfüllung der damit verbundenen Bedingungen und unabhängig von der Entstehung der kompensierenden Aufwendungen im **Ertrag zu erfassen**. Soweit die Bedingungen nicht erfüllt sind, werden bereits gezahlte Zuwendungen als Verbindlichkeiten ausgewiesen (IFRS-SME 24.4). Zuwendungen sind zum **beizulegenden Zeitwert** zu bewerten (IFRS-SME 24.5).	Zuwendungen der öffentlichen Hand werden erst erfasst, wenn eine angemessene Sicherheit über die Erfüllung der damit verbundenen Bedingungen besteht (IAS 20.8). Eine Erfassung im Periodenergebnis erfolgt planmäßig über die Perioden, in denen das Unternehmen die zu kompensierenden Aufwendungen erfasst (IAS 20.12). Zuwendungen von nicht monetären Vermögenswerten können entweder zum beizulegenden Zeitwert oder mit einem Erinnerungswert angesetzt werden (IAS 20.23).
Ausweis: Eine Regelung zum **Ausweis** von Zuwendungen der öffentlichen Hand für Vermögenswerte findet sich nicht. Das gewählte Vorgehen ist im Anh. zu beschreiben (IFRS-SME 24.6(a))[927].	Zuwendungen der öffentlichen Hand für Vermögenswerte können entweder als passiver Abgrenzungsposten erfasst oder von dem Buchwert des betroffenen Vermögenswerts abgesetzt werden (IAS 20.24). Vgl. auch Tz. 128.

1257 i) Fremdkapitalkosten (Abschnitt 25 des IFRS-SME)

IFRS-SME	IFRS
Fremdkapitalkosten sind ohne Ausnahme im **Aufwand zu erfassen** (IFRS-SME 25.2).	Fremdkapitalkosten für qualifizierte Vermögenswerte sind bei Vorliegen der Voraussetzungen als Teil der AK oder HK des Vermögenswerts zu aktivieren (IAS 23.8-9). Vgl. auch Tz. 123ff.

---

926 Beihilfen der öffentlichen Hand haben keinen eigenen Regelungsbereich in Abschn. 24. In diesen Fällen muss auf die Vorschriften des Abschn. 29 (Ertragsteuern) zurückgegriffen werden (vgl. IFRS-SME 24.3).

927 Das IASB sieht allerdings eine Absetzung der Zuwendung von dem Buchwert des betroffenen Vermögenswerts als inkonsistent mit den Vorschriften der anderen Abschnitte des IFRS-SME an. Vgl. Trainingsmaterial des IASB, Modul 24, S. 19, www.iasb.org/IFRS+for+SMEs/Training+material.htm (zit. 02.11.2011).

j) Anteilsbasierte Vergütung (Abschnitt 26 des IFRS-SME) 1258

IFRS-SME	IFRS
Bei der Ermittlung des beizulegenden Zeitwerts von gewährten Eigenkapitalinstrumenten im Rahmen von anteilsbasierten Vergütungen wurde eine **dreistufige Bewertungshierarchie** eingeführt. Bei Fehlen von beobachtbaren Marktpreisen (level 1) und unternehmensspezifischen Marktdaten (level 2) besteht für die Geschäftsführung die Möglichkeit, ein von ihnen als angemessen angesehenes Bewertungsverfahren (level 3) zu wählen. Das Verfahren sollte konsistent mit allgemein anerkannten Bewertungsverfahren sein (IFRS-SME 26.10 und .11).	Der beizulegende Zeitwert der gewährten Eigenkapitalinstrumente ist anhand von Marktpreisen zu ermitteln. Stehen keine Marktpreise zur Verfügung, ist auf allgemein anerkannte Bewertungsverfahren zurückzugreifen (IFRS 2.16-18). Vgl. auch Tz. 803.

k) Wertminderung von Vermögenswerten (Abschnitt 27 des IFRS-SME) 1259

IFRS-SME	IFRS
Vermögenswerte sind lediglich auf eine Wertminderung zu testen, wenn **Anhaltspunkte** für eine solche vorliegen (IFRS-SME 27.7).	Wertminderungstests sind für immaterielle Vermögenswerte mit unbestimmter Nutzungsdauer, noch nicht nutzungsbereite immaterielle Vermögenswerte sowie im Rahmen eines Unternehmenszusammenschlusses erworbene Geschäfts- oder Firmenwerte jährlich vorzunehmen (IAS 36.10). Vgl. auch Tz. 219.

l) Leistungen an Arbeitnehmer (Abschnitt 28 des IFRS-SME) 1260

IFRS-SME	IFRS
Methode zur Bestimmung des Barwerts von leistungsorientierten Verpflichtungen: Grds. ist die **Methode der laufenden Einmalprämien** (projected unit credit method) zur Bestimmung des Barwerts einer leistungsorientierten Verpflichtung sowie damit verbundener Aufwendungen zu verwenden (IFRS-SME 28.18). Sofern die Ermittlung nicht oder nur unter unverhältnismäßig hohen Kosten möglich ist, können bestimmte **versicherungsmathematische Annahmen** bei der Bestimmung des Barwerts unberücksichtigt bleiben (IFRS-SME 28.19)[928].	Der Barwert einer leistungsorientierten Verpflichtung ist verpflichtend mit der Methode der laufenden Einmalprämien zu bestimmen (IAS 19.64). IAS 19 legt die zu berücksichtigenden versicherungsmathematischen Annahmen umfassend fest (IAS 19.72-91). Abweichungen hiervon erlaubt der Standard nicht.

---

[928] So kann auf die Berücksichtigung von künftigen Gehaltssteigerungen, der zukünftigen Leistungserbringung gegenwärtiger Arbeitnehmer sowie der Sterblichkeit von Begünstigten während des Arbeitsverhältnisses verzichtet werden.

IFRS-SME	IFRS
Eine jährliche Einbeziehung eines **anerkannten Versicherungsmathematikers** für die Bestimmung des Barwerts ist nicht erforderlich. Bei unwesentlichen Änderungen der versicherungsmathematischen Annahmen gegenüber dem Vj. besteht die Möglichkeit, durch eine **Überleitungsrechnung** (z.B. Korrektur der Anzahl der Mitarbeiter und der Gehaltsausprägung) den Barwert der leistungsorientierten Verpflichtung zu bestimmen (IFRS-SME 28.20).	Die Bestimmung des Barwerts der leistungsorientierten Verpflichtung ist mit einer ausreichenden Regelmäßigkeit vorzunehmen (IAS 19.56). Vereinfachungen sieht der Standard nicht vor. Die Einbeziehung eines anerkannten Versicherungsmathematikers wird empfohlen (IAS 19.57). Vgl. hierzu insgesamt auch Tz. 452ff.
Erfassung von versicherungsmathematischen Gewinnen und Verlusten: Versicherungsmathematische Gewinne und Verluste sind direkt im Jahr der Entstehung entweder im **Gewinn oder Verlust oder** als **sonstiges Ergebnis** (Wahlrecht) zu erfassen (IFRS-SME 28.24).	Nach IAS 19 besteht zusätzlich die Möglichkeit zur Anwendung des Korridorverfahrens bzw. eines anderen systematischen Verfahrens, das zu einer schnelleren Erfassung der versicherungsmathematischen Gewinne und Verluste führt (IAS 19.92-93). Vgl. auch Tz. 467ff.
Nachzuverrechnender Dienstzeitaufwand: Auswirkungen aus der Einführung oder Anpassung eines leistungsorientierten Plans, der sich auch auf vergangene Perioden bezieht (nachzuverrechnender Dienstzeitaufwand), sind in der jeweiligen Periode im **Gewinn oder Verlust** zu erfassen (IFRS-SME 28.21).	Nachzuverrechnender Dienstzeitaufwand ist linear über den durchschnittlichen Zeitraum bis zum Eintritt der Unverfallbarkeit der Anwartschaften zu verteilen und im Gewinn oder Verlust zu erfassen (IAS 19.96). Vgl. auch Tz. 472.
Konzernpläne: Sofern ein MU[929] Leistungen an Arbeitnehmer der TU gewährt, ist es ausreichend, wenn das TU auf der Grundlage einer angemessenen Verteilung die **Aufwendungen** erfasst (IFRS-SME 28.38).	IAS 19 erlaubt die Erfassung der zugeordneten Beträge als Aufwand lediglich, wenn keine vertragliche Vereinbarung oder ausgewiesene RL besteht, in der die Weiterbelastung der leistungsorientierten Nettokosten an die einzelnen Unternehmen der Gruppe geregelt ist (IAS 19.34A). Vgl. auch Tz. 476.

m) Ertragsteuern[930] (Abschnitt 29 des IFRS-SME)

Die Regelungen des Abschn. 29 basieren auf den Vorschlägen des Standardentwurfs **ED/ 2009/2 Income Tax**[931]**, der eine Änderung von IAS 12 vorsah**. Eine Übernahme der weiterführenden Erläuterungen in den Anwendungsleitlinien des Standardentwurfs ist nicht erfolgt, sodass die Regelungstiefe des IFRS-SME geringer ist und dem Anwender einen größeren Spielraum lässt. Die Grundprinzipien des bisherigen IAS 12 bleiben allerdings erhalten, d.h., es findet auch weiterhin das **bilanzorientierte „Temporary-Konzept"** Anwendung.

---

929 Voraussetzung ist, dass das Mutterunternehmen einen Konzernabschluss auf der Basis der bestehenden IFRS oder des IFRS-SME erstellt (IFRS-SME 28.38).

930 Die Gegenüberstellung bezieht sich auf die wesentlichen Änderungen im Vergleich zu den Regelungen des IAS 12. Auf Unterschiede zwischen IAS 12 und ED/2009/2 wird nicht eingegangen.

931 Das Projekt wird nicht zuletzt aufgrund der am Entwurf des vorgeschlagenen Standards geübten Kritik derzeit nicht weiterverfolgt. Zu ED/2009/2 vgl. *Beyhs/Fuchs*, WPg 2009, S. 636 (636-643).

IFRS-SME	IFRS
Ermittlungsschritte: Der Abschnitt legt neun **Bearbeitungsschritte** fest, die bei der Ermittlung der Ertragsteuern berücksichtigt werden müssen (IFRS-SME 29.3).	Eine solche Vorgabe sieht IAS 12 nicht vor.
Ausnahmen vom Ansatz latenter Steuern: Ausnahmen vom Ansatz latenter Steuern bestehen für temporäre Differenzen – aus **Anteilen an ausländischen Tochterunternehmen**, Zweigniederlassungen, assoziierten Unternehmen sowie Anteilen an GU, sofern eine dauerhafte Investition vorliegt und sich eine Auflösung der temporären Differenz in absehbarer Zeit nicht abzeichnet (outside-basis differences – IFRS-SME 29.16 (a)) und – aus dem erstmaligen Ansatz eines **Geschäfts- oder Firmenwerts** (IFRS-SME 29.16(b).	Ein Ansatz latenter Steuern ist ausgeschlossen für temporäre Differenzen aus dem erstmaligen Ansatz – eines Geschäfts- oder Firmenwerts und – eines Vermögenswerts oder einer Schuld, sofern kein Unternehmenszusammenschluss vorliegt und der Sachverhalt weder das bilanzielle noch das zu versteuernde Ergebnis beeinflusst (IAS 12.15 und .24). Zudem sind latente Steuern für temporäre Differenzen in Verbindung mit in- und ausländischen TU, Zweigniederlassungen, assoziierten Unternehmen sowie Anteilen an GU nicht anzusetzen, sofern das MU den zeitlichen Verlauf der Auflösung der temporären Differenzen steuern kann und eine Auflösung in absehbarer Zeit nicht wahrscheinlich ist (IAS 12.39 und .44). Vgl. auch Tz. 548f.
Verlustvorträge und Steuergutschriften: Latente Steuern auf **Verlustvorträge und Steuergutschriften** sind zu aktivieren (IFRS-SME 29.15(c)). Anschließend ist ein **Bewertungsabschlag** in der Höhe vorzunehmen, dass der verbleibende Buchwert dem höchsten durch zukünftige steuerliche Gewinne zu realisierenden Betrag entspricht. Die Realisierung muss dabei *more likely than not* sein (IFRS-SME 29.21).	Latente Steuern auf Verlustvorträge und Steuergutschriften dürfen nur in der Höhe bilanziert werden, in der es wahrscheinlich ist, dass ein künftiges zu versteuerndes Ergebnis zur Verfügung stehen wird (IAS 12.34). Einen Bewertungsabschlag sieht IAS 12 nicht vor, da bereits bei der Aktivierung Überlegungen zur Realisierung notwendig sind. Vgl. auch Tz. 551.
Steuerunsicherheiten und -risiken: In die **Bewertung** von laufenden und latenten Steuern sind Steuerunsicherheiten und -risiken **mit einzubeziehen**. Dabei ist davon auszugehen, dass die Finanzverwaltung alle Sachverhalte überprüft und ihr alle relevanten Informationen vollständig vorliegen. Die Bewertung erfolgt mit einem **Erwartungswert** (IFRS-SME 29.24). **Anpassungen des Erwartungswerts** dürfen nur bei Vorliegen neuer Informationen, nicht aber aufgrund von geänderten Einschätzungen vorgenommen werden (IFRS-SME 29.24).	Im IAS 12 existieren bisher keine Regelungen zu Steuerunsicherheiten und -risiken.
Ausweis: Der Ausweis des Steueraufwands hat in **demselben Bereich** der Gesamtergebnisrechnung bzw. des EK zu erfolgen, in dem die entsprechende Transaktion oder das Ereignis ausgewiesen wird (IFRS-SME 29.27).	IAS 12 enthält keine entsprechende Vorschrift (IAS 12.69-70).

1262 n) Fremdwährungsumrechnung (Abschnitt 30 des IFRS-SME)

IFRS-SME	IFRS
Beim Abgang einer Nettoinvestition in einen ausländischen Geschäftsbetrieb sind im sonstigen Ergebnis erfasste kumulierte Umrechnungsdifferenzen **nicht** in den Gewinn oder Verlust **umzugliedern** (IFRS-SME 30.13).	IAS 21 fordert eine Umgliederung der kumulierten Umrechnungsdifferenzen in der Periode, in der das Ergebnis aus dem Abgang des ausländischen Geschäftsbetriebs im Gewinn oder Verlust erfasst wird (IAS 21.48). Vgl. auch Tz. 912.

1263 o) Angaben zu Beziehungen zu nahe stehenden Unternehmen und Personen (Abschnitt 33 des IFRS-SME)

IFRS-SME	IFRS
Die Regelungen entsprechen grds. denen des **IAS 24 (2009)**, der erstmals für am oder nach dem 01.01.2011 beginnende GJ anzuwenden ist. Wesentliche Abweichungen bestehen lediglich bei den notwendigen Anhangangaben. So sind die **Vergütungen für Mitglieder des Managements in Schlüsselpositionen** lediglich in Summe anzugeben (IFRS-SME 33.7)[932].	Die Vergütungen für Mitglieder des Managements in Schlüsselpositionen ist sowohl in der Gesamtsumme als auch in Einzelbeträgen für bestimmte Kategorien anzugeben (vgl. IAS 24.17). Vgl. auch Tz. 1118f.
Zudem müssen **Unternehmen, die sich in Staatsbesitz befinden oder bei denen ein Staat (national, regional oder örtliche Regierung) wesentlichen Einfluss hat**, nur die Beziehung zum MU angeben. Die Befreiungsvorschrift umfasst ebenso die Angabepflicht der Beziehungen zu allen anderen Unternehmen unter gleichem Einfluss (IFRS-SME 33.11 i.V.m. 33.5)[933].	Für Unternehmen im Staatsbesitz, bei denen die Befreiungsvorschrift in Anspruch genommen wird, müssen zusätzlich zur Art der Beziehung weitere Angaben zu Geschäftsvorfällen erfolgen (vgl. IAS 24.26(b)). Vgl. hierzu Tz. 1121f.

1264 p) Besondere Unternehmensaktivitäten (Abschnitt 34 des IFRS-SME)

In Abschn. 34 wurden Grundzüge der folgenden Standards bzw. Interpretationen aufgenommen[934]:

- IAS 41: Landwirtschaft
- IFRS 6: Exploration und Evaluierung von Bodenschätzen
- IFRIC 12: Dienstleistungskonzessionsvereinbarungen

---

932 Vgl. hierzu die Regelungen in den bestehenden IFRS: IAS 24.16 (2004) bzw. IAS 24.17 (2009).
933 Die Befeiungsvorschrift ist insofern weitreichender als im IAS 24.25-27 (2009).
934 Der Einfluss dieses Abschnitts auf die potenziellen Anwender des IFRS-SME wird als unwesentlich angesehen, sodass weitere Ausführungen hierzu unterbleiben.

Schrifttumsverzeichnis

q) Erstmalige Anwendung des IFRS-SME (Abschnitt 35 des IFRS-SME) 1265

IFRS-SME	IFRS
Anwendungsbereich: Abschn. 35 ist nur für Bilanzierende anwendbar, die ihren Abschluss **erstmals nach dem IFRS-SME aufstellen** (IFRS-SME 35.1). Dabei ist zu beachten, dass ein Unternehmen diesen Abschnitt nicht nach einer Rückkehr zum IFRS-SME anwenden darf (IFRS-SME 35.2)[935].	Bezüglich des Anwendungsbereichs des IFRS 1 ist nicht explizit geregelt, ob bei einer Rückkehr zur Erstellung von Abschlüssen nach den IFRS der IFRS 1 erneut angewendet werden darf[936]. Vgl. auch Tz. 1146ff.
Latente Steuern: Latente Steuern auf Differenzen zwischen dem Steuerwert und dem Buchwert müssen nicht gebildet werden, sofern die Ermittlung mit **unangemessen hohen Kosten oder Aufwand** verbunden ist (IFRS-SME 35.10(h)).	Eine solche Erleichterungsvorschrift sieht IFRS 1 nicht vor.
Generelle Erleichterungsvorschrift: Sofern es zum Zeitpunkt des Übergangs für den Bilanzierenden nicht möglich ist, den IFRS-SME retrospektiv anzuwenden, muss eine **Anwendung zum frühestmöglichen Zeitpunkt** erfolgen. Im Anh. ist anzugeben, welche Jahresabschlussangaben noch nicht dem IFRS-SME entsprechen (IFRS-SME 35.11).	Eine solche Erleichterungsvorschrift sieht IFRS 1 nicht vor.

Das IASB hat bereits für einzelne Abschnitte **Trainingsmodule** veröffentlicht. Neben einer Einführung und Darstellung der Unterschiede zu den bestehenden IFRS enthalten diese Hinweise und Beispiele zu den Textstellen der einzelnen Abschnitte[937]. 1266

X. Schrifttumsverzeichnis

1. Verzeichnis der Monographien und Beiträge in Sammelwerken

Baumunk/Beys, Wertminderung von Immobilien (IAS 36), in: Weber/Baumunk/Pelz (Hrsg.), IFRS-Immobilien, 2. Aufl., München 2009, S. 135; *Beyhs*, Impairment of assets nach International Accounting Standards, Frankfurt a.M. 2002; *Böckem/Schurbohm*, Klassifizierung von Immobilien, in: Weber/Baumunk/Pelz (Hrsg.), IFRS-Immobilien, 2. Aufl., München 2009, S. 5; *Epstein/Mirza*, IAS 2004, New York 2004; *Epstein/Jermakowicz*, Wiley IFRS 2010, New Jersey 2010; *Ernst & Young*, International GAAP 2011, London 2011; *Faßhauer*, Rechnungslegung nach IFRS über betriebliche Pensionssysteme, Düsseldorf 2010; *Förschle*, Earnings per share, in: Fischer (Hrsg.), Jahresabschluß und Jahresabschlußanalyse, FS Baetge, Düsseldorf 1997, S. 499; *Kirsch*, Einführung in die internationale Rechnungslegung nach IAS/IFRS, 7. Aufl.; Herne/Berlin: 2010; *KPMG*, Eigenkapital versus Fremdkapital nach IFRS, Stuttgart 2006; *KPMG*, IFRS

---

[935] Folglich darf ein Unternehmen, das zwischenzeitlich seine Abschlüsse auf der Basis anderer Rechnungslegungsstandards als den IFRS-SME aufstellt, bei einer Rückkehr nicht mehr Abschn. 35 anwenden, vorausgesetzt, der frühere Abschluss war im Einklang mit dem IFRS-SME.

[936] Gem. *KPMG*, Insights into IFRS 2010/11, S. 1542, Rn. 6.1.50, besteht in diesem Fall ein Wahlrecht für die Anwendung des IFRS 1. Nach *PricewaterhouseCoopers*, Manual of Accounting, S. 3002, Rn. 3.38.1, und *Ernst & Young*, S. 200, ist IFRS 1 bei einer Rückkehr zu den IFRS erneut anwendbar.

[937] Die Module sind auf der Internetseite des IASB für die Öffentlichkeit abrufbar, http://www.iasb.org/IFRS+for+SMEs/Training+material.htm (zit. 02.11.2011).

aktuell, 4. Aufl., Stuttgart 2011; *KPMG*, IFRS aktuell, 3. Aufl., Stuttgart 2008; *KPMG*, IFRS aktuell, Stuttgart 2004; *KPMG*, Illustrative Financial Statement, London 2010; *KPMG*, Insights into IFRS – Edition 2010/11, London 2010; *KPMG*, International Financial Reporting Standards – Einführung in die Rechnungslegung nach den Grundsätzen des IASB, 4. Aufl., Stuttgart 2007; *KPMG*, Offenlegung von Finanzinstrumenten und Risikoberichterstattung nach IFRS 7, Stuttgart 2007; *Kuhn/Scharpf*, Rechnungslegung von Financial Instruments nach IAS 39, 3. Aufl., Stuttgart 2006; *Löw*, Risikomanagement, Risikocontrolling und IFRS, in: Wagenhofer (Hrsg.), Controlling und IFRS Rechnungslegung, Berlin 2006, S. 169; *Löw/Lorenz*, Ansatz und Bewertung von Finanzinstrumenten, in: Löw (Hrsg.), Rechnungslegung für Banken nach IFRS, 2. Aufl., Wiesbaden 2005, S. 415; *Löw*, Finanzinstrumente (IAS 32/39), in: Weber/Baumunk/Pelz (Hrsg.), IFRS-Immobilien, 2. Aufl., München 2009, S. 301; *PricewaterhouseCoopers*, IFRS für Banken, 4. Aufl., Frankfurt am Main 2008; *PricewaterhouseCoopers*, Manual of Accounting – Financial Instruments 2011, London 2010; *PricewaterhouseCoopers*, Manual of Accounting 2011, London 2010; *Schruff*, IAS 39 – Bilanzierungsprobleme in der Praxis, in: Gerke/Siegert (Hrsg.), Aktuelle Herausforderungen des Finanzmanagements, Stuttgart 2004, S. 91; *Sprick/Sartoris*, Contractual Trust Agreements, in: Kolvenbach/Sartoris (Hrsg.), Bilanzielle Auslagerung von Pensionsverpflichtungen, Stuttgart 2004, S. 199; *Timmermann*, Risikocontrolling, Risikomangement und Risikoberichterstattung von Banken, in: Lange/Löw (Hrsg.), Rechnungslegung, Steuerung und Aufsicht von Banken – Kapitalmarktorientierung und Internationalisierung, FS Krumnow, Wiesbaden 2004, S. 381; *Vogel*, Immobilienleasingverhältnisse (IAS 17), in: Weber/Baumunk/Pelz (Hrsg.), IFRS-Immobilien, 2. Aufl., München 2009, S. 171.

2. Verzeichnis der Beiträge in Zeitschriften

Alvarez/Wotschofsky/Miething, Leasingverhältnisse nach IAS 17 – Zurechnung, Bilanzierung, Konsolidierung, WPg 2001, S. 933; *Andrejewski/Böckem*, Einzelfragen zur Anwendung der Befreiungswahlrechte nach IFRS 1, KoR 2004, S. 332; *Andrejewski/Böckem*, Praktische Fragestellungen der Implementierung des Komponentenansatzes nach IAS 16, Sachanlagen (Property, Plant and Equipment), KoR 2005, S. 75; *Andrejewski/Böckem*, Die Bedeutung natürlicher Personen im Kontext des IAS 24, KoR 2005, S. 170; *Bär*, Darstellung und Würdigung des vorgeschlagenen Wertminderungsmodells für finanzielle Vermögenswerte nach IFRS, KoR 2010, S. 289; *Bardens/Meurer*, Neue Anhangangaben bei der Ausbuchung von finanziellen Vermögenswerten – Änderungen von IFRS 7 (rev. 2010), WPg 2011, S. 618; *Beyhs/Fuchs*, Neue Vorschläge des IASB zur Bilanzierung von Ertragsteuern – Einführung in den aktuellen Exposure Draft des IASB: ED/2009/2 „Income Tax", WPg 2009, S. 636; *Bischof/Molzahn*, IAS 1 (revised 2007) „Presentation of Financial Statements", IRZ 2008, S. 171; *Böckem*, Die Reform von IAS 24 – Angaben über Beziehungen zu nahe stehenden Unternehmen und Personen (Related Party Disclosures), WPg 2009, S. 644; *Böckem/Schurbohm*, Die Bilanzierung von Immobilien nach den International Accounting Standards, KoR 2002, S. 38; *Böckem/Schurbohm-Ebneth*, Praktische Fragestellungen der Implementierung von IAS 40 – Als Finanzanlagen gehaltene Immobilien (investment properties), KoR 2003, S. 335; *Buchheim/Gröner/Kühne*, Übernahme von IAS/IFRS in Europa: Ablauf und Wirkung des Komitologieverfahrens auf die Rechnungslegung, BB 2004, S. 1783; *Bühner/Sheldon*, US-Leasingtransaktionen – Grundstrukturen einer grenzüberschreitenden Sonderfinanzierung, DB 2001, S. 315; *Ernst*, EU-Verordnungsentwurf zur Anwendung von IAS: Europäisches Bilanzrecht vor weitreichenden Änderungen, BB 2001, S. 823; *Ernsting*, Auswirkungen des Steuersenkungsgesetzes auf die Steuerabgrenzung in Konzernabschlüssen nach US-GAAP und IAS, WPg 2001, S. 11; *Esser/Hackenberger*, Bilanzierung immaterieller Vermögenswerte des Anlagevermögens nach IFRS und US-GAAP, KoR 2004, S. 402; *Faßhauer/Böckem*, IAS 19R (rev. 2011) Employee Benefits – Konzeptioneller Befreiungsschlag und neue Herausforderungen, WPg 2011, S.1003; *Findeisen*, Die günstige Kaufoption nach HGB, US GAAP und IFRS, FLF 2005, S. 28; *Fink/Ulbrich*, IFRS 8: Paradigmenwechsel in der Segmentberichterstattung, DB 2007, S. 981; *Focken/Schaefer*, Umstellung der Bilanzierung des Sachanlagevermögens auf IAS/IFRS, BB 2004, S. 2343; *Gerpott/Thomas*, Bilanzierung von Marken nach HGB, DRS, IFRS und US-GAAP, DB 2004, S. 2485; *Gohdes/Baach*, Rechnungszins und Inflationsrate für die betriebliche Altersversorgung im internationalen Jahresabschluss zum 31.12.2004, BB 2004, S. 2571; *Gohdes/Meier*, Pensionsverpflichtungen im Unternehmensrating: Fremdkapital besonderer Art, BB 2003, S. 1375; *Götz/Spanheimer*, Nutzungsrechte im Anwendungsbereich von IAS 17 – Inhalt und Auswirkungen von IFRIC 14 zur Identifizierung von Leasingverhältnissen, BB 2005, S. 259; *Haaker*, Das Wahrscheinlichkeitsproblem bei der Rückstellungsbilanzierung nach IAS 37 und IFRS 3, KoR 2005, S. 8; *Havermann*, Zur Berücksichtigung von Preissteigerungen in der Rechnungslegung der Unternehmen, WPg 1974, S. 423; *Helmschrott*, Die Anwendung von IAS 40 (investment property) auf Immobilien-Leasingobjekte, DB 2001, S. 2457; *Hoffmann/Lüdenbach*, Abschreibung von Sachanlagen nach dem Komponentenansatz von IAS 16, BB 2004, S. 375; *Homberg/Elter/Rothenburger*, Bilanzierung von Humankapital nach IFRS am Beispiel des Spielervermögens im Profisport, KoR 2004, S. 249; *IASB Update*, June 2006; *IFRIC Update*, November 2006; *Kirsch*, Steuerliche Berichterstattung im Jahresabschluss nach IAS/IFRS, DStR 2003, S. 703; *Kirsch*, Conceptual Framework für Phase A – Zielsetzung der Finanzberichterstattung und qualitative Anforderungen an die Rechnungslegung, DStZ 2011, S. 26; *Klein*, Die Bilanzierung latenter Steuern nach HGB, IAS und US-GAAP im Vergleich, DStR 2001, S. 1450; *Kümpel/Becker*, Identifizierung, Isolierung und Bilanzierung verdeckter Leasingkomponenten nach Maßgabe von IFRIC 4 und IAS 17, PiR 2008, S. 1; *Künkele/Zwirner*, Zuordnung von Immobilien zu IAS 2, IAS 11, IAS 16, IAS 40 oder IFRS 5, IRZ 2009, S. 97; *Küting/Dürr*, IFRS 2 Share-based Payment – ein Schritt zur weltweiten Konvergenz?, WPg 2004, S. 609 ; *Küting/Keßler/Gattung*, Die Gewinn- und Verlustrechnung nach HGB und IFRS, KoR 2005, S. 15; *Küting/Seel*, Die Berichterstattung über Beziehungen zu related parties, KoR 2008, S. 227; *Kuhn*, Neuregelung der Bilanzierung von Finanzinstrumenten: Welche Änderungen ergeben sich aus IFRS 9?, IRZ 2010, S. 103; *Laubach/Findeisen/Murer*, Leasingbilanzierung nach IFRS im Umbruch – der neue Exposure Draft „Leases", DB 2010, S. 2401; *Löw*, Neue Offenlegungsanforderungen zu Finanzinstrumenten und Risikoberichterstattung nach IFRS 7, BB 2005, S. 2175; *Löw*, Ausweisfragen in Bilanz und Gewinn- und Verlustrechnung bei Financial Instruments, KoR 2006, Beil. 1, S. 3; *Löw/Antonakopoulos*, Die Bilanzierung ausgewählter Gesellschaftsanteile nach IFRS unter Berücksichtigung der Neuregelungen nach IAS 32 (rev. 2008), KoR 2008, S. 261; *Löw/Blaschke*, Verabschiedung des Amendment zu IAS 39 Financial Instruments: Recognition and Measurement – The Fair Value Option, BB 2005, S. 1727; *Löw/Roggenbuck*, Earnings per Share für Banken – nach IAS und DVFA, DBW 1998, S. 659; *Lüdenbach/Hoffmann*, Verbindliches Mindestgliederungsschema für die IFRS-Bilanz, KoR 2004, S. 89; *Märkl/Schaber*, IFRS 9 Financial Instruments: Neue Vorschriften zur Kategorisierung und Bewertung von finanziellen Vermögenswerten, KoR 2010, S.65; *Mehlinger/Seeger*, Der neue IAS 19: Auswirkungen auf die Praxis der Bilanzierung von Pensionsverpflichtungen, BB 2011, S. 1771; *Melcher/Murer*, Das IFRS Practice Statement „Management Commentary" im Vergleich zu den DRS Verlautbarungen zur Lageberichterstattung, DB 2011, S. 430; *Melcher/Skowronek*, Latente Steuern bei geplanten Unternehmensveräußerungen und Ausschüttungen, KoR 2011, S. 108; *Meyer/Bornhofen/Homrighausen*, Anteile an Personengesellschaften nach Steuerrecht und nach IFRS, KoR 2005, S. 285; *Möhring/Eppinger*, Das Ergebnis je Aktie nach IAS 33 als Maß unternehmerischer Ertragskraft, KoR 2008, S. 721; *Moxter*, Neue Ansatzkriterien für Verbindlichkeitsrückstellungen?, DStR 2004, S. 1057; *Pawelzik*, Der neue IAS 19 (2011) Bilanzierung von Verpflichtungen gegenüber Arbeitnehmern, PiR 2011, S. 212; *Petersen/Zwirner*, Erfolgsdarstellung in deutschen Konzernabschlüssen: Die „Erfolgsgeschichte" des UKV, StuB 2007, S. 719; *Petersen/Zwirner*, IAS 32 (rev. 2008) – Endlich (mehr) Eigenkapital nach IFRS?, DStR 2008, S. 1060; *Schaber/Märkl/Kroh*, IFRS 9 Financial Instruments: Exposure Draft zu fortgeführten Anschaffungskosten und Wertminderungen, KoR 2010, S. 241; *Scharpf/Weigel/Löw*, Die Bilanzierung von Finanzgarantien und Kreditzusagen nach IFRS, WPg 2006, S. 1492; *Schimmelschmidt/Happe*, Off-Balance-Sheet-Finanzierung am Beispiel der Bilanzierung von Leasingverträgen im Einzelabschluss und im Konzernabschluss nach HGB, IFRS und US-GAAP, DB 2004, Beil. 9, S. 1; *Schindler/Schurbohm/Böckem*, Praktische Fragestellungen der Rechnungslegung und Prüfung von Zwischenberichten, KoR 2002, S. 88; *Schmidt*, IAS 32 (rev. 2008): Ergebnis- statt Prinzipienorientierung, BB 2008, S. 434; Schmidt, Wertminderung bei Finanzinstrumenten – IASB „Exposure Draft ED/2009/12 Financial Instruments: Amortised Cost and Impairment", WPg 2010, S. 286; *Schöllhorn/Müller*, Bedeutung und praktische Relevanz des Rahmenkonzepts (framework) bei Erstellung von IFRS-Abschlüssen nach zukünftigem „deutschen Recht": Darstellung unter Berücksichtigung der IAS-VO und des BilReG, DStR 2004, S. 1623; *Schreiber/Schmidt*, BB-IFRIC-Report: IFRIC-Interpretationen 17 und 18 sowie aktuelle Änderungen von IFRIC 9 und IFRIC 16, BB 2009, S. 2022; *Schruff/Hasenburg*, Stock Option-Programme im handelsrechtlichen Jahresabschluß, BFuP 1999, S. 616; *Schütte*, Der Standardentwurf ED IAS 33 „Simplifying Earnings per Share" im Überblick, DB 2009, S. 857; *Schwinger/Mühlberger*, Gestaltungsspielräume bei der Erstanwendung der IFRS am Beispiel von Pensionsverpflichtungen, KoR 2004, S. 29; *Seitz*, Die Regulierung von Wertpapierhandelssystemen i der EU, AG 2004, S. 497;*Theile*, Erstmalige Anwendung der IAS/IFRS, DB 2003, S. 1745; *Trapp/Wolz*, Segmentberichterstattung nach IFRS 8 – Konvergenz um jeden Preis?, IRZ 2008, S. 85; *Vater*, Bilanzierung von Leasingverhältnissen nach IAS 17: Eldorado bilanzpolitischer Möglichkeiten?, DStR 2002, S. 2094; *Vater*, Zur Bewertung von Executive Stock Options: Bestimmung und Modifikation der Bewertungsparameter, WPg 2004, S. 1246; *Völker*, US-Leasingtransaktionen und ihre bilanzielle Darstellung nach IAS, WPg 2002, S. 669; *Weber*, Erweiterte Anforderungen an die externe Risikoberichterstattung von Kreditinstituten, KoR 2010, S. 631; *Wenk/Jagosch*, Änderung zur Darstellung von IFRS-Abschlüssen – IAS 1 (revised 2007) „Presentation of Financial Statements", DStR 2008, S. 1251; *Wenk/Jagosch*, Konzeptionelle Neugestaltung der Segmentberichterstattung nach IFRS 8 – Was ändert sich tatsächlich?, KoR 2008, S. 661; *Wiechens/Kropp*, Bilanzierung finanzieller Verbindlichkeiten nach IFRS 9 (2010), KoR 2011, S. 225; *Zeimes*, Zur erstmaligen Anwendung der International Financial Reporting Standards gem. IFRS 1, WPg 2003, S. 982; *Zeimes/Thuy*, Aktienoptionen sind als Aufwand zu erfassen, KoR 2003, S. 39; *Zülch/Fischer/Erdmann*, Neuerungen in der Darstellung eines IFRS-Abschlusses gem. IAS 1 „Presentation of Financial Statements" (rev. 2007), WPg 2007, S. 963; *Zülch/Wilms*, Jahresabschlussänderungen und ihre bilanzielle Behandlung nach IAS 8 (revised 2003), KoR 2004, S. 128; *Zwirner*, Kapitalmarktorientierung – Legaldifinition und Rechtsfolgen: Geltung und Anwendungsbereich, KoR 2010, S.1.

Kapitel O
Erläuterungen zur Rechnungslegung und Prüfung im Konzern nach dem Publizitätsgesetz

I. Vorbemerkungen

Die Verpflichtung zur Konzernrechnungslegung kann sich neben den Vorschriften der §§ 290 ff. HGB[1,2] auch aus den Vorschriften des Gesetzes über die Rechnungslegung von bestimmten Unternehmen und Konzernen (PublG) ergeben. **1**

Die Konzernrechnungslegungsvorschriften des HGB knüpfen in erster Linie an die Rechtsform des MU (KapGes.) an. Nach Verabschiedung der sog. GmbH & Co. KG-Richtlinie[3] sowie deren Umsetzung durch das **KapGes.- und Co-Richtlinie-Gesetz** (KapCoRiLiG)[4] sind Personenhandelsgesellschaften (OHG und KG), bei denen nicht wenigstens ein persönlich haftender Gesellschafter eine natürliche Person oder eine offene Handelsgesellschaft, KG oder andere Personengesellschaft mit einer natürlichen Person als persönlich haftendem Gesellschafter ist, verpflichtet, die ergänzenden Vorschriften für KapGes.(§§ 264 ff. HGB) zu beachten[5]. **2**

Demgegenüber knüpft die Verpflichtung zur Konzernrechnungslegung nach dem PublG unabhängig von der Rechtsform des MU an die Größenordnung des Konzerns an. Nach § 11 Abs. 1 PublG in der durch das BilMoG[6] geänderten Fassung besteht bei Überschreiten der Größenkriterien die Konzernrechnungslegungspflicht für ein MU mit Sitz im Inland, das unmittelbar oder mittelbar einen beherrschenden Einfluss auf ein anderes Unternehmen ausüben kann und nicht bereits nach den §§ 290, 264a, 340i, 341i HGB zur Aufstellung eines KA verpflichtet ist. Das BilMoG hat insbesondere das bisherige Konsolidierungskonzept der einheitlichen Leitung durch das international übliche Konzept der möglichen Beherrschung ersetzt. **3**

Mit dem BilReG[7] wurde § 11 Abs. 6 Nr. 2 PublG eingefügt. Die Vorschrift nimmt § 315a HGB in Bezug. Daraus folgt, dass MU, die Gesellschaften im Sinn des § 4 der IAS-VO[8] sind, unmittelbar verpflichtet sind, ihren KA nach Maßgabe der IFRS aufzustellen, wenn ihre Wertpapiere am Abschlussstichtag in einem beliebigen Mitgliedstaat zum Handel an einem organisierten Markt zugelassen sind (§ 315a Abs. 1 HGB) oder deren Zulassung betragt worden ist[9]. Über den Verweis in § 11 Abs. 6 Nr. 2 PublG findet auch das in § 315a Abs. 3 HGB gewährte Wahlrecht Anwendung. MU, die nach § 11 PublG verpflichtet sind, einen KA aufzustellen, dürfen demnach die IFRS freiwillig anwenden. **4**

---

1 Vgl. M Tz. 11.
2 Zur Konzernrechnungslegungspflicht von Kreditinstituten und Versicherungsunternehmen vgl. auch J Tz. 420 und K Tz. 637.
3 Richtlinie des Rates zur Änderung der Richtlinien 78/660/EWG und 83/349/EWG, Abl.EG Nr. L 317, S. 60.
4 Vgl. Kapitalgesellschaften- und Co- Richtlinie- Gesetz (KapCoRiLiG) v. 02.02.2000, BGBl. I, S. 154.
5 Vgl. zur kontrovers geführten Diskussion zur Rechnungslegungspflicht *Havermann*, BFuP 1985, S. 144; *Tillmann*, DB 1986, S. 1319; *Hommelhoff*, WPg 1984, S. 639 und insbesondere ADS[6], § 290, Tz. 112 m.w.N.
6 Vgl. Gesetz zur Modernisierung des Bilanzrechts (Bilanzrechtsmodernisierungsgesetz-BilMoG), v. 25.05.2009, BGBl. I, S. 1102.
7 Vgl. Gesetz zur Einführung internationaler Rechnungslegungsstandards und zur Sicherung der Qualität der Abschlussprüfung (BilReG) v. 04.12.2004, BGBl. I, S. 3166.
8 Verordnung (EG) Nr. 1606/2002, Abl.EG 2002, Nr. L 243, S. 1.
9 Vgl. *Kozikowski/Ritter* in BeBiKo[7], § 315a, Rn. 20, die gleichzeitig darauf hinweisen, dass jedenfalls der Einzelkaufmann keine „Gesellschaft" im Sinn des Art. 4 der IAS-VO sein kann.

5 Die Vorschriften des PublG über die Konzernrechnungslegung und Konzernpublizität sind in dessen Zweitem Abschn. (§§ 11-15) zusammengefasst. Sie sind, abgesehen von den zahlreichen Verweisen, auch **inhaltlich weitgehend den Vorschriften des HGB** nachgebildet. Die folgenden Erläuterungen können sich daher im Wesentlichen auf die Besonderheiten des PublG beschränken. Da die DRS die Vermutung der GoB für den KA haben, sind sie ebenfalls grundsätzlich entsprechend in KA nach dem PublG anzuwenden[10].

II. Voraussetzungen für die Verpflichtung zur Konzernrechnungslegung

1. Gesamtkonzernabschluss

a) Mutter-Tochter-Verhältnis

6 Grundvoraussetzung für die Verpflichtung zur Konzernrechnungslegung ist das Vorliegen eines Mutter-Tochter-Verhältnisses. Ein solches liegt dann vor, wenn ein Unternehmen mit Sitz (Hauptniederlassung) im Inland unmittelbar oder mittelbar einen **beherrschenden Einfluss** auf ein anderes Unternehmen ausüben kann (§ 11 Abs. 1 S. 1 PublG). Die Konzernrechnungslegungspflicht nach PublG unterscheidet sich damit – anders als bisher – im Grundsatz nicht mehr von der Konzernrechnungslegungspflicht nach Maßgabe des § 290 HGB[11].

7 Ob das MU tatsächlich einen beherrschenden Einfluss auf das TU ausübt, ist für die Pflicht zur Konzernrechnungslegung – anders als bisher – nicht erheblich. Vielmehr genügt es, wenn beherrschender Einfluss aufgrund der gegebenen Umstände **dauerhaft ausgeübt werden kann**.

8 Der **Begriff** des beherrschenden Einflusses in § 11 Abs. 1 PublG entspricht inhaltlich dem des § 290 Abs. 1 HGB. Auf die Ausführungen dazu wird verwiesen[12]. Außerdem sind die Vorschriften des § 290 Abs. 2 bis 5 HGB sinngemäß anzuwenden (§ 11 Abs. 6 Nr. 1 PublG). Dies schließt die Vorschriften über **Zweckgesellschaften** (§ 290 Abs. 2 Nr. 4 HGB) ein.

9 Aus der sinngemäßen Anwendung des § 290 Abs. 5 HGB folgt, dass auch nach den Vorschriften des PublG die Konzernrechnungslegungspflicht entfällt, wenn auf die Einbeziehung sämtlicher TU nach Maßgabe des § 296 HGB verzichtet werden darf.

b) Mögliche Ausübung beherrschenden Einflusses durch ein Unternehmen

10 Anders als § 290 HGB nimmt § 11 Abs. 1 PublG nicht auf bestimmte Rechtsformen Bezug. Von entscheidender Bedeutung für die Aufstellung des KA ist daher die Frage, wie der **Unternehmensbegriff** des PublG zu interpretieren ist. Der Wortlaut des Gesetzes gibt dafür keine Hinweise. Die Frage kann daher nur aus dem Sinn und Zweck der Vorschrift und dem Sachzusammenhang heraus geklärt werden.

---

10 Inwieweit die einzelnen DRS durch die zur Konzernrechnungslegung verpflichteten MU anzuwenden sind, lässt sich diesen im Einzelnen entnehmen. Zur Anwendung der DRS siehe auch M Tz. 16.

11 Vgl. dazu M Tz. 21. Bezüglich der erstmaligen Anwendung der im Wege des BilMoG in § 11 PublG vorgenommenen Änderungen wird in § 22 Abs. 3 PublG auf die bezüglich § 290 HGB anzuwendenden Übergangsvorschriften (Art. 66 Abs. 3 u. 5 EGHGB) verwiesen. Daraus folgt, dass die geänderten Vorschriften des § 11 PublG grds. erstmals auf KA für GJ anzuwenden sind, die nach dem 31.12.2009 beginnen (Art. 66 Abs. 3 S. 2 EGHGB). § 11 PublG a.F. ist letztmals auf vor dem 01.01.2010 beginnende GJ anzuwenden (Art. 66 Abs. 5 S. 1 EGHGB). Eine frühere freiwillige Anwendung für nach dem 31.12.2008 beginnende GJ war nach Maßgabe des Art. 66 Abs. 3 S. 6 EGHGB zulässig (§ 22 Abs. 3 S. 3 PublG). Dies setzte aber voraus, dass die durch das BilMoG geänderten Vorschriften insgesamt angewandt wurden.

12 Vgl. M Tz. 21.

Voraussetzungen für die Verpflichtung zur Konzernrechnungslegung O

Die Konzernrechnungslegungsvorschriften des PublG ergänzen diejenigen des HGB und schließen insbesondere die Lücke, die das HGB aufgrund seiner Rechtsformbezogenheit für Konzerne bestimmter Größenordnung offen lässt, an deren Spitze keine KapGes. oder KapGes. & Co. steht. Betroffen sind davon ganz überwiegend Konzerne einer bestimmten Größenordnung, an deren Spitze ein **Einzelkaufmann** oder eine **Personenhandelsgesellschaft** steht. Für sie strebt das PublG wegen ihrer gesamtwirtschaftlichen Bedeutung eine ähnliche Rechenschaftslegung wie für KapGes.[13] an, wobei die unterschiedliche Eigentümerstruktur, Organisationsform und Haftung durch Abstriche in Teilbereichen der anzuwendenden Normen berücksichtigt sind. Auf keinen Fall will das PublG in Abweichung von den bis dahin geltenden Rechnungslegungsvorschriften einen neuen Kreis von Verpflichteten schaffen. Es ist daher – auch in Ansehung der im Schrifttum weitgehend übereinstimmenden Auffassung, dass es einen einheitlichen Unternehmensbegriff für alle Rechtsgebiete nicht gibt[14], sondern der Begriff aus seinem Zusammenhang und seiner Zielsetzung heraus zu interpretieren ist – kein Grund ersichtlich, dem Unternehmensbegriff für Zwecke der Rechnungslegung nach dem HGB[15] und dem PublG einen grundsätzlich anderen Inhalt zu geben[16]. Die in erster Linie betroffenen Personenhandelsgesellschaften, eingetragenen Genossenschaften sowie Stiftungen, die ein Handelsgewerbe betreiben, sind konzernrechnungslegungspflichtig. 11

Allerdings setzt der Unternehmensbegriff des PublG nicht die Kaufmannseigenschaft i.S.d. HGB voraus. Auch **BGB-Gesellschaften**, die mittels eines nach außen erkennbaren Geschäftsbetriebs Interessen kaufmännischer oder gewerblicher Art verfolgen (z.B. Arbeitsgemeinschaften), sind regelmäßig als Unternehmen anzusehen[17]. 12

Zweifel kommen dagegen immer wieder bei der Frage auf, ob **auch Gebietskörperschaften**, wie z.B. die Bundesrepublik Deutschland, Unternehmen sind. So hat der BGH für den Begriff des herrschenden Unternehmens i.S.d. § 17 AktG die Unternehmenseigenschaft der Bundesrepublik Deutschland im Falle erheblichen Anteilsbesitzes im industriellen Bereich bejaht[18], während der Rechtsausschuss in seiner Begr. zu § 291 Abs. 1 S. 2 HGB offensichtlich davon ausgeht, dass Bund, Länder und Gemeinden keine Unternehmen sind und daher auch keine befreienden KA aufstellen können[19]. Daher wird für das PublG ebenso wie zu § 290 HGB nach h.M.[20] davon ausgegangen, dass Gebietskörperschaften mangels eigenen Geschäftsbetriebs nicht als Unternehmen anzusehen sind. 13

Fraglich ist, ob eine **Privatperson** als Unternehmen anzusehen ist, wenn sie an mehreren KapGes. oder Personenhandelsgesellschaften beteiligt ist, ohne einen eigenen Geschäftsbetrieb zu unterhalten und nach außen ähnlich wie ein Kaufmann in Erscheinung zu treten[21]. In der Literatur wird die Unternehmenseigenschaft mit Rückgriff auf die aktienrechtliche Diskussion bejaht, sofern die Privatperson nicht lediglich vermögensver- 14

---

13 Vgl. dazu auch die Begr. RegE zum PublG 1969, BR-Drs. 296/68, S. 23-24.
14 Vgl. ADS[6], § 15 AktG, Tz. 1.
15 Vgl. T Tz. 339.
16 Zu den unterschiedlichen Auffassungen über den Unternehmensbegriff vgl. weiter *Müller*, WPg 1978, S. 61; *Lutter/Timm*, BB 1978, S. 836; *Zilias*, DB 1986, S. 1110.
17 Vgl. ADS[6], § 271, Tz. 10; *Kozikowski/Ritter* in BeBiKo[7], § 290, Rn. 105; zum aktienrechtlichen Unternehmensbegriff vgl. ADS[6], § 15, Tz. 1 m.w.N.
18 BGH v. 13.10.1977, DB, S. 2367.
19 Vgl. BT-Drs. 10/4268, S. 113.
20 Vgl. *Kozikowski/Ritter* in BeBiKo[7], § 290 Rn. 105 m.w.N.
21 Die Unternehmenseigenschaft einer Privatperson wird vom Rechtsausschuss in einer Stellungnahme zu § 291 HGB allgemein verneint, vgl. BT-Drs. 10/4268.

waltend, sondern übergreifend koordinierend tätig ist[22]. Ob nur Vermögensverwaltung vorliegt, könnte insbesondere dann zu verneinen sein, wenn z.b. die von einer Privatperson gehaltenen Unternehmen eine wirtschaftliche Einheit bilden und ein starker Lieferungs- und Leistungsverkehr untereinander besteht. Allerdings besteht selbst in einem solchen Fall keine Konzernrechnungslegungspflicht, wenn die Privatperson nicht selbst der kaufmännischen Rechnungslegungspflicht unterliegt[23].

15 Ein **Idealverein**[24], der Beteiligungen an KapGes. hält, ist nicht zur Aufstellung eines KA nach dem PublG verpflichtet[25], weil der Unternehmensbegriff des PublG auf eine eigene erwerbswirtschaftliche Betätigung abstellt und die Möglichkeit der Ausübung beherrschenden Einflusses keine Konzerneigenschaft begründet, wenn sie im Rahmen der Zweckerfüllung eines Idealvereins stattfindet und der erwerbswirtschaftliche Teil sich nur in einer Holding unter Beachtung der Voraussetzungen des Nebenzweckprivilegs abspielt[26].

16 **Unternehmen in Abwicklung** sind nach den Regeln des PublG ebenso wie nach denen des HGB[27] zur Aufstellung eines KA verpflichtet[28].

17 Nach § 1 Abs. 5 PublG ausdrücklich von der Konzernrechnungslegungspflicht ausgenommen ist der **Einzelkaufmann**, der mehrere Handelsgeschäfte unter verschiedenen Firmen betreibt. In Fällen dieser Art liegt nur ein Unternehmen vor, das ggf. zur Rechnungslegung verpflichtet ist. Der erstellte Abschluss ist dann jedoch der JA des einheitlichen Unternehmens und nach Maßgabe der Vorschriften des ersten Abschnitts des PublG aufzustellen. Dem steht nicht entgegen, dass bei der Aufstellung des JA gegebenenfalls gewisse Grundsätze der Konzernrechnungslegung angewendet werden müssen, wenn für jede Firma ein eigener Buchungskreis geführt wird und bestimmte Beziehungen und Transaktionen zwischen den einzelnen Handelsgeschäften existieren.

18 Darüber hinaus ist der zweite Abschn. nach § 11 Abs. 5 S. 1 PublG nicht anzuwenden, wenn das MU eine KapGes., ein KI, ein VU oder eine Personenhandelsgesellschaft i.S.d. § 264a HGB ist. Für diese ergibt sich die Verpflichtung zur Konzernrechnungslegung bereits aus anderen gesetzlichen Vorschriften.

19 Zudem stellt § 11 Abs. 5 S. 2 PublG klar, dass Personenhandelsgesellschaften und Einzelkaufleute nicht zur Aufstellung eines KA verpflichtet sind, wenn sich ihr Gewerbebetrieb auf die **Vermögensverwaltung** beschränkt und sie nicht die Aufgaben der Konzernleitung wahrnehmen.

c) Unterordnungs- und Gleichordnungskonzern

20 § 11 Abs. 1 PublG knüpft die Konzernrechnungslegungspflicht an die mögliche Ausübung beherrschenden Einflusses. Damit ergibt sich eine Konzernrechnungslegungspflicht nur bei Vorliegen eines **Unterordnungskonzerns**.

21 Demgegenüber sind **Gleichordnungskonzerne** i.S.d. § 18 Abs. 2 AktG dadurch gekennzeichnet, dass mindestens zwei Unternehmen unter einheitlicher Leitung zusam-

---

[22] Vgl. ADS[6], PublG § 11, Tz. 11, *Kozikowski/Ritter* in BeBiKo[7], § 290, Rn. 107; ähnlich *Petersen/Zwirner*, BB 2008, S. 1778.
[23] Vgl. ADS[6], PublG § 11, Tz. 11 sowie (zum PublG 1969) auch *Brinkmann/Reichardt*, DB 1971, S. 2417 ff.
[24] Unter Idealvereinen werden rechtsfähige nichtwirtschaftlich ausgerichtete Vereine gem. § 21 BGB verstanden; vgl. *Lettl*, DB 2000, S. 1449.
[25] Vgl. ADAC-Beschluss des LG München I vom 30.08.2001, DB 2003, S. 1316.
[26] Vgl. kritisch hierzu mit a.A. *Segna*, DB 2003, S. 1311; *Niehus*, DB 2003, S. 1125.
[27] Vgl. M Tz. 34.
[28] Vgl. die abw. Regelung für den JA in § 3 Abs. 3 PublG.

Voraussetzungen für die Verpflichtung zur Konzernrechnungslegung O

mengefasst sind, ohne dass ein Unternehmen von dem anderen i.S.d. § 17 Abs. 1 AktG abhängig ist. Da abhängige Unternehmen rechtlich selbständige Unternehmen sind, auf die ein anderes Unternehmen (herrschendes Unternehmen) unmittelbar oder mittelbar einen beherrschenden Einfluss ausüben kann, dürfte sich eine Konzernrechnungslegungspflicht aus § 11 Abs. 1 PublG wegen des in § 11 Abs. 1 PublG enthaltenen Tatbestandsmerkmals der möglichen Ausübung beherrschenden Einflusses für Gleichordnungskonzerne grundsätzlich nicht mehr begründen lassen. Dies entspricht auch der Intention des deutschen Gesetzgebers, der von der durch die 7. EU-RL eingeräumten Möglichkeit, eine Konzernrechnungslegungspflicht für Gleichordnungskonzerne vorzuschreiben, bisher keinen Gebrauch gemacht hat.

d) Sitz im Inland

Voraussetzung für die Verpflichtung zur Konzernrechnungslegung ist, dass die Konzernleitung ihren **Sitz im Inland** hat. Dabei ist unter Inland der Geltungsbereich des Grundgesetzes zu verstehen. Hat die Konzernleitung ihren Sitz im Ausland, so muss für den inländischen Teil des Konzerns grundsätzlich nach § 11 Abs. 3 PublG ein Teil-KA aufgestellt werden. 22

e) Größenmerkmale
aa) Grundsatz

Konzerne sind nach dem PublG dann zur Rechnungslegung verpflichtet, wenn sie für drei[29] aufeinanderfolgende KA-Stichtage mindestens zwei der drei folgenden **Merkmale** erfüllen (§ 11 Abs. 1 Nr. 1 bis 3 PublG)[30]: 23

(1) Die Bilanzsumme einer auf den KA-Stichtag aufgestellten Konzernbilanz übersteigt 65 Mio. €.
(2) Die Umsatzerlöse einer auf den KA-Stichtag aufgestellten Konzern-GuV in den zwölf Monaten vor dem Abschlussstichtag übersteigen 130 Mio. €.
(3) Die Konzernunternehmen mit Sitz im Inland haben in den 12 Monaten vor dem KA-Stichtag insgesamt durchschnittlich mehr als 5.000 Arbeitnehmer beschäftigt.

Damit werden die für den JA maßgebenden Größenmerkmale (§ 1 Abs. 1 PublG) unter Anpassung an die Besonderheiten des Konzerns auch für den KA übernommen. Zwei dieser Merkmale müssen jeweils zutreffen, wobei nicht erforderlich ist, dass es sich an allen drei Abschlussstichtagen um dieselben Merkmale handelt. 24

Maßgebend für die Feststellung der Größenmerkmale ist der **KA-Stichtag**, der dem Abschlussstichtag des MU entspricht (§§ 13 Abs. 2 PublG i.V.m. 299 Abs. 1 HGB). Für MU, die nicht Kaufmann i.S.d. HGB sind und daher keinen JA aufzustellen brauchen, ist für die Feststellung der Größenmerkmale der Abschlussstichtag des größten Unternehmens[31] mit Sitz im Inland maßgebend (§ 11 Abs. 2 S. 2 PublG)[32]. Das „größte" (Konzern-)Unternehmen mit Sitz im Inland ist unter Anwendung der Größenmerkmale des § 1 PublG zu ermitteln[33]. Es wird dasjenige Unternehmen sein, bei dem mindestens zwei der drei 25

---

29 Im Gegensatz dazu stellt § 293 HGB nur auf zwei aufeinanderfolgende Abschlussstichtage ab; vgl. M Tz. 129.
30 Die Größenmerkmale wurden geändert durch das Euro-Bilanzgesetz vom 10.12.2001 (BGBl. I, S. 3414).
31 Im Gegensatz zum § 11 Abs. 2 S. 2 PublG 1969 stellt der Wortlaut nur noch auf den Begriff „Unternehmen", aber nicht auf den Begriff „Konzernunternehmen" ab. Aus Sinn und Zweck der Vorschrift ergibt sich jedoch, dass inhaltlich auch weiterhin nur Konzernunternehmen gemeint sein können.
32 Zum PublG 1969 vgl. Begr. BR-Drs. 296/68, S. 24.
33 Zum PublG 1969 vgl. Begr. BR-Drs. 296/68, S. 24.

Merkmale des § 1 Abs. 1 PublG „größer" sind als bei den anderen (Konzern-)Unternehmen. Das Gesetz geht nicht darauf ein, ob das „größte" (Konzern-) Unternehmen tatsächlich in den KA einbezogen wird. I.d.R. wird die Differenzierung zwischen (Konzern-)Unternehmen und konsolidierten Konzernunternehmen auch keine Bedeutung haben, da das „größte" (Konzern-)Unternehmen im Allgemeinen nicht außerhalb des Konsolidierungskreises steht. Sollte dies trotzdem einmal vorkommen, so ist, wie auch bei Anwendung der Größenmerkmale selbst, das „größte" Unternehmen des Konsolidierungskreises maßgebend.

26 Hat die Konzernleitung ihren **Sitz im Ausland** und muss ein Teil-KA aufgestellt werden (§ 11 Abs. 3 PublG), so gilt § 11 Abs. 2 PublG sinngemäß (§ 11 Abs. 3 S. 2 PublG).

bb) Maßgeblichkeit der in den Konzernabschluss einbezogenen Unternehmen

27 Aus dem Gesetz geht nicht unmittelbar hervor, ob für die Berechnung der Größenmerkmale alle Konzernunternehmen heranzuziehen sind oder nur diejenigen, die tatsächlich in den KA unter der Ausübung von Konsolidierungswahlrechten einbezogen werden. Je nachdem, wie die Konzernleitung die Konsolidierungswahlrechte des § 296 HGB i.V.m. § 13 Abs. 2 S. 1 PublG ausübt, können beide Gruppen voneinander abweichen.

28 Aus der Erwähnung der Bilanzsumme und der Umsatzerlöse einer Konzernbilanz bzw. Konzern-GuV (§ 11 Abs. 1 Nr. 1 u. 2 PublG) kann jedoch nur gefolgert werden, dass nach der Vorstellung des Gesetzes Maßstab für die Verpflichtung zur Konzernrechnungslegung nicht die wirtschaftliche Bedeutung der Konzernunternehmen schlechthin, sondern ausschließlich die der Unternehmen des Konsolidierungskreises sein soll, da nur solche Unternehmen die Höhe der Konzernbilanzsumme und der Außenumsatzerlöse beeinflussen. Die in § 11 Abs. 1 Nr. 3 PublG genannte Anzahl der beschäftigten Arbeitnehmer bei Konzernunternehmen kann zwar bei isolierter Betrachtungsweise so verstanden werden, dass hier sämtliche Konzernunternehmen gemeint sind, im Zusammenhang mit den Kriterien unter Nr. 1 und 2 ergibt aber auch hier nur die **Beschränkung auf den Konsolidierungskreis** ein sinnvolles Ergebnis[34]. Allerdings enthält Nr. 3 eine Besonderheit gegenüber Nr. 1 und 2 insofern, als das Kriterium der Anzahl der beschäftigten Arbeitnehmer ausdrücklich auf inländische Konzernunternehmen beschränkt wird[35]. Dadurch können bei Aufstellung eines Weltabschlusses[36] die Unternehmen des Konsolidierungskreises und die für die Feststellung der Größenordnung des Konzerns heranzuziehenden Unternehmen (§ 11 Abs. 1 Nr. 3 PublG) auseinanderfallen.

29 Für die **Feststellung der Größenmerkmale** des Konzerns sind folglich diejenigen Konzernunternehmen heranzuziehen, die nach den Regeln der §§ 294 Abs. 1, 296 HGB **zum Konsolidierungskreis** gehören. Dabei ist es den Konzernleitungen freigestellt, das Wahlrecht des § 296 HGB so auszuüben, dass der Kreis der „einzubeziehenden" Konzernunternehmen möglichst klein ist. Sind die Voraussetzungen des § 315a HGB erfüllt, so gilt § 13 Abs. 2 S. 1 PublG nicht (vgl. § 11 Abs. 6 S. 1 PublG). Dies bedeutet, dass Unternehmen nach dem PublG, die ihren KA nach IFRS aufstellen[37], die meisten Vorschriften[38] der §§ 294 bis 314 HGB nicht zu beachten haben. Der für die Bestimmung der Größenmerkmale maßgebliche Konsolidierungskreis bestimmt sich im Anwendungsbe-

---

34 Vgl. § 293 Abs. 1 Nr. 2c HGB, der insoweit klarer ist.
35 Im Gegensatz zu § 293 Abs. 1 HGB. Vgl. M Tz. 145.
36 Zur Aufstellungspflicht von Weltabschlüssen vgl. Tz. 68.
37 Zu den Anwendungsfällen vgl. Tz. 56.
38 Zu Ausnahmen vgl. Tz. 56.

reich des § 315a Abs. 1 und 2 HGB nach den IFRS[39], dies aber gleichwohl unter Berücksichtigung des Konsolidierungswahlrechts nach § 296 HGB (§ 11 Abs. 6 Nr. 1 PublG i.V.m. § 290 Abs. 5 HGB).

cc) Bilanzsumme

Bilanzsumme i.S.v. § 11 Abs. 1 Nr. 1 PublG ist die Bilanzsumme einer gem. § 13 Abs. 2 PublG aufgestellten Konzernbilanz (§ 11 Abs. 2 S. 1 1. Hs. PublG). Zur Ermittlung der Bilanzsumme muss praktisch eine „**Probe-Konzernbilanz**" aufgestellt werden, die alle Wesensmerkmale einer regulären Konzernbilanz enthält. Kapital- und Schuldenkonsolidierung sind vorzunehmen, Zwischenergebnisse sind, soweit erforderlich, zu eliminieren. Soweit bei der Gestaltung der Konzernbilanz nach allgemeiner Auffassung Bilanzierungs- und Bewertungswahlrechte bestehen, können sie auch dann in Anspruch genommen werden, wenn dadurch die Konzernbilanzsumme unter die kritische Grenze (§ 11 Abs. 1 Nr. 1 PublG) sinken sollte[40]. 30

Ein ggf. in der Konzernbilanz auf der Aktivseite auszuweisender „Nicht durch Eigenkapital gedeckter Fehlbetrag" (§ 268 Abs. 3 HGB) darf nach dem Wortlaut des Gesetzes – anders als nach § 293 Abs. 1 Nr. 2 HGB – **nicht von der Konzernbilanzsumme** abgezogen werden[41]. 31

Nach dem Wortlaut des Gesetzes dürften bei Aufstellung der Probe-Konzernbilanz Rückstellungen und Verbindlichkeiten für geschuldete **Verbrauchsteuern** oder **Monopolabgaben** nicht von der Konzernbilanzsumme gekürzt werden, da § 11 Abs. 2 S. 1 2. Hs. PublG nicht auf § 1 Abs. 2 S. 1 PublG[42] verweist, der die entsprechende Vorschrift für die Einzel-Probebilanz enthält. Es ist jedoch nicht verständlich, aus welchen Gründen bei der Zusammenfassung der Einzelbilanzen zur Konzernbilanz anders verfahren werden soll als bei den Einzelbilanzen selbst. Das Ergebnis muss um so mehr überraschen, als bei der Ermittlung des Größenmerkmals „Konzernaußenumsatzerlöse" wie bei den Einzelumsatzerlösen die darin enthaltenen Verbrauchsteuern oder Monopolabgaben abzusetzen sind (§ 11 Abs. 2 S. 1 2. Hs. PublG i.V.m. § 1 Abs. 2 S. 3 PublG). Es sollten daher keine Bedenken bestehen, bei der Konzern-Probebilanz die Konzernbilanzsumme um die darin enthaltenen Rückstellungen und Verbindlichkeiten für geschuldete Verbrauchsteuern oder Monopolabgaben zu kürzen[43]. 32

Die Aufstellung der Probebilanz ist nicht erforderlich, wenn die Konzernrechnungslegungspflicht bereits durch die Merkmale des § 11 Abs. 1 Nr. 2 oder 3 PublG begründet wird. Trifft für den Abschlussstichtag das Merkmal nach § 11 Abs. 1 Nr. 2 oder Nr. 3 PublG zu, so muss nach dem Wortlaut des Gesetzes zur Feststellung, ob auch das Merkmal nach Abs. 1 Nr. 1 zutrifft, eine Probe-Konzernbilanz aufgestellt werden (§ 11 Abs. 2 S. 1 2. Hs. PublG i.V.m. § 1 Abs. 2 S. 2 PublG). Da jedoch die Probe-Konzernbilanz keinen Selbstzweck hat, sondern nur Mittel zum Zweck ist, wird auch in diesen Fällen auf die Aufstellung einer vollständigen Konzern-Probebilanz verzichtet werden können, wenn bereits überschlägige Rechnungen ergeben, dass die Konzernbilanzsumme 65 Mio. € nicht erreicht[44]. 33

---

39 Vgl. N Tz. 885.
40 Vgl. entsprechend § 293 Abs. 1 Nr. 2a HGB; M Tz. 139.
41 Vgl. im Einzelnen M Tz. 138.
42 Vgl. im Einzelnen H Tz. 16.
43 Eine Kürzung dieser Beträge ist nach § 293 Abs. 1 Nr. 2a HGB nicht möglich.
44 Zur Möglichkeit einer gerichtlich angeordneten Prüfung vgl. § 12 Abs. 3 PublG.

34 Da die Bilanzsumme nach einer gem. § 13 Abs. 2 PublG aufgestellten Konzernbilanz zu ermitteln ist und § 13 Abs. 2 S. 1 und 2 PublG und damit die meisten Vorschriften[45] der §§ 294 bis 314 HGB nicht für Unternehmen, die nach IFRS bilanzieren, anzuwenden sind (vgl. § 11 Abs. 6 PublG)[46], erscheint es im Anwendungsbereich des § 315a Abs. 1 und 2 HGB sachgerecht, die Bilanzsumme aus einer IFRS-Probe-Konzernbilanz unter Berücksichtigung der IFRS zu ermitteln. Anderenfalls wäre ein Unternehmen verpflichtet, zunächst eine HGB-Probe-Konzernbilanz zur Ermittlung der Größenkriterien aufzustellen und anschließend, falls diese überschritten werden, einen IFRS-KA aufzustellen.

dd) Außenumsatzerlöse

35 An die Stelle der für den JA maßgebenden Umsatzerlöse (§ 1 Abs. 1 Nr. 2 PublG) treten für den KA als Größenmerkmal die Außenumsatzerlöse, da die wirtschaftliche Bedeutung des Konzerns nur an den Umsatzerlösen gemessen werden kann, die er aus Lieferungen und Leistungen an konzernfremde Unternehmen erzielt[47]. Die **Ermittlung der Außenumsatzerlöse** setzt die Trennung von Innen- und Außenumsatzerlösen voraus, was jedoch bei entsprechenden organisatorischen Vorkehrungen[48] keine besonderen Schwierigkeiten bereitet. Nach der Prüfung, ob das Größenmerkmal „Anzahl der Beschäftigten" erreicht bzw. nicht erreicht ist, ist es im Interesse eines möglichst geringen Aufwands zweckmäßig – sofern nicht überschlägige Rechnungen bereits eindeutige Ergebnisse liefern – zunächst das Merkmal „Außenumsatzerlöse" zu prüfen, ehe eine Konzern-Probebilanz aufgestellt wird.

36 Für die Abgrenzung des Begriffs „Umsatzerlöse" – und damit auch der Außenumsatzerlöse – gilt § 277 Abs. 1 HGB (§ 11 Abs. 2 S. 1 2. Hs. PublG i.V.m. § 1 Abs. 2 S. 3 PublG). Dabei ist allerdings zu beachten, dass bei Zusammenfassungen von Unternehmen mit stark heterogener wirtschaftlicher Tätigkeit in einem KA die Umsatzerlöse ggf. abw. vom Ausweis in den JA ausgewiesen werden müssen[49].

37 **Umsatzerlöse in fremder Währung** sind nach dem amtl. Kurs in Euro umzurechnen (§ 11 Abs. 2 S. 1 2. Hs. PublG i.V.m. § 1 Abs. 2 S. 4 PublG). Die Außenumsatzerlöse sind um die darin enthaltenen Verbrauchsteuern oder Monopolabgaben zu kürzen (§ 11 Abs. 2 S. 1 2. Hs. PublG i.V.m. § 1 Abs. 2 S. 3 PublG)[50].

ee) Anzahl der Arbeitnehmer

38 Für die Ermittlung der Anzahl der Arbeitnehmer des Konzerns (§ 11 Abs. 1 Nr. 3 PublG) und die sich dabei ergebenden Fragen sind die für § 1 Abs. 1 Nr. 3 PublG geltenden Grundsätze entsprechend anzuwenden. Aus der sinngemäßen Anwendung von § 1 Abs. 2 S. 5 PublG folgt (§ 11 Abs. 2 S. 1 2. Hs. PublG), dass auch die im Ausland beschäftigten Arbeitnehmer eines Konzernunternehmens mit Sitz im Inland, das zum Konsolidierungskreis gehört, in die Berechnung einzubeziehen sind. Arbeitnehmer eines Konzernunternehmens mit Sitz im Ausland sind jedoch – wie sich aus dem Wortlaut des § 11 Abs. 1 Nr. 3 PublG ergibt – unabhängig davon, ob das Unternehmen konsolidiert wird oder nicht, nicht in die Berechnung nach § 11 Abs. 1 Nr. 3 PublG einzubeziehen.

---

45 Zu Ausnahmen vgl. Tz. 56.
46 Siehe auch Tz. 29.
47 Vgl. Begr. PublG 1969, BR-Drs. 296/68, S. 24.
48 Vgl. dazu ADS[6], Vorbem. zu §§ 290-315.
49 Vgl. unter M Tz. 143/622.
50 Eine Kürzung der in den Umsatzerlösen enthaltenen Verbrauchsteuern und Monopolabgaben ist nach § 293 Abs. 1 Nr. 2b HGB nicht möglich; vgl. unter M Tz. 142.

f) Beginn und Dauer der Rechnungslegungspflicht

Die Verpflichtung zur Konzernrechnungslegung tritt erstmals für den **dritten**[51] der **auf-** 39 **einanderfolgenden Abschlussstichtage** ein, an dem mindestens zwei der drei Merkmale des § 11 Abs. 1 PublG zutreffen (§ 12 Abs. 1 PublG i.V.m. § 2 Abs. 1 S. 1 PublG). Dabei braucht es sich nicht an jedem Abschlussstichtag um die gleichen Merkmale zu handeln.

Werden die Größenmerkmale bereits von dem MU überschritten, wird aber für die übrigen 40 Konzernunternehmen das Konsolidierungswahlrecht des § 296 Abs. 2 HGB wegen untergeordneter Bedeutung dieser Unternehmen – auch in ihrer Gesamtheit – in Anspruch genommen, so entfallen der KA und der Konzern-LB[52]. Tritt in einem späteren GJ ein Konzernunternehmen von Bedeutung hinzu oder ist für die übrigen Konzernunternehmen das Konsolidierungswahlrecht des § 296 Abs. 2 HGB nicht mehr anwendbar, so sind erstmals für den nächsten Abschlussstichtag ein KA und ein Konzern-LB zu erstellen, da die grundsätzliche Publizitätspflicht nach Überschreitung der Größenmerkmale fortbesteht, auch wenn ein KA nicht erstellt wird.

Ein Konzern braucht nicht mehr Rechnung zu legen, wenn für drei aufeinanderfolgende 41 Abschlussstichtage mindestens zwei der drei Größenmerkmale des § 11 Abs. 1 PublG nicht mehr zutreffen (§ 12 Abs. 1 PublG i.V.m. § 2 Abs. 1 S. 3 PublG). Ein KA braucht demnach erst für den dritten der aufeinanderfolgenden Abschlussstichtage nicht mehr aufgestellt zu werden, an dem die genannten Größenmerkmale nicht mehr vorliegen (§ 12 Abs. 1 PublG i.V.m. § 2 Abs. 1 S. 3 PublG). Die Regelung entspricht inhaltlich der für den JA.

Unabhängig davon hat die Konzernleitung aber nur so lange einen KA aufzustellen, wie 42 ein Konzernverhältnis vorliegt. Besteht ein solches am maßgebenden Abschlussstichtag nicht mehr, so entfällt damit automatisch die Verpflichtung zur Konzernrechnungslegung, ohne dass eine weitere Frist einzuhalten ist.

Zur **Überwachung** der Rechnungslegungspflicht schreibt § 12 Abs. 2 S. 1 PublG analog 43 zu § 2 Abs. 2 PublG vor, dass die gesetzlichen Vertreter eines MU, für dessen Abschlussstichtag erstmals die Größenmerkmale nach § 11 Abs. 1 zutreffen, unverzüglich beim Betreiber des elektronischen Bundesanzeigers elektronisch (§ 12 Abs. 2 HGB) eine entsprechende Erklärung einzureichen haben. Braucht das MU keinen JA aufzustellen, so trifft diese Verpflichtung die gesetzlichen Vertreter des „größten" Konzernunternehmens mit Sitz im Inland (§ 12 Abs. 2 S. 1 2. Hs. PublG i.V.m. § 11 Abs. 2 S. 2 PublG). Treffen die Merkmale auch für die folgenden beiden Abschlussstichtage zu, so ist eine solche Erklärung ebenfalls zum HR einzureichen (§ 12 Abs. 2 S. 2 PublG). § 2 Abs. 2 S. 3 PublG betreffend die Bekanntmachung ist gem. § 12 Abs. 2 S. 3 PublG entsprechend anzuwenden.

2. Teilkonzernabschluss

a) Pflicht zur Aufstellung eines Teilkonzernabschlusses

Kann ein Unternehmen mit Sitz (Hauptniederlassung) im **Ausland** unmittelbar oder mit- 44 telbar einen beherrschenden Einfluss auf ein anderes Unternehmen ausüben und beherrscht dieses Unternehmen über ein oder mehrere zum Konzern gehörende Unternehmen mit Sitz (Hauptniederlassung) im Inland andere Unternehmen, so haben die Unternehmen mit Sitz im Inland, die der Konzernleitung am nächsten stehen (MU), für ihren Konzernbereich (Teilkonzern) nach den §§ 11 ff. PublG Rechnung zu legen, wenn für den

---

51 Vgl. im Gegensatz dazu § 293 HGB, M Tz. 147.
52 Die Begr. ist im Anhang des MU anzugeben, sofern ein solcher zu erstellen ist. Vgl. hierzu M Tz. 729.

Teilkonzern mindestens zwei der drei Größenmerkmale (§ 11 Abs. 1 PublG) für drei aufeinanderfolgende Abschlussstichtage des MU zutreffen (§ 11 Abs. 3 S. 1 PublG)[53]. Der Teil-KA nach PublG tritt an die Stelle eines andernfalls aufzustellenden Gesamt-KA.

45 Als MU i.S.v. § 11 Abs. 3 S. 1 PublG gilt das Konzernunternehmen mit Sitz im Inland, welches der Konzernspitze im Ausland „**am nächsten**" steht; je nach Aufbau und Größe des Konzerns kann es sich dabei auch um mehrere Konzernunternehmen handeln, sofern von den Unternehmen des jeweiligen Bereichs die Größenmerkmale des § 11 Abs. 1 PublG überschritten werden. Die betr. MU haben unabhängig voneinander einen eigenen Teil-KA zu erstellen. Eine Zusammenfassung zu einem einzigen KA ist nicht zulässig[54]. Jeder dieser Teilbereiche kann selbständig in die Konzernrechnungslegungspflicht hineinwachsen und aus ihr entlassen werden (§ 12 Abs. 1 PublG). Im Übrigen sind die für einen Gesamt-KA geltenden Vorschriften und Grundsätze für Teil-KA sinngemäß anzuwenden[55].

46 Wegen der Übernahme des Konzepts der möglichen Beherrschung ist der Anwendungsbereich des § 11 Abs. 3 PublG eingeschränkt worden. Die inländische Zwischenholding in der Rechtsform einer Personenhandelsgesellschaft, die über Stimmrechtsmehrheit weitere Unternehmen im Inland beherrscht, ist nunmehr bereits über § 11 Abs. 1 PublG konzernrechnungslegungspflichtig[56]. Gleichwohl läuft die Vorschrift nicht ins Leere, sondern ist in ihrem Anwendungsbereich auf Fälle beschränkt, in denen nur die Gesamtbetrachtung mehrerer Zwischenholdings zur Annahme einer möglichen Beherrschung führt[57].

b) Befreiung von der Verpflichtung zur Aufstellung eines Teilkonzernabschlusses
aa) Grundsatz

47 Teil-KA und Teilkonzern-LB brauchen nicht aufgestellt zu werden, wenn die ausländische Konzernspitze oder ein ausländisches Unternehmen, das in der Konzernhierarchie zwischen dem zur Teilkonzernrechnungslegung verpflichteten Unternehmen und der Konzernspitze steht, einen **befreienden KA** und **Konzern-LB** erstellen (§ 11 Abs. 6 Nr. 1 PublG i.V.m. § 291 HGB, § 13 Abs. 4 PublG i.V.m. § 292 HGB). Für den befreienden KA und Konzern-LB gilt § 291 HGB sinngemäß; ebenso § 292 HGB (§§ 11 Abs. 6; 13 Abs. 4 PublG). Dabei richtet sich der Inhalt des befreienden Abschlusses teilw. nach der Rechtsform des zu befreienden Unternehmens.

bb) Befreiung einer Personenhandelsgesellschaft

48 Soll eine Personenhandelsgesellschaft von der Verpflichtung zur Teil-Konzernrechnungslegung nach dem PublG befreit werden, so ergeben sich Besonderheiten daraus, dass die Konzernrechnungslegungsvorschriften des PublG im Vergleich zu denen des HGB Erleichterungen vorsehen:

---

53 Während der erste Satzteil von § 11 Abs. 3 S. 1 PublG von der möglichen Ausübung beherrschenden Einflusses ausgeht, stellt der zweite Satzteil im Vergleich dazu auf die tatsächliche Beherrschung ab. Hierbei handelt es sich aber um ein redaktionelles Versehen. In der Begründung des Rechtsausschusses, vgl. BT-Druck. 16/12407, S. 96, wird die Änderung des § 11 Abs. 3 S. 1 PublG nur als Folgeänderung zur Neufassung des § 290 HGB beschrieben. Deswegen ist auch für Zwecke des zweiten Satzteils des § 11 Abs. 3 S. 1 PublG allein auf die mögliche Ausübung beherrschenden Einflusses abzustellen.
54 Vgl. ADS[6], § 11 PublG, Tz. 25.
55 Vgl. im Einzelnen Tz. 6.
56 Vgl. *Kozikowski/Ritter* in BeBiKo[7], § 290, Rn. 114.
57 Vgl. das Fallbeispiel bei *Kozikowski/Ritter* in BeBiKo[7], § 290, Rn. 114, bei dem drei inländische Zwischenholdings eines ausländischen MU an einem TU zu jeweils 1/3 beteiligt sind.

- ggf. vereinfachte Gliederung (§ 13 Abs. 2 S. 1 2. Hs. PublG),
- Verzicht auf die Angabe von Organbezügen nach § 314 Abs. 1 Nr. 6 HGB im Anhang (§ 13 Abs. 3 S. 1 PublG).

Für Einzelkaufleute und Personenhandelsgesellschaften gelten darüber hinaus folgende Erleichterungsmöglichkeiten (§ 13 Abs. 3 S. 2 PublG): 49

- KA braucht keine KFR und keinen EK-Spiegel zu umfassen (§ 13 Abs. 3 S. 2 2. Hs. PublG), soweit das MU nicht kapitalmarktorientiert i.S.d. § 264d HGB ist[58],
- Aufstellung einer vereinfachten GuV (§ 13 Abs. 3 S. 2 1. Hs. PublG i.V.m. § 5 Abs. 5 S. 1 PublG),
- Zusammenfassung von Steuern mit sonstigen Aufwendungen (§ 13 Abs. 3 S. 2 1. Hs. PublG i.V.m. § 5 Abs. 5 S. 2 PublG),
- keine Offenlegung der GuV (§ 13 Abs. 3 S. 2 1. Hs. PublG i.V.m. § 5 Abs. 5 S. 3 PublG).

Würde man für die Aufstellung befreiender Abschlüsse ausschließlich einer sinngemäßen Anwendung der §§ 291, 292 HGB folgen, so könnte sich daraus ergeben, dass an den befreienden KA eines ausländischen Unternehmens – selbst unter Ansehung der Tatsache, dass dieser nicht exakt den Konzernrechnungslegungsvorschriften für KapGes. entsprechen muss, sondern lediglich eine sinngemäße Anwendung dieser Vorschriften verlangt wird – höhere Anforderungen gestellt würden als an den Abschluss eines inländischen Teilkonzerns. Dieses Ergebnis steht offenbar im Gegensatz zum Sinn des Gesetzes, das an den befreienden KA keine gegenüber der Inlandsregelung höheren Anforderungen stellen will. Die sinngemäße Anwendung des § 291 HGB[59] kann daher nur zu dem Ergebnis führen, dass an den befreienden KA einer ausländischen Konzernleitung höchstens die (geringeren) **Anforderungen** gestellt werden dürfen, die andernfalls an den zu veröffentlichenden inländischen Teil-KA zu stellen sind. Im Falle einer Personenhandelsgesellschaft als Spitze des inländischen Teilkonzerns ist demnach die ausländische Konzernleitung auch von der Veröffentlichung einer Konzern-GuV freigestellt, wenn der Konzernbilanz die in § 5 Abs. 5 S. 3 PublG genannten Daten beigefügt sind. 50

Aus der (nur) sinngemäßen Anwendung von § 291 HGB (§ 11 Abs. 6 Nr. 1 PublG) folgt auch, dass für zu befreiende Teil-KA nach PublG das Antragsrecht von Minderheitsgesellschaften zur Erstellung eines Teil-KA (§ 291 Abs. 3 HGB) nicht gilt[60]. Die Aufstellung befreiender Abschlüsse nach PublG liegt ausschließlich in der Kompetenz der betreffenden Unternehmen. 51

Die beschriebenen **Erleichterungen** gelten jedoch nicht, wenn der befreiende KA nicht nur befreiende Wirkung für einen Teil-KA eines MU in der Rechtsform einer Personenhandelsgesellschaft haben soll (§ 11 Abs. 6 Nr. 1 PublG), sondern darüber hinaus auch eine befreiende Wirkung für einen Teil-KA eines MU in der Rechtsform einer KapGes. bzw. einer Personenhandelsgesellschaft i.S.v. § 264a HGB (§ 291 HGB). § 13 Abs. 3 S. 3 PublG stellt klar, dass der befreiende KA oder Teil-KA dann den für KapGes. geltenden (strengeren) Konzernrechnungslegungsvorschriften genügen muss[61]. 52

---

58 Zu den Bestandteilen eines KA vgl. Tz. 58.
59 Die vorstehenden Ausführungen gelten sinngemäß auch für einen befreienden KA nach § 292 HGB (§ 13 Abs. 4 PublG). Vgl. dazu auch M Tz. 112.
60 Vgl. auch BR-Drs. 163/85, S. 44.
61 Vgl. Tz. 53.

1943

cc) Befreiung einer Kapitalgesellschaft bzw. Kapitalgesellschaft & Co.

53 Soll ein KA oder Teil-KA nach PublG befreiende Wirkung für einen Teil-KA eines MU in der **Rechtsform einer KapGes.** bzw. einer KapGes. & Co.[62] haben, so muss der befreiende KA oder der Teil-KA den für KapGes. geltenden (strengeren) Konzernrechnungslegungsvorschriften (§§ 294 bis 314 HGB) genügen (§ 13 Abs. 3 S. 3 PublG)[63]. Die Erleichterungen des § 13 Abs. 3 S. 1 u. 2 1. HS PublG dürfen in diesen Fällen nicht in Anspruch genommen werden[64].

Hat die zu befreiende KapGes. die Zulassung i.S.d. § 315a Abs. 2 HGB beantragt, so kann sie bis zur Zulassung von der Aufstellung eines Teil-KA befreit werden (vgl. § 291 Abs. 3 S. 1 Nr. 1 HGB). In diesem Fall ist es nicht erforderlich, dass der befreiende Gesamt-KA nach IFRS aufgestellt wird. Nach Zulassung ist eine Befreiung nach § 291 Abs. 1 HGB nicht mehr möglich[65].

3. Abgrenzung des PublG gegenüber HGB/KWG

54 Aus dem Zusammenwirken von HGB und PublG lassen sich für die Konzernrechnungslegungspflicht folgende Grundsätze ableiten:

(1) Treffen auf das MU eines Gesamtkonzerns die Tatbestandsmerkmale der § 264a HGB oder § 290 HGB zu, so muss nach HGB-Vorschriften Rechnung gelegt werden.
(2) Treffen auf das MU eines Teilkonzerns die Tatbestandsmerkmale des § 290 HGB zu, so ist auf dieser Ebene ein Teil-KA nach HGB-Vorschriften aufzustellen, es sei denn, dass auf einer höheren Ebene ein befreiender Teil-KA nach §§ 291, 292 HGB aufgestellt wird. Soll ein (Teil-)KA nach § 11 Abs. 1, 3 PublG befreiende Wirkung für einen Teil-KA nach § 290 HGB haben, so ist § 13 Abs. 3 S. 3 PublG zu beachten.
(3) Ist das MU ein KI oder ein VU, so besteht unabhängig von der Rechtsform oder der Größe Konzernrechnungslegungspflicht nach den Vorschriften des HGB (§§ 340i Abs. 1 u. 2; 341i Abs. 1 und 341j Abs. 1 HGB; § 11 Abs. 5 S. 1 PublG).
(4) Treffen auf das MU eines Konzerns oder Teilkonzerns die Tatbestandsmerkmale des § 264a HGB oder des § 290 HGB bzw. § 340i HGB oder § 341i HGB nicht zu, so ist nach den Vorschriften des PublG ein Gesamt-KA (§ 11 Abs. 1 PublG) oder ein Teil-KA (§ 11 Abs. 3 PublG) aufzustellen, sofern die in § 11 Abs. 1 PublG genannten Größenmerkmale im Gesamt-, bzw. Teilkonzern überschritten werden.
(5) Werden im Falle (4) die Größenmerkmale nicht überschritten, so braucht kein KA aufgestellt werden.
(6) Sind für einen Gesamt- oder Teil-KA sowohl die Tatbestandsmerkmale nach HGB als auch nach dem PublG erfüllt, so gilt stets das HGB als lex specialis (z.B. Gesamt-KA nach HGB anstelle eines Gesamt-KA nach PublG, § 11 Abs. 5 S. 1 PublG).

---

62 Zum Begriff vgl. Tz. 2.
63 § 13 Abs. 3 S. 3 PublG erscheint hier überflüssig, da sich diese Lösung bereits aus der unmittelbaren Anwendung des § 291 HGB ergibt; vgl. auch M Tz. 83.
64 Dies dürfte nach Sinn und Zweck der Vorschriften auch für die vereinfachte Gliederung (§ 13 Abs. 2 S. 1 2. Hs. PublG) gelten, obwohl § 13 Abs. 3 S. 3 PublG auf diese Vorschriften nicht unmittelbar verweist. Zu der Angabe von Organbezügen vgl. auch Tz. 108.
65 Vgl. § 291 Abs. 3 S. 1 Nr. 1 HGB sowie hierzu M Tz. 106.

(7) Die Konzernrechnungslegungsvorschriften gelten nicht für die Deutsche Bundesbank, die Sozialversicherungsträger und die Bundesanstalt für Arbeit (§ 11 Abs. 5 S. 1 PublG i.V.m. § 2 Abs. 1 Nr. 1, 2 und 4 KWG[66]).

(8) Die Konzernrechnungslegungsvorschriften gelten nicht für Personenhandelsgesellschaften und Einzelkaufleute, wenn sich der Gewerbebetrieb auf die Vermögensverwaltung beschränkt und sie nicht die Aufgaben der Konzernleitung wahrnehmen (§ 11 Abs. 5 S. 2 PublG).

III. Aufstellung von Konzernabschlüssen und Konzernlageberichten

1. Grundsätze

Die **Grundsätze** für die Aufstellung des KA und Konzern-LB sind in § 13 Abs. 2-4 PublG zusammengefasst. Sie bestehen im Wesentlichen aus einem Verweis auf die entsprechenden Vorschriften im HGB sowie einigen Erleichterungen, insb. für den Fall, dass an der Spitze des Konzerns ein Einzelkaufmann oder eine Personenhandelsgesellschaft steht, die nicht unter § 264a HGB fällt.   55

Unternehmen, die nach dem PublG verpflichtet sind, einen KA aufzustellen, können diesen gem. § 11 Abs. 6 Nr. 2 PublG i.V.m. § 315a HGB auch unter Anwendung der IFRS aufstellen[67]. Fällt ein MU in den **Anwendungsbereich des Art. 4 der IAS-Verordnung**[68], ist es verpflichtet, die von der EU übernommenen IFRS zu befolgen. In den Anwendungsbereich der IAS-Verordnung fallen Gesellschaften, die dem Recht eines Mitgliedstaates unterliegen, wenn am jeweiligen Abschlussstichtag ihre Wertpapiere zum Handel an einem organisierten Markt[69] zugelassen sind. Der Begriff „Gesellschaften" wird in Art. 48 des Vertrags zur Gründung der Europäischen Gemeinschaft definiert. Als Gesellschaften gelten die Gesellschaften des bürgerlichen Rechts und des Handelsrechts einschließlich der Genossenschaften und die sonstigen juristischen Personen des öffentlichen und privaten Rechts mit Ausnahme derjenigen, die keinen Erwerbszweck verfolgen[70]. Nach diesem Wortlaut würde ein Einzelunternehmen bzw. der eingetragene Kaufmann nicht unter den Begriff „Gesellschaft" fallen[71]. Praktische Relevanz hat diese Pflicht zur IFRS-Anwendung im Rahmen eines nach PublG aufzustellenden KA wohl nur für Genossenschaften, die zum Handel an einem organisierten Markt zugelassene Schuldverschreibungen und andere verbriefte Schuldtitel i.S.d. Art. 4 Abs. 1 Nr. 18 der   56

---

66 Mit Wirkung ab dem 01.01.1996 wurde § 2 Abs. 1 Nr. 2 KWG (Deutsche Bundespost) gestrichen. Daher stimmt die derzeitige Nummerierung im KWG nicht mehr mit der ursprünglichen überein. Die KfW wird nunmehr unter der Nr. 2 geführt (vorher Nr. 3), die Sozialversicherungsträger und die Bundesanstalt für Arbeit werden nunmehr unter Nr. 3 geführt (vorher Nr. 4), ohne dass dies eine Änderung im PublG zur Folge hatte. Unter Nr. 4 werden derzeit VU aufgezählt (vorher Nr. 5). Daher ist von einem redaktionellen Versehen auszugehen.
67 Zur Bilanzierung nach IFRS vgl. Kap. N.
68 Verordnung (EG) Nr. 1606/2002, Abl.EG 2002, Nr. L 243, S. 1.
69 Zur Definition des organisierten Marktes vgl. N Tz. 3.
70 Vgl. EU-Vertrag, Abl.EG 2001, Nr. C 325, S. 33. Die Definition für Gesellschaften kann aus diesem Vertrag herangezogen werden, da Art. 44 dieses Vertrags Rechtsgrundlage für die Rechnungslegungsrichtlinien der EU ist.
71 In diesem Sinne wohl auch Regierungsbegründung zum BilReG zu § 11 PublG. Vgl. BT-Drs. 15/3419, S. 36. In der englischen Fassung des Art. 48 des Vertrags zur Gründung der EG wird von *companies or firms* gesprochen, während die englische Fassung der IAS-Verordnung nur von *companies* spricht. Dies spricht ebenfalls dafür, dass die englische Fassung der IAS-Verordnung eng an den Begriff „Gesellschaft" gebunden ist. Die Wiedergabe des Art. 48 mit den Worten „Gesellschaften oder Unternehmen" in der Stellungnahme der Kommission der EU (in Kommentare zu bestimmten Art. der Verordnung (EU) Nr. 1606/2002, www.europa.eu.int/comm/internal_market/accounting/docs/ias/200311-comments/ias-200311-comments_de.pdf (zit. 01.10.2011)) ist näher an der englischen Fassung, sie geht aber über die amtl. Übersetzung des Vertrags hinaus.

Richtlinie 2004/39/EG[72] emittiert haben. Auch ein Unternehmen, das nach dem PublG zur Aufstellung eines KA verpflichtet ist und das die Zulassung einer Wertpapieremission zu einem organisierten Markt in der EU beantragt hat, muss für nach dem 31.12.2006 beginnende GJ seinen KA nach IFRS aufstellen.

57 Stellt das nach PublG verpflichtete Unternehmen seinen KA pflichtmäßig (§ 315a Abs. 1, 2 HGB) oder freiwillig (§ 315a Abs. 3 HGB) unter Anwendung der IFRS auf, so richten sich Inhalt und Form des KA, Konsolidierungskreis, Konsolidierungsvorschriften und Anhangangaben nach den IFRS. In diesem Fall gelten die Verweisungen des § 13 Abs. 2 S. 1 und 2 sowie Abs. 3 S. 1 und 2 PublG nicht (§ 11 Abs. 6 S. 2 PublG). Neben den Angabepflichten nach IFRS gelten für den KAnh. allerdings zusätzlich die Anforderungen aus §§ 313 Abs. 2 und 3 HGB, § 314 Abs. 1 Nr. 4, 6, 8 und 9 HGB, die allgemeine Angaben zum Umfang des Konsolidierungskreises sowie der Beteiligungsgesellschaften, zu Arbeitnehmern, zu Organbezügen, zur Corporate Governance-Erklärung sowie zu den aufgeschlüsselten Gesamt-Honoraren des APr. verlangen.

58 Der KA besteht grds. aus der Konzernbilanz, der Konzern-GuV, dem KAnh., der KFR und dem EK-Spiegel (§ 13 Abs. 2 S. 1 PublG i.V.m. § 297 Abs. 1 S. 1 HGB). Die Segmentberichterstattung ist freiwilliger Bestandteil des KA (§ 297 Abs. 1 S. 2 HGB). Bei Personenhandelsgesellschaften oder Einzelkaufleuten, die zur Konzernrechnungslegung nach dem PublG verpflichtet sind, braucht der KA keine KFR und keinen EK-Spiegel zu umfassen (§ 13 Abs. 3 S. 2 2. Hs. PublG). Dies gilt jedoch nur, wenn das MU nicht kapitalmarktorientiert i.S.d. § 264d HGB ist[73].

59 Ergänzt wird der KA durch den **Konzern-LB** (§ 13 Abs. 1 PublG), der selbständig neben den KA tritt. Der KA ist klar und übersichtlich aufzustellen und hat unter Berücksichtigung der GoB ein den tatsächlichen Verhältnissen entsprechendes Bild der Vermögens-, Finanz- und Ertragslage des Konzerns zu vermitteln. Wird dies aufgrund bestimmter Umstände nicht erreicht, so sind im KAnh. zusätzliche Angaben zu machen (§ 13 Abs. 2 S. 1 PublG i.V.m. § 297 Abs. 2 S. 3 HGB). Grundlage für die Zusammenfassung der JA zum KA ist die **Einheitstheorie** (§ 13 Abs. 2 S. 1 PublG i.V.m. § 297 Abs. 3 S. 1 HGB). Sie bestimmen den Rahmen für die anzuwendenden Konsolidierungstechniken in allen Fällen, die nicht ausdrücklich im Gesetz geregelt sind. Auch für den KA nach dem PublG gilt der Grundsatz der Stetigkeit[74], von dem in Ausnahmefällen abgewichen werden darf.

60 **Form und Inhalt** des KA werden im Einzelnen durch die §§ 298 bis 314 HGB bestimmt, die sinngemäß anzuwenden sind (§ 13 Abs. 2 S. 1 PublG). Der Verweis auf die sinngemäße Anwendung der Vorschriften der §§ 294 bis 314 HGB (§ 13 Abs. 2 S. 1 PublG) bedeutet, dass auch für den KA nach dem PublG grds. die Vorschriften anzuwenden sind, die für den KA von KapGes. anzuwenden sind, abgesehen von dem Fall, dass ein IFRS-KA aufgestellt wird. Hiervon sind insbesondere folgende Ausnahmen zugelassen:

– Ist für das MU eine von §§ 266, 275 HGB abw. Gliederung zugelassen, so darf diese auch für den KA verwendet werden (§ 13 Abs. 2 S. 1 2. Hs. PublG).

---

72 Die Wertpapierdienstleistungsrichtlinie 93/22/EWG wurde mit Wirkung zum 30.04.2006 aufgehoben. Bezugnahmen auf die Richtlinie 93/22/EWG gelten als Bezugnahmen auf die neue Richtlinie 2004/39/EU (vgl. Art. 69, 72 der Richtlinie 2004/39/EG veröffentlicht in Abl.EU, Nr. L 145, S. 40 am 30.04.2004).

73 Der mit dem BilMoG ergänzte § 13 Abs. 3 S. 2 PublG ist gem. § 22 Abs. 3 S. 1 PublG erstmals auf KA für GJ anzuwenden, die nach dem 31.12.2009 beginnen (Art. 66 Abs. 3 S. 1 EGHGB). Eine frühere freiwillige Erstanwendung war nach § 22 Abs. 3 S. 1 PublG i.V.m. Art. 66 Abs. 3 S. 6 EGHGB bereits für KA für nach dem 31.12.2008 beginnende GJ zulässig, vorausgesetzt, dass sämtliche durch das BilMoG geänderten Vorschriften vorzeitig angewandt wurden.

74 Vgl. M Tz. 18.

– Im KAnh. brauchen die Organbezüge (§ 314 Abs. 1 Nr. 6 HGB) nicht angegeben zu werden (§ 13 Abs. 3 S. 1 PublG)[75].

Darüber hinaus können Einzelkaufleute und Personenhandelsgesellschaften als nach PublG konzernrechnungslegungspflichtige MU **weitere Erleichterungen** in Anspruch nehmen (§ 13 Abs. 3 S. 2 PublG)[76]. 61

Soll jedoch ein nach PublG aufgestellter KA zugleich befreiende Wirkung für KapGes. haben, die dem MU, das den KA aufstellt, nachgeordnet sind und die einen Teil-KA aufstellen müssen, so gelten grds. die Vorschriften der §§ 294 bis 314 HGB in der für KapGes. vorgeschriebenen Form (§ 13 Abs. 3 S. 3 PublG)[77]. 62

Durch den Verweis in § 13 Abs. 2 S. 1 PublG auf die §§ 294 bis 314 HGB gelten für den KA nach PublG alle Konsolidierungsvorschriften, die nach HGB für KapGes. anzuwenden sind: Kapitalkonsolidierung in der nach § 301 HGB vorgeschriebenen Form, Schuldenkonsolidierung, Eliminierung von Zwischenergebnissen, Quotenkonsolidierung, Equity-Methode, Abgrenzung latenter Steuern sowie die Vollkonsolidierung für die GuV[78]. Der KAnh. ist nach §§ 313, 314 HGB aufzustellen, mit den in § 13 Abs. 3 S. 1 PublG vorgesehenen Erleichterungen. Für den Konzern-LB gilt § 315 HGB sinngemäß (§ 13 Abs. 2 S. 3 PublG). 63

2. Aufstellungspflicht/Stichtag/Zwischenabschluss/Frist

Sind die Voraussetzungen der §§ 11, 12 PublG erfüllt, so haben die gesetzlichen Vertreter des MU in den **ersten fünf Monaten** des Konzern-GJ für das vergangene Konzern-GJ einen KA und einen Konzern-LB aufzustellen (§ 13 Abs. 1 PublG). Gesetzliche Vertreter sind u.a. die Gesellschafter einer OHG, die Komplementäre einer KG, der Vorstand einer eG. Die gesetzlichen Vertreter des MU haben auch dann für die Aufstellung eines KA Sorge zu tragen, wenn das MU keinen eigenen JA aufstellt, der mit einzubeziehen ist[79]. **Kapitalmarktorientierte MU** i.S.v. § 264d HGB müssen ihren KA und Konzern-LB innerhalb der ersten vier Monate des folgenden GJ aufstellen, soweit sie nicht die Erleichterungen des § 13 Abs. 1 S. 2. 2. Hs. PublG in Anspruch nehmen können. Die Ergänzung des § 13 Abs. 1 PublG führt gleichwohl zu keiner materiellen Änderung, sondern stellt nur eine redaktionelle Korrektur da. Bereits bisher verweist § 15 Abs. 1 PublG auf die handelsrechtlichen Offenlegungsvorschriften des § 325 Abs. 3 bis 6 HGB, aus dem sich bereits eine kürzere Aufstellungsfrist ergab, da der Abschluss innerhalb von vier Monaten offenzulegen war. 64

Der KA ist auf den Stichtag des JA des MU aufzustellen (§ 13 Abs. 2 S. 1 PublG i.V.m. § 299 Abs. 1 HGB). 65

Ist das **MU kein Kaufmann** i.S.d. HGB und daher überhaupt nicht verpflichtet, einen JA aufzustellen, so sollte der Stichtag des JA des „größten" Konzernunternehmens mit Sitz im Inland, der für die Feststellung der Größenmerkmale des § 11 Abs. 1 PublG maßgebend ist, auch Stichtag für die Aufstellung des KA sein. § 299 Abs. 1 HGB gilt sinngemäß. 66

---

75 Vgl. Tz. 101.
76 Vgl. Tz. 49.
77 Vgl. hierzu Tz. 53.
78 Mit dem BilMoG wurden die Kapitalkonsolidierung von TU nach Maßgabe der Buchwertmethode und der Interessenzusammenführungsmethode sowie die Konsolidierung assoziierter Unternehmen nach Maßgabe der Kapitalanteilsmethode abgeschafft. Soweit diese Methoden bisher zur Anwendung gebracht worden sind, dürfen sie nach Art. 66 Abs. 3 S. 4, Art. 67 Abs. 5 S. 2 EGHGB beibehalten werden.
79 Vgl. Tz. 110.

67 Einbezogene Konzernunternehmen, deren Stichtag des JA vom Konzernabschlussstichtag abweicht, haben auf den Stichtag des KA nur dann einen Zwischenabschluss aufzustellen, wenn der Stichtag des zu konsolidierenden Unternehmens mehr als drei Monate vor dem KA-Stichtag liegt (§ 13 Abs. 2 S. 1 PublG i.V.m. § 299 Abs. 2 HGB). Wird kein Zwischenabschluss aufgestellt, „so sind Vorgänge von besonderer Bedeutung für die Vermögens-, Finanz- und Ertragslage eines in den KA einbezogenen Unternehmens, die zwischen dem Abschlussstichtag dieses Unternehmens und dem Abschlussstichtag des KA eingetreten sind, in der Konzernbilanz und der Konzern-GuV zu berücksichtigen oder im KAnh. anzugeben" (§ 13 Abs. 2 S. 1 PublG i.V.m. § 299 Abs. 3 HGB)[80].

3. Abgrenzung des Konsolidierungskreises

68 Für die Abgrenzung des Konsolidierungskreises gelten die §§ 294 bis 296 HGB sinngemäß (§ 13 Abs. 2 S. 1 1. Hs. PublG). Danach sind in den KA neben dem MU **grundsätzlich alle Tochterunternehmen** – unabhängig von ihrem Sitz – einzubeziehen[81]. Die Einbeziehungspflicht von Unternehmen mit Sitz im Ausland gilt somit auch für den Anwendungsbereich des PublG. Damit soll erreicht werden, dass sich der Konsolidierungskreis nach PublG „entsprechend dem geltenden Recht nicht von dem der Konzerne der AG, KGaA und GmbH unterscheidet"[82].

69 Aus der sinngemäßen Anwendung der **Konsolidierungswahlrechte** (§ 13 Abs. 2 S. 1 PublG i.V.m. § 296 HGB)[83] resultieren im Vergleich zum handelsrechtlichen KA keine Besonderheiten[84].

4. Aufstellung der Konzernbilanz
a) Gliederung
aa) Sinngemäße Anwendung der Vorschriften des HGB

70 Für die Gliederung der Konzernbilanz gilt grundsätzlich das **Gliederungsschema für die Bilanz großer KapGes.** (§ 13 Abs. 2 S. 1 PublG i.V.m. § 298 Abs. 1 i.V.m. § 266 HGB). Dabei können die Vorräte unter den Voraussetzungen des § 298 Abs. 2 HGB zusammengefasst unter einem Posten ausgewiesen werden.

71 Zu beachten sind auch diejenigen Vorschriften, die den Inhalt einzelner Bilanzposten beschreiben, die Definitionen des AV (§ 247 Abs. 2 HGB), der Beteiligung (§ 271 Abs. 1 HGB) und der RAP (§ 250 HGB) sowie das allgemeine Saldierungsverbot (§ 246 Abs. 2 HGB).

72 Soweit wegen der Eigenart der Konzernbilanz bestimmte Posten gesondert auszuweisen sind (Unterschiedsbeträge aus der Erstkonsolidierung, Ausgleichsposten für Anteile anderer Gesellschafter), sind sie auch in einer nach § 13 PublG aufgestellten Konzernbilanz gesondert auszuweisen (§ 13 Abs. 2 S. 1 PublG i.V.m. § 298 Abs. 1 HGB).

73 Fraglich ist, ob für die zu veröffentlichende Konzernbilanz die Möglichkeit der **eingeschränkten Publizität** (§ 9 Abs. 2, 3 PublG) in Anspruch genommen werden kann[85]. § 13 PublG und auch § 15 PublG enthalten keinen Verweis auf § 9 Abs. 2, 3 PublG. Nach dem

---
80 Vgl. dazu im Einzelnen M Tz. 156.
81 Vgl. im Einzelnen, auch zur Einbeziehung von Zweckgesellschaften M Tz. 56.
82 BR-Drs. 163/85, S. 37; vgl. dazu aber die folgenden Ausführungen.
83 Vgl. im Einzelnen M Tz. 189.
84 Vgl. *Förschle/Deubert* in BeBiKo[7], § 296, Rn. 48.
85 Vgl. dazu auch *Schellhorn*, DB 2008, S. 1700.

Wortlaut des Gesetzes geht also die Verpflichtung zur Offenlegung von Gewinn und Kapitalausstattung in der Konzernbilanz weiter als für die Einzelbilanz.

Dieses Ergebnis ist jedoch unbefriedigend, da die eingeschränkte Publizität für die Einzelbilanz von Einzelkaufleuten und Personenhandelsgesellschaften, die gleichzeitig MU sind, dadurch im KA aufgehoben würde. Dies widerspricht dem Sinn des Gesetzes, das auf den Schutz der Privatsphäre des Einzelkaufmanns und der Gesellschafter von Personenhandelsgesellschaften, die nicht unter § 264a HGB fallen, abstellt und ein öffentliches Interesse an einer so weitgehenden Veröffentlichung verneint[86]. Die dort gegebenen Begründungen treffen in gleichem Maße für die Einzelbilanz und – soweit es sich um die Bilanz des MU handelt – die Konzernbilanz zu. Es erscheint daher vertretbar, § 9 Abs. 3 PublG ebenfalls auf die zu veröffentlichende Konzernbilanz anzuwenden[87]. Auch in der Praxis scheint sich diese Auffassung, wenngleich sie einige Zweifel offen lässt, weitgehend durchgesetzt zu haben.

§ 9 Abs. 3 PublG enthält keinen Verweis auf Einzelkaufleute, so dass demnach die Möglichkeit der Zusammenfassung auf Personengesellschaften beschränkt wäre. Dies kann nur so verstanden werden, dass der Gesetzgeber einen Regelungsbedarf für die Bilanzierung bei Einzelkaufleuten nicht gesehen hat. Für die Konzernbilanz besteht ein solcher Bedarf jedoch durchaus, da hier aufgrund der Anwendung des § 301 HGB auch die nach der Erstkonsolidierung gebildeten Rücklagen der TU auszuweisen sind. Es sollen daher keine Bedenken bestehen, den zusammengefassten Posten „Eigenkapital" (§ 9 Abs. 3 PublG) auch in einer Konzernbilanz anzusetzen, wenn das MU ein Einzelkaufmann ist. In diesem Fall ist jedoch ein Ausgleichsposten für Anteile anderer Gesellschafter gesondert auszuweisen. Dasselbe gilt für einen passiven Unterschiedsbetrag aus der Erstkonsolidierung. Soll der KA nach PublG zugleich befreiende Wirkung nach § 291 HGB erhalten, dürfen diese Zusammenfassungen jedoch nicht vorgenommen werden[88].

bb) Vorgeschriebene abweichende Gliederung

Ist für das MU eine von § 266 HGB abw. Gliederung vorgeschrieben, muss diese auch für die Konzernbilanz an die Stelle des nach § 266 HGB vorgeschriebenen Gliederungsschemas treten (§ 13 Abs. 2 S. 2 PublG). Die Regelung gilt in erster Linie für die sog. **Formblattunternehmen**, aber auch für alle anderen Unternehmen, für die eine arteigene Gliederung vorgeschrieben ist. Das Gliederungsschema des § 266 HGB gilt auch für Genossenschaften, jedoch mit entsprechend angepasstem Eigenkapitalausweis (§ 337 HGB).

Übt das MU eine Tätigkeit aus, die von der der übrigen einbezogenen Unternehmen stark abweicht (z.B. KI als Spitze eines Industriekonzerns), so ist nach § 13 Abs. 2 S. 1 1. Hs. PublG i.V.m. § 298 Abs. 1 HGB die für die Einzelbilanz des MU vorgeschriebene Gliederung auch für die Konzernbilanz anzuwenden. Dies könnte im Einzelfall zu einer Beeinträchtigung der Aussagefähigkeit des KA führen. In solchen Fällen ist die Konzernbilanz nach dem Schema zu gliedern, das für die Unternehmen mit der überwiegend im Konzern ausgeübten Tätigkeit gilt. Es ist um notwendige Einzelangaben aus anderen Gliederungsvorschriften, z.B. durch Fußnoten, Davon-Vermerke, Vorspalte oder weitere Angaben im KAnh. zu ergänzen. Außerdem ist die Ergänzung im KAnh. anzugeben und zu begründen (§ 265 Abs. 4 HGB i.V.m. §§ 298 Abs. 1 HGB, 13 Abs. 2 S. 1 PublG)[89].

---

[86] Vgl. Begr., BR-Drs. 296/68, S. 22 sowie den schriftlichen Bericht des Rechtsausschusses in BT-Drs. V/4416, S. 4.

[87] So im Ergebnis auch *Biener*, GmbHR 1975, S. 30/34; *Busse v. Colbe* u.a., Konzernabschlüsse[9], S. 86.

[88] Vgl. *Ischebeck* in HdKonzernR[2], § 13 PublG, Rn. 20.

[89] Zur Bedeutung von Vorschriften im KA, die durch die Rechtsform konsolidierter Unternehmen bedingt sind (§ 13 Abs. 2 S. 2 PublG), vgl. M Tz. 30.

cc) Zulässige abweichende Gliederung

78 Soweit **für das MU** eine von §§ 266, 275 HGB (§ 13 Abs. 2 S. 1 PublG i.V.m. § 298 Abs. 1 HGB) **abw. Gliederung zulässig** ist, kann diese auch für den KA verwendet werden (§ 13 Abs. 2 S. 1 2. Hs. PublG). Obgleich dies dazu führt, dass die Gliederung eines KA weniger detailliert ist als die eines gleich großen Einzelkaufmanns oder einer Personengesellschaft (§ 13 Abs. 1 S. 1 1. Hs. PublG), können nach dem Wortlaut des Gesetzes Einzelkaufleute und Personengesellschaften, die nicht unter § 1 PublG fallen, den von ihnen aufzustellenden KA „individuell" gliedern. Für diese Unternehmen gibt es keine spezifischen Gliederungsvorschriften; eine von §§ 265, 275 HGB abw. Gliederung ist demnach zulässig. Angesichts der Größenordnung solcher Konzerne ist allerdings die Anwendung einer Gliederung wünschenswert, die nicht hinter der für gleich große Einzelkaufleute und Personengesellschaften zurückbleibt. Soll der KA nach dem PublG befreiende Wirkung nach § 291 HGB für eine nach § 290 HGB verpflichtete KapGes. haben, muss die Gliederung den Vorschriften entsprechen, die für den KA von KapGes. gelten.

79 Bei der Gestaltung der „zulässigen abw." Gliederung ist § 297 Abs. 2 S. 1 HGB zu beachten. Danach ist der KA klar und übersichtlich aufzustellen. Er hat unter Beachtung der GoB ein den tatsächlichen Verhältnissen entsprechendes Bild der Vermögens-, Finanz- und Ertragslage des Konzerns zu vermitteln (§ 13 Abs. 2 S. 1 1. Hs. i.V.m. § 297 Abs. 2 HGB). Grundsätzlich ist davon auszugehen, dass eine Bilanz nicht diesen Grundsätzen entspricht, wenn in ihr nicht die wesentlichen Gruppen des Vermögens und der Schulden gesondert ausgewiesen werden: Sachanlagen und immaterielle Vermögensgegenstände, Finanzanlagen, Vorräte, Forderungen, flüssige Mittel, sonstige Vermögensgegenstände, aktive RAP, Eigenkapital, Rückstellungen, Verbindlichkeiten, passive RAP. Als Orientierungshilfe kann auch das Bilanzschema für kleine Gesellschaften gelten (§ 266 Abs. 1 S. 3 HGB). Dieses Schema gilt zwar expressis verbis nur für KapGes. Angesichts der Schwellenwerte für diese Gesellschaften (§ 267 Abs. 1 HGB) muss davon ausgegangen werden, dass der Gesetzgeber Gliederungen, die hinter diesem Schema zurückbleiben, generell nicht mehr für geeignet hält, ein den tatsächlichen Verhältnissen entsprechendes Bild der Vermögenslage des Unternehmens zu geben. Ob und ggf. wie weit eine Untergliederung dieser Posten erforderlich ist, muss im Einzelfall entschieden werden.

80 Der Einblick in die Vermögens-, Finanz- und Ertragslage ist unvollständig, wenn unter der Konzernbilanz nicht die **Bilanzvermerke nach § 251 HGB** angegeben werden. Die Bilanzvermerke sind nach § 268 Abs. 7 HGB **aufzugliedern** (§ 13 Abs. 2 S. 1 PublG i.V.m. § 298 Abs. 1 HGB). In gleicher Weise ergibt sich auch die Pflicht zur Darstellung der Entwicklung des AV im Anlagenspiegel.

b) Privatvermögen und private Schulden

81 Ist das MU ein Einzelkaufmann oder eine Personenhandelsgesellschaft, so dürfen das Privatvermögen und die privaten Schulden des Einzelkaufmanns oder der Gesellschafter nicht in die Konzernbilanz eingehen (§ 13 Abs. 3 S. 2 PublG)[90]. Fällt die Konzernleitung unter § 1 PublG, so kann davon ausgegangen werden, dass dieses Erfordernis bereits in der Einzelbilanz erfüllt ist. Ist die Konzernleitung nicht nach dem ersten Abschn. des PublG zur Rechnungslegung verpflichtet oder ist trotz einer bestehenden Verpflichtung § 5 Abs. 4 PublG in der Einzelbilanz ausnahmsweise nicht beachtet worden, so ist die Aussonderung des privaten Vermögens und der privaten Schulden bei der Aufstellung der Konzernbilanz vorzunehmen.

---

90 Zur Abgrenzung des Privatvermögens und der privaten Schulden, vgl. Tz. 61 sowie *Goerdeler*, in FS Kaufmann, S. 169.

§ 13 Abs. 3 S. 2 PublG, der auf § 5 Abs. 4 PublG verweist, bezieht sich expressis verbis nur auf das MU. Es ist jedoch davon auszugehen, dass die Ausklammerung des Privatvermögens und der privaten Schulden aus der Bilanzierung auch für alle übrigen Personenhandelsgesellschaften gilt, die in die Konzernbilanz einbezogen werden. § 5 Abs. 4 PublG schafft keine Besonderheit für das PublG, sondern stellt nur einen allgemeinen Grundsatz handelsrechtlicher Bilanzierung für Einzelkaufleute und Personenhandelsgesellschaften klar[91]. **82**

c) Bilanzansatz und Bewertung

Für Bilanzansatz und Bewertung gelten, ohne Rücksicht darauf, ob das MU selbst die Schwellenwerte von § 1 PublG überschreitet, die für KapGes. anzuwendenden Vorschriften sinngemäß (§ 13 Abs. 2 S. 1 1. Hs. PublG i.V.m. § 298 Abs. 1 HGB)[92]. **83**

5. Aufstellung der Konzern-Gewinn- und Verlustrechnung
a) Konsolidierungsgrundsätze

Für die **Zusammenfassung der Einzel-GuV** der konsolidierten Unternehmen zur Konzern-GuV gilt § 305 HGB (§ 13 Abs. 2 S. 1 1. Hs. PublG). Danach dürfen – dem Prinzip der Vollkonsolidierung folgend – in der Konzern-GuV nur noch solche Aufwendungen und Erträge enthalten sein, die aus dem Lieferungs- und Leistungsverkehr mit nicht konsolidierten Unternehmen entstanden sind (Vollkonsolidierung). Zu beachten ist ferner § 306 HGB über die **Abgrenzung latenter Steuern** in der GuV (§ 13 Abs. 2 S. 1 1. Hs. PublG). **84**

b) Gliederung
aa) Sinngemäße Anwendung der Vorschriften des HGB

Grundsätzlich gelten für die Konzern-GuV die Gliederungsvorschriften der §§ 275, 277 HGB (§ 13 Abs. 2 S. 1 1. Hs. PublG i.V.m. § 298 Abs. 1 HGB). Danach ist die Konzern-GuV nach der für große KapGes. geltenden Form in **Staffelform** nach dem Gesamt- oder Umsatzkostenverfahren (GKV oder UKV) aufzustellen[93]. **85**

In vollem Umfang sind die Vorschriften anzuwenden, wenn der KA nach dem PublG zugleich befreiende Wirkung nach §§ 291, 292 HGB haben soll sowie für MU in der Rechtsform einer eingetragenen Genossenschaft (§ 13 Abs. 2 S. 1 1. Hs. PublG i.V.m. §§ 298 Abs. 1, 275, 336 Abs. 2 HGB). Ist das zur Aufstellung des KA verpflichtete MU ein Einzelkaufmann oder eine Personenhandelsgesellschaft, die unter den ersten Abschn. des PublG fällt (vgl. §§ 1, 3 PublG), so gelten zwar grundsätzlich für die Konzern-GuV die §§ 275, 277 HGB (§ 13 Abs. 2 S. 1 1. Hs. PublG i.V.m. § 298 Abs. 1 HGB), jedoch dürfen abweichend von der Standardgliederung die Steuern, die Personenhandelsgesellschaften und Einzelkaufleute als Steuerschuldner zu entrichten haben, unter den sonstigen Aufwendungen ausgewiesen werden (§ 5 Abs. 5 S. 2 PublG i.V.m. § 13 Abs. 3 S. 2 PublG). Außerdem kann in diesen Fällen die Veröffentlichung der Konzern-GuV unterbleiben, wenn stattdessen die in § 5 Abs. 5 S. 3 PublG genannten Daten in einer Anlage zur Bilanz offengelegt werden (§ 13 Abs. 3 S. 2 1. Hs. PublG)[94]. **86**

---

91 Vgl. Begr. BR-Drs. 296/68, S. 24-25; vgl. auch *Herrmann*, WPg 1994, S. 700.
92 Vgl. hierzu im Einzelnen M Tz. 248 und 257.
93 Zur Darstellung der Ergebnisverwendung in der Konzern-GuV vgl. die Ausführungen M Tz. 658, die hier sinngemäß gelten.
94 Vgl. im Einzelnen Tz. 91.

bb) Vorgeschriebene abweichende Gliederung

87 Soweit für MU eine von § 275 HGB abw. Gliederung der GuV vorgeschrieben ist, ist diese auch für die Konzern-GuV zu verwenden (§ 13 Abs. 2 S. 1, 1. Hs. PublG i.V.m. § 298 Abs. 1 HGB). Die Ausführungen zur Erweiterung des Gliederungsschemas der Bilanz bei unterschiedlichen Geschäftszweigen gelten für die Konzern-GuV sinngemäß.

cc) Zulässige abweichende Gliederung

88 Ist für das MU eine von § 275 HGB abw. Gliederung für die GuV zulässig, so kann diese Gliederung auch für die Konzern-GuV verwendet werden. Praktische Bedeutung hat dieses Wahlrecht jedoch nur für MU in der Rechtsform des Einzelkaufmanns oder einer Personenhandelsgesellschaft. Darüber hinaus hat diese Vorschrift Bedeutung für die seltenen Fälle eines MU in der Rechtsform der BGB-Gesellschaft. Die Möglichkeit, anstelle der Konzern-GuV die im § 5 Abs. 5 S. 3 PublG erwähnten Daten als Anlage zur Konzernbilanz zu veröffentlichen, besteht neben dem Gliederungswahlrecht für Unternehmen, die unter § 13 Abs. 2 S. 1 2. Hs. PublG fallen. Von dem Wahlrecht zur Verwendung eines individuellen Gliederungsschemas für die Konzern-GuV darf nicht Gebrauch gemacht werden, wenn der KA nach dem PublG befreiende Wirkung nach § 291 HGB erhalten soll. In diesem Fall müssen auch die Steueraufwendungen, einschließlich der latenten Steuern, unter den in § 275 Abs. 2 u. 3 HGB dafür vorgesehenen Posten ausgewiesen werden.

89 Als Gliederungssystem für eine individuelle Konzern-GuV sollte die in Deutschland übliche Staffelform gewählt werden. Jedoch ist auch die Kontoform nicht ausgeschlossen. Ferner können sich die Unternehmen für das GKV oder das UKV entscheiden. Die Gliederungstiefe wird von dem Gebot der Vermittlung eines den tatsächlichen Verhältnissen entsprechenden Bildes der Ertragslage bestimmt (§ 13 Abs. 2 S. 1 1. Hs. PublG i.V.m. § 297 Abs. 2 HGB). Im Allgemeinen wird man davon ausgehen können, dass das Gliederungsschema für kleine Gesellschaften (§ 276 HGB) diese Voraussetzung erfüllt. Weitere Zusammenfassungen bei den Finanzerträgen erscheinen zulässig.

90 Ist das MU ein Einzelkaufmann oder eine Personenhandelsgesellschaft, so dürfen die **Steuern**, die die einbezogenen Unternehmen als Steuerschuldner zu entrichten haben, unter den sonstigen (betrieblichen) Aufwendungen ausgewiesen werden (§ 13 Abs. 3 S. 2 1. Hs. PublG i.V.m. § 5 Abs. 5 S. 2 PublG). Diese Erleichterung gilt dann auch für die entsprechenden Steueraufwendungen der nach § 294 HGB einbezogenen Unternehmen anderer Rechtsform. Sie schließt außerdem die latenten Steuern (§ 306 HGB) ein. Unerlässlicher Bestandteil einer Konzern-GuV ist der gesonderte Ausweis des anderen Gesellschaftern zustehenden Gewinns bzw. des auf sie entfallenden Verlustes (§ 307 Abs. 2 HGB).

dd) Anlage zur Konzernbilanz

91 Ist das MU ein Einzelkaufmann oder eine Personenhandelsgesellschaft, so kann ebenso wie beim JA nach dem ersten Abschn. des PublG auf die **Einreichung** und **Bekanntmachung einer Konzern-GuV** verzichtet werden, wenn die in § 5 Abs. 5 S. 3 Nr. 1 bis 5 PublG genannten Angaben in einer Anlage zur Konzernbilanz veröffentlicht werden. Es handelt sich hierbei jedoch um eine Erleichterung nur bei der Veröffentlichung des KA. Die Pflicht zur Aufstellung einer Konzern-GuV in der jeweils dafür vorgeschriebenen Form wird davon nicht berührt; sie ergibt sich unmittelbar aus § 13 Abs. 2 S. 1 1. Hs. PublG i.V.m. § 297 Abs. 1 HGB und dient unbeschadet der Veröffentlichung einer Anlage zur Bilanz insbesondere zur Information nicht geschäftsführender Gesellschafter sowie ggf. vorhandener Kontroll- und Aufsichtsorgane (z.B. Beirat).

Aufstellung von Konzernabschlüssen und Konzernlageberichten O

Die Angaben nach § 5 Abs. 5 Nr. 3 bis 5 PublG überschneiden sich teilw. mit entsprechenden Angaben im Anh. Da Anlage und Anh. Bestandteil des KA sind und gemeinsam veröffentlicht werden, brauchen inhaltlich übereinstimmende Angaben nur einmal gemacht zu werden. Soweit Angaben im Anh. weitergehen und gleichbedeutende Angaben, die in der Bilanzanlage zu machen sind, einschließen, genügt diese weitergehende Angabe im Anh. den gesetzlichen Erfordernissen. Bilanzanlage und Anh. können für die Veröffentlichung zusammengefasst werden. Die Darstellung sollte jedoch so erfolgen, dass die Angaben, die der Anlage zuzurechnen sind, erkennbar sind und dass deren Vollständigkeit nachvollziehbar ist[95]. 92

Im Einzelnen sind bei sinngemäßer Anwendung des § 5 Abs. 5 PublG folgende Angaben in der Anlage zur Konzernbilanz erforderlich:

(1) Außenumsatzerlöse

Anzugeben sind bei sinngemäßer Anwendung des § 5 Abs. 5 PublG die Außenumsatzerlöse[96] der einbezogenen Unternehmen und nicht die Summe der Umsatzerlöse schlechthin, da nur die Außenumsatzerlöse eine der Konzern-GuV vergleichbare Aussage liefern. 93

(2) Beteiligungserträge

Anzugeben sind die Beteiligungserträge und ihnen gleichzusetzende Erträge unter anderen Posten[97], die aus nicht in den KA einbezogenen Unternehmen erzielt worden sind. Der nach § 275 HGB erforderliche Sonderausweis der Beteiligungserträge von verbundenen Unternehmen wird nicht verlangt. Ebenso entfällt in der Anlage zur Konzernbilanz der gesonderte Ausweis des im Rahmen der Equity-Methode übernommenen Beteiligungsergebnisses (§ 312 Abs. 4 S. 2 HGB). 94

Anzugeben sind stets nur die Erträge, die bei Veröffentlichung einer Konzern-GuV ausgewiesen würden. Daher müssen sämtliche Korrekturen, die im Rahmen der Konsolidierung der GuV zur Vermeidung von Doppelerfassungen von Gewinnen, Periodenverschiebungen zwischen Gewinnentstehung und -vereinnahmung sowie ähnlicher Verzerrungen erforderlich sind, auch dann vorgenommen werden, wenn anstelle der Konzern-GuV die Anlage zur Konzernbilanz bekannt gemacht wird. 95

(3) Löhne, Gehälter, soziale Abgaben sowie Aufwendungen für Altersversorgung und Unterstützung

Der Personalaufwand ist additiv aus den Einzel-GuV zu übernehmen. Eine gesonderte Angabe der Aufwendungen für Altersversorgung ist nicht erforderlich. 96

(4) Bewertungs- und Abschreibungsmethoden einschließlich wesentlicher Änderungen

Im KAnh. müssen angegeben werden 97

– die auf die Posten der Konzernbilanz und Konzern-GuV angewandten Bilanzierungs- und Bewertungsmethoden (§ 313 Abs. 1 Nr. 1 HGB i.V.m. § 13 Abs. 2 S. 1 1. Hs. PublG),

---
95 Z.B. durch eine Fußnote „zugleich Angabe i.S.v. § 5 Abs. 5 PublG".
96 Zur Abgrenzung vgl. M Tz. 136.
97 Vgl. im Einzelnen H Tz. 77.

1953

– die Abweichungen von Bilanzierungs- und Konsolidierungsmethoden sowie ihre Begründung und deren Einfluss auf die Vermögens-, Finanz- und Ertragslage des Konzerns (§ 313 Abs. 1 Nr. 3 HGB i.V.m. § 13 Abs. 2 S. 1 1. Hs. PublG).

Diese Angaben schließen die Angabepflicht in der Anlage zur Konzernbilanz (§ 5 Abs. 5 S. 3 Nr. 4 PublG) mit ein, so dass auf eine gesonderte Angabe in der Bilanzanlage verzichtet werden kann.

(5) Zahl der Beschäftigten

98   Die hier anzugebende Zahl ist in die weitergehende Angabepflicht nach § 314 Abs. 1 Nr. 4 HGB mit eingeschlossen.

c) Private Aufwendungen und Erträge

99   Ist das MU ein Einzelkaufmann oder eine Personenhandelsgesellschaft, so dürfen die auf das **Privatvermögen und die privaten Schulden** entfallenden Aufwendungen und Erträge nicht in die Konzern-GuV aufgenommen werden[98] (§ 13 Abs. 3 S. 2 1. Hs. i.V.m. § 5 Abs. 4 PublG). Sind solche Aufwendungen bzw. Erträge in einer einzubeziehenden Einzel-GuV enthalten, so müssen diese vor der Konsolidierung ausgesondert werden.

6. Aufstellung des Konzernanhangs

a) Grundsatz

100   Zur Aufstellung eines KAnh. sind **alle MU** unabhängig von ihrer Rechtsform und Größenordnung **verpflichtet**. Die den Personenhandelsgesellschaften und Einzelkaufleuten für den EA eingeräumte Befreiung (§ 5 Abs. 1 S. 1; Abs. 2 S. 1 PublG) gilt nicht für den KA.

101   Grundlage für den Inhalt des KAnh./Teil-KAnh. sind die Vorschriften der §§ 294 bis 314 HGB, die den KAnh. betreffen (§ 13 Abs. 2 S. 1 1. Hs. PublG). Davon brauchen die Angaben über Organbezüge (§ 314 Abs. 1 Nr. 6 HGB)[99] nicht gemacht zu werden. Diese Ausnahme gilt jedoch nicht, wenn der KA als befreiender Abschluss gem. § 291 HGB an die Stelle eines (Teil-)KA von KapGes. treten soll (§ 13 Abs. 3 S. 3 PublG).

102   Die Vorschriften des HGB zum KAnh. sind grundsätzlich sinngemäß anzuwenden (§ 13 Abs. 2 S. 1 1. Hs. PublG). Soweit sich daraus keine Besonderheiten ergeben, kann auf die Erläuterungen zum KAnh. für KapGes. verwiesen werden[100].

b) Angaben zum Konsolidierungsbereich und zum Beteiligungsbesitz

103   Die sinngemäße Anwendung der HGB-Vorschriften bereitet grundsätzlich keine Schwierigkeiten, so dass auf die entsprechenden Erläuterungen verwiesen werden kann[101].

c) Angaben zu den Konsolidierungsmethoden

104   Auf die Erläuterungen zu den entsprechenden HGB-Vorschriften kann verwiesen werden[102].

---

98   Vgl. die Ausführungen zum privaten Vermögen und den privaten Schulden Tz. 86, die sinngemäß gelten.
99   Zur Angabepflicht von Organbezügen und zur Bedeutung des § 286 Abs. 4 HGB für den KAnh., vgl. M Tz. 775.
100   Vgl. M Tz. 703.
101   Vgl. M Tz. 711.
102   Vgl. M Tz. 711.

d) Angaben zu Bilanzierungs- und Bewertungsmethoden sowie zu einzelnen Posten der Konzernbilanz und Konzern-Gewinn- und Verlustrechnung

Bei der Berichterstattung über die **Bilanzierungs- und Bewertungsmethoden** einschließlich der Währungsumrechnung stellen sich grundsätzlich die gleichen Probleme wie für den KAnh. bei KapGes.[103]. 105

Grundsätzlich ist die **Pflicht zur Erläuterung von Einzelposten** der Konzernbilanz und der Konzern-GuV auf solche Posten beschränkt, die nach den jeweiligen Gliederungsvorschriften auch tatsächlich im KA ausgewiesen werden. Dies bedeutet jedoch nicht, dass Erläuterungspflichten zu Posten der Konzern-GuV automatisch entfallen, wenn z.B. Einzelkaufleute und Personenhandelsgesellschaften von dem Wahlrecht Gebrauch machen, statt der Konzern-GuV die Anlage zur Konzernbilanz (§ 13 Abs. 3 S. 2 PublG i.V.m. § 5 Abs. 5 S. 3 PublG) zu veröffentlichen. Grundsätzlich bleiben die Pflichten, die sich insoweit aus dem Anh. ergeben, für die interne Rechnungslegung in vollem Umfang bestehen, wobei dahingestellt sein mag, wie weit geschäftsführende Gesellschafter, nicht geschäftsführende Gesellschafter und ggf. auch Kontroll- und Aufsichtsorgane Vereinbarungen über Art und Umfang dieser Berichterstattung treffen können. Für die Offenlegung des Anh. können derartige Angaben dagegen unterbleiben. Das Gesetz enthält darüber explizit keine Regelung, jedoch macht die Erläuterung von Posten, die im JA nicht ausgewiesen sind, keinen Sinn. Im Übrigen soll auch nach den Vorstellungen des Gesetzgebers die eingeschränkte Publizität für Bilanz und GuV nicht durch den Anh. wieder aufgehoben werden[104]. 106

Ggf. kann die Erläuterungspflicht im Anh. in eine Pflicht umschlagen, zusätzliche Angaben zur Bilanzanlage (§ 5 Abs. 5 S. 3 PublG) zu machen. Veröffentlicht z.B. ein Einzelkaufmann oder eine Personengesellschaft keine Konzern-GuV, so müssen die nach § 5 Abs. 5 S. 3 Nr. 1 PublG in der Anlage zur Bilanz anzugebenden Umsatzerlöse nach geographisch bestimmten Märkten und Tätigkeitsbereichen aufgegliedert werden. In anderen Fällen schließen weitergehende Angabepflichten im Anh. weniger ausführliche Angaben in der Anlage zur Bilanz ein, z.B. Angabe zur Anzahl der beschäftigten Arbeitnehmer (§ 13 Abs. 2 S. 1 1. Hs. PublG i.V.m. § 314 Abs. 1 Nr. 4 HGB; § 13 Abs. 3 S. 2 PublG i.V.m. § 5 Abs. 5 S. 3 Nr. 5 PublG). 107

e) Sonstige Angaben

Müssen im KAnh., der von einer Einzelfirma oder Personengesellschaft gem. PublG aufgestellt wird, **Organbezüge** angegeben werden, um die Befreiungswirkung gem. § 291 HGB zu erzielen, so sind anstelle der Vorstandsbezüge die Bezüge des Personenkreises anzugeben, der eine vorstandsähnliche Tätigkeit ausübt, und die er für diese Tätigkeit bekommt[105]. Eine sinngemäße Anwendung von § 314 Abs. 1 Nr. 6 HGB schließt die Angabepflicht für die Bezüge ein, die der Personenkreis nicht für seine Tätigkeit, sondern als Gewinnanteile aus seiner Gesellschafterstellung bekommt. Dasselbe gilt für Personen, die die Funktion eines AR oder Beirats erfüllen. Dabei kommt es nicht darauf an, ob diese Gremien Organe der betreffenden Unternehmen im Rechtssinne sind. Im Übrigen wird auf die Erläuterungen zum KAnh. für KapGes. verwiesen[106]. 108

---

103 Vgl. M Tz. 724.
104 Vgl. Bericht über die 243. Sitzung des BT in der 5. Wahlperiode, S. 13526/27. Die Stellungnahme bezieht sich zwar auf das PublG 1969. Die Aussage gilt jedoch auch für die insoweit sachlich nicht geänderte Neufassung.
105 Vgl. aber zur Angabe der Organbezüge im KAnh. M Tz. 770.
106 Vgl. M Tz. 771.

7. Konzernlagebericht

109 Für den **KLB** (Teilkonzern-LB) nach PublG ist § 315 HGB sinngemäß anzuwenden (§ 13 Abs. 2 S. 3 PublG). Aus der sinngemäßen Anwendung ergeben sich gegenüber § 315 HGB keine Besonderheiten, so dass auf die Ausführungen dort verwiesen werden kann[107].

8. Besonderheiten bei Nichteinbeziehung des Mutterunternehmens

110 Ist das MU kein Kaufmann i.S.d. HGB und stellt es folglich keinen JA auf, so ist der KA nach Art eines KA im Gleichordnungskonzern aufzustellen, an dessen Spitze eine natürliche Person steht. Dabei sind einige Besonderheiten zu beachten.

111 Eine Aufrechnung von konsolidierungspflichtigen Anteilen mit dem darauf entfallenden Kapital kann nur insoweit vorgenommen werden, als die übrigen einbezogenen Konzernunternehmen untereinander beteiligt sind. Das auf die Anteile des MU entfallende Kapital ist zusammenzufassen und in der Konzernbilanz als Eigenkapital des Konzerns auszuweisen, wobei eine freiwillige Unterteilung nach Haftungskapital und Rücklagen möglich ist. Die Fremdanteile am Kapital und Gewinn sind wie üblich zu errechnen und auszuweisen. Die Kapitalkonsolidierung bedarf der Erläuterung im KAnh.

112 Die demgegenüber im Schrifttum[108] vorgeschlagene in diesem Fall vorzunehmende „Konsolidierung auf das größte Konzernunternehmen" findet im Gesetz keine Stütze und widerspricht der Grundstruktur des KA.

113 Die übrigen Konsolidierungsgrundsätze der §§ 297 ff. HGB sind uneingeschränkt zu beachten: Die bei den konsolidierten Unternehmen entstandenen Zwischenerfolge sind zu eliminieren und gegenseitige Forderungen und Verbindlichkeiten aufzurechnen; Innenumsatzerlöse sowie konzerninterne Aufwendungen und Erträge sind zu konsolidieren. Soweit Abschlussposten aus dem wirtschaftlichen Verkehr mit dem MU entstanden sind (z.B. Forderungen/Verbindlichkeiten, Umsatzerlöse), sollten diese, sofern es sich um wesentliche Posten handelt, im KA als solche kenntlich gemacht werden, da die sonst üblichen Aufrechnungen oder Umgruppierungen nicht möglich sind.

114 Für den Bilanzansatz und für die Bewertung gelten die Ausführungen zu den Pflichten der Einzelkaufleute und Personengesellschaften entsprechend[109].

115 Da § 13 Abs. 2 PublG die Gliederung des KA von der Rechtsform des MU abhängig macht, ist der Konzern in einem solchen Falle in der Gliederung seines Abschlusses frei, da der Fall, dass für das MU keinerlei Bilanzierungsvorschriften bestehen, mit der zulässigen abw. Gliederung[110] i.S.v. § 13 Abs. 2 S. 1 2. Hs. PublG gleichzusetzen ist.

116 Darüber hinaus erscheint es vertretbar, anstatt einer Konzern-GuV eine Anlage zur Konzernbilanz mit den in § 5 Abs. 5 S. 3 PublG vorgesehenen Einzeldaten zu veröffentlichen. Für den KAnh. gelten §§ 313, 314 HGB (§ 13 Abs. 2 S. 1 1. Hs. PublG) mit der Einschränkung, dass § 314 Abs. 1 Nr. 6 HGB nicht angewendet werden braucht (§ 13 Abs. 3 S. 1 PublG). Der Konzern-LB ist gem. § 315 HGB aufzustellen (§ 13 Abs. 2 S. 3 PublG).

---

107 Vgl. M Tz. 893.
108 Vgl. *Biener*, WPg 1972, S. 90; vgl. auch *Brinkmann/Reichardt*, DB 1971, S. 2417, die in einem von ihnen gewählten Beispiel eine Konsolidierung auf die Kommanditisten einer GmbH & Co. vorsehen.
109 Vgl. Tz. 55.
110 Vgl. Tz. 78, 88.

IV. Prüfung

1. Prüfungspflicht und Prüfungsbefugnis

Der KA oder Teil-KA ist unter Einbeziehung des Konzern-LB oder Teilkonzern-LB durch einen APr. zu prüfen (§ 14 Abs. 1 S. 1 PublG). **117**

Zur **Prüfung** des nach dem PublG aufgestellten KA, des Konzern-LB und der zu Grunde liegenden Einzelabschlüsse sind in Anknüpfung an die handelsrechtlichen Bestimmungen nur WP und WPG berechtigt (§ 14 Abs. 1 PublG)[111]. Dies gilt unabhängig davon, ob das MU, das den KA aufstellt, selbst der Prüfungspflicht unterliegt oder nicht. Es kommt ferner nicht darauf an, ob der KA über die Erfordernisse des PublG hinaus befreiende Wirkung für einen ggf. nach § 290 HGB aufzustellenden Teil-KA haben soll oder nicht[112]. **118**

2. Bestellung des Konzernabschlussprüfers

Grundsätzlich gilt für die Prüfung des KA der Prüfer des auf den gleichen Stichtag aufgestellten JA des MU als bestellt, sofern der JA des MU nach Gesetz oder Satzung zu prüfen ist und kein anderer KAPr. bestellt wird. Weicht der Stichtag des KA von dem Stichtag des JA des MU ab, so gilt § 318 Abs. 2 S. 2 HGB sinngemäß (§ 14 Abs. 1 S. 2 PublG)[113]. **119**

Der **KAPr.** muss jedoch dann **gesondert bestellt** werden, wenn **120**

- der JA des MU aufgrund dessen Rechtsform oder Größenordnung keiner gesetzlichen oder satzungsmäßigen Prüfung unterliegt und auch tatsächlich nicht geprüft wird,
- der JA des MU zwar geprüft wird, der Prüfer aber entweder nicht WP/WPG ist oder nicht die Voraussetzungen der §§ 319 Abs. 2 u. 3, 319a, b HGB erfüllt (§ 14 Abs. 1 S. 2 PublG).

Für die Bestellung des KAPr. gelten § 6 Abs. 3 PublG und § 318 HGB sinngemäß (§ 14 Abs. 1 S. 2 PublG).

3. Gegenstand und Umfang der Prüfung

Die Prüfung des KA hat sich darauf zu erstrecken, ob die Vorschriften der §§ 11 bis 13 PublG sowie die sie ergänzenden Vorschriften des Gesellschaftsvertrages oder Satzung beachtet sind (§ 14 Abs. 1 S. 2 PublG i.V.m. § 317 Abs. 1 S. 2 HGB). Prüfungsgegenstand ist auch die Buchführung (§ 14 Abs. 1 S. 2 PublG i.V.m. § 317 Abs. 1 S. 1 HGB). Ist das MU ein Einzelkaufmann oder eine Personenhandelsgesellschaft, so muss der APr. auch prüfen, ob die Vorschriften des PublG über die Abgrenzung von Privat- und Betriebsvermögen sowie der entsprechenden Aufwendungen und Erträge (§ 5 Abs. 4 PublG) beachtet sind (§ 14 Abs. 1 S. 2 PublG). **121**

Wird der (Teil-)KA von einem Einzelkaufmann oder einer Personenhandelsgesellschaft aufgestellt und sollen statt der Konzern-GuV die in § 5 Abs. 5 S. 3 Nr. 1 bis 5 PublG genannten Daten veröffentlicht werden, so hat der KAPr. sowohl die aufgestellte Konzern-GuV als auch die zu publizierende Anlage zur Konzernbilanz zu prüfen[114]. Der BestV bezieht sich auf den aufgestellten KA. Für die Offenlegung des KA gilt § 328 HGB sinngemäß (vgl. § 15 Abs. 2 PublG). Wird der KA wegen der Inanspruchnahme von Erleich- **122**

---

[111] Zu den Besonderheiten, wenn das MU eine Genossenschaft oder eine Sparkasse ist, vgl. § 14 Abs. 2 PublG.
[112] Vgl. im Übrigen die Ausführungen M Tz. 923, die sinngemäß gelten.
[113] Zum Stichtag des MU, vgl. Tz. 65.
[114] Vgl. ADS⁶, § 328, Tz. 58.

terungen – im Gegensatz zur nicht vollständigen Offenlegung i.S.d. § 328 Abs. 2 HGB – nur teilw. offengelegt und bezieht sich der BestV auf den vollständigen KA, so ist hierauf hinzuweisen (vgl. § 328 Abs. 1 Nr. 1 S. 3 HGB)[115].

123 Die Prüfung des Konzern-LB entspricht der Regelung für den LB nach HGB[116].

124 Die KAPr. haben nicht nur die technische Zusammenstellung des KA sowie die Überleitungen der Handelsbilanzen I in die Handelsbilanzen II, sondern auch die dem KA zugrundeliegenden Handelsbilanzen I zu prüfen (§ 317 Abs. 3 HGB i.V.m. § 14 Abs. 1 S. 2 PublG)[117].

Im Übrigen gelten die Vorschriften über die Prüfung von KA, die nach den Vorschriften des HGB aufgestellt worden sind, sinngemäß[118].

4. Bestätigungsvermerk[119]

5. Prüfungsbericht[120]

V. Schrifttumsverzeichnis

1. Verzeichnis der Monographien und Beiträge in Sammelwerken

Goerdeler, Probleme des Publizitätsgesetzes, in: Bartholomeyczik u.a. (Hrsg.), Beiträge zum Wirtschaftsrecht, FS Kaufmann, Köln 1972, S. 169-170; *Havermann,* Offene Fragen der Konzernrechnungslegung, in: IDW (Hrsg.), Bericht über die IDW Fachtagung 1986, Düsseldorf 1986, S. 43.

2. Verzeichnis der Beiträge in Zeitschriften

Biener, Einzelne Fragen zur Rechnungslegung der GmbH & Co. KG nach dem Publizitätsgesetz (II), GmbHR 1975, S. 30; *Biener,* Einzelne Fragen zum Publizitätsgesetz WPg 1972, S. 90; *Brinkmann/Reichardt,* Konzernrechnungslegung nach dem Gesetz über die Rechnungslegung von bestimmten Unternehmen und Konzernen, DB 1971, S. 2417; *Havermann,* Die Auswirkungen der 4. und 7. EG-Richtlinie, insbesondere der Konzernbilanzrichtlinie, auf die GmbH & Co., BFuP 1985, S. 144; *Herrmann,* Zur Bilanzierung bei Personenhandelsgesellschaften – Die Überarbeitung der HFA-Stellungnahme 1/1976, WPg 1994, S. 500; *Hommelhoff,* Rechtliche Überlegungen zur Vorbereitung der GmbH auf das Bilanzrichtlinien-Gesetz, WPg 1984, S. 639; *Lettl,* Wirtschaftliche Betätigung und Umstrukturierung von Ideal-Vereinen, DB 2000, S. 1449; *Lutter/Timm,* Zum VEBA/ Gelsenberg-Urteil des Bundesgerichtshofes, BB 1978, S. 836; *Müller,* Anmerkungen zum Urteil des BGH vom 13. Oktober 1977 über die aktienrechtliche Unternehmenseigenschaft von Gebietskörperschaften, WPg 1978, S. 61; *Müller/Rieker,* Der Unternehmensbegriff des Aktiengesetzes 1965, WPg 1967, S. 197; *Niehus,* Konzernrechnungslegungspflicht von Groß-Vereinen, DB 2003, S. 1125; *Petersen/Zwirner,* Konzernrechnungslegungspflicht natürlicher Personen, BB 2008, S. 1777; *Schellhorn,* Offenlegungsfragen des Konzernabschlusses der Personenhandelsgesellschaft nach dem Publizitätsgesetz, DB

---

115 Zu Darstellungsformen eines Bestätigungsvermerks siehe ADS[6], § 328, Tz. 60, *IDW PS 400,* Tz. 71 und Q Tz. 628.
116 Vgl. Q Tz. 797.
117 Vgl. im Einzelnen M Tz. 918.
118 Vgl. M Tz. 914.
119 Vgl. Q Tz. 801.
120 Vgl. Q Tz. 782.

2008, S. 1700; *Segna*, Publizitätspflicht eingetragener Vereine?, DB 2003, S. 1311; *Tillmann*, Umwandlung auf doppelstöckige GmbH & Co. KG, DB 1986, S. 1319; *Zilias*, Zum Unternehmensbegriff im neuen Bilanzrecht (Drittes Buch des HGB), DB 1986, S. 1110.

Kapitel P

Ausgestaltung und Prüfung des Risikofrüherkennungssystems

I. Vorbemerkung

Die Prüfung des Risikofrüherkennungssystems geht auf eine Reihe von gesetzlichen Änderungen insb. im Aktiengesetz zurück. Die wesentliche gesetzliche Grundlage bildet das 1998 in Kraft getretene Gesetz zur Kontrolle und Transparenz im Unternehmensbereich (KonTraG)[1]. Durch dieses Artikelgesetz wurde über den neu eingefügten § 91 Abs. 2 AktG die risikoorientierte Vorstandsgeschäftsführung nach § 76 Abs. 1 AktG präzisiert und durch § 317 Abs. 4 HGB eine Prüfung der hiernach ergriffenen Maßnahmen für börsennotierte Aktiengesellschaften eingeführt. Weiterhin wurde durch den ergänzten § 289 Abs. 1 HGB die Berichterstattung im LB um Aussagen zu wesentlichen Risiken erweitert. In späteren Artikelgesetzen wurden diese Grundlagen konkretisiert, insb. wurde durch das Bilanzrechtsreformgesetz (BilReG, 2004) der Umfang der Prüfung des LB um die darin enthaltene Chancendarstellung erweitert[2]. Durch den im Zuge des Bilanzrechtsmodernisierungsgesetz (BilMoG) neu gefassten § 107 Abs. 3 S. 2 AktG wurden ferner die besonderen Überwachungspflichten des Prüfungsausschusses hinsichtlich der Wirksamkeit des installierten Risikomanagementsystems und des IKS hervorgehoben, ohne dass dabei die Rolle des APr. explizit verändert wurde[3]. Anlässe für das **KonTraG** und die nachfolgenden Gesetze waren – teilw. spektakuläre – Unternehmenskrisen in der Vergangenheit und die hiermit verbundene Kritik am System der Unternehmensüberwachung (Corporate Governance) in Deutschland[4]. Die Ziele dieses Gesetzes waren neben einer allgemeinen Verbesserung der Kontrolle und Transparenz der Unternehmen eine stärkere Problem- und Risikoorientierung der Prüfung sowie die Verbesserung der Zusammenarbeit zwischen AR und APr.[5] Mit den im KonTraG kodifizierten Regelungen[6] sollte insgesamt ein Beitrag dazu geleistet werden, die Schwächen und Verhaltensfehlsteuerungen im deutschen System der **Corporate Governance** zu beseitigen[7]. Dieser Zweck des KonTraG bildet im Folgenden auch die Basis für die Deduktion der Anforderungen hinsichtlich der Ausgestaltung und der Prüfung des Risikofrüherkennungssystems eines Unternehmens. Dieser Rückgriff ist erforderlich, da – wie im Einzelnen noch aufgezeigt wird – weder im Gesetzestext noch in der Gesetzesbegründung für die Einrichtung eines Risikofrüherkennungssystems konkrete, d.h. operationalisierbare Anforderungen definiert wurden. Weiterhin werden auch die in den letzten Jahren entwickelten Standards in Industrie- und Handelsunternehmen herangezogen. Der *IDW Prüfungsstandard: Die Prüfung des Risikofrüherkennungssystems nach § 317 Abs. 4 HGB (IDW PS 340)*, ist bis heute einer der wesentlichen Orientierungsmaßstäbe für die Unternehmen.

Die durch das KonTraG, das BilReG bzw. das BilMoG neu eingefügten oder ergänzten Vorschriften mit unmittelbarem oder mittelbarem Bezug zum Risikofrüherkennungssystem eines Unternehmens sind: §§ 91 Abs. 2, 107 Abs. 3 S.2, 171 Abs. 1 S. 2 AktG, die

1

2

---

1 BGBl. I 1998, S. 786.
2 BGBl. I 2004, S. 3169.
3 BGBl. I 2009, S. 1102.
4 Vgl. *Amling/Bischof*, ZIR 1999, S. 44 (45); *Kromschröder/Lück* für den AK „Externe und Interne Überwachung der Unternehmung" der Schmalenbach-Gesellschaft für Betriebswirtschaft e.V., DB 1998, S. 1573.
5 Vgl. BT-Drs. 13/9712, S. 1/11/36.
6 Zu den weiteren Rechtsänderungen durch das KonTraG vgl. *Korth*, Stbg. 1998, S. 219; *Meyding/Mörsdorf*, S. 3. Einen tabellarischen Überblick über den Inhalt der mit dem KonTraG verbundenen Änderungen im HGB geben *Böcking/Orth*, DB 1998, S. 1241.
7 Vgl. *Baetge/Schulze*, DB 1998, S. 337 (942); *Dörner*, DB 2000, S. 101.

§§ 289 Abs. 1, 315 Abs. 1, 317 Abs. 2 S. 2, 317 Abs. 4, 321 Abs. 1 S. 2 und 3, 321 Abs. 4, 322 Abs. 2 S. 3 und 4 sowie 322 Abs. 3 S. 1 HGB. Auf diese Vorschriften wird in diesem Abschnitt jedoch nur insoweit eingegangen, wie es zur Erörterung der Ausgestaltung und Prüfung des Risikofrüherkennungssystems von Bedeutung ist. In den vergangenen Jahren hat sich, geprägt auch durch die Globalisierung der Märkte und der damit verbundenen höheren Konkurrenz-, Chancen- und Risikosituation, in den Unternehmen ein Wandel in der Ausgestaltung der Führungs-, Planungs- und Steuerungssysteme vollzogen. Dies hatte auch Auswirkungen auf die Unternehmensorganisation. Aufgrund der gestiegenen Komplexität stehen generell effiziente und sichere Geschäftsprozesse im Fokus der Unternehmen. Die Bedeutung der dabei eingesetzten IT-Systeme und des internen Kontrollsystems hat erheblich zugenommen. Dies zeigt sich auch daran, dass sich internationale Standards zur Steuerung und Überwachung von Unternehmen entwickelt haben[8]. Diese Entwicklungen haben entsprechende Auswirkungen auf die Arbeit des APr. und seinen Prüfungsansatz. Der auf solchen Entwicklungen aufbauende risiko-, prozess- und systemorientierte Prüfungsansatz hat in Deutschland neben dem explizit für diese Prüfungshandlungen gestalteten *IDW PS 340* in weiteren *IDW Prüfungsstandards* Berücksichtigung gefunden (z.B. *IDW PS 210, 230, 240, 261, 270, 330)*[9]. Dies zeigt, dass das Risikofrüherkennungssystem und die Prüfung nach § 317 Abs. 2 und 4 HGB nicht isoliert zu betrachten sind. Vielmehr hat das Risikofrüherkennungssystem als Bestandteil des IKS und als Bestandteil der Unternehmenssteuerung und -überwachung Auswirkungen auf die gesamte Jahresabschlussprüfung des Unternehmens. Die Ergebnisse des Risikofrüherkennungssystems liefern Informationen sowohl für die Beurteilung der Fortführungsprognose *(IDW PS 270)* sowie des IKS *(IDW PS 261)*, das Aufdecken von Unregelmäßigkeiten *(IDW PS 210)*, die Einschätzung der Geschäftstätigkeit mit dem wirtschaftlichen/rechtlichen Umfeld *(IDW PS 230)* und damit auch für die Prüfungsplanung *(IDW PS 240)*.

Daneben hat das IDW für die freiwillige Prüfung von Compliance Management Systemen als Teil von Risikomanagementsystemen den *IDW Prüfungsstandard: Grundsätze ordnungsmäßiger Prüfung von Compliance Management Systemen (IDW PS 980)* veröffentlicht. In diesem werden miteinander in Wechselwirkung stehende Grundelemente definiert, die ein Compliance Management System enthalten sollte, um als angemessen zu gelten[10].

3 Durch das KonTraG wurde die Verantwortung der mit der Kontrolle der Unternehmen befassten Personen ausgeweitet. Zugleich wurden durch das KonTraG u.a. auch Gegenstand und Umfang der Prüfung durch den APr., die Berichtspflichten des Unternehmens im LB und KLB sowie die Berichtspflichten des APr. geändert. Somit werden Vorstand/ Geschäftsführung, AR und APr. sämtlich in die Verantwortung einbezogen: Der Vorstand/ die Geschäftsführung wird explizit verpflichtet, ein Risikofrüherkennungssystem einzurichten[11] und über Risiken der künftigen Entwicklung zu berichten[12]; der AR hat die

---

8 Das Committee of Sponsoring Organizations at the Treadway Commission (COSO) hat sich bereits 1992 mit Internal Controls beschäftigt und ein entsprechendes Rahmenwerk erarbeitet (COSO I). Die Zieldimension dieses Rahmenwerks sind die Wirksamkeit und Wirtschaftlichkeit der Geschäftstätigkeit (Operations), die Ordnungsmäßigkeit und Verlässlichkeit der Rechnungslegung (Financial Reporting) und die Einhaltung von Gesetzen und Regularien (Compliance). Darauf aufbauend wurde im September 2004 ein weiteres Rahmenwerk erarbeitet (COSO II). Kern ist ein Enterprise Risk Management, welches als unternehmensweites Risikofrüherkennungs-, -steuerungs- und -überwachungssystem auch nicht-finanzielle Daten einbezieht und eine Anbindung an die Unternehmensstrategie sowie eine Verzahnung mit dem Management-Informationssystem beinhaltet.
9 Dies gilt auch auf internationaler Ebene im Rahmen der ISA (International Standards on Auditing).
10 Vgl. *IDW PS 980*, Tz. 23.
11 Vgl. Tz. 6.
12 Vgl. Tz. 12, 92.

Ausgestaltung des Risikofrüherkennungssystems

Tätigkeit des Vorstands/der Geschäftsführung zu überwachen und der APr. hat den AR diesbezüglich zu unterstützen, indem er u.a. verpflichtet wird, im Rahmen der Jahresabschlussprüfung das Risikofrüherkennungssystem und im Rahmen der Prüfung des LB die Angaben zu den Risiken der künftigen Entwicklung des Unternehmens zu untersuchen und über das Ergebnis dieser Prüfung zu berichten[13]. Des Weiteren ist das Ergebnis der Prüfung des Risikofrüherkennungssystems nach § 317 Abs. 4 HGB ebenso Bestandteil der mündlichen Berichterstattung des APr. nach § 171 Abs. 1 AktG, wie das Eingehen auf die wesentlichen Risiken der künftigen Entwicklung im Rahmen der Darstellung zur Lage des Unternehmens bzw. Konzerns[14].

„Zusammen mit den präzisierten Vorstandspflichten sowie den modifizierten Rechten und Pflichten des AR bildet die Neuordnung der Stellung des APr. in der Unternehmenskontrolle einen wesentlichen Beitrag zur Verbesserung der Corporate Governance"[15]. Dies ergibt sich auch aus der Verpflichtung zur Teilnahme und mündlichen Berichterstattung des APr. bei den Verhandlungen des AR über den JA und LB (auch Konzern) in Verbindung mit den Pflichten des AR im Rahmen des Deutschen Corporate Governance Kodex[16]. **4**

Durch das BilMoG, insb. die Konkretisierung der Überwachungsaufgaben des Prüfungsausschusses in § 107 Abs. 3 S. 2 AktG, wurde die Überwachung der Wirksamkeit des IKS und des Risikomanagementsystems gesondert hervorgehoben. Dies hat das Bewusstsein der Aufsichtsorgane für das Risikomanagement gestärkt. Diese Neuregelung hat dagegen die Pflichten des APr. nicht geändert. **5**

II. Ausgestaltung des Risikofrüherkennungssystems nach § 91 Abs. 2 AktG

1. Allgemeines

Nach § 91 Abs. 2 AktG hat der Vorstand „geeignete Maßnahmen zu treffen, insb. ein Überwachungssystem einzurichten, damit den Fortbestand der Gesellschaft gefährdende Entwicklungen früh erkannt werden". Diese geeigneten Maßnahmen werden in ihrer Gesamtheit in der Literatur häufig als **Risikofrüherkennungssystem** bezeichnet[17]. Oft wird auch der Begriff „Risikomanagementsystem" synonym verwendet[18]. Da nach h.M. ein umfassendes Risikomanagementsystem – im Gegensatz zu den in § 91 Abs. 2 AktG umschriebenen Maßnahmen[19] – auch die Aktivitäten zur Risikobewältigung[20] einschließt[21], **6**

---

13 Vgl. Tz. 112.
14 Vgl. *IDW PS 470*, Tz. 26 f.; entsprechend ISA 260.
15 *Böcking/Orth*, BFuP 1999, S. 419 (431). Zu den modifizierten Rechten und Pflichten des AR infolge des KonTraG vgl. *Forster*, AG 1999, S. 193; *Gelhausen*, BFuP 1999, S. 390; *Hommelhoff/Mattheus*, AG 1998, S. 249 (252); *Seibert*, S. 1 (11).
16 Vgl. § 171 Abs. 1 S. 2 AktG; *IDW PS 470*, Tz.1/26/27; DCGK Abschn. 5.2.
17 Vgl. z.B. ADS⁶, § 317 HGB, Tz. 222; *Brebeck/Förschle*, S. 171 (182); *IDW PS 340; Jacob*, WPg 1998, S. 1043.
18 Vgl. z.B. *Amling/Bischof*, ZIR 1999, S. 44 (45); *Baetge/Linßen*, BFuP 1999, S. 369 (370); *Lück*, DB 1998 S. 8. Eine einheitliche Begriffsverwendung existiert im Fachschrifttum z.Z. noch nicht. Auch der Begriff des Überwachungssystems wird verwendet; vgl. z.B. *Förschle/Almeling* in BeBiKo⁷, § 317, Rn. 80 ff.; *Böcking/Orth*, DB 1998, S. 1873 (1874); vgl. *Henke*, S. 63.
19 „Die Reaktionen des Vorstands auf erfasste und kommunizierte Risiken selbst sind nicht Gegenstand der Maßnahmen i.S.d. § 91 Abs. 2 AktG ..."; *IDW PS 340*, Tz. 5.
20 Die Risikobewältigung kann in der Risikoüberwälzung auf einen Dritten (z.B. durch Abschluss einer Versicherung gegen Prämienzahlung), der Risikoverminderung (z.B. Verminderung des Brandrisikos durch Brandschutzmaßnahmen) oder der Risikovermeidung (Nichteingehen eines risikobehafteten Geschäftsvorfalls) bestehen. Auch das bewusste Selbsttragen eines Risikos durch das Unternehmen stellt eine mögliche Form der Risikobewältigung dar, da dann bei allen Folgeentscheidungen dieses Risiko mit einbezogen werden kann.
21 Vgl. *Kalwait u.a.* (Hrsg.), S. 253.

wird im Folgenden der Begriff des Risikofrüherkennungssystems verwendet, wenn die Maßnahmen i.S.d. § 91 Abs. 2 AktG gemeint sind[22]. Diese Abgrenzung ist auch deshalb notwendig, um die Prüfung des Risikofrüherkennungssystems von der Prüfung der Geschäftsführung zu unterscheiden.

7   Aufgrund der Unsicherheit zukünftiger Entwicklungen ist jede unternehmerische Aktivität sowohl mit Chancen als auch mit Risiken verbunden. Daher kann Risikomanagement auch nicht mit Risikovermeidung gleichgesetzt werden. Vielmehr soll Risikomanagement den bewussten und zielorientierten Eingang von Risiken gewährleisten und korrespondierend die eingegangenen Risiken kontrollieren, steuern und limitieren[23].

8   Da Risikofrüherkennung eine fortwährende Aufgabe ist, muss die Funktionsfähigkeit des Risikofrüherkennungssystems u.a. durch entsprechende Überwachungsmaßnahmen sichergestellt werden. Daher wird im Folgenden die **Überwachung** mit unter den Begriff des Risikofrüherkennungssystems subsumiert.

9   Weder im Gesetzestext noch in der Gesetzesbegründung wird jedoch der **Begriff des Risikos** definiert. Auch in der betriebswirtschaftlichen Literatur hat sich noch kein einheitlicher Begriffsinhalt durchgesetzt[24]. Im Zusammenhang mit den Maßnahmen nach § 91 Abs. 2 AktG ist unter Risiko „allgemein die Möglichkeit ungünstiger künftiger Entwicklungen zu verstehen"[25]. Die Problematik der Risikobewertung und die in der Praxis zunehmende Tendenz, das Risikofrüherkennungssystem mit den Steuerungs- und Planungsprozessen in den Unternehmen zu verbinden, hat jedoch gezeigt, dass eine zielorientierte Risikodefinition notwendig ist. In der Konsequenz ergibt sich dadurch die Definition eines Risikos als mögliches Ereignis oder mögliche Entwicklung, das/die sich negativ auf die Erreichung der Unternehmensziele auswirkt.

Chancen werden hier nicht unter den Risikobegriff subsumiert. Allerdings stellt die Möglichkeit, eine Chance nicht zu nutzen, ebenfalls ein Risiko dar. Seit der Änderung des § 289 HGB durch das BilReG ist im Rahmen des LB bei der Darstellung der Unternehmensentwicklung auch auf die wesentlichen Chancen einzugehen[26]. Die Prüfung des LB erfordert somit vom APr. eine Aussage über die Plausibilität der dargestellten Chancen und Risiken.

Im Folgenden werden als Risiken allgemein mögliche negative Abweichungen der Handlungsergebnisse von den Handlungszielen betrachtet[27]. Demnach stellen bereits relative Nettovermögensminderungen gegenüber dem erwarteten Wert ein Risiko dar, d.h. es muss nicht zwingend ein Jahresfehlbetrag, also eine absolute Nettovermögensminderung eintreten, um einen Sachverhalt als Risiko zu qualifizieren[28].

10 Ebenso wenig wie den Begriff des Risikos hat der Gesetzgeber definiert, was unter einem Risikofrüherkennungssystem nach § 91 Abs. 2 AktG zu verstehen ist[29].

---

22 So auch *IDW PS 340*, Tz. 4.
23 *Schiller/Quell*, S. 117.
24 Vgl. *Baetge/Schulze*, DB 1998, S. 937 (939); *Kromschröder/Lück* für den AK „Externe und Interne Überwachung der Unternehmung" der Schmalenbach-Gesellschaft für Betriebswirtschaft e.V., DB 1998, S. 1573; vgl. *Wolf/Runzheimer*, S. 29-31.
25 *IDW PS 340*, Tz. 3.
26 § 289 Abs. 1 S. 4 HGB .
27 Vgl. *Brebeck/Herrmann*, WPg 1997, S. 381 (383) m.w.N.; *Romeike/Hager*.
28 Vgl. *Baetge/Schulze*, DB 1998, S. 937 (942).
29 Auch die Gesetzesbegründung sagt diesbezüglich lediglich aus, dass durch § 91 Abs. 2 AktG die Verpflichtung des Vorstands verdeutlicht werden soll, „für ein angemessenes Risikomanagement und für eine angemessene interne Revision zu sorgen". BT-Drs. 13/9712, S. 15.

Ausgestaltung des Risikofrüherkennungssystems P

Nach dem Wortlaut des § 91 Abs. 2 AktG besteht der Zweck eines Risikofrüherken- **11** nungssystems in der systematischen Erfassung und Steuerung aller **bestandsgefährdenden Unternehmensrisiken**. Um dieser Anforderung gerecht zu werden, sind darüber hinaus jedoch auch weitere, nicht unwesentliche Risiken in das Risikofrüherkennungssystem einzubeziehen, da sich Einzelrisiken kumuliert oder in Wechselwirkung mit anderen Risiken bestandsgefährdend auswirken können. Außerdem ist der Tatsache Rechnung zu tragen, dass sich bestimmte Risiken im Zeitablauf u.U. sehr schnell verändern und dadurch erst bestandsgefährdend werden können oder dass neue, bisher nicht absehbare Risiken zusätzlich auftreten. Die Identifikation dieser neuen, d.h. nicht vordefinierten Risikofelder muss durch eine entsprechende Ausgestaltung des Risikofrüherkennungssystems ebenfalls gewährleistet werden. Hinzu kommt, dass aus Prüfungssicht eine Transparenz der unterhalb der Existenzgefährdung bewerteten Risiken im Hinblick auf eine Prüfung der Plausibilität der Risikobewertung und der vollständigen Risikodarstellung gewährleistet sein muss.

Schließlich ist zu berücksichtigen, dass das KonTraG parallel zur Einführung des § 91 **12** Abs. 2 AktG auch zu Änderungen in der Lageberichterstattung führte. Hiernach sind wesentliche und bestandsgefährdende Risiken der künftigen Entwicklung im LB darzustellen. U.a. aufgrund dieser Berichterstattungspflicht über wesentliche Risiken ist eine Beschränkung des Risikofrüherkennungssystems ausschließlich auf bestandsgefährdende Risiken nicht sachgerecht[30].

Als bestandsgefährdende Risiken i.S.d. § 91 Abs. 2 AktG sind mindestens jene Sachver- **13** halte zu qualifizieren, die nach geltendem Recht eine Insolvenz auslösen können.

Der Regelungsinhalt des § 91 Abs. 2 AktG wurde in das AktG aufgenommen und gilt **14** daher für sämtliche Gesellschaften in der Rechtsform der AG bis hin zur kleinen AG i.S.d. § 267 Abs. 1 HGB, d.h. auch unabhängig davon, ob die Gesellschaft prüfungspflichtig ist. Die rechtsformspezifische Regelung im Gesetz lässt es fraglich erscheinen, ob Unternehmen anderer Rechtsform ebenfalls über ein Risikofrüherkennungssystem verfügen müssen. Nach h.M. präzisiert § 91 Abs. 2 AktG die allgemeine Leitungsaufgabe und die hiermit verbundene Organisations-, Kontroll- und Überwachungspflicht des Geschäftsleitungsorgans[31]. Die Sorgfaltspflichten eines GmbH-Geschäftsführers unterscheiden sich grds. nicht von denen eines Vorstandsmitglieds einer AG[32]. Es ist daher davon auszugehen, dass die GmbH ebenfalls über ein Risikofrüherkennungssystem verfügen muss[33]. Auch in der Begründung zum Gesetzentwurf wird bereits auf die Ausstrahlungswirkung des § 91 Abs. 2 AktG auf den Pflichtenrahmen der Geschäftsführer anderer Gesellschaftsformen explizit hingewiesen[34]. Der Pflichtenrahmen des AktG, einschließlich der nach § 107 Abs. 3 S. 2 geforderten Überwachung des Risikomanagements, gilt auch für AR von GmbH, die nach der gesetzlichen Mitbestimmung einzurichten sind[35]. Durch diesen Tatbestand kann die oben skizzierte Ausstrahlungswirkung ggf. verstärkt werden.

Allgemein ist die Entwicklung festzustellen, dass die Einrichtung eines Risikofrüherken- **15** nungssystems sich immer stärker als ein **Grundsatz ordnungsmäßiger Geschäfts-**

---
30 Vgl. ausführliche Ausführungen in Tz. 93 ff.
31 Vgl. *Winter*, S. 91; vgl. *Kalwait u.a.* (Hrsg.), S. 112.
32 Vgl. *Klar*, DB 1997, S. 685 (686); *Scharpf*, DB 1997, S. 737; vgl. *Förschle/Peemöller* (Hrsg.), S. 344.
33 Vgl. *Altmeppen*, ZGR 1999, S. 291 (301); *Ernst*, WPg 1998, S. 1025 (1027) unter Verweis auf die Rechtsprechung.
34 Vgl. BT-Drs. 13/9712, S. 15; vgl. *Münzenberg*, S. 101 (104).
35 Gem. § 25 Abs. 1 Nr. 2 MitbestG sowie § 1 Abs. 1 Nr. 3 DrittelbG gelten für einen nach diesen Gesetzen eingerichteten AR einer GmbH die Pflichten zur inneren Ordnung einschl. § 107 AktG.

führung etabliert[36]. Als Indiz hierfür kann u.a. *IDW PS 720* herangezogen werden. Hiernach haben alle § 53 HGrG unterliegenden Unternehmen bis hin zum kleinen Eigenbetrieb ein Risikofrüherkennungssystem einzurichten[37]. Darüber hinaus stellt das Risikofrüherkennungssystem einen generellen Bestandteil des IKS eines Unternehmens dar[38].

16   Auch die von der **BaFin** erstmals am 20.12.2005 herausgegebene weiterentwickelte Verlautbarung über Mindestanforderungen an das Risikomanagement (MaRisk) betont in besonderem Maße die Notwendigkeit einer funktionsfähigen Risikofrüherkennung. Die MaRisk fassen die bis dahin geltenden Regelungen der MaK (Mindestanforderungen an das Kreditgeschäft), MaH (Mindestanforderungen für das Betreiben von Handelsgeschäften) sowie MaIR (Mindestanforderungen an die Ausgestaltung der Internen Revision) in einem Gesamtregelwerk zusammen. Sie sind in den Jahren 2007, 2009 und 2010 sukzessive um weitere Elemente ergänzt worden (z.B. Regelungen zum Zinsänderungsrisiko, zu den Liquiditätsrisiken und den operationellen Risiken, zu Stresstests, zur Risikosteuerung in der Institutsgruppe, zu den Anforderungen an Geschäfts- und Risikostrategien und zum Risikotragfähigkeitskonzept). Die MaRisk stellen damit den wesentlichen Orientierungsrahmen für die qualitative Bankenaufsicht sowie für die risikoorientierte Weiterentwicklung des Risikomanagements von Kreditinstituten dar.

17   Ihren Bezugspunkt haben die MaRisk, die von ihrem Rechtscharakter her eine Verwaltungsvorschrift sind, in § 25a KWG. Nach **§ 25a Abs. 1 KWG** muss ein Institut über eine ordnungsgemäße Geschäftsorganisation verfügen, die die Einhaltung der vom Institut zu beachtenden gesetzlichen Bestimmungen und der betriebswirtschaftlichen Notwendigkeiten gewährleistet. Eine ordnungsgemäße Geschäftsorganisation umfasst auch ein angemessenes und wirksames Risikomanagement, auf dessen Basis ein Institut die Risikotragfähigkeit laufend sicherzustellen hat. Die Ausgestaltung des Risikomanagements hängt von Art, Umfang, Komplexität und Risikogehalt der Geschäftstätigkeit ab. Seine Angemessenheit und Wirksamkeit ist vom Institut regelmäßig zu überprüfen. Das Risikomanagement eines Instituts beinhaltet die Festlegung von Strategien, Verfahren zur Ermittlung und Sicherstellung der Risikotragfähigkeit sowie die Einrichtung interner Kontrollverfahren mit einem IKS und einer Internen Revision. Das IKS umfasst insb. aufbau- und ablauforganisatorische Regelungen mit klarer Abgrenzung der Verantwortungsbereiche und Prozesse zur Identifizierung, Beurteilung, Steuerung sowie Überwachung und Kommunikation der Risiken. Es setzt eine angemessene personelle und technisch-organisatorische Ausstattung des Instituts voraus, die auch die Festlegung eines angemessenen Notfallkonzepts, insb. für IT-Systeme, einschließt. Zudem sind Bestandteil eines angemessenen Risikomanagements auch angemessene, transparente und auf eine nachhaltige Entwicklung des Instituts ausgerichtete Vergütungssysteme für Geschäftsleiter und Mitarbeiter des Instituts. Die Anforderungen des § 25a Abs. 1 KWG gelten unabhängig von der Rechtsform für alle Institute (Kreditinstitute und Finanzdienstleistungsinstitute) und erstrecken sich auf alle Geschäftsbereiche, d.h. auch auf den Nicht-Handelsbereich. Die MaRisk gelten ebenfalls für alle Institute. Finanzdienstleistungsinstitute und Wertpapierhandelsbanken haben die Anforderungen des Rundschreibens jedoch lediglich insoweit zu beachten, wie dies vor dem Hintergrund der Institutsgröße sowie von Art, Umfang, Komplexität und Risikogehalt der Geschäftsaktivitäten zur Einhaltung der gesetzlichen Pflichten aus § 25a KWG geboten erscheint.

---

36   Vgl. *Böcking/Orth*, BFuP 1999, S. 419 (420), nach deren Auffassung bei einer GmbH mittelbar über die „Grundsätze ordnungsmäßiger Geschäftsführung" die Verpflichtung zur Einrichtung eines Risikofrüherkennungssystems besteht; vgl. *Förschle/Peemöller* (Hrsg.), S. 344.
37   Vgl. *IDW PS 720*, Tz. 8, siehe hierzu auch *Brebeck*, Haushaltsrecht, S. 114 (116).
38   Vgl. *IDW PS 261*, Tz. 24.

Ausgestaltung des Risikofrüherkennungssystems

Die Ausgestaltung des Risikofrüherkennungssystems ist grds. **rechtsformunabhängig**. In Abhängigkeit von der jeweiligen Größe, Branche und Komplexität des Unternehmens, seiner Organisation, seiner Risikosituation und ggf. auch seiner finanziellen Lage können sich unterschiedliche Anforderungen an ein Risikofrüherkennungssystem ergeben[39]. 18

Ein Beschluss der GmbH-Gesellschafter, durch den die Geschäftsführer von vornherein von der Pflicht befreit werden, ein Risikofrüherkennungssystem einzurichten, dürfte insb. schon aus Gläubigerschutzgesichtspunkten unzulässig sein. Selbst bei Gesellschaften mit einem anderen Haftungssystem (z.B. persönliche Haftung bei Personenhandelsgesellschaften oder Gewährträgerhaftung bei Körperschaften/Anstalten) ist zweifelhaft, ob ein ausdrücklicher Verzicht auf die Einrichtung eines Risikofrüherkennungssystems zulässig ist[40]. Auch in diesen Fällen sollte eine entsprechende Transparenz aus Gläubigersicht vorhanden sein. Mit der Umsetzung von Basel II und dem damit verbundenen Rating von Unternehmen im Rahmen der Kreditvergabe wurde das Thema Risikofrüherkennungssystem ohnehin ein Bestandteil der Beurteilung und unabhängig von anderen Argumenten somit betriebswirtschaftliche Notwendigkeit für ein Unternehmen, unabhängig von seiner Rechtsform. Die in Basel III enthaltenen Regelungen verändern diesen Tatbestand nicht. 19

Das Risikofrüherkennungssystem muss **alle Unternehmensbereiche** und Risikobereiche berücksichtigen. Eine Beschränkung auf bestimmte Unternehmensbereiche und Risikoarten (z.B. finanzielle Risiken) ist nicht zulässig. 20

Die Risikofrüherkennung ist eine **konzernweite Verpflichtung**. Unabhängig von einer im Rechtssinne bestehenden Leitungsmacht eines MU i.S.d. § 290 HGB, hat die Geschäftsleitung[41] des MU im Rahmen ihrer Überwachungs- und Organisationspflichten und der gesellschaftsrechtlich zulässigen Informations- und Einflussmöglichkeiten sicherzustellen, dass die TU[42] in das Risikofrüherkennungssystem einbezogen sind[43]. Dabei kann sich die Geschäftsleitung des MU zur Erfüllung ihrer Pflicht auch der Organe und Mitarbeiter der Tochtergesellschaften bedienen, so dass i.d.R. ein einheitliches System ausreicht, das zum einen die Belange der Tochtergesellschaft selbst und zum anderen die Belange des MU erfüllt. Aus Sicht der Geschäftsleitung des MU muss durch das Risikofrüherkennungssystem gewährleistet sein, dass Risiken aus der Betätigung von TU, die sich auf das MU bestandsgefährdend oder in sonstiger Weise wesentlich auswirken können, so früh erkannt werden, dass die im Interesse des Konzerns gebotenen Maßnahmen noch ergriffen werden können. Jedenfalls müssen die in dem System vorgesehenen Informationsstränge auf die Belange der Konzernsteuerung zugeschnitten sein und eine ausreichende Kontrolle gewährleisten. Gemäß § 322 Abs. 2 S. 4 HGB hat der APr. im BestV des KA auch auf die bestandsgefährdenden Risiken der TU einzugehen, sofern die Tochtergesellschaft nicht von untergeordneter Bedeutung für die Darstellung der Vermögens-, Finanz- und Ertragslage des Konzerns ist. 21

Auch bei Beteiligungsunternehmen ist im Rahmen der gesetzlichen Möglichkeiten sicherzustellen, dass Risiken mit möglicher wesentlicher Auswirkung auf das MU rechtzeitig erkannt werden können. Sofern gesellschaftsrechtlich möglich, sollten diese Gesellschaften (sofern wesentliche Risiken für das MU entstehen können) ebenfalls direkt in 22

---

39 Vgl. BT-Drs. 13/9712, S. 15.
40 A.A. *Lenz/Ostrowski*, BB 1997, S. 1523 (1527).
41 Sofern in der Folge der Begriff der Geschäftsleitung verwendet wird, sind damit die gesetzlichen Vertreter der Gesellschaft, unabhängig von der Rechtsform, zu verstehen.
42 Wenn im Folgenden vereinfachend nur von TU oder Tochtergesellschaften gesprochen wird, so sollen in einem mehrstufigen Konzern auch die Enkelgesellschaften usw. in die Betrachtung einbezogen sein.
43 Vgl. *Hommelhoff/Mattheus*, BfuP 2000, S. 217; vgl. BT-Drs. 13/9712, S. 15; *Altmeppen*, ZGR 1999, S. 291 (302); *IDW PS 340*, Tz. 34; *Freidank* (Hrsg.), S. 132 (133).

das Risikofrüherkennungssystem eingebunden werden. Ist dies nicht möglich, ist eine Gesamtrisikobeurteilung der Beteiligung anhand der vorhandenen Informationen vorzunehmen. Ein Bestandteil des Risikofrüherkennungssystems des MU besteht auch darin, bei wesentlichen Beteiligungen entsprechende Informationssicherheit über z.B. eine entsprechende Besetzung in der Geschäftsleitung oder den Aufsichtsorganen bei der Beteiligung sicherzustellen.

23 Die Einrichtung eines konzernweiten Risikofrüherkennungssystems liegt in der Verantwortung der Geschäftsleitung des MU. Die daneben ggf. bestehende Verpflichtung der Geschäftsleitung des jeweiligen TU, für dieses Unternehmen ein eigenes Risikofrüherkennungssystem einzurichten, bleibt hiervon unberührt. Dies bedeutet im Umkehrschluss, dass in Konzernstrukturen das Risikofrüherkennungssystem nicht ausschließlich an den Belangen der Muttergesellschaft auszurichten ist. Vielmehr hat das System auch die Belange der jeweiligen Tochtergesellschaft zu berücksichtigen. Des Weiteren führt die Tatsache, dass zwischen dem MU und dem TU ein Beherrschungsvertrag[44] und/oder Gewinnabführungsvertrag[45] besteht, nicht dazu, dass das TU nur aufgrund dieses Sachverhalts von der Einrichtung eines Risikofrüherkennungssystems absehen kann.

2. Organisatorische Konzeption und Regelkreislauf des Risikofrüherkennungssystems

24 Hinsichtlich der bei Unternehmen anzutreffenden Konzeption des eingerichteten Risikofrüherkennungssystems können grundsätzlich zwei Grundmodelle unterschieden werden, die im Folgenden als Separationskonzept und als Integrationskonzept bezeichnet werden sollen.

25 Das **Separationskonzept** zeichnet sich im Wesentlichen dadurch aus, dass parallel zu den allgemeinen Geschäftsprozessen und Prozessen zur Unternehmenssteuerung ein eigenständiges System zur systematischen Erfassung, Analyse, Berichterstattung und Überwachung von wesentlichen Risiken eingerichtet wurde, welches die ausschließliche Grundlage für die Risikodisposition im Unternehmen bzw. Konzernverbund darstellt. Dies geht i.d.R. einher mit der Schaffung einer separaten Aufbauorganisation für Fragestellungen der Risikofrüherkennung (z.B. Risikoausschuss, Risk Manager) sowie die Erstellung einer gesonderten Systemdokumentation (Risikohandbuch) und eines eigenen Berichtswesens für Risiken, oftmals unterstützt durch entsprechende IT-Tools. Die Risikosteuerung für Risiken im Einzelnen erfolgt weitgehend durch die jeweiligen Prozessverantwortlichen, wird aber zentral analysiert und überwacht. Das separate Überwachungssystem wird in den Unternehmen meist als „Risikomanagementsystem" bezeichnet.

26 Das **Integrationskonzept** zeichnet sich dagegen dadurch aus, dass die Risikofrüherkennung als integraler Bestandteil des Steuerungsinstrumentariums (inklusive der strategischen und operativen Planung sowie des Controllings) des Unternehmens erfolgt und in die Geschäftsprozesse eingebunden ist. Die jeweiligen Prozessverantwortlichen sind zugleich für die zugehörigen Aufgaben der Risikofrüherkennung verantwortlich. Eine gesonderte Aufbauorganisation für Aspekte der Risikofrüherkennung existiert nicht. Aufgrund der beschriebenen Einbindung existiert häufig auch keine zusätzliche, in sich geschlossene Dokumentation des Risikofrüherkennungssystems. Das Berichtswesen zu Risiken ist in die geschäftsübliche Berichterstattung eingebettet.

---

44 Vgl. T Tz. 243 ff.
45 Vgl. T Tz. 255 ff.

Ausgestaltung des Risikofrüherkennungssystems P

In der Praxis sind i.d.R. weder das Integrationskonzept noch das Separationskonzept in Reinform anzutreffen. Vielmehr sind häufig Teilaspekte beider Konzepte verwirklicht (**Mischkonzept**). So existieren bspw. eigenständige Systeme (z.B. Umweltmanagement, Qualitätsmanagement, Sicherheitsmanagement, Gesundheitsmanagement, Treasury, Versicherungsmanagement) für spezielle Risikofelder mit spezifischer Dokumentation und Berichterstattung, während die „Abdeckung" der sonstigen Risikofelder dem Separations- oder Integrationskonzept folgt. Demzufolge besteht in diesen Fällen meist keine spezielle, einheitliche Dokumentation des gesamten Prozesses der Risikofrüherkennung; die jeweiligen Teilsysteme sind i.d.r. separat dokumentiert und ggf. sogar zertifiziert. 27

Unabhängig von dem jeweils verfolgten Organisationskonzept haben sich in den vergangenen Jahren allgemein akzeptierte Standards zur Ausgestaltung eines Risikofrüherkennungssystems herausgebildet[46]. Diese werden im Folgenden in ihren Grundzügen dargestellt. Sie gelten sowohl für das Integrations- als auch für das Separationskonzept. Branchenspezifische Besonderheiten – z.B. bei Kreditinstituten oder Versicherungsunternehmen – und sonstige Besonderheiten, die im Einzelfall zu berücksichtigen sind, bleiben hierbei außer Betracht. Für Details sei auf die inzwischen umfangreich vorhandene betriebswirtschaftliche Literatur verwiesen[47]. 28

Die einzelnen Elemente eines Risikofrüherkennungssystems stehen nicht isoliert nebeneinander, sondern bauen aufeinander auf und beeinflussen sich gegenseitig, so dass sie in Form eines **Regelkreislaufs** angeordnet sein sollten[48]. Dieser Regelkreislauf wird im Unternehmen permanent durchlaufen. 29

Basierend auf den Unternehmenszielen und den zugehörigen Erfolgsfaktoren bilden die Risikoidentifikation, die Risikoanalyse/-bewertung und die Risikokommunikation sowie die zugehörige Überwachung die wesentlichen **Elemente des Regelkreislaufs** eines Risikofrüherkennungssystems[49]. Die Risikobewältigung, die nicht zu den Maßnahmen des § 91 Abs. 2 AktG zählt[50] und daher im Folgenden auch nicht näher betrachtet wird, ergänzt das Risikofrüherkennungssystem zu einem umfassenden Risikomanagementsystem und ist in der Unternehmenspraxis in diesen Regelkreislauf integriert. 30

Zur Sicherstellung der dauerhaften, personenunabhängigen, unternehmens- bzw. konzernweiten und permanenten Funktionsfähigkeit ist das Risikofrüherkennungssystem angemessen zu organisieren und zu dokumentieren. Dies kann u.a. durch spezielle Organisationspläne, Risikohandbücher oder Risikorichtlinien, Stellenbeschreibungen und Verfahrensanweisungen erfolgen. 31

Eine explizite gesetzliche Verpflichtung zur **Dokumentation** des Risikofrüherkennungssystems besteht zwar nicht, jedoch ergibt sich diese Verpflichtung aus der allgemeinen Sorgfaltspflicht der Geschäftsleitung. Ein komplexes System, wie es ein Risikofrüherkennungssystem darstellt, erfordert allgemein eine Dokumentation, um die Funktionsfähigkeit sicherzustellen. Außerdem ist eine Dokumentation zum Nachweis der Erfüllung der Pflichten der Geschäftsleitung[51] (Exkulpation) sowie als Grundlage für die Prüfung 32

---

46 Als Basis für die Ausgestaltung werden die Grundlagen, die in *IDW PS 340* dargestellt sind, berücksichtigt.
47 Richtungweisend war hierfür die Untersuchung des COSO, Internal Control – Integrated Framework, USA 1992.
48 Vgl. *Lück*, Managementrisiken, S. 325; *Wolf/Runzheimer*, S. 32.
49 Vgl. stellvertretend *IDW PS 340*, Tz. 4.
50 Vgl. ADS[6], § 91 AktG n.F., Tz. 6 f.
51 Bei der Verpflichtung zur Einrichtung eines Risikofrüherkennungssystems nach § 91 Abs. 2 AktG handelt es sich um eine Organisationspflicht, deren Verletzung zu einer Schadensersatzpflicht für den Vorstand führen kann (§ 93 Abs. 2 AktG). Dem Vorstand obliegt die Beweislast, dass er die Sorgfalt eines ordentlichen und gewissenhaften Geschäftsleiters erfüllt hat. Vgl. auch *IDW PS 340*, Tz. 17.

1969

des Risikofrüherkennungssystems erforderlich[52]. Die Ausgestaltung der Dokumentation ist von der Größe und Komplexität des Unternehmens abhängig[53].

33 In Anlehnung an § 257 Abs. 1 Nr. 1 HGB (i.V.m. § 257 Abs. 4 HGB) sollte die Systemdokumentation (sonstige Organisationsunterlagen) zehn Jahre durch das Unternehmen aufbewahrt werden. Auch die laufenden Unterlagen des Risikofrüherkennungssystems, wie z.B. Risikomeldungen und Risikoberichte oder ähnliche Unterlagen sollten – auch für Zwecke der Exkulpation der Geschäftsleitung – über einen ausreichend langen Zeitraum aufbewahrt werden[54].

34 Für die Wirksamkeit eines Risikofrüherkennungssystems sind die im Unternehmen vorhandene **Risikokultur** und **Risikopolitik** sowie das bei den Mitarbeitern vorhandene **Risikobewusstsein** von herausragender Bedeutung. Entscheidend ist, wie Risikofrüherkennung im Unternehmen „gelebt" und von der Geschäftsleitung „vorgelebt" wird, d.h. ob ein Risikofrüherkennungssystem als „notwendiges Übel" oder als ein Beitrag zur Steigerung des Unternehmenswerts gesehen wird.

35 Eine entsprechende Risikokultur und ein ausgeprägtes Risikobewusstsein auf allen Unternehmensebenen sind sehr bedeutsam für den Erfolg eines Risikofrüherkennungssystems. Jeder Mitarbeiter muss sich in seinem Bereich für den Prozess der Risikofrüherkennung verantwortlich fühlen, denn Risikofrüherkennung ist nicht die alleinige Aufgabe der Geschäftsleitung oder eines Risikoausschusses, sondern die Aufgabe eines jeden Mitarbeiters. Daher sollten für die einzelnen Aufgaben im Prozess der Risikofrüherkennung nach Hierarchieebenen abgestufte **Verantwortlichkeiten** definiert werden.

36 Vordringliche Aufgabe der Geschäftsleitung ist jedoch die Schaffung eines entsprechenden Steuerungsumfeldes und die Förderung der Risikokultur. Indem das Management den Mitarbeitern die Unternehmensziele und die zugehörigen Erfolgsfaktoren sowie die Notwendigkeit der Risikofrüherkennung vermittelt, können das erforderliche Risikobewusstsein und das Verständnis für die unverzichtbare Überwachung als wesentliche Elemente des Risikofrüherkennungssystems geschaffen werden. Als Maßnahme zur Steigerung des Risikobewusstseins hat es sich bewährt, dass von Seiten der Geschäftsleitung eine regelmäßige Rückmeldung auf die Aktivitäten im Rahmen des Risikofrüherkennungssystems an die involvierten Mitarbeiter erfolgt.

a) Unternehmensziele und Erfolgsfaktoren

37 Die unternehmenspolitischen Zielsetzungen und insb. die **Unternehmensstrategie** bilden die Basis für eine systematische Risikofrüherkennung und die Ableitung einer Risikostrategie[55] des Unternehmens[56]. Denn als Risiken werden mögliche zukünftige negative

---

52 Vgl. z.B. *Kromschröder/Lück* für den AK „Externe und Interne Überwachung der Unternehmung" der Schmalenbach-Gesellschaft für Betriebswirtschaft e.V., DB 1998, S. 1573 (1576), die die Rechenschaftsfunktion, die Sicherungsfunktion und die Prüfbarkeitsfunktion einer Dokumentation unterscheiden. Ähnlich auch *Kless*, DStR 1998, S. 93 (94); vgl. *Winter*, S. 89.
53 Zum möglichen Inhalt einer Dokumentation des Risikofrüherkennungssystems vgl. *Brebeck/Herrmann*, WPg 1997, S. 381 (389); *IDW PS 340*, Tz. 17.
54 Für derartige Dokumente kommt eine Aufbewahrungsfrist von zehn Jahren (§ 257 Abs. 4 HGB i.V.m. § 257 Abs. 1 Nr. 4 HGB analog) in Betracht. Diese Unterlagen dienen auch dem Nachweis der kontinuierlichen Anwendung der getroffenen Maßnahmen.
55 Zur Erreichung der Unternehmensziele können alternative Strategien verfolgt werden, die jeweils unterschiedliche Chance-/Risiko-Verhältnisse aufweisen. Es gehört zu den Aufgaben der Geschäftsleitung, den Grad ihrer Risikobereitschaft (Risikoneigung) zu definieren. Hiermit legt sie fest, inwieweit sie bereit ist, Risiken einzugehen, um ihre Ziele zu erreichen (Risikostrategie).
56 Vgl. COSO, S. 33.

Abweichungen der Handlungsergebnisse von den Handlungszielen betrachtet[57]. Nur unter diesen Gesichtspunkten ist eine zielorientierte Bewertung bestimmter Risiken möglich. So ist z.B. die Beurteilung der Schadenshöhe und Eintrittswahrscheinlichkeit in Bezug auf die Nichterreichung von Umsatzsteigerungen direkt abhängig von der zukünftig erwarteten Umsatzentwicklung (Zielsetzung).

Die unternehmensweite Kenntnis der auf die jeweiligen Hierarchieebenen heruntergebrochenen Unternehmensziele und der zugehörigen Erfolgsfaktoren ist somit notwendige Voraussetzung für die Risikoidentifikation und -bewertung. Dies gilt insb. für die Ermittlung von Risiken, deren Erscheinungsbild nicht vordefiniert werden kann. Aus diesem Grund müssen die Unternehmensziele und die zugehörigen Erfolgsfaktoren *top-down* kommuniziert und präzisiert werden. Auf jeder Unternehmensebene sind aus den jeweiligen Oberzielen entsprechende Unterziele abzuleiten. 38

Auf diese Weise werden für alle Unternehmensbereiche und Hierarchieebenen Maßstäbe definiert, die als Grundlage für die Identifikation von wesentlichen und bestandsgefährdenden Risiken der jeweiligen Organisationseinheit dienen. 39

Im Falle des Vorliegens konzernierter Strukturen sind vor dem Hintergrund der Konzernleitungspflicht des Vorstands der Konzernobergesellschaft darüber hinaus die speziellen konzernpolitischen Zielsetzungen als Maßstab der Risikobetrachtung zu berücksichtigen. 40

b) Risikoidentifikation

Zu den die Fortführung der Gesellschaft gefährdenden Entwicklungen zählen entsprechend der Gesetzesbegründung zum KonTraG „insbesondere risikobehaftete Geschäfte, Unrichtigkeiten der Rechnungslegung und Verstöße gegen gesetzliche Vorschriften, die sich auf die Vermögens-, Finanz- und Ertragslage der Gesellschaft oder des Konzerns wesentlich auswirken"[58]. Diese Aufzählung ist auslegungsbedürftig und nicht vollständig. Im Sinne einer vom Gesetzgeber beabsichtigten, umfassenden Risikoidentifikation ist der Begriff „Geschäfte" weit auszulegen[59]. 41

Die Maßnahmen nach § 91 Abs. 2 AktG sind auf das gesamte Unternehmen auszurichten und müssen sämtliche betrieblichen Prozesse und Funktionsbereiche einschließlich aller Hierarchiestufen und Stabsfunktionen daraufhin untersuchen, ob aus ihnen bestandsgefährdende Risiken (ggf. im Zusammenwirken mit anderen Risiken) resultieren können[60]. 42

Die individuelle Risikolandschaft eines Unternehmens hängt u.a. von der Branche, seiner Marktstellung u.ä. ab. Im Rahmen der Risikoidentifikation können z.B. interne und externe Risiken oder strategische und operative Risiken unterschieden werden. Interne Risiken resultieren aus unternehmensinternen Faktoren, wie Personal, Sachmittel und Organisation, wohingegen externe Risiken auf unternehmensexternen Faktoren, wie z.B. den Verhältnissen am Beschaffungsmarkt oder den rechtlichen und politischen Rahmenbedingungen beruhen, die i.d.R. nur in sehr eingeschränktem Maße durch das Unternehmen selbst beeinflusst werden können. Strategische Risiken bestehen darin, die falsche Unternehmensausrichtung zu wählen. Operative Risiken bestehen in Sachverhalten, die negative Auswirkungen auf die bestehenden Geschäftsprozesse haben können. Es sind daneben noch zahlreiche weitere Risikoklassifikationen möglich. 43

---

57 Vgl. Tz. 9.
58 BT-Drs. 13/9712, S. 15.
59 Vgl. *Amling/Bischof*, ZIR 1999, S. 44 (57).
60 Vgl. *IDW PS 340*, Tz. 7.

44 Aus der Perspektive einer Muttergesellschaft erweitern sich die nach § 91 Abs. 2 AktG zu erfassenden Risikopositionen gegenüber einer nicht konzernierten AG um den Bereich **konzernspezifischer Risiken**[61]. Hierunter fallen zum einen sämtliche der oben aufgeführten Risiken auf Ebene der nachgelagerten Gesellschaften, die über einen Haftungsverbund bzw. die ökonomischen Leistungsverflechtungen im Konzern zu einer Bestandsgefährdung der Mutter führen können. Dabei müssen die Einzelrisiken aus den verbundenen Unternehmen nicht zwangsläufig für sich eine Bestandsgefährdung der Mutter bedeuten. Vielmehr kann eine solche auch durch ihre Kumulation entlang des Verbunds zur Konzernspitze erzeugt werden. Des Weiteren sind hierunter Risiken zu subsumieren, die aus Finanzierungseffekten im Konzern resultieren. Beispielhaft genannt sei das Risiko der Mutter im Rahmen der Konzerninnenfinanzierung, das durch die Existenz einer Eigenkapital- oder Kreditpyramide ausgelöst wird. Ferner ist an Risiken zu denken, die aus Interessenkonflikten zwischen Mutter- und Tochterunternehmen oder aus Koordinierungsmängeln bei dezentraler Managementstruktur resultieren[62]. Eine besondere Bedeutung kommt außerdem der Berücksichtigung von Gefahren der strategischen Konzernführung zu. Diese betreffen Abweichungen von dem festgeschriebenen strategischen Zielkorridor für den Konzernverbund und entsprechen betriebswirtschaftlich den strategischen Risiken im Bereich der rechtseinheitlichen Unternehmung. Juristisch sind sie jedoch als Spezifikum des Konzerns dem Verantwortungsbereich der Konzernleitung zuzuordnen[63]. Geht man ferner davon aus, dass die Internationalisierung der Geschäftstätigkeit vornehmlich mit dem Aufbau bzw. dem Bestehen konzernierter Strukturen einhergeht, so lassen sich des Weiteren die besonderen, im internationalen Kontext auftretenden Risiken, die im Schrifttum häufig als Auslandsrisiken, Länderrisiken, politische Risiken etc. tituliert werden, ebenfalls als spezifische Risikoposition des international tätigen Konzerns, mithin als konzernspezifische Risiken klassifizieren[64].

45 Für eine umfassende Risikoidentifikation ist eine **systematische und laufende Risikoanalyse** des Unternehmens und insb. seiner Geschäftsabläufe erforderlich. Hilfreich sind dabei die Abgrenzung von Risikobereichen und die Einteilung einzelner Risiken in überschaubare **Subrisiken**, über die laufend Informationen erhoben werden. Die Risikoidentifikation ist aufgrund der sich ständig ändernden Unternehmenssituation zwangsläufig eine **kontinuierliche Aufgabe**, die zweckmäßigerweise in die geschäftsüblichen Arbeitsabläufe **integriert** wird und zugleich **Bestandteil des allgemeinen Steuerungsinstrumentariums** des Unternehmens wird. Die Integration fördert die Akzeptanz bei den betroffenen Mitarbeitern und reduziert den erforderlichen Aufwand.

46 Das Management sollte in Abstimmung mit seinen Unternehmenszielen und seiner **Risikostrategie** den Mitarbeitern die Informationsgewinnungsverfahren für die zu beurteilenden Risiken vorgeben, da hierdurch eine Risikokultur entwickelt werden kann, in der sich jeder Mitarbeiter für die Risikoidentifikation zuständig fühlt und die ermittelten Risiken entsprechend kommuniziert. Dazu ist eindeutig zu definieren, wer in den jeweiligen Unternehmensbereichen die Hauptverantwortung für die Risikoidentifikation trägt, d.h. an wen die jeweiligen Mitarbeiter die von ihnen festgestellten Risiken zu kommunizieren haben[65].

---

61 *Braun-Lüdicke*, S. 207.
62 *Brösel/Kasperzak* (Hrsg.), S. 400.
63 Vgl. *Hommelhoff/Mattheus*, BFuP 2000, S. 217 (222 f.).
64 Vgl. *Kajüter* in FS Welge, S. 43 (47 f.).
65 Vgl. zur Risikokommunikation Tz. 62 ff.

Ausgestaltung des Risikofrüherkennungssystems

Bei einer Risikoerhebung ausschließlich auf Ebene der Geschäftsleitung besteht das Risiko einer unvollständigen Risikoidentifikation und einer unzureichenden Bewertung, da nicht per se gewährleistet ist, dass das spezielle Fach-Know-how auf Ebene der Risikoverantwortlichen umfänglich berücksichtigt wird.

Zahlreiche Unternehmen verfolgen mittlerweile den integrierten und teilw. indikatorgestützten Ansatz zur Risikofrüherkennung, indem Risikofrüherkennung und Unternehmensplanung stark verzahnt werden. Ein Spezialfall sowohl bei der Risikoidentifikation als auch bei der Verwendung von **Frühwarnindikatoren** ergibt sich dann, wenn bestehende Risiken bereits in der Unternehmensplanung berücksichtigt wurden. Im Regelfall werden dann nur die darüber hinaus bestehenden Risiken als relevant für die Risikofrüherkennung angesehen, während die bereits in der Planung berücksichtigten Risiken Gegenstand der Überwachung durch das laufende Controlling sind. Es stellt sich hier die Frage, ob solchermaßen „geplante" Risiken darüber hinaus auch noch explizit im Risikofrüherkennungssystem zu behandeln und somit in der Risikoinventur darzustellen sind.

Im Hinblick auf den betriebswirtschaftlichen Nutzen ist eine solche Integration (von Teilen) der Risikofrüherkennung grds. nicht zu beanstanden. Allerdings sind bei Anwendung dieses Verfahrens hohe Ansprüche an die Transparenz und Dokumentation der Berücksichtigung von Risiken in der Planung zu stellen. Besonderes Gewicht ist auf die Dokumentation der Planungsprämissen zu legen. Weiterhin muss sichergestellt werden, dass jederzeit ein Gesamtbild der Unternehmensrisiken und damit eine vollständige Risikotransparenz gewährleistet ist. Zusätzlich hat das Unternehmen dafür zu sorgen, dass auch für die aus der formalen Risikofrüherkennung ausgenommenen Risiken die erforderlichen Bestandteile des **Risikofrüherkennungskreislaufs** vorhanden sind. Hierzu müssen die Planungs- und Controllingprozesse entsprechend ausgestaltet werden.

Eine enge Verzahnung mit Planung und Controlling unterstützt auch die frühzeitige Identifikation von Risiken durch die Verwendung und permanente Verfolgung von sog. **Frühwarnindikatoren**[66]. Hierbei kann es sich sowohl um finanzielle als auch um nichtfinanzielle Kennzahlen handeln, deren Entwicklung kontinuierlich dahingehend analysiert werden muss, ob sie sich im vordefinierten Toleranzbereich befinden. Der Toleranzbereich ist im Regelfall aus den Schwellenwerten für eine Eskalations- bzw. Kommentierungspflicht von Soll-Ist-Abweichungen innerhalb des Management-Reporting ableitbar (Abweichungsanalyse). Wenn geeignete Frühwarnindikatoren definiert bzw. aus ohnehin vorhandenen Zielvorgaben entnommen werden können[67], ermöglichen derartige Soll-/Ist-Vergleiche eine zeitgerechte Risikoidentifikation[68].

Beispiele für mögliche Frühwarnindikatoren sind: Abwesenheitsquote der Mitarbeiter, Auftragsbestand, Ausfallquote der Maschinen, Auslastungsgrad der Maschinen, Ausnutzung/Überschreitung von Zahlungszielen, Ausschussquote in der Produktion, Außenstände, Betriebsunfälle, Bestandshöhe, demographische Entwicklung, Einkommensentwicklung, Entwicklungsaufwand, Fehlerhäufigkeit, Inflationsrate, Innovationsrate, Investitionsquote, Konsumquote, Krankheitsstand der Mitarbeiter, Liefertreue der Lieferanten, Lieferzeit, Marktanteil, Marktwachstum, Materialausnutzungsquote, Mitarbeiterfluktuationsrate, Produktionskosten, Produktivität, Prozessdurchlaufzeit, Reklama-

---

66 Zu Frühwarnsystemen und den hiermit verbundenen Problemen vgl. *Lück*, Überwachungssystem, S. 140 (162); vgl. *Pollanz*, DB 2001, S. 1317 (1320); *Grüning/Kühn*, S. 32/33.

67 Die Existenz und der Einsatz geeigneter Frühwarnindikatoren für alle denkbaren Risiken eines Unternehmens sind in der Praxis derzeit in den seltensten Fällen anzutreffen.

68 Ein Konzept zur Unternehmenssteuerung, das diesen Anforderungen – zumindest in weiten Teilen – Rechnung tragen kann, bildet z.B. das von Kaplan/Norton entwickelte Konzept der Balanced Scorecard. Vgl. *Kaplan/ Norton*; *Weber/Spitzner/Stoffel*, S. 40/41.

tionsquote, Rohstoffpreise, Umsatz, Umsatz je Mitarbeiter, Wartungsgrad der Maschinen, Wechselkurse, Zinsen und viele andere mehr.

Die bisherigen Erfahrungen aus der Prüfung von Risikofrüherkennungssystemen haben ergeben, dass teilw. in den Unternehmen zwar Frühwarnindikatoren gepflegt und ausgewertet werden. Eine direkte Kopplung der Risiken und der zur Früherkennung vorhandenen Indikatoren ist jedoch nicht immer gewährleistet. Hier ist eine entsprechende Zuordnung zu gewährleisten und auch zu dokumentieren.

Gerade bei mittelständischen Unternehmen ist häufig aus Kapazitäts- und Kostengründen ein Indikatorenwesen nicht in allen Bereichen vorhanden. Hinzu kommt, dass nicht für alle Risiken ein zutreffender quantitativer Indikator zur Früherkennung definiert werden kann. In diesen Fällen kann die Früherkennung auch über sog. „**schwache Signale**"[69] gewährleistet werden. Als Beispiele für „schwache Signale" können aufgeführt werden: Ergebnisse aus regelmäßigen Kundengesprächen zur Zufriedenheit, Qualität, Service (mögliche Indikation für Kundenverluste, Qualitätsrisiken, ...) oder Pressemitteilungen über Gesetzesänderungen (mögliche Indikation für regulatorische Risiken, ...).

48 Bei der Verwendung von Indikatoren ist zu berücksichtigen, dass Frühwarnindikatoren und „schwache Signale" – sofern überhaupt[70] – nur für vorhersehbare Risiken definiert werden können. Risiken, die nicht vorhersehbar sind oder vom Unternehmen nicht vorhergesehen wurden, können nur dann rechtzeitig identifiziert werden, wenn die Mitarbeiter entsprechend „wachsam" sind[71].

49 Daher ist das Risikobewusstsein der Mitarbeiter für die Gewährleistung der Vollständigkeit der Risikoidentifikation von herausragender Bedeutung und sollte fortwährend gefördert werden. Eine derartige Förderung des Risikobewusstseins der Mitarbeiter kann u.a. durch entsprechende Schulungsmaßnahmen, wie z.B. Risikomanagement-Workshops sowie Incentives erzielt werden.

50 Mögliche **Methoden** zur Identifikation der Risiken sind allgemein z.B.: moderne Analyseverfahren (Frühwarnsysteme), Befragungen, Benchmarking, Beobachtungen, Betriebsbesichtigungen, Brainstorming, Dokumenten-Analysen, Risiko-Fragebögen und Risiko-Workshops[72]. Mit Hilfe dieser Methoden kann ein Unternehmen eine **Inventur seiner Risiken** erstellen. Die Geschäftsleitung muss zu jedem Zeitpunkt über eine aktuelle und vollständige Übersicht aller wesentlichen und bestandsgefährdenden Risiken verfügen. Um dies sicherzustellen, hat die Geschäftsleitung entsprechende, auf die individuellen Besonderheiten und Bedürfnisse zugeschnittene aufbau- und ablauforganisatorische Vorkehrungen zu treffen. Dies gilt insb. – wie bereits dargestellt – bei der Integration der Risikofrüherkennung mit anderen betrieblichen Führungs- und Steuerungsinstrumenten.

c) Risikoanalyse/-bewertung

51 Die sich an die Risikoidentifikation anschließende Risikoanalyse/-bewertung dient insb. der Entscheidungsfindung, welche Risiken **Handlungsbedarf** auslösen. Der Handlungsbedarf richtet sich wesentlich danach, wie hoch der **Erwartungswert eines Risikos** ist[73].

---

69 Vgl. *Ansolf*, ZfBF 1976, S. 129.
70 Tendenziell lassen sich Frühwarnindikatoren eher für operative Risiken als für strategische Risiken bestimmen.
71 *Christians*, S. 407.
72 Vgl. z.B. *Jacob*, WPg 1998, S. 1043 (1045) m.w.N.; *Staub*, S. 257/260.
73 Ferner ist der mögliche Zeitpunkt des Eintritts eines Risikos für die Bestimmung der Dringlichkeit des Handlungsbedarfs von Bedeutung.

Der Erwartungswert ergibt sich rechnerisch als Produkt der **Eintrittswahrscheinlichkeit** und der möglichen **Schadenshöhe** eines Risikos[74]. Hierbei sind Risikointerdependenzen zu berücksichtigen; insb. der Möglichkeit der Kumulation von Einzelrisiken ist Rechnung zu tragen.

Die praktische Zusammenführung der Subrisiken zur Gesamtrisikolage eines Unternehmens kann ggf. schwierig sein, da hierfür die Kenntnis der Risikoabhängigkeiten und des möglichen Risikoausgleichs aus sämtlichen Aktivitäten des Unternehmens erforderlich ist. Um den hierfür notwendigen Überblick zu gewährleisten, ist es empfehlenswert, die Aggregation der Einzelrisiken auf der jeweils nächsthöheren Unternehmensebene durchzuführen. Hier wird dann beurteilt, ob sich verschiedene Risiken gegenseitig aufheben oder verstärken oder unabhängig voneinander verhalten. Generell sollte die Risikobewertung jeweils von dem Mitarbeiter verantwortlich vorgenommen werden, der über die beste Sachkenntnis verfügt. I.d.R. ist dies der Leiter der jeweiligen Organisationseinheit. 52

Die Risikobewertung ist eine notwendige Voraussetzung, um unwesentliche von wesentlichen oder bestandsgefährdenden Risiken abzugrenzen und hierdurch eine **Priorisierung der Risiken** durchführen zu können. 53

Zur qualitativen Unterstützung der Risikobewertung ist es u.U. sachgerecht, Verfahren der **Risikosimulation** ergänzend einzusetzen. Hierzu werden mit Hilfe anerkannter statistischer Verfahren, wie etwa der Monte-Carlo-Simulation, die Wirkungen von Einzelrisiken unter Berücksichtigung von Korrelationen zukunftsorientiert abgebildet. Hierdurch kann die Tragweite der unternehmensspezifischen Risikosituation transparent und entscheidungsorientiert aufbereitet werden. 54

Um eine unternehmens- bzw. konzernweit einheitliche Vorgehensweise sicherzustellen, sollte das Bewertungsverfahren in verbindlichen Richtlinien von der Geschäftsleitung vorgegeben werden. 55

Insb. in Konzernen ist eine Risikobewertung – zumindest in Form einer Einordnung der Risiken in fest definierte Wertklassen – unverzichtbar, da ansonsten eine Aggregation der Einzelrisiken der einzelnen Konzernunternehmen auf Ebene des MU i.S.d. § 290 HGB kaum möglich ist. Die **Wesentlichkeitsgrenzen** sind in jedem Konzernunternehmen in Abhängigkeit von den wirtschaftlichen Verhältnissen und der Risikoneigung individuell durch die Geschäftsleitung zu definieren, den Mitarbeitern zu kommunizieren und schließlich zu dokumentieren. Ein Risiko mit einer bestimmten Schadenshöhe kann u.U. für ein kleineres Konzernunternehmen wesentlich oder bestandsgefährdend sein, während es für ein größeres Konzernunternehmen unbedeutend sein kann. Eine rein qualitative Risikobewertung (z.B. niedrig, mittel, hoch) ohne Hinterlegung mit konkreten Wertgrößen ist daher i.d.R. nicht hinreichend. Sie hätte zur Folge, dass auf der jeweils nächsthöheren Unternehmens- bzw. Konzernebene Risiken zu einer Klasse zusammengefasst werden, die sich hinsichtlich ihrer möglichen Auswirkungen ggf. erheblich unterscheiden. Der mit der Risikobewertung verfolgte Zweck könnte somit nicht erfüllt werden. 56

Die Bewertung der Risiken ist grds. zunächst **brutto** vorzunehmen, d.h. vor Berücksichtigung der bereits bestehenden, wirksamen Maßnahmen zur Risikobewältigung. Es wird somit das potenzielle Risiko bewertet. Erst daran anschließend sind die Risiken zusätzlich **netto** zu bewerten. Diese Netto-Bewertung dient der Ermittlung des sog. Restrisikos nach Berücksichtigung der bestehenden Risikobewältigungsmaßnahmen. Die Höhe des Rest- 57

---

74 Vgl. *IDW PS 340*, Tz. 10. Vgl. auch *Brebeck/Herrmann*, WPg 1997, S. 381 (383), die diesbezüglich von der Quantitätsdimension und der Intensitätsdimension eines Risikos sprechen.

risikos dient schließlich als Entscheidungsgrundlage für den jeweiligen Entscheidungsträger, ob weitere Maßnahmen zur Risikobewältigung ergriffen werden müssen.

58 Auf eine Brutto-Bewertung kann schon deshalb nicht verzichtet werden, da – insb. aufgrund der Unsicherheit zukünftiger Ereignisse – u.U. nicht sichergestellt ist, dass die Risikobewältigungsmaßnahmen tatsächlich in dem prognostizierten Umfang greifen, d.h. den Risikoerwartungswert entsprechend senken. Hinzu kommt, dass es bei einer reinen Netto-Bewertung für die Geschäftsleitung erschwert wird, ohne die Einholung von zusätzlichen Informationen die in der (Netto-)Risikobewertung durch die Risikoverantwortlichen berücksichtigten Gegenmaßnahmen auf den Prüfstand zu stellen (z.b. im Hinblick auf deren Effizienz und Wirksamkeit). Eine entsprechende Plausibilisierung der Bewertung wird damit erschwert. Dies betrifft auch die Beurteilung der Risikodarstellung im LB durch den APr. im Rahmen seiner Prüfung nach § 317 Abs. 2 HGB. Auf Basis der ihm zur Verfügung stehenden Informationen hat er die Darstellung der Risikosituation durch die Geschäftsleitung zu beurteilen. Ohne entsprechende Informationen über das Bruttorisiko und die vorhandenen Maßnahmen zur Bewältigung ist ihm eine Plausibilisierung des Nettorisikos und damit auch der Darstellung im LB nicht möglich[75].

59 Es kann sich aber aus Gründen der Übersichtlichkeit und Klarheit der Risikoberichterstattung anbieten, im regelmäßigen Risikobericht an die Geschäftsleitung eine Nettodarstellung zu wählen. In diesen Fällen muss aber sichergestellt werden, dass die berücksichtigten Gegenmaßnahmen einer Überwachung und Plausibilisierung unterliegen – beispielsweise durch die Interne Revision – und die Geschäftsleitung sich in angemessenen Abständen davon überzeugt, dass diese Überwachung funktioniert und damit die in die Risikobewertung eingeflossene Wirkung der Gegenmaßnahmen zutreffend ist.

60 Der Risikobewertung sind **praktische Grenzen** gesetzt, die sich u.a. aus der großen Risikoanzahl, der Datenunvollkommenheit sowie den finanziellen und zeitlichen Restriktionen ergeben. So liegen z.B. in den meisten Fällen für zukünftige Risiken keine statistischen Angaben über die Häufigkeit ihres Eintretens in der Vergangenheit vor; daher kann die Eintrittswahrscheinlichkeit dieser Risiken i.d.R. nur subjektiv bestimmt werden[76]. Aber auch diese, auf subjektiven Einschätzungen basierende, Risikobewertung liefert wertvolle Hinweise für den Prozess der Risikofrüherkennung und ist daher unverzichtbar.

61 Risiken, die trotz aller Anstrengungen nicht angemessen bewertet werden können (z.B. das Risiko eines Imageverlustes), können die erforderliche Management-Aufmerksamkeit dadurch erlangen, dass sie als sog. *high priority risks* gekennzeichnet und unmittelbar der Geschäftsleitung gemeldet werden. Auf diese Weise kann dem Zweck der Risikobewertung (vgl. Tz. 51) Rechnung getragen werden.

d) Risikokommunikation

62 Die in der Phase der Risikoanalyse/-bewertung vorgenommene Priorisierung der Risiken bildet die Grundlage für den Prozess der Risikokommunikation. Aufgabe der Risikokommunikation ist die Sicherstellung des Informationsflusses über wesentliche Risiken. Dieser Informationsfluss erfolgt *bottom-up*.

Die im Folgenden dargestellten Grundsätze gelten sowohl für die Berichterstattung über Risiken in einem formalisierten Prozess im Rahmen eines Risikofrüherkennungssystems als auch für die Berichterstattung über Risiken, die Gegenstand von anderen Berichts-

---

75 Vgl. *Kajüter*, BB 2003, S. 243 (245); vgl. auch *Eggemann/Konradt*, BB 2000, S. 503.
76 Zur Problematik und Schwierigkeit der Bestimmung subjektiver Eintrittswahrscheinlichkeiten vgl. allgemein *Ballwieser*, S. 369; Vgl. *Wolf/Runzheimer*, S. 29 (58).

Ausgestaltung des Risikofrüherkennungssystems

prozessen im Rahmen von sonstigen Steuerungs- und Führungsinstrumenten des Unternehmens sind. Dies können z.B. Risiken sein, die im Rahmen der Planung verarbeitet wurden und vom Unternehmen im Rahmen des laufenden Controllings berichtet werden.

Zur Gewährleistung der Frühwarnfunktion im Rahmen des Risikofrüherkennungssystems müssen geeignete und wirksame **Berichtswege und -abläufe** existieren, die es ermöglichen, dass die jeweils zuständigen Entscheidungsträger so rechtzeitig die relevanten Risikoinformationen erhalten, dass geeignete Risikobewältigungsmaßnahmen noch wirksam eingeleitet werden können. Zumindest Informationen über Risiken von großer unternehmerischer Bedeutung, insb. über bestandsgefährdende Risiken, müssen bis zur Geschäftsleitung weitergeleitet werden.

In der Praxis hat sich mittlerweile im Zuge der stärkeren Integration der Risikofrüherkennung in die sonstigen Steuerungs- und Führungsinstrumente auch eine Verzahnung des Berichtswesens über Risiken herausgebildet. Je nach Art des Risikos und der im Unternehmen verantwortlichen Organisationseinheit wird die Berichterstattung über das jeweilige Risiko in die regelmäßige Berichterstattung dieser Organisationseinheit integriert. Dies kann in regelmäßigen Controllingberichten oder auch in regelmäßigen Sitzungen erfolgen. Auf diese Weise wird sichergestellt, dass die Verantwortlichen unmittelbar und zeitnah über Risiken informiert werden und ihnen die zur Entscheidungsfindung notwendigen Informationen zur Verfügung stehen. Die Berichterstattung über Risiken folgt somit der unternehmerischen Leitungspyramide, was auch eine Aggregation über die Leitungsebenen bis zur Geschäftsleitung einschließlich eines Eskalationsmechanismus für besonders schwerwiegende Risiken einschließt. Das Unternehmen muss bei dieser Art der Berichterstattung dafür Sorge tragen, dass eine angemessene Dokumentation über die berichteten Risiken erstellt wird, insb. in den Fällen von mündlicher Berichterstattung im Rahmen von Sitzungen. Diese sind entsprechend zu protokollieren.

Die dargestellte (integrierte) Berichterstattung wird im Regelfall nicht ausreichen, um die Anforderungen des KonTraG an die Risikofrüherkennung zu erfüllen. Daher ist sie zu ergänzen um eine regelmäßige und gesonderte zusammenfassende Berichterstattung über die Risikolage (formales Risikoreporting) auf Basis eines aktuellen Risikoinventars. Es ist im Einzelfall je nach Größe, Komplexität und Organisation des Unternehmens zu entscheiden, wie die sachliche Abgrenzung zwischen laufender Geschäftsberichterstattung einschließlich der Risiken und einem formalen Risikoreporting vorzunehmen ist. In jedem Fall ist sicherzustellen, dass die Informationspflichten im Rahmen der Risikofrüherkennung vollumfänglich und nachweislich erfüllt wurden. Teilt das Unternehmen die Berichterstattung über Risiken über mehrere Berichtswege auf, so muss diese Aufteilung und die Erfüllung der Berichtspflichten dokumentiert werden und für Dritte nachvollziehbar sein. AG müssen zumindest jährlich einen umfassenden Risikobericht erstellen, der die Grundlage für die Berichterstattung im LB über die wesentlichen Risiken darstellt.

Die Periodizitäten für die schriftliche Risikoberichterstattung sind in Abhängigkeit vom jeweiligen Risiko zu definieren. Dies gilt sowohl für die Risikoberichterstattung als Teil des Reporting im Rahmen sonstiger Steuerungs- und Führungsinstrumente als auch für ein gesondertes Risikoreporting. Risiken, die sehr häufig und kurzfristig Veränderungen erfahren, bedürfen tendenziell einer häufigeren Berichterstattung als Risiken, die im Zeitablauf eine hohe Konstanz aufweisen. In der Praxis hat sich für das gesonderte Risikoreporting eine unterjährig regelmäßige Berichterstattung durchgesetzt, die sich an der Veränderungsgeschwindigkeit der Risikolandschaft und den ansonsten im Unternehmen vorhandenen Berichtszyklen orientiert. Häufig wird der Berichtszyklus an denjenigen für die Aufsichtsgremien (z.B. AR oder Beirat) angepasst, um von Seiten der Geschäftsleitung aktuelle Informationen zur Verfügung zu haben. In größeren Unternehmen oder Unternehmen mit einer sehr schnelllebigen Risikosituation ist z.T. auch eine monatliche Berichterstattung vorhanden. Unabhängig von diesen generellen Aussagen müssen die Kommunikationsstrukturen jedoch so flexibel sein, dass neu auftretende Risiken von größerer Bedeutung ad-hoc an die verantwortlichen Entscheidungsträger berichtet werden (Ad-hoc-Berichterstattung)[77]. Die Auslöser einer **Ad-hoc-Berichterstattung** sollten von der Geschäftsleitung definiert und allen Mitarbeitern bekannt gemacht werden.

65 Für jede Hierarchieebene sollten den unternehmensspezifischen Besonderheiten gerecht werdende **Schwellenwerte** (quantitative Wertgrößen) oder andere geeignete Kriterien definiert werden, bei deren Vorliegen eine Berichtspflicht an die nächsthöhere Hierarchieebene oder eine Zentralstelle (z.B. Risikocontrolling) ausgelöst wird[78]. Diese Schwellenwerte werden sich im Regelfall an den definierten Risikofrühwarnindikatoren oder anderen unternehmerischen Zielvorgaben orientieren. Gerade bei einem integrierten Risikofrüherkennungssystem werden sich solche Schwellenwerte aus Budgets oder definierten Einzelsachverhalten ableiten lassen. Es ist zu beachten, dass die Berichtspflicht an die nächsthöhere Hierarchieebene oder eine Zentralstelle sowohl für ein in die laufende Berichterstattung eingebettetes als auch für ein separates Risikoreporting gilt. Der übergeordnete Risikoverantwortliche hat die ihm zugeleiteten Risikoinformationen insb. im Hinblick auf Vollständigkeit, Plausibilität der Bewertung und Risikointerdependenzen zu analysieren. Er hat zu beurteilen, ob sich Einzelrisiken aus den unterschiedlichen nachgeordneten Unternehmensbereichen/Konzernunternehmen gegenseitig beeinflussen (verstärken, kompensieren), um auf diese Weise eine Gesamtsicht der Risikosituation zu gewinnen. Dieser Prozess erfasst alle Unternehmens- bzw. Konzernbereiche und setzt sich über **Eskalationsprozeduren** bis zur Geschäftsführungsebene des MU fort.

66 Die Wirksamkeit des Risikokommunikationsprozesses hängt entscheidend von der **Kommunikationsbereitschaft** der berichtspflichtigen Mitarbeiter ab. Aus diesem Grund ist es wichtig, dass im Unternehmen eine offene Kommunikationsstruktur herrscht, die auch die für die Risikokommunikation erforderliche Übermittlung von *bad news* ermöglicht. Zudem sollten die Verantwortlichkeiten hinsichtlich der Risikokommunikation klar geregelt sein.

e) Überwachung

67 Der schnelle Wandel der internen und externen Bedingungen macht eine permanente Anpassung des Risikofrüherkennungssystems erforderlich. Durch Maßnahmen der Überwachung ist die **dauerhafte Wirksamkeit** der eingerichteten Prozesse und ihre Anpassung an die sich laufend ändernden Gegebenheiten zu gewährleisten. Gegenstand der Überwachung ist auch die Bewertung von als risikomindernd berücksichtigten Gegenmaßnahmen. Zwar sind Gegenmaßnahmen per se nicht Gegenstand der Risikofrüherkennung. Da sie jedoch die Höhe des Nettorisikos entscheidend beeinflussen, dürfen hier Gegenmaßnahmen nicht völlig ausgeklammert werden.

Die Überwachung kann sowohl mittels laufender, in die normalen betrieblichen Abläufe integrierter, Überwachungsmaßnahmen (**prozessabhängige Überwachungsmaßnahmen**) als auch mittels **prozessunabhängiger Überwachungsmaßnahmen** durch Füh-

---

[77] Dies gilt entsprechend für bereits bestehende – bisher unbedeutende – Risiken, die aufgrund neuer Umstände nun als bedeutende Risiken eingestuft werden müssen.
[78] Vgl. *Wittmann*, S. 816; *Romeike/Hager*, S. 172.

rungskräfte und andere (z.B. Interne Revision) erfolgen[79]. Auswahl, Umfang und Häufigkeit der Überwachung sind abhängig von Bedeutung und Komplexität der einzelnen Risiken und der gesamten Risikolage des Unternehmens.

Durch Überwachungsmaßnahmen ist vor dem Hintergrund des § 91 Abs. 2 AktG insb. sicherzustellen, dass das Risikofrüherkennungssystem kontinuierlich angewendet wird und funktionsfähig ist. Zu diesem Zweck sind die Maßnahmen zur Risikoidentifikation, Risikobewertung/-analyse und Risikokommunikation zu überwachen. Die in diesem Zusammenhang wichtigen prozessunabhängigen Überwachungsaufgaben werden regelmäßig durch die **Interne Revision** wahrgenommen[80], was in der Gesetzesbegründung zu § 91 Abs. 2 AktG mit der Verpflichtung der Geschäftsleitung, „für eine angemessene interne Revision zu sorgen"[81], auch ausdrücklich betont wird. In Bezug auf das Risikofrüherkennungssystem des Unternehmens hat die Interne Revision insb. die Eignung des Systems zur Erfüllung der Frühwarnfunktion zu beurteilen[82]. Eine weitere wichtige Funktion bildet die Beurteilung der gemeldeten Risikosituation. Hier sind v.a. die Vollständigkeit, Richtigkeit und die Zeitnähe von gemeldeten Risiken und die unabhängige Einschätzung der Sachgerechtigkeit sowie der Wirkung von Gegenmaßnahmen von Bedeutung. 68

Sofern im Unternehmen keine Interne Revision besteht, sind die entsprechenden Überwachungsvorgänge durch andere geeignete Personen zu gewährleisten. Hierbei stellt auch das Outsourcing der Tätigkeit der Internen Revision auf einen externen Dienstleister eine Alternative dar[83]. Eine ausschließliche Prüfung im Rahmen der Prüfung nach § 317 Abs. 4 HGB (ggf. auch freiwillig) durch den APr. ist keine ausreichende systemunabhängige Prüfung, da die systemunabhängige Prüfung Bestandteil des Risikofrüherkennungssystems ist, welches originäre Aufgabe der Unternehmensleitung ist. 69

III. Prüfung des Risikofrüherkennungssystems

1. Allgemeines

Ebenso wie die Ausgestaltung des Risikofrüherkennungssystems, ist die Prüfung des Risikofrüherkennungssystems ein sehr komplexes Thema. Sie verlangt vom APr. u.a. eine sehr gute Marktkenntnis, ausgeprägten betriebswirtschaftlichen Sachverstand, viel Erfahrung und fundiertes Know-how über alle das zu prüfende Unternehmen betreffende Belange[84]. Im Rahmen dieser Prüfung ist zu beurteilen, ob das System die gesetzlichen Vorgaben erfüllt. Des Weiteren ist eine Prüfung hinsichtlich der Funktionsfähigkeit des Systems im gesamten GJ durchzuführen. 70

Bereits an dieser Stelle muss herausgestellt werden, dass es sich bei der Prüfung des Risikofrüherkennungssystems nicht um eine klassische „Checklistenprüfung" mit „JA/NEIN-Antworten" handeln kann. Die konkrete Ausgestaltung des Risikofrüherkennungssystems ist ebenso unternehmensindividuell wie die Risikolandschaft des Unter- 71

---

79 Zum Überwachungssystem vgl. ausführlich *Lück*, Überwachungssystem, S. 140 (153); Vgl. *Wolf/ Runzheimer*, S. 180.
80 Vgl. *Amling/Bischof*, ZIR 1999, S. 44 (56); *Brebeck*, Interne Revision und Abschlussprüfer, S. 380 (381); *Soll/ Labes*, S. 195 (198); vgl. *Wolf/Runzheimer*, S. 180; vgl. *Förschle/Peemöller* (Hrsg.), S. 154; vgl. *IDW PS 321*, Tz. 9.
81 BT-Drs. 13/9712, S. 15.
82 Vgl. *IDW PS 321*, Tz. 9; *Knapp*, S. 154/155.
83 Vgl. *Amling/Bischof*, ZIR 1999, S. 44 (46) m.w.N.; *Heerlein*, S. 37.
84 Vgl. *Böcking/Orth*, BFuP 1999, S. 419 (425); *Dörner*, DB 1998, S. 1 (3); *Gelhausen*, AG 1997, Sonderheft, S. 73 (80); vgl. *IDW PS 340*, Tz. 20.

nehmens. Es existieren weder das „klassische" Risikofrüherkennungssystem noch die „typischen" Unternehmensrisiken. Selbst bei Unternehmen einer Branche sind teilw. erhebliche Unterschiede feststellbar. Auch die Bestimmung der Wesentlichkeitsgrenzen zur Abgrenzung bestandsgefährdender und wesentlicher Risiken ist unternehmensindividuell vorzunehmen. Daher ist das persönliche, analytische Urteilsvermögen des APr. bei der Prüfung des Risikofrüherkennungssystems in besonderem Maße gefragt.

2. Prüfungsanlässe

72 Die möglichen Anlässe zur Prüfung des Risikofrüherkennungssystems sind vielgestaltig. Einerseits kann es sich um eine unmittelbare Prüfung des Risikofrüherkennungssystems aufgrund einer gesetzlichen Pflicht (vgl. Tz. 73 ff.), einer freiwilligen vertraglichen Erweiterung der Jahresabschlussprüfung (vgl. Tz. 76 ff.) oder aufgrund eines Sonderauftrags (vgl. Tz. 82 ff.) handeln. Andererseits kann es jedoch auch im Rahmen der risikoorientierten Prüfung des JA und LB erforderlich sein, das Risikofrüherkennungssystem zu betrachten und zu analysieren (mittelbare Prüfung des Risikofrüherkennungssystems)[85]. Dies gilt sowohl für die Beurteilung des IKS als auch für die Beurteilung der Fortführungsprognose des Unternehmens.

a) Unmittelbare Prüfung des Risikofrüherkennungssystems
aa) Gesetzliche Pflicht zur Prüfung des Risikofrüherkennungssystems

73 Gem. dem durch das KonTraG eingeführten § 317 Abs. 4 HGB[86] hatte der APr. zunächst nur bei AG, die Aktien mit amtl. Notierung ausgegeben haben, im Rahmen der Prüfung zu beurteilen, ob der Vorstand die ihm nach § 91 Abs. 2 AktG obliegenden Maßnahmen in geeigneter Form getroffen hat und ob das danach einzurichtende Überwachungssystem seine Aufgaben erfüllen kann[87]. Im Gegensatz zur Regelung des § 91 Abs. 2 AktG[88] war § 317 Abs. 4 HGB nicht analogiefähig[89]. AG, deren Aktien am geregelten Markt, am Neuen Markt oder im Freiverkehr gehandelt werden, unterlagen somit zunächst nicht dieser Prüfungspflicht[90]. Gleiches gilt für GmbH, Personenhandelsgesellschaften und Unternehmen anderer Rechtsformen. Nach der Änderung des § 317 Abs. 4 HGB durch das Vierte Finanzmarktförderungsgesetz wurde die Prüfungspflicht auf alle börsennotierten AG i.S.v. § 3 Abs. 2 AktG erweitert (ohne Freiverkehr)[91]. Diese Erweiterung gilt für GJ, die nach dem 31.12.2001 begannen. Die Pflicht zur Erweiterung der gesetzlichen Jahresabschlussprüfung um die Prüfung des Risikofrüherkennungssystems besteht somit nur für börsennotierte AG. Bei allen anderen Gesellschaften ist daher grds. keine Prüfung des Risikofrüherkennungssystems nach § 317 Abs. 4 HGB vorzunehmen.

74 Eine Prüfungspflicht besteht auch für solche Unternehmen, die einer Prüfung nach § 53 HGrG unterzogen werden. Gegenstand einer erweiterten Prüfung nach § 53 HGrG ist

---

85 Ähnlich *Brebeck/Förschle* , S. 171 (187). *Pollanz*, DB 1999, S. 393 (399), weist auf den Konnex von der Prüfung des Risikofrüherkennungssystems zur risikoorientierten Prüfung von JA und LB hin.
86 Gem. Art. 46 Abs. 1 S. 1 EGHGB war die Prüfungsvorschrift des § 317 Abs. 4 HGB erstmals spätestens auf das nach dem 31.12.1998 beginnende GJ anzuwenden.
87 Eine gesonderte Erwähnung der Prüfung des Risikofrüherkennungssystems im Auftragsschreiben und in der Auftragsbestätigung zur Jahresabschlussprüfung war daher bei amtl. notierten AG nicht erforderlich.
88 Vgl. Tz. 14.
89 Vgl. *Klar*, DB 1997, S. 685 (686).
90 Hierzu kritisch *Böcking/Orth*, DB 1998, S. 1873 (1877-1879); *Scharpf*, S. 177 (182).
91 BGBl. I 2002, S. 2010. Eine gesonderte Erwähnung der Prüfung des Risikofrüherkennungssystems im Auftragsschreiben und in der Auftragsbestätigung zur Jahresabschlussprüfung ist daher bei börsennotierten AG nicht erforderlich.

Prüfung des Risikofrüherkennungssystems

auch die Ordnungsmäßigkeit der Geschäftsführung. Die Ordnungsmäßigkeit der Geschäftsführung schließt die Einrichtung eines Risikofrüherkennungssystems ein, da dies zu den Sorgfaltspflichten eines ordentlichen und gewissenhaften Geschäftsleiters gehört. Das Risikofrüherkennungssystem ist Bestandteil der Geschäftsführungsorganisation und des Geschäftsführungsinstrumentariums[92].

Somit besteht im Rahmen der Prüfung der Ordnungsmäßigkeit der Geschäftsführung nach § 53 HGrG[93] die Pflicht zur Prüfung des Risikofrüherkennungssystems. Die Vorgehensweise bei der Prüfung des Risikofrüherkennungssystems entspricht dabei grds. dem Prüfungsvorgehen bei der gesetzlichen Prüfung nach § 317 Abs. 4 HGB[94]. **75**

bb) Freiwillige Prüfung des Risikofrüherkennungssystems

Außer in den oben geschilderten Fällen existiert keine unmittelbare gesetzliche Pflicht zur Prüfung des Risikofrüherkennungssystems eines Unternehmens. Wie bereits dargestellt (vgl. Tz. 14 ff.), ist der Kreis der Unternehmen, die über ein Risikofrüherkennungssystem verfügen müssen, jedoch wesentlich größer[95]. Bei diesen Unternehmen besteht die Möglichkeit, durch **vertragliche Vereinbarung** zwischen der Gesellschaft und dem APr. den Prüfungsauftrag für Pflichtprüfungen sowie für freiwillige Prüfungen des JA um die Prüfung des Risikofrüherkennungssystems zu erweitern[96]. Im Gesellschaftsvertrag oder in der Satzung einer Gesellschaft kann eine solche **Erweiterung des Prüfungsauftrags** auch vorgeschrieben werden. **76**

Gem. § 317 Abs. 4 HGB hat die Prüfung des Risikofrüherkennungssystems im Rahmen der Jahresabschlussprüfung zu erfolgen. Daher ist davon auszugehen, dass die Prüfung des Risikofrüherkennungssystems auch bei zusätzlicher Beauftragung **Bestandteil der Abschlussprüfung** wird[97]. Dies hat zur Folge, dass einerseits über das Ergebnis der Prüfung des Risikofrüherkennungssystems in Analogie zu § 321 Abs. 4 HGB in einem besonderen Teil des PrB zur Jahresabschlussprüfung berichtet werden sollte[98] und andererseits, dass der APr. für die Prüfung des Risikofrüherkennungssystems keine gesonderte Haftungsbeschränkung vereinbaren muss[99]. **77**

Bei einer freiwilligen Prüfung des Risikofrüherkennungssystems aufgrund einer Erweiterung des Prüfungsauftrags sind die gleichen Grundsätze und Maßstäbe anzuwenden wie bei einer gesetzlichen Pflichtprüfung nach § 317 Abs. 4 HGB. Insb. ist es nicht sachgerecht, nur im Hinblick auf die Tatsache, dass die Prüfung freiwillig erfolgt, geringere Anforderungen an die Ausgestaltung des Risikofrüherkennungssystems zu stellen. **78**

---

92 *IDW PS 720,* Fragenkreis 4.
93 Die Prüfungsvorschrift des § 53 HGrG gilt für Unternehmen in einer Rechtsform des privaten Rechts, bei denen einer Gebietskörperschaft die Mehrheit der Anteile oder mindestens 25 Prozent der Anteile und ihr zusammen mit anderen Gebietskörperschaften die Mehrheit der Anteile gehören. Vgl. allgemein zur Prüfung nach § 53 HGrG, D Tz. 21-23, Q Tz. 1048.
94 Vgl. hierzu Tz. 103 ff.
95 Vgl. hierzu *Böcking/Orth,* BFuP 1999, S. 419 (420), die dieses Missverhältnis als „offenen Systembruch" kritisieren.
96 Vgl. *IDW PS 340,* Tz. 2; *Scharpf,* DB 1997, S. 737 (738).
97 Vgl. *Gelhausen,* BFuP 1999, S. 390 (395). Aus Gründen der Rechtsklarheit sollte im Prüfungsauftrag ausdrücklich klargestellt werden, ob eine Prüfung nach § 317 Abs. 4 HGB analog und somit eine Erweiterung der Abschlussprüfung erfolgen soll.
98 Vgl. *IDW PS 450,* Tz. 108. Zur Berichterstattung vgl. Tz. 146 ff.
99 Bei gesetzlichen Pflichtprüfungen gilt die allgemeine Haftungsbeschränkung des § 323 Abs. 2 HGB, bei freiwilligen Abschlussprüfungen gilt die für die Abschlussprüfung gesondert vereinbarte Haftungsbeschränkung.

79 Aufgrund der Einbindung in die Jahresabschlussprüfung ist die Erweiterung des Prüfungsauftrags von den Gesellschaftsorganen zu vereinbaren, die auch für die Erteilung des Prüfungsauftrags zuständig sind. Bei AG hat nach § 111 Abs. 2 S. 3 AktG der AR diese Aufgabe. Dies gilt grds. auch für GmbH, die über einen AR verfügen[100]. Wie für andere Erweiterungen auch, muss die Beauftragung von einem Beschluss des Gesamtaufsichtsrats oder eines zuständigen Ausschusses gedeckt sein. Die für den Vertragsschluss notwendige Erklärung kann dann vom Vorsitzenden des AR abgegeben werden.

80 Wenn der Auftrag zur Prüfung des JA von den Geschäftsführern erteilt wird, erstreckt sich deren Zuständigkeit auch auf den Auftrag zur Prüfung des Risikofrüherkennungssystems. Dies gilt selbst dann, wenn die zusätzliche Beauftragung von der Gesellschafterversammlung gewünscht wird.

81 Es ist festzustellen, dass einer freiwilligen Prüfung des Risikofrüherkennungssystems durch den APr. hohe Bedeutung zukommt und diese Bedeutung in der Zukunft noch weiter zunehmen wird. Die Nachfrage nach einer freiwilligen Prüfung wird ausgelöst durch das Interesse unterschiedlichster Personenkreise nach Informationen über das Risikofrüherkennungssystem eines Unternehmens. Diesbezüglich sind insb. zu nennen: Aufsichts-/Verwaltungsrat, Geschäftsleitung des MU, eigene Geschäftsleitung, Aktionäre (Hauptversammlung), Wertpapierschutzvereinigungen, Analysten und Banken[101].

cc) Sonderauftrag zur Prüfung des Risikofrüherkennungssystems

82 Neben der Prüfung des Risikofrüherkennungssystems im Rahmen der Abschlussprüfung (auf gesetzlicher oder freiwilliger Basis) kann diese Prüfung auch auf der Basis eines **Sonderauftrags** durchgeführt werden. Gem. § 111 Abs. 2 S. 2 AktG kann der AR für bestimmte Aufgaben – wie z.B. die Prüfung des Risikofrüherkennungssystems – WP als besondere Sachverständige beauftragen[102].

83 Die Vergabe eines Sonderauftrags zur Prüfung des Risikofrüherkennungssystems sollte auf jene Fälle beschränkt werden, in denen der Auftrag zur Prüfung des Risikofrüherkennungssystems – aus übergeordneten Gründen – nicht an den APr. erteilt werden soll oder vom Zeitablauf her eine Durchführung parallel zur Abschlussprüfung nicht möglich ist. Im Hinblick auf den Zusammenhang zwischen Risikofrüherkennung und Risikoberichterstattung im LB[103] ist grds. zu empfehlen, die Prüfung des Risikofrüherkennungssystems parallel zur Abschlussprüfung – und hier zu deren Beginn[104] – durchzuführen.

84 Allerdings besteht im Falle einer gesonderten Beauftragung die Möglichkeit, von den Prüfungsanforderungen des § 317 Abs. 4 HGB abzuweichen. Anstelle einer vollumfänglichen Prüfung des Risikofrüherkennungssystems analog § 317 Abs. 4 HGB kann die Prüfung auf einzelne Elemente dieses Systems – z.B. die Risikoidentifikation – oder auf einzelne Unternehmensbereiche – z.B. Beschaffung oder Treasury – beschränkt werden. In diesem Fall ist im Bericht zu diesem Sonderauftrag[105] ausdrücklich darauf hinzuweisen, dass es sich nicht um eine Prüfung entsprechend § 317 Abs. 4 HGB handelte, sondern nur Teilaspekte des Risikofrüherkennungssystems analysiert und beurteilt wurden. Ein Ge-

---

100 Es kann sich um einen sog. mitbestimmten AR gem. §§ 25 Abs. 1 Nr. 2 MitbestG, 77 Abs. 1 S. 2 BetrVG 1952 i.V.m. 111 Abs. 2 AktG oder einen sog. fakultativen AR gem. § 52 Abs. 1 GmbHG i.V.m. § 111 Abs. 2 AktG (soweit die Anwendung von § 111 Abs. 2 AktG nicht im Gesellschaftsvertrag ausgeschlossen wurde) handeln.
101 Ähnlich *Vogler/Gundert*, DB 1998, S. 2377.
102 Vgl. *Brebeck/Förschle*, S. 171 (174).
103 Vgl. hierzu Tz. 93.
104 Vgl. Tz. 122.
105 Es ist zwingend ein gesonderter Bericht zu erstellen. Vgl. *IDW PS 450*, Tz. 19.

samturteil über das Risikofrüherkennungssystem des Unternehmens darf dementsprechend nicht enthalten sein. Erfolgt die gesondert beauftragte Prüfung zum Zweck der Überwachung der Wirksamkeit des Risikomanagements durch den Prüfungsausschuss bzw. AR, so ist bei der Ausgestaltung von Auftrag und Prüfungsvorgehen der breitere Umfang[106] gegenüber einer Prüfung gem. § 317 Abs. 4 HGB zu berücksichtigen. Entsprechend werden zur Abdeckung aller Überwachungsaspekte zum Risikomanagement i.d.R. auch Prüfungshandlungen über den in *IDW PS 340* enthaltenen Umfang hinaus erforderlich sein.

Für die auf Basis eines Sonderauftrags durchgeführte Prüfung des Risikofrüherkennungssystems eines Unternehmens gilt die Haftungsbeschränkung für die Abschlussprüfung nicht. Es bedarf daher einer gesonderten haftungsbeschränkenden Vereinbarung speziell für diesen Sonderauftrag[107].   85

b) Mittelbare Prüfung des Risikofrüherkennungssystems

Es stellt sich die Frage, ob sich der APr. neben den o.g. Fällen, in denen er auf gesetzlicher oder vertraglicher Basis verpflichtet ist, eine unmittelbare, d.h. originäre Prüfung des Risikofrüherkennungssystems durchzuführen, auch im Rahmen der Prüfung des JA und LB mit Fragen der Risikofrüherkennung beschäftigen muss. Dieser Fragestellung nach einer mittelbaren oder derivativen Prüfung des Risikofrüherkennungssystems wird im Folgenden nachgegangen.   86

aa) Prüfung des Risikofrüherkennungssystems im Zusammenhang mit § 321 Abs. 1 S. 3 HGB

Gem. § 321 Abs. 1 S. 3 HGB hat der APr. zu berichten, wenn ein schwerwiegender Verstoß der gesetzlichen Vertreter des Unternehmens gegen das Gesetz vorliegt. Die Einrichtung eines Risikofrüherkennungssystems zählt zu den gesetzlichen Pflichten der gesetzlichen Vertreter eines Unternehmens[108]. Die Nichteinrichtung eines Risikofrüherkennungssystems stellt somit einen schwerwiegenden Gesetzesverstoß des Vorstands oder der Geschäftsführer dar, der nach § 321 Abs. 1 S. 3 HGB in der vorangestellten Berichterstattung im PrB darzustellen ist. Derartige Verstöße müssen „bei Durchführung der Prüfung ... festgestellt worden" sein, d.h. im Rahmen der Abschlussprüfung nicht gezielt gesucht werden.   87

Eine Pflicht zur Prüfung des Risikofrüherkennungssystems kann aus der Regelung des § 321 Abs. 1 S. 3 HGB daher nicht abgeleitet werden.   88

bb) Prüfung des Risikofrüherkennungssystems im Zusammenhang mit der Prüfung der Fortbestandsprognose

Im Rahmen der Jahresabschlusserstellung und -prüfung kommt der Frage nach der Fortführung des Unternehmens (*going concern*) eine zentrale Bedeutung zu. Zur Beurteilung der Angemessenheit der Zugrundelegung der **Going-Concern-Prämisse**[109] durch die   89

---

106 § 107 Abs. 3 S. 2 AktG fordert eine Überwachung des Risikomanagementsystems, welches über den Umfang des Risikofrüherkennungssystems nach § 91 Abs. 2 AktG hinaus auch eine Überwachung der Maßnahmen zur Risikosteuerung beinhaltet.

107 Vgl. ADS⁶, § 323 HGB, Tz. 141.

108 Aufgrund der sog. Ausstrahlungswirkung des § 91 Abs. 2 AktG gilt die Verpflichtung zur Einrichtung eines Risikofrüherkennungssystems grundsätzlich rechtsformunabhängig, d.h. nicht nur für die Vorstände einer AG. Vgl. auch die Ausführungen in Tz. 14 ff., vgl. *IDW PS 450,* Tz. 107.

109 Vgl. R Tz. 658.

Geschäftsleitung des Unternehmens muss der APr. im Wege einer Plausibilitätsprüfung untersuchen, ob alle verfügbaren Informationen verwendet wurden, die grundlegenden Annahmen realistisch und in sich widerspruchsfrei sind sowie die Prognoseverfahren richtig gehandhabt wurden. In diesem Zusammenhang muss sich der APr. i.d.R. u.a. auch davon überzeugen, ob ein angemessenes Risikofrüherkennungssystem eingerichtet wurde.

90 Darüber hinaus sind die vom Risikofrüherkennungssystem generierten Informationen daraufhin zu analysieren, inwieweit sie Anlass dazu geben, die Going-Concern-Prämisse abzulehnen.

91 Die unzureichende Einrichtung eines Risikofrüherkennungssystems kann ggf. dazu führen, dass der Nachweis über die Fortführung des Unternehmens nicht erbracht werden kann.

92 Im Regelfall wird jedoch bei der Prüfung der Angemessenheit der Fortführungsprognose nicht eine umfassende Prüfung des Risikofrüherkennungssystems durch den APr. erforderlich sein. Gewöhnlich wird es ausreichen, wenn der APr. sich einen Überblick über das vom Unternehmen eingerichtete Risikofrüherkennungssystem verschafft.

cc) Prüfung des Risikofrüherkennungssystems im Zusammenhang mit der Prüfung des LB (Risiken und Chancen der künftigen Entwicklung)

93 Im Rahmen des LB ist gem. § 289 Abs. 1 S. 4 HGB auf die Risiken und Chancen der künftigen Entwicklung einzugehen[110]. Dies gilt entsprechend für den KLB gemäß § 315 Abs. 1 S. 5 HGB. Den sog. **Risikobericht**[111] (als Teil des LB) haben die gesetzlichen Vertreter sämtlicher Gesellschaften zu erstellen, die auch einen LB/KLB aufstellen müssen[112].

Nach § 289 Abs. 2 Nr. 2 HGB soll der LB jeweils in Bezug auf die Verwendung von Finanzinstrumenten durch die Gesellschaft und – sofern dies für die Beurteilung der Lage oder der künftigen Entwicklung von Bedeutung ist – auch eingehen auf

- die Risikomanagementziele und -methoden der Gesellschaft einschließlich ihrer Methoden zur Absicherung aller wichtigen Arten von Transaktionen, die im Rahmen der Bilanzierung von Sicherungsgeschäften erfasst werden, sowie
- die Preisänderungs-, Ausfall- und Liquiditätsrisiken sowie die Risiken aus Zahlungsstromschwankungen, denen die Gesellschaft ausgesetzt ist.

Diese Erläuterungspflicht umfasst somit nicht das gesamte Risikofrüherkennungssystem i.S.d. § 91 Abs. 2 AktG (i.d.F. des KonTraG), da sich die Erläuterung ausschließlich auf die Verwendung von Finanzinstrumenten durch die Gesellschaft bezieht, sofern diese Verwendung für die Beurteilung der Lage oder der voraussichtlichen Entwicklung des Unternehmens von Belang ist[113].

---

110 Zum LB der KapGes. siehe allgemein F Tz. 1080 ff.
111 Vgl. *Küting/Hütten*, AG 1997, S. 250 (251).
112 Kleine KapGes. (§ 267 Abs. 1 HGB) brauchen gem. § 264 Abs. 1 S. 3 1. Hs. HGB keinen LB aufzustellen.
113 Vgl. *IDW RH HFA 1.005*, Tz. 30.

Darüber hinausgehend haben KapGes. i.S.d. § 264d HGB nach § 289 Abs. 5 HGB im LB die wesentlichen Merkmale des IKS und des internen Risikomanagementsystems im Hinblick auf den Rechnungslegungsprozess zu beschreiben[114].

Im Zusammenhang mit der Lageberichterstattung wird unter dem Begriff Risiko „die Möglichkeit ungünstiger künftiger Entwicklungen verstanden, die mit einer erheblichen, wenn auch nicht notwendigerweise überwiegenden Wahrscheinlichkeit erwartet werden"[115]. Der Gesetzgeber hat nicht definiert, wie derartige Risiken der künftigen Entwicklung zu ermitteln sind. I.d.R. wird dies durch ein Risikofrüherkennungssystem i.S.d. § 91 Abs. 2 AktG geschehen[116]. Die Existenz eines angemessenen und wirksamen Risikofrüherkennungssystems ist ein wesentlicher Garant für eine ordnungsgemäße Berichterstattung über Risiken der künftigen Entwicklung im LB. 94

Auch über den Umfang und die Abgrenzung der berichtspflichtigen Risiken sagt das Gesetz nichts aus. Es besteht jedoch in der Literatur Einigkeit darüber, dass für die Risikoberichterstattung im LB der Grundsatz der Wesentlichkeit gilt, d.h. es muss nicht über jedes, noch so geringfügige Risiko berichtet werden[117]. Vielmehr erstreckt sich die Berichterstattung nur auf solche Risiken, die entweder bestandsgefährdend oder zumindest von wesentlichem Einfluss auf die Vermögens-, Finanz- und Ertragslage sein können[118]. Hierbei kann es sich z.B. um Risiken aufgrund einer Veränderung externer Umfeldfaktoren, operative Risiken aus den betrieblichen Funktionsbereichen oder strategische Risiken handeln[119]. 95

Die Risiken der künftigen Entwicklung sind im Risikobericht aufzuführen, zu erläutern und – sofern möglich – zu quantifizieren[120]. Es ist mindestens so umfassend zu berichten, dass sich der Leser auch dann, wenn die objektive oder subjektive Wahrscheinlichkeit des Eintritts eines Risikos nicht explizit angegeben wird, ein eigenes Bild von der Eintrittswahrscheinlichkeit machen kann[121]. Gemäß § 289 Abs. 1 S. 4 HGB sind im LB zusätzlich die zu Grunde liegenden Annahmen anzugeben[122]. 96

Gemäß § 317 Abs. 2 S. 2 HGB ist bei der Prüfung des LB und des KLB zu prüfen, ob die berichtspflichtigen Risiken der künftigen Entwicklung zutreffend im LB/KLB dargestellt sind[123]. Die im Risikobericht enthaltenen Aussagen sind vom APr. im Wesentlichen auf Vollständigkeit und Plausibilität zu prüfen[124]. 97

---

114 Nach der Gesetzesbegründung zum Regierungsentwurf des BilMoG können die Angaben nach § 289 Abs. 5 HGB mit den Angaben nach § 289 Abs. 2 Nr. 2 HGB zu einem einheitlichen Risikobericht zusammengefasst werden (vgl. *Gelhausen/Fey/Kämpfer*, BilMoG, Kap. O Tz. 324 ff.).
115 *IDW RS HFA 1*, Tz. 29; DRS 5, Tz. 9; *DRS 15*, Tz. 8. *IDW RS HFA 1* wurde zwischenzeitlich aufgehoben (vgl. FN-IDW 2005, S. 530), ist aber inhaltlich im Wesentlichen weiter zutreffend.
116 Vgl. *Baetge/Linßen*, BFuP 1999, S. 369 (370); *Saitz*, S. 74.
117 Vgl. z.B. *Dörner/Bischof*, WPg 1999, S. 445 (447).
118 Vgl. *Ernst*, WPg 1998, S. 1025 (1028).
119 Vgl. *DRS 15*, Tz. 89. Zur Darstellung der bestandsgefährdenden Risiken und der sonstigen Risiken mit wesentlichem Einfluss auf die Vermögens-, Finanz- und Ertragslage im LB vgl. allgemein *DRS 15*, Tz. 16 sowie *IDW RS HFA 1*, Tz. 30-36.
120 Vgl. *Baetge/Schulze*, DB 1998, S. 937 (943); *Baetge/Linßen*, BfuP 1999, S. 369 (381). Zur Risikobewertung vgl. auch Tz. 51 ff.
121 Vgl. *Baetge/Schulze*, DB 1998, S. 937 (943).
122 Vgl. auch *IDW RH HFA 1.007*, Tz. 5.
123 Zur Prüfung des LB siehe allgemein R Tz. 638 ff.
124 Vgl. *Böcking/Orth*, WPg 1998 S. 351 (362); *Forster*, WPg 1998 S. 45 (46); *Gelhausen*, AG Sonderheft 1997, S. 73 (80).

98 Der Umfang der erforderlichen Prüfungshandlungen ist u.a. von der Art der Risikoberichterstattung im LB abhängig. Denkbar ist eine **Brutto- oder eine Nettodarstellung**[125]. Die Risiken werden brutto dargestellt, wenn die mit ihnen verbundenen möglichen Auswirkungen ohne die Berücksichtigung von bereits vorhandenen Maßnahmen zur Risikobewältigung aufgezeigt werden. Bei der allgemein üblichen Nettodarstellung wird dagegen nur auf die nach Berücksichtigung der Risikobewältigungsmaßnahmen[126] verbleibenden Restrisiken eingegangen.

99 Liegt eine Nettodarstellung der Risiken vor, muss der APr. nicht nur prüfen, ob die Risiken vollständig dargestellt wurden, sondern er muss zusätzlich beurteilen, ob die beschriebenen Risikobewältigungsmaßnahmen tatsächlich ergriffen wurden und geeignet sind, um die Risikoauswirkungen in der vom Unternehmen dargestellten Weise zu verringern. Die durch die Nettodarstellung der Risiken ausgelösten Prüfungshandlungen gehen somit über die im Rahmen einer Prüfung des Risikofrüherkennungssystems nach § 317 Abs. 4 HGB erforderlichen Prüfungshandlungen hinaus (vgl. hierzu Tz. 103 ff.)[127].

100 Ist ein Risikofrüherkennungssystem im Unternehmen vorhanden, muss sich der APr. ein Verständnis von diesem System verschaffen und das System analysieren, um die Verlässlichkeit und Vollständigkeit der vom System generierten Daten beurteilen zu können[128]. Somit erfordert die Prüfung des LB allgemein zumindest eine (Grob-)**Analyse des Risikofrüherkennungssystems** des Unternehmens[129]. Ohne ein funktionsfähiges Risikofrüherkennungssystem wird ein Unternehmen i.d.R. nicht in der Lage sein, den Nachweis zu erbringen, dass alle wesentlichen Risiken im LB erfasst wurden[130].

101 Die vom Unternehmen gewählte Darstellung im LB kann jedoch auch zwingend eine **vollumfängliche Prüfung** des Risikofrüherkennungssystems auslösen. Dies wäre z.B. der Fall, wenn ein Unternehmen, das nicht ohnehin der Prüfungspflicht des § 317 Abs. 4 HGB unterliegt, im LB darlegt, dass es über ein geeignetes und wirksames Risikofrüherkennungssystem i.S.d. § 91 Abs. 2 AktG verfügt. Eine solche Darstellung durch das Unternehmen ist nicht unzulässig und in der Praxis in dieser oder ähnlicher Form immer häufiger anzutreffen. Diese Ausführungen des Unternehmens zum eingerichteten Risikofrüherkennungssystem haben jedoch zur Folge, dass der APr. das Risikofrüherkennungssystem in vollem Umfang prüfen muss. Denn die in den §§ 317, 321 und 322 HGB aufgestellten Anforderungen bewirken, dass sämtliche Angaben im LB in die Prüfung uneingeschränkt einzubeziehen sind, d.h. auch solche Angaben, die über den Katalog des § 289 HGB hinausgehen[131].

---

125 Zur Brutto- und Netto-Bewertung vgl. Tz. 57 f.

126 *Dörner/Bischof*, WPg 1999, S. 445 (447), vertritt die Auffassung, dass die Geschäftsführung faktisch gezwungen sei, im LB über beabsichtigte oder bereits eingeleitete Gegenmaßnahmen gegen Risiken der künftigen Entwicklung zu berichten.

127 Vgl. *Brebeck/Förschle*, S. 171 (184).

128 Ähnlich *Böcking/Orth*, BFuP 1999, S. 419 (421/424). Sie betrachten es als fraglich, inwieweit der APr. den Risikobericht ohne eine Prüfung des Risikofrüherkennungssystems umfassend und abschließend beurteilen kann.

129 Ähnlich *Schindler/Rabenhorst*, BB 1998, S. 1886 (1891). Schwächer ADS[6], § 317 HGB, Tz. 174, die darauf hinweisen, dass die Prüfung des Risikoberichts mit der Prüfung des Risikofrüherkennungssystems ggf. zu verbinden sei. Vgl. hierzu auch *IDW PS 350,* Tz. 10.

130 Sollte das Unternehmen über kein wirksames Risikofrüherkennungssystem verfügen, so kann hieraus nicht unmittelbar der zwingende Schluss gezogen werden, dass der LB nicht ordnungsgemäß ist. In diesem Fall sind jedoch sehr umfassende Einzelfallprüfungen durch den APr. vorzunehmen. Er muss sicherstellen, dass durch eine vollständige Bestandsaufnahme aller berichtspflichtigen Risiken (zur Risikoidentifikation vgl. Tz. 41 ff. und zur Risikobewertung vgl. Tz. 51 ff.) seitens des Unternehmens die notwendigen Voraussetzungen für eine ordnungsgemäße Lageberichterstattung geschaffen wurden.

131 Vgl. *IDW PS 350,* Tz. 4, 6.

Aus dem gleichen Grund mussten in der Vergangenheit auch die Chancen der künftigen Entwicklung, die im LB – zulässigerweise[132] – ggf. dargestellt wurden, um eine einseitige Risikodarstellung zu vermeiden, einer (Plausibilitäts-)Prüfung durch den APr. unterzogen werden. Gemäß § 289 Abs. 1 HGB sind von den Unternehmen im Rahmen der Darstellung der voraussichtlichen Entwicklung neben den wesentlichen Risiken auch die wesentlichen Chancen zu beurteilen und zu erläutern. Dazu sind auch die zu Grunde liegenden Annahmen anzugeben. Der APr. hat nun auch analog zu den Risiken zu prüfen, ob die Chancen der künftigen Entwicklung zutreffend dargestellt sind. **102**

3. Prüfungsgegenstand, -art und -umfang

Den nun folgenden Ausführungen zur Prüfung des Risikofrüherkennungssystems liegt – sofern nicht explizit auf eine andere Prüfungsgrundlage hingewiesen wird – der Standardfall der gesetzlichen Pflichtprüfung nach § 317 Abs. 4 HGB zu Grunde. **103**

Die Verpflichtung zur Prüfung des Risikofrüherkennungssystems steht im Einklang mit der Weiterentwicklung des risikoorientierten Prüfungsansatzes vom prüfungsrisikoorientierten Prüfungsansatz hin zum **geschäftsrisikoorientierten Prüfungsansatz** oder vom Financial Audit zum Business Audit[133]. Dabei bildet die Prüfung des Risikofrüherkennungssystems einen integralen Bestandteil der gesamten Jahresabschlussprüfung, wobei z.B. die Ergebnisse aus der Analyse der Kenntnisse der Geschäftstätigkeit und des wirtschaftlichen und rechtlichen Umfelds *(IDW PS 230)* in die Prüfung einfließen. Die Elemente[134] des geschäftsrisikoorientierten Prüfungsansatzes bilden somit – wie im Folgenden aufgezeigt wird (vgl. Tz. 115, 125) – auch die Basis für die Prüfung des Risikofrüherkennungssystems. Auf der anderen Seite sind die Ergebnisse der Prüfung des Risikofrüherkennungssystems z.B. bei der Beurteilung der Fortführung der Unternehmenstätigkeit *(IDW PS 270)* und des IKS *(IDW PS 261)* zu berücksichtigen. **104**

Bei der Prüfung des Risikofrüherkennungssystems handelt es sich um eine **Systemprüfung** und nicht um eine Geschäftsführungsprüfung[135]. „Seitens des APr. kann lediglich eine Beurteilung über die Fähigkeit zur Aufdeckung wesentlicher Risiken erfolgen bzw. gefordert werden[136]." **105**

Gemäß *IDW PS 340* sind die die Reaktionen des Vorstands auf die erfassten Risiken nicht Gegenstand der Maßnahmen i.S.d. § 91 Abs. 2 AktG. Sie sind damit auch nicht Gegenstand der Prüfung nach § 317 Abs. 4 HGB. Ebenso gehört die Beurteilung, ob die eingeleiteten oder durchgeführten Handlungen zur Risikobewältigung bzw. der Verzicht auf diese Bewältigungsmaßnahmen sachgerecht oder wirtschaftlich sinnvoll sind, nicht zur Prüfung des Risikofrüherkennungssystems[137]. Nicht zur Prüfungs- und Berichterstattungspflicht des APr. gehört somit eine Analyse bzw. Stellungnahme zu dem Fragenkomplex, ob die Unternehmensleitung Risiken effizient und effektiv entgegengetreten ist[138]. **106**

Bei der Prüfung des Risikofrüherkennungssystems nach § 317 Abs. 4 HGB hat der APr. vielmehr festzustellen, ob das System die Risikoidentifikation, die Risikoanalyse/-be- **107**

---

132 Vgl. *Dörner/Bischof*, WPg 1999, S. 445 (446); *Forster*, S. 945.
133 Vgl. hierzu den Überblick bei ADS[6], § 317 HGB, Tz. 150-160. Vgl. auch *Dörner*, DB 2000, S. 101 (104); *Pollanz*, DB 1999, S. 393.
134 Vgl. hierzu im Einzelnen ADS[6], § 317 HGB, Tz. 155.
135 Vgl. *IDW PS 340*, Tz. 19. Zur Prüfung der Ordnungsmäßigkeit der Geschäftsführung vgl. Q Tz. 1048.
136 *Böcking/Orth*, WPg 1998, S. 351 (360).
137 Vgl. *IDW PS 340*, Tz. 6.
138 So auch z.B. *Dörner*, DB 1998, S. 1 (2). A.A. *Giese*, WPg 1998, S. 451 (456).

wertung, die Risikokommunikation und die zugehörige Überwachung unternehmensweit und permanent für alle relevanten Risiken sicherstellt. Auf möglichen Verbesserungsbedarf hat er hinzuweisen (§ 321 Abs. 4 S. 2 HGB). Die Abgabe konkreter Verbesserungsvorschläge hinsichtlich des Risikofrüherkennungssystems ist jedoch nicht Gegenstand der Abschlussprüfung[139].

108 Da es sich um eine Systemprüfung handelt, kann der APr. sich nicht darauf beschränken, die vom Unternehmen ggf. identifizierten wesentlichen oder bestandsgefährdenden Risiken zu analysieren. Dies hat zur Folge, dass der APr. selbst dann, wenn ein Unternehmen zum Prüfungszeitpunkt über keine wesentlichen oder bestandsgefährdenden Risiken verfügt, beurteilen muss, ob das eingerichtete Risikofrüherkennungssystem grds. geeignet ist, den Anforderungen gerecht zu werden.

109 Wie bereits erwähnt, fällt die Verantwortung für die Einrichtung eines konzernweiten Risikofrüherkennungssystems in den Verantwortungsrahmen des Vorstands des MU[140]. Daher muss dieses konzernweite Risikofrüherkennungssystem auch als Prüfungsobjekt in die Prüfung des JA des MU miteinbezogen werden. Eine gesonderte Prüfungspflicht im Rahmen der Prüfung des KA besteht nicht[141].

110 Die Feststellungen der APr. nachgelagerter Unternehmen im Konzernverbund können, sofern von einer hinreichenden fachlichen Kompetenz und beruflichen Qualifikation auszugehen ist, aufgrund einer nach § 317 Abs. 4 HGB oder einer vertraglichen Erweiterung des Prüfungsauftrags durchgeführten Prüfung des Risikofrüherkennungssystems durch den APr. der Konzernmutter verwertet werden[142].

111 Ferner besteht auch die Möglichkeit zur Zusammenarbeit der APr. mit der Internen Revision/Konzernrevision und somit zur Nutzung gegenseitiger Synergiepotentiale, sofern die Interne Revision gewissen Qualitätsanforderungen entspricht[143]. Im Rahmen der Prüfung nach § 317 Abs. 4 HGB ist diesbezüglich jedoch zusätzlich zu beachten, dass die Interne Revision Bestandteil des Risikofrüherkennungssystems und als solche Gegenstand der Prüfung durch den APr. ist[144]. Dies gilt entsprechend, sofern die Überwachung des Risikofrüherkennungssystems durch einen externen Prüfer oder einem sachverständigen Dritten vorgenommen wurde[145].

112 Die Prüfung des Risikofrüherkennungssystems ist eine jährlich wiederkehrende Aufgabe bei der Abschlussprüfung. Grds. ist in jedem Jahr das Gesamtsystem zu prüfen. Allerdings ist nicht ausgeschlossen, dass der APr. auf Kenntnisse und Erfahrungen zurückgreift, die er bereits in der Vergangenheit mit dem zu prüfenden Unternehmen erworben hat[146]. Im Rahmen einer Mehrjahresplanung der Prüfung des Risikofrüherkennungssystems können ähnlich wie bei der Prüfung des IKS von Jahr zu Jahr ggf. unterschiedliche Prüfungsschwerpunkte – in Abhängigkeit von der jeweils aktuellen Risikolage – gesetzt werden. Insb. Systemveränderungen und wesentliche neue Geschäftsprozesse bzw. Geschäftsfelder müssen jedoch stets umfassend analysiert werden.

---

139 Vgl. Tz. 149 f.
140 Vgl. Tz. 20.
141 Vgl. ADS⁶, § 317 HGB, Tz. 228.
142 Vgl. *IDW PS 340*, Tz. 37.
143 Vgl. *Brebeck*, Zusammenarbeit, S. 380-382; *Soll/Labes*, S. 195 (200); R, Tz. 858; Vgl. *IDW PS 321*, Tz. 10.
144 Vgl. *Amling/Bischof*, ZIR 1999, S. 44 (46/51); *Pollanz*, DB 1999, S. 393 (399). Zur Rolle der Internen Revision im Rahmen des Risikofrüherkennungssystems vgl. Tz. 67.
145 Vgl. *IDW PS 320*, Tz. 26 und *IDW PS 322*, Tz. 8.
146 Vgl. *IDW PS 240*, Tz. 13.

4. Prüfungsziele

Das übergeordnete Ziel der Prüfung des Risikofrüherkennungssystems und der anschließenden Berichterstattung über das Ergebnis dieser Prüfung im PrB besteht insb. darin, dem **AR verbesserte Kontrollmöglichkeiten** zu geben, indem ihm zusätzliche Informationen im Hinblick auf die Risikolage und das Risikofrüherkennungssystem des Unternehmens zur Verfügung gestellt werden[147].

Um dieser Aufgabe gerecht zu werden, bestehen die grds. (Unter-)Ziele der Prüfung des Risikofrüherkennungssystems darin, festzustellen, ob ein Risikofrüherkennungssystem eingerichtet wurde (**Vorhandensein**), ob es geeignet ist (**Eignung**) und ob es funktionsfähig ist (**Wirksamkeit**)[148]. Die zur Erreichung dieser Prüfungsziele erforderlichen Prüfungshandlungen werden nachfolgend im Einzelnen dargestellt und können in die Prüfungsphasen Bestandsaufnahme[149], Beurteilung der Eignung[150] und Prüfung der Wirksamkeit[151] unterteilt werden. Diesen Prüfungsphasen vorgelagert ist die Phase der Prüfungsplanung.

5. Prüfungsplanung

Die Planung der Prüfung des Risikofrüherkennungssystems in sachlicher, personeller und zeitlicher Hinsicht ist Bestandteil der allgemeinen Prüfungsplanung und dient der zielgerechten, zeitgerechten und wirtschaftlichen Durchführung der Prüfung[152]. In der Planungsphase nimmt die **Informationsbeschaffung**[153] eine ganz herausragende Stellung ein. Im Hinblick auf die Prüfung des Risikofrüherkennungssystems sind insb. Informationen über folgende Themen von Bedeutung: Vorgaben der Geschäftsleitung zur Risikofrüherkennung, Unternehmensvision/-strategie, Geschäftstätigkeit des Unternehmens, Branchentrends, branchentypische Risiken, wesentliche Entwicklungen der jüngeren Vergangenheit, strategische und operative Planung des Unternehmens, Instrumentarium zur Unternehmenssteuerung, Tätigkeit des Controllings und der Internen Revision etc.[154]. Als Methoden der Informationsbeschaffung kommen u.a. Gespräche mit der Geschäftsleitung und dem weiteren Top-Management, Analysen finanzwirtschaftlicher Informationen, Betriebsbesichtigungen, Einsichtnahme in interne[155] und externe[156] Unterlagen in Betracht[157]. Hiermit verschafft sich der APr. ein umfassendes Bild des Unternehmens und dessen Umfelds. Dies dient u.a. der vorläufigen Einschätzung der Risikolage des Unternehmens. Zugleich muss der APr. sich in der Planungsphase bereits einen groben Überblick über das vom Unternehmen installierte Risikofrüherkennungssystem verschaffen. Hierbei ist wichtig, dass der APr. auch die Grundeinstellung der Geschäftsleitung und der Mitarbeiter (Risikoneigung und -bewusstsein), die Integration in die strategische sowie

---

147 Vgl. BT-Drs. 13/9712, S. 11/27/29; *Böcking/Orth*, BFuP 1999, S. 419; *Hommelhoff*, BB 1998, S. 2625.
148 Vgl. BT-Drs. 13/9712, S. 27; ADS[6], § 317 HGB, Tz. 229.; *Brebeck/Herrmann*, WPg 1997, S. 381 (389); *IDW PS 340*, Tz. 24-31.
149 Vgl. Tz. 125 ff.
150 Vgl. Tz. 129 ff.
151 Vgl. Tz. 142 ff.
152 Vgl. hierzu ausführlich *IDW PS 240* ; R Tz. 38 ff.
153 Vgl. hierzu umfassend *IDW PS 230* und *IDW PS 261*.
154 Vgl. *IDW PS 230*, Tz. 7 i.V.m. dem Anhang „Relevante Aspekte im Zusammenhang mit den Kenntnissen über die Geschäftstätigkeit sowie das wirtschaftliche und rechtliche Umfeld des Unternehmens".
155 Entsprechende interne Unterlagen sind z.B. Protokolle von Vorstands-/Aufsichtsrats-/Risikomanagementausschusssitzungen, Organigramme, Planungsrechnungen, Zwischenberichte.
156 Entsprechende externe Unterlagen sind z.B. Branchenberichte, Statistiken, Berichte von Banken oder von Informationsdiensten.
157 Vgl. *IDW PS 230*, Tz. 14.

die operative Planung und die Überwachungsstruktur des Risikofrüherkennungssystems berücksichtigt. Dazu hat er sich auch über bereits durchgeführte Prüfungen durch externe Prüfer, Sachverständige oder die Interne Revision zu informieren. Die Ergebnisse stellen Prüfungsnachweise i.S.d. § 320 HGB dar und sind dem APr. für eine mögliche Verwertung zur Verfügung zu stellen.

Die Integration des Systems der Risikofrüherkennung in die Planung ist u.a. ein Indikator dafür, welche Stellung das System im Gesamtkontext der Unternehmenssteuerung hat. Die Risikoneigung und das Risikobewusstsein geben Anhaltspunkte im Hinblick auf die Risikodarstellung und Bewertung.

116 Für den Anwendungsfall der konzernweiten Risikomanagementprüfung erweitern sich die Informationsbedürfnisse des Abschlussprüfers für die Prüfungsplanung hinsichtlich der einzubeziehenden Beobachtungs- bzw. Berichtseinheiten als Ausprägungsform der konzernweiten Aufbauorganisation des Risikomanagements. Analog der Ausgestaltung der konzernweiten Risikomanagement-Aufbauorganisation sind alle nachgelagerten Gesellschaften einzubeziehen, sofern von diesen bestandsgefährdende Entwicklungen für das MU ausgehen können. Die Prüfung der konzernweiten Umsetzung der Maßnahmen nach § 91 Abs. 2 AktG führt in der Konsequenz zum Erfordernis dezentraler Prüfungshandlungen auf der Ebene nachgelagerter Gesellschaften, um die ordnungsgemäße, risikoorientierte Einbindung in das konzernweite System beurteilen zu können. Zu berücksichtigen ist hierbei, dass sich die Ausgestaltung der konzernweiten Aufbauorganisation zum Risikomanagement nicht zwangsläufig an rechtseinheitlichen Strukturen orientieren muss. Zulässig und in der Praxis oftmals gängig ist aus Sicht des MU auch eine Festlegung von Berichtseinheiten nach wirtschaftlichen Gesichtspunkten. Diese können dann ggf. mehrere rechtliche Einheiten („überlappend") umschließen bzw. sich auch nur aus Teilen eines nachgelagerten Unternehmens zusammensetzen. Diese Ausgestaltungsoption der Aufbauorganisation im Konzern fällt dem Ermessen des Vorstands des MU im Zuge seiner konzernweiten Leitungsverpflichtung aus §§ 76 Abs. 1, 91 Abs. 2 AktG anheim. Der Prüfer hat diesen Ermessensspielraum zu berücksichtigen.

117 In der Konsequenz erfolgt in diesen Fällen die Planung der dezentral im Konzernverbund vorzunehmenden Prüfungshandlungen i.d.R. sachgerecht abweichend von rechtseinheitlichen Ausprägungen. Die personelle Prüfungsplanung erfordert ebenfalls eine Berücksichtigung der Besonderheiten im Konzern. Der i.d.R. vorherrschenden hohen Internationalisierung großer Konzerne ist Rechnung zu tragen. Es sind abgestimmte, länderübergreifende Prüfungshandlungen durchzuführen. In der Konsequenz wird i.d.R. ein im Vergleich zu Risikomanagementprüfungen im rechtseinheitlichen Bereich national ausgerichteter Unternehmungen hoher Personaleinsatz erforderlich sein. Dieser erfolgt idealtypisch unter Einbezug von Spezialisten, die mit den Landes- und Unternehmensspezifika „vor Ort" vertraut sind. Gleichfalls sind an die Prüfungsleitung erhöhte fachliche Anforderungen zu stellen, da im Bereich großer internationaler Konzerne oftmals ein Konglomerat an Gesellschaften unterschiedlicher Branchen im Bezugsfeld unterschiedlicher Ländergegebenheiten, unterschiedlicher Märkte und Wettbewerbsstrukturen unter Risikogesichtspunkten beurteilt werden muss und hierbei auch Interdependenzen zu berücksichtigen sind.

118 Die Entwicklung der Prüfungsstrategie und hierauf aufbauend die Erstellung eines Prüfungsprogramms für die Prüfung des Risikofrüherkennungssystems ist u.a. abhängig von der beim Unternehmen anzutreffenden Konzeption des eingerichteten Risikofrüherkennungssystems als Separationskonzept, als Integrationskonzept oder als Mischform.

Beim **Separationskonzept** (vgl. Tz. 25) ist neben den allgemeinen Geschäftsprozessen und Prozessen zur Unternehmenssteuerung parallel ein eigenständiges System zur systematischen Erfassung, Analyse, Berichterstattung und Überwachung von wesentlichen Risiken eingerichtet. Hierdurch kann die Bestandsaufnahme (vgl. Tz. 125 ff.) und die Beurteilung der Eignung des Risikofrüherkennungssystems (vgl. Tz. 129 ff.) relativ einfach durch den APr. vorgenommen werden. Die Beurteilung der Wirksamkeit erfordert i.d.R. aber auch Stichproben in den Geschäfts- und Steuerungsprozessen. 119

Beim **Integrationskonzept** (vgl. Tz. 26) ist die Risikofrüherkennung ein integraler Bestandteil des Steuerungsinstrumentariums. Aufgrund der beschriebenen Einbindung existiert häufig auch keine zusätzliche, in sich geschlossene Dokumentation des Risikofrüherkennungssystems. Beides hat zur Folge, dass im Vergleich zum Separationskonzept (vgl. Tz. 119) die Bestandsaufnahme für mehrere Steuerungsinstrumente erforderlich ist und die Beurteilung der Eignung des Risikofrüherkennungssystems tendenziell erschwert wird. 120

In der Praxis sind häufig Teilaspekte beider Konzepte verwirklicht (**Mischkonzept**) (vgl. Tz. 27). Demzufolge besteht in diesen Fällen häufig keine einheitliche Dokumentation des gesamten Prozesses der Risikofrüherkennung. Aufgrund dieser Uneinheitlichkeit des Gesamtprozesses der Risikofrüherkennung kann die Prüfung des Risikofrüherkennungssystems zusätzlich erschwert werden. 121

Aufgrund der expliziten Anforderung zur Überwachung der Wirksamkeit des IKS und des Risikomanagements durch den Prüfungsausschuss ist das IKS der Unternehmen (einschließlich des Risikofrüherkennungssystems, welches integraler Bestandteil ist) verstärkt in den Mittelpunkt der Nachweisführung einer ordnungsgemäßen Unternehmensführung durch die Unternehmensleitung gerückt[158]. Für die APr. führte dies zur Umsetzung des risiko-, prozess- und systemorientierten Prüfungsansatzes und einer risiko- bzw. problemorientierten Berichterstattung[159]. Im Rahmen der risikoorientierten Prüfung und der Prüfung des IKS kommt der Verfahrensdokumentation der Unternehmen eine maßgebliche Rolle zu. Dies ist v.a. bei dem Integrationskonzept des Risikofrüherkennungssystems entscheidend, da es hier in die sonstigen Planungs-, Steuerungs- und Kontrollsysteme der Unternehmen integriert ist. Nur bei einer entsprechenden Dokumentation der einzelnen Systeme und deren Risikofrüherkennungskomponenten ist eine grundlegende Beurteilung durch den APr. möglich. Generell führt eine fehlende oder unvollständige Dokumentation der Maßnahmen zur Risikofrüherkennung zu Zweifeln an der dauerhaften Funktionsfähigkeit[160] der Maßnahmen.

Bei einem Integrationskonzept oder Mischformen hat der Prüfer zusätzlich darauf zu achten, dass diese die notwendige Transparenz der Risikosituation für den Vorstand ermöglichen. Notwendige Basis dafür ist eine Dokumentation des Unternehmens, welche Risiken in welchen Teilsystemen behandelt und berichtet werden. Weiterhin ist ein gesondertes Risikoinventar vorzulegen. Ansonsten gelten für die Prüfung der Teile, die dem Separationskonzept folgen und der Teile, die dem Integrationskonzept folgen, grds. die jeweils gemachten Ausführungen entsprechend.

Zeitlich sollte die Prüfung des Systems der Risikofrüherkennung nach Möglichkeit schwerpunktmäßig während einer **Vor- oder Zwischenprüfung** durchgeführt werden. 122

---

158 Dies betrifft z.B. SEC gelistete Unternehmen durch den Sarbanes-Oxley Act of 2002, bei dem die Unternehmensleitung u.a. den Nachweis eines funktionierenden internen Kontrollsystems zu führen hat.
159 Vgl. auf nationaler Ebene z.B. *IDW PS 200* i.V.m. *IDW PS 210, 230, 240, 261, 450, 470* und *140* sowie international ISA 240, 250, 290, 315 und 330.
160 Vgl. *IDW PS 340*, Tz. 18.

Dies gilt insb. vor dem Hintergrund, dass die Prüfung des Risikofrüherkennungssystems – insb. bei Verfolgung des geschäftsrisikoorientierten Prüfungsansatzes[161] – wesentliche Informationen für die weitere Durchführung der Prüfung des JA und LB liefert (vgl. Tz. 2)[162]. Da jedoch zusätzlich sichergestellt sein muss, dass das Risikofrüherkennungssystem während des gesamten GJ kontinuierlich angewandt wurde, sind weitere Prüfungshandlungen im Rahmen der Hauptprüfung vorzunehmen, um auch den Zeitraum zwischen der Vor- oder Zwischenprüfung und dem Abschlussstichtag zu erfassen. Die Schwerpunkte dieser Prüfungshandlungen sind dann insb. auf die Analyse der ggf. zwischenzeitlich erfolgten Systemveränderungen und die vollständige und korrekte Erfassung der relevanten Risiken zum Abschlussstichtag zu legen.

6. Prüfungsdurchführung

123 Wie im Rahmen der Erörterung der Prüfungsziele bereits erwähnt wurde, gliedert sich die Durchführung der Prüfung des Risikofrüherkennungssystems in drei Phasen. Die erste Prüfungsphase besteht in einer Bestandsaufnahme. Diese Phase baut auf der Planungsphase auf und ist inhaltlich eng mit ihr verbunden. Hieran schließt sich die Prüfungsphase der Beurteilung der Eignung des Risikofrüherkennungssystems an. Abgeschlossen wird die Prüfung des Risikofrüherkennungssystems mit der Phase der Prüfung der Wirksamkeit.

124 Die in den jeweiligen Prüfungsphasen getroffenen Feststellungen zum Vorhandensein, zur Eignung und zur Wirksamkeit des Risikofrüherkennungssystems sind vom APr. in seinen Arbeitspapieren zu dokumentieren und zusammenfassend abschließend zu würdigen.

a) Bestandsaufnahme

125 In der Prüfungsphase der Bestandsaufnahme muss der APr. den in der Planungsphase bereits gewonnenen ersten Eindruck über das vom Unternehmen eingerichtete Risikofrüherkennungssystem weiter vertiefen und verifizieren oder ggf. anpassen. Hierzu hat er sich **Detailinformationen** über das Risikofrüherkennungssystem zu verschaffen, wie z.B. Informationen über:

– die Unternehmensziele,
– die Risikopolitik des Unternehmens[163],
– die Ausprägung des Risikobewusstseins der Mitarbeiter in den verschiedenen Unternehmensbereichen und auf den verschiedenen Hierarchieebenen des Unternehmens[164],
– die im Unternehmen verfolgte organisatorische Konzeption zur Risikofrüherkennung und die daraus resultierende Aufbauorganisation des Risikofrüherkennungssystems des Unternehmens[165] sowie,
– die Ablauforganisation des Risikofrüherkennungssystems[166].

---

161 Vgl. Tz. 104.
162 So auch *Pollanz*, BB 1997, S. 1351 (1352).
163 Zur Risikopolitik eines Unternehmens zählen die Risikoneigung der Geschäftsleitung und die Grundeinstellung der Geschäftsleitung zum Prozess der Risikofrüherkennung.
164 Das Risikobewusstsein der Mitarbeiter äußert sich z.B. darin, ob sie sich in ihrem jeweiligen Aufgabengebiet für Fragestellungen und Aufgaben der Risikofrüherkennung verantwortlich fühlen und sich dementsprechend verhalten.
165 In der Aufbauorganisation des Risikofrüherkennungssystems spiegeln sich die Zuständigkeiten und Verantwortlichkeiten im Prozess der Risikofrüherkennung wider. Ggf. wurden speziell für die Aufgaben des Risikofrüherkennungssystems zusätzlich gesonderte Organisationseinheiten geschaffen, wie z.B. ein Risikoausschuss oder Risk Manager.
166 In der Ablauforganisation des Risikofrüherkennungssystems spiegelt sich wider, wie die einzelnen Aufgaben im Rahmen des Risikofrüherkennungssystems, also die Risikoidentifikation, die Risikoanalyse/-bewertung, die Risikokommunikation und die Überwachung wahrgenommen werden.

Insb. die organisatorischen Regelungen müssen aus der vom Unternehmen erstellten Dokumentation des Risikofrüherkennungssystems hervorgehen. Besondere Anforderungen an die Dokumentation sind beim Integrationskonzept und bei Mischformen zu stellen. Auf der Grundlage dieser Informationen beurteilt der APr. dann, ob ein Risikofrüherkennungssystem i.S.d. § 91 Abs. 2 AktG überhaupt vorhanden ist und ob es sich – wie erforderlich – auf alle Unternehmensbereiche und Unternehmensebenen sowie im Konzern auf alle Konzernunternehmen erstreckt[167]. Aufgrund der in der jüngsten Vergangenheit häufig anzutreffenden Verzahnung des Risikofrüherkennungssystems mit der Unternehmenssteuerung und der Unternehmensplanung ergeben sich hieraus auch entsprechende Hinweise für den APr. im Rahmen des risikoorientierten Prüfungsansatzes.

Eine wichtige Voraussetzung für die sachgerechte konzernweite Durchführung des Risikofrüherkennungsprozesses ist ein angemessenes Risikobewusstsein der Prozessbeteiligten. Insb. in einem multinational ausgerichteten Konzern ist davon auszugehen, dass unterschiedliche Ausprägungen dieses Bewusstseins in den jeweils eingebundenen Gesellschaften vorliegen werden. Dies kann zum einen auf kulturelle Spezifika des jeweiligen Heimatlandes, auf unternehmenskulturelle Aspekte oder aber auch auf die Historie der jeweiligen Gesellschaft innerhalb des Konzernverbundes zurückzuführen sein. Bei seiner Bestandsaufnahme im Rahmen konzernierter Strukturen sollte der APr. daher Anhaltspunkte für mögliche divergierende Ausprägungen generieren und diese Informationen ggf. in seine Prüfungsplanung mit einfließen lassen. Dies kann z.B. über Befragungen der mit der prozessabhängigen Kontrolle betrauten Verantwortungsträger auf Ebene der Muttergesellschaft erfolgen. Des Weiteren steht es dem APr. bei seiner Prüfung des konzernweiten Risikomanagements auch anheim, im Vorfeld der Prüfungsdurchführung über eine gezielte Abfrage bei den jeweiligen APr. der Tochter- und Enkelgesellschaften oder Beteiligungen Informationen zur Ausgestaltung des Risikomanagements „vor Ort" zu generieren, die u.a. auch Einschätzungen zum Risikobewusstsein der Prozessbeteiligten beinhalten.

126

Fehlt eine **angemessene Dokumentation**, so hat der APr. auf deren Erstellung durch das Unternehmen hinzuwirken. Eine fehlende Dokumentation allein berechtigt jedoch nicht zu der Feststellung, dass ein Risikofrüherkennungssystem nicht vom Unternehmen eingerichtet worden ist. Wenn keine oder eine fehlerhafte Gesamtdokumentation des Systems vorliegt, muss das Vorhandensein eines Risikofrüherkennungssystems auf andere Weise hinreichend vom Unternehmen belegt werden[168]. Eine fehlende Systemdokumentation verursacht – zusätzlich zu den negativen Auswirkungen im Unternehmen selbst[169] – einen erheblichen Mehraufwand bei der Prüfung des Risikofrüherkennungssystems, da der APr. dann eine eigene Bestandsaufnahme der vorhandenen Teilsysteme durchzuführen und zu seinen Arbeitsunterlagen zu nehmen hat[170]. Dies gilt nicht nur für die Erstprüfung, sondern auch für die Prüfungen in den Folgejahren, bei denen insb. festzustellen ist, ob vom Unternehmen Veränderungen am Prozess der Risikofrüherkennung vorgenommen wurden.

127

---

167 Zur Erlangung der notwendigen Konzernsicht kann der APr. des MU die Prüfungsergebnisse der APr. der TU hinzuziehen. Vgl. Tz. 110.

168 So auch ADS[6], § 317 HGB, Tz. 230. *Förschle/Almeling* in BeBiKo[7], § 317, Rn. 85 ff. und *Ludewig*, WPg 1998, S. 599 bezweifeln, dass eine Prüfung des Risikofrüherkennungssystems ohne entsprechende Dokumentation überhaupt möglich ist. *Giese*, WPg 1998, S. 451 (453) bezweifelt, dass ein nur durch Befragung feststellbares Risikofrüherkennungssystem den Anforderungen des § 91 Abs. 2 AktG genügt.

169 Zu den Notwendigkeiten der Erstellung einer Systemdokumentation vgl. Tz. 31 f.

170 Vgl. *IDW PS 340*, Tz. 25. Ablehnend zur Systemaufnahme durch den APr. *Förschle/Almeling* in BeBiKo[7], § 317, Rn. 86.

128 Die Prüfungsphase der Bestandsaufnahme kann sich grds. nicht auf eine Dokumentenanalyse beschränken. Vielmehr muss der APr. i.d.R. zusätzlich Befragungen der Geschäftsleitung und weiterer Mitarbeiter des Unternehmens durchführen. Dies gilt insb. für die Gewinnung von Informationen über die Unternehmensziele, die Risikopolitik und das Risikobewusstsein.

b) Beurteilung der Eignung

129 Aufbauend auf der Bestandsaufnahme des Risikofrüherkennungssystems hat der APr. in der nächsten Prüfungsphase zu beurteilen, ob die vom Unternehmen getroffenen **Maßnahmen** zur Risikofrüherkennung **geeignet** sind, die gesetzlichen Anforderungen zu erfüllen. Im Einzelnen hat der APr. zu analysieren, ob durch das eingerichtete Risikofrüherkennungssystem unternehmens- bzw. konzernweit sichergestellt ist,

– dass die bestandsgefährdenden und sonstigen wesentlichen Risiken vollständig identifiziert werden,
– dass die vom Unternehmen vorgenommene Bewertung der identifizierten Risiken intersubjektiv nachvollziehbar ist,
– dass die relevanten Risikoinformationen zeitgerecht (frühzeitig) an die jeweiligen Entscheidungsträger kommuniziert werden und
– dass durch das Unternehmen eine angemessene Überwachung des Risikofrüherkennungsprozesses stattfindet.

130 Die für diese Beurteilung erforderlichen Prüfungshandlungen werden nachfolgend näher erörtert:

131 Zur Beurteilung der Vollständigkeit der **Risikoidentifikation** muss der APr. – unter Berücksichtigung seiner im Laufe der Prüfung des JA gewonnenen sonstigen Kenntnisse der Risikosituation des Unternehmens – untersuchen, ob alle relevanten Risikobereiche Berücksichtigung fanden, d.h. sowohl Risiken aus den internen Bereichen (z.B. Unternehmensstrategie, Forschung & Entwicklung, Prozesse, IT, Beschaffung, Produktion, Absatz) als auch aus den externen Bereichen (z.B. wirtschaftliches, technologisches, politisches, ökologisches oder soziales Umfeld des Unternehmens). Diesbezüglich ist von besonderer Bedeutung, dass der APr. über umfassende Kenntnisse über das Unternehmen und sein Umfeld sowie die Branche des Unternehmens verfügt[171]. Neben dem vollständigen Einbezug der Unternehmensbereiche hat der APr. die im Laufe des Jahres gemeldeten Risiken zu analysieren. Hierbei spielen die Aspekte Zeitnähe (Kenntnis und Aufnahme in die regelmäßige Berichterstattung), Vollständigkeit (im Abgleich mit den Kenntnissen des APr. über das Unternehmen, die Branche bzw. das Umfeld sowie über Prüfungsergebnisse im Rahmen der übrigen Prüfungsgebiete) und Plausibilität der Bewertung (siehe Tz. 134) eine entscheidende Rolle.

Ein weiterer wichtiger Aspekt ist die Prüfung der Integration des Risikofrüherkennungssystems mit der Unternehmensplanung. Hier ist zu untersuchen, inwieweit sich der Vorgang der Risikoidentifikation an den Unternehmenszielen orientiert. Eine Verknüpfung mit den Unternehmenszielen und der Planung ermöglicht eine systematische Ableitung der Risiken und deren Bewertung. Nur bei hinreichender Kenntnis der Ziele können die Mitarbeiter die Risikosituation inhaltlich und der Höhe nach systematisch einschätzen.

132 Ferner hat der APr. zu analysieren, ob geeignete Frühwarnindikatoren für die identifizierten Risikobereiche existieren und ob diese permanent im Sinne eines Soll-/Ist-Vergleichs durch das Unternehmen verfolgt werden. Denn neben einem ausgeprägten Risi-

---

171 *Förschle/Almeling* in BeBiKo[7], § 317, Rn. 87.

kobewusstsein der Mitarbeiter sind die Existenz und der fortwährende Einsatz von geeigneten Frühwarnindikatoren entscheidend für die Vollständigkeit der Risikoidentifikation, die Risikobewertung und die hieran anschließende zeitgerechte Risikokommunikation[172]. Hinsichtlich der Verwendung von Risikoindikatoren muss der APr. bei der Anwendung des Integrationskonzepts oder von Mischformen durch das Unternehmen auch Berichtswege außerhalb des formalen Risikoreporting in seine Betrachtung mit einbeziehen. Ein wichtiger Aspekt ist dabei, ob die Frühwarnindikatoren auch für die jeweilige Risikobeurteilung genutzt werden. Dazu ist es notwendig, dass die für die Risikoidentifikation und Bewertung zuständige Stelle auch über die notwendigen Informationen über den Frühwarnindikator verfügt.

Allerdings ist zu konstatieren, dass die Vollständigkeit der Risikoidentifikation aufgrund der unvollkommenen Voraussicht ex ante niemals mit hundertprozentiger Sicherheit beurteilt werden kann[173]. Dies gilt selbst bei Vorliegen eines hervorragend ausgestalteten Systems von Frühwarnindikatoren, das sowohl sog. *hard facts* als auch sog. *soft facts* oder „schwache Signale" berücksichtigt.

Die vom Unternehmen vorgenommene **Risikobewertung** muss durch den APr. nachvollzogen und einer Prüfung auf Plausibilität und Widerspruchsfreiheit unterzogen werden[174]. Zu diesem Zweck müssen dem APr. die der Bewertung zu Grunde gelegten Prämissen und die hierauf basierenden Planungsrechnungen, Sensitivitätsanalysen, Szenariorechnungen[175] o.ä. vom Unternehmen offengelegt werden. Es ist zu prüfen, ob das jeweils verwendete Prognosemodell sachgerecht und richtig gehandhabt worden ist, ob alle verfügbaren relevanten Informationen verwendet wurden und Interdependenzen Rechnung getragen wurde[176]. Hierbei muss der APr. sich der Tatsache bewusst sein, dass trotz aller ggf. eingesetzten Hilfsmittel die Bewertung der Risiken stark durch das subjektive Urteil des Bewerters bestimmt wird. Deshalb muss er sich davon überzeugen, dass die Bewertung vom Unternehmen nach pflichtgemäßem Ermessen, willkürfrei und im Zeitablauf konsistent vorgenommen wurde. Dazu ist es notwendig, dass die Kernprämissen zur Risikobewertung durch das Unternehmen dokumentiert werden. Dies ist gerade bei möglichen Szenariobetrachtungen wichtig. Weiterhin ist darauf zu achten, dass unternehmens- bzw. konzernweit einheitliche Bewertungsverfahren zum Einsatz kamen und dass je nach Bedeutung der jeweiligen Risiken die unternehmensindividuell festgelegten Wesentlichkeitsgrenzen eingehalten wurden. Es ist jedoch nicht die Aufgabe des APr., „die Schätzung der Unternehmensleitung durch seine eigene subjektive (nicht begründbare) Schätzung zu ersetzen"[177].

Ein bedeutsames Beurteilungsfeld im Kontext der Risikobewertung bildet die **Risikoaggregation im Konzern** als spezielle Ausprägung der gesamtheitlichen Risikobewertung. Hinsichtlich der Maßgabe einer sachgerechten Abbildung der Gesamtrisikosituation im Konzern ist es aus Prüfersicht wichtig zu analysieren, ob konzernweit Abläufe etabliert sind, die die Aggregation gleichartiger Risiken innerhalb des gesamten Konzernverbunds einschließlich der Berücksichtigung von Interdependenzen sicherstellt. Eine Risikobewertung in fest definierten Wertklassen bzw. eine konkrete absolute Einschätzung ist im Bereich eines konzernweiten Risikomanagements vor diesem Hintergrund unverzichtbar,

---

172 Vgl. zur Ausgestaltung der Risikoidentifikation Tz. 41 ff.
173 So auch *Giese*, WPg 1998, S. 451 (455).
174 Vgl. zur Ausgestaltung der Risikobewertung Tz. 51 ff.
175 Zum Einsatz von Szenariotechniken vgl. *Broetzmann*, CM 2003, S. 541.
176 Zur Prognoseprüfung vgl. z.B. *Hagest/Kellinghusen*, WPg 1977, S. 405.
177 *Giese*, WPg 1998, S. 451 (456).

da ansonsten eine Aggregation der Einzelrisiken im Verbund nicht sachgerecht möglich ist. Eine rein qualitative Bewertung ohne Hinterlegung von konkreten Schadensgrößen ist hingegen aus Prüfersicht nicht ausreichend, da in der Konsequenz auf vorgelagerten Konzernstufen eine Zusammenfassung solcher Risiken erfolgen könnte, die sich hinsichtlich ihrer Auswirkungen ggf. erheblich unterscheiden.

136 Wurde vom Unternehmen nicht durchgängig eine Quantifizierung der Risiken vorgenommen, muss sich der APr. durch zusätzliche Prüfungshandlungen Gewissheit darüber verschaffen, dass wesentliche Risiken eine adäquate Behandlung erfahren[178].

137 Zur Beurteilung der Eignung der **Risikokommunikation** hat der APr. zu untersuchen, ob die entsprechenden aufbau- und ablauforganisatorischen Vorkehrungen im Unternehmen so getroffen wurden, dass alle relevanten Risiken vollständig und so frühzeitig an die jeweils zuständigen Entscheidungsträger kommuniziert werden, dass diese in die Lage versetzt werden, noch wirksame Maßnahmen zur Risikobewältigung einzuleiten. Zu diesem Zweck sind die Kommunikationswege und -prozesse im üblichen Geschäftsreporting sowie im separaten Risikoreporting zu analysieren. Hierbei ist insb. zu beurteilen, ob geeignete Eskalationskriterien für die Risikokommunikation festgelegt sind, die Berichtsperiodizitäten der Bedeutung des jeweiligen Risikos angemessen sind und ob geeignete Regelungen hinsichtlich einer ggf. erforderlichen Ad-hoc-Berichterstattung existieren[179]. Ein wesentlicher Aspekt ist auch hier die Nachvollziehbarkeit der Risikokommunikation. Gerade bei den Integrationskonzepten, bei denen die Risikoberichterstattung im Rahmen des Standardreportings des Unternehmens durchgeführt wird, ist es wichtig, dass die inhaltliche Darstellung der Risiken entsprechend den allgemeinen Anforderungen durchgeführt wird. Dies betrifft die Risikodarstellung sowie die Bewertung der Risiken. Die z.T. gelebte Praxis einer allgemeinen Beschreibung von Unternehmenssituationen, aus deren Gesamtkontext Risiken abgeleitet werden können, erfüllt nicht die Anforderungen an eine ordnungsgemäße Risikoberichterstattung.

138 Ferner wird die Eignung des Risikofrüherkennungssystems dadurch bestimmt, dass die Anwendung der definierten Maßnahmen zur Risikofrüherkennung fortwährend sichergestellt ist. Da dies auf Unternehmensebene durch Überwachungsaktivitäten gewährleistet werden soll, hat der APr. die entsprechenden Prozesse der **Überwachung** zu analysieren[180]. In der Unternehmenspraxis werden die in diesem Zusammenhang besonders bedeutsamen prozessunabhängigen Überwachungsaufgaben i.d.R. zu einem großen Anteil von der Internen Revision ausgeführt. Somit ist die Tätigkeit der Internen Revision hier Gegenstand der Prüfung durch den APr. Im Rahmen der Prüfung ist daher u.a. zu beurteilen, ob die personelle und qualitative Ausstattung der Internen Revision hinreichend ist und die ihr zugewiesenen Aufgaben im Prozess der Risikofrüherkennung angemessen sind. Vor dieser Fragestellung ist das Prüfprogramm der Internen Revision daraufhin zu analysieren, ob und inwieweit Aspekte des Risikofrüherkennungssystems Berücksichtigung fanden. Schließlich sind ergänzend die integrierten Kontrollen und sonstigen Maßnahmen (Managementkontrollen) zur Überwachung des Risikofrüherkennungssystems vom APr. zu beurteilen, um ein Gesamtbild über die Überwachungsprozesse zu gewinnen und hierauf basierend zu einem Urteil über deren Geeignetheit zu gelangen. In diesem Bereich empfiehlt es sich, im Vorfeld zur Abschlussprüfung frühzeitig eine Abstimmung der Aktivitäten zwischen APr. und Interner Revision durchzuführen *(IDW PS 321, Tz. 18-21).*

---

178 Zur Möglichkeit der Kennzeichnung eines Risikos als *„high priority risk"* vgl. Tz. 61.
179 Vgl. zur Ausgestaltung der Risikokommunikation Tz. 62 ff.
180 Vgl. zur Ausgestaltung der Überwachung Tz. 67 ff.

Prüfung des Risikofrüherkennungssystems P

Neben einer Beurteilung der einzelnen Maßnahmen zur Risikoidentifikation, Risiko- 139
analyse/-bewertung, Risikokommunikation und Überwachung im Hinblick auf ihre Eignung hat der APr. zur Abrundung seiner Beurteilung des Gesamtsystems der Risikofrüherkennung zu analysieren, ob auch die **Verantwortlichkeiten** für die jeweils zu erfüllenden Aufgaben zweckentsprechend definiert wurden und die Verantwortlichen sich ihrer Aufgaben auch in vollem Umfang bewusst sind.

Abschließend ist festzuhalten, dass das Urteil über die Eignung der Maßnahmen zur Ri- 140
sikofrüherkennung ebenso wie das Urteil über das Vorhandensein eines Risikofrüherkennungssystems entscheidend von einer geeigneten Systemdokumentation beeinflusst wird. Denn wenn eine Dokumentation völlig fehlt, so können zumindest Zweifel bestehen, ob das Risikofrüherkennungssystem unternehmens- bzw. konzernweit einheitlich angewandt werden kann. Die Sicherstellung der unternehmens- bzw. konzernweit einheitlichen Anwendung stellt jedoch ein wesentliches Beurteilungskriterium hinsichtlich der Eignung eines Risikofrüherkennungssystems dar. Auch in diesem Fall verursacht eine fehlende oder unzureichende Dokumentation vermehrt Einzelfallprüfungen durch den APr. Der zur Erlangung der notwendigen Urteilssicherheit erforderliche Prüfungsaufwand steigt somit auch in dieser Prüfungsphase mit abnehmender Qualität der Dokumentation erheblich an.

Insb. Unternehmen, die in Bezug auf Risikofrüherkennung das sog. Integrationskonzept 141
verfolgen (vgl. hierzu Tz. 118, 120), verfügen häufig über keine gesonderte, umfassende Dokumentation des Risikofrüherkennungssystems. Allerdings existiert in diesen Fällen i.d.R. eine – wenn auch z.T. nur knappe – Dokumentation des Instrumentariums zur Unternehmenssteuerung[181], die vom APr. dahingehend zu analysieren ist, ob die Elemente des Risikofrüherkennungssystems in hinreichender Weise Berücksichtigung finden. So ist z.B. zu untersuchen, ob und in welcher Weise Risiken im Prozess der strategischen und operativen Planung sowie im allgemeinen Reporting ihren Niederschlag finden. Die fehlende in sich geschlossene Dokumentation des Risikofrüherkennungssystems hat somit zur Folge, dass der APr. zur Erlangung eines Urteils über das Vorhandensein und die Eignung des Risikofrüherkennungssystems das bestehende Steuerungsinstrumentarium des Unternehmens einer Analyse unterziehen muss.

c) Prüfung der Wirksamkeit

Zur Vervollständigung der Prüfung des Risikofrüherkennungssystems hat sich an die Be- 142
urteilung der Eignung des Risikofrüherkennungssystems die Prüfung der Wirksamkeit des Risikofrüherkennungssystems anzuschließen. Die Prüfung der Wirksamkeit des Risikofrüherkennungssystems dient der Feststellung der tatsächlichen Funktionsfähigkeit der eingerichteten Maßnahmen zur Risikofrüherkennung sowie der Feststellung, ob diese Maßnahmen kontinuierlich und unternehmens- bzw. konzernweit angewendet werden.

Zu diesem Zweck sind **Einzelfallprüfungen** in Form von **Stichprobentests** durchzu- 143
führen. Im Rahmen dieser Tests ist für ausgewählte wesentliche Risiken zu überprüfen, ob *und wie die einzelnen Elemente des Risikofrüherkennungsprozesses im konkreten Einzelfall ausgestaltet sind und im Unternehmen tatsächlich „gelebt" werden*. Die im Rahmen der Systemprüfung bereits vorgenommene allgemeine Beurteilung der Eignung des Risikofrüherkennungssystems wird also anhand von ausgewählten Einzelfällen verifiziert. Es ist zu prüfen, ob die vom Unternehmen vorgesehenen Regelungen und Abläufe hinsichtlich der Risikofrüherkennung kontinuierlich während des zu prüfenden GJ befolgt wur-

---
181 Hierzu können z.B. ein Planungs- und Controlling-Handbuch, eine Beschreibung der Aufbau- und Ablauforganisation, eine Darstellung der Grundzüge des verfolgten Konzepts zur wertorientierten Unternehmensführung, Führungsgrundsätze, Standardberichte, Organigramme, Stellenbeschreibungen, etc. gehören.

den. Als Prüfungshandlungen hierfür kommen z.B. Befragungen, Beobachtungen, Prüfungen von erfolgten Vorgängen und die Durchsicht von Unterlagen zur Risikoidentifikation, -bewertung und -kommunikation sowie die Analyse von Prüfungsberichten bzw. Arbeitspapieren der Internen Revision in Betracht[182]. Zusätzlich kann die Funktionsfähigkeit des Risikofrüherkennungssystems auch in der Form geprüft werden, ob im Geschäftsjahr in der Rechnungslegung berücksichtigte (z.b. über Abwertungen oder Rückstellungen) oder eingetretene Risiken (z.b. außergewöhnliche Aufwendungen oder Abschreibungen) auch zeitnah Gegenstand der Risikoberichterstattung waren.

144 Ebenso wie für die beiden vorangegangenen Prüfungsphasen ist auch für die Prüfung der Wirksamkeit des Risikofrüherkennungssystems das Vorliegen einer entsprechenden Dokumentation zum Nachweis der jeweiligen Einzelmaßnahmen von grundsätzlicher Bedeutung. *IDW PS 340* führt diesbezüglich aus: „Eine fehlende oder unvollständige Dokumentation führt zu Zweifeln an der dauerhaften Funktionsfähigkeit der getroffenen Maßnahmen"[183]. Insb. ist es in solchen Fällen zweifelhaft, ob die einzelnen Maßnahmen im Prozess der Risikofrüherkennung unternehmens- bzw. konzernweit einheitlich und permanent durchgeführt werden.

145 Allerdings können durch eine – noch so ausgeprägte – Dokumentation Funktionsprüfungen durch den APr. nicht ersetzt werden. Der Umfang und die Intensität der erforderlichen Funktionsprüfungen hängt insb. von der Anzahl der bestandsgefährdenden oder sonstigen wesentlichen Risiken ab.

7. Prüfungsbericht und Bestätigungsvermerk
a) Prüfungsbericht

146 Wenn im Rahmen der Prüfung des Risikofrüherkennungssystems eine Beurteilung nach § 317 Abs. 4 HGB abgegeben worden ist, so ist gem. **§ 321 Abs. 4 HGB** das Ergebnis dieser Prüfung in einem **besonderen Teil** des PrB darzustellen[184]. Hierbei ist insb. auszuführen, ob das Risikofrüherkennungssystem in geeigneter Weise eingerichtet worden ist und ob es seine Aufgaben wirksam erfüllen kann. Zusätzlich ist darauf einzugehen, ob Maßnahmen erforderlich sind, um das Risikofrüherkennungssystem zu verbessern[185]. Aus Gründen der Eilbedürftigkeit erforderlicher Gegenmaßnahmen kann es notwendig sein, das Ergebnis der Prüfung in einem gesonderten Teilbericht vorab zu berichten. Wegen der Bedeutung der Kenntnis über die Entwicklungsbeeinträchtigungen und Bestandsgefährdungen zur Beurteilung der Lage durch die Berichtsadressaten ist der Teilbericht vollständig in den PrB aufzunehmen[186].

147 Eine **Darstellung des Risikofrüherkennungssystems** muss im PrB nicht vorgenommen werden. Jedoch kann es sich – insb. bei Erstprüfungen – empfehlen, die Grundzüge des Risikofrüherkennungssystems im PrB oder in einer Anlage zum PrB darzustellen[187].

---

182 Vgl. *IDW PS 340*, Tz. 31.
183 *IDW PS 340*, Tz. 18. Vgl. auch Q 261-273.
184 Die Berichterstattung kann entweder in einem gesonderten Abschnitt des PrB oder in einem zum PrB erstellten Teilbericht erfolgen. Vgl. *IDW PS 450*, Tz. 104. Der Berichterstattung in einem gesonderten Abschnitt des PrB sollte jedoch der Vorzug eingeräumt werden. So auch ADS[6], § 321 HGB, Tz. 137.
185 § 321 Abs. 4 S. 2 HGB spricht vom „internen Überwachungssystem". Gemeint ist hiermit jedoch das Risikofrüherkennungssystem im hier beschriebenen Sinne und nicht lediglich die Überwachung als Bestandteil des umfassenden Risikofrüherkennungssystems.
186 Vgl. *IDW PS 450*, Tz. 41.
187 Vgl. *Forster*, WPg 1998, S. 45 (52).

Prüfung des Risikofrüherkennungssystems P

Hierdurch würde dem Ziel der Prüfung des Risikofrüherkennungssystems[188], dem AR verbesserte Kontrollmöglichkeiten zu geben, zusätzlich Rechnung getragen.

Gelangt der APr. zu der abschließenden Beurteilung, dass ein funktionsfähiges Risikofrüherkennungssystem eingerichtet ist, so hat er dies bspw. mit der folgenden Formulierung im PrB zu erklären: „Unsere Prüfung hat ergeben, dass der Vorstand die nach § 91 Abs. 2 AktG geforderten Maßnahmen zur Einrichtung eines Risikofrüherkennungssystems in geeigneter Weise getroffen hat und dass das Risikofrüherkennungssystem grds. geeignet ist, Entwicklungen, die den Fortbestand der Gesellschaft gefährden, frühzeitig zu erkennen"[189]. 148

Sind **Maßnahmen zur Verbesserung** des Risikofrüherkennungssystems erforderlich, hat der APr. die Bereiche zu benennen, in denen Verbesserungsbedarf besteht. Die Ermittlung und Nennung konkreter Verbesserungsvorschläge sind dagegen nicht Gegenstand der Abschlussprüfung und der Berichterstattungspflicht nach § 321 Abs. 4 HGB; ihre Aufnahme in den PrB ist somit nicht erforderlich[190]. 149

Berichtspflichtige Verbesserungsbedarfe hinsichtlich des Risikofrüherkennungssystems liegen z.B. vor, wenn Risiken bei TU, die den Bestand des MU gefährden, durch das System nicht vollständig oder nicht rechtzeitig erfasst werden oder wenn bestimmte Unternehmensbereiche nicht vom Risikofrüherkennungssystem erfasst werden. 150

Die **Berichterstattung** über die Prüfung des Risikofrüherkennungssystems von MU hat nicht im PrB zum KA, sondern **zwingend im PrB zum JA** dieses Unternehmens zu erfolgen, da die Einrichtung eines konzernweiten Risikofrüherkennungssystems in den Pflichtenrahmen des Vorstands des MU fällt[191]. Im Rahmen der Konzernabschlussprüfung existiert keine Verpflichtung zur Prüfung des Risikofrüherkennungssystems, über die dann im PrB zum KA zu berichten wäre[192]. Da der KA in der Unternehmenspraxis jedoch immer mehr an Gewicht gewinnt und die Verpflichtung des Vorstands zur konzernweiten Einrichtung eines Risikofrüherkennungssystems besteht, könnten – wie die Praxis zeigt – Unternehmen den Wunsch äußern, dass die Ausführungen zur Prüfung des Risikofrüherkennungssystems im PrB zum KA erfolgen. 151

Sofern im Rahmen der Beauftragung zur Durchführung der Abschlussprüfung vom Auftraggeber ausdrücklich gewünscht wird, dass das Ergebnis der Prüfung des Risikofrüherkennungssystems des MU zusätzlich im PrB zum KA dargestellt werden soll, so spricht nichts dagegen, das im PrB zum EA des MU dargestellte Ergebnis der Prüfung im PrB zum KA zu wiederholen. Hierbei ist darauf hinzuweisen, dass es sich um die Prüfungsfeststellungen im Rahmen der Prüfung des JA des MU handelt. Eine über den Umfang der Berichterstattung im Prüfungsbericht zum EA hinausgehende Berichterstattung über die Prüfung des Risikofrüherkennungssystems im PrB zum KA ist in keinem Fall sachgerecht. 152

Wenn aufgrund besonderer Vereinbarung über die Prüfung des Risikofrüherkennungssystems ein **gesonderter Teilbericht** erstattet wird, so muss im PrB hierauf und auf den wesentlichen Inhalt des Teilberichts hingewiesen werden[193]. Bei der Berichterstattung in 153

---
188 Vgl. Tz. 113.
189 In Anlehnung an *IDW PS 450*, Tz. 105.
190 Vgl. *Winkeljohann/Poullie* in BeBiKo[7], § 321, Rn. 72; *IDW PS 450*, Tz. 106; *Jacob*, WPg 1998, S. 1043 (1047).
191 Vgl. Tz. 21 ff.
192 Vgl. Tz. 109.
193 Vgl. *IDW PS 450*, Tz. 17, 60.

dem gesonderten Teilbericht sind die oben allgemein zu § 321 Abs. 4 HGB entwickelten Grundsätze anzuwenden.

154 Für **freiwillige Prüfungen** des Risikofrüherkennungssystems analog § 317 Abs. 4 HGB im Rahmen einer erweiterten Jahresabschlussprüfung ist hinsichtlich der Berichterstattung ebenfalls entsprechend der oben dargestellten Berichterstattung bei einer Pflichtprüfung des Risikofrüherkennungssystems zu verfahren.

155 Erfolgte keine unmittelbare Prüfung (vgl. Tz. 73-85), sondern lediglich eine mittelbare Prüfung des Risikofrüherkennungssystems (vgl. Tz. 86-102), z.B. im Rahmen der Prüfung des LB, so muss der APr. im PrB nicht auf das Vorhandensein, die Angemessenheit und die Wirksamkeit des Risikofrüherkennungssystems eingehen. Eine Berichterstattung gemäß § 321 Abs. 4 HGB analog wäre in diesem Fall vielmehr nicht sachgerecht.

156 Insb. dann, wenn der APr. nicht mit der Prüfung des Risikofrüherkennungssystems beauftragt wurde, stellt sich die Frage, ob eine Berichterstattung zum Risikofrüherkennungssystem ggf. aufgrund einer Berichtspflicht nach **§ 321 Abs. 1 S. 3 HGB** besteht. In Betracht kommt hier eine Berichtspflicht wegen eines schwerwiegenden Verstoßes der gesetzlichen Vertreter des Unternehmens gegen das Gesetz, da die Einrichtung eines Risikofrüherkennungssystems zu den gesetzlichen Pflichten der gesetzlichen Vertreter eines Unternehmens zählt. Die Nichteinrichtung eines Risikofrüherkennungssystems stellt somit einen schwerwiegenden Gesetzesverstoß dar, der nach § 321 Abs. 1 S. 3 HGB in der vorangestellten Berichterstattung im PrB darzustellen ist[194]. Derartige Verstöße müssen im Rahmen der Abschlussprüfung nicht gezielt gesucht werden[195]. Da das Vorhandensein und die Wirksamkeit eines angemessenen Risikofrüherkennungssystems aber auch für die Prüfung des Risikoberichts als Teil des LB von Bedeutung sind (vgl. Tz. 93 ff.), ist davon auszugehen, dass ein solcher Verstoß bei jeder Prüfung festgestellt werden muss, die auch die Prüfung des LB umfasst.

157 Eine Berichtspflicht nach § 321 Abs. 1 S. 3 HGB setzt zusätzlich voraus, dass der Verstoß, d.h. die objektive Nichterfüllung der gesetzlichen Anforderungen, eindeutig festgestellt werden kann. Somit führt das Vorhandensein von Mängeln oder Lücken im Risikofrüherkennungssystem des Unternehmens nicht zu einer vorangestellten Berichterstattung im PrB. Sofern der Prüfungsauftrag sich nicht auf das Risikofrüherkennungssystem erstreckt, ist hierüber auch nicht an anderer Stelle des PrB einzugehen. Empfehlenswert ist ggf. eine Aufnahme in den Management-Letter[196].

158 Neben der dargestellten unmittelbaren Berichterstattung über das Ergebnis der Prüfung des Risikofrüherkennungssystems im PrB können die im Rahmen der Prüfung des Risikofrüherkennungssystems gewonnenen Erkenntnisse unter Umständen mittelbar weitere Ausführungen im PrB auslösen. Denn gemäß **§ 321 Abs. 1 S. 2 HGB** hat der APr. im Rahmen seiner Stellungnahme zu der Beurteilung der Lage des Unternehmens durch die gesetzlichen Vertreter insb. auf deren Beurteilung des Fortbestandes und der künftigen Entwicklung des Unternehmens unter Berücksichtigung des LB einzugehen. Gemäß **§ 321 Abs. 1 S. 3 HGB** ist außerdem darzustellen, ob bei Durchführung der Prüfung Tatsachen festgestellt worden sind, die den Bestand des geprüften Unternehmens gefährden oder seine Entwicklung wesentlich beeinträchtigen können.

---

194 So auch *IDW PS 450*, Tz. 42. A.A. *Winkeljohann/Poullie* in BeBiKo[7], § 321, Rn. 73.
195 Vgl. Tz. 87.
196 Vgl. hierzu R Tz. 736 ff.

b) Bestätigungsvermerk

Hat das Unternehmen bei Pflichtprüfungen nach § 317 Abs. 4 HGB kein Risikofrüherkennungssystem eingerichtet oder ist das eingerichtete Risikofrüherkennungssystem nicht hinreichend, d.h. im Hinblick auf seine Ausgestaltung nicht angemessen oder nicht während des gesamten Untersuchungszeitraums funktionsfähig gewesen, so hat dies grds. **keine Auswirkungen** auf den BestV[197]. Nach der Konzeption des Gesetzes erfolgt eine Aussage zum Risikofrüherkennungssystem ausschließlich in einem besonderen Abschnitt des PrB[198]. Die Aussagen sind nicht für die Öffentlichkeit bestimmt, sondern v.a. für den AR, der hierdurch zusätzliche Erkenntnisse für die Erfüllung der ihm obliegenden Aufgabe zur Überwachung der Geschäftsführung gewinnen kann. 159

Zu einer Einschränkung des BestV infolge eines unzureichenden Risikofrüherkennungssystems kann es jedoch z.b. dann kommen, wenn aufgrund der Mängel des Risikofrüherkennungssystems die Darstellung der Risiken und Chancen der künftigen Entwicklung im LB nicht oder nicht angemessen erfolgt. Letztendlich führt aber nicht das unzureichende Risikofrüherkennungssystem, sondern der unzureichende LB in diesem Fall zu einer Einschränkung des BestV. 160

Gleiches gilt, wenn die unzureichende Erfüllung der Verpflichtung zur Einrichtung eines Risikofrüherkennungssystems dazu führt, dass der Nachweis über die Fortführung des Unternehmens nicht erbracht werden kann oder dass die Ordnungsmäßigkeit der Buchführung in Frage gestellt ist[199]. 161

Gem. § 322 Abs. 2 S. 3 HGB hat der APr. im BestV auf Risiken, die den Fortbestand des Unternehmens gefährden, gesondert einzugehen. Mit Änderung durch das BilReG ist auch auf Risiken, die den Fortbestand eines Konzernunternehmens gefährden, einzugehen. Gem. § 322 Abs. 2 S. 4 HGB braucht der APr. auf Risiken einer Tochtergesellschaft im KA nicht einzugehen, falls das TU für die Vermittlung eines entsprechenden Bildes der Vermögens-, Finanz- und Ertragslage des Konzerns von untergeordneter Bedeutung ist. Insoweit können die im Rahmen der Prüfung des Risikofrüherkennungssystems gewonnenen Erkenntnisse ebenfalls mittelbar zu einer Berichterstattung im BestV führen[200]. 162

IV. Schrifttumsverzeichnis

1. Verzeichnis der Monographien, Kommentare und Beiträge in Sammelwerken

Ballwieser, Was leistet der risikoorientierte Prüfungsansatz?, in: Matschke (Hrsg.), Unternehmensberatung und Wirtschaftsprüfung, FS Sieben, Stuttgart 1998, S. 369; *Braun-Lüdicke,* Der Konzerndatenschutzbeauftragte – Eine Analyse der rechtlichen und praktischen Bedeutung, Datenschutz und Datensicherheit-Fachbeiträge, Wiesbaden 2008; *Brebeck,* Haushaltsrecht, in: Lück (Hrsg.), Lexikon der Internen Revision, München/Wien 2001, S. 114; *Brebeck,* Zusammenarbeit von Interner Revision und Abschlussprüfer, in:

---

[197] Vgl. *IDW PS 400,* Tz. 11, 72; Nach *Jacob,* WPg 1998, S. 1043 (1047) erfolgen Aussagen durch den APr. zum Ergebnis seiner Prüfung nach § 317 Abs. 4 HGB wegen § 321 Abs. 1 HGB ausschließlich im PrB. Eine Auswirkung auf den BestV ergibt sich daraus nur bei Vorliegen eines Prüfungshemmnisses oder gleichzeitig eines Mangels der Buchführung; ähnlich *Dörner/Doleczik,* S. 193 (214). Sie begründen die primäre Nichtauswirkung auf den BestV damit, dass sich dieser ausschließlich auf die Rechnungslegung bezieht. Eine Einschränkung des BestV bzw. die Erteilung eines Versagungsvermerks ist danach nur dann vorzunehmen, wenn sich aus den Systemmängeln Unrichtigkeiten oder Verstöße gegen die Rechnungslegung ergeben; zum Grundsatz auch ADS[6], § 322 HGB, Tz. 14-15.
[198] Vgl. *Förschle/Almeling* in BeBiKo[7], § 317, Rn. 89.
[199] Vgl. *IDW PS 400,* Tz. 72.
[200] Vgl. zur Prüfung des Risikofrüherkennungssystems im Zusammenhang mit der Prüfung des LB Tz. 93 ff.

Lück (Hrsg.), Lexikon der Internen Revision, München/Wien 2001, S. 380; *Brebeck/ Förschle,* Gegenstand und Umfang der Abschlussprüfung nach Inkrafttreten des Kon-TraG, in: Saitz/Braun (Hrsg.), Das Kontroll- und Transparenzgesetz – Herausforderungen und Chancen für das Risikomanagement, Wiesbaden 1999, S. 171 ; *Brösel/Kasperzak (Hrsg.),* Internationale Rechnungslegung, Prüfung und Analyse, München 2004; *Christians,* Performance Management und Risiko, Berlin 2006; *Committee of Sponsoring Organizations of the Treadway Commission,* Internal Control – Integrated Framework, USA 1992/1994; *Dörner/Doleczik,* Prüfung des Risikomanagement, in: Dörner/Horvath/Kagermann (Hrsg.), Praxis des Risikomanagements, Stuttgart 2000, S. 193; *Förschle/Peemöller (Hrsg.),* Wirtschaftsprüfung und Interne Revision, Heidelberg 2004; *Forster,* Verbesserte Zusammenarbeit zwischen Aufsichtsrat und Abschlussprüfer in Deutschland, in: Fischer/Hömberg (Hrsg.), Jahresabschluß und Jahresabschlußanalyse, FS Baetge, Düsseldorf 1997, S. 945; *Freidank (Hrsg.),* Corporate Governance und Controlling, Heidelberg 2004; *Grüning/Kühn,* Entscheidungsverfahren für komplexe Probleme, 3. Aufl., Heidelberg 2009; *Heerlein,* Einflussfaktoren auf die Kapazität der Internen Revision, Wiesbaden 2009; *Henke,* Supply Risk Management, Planung, Steuerung und Überwachung von Supply Chains, Berlin 2009; *Kajüter,* Risikomanagement in internationalen Konzernen, in: Achenbach (Hrsg.), Strategische und internationale Perspektiven des Managements, FS Welge, Köln 2003, S. 43; *Kalwait u.a. (Hrsg.),* Risikomanagement in der Unternehmensführung, Weinheim 2008; *Kaplan/Norton,* The Balanced Scorecard – Strategien erfolgreich umsetzen, Stuttgart 1997; *Knapp,* Interne Revision und Corporate Governance, 2. Aufl., Berlin 2009; *Lück,* Betriebswirtschaftliche Aspekte der Einrichtung eines Überwachungssystems und eines Risikomanagementsystems, in: Dörner/Menold/ Pfitzer (Hrsg.), Reform des Aktienrechts, der Rechnungslegung und Prüfung: KonTraG – KapAEG – EuroEG – StückAG, Stuttgart 1999, S. 139; *Lück,* Managementrisiken, in: Dörner/Horvarth/Kagermann (Hrsg.), Praxis des Risikomanagements, Stuttgart 2000, S. 325; *Meyding/Mörsdorf,* Neuregelungen durch das KonTraG und Tendenzen in der Rechtsprechung, in: Saitz/Braun (Hrsg.), Das Kontroll- und Transparenzgesetz – Herausforderungen und Chancen für das Risikomanagement, Wiesbaden 1999, S. 3; *Münzenberg,* Das Risikomanagement und seine straf- und zivilrechtlichen Auswirkungen auf die Haftung der Unternehmensleitung, in: Romeike (Hrsg.), Rechtliche Grundlagen des Risikomanagements, Berlin 2008, S. 101; *Romeike/Hager,* Erfolgsfaktor Risiko-Management 2.0, 2. Aufl., Wiesbaden 2009; *Saitz,* Risikomanagement als umfassende Aufgabe der Unternehmensleitung, in: Saitz/Braun (Hrsg.), Das Kontroll- und Transparenzgesetz – Herausforderungen und Chancen für das Risikomanagement, Wiesbaden 1999, S. 74; *Scharpf,* Risikomanagement- und Überwachungssystem im Finanzbereich, in: Dörner/Menold/Pfitzer (Hrsg.), Reform des Aktienrechts, der Rechnungslegung und Prüfung: KonTraG – KapAEG – EuroEG – StückAG, Stuttgart 1999, S. 177; *Schiller/ Quell,* Brand Risk Management – Marke als Gegenstand des ganzheitlichen Risiko-Managements, in: Romeike/Finke (Hrsg.), Erfolgsfaktor Risiko-Management, Wiesbaden 2003, S. 117; *Seibert,* Das Gesetz zur Kontrolle und Transparenz im Unternehmensbereich (KonTraG). Die aktienrechtlichen Regelungen im Überblick, in: Dörner/Menold/ Pfitzer (Hrsg.), Reform des Aktienrechts, der Rechnungslegung und Prüfung: KonTraG – KapAEG – EuroEG – StückAG, Stuttgart 1999, S. 1; *Soll/Labes,* Der Einfluss des KonTraG auf das Wechselspiel zwischen Interner Revision und Abschlussprüfer, in: Saitz/ Braun (Hrsg.), Das Kontroll- und Transparenzgesetz – Herausforderungen und Chancen für das Risikomanagement, Wiesbaden 1999, S. 195; *Staub,* Entscheidungsorientierte Marktsegmentbewertung mit dem Realoptionsansatz, in: Freter (Hrsg.), Marktorientierte Unternehmensführung, Frankfurt am Main 2010; *Weber/Spitzner/Stoffels,* Erfolgreich steuern mit Market Intelligence, Weinheim 2008; *Winter,* Risikomanagement und effektive Corporate Governance, Wiesbaden 2004, S. 91; *Wittmann*, Risikomanagement im internationalen Konzern, in: Dörner/Horvarth/Kagermann (Hrsg.), Praxis des Risikomanagements, Stuttgart 2000, S. 816; *Wolf/Runzheimer*, Risikomanagement und KonTraG, 4. Aufl., Wiesbaden 2003.

2. Verzeichnis der Beiträge in Zeitschriften

Altmeppen, Die Auswirkungen des KonTraG auf die GmbH, ZGR 1999, S. 291; *Amling/ Bischof*, KonTraG und Interne Revision unter besonderer Berücksichtigung der Internationalisierung des Berufsstandes, ZIR 1999, S. 44; *Ansolf*, Managing Surprise and Discontinuity – Strategic Response to Weak Signals, ZfbF 1976, S. 129; *Baetge/Linßen*, Beurteilung der wirtschaftlichen Lage durch den Abschlußprüfer und Darstellung des Urteils im Prüfungsbericht und Bestätigungsvermerk, BFuP 1999, S. 369; *Baetge/ Schulze*, Möglichkeiten der Objektivierung der Lageberichterstattung über „Risiken der künftigen Entwicklung", DB 1998, S. 937; *Böcking/Orth*, Mehr Kontrolle und Transparenz im Unternehmensbereich durch eine Verbesserung der Qualität der Abschlußprüfung, BFuP 1999, S. 419; *Böcking/Orth*, Neue Vorschriften zur Rechnungslegung und Prüfung durch das KonTraG und das KapAEG, DB 1998, S. 1241; *Böcking/Orth*, Offene Fragen und Systemwidrigkeiten bei den neuen Rechnungslegungs- und Prüfungsvorschriften des KonTraG und des KapAEG, DB 1998, S. 1873; *Böcking/Orth*, Kann das „Gesetz zur Kontrolle und Transparenz im Unternehmensbereich (KonTraG)" einen Beitrag zur Verringerung der Erwartungslücke leisten? – Eine Würdigung auf Basis von Rechnungslegung und Kapitalmarkt, WPg 1998, S. 351; *Brebeck/Herrmann*, Zur Forderung des KonTraG-Entwurfs nach einem Frühwarnsystem und zu den Konsequenzen für die Jahres- und Konzernabschlußprüfung, WPg 1997, S. 381; *Broetzmann*, Szenarioplanung als Instrument im Risikomanagement, CM 2003, S. 541; *Dörner*, Ändert das KonTraG die Anforderungen an den Abschlußprüfer?, DB 1998, S. 1; *Dörner*, Zusammenarbeit von Aufsichtsrat und Wirtschaftsprüfer im Lichte des KonTraG, DB 2000, S. 101; *Dörner/Bischof*, Zweifelsfragen zur Berichterstattung über die Risiken künftiger Entwicklungen im Lagebericht, WPg 1999, S. 445; *Eggemann/Konradt*, Risikomanagement nach KonTraG aus dem Blickwinkel des Wirtschaftsprüfers, BB 2000, S. 503; *Ernst*, KonTraG und KapAEG sowie aktuelle Entwicklungen zur Rechnungslegung und Prüfung in der EU, WPg 1998, S. 1025; *Forster*, Zum Zusammenspiel von Aufsichtsrat und Abschlußprüfer nach dem KonTraG, AG 1999, S. 193; *Forster*, Abschlußprüfung nach dem Regierungsentwurf des KonTraG, WPg 1998, S. 45; *Gelhausen*, Reform der externen Rechnungslegung und ihrer Prüfung durch den Wirtschaftsprüfer, AG Sonderheft Aug. 1997, S. 73; *Gelhausen*, Aufsichtsrat und Abschlußprüfer – eine Zweckgemeinschaft, BFuP 1999, S. 390; *Giese*, Die Prüfung des Risikomanagementsystems einer Unternehmung durch den Abschlußprüfer gemäß KonTraG, WPg 1998, S. 451; *Hagest/Kellinghusen*, Zur Problematik der Prognoseprüfung und der Entwicklung von Grundsätzen ordnungsmäßiger Prognosebildung, WPg 1977, S. 405; *Hommelhoff*, Die neue Position des Abschlußprüfers im Kraftfeld der aktienrechtlichen Organisationsverfassung (Teil II), BB 1998, S. 2625; *Hommelhoff/Mattheus*, Corporate Governance nach dem KonTraG, AG 1998, S. 249; *Hommelhoff/Mattheus*, Risikomanagement im Konzern – ein Problemaufriß, BFuP 2000, S. 217; *Jacob*, KonTraG und KapAEG – die neuen Entwürfe des HFA zum Risikofrüherkennungssystem, zum Bestätigungsvermerk und zum Prüfungsbericht, WPg 1998, S. 1043; *Kajüter*, Prüfung der Risikoberichterstattung im Lagebericht, BB 2002, S. 243; *Klar*, Auswirkungen des Gesetzesvorhabens zur Kontrolle und Transparenz im Unternehmensbereich (KonTraG) auf die Prüfung von Nicht-Aktiengesellschaften, DB 1997, S. 685; *Kless*, Beherrschung der Unternehmensrisiken: Aufgaben und Prozesse eines Risikomanagements, DStR 1998,

S. 93; *Korth*, Rechtsänderungen und Auswirkungen für die Abschlußprüfung durch das KonTraG, Stbg. 1998, S. 219; *Kromschröder/Lück,* für den Arbeitskreis „Externe und Interne Überwachung der Unternehmung" der Schmalenbach-Gesellschaft für Betriebswirtschaft e.V., Grundsätze risikoorientierter Unternehmensüberwachung, DB 1998, S. 1573; *Küting/Hütten*, Die Lageberichterstattung über Risiken der künftigen Entwicklung, AG 1997, S. 250; *Lenz/Ostrowski*, Kontrolle und Transparenz im Unternehmensbereich durch die Institution Abschlußprüfung, BB 1997, S. 1523; *Lück*, Elemente eines Risiko-Managementsystems, DB 1998, S. 8; *Ludewig*, Gedanken zur Berichterstattung des Abschlußprüferns nach der Neufassung des § 321 HGB, WPg 1998, S. 599; *Pollanz*, Due Diligence als künftiges Instrument einer risikoorientierten Abschlußprüfung?, BB 1997, S. 1351; *Pollanz*, Ganzheitliches Risikomanagement im Kontext einer wertorientierten Unternehmensführung (Risk Adjusted Balanced Scorecarding), DB 1999, S. 1277; *Pollanz*, Konzeptionelle Überlegungen zur Einrichtung und Prüfung eines Risikomanagementsystems - Droht eine Mega-Erwartungslücke?, DB 1999, S. 393; *Pollanz*, Offene Fragen der Prüfung von Risikomanagementsystemen nach KonTraG, DB 2001, S. 1317; *Scharpf*, Die Sorgfaltspflichten des Geschäftsführers einer GmbH, DB 1997, S. 737; *Schindler/Rabenhorst*, Auswirkungen des KonTraG auf die Abschlußprüfung, BB 1998, S. 1886; *Vogler/Gundert*, Einführung von Risikomanagementsystemen, DB 1998, S. 2377.

Kapitel Q

Das Prüfungsergebnis

I. Allgemeines

Prüfungsergebnisse (Prüfungsaussagen) beinhalten zum einen die **Feststellungen**, die 1
ein Prüfer hinsichtlich des Gegenstands seiner Prüfung getroffen hat, und zum anderen das
Urteil, das er sich durch den Vergleich dieser Feststellungen mit bestehenden Normen, die
– entweder von Gesetzes wegen oder aufgrund vertraglicher Vereinbarung – von Relevanz
für diese Prüfung sind, gebildet hat. Diese Normen können rechtlicher, betriebswirtschaftlicher und/oder technischer Art sein. Über die getroffenen Feststellungen und ihre
Wertung durch den Prüfer kann mündlich oder schriftlich zu berichten sein; i.d.R. ist aber
eine schriftliche Berichterstattung gesetzlich vorgeschrieben oder nach Auffassung der
prüfenden Berufe erforderlich, oder sie wird mit dem Auftraggeber vereinbart.

Die **Berichterstattung** über eine nach den Regeln der handelsrechtlichen Pflichtprüfung 2
gem. §§ 316 ff. HGB durchgeführten Prüfung erfolgt in ausführlicher und in zusammengefasster Form. Eine ausführliche Berichterstattung erfolgt im **schriftlichen Prüfungsbericht** (PrB); das zusammengefasste Ergebnis von Prüfungen der Rechnungslegung
verkörpert der **Bestätigungsvermerk** (BestV).

Die Berichterstattung des Abschlussprüfers (APr.) in Form eines **PrB** ist international 3
nicht üblich. Hierbei handelt es sich um eine – nicht zuletzt auch durch TransPuG[1] und
BilReG[2] nochmals reformierte – **Besonderheit des deutschen Rechts** (insb. § 321 HGB).
Die Grundsätze des deutschen prüfenden Berufsstands zur Berichterstattung im PrB sind
im *IDW Prüfungsstandard: Grundsätze ordnungsmäßiger Berichterstattung bei Abschlussprüfungen (IDW PS 450)* niedergelegt; daneben bestehen weitere (fall)spezifische
Standards und Hinweise des IDW.

Die Berichterstattung über das Prüfungsergebnis erfolgt nach **internationalen Regeln** 4
grds. in Form eines ausdrücklichen **Vermerks** des APr. Dem entspricht nach deutschem
Recht der „Bestätigungsvermerk" i.S.v. § 322 HGB. Der *IDW Prüfungsstandard:
Grundsätze für die ordnungsmäßige Erteilung von Bestätigungsvermerken bei Abschlussprüfungen (IDW PS 400)* berücksichtigt die rechtlichen Anforderungen von § 322
HGB sowie grundsätzlich auch die international anerkannten Regeln der International
Standards on Auditing (ISA). Allerdings werden sich aus den im Rahmen des Clarity
Project überarbeiteten ISA (insb. *ISA 700, ISA 705* und *ISA 706*) voraussichtlich Änderungen für den BestV ergeben[3].

Die **Berichterstattung** über das Ergebnis der Prüfung der Rechnungslegung von Unter- 5
nehmen, insbesondere der Abschlussprüfung, im PrB ist im deutschen Handelsrecht detailliert geregelt. Im schriftlichen PrB gem. § 321 HGB ist das Ergebnis der Prüfung im
Einzelnen darzustellen und ausführlich zu begründen. Der PrB ist im Allgemeinen zur
Unterrichtung eines engen Personenkreises bestimmt und besitzt grds. vertraulichen

---

1   Gesetz zur weiteren Reform des Aktien- und Bilanzrechts, zu Transparenz und Publizität (Transparenz- und
    Publizitätsgesetz – TransPuG) v. 19.07.2002, BGBl. I, S. 2681.
2   Gesetz zur Einführung internationaler Rechnungslegungsstandards und zur Sicherung der Qualität der Abschlussprüfung (Bilanzrechtsreformgesetz – BilReG) v. 04.12.2004, BGBl. I, S. 3166.
3   ISA 700, 705 und 706 sind grds. auf Abschlussprüfungen für Geschäftsjahre, die am oder nach dem
    15.12.2009 begonnen haben, anzuwenden. Voraussetzung für die verpflichtende Anwendung der ISA auf gesetzliche Abschlussprüfungen in der EU ist die Durchführung eines Komitologieverfahrens durch die EU-Kommission. Aktuell sind allerdings weder der Beginn dieses Verfahrens noch der Umfang der Übernahme
    der ISA in EU-Recht abzusehen. Vgl. zum Verfahrensstand *Heininger*, WPg 2010, S. 15.

Charakter. Dabei unterrichtet der APr. durch den PrB die Organe der geprüften Gesellschaft (Aufsichtsorgane, gesetzliche Vertreter) und/oder die Gesellschafter (z.B. bei der GmbH) über das Ergebnis seiner Prüfung. Weitere Empfänger des PrB, z.B. staatliche Aufsichtsbehörden, liegen i.d.R. außerhalb des Einflussbereichs des APr. Nachfolgend wird (unter II. und III.) unter Berücksichtigung allgemeiner Berichterstattungsgrundsätze die Berichterstattung gem. § 321 HGB über die Abschlussprüfung von prüfungspflichtigen KapGes. und diesen gleichgestellten Gesellschaften[4] dargestellt.

6   Der **Bestätigungsvermerk** beinhaltet das zusammengefasste Ergebnis von Prüfungen der Rechnungslegung, er verkörpert das **Gesamturteil**. Der BestV hat die Aufgabe, über den Kreis der gesetzlichen oder vertraglichen Berichtsadressaten hinaus der Öffentlichkeit oder jedenfalls einem interessierten Personenkreis – sofern der BestV, z.B. gemäß §§ 325 ff. HGB, offenzulegen ist oder sonst veröffentlicht wird – das Urteil des Prüfers in kurzer, prägnanter Form mitzuteilen.

Grundlage der Erteilung des BestV ist die Rechnungslegung nach deutschem Handelsrecht oder nach internationalen Rechnungslegungsstandards (insb. IFRS gem. § 315a HGB) und die Prüfung nach deutschen Grundsätzen ordnungsmäßiger Abschlussprüfung[5]. **§ 322 HGB** konstituiert inhaltlich einen „Bestätigungsbericht", dessen Bestandteile und Formulierungen grds. nur in ihrem Inhalt, jedoch nicht in ihrem Wortlaut, vorgeschrieben sind.

7   **Besonderheiten** in Bezug auf den PrB und den BestV bei anderen Abschlussprüfungen, insbesondere nach dem PublG und bei gesetzlich nicht vorgeschriebenen Abschlussprüfungen, werden in Kapitel IV. angesprochen. Auf die Berichterstattung über Abschlussprüfungen von Unternehmen spezieller Rechtsformen oder Geschäftszweige wird in Kapitel V. eingegangen. Weitere Spezifika in Zusammenhang mit anderen gesetzlich vorgeschriebenen oder berufsüblichen Prüfungen und Bestätigungs-/Prüfungsvermerken sowie Urteilen in Form von Bescheinigungen aufgrund von Prüfungen oder anderen Arten der Verifizierung von Sachverhalten werden in den Kapiteln VI. bis VIII. dargestellt.

8   Bei der Berichterstattung über andere Formen oder Gegenstände der Prüfung (z.B. Kreditwürdigkeitsprüfung, Unterschlagungsprüfung, Organisationsprüfung, Investitionsprüfung, Preisprüfung o.Ä.) ist die Übertragbarkeit der allgemeinen Grundsätze auf den jeweiligen Einzelfall zu prüfen. Diese Grundsätze können ggf. auch die Basis für andere Mitteilungen über Ergebnisse von durch WP bzw. vBP durchgeführte Prüfungen sonstiger Art (z.B. EDV-Systemprüfung, Prüfungen gem. § 44 KWG) sein.

---

4   Durch das KapCoRiLiG wurde die Geltung u.a. der Vorschriften zur Prüfung (§§ 316 ff. HGB) auf bestimmte Personenhandelsgesellschaften ausgedehnt (§ 264a HGB). Somit sind die Vorschriften der §§ 321, 322 HGB auch auf die den Kapitalgesellschaften gleichgestellten Gesellschaften i.S.v. § 264a HGB vollinhaltlich anzuwenden. Die in den *IDW PS 450* und *IDW PS 400* niedergelegten Grundsätze für die ordnungsmäßige Berichterstattung bzw. Erteilung von Bestätigungsvermerken bei Abschlussprüfungen gelten daher für diese Gesellschaften gleichermaßen.

5   U.U. kann auch eine ergänzende Beachtung der ISA vereinbart werden. Siehe hierzu auch Tz. 639.

II. Berichterstattung über die Jahresabschlussprüfung von Kapitalgesellschaften und diesen gleichgestellten Gesellschaften

1. Prüfungsbericht

a) Grundlagen

aa) Rechtliche Bedeutung des Prüfungsberichts

Der APr. hat über Art und Umfang sowie das Ergebnis der handelsrechtlichen Pflichtprüfung **schriftlich** und mit der gebotenen Klarheit zu berichten und den PrB den gesetzlichen Vertretern bzw. dem AR vorzulegen. Die Erstattung eines fachlich einwandfreien PrB gehört bei der Pflichtprüfung zu den Vertragspflichten des APr[6]. 9

Solange der PrB den gesetzlichen Vertretern bzw. dem AR der Gesellschaft noch nicht **vorliegt**, ist die Prüfung nicht beendet; sie hat im Rechtssinne nicht stattgefunden[7]. Unterliegt die Gesellschaft der gesetzlichen Prüfungspflicht, so kann der JA folglich nicht festgestellt werden (§ 316 Abs. 1 S. 2 HGB). Ein dennoch festgestellter JA ist gem. § 256 Abs. 1 Nr. 2 AktG nichtig[8]. Für die GmbH besteht hierzu keine ausdrückliche gesetzliche Regelung; es wird eine analoge Anwendung der aktienrechtlichen Vorschrift vertreten[9]. 10

Liegt dagegen ein schriftlicher, handschriftlich unterzeichneter Bericht im Zeitpunkt der Feststellung vor, so kann aus rein formellen Mängeln des PrB die Nichtigkeit des JA nicht abgeleitet werden. Maßgebend für die Frage, ob ein PrB vorliegt, sind nicht die äußere Form und die Bezeichnung eines Schriftstücks, sondern dessen materieller Inhalt. Um die Feststellung des JA zu ermöglichen, muss der PrB bestimmte **Mindestbestandteile** beinhalten, d.h. den Anforderungen des § 321 HGB genügen[10]. Der PrB erfüllt die Anforderungen des § 321 HGB, wenn er Erläuterungen zu Gegenstand, Art und Umfang der Prüfung enthält und das Ergebnis der Prüfung wiedergibt. Das Ergebnis der Prüfung besteht aus den grundsätzlichen Feststellungen im Rahmen der vorangestellten Berichterstattung gemäß § 321 Abs. 1 S. 2 und 3 HGB und darüber hinaus aus den Pflichtfeststellungen und -erläuterungen nach § 321 Abs. 2 und 3 HGB. Im Rahmen der vorangestellten Berichterstattung[11] ist im PrB zur Lagebeurteilung durch die gesetzlichen Vertreter Stellung zu nehmen – soweit die geprüften Unterlagen und der LB eine solche Beurteilung erlauben – und es ist über festgestellte Unregelmäßigkeiten und entwicklungsbeeinträchtigende oder bestandsgefährdende Tatsachen zu berichten. Der PrB muss zwingend eine Feststellung enthalten, ob die Prüfungsgegenstände (Buchführung, JA, LB) den gesetzlichen Anforderungen entsprechen, und hat darauf einzugehen, ob der Abschluss insgesamt unter Beachtung der GoB oder sonstiger maßgeblicher Rechnungslegungsgrundsätze ein den tatsächlichen Verhältnissen entsprechendes Bild der Vermögens-, Finanz- und Ertragslage vermittelt und die gesetzlichen Vertreter die verlangten Aufklärungen und Nachweise erbracht haben. Dazu sind Erläuterungen nach § 321 Abs. 2 S. 4 HGB zu wesentlichen Be- 11

---

6 Vgl. *Plendl*, in: HWRP³, Sp. 1777.
7 Vgl. RG v. 16.06.1944 (Z II 142/43), WPg 1970, S. 421; ADS⁶, § 321, Tz. 30; BeBiKo⁸, § 321, Rn. 1, 137.
8 Vgl. *Kölner Komm. AktG²*, § 256 AktG, Rn. 56; ADS⁶, § 316, Rn. 47; § 256 AktG, Rn. 14; BeBiKo⁸, § 316, Rn. 11. Zur Nichtigkeit nach § 256 Abs. 1 Nr. 2 AktG vgl. auch U Tz. 191. Für unter das PublG fallende Unternehmen enthält § 10 S. 1 Nr. 1 PublG die einschlägige Nichtigkeitsnorm.
9 Vgl. *Biener/Berneke*, BiRiLiG, Erl. zu § 316, S. 398; *Geßler*, S. 136; ADS⁶, § 316, Tz. 47; BeBiKo⁸, § 316, Rn. 11. Im RegE war für die GmbH eine entsprechende Regelung vorgesehen (§ 42e Abs. 1 Nr. 2 GmbHG-E). Diese wurde jedoch nicht in die verabschiedete Gesetzesfassung übernommen, weil kein Bedürfnis für eine ausdrückliche Regelung im GmbHG gesehen wurde und die Entwicklung von Grundsätzen, in welchen Fällen der JA der GmbH nichtig sei, weiterhin der Rechtsprechung überlassen bleiben solle; als Grundlage könne weiterhin auf § 256 AktG zurückgegriffen werden; vgl. Bericht des Rechtsausschusses, BT-Drs. 10/4268, S. 130.
10 Ebenso ADS⁶, § 321, Tz. 30.
11 Z. T. auch als „Vorwegberichterstattung" bezeichnet. Nachfolgend wird einheitlich die Begrifflichkeit „vorangestellte Berichterstattung" verwendet.

wertungsgrundlagen sowie sachverhaltsgestaltenden Maßnahmen zu geben. Eine Aufgliederung und Erläuterung der Posten des JA ist nur unter bestimmten Bedingungen vorgeschrieben (§ 321 Abs. 2 S. 5 HGB). Bei börsennotierten AG umfasst der PrB auch das Ergebnis aus der nach § 317 Abs. 4 HGB erforderlichen Beurteilung des Risikofrüherkennungssystems (§ 321 Abs. 4 HGB). Nach § 322 Abs. 7 S. 2 HGB ist der BestV oder der Vermerk über seine Versagung auch zwingend in den PrB aufzunehmen.

12 **Berichterstattungsadressaten** sind der Aufsichtsrat bzw. die Gesellschafter. Wenn der AR den Prüfungsauftrag erteilt hat, ist ihm der PrB auch direkt vorzulegen; den gesetzlichen Vertretern der Gesellschaft ist zuvor Gelegenheit zur Stellungnahme zu geben. Bei der GmbH wird der PrB den Gesellschaftern grds. von der Geschäftsführung vorgelegt.

13 **Gesetzlich vorgesehene Empfänger des Prüfungsberichts** sind die gesetzlichen Vertreter (Vorstand, Geschäftsführer, persönlich haftende Gesellschafter etc. – § 321 Abs. 5 S. 1 HGB), der AR (§ 321 Abs. 5 S. 2 i.V.m. § 111 Abs. 2 S. 3 AktG) oder die Gesellschafter (z.B. § 42a Abs. 1 S. 2 GmbHG).

Nach Rechtsformen differenziert sind bei KapGes. folgende gesetzliche Empfänger für den PrB vorgesehen:

bei der AG: AR und ggf. Vorstand
bei der KGaA: AR und persönlich haftende Gesellschafter
bei der GmbH: Geschäftsführer, Gesellschafter und ggf. AR

14 Wenn der AR den Prüfungsauftrag erteilt hat, wie es § 111 Abs. 2 S. 3 AktG für die AG vorschreibt, ist der PrB diesem vorzulegen (§ 321 Abs. 5 S. 2 HGB). Dem Vorstand ist zuvor durch Zuleitung eines **Vorabexemplars** (Entwurf des PrB)[12] Gelegenheit zur Stellungnahme zu geben. Die Stellungnahme des Vorstands kann schriftlich oder mündlich erfolgen. Häufig gibt der Vorstand seine Stellungnahme zum Berichtsentwurf im Rahmen der sog. Schlussbesprechung ab[13]. Der Vorstand ist nicht verpflichtet, seine Stellungnahme schriftlich abzufassen und dem Aufsichtsrat(svorsitzenden) vorzulegen[14]. Diese gesetzliche Regelung hebt die Unabhängigkeit des APr. von den gesetzlichen Vertretern hervor und betont, dass der AR der primäre Adressat des PrB ist[15]. Ein Abweichen von der gesetzlichen Vorlageregelung ist auch auf Verlangen des AR nicht möglich. Der APr. genügt seiner Vorlagepflicht mit der Zuleitung des PrB an den Vorsitzenden des AR, der diesen an die übrigen Aufsichtsratsmitglieder bzw. an den Bilanz-/Prüfungsausschuss weiterleitet[16].

Jedes **AR-Mitglied** hat grds. nicht nur das Recht auf Kenntnisnahme (§ 170 Abs. 3 S. 1 AktG), sondern auch auf Aushändigung des PrB[17]. Eine Ausnahme besteht für den Fall, dass ein Bilanz-/Prüfungsausschuss eingerichtet ist und der AR beschließt, dass nur die

---

12 Zu Vorabexemplaren vgl. Tz. 303 ff.
13 Vgl. *Forster*, WPg 1998, S. 53.
14 Die h.M. geht von der Vorlage eines unverbindlichen Vorabexemplars an den Vorstand aus, wobei der APr. Adressat der Vorstandsstellungnahme ist. Vgl. ADS[6], § 321, Rn. 23, 256; *Böcking/Orth*, WPg 1998, S. 360; *Forster*, AG 1999, S. 197; *Gelhausen*, BFuP 1999, S. 400; *IDW PS 450*, Tz. 117; *Peemöller/Keller*, DStR 1997, S. 1988. Nach a.A. soll im Hinblick auf eine mögliche „Vorzensur" den gesetzlichen Vertretern kein Entwurf, sondern der abgeschlossene und unterzeichnete PrB zugeleitet werden. In diesem Fall ist die Stellungnahme des Vorstands an den AR adressiert. Sie ist schriftlich abzufassen und dem AR möglichst zeitgleich mit dem PrB vorzulegen. Vgl. *Hommelhoff*, BB 1998, S. 2628; *Lenz/Ostrowski*, BB 1997, S. 1525; *Mattheus*, ZGR 1999, S. 709. Ohne klare Stellungnahme siehe allgemein BeBiKo[8], § 321, Rn. 134, 141.
15 Vgl. *Gelhausen*, BFuP 1999, S. 401.
16 Vgl. *IDW PS 450*, Tz. 117. Ebenso ADS[6], § 321, Tz. 171; BeBiKo[8], § 321, Rn. 134; *Gelhausen*, BFuP 1999, S. 401.
17 H.M. Vgl. *Forster*, AG 1999, S. 197; *Gelhausen*, BFuP 1999, S. 391; *Hommelhoff*, BB 1998, S. 2573.

Mitglieder dieses Ausschusses den Bericht erhalten sollen (§ 170 Abs. 3 S. 2 AktG)[18]. Die nicht dem Ausschuss angehörenden Mitglieder des AR müssten im Fall eines solchen Beschlusses bei ihrer Überwachungstätigkeit auf die Kenntnisnahme des PrB verzichten[19]. Nach der Gesetzesbegründung zum KonTraG ist jedoch auch der Gesetzgeber der Auffassung, dass ohne Kenntnis des PrB kaum eine ordnungsgemäße Ausübung der Überwachung möglich ist[20]. Da jedes einzelne AR-Mitglied unabhängig von der Delegation ausgewählter Aufgaben an einen Ausschuss seine Überwachungsverpflichtung zu erfüllen hat, muss ungeachtet der jeweiligen Beschlusslage im AR für alle AR-Mitglieder zumindest die Möglichkeit zur uneingeschränkten und störungsfreien Kenntnisnahme des PrB gewährleistet sein[21]. Um ausreichend Gelegenheit zur Durcharbeitung des PrB zu haben, sollte daher jedes AR-Mitglied auf die Aushändigung des PrB für eine angemessene Zeit bestehen[22].

Nach dem Gesetzeswortlaut ist der AR Empfänger aller Exemplare des PrB. Die gesetzlichen Vertreter sind danach nicht als Empfänger des endgültigen PrB vorgesehen. Dem Gesetzeswortlaut ist kein Verbot zu entnehmen, dass der APr. den **gesetzlichen Vertretern** auch ohne ausdrückliche Absprache mit dem AR Exemplare des PrB aushändigen kann, wenn sie dies wünschen[23]. Allein schon zur Erfüllung der dem Vorstand obliegenden Pflichten empfiehlt es sich, in Abstimmung mit dem AR-Vorsitzenden auch dem Vorstand (vgl. Tz. 40) endgültige Exemplare des PrB zuzuleiten[24]. Auf ausdrückliche Weisung des AR-Vorsitzenden kann die Aushändigung der endgültigen Exemplare des PrB unmittelbar an die gesetzlichen Vertreter erfolgen, wenn diese die technische Abwicklung des Versands an die Mitglieder des AR übernehmen sollen[25]. Auch in diesem Fall hat der APr. zumindest ein Exemplar des PrB dem Vorsitzenden des AR unmittelbar zuzuleiten. 15

Entsprechendes gilt für die **GmbH**, wenn sie einen **AR** nach MitbestG[26], DrittelbG[27] oder InvG[28] gebildet hat. In diesem Fall hat der AR den Prüfungsauftrag zu erteilen (§ 25 Abs. 1 Nr. 2 MitBestG; § 1 Abs. 1 Nr. 3 DrittelbG; § 6 Abs. 2 S. 2 InvG) und ist gem. § 321 Abs. 5 S. 2 HGB auch Empfänger des PrB. Der PrB ist dem AR der GmbH auch dann unmittelbar vorzulegen, wenn es sich um einen freiwillig gebildeten AR handelt und die Anwendung 16

---

18 Vgl. *Forster*, AG 1999, S. 197; *Gelhausen*, BFuP 1999, S. 401; krit. *Lenz/Ostrowski*, BB 1997, S. 1524; *Theisen*, in: Dörner/Menold/Pfitzer (Hrsg.), S. 444.
19 Vgl. *Lenz/Ostrowski*, BB 1997, S. 1524, die außerdem darauf hinweisen, dass nach § 107 Abs. 3 S. 2 AktG u.a. die Aufgabe zur Prüfung von JA, LB und Gewinnverwendungsvorschlag (§ 171 Abs. 1 AktG) nicht auf einen Ausschuss anstelle des AR zur Beschlussfassung übertragen werden kann.
20 Vgl. RegBegr. BT-Drucks. 13/9712, S. 22.
21 Vgl. ADS[6], § 170 AktG, Tz. 54; *Hommelhoff*, BB 1998, S. 2573; *Theisen*, in: Dörner/Menold/Pfitzer (Hrsg.), S. 445.
22 Vgl. *IDW*, FN-IDW 1995, S. 102b; ADS[6], § 170 AktG, Tz. 54 m.w.N. Differenzierend *Hommelhoff*, BB 1998, S. 2573, der hinsichtlich der Stellungnahme des APr. zur Lagedarstellung durch die gesetzlichen Vertreter des Unternehmens (§ 321 Abs. 1 S. 2 u. 3 HGB) von einem uneingeschränkten Aushändigungsanspruch ausgeht, während er das Aushändigungsverlangen der Nichtausschussmitglieder in Bezug auf den vollständigen PrB zur Disposition des AR stellt.
23 Vgl. ADS[6], § 321, Tz. 23, 172.
24 Vgl. *IDW PS 450*, Tz. 117. Ebenso ADS[6], § 321, Tz. 23; *Gelhausen*, BFuP 1999, S. 401.
25 Ebenso ADS[6], § 321, Tz. 172. Nach *Forster*, AG 1999, S. 197 kann dem Vorsitzenden des AR die Weiterleitung des PrB an die einzelnen AR-Mitglieder nicht zugemutet werden. Er empfiehlt deshalb festzulegen, ob der Versand der Berichtsexemplare durch den APr. oder die Gesellschaft selbst erfolgen soll.
26 Gesetz über die Mitbestimmung der Arbeitnehmer (Mitbestimmungsgesetz – MitbestG) v. 04.05.1976, BGBl. I, S. 1153).
27 Gesetz über die Drittelbeteiligung der Arbeitnehmer im Aufsichtsrat (Drittelbeteiligungsgesetz – DrittelbG) v. 18.05.2004, BGBl. I, S. 974. Das DrittelbG ersetzt das BetrVG 1952 (vgl. § 15 DrittelbG).
28 Investmentgesetz (InvG) v. 15.12.2003, BGBl. I, S. 2676, zuletzt geändert durch Gesetz v. 22.06.2011, BGBl. I, S. 1126.

des § 111 Abs. 2 S. 3 HGB durch den Gesellschaftsvertrag nicht abbedungen ist (§ 52 Abs. 1 GmbHG)[29].

Der PrB ist bei Auftragserteilung durch den AR stets auch den **Geschäftsführern** der GmbH auszuhändigen, da diese nach § 42a Abs. 1 S. 2 GmbHG den PrB unverzüglich nach dessen Eingang gemeinsam mit dem JA und dem LB den **Gesellschaftern** zum Zwecke der Feststellung des JA vorzulegen haben[30]. Als unverzüglich kann nicht die Frist eines Monats gelten; zwei Wochen dürften in aller Regel genügen[31]. PrB-Empfänger ist grds. die Gesellschaftergesamtheit. Jeder GmbH-Gesellschafter hat i.d.R. jedoch das Recht, den PrB des APr. zur Kenntnis zu nehmen. Die Modalitäten der Kenntnisnahme, insbesondere die Frage, ob und wann die Vorlagen jedem Gesellschafter auf Verlangen auszuhändigen sind, werden nicht ausdrücklich gesetzlich geregelt[32]. Ein Anspruch ggü. der Geschäftsführung auf Aushändigung des PrB auf Verlangen wird allerdings grds. zu bejahen sein[33].

17 Ist nach dem Gesellschaftsvertrag nicht die Gesellschafterversammlung, sondern ein anderes Organ (Gesellschafterausschuss, Beirat oder ähnliche Institution) für die Feststellung des JA zuständig, so hat die Vorlage an dieses Organ zu erfolgen. Strittig ist die Frage, ob die nicht an der Feststellung des JA beteiligten Gesellschafter dann von der Vorlage des PrB ausgeschlossen sind oder ob sie neben dem anderen Organ Empfänger bleiben. Bei einer abweichend von § 46 Nr. 1 GmbHG geregelten **Feststellungsbefugnis** muss es als zulässig angesehen werden, von einer Vorlage des PrB an die Gesellschafter abzusehen[34]. Unberührt hiervon bleiben dagegen die individuellen Informationsrechte der Gesellschafter nach § 51a GmbHG.

18 Ist bei einer GmbH mit fakultativem AR die Anwendung des § 111 Abs. 2 S. 3 AktG abbedungen oder handelt es sich um eine **GmbH ohne AR**, wird der Prüfungsauftrag durch die Geschäftsführer als gesetzliche Vertreter erteilt. In diesem Fall erhalten sie auch den PrB. Die Weitergabe an den fakultativen AR bzw. die Gesellschafter ist dann Sache der Geschäftsführer[35].

19 **Tochterunternehmen** haben nach § 294 Abs. 3 S. 1 HGB dem MU ihren PrB einzureichen, unabhängig davon, ob eine Einbeziehung in den KA erfolgt. Der AR des MU hat auch das Recht zur Einsichtnahme der PrB über die Jahresabschlussprüfung bei den Tochterunternehmen (§ 111 Abs. 2 AktG i.V.m. § 294 Abs. 3 S. 1 HGB).

20 Die gesetzlich vorgesehene **Beschränkung des Empfängerkreises** liegt darin begründet, dass der PrB vertrauliche Daten und Informationen enthält, die nicht für Dritte bestimmt sind, und es primär Aufgabe des Aufsichtsorgans bzw. der GmbH-Gesellschafter ist, ggf. Konsequenzen aus der Berichterstattung zu ziehen. Besonderheiten hinsichtlich des Empfängerkreises bestehen z.B. bei Kreditinstituten (§ 26 Abs. 1 KWG), Versicherungsunternehmen (§ 59 VAG) und nach § 53 HGrG bei Beteiligungen der öffentlichen Hand[36].

---

29 Ein nach dem Gesellschaftsvertrag bestelltes Organ kann auch dann als AR anzusehen sein, wenn es nicht diese Bezeichnung trägt. Gehört zu den Aufgaben eines Verwaltungsrats, Beirats oder Gesellschafterausschusses auch die Überwachung der Geschäftsführung, hat dieser den Prüfungsauftrag zu erteilen und ist auch Empfänger des PrB. Vgl. ADS[6], § 321, Rn. 24; ADS[6], § 42a GmbHG, Tz. 11; BeBiKo[8], § 321, Rn. 134; *Schindler/Rabenhorst*, BB 1998, S. 1888.
30 Vgl. ADS[6], § 321, Tz. 24.
31 Vgl. ADS[6], § 42a GmbHG, Tz. 13 m.w.N.
32 Bericht des Rechtsausschusses, BT-Drs. 10/4286, S. 130.
33 Vgl. *Scholz*, GmbHG[9], § 42a, Rn. 23; *Lutter/Hommelhoff*, GmbHG[15], § 42a, Rn. 19.
34 Vgl. auch *Gross*, ZfB Erg.-Heft 1/1987, S. 343; ADS[6], § 42a GmbHG, Tz. 17.
35 Vgl. ADS[6], § 321, Tz. 24; BeBiKo[8], § 321, Rn. 135.
36 Vgl. BeBiKo[8], § 321, Rn. 136.

Berichterstattung über die Jahresabschlussprüfung von Kapitalgesellschaften **Q**

Bei der **AG** besteht **kein Vorlage- und Einsichtsrecht** der HV bzw. einzelner Aktionäre **21**
hinsichtlich des PrB[37]. Für diesen Personenkreis sind der BestV und die Stellungnahme
zum Prüfungsergebnis des APr. im Bericht des AR (§ 171 Abs. 2 S. 3 AktG) als Informationsinstrumente neben der Rechnungslegung vorgesehen. Die HV kann Einsicht in den
PrB auch dann nicht verlangen, wenn sie den JA feststellt (§§ 173, 286 Abs. 1 AktG)[38].
Auch die Satzung kann weder der HV noch einem einzelnen Aktionär ein Recht auf Vorlage des PrB einräumen. Die Vertraulichkeit wird allein im Interesse der Gesellschaft geschützt.

Eine **gesetzliche Vorlagepflicht** besteht bspw. ggü. den Finanzbehörden; der PrB ist vom **22**
Erklärenden mit Abgabe der Steuererklärung einzureichen (§ 150 Abs. 4 AO i.V.m. § 60
Abs. 3 EStDV). Weitere gesetzliche Vorlagepflichten, denen z.T. sogar direkt durch den
APr. nachzukommen ist, bestehen insb. ggü. branchenspezifischen Aufsichtsbehörden
wie etwa der BaFin (vgl. z.B. § 26 Abs. 1 S. 3 KWG). Eine weitere gesetzliche Vorlagebzw. Berichtspflicht ist im Rahmen des BilMoG eingeführt worden: Nach § 320 Abs. 4
HGB ist bei einem Wechsel des APr. der bisherige APr. verpflichtet, dem neuen APr. – auf
dessen schriftliche Anfrage hin – über das Ergebnis der bisherigen Prüfung zu berichten.
Die Vorschrift betrifft sowohl den regulären Prüferwechsel als auch vorzeitige Prüferwechsel infolge einer Kündigung aus wichtigem Grund (§ 318 Abs. 6 u. 7 HGB) oder im
Fall des Widerrufs des Prüfungsauftrags durch die zu prüfende Gesellschaft (§ 318 Abs. 1
S. 5 i.V.m. Abs. 3 HGB). Dieser Berichtspflicht wird regelmäßig durch das Zurverfügungstellen des schriftlichen PrB nachgekommen.

Der Empfängerkreis des PrB bei AG und GmbH ist allerdings nicht auf die im Gesetz **23**
genannten Empfänger beschränkt[39]. Es bleibt den gesetzlichen Vertretern des geprüften
Unternehmens – sofern dem keine vertraglichen Vereinbarungen mit dem Prüfer entgegenstehen[40] – grds. unbenommen, den **Prüfungsbericht an Dritte** außerhalb des gesetzlich vorgesehenen Empfängerkreises (z.B. Kreditinstitute[41], stille Gesellschafter u.a.)
weiterzugeben oder ihnen Einsicht zu gewähren. Dies ist z.B. im Rahmen der Due Diligence bei Unternehmensakquisitionen häufig der Fall[42].

Der PrB gehört **nicht** zu den Unterlagen, die nach § 325 Abs. 1 bis 3 HGB **beim Betreiber** **24**
des elektronischen Bundesanzeigers einzureichen sind. Die Vertraulichkeit des PrB
besteht somit auch ggü. dem Betreiber des eBAnz. Der Betreiber des eBAnz kann die
Vorlage des PrB selbst für die Ausübung der Prüfungspflicht nach § 329 HGB nicht verlangen[43].

Der PrB ist auf Verlangen den Mitgliedern eines **Wirtschaftsausschusses** als erforder- **25**
liche Unterlage i.S.v. § 106 Abs. 2 BetrVG vorzulegen, wenn die gesetzlichen Vertreter
aufgrund einer Einigung oder eines wirksamen Beschlusses der Einigungsstelle (§ 109
S. 2 BetrVG) hierzu verpflichtet werden[44]. Ohne erneuten Spruch der Einigungsstelle be-

---

37   Diese Vertraulichkeit unterscheidet den PrB von den Berichten über eine Sonderprüfung (§ 145 Abs. 4 AktG),
     Gründungsprüfung (§ 34 Abs. 3 AktG) oder Sonderprüfung wegen unzulässiger Unterbewertung (§ 259
     Abs. 1 AktG i.V.m. § 145 Abs. 4 AktG); siehe hierzu auch WP Handbuch 2008, Bd. II, Kapitel B und C.
38   Vgl. ADS[6], § 321, Tz. 23.
39   Vgl. hierzu *Hense*, S. 287.
40   Vgl. hierzu z.B. Allgemeine Auftragsbedingungen für Wirtschaftsprüfer und Wirtschaftsprüfungsgesellschaften, hrsg. vom IDW Verlag (IDW-AAB), Stand 01.01.2002, Ziff. 7.
41   Z.B. im Zusammenhang mit der Offenlegung der wirtschaftlichen Verhältnisse nach § 18 KWG.
42   Vgl. *Brebeck/Strack*, S. 367.
43   Vgl. ADS[6], § 321, Tz. 26.
44   Vgl. BAG v. 08.08.1989 (1 ABR 61/88), NZA 1990, S. 150; ZIP 1990, S. 259; kritisch zu diesem BAG-Urteil
     Hommelhoff, ZIP 1990, S. 218.

2011

steht keine generelle Verpflichtung, dem Wirtschaftsausschuss in den Folgejahren jeweils den PrB bei der Erläuterung des JA vorzulegen.

26 Der APr. hat ggü. dem Auftraggeber keinen Anspruch darauf, dass der PrB vertraulich behandelt wird[45]. Das **Weitergaberecht** kann allerdings durch vertragliche Vereinbarung, z.b. in den Auftragsbedingungen[46] des APr., eingeschränkt werden. Die gesetzlichen Vertreter und AR-Mitglieder einer AG bzw. einer GmbH können sich strafbar machen, wenn sie Geheimnisse der Gesellschaft, die ihnen durch den PrB bekannt geworden sind, unbefugt offenbaren (§ 404 Abs. 1 Nr. 1 AktG, § 85 GmbHG). Die Gesellschafter der GmbH haben ebenfalls eine aus der Treuepflicht abzuleitende **Verschwiegenheitspflicht** über schutzwürdige Inhalte des PrB. Die vertrauliche Behandlung des PrB durch den APr. ist durch dessen Verschwiegenheitspflicht (§ 323 Abs. 1 S. 1 HGB) und die entsprechenden Strafvorschriften (§ 333 HGB, § 404 Abs. 1 Nr. 2 AktG) besonders geschützt. In Aufsichts- und Beschwerdesachen der WPK darf der APr. den PrB weder ganz noch teilweise vorlegen oder daraus zitieren, sofern er dadurch seine Verpflichtung zur Verschwiegenheit verletzen würde (§ 62 Abs. 2 S. 2 WPO).

27 Gem. § 321a HGB bestehen im **Insolvenzfall** sowie auch im Falle einer Abweisung der Verfahrenseröffnung mangels Masse Rechte hinsichtlich der Einsicht in die PrB der letzten drei Geschäftsjahre. Somit wird es auch außerhalb des AR nachvollziehbar, ob der APr. seiner gesetzlichen Berichtspflicht nachgekommen ist[47]. Dadurch soll gerade in kritischen Unternehmenssituationen die klare Darstellung des APr. im PrB unterstützt und eine verbesserte Transparenz der Arbeit des APr. erreicht werden[48].

28 **Informationsberechtigte Personen** in diesem Fall sind sowohl Gesellschafter als auch Gläubiger des geprüften Unternehmens (§ 321a Abs. 1 S. 1 HGB). Der Anspruch richtet sich gegen denjenigen, der die PrB in seinem Besitz hat. Dies wird im Falle der Eröffnung des Insolvenzverfahrens der Insolvenzverwalter sein (§ 36 Abs. 1 S. 1 InsO)[49]. Bei einer AG oder KGaA stehen diese Einsichtsrechte mit Rücksicht auf die ggf. erhebliche Zahl von Aktionären mit nur geringfügigen Anteilen und auf die Praktikabilität des Verfahrens nur solchen Aktionären zu, die zusammen mindestens den einhundertsten Teil des Grundkapitals oder einen Börsenwert von 100.000 € erreichen (§ 321a Abs. 2 S. 1 HGB). Die Verpflichtung zur Offenlegung der PrB ist jedoch auf die Berichtsteile und -inhalte beschränkt, die nach § 321 HGB vorgeschrieben sind. Im Bedarfsfall ist die fachkundige **Erläuterung** des PrB durch den APr. gestattet.

29 Nach § 321 Abs. 1 S. 1 HGB ist der **Prüfungsbericht schriftlich** zu erstatten. Eine mündliche Berichterstattung gilt nicht als Bericht über das Ergebnis der Prüfung. Mündliche Äußerungen oder schriftliche Feststellungen in Form eines Vermerks oder sog. Management Letters erfüllen nicht die gesetzlichen Berichtspflichten des APr. nach § 321 HGB. Im Übrigen sehen die i.d.R. den Aufträgen zugrunde liegenden Allgemeinen Auftragsbedingungen vor, dass mündliche Äußerungen ohne rechtliche Bindung sind[50].

---

45 Vgl. ADS[6], § 321, Tz. 25.
46 Vgl. IDW-AAB, Stand 01.01.2002, Ziff. 7, Abs. 1: Die Weitergabe beruflicher Äußerungen des WP (Berichte, Gutachten und dgl.) an einen Dritten bedarf der schriftlichen Zustimmung des WP, soweit sich nicht bereits aus dem Auftragsinhalt die Einwilligung zur Weitergabe an einen bestimmten Dritten ergibt.
47 Vgl. *Forster/Gelhausen/Möller*, WPg 2007, S. 191.
48 Vgl. RegBegr. BT-Drs. 15/3419, S. 43. Die Regelungen zur Offenlegung des PrB in besonderen Fällen gelten gem. § 321a Abs. 4 HGB entsprechend für den PrB zum KA und KLB des Schuldners. Damit ist aber keine Einsichtnahme in die PrB der einbezogenen TU verbunden; vgl. *Forster/Gelhausen/Möller*, WPg 2007, S. 191.
49 Vgl. *Forster/Gelhausen/Möller*, WPg 2007, S. 193.
50 Vgl. IDW-AAB, Stand 01.01.2002, Ziff. 5.

bb) Aufgaben des Prüfungsberichts

Die **Aufgaben des Prüfungsberichts** ergeben sich aus den jeweiligen Pflichten und Funktionen der mit der Prüfungsberichterstattung in Zusammenhang stehenden Adressaten. Die Funktionen des PrB sind insoweit für den APr. von Bedeutung, als Inhalt und Umfang des PrB an dessen Aufgaben auszurichten sind. 30

Dem PrB obliegt eine **Informationsfunktion** dergestalt, die Adressaten über die Prüfungsgegenstände und den Gang der Prüfung zu informieren und über das Ergebnis der Prüfung zu berichten[51]. Nach der Gesetzeskonzeption ist Hauptadressat des PrB das Überwachungsorgan AR. Die wichtigste Aufgabe des PrB besteht daher in der unabhängigen und sachverständigen Unterrichtung des AR (ggf. Beirats). Inhalt und Umfang des PrB sind auf diese Aufgabe auszurichten. Der PrB ist kurz gesagt aufsichtsratsgerecht – und bei der GmbH auch gesellschaftergerecht – abzufassen[52]. 31

Der APr. hat mittels PrB dem Aufsichtsorgan ggü. auch eine wichtige **Unterstützungsfunktion** zu erfüllen. Der AR muss nach sorgfältiger Durchsicht des PrB und ggf. ergänzender Auskünfte des APr. (vgl. § 171 Abs. 1 S. 2 AktG) entscheiden können, wie weit er sich bei der ihm obliegenden selbständigen Prüfungspflicht von JA, LB und Vorschlag für die Verwendung des Bilanzgewinns sowie von KA und KLB nach § 171 Abs. 1 S. 1 AktG bzw. § 52 Abs. 1 GmbHG auf die Ergebnisse der Prüfung des APr. stützen kann und wie weit er eigene Prüfungshandlungen durchführen oder durch weitere Sachverständige durchführen lassen muss[53]. Der PrB unterstützt den AR außerdem bei der Erledigung seines allgemeinen Überwachungsauftrags (§ 111 Abs. 1 AktG), der auf die planungsbegleitende und strategische Kontrolle der Geschäftsführung und die Überwachung etwaiger Risiken der zukünftigen Entwicklung ausgerichtet ist[54]. 32

Der Stellungnahme des APr. zur Lagebeurteilung der gesetzlichen Vertreter und den weiteren Berichtselementen der **vorangestellten Berichterstattung** gemäß § 321 Abs. 1 S. 2 und 3 HGB kommt für die Informations- und Unterstützungsfunktion des PrB besondere Bedeutung zu[55]. Diese Informationen werden zusammen mit den Ausführungen zu möglichen Bestandsgefährdungen oder Entwicklungsbeeinträchtigungen an den Anfang des PrB gerückt. Damit wird der AR schon auf den ersten Berichtsseiten über die wesentlichen Aussagen zur wirtschaftlichen Lage, zur künftigen Entwicklung und zu bestehenden Risiken in Kenntnis gesetzt[56]. Zur Unterstützung bei der Erfüllung seiner erweiterten Überwachungspflichten wird der AR einer börsennotierten AG im Rahmen der Berichterstattung über die Prüfung des Risikofrüherkennungssystems über wesentliche Fehlerquellen und Schwachstellen in der Unternehmensorganisation informiert[57]. 33

Der Aufgabenstellung entsprechend sind Prüfungsgegenstand und -inhalte im PrB so aufzubereiten, dass dem Bericht alle **wichtigen Gesichtspunkte** für die Beurteilung der Rechnungslegung und für eine eigenständige Beurteilung der wirtschaftlichen Lage und Entwicklung des Unternehmens entnommen werden können. Aus dem PrB muss zu ersehen sein, ob die gesetzlichen Vorschriften über die Rechnungslegung eingehalten sind, welchen wesentlichen Inhalt die informationsrelevanten Posten des JA haben, in welcher 34

---

51 Vgl. *Plendl*, in: HWRP³, Sp. 1779.
52 Dabei kann davon ausgegangen werden, dass es sich um einen sachverständigen Adressaten handelt. Vgl. dazu auch Tz. 65. Ebenso *Pfitzer*, in: Dörner/Menold/Pfitzer (Hrsg.), S. 655.
53 Vgl. ADS⁶, § 171 AktG, Tz. 17.
54 Zum Inhalt der Überwachungsaufgabe vgl. *Mattheus*, ZGR 1999, S. 691.
55 Vgl. RegBegr. BT-Drs. 13/9712, S. 28.
56 Vgl. *Mattheus*, ZGR 1999, S. 702.
57 Vgl. RegBegr. BT-Drs. 13/9712, S. 29.

Weise die Ansatz- und Bewertungswahlrechte genutzt werden und welche Auswirkungen sich hieraus ergeben. Außerdem sollte aus dem PrB hervorgehen, ob die Einschätzungen der gesetzlichen Vertreter über die Chancen und Risiken ihrer Lagebeurteilung nachvollziehbar sind sowie ob schwerwiegende Unregelmäßigkeiten und bestandsgefährdende Entwicklungen eingetreten sind. Auch dürfen Ausführungen zur Entwicklung des Betriebsergebnisses und der dafür maßgebenden Einflussfaktoren sowie zu den Liquiditäts- und Finanzierungsverhältnissen nicht fehlen.

35 Der PrB sollte auch die **rechnungslegungsrelevanten Informationen** enthalten, die der AR zur Erfüllung seiner über die Prüfung der Rechtmäßigkeit des JA hinausgehenden Zweckmäßigkeitsprüfung[58] der Rechnungslegung benötigt. Der AR hat unter Zuhilfenahme des PrB zu beurteilen, ob die gesetzlichen Vertreter bei der Aufstellung des JA die bilanziellen Wahlrechts- und Ermessensentscheidungen dem Unternehmensinteresse entsprechend getroffen haben.

36 Nach § 171 Abs. 1 S. 2 AktG ist der **Abschlussprüfer** zur **Teilnahme an der Bilanzsitzung des AR** oder eines Bilanz-/Prüfungsausschusses verpflichtet (vgl. Tz. 652). Nach der RegBegr. ist der APr. zur Teilnahme an der Bilanzsitzung des AR oder des hierfür zuständigen Bilanz-/Prüfungsausschusses verpflichtet, soweit der AR nicht ausdrücklich anders entscheidet[59]. Eine Teilnahme des APr. wird damit jedoch nicht in das Ermessen des AR gestellt[60]. Die Wahlmöglichkeit des AR erstreckt sich lediglich auf die Entscheidung, ob die obligatorische Berichtspflicht des APr. ggü. dem gesamten Plenum und/oder nur vor dem Bilanz-/Prüfungsausschuss ausgeübt werden soll[61].

Dementsprechend legt **Ziff. 7.2.4 des DCGK** klar fest: „Der Abschlussprüfer nimmt an den Beratungen des Aufsichtsrats über den Jahres- und Konzernabschluss teil und berichtet über die wesentlichen Ergebnisse seiner Prüfung."

37 Eine Teilnahmepflicht besteht für den APr., wenn er zur Bilanzsitzung ordnungsgemäß eingeladen wurde[62]. Erhält der APr. keine Einladung für die Sitzung, ist er nicht verpflichtet, auf eine Teilnahme hinzuwirken. Er sollte jedoch die Mitglieder des AR auf die Rechtsfolgen einer unterlassenen Sitzungsteilnahme aufmerksam machen[63].

38 Weiter hat der PrB den AR zu informieren und zu unterstützen im Hinblick auf dessen Verpflichtung, an die HV über das Ergebnis seiner Prüfung zu berichten und zu dem Ergebnis der Prüfung des JA durch den APr. Stellung zu nehmen (§ 171 Abs. 2 AktG).

39 Bei der **GmbH** hat der PrB auch für die Gesellschafterversammlung eine zuverlässige und informative **Grundlage für die Überwachung der Geschäftsführung** zu sein. Der PrB stellt für die Gesellschafter eine wesentliche **Entscheidungsgrundlage** bei der Feststellung des JA dar. Diese Aufgabe des PrB wird zwar durch die Vorschrift des § 42a Abs. 3 GmbHG ergänzt, wonach der APr. auf Verlangen eines Gesellschafters an den

---

58 Vgl. hierzu ADS⁶, § 171 AktG, Tz. 21.
59 Vgl. RegBegr. BT-Drs. 13/9712, S. 22. Zur Kritik an dieser Formulierung vgl. *Forster*, AG 1999, S. 197; *Theisen*, in: Dörner/Menold/Pfitzer (Hrsg.), S. 444; *Westerfelhaus*, DB 1998, S. 2078.
60 A.A. *Lingemann/Wasmann*, BB 1998, S. 858; *Peemöller/Keller*, DStR 1997, S. 1988. Ebenso *Gelhausen*, BFuP 1999, S. 403, der einen Verzicht auf die Teilnahme des APr. an der Bilanzsitzung des AR bei einem einstimmigen AR-Beschluss grds. für zulässig erachtet.
61 Vgl. RegBegr. BT-Drs. 13/9712, S. 22. Für eine obligatorische Berichtspflicht auch *Bischof/Oser*, WPg 1998, S. 541; *Forster*, AG 1999, S. 197; *Schindler/Rabenhorst*, BB 1998, S. 1888; *Theisen*, in: Dörner/Menold/Pfitzer (Hrsg.), S. 444; *Westerfelhaus*, DB 1998, S. 2078. Kritisch *Böcking/Orth*, BFuP 1999, S. 432.
62 Vgl. *Bischof/Oser*, WPg 1998, S. 543.
63 Vgl. *Schindler/Rabenhorst*, BB 1998, S. 1889. Zu den Rechtsfolgen einer unterlassenen Teilnahme vgl. *Bischof/Oser*, WPg 1998, S. 543.

Verhandlungen über die Feststellung des JA teilzunehmen hat, allerdings resultieren daraus keine Auswirkungen auf den Inhalt und Umfang des PrB[64].

Für die **gesetzlichen Vertreter** des geprüften Unternehmens stellt der PrB eine Informationsgrundlage dar und dient zugleich der Weiterentwicklung und Verbesserung der Rechnungslegung sowie ggf. des Risikofrüherkennungssystems[65]. Dies gilt vor allem dann, wenn der APr. auf **festgestellte Mängel und Schwachpunkte** im Rechnungswesen und im Risikofrüherkennungssystem hinweist. Darüber hinaus kann der PrB den Vorstand auch bei der Erfüllung seiner diversen Informationspflichten, so z.B. bei der Stellungnahme zu einem Jahresfehlbetrag oder einem wesentlichen Verlust nach § 176 Abs. 1 S. 3 AktG unterstützen. Der PrB hat eine besondere Bedeutung für diejenigen gesetzlichen Vertreter, in deren Zuständigkeitsbereich nicht die Buchführung und die Erstellung von JA und LB sowie die Einrichtung des Risikofrüherkennungssystems fällt (geteilte Zuständigkeitsbereiche), die aber gleichwohl für die Buchführung und die Rechnungslegung des Unternehmens sowie das Risikofrüherkennungssystem mitverantwortlich sind. Diese gesetzlichen Vertreter können sich mit Hilfe des PrB ein **objektives Bild der Rechnungslegung** verschaffen und werden ggf. über die Funktionsfähigkeit und einen möglichen Verbesserungsbedarf des im Unternehmen eingerichteten Systems zur Früherkennung bestandsgefährdender Risiken und dessen Überwachung informiert. Sie haben daher diesem Informationsinstrument eine besondere Aufmerksamkeit zu widmen. Dies gilt ebenfalls für die **Konzernleitung**, die durch die PrB der Tochterunternehmen (§ 294 Abs. 3 S. 1 HGB) sowie die Beurteilung des konzernweiten Risikofrüherkennungssystems durch den APr. weitergehende Unterlagen zur Beurteilung und Kontrolle der Tochterunternehmen erhält. **40**

Der PrB ist vielfach auch eine wesentliche Informationsgrundlage bei Verhandlungen mit **Kreditgebern** und **Behörden**. Inhalt und Umfang der Berichterstattung sind nach der Intention des Gesetzgebers jedoch nicht an diesem Empfängerkreis bzw. Verwendungszweck auszurichten. Es sollte darauf hingewiesen werden, dass der PrB grds. nur für den AR bzw. die GmbH-Gesellschafter und die gesetzlichen Vertreter bestimmt ist und **Dritte**, denen er ggf. vorgelegt wird, grds. aus Mängeln des PrB **keine Ansprüche** gegen den APr. herleiten können[66]. **41**

Eine weitere wesentliche Aufgabe des PrB besteht in seiner **Nachweisfunktion**[67]. Für die gesetzlichen Vertreter des geprüften Unternehmens stellt der PrB einen urkundlichen Nachweis darüber dar, dass sie ihre Pflicht, Bücher ordnungsgemäß zu führen (§ 91 Abs. 1 AktG, § 41 GmbHG) und entsprechend den gesetzlichen Vorschriften Rechnung zu legen, erfüllt haben, sowie ggf. ihrer Verpflichtung, ein funktionsfähiges System zur Früherkennung bestandsgefährdender Risiken einzurichten (§ 91 Abs. 2 AktG), nachgekommen sind. Auch für den APr. hat der PrB eine besondere Bedeutung. Er enthält eine ausführliche Niederlegung und Begründung des Prüfungsergebnisses und – neben den Arbeitspapieren – den Nachweis, dass er, abgesehen von der Berichterstattung an den AR nach § 171 Abs. 1 S. 2 AktG, seine Pflichten erfüllt hat[68]. Die Nachweisfunktion des PrB ist **42**

---

64 Vgl. auch *Ludewig*, WPg 1987, S. 377.
65 Im GmbHG hat der Gesetzgeber eine § 91 Abs. 2 AktG vergleichbare Regelung nicht getroffen. Nach der Gesetzesbegründung wird allerdings davon ausgegangen, dass für GmbH vergleichbarer Größe und Komplexität Entsprechendes gilt und die Neuregelung im Rahmen des KonTraG auch Ausstrahlungswirkung auf den Pflichtenrahmen von Geschäftsführern anderer Gesellschaftsformen hat. Vgl. RegBegr. BT-Drs. 13/9712, S. 15. Zur Ausstrahlungswirkung auf Unternehmen im Anteilsbesitz von Gebietskörperschaften vgl. *IDW PS 720*, Tz. 8.
66 Vgl. ADS[6], § 321, Tz. 36.
67 Vgl. *Plendl*, in: HWRP[3], Sp. 1780.
68 Vgl. ADS[6], § 321, Tz. 35; HdR[5], § 321, Rn. 7.

auch im Regressfall von Bedeutung. Den detaillierten Nachweis, wie er den gesetzlichen Pflichten nachgekommen ist, wird der APr. grds. unter Heranziehung der Arbeitspapiere zu führen haben, da der PrB auch gem. § 321 HGB aus Gründen der Klarheit und Übersichtlichkeit den Umfang und die Art der im Einzelnen vorgenommenen Prüfungshandlungen nicht zu enthalten hat[69]. Bei einem Wechsel des APr. dient der PrB auch als Grundlage für die nachfolgende Abschlussprüfung[70].

b) Allgemeine Berichtsgrundsätze

43 Durch den PrB sind die Berichtsempfänger über Gegenstand, Art und Umfang sowie das Ergebnis der Prüfung schriftlich und mit der gebotenen Klarheit zu informieren. Der APr. hat die Prüfungsdurchführung, die dabei getroffenen Feststellungen und die Herleitung des Gesamturteils, das seinen Ausdruck im BestV findet, aus den Einzelurteilen über die Prüfungsobjekte darzustellen. Das Gesetz schreibt eine Reihe von Pflichtfeststellungen vor und enthält Bestimmungen zum Aufbau des PrB. Inhalt und Umfang des PrB sind jedoch nicht abschließend geregelt, sondern stehen im **pflichtgemäßen Ermessen des Abschlussprüfers**, das in Übereinstimmung mit den Aufgaben des PrB, insbesondere mit der Informationsfunktion, auszuüben ist[71]. Damit der PrB seinen Aufgaben gerecht werden kann, sind an den PrB – über die Vorschrift des § 321 HGB hinaus – eine Reihe allgemeiner **Grundanforderungen** zu stellen, die sich aus den allgemeinen Berufspflichten des APr., mittelbar aus den Rechnungslegungs- und Prüfungsvorschriften sowie aus dem Adressatenbezug des PrB ableiten[72].

44 Das IDW legt in dem *IDW Prüfungsstandard: Grundsätze ordnungsmäßiger Berichterstattung bei Abschlussprüfungen (IDW PS 450)* die Berufsauffassung dar, nach der WP als APr. unbeschadet ihrer Eigenverantwortlichkeit Berichte über ihre durchgeführten Abschlussprüfungen erstatten. *IDW PS 450* enthält die von WP zu beachtenden Grundsätze zu Form und Inhalt des PrB und verdeutlicht ggü. den Adressaten des PrB den Inhalt dieses Berichts. Die Mitglieder des DBV – Deutscher Buchprüferverband e.V. – haben gemäß § 5 Ziff. 5 der Satzung des DBV im Rahmen ihrer beruflichen Eigenverantwortlichkeit die vom IDW abgegebenen Verlautbarungen zu beachten.

45 Der APr. hat seinen PrB gewissenhaft und unparteiisch zu erstatten (§ 17 Abs. 1 S. 2 WPO). Über Art und Umfang sowie über das Ergebnis der Prüfung ist somit **wahrheitsgetreu, vollständig, unparteiisch** und mit der gebotenen **Klarheit** schriftlich zu berichten[73].

aa) Grundsatz der Wahrheit

46 Die gewissenhafte Berichterstattung muss wahrheitsgetreu sein[74]. Gemäß dem Grundsatz der Wahrheit hat der Inhalt des PrB nach der Überzeugung des APr. den **tatsächlichen Gegebenheiten** zu **entsprechen**[75]. Der APr. muss von der Richtigkeit seiner Feststellungen und den daraus abgeleiteten Schlussfolgerungen überzeugt sein. Der PrB darf nicht den Eindruck erwecken, dass ein Sachverhalt geprüft wurde, obwohl seine Prüfung (noch) nicht möglich war. Es muss klar erkennbar sein, welche Angaben auf geprüften und

---

69 Vgl. *IDW PS 450*, Tz. 51.
70 Vgl. § 320 Abs. 4 HGB; *IDW PS 205*, Tz. 12; *IDW PS 450*, Tz. 150-152.
71 Vgl. ADS[6], § 321, Tz. 37.
72 Vgl. *Plendl*, in: HWRP[3], Sp. 1780.
73 Vgl. *IDW PS 450*, Tz. 8.
74 Vgl. *IDW PS 450*, Tz. 9.
75 Vgl. *IDW PS 450*, Tz. 9; ADS[6], § 321, Tz. 48; BeBiKo[8], § 321, Rn. 10.

welche auf ungeprüften Grundlagen beruhen. Ist es dem APr. bei seinen Prüfungshandlungen nicht gelungen, die tatsächlichen Verhältnisse soweit zu ergründen, dass er eine gesicherte Beurteilung des Sachverhalts vornehmen kann, so ist dies im PrB anzugeben. Außerdem muss aus den Ausführungen ersichtlich sein, ob und inwieweit sich die Beurteilungen des APr. nicht auf selbst durchgeführte Prüfungshandlungen, sondern auf **Prüfungen Anderer** (z.b. Prüfungen durch die Interne Revision, Prüfungen bei Tochterunternehmen durch andere Prüfer), **Gutachten von Sachverständigen** (z.b. Versicherungsmathematiker) oder Auskünfte stützen[76]. Sind **mehrere** Personen nebeneinander zum **Abschlussprüfer** bestellt und ergeben sich zwischen ihnen Meinungsverschiedenheiten über die Würdigung eines Sachverhaltes, so sind diese im PrB zum Ausdruck zu bringen[77].

Der Grundsatz der Wahrheit wird dann verletzt, wenn entgegen dem Grundsatz der Vollständigkeit wesentliche Tatsachen weggelassen werden[78]. 47

bb) Grundsatz der Vollständigkeit

Eine gewissenhafte Berichterstattung schließt ein, dass der PrB vollständig ist[79]. Der Grundsatz der Vollständigkeit verlangt, dass im PrB alle in den jeweiligen gesetzlichen Vorschriften oder den vertraglichen Vereinbarungen geforderten Feststellungen zu treffen sind und dass darüber berichtet wird, welche **wesentlichen Feststellungen und Ergebnisse** die Prüfung erbracht hat. Wesentlich sind dabei solche Tatsachen, die für eine ausreichende **Information der Berichtsadressaten** für die Vermittlung eines klaren Bildes über das Prüfungsergebnis von Bedeutung sind[80]. Der Stellenwert dieses Grundsatzes ergibt sich aus § 332 Abs. 1 HGB und § 403 Abs. 1 AktG, die das Verschweigen erheblicher Umstände im PrB unter Strafe stellen. 48

Wie weit die Berichterstattung im Einzelnen zu gehen hat, muss der APr. nach eigenem, **pflichtgemäßem Ermessen** entscheiden. Der Grundsatz der Vollständigkeit erfordert nicht, dass der APr. alles in seinen Bericht aufnehmen muss, was er festgestellt hat. Informationen über wesentliche Tatsachen dürfen nicht durch die Vermischung mit einer Vielzahl von Informationen, die auch kumulativ von untergeordneter Bedeutung sind, in ihrer Informationswirkung eingeschränkt werden. Die Berichterstattung im PrB hat sich **auf das Wesentliche** zu **konzentrieren**[81]. Im Bericht sind in knapper, klar verständlicher und gut lesbarer Form die Informationen zu geben, die von § 321 HGB verlangt werden und die die Berichtsadressaten für die Ausübung ihrer Tätigkeit, insbesondere die Überwachung des Unternehmens, benötigen. Als allgemeiner Grundsatz kann gelten, dass im PrB stets all das zum Ausdruck kommen muss, was zum Ergebnis der Prüfung der Buchführung, des JA und des LB gehört, und zwar insoweit, als es zur **Vermittlung eines klaren Bildes** über das Prüfungsergebnis notwendig ist. 49

Der **Umfang der Berichterstattung** hat sich unter Wesentlichkeitsgesichtspunkten daran zu orientieren, dass ein Berichtsadressat, der über die zum Verständnis einer gesetzlichen Rechnungslegung erforderlichen Kenntnisse verfügt, sich aufgrund des PrB ein **eigenes** 50

---

[76] Vgl. *IDW PS 450*, Tz. 16. Diese Aspekte betreffen die Durchführung der Prüfung. Ihre Erläuterung hat nach § 321 Abs. 3 HGB in einem besonderen Abschnitt des PrB zu erfolgen. Vgl. dazu Tz. 164 sowie *IDW PS 450*, Tz. 57.

[77] Vgl. *IDW PS 208*, Tz. 25; ADS[6], § 321, Tz. 49. Zur Berichterstattung bei Bestellung mehrerer Personen zum APr. vgl. Tz. 316.

[78] Vgl. ADS[6], § 321, Tz. 48.

[79] Vgl. *IDW PS 450*, Tz. 10.

[80] Vgl. *IDW PS 450*, Tz. 10; ADS[6], § 321, Tz. 42; BeBiKo[8], § 321, Rn. 11.

[81] Vgl. *IDW PS 450*, Tz. 13; *Forster*, WPg 1979, S. 651; Grundsatz: „multum, non multa" *Forster*, AG 1995, S. 3.

Urteil über die Ordnungsmäßigkeit von Buchführung, JA und LB sowie über die wirtschaftliche Lage des Unternehmens **bilden** und die notwendigen Schlussfolgerungen daraus ziehen kann[82]. Bei der Abfassung des PrB und bei der Festlegung des Umfangs der Berichterstattung ist es im Einzelfall erforderlich, die Struktur des Empfängerkreises des PrB zu berücksichtigen (**Empfängerbezogenheit des Prüfungsberichts**). Im Übrigen liegt es im Wesen der Prüfungsberichterstattung, dass über Sachverhalte, deren Ordnungsmäßigkeit festgestellt wird, nur knapp berichtet wird, während problematische oder zu beanstandende Sachverhalte ausführlicher darzulegen sind[83].

51 Der APr. darf den Wunsch des Auftraggebers nach **Einschränkung der Berichterstattung** nur insoweit berücksichtigen, als dadurch der Grundsatz der Vollständigkeit nicht verletzt wird[84]. Ein **Schweigerecht** oder gar eine Schweigepflicht besteht für den PrB über eine gesetzliche Abschlussprüfung **nicht**. Selbst wenn die gesetzlichen Vertreter von einer **Schutzklausel** nach § 286 HGB oder § 160 Abs. 2 AktG Gebrauch machen, so ist im PrB auf den entsprechenden Sachverhalt einzugehen und Stellung zu nehmen, ob die Voraussetzungen für die Inanspruchnahme der Schutzklausel gegeben sind[85].

52 **Vertrauliche Angaben** sind in den PrB aufzunehmen, wenn sie für eine ausreichende Information der gesetzlichen Berichtsempfänger erforderlich sind. Der APr. darf nicht zwischen ihrem Wert für die Information des Aufsichtsorgans einerseits und einer Gefährdung ihrer Vertraulichkeit abwägen, sondern muss vielmehr davon ausgehen, dass die Mitglieder des Aufsichtsorgans ihre Verschwiegenheitspflicht beachten[86]. Es ist vor allem nicht zulässig, den notwendigen Berichtsinhalt deshalb einzuschränken, weil Konkurrenten, Vertreter der Arbeitnehmer, von Kreditinstituten oder von Kleinaktionären dem Aufsichtsorgan angehören[87]. Differenzierter ist vorzugehen, wenn der PrB der Allgemeinheit zugänglich ist, wie etwa bei der aktienrechtlichen Gründungs- oder Sonderprüfung (§§ 34 Abs. 3, 145 Abs. 4 AktG). In diesen Fällen hat der Prüfer zwischen dem Interesse des geprüften Unternehmens an der Wahrung von Geschäfts- und Betriebsgeheimnissen einerseits und der Notwendigkeit andererseits, die für die Urteilsbildung der Berichtsempfänger erforderlichen Angaben in den PrB aufzunehmen, abzuwägen[88].

53 Der Grundsatz der Vollständigkeit umfasst auch den **Grundsatz der Einheitlichkeit** der Berichterstattung. Der PrB ist als einheitliches Ganzes anzusehen und muss ohne Heranziehung anderer Dokumente für sich lesbar und verständlich sein[89]. Der Einheitlichkeit der Berichterstattung unterliegen die Berichte, die sich auf denselben Prüfungszeitraum beziehen und Bestandteil einer Abschlussprüfung sind. Unter diesen Voraussetzungen bilden der Bericht über die Abschlussprüfung, Berichte über Zwischenprüfungen oder Vorab- bzw. Sonderberichte[90] über bestandsgefährdende/entwicklungsbeeinträchtigende Tatsachen, über die Prüfung des Risikofrüherkennungssystems[91] oder über die Prüfung des Kreditgeschäfts bei Abschlussprüfungen von Kreditinstituten eine Einheit. Die Er-

---

82 Vgl. ADS[6], § 321, Tz. 42; HdR[5], § 321, Rn. 11.
83 Vgl. ADS[6], § 321, Tz. 42.
84 Vgl. ADS[6], § 321, Tz. 44.
85 Vgl. *IDW PS 450*, Tz. 69; ADS[6], § 321, Tz. 43, 98.
86 Vgl. ADS[6], § 321, Tz. 43.
87 Vgl. *Forster*, WPg 1979, S. 652; *Forster*, AG 1995, S. 3; vgl. zu dieser Problematik auch *Hense*, S. 305, der darüber hinaus noch das Thema Hinweise auf steuerliche Risiken im PrB anspricht.
88 Ebenso HdR[5], § 321, Rn. 10; ADS[6], § 321, Tz. 43. Dagegen differenziert BeBiKo[8], § 321, Rn. 12 nicht nach dem Empfängerkreis.
89 Vgl. *IDW PS 450*, Tz.17; BeBiKo[8], § 321, Rn. 13.
90 Zu Sonderberichten vgl. ADS[6], § 321, Tz. 158.
91 Zur Erstellung eines Teilberichts über die Prüfung des Risikofrüherkennungssystems vgl. auch Tz. 263.

stellung von Teilberichten ist zulässig, wenn sie durch besondere Umstände zeitlich oder sachlich geboten ist[92].

Teilberichte sind als solche zu kennzeichnen und müssen einen Hinweis auf den PrB enthalten. Bei Teilberichten in Form von **Vorabberichten**[93] ist auf den noch zu erstellenden PrB zu verweisen. Auf erstattete Teilberichte ist im PrB stets hinzuweisen. Deren Gegenstand und die wesentlichen Ergebnisse sind im PrB darzustellen[94]. Eine Ausnahme gilt für Vorabberichte, die durch den APr. festgestellte Entwicklungsbeeinträchtigungen und Bestandsgefährdungen betreffen. Wegen der Bedeutung dieser Informationen für die Beurteilung der wirtschaftlichen Lage des Unternehmens durch die Berichtsadressaten sind diese Teilberichte vollinhaltlich in den PrB aufzunehmen[95]. In den PrB ist auch eine geschlossene **Übersicht** über **alle** vom APr. **erstatteten Teilberichte** und deren Gegenstand aufzunehmen, um eine vollständige Kenntnisnahme der für die Berichtsadressaten bestimmten Informationen sicherzustellen[96]. 54

Es ist zum Teil üblich, zusätzlich zum PrB einen **Management Letter** zu erstellen. Ein Management Letter enthält ergänzende Informationen, mit denen der APr. getrennt vom PrB organisatorische oder sonstige Hinweise aus Anlass der Prüfung gibt. Angaben im Management Letter können und dürfen jedoch keinesfalls notwendige Angaben im PrB einschließlich solcher Angaben ersetzen, die zum Verständnis der Prüfungsergebnisse notwendig sind[97]. Dementsprechend besteht keine Hinweispflicht im PrB auf einen Management Letter[98]. Gleiches gilt grds. auch für andere Sonderberichte mit einer über die gesetzlichen Erfordernisse hinausgehenden Berichterstattung[99]. 55

Im PrB ist auch über Gegenstand, Art und Umfang sowie das Ergebnis von Prüfungen aufgrund von **Erweiterungen des Prüfungsauftrags** zu berichten, die gesetzlich vorgesehen sind oder vom Auftraggeber erteilt werden und den JA (ggf. einschl. der Buchführung) oder den LB betreffen. Auf den JA oder den LB bezogene Erweiterungen ergeben sich in der Praxis häufig aus der Beauftragung durch den AR oder die gesetzlichen Vertreter, die Prüfung über den gesetzlich nach § 317 HGB vorgesehenen Prüfungsumfang in diese oder jene Richtung zu intensivieren oder auf bestimmte Sachverhalte auszudehnen[100]. Der Prüfungsauftrag kann nur durch den Auftraggeber der Abschlussprüfung (§ 318 Abs. 1 S. 4 HGB) erweitert werden[101]. 56

Von solchen intensitätsmäßigen oder sachverhaltsspezifischen Erweiterungen der Prüfung sind **gegenständlich erweiterte Abschlussprüfungen** zu unterscheiden, bei denen der Prüfungsgegenstand über Buchführung, JA und LB und damit über die Rechnungslegung hinausgeht. Gegenständliche Erweiterungen der Abschlussprüfung können in Form von größenabhängigen, rechtsform- und wirtschaftszweigspezifischen Regelungen[102] gesetz-

---

92 Vgl. *IDW PS 450*, Tz. 17. Zur Zulässigkeit eines Teilberichts über Feststellungen einer Prüfung nach § 53 HGrG vgl. *IDW PS 720*, Tz. 13.
93 Zu Vorabberichten vgl. ADS[6], § 321, Tz. 88.
94 Vgl. *IDW PS 450*, Tz. 17.
95 Vgl. *IDW PS 450*, Tz. 41.
96 Vgl. *IDW PS 450*, Tz. 60. Diese Teilberichtsübersicht ist Bestandteil des Abschnitts „Gegenstand, Art und Umfang der Prüfung".
97 Vgl. *IDW PS 450*, Tz. 17; BeBiKo[8], § 321, Rn. 5, 39, 71.
98 Vgl. *IDW PS 450*, Tz. 17; ebenso ADS[6], § 321, Tz. 47. Vgl. auch *Steiner*, S. 395. Allerdings sind Management Letter vielfach Aufsichtsbehörden zugänglich zu machen bzw. automatisch zuzusenden.
99 Ebenso ADS[6], § 321, Tz. 160.
100 Vgl. dazu BeBiKo[8], § 317, Rn. 13; ADS[6], § 317, Tz. 23.
101 Vgl. *IDW PS 450*, Tz. 19.
102 Zu dieser Differenzierung vgl. *IDW PS 450*, Tz. 54.

lich vorgesehen sein oder vom Auftraggeber freiwillig erteilt werden. Zu den gesetzlich vorgesehenen Erweiterungen gehören bspw. die Verpflichtung zur **Prüfung der Geschäftsführung nach § 53 HGrG**[103] und die **wirtschaftszweigspezifischen Regelungen**, z.B. für Kreditinstitute und Versicherungsunternehmen, bei denen die Richtlinien der entsprechenden Aufsichtsbehörden besondere Berichtsfeststellungen verlangen[104]. **Erweiterungen** der Abschlussprüfung **auf vertraglicher Grundlage** können z.B. die freiwillige Prüfung der Ordnungsmäßigkeit der Geschäftsführung, von Zweckzuwendungen oder die freiwillige Prüfung des Risikofrüherkennungssystems bei nicht börsennotierten AG und anderen Gesellschaften sein. Derartige gegenständliche Erweiterungen der Abschlussprüfung sind auch auf satzungsmäßiger bzw. gesellschaftsvertraglicher Grundlage möglich.

57 Wird der Gegenstand der Abschlussprüfung über Buchführung, JA und LB hinaus erweitert, ist die **Berichterstattung über** das Ergebnis der **Erweiterung der Abschlussprüfung** mit derjenigen über die Abschlussprüfung nach §§ 316 ff. HGB im selben Bericht zusammenzufassen, auch wenn über das Ergebnis dieser Erweiterung der Abschlussprüfung nicht im BestV berichtet werden darf[105]. Über die Ergebnisse aus diesen nicht rechnungslegungsbezogenen Erweiterungen des Prüfungsauftrags ist in einem **gesonderten Abschnitt** des PrB zu berichten[106]. Dagegen erfolgt die Berichterstattung über das Ergebnis der Prüfungen von rechnungslegungsbezogenen Erweiterungen der Abschlussprüfung nicht in einem gesonderten Berichtsabschnitt, sondern wird dem Gegenstand der Erweiterung folgend in die anderen Berichtsbestandteile **integriert**[107].

58 Auch die Prüfung des **Abhängigkeitsberichts** nach § 313 Abs. 1 AktG stellt eine über die Rechnungslegung hinausgehende gesetzliche Erweiterung der Abschlussprüfung dar, die dem Grundsatz der Einheitlichkeit der Berichterstattung unterliegt. Die Berichterstattung über die Prüfung des Abhängigkeitsberichts ist in § 313 Abs. 2 AktG so ausgestaltet, dass sie zu einem eigenen, in sich geschlossenen PrB führt[108]. Daraus folgt eine Hinweispflicht auf die durchgeführte Prüfung des Abhängigkeitsberichts und den dazu erstellten gesonderten Bericht sowie grds. das Erfordernis zur Aufnahme des Ergebnisses der Prüfung über die Abschlussprüfung in den PrB. In Fällen ohne Besonderheiten dürfte allerdings die Aufnahme des Schlussergebnisses in den PrB über die Abschlussprüfung regelmäßig entbehrlich sein[109].

59 Der Grundsatz der Einheitlichkeit erstreckt sich nicht auf die Berichterstattung über **unterschiedliche Prüfungsaufträge**. Wird neben dem Auftrag zu einer ggf. erweiterten Abschlussprüfung ein zusätzlicher Prüfungsauftrag (**Zusatzauftrag**) erteilt (z.B. Prüfung des KA, projektbegleitende Prüfung von IT-Systemen[110], Unterschlagungsprüfung), sind die Ergebnisse aus dieser zusätzlichen Prüfung nicht in den PrB zur Jahresabschlussprüfung aufzunehmen, sondern in einem gesonderten Bericht darzustellen[111]. Entsprechend muss auf die Berichte über Zusatzprüfungen im PrB über die Jahresabschluss-

---

103 Zu Krankenhäusern vgl. Tz. 1074 und zu öffentlichen Unternehmen Tz. 1058 sowie *IDW PS 720*, Tz. 1.
104 Vgl. BeBiKo[8], § 317, Rn. 6. Zu KI vgl. Tz. 871 und J Tz. 637; zu VU vgl. Tz. 947 und K Tz. 745.
105 Vgl. *IDW PS 450*, Tz. 19. Zur Berichterstattung im BestV vgl. *IDW PS 400*, Tz. 12.
106 Vgl. *IDW PS 450*, Tz. 108.
107 Vgl. *IDW PS 450*, Tz. 19, 67.
108 Ebenso ADS[6], § 321, Tz. 46. Zur Prüfung des Abhängigkeitsberichts vgl. Tz. 1141.
109 Ebenso ADS[6], § 321, Tz. 46.
110 Vgl. hierzu *IDW Prüfungsstandard: Projektbegleitende Prüfung bei Einsatz von Informationstechnologie (IDW PS 850)*.
111 Vgl. *IDW PS 450*, Tz. 19. Für die projektbegleitende Prüfung IT-gestützter Rechnungslegungssysteme vgl. aber *IDW PS 850*, Tz. 98.

prüfung grds. nicht hingewiesen werden. Betreffen die unterschiedlichen Prüfungsaufträge jedoch die Prüfung von JA und KA und erfolgt keine zusammengefasste Berichterstattung über beide Prüfungen (§§ 298 Abs. 3 S. 3, 315 Abs. 3 HGB), sollte in den Bericht über die Jahresabschlussprüfung ein **Hinweis auf** die **Prüfung des KA** und die gesonderte Berichterstattung darüber aufgenommen werden[112].

Für die Abgrenzung zwischen erweiterter Jahresabschlussprüfung und zusätzlicher Beauftragung ist die Vereinbarung mit dem Auftraggeber maßgebend[113]. 60

cc) Grundsatz der Unparteilichkeit

§ 43 Abs. 1 S. 2 WPO und § 323 Abs. 1 S. 1 HGB verpflichten den APr. bei der Erstattung von PrB zu einem unparteiischen Verhalten und damit zu einer **objektiven Berichterstattung**[114]. Der Grundsatz der Unparteilichkeit verlangt, dass die Sachverhalte unter Berücksichtigung aller verfügbaren Informationen sachgerecht gewertet werden[115]. Der APr. hat somit alle für die Beurteilung wesentlichen Tatbestände zu erfassen und sie allein aus der Sache heraus zu werten und darzustellen[116]. 61

Im Rahmen der Erfüllung diverser Berichtspflichten, wie z.B. nach § 321 Abs. 1 S. 3 HGB, sind Beurteilungen positiver oder negativer Art zulässig und erforderlich. Eine Durchbrechung des Grundsatzes einer **wertfreien Abfassung** des PrB liegt insoweit nicht vor. Der APr. hat sich allerdings jeder einseitigen oder persönlich wirkenden Kritik zu enthalten. Die Berichterstattung darf nicht unter dem Gesichtspunkt möglicher Interessengegensätze zwischen den gesetzlichen Vertretern des geprüften Unternehmens und/oder dessen Aufsichtsorgan und dem APr. differenziert oder entsprechend verkürzt werden[117]. Der Grundsatz der Unparteilichkeit des APr. gebietet es, seiner gesetzlich auferlegten Berichtspflicht uneingeschränkt nachzukommen, wobei bei ggf. abweichenden Auffassungen zwischen den gesetzlichen Vertretern des geprüften Unternehmens und dem APr. beide Auffassungen im PrB und die hierfür gegebenen Begründungen darzustellen sind[118]. 62

dd) Grundsatz der Klarheit

Der allgemeine Grundsatz der Klarheit der Berichterstattung ist in § 321 Abs. 1 S. 1 HGB gesetzlich kodifiziert. Dieser Grundsatz gebietet eine **verständliche, eindeutige und problemorientierte Darlegung** der berichtspflichtigen Sachverhalte sowie eine **übersichtliche Gliederung** (vgl. hierzu Tz. 70) des PrB[119]. Zu den Merkmalen einer klaren, problemorientierten Berichterstattung gehören ein verständlicher und sachlicher Stil sowie die Beschränkung auf das Wesentliche, d.h. auf solche Feststellungen und Sachverhalte, die geeignet sind, die Adressaten des PrB bei der Überwachung des Unternehmens und der von ihnen zu treffenden Schlussfolgerungen und Entscheidungen zu unter- 63

---

112 Ebenso ADS[6], § 321, Tz. 46; BeBiKo[8], § 321, Rn. 13. Vgl. auch Tz. 158.
113 Vgl. *IDW PS 450*, Tz. 19.
114 Vgl. auch § 20 der Satzung der Wirtschaftsprüferkammer über die Rechte und Pflichten bei der Ausübung der Berufe des Wirtschaftsprüfers und des vereidigten Buchprüfers (Berufssatzung für Wirtschaftsprüfer/vereidigte Buchprüfer – BS WP/vBP) v. 11.06.1996, zuletzt geändert am 06.11.2009, BAnz, S. 4021.
115 Vgl. *IDW PS 450*, Tz. 11.
116 Vgl. ADS[6], § 321, Tz. 50.
117 Vgl. *Forster*, WPg 1979, S. 652.
118 Vgl. *IDW PS 450*, Tz. 11. Ebenso ADS[6], § 321, Tz. 50; BeBiKo[8], § 321, Rn. 14.
119 Vgl. *IDW PS 450*, Tz. 12.

stützen[120]. Zur Verbesserung der Übersichtlichkeit und Lesbarkeit des PrB empfiehlt es sich daher, über die gesetzlichen Pflichtbestandteile des PrB hinausgehende Darstellungen in die **Anlagen zum Prüfungsbericht** aufzunehmen[121]. Sofern solche Darstellungen dennoch in den PrB aufgenommen werden, dürfen sie nicht die gesetzlich verlangten wesentlichen Feststellungen und Sachverhalte überlagern.

64 Zu den Anforderungen an eine klare Berichterstattung gehört auch ihre **formelle Stetigkeit**. Formelle Stetigkeit in der Berichterstattung bedeutet, dass die Gliederung sowie die Form der Berichterstattung im PrB und in dessen Anlagen im Zeitablauf beizubehalten sind, sofern nicht sachliche Gründe ein Abweichen gebieten. Wesentliche Abweichungen sind unter Angabe der Vorjahresbezugsstelle kenntlich zu machen[122].

65 Die Anforderungen an die Verständlichkeit des PrB haben sich einzelfallbezogen an den jeweiligen **Berichtsadressaten** zu orientieren. Der PrB ist so abzufassen, dass er von den jeweiligen Adressaten verstanden werden kann[123]. Der APr. kann dabei von einem Grundverständnis für die wirtschaftlichen Gegebenheiten des Unternehmens und für die Grundlagen der Rechnungslegung ausgehen[124]. Für besonders komplexe betriebswirtschaftliche und rechtliche Sachverhalte besteht die Gelegenheit, diese in der Bilanzsitzung des AR oder ggf. in der Gesellschafterversammlung weiter zu erörtern[125].

Zu einem verständlichen Bericht gehört auch ein klarer Satzbau. Nicht allgemein geläufige Fachausdrücke sowie wenig gebräuchliche Fremdwörter und Abkürzungen sollten vermieden oder an geeigneter Stelle erläutert werden.

66 Eine **eindeutige Berichterstattung** im PrB erfordert Formulierungen, die Fehldeutungen und Fehlinterpretationen durch den Berichtsleser ausschließen. Der Bericht darf nicht offenlassen, zu welchem Ergebnis die Prüfung der Buchführung, der Bestandteile des JA und des LB im Einzelnen geführt hat, auch wenn insgesamt ein positives Gesamturteil durch einen uneingeschränkten BestV abgegeben wird. Ein **Verstoß** gegen den Grundsatz der Klarheit des PrB liegt dann vor, wenn Aussagen nur verschlüsselt, versteckt oder beschönigend gemacht werden. Der APr. kann sich im Regressfall nicht auf versteckte Vorbehalte berufen, wenn der PrB ein beanstandungsfreies Bild von der Rechnungslegung zeichnet[126].

c) Aufbau und Gliederung des Prüfungsberichts

67 § 321 HGB regelt neben dem Inhalt im Einzelnen auch den **Aufbau** des PrB[127]. § 321 HGB enthält jedoch keine Ausschließlichkeitsregelung, sondern gibt dem APr. die Möglichkeit zu einer adressatenorientierten und den Verhältnissen des Einzelfalls angepassten Berichterstattung[128].

---

120 Vgl. *IDW PS 450*, Tz. 12, 13.
121 Vgl. *IDW PS 450*, Tz. 13. Zu den fakultativen Berichtsanlagen vgl. Tz. 285.
122 Vgl. *IDW PS 450*, Tz. 14.
123 Vgl. *IDW PS 450*, Tz. 15.
124 Vgl. *IDW PS 450*, Tz. 15. Ebenso ADS[6], § 321, Tz. 41; *Böcking/Orth*, BFuP 1999, S. 426; BeBiKo[8], § 321, Rn. 9; *Pfitzer*, in: Dörner/Menold/Pfitzer (Hrsg.), S. 655; *Schindler/Rabenhorst*, BB 1998, S. 1939. Nach der RegBegr. zum KonTraG ist für den PrB eine sprachliche Abfassung geboten, die auch von nicht sachverständigen AR-Mitgliedern verstanden wird. Vgl. RegBegr. BT-Drs. 13/9712, S. 28.
125 Vgl. *IDW PS 450*, Tz. 15.
126 Vgl. BoHdR[2], § 321, Rn. 27.
127 Vgl. RegBegr. BT-Drs. 13/9712, S. 28.
128 Zu den Gliederungshinweisen des Gesetzgebers im Einzelnen vgl. ADS[6], § 321, Tz. 141, 150.

Berichterstattung über die Jahresabschlussprüfung von Kapitalgesellschaften   Q

68 Unter Berücksichtigung der gesetzlichen Vorgaben empfiehlt der *IDW PS 450* den Prüfungsbericht entsprechend den nachfolgend aufgeführten Abschnitten und Bezeichnungen **zu gliedern**[129]:

- Prüfungsauftrag
- Grundsätzliche Feststellungen
- Gegenstand, Art und Umfang der Prüfung
- Feststellungen und Erläuterungen zur Rechnungslegung
- Feststellungen zum Risikofrüherkennungssystem
- Feststellungen aus Erweiterungen des Prüfungsauftrags
- Bestätigungsvermerk.

69 Der vom Gesetz nicht explizit geforderte, zweckmäßigerweise aber an erster Stelle des PrB aufgenommene Abschnitt mit Ausführungen zum Prüfungsauftrag kann entfallen, wenn die entsprechenden Angaben auf dem Deckblatt des PrB gemacht werden[130]. Die Abschnitte zu Feststellungen zum Risikofrüherkennungssystem und zu Feststellungen aus Erweiterungen des Prüfungsauftrags entfallen, wenn § 317 Abs. 4 HGB nicht zur Anwendung kommt bzw. mit dem Auftraggeber keine diesbezüglichen Erweiterungen des Prüfungsauftrags über JA und LB hinaus vereinbart sind[131].

70 In Umsetzung der gesetzlichen Regelung von Aufbau und Inhalt des PrB empfiehlt sich eine **Gliederung des PrB** entsprechend der Untergliederung und Bezeichnung in Abschnitt 3 des *IDW PS 450*[132]. Der Prüfungsbericht kann danach wie folgt gegliedert werden[133]:

Prüfungsbericht

- I. Prüfungsauftrag
- II. Grundsätzliche Feststellungen
  1. Lage des Unternehmens
     a. Stellungnahme zur Lagebeurteilung der gesetzlichen Vertreter
     b. Entwicklungsbeeinträchtigende oder bestandsgefährdende Tatsachen[134]
  2. Unregelmäßigkeiten
     a. Unregelmäßigkeiten in der Rechnungslegung
     b. Sonstige Unregelmäßigkeiten
- III. Gegenstand, Art und Umfang der Prüfung
- IV. Feststellungen und Erläuterungen zur Rechnungslegung
  1. Ordnungsmäßigkeit der Rechnungslegung
     a. Buchführung und weitere geprüfte Unterlagen
     b. Jahresabschluss
     c. Lagebericht
  2. Gesamtaussage des Jahresabschlusses
     a. Feststellungen zur Gesamtaussage des Jahresabschlusses
     b. Wesentliche Bewertungsgrundlagen

---

129 Vgl. *IDW PS 450*, Tz. 12.
130 Vgl. *IDW PS 450*, Tz. 12, 25.
131 Vgl. *IDW PS 450*, Tz. 12.
132 Vgl. *IDW PS 450*, Inhaltsverzeichnis Abschnitt 3.
133 Vgl. auch die Gliederungsvorschläge bei BeBiKo[8], § 321, Rn. 77; ADS[6], § 321, Tz. 151; *Ludewig*, WPg 1998, S. 600.
134 Um die inhaltliche Aussage klar erkennen zu lassen, erscheint es erforderlich, sich im konkreten Einzelfall entweder für „Entwicklungsbeeinträchtigende Tatsachen" oder aber für „Bestandsgefährdende Tatsachen" als Abschnittsüberschrift zu entscheiden. Vgl. auch Tz. 108.

      c. Änderungen in den Bewertungsgrundlagen
      d. Sachverhaltsgestaltende Maßnahmen
      e. Aufgliederungen und Erläuterungen
V. Feststellungen zum Risikofrüherkennungssystem
VI. Ggf. Feststellungen aus Erweiterungen des Prüfungsauftrags
VII. Bestätigungsvermerk (bzw. Wiedergabe des Bestätigungsvermerks[135])

Anlagen zum Prüfungsbericht

- Obligatorische Anlagen
  - Bilanz
  - Gewinn- und Verlustrechnung
  - Anhang sowie evtl. weitere oder andere Abschlussbestandteile[136]
  - Lagebericht
  - Auftragsbedingungen
- Fakultative Anlagen z.B.
  - Rechtliche Verhältnisse
  - Wirtschaftliche Grundlagen
  - Steuerliche Verhältnisse
  - Sonstige Aufgliederungen und Erläuterungen der Posten des Jahresabschlusses.

71 Diese **Gliederungsempfehlung** entspricht dem *IDW PS 450* und ermöglicht es, die gesetzlichen Pflichtbestandteile des PrB und die berufsüblichen Darstellungen in einer sachlich sinnvollen und für den Berichtsleser übersichtlichen Form darzulegen. Andere Untergliederungen, eine ggf. erforderliche Erweiterung der Gliederung, die Zusammenfassung von Abschnitten sowie die Verwendung anderer Abschnittsbezeichnungen sind möglich und können nach den Gegebenheiten des Einzelfalls angezeigt sein, wenn dadurch die Klarheit der Berichterstattung gefördert wird.

72 Eine **Aufgliederung und Erläuterung von Posten des JA** im PrB ist gem. § 321 Abs. 2 S. 5 HGB erforderlich, soweit dies aufgrund des besonderen Informationsbedarfs der Empfänger des PrB zum Verständnis der Gesamtaussage des JA, insbesondere zur Erläuterung der Bewertungsgrundlagen und deren Änderungen sowie der sachverhaltsgestaltenden Maßnahmen nach § 321 Abs. 2 S. 4 HGB, erforderlich ist und diese Angaben nicht bereits im Anh. enthalten sind[137]. Pflichtmäßige Aufgliederungen und Erläuterungen gem. § 321 Abs. 2 S. 5 HGB sind im Sinne einer klaren und problemorientierten Berichterstattung mit den Darstellungen zur Gesamtaussage des JA zusammenzufassen bzw. in diese zu integrieren.

73 Der Bedarf für die Erstellung ergänzender Aufgliederungen und Erläuterungen hängt von den **Gegebenheiten des Einzelfalls** ab, wie z.B. Umfang und Detaillierungsgrad entsprechender Angaben im Anh. oder LB, Komplexität des JA, Informationsstand der Berichtsadressaten, Detaillierungsgrad des Berichtswesens an die Aufsichtsorgane und GmbH-Gesellschafter. Ob und inwieweit ein sog. Erläuterungsteil erstellt wird, hängt insbesondere von der zwischen Auftraggeber und APr. getroffenen Vereinbarung ab.

Analysierende Darstellungen zur **Vermögens-, Finanz- und Ertragslage** stellen bei Unternehmen mit weniger ausgeprägtem internen Berichtswesen für die Berichtsadressaten ein wichtiges Informations- und Kontrollinstrument und eine wesentliche Unterstützung durch die Abschlussprüfung dar. Aufgrund ihrer Bedeutung für die Berichtsadressaten

---

135 Vgl. § 322 Abs. 7 S. 2 HGB.
136 Z.B. EK-Spiegel und/oder KFR. Vgl. § 264 Abs. 1 S. 2 HGB.
137 Vgl. *IDW PS 450*, Tz. 75, 97.

können diese Darstellungen in einen eigenständigen Abschnitt des PrB aufgenommen werden[138]. Eine solche weitergehende Analyse der wirtschaftlichen Lage durch den APr. auf der Grundlage der bei der Prüfung gewonnenen Erkenntnisse kann aber auch als Anlage zum PrB aufgenommen werden; im PrB ist auf diese Anlage zu verweisen.

74 Dem PrB sind als **Anlagen** in jedem Fall der geprüfte JA (Bilanz, GuV, Anh., ggf. auch KFR und EK-Spiegel[139]) und der LB beizufügen. Dies empfiehlt sich auch für die im Rahmen der Auftragsbestätigung zur Abschlussprüfung zugrunde gelegten Auftragsbedingungen[140].

75 Wie bereits unter Tz. 63 dargestellt, sollten zur Verbesserung der Übersichtlichkeit und Lesbarkeit des PrB die über die gesetzlichen Pflichtbestandteile des PrB und die vorstehende Gliederungsempfehlung hinausgehenden Darstellungen in **Anlagen zum Prüfungsbericht** aufgenommen werden. Es besteht jedoch auch die Möglichkeit, diese zusätzlichen Darstellungen in den PrB zu integrieren, wenn dadurch die gesetzlich verlangten Feststellungen nicht überlagert und die Klarheit und Übersichtlichkeit des PrB nicht gefährdet werden[141].

76 Zu solchen grds. nicht gesetzlich vorgegebenen, aber berufsüblichen Inhalten des PrB gehören z.B. Darstellungen zu den **rechtlichen und steuerlichen Verhältnissen** und zu den **wirtschaftlichen Grundlagen** des geprüften Unternehmens bzw. deren Veränderungen. Diese können aufgrund eines entsprechend ergänzten Auftrags des APr. oder aufgrund bisheriger Übung bzw. Erwartungen der Auftraggeber erstellt und in den PrB aufgenommen werden[142]. Grds. sollte allerdings eine Beifügung nur in Form von **Anlagen** zum PrB erfolgen.

77 Neben den o.g. gesetzlich geforderten Aufgliederungen und Erläuterungen können **weitergehende sonstige Aufgliederungen und Erläuterungen** der Posten des JA auf der Grundlage ergänzender Berichterstattung oder Erwartungen der Auftraggeber vorgenommen werden. Diese sind in einem eigenständigen Abschnitt des PrB mit entsprechend klarer Abschnittsbezeichnung (z.B. unmittelbar nach dem Berichtsabschnitt zur Gesamtaussage des JA) oder in eine Anlage zum Prüfungsbericht aufzunehmen. Sie dürfen nicht in den Berichtsabschnitt zur Gesamtaussage des JA aufgenommen werden, da sie sich nicht auf die Gesamtaussage des JA i.S.v. § 321 Abs. 2 S. 3 bis 5 HGB beziehen[143]. Eine Vermischung dieser sonstigen Aufgliederungen und Erläuterungen mit den pflichtmäßigen Aufgliederungen und Erläuterungen nach § 321 Abs. 2 S. 5 HGB würde dem Berichtsleser erschweren, die gesetzlich geforderten Aufgliederungen und Erläuterungen zu erkennen. Die Aufnahme solcher Postenaufgliederungen und -erläuterungen in eine **Anlage** zum PrB oder in einen gesonderten Anlagenband ist regelmäßig als sachgerechteste Lösung anzusehen und dürfte daher auch weitgehend praxisüblich sein.

78 Das Vorliegen einer Abschlussprüfung sollte sich bereits aus der äußeren Form des PrB ergeben. Jedem PrB ist ein **Deckblatt** voranzustellen, aus dem sich die Firma des geprüften Unternehmens, der Gegenstand der durchgeführten Prüfung, der Abschlussstichtag und der Name des APr. ergeben. Zu internen Zwecken wird i.d.R. auch die Berichtsnummer o.Ä. vermerkt.

---

138 Vgl. *IDW PS 450*, Tz. 100, 102.
139 Vgl. § 264 Abs. 1 S. 2 HGB.
140 Vgl. *IDW PS 450*, Tz. 110; ADS[6], § 321, Tz. 153 und BeBiKo[8], § 321, Rn. 92 sehen die Auftragsbedingungen als Pflichtanlage an.
141 Vgl. *IDW PS 450*, Tz. 13, 102; kritisch hierzu *Ludewig*, WPg 1998, S. 598.
142 Vgl. *IDW PS 450*, Tz. 111.
143 Vgl. *IDW PS 450*, Tz. 102.

79 Der besseren Übersichtlichkeit wegen ist ein **Inhaltsverzeichnis** unter Angabe der beigefügten Anlagen zum PrB voranzustellen. Im Einzelfall kann es zweckmäßig sein, umfangreiche PrB mit **Textziffern (Tz.)** oder **Randnummern (Rn.)** o.Ä. zu versehen. Unterstreichungen oder andere optische Hervorhebungen erhöhen die Lesbarkeit. Die Gestaltung des PrB obliegt insoweit dem Ermessen des APr.

d) Inhalt des Prüfungsberichts

80 Der APr. hat nach § 321 Abs. 1 S. 1 HGB über Art und Umfang sowie über das Ergebnis der Prüfung zu berichten. Diese Vorschrift kann als Grundnorm charakterisiert werden, die durch die in § 321 Abs. 1 S. 2 und 3 und Abs. 2 bis 4 aufgeführten Berichtspflichten konkretisiert wird[144]. Die Aufgaben des PrB erfordern es, über die explizit geregelten Berichtspflichten hinaus weitere Angaben zur Abschlussprüfung und zum geprüften Unternehmen aufzunehmen. § 321 HGB enthält insoweit **keine Ausschließlichkeitsregelung**, sondern gibt dem APr. die Möglichkeit zu einer zweckmäßigen, den Bedürfnissen des Einzelfalls angepassten Berichterstattung[145].

aa) Prüfungsauftrag

81 Bei gesetzlichen Jahresabschlussprüfungen ergeben sich die Adressaten des PrB aus der gesetzlichen Regelung. Es ist deshalb in diesen Fällen nicht erforderlich, den PrB zu adressieren[146].

82 Im PrB sind einleitend Angaben zum Prüfungsauftrag zu machen. Darstellungen zur Prüfungsdurchführung, insbesondere zu Gegenstand, Art und Umfang der Prüfung, sind im PrB nicht in den einleitenden Abschnitt, sondern in einen gesonderten Abschnitt nach der vorangestellten Berichterstattung aufzunehmen[147]. Die **Angaben zum Prüfungsauftrag** umfassen insbesondere[148]:

– die Firma des geprüften Unternehmens,
– den Abschlussstichtag,
– bei Rumpfgeschäftsjahren den geprüften Zeitraum,
– einen Hinweis darauf, dass es sich um eine Abschlussprüfung handelt.

83 Darüber hinaus sind Angaben zur **Bestellung des Abschlussprüfers** zu machen. Hierbei ist auf die Wahl des APr. durch die Gesellschafter (§ 318 Abs. 1 S. 1 HGB) oder das sonst zuständige Organ (§ 318 Abs. 1 S. 2 HGB) sowie auf die Erteilung des Prüfungsauftrags durch die gesetzlichen Vertreter (§ 318 Abs. 1 S. 4 HGB) bzw. durch den AR (§ 318 Abs. 1 S. 4 HGB i.V.m. § 111 Abs. 2 S. 3 AktG) einzugehen[149]. Erfolgt eine gerichtliche Bestellung des APr. (§ 318 Abs. 3 und 4 HGB), so ist dies ausdrücklich darzulegen[150]. Das **Datum der Auftragserteilung** sollte in den PrB aufgenommen werden[151]. Obwohl der Prüfungsauftrag erst durch die Annahme des von den gesetzlichen Vertretern bzw. dem AR abgegebenen Angebots zustande kommt, ist ein ausdrücklicher Hinweis auf die Annahme des Auftrags grds. nicht erforderlich.

---

144 Vgl. ADS[6], § 321, Tz. 53.
145 Ebenso ADS[6], § 321, Tz. 141.
146 Vgl. IDW PS 450, Tz. 21. Zur Adressierung des PrB bei freiwilligen Jahresabschlussprüfungen vgl. Tz. 842.
147 Vgl. *Marten/Quick/Ruhnke*, S. 420. Z.T. wird auch der Begriff „Vorwegberichterstattung" benutzt.
148 Vgl. IDW PS 450, Tz. 22.
149 Vgl. IDW PS 450, Tz. 23; IDW PS 220, Tz. 4.
150 Vgl. IDW PS 450, Tz. 23. Ebenso ADS[6], § 321, Tz. 142.
151 Nach ADS[6], § 321, Tz. 142 besteht hierzu eine Pflicht.

Gem. § 321 Abs. 4a HGB hat der APr. im PrB schriftlich seine **Unabhängigkeit** zu bestätigen. Die entsprechende Bestätigung kann wie folgt lauten[152]: 84

„Wir bestätigen gemäß § 321 Abs. 4a HGB, dass wir bei unserer Abschlussprüfung die anwendbaren Vorschriften zur Unabhängigkeit beachtet haben."

Es ist festzustellen, dass der PrB nach dem *IDW PS 450* erstellt wurde[153]. Es empfiehlt sich, auf die im Rahmen der Auftragsbestätigung zur Abschlussprüfung zugrunde gelegten **Auftragsbedingungen** hinzuweisen, sie als Anlage dem PrB beizufügen und anzugeben, dass ihre Geltung auch im Verhältnis zu Dritten vereinbart ist[154]. 85

Der entsprechende Hinweis kann etwa wie folgt lauten:

„Für die Durchführung des Auftrags und meine (unsere) Verantwortlichkeit, auch im Verhältnis zu Dritten, liegen die diesem Bericht als Anlage ... beigefügten Allgemeinen Auftragsbedingungen für Wirtschaftsprüfer und Wirtschaftsprüfungsgesellschaften in der Fassung vom ... [Datum][155] zugrunde."

Auf einen einleitenden Berichtsabschnitt zum Prüfungsauftrag kann bei Wahl der sog. **Deckblattlösung**[156] verzichtet werden, um den PrB vorweg mit den grundsätzlichen Feststellungen nach § 321 Abs. 1 S. 2 und 3 HGB einzuleiten. Die erforderlichen Angaben zum Prüfungsauftrag werden in diesem Fall auf das dem PrB vorangestellte Deckblatt und den Berichtsabschnitt „Gegenstand, Art und Umfang der Prüfung" aufgeteilt. Auf dem Deckblatt sind zumindest die Angaben zur Firma des geprüften Unternehmens, zum Abschlussstichtag und zum geprüften GJ bei Rumpfgeschäftsjahren zu machen. An dieser Stelle ist auch darauf hinzuweisen, dass es sich um eine Abschlussprüfung handelt. Die Angaben zur Wahl des APr. und zur Auftragserteilung sind ebenso wie die Bestätigung der Unabhängigkeit, die Hinweise auf die Beachtung des *IDW PS* zum PrB und auf die Auftragsbedingungen in den Abschnitt über Gegenstand, Art und Umfang der Prüfung aufzunehmen[157]. In der Praxis der Prüfungsberichterstattung hat sich die Deckblattlösung bisher nicht durchgesetzt. 86

bb) Grundsätzliche Feststellungen

Um die Aufmerksamkeit der Berichtsadressaten auf wichtige Sachverhalte zu lenken, sind diese grundsätzlichen Feststellungen entsprechend der gesetzlichen Forderung nach einer **vorangestellten Berichterstattung** i.S.v. § 321 Abs. 1 S. 2 und 3 HGB (z.T. auch als „Vorwegberichterstattung" bezeichnet) in Form einer in sich geschlossenen Darstellung an den Beginn des PrB zu stellen. Wird der PrB mit Ausführungen zum Prüfungsauftrag eröffnet, hat diesen dann unmittelbar die vorangestellte Berichterstattung zu folgen. Entsprechend stellt § 321 Abs. 1 S. 2 u. 3 HGB im Interesse der gebotenen Klarheit der Berichterstattung auch eine Begrenzung für die in diesen Abschnitt aufzunehmenden Feststellungen und Tatsachen dar[158]. 87

---

152 Vgl. *IDW PS 450*, Tz. 23a.
153 Vgl. *IDW PS 450*, Tz. 24. Ebenso BeBiKo[8], § 321, Rn. 78.
154 Vgl. *IDW PS 450*, Tz. 24; ADS[6], § 321, Tz. 143, 153; BeBiKo[8], § 321, Rn. 78, 92.
155 Die vom IDW Verlag herausgegebenen „Allgemeinen Auftragsbedingungen für Wirtschaftsprüfer und Wirtschaftsprüfungsgesellschaften" (IDW-AAB) weisen derzeit den Stand 01.01.2002 auf.
156 Vgl. *IDW PS 450*, Tz. 12, 25.
157 Vgl. *IDW PS 450*, Tz. 25.
158 Vgl. *IDW PS 450*, Tz. 26.

88 Nach § 321 Abs. 1 S. 2 HGB hat der APr. im PrB vorweg zur **Beurteilung der Lage des Unternehmens durch die gesetzlichen Vertreter** Stellung zu nehmen. Dabei ist insbesondere auf die Beurteilung des Fortbestands und der zukünftigen Entwicklung des Unternehmens unter Berücksichtigung des LB einzugehen.

89 Außerdem hat der APr. nach § **321 Abs. 1 S. 3** HGB über bei Durchführung der Abschlussprüfung festgestellte Tatsachen zu berichten, welche

- die Entwicklung des geprüften Unternehmens wesentlich beeinträchtigen können;
- seinen Bestand gefährden können;
- Unrichtigkeiten oder Verstöße gegen gesetzliche Vorschriften darstellen;
- schwerwiegende Verstöße der gesetzlichen Vertreter oder von Arbeitnehmern gegen Gesetz, Gesellschaftsvertrag oder die Satzung erkennen lassen.

90 Diese Berichtspflicht umfasst einerseits mit der wirtschaftlichen Lage des Unternehmens im Zusammenhang stehende **bestandsgefährdende und entwicklungsbeeinträchtigende Tatsachen**[159]. Damit wird bezweckt, die Berichtsempfänger über eine ernsthaft negative Unternehmensentwicklung möglichst frühzeitig auch durch den APr. zu informieren und ggf. zu veranlassen, dass rechtzeitig Anpassungsmaßnahmen zur Abwendung einer Unternehmenskrise eingeleitet werden[160]. Andererseits bezieht sich die Vorschrift auf **Unregelmäßigkeiten**[161] darstellende Sachverhalte, die keine unmittelbare Wirkung auf die wirtschaftliche Lage des Unternehmens in dem der Prüfung unterworfenen GJ haben[162]. Der APr. hat dabei nur positiv über bei Durchführung einer Prüfung festgestellte Unrichtigkeiten oder Verstöße gegen gesetzliche Vorschriften, Bestimmungen der Satzung bzw. des Gesellschaftsvertrags oder aber bestandsgefährdende oder die Entwicklung des Unternehmens wesentlich beeinträchtigende Tatsachen zu berichten[163].

(1) Lage des Unternehmens
(a) Stellungnahme zur Lagebeurteilung der gesetzlichen Vertreter

91 Der APr. kommt seiner gesetzlichen Berichtspflicht nach durch

- **Hervorhebung** derjenigen Angaben des Vorstands bzw. der Geschäftsführung in JA und LB und ggf. ergänzende **analysierende Darstellungen** (Erläuterungen, kritische Würdigung), die für die Berichtsadressaten zur Beurteilung der Lage des geprüften Unternehmens wesentlich sind[164];
- **Stellungnahme** zur Lagebeurteilung der gesetzlichen Vertreter aufgrund seiner eigenen Beurteilung der wirtschaftlichen Lage des Unternehmens[165].

92 Hervorhebung („Highlighten") bedeutet Auswahl und Wiedergabe solcher Angaben des JA und LB, die wichtige Veränderungen und Entwicklungslinien aufzeigen. Von Bedeutung sind insb. solche Veränderungen, welche die Lage des Unternehmens im abgelaufenen Jahr beeinflusst haben und deren Einfluss voraussichtlich auch in Zukunft fort-

---

159 Vgl. *Ludewig*, WPg 1998, S. 598.
160 Vgl. BeBiKo[8], § 321, Rn. 22, 36-37; *Kupsch*, WISU 1985, S. 490. Daneben ist die gesetzliche Pflicht zum Eingehen auf derartige Risiken im BestV (§ 322 Abs. 2 S. 3 HGB) zu beachten; vgl. *IDW PS 400*, Tz. 77–79. In Bezug auf die Möglichkeit eines Hinweises (§ 322 Abs. 3 S. 2 HGB) vgl. *IDW PS 400*, Tz. 75.
161 Zur Differenzierung zwischen „Unregelmäßigkeiten", „Unrichtigkeiten" und „Verstößen" vgl. allgemein *IDW PS 210*, Tz. 7 sowie Abb. 1.
162 Vgl. *Ludewig*, WPg 1998, S. 598.
163 Vgl. *IDW PS 450*, Tz. 43; RegBegr. BT-Drs. 14/8769, S. 28.
164 Vgl. *Plendl*, in: HWRP[3], Sp. 1782.
165 Vgl. *IDW PS 450*, Tz. 29.

bestehen wird[166]. **Analysierende Darstellungen** umfassen vor allem vertiefende Erläuterungen wesentlicher Angaben, die Beschreibung von Ursachen sowie die kritische Würdigung von Annahmen. Wesentliche Angaben der gesetzlichen Vertreter sind unabhängig davon hervorzuheben und zu analysieren, ob die Daten und Darstellungen eine positive oder negative Entwicklung des geprüften Unternehmens betreffen[167].

Die Hervorhebungspflicht des APr. umfasst die kurze **Darstellung der Kernaussagen** der gesetzlichen Vertreter zur wirtschaftlichen Lage und zum Geschäftsverlauf, soweit dies der LB und die sonstigen geprüften Unterlagen erlauben[168]. Anhaltspunkte für wesentliche Angaben zur wirtschaftlichen Lage und zum Geschäftsverlauf können bspw. folgende Bereiche sein[169]:

– Entwicklung von Gesamtwirtschaft und Branche sowie Entwicklung des Unternehmens im Vergleich zur Branche (z.B. Wettbewerbsverhältnisse, Marktanteile, Nachfrageentwicklung, Wechselkursentwicklung);
– Umsatz- und Auftragsentwicklung (z.B. Absatzpreisentwicklung, Änderungen der Absatzpolitik, einzelne wesentliche Aufträge);
– Produktion (z.B. Änderungen des Produktsortiments, Rationalisierungsmaßnahmen);
– Beschaffung (z.B. Preisrisiken, Beschaffungsengpässe);
– Investitionen (z.B. Kapazitätsausweitung, Ersatzinvestitionen, wichtige Beteiligungen);
– Finanzierung (z.B. Kreditlinien, Platzierungsvorhaben für Aktien, Anleihen, Genussrechte, Mezzanine-Finanzierungen usw.);
– Personal- und Sozialbereich (z.B. besondere Vergütungsregelungen, tarifliche Vereinbarungen);
– wichtige Kennzahlen zur Vermögens-, Finanz- und Ertragslage und deren Entwicklung im Zeitablauf sowie Abweichungen von branchenüblichen Werten;
– wichtige Segmente/Sparten.

Die Ausführungen des APr. zur Lagebeurteilung der gesetzlichen Vertreter müssen so abgefasst sein, dass sie den Berichtsadressaten als Grundlage ihrer eigenen Einschätzung der Lagebeurteilung dienen können[170]. Deshalb kann in Abhängigkeit von Art und Umfang der durch die gesetzlichen Vertreter getroffenen und durch den APr. hervorgehobenen Aussagen zur Lage des Unternehmens eine vertiefende **Erläuterung** wesentlicher Aspekte erforderlich sein. Eine informative Erläuterung erfordert regelmäßig, dass auf die **Zusammensetzung** und die wesentlichen **Ursachen** der festgestellten Veränderungen und hervorgehobenen Entwicklungstendenzen eingegangen wird[171]. In diesem Zusammenhang kommt eine Darstellung wesentlicher Einflussfaktoren auf die wirtschaftliche Lage in Betracht, wie z.B. eine veränderte Konkurrenzsituation als Ursache für gefallene und ggf. künftig fallende Absatzpreise, oder Anpassungen der Produktpalette/Produktionsstandorte als Reaktion auf gesetzliche Veränderungen im Umwelt- oder Verbraucherschutzrecht[172]. Eine detaillierte Ursachenanalyse ist jedoch nicht Aufgabe des APr.

---

166 Vgl. *Forster*, in: FS Baetge, S. 947.
167 Vgl. *IDW PS 450*, Tz. 31.
168 Vgl. *IDW PS 450*, Tz. 32; BeBiKo[8], § 321, Rn. 15–16.
169 Vgl. den Fragenkatalog von *Forster*, in: FS Baetge, S. 946.
170 Vgl. *IDW PS 450*, Tz. 29.
171 Vgl. *IDW PS 450*, Tz. 29; ADS[6], § 321, Tz. 57.
172 Vgl. auch die Beispiele bei ADS[6], § 321, Tz. 57 und *Forster*, in: FS Baetge, S. 947.

95 Grds. sind analysierende Darstellungen in Form von verbalen Ausführungen ausreichend. Ergänzende **zahlenmäßige Darstellungen** (z.B. in Form prozentualer Auswirkung auf die Umsatzerlöse des Unternehmens)[173] sind im Einzelfall zweckmäßig oder sogar geboten, wenn diese quantitativen Angaben für die Beurteilung durch die Berichtsadressaten von besonderer Bedeutung sind[174]. Knapp gehaltene zahlenmäßige Aufbereitungen eignen sich außerdem zur Veranschaulichung von Entwicklungstendenzen und deren Zusammensetzung[175]. Die eigene Urteilsbildung der Berichtsadressaten wird ferner durch eine **kritische Würdigung** der den Einschätzungen der gesetzlichen Vertreter zugrunde liegenden Annahmen unterstützt[176]. Bei seinen Erläuterungen hat sich der APr. auf objektive und nachprüfbare Fakten zu beschränken.

96 Vom APr. wird eine **Stellungnahme zur Lagebeurteilung** verlangt, bei der er entsprechend § 321 Abs. 1 S. 2 HGB ausdrücklich auf die Beurteilung der Unternehmensfortführung und die Einschätzung der künftigen Unternehmensentwicklung durch die gesetzlichen Vertreter einzugehen hat. Die Forderung des Gesetzgebers nach einer Stellungnahme des APr. zielt darauf ab, die subjektive **Lageeinschätzung** der gesetzlichen Vertreter durch den Blickwinkel eines sachkundigen Dritten zu **objektivieren**[177]. Die Stellungnahme des APr. zur Lagebeurteilung der gesetzlichen Vertreter ist aufgrund eigener Beurteilung der wirtschaftlichen Lage des Unternehmens abzugeben, die im Rahmen der Prüfung des JA und des LB gewonnen wurde[178]. Eine Bewertung von Geschäftsführungsmaßnahmen im Hinblick auf ihre Zweckmäßigkeit ist dabei nicht Aufgabe des APr.[179].

97 Gelangt der APr. im Rahmen seiner Prüfung hinsichtlich der Beurteilung des Fortbestands und der künftigen Entwicklung des Unternehmens durch die gesetzlichen Vertreter zu keiner anderen Einschätzung, genügt für den Fall **einer positiven Fortbestands- und Entwicklungsprognose** grds. eine diesbezüglich knappe Feststellung im PrB[180]. Bei **unsicherer** oder **negativer** Fortbestandsprognose der gesetzlichen Vertreter sind generell ausführliche Darstellungen des APr. unter expliziter Bezugnahme auf die Angaben und Ausführungen der gesetzlichen Vertreter im Anh. und LB erforderlich[181].

98 Bei bestehender Unsicherheit hinsichtlich der Fortführung der Unternehmenstätigkeit sind für den PrB und den BestV **vier Fälle zu unterscheiden**[182]:

– Die Annahme über die Fortführung der Unternehmenstätigkeit ist angemessen; es besteht hierüber aber eine erhebliche Unsicherheit:

  – Neben der Stellungnahme zur Lagebeurteilung hat der APr. auch im Rahmen seiner Berichterstattung über bestandsgefährdende Tatsachen auf diese Situation einzugehen[183].

– Die Annahme über die Fortführung der Unternehmenstätigkeit ist nicht angemessen:

---

173 Vgl. das Beispiel bei ADS[6], § 321, Tz. 59.
174 Vgl. *IDW PS 450*, Tz. 29; ADS[6], § 321, Tz. 59.
175 Vgl. ADS[6], § 321, Tz. 58; *Schindler/Rabenhorst*, BB 1998, S. 1940.
176 Vgl. *IDW PS 450*, Tz. 29; *IDW PS 350*, Tz. 21.
177 Vgl. *Hommelhoff*, BB 1998, S. 2571.
178 Vgl. *IDW PS 450*, Tz. 29. Zur Prüfung des LB vgl. *IDW PS 350*.
179 Vgl. ADS[6], § 321, Tz. 57.
180 Vgl. ADS[6], § 321, Tz. 59; *Pfitzer*, in: Dörner/Menold/Pfitzer (Hrsg.), S. 659.
181 Vgl. *Forster*, in: FS Baetge, S. 943. Nach ADS[6], § 321, Tz. 59 ist die Feststellung der voraussichtlich nicht mehr möglichen Unternehmensfortführung und die Darlegung der Ursachen ausreichend.
182 Vgl. *IDW PS 270*, Tz. 33; R Tz. 88.
183 Vgl. *IDW PS 270*, Tz. 38.

– Sofern das Unternehmen nach der Einschätzung des APr. nicht in der Lage sein wird, seine Unternehmenstätigkeit fortzuführen und der JA gleichwohl unter der Annahme der Fortführung der Unternehmenstätigkeit aufgestellt ist, hat der APr. seine Auffassung im PrB darzulegen, ggf. einen Versagungsvermerk zu erteilen und diesen im PrB zu erläutern[184].
– Fehlende oder unzureichende Einschätzung der Fortführung der Unternehmenstätigkeit durch die gesetzlichen Vertreter:
  – Der APr. hat in angemessenem Umfang und mit der gebotenen Klarheit im PrB auf diesen Umstand einzugehen und insbesondere das daraus abgeleitete Prüfungsurteil detailliert zu erläutern[185].
– Wesentliche Verzögerung der Aufstellung des JA:
  – Liegen die Gründe der Verzögerung in der Existenz bestandsgefährdender Tatsachen, die Zweifel an der Fortführung der Unternehmenstätigkeit aufwerfen, so ist hierauf ebenfalls im PrB einzugehen[186].

Beurteilungsspielräume können unterschiedliche Lageeinschätzungen zur Folge haben. Auch bei einer grds. vertretbaren Lageeinschätzung der gesetzlichen Vertreter kann auf die mit dieser Beurteilung verbundenen Chancen und Risiken bzw. auf die mit den Beurteilungsspielräumen verbundenen alternativen Einschätzungen einzugehen sein[187]. Weitergehend kann im Einzelfall entsprechend der Zielsetzung der Prüfung des LB auch auszuführen sein, dass die gesetzlichen Vertreter bei der Lagedarstellung alle verfügbaren Informationen verwertet haben, dass die grundlegenden Annahmen realistisch und in sich widerspruchsfrei sind und dass die Prognoseverfahren richtig gehandhabt wurden[188]. **99**

Eine Nicht-Vertretbarkeit der Lagebeurteilung kann sich auch aus der Tatsache ergeben, dass der **JA Unregelmäßigkeiten aufweist**, die sich auf die Vermittlung eines den tatsächlichen Verhältnissen entsprechenden Bildes der Vermögens-, Finanz- und Ertragslage wesentlich auswirken.[189] **100**

Wird die Lagebeurteilung der gesetzlichen Vertreter vom APr. als **nicht vertretbar** beurteilt, so ist dies im PrB zu erläutern und ggf. der BestV einzuschränken. Soweit möglich, ist das **Informationsdefizit** durch die Berichterstattung des APr. **auszugleichen**, indem er die Einschränkung des BestV begründet und im PrB die Angaben zur Lage des Unternehmens entsprechend korrigiert[190]. Es ist jedoch nicht Aufgabe des APr., anstelle der gesetzlichen Vertreter die im Einzelnen erforderlichen Angaben zur Lage des Unternehmens zu machen[191]. **101**

Die Berichtspflicht besteht, soweit die **geprüften Unterlagen** eine solche Beurteilung erlauben[192]. Die geprüften Unterlagen umfassen jene Unterlagen, die unmittelbar Gegenstand der Abschlussprüfung sind, also die Buchführung, den JA und ggf. den LB, sowie **102**

---

184 Vgl. *IDW PS 270*, Tz. 41. Zu ggf. möglichen Einschränkungen des BestV bei unzulässiger Zugrundelegung der Unternehmungsfortführungsprämisse siehe ADS[6], § 322, Tz. 289.
185 Im Einzelnen vgl. *IDW PS 270*, Tz. 42.
186 Vgl. *IDW PS 270*, Tz. 45.
187 Vgl. *IDW PS 450*, Tz. 33; *Pfitzer*, in: Dörner/Menold/Pfitzer (Hrsg.), S. 660.
188 Vgl. *Pfitzer*, in: Dörner/Menold/Pfitzer (Hrsg.), S. 660.
189 Dies ist z.B. dann der Fall, wenn diese Unregelmäßigkeiten die Grundlage für Angaben oder Aussagen im LB bilden und der LB dadurch nicht mit einem den gesetzlichen Vorschriften entsprechenden JA in Einklang steht. Vgl. auch *IDW PS 400*, Tz. 63.
190 Vgl. *IDW PS 450*, Tz. 33; *Pfitzer*, in: Dörner/Menold/Pfitzer (Hrsg.), S. 660.
191 Vgl. *IDW PS 450*, Tz. 33.
192 Vgl. *IDW PS 450*, Tz. 32. In dieser Einschränkung wird teilweise das Risiko einer neuen Erwartungslücke gesehen. Vgl. z.B. *Forster*, in: FS Baetge, S. 944.

alle Unterlagen, die der APr. im Rahmen der Prüfung herangezogen hat (z.B. Kostenrechnung zur Ermittlung der Herstellungskosten, Planungsrechnungen, Verträge, Aufsichtsratsprotokolle und Berichterstattungen an den AR bzw. die Gesellschafter)[193].

Die Einschränkung hinsichtlich der geprüften Unterlagen betont die Verantwortlichkeit der gesetzlichen Vertreter. Der APr. hat die Beurteilung der gesetzlichen Vertreter zu überprüfen und eine Stellungnahme abzugeben. Es ist nicht Aufgabe des APr., eigene Prognoseentscheidungen zu treffen, sondern die Prognoseentscheidung des Vorstands/der Geschäftsführung zu beurteilen und zu hinterfragen[194].

Der APr. hat in seinen Feststellungen zur Beurteilung der Lage ggf. eigene Akzente zu setzen und auf ihm wesentlich erscheinende Punkte ggf. ausführlicher einzugehen, als dies im zu veröffentlichenden LB gefordert werden muss[195].

103 Wird **zulässigerweise kein LB aufgestellt**, kann der APr. zur Lagebeurteilung durch die gesetzlichen Vertreter, wie sie ansonsten im LB zum Ausdruck kommt, mangels Vorlage eines Beurteilungsobjekts nicht explizit nach § 321 Abs. 1 S. 2 HGB Stellung nehmen[196]. Eine Pflicht des APr. zu einer lediglich eingeschränkten Bezugnahme einer Stellungnahme auf die Lagedarstellung durch die gesetzlichen Vertreter, wie sie sich aus dem aufgestellten JA ergibt, kann dem Gesetzeswortlaut nicht entnommen werden. Außerdem ist es auch in diesem Fall nicht Aufgabe des APr., Angaben zur Lage des Unternehmens anstelle der gesetzlichen Vertreter zu machen[197].

104 Gleichwohl muss sich der APr. mit der Lage des Unternehmens, insbesondere mit wesentlichen Veränderungen der Vermögens-, Finanz- und Ertragslage ggü. dem Vj. und mit der Fortgeltung der Going-Concern-Prämisse, auseinandersetzen und darüber ggf. nach § 321 Abs. 1 S. 3 oder Abs. 2 S. 3 HGB berichten[198]. Das Vorliegen besonderer Umstände kann jedoch auch bei fehlendem LB eine **vorangestellte Berichterstattung** begründen, weil in diesem Fall Ausführungen des APr. ebenso grundlegend für die Urteilsbildung der Berichtsadressaten sind, wie eine Stellungnahme zur Lagebeurteilung der gesetzlichen Vertreter im LB[199].

105 **Besondere Umstände,** die eine Stellungnahme zur Lagedarstellung im JA und den weiteren geprüften Unterlagen begründen können, liegen bspw. vor, wenn die gesetzlichen Vertreter bei der Bilanzierung und Bewertung von der **Unternehmensfortführung** ausgehen und für den APr. an dieser Voraussetzung aufgrund bestandsgefährdender Risiken **Zweifel** bestehen. In diesem Fall ist im PrB darauf einzugehen, ob der Bilanzierung und Bewertung zulässigerweise die Annahme der Unternehmensfortführung zugrunde gelegt wurde[200]. Vertiefende Erläuterungen und die Angabe von Ursachen erscheinen in diesem Zusammenhang für eine eigene Lageeinschätzung der Berichtsadressaten besonders bedeutsam. Werden dabei die bestandsgefährdenden Risiken dargestellt, ist ausdrücklich darauf hinzuweisen, dass es sich um nach § 321 Abs. 1 S. 3 HGB berichtspflichtige Tat-

---

193 Vgl. *IDW PS 450,* Tz. 32. Ebenso für eine Einbeziehung der Berichterstattung an den AR *Ludewig*, WPg 1998, S. 598; *Hommelhoff*, BB 1998, S. 2571; *Schindler/Rabenhorst*, BB 1998, S. 1939 zählen zu den geprüften Unterlagen lediglich Buchführung und Jahresabschluss.
194 Vgl. *IDW PS 450,* Tz. 29; *Schindler/Rabenhorst*, BB 1998, S. 1939; *Pfitzer,* in: Dörner/Menold/Pfitzer (Hrsg.), S. 658.
195 Vgl. *IDW PS 350,* Tz. 22.
196 Vgl. *IDW PS 450,* Tz. 34; ADS[6], § 321, Tz. 63.
197 Vgl. *IDW PS 450,* Tz. 34.
198 Vgl. ADS[6], § 321, Tz. 63.
199 Vgl. *IDW PS 450,* Tz. 34; *Plendl,* in: HWRP[3], Sp. 1782.
200 Vgl. *IDW PS 450,* Tz. 34.

sachen handelt²⁰¹. Alternativ kann auf die Darstellung der bestandsgefährdenden Tatsachen in einem nachfolgenden Berichtsabschnitt verwiesen werden²⁰².

Besondere Umstände, die Ausführungen in der vorangestellten Berichterstattung erfordern, sind auch dann gegeben, wenn z.b. durch **sachverhaltsgestaltende Maßnahmen** (z.B. Sale-and-lease-back), aperiodische Gewinnrealisierungen (z.b. bei langfristiger Fertigung) oder die gezielte Ausübung von zulässigen Bilanzierungs- und Bewertungsmethoden der JA ohne entsprechende Anhangangaben kein den tatsächlichen Verhältnissen entsprechendes Bild der Vermögens-, Finanz- und Ertragslage (§ 264 Abs. 2 S. 2 HGB) vermitteln würde. Im PrB ist in diesem Fall darauf einzugehen, ob die notwendigen Angaben im Anh. gemacht worden sind²⁰³. **106**

Die gleichen Grundsätze gelten auch für den Fall, dass der **LB unzulässigerweise fehlt**. Bei pflichtwidrigem Fehlen des LB muss zu Beginn der vorangestellten Berichterstattung festgestellt werden, dass die gesetzlichen Vertreter unzulässigerweise keinen LB aufgestellt haben und deshalb eine Stellungnahme zur Beurteilung der Lage durch die gesetzlichen Vertreter nach § 321 Abs. 1 S. 2 HGB nicht möglich war²⁰⁴. **107**

(b) Entwicklungsbeeinträchtigende oder bestandsgefährdende Tatsachen

Nach § 321 Abs. 1 S. 3 HGB hat der APr. über bei Durchführung der Abschlussprüfung festgestellte Tatsachen zu berichten, welche die Entwicklung des geprüften Unternehmens wesentlich beeinträchtigen oder seinen Bestand gefährden können. **108**

Die Berichterstattungspflicht bezieht sich auf wesentliche Entwicklungsbeeinträchtigungen und Bestandsgefährdungen, so dass nur in **schwerwiegenden** unternehmensbezogenen **Fällen** und nicht bereits dann zu berichten ist, wenn die Lage des geprüften Unternehmens nur angespannt ist²⁰⁵. Berichtpflichtige Tatsachen sind jedoch bereits dann gegeben, wenn sie eine Entwicklungsbeeinträchtigung oder eine Gefährdung der Fortführung der Unternehmenstätigkeit ernsthaft zur Folge haben können und nicht erst dann, wenn die Entwicklung des geprüften Unternehmens bereits wesentlich beeinträchtigt oder sein Bestand konkret gefährdet ist²⁰⁶.

Die Abgrenzung zu berichterstattungspflichtigen Tatsachen, die die **Entwicklung** des Unternehmens **wesentlich beeinträchtigen** können, ist fließend. Es kommen grds. die gleichen Tatbestände wie für die Bestandsgefährdung in Betracht, jedoch genügen hier schon weniger folgenreiche Auswirkungen, die jedoch zu mehr als einer nur angespannten Lage des Unternehmens führen²⁰⁷. **109**

Indikatoren für **entwicklungsbeeinträchtigende Tatsachen** können z.B. sein²⁰⁸: **110**

– länger anhaltende Dividendenlosigkeit,
– stark rückläufige Auftragseingänge und -bestände,

---

201 Vgl. *IDW PS 450*, Tz. 40.
202 Vgl. *IDW PS 450*, Tz. 34.
203 Vgl. *IDW PS 450*, Tz. 34.
204 Vgl. *IDW PS 450*, Tz. 34. Zu den Auswirkungen eines unzulässigerweise fehlenden LB auf den BestV vgl. *IDW PS 400*, Tz. 54.
205 Entwicklungsbeeinträchtigende Tatsachen gehen über eine nur angespannte Lage hinaus. Vgl. ADS⁶, § 321, Tz. 77.
206 Vgl. *IDW PS 450*, Tz. 36. Ebenso ADS⁶, § 321, Tz. 76; BeBiKo⁸, § 321, Rn. 34, 37.
207 Vgl. ADS⁶, § 321, Tz. 77; BeBiKo⁸, § 321, Rn. 35–36; BoHdR², § 321, Rn. 83; HdR⁵, § 321, Rn. 32.
208 Vgl. *IDW PS 270*, Tz. 11. Zu weiteren Bsp. siehe ADS⁶, § 321, Tz. 77; BeBiKo⁸, § 321, Rn. 35, 37; *Pfitzer*, in: Dörner/Menold/Pfitzer (Hrsg.), S. 662; *Steiner*, S. 181.

- Verlust wesentlicher Marktanteile,
- Verkauf von Teilbetrieben oder Beteiligungen zur Deckung von Liquiditätslücken,
- notwendige Schließung von Teilbetrieben,
- erhebliche Verluste bei Zweigniederlassungen, Betriebsstätten oder Beteiligungsgesellschaften,
- drohende Sanierungsmaßnahmen,
- behördliche Auflagen mit gravierenden Auswirkungen auf die Rentabilität,
- negative wirtschaftliche Entwicklung einer bedeutenden Beteiligungsgesellschaft.

111 Eine **Bestandsgefährdung** liegt vor, wenn ernsthaft damit zu rechnen ist, dass das Unternehmen in absehbarer Zeit[209] seinen Geschäftsbetrieb nicht fortführen kann und ggf. Insolvenz anmelden oder in Liquidation gehen muss (drohende Zahlungsunfähigkeit oder Überschuldung[210], Notwendigkeit der Einstellung des Geschäftsbetriebs)[211]. Die Gefährdung muss sich auf den rechtlichen Bestand des Unternehmens beziehen, nicht nur auf Zweigniederlassungen, Betriebsstätten oder andere Unternehmensteile.

112 Indikatoren für berichtspflichtige **bestandsgefährdende Tatsachen** können z.B. sein[212]:

- erhebliche laufende Verluste, deren Ende nicht abzusehen ist,
- Fertigung kann kostendeckend nicht fortgeführt werden,
- laufende Liquiditätsengpässe,
- drohende Zahlungsunfähigkeit,
- drohender Fremdkapitalentzug ohne Möglichkeit, neue Kredite aufzunehmen,
- nachhaltig zurückgehender Absatz wegen mangelnder Marktanpassung,
- tief greifende Preisänderungen auf den Beschaffungs- und Absatzmärkten, die vom Unternehmen nicht aufgefangen werden können,
- extrem nachteilige langfristige Verträge,
- Haftungsrisiken, die den Bestand des Unternehmens tangieren,
- Fehlmaßnahmen bei größeren Investitionsprojekten.

Ein Verlust in Höhe der Hälfte des Grund- oder Stammkapitals (§ 92 Abs. 1 AktG, § 49 Abs. 3 GmbHG) oder eine bilanzielle Überschuldung sind als Indizien einer Bestandsgefährdung anzusehen[213].

113 Bei der Wertung der einzelnen Tatsachen ist zu berücksichtigen, dass häufig erst aus dem **Zusammenwirken mehrerer negativer Tatsachen** eine Bestandsgefährdung oder wesentliche Entwicklungsbeeinträchtigung resultiert[214]. Der Redepflicht nach § 321 Abs. 1 S. 3 HGB unterliegen grds. nicht allgemeine, politische und wirtschaftliche Gefahren und

---

209 Nach h.M. ist dabei ein Zeitraum von grds. 12 Monaten maßgeblich. Vgl. ADS[6], § 252, Tz. 14; BeBiKo[8], § 252, Rn. 11; *IDW PS 270*, Tz. 8. So lautet derzeit auch die Vorgabe in IAS 1.26.
210 § 19 Abs. 2 InsO in der seit dem 18.10.2008 geltenden Fassung (durch Gesetzesbeschluss vom 10./19.09.2009 – BR-Drs. 718/09 – geltend bis 31.12.2013) relativiert den Insolvenzantragsgrund Überschuldung insofern, als dieser nicht „absolut" wirkt, sofern die Fortführung des Unternehmens „nach den Umständen überwiegend wahrscheinlich" ist.
211 Vgl. ADS[6], § 321, Tz. 75; BoHdR[2], § 321, Rn. 81; HdR[5], § 321, Rn. 29; *Aschfalk*, S. 67–76.
212 Vgl. *IDW PS 270*, Tz. 11. Zu weiteren Beispielen siehe ADS[6], § 321, Tz. 75; *Burkel*, ZIP 1982, S. 30; *Aschfalk*, S. 67–76; BeBiKo[8], § 321, Rn. 34; Kölner Komm. AktG[2], § 321 HGB, Rn. 29; *Steiner*, S. 179; *Nonnenmacher*, S. 281.
213 Vgl. ADS[6], § 321, Tz. 75; BeBiKo[8], § 321, Rn. 34; *Füser/Gleißner/Meier*, DB 1999, S. 753. Außerdem *Pfitzer*, in: Dörner/Menold/Pfitzer (Hrsg.), S. 662 für Anzeichen einer Bestandsgefährdung im Zusammenhang mit der Erstattung von Arbeitslosengeld nach § 128 AFG und der Anpassungspflicht von Betriebsrenten nach § 16 BetrAVG.
214 Vgl. ADS[6], § 321, Tz. 78; *Baetge/Schulze*, DB 1998, S. 944; BeBiKo[8], § 321, Rn. 37.

Ereignisse[215]. Etwas anderes kann dann angezeigt sein, wenn sich bestimmte Ereignisse bezogen auf das geprüfte Unternehmen dem Grunde und der Auswirkung nach soweit konkretisiert haben, dass sich hieraus konkret eine Bestandsgefährdung oder Entwicklungsbeeinträchtigung ergeben kann. Gesellschaftsrechtliche Entscheidungen und Maßnahmen bei dem geprüften Unternehmen, wie z.b. beabsichtigte Verschmelzung oder Liquidation oder das Vorliegen eines Übernahmeangebots für das geprüfte Unternehmen, sind grds. nicht Gegenstand der Redepflicht des APr. nach § 321 Abs. 1 S. 3 HGB, da derartige Tatbestände nicht an sich die Vermögens- oder Finanzlage des Unternehmens (negativ) beeinflussen[216]. Allerdings wird es regelmäßig der Fall sein, dass die gesetzlichen Vertreter über derartige Tatsachen selbst bereits im LB berichten, so dass ein Hinweis durch den APr. im Rahmen der vorangestellten Berichterstattung zur ausreichenden Information der PrB-Adressaten grds. hinreichend sein dürfte.

Aus der **vorbeugenden Zielsetzung** und dem Wortlaut des § 321 Abs. 1 S. 3 HGB ergibt sich, dass die Redepflicht bereits dann besteht, wenn festgestellte Tatsachen eine Gefährdung des Unternehmensfortbestandes bzw. eine wesentliche Entwicklungsbeeinträchtigung ernsthaft zur Folge haben **können** und nicht erst dann, wenn der Bestand des Unternehmens bereits gefährdet oder die Entwicklung wesentlich beeinträchtigt ist. Für die Auslösung der Berichterstattungspflicht ist die **Möglichkeit** der Bestandsgefährdung oder Entwicklungsbeeinträchtigung **ausreichend**[217]. Die Ausübung der Berichtpflicht setzt ein Gesamturteil des APr. über das Risikopotenzial einzelner Tatsachen hinsichtlich einer Bestandsgefährdung und Entwicklungsbeeinträchtigung voraus. Die in der Literatur zusammengestellten Sachverhaltskataloge und die unter Tz. 110 und Tz. 112 aufgeführten Indikatoren für die Redepflicht können für die Berichterstattung im Einzelfall lediglich als Anhaltspunkt dienen. 114

Es ist so **frühzeitig** zu **berichten**, dass ausreichend Zeit für Maßnahmen bleibt, die den Fortbestand des Unternehmens sichern können[218]. Der APr. darf daher nicht abwarten, bis die Lage des Unternehmens so bedrohlich ist, dass bereits ein allgemeiner Vertrauensschwund in das Unternehmen einsetzt. Die besondere Verantwortung, die dem APr. mit der Berichtspflicht auferlegt wird, spricht **in Zweifelsfällen** für eine **Berichterstattung**[219]. 115

Für den Fall, dass das Unternehmen bereits **Gegenmaßnahmen eingeleitet** hat, wird der APr. nur dann von einer Berichterstattung absehen können, wenn er überzeugt ist, dass dadurch die Gefahr von dem Unternehmen abgewendet ist und diesbezüglich keine weiteren Maßnahmen zu treffen sind[220]. 116

Es besteht nur dann eine Berichtspflicht, wenn der APr. bei Wahrnehmung seiner Aufgaben berichtspflichtige Tatsachen festgestellt hat. Hat der APr. keine berichtspflichtigen Tatsachen festgestellt, so ist dementsprechend eine **Negativerklärung** im PrB nicht erforderlich[221]. 117

---

215 Vgl. ADS[6], § 321, Tz. 79; Kölner Komm. AktG[2], § 321 HGB, Rn. 29.; *Grewe/Plendl*, in: HWRP[3], Sp. 2006. Kritisch *Pfitzer*, in: Dörner/Menold/Pfitzer (Hrsg.), S. 665.
216 Vgl. ADS[6], § 321, Tz. 80.
217 Ebenso Kölner Komm. AktG[2], § 321 HGB, Rn. 29.
218 Vgl. *Leffson*, WPg 1980, S. 639.
219 Ebenso ADS[6], § 321, Tz. 81.
220 Ebenso ADS[6], § 321, Tz. 82.
221 Vgl. *IDW PS 450*, Tz. 39. Ebenso *Pfitzer*, in: Dörner/Menold/Pfitzer (Hrsg.), S. 661, 670.

(2) Unregelmäßigkeiten

118 Der APr. hat gemäß § 321 Abs. 1 S. 3 HGB auch über bei Durchführung der Abschlussprüfung festgestellte **Unrichtigkeiten oder Verstöße gegen gesetzliche Vorschriften** sowie Tatsachen zu berichten, die **schwerwiegende Verstöße von gesetzlichen Vertretern** oder **von Arbeitnehmern** gegen Gesetz, Gesellschaftsvertrag oder die Satzung erkennen lassen.

119 Es besteht eine Berichtspflicht nur, wenn der APr. bei ordnungsmäßiger Durchführung der Abschlussprüfung nach § 321 Abs. 1 S. 3 HGB berichtspflichtige Unregelmäßigkeiten feststellt[222]. Hat der APr. bei der Durchführung der Prüfung keine derartigen Unregelmäßigkeiten festgestellt, wird dementsprechend eine **Negativerklärung** nicht abgegeben[223].

120 Der APr. hat nicht nur über Tatsachen zu berichten, die schwerwiegende Verstöße der gesetzlichen Vertreter oder Arbeitnehmer gegen Gesetz, Gesellschaftsvertrag oder Satzung „darstellen", sondern bereits über solche Tatsachen, die entsprechende Verstöße erkennen lassen[224].

121 Stellt der APr. berichtspflichtige Unregelmäßigkeiten fest, sind diese **getrennt** nach den Vorschriften zur Rechnungslegung und nach den sonstigen Vorschriften im PrB **darzustellen**. Außerdem sind die sich daraus ergebenden **Konsequenzen für den Bestätigungsvermerk** zu **erläutern**[225].

(a) Unregelmäßigkeiten in der Rechnungslegung

122 Die Berichterstattungspflicht über Unrichtigkeiten oder Verstöße gegen gesetzliche Vorschriften ist rechnungslegungsbezogen. Unter gesetzlichen Vorschriften i.S.d. § 321 Abs. 1 S. 3 HGB sind die für die Aufstellung des Jahresabschlusses oder LB geltenden **Rechnungslegungsgrundsätze** i.S.d. § 317 Abs. 1 S. 2 HGB zu verstehen[226]. Zu den Rechnungslegungsgrundsätzen gehören alle für die Rechnungslegung geltenden Vorschriften einschließlich der GoB und ggf. einschlägiger Normen der Satzung oder des Gesellschaftsvertrags[227].

123 **Verstöße** sind falsche Angaben im JA und LB, die auf einer beabsichtigten Missachtung (bewusster Fehler) der gesetzlichen Vorschriften oder Rechnungslegungsgrundsätze beruhen; **Unrichtigkeiten** sind unbeabsichtigte falsche Angaben (unbewusste Fehler) im JA und LB[228].

124 Grds. sind die subjektiven Absichten des Handelns ohne Bedeutung[229]; entscheidend ist allein, ob objektiv gesehen eine Abweichung von gesetzlichen Vorschriften vorliegt. Nach dem Wortlaut von § 321 Abs. 1 S. 3 HGB besteht eine Berichtspflicht für **alle** Unrichtigkeiten und Verstöße gegen gesetzliche Vorschriften und darüber hinaus eine Be-

---

222 Vgl. *IDW PS 450*, Tz. 43.
223 Vgl. *IDW PS 450*, Tz. 43.
224 Vgl. RegBegr. BT-Drs. 14/8769, S. 28.
225 Vgl. *IDW PS 450*, Tz. 44; *IDW PS 202*, Tz. 14.
226 Vgl. *IDW PS 450*, Tz. 45. Ebenso ADS[6], § 321, Tz. 73; BeBiKo[8], § 321, Rn. 33; *Pfitzer*, in: Dörner/Menold/Pfitzer (Hrsg.), S. 669.
227 Vgl. *IDW PS 450*, Tz. 45. Ausführlich zu den Rechnungslegungsgrundsätzen *IDW PS 201*, Tz. 5.
228 Vgl. *IDW PS 450*, Tz. 46. Die Prüfungspflichten im Zusammenhang mit Unrichtigkeiten und Verstößen sind in *IDW PS 210* umschrieben.
229 Vgl. ADS[6], § 321, Tz. 72; *IDW PS 210*, Tz. 6-7.

richtspflicht über Tatsachen, die schwerwiegende Verstöße der gesetzlichen Vertreter oder von Arbeitnehmern gegen Gesetz, Gesellschaftsvertrag oder die Satzung erkennen lassen[230].

Im Hinblick auf eine klare, problem- und adressatenorientierte Berichterstattung wird man unwesentliche Unrichtigkeiten und unbedeutende Abweichungen von Bilanzierungs- und Bewertungsvorschriften – soweit nicht in ihrem Zusammenwirken wesentlich – als nicht berichtspflichtig i.S.v. § 321 Abs. 1 S. 3 HGB ansehen können. Es entspricht nicht der Intention des PrB, den Berichtsadressaten über jeden einzelnen Buchungs-, Bilanzierungs- und Bewertungsfehler zu unterrichten. Die Kenntnis der subjektiven Absicht des Handelnden – bewusst oder unbewusst – kann im Einzelfall für die Ausübung der Überwachungstätigkeit der Berichtsadressaten von Bedeutung sein[231]; sie ist deshalb bei der Entscheidung über die Aufnahme von Tatbeständen in den PrB, insbesondere bei im Verlauf der Prüfung behobenen Unrichtigkeiten oder Verstößen nicht außer Betracht zu lassen.

Eine Berichtspflicht besteht deshalb grds. für solche Unregelmäßigkeiten in der Rechnungslegung, die **für die Überwachung der** Geschäftsführung und des geprüften Unternehmens von Bedeutung sind[232]. Dafür kommen vor allem bestehende Unregelmäßigkeiten in Betracht, die bis zur Beendigung der Abschlussprüfung nicht beseitigt wurden[233]. **125**

Grds. nicht berichtspflichtig sind dagegen Verstöße und Unrichtigkeiten im JA und LB, die im Verlauf der Prüfung **behoben** wurden[234]. Gelangt der APr. in besonderen Ausnahmefällen zu der Erkenntnis, dass die Informationen über behobene Unrichtigkeiten und Verstöße für die Wahrnehmung der Überwachungsfunktion des AR wesentlich sind, hat er eine Berichterstattung in Betracht zu ziehen[235]. Das kann z.B. der Fall sein, wenn mit einer ursprünglichen Bilanzierung eine **Täuschungsabsicht** verbunden war, wenn sie auf gegen die Ordnungsmäßigkeit des Rechnungswesens verstoßenden **Mängeln der Buchführung** beruhte oder wenn sie **mangelnde Sorgfaltspflicht** der gesetzlichen Vertreter erkennen lässt[236]. **126**

Im Ergebnis führt die **vorangestellte Berichterstattung** dazu, dass die Berichtsadressaten über alle berichtspflichtigen Mängel, die Buchführung, JA und LB betreffen, nicht in verteilter Form und nicht erst in den entsprechenden gesonderten Abschnitten des PrB informiert werden, sondern darüber bereits zu Beginn des PrB in zusammengefasster Form in Kenntnis gesetzt werden. Für die einzelnen sachlichen Abschnitte des PrB zu den einzelnen Feststellungen und Erläuterungen der Rechnungslegung verbleibt in Bezug auf die festgestellten Mängel die ausdrückliche Darlegung der fehlenden Gesetzmäßigkeit mit Verweis auf die Aussagen in den „Grundsätzlichen Feststellungen" sowie ggf. ergänzende Ausführungen[237]. **127**

---

230 Vgl. *IDW PS 210*, Tz. 69–72, 73–74; *IDW PS 450*, Tz. 42–50; differenzierend hierzu (Berichtspflicht bei Verstößen gegen Rechnungslegungsvorschriften stets, bei Verstößen gegen sonstige gesetzliche oder gesellschaftsvertragliche Vorschriften nur, wenn schwerwiegend) vgl. ADS[6], § 321, Tz. 73; BeBiKo[8], § 321, Rn. 33, 38–41.
231 Vgl. *IDW PS 210*, Tz. 70.
232 Vgl. *IDW PS 450*, Tz. 47.
233 Vgl. *IDW PS 450*, Tz. 47, 65.
234 Vgl. *IDW PS 450*, Tz. 47.
235 Vgl. *IDW PS 450*, Tz. 47.
236 Vgl. ADS[6], § 321, Tz. 73.
237 Vgl. ADS[6], § 321, Tz. 94 (Buchführung), 100 (JA), 103 (LB), wobei wohl nicht in allen Fällen eine strikte Berichterstattungspflicht nach § 321 Abs. 1 S. 3 HGB angenommen wird. Ebenso BeBiKo[8], § 321, Rn. 47.

128 Über **berichtspflichtige Mängel des LB** (z.B. fehlende Ausführungen zu Risiken der zukünftigen Entwicklung) oder die Tatsache, dass ein LB unzulässigerweise nicht aufgestellt ist, werden die Adressaten des PrB bereits im Rahmen der Stellungnahme des APr. zur Lagebeurteilung der gesetzlichen Vertreter informiert. In diesem Fall ist im Berichtsabschnitt über Unregelmäßigkeiten in der Rechnungslegung die fehlende Gesetzeskonformität des LB festzustellen und auf die weitergehende Darstellung dieser Mängel zu verweisen.

(b) Sonstige Unregelmäßigkeiten

129 Verstöße der gesetzlichen Vertreter oder der Arbeitnehmer gegen Gesetz, Gesellschaftsvertrag oder die Satzung i.S.d. § 321 Abs. 1 S. 3 HGB umfassen Verstöße gegen solche gesetzliche Vorschriften, die sich **nicht unmittelbar auf die Rechnungslegung beziehen**[238]. Berichtspflichtig sind bereits solche Tatsachen, die einen substanziellen Hinweis auf schwerwiegende Verstöße enthalten, ohne dass der APr. eine abschließende rechtliche Würdigung zu treffen hat. Eine rechtliche Subsumption ist damit zugunsten einer zeitlich früheren Auslösung der Berichterstattungspflicht nicht mehr erforderlich[239].

130 Die Verstöße müssen dabei **Gesetze** betreffen, die das Unternehmen oder deren Organe als solche verpflichten oder im Rahmen der Tätigkeit der gesetzlichen Vertreter oder Arbeitnehmer für die Gesellschaft anfallen. Daher fallen Verstöße der gesetzlichen Vertreter oder Arbeitnehmer, die in ihrer Privatsphäre liegen und die Unternehmenssphäre nicht berühren, nicht unter § 321 Abs. 1 S. 3 HGB[240]. Bei den für die Berichtspflicht relevanten Gesetzen handelt es sich u.a. um die Vorschriften des HGB, AktG, GmbHG, des Steuerrechts, des Strafrechts, des Umweltrechts, des Betriebsverfassungsrechts, des Gesetzes gegen Wettbewerbsbeschränkungen sowie des Ordnungswidrigkeitenrechts. Je nach Unternehmensgegenstand können andere bzw. weitere Vorschriften relevant sein (z.B. Verbraucherschutzbestimmungen)[241]. Eine abschließende Aufzählung der in Betracht kommenden gesetzlichen Vorschriften ist nicht möglich. Maßgeblich ist, dass die gesetzlichen Vertreter oder die Arbeitnehmer eine persönliche Verantwortung trifft[242].

Verstöße, die lediglich auf schuldrechtlichem Gebiet liegen, wie z.B. eine mangelhafte Erfüllung von Vertragspflichten durch das Unternehmen, sind grds. nicht als Verstoßtatbestände zu qualifizieren[243].

131 Als berichtspflichtige Verstöße gegen Vorschriften des **Aktienrechts** oder des **GmbH-Rechts** kommen z.B. in Betracht[244]: Verstöße gegen Vorschriften, die die Aufbringung des Grund- oder Stammkapitals und die Erhaltung eines dem Grund- oder Stammkapital entsprechenden Vermögens sichern sollen, schwerwiegende Verletzungen der Berichtspflichten ggü. dem AR oder Verstöße gegen § 92 AktG (z.B. Einberufung der HV bei Verlust in Höhe der Hälfte des Grundkapitals) sowie im Falle der GmbH Verstöße gegen §§ 43, 43a oder 49 GmbHG. Ein berichtspflichtiger Verstoß gegen § 91 Abs. 2 AktG liegt

---

238 Vgl. *IDW PS 450*, Tz. 48. Ebenso ADS[6], § 321, Tz. 83; BeBiKo[8], § 321, Rn. 39. Vgl. auch *IDW PS 210*, Tz. 7.
239 Vgl. RegBegr. BT-Drs. 14/8769, S. 28.
240 Vgl. ADS[6], § 321, Tz. 84; *Pfitzer*, in: Dörner/Menold/Pfitzer (Hrsg.), S. 671.
241 Stehen zusätzliche Informationen, die zusammen mit dem JA, LB und dem BestV veröffentlicht werden sollen, zum JA oder LB im Widerspruch, kann ein Verstoß gegen gesetzliche Berichterstattungspflichten gegeben sein. Vgl. *IDW PS 202*, Tz. 15.
242 Vgl. ADS[6], § 321, Tz. 85.
243 Ebenso *Pfitzer*, in: Dörner/Menold/Pfitzer (Hrsg.), S. 672, der außerdem darauf hinweist, dass in diesen Fällen die potenziellen Folgen solcher Verstöße im Hinblick auf die Erfüllung der berichtspflichtigen Tatbestände Bestandsgefährdung bzw. Entwicklungsbeeinträchtigung zu prüfen sind.
244 Vgl. auch die Beispiele bei *Pfitzer*, in: Dörner/Menold/Pfitzer (Hrsg.), S. 672.

vor, wenn der Vorstand einer AG kein Risikofrüherkennungssystem eingerichtet hat[245]. Aufgrund der Ausstrahlungswirkung der aktienrechtlichen Regelung auf den Pflichtenrahmen der Geschäftsführer von Gesellschaften in einer anderen Rechtsform kommen auch bei diesen Gesellschaften entsprechende Angaben im Rahmen von § 321 Abs. 1 S. 3 HGB in Betracht[246].

132 Bei börsennotierten Gesellschaften sind nach § 321 Abs. 1 S. 3 HGB auch Tatsachen berichtspflichtig, die erkennen lassen, dass die **Entsprechenserklärung zum DCGK** gem. § 161 AktG inhaltlich unzutreffend ist. Dies gilt auch, wenn von einzelnen Verhaltensempfehlungen abgewichen wurde, ohne dass dies in der Entsprechenserklärung zum Ausdruck kommt, weil damit ein Verstoß gegen § 161 AktG vorliegt. Die Berichtspflicht besteht unabhängig von der Art der nicht beachteten Verhaltensempfehlung des DCGK. Maßgebend ist allein, dass es sich um einen Verstoß von Vorstand oder Aufsichtsrat gegen § 161 AktG handelt. Aufgrund der Bedeutung des § 161 AktG für die Verbindlichkeitswirkung des DCGK ist ein solcher Verstoß stets als schwerwiegend i.S.d. § 321 Abs. 1 S. 3 HGB zu werten[247].

133 Als **Verstöße gegen** den **Gesellschaftsvertrag** oder die **Satzung** sind vor allem Maßnahmen der gesetzlichen Vertreter zu qualifizieren, die als zustimmungspflichtige Geschäfte der Mitwirkung des AR oder der Gesellschafterversammlung bedürfen, wie z.B. Überschreitungen des Unternehmensgegenstandes, Vornahme von Geschäften ohne erforderliche Genehmigung des AR oder der zuständigen Behörde (BaFin). § 321 Abs. 1 S. 3 HGB verlangt grds. auch eine Berichterstattung bei schwerwiegenden Verstößen gegen die Geschäftsordnung[248].

134 Berichterstattungspflichtig sind Verstöße nach dem Gesetzeswortlaut dann, wenn sie schwerwiegend sind. **Kriterien für schwerwiegende Verstöße** sind vor allem das für die Gesellschaft damit verbundene Risiko, die Bedeutung der verletzten Rechtsnorm sowie der Grad des Vertrauensbruchs, dessen Kenntnis beim Aufsichtsgremium oder bei den Gesellschaftern Bedenken gegen die Eignung der gesetzlichen Vertreter oder der Arbeitnehmer begründen könnte[249]. Die Berichtspflicht setzt nicht voraus, dass dem Unternehmen ein Nachteil zugefügt wurde. So kann z.B. bei fehlender Einwilligung des AR zu einem zustimmungspflichtigen Geschäft eine Berichterstattung selbst dann erforderlich sein, wenn das Geschäft im Interesse des Unternehmens abgewickelt wurde.

135 Unter die Verstöße der gesetzlichen Vertreter fallen auch wesentliche Verletzungen von **Aufstellungs- und Publizitätspflichten** im Zusammenhang mit Konzern- bzw. Vorjahresabschlüssen. Ein schwerwiegender Verstoß ist z.B. im pflichtwidrigen Unterlassen der Aufstellung eines KA oder in der unzulässigen Nicht-Offenlegung eines Jahresabschlusses zu sehen[250]. Die Abschlussprüfung ist nicht auf die Feststellung von Verstößen gegen die Geschäftsführungspflichten zur fristgemäßen Aufstellung und Offenlegung des JA ausgerichtet[251]. In der Regel werden dem APr. jedoch derartige Verstöße bekannt, so dass er hierüber nach § 321 Abs. 1 S. 3 HGB zu berichten hat[252].

---

245 Vgl. *IDW PS 450*, Tz. 106 f.
246 Vgl. *IDW PS 450*, Tz. 107; *IDW PS 720*, Tz. 8.
247 Vgl. *IDW PS 345*, Tz. 33.
248 Wohl ebenso *Pfitzer*, in: Dörner/Menold/Pfitzer (Hrsg.), S. 673. Enger dagegen ADS⁶, § 321, Tz. 85, die nicht von einer grundsätzlichen Berichtspflicht ausgehen.
249 Vgl. *IDW PS 450*, Tz. 49; *Pfitzer*, in: Dörner/Menold/Pfitzer (Hrsg.), S. 674.
250 Vgl. *IDW PH 9.200.1*, Tz. 13. Vgl. hierzu auch LG Bonn v. 08.11.2010 (31 T 1103/09), Rn. 8 H S. 5: „Die Offenlegungspflicht wird nicht schon mit der Absendung, sondern erst mit dem Eingang der Daten beim Bundesanzeiger-Verlag erfüllt."
251 Vgl. *IDW PS 201*, Tz. 10.
252 Vgl. *IDW PS 450*, Tz. 50.

136 Berichtspflichtig ist auch die aus einer unterlassenen Pflichtprüfung resultierende **Nichtigkeit** eines Vorjahresabschlusses.

(3) Umfang und Grenzen der Berichterstattung über Entwicklungsbeeinträchtigungen, Bestandsgefährdungen und Unregelmäßigkeiten

(a) Umfang und Grenzen der Feststellungspflicht

137 Die Berichtspflicht über Entwicklungsbeeinträchtigungen, Bestandsgefährdungen und Unregelmäßigkeiten ist nach dem Gesetzeswortlaut an die Voraussetzung geknüpft, dass die möglicherweise berichtspflichtigen Tatsachen vom APr. **bei Durchführung der Prüfung festgestellt** werden. Die Berichtspflicht beschränkt sich daher auf Tatsachen, die bei ordnungsmäßiger Durchführung der Abschlussprüfung dem APr. bekannt geworden sind[253].

138 Aus der Berichtspflicht ergibt sich grds. **keine Erweiterung der** hinsichtlich Gegenstand und Umfang abschließend in § 317 HGB geregelten **Abschlussprüfung**[254]. Nach der Intention des Gesetzgebers können die Berichtspflichten im PrB aufgrund der Prüfungspflichten des § 317 HGB ohne zusätzliche Prüfungshandlungen erfüllt werden. § 321 Abs. 1 S. 3 HGB bedingt daher keine eigenen originären Prüfungspflichten, sondern lediglich zusätzliche Berichtspflichten[255].

139 Jedoch können sich bei ordnungsmäßiger Durchführung der Prüfung die **Prüfungsschwerpunkte und -intensitäten** insbesondere bei Unternehmen mit angespannten wirtschaftlichen Verhältnissen und bei festgestellten Mängeln des internen Kontrollsystems **verändern**[256]. Stößt der APr. auf konkrete Anhaltspunkte für berichtspflichtige Tatsachen, so ist er grds. verpflichtet, den Sachverhalt durch weitergehende Prüfungshandlungen aufzuklären. Insoweit kann aus der Redepflicht im Einzelfall eine Änderung des Prüfungsvorgehens folgen[257]. Die Verpflichtung zur Ausdehnung der Prüfungshandlungen ist dabei auch abhängig von der Höhe des Risikos einer Bestandsgefährdung oder Entwicklungsbeeinträchtigung bzw. von der vermuteten Schwere einer Unregelmäßigkeit[258]. Über die durch Veränderung der Prüfungsschwerpunkte und -intensitäten festgestellten Tatsachen ist zu berichten, auch wenn sie ohne Vertiefung der Prüfung nicht erkannt worden wären[259].

140 Nach den GoA hat der APr. keine Verpflichtung zu prüfen, ob **zusätzliche Informationen**, die zusammen mit dem geprüften JA, LB und dem BestV veröffentlicht werden sollen, zutreffend sind[260]. Der APr. hat jedoch die zusätzlichen Informationen kritisch zu lesen und Unstimmigkeiten ggü. dem JA und dem LB festzustellen[261]. Verweigert das Unternehmen bei wesentlichen Unstimmigkeiten eine Beseitigung der Fehler durch Ände-

---

[253] Vgl. *IDW PS 450*, Tz. 43.
[254] Vgl. RegBegr. BT-Drs. 13/9712, S. 28.
[255] Vgl. BeBiKo[8], § 321, Rn. 25.
[256] Vgl. *IDW PS 450*, Tz. 37; *IDW PS 240*, Tz. 21; *IDW PS 210*, Tz. 58.
[257] Vgl. BeBiKo[8], § 321, Rn. 26–27.
[258] Vgl. HdR[5], § 321, Rn. 34. So im Ergebnis auch die bei ADS[6], § 321, Tz. 69 zitierte (und auch fortgeltende) h.M., nach der als Voraussetzung für pflichtgemäß weitergehende Prüfungshandlungen angesehen wird, dass das Vorliegen berichtspflichtiger Tatbestände als wahrscheinlich gilt und nicht nur eine gewisse Möglichkeit dafür spricht.
[259] Vgl. *IDW PS 450*, Tz. 37.
[260] Vgl. *IDW PS 202*, Tz. 6.
[261] Vgl. *IDW PS 202*, Tz. 7.

rung der zusätzlichen Informationen bzw. durch Änderung von JA oder LB[262], hat der APr. über die fortbestehenden Unregelmäßigkeiten im PrB zu berichten.

Nach der Gesetzesbegründung zum KonTraG hat der APr. nur solche Erkenntnisse zu verwerten, die sich bei der gesetzlich vorgeschriebenen Prüfung ergeben[263]. Aus der Treuepflicht des APr. folgt jedoch, dass in die Berichterstattung ggf. auch Tatsachen einzubeziehen sind, die dem APr. **auf andere**, nicht der gesetzlichen Verschwiegenheitspflicht unterliegende, **Weise bekannt geworden** sind[264]. Dies gilt grds. ebenso für Tatsachen, die der APr. bei der Durchführung anderer Aufträge für das Unternehmen festgestellt hat (z.B. Steuerberatung, gutachterliche Tätigkeit)[265]. Eine Berichtspflicht besteht dann nicht, wenn die Kenntnisse über berichtspflichtige Tatsachen bei seiner beruflichen Tätigkeit für Dritte gewonnen werden. Hier geht seine Verschwiegenheitspflicht nach § 323 Abs. 1 HGB der Berichtspflicht nach § 321 Abs. 1 S. 3 HGB solange vor, als er die Tatsachen nicht anderweitig in Erfahrung bringt[266]. 141

Die Berichtspflicht besteht unabhängig davon, ob die **Tatsachen** den Berichtsadressaten (Aufsichtsgremium, GmbH-Gesellschafter, gesetzliche Vertreter) **bekannt** sind, ob auf sie im Anh. oder LB hingewiesen worden ist, oder ob ihre nicht angemessene Berücksichtigung bzw. Darstellung im JA oder LB zu einer Einschränkung des BestV geführt haben[267]. Die Berichterstattung im PrB kann auch dann nicht unterbleiben, wenn eine Darlegung den Interessen des Unternehmens entgegensteht, weil z.B. auch Kreditinstitute oder Finanzbehörden zum Empfängerkreis gehören. 142

Die Redepflicht bezieht sich in zeitlicher Hinsicht **auch** auf erkannte **Tatsachen**, die **nach dem Abschlussstichtag** begründet wurden[268]. Es sind somit auch Tatsachen zu berücksichtigen, die z.B. im alten oder neuen GJ noch keine buchungspflichtigen Geschäftsvorfälle ausgelöst haben[269] bzw. deren negative Auswirkung zum Berichtszeitpunkt ggf. noch nicht vollständig eingetreten ist, aufgrund derer aber mit einer Entwicklungsbeeinträchtigung oder Bestandsgefährdung (vgl. zu den Indikatoren Tz. 110, Tz. 112) ernsthaft gerechnet werden muss. 143

(b) Form der Berichterstattung

Die Feststellung der berichtspflichtigen Tatsachen umfasst neben dem Erkennen auch deren Kategorisierung, da über Sachverhalte unterschiedlicher Kategorien grds. getrennt zu berichten ist. 144

Die vom Gesetz geforderte schriftliche Berichterstattung im PrB muss die **berichtspflichtigen Tatsachen eindeutig erkennen** lassen; versteckte oder verklausulierte Hinweise reichen nicht aus. Bei Vorliegen bestandsgefährdender oder die Entwicklung wesentlich beeinträchtigender Tatsachen müssen die Ausführungen deutlich **als warnende** 145

---

262 Wird eine Änderung von JA oder LB verweigert, sind die in diesem Fall fortbestehenden Unrichtigkeiten oder Verstöße gegen die Rechnungslegungsvorschriften darzustellen und mit ihren Auswirkungen auf den BestV zu erläutern. Liegt dagegen eine falsche oder unvollständige Zusatzinformation vor, kann ein berichtspflichtiger Verstoß gegen gesetzliche Berichterstattungspflichten nach § 321 Abs. 1 S. 3 HGB vorliegen. Vgl. *IDW PS 202*, Tz. 14 f.
263 Vgl. RegBegr. BT-Drs. 13/9712, S. 28.
264 Vgl. *IDW PS 450*, Tz. 37. Ebenso ADS[6], § 321, Tz. 70; BeBiKo[8], § 321, Rn. 28.
265 H.M., z.B. ADS[6], § 321, Tz. 70; HdR[5], § 321, Rn. 36; BoHdR[2], § 321, Rn. 76.
266 Vgl. ADS[6], § 321, Tz. 70; BeBiKo[8], § 321, Rn. 28; BoHdR[2], § 321, Rn. 77.
267 Vgl. *IDW PS 450*, Tz. 38. Ebenso ADS[6], § 321, Tz. 71; BeBiKo[8], § 321, Rn. 30.
268 Vgl. *IDW PS 450*, Tz. 38. Ebenso ADS[6], § 321, Tz. 71; BeBiKo[8], § 321, Rn. 29.
269 Ebenso BeBiKo[8], § 321, Rn. 29, 34–35.

Stimme erkennbar sein[270]. Der APr. genügt seiner Berichtspflicht, indem er bei erkannten berichtspflichtigen Tatsachen die betreffenden **Sachverhalte schildert** und die sich daraus aus seiner Sicht ergebenden wesentlichen **Konsequenzen aufzeigt**. Sofern die Berichterstattung zukünftige Sachverhalte oder Entwicklungen betrifft, ist auf ggf. bestehende Beurteilungsrisiken einzugehen[271]. Bei abweichender Auffassung zwischen den gesetzlichen Vertretern und dem APr. über die dargestellten Tatsachen und deren Beurteilung wird der APr. hierauf hinweisen[272].

146 Die Berichterstattung sollte grds. in einem **gesonderten Unterabschnitt** des PrB erfolgen[273]. Bestandsgefährdungen und Entwicklungsbeeinträchtigungen kennzeichnen jedoch als Risiken der künftigen Entwicklung gleichzeitig die Lage des Unternehmens, so dass sich Überschneidungen zwischen den Berichterstattungspflichten nach § 321 Abs. 1 S. 2 und S. 3 HGB ergeben[274]. Es kann daher zweckmäßig sein, entwicklungsbeeinträchtigende und bestandsgefährdende Tatsachen in die **Stellungnahme zur Lagebeurteilung** der gesetzlichen Vertreter einzubeziehen[275]. Hierbei ist ausdrücklich darauf hinzuweisen, dass es sich um nach § 321 Abs. 1 S. 3 HGB berichtspflichtige Tatsachen handelt[276].

147 In Einzelfällen kann es notwendig sein, aus Gründen der **Eilbedürftigkeit** erforderlicher Gegenmaßnahmen vor Beendigung der Prüfung einen gesonderten Teilbericht – ggf. auch in Briefform – zu erstatten. Eine solche zeitliche **Vorab-Berichterstattung** entbindet den APr. nicht, Darlegungen in den PrB aufzunehmen. Aufgrund der Bedeutung der Kenntnis über Entwicklungsbeeinträchtigungen und Bestandsgefährdungen für die Beurteilung der Lage durch die Berichtsadressaten ist der Teilbericht – entgegen der üblichen Berichterstattung bei der Anfertigung von Teilberichten[277] – vollinhaltlich in den PrB aufzunehmen[278].

148 Die **Empfänger des Vorabberichts** stimmen grds. mit den unmittelbaren Empfängern des PrB überein[279]. In Abhängigkeit von der Art der im gesonderten Teilbericht dargestellten Tatsachen und den Möglichkeiten des Empfängers, die erforderlichen Gegenmaßnahmen zu treffen, können sich jedoch Abweichungen ergeben. Haben die gesetzlichen Vertreter den Prüfungsauftrag erteilt (§ 321 Abs. 5 S. 1 HGB), ist der Vorabbericht grds. auch diesen vorzulegen. Bei festgestellten Verstößen und bei krisenhaften wirtschaftlichen Entwicklungen wird es jedoch in vielen Fällen erforderlich sein, neben oder anstelle der gesetzlichen Vertreter den ggf. bestehenden AR unmittelbar zu informieren. Ist der AR als Auftraggeber unmittelbarer Empfänger des PrB, ist der Vorabbericht dem AR bzw. dem AR-Vorsitzenden zuzuleiten, der diesen an die übrigen AR-Mitglieder weiterleitet[280]. Es ist sachgerecht, gleichzeitig auch die gesetzlichen Vertreter zu informieren, wenn erwartet wird, dass Gegenmaßnahmen durch diese zu veranlassen sind.

---

270 Vgl. BeBiKo[8], § 321, Rn. 44.
271 Vgl. *IDW PS 450*, Tz. 40.
272 Vgl. *IDW PS 450*, Tz. 11.
273 Vgl. *IDW PS 450*, Tz. 40.
274 Vgl. ADS[6], § 321, Tz. 64.
275 Vgl. *IDW PS 450*, Tz. 40. Ebenso ADS[6], § 321, Tz. 64, 68. BeBiKo[8], § 321, Rn. 43 möglicherweise weitergehend, da auch für Gesetzesverstöße i.S.v. § 321 Abs. 1 Satz 3 HGB eine Berichterstattung in einem gesonderten Unterabschnitt nicht gefordert wird.
276 Vgl. *IDW PS 450*, Tz. 40. Ebenso ADS[6], § 321, Tz. 64, 68; BeBiKo[8], § 321, Rn. 43.
277 Vgl. Tz. 54.
278 Vgl. *IDW PS 450*, Tz. 41.
279 Ausführlich zu den Empfängern eines Vorabberichts ADS[6], § 321, Tz. 89.
280 Vgl. Tz. 13; ebenso ADS[6], § 321, Tz. 90; BeBiKo[8], § 321, Rn. 45.

Bei der GmbH ohne AR ergibt sich die Besonderheit, dass ein Vorabbericht grds. auch 149
allen zum Empfang des PrB berechtigten Gesellschaftern unmittelbar zuzuleiten ist[281].

cc) Gegenstand, Art und Umfang der Prüfung

§ 321 Abs. 3 S. 1 HGB verpflichtet den APr. ausdrücklich, Gegenstand, Art und Umfang 150
der Prüfung **in einem besonderen Abschnitt** des PrB zu **erläutern**. Dabei ist nach § 321
Abs. 3 S. 2 HGB auch auf die angewandten Rechnungslegungs- und Prüfungsgrundsätze
im PrB einzugehen. Auch der BestV muss eine Beschreibung von Gegenstand, Art und
Umfang der Prüfung enthalten (§ 322 Abs. 1 S. 2 HGB). Aus den unterschiedlichen Aufgaben und dem abweichenden Adressatenkreis von PrB und BestV ergeben sich ein differenzierter Detaillierungsgrad und eine unterschiedliche Informationstiefe der beiden
Elemente des Prüfungsergebnisses auch bezüglich der Pflicht zur Erläuterung bzw. Beschreibung von Gegenstand, Art und Umfang der Prüfung. Ziel der durch das KonTraG
eingeführten gesetzlichen Regelung für den **Prüfungsbericht** ist die **Schaffung einer
besseren Beurteilungsmöglichkeit der Prüfungstätigkeit** des APr. durch die Berichtsadressaten[282]. Anhand der Erläuterungen soll insbesondere das Aufsichtsorgan besser einschätzen können, ob und wie die ggf. vereinbarten Prüfungsschwerpunkte bearbeitet wurden, ob und welche Prüfungen es zusätzlich vorzunehmen hat und ob künftig
eine Beauftragung mit ggf. weiteren Prüfungsschwerpunkten in Betracht kommt[283].
Demgegenüber dient die Beschreibung im **Bestätigungsvermerk** der zusammengefassten **Information der Öffentlichkeit** und zielt daher darauf ab, das Prüfungsvorgehen
klarzustellen, um somit einer weitergehenden oder sogar unzutreffenden Erwartungshaltung der Adressaten an den Inhalt und die Tragweite der Abschlussprüfung zu begegnen.

Die Ausführungen zu Gegenstand, Art und Umfang der Prüfung im PrB dienen **nicht** als 151
Nachweis der durchgeführten **Prüfungshandlungen**, der grds. durch die Arbeitspapiere
zu erbringen ist[284].

(1) Gegenstand der Prüfung

Auf den Gegenstand der Abschlussprüfung ist in Kurzform einzugehen. Als **Gegenstand** 152
der Prüfung sind bei gesetzlichen Abschlussprüfungen nach §§ 316 ff. HGB anzugeben:

- die Buchführung,
- der JA (Bilanz, GuV, Anh., ggf. auch KFR und EK-Spiegel),
- der LB,
- ggf. die nach § 91 Abs. 2 AktG dem Vorstand obliegenden Maßnahmen einschließlich
  der Einrichtung eines Überwachungssystems (Risikofrüherkennungssystem).

Dabei ist auch anzugeben, nach welchen Rechnungslegungsgrundsätzen der JA aufgestellt wurde[285].

Bei börsennotierten und bestimmten anderen AG, die nach § 289a HGB in einem ge- 153
sonderten Abschnitt des LB eine Erklärung zur Unternehmensführung bzw. die Angabe
der Internetseite aufzunehmen haben, auf der die Erklärung dauerhaft öffentlich zugäng-

---

281 Vgl. ADS[6], § 321, Tz. 90; BeBiKo[8], § 321, Rn. 45.
282 Vgl. RegBegr. BT-Drs. 13/9372, S. 29; *IDW PS 450*, Tz. 51.
283 Vgl. auch ADS[6], § 322, Tz. 118.
284 Vgl. *IDW PS 450*, Tz. 51; *IDW PS 460*, Tz. 7; *IDW PS 301*, Tz. 33, 35. Ebenso ADS[6], § 321, Tz. 130; *Forster*, WPg 1998, S. 52.
285 Vgl. *IDW PS 450*, Tz. 52.

lich gemacht wird, ist darauf hinzuweisen, dass die Angaben nach § 289a HGB gem. § 317 Abs. 2 S. 3 HGB nicht Gegenstand der Prüfung waren[286].

154 Bei Kapitalgesellschaften bzw. Personenhandelsgesellschaften i.S.v. § 264a HGB, die als TU unter **Inanspruchnahme von § 264 Abs. 3 u. 4 HGB** bzw. **§ 264b HGB** ausschließlich die für alle Kaufleute geltenden Vorschriften beachten, aber die Prüfungserleichterung nicht in Anspruch nehmen (Pflichtprüfung[287]), sollte darauf hingewiesen werden, dass der JA nach den Vorschriften des Ersten Abschnitts des Dritten Buches des HGB aufgestellt wurde.

155 Die Berichtsadressaten sollten im PrB ausdrücklich auf die unterschiedlichen **Verantwortlichkeiten** und Aufgaben der gesetzlichen Vertreter des Unternehmens einerseits und die des APr. andererseits aufmerksam gemacht werden. Es empfiehlt sich, im PrB darauf hinzuweisen, dass die gesetzlichen Vertreter für die Buchführung, den JA, den LB und die dem APr. vorgelegten sonstigen Unterlagen und gemachten Angaben die Verantwortung tragen[288]. Auch ein erforderlichenfalls nach § 91 Abs. 2 AktG einzurichtendes Risikofrüherkennungssystem liegt in der Verantwortlichkeit von Vorstand bzw. Geschäftsführung. Die Aufgabe des APr. besteht demgegenüber darin, diese Unterlagen und Angaben im Rahmen seiner pflichtgemäßen Prüfung zu beurteilen[289].

156 Ist aufgrund größenabhängiger, rechtsform- oder wirtschaftszweigspezifischer gesetzlicher Regelungen (wie z.B. § 53 GenG; § 29 KWG; § 57 VAG) oder im Rahmen der Auftragserteilung der Gegenstand der Abschlussprüfung ggü. § 317 HGB erweitert worden, so ist auf die **Erweiterungen** des Prüfungsgegenstands im PrB einzugehen[290]. Die Berichtspflicht über Auftragserweiterungen besteht unabhängig davon, ob über das Ergebnis des erweiterten Prüfungsgegenstands im BestV zu berichten ist[291].

157 Entsprechende Angaben kommen auch in Betracht, wenn das Unternehmen **größenabhängige Erleichterungen** des HGB in Anspruch genommen hat und der Gegenstand der Abschlussprüfung deshalb eingeschränkt ist[292].

158 Von Erweiterungen der Abschlussprüfung sind **zusätzliche Prüfungsaufträge** zu unterscheiden. Über die Ergebnisse einer zusätzlichen Prüfung ist gesondert zu berichten[293]. Hatte der APr. lediglich aufgrund eines Sonder-/Zusatzauftrages der gesetzlichen Vertreter, des Aufsichtsorgans oder der Gesellschafter bestimmte zusätzliche Feststellungen zu treffen, so ist ein **Hinweis** hierauf **grundsätzlich nicht** geboten[294].

Ist der APr. zugleich als KAPr. bestellt und erfolgt keine zusammengefasste Berichterstattung über beide Prüfungen (§§ 298 Abs. 3 S. 3, 315 Abs. 3 HGB, § 325 Abs. 3a S. 2 HGB), so sollte ein Hinweis auf die **Prüfung des KA** in den PrB aufgenommen werden. In

---

286 Vgl. *IDW PS 450*, Tz. 52a; BeBiKo[8], § 321, Rn. 67. Zur Berücksichtigung dieses Aspekts im BestV siehe Tz. 388. Der APr. ist dennoch gehalten festzustellen, ob die Erklärung im LB enthalten ist bzw. ob der Hinweis auf die Veröffentlichung im Internet im LB enthalten ist. Vgl. *IDW PS 202*, Tz. 10a; *IDW PS 350*, Tz. 8a.
287 Vgl. *IDW PH 9.200.1*, Tz. 4.
288 Vgl. *IDW PS 450*, Tz. 53.
289 Vgl. *IDW PS 450*, Tz. 53.
290 Vgl. *IDW PS 450*, Tz. 54; ADS[6], § 321, Tz. 131.
291 Vgl. *IDW PS 450*, Tz. 54; ADS[6], § 321, Tz. 131.
292 Vgl. *IDW PS 450*, Tz. 54.
293 Vgl. *IDW PS 450*, Tz. 19.
294 Ebenso ADS[6], § 321, Tz. 131.

gleicher Weise sollten die Berichtsadressaten über die Durchführung der Prüfung des **Abhängigkeitsberichts** durch den APr. informiert werden[295].

Um sicherzustellen, dass den Berichtsadressaten sämtliche für sie bestimmte Informationen zur Kenntnis gelangen, hat der APr. in diesem Abschnitt des PrB außerdem eine geschlossene **Übersicht** über alle von ihm erstatteten **Teilberichte** und deren Gegenstand zu geben[296]. **159**

Wird für die Angaben über den Prüfungsauftrag die sog. **Deckblattlösung** gewählt[297], sind die Angaben zur Wahl des APr. und zur Auftragserteilung sowie die Hinweise auf die Beachtung des *IDW PS 450* zum PrB und die Auftragsbedingungen in diesen Berichtsabschnitt aufzunehmen[298]. **160**

(2) Art und Umfang der Prüfung

Der APr. hat zur Erläuterung von Art und Umfang der Prüfung die Grundsätze zu nennen, nach denen er seine Prüfung durchgeführt hat. Hierzu ist auf §§ 316 ff. HGB und auf die vom IDW festgestellten **Grundsätze ordnungsmäßiger Abschlussprüfung**[299] Bezug zu nehmen. Ergänzend kann auf die International Standards on Auditing (ISA) oder andere, nach dem Urteil des APr. mit den vom IDW festgestellten GoA vereinbare Prüfungsgrundsätze verwiesen werden[300]. **161**

Weicht der APr. in sachlich begründeten Einzelfällen von den vom IDW festgestellten GoA ab (z.B. keine Teilnahme an der Vorratsinventur, keine Einholung von Saldenbestätigungen), hat er die entsprechenden Gründe im PrB anzugeben[301].

Die **Beschreibung des Prüfungsumfangs** muss so ausführlich sein, dass es dem Aufsichtsorgan möglich ist, sich nicht nur ein **Urteil über die Qualität** der Durchführung der Abschlussprüfung zu bilden, sondern auch die **Grenzen** der Abschlussprüfung zu erkennen und **Konsequenzen** für die eigene Überwachungsaufgabe zu ziehen. Der APr. hat daher die Grundzüge seines jeweiligen Prüfungsvorgehens darzustellen[302]. **162**

Zu den **berichtspflichtigen Prüfungsinhalten** über das jeweilige Prüfungsvorgehen gehören die zugrunde gelegte Prüfungsstrategie[303] sowie je nach den Verhältnissen der im Einzelnen durchgeführten Prüfung z.B.[304]: **163**

– die für die Abschlussprüfung festgelegten sowie die ggf. mit dem AR zusätzlich vereinbarten Prüfungsschwerpunkte;
– die Prüfung des rechnungslegungsbezogenen IKS und deren Auswirkungen auf den Umfang der aussagebezogenen Prüfungshandlungen[305] (z.B. ist hier darzustellen, wenn der APr. ein hinreichend sicheres Prüfungsurteil nur durch verstärkte aussagebezogene Prüfungshandlungen gewährleisten konnte);

---

295 Ebenso ADS[6], § 321, Tz. 46; BeBiKo[8], § 321, Rn. 13.
296 Vgl. *IDW PS 450*, Tz. 60.
297 Vgl. Tz. 86.
298 Vgl. *IDW PS 450*, Tz. 25.
299 Vgl. *IDW PS 201*, Tz. 27.
300 Vgl. *IDW PS 450*, Tz. 55.
301 Vgl. *IDW PS 450*, Tz. 55.
302 Vgl. *IDW PS 450*, Tz. 56; kritisch *Ludewig*, WPg 1998, S. 599.
303 Vgl. *IDW PS 240*.
304 Vgl. *IDW PS 450*, Tz. 57 und die Zusammenstellungen bei ADS[6], § 321, Tz. 133 und BeBiKo[8], § 321, Rn. 68.
305 Aussagebezogene Prüfungshandlungen sind zu differenzieren in analytische Prüfungshandlungen (vgl. hierzu insb. *IDW PS 312*) sowie Einzelfallprüfungen. Vgl. *IDW PS 300*, Tz. 24.

- die Zielsetzung und Verwendung stichprobengestützter Prüfungsverfahren. Hier können auch Angaben zu den angewandten Verfahren (bewusste Auswahl oder mathematisch-statistische Verfahren) sowie zur Auswahl der Stichprobenelemente in Betracht kommen;
- die Prüfung zukunftsbezogener Angaben im LB[306];
- die Darstellung zusätzlicher Prüfungshandlungen, die aufgrund festgestellter Anhaltspunkte für Täuschungen und Vermögensschädigungen erforderlich geworden sind[307];
- Auswirkungen aus dem Vorjahresabschluss auf die Prüfungsdurchführung; z.B. wenn der Vorjahresabschluss nicht geprüft oder festgestellt[308] oder der BestV zum Vorjahresabschluss versagt wurde;
- die Vorgehensweise und Kriterien, nach denen Bestätigungen Dritter eingeholt wurden[309];
- die Verwertung und Einschätzung von für die Beurteilung wesentlichen Prüfungsergebnissen oder Untersuchungen Dritter (z.B. Wertgutachten oder versicherungsmathematische Gutachten von Sachverständigen[310], Ergebnisse der Internen Revision[311] oder von Teilbereichsprüfern (inkl. APr. von TU)[312]);
- Besonderheiten der Prüfung des Inventars (z.B. im Fall fehlender Inventurbeobachtung durch den APr., falls der Prüfungsauftrag nach Durchführung der Inventur erteilt wurde)[313];
- die Prüfung der rechnungslegungsbezogenen organisatorischen Umstellungen;
- Auswirkungen eines erweiterten Prüfungsauftrags.

Für die bei Erstprüfungen zusätzlich erforderlichen Prüfungshandlungen betreffend die Eröffnungsbilanzwerte ist ein ergänzender Hinweis zum Umfang der Prüfung aufzunehmen[314].

164 Die Darlegung der Prüfungsstrategie und der weiteren Prüfungsdurchführung sollte den Berichtsadressaten die **problembezogene** Ausrichtung der **Prüfung deutlich machen**, dass wesentliche Unrichtigkeiten und Verstöße gegen Rechnungslegungsvorschriften bei gewissenhafter Prüfung erkannt werden. Um diesen Anforderungen gerecht zu werden, wird vielfach ein **risiko- und prozessorientierter Prüfungsansatz** angewendet, der in diesem Abschnitt des PrB kurz erläutert werden sollte.

Die jeweiligen **Prüfungsschwerpunkte** sind darzustellen. Die vom AR oder einem anderen Auftraggeber festgelegten Prüfungsschwerpunkte sollten kenntlich gemacht werden.

Eine **Begründung** des Prüfungsvorgehens **im Einzelnen** ist jedoch **nicht erforderlich**[315]. Ebenso wird eine Erwähnung einzelner Prüfungshandlungen nur in Ausnahmefällen in Betracht kommen.

---

306 Vgl. *IDW PS 350*.
307 Vgl. *IDW PS 210*, Tz. 69.
308 Vgl. *IDW PS 205*, Tz. 11.
309 Vgl. *IDW PS 302*.
310 Vgl. *IDW PS 322*.
311 Vgl. *IDW PS 321*.
312 Vgl. *IDW PS 320* bzw. allg. *IDW EPS 320 n.F.*
313 Vgl. *IDW PS 301*.
314 Vgl. *IDW PS 205*, Tz. 18.
315 Vgl. *IDW PS 450*, Tz. 57. Ebenso ADS[6], § 321, Tz. 134.

Ein Hinweis auf die **Zusammenarbeit mit der Internen Revision**[316] ist erforderlich, wenn die Zusammenarbeit über einen im Rahmen der Prüfung des IKS üblichen Rückgriff auf Feststellungen der Innenrevision hinausgeht. Soweit der APr. im Rahmen der Prüfung die Arbeit von Teilbereichsprüfern[317] oder externen Sachverständigen[318] verwertet, ist darauf hinzuweisen, wenn die verwertete Arbeit für die Beurteilung des APr. wesentlich ist[319].

Zur Beschreibung der durchgeführten Prüfung sind ergänzende Angaben erforderlich, wenn der APr. aufgrund besonderer Umstände geplante Prüfungshandlungen nicht durchführen konnte und sich die Nachweise zur Erreichung der notwendigen Urteilssicherheit durch **alternative Prüfungshandlungen** verschaffen musste[320]. **165**

Ist (ggf. trotz alternativer Prüfungshandlungen) eine Beurteilung wesentlicher Sachverhalte aufgrund von **Prüfungshemmnissen** nicht oder nicht mit der hinreichenden Sicherheit möglich, ist dies im PrB darzulegen[321].

Der **Prüfungszeitraum** ist kalendermäßig anzugeben, damit erkennbar wird, in welchem Zeitraum der APr. seine Arbeiten durchgeführt und zu welchem Zeitpunkt er sie abgeschlossen hat. Auf die Vornahme einer **Zwischenprüfung** und deren Zeitraum oder auf eine turnusmäßige **Prüfung von Zweigniederlassungen** bzw. **Werken** sollte hingewiesen werden. Es kann erforderlich sein, auf später getroffene Feststellungen, z.B. anlässlich von Besprechungen nach Abschluss der Prüfung, hinzuweisen. Gleiches gilt für **besondere Umstände**, die zu einer Verlängerung der Prüfungszeit geführt haben, sowie für längere Unterbrechungen, wie z.B. wegen mangelnder Prüfungsbereitschaft des Unternehmens[322]. **166**

Bei KapGes. bzw. Personenhandelsgesellschaften i.S.v. § 264a HGB, die als TU unter **Inanspruchnahme von § 264 Abs. 3 u. 4 HGB** bzw. **§ 264b HGB** ausschließlich die für alle Kaufleute geltenden Vorschriften beachten, sollte darauf hingewiesen werden, dass im Zeitpunkt der Beendigung der Abschlussprüfung die Erfüllung der Voraussetzungen des § 264 Abs. 3 oder Abs. 4 i.V.m. Abs. 3 HGB bzw. § 264b HGB insoweit nicht beurteilt werden konnte, als diese Voraussetzungen ihrer Art nach erst zu einem späteren Zeitpunkt erfüllbar sind; und es sollten die noch ausstehenden Voraussetzungen benannt werden. **167**

(3) Aufklärungs- und Nachweispflichten der gesetzlichen Vertreter

In die Darstellung der Prüfungsdurchführung gehört auch die Angabe nach § 321 Abs. 2 S. 6 HGB, ob die gesetzlichen Vertreter die **verlangten Aufklärungen und Nachweise** erbracht haben, die der APr. nach seinem pflichtgemäßen Ermessen zur ordnungsmäßigen Durchführung der Prüfung benötigt[323]. Die entsprechenden Pflichten der gesetzlichen Vertreter bestimmen sich nach § 320 Abs. 2 HGB. Sie umfassen alle Aufklärungen und Nachweise, die zur ordnungsmäßigen Durchführung der Jahresabschlussprüfung notwendig sind. **168**

---

316 Vgl. *IDW PS 321*.
317 Vgl. *IDW PS 320* bzw. allg. *IDW EPS 320 n.F.*
318 Vgl. *IDW PS 322*.
319 Vgl. *IDW PS 450*, Tz. 57.
320 Vgl. hierzu *IDW PS 450*, Tz. 58.
321 Vgl. *IDW PS 450*, Tz. 58. Ebenso ADS[6], § 321, Tz. 133. Zu den Auswirkungen auf den Bestätigungsvermerk vgl. *IDW PS 400*, Tz. 33 und 50.
322 Vgl. ADS[6], § 321, Tz. 135.
323 Vgl. *IDW PS 450*, Tz. 59. Ebenso ADS[6], § 321, Tz. 133; BeBiKo[8], § 321, Rn. 65, 81.

169 Kommen die gesetzlichen Vertreter diesen Pflichten nach, genügt die Feststellung, dass alle erbetenen Aufklärungen und Nachweise erbracht worden sind[324]. Wurden Aufklärungen und Nachweise von **Mutter- und Tochterunternehmen** eingeholt (§ 320 Abs. 2 S. 3 HGB), sollte darauf hingewiesen werden[325]. Über den Hinweis hinaus, dass eine **Vollständigkeitserklärung** abgegeben wurde[326], bedarf es im PrB nicht der Angabe der Personen, die von den gesetzlichen Vertretern als weitere Auskunftspersonen dem APr. benannt wurden[327]. Die Beifügung der VollstE zum Bericht ist nicht erforderlich und – mit Ausnahme von Berichten, die an die BaFin weiterzuleiten sind – auch nicht üblich.

170 Haben die gesetzlichen Vertreter oder die benannten Auskunftspersonen Auskünfte nicht, nicht ausreichend oder nicht rechtzeitig erteilt oder Unterlagen nicht vorgelegt, ist dies mit den Auswirkungen dieser **Unterlassungen oder Verzögerungen** auf das Prüfungsergebnis darzustellen[328]. Gleiches gilt, wenn ernsthafte **Zweifel** des APr. **an** der **Richtigkeit** der Auskünfte und Nachweise verbleiben oder wenn diese nachweislich nicht ordnungsgemäß erbracht worden sind. Der APr. hat darzulegen, inwieweit sich dadurch Auswirkungen auf eine abschließende und verlässliche Beurteilung der Prüfungsgegenstände und damit auch auf das Prüfungsergebnis ergeben[329].

Zu diesen Aufklärungen und Nachweisen zählt auch die **Vollständigkeitserklärung**, die berufsüblicherweise[330] von den gesetzlichen Vertretern ggü. dem APr. abzugeben ist. Hat der APr. erhebliche Zweifel an der Integrität der die VollstE abgebenden gesetzlichen Vertreter und gelangt er deswegen zu dem Schluss, dass die VollstE nicht verlässlich ist, oder geben die gesetzlichen Vertreter die VollstE nicht ab, so ist grds. ein Versagungsvermerk nach § 322 Abs. 2 S. 1 Nr. 4 HGB zu erteilen[331].

dd) Feststellungen und Erläuterungen zur Rechnungslegung

171 Nach § 321 Abs. 2 S. 1 HGB hat der APr. im Hauptteil des PrB festzustellen, ob die Buchführung und die weiteren geprüften Unterlagen, der JA sowie der LB den gesetzlichen Vorschriften und den ergänzenden Bestimmungen des Gesellschaftsvertrags oder der Satzung entsprechen. Es kann auf die Darstellung von unwesentlichen und unproblematischen Teilen des JA verzichtet werden[332]. Demgegenüber wird ausdrücklich nach § 321 Abs. 2 S. 2 HGB auch ein Bericht über diejenigen Beanstandungen gefordert, die zwar im Ergebnis nicht zu einer Einschränkung oder Versagung des BestV geführt haben, aber für die Überwachung der Geschäftsführung und des geprüften Unternehmens von Bedeutung sind[333].

172 Darüber hinaus ist auch darauf einzugehen, ob der **Abschluss insgesamt unter Beachtung der GoB** oder sonstiger maßgeblicher Rechnungslegungsgrundsätze ein den tat-

---

[324] Vgl. *IDW PS 450*, Tz. 59. Ebenso ADS[6], § 321, Tz. 105.
[325] Vgl. ADS[6], § 321, Tz. 104; HdR[5], Rn. 70.
[326] Vgl. *IDW PS 450*, Tz. 59. Zur Abgabe einer Vollständigkeitserklärung vgl. *Strieder*, BB 2000, S. 298.
[327] Ebenso ADS[6], § 321, Tz. 105.
[328] Vgl. *IDW PS 450*, Tz. 59. Ebenso ADS[6], § 321, Tz. 106.
[329] Vgl. *IDW PS 450*, Tz. 59. Die unzureichende Erfüllung von Auskunfts- und Nachweispflichten kann zur Einschränkung des BestV oder der Erteilung eines Versagungsvermerks führen. Vgl. *IDW PS 400*, Tz. 52, 56, 68a. Ausführlich siehe unter Tz. 525.
[330] Vgl. *IDW PS 303 n.F.*, Tz. 23. Die Abgabe der VollstE durch die gesetzlichen Vertreter der zu prüfenden Gesellschaft sollte grds. i.R. des Auftragsbestätigungsschreibens vereinbart werden; vgl. *IDW PS 220*, Tz. 19.
[331] Vgl. *IDW PS 303 n.F.*, Tz. 27.
[332] Vgl. RegBegr. BT-Drs. 14/8769, S. 28.
[333] Vgl. *IDW PS 450*, Tz. 62.

sächlichen Verhältnissen entsprechendes Bild der Vermögens-, Finanz- und Ertragslage der KapGes. vermittelt (§ 321 Abs. 2 S. 3 HGB).

Im Zusammenhang mit den Erläuterungen zur Ordnungsmäßigkeit der Gesamtaussage des JA ist gem. § 321 Abs. 2 S. 4 HGB auch auf wesentliche Bewertungsgrundlagen sowie darauf einzugehen, welchen Einfluss Änderungen in den Bewertungsgrundlagen einschließlich der Ausübung von Bilanzierungs- und Bewertungswahlrechten und der Ausnutzung von Ermessensspielräumen sowie sachverhaltsgestaltende Maßnahmen insgesamt auf die Darstellung der Vermögens-, Finanz- und Ertragslage haben[334]. Hierzu sind die **Posten** des JA **aufzugliedern** und ausreichend zu **erläutern**, soweit diese Angaben nicht im Anh. enthalten sind (§ 321 Abs. 2 S. 5 HGB). 173

(1) Ordnungsmäßigkeit der Rechnungslegung
(a) Buchführung und weitere geprüfte Unterlagen

Der APr. hat festzustellen, ob die Buchführung den gesetzlichen Vorschriften einschließlich der GoB und den ergänzenden Bestimmungen des Gesellschaftsvertrags oder der Satzung entspricht. Dabei wird vom APr. keine Feststellung zum gesamten Rechnungswesen verlangt, sondern zur Buchführung (i.S.d. Finanzbuchführung), soweit auf ihr der JA aufbaut. Bestandteile der **Finanzbuchführung** sind die Hauptbuchhaltung, die diversen Nebenbuchhaltungen (z.B. Anlagenbuchhaltung, Debitoren- und Kreditorenbuchhaltung, Lohn- und Gehaltsbuchhaltung, das Belegwesen sowie Bestandsnachweise wie Inventare und Saldenlisten[335]. 174

Darüber hinaus handelt es sich bei den **weiteren geprüften Unterlagen** um Dokumentationen, die der APr. im Rahmen seiner pflichtgemäßen Prüfung von Buchführung, JA und LB ergänzend heranzieht, wie z.B. die Kostenrechnung, Betriebsabrechnungen, Verträge, Planungsrechnungen (Erfolgs- und Finanzplanung). Die weiteren geprüften Unterlagen sind danach zu beurteilen, ob die aus ihnen entnommenen Informationen ordnungsgemäß in Buchführung, JA oder LB abgebildet wurden. In Zweifelsfällen sind die Beurteilungsgrundlagen zu erörtern[336]. 175

Die Feststellung der Ordnungsmäßigkeit der Buchführung setzt auch eine Beurteilung der Sicherheit der rechnungslegungsrelevanten Daten und IT-Systeme voraus[337]. Hat der APr. Mängel hinsichtlich der Sicherheit für die Zwecke der Rechnungslegung verarbeiteten Daten festgestellt, sind diese im Prüfungsbericht darzustellen[338].

Hat die Prüfung der Buchführung und der weiteren geprüften Unterlagen **keine Beanstandungen** ergeben, so ist dies als **Feststellung** zu vermerken. 176

Auf **bestehende Mängel** in der Buchführung und den weiteren geprüften Unterlagen und auf ihre Auswirkungen auf die Rechnungslegung sowie ihren Einfluss auf das Prüfungsergebnis ist hinzuweisen[339]. Dabei sollte sich der APr. auf solche Ausführungen beschränken, die zur Überwachung der Geschäftsführung geeignet sind[340]. 177

---

334 Vgl. *IDW PS 450*, Tz. 74.
335 Ebenso ADS[6], § 321, Tz. 92.
336 Vgl. *IDW PS 450*, Tz. 32–33, 63.
337 Vgl. *IDW PS 330*.
338 Vgl. *IDW PS 450*, Tz. 64.
339 Vgl. *IDW PS 450*, Tz. 65.
340 Vgl. *IDW PS 450*, Tz. 61, 65.

178 Ist die Kenntnis der festgestellten Mängel nach der Einschätzung des APr. für die Berichtsadressaten nicht von Bedeutung (**unwesentliche Mängel**), kann der APr. von ihrer Erwähnung im PrB absehen. So brauchen z.b. mögliche Verbesserungen der Buchhaltungsorganisation ohne Bedeutung für die Ordnungsmäßigkeit i.d.R. nicht erwähnt zu werden. Hierauf wird der APr. die gesetzlichen Vertreter mündlich oder im Management Letter hinweisen[341].

Da die geforderte Feststellung der Gesetzesentsprechung der Buchführung die Aussage zur Ordnungsmäßigkeit der Buchführung während des gesamten GJ beinhaltet, ist im PrB auch auf wesentliche **zwischenzeitlich behobene Mängel** in der Buchführung einzugehen, selbst wenn für den BestV nur solche Mängel in der Buchführung Gegenstand einer Einschränkung oder Versagung sein können, die zum Abschluss der Prüfung noch bestehen[342].

179 Über bis zur Beendigung der Prüfung behobene wesentliche Mängel wird im Einzelfall dann zu berichten sein, wenn sie auf **organisatorische Schwächen** im Rechnungswesen (z.B. mangelnde Sorgfalt, mangelnde Anweisung oder Ausbildung von Mitarbeitern, mangelnde Abstimmung der EDV-Systeme) hindeuten oder Feststellungen betreffen, die das **Vertrauen** in die gesetzlichen Vertreter berühren können.

180 Aufgrund der Bedeutung des IKS für die Ordnungsmäßigkeit der Buchführung hat der APr. auch über festgestellte **wesentliche Mängel des internen Kontrollsystems** (z.B. fehlende Funktionstrennung, fehlende Kontrolleinrichtungen) zu berichten. Dies gilt auch dann, wenn die festgestellten Mängel des Systems (noch) zu keinem Fehler in der Rechnungslegung geführt haben, aber zu einem Fehler führen können. Eine Berichtspflicht besteht in besonderem Maße dann, wenn die Mängel des IKS auf eine Verletzung der Sorgfaltspflicht der gesetzlichen Vertreter (§ 93 AktG, § 43 GmbHG) schließen lassen.

181 Nach § 321 Abs. 1 S. 3 HGB hat der APr. auch über festgestellte wesentliche Mängel in den nicht auf den JA oder LB bezogenen Bereichen des IKS zu berichten[343]. In diesen Fällen empfiehlt es sich, darauf hinzuweisen, dass diese Schwächen zwar als Ergebnis der Prüfungshandlungen festgestellt wurden, die Prüfung aber nicht darauf ausgerichtet ist, das IKS unbeschadet einer Erweiterung des Prüfungsauftrags weitergehend zu beurteilen, als dies für die Beurteilung von JA und LB erforderlich ist[344].

182 Ist über festgestellte Mängel wegen Vorliegens eines Gesetzesverstoßes oder einer Unrichtigkeit i.S.v. § 321 Abs. 1 S. 3 HGB bereits in der vorangestellten Berichterstattung des PrB zu berichten, wird der Abschnitt mit den Feststellungen zur Buchführung ggf. weitergehende Erläuterungen enthalten; ein entsprechender Verweis wird in Betracht kommen.

(b) Jahresabschluss

183 Nach § 321 Abs. 2 S. 1 HGB hat der APr. im PrB festzustellen, ob der **Jahresabschluss** den **gesetzlichen Vorschriften** und den ergänzenden Bestimmungen des **Gesellschaftsvertrags** oder der **Satzung entspricht**. Diese Feststellung erstreckt sich auf die Bilanz, die GuV und den Anh. (sowie ggf. auch auf die KFR und den EK-Spiegel). Der APr. hat festzustellen, ob im JA alle für die Rechnungslegung geltenden gesetzlichen Vorschriften

---
341 Vgl. ADS[6], § 321, Tz. 94; BeBiKo[8], § 321, Rn. 50. Vgl. zur Kritik an dem Adressaten Unternehmensleitung *Theisen*, WPg 1994, S. 815; *Steiner*, S. 149.
342 Vgl. *IDW PS 450*, Tz. 65.
343 Vgl. *IDW PS 261*, Tz. 93.
344 Vgl. *IDW PS 450*, Tz. 66.

Berichterstattung über die Jahresabschlussprüfung von Kapitalgesellschaften **Q**

einschließlich der GoB und aller größenabhängigen, rechtsformgebundenen oder wirtschaftszweigspezifischen Regelungen sowie die Normen der Satzung oder des Gesellschaftsvertrags beachtet sind. Bei einer den JA betreffenden Erweiterung der Abschlussprüfung aufgrund gesetzlicher Vorschriften oder zusätzlicher Beauftragung hat der APr. auch über das Ergebnis dieser Prüfung zu berichten[345].

Die Ausführungen im PrB zur **Ordnungsmäßigkeit** von Bilanz und GuV beinhalten insbesondere die Feststellung, ob diese ordnungsmäßig aus der Buchführung und den weiteren geprüften Unterlagen abgeleitet und ob die Ansatz-, Ausweis- und Bewertungsvorschriften beachtet sind[346]. Es ist nicht erforderlich, die Übereinstimmung mit Gesetz, Gesellschaftsvertrag oder Satzung im Einzelnen zu begründen[347]. Der APr. kann sich regelmäßig auf eine kurze aussagekräftige Feststellung beschränken. **184**

Bei der Prüfung der Eröffnungsbilanzwerte im Rahmen von Erstprüfungen hat der APr. im PrB gesondert festzustellen, ob diese ordnungsgemäß aus dem Vorjahresabschluss übernommen worden sind[348]. **185**

Zur **Ordnungsmäßigkeit** der im **Anh.** gemachten Angaben sollte gesondert Stellung genommen werden, soweit darüber nicht an anderer Stelle berichtet wird[349]. Hat die Prüfung des Anh. keine Beanstandungen ergeben, so ist die Feststellung ausreichend, dass der Anh. alle nach den gesetzlichen Vorschriften erforderlichen Angaben und Erläuterungen enthält[350]. Über die Prüfung der Anhangangaben zur Entsprechenserklärung ist nur dann zu berichten, wenn diese Angaben unzulässigerweise nicht vorhanden, unvollständig oder unzutreffend sind[351]. **186**

Schränken die gesetzlichen Vertreter die Berichterstattung im Anh. unter Bezugnahme auf die Schutzklausel in § 286 HGB oder § 160 Abs. 2 AktG ein, ist im PrB anzugeben, ob die **Inanspruchnahme dieser Schutzklausel** zu Recht erfolgt ist[352]. Es ist sowohl auf die unterlassene Berichterstattung als auch auf deren Gründe hinzuweisen. Aufgrund einer Schutzklausel unterlassene, für das Aufsichtsorgan relevante Angaben sind grds. in den PrB aufzunehmen, wenn sie für die Adressaten des PrB entscheidungsrelevant sind. Die Aufstellung über den Beteiligungsbesitz ist obligatorischer Bestandteil des Anh. und somit auch in die Anlagen des PrB mit aufzunehmen. **187**

Werden bei der Aufstellung des Anh. die größenabhängigen Erleichterungen nach **§ 288 HGB** in Anspruch genommen, kann es, neben einem Hinweis auf die Tatsache der Inanspruchnahme, im Einzelfall sinnvoll sein, diese Angaben in den PrB aufzunehmen[353].

Eine ausdrückliche Berichterstattung über die Einhaltung der **Aufstellungsfrist** ist grds. nicht erforderlich[354], kann allerdings Gegenstand der Berichtspflicht nach § 321 Abs. 1 S. 3 HGB sein. **188**

---

345 Vgl. *IDW PS 450*, Tz. 67. Zur Berichterstattung über nicht auf die Rechnungslegung bezogene Erweiterungen des Prüfungsauftrags vgl. *IDW PS 450*, Tz. 108.
346 Vgl. *IDW PS 450*, Tz. 68. Ebenso ADS[6], § 321, Tz. 97; BeBiKo[8], § 321, Rn. 53.
347 Vgl. ADS[6], § 321, Tz. 97 m.w.N.
348 Vgl. *IDW PS 205*, Tz. 18.
349 Vgl. *IDW PS 450*, Tz. 69.
350 Ebenso ADS[6], § 321, Tz. 98; BeBiKo[8], § 321, Rn. 53.
351 Vgl. *IDW PS 345*, Tz. 32.
352 Vgl. *IDW PS 450*, Tz. 69. Ebenso ADS[6], § 321, Tz. 99; BeBiKo[8], § 321, Rn. 55.
353 Vgl. hierzu auch ADS[6], § 321, Tz. 99; HdR[5], § 321, Rn. 47.
354 A.A. Kölner Komm. AktG[2], § 321 HGB, Rn. 10.

189 Der APr. muss die im JA **festgestellten Mängel** und deren **Auswirkungen** auf die Rechnungslegung, das Prüfungsergebnis sowie ggf. auf den BestV **darstellen**[355]. Dies gilt insbesondere dann, wenn nicht behobene Mängel von solchem Gewicht sind, dass sie Auswirkungen auf den BestV haben[356]. Wird der BestV eingeschränkt oder versagt, dürften i.d.R. auch nach § 321 Abs. 1 S. 3 HGB berichtspflichtige Unrichtigkeiten oder Verstöße vorliegen, über die der APr. bereits im Rahmen der „Grundsätzlichen Feststellungen" zu berichten hat[357]. Im Abschnitt zur Ordnungsmäßigkeit des JA ist in diesem Fall die fehlende Gesetzmäßigkeit des JA festzustellen und auf die Ausführungen in der **vorangestellten Berichterstattung** zu verweisen. Weitergehende Darstellungen zu den vorliegenden wesentlichen Mängeln der Rechnungslegung im JA können die Ausführungen in der vorangestellten Berichterstattung ergänzen. Für kleinere Einwendungen des APr., die zum Zeitpunkt des Abschlusses der Prüfung noch vorliegen, aber nicht zu Auswirkungen auf den BestV geführt haben, gilt gem. § 321 Abs. 2 S. 2 HGB nur dann Entsprechendes, wenn die Kenntnis für die Überwachung der Geschäftsführung und des geprüften Unternehmens von Bedeutung ist[358].

190 Werden **Mängel im JA** bis zur Beendigung der Abschlussprüfung **behoben**, sind hierzu grds. keine Angaben im PrB erforderlich[359]. Eine Berichterstattung ist jedoch in Betracht zu ziehen, wenn der APr. zu der Erkenntnis gelangt, dass die Information über behobene JA-Mängel für die Wahrnehmung der Überwachungsfunktion des AR wesentlich ist[360].

Abweichungen von *IDW Stellungnahmen zur Rechnungslegung (IDW RS)* sind grds. im PrB darzustellen und zu begründen[361].

191 Erforderliche Hinweise auf eine **nicht mögliche abschließende Beurteilung** wesentlicher Sachverhalte oder auf die Verwendung von nur in eingeschränktem Umfang prüfbaren Unterlagen sowie die damit verbundenen Auswirkungen auf den BestV sind ggf. im Abschnitt zu Art und Umfang der Prüfung vorzunehmen[362]. Ergänzend kann aber auch hier darauf hingewiesen werden.

192 Sofern im Anh. Angaben nicht oder unvollständig gemacht wurden und somit vom APr. **Einwendungen gegen den Anh.** zu erheben sind, müssen diese entsprechend den Einwendungen gegen Bilanz und GuV dargestellt und begründet werden.

193 Bei Nichtkapitalgesellschaften, die nicht § 264a HGB unterliegen, jedoch freiwillig einen Anhang aufstellen, ist im PrB darauf einzugehen, inwieweit das Unternehmen – freiwillig oder aufgrund gesellschaftsvertraglicher Vorgaben – im Grundsatz die für KapGes. vergleichbarer Größe (§ 267 HGB) entsprechenden Anforderungen an den JA erfüllt und damit auch im Anhang jene Angaben macht, die unter Beachtung der GoB zur Vermittlung eines den tatsächlichen Verhältnissen entsprechenden Bildes der Vermögens-, Finanz- und Ertragslage notwendig sind[363].

---

355 Vgl. *IDW PS 450*, Tz. 65.
356 Vgl. BoHdR², § 321, Rn. 46. Zu den Auswirkungen auf den BestV vgl. *IDW PS 400*, Tz. 52.
357 Vgl. ADS⁶, § 321, Tz. 100; BeBiKo⁸, § 321, Rn. 54. Zur Berichtspflicht über Unregelmäßigkeiten in der Rechnungslegung vgl. *IDW PS 450*, Tz. 42–44.
358 Vgl. *IDW PS 450*, Tz. 62. Ebenso ADS⁶, § 321, Tz. 100; BeBiKo⁸, § 321, Rn. 59.
359 Vgl. *IDW PS 450*, Tz. 65.
360 Vgl. *IDW PS 450*, Tz. 47; BeBiKo⁸, § 321 HGB, Rn. 59.
361 Vgl. BeBiKo⁸, § 321, Rn. 54. Vgl. auch *IDW PS 201*, Tz. 13.
362 Vgl. Tz. 165; *IDW PS 450*, Tz. 58. Zum Anwendungsfall § 285 Nr. 17 letzter Satzteil HGB vgl. *IDW PH 9.200.2*, Tz. 8.
363 Vgl. *IDW PS 450*, Tz. 70.

(c) Lagebericht

Gemäß § 321 Abs. 2 S. 1 HGB ist **im PrB festzustellen**, ob der LB den gesetzlichen Vorschriften und ggf. den ergänzenden Bestimmungen des Gesellschaftsvertrags bzw. der Satzung des geprüften Unternehmens entspricht. Hierzu zählt die Feststellung, ob der LB mit dem JA, ggf. auch mit dem EA nach § 325 Abs. 2a HGB, und den bei der Prüfung gewonnenen Erkenntnissen des APr. in Einklang steht und ob er insgesamt eine zutreffende Vorstellung von der Lage des Unternehmens vermittelt (§ 317 Abs. 2 S. 1 HGB). Weiter ist festzustellen, ob die Prüfung nach § 317 Abs. 2 S. 2 HGB zu dem Ergebnis geführt hat, dass im LB die wesentlichen Chancen und Risiken der zukünftigen Entwicklung zutreffend dargestellt sind, und ob die Angaben nach § 289 Abs. 2 bis ggf. Abs. 5 HGB sowie ggf. weiterer gesetzlicher Vorschriften (z.B. § 312 Abs. 3 S. 3 AktG) vollständig und zutreffend sind[364]. **194**

U.U. kann es im Rahmen der Feststellung der Gesetzmäßigkeit des LB zweckmäßig sein, über die o.g. Mindestfeststellungen hinaus festzustellen, ob **195**

- Vorgänge von besonderer Bedeutung, die nach dem Schluss des Geschäftsjahres eingetreten sind, dem APr. bekannt wurden und ob hierüber ausreichend im LB berichtet worden ist (§ 289 Abs. 2 Nr. 1 HGB);
- auf die Risikomanagementziele und -methoden sowie auf Risiken in Bezug auf die Verwendung von Finanzinstrumenten eingegangen wird (§ 289 Abs. 2 Nr. 2 HGB);
- bei börsennotierten AG die Grundzüge des Vergütungssystems der Gesellschaft für die in § 285 Nr. 9 HGB genannten Gesamtbezüge dargestellt sind (§ 289 Abs. 2 Nr. 5 HGB).

Fehlt im LB eine Berichterstattung zur **Forschungs- und Entwicklungstätigkeit**, weil diese Tätigkeit nicht branchenüblich ist, so ist eine entsprechende Feststellung im PrB nicht erforderlich. Gleiches gilt, wenn **Zweigniederlassungen**, über die zu berichten wäre, nicht bestehen. **196**

Fehlen im LB dagegen Angaben zu den **Chancen und Risiken der zukünftigen Entwicklung**, weil solche nach Auffassung der gesetzlichen Vertreter nicht erforderlich sind, ist eine entsprechende Feststellung dazu im PrB erforderlich, da aus der Bedeutung, die diese Verpflichtung im Gesetz einnimmt, auch dann nicht auf die Berichterstattung über Chancen und Risiken der zukünftigen Entwicklung verzichtet werden kann, wenn sich daraus keine wesentlichen zusätzlichen Hinweise ergeben[365]. In diesem Fall sind Auswirkungen auf den BestV zu prüfen. **197**

Die Schlusserklärung des Vorstands zum **Abhängigkeitsbericht** (§ 312 Abs. 3 AktG) ist in den LB aufzunehmen (§ 312 Abs. 3 S. 3 AktG). Der APr. hat im PrB darauf hinzuweisen, dass die Aufnahme dieser Schlusserklärung in den LB ordnungsgemäß erfolgt ist[366]. Zur Berechtigung der Inanspruchnahme der für den LB gesetzlich nicht vorgesehenen, aber im Schrifttum überwiegend bejahten **Schutzklausel**[367] ist ggf. Stellung zu nehmen[368]. **198**

Die Feststellungen zum LB in einen **gesonderten Abschnitt** des PrB aufzunehmen empfiehlt sich, weil der LB nicht Bestandteil des JA ist[369].

---

364 Vgl. *IDW PS 450*, Tz. 71, *IDW PS 350*, Tz. 8.
365 Vgl. *IDW PS 350*, Tz. 9; ADS[6], Erg.Bd., § 289 HGB n.F., Tz. 28.
366 Ebenso ADS[6], § 321, Tz. 102.
367 Ausführlich ADS[6], § 289, Tz. 54.
368 Ebenso ADS[6], § 321, Tz. 101; BeBiKo[8], § 321, Rn. 58.
369 Vgl. *IDW PS 450*, Tz. 72; *Hoffmann*, BB 1983, S. 875.

199 Entspricht der LB nicht den Bestimmungen des Gesetzes und/oder des Gesellschaftsvertrags bzw. der Satzung, hat der APr. seine **Einwendungen** klar und deutlich darzustellen und zu begründen. Auf Mängel des LB ist auch dann hinzuweisen, wenn die Beanstandungen nicht zu einer Einschränkung des BestV geführt haben[370].

200 Soweit auf Mängel im LB bereits im Rahmen der vorangestellten Berichterstattung nach § 321 Abs. 1 S. 2 und 3 HGB eingegangen wurde (z.B. fehlende Ausführungen zu Chancen und Risiken der zukünftigen Entwicklung oder zur voraussichtlichen Entwicklung der Gesellschaft), genügt in diesem Berichtsabschnitt eine **Feststellung zur fehlenden Gesetzmäßigkeit** des LB und der Verweis auf die bereits erfolgten Darstellungen. Darüber hinaus kann die Aufnahme weitergehender Ausführungen (z.B. zu den besonderen Angaben nach § 289 Abs. 2 HGB) in den Berichtsteil zum LB zweckmäßig sein[371].

(2) Gesamtaussage des Jahresabschlusses
(a) Feststellungen zur Gesamtaussage des Jahresabschlusses

201 Nach § 321 Abs. 2 S. 3 HGB hat der APr. auch darauf einzugehen, ob § 264 Abs. 2 HGB beachtet wurde, d.h. ob der Abschluss insgesamt unter Beachtung der GoB oder sonstiger maßgeblicher Rechnungslegungsgrundsätze ein den tatsächlichen Verhältnissen entsprechendes Bild der Vermögens-, Finanz- und Ertragslage der KapGes. vermittelt. Dabei ist auf das Bild abzustellen, wie es sich aus einer Gesamtsicht der einzelnen Bestandteile (Bilanz, GuV, Anh. sowie ggf. KFR und EK-Spiegel) ergibt (**Gesamtaussage des JA**)[372].

Der APr. hat somit im PrB ausdrücklich die Übereinstimmung oder Nichtübereinstimmung des JA mit der Generalnorm des § 264 Abs. 2 HGB zu bestätigen[373]. Sofern der JA entsprechend den gesetzlichen Vorschriften und den GoB oder sonstiger maßgeblicher Rechnungslegungsgrundsätze aufgestellt wurde, vermittelt er unter Beachtung der GoB oder der sonstigen maßgeblichen Rechnungslegungsgrundsätze grds. ein den tatsächlichen Verhältnissen entsprechendes Bild der Vermögens-, Finanz- und Ertragslage der Gesellschaft. Ein „Override" ist nur bei besonderen Umständen vorgesehen[374].

Durch die eindeutige **Bezugnahme auf die GoB** ist sichergestellt, dass die Berichtspflicht des APr. nicht über die Pflichten der gesetzlichen Vertreter nach § 264 Abs. 2 HGB hinausgeht[375].

Der LB ist in diese Gesamtschau der durch die Rechnungslegungsgrundsätze bestimmten Darstellung der wirtschaftlichen Lage nicht einzubeziehen. Feststellungen zur Prüfung des LB sind gesondert zu treffen[376].

202 In diesem Berichtsabschnitt ist darauf einzugehen, ob und inwieweit der JA insgesamt aufgrund der gewählten Bewertungsannahmen und -methoden sowie der sachverhaltsgestaltenden Maßnahmen der Vorgabe des § 264 Abs. 2 S. 1 HGB entspricht. Es ist nicht

---

370 Vgl. *IDW PS 450*, Tz. 62.
371 Vgl. ADS[6], § 321, Tz. 103.
372 Vgl. *IDW PS 450*, Tz. 72; BeBiKo[8], § 321, Rn. 60.
373 Vgl. ADS[6], § 321, Tz. 109.
374 § 264 Abs. 2 S. 2 HGB sieht einen „Disclosure Override" i.S. zusätzlicher Angaben im Anh. vor. Ein „Departure Override" i.S.v. IAS 1.17 verlangte darüber hinaus ein Abweichen von den Vorschriften. Ein solches „Departure Override" ist nach HGB ausschließlich im Fall der Währungsumrechnung von Abschlüssen aus Hochinflationsländern akzeptabel; vgl. RegBegr. zum BilMoG, BT-Drs. 16/10067, S. 84, B. Besonderer Teil, zu Art. 1, zu Nr. 46 (§ 308a HGB), letzter Abs. Vgl. auch *Gelhausen/Fey/Kämpfer*, Abschn. Q Rn. 354 mit Verweis auf DRS 14.35 bis 14.38; ferner ADS[6], § 264, Tz. 92 und 50.
375 Vgl. ADS[6], § 321, Rn. 108; BeBiKo[8], § 321, Rn. 60.
376 Vgl. *IDW PS 450*, Tz. 72.

Gegenstand der geforderten Feststellungen zur Gesamtaussage des JA, die Vermögens-, Finanz- und Ertragslage des Unternehmens darzustellen[377].

Wenn diese Beurteilung keine Besonderheiten ergibt, reicht im PrB die Feststellung aus, dass der JA insgesamt unter Beachtung der GoB ein den tatsächlichen Verhältnissen entsprechendes Bild der Vermögens-, Finanz- und Ertragslage der Gesellschaft vermittelt[378]. 203

Vermittelt der geprüfte JA unter Beachtung der GoB **kein** den tatsächlichen Verhältnissen **entsprechendes Bild** der Vermögens-, Finanz- und Ertragslage, hat der APr. dies ausdrücklich festzustellen, seine abweichende Ansicht darzulegen und zu begründen sowie die Folgen für den BestV aufzuzeigen[379]. Zur Berichterstattung bei Gesellschaften, die keinen Anh. erstellen, vgl. Tz. 206.

Im Zusammenhang mit der Feststellung über die Ordnungsmäßigkeit der Gesamtaussage des JA sind in den PrB weitere Erläuterungen aufzunehmen, die zum Verständnis der Gesamtaussage des JA erforderlich sind. Solche Erläuterungen werden deshalb notwendig, weil die Gesamtaussage unter Beachtung der GoB auch im Rahmen des gesetzlich Zulässigen durch Bilanzierungs- und Bewertungsentscheidungen sowie Sachverhaltsgestaltungen beeinflusst sein können. Den Adressaten des PrB soll eine eigene Beurteilung dieser Maßnahmen ermöglicht sowie Hinweise gegeben werden, worauf sie ggf. ihre Prüfungs- und Überwachungstätigkeit ausrichten sollen[380]. 204

In diesem Rahmen hat der APr. einzugehen auf[381]:

– die wesentlichen Bewertungsgrundlagen (§ 321 Abs. 2 S. 4 erster Halbsatz HGB) sowie
– den Einfluss von Änderungen in den Bewertungsgrundlagen, der Ausübung von Bilanzierungs- und Bewertungswahlrechten, der Ausnutzung von Ermessensspielräumen sowie von sachverhaltsgestaltenden Maßnahmen insgesamt auf die Gesamtaussage des JA (§ 321 Abs. 2 S. 4 Hs. 2 HGB).

Wenn es für die Beurteilung der Gesamtaussage des JA durch die Berichtsadressaten erforderlich ist und die Angaben nicht im Anh. enthalten sind, hat der APr. gem. § 321 Abs. 2 S. 5 HGB die Posten des JA aufzugliedern und ausreichend zu erläutern (vgl. Tz. 226)[382]. 205

Falls das zu prüfende Unternehmen **keinen Anhang erstellen** muss (z.B. nach § 5 Abs. 1 PublG) oder nicht der Generalnorm des § 264 Abs. 2 HGB unterliegt, hat der APr. im PrB die Bewertungsgrundlagen, ihre Änderungen und sachverhaltsgestaltende Maßnahmen insoweit darzustellen, als dies im Interesse einer Einschätzung der Aussage des JA erforderlich ist[383]. 206

Kommt der APr. zu dem Ergebnis, dass kein BestV, sondern nur ein Versagungsvermerk[384] erteilt werden kann, wird damit eine positive Beurteilung der Gesamtaussage des 207

---

377 Vgl. *IDW PS 450*, Tz. 72.
378 Vgl. *IDW PS 450*, Tz. 73.
379 Vgl. ADS⁶, § 321, Tz. 111.
380 Vgl. *IDW PS 450*, Tz. 74.
381 Vgl. *IDW PS 450*, Tz. 74.
382 Vgl. *IDW PS 450*, Tz. 75.
383 Vgl. *IDW PS 450*, Tz. 76. Hierdurch sollen – dem Zweck des § 321 Abs. 2 HGB folgend – die Gesellschafter und ein eventuell freiwillig gebildetes Aufsichtsorgan in die Lage versetzt werden, die erforderlichen Grundsatzentscheidungen zu treffen bzw. vorzubereiten.
384 Vgl. *IDW PS 400*, Tz. 65.

2055

JA verneint. Über die Ausführungen zu den Versagungsgründen hinaus sind weitere Erläuterungen zur Beurteilung der Gesamtaussage (§ 321 Abs. 2 S. 4 und 5 HGB) durch den APr. nicht vorzunehmen[385].

208 Demgegenüber enthält ein eingeschränkter BestV eine positive Beurteilung zu den wesentlichen Teilen der Rechnungslegung[386], so dass in diesem Fall die Erläuterungen zur Beurteilung der Gesamtaussage (§ 321 Abs. 2 S. 4 und 5 HGB) sinnvoll und erforderlich sind[387].

(b) Wesentliche Bewertungsgrundlagen

209 Unter dem Begriff wesentliche Bewertungsgrundlagen sind die **Bilanzierungs- und Bewertungsmethoden** sowie die für die Bewertung von Vermögensgegenständen und Schulden maßgebenden (sog. wertbestimmenden) **Faktoren** (Parameter, Annahmen und die Ausübung von Ermessensspielräumen) zu verstehen[388]. Im Rahmen der Erläuterung der Bilanzierungs- und Bewertungsmethoden ist insbesondere die Ausübung von Bilanzierungs- und Bewertungswahlrechten von Bedeutung, weil mit derartigen Entscheidungen auf die Gesamtaussage des JA Einfluss genommen werden kann[389].

210 **Bilanzierungs- und Bewertungswahlrechte** ergeben sich bspw. im Zusammenhang mit folgenden Bilanzposten bzw. Sachverhalten[390]:

– Festwert bei Sachanlagen oder bestimmten Vorräten;
– Gruppenbewertung;
– Anwendung von Verbrauchsfolgeverfahren;
– Aktivierung von Entwicklungskosten;
– Vollkosten oder Teilkosten bei Vorräten und selbst geschaffenen immateriellen Vermögensgegenständen des Anlagevermögens;
– gemildertes Niederstwertprinzip beim Anlagevermögen;
– aktiver Rechnungsabgrenzungsposten;
– aktive latente Steuern;
– Rückstellungen für sog. Altzusagen für Altersversorgung.

211 **Parameter** sind in der Regel durch Marktpreise oder allgemein akzeptierte Standardwerte objektivierte Faktoren, während Annahmen über künftige Entwicklungen subjektive Faktoren der Wertbestimmung sind, deren Festlegung unter Berücksichtigung der Rechnungslegungsgrundsätze im Ermessen der gesetzlichen Vertreter liegt[391]. Wertbestimmende Parameter sind z.B.[392]:

– Wechselkurse[393];
– Börsenkurse;
– Steuersätze;

---

385 Vgl. *IDW PS 450*, Tz. 77.
386 Vgl. *IDW PS 400*, Tz. 50.
387 Vgl. *IDW PS 450*, Tz. 77.
388 Vgl. *IDW PS 450*, Tz. 78; BeBiKo[8], § 321, Rn. 61; *Gross/Möller*, WPg 2004, S. 320; *Baetge/Kirsch/Thiele* (Hrsg.), § 321, Rn. 96.2.
389 Vgl. *IDW PS 450*, Tz. 78.
390 Vgl. *IDW PS 450*, Tz. 79.
391 Vgl. *IDW PS 450*, Tz. 80.
392 Vgl. *IDW PS 450*, Tz. 82.
393 Siehe hierzu § 256a HGB. Vgl. BeBiKo[8], § 256a, Rn. 260, § 308a, Rn. 115–120; *Gelhausen/Fey/Kämpfer*, Abschn. J Rn. 61–100, Abschn. Q Rn. 354.

- Zinssätze;
- biometrische Rechnungsgrundlagen;
- Vertragslaufzeiten.

Ermessensspielräume beruhen auf unsicheren Erwartungen bei der Bestimmung von Schätzgrößen und den diesen zugrunde gelegten Annahmen. Daraus resultiert bei vielen Posten eine Bandbreite zulässiger Wertansätze[394]. Wertbestimmende Annahmen der gesetzlichen Vertreter sind z.B.[395]: 212

- künftige Auslastung des Unternehmens;
- Nutzungsdauern;
- Restwerte und Abbruchkosten;
- künftige Zahlungsein- oder -ausgänge;
- Fluktuationsraten;
- Gehaltsentwicklung;
- erwartete Inflationsrate;
- Wahrscheinlichkeit künftiger Inanspruchnahme.

Erläutert werden müssen nur die wesentlichen Bewertungsgrundlagen, die einzeln oder im Zusammenwirken mit anderen Bewertungsgrundlagen für die Information der Berichtsadressaten von **Bedeutung** sind, weil sie die Gesamtaussage des JA wesentlich beeinflussen[396]. 213

Hinweise bzw. Erläuterungen sind insbesondere bei **Vorliegen erheblicher Spielräume** (z.B. aufgrund von Bilanzierungs- und Bewertungswahlrechten oder Bandbreiten für Schätzungen) sowie dann erforderlich, wenn festzustellen ist, dass die Bilanzierungsentscheidungen zwar innerhalb der zulässigen Bandbreite, aber zielgerichtet und einseitig zur Beeinflussung der Gesamtaussage (z.B. Maßnahmen zur gezielten Erhöhung des Jahresergebnisses bei angespannter Unternehmenslage) getroffen worden sind[397]. 214

Der APr. kann zur Darstellung der wesentlichen Bewertungsgrundlagen auf die entsprechenden **Angaben im Anhang** verweisen, wenn ihre Aufnahme in den PrB nur zu einer Wiederholung führen würde. Auch in diesem Fall ist der Einfluss der wesentlichen Bewertungsgrundlagen auf die Gesamtaussage im PrB darzustellen. Dabei sollten auch zahlenmäßige Erläuterungen vorgenommen werden, soweit die hierzu benötigten Informationen zur Verfügung stehen und solche Erläuterungen zur Beurteilung der Gesamtaussage des JA durch die Berichtsadressaten erforderlich sind. Der Anh. wird allerdings häufig keine Angaben zu den Auswirkungen der Ausnutzung von Ermessensspielräumen auf die Gesamtaussage des JA enthalten. Auf die Erläuterung dieser Sachverhalte im PrB wird dann nicht verzichtet werden können[398]. 215

Verweise auf den Anh. dürfen in ihrer Art oder in ihrem Umfang nicht im Widerspruch zu der nach § 321 Abs. 1 S. 1 HGB gebotenen Klarheit der Berichterstattung stehen. Enthält der Anh. Angaben, die berichtspflichtig nach § 321 Abs. 2 S. 3 bis 5 HGB sind, wird im Einzelfall zu entscheiden sein, ob eine Wiederholung oder Zusammenfassung dieser Angaben im PrB zweckmäßig ist[399]. 216

---

394 Vgl. *IDW PS 450*, Tz. 81.
395 Vgl. *IDW PS 450*, Tz. 83.
396 Vgl. *IDW PS 450*, Tz. 84; *Baetge/Kirsch/Thiele (Hrsg.)*, § 321, Rn. 96.3.
397 Vgl. *IDW PS 450*, Tz. 85; BeBiKo[8], § 321, Rn. 61.
398 Vgl. *IDW PS 450*, Tz. 86; *Baetge/Kirsch/Thiele (Hrsg.)*, § 321, Rn. 96.12.
399 Vgl. *IDW PS 450*, Tz. 87.

217 Die Beurteilung der wirtschaftlichen Zweckmäßigkeit der Bilanzierungs- und Bewertungsentscheidungen der gesetzlichen Vertreter obliegt nicht dem APr. Sie sind als geschäftspolitische Entscheidungen von den Adressaten des PrB zu beurteilen[400].

(c) Änderungen in den Bewertungsgrundlagen

218 Grds. sind nach § 252 Abs. 1 Nr. 6 HGB die gewählten Bewertungsmethoden beizubehalten. Für die gesamte Rechnungslegung einschließlich der Ausübung von Ansatzwahlrechten und der Ausnutzung von Ermessensspielräumen gilt das Willkürverbot. Nach § 284 Abs. 2 Nr. 3 HGB sind Durchbrechungen der Ansatz- und Bewertungsstetigkeit im Anh. anzugeben, zu begründen und die Auswirkungen zu erläutern[401].

219 **Änderungen der Bewertungsgrundlagen** umfassen sowohl Änderungen der Bilanzierungs- und Bewertungsmethoden als auch Änderungen der wertbestimmenden Faktoren. Auch innerhalb des gesetzlich zulässigen Rahmens vorgenommene Änderungen der Bewertungsgrundlagen können, insbesondere wenn sie zielgerichtet und einseitig sind, wesentliche Auswirkungen auf die Vergleichbarkeit und die Gesamtaussage des JA haben[402]. Dies ist z.B. der Fall, wenn ein Unternehmen, insbesondere bei schlechter wirtschaftlicher Entwicklung, Rückstellungen grds. ggü. dem Vj. tendenziell niedriger, an der Untergrenze der zu akzeptierenden Bandbreite der Ermessensspielräume, ansetzt[403].

220 Im PrB ist auf Änderungen in den Bewertungsgrundlagen einzugehen, wenn diese einzeln oder insgesamt zusammen mit sachverhaltsgestaltenden Maßnahmen einen wesentlichen Einfluss auf das vom JA vermittelte Bild der Vermögens-, Finanz- und Ertragslage der KapGes. haben[404]. Dies ist beispielsweise dann der Fall, wenn durch bilanzpolitische Maßnahmen tatsächliche Entwicklungen und Trends in der Vermögens-, Finanz- und Ertragslage des Unternehmens verdeckt oder überzeichnet werden oder falls üblicherweise betrachtete Bilanzrelationen oder bilanzanalytische Kennzahlen wesentlich beeinflusst werden[405].

221 Die wesentlichen Änderungen in den Bewertungsgrundlagen sind im Einzelnen anzugeben. Um Wiederholungen zu vermeiden, kann hierbei auf Angaben im Anh. verwiesen werden[406]. Dabei wird der APr. im Einzelfall zu entscheiden haben, ob ein Verweis auf diese Angaben im PrB im Widerspruch zu der nach § 321 Abs. 1 S. 1 HGB gebotenen Klarheit der Berichterstattung steht. Ggf. ist es zweckmäßig diese Angaben im PrB zu wiederholen oder zusammenzufassen[407].

Zur Verdeutlichung der Auswirkungen von Änderungen in den Bewertungsgrundlagen sind grds. zahlenmäßige Angaben zu machen. In dieser Darstellung ist ggf. auch auf künftige Umkehreffekte einzugehen, die aus der Änderung der Bewertungsgrundlagen resultieren und sich wesentlich auf die Gesamtaussage des JA auswirken, indem auf die Ergebnisverlagerungen in künftigen Perioden hingewiesen wird. Erscheinen quantitative Angaben beispielsweise wegen der bestehenden Unsicherheiten nicht aussagefähig, sind

---

400 Vgl. *IDW PS 450*, Tz. 88.
401 Vgl. *IDW PS 450*, Tz. 89.
402 Vgl. *IDW PS 450*, Tz. 90; *Baetge/Kirsch/Thiele (Hrsg.)*, § 321, Rn. 96.8.
403 Vgl. *IDW PS 450*, Tz. 90.
404 Vgl. *IDW PS 450*, Tz. 91; *Baetge/Kirsch/Thiele (Hrsg.)*, § 321, Rn. 96.8.
405 Vgl. *IDW PS 450*, Tz. 91; *Baetge/Kirsch/Thiele (Hrsg.)*, § 321, Rn. 96.8.
406 Vgl. *IDW PS 450*, Tz. 92.
407 Vgl. *IDW PS 450*, Tz. 87.

zumindest tendenzielle Aussagen zu den Auswirkungen auf die Gesamtaussage des JA zu treffen[408].

Eine Wertung der von den gesetzlichen Vertretern vorgenommenen zulässigen Bilanzierungs- und Bewertungsentscheidungen ist dabei vorbehaltlich eines Verstoßes gegen § 264 Abs. 2 S. 2 HGB nicht erforderlich. Bilanzpolitische Maßnahmen, durch die wesentliche Entscheidungen der wirtschaftlichen Lage verdeckt werden, können jedoch eine Anhangangabe nach § 264 Abs. 2 S. 2 HGB erforderlich machen und sind dann im PrB im Rahmen der Aussagen zur Ordnungsmäßigkeit des JA zu beurteilen[409]. 222

(d) Sachverhaltsgestaltende Maßnahmen
Im Rahmen der Erläuterung der Gesamtaussage des JA ist im PrB auch auf **sachverhaltsgestaltende Maßnahmen** einzugehen. Darunter sind Maßnahmen zu verstehen, die sich auf Ansatz und/oder Bewertung von Vermögensgegenständen und Schulden auswirken, sofern 223

– sie von der üblichen Gestaltung abweichen, die nach Einschätzung des APr. den Erwartungen der Abschlussadressaten entspricht, und
– sich die Abweichung von der üblichen Gestaltung auf die Gesamtaussage des JA wesentlich auswirkt[410].

Zu berichten ist dabei über Sachverhaltsgestaltungen, die dazu geeignet sind, die Darstellung der Vermögens-, Finanz- und Ertragslage der KapGes. im JA wesentlich zu beeinflussen[411]. Bei einzelnen Maßnahmen, wie Forderungsverkäufen im Rahmen von *Asset-backed-securities*-Transaktionen oder von Pensionsgeschäften, kann dabei die Darstellung der Vermögenslage im Vordergrund stehen; bei anderen, wie *Sale-and-lease-back*-Transaktionen, die Darstellung der Finanz- und Ertragslage[412]. Als weitere **Beispiele sachverhaltsgestaltender Maßnahmen** kommen in Betracht[413]:

– Gestaltungen mit dem Ergebnis der Aktivierung von Forschungs- und Entwicklungskosten oder anderen selbst erstellten immateriellen Vermögensgegenständen;
– abschlussstichtagsbezogene Beeinflussung der Gesamtaussage des JA (*„Window dressing"*);
– der Übergang von Kauf zu Leasing im Rahmen der Anschaffung von Vermögensgegenständen;
– der Einsatz von *Special purpose entities* (z.B. Leasingobjektgesellschaften);
– Tauschumsätze (sog. *Barter*-Transaktionen);
– die Ausgestaltung von Aktienoptionsplänen;
– konzerninterne Transaktionen bzw. solche mit nahe stehenden Personen.

Die entsprechenden Sachverhaltsgestaltungen sind im Einzelnen ggf. unter Nennung des Einflusses auf die Vermögens-, Finanz- und Ertragslage anzugeben. Um Wiederholungen zu vermeiden, kann hierbei auf Angaben im Anh. verwiesen werden[414]. Dabei wird der APr. im Einzelfall zu entscheiden haben, ob ein Verweis auf diese Angaben im PrB im Widerspruch zu der nach § 321 Abs. 1 S. 1 HGB gebotenen Klarheit der Berichterstattung 224

---

408 Vgl. *IDW PS 450*, Tz. 92; *Baetge/Kirsch/Thiele (Hrsg.)*, § 321, Rn. 96.9.
409 Vgl. *IDW PS 450*, Tz. 93; *Baetge/Kirsch/Thiele (Hrsg.)*, § 321, Rn. 96.8.
410 Vgl. *IDW PS 450*, Tz. 95; BeBiKo[8], § 321, Rn. 61; *Baetge/Kirsch/Thiele (Hrsg.)*, § 321, Rn. 96.10.
411 Vgl. *IDW PS 450*, Tz. 95; *Baetge/Kirsch/Thiele (Hrsg.)*, § 321, Rn. 96.11.
412 Vgl. *IDW PS 450*, Tz. 95.
413 Vgl. *IDW PS 450*, Tz. 95.
414 Vgl. *IDW PS 450*, Tz. 96, 92.

steht. Ggf. ist es zweckmäßig, diese Angaben im PrB zu wiederholen oder zusammenzufassen[415].

(3) Aufgliederungen und Erläuterungen
(a) Gesetzliche Grundlagen

225 Nach § 321 Abs. 2 S. 5 HGB sind hierzu die Posten des JA aufzugliedern und ausreichend zu erläutern, soweit diese Angaben im Anh. nicht enthalten sind und soweit dies aufgrund des besonderen Informationsbedarfs der Empfänger des PrB zum Verständnis der Gesamtaussage des JA, insbesondere zur Erläuterung der Bewertungsgrundlagen und deren Änderungen sowie der sachverhaltsgestaltenden Maßnahmen nach § 321 Abs. 2 S. 4 HGB, erforderlich ist[416].

226 Sofern bestimmte **Posten des JA aufgegliedert** werden, sind sie auch ausreichend zu erläutern[417]. Dies erfordert im Allgemeinen das Eingehen darauf, welchen Einfluss beispielsweise die geänderte Ausübung eines Wahlrechts oder die Durchführung einer Sachverhaltsgestaltung auf den Ansatz, die Bewertung oder die Zusammensetzung einzelner Abschlussposten hat[418]. Im Rahmen solcher Aufgliederungen können auch im JA bereits enthaltene Angaben in einer abweichenden Darstellung in den PrB aufgenommen werden.

227 Neben diesen gesetzlich geforderten Postenaufgliederungen und -erläuterungen i.S.v. § 321 Abs. 2 S. 5 HGB können auf der Grundlage ergänzender Beauftragung oder Erwartungen der Auftraggeber **weitergehende sonstige Aufgliederungen und Erläuterungen** ausgewählter oder auch aller Posten in einer **Anlage** zum PrB oder einem gesonderten **Anlagenband** vorgenommen werden (vgl. Tz. 63). Die Aufnahme dieser ergänzenden Aufgliederungen und Erläuterungen in den PrB selbst in einem eigenständigen Abschnitt ist möglich, sofern dadurch die Klarheit und Übersichtlichkeit der Berichterstattung nicht gefährdet wird[419].

228 Diese sonstigen Aufgliederungen und Erläuterungen von Posten des JA bieten außerdem eine Möglichkeit, **analysierende Darstellungen zur Verdeutlichung der Vermögens-, Finanz- und Ertragslage** und deren Entwicklung in den PrB aufzunehmen[420]. Für die Abfassung des PrB bietet es sich an, die sonstigen Postenaufgliederungen und -erläuterungen mit den analysierenden Darstellungen zur Vermögens-, Finanz- und Ertragslage zu verbinden bzw. in diese zur Verbesserung der Aussagefähigkeit und der Lesbarkeit des PrB zu integrieren. Dabei sollte darauf geachtet werden, Doppeldarstellungen in PrB einerseits und JA bzw. LB andererseits möglichst zu vermeiden.

229 In den PrB oder seine Anlagen aufgenommene Aufgliederungen und Erläuterungen des JA unterliegen der Prüfung nach den allgemeinen Grundsätzen und dürfen daher nicht ungeprüft aus Aufstellungen des Unternehmens übernommen werden. Hieraus ergibt sich regelmäßig eine Ausweitung der Prüfungshandlungen im Rahmen der Abschlussprüfung[421].

---

415 Vgl. *IDW PS 450*, Tz. 96, 87.
416 Vgl. *IDW PS 450*, Tz. 71, 97; BeBiKo[8], § 321, Rn. 62; *Baetge/Kirsch/Thiele (Hrsg.)*, § 321, Rn. 97.1.
417 Vgl. *IDW PS 450*, Tz. 98.
418 Vgl. *IDW PS 450*, Tz. 98.
419 Vgl. *IDW PS 450*, Tz. 13, 99.
420 Vgl. *IDW PS 450*, Tz. 100 f.
421 Vgl. *IDW PS 450*, Tz. 103.

(b) Erfordernis, Art und Umfang

Die Frage nach der rechtlichen Verpflichtung oder der Notwendigkeit einer **Darstellung der wirtschaftlichen Lage im Prüfungsbericht** war bereits Diskussionsgegenstand bei den Beratungen zur Einführung der Pflichtprüfung[422] und beschäftigte Schrifttum[423] und Rechtsprechung. Fast einheitliche Auffassung war, dass eine Darstellung der wirtschaftlichen Lage im PrB nicht vorgeschrieben sei, zumal der Gesetzgeber diese Berichterstattungspflicht nicht expressis verbis erwähne. Von Bedeutung ist vor allem das Urteil des BGH v. 15.12.1954[424], in dem ausdrücklich betont wird, dass der aktienrechtliche APr. ohne besonderen Auftrag nicht die Pflicht hat, die Lage des Unternehmens im PrB darzulegen.

230

Bei den Beratungen zum **AktG 1965** wurde vom Arbeitskreis Aktienrechtsreform im IDW vorgeschlagen, im PrB außer der Erörterung der Posten des JA auch die Darstellung der Entwicklung der Vermögens- und Ertragsverhältnisse auf der Grundlage des JA sowie der Bilanzstruktur verpflichtend vorzuschreiben. Der Vorschlag wurde letztlich abgelehnt, da befürchtet wurde, eine solche Erweiterung der Berichtspflicht würde unmittelbar zu einer Ausdehnung der Prüfung zwingen, und zudem wurde kein Bedürfnis für eine gesetzliche Regelung gesehen, da eine solche Darstellung im PrB bereits der Berufsübung der APr. entsprach[425].

231

Der Wortlaut des § 321 HGB enthält keine explizite gesetzliche Verpflichtung zur allgemeinen **Darstellung der Vermögens-, Finanz- und Ertragslage** und damit zur Aufnahme entsprechender Analysen in den PrB.

232

Analysierende Darstellungen zur Vermögens-, Finanz- und Ertragslage stellen für die Adressaten des PrB i.d.R. eine wesentliche Unterstützung durch die Abschlussprüfung dar. Aus den gesetzlichen Aufgaben des APr. wird vielfach eine **grundsätzliche Verpflichtung** (Regelfall) abgeleitet, analysierende Darstellungen zur Vermögens-, Finanz- und Ertragslage in den PrB aufzunehmen[426]. Diese generelle Notwendigkeit einer Darstellung der Vermögens-, Finanz- und Ertragslage über die Verpflichtung zur Postenaufgliederung und -erläuterung (§ 321 Abs. 2 S. 5 HGB) und die gute Berufsübung hinaus, wird im Einzelnen wie folgt begründet:

– Für den APr. ist es aufgrund der Erfordernisse einer ordnungsmäßigen Prüfungsdurchführung erforderlich, sich mit der Vermögens-, Finanz- und Ertragslage auseinanderzusetzen[427]. Auch wenn der PrB weitgehend eine Darstellung des Urteilsergebnisses ist und kein Bericht über die im Einzelnen vorgenommenen Prüfungshandlungen, so liegt dennoch der Schluss nahe, die durchgeführten Analysen – soweit für die Berichtsadressaten von Bedeutung – auch in den PrB aufzunehmen und zu erläutern[428].

– Analysierende Darstellungen des APr. zur Vermögens-, Finanz- und Ertragslage der geprüften Gesellschaft werden vielfach von den PrB-Adressaten erwartet.

---

422 Vgl. *Ludewig*, S. 81.
423 Vgl. ausführlich bei *Olbrich*, S. 139.
424 BGH v. 15.12.1954 (II ZR 322/53), NJW 1955, S. 499.
425 Vgl. Begr. Ausschussbericht in *Kropff*, AktG, S. 271.
426 Vgl. auch ADS[6], § 321, Tz. 118; BeBiKo[8], § 321, Rn. 62, 84; weitergehend *Meyer-Landrut/Miller/Niehus*, GmbHG, § 321, Rn. 1510, wonach wohl in keinem Falle von einer Darstellung abgesehen werden kann; *Schülen*, WPg 1989, S. 5, der von einer Verpflichtung spricht; dagegen Kölner Komm. AktG[2], § 321 HGB, Rn. 18, der derartige PrB-Angaben als freiwillig qualifiziert.
427 Vgl. *Olbrich*, S. 96.
428 Ebenso *Farr*, Insolvenzprophylaxe, S. 262; ADS[6], § 321, Tz. 118.

- Der APr. hat nach § 322 Abs. 3 S. 1 HGB in seinem BestV zu erklären, dass der JA nach seiner Beurteilung unter Beachtung der GoB oder sonstiger maßgeblicher Rechnungslegungsgrundsätze ein den tatsächlichen Verhältnissen entsprechendes Bild der Vermögens-, Finanz- und Ertragslage vermittelt.
- Die gesetzlichen Pflichten, im PrB zur Lagebeurteilung durch die gesetzlichen Vertreter Stellung zu nehmen (§ 321 Abs. 1 S. 2 HGB) und über bestandsgefährdende oder entwicklungsbeeinträchtigende Tatsachen zu berichten (§ 321 Abs. 1 S. 3 HGB), machen generell analysierende Darstellungen zur Vermögens-, Finanz- und Ertragslage nicht nur zweckmäßig, sondern notwendig. Eine Darlegung der Ermittlungsgrundlagen wird besonders dann hilfreich sein, wenn der APr. auf diese Weise vertiefte Kenntnisse aus der Abschlussprüfung den Adressaten des PrB vermittelt und damit deren Verständnis für Inhalt und Aussage des Abschlusses fördert.

233 Der **Umfang einer Darstellung** der Vermögens-, Finanz- und Ertragslage des geprüften Unternehmens wird maßgebend durch die wirtschaftliche Lage und deren Entwicklung im Zeitablauf bestimmt. Die Darstellung ist dabei im Interesse der Überwachung des Unternehmens durch den AR oder die Gesellschafterversammlung umso relevanter, je „schwieriger" die wirtschaftliche Situation des Unternehmens ist. Eine angespannte wirtschaftliche Lage erfordert i.d.R. eine erweiterte Berichterstattung. Der Umfang der Darstellungen wird darüber hinaus auch durch den Informationsstand der Berichtsempfänger bestimmt. Die Darstellungen zur Vermögens-, Finanz- und Ertragslage sind hinsichtlich ihres Umfangs daher als ein variabler Teil des PrB anzusehen[429].

234 Ein **Verzicht auf Darstellungen** zur Vermögens-, Finanz- und Ertragslage im PrB ist in Übereinstimmung mit den fachlichen Grundsätzen insbesondere in folgenden Fällen denkbar:

- bei aussagefähigen analysierenden Darstellungen zur Verdeutlichung der Vermögens-, Finanz- und Ertragslage und deren Entwicklung, die bereits im Anh. und/oder im LB vom Unternehmen selbst gegeben werden, so dass insoweit bloße Wiederholungen erfolgen würden und diese daher entbehrlich sind[430];
- bei aussagefähigen zusammenfassenden und analysierenden Übersichten im Rahmen der Stellungnahme zur Lagebeurteilung (§ 321 Abs. 1 S. 2 HGB) oder im Rahmen der Erläuterungen nach § 321 Abs. 2 S. 4 HGB;
- bei einem Bericht über die Prüfung eines TU, das in den KA des MU einbezogen wird und dessen wirtschaftliche Lage im Wesentlichen von den Verhältnissen des MU geprägt ist; dabei wird zusätzlich vorausgesetzt, dass im Bericht über die Prüfung des KA die wirtschaftliche Lage ausreichend dargestellt wird;
- wenn auf die Aufnahme der Darstellungen in den PrB auftragsgemäß (insbesondere bei gesetzlich nicht vorgeschriebenen Prüfungen) verzichtet werden soll; dies dürfte allerdings dann grds. nicht möglich sein, wenn sich das geprüfte Unternehmen in einer wirtschaftlichen „Schieflage" befindet.

Werden keine analysierenden Darstellungen zur Vermögens-, Finanz- und Ertragslage in den PrB aufgenommen, braucht dies im PrB nicht besonders begründet zu werden. In jedem Fall sind durchgeführte Analysehandlungen in den Arbeitspapieren[431] zu dokumentieren.

---

429 Vgl. *Plendl*, S. 173; *Gross*, ZfB Erg.-Heft 1/1987, S. 344; *Ludewig*, WPg 1987, S. 377. Zu den Begriffen „wirtschaftliche Lage" sowie „Vermögens-, Finanz- und Ertragslage" vgl. *Olbrich*, S. 16; *Selchert*, BB 1993, S. 754; *Baetge/Zülch*, in: HWRP³, Sp. 2521.
430 Vgl. *IDW PS 450*, Tz. 75, 86, 92.
431 Vgl. hierzu *IDW PS 460 n.F.*

Als analysierende Darstellungen zur Verdeutlichung der Vermögens-, Finanz- und Ertragslage und deren Entwicklung können **Bilanzstrukturübersichten** zur Vermögens- und Finanzlage oder eine **Erfolgsquellenanalyse** der GuV zur Ertragslage in Betracht kommen. In Frage kommen **darüber hinaus** bspw. 235

- die Gegenüberstellung zusammengefasster, betriebswirtschaftlich aussagefähiger Zahlen des Geschäftsjahres mit Zahlen aus Vorjahren, die einen Zeitraum von i.d.R. fünf Jahren umfassen sollten;
- die Aufnahme einer KFR[432] oder einer Cashflow-Analyse;
- die Darstellung eines bereinigten Betriebsergebnisses;
- die Herausarbeitung von Gewinnen und Verlusten, die das Jahresergebnis nicht unwesentlich beeinflusst haben (bezogen auf einzelne Unternehmensbereiche und -sparten, abgegrenzte Teilmärkte oder einzelne wesentliche Aufträge)[433];
- Ausführungen zur Substanzerhaltung;
- Angaben zum Verlust der Hälfte des gezeichneten Kapitals sowie ggf. zu einer Überschuldung im Falle Not leidender Unternehmen.

Zur Darstellung der Entwicklung der Vermögens-, Finanz- und Ertragslage ist eine Gegenüberstellung von zusammengefassten, betriebswirtschaftlich aussagefähigen Zahlen des Geschäftsjahres mit Vorjahreszahlen zweckmäßig. Die Darstellungen haben von den Zahlen des JA auszugehen. Einflüsse von Bilanzierungs- und Bewertungsmethoden und zusätzliche, im Rahmen der Abschlussprüfung gewonnene Daten und Informationen, die unter Beachtung der GoB keinen Niederschlag im JA finden, sind darüber hinaus zu berücksichtigen. Dies bedeutet, dass Unterlagen und Zahlen, die Gegenstand der Prüfung von Buchführung, JA und LB sind, sowie weitere für eine im Hinblick auf das Prüfungsergebnis erforderliche Urteilssicherheit des APr. benötigte unternehmensinterne Unterlagen auch hinsichtlich der **Lageanalyse** auszuwerten sind[434]. Die Analysen sind jedoch nicht auf das Ziel einer wertenden Beurteilung der Vermögens-, Finanz- und Ertragslage oder gar einer umfassenden Prüfung der wirtschaftlichen Lage des Unternehmens auszurichten[435]. Der vorgegebene Umfang der Abschlussprüfung und die Intention der Lageanalyse verpflichten den APr. **nicht** zu einer betriebswirtschaftlichen **Unternehmensanalyse**, die zwangsläufig in erheblichem Umfang eine subjektive Beurteilung bedingen würde[436]. Nicht ausreichend dürften jedoch Darlegungen sein, die nur schematisch auf den Posten des JA und nicht auf **Analysen** der zugrunde gelegten Daten basieren. 236

Zur besseren Übersichtlichkeit ist es zweckmäßig, die Vermögens-, Finanz- und Ertragslage getrennt und mittels **Zeitvergleich** zu analysieren und im PrB darzustellen[437]. 237

(c) Darstellung der Vermögenslage

Zur Darstellung der Vermögenslage im PrB sind der Vermögens- und Kapitalaufbau sowie Struktur, Bindungsdauer und Fristigkeiten der Vermögens- und Schuldposten sowie deren 238

---

432 Vgl. z.B. DRS 2.
433 Vgl. *Plendl*, S. 98.
434 Vgl. *Forster,* in: FS Baetge, S. 942. Für Planungsrechnungen ausdrücklich BeBiKo[8], § 321, Rn. 88. Eine Intensivierung der Prüfung der wirtschaftlichen Lage befürwortend vgl. *Clemm*, WPK-Mitt. 2/1995, S. 72; *Clemm,* in: FS Havermann, S. 99.
435 Ebenso ADS[6], § 321, Tz. 119; weitergehend durch Verwendung mathematisch-statistischer Verfahren *Baetge,* S. 12. Zum Bilanzrating „BP-14" von Baetge & Partner vgl. Baetge/Linßen, BFuP 1999, S. 374.
436 Vgl. ADS[6], § 321, Tz. 119; *Gmelin/Weber,* BFuP 1988, S. 305; *Olbrich,* S. 91; a.A. *Steiner,* S. 509.
437 Im Ergebnis ebenso HdR[5], § 321, Rn. 63; a.A. noch ADS[6], § 321, Tz. 120, wonach die Vermögenslage und die Finanzlage in einem gemeinsamen Abschnitt unter der Überschrift „Vermögens- und Finanzlage" dargestellt werden sollten.

wesentliche Veränderungen kenntlich zu machen. Die Besprechung der Vermögenslage erfolgt grds. aufgrund einer zusammengefassten **Bilanzübersicht** (Strukturbilanz) unter Gegenüberstellung der Vorjahreszahlen.

239 Sofern es zweckmäßig ist, sollten **Umgliederungen** ggü. der gesetzlich vorgeschriebenen Bilanzgliederung vorgenommen und die Abschlussposten so zusammengefasst bzw. saldiert werden, dass aussagefähige und für eine Kennzahlenanalyse sinnvoll verwendbare Größen zur Verfügung stehen und die wirtschaftlich maßgebenden Gesichtspunkte klar erkennbar werden. Zur besseren Übersichtlichkeit einer derartigen Gegenüberstellung trägt bei, wenn sie in Tsd. EUR oder Mio. EUR wiedergegeben wird. Ferner sollten die **wesentlichen Veränderungen ggü. dem Vj.** betragsmäßig und/oder prozentual gesondert angegeben werden. Für die Erstellung einer sog. Strukturbilanz existieren keine allgemein gültigen Aufbereitungsregeln. Im Regelfall ist es zweckdienlich, die Aktivseite in die beiden Hauptgruppen Anlage- und Umlaufvermögen, die Passivseite in Eigenkapital und Fremdkapital zu gliedern. Wieweit die einzelnen Gruppen zu unterteilen sind, ist im Einzelfall durch den APr. zu entscheiden.

240 Zur Darstellung von Änderungen in der Bindungsdauer oder der **Fristigkeit** von Vermögensteilen und Schulden ist eine entsprechende Zuordnung angebracht, die zugleich eine Grundlage für die Besprechung der Finanzlage bieten kann. Als Abgrenzungskriterien bieten sich die im HGB verwendeten Klassifizierungen an[438]. Bedingt durch die eingeschränkte Analyseintensität im Rahmen der Abschlussprüfung hat die Aufbereitung des Datenmaterials nicht derart detailliert zu erfolgen, dass sie allen betriebswirtschaftlichen Analyseerkenntnissen und -möglichkeiten Rechnung trägt[439]. Generelle Umbewertungen und eigenständige Ermittlungen realer Werte statt bilanzieller Werte sind im Regelfall nicht gefordert.

241 Allerdings ist den Darstellungsanforderungen häufig nicht Genüge getan, wenn lediglich die in der Übersicht ausgewiesenen Veränderungen der bilanziellen Werte als alleinige Beurteilungsgrundlage herangezogen werden. Der APr. hat vielmehr bei der Besprechung einzelner Posten seine im Rahmen der APr. gewonnenen Kenntnisse über bedeutende Veränderungen in der Zusammensetzung und der Bewertung nicht unberücksichtigt zu lassen. Eine aussagefähige Besprechung einzelner Posten erfordert somit grds. eine **Ursache-Wirkungs-Analyse**[440].

242 Nachteilige Veränderungen der Vermögenslage sollten aufgeführt und erläutert werden. Sie können z.B. vorliegen bei[441]:

– negativen Entwicklungen im Vermögens- und Kapitalaufbau;
– starker Verringerung der Eigenkapitalquote;
– hohen außerplanmäßigen Abschreibungen aufgrund eingetretener Wertverluste oder Fehlinvestitionen;
– negativen Entwicklungen der Konzernverflechtungen;
– starkem Anstieg der Belastungen von Vermögenswerten zur Sicherung von Verbindlichkeiten;

---

438 Vgl. §§ 268 Abs. 4 u. 5, 285 Nr. 1 lit. a) HGB: kurzfristig = Restlaufzeit oder Bindung bis zu 1 Jahr, mittelfristig = Restlaufzeit oder Bindung über 1 und bis zu 5 Jahren, langfristig = Restlaufzeit oder Bindung über 5 Jahre.
439 Vgl. zu den Möglichkeiten der Aufbereitung der Datenbasis z.B. *Coenenberg*[21]; *Küting/Weber*, Bilanzanalyse[9].
440 Vgl. BoHdR[2], § 321, Rn. 64.
441 Vgl. *Plendl*, S. 75; *Korth*, S. 23. Zur nachteiligen Veränderung von Vermögenskennzahlen vgl. *Nonnenmacher*, S. 276. Es besteht keine Beschränkung auf negative Veränderungen nur bilanzieller Werte bzw. der informatorischen Grundlagen des JA. Vgl. *Plendl*, S. 74; *Olbrich*, S. 304.

– erheblichen Wertverlusten bei stillen Reserven;
– wesentlichen Änderungen in den Eigentumsverhältnissen an den bilanzierten Vermögensgegenständen, insbesondere bei *Sale-and-lease-back*-Geschäften.

Zur Verdichtung und Auswertung der im JA insgesamt enthaltenen Informationen über die Vermögenslage bietet sich die Verwendung von **Kennzahlen** an, wie z.b. Kennzahlen zur Anlagenintensität, zur Wertberichtigungsquote der Sachanlagen, zur Eigenkapitalquote, zur Intensität des langfristigen Kapitals, zur Konzernverflechtung, zum Forderungsumschlag etc.[442]. Die Kennzahlen sollten zur Darstellung eines Trendverlaufs möglichst in einem **Mehrjahresvergleich** betrachtet werden. Sind die verwendeten Kennzahlen durch die Ausübung von Bilanzierungs- und Bewertungswahlrechten und unternehmenspolitischen Entscheidungen nach den Erkenntnissen des APr. in ihrer Aussagefähigkeit beeinflusst, ist dies bei der Urteilsbildung über einzelne Veränderungen und deren Besprechung sowie bei der Gesamtbetrachtung der Vermögenslage entsprechend zu berücksichtigen. 243

(d) Darstellung der Finanzlage

Da die Finanzlage eines Unternehmens im Wesentlichen durch die **Finanzierung** und die **Liquidität** des Unternehmens bestimmt wird[443], haben sich die Ausführungen zur Finanzlage vor allem auf diese Bereiche zu beziehen. 244

Zur Feststellung von Veränderungen der **Finanzierungssituation** wird der APr. z.B. auch auf die Entwicklungen in der Finanzstruktur und den Deckungsverhältnissen abzustellen haben. In der Praxis der Prüfungsberichterstattung hat sich die Aufnahme einer **Kapitalflussrechnung** als Instrument für die Darstellung der Entwicklung der Finanzlage ggü. dem Vj. bewährt. Die Ausgestaltung verschiedener Formen von Kapitalflussrechnungen zum Zwecke der Darstellung der Finanzlage und der Feststellung von Veränderungen liegt im pflichtgemäßen Ermessen des APr. Als Anhalt für die Darstellung von Kapitalflussrechnungen im PrB dient **DRS 2**. Sofern der geprüfte JA oder der LB eine Kapitalflussrechnung von gleichwertiger Aussagekraft enthält, kann auf eine bloße Wiedergabe im PrB verzichtet werden. In diesem Fall kommt im PrB eine Darstellung und Erläuterung der Cashflows der einzelnen Teilbereiche in Betracht. Auch können Bewegungsbilanzen, **Cashflow-Analysen**[444] sowie aussagerelevante Kennzahlen, in die der Cashflow einbezogen wird (z.B. Innenfinanzierungsgrad, dynamischer Verschuldungsgrad, Cashflow-Rate), zur Darstellung der Entwicklung der Finanzlage herangezogen werden. 245

Darüber hinaus wird auf Sachverhalte einzugehen sein, die im JA und den darauf aufbauenden Analyseinstrumenten nicht bzw. noch nicht berücksichtigt werden, z.B. **schwebende Bestellungen** oder bereits konkretisierte Investitionen mit ihren finanziellen Auswirkungen, Ausführungen hinsichtlich des Gesamtkreditlinienkontingents. Von Bedeutung sind auch Informationen über nicht ausgeschöpfte Kreditlinien, Verminderungen von **Kreditlinien** und Informationen, in welchem voraussichtlichen Umfang darüber hinaus Kredite ggf. in Anspruch genommen werden können[445]. 246

---

442 Zur ausführlichen Interpretation der Kennzahlen vgl. z.B. *Baetge/Kirsch/Thiele*, Bilanzanalyse[2]; *Coenenberg*[21]; *Leffson*, Bilanzanalyse, S. 67; *Küting/Weber*, Bilanzanalyse[6].
443 Vgl. HdR[5], § 264, Rn. 24.
444 Zur Ermittlung der „Cash Earnings nach DVFA/SG" siehe *Busse von Colbe et al. (Hrsg.)*, S. 127.
445 Vgl. ADS[6], § 321, Tz. 124; BeBiKo[8], § 321, Rn. 87.

In kritischen Fällen ist es angezeigt, auf die zu erwartende Entwicklung der Liquiditätslage in der näheren Zukunft einzugehen. Wichtige Informationen hierzu kann insbesondere der **Finanzplan** des geprüften Unternehmens enthalten.

247 **Nachteilige Veränderungen der Finanzlage** sollten aufgeführt und erläutert werden. Sie können z.B. in folgenden Veränderungen begründet sein[446]:

- Veränderungen in der Finanzstruktur (z.B. stark gestiegener Verschuldungsgrad);
- Veränderungen in den Deckungsverhältnissen (z.B. nicht fristenkongruente Finanzierung);
- Veränderungen von liquiditätsbindenden Faktoren (z.B. stark angestiegene Lagerbestände);
- Veränderungen von liquiditätsentziehenden Faktoren (z.B. verstärkt erforderliche Kredittilgungen, Verpflichtungen aus langfristigen Verträgen, nachteiliger konzerninterner Finanzausgleich, größere Investitionsvorhaben, schwebende Bestellungen sowie Insolvenz von bedeutenden Großkunden mit damit verbundenem Finanzmittelausfall und Liquiditätsengpass);
- Veränderungen bei der Liquiditätsbeschaffung (z.B. Verminderung der Finanzierungsspielräume, Ausschöpfung der Kreditlinien, Minderungen des gesamten Kreditlinienkontingents, verstärkte Ausschöpfung der Sicherheiten für eine Fremdkapitalbeschaffung, negative Änderungen in den Zahlungsbedingungen von Kunden und Lieferanten, sinkende Innenfinanzierungskraft des Unternehmens).

(e) Darstellung der Ertragslage

248 Die Darstellung der Ertragslage im PrB hat primär die Funktion, die **Erfolgsquellen** und das Zustandekommen des Erfolges im abgelaufenen GJ, die Aufwands- und Ertragsstruktur, das Ergebnis der laufenden Geschäftstätigkeit, das außerordentliche Ergebnis sowie den Einfluss periodenfremder Aufwendungen und Erträge und steuerrechtlicher Einflüsse auf das Ergebnis ersichtlich zu machen.

249 Zur Besprechung der Ertragslage sind die Posten der GuV i.d.R. in einer von den Umsatzerlösen ausgehenden, den spezifischen, branchenbedingten Gegebenheiten des geprüften Unternehmens Rechnung tragenden und nach betriebswirtschaftlichen Gesichtspunkten zusammengefassten **Ergebnisrechnung** darzustellen. Den Aufwands- und Ertragsposten sollten die jeweils vergleichbaren **Vorjahreszahlen** gegenübergestellt und die prozentualen Anteile der einzelnen Aufwands- und Ertragsarten sowie deren absolute und ggf. relative Veränderungen angegeben werden[447]. Im Einzelfall kann es zweckmäßig sein, im PrB einzelne Vergleiche über einen längeren **Zeitraum** (z.B. fünf Jahre) vorzunehmen.

250 Sowohl bei der Gliederung der GuV nach dem Gesamtkosten- als auch nach dem Umsatzkostenverfahren unterbleiben i.d.R. konzeptionsbedingt bestimmte Erfolgsspaltungen und -aufgliederungen, die für eine aussagefähige Beurteilung der Ertragslage von Bedeutung sein können. Der APr. wird deshalb ggf. seiner Aufgabe nicht gerecht, wenn er für Analysezwecke generell auf **aussagefähige Umgliederungen** von Zahlen der GuV verzichtet. Allerdings sollen für die Darstellung der Ertragslage im Regelfall keine derart ins Detail gehenden Umstellungen zwischen den GuV-Posten erfolgen, so dass komplizierte

---

446 Vgl. *Korth*, S. 23; *Ballwieser*, BFuP 1988, S. 320; *Schäfer*, S. 70; *Nonnenmacher*, S. 277; *Plendl*, S. 77; Kölner Komm. AktG², § 321 HGB, Rn. 22.
447 Vgl. z.B. *IDW*, Die Abschlussprüfung der mittelgroßen GmbH, S. 233.

„Brücken" zwischen der GuV und der Erfolgsübersicht erforderlich werden. Weitgehend homogene Posten sind im Regelfall unverändert in die Erfolgsübersicht zu übernehmen.

Die **Gliederung der Erfolgsübersicht** soll ausgehend von dem gesetzlichen Gliederungsschema nach § 275 HGB die Ergebniskategorien „Betriebsergebnis", „Finanzergebnis" sowie „neutrales Ergebnis" ersichtlich machen. Grds. dürfte folgende Strukturierung der Erfolgsübersicht sinnvoll sein[448]: 251

Betriebsergebnis

Finanzergebnis

Neutrales Ergebnis

Ergebnis vor Ertragsteuern

Ertragsteuern

Jahresergebnis

Der APr. hat durch die **Ergebnisanalyse** den Berichtslesern vor allem Veränderungen des Jahresergebnisses im betrieblichen Bereich und im neutralen Bereich erkennbar zu machen. Es ist deshalb auf eine möglichst genaue und vergleichbare Abgrenzung des Betriebsergebnisses besondere Sorgfalt zu verwenden. Dabei ist zu berücksichtigen, dass es „das Betriebsergebnis" oder „das neutrale Ergebnis" i.S. einer allgemein anerkannten Abgrenzung nicht gibt. Dementsprechend ist die sachgerechte Abgrenzung bezogen auf den jeweiligen Einzelfall zu ermitteln[449]. Darüber hinaus ist darauf zu achten, Abgrenzungen, Zuordnungen etc. im Zeitreihenvergleich stetig beizubehalten. 252

Das **Betriebsergebnis** umfasst die Ertrags- und Aufwandskomponenten, die mit dem eigentlichen Betriebszweck in direktem Zusammenhang stehen, zeitlich in die Berichtsperiode fallen und nach Art und Größe typisch und nicht zufällig sind. Bei Anwendung des Gesamtkostenverfahrens sind hierunter im Regelfall die Posten Nr. 1 bis 8 gem. § 275 Abs. 2 HGB, bei Anwendung des Umsatzkostenverfahrens die Posten Nr. 1 bis 7 gem. § 275 Abs. 3 HGB nach Ausgliederung betriebsfremder, aperiodischer und außergewöhnlicher Einflussgrößen, einzubeziehen. 253

Das **Finanzergebnis** umfasst grds. beim Gesamtkostenverfahren die Posten 9 bis 13, beim Umsatzkostenverfahren die Posten 8 bis 12. 254

Die Abgrenzung des **neutralen Ergebnisses** geht über das in der GuV ausgewiesene außerordentliche Ergebnis hinaus. Neben den betriebsfremden und außerordentlichen Aufwendungen und Erträgen, die unregelmäßig und außerhalb der gewöhnlichen Geschäftstätigkeit anfallen, sind aperiodische Aufwendungen und Erträge, außerplanmäßige Abschreibungen, das Ergebnis besonderer Bilanzierungs- und Bewertungsmaßnahmen sowie das Ergebnis steuerlicher Maßnahmen einzubeziehen[450]. 255

Auf **Ursachen von wesentlichen Veränderungen** ggü. dem Vj. ist einzugehen (vgl. auch Tz. 241). Können in Einzelfällen wesentliche Gründe für die Veränderung der Ertragslage ohne größeren Zeitaufwand nicht herausgearbeitet werden und würde deren Ermittlung 256

---

448 Vgl. auch ADS[6], § 321, Tz. 128; BeBiKo[8], § 321, Rn. 88; BoHdR[2], § 321, Rn. 66; zu den primär auf die externe Jahresabschlussanalyse ausgerichteten Schemata vgl. Erfolgsspaltung vgl. *Coenenberg[21]*; *Lachnit*, BFuP 1987, S. 47; *Baetge/Kirsch/Thiele*, Bilanzanalyse[2].

449 Grds. erscheint es sinnvoll, sich bei der Abgrenzung des Betriebsergebnisses an den Vorschlägen des Arbeitskreises DVFA/SG zur Ermittlung prognosefähiger Ergebnisse zu orientieren. Vgl. *Arbeitskreis DVFA/SG*, DB 2003, S. 1913.

450 Ebenso *IDW*, Die Abschlussprüfung der mittelgroßen GmbH, S. 233.

den Rahmen einer Abschlussprüfung überschreiten, so ist im PrB ausdrücklich darauf hinzuweisen, dass eine weitergehende Analyse nur im Rahmen einer besonderen Prüfung möglich ist[451]. Hierbei sind jedoch auch die aus den Verpflichtungen des § 321 Abs. 1 S. 2 u. 3 HGB resultierenden Erfordernisse zu beachten.

257 Liegen dem APr. **Segmentinformationen** über Erfolgsbeiträge einzelner Unternehmensbereiche und -sparten, regionaler oder nach sonstigen Kriterien abgegrenzter Teilmärkte oder Produktlinien vor, so sollten diese im PrB dargestellt werden. Auf ihre Bedeutung für das Gesamtergebnis und ihre Entwicklung ggü. dem Vj. sollte eingegangen werden. Je **kritischer** die **Lage** eines Unternehmens zu beurteilen ist, desto mehr sollte auf eine weitergehende Analyse des Betriebsergebnisses nach diesen oder ähnlichen Gesichtspunkten Wert gelegt werden[452]. Im PrB ist i.d.R. darauf hinzuweisen, woher die im Bericht verwendeten Daten stammen, ob und in welchem Umfang diese vom APr. überprüft werden.

258 Die Verwendung aussagefähiger **Erfolgskennzahlen** erhöht die Aussagefähigkeit der Darstellung der Entwicklung der Ertragslage. Beispielhaft lassen sich anführen[453]: Materialintensität, Personalintensität, Eigenkapitalrentabilität, Umsatzrentabilität, Ergebnis je Aktie sowie Herstellungskostenquote bei Gliederung der GuV nach dem Umsatzkostenverfahren.

259 **Nachteilige Veränderungen der Ertragslage,** über die berichtet werden sollte, kommen bei folgenden Sachverhalten in Betracht[454]:

– wesentliche Verminderungen des Betriebsergebnisses und der Rohertragsspanne;
– geringere Kapazitätsauslastung;
– Verlagerung des Jahresergebnisses auf den neutralen Bereich;
– gesunkene Eigenkapital- oder Umsatzrentabilität;
– starke Verminderung des Finanz- und Verbunderfolgs;
– erhebliche Ergebniseinbußen einer bedeutenden Unternehmenssparte, auch ohne dass diese die Verlustzone erreicht.

260 Der APr. sollte den Berichtsadressaten im Rahmen der Darstellungen zur Ertragslage auch **Verluste, die das Jahresergebnis nicht unwesentlich beeinflusst haben**, kenntlich machen. Zu berichten kann sein über abgrenzbare Verlustquellen mit wesentlicher negativer Ergebnisauswirkung, d.h. anhand betriebswirtschaftlicher Kriterien definierte Ergebnissegmente (Bezugsgrößen)[455]. Als mögliche Bezugsgrößen für nicht unwesentliche Verluste kommen in Betracht[456]:

– Unternehmensbereiche und -sparten;
– Betriebsstandorte bzw. Werke;
– regionale oder nach sonstigen Kriterien abgegrenzte Teilmärkte;
– Produkte, Produktgruppen, Produktlinien;
– einzelne wesentliche Aufträge;
– einzelne schwebende Geschäfte, Verpflichtungen und Vermögenswerte.

---

451 Ebenso *IDW*, Die Abschlussprüfung der mittelgroßen GmbH, S. 232.
452 Vgl. auch *IDW PS 450*, Tz. 74.
453 Vgl. ausführlich *Küting/Weber*, Bilanzanalyse[9].
454 Vgl. *Plendl*, S. 75; *Nonnenmacher*, S. 274; ADS[6], § 321, Tz. 126; Kölner Komm. AktG[2], § 321 HGB, Rn. 23.
455 Kritisch hinsichtlich einer sachlichen Begrenzung *Olbrich*, S. 311.
456 Vgl. *Korth*, S. 25; *Plendl*, S. 98.

ee) Feststellungen zum Risikofrüherkennungssystem

Gemäß § 321 Abs. 4 S. 1 HGB ist bei der Abschlussprüfung einer börsennotierten AG (§ 3 Abs. 2 AktG) das Ergebnis der Prüfung nach § 317 Abs. 4 HGB darzustellen. Es ist auszuführen, ob der Vorstand die ihm nach § 91 Abs. 2 AktG obliegenden **Maßnahmen getroffen**, insbesondere ein **Überwachungssystem** in geeigneter Form eingerichtet hat, und ob das Überwachungssystem seine Aufgaben erfüllen kann. Ferner ist nach § 321 Abs. 4 S. 2 HGB darauf einzugehen, ob Maßnahmen erforderlich sind, um das Risikofrüherkennungssystem zu **verbessern**[457]. 261

Bei börsennotierten **MU** i.S.d. § 290 HGB ist die Überwachungs- und **Organisationspflicht** nach § 91 Abs. 2 AktG im Rahmen der bestehenden gesellschaftsrechtlichen Möglichkeiten **konzernweit** zu verstehen, sofern von Tochtergesellschaften den Fortbestand der Gesellschaft gefährdende Entwicklungen ausgehen können[458]. Die Berichterstattung über die konzernweiten Aspekte des Risikofrüherkennungssystems erfolgt im PrB zum JA des MU, nicht im PrB zum KA des MU[459]. 262

Die Ausführungen sind in einen **gesonderten Abschnitt** des PrB **oder** in einen getrennt vom PrB erstellten **Teilbericht** aufzunehmen[460]. Erfolgt die Berichterstattung aus sachlichen oder zeitlichen Gründen in einem Teilbericht[461], so ist nach dem Grundsatz der Einheitlichkeit der Berichterstattung im PrB auf den Teilbericht zu verweisen und im PrB zusammenfassend das Ergebnis des Teilberichts darzustellen[462]. 263

Eine **Darstellung** des Risikofrüherkennungssystems im PrB ist **nicht erforderlich**. Die Berichterstattung im PrB kann nicht den Charakter eines detaillierten Organisationsgutachtens haben[463]. Jedoch kann es sich, z.B. bei Erstprüfungen, im Einzelfall empfehlen, eine einführende **Kurzbeschreibung** der Systemkomponenten und ihrer Beziehungen vorzunehmen, die auch in eine Anlage zum PrB aufgenommen werden kann[464]. Auf der Beschreibung der Grundzüge des Risikofrüherkennungssystems aufbauend sollte unter Bezugnahme auf *IDW PS 340* der Umfang der vom APr. durchgeführten Prüfung des Systems beschrieben werden. Die **Beschreibung des Prüfungsumfangs** muss es dem AR nicht nur ermöglichen, sich ein Urteil über die Qualität der durchgeführten Prüfung zu bilden, sondern auch die Grenzen der Prüfung zu erkennen und daraus Konsequenzen für die eigene Überwachungsaufgabe zu ziehen. Deshalb sollte *IDW PS 340* folgend besonders auf die Abgrenzung zwischen Risikomanagementsystem und Risikofrüherkennungssystem eingegangen und auf die nicht der Prüfung unterzogenen Systemkompo- 264

---

457 Vgl. *IDW PS 450*, Tz. 104. Zur Prüfung des Risikofrüherkennungssystems siehe *IDW PS 340*. Vgl. auch P Tz. 70.
458 Vgl. RegBegr. BT-Drs. 13/9712, S. 15.
459 Ebenso *ADS*[6], § 321, Tz. 136. Vgl. aber auch P Tz. 151.
460 Vgl. *IDW PS 450*, Tz. 104.
461 Eine sachliche Notwendigkeit kann bei umfangreichen Risikofrüherkennungssystemen gegeben sein, wenn auch die Berichterstattung entsprechend umfangreich ausfällt. War die Beurteilung des Risikofrüherkennungssystems Gegenstand einer Zwischenprüfung kann ein zeitlicher Grund für einen Teilbericht sprechen. Vgl. auch ADS[6], § 321, Tz. 137.
462 Zur Erstellung von Teilberichten vgl. *IDW PS 450*, Tz. 17.
463 Vgl. *IDW PS 450*, Tz. 104.
464 Vgl. *Forster*, WPg 1998, S. 52; P Tz. 147; A.A. BeBiKo[8], § 321, Rn. 71, wonach derartige Ausführungen ggf. in einen Management Letter verlagert werden sollten.

nenten hingewiesen werden[465]. Ferner kommen Ausführungen zur angewandten Prüfungsstrategie und zur Prüfungsdurchführung in Betracht[466].

265 Gelangt der APr. zu der abschließenden Beurteilung, dass ein **funktionsfähiges Risikofrüherkennungssystem** eingerichtet ist, hat er dies bspw. mit folgender Formulierung im PrB zu erklären[467]:

„Unsere Prüfung hat ergeben, dass der Vorstand die nach § 91 Abs. 2 AktG geforderten Maßnahmen, insbesondere zur Einrichtung eines Überwachungssystems, in geeigneter Weise getroffen hat und dass das Überwachungssystem geeignet ist, Entwicklungen, die den Fortbestand der Gesellschaft gefährden, frühzeitig zu erkennen."

266 Ist das vom Vorstand eingerichtete Risikofrüherkennungssystem **nicht** dazu **geeignet**, die Fortführung der Unternehmenstätigkeit gefährdende Entwicklungen frühzeitig zu erkennen und sind Maßnahmen zu dessen Verbesserung erforderlich, hat der APr. dies festzustellen und die Bereiche zu nennen, in denen **Verbesserungsbedarf** besteht[468]. Konkrete Verbesserungsvorschläge sind nicht Gegenstand der Berichterstattungspflicht nach § 321 Abs. 4 HGB und müssen daher nicht in den PrB aufgenommen werden[469], zumal sie über den Umfang einer Systemprüfung hinausgehende Untersuchungen erfordern.

267 Eine fehlende oder unvollständige Systemdokumentation führt grds. zu Zweifeln an der dauerhaften Funktionsfähigkeit der getroffenen Maßnahmen, so dass dadurch eine Berichtspflicht entstehen kann[470].

268 Auch ein nach dem Gesamturteil des APr. insgesamt funktionsfähiges Risikofrüherkennungssystem kann in Einzelbereichen **Schwächen** aufweisen. Auch in diesem Fall besteht Verbesserungsbedarf, auf den der APr. im PrB hinzuweisen hat[471].

269 Hat der Vorstand **kein Risikofrüherkennungssystem** eingerichtet, ist hierauf hinzuweisen[472]. Ein fehlendes Risikofrüherkennungssystem stellt außerdem eine Tatsache dar, bei der es sich um einen schwerwiegenden **Verstoß** des Vorstands/der Geschäftsführung **gegen** das **Gesetz** handelt. Deshalb ist in diesem Fall in die vorangestellte Berichterstattung ein entsprechender Hinweis auf diesen Verstoß gegen § 91 Abs. 2 AktG aufzunehmen[473].

270 Auch wenn eine Prüfung des Risikofrüherkennungssystems nicht gesetzlich vorgeschrieben und auch nicht freiwillig beauftragt worden ist, so kann es doch vorkommen, dass i.R. der pflichtmäßigen Prüfung von JA und LB Mängel oder Lücken im Risiko-

---

465 Vgl. *IDW PS 340*, Tz. 3–6. Ähnlich ADS[6], § 321, Tz. 138, die davon ausgehen, dass erst die Darstellung des Prüfungsumfangs es dem AR erlaubt, die Tätigkeit des APr. besser zu beurteilen.
466 Weitergehend ADS[6], § 321, Tz. 139, die in die Beschreibung des Umfangs der Prüfung des Risikofrüherkennungssystems Angaben über die bei der Prüfung eingesehenen Unterlagen zur Systemdokumentation (z.B. Risikorichtlinien, Arbeitsplatzbeschreibungen, Arbeitsanweisungen, Ablaufdiagramme etc.) einbeziehen.
467 Vgl. *IDW PS 450*, Tz. 105.
468 Vgl. *IDW PS 450*, Tz. 106. Ebenso ADS[6], § 321, Tz. 140.
469 Vgl. *IDW PS 450*, Tz. 106. Nach dem Gesetzeswortlaut ist lediglich darauf einzugehen, „ob" Verbesserungsmaßnahmen erforderlich sind. Die Regierungsbegründung (BT-Drs. 13/9712, S. 29) ist an den im Verlauf des Gesetzgebungsverfahrens geänderten Gesetzeswortlaut nicht angepasst worden. Eine Verpflichtung zur Nennung von konkreten Verbesserungsmaßnahmen würde dem APr. jedoch Managementaufgaben zuweisen und von ihm eine über die Prüfung hinausgehende Beratungstätigkeit verlangen. Vgl. ADS[6], § 321, Tz. 136; BeBiKo[8],§ 321, Rn. 72.
470 Vgl. *IDW PS 340*, Tz. 18; BeBiKo[8], § 317, Rn. 84.
471 Vgl. *Pfitzer*, in: Dörner/Menold/Pfitzer (Hrsg.), S. 677.
472 Vgl. *IDW PS 450*, Tz. 106.
473 Vgl. *IDW PS 450*, Tz. 106; BeBiKo[8], § 321, Rn. 73. Es handelt sich dabei um eine „sonstige" Unregelmäßigkeit. Vgl. Tz. 129 sowie P Tz. 156.

früherkennungssystem identifiziert werden. Solcherart „mittelbar" festgestellte Mängel oder Lücken stellen noch keine Gesetzesverstöße i.S.v. § 321 Abs. 1 S. 3 HGB dar und führen daher nicht zu einer Erwähnung i.r. der vorangestellten Berichterstattung im PrB. Empfehlenswert ist ggf. die Darstellung in einem Management Letter[474].

Bei nicht börsennotierten **AG**, d.h. AG, auf die die §§ 317 Abs. 4, 321 Abs. 4 HGB keine Anwendung finden, ist über wesentliche, bei der Durchführung der Prüfung festgestellte Tatsachen, die Verstöße der gesetzlichen Vertreter gegen die Vorschrift des § 91 Abs. 2 AktG erkennen lassen, nach § 321 Abs. 1 S. 3 HGB zu berichten[475]. 271

Gleiches gilt für Unternehmen in der Rechtsform der **GmbH**, obwohl der Gesetzgeber eine § 91 Abs. 2 AktG vergleichbare Regelung im GmbHG nicht getroffen hat. Nach der Gesetzesbegründung ist davon auszugehen, dass für GmbH vergleichbarer Größe und Komplexität nichts Anderes gilt und die aktienrechtliche Regelung eine **Ausstrahlungswirkung** auf den Pflichtenrahmen der Geschäftsführer von Gesellschaften in anderer Rechtsform entfaltet[476]. In Ausübung der Redepflicht zu schwerwiegenden Gesetzesverstößen nach § 321 Abs. 1 S. 3 HGB kommen daher bei fehlendem Risikofrüherkennungssystem auch bei diesen Gesellschaften entsprechende Angaben in Betracht[477]. Zu festgestellten Mängeln oder Lücken des Risikofrüherkennungssystems siehe oben. 272

Dieser Berichtsabschnitt entfällt, wenn § 317 Abs. 4 HGB nicht zur Anwendung kommt bzw. mit dem Auftraggeber keine freiwillige Prüfung des Risikofrüherkennungssystems vereinbart wurde[478]. 273

ff) Feststellungen aus Erweiterungen des Prüfungsauftrags

Über das **Ergebnis** aus Erweiterungen des Auftrags zur Abschlussprüfung, die sich aus dem Gesellschaftsvertrag oder der Satzung des geprüften Unternehmens ergeben oder darüber hinaus mit dem Auftraggeber vereinbart werden und die sich nicht auf den JA oder LB beziehen (z.B. Prüfung der Geschäftsführung), ist in einem gesonderten Abschnitt des PrB zu **berichten**[479]. 274

Dieser Berichtsabschnitt entfällt, wenn mit dem Auftraggeber keine über JA und LB hinausgehenden Erweiterungen des Prüfungsauftrags vereinbart wurden[480].

Über das **Ergebnis** aus Erweiterungen des Auftrags zur Abschlussprüfung, die sich aus gesetzlichen Vorschriften ergeben (z.B. § 6b Abs. 3 EnWG bzw. § 10 Abs. 3 EnWG a.F., § 8 UBGG, § 30 KHGG NRW)[481], ist ebenfalls in einem gesonderten Abschnitt des PrB zu berichten. Wenn derartigen Berichterstattungspflichten zusammen mit satzungsmäßigen oder freiwilligen Erweiterungen des Prüfungsauftrags in einem gemeinsamen Berichtsabschnitt nachgekommen wird, ist darauf zu achten, dass die Feststellungen zu den einzelnen Auftragserweiterungen jeweils in einem gesonderten Unterabschnitt dargestellt werden. 275

---

474 Vgl. P Tz. 157.
475 Vgl. *IDW PS 450*, Tz. 107.
476 Vgl. RegBegr. BT-Drs. 13/9712, S. 15; *IDW PS 340*, Tz. 1; *IDW PS 450*, Tz. 107.
477 Vgl. *IDW PS 450*, Tz. 107.
478 Vgl. *IDW PS 450*, Tz. 12.
479 Vgl. *IDW PS 450*, Tz. 108. Das gilt auch dann, wenn über das Ergebnis der Erweiterungen der Abschlussprüfung nach *IDW PS 400*, Tz. 12 nicht im BestV berichtet werden darf. Vgl. *IDW PS 450*, Tz. 19.
480 Vgl. *IDW PS 450*, Tz. 12.
481 Vgl. *IDW PS 400*, Tz. 11; *IDW PS 610*, Tz. 17.

gg) Wiedergabe des Bestätigungsvermerks und Unterzeichnung des Prüfungsberichts

276 In den Berichtsabschnitt Wiedergabe des **Bestätigungsvermerks** ist der nach § 322 Abs. 7 S. 1 HGB datierte – und an anderer Stelle unterzeichnete – Vermerk über die Abschlussprüfung unter Angabe von Ort, Datum und Namen des unterzeichnenden Wirtschaftsprüfers **aufzunehmen**[482]. Der im PrB wiedergegebene BestV ist nicht gesondert zu unterzeichnen[483]. Eine Aufnahme des Berufssiegels in die Wiedergabe des BestV ist nicht erforderlich[484]. Ist der BestV von denselben Personen unterzeichnet worden, die auch den PrB unterzeichnen, kann bei der Wiedergabe des BestV im PrB auf die Angabe der Namen der den BestV unterzeichnenden WP verzichtet werden. Ferner kann bei der Wiedergabe des Vermerks von der Angabe des Ortes und des Datums der Erteilung abgesehen werden, wenn diese Angaben mit denen bei der Unterzeichnung des PrB identisch sind[485].

277 Die **Erteilung** und somit auch die Unterzeichnung des **Bestätigungsvermerks** hat zwingend **außerhalb des Prüfungsberichts** zu erfolgen. Dabei muss der Vermerk mit dem JA und – sofern dieser Gegenstand der Prüfung war – mit dem LB fest verbunden sein, da er auf beide Unterlagen Bezug nimmt. Üblich ist es, JA und LB zu einem sog. **Testatsexemplar** zusammenzubinden und den Vermerk entweder am Ende des Testatsexemplars oder am Ende des JA anzubringen, ggf. auch auf einer gesonderten, fest mit eingebundenen Seite[486]. Ggf. kann der BestV auch in dem in die Anlagen zum PrB aufgenommenen JA und LB erteilt werden[487]. Die Erteilung des Vermerks über die Abschlussprüfung im PrB selbst kommt dagegen nicht in Betracht[488].

278 Eine **zusammengefasste Darstellung des Prüfungsergebnisses** in Verbindung mit der Wiedergabe des BestV ist **nicht** vorgesehen, da dies im Hinblick auf die vorangestellte Berichterstattung und die Ausgestaltung des BestV als Bestätigungsbericht nicht mehr zweckmäßig erscheint[489].

279 Der PrB ist von dem beauftragten Wirtschaftsprüfer eigenhändig zu **unterzeichnen** (§ 321 Abs. 5 HGB) und zu **siegeln** (§ 48 Abs. 1 S. 1 WPO)[490]. Fehlt die Unterschrift, so liegt ein PrB im Rechtssinne nicht vor[491]. Die Unterzeichnung des PrB erfolgt stets am Ende der Berichterstattung und vor den Anlagen zum PrB, d.h. regelmäßig im Anschluss an die Wiedergabe des BestV[492]. Auch wenn der PrB unmittelbar nach der Wiedergabe des BestV unterzeichnet wird, bildet die Unterschrift unter den PrB gem. § 321 Abs. 5 HGB nicht die Unterschrift unter den BestV gem. § 322 Abs. 5 HGB[493].

---

482 Vgl. *IDW PS 450*, Tz. 109. *IDW PS 450*, Tz. 12 sieht diese Aufnahme als letzten bzw. vorletzten Gliederungspunkt des PrB vor. Abweichend davon erfolgt in der Praxis die Wiedergabe z.T. i.R. der vorangestellten Berichterstattung („Grundsätzliche Feststellungen"), dort als letzter Unterpunkt. Vgl. BeBiKo[8], § 321, Rn. 91; ADS[6], § 321, Tz. 223.
483 Vgl. *IDW PS 450*, Tz. 109.
484 Vgl. *IDW PH 9.450.2*, Tz. 6.
485 Vgl. *IDW PH 9.450.2*, Tz. 7.
486 Zur Erteilung des BestV vgl. Tz. 566 sowie *IDW PS 400*, Tz. 80.
487 Vgl. *IDW PH 9.450.2*, Tz. 3; vgl. Tz. 566.
488 Vgl. *IDW PH 9.450.2*, Tz. 4.
489 Vgl. auch BeBiKo[8], § 321, Rn. 91. Zur bisherigen Praxis vgl. ADS[6], § 321, Tz. 146–148.
490 Vgl. *IDW PS 450*, Tz. 114.
491 Vgl. ADS[6], § 321, Tz. 161.
492 Vgl. ADS[6], § 321, Tz. 161; BeBiKo[8], § 321, Rn. 130; *IDW PH 9.450.2*, Tz. 5. Z.T. wird der BestV in der Praxis allerdings bereits i.R. der vorangestellten Berichterstattung wiedergegeben.
493 Vgl. *IDW PH 9.450.2*, Tz. 5.

Wer den PrB unterzeichnet, richtet sich danach, wem der Prüfungsauftrag erteilt wurde. Wird eine **natürliche Person** zum APr. bestellt, so hat sie den BestV und PrB zu unterzeichnen. Wurden **mehrere Prüfer** mit der Abschlussprüfung beauftragt, so müssen sie **gemeinsam** den PrB unterzeichnen. Dabei haben WP die Berufsbezeichnung „Wirtschaftsprüfer/Wirtschaftsprüferin" ohne Hinzufügung anderer Berufsbezeichnungen zu verwenden (§ 18 WPO). Wird eine **Wirtschaftsprüfungsgesellschaft** beauftragt, kann im Fall der gesetzlichen Jahresabschlussprüfung die Unterschrift nur durch vertretungsberechtigte Personen erfolgen, die zugleich WP oder – bei der Prüfung von mittelgroßen Gesellschaften mit beschränkter Haftung – vBP sind (§ 32 WPO)[494]. Entsprechend gilt für BPG gem. § 130 Abs. 2 WPO, dass von diesen erstellte PrB und erteilte BestV zu Pflichtprüfungen von vBP oder WP unterzeichnet werden dürfen.

Im Regelfall wird der PrB von denselben Personen unterzeichnet, die auch den BestV unterzeichnet haben[495]. **Weichen** die **Unterschriften** unter dem BestV (bzw. dem Vermerk über seine Versagung) und dem PrB voneinander **ab**, so ist dies aus dem PrB ersichtlich, weil der BestV in diesem Fall zusammen mit dem Namen des unterzeichnenden Wirtschaftsprüfers in den PrB aufzunehmen ist. Im Übrigen gelten für die Unterzeichnung des PrB die gleichen Grundsätze wie für die Unterzeichnung des BestV[496]. **280**

Die Unterzeichnung des PrB muss **eigenhändig** durch Namensunterschrift erfolgen (vgl. § 126 Abs. 1 BGB). Die Unterzeichnung auf einer Matrize oder die Verwendung eines Faksimilestempels ist nicht ausreichend[497]. Zumindest eines der ausgehändigten Berichtsexemplare muss handschriftlich unterzeichnet sein[498]. Auf den übrigen Exemplaren können die Unterschriften mechanisch vervielfältigt werden[499]. Üblicherweise werden zumindest die für die gesetzlich vorgesehenen Berichtsempfänger bestimmten Exemplare handschriftlich unterzeichnet. **281**

Obwohl gesetzlich nicht ausdrücklich vorgeschrieben, hat die Unterzeichnung des PrB analog zur Unterzeichnung des BestV nach § 322 Abs. 7 S. 1 HGB unter Angabe von **Ort** und **Datum** zu erfolgen. Hierbei müssen diese Angaben grds. mit jenen unter dem BestV übereinstimmen. Dies gilt auch, wenn in Ausnahmefällen zwischen diesem Datum und der Auslieferung des PrB ein nicht unbeachtlicher Zeitraum liegt[500]. Der BestV ist auf den Tag, an dem die Prüfung des JA und ggf. des LB materiell abgeschlossen ist (z.B. Tag der Schlussbesprechung mit den gesetzlichen Vertretern) und eine zeitnahe VollstE vorliegt, zu datieren[501]. Das Berichtsdatum deckt sich dann vielfach nicht mit dem Datum der Fertigstellung des Berichtsentwurfs; es dokumentiert auch nicht den Tag der Unterzeichnung des PrB. **282**

Nach § 48 Abs. 1 WPO haben WP und WPG bei gesetzlich vorgeschriebenen Prüfungen die Pflicht zur Siegelführung, wenn sie dem Berufsstand vorbehaltene Erklärungen über Prüfungsergebnisse abgeben. Dasselbe gilt für vBP und BPG (§ 130 WPO). Die Unterzeichnung des PrB ist deshalb mit dem **Berufssiegel** zu versehen. **283**

---

[494] Vgl. *IDW PS 450,* Tz. 114.
[495] Vgl. *IDW PS 450,* Tz. 115.
[496] Zur Unterzeichnung des BestV vgl. auch Tz. 571.
[497] Vgl. Mitt.Bl. der WPK Nr. 50 vom 05.02.1973, S. 12.
[498] Vgl. *IDW PS 450,* Tz. 115.
[499] Vgl. ADS⁶, § 321, Tz. 162; HdR⁵, § 321, Rn. 81.
[500] Vgl. *IDW PS 450,* Tz. 116.
[501] Vgl. *IDW PS 400,* Tz. 81; ADS⁶, § 321, Tz. 168.

hh) Anlagen zum Prüfungsbericht

(1) Obligatorische Berichtsanlagen

284 Dem PrB sind der geprüfte **JA** und der **LB** als Anlage beizufügen (**obligatorische Berichtsanlagen**). In dieser Anlage zum PrB kann auch der BestV erteilt werden[502]. Eine Aufnahme in die Anlagen des PrB empfiehlt sich auch für die im Rahmen der Auftragsbestätigung zur Abschlussprüfung zugrunde gelegten **Auftragsbedingungen**[503]. Ist die Abschlussprüfung nach § 53 HGrG erweitert worden, ist bei der Prüfung der Ordnungsmäßigkeit der Geschäftsführung und der wirtschaftlichen Verhältnisse der Fragenkatalog des *IDW PS 720* zu beachten. Die Einzelbeantwortung der Fragen sollte in der Anlage zum PrB erfolgen[504].

(2) Fakultative Berichtsanlagen

285 Die Forderung nach einer klaren, problemorientierten Berichterstattung im PrB schließt eine Beschränkung der Berichterstattung auf das Wesentliche ein. Zur Verbesserung der Übersichtlichkeit und Lesbarkeit des PrB ist es daher empfehlenswert, fakultative Berichtsteile aus einem entsprechend ergänzten Auftrag an den APr. oder aufgrund bisheriger Übung in die Anlagen zum PrB aufzunehmen[505].

286 Als **fakultative Berichtsanlagen** kommen z.B. eine Darstellung der **rechtlichen Verhältnisse** und der **wirtschaftlichen Grundlagen** bzw. deren Veränderungen, sonstige **Aufgliederungen** und **Erläuterungen der Posten** des JA oder eine **weitergehende Analyse** der **wirtschaftlichen Lage** durch den APr. auf der Grundlage der bei der Prüfung gewonnenen Erkenntnisse in Betracht, soweit diese Darstellungen unter Beachtung des Grundsatzes der Klarheit nicht bereits in den PrB aufgenommen wurden[506].

287 Ob und inwieweit noch andere Anlagen beigefügt werden, richtet sich nach den Verhältnissen des Einzelfalls und den zwischen der Gesellschaft und dem APr. getroffenen Vereinbarungen.

(a) Rechtliche Verhältnisse

288 Eine Berichterstattung über die rechtlichen Verhältnisse des geprüften Unternehmens gehört nicht zum gesetzlich bestimmten Pflichtinhalt des PrB. Eine Darstellung besonders wichtiger Sachverhalte und der Veränderungen in den rechtlichen Verhältnissen entspricht jedoch langjähriger **Berufsübung**[507]. Über die rechtlichen Verhältnisse ist so umfassend zu berichten, dass sich hierüber jeder Berichtsleser, auch ohne Heranziehung früherer PrB, ein zutreffendes Bild machen kann.

289 Eine umfassende Schilderung der Rechtsverhältnisse des geprüften Unternehmens ist insb. bei **Erstprüfungen** empfehlenswert und üblich[508]. Bei Folgeprüfungen wird der APr. nach den dargestellten Grundsätzen den Umfang davon abhängig machen, welchen Informationswert die Angaben für die Berichtsempfänger haben und deshalb wegen der aufsichtsorgan- und gesellschafterorientierten Ausrichtung der Berichterstattung regelmäßig eine Darstellung der wesentlichen rechtlichen Grundlagen in den PrB aufnehmen.

---

502 Vgl. *IDW PH 9.450.2*, Tz. 3.
503 Vgl. *IDW PS 450*, Tz. 21, 110.
504 Vgl. *IDW PS 720*, Tz. 15.
505 Vgl. *IDW PS 450*, Tz. 13, 111.
506 Vgl. *IDW PS 450*, Tz. 112.
507 Vgl. ADS[6], § 321, Tz. 144.
508 Ebenso ADS[6], § 321, Tz. 145; BeBiKo[8], § 321, Rn. 92.

Es ist im Regelfall ausreichend, die Darstellung der rechtlichen Verhältnisse **kurz** zu fassen (ggf. in tabellarischer Form) und nur auf die **Veränderungen** im **Berichtsjahr** einzugehen. Wichtige Feststellungen sollten jedoch in jedem Berichtsjahr erneut aufgenommen werden. Zur Darstellung der rechtlichen Verhältnisse bzw. deren Veränderungen gehören z.B. Angaben über[509]: 290

- Änderungen von Satzung oder Gesellschaftsvertrag;
- Kapitalverhältnisse (Höhe des Kapitals, Kapitalerhöhungen, -herabsetzungen, ggf. Eintritt und Ausscheiden von Gesellschaftern mit bedeutender Beteiligung etc.);
- Zusammensetzung der Organe (AR, ggf. Beirat, gesetzliche Vertreter), i.d.R. kann hierbei auf die entsprechenden Angaben im Anh. verwiesen werden;
- Beschlüsse von Haupt-/Gesellschafterversammlungen (Feststellung des Vorjahresabschlusses, Ergebnisverwendung, Entlastung Geschäftsführer/Vorstand, Entlastung AR und ggf. Beirat);
- Unternehmensverbindungen wie z.B. das Bestehen von Konzernverhältnissen, Abhängigkeitsverhältnissen oder von Unternehmensverträgen (Beherrschungs-, Betriebspacht-, Betriebsüberlassungs-, Betriebsführungs-, Arbeitsgemeinschafts-, Interessengemeinschafts-, Gewinnpoolungs- und Gewinnabführungsverträge);
- wichtige Verträge (z.B. Erbbaurechts-, Pacht-, Miet-, Leasing-, Lizenz-, Konzessions- und Energielieferungsverträge, Preisvereinbarungen, Garantieverträge, langfristige Abnahme- und Lieferverpflichtungen);
- schwebende Rechtsstreitigkeiten;
- bestehende Treuhandverhältnisse;
- bestehende Altersversorgung;
- steuerliche Verhältnisse (z.B. Veranlagungen, bestehende Organschaften, Stand steuerlicher Außenprüfungen, Anpassung des JA an die Ergebnisse der steuerlichen Außenprüfung, Erstellung einer gesonderten Steuerbilanz etc.).

Soweit Änderungen in den rechtlichen Verhältnissen Auswirkungen auf den JA und LB haben, sind sie ggf. zusätzlich in den entsprechenden Abschnitten des PrB darzustellen[510]. 291

Im PrB ist damit z.B. darzustellen, ob der **Vorjahresabschluss** festgestellt und über eine **Ergebnisverwendung** Beschluss gefasst worden ist. Diese Angabe ist von Bedeutung, weil im Falle noch nicht erfolgter Feststellung des Vorjahresabschlusses ggf. Konsequenzen für den BestV zu ziehen sind[511] und bei einer abweichenden Feststellung auch die Saldenvorträge und damit der JA des neuen Geschäftsjahres tangiert würden. 292

Auch wenn dem APr. im Verlauf seiner Prüfung bekannt wird, dass die gesetzlichen Vertreter ihren **Offenlegungspflichten** nicht nachgekommen sind und somit gegen gesetzliche Vorschriften verstoßen haben, ist im PrB darüber zu berichten[512]. Gleiches gilt, wenn ein MU **keinen KA** und **KLB** aufstellt, obwohl es nach den Vorschriften der §§ 290 ff. HGB dazu verpflichtet ist[513]. Solche Verletzungen von Aufstellungs- und Publizitätspflichten sind Gesetzesverstöße von Vorstand bzw. Geschäftsführung nach § 321 Abs. 1 S. 3 HGB, über die im Rahmen der vorangestellten Berichterstattung zu berichten ist[514].

---

509 Vgl. ADS[6], § 321, Tz. 145; BeBiKo[8], § 321, Rn. 92; *IDW PS 450*, Tz. 113.
510 Vgl. *IDW PS 450*, Tz. 113.
511 Zu den möglichen Auswirkungen auf den BestV bei nicht erfolgter Feststellung des Vorjahresabschlusses vgl. *IDW PS 400*, Tz. 99.
512 Vgl. *IDW PS 450*, Tz. 50.
513 Vgl. *IDW PS 450*, Tz. 50.
514 Zur Berichterstattung über Verletzungen von Aufstellungs- und Publizitätspflichten vgl. Tz. 135.

293 In zeitlicher Hinsicht bezieht sich die Berichterstattung über die Veränderungen der rechtlichen Verhältnisse nicht nur auf das Berichtsjahr, sondern hinsichtlich wichtiger Sachverhalte auch auf den **Zeitraum** bis zum Ende der Prüfung[515].

(b) Wirtschaftliche Grundlagen

294 Die Berichterstattung über die **wirtschaftlichen Grundlagen** des geprüften Unternehmens gehört nicht zum gesetzlich bestimmten Pflichtinhalt des PrB. Die gesetzlichen Aufgaben des APr. erfordern jedoch, dass er sich mit den Faktoren auseinandersetzt, welche die wirtschaftliche Lage und Entwicklung des Unternehmens beeinflussen[516]. Eine Darstellung der wirtschaftlichen Grundlagen wird jedoch insbesondere im mittelständischen Bereich vielfach von den Berichtsempfängern erwartetet.

295 Die Angaben zu den wirtschaftlichen Grundlagen des geprüften Unternehmens sollen einen **Überblick** über die allgemeine **wirtschaftliche Situation** und über die **Entwicklung** des Unternehmens vermitteln. Der APr. hat bei seiner Berichterstattung auch zu berücksichtigen, welche Informationen den Berichtsempfängern bereits zur Verfügung stehen und hieran den Umfang seiner Ausführungen auszurichten. Stehen allen Berichtsempfängern z.B. im Anh. oder LB ausreichende und zutreffende Informationen über die wirtschaftliche Situation zur Verfügung, braucht bei einem ausdrücklichen Hinweis auf diese Quellen darauf nicht detailliert eingegangen zu werden. In diesem Fall sollte erwähnt werden, dass sich der APr. dem Inhalt und Ergebnis dieser Information anschließt[517]. Bei einem Unternehmen mit einem weniger gut ausgebauten gesellschaftsinternen Informationssystem sind diese allgemeinen Darstellungen für die Aufsichtsorgane und GmbH-Gesellschafter von größerer Bedeutung als bei einem Unternehmen mit gut ausgebautem Berichtswesen[518].

296 Zur Darstellung der **wirtschaftlichen Grundlagen** kommen (ggf. unter Angabe von Zahlen und Kennziffern) folgende Angaben in Betracht[519]:

– Unternehmenstätigkeit;
– Geschäftsbereiche;
– Produktionsstätten;
– Produktionsprogramm, neue Produkte, Marktentwicklung, Beschaffungs- und Absatzorganisation;
– Umsatzzusammensetzung;
– Auftragseingang und -bestand;
– Umstrukturierungsmaßnahmen;
– größere Investitionsprojekte und deren Finanzierung;
– Betriebserweiterungen oder -stillegungen;
– Personalentwicklung;
– soziale Belange (Tarifentwicklung, soziale Leistungen u.ä.);
– Änderungen in den wirtschaftlichen Verhältnissen von Beteiligungsgesellschaften.

---

515 Ebenso BeBiKo[8], § 321, Rn. 92.
516 Zur Bedeutung der Kenntnisse über die Geschäftstätigkeit sowie das wirtschaftliche und rechtliche Umfeld des Unternehmens im Rahmen der Abschlussprüfung vgl. *IDW PS 230*, Tz. 5.
517 Vgl. BeBiKo[8], § 321, Rn. 93.
518 Vgl. auch ADS[6], § 321, Tz. 144; *Farr*, Insolvenzprophylaxe, S. 269.
519 Vgl. auch *IDW PS 230*, Anh. C 2.

Es ist i.d.R. zweckmäßig, die maßgebenden Daten in Form einer **tabellarischen Gegen-** 297
überstellung über einen Zeitraum von mehreren Jahren darzustellen, da dadurch der Informationswert dieser Angaben für die Berichtsempfänger wesentlich erhöht wird.

Bei der Darstellung der wirtschaftlichen Grundlagen wird sich der APr. vielfach auf **Un-** 298
terlagen des Unternehmens, wie z.B. statistisches Material, stützen[520]. Der PrB muss in diesen Fällen erkennen lassen, inwieweit es sich um Angaben und Auskünfte der Gesellschaft handelt. **Verwendet** der APr. derartiges Datenmaterial, so kann er dieses nicht ungeprüft, d.h. ohne gesonderte Plausibilitätsprüfung, übernehmen.

Eine Prüfung des **Versicherungsschutzes** gehört nicht zu den Aufgaben der Abschluss- 299
prüfung von Gesellschaften[521]. Nimmt der APr. Angaben zum Versicherungsschutz in seine Darstellungen auf, so ist ein ausdrücklicher Hinweis erforderlich, dass die Angemessenheit der Versicherungssummen und die Vollständigkeit des Versicherungsschutzes nicht untersucht wurden.

(c) Sonstige Aufgliederungen und Erläuterungen

Ergänzend zu den gesetzlich geforderten Angaben können umfassende sonstige Aufglie- 300
derungen und Erläuterungen ausgewählter oder aller JA-Posten in eine **Anlage** zum **Prüfungsbericht oder** in einen ggf. zusätzlich erstellten **Anlagenband** aufgenommen werden[522].

e) Sonderfragen der Berichterstattung
aa) Vorlage des Prüfungsberichts

Der APr. hat den unterzeichneten PrB den gesetzlichen Vertretern des geprüften Unter- 301
nehmens vorzulegen (§ 321 Abs. 5 S. 1 HGB), soweit nicht der Prüfungsauftrag vom AR erteilt wurde. Hat der AR den Prüfungsauftrag erteilt, so ist der PrB ihm vorzulegen; den gesetzlichen Vertretern ist vor Zuleitung Gelegenheit zur Stellungnahme zu geben (§ 321 Abs. 5 S. 2 HGB). Zur Vorlage des endgültigen PrB vgl. die Ausführungen unter Tz. 13.

Vor der Zustellung des PrB an die Berichtsadressaten ist dieser i.R. der auftragsbezogenen 302
Qualitätssicherung grds. einer **Berichtskritik** zu unterziehen[523].

Vor der endgültigen Ausfertigung und Auslieferung des PrB ist es üblich, dem geprüften 303
Unternehmen einen **Entwurf** (sog. „Vorabexemplar") zur Durchsicht zuzuleiten, um die richtige und vollständige Erfassung der im PrB zu berücksichtigenden Sachverhalte im Sinne eines letzten Auskunftsersuchens sicherzustellen[524], Schreibfehler zu korrigieren und diesen Entwurf ggf. als Grundlage für eine Schlussbesprechung verwenden zu können. Diese berufsübliche Vorgehensweise ist auch in § 321 Abs. 5 S. 2 HGB gesetzlich festgeschrieben[525]. Hat der AR den Prüfungsauftrag erteilt, wird daher üblicherweise dem Vorstand bzw. der Geschäftsführung durch Zuleitung eines Vorabexemplars Ge-

---

520 Zu den für die Gewinnung von Kenntnissen über die Geschäftstätigkeit geeigneten Quellen vgl. *IDW PS 230*, Tz. 14.
521 Vgl. *Korth*, S. 34. Dagegen bestehen bei Unternehmen der öffentlichen Hand besondere Berichtserstattungserfordernisse.
522 Vgl. *IDW PS 450*, Tz. 99, 111; ADS[6], § 321, Tz. 154.
523 Vgl. § 24d Abs. 1 BS WP/vBP; *Gemeinsame Stellungnahme der WPK und des IDW: Anforderungen an die Qualitätssicherung in der Wirtschaftsprüferpraxis (VO 1/2006)*, Tz. 112; BeBiKo[8], § 321, Rn. 141.
524 Ebenso ADS[6], § 321, Tz. 156; *Forster*, WPg 1998, S. 53.
525 Ebenso ADS[6], § 321, Tz. 156; *Forster*, WPg 1998, S. 53.

legenheit zur Stellungnahme gegeben, bevor der endgültige PrB dem AR vorgelegt wird[526]. Nach a.A. ist den gesetzlichen Vertretern jedoch kein Entwurf, sondern lediglich der endgültige, unterzeichnete PrB vorzulegen, so dass die Vorlage an den AR zeitgleich mit der Stellungnahme der gesetzlichen Vertreter erfolgt[527]. Dies würde zwangsläufig bedeuten, dass nur dem AR ein Entwurfsexemplar zur Durchsicht zuzuleiten wäre. Dieses Vorgehen würde jedoch dem praktischen Bedürfnis eines letzten Auskunftsersuchens an die Vertreter des geprüften Unternehmens nicht entsprechen und ist deshalb auch nicht praxisüblich.

304 Der **Aufsichtsrat** erhält die unterschriebene Endfassung des Berichts[528]. Darüber hinaus kann der AR die Überlassung eines Vorabexemplars des PrB verlangen; dies wird insbesondere bei einer Teilnahme von Mitgliedern des AR an der Schlussbesprechung der Fall sein oder – was der gewohnten Praxis entspricht – wenn das Vorabexemplar als Grundlage für die Bilanzsitzung des Bilanz-/Prüfungsausschusses des AR dient[529].

305 Die Vorabexemplare sind als solche, z.B. durch den Aufdruck „Entwurf" oder „Leseexemplar", eindeutig zu **kennzeichnen**, um eine missbräuchliche Verwendung zu verhindern. Im Einzelfall kann es angeraten sein, alle Vorabexemplare vor der Auslieferung der endgültigen Berichtsexemplare wieder zurückzufordern[530].

bb) Berichterstattung über Zwischenprüfungen

306 Eine Berichterstattung über Zwischenprüfungen (Vorprüfungen) ist gesetzlich nicht vorgeschrieben. Dennoch ist in bestimmten Fällen eine Berichterstattung zweckmäßig oder notwendig. Erkennt der APr. im Rahmen einer Zwischenprüfung Tatbestände, die zu einer Berichterstattung nach **§ 321 Abs. 1 S. 3 HGB** führen, so wird er diese Tatsachen in Form eines Vorabberichts **unverzüglich** den Berichtsadressaten i.S.v. § 321 Abs. 5 HGB **mitteilen**[531].

307 Auch in anderen Fällen kann es erforderlich sein, dass der APr. über das Ergebnis einer Zwischenprüfung gesondert berichtet, insbesondere wenn er **Mängel** des **Rechnungswesens** oder Fehler bei der **Bestandsaufnahme** feststellt. Ein Bericht über eine Zwischenprüfung kommt außerdem in Betracht, wenn dies mit dem Auftraggeber gesondert **vereinbart** ist[532]. Der APr. hat nach dem Grundsatz der Einheitlichkeit der Berichterstattung in den Abschnitt „Gegenstand, Art und Umfang der Prüfung" einen Hinweis auf den Gegenstand und den erstellten Bericht über die Zwischenprüfung aufzunehmen[533].

308 Ein Vor- oder Zwischenbericht hat nicht die rechtliche Wirkung des Berichts über die Prüfung des JA. Er schließt auch nicht mit einem BestV ab.

---

526 Vgl. *IDW PS 450*, Tz. 117. Ebenso *Forster*, WPg 1998, S. 53.
527 Vgl. *Hommelhoff*, BB 1998, S. 2628. Vgl. zu beiden Ansichten BeBiKo[8], § 321, Rn. 134, 141.
528 Vgl. *Forster*, WPg 1998, S. 53.
529 Nach Ansicht von *Lenz/Ostrowski*, BB 1997, S. 1525 erhält der AR oder der Bilanz-/Prüfungsausschuss den Entwurf des PrB gleichzeitig mit den gesetzlichen Vertretern.
530 Vgl. auch ADS[6], § 321, Tz. 157.
531 Vgl. ADS[6], § 321, Tz. 88; HdR[5], § 321, Rn. 92. Zu den Empfängern eines solchen Vorabberichts vgl. Tz. 148.
532 Vgl. *IDW PS 900*, Tz. 33; BoHdR[2], § 321, Rn. 92; HdR[5], § 321, Rn. 92.
533 Vgl. *IDW PS 450*, Tz. 60. Zur Einheitlichkeit der Berichterstattung und den Besonderheiten bei festgestellten Entwicklungsbeeinträchtigungen und Bestandsgefährdungen vgl. Tz. 53, 137.

cc) Berichterstattung über Nachtragsprüfungen

Wird der JA und/oder LB nach Vorlage des PrB geändert[534], hat der APr. diese Unterlagen erneut zu prüfen, soweit es die Änderungen erfordern (§ 316 Abs. 3 S. 1 HGB). Als Änderung in diesem Sinne ist dabei jede Veränderung von Inhalt und Form des JA bzw. LB anzusehen, die über die Korrektur eindeutiger Schreibversehen ohne inhaltliche Bedeutung hinausgeht[535]. Über das Ergebnis dieser **Nachtragsprüfung** ist gemäß § 316 Abs. 3 S. 2 HGB zu berichten. 309

Entsprechend § 321 Abs. 1 S. 1 HGB ist die Berichterstattung **schriftlich** vorzunehmen[536]. Eine schriftliche Berichterstattung ist auch dann erforderlich, wenn der APr. bei der Feststellung des JA anwesend ist und der Änderung mündlich zustimmt[537]. 310

Die schriftliche Berichterstattung erfolgt grds. in Form eines eigenständigen **Nachtragsprüfungsberichts**[538]. Der Nachtragsprüfungsbericht hat zwingend einen Hinweis zu enthalten, dass der ursprünglich erstattete PrB und der Nachtragsprüfungsbericht nur gemeinsam verwendet werden dürfen. Er bezieht sich ausschließlich auf vorgenommene Änderungen, so dass die allgemeinen Gliederungsanforderungen grds. nicht zur Anwendung gelangen[539]. 311

Sofern die Berichterstattung **ausnahmsweise** durch eine **Ergänzung** des **ursprünglichen Prüfungsberichts** erfolgt[540], hat der APr. sicherzustellen, dass ihm sämtliche Exemplare des ursprünglich erstatteten PrB ausgehändigt werden[541]. Alternativ dürfte es vertretbar sein, sich von sämtlichen Berichtsempfängern die physische Vernichtung des ursprünglichen PrB bestätigen zu lassen.

Im Nachtragsprüfungsbericht sind einleitend Angaben zum Auftrag an den APr. zur Prüfung der Änderungen im JA und LB zu machen[542], wobei Hinweise zur Wahl des Nachtragsprüfers entfallen, da die Nachtragsprüfung zwingend durch den APr. durchzuführen ist (§ 316 Abs. 3 HGB). Wird der ursprünglich erstattete PrB ergänzt, sind nur die Angaben zur Beauftragung erforderlich[543]. 312

Die vorgenommenen **Änderungen** sind darzulegen und Art und Umfang der Nachtragsprüfung zu erläutern. Dabei empfiehlt es sich, darauf hinzuweisen, dass die gesetzlichen 313

---

534 Die Änderung von JA oder LB kann auch auf die Feststellung von wesentlichen Unstimmigkeiten zwischen JA oder LB und zusätzlichen Informationen, die zusammen mit JA, LB und BestV veröffentlicht werden sollen bzw. wurden, zurückzuführen sein. Vgl. *IDW PS 202*, Tz. 18. Zur Frage Änderung oder bloße Korrektur eines „Erratums" siehe z.B. ADS[6], § 316, Tz. 65.

535 Vgl. *IDW RS HFA 6*, Tz. 2; ADS[6], § 316, Tz. 65; *Erle*, S. 231.

536 H.M. Vgl. *IDW PS 450*, Tz. 145. Ebenso BoHdR[2], § 316, Rn. 53; BeBiKo[8], § 316, Rn. 28; ADS[6], § 316, Tz. 69.

537 Vgl. BeBiKo[8], § 316, Rn. 28.

538 Vgl. *IDW PS 450*, Tz. 145; BeBiKo[8], § 316, Rn. 25, 28, § 321, Tz. 143. In ganz besonders gelagerten Ausnahmefällen hält es ADS[6], § 316, Tz. 70 für vertretbar, die Berichterstattung über die Nachtragsprüfung durch Aufnahme in das schriftliche Protokoll der Bilanzsitzung zu dokumentieren.

539 Vgl. *IDW PS 450*, Tz. 145.

540 § 316 Abs. 3 S. 2 HGB schreibt nur die Pflicht zu Berichterstattung vor, enthält aber keine nähere Präzisierung der Form und der Art dieser Berichterstattung. Daher wird im Berufsstand z.T. auch die Erweiterung des bisherigen PrB um die Angaben zur Nachtragsprüfung praktiziert. Dieses Vorgehen setzt allerdings das Einziehen sämtlicher Exemplare des ursprünglichen PrB voraus. Vgl. auch ADS[6], § 316, Tz. 69; HdR[5], § 321, Rn. 94; BeBiKo[8], § 321, Rn. 143.

541 Vgl. *IDW PS 450*, Tz. 145. Für den Sonderfall einer Nachtragsprüfung eines durch die HV geänderten JA (§ 173 Abs. 3 AktG) scheidet diese Alternative regelmäßig aus, denn wegen des zumeist langen Zeitraums zwischen der regulären Abschlussprüfung und der Nachtragsprüfung besteht i.d.R. keine Möglichkeit der Einziehung aller bereits weitergegebenen PrB. Vgl. HdR[5], § 321, Rn. 94.

542 Vgl. *IDW PS 450*, Tz. 146, 21.

543 Vgl. *IDW PS 450*, Tz. 146.

Vertreter für die Änderungen die Verantwortung tragen und es Aufgabe des APr. ist, diese im Rahmen seiner pflichtgemäßen Prüfung zu beurteilen[544].

314 Im Nachtragsprüfungsbericht oder der Ergänzung des ursprünglich erstatteten PrB ist festzustellen, ob die vorgenommenen Änderungen den **gesetzlichen Vorschriften** und ggf. den ergänzenden Bestimmungen des **Gesellschaftsvertrags** oder der **Satzung entsprechen** und ob der Abschluss insgesamt nach Vornahme der Änderungen unter Beachtung der GoB oder sonstiger maßgeblicher Rechnungslegungsgrundsätze ein den tatsächlichen Verhältnissen entsprechendes **Bild der Vermögens-, Finanz- und Ertragslage** vermittelt (§ 321 Abs. 2 S. 3 HGB). Für die Berichterstattung über Änderungen des LB gelten die gleichen Berichterstattungsgrundsätze[545] wie für den ursprünglichen LB[546].

315 Unabhängig von der Form der Berichterstattung sind der geänderte JA und LB sowie der ggf. ergänzte bzw. geänderte BestV als **Anlage** beizufügen bzw. in die Berichterstattung über die Nachtragsprüfung aufzunehmen[547].

dd) Berichterstattung bei Bestellung mehrerer Abschlussprüfer (Joint Audit)

316 Werden zwei oder mehr Wirtschaftsprüfer und/oder Wirtschaftsprüfungsgesellschaften zur gemeinsamen Prüfung gewählt und bestellt (**Gemeinschaftsprüfer**)[548], setzt sich das Gesamtergebnis der Abschlussprüfung aus den Prüfungsergebnissen aller dieser Gemeinschaftsprüfer zusammen. Die Gemeinschaftsprüfer sind nur gemeinsam APr. i.S.d. Gesetzes, so dass es auch bei zulässiger Aufteilung der Prüfungsschwerpunkte sachgerecht ist, die Prüfungsergebnisse in einem **gemeinsamen Prüfungsbericht** vorzulegen. Dies kann sich auch aus dem Prüfungsauftrag ergeben[549].

317 In die Berichterstattung zum **Prüfungsauftrag** sind entsprechende Angaben zur gemeinsamen **Bestellung** mehrerer Personen zum APr. aufzunehmen[550].

318 Wegen der Gesamtverantwortung der Gemeinschaftsprüfer für das Prüfungsergebnis soll der PrB **keine Darstellungen** darüber enthalten, welche **Prüfungsgebiete** von welchem Gemeinschaftsprüfer bearbeitet wurden oder welchen Anteil der jeweilige Gemeinschaftsprüfer am gesamten Prüfungsauftrag hatte[551].

319 Über **Beanstandungen** der Gemeinschaftsprüfer ist grds. im Rahmen der „Grundsätzlichen Feststellungen"[552] an geeigneter Stelle zu berichten. Dies gilt auch, wenn die Beanstandung nach Auffassung nur eines der Gemeinschaftsprüfer zu erheben ist[553].

320 **Abweichende Prüfungsfeststellungen** der Gemeinschaftsprüfer, die im Vorfeld der Berichterstattung nicht ausgeräumt werden können, sind im PrB in geeigneter Weise darzustellen[554]. Sofern sich die unterschiedlichen Auffassungen auf klar abgrenzbare Sachverhalte beziehen, dürfte eine Darstellung in einem entsprechenden Zusatzkapitel des PrB,

---

544 Vgl. *IDW PS 450*, Tz. 147.
545 Vgl. *IDW PS 450*, Tz. 28, 71.
546 Vgl. *IDW PS 450*, Tz. 148.
547 Vgl. *IDW PS 450*, Tz. 149. Zum BestV bei Nachtragsprüfungen vgl. *IDW PS 400*, Tz. 107 sowie Tz. 595.
548 Vgl. hierzu *IDW Prüfungsstandard: Zur Durchführung von Gemeinschaftsprüfungen (Joint Audit) (IDW PS 208)*.
549 Vgl. *IDW PS 208*, Tz. 21.
550 Vgl. *IDW PS 208*, Tz. 22.
551 Vgl. *IDW PS 208*, Tz. 23.
552 Zur Berichterstattung i.R. der „Grundsätzlichen Feststellungen" vgl. Tz. 87.
553 Vgl. *IDW PS 208*, Tz. 26.
554 Vgl. *IDW PS 208*, Tz. 25.

ergänzt durch entsprechende Bezugnahmen im übrigen PrB, sachgerecht sein[555]. Auf in diesem Zusammenhang voneinander abweichende BestV ist besonders hinzuweisen.

Allerdings dürfte bei gravierenden Differenzen der beteiligten Gemeinschaftsprüfer in ihrer Beurteilung eine dann auch getrennte Berichterstattung in Frage kommen[556].

Meinungsverschiedenheiten zwischen den Gemeinschaftsprüfern über das Prüfungsergebnis sind soweit möglich im Vorfeld der Berichterstattung auszuräumen. Sie stellen jedenfalls keinen wichtigen Grund zur Kündigung des Prüfungsauftrags i.S.v. § 318 Abs. 6 HGB dar[557]. 321

ee) Berichterstattung bei Kündigung von Prüfungsaufträgen

Kündigt ein wirksam bestellter APr. einen angenommenen Prüfungsauftrag aus wichtigem Grund (§ 318 Abs. 6 und 7 HGB), so hat er über das **Ergebnis seiner bisherigen Prüfung** in entsprechender Anwendung der Vorschriften des § 321 HGB ggü. der zu prüfenden Gesellschaft zu berichten (§ 318 Abs. 6 S. 4 HGB). Diese Bestimmung soll nach der Gesetzesbegründung sicherstellen, dass die Feststellungen des ausscheidenden APr. nicht unter den Tisch fallen, sondern den Gesellschaftsorganen und dem neuen Prüfer bekannt werden. Für diesen Bericht sind die Grundsätze des *IDW PS 450* entsprechend anzuwenden[558]. 322

Die Berichtspflicht gilt nur für Kündigungen nach § 318 Abs. 6 und 7 HGB, nicht jedoch für Kündigungen durch die zu prüfende Gesellschaft in den Fällen des § 318 Abs. 1 S. 5 i.V.m. Abs. 3 HGB nach gerichtlicher Ersetzung oder in den Sonderfällen der Kündigung bei nichtiger Prüferwahl und Wegfall des Prüfers[559].

Unbeschadet dessen ist der bisherige APr. nach § 320 Abs. 4 HGB bei einem Prüferwechsel verpflichtet, dem neuen APr. auf schriftliche Anfrage über das Ergebnis der bisherigen Prüfung zu berichten. Das gilt sowohl für reguläre Prüferwechsel als auch für Kündigungen des Prüfungsauftrags durch den APr. aus wichtigem Grund (§ 318 Abs. 6 und 7 HGB) sowie in den Fällen des Widerrufs des Prüfungsauftrags durch die zu prüfende Gesellschaft (§ 318 Abs. 1 S. 5 i.V.m. Abs. 3 HGB). Die Grundsätze des *IDW PS 450* sind für diese Berichterstattung entsprechend anzuwenden[560].

Der **neue APr.** (Mandatsnachfolger) hat gem. § 26 Abs. 1 BS WP/vBP die Pflicht, sich vor der Annahme des Auftrags seinerseits über den Grund der Kündigung bzw. des Widerrufs und über das Ergebnis der bisherigen Prüfung unterrichten zu lassen. Eine ordnungsgemäße Unterrichtung bedingt dabei die Vorlage zumindest folgender Unterlagen[561]:

- schriftliche Begründung der Kündigung bzw. das Ersetzungsurteil;
- Mitteilung(en) an die WPK;
- Bericht über das Ergebnis der bisherigen Prüfung.

Der Mandatsvorgänger ist verpflichtet, seinem Mandatsnachfolger – auf dessen schriftliche Anfrage hin – die o.g. Unterlagen zu erläutern. Erfolgt eine solche Erläuterung nicht,

---

555 So auch BeBiKo[8], § 321, Rn. 144.
556 So im Ergebnis auch BeBiKo[8], § 321, Rn. 144.
557 Vgl. *IDW PS 208*, Tz. 24.
558 Vgl. *IDW PS 450*, Tz. 150; ADS[6], § 318, Tz. 449.
559 Vgl. *IDW PS 450*, Tz. 150 Abs. 2; BeBiKo[8], § 318, Rn. 36.
560 Vgl. *IDW PS 450*, Tz. 150 Abs. 3. Siehe auch BeBiKo[8], § 318, Rn. 36.
561 Vgl. § 26 Abs. 2 BS WP/vBP.

hat der vorgesehene Mandatsnachfolger die Ablehnung der Auftragsannahme zu prüfen[562].

Diese Pflichten gelten sinngemäß auch für gesetzlich nicht vorgeschriebene Abschlussprüfungen, bei denen ein dem gesetzlichen BestV gem. § 322 HGB nachgebildeter BestV erteilt werden soll[563].

323 Der Bericht ist **schriftlich** zu erstatten und vom APr. zu unterzeichnen. Die nach § 318 Abs. 6 S. 3 HGB erforderliche schriftliche **Begründung seiner Kündigung** sollte dabei auch in den Bericht aufgenommen werden. Die Angaben zum Prüfungsauftrag müssen klar erkennen lassen, dass es sich um einen Bericht anlässlich der Kündigung des Prüfungsauftrags bzw. einen Prüferwechsel handelt[564].

324 Die Berichterstattungspflichten erstrecken sich grds. auf die nach dem *IDW PS 450* bestehenden **Berichtspflichten, soweit** dies dem APr. nach seinen **bis zur Kündigung** des Prüfungsauftrags bzw. bis zum Prüferwechsel durchgeführten Prüfungshandlungen **möglich** ist. Ob und inwieweit der APr. die geforderten Feststellungen treffen kann, hat er nach den Verhältnissen des Einzelfalls zu entscheiden. Insbesondere die Berichterstattung nach § 321 Abs. 1 S. 3 und Abs. 2 S. 2 HGB wird er nur in Ausnahmefällen, wenn die Kündigung erst gegen Ende der Prüfung erfolgt, vornehmen können[565].

325 Der Bericht hat den **Stand** der **Prüfungsarbeiten** klar zu dokumentieren. Der APr. hat darauf hinzuweisen, wenn er bestimmte Vorgänge bis zum Ende seiner Prüfungshandlungen noch nicht abschließend beurteilen konnte, diese sich nach seiner Einschätzung aber auf die Ordnungsmäßigkeit der Rechnungslegung auswirken können[566].

326 Die **Vorlage** des **Prüfungsberichts** hat an die gesetzlichen Vertreter zu erfolgen, wenn diese den Prüfungsauftrag erteilt haben. Die gesetzlichen Vertreter des Unternehmens haben den Bericht unverzüglich dem AR vorzulegen (§ 318 Abs. 7 S. 2 HGB). Der Bericht ist jedem AR-Mitglied oder bei entsprechendem Beschluss des AR den Mitgliedern eines Ausschusses auszuhändigen (§ 318 Abs. 7 S. 4 HGB). Bei einer GmbH besteht die Vorlagepflicht grds. auch ggü. den Gesellschaftern[567]. Ist der Prüfungsauftrag vom AR erteilt worden, ist der PrB diesem vorzulegen. Dem AR obliegen in diesem Fall auch die Pflichten der gesetzlichen Vertreter (§ 318 Abs. 7 S. 5 HGB).

ff) Mängel des Prüfungsberichts

327 Der APr. hat den gesetzlichen Vertretern einen fachlich einwandfreien PrB vorzulegen. Enthält der PrB Sachverhaltsfehler oder fachliche Mängel, so hat der Auftraggeber nach allgemeinem Vertragsrecht **Anspruch auf Beseitigung** der Mängel durch den APr. (§§ 633, 634 BGB). Sämtliche Ausfertigungen des mängelbehafteten PrB sind vom APr. zurückzufordern und gegen mängelfreie Berichtsexemplare zu ersetzen. Ziff. 8 der *Allgemeinen Auftragsbedingungen für Wirtschaftsprüfer und Wirtschaftsprüfungsgesellschaften* (aktueller Stand vom 01.01.2002) modifiziert den Mängelbeseitigungsanspruch

---

562 Vgl. § 26 Abs. 3 BS WP/vBP. Im Falle eines Prüferwechsels ohne Widerruf oder ohne Kündigung des Prüfungsauftrags aus wichtigem Grund beschränken sich Vorlage- und Erläuterungspflichten grds. auf den PrB (vgl. § 26 Abs. 4 BS WP/vBP).
563 Vgl. § 26 Abs. 5 BS WP/vBP.
564 Vgl. *IDW PS 450*, Tz. 151.
565 Vgl. *IDW PS 450*, Tz. 152.
566 Vgl. *IDW PS 450*, Tz. 152. Ebenso BeBiKo[8], § 321, Rn. 147.
567 So die h.M.; vgl. z.B. ADS[6], § 318, Tz. 459; BeBiKo[8], § 318, Rn. 37. Die Nichterwähnung der GmbH-Gesellschafter wird insoweit als redaktionelles Versehen des Gesetzgebers angesehen.

dahingehend, dass er **unverzüglich schriftlich geltend gemacht** werden muss; er verjährt mit Ablauf von zwölf Monaten ab dem gesetzlichen Verjährungsbeginn.

Kommt der APr. dem Verlangen nach **Mängelbeseitigung nicht** nach oder schlägt diese fehl, wären nach allgemeinem Werkvertragsrecht die Gewährleistungsansprüche der §§ 635 ff. BGB (insb. Nacherfüllung u. Minderung) gegeben. Allerdings kann der Auftraggeber nach Ziff. 8 Abs. 1 der Allgemeinen Auftragsbedingungen eine Herabsetzung der Vergütung nur bei fehlgeschlagener Nacherfüllung verlangen. Eine „Selbstvornahme" ist wegen der damit verbundenen Lösung vom Prüfungsvertrag auf Initiative des Auftraggebers, die nur im Fall des § 318 Abs. 1 S. 5 HGB zulässig ist, ausgeschlossen[568]. 328

Für Schäden, die unmittelbar durch einen Mangel des PrB entstehen, und für Mangelfolgeschäden enthält § 323 HGB eine abschließende Sonderregelung. 329

2. Bestätigungsvermerk

a) Grundlagen

aa) Übersicht und allgemeine Grundsätze für die Erteilung

Auf gesetzlicher Grundlage oder aufgrund von Vereinbarungen mit dem Auftraggeber wird das Ergebnis einer Abschlussprüfung in einem BestV zusammengefasst[569]. 330

Durch den BestV werden vom APr. auch diejenigen **Adressaten der Rechnungslegung**, die kein Recht zur unmittelbaren Einsichtnahme in den PrB haben, nämlich Aktionäre, potenzielle Aktienerwerber, Gläubiger, andere Marktpartner, Arbeitnehmer sowie die weitere interessierte Öffentlichkeit über das Ergebnis der Abschlussprüfung unterrichtet[570]. 331

Die Rechtsgrundlage des § 322 HGB für den BestV zum JA und zum KA wurde durch das **KonTraG**[571] und **BilReG**[572] weitgehend neu gefasst. 332

Durch das KonTraG war der bis dahin zwingend vorgeschriebene Wortlaut des BestV (Formeltestat, sog. Kernfassung) entsprechend der wiederholt vorgetragenen Anregung des Berufsstandes[573] durch die Vorgabe eines Mindestinhalts für den BestV ersetzt worden. Bereits in dieser Zusammenfassung des Prüfungsergebnisses nach § 322 HGB a.F. war das eigentliche Prüfungsurteil aufgrund weiterer Pflichtinhalte nur ein Teil des BestV[574].

Durch das BilReG erfolgte eine Anpassung an die zwingenden Vorgaben der Modernisierungsrichtlinie, die eine Vereinheitlichung und Vergleichbarkeit europäischer BestV verfolgt[575]. Die bisherigen Formen des Prüfungsurteils – uneingeschränkter BestV, ein- 333

---

568 Vgl. ADS[6], § 318, Tz. 248.
569 Gemäß § 2 Abs. 1 WPO gehört es zu den beruflichen Aufgaben des WP, BestV über die Vornahme und das Ergebnis durchgeführter Prüfungen von JA wirtschaftlicher Unternehmen zu erteilen; vgl. zu den Grundlagen auch Abschn. A. Zu den dabei anzuwendenden Grundsätzen vgl. *IDW PS 400*, Abschn. 2. Das IDW legt im *IDW PS 400* die Berufsauffassung dar, nach der WP als APr. unbeschadet ihrer Eigenverantwortlichkeit Bestätigungs- bzw. Versagungsvermerke über Abschlussprüfungen erteilen und verdeutlicht zugleich gegenüber der Öffentlichkeit Inhalt und Grenzen des BestV. Dieser *IDW PS* enthält die von WP zu beachtenden Grundsätze zu Form und Inhalt von Bestätigungs- und Versagungsvermerken nach § 322 HGB, vgl. *IDW PS 400*, Tz. 3.
570 Vgl. BeBiKo[8], § 322, Rn. 6.
571 Gesetz v. 27.04.1998, BGBl. I, S. 786.
572 Gesetz v. 04.12.2004, BGBl. I, S. 3166.
573 Vgl. *Gemeinsame Stellungnahme der Wirtschaftsprüferkammer und des Instituts der Wirtschaftsprüfer zum Vorentwurf eines Bilanzrichtlinie-Gesetzes*, WPg 1980, S. 501, 514.
574 Vgl. *Jansen/Pfitzer*, S. 682.
575 Vgl. *Pfitzer/Oser/Orth*, DB 2004, S. 2601.

geschränkter BestV und Versagungsvermerk – wurden um den sog. „disclaimer of opinion", d.h. keine Abgabe eines Prüfungsurteils, erweitert (§ 322 Abs. 2 S. 1 Nr. 4 HGB). Dieser verkörpert rechtlich einen Versagungsvermerk und ist zu erteilen, wenn der APr. nach Ausschöpfung aller angemessenen Möglichkeiten zur Klärung des Sachverhalts nicht in der Lage ist, ein Prüfungsurteil abzugeben (§ 322 Abs. 5 HGB).

334   Weitere Änderungen des § 322 HGB durch das BilReG betrafen im Wesentlichen gesetzgeberische Klarstellungen fachlicher Grundsätze zum BestV und detailliertere Aussagen im Prüfungsurteil:

- die Angabe der angewandten Rechnungslegungs- und Prüfungsgrundsätze;
- die Möglichkeit, Hinweise auf Umstände aufzunehmen, auf die der APr. in besonderer Weise aufmerksam machen möchte, ohne den BestV einzuschränken;
- auch auf bestandsgefährdende Risiken eines Konzernunternehmens gesondert einzugehen, wobei auf Risiken, die den Fortbestand eines TU gefährden, nicht eingegangen werden muss, wenn das TU für die Vermittlung eines den tatsächlichen Verhältnissen entsprechenden Bildes der Vermögens-, Finanz- und Ertragslage des Konzerns von untergeordneter Bedeutung ist;
- die Übereinstimmung des Abschlusses mit den gesetzlichen Vorschriften ausdrücklich zu erklären;
- die Bezugnahme außer auf die GoB auch auf sonstige maßgebliche Rechnungslegungsgrundsätze;
- festzustellen, ob der LB/KLB mit dem JA/KA und ggf. mit dem EA nach § 325 Abs. 2a HGB in Einklang steht;
- bei der Beurteilung des Prüfungsergebnisses der Lageberichterstattung ist auch darauf einzugehen, ob neben den Risiken auch die Chancen zutreffend dargestellt sind;
- für den Fall eines negativen Prüfungsurteils werden die Voraussetzungen für die Erteilung eines eingeschränkten BestV präzisiert (§ 322 Abs. 4 S. 4 HGB); sind diese nicht gegeben, ist ein Versagungsvermerk nach § 322 Abs. 2 Nr. 3 oder 4 zu erteilen.

335   Der BestV enthält ein **Gesamturteil** des APr. über das Ergebnis der pflichtgemäß durchgeführten Prüfung, wobei die Übereinstimmung der Rechnungslegung mit den für das Unternehmen geltenden Vorschriften beurteilt wird[576]. Das Gesamturteil ergibt sich dabei nicht lediglich als Summe der Einzelurteile über die Teilgebiete des Prüfungsgegenstandes, sondern erfordert eine Gewichtung der Einzelergebnisse und die Ableitung eines abschließenden Gesamturteils durch den APr[577]. Der Inhalt der pflichtgemäßen Prüfung ist bestimmt durch die gesetzlichen Anforderungen und die weiteren beruflichen und fachlichen Grundsätze[578].

336   Der **Inhalt des Bestätigungsvermerks** entspricht dem Ziel der Abschlussprüfung, Feststellungen zur Übereinstimmung der Rechnungslegung mit den für das geprüfte Unternehmen geltenden Vorschriften zu treffen. Es ist festzustellen, ob die Prüfung zu Einwendungen geführt hat, ob der JA/KA den gesetzlichen Vorschriften und ggf. dem Gesellschaftsvertrag bzw. der Satzung entspricht, ob – bei KapGes. und bestimmten Personenhandelsgesellschaften i.S.v. § 264a HGB – der JA/KA unter Beachtung der GoB oder sonstiger maßgeblicher Rechnungslegungsgrundsätze ein den tatsächlichen Verhältnissen entsprechendes Bild der Vermögens-, Finanz- und Ertragslage der Gesellschaft vermittelt, sowie, ob der LB/KLB ein zutreffendes Bild von der Lage des Unternehmens bzw. des Konzerns vermittelt und die Chancen und Risiken der zukünftigen Entwicklung zu-

---

576   Vgl. *IDW PS 400*, Tz. 8.
577   Vgl. *IDW PS 400*, Tz. 9.
578   Vgl. insb. *IDW PS 200, IDW PS 201*.

2084

Berichterstattung über die Jahresabschlussprüfung von Kapitalgesellschaften   Q

treffend dargestellt sind. Außerdem ist zu beschreiben, wie die Prüfung durchgeführt wurde und darauf hinzuweisen, dass die gesetzlichen Vertreter den Abschluss zu verantworten haben. Zur Verdeutlichung der Begrenztheit seines Urteils hat der APr. im BestV darüber hinaus auch darauf hinzuweisen, dass diese Aussage „auf seiner Beurteilung beruht" und „aufgrund der bei der Prüfung gewonnenen Erkenntnisse" gemacht wird.

Der BestV ist ein **Positivbefund**; bei Verstößen gegen Rechnungslegungspflichten in begrenztem Rahmen ist eine Einschränkung des BestV möglich, wenn der Prüfer sich insgesamt ein positives Gesamturteil gebildet hat, auf Teilgebieten jedoch Einwendungen erhebt. Ein eingeschränkter BestV muss sich unmissverständlich von einem uneingeschränkten BestV unterscheiden. Ist kein positives Gesamturteil über die Rechnungslegung möglich oder ist es nicht möglich, ein Prüfungsurteil abzugeben, ist ein **Versagungsvermerk** zu erteilen. 337

Für die Erteilung eines BestV sind **weitere allgemeine Voraussetzungen**: 338
– Der Prüfer muss zur Abgabe dieses Urteils berechtigt sein; dazu muss er wirksam bestellt und beauftragt sein. Dies folgt bei AG, KGaA und GmbH daraus, dass ein JA nach § 316 HGB i.V.m. § 256 Abs. 1 Nr. 2 und 3 AktG nicht festgestellt werden kann, wenn es bei gesetzlicher Prüfungspflicht an der wirksamen Abschlussprüfung mangelt; an der Wirksamkeit i.S.v. § 316 ff. HGB mangelt es, wenn der JA von Personen geprüft worden ist, die nicht zum APr. bestellt worden bzw. nicht berechtigt sind[579]. Ein dennoch festgestellter JA ist gem. bzw. analog § 256 Abs. 1 Nr. 3 AktG nichtig. Mit den Berufsgrundsätzen der Unabhängigkeit und Unbefangenheit (§§ 43 Abs. 1 und 2, 49 WPO) ist es im Übrigen grds. nicht zu vereinbaren, einen BestV unter einem Vorbehalt der Bestellung zum APr. abzugeben[580].
– Der BestV darf erst erteilt werden, nachdem die für die Beurteilung erforderliche Prüfung materiell abgeschlossen ist. Eine vorherige Mitteilung über die Absicht, einen BestV zu erteilen, ist keine Erteilung des BestV[581]. Der PrB muss noch nicht fertiggestellt und damit die Prüfung formal noch nicht beendet sein[582]. Die Erteilung hat in Schriftform zu erfolgen. Dies folgt aus § 322 Abs. 7 S. 1 HGB, wonach der BestV vom APr. zu unterzeichnen ist.

Zu einem **früheren Zeitpunkt**, insb. wenn z.B. nur Buchführung, Bilanz und GuV, nicht jedoch Anh. und LB bereits abschließend geprüft sind, kann der APr. lediglich Aufschluss über das bisherige Ergebnis seiner Arbeiten geben. Ist das voraussichtliche Gesamtergebnis der Prüfung bereits zu überblicken, kann der APr. dem Unternehmen und auch dem AR mitteilen, dass er aufgrund der bisherigen Prüfungsergebnisse keine Einwendungen zu erheben hat und er unter dem Vorbehalt, dass die weitere Prüfung das bisherige Prüfungsergebnis bestätigt, einen uneingeschränkten BestV erteilen wird. Hierbei handelt es sich jedoch weder um die Erteilung des BestV, noch um eine verbindliche Inaussichtstellung desselben, sondern um einen Zwischenbescheid über den Stand der Prüfungsarbeiten[583]. 339

Sind vom APr. **keine Einwendungen** zu erheben, so hat er die in § 322 Abs. 1 bis 3 u. 6 HGB vorgeschriebenen Erklärungen abzugeben. Gegebenenfalls sind Ergänzungen des 340

---

579 Zu den Voraussetzungen für eine wirksame Bestellung zum APr. gehört nach § 322 Abs. 1 S. 3 HGB auch das Vorliegen einer Bescheinigung über die Teilnahme an der Qualitätskontrolle nach § 57a WPO bzw. einer Ausnahmegenehmigung.
580 Zur Ausnahme von diesem Grundsatz, vgl. ADS[6], § 322, Tz. 84.
581 Vgl. *IDW PS 400*, Tz. 14 zur Ankündigung des BestV.
582 Vgl. BoHdR[2], § 322 HGB, Rn. 71; ebenso ADS[6], § 322, Tz. 78.
583 Vgl. ADS[6], § 322, Tz. 75; ebenso *IDW PS 400*, Tz. 14.

2085

Prüfungsurteils aufzunehmen, die sich aus anderen gesetzlichen Vorschriften oder aus vertraglichen bzw. gesellschaftsvertraglichen Erweiterungen des Prüfungsauftrags, wenn diese zusätzliche Normen für den JA oder den LB betreffen, ergeben können[584]. In Einzelfällen können auch Hinweise auf bei der Prüfung festgestellte Besonderheiten sachgerecht sein[585].

Sind **Einwendungen** zu erheben, so hat der APr. gem. § 322 Abs. 4 HGB seine Erklärung nach Abs. 3 einzuschränken oder zu versagen, wobei die Einschränkung oder die Versagung zu begründen ist. Einschränkungen des BestV sind so darzustellen, dass deren Tragweite deutlich erkennbar wird. Voraussetzung für eine Einschränkung ist jedoch, dass der geprüfte Abschluss unter Beachtung der in ihrer Tragweite erkennbaren Einschränkung noch ein den tatsächlichen Verhältnissen im Wesentlichen entsprechendes Bild der Vermögens-, Finanz- und Ertragslage vermittelt. Eine Versagung ist nicht mehr als BestV zu bezeichnen (Versagungsvermerk).

341 Der BestV oder der Versagungsvermerk sind auf dem JA anzubringen oder mit diesem und ggf. dem LB fest zu verbinden[586].

Nach § 322 Abs. 7 HGB hat der APr. den BestV oder den Versagungsvermerk unter Angabe von Ort und Tag zu unterzeichnen. Der BestV oder der Versagungsvermerk ist im PrB wiederzugeben[587].

342 Bei der **Offenlegung** des JA nach § 325 HGB durch elektronische Einreichung beim Betreiber des elektronischen Bundesanzeigers und bei der Veröffentlichung oder Vervielfältigung in anderer Form aufgrund der Satzung/des Gesellschaftsvertrags ist jeweils der vollständige Wortlaut des BestV bzw. des Vermerks über dessen Versagung wiederzugeben (§ 328 Abs. 1 Nr. 1 HGB).

Der BestV bzw. der Versagungsvermerk ist in elektronischer Form einzureichen und somit nicht vom APr. zu unterzeichnen[588].

343 Nach § 325 Abs. 3a HGB ist es möglich, die BestV zum JA und zum KA des MU ebenso wie die PrB **zusammenzufassen**. Voraussetzung ist die gemeinsame Offenlegung des JA und des KA des MU[589]. Bei der Formulierung des zusammengefassten BestV ist auf die Vollständigkeit der jeweils erforderlichen Aussagen zum JA und zum KA zu achten.

344 Aus § 322 HGB wird ein **Rechtsanspruch** des prüfungspflichtigen Unternehmens **auf Erteilung des Bestätigungsvermerks** bzw. Versagungsvermerks begründet, den es gerichtlich verfolgen kann; eine Zwangsvollstreckung kommt nach § 888 Abs. 1 ZPO in Betracht[590]. Der APr. ist der Gesellschaft zum Schadenersatz verpflichtet, wenn er die Erteilung des BestV schuldhaft verzögert oder ihn unberechtigt einschränkt oder versagt.

bb) Aufgabenstellung und Aussagefähigkeit

345 Der APr. bringt im BestV zum Ausdruck,

– dass die gesetzlichen Vertreter den JA zu verantworten haben;

---

584 Vgl. Tz. 532.
585 Vgl. Tz. 537.
586 Vgl. *IDW PS 400*, Tz. 80, *IDW PH 9.450.2*, Tz. 3.
587 Vgl. ADS[6], § 322, Tz. 334, 348.
588 Vgl. *Kersting* in: Großkomm. HGB[5], § 325, Tz. 35.
589 Vgl. hierzu auch Tz. 756.
590 H.M. Vgl. auch grds. *Mai*, S. 134; MünchKomm. HGB[2], § 322, Rn. 4.

- dass die Abschlussprüfung pflichtgemäß stattgefunden hat und er diese pflichtgemäß, d.h. nach den geltenden Berufsgrundsätzen, durchgeführt hat;
- wie er die Prüfung durchgeführt hat und
- dass er sich ein positives Gesamturteil über die Übereinstimmung der Buchführung, des JA und des LB mit den jeweiligen für das geprüfte Unternehmen geltenden Vorschriften gebildet hat bzw. bei einer Versagung des Vermerks nicht gebildet hat[591].

Die Rechnungslegung – und damit die Aufstellung von JA und LB – stehen in der alleinigen Verantwortung der gesetzlichen Vertreter des geprüften Unternehmens. Der APr. übernimmt im Rahmen seiner vom Gesetz vorgeschriebenen Aufgaben eine gewisse Mitverantwortung für die **Ordnungsmäßigkeit** der Rechnungslegung des von ihm geprüften Unternehmens. Hieraus können Fragen zur Haftung ggü. Dritten nicht abgeleitet werden. Die Auffassung, dass der BestV eine Art öffentlichen Glaubens genießt, erscheint jedoch wegen der begrenzten Aussage des BestV zu weitgehend[592]. Der BestV ist insbesondere kein Gütesiegel in Bezug auf die wirtschaftliche Lage des geprüften Unternehmens[593]. 346

Die nach § 322 HGB verlangte inhaltliche Darstellung des BestV verweist auf den JA und LB als **Informationsquelle**. Hierzu wird durch die Formulierung des BestV auch klargestellt, dass der JA kein absolutes Bild der wirtschaftlichen Lage darstellt, sondern nur innerhalb der Grenzen der GoB bzw. der sonstigen maßgeblichen Rechnungslegungsgrundsätze ein den tatsächlichen Verhältnissen entsprechendes Bild der Vermögens-, Finanz- und Ertragslage vermitteln kann. Die Bezugnahme auf die GoB bedeutet eine **Relativierung der Abbildung der Realität**[594]. Das den tatsächlichen Verhältnissen entsprechende Bild der wirtschaftlichen Lage ist bestimmt durch die gesetzlichen Rechnungslegungsvorschriften einschl. der GoB bzw. den sonstigen maßgeblichen Rechnungslegungsgrundsätzen. 347

Der BestV nach § 322 HGB beinhaltet **keine unmittelbare und eigene Beurteilung der wirtschaftlichen Lage** des geprüften Unternehmens als solche[595]. Der Aussagegehalt eines geprüften Abschlusses ist begrenzt auf die Erkenntnismöglichkeiten, die aus einem ordnungsgemäß aufgestellten JA zu gewinnen sind. Die richtige Beurteilung der wirtschaftlichen Lage anhand von JA und LB ist auch und insb. von der persönlichen Kenntnis des Adressaten der Rechnungslegung („Bilanzleser") abhängig[596]. 348

Seit der Einführung der gesetzlichen Pflichtprüfung ist stets die **„Erwartungslücke"** zwischen den Vorstellungen der Informationsempfänger und dem gesetzlich normierten Zweck und Umfang der Abschlussprüfung Gegenstand der Diskussion[597]. Die Ursache einer solchen „Erwartungslücke" liegt häufig in der fehlenden Kenntnis der Rechnungslegungs- und Prüfungsnormen. Der Berufsstand der WP sieht diese Inkongruenz als problematisch und abbaubedürftig an, da das Vertrauen der Öffentlichkeit Fundament der Abschlussprüfung ist. Seit der grundlegenden Neugestaltung des § 322 HGB durch das KonTraG soll dem APr. durch den Verzicht auf eine Festlegung des Wortlauts des BestV 349

---

591 Vgl. *IDW PS 400*, Tz. 8.
592 So auch ADS[6], § 322, Tz. 23. Zur Rolle des APr. im Hinblick auf den öffentlich-rechtlichen Charakter der Rechnungslegungsvorschriften vgl. *Müller, W.*, S. 83.
593 Vgl. ADS[6], § 322, Tz. 24 m.w.N.; BeBiKo[8], § 322, Rn. 9 m.w.N.
594 So schon *Leffson*, in: FS Goerdeler, S. 324.
595 Vgl. *IDW PS 400*, Tz. 8; BoHdR[2], § 322, Rn. 23; ADS[6], § 322, Tz. 24; BeBiKo[8], § 322, Rn. 9.
596 So schon *Hofmeister*, DB 1984, S. 1587 m.w.N.
597 Grundlegend *Clemm*, WPg 1977, S. 145; vgl. auch die Literaturdiskussion bei *Erle*, S. 2; *Forster*, in: FS Helmrich, S. 613 ff.; *Forster*, in: FS Moxter, S. 959.

und durch die Vorgabe der weiteren Pflichtinhalte ermöglicht werden, durch eine vorbildliche Formulierung die Erwartungslücke zu schließen[598].

350 Die Vorstellung, dass ein vom APr. uneingeschränkt bestätigter JA Gewähr für die Gesundheit des Unternehmens biete, kann der BestV nicht erfüllen, da der APr. nicht bestätigt, dass die wirtschaftlichen Verhältnisse in Ordnung sind, sondern allein feststellt, dass die Rechnungslegung der gesetzlichen Vertreter **normengerecht** ist. So ist der APr. verpflichtet, den BestV grds. auch dann uneingeschränkt zu erteilen, wenn die Lage des Unternehmens zu ernsten Besorgnissen Anlass gibt oder wenn der Zusammenbruch des Unternehmens droht, sofern der JA unter Berücksichtigung der zutreffenden Annahme über die Unternehmensfortführung gemäß § 252 Abs. 1 Nr. 2 HGB ordnungsgemäß erstellt ist und im LB in dem gesetzlich gebotenen Umfang auf die Lage des Unternehmens, d.h. insb. auf die Bestandsrisiken (§ 289 Abs. 1 HGB), eingegangen worden ist. Allerdings hat der APr. im BestV die Rechnungslegungsadressaten – auch bei uneingeschränkt positiver Gesamtaussage zum JA und LB – über die Risiken, die den Fortbestand des Unternehmens gefährden, gesondert zu informieren (§ 322 Abs. 2 S. 3 HGB).

351 Zur Aussagefähigkeit des JA selbst ist im Übrigen zu beachten, dass die Rechnungslegung nur den Aussagewert haben kann, den ihr der Gesetzgeber im Wege des Interessenausgleichs zugedacht hat[599]. Da der JA und zum Teil auch der LB vergangenheitsorientiert und stichtagsbezogen sind, wird zwangsläufig die Fähigkeit der Rechnungslegung, über die künftige wirtschaftliche Entwicklung Auskunft zu geben, wesentlich eingeschränkt. Diese systembedingten Grenzen der Jahresabschlussrechnungslegung stellen auch für die Aussagen des APr. eine vorgegebene Beschränkung dar. Die **Aussagefähigkeit des Bestätigungsvermerks** muss an den **tatsächlichen Möglichkeiten** gemessen werden. Dabei dienen die Durchführung der Prüfung nach den GoA, die Beschreibung der Prüfungsdurchführung und die Aufnahme detaillierterer Pflichtinhalte des BestV in der Fassung des BilReG sowie z.B. die Einschränkungspflichten bei unzureichender Darstellung in Anh. und LB der Urteilsfindung des Rechnungslegungsadressaten.

352 Die Abschlussprüfung hat nicht die Aufgabe, die Geschäftsführung der gesetzlichen Vertreter zu untersuchen und festzustellen, was im Einzelnen anders oder besser gemacht werden soll: der BestV ist **kein Urteil über die Geschäftsführung**. Auch wenn der APr. schwerwiegende Verstöße der gesetzlichen Vertreter oder von Arbeitnehmern gegen Gesetz oder Satzung bzw. Gesellschaftsvertrag i.S.v. § 321 Abs. 1 S. 3 HGB festgestellt hat, sind hieraus – die Ordnungsmäßigkeit des JA vorausgesetzt – keine Folgerungen für den BestV zu ziehen; auf die Verstöße ist (nur) im PrB, i.R. der vorangestellten Berichterstattung, einzugehen[600]. Selbst eine Stellungnahme zur Bilanzpolitik der gesetzlichen Vertreter enthält der BestV nicht: Steht diese im Einklang mit den Vorschriften von Gesetz und Satzung bzw. Gesellschaftsvertrag, so ist der BestV ohne Rücksicht darauf zu erteilen, ob die Bilanzpolitik der gesetzlichen Vertreter, etwa die Ausübung von Bilanzierungs- und Bewertungswahlrechten oder die Ergebnisverwendung, nach Ansicht des APr. zweckmäßig ist. Es ist ausschließlich Aufgabe der für die Abschlussfeststellung zuständigen Organe, über die **Zweckmäßigkeit der Bilanzpolitik** zu entscheiden[601].

---

598 Vgl. Regierungsbegründung zum Entwurf des KonTraG, BT-Drs. 13/9712, S. 29.
599 Vgl. *Havermann*, WPg 1988, S. 617.
600 Vgl. *IDW PS 450*, Tz. 44.
601 Vgl. MünchKomm. AktG², § 171, Rn. 13–15; ADS⁶, § 171 AktG, Tz. 21.

cc) Rechtliche Wirkung und tatsächliche Bedeutung

Die zentrale **rechtliche Bedeutung des Bestätigungsvermerks** folgt aus der **Feststellungssperre**, wonach der JA bei prüfungspflichtigen KapGes. erst festgestellt werden kann, wenn die Jahresabschlussprüfung stattgefunden hat und der PrB vorliegt, in den der BestV bzw. der Vermerk über seine Versagung aufzunehmen ist (§§ 316 Abs. 1 S. 2, Abs. 2 S. 2, 322 Abs. 7 HGB). Auch die durch das BilReG in das HGB eingeführte Nichtabgabe eines Prüfungsurteils (Disclaimer of Opinion) ist eine Beurteilung des Prüfungsergebnisses aufgrund einer durchgeführten Jahresabschlussprüfung. Hat keine Prüfung stattgefunden, kann kein Vermerk, also auch kein Versagungsvermerk, erteilt werden[602]. Bei prüfungspflichtigen KapGes. ist ein dennoch festgestellter JA nichtig, d.h. rechtsunwirksam (gemäß bzw. analog § 256 Abs. 1 Nr. 2 AktG). 353

Bei einer **Einschränkung oder Versagung des Bestätigungsvermerks** muss der AR den Einwendungen des APr. nachgehen und in seinem Bericht dazu Stellung nehmen (§ 171 Abs. 2 S. 3 AktG, § 52 Abs. 1 GmbHG). Durch die Einschränkung oder Versagung des BestV ist der AR jedoch nicht gehindert, den JA zu billigen und damit seine Feststellung herbeizuführen oder der HV vorzuschlagen, den JA in der geprüften, mit Einwendungen behafteten Form festzustellen[603]. Der AR muss jedoch ggf. begründen, warum er im Gegensatz zum APr. glaubt, keine Einwendungen erheben zu müssen, und deshalb keine Änderung von JA und/oder LB für erforderlich hält (§ 171 Abs. 2 S. 4 AktG)[604]. Auch die HV ist nicht gehindert, einen JA, zu dem der APr. lediglich einen eingeschränkten BestV erteilt oder zu dem er den BestV versagt hat[605], nach § 173 Abs. 1 AktG festzustellen; sie kann einen solchen JA auch ihrem Gewinnverwendungsbeschluss zugrunde legen[606]. Diese Regeln gelten bei der GmbH analog für AR (§ 171 Abs. 2 S. 3 AktG i.V.m. § 52 Abs. 1 GmbHG) und Gesellschafterversammlung. 354

Ist der festgestellte JA jedoch nichtig (bei der AG nach § 256 AktG, bei der GmbH in analoger Anwendung der aktienrechtlichen Vorschriften), so ist auch der entsprechende Gewinnverwendungsbeschluss nichtig (bei der AG nach § 253 AktG, bei der GmbH in entsprechender Anwendung)[607]. 355

§ 329 Abs. 1 HGB verlangt vom **Betreiber des elektronischen Bundesanzeigers**, neben der fristgemäßen Einreichung die Vollzähligkeit der Unterlagen zu prüfen. Der BestV ist eine der in § 325 Abs. 1 und 3 HGB aufgeführten Unterlagen und gehört nicht zum Inhalt des JA, so dass auch zu prüfen ist, ob der JA mit einem BestV oder einem Versagungsvermerk versehen ist[608]. Bereits durch das BiRiLiG ist die Verpflichtung des § 177 Abs. 3 S. 2 AktG 1965, wonach das damals zuständige Registergericht zu prüfen hatte, ob der JA offensichtlich nichtig ist, ersatzlos entfallen, so dass auch ein eingeschränkter oder versagter BestV zum JA einer KapGes. keinen Anlass für den Betreiber des elektronischen Bundesanzeigers zu einer eigenen Prüfung auf offensichtliche Nichtigkeit des JA darstellt[609]. 356

---

602 Vgl. ADS⁶, § 322, Tz. 34.
603 Vgl. ADS⁶, § 322, Tz. 34; vgl. allgemein auch *Forster*, ZfB 1988, S. 783.
604 Vgl. Großkomm. AktG⁴, § 171 AktG, Rn. 32; ADS⁶, § 171 AktG, Tz. 72; MünchKomm. AktG², § 171, Rn. 39.
605 Bei Versagung des BestV muss im Hinblick auf die Feststellungsmöglichkeiten grds. nach den Gründen der Versagung differenziert werden. Vgl. ADS⁶, § 322, Tz. 37.
606 Vgl. BoHdR², § 322, Rn. 67; ADS⁶, § 322, Tz. 34; BeBiKo⁸, § 322, Rn. 11.
607 Vgl. *Baumbach/Hueck*, GmbHG¹⁹, Anh. § 47, Rn. 62.
608 Vgl. BeBiKo⁸, § 329, Rn. 4.
609 Vgl. BeBiKo⁸, § 329, Rn. 5; so auch ADS⁶, § 329, Tz. 4 zur Prüfungspflicht durch das Registergericht nach alter Rechtslage.

357 Für die **gesetzlichen Vertreter** – und je nach Lage des Falls unter Umständen auch für den AR – kann eine Einschränkung oder Versagung des BestV zu einer Versagung der Entlastung (§§ 119 Abs. 1 Nr. 3, 120 AktG, § 46 Nr. 5 GmbHG) führen[610]; jedoch ist die HV/ Gesellschafterversammlung nicht gehalten, aus der Einschränkung oder Versagung des BestV Folgerungen für die Entlastung der Verwaltung zu ziehen. Beruht die Einschränkung oder Versagung des BestV auf einer unzulässigen Unterbewertung von Posten des JA oder auf einer Unvollständigkeit des Anh., so kann dies bei einer AG für die Aktionäre Anlass sein, gemäß § 258 AktG eine Sonderprüfung zu beantragen.

358 Keine unmittelbaren Rechtsfolgen ergeben sich aus einer evtl. **rechtswidrigen Erteilung bzw.** Einschränkung des BestV resp. eines Versagungsvermerks durch den APr. § 334 Abs. 2 HGB sieht allein vor, dass derjenige, der einen BestV nach § 322 HGB erteilt, ordnungswidrig handelt, wenn er oder die WPG, für die er tätig ist, aufgrund der Ausschlussgründe der §§ 319 Abs. 2 ff., 319a u. 319b HGB nicht APr. sein darf. § 256 Abs. 1 Nr. 3 AktG stellt durch enumeratives Aufführen klar, dass Verstöße des APr. gegen die in § 334 Abs. 2 HGB genannten Vorschriften nicht zur Nichtigkeit des JA führen[611].

Verstöße gegen § 334 Abs. 2 HGB stellen Ordnungswidrigkeiten dar; die Sanktion richtet sich ausschließlich gegen den WP.

Lediglich eine fehlende „Prüferbefähigung" i.S.v. § 319 Abs. 1 HGB bzw. Art. 25 EGHGB zieht die Nichtigkeit des – dann definitionsgemäß nicht ordnungsgemäß geprüften – JA nach sich (§ 256 Abs. 1 Nr. 3 AktG). Dieser Gesetzesverstoß wird umgekehrt aber nicht von § 334 Abs. 2 HGB sanktioniert; denn der BestV gilt in einem solchen Fall rechtlich als überhaupt nicht erteilt[612].

359 In folgenden Fällen hat die Erteilung eines **uneingeschränkten Bestätigungsvermerks** direkte, unmittelbare **Bedeutung für die Wirksamkeit von Beschlüssen der Gesellschaftsorgane**: bei einer Änderung des JA (ausgenommen die Änderung der Gewinnverwendung durch die HV), bei der Kapitalerhöhung aus Gesellschaftsmitteln, bei der Ausgabe von Belegschaftsaktien im Falle eines genehmigten Kapitals sowie bei der Kapitalerhöhung aus Gesellschaftsmitteln der GmbH.

- **Ändert die HV den JA,** so werden ihre vor Beendigung der dann erforderlichen Nachtragsprüfung gefassten Beschlüsse über die Feststellung dieses JA und die Gewinnverwendung nach § 173 Abs. 3 AktG erst wirksam, wenn der APr. binnen zwei Wochen seit der Beschlussfassung einen hinsichtlich der Änderungen uneingeschränkten BestV erteilt hat, anderenfalls werden sie nichtig.

- Dem Beschluss der HV über eine **Kapitalerhöhung aus Gesellschaftsmitteln** kann gem. § 209 Abs. 1 AktG die letzte Jahresbilanz nur zugrunde gelegt werden, wenn diese mit dem uneingeschränkten BestV des APr. versehen ist. Anderenfalls hat das Registergericht die Eintragung der Kapitalerhöhung abzulehnen[613]. Entsprechendes gilt für eine andere dem Kapitalerhöhungsbeschluss zugrunde gelegte Bilanz (§ 209 Abs. 3 S. 2 AktG).

- Besteht ein **genehmigtes Kapital** und sieht die Satzung vor, dass die neuen Aktien an Arbeitnehmer der Gesellschaft ausgegeben werden können (§ 202 Abs. 4 AktG), so kann die auf diese Aktien zu leistende Einlage in bestimmten Grenzen auch aus dem

---

610 Vgl. auch BeBiKo[8], § 322, Rn. 14.
611 Vgl. BeBiKo[8], § 334, Rn. 43; § 319, Rn. 92; *Hüffer,* AktG[9], § 256, Rn. 14.
612 Zu den damit verbundenen Rechtsfolgen für den WP vgl. A Tz. 335 f.
613 Vgl. *Hüffer,* AktG[9], § 210, Rn. 6.

Jahresüberschuss gedeckt werden, wenn der betreffende JA mit dem uneingeschränkten BestV des APr. versehen ist (§ 204 Abs. 3 AktG).
- Nach § 57e Abs. 1 GmbHG gilt bei einer **Kapitalerhöhung aus Gesellschaftsmitteln einer GmbH** ebenfalls die Pflicht zur Vorlage einer mit einem uneingeschränkten BestV versehenen Jahresbilanz[614].

Trotz der dargelegten Grenzen in rechtlicher Hinsicht und in der norm- und sachverhaltsbedingten Aussagefähigkeit ist die tatsächliche Bedeutung des BestV als einziges öffentliches Urteil über die Rechnungslegung in der Praxis erheblich, denn die Gesellschaftsorgane bemühen sich in aller Regel mit Rücksicht auf das Ansehen der Gesellschaft, einen BestV zu erhalten, der ihnen die Ordnungsmäßigkeit der Rechnungslegung uneingeschränkt bestätigt[615]. Insoweit ergibt sich auch ein Erwartungsdruck aus der dargestellten Erwartungslücke. Die gesetzlichen Vertreter vermeiden es möglichst, durch Verstöße gegen gesetzliche, zum Schutz der Aktionäre oder der Gesellschafter, der Gläubiger und der Öffentlichkeit geschaffene Bestimmungen, den guten Ruf ihrer Gesellschaft zu gefährden, etwaige Darlegungs- und Beweiserleichterungen bei Vorliegen eines uneingeschränkten BestV zu verlieren und wirtschaftliche Nachteile zu riskieren, z.B. hinsichtlich der Kreditfähigkeit. Sie sind bemüht, etwaige Einwendungen des APr. während der Prüfung oder vor Feststellung des JA auszuräumen. Daher ist der BestV das wirksamste Instrument zur Erreichung einer den gesetzlichen Vorschriften entsprechenden Rechnungslegung[616]. Er erfüllt in der Wirtschaft eine wesentliche Ordnungsfunktion („Reglerfunktion" der Jahresabschlussprüfung). 360

b) Inhalt und Bestandteile des Bestätigungsvermerks
aa) Allgemeines

Im *IDW Prüfungsstandard: Grundsätze für die ordnungsmäßige Erteilung von Bestätigungsvermerken bei Abschlussprüfungen* (**IDW PS 400**) werden die vom WP als APr. – unbeschadet seiner Eigenverantwortlichkeit – zu beachtenden Grundsätze zu Form und Inhalt von BestV bzw. Versagungsvermerken gem. § 322 HGB dargelegt. Diese Grundsätze entsprechen grundsätzlich den International Standards on Auditing, soweit nicht das deutsche Recht in Einzelfällen Abweichungen erfordert, und berücksichtigen ergänzende Anforderungen, die sich aus der deutschen Berufsübung ergeben[617]. 361

In § 322 HGB werden die Kernformulierungen des BestV (§ 322 Abs. 3 S. 1 HGB) ihrem Wesen nach, nicht in ihrem Wortlaut vorgegeben und die weiteren Mindestinhalte, ohne Vorgabe einer Reihenfolge, lediglich **inhaltlich** umschrieben, um dem Prüfer etwas mehr Spielraum bei der Abfassung des BestV zu geben[618]. Dabei ist zu berücksichtigen, dass durch nicht standardisierte Formulierungen von BestV die Gefahr besteht, dass von den Adressaten eine auf ihre jeweiligen individuellen Informationsbedürfnisse zugeschnittene Unterrichtung durch den APr. erwartet wird, was angesichts der Pluralität der Interessen nicht möglich ist[619]. 362

Nach im *IDW PS 400* niedergelegter Auffassung des Berufsstandes sind deshalb Form und Inhalt der BestV so zu gestalten, dass diese einheitlich verstanden werden können und

---

614 Vgl. *Baumbach/Hueck*, GmbHG[19], § 57e, Rn. 2.
615 So BeBiKo[8], § 322, Rn. 14.
616 H.M.; vgl. *Erle*, S. 73; BeBiKo[8], § 322, Rn. 14.
617 Vgl. *IDW PS 400*, Tz. 3, 4. Der HFA unterhält mehrere Arbeitskreise, die sich laufend mit der Transformation von ISA in die *IDW Prüfungsstandards* beschäftigen.
618 Vgl. *Ernst*, WPg 1998, S. 1029.
619 Vgl. *IDW*, FN-IDW 1997, S. 10; so wohl auch BeBiKo[8], § 322, Rn. 10.

außergewöhnliche Umstände deutlich werden[620]. Daraus leitet sich eine **Formulierung des Bestätigungsvermerks** ab, deren einheitliche Handhabung im Interesse des Verständnisses der Adressaten, aber auch im Interesse des APr. zur Vermeidung von Missverständnissen über die Prüfungsaussagen **empfohlen** wird[621].

363 Der BestV enthält die folgenden **Grundbestandteile**[622]:

- Überschrift
- Einleitender Abschnitt
- Beschreibender Abschnitt
- Beurteilung durch den Abschlussprüfer
- ggf. Ergänzungen des Prüfungsurteils
- ggf. Hinweise zur Beurteilung des Prüfungsergebnisses
- ggf. Hinweis auf Bestandsgefährdungen.

364 Der empfohlene Wortlaut des BestV ist erforderlichenfalls um zusätzliche Ausführungen im einleitenden und beschreibenden Abschnitt, Ergänzungen des Prüfungsurteils, Hinweise zur Beurteilung des Prüfungsergebnisses und einen Hinweis auf Bestandsgefährdungen zu erweitern.

bb) Überschrift

365 Zur Vermeidung einer Verwechslung mit anderen Prüfungsfeststellungen (z.B. Bescheinigungen) sind Vermerke mit einer entsprechenden Überschrift zu versehen. § 322 Abs. 1 und 4 HGB sieht für Vermerke mit positiver Gesamtaussage die Bezeichnung „**Bestätigungsvermerk**" vor. Die Bezeichnung ist unabhängig davon zu verwenden, ob der Vermerk uneingeschränkt oder mit einer Einschränkung erteilt wird. § 322 Abs. 4 HGB legt weiter fest, dass ein Vermerk über die Versagung des BestV nicht als „Bestätigungsvermerk" zu bezeichnen ist, wodurch verdeutlicht werden soll, dass zu dem JA eine (auch eingeschränkte) positive Gesamtaussage nicht mehr möglich ist. Dementsprechend lautet die Überschrift bei der Versagung eines BestV „**Versagungsvermerk**".

366 Es empfiehlt sich ferner, in der Überschrift auf den APr. Bezug zu nehmen (z.B. „**Bestätigungsvermerk des Abschlussprüfers**"). Dies verdeutlicht ggü. den Adressaten, dass der BestV durch einen i.S.v. §§ 319 Abs. 2 bis 5, 319a, 319b HGB sowie § 43 WPO unabhängigen, dem Berufseid verpflichteten Prüfer erteilt wurde und schließt Verwechslungen mit Erklärungen aus, die von Organen des Unternehmens oder von Dritten gegeben werden.

367 Eine Bezugnahme auf den geprüften JA/KA in der Überschrift ist nicht erforderlich, da nach deutschem Recht der BestV nur zusammen mit dem Abschluss, zu dem er erteilt worden ist, verwendet wird[623], und hierdurch ein eindeutiger Bezug hergestellt wird.

368 Die internationale Übung einer **Adressierung** des BestV ist bei Pflichtprüfungen nach deutschem Recht bislang nicht üblich, da der BestV gem. § 322 HGB nicht das nur für den Auftraggeber, sondern auch für einen größeren Personenkreis, in vielen Fällen für die

---

[620] Vgl. *IDW PS 400*, Tz. 18.
[621] Vgl. *IDW PS 400*, Tz. 18; Standardformulierungen befürwortend auch *WPK*, WPK-Mitt. 1997, S. 39; *Jansen/Pfitzer*, S. 701; *Schindler/Rabenhorst*, BB 1998, S. 1941; BeBiKo[8], § 322, Rn. 24; eher kritisch *Ernst*, WPg 1998, S. 1029.
[622] Vgl. *IDW PS 400*, Tz. 17.
[623] Vgl. ADS[6], § 322, Tz. 97. Gem. *IDW PS 400*, Tz. 80 ist der BestV auf dem JA anzubringen oder mit diesem und ggf. dem LB fest zu verbinden.

Öffentlichkeit bestimmte Ergebnis der Abschlussprüfung enthält[624]. Die Adressierung nur an einen Teil des gesetzlich vorgesehenen Adressatenkreises, z.B. die Anteilseigner, könnte dazu führen, dass entgegen der Vorschrift des § 323 Abs. 1 S. 3 HGB unmittelbare Rechtsbeziehungen, einschl. evtl. Haftungsfolgen dieses Personenkreises zum APr., vermutet werden könnten[625].

BestV über **freiwillige Abschlussprüfungen**, die der gesetzlichen Abschlussprüfung entsprechen, sind im Interesse einer einheitlichen Bezeichnung mit den gleichen Überschriften zu versehen[626]. Bei freiwilligen Abschlussprüfungen ergeben sich allerdings die Adressaten nicht aus einer gesetzlichen Regelung. Daher sollte nach der Überschrift dargelegt werden, dass der BestV an das geprüfte Unternehmen gerichtet ist (z.B. „**An die ... [Personenhandelsgesellschaft/kleine Kapitalgesellschaft]**")[627]. Nicht sachgerecht ist i.d.R. eine Adressierung an dessen Organe oder Anteilseigner[628]. 369

cc) Einleitender Abschnitt

Im einleitenden Abschnitt des BestV sind als **Prüfungsgegenstand** (§ 322 Abs. 1 S. 2 HGB i.V.m. § 317 Abs. 1 und 2 HGB) der JA unter Einbeziehung der Buchführung sowie der LB zu nennen und das **geprüfte Unternehmen** sowie das dem JA und LB zugrunde liegende GJ zu bezeichnen[629]. Ferner ist in diesem Abschnitt die **Verantwortung** des APr. von derjenigen der gesetzlichen Vertreter abzugrenzen[630]. Nach § 322 Abs. 1 S. 2 HGB sind auch die Rechnungslegungsgrundsätze (nach denen der JA und der LB aufgestellt wurden) sowie die Prüfungsgrundsätze anzugeben. 370

(1) Prüfungsgegenstand

Der BestV beinhaltet ausschließlich ein auf die **Rechnungslegung** des geprüften Unternehmens bezogenes Gesamturteil, sofern der BestV nicht aufgrund Bundes- oder Landesrecht zu erweitern ist[631]. In der Regel ergibt sich damit für den einleitenden Abschnitt als Gegenstand der Prüfung gem. § 317 Abs. 1 und 2 HGB der **Jahresabschluss** unter Einbeziehung der **Buchführung**[632] sowie der **Lagebericht**. Gemäß *IDW PS 400*, Tz. 24 sind die Bestandteile des JA – ggf. begrifflich angepasst an die vom geprüften Unternehmen benutzten Bezeichnungen – zu nennen[633]. 371

Bei Aufstellung eines JA für eine nicht zur Aufstellung eines KA verpflichtete kapitalmarktorientierte KapGes. (§ 264 Abs. 1 S. 2 HGB) oder eines EA (§ 325 Abs. 2a HGB) nach den in § 315a Abs. 1 HGB bezeichneten internationalen Rechnungslegungsstandards ergeben sich zusätzliche Bestandteile der Rechnungslegung, da eine KFR und eine EK-Veränderungsrechnung zu erstellen sind und ggf. in den Anhang ein Segmentbericht aufzunehmen ist.

---

624 Vgl. ADS[6], § 322, Tz. 17 sowie ausführlich Tz. 98-99. *IDW PS 400*, Tz. 22 formuliert aktuell „nicht sachgerecht".
625 Vgl. *Forster*, WPg 1998, S. 54.
626 Vgl. *IDW PS 400*, Tz. 21.
627 Vgl. *IDW PS 400*, Tz. 23 und Anhang 7. Vgl. hierzu aber auch *ISA 700.22, A16*.
628 Vgl. ausführlich dazu ADS[6], § 322, Rn. 98.
629 Vgl. *IDW PS 400*, Tz. 24.
630 Vgl. *IDW PS 400*, Tz. 25.
631 Vgl. *IDW PS 400*, Tz. 11.
632 Eine weitergehende Beschreibung der einzelnen i.R.der Buchführung geprüften Unterlagen (Vorsysteme zum JA, z.B. Finanzbuchführung) ist nicht erforderlich; gl.A. *Jansen/Pfitzer*, S. 691; ADS[6], § 322, Tz. 900.
633 Zum Prüfungsgegenstand bei Konzernabschlussprüfungen, vgl. Tz. 689, Tz. 742.

372 Wenn kleine KapGes. i.S.v. § 267 Abs. 1 HGB oder Nichtkapitalgesellschaften[634] zulässigerweise keinen LB aufstellen, entfällt eine entsprechende Bezugnahme[635]. Ein freiwillig aufgestellter und geprüfter LB ist in die Bestätigung gem. *IDW PS 400*, Tz. 13 einzubeziehen.

373 Erweiterungen des Prüfungsgegenstands oder des Auftrags der Abschlussprüfung können sich ergeben aus:

- Gesetz,
- Satzung/Gesellschaftsvertrag,
- vertraglichen Erweiterungen des Prüfungsauftrags.

Über eine Darstellung der Erweiterungen im PrB hinaus kommen Aussagen darüber im BestV nur in bestimmten Fällen in Betracht.

374 Sehen gesetzliche Vorschriften eine Beurteilung weiterer Prüfungsgegenstände der Abschlussprüfung und eine **Aussage** darüber **im Bestätigungsvermerk** vor, so ist im BestV darüber zu berichten[636]. Dies gilt beispielsweise für § 30 KHGG NRW[637], der u.a. eine Berichterstattung über die wirtschaftlichen Verhältnisse und über die zweckentsprechende, sparsame und wirtschaftliche Verwendung der öffentlichen pauschalen Fördermittel vorsieht[638]. Gleiches gilt, wenn zwar das anwendbare Landesrecht solche Erweiterungen nicht vorsieht, diese aber parallel zu gesetzlichen Vorschriften in anderen Bundesländern durch Beauftragung zum Gegenstand der Abschlussprüfung gemacht werden[639]. Die Berichterstattung erstreckt sich in diesen Fällen auf den einleitenden und beschreibenden Abschnitt sowie auf das Prüfungsurteil.

375 Keine Auswirkungen auf die Beschreibung des Prüfungsgegenstandes im BestV ergeben sich, sofern gesetzliche Vorschriften zwar eine Erweiterung des Prüfungsgegenstands, **nicht** aber eine **Beurteilung** darüber **im Bestätigungsvermerk** vorsehen, da der APr. die Prüfungsaussagen in diesem Fall ausschließlich im PrB trifft[640]. Dies gilt bspw. für die Prüfung gem. § 317 Abs. 4 HGB über die Maßnahmen zur Risikofrüherkennung nach § 91 Abs. 2 AktG[641], für die Prüfung nach § 29 KWG oder für die Prüfung nach §§ 53 i.V.m. 58 GenG (Prüfung der wirtschaftlichen Verhältnisse und der Ordnungsmäßigkeit der Geschäftsführung einer Genossenschaft).

376 Gelten für das geprüfte Unternehmen **ergänzende** gesetzliche (z.B. branchenspezifische) **Vorschriften zur Rechnungslegung** (z.B. §§ 340a bis 340h HGB), wird deren Einhaltung nicht gesondert im BestV bestätigt, da dies durch die Aussage gem. § 322 Abs. 3 S. 1 HGB abgedeckt wird. Ihre Einhaltung wird entsprechend § 321 Abs. 2 S. 1 HGB ausschließlich im PrB bestätigt, im einleitenden Abschnitt ist also nicht darauf hinzuweisen[642].

---

634 Z.B. Personenhandelsgesellschaften und Einzelkaufleute, die nach dem PublG rechnungslegungspflichtig sind (§ 5 Abs. 1 PublG); Personenhandelsgesellschaften & Co. i.S.v. § 264a HGB, die nach den Größenkriterien des § 267 Abs. 1 HGB als klein zu qualifizieren sind.
635 Vgl. *IDW PS 400*, Tz. 43.
636 Gem. *IDW PS 400*, Tz. 11 ist eine Beurteilung nur in diesem Fall im BestV zulässig.
637 Als weitere Beispiele lassen sich anführen: § 8 Absatz 3 UBGG, § 20 SKHG.
638 Zur Formulierung des einleitenden Abschnitts im Falle von § 30 KHGG NRW, vgl. *IDW PH 9.400.1*.
639 Vgl. *IDW PS 400*, Tz. 11 und *IDW PH 9.400.1*, Tz. 8.
640 Vgl. *IDW PS 400*, Tz. 11.
641 Vgl. *IDW PS 340*, Tz. 32.
642 Vgl. *IDW PS 400*, Tz. 11.

Erweiterungen, die sich aus dem **Gesellschaftsvertrag oder** der **Satzung** der geprüften 377
Gesellschaft ergeben, sind im BestV (auch im einleitenden Abschnitt) zu berücksichtigen,
wenn sie **zusätzliche Normen** für den JA oder den LB betreffen[643]. Es handelt sich hierbei
um Vorschriften des Gesellschaftsvertrags bzw. der Satzung, die in zulässiger Weise die
gesetzlichen Regeln für den JA ergänzen, z.B. die Rücklagendotierung nach § 58 Abs. 2
AktG. Eine gesonderte Erwähnung, welcher Art die ergänzenden Vorschriften in Gesellschaftsvertrag bzw. Satzung sind, ist nicht erforderlich[644]. Eine Bezugnahme auf den Gesellschaftsvertrag/die Satzung scheidet aus, wenn diese Regelungen lediglich gesetzliche
Vorschriften wiederholen.

Vertragliche Erweiterungen des Prüfungsauftrags sind im BestV zu berücksichtigen, 378
wenn sie sich auf den JA oder den LB beziehen, z.B. bei zusätzlicher Beauftragung durch
den AR[645]. Die Vereinbarung von Prüfungsschwerpunkten (Präzisierung der Prüfungsinhalte) im Rahmen der Auftragserteilung durch den AR führt grds. zu keinem Hinweis im
BestV; der AR selbst wird durch die entsprechenden Darstellungen im PrB des APr. unterrichtet. Auch die ergänzende Beauftragung einer Prüfung der Ordnungsmäßigkeit der
Geschäftsführung nach § 53 HGrG ist nicht in den BestV aufzunehmen[646].

Fraglich ist, ob in einem – freiwillig oder gesetzlich – geprüften JA bzw. LB enthaltene, 379
über die (ggf. analogen) gesetzlichen Vorschriften hinausgehende, **freiwillige Zusatzangaben** als Prüfungsgegenstand der beauftragten Abschlussprüfung dadurch ausgeschlossen werden können, dass sie im JA bzw. LB als „nicht geprüft" gekennzeichnet
werden und folglich aus Sicht des geprüften Unternehmens und des APr. nicht unter den
Geltungsbereich des dazu erteilten BestV fallen sollen.

Im Rahmen der deutschen GoA erscheint ein solches Vorgehen schwerlich möglich[647].
Auch die Literatur stützt ein solches Vorgehen nicht, sondern definiert vielmehr freiwillige
Zusatzangaben – sofern diese im JA, LB, KA bzw. KLB enthalten sind – explizit als
Prüfungsgegenstand[648]. Das Ausschließen von freiwilligen Zusatzangaben aus dem
Gegenstand der Abschlussprüfung erscheint daher (rechtswirksam) lediglich auf dem
Wege möglich, dass diese Zusatzangaben nicht in den von § 316 HGB genannten JA, LB,
KA bzw. KLB enthalten sind, sondern erkennbar davon getrennt, z.B. in einem anderen
Teil des „Geschäftsberichts", wiedergegeben werden[649].

(2) Nennung des geprüften Unternehmens

Im einleitenden Abschnitt ist das geprüfte Unternehmen zu bezeichnen[650]. Die Verwendung einer abgekürzten **Firma** erscheint zulässig, wenn die abgekürzte Fassung im 380

---

643 Vgl. *IDW PS 400*, Tz. 12.
644 Vgl. *IDW PS 400*, Tz. 27.
645 Vgl. *IDW PS 400*, Tz. 12, 32; ADS[6], § 322, Tz. 123.
646 Vgl. *IDW PS 400*, Tz. 12.
647 Vgl. insb. *IDW PS 400*, Tz. 24–26, wonach der Prüfungsgegenstand im Einleitenden Abschnitt des BestV dergestalt darzustellen ist, dass jeder Adressat des BestV den Gegenstand der Prüfung ohne vorherige Durchsicht des gesamten geprüften Abschlusses unzweifelhaft identifizieren kann. Darüber hinaus sind in diesem Zusammenhang von Relevanz z.B. *IDW PS 350*, Tz. 10; *IDW PS 450*, Tz. 103; *IDW PS 315*, Tz. 48. Vgl. hierzu auch *ISA 700.46–47*.
648 Vgl. ADS[6], § 284, Tz. 36, § 289, Tz. 88 Ziff. (2) u. (4), § 317, Tz. 162 Abs. 2; BeBiKo[8], § 284, Rn. 80–82, § 317, Rn. 51; *Baetge/Kirsch/Thiele (Hrsg.)*, Bilanzrecht, § 284, Rn. 39, § 289, Rn. 47. Eine Ausnahme bildet aufgrund der expliziten Regelung in § 317 Abs. 2 S. 3 HGB ausschließlich die freiwillige Aufnahme von Angaben nach § 289a HGB in den LB.
649 Gleichwohl unterliegen diese freiwilligen Zusatzangaben verpflichtend einer kritischen Würdigung durch den APr. Vgl. *IDW PS 202*, Tz. 11; auch *ISA 700.46–47*.
650 Vgl. *IDW PS 400*, Tz. 24.

(3) Bezeichnung des Geschäftsjahres

381 Das dem JA und LB zugrunde liegende GJ ist im einleitenden Abschnitt durch Angabe seines Bezugszeitraumes ausdrücklich zu bezeichnen („für das Geschäftsjahr vom ... [Datum] bis ... [Datum]", ggf. „für das Rumpfgeschäftsjahr vom ... [Datum] bis ... [Datum]")[652].

(4) Abgrenzung der Verantwortung für die Aufstellung und für die Prüfung

382 Im BestV ist darauf hinzuweisen, dass der Abschluss von den **gesetzlichen Vertretern** der Gesellschaft aufgestellt wurde (§ 322 Abs. 3 S. 1 HGB) und von diesen zu verantworten ist (§ 322 Abs. 2 S. 1 HGB). Die gesetzliche Regelung soll die Verantwortung der gesetzlichen Vertreter von der des APr. abgrenzen[653]. JA und LB enthalten somit eine Darstellung der Verhältnisse des Unternehmens aus Sicht der gesetzlichen Vertreter des Unternehmens, die auf deren Einschätzungen und Beurteilungen sowie auf deren Auffassung über die im Rahmen der gesetzlichen Vorschriften als angemessen anzusehenden Bilanzierungsgrundsätze zu Ansatz, Bewertung und Ausweis der Posten des JA beruhen[654].

383 Während das Gesetz nur einen Hinweis zur Aufgabe der gesetzlichen Vertreter verlangt, sieht *IDW PS 400* zur vollständigen Abgrenzung vor, im einleitenden Abschnitt auch die Aufgabe des APr. darzulegen[655].

Aufgabe des **Abschlussprüfers** ist es, auf der Grundlage seiner Prüfung mit dem BestV eine Beurteilung über die Rechnungslegung des geprüften Unternehmens abzugeben[656]. Er hat dabei die Übereinstimmung der Buchführung, des JA und des LB mit den jeweiligen für das geprüfte Unternehmen geltenden Vorschriften verantwortlich zu beurteilen und Verstöße der Rechnungslegung gegen diese Normen festzustellen[657]. Seine Aufgabe ist es somit nicht, seine eigenen Einschätzungen an die Stelle derjenigen der gesetzlichen Vertreter zu setzen. Bleiben die gesetzlichen Vertreter bei der Ausübung ihrer Wahlrechte im Rahmen der gesetzlichen Grenzen, kann der APr. keine Einwendungen erheben, es sei denn, dass ein den tatsächlichen Verhältnissen entsprechendes Bild der Vermögens-, Finanz- und Ertragslage des Unternehmens nicht mehr vermittelt wird (§ 262 Abs. 2 S. 2 HGB)[658]. Auch in diesem Fall hat der APr. nicht seine eigene Einschätzung im BestV zum Ausdruck zu bringen. Vielmehr erstreckt sich seine im BestV bzw. Versagungsvermerk darzustellende Einwendung lediglich auf die Aussage, dass ein den tatsächlichen Verhältnissen entsprechendes Bild eingeschränkt oder überhaupt nicht vermittelt wird[659].

384 Eine **Überschneidung der Verantwortlichkeiten** zwischen gesetzlichen Vertretern und APr. kann sich u.U. aus der Verpflichtung des APr. ergeben, gem. § 322 Abs. 2 S. 3 HGB auf Risiken, die den Fortbestand des Unternehmens gefährden, im BestV gesondert ein-

---

651 Vgl. ADS[6], § 322, Tz. 105.
652 Vgl. *IDW PS 400*, Tz. 24, 27; ADS[6], § 322, Tz. 108.
653 Vgl. BT-Drs. 13/9712, S. 29.
654 Vgl. *IDW PS 400*, Tz. 25.
655 Vgl. *IDW PS 400*, Tz. 27; *ISA 700.29, A24*.
656 Vgl. *IDW PS 400*, Tz. 25.
657 Vgl. *IDW PS 400*, Tz. 8.
658 Vgl. ADS[6], § 322, Tz. 110.
659 Vgl. *IDW PS 400*, Tz. 62, 68.

zugehen[660]. Sind diese Risiken im LB angemessen dargestellt, so genügt der APr. seiner Pflicht, indem er auf deren Art und Darstellung im LB hinweist[661]. Insofern handelt es sich bei angemessener Berichterstattung nur um eine Hervorhebung der im LB von den gesetzlichen Vertretern dargestellten Risiken, die den Fortbestand der Gesellschaft gefährden[662]. Werden dagegen diese Risiken im LB von den gesetzlichen Vertretern nach Auffassung des APr. nicht angemessen dargestellt, so trifft den APr. die diesbezügliche Informationspflicht ggü. den Rechnungslegungsadressaten, indem er im eingeschränkten BestV die bestehenden Bestandsrisiken, zusammen mit deren möglichen Auswirkungen, anzugeben hat[663]. Die Informationspflicht des APr. beschränkt sich allerdings auf die im Rahmen der Prüfung festgestellten bestandsgefährdenden Risiken[664].

(5) Bezeichnung der Rechnungslegungsvorschriften

Im einleitenden Abschnitt sind nach § 322 Abs. 1 S. 2 HGB auch die angewandten Rechnungslegungsgrundsätze anzugeben.   **385**

Die Bezeichnung vermeidet Unklarheiten darüber, ob die **Rechnungslegung nach den deutschen handelsrechtlichen Vorschriften** (einschl. AktG, GmbHG und PublG) **oder anderen Rechnungslegungsvorschriften** (z.B. IFRS oder US-GAAP) erstellt wurde und trägt dem Umstand Rechnung, dass auf der Grundlage der sog. IFRS-Verordnung aufgestellte Abschlüsse Gegenstand der gesetzlichen Abschlussprüfung sind. Die gem. § 315a HGB maßgeblichen, von der EU durch das sog. „Endorsement-Verfahren" angenommenen IFRS können von den vollumfänglichen IFRS abweichen. Bei einem nach § 315a HGB aufgestellten Abschluss ist auf die „IFRS, wie sie in der EU anzuwenden sind," Bezug zu nehmen. Handelt es sich um einen nach § 315a HGB aufgestellten Abschluss, der auch den IFRS insgesamt entspricht, ist im einleitenden Abschnitt darzustellen, dass für den Abschluss die gleichzeitige Entsprechung mit den IFRS insgesamt geprüft werden soll.

Bei Anwendung der deutschen handelsrechtlichen Vorschriften ist z.B. ein ergänzender   **386**
Hinweis erforderlich, wenn Tochterkapitalgesellschaften aufgrund der Inanspruchnahme von § 264 Abs. 3 HGB zulässigerweise bei der Aufstellung ihres JA lediglich die für alle Kaufleute geltenden Vorschriften des HGB (§§ 238 bis 263 HGB) und nicht die ergänzenden Vorschriften für KapGes. (§§ 264 bis 335 HGB) beachtet haben, z.B.:

„Die Buchführung und die Aufstellung des Jahresabschlusses nach den deutschen handelsrechtlichen Vorschriften des ersten Abschnitts des Dritten Buches des HGB ..."

Zwecks Verdeutlichung kann auch ein ausdrücklicher Hinweis auf die Inanspruchnahme der Erleichterungsvorschriften erfolgen, d.h.[665]:

„Die Buchführung und die Aufstellung des Jahresabschlusses, die unter Inanspruchnahme der Erleichterungen gemäß § 264 Abs. 3 HGB nach den deutschen handelsrechtlichen Vorschriften des ersten Abschnitts des Dritten Buches des HGB erfolgt ist, ..."

Ein Hinweis auf spezielle im deutschen Handelsrecht geregelte Branchenvorschriften (z.B. §§ 340a bis 340h HGB) ist nicht erforderlich.

---

660 Vgl. ADS⁶, § 322, Tz. 112.
661 Vgl. *IDW PS 400*, Tz. 77.
662 Vgl. *IDW PS 400*, Tz. 77.
663 Vgl. *IDW PS 400*, Tz. 78.
664 Vgl. *IDW PS 350*, Tz. 35; vgl. hierzu ausführlich Tz. 552.
665 Vgl. *IDW PH 9.200.1*, Tz. 8.

387 Auf **ergänzende Bestimmungen** im Gesellschaftsvertrag bzw. in der Satzung ist hinzuweisen, sofern diese die handelsrechtlichen Vorschriften in zulässiger Weise ergänzen (z.B. Rücklagendotierung nach § 58 Abs. 2 AktG). Eine Bezugnahme auf die Satzung oder den Gesellschaftsvertrag im einleitenden Abschnitt des BestV hat zu unterbleiben, wenn diese lediglich gesetzliche Vorschriften wiederholen[666].

388 Auf die Tatsache, dass die Angaben nach § 289a HGB gem. § 317 Abs. 2 S. 3 HGB nicht Gegenstand der Abschlussprüfung sind, braucht – auch wenn diese Angaben entgegen der Konzeption von DCGK und § 289a HGB in den LB oder den Anh. aufgenommen worden sein sollten – im BestV nicht gesondert hingewiesen zu werden. Es kann sich aber im Einzelfall empfehlen, einer möglichen „Erwartungslücke" durch Einfügen eines entsprechenden Hinweises („Die Prüfung der Angaben nach § 289a HGB sind gemäß § 317 Abs. 2 Satz 3 HGB nicht Gegenstand der Abschlussprüfung.") als zweiten Satz des einleitenden Abschnitts des BestV entgegenzutreten.

(6) Formulierungsempfehlung

389 Liegen **keine besonderen Umstände** vor, sollte die folgende Formulierung für den einleitenden Abschnitt verwendet werden[667]:

„Ich habe/Wir haben den Jahresabschluss – bestehend aus Bilanz, Gewinn- und Verlustrechnung sowie Anhang – unter Einbeziehung der Buchführung und den Lagebericht der ... [Gesellschaft] für das Geschäftsjahr vom ... [Datum] bis ... [Datum] geprüft. Die Buchführung und die Aufstellung von Jahresabschluss und Lagebericht nach den deutschen handelsrechtlichen Vorschriften [und den ergänzenden Bestimmungen des Gesellschaftsvertrags/der Satzung] liegen in der Verantwortung der gesetzlichen Vertreter der Gesellschaft. Meine/Unsere Aufgabe ist es, auf der Grundlage der von mir/uns durchgeführten Prüfung eine Beurteilung über den Jahresabschluss unter Einbeziehung der Buchführung und über den Lagebericht abzugeben."

dd) Beschreibender Abschnitt

(1) Beschreibung von Art und Umfang der Prüfung

390 Nach § 322 Abs. 1 S. 2 HGB muss der **Bestätigungsvermerk** eine **Beschreibung** von Art und Umfang der Prüfung enthalten, um beim Adressaten keinen falschen Eindruck über Art und Weise der Prüfungsdurchführung zu erwecken[668].

391 Für den **Prüfungsbericht** enthält § 321 Abs. 3 S. 1 HGB eine entsprechende Regelung, nach der Art und Umfang der Prüfung „zu **erläutern**" sind. Die Darstellungen sind nach dem Ziel der Berichterstattung zu differenzieren[669]: Während die Beschreibung des Prüfungsumfangs im PrB so **detailliert** sein muss, dass es dem Aufsichtsorgan möglich ist, Konsequenzen für die eigene Überwachungsaufgabe zu ziehen[670] (z.B. Einschätzung, ob und welche Prüfungen zusätzlich vorzunehmen sind und ob künftig eine Beauftragung mit weiteren bzw. anderen Prüfungsschwerpunkten zweckmäßig erscheint), hat die Darstellung im **Bestätigungsvermerk** das **grundsätzliche Prüfungsvorgehen** klarzustellen, um hierdurch weitergehenden oder unzutreffenden Erwartungen der Öffentlichkeit an die Tragweite der Prüfung zu begegnen.

---
666 Vgl. Tz. 377.
667 Vgl. *IDW PS 400*, Tz. 27.
668 Vgl. *IDW PS 400*, Tz. 28.
669 Vgl. ADS⁶, § 322, Tz. 118.
670 Vgl. *IDW PS 450*, Tz. 56.

| Berichterstattung über die Jahresabschlussprüfung von Kapitalgesellschaften | Q |

Zur Beschreibung der **Art** der Prüfung hat der APr. darauf hinzuweisen, dass es sich um eine **Jahresabschlussprüfung** handelt[671] und diese nach Maßgabe des § 317 HGB durchgeführt worden ist. Sehen gesetzliche Vorschriften eine Beurteilung weiterer, über die Rechnungslegung hinausgehender Prüfungsgegenstände der Jahresabschlussprüfung und eine Aussage darüber im BestV vor, so ist auch an dieser Stelle auf die ergänzenden Vorschriften hinzuweisen (z.B. § 30 KHGG NRW)[672].   392

Zur Beschreibung des **Umfangs** gehört der Hinweis, dass der APr. die Prüfung so geplant und durchgeführt hat, dass mit hinreichender Sicherheit beurteilt werden kann, ob die Rechnungslegung frei von wesentlichen Mängeln ist, d.h. frei von Unrichtigkeiten und Verstößen, die sich auf die Darstellung des durch den JA unter Beachtung der GoB oder sonstiger maßgeblicher Rechnungslegungsgrundsätze und durch den LB vermittelten Bildes der Vermögens-, Finanz- und Ertragslage wesentlich auswirken.   393

Nach § 322 Abs. 1 S. 2 HGB hat der APr. die angewandten **Prüfungsgrundsätze** anzugeben. Hierzu ist auf die vom IDW festgestellten deutschen **GoA** Bezug zu nehmen. Auf die International Standards on Auditing (**ISA**) oder ggf. andere – nach dem Urteil des APr. mit den vom IDW festgestellten GoA nicht in Widerspruch stehende – Prüfungsgrundsätze kann ergänzend verwiesen werden[673]. Voraussetzung ist, dass ergänzend auch diese Grundsätze beachtet wurden[674]. Nicht sachgerecht ist es derzeit, ausschließlich auf Prüfungsgrundsätze internationaler Herkunft zu verweisen, da für nationale Pflichtprüfungen die nationalen Vorschriften verpflichtend einzuhalten sind und dies im BestV zum Ausdruck gebracht werden muss[675]. Gemäß § 317 Abs. 5 u. 6 HGB werden zukünftig allerdings u.U. gesetzliche Abschlussprüfungen in der EU unter unmittelbarer Geltung der ISA durchzuführen sein[676].   394

Bei der Beschreibung des Prüfungsumfangs sind darüber hinaus **Hinweise** sachgerecht hinsichtlich[677]:   395

- der Berücksichtigung der Kenntnisse über die Geschäftstätigkeit und das wirtschaftliche und rechtliche Umfeld der Gesellschaft[678] sowie der Erwartungen über mögliche Fehler bei der Festlegung der einzelnen Prüfungshandlungen,
- der Beurteilung der Wirksamkeit des rechnungslegungsbezogenen internen Kontrollsystems sowie der Nachweise für die Angaben in der Rechnungslegung auf der Basis von Stichproben,
- der Beurteilung der bei der Rechnungslegung angewandten Grundsätze,
- der Beurteilung der wesentlichen in die Rechnungslegung eingeflossenen Einschätzungen der gesetzlichen Vertreter sowie
- der Würdigung der Gesamtdarstellung des JA – wie sie sich aus dem Zusammenwirken von Bilanz, GuV und Anh. unter Beachtung der GoB ergibt – und des LB durch den APr.

Wenn im Einzelfall wegen **außergewöhnlicher Umstände** der Prüfungsumfang modifiziert werden musste und die Vornahme besonderer Prüfungshandlungen notwendig war,   396

---

671   Vgl. *IDW PS 400*, Tz. 29.
672   Vgl. Tz. 374; *IDW PS 400*, Tz. 32 und *IDW PH 9.400.1*, Anhang.
673   Vgl. *IDW PS 400*, Tz. 30a.
674   Vgl. *Böcking/Orth/Brinkmann*, WPg 2000, S. 232.
675   Vgl. *IDW PS 201*, Tz. 20.
676   Vgl. hierzu Tz. 633.
677   Vgl. *IDW PS 400*, Tz. 31.
678   Vgl. *IDW PS 230*.

sind ergänzende Hinweise über den Umfang der Prüfung hierzu grds. nicht im BestV, sondern ausschließlich im PrB zu geben[679]. Dies gilt bspw., wenn aufgrund der Erteilung des Prüfungsauftrags nach Durchführung der Inventur eine Beobachtung der Bestandsaufnahme bei wesentlichen Vorräten durch den APr. nicht stattfinden konnte, gleichwohl aber der APr. durch Vornahme alternativer Prüfungshandlungen ein verlässliches Urteil über die Bestände gewinnen konnte und die Ordnungsmäßigkeit bestätigen kann. Auch wenn der Vorjahresabschluss nicht geprüft oder nicht festgestellt wurde oder wenn der BestV zum Vorjahresabschluss versagt wurde, ist ein Hinweis auf die Vornahme besonderer Prüfungshandlungen nur im PrB zu geben[680].

397 Hat sich der APr. bei der Prüfung auf die **Prüfungsergebnisse Dritter**, d.h. von Teilbereichsprüfern, externen Sachverständigen oder der Internen Revision[681], gestützt, so sind hierauf verweisende Angaben zum Prüfungsumfang im BestV nicht sachgerecht, da der APr. im Rahmen seiner Gesamtverantwortung für die Jahresabschlussprüfung auch in diesen Fällen sich ein eigenes Urteil zu bilden hat[682]. Dies gilt auch dann, wenn der APr. den BestV aufgrund eines Sachverhalts, bei dem das Prüfungsurteil auf die Arbeit eines Sachverständigen gestützt wird, einschränkt oder versagt[683]. Im PrB dagegen ist stets darauf einzugehen, inwieweit die Prüfungsergebnisse Dritter verwertet wurden[684].

398 Ist die **Prüfbarkeit von Angaben und Einschätzungen** in der Rechnungslegung **eingeschränkt**, eine abschließende Beurteilung durch den APr. gleichwohl noch möglich (z.B. bei prognostischen Angaben im LB), ist ein Hinweis hierauf lediglich im PrB zu geben[685]. Kann dagegen der APr. seine Beurteilung über die Plausibilität von prognostischen Angaben im LB weitgehend nur auf Erklärungen der Geschäftsführer stützen, so kommt ein Hinweis hierauf im BestV nicht im beschreibenden Abschnitt, sondern im Rahmen der Beurteilung des Prüfungsergebnisses nach § 322 Abs. 1 S. 2 HGB in Betracht[686].

399 Für die Darstellung des Umfangs der Prüfung ist zu beachten, dass im Prüfungsprozess **Prüfungshemmnisse** auftreten können. Prüfungshemmnisse liegen vor, wenn aufgrund besonderer Umstände der APr. zu bestimmten, wesentlichen, abgrenzbaren oder nicht abgrenzbaren Teilen der Rechnungslegung nicht mit hinreichender Sicherheit eine abschließende Beurteilung abgeben kann. Prüfungshemmnisse können in Abhängigkeit von der Wesentlichkeit und ihrer Auswirkung auf die Prüfungstätigkeit und das Prüfungsurteil des APr.

- nicht zu Auswirkungen auf den BestV,
- zu einer Einschränkung des BestV oder
- zur Erteilung eines Versagungsvermerks führen.

Aus den Folgerungen ergeben sich ggf. Auswirkungen auf den einleitenden Abschnitt, den beschreibenden Abschnitt und das Prüfungsurteil[687].

---

679 Vgl. *IDW PS 400*, Tz. 33; a.A. ADS⁶, § 322, Tz. 122.
680 Vgl. hierzu *IDW PS 450*, Tz. 57; auch *IDW PS205*, Tz. 11, 14, 17.
681 Vgl. hierzu *IDW EPS 320 n.F.* (Teilbereichsprüfer), *IDW PS 321* (Interne Revision) bzw. *IDW PS 322* (Sachverständige).
682 Vgl. *IDW PS 400*, Tz. 34. Zum KA vgl. Tz. 745.
683 Vgl. *IDW PS 322*, Tz. 24.
684 Vgl. *IDW PS 450*, Tz. 57.
685 Vgl. *IDW PS 400*, Tz. 33.
686 Vgl. *IDW PS 350*, Tz. 36; vgl. auch Tz. 547.
687 Vgl. Tz. 490 (Einschränkung aufgrund von Prüfungshemmnissen) und Tz. 506 (Versagung aufgrund von Prüfungshemmnissen).

Der APr. hat zu Art und Umfang der Prüfung **abschließend** zu **erklären**, dass diese nach seiner Meinung eine hinreichend sichere Grundlage für das Prüfungsurteil bildet[688]. **400**

(2) Formulierungsempfehlung

Sofern keine besonderen Umstände vorliegen, wird die folgende Formulierung für die Beschreibung von Art und Umfang der Prüfung empfohlen[689]: **401**

„Ich habe meine/Wir haben unsere Jahresabschlussprüfung nach § 317 HGB unter Beachtung der vom Institut der Wirtschaftsprüfer (IDW) festgestellten deutschen Grundsätze ordnungsmäßiger Abschlussprüfung vorgenommen. Danach ist die Prüfung so zu planen und durchzuführen, dass Unrichtigkeiten und Verstöße, die sich auf die Darstellung des durch den Jahresabschluss unter Beachtung der Grundsätze ordnungsmäßiger Buchführung und durch den Lagebericht vermittelten Bildes der Vermögens-, Finanz- und Ertragslage wesentlich auswirken, mit hinreichender Sicherheit erkannt werden. Bei der Festlegung der Prüfungshandlungen werden die Kenntnisse über die Geschäftstätigkeit und über das wirtschaftliche und rechtliche Umfeld der Gesellschaft sowie die Erwartungen über mögliche Fehler berücksichtigt. Im Rahmen der Prüfung werden die Wirksamkeit des rechnungslegungsbezogenen internen Kontrollsystems sowie Nachweise für die Angaben in Buchführung, Jahresabschluss und Lagebericht überwiegend auf der Basis von Stichproben beurteilt. Die Prüfung umfasst die Beurteilung der angewandten Bilanzierungsgrundsätze und der wesentlichen Einschätzungen der gesetzlichen Vertreter sowie die Würdigung der Gesamtdarstellung des Jahresabschlusses und des Lageberichts. Ich bin/Wir sind der Auffassung, dass meine/unsere Prüfung eine hinreichend sichere Grundlage für meine/unsere Beurteilung bildet."

Bei zulässiger Nichtanwendung der ergänzenden Vorschriften für den JA von KapGes. unter Inanspruchnahme z.B. von § 264 Abs. 3 HGB ist der zweite Satz des Abschnitts wie folgt anzupassen[690]:

„Danach ist die Prüfung so zu planen und durchzuführen, dass Unrichtigkeiten und Verstöße, die sich auf die Darstellung des Jahresabschlusses wesentlich auswirken, mit hinreichender Sicherheit erkannt werden."

ee) Beurteilung durch den Abschlussprüfer
(1) Inhalt und Formen des Prüfungsurteils

Der APr. hat sein **Prüfungsurteil** aufgrund seiner pflichtgemäßen Prüfung zu treffen. **402**

Die Pflichten des APr. bezüglich der Abschlussprüfung ergeben sich aus Gesetz, Rechtsprechung und den im Berufsstand der WP entwickelten und vom IDW festgestellten deutschen GoA[691]. Die Anwendung und Auslegung der zu beachtenden Vorschriften unterliegt **Ermessensspielräumen**, die der APr. unter Berücksichtigung objektiver Befunde in persönlicher Wertung pflichtgemäß auszuüben hat[692]. Dies gilt auch für die Formulierung des BestV. Dabei ist Maßstab für das pflichtgemäße Ermessen der gesetzliche Zweck des BestV, die Adressaten in kurz gefasster, allgemeinverständlicher und problemorien-

---

688 Vgl. *IDW PS 400*, Tz. 35.
689 Vgl. *IDW PS 400*, Tz. 36.
690 Vgl. *IDW PH 9.200.1*, Tz. 8.
691 Vgl. *IDW PS 400*, Tz. 37.
692 Vgl. ADS[6], § 322, Tz. 131.

tierter Form über das Prüfungsergebnis zu informieren[693]. Im Prüfungsurteil hat der APr. seine Auffassung klar zum Ausdruck zu bringen[694].

403 Der APr. beurteilt, ob bei der Rechnungslegung die für das geprüfte Unternehmen maßgeblichen Rechnungslegungsgrundsätze[695] beachtet wurden[696].

404 Zusätzliche Beurteilungen können aufzunehmen sein, wenn größenabhängige oder wirtschaftszweigspezifische Regelungen oder entsprechende zusätzliche Beauftragungen zu beachten sind[697].

405 Das Prüfungsergebnis ist sachverhaltsabhängig in einer der folgenden **Formen** mitzuteilen[698]:

- uneingeschränkt positive Gesamtaussage (**uneingeschränkter Bestätigungsvermerk**)
- eingeschränkt positive Gesamtaussage (**eingeschränkter Bestätigungsvermerk**)
- nicht positive Gesamtaussage (**Versagungsvermerk aufgrund von Einwendungen**)
- Nichtabgabe eines Prüfungsurteils (**Versagungsvermerk aufgrund von Prüfungshemmnissen**).

406 Gemäß § 322 Abs. 2 S. 1 Nr. 4 HGB ist ein Versagungsvermerk auch dann zu erteilen, wenn der APr. nicht in der Lage ist, ein Prüfungsurteil abzugeben. Damit sind die bisherigen Formen des Vermerks im Grundsatz an die International Standards on Auditing (*ISA 700, ISA 705*) angepasst, die einen „Disclaimer of Opinion" für den Fall vorsehen, dass ein Prüfungsurteil aufgrund wesentlicher und umfassender Prüfungshemmnisse nicht abgegeben werden kann; dabei sieht § 322 HGB vor, dass dieser „Nichterteilungsvermerk" in der Form eines Versagungsvermerks erteilt wird[699].

407 Die gem. § 322 Abs. 1 S. 2 HGB geforderte Beurteilung des Prüfungsergebnisses wird im Allgemeinen durch die entsprechend dem Ergebnis der Prüfung zutreffende Entscheidung für eine der vier Formen des Prüfungsergebnisses abgegeben[700]. Hat sich der APr. für den uneingeschränkten BestV entschieden, so bedarf es regelmäßig keiner weiteren Beurteilung. Eine allgemeinverständliche und problemorientierte Beurteilung des Prüfungsergebnisses unter Berücksichtigung des Umstandes, dass die gesetzlichen Vertreter den Abschluss zu verantworten haben (§ 322 Abs. 2 S. 1 HGB), kann in Einzelfällen zusätzliche Erläuterungen zum Inhalt der Rechnungslegung oder zur Tragweite des dargestellten Prüfungsergebnisses erfordern[701]. Wird ein BestV nur in eingeschränkter Form oder lediglich ein Versagungsvermerk erteilt, besteht die vom Gesetz verlangte Beurteilung des Prüfungsergebnisses darin, die wesentlichen Beanstandungen oder die einschränkenden Feststellungen in den BestV oder den Versagungsvermerk aufzunehmen und die Beurteilung ausreichend zu begründen[702]. Soweit darüber hinaus weitere Hinweise angezeigt

---

693 Vgl. ADS[6], § 322, Tz. 133.
694 Vgl. *IDW PS 400*, Tz. 39.
695 Vgl. *IDW PS 201*, Tz. 4.
696 Vgl. *IDW PS 400*, Tz. 38.
697 Vgl. Tz. 375.
698 Vgl. § 322 Abs. 2 S. 1 HGB, *IDW PS 400*, Tz. 41.
699 Dies ist auf die besonderen Regelungen des deutschen Gesellschaftsrechts zurückzuführen: Die Nichterteilung eines BestV bzw. Versagungsvermerks hätte, da die Prüfung als nicht abgeschlossen bzw. als nicht stattgefunden gälte, eine Feststellungssperre zur Folge (§ 316 Abs. 1 S. 2 HGB). Die Feststellung des nicht geprüften JA wäre demzufolge nichtig (§ 256 Abs. 1 Nr. 2 AktG). Vgl. ADS[6], § 322 HGB, Tz. 216; § 256 AktG, Tz. 16; *Hüffer*, AktG[9], § 256, Rn. 9 ff.
700 Vgl. *IDW PS 400*, Tz. 74.
701 Vgl. ADS[6], § 322, Tz. 197.
702 Vgl. *IDW PS 400*, Tz. 76.

Berichterstattung über die Jahresabschlussprüfung von Kapitalgesellschaften Q

erscheinen, sind diese in einem gesonderten Absatz im Anschluss an das Prüfungsurteil darzustellen (vgl. Tz. 537).

(2) Uneingeschränkter Bestätigungsvermerk

Hat der APr. nach dem abschließenden Ergebnis seiner Prüfung **keine wesentlichen Beanstandungen** gegen die Buchführung, den JA und den LB zu erheben und liegen **keine Prüfungshemmnisse** vor, ist der BestV in uneingeschränkter Form zu erteilen[703]. **408**

Mit dem uneingeschränkten BestV trifft der APr. die positive Gesamtaussage[704], **409**

– dass die von ihm durchgeführte Prüfung zu **keinen Einwendungen** geführt hat und dass Buchführung und JA den gesetzlichen Vorschriften entsprechen,
– dass der **JA** unter Beachtung der GoB oder sonstiger maßgeblicher Rechnungslegungsgrundsätze ein den **tatsächlichen Verhältnissen entsprechendes Bild der Vermögens-, Finanz- und Ertragslage** der Gesellschaft vermittelt,
– dass der **LB** mit dem JA in Einklang steht und insgesamt ein **zutreffendes Bild von der Lage** der Gesellschaft vermittelt sowie
– dass im **LB** die **Chancen und Risiken der zukünftigen Entwicklung** zutreffend dargestellt sind.

(a) Einwendungsfreiheit und Übereinstimmung mit den gesetzlichen Vorschriften

Gemäß § 322 Abs. 3 S. 1 HGB hat der APr. zu erklären, dass die Prüfung zu keinen Einwendungen geführt hat und dass der JA den gesetzlichen Vorschriften entspricht. **410**

Schon nach früherem Recht bis zur Neuregelung durch das KonTraG (§ 322 Abs. 1 HGB a.F.) war die Übereinstimmung von Buchführung und JA mit den gesetzlichen Vorschriften zu bestätigen. Diese Bestätigung war nach der Neukonzeption durch das KonTraG im Wortlaut des BestV zur Vermeidung von Missverständnissen nicht mehr abzugeben. Stattdessen war gemäß § 322 Abs. 1 S. 3 HGB i.d.F. des KonTraG zu erklären, dass die **Prüfung zu keinen Einwendungen geführt** hat. Damit war keine Änderung des Aussagegehalts verbunden, da sich an der Pflicht, die Gesetzmäßigkeit der Rechnungslegung gem. § 317 Abs. 1 S. 2 HGB zu prüfen, nichts geändert hatte. Die seitdem geforderte Bestätigung, dass die Prüfung zu keinen Einwendungen geführt hat, war gleichbedeutend mit der früheren **Bestätigung der Gesetzesentsprechung**[705]. **411**

Die Wiedereinführung der Bestätigung der Übereinstimmung mit den gesetzlichen Vorschriften neben der Einwendungsfreiheit durch das BilReG führt somit zu einer Doppelbestätigung desselben Sachverhalts[706]. **412**

Mit dieser positiven Gesamtaussage wird zum Ausdruck gebracht, dass die für das geprüfte Unternehmen **maßgeblichen Rechnungslegungsgrundsätze beachtet** sind. Solche Rechnungslegungsgrundsätze sind alle unmittelbar und mittelbar für die Rechnungslegung des geprüften Unternehmens geltenden gesetzlichen Vorschriften einschl. der GoB und ggf. ergänzender rechnungslegungsbezogener Normen der Satzung bzw. des Gesellschaftsvertrags (einschl. entsprechender Gesellschafter- oder Hauptversammlungsbeschlüsse)[707]. Für die Rechnungslegung bedeutsame höchstrichterliche Entscheidungen, **413**

---

703 Vgl. *IDW PS 400*, Tz. 42.
704 Vgl. *IDW PS 400*, Tz. 42.
705 Vgl. ADS[6], § 322, Tz. 137.
706 Vgl. *WPK*, Stellungnahme vom 03.09.2004 zum Regierungentwurf des BilReG.
707 Vgl. *IDW PS 400*, Tz. 38, 44; *IDW PS 201*, Tz. 4.

Standards des DRSC sowie grds. die *IDW Stellungnahmen zur Rechnungslegung* sind bei der Interpretation dieser Rechnungslegungsgrundsätze zu berücksichtigen[708].

414 Die Bestätigung, dass sich keine Einwendungen gegen die Gesetzmäßigkeit ergeben haben, bezieht sich neben dem JA auch auf den **Lagebericht**. Sie umfasst dabei zunächst die Aussage, dass der LB alle durch Gesetz (§ 289 HGB) und ggf. Gesellschaftsvertrag und Satzung vorgeschriebenen Bestandteile enthält[709]. Die in § 322 Abs. 6 HGB geforderten Aussagen zum LB (Einklang mit dem JA, Vermittlung eines zutreffenden Bildes von der Lage des Unternehmens und zutreffende Darstellung der Chancen und Risiken der zukünftigen Entwicklung) treten zu der Aussage der Einwendungsfreiheit hinzu[710]. Einwendungen hinsichtlich der Erfüllung dieser Anforderungen an den LB sind jedoch zugleich Einwendungen gegen die Gesetzmäßigkeit. Eine positive Gesamtaussage, dass die Prüfung zu keinen Einwendungen geführt hat, kann deshalb nur getroffen werden, wenn auch die zusätzlichen Aussagen gem. § 322 Abs. 6 HGB zum LB einwendungsfrei sind.

415 Die Erklärung der Einwendungsfreiheit erstreckt sich ausschließlich auf die Rechnungslegung (Buchführung, JA und LB)[711]. Die Gesetzmäßigkeit größenabhängiger oder wirtschaftszweigspezifischer gesetzlicher Regelungen, durch die **der Prüfungsgegenstand der Jahresabschlussprüfung über die Rechnungslegung hinaus erweitert** wird, wird hierdurch nicht abgedeckt:

– Sieht das Gesetz, wie z.B. § 30 KHGG NRW, eine Aussage über das Ergebnis dieser erweiterten Jahresabschlussprüfung im BestV vor, so sind die Feststellungen hierzu **im Bestätigungsvermerk gesondert** zu treffen (gesonderter Absatz des Prüfungsurteils)[712]. Gleiches gilt bei parallel zum Landesrecht erfolgter ergänzender Beauftragung.
– Sieht hingegen das Gesetz keine Aussage im BestV zu der Erweiterung der Jahresabschlussprüfung vor, so ist auf das Ergebnis dieser erweiterten Prüfung **auch nicht gesondert im Bestätigungsvermerk** einzugehen; eine Berichterstattung hierzu erfolgt lediglich im PrB[713]. Dies gilt z.B. für die Prüfung gem. § 317 Abs. 4 HGB. Danach wird bei börsennotierten AG die Abschlussprüfung um eine Prüfung der Maßnahmen nach § 91 Abs. 2 AktG (Risikofrüherkennungssystem) über die Rechnungslegung hinaus erweitert. Über das Ergebnis dieser Prüfung ist nur im PrB zu berichten[714]. Der BestV enthält somit hierzu weder in der Bestätigung zur Einwendungsfreiheit noch an anderer Stelle eine Aussage[715]. Entsprechendes gilt für das Ergebnis der Prüfung der wirtschaftlichen Verhältnisse und der Ordnungsmäßigkeit der Geschäftsführung bei Genossenschaften (§ 53 i.V.m. § 58 GenG) sowie bestimmter branchenspezifischer Prüfungen (z.B. § 29 KWG für Kreditinstitute)[716].

416 **Vertragliche Erweiterungen** des Prüfungsauftrags, die zusätzliche Normen für die Rechnungslegung betreffen, werden durch die Aussage zur Einwendungsfreiheit erfasst. Dies gilt nicht, wenn solche Erweiterungen andersartige ergänzende Beauftragungen be-

---

708 Vgl. *IDW PS 201*, Tz. 8, 12 und 13.
709 Vgl. ADS[6], § 322, Tz. 139 mit ausführlicher Begründung.
710 Vgl. ADS[6], § 322, Tz. 139.
711 Vgl. ADS[6], § 322, Tz. 142.
712 Vgl. *IDW PS 400*, Tz. 40, 70; vgl. auch Tz. 530.
713 Vgl. *IDW PS 400*, Tz. 11.
714 Vgl. § 321 Abs. 4 HGB; vgl. *IDW PS 450*, Tz. 104 ff. sowie die Ausführungen unter Tz. 261.
715 Festgestellte Mängel des Risikofrüherkennungssystems können allerdings die Ordnungsmäßigkeit der Buchführung oder die Darstellung im LB in Frage stellen; vgl. *IDW PS 400*, Tz. 72.
716 Vgl. *IDW PS 400*, Tz. 11.

treffen⁷¹⁷, z.B. solche über die Prüfung der Ordnungsmäßigkeit der Geschäftsführung nach § 53 HGrG⁷¹⁸ oder auf freiwilliger Grundlage. Das Ergebnis dieser Prüfung ist ebenfalls nicht gesondert im BestV zu bestätigen, sondern entweder nur im PrB oder in einer gesonderten Bescheinigung darzustellen⁷¹⁹.

Von den vorstehend angesprochenen gesetzlichen oder vertraglichen Erweiterungen des Prüfungsauftrags sind zusätzliche Vorschriften zur Rechnungslegung zu unterscheiden, die in Abhängigkeit von Größenklasse, Wirtschaftszweig oder Rechtsform des jeweiligen Unternehmens anzuwenden sind (z.B. §§ 340a bis 340h HGB). Ihre Einhaltung wird durch die Aussage, dass die Prüfung zu keinen Einwendungen geführt hat, erfasst, so dass es im BestV keiner gesonderten Bestätigung bedarf⁷²⁰. 417

Hat der APr. nach dem abschließenden Ergebnis der Prüfung **keine Einwendungen** gegen die Rechnungslegung zu erheben, so wird für ein Prüfungsurteil mit uneingeschränkt positiver Gesamtaussage folgende **Formulierung** empfohlen⁷²¹: 418

„Meine/Unsere Prüfung hat zu keinen Einwendungen geführt.

Nach meiner/unserer Beurteilung aufgrund der bei der Prüfung gewonnenen Erkenntnisse entspricht der Jahresabschluss den gesetzlichen Vorschriften [und den ergänzenden Bestimmungen des Gesellschaftsvertrags/der Satzung] ..."

(b) Einhaltung der Generalnorm

Der APr. einer KapGes oder einer Personenhandelsgesellschaft i.S.d. § 264a HGB hat neben der Erklärung, dass die Prüfung zu keinen Einwendungen geführt hat – und sich damit auch keine Einwendungen gegen die Beachtung der Generalnorm des § 264 Abs. 2 S. 1 HGB ergeben haben –, nach § 322 Abs. 3 S. 1 HGB gesondert zu bestätigen, dass der JA unter Beachtung der GoB oder sonstiger maßgeblicher Rechnungslegungsgrundsätze⁷²² ein den tatsächlichen Verhältnissen entsprechendes Bild der Vermögens-, Finanz- und Ertragslage der Gesellschaft vermittelt⁷²³. Somit ist eine **doppelte Feststellung** im BestV zu treffen. Durch den ausdrücklichen Hinweis auf die Einhaltung der Generalnorm des § 264 Abs. 2 S. 1 HGB im BestV wird die **besondere Bedeutung der Generalnorm** herausgestellt⁷²⁴, deren Einhaltung für einen uneingeschränkten BestV zwingend erfüllt sein muss. 419

Die Bestätigung der Generalnorm steht, wie auch die Anforderung der Generalnorm selbst, unter dem **Einblicksvorbehalt der GoB** oder sonstiger maßgeblicher Rechnungslegungsgrundsätze. Damit sollen die Adressaten des BestV besonders darauf hingewiesen werden, innerhalb welcher **Grenzen und Prämissen** der JA ein den tatsächlichen Verhältnissen entsprechendes Bild der Vermögens-, Finanz- und Ertragslage vermittelt. Der Gesetzgeber hat diese zur Verringerung der Erwartungslücke notwendige 420

---

717 Vgl. *IDW PS 400*, Tz. 12.
718 Zur Prüfung und Berichterstattung nach § 53 HGrG vgl. L Tz. 66.
719 Vgl. *IDW PS 400*, Tz. 12.
720 Vgl. *IDW PS 400*, Tz. 11. Die Beachtung dieser ergänzenden Rechnungslegungsvorschriften wird gem. § 321 Abs. 2 S. 1 HGB im PrB bestätigt.
721 Vgl. *IDW PS 400*, Tz. 46.
722 Bei der Rechnungslegung nach internationalen Standards sind jeweils die sonstigen maßgeblichen Rechnungslegungsgrundsätze in Bezug zu nehmen.
723 Eine Bestätigung des true and fair view entspricht auch der internationalen Praxis, vgl. *ISA 700.37*.
724 Vgl. BT-Drs. 10/317, S. 76.

Klarstellung in den Kernsatz des BestV i.d.F. des KonTraG aufgenommen[725]. Die Bezugnahme auf sonstige maßgebliche Rechnungslegungsgrundsätze durch das BilReG trägt dem Umstand Rechnung, dass auch IFRS-Abschlüsse Gegenstand der gesetzlichen Abschlussprüfung sein können[726].

421 Die weitere Begrenzung der Aussage liegt in den begrenzten Möglichkeiten der Abschlussprüfung. Im BestV hat der APr. ausdrücklich darauf hinzuweisen, dass er seine Erklärungen **„aufgrund der bei der Prüfung gewonnenen Erkenntnisse"** und **„nach seiner Beurteilung"** abgibt. Im Übrigen wird aus der Begrenzung „aufgrund der bei der Prüfung gewonnenen Erkenntnisse" geschlossen werden können, dass **gesonderte Untersuchungen** zur Beachtung der Generalnorm als Grundlage für diese Aussage vom Gesetz **nicht** gefordert werden[727]. Dies ist insofern nicht erforderlich, als die Prüfung generell nach § 317 Abs. 1 S. 3 HGB so anzulegen ist, dass Unrichtigkeiten und Verstöße, die sich auf die Darstellung des sich nach § 264 Abs. 2 HGB ergebenden Bildes der Vermögens-, Finanz- und Ertragslage wesentlich auswirken, bei gewissenhafter Berufsausübung erkannt werden.

422 Die gesonderte Feststellung zur Generalnorm im BestV kann zu Problemen im Hinblick auf das Verhältnis zwischen der Generalnorm und einzelnen Rechnungslegungsvorschriften führen, soweit diese dem Bilanzierenden ein Ansatz- oder Bewertungswahlrecht einräumen[728]; sie verlangt vom APr. über die Frage nach der formalrechtlichen Vorrangigkeit der beiden Normenkomplexe hinaus Überlegungen zur **materiellen Bedeutung der Generalnorm**[729].

423 Die gesonderten Feststellungen, dass die Prüfung zu keinen Einwendungen geführt hat einerseits und zur Einhaltung der Generalnorm andererseits können **unterschiedliche Urteile** beinhalten:

– Der APr. kann einen Verstoß gegen eine Einzelvorschrift feststellen und hieraus Einwendungen erheben, gleichwohl aber zu der Auffassung gelangen, dass der JA ein den tatsächlichen Verhältnissen entsprechendes Bild vermittelt. Das tritt ein, wenn gegen besondere, nicht in unmittelbarem Zusammenhang mit Bilanz und GuV stehende Angabepflichten im Anh. verstoßen wird und diesen Angabepflichten ein solches Gewicht zukommt, dass eine uneingeschränkte Bestätigung der Einwendungsfreiheit nicht möglich ist; dies gilt z.B., wenn im Anh. die Gesamtbezüge des Geschäftsführungsorgans nach § 285 Nr. 9 HGB unzulässigerweise nicht angegeben werden und sich hieraus keine Beeinträchtigung der Darstellung der Vermögens-, Finanz- und Ertragslage ergibt.

– Die umgekehrte Möglichkeit, dass der APr. die Einwendungsfreiheit, nicht aber die Erfüllung der Generalnorm bestätigt, scheidet aus logischen Gründen aus. Da die Generalnorm selbst gesetzliche Vorschrift ist, kann bei einem Verstoß gegen diese eine Aussage, dass die Prüfung zu keinen Einwendungen geführt hat, nicht zulässig sein.

---

725 Das IDW wies in seiner Stellungnahme zum Referentenentwurf eines KonTraG, der noch keinen GoB-Vorbehalt enthielt, darauf hin, dass eine Bestätigung der Generalnorm im BestV ohne GoB-Vorbehalt dazu führen würde, dem APr. eine Erklärung abzuverlangen, die über die entsprechenden Berichtspflichten der rechnungslegenden Gesellschaftsorgane hinausgehen würde (§ 264 Abs. 2 bzw. § 297 Abs. 2 HGB); vgl. *IDW*, FN-IDW 1997, S. 11.
726 Vgl. RegBegr. BT-Drs. 15/3419, S. 44.
727 Vgl. ADS⁶, § 322, Tz. 147.
728 Der Gesetzgeber war einem früheren Vorschlag des IDW, eindeutig klarzustellen, dass die Ausübung von Wahlrechten stets im Einklang mit der Generalnorm steht, nicht gefolgt; vgl. *IDW*, WPg 1984, S. 128.
729 Zu den grundsätzlichen Überlegungen zur Generalnorm des § 264 Abs. 2 HGB, vgl. insb. ADS⁶, § 264, Tz. 52 m.w.N.

Der Bereich für **Zielkonflikte** zwischen Einzelrechnungslegungsnormen und General- 424
norm wird dadurch eingeschränkt,

– dass die einzelnen Rechnungslegungsvorschriften für KapGes. auch Ausprägung und Präzisierung der Generalnorm darstellen[730]. Insoweit besteht grds. zwischen Generalnorm und Einzelvorschrift Übereinstimmung, nicht Widerspruch. Enthält die Einzelvorschrift eine eindeutige Anwendungsregel, wird mit ihrer Anwendung im Prinzip auch immer der Forderung der Generalnorm entsprochen. Ein möglicher Zielkonflikt mit der Generalnorm beschränkt sich damit grds. auf die Anwendung von Einzelrechnungslegungsvorschriften, die Wahlrechte oder Ermessensspielräume enthalten[731];

– dass bei Konfliktmöglichkeiten zwischen der Einhaltung der Generalnorm und der Ausübung von Bilanzierungswahlrechten und Ermessensspielräumen bei KapGes. eine umfassende Angabepflicht im Anh. besteht (§ 264 Abs. 2 S. 2 HGB).

Die aus der Vielzahl von Angabepflichten, insb. zur Bilanzierung und Bewertung, re- 425
sultierende Transparenz von Art und Umfang bilanzpolitischer Maßnahmen bewirkt, dass
die Berichterstattung im Anh. ein möglicherweise unzutreffendes Bild der Vermögens-,
Finanz- und Ertragslage, wie es sich allein aus Bilanz und GuV ergibt, korrigieren kann.

Da es nur zusammen mit einer entsprechenden Berichterstattung im Anh. möglich wird, 426
ein den tatsächlichen Verhältnissen entsprechendes Bild zu vermitteln[732], hat der APr. die
Aussage, ob der JA ein den tatsächlichen Verhältnissen entsprechendes Bild vermittelt,
immer **unter Würdigung der Einheit aus Bilanz, GuV und Anh.** (sowie ggf. weitere
Abschlussbestandteile, wie z.B. KFR, EK-Spiegel, Segmentberichterstattung) **insgesamt**
zu treffen[733].

Bei der **Beurteilung** der Einhaltung der Generalnorm hat der APr. weiter grds. zu be- 427
achten:

– Sie ist weniger eine unmittelbar anwendbare Zielvorschrift für Einzel- und Detailfragen, sondern soll sicherstellen, dass die Gesamttendenz der wirtschaftlichen Lage und Entwicklung der Gesellschaft aus dem JA eindeutig und zweifelsfrei erkennbar ist.

– Die Generalnorm hat nicht den Charakter eines Optimalitätskriteriums, wonach das bestmögliche Bild der Vermögens-, Finanz- und Ertragslage zu geben ist. Eine solche Forderung würde außer Acht lassen, dass die Vermögens-, Finanz- und Ertragslage eines Unternehmens keine eindeutigen, exakt messbaren Sachverhalte darstellt, sondern dass es sich um vielschichtige, in ihrer Bedeutung und Ausprägung variierbare Größen handelt, deren Bewertung zusätzlich durch die subjektive Beurteilung des jeweiligen Adressaten beeinflusst wird. Es wird ein relatives Bild der tatsächlichen Verhältnisse gegeben.

---

730 Die grundsätzliche Übereinstimmung zwischen Einzel- und Generalnorm entspricht den Vorstellungen der 4. EG-RL. In einer Protokollerklärung des Rates zu Art. 2 der EG-RL stellen der Rat und die Kommission ausdrücklich fest, „dass es normalerweise ausreicht, die Richtlinie anzuwenden, damit das gewünschte, den tatsächlichen Verhältnissen entsprechende Bild entsteht". Abgedruckt bei *Schruff*, S. 11, 12; ferner *Ballwieser*, BB 1985, S. 1034.
731 Ein Ausnahmefall dürfte bei der Währungsumrechnung von Abschlüssen aus Hochinflationsländern vorliegen. Diesbezüglich bejaht die h.M. – unterstützt durch die RegBegr. (BT-Drs. 16/10067, S. 84) – ein Abweichen von § 308a HGB. Vgl. *Gelhausen/Fey/Kämpfer*, Abschn. Q Rn. 354 mit Verweis auf DRS 14.35 bis 14.38; BeBiKo[8], § 308a, Rn. 115.
732 Zur Problematik der Bestätigung der Generalnorm bei JA von Einzelkaufleuten und Personenhandelsgesellschaften, der lediglich Bilanz und GuV umfasst, vgl. Tz. 812, Tz. 864.
733 Vgl. ADS[6], § 264, Tz. 63; *Marks*, WPg 1989, S. 123 m.w.N.

2107

- § 264 Abs. 2 S. 1 HGB ist keine vorrangige Generalnorm; er hat vielmehr die Aufgabe, Lücken zu schließen und Zweifelsfragen zu klären, die die Einzelvorschriften einschl. der GoB offen lassen[734].
- Die Generalnorm kann nicht die Unzulänglichkeiten einer in wesentlichen Teilen vergangenheitsbezogenen und stichtagsorientierten Rechnungslegung, die zwangsläufig zusätzlich durch das subjektive Ermessen des Bilanzierenden beeinflusst wird, aufheben.

428 Die Grenzziehung zwischen Erfüllung und Nicht-Erfüllung der Generalnorm bei gleichzeitiger Einhaltung aller Einzelvorschriften ist im Einzelfall außerordentlich schwierig und problematisch. **Maßstab** für die Frage der Einhaltung der Generalnorm ist dabei, ob sich

- ein hinreichend sachkundiger Adressat der Rechnungslegung
- mit dem gleichen zeitlichen Kenntnisstand wie der APr.
- in angemessener Zeit
- aus dem JA ein den tatsächlichen Verhältnissen entsprechendes Bild der Vermögens-, Finanz- und Ertragslage verschaffen kann,
- unter Berücksichtigung der dem Rechnungslegungsinstrument JA immanenten Restriktionen, die den Einblick in die wirtschaftliche Lage zwangsläufig beeinträchtigen.

429 Eine **Beeinträchtigung** der Erfüllung der Generalnorm mit etwaiger Relevanz für den zu erteilenden BestV kann trotz Einhaltung aller Einzelvorschriften z.B. aus folgenden Fällen resultieren:

- besondere Sachverhalte, die nach den Rechnungslegungsvorschriften einschl. der GoB nur unzutreffend abgebildet werden (bspw. Verbrauch stiller Reserven, langfristige Fertigung);
- besondere Sachverhaltsgestaltung mit überwiegend bilanzpolitischen Zielen (z.B. *Sale-and-lease-back*, Ausgliederung des Forschungsbereichs etc.);
- gleichgerichtete Ausübung von Bilanzierungs-, Bewertungs- und Ermessensspielräumen, insb. dann, wenn es dadurch zu einer Ergebnisumkehrung kommt.

430 Bedeutung und Ausmaß eines möglichen Verstoßes gegen die Generalnorm trotz Einhaltung aller Einzelvorschriften hängen davon ab, ob generell bzw. in welchem Umfang eine ausreichende und den Sachverhalt eindeutig klarstellende Berichterstattung gemäß § 264 Abs. 2 S. 2 HGB im Anh. erfolgt.

In diesem Zusammenhang ist zu berücksichtigen, dass die Generalnorm durch die verpflichtende Beachtung der GoB eine Relativierung erfährt.

431 In **kritischen Grenzfällen**, in denen es zweifelhaft sein könnte, ob der Generalnorm trotz Einhaltung aller Einzelvorschriften entsprochen wird, und in denen eine Einschränkung im Ergebnis nicht erforderlich ist, erscheinen unter dem Postulat einer allgemeinverständlichen und problemorientierten Beurteilung des Prüfungsergebnisses (§ 322 Abs. 2 S. 2 HGB) klarstellende Hinweise im BestV erforderlich[735]. Insb. in solchen Fällen bietet die Abkehr vom Formeltestat die Möglichkeit, die in der Gesetzesbegründung zum KonTraG dargestellte Zielvorstellung zu realisieren, durch geeignete Formulierungen im BestV unter Hinweis auf die Verantwortung der Geschäftsführung und die Grenzen der Prüfung die Erwartungslücke zu schließen[736].

---

734 Vgl. BeBiKo[8], § 264, Rn. 25 m.w.N.
735 Vgl. hierzu Tz. 544.
736 Vgl. BT-Drs. 13/9712, S. 29.

Berichterstattung über die Jahresabschlussprüfung von Kapitalgesellschaften Q

Wenn jedoch die Generalnorm **nicht eingehalten** wurde oder dies **nicht beurteilt** werden kann, ist – sofern die Tragweite noch erkennbar und vermittelbar ist – eine Einschränkung des BestV, ansonsten die Erteilung eines entsprechenden Versagungsvermerks geboten[737]. **432**

Bei Gesellschaften, die aufgrund ihrer Rechtsform nicht verpflichtet sind, im JA diejenigen Rechnungslegungsvorschriften anzuwenden, deren Beachtung zur Vermittlung eines den tatsächlichen Verhältnissen entsprechenden Bildes der Vermögens-, Finanz- und Ertragslage führt, darf eine Bestätigung nur dann erteilt werden, wenn deren JA gleichwohl dieser Anforderung entspricht. Ansonsten kann sich das Prüfungsurteil nur auf die Einhaltung der für diese Gesellschaften geltenden gesetzlichen Vorschriften einschließlich der GoB erstrecken[738]. **433**

Bei Nichtkapitalgesellschaften außerhalb des Regelungsbereichs des § 264a HGB kann deshalb die Einhaltung der Generalnorm nur bestätigt werden, wenn sie im Grundsatz die für KapGes. vergleichbarer Größe geltenden Anforderungen an die Rechnungslegung erfüllen (vgl. hierzu die Ausführungen unter Tz. 812 (PublG), Tz. 862 (freiwillige Abschlussprüfung), Tz. 1013 (GenG)). **434**

Die Aussage zur Einhaltung der Generalnorm im Anschluss an die Aussage zur Einwendungsfreiheit und Gesetzesentsprechung sollte wie folgt **formuliert** werden: **435**

„... und vermittelt unter Beachtung der Grundsätze ordnungsmäßiger Buchführung ein den tatsächlichen Verhältnissen entsprechendes Bild der Vermögens-, Finanz- und Ertragslage der Gesellschaft."

Diese Bestätigung der Einhaltung der Generalnorm kann auch dann gegeben werden, wenn **kleine KapGes.** i.S.v. § 267 Abs. 1 HGB die gesetzlichen Erleichterungen bei der Aufstellung des JA wahrnehmen, da § 264 Abs. 2 HGB auch auf diese Gesellschaften Anwendung findet[739]. **436**

Wird der JA (nach § 264 Abs. 1 S. 2 HGB oder freiwillig) um eine **Kapitalflussrechnung**[740] ergänzt, ist es nicht erforderlich, in die Aussage zur Generalnorm die Zahlungsströme der Gesellschaft aufzunehmen[741]. **437**

(c) Zutreffende Darstellung der Unternehmenslage im Lagebericht

Nach § 322 Abs. 6 S. 1 HGB hat der APr. im uneingeschränkten BestV zu bestätigen, dass nach seiner Beurteilung der LB mit dem JA und ggf. mit dem JA nach § 325 Abs. 2a HGB in Einklang steht und insgesamt ein **zutreffendes Bild** von der Lage des Unternehmens vermittelt. **438**

Vor dem KonTraG war im BestV festzustellen, ob der LB im Einklang mit dem JA steht (§ 322 Abs. 1 S. 3 HGB a.F.), während sich der Prüfungsumfang gemäß § 317 Abs. 1 S. 3 HGB a.F. auch darauf erstreckte, ob nicht die sonstigen Angaben im LB eine falsche Vorstellung von der Lage des Unternehmens erwecken[742]. Durch das KonTraG wurde neben dem Prüfungsumfang auch die Aussage im BestV erweitert: Der APr. hatte nicht **439**

---

737 Vgl. *IDW PS 400*, Tz. 53, 68.
738 Vgl. *IDW PS 400*, Tz. 48; ADS[6], § 322, Tz. 149.
739 Vgl. *IDW PS 400*, Tz. 43.
740 Vgl. zu Aufbau und Gliederung der Kapitalflussrechnung DRS 2.
741 International ist es üblich, die Aussage zum „true and fair view" explizit auf Cashflows zu beziehen, vgl. *ISA 700.A29*. Demgegenüber ist nach HGB eine Erweiterung des JA um eine Kapitalflussrechnung, außer im Fall von § 264 Abs. 1 S. 2 HGB, nicht vorgeschrieben.
742 Vgl. dazu auch WP Handbuch 1996, Bd. I, Kap. O, Tz. 319.

2109

mehr nur zu prüfen, dass keine **falsche** Vorstellung durch die Darstellung der gesetzlichen Vertreter erweckt wird, sondern zu prüfen und zu **bestätigen**, dass der LB eine **zutreffende** Vorstellung von der Unternehmenslage vermittelt[743]. Das Ergebnis der Prüfung des Einklangs mit dem JA (§ 317 Abs. 2 S. 1 HGB) wurde in der Bestätigung zur Lagedarstellung nur implizit zum Ausdruck gebracht[744].

440 Durch das BilReG wurde die Bestätigung des Einklangs des LB mit dem JA wieder eingeführt. Der APr. hat daher auch das Ergebnis seiner Prüfung nach § 317 Abs. 2 S. 1 HGB im Hinblick auf den Einklang von LB mit dem JA nach § 325 Abs. 2a HGB explizit im BestV zum Ausdruck zu bringen.

441 Der BestV beinhaltet keine unmittelbare Beurteilung der wirtschaftlichen Lage und der Geschäftsführung des geprüften Unternehmens als solche[745]. Der APr. beurteilt die Darstellung durch die gesetzlichen Vertreter, die über die umfassenden Erkenntnisse verfügen und allein für die Darstellung nach den für das geprüfte Unternehmen geltenden Vorschriften verantwortlich sind.

442 Die Darstellung im LB ist durch die subjektive Auffassung der gesetzlichen Vertreter beeinflusst. Der APr. hat dabei – unabhängig von seiner eigenen subjektiven Einschätzung – im BestV zu beurteilen, ob sich die Einschätzung der gesetzlichen Vertreter in **vertretbarem Rahmen** hält[746]. Der im Gesetz vorgegebene **Prüfungsmaßstab** „zutreffendes Bild von der Lage" trägt unverändert der von der Sache her gegebenen Unschärfe des Prüfungsobjekts Rechnung[747].

443 Der APr. bestätigt, dass der LB ein zutreffendes Bild von der Lage des Unternehmens vermittelt, wenn die Darstellung die gemäß § 289 HGB geforderte ausgewogene und umfassende, dem Umfang und der Komplexität der Geschäftstätigkeit entsprechende Analyse des Geschäftsverlaufs und der Lage sowie insb. die wesentlichen Faktoren und bedeutsamsten (finanziellen) Leistungsindikatoren für die Unternehmenslage einschl. der künftigen Entwicklung erkennen lässt und nach den bei der Abschlussprüfung gewonnenen Erkenntnissen alle verfügbaren, relevanten Informationen berücksichtigt[748].

444 Aussagen des LB, die sich auf die Zukunft erstrecken, können vom APr. von der Sache her nicht auf ihre Richtigkeit beurteilt werden. Der uneingeschränkte BestV bedeutet für **Prognoseangaben** des LB, dass die gesetzten Prämissen und Annahmen realistisch und glaubwürdig und dass die hieraus abgeleiteten Aussagen **plausibel** sind und nicht im Widerspruch zu den dem JA und LB zugrunde liegenden Daten und Erwartungen stehen[749].

445 Die Bestätigung, dass der LB ein zutreffendes Bild von der Lage der Gesellschaft vermittelt, ist nur dann zulässig, wenn der LB die diesbezüglichen Anforderungen von § 289 HGB erfüllt. Einer Positivaussage zur Lagedarstellung steht nicht entgegen, wenn sonstige nicht zur Lagedarstellung erforderliche gesetzliche Angaben im LB fehlen (z.B. Angaben gem. § 289 Abs. 2 Nr. 4 und – wenn eine Forschungs- und Entwicklungstätigkeit für das Unternehmen nicht von Bedeutung ist – Nr. 3 HGB)[750]. In diesem Fall ist jedoch auf-

---

743 Vgl. ADS[6], § 322, Tz. 159.
744 Vgl. ADS[6], § 322, Tz. 162.
745 Vgl. *IDW PS 400*, Tz. 8.
746 Vgl. ADS[6], § 322, Tz. 160.
747 So schon zum früheren Recht *Krawitz*, WPg 1988, S. 225; *Krawitz*, S. 14.
748 Zu den gesetzlichen Prüfungspflichten in Bezug auf den LB vgl. *IDW PS 350*.
749 *Emmerich*, S. 227; *IDW FG 3/1988*, Abschn. C. I. 4; vgl. auch *Wanik*, S. 45; *Rückle*, DB 1984, S. 57; *Stobbe*, BB 1988, S. 310.
750 Vgl. *IDW PS 400*, Tz. 49.

grund der Unvollständigkeit gesetzlicher Pflichtangaben zu prüfen, ob die Einwendungsfreiheit der Rechnungslegung im BestV noch uneingeschränkt bestätigt werden kann.

Sofern von **kleinen KapGes.**[751] zulässigerweise kein LB aufgestellt wird, entfallen im BestV die ausschließlich auf den LB bezogenen Aussagen, d.h. auch die Feststellung zur Darstellung der Unternehmenslage[752]. Wird ein LB freiwillig erstellt, kommt es für die Bestätigung nach § 322 Abs. 6 S. 1 HGB darauf an, ob die Angaben im LB eine ausreichende Gesamtbeurteilung der Lage zulassen; dazu ist erforderlich, dass auch Einzelaussagen entsprechend § 289 Abs. 2 HGB (z.B. Vorgänge von besonderer Bedeutung, die nach Schluss des Geschäftsjahres eingetreten sind) getroffen werden[753]. 446

Die Aussage im BestV zur zutreffenden Darstellung der Unternehmenslage im LB sollte die **Formulierung** enthalten[754]: 447

„Der Lagebericht steht in Einklang mit dem Jahresabschluss, vermittelt insgesamt ein zutreffendes Bild von der Lage der Gesellschaft ..."

Dieser Formulierung unmittelbar angeschlossen wird die Aussage zur Chancen- und Risikodarstellung. 448

(d) Zutreffende Darstellung der Chancen und Risiken der zukünftigen Entwicklung im Lagebericht

Gem. § 322 Abs. 6 S. 2 HGB ist im BestV auch darauf **einzugehen, ob** im LB die Chancen und Risiken der zukünftigen Entwicklung **zutreffend dargestellt** sind. Diese Aussage im BestV und die entsprechende Prüfungspflicht (§ 317 Abs. 2 S. 2 HGB) knüpfen unmittelbar an die Vorschrift des § 289 Abs. 1 HGB an, nach der die gesetzlichen Vertreter der KapGes. im LB die Chancen und Risiken der künftigen Entwicklung zu beurteilen und zu erläutern haben. Durch das BilReG wurde diese Aussage im BestV ausdrücklich um die Chancen der zukünftigen Entwicklung erweitert. 449

Darüber hinaus ist im BestV gem. § 322 Abs. 2 S. 3 HGB **auf Risiken, die den Fortbestand** des Unternehmens **gefährden**, gesondert einzugehen. Neben der Erklärung zur zutreffenden Darstellung im LB erfolgt für die bestandsgefährdenden Risiken eine Hervorhebung durch den Hinweis auf die Art des Risikos im BestV selbst (vgl. hierzu Tz. 553). 450

Risiken i.S.d. § 289 Abs. 1 HGB, deren zutreffende Darstellung im LB der APr. im BestV zu beurteilen hat, sind solche Risiken, die für die zutreffende Darstellung der Lage des Unternehmens unter dem Gesichtspunkt der Wesentlichkeit von Bedeutung sind[755]. Das sind Risiken, die die Unternehmensfortführung bedrohen (Bestandsrisiken), und Risiken, die wesentlichen Einfluss auf die Vermögens-, Finanz- und Ertragslage des Unternehmens haben können, d.h. zwar der Fortbestandsannahme nicht entgegenstehen, sich aber im Falle ihres Eintretens in wesentlichem Umfang nachteilig auf den Geschäftsverlauf bzw. die Lage auswirken und somit die künftige Entwicklung des Unternehmens beeinträchtigen können. 451

Bei den Darstellungen der Chancen und Risiken der zukünftigen Entwicklung im LB handelt es sich im Wesentlichen um **prognostische Angaben** der gesetzlichen Vertreter 452

---

751 oder Unternehmen anderer Rechtsform. Vgl. Tz. 816, Tz. 849, Tz. 860.
752 Vgl. *IDW PS 400*, Tz. 43.
753 Vgl. ADS[6], § 322, Tz. 164.
754 Vgl. *IDW PS 400*, Tz. 46.
755 Dieser Grundsatz geht seit Änderung durch das BilReG unmittelbar aus § 289 Abs. 1 HGB hervor.

2111

der Gesellschaft. Die Prüfung bereitet indes Schwierigkeiten, da sich der Prüfer i.d.R. nicht durch eigene Erhebungen ein eigenes Sollobjekt bilden kann und muss, mit dem er die Angaben im LB abgleicht[756]. Die Beurteilung einer zutreffenden Darstellung der Chancen und Risiken der zukünftigen Entwicklung wird deshalb wie bei anderen prognostischen und wertenden Angaben darauf auszurichten sein, ob die Einschätzungen des Vorstands bzw. der Geschäftsführung vor dem Hintergrund der Jahresabschlussangaben plausibel sind und in Übereinstimmung mit den während der Abschlussprüfung gewonnenen Erkenntnissen des APr. stehen[757].

453 Der APr. kann die zutreffende Darstellung der Risiken der zukünftigen Entwicklung **bestätigen, wenn** die wesentlichen Risiken von den gesetzlichen Vertretern im LB vollständig und zutreffend dargestellt worden sind[758]. Bestandsrisiken müssen in der Lageberichterstattung deutlich und unter Nennung der Gründe bzw. Anhaltspunkte dargestellt worden sein.

454 Wenn wesentliche Risiken der zukünftigen Entwicklung im LB nicht dargestellt worden sind, ist im Regelfall auch die Voraussetzung für eine positive Bestätigung der Lagedarstellung (§ 322 Abs. 6 S. 1 HGB) nicht gegeben und der BestV entsprechend einzuschränken. Gleiche Schlussfolgerungen können unter Umständen zu ziehen sein, wenn für die Entwicklung des Unternehmens wesentliche bestehende Chancen im LB nicht beurteilt und erläutert worden sind.

455 Die Aussage im BestV zur Darstellung der Chancen und Risiken der zukünftigen Entwicklung sollte im Anschluss an die Aussage zur zutreffenden Darstellung der Lage die folgende **Formulierung** enthalten[759]:

„... und stellt die Chancen und Risiken der zukünftigen Entwicklung zutreffend dar."

(e) Formulierungsempfehlung

456 Zusammenfassend empfiehlt sich für ein **Prüfungsurteil** mit uneingeschränkt positiver Gesamtaussage die folgende Formulierung[760]:

„Meine/Unsere Prüfung hat zu keinen Einwendungen geführt.

Nach meiner/unserer Beurteilung aufgrund der bei der Prüfung gewonnenen Erkenntnisse entspricht der Jahresabschluss den gesetzlichen Vorschriften [und den ergänzenden Bestimmungen des Gesellschaftsvertrags/der Satzung] und vermittelt unter Beachtung der Grundsätze ordnungsmäßiger Buchführung ein den tatsächlichen Verhältnissen entsprechendes Bild der Vermögens-, Finanz- und Ertragslage der Gesellschaft. Der Lagebericht steht in Einklang mit dem Jahresabschluss, vermittelt insgesamt ein zutreffendes Bild von der Lage der Gesellschaft und stellt die Chancen und Risiken der zukünftigen Entwicklung zutreffend dar."

---

756 Vgl. *Kirsch/Hömberg/Fischer*, S. 971 m.w.N.
757 Vgl. *IDW PS 350*, Tz. 13; zur Prüfung von prognostischen Angaben im LB vgl. *IDW PS 350*, Tz. 24.
758 Vgl. ADS⁶, § 322, Tz. 169.
759 Vgl. *IDW PS 400*, Tz. 46.
760 Vgl. *IDW PS 400*, Tz. 46.

(3) Eingeschränkter Bestätigungsvermerk
(a) Voraussetzungen und Abgrenzung zur Versagung

Nach § 322 Abs. 4 S. 1 HGB hat der APr. seine Erklärung nach § 322 Abs. 3 S. 1 HGB einzuschränken oder zu versagen, wenn **Einwendungen** zu erheben sind. Die Einschränkung ist – ebenso wie die Versagung – zu begründen (§ 322 Abs. 4 S. 3 HGB) und so darzustellen, dass deren Tragweite erkennbar wird (§ 322 Abs. 4 S. 4 HGB). In Abgrenzung zur Versagung wurde durch das BilReG die Voraussetzung für eine Einschränkung insoweit präzisiert, als der geprüfte Abschluss unter Beachtung der vom Abschlussprüfer vorgenommenen, in ihrer Tragweite erkennbaren Einschränkung noch ein den tatsächlichen Verhältnissen im Wesentlichen entsprechendes Bild vermitteln muss. 457

Gelangt der APr. zu dem Prüfungsurteil, dass wesentliche Beanstandungen gegen abgrenzbare Teile des von den gesetzlichen Vertretern aufgestellten JA, LB oder der Buchführung bestehen, oder kann der APr. abgrenzbare Teile der Rechnungslegung aufgrund besonderer Umstände nicht mit hinreichender Sicherheit beurteilen (Prüfungshemmnisse) und ist gleichwohl zu den wesentlichen Teilen der Rechnungslegung noch ein Positivbefund möglich, hat der APr. eine Einwendung zu erheben und eine **eingeschränkt positive Gesamtaussage** im Rahmen eines eingeschränkten BestV zu treffen[761]. 458

Grundlage einer **Einwendung** können sowohl 459

– **wesentliche Beanstandungen** gegen den JA, den LB oder die Buchführung, als auch
– **Prüfungshemmnisse** sein, also besondere Umstände, aufgrund derer der APr. Teile der Rechnungslegung nicht mit hinreichender Sicherheit beurteilen kann[762].

Jeder Grund, eine wesentliche Teilaussage im BestV nicht positiv beurteilen zu können, kann eine Einwendung begründen. Dies betrifft sowohl positiv erkannte Verstöße und Fehler, als auch Prüfungshemmnisse.

Beziehen sich die wesentlichen Beanstandungen oder die nicht beurteilbaren Bereiche auf **abgrenzbare Teile** der Rechnungslegung und ist gleichwohl zu den wesentlichen Teilen der Rechnungslegung noch ein Positivbefund möglich, hat der APr. eine eingeschränkt positive Gesamtaussage im Rahmen eines eingeschränkten BestV zu treffen[763]. Sind die Beanstandungen oder die aufgrund von Prüfungshemmnissen nicht beurteilbaren Bereiche jedoch so wesentlich, dass nur noch eine negative Gesamtaussage möglich ist, hat der APr. diese im Rahmen eines Versagungsvermerks nach § 322 Abs. 2 Nr. 3 HGB bzw. § 322 Abs. 2 Nr. 4 HGB zum Ausdruck zu bringen[764]. Dies gilt auch, wenn es dem APr. nicht möglich ist, dem Adressaten die Tragweite einer Einschränkung erkennbar zu machen[765]. 460

Das ausschlaggebende **Unterscheidungsmerkmal** zwischen Einschränkung des BestV und Versagungsvermerk ist, ob trotz der Einwendungen noch eine positive Gesamtaussage zur Rechnungslegung möglich ist. Denn auch ein eingeschränkter BestV drückt noch einen Positivbefund aus[766]. 461

---
761 Vgl. *IDW PS 400*, Tz. 50.
762 Vgl. *IDW PS 400*, Tz. 50.
763 Vgl. *IDW PS 400*, Tz. 50.
764 Vgl. *IDW PS 400*, Tz. 65, 68a; zur Abgrenzung vgl. auch ADS[6], § 322, Tz. 227; BeBiKo[8], § 322, Rn. 44.
765 Vgl. RegBegr. BT-Drs. 15/3419, S. 45.
766 Vgl. BeBiKo[8], § 322, Rn. 8.

(b) Gegenstand von Einwendungen

462 **Beanstandungen** gegen JA, LB oder Buchführung können sich ergeben aus festgestellten Verstößen gegen Gesetz, Gesellschaftsvertrag, Satzung oder Gesellschafterbeschlüsse, soweit diese sich auf die Rechnungslegung beziehen[767].

463 Gegenstand von Beanstandungen können danach sein[768]:

- Mängel bezüglich der **Ordnungsmäßigkeit der Buchführung**:
  Diese können auf dem Fehlen erforderlicher Handelsbücher oder der nicht ordnungsgemäßen Führung der Handelsbücher beruhen. Die Beanstandungen gegen die Führung der Handelsbücher können sich auf die Ordnungsmäßigkeit der Eintragungen in den Handelsbüchern beziehen oder sich aus der Nichtbeachtung sonstiger Grundsätze für die Buchführungsdokumente (Belegprinzip, Aufbewahrungspflichten) ergeben.
- Verstöße gegen **Ansatz-, Bewertungs- und Ausweisvorschriften** für den JA:
  Zu diesen Vorschriften zählen neben den Bestimmungen über den Inhalt, die Gliederung und die Wertansätze auch die Vorschriften über die Ableitung des JA aus der Buchführung, über die Aufstellung des Inventars sowie über die Bildung und Auflösung von Kapital- und Gewinnrücklagen. Auch die Beachtung gesetzwidriger und daher nichtiger Bestimmungen des Gesellschaftsvertrags bzw. der Satzung bei der Aufstellung des JA kann zu Beanstandungen führen[769].
- Nichtbeachtung von **Bestimmungen des Gesellschaftsvertrags/der Satzung** über den JA:
  Dies sind z.B. Bestimmungen über die Bildung von Gewinnrücklagen sowie von Beschlüssen der Gesellschafterversammlung bzw. HV, die sich auf den JA auswirken[770].
- Nichtbeachtung von **Angabepflichten im Anh.** und unvollständige und unzutreffende Berichterstattung:
  Das Unterlassen von zwingenden Anhangangaben, für die kein Beurteilungsspielraum besteht, stellt grds. einen Einschränkungsgrund dar[771]. Besteht ein Beurteilungsspielraum (z.B. § 284 Abs. 2 Nr. 3 HGB), führt das Unterlassen einer Angabe zur Einschränkung, wenn der angabepflichtige Sachverhalt wesentlich ist.
- Mängel des **LB**[772]:
  Diese liegen vor, wenn ein LB entgegen der gesetzlichen Verpflichtung nicht aufgestellt wurde[773], wenn wesentliche erforderliche Angaben (z.B. Angaben zur zukünftigen Entwicklung, Schlusserklärung zum Abhängigkeitsbericht nach § 312 Abs. 3 AktG[774], Erklärung zur Unternehmensführung bzw. Hinweis auf die Veröffentlichung dieser Erklärung im Internet nach § 289a HGB) im LB fehlen, wenn im LB enthaltene prüfungspflichtige Informationen falsch sind oder in Widerspruch zu den geprüften Unterlagen stehen, wenn der APr. eine wesentliche prognostische Aussage nicht für plausibel hält oder wenn der APr. bestimmte Sachverhalte nicht beurteilen kann.
- Nichtbeachtung der **Generalnorm** des § 264 Abs. 2 HGB[775].

---

767 Vgl. *IDW PS 400*, Tz. 54. Zur Differenzierung zwischen Unrichtigkeiten (unbeabsichtigt) und Verstößen (beabsichtigt), die zu falschen Angaben in der Rechnungslegung führen, vgl. *IDW PS 210*, Tz. 7.
768 Vgl. insb. *IDW PS 400*, Tz. 53–54; BeBiKo[8], § 322, Rn. 61; ausführlich ADS[6], § 322, Tz. 270 ff.
769 Vgl. *IDW PS 400*, Tz. 70.
770 Vgl. *IDW PS 400*, Tz. 54–55; ADS[6], § 322, Tz. 305.
771 Vgl. ADS[6], § 322, Tz. 292; *IDW PS 400*, Tz. 55.
772 Vgl. *IDW PS 350*, Tz. 36.
773 Vgl. *IDW PS 400*, Tz. 64.
774 Vgl. auch *StN HFA 3/1991: Zur Aufstellung und Prüfung des Berichts über Beziehungen zu verbundenen Unternehmen (Abhängigkeitsbericht nach § 312 AktG)*, WPg 1992, S. 91, WPg 1998, S. 927.
775 Vgl. *IDW PS 400*, Tz. 53.

– **Verstöße gegen** gesetzliche oder gesellschaftsvertragliche bzw. satzungsmäßige **Einzelbestimmungen** mit relativ geringer Auswirkung auf die Gesamtbeurteilung, wenn den Bestimmungen nach ihrem Sinn und Zweck besondere Bedeutung zuzumessen ist und der Verstoß nicht geringfügig ist (z.B. Bestimmungen über den Ausweis eigener Anteile[776] oder die Angabepflichten über die gem. § 161 AktG abzugebende Erklärung zum DCGK[777]).

Derartige Beanstandungen können sich u.U. auch aufgrund von Fehlerfeststellungen durch Dritte, z.B. die DPR, ergeben. Zu den Auswirkungen solcher Fehlerfeststellungen durch die DPR bzw. die BaFin auf den BestV siehe ausführlich *IDW PH 9.400.11*.

Einwendungen aufgrund von Prüfungshemmnissen können sich beispielsweise aus folgenden Sachverhalten ergeben[778]:

464

– **Vom Unternehmen verweigerte direkte Kontaktaufnahme** mit dem Anwalt des zu prüfenden Unternehmens:
Dies betrifft insbesondere den Fall, dass der Anwalt nicht von seiner berufsrechtlichen Verschwiegenheitspflicht entbunden wird[779].
– **Beschränkungen beim Einholen von Saldenbestätigungen**:
Hierbei kann es sich etwa um Übermittlungsschwierigkeiten aufgrund von Poststreiks oder langen Postlaufzeiten handeln[780]. In Betracht kommen auch Beschränkungen bei der Zurverfügungstellung notwendiger Daten und Informationen durch das geprüfte Unternehmen.
– **Mangelnde Nachprüfbarkeit von Geschäftsvorfällen mit nahe stehenden Personen und Unternehmen**[781]:
Probleme können sich hierbei insb. bei das Ausland betreffenden Geschäftsvorfällen ergeben, wenn z.B. wegen politischer Restriktionen die erforderlichen Prüfungsnachweise nicht eingeholt werden können oder wenn der Geschäftspartner im Ausland seine Mitwirkung verweigert[782].
– **Unzureichende Erfüllung der Auskunfts- und Nachweispflichten nach § 320 HGB, die eine abschließende Beurteilung des zu prüfenden Sachverhalts nicht zulassen**:
Verletzungen von Nachweis- und Auskunftspflichten durch die gesetzlichen Vertreter des geprüften Unternehmens können z.B. resultieren aus dem Verlangen des APr., ihm die Bücher und Schriften der Gesellschaft zugänglich zu machen, ihn das körperliche Vorhandensein und den Zustand der Vermögensgegenstände prüfen zu lassen sowie ihm alle für eine sorgfältige Prüfung notwendigen Aufklärungen zu erteilen und Nachweise zu erbringen. Auch die Verweigerung einer Auskunft oder eines Nachweises durch ein Mutter- oder Tochterunternehmen kann ein Prüfungshemmnis sein. Da Einwendungen nur bei Vorliegen wesentlicher Prüfungshemmnisse werden und unwesentliche nicht zur Einschränkung oder Versagung des BestV berechtigen[783], kann im Fall von Verstößen gegen § 320 HGB der uneingeschränkte BestV nur dann nicht erteilt werden, wenn die verweigerten Auskünfte oder Nachweise Sachverhalte betreffen, die für die Urteilsbildung des APr. wesentlich sind, d.h. wenn sich der

---

776 Vgl. *IDW PS 400*, Tz. 55.
777 Vgl. *IDW PS 345*.
778 Vgl. *IDW PS 400*, Tz. 56.
779 Vgl. ADS⁶, § 322, Tz. 317.
780 Vgl. ADS⁶, § 322, Tz. 317.
781 Vgl. *IDW PS 255*, Tz. 25.
782 Vgl. ADS⁶, § 322, Tz. 317.
783 Vgl. im Einzelnen Tz. 525.

APr. ohne sie kein sicheres abschließendes Urteil über wesentliche Teile der Rechnungslegung zu bilden vermag (z.B. fehlende oder unzureichende Einschätzung der Fortführung der Unternehmenstätigkeit durch die gesetzlichen Vertreter)[784]. Beziehen sich verweigerte Auskünfte oder Nachweise dagegen auf Sachverhalte, die für die Urteilsbildung des APr. von untergeordneter Bedeutung sind, so kann der BestV uneingeschränkt erteilt werden; es besteht lediglich eine Darstellungspflicht im PrB gem. § 321 Abs. 2 S. 2 HGB[785].

- **Fehlende Verwertbarkeit der Ergebnisse anderer Prüfer** oder
- **Fehlende Verwertbarkeit der Arbeitsergebnisse Sachverständiger:**
  Beides kann ein Prüfungshemmnis darstellen, wenn nicht alternative Prüfungshandlungen ausreichende Prüfungsnachweise ergeben, die für die Beurteilung wesentlich sind[786].
- bei Erstprüfungen: **Fehlen ausreichender und angemessener Prüfungsnachweise zu den Eröffnungsbilanzwerten**[787].

465 Ein Prüfungshemmnis liegt nur vor, wenn sich der APr. auch nicht durch **alternative Prüfungshandlungen** die erforderlichen Nachweise verschaffen kann, um zu einer abschließenden Beurteilung zu gelangen[788]. Kann der APr. durch alternative Prüfungshandlungen zwar Indizien für oder gegen die Ordnungsmäßigkeit abgrenzbarer Teile der Rechnungslegung gewinnen, stellen diese aber keine ausreichenden Nachweise für ein mit hinreichender Sicherheit zu treffendes Prüfungsurteil dar, so hat er aus dem Prüfungshemmnis die entsprechende Folgerung für sein Prüfungsurteil zu ziehen[789].

466 Weder bei gesetzlichen noch bei freiwilligen Abschlussprüfungen dürfen Prüfungshemmnisse im Rahmen der Auftragsbedingungen vom Auftraggeber auferlegt sein, da der APr. in der Auswahl seiner Prüfungshandlungen frei sein muss. Werden daher durch **vertragliche** Vereinbarungen mit dem geprüften Unternehmen dem APr. **Beschränkungen** hinsichtlich der Durchführung seiner Prüfung auferlegt, liegt keine Beauftragung zur Durchführung einer Jahresabschlussprüfung vor, so dass dementsprechend kein BestV über eine Jahresabschlussprüfung, sondern nur eine Bescheinigung über die durchgeführten Tätigkeiten erteilt werden kann[790].

467 Die Verletzung von Vorschriften, die sich nicht auf die Rechnungslegung beziehen, kann dann Einwendungen begründen, wenn wesentliche **Rückwirkungen**, die sich aus der Verletzung dieser Vorschriften **auf** den geprüften **JA** oder **LB** ergeben (z.B. hinsichtlich der Bemessung von Rückstellungen im JA oder der Darstellung der Risiken im LB), bei der Rechnungslegung nicht berücksichtigt wurden[791]. Dies gilt auch für den Fall, dass der APr. einen Verstoß gegen das Verbot der Rückgewähr oder der Verzinsung von Einlagen (§ 57 AktG) oder gegen das Auszahlungsverbot (§ 30 GmbHG) feststellt: Sind in diesem Fall die entsprechenden Rückgewährungsansprüche (§ 62 AktG) bzw. Erstattungsansprüche (§ 31 GmbHG) nicht aktiviert, so kann in Fällen von Bedeutung ein uneingeschränkter BestV nicht erteilt werden[792]. Sinngemäß das Gleiche gilt bei einer Unterpari-Emission von Aktien (§ 9 AktG). Auch in dem Abweichen von den Bestimmungen eines

---

784 Vgl. *IDW PS 270*, Tz. 42.
785 Vgl. *IDW PS 450*, Tz. 62.
786 Vgl. *IDW PS 322*, Tz. 25.
787 Vgl. *IDW PS 205*, Tz. 17.
788 Vgl. *IDW PS 400*, Tz. 56; ADS[6], § 322, Tz. 312.
789 Vgl. *IDW PS 400*, Tz. 50.
790 Vgl. *IDW PS 400*, Tz. 57; ADS[6], § 322, Tz. 318; zu Bescheinigungen vgl. Tz. 1352.
791 Vgl. *IDW PS 201*, Tz. 9.
792 Vgl. MünchKomm. AktG[2], § 62, Rn. 116.

Unternehmensvertrags bei der Rechnungslegung kann eine Beanstandung gegen diese begründet sein.

Keine Beanstandungen begründen Verstöße gegen nicht auf die Rechnungslegung bezogene Normen, soweit sich daraus keine Rückwirkungen auf den geprüften JA oder LB ergeben bzw. im Fall von Rückwirkungen, wenn diese in der Rechnungslegung ordnungsgemäß berücksichtigt wurden[793]. **468**

Der BestV ist nur einzuschränken, wenn zum Zeitpunkt des Abschlusses der Prüfung ein zu einer wesentlichen Beanstandung führender **Mangel noch vorliegt** oder ein **Prüfungshemmnis fortbesteht**. Werden dagegen fehlerhafte Ansatz-, Gliederungs- oder Bewertungsentscheidungen sowie Anhang- oder Lageberichtsangaben bis zur Beendigung der Prüfung korrigiert, führt dies nicht zu einer Einschränkung des BestV, da für die Erteilung des BestV das abschließende Ergebnis der Prüfung maßgebend ist. Vorjahresmängel führen im Folgejahr nur dann zu einer Einschränkung des BestV, wenn die Mängel im Folgejahr fortbestehen oder die Durchführung der Korrektur zu beanstanden ist oder dies durch den APr. nicht beurteilt werden kann[794]. **469**

(c) Wesentlichkeit der Einwendungsgründe

Die Einschränkung des BestV setzt voraus, dass die nicht bereinigten Unrichtigkeiten und Verstöße oder der nicht beurteilbare Bereich wesentlich sind[795]. Entsprechend der internationalen Praxis[796] führen damit bedeutungslose Beanstandungen oder unwesentliche nicht beurteilbare Bereiche nicht zur Einschränkung des BestV[797]. **470**

Von **Wesentlichkeit** ist auszugehen, wenn damit zu rechnen ist, dass der festgestellte Mangel oder die nicht hinreichend sichere Beurteilbarkeit abgrenzbarer Teile der Rechnungslegung wegen ihrer relativen Bedeutung zu einer **unzutreffenden Beurteilung der Rechnungslegung** führen können (quantitative und qualitative Komponente)[798]. **471**

Zur Feststellung der **relativen Bedeutung** eines Mangels oder des nicht beurteilbaren Bereichs ist die Relation zu geeigneten Größen (**quantitative Komponente**) heranzuziehen und eine Würdigung in Bezug auf seine Auswirkung auf die Beurteilung der Vermögens-, Finanz- und Ertragslage der Gesellschaft vorzunehmen. Als Bezugsgrößen kommen in Betracht: Betrag des betroffenen Abschlusspostens, das Eigenkapital, das Jahresergebnis, die Bilanzsumme oder gesellschaftsrechtliche Grenzen wie z.B. § 30 GmbHG. **472**

Liegen mehrere für sich allein genommen unwesentliche Mängel oder nicht beurteilbare Bereiche vor, können sie in ihrer Gesamtheit so wesentlich sein, dass eine Einschränkung des BestV geboten ist. **473**

Verstöße gegen gesetzliche oder gesellschaftsrechtliche bzw. satzungsmäßige Einzelbestimmungen sind, auch wenn ihre Auswirkung auf die Gesamtbeurteilung gering ist, als wesentliche Beanstandungen einzustufen, wenn den Bestimmungen nach ihrem Sinn und Zweck **besondere Bedeutung** beizumessen ist und der Verstoß nicht geringfügig ist (**qualitative Komponente**). In Betracht kommen: Bestimmungen über den Ausweis ei- **474**

---

793 Vgl. *IDW PS 201*, Tz. 9.
794 Vgl. *IDW PS 400*, Tz. 52.
795 Vgl. *IDW PS 400*, Tz. 51, 65; *IDW PS 250*, Tz. 23.
796 Vgl. *ISA 700.17* sowie *ISA 705.6*, A2–A7, A8–A12.
797 So schon zum alten Recht BoHdR[2], § 322 HGB, Rn. 53.
798 Vgl. *IDW PS 400*, Tz. 51.

gener Anteile gem. § 272 Abs. 1a HGB, Einzelangaben im Anh. – wie z.B. Angabe der Organbezüge nach § 285 Nr. 9 a) o. b) HGB – oder im LB (einschl. der Angabepflichten nach § 312 Abs. 3 AktG).

475 Liegt eine wesentliche Beanstandung vor, so darf von einer Einschränkung oder Versagung des BestV nicht im Hinblick darauf abgesehen werden, dass die Beanstandung im PrB dargelegt wird, da der PrB und der BestV sich jeweils an einen unterschiedlichen Kreis von Adressaten richten.

476 Die Würdigung, ob die Auswirkungen von Beanstandungen oder nicht beurteilbaren Bereichen auf die Beurteilung der Rechnungslegung **wesentlich** sind und somit der BestV uneingeschränkt oder eingeschränkt zu erteilen oder ein Versagungsvermerk zu erteilen ist, unterliegt dem **pflichtgemäßen Ermessen** des APr. aufgrund des Ergebnisses der von ihm durchgeführten Abschlussprüfung. Dieses wird auf der Grundlage der Gesetze und der Rechtsprechung von den im Berufsstand entwickelten Grundsätzen umschrieben[799]. Neben der wirtschaftlichen Beurteilung eines Sachverhaltes kann auch die Würdigung einer Rechtsauffassung des Unternehmens, die einer nicht unwesentlichen Frage der Rechnungslegung zu Grunde liegt oder die Einschätzung der Verwertbarkeit von Prüfungsergebnissen Dritter Ermessensspielräumen unterliegen. Gelangt der APr. zu dem Ergebnis, dass die für den JA bedeutende Rechtsauffassung des Unternehmens nicht vertretbar ist, muss der BestV eingeschränkt oder versagt werden[800]. Hält der APr. die Entscheidung des Unternehmens dagegen für zumindest vertretbar[801], so sind Einwendungen im BestV nicht zu erheben.

477 Ob der APr. den BestV im Einzelfall noch **einschränken kann oder** einen **Versagungsvermerk** zu erteilen hat, unterliegt ebenfalls seinem pflichtgemäßen Ermessen, d.h. der persönlichen, pflichtgemäßen Beurteilung[802].

(d) Begründung und Darstellung der Tragweite der Einschränkung

478 Nach § 322 Abs. 4 S. 3 und 4 HGB hat der APr. die Einschränkung zu **begründen** und so darzustellen, dass ihre **Tragweite** erkennbar wird.

479 Aus der Formulierung der Einschränkung muss der **Grund der Beanstandung** eindeutig hervorgehen[803]. Es gehört zum Wesen der Einschränkung, dass klargelegt wird, welcher Teil der Rechnungslegung nicht Gesetz bzw. Satzung/Gesellschaftsvertrag entspricht und daher bei der Auswertung von JA und LB nicht ohne Weiteres herangezogen werden kann. Die Abgrenzung der beanstandeten von den nicht beanstandeten Teilen der Rechnungslegung muss aus dem BestV hervorgehen; die Einschränkung hat daher klar und eindeutig den betreffenden Sachverhalt sowie Art und Umfang der verletzten Gesetzesnorm zu enthalten. Das bloße Zitat der verletzten Gesetzesvorschriften genügt dem nicht[804] und würde der Anforderung einer allgemeinverständlichen Beurteilung (§ 322 Abs. 2 S. 2 HGB) nicht entsprechen.

480 Darüber hinaus hat die Formulierung der Einschränkung deren **Tragweite** durch die **Angabe der relativen Bedeutung** des Mangels oder des nicht beurteilbaren Bereichs zum

---

799 Vgl. *IDW PS 400*, Tz. 37; so schon *FG 3/1988*, Abschn. B 3; ADS[6], § 322, Tz. 224.
800 Vgl. ADS[6], § 322, Tz. 225 m.w.N.
801 Zur Berücksichtigung von *Mindermeinungen* bei der Rechtsauslegung vgl. ADS[6], § 322, Tz. 225; *Kropff*, S. 333. Wird dabei von *IDW RS* abgewichen, ist *IDW PS 201*, Tz. 13 zu beachten.
802 H.M. Zur Diskussion vgl. ADS[6], § 322, Tz. 227; BeBiKo[8], § 322, Rn. 55 sowie bereits *Erle*, S. 168.
803 Vgl. *IDW PS 400*, Tz. 58.
804 Vgl. BoHdR[2], § 322 HGB, Rn. 61.

Ausdruck zu bringen[805]. Soweit möglich und sachgerecht, ist dazu die **Größenordnung** durch die Aufnahme von absoluten und ggf. relativen Zahlenangaben (Quantifizierung des Einschränkungsgrundes) zu verdeutlichen (z.B. Höhe der fehlenden Rückstellungen und Auswirkung auf die Vermögens-, Finanz- und Ertragslage des Unternehmens)[806]. Damit können die Adressaten das Gewicht der Einwendung des APr. erkennen und werden über die **Auswirkungen** des Fehlers auf die **Vermögens-, Finanz- oder Ertragslage** des Unternehmens informiert. Ergibt sich hieraus auch eine Bestandsgefährdung für das Unternehmen, ist hierauf im Rahmen des § 322 Abs. 2 S. 3 HGB einzugehen[807]. Ergeben sich durch die Einwendung keine oder nur geringe Auswirkungen auf die Vermögens-, Finanz- und Ertragslage des Unternehmens, so sind Zahlenangaben entbehrlich. Fehlt z.B. im Anh. die Angabe der Organbezüge, ohne dass die Voraussetzung des § 286 Abs. 4 HGB vorliegt, genügt es, hierauf hinzuweisen[808].

Zur Darstellung der Tragweite der Einschränkung gehört es grds. **nicht**, auf die **Rechtsfolgen** einzugehen, die sich aus dem Mangel oder dem Verstoß ergeben. Diese Würdigung ist nicht Aufgabe des APr.[809] 481

(e) Formulierungsempfehlungen

Allgemeines

Die Form des Prüfungsurteils einer eingeschränkt positiven Gesamtaussage ist im Gesetz nicht geregelt. Neben den allgemeinen Grundsätzen für die Formulierung des BestV gelten die nachstehend dargestellten Besonderheiten. Durch die Einschränkung wird nur ein Teil des positiven Urteils eines BestV aufgehoben. Da das Prüfungsurteil weitere Teilaussagen enthält, muss die Einschränkung formal unmittelbar mit der **betroffenen Teilaussage verbunden** werden, auf die sie sich bezieht. Häufig werden durch eine Einwendung mehrere der gesetzlich geforderten Teile des Prüfungsurteils berührt. Hier sind bei der Formulierung die jeweiligen Zusammenhänge genau zu beachten und in Einzelfällen anstelle von Wiederholungen der Einschränkungen **geeignete Zusammenfassungen** zur Verdeutlichung der Aussagen in Betracht zu ziehen[810]. Etwaige Auswirkungen auf andere Bestandteile des BestV[811] sind zu beachten. 482

Unzulässig ist es, Einschränkungen durch **Weglassen** von Teilen der **Prüfungsbeurteilung** vorzunehmen oder im BestV zur Darstellung und Begründung auf den **Prüfungsbericht** zu verweisen[812]. 483

Um deutlich zu machen, dass es sich um einen eingeschränkten BestV handelt, muss das Prüfungsurteil zwingend das **Wort „Einschränkung"** enthalten und ist generell wie folgt **einzuleiten**[813]: 484

„Meine/Unsere Prüfung hat mit Ausnahme der folgenden Einschränkung zu keinen Einwendungen geführt:"

---

805 Vgl. *IDW PS 400*, Tz. 58; so auch BeBiKo[8], § 322, Rn. 42, 51.
806 Vgl. *IDW PS 400*, Tz. 58; ADS[6], § 322, Tz. 253.
807 Vgl. hierzu Tz. 552.
808 Vgl. ADS[6], § 322, Tz. 253.
809 Vgl. *IDW PS 400*, Tz. 58; ADS[6], § 322, Tz. 254.
810 Vgl. ADS[6], § 322, Tz. 235.
811 Insb. im beschreibenden Abschnitt, Hinweis auf Bestandsgefährdungen.
812 Vgl. ADS[6], § 322, Tz. 236.
813 Vgl. *IDW PS 400*, Tz. 59.

485 Im Anschluss an diese einleitende Formulierung sind der **Einschränkungsgrund** und die weiteren (ggf. eingeschränkten) Aussagen des Prüfungsurteils anzugeben.

Einschränkung des Prüfungsurteils zur Gesetzmäßigkeit

486 Beruht die Einschränkung auf einer wesentlichen Beanstandung, die sich nur auf die Einwendungsfreiheit zur Gesetzmäßigkeit, nicht jedoch auf die weiteren Aussagen des Prüfungsurteils auswirkt, wird eine Formulierung entsprechend nachfolgendem Beispiel empfohlen[814]:

„Meine/Unsere Prüfung hat mit Ausnahme der folgenden Einschränkung zu keinen Einwendungen geführt: Entgegen § 285 Nr. 9 Buchstabe a) HGB wurden im Anhang die Gesamtbezüge der Geschäftsführer/des Vorstands nicht angegeben.

Nach meiner/unserer Beurteilung aufgrund der bei der Prüfung gewonnenen Erkenntnisse entspricht der Jahresabschluss mit der genannten Einschränkung den gesetzlichen Vorschriften [und den ergänzenden Bestimmungen des Gesellschaftsvertrags/der Satzung]. Der Jahresabschluss vermittelt unter Beachtung der Grundsätze ordnungsmäßiger Buchführung ein den tatsächlichen Verhältnissen entsprechendes Bild der Vermögens-, Finanz- und Ertragslage der Gesellschaft. Der Lagebericht steht in Einklang mit einem den gesetzlichen Vorschriften entsprechenden Jahresabschluss, vermittelt insgesamt ein zutreffendes Bild von der Lage der Gesellschaft und stellt die Chancen und Risiken der zukünftigen Entwicklung zutreffend dar."

Einschränkung des Prüfungsurteils zur Gesetzmäßigkeit einschließlich der Generalnorm

487 Beruht die Einschränkung auf einer wesentlichen Beanstandung zur Gesetzmäßigkeit des JA, die auch die Vermittlung eines den tatsächlichen Verhältnissen entsprechenden Bildes der Vermögens-, Finanz- und Ertragslage durch den JA (§ 264 Abs. 2 S. 1 HGB) beeinträchtigt, ausnahmsweise jedoch nicht die Aussage zum LB, so kann auch die Beurteilung zur Generalnorm nicht uneingeschränkt bleiben. Für den zweiten Absatz des Prüfungsurteils wird folgende Formulierung empfohlen[815]:

„Mit dieser Einschränkung entspricht der Jahresabschluss nach meiner/unserer Beurteilung aufgrund der bei der Prüfung gewonnenen Erkenntnisse den gesetzlichen Vorschriften [und den ergänzenden Bestimmungen des Gesellschaftsvertrags/der Satzung] und vermittelt unter Beachtung der Grundsätze ordnungsmäßiger Buchführung ein den tatsächlichen Verhältnissen entsprechendes Bild der Vermögens-, Finanz- und Ertragslage der Gesellschaft. Der Lagebericht steht in Einklang mit dem Jahresabschluss; die Aussage des Lageberichts wird durch den Mangel des Jahresabschlusses nicht beeinträchtigt. Der Lagebericht vermittelt insgesamt ein zutreffendes Bild von der Lage der Gesellschaft und stellt die Chancen und Risiken der zukünftigen Entwicklung zutreffend dar."

Einschränkung des Prüfungsurteils zur Gesetzmäßigkeit einschließlich der Generalnorm und des Lageberichts[816]

488 Beeinträchtigt die der Einschränkung zugrunde liegende wesentliche Beanstandung auch die Aussagefähigkeit des LB (Darstellung der Unternehmenslage und/oder der Chancen

---

814 Vgl. *IDW PS 400*, Tz. 59 und Anhang Nr. 8; *IDW PS 345*, Tz. 31.
815 Vgl. *IDW PS 400*, Tz. 62; ADS[6], § 322, Tz. 238.
816 Soweit die Einwendung lediglich die Darstellung der Unternehmenslage oder der Chancen und Risiken der zukünftigen Entwicklung im LB betrifft, ist die Einschränkung ohne Bezugnahme auf die Generalnorm zum JA nur mit der Gesetzmäßigkeit und dem LB zu verknüpfen; vgl. dazu ADS[6], § 322, Tz. 241.

und Risiken der zukünftigen Entwicklung), wird empfohlen, dies im Prüfungsurteil zusammengefasst wie folgt zum Ausdruck zu bringen[817]:

„Meine/Unsere Prüfung hat mit Ausnahme der folgenden Einschränkung zu keinen Einwendungen geführt: In einer Größenordnung von EUR ... wurden Umsatzerlöse ausgewiesen, obwohl sie am Abschlussstichtag nicht i.S.v. § 252 Abs. 1 Nr. 4 HGB realisiert waren.

Mit dieser Einschränkung entspricht der Jahresabschluss nach meiner/unserer Beurteilung aufgrund der bei der Prüfung gewonnenen Erkenntnisse den gesetzlichen Vorschriften [und den ergänzenden Bestimmungen des Gesellschaftsvertrags/der Satzung] und vermittelt unter Beachtung der Grundsätze ordnungsmäßiger Buchführung ein den tatsächlichen Verhältnissen entsprechendes Bild der Vermögens-, Finanz- und Ertragslage der Gesellschaft. Mit der genannten Einschränkung steht der Lagebericht in Einklang mit einem den gesetzlichen Vorschriften entsprechenden Jahresabschluss, vermittelt insgesamt ein zutreffendes Bild von der Lage der Gesellschaft und stellt die Chancen und Risiken der zukünftigen Entwicklung zutreffend dar."

Einschränkung des Prüfungsurteils wegen pflichtwidrig fehlenden Lageberichts

Wurde entgegen der gesetzlichen Verpflichtung kein LB aufgestellt, wird folgende Formulierung der Einschränkung empfohlen[818]: **489**

„Meine/Unsere Prüfung hat mit Ausnahme der folgenden Einschränkung zu keinen Einwendungen geführt: Entgegen der gesetzlichen Verpflichtung ist ein Lagebericht nicht aufgestellt worden.

Nach meiner/unserer Beurteilung aufgrund der bei der Prüfung gewonnenen Erkenntnisse entspricht der Jahresabschluss den gesetzlichen Vorschriften [und den ergänzenden Bestimmungen des Gesellschaftsvertrags/der Satzung] und vermittelt unter Beachtung der Grundsätze ordnungsmäßiger Buchführung ein den tatsächlichen Verhältnissen entsprechendes Bild der Vermögens-, Finanz- und Ertragslage der Gesellschaft. Da ein Lagebericht nicht aufgestellt worden ist, vermittelt die Rechnungslegung insoweit kein zutreffendes Bild von der Lage der Gesellschaft und stellt die Chancen und Risiken der zukünftigen Entwicklung nicht dar."

Besonderheiten bei Einschränkung des Prüfungsurteils aufgrund von Prüfungshemmnissen

Beruht die Einschränkung auf einem Prüfungshemmnis, so muss diesem Umstand nicht nur durch die Formulierung des **Prüfungsurteils** Rechnung getragen werden, sondern es ist darüber hinaus im **beschreibenden Abschnitt** des BestV zu verdeutlichen, dass eine Durchführung der Abschlussprüfung in dem von dem Prüfungshemmnis betroffenen Bereich nicht möglich war und folglich für diesen Bereich ein hinreichend sicheres Prüfungsurteil ausgeschlossen war. Für den beschreibenden Abschnitt und für den ersten *Absatz* des Prüfungsurteils wird eine Formulierung entsprechend dem folgenden Beispiel empfohlen[819]: **490**

„Mit Ausnahme des im folgenden Absatz dargestellten Prüfungshemmnisses habe ich meine/haben wir unsere Jahresabschlussprüfung nach § 317 HGB unter Beachtung der vom Institut der Wirtschaftsprüfer (IDW) festgestellten deutschen Grundsätze ordnungs-

---

817 Vgl. *IDW PS 400*, Tz. 59, 63 und Anhang 9.
818 Vgl. *IDW PS 400*, Tz. 64 und Anhang 11.
819 Vgl. *IDW PS 400*, Tz. 61 und Anhang 12.

mäßiger Abschlussprüfung vorgenommen. (...) Ich bin/Wir sind der Auffassung, dass meine/unsere Prüfung mit der im nachfolgenden Absatz dargestellten Ausnahme eine hinreichend sichere Grundlage für meine/unsere Beurteilung bildet.

Meine/Unsere Prüfung hat mit Ausnahme der folgenden Einschränkung zu keinen Einwendungen geführt: Das Vorhandensein der ausgewiesenen Vorräte in Höhe von EUR ... ist nicht hinreichend nachgewiesen, weil ich/wir nicht an der Inventur teilnehmen und durch alternative Prüfungshandlungen keine hinreichende Sicherheit über den Bestand der Vorräte gewinnen konnte(n). Es kann daher nicht ausgeschlossen werden, dass der Jahresabschluss insoweit fehlerhaft ist.

491 Mit dieser Einschränkung entspricht der Jahresabschluss nach meiner/unserer Beurteilung aufgrund der bei der Prüfung gewonnenen Erkenntnisse den gesetzlichen Vorschriften [und den ergänzenden Bestimmungen des Gesellschaftsvertrags/der Satzung] und vermittelt unter Beachtung der Grundsätze ordnungsmäßiger Buchführung ein den tatsächlichen Verhältnissen entsprechendes Bild der Vermögens-, Finanz- und Ertragslage der Gesellschaft. Mit der genannten Einschränkung steht der Lagebericht in Einklang mit einem den gesetzlichen Vorschriften entsprechenden Jahresabschluss, vermittelt insgesamt ein zutreffendes Bild von der Lage der Gesellschaft und stellt die Chancen und Risiken der zukünftigen Entwicklung zutreffend dar."

(4) Versagungsvermerk
(a) Voraussetzung für die Versagung

492 Das Prüfungsurteil ist gem. § 322 Abs. 2 HGB aufgrund von Einwendungen (Abs. 2 S. 1 Nr. 3) oder deshalb zu versagen, weil der APr. nicht in der Lage ist, ein Prüfungsurteil abzugeben (Abs. 2 S. 1 Nr. 4).

493 Im Gegensatz zur Einschränkung, bei der Einwendungen nur gegen abgrenzbare Teile des JA zu erheben sind, hat der APr. eine negative Gesamtaussage im Rahmen eines Versagungsvermerks zu treffen, wenn er nach dem abschließenden Ergebnis seiner Prüfung zu dem Urteil gelangt, dass **wesentliche Beanstandungen gegen den JA** zu erheben sind, die sich auf diesen **als Ganzen** auswirken und so bedeutend oder zahlreich sind, dass nach der Beurteilung des APr. eine Einschränkung des BestV nicht mehr angemessen ist, um die missverständliche oder unvollständige Darstellung im JA zu verdeutlichen[820].

494 Ein Versagungsvermerk ist auch zu erteilen, wenn der APr. **nicht in der Lage ist, ein Prüfungsurteil abzugeben**. Gem. § 322 Abs. 5 HGB setzt dies voraus, dass der APr. alle angemessenen, d.h. rechtlich zulässigen und wirtschaftlich vertretbaren Möglichkeiten zur Klärung des Sachverhalts ausgeschöpft hat[821].

495 Weitere Voraussetzung ist, dass eine Einschränkung nicht ausreicht, um dem Mangel der Beurteilungsgrundlage Rechnung zu tragen[822].

496 Nach internationalen Grundsätzen[823] erteilt der APr. einen „Disclaimer of Opinion", wenn es ihm aufgrund wesentlicher und umfassender Prüfungshemmnisse („Limitation on Scope") unmöglich ist, zu einem abschließenden Urteil über die Normenkongruenz der geprüften Rechnungslegung zu gelangen.

---
820 Vgl. *IDW PS 400*, Tz. 65. Zur Abgrenzung zwischen Einschränkung und Versagung des BestV vgl. Tz. 457.
821 Vgl. RegBegr.BT-Drs. 15/3419, S. 45.
822 Vgl. RegBegr.BT-Drs. 15/3419, S. 45; *IDW PS 400*, Tz. 65, 68a.
823 Vgl. *ISA 705.9–10*.

Im deutschen Recht war die Nichtabgabe des Prüfungsurteils aufgrund der damit ver- 497
bundenen Rechtsfolgen zunächst nicht ausdrücklich vorgesehen[824]. Der durch das BilReG
eingeführte „Nichterteilungsvermerk" gem. § 322 Abs. 2 S. 1 Nr. 4 HGB stellt jedoch einen Versagungsvermerk dar[825], wodurch die Folgewirkungen der Feststellungssperre
ausgeschlossen werden. Damit steht auch nach deutschem Recht die nach den International Standards on Auditing (*ISA 700, ISA 705*) vorgesehene Alternative eines „Disclaimer of Opinion" zur Verfügung. Inhaltlich entspricht diese i.w. der bisherigen Form
des Versagungsvermerks aufgrund wesentlicher und umfassender Prüfungshemmnisse.

Ein ordnungsgemäß bestellter und beauftragter APr. kann die Urteilsabgabe nur bei einer 498
Kündigung des Prüfungsauftrags aus wichtigem Grund gem. § 318 Abs. 6 HGB ver-
weigern[826]. Besteht für den APr. ausnahmsweise keine Möglichkeit, ein Gesamturteil im
Rahmen der Abschlussprüfung zu erlangen (z.B. wegen Hinderung an der Vornahme von
Prüfungshandlungen), ist zu klären, ob dies durch einen Umstand begründet ist, der einen
wichtigen Grund zur Kündigung des Prüfungsauftrags i.S.v. § 318 Abs. 6 HGB dar-
stellt[827]. Auch wenn aufgedeckte Unregelmäßigkeiten einen wesentlichen Einfluss auf die
Ordnungsmäßigkeit des Abschlusses haben, können die Voraussetzungen für eine Kündigung des Prüfungsauftrags aus wichtigem Grund gegeben sein (z.B. Täuschung, fehlende Vertrauensgrundlage)[828]. Wird ein Prüfungsauftrag gekündigt, so ist weder ein
BestV, noch eine Bescheinigung zu erteilen, sondern nach Maßgabe von § 318 Abs. 6 S. 4
HGB ein Bericht über das Ergebnis der bisherigen Prüfung zu erstatten[829]. Berechtigt der
ein Gesamturteil des APr. ausschließende Umstand hingegen nicht zu einer Kündigung
des Prüfungsauftrags, ist ein Versagungsvermerk gem. § 322 Abs. 2 S. 1 Nr. 4 HGB zu
erteilen[830].

(b) Begründung der Versagung

Wie die Einschränkung ist auch die Versagung zu begründen[831]. Dazu sind im Ver- 499
sagungsvermerk alle **wesentlichen Gründe** für die Versagung im ersten Absatz des Prüfungsurteils zu **beschreiben** und zu **erläutern**[832].

Im Gegensatz zur Einschränkung wird nach dem Wortlaut des § 322 Abs. 4 HGB für die 500
Versagung des BestV eine Darstellung der Tragweite nicht verlangt. Da die Versagung des

---

824 Vgl. *Jacob*, WPg 1998, S. 1050. Eine Verweigerung des Prüfungsurteils hätte unter Geltung des HGB vor
BilReG zur Folge gehabt, dass ein Prüfungsurteil in einem Vermerk gem. § 322 HGB nicht abgegeben worden
wäre und damit keine Abschlussprüfung i.S.v. § 316 Abs. 1 S. 1 HGB stattgefunden hätte, mit der Folge der
Feststellungssperre für den JA (§ 316 Abs. 1 S. 2 HGB). Bei der Verweigerung des Prüfungsurteils hätte das
gesetzlich geregelte Verfahren von Erstellung, Prüfung, Feststellung – einschl. Gewinnverwendung – und
Offenlegung des JA nicht (zeitnah) durchgeführt werden können. Vgl. *Böcking/Orth/Brinkmann*, WPg
2000, S. 229.
825 Vgl. RegBegr. BT-Drs. 15/3389, S. 45.
826 Vgl. ADS[6], § 318, Tz. 446. In diesem Zusammenhang sei darauf hingewiesen, dass aus § 322 HGB sowie aus
dem Auftragsverhältnis ein Rechtsanspruch der prüfungspflichtigen Gesellschaft auf Erteilung eines BestV
bzw. Versagungsvermerks verneint wird, den sie gerichtlich verfolgen kann; eine Zwangsvollstreckung
kommt nach § 888 Abs. 1 ZPO in Betracht.
827 Nach h.M. berechtigt eine Verletzung der Auskunftspflichten nach § 320 HGB nicht zu einer Kündigung des
Prüfungsauftrags aus wichtigem Grund, da das Unternehmen dann durch Nichterfüllung der Auskunftspflichten die Ablösung eines unliebsamen Prüfers versuchen könnte. Dies würde die Unabhängigkeit des APr. gefährden; vgl. ADS[6], § 318, Tz. 439; *Elkart/Naumann*, WPg 1995, S. 360 m.w.N.
828 Vgl. *IDW PS 210*, Tz. 76.
829 Vgl. *IDW PS 400*, Tz. 10; vgl. auch Tz. 322; gemäß § 318 Abs. 8 HGB ist außerdem die WPK schriftlich über
die Tatsache und die dazu führenden Gründe zu informieren.
830 Vgl. *IDW PS 400*, Tz. 68a.
831 Vgl. § 322 Abs. 4 S. 3 HGB.
832 Vgl. *IDW PS 400*, Tz. 67.

BestV die äußerste Stufe der Kritik darstellt, wären weitere Aussagen über die Tragweite entbehrlich. Auch wenn die Tragweite einer Versagung des BestV aus sich heraus erkennbar und abschätzbar wäre, kann die **Darstellung der Tragweite**, insb. die Angabe von quantitativen Größen der Mängel, die zur Versagung geführt haben, für den Adressaten des BestV von Interesse sein. Dies wird sich i.d.R. auch aus der allgemeinen Anforderung des § 322 Abs. 2 S. 2 HGB nach einer klaren, eindeutigen und allgemeinverständlichen Formulierung ergeben. Im Hinblick auf die trotz der Erteilung des Versagungsvermerks gegebene Möglichkeit zur Feststellung von JA und LB erscheint es sachgerecht und ggf. auch erforderlich, wenn der APr. eine Quantifizierung vornimmt[833].

(c) Formulierungsempfehlungen
Allgemeines

501   Der Vermerk über die Versagung ist nicht mehr als BestV zu bezeichnen (§ 322 Abs. 4 S. 2 HGB). Er ist mit „**Versagungsvermerk**" zu **überschreiben**[834]. Die Form bzw. der Wortlaut ist im Gesetz nicht geregelt. Neben den allgemeinen Grundsätzen für die Formulierung des Vermerks gelten die nachstehend dargestellten Besonderheiten.

502   Durch die Versagung werden **alle Teilaussagen des Prüfungsurteils** erfasst. Einzelne Positivaussagen sind – selbst wenn sie in Bezug auf unbedeutende Teile der Rechnungslegung theoretisch möglich wären – zur Vermeidung von Missverständnissen nicht zu treffen[835].

503   Im Versagungsvermerk sind alle wesentlichen Gründe im ersten Absatz des Prüfungsurteils zu beschreiben und zu erläutern[836].

Versagung aufgrund von Einwendungen

504   Für ein Prüfungsurteil mit negativer Gesamtaussage aufgrund von **Einwendungen** wird eine Formulierung entsprechend dem folgenden Beispiel empfohlen[837]:

„Meine/Unsere Prüfung hat zu folgender Einwendung geführt: Der Jahresabschluss wurde unzulässigerweise unter der Annahme der Fortführung der Unternehmenstätigkeit aufgestellt, obwohl wegen der ungesicherten Liquiditätsausstattung der Gesellschaft hiervon nicht ausgegangen werden kann. Aufgrund der Bedeutung dieser Einwendung versage ich/versagen wir den Bestätigungsvermerk.

Nach meiner/unserer Beurteilung aufgrund der bei der Prüfung gewonnenen Erkenntnisse entspricht der Jahresabschluss nicht den gesetzlichen Vorschriften [und den ergänzenden Bestimmungen des Gesellschaftsvertrags/der Satzung] und vermittelt kein unter Beachtung der Grundsätze ordnungsmäßiger Buchführung den tatsächlichen Verhältnissen entsprechendes Bild der Vermögens-, Finanz- und Ertragslage der Gesellschaft."

505   Da eine Versagung grds. alle Teile der Beurteilung umfasst, wird für den **anschließenden Satz des Prüfungsurteils** die folgende Formulierung empfohlen[838]:

---

833   Vgl. auch *IDW PS 400*, Tz. 69; gl.A. ADS⁶, § 322, Tz. 256; vgl. auch Tz. 480.
834   Vgl. *IDW PS 400*, Tz. 19.
835   Vgl. ADS⁶, § 322, Tz. 260.
836   Vgl. *IDW PS 400*, Tz. 67.
837   Vgl. *IDW PS 400*, Tz. 68 und Anhang 13.
838   Vgl. *IDW PS 400*, Tz. 68 und Anhang 13; nach ADS⁶, § 322, Tz. 262 ist in Bezug auf den LB eine Aussage des APr. nicht empfehlenswert.

„Der Lagebericht steht nicht in Einklang mit einem den gesetzlichen Vorschriften entsprechenden Jahresabschluss, vermittelt insgesamt kein zutreffendes Bild von der Lage der Gesellschaft und stellt die Chancen und Risiken der zukünftigen Entwicklung nicht zutreffend dar."

Versagung aufgrund von Prüfungshemmnissen

Für die Versagung des BestV aufgrund von Prüfungshemmnissen wird für das Prüfungsurteil eine Formulierung entsprechend dem folgenden Beispiel empfohlen[839]:

506

„Als Ergebnis meiner/unserer Prüfung stelle ich/stellen wir fest, dass ich/wir nach Ausschöpfung aller angemessenen Möglichkeiten zur Klärung des Sachverhalts aus folgendem Grund nicht in der Lage war(en), ein Prüfungsurteil abzugeben: Durch die Unternehmensleitung wurde die Einsichtnahme in die Kalkulationsunterlagen zur Ermittlung der Herstellungskosten der unfertigen und fertigen Erzeugnisse sowie das Einholen von Saldenbestätigungen zu Forderungen aus Lieferungen und Leistungen verweigert. Aus diesem Grund war es nicht möglich, eine hinreichende Sicherheit über die tatsächliche Höhe der Vorratsbestände und Forderungen zu erzielen, die im Jahresabschluss in Höhe von etwa 80% der Bilanzsumme ausgewiesen sind. Aufgrund der Bedeutung des dargestellten Prüfungshemmnisses versage ich/versagen wir den Bestätigungsvermerk.

Aussagen darüber, ob der Jahresabschluss den gesetzlichen Vorschriften [und den ergänzenden Bestimmungen des Gesellschaftsvertrags/der Satzung] entspricht und ein unter Beachtung der Grundsätze ordnungsmäßiger Buchführung den tatsächlichen Verhältnissen entsprechendes Bild der Vermögens-, Finanz- und Ertragslage der Gesellschaft vermittelt, sind wegen des dargestellten Prüfungshemmnisses nicht möglich. Ebenso kann nicht beurteilt werden, ob der Lagebericht in Einklang mit einem den gesetzlichen Vorschriften entsprechenden Jahresabschluss steht, insgesamt ein zutreffendes Bild von der Lage der Gesellschaft vermittelt und die Chancen und Risiken der zukünftigen Entwicklung zutreffend darstellt."

Wird der BestV versagt, weil der APr. nach Ausschöpfung aller angemessenen Möglichkeiten der Sachverhaltsaufklärung nicht in der Lage ist, ein Prüfungsurteil abzugeben, wird im BestV der **beschreibende Abschnitt** grds. entfallen, da der APr. wesentliche, zur Urteilsgewinnung erforderliche Prüfungshandlungen aufgrund der Prüfungshemmnisse nicht hat durchführen können und Ausführungen dann im Rahmen der Beschreibung des Prüfungsumfanges nicht gemacht werden können[840].

507

Auch im **einleitenden Abschnitt** hat der APr. zu verdeutlichen, dass er zwar den Auftrag zur Durchführung einer Abschlussprüfung erhalten hat, diesem aber nicht nachkommen konnte. Der Hinweis auf die Verantwortung des APr. entfällt deshalb. Für den einleitenden Abschnitt wird die folgende Formulierung empfohlen[841]:

508

„Ich wurde/Wir wurden beauftragt, den Jahresabschluss – bestehend aus Bilanz, Gewinn- und Verlustrechnung sowie Anhang – unter Einbeziehung der Buchführung und den Lagebericht der ... [Gesellschaft] für das Geschäftsjahr vom ... [Datum] bis ... [Datum] zu prüfen. Die Buchführung und die Aufstellung von Jahresabschluss und Lagebericht nach den deutschen handelsrechtlichen Vorschriften [und den ergänzenden Regelungen im Gesellschaftsvertrag/in der Satzung] liegen in der Verantwortung der gesetzlichen Vertreter der Gesellschaft."

---

839 Vgl. *IDW PS 400*, Tz. 69 und Anhang 14.
840 Vgl. *IDW PS 400*, Tz. 69; a.A. wohl ADS[6], § 322, Tz. 257.
841 Vgl. *IDW PS 400*, Tz. 69.

(5) Einschränkungs-/Versagungsgründe im Einzelnen

509 Voraussetzung für die Einschränkung oder Versagung des BestV ist, dass die Beanstandung oder das Prüfungshemmnis wesentlich ist[842]. Die Frage, ob nach der Art der Beanstandung bzw. des Prüfungshemmnisses insgesamt noch eine (eingeschränkt) positive Gesamtaussage zum JA und LB möglich ist und daher eine Einschränkung ausreicht oder ob eine negative Gesamtaussage geboten ist mit der Folge, dass eine Versagung erforderlich ist[843], kann nur nach den jeweiligen **Verhältnissen des Einzelfalls** beantwortet werden. Einige allgemeine **Rahmengrundsätze** lassen sich jedoch aufstellen[844]:

510 Schwerwiegende **Mängel der Buchführung** rechtfertigen i.d.R. eine Einschränkung des BestV[845]. Ist dem APr. jedoch wegen dieser Mängel, z.B. wegen der insgesamt oder in Teilen fehlenden Beweiskraft, eine sichere Beurteilung des JA nicht möglich, so ist eine Versagung des BestV erforderlich[846].

Führen festgestellte Schwächen des IKS zu wesentlichen Fehlern in der Rechnungslegung, ist der BestV diesbezüglich einzuschränken oder ein Versagungsvermerk zu erteilen[847]. Bei kleinen und mittelgroßen Unternehmen kann eine schwache Ausprägung des internen Kontrollsystems die Prüfbarkeit der Vollständigkeit des JA berühren. Ergeben sich daraus unzureichende Prüfungsnachweise für die Rechnungslegung, so liegt ein Prüfungshemmnis vor, das zur Einschränkung des BestV oder zur Erteilung eines Versagungsvermerks führt[848].

511 Bei Verstößen gegen **Gliederungsvorschriften** wird i.d.R. eine Einschränkung des BestV ausreichend sein, weil trotz des Verstoßes eine positive Gesamtaussage zur Rechnungslegung noch möglich ist. Stellt bspw. eine große KapGes. nur eine verkürzte Bilanz gemäß § 266 Abs. 1 S. 3 HGB auf, so ist trotz der fehlenden Aufgliederungen die Vermögens-, Finanz- und Ertragslage in ihren Grundzügen noch erkennbar und eine positive Gesamtaussage im Rahmen eines eingeschränkten BestV zu treffen[849]. Umfang und Bedeutung des Verstoßes sind im Rahmen der Einschränkung klar und eindeutig darzustellen. Sofern möglich und sinnvoll, sollte zur Beurteilung der Tragweite auch bei reinen Gliederungsverstößen eine Quantifizierung vorgenommen werden.

512 Einschränkungsgründe können sich auch aus einer fehlerhaften Übertragung oder Anpassung der Vorjahresbeträge ergeben sowie aus einer unzureichenden Erfüllung der Angabe- oder Erläuterungspflichten des § 265 Abs. 2 HGB für Vorjahreszahlen[850].

513 Bei der Wahl der **Bewertungsmethode** haben KapGes. auch unter dem Grundsatz der Bewertungsstetigkeit einen z.T. erheblichen Ermessensspielraum. Ein Bewertungsverstoß liegt allerdings erst dann vor, wenn der Ermessensspielraum überschritten ist oder wenn von einem Missbrauch bestehender Bewertungswahlrechte gesprochen werden muss[851].

---

842 Vgl. Tz. 470.
843 Zur Abgrenzung zwischen Einschränkung und Versagung vgl. Tz. 457.
844 Zu den Formulierungsbeispielen unter Berücksichtigung verschiedener betroffener Teilaussagen zum BestV vgl. Tz. 482.
845 Vgl. *IDW PS 400*, Tz. 54; so auch ADS[6], § 322, Tz. 271.
846 Vgl. *IDW PS 400*, Tz. 68a; vgl. auch *Baetge/Kirsch/Thiele*, § 322, Rn. 115.
847 Vgl. *IDW PS 261*, Tz. 91, *IDW PS 330*, Tz. 110.
848 Vgl. *IDW PH 9.100.1*, Tz. 88.
849 Vgl. ADS[6], § 322, Tz. 280. Gleiches gälte grundsätzlich, wenn die vorgeschriebene Reihenfolge der Posten nicht eingehalten wird. Auch bei Fehlern i.Z.m. der Inanspruchnahme von Aufstellungserleichterungen wird i.d.R. eine Einschränkung hinreichend sein; vgl. *Erle*, S. 149.
850 Vgl. *IDW PS 318*, Tz. 20.
851 Vgl. ADS[6], § 322, Tz. 282.

Sowohl bei einzelnen wesentlichen Über- als auch Unterbewertungen wird es i.d.R. ausreichen, wenn der APr. den BestV einschränkt und den Fehler quantifiziert[852]. Bei wesentlichen Unterbewertungen hat der APr. Konsequenzen für den BestV zu ziehen, da die Vermögens-, Finanz- und Ertragslage der Gesellschaft hierdurch unrichtig wiedergegeben und Interessen der Aktionäre – z.B. Möglichkeiten einer Sonderprüfung zu erkennen – beeinträchtigt sein können[853]. Wurde bei der Bewertung unzulässigerweise vom Grundsatz der Unternehmensfortführung ausgegangen, so ist, wenn sich die eigentlich gebotenen Bewertungsanpassungen nicht nur auf bestimmte Posten der Bilanz und der GuV beschränken und quantifizierbar sind[854], eine Versagung des BestV geboten, um die missverständliche oder unvollständige Darstellung im JA zu verdeutlichen[855]. Dies gilt auch dann, wenn die Bestandsgefährdung im LB angemessen dargestellt ist[856].

Da den Bestimmungen des Gesetzes oder des Gesellschaftsvertrags/der Satzung zum **Eigenkapital** nach ihrem Sinn und Zweck besondere Bedeutung zuzumessen ist, führen Verstöße dagegen i.d.R. auch dann zur Einschränkung des BestV, wenn die Auswirkungen im Einzelfall eher gering sind[857]. Dies gilt bspw. in Fällen, in denen das Unternehmen gebundene Rücklagen (§ 272 Abs. 2 Nr. 1 bis 3 HGB) aufgelöst hat, obwohl dies nach den hierfür geltenden Bestimmungen (§ 150 Abs. 3 und 4 AktG) nicht zulässig war oder die Thesaurierungsgrenze (§ 58 Abs. 2 AktG) durch die Verwaltung überschritten worden ist[858]. Eine Einschränkung ist auch erforderlich, wenn eigene Anteile in nicht nur geringfügigem Umfang nicht gesetzeskonform ausgewiesen werden[859]. **514**

Unvollständige oder unrichtige Angaben im Anhang führen, soweit der Verstoß im Einzelfall als wesentlich zu qualifizieren ist, zur Einschränkung des BestV. **515**

Ohne Rücksicht auf die Höhe der betroffenen Nicht- oder Falschangabe ist die Verletzung der folgenden Angabepflichten, denen nach ihrem Sinn und Zweck besondere Bedeutung zuzumessen ist, regelmäßig als wesentlicher Mangel mit der Folge der Einschränkung des BestV zu qualifizieren[860]:

– Angabepflichten zu Organbezügen (§ 285 Nr. 9a und b HGB),
– Angabepflicht zum Honorar des APr. (§ 285 Nr. 17 HGB)[861],
– Angabepflichten zu Finanzinstrumenten (§ 285 Nr. 18 HGB)[862] und
– Angabepflichten zu derivativen Finanzinstrumenten (§ 285 Nr. 19 HGB)[863].

Aufgrund der Bedeutung, die den §§ 285 Nr. 16, 314 Abs. 1 Nr. 8 HGB für die Verbindlichkeitswirkung des DCGK zukommt, ist der BestV auch in folgenden Fällen einzuschränken[864]:

---

852 Vgl. ADS⁶, § 322, Tz. 281.
853 Vgl. ADS⁶, § 322, Tz. 283.
854 Vgl. ADS⁶, § 322, Tz. 289.
855 Vgl. *IDW PS 400*, Tz. 65; *IDW PS 270*, Tz. 41.
856 Vgl. *IDW PS 270*, Tz. 41.
857 Vgl. *IDW PS 400*, Tz. 55; ADS⁶, § 322, Tz. 296.
858 Vgl. ADS⁶, § 322, Tz. 296 f.
859 Vgl. *IDW PS 400*, Tz. 55.
860 Vgl. *IDW PS 400*, Tz. 55; ebenso ADS⁶, § 322, Tz. 293; *Pfitzer/Oser/Orth*, DB 2004, S. 2595.
861 Vgl. hierzu *IDW RS HFA 36*; auch *Kling*, WPg 2011, S. 209.
862 Vgl. hierzu *IDW RH HFA 1.005*.
863 Vgl. hierzu *IDW RH HFA 1.005*.
864 Vgl. *IDW PS 345*, Tz. 31.

- entgegen § 161 AktG wurde keine Entsprechenserklärung abgegeben und die vorgesehene Anhangangabe fehlt daher,
- im Anh. wird wahrheitsgemäß über die gesetzwidrige Nichtabgabe der Entsprechenserklärung berichtet,
- die Anhangangabe ist unzutreffend, da die formellen Anforderungen des § 161 AktG nicht erfüllt sind[865].

516 Eine Einschränkung bei fehlenden oder falschen Abschlusserläuterungen nach § 284 Abs. 2 HGB, beim Fehlen von Einzelangaben nach § 285 HGB bzw. nach verschiedenen Einzelvorschriften wäre dann nicht mehr ausreichend, wenn diese Mängel je nach der Bedeutung der geforderten Angaben im Rahmen der gesamten Rechnungslegung so schwerwiegend sind, dass ein positives Urteil über die Rechnungslegung des Vorstands bzw. der Geschäftsführung im Ganzen nicht mehr möglich ist. In einem solchen Extremfall wäre dann sogar ein Versagungsvermerk angezeigt.

517 Eine Einschränkung des BestV ist insb. dann geboten, wenn der JA von KapGes. **nicht** die **Generalnorm des § 264 Abs. 2 HGB** erfüllt oder der APr. aufgrund von Prüfungshemmnissen dies nicht beurteilen kann[866]. Wenn jedoch die Tragweite der Einschränkung nicht mehr erkennbar gemacht werden kann, ist ein Versagungsvermerk zu erteilen (§ 322 Abs. 4 S. 4 HGB).

518 Bei **pflichtwidrig fehlendem LB** ist eine Einschränkung des BestV erforderlich, in der auch zum Ausdruck kommen muss, dass durch das Fehlen des LB keine zutreffende Vorstellung von der Lage der Gesellschaft vermittelt wird und eine Darstellung der Chancen und Risiken der zukünftigen Entwicklung fehlt[867].

519 Ist der **LB unvollständig oder fehlerhaft**, kann eine Einschränkung in Betracht kommen. Eine Einschränkung ist insb. geboten, wenn der Geschäftsverlauf und die Lage der Gesellschaft nicht so analysiert und dargestellt werden, dass unter Einbeziehung der Chancen und Risiken der künftigen Entwicklung ein den tatsächlichen Verhältnissen entsprechendes Bild vermittelt wird. Dies ist grds. gegeben, wenn wesentliche Informationselemente (z.B. Angaben zur voraussichtlichen Entwicklung nach § 289 Abs. 1 S. 4 HGB, Erläuterung der bedeutsamsten finanziellen Leistungsindikatoren nach § 289 Abs. 1 S. 4 HGB, Berichterstattung über Vorgänge von besonderer Bedeutung nach Schluss des Geschäftsjahres nach § 289 Abs. 2 Nr. 1 HGB) fehlen oder im Widerspruch zu den geprüften Unterlagen stehen[868]. Auch eine fehlende Schlusserklärung zum Abhängigkeitsbericht nach § 312 Abs. 3 AktG macht eine Einschränkung erforderlich[869]. Gleiches gilt, wenn die Gefährdung des Fortbestands der Gesellschaft im LB (§ 289 Abs. 1 HGB) nicht angemessen dargestellt wird[870].

520 **Verstöße gegen gesetzliche oder zulässige gesellschaftsvertragliche Einzelbestimmungen** zum JA oder LB führen ohne Rücksicht auf die Gesamtbeurteilung der Rechnungslegung zur Einschränkung, wenn ihnen besondere Bedeutung zuzumessen und der Verstoß nicht geringfügig ist[871]. Wurde demgegenüber bei der Aufstellung des JA eine

---

865 Keine Auswirkungen auf den BestV ergeben sich, wenn unzutreffende Aussagen in der Entsprechenserklärung festgestellt wurden (vgl. *IDW PS 345*, Tz. 31).
866 Vgl. *IDW PS 400*, Tz. 53; ebenso ADS[6], § 322, Tz. 294; BeBiKo[8], § 322, Rn. 60.
867 Vgl. *IDW PS 400*, Tz. 64; vgl. auch *IDW PS 350*, Tz. 36.
868 Vgl. *IDW PS 350*, Tz. 36.
869 Vgl. *IDW PS 400*, Tz. 55; *IDW PS 350*, Tz. 36; ADS[6], § 322, Tz. 302; *StN HFA 3/1991*, Abschn. III Nr. 3; *Kupsch*, DB 1993, S. 493.
870 Vgl. *IDW PS 400*, Tz. 78.
871 Vgl. *IDW PS 400*, Tz. 55.

Berichterstattung über die Jahresabschlussprüfung von Kapitalgesellschaften   Q

gesetzwidrige Bestimmung des Gesellschaftsvertrags oder der Satzung (z.B. Verstoß der Satzung gegen § 58 AktG) angewandt, ist bei Wesentlichkeit der Beanstandung der BestV einzuschränken oder ein Versagungsvermerk zu erteilen, da ein Gesetzesverstoß vorliegt[872].

Berücksichtigt der JA unzulässigerweise **Auswirkungen zukünftiger Ereignisse**, die auch nach ihrem Eintritt nicht auf den zu prüfenden JA zurückwirken, kann in Abhängigkeit von der betraglichen Größe und der bilanziellen Wirkung der Maßnahme eine Einschränkung geboten sein. Dies gilt grds. auch, wenn z.b. die Passivierung einer Verbindlichkeit unterlassen wurde, für die erst im neuen GJ ein wirksamer Forderungsverzicht erklärt wurde[873].   521

Stellt ein MU unter Verstoß gegen §§ 290 ff. HGB einen **KA** und einen **KLB** nicht auf, so ergibt sich aus der **Nichtaufstellung** allein keine Einwendung gegen den JA und LB, da diese Rechnungslegungsbestandteile nicht dadurch mangelhaft werden, dass die Vorschriften über die Rechnungslegung im Konzern nicht beachtet werden[874]. Einwendungen gegen den JA können sich allenfalls ergeben, soweit mit der Nichtaufstellung des KA eine unzutreffende Sachbehandlung im JA verbunden ist[875]. Unabhängig hiervon hat der APr. jedoch die Pflicht, auf den Verstoß gemäß § 321 Abs. 1 S. 3 HGB im PrB einzugehen[876].   522

Ein **Überschreiten** der gesetzlichen **Aufstellungsfristen** ist nicht als Einschränkungsgrund für den BestV anzusehen[877]. Der APr. hat aber ggf. gem. § 321 Abs. 1 S. 3 HGB im PrB zu berichten.   523

Durch § 317 Abs. 4 HGB wird der Prüfungsumfang für börsennotierte AG um eine Prüfung der Maßnahmen nach § 91 Abs. 2 AktG (**Risikofrüherkennungssystem**) erweitert. Einwendungen gegen das Risikofrüherkennungssystem begründen keine Einschränkung oder Versagung, da der BestV weder implizit durch die Bestätigung der Einwendungsfreiheit, noch explizit durch eine gesonderte Bestätigung, eine Aussage zum diesbezüglichen Prüfungsergebnis enthält[878]. Berühren jedoch Einwendungen gegen das Risikofrüherkennungssystem zugleich die Ordnungsmäßigkeit des JA bzw. der Buchführung, ist die Auswirkung auf den BestV aufgrund der Verletzung der Ordnungsmäßigkeit bzw. Buchführungspflichten zu prüfen. Gleiches gilt, wenn die unzureichende Erfüllung der Maßnahmen nach § 91 Abs. 2 AktG Einfluss auf die Darstellung im LB haben[879].   524

Bei einer **Verletzung von Aufklärungs- und Nachweispflichten (Prüfungshemmnisse)** gem. § 320 HGB durch die gesetzlichen Vertreter oder durch ein MU oder Tochterunternehmen (§ 320 Abs. 2 S. 3 HGB) kann ebenfalls eine Einschränkung oder Versagung in Betracht kommen[880]. Die Prüfungshemmnisse können sich als objektive, vom APr. nicht überwindbare Schwierigkeiten aus den zu prüfenden Unterlagen, aus unberechtigt verweigerten bzw. unzureichenden Auskünften oder im Zusammenhang mit der Durchführung erforderlicher Prüfungshandlungen ergeben[881]. Maßgebend ist das Ausmaß der   525

---

872 Vgl. *IDW PS 400*, Tz. 70; ADS[6], § 322, Tz. 308.
873 Vgl. *IDW PS 400*, Tz. 102; zu Ausnahmen in Sanierungsfällen vgl. ADS[6], § 252, Tz. 47. Vgl. hierzu auch Tz. 580.
874 Ebenso ADS[6], § 322, Tz. 304.
875 Z.B. unzutreffende Beurteilung eines Mutter-/Tochterverhältnisses; vgl. ADS[6], § 322, Tz. 304.
876 Vgl. *IDW PS 450*, Tz. 50.
877 Ebenso *Elkart/Naumann*, WPg 1995, S. 407.
878 Vgl. Tz. 415.
879 Vgl. *IDW PS 400*, Tz. 72.
880 Vgl. *IDW PS 400*, Tz. 56, 68a; ADS[6], § 322, Tz. 310.
881 Vgl. ADS[6], § 322, Tz. 313; zu einzelnen Bereichen, vgl. Tz. 464.

2129

Auswirkungen auf die Möglichkeit des APr., sich ein positives Urteil über die Rechnungslegung zu bilden. Ausschlaggebend für die Entscheidung zwischen Einschränkung und Versagung ist deshalb, ob im Hinblick auf die verbleibende Unsicherheit bei der Beurteilung des Prüfungsgegenstands noch eine eingeschränkt positive Gesamtaussage möglich ist oder nicht. I.d.R. wird der APr. nur bestimmte Sachverhalte bzw. abgrenzbare Teile der Rechnungslegung nicht abschließend beurteilen können. In diesen Fällen ist grds. eine Einschränkung des BestV vorzunehmen. Eine Versagung ist jedoch geboten, wenn der APr. infolge der Verletzung von Aufklärungs- und Nachweispflichten sich zu den wesentlichen Teilen der Rechnungslegung des Vorstands bzw. der Geschäftsführung kein bzw. kein positives Urteil bilden kann.

526 Erkennt der APr. vor Erteilung des BestV, dass **wesentliche Unstimmigkeiten** zwischen dem zu prüfenden JA bzw. LB und den **zusätzlichen Informationen**, die vom Unternehmen zusammen mit dem JA und LB veröffentlicht werden, vorliegen und besteht nach seinen Feststellungen wesentlicher Änderungsbedarf für den geprüften JA und/oder LB, so sind dort die entsprechenden Anpassungen vom Unternehmen vorzunehmen. Verweigert das Unternehmen eine Anpassung, sind die Folgen für das Prüfungsurteil zu ziehen und ggf. zu begründen[882]. In aller Regel wird sich aber ein festgestellter Änderungsbedarf nicht auf den JA oder LB, sondern auf die zusätzlichen Informationen beziehen (z.B. den freien Teil des Geschäftsberichts)[883]. Verweigern die gesetzlichen Vertreter dort eine entsprechende Anpassung, hat dies, abweichend von ISA 720[884], grds. keine Konsequenz für den BestV[885]. Wenn der APr. bei wesentlichen Unstimmigkeiten auch durch erweiterte Prüfungshandlungen nicht in der Lage ist festzustellen, ob der JA bzw. LB oder die zusätzlichen Informationen zutreffend sind, liegt hierin ein Prüfungshemmnis, aufgrund dessen der BestV nach den dargestellten Regeln einzuschränken oder ein Versagungsvermerk zu erteilen ist[886].

(6) Bestätigungsvermerk und Nichtigkeit des Jahresabschlusses

527 Weder aus dem Wortlaut noch aus dem Regelungszusammenhang der gesetzlichen Vorschriften ergibt sich eine unmittelbare Verknüpfung zwischen einer Einschränkung bzw. Versagung des BestV einerseits und der Nichtigkeit des mangelhaften JA als gesellschaftsrechtliche Folge von Unrichtigkeiten und Verstößen andererseits[887]. Einschränkung bzw. Versagung und Nichtigkeit sind unterschiedliche Konsequenzen, die sich aus dem gleichen Tatbestand ergeben können. Der Grund für die Einschränkung oder Versagung ist nicht die (mögliche) Nichtigkeit, sondern der Mangel in der Rechnungslegung[888].

528 Daher ist bei einem festgestellten Mangel, der nach § 256 AktG zur Nichtigkeit des JA führen kann, eine Einschränkung des BestV oder eine Versagung zulässig[889]. Da die Abschluss-

---

882 Vgl. *IDW PS 202*, Tz. 13 und 14; zu den Auswirkungen auf den PrB vgl. Tz. 140.
883 Ebenso *Böcking/Orth/Brinkmann*, WPg 2000, S. 231.
884 Betrifft der Änderungsbedarf die zusätzlichen Informationen und verweigert das Unternehmen dort eine entsprechende Anpassung, so hat der APr. nach ISA 700.A33 i.V.m. ISA 706.8 eine Hervorhebung im Auditor's Report (Emphasis of Matter Paragraph), in der die Unstimmigkeit dargestellt wird, in Erwägung zu ziehen.
885 In diesem Fall kann ggf. eine Berichterstattung im PrB, die Nichtherausgabe des BestV vor Klärung der Unstimmigkeit oder das Einholen rechtlichen Rats geboten sein. Zu Einzelheiten vgl. *IDW PS 202*, Tz. 15.
886 Vgl. *IDW PS 202*, Tz. 16.
887 Vgl. ADS⁶, § 322, Tz. 328.
888 Vgl. *Erle*, S. 171 m.w.N.
889 Das *IDW FG 3/1988* hielt bei Vorliegen eines Nichtigkeitsgrundes grds. den Versagungsvermerk für geboten; nur bei Zweifeln hinsichtlich der Nichtigkeit bei Vorliegen von Unterbewertungen sowie bei Geringfügigkeit anderer Nichtigkeitsgründe kam eine Einschränkung des BestV in Betracht. Vgl. *IDW FG 3/1988*, Abschn. C. IV.

prüfung auf die Einhaltung der Rechnungslegungsvorschriften in ihrer Gesamtheit gerichtet ist, hat der APr. die Auswirkungen eines Mangels auf den BestV ausschließlich nach Maßgabe ihres Einflusses auf die Gesamtaussage der Rechnungslegung zu beurteilen[890].

Kann der JA aus den Gründen, die zur Einschränkung oder Versagung des BestV geführt haben, nichtig sein, ist es grds. nicht erforderlich, auf diese Rechtsfolge hinzuweisen[891]. Dies erscheint sachgerecht, da der APr. die Frage, ob ein bestimmter Einschränkungsgrund zur Nichtigkeit des JA gem. § 256 AktG führt, u.U. nicht eindeutig beurteilen kann und von ihm auch nicht verlangt wird, sich mit oft schwierig zu beurteilenden Rechtsfolgen zu befassen, deren Erörterung den Gerichten vorbehalten ist[892]. In eindeutigen Fällen einer Nichtigkeit des JA kommt jedoch ein Hinweis bei der Einschränkung oder Versagung des BestV auf die Nichtigkeitsfolge in Betracht[893]. 529

ff) Ergänzungen des Prüfungsurteils

Wie unter Tz. 415 dargestellt, sind Erweiterungen des Prüfungsauftrags der Jahresabschlussprüfung aus gesetzlichen oder vertraglichen bzw. gesellschaftsvertraglichen oder satzungsmäßigen Bestimmungen nur in bestimmten Fällen im BestV zu berücksichtigen. Der BestV nach § 322 HGB enthält ausschließlich ein auf die Rechnungslegung bezogenes Gesamturteil, sofern Bundes- oder Landesrecht keine ausdrückliche Erweiterung des BestV vorsehen. Mit der Aussage gem. § 322 Abs. 3 S. 1 HGB, dass die Prüfung zu keinen Einwendungen geführt hat, wird nur die Gesetzmäßigkeit bzgl. des Prüfungsgegenstands „Rechnungslegung" (Buchführung, JA und LB) abgedeckt. Ist der **Prüfungsgegenstand durch gesetzliche Vorschriften** über die Rechnungslegung hinaus erweitert und hierüber eine Aussage im BestV vorgesehen (z.B. § 30 KHGG NRW), muss folglich das **Prüfungsurteil** hierzu im BestV **gesondert** getroffen werden und zwar im Anschluss an das Prüfungsurteil über den JA und den LB in einem **gesonderten Abschnitt**[894]. 530

Zur Verdeutlichung dieser Tatsache sollte der einleitende Satz zum Prüfungsurteil über den Prüfungsgenstand „Rechnungslegung" (Buchführung, JA und LB) entsprechend ergänzt werden[895]: „Unsere Prüfung **des Jahresabschlusses unter Einbeziehung der Buchführung und des Lageberichts** hat zu keinen Einwendungen geführt."

Zu den gesetzlichen Erweiterungen der Jahresabschlussprüfung (z.B. § 317 Abs. 4 HGB, §§ 53 i.V.m. 58 GenG) oder den Erweiterungen der Jahresabschlussprüfung durch ergänzende Beauftragungen durch den Auftraggeber (z.B. § 53 HGrG), über deren Ergebnis nur im PrB, nicht jedoch im BestV eingegangen wird, vgl. Tz. 415. 531

Enthalten die Bestimmungen des **Gesellschaftsvertrags oder der Satzung** ergänzende Normen für den JA oder den LB, so ist im BestV deren Einhaltung im Zusammenhang mit der Gesetzesentsprechung zu bestätigen (vgl. Tz. 377). 532

Eine ergänzende Prüfung der zutreffenden Inanspruchnahme von Offenlegungserleichterungen im zur Offenlegung bestimmten, verkürzten JA ist ggf. getrennt vom BestV in einer gesonderten Bescheinigung zu bestätigen[896] (vgl. hierzu Tz. 628). 533

---

890 Vgl. *IDW PS 400*, Tz. 55; zur ausführlichen Diskussion vgl. ADS⁶, § 322, Tz. 328.
891 Vgl. *IDW PS 400*, Tz. 58.
892 So schon WP Handbuch 1996, Bd. I, Kap. O, Tz. 398; gl.A. ADS⁶, § 322, Tz. 332.
893 Ebenso ADS⁶, § 322, Tz. 333.
894 Vgl. *IDW PS 400*, Tz. 70; zum Beispiel § 30 KHGG NRW vgl. *IDW PH 9.400.1*, Tz. 6 und Anhang, sowie Tz. 1084.
895 Vgl. die Beispiele in den Anhängen zu *IDW PH 9.400.1*, *IDW PS 610* etc.
896 Vgl. *IDW PS 400*, Tz. 71.

gg) Hinweise zur Beurteilung des Prüfungsergebnisses
(1) Allgemeines

534 § 322 Abs. 2 S. 2 HGB konkretisiert die in Abs. 1 S. 2 dieser Vorschrift enthaltene Forderung nach einer Beurteilung des Prüfungsergebnisses dahingehend, dass diese allgemeinverständlich und problemorientiert und unter Berücksichtigung des Umstands erfolgen soll, dass die gesetzlichen Vertreter des Unternehmens die Rechnungslegung zu verantworten haben. Dabei muss die Beurteilung des Prüfungsergebnisses zweifelsfrei in einer der in § 322 Abs. 2 S. 1 HGB genannten Formen erfolgen. Wie unter Tz. 335 ausgeführt, ist das Ergebnis der Prüfung das Gesamturteil des APr.

535 Im Allgemeinen erfolgt die Beurteilung des Prüfungsergebnisses durch Entscheidung über die Form des Prüfungsurteils, also in der Weise, dass der APr. einen dem Ergebnis der Prüfung entsprechenden BestV (uneingeschränkter oder eingeschränkter BestV) oder einen Versagungsvermerk (aufgrund von Einwendungen oder weil er nicht in der Lage ist, ein Prüfungsurteil abzugeben) erteilt[897].

536 Hat sich der APr. für den **uneingeschränkten Bestätigungsvermerk** entschieden, bedarf es regelmäßig keiner weiteren Beurteilung[898]. Die Beurteilung bei dieser Form des Prüfungsurteils besteht darin, dass in den Vermerk die positiven Aussagen zu den einzelnen Prüfungspunkten aufgenommen werden.

Hat sich der APr. für eine **Einschränkung oder Versagung** des BestV entschieden, ergibt sich die Beurteilung des Prüfungsergebnisses aus der Begründung der Einschränkung oder der Versagung[899].

(2) Hinweise auf bei der Prüfung festgestellte Besonderheiten

537 Auch wenn sich der APr. für einen uneingeschränkten BestV entschieden hat, kann in Einzelfällen ein zusätzlicher Hinweis sachgerecht sein, um die Adressaten des BestV in besonderer Weise auf Umstände aufmerksam zu machen, die sich bei der Prüfung ergeben haben. In Übereinstimmung mit den International Standards on Auditing (*ISA 700, ISA 706*) ist damit eine begrenzte Möglichkeit für sonstige Hinweise auf Besonderheiten im BestV eröffnet. Solche Hinweise können **Hervorhebungen** von Sachverhalten oder weitergehende **Erläuterungen** zum Inhalt der Rechnungslegung oder zur Tragweite des Prüfungsergebnisses enthalten[900]. Zusätzliche Hinweise sind auf die Sachverhalte begrenzt, auf die der APr. trotz ordnungsgemäßer Darstellung durch die gesetzlichen Vertreter aufmerksam machen möchte[901]. Die nach früherem Recht als Ergänzungen aufgenommenen bedingenden Zusätze (Vorbehalte)[902] können jedoch nicht als Hinweis in das Prüfungsurteil aufgenommen werden[903].

538 Ein Hinweis auf bei der Prüfung festgestellte Besonderheiten kann eine erforderliche Einschränkung oder Versagung des BestV nicht ersetzen[904]. Er ist im Anschluss an das Prüfungsurteil in einen **gesonderten** Absatz aufzunehmen, wobei die folgende **Einleitung** empfohlen wird:

---
897 Vgl. *IDW PS 400*, Tz. 74.
898 Vgl. *IDW PS 400*, Tz. 75.
899 Vgl. *IDW PS 400*, Tz. 76.
900 Vgl. ADS⁶, § 322, Tz. 179.
901 Vgl. *IDW PS 400*, Tz. 75.
902 Vgl. *IDW FG 3/1988*, Abschn. C. II. Rn. 7, 8.
903 Zur bedingten Erteilung von BestV vgl. Tz. 579.
904 Vgl. *IDW PS 400*, Tz. 75.

Berichterstattung über die Jahresabschlussprüfung von Kapitalgesellschaften   Q

„Ohne diese Beurteilung einzuschränken, weise ich/weisen wir darauf hin, dass ..."

Als Hinweise auf bei der Prüfung festgestellte Besonderheiten kommen bspw. in Betracht: 539

(a) Hinweis auf verbleibende wesentliche Unsicherheiten

Hierbei handelt es sich um bestimmte Sachverhalte (z.B. noch laufende Verhandlungen, schwebende Prozesse, Risiken aus langfristigen Aufträgen, steuerliche Risiken), die vom Ergebnis künftiger Vorgänge oder Ereignisse abhängen und von der Gesellschaft nicht unmittelbar beeinflusst werden können und auf die der APr. die Adressaten der Rechnungslegung trotz ordnungsgemäßer Darstellung durch die gesetzlichen Vertreter wegen verbleibender wesentlicher Unsicherheiten **aufmerksam machen** möchte[905].   540

Voraussetzung eines Unsicherheitshinweises ist daher in jedem Fall, dass der APr. zunächst die Frage einer möglichen Einschränkung oder Versagung prüft, z.B. also keine Bedenken gegen die betreffenden Wertansätze hat. Bedenken gegen Wertansätze können allerdings bereits dann bestehen, wenn bei der Beurteilung eines Risikos nach Auffassung des APr. eher optimistische als pessimistische Maßstäbe angelegt wurden.   541

Weitere Voraussetzungen sind   542

– dass der APr. alle ihm zur Verfügung stehenden Erkenntnisquellen ausgeschöpft hat,
– dass die gesetzlichen Vertreter sowie ggf. auch Mutter- und Tochterunternehmen die ihnen obliegenden Aufklärungs- und Nachweispflichten (§ 320 HGB) in vollem Umfang erfüllt haben und
– dass die gesetzlichen Vertreter im Anh. und LB auf die betreffenden Risiken in dem gesetzlich gebotenen Umfang (insb. § 264 Abs. 2 S. 2, § 289 Abs. 1 HGB) eingegangen sind[906].

Liegen alle diese Voraussetzungen vor und bestehen außerdem keine Bedenken gegen die Ordnungsmäßigkeit der Rechnungslegung, kann der APr. nach seinem pflichtgemäßen Ermessen den BestV in Ausnahmefällen um einen derartigen Hinweis ergänzen.   543

(b) Hinweis zur Erfüllung der Generalnorm

In kritischen Grenzfällen, in denen es zweifelhaft sein könnte, ob die Rechnungslegung einer Kapitalgesellschaft, trotz Einhaltung aller Einzelvorschriften, die Generalnorm des § 264 Abs. 2 S. 1 HGB erfüllt und in denen aber keine Einschränkung erforderlich ist, kann es sachgerecht sein, im Rahmen der Beurteilung des Prüfungsergebnisses auf diese Unsicherheit, ggf. unter Hinweis auf die weiteren zugrunde liegenden wesentlichen Unsicherheiten, hinzuweisen[907].   544

(c) Hinweis aufgrund ergänzender Rechnungslegungsnormen des Gesellschaftsvertrags oder der Satzung

Auf Rechnungslegungsvorschriften des Gesellschaftsvertrags bzw. der Satzung ist im einleitenden Abschnitt Bezug zu nehmen, wenn sie in zulässiger Weise die gesetzlichen   545

---

905   Vgl. *IDW PS 400*, Tz. 75.
906   Während die dargestellten Risikohinweise im Rahmen der Beurteilung des Prüfungsergebnisses in das pflichtgemäße Ermessen des APr. gestellt sind, ist auf Bestandsrisiken gem. § 322 Abs. 2 S. 3 HGB zwingend gesondert im BestV einzugehen. Hat die Gesellschaft zulässigerweise keinen LB aufgestellt, ist der APr. nach *IDW PS 400*, Tz. 79 nicht verpflichtet, im BestV auf bestandsgefährdende Risiken hinzuweisen.
907   Vgl. hierzu ausführlich Tz. 419–428.

Regelungen für den JA oder LB ergänzen. Im Prüfungsurteil wird ihre Einhaltung explizit bestätigt[908].

546 Gegenstand eines Hinweises im Rahmen der Beurteilung des Prüfungsergebnisses kann z.b. sein, dass über die Auslegung von Vorschriften des Gesellschaftsvertrags (insb. einer GmbH) zum JA Unklarheiten bzw. unterschiedliche Meinungen (z.b. über die Auslegung einer Gewinnverwendungsregelung) bestehen. Kann der Sachverhalt bis zum Abschluss der Prüfung nicht geklärt werden und ist die der Bilanzierung zugrunde gelegte Interpretation der Vorschrift nicht unvertretbar, kann es sich für den APr. empfehlen, einen klarstellenden Hinweis in den BestV aufzunehmen[909].

(d) Hinweis aufgrund prognostischer Aussagen im Lagebericht

547 Kann der APr. seine Beurteilung von (wesentlichen) prognostischen Aussagen im LB weitgehend nur auf Erklärungen der gesetzlichen Vertreter der geprüften Gesellschaft stützen, ist hierauf im Rahmen der Beurteilung des Prüfungsergebnisses einzugehen[910].

(e) Hinweis auf abweichende Prüfungsergebnisse bei Gemeinschaftsprüfungen (Joint Audit)

548 Können sich die Gemeinschaftsprüfer bei einem *Joint Audit* ausnahmsweise nicht auf ein einheitliches Gesamturteil verständigen, so hat jeder Gemeinschaftsprüfer sein Prüfungsurteil grds. in einem eigenen BestV zum Ausdruck zu bringen. In den jeweiligen BestV ist im Rahmen der Beurteilung des Prüfungsergebnisses auf die abweichenden Ergebnisse der anderen beteiligten Prüfer hinzuweisen[911].

(f) Hinweis aufgrund zulässiger Inanspruchnahme von § 264 Abs. 3 HGB

549 § 264 Abs. 3 HGB sieht für Tochterkapitalgesellschaften unter bestimmten Voraussetzungen (§ 264 Abs. 3 Nr. 1 bis 4 HGB) Erleichterungen bzgl. der Aufstellung, Prüfung und Offenlegung von JA und LB vor. Gemäß *IDW PH 9.200.1* kann der APr. grds. auch dann davon ausgehen, dass § 264 Abs. 3 HGB zu Recht in Anspruch genommen wurde, wenn bei Beendigung der Abschlussprüfung ausschließlich die Erfüllung der Voraussetzungen des § 264 Abs. 3 Nr. 3 oder 4 HGB noch aussteht, aber **keine Anhaltspunkte** bestehen, dass diese Voraussetzungen voraussichtlich nicht erfüllt werden[912]. In diesem Fall ist jedoch im Rahmen der Beurteilung des Prüfungsergebnisses darauf hinzuweisen, dass im Zeitpunkt der Beendigung der Abschlussprüfung die Erfüllung der Voraussetzungen des § 264 Abs. 3 HGB insoweit nicht beurteilt werden konnte, als diese Voraussetzungen ihrer Art nach erst zu einem späteren Zeitpunkt erfüllbar sind. Dabei sind die noch **ausstehenden Voraussetzungen** zu **benennen**[913].

550 *IDW PH 9.200.1* geht nicht auf das Ausstehen der Erfüllung der Voraussetzung des § 264 Abs. 3 Nr. 1 HGB ein. Gemäß § 264 Abs. 3 Nr. 1 HGB ist Voraussetzung, dass alle Gesellschafter des Tochterunternehmens der Befreiung für das jeweilige GJ zugestimmt ha-

---

908 Vgl. hierzu Tz. 387 bzw. Tz. 413.
909 Vgl. auch ADS⁶, § 322, Tz. 199.
910 Vgl. *IDW PS 350*, Tz. 36.
911 Vgl. *IDW PS 208*, Tz. 29.
912 Vgl. *IDW PH 9.200.1*, Tz. 7.
913 Vgl. *IDW PH 9.200.1*, Tz. 9. Demgegenüber entfällt der Hinweis auf die ihrer Art nach erst zukünftig erfüllbaren Erleichterungsvoraussetzungen, wenn der APr. bei seiner Prüfung erkennt, dass die Erleichterungsvoraussetzungen bereits nicht erfüllt sind oder voraussichtlich nicht erfüllt werden (unzulässige Inanspruchnahme von § 264 Abs. 3 HGB); vgl. *IDW PH 9.200.1*, Tz. 11.

Berichterstattung über die Jahresabschlussprüfung von Kapitalgesellschaften Q

ben und dass der Beschluss nach § 325 HGB **offengelegt** worden ist. Diese Voraussetzung weicht insofern von den unter § 264 Abs. 3 Nr. 3 oder 4 HGB genannten Voraussetzungen ab, als sie bei rechtzeitiger Einreichung vor Abschluss der Prüfung erfüllt sein könnte. Nach der h.M. ist für die Wahrung der gesetzlichen Offenlegungspflichten auf den Zeitpunkt der Einreichung der Unterlagen beim eBAnz-Betreiber und nicht auf den Zeitpunkt der Veröffentlichung im elektronischen Bundesanzeiger abzustellen[914]. Bis zur nachgewiesenen Einreichung des Gesellschafterbeschlusses gem. § 264 Abs. 3 Nr. 1 HGB kann der BestV lediglich aufschiebend bedingt erteilt werden[915].

(g) Sonstige

Weist der JA eine **bilanzielle Überschuldung** aus, kann dies Ausdruck einer Bestandsgefährdung des Unternehmens sein und führt dann zu **Aussagepflichten der gesetzlichen Vertreter** in der Rechnungslegung (Erläuterung der Bewertungsmethoden, Risikodarstellung im LB) und des APr. im BestV (vgl. Tz. 552)[916]. Steht jedoch die bilanzielle Überschuldung nicht im Zusammenhang mit einer Gefährdung des Fortbestands des Unternehmens, z.B. wegen stiller Reserven im bilanzierten Vermögen oder aufgrund zwischenzeitlich ergriffener Sanierungsmaßnahmen, ist fraglich, ob ein Hinweis im BestV auf diesen Sachverhalt erforderlich ist. Ein Hinweis zur Verdeutlichung kann angezeigt sein[917]. 551

hh) Hinweis auf Bestandsgefährdungen

Nach § 322 Abs. 2 S. 3 HGB hat der APr. im BestV auf Risiken, die den Fortbestand des Unternehmens gefährden, gesondert einzugehen. Dies entspricht auch internationaler Übung[918]. 552

Bestandsgefährdende Risiken sind wie auch die sonstigen Risiken der künftigen Entwicklung von den gesetzlichen Vertretern **im LB** zutreffend **darzustellen** (§ 289 Abs. 1 HGB). Dies ist vom APr. nach § 317 Abs. 2 HGB zu prüfen. Im **Bestätigungsvermerk** sind hierzu **zwei Aussagen** zu treffen: Im Rahmen des Prüfungsurteils ist darauf einzugehen, ob die Risiken zutreffend dargestellt sind. Gesondert – im Anschluss an das Prüfungsurteil – sind diejenigen Risiken zu nennen, die den Fortbestand des Unternehmens gefährden. 553

Bei der Verpflichtung des APr., auf Bestandsrisiken des Unternehmens im BestV **gesondert** einzugehen, handelt es sich somit um eine **Hervorhebung** eines für das Unternehmen besonders bedeutsamen Sachverhaltes, außerhalb des Prüfungsurteils und ungeachtet dessen, dass dieser bereits im LB zutreffend dargestellt ist. Eine Einschränkung des BestV ist damit nicht verbunden. Der Gesetzgeber will damit eine Unterrichtung der Adressaten des BestV über eine evtl. Bestandsgefährdung des geprüften Unternehmens sicherstellen, selbst wenn dieser in der Rechnungslegung angemessen Rechnung getragen 554

---

914 Vgl. BeBiKo[8], § 325, Rn. 38, 103; so auch bereits zur Situation vor EHUG *ADS*[6], § 325, Tz. 91 unter Bezugnahme auf die damalige RegBegr. Nach Beschluss des LG Bonn v. 08.11.2010 (31 T 1103/09) verkörpert der Eingang der Daten bei dem Bundesanzeiger-Verlag den Zeitpunkt der Einreichung (a.a.O. Tz. 11, Satz 5).
915 Vgl. *IDW PS 400*, Tz. 98 f.
916 Hinsichtlich des Insolvenzeröffnungsgrunds Überschuldung ist die seit dem 18.10.2008 geltende Neufassung des § 19 Abs. 2 InsO durch das FMStG (Gesetz zur Umsetzung eines Maßnahmenpakets zur Stabilisierung des Finanzmarktes – Finanzmarktstabilisierungsgesetz), welche durch Gesetzesbeschluss vom 10./18.09.2009 (Gesetz zur Erleichterung der Sanierung von Unternehmen, BR-Drs. 718/09) bis zum 31.12.2013 verlängert worden ist, zu beachten.
917 Vgl. ADS[6], § 322, Tz. 202 m.w.N.
918 Vgl. *ISA 570.19 (a), ISA 706 App.1.*

2135

wurde und der BestV uneingeschränkt erteilt werden kann. Die Hinweispflicht des APr. dient dazu, die Adressaten des BestV auf die risikobegründenden Sachverhalte und Umstände und ihre Auswirkungen auf den Fortbestand des geprüften Unternehmens explizit aufmerksam zu machen.

555 Hinsichtlich der **Abgrenzung** bestandsgefährdender von sonstigen im LB darzustellenden Risiken, des Zusammenhangs einer Bestandsgefährdung mit der Einschätzung der Ansatz- und Bewertungsannahme der Unternehmensfortführung sowie der zu beachtenden Bezugszeiträume, vgl. insb. ADS^6, § 252, Tz. 23 und § 322, Tz. 183.

556 Sind die Annahme der Fortführung der Unternehmenstätigkeit und die Berichterstattung im Lagebericht angemessen, besteht aber gleichwohl eine **erhebliche Unsicherheit über die Fortführung der Unternehmenstätigkeit**, kann ein uneingeschränkter BestV erteilt werden, der um einen Hinweis nach § 322 Abs. 2 S. 3 HGB zu ergänzen ist[919]. Für die Beurteilung gelten die unter Tz. 534 dargestellten Grundsätze.

557 Voraussetzung für einen uneingeschränkten BestV ist insb., dass

 – im LB sowohl die bestandsgefährdenden Tatsachen angemessen dargestellt sind, als auch die Pläne, damit umzugehen, sowie

 – dass aus dem LB klar hervorgeht, dass die dargestellten bestandsgefährdenden Tatsachen eine erhebliche Unsicherheit über die Fortführung des Unternehmens erkennen lassen[920].

558 Eine **erhebliche Unsicherheit** mit der Folge einer Hinweispflicht im BestV ist anzunehmen, wenn nach der Beurteilung des APr. die mögliche Auswirkung von Risiken der Unternehmensfortführung so erheblich ist, dass eine klare Offenlegung von Art und Auswirkung der Bestandsgefährdung erforderlich ist, damit der aufgestellte JA nicht irreführend ist[921]. Ist die Annahme über die Fortführung der Unternehmenstätigkeit nach Einschätzung des APr. nicht zutreffend und der JA gleichwohl unter der Annahme der Unternehmensfortführung aufgestellt, hat der APr. einen Versagungsvermerk zu erteilen[922].

559 Eine wesentliche Verzögerung der Aufstellung des JA kann auf Ereignisse und Verhältnisse zurückzuführen sein, die Zweifel an der Fortführung der Unternehmenstätigkeit aufwerfen und eine Klärung erfordern, ob Konsequenzen für den BestV zu ziehen sind[923].

560 Der APr. genügt seiner Verpflichtung, wenn er auf die **Art des bestehenden Risikos** und dessen Darstellung im LB hinweist[924]. Eine ausführliche Beschreibung der Risiken ist im Interesse der Verkehrsfähigkeit des BestV zu vermeiden[925]. I.d.R. wird eine **schlagwortartige Darstellung** ausreichend sein. Der Hinweis ist im Anschluss an das Prüfungsurteil in einen **gesonderten Abschnitt** des BestV aufzunehmen. Die **Formulierung** kann beispielhaft sein[926]:

919 Vgl. *IDW PS 270*, Tz. 36.
920 Vgl. *IDW PS 270*, Tz. 34.
921 Vgl. *IDW PS 270*, Tz. 35.
922 Vgl. *IDW PS 270*, Tz. 41. Vgl. Tz. 519.
923 Vgl. *IDW PS 270*, Tz. 45.
924 Vgl. *IDW PS 400*, Tz. 77.
925 Gl.A. ADS^6, § 322, Tz. 188.
926 Vgl. *IDW PS 400*, Tz. 77.

„Ohne diese Beurteilung einzuschränken, weise ich/weisen wir auf die Ausführungen im Lagebericht hin. Dort ist in Abschnitt ... ausgeführt, dass der Fortbestand der Gesellschaft aufgrund angespannter Liquidität bedroht ist."

Im Falle einer Aufstellung des JA **unter Abkehr vom Grundsatz der Unternehmens-** 561 **fortführung** und angemessener Berichterstattung im Anh. und im LB ist in dem gesonderten Hinweis auf die Bestandsgefährdung gem. § 322 Abs. 2 S. 3 HGB unter Bezugnahme auf die Darstellung im Anh. und im LB darauf hinzuweisen, dass der JA in Abkehr vom Grundsatz der Fortführung der Unternehmenstätigkeit aufgestellt wurde[927].

Der Hinweis bedeutet **keine Einschränkung** des BestV, also ersetzt er nicht eine ggf. 562 aufgrund einer unzutreffenden Risikodarstellung im JA oder LB gebotene Einschränkung des BestV oder Erteilung eines Versagungsvermerks[928].

Wird die Gefährdung des Fortbestands der Gesellschaft im **LB nicht dargestellt**, hat der 563 APr. im BestV die von ihm im Rahmen der Prüfung festgestellten Bestandsrisiken und ihre möglichen Auswirkungen anzugeben[929]. In diesem Fall ist der BestV einzuschränken, da die Gesetzmäßigkeit des LB – und bei unzutreffender Bewertungsannahme der Unternehmensfortführung ggf. auch die des JA – insoweit nicht gegeben ist[930].

Wird im **Lagebericht** zwar über bestandsgefährdende Risiken berichtet, werden diese 564 aber nicht deutlich und unter Nennung der Gründe bzw. Anhaltspunkte dargestellt, und wird durch die Darstellungsform und Wortwahl ein irreführendes Bild der tatsächlichen Verhältnisse vermittelt, so dass die **Bestandsgefährdung** der Gesellschaft **nicht erkennbar** wird[931], genügt die Lagedarstellung ebenfalls nicht den Anforderungen des § 289 Abs. 1 HGB. Auch in diesem Fall sind die bestehenden Risiken und ihre möglichen Auswirkungen vom APr. anzugeben und ist der BestV einzuschränken[932].

Hat die Gesellschaft **zulässigerweise keinen Lagebericht aufgestellt** (z.B. eine kleine 565 KapGes. i.S.v. § 267 Abs. 1 HGB), fehlt ein wesentlicher Bezugspunkt für die Hervorhebung eines evtl. Bestandsrisikos im BestV. In diesem Fall ist der APr. nicht verpflichtet, auf bestehende bestandsgefährdende Risiken hinzuweisen[933]. Es kann nicht Aufgabe des APr. sein, Informationen ersatzweise zu geben, die nach der Entscheidung des Gesetzgebers – keine Verpflichtung zur Aufstellung eines LB – die gesetzlichen Vertreter des Unternehmens nicht zu geben haben[934] (zu den Auswirkungen auf den PrB vgl. Tz. 103).

c) Erteilung des Bestätigungsvermerks/Versagungsvermerks

Der BestV oder der Versagungsvermerk ist unabhängig vom PrB und zeitgleich mit die- 566 sem zu erteilen. Da der BestV nur zusammen mit dem JA und LB, zu denen er erteilt wurde, Bedeutung erlangt, ist er auf dem JA anzubringen oder mit diesem und ggf. dem LB fest zu verbinden[935]. Üblich ist es, den geprüften JA und LB zu einem sog. **Testatsexemplar** zu binden und den unterzeichneten BestV am Ende des JA anzubringen oder auf

---

927 Vgl. *IDW PS 270*, Tz. 40.
928 Vgl. *IDW PS 400*, Tz. 77.
929 Vgl. *IDW PS 400*, Tz. 78.
930 Vgl. BeBiKo[8], § 322, Rn. 29.
931 Vgl. *IDW PS 350*, Tz. 36.
932 Vgl. *IDW PS 400*, Tz. 78; vgl. zur Einschränkung Tz. 488, *IDW PS 270*, Tz. 39.
933 Vgl. *IDW PS 400*, Tz. 79.
934 Vgl. ADS[6], § 322, Tz. 196.
935 Vgl. *IDW PS 400*, Tz. 80, *IDW PH 9.450.2*, Tz. 3, ADS[6], § 322, Tz. 334.

einem gesonderten Blatt mit einzubinden. Der BestV kann auch auf dem in die Anlagen zum PrB aufgenommenen JA erteilt werden[936].

567 Gem. § 322 Abs. 7 HGB hat der APr. den BestV oder den Vermerk über seine Versagung unter Angabe von Ort und Tag zu unterzeichnen. Die Angabe von Ort und Tag erfolgt üblicherweise unter dem Text des BestV, aber über den Unterschriften und dem Siegel.

568 Der **Ort** der Erteilung des BestV sollte üblicherweise der Ort der beruflichen Niederlassung des APr. sein, von dem aus er seine berufliche Tätigkeit ausübt bzw. bei einer WPG der Sitz der Gesellschaft bzw. der Niederlassung der WPG, die die Verantwortung für den Prüfungsauftrag hat[937]. Dies gilt z.B. auch dann, wenn der APr. die Unterzeichnung des BestV ausnahmsweise in den Geschäftsräumen des geprüften Unternehmens vornimmt[938].

569 Als **Datum** des BestV ist der Tag zu wählen, an dem die Prüfung des JA und ggf. des LB materiell abgeschlossen ist (z.B. Tag der Schlussbesprechung) und eine zeitnahe VollstE vorliegt. Dieses Datum dokumentiert den für den APr. maßgeblichen Zeitpunkt, zu dem die Beurteilung abgeschlossen wurde (Beurteilungszeitpunkt)[939]. Da der APr. den von den gesetzlichen Vertretern aufgestellten JA und ggf. LB in seiner endgültigen Fassung zu beurteilen hat, kann das Datum des BestV nicht vor dem Zeitpunkt liegen, an dem die Aufstellungsphase des JA und ggf. des LB beendet ist[940]. Grds. sollten die Datierung des PrB und des BestV übereinstimmen[941].

570 Der BestV ist auch in den **Prüfungsbericht aufzunehmen** (§ 322 Abs. 7 S. 2 HGB)[942]. Wird der BestV oder der PrB erst nach der Datierung des BestV ausgeliefert, berührt dies nicht das Datum des BestV[943]. Liegt allerdings zwischen dem Datum des BestV und seiner Auslieferung ein längerer Zeitraum oder war auch bei einem kürzeren Zeitraum das Eintreten wesentlicher Ereignisse zu erwarten, so hat der APr. vor der Auslieferung mit den gesetzlichen Vertretern zu klären, ob **zwischenzeitliche Ereignisse** und Entwicklungen die Aussage des BestV über die Abschlussprüfung berühren[944].

571 Ist ein WP persönlich zum APr. (Einzelwirtschaftsprüfer) bestellt, so hat er den BestV **eigenhändig** zu **unterzeichnen** (§ 126 Abs. 1 BGB)[945]. Mechanische, faksimilierte oder gescannte Unterschriften sind nicht ausreichend[946]. Der beauftragte WP kann sich nicht durch einen Anderen (WP oder Nicht-WP) vertreten lassen. Ist der APr. verhindert, den BestV rechtzeitig zu unterzeichnen (z.B. infolge schwerer Krankheit) und ist kein neuer WP gewählt, so muss ein anderer WP auf Antrag vom Gericht zum APr. bestellt werden (§ 318 Abs. 4 HGB). Ist eine **WPG** zum APr. bestellt, so kann die Unterschrift nur durch vertretungsberechtigte Personen, die zugleich WP oder – bei der Prüfung von mittelgroßen GmbH – vBP sind, erfolgen (§ 32 WPO).

---

[936] Vgl. *IDW PH 9.450.2*, Tz. 3.
[937] Vgl. *IDW PS 400*, Tz. 83.
[938] Vgl. ADS⁶, § 322, Tz. 344.
[939] Vgl. *IDW PS 400*, Tz. 81.
[940] Vgl. *IDW PS 400*, Tz. 81.
[941] Vgl. *IDW PS 450*, Tz. 116.
[942] Vgl. auch Tz. 276 und *IDW PH 9.450.2*.
[943] Vgl. *IDW PS 400*, Tz. 82.
[944] Vgl. *IDW PS 400*, Tz. 82.
[945] Vgl. *IDW PS 400*, Tz. 84.
[946] Vgl. auch ADS⁶, § 322, Tz. 335.

Sind mehrere WP oder WPG zum gesetzlichen APr. bestellt (**Gemeinschaftsprüfer**) und 572
verständigen sie sich auf ein einheitliches Gesamturteil, werden sie den in diesem Fall im
Wortlaut nur einmal wiederzugebenden BestV i.d.R. gemeinsam unterzeichnen[947]. Können sich die Gemeinschaftsprüfer hingegen ausnahmsweise nicht auf ein einheitliches
Gesamturteil verständigen, so hat jeder Gemeinschaftsprüfer sein Prüfungsurteil grds. in
einem eigenen BestV zum Ausdruck zu bringen[948]. In den jeweiligen BestV ist im
Anschluss an das Prüfungsurteil, in einem gesonderten Absatz, auf die abweichenden
Ergebnisse der anderen beteiligten Prüfer hinzuweisen[949]. Alle Vermerke sind nach
§§ 325 ff. HGB offenzulegen, da die Gemeinschaftsprüfer sämtlich die Stellung gesetzlicher APr. haben[950].

Ist eine **Sozietät** zum APr. bestellt, so haben alle WP, die zum Zeitpunkt der Wahl der 573
Sozietät als Sozien angehören, den BestV zu unterzeichnen und zu siegeln, es sei denn, im
Wahlbeschluss ist ein bestimmter WP-Sozius als APr. festgelegt[951]. Es empfiehlt sich
deshalb, ggf. nur einen der Partner einer Sozietät zu bestellen.

Nach § 18 Abs. 1 WPO haben WP im beruflichen Verkehr die **Berufsbezeichnung** 574
„Wirtschaftsprüfer" zu führen (Frauen können die Berufsbezeichnung „Wirtschaftsprüferin" führen). Dem Namen des unterzeichnenden WP ist daher diese Berufsbezeichnung, ohne Verwendung anderer Berufsbezeichnungen, hinzuzufügen[952].

WP und WPG haben als APr. den BestV mit einem **Berufssiegel** zu versehen (§ 48 Abs. 1 575
S. 1 WPO) [953]. Bei freiwillig beauftragten Abschlussprüfungen kann das Berufssiegel
nach § 48 Abs. 1 S. 2 WPO geführt werden. Das Fehlen eines Siegels unter dem BestV
führt jedoch nicht zu handelsrechtlichen Konsequenzen.

Sind nach § 319 Abs. 1 S. 2 HGB zum APr. für den JA einer mittelgroßen GmbH ein **vBP** 576
oder eine **BPG** bestellt, so ist der BestV durch den vBP bzw. von einem zur Vertretung der
BPG berechtigten vBP zu unterzeichnen. Dies gilt nach § 32 WPO auch, wenn ein vBP
vertretungsberechtigt bei einer zum APr. einer mittelgroßen GmbH bestellten WPG ist.
Die Berufsbezeichnung „vereidigter Buchprüfer" (bzw. „vereidigte Buchprüferin") ist bei
der Erteilung des BestV jeweils dem Namen des Unterzeichnenden beizufügen (§ 128
Abs. 2 WPO).

Der im PrB wiederzugebende BestV (§ 322 Abs. 7 S. 2 HGB) wird neben der Unter- 577
zeichnung des PrB nicht nochmals unterzeichnet. Der Vermerk ist unter Angabe von Ort,
Datum und Namen des bzw. der unterzeichnenden WP in den PrB aufzunehmen[954] (vgl.
hierzu auch Tz. 276).

Die Grundsätze für die Erteilung des BestV gelten auch für die Erteilung von **Ver-** 578
sagungsvermerken[955].

---

947 Vgl. *IDW PS 208*, Tz. 28.
948 Vgl. *IDW PS 208*, Tz. 29.
949 Vgl. *IDW PS 208*, Tz. 29; vgl. auch Tz. 548.
950 Vgl. ADS[6], § 318, Tz. 69.
951 Vgl. *IDW PS 208*, Tz. 7.
952 Vgl. *IDW PS 400*, Tz. 85.
953 Vgl. *IDW PS 400*, Tz. 86.
954 Vgl. *IDW PS 450*, Tz. 109.
955 Vgl. *IDW PS 400*, Tz. 87.

d) Sonderfälle von Bestätigungsvermerken bei Abschlussprüfungen
aa) Bedingte Erteilung von Bestätigungsvermerken
(1) Voraussetzung und Auswirkungen

579 Ein BestV kann unter einer **aufschiebenden Bedingung**[956] erteilt werden, wenn in dem geprüften Abschluss bereits ein Sachverhalt berücksichtigt wurde, der erst nach Abschluss der Prüfung wirksam wird, aber nach dem Eintritt der Voraussetzung für seine Wirksamkeit nach den Grundsätzen des Stichtagsprinzips (§ 252 Abs. 1 Nr. 4 HGB) auf den geprüften Abschluss zurückwirkt[957].

580 Nicht zulässig ist es, den BestV unter einer aufschiebenden Bedingung zu erteilen, wenn der JA unzulässigerweise Auswirkungen zukünftiger Ereignisse berücksichtigt, die auch nach ihrem Eintritt nicht auf den geprüften Abschluss zurückwirken (z.b. wenn die Passivierung einer Verbindlichkeit unterlassen wurde, für die erst im neuen GJ ein wirksamer Forderungsverzicht erklärt wurde)[958]. Da in diesem Fall durch den Eintritt des Ereignisses im neuen GJ ein Mangel des geprüften Abschlusses nicht beseitigt wird, ist der BestV nach den oben dargestellten Grundsätzen einzuschränken.

581 Das früher geübte Vorgehen, beide Alternativen als bedingende Zusätze („Vorbehalte") anzusehen und in den Wortlaut des formelhaften BestV i.S.v. § 322 Abs. 2 S. 1 HGB a.F. (vor dem Inkrafttreten des KonTraG) aufzunehmen[959], ist nicht mehr akzeptabel. Vielmehr sind beide Gestaltungen rechtssystematisch streng voneinander zu trennen. Bei Berücksichtigung von noch nicht wirksamen Ereignissen im JA ist die Erteilung eines uneingeschränkten BestV auch unter Beifügung eines verbalen Vorbehalts nicht zulässig. Ein wirksamer BestV kann in einem solchen Fall nur erteilt werden, wenn er entsprechend eingeschränkt wird[960].

582 Das Verfahren der Erteilung des BestV unter einer aufschiebenden Bedingung kann nicht unterschiedslos auf alle Ereignisse mit wertaufhellendem Charakter oder nur auf bestimmte, insb. günstige, Umstände und damit unter selektiver Verlängerung des Wertaufhellungszeitraums angewendet werden[961]. Ein BestV kann daher nur dann unter aufschiebender Bedingung erteilt werden, wenn die zum Abschluss der Prüfung noch nicht erfüllte Bedingung in einem **formgebundenen Verfahren** inhaltlich bereits festgelegt ist und es zur rechtlichen Verwirklichung lediglich noch der Beschlussfassung von Organen oder anderer rein formeller Akte (z.B. einer registergerichtlichen Eintragung) bedarf und wenn die anstehende Erfüllung der Voraussetzung mit an Sicherheit grenzender Wahrscheinlichkeit erwartet werden kann[962].

583 Die Erteilung eines BestV unter einer aufschiebenden Bedingung bewirkt, dass die Erteilung (als Rechtsgeschäft) **schwebend unwirksam** ist[963], mit der Folge, dass der BestV

---

956 Die Erteilung unter einer *auflösenden* Bedingung (d.h. nachträglicher Wegfall der Wirksamkeit) ist aufgrund der Rechtsfolgewirkung des erteilten BestV für die Feststellung des JA und im Hinblick auf das öffentliche Interesse an der Verlässlichkeit des BestV als nicht zulässig anzusehen. Vgl. ADS[6], § 322, Tz. 50.
957 Vgl. *IDW PS 400*, Tz. 98; BeBiKo[8], § 322, Rn. 180. Die Erteilung eines Bestätigungsvermerks unter einer aufschiebenden Bedingung steht nicht in Widerspruch zu *ISA 700 ff.*; denn dabei handelt es sich ausschließlich um eine Frage des deutschen Zivilrechts in Bezug auf den Zeitpunkt der Wirksamkeit einer Willenserklärung. Es handelt sich auch nicht um einen Fall von *ISA 705.A22*, da die Bedingung nicht im Bestätigungsvermerk selbst formuliert, sondern diesem gem. *IDW PS 400*, Tz. 101 unmittelbar vorangestellt wird.
958 Vgl. *IDW PS 400*, Tz. 102; BeBiKo[8], § 322, Rn. 185.
959 Vgl. hierzu noch WP Handbuch 1996, Bd. I, Kap. O, Tz. 349.
960 Vgl. ADS[6], § 322, Tz. 68.
961 Vgl. ADS[6], § 322, Tz. 55.
962 Vgl. *IDW PS 400*, Tz. 99; BeBiKo[8], § 322, Rn. 180.
963 Vgl. ADS[6], § 322, Tz. 51.

als noch nicht erteilt, der entsprechende JA also als noch nicht geprüft gilt. Erst mit dem Eintritt der Bedingung wird der BestV wirksam[964], was bei den anstehenden Beschlüssen, insb. zur Feststellung des JA, zu beachten ist.

Der **Nachweis** des Eintritts der Bedingung ist durch die geprüfte Gesellschaft zu führen. Der APr. ist nicht verpflichtet, den Eintritt der Bedingung zu prüfen und zu bestätigen, jedoch sollte nach Eintritt der Bedingung die Verwendung des BestV ohne die Bedingung mit dem APr. abgestimmt werden. Erkennt dieser, dass die Voraussetzungen für die Verwendung des BestV ohne die Bedingung noch nicht vorliegen, hat er der Verwendung des BestV ohne die Bedingung zu widersprechen[965].   584

Die aufschiebende Bedingung ist im Wortlaut unmittelbar dem Text des BestV, also **dessen Überschrift,** voranzustellen[966].   585

(2) Anwendungsbeispiele

(a) Kapitaländerung im Zusammenhang mit Sanierungen

Aufschiebende Bedingungen sind bei **Sanierungsbilanzen** von AG oder GmbH erforderlich, wenn die im JA berücksichtigten Sanierungsmaßnahmen (z.B. vereinfachte Kapitalherabsetzung nach § 234 Abs. 1 AktG, § 58e Abs. 1 GmbHG und gleichzeitige Kapitalerhöhung nach § 235 Abs. 1 S. 1 AktG, § 58f Abs. 1 S. 1 GmbHG) noch der Beschlussfassung durch die HV/Gesellschafterversammlung und der fristgemäßen Eintragung in das Handelsregister bedürfen.   586

Der BestV ist in einem solchen Fall unter einer aufschiebenden Bedingung zu erteilen, die z.B. wie folgt **formuliert** werden kann[967]:   587

„Unter der Bedingung, dass die beschlossene, im Jahresabschluss berücksichtigte, vereinfachte Kapitalherabsetzung mit anschließender Kapitalerhöhung im Handelsregister eingetragen wird, erteile ich/erteilen wir den nachstehenden Bestätigungsvermerk:

Bestätigungsvermerk des Abschlussprüfers

..."

(b) Ausstehende Feststellung des Vorjahresabschlusses

Wurde der Vorjahresabschluss **noch nicht festgestellt,** steht die Feststellung jedoch an, kann der BestV u.U. unter einer aufschiebenden Bedingung erteilt werden[968]. Es besteht nämlich rechtliche Unsicherheit über Bestand oder Änderung der im Vorjahresabschluss enthaltenen Zahlen mit der Folge einer evtl. Änderung nach dem Grundsatz der Bilanzidentität durch Anpassung der Eröffnungsbilanzzahlen für den geprüften JA[969]. Dieser Unsicherheit kann durch eine aufschiebende Bedingung zum BestV des laufenden JA nach folgendem Beispiel Rechnung getragen werden: 588

„Unter der Bedingung, dass der Jahresabschluss zum ... [Datum] in der Fassung festgestellt wird, die diesem Jahresabschluss zugrunde gelegt worden ist, erteile ich/erteilen wir den nachstehenden Bestätigungsvermerk:

---

964 Vgl. *IDW PS 400,* Tz. 100.
965 Vgl. *IDW PS 400,* Tz. 100.
966 Vgl. *IDW PS 400,* Tz. 101; BeBiKo[8], § 322, Rn. 184.
967 Vgl. *IDW PS 400,* Tz. 101.
968 Vgl. *IDW PS 400,* Tz. 99.
969 Vgl. ADS[6], § 322, Tz. 57.

Bestätigungsvermerk des Abschlussprüfers

..."

589 Eine Bedingung ist dann **nicht erforderlich**, wenn mit **hinreichender Sicherheit** davon ausgegangen werden kann, dass der noch nicht festgestellte Vorjahresabschluss ohne Feststellung beibehalten werden soll[970]. Die Unsicherheit, dass ein Vorjahresabschluss geändert wird, besteht auch nach Feststellung; dann ist jedoch die Wahrscheinlichkeit höher, dass keine Änderung erfolgt. Wenn keine Anzeichen dafür bestehen, dass der noch nicht festgestellte Vorjahresabschluss nicht beibehalten werden soll, ist es sachgerecht, den BestV ohne Bedingung zu erteilen[971]. Nach ADS erfolgt durch die Feststellung des laufenden JA konkludent auch die Feststellung des Vorjahresabschlusses; es besteht danach auch Rechtssicherheit für den Vorjahresabschluss[972].

590 Werden **mehrere JA in Folge geändert**[973], die bereits in der bisherigen Fassung wirksam festgestellt worden waren, hängt die Richtigkeit der geänderten Folgeabschlüsse davon ab, dass die Änderung des jeweiligen Vorjahresabschlusses rechtswirksam durchgeführt wird. Uneingeschränkte BestV können hier nur unter aufschiebender Bedingung erteilt werden.

(c) Maßnahmen zur Sicherung des Fortbestands

591 Wie in Tz. 526 ausgeführt, ermöglicht das Verfahren der bedingten Erteilung des BestV nicht, wertbegründende Vorgänge (z.B. Forderungsverzichte) des neuen GJ in das alte GJ zurückzubeziehen. Davon zu unterscheiden jedoch sind Sanierungsmaßnahmen im neuen GJ, die nicht unmittelbar in den geprüften JA eingehen sollen, sondern Voraussetzung für eine Bilanzierung unter der Annahme der Unternehmensfortführung sind[974]. Ist die Fortführung des Unternehmens nur bei Durchführung bestimmter Maßnahmen im neuen GJ als gesichert anzusehen, so ist gegen die Bilanzierung unter der Fortbestandsannahme nur dann keine Einwendung zu erheben, wenn die Maßnahmen bis zur Erteilung des BestV durchgeführt werden. Ist dies nicht der Fall, ist der BestV einzuschränken oder ein Versagungsvermerk zu erteilen; ansonsten kann noch eine sog. Ankündigung des BestV[975] erfolgen, wenn der Zeitpunkt, bis zu dem die Maßnahme zustande kommt, konkret abzusehen ist. Die Erteilung eines BestV unter einer aufschiebenden Bedingung kommt in solchen Fällen ausnahmsweise dann in Betracht, wenn der Inhalt der Sanierungsmaßnahme feststeht und deren Rechtswirksamkeit nur noch von der Erfüllung formaler Voraussetzungen abhängt[976].

bb) Tatsachen nach Erteilung des Bestätigungsvermerks
(1) Erforderliche Maßnahmen

592 Nach Auslieferung des BestV hat der APr. keine Verpflichtung, den geprüften Abschluss und LB weiter zu verfolgen[977]. Werden dem APr. jedoch nach diesem Zeitpunkt Tatsachen bekannt, die bereits zu diesem Zeitpunkt bestanden, Auswirkungen auf den geprüften JA

---

[970] Vgl. *IDW PS 400*, Tz. 99.
[971] Vgl. ADS⁶, § 322, Tz. 58.
[972] Vgl. ADS⁶, § 322, Tz. 58. Zur Frage der *Konsequenzen unterlassener Pflichtprüfungen für die Prüfung des Folgeabschlusses* siehe ausführlich die hierzu von der Geschäftsstelle des IDW im Mai 2002 veröffentlichte gleichlautende Fachstellungnahme.
[973] Zu weiteren Ausführungen und Formulierungsvorschlägen zu diesen Fällen vgl. ADS⁶, § 322, Tz. 59.
[974] Vgl. ADS⁶, § 322, Tz. 64.
[975] Vgl. *IDW PS 400*, Tz. 103 i.V.m. Tz. 14.
[976] Vgl. *IDW PS 400*, Tz. 103.
[977] Vgl. *IDW PS 400*, Tz. 104, 16.

bzw. LB gehabt hätten und die zweifelsfrei zur Erteilung eines eingeschränkten BestV oder Versagungsvermerks geführt hätten, hat der APr. das Unternehmen zu veranlassen, den **Abschluss zu ändern**. Folgt das Unternehmen dieser Änderungsanregung oder ändert es den geprüften Abschluss aus eigener Erkenntnis, erfordert die Bilanzänderung eine **Nachtragsprüfung**[978].

Kommt der APr. zu der gesicherten Erkenntnis, dass der Abschluss zu ändern ist und ist 593 das Unternehmen nicht zu einer Bilanzänderung bereit oder besteht die Gefahr, dass diejenigen, die von dem BestV Kenntnis erlangt haben, die neuen Informationen verspätet erhalten, ist ein **Widerruf** des BestV in Betracht zu ziehen[979].

Entsprechende Maßnahmen sind geboten, wenn der APr. **nach Erteilung** des BestV er- 594 kennt, dass wesentliche Unstimmigkeiten zwischen dem zu prüfenden JA bzw. LB und den zusätzlichen Informationen, die vom Unternehmen zusammen mit dem JA und LB veröffentlicht werden, bestehen. Beruhen die Unstimmigkeiten auf einem in wesentlichen Punkten unrichtigen JA oder LB, sind die entsprechenden Änderungen durch das Unternehmen vorzunehmen und einer Nachtragsprüfung zu unterziehen. Unterbleiben diese Änderungen, ist der APr. grds. verpflichtet, den BestV zu widerrufen[980].

(2) Bestätigungsvermerk bei Nachtragsprüfungen

Werden der geprüfte JA oder LB nach Vorlage des PrB an die gesetzlichen Berichtsemp- 595 fänger materiell oder formell geändert, so sind die betreffenden Unterlagen gem. § 316 Abs. 3 S. 1 HGB vom bestellten APr. erneut zu prüfen, „soweit es die Änderung erfordert". Unter Änderung in diesem Sinne ist jede Veränderung von Inhalt und Form eines JA bzw. LB zu verstehen, mit Ausnahme des Korrigierens eindeutiger Schreibversehen ohne inhaltliche Bedeutung[981]. Ohne erneute Prüfung kann der JA in der geänderten Fassung nicht festgestellt werden. Dies gilt auch für JA, die erst nach ihrer Feststellung geändert werden.

Über die Nachtragsprüfung ist schriftlich zu berichten (vgl. Tz. 309).

Nach § 316 Abs. 3 HGB bleibt der **Bestätigungsvermerk** im Fall der Nachtragsprüfung grds. wirksam und ist erforderlichenfalls entsprechend zu ergänzen.

Nach dem Gesetzeswortlaut ist der BestV **„entsprechend" zu ergänzen** (§ 316 Abs. 3 596 S. 2 Hs. 2 HGB). Damit soll praktischen Bedürfnissen entsprochen werden[982]. Das Gesetz regelt weder die Form der Ergänzung noch, ob diese stets erforderlich ist oder nur dann, wenn das Ergebnis der Nachtragsprüfung dies erforderlich macht[983]. Als Ergänzung i.S.v. § 316 Abs. 3 S. 2 Hs. 2 HGB kommt dabei jedwede vom APr. für erforderlich gehaltene Änderung des zunächst erteilten Bestätigungs- bzw. Versagungsvermerks in Betracht[984].

Führt die Nachtragsprüfung zu dem Ergebnis, dass der ursprünglich erteilte **uneinge-** 597 **schränkte Bestätigungsvermerk unverändert** aufrechterhalten werden kann, bleibt das Prüfungsurteil nicht nur in seiner inhaltlichen Aussage, sondern auch in seiner Formulierung unverändert. Es ist allerdings grds. erforderlich, das Prüfungsurteil um einen **ge-**

---

978 Vgl. *IDW PS 400*, Tz. 104; vgl. auch Tz. 595.
979 Vgl. *IDW PS 400*, Tz. 104; vgl. auch Tz. 608.
980 Vgl. *IDW PS 202*, Tz. 17, 18.
981 Vgl. *IDW RS HFA 6*, Tz. 2; ADS[6], § 316, Tz. 65; *Erle*, S. 231.
982 Vgl. BT-Drs. 10/317, S. 95 zu § 275 HGB-E.
983 Vgl. ADS[6], § 316, Tz. 71.
984 Vgl. ADS[6], § 316, Tz. 73.

2143

sonderten Abschnitt zu ergänzen, um deutlich zu machen, dass sich der uneingeschränkte BestV auf einen geänderten JA bezieht[985]. In dem gesonderten Absatz ist – möglichst unter Hinweis auf die Berichterstattung des Unternehmens – schlagwortartig anzugeben, auf welchen Gegenstand (z.B. geänderte Posten bzw. Angaben) sich die Änderung bezieht. Ggf. ist auch zum Ausdruck zu bringen, dass sich aus der Prüfung der Änderungen keine Einwendungen ergeben haben. Für diesen gesonderten Absatz am Ende des BestV vor Angabe von Ort und Datum wird die folgende **Formulierung** empfohlen[986]:

„Diese Bestätigung erteile ich/erteilen wir aufgrund meiner/unserer pflichtgemäßen, am ... [Datum] abgeschlossenen Abschlussprüfung und meiner/unserer Nachtragsprüfung, die sich auf die Änderung des/der ... (geänderte Posten bzw. Angaben) bezog. Auf die Begründung der Änderung durch die Gesellschaft im geänderten Anhang, Abschnitt ..., wird verwiesen. Die Nachtragsprüfung hat zu keinen Einwendungen geführt."

598 Liegen die Beendigung der ursprünglichen Abschlussprüfung und der Nachtragsprüfung zeitlich dicht beieinander und wurde der JA noch vor seiner Feststellung geändert, ist die Ergänzung des Prüfungsurteils um einen gesonderten Absatz zum Hinweis auf die Nachtragsprüfung ausnahmsweise nicht erforderlich[987].

599 Änderungen von JA oder LB nach Erteilung des BestV haben immer dann Auswirkungen auf das Prüfungsurteil des bereits erteilten BestV (§ 316 Abs. 3 S. 2 2. Hs. HGB), wenn durch die Änderung **ursprüngliche Mängel** des Abschlusses in seiner bisherigen Fassung **beseitigt oder neue Mängel begründet** werden[988]. Über die daraus folgende Modifizierung des Prüfungsurteils hat der APr. aufgrund des Ergebnisses der Nachtragsprüfung nach den allgemeinen Grundsätzen für die Erteilung oder Versagung des BestV zu entscheiden. Wird es in diesen Fällen erforderlich, das Prüfungsurteil – in Bezug auf die durch die Änderung betroffenen Teilaussagen – neu zu formulieren, ist eine aufgrund der nachträglichen Änderung erfolgende Einschränkung oder Versagung des BestV als solche zu bezeichnen. Darüber hinaus ist das Prüfungsurteil um einen gesonderten Absatz mit einem Hinweis auf die Änderung zu ergänzen[989].

600 Wird die Feststellung des JA der **HV** überlassen (§ 173 AktG) und **ändert** diese den Abschluss, ist ebenfalls eine Nachtragsprüfung erforderlich. Wird nicht binnen zwei Wochen seit Beschlussfassung ein hinsichtlich der Änderungen uneingeschränkter BestV erteilt, wird der von der HV festgestellte JA nichtig (§ 173 Abs. 3 S. 2 AktG). Da es in diesem Fall darauf ankommt, ob sich bei einer Einschränkung des BestV die Beanstandungen gegen die ursprüngliche Fassung des JA oder gegen den geänderten JA richten, ist eine gesonderte Aussage zum Ergebnis der Nachtragsprüfung im BestV zwingend erforderlich[990]. Diese ist, wie in der Beispielformulierung der Tz. 597 dargestellt, in den ergänzenden Absatz zur Nachtragsprüfung aufzunehmen und könnte wie folgt lauten:

„Die Nachtragsprüfung hat zu keinen Einwendungen geführt."

bzw.

---
985 Vgl. *IDW PS 400*, Tz. 108; gl.A. ADS⁶, § 316, Tz. 73b.
986 Vgl. *IDW PS 400*, Tz. 108; ADS⁶, § 316, Tz. 73c.
987 Vgl. *IDW PS 400*, Tz. 108; ebenso ADS⁶, § 316, Tz. 73d m.w.N.
988 Vgl. *IDW PS 400*, Tz. 109.
989 Vgl. *IDW PS 400*, Tz. 109.
990 Vgl. ADS⁶, § 316, Tz. 73e. Ebenso BeBiKo⁸, § 322, Rn. 12, 162.

"Die Einschränkung bezieht sich auf eine Änderung, die Gegenstand der Nachtragsprüfung war."

Auch im Falle eines insgesamt und damit auch hinsichtlich der Änderungen uneingeschränkten Prüfungsurteils sollte im Interesse der Klarheit in dem ergänzenden Absatz zum Ausdruck gebracht werden, dass die Nachtragsprüfung keine Einwendungen ergeben hat[991]. Die Ausführungen zu § 173 Abs. 3 AktG gelten analog bei einer Änderung des JA durch die Gesellschafterversammlung einer GmbH[992]. **601**

Bei der Unterzeichnung des BestV im Fall der Nachtragsprüfung ist ein **Doppeldatum** zu verwenden: das Datum der Beendigung der ursprünglichen Abschlussprüfung und das Datum der Beendigung der Nachtragsprüfung[993]. Dies gilt nicht nur, wenn das Prüfungsurteil nicht um einen gesonderten Absatz ergänzt wird, im BestV selbst also nicht auf die Nachtragsprüfung hingewiesen wird, sondern auch dann, wenn das Datum der Beendigung der ursprünglichen Prüfung bereits in dem ergänzenden Absatz des Prüfungsurteils genannt ist (vgl. Tz. 597)[994]. **602**

Bei der Unterzeichnung des BestV im Fall der Nachtragsprüfung von Abschlüssen für Berichtszeiträume, die am oder nach dem 15.12.2009 begonnen haben, ist bei der zweiten Datumsangabe darzustellen, auf welche Änderung des ursprünglichen Abschlusses sich das zweite Datum bezieht[995].

Ist der ursprüngliche APr. zwischenzeitlich aus dem Berufsstand ausgeschieden, so erfolgt analog § 318 Abs. 4 S. 2 HGB grds. eine **gerichtliche Bestellung des Nachtragsprüfers**[996]. **603**

Ist keine Einzelperson zum APr. bestellt worden, sondern eine WPG i.S.v. § 27 WPO und ist der ursprünglich unterzeichnende WP ausgeschieden[997], besteht die WP-Praxis als rechtswirksam bestellter APr. weiterhin. In diesem Fall kommt es lediglich zu einem Wechsel in der Person des den BestV für die WP-Praxis unterzeichnenden WP. Aufgrund der mit der Zeichnung eines BestV für den zeichnenden WP verbundenen rechtlichen Folgen sollte in solchen Fällen verdeutlicht werden, dass sich die Verantwortung des nunmehr unterzeichnenden WP lediglich auf die Nachtragsprüfung bezieht. Hierzu empfiehlt sich ergänzend zur Doppeldatierung auch eine doppelte Unterschriftsleistung, und zwar in der Form, dass zum einen die ursprünglichen Unterschriften unter Angabe des ursprünglichen Datums wiedergegeben werden („gez.") und zum anderen die Unterschriften für die Nachtragsprüfung gesondert unter dem neuen Datum geleistet werden[998]. **604**

---

991 Vgl. ADS⁶, § 316, Tz. 73 m.w.N.
992 Vgl. *Baumbach/Hopt*, HGB³⁴, § 316, Rn. 4.
993 Vgl. *IDW PS 400*, Tz. 110.
994 Vgl. *IDW PS 400*, Tz. 110; vgl. auch ADS⁶, § 316, Tz. 74. Lediglich Korrekturen eindeutiger Schreibversehen ohne inhaltliche Bedeutung haben – da sie keine Nachtragsprüfung bedingen – keine Auswirkungen auf den BestV und dessen Doppeldatierung. A.A. ADS⁶, § 316, Tz. 74 letzter Satz, wonach ein Verzicht auf ein Doppeldatum auch dann möglich ist, wenn es sich um rein sprachliche Änderungen ohne materielle Bedeutung handelt und sie vom bisherigen Wortlaut des BestV gedeckt werden.
995 Vgl. *IDW PS 203 n.F.*, Tz. 24; *IDW PS 400*, Tz. 110, Fn. 12a.
996 Vgl. ADS⁶, § 316, Tz. 78, 1. Spiegelstrich; WP Handbuch 1996, Bd. I, Kap. O, Rn. 467.
997 Das Verlassen der WPG muss hierbei nicht mit dem Ausscheiden aus dem Berufsstand verbunden sein.
998 Zur weiteren Verdeutlichung könnten beide Unterschriftszeilen noch ergänzt werden um ein „Für die Abschlussprüfung:" bzw. „Für die Nachtragsprüfung:".

(3) Bestätigungsvermerke bei Gemeinschaftsprüfungen (Joint Audit)

605 Ebenso wie bei der Berichterstattung sollten Gemeinschaftsprüfer – unbeschadet ihrer Eigenverantwortlichkeit (§ 43 Abs. 1 S. 1 WPO) – auch über das Gesamturteil ihrer Prüfung **Einvernehmen** erzielen. Hierzu ist es erforderlich, dass jeder beteiligte Gemeinschaftsprüfer jeweils die Prüfungsfeststellungen der anderen Gemeinschaftsprüfer zu würdigen und nach seinem pflichtgemäßen Ermessen zu gewichten hat[999].

606 Verständigen sich alle Gemeinschaftsprüfer auf ein einheitliches Gesamturteil, wird der **Bestätigungsvermerk** bzw. der Versagungsvermerk in einheitlicher Form erteilt und im PrB wiedergegeben[1000]. Der erteilte Vermerk ist von jedem der beteiligten Gemeinschaftsprüfer handschriftlich zu unterzeichnen. Die Siegelführung ist einheitlich zu handhaben; ggf. ist von jedem Berufsträger zu siegeln.

607 Falls sich die Gemeinschaftsprüfer im Ausnahmefall nicht auf ein einheitliches Gesamturteil einigen können, so hat jeder Prüfer sein individuelles Prüfungsurteil in einem eigenen BestV zum Ausdruck zu bringen. Durch die Einschränkung des BestV bzw. die Erteilung eines Versagungsvermerks durch einen Gemeinschaftsprüfer gilt zugleich auch das Gesamturteil für den Joint Audit als eingeschränkt bzw. versagt – und zwar auch dann, wenn die übrigen Gemeinschaftsprüfer ihre BestV uneingeschränkt erteilen sollten[1001].

In einem solchen Fall sind alle Gemeinschaftsprüfer verpflichtet, in den Wortlaut ihrer BestV durch Ergänzung eines gesonderten Absatzes im Anschluss an das Prüfungsurteil jeweils auf die abweichende Beurteilung durch den/die anderen beteiligten APr. hinzuweisen[1002].

(4) Widerruf von Bestätigungsvermerken bei Abschlussprüfungen

608 Erkennt der APr. nach Erteilung des BestV, dass die **Voraussetzungen** für die Erteilung **nicht vorgelegen** haben und ist die Gesellschaft nicht bereit, die notwendigen Schritte zu einer Änderung des geprüften Abschlusses und zur Information derjenigen zu unternehmen, die von dem geprüften Abschluss Kenntnis erlangt haben, ist der APr. grds. zum Widerruf verpflichtet[1003]. Die Entscheidung über den Widerruf ist nach pflichtgemäßem Ermessen und nach dem Verhältnismäßigkeitsgebot zu treffen[1004].

609 Dies ergibt sich aus den Berufsgrundsätzen[1005] und aus den allgemeinen Rechtsgrundsätzen. Das Kammergericht Berlin hat erstmals obergerichtlich über die grundsätzliche Pflicht zum Widerruf aufgrund allgemeiner Rechtsgrundsätze entschieden[1006]. Danach ergibt sich eine Pflicht zum Widerruf aus der **Schutzfunktion**, die der BestV ggü. denjenigen Adressaten der Rechnungslegung entfaltet, die keine unmittelbare Einsichtnahme in den PrB haben und die im Vertrauen auf den JA vermögenswirksame Entscheidungen treffen.

---

999 Vgl. *IDW PS 208*, Tz. 27.
1000 Vgl. *IDW PS 208*, Tz. 28.
1001 Vgl. *IDW PS 208*, Tz. 29.
1002 Vgl. *IDW PS 208*, Tz. 29; *IDW PS 400*, Tz. 75.
1003 Vgl. *IDW PS 400*, Tz. 111; BeBiKo[8], § 322, Rn. 171.
1004 Vgl. ADS[6], § 322, Tz. 364.
1005 Vgl. *IDW PS 400*, Tz. 111 ff.
1006 Vgl. KG Berlin, Beschluss v. 19.09.2000 (2 W 5362/00), AG 2001, S. 187.

Hinter dieser Schutzfunktion muss das Interesse der geprüften Gesellschaft zurückstehen. Wenn die Gesellschaft eine Änderung des Abschlusses ablehnt, beschränkt sich ihr Interesse auf die Einhaltung der formellen und materiellen Widerrufsvoraussetzungen[1007].

Eine **Verpflichtung** zum Widerruf ist grds. gegeben, wenn die Rechnungslegung einen bedeutungsvollen Fehler aufweist und die Nichtigkeit des JA noch geltend gemacht werden könnte[1008]. Der Grund für den Fehler in der Rechnungslegung ist unbeachtlich. 610

Gründe für den Widerruf können z.B. in folgenden Fällen vorliegen[1009]: 611

– wenn der APr. die gesicherte Erkenntnis neuer Tatsachen gewinnt;
– wenn der APr. getäuscht worden ist;
– wenn der APr. Tatsachen übersehen hat, die er bei gewissenhafter Prüfung nicht hätte übersehen dürfen;
– wenn der APr. bestimmte Sachverhalte falsch gewürdigt hat.

Ein Widerruf kommt nur dann in Betracht, wenn das Prüfungsurteil bei Kenntnis des wahren Sachverhalts nicht in dieser Form abgegeben worden wäre. Aufgrund der öffentlichen Funktion des APr. ist aber auch bei einem unzutreffenden BestV, den der APr. selbst zu verantworten hat, ein Widerruf erforderlich[1010]. 612

Letzteres kann z.B. der Fall sein, wenn sich nachträglich herausstellt, dass der BestV unvollständig ist, weil er den erforderlichen Hinweis auf Risiken, die den Fortbestand des Unternehmens gefährden (§ 322 Abs. 2 S. 3 HGB), nicht enthält[1011].

Die Beurteilung der Verpflichtung zur Ausübung des Widerrufs ist wesentlich an folgenden **Grundsätzen** auszurichten: 613

– Ein Widerruf kommt regelmäßig nur dann in Betracht, wenn der APr. vor dem Widerruf **Gewissheit über die Fehlerhaftigkeit** des Abschlusses hat[1012]. Bloße nachträgliche Zweifel an der Richtigkeit des Abschlusses ohne Vorliegen neuer Tatsachen oder auch wertaufhellende Informationen, die erst nach Beendigung der Aufstellungsphase für den JA bekannt werden, rechtfertigen i.d.R. keinen Widerruf[1013]. Der APr. hat vor dem Widerruf den Sachverhalt umfassend zu klären und unverzüglich mit den gesetzlichen Vertretern der Gesellschaft zu erörtern.
– Bei gegebener Gewissheit über die Fehlerhaftigkeit ist der APr. verpflichtet zu prüfen, ob zur **Vermeidung eines falschen Eindrucks** über das Ergebnis der Abschlussprüfung ein Widerruf des BestV erforderlich ist. Die Beurteilung ist grds. am **öffentlichen Interesse** an einem Widerruf auszurichten, wobei der APr. in jedem Einzelfall besonders das in den erteilten BestV gesetzte Vertrauen aller Beteiligten[1014] zu würdigen hat.

Ein öffentliches Interesse an einem Widerruf ist zu verneinen, wenn die gesetzlichen Vertreter der Gesellschaft bereit sind, die notwendigen Schritte zur **Korrektur** des fehlerhaften Abschlusses vorzunehmen[1015]. Ihre Mittel zur Beseitigung des Fehlers sind dabei 614

1007 Vgl. KG Berlin, AG 2001, S. 188.
1008 Vgl. ADS⁶, § 322, Rn. 365.
1009 Vgl. auch ADS⁶, § 322, Tz. 362; BeBiKo⁸, § 322, Rn. 172.
1010 Vgl. *Erle,* S. 285.
1011 Vgl. ADS⁶, § 322, Tz. 363.
1012 Vgl. *Erle,* S. 288.
1013 Vgl. ADS⁶, § 322, Tz. 362, 366; BeBiKo⁸, § 322, Rn. 173.
1014 Vgl. ADS⁶, § 322, Tz. 362; BeBiKo⁸, § 322, Rn. 170; *Erle,* S. 284.
1015 Vgl. *IDW PS 400,* Tz. 112.

die **Änderung** des geprüften Abschlusses und die **Information** derjenigen, die von dem geprüften Abschluss Kenntnis erlangt haben[1016]. Voraussetzung ist, dass der geänderte JA die Adressaten nicht wesentlich später erreicht als ein möglicher Widerruf. Einem öffentlichen Widerruf des BestV ist diese Vorgehensweise grds. vorzuziehen, da

- die Pflicht zur Beseitigung der Auswirkungen einer als falsch erkannten Rechnungslegung nicht nur den APr., sondern insb. auch die geprüfte Gesellschaft selbst trifft und
- der APr. bei der Entscheidung über die Ausübung seiner Widerrufskompetenz auf die Interessen der Gesellschaft Rücksicht zu nehmen hat, also die Möglichkeit zu nutzen hat, die die Wirkung seines falschen BestV in einer Weise beseitigt, die die Gesellschaft am wenigsten belastet (Verhältnismäßigkeit).

615 Ein öffentliches Interesse an einem Widerruf liegt auch dann nicht vor, wenn die **Vermeidung eines falschen Eindrucks** über das Ergebnis der Abschlussprüfung aufgrund von Informationen der Adressaten des BestV bereits auf **andere Weise** sichergestellt ist[1017]:

- So ist ein Widerruf bspw. dann nicht erforderlich, wenn bereits ein Folgeabschluss vorliegt, in dem die Mängel unter Berücksichtigung gebotener Ausweis- und Erläuterungspflichten offen korrigiert worden sind[1018]. Daraus ergibt sich, dass eine Widerrufsnotwendigkeit grds. nur für den letzten JA besteht und grds. auch nur dann gegeben ist, wenn keine „Heilung" durch Vorlage eines neuen, richtigen JA erfolgt ist.
- Auch in Fällen, in denen der Mangel für die Adressaten nicht mehr von Bedeutung ist, z.B. weil sich der Fehler nicht mehr auf den gegenwärtigen oder auf zukünftige Abschlüsse auswirkt, ist ein Widerruf nicht erforderlich[1019].

616 Sofern die Voraussetzungen vorliegen, ist nach erfolgtem Widerruf des ursprünglichen BestV ein davon **abweichender Bestätigungsvermerk** zu erteilen – und zwar in genau der Form, wie dies aufgrund der nachträglichen Feststellungen erforderlich ist[1020]. Dabei kann ein uneingeschränkter BestV durch einen eingeschränkten BestV oder durch einen Versagungsvermerk zu ersetzen sein, ebenso ein bereits eingeschränkter BestV durch einen weiter oder anderweitig eingeschränkten BestV etc. Auch der Widerruf eines BestV und seine Ersetzung durch einen solchen mit einer aufschiebenden Bedingung kommt in Betracht, ebenso eine gesetzesnotwendige Ergänzung, z.B. wenn sich nachträglich herausstellt, dass der BestV **unvollständig** ist, weil er den erforderlichen Hinweis auf Risiken, die den Fortbestand des Unternehmens gefährden, nicht enthält[1021].

617 Der geänderte BestV ist unter dem **ursprünglichen Datum** zu erteilen; ein Hinweis auf die Änderung ist nicht erforderlich[1022].

618 Ein Widerruf hat auf den **Bestätigungsvermerk des Folgejahres** nur dann Auswirkungen, wenn der den Widerruf veranlassende Mangel sich im JA oder im LB des Folgejahres noch auswirkt[1023].

1016 Vgl. *IDW PS 400*, Tz. 111.
1017 Vgl. *IDW PS 400*, Tz. 112.
1018 Vgl. *IDW PS 400*, Tz. 112; vgl. auch ADS⁶, § 322, Tz. 367–368.
1019 Vgl. *IDW PS 400*, Tz. 112.
1020 Vgl. *IDW PS 400*, Tz. 113; *IDW PS 203 n.F.*, Tz. 29.
1021 Vgl. ADS⁶, § 322, Tz. 363.
1022 Vgl. *IDW PS 203 n.F.*, Tz. 29. Die von ADS⁶, § 322, Tz. 375 präferierte Lösung, den BestV mit dem aktuellen Datum zu versehen, überzeugt nicht, da dadurch der Eindruck entstehen könnte, der ursprünglich erteilte und nun widerrufene BestV habe temporär doch Wirksamkeit besitzen sollen.
1023 Vgl. *IDW PS 400*, Tz. 114.

619 Der Widerruf hat die **Wirkung**, dass die Gesellschaft ab dem Zeitpunkt des Widerrufs den BestV – ebenso wie den PrB – nicht mehr verwenden darf. Ist der BestV **vor** der **Feststellung** des JA widerrufen worden, ist wegen des fehlenden BestV die Abschlussprüfung noch nicht beendet, ein wirksamer Beschluss bis zur Erteilung eines neuen BestV also nicht möglich. Ist der BestV **nach Feststellung** des JA widerrufen worden, wird die Feststellung des JA an sich durch den Widerruf nicht unwirksam[1024]. Jedoch kann der materielle Grund, der zum Widerruf geführt hat, die Nichtigkeit und somit die rechtliche Unwirksamkeit des JA begründen (vgl. insb. § 256 AktG). Dies kann Veranlassung sein, einen in jeder Hinsicht mit den gesetzlichen Vorschriften in Einklang stehenden JA aufzustellen.

620 Über den Widerruf und seine Gründe hat der APr. den Auftraggeber unverzüglich **schriftlich zu unterrichten**[1025], so dass die Gesellschaft die Begründung für den Widerruf nachvollziehen und einer Überprüfung unterziehen kann[1026]. Die Begründung muss den Fehler und seine Auswirkung auf den JA anführen. Um der Eilbedürftigkeit des Widerrufs und der Tatsache, dass vor einem Widerruf eine Erörterung des Sachverhalts mit den gesetzlichen Vertretern, bei Beauftragung durch den AR jedenfalls auch mit diesem[1027], stattgefunden hatte, Rechnung zu tragen, ist eine dem Umfang des ursprünglichen PrB angenäherte Begründung nicht erforderlich[1028].

621 Eine **Unterrichtung** des Aufsichtsgremiums und ggf. von Personen, die von dem BestV Kenntnis erlangt haben dürften (hierzu können u.U. auch Gerichte und Aufsichtsbehörden zählen), kann im Interesse des APr. geboten sein. Wenn der BestV bereits nach §§ 325 ff. HGB offengelegt ist, hat der APr. eine entsprechende Offenlegung seines Widerrufs durch die Gesellschaft zu verlangen[1029]. Im Falle einer Ablehnung durch die Gesellschaft kann der APr. den Widerruf selbst in geeigneter Weise bekannt machen[1030]; ggf. kann dazu der Betreiber des elektronischen Bundesanzeigers zu kontaktieren sein.

622 Das **Einholen rechtlichen Rats** dürfte im Hinblick auf die erheblichen Auswirkungen eines Widerrufs oder seiner Unterlassung generell zu empfehlen sein[1031].

cc) Bestätigungsvermerk bei erstmaliger Pflichtprüfung

623 Ist der JA oder KA des Vj. ungeprüft oder durch einen anderen APr. geprüft worden oder wird ein erstmals aufgestellter JA oder KA geprüft (Erstprüfungen), so hat der APr. durch Ausdehnung der Prüfungshandlungen auf vorhergehende GJ zu gewährleisten, dass Prüfungsaussagen mit hinreichender Sicherheit getroffen werden können[1032].

624 Die Prüfung von Eröffnungsbilanzwerten ist im BestV nicht gesondert zu bestätigen. Auch sind Hinweise auf die Vornahme besonderer Prüfungshandlungen nicht im beschreibenden Abschnitt des BestV, sondern nur im PrB zu geben[1033].

1024 Vgl. ADS[6], § 322, Tz. 373; BeBiKo[8], § 322, Rn. 174; *Erle*, S. 293.
1025 Vgl. *IDW PS 400*, Tz. 115; ADS[6], § 322, Tz. 369; BeBiKo[8], § 322, Rn. 176.
1026 Vgl. KG Berlin, AG 2001, S. 187.
1027 Vgl. auch *IDW PS 450*, Tz. 18.
1028 Vgl. KG Berlin, AG 2001, S. 189, *Hirsch*, WPg 2001, S. 609.
1029 Vgl. ADS[6], § 322, Tz. 370.
1030 Vgl. ADS[6], § 322, Tz. 371.
1031 Vgl. *IDW PS 400*, Tz. 115.
1032 Vgl. *IDW PS 205*, Tz. 8.
1033 Vgl. *IDW PS 205*, Tz. 18; vgl. auch Tz. 391.

625 Nach den dargestellten Grundsätzen können sich Auswirkungen auf den BestV bspw. jedoch in folgenden Fällen ergeben[1034]:

- Werden die Auswirkungen falscher Angaben in der Eröffnungsbilanz, die den zu prüfenden Abschluss wesentlich beeinflussen, nicht behoben, hat der APr. in Abhängigkeit von deren Auswirkungen den BestV einzuschränken oder einen Versagungsvermerk zu erteilen[1035].
- Hat der Vorjahresprüfer den BestV zum Vorjahresabschluss eingeschränkt oder einen Versagungsvermerk erteilt oder hat er im Rahmen der Beurteilung des Prüfungsergebnisses auf Besonderheiten hingewiesen[1036], hat der APr. festzustellen, ob der Grund für die Einwendung oder den Hinweis auch für den zu prüfenden Abschluss noch zutreffend und wesentlich ist. Trifft dies zu, ist auch der BestV des zu prüfenden Abschlusses einzuschränken, ein Versagungsvermerk zu erteilen bzw. ergänzend im BestV auf dieselben Besonderheiten hinzuweisen.
- Eine Einschränkung oder Versagung ist auch dann vorzunehmen, wenn das Stetigkeitsgebot (§ 252 Abs. 1 Nr. 6 HGB) im zu prüfenden GJ unzulässiger Weise durchbrochen wurde. Das gilt auch für den Fall, dass das Stetigkeitsgebot in zulässiger Weise durchbrochen wurde, eine angemessene Angabe und Erläuterung im Anh. (§ 284 Abs. 2 Nr. 3 HGB) dazu jedoch fehlt.
- Der BestV ist auch einzuschränken, wenn der APr. nicht in der Lage ist, ausreichende und angemessene Prüfungsnachweise zu den Eröffnungsbilanzwerten zu erlangen. In diesem Fall liegt ein Prüfungshemmnis vor. Ein Versagungsvermerk ist zu erteilen, wenn die Auswirkungen von Prüfungshemmnissen so wesentlich sind, dass der APr. nicht in der Lage ist, zu einem – ggf. eingeschränkten – Prüfungsurteil mit positiver Gesamtaussage zu kommen.
- Demggü. braucht der APr. den BestV zu dem Abschluss nicht einzuschränken oder einen Versagungsvermerk zu erteilen, wenn es dem Vorjahresprüfer bspw. nicht möglich war, die Inventurangaben für die Eröffnungsbilanz des vorhergehenden GJ nachzuprüfen.
- Wurde der Vorjahresabschluss trotz Prüfungspflicht nicht geprüft[1037] oder nicht festgestellt, schließt dies die Erteilung eines uneingeschränkten BestV nicht aus, sofern die Voraussetzungen (materielle Richtigkeit des geprüften JA) hierfür vorliegen.

626 Sofern der nichtige Vorjahresabschluss (unwirksam) festgestellt und ein (ebenfalls unwirksamer) Ergebnisverwendungsbeschluss gefasst wurde, ist die Ordnungsmäßigkeit des Folgeabschlusses ferner danach zu beurteilen, ob die Rechtsfolgen aus der Nichtigkeit des Vorjahresabschlusses im Folgeabschluss zutreffend berücksichtigt worden sind (z.B. Stornierung einer auf einem unwirksamen Ergebnisverwendungsbeschluss beruhenden Rücklagendotierung).

dd) Weitere Einzelfragen
(1) Veröffentlichung des Bestätigungsvermerks

627 Der APr. ist **nicht verpflichtet** zu prüfen, ob der JA/KA, der LB/KLB und der BestV richtig offengelegt, veröffentlicht oder vervielfältigt werden[1038]. Er hat jedoch einen zivilrechtlichen **Anspruch** auf Unterlassung sowie auf Richtigstellung unzulässiger oder

---

[1034] Vgl. insb. *IDW PS 205*, Tz. 17.
[1035] Vgl. *IDW PS 205*, Tz. 13.
[1036] Vgl. hierzu Tz. 537.
[1037] Vgl. *FAR*, FN-IDW 2002, S. 214.
[1038] Vgl. *IDW PS 400*, Tz. 16.

unzutreffender Veröffentlichungen. Es ist darauf zu achten, dass das Vertrauen in den BestV nicht leidet. Wenn der APr. von einer mit dem BestV versehenen unvollständigen oder abweichenden Veröffentlichung erfährt, die nicht in Einklang mit den §§ 325 bis 328 HGB steht, ist der Auftraggeber (§ 318 Abs. 1 S. 4 HGB) aufzufordern, eine Richtigstellung zu veranlassen[1039].

(2) Bestätigungsvermerk bei Inanspruchnahme von Aufstellungs- und Offenlegungserleichterungen

Die rechtmäßige Inanspruchnahme von größenabhängigen **Aufstellungserleichterungen** der §§ 266, 274a, 276, 288 HGB i.V.m. § 267 HGB ist bei der pflichtgemäßen Erteilung von BestV zu berücksichtigen. Der BestV bezieht sich auf den aufgestellten JA – mit oder ohne Inanspruchnahme der Aufstellungserleichterungen[1040]. Wird der sich auf den aufgestellten – und festgestellten – JA beziehende BestV zusammen mit einem JA, in dem **Offenlegungserleichterungen** der §§ 326, 327 HGB berücksichtigt werden, offengelegt, veröffentlicht oder vervielfältigt, ist vom Unternehmen gleichzeitig darauf hinzuweisen, dass sich der BestV auf den vollständigen JA bezieht (§ 328 Abs. 1 Nr. 1 S. 3 HGB)[1041]. Wird der JA in Veröffentlichungen und Vervielfältigungen, die nicht durch Gesetz, Gesellschaftsvertrag oder Satzung vorgeschrieben sind, nicht in einer der gesetzlichen Veröffentlichungsform entsprechenden Form wiedergegeben, darf ein BestV nicht beigefügt werden (§ 328 Abs. 2 S. 2 HGB)[1042]. In diesem Falle ist jedoch anzugeben, zu welcher der in § 322 Abs. 2 S. 1 HGB genannten Formen des Prüfungsurteils der APr. in Bezug auf den in gesetzlicher Form aufgestellten JA gelangt ist und ob der BestV einen Hinweis nach § 322 Abs. 3 S. 2 HGB enthält (§ 328 Abs. 2 S. 3 HGB).

628

Soll ergänzend zur Abschlussprüfung auch die zutreffende Inanspruchnahme von **Offenlegungserleichterungen** im zur Offenlegung bestimmten JA geprüft werden (ergänzende Beauftragung durch den Auftraggeber), ist dies getrennt vom BestV in einer **gesonderten Bescheinigung** zu bestätigen. Hierfür wird die folgende Formulierung empfohlen[1043]:

629

„In dem vorstehenden, zur Offenlegung bestimmten verkürzten Jahresabschluss [Bilanz und Anhang] wurden die größenabhängigen Erleichterungen nach § 327 [326] HGB zutreffend in Anspruch genommen. Zu dem vollständigen Jahresabschluss und dem Lagebericht habe ich/haben wir den folgenden Bestätigungsvermerk erteilt:

Bestätigungsvermerk des Abschlussprüfers

..."

(3) Meinungsverschiedenheiten

Im Falle von Meinungsverschiedenheiten sah § 324 HGB in der bis zum 28.05.2009 geltenden Fassung vor, dass sowohl der APr. als auch der Vertreter der KapGes. das Landgericht im Rahmen eines Spruchstellenverfahrens anrufen konnten. Dieses Verfahren ist mangels praktischer Relevanz durch das BilMoG gestrichen worden[1044].

630

[1039] Vgl. *IDW PS 400*, Tz. 16.
[1040] Vgl. *IDW PS 400*, Tz. 15, 43.
[1041] Vgl. *IDW PS 400*, Tz. 15.
[1042] Vgl. *IDW PS 400*, Tz. 15.
[1043] Vgl. *IDW PS 400*, Tz. 71.
[1044] Vgl. BeBiKo[7], § 324, Rn. 1.

(4) Übersetzungen des Bestätigungsvermerks

631 Die Offenlegung und gesetzlich vorgeschriebenen Veröffentlichungen und Vervielfältigungen von Abschlüssen sind in deutscher Sprache vorzunehmen[1045]. Auch der BestV ist aufgrund § 328 Abs. 1 Nr. 1 i.V.m. Abs. 2 HGB i.V.m. § 244 HGB unter eine Veröffentlichung in unveränderter Form zu setzen, wenn der Abschluss in deutscher Sprache aufgestellt und offengelegt ist. Bei Übersetzungen des JA/KA sowie des entsprechenden BestV/Versagungsvermerks handelt es sich nicht um „Wiedergaben" wie sie von der Regelung des § 328 HGB erfasst werden[1046].

Werden Übersetzungen des JA und des BestV zur Information der Organe oder der Öffentlichkeit verwendet, empfiehlt sich zur Vermeidung von Missverständnissen ein Hinweis auf die maßgebliche deutsche Fassung des BestV. Dieser Hinweis könnte z.B. lauten:

„Zu dem vollständigen Jahresabschluss und Lagebericht habe ich/haben wir gemäß § 322 HGB einen uneingeschränkten Bestätigungsvermerk erteilt. Die Übersetzung des Bestätigungsvermerks lautet wie folgt: ...".

632 Das IDW hat im Interesse einer einheitlichen zutreffenden Ausdrucksweise Übersetzungen der Formulierungsempfehlungen für verschiedene Formen des BestV und Versagungsvermerks erarbeitet, deren allgemeine Anwendung empfohlen wird.

e) Bestätigungsvermerke nach ISA

633 Im Rahmen des BilMoG[1047] wurde in § 317 Abs. 5 HGB die grundsätzliche Pflicht verankert, bei der Durchführung von gesetzlichen Abschlussprüfungen sowie von freiwilligen Abschlussprüfungen, für die vertraglich die Beachtung der §§ 317 ff. HGB vereinbart ist, **internationale Prüfungsstandards** anzuwenden, soweit diese i.R. eines Komitologieverfahrens[1048] nach Art. 26 Abs. 1 der **Abschlussprüferrichtlinie**[1049] von der EU-Kommission angenommen worden sind.

634 Die EU zielt damit ausdrücklich auf die **International Standards on Auditing (ISA)**[1050] sowie die damit zusammenhängenden Stellungnahmen und Standards, soweit diese für die Abschlussprüfung von Relevanz sind[1051].

635 Daneben setzt § 317 Abs. 6 HGB im Wege einer **Verordnungsermächtigung** die den Mitgliedstaaten in Art. 26 Abs. 3 Abschlussprüferrichtlinie eingeräumte Möglichkeit um, zusätzlich zu den ISA nationale Prüfungsverfahren oder Prüfungsanforderungen vorzuschreiben bzw. – in Ausnahmefällen – umgekehrt die Nichtanwendung bestimmter Teile anzuordnen, sofern dies aus speziellen nationalen Gründen erforderlich ist.

1045 Vgl. ADS[6], § 328, Tz. 46.
1046 Vgl. ADS[6], § 328, Tz. 46.
1047 Gesetz zur Modernisierung des Bilanzrechts (Bilanzrechtsmodernisierungsgesetz – BilMoG) v. 25.05.2009, BGBl. I, S. 1102.
1048 Hierbei handelt es sich um ein Ausschussverfahren in Form des Regelungsverfahrens mit Kontrolle, welches in grds. gleicher Form auch im Rahmen der „Adoption" der International Financial Reporting Standards (IFRS) Anwendung findet. Vgl. Art. 48 Abs. 2 Abschlussprüferrichtlinie i.V.m. dem Beschluss des Rates v. 28.06.1999 (1999/468/EWG), ABl.EU Nr. L 184, S. 23.
1049 Richtlinie 2006/43/EG des Europäischen Parlaments und des Rates vom 17.05.2006 über Abschlussprüfungen von Jahresabschlüssen und konsolidierten Abschlüssen, zur Änderung der Richtlinien 78/660/EWG und 83/349/EWG des Rates und zur Aufhebung der Richtlinie 84/253/EWG des Rates, ABl.EU Nr. L 157, S. 87.
1050 Vgl. die Festlegung der Begriffsbestimmungen in Art. 2 der Abschlussprüferrichtlinie; dort: Nr. 11.
1051 Unter weiteren abschlussprüfungsrelevanten Stellungnahmen und Standards sind dabei – derzeit zumindest – die International Auditing Practice Statements (IAPS) zu verstehen. Vgl. BeBiKo[8], § 317, Rn. 90 sowie ausführlich *Gelhausen/Fey/Kämpfer*, Abschn. S, Rn. 17–22.

Die ISA finden – da eine Übernahme durch die EU bis dato noch nicht erfolgt ist[1052] – 636
derzeit in Deutschland auf Abschlussprüfungen **Anwendung** entweder im Wege der
Umsetzung in Prüfungsstandards des IDW[1053] oder durch explizite vertragliche Vereinbarung zwischen Auftraggeber und APr.

Die deutschen **Grundsätze für die ordnungsmäßige Erteilung von Bestätigungsvermerken bei Abschlussprüfungen** sind in *IDW PS 400* niedergelegt. 637

Nach den International Standards on Auditing sind hierzu aktuell (mit Wirkung für die Prüfung von Abschlüssen für Zeiträume, die am oder nach dem 15.12.2009 beginnen) die Standards *ISA 700*[1054], *ISA 705*[1055] und *ISA 706*[1056] zu beachten.

Nach dem derzeitigen Stand der Analysen des HFA bestehen wesentliche **Abweichungen** 638
zwischen den o.g. ISA und *IDW PS 400* in folgenden Bereichen:

- ISA 700 gibt vor, dass der Vermerk mit **Abschnittsüberschriften** untergliedert wird[1057].
- ISA 700 verlangt eine **Zweiteilung des Vermerks** in[1058]
  - einen Ersten Abschnitt mit der Beurteilung, ob der geprüfte Abschluss in allen wesentlichen Belangen in Übereinstimmung mit den maßgebenden Rechnungslegungsnormen ein den tatsächlichen Verhältnissen entsprechendes Bild der Vermögens-, Finanz- und Ertragslage der geprüften Einheit vermittelt,
  - einen gesonderten Zweiten Abschnitt, der sonstige Aussagen des APr. enthält, die das nationale Recht zusätzlich zu den nach ISA bestehenden Pflichten zur Prüfung vorsieht.
- ISA 705 schreibt dem APr. bei wesentlichen quantitativen **Falschdarstellungen** im geprüften Abschluss im Vermerk (auch bei einem Versagungsvermerk) grds. eine (richtigstellende) Quantifizierung dieser Falschangabe(n) vor[1059].
- ISA 705 fordert des Weiteren bei einer **Nichtangabe** von wesentlichen Informationen grds. die Aufnahme der unterlassenen Angabe(n) durch den APr. in den Vermerk[1060].

1052 Zum Verfahrensstand vgl. *Heininger*, WPg 2010, S. 17. Darüber hinaus siehe auch *IDW*, FN-IDW 2009, S. 437 und *Köhler/Böhm*, WPg 2009, S. 997.
1053 Vgl. hierzu auch Gesetzesentwurf der Bundesregierung zum BilMoG v. 30.07.2008, Begründung, Besonderer Teil, Zu Art. 1, Zu Nr. 53, Abs. 8, BT-Drs. 16/10067, S. 87. Das IDW ist als Mitglied der International Federation of Accountants (IFAC) gem. IFAC Statement of Membership Obligations (revised as of November 10, 2006), SMO 3, Par. 4 grds. verpflichtet, die vom IAASB verabschiedeten ISA in die nationalen Prüfungsgrundsätze zu inkorporieren.
1054 *International Standard on Auditing 700: Forming an Opinion and Reporting on Financial Statements* (deutsch: Bildung eines Prüfungsurteils und Erteilung eines Vermerks zum Abschluss).
1055 *International Standard on Auditing 705: Modifications to the Opinion in the Independent Auditor's Report* (deutsch: Modifizierungen des Prüfungsurteils im Vermerk des unabhängigen Abschlussprüfers).
1056 *International Standard on Auditing 706: Emphasis of Matter Paragraphs and other Matter Paragraphs in the Independent Auditor's Report* (deutsch: Hervorhebung eines Sachverhalts und Hinweis auf sonstige Sachverhalte durch Absätze im Vermerk des unabhängigen Abschlussprüfers).
1057 Vgl. *ISA 700.39* i.V.m. *700.21 ff.*
1058 Vgl. *ISA 700.38*.
1059 Vgl. *ISA 705.17*. Diese Quantifizierung ist nur bei praktischer Undurchführbarkeit nicht erforderlich; in einem solchen Fall ist dies aber ausdrücklich im Vermerk darzulegen.
1060 Vgl. *ISA 705.19 (c)*. Dies dürfte bspw. fehlende Anhangangaben zu den Geschäftsführerbezügen oder zu Beziehungen zu nahestehenden Personen betreffen. Diese Pflicht zur Angabe durch den APr. steht allerdings unter dem Vorbehalt, dass dem nicht gesetzliche Vorschriften entgegenstehen.

639 Für den Fall, dass der **Bestätigungsvermerk** zu einer Abschlussprüfung im Umfange einer Pflichtprüfung gem. §§ 316 ff. HGB entsprechend *ISA 700* ausgestaltet werden soll[1061], ist dieser wie folgt zu **gliedern**[1062]:

- Überschrift
- Empfänger
- Einleitender Absatz (= Beginn des „Ersten Abschnitts")
- Verantwortung der gesetzlichen Vertreter für den Abschluss
- Verantwortung des Abschlussprüfers
- Prüfungsurteil
- ggf. Sonstige Angabepflichten im Vermerk (= „Zweiter Abschnitt")
- Datum des Vermerks sowie Ort und Unterschrift des Abschlussprüfers

640 Überschrift[1063]

Der BestV des APr. muss eine Überschrift tragen, die klar zum Ausdruck bringt, dass es sich um den Bestätigungsvermerk eines unabhängigen APr. handelt.

641 Empfänger[1064]

Der BestV des APr. ist – in Abhängigkeit von den Gegebenheiten des Auftrags – an den jeweiligen Auftraggeber, z.B. den Aufsichtsrat, zu adressieren.

642 Einleitender Absatz[1065]

In diesem Absatz, der den „Ersten Abschnitt" des BestV einleitet, muss der APr.:

- die Einheit bezeichnen, deren Abschluss geprüft wurde,
- erklären, dass der Abschluss geprüft wurde,
- den Abschluss und dessen einzelne Bestandteile bezeichnen,
- auf die Zusammenfassung der bedeutsamen Rechnungslegungsmethoden und andere erläuternde Informationen hinweisen und
- das Datum bzw. den Zeitraum benennen, auf den sich der geprüfte Abschluss bzw. dessen einzelne Bestandteile beziehen.

643 Verantwortung der gesetzlichen Vertreter für den Abschluss[1066]

Unter dieser Überschrift ist darauf einzugehen, dass sich die Verantwortung der gesetzlichen Vertreter insb. auf folgende Bereiche bezieht:

- die Aufstellung des Abschlusses in Übereinstimmung mit dem maßgebenden Rechnungslegungsregelwerk,
- den Aufbau, die Implementierung und die Aufrechterhaltung eines internen Kontrollsystems, das es ermöglicht, einen Abschluss aufzustellen, der frei von wesentlichen falschen Angaben ist, ungeachtet dessen, ob diese auf Verstöße oder Unrichtigkeiten zurückzuführen sind,
- die Auswahl und Anwendung angemessener Rechnungslegungsmethoden sowie

---

1061 Frühester Anwendungszeitpunkt ist nach *ISA 700.5* die Prüfung von Abschlüssen für Zeiträume, die am oder nach dem 15.12.2009 beginnen.
1062 Vgl. *ISA 700.21–42.*
1063 Vgl. *ISA 700.21, A15.*
1064 Vgl. *ISA 700.22, A16.*
1065 Vgl. *ISA 700.23, A17–A19.*
1066 Vgl. *ISA 700.24–27, A20–A23.*

Berichterstattung über die Jahresabschlussprüfung von Kapitalgesellschaften   Q

- die Vornahme von Schätzungen in der Rechnungslegung, die unter den gegebenen Umständen vertretbar sind.

Verantwortung des Abschlussprüfers[1067]   644

Im Vermerk ist die Verantwortung des APr. von der Verantwortung der gesetzlichen Vertreter abzugrenzen. Dabei ist vom APr. insb. darauf hinzuweisen, dass

- es Aufgabe des APr. ist, auf der Grundlage einer in Übereinstimmung mit den ISA durchgeführten Abschlussprüfung zu beurteilen, ob der Abschluss frei von wesentlichen falschen Angaben ist,
- die Auswahl der Prüfungshandlungen im pflichtgemäßen Ermessen des APr. liegt,
- im Rahmen der Prüfung die Wirksamkeit des (rechnungslegungsbezogenen) IKS berücksichtigt wird, dass jedoch kein Urteil dazu abgegeben wird, und
- die Prüfung auch die Beurteilung der Angemessenheit der angewandten Rechnungslegungsmethoden, der Vertretbarkeit der durch die gesetzlichen Vertreter ermittelten geschätzten Werte in der Rechnungslegung sowie die Gesamtdarstellung des JA umfasst.

Abschließend hat der APr. zu erklären, dass bzw. ob er der Auffassung ist, dass die erlangten Prüfungsnachweise ausreichend und geeignet sind, um als Grundlage für das Prüfungsurteil zu dienen.

Prüfungsurteil[1068]   645

Im Rahmen des Prüfungsurteils ist insb. festzustellen, dass der geprüfte Abschluss nach Überzeugung des APr. in Übereinstimmung mit dem maßgebenden Rechnungslegungswerk steht und – je nach Normenrahmen – eine in allen wesentlichen Belangen sachgerechte Darstellung verkörpert bzw. ein den tatsächlichen Verhältnissen entsprechendes Bild vermittelt.

Vermerk zu sonstigen gesetzlichen und anderen rechtlichen Anforderungen[1069]   646

Über den Rechtsrahmen der ISA hinausgehende Angabe- bzw. Prüfungspflichten sind in einem gesonderten Abschnitt (dem „Zweiten Abschnitt") des BestV abzuhandeln, der durch eine entsprechende **Unterüberschrift** vom vorstehenden Vermerksabschnitt abzutrennen ist.

In einem solchen Abschnitt ist in grds. gleicher Form, wie für den zuvor dargestellten Abschnitt beschrieben, auf den Prüfungsgegenstand, auf die Verantwortung der gesetzlichen Vertreter und des APr. sowie auf die Prüfungsdurchführung einzugehen und abschließend das Prüfungsurteil zu formulieren.

Bestes Beispiel für eine solche Erweiterung ist die nach deutschem Handelsrecht ggf. bestehende Pflicht zur Aufstellung und Prüfung des LB[1070].

Falls ein derartiger (zweiter) Abschnitt in Bezug auf sonstige gesetzliche oder andere rechtliche Anforderungen ergänzt wird, müssen die oben dargestellten Teile des BestV (erster Abschnitt) zudem mit einer gesonderten **Unterüberschrift** „Vermerk zum Abschluss" überschrieben werden[1071].   647

1067 Vgl. *ISA 700.28–33, A24–A26*.
1068 Vgl. *ISA 700.34–37, A27–A33*.
1069 Vgl. *ISA 700.38–39, A34–A36*.
1070 Vgl. §§ 264 Abs. 1, 289, 317 Abs. 2, 322 Abs. 6 HGB.
1071 Vgl. *ISA 700.39*.

2155

648 Der **Anwendungsbereich von ISA 700** bezieht sich auf Inhalt und Darstellung von uneingeschränkten BestV[1072].

ISA 705 kommt zur Geltung, wenn der BestV eine Modifikation des Prüfungsurteils im Sinne einer Einschränkung oder Versagung erfährt.

Und **ISA 706** betrifft die Ergänzung von BestV in Zusammenhang mit der Hervorhebung eines im geprüften Abschluss enthaltenen Sachverhalts („Emphasis of Matter Paragraph") oder dem Hinweis auf einen nicht im geprüften Abschluss enthaltenen sonstigen Sachverhalt („Other Matter Paragraph").

3. Kommunikation mit dem Aufsichtsorgan

649 Zentrale **Aufgabe eines Aufsichtsorgans** i.S.v. § 125 Abs. 1 S. 5 AktG[1073] ist es, die Geschäftsleitung, d.h. das Exekutivorgan, zu überwachen[1074] und dabei treuhänderisch die Interessen des Unternehmens und dessen Anteilseigner zu wahren[1075].

650 Wesentliche **Mittel** zur Wahrnehmung dieser Aufgabe sind (nach den aktienrechtlichen Vorschriften)[1076]:

- der Erlass einer Geschäftsordnung für den Vorstand (§ 77 Abs. 2 S. 1 AktG),
- evtl. Zustimmungsvorbehalte zu bestimmten Geschäften (§ 111 Abs. 4 S. 2 AktG),
- Auskunfts- und eigenständige Einsichtsrechte (§§ 90, 111 Abs. 2 S. 1 AktG), einschl. der Beauftragung von besonderen Sachverständigen (§ 111 Abs. 2 S. 2 AktG),
- die Prüfung und die Feststellung von JA und LB und ggf. auch von KA und KLB (§§ 171, 172 AktG)[1077] sowie
- die Erteilung des Prüfungsauftrags an den APr. (§ 111 Abs. 2 S. 3 AktG).

651 Infolge des Rechts (und der damit zugleich verbundenen Verpflichtung) zur Erteilung des Prüfungsauftrags an den Abschlussprüfer ist umgekehrt der **AR primärer Adressat des Prüfungsberichts**, der gem. § 321 HGB über die Abschlussprüfung zu erstellen ist. Dementsprechend ist der PrB auch direkt dem AR vorzulegen (§ 321 Abs. 5 S. 2 HGB)[1078].

652 **Ergänzend zur schriftlichen Berichterstattung** durch den PrB ist der APr. gem. § 171 Abs. 1 S. 2 AktG verpflichtet, an den Verhandlungen des AR und/oder des Prüfungsausschusses i.S.v. § 107 Abs. 3 S. 2 AktG[1079] über den JA und den LB sowie ggf. den KA und den KLB (sog. „Bilanzsitzung") teilzunehmen und dort über die wesentlichen Ergebnisse

---

1072 Der in *ISA 700.10–15* enthaltene Abschnitt „Forming an Opinion on the Financial Statements" verweist i.W. auf in anderen ISA (insb. *ISA 330, ISA 450*) enthaltene grundlegende Aspekte, die bei der Bildung des Prüfungsurteils zu beachten und ggf. i.R. des Vermerks zum geprüften Abschluss anzusprechen sind.

1073 Dem Aufsichtsrat i.S.d. AktG gleichzusetzende Kontrollgremien sind bzw. können sein: Verwaltungsräte (insb. bei öffentlich-rechtlichen Unternehmen), Beiräte, Gesellschafterausschüsse etc. Vgl. BeBiKo[8], § 285, Rn. 222.

1074 Vgl. § 111 Abs. 1 AktG.

1075 Vgl. *Potthoff/Trescher*[6], Kap. 1, Rn. 2.

1076 Vgl. *Henn/Frodermann/Jannott*[8], Kap. 8, Rn. 3.

1077 Bei i.S.v. § 17 AktG „abhängigen" AG kommt noch die Prüfung des Abhängigkeitsberichts durch den AR (§ 314 AktG) hinzu.

1078 Der APr. genügt dabei seiner Vorlagepflicht durch Zuleitung an den AR-Vorsitzenden. Vgl. *IDW PS 450*, Tz. 117; BeBiKo[8], § 321, Rn. 134.

1079 Zu den Aufgaben des Prüfungsausschusses siehe allg. *Plendl/Kompenhans/Buhleier (Hrsg.)*.

seiner Prüfung zu berichten[1080]. Dabei ist insb. auf wesentliche Schwächen des IKS und des Risikomanagementsystems einzugehen und über Umstände, die die Befangenheit des APr. besorgen lassen, sowie zusätzlich zu den Abschlussprüfungsleistungen erbrachte weitere Leistungen zu informieren (§ 171 Abs. 1 S. 3 AktG).

653 Die **mündliche Berichterstattung des Abschlussprüfers** in der Aufsichtsrats- und/oder Prüfungsausschusssitzung dient der den PrB ergänzenden Erläuterung von Sachverhalten im Zusammenhang mit der vom Vorstand vorgelegten Rechnungslegung und deren Prüfung. Sie vermag den schriftlichen PrB als zentrales Element der Berichterstattung an den AR jedoch nicht zu ersetzen[1081].

654 **Art und Umfang der Berichterstattung** sind vom konkreten Einzelfall abhängig[1082]. Sind mit dem AR besondere Schwerpunkte für die Prüfungsdurchführung oder besondere Berichtspflichten vereinbart worden, sollte hierauf stets eingegangen werden, es sei denn, die Ausführungen dazu im PrB sind unzweifelhaft ausreichend[1083]. Besonderes Augenmerk ist darauf zu legen, dass die Erläuterungen im Rahmen der mündlichen Berichterstattung mit den Aussagen im PrB harmonieren[1084]. Auftretende (scheinbare) Widersprüchlichkeiten sind durch entsprechend erweiterte Ausführungen zu klären.

Grds. kann von einem Verständnis der einzelnen Aufsichtsratsmitglieder für die wirtschaftlichen Gegebenheiten des Unternehmens und für die Grundlagen der Rechnungslegung ausgegangen werden[1085]. Nimmt der APr. sowohl an der Sitzung eines Ausschusses (z.B. Bilanz- oder Prüfungsausschuss) als auch an der Bilanzsitzung des Gesamtaufsichtsrats teil, kann es ggf. geboten sein, den Detaillierungsgrad der Darstellung anzupassen[1086].

655 Die mündliche Berichterstattung sollte dabei folgende **Themenbereiche** umfassen[1087]:

– Umfang des Auftrags sowie die ggf. mit dem AR vereinbarten Prüfungsschwerpunkte,
– Unabhängigkeit des APr. (§ 321 Abs. 4a HGB; Erklärung nach Ziff. 7.2.1 des DCGK) sowie zusätzlich zu den Abschlussprüfungsleistungen erbrachte Leistungen[1088],
– Beachtung der GoA bei der Prüfungsdurchführung sowie Darstellung des risikoorientierten Prüfungsansatzes[1089],
– Darstellung rechtlicher und wirtschaftlicher Besonderheiten des GJ,
– Erläuterung des Einflusses von bedeutsamen einzelnen Geschäftsvorfällen, wesentlichen Bewertungsgrundlagen oder sachverhaltsgestaltenden Maßnahmen auf die Darstellung der Vermögens-, Finanz- und Ertragslage,
– Feststellungen zur Ordnungsmäßigkeit der Rechnungslegung,

1080 Vgl. *IDW Prüfungsstandard: Grundsätze für die Kommunikation des Abschlussprüfers mit dem Aufsichtsorgan (IDW PS 470)*, Tz. 1b; *Scheffler*, WPg 2002, S. 1289; *Theisen*, Information und Berichterstattung des Aufsichtsrats, S. 40; siehe hierzu auch Tz. 36 sowie R Tz. 919 ff. Teilnahmepflichtig ist regelmäßig der „verantwortliche Wirtschaftsprüfer" i.S.d. VO 1/2006, Tz. 8; vgl. *Hüffer*, AktG⁹, § 171, Rn. 11a.
1081 Vgl. *IDW PS 470*, Tz. 9.
1082 Vgl. *IDW PS 470*, Tz. 12; *Hüffer*, AktG⁹, § 171, Rn. 11b. Der APr. hat dabei zu beurteilen, ob und inwieweit Themen, soweit sie nicht bereits durch den Vorstand hinreichend erläutert wurden, für den AR bedeutsam sind und daher in die mündliche Berichterstattung aufzunehmen sind. Außerdem kann es bspw. erforderlich sein, auf konkrete Fragen aus dem Plenum ad hoc einzugehen.
1083 Vgl. *IDW PS 470*, Tz. 11, 29.
1084 Vgl. *IDW PS 470*, Tz. 9.
1085 Vgl. *IDW PS 470*, Tz. 10.
1086 Vgl. *IDW PS 470*, Tz. 13.
1087 Vgl. *IDW PS 470*, Tz. 14–31.
1088 Vgl. *IDW PS 470*, Tz. 15, 15a; *Hüffer*, AktG⁹, § 171, Rn. 11c.
1089 Vgl. *IDW PS 470*, Tz. 16, 17.

- Rechnungslegungsbezogenes IKS und ggf. Risikofrüherkennungssystem nach § 317 Abs. 4 HGB,
- Berichtspflichtige Tatsachen i.S.v. § 321 Abs. 1 S. 3 HGB,
- Zusammenfassung des Prüfungsergebnisses.

656 Zu den erwähnenswerten **rechtlichen und wirtschaftlichen Besonderheiten des Geschäftsjahres** zählen bspw. bedeutende Akquisitionen, Unternehmensverkäufe, Restrukturierungsmaßnahmen, Unternehmensverträge etc. Auch wird auf Vorgänge von besonderer Bedeutung nach dem Abschlussstichtag i.S.v. § 289 Abs. 2 Nr. 1 HGB zumeist einzugehen sein, auch wenn diese Gegenstand der Berichterstattung im LB sind[1090].

657 In Zusammenhang mit der Erläuterung der Auswirkungen **einzelner bedeutsamer Geschäftsvorfälle** kann es sinnvoll sein, ein um derartige Einflüsse bereinigtes Jahresergebnis darzustellen. Darüber hinaus können ggf. Besonderheiten im Konzern von Relevanz sein. Vielfach dürften auch Kennzahlendarstellungen hilfreich sein, um z.B. Tendenzverläufe zu visualisieren. Erforderlichenfalls sind besonders risikobehaftete Einzeltransaktionen hervorzuheben[1091].

658 Im Rahmen der **Erläuterungen zur Rechnungslegung**[1092] ist der AR auch über die nicht korrigierten falschen Angaben zu informieren, die der APr. im Verlauf der Prüfung aufgedeckt hat, auch wenn diese aus Sicht der gesetzlichen Vertreter einzeln und in ihrer Summe als unwesentlich beurteilt werden und daher nicht zur Einschränkung oder Versagung des BestV geführt haben[1093]. Darüber hinaus sollte auf bedeutsame künftige Änderungen einschlägiger Rechnungslegungsnormen hingewiesen werden[1094].

659 In Bezug auf das **rechnungslegungsbezogene interne Kontrollsystem** ist insb. auf festgestellte wesentliche Schwächen einzugehen. Bei kapitalmarktorientierten KapGes. sollte grds. auf die diesbezüglichen Darstellungen im LB (§ 289 Abs. 5 HGB) rekurriert werden. Auf das **Risikofrüherkennungssystem** ist i.d.R. nur einzugehen, wenn es nach § 317 Abs. 4 HGB gesetzlich oder durch vertragliche Erweiterung Prüfungsgegenstand gewesen ist[1095].

660 **Für den AR bedeutsame weitere Feststellungen** sind regelmäßig Tatsachen i.S.v. § 321 Abs. 1 S. 3 HGB[1096]. Sofern über derartige Tatsachen vorab berichtet worden ist[1097], ist darauf grds. gesondert hinzuweisen. Ergänzend ist – sofern beauftragt – auch auf Feststellungen i.S.v. Ziff. 7.2.3 des DCGK einzugehen[1098].

Darüber hinaus ist zum **Bestätigungsvermerk** Stellung zu nehmen; namentlich bei einer Einschränkung des BestV oder der Erteilung eines Versagungsvermerks sind die Gründe dafür darzustellen und angemessen zu erläutern[1099].

661 Obwohl einerseits für den APr. die gesetzliche Pflicht besteht, an der Bilanzsitzung teilzunehmen (§ 171 Abs. 1 S. 2 AktG), so ist andererseits im Gesetzestext keine ausdrück-

---

1090 Vgl. *IDW PS 470*, Tz. 18, 19.
1091 Vgl. *IDW PS 470*, Tz. 20–23.
1092 Vgl. *IDW PS 470*, Tz. 24, 25.
1093 Vgl. *IDW PS 210*, Tz. 63. Siehe hierzu auch Erklärung der gesetzlichen Vertreter über nicht korrigierte Prüfungsdifferenzen, vgl. *IDW PS 303 n.F.*, Tz. 28.
1094 Vgl. *IDW PS 470*, Tz. 30.
1095 Vgl. *IDW PS 470*, Tz. 26, 27.
1096 Vgl. *IDW PS 470*, Tz. 28.
1097 Vgl. *IDW PS 450*, Tz. 18, 41; *IDW PS 470*, Tz. 7a–7c.
1098 Vgl. *IDW PS 470*, Tz. 29.
1099 Vgl. *IDW PS 470*, Tz. 31.

liche Verpflichtung des AR normiert, diese **Teilnahme** zu veranlassen. Aufgrund eines entsprechenden Beschlusses des AR könnte daher auf die Einladung des APr. zur Teilnahme im Prinzip verzichtet werden. Allerdings dürfte der AR mit einem solchen Beschluss regelmäßig gegen seine allgemeinen Sorgfaltspflichten (§ 116 AktG) verstoßen; ein solcher Verzicht wäre auch in der Sache unverständlich[1100].

Unabhängig von der gesetzlich vorgeschriebenen Teilnahme an der „Bilanzsitzung" sollte sich der APr. mit dem Aufsichtsorgan schon im Vorfeld über eine **wechselseitige Kommunikation** verständigen[1101]. 662

Wesentliche Aspekte sind dabei regelmäßig[1102]:

- während der Prüfung aufgetretene bedeutsame Probleme,
- bedeutsame aus der Prüfung resultierende Sachverhalte, die mit den gesetzlichen Vertretern besprochen wurden bzw. Gegenstand des Schriftverkehrs zwischen APr. und gesetzlichen Vertretern waren (einschl. der vom APr. angeforderten schriftlichen Erklärungen),
- sonstige aus der Prüfung resultierende Sachverhalte, die der APr. als für die Aufsicht über den Rechnungslegungsprozess bedeutsam erachtet.

Form, Zeitpunkt und Inhalt der gesamten Kommunikation sind vom APr. in den Arbeitspapieren zu dokumentieren. Darüber hinaus ist der APr. gehalten, zu beurteilen, ob die Kommunikation (ggf. auch eine bewusste Nicht-Kommunikation) Auswirkungen auf die Abschlussprüfung als solche und das Prüfungsergebnis hat bzw. haben kann[1103].

III. Berichterstattung über die Konzernabschlussprüfung von Kapitalgesellschaften und diesen gleichgestellten Gesellschaften

1. Prüfungsbericht

a) Vorbemerkung

§ 321 HGB gilt auch für den PrB über die Konzernabschlussprüfung. 663

Über die Konzernabschlussprüfung ist grds. unabhängig von der Berichterstattung über die Prüfung des JA des MU selbständig **schriftlich** zu berichten[1104]. Nach § 325 Abs. 3a HGB besteht die Möglichkeit, im Falle der Zusammenfassung von KAnh. und Anh. (§ 298 Abs. 3 HGB) bzw. KLB und LB (§ 315 Abs. 3 HGB) des MU den PrB zum JA des MU mit dem PrB zum KA zusammenzufassen[1105]. 664

Der KPrB erlangt seine **rechtliche Wirkung** erst mit der Unterzeichnung durch den KAPr. Für die Frage, ob ein KPrB vorliegt, sind wie beim Bericht über die Abschlussprüfung nicht die äußere Form und die Bezeichnung des Schriftstücks, sondern dessen **materieller Inhalt maßgebend**. Die inhaltlichen Anforderungen an den KPrB sind durch § 321 HGB weitgehend spezifiziert. Darüber hinaus sind bei der Auslegung des § 321 665

1100 H.M. Vgl. *Hüffer*, AktG[9], § 171, Rn. 11a m.w.N. Außerdem sieht bspw. auch Ziff. 7.2.4 DCGK ausdrücklich die Teilnahme des APr. an den Beratungen des AR über den Jahres- und über den Konzernabschluss vor.
1101 Vgl. *IDW PS 470*, Tz. 7b.
1102 Vgl. *IDW PS 470*, Tz. 7a.
1103 Vgl. *IDW PS 470*, Tz. 7d–7e.
1104 Vgl. *IDW PS 450*, Tz. 118.
1105 Vgl. *IDW PS 450*, Tz. 138.

HGB die sich aus den Prüfungsgegenständen KA und KLB ergebenden Besonderheiten zu berücksichtigen[1106].

666 Der KPrB ist vom KAPr. dem **AR des MU vorzulegen**, wenn dieser den KAPr. beauftragt hat[1107]. Bei Auftragserteilung durch den AR einer GmbH ist der KPrB zusätzlich den **Geschäftsführern** auszuhändigen, damit diese ihrer Verpflichtung zur Vorlage des KPrB mit KA und KLB an die **Gesellschafter** nachkommen können (§ 42a Abs. 4 i.V.m. Abs. 1 GmbHG). Erfolgt die Beauftragung des KAPr. durch die GmbH-Geschäftsführer als gesetzliche Vertreter des MU[1108], ist der KPrB diesen vorzulegen. Die Weitergabe des KPrB mit KA und KLB an die Gesellschafter (§ 42a Abs. 4 i.V.m. Abs. 1 GmbHG) bzw. an den fakultativen AR (§ 52 Abs. 1 GmbHG i.V.m. § 170 Abs. 3 AktG) ist Sache der gesetzlichen Vertreter des MU. Andere Empfänger des KPrB, wie z.B. die gesetzlichen Vertreter der TU oder deren Aufsichtsgremien, sieht das Gesetz nicht vor.

667 Die **Aufgaben des Konzernprüfungsberichts** sind weitgehend die gleichen wie die Aufgaben des Berichts über die Jahresabschlussprüfung bei KapGes. Er dient vor allem einer unabhängigen und **sachverständigen Unterrichtung des AR und der GmbH-Gesellschafter** über die Konzernrechnungslegung und die wirtschaftliche Lage und Entwicklung des Konzerns. Außerdem hat der KPrB für das Aufsichtsorgan eine wichtige **Unterstützungsfunktion** zu erfüllen. Er bildet die Grundlage für die nach § 171 Abs. 1 S. 1 AktG durch den AR vorzunehmende Prüfung von KA und KLB. Den gesetzlichen Vertretern des MU dient der KPrB neben der **Informationsvermittlung** auch als **Nachweis**, dass sie ihrer Pflicht zur ordnungsmäßigen Konzernrechnungslegung nachgekommen sind.

668 Für die Gestaltung des KPrB gelten die **allgemeinen Grundsätze** ordnungsmäßiger Berichterstattung (Wahrheit, Vollständigkeit, Unparteilichkeit und Klarheit, vgl. dazu Tz. 43). Die Grundsätze für die Berichterstattung über die Prüfung des JA sind sinngemäß auch für die Berichterstattung über die Konzernabschlussprüfung anzuwenden, soweit dem nicht Besonderheiten der Prüfung der Konzernrechnungslegung entgegenstehen[1109]. Soweit diese Besonderheiten keine abweichende Berichterstattung bedingen, kann daher auf die entsprechenden Ausführungen zum Bericht über die Jahresabschlussprüfung verwiesen werden.

669 Der KPrB muss dem Berichtsleser ein **eigenes Urteil** über die Konzernrechnungslegung und die wirtschaftliche Lage und Entwicklung des Konzerns **ermöglichen**. Es kommt nicht darauf an, im KPrB eine Fülle von Einzelinformationen zu vermitteln, sondern entscheidend ist vielmehr, dass die **wesentlichen Sachverhalte und Erkenntnisse**, welche die Prüfung erbracht hat, aus dem Bericht hervorgehen. Wesentlich sind dabei solche Tatsachen, die für eine ausreichende Information der Berichtsadressaten und für die Vermittlung eines klaren Bildes über das Prüfungsergebnis von Bedeutung sind[1110]. Wesentlich können auch Gesichtspunkte sein, die zwar für die Lage des Konzerns von untergeordneter Bedeutung sind, die aber die Ordnungsmäßigkeit der Konzernrechnungslegung und ggf. das Vertrauen in das Geschäftsführungsorgan oder die Arbeitnehmer berühren[1111].

1106 Vgl. ADS[6], § 321, Tz. 176.
1107 Die Auftragserteilung durch den AR (des MU) ist bei AG in § 111 Abs. 2 S. 3 AktG vorgeschrieben. Zur GmbH vgl. Tz. 16.
1108 Bei MU in der Rechtsform einer GmbH, bei der freiwillig ein AR gebildet, aber die Anwendung des § 111 Abs. 2 S. 3 AktG im Gesellschaftsvertrag abbedungen ist oder bei einer GmbH ohne AR als MU, wird der KAPr. durch die Geschäftsführer als gesetzliche Vertreter beauftragt.
1109 Vgl. *IDW PS 450,* Tz. 118.
1110 Vgl. *IDW PS 450,* Tz. 10, 13.
1111 Vgl. *IDW PS 450,* Tz. 48–49; *Weirich,* S. 655.

b) Aufbau und Gliederung des Konzernprüfungsberichts

Aufbau und Gliederung des KPrB folgen weitgehend der Gliederung des Berichts über die Jahresabschlussprüfung. Es empfiehlt sich eine **Berichtsstruktur entsprechend** den Untergliederungen und Bezeichnungen in Abschnitt 3 und 5 des *IDW PS 450*. Für den KPrB ergibt sich danach folgender Aufbau[1112]:

Bericht

I. Prüfungsauftrag
II. Grundsätzliche Feststellungen
   1. Lage des Konzerns
      a. Stellungnahme zur Lagebeurteilung des Konzerns durch die gesetzlichen Vertreter
      b. Entwicklungsbeeinträchtigende oder bestandsgefährdende Tatsachen
   2. Unregelmäßigkeiten
      a. Unregelmäßigkeiten in der Konzernrechnungslegung
      b. Sonstige Unregelmäßigkeiten
III. Gegenstand, Art und Umfang der Prüfung
IV. Feststellungen und Erläuterungen zur Konzernrechnungslegung
   1. Konsolidierungskreis und Konzernabschlussstichtag
   2. Ordnungsmäßigkeit der in den Konzernabschluss einbezogenen Abschlüsse
   3. Konzernabschluss
      a. Ordnungsmäßigkeit des Konzernabschlusses
      b. Gesamtaussage des Konzernabschlusses
      c. Darstellung der Vermögens-, Finanz- und Ertragslage
   4. Konzernlagebericht
V. Bestätigungsvermerk (bzw. Wiedergabe des Bestätigungsvermerks[1113])

Anlagen zum Prüfungsbericht

– Obligatorische Anlagen
  – Konzernbilanz
  – Konzern-Gewinn- und Verlustrechnung
  – Konzernanhang
  – Konzern-Kapitalflussrechnung
  – Konzern-EK-Spiegel
  – ggf. Konzern-Segmentberichterstattung
  – Konzernlagebericht
  – Auftragsbedingungen
– Fakultative Anlagen, z.B.
  – rechtliche Verhältnisse
  – wirtschaftliche Grundlagen.

Soweit es der Grundsatz der Klarheit oder besondere Feststellungen des KAPr. erfordern, sind andere Abschnittsbezeichnungen zu verwenden, weitere Gliederungspunkte aufzunehmen bzw. Abschnitte weiter zu untergliedern oder zusammenzufassen.

Ein Abschnitt zu Feststellungen zum **Risikofrüherkennungssystem** im KPrB börsennotierter MU ist grds. nicht erforderlich, da das Risikofrüherkennungssystem auch bei börsennotierten MU nicht Gegenstand der Konzernabschlussprüfung, sondern Bestand-

---
1112 Vgl. auch die Gliederungsvorschläge bei *BeBiKo*[8], § 321, Rn. 112; *ADS*[6], § 321, Tz. 224; *Plendl*, in *HWRP*[3], Sp. 1787.
1113 Vgl. § 322 Abs. 7 S. 2 HGB.

teil der Jahresabschlussprüfung ist[1114]. Sollte mit dem Auftraggeber eine Darstellung des Ergebnisses der Prüfung des Risikofrüherkennungssystems im KPrB vereinbart sein, kann das im PrB zum JA des MU dargestellte Ergebnis der Prüfung des Risikofrüherkennungssystems im KPrB wiederholt werden[1115].

Wie beim PrB zum JA ist über das **Ergebnis aus Erweiterungen des Auftrags** zur Konzernabschlussprüfung in einem gesonderten Abschnitt des KPrB zu berichten (vgl. Tz. 274). Liegen keine Erweiterungen des Prüfungsauftrags vor, kann dieser Abschnitt entfallen.

672 Wie beim PrB zur Jahresabschlussprüfung sollten zur Verbesserung der Übersichtlichkeit und Lesbarkeit des Berichts die **über die gesetzlichen Pflichtbestandteile hinausgehenden Berichtselemente** wie z.B. Darstellungen zu den rechtlichen Verhältnissen und wirtschaftlichen Grundlagen des Konzerns in die **Anlagen** zum KPrB aufgenommen werden. Die Möglichkeit, diese zusätzlichen Darstellungen in den KPrB zu **integrieren**, besteht, soweit dadurch die gesetzlich verlangten Feststellungen nicht überlagert und die Klarheit und Übersichtlichkeit des Berichts nicht gefährdet werden[1116].

673 Eine **Aufgliederung und Erläuterung** wesentlicher Posten des KA hat entsprechend der expliziten gesetzlichen Regelung im KPrB nur dann zu erfolgen, soweit dies aufgrund des besonderen Informationsbedarfs der Empfänger des KPrB zum Verständnis der Gesamtaussage des Jahresabschlusses, insbesondere zur Erläuterung der Bewertungsgrundlagen und deren Änderungen sowie der sachverhaltsgestaltenden Maßnahmen nach § 321 Abs. 2 S. 4 HGB und der im Rahmen der Konsolidierung ausgenutzten Wahlrechte, erforderlich ist und diese Angaben nicht bereits im KAnh. enthalten sind (§ 321 Abs. 2 S. 5 HGB)[1117]. Bezüglich des Umfangs der Aufgliederungs- und Erläuterungspflicht besteht kein Unterschied zum Bericht über die Jahresabschlussprüfung[1118].

Weitergehende sonstige Aufgliederungen und Erläuterungen von Posten auf der Grundlage ergänzender Beauftragung oder Erwartungen der Auftraggeber sind wie beim PrB zum JA in einem eigenständigen Abschnitt mit entsprechender Abschnittsbezeichnung, in einer Anlage oder einem Anlagenband vorzunehmen. Die Integration von Aufgliederungen und Erläuterungen von wesentlichen bzw. für die Aussage des KA bedeutenden Posten in die analysierenden Darstellungen zur Vermögens-, Finanz- und Ertragslage des Konzerns kann ebenfalls zweckmäßig sein und eine wichtige Informationsunterstützung durch die Abschlussprüfung bieten.

674 Zu den obligatorischen und fakultativen **Anlagen**, die dem KPrB beizufügen sind bzw. hierfür in Betracht kommen vgl. Tz. 724.

c) Inhalt des Konzernprüfungsberichts

675 Die Aufgaben des KPrB machen es erforderlich, dass über die gesetzlich geregelten Berichtspflichten des § 321 HGB hinaus weitere, überwiegend konzernspezifische Angaben zur Konzernabschlussprüfung und zum geprüften Konzern aufgenommen werden.

1114 Zur Berichterstattung über die Prüfung des Risikofrüherkennungssystems im PrB über die Jahresabschlussprüfung vgl. Tz. 261.
1115 Vgl. Tz. 719 und P Tz. 151.
1116 Vgl. *IDW PS 450*, Tz. 13, 111.
1117 Vgl. *IDW PS 450*, Tz. 97.
1118 Vgl. ADS⁶, § 321, Tz. 209.

aa) Prüfungsauftrag

Im KPrB ist hinsichtlich des **Prüfungsauftrags** auf die **Bestellung** und **Auftragserteilung** zur Konzernabschlussprüfung einzugehen[1119]. Sofern kein KAPr. gewählt wird, sind Angaben zur **Fiktion der Bestellung** nach § 318 Abs. 2 HGB zu machen[1120]. Erfolgt keine gesonderte Wahl des KAPr. durch die Gesellschafter des MU, so gilt nach § 318 Abs. 2 S. 1 HGB der APr. als bestellt, der für die Prüfung des in den KA einbezogenen JA des MU bestellt worden ist. Erfolgt die Einbeziehung des MU aufgrund eines Zwischenabschlusses und wird kein KAPr. gewählt und bestellt, gilt der APr. des letzten vor dem Konzernabschlussstichtag aufgestellten JA des MU als bestellt (§ 318 Abs. 2 S. 2 HGB). 676

Es empfiehlt sich außerdem, auf die im Rahmen der Auftragsbestätigung zur Konzernabschlussprüfung zugrunde gelegten **Auftragsbedingungen** hinzuweisen und anzugeben, dass ihre Geltung auch im Verhältnis zu Dritten vereinbart ist[1121]. 677

bb) Grundsätzliche Feststellungen

(1) Stellungnahme zur Lagebeurteilung des Konzerns durch die gesetzlichen Vertreter

Nach § 321 Abs. 1 S. 2 HGB hat der KAPr. im KPrB vorweg zur Beurteilung der Lage des Konzerns durch die gesetzlichen Vertreter des MU Stellung zu nehmen, wobei insbesondere auf die Beurteilung des Fortbestandes und der künftigen Entwicklung des Konzerns unter Berücksichtigung des KLB einzugehen ist, soweit die geprüften Unterlagen und der KLB eine solche Beurteilung erlauben. 678

Der Gesetzgeber hat damit auch für die wirtschaftliche Einheit „Konzern" eine zusammenhängende Stellungnahme des KAPr. zur Konzernlagedarstellung der gesetzlichen Vertreter des MU für eine bessere Unterstützung der Überwachungstätigkeit der Aufsichtsorgane geschaffen. Die für die Stellungnahme im PrB zum **JA** geltenden **Grundsätze** sind dabei **sinngemäß anzuwenden**[1122]. 679

Der KAPr. hat die Daten und Angaben aus dem KA und KLB hervorzuheben („**Highlighten**") und zu erläutern, die für die Berichtsadressaten zur Beurteilung der Lage des geprüften Konzerns von Bedeutung sind (vgl. hierzu auch Tz. 91). Im Rahmen seiner Stellungnahme hat der KAPr. ausdrücklich auf die Beurteilung des Fortbestandes und der künftigen Entwicklung einzugehen. 680

Die für den Erkenntnishorizont maßgeblichen geprüften Unterlagen i.S.v. § 321 Abs. 1 S. 2 HGB umfassen auch die nach § 317 Abs. 3 HGB zu prüfenden, im KA zusammengefassten JA[1123]. Die Erkenntnisse aus den Prüfungen der einbezogenen Unternehmen sind hinsichtlich ihrer Relevanz für die Stellungnahme im KPrB zu würdigen. Bei der Stellungnahme kann dabei auch auf einzelne für den Konzern bedeutsame Konzernunternehmen einzugehen sein[1124]. 681

[1119] Vgl. *IDW PS 450*, Tz. 119 i.V.m. Tz. 23.
[1120] Vgl. *IDW PS 450*, Tz. 119.
[1121] Vgl. *IDW PS 450*, Tz. 24.
[1122] Vgl. *IDW PS 450*, Tz. 118.
[1123] Vgl. *IDW PS 450*, Tz. 120; BeBiKo[8], § 321, Rn. 102.
[1124] Vgl. ADS[6], § 321, Tz. 188.

(2) Entwicklungsbeeinträchtigende oder bestandsgefährdende Tatsachen und Unregelmäßigkeiten

682 Im KPrB ist nach § 321 Abs. 1 S. 3 HGB über bei Durchführung der Prüfung festgestellte Unrichtigkeiten oder Verstöße gegen gesetzliche Vorschriften sowie Tatsachen zu berichten, die den Bestand des Konzerns gefährden oder seine Entwicklung wesentlich beeinträchtigen können oder die schwerwiegende Verstöße der gesetzlichen Vertreter oder von Arbeitnehmern gegen Gesetz, Gesellschaftsvertrag oder die Satzung erkennen lassen.

683 Die Berichtspflicht bezieht sich neben dem Konzern als Gesamtheit auch auf bestandsgefährdende oder entwicklungsbeeinträchtigende Tatsachen, die anlässlich der Konzernabschlussprüfung bei dem MU oder bei einbezogenen Konzernunternehmen festgestellt wurden[1125]. Es ist darauf abzustellen, ob die betreffenden Unternehmen aus Sicht des Konzerns von wesentlicher Bedeutung sind.

684 Für festgestellte Unrichtigkeiten und Verstöße gegen Rechnungslegungs- und Konzernrechnungslegungsvorschriften (§§ 290 bis 315a HGB) und für schwerwiegende Verstöße der gesetzlichen Vertreter und der Arbeitnehmer von Konzernunternehmen gilt entsprechendes. Ggf. ist über die Feststellungen des jeweiligen APr. zu berichten. Gleiches gilt, wenn kein oder kein geeignetes Risikofrüherkennungssystem auf Unternehmens- bzw. Konzernebene implementiert ist[1126].

685 Der KAPr. hat ggü. den Adressaten des KPrB eine **eigenständige Pflicht zur Berichterstattung** über Unregelmäßigkeiten, Bestandsgefährdungen und Entwicklungsbeeinträchtigungen. Der **Verzicht auf die Berichterstattung** unter Aufnahme eines Hinweises auf eine bereits zum JA des MU erfüllte Berichtspflicht ist im KPrB nur zulässig, wenn der KAPr. zugleich APr. des MU ist[1127]. Andernfalls ist über entsprechende Feststellungen des jeweiligen APr. zu berichten.

686 Erkennt z.B. der KAPr., dass die in den KAnh. übernommene Erklärung nach § 264 Abs. 3 Nr. 4 HGB abgegeben wurde, obwohl die zu diesem Zeitpunkt erfüllbaren Voraussetzungen nicht gegeben sind (z.B. mangels Einbeziehung des TU in den KA), so hat der KAPr. im KPrB über diesen Gesetzesverstoß zu berichten und hierauf im Anschluss an das Prüfungsurteil hinzuweisen[1128].

687 Erkennt der KAPr., dass die in den KAnh. übernommene **Entsprechenserklärung zum DCGK** nach § 161 AktG inhaltlich unzutreffend ist, so hat der KAPr. im KPrB über diesen Gesetzesverstoß gem. § 321 Abs. 1 S. 3 HGB zu berichten[1129].

cc) Gegenstand, Art und Umfang der Prüfung

688 Nach § 321 Abs. 3 HGB ist in einem besonderen Abschnitt des PrB Gegenstand, Art und Umfang der Prüfung zu erläutern. Diese Vorschrift gilt auch für den KPrB, auch wenn sie nicht ausdrücklich auf die Konzernabschlussprüfung Bezug nimmt[1130].

[1125] Vgl. *IDW PS 450*, Tz. 121; ADS[6], § 321, Tz. 190; BeBiKo[8], § 321, Rn. 103; ähnlich *Schichold*, S. 36, 39.
[1126] Vgl. ADS[6], § 321, Tz. 190.
[1127] Vgl. *IDW PS 450*, Tz. 121.
[1128] Vgl. *IDW PH 9.200.1*, Tz. 16.
[1129] Vgl. *IDW PS 345*, Tz. 32.
[1130] Vgl. ADS[6], § 321, Tz. 212.

(1) Gegenstand der Prüfung

Zum Gegenstand der Konzernabschlussprüfung ist die **Rechtsgrundlage der Konzernrechnungslegung** (HGB, PublG, Inanspruchnahme von Befreiungen) anzugeben, auf der die zu prüfende Konzernrechnungslegung basiert[1131]. Das gilt gem. § 315a HGB auch, wenn der KA nicht nach den §§ 290 ff. HGB, sondern nach IFRS aufgestellt wird. 689

Als **Gegenstand der Konzernabschlussprüfung** sind die Konzernbuchführung (vgl. Tz. 704), der KA und der KLB zu nennen[1132]. Darüber hinaus ist anzugeben, dass sich die Konzernabschlussprüfung auf die Prüfung des Konsolidierungskreises, der Ordnungsmäßigkeit der in den KA einbezogenen JA sowie der getroffenen Konsolidierungsmaßnahmen erstreckt. Ferner ist darauf einzugehen, dass die Beachtung der gesetzlichen Vorschriften und der sie ergänzenden Bestimmungen des Gesellschaftsvertrags oder der Satzung des MU geprüft wurde (§ 317 Abs. 3 S. 1 i.V.m. Abs. 1 S. 2 HGB), wenn im KA zusammengefasste JA bisher ungeprüft sind. Entsprechendes gilt für die konsolidierungsbedingten Anpassungen. Es ist darzustellen, dass der APr. in den Fällen des § 264 Abs. 3 HGB auch die Überleitung des JA auf die für KapGes. geltenden Vorschriften (sog. HB II, §§ 300 Abs. 2, 308 HGB) geprüft hat[1133].

Nicht Gegenstand der Konzernabschlussprüfung ist die Prüfung des **konzernweiten Risikofrüherkennungssystems** nach § 317 Abs. 4 HGB. Die Prüfung der konzernweiten Aspekte des Risikofrüherkennungssystems erfolgt im Rahmen der Prüfung des JA des MU. Entsprechend ist die Berichterstattung nicht im PrB zum KA des MU, sondern im PrB zum JA des MU vorzunehmen. Ein diesbezüglicher Hinweis kann klarstellend in den KPrB aufgenommen werden. 690

(2) Art und Umfang der Prüfung

Die Erläuterung von Art und Umfang der Konzernabschlussprüfung umfasst grds. die gleichen berichtspflichtigen Prüfungsinhalte und Angaben wie die Erläuterung zur Jahresabschlussprüfung (vgl. dazu Tz. 161). 691

Nach § 317 Abs. 3 S. 1 HGB hat der KAPr. auch die im KA zusammengefassten JA, insbesondere die konsolidierungsbedingten Anpassungen, zu prüfen. Sind im KA zusammengefasste JA von einem anderen APr. geprüft worden, hat der KAPr. gem. § 317 Abs. 3 S. 2 HGB dessen Arbeit zu **überprüfen**. Im Gegensatz zur bisherigen Regelung ist nach den Änderungen durch das BilMoG eine direkte Verwendung im Sinne einer Übernahme der Arbeitsergebnisse anderer APr. nicht mehr möglich. Vielmehr muss sich der KAPr. von der beruflichen Qualifikation und der fachlichen Kompetenz des anderen APr. überzeugen, die Qualität der Arbeit des anderen APr. beurteilen sowie die Arbeitsergebnisse und die Auswirkungen der Prüfungsfeststellungen des anderen APr. auf das eigene Prüfungsurteil berücksichtigen[1134]. Diese **Verwertung** von wesentlichen Arbeiten anderer APr. hat der KAPr. im KPrB darzustellen[1135]. 692

Entsprechendes gilt allgemein in Bezug auf jeden Teilbereichsprüfer i.S.v. *IDW EPS 320 n.F.*[1136].

1131 Vgl. *IDW PS 450*, Tz. 122, ADS[6], § 321, Tz. 215.
1132 Vgl. ADS[6], § 321, Tz. 213.
1133 Vgl. *IDW PS 450*, Tz. 123.
1134 Vgl. *IDW PS 320*, Tz. 18–26 bzw. *IDW EPS 320 n.F.*, Tz. 15–16, A18–24; BeBiKo[8], § 317, Rn. 37.
1135 Vgl. *IDW PS* 450, Tz. 57; *IDW PS 320*, Tz. 31 bzw. *IDW EPS 320 n.F.*, Tz. 45.
1136 Hierzu ist ggf. auch der *International Standard on Auditing 600: Special Considerations – Audits of Group Financial Statements (Including the Work of Component Auditors)* (deutsch: Besondere Überlegungen zu Konzernabschlussprüfungen; einschließlich der Tätigkeit von Teilbereichsprüfern) zu beachten.

693 Für die nicht bereits geprüften einbezogenen JA sind grds. Art und Umfang der vom KAPr. durchgeführten Prüfungshandlungen den Prüfungsberichtsadressaten zu erläutern.

(3) Aufklärungs- und Nachweispflichten der gesetzlichen Vertreter

694 Die nach § 321 Abs. 2 S. 6 HGB explizit geforderte **Feststellung**, ob die verlangten Aufklärungen und Nachweise erbracht wurden, bezieht sich auf die in § 320 Abs. 3 HGB geregelten Vorlage-, Duldungs- und Auskunftspflichten der gesetzlichen Vertreter des **MU**, der **TU** sowie der **APr.** dieser Unternehmen[1137]. Im Allgemeinen genügt eine positive Feststellung, dass alle erbetenen Aufklärungen und Nachweise erbracht worden sind. Auf die Erfüllung der Aufklärungs- und Nachweispflichten der gesetzlichen Vertreter von TU und ggf. auch deren APr. sollte im KPrB besonders hingewiesen werden[1138]. Wurden Auskünfte nicht erteilt oder Unterlagen nicht vorgelegt, so ist dies im KPrB entsprechend darzustellen (vgl. hierzu auch die Ausführungen unter Tz. 168)[1139].

695 Der KAPr. hat nach dem Wortlaut des § 320 Abs. 3 HGB ggü. **assoziierten Unternehmen** sowie **Gemeinschaftsunternehmen** keines dieser Informationsrechte. Gleichwohl kann es eine ordnungsmäßige Prüfungsdurchführung erfordern, dass der KAPr. das MU veranlasst, entsprechende Auskünfte einzuholen oder eine unmittelbare Verbindung mit den gesetzlichen Vertretern oder dem APr. dieser Unternehmen herzustellen[1140]. Werden erbetene Aufklärungen und Nachweise von Bedeutung nicht oder nur teilweise erbracht, so ist dies unter Angabe der Konsequenzen für den KA grds. im PrB darzustellen[1141].

Generell ist zu beachten, dass unzureichende Prüfungsnachweise in Bezug auf assoziierte Unternehmen durchaus eine Einschränkung des BestV nach sich ziehen können[1142].

dd) Feststellungen und Erläuterungen zur Konzernrechnungslegung

696 Nach § 321 Abs. 2 S. 1 HGB hat der KAPr. im KPrB festzustellen, ob die Buchführung und die weiteren geprüften Unterlagen, der KA und der KLB den **gesetzlichen Vorschriften** und den ergänzenden Bestimmungen des **Gesellschaftsvertrags** oder der **Satzung entsprechen**. Die Berichtsempfänger sollen klar und eindeutig erkennen können, welches die abschließende Auffassung des APr. zu diesen Feststellungsbereichen ist.

(1) Konsolidierungskreis und Konzernabschlussstichtag
(a) Abgrenzung des Konsolidierungskreises

697 Der Konsolidierungskreis der in den KA einbezogenen Unternehmen (§§ 294, 296 HGB) ist grds. aus dem KAnh. durch die Angaben nach § 313 Abs. 2 HGB ersichtlich. Es ist i.d. R. nicht erforderlich, diese Angaben im KPrB zu wiederholen. Der KPrB kann sich deshalb auf die **Feststellung** beschränken, dass diese **Angaben zutreffend** sind. Enthalten die zu prüfenden Unterlagen keine ausreichende und vollständige Aufstellung zum Kon-

---

1137 Vgl. *IDW PS 450*, Tz. 124; *IDW PS 320*, Tz. 15 bzw. *IDW EPS 320 n.F.*, Tz. 17.
1138 Ebenso BeBiKo[8], § 321, Rn. 104 i.V.m. § 320, Rn. 25. Die abweichende Ansicht in ADS[6], § 321, Tz. 205 dürfte sich durch die gesetzliche Neuregelung erledigt haben.
1139 Ebenso ADS[6], § 321, Tz. 205.
1140 Vgl. hierzu HdKonzernR[2], Kapitel II, Rn. 1542. Vgl. in diesem Zusammenhang auch *IDW EPS 320 n.F.*, Tz. A4 bzw. *IDW Arbeitskreis „ISA-Implementierung"*, Fragen und Antworten zur praktischen Anwendung von ISA 600 bzw. IDW EPS 320 n.F. (Stand 30.05.2011), FN-IDW 7/2011, S. 427 ff., Abschnitt 7.2., Frage III.
1141 Ebenso ADS[6], § 321, Tz. 206; HdKonzernR[2], Kap. II, Rn. 1547; a.A. BeBiKo[8], § 321, Rn. 104.
1142 Vgl. hierzu namentlich das Bsp. für ein eingeschränktes Prüfungsurteil in *ISA 600*, Anlage 1.

Berichterstattung über die Konzernabschlussprüfung von Kapitalgesellschaften Q

solidierungskreis, so ist dies unabhängig von möglichen Folgen für das Prüfungsurteil zu beanstanden und zu erläutern[1143].

Der KPrB hat insofern zur Abgrenzung des Konsolidierungskreises auf folgende Sachverhalte **einzugehen**[1144]: **698**

- ob die Angaben zum Konsolidierungskreis zutreffend sind,
- ob von der Nichteinbeziehung (§ 296 HGB) zu Recht Gebrauch gemacht wurde,
- ob von der Quotenkonsolidierung (§ 310 HGB) zu Recht Gebrauch gemacht wurde,
- ob von der Equity-Bilanzierung (§§ 311, 312 HGB) zu Recht Gebrauch gemacht wurde,
- ob ggf. die Equity-Bilanzierung hätte angewendet werden müssen,
- Stetigkeit der Abgrenzung des Konsolidierungskreises,
- ggf. Veränderungen im Konsolidierungskreis ggü. dem Vj. und wie der Verpflichtung zur Herstellung der Vergleichbarkeit aufeinander folgender KA (§ 294 Abs. 2 HGB) Rechnung getragen wurde.

(b) Konzernabschlussstichtag

Der KA ist auf den Stichtag des JA des MU aufzustellen (§ 299 Abs. 1 HGB). **699**

Weichen die Stichtage der JA der einbezogenen TU vom Stichtag des KA ab (§ 299 Abs. 3 HGB) und wurde zur Einbeziehung in den KA **kein Zwischenabschluss** gemäß § 299 Abs. 2 S. 2 HGB erstellt, ist festzustellen, ob die Voraussetzungen hierfür vorgelegen haben und ob auf Vorgänge von besonderer Bedeutung für die Vermögens-, Finanz- und Ertragslage des TU zwischen diesen Stichtagen eingegangen wurde. Daneben ist festzustellen, inwieweit sich aus der Nichterstellung eines Zwischenabschlusses Unsicherheiten ergeben[1145].

(2) Ordnungsmäßigkeit der in den Konzernabschluss einbezogenen Abschlüsse

Im KPrB ist auch auf die Ergebnisse der Prüfung nach § 317 Abs. 3 HGB einzugehen und **700** festzustellen, ob die in den KA **einbezogenen JA ordnungsmäßig** sind[1146]. Die Prüfung der einbezogenen JA[1147] nach der Vorschrift des § 317 Abs. 3 HGB entspricht einer **Vollprüfung** mit dem Unterschied, dass abschließend **keine gesonderten Prüfungsberichte** erstellt und **keine gesonderten Bestätigungsvermerke** erteilt werden[1148]. Ferner kann dieser Prüfung die für die Konzernabschlussprüfung maßgebliche Wesentlichkeitsgrenze zugrunde gelegt werden[1149]. Wesentliche Einwendungen gegen die Ordnungsmäßigkeit dieser JA sind in den KPrB aufzunehmen[1150].

Sind die JA von einem anderen APr. geprüft worden, hat der KAPr. gem. § 317 Abs. 3 S. 2 **701** HGB dessen Arbeit zu überprüfen und dies im PrB zu dokumentieren (vgl. hierzu auch die Ausführungen unter Tz. 692)[1151].

1143 Vgl. *IDW PS 450*, Tz. 125; ADS⁶, § 321, Rn. 199.
1144 Vgl. auch *IDW PS 450*, Tz. 126.
1145 Vgl. *IDW PS 450*, Tz. 127.
1146 Vgl. *IDW PS 450*, Tz. 128.
1147 Bei den einbezogenen JA handelt es sich i.d.R. um die bereits an die konzerneinheitlichen Rechnungslegungsgrundsätze und -methoden angepassten Rechnungslegungsinformationen, die sog. HB II, die meist in Form von Reporting Packages vorgelegt werden. Vgl. BeBiKo⁸, § 317, Rn. 35.
1148 Vgl. ADS⁶, § 317, Tz. 183; *Forster*, WPg 1998, S. 47.
1149 Vgl. ADS⁶, § 317, Tz. 206; BeBiKo⁸, § 317, Rn. 36.
1150 Vgl. *IDW PS 450*, Tz. 128.
1151 Vgl. *IDW PS 320*, Tz. 32a bzw. *IDW EPS 320 n.F.*, Tz. 47, A47. Vgl. hierzu auch *ISA 600: Special Considerations – Audits of Group Financial Statements (Including the Work of Component Auditors)*.

702 Darüber hinaus ist anzugeben, ob die **Anpassung der Rechnungslegungsinformationen** der einzubeziehenden Unternehmen an die konzerneinheitliche Bilanzierung und Bewertung im KA (sog. HB II, §§ 300 Abs. 2, 308 HGB) ordnungsgemäß durchgeführt wurde[1152].

703 Im Falle der Einbeziehung von Abschlüssen **ausländischer Unternehmen** in den KA ist auch über die sich hieraus ergebenden **Besonderheiten** bei der Beurteilung der Ordnungsmäßigkeit der einbezogenen Abschlüsse und deren Prüfung sowie über die Anpassungen an die konzerneinheitliche Bilanzierung und Bewertung zu berichten[1153].

(3) Konzernbuchführung und weitere geprüfte Unterlagen

704 In § 321 Abs. 2 S. 1 HGB werden explizit der KA und der KLB angesprochen, nicht dagegen eine „**Konzernbuchführung**"[1154]. Die Verpflichtung zur konzerneinheitlichen Bilanzierung (§ 300 HGB) und Bewertung (§ 308 HGB), die Verfolgung einer ggf. eigenständigen Konzernbilanzpolitik sowie generell die anzuwendenden Konsolidierungsmethoden erfordern aufgrund der damit verbundenen Anpassungen, Umbewertungen und Fortschreibungen eine Konzernbuchführung[1155]. Die Konzernbuchführung ist Gegenstand der Konzernabschlussprüfung.

705 Der KAPr. hat deshalb nach klar h.M. im KPrB auch die **Ordnungsmäßigkeit der Konzernbuchführung** festzustellen[1156]. Für die Konzernabschlussprüfung und -berichterstattung ist unter Buchführung i.S.v. § 321 Abs. 2 S. 1 HGB die Gesamtheit der Konsolidierungsunterlagen – auch der statistischen – zu verstehen, die für die Entwicklung des KA (aus den JA der einbezogenen Unternehmen) notwendig sind[1157].

706 Die Angaben zur Konzernbuchführung können in einem **gesonderten Abschnitt** oder im Rahmen der Feststellung und Erläuterung der Ordnungsmäßigkeit des KA vorgenommen werden.

707 Bei den Angaben zur Konzernbuchführung kann es ggf. sinnvoll sein, auch die **organisatorischen Vorkehrungen** für die Erstellung des KA darzustellen. In einem solchen Fall sollte z.B. auf das Vorliegen interner Konzernabschlussrichtlinien, eines einheitlichen Kontenplans, das Formular- und Berichtswesen[1158] sowie auf das System der Überleitung und Anpassung der einzelnen Posten nach jeweiligem Landesrecht auf die einheitlichen Rechnungslegungsvorschriften des MU (HB II) eingegangen werden. Erläutert werden kann z.B. auch, ob die Erstellung der HB II, ggf. die Durchführung von Vorkonsolidierungen in mehrstufigen Konzernen sowie die Währungsumrechnung dezentral oder zentral vom MU durchgeführt werden und wie sich der Einsatz von EDV für Konsolidierungszwecke sowie das Ineinandergreifen von EDV-technischer und manueller Bearbeitung darstellen.

1152 Vgl. *IDW PS 450*, Tz. 130.
1153 Vgl. *IDW PS 450*, Tz. 131.
1154 Vgl. hierzu allg. *Ruhnke*, Konzernbuchführung. In *IDW PS 450*, Tz. 133 wird der Begriff „Konsolidierungsbuchungen" verwendet.
1155 Ebenso ADS[6], § 321, Tz. 193.
1156 Vgl. *IDW PS 450*, Tz. 133; ADS[6], § 321, Tz. 194; HdKonzernR[2], Kapitel II, Rn. 1491; wohl a.A. HdR[5], § 321, Rn. 86.
1157 Vgl. ADS[6], § 321, Tz. 194.
1158 Vgl. ADS[6], § 321, Tz. 194.

(4) Ordnungsmäßigkeit des Konzernabschlusses

Nach § 321 Abs. 2 S. 1 HGB hat der KAPr. im KPrB festzustellen, ob der **KA** den **gesetzlichen Vorschriften** und den ergänzenden Bestimmungen des Gesellschaftsvertrags bzw. der Satzung des MU entspricht[1159]. Diese Feststellung erstreckt sich auf die Konzernbilanz, Konzern-GuV, den KAnh., die Kapitalflussrechnung und den EK-Spiegel (§ 297 Abs. 1 S. 1 HGB) sowie ggf. die (freiwillige) Segmentberichterstattung (§ 297 Abs. 1 S. 2 HGB).

708

Es ist insbesondere festzustellen, ob der KA **ordnungsmäßig aus den einbezogenen Abschlüssen abgeleitet** wurde, d.h. ob die angewandten Konsolidierungsmethoden den gesetzlichen Vorschriften entsprechen und somit deren Ordnungsmäßigkeit gegeben ist. Hierzu gehört auch die Feststellung, ob die Konsolidierungsbuchungen zutreffend fortgeführt werden[1160].

709

Sofern im KA ein gesetzliches Wahlrecht abweichend von einer durch das Bundesministerium der Justiz (BMJ) bekannt gemachten Empfehlung des Deutschen Rechnungslegungs Standards Committee (**DRSC**) zur Anwendung der Grundsätze über die Konzernrechnungslegung ausgeübt wird[1161], begründet dies keine Einwendung des KAPr. gegen die Ordnungsmäßigkeit der Konzernrechnungslegung. Der KAPr. hat jedoch im PrB auf eine solche Abweichung hinzuweisen[1162].

710

Zum **KAnh.** ist festzustellen, ob die gesetzlich geforderten Angaben vollständig und zutreffend sind[1163]. Die Feststellungen zum Ergebnis der Prüfung des KAnh. sollten in einen gesonderten Berichtsabschnitt aufgenommen werden[1164]. Für den Fall, dass die Prüfung des KAnh. keine Beanstandungen ergibt, genügt i.d.R. die **Feststellung**, dass der KAnh. alle nach den gesetzlichen Vorschriften erforderlichen Angaben und Erläuterungen zutreffend enthält[1165].

711

Enthält der Konzernabschluss weitere Elemente (z.B. Segmentberichterstattung), so ist eine Feststellung auch zu deren Ordnungsmäßigkeit zu treffen[1166].

Zur KFR und ggf. zur Segmentberichterstattung ist festzustellen, ob sie ordnungsgemäß sind und damit den Grundsätzen, die ihrer Erstellung zugrunde lagen (z.B. IFRS), genügen.

712

ee) Konzernlagebericht

Nach § 321 Abs. 2 S. 1 HGB ist im KPrB darzustellen, ob der KLB den gesetzlichen Vorschriften und den ergänzenden Bestimmungen des Gesellschaftsvertrags oder der Satzung des MU entspricht. Für die Ausführungen zum **KLB** gelten die Grundsätze für die Berichterstattung über den LB entsprechend (vgl. Tz. 194).

713

1159 Vgl. *IDW PS 450*, Tz. 132.
1160 Vgl. *IDW PS 450*, Tz. 133.
1161 Vgl. auch *IDW PS 201*, Tz. 12.
1162 Vgl. *IDW PS 450*, Tz. 134.
1163 Vgl. *IDW PS 450*, Tz. 135.
1164 Ebenso ADS[6], § 321, Tz. 202.
1165 Falls Anhangangaben zur Entsprechenserklärung gem. § 161 AktG nicht vorhanden, unvollständig oder unzutreffend sind, ist darüber im KPrB zu berichten. Vgl. *IDW PS 345*, Tz. 32.
1166 Vgl. *IDW PS 450*, Tz. 135.

ff) Gesamtaussage des Konzernabschlusses

714 Der KAPr. hat auch auf die im BestV abzugebende Erklärung einzugehen, ob der KA nach seiner Beurteilung unter Beachtung der GoB oder sonstiger maßgeblicher Rechnungslegungsgrundsätze ein den tatsächlichen Verhältnissen entsprechendes Bild der Vermögens-, Finanz- und Ertragslage des Konzerns vermittelt. Hierbei ist entsprechend § 321 Abs. 2 S. 3 HGB auf die **Gesamtaussage** des KA, wie sie sich aus dem Zusammenwirken von Konzernbilanz, Konzern-GuV, KAnh., KFR, EK-Spiegel, ggf. ergänzt um eine Segmentberichterstattung ergibt, abzustellen[1167].

715 Bei der Beurteilung der Gesamtaussage ist auch darauf einzugehen, wie sich im Rahmen der Konsolidierung ausgeübte Wahlrechte, ausgenutzte Ermessensspielräume sowie sachverhaltsgestaltende Maßnahmen auf die Darstellung der Vermögens-, Finanz- und Ertragslage des Konzerns auswirken[1168]. Beispiele dafür können sein[1169]:

- Abgrenzung des Konsolidierungskreises,
- Behandlung von Differenzen aus der Zwischenergebniseliminierung (auch bei assoziierten Unternehmen) und der Schuldenkonsolidierung,
- Behandlung aktiver latenter Steuern in der HB II.

gg) Aufgliederungen und Erläuterungen

716 Eine zusammenfassende Darstellung der Vermögens-, Finanz- und Ertragslage im KPrB ist – ebenso wie im PrB zum JA – nicht gesetzlich vorgeschrieben und gehört insoweit nicht zum gesetzlich bestimmten Mindestinhalt. Analysierende Darstellungen zur Vermögens-, Finanz- und Ertragslage des geprüften Konzerns stellen für die Adressaten des PrB i.d.R. jedoch eine wesentliche Unterstützung durch die Abschlussprüfung dar.

Die **Darstellung** der Entwicklung der Vermögens-, Finanz- und Ertragslage ist immer dann angezeigt, wenn der **KA nicht wesentlich durch den Jahresabschluss des MU geprägt** ist und somit zusätzliche Erkenntnisse ggü. den Erläuterungen des JA des MU gewonnen werden können.

717 Für die Darstellungen zur Vermögens-, Finanz- und Ertragslage im KPrB gelten die Ausführungen zum Bericht über die JA-Prüfung entsprechend (vgl. Tz. 238–260).

718 Im KPrB kann regelmäßig auf die Aufnahme einer KFR verzichtet werden, da diese nach § 297 Abs. 1 S. 1 HGB Bestandteil des KA ist. Segmentbezogene Darstellungen der Vermögens-, Finanz- und Ertragslage werden ggf. auf einer gemäß § 297 Abs. 1 S. 2 HGB freiwillig aufgestellten Segmentberichterstattung im KA aufbauen.

hh) Feststellungen zum Risikofrüherkennungssystem

719 Im Rahmen der Konzernabschlussprüfung besteht keine Verpflichtung zur Prüfung des Risikofrüherkennungssystems. Diese Prüfung nach § 317 Abs. 4 HGB ist Gegenstand der Jahresabschlussprüfung beim MU. Folglich hat die Berichterstattung über die Prüfung des Risikofrüherkennungssystems von MU nach § 321 Abs. 4 HGB nicht im PrB über die Konzernabschlussprüfung, sondern zwingend im PrB zum JA des MU zu erfolgen[1170].

[1167] Vgl. *IDW PS 450*, Tz. 136, 72.
[1168] Vgl. *IDW PS 450*, Tz. 137.
[1169] Vgl. *IDW PS 450*, Tz. 137.
[1170] Vgl. P Tz. 151.

Berichterstattung über die Konzernabschlussprüfung von Kapitalgesellschaften   Q

Aufgrund der zunehmenden Bedeutung der Konzernrechnungslegung und im Sinne einer   720
umfassenden und in sich geschlossenen Berichterstattung durch den APr. wünschen Auftraggeber, wie die Praxis zeigt, auch im KPrB Ausführungen zur Prüfung des Risikofrüherkennungssystems. Bei ausdrücklicher Beauftragung spricht nichts dagegen, dass der KAPr., wenn er zugleich APr. des JA des MU ist, die im PrB zum JA des MU getroffenen Feststellungen und gemachten Ausführungen im KPrB wiederholt und entsprechend darauf hinweist[1171]. Die Berichterstattung im KPrB kann dabei im Inhalt und Umfang nicht über die Darstellungen im PrB zum JA des MU hinausgehen.

ii) Wiedergabe des Bestätigungsvermerks, Unterzeichnung und Vorlage des Konzernprüfungsberichts

Nach § 322 Abs. 7 S. 2 HGB ist der **Bestätigungsvermerk** oder der Vermerk über seine   721
Versagung in den Bericht über die Konzernabschlussprüfung aufzunehmen. Der Bericht ist vom Prüfer des KA zu **unterzeichnen** (§ 321 Abs. 5 HGB). Auf die entsprechenden Ausführungen zum Bericht über den JA kann insoweit verwiesen werden (vgl. hierzu Tz. 276). Auch beim Bericht über die Konzernabschlussprüfung kann die **Zusammenfassung des Prüfungsergebnisses vor der Wiedergabe des Bestätigungsvermerks entfallen,** wenn sie bereits Bestandteil der vorangestellten Berichterstattung ist. Im Hinblick auf die zusammenfassende vorangestellte Berichterstattung im KPrB und die Ausgestaltung des BestV als Bestätigungsbericht erscheint eine solche Darstellung nicht erforderlich[1172].

Der KPrB ist den gesetzlichen Vertretern bzw. bei Erteilung des Prüfungsauftrags durch   722
den AR dem AR des MU, das den KA aufzustellen hat, vorzulegen.

jj) Anlagen zum Konzernprüfungsbericht

(1) Obligatorische Berichtsanlagen

Die Anlagen des KPrB umfassen: Konzernbilanz, Konzern-GuV, KAnh., KFR, EK-   723
Spiegel, ggf. Segmentberichterstattung, und den KLB sowie vereinbarte Auftragsbedingungen.

Ob weitere Anlagen beigefügt werden, hängt von den Verhältnissen des Einzelfalls ab.

(2) Fakultative Berichtsanlagen

Als fakultative Berichtsanlagen kommen z.B. in Betracht: Darstellung der rechtlichen   724
Verhältnisse und der wirtschaftlichen Grundlagen des Konzerns und deren Veränderungen, Schaubild über den Konzernaufbau, Verzeichnis der einbezogenen Konzernunternehmen, Aufstellungen über Kapital- und Schuldenkonsolidierung, Aufgliederungen bestimmter Posten, Darstellung der Entwicklung der Konzernbilanz und Konzern-GuV aus den JA, Aufstellung über die APr. der einbezogenen Konzernunternehmen, Übersicht der JA von nach § 317 Abs. 3 S. 1 HGB vom KAPr. geprüften Unternehmen. Die Beifügung der VollstE ist nicht erforderlich und auch nicht üblich[1173].

1171 Vgl. P Tz. 152.
1172 Vgl. auch BeBiKo[8], § 321, Rn. 119 i.V.m. Rn. 91 sowie ADS[6], § 321, Tz. 222, 223.
1173 Hinsichtlich der Einholung von VollstE i.R. einer Konzernabschlussprüfung ist zu beachten, dass eine solche berufsüblicherweise nicht nur von den gesetzlichen Vertretern des Mutterunternehmens einzuholen ist, sondern grds. auch für alle Tochterunternehmen, die gem. § 317 Abs. 3 HGB einer „Prüfung" oder einem „Review" durch den KAPr. unterlegen haben.

725 Eine über die von § 321 Abs. 2 S. 5 HGB geforderte Aufgliederung und Erläuterung von Posten des KA im KPrB hinausgehende umfassende Aufgliederung und Erläuterung der einzelnen Posten des KA hat i.d.R. nur bei entsprechend ergänztem Auftrag an den KAPr. zu erfolgen.

726 Eine Berichterstattung über die rechtlichen Verhältnisse und die wirtschaftlichen Grundlagen des Konzerns gehört nicht zum gesetzlich bestimmten Pflichtinhalt des KPrB.

727 Die Darstellung wesentlicher Veränderungen der **rechtlichen Verhältnisse**, ggf. auch im neuen Geschäftsjahr, entspricht, wie beim Bericht über die Jahresabschlussprüfung, langjähriger **Berufsübung** und kann im Einzelfall zweckmäßig sein. Die Anforderungen, die an diese Ausführungen im PrB zum JA zu stellen sind, gelten insoweit entsprechend. Als **konzernspezifische Angaben** sind vor allem der rechtliche Aufbau des Konzerns und ggf. seine Veränderungen ggü. dem Vj. darzustellen.

728 Auch bezüglich der **wirtschaftlichen Grundlagen** des Konzerns gelten die Ausführungen zum PrB über den JA entsprechend. Der Inhalt und Umfang dieser Angaben sollte sich vornehmlich nach dem Informationswert richten, den er **für die Berichtsempfänger** hat. Bloße Wiederholungen von Angaben aus dem KAnh. und KLB sind jedenfalls entbehrlich. Es ist meist zweckmäßig, die maßgebenden Daten in Form einer tabellarischen Gegenüberstellung über einen Zeitraum von z.B. 5 Jahren darzustellen, da dadurch der Informationswert dieser Angaben für die Berichtsempfänger wesentlich erhöht werden kann. Es kann sachgerecht sein, die Angaben zur Entwicklung der wirtschaftlichen Grundlagen unmittelbar den Darstellungen zur Vermögens-, Finanz- und Ertragslage des Konzerns voranzustellen.

729 Der **Umfang der Berichterstattung** hängt auch davon ab, inwieweit die Lage des Konzerns von den wirtschaftlichen Verhältnissen des MU geprägt wird und folglich zusätzliche Erkenntnisse für die Konzernbeurteilung gewonnen werden können. Zu berücksichtigen ist ferner, inwieweit derartige Informationen bereits durch die Berichterstattung im PrB zum JA des MU abgedeckt werden; insoweit sind bloße **Wiederholungen** unter Einbeziehung eines Hinweises zu **vermeiden**.

d) Zusammengefasster Prüfungsbericht

730 § 325 Abs. 3a HGB sieht für den Fall, dass der KA zusammen mit dem JA des MU oder mit einem von diesem nach internationalen Rechnungslegungsstandards (IFRS) aufgestellten Einzelabschluss nach § 325 Abs. 2a HGB bekannt gemacht wird, die Möglichkeit vor, die Vermerke des APr. nach § 322 HGB zu beiden Abschlüssen zusammenzufassen und dann auch die jeweiligen PrB zusammenzufassen.

731 Der APr. hat nach pflichtgemäßem Ermessen zu entscheiden, ob und in welcher Weise er einen **zusammengefassten Bericht** über seine Prüfung des JA des MU und des KA erstellt. Aus Gründen der Klarheit der Berichterstattung sollte das Wahlrecht zur Zusammenfassung von PrB und BestV einheitlich und nach Möglichkeit stetig ausgeübt werden. Gegen eine Zusammenfassung des PrB sprechen häufig **praktische Probleme** einer übersichtlichen Berichtsgestaltung. Liegen die Voraussetzungen vor, so besteht für den APr. die Möglichkeit, nicht aber die Pflicht zur Zusammenfassung der Berichte. Von Einzelfällen abgesehen, erlangt die Erstellung zusammengefasster Berichte bislang nur geringe praktische Bedeutung. Von der Zusammenfassung der BestV und/oder PrB empfiehlt es sich nur dann Gebrauch zu machen, wenn die Rechnungslegung gemeinsame Teile aufweist, d.h. wenn z.B. nach § 298 Abs. 3 HGB der KAnh. und der Anh. des MU bzw. nach § 315 Abs. 3 HGB der KLB und der LB des MU zusammengefasst werden. Für

Berichterstattung über die Konzernabschlussprüfung von Kapitalgesellschaften   Q

eine Zusammenfassung bieten sich insbesondere die Fälle an, in denen der KA im Wesentlichen durch den JA des MU geprägt wird und beide Abschlüsse nach denselben Rechnungslegungsgrundsätzen aufgestellt werden. Wird der KA nach IFRS und der JA des MU nach HGB aufgestellt, so muss im Einzelfall geprüft werden, ob durch eine Zusammenfassung der PrB eine klare, übersichtliche und aussagefähige Berichterstattung überhaupt gewährleistet werden kann.

Werden JA und KA von **verschiedenen APr.** geprüft, kommt eine zusammengefasste Berichterstattung nicht in Betracht, weil kein Fall der gemeinsamen Abschlussprüfung vorliegt[1174].   732

Nach dem Gesetzeswortlaut ebenfalls nicht zulässig ist eine zusammengefasste Berichterstattung über den JA eines TU und den KA des MU, auch wenn es sich bei dem MU um eine Holding handelt und das TU den KA prägt[1175].

Der zusammengefasste PrB muss dabei allen **Anforderungen** genügen, die für die **getrennte Berichterstattung** gelten. Das bedeutet insbesondere, dass die Feststellungen z.B. nach § 321 Abs. 1 S. 2 und 3, Abs. 2 HGB sowohl für den JA des MU als auch für den KA zu treffen sind[1176].   733

Die Möglichkeiten zur Verbindung der beiden PrB sind bei den einzelnen Abschnitten des Berichts unterschiedlich groß und hängen von den Gegebenheiten des Einzelfalles ab. Eine unmittelbare **Zusammenfassung** der PrB-Inhalte kommt z.B. bei der Darstellung des Prüfungsauftrags oder der Feststellungen zum zusammengefassten Anh. und LB in Betracht. Bei spezifischen Sachverhalten zum JA und zum KA, wie z.B. notwendige Aufgliederungen und Erläuterungen der Posten des JA sowie des KA bzw. bei Angaben zur Abgrenzung des Konsolidierungskreises oder zu den Konsolidierungsmethoden, muss eine **getrennte** Berichterstattung erfolgen. Zur Gliederung und zum Aufbau des PrB wird im Übrigen auf Tz. 70 und Tz. 670 verwiesen.   734

e) **Besonderheiten der Berichterstattung über die Prüfung von nach internationalen Rechnungslegungsstandards aufgestellten Einzel- und Konzernabschlüssen**

Stellt das zu prüfende Unternehmen den KA nach IFRS, wie sie in der EU aufgrund der IFRS-Verordnung[1177] anzuwenden sind, und den ergänzend nach § 315 Abs. 1 HGB anzuwendenden Vorschriften auf, ist ein PrB nach § 321 HGB zu erstellen. Bei der Berichterstattung über die Prüfung von nach Rechnungslegungsstandards i.S.v. § 315a HGB aufgestellten EA und KA sind abweichend von bzw. ergänzend zu den allgemeinen Grundsätzen der Berichterstattung zur Konzernabschlussprüfung Besonderheiten zu beachten[1178].   735

Als **Gegenstand der Prüfung** sind die nach den IFRS, wie sie in der EU anzuwenden sind, geforderten Unterlagen anzugeben, die auf die Beachtung der entsprechenden Standards zu prüfen sind[1179].   736

1174 Vgl. ADS[6], § 322, Tz. 406.
1175 Vgl. BeBiKo[8], § 321, Rn. 122.
1176 Vgl. *IDW PS 450*, Tz. 138.
1177 Verordnung (EG) Nr. 1606/2002, Abl.EG 2002, Nr. L 243, S. 1.
1178 Vgl. *IDW PS 450*, Tz. 139. Vgl. Tz. 762 zu Konzernabschlüssen gem. § 315a HGB.
1179 Vgl. *IDW PS 450*, Tz. 140.

Nach § 325 Abs. 2a HGB bzw. 315a Abs. 1 HGB besteht auch bei einem nach solchen internationalen Rechnungslegungsstandards aufgestellten EA bzw. KA die Verpflichtung zur Aufstellung eines § 289 HGB bzw. § 315 HGB entsprechenden LB bzw. KLB[1180].

737 Die Verpflichtung des APr. zur **Stellungnahme zu der Beurteilung der Lage des Unternehmens bzw. Konzerns** durch die gesetzlichen Vertreter gemäß § 321 Abs. 1 S. 2 HGB besteht grds. nur, soweit die geprüften Unterlagen eine solche Beurteilung durch den APr. erlauben. Die geprüften Unterlagen i.S.v. § 321 Abs. 1 S. 2 HGB umfassen im Fall eines gemäß § 325 Abs. 2a HGB bzw. § 315a HGB aufgestellten EA bzw. KA die nach den in der EU anzuwendenden Standards geforderten Unterlagen sowie den LB bzw. KLB[1181].

738 Die Berichterstattung nach § 321 Abs. 2 S. 3 HGB ist darauf auszurichten, dass der EA bzw. KA insgesamt unter Beachtung der in der EU anzuwendenden Rechnungslegungsstandards ein den tatsächlichen Verhältnissen entsprechendes Bild der Vermögens-, Finanz- und Ertragslage der Gesellschaft bzw. des Konzerns vermittelt[1182].

2. Bestätigungsvermerk

a) Allgemeines

739 § 322 HGB enthält eine gemeinsame Regelung für den BestV bzw. Versagungsvermerk zum JA und zum KA. Die dargestellten Grundsätze zum BestV für den JA gelten entsprechend für die Erteilung von BestV bei Konzernabschlussprüfungen[1183]. Dies gilt insb. für die Bestandteile, Formen, Ergänzungen, Hinweise im Rahmen der Beurteilung des Prüfungsergebnisses und für die Erteilung des BestV.

740 Der BestV zum KA deckt inhaltlich die Ordnungsmäßigkeit dieses Abschlusses, die ordnungsmäßige Konsolidierung und den KLB ab[1184].

b) Besonderheiten des Bestätigungsvermerks zum Konzernabschluss

741 Die Besonderheiten des KA wirken sich auf die einzelnen Bestandteile des BestV (vgl. Tz. 363) wie folgt aus[1185]:

aa) Einleitender Abschnitt

742 Bei der **Nennung des geprüften Unternehmens** ist die Firma des MU, das den KA aufgestellt hat, anzugeben. Bei der **Beschreibung des Prüfungsgegenstands** ist der Hinweis auf Buchführung, JA und LB durch den Hinweis auf KA und KLB zu ersetzen. Auch wenn die ordnungsmäßige Erstellung eines KA i.d.R. eine Konzernbuchführung erfordert, die damit letztlich vom Prüfungsergebnis mit umfasst wird, ist ein Hinweis hierauf nicht zu geben[1186]. Gemäß § 297 Abs. 1 HGB enthält der KA neben Konzernbilanz, Konzern-GuV und Konzernanhang auch eine KFR und einen EK-Spiegel. Er kann um eine Segmentberichterstattung erweitert werden. Auf diese zusätzlichen Bestandteile der Konzernrechnungslegung ist ausdrücklich hinzuweisen[1187].

1180 Vgl. *IDW PS 450*, Tz. 140.
1181 Vgl. *IDW PS 450*, Tz. 141.
1182 Vgl. *IDW PS 450*, Tz. 143.
1183 Vgl. *IDW PS 400*, Tz. 88.
1184 Vgl. ADS[6], § 322, Tz. 380.
1185 Besonderheiten des BestV zum KA nach § 315a HGB sind unter Tz. 762 dargestellt.
1186 Ebenso ADS[6], § 322, Tz. 384; vgl. *IDW PS 400*, Anhang Nr. 2.
1187 Da diese Bestandteile des KA gem. § 297 Abs. 1 HGB nicht Erweiterungen des KAnh., sondern eigenständige Bestandteile des KA sind, reicht der Verweis auf den KAnh. nicht aus.

Berichterstattung über die Konzernabschlussprüfung von Kapitalgesellschaften Q

Enthält der **Gesellschaftsvertrag oder die Satzung** ergänzende Vorschriften über den KA bzw. den KLB, so ist dies, analog zum JA (vgl. Tz. 387), anzugeben. **743**

bb) Beschreibender Abschnitt
Im beschreibenden Abschnitt empfiehlt es sich, die Einzelangaben zum **Prüfungsumfang** um den Hinweis auf die Prüfung **744**

- der Abgrenzung des Konsolidierungskreises,
- der angewandten Konsolidierungsgrundsätze und
- der in den KA einbezogenen JA

zu ergänzen[1188].

Bei der Prüfung von in den KA einbezogenen JA stützt sich der KAPr. nach Maßgabe von § 317 Abs. 3 S. 2 HGB häufig auf die Prüfungsergebnisse anderer Prüfer (Teilbereichsprüfer i.S.v. *IDW EPS 320 n.F.*). Hinweisende Angaben auf diesen Umstand im Rahmen der Beschreibung des Prüfungsumfangs im BestV sind nicht sachgerecht, da aufgrund der Gesamtverantwortung des KAPr. keine zusätzliche Informationsnotwendigkeit besteht[1189]. **745**

cc) Beurteilung durch den Abschlussprüfer
Entsprechend den Grundsätzen zu Inhalt und Formen des Prüfungsurteils (vgl. Tz. 408) trifft der APr. in einem uneingeschränkten BestV zum KA die positive Gesamtaussage, **746**

- dass die von ihm durchgeführte Prüfung zu keinen Einwendungen geführt hat,
- dass der KA den gesetzlichen Vorschriften entspricht,
- dass der KA unter Beachtung der GoB oder sonstiger maßgeblicher Rechnungslegungsgrundsätze ein den tatsächlichen Verhältnissen entsprechendes Bild der Vermögens-, Finanz- und Ertragslage des Konzerns vermittelt (Generalnorm),
- dass der KLB mit dem KA in Einklang steht, insgesamt ein zutreffendes Bild von der Lage des Konzerns vermittelt sowie die Chancen und Risiken der zukünftigen Entwicklung zutreffend darstellt.

Die Bestätigung, dass sich **keine Einwendungen** gegen die Gesetzmäßigkeit ergeben haben, bezieht sich auf den KA und den KLB[1190]. Neben den bereits zum JA dargestellten Fällen können sich zusätzliche Einwendungen aus Verstößen gegen Vorschriften und Grundsätze für den KA/KLB ergeben, insb. in Bezug auf die Abgrenzung des Konsolidierungskreises und Konsolidierungsmaßnahmen (zu Einzelheiten vgl. Tz. 752). Bei der Beurteilung der Wesentlichkeit von Mängeln oder Prüfungshemmnissen ist in quantitativer Hinsicht die Konzern-Größenordnung als Maßstab heranzuziehen[1191]. **747**

Die **Formulierungsempfehlung** des IDW für einen uneingeschränkten BestV bei Konzernabschlussprüfungen ist *IDW PS 400*, Anhang 2 zu entnehmen. **748**

Eine Erweiterung der Aussage zur **Generalnorm** um die Zahlungsströme ist nicht erforderlich. **749**

1188 Vgl. *IDW PS 400*, Tz. 91.
1189 Vgl. *IDW PS 400*, Tz. 93; *IDW PS 320*, Tz. 33 bzw. *IDW EPS 320 n.F.*, Tz. 48.
1190 Vgl. dazu auch Tz. 414.
1191 Vgl. BeBiKo[8], § 322, Rn. 120.

750 Auf **bestandsgefährdende Risiken** ist gem. § 322 Abs. 2 S. 3 HGB auch im BestV zum KA gesondert einzugehen. Da der Konzern als solcher keinen formalistischen Bestand hat, der aus rechtlichen oder tatsächlichen Gründen gefährdet sein könnte, ist davon auszugehen, dass unter diesem Punkt auf entsprechende Risiken des MU und auf bestandsgefährdende Risiken von TU einzugehen ist[1192]. Auf Risiken, die den Fortbestand eines TU gefährden, braucht im BestV zum KA nicht eingegangen zu werden, wenn das TU für die Vermittlung eines den tatsächlichen Verhältnissen entsprechenden Bildes der Vermögens-, Finanz- und Ertragslage des Konzerns nur von untergeordneter Bedeutung ist (§ 322 Abs. 2 S. 4 HGB). Dies entspricht dem Maßstab des § 296 Abs. 2 HGB[1193].

751 Für ergänzende **Hinweise** im Rahmen der Beurteilung des Prüfungsergebnisses kommen ebenfalls konzernspezifische Besonderheiten in Frage. Hierzu zählt insb., dass sich ggf. wesentliche Unsicherheiten daraus ergeben, dass ein Zwischenabschluss für ein in den KA einbezogenes Unternehmen mit abweichendem Abschlussstichtag nicht erstellt wurde (§ 299 Abs. 2 HGB)[1194]. Ein Hinweis kommt auch in Betracht, wenn der KAPr. erkennt, dass eine in den KAnh. übernommene Erklärung über die Befreiung eines TU nach § 264 Abs. 3 HGB abgegeben wurde, obwohl die zu diesem Zeitpunkt erfüllbaren Voraussetzungen nicht gegeben sind[1195].

752 Für die **Einschränkung** des Vermerks oder einen **Versagungsvermerk** zum KA können sich zusätzlich zu den in Tz. 509 genannten Einwendungsgründen die **Einwendungen des Konzernabschlussprüfers** bspw. auch beziehen auf[1196]:

– die Nichtbeachtung oder unzutreffende Anwendung der Vorschriften über die Abgrenzung des Konsolidierungskreises. Einwendungen können sich auch darauf beziehen, dass das Wahlrecht nach § 296 Abs. 1 oder 2 HGB nicht den Voraussetzungen entsprechend gehandhabt wird;

– die Wahl eines vom Abschlussstichtag des MU abweichenden Konzernabschlussstichtages;

– die mangelhafte Aufbereitung der konsolidierten JA und eine nicht ausreichende Dokumentation der Konsolidierung und der sie vorbereitenden Maßnahmen;

– Verstöße gegen den Grundsatz der konzerneinheitlichen Bewertung nach § 308 HGB, ferner, wenn die Ausnahmeregelungen nach § 308 Abs. 2 S. 3 und 4 HGB trotz fehlender Voraussetzungen in Anspruch genommen oder in willkürlicher Weise gehandhabt wurden;

– Verstöße gegen den Grundsatz der Vollständigkeit der Konzernbilanz (§ 300 Abs. 2 HGB) unter Berücksichtigung der für das MU geltenden Bilanzierungsgebote, -wahlrechte und -verbote;

– Verstöße gegen die Grundsätze, nach denen der KA aus den JA zu entwickeln ist, insb. also gegen die Gliederungs- und Bewertungsgrundsätze für den KA sowie die Regeln für die Kapital-, Schulden-, Zwischenergebnis- und Erfolgskonsolidierung einschl. der Behandlung der sich daraus ergebenden Beträge und Steuerabgrenzungen;

– Verstöße gegen die Vorschriften über die anteilsmäßige Konsolidierung und den Wertansatz der Beteiligungen an assoziierten Unternehmen nach der Equity-Methode, einschl. der Behandlung dabei entstehender Unterschiedsbeträge;

1192 Vgl. ADS[6], § 322, Tz. 394.
1193 Vgl. RegBegr. BT-Drs. 15/3419, S. 44.
1194 Vgl. *IDW PS 400*, Tz. 92.
1195 Vgl. *IDW PH 9.200.1*, Tz. 16.
1196 Vgl. insb. *IDW PS 400*, Tz. 94.

- die Währungsumrechnung bei der Einbeziehung ausländischer Unternehmen in den KA;
- die Nichtbeachtung der Generalnorm des § 264 Abs. 2 HGB;
- Mängel des KAnh. und des KLB[1197];
- Mängel der KFR, des EK-Spiegels und der Segmentberichterstattung;
- das Fehlen der für die Gesamtbeurteilung notwendigen Angaben (einschl. der nach § 315 Abs. 2 Nr. 1 bis 3 HGB berichtspflichtigen Einzelangaben) oder wenn die Darstellung im KLB ein zutreffendes Bild von der Lage des Konzerns nicht vermittelt. Einwendungen gegen den KAnh. können sich ergeben, wenn die Ausführungen nach § 313 Abs. 1 HGB und die Einzelangaben nach §§ 313 Abs. 2 u. 3, 314 HGB nicht oder nicht vollständig gemacht wurden;
- Verstöße gegen die Pflichten des MU und der TU einschließlich deren APr., dem KAPr. die für die Durchführung der Prüfung erforderlichen Unterlagen zur Verfügung zu stellen und die notwendigen Aufklärungen zu erteilen (§ 320 Abs. 3 HGB);
- die Nichtverwendbarkeit der Arbeit eines anderen externen Prüfers einer Teileinheit.

Wenn es dem KAPr. nicht möglich ist, durch eigene, unmittelbar auf die Teileinheit bezogene Prüfungen zu einer hinreichend sicheren Beurteilung über die Teileinheit zu gelangen, liegt ein Prüfungshemmnis vor[1198]. 753

Einwendungen gegen die in den KA **einbezogenen JA** führen – auch wenn deren Prüfung zu einer Einschränkung des BestV oder zur Erteilung eines Versagungsvermerks geführt hat – nur dann zu Einwendungen gegen den KA, wenn die festgestellten Mängel der JA nicht im Rahmen der Konsolidierung behoben wurden und für den KA von wesentlicher Bedeutung sind[1199]. 754

Für die **Formulierung** des eingeschränkten BestV und des Versagungsvermerks zum KA gelten die gleichen Grundsätze wie zum JA (vgl. Tz. 482 und Tz. 501). Danach hat der KAPr. die Einschränkung des BestV zum KA zu begründen und so darzustellen, dass deren Tragweite erkennbar wird (§ 322 Abs. 4 S. 3 und 4 HGB). Beabsichtigt der KAPr. einen Versagungsvermerk zum KA zu erteilen, so hat er die Versagung in den Vermerk zum KA, der nicht mehr als BestV zu bezeichnen ist, aufzunehmen (§ 322 Abs. 4 S. 2 HGB). Die Versagung ist zu begründen (§ 322 Abs. 4 S. 3 HGB). Eine Darstellung der Tragweite der Versagung verlangt das Gesetz nicht ausdrücklich, kann aber im Einzelfall erforderlich sein (vgl. auch Tz. 500). 755

c) Einzelfragen zum Bestätigungsvermerk bei Konzernabschlüssen

aa) Zusammengefasster Bestätigungsvermerk

Wenn der KA und der JA des MU bzw. der EA nach § 325 Abs. 2a HGB des MU gemeinsam offengelegt werden, besteht nach § 325 Abs. 3a HGB ein **Wahlrecht** für den KAPr., die **Bestätigungsvermerke** und die **Prüfungsberichte** jeweils **zusammenzufassen**. Die Zusammenfassung von KAnh. und Anh. und/oder des KLB und des LB des MU ist nicht Voraussetzung für die Zusammenfassung von BestV und PrB. Es empfiehlt sich jedoch, von der Zusammenfassung nur dann Gebrauch zu machen, wenn die Rechnungslegung gemeinsame Teile aufweist. 756

Eine Zusammenfassung der BestV kommt bspw. in Betracht, wenn der KA nach HGB und der EA nach IFRS (§ 325 Abs. 2a HGB) aufgestellt wurden oder der KA nach IFRS und 757

1197 Vgl. auch die Ausführungen zum JA, Tz. 515, Tz. 518.
1198 Vgl. *IDW PS 320*, Tz. 35 bzw. *IDW EPS 320 n.F.*, Tz. 40–42.
1199 Vgl. *IDW PS 400*, Tz. 95; *IDW PS 320*, Tz. 34 bzw. *IDW EPS 320 n.F.*, Tz. 49.

der JA des MU nach HGB. Es obliegt hierbei dem pflichtgemäßen Ermessen des KAPr. zu beurteilen, ob in solchen Fällen, in denen die Abschlüsse nach unterschiedlichen Rechnungslegungsstandards aufgestellt wurden, bei einer Zusammenfassung der BestV noch der Forderung nach einer allgemeinverständlichen, klaren und übersichtlichen Darstellung entsprochen werden kann.

Werden KAnh. und/oder KLB mit Anh. bzw. LB des MU zusammengefasst, nicht jedoch die BestV, sind in den gesonderten BestV jeweils Hinweise auf den einheitlichen Anh. und/oder LB erforderlich.

Die Zusammenfassung der BestV ist auch Voraussetzung für eine Zusammenfassung der PrB (§ 325 Abs. 3a letzter Satzteil HGB).

758 Voraussetzung für den zusammengefassten BestV ist ferner, dass der bestellte APr. für JA bzw. EA nach § 325 Abs. 2a HGB und KA identisch ist; werden unterschiedliche APr. bestellt, liegt kein Fall einer gemeinsamen Abschlussprüfung vor[1200].

759 Bei der **Formulierung** des zusammengefassten BestV ist auf Vollständigkeit der Darstellung der einzelnen Bestandteile des BestV für den JA bzw. EA nach § 325 Abs. 2a HGB und für den KA zu achten. Für den uneingeschränkten BestV im Fall einer zusammengefassten Lageberichterstattung wird die in *IDW PS 400*, Anhang 3 enthaltene Formulierung empfohlen[1201].

760 Der Gesetzgeber bezieht die Möglichkeit der Zusammenfassung auf „die Vermerke des Abschlussprüfers nach § 322 HGB" (§ 325 Abs. 3a HGB). Diese Formulierung schließt neben dem uneingeschränkten BestV auch den eingeschränkten BestV sowie den Versagungsvermerk ein. Eine Zusammenfassung der BestV kommt somit auch dann in Frage, wenn der APr. den BestV zum JA bzw. EA nach § 325 Abs. 2a HGB des MU und/oder KA **eingeschränkt** hat; eine Zusammenfassung ist insoweit möglich, als Gegenstand, Begründung und Darstellung der Tragweite der Einschränkung eindeutig und zweifelsfrei ersichtlich sind.

761 Eine Zusammenfassung der Vermerke kommt nicht in Betracht, wenn der BestV zu einem der Abschlüsse versagt, zu dem anderen jedoch (ggf. eingeschränkt) erteilt wird, da § 322 Abs. 4 S. 2 HGB ausdrücklich bestimmt, dass der Versagungsvermerk nicht als BestV bezeichnet werden darf[1202].

bb) Konzernabschlüsse nach § 315a HGB

762 Für den BestV gem. § 322 HGB ergeben sich folgende **Besonderheiten**:

763 Im **einleitenden Abschnitt** ist darzulegen, dass KA und KLB nach den von der EU aufgrund der sog. IAS-Verordnung[1203] übernommenen Rechnungslegungsstandards und den ergänzenden Vorschriften des § 315a Abs. 1 HGB aufgestellt wurden[1204].

1200 So auch ADS[6], § 322, Tz. 406.
1201 ADS[6], § 322, Tz. 404 schlägt Abweichungen insb. zur Formulierung des beschreibenden Abschnitts vor.
1202 Vgl. ADS[6], § 322, Tz. 405.
1203 Verordnung (EG) Nr. 1606/2002 des Europäischen Parlaments und des Rates v. 19.07.2002 betreffend die Anwendung internationaler Rechnungslegungsstandards, Abl.EG 2002, Nr. L 243, S. 1.
1204 Da die von der EU anerkannten IFRS nicht notwendigerweise mit den (vollumfänglichen) IFRS übereinstimmen, ist auf die „IFRS, wie sie in der EU anzuwenden sind", Bezug zu nehmen (vgl. *IDW PS 400*, Anhang 4). Handelt es sich um einen nach § 315a HGB aufgestellten Abschluss, der auch den IFRS insgesamt entspricht, ist im einleitenden Abschnitt darzustellen, dass für den Abschluss die gleichzeitige Entsprechung mit den IFRS insgesamt geprüft werden soll (vgl. *IDW PS 400,* Anhang 5).

Berichterstattung über die Konzernabschlussprüfung von Kapitalgesellschaften   **Q**

Beschreibender Abschnitt: Die Durchführung von gesetzlichen Abschlussprüfungen hat nach den **deutschen Prüfungsgrundsätzen** zu erfolgen. Dies gilt auch, wenn ein der Prüfung zugrunde liegender Abschluss nicht nach den §§ 290 ff. HGB aufgestellt wurde[1205]. Bei Nennung der beachteten Grundsätze ist deshalb auch im Fall von § 315a HGB zwingend auf die vom IDW festgestellten deutschen GoA Bezug zu nehmen[1206].   764

Beurteilung durch den Abschlussprüfer: Bei der Aussage zum *true and fair view* sind anstelle der GoB-Restriktion die IFRS, wie sie in der EU anzuwenden sind, und die ergänzenden Vorschriften des § 315a Abs. 1 HGB zu nennen.   765

Konsequenzen für den BestV können sich im Einzelfall dann ergeben, wenn ein KA nach § 315a HGB zwar den von der EU aufgrund der IFRS-Verordnung übernommenen Rechnungslegungsstandards, nicht jedoch den originären IFRS entspricht[1207].

Für einen uneingeschränkten BestV zu einem nach den IFRS aufgestellten KA nach § 315a HGB wird auf die in *IDW PS 400,* Anhänge 4 u 5 enthaltenen **Formulierungen** verwiesen.   766

d) Sonderfälle von Bestätigungsvermerken bei Konzernabschlussprüfungen

Die oben dargestellten Grundsätze (vgl. Tz. 579, 595, 608) für   767

- die **bedingte Erteilung des BestV**,
- **Nachtragsprüfungen** (§ 316 Abs. 3 HGB) bzw.
- den **Widerruf** des BestV,

gelten in Bezug auf den BestV zu einer Konzernabschlussprüfung grds. gleichermaßen.

Wird der BestV zum JA eines wesentlichen Konzernunternehmens **widerrufen**, muss im Einzelfall beurteilt werden, ob bzw. inwieweit dies Auswirkungen auch auf den KA oder den KLB und damit auch den diesbezüglichen BestV hat[1208].   768

e) Bestätigungsvermerke nach ISA

Gem. § 317 Abs. 5 HGB hat der APr. bei der Durchführung von Abschlussprüfungen die internationalen Prüfungsstandards (International Standards on Auditing – ISA) anzuwenden, soweit diese Standards von der EU-Kommission offiziell angenommen worden sind. Bis dato ist eine Annahme noch nicht erfolgt[1209].   769

Zur Unterstützung der Berufsangehörigen in Zusammenhang mit der Durchführung von Abschlussprüfungen, bei denen ergänzend die Beachtung der ISA vereinbart ist, hat der HFA am 24.11.2010 eine **Formulierungsempfehlung** für den Fall eines uneingeschränkten BestV über die gesetzliche Abschlussprüfung eines nach § 315a HGB aufgestellten KA und des zugehörigen KLB, die unter ergänzender Beachtung der ISA durchgeführt wurde, verabschiedet[1210].   770

Nach *IDW PS 400* sollte ein **Prüfungsurteil mit uneingeschränkt positiver Gesamtaussage** in diesem Fall wie folgt formuliert werden[1211]:   771

1205 Vgl. *IDW PS 201,* Tz. 20.
1206 Vgl. *IDW PS 400,* Anhang 4.
1207 Vgl. *IDW,* FN-IDW 2005, S. 429.
1208 Vgl. BeBiKo[8], § 322, Rn. 177.
1209 Vgl. zum Verfahrensstand *Heininger,* WPg 2010, S. 17.
1210 Vgl. FN-IDW 2010, S. 537; WPg Supplement 4/2010, S. 25.
1211 Vgl. *IDW PS 400,* Anhang 4a.

„Bestätigungsvermerk des unabhängigen Abschlussprüfers

An die ... [Gesellschaft]

Vermerk zum Konzernabschluss

Wir haben den beigefügten Konzernabschluss der ... [Gesellschaft] und ihrer Tochtergesellschaften – bestehend aus Konzernbilanz, Konzerngesamtergebnisrechnung, Konzerneigenkapitalveränderungsrechnung, Konzernkapitalflussrechnung und Konzernanhang für das Geschäftsjahr vom ... [Datum] bis zum ... [Datum] – geprüft.

Verantwortung der gesetzlichen Vertreter für den Konzernabschluss
Die gesetzlichen Vertreter der ... [Gesellschaft] sind verantwortlich für die Aufstellung dieses Konzernabschlusses. Diese Verantwortung umfasst, dass dieser Konzernabschluss in Übereinstimmung mit den IFRS, wie sie in der EU anzuwenden sind, und den ergänzend nach § 315a Abs. 1 HGB anzuwendenden deutschen gesetzlichen Vorschriften aufgestellt wird und unter Beachtung dieser Vorschriften ein den tatsächlichen Verhältnissen entsprechendes Bild der Vermögens-, Finanz- und Ertragslage des Konzerns vermittelt. Die gesetzlichen Vertreter sind auch verantwortlich für die internen Kontrollen, die sie als notwendig erachten, um die Aufstellung eines Konzernabschlusses zu ermöglichen, der frei von wesentlichen – beabsichtigten oder unbeabsichtigten – falschen Darstellungen ist.

Verantwortung des Abschlussprüfers
Unsere Aufgabe ist es, auf der Grundlage unserer Prüfung ein Urteil zu diesem Konzernabschluss abzugeben. Wir haben unsere Abschlussprüfung in Übereinstimmung mit § 317 HGB unter Beachtung der vom Institut der Wirtschaftsprüfer (IDW) festgestellten deutschen Grundsätze ordnungsmäßiger Abschlussprüfung sowie unter ergänzender Beachtung der International Standards on Auditing (ISA) durchgeführt. Danach haben wir die Berufspflichten einzuhalten und die Abschlussprüfung so zu planen und durchzuführen, dass hinreichende Sicherheit darüber erlangt wird, ob der Konzernabschluss frei von wesentlichen falschen Darstellungen ist.

Eine Abschlussprüfung beinhaltet die Durchführung von Prüfungshandlungen, um Prüfungsnachweise für die im Konzernabschluss enthaltenen Wertansätze und sonstigen Angaben zu erlangen. Die Auswahl der Prüfungshandlungen liegt im pflichtgemäßen Ermessen des Abschlussprüfers. Dies schließt die Beurteilung der Risiken wesentlicher – beabsichtigter oder unbeabsichtigter – falscher Darstellungen im Konzernabschluss ein. Bei der Beurteilung dieser Risiken berücksichtigt der Abschlussprüfer das interne Kontrollsystem, das relevant ist für die Aufstellung eines Konzernabschlusses, der ein den tatsächlichen Verhältnissen entsprechendes Bild vermittelt. Ziel hierbei ist es, Prüfungshandlungen zu planen und durchzuführen, die unter den gegebenen Umständen angemessen sind, jedoch nicht, ein Prüfungsurteil zur Wirksamkeit des internen Kontrollsystems des Konzerns abzugeben. Eine Abschlussprüfung umfasst auch die Beurteilung der Angemessenheit der angewandten Rechnungslegungsmethoden und der Vertretbarkeit der von den gesetzlichen Vertretern ermittelten geschätzten Werte in der Rechnungslegung sowie die Beurteilung der Gesamtdarstellung des Konzernabschlusses.

Wir sind der Auffassung, dass die von uns erlangten Prüfungsnachweise ausreichend und geeignet sind, um als Grundlage für unser Prüfungsurteil zu dienen.

Prüfungsurteil
Gemäß § 322 Abs. 3 S. 1 HGB erklären wir, dass unsere Prüfung des Konzernabschlusses zu keinen Einwendungen geführt hat.

Nach unserer Beurteilung aufgrund der bei der Prüfung gewonnenen Erkenntnisse entspricht der Konzernabschluss in allen wesentlichen Belangen den IFRS, wie sie in der EU anzuwenden sind, und den ergänzend nach § 315a Abs. 1 HGB anzuwendenden deutschen gesetzlichen Vorschriften und vermittelt unter Beachtung dieser Vorschriften ein den tatsächlichen Verhältnissen entsprechendes Bild der Vermögens- und Finanzlage des Konzerns zum ... [Datum] sowie der Ertragslage für das an diesem Stichtag endende Geschäftsjahr.

Vermerk zum Konzernlagebericht

Wir haben den beigefügten Konzernlagebericht der ... [Gesellschaft] für das Geschäftsjahr vom ... [Datum] bis ... [Datum] geprüft. Die gesetzlichen Vertreter der ... [Gesellschaft] sind verantwortlich für die Aufstellung des Konzernlageberichts in Übereinstimmung mit den nach § 315a Abs. 1 HGB anzuwendenden deutschen gesetzlichen Vorschriften. Wir haben unsere Prüfung in Übereinstimmung mit § 317 Abs. 2 HGB und unter Beachtung der für die Prüfung des Konzernlageberichts vom Institut der Wirtschaftsprüfer (IDW) festgestellten deutschen Grundsätze ordnungsmäßiger Abschlussprüfung durchgeführt. Danach ist die Prüfung des Konzernlageberichts so zu planen und durchzuführen, dass hinreichende Sicherheit darüber erlangt wird, ob der Konzernlagebericht mit dem Konzernabschluss sowie mit den bei der Abschlussprüfung gewonnenen Erkenntnissen in Einklang steht, insgesamt ein zutreffendes Bild von der Lage des Konzerns vermittelt und die Chancen und Risiken der zukünftigen Entwicklung zutreffend darstellt.

Gemäß § 322 Abs. 3 Satz 1 HGB erklären wir, dass unsere Prüfung des Konzernlageberichts zu keinen Einwendungen geführt hat.

Nach unserer Beurteilung aufgrund der bei der Prüfung des Konzernabschlusses und Konzernlageberichts gewonnenen Erkenntnisse steht der Konzernlagebericht in Einklang mit dem Konzernabschluss, vermittelt insgesamt ein zutreffendes Bild von der Lage des Konzerns und stellt die Chancen und Risiken der zukünftigen Entwicklung zutreffend dar.

(Ort des Abschlussprüfers)

(Datum des Bestätigungsvermerks des Abschlussprüfers)

(Unterschrift des Abschlussprüfers)

Wirtschaftsprüfer"

Zum Aufbau eines BestV unter Berücksichtigung von *ISA 700* im Allgemeinen siehe Tz. 633.

3. Kommunikation mit dem Aufsichtsorgan

§ 171 Abs. 1 S. 2 AktG gilt auch für Konzernabschlussprüfungen, so dass der KAPr. auch an den Verhandlungen des AR und/oder des Prüfungsausschusses über den KA und den KLB (**Bilanzsitzung**) teilzunehmen und dabei über die wesentlichen Ergebnisse seiner Prüfung zu berichten hat[1212], um den AR insoweit bei der Überwachung der (Konzern-) Geschäftsführung zu unterstützen[1213].

Im Rahmen der mündlichen Berichterstattung des KAPr. zur Konzernabschlussprüfung ist neben den in Tz. 655 erwähnten Themen auf **Besonderheiten im Konzern** einzu-

---

1212 Vgl. *IDW PS 470*, Tz. 1b; *Scheffler*, WPg 2002, S. 1289; *Theisen*, Informationspflicht und Berichterstattung des Aufsichtsrats, S. 40; siehe hierzu auch Tz. 36 sowie R Tz. 919 ff.
1213 Vgl. *IDW PS 470*, Tz. 2.

gehen, wie beispielsweise Änderungen des Konsolidierungskreises, die Behandlung von Geschäfts- oder Firmenwerten etc.[1214]. Daneben empfiehlt es sich, den AR über wesentliche Abweichungen von den Empfehlungen des Deutschen Rechnungslegungs Standards Committee (DRSC) zu informieren[1215].

775 Darüber hinaus sollten Prüfungsfeststellungen bei **wesentlichen Konzernunternehmen**, die aufgrund § 321 Abs. 1 S. 3 HGB auf Ebene des JA des betroffenen Konzernunternehmens berichtspflichtig waren oder (wegen Inanspruchnahme von § 264 Abs. 3 HGB bzw. § 264b HGB) gewesen wären, grds. für die mündliche Berichterstattung an den AR vorgesehen werden. Dies gilt namentlich für den Fall, dass sich daraus Schlüsse auf Schwächen des konzernweit auszurichtenden Risikofrüherkennungssystems ziehen lassen.

776 Da Konzernabschlüsse vielfach nach International Financial Reporting Standards (**IFRS**) aufgestellt werden (§ 315a HGB), während dem JA des MU die deutschen handelsrechtlichen Vorschriften zugrunde liegen, kann es sich empfehlen, auf daraus resultierende Unterschiede in der Bilanzierung und Bewertung einzugehen und ggf. eine Überleitung vom Konzernjahresergebnis (nach IFRS) auf das Jahresergebnis (nach **HGB**) des MU darzustellen und zu erläutern.

Außerdem sollte grds. auf die Entwicklung wesentlicher einzelner Konzerngesellschaften eingegangen werden. Sofern eine **Segmentberichterstattung** erfolgt, dürfte es sinnvoll sein, eine gemeinsame und übergreifende Darstellung zu wählen.

IV. Besonderheiten bei der Berichterstattung über Abschlussprüfungen nach dem Publizitätsgesetz sowie über freiwillige Abschlussprüfungen

1. Allgemeines

777 Die in *IDW PS 450* und *IDW PS 400* dargelegten Grundsätze für die ordnungsmäßige Berichterstattung und für die ordnungsmäßige Erteilung von BestV bei Abschlussprüfungen gelten **für andere gesetzlich vorgeschriebene** und für solche gesetzlich nicht vorgeschriebene (**freiwillige**) Abschlussprüfungen, für die ein BestV i.S.v. § 322 HGB erteilt werden soll, **entsprechend**[1216]. Auf die Berichterstattung und die Erteilung des BestV bei anderen Abschlussprüfungen wird daher nachfolgend nur insoweit eingegangen, als sich Besonderheiten ergeben.

778 Besonderheiten des Prüfungsergebnisses bei anderen Abschlussprüfungen resultieren bspw. aus Erweiterungen des Prüfungsgegenstands (z.B. Ordnungsmäßigkeit der Geschäftsführung, Erhaltung des Stiftungsvermögens), einem zulässigen Verzicht auf die Aufstellung von LB und/oder Anh. oder aus der Nichtanwendung der Generalnorm des § 264 Abs. 2 HGB.

779 Bei Erweiterungen des Prüfungsgegenstands ist nach den in *IDW PS 400* dargelegten Prüfungsgrundsätzen im Einzelfall zu entscheiden, ob hierüber eine Beurteilung im BestV vorzunehmen ist oder ob die Feststellungen dazu ausschließlich im PrB zu treffen sind[1217]. Der zulässige Verzicht auf LB und/oder Anh. hat Auswirkungen auf die Stellungnahme des APr. zur Lagebeurteilung der gesetzlichen Vertreter im PrB und die durch den APr. im

---

1214 Vgl. *IDW PS 470*, Tz. 22.
1215 Vgl. *IDW PS 470*, Tz. 25.
1216 Vgl. *IDW PS 400*, Tz. 5; *IDW PS 450*, Tz. 3, 20.
1217 Vgl. *IDW PS 400*, Tz. 11, 12.

Interesse der Berichtsadressaten vorzunehmenden Aufgliederungen und Erläuterungen der Posten des JA. Auch die Nichtbeachtung oder die freiwillige Erfüllung der Generalnorm des § 264 Abs. 2 HGB hat Auswirkungen auf Art und Umfang der Berichterstattung im PrB. Entsprechendes gilt für den BestV.

Die Empfehlungen in *IDW PS 400* sind grds. auch bei der Formulierung des BestV bei anderen Abschlussprüfungen heranzuziehen und dabei entsprechend den rechtsform- oder wirtschaftszweigspezifischen Besonderheiten anzupassen. Für Einzelfälle hat das IDW Formulierungsempfehlungen für den Wortlaut des BestV in *IDW Prüfungshinweisen (IDW PH)* dargelegt. 780

2. Unternehmen, die unter das Publizitätsgesetz fallen

Der JA von Unternehmen, die unter das Publizitätsgesetz[1218] fallen, ist nach § 6 Abs. 1 PublG unter Einbeziehung der Buchführung und des LB prüfungspflichtig. Die **Prüfungsvorschriften** entsprechen in allen wesentlichen Punkten denen der §§ 316 bis 323 HGB. Über die Prüfung ist zu berichten und ein BestV zu erteilen. Hat keine Prüfung stattgefunden, kann der JA nicht festgestellt werden[1219]. 781

a) Prüfungsbericht
aa) Grundsätze der Berichterstattung

Nach § 6 Abs. 1 PublG gilt **§ 321 HGB** über den PrB von KapGes. für nach den Vorschriften des PublG aufgestellte JA und LB **sinngemäß**. Entsprechendes gilt gem. § 14 Abs. 1 PublG für nach dem PublG aufgestellte KA. Die Ausführungen zur Berichterstattung über die Abschlussprüfung von KapGes., einschl. der Grundsätze des *IDW PS 450*, gelten daher grds. auch für Pflichtprüfungen von JA und KA von dem PublG unterliegenden Unternehmen (vgl. Tz. 67). 782

Der Berichterstattung über die freiwillige Prüfung des JA vergleichbare Besonderheiten ergeben sich, wenn (z.B. gem. § 5 Abs. 6 PublG i.V.m. § 264 Abs. 4 HGB) zulässigerweise auf die Aufstellung von LB und/oder Anh. verzichtet wird und die Generalnorm des § 264 Abs. 2 HGB nicht zwangsläufig anzuwenden ist (vgl. Tz. 842). 783

Nach § 7 PublG gelten die §§ 170 Abs. 3, 171 Abs. 1 S. 2 u. 3 AktG für Unternehmen mit AR sinngemäß. Die aktiengesetzlichen Regelungen bezüglich der Aushändigung des PrB an die Mitglieder des AR und zur Teilnahmeverpflichtung des APr. an der Bilanzsitzung des AR finden daher bei dem PublG unterliegenden Unternehmen entsprechend Anwendung. Zu Einzelheiten vgl. Tz. 12. 784

bb) Besonderheiten des Prüfungsberichts zum Jahresabschluss
(1) Gliederung

Aufgrund des u.U. verminderten Prüfungsumfangs (z.B. zulässiger Verzicht auf die Aufstellung des LB gem. § 5 Abs. 2 PublG für Personenhandelsgesellschaften und Einzelkaufleute) können bei PrB über Jahresabschlussprüfungen nach PublG ggf. bestimmte **Berichtsabschnitte entfallen**. Falls kein LB aufgestellt wird, entfallen die Abschnitte zur Gesamtaussage des JA und zum LB[1220]; ebenso entfallen die Feststellungen zum Risi- 785

[1218] Gesetz über die Rechnungslegung von bestimmten Unternehmen und Konzernen (Publizitätsgesetz – PublG) v. 15.08.1969, BGBl. I, S. 1189, zuletzt geändert durch Gesetz v. 25.05.2009, BGBl. I, S. 1102.
[1219] Vgl. ADS[6], § 6 PublG, Tz. 8.
[1220] Vgl. *IDW PS 450*, Tz. 34.

kofrüherkennungssystem, wenn mit dem Auftraggeber die Prüfung des Risikofrüherkennungssystems nicht freiwillig vereinbart wurde.

(2) Stellungnahme zur Lagebeurteilung der gesetzlichen Vertreter

786 Nach § 6 Abs. 1 PublG i.V.m. § 321 Abs. 1 S. 2 HGB hat der APr. im PrB **vorweg** zur Beurteilung der Lage des Unternehmens durch die gesetzlichen Vertreter **Stellung** zu **nehmen**, wobei insbesondere auf die Beurteilung des Fortbestandes und der künftigen Entwicklung des Unternehmens unter Berücksichtigung des LB einzugehen ist, soweit der LB und die sonstigen geprüften Unterlagen eine solche Beurteilung erlauben.

787 Wird **kein LB** aufgestellt, kann der APr. zur Lagebeurteilung durch die gesetzlichen Vertreter, wie sie ansonsten im LB zum Ausdruck kommt, mangels Vorlage eines Beurteilungsobjekts nicht explizit nach § 321 Abs. 1 S. 2 HGB Stellung nehmen. Darauf sollte der APr. im PrB klarstellend hinweisen. Das Vorliegen **besonderer Umstände** kann auch bei fehlendem LB eine Pflicht zur Berichterstattung begründen (vgl. Tz. 103).

(3) Berichterstattung über Bestandsgefährdungen oder Entwicklungsbeeinträchtigungen und über Unregelmäßigkeiten

788 Nach § 6 Abs. 1 PublG i.V.m. **§ 321 Abs. 1 S. 3 HGB** besteht eine Berichtspflicht über Bestandsgefährdungen, Entwicklungsbeeinträchtigungen und über Unregelmäßigkeiten, die der APr. bei Durchführung der Abschlussprüfung festgestellt hat. Wenn der APr. bei Durchführung der Prüfung keine berichtspflichtigen entwicklungsbeeinträchtigenden oder bestandsgefährdenden Tatsachen oder Unregelmäßigkeiten feststellt, ist gem. § 321 Abs. 1 S. 3 HGB keine Negativfeststellung erforderlich.

789 Bei **Einzelkaufleuten** können sich Entwicklungsbeeinträchtigungen oder Bestandsgefährdungen auch aus der Möglichkeit der **Vollstreckung** privater Gläubiger des Einzelkaufmanns in das betriebliche Vermögen o.Ä. ergeben. Die Feststellung von aus der privaten Vermögenssituation des Eigentümers resultierenden Risiken für den Fortbestand der Unternehmung ist nicht Aufgabe des Abschlussprüfers. Erkennt der APr. bei ordnungsgemäßer Durchführung der Abschlussprüfung jedoch, dass das betriebliche Vermögen des Einzelkaufmanns durch **private Schulden** erheblich gefährdet ist oder Privatgläubiger bereits in das Betriebsvermögen vollstreckt haben, ist grds. ein entsprechender Hinweis an dieser Stelle in den PrB aufzunehmen. Im Sinne einer problem- und adressatenorientierten Berichterstattung sind Ausführungen zu einer aus privaten Schulden resultierenden Bestandsgefährdung im PrB jedenfalls dann erforderlich, wenn der APr. auch im BestV darüber berichtet[1221].

Entsprechendes gilt bei Personenhandelsgesellschaften grds. auch in Bezug auf deren einzelne Gesellschafter.

790 Ist entgegen § 5 Abs. 4 PublG **Privatvermögen** der Gesellschafter einer Personenhandelsgesellschaft oder des Inhabers einer Einzelunternehmung in den JA einbezogen worden, ist eine Unregelmäßigkeit in der Rechnungslegung gegeben, über die nach den allgemeinen Grundsätzen zu berichten ist. Darüber hinaus sind in solchen Fällen Auswirkungen auf den BestV zu prüfen.

1221 Vgl. *StN HFA 1/1972 i.d.F. 1990*, Punkt 2.; ADS[6], § 6 PublG, Tz. 17; BeBiKo[8], § 322, Rn. 86. Siehe auch Tz. 822.

(4) Ordnungsmäßigkeit des Jahresabschlusses

Der APr. hat darauf einzugehen, inwieweit das Unternehmen freiwillig oder aufgrund gesellschaftsvertraglicher Vorgaben im Grundsatz die für große KapGes. bzw. große KapCoGes. (§ 267 HGB) geltenden Anforderungen an den JA erfüllt und damit auch im Anh. jene Angaben macht, die unter Beachtung der GoB oder sonstiger maßgeblicher Rechnungslegungsgrundsätze zur Vermittlung eines den tatsächlichen Verhältnissen entsprechenden Bildes der Vermögens-, Finanz- und Ertragslage notwendig sind[1222]. Hintergrund hierfür ist, dass dem PublG unterliegende Gesellschaften, die für KapGes. einschlägige Generalnorm des § 264 Abs. 2 HGB nicht zu beachten brauchen[1223].

791

Nach § 6 Abs. 2 PublG hat sich die Prüfung des JA bei Personenhandelsgesellschaften und Einzelkaufleuten auch darauf zu erstrecken, ob deren Privatvermögen sowie die damit in Zusammenhang stehenden Aufwendungen und Erträge nicht in den JA aufgenommen worden sind (§ 5 Abs. 4 PublG). Die Nichteinbeziehung des Privatvermögens beruht auf einem **allgemeinen Bilanzierungsgrundsatz**[1224], so dass die Einhaltung dieser Vorschrift in die Feststellung der Konformität des JA mit Gesetz und Gesellschaftsvertrag mit eingeschlossen ist und daher grds. nicht gesondert festgestellt zu werden braucht.

792

Werden die für große KapGes. bzw. große KapCoGes. geltenden Vorschriften von dem geprüften Unternehmen nicht freiwillig angewendet, entfallen im nachfolgenden Abschnitt i.d.R. die Feststellungen zur Gesamtaussage des JA. Eine entsprechende Aussage, dass das geprüfte Unternehmen weder gesetzlich noch gesellschaftsvertraglich zur Aufstellung eines Anh. verpflichtet ist, kann in diesem Fall zur Klarstellung in den Abschnitt zur Ordnungsmäßigkeit des JA mit aufgenommen werden.

793

(5) Gesamtaussage des Jahresabschlusses

Nach § 321 Abs. 2 S. 3 HGB hat der APr. **festzustellen**, ob die Generalnorm des § 264 Abs. 2 HGB beachtet wurde. Kommt der APr. zu der Beurteilung, dass der JA – unter Zugrundelegung des Maßstabs der für eine große KapGes. bzw. große KapCoGes. geltenden Anforderungen – in gesetzeskonformer Weise kein den tatsächlichen Verhältnissen entsprechendes Bild der Vermögens-, Finanz- und Ertragslage der Gesellschaft vermittelt, namentlich wenn kein Anh. aufgestellt wird, so entfällt jedoch diese Feststellung und der darauf bezogene Unterabschnitt „Feststellungen zur Gesamtaussage des Jahresabschlusses".

794

Falls das zu prüfende Unternehmen **keinen Anh.** aufstellt, hat der APr. in seinem PrB die Bewertungsgrundlagen, deren Änderungen sowie sachverhaltsgestaltende Maßnahmen darzustellen und ggf. Aufgliederungen und Erläuterungen von Posten vorzunehmen, soweit dies im Interesse einer Einschätzung der Aussage des JA durch die Berichtsadressaten, d.h. Gesellschafter bzw. Aufsichtsorgan, erforderlich erscheint[1225]. Die Ausführlichkeit der Angaben gehen in einem solchen Fall regelmäßig über den üblichen Umfang bei Existenz eines Anh.[1226] hinaus.

795

1222 Vgl. *IDW PS 450*, Tz. 70. Zu den Anforderungen i.Z.m. der Anwendung von für KapGes. abweichenden Vorschriften, welche die Erfüllung der Generalnorm berühren, vgl. *IDW PH 9.200.1*, Tz. 10. Zu Aspekten der handelsrechtlichen Rechnungslegung bei Personenhandelsgesellschaften siehe *IDW RS HFA 7* bzw. *IDW ERS HFA 7 n.F.*
1223 Vgl. § 5 Abs. 1 S. 2 PublG.
1224 Vgl. ADS[6], § 6 PublG, Tz. 17, § 246 HGB, Tz. 426.
1225 Vgl. *IDW PS 450*, Tz. 76.
1226 Vgl. *IDW PS 450*, Tz. 74–75.

(6) Aufgliederungen und Erläuterungen

796 Umfang und Detaillierungsgrad von Aufgliederungen und Erläuterungen von Posten des JA sind von den **Gegebenheiten des Einzelfalls** abhängig. Insb. bei Unternehmen mit gering ausgeprägtem internem Berichtswesen empfiehlt es sich, analysierende Darstellungen zur Vermögens-, Finanz- und Ertragslage in einen eigenständigen Abschnitt des PrB aufzunehmen[1227]. Häufig werden derartige, über die gesetzlichen Anforderungen hinaus gehende, Aufgliederungen und Erläuterungen auch direkt beauftragt.

(7) Lagebericht

797 Einzelkaufleute und Personenhandelsgesellschaften sind gem. § 5 Abs. 2 PublG nicht zur Aufstellung eines LB verpflichtet. An einen freiwillig erstellten und auftragsgemäß geprüften LB sind die gleichen Anforderungen wie an einen obligatorischen LB zu stellen. Daher ist für einen **freiwillig erstellten LB** entsprechend § 321 Abs. 2 S. 1 HGB im PrB festzustellen, ob er den gesetzlichen Vorschriften (§ 289 HGB) und den ergänzenden Bestimmungen des Gesellschaftsvertrags oder der Satzung des geprüften Unternehmens entspricht.

798 Ein freiwillig aufgestellter Lagebericht ist dementsprechend in den Bestätigungsvermerk mit einzubeziehen[1228].

cc) Besonderheiten des Prüfungsberichts zum Konzernabschluss

799 Im Gegensatz zum JA nach PublG ist stets ein KLB aufzustellen und der KA immer um einen KAnh. zu erweitern (§ 13 Abs. 2 PublG). Durch die Streichung der Bezugnahmen auf die §§ 279 Abs. 1, 280 HGB a.F. aus § 13 Abs. 3 S. 1 PublG a.F. im Zuge des BilMoG können sich im Rahmen der Aufgliederungen und Erläuterungen der Posten des KA bezüglich der rein steuerlich motivierten Bewertungen und Ansätze Erläuterungserfordernisse nur noch für Altsachverhalte ergeben, sofern diese nicht bereits im KAnh. dargestellt sind[1229].

Im Rahmen der Ausführungen zur Gesamtaussage ist auch auf die wesentlichen Bewertungsgrundlagen und deren Veränderungen, auf die Ausübung von Bilanzierungs- und Bewertungswahlrechten und die Ausnutzung von Ermessensspielräumen sowie sachverhaltsgestaltende Maßnahmen i.s.v. § 321 Abs. 2 S. 4 HGB einzugehen. In diesem Zusammenhang sollte ggf. auch auf in Anspruch genommene und gem. Art. 67 Abs. 4 EGHGB beibehaltene Bewertungserleichterungen nach § 13 Abs. 3 S. 1 PublG a.F. hingewiesen werden.

800 Macht ein Einzelkaufmann oder eine Personenhandelsgesellschaft als „Mutterunternehmen" i.S.v. § 290 HGB von den **Erleichterungsvorschriften** des § 13 Abs. 3 S. 2 PublG Gebrauch (Nichtaufstellung von KFR und EK-Spiegel), so erübrigen sich diesbezügliche Ausführungen auch im PrB.

In diesem Fall kann es erforderlich sein zu prüfen, ob der KA für nachgeordnete TU eine Berufung auf § 264 Abs. 4 HGB, § 264b HGB oder § 5 Abs. 6 PublG überhaupt erlaubt (§ 13 Abs. 3 S. 3 HGB)[1230].

[1227] Vgl. *IDW PS 450*, Tz. 100, 102.

[1228] Vgl. *IDW PS 400*, Tz. 13.

[1229] Durch das BilMoG sind die Abschreibungen nach § 253 Abs. 4 HGB a.F. sowie die Beibehaltungswahlrechte nach §§ 253 Abs. 5, 254 S. 2 HGB a.F. gestrichen worden. Zur Übergangsregelung siehe Art. 67 Abs. 4 EGHGB.

[1230] Vgl. hierzu auch BeBiKo[8], § 264, Rn. 165–169, § 264b, Rn. 70–75.

b) Bestätigungsvermerk
aa) Bestätigungsvermerk zum Jahresabschluss
(1) Allgemeines

Gem. § 6 Abs. 1 S. 2 PublG gilt **§ 322 HGB** über den BestV zum JA von KapGes. **sinngemäß**. Die Grundsätze zum BestV über den JA von KapGes. sind somit auch auf Pflichtprüfungen von Unternehmen, die dem PublG unterliegen, anzuwenden. Soweit jedoch nach den Vorschriften des PublG inhaltlich geringere Anforderungen an die Rechnungslegung gestellt werden, sind sachgerechte Anpassungen der Aussagen im BestV erforderlich. Diese betreffen im Wesentlichen den Prüfungsgegenstand (Anh., LB) und die Einhaltung der Generalnorm (§ 264 Abs. 2 HGB). Sie ergeben sich insb. aus folgenden Abweichungen von der Rechnungslegung der KapGes.[1231]: 801

- die Generalnorm des § 264 Abs. 2 HGB braucht nicht beachtet zu werden;
- die Bewertung richtet sich uneingeschränkt nach den für alle Kaufleute geltenden Vorschriften; von Bedeutung sind bzw. waren dabei vor allem Abschreibungen nach § 253 Abs. 4 HGB a.F. und das Beibehaltungswahlrecht für Wertansätze (§§ 253 Abs. 5, 254 S. 2 HGB a.F.)[1232];
- Erleichterungen für die unter das PublG fallenden Personenhandelsgesellschaften[1233] und Einzelkaufleute, die Anh. und LB nicht aufzustellen brauchen und die anstelle der GuV eine Anlage zur Bilanz mit bestimmten Angaben veröffentlichen können (§ 5 Abs. 5 S. 3 PublG).

Sofern die dem PublG unterliegenden Unternehmen nicht freiwillig in vollem Umfang nach den Vorschriften für große KapGes. (nur diese kommen nach den Größenmerkmalen des PublG in Betracht) oder gemäß § 325 Abs. 2a HGB (IFRS-Einzelabschluss) Rechnung legen, ergeben sich nachfolgend dargestellte Besonderheiten. 802

(2) Besonderheiten des Bestätigungsvermerks
(a) Überschrift

Da es sich bei der Jahresabschlussprüfung nach § 6 Abs. 1 PublG um eine gesetzliche Pflichtprüfung handelt, bei der sich die Adressaten des BestV aus der gesetzlichen Regelung ergeben, ist eine Adressierung des BestV nicht erforderlich[1234]. 803

(b) Einleitender Abschnitt

Der im einleitenden Abschnitt zu beschreibende **Gegenstand der Prüfung** umfasst gem. § 6 Abs. 1 PublG i.V.m. § 317 Abs. 1 und 2 HGB grds. den JA unter Einbeziehung der Buchführung sowie den LB. 804

Verzichten Personenhandelsgesellschaften und Einzelkaufleute im Hinblick auf § 5 Abs. 1 und 2 PublG darauf, einen Anh. und/oder einen LB aufzustellen, entfallen die entsprechenden Bezugnahmen in allen Abschnitten des BestV[1235]. 805

[1231] Vgl. H Tz. 46.
[1232] Durch das BilMoG sind die Abschreibungen nach § 253 Abs. 4 HGB a.F. sowie die Beibehaltungswahlrechte nach §§ 253 Abs. 5, 254 Satz 2 HGB a.F. gestrichen worden. Zur Fortführung aus der Anwendung dieser Altvorschriften resultierender Wertansätze siehe die Übergangswahlrechtregelung nach Art. 67 Abs. 4 EGHGB.
[1233] Durch das KapCoRiLiG sind Personenhandelsgesellschaften, bei denen nicht wenigstens ein persönlich haftender Gesellschafter unmittelbar oder mittelbar eine natürliche Person ist, aus dem Anwendungsbereich des PublG ausgeschieden. Vgl. hierzu im Einzelnen H Tz. 5.
[1234] So auch *IDW PS 400*, Tz. 32; vgl. auch Tz. 368.
[1235] Vgl. Formulierungsvorschlag *IDW PS 400*, Anhang 7.

Wenn entsprechend § 5 Abs. 1 und 2 PublG ein Anh. nicht aufgestellt wurde, ist zur Verdeutlichung auf diese Einschränkung des Prüfungsgegenstands bei der Nennung der Abschlussbestandteile hinzuweisen:

„Ich habe/Wir haben den Jahresabschluss – bestehend aus Bilanz und Gewinn- und Verlustrechnung – ... geprüft[1236]."

806 Bei der Bezeichnung der angewandten **Rechnungslegungsvorschriften** ist auf die deutschen handelsrechtlichen Vorschriften zu verweisen. Werden nur die Vorschriften des Ersten Abschnitts des Dritten Buches des HGB zugrunde gelegt, ist hierauf hinzuweisen[1237]. Eine ergänzende Bezugnahme auf die damit eingeschlossenen Normen des PublG ist nicht erforderlich.

807 Enthalten der Gesellschaftsvertrag oder die Satzung Vorschriften, die die Rechnungslegungsregeln des PublG in zulässiger Weise ergänzen, ist hierauf hinzuweisen. Eine gesonderte Erwähnung, welcher Art die ergänzenden Vorschriften sind, ist nicht erforderlich. Als Bestimmungen im Gesellschaftsvertrag, die die Rechnungslegung betreffen, kommen bei **Personenhandelsgesellschaften** insb. in Frage[1238]: Ausweis von Kapital- und Privatkonten, Regelungen zur Bildung offener Rücklagen, Behandlung stiller Reserven, Entnahmeregelungen, GuV-Ausweis von Aufwendungen und Erträgen, die die Gesellschafter betreffen (z.B. Gehaltsbezüge, Zinsen auf Forderungen oder Darlehen).

(c) Beschreibender Abschnitt

808 Bei der Beschreibung von Art und Umfang der Prüfung wird auch auf die **Gegenstände** der Jahresabschlussprüfung Bezug genommen. Erforderliche Anpassungen ergeben sich insoweit aus dem Verzicht auf die Aufstellung von Anh. und/oder LB bei Personenhandelsgesellschaften und Einzelkaufleuten[1239].

(d) Beurteilung durch den Abschlussprüfer

809 Die vom Recht der KapGes. abweichenden Anforderungen an die Rechnungslegung durch das PublG können alle Teilaussagen[1240] des Prüfungsurteils berühren.

Einwendungsfreiheit und Übereinstimmung mit den gesetzlichen Vorschriften[1241]

810 Mit der positiven Gesamtaussage, dass die Prüfung zu keinen Einwendungen geführt hat und dass der JA den gesetzlichen Vorschriften entspricht (§ 322 Abs. 3 S. 1 HGB), bringt der APr. zum Ausdruck, dass die für das geprüfte Unternehmen **maßgeblichen Rechnungslegungsgrundsätze** beachtet worden sind. Zwar werden nach den Vorschriften des PublG geringere Anforderungen zumindest in Teilbereichen der Rechnungslegung gestellt, doch handelt es sich um eine für das Unternehmen zulässige Bilanzierung, so dass insoweit keine Gründe gegen die Bestätigung der Einwendungsfreiheit bestehen.

811 Nach § 5 Abs. 4 PublG dürfen das „sonstige Vermögen" (**Privatvermögen**) und damit in Zusammenhang stehende Aufwendungen und Erträge eines Einzelkaufmanns oder der Gesellschafter einer Personenhandelsgesellschaft nicht in den JA aufgenommen werden.

1236 Vgl. ADS[6], § 322, Tz. 104.
1237 Vgl. *IDW PS 400*, Tz. 26; *IDW PH 9.200.1*, Tz. 8.
1238 Vgl. BeBiKo[8], § 322, Rn. 83.
1239 Vgl. Formulierungsvorschlag *IDW PS 400*, Anhang 7.
1240 Vgl. dazu Tz. 409.
1241 Vgl. dazu Tz. 410.

Besonderheiten bei PublG sowie freiwilligen Abschlussprüfungen **Q**

§ 6 Abs. 2 PublG stellt klar, dass sich die Prüfung auch auf die Beachtung dieses Ansatzverbotes zu erstrecken hat. Die Erteilung eines uneingeschränkten BestV setzt voraus, dass § 5 Abs. 4 PublG beachtet worden ist. Durch eine Bestätigung der Einwendungsfreiheit wird die Einhaltung des § 5 Abs. 4 PublG als ergänzende gesetzliche, auf die Rechnungslegung bezogene Vorschrift mit abgedeckt (vgl. Tz. 376) und bedarf deshalb keiner gesonderten Erwähnung. Gleichwohl kann diese Bestimmung den Anlass zu einem Hinweis im BestV bilden[1242].

Einhaltung der Generalnorm

Die Bestätigung der Einhaltung der Generalnorm (§ 264 Abs. 2 HGB) kann bei den unter das PublG fallenden Unternehmen, die aufgrund ihrer Rechtsform nicht verpflichtet sind, diese Anforderung zu erfüllen, nur dann erteilt werden, wenn deren JA gleichwohl bezüglich Gliederung, Bewertung und Anhangangaben dieser Anforderung entspricht[1243]. Dies setzt voraus, dass im Grundsatz die Anforderungen eingehalten wurden, die für große KapGes. bzw. große KapCoGes. (§ 267 HGB) gelten[1244]. Insb. bedeutet dies, dass ein **Anhang** erstellt worden ist und die für KapGes./KapCoGes. geltenden **Ansatz- und Bewertungsvorschriften** beachtet worden sind und damit unter Beachtung der GoB ein den tatsächlichen Verhältnissen entsprechendes Bild der Vermögens-, Finanz- und Ertragslage vermittelt werden kann[1245]. **812**

Weicht demgegenüber der JA (zulässigerweise) wesentlich von dem einer großen KapGes. bzw. großen KapCoGes. ab und werden im JA keine erläuternden Angaben zu diesen Abweichungen gemacht (vgl. Tz. 790), muss im Prüfungsurteil die auf die Generalnorm bezogene Aussage entfallen[1246]. Ein Hinweis darauf, dass das vermittelte Bild nicht den tatsächlichen Verhältnissen entspricht, ist nicht angezeigt[1247]. In diesem Fall kann sich das Prüfungsurteil nur auf die Bestätigung der Einwendungsfreiheit und der Übereinstimmung mit den gesetzlichen Vorschriften erstrecken, d.h. auf die Einhaltung der für die Gesellschaft geltenden gesetzlichen Vorschriften einschl. der GoB[1248]. **813**

Eine Bestätigung der Einhaltung der Generalnorm ist bei Abweichungen von der für große KapGes. bzw. große KapCoGes. vorgeschriebenen Art und Weise der Rechnungslegung jedoch nicht ausgeschlossen, wenn die Rechnungslegung **insgesamt** diesen Anforderungen entspricht[1249]. War ein Anh. nicht zu erstellen, so sind die für die Vermittlung eines den tatsächlichen Verhältnissen entsprechenden Bildes erforderlichen Angaben in Fußnoten unter dem JA zu geben[1250]. Wurden im JA dieser Unternehmen in nicht nur unwesentlichem Umfang Abschreibungen nach § 253 Abs. 4 HGB a.F. i.V.m. Art. 67 Abs. 4 EGHGB fortgeführt, sind im Anh. oder unter dem JA in Fußnoten entsprechende betragsmäßige Angaben zu dieser Bewertung zu machen. Anzugeben sind in diesem Fall neben der betroffenen Posten und den ausmachenden Beträgen auch die Veränderungen dieser Abschreibungen ggü. der Vorperiode. Im BestV ist es in diesen Fällen sachgerecht, **814**

1242 Vgl. Tz. 804.
1243 Vgl. *IDW PS 400*, Tz. 48.
1244 Vgl. *IDW PS 400*, Tz. 49.
1245 Vgl. *IDW PS 400*, Tz. 49.
1246 Die nach früherem Recht (vgl. noch WP Handbuch 1996, Bd. I, Kap. O, Tz. 534.) gesehene Möglichkeit zu einer „modifizierten" Bestätigung der Generalnorm – unter der klarstellenden Erweiterung, dass der JA „unter Berücksichtigung der speziellen Ausweis-, Bewertungs- und Berichterstattungsvorschriften des PublG" aufgestellt wurde – ist als nicht mehr zulässig anzusehen.
1247 Vgl. ADS[6], § 322, Tz. 150.
1248 Vgl. *IDW PS 400*, Tz. 48.
1249 Vgl. *IDW PS 400*, Tz. 48.
1250 Vgl. *IDW PS 400*, Tz. 49.

2189

im Rahmen des **Prüfungsurteils** darauf **hinzuweisen**, dass der JA das geforderte Bild nur unter Einbeziehung der im Anh. oder in Fußnoten offengelegten zusätzlichen Informationen vermittelt (vgl. Tz. 794)[1251]. Entsprechendes gilt für andere Abweichungen, die nach dem PublG zugelassen sind und die Erfüllung der Generalnorm berühren[1252]. Die Bestätigung der Generalnorm setzt dann ebenfalls zusätzliche Erläuterungen der prüfungspflichtigen Gesellschaft und einen Hinweis des APr. innerhalb der Beurteilung des Prüfungsergebnisses auf diesen Umstand voraus.

Zutreffende Darstellung der Unternehmenslage und der Chancen und Risiken der zukünftigen Entwicklung im Lagebericht

815 Nach § 5 Abs. 2 PublG haben die unter das PublG fallenden Unternehmen, mit Ausnahme der Personenhandelsgesellschaften und Einzelkaufleute, unter sinngemäßer Anwendung von § 289 HGB einen **Lagebericht** aufzustellen, der nach § 6 Abs. 1 PublG in die Abschlussprüfung einzubeziehen ist. Dementsprechend sind die auf den LB bezogenen Aussagen gem. § 322 Abs. 6 HGB (Einklang mit dem JA, zutreffende Darstellung der Unternehmenslage und der Chancen und Risiken der zukünftigen Entwicklung) in das Prüfungsurteil aufzunehmen. Auf die Erläuterungen in Tz. 438, Tz. 449 wird verwiesen.

816 Sofern Personenhandelsgesellschaften und Einzelkaufleute zulässigerweise **keinen LB** aufstellen, entfallen im Prüfungsurteil die allein auf den LB bezogenen Aussagen. Stellen diese Unternehmen freiwillig einen LB auf, kann eine Beurteilung zur Unternehmenslage und zu den Chancen und Risiken der künftigen Entwicklung nur abgegeben werden, wenn der LB die diesbezüglichen Anforderungen von § 289 HGB erfüllt. Werden nicht zur Lagedarstellung erforderliche gesetzliche Angabepflichten (z.B. § 289 Abs. 2 Nr. 4 HGB oder – wenn eine Forschungs- und Entwicklungstätigkeit für das Unternehmen nicht von Bedeutung ist – § 289 Abs. 2 Nr. 3 HGB) nicht erfüllt, steht dies einer Positivaussage zur Lagedarstellung nicht entgegen[1253].

(e) Ergänzungen des Prüfungsurteils

817 Es ergeben sich grds. keine Besonderheiten. Auf die Ausführungen in Tz. 530 wird verwiesen.

(f) Beurteilung des Prüfungsergebnisses

818 Im uneingeschränkten BestV kann es in Einzelfällen sachgerecht sein, im Anschluss an das Prüfungsurteil – in einem gesonderten Absatz – die Adressaten des BestV auf Besonderheiten hinzuweisen, die sich bei der Prüfung ergeben haben (vgl. hierzu ausführlich Tz. 534). Neben den üblichen Sachverhalten kommen bei Pflichtprüfungen nach dem PublG als Gegenstand von Hinweisen darüber hinaus insb. **Hinweise zur Erfüllung der Generalnorm** in Betracht:

819 Bei Abweichungen von der Rechnungslegung für KapGes., die nach dem PublG zugelassen sind und die Vermittlung eines den tatsächlichen Verhältnissen entsprechenden Bildes berühren (z.B. Fortführung wesentlicher Abschreibungen nach § 253 Abs. 4 HGB a.F. i.V.m. Art. 67 Abs. 4 EGHGB), kann es, abhängig von den Umständen des Einzelfalls, dennoch zulässig sein, die Einhaltung der Generalnorm zu bestätigen (vgl. Tz. 814). Voraussetzung ist in diesem Fall, dass die Gesellschaft die **Abweichungen** ggü. dem JA einer

---
1251 Vgl. *IDW PS 400*, Tz. 75.
1252 Vgl. *IDW PS 400*, Tz. 48; ADS⁶, § 322, Tz. 152. Der bisherige Anwendungsbereich steuerlich motivierter Wertansätze ist durch das BilMoG weitgehend entfallen bzw. wirkt nur noch nach (Art. 67 Abs. 4 EGHGB).
1253 Vgl. *IDW PS 400*, Tz. 49.

(g) Hinweis auf Bestandsgefährdungen

Nach § 322 Abs. 2 S. 3 HGB hat der APr. im BestV auf Risiken, die den Fortbestand des Unternehmens gefährden, gesondert einzugehen. Es handelt sich hierbei um die Pflicht, einen Sachverhalt hervorzuheben (Emphasis of Matter), der von den gesetzlichen Vertretern bereits im LB darzustellen ist. Soweit nach PublG die Pflicht zur Aufstellung eines LB besteht oder ein solcher freiwillig entsprechend § 289 HGB aufgestellt wird, ergeben sich für den BestV im Rahmen des PublG keine Besonderheiten. Auf die Ausführungen in Tz. 556 wird verwiesen. **820**

Stellt eine Personenhandelsgesellschaft oder ein Einzelkaufmann zulässigerweise **keinen LB** auf, fehlt ein wesentlicher Bezugspunkt für die Hervorhebung eines evtl. Bestandsrisikos im BestV. In diesem Fall ist der APr. grds. nicht verpflichtet, auf bestehende bestandsgefährdende Risiken hinzuweisen[1255]. Als Begründung wird angeführt, dass der APr. nicht zu einer originären Lagedarstellung in den Fällen veranlasst werden kann, in denen der Gesetzgeber keine Lagedarstellung durch die Gesellschaft selbst vorgesehen hat[1256] (zu den Auswirkungen auf den PrB vgl. Tz. 101)[1257]. **821**

Erkennt der APr., dass das betriebliche Vermögen eines **Einzelkaufmanns** durch **private Schulden** des Firmeninhabers, die gem. § 5 Abs. 4 PublG nicht in der Bilanz auszuweisen sind, erheblich gefährdet ist, erscheint es grds. geboten, den Bilanzleser hierauf durch einen hinweisenden Zusatz zum BestV aufmerksam zu machen. Es handelt sich um einen Hinweis zur Vermeidung eines falschen Eindrucks über den Inhalt der Prüfung und die Tragweite des BestV, über dessen Erfordernis nach pflichtgemäßem Ermessen zu entscheiden ist. **822**

Hierfür bietet sich folgende Formulierung an[1258]:

„... Verbindlichkeiten, die der Inhaber nicht unter seiner Firma eingegangen ist, sind gemäß § 5 Abs. 4 PublG nicht in der Jahresbilanz passiviert."

(3) Einzelfragen

(a) Zulässige Inanspruchnahme von § 5 Abs. 6 PublG

Nach § 5 Abs. 6 PublG sind TU von der Anwendung der besonderen Vorschriften des PublG für den JA, dessen Prüfung und Offenlegung befreit, wenn sie in den KA eines inländischen MU i.S.d. § 290 HGB oder des § 11 PublG einbezogen sind und im Übrigen die entsprechend geltenden Voraussetzungen des § 264 Abs. 3 bzw. Abs. 4 HGB erfüllen[1259]. Im Falle der Prüfung[1260] eines solchen JA ist zu beachten: Verzichtet das TU bei der Aufstellung des JA zulässigerweise auf die Anwendung der ergänzenden Vorschriften des **823**

1254 So *IDW PS 400*, Tz. 75 i.V.m. Tz. 49; zu Formulierungsbeispielen vgl. ADS[6], § 322, Tz. 156.
1255 Vgl. *IDW PS 400*, Tz. 79.
1256 Vgl. ADS[6], § 322, Tz. 196.
1257 Vgl. auch Tz. 565.
1258 Vgl. *StN HFA 1/1972 i.d.F. 1990*, Nr. 2.
1259 Vgl. im Einzelnen H Tz. 29.
1260 Bei Verzicht auf die Prüfungsbefreiung handelt es sich um eine Pflichtprüfung, auch wenn andere Erleichterungen des § 264 Abs. 3 HGB in Anspruch genommen werden, vgl. *IDW PH 9.200.1*, Tz. 4.

PublG, ist im einleitenden Abschnitt bei der Bezeichnung der angewandten Rechnungslegungsvorschriften darauf hinzuweisen, dass der JA nach den Vorschriften des Ersten Abschnitts des Dritten Buchs des HGB aufgestellt wurde[1261]. Für den beschreibenden Abschnitt und das Prüfungsurteil gelten die Ausführungen der Tz. 808 entsprechend. Ferner ist bei der Beurteilung des Prüfungsergebnisses im Anschluss an das Prüfungsurteil in einem gesonderten Absatz darauf hinzuweisen, dass im Zeitpunkt der Beendigung der Abschlussprüfung die entsprechende Erfüllung der Voraussetzungen des § 264 Abs. 3 bzw. Abs. 4 HGB insoweit nicht beurteilt werden konnte, als diese Voraussetzungen ihrer Art nach erst zu einem späteren Zeitpunkt erfüllbar sind. Dabei sind die noch ausstehenden Voraussetzungen zu benennen[1262].

(b) Inanspruchnahme von Offenlegungserleichterungen

824 Nach § 9 Abs. 2 PublG dürfen Personenhandelsgesellschaften und Einzelkaufleute von einer Offenlegung der GuV absehen, wenn sie stattdessen in einer Anlage zur Bilanz die in § 5 Abs. 5 S. 3 PublG festgelegten Angaben machen[1263]. Nach § 6 PublG ist der aufgestellte JA einschl. GuV zu prüfen; die Anlage zur Bilanz ist dagegen nicht Gegenstand der gesetzlichen Abschlussprüfung[1264].

825 Macht das Unternehmen von den Offenlegungserleichterungen des § 9 Abs. 2 PublG Gebrauch, ist zu **beachten, dass sich der BestV auf den aufgestellten JA bezieht**. Der BestV kann nur dann mit dem offenzulegenden JA offengelegt werden, wenn von dem Unternehmen gleichzeitig darauf hingewiesen wird, dass sich der beigefügte BestV auf den vollständigen JA bezieht (§ 328 Abs. 1 Nr. 1 HGB)[1265].

826 Soll ergänzend zur Abschlussprüfung auch die zutreffende Inanspruchnahme der Offenlegungserleichterungen (Anlage zur Bilanz) im zur Offenlegung bestimmten JA geprüft werden, ist dies getrennt vom BestV in einer **gesonderten Bescheinigung** zu bestätigen[1266]. Hierfür wird die folgende Formulierung empfohlen[1267]:

„Vorstehende zur Offenlegung bestimmte Jahresbilanz nebst Anlage entspricht den gesetzlichen Vorschriften. Zu dem vollständigen Jahresabschluss habe ich/haben wir den folgenden Bestätigungsvermerk erteilt:

Bestätigungsvermerk des Abschlussprüfers

..."

(c) Nachtragsprüfungen

827 Ein erteilter **Bestätigungsvermerk** wird **ergänzungsbedürftig**, wenn der JA und/oder der LB nach Vorlage des PrB geändert werden (§ 6 Abs. 1 S. 2 PublG i.V.m. § 316 Abs. 3 HGB, § 8 Abs. 3 S. 1 PublG)[1268]. Seit Anpassung des § 8 Abs. 3 PublG an § 316 Abs. 3 HGB durch das KapCoRiLiG bleibt auch im Anwendungsbereich des PublG der BestV im

---

1261 Vgl. *IDW PH 9.200.1*, Tz. 8 i.V.m. Tz. 1.
1262 Vgl. *IDW PH 9.200.1*, Tz. 9.
1263 Vgl. hierzu H Tz. 75.
1264 Vgl. ADS⁶, § 6 PublG, Tz. 9.
1265 Vgl. *IDW PS 400*, Tz. 15.
1266 Vgl. *IDW PS 400*, Tz. 71.
1267 Vgl. *IDW PS 400*, Tz. 71 i.V.m. *St/HFA 1/1972 i.d.F. 1990*, Nr. 1.
1268 Zur Nachtragsprüfung vgl. ausführlich Tz. 595.

Besonderheiten bei PublG sowie freiwilligen Abschlussprüfungen Q

Fall einer Nachtragsprüfung grds. wirksam und ist erforderlichenfalls entsprechend zu ergänzen.

Eine vor der Nachtragsprüfung getroffene Entscheidung über die Feststellung des JA wird erst wirksam, wenn binnen zwei Wochen seit der Beschlussfassung aufgrund der erneuten Prüfung ein hinsichtlich der Änderungen uneingeschränkter BestV erteilt worden ist (§ 8 Abs. 3 S. 3 und 4 PublG). Da es in diesem Fall erheblich ist, ob sich eine evtl. Beanstandung gegen die ursprüngliche Fassung des JA oder gegen die Änderungen richtet, ist es erforderlich, in einem ergänzenden Absatz des Prüfungsurteils eine gesonderte Aussage zum Ergebnis der Nachtragsprüfung zu machen (vgl. Tz. 600). 828

bb) Bestätigungsvermerk zum Konzernabschluss

Gem. § 14 Abs. 1 S. 2 PublG gilt **§ 322 HGB** für den BestV zum KA nach PublG **sinngemäß**. Bei der Anpassung der Aussagen im BestV sind Unterschiede in der Rechnungslegung ggü. den KapGes. zu berücksichtigen. 829

Kapitalmarktorientierte Unternehmen, die unter das PublG fallen, haben in sinngemäßer Anwendung des § 315a HGB nach internationalen Rechnungslegungsstandards Rechnung zu legen (§ 11 Abs. 6 PublG). Dabei sind die im PublG vorgesehenen Erleichterungen hinsichtlich der Gliederung und der Bewertung in der Bilanz und der Angaben im Anh. sowie der GuV (§ 13 Abs. 3 S. 2 i.V.m. § 5 Abs. 5 PublG) nicht anwendbar, da sie nicht auf ein Unternehmen passen, das die IFRS anzuwenden hat[1269]. Die Ausführungen zum BestV über die Konzernrechnungslegung der KapGes. gelten deshalb entsprechend (vgl. Tz. 739). Anpassungen des BestV in Bezug auf den Prüfungsgegenstand ergeben sich ggf. für Mutterunternehmen in der Rechtsform der Personengesellschaft oder des Einzelkaufmanns, die gemäß § 13 Abs. 3 S. 2 PublG nicht zur Aufstellung von KFR und EK-Spiegel verpflichtet sind. 830

Soweit § 315a HGB nicht sinngemäß anwendbar ist, besteht der KA aus Konzernbilanz, Konzern-GuV, KAnh., KFR und EK-Spiegel sowie fakultativer Segmentberichterstattung (§ 13 Abs. 2 PublG, § 297 Abs. 1 HGB). Da der KAnh. im Gegensatz zum publizitätsrechtlichen JA (vgl. Tz. 778) in jedem Fall Pflichtbestandteil des KA ist, umfasst der Hinweis auf den KA bei der Beschreibung des Prüfungsgegenstandes im **einleitenden Abschnitt** damit auch nach PublG implizit stets den KAnh. Die zusätzlichen Bestandteile des KA sind im einleitenden Abschnitt zu nennen. Daneben ist – im Gegensatz zum JA nach PublG – auch von Personenhandelsgesellschaften und Einzelkaufleuten als MU ein KLB aufzustellen, auf den somit in jedem Fall hinzuweisen ist. 831

Bei einem KA nach § 11 Abs. 3 PublG, der von einer inländischen Teilkonzernmutter aufgestellt wird, weil das ausländische MU nach deutschem Recht nicht zur Aufstellung eines KA verpflichtet ist, sind die Worte „Konzernabschluss" und „Konzernlagebericht" durch die Worte „Teilkonzernabschluss" und „Teilkonzernlagebericht" zu ersetzen[1270]. 832

Für das **Prüfungsurteil** sind grds. alle vier Teilaussagen maßgebend, die auch im BestV zur Konzernrechnungslegung der KapGes. erforderlich sind. Es ist allerdings zu beachten, dass für den KA nach PublG die Angabepflichten im KAnh. nach § 314 Abs. 1 Nr. 6 HGB nicht gelten (§ 13 Abs. 3 S. 1 PublG). Eine Bestätigung der **Generalnorm** wird jedoch nur möglich sein, wenn der KA eine KFR und einen EK-Spiegel enthält. Dies setzt voraus, dass auf die für MU in der Rechtsform der Personenhandelsgesellschaft bzw. des Einzelkaufmanns mögliche Inanspruchnahme der Erleichterungsvorschrift des § 13 Abs. 3 S. 2 833

1269 Vgl. RegBegr. BT-Drs. 15/3419, S. 53.
1270 Vgl. *IDW PS 400*, Tz. 89.

2193

2. Satzteil PublG verzichtet wird.[1271] Ebenso ist auf eine Anwendung der Erleichterung nach § 5 Abs. 5 PublG im Rahmen des KA zu verzichten um der Generalnorm zu genügen.[1272]

Wenn materielle Abweichungen vom KA für KapGes. dazu führen, dass die Einhaltung der Generalnorm nicht bestätigt werden kann, wird aufgrund der engen sachlichen Verknüpfung eine entsprechende Aussage zum KLB (zutreffendes Bild von der Lage des Konzerns und zutreffende Darstellung der Chancen und Risiken der zukünftigen Entwicklung) nicht in Frage kommen, so dass sich in diesem Fall das Prüfungsurteil auf die Feststellung zur Gesetzmäßigkeit (Einwendungsfreiheit) und in Bezug auf den LB auf die Aussage beschränken wird, dass der KLB in Einklang mit dem KA steht.

834 Ist das MU ein Einzelkaufmann, so darf dessen „sonstiges Vermögen" (**Privatvermögen**) gem. § 13 Abs. 3 S. 2 i.V.m. § 5 Abs. 4 PublG nicht in die Konzernbilanz aufgenommen werden. Daher dürfen auch seine privaten Schulden in der Konzernbilanz nicht passiviert werden.

Erkennt der KAPr., dass das betriebliche Vermögen des Inhabers der Konzernleitung durch private Schulden erheblich gefährdet ist, so ist es – unbeschadet einer etwaigen Darstellung im KLB – für ihn geboten, nach pflichtgemäßem Ermessen auf die **Bestandsgefährdung** im BestV hinzuweisen[1273]. Der Hinweis ist im Anschluss an das Prüfungsurteil in einem gesonderten Absatz des BestV aufzunehmen, wobei eine Formulierung in Anlehnung an folgendes Beispiel empfohlen wird[1274]:

„Ohne diese Beurteilung einzuschränken, weise ich/weisen wir darauf hin, dass der Fortbestand des Mutterunternehmens aufgrund von Verbindlichkeiten, die der Inhaber des MU nicht unter seiner Firma eingegangen ist und die gemäß § 13 Abs. 3 PublG nicht in der Konzernbilanz passiviert sind, gefährdet ist."

835 Wird von einer Personenhandelsgesellschaft oder einem Einzelkaufmann als MU statt der Konzern-GuV eine Anlage zur Konzernbilanz (§§ 13 Abs. 3 S. 2, 5 Abs. 5 S. 3 PublG) offengelegt, die – bezogen auf den Konzern – die Angaben gem. § 5 Abs. 5 S. 3 PublG enthält, so kann – wie beim JA (vgl. Tz. 825) – der BestV nur dann mit dem offenzulegenden KA offengelegt werden, wenn von dem Unternehmen gleichzeitig darauf hingewiesen wird, dass sich der beigefügte BestV auf den vollständigen KA bezieht (§ 15 Abs. 2 PublG; § 328 Abs. 1 Nr. 1 HGB). Soll ergänzend auch die zutreffende Inanspruchnahme von Offenlegungserleichterungen geprüft werden, ist dies getrennt vom BestV in einer gesonderten Bescheinigung zu bestätigen[1275].

c) Kommunikation mit dem Aufsichtsorgan

836 Der *IDW Prüfungsstandard: Grundsätze für die Kommunikation des Abschlussprüfers mit dem Aufsichtsorgan (IDW PS 470)* gilt auch für die mündliche Berichterstattung an Beiräte oder andere Aufsichtsgremien, deren Aufgabenstellung der eines AR vergleichbar ist[1276]. Für weitere Ausführungen zur mündlichen Berichterstattung des APr. wird insofern auf Tz. 649 bzw. Tz. 773 verwiesen.

1271 Vgl. *IDW PS 400*, Tz. 47.
1272 Im Einzelfall kann es angemessen sein, den Informationsverlust, der durch die Inanspruchnahme der Erleichterung (§ 5 Abs. 5 PublG) entsteht, durch entsprechende Angaben im KAnh. zu kompensieren.
1273 Zur Publizitätspflicht für den JA des Einzelkaufmanns vgl. Tz. 822.
1274 Vgl. *IDW PS 400*, Tz. 77 i.V.m. *StN HFA 1/1972 i.d.F. 1990*, Nr. 2.
1275 Zur Formulierung vgl. Tz. 826.
1276 Vgl. auch *IDW PS 470*, Tz. 5.

3. Unternehmen, die sich einer freiwilligen Abschlussprüfung unterziehen

Abschlussprüfungen bei Unternehmen, die keiner gesetzlichen Prüfungspflicht unterliegen (freiwillige Abschlussprüfungen), werden durchgeführt z.B. bei Einzelunternehmen, Personenhandelsgesellschaften und Unternehmungen von Stiftungen[1277] oder Körperschaften und Anstalten des öffentlichen Rechts, welche die Größenmerkmale des PublG nicht erfüllen, bei kleinen KapGes. und diesen gleichgestellten Gesellschaften i.S.d. § 267 Abs. 1 HGB (vgl. § 316 Abs. 1 HGB), sowie bei nicht prüfungspflichtigen Konzernen und Teilkonzernen. Grundlage hierzu können bspw. eine Konzernzugehörigkeit, der Gesellschaftsvertrag oder die Kreditbedingungen von Banken sein. **837**

Bei TU, welche die Prüfungsbefreiung für ihren JA nach § 264 Abs. 3 oder Abs. 4, § 264b HGB oder § 5 Abs. 6 PublG nicht in Anspruch nehmen, ist die Prüfung des JA eine **Pflichtprüfung**. Das gilt auch, wenn andere Erleichterungen für Aufstellung und Offenlegung in Anspruch genommen werden[1278].

Inhalt und Umfang der Berichterstattung bei freiwilligen Abschlussprüfungen richten sich entsprechend der Art des Auftrags danach, ob die freiwillige Prüfung nach **Art und Umfang einer Pflichtprüfung** gem. den §§ 316 ff. HGB durchgeführt wird und ein BestV erteilt werden soll oder keine derartige Prüfung durchgeführt wird und deshalb lediglich eine Bescheinigung erteilt werden kann[1279]. **838**

a) Prüfungsbericht
aa) Prüfungsbericht bei freiwilligen Prüfungen, zu denen ein Bestätigungsvermerk i.S.v. § 322 HGB erteilt werden soll
(1) Grundsätze der Berichterstattung

Bei gesetzlich nicht vorgeschriebenen Abschlussprüfungen, die z.B. aufgrund gesellschaftsvertraglicher Verpflichtung oder freiwillig in Auftrag gegeben werden, darf ein BestV nur dann erteilt werden, wenn die Prüfung nach Art und Umfang der Pflichtprüfung gem. den Vorschriften der **§§ 316 ff. HGB** entspricht[1280]. Soll eine freiwillige Jahresabschluss- bzw. Konzernabschlussprüfung mit einem BestV abschließen, so **muss** durch den APr. ein **Prüfungsbericht** erstellt werden[1281]. Bei Vorlage eines mit dem BestV eines WP, einer WPG, eines vBP oder einer BPG versehenen JA ist davon auszugehen, dass ein schriftlicher PrB erstellt wurde. **839**

Wird für freiwillige Prüfungen, die nach Art und Umfang einer Pflichtprüfung gem. §§ 316 ff. HGB entsprechen, ein BestV erteilt, hat der APr. einen PrB nach den für Pflichtprüfungen geltenden Grundsätzen des *IDW PS 450* zu erstellen. In diesen Fällen kann mit dem Auftraggeber **keine Berichterstattung mit einem geringeren Umfang** vereinbart werden[1282]. Verlangt der Auftraggeber (z.B. aus Kostengründen) gleichwohl einen **Verzicht auf** die Erstellung eines **Prüfungsberichts**, kann der APr. **nur** eine **Bescheinigung** erteilen, die in Form von Mindestangaben speziellen Anforderungen genügen muss. **840**

[1277] Zur Prüfung von Stiftungen vgl. Tz. 1015 sowie *IDW PS 740*.
[1278] Vgl. *IDW PH 9.200.1*, Tz. 4. Fehlt es im Ausnahmefall allerdings an einer Wahl und Beauftragung des APr. nach § 318 HGB, kommt nur eine freiwillige Abschlussprüfung in Betracht (vgl. *IDW PH 9.200.1*, Tz. 4).
[1279] Vgl. *IDW PS 400*, Tz. 5; *IDW PS 450*, Tz. 20. Zur freiwilligen Abschlussprüfung vgl. *Goerdeler*, S. 149–163.
[1280] Vgl. *IDW PS 400*, Tz. 5.
[1281] Vgl. *IDW PS 450*, Tz. 20 S. 1.
[1282] Vgl. *IDW PS 450*, Tz. 20 S. 2; entsprechend z.B. *IDW PS 740*, Tz. 30 für die freiwillige Prüfung von Stiftungen. Ebenso ADS[6], § 321, Tz. 228; BeBiKo[8], § 321, Rn. 126.

841 Die Ausführungen zum Bericht über die Jahresabschlussprüfung von KapGes. und diesen gleichgestellten Gesellschaften unter Tz. 67 gelten daher für freiwillige Prüfungen, zu denen ein BestV erteilt wird, grds. entsprechend. Besonderheiten in der Berichterstattung über freiwillige Abschlussprüfungen im PrB ergeben sich insbesondere, wenn zulässigerweise auf die Aufstellung von LB und/oder Anh. verzichtet wird oder nur die für alle Kaufleute geltenden Rechnungslegungsvorschriften zur Anwendung kommen.

(2) Besonderheiten des Prüfungsberichts

(a) Adressierung und Gliederung

842 Während sich bei Pflichtprüfungen von JA und LB die Adressaten des PrB aus der gesetzlichen Regelung ergeben und deshalb eine **Adressierung** des PrB nicht erforderlich ist, sollte bei freiwilligen Abschlussprüfungen einleitend klargestellt werden, dass der PrB an das geprüfte Unternehmen gerichtet ist[1283].

843 Aufgrund des Prüfungsumfangs (z.B. zulässiger Verzicht auf die Aufstellung des LB) können bei freiwilligen Jahresabschlussprüfungen bestimmte **Berichtsabschnitte entfallen**[1284]. Neben dem Abschnitt zur Gesamtaussage des JA und dem Abschnitt zum LB können auch die Feststellungen zum Risikofrüherkennungssystem entfallen, wenn auf das geprüfte Unternehmen § 317 Abs. 4 HGB nicht anwendbar ist[1285] und die Prüfung des Risikofrüherkennungssystems auch nicht freiwillig vereinbart wird.

(b) Stellungnahme zur Lagebeurteilung der gesetzlichen Vertreter

844 Wird ein **LB nicht aufgestellt**, kann der APr. zur Lagebeurteilung durch die gesetzlichen Vertreter, wie sie ansonsten im LB zum Ausdruck kommt, mangels Vorlage eines Beurteilungsobjekts nicht explizit nach § 321 Abs. 1 S. 2 HGB Stellung nehmen. Das Vorliegen **besonderer Umstände** kann auch bei fehlendem LB eine Berichterstattung begründen (vgl. Tz. 103).

(c) Berichterstattung über Bestandsgefährdungen, Entwicklungsbeeinträchtigungen und Unregelmäßigkeiten

845 Wegen der Erteilung eines BestV kann nicht auf die **Warnpflichten** des APr. nach § 321 Abs. 1 S. 3 HGB verzichtet werden[1286]. Stellt der APr. bei Durchführung der Prüfung Tatsachen fest, welche die Entwicklung des geprüften Unternehmens wesentlich beeinträchtigen oder dessen Bestand gefährden können, oder die schwerwiegende Verstöße der gesetzlichen Vertreter oder von Arbeitnehmern gegen Gesetz, Gesellschaftsvertrag oder die Satzung erkennen lassen, so hat er darüber zu berichten[1287]. Dabei hat der APr. nurmehr ausschließlich über getroffene Feststellungen zu berichten[1288]. Hat der APr. keine berichtspflichtigen Tatsachen festgestellt, so ist dementsprechend eine Negativerklärung im PrB nicht erforderlich. Auch kann der APr. im Rahmen der Abschlussprüfung nicht positiv bestätigen, dass keine berichtspflichtigen Tatsachen vorliegen[1289].

1283 Vgl. *IDW PS 450*, Tz. 21.
1284 Vgl. ADS⁶, § 321, Tz. 228.
1285 Vgl. BeBiKo⁸, § 321, Rn. 126.
1286 Vgl. HdR⁴, § 321, Rn. 90; BeBiKo⁸, § 321, Rn. 127.
1287 Vgl. *IDW PS 450*, Tz. 20.
1288 Vgl. RegBegr. BT-Drs. 14/8769, S. 28.
1289 Vgl. *IDW PS 450*, Tz. 39, 43.

Besonderheiten bei PublG sowie freiwilligen Abschlussprüfungen | Q

(d) Gesamtaussage des Jahresabschlusses

Nach § 321 Abs. 2 S. 3 HGB hat der APr. darauf einzugehen, ob die Generalnorm des § 264 Abs. 2 HGB beachtet wurde. Die Forderung der Generalnorm gilt auch für **kleine KapGes.** und **KapCoGes.**, die Aufstellungserleichterungen für den JA (§§ 266 Abs. 1, 274a, 276, 288 Abs. 1 HGB) in Anspruch nehmen, so dass sich im Vergleich zur Berichterstattung über Pflichtprüfungen keine Besonderheiten ergeben, sofern der Umfang der in Anspruch genommenen Erleichterungen nicht der Vermittlung eines den tatsächlichen Verhältnissen entsprechenden Bildes der Vermögens-, Finanz- und Ertragslage entgegensteht[1290]. Bei anderen Nicht-KapGes. ist darauf einzugehen, inwieweit freiwillig oder aufgrund gesellschaftsvertraglicher Vorgaben im Grundsatz die für (nicht befreite) KapGes. vergleichbarer Größe (§ 267 HGB) geltenden Anforderungen an den JA erfüllt werden[1291]. Das bedeutet insbesondere, dass der APr. festzustellen hat, ob das Unternehmen einen Anh. erstellt oder auf andere Weise jene Angaben macht, die unter Beachtung der GoB oder sonstiger maßgeblicher Rechnungslegungsgrundsätze zur Vermittlung eines den tatsächlichen Verhältnissen entsprechenden Bildes der Vermögens-, Finanz- und Ertragslage notwendig sind[1292].

846

Der Abschnitt zur Gesamtaussage des JA kann bei den anderen Nichtkapitalgesellschaften entfallen, wenn diese die für (nicht befreite) KapGes. geltenden Vorschriften vergleichbarer Größe nicht freiwillig anwenden[1293]. Klarstellend kann eine entsprechende Feststellung, dass das geprüfte Unternehmen weder gesetzlich noch gesellschaftsvertraglich zur Aufstellung eines Anh. verpflichtet ist, in den Abschnitt zur Ordnungsmäßigkeit des JA mit aufgenommen werden.

847

(e) Aufgliederungen und Erläuterungen

Eine Aufgliederung und Erläuterung von Posten des JA im PrB ist gem. § 321 Abs. 2 S. 5 HGB erforderlich, soweit dies aufgrund des besonderen Informationsbedarfs der Empfänger des PrB zum Verständnis der Gesamtaussage des JA, insbesondere zur Erläuterung der Bewertungsgrundlagen und deren Änderungen sowie der sachverhaltsgestaltenden Maßnahmen nach § 321 Abs. 2 S. 4 HGB, erforderlich ist und diese Angaben nicht bereits im Anh. enthalten sind[1294]. Neben diesen gesetzlich geforderten Aufgliederungen und Erläuterungen können weitergehende **sonstige Aufgliederungen und Erläuterungen** auf der Grundlage ergänzender Berichterstattung oder Erwartungen der Auftraggeber vorgenommen werden. Diese sind in einem **eigenständigen Abschnitt** des PrB mit entsprechend klarer Abschnittsbezeichnung (z.B. unmittelbar nach dem Berichtsabschnitt zur Gesamtaussage des JA) oder in eine **Anlage zum Prüfungsbericht** aufzunehmen. Falls das zu prüfende Unternehmen keinen Anhang erstellen muss (z.B. nach § 5 Abs. 1 PublG) oder nicht der Generalnorm des § 264 Abs. 2 HGB unterliegt, hat der APr. im PrB die Bewertungsgrundlagen, ihre Änderungen und sachverhaltsgestaltende Maßnahmen

848

1290 Zu den Grenzen der Erfüllung der Generalnorm bei Inanspruchnahme der Aufstellungserleichterungen vgl. BeBiKo[8], § 322, Rn. 91–93.
1291 Entsprechendes gilt für TU, die § 264 Abs. 3, Abs. 4 HGB, § 264b HGB bzw. § 5 Abs. 6 PublG in Anspruch nehmen, soweit es sich im Ausnahmefall um eine freiwillige Abschlussprüfung handelt.
1292 Vgl. *IDW PS 450,* Tz. 70. Zu den Anforderungen im Zusammenhang mit der Anwendung von für Kapitalgesellschaften abweichenden Vorschriften, die die Erfüllung der Generalnorm berühren, vgl. *IDW PH 9.200.1,* Tz. 10 sowie Tz. 819, Tz. 864.
1293 Ähnlich BeBiKo[8], § 321, Rn. 126.
1294 Vgl. *IDW PS 450,* Tz. 75, 97.

(f) Lagebericht

849 An einen freiwillig erstellten LB sind die gleichen Anforderungen wie an einen obligatorischen LB zu stellen. Daher ist für einen **freiwillig** erstellten LB entsprechend § 321 Abs. 2 S. 1 HGB im PrB festzustellen, ob er den gesetzlichen Vorschriften (§ 289 HGB) und den ergänzenden Bestimmungen des Gesellschaftsvertrags oder der Satzung des geprüften Unternehmens entspricht.

(3) Unterzeichnung des Prüfungsberichts

850 Der Bericht über eine gesetzlich nicht vorgeschriebene Abschlussprüfung kann von WP und/oder vBP unterzeichnet werden[1296]. Neben einem WP bzw. vBP kann, da es sich um keine Vorbehaltsaufgabe handelt, auch ein Nicht-WP bzw. Nicht-vBP den PrB unterzeichnen. Wird das Berufssiegel geführt, muss mindestens ein Berufsangehöriger zeichnen (§ 27a BS WP/vBP).

bb) Prüfungsbericht bei freiwilligen Prüfungen, zu denen eine Bescheinigung erteilt werden soll

851 Bei Prüfungen von JA und KA, die nicht nach Art und Umfang der Pflichtprüfung für KapGes. durchgeführt werden, kann anstelle des BestV nur eine Bescheinigung erteilt werden[1297]. Art und Umfang der Tätigkeit des APr. müssen entweder aus der Bescheinigung oder aus einem Bericht ersichtlich sein, auf den in der Bescheinigung zu verweisen ist[1298].

Solche Prüfungen kommen z.B. als Prüfungen des JA oder ggf. der HB II für Zwecke der Konsolidierung gem. § 317 Abs. 3 S. 1 HGB hinsichtlich der Beachtung der gesetzlichen und der für die Übernahme in den KA maßgeblichen Vorschriften, als eingeschränkte Prüfung eines freiwilligen KA oder als sonstige Teilabschlussprüfungen vor.

852 Für den **Prüfungsbericht** über Abschlussprüfungen in eingeschränktem Umfang oder von Teilen eines JA gelten die allgemeinen Grundsätze ordnungsmäßiger Berichterstattung des *IDW PS 450* sinngemäß. Im PrB hat der APr. somit unparteiisch, vollständig, wahrheitsgetreu und mit der gebotenen Klarheit schriftlich zu berichten (§ 43 Abs. 1 WPO). In dem Bericht ist ferner deutlich darzustellen, inwieweit sich die durchgeführte Prüfung von Art und Umfang einer Pflichtprüfung nach den für KapGes. geltenden Vorschriften unterscheidet und warum zu dem geprüften JA oder KA kein BestV erteilt wurde[1299].

853 Die Erstellung eines PrB ist für Prüfungen, für die nur eine Bescheinigung erteilt werden soll, nicht zwingend geboten. **Bescheinigungen**, die ohne PrB erteilt werden, müssen für die Berichterstattung speziellen Anforderungen genügen (vgl. dazu allgemein Tz. 1352).

1295 Vgl. *IDW PS 450*, Tz. 76. Hierdurch sollen – dem Zweck des § 321 Abs. 2 HGB folgend – die Gesellschafter und ein eventuell freiwillig gebildetes Aufsichtsorgan in die Lage versetzt werden, die erforderlichen Grundsatzentscheidungen zu treffen bzw. vorzubereiten.
1296 Vgl. zur Pflichtprüfung Tz. 279.
1297 Vgl. *IDW PS 400*, Tz. 5; BeBiKo[8], § 321, Rn. 128.
1298 Vgl. *IDW PS 450*, Tz. 51.
1299 Vgl. BeBiKo[8], § 321, Rn. 128.

Besonderheiten bei PublG sowie freiwilligen Abschlussprüfungen　　　　　　**Q**

Sowohl PrB als auch Bescheinigung sollten daher folgende **Mindestangaben** enthalten:　　**854**

- Adressat,
- Auftrag, Auftragsbedingungen,
- Gegenstand, Art und Umfang der Tätigkeit,
- Durchführungsgrundsätze,
- zu Grunde liegende Rechtsvorschriften und Unterlagen,
- Feststellungen.

Weitergehende Angaben können im Einzelfall zweckmäßig sein[1300].

b) Bestätigungsvermerk
aa) Voraussetzungen für die Erteilung eines Bestätigungsvermerks

Bei freiwilligen Abschlussprüfungen darf ein dem § 322 HGB entsprechender **Be-**　　**855**
stätigungsvermerk nur erteilt werden, wenn die Prüfung nach Art und Umfang der Pflichtprüfung den Vorschriften der §§ 316 ff. HGB entspricht[1301]. Weitere Voraussetzung ist, dass ein PrB nach den in *IDW PS 450* festgelegten Grundsätzen erstellt wird[1302]. Es ist als nicht zulässig anzusehen, mit dem Auftraggeber eine Berichterstattung mit einem geringeren Umfang zu vereinbaren[1303] (vgl. Tz. 840). Bei einer freiwilligen Abschlussprüfung sollte grds. die entsprechende Anwendung der §§ 316 ff. HGB ausdrücklich vereinbart werden[1304].

Für Prüfungen mit einem abweichenden Prüfungsgegenstand oder einem geringeren　　**856**
Umfang oder wenn mit dem Auftraggeber die Erstellung keines oder eines nicht den in *IDW PS 450* festgelegten Grundsätzen entsprechenden PrB vereinbart wird, darf grds. kein BestV erteilt werden[1305]. Entsprechendes gilt, wenn vom Auftraggeber im Rahmen der Auftragsbedingungen Prüfungshemmnisse auferlegt werden[1306]. In diesen Fällen liegt keine Beauftragung zur Durchführung einer Abschlussprüfung i.S.d. §§ 316 ff. HGB vor, so dass dementsprechend kein BestV über eine Abschlussprüfung, sondern nur eine **Bescheinigung** (vgl. Tz. 1352) über die durchgeführten Tätigkeiten erteilt werden kann.

Wird eine freiwillige Jahresabschlussprüfung für mehrere Geschäftsjahre vereinbart, so　　**857**
kann im Gegensatz zu internationalen Grundsätzen kein BestV erteilt werden, der sich auf mehrere Geschäftsjahre bezieht, sondern lediglich eine Bescheinigung.

bb) Besonderheiten des Bestätigungsvermerks

Für einen dem § 322 HGB entsprechenden BestV zu freiwilligen Abschlussprüfungen　　**858**
gelten die allgemeinen Grundsätze zu Form und Inhalt des BestV bei Abschlussprüfungen von KapGes. (vgl. Tz. 361) sowie weitgehend die Besonderheiten, die zum BestV bei Unternehmen, die unter das PublG fallen, dargestellt sind (vgl. Tz. 803). Bei der Über-

---

1300 Vgl. *IDW PS 900*, Tz. 25.
1301 Vgl. *IDW PS 400*, Tz. 5.
1302 Vgl. *IDW PS 450*, Tz. 20.
1303 Vgl. *IDW PS 450*, Tz. 20.
1304 Zur Nichtgeltung des § 318 HGB hinsichtlich der Bestellung und Abberufung eines APr. ohne ausdrückliche Vereinbarung vgl. BGH v. 23.09.1991 (II ZR 189/90), BB 1991, S. 2342. Eine Vereinbarung der Geltung der §§ 316 ff. HGB abzuschließen, empfahl der FAR bereits nach früherer Rechtslage, vgl. FN-IDW 1994, S. 18; vgl. zu dieser Thematik auch ADS⁶, § 322 HGB, Tz. 421.
1305 Vgl. *IDW PS 400*, Tz. 5; Ausnahme z.B. Prüfung einer Verschmelzungsbilanz gem. § 17 Abs. 2 UmwG, vgl. *StN HFA 2/1997 i.d.F. 2000.*
1306 Vgl. *IDW PS 400*, Tz. 57.

nahme der Formulierungsempfehlungen aus *IDW PS 400* zu den einzelnen Bestandteilen des BestV sind folgende Gesichtspunkte zu beachten:

(1) Zum Jahresabschluss
Überschrift

859 Im Interesse einer einheitlichen Bezeichnung sind auch Vermerke über freiwillige Abschlussprüfungen, die der gesetzlichen Abschlussprüfung entsprechen, mit der **Überschrift** „Bestätigungsvermerk des Abschlussprüfers" bzw. „Versagungsvermerk des Abschlussprüfers" zu versehen[1307]. Ferner sollte in der Überschrift (oder alternativ im einleitenden Abschnitt), abweichend von den Grundsätzen bei Pflichtprüfungen[1308], eine **Adressierung** des BestV an das geprüfte Unternehmen vorgenommen werden (z.B. „An die ... OHG"), da sich bei freiwilligen Abschlussprüfungen die Adressaten nicht aus einer gesetzlichen Regelung ergeben[1309]. Nicht sachgerecht ist eine Adressierung an die Organe oder Anteilseigner des Unternehmens[1310].

Einleitender Abschnitt

860 Wird von Nichtkapitalgesellschaften (z.B. Personenhandelsgesellschaften, die nicht unter § 264a HGB fallen, und Einzelkaufleute) freiwillig ein Anh. und/oder LB aufgestellt, sind diese Unterlagen in die Bestätigung einzubeziehen[1311].

861 Sofern bei der Aufstellung des JA lediglich die für alle Kaufleute geltenden Vorschriften des HGB (§§ 238 bis 263) beachtet wurden, ist eine diesbezügliche Präzisierung des Hinweises auf die Anwendung der deutschen handelsrechtlichen Vorschriften bei der Bezeichnung der **Rechnungslegungsvorschriften** grds. nicht erforderlich[1312]. Verzichtet dagegen ein Tochterunternehmen bei Inanspruchnahme der Erleichterungen gem. §§ 264 Abs. 3 und 4 bzw. 264b HGB, § 5 Abs. 6 PublG bei der Aufstellung des JA zulässigerweise auf die Anwendung der ergänzenden Vorschriften für KapGes., ist im zweiten Satz des einleitenden Abschnitts des BestV darauf hinzuweisen, dass der JA nach den Vorschriften des Ersten Abschnitts des Dritten Buchs des HGB aufgestellt wurde[1313]. Hierfür kommt folgende **Formulierung** in Betracht:

„Die Buchführung und die Aufstellung des Jahresabschlusses nach den Vorschriften des Ersten Abschnitts des Dritten Buches des HGB [und den ergänzenden Regelungen im Gesellschaftsvertrag/in der Satzung] liegen in der Verantwortung der gesetzlichen Vertreter der Gesellschaft."

Ein Hinweis im BestV, dass es sich um eine freiwillige Prüfung handelt, ist grds. nicht erforderlich[1314]; im Einzelfall kann es sich jedoch empfehlen, dennoch darauf hinzuweisen.

1307 Vgl. *IDW PS 400*, Tz. 21.
1308 Vgl. Tz. 368 und Tz. 803.
1309 Vgl. *IDW PS 400*, Tz. 23 und Anhang Nr. 7.
1310 Vgl. dazu ausführlich ADS[6], § 322, Tz. 98.
1311 Vgl. *IDW PS 400*, Tz. 13.
1312 Vgl. *IDW PS 400*, Anhang Nr. 7.
1313 Vgl. *IDW PH 9.200.1*, Tz. 8 i.V.m. Tz. 1; *IDW PS 400*, Tz. 26.
1314 Vgl. *IDW PS 400*, Anhang Nr. 7; a.A. ADS[6], § 322, Tz. 419.

Beschreibender Abschnitt

Im beschreibenden Abschnitt ist darzustellen, dass die Prüfung entsprechend **§ 317 HGB** und unter Beachtung der vom IDW festgestellten GoA vorgenommen worden ist. Im Gegensatz zur Pflichtprüfung (vgl. Tz. 394) kann im Falle freiwilliger Abschlussprüfungen aufgrund gesonderter Beauftragung eine Abschlussprüfung ausschließlich unter **Anwendung** der International Standards on Auditing (ISA) durchgeführt und bestätigt werden, welche inhaltlich mit den deutschen Grundsätzen übereinstimmen, soweit dem nicht die deutschen gesetzlichen Vorschriften entgegenstehen[1315]. In diesen Fällen wird auf die Anwendung weitergehender deutscher Prüfungsgrundsätze dort verzichtet, wo diese über die ISA hinausgehen (z.B. PrB)[1316]. Die Erstellung eines PrB ist deshalb bei einer Beauftragung einer freiwilligen Abschlussprüfung unter ausschließlicher Anwendung der ISA ausnahmsweise nicht Voraussetzung für die Erteilung eines BestV entsprechend § 322 HGB. Bei der Bezugnahme auf die angewandten **Prüfungsgrundsätze** ist in diesen Fällen ausschließlich auf die ISA zu verweisen.

862

Beurteilung durch den Abschlussprüfer

Für die Übernahme der Beurteilung zur **Einwendungsfreiheit** und Gesetzmäßigkeit der Rechnungslegung[1317] werden sich im Allgemeinen keine Schwierigkeiten ergeben. Bei Unternehmen, die (z.B. auch aufgrund § 264 Abs. 3 HGB) lediglich die für alle Kaufleute geltenden Rechnungslegungsvorschriften zu beachten haben, steht der Übernahme nicht entgegen, dass sie nicht den strengeren Rechnungslegungsvorschriften für KapGes. unterliegen. Die Aussage zur Einwendungsfreiheit und Gesetzmäßigkeit bezieht sich auf die jeweils für das geprüfte Unternehmen maßgeblichen Vorschriften[1318].

863

Zur **Einhaltung der Generalnorm** bei Nichtkapitalgesellschaften wird auf die Ausführungen in Tz. 812 verwiesen. Bei kleinen KapGes. (§ 267 Abs. 1 HGB) ist die Einhaltung der Generalnorm grds. auch dann zu bestätigen, wenn sie gesetzliche Erleichterungen für die Aufstellung des JA wahrnehmen, da § 264 Abs. 2 HGB auch für diese Gesellschaften Anwendung findet[1319].

864

Für einen uneingeschränkten BestV bei einer freiwilligen Abschlussprüfung einer Personenhandelsgesellschaft/kleinen KapGes., die keinen LB aufstellen, wird die in *IDW PS 400*, Anhang 7 enthaltene **Formulierung** empfohlen.

(2) Zum Konzernabschluss

Bei einer **freiwilligen Prüfung des KA** kann ein BestV gem. § 322 HGB erteilt werden, wenn die in Tz. 855 für die Prüfung des JA genannten Voraussetzungen erfüllt sind. Für einen uneingeschränkten BestV ist generell Voraussetzung, dass der KA den Grundsätzen der §§ 290 ff. HGB oder des § 13 PublG entspricht. Dementsprechend müssen in Bezug auf einen freiwillig aufgestellten Konzernabschluss, der nicht unmittelbar den §§ 290 ff. HGB unterliegt, grds. dieselben Maßstäbe Anwendung finden, wie sie bei einem Pflichtkonzernabschluss anzulegen sind. Dies schließt die Beachtung des § 297 Abs. 1 HGB, der

865

1315 Vgl. *IDW PS 201*, Tz. 23; dabei ist die Neufassung von *ISA 700 (clarified)* zu beachten, die auf Abschlussprüfungen für Geschäftsjahre, die am oder nach dem 15.12.2009 begonnen haben, anzuwenden ist (vgl. *IDW PS 400*, Fn. 1).
1316 Zu weiteren Unterscheidungen vgl. *Böcking/Orth/Brinkmann*, WPg 2000, S. 222.
1317 Vgl. Tz. 410.
1318 Vgl. *IDW PS 400*, Tz. 38.
1319 Vgl. *IDW PS 400*, Tz. 43; konkretisierend BeBiKo[8], § 322, Rn. 92–93.

die Bestandteile eines Konzernabschlusses zum Inhalt hat, mit ein[1320]; bei Nicht-Beachtung sind Konsequenzen für den BestV zu ziehen. Bei der Wahl eines von den gesetzlichen Vorschriften **abweichenden Konsolidierungskreises** (z.B. bei der Aufstellung eines sog. „Gruppen- oder Spartenabschlusses") kann ausnahmsweise dann von einer Einschränkung des BestV abgesehen werden, wenn die angewendeten Abgrenzungsgrundsätze im KAnh. angegeben werden[1321]. Im BestV muss die andere Abgrenzung durch die Bezeichnung des Abschlusses (z.B. Gruppen- oder Spartenabschluss) und durch klarstellende Hinweise im einleitenden und beschreibenden Abschnitt sowie im Rahmen der Beurteilung des Prüfungsergebnisses zum Ausdruck kommen. Voraussetzung ist weiterhin, dass für die abweichend abgegrenzte Gruppe der beherrschende Einfluss (§ 290 Abs. 1 HGB) gegeben ist. Eine Bestätigung der Einhaltung der **Generalnorm** (§ 264 Abs. 2 HGB) kann nur abgegeben werden, wenn der KA bezüglich Gliederung, Bewertung und Konzern-Anhangangaben den für MU in der Rechtsform der KapGes. geltenden Anforderungen genügt[1322]. Für Aussagen im Prüfungsurteil des BestV zu einem freiwillig aufgestellten KLB gilt *IDW PS 400,* Tz. 13 entsprechend (vgl. auch Tz. 798).

cc) Einzelfragen

866 Die Regelungen zur **Nachtragsprüfung** bei Pflichtprüfungen (vgl. Tz. 595) sind bei ausdrücklicher Vereinbarung der Regelungen der §§ 316 ff. HGB auch bei freiwilligen Prüfungen grds. anzuwenden. Werden Änderungen nach Feststellung des freiwillig geprüften Abschlusses vorgenommen und ist für die Prüfung des Folgeabschlusses/der Folgeabschlüsse ein anderer APr. beauftragt, so hat dieser APr. pflichtgemäß zu prüfen, ob die Voraussetzungen für eine Nachtragsprüfung nach § 316 Abs. 3 HGB vorliegen[1323].

867 Für die Einschränkung, Versagung und den Widerruf des BestV sowie die Erteilung im Rahmen von Erstprüfungen gelten bei gesetzlich nicht vorgeschriebenen Abschlussprüfungen die gleichen Grundsätze wie bei Pflichtprüfungen von KapGes.

868 Gesetzlich vorgeschriebene BestV dürfen nur von WP **unterzeichnet** werden, bei mittelgroßen GmbH auch von vBP (§ 32 WPO). Bei gesetzlich nicht vorgeschriebenen Abschlussprüfungen kann auch ein Nicht-WP den BestV neben einem WP bzw. vBP unterzeichnen; wird das Berufssiegel geführt, muss mindestens ein Berufsangehöriger zeichnen (§ 27a BS WP/vBP).

c) Kommunikation mit dem Aufsichtsorgan

869 Der *IDW Prüfungsstandard: Grundsätze für die Kommunikation des Abschlussprüfers mit dem Aufsichtsorgan (IDW PS 470)* gilt auch für die mündliche Berichterstattung an Beiräte oder andere Aufsichtsgremien, deren Aufgabenstellung mit der eines AR vergleichbar ist[1324]. Für weitere Ausführungen zur mündlichen Berichterstattung des APr. wird insofern auf Tz. 649 bzw. Tz. 773 verwiesen.

1320 Vgl. BeBiKo[8], § 297, Rn. 10–16, 210.
1321 Vgl. ADS[6], § 322, Tz. 420.
1322 Zu geeigneten Ersatzangaben zur Vermittlung eines den tatsächlichen Verhältnissen entsprechenden Bildes vgl. Tz. 819.
1323 Vgl. hierzu *FAR,* FN-IDW 1994, S. 18 Ziff. 3.
1324 Vgl. auch *IDW PS 470,* Tz. 5.

V. Besonderheiten bei der Berichterstattung über Abschlussprüfungen von Unternehmen bestimmter Rechtsformen bzw. Branchen

1. Allgemeines

Die allgemeinen Ausführungen unter Tz. 777 gelten bei der Erteilung von BestV und bei der Berichterstattung im PrB zu Abschlussprüfungen von Unternehmen besonderer Geschäftszweige entsprechend. **870**

2. Kreditinstitute und Finanzdienstleistungsinstitute

a) Vorschriften für alle Institute

Nach § 340k Abs. 1 S. 1 i.V.m. § 340 Abs. 4 HGB wird allen Instituten (Kredit- und Finanzdienstleistungsinstituten) rechtsform- und größenunabhängig die Prüfung des JA unter Einbeziehung der Buchführung und des LB vorgeschrieben. Auf die Prüfung des JA von Kredit- und Finanzdienstleistungsinstituten sind die §§ 316 bis 324a HGB anzuwenden, soweit § 340k HGB nichts anderes vorsieht. **871**

Eine **erweiterte Berichterstattungspflicht** für Institute ergibt sich aus § 29 KWG[1325] und vor allem aus der PrüfbV[1326] sowie diversen Schreiben der BaFin (vormals BAK). **872**

Zu Einzelheiten der Berichterstattung bei Kreditinstituten, insb. auch zur Gliederung des PrB, vgl. J Tz. 637 und die dort angegebene Literatur[1327]. **873**

Neben die Redepflicht des Abschlussprüfers im Prüfungsbericht nach § 321 Abs. 1 S. 3 HGB tritt als „branchenspezifische" Regelung ergänzend § 29 Abs. 3 KWG[1328]. **874**

Nach § 29 Abs. 3 S. 1 KWG bestehen für den APr. von Instituten ggü. der BaFin und ggü. der DBB **besondere Anzeigepflichten**, die durch folgende im Rahmen der Prüfung bekannt gewordene Tatbestände ausgelöst werden: **875**

– Tatsachen, welche die Einschränkung oder Versagung des **Bestätigungsvermerks** rechtfertigen, also Einwendungen i.S.v. § 322 Abs. 4 HGB;
– Tatsachen, die den **Bestand** des Instituts gefährden oder seine Entwicklung wesentlich beeinträchtigen können;
– Tatsachen, die einen erheblichen **Verstoß** gegen die Vorschriften über die Zulassungsvoraussetzungen des Instituts oder die Ausübung einer Tätigkeit nach dem KWG darstellen;
– Tatsachen, die schwerwiegende **Verstöße** der Geschäftsleiter gegen Gesetz, Satzung oder Gesellschaftsvertrag, also sonstige berichtspflichtige Sachverhalte i.S.v. § 321 Abs. 1 S. 3 HGB, erkennen lassen[1329].

Für die Erteilung oder die Einschränkung des **Bestätigungsvermerks** oder die Erteilung eines Versagungsvermerks zum JA der Institute ist § 322 HGB maßgebend. Der Einblick in die Vermögens-, Finanz- und Ertragslage ist bei Kreditinstituten jedoch auch dann ge- **876**

1325 Kreditwesengesetz (KWG) v. 09.09.1998, BGBl. I, S. 2776, zuletzt geändert durch Gesetz v. 22.06.2011, BGBl. I, S. 1126.
1326 Verordnung über die Prüfung der Jahresabschlüsse der Kreditinstitute und Finanzdienstleistungsinstitute sowie die darüber zu erstellenden Berichte (Prüfungsberichtsverordnung – PrüfbV) v. 23.11.2009, BGBl. I, S. 3793, zuletzt geändert durch Gesetz v. 01.03.2011, BGBl. I, S. 288.
1327 In Bezug auf Finanzdienstleistungsinstitute siehe *IDW PS 520*, insb. Tz. 34 und 35, sowie Anhang 1 zu *IDW PS 520*.
1328 Vgl. *Boos/Fischer/Schulte-Mattler*, KWG³, § 29 KWG, Rn. 38; *Luz/Neus/Scharpf/Schneider/Weber*, KWG, § 29 KWG, Rn. 1.
1329 Vgl. *Boos/Fischer/Schulte-Mattler*, KWG³, § 29 KWG, Rn. 36; *Beck/Samm/Kokemoor*, KWG, § 29, Rn. 17; so bereits *Stannigel*, WPg 1977, S. 565, 600; *Burkel*, S. 75.

währleistet, wenn das gesetzliche Wahlrecht des § 340f HGB in Anspruch genommen wird und im Rahmen der vernünftigen kaufmännischen Beurteilung und unter Beachtung der absoluten Höchstgrenze Vorsorgereserven still gebildet oder still aufgelöst werden. Daraus folgt, dass sich hieraus keine Auswirkungen auf Inhalt und Wortlaut des BestV gem. § 322 HGB ergeben[1330].

877 Hat der APr. **Einwendungen** zu erheben, die zu einer Einschränkung des BestV oder einem Versagungsvermerk führen können, so dürfte eine Unterrichtung der BaFin und der DBB dann zumeist nicht erforderlich sein, wenn der APr. mit hoher Wahrscheinlichkeit davon ausgehen kann, dass die festgestellten Mängel bis zum Abschluss der Prüfung beseitigt werden. Dies werden i.d.R. rechnungslegungsbezogene Sachverhalte sein[1331]. Allerdings sind schwerwiegende Verstöße der Geschäftsleitung gegen Gesetz, Satzung oder Gesellschaftsvertrag sowie bestandsgefährdende und entwicklungsbeeinträchtigende Tatbestände auch dann anzuzeigen, wenn der APr. der Auffassung ist, dass sich die Auswirkungen oder die Tatbestände noch beheben lassen, z.B. durch Einleitung von Sanierungsmaßnahmen[1332].

878 Nach Auffassung des APr. vorliegende bestandsgefährdende oder entwicklungsbeeinträchtigende Tatbestände sind auch dann unverzüglich anzuzeigen, wenn ein Beherrschungs- und/oder Gewinnabführungsvertrag besteht und die wirtschaftlichen Folgen daher von der Obergesellschaft ausgeglichen werden müssen[1333].

879 Die Anzeigepflicht wird außerdem auch dann ausgelöst, wenn gegen Vorschriften verstoßen wird, die wesentliche Ziele des KWG und der Bankenaufsicht verkörpern. So ist eine Anzeige erforderlich, wenn ein Institut lediglich über eine eingeschränkte Erlaubnis verfügt, daneben jedoch auch andere erlaubnispflichtige Geschäfte im wesentlichen Umfang betreibt[1334].

880 Weitere anzeigepflichtige Verstöße gegen KWG-Vorschriften sind beispielsweise auch die Verletzung der Anzeigepflichten nach §§ 13 ff. KWG oder die Nichtbeachtung von § 18 KWG, wenn dies von den Geschäftsleitern zu vertreten ist und die Verstöße nicht nur vereinzelt festgestellt wurden[1335]. Entsprechend § 29 Abs. 2 S. 1 KWG bezieht sich dies auch auf die Verpflichtungen der Institute nach dem Geldwäschegesetz (GwG)[1336]. Ebenso ziehen wesentliche Verstöße gegen die organisatorischen Pflichten nach § 25a KWG i.V.m. den MaRisk[1337] regelmäßig Anzeigepflichten nach sich.

881 Die Anzeige nach § 29 Abs. 3 KWG muss unverzüglich nach Feststellung der entsprechenden Tatbestände, d.h. regelmäßig noch während der laufenden Prüfung, erfolgen[1338].

1330 Vgl. *Meyer*, ZfgK 1987, S. 442; *ADS*[6], § 322 HGB, Tz. 412; *BoHdR*[2], § 340f, Rn. 31; *Krumnow, KI*[2], § 340f, Rn. 16.
1331 Vgl. *Boos/Fischer/Schulte-Mattler*, KWG[3], § 29 KWG, Rn. 44.
1332 Vgl. *Boos/Fischer/Schulte-Mattler*, KWG[3], § 29 KWG, Rn. 45–47; *Bähre/Schneider*, KWG[3], § 29, Rn. 3; *Stannigel*, WPg 1977, S. 571.
1333 Vgl. *BAK*, Schreiben an das IDW v. 03.02.1982 – *Consbruch/Fischer*, KWG, P 45.7.
1334 Vgl. *Boos/Fischer/Schulte-Mattler*, KWG[3], § 29 KWG, Rn. 47a; für Finanzdienstleistungsinstitute vgl. *IDW PS 520*, Tz. 36.
1335 Vgl. *Boos/Fischer/Schulte-Mattler*, KWG[3], § 29 KWG, Rn. 48–49.
1336 Gesetz über das Aufspüren von Gewinnen aus schweren Straftaten (Geldwäschegesetz – GwG) v. 13.08.2008, BGBl. I, S. 1690, zuletzt geändert durch Gesetz v. 22.06.2011, BGBl. I, S. 1126. Zur Prüfung der Verpflichtungen nach dem GwG siehe ausführlich Tz. 1303.
1337 *BaFin*, Rundschreiben 11/2010 (BA) v. 15.12.2010 – Mindestanforderungen an das Risikomanagement – MaRisk.
1338 Vgl. *Boos/Fischer/Schulte-Mattler*, KWG[3], § 29 KWG, Rn. 38; *Luz/Neus/Scharpf/Schneider/Weber*, KWG, § 29 KWG, Rn. 56; so bereits *Stannigel*, WPg 1977, S. 567.

Die Anzeigen sind der BaFin und der zuständigen Hauptverwaltung der DBB jeweils in einfacher Ausfertigung formlos einzureichen[1339].

Ist eine Anzeige nach § 29 Abs. 3 S. 1 KWG erfolgt, so ist im **Prüfungsbericht** darauf hinzuweisen[1340]. **882**

Nach § 29 Abs. 3 S. 2 KWG bestehen darüber hinaus besondere **Auskunftspflichten** ggü. der BaFin bzw. der DBB. So hat der APr. auf Verlangen der BaFin oder der DBB den PrB zu erläutern sowie Auskunft über sonstige bei der Prüfung bekannt gewordene Tatsachen, die gegen eine ordnungsmäßige Durchführung der Geschäfte des Instituts sprechen, zu geben. **883**

Die Anzeige-, Erläuterungs- und Mitteilungspflichten nach § 29 Abs. 3 S. 1 u. 2 KWG bestehen dabei auch in Bezug auf Drittunternehmen, die mit dem Institut in enger Verbindung stehen, sofern dem Prüfer die Tatsachen im Rahmen der Prüfung des Instituts bekannt werden (§ 29 Abs. 3 S. 3 KWG). Eine eigenständige Prüfungs- oder Nachforschungspflicht des APr. besteht allerdings nicht. Eine enge Verbindung zwischen dem geprüften Institut und dem Drittunternehmen besteht gem. § 1 Abs. 10 KWG dann, wenn die Unternehmen unmittelbar oder mittelbar mit mindestens 20% des Kapitals oder der Stimmrechte verbunden sind, wenn ein Mutter-Tochter-Verhältnis besteht oder wenn es sich um Schwestergesellschaften handelt. Dabei ist es unerheblich, ob das geprüfte Unternehmen die Anteile hält, ob Anteile an ihm gehalten werden oder ob das geprüfte Unternehmen die Mutter- oder Schwesterrolle inne hat (sog. Richtungsvielfalt)[1341].

Der Prüfer haftet nicht für die Richtigkeit von Tatsachen, die er im Rahmen seiner Anzeige- und Auskunftspflichten nach § 29 Abs. 3 S. 1 u. 2 KWG in gutem Glauben anzeigt (§ 29 Abs. 3 S. 4 KWG). **884**

Der APr. hat gem. § 6 Abs. 1 PrüfbV im **Prüfungsbericht** verpflichtend i.R. einer **zusammenfassenden Schlussbemerkung** auf alle wesentlichen Aspekte der Prüfung einzugehen, sofern er diese nicht bereits i.R. der vorangestellten Berichterstattung nach § 321 Abs. 1 S. 2 HGB dargestellt hat. Berichtsinhalte sind nicht zuletzt Feststellungen i.S.v. § 321 Abs. 1 S. 3 HGB und damit grds. auch die o.g. Pflichtanzeigen ggü. den Aufsichtsbehörden. **885**

b) Finanzdienstleistungsinstitute

Finanzdienstleistungsinstitute i.S.v. § 1 Abs. 1a KWG unterliegen ebenfalls den Vorschriften des KWG und haben nach § 340 Abs. 4 HGB auch die Vorschriften zur Rechnungslegung von Kreditinstituten anzuwenden. Ferner besteht für diese Institute eine Prüfungspflicht für den JA und LB nach § 26 Abs. 1 KWG i.V.m. § 340k Abs. 1 HGB. **886**

Für den **Prüfungsbericht** der Finanzdienstleistungsinstitute enthalten die §§ 51 bis 53 PrüfbV **zusätzliche Vorgaben**. Dabei wird hinsichtlich der Berichtserfordernisse zum einen danach unterschieden, ob das Finanzdienstleistungsinstitut die Befugnis besitzt, sich Eigentum oder Besitz an Kundengeldern oder -wertpapieren zu verschaffen, und zum anderen, ob es auf eigene Rechnung mit Finanzinstrumenten handelt. Ergänzend ist dem PrB bei bestimmten Finanzdienstleistungsinstituten eine Datenübersicht gem. Anlage 4 zu § 60 PrüfbV beizufügen. **887**

1339 Vgl. *Deutsche Bundesbank, Zentralbereich Banken und Finanzaufsicht – B40-4*, Übersicht der gesetzlichen Anzeige- bzw. Meldepflichten für Institute (Stand Februar 2010), Punkt 7 .
1340 Vgl. § 6 Abs. 1 S. 3 PrüfbV; *IDW PS 450*, Tz. 35–41 bzw. Tz. 42–50.
1341 Vgl. *Reischauer/Kleinhans*, KWG, § 1 KWG, Rn. 336–337.

888 Ist das Institut berechtigt, sich **Eigentum oder Besitz an Kundengeldern oder -wertpapieren** zu verschaffen, so sind nach § 52 Abs. 2 PrüfbV diese Befugnisse nach Gruppen zu kategorisieren und deren jeweiliger Inhalt ist im PrB darzustellen. Ferner ist zu beurteilen, ob ein ausreichendes IKS besteht. Darüber hinaus ist darauf einzugehen, ob damit nicht – unerlaubterweise – das Betreiben des Einlagengeschäfts (§ 1 Abs. 1 Nr. 1 KWG) oder des Depotgeschäfts (§ 1 Abs. 1 Nr. 5 KWG) verbunden ist.

889 Bei Finanzdienstleistungsinstituten, die **nicht befugt** sind, sich Eigentum oder Besitz an Kundengeldern oder -wertpapieren zu verschaffen, hat der APr. nach § 52 Abs. 1 PrüfbV zu beurteilen, dass die Vertragsbeziehungen (einschl. von den Kunden erteilter Vollmachten) entsprechend gestaltet sind und dass ein adäquates IKS besteht, das die Einhaltung dieser Bestimmungen sicherstellt.

890 Betreibt das Institut **Handel mit Finanzinstrumenten auf eigene Rechnung**, so ist über die Struktur der ggf. im Eigenbestand gehaltenen Finanzinstrumente zu berichten (§ 52 Abs. 5 PrüfbV). Außerdem sind Umsatzvolumina und Anzahl der Geschäfte im Berichtszeitraum zu nennen. Die Darstellungspflicht bezieht sich dabei sowohl auf den Handel auf eigene Rechnung als auch auf den Eigenhandel für andere[1342].

891 Falls das Institut **keinen Handel** mit Finanzinstrumenten auf eigene Rechnung betreibt, ist darzulegen, ob im Berichtsjahr Finanzinstrumente im Eigenbestand gehalten wurden. Ist dies der Fall, so ist darzulegen, dass diese zulässigerweise dem Anlagevermögen bzw. der Liquiditätsreserve zugeordnet wurden (§ 52 Abs. 3 PrüfbV).

c) Spezialkreditinstitute

892 Für den Inhalt der PrB der **Pfandbriefbanken** ist ebenfalls die PrüfbV maßgebend. Die bis zum Inkrafttreten der PrüfbV in verschiedenen BAK-Schreiben verlautbarten Sonderregelungen wurden unter Ergänzung weiterer Vorgaben als zusätzliche branchenspezifische Berichterstattungspflichten in die PrüfbV übernommen. Diese betreffen Angaben zu den Barwerten der zur Deckung verwendeten Werte (§ 41 PrüfbV) bzw. zu den Transparenzvorschriften nach § 28 PfandBG[1343] (§ 42 PrüfbV) sowie bestimmte Zusatzangaben bei der Einzelkreditbesprechung (§ 43 PrüfbV). Die dem PrB von Kreditinstituten beizufügende Datenübersicht ist bei Pfandbriefbanken um zusätzliche Daten zu den Deckungshypotheken zu ergänzen (vgl. Anlage 3 zu § 60 PrüfbV).

893 Auch für die PrB der **Bausparkassen** enthält die PrüfbV diverse zusätzliche Berichtsanforderungen. So müssen die PrB neben einer Darstellung der organisatorischen Besonderheiten des Bausparkassengeschäfts (§ 44 PrüfbV) zusätzliche Angaben bzw. Beurteilungen zum Kreditgeschäft (§ 45 PrüfbV), zur geschäftlichen Entwicklung (§ 46 PrüfbV), zur Liquiditätslage (§ 47 PrüfbV), zum Einsatz von Derivaten (§ 48 PrüfbV) sowie zur Ertragslage (§ 49 PrüfbV) enthalten[1344]. Außerdem ist über das Kollektivgeschäft sowie die Vor- und Zwischenfinanzierung (§ 50 PrüfbV) zu berichten[1345] und das Zuteilungsverfahren ist zu erläutern; u.a. ist dabei die Zuteilungssituation unter Berücksichtigung der letzten fünf GJ darzustellen.

1342 Vgl. *BaFin*, Begründung zur PrüfbV v. 23.11.2009, Zu § 52 PrüfbV, Satz 1 – *Consbruch/Fischer*, KWG, P 25.1.

1343 Pfandbriefgesetz (PfandBG) v. 22.05.2005, BGBl. I, S. 1373, zuletzt geändert durch Gesetz v. 09.12.20101, BGBl. I, S. 1900.

1344 Vgl. auch *Sarx/Marquard*, WPg 1984, S. 565.

1345 Vgl. *Laux*, WPg 1994, S. 237; *Laux*, WPg 1984, S. 573.

Daneben sind zur Berechnung des Zuführungsbetrages zum Fonds zur bauspartechnischen Absicherung nach § 8 Abs. 1 BausparkV[1346] und ggf. zum Einsatz dieses Fonds nähere Angaben zu machen. Die Datenübersicht als Anlage zum PrB ist um zusätzliche Daten zum Kreditgeschäft und um bauspartechnische Daten zu ergänzen (vgl. Anlage 2 zu § 60 PrüfbV). Weitere Berichtspflichten ergeben sich zudem aus § 13 BauSparkG[1347]. Danach hat der Prüfer auch festzustellen, ob entsprechend den Allgemeinen Bedingungen für Bausparkassen zugeteilt wurde, ob die Beleihungsvorschriften eingehalten und ob die Bestimmungen der BausparkV beachtet wurden.

Für PrB von **Instituten, die das Factoringgeschäft betreiben**, schreibt § 54 PrüfbV Angaben über die Konzentration auf einige oder wenige Kontrahenten oder Branchen vor. **894**

Bei **Instituten, die das Leasinggeschäft betreiben**, ist gem. § 55 PrüfbV über die Zusammensetzung der Leasinggüter, Vertragstypen, Abschreibungsmethoden, die Abgrenzung von Mietsonderzahlungen, Veräußerungsverluste und Vorsorgen zu berichten. **895**

3. Zahlungsinstitute und E-Geld-Institute

Seit Inkrafttreten des **Zahlungsdiensteaufsichtsgesetzes** (ZAG)[1348] zum 31.10.2009 unterliegen auch Zahlungsinstitute i.S.v. § 1 Abs. 1 Nr. 5 ZAG der Beaufsichtigung durch die BaFin. Durch das Gesetz zur Umsetzung der Zweiten E-Geld-Richtlinie[1349] wurden zudem zum 30.04.2011 die aufsichtsrechtlichen Vorschriften für E-Geld-Institute vom KWG in das ZAG überführt[1350]. **896**

Nach § 340k Abs. 1 S. 1 i.V.m. § 340 Abs. 5 HGB wird allen Instituten i.S.d. ZAG rechtsform- und größenunabhängig die Prüfung des JA unter Einbeziehung der Buchführung und des LB vorgeschrieben[1351]. Auf die Prüfung des JA von Instituten i.S.d. ZAG sind danach die §§ 316 bis 324a HGB anzuwenden, soweit § 340k HGB nichts anderes vorsieht. **897**

Erweiterte Berichterstattungspflichten ergeben sich aus § 18 ZAG und aus der ZahlPrüfbV[1352]. Nach der ZahlPrüfbV ist im **Prüfungsbericht** insbesondere auch auf folgende Themenbereiche einzugehen[1353]: **898**

- rechtliche, wirtschaftliche und organisatorische Grundlagen des Zahlungsinstituts,
- ausländische Zweigniederlassungen,
- Risikomanagement und Geschäftsorganisation,
- Eigenkapital und Solvenzanforderungen,
- Anzeigewesen,
- Vorkehrungen zur Verhinderung von Geldwäsche und Terrorismusfinanzierung,

---

1346 Verordnung zum Schutz der Gläubiger von Bausparkassen (Bausparkassen-Verordnung – BausparkV) v. 19.12.1990, BGBl. I, S. 2947, zuletzt geändert durch Gesetz v. 24.04.2009, BGBl. I, S. 999.
1347 Gesetz über Bausparkassen i.d.F. Bek. v. 15.02.1991, BGBl. I, S. 454, zuletzt geändert durch Gesetz v. 29.07.2008, BGBl. I, S. 1509.
1348 Gesetz über die Beaufsichtigung von Zahlungsdiensten (Zahlungsdiensteaufsichtsgesetz – ZAG) v. 25.06.2009, BGBl. I, S. 1506, zuletzt geändert durch Gesetz v. 01.03.2011, BGBl. I, S. 288.
1349 Gesetz v. 01.03.2011, BGBl. I, S. 288.
1350 Nachfolgend werden daher Zahlungsinstitute und E-Geld-Institute gemeinsam als „Institute i.S.d. ZAG" bezeichnet.
1351 Ausnahmen bestanden im Rahmen der Übergangsvorschrift des § 35 Abs. 3 ZAG bis zum 30.04.2011. Vgl. hierzu *IDW*, FN-IDW 2010, S. 211.
1352 Verordnung über die Prüfung der Jahresabschlüsse der Zahlungsinstitute sowie die darüber zu erstellenden Berichte (Zahlungsinstituts-Prüfungsberichtsverordnung – ZahlPrüfbV) v. 15.10.2009, BGBl. I, S. 3688.
1353 Solange die Geltung der ZahlPrüfbV noch nicht auf E-Geld-Institute ausgeweitet ist, gilt dies formal lediglich in Bezug auf Zahlungsinstitute.

- besondere Angaben zu Zahlungsdiensten,
- Lage des Zahlungsinstituts sowie
- Erläuterungen zur Rechnungslegung.

Darüber hinaus sind die geforderten Eintragungen in die Datenübersicht[1354] vorzunehmen und dieses Formblatt dem PrB als Anlage beizufügen.

Für Zahlungsinstitute, die auch Kreditinstitut i.S.v. § 1 Abs. 1 S. 1 KWG sind, gelten die Anforderungen der ZahlPrüfbV insoweit, als sie über die Anforderungen der PrüfbV hinausgehen; über das Ergebnis der Prüfung ist ein einheitlicher PrB zu erstellen (§ 1 S. 2 ZahlPrüfbV)[1355].

899 Der **Umfang der Berichterstattung** hat sich an der Bedeutung und dem Risikogehalt der dargestellten Vorgänge zu orientieren. Dabei ist grds. auf alle aufsichtsrechtlichen Vorgaben einzugehen. Soweit dem APr. bedeutsame Vorgänge nach dem Abschlussstichtag bekannt werden, sind diese i.r. der Berichterstattung zu berücksichtigen (§ 3 Abs. 1 u. 2 ZahlPrüfbV).

Wurde von der BaFin eine Prüfung nach § 14 Abs. 1 S. 2 ZAG vorgenommen, ist das Ergebnis dieser Prüfung zu verwerten[1356]; bei Sachverhalten, die Gegenstand dieser Prüfung waren, genügt eine Berichterstattung über die nach dem Stichtag der Prüfung eingetretenen Veränderungen (§ 3 Abs. 3 ZahlPrüfbV).

900 Neben die **Redepflicht** des APr. im PrB nach § 321 Abs. 1 S. 3 HGB tritt – analog zur Vorschrift des § 29 Abs. 3 KWG für Kredit- und Finanzdienstleistungsinstitute – als „branchenspezifische" Regelung ergänzend § 18 Abs. 2 ZAG.

901 Nach § 18 Abs. 2 S. 1 ZAG bestehen für den APr. von Instituten i.S.d. ZAG ggü. der BaFin und der DBB **besondere Anzeigepflichten**, die durch folgende im Rahmen der Prüfung bekannt gewordene Tatbestände ausgelöst werden:

- Tatsachen, welche die Einschränkung des **Bestätigungsvermerks** oder einen Versagungsvermerk rechtfertigen, d.h. Einwendungen i.S.v. § 322 Abs. 4 HGB,
- Tatsachen, die den **Bestand** des Instituts gefährden oder seine Entwicklung wesentlich beeinträchtigen können,
- Tatsachen, die einen erheblichen **Verstoß** gegen die Vorschriften über die Zulassungsvoraussetzungen des Instituts oder die Ausübung einer Tätigkeit nach dem ZAG darstellen, sowie
- Tatsachen, die schwerwiegende **Verstöße** der Geschäftsleiter gegen Gesetz, Satzung oder Gesellschaftsvertrag, also sonstige berichtspflichtige Sachverhalte i.S.v. § 321 Abs. 1 S. 3 HGB, erkennen lassen.

Beispiele für Anzeigeerfordernisse sind auch bei diesen Instituten insb. Verstöße gegen Verpflichtungen nach dem GwG sowie i.Z.m. der Beachtung der MaRisk (§ 18 Abs. 1 S. 3 Nr. 1 u. 2 ZAG).

902 Die **Anzeige** hat unverzüglich nach Feststellung des jeweiligen Tatbestands, d.h. regelmäßig noch während der laufenden Prüfung[1357], zu erfolgen. Die Anzeigen sind der BaFin

---

1354 Datenübersicht für Zahlungsinstitute (Anlage zu § 23 ZahlPrüfbV), BGBl. I 2009, S. 3654.
1355 Zu Aspekten der Berichterstattung nach KWG bzw. PrüfbV vgl. insb. J Tz. 637.
1356 Zur Verwertung der Arbeit eines anderen Prüfers vgl. *IDW PS 320* bzw. allg. *IDW EPS 320 n.F.*
1357 Vgl. *Luz/Neus/Scharpf/Schneider/Weber*, KWG, § 29 KWG, Rn. 56.

und der zuständigen Hauptverwaltung der DBB jeweils in einfacher Ausfertigung formlos einzureichen (§ 1 Abs. 1 ZAGAnzV[1358]).

Ist eine Anzeige nach § 18 Abs. 2 S. 1 ZAG erfolgt, so ist im PrB darauf hinzuweisen[1359]. **903**

Nach § 18 Abs. 2 S. 2 ZAG bestehen zudem besondere **Auskunftspflichten**; der APr. hat auf Verlangen der BaFin oder der DBB den PrB zu erläutern sowie Auskunft über sonstige bei der Prüfung bekannt gewordene Tatsachen zu geben, die gegen eine ordnungsmäßige Durchführung der Geschäfte des Instituts sprechen. Die Anzeige-, Erläuterungs- und Mitteilungspflichten nach § 18 Abs. 2 S. 1 u. 2 ZAG bestehen auch in Bezug auf ein Unternehmen, das mit dem Institut in enger Verbindung steht, sofern dem Prüfer die Tatsachen i.R. der Prüfung des Instituts bekannt werden (§ 18 Abs. 2 S. 3 ZAG). Eine eigenständige Prüfungs- oder Nachforschungspflicht des APr. besteht aber nicht. **904**

Der Prüfer haftet nicht für die Richtigkeit von Tatsachen, die er im Rahmen seiner Anzeige- und Auskunftspflichten nach § 18 Abs. 2 S. 1 u. 2 ZAG in gutem Glauben anzeigt (§ 18 Abs. 2 S. 4 ZAG). **905**

Im PrB ist abschließend in einer **zusammenfassenden Schlussbemerkung** zu allen wichtigen Fragen so Stellung zu nehmen, dass aus ihr selbst ein Gesamturteil über die wirtschaftliche Lage des Instituts und die Ordnungsmäßigkeit seiner Geschäftsorganisation (insb. die Einrichtung eines angemessenen Risikomanagements) sowie über die Einhaltung der weiteren aufsichtsrechtlichen Vorgaben gewonnen werden kann (§ 6 Abs. 1 ZahlPrüfV). Soweit diesbezügliche Ausführungen bereits i.R. der vorangestellten Berichterstattung nach § 321 Abs. 1 S. 2 HGB erfolgt sind, ist es grds. ausreichend darauf zu verweisen. Auf wesentliche Beanstandungen ist ggf. nochmals zusammenfassend einzugehen. **906**

In Bezug auf den **Bestätigungsvermerk** gelten die allgemeinen Grundsätze des § 322 HGB bzw. des *IDW PS 400*. **907**

Der **Prüfungsbericht** ist vom Prüfer gem. § 6 Abs. 1 ZahlPrüfV unter Angabe von Ort und Datum zu unterzeichnen und unverzüglich nach Beendigung der Prüfung bei der BaFin und der DBB **einzureichen** (§ 17 Abs. 1 S. 3 ZAG). **908**

4. Finanzierungsleasing- und Factoringinstitute

Mit Inkrafttreten des JStG 2009[1360] am 25. Dezember 2008 wurden das Factoringgeschäft (§ 1 Abs. 1a S. 2 Nr. 9 KWG) sowie das Finanzierungsleasing einschließlich der Verwaltung von Objektgesellschaften (§ 1 Abs. 1a S. 2 Nr. 10 KWG) in den Kanon der **erlaubnispflichtigen Finanzdienstleistungsgeschäfte** des § 1 Abs. 1a KWG aufgenommen. Damit unterliegen Unternehmen, die derartige Finanzdienstleistungen betreiben[1361], dem Geltungsbereich des KWG und der Beaufsichtigung[1362] durch die BaFin und die DBB. **909**

[1358] Verordnung über die Anzeigen und die Vorlage von Unterlagen nach dem Zahlungsdiensteaufsichtsgesetz (ZAG-Anzeigenverordnung – ZAGAnzV) v. 15.10.2009, BGBl. I, S. 3603.
[1359] Vgl. § 6 Abs. 1 S. 4 ZahlPrüfV; *IDW PS 450*, Tz. 35–41 bzw. Tz. 42–50.
[1360] Jahressteuergesetz 2009 (JStG 2009) v. 19.12.2008, BGBl. I, S. 2794.
[1361] Zur Begriffsabgrenzung vgl. *BaFin*, Merkblatt v. 05.01.2009: Hinweise zum Tatbestand des Factoring (§ 1 Abs. 1a Satz 2 Nr. 9 KWG) u. Merkblatt v. 19.01.2009: Hinweise zum Tatbestand des Finanzierungsleasing (§ 1 Abs. 1a Satz 2 Nr. 10 KWG) sowie *Reschke*, BKR 2009, S. 141.
[1362] Vgl. nachfolgend *Nemet*, S. 41 sowie *Nemet/Hülsen/Distler*, WPg 2009, S. 960, S. 1022.

Finanzierungsleasing- und Factoringunternehmen, die als Finanzdienstleistungsinstitute klassifiziert werden, haben gemäß § 340 Abs. 4 HGB neben den für große KapGes. geltenden Normen zur Rechnungslegung auch die ergänzenden Vorschriften für Kreditinstitute und Finanzdienstleistungsinstitute gem. §§ 340 bis 340o HGB sowie gem. § 330 Abs. 1 und 2 HGB die RechKredV anzuwenden. Ausnahmen hiervon ergeben sich nur, soweit sie nach § 2 Abs. 6 KWG oder aufgrund der Sonderregelung des § 2 Abs. 4 KWG im Einzelfall von der BaFin von der Anwendung ausgenommen sind. Sofern sie die Anforderungen des § 290 HGB erfüllen, haben sie ferner gem. § 340i HGB unabhängig von Größe und Rechtsform einen KA zu erstellen.

910 Der nach den vorgenannten Vorschriften erstellte JA und KA unterliegt nach § 340k HGB den **Prüfungs- und Berichtspflichten gem. §§ 316 ff. HGB**. Darüber hinaus sind vom APr. die besonderen aufsichtsrechtlichen Prüfungs- und Berichtspflichten gemäß § 29 KWG zu beachten. Die Anforderungen an die Berichterstattung werden durch die PrüfbV konkretisiert.

Die Umsetzung der aufsichtsrechtlichen Anforderungen sowie deren Überprüfung haben dabei unter **Beachtung des Grundsatzes der doppelten Proportionalität**[1363] zu erfolgen.

911 Der **Prüfungsumfang** gemäß § 29 KWG umfasst neben dem JA und dem KA und den wirtschaftlichen Verhältnissen vor allem die Anzeigevorschriften der §§ 14 und 24 KWG, die Anforderungen an eine ordnungsgemäße Geschäftsorganisation nach § 25a KWG einschließlich der Mindestanforderungen an das Risikomanagement (MaRisk) sowie die Umsetzung der Anforderungen aus dem GwG. Der Prüfer hat dabei gem. § 29 Abs. 2 S. 1 KWG i.V.m. § 25c KWG auch zu prüfen, ob die betroffenen Institute unbeschadet ihrer Verpflichtungen zur Einhaltung der Anforderungen aus dem GwG auch über ein angemessenes Risikomanagement zur Verhinderung von strafbaren Taten zu ihren Lasten verfügen.

Bei der Prüfung der aufsichtsrechtlichen Anforderungen sind die Erleichterungen des § 2 Abs. 7 KWG zu beachten. Danach unterliegen Finanzierungsleasing- und Factoringinstitute, die **ausschließlich** Finanzdienstleistungen i.S.v. § 1 Abs. 1a S. 2 Nr. 9 bzw. Nr. 10 KWG betreiben, u.a. keinen besonderen Eigenkapital- und Liquiditätsvorschriften. Sie sind ferner von verschiedenen Anzeigevorschriften ausgenommen und müssen § 18 KWG nicht umsetzen.

Bei der Überprüfung der **MaRisk** ist zu beachten, dass Finanzierungsleasing- und Factoringinstitute die Anforderungen so umzusetzen haben, wie dies vor dem Hintergrund der Institutsgröße sowie von Art, Umfang, Komplexität und Risikogehalt der Geschäftsaktivitäten zur Einhaltung der gesetzlichen Pflichten aus § 25a KWG geboten erscheint. So werden bspw. die Anforderungen an die Handelsgeschäfte (MaRisk BTO 2) bei Finanzierungsleasing- und Factoringinstituten i.d.R. keine Bedeutung haben[1364].

912 Im Rahmen der **Berichterstattung** ist die angemessene Umsetzung der aufsichtsrechtlichen Anforderungen zu würdigen. Die PrüfbV enthält, ergänzend zu den von allen Instituten zu beachtenden Anforderungen (Abschnitte 1 bis 5), in Abschnitt 6 branchenspezifische Pflichtangaben.

1363 Das Prinzip der „doppelten Proportionalität" besagt, dass sich Art, Umfang, Komplexität und Risikogehalt der Geschäftsaktivitäten einerseits sowie die damit verbundene Aufsichts- bzw. Prüfungsintensität andererseits entsprechen müssen.

1364 Vgl. hierzu auch *Nemet/Ulrich*, S. 2.

Besonderheiten bei Unternehmen bestimmter Rechtsformen bzw. Branchen   Q

Danach schreibt § 54 PrüfbV für Institute, die das Factoringgeschäft betreiben, Angaben über die Konzentration auf einige oder wenige Kontrahenten oder Branchen vor (sog. **Klumpenrisiken**). Bei Instituten, die das Leasinggeschäft betreiben, ist gem. § 55 PrüfbV über die Zusammensetzung der Leasinggüter, Vertragstypen, Abschreibungsmethoden, die Abgrenzung von Mietsonderzahlungen, Veräußerungsverluste und Vorsorgen zu berichten.

Im Rahmen einer angemessenen risikoorientierten Berichterstattung ist bei der Darstellung und bei der Würdigung der Umsetzung der Anforderungen der MaRisk auf die jeweiligen Geschäftsspezifika des geprüften Instituts und die sich hieraus ergebenen Besonderheiten für die Umsetzung einzugehen.   913

Sofern Finanzierungsleasinginstitute, sei es als Ergänzungsrechnung zum JA oder i.r. der Ermittlung der Risikotragfähigkeit i.S.d. MaRisk (MaRisk AT 4.1), auf eine leasingtypische **Substanzwertrechnung**[1365] zurückgreifen, empfiehlt sich eine gesonderte Untersuchung dieser Berechnung. Obwohl weder die Erstellung noch die Prüfung einer solchen Substanzwertrechnung gesetzlich vorgeschrieben sind, so kann sich gleichwohl, auch unter Going-Concern-Aspekten, eine grundsätzliche Notwendigkeit dafür ergeben. Auf Grundlage einer solchen Untersuchung sind die von dem jeweiligen Finanzierungsleasinginstitut festgelegten, schriftlich zu dokumentierenden Erstellungsgrundsätze einschließlich der der Ermittlung der Wertansätze zugrunde gelegten Prämissen i.R. des PrB in Bezug auf deren Angemessenheit und Plausibilität zu würdigen.

Aufgrund der bis dato noch geringen Erfahrung bei der Beaufsichtigung der Branche (insb. auch bzgl. der MaRisk-Pflichten) haben BaFin und DBB alle betroffenen Finanzierungsleasing- und Factoringinstitute dazu aufgerufen, „Spezifika innerhalb der Branche und die daraus abzuleitenden Maßnahmen auf der Basis von Fakten ggü. der Deutschen Bundesbank und der Bundesanstalt für Finanzdienstleistungsaufsicht nachvollziehbar darzulegen"[1366]. Bis auf Weiteres fordert die Aufsicht derzeit, dass zu jeder nach der PrüfbV vorgesehenen Berichterstattung im PrB eine **Aussage** enthalten sein soll; d.h. auch, dass bei Nichtvorliegen eines Sachverhalts eine entsprechende **Fehlanzeige** im PrB erwartet wird[1367].   914

5. Kapitalanlagegesellschaften und Investmentaktiengesellschaften

a) Kapitalanlagegesellschaften

Für die **Berichterstattung** über die Prüfung des JA inländischer KAG sind neben den §§ 321, 322 HGB und den dazu bestehenden berufsständischen Grundsätzen ordnungsmäßiger Berichterstattung bzw. Erteilung von Bestätigungsvermerken bei Abschlussprüfungen (*IDW PS 450* bzw. *IDW PS 400*) insb. auch die besonderen Anforderungen der BaFin zu beachten. Diese aufsichtsrechtlichen Anforderungen an den PrB sind nunmehr in der InvPrüfbV[1368] geregelt.   915

1365 Vgl. hierzu ausführlich *v. Thermann*, S. 60.

1366 Vgl. *BaFin*, Begleitschreiben von der Bundesanstalt für Finanzdienstleistungsaufsicht und der Deutschen Bundesbank für Finanzierungsleasing- und Factoringinstitute zu den Mindestanforderungen an das Risikomanagement (MaRisk) v. 24.09.2009, letzter Abs. – *Consbruch/Fischer*, KWG, B 64.35.1.

1367 Vgl. *BaFin*, FN-IDW 2011, S. 163, Punkt 2., letzter Aufzählungspunkt.

1368 Verordnung über die Inhalte der Prüfungsberichte für Kapitalanlagegesellschaften, Investmentaktiengesellschaften und Sondervermögen (Investment-Prüfungsberichtsverordnung – InvPrüfbV) v. 15.12.2008, BGBl. I, S. 2467, zuletzt geändert durch Gesetz v. 28.06.2011, BGBl. I, S. 1278 – *Consbruch/Fischer*, KWG, P 27.

Im Einzelnen hat der APr. der KAG insbesondere die geschäftliche Entwicklung im Berichtsjahr, die Vermögens- und Finanzlage, die Ertragslage sowie die Risikolage zu beurteilen und die Rechnungslegung der KAG zu erläutern[1369].

916 Für den **Prüfungsbericht** der KAG sind v.a. folgende Vorgaben der InvPrüfbV zu beachten:

- Gem. § 5 InvPrüfbV sind die wesentlichen Prüfungsergebnisse in Form einer **Schlussbemerkung** zusammengefasst darzustellen. Dabei ist auf die wirtschaftliche Lage der KAG einzugehen, soweit dies nicht bereits i.r. der vorangestellten Berichterstattung nach § 321 Abs. 1 S. 2 HGB erfolgt ist. In Bezug auf die Einhaltung der aufsichtsrechtlichen Vorgaben ist insb. festzustellen, ob die Bilanzposten ordnungsgemäß bewertet sind und ob das GwG sowie die Anzeige- und Meldevorschriften beachtet wurden.
- Da für KAG und deren Sondervermögen grds. verschiedene APr. beauftragt werden können, ist der PrB der KAG so zu verfassen, dass der APr. eines SV zu einer **Verwertung**[1370] dieser Ergebnisse i.r. seiner Prüfung in der Lage ist (§ 7 InvPrüfbV).

917 Unter Berücksichtigung der Vorgaben der InvPrüfbV kommt in Anlehnung an *IDW PS 450* bspw. folgende **Gliederung des Prüfungsberichts** in Betracht:

I. Prüfungsauftrag
II. Grundsätzliche Feststellungen
III. Gegenstand, Art und Umfang der Prüfung
IV. Rechtliche, wirtschaftliche und organisatorische Grundlagen
V. Feststellungen und Erläuterungen zur Rechnungslegung[1371]
VI. Analyse der Vermögens-, Finanz- und Ertragslage sowie der Risikolage
VII. Feststellungen zur Verwaltung der Sondervermögen
VIII. Aufsichtsrechtliche Anforderungen
   1. Eigenmittel und Eigenmittelanforderungen
   2. Melde- und Anzeigewesen
   3. Einhaltung der Vorkehrungen zur Verhinderung der Geldwäsche und Terrorismusfinanzierung[1372]
IX. Schlussbemerkung und Wiedergabe des Bestätigungsvermerks

Dem PrB sind gem. § 4 Abs. 2 InvPrüfbV der geprüfte JA und der LB sowie gem. § 19 InvPrüfbV die ausgefüllte Datenübersicht[1373] verpflichtend als Anlagen beizufügen.

918 Der **Umfang der Berichterstattung** liegt – unter Beachtung der Grundsätze der Klarheit und der Vollständigkeit – grds. im pflichtgemäßen Ermessen des Prüfers. Dabei muss die Berichterstattung die Größe der KAG, den Geschäftsumfang sowie die Komplexität und den Risikogehalt der betriebenen Geschäfte berücksichtigen (§§ 2 u. 3 InvPrüfbV). Verweisungen auf den Inhalt früherer PrB sind grds. nicht zulässig; lediglich zum Vermeiden umfangreicher Wiederholungen können ausnahmsweise explizite Fundstellenverweise

---

[1369] Vgl. §§ 14 bis 19 InvPrüfbV.
[1370] Zur Verwertung der Arbeit eines anderen Prüfers vgl. *IDW PS 320* bzw. *IDW EPS 320 n.F.*
[1371] Hierbei handelt es sich um Feststellungen zur Ordnungsmäßigkeit der Rechnungslegung und zur Gesamtaussage des JA (*IDW PS 450*, Tz. 61–71, 72–73) bzw. um Erläuterungen nach § 321 Abs. 2 S. 4 HGB (*IDW PS 450*, Tz. 74–96). Die nach den §§ 14–17 sowie 18 u. 19 InvPrüfbV geforderten Erläuterungen sind Inhalt des vorgeschlagenen Berichtsabschnitts VI.
[1372] Vgl. § 19f Abs. 2 S. 1 InvG i.V.m. §§ 12 u. 13 InvPrüfbV. Vgl. hierzu Tz. 1307.
[1373] Datenübersicht für Kapitalanlagegesellschaften und selbstverwaltende Investmentaktiengesellschaften (Anlage 1 zu § 19 InvPrüfbV) – *Consbruch/Fischer*, KWG, P 27.

Besonderheiten bei Unternehmen bestimmter Rechtsformen bzw. Branchen   Q

erfolgen oder Auszüge aus früheren PrB als Anlage beigefügt werden (§ 4 Abs. 3 InvPrüfbV).

Hat die BaFin Prüfungsschwerpunkte vorgegeben, so sind die diesbezüglichen Prüfungshandlungen und -feststellungen detailliert darzustellen (§ 3 Abs. 3 InvPrüfbV).

Wurde im Berichtszeitraum eine von der BaFin angeordnete Sonderprüfung nach § 19g InvG i.V.m. § 44 Abs. 1 S. 2 KWG durchgeführt, so ist das Ergebnis dieser Prüfung zu verwerten; bei Sachverhalten, die Gegenstand dieser Prüfung waren, genügt eine Berichterstattung der nach dem Stichtag dieser Prüfung eingetretenen Veränderungen (§ 3 Abs. 2 InvPrüfbV).

Im Zuge der **abschlussorientierten Berichterstattung** (§§ 14 bis 18 InvPrüfbV) ist – 919 unter Gegenüberstellung von Vorjahreszahlen – die geschäftliche Entwicklung der KAG darzustellen. Diese hat die Vermögens-, Finanz- und Ertragslage, ggf. auch auf Einzelpostenebene, zu umfassen und sich auch auf die Risikolage insgesamt zu erstrecken. Wesentliche Sachverhalte sind vom APr. besonders hervorzuheben und zu erläutern[1374].

Feststellungen zur Verwaltung der Sondervermögen sind u.a. in Bezug auf die Einhaltung der allgemeinen Verhaltensregeln nach § 9 InvG, insbesondere die Vorkehrungen der KAG zur Vermeidung von Interessenkonflikten, sowie die Ordnungsmäßigkeit der Geschäftsorganisation der KAG nach § 9a InvG zu treffen (§ 21 Abs. 1 u. 2 InvPrüfbV). Hierzu zählt auch die Angemessenheit des Risikomanagements einschließlich der Beachtung der Anforderungen der DerivateV. Ferner ist über eventuelle Auslagerungen des Portfoliomanagements sowie über die Angemessenheit der internen Kontrollverfahren und der internen Revision zu berichten (§ 21 Abs. 3 u. 4 InvPrüfbV).   920

Zur Auslegung der Anforderungen an die **Allgemeinen Verhaltensregeln nach § 9 InvG** 921 hat die BaFin den Teil I der BVI-Wohlverhaltensregeln[1375] für allgemeinverbindlich erklärt[1376]. Die BVI-Wohlverhaltensregeln enthalten in diesem Teil folgende drei Grundsätze, die in insgesamt 19 Einzelregelungen ausgestaltet sind:

– Die Gesellschaft[1377] handelt bei der Ausübung ihrer Tätigkeit im ausschließlichen Interesse der Anleger und der Integrität des Marktes.
– Die Gesellschaft wirkt Interessenkonflikten entgegen.
– Für die Ausführung von Geschäften für Investmentvermögen, für Individualportfolios und für die Anlage des eigenen Vermögens gelten klare Grundsätze, die die marktgerechte Abwicklung und die Gleichbehandlung der Anleger sicherstellen.

Der APr. hat gem. § 19f InvG ab dem GJ 2010 im PrB zu erläutern, ob die Gesellschaften i.R. der Vorschrift des § 9 InvG diese Wohlverhaltensregeln beachtet haben[1378].

Hinsichtlich der **Organisationspflichten nach § 9a InvG** hat die BaFin am 30.06.2010   922 die **InvMaRisk**[1379] veröffentlicht. Die InvMaRisk regeln Anforderungen an das Risiko-

---

1374 Vgl. auch *PwC*, Rechnungslegung von Investmentvermögen, S. 32.
1375 Bundesverband Investment und Asset Management e.V., Handeln im Interesse der Anleger – Regelbuch für Kapitalanlagegesellschaften („BVI-Wohlverhaltensregeln"), Frankfurt/Main 2010. Der von der BaFin nicht für allgemeinverbindlich erklärte Teil II stellt eine freiwillige Selbstverpflichtung der BVI-Mitgliedsunternehmen dar.
1376 Vgl. *BaFin*, Schreiben (WA41 – Wp2136 – 2008/0009) v. 20.01.2010 zur Anwendung der BVI-Wohlverhaltensregeln.
1377 Unter „Gesellschaft" sind dabei sowohl KAG als auch InvAG zu verstehen.
1378 Vgl. *BaFin*, Schreiben (WA41 – Wp2136 – 2008/0009) v. 20.01.2010, Abs. 2.
1379 Vgl. *BaFin*, Rundschreiben 5/2010 (WA) v. 30.06.2010 zu den Mindestanforderungen an das Risikomanagement für Investmentgesellschaften (InvMaRisk).

management sowohl auf Fonds- als auch auf Gesellschaftsebene. Sie beinhalten Regelungen zum Inhalt und Umfang der Organisationsrichtlinien, zur Dokumentation, zur sog. Compliance-Funktion, zu den Mitarbeitergeschäften und enthalten Vorgaben zur internen Revision. Darüber hinaus werden Anforderungen an die Auslagerung von betrieblichen Aufgaben (§ 16 InvG) konkretisiert. Weitere Organisationsvorgaben enthält die mit Wirkung zum 01.07.2011 in Kraft getretene Investment-Verhaltens- und Organisationsverordnung (**InvVerOV**)[1380]. In beiden Fällen waren bzw. sind die erfolgte Umsetzung bzw. die Umsetzungsschritte im PrB darzustellen[1381].

923 Soweit eine KAG **Nebendienstleistungen** i.S.v. § 7 Abs. 2 InvG erbringt, sind diese gemäß § 19f Abs. 2 S. 2 InvG vom APr. gesondert zu prüfen. § 22 InvPrüfbV regelt den Umfang dieser Prüfung und der sich daraus ergebenden Berichterstattung näher[1382].

924 Hinsichtlich der Erteilung des **Bestätigungsvermerks** gelten die allgemeinen Grundsätze des *IDW PS 400* sinngemäß.

925 Der **Prüfungsbericht** ist vom APr. unter Angabe von Ort und Datum zu unterzeichnen (§ 5 S. 4 InvPrüfbV) und anschließend unverzüglich in dreifacher Ausfertigung bei der BaFin einzureichen; dabei ist mindestens ein Einreichungsexemplar mit der Originalunterschrift des APr. zu versehen und auf dem Deckblatt entsprechend zu kennzeichnen (§§ 3 Abs. 5, 23 Abs. 2 InvPrüfbV).

b) Sondervermögen

926 Bei der **Berichterstattung** über die Prüfung von Sondervermögen sind außer § 321 HGB und den allgemeinen Berichterstattungsgrundsätzen v.a. die aufsichtsrechtlichen Vorgaben zu beachten. Hiernach bestehen sowohl für den PrB als insb. auch für den Vermerk des APr. („Besonderer Vermerk" i.S.v. § 44 Abs. 5 S. 4 InvG) spezielle Anforderungen. Neben der InvPrüfbV ist für SV ergänzend die am 23.12.2009 in Kraft getretene Investment-Rechnungslegungs- und Bewertungsverordnung (InvRBV)[1383] zu berücksichtigen, welche über das InvG hinausgehende Bestimmungen zu Inhalt, Umfang und Darstellung der von den SV aufzustellenden Berichte und zur Bewertung von Vermögensgegenständen der SV beinhaltet.

927 **Prüfungspflichtig** sind bei SV gem. § 44 Abs. 5 u. 6 InvG der Jahresbericht nach § 44 Abs. 1 InvG, Zwischenberichte nach § 44 Abs. 3 InvG sowie Auflösungs- und Abwicklungsberichte nach § 44 Abs. 4 u. 4a InvG.

928 Ebenso wie bei KAG sind im PrB für SV alle wesentlichen Prüfungsaspekte in Form einer **Schlussbemerkung** zusammenzufassen, welcher ein Überblick über die für die Rechnungslegung des Sondervermögens bedeutsamen Feststellungen und die Einhaltung der aufsichtsrechtlichen Vorgaben sowie eine Aussage zur Ordnungsmäßigkeit der Bewertung der Vermögensgegenstände zu entnehmen sein muss (§ 24 Abs. 2 InvPrüfbV).

1380 Verordnung zur Konkretisierung der Verhaltensregeln und Organisationsregeln nach dem Investmentgesetz (Investment-Verhaltens- und Organisationsverordnung – InvVerOV) v. 28.06.2011, BGBl. I, S. 1288.
1381 Vgl. InvMaRisk, Vorbemerkungen, Ziff. 5 bzw. *BaFin*, Schreiben v. 09.06.2011 an den BVI.
1382 Vgl. hierzu Tz. 1293.
1383 Verordnung über Inhalt, Umfang und Darstellung von Jahres-, Halbjahres-, Zwischen-, Auflösungs- und Liquidationsberichten von Sondervermögen und der Jahresabschlüsse und Lageberichte, Halbjahres-, Zwischen-, Auflösungs- und Liquidationsberichte von Investmentaktiengesellschaften sowie die Bewertung der dem Investmentvermögen zugehörigen Vermögensgegenstände (Investment-Rechnungslegungs- und Bewertungsverordnung – InvRBV) v. 16.12.2009, BGBl. I, S. 3871, zuletzt geändert durch Verordnung v. 28.06.2011, BGBl. I, S. 1278.

Bei Spezial-Sondervermögen ist darüber hinaus festzustellen, ob die Vertragsbedingungen den Vorschriften des InvG entsprechen. Hierbei sind die mit der KAG jeweils bestehenden Vereinbarungen in Bezug auf Anlagepolitik sowie Anlagegrundsätze ausdrücklich zu berücksichtigen (§ 24 Abs. 3 InvPrüfbV).

Der **Gliederung des Prüfungsberichts** für die Prüfung eines SV-Jahresberichts sollte folgendes Muster zugrunde gelegt werden[1384]: **929**

Angaben zum Sondervermögen gem. § 25 InvPrüfbV

I. Prüfungsauftrag
II. ggf. Grundsätzliche Feststellungen
III. Gegenstand, Art und Umfang der Prüfung
IV. Rechtliche Verhältnisse
V. Verwaltung des Sondervermögens
   1. Geschäftsorganisation und Risikomanagement
   2. Feststellungen der internen Revision
   3. Einhaltung von Gesetz und Vertragsbedingungen
   4. Anteilswertermittlung
   5. Einsatz von Derivaten und strukturierten Produkten
VI. Feststellungen und Erläuterungen zur Rechnungslegung
VII. Schlussbemerkung und Wiedergabe des Vermerks des Abschlussprüfers

In den dem PrB voranzustellenden **Angaben nach § 25 Abs. 1 InvPrüfbV** werden – wie bei anderen Prüfungen i.d.R. als Anlagen – i.W. auch an anderen Stellen des PrB zu findende Informationen gesammelt dargestellt; sie sollen dem Berichtsempfänger einen Überblick über die Basisdaten des geprüften SV vermitteln[1385]. **930**

Im Hinblick auf den **Umfang der Berichterstattung** dürfte eine vorangestellte Berichterstattung i.S.v. § 321 Abs. 1 S. 2 HGB i.d.R. verzichtbar sein, weil hierfür grds. die Schlussbemerkung gem. § 24 Abs. 2 InvPrüfbV als geeigneter Ort vorgesehen ist. **931**

Im Rahmen seiner Prüfung der Ordnungsmäßigkeit der Geschäftsorganisation nach § 29 InvPrüfbV hat der APr. gem. § 24 Abs. 4 InvPrüfbV in Bezug auf die in §§ 9, 9a u. 80b InvG genannten Verhaltensregeln und Organisationspflichten, auch zum Risikomanagement, die Ergebnisse der Prüfung der KAG zu verwerten[1386]. **932**

Die Prüfung der Einhaltung von Gesetz und Vertragsbedingungen hat sich auch auf die Einhaltung der Anlagevorschriften bzw. die Feststellung von Anlagegrenzverletzungen zu erstrecken (§§ 27 u. 28 InvPrüfbV). In Bezug auf den Aspekt Anteilswertermittlung (§ 30 InvPrüfbV) sind insb. die organisatorischen Vorkehrungen des SV darzustellen; bei festgestellten Fehlern ist auf die Gründe einzugehen und über die getroffenen Maßnahmen zur Fehlerbeseitigung zu berichten.

Im Rahmen seiner Berichterstattung hat der APr. auch darauf einzugehen, ob Unterrichtungspflichten ggü. der BaFin über **wesentliche Vorgänge** beim SV in der Berichtsperiode bestanden und ob diesen entsprochen wurde[1387].

[1384] Einen leicht abweichenden Gliederungsvorschlag enthält *PwC*, Rechnungslegung von Investmentvermögen, S. 133.
[1385] Gem. § 25 Abs. 2 S. 1 InvPrüfbV entfallen diese Angaben bei Spezial-Sondervermögen.
[1386] Siehe hierzu Tz. 915.
[1387] Vgl. *BAK*, Schreiben v. 25.10.1996 (V 1/03 – 1/73) zur Unterrichtung über wesentliche Vorgänge bei Sondervermögen – *Consbruch/Fischer*, KWG, D 41.33.

933 Handelt es sich um ein Spezial-Sondervermögen i.S.v. § 2 Abs. 3 InvG, so bedürfen die **Vertragsbedingungen** und deren Änderungen nicht der Genehmigung durch die BaFin (vgl. § 93 Abs. 1 InvG)[1388]. Jedoch erstreckt sich die Prüfung eines Spezial-SV gem. § 94 S. 5 InvG zusätzlich auf die Übereinstimmung der Vertragsbedingungen mit den Vorschriften des InvG.

934 Die investmentrechtlichen Vorschriften regeln in § 51 InvG auch den zulässigen **Einsatz von Derivaten** bei SV. Diese Regelungen werden durch die DerivateV[1389] konkretisiert[1390].

In § 31 InvPrüfbV sind hierzu **spezielle Berichtspflichten** des APr. des SV vorgegeben. So ist darauf einzugehen, ob das Kontrollverfahren nach § 5 DerivateV zur Sicherstellung marktgerechter Konditionen für Geschäfte, bei denen Interessenkonflikte nicht auszuschließen sind, angemessen und zweckdienlich ist. Nach § 7 DerivateV ist das in den einzelnen SV zur Ermittlung der Grenzauslastung nach § 51 Abs. 2 InvG verwendete Verfahren im PrB aufzuführen. Weiterhin ist zu erläutern, ob die geforderten Stresstests den Anforderungen der §§ 24 u. 25 DerivateV entsprechend durchgeführt wurden. Und ferner ist darüber zu berichten, inwieweit das in der von der KAG in einer internen Richtlinie zur Investition in strukturierte Produkte festgelegte Verfahren ordnungsgemäß gestaltet und durchgeführt wurde; dabei sind festgestellte Unzulänglichkeiten aufzuzeigen (§ 28 Abs. 2 S. 4 DerivateV).

Für **Sondervermögen im qualifizierten Ansatz** ist darüber hinaus im PrB darzulegen, ob das Vergleichsvermögen ordnungsgemäß zusammengesetzt ist (§ 9 Abs. 5 S. 3 DerivateV) und ob die eingesetzten Risikomodelle zur Ermittlung des potentiellen Marktrisikos geeignet sind (§ 10 Abs. 3 S. 1 DerivateV).

935 Für **Immobilien- und Infrastruktur-Sondervermögen** gelten darüber hinaus weitere spezielle Berichtsvorgaben gem. §§ 33 bis 40 InvPrüfbV[1391].

936 Das Ergebnis der Prüfung der SV ist gem. § 44 Abs. 5 S. 4 InvG in einem besonderen **Vermerk des Abschlussprüfers** festzuhalten.

Der Wortlaut dieses Vermerks ist gesetzlich nicht festgelegt, ergibt sich aber im Wesentlichen aus dem § 44 Abs. 5 InvG vorgeschriebenen Prüfungsgegenstand; ansonsten sind die allgemeinen Grundsätze des *IDW PS 400* zu beachten. Ein **Formulierungsvorschlag** für den Vermerk des APr. zum Jahresbericht eines SV gemäß § 44 Abs. 5 InvG ist im *IDW PH 9.400.2* dargestellt, ein Muster zum Auflösungsbericht eines SV enthält *IDW PH 9.400.7* und ein Muster zu einem Zwischenbericht eines SV gemäß § 44 Abs. 6 InvG findet sich in *IDW PH 9.400.12*.

1388 Ausgenommen von dieser Erleichterungsregel sind Hedgefonds i.S.v. § 112 InvG und Dach-Sondervermögen mit zusätzlichen Risiken i.S.v. § 113 InvG.

1389 Verordnung über Risikomanagement und Risikomessung beim Einsatz von Derivaten in Sondervermögen nach dem Investmentgesetz (DerivateV) v. 06.02.2004, BGBl. I, S. 153, zuletzt geändert durch Gesetz v. 28.06.2011, BGBl. I, S. 1278 – *Consbruch/Fischer*, KWG, D 23 – nebst den zugehörigen Erläuterungen – *Consbruch/Fischer*, KWG, D 23.1.

1390 Im Zuge der Konkretisierung von Art. 51 der Richtlinie 2009/65/EG durch die „CESR's Guidelines on Risk Measurement and the Calculation of Global Exposure and Counterparty Risk for UCITS" wird erwartet, dass diese i.R. einer Neufassung der DerivateV direkte Umsetzung in nationales Recht findet. Bis zu dieser Neuerung wird die DerivateV i.S.d. aktuellen Richtlinie 2007/16/EG und den CESR-Guidelines ausgelegt. Bei einem Widerspruch zwischen einer richtlinienkonformen Auslegung und den Erläuterungen zur DerivateV hat die richtlinienkonforme Auslegung Vorrang. Vgl. *BaFin*, Fragenkatalog zu erwerbbaren Vermögensgegenständen (FAQ Eligible Assets) v. 15.10.2009, Teil 4, Punkt 1. (abrufbar auf der Website der BaFin).

1391 Vgl. hierzu auch *PwC*, Rechnungslegung von Investmentvermögen, S. 134–138.

Der **Prüfungsbericht** ist mit Angabe von Ort und Datum zu unterzeichnen. Der Vermerk des APr. ist außerdem in vollem Wortlaut im Jahresbericht des SV wiederzugeben (§ 44 Abs. 5 S. 4 Hs. 2 InvG). Für Zwischen-, Auflösungs- und Abwicklungsberichte gilt gemäß § 44 Abs. 6 S. 2 InvG Entsprechendes. Da es sich um eine Vorbehaltsaufgabe für WP handelt, ist vom APr. das Berufssiegel zu führen. 937

Der PrB von Publikums-SV ist unverzüglich nach Beendigung der Prüfung in dreifacher Ausfertigung, davon zumindest ein vom APr. original unterschriebenes und auf dem Deckblatt entsprechend gekennzeichnetes Exemplar (§ 3 Abs. 5 InvPrüfbV), bei der BaFin **einzureichen**[1392]. Darüber hinaus muss bei mindestens einem der PrB-Exemplare der als Anlage beigefügte geprüfte Bericht des SV von der Geschäftsleitung der KAG original unterschrieben sein; dieses Exemplar ist auf dem Deckblatt als „Original" zu kennzeichnen (§ 3 InvRBV). 938

c) Investmentaktiengesellschaften

Bei der Investmentaktiengesellschaft i.S.v. § 2 Abs. 5 InvG handelt es sich um ein „Investmentvermögen in Satzungsform"[1393]; d.h. die InvAG ist aufgrund eigener Rechtspersönlichkeit dazu in der Lage, sich selbständig zu verwalten. Aufgrund der vorgeschriebenen Rechtsform als AG besitzt sie in Vorstand, AR und HV ihre eigenen Organe. Die rechtlichen Grundlagen sind in den §§ 96 bis 111a InvG normiert. 939

Die InvPrüfbV findet gem. § 1 InvPrüfbV auch auf InvAG Anwendung. 940

Durch § 110a Abs. 2 u. 3 InvG wird als **Prüfungsgegenstand** bestimmt: 941

– Jahresabschluss,
– Lagebericht,
– Beachtung der Vorschriften des InvG,
– Beachtung der Satzungsbestimmungen,
– Beachtung der Anlagebedingungen,
– Beachtung der Anzeigepflichten nach § 19c Abs. 1 Nr. 1 bis 3 u. 6 bis 10 sowie Abs. 2 u. 3 InvG,
– Erfüllung der Anforderungen nach § 16 InvG,
– Erfüllung der Verpflichtungen nach dem GwG.

Hinsichtlich der **Berichterstattung** des APr. sind für InvAG die besonderen Vorgaben der §§ 41 bis 43 InvPrüfbV zu beachten. Während § 42 InvPrüfbV auf allgemeine, auch für KAG und SV geltende Vorschriften verweist (§§ 5, 6, 10 bis 13 Abs. 1 bis 5, 24 Abs. 3 und 25 bis 31 InvPrüfbV), schreiben die §§ 41 u. 43 InvPrüfbV folgende weitere Berichterstattungspflichten vor: 942

– über Teilgesellschaftsvermögen (bei sog. Umbrella-Konstruktionen i.S.v. § 100 InvG) ist jeweils getrennt zu berichten[1394];
– über das betriebsnotwendige Vermögen (Investmentbetriebsvermögen) der InvAG ist gesondert zu berichten;
– alle wesentlichen Änderungen in rechtlichen, wirtschaftlichen und organisatorischen Belangen sind darzustellen; dies betrifft z.B. Satzungsänderungen, Änderungen bei der

---

1392 PrB zu Spezial-SV sind gem. § 94 Abs. 4 InvG bzw. § 3 S. 6 InvRBV nur auf Anforderung einzureichen.
1393 Vgl. *PwC*, Rechnungslegung von Investmentvermögen, S. 139.
1394 Hiernach besteht keine Pflicht zum Erstellen einzelner PrB; jedoch muss im PrB auf jedes einzelne Teilgesellschaftsvermögen jeweils gesondert eingegangen werden. So auch *PwC*, Rechnungslegung von Investmentvermögen, S. 160.

Geschäftsleitung und bei den Aktionären sowie Änderungen in den Beziehungen zu verbundenen Unternehmen[1395];
- über die Übertragung aller Vermögensgegenstände nach § 100 Abs. 5 InvG sowie
- über auf andere Unternehmen ausgelagerte wesentliche Aktivitäten und Prozesse ist ggf. gesondert zu berichten.

943 Bei **selbstverwaltenden InvAG** ist gem. § 42 S. 2 InvPrüfbV im PrB außerdem einzugehen auf

- die Ordnungsmäßigkeit der Geschäftsführungsorganisation (§ 8 Abs. 4 InvPrüfbV),
- das Investmentbetriebsvermögen – Beachtung der §§ 14 bis 19 InvPrüfbV,
- das Investmentanlagevermögen – Beachtung der §§ 20, 21 u. 32 InvPrüfbV.

944 Sofern es sich um eine **fremdverwaltete InvAG** handelt, ist der APr. verpflichtet, bezüglich der Aspekte des § 42 S. 2 InvPrüfbV, d.h. zum Investmentbetriebsvermögen, die Ergebnisse der Prüfung der die InvAG verwaltenden KAG i.R. seiner Prüfung zu verwerten (§ 41 Abs. 3 InvPrüfbV).

945 In Zusammenhang mit der Prüfung von InvAG sind – wie bei SV – die Regelungen der InvRBV zu berücksichtigen. Darüber hinaus gilt das Gebot zu einer **zusammenfassenden Schlussbemerkung** entsprechend.

946 In Bezug auf **Prüfungsbericht** und **Vermerk des Abschlussprüfers**[1396] sind die für KAG und SV bestehenden Regelungen entsprechend zu beachten. Ein Muster für den Wortlaut des BestV des APr. zum JA und LB einer InvAG gem. § 110a Abs. 2 InvG enthält *IDW PH 9.400.13*. Hinsichtlich der Einreichung des PrB bei der BaFin ist § 44 Abs. 5 S. 6 InvG Folge zu leisten; d.h. auch hier sind drei Exemplare des PrB (davon eines im Original unterschrieben und entsprechend gekennzeichnet) unverzüglich nach Beendigung der Prüfung bei der BaFin einzureichen.

6. Versicherungsunternehmen

947 VU unterliegen grds. gemäß § 341k Abs. 1 S. 1 HGB rechtsform- und größenunabhängig der Prüfungspflicht ihres JA und LB sowie ihres KA und KLB. Dabei sind die §§ 316 bis 324 HGB anzuwenden. Folglich gelten die Vorschriften des § 321 HGB für den PrB und des § 322 HGB für den BestV auch für VU[1397].

948 Für den Aufbau des PrB von VU ergeben sich ggü. dem grundsätzlichen Schema des *IDW PS 450* (vgl. Tz. 67) keine grundlegenden Unterschiede. **Erweiterte Berichterstattungspflichten** ergeben sich aus § 57 VAG[1398] sowie insbesondere aus der Prüfungsberichteverordnung (PrüfV)[1399]. Die Vorschriften der PrüfV ergänzen die handelsrechtlichen Vorschriften um branchenspezifische und aufsichtsrechtliche Regelungen[1400]. Im

---

1395 Soweit nur über Änderungen zu berichten ist, hat der APr. gem. § 43 Abs. 2 InvPrüfbV in angemessenen Abständen (i.d.R. alle drei Jahre) über die Darstellung der Änderungen hinaus vollständig zu berichten.
1396 Zur Formulierung des besonderen Vermerks bei einer Umbrella-Konstruktion findet sich ein Beispiel bei *PwC, Rechnungslegung von Investmentvermögen*, S. 161–162.
1397 Hinsichtlich der Befreiung bestimmter VU von der Prüfungspflicht vgl. Tz. 987 sowie K Tz. 726.
1398 Gesetz über die Beaufsichtigung der Versicherungsunternehmen (Versicherungsaufsichtsgesetz – VAG) i.d.F. der Bek. v. 17.12.1992, BGBl. I 1993, S. 2, zuletzt geändert durch Gesetz v. 01.03.2011, BGBl. I, S. 288.
1399 Verordnung über den Inhalt der Prüfungsberichte zu den Jahresabschlüssen von Versicherungsunternehmen (Prüfberichteverordnung – PrüfV) v. 03.06.1998, BGBl. I, S. 1209, zuletzt geändert durch Gesetz v. 25.05.2009, BGBl. I, S. 1102.
1400 Vgl. K Tz. 746.

Besonderheiten bei Unternehmen bestimmter Rechtsformen bzw. Branchen Q

Folgenden wird auf diese branchenbedingten Besonderheiten, die sich aus der speziellen Geschäftstätigkeit von VU ergeben, eingegangen.

Der Bundesminister der Finanzen hat seine Ermächtigung, durch Rechtsverordnung Vorschriften über den **Inhalt des Prüfungsberichts** zu erlassen, gem. § 57 Abs. 2 S. 2 VAG auf die BaFin übertragen, welche diesbezüglich die **Prüfungsberichteverordnung (PrüfV)** erlassen hat. 949

Da die PrüfV nur Vorgaben zum Inhalt, nicht aber zu Aufbau und Gliederung des PrB beinhaltet, sind hierzu die allgemeinen Grundsätze zu beachten. In Anlehnung an *IDW PS 450* kommt bspw. folgende **Gliederung des Prüfungsberichts** in Betracht:[1401]

A. Allgemeiner Teil
I. Prüfungsauftrag
II. Grundsätzliche Feststellungen
III. Gegenstand, Art und Umfang der Prüfung
IV. Rechtliche, wirtschaftliche und organisatorische Grundlagen
V. Feststellungen und Erläuterungen zur Rechnungslegung
VI. Feststellungen zum Risikofrüherkennungssystem
VII. Feststellungen aus Erweiterungen des Prüfungsauftrags
VIII. Aufsichtsrechtliche Anforderungen
    1. Feststellungen nach § 57 Abs. 1 VAG
    2. Feststellungen nach § 57 Abs. 1a VAG (Geldwäsche)
IX. Zusammenfassende Schlussbemerkung und Wiedergabe des Bestätigungsvermerks

B. Besonderer Teil (Anlagen)

Im Rahmen der Berichterstattung sind nachfolgend erläuterte **branchenspezifische Aspekte** zu beachten[1402]: 950

Die PrüfV regelt in den §§ 1 bis 3 PrüfV **Art und Umfang** der Berichterstattung sowie den Berichtszeitraum und stellt klar, dass Verweise auf vorhergehende PrB zu vermeiden sind. 951

Auf die **rechtlichen, wirtschaftlichen und organisatorischen Grundlagen** des VU ist ausführlich einzugehen. Technisch kann dies in einem gesonderten Berichtsabschnitt (vgl. oben), in Unterabschnitten[1403] oder im Rahmen von Anlagen zum PrB erfolgen. 952

Gemäß § 4 PrüfV ist dabei zu berichten über:

– Kapital- und Gesellschaftsverhältnisse sowie deren Änderungen,
– die Verteilung der Zuständigkeiten der Geschäftsleiter,
– Art und Umfang der Tätigkeit des VU im Ausland (getrennt nach EU-Ländern und Ländern außerhalb der EU) sowie wesentliche Niederlassungen,
– die Organisation des Rechnungswesens (vgl. auch § 7 PrüfV).

Weiterhin ist auf die Ausgestaltung der **Innenrevision** einzugehen, wobei eine Beurteilung, ob diese den Anforderungen genügt, nicht gefordert wird[1404].

1401 Vgl. hierzu auch *IDW*, Versicherungsunternehmen[5], Kap. H II., Rn. 18–66.
1402 Eine Übersicht über alle nach PrüfV erforderlichen und über weitere praxisübliche Angaben im Prüfungsbericht enthält *IDW*, Versicherungsunternehmen[5], Kap. H II., Rn. 10–17.
1403 Vgl. auch *IDW*, Versicherungsunternehmen[5], Kap. H II., Rn. 31–40 (dort als Unterabschnitt a) innerhalb des Berichtsabschnitts Feststellungen und Erläuterungen zur Rechnungslegung vorgesehen).
1404 Vgl. *v. Treuberg/Angermayer*, WPg 1998, S. 843; *IDW*, Versicherungsunternehmen[5], Kap. H II., Rn. 40.

953 § 4 Nr. 3 PrüfV verlangt eine Berichterstattung über die rechtlichen und geschäftlichen **Beziehungen zu verbundenen Unternehmen** und – soweit wesentlich – auch zu anderen Unternehmen. Hierzu gehören insb. Unternehmensverträge i.S.v. §§ 291, 292 AktG, Funktionsausgliederungsverträge (Outsourcing) und sonstige Dienstleistungsverträge[1405]. Zu berichten ist auch über die nach § 7 Abs. 2 S. 1 VAG zulässigen, mit dem Versicherungsgeschäft in unmittelbarem Zusammenhang stehenden Geschäfte[1406], sofern diese von wesentlicher Bedeutung sind.

Gem. § 5 Abs. 1 S. 1 PrüfV sind die finanziellen Auswirkungen dieser Verträge darzustellen, sofern sie die Vermögens-, Finanz- und Ertragslage wesentlich beeinflussen. Dies wird stets dann anzunehmen sein, wenn sich zwischen Vergütungen und den hierfür erbrachten Leistungen erhebliche Über- oder Unterdeckungen ergeben.

Bei Dienstleistungsbeziehungen ist über Art und Umfang der Leistungen sowie über die Erträge und Aufwendungen je Dienstleistungsverhältnis zu berichten (§ 5 Abs. 1 S. 2 PrüfV).

954 Wird für den Berichtszeitraum ein **Abhängigkeitsbericht** gemäß § 312 AktG erstellt, kann die Berichterstattung über die Beziehungen zu verbundenen Unternehmen entfallen (§ 5 Abs. 1 S. 3 PrüfV).

955 Die gemäß § 4 Nr. 4 PrüfV geforderte Berichterstattung über Art und Umfang der Rückversicherungsbeziehungen für das aktive und passive **Rückversicherungsgeschäft** hat insb. auf wesentliche Änderungen der Vertragsbeziehungen einzugehen. Darüber hinaus empfiehlt es sich, regelmäßig die wichtigsten Vertragspartner, die Art der Verträge sowie deren Ausgestaltung darzustellen.

Sowohl über den Geschäftsverlauf der Rückversicherungsbeziehungen insgesamt als auch über die entsprechenden Ergebnisse in den wesentlichen Versicherungszweigen ist zu berichten. Gemäß § 6 Abs. 1 S. 2 PrüfV ist auch zur Bonität der Forderungen Stellung zu nehmen[1407].

956 Nach § 6 Abs. 2 PrüfV hat der APr. über Rückversicherungsverträge, bei denen die Finanzierungsfunktion für den Zedenten im Vordergrund steht und die Übertragung von versicherungstechnischem Risiko auf die Rückversicherer von untergeordneter Bedeutung ist, unter Nennung der wesentlichen Vertragsinhalte und der Vertragspartner gesondert zu berichten[1408].

957 Die **Vermögenslage** ist gem. § 8 PrüfV unter Angabe der angewandten Bilanzierungs- und Bewertungsmethoden so darzustellen, dass alle Umstände, die zu ihrer sicheren Beurteilung erforderlich sind, erläutert werden.

958 Es empfiehlt sich in diesem Zusammenhang, die Kapitalanlagepolitik sowie die erzielte Kapitalanlagerendite näher darzustellen. Dabei sollten insbesondere Struktur, Entwicklung und Zusammensetzung der einzelnen Anlagearten sowie die stillen Reserven bzw. Lasten eingehend analysiert werden. Hat das VU in nicht unwesentlichem Umfang in

---

1405 Vgl. *IDW*, Versicherungsunternehmen⁵, Kap. H II., Rn. 34.
1406 Z.B. Vermittlung von Versicherungen, Bausparverträgen, Darlehensverträgen sowie Bestandsverwaltung, Schadenregulierung, Vermögensverwaltung.
1407 Vgl. *v. Treuberg/Angermayer*, WPg 1998, S. 843; *Biermann*, WPg 1983, S. 239; *IDW*, Versicherungsunternehmen⁵, Kap. H II., Rn. 35.
1408 Zu weiteren Einzelheiten vgl. *v. Treuberg/Angermayer*, WPg 1998, S. 844 m.w.H. Vgl. auch die Verordnung über Finanzrückversicherungsverträge und Verträge ohne hinreichenden Risikotransfer (Finanzrückversicherungsverordnung – FinRVV) vom 14.07.2008, BGBl. I, S. 1291.

Fondsanteile investiert, ist es zweckmäßig, die Zusammensetzung der Fonds darzustellen und bei der Analyse die Struktur der Kapitalanlage entsprechend zu berücksichtigen.

Die PrüfV fordert zwar keine Aussage darüber, ob die Kapitalanlagen den aufsichtsrechtlichen Bestimmungen und Grundsätzen über die Vermögensanlage entsprechen. Eine Aussage erscheint aber bei der Erläuterung der Umstände zur sicheren Beurteilung sachgerecht. Ungeachtet dessen hat der APr. gem. § 321 Abs. 1 S. 3 HGB über bei der Prüfungsdurchführung festgestellte Unrichtigkeiten und Verstöße zu berichten. 959

Die Art der **Liquiditätsvorsorge** des VU ist darzustellen; dabei ist auch auf Anhaltspunkte einzugehen, die auf eine Verschlechterung der Liquidität nach dem Abschlussstichtag hindeuten. Hat das VU Maßnahmen zur Verbesserung der Liquiditätslage ergriffen, ist ebenfalls darüber zu berichten (§ 12 Abs. 2 PrüfV). 960

Die **Ertragslage** (§ 13 PrüfV) ist unter Aufgliederung der ordentlichen und außerordentlichen Aufwendungen und Erträge so darzustellen, dass alle Umstände, die zu ihrer sicheren Beurteilung erforderlich sind, erläutert werden. Dabei sind die Art des Versicherungsgeschäfts und die betriebenen Versicherungszweige zu berücksichtigen. 961

Grds. sind zunächst die Aufwendungen und Erträge des Berichtsjahres in zweckmäßiger Form denen des Vorjahres unter Angabe der Veränderungen gegenüberzustellen.

Bei der Ertragsanalyse der **Schaden- und Unfallversicherungsunternehmen** wird entsprechend dem Gliederungsschema für die GuV eine Aufteilung in das versicherungstechnische und das nichtversicherungstechnische Geschäft vorgenommen. 962

Beim **versicherungstechnischen** Geschäft ist eine Trennung nach den Versicherungszweigen des selbst abgeschlossenen und des in Rückdeckung übernommenen Geschäfts – jeweils untergliedert nach Brutto-, Rück- und Nettoergebnissen – vorzunehmen und dabei auf die wesentlichen Ertrags- und Aufwandsfaktoren einzugehen. Die Darstellung der Ertrags- und Aufwandsposten kann in der Weise erfolgen, dass die Erträge und Aufwendungen in v.H. der verdienten Beiträge angegeben werden. Beim Schadenaufwand sollte der Aufwand für Schäden des GJ vom Abwicklungsergebnis aus der vorjährigen Rückstellung getrennt werden[1409]. 963

Das **nichtversicherungstechnische** Geschäft ist unter Herausstellung der wesentlichen ergebnisbestimmenden Aufwands- und Ertragsposten darzulegen (§ 13 Abs. 1 S. 4 PrüfV). Dabei sind insbesondere die Reinerträge aus Kapitalanlagen von Interesse, zu denen weitergehende Erläuterungen, wie z.B. die Entwicklung der Gesamtdurchschnittsrenditen und die Durchschnittsrenditen für die einzelnen Anlagearten gegeben werden sollten. 964

Bei den **Lebens- und Krankenversicherungsunternehmen** wird in der Erfolgsrechnung eine Aufteilung nach dem selbst abgeschlossenen und nach dem in Rückdeckung übernommenen Versicherungsgeschäft vorgenommen. 965

Nach § 9 PrüfV ist bei Unternehmensverbindungen die **Kostenverteilung** auf die einzelnen Unternehmen sowie innerhalb des zu prüfenden VU auf die einzelnen Funktionsbereiche zu erläutern. Dazu ist es zweckmäßig, die Verwaltungskosten nach Kostenarten aufzugliedern und die Verteilung auf die einzelnen Funktionsbereiche darzustellen. Es empfiehlt sich auch eine Darstellung der wichtigsten Kostenschlüssel[1410]. 966

[1409] Vgl. *Biermann*, WPg 1983, S. 242.
[1410] Vgl. auch *IDW*, Versicherungsunternehmen⁵, Kap. H II., Rn. 39.

967 Nach § 11 PrüfV hat der APr. über Geschäfte mit **derivativen Finanzgeschäften** zu berichten und darzulegen, ob die Vorschriften des § 7 Abs. 2 S. 2 VAG eingehalten werden. Es sind weiterhin das Ergebnis aus diesen Geschäften und die Auswirkung auf die einzelnen Posten der Bilanz und der GuV sowie die angewendeten Bewertungsmethoden darzustellen.

Der APr. hat dabei die Risiken, insbesondere die Bonitäts-, Zinsänderungs- und Währungsrisiken, für alle Gruppen von Derivaten getrennt zu erläutern sowie die Vorkehrungen des VU zu ihrer Begrenzung darzulegen. Das Kontrollsystem für den Abschluss, die Abwicklung und die Erfassung der Derivate ist darzustellen. § 11 Abs. 3 S. 3 PrüfV fordert zudem die Feststellung, ob das Kontrollsystem jederzeit einen Überblick über diese Geschäfte erlaubt[1411].

968 Eine Pflicht zur Prüfung des **Risikofrüherkennungssystems** gem. § 317 Abs. 4 HGB und zur Berichterstattung über das Ergebnis dieser Prüfung[1412] besteht gem. § 57 Abs. 1 S. 3 VAG bei allen VU, auf die § 91 Abs. 2 AktG anzuwenden ist. Hierbei sind die Grundsätze des *IDW PS 340* entsprechend zu beachten.

969 Der APr. hat gemäß **§ 57 Abs. 1 VAG** darüber zu berichten, ob das VU folgende Pflichten erfüllt hat:

– die Anzeige nach § 13b Abs. 1 und 4 VAG betreffend die beabsichtigte Errichtung einer Niederlassung unter Angabe des betreffenden Mitglieds- oder Vertragsstaats,
– die Anzeige nach § 13c Abs. 1 und 4 VAG betreffend die beabsichtigte Aufnahme des Dienstleistungsverkehrs unter Angabe des betreffenden Mitglieds- oder Vertragsstaats,
– die unverzüglich anzuzeigenden Sachverhalte nach § 13d Nr. 1 bis 4a VAG betreffend
  – die Absicht der Bestellung eines Geschäftsleiters (Nr. 1),
  – das Ausscheiden eines Geschäftsleiters (Nr. 2),
  – nach Erteilung der Erlaubnis zum Geschäftsbetrieb das Inkrafttreten sowie spätere Änderungen der Geschäftsordnungen des Vorstandes und des AR (Nr. 2a),
  – Satzungsänderungen, die eine Kapitalerhöhung zum Gegenstand haben (Nr. 3),
  – den Erwerb oder die Aufgabe einer bedeutenden Beteiligung an dem VU (Nr. 4),
  – das Erreichen, das Über- und Unterschreiten bestimmter Beteiligungsschwellen (Nr. 4),
  – die Qualifizierung des VU als TU eines anderen Unternehmens[1413] oder diesbezügliche Änderungen (Nr. 4),
  – das Bestehen, die Änderung oder die Aufgabe einer sonstigen engen Verbindung gemäß § 8 Abs. 1 S. 4 VAG (Nr. 4a),
– die jährliche Mitteilung nach § 13d Nr. 5 VAG über den Inhaber einer bedeutenden Beteiligung am VU (Name, Anschrift, Höhe der Beteiligung), wenn das VU hiervon Kenntnis erlangt,
– die unverzügliche Anzeige einer Versicherungs-Holdinggesellschaft nach § 13e Abs. 1 VAG betreffend
  – die Absicht der Bestellung einer Person, die die Geschäfte der Versicherungs-Holdinggesellschaft tatsächlich führen soll (Nr. 1),
  – des Ausscheidens einer Person, die die Geschäfte der Versicherungs-Holdinggesellschaft tatsächlich geführt hat (Nr. 2),

---
1411 Vgl. auch *IDW*, Versicherungsunternehmen⁵, Kap. H II., Rn. 38.
1412 Vgl. hierzu auch Tz. 261.
1413 TU i.S.v. § 290 HGB, wobei es auf Rechtsform und Sitz nicht ankommt (§ 7a Abs. 2 S. 7 VAG).

- der Änderungen der Struktur der Unternehmensgruppe, an deren Spitze die Versicherungs-Holdinggesellschaft steht, in der Weise, dass die Gruppe künftig branchenübergreifend tätig wird (Nr. 3),
- der Bestellung eines Mitgliedes des AR (Nr. 4),
- die jährliche Sammelanzeige nach § 13e Abs. 2 VAG einer Versicherungs-Holdinggesellschaft über ihre Beteiligungen. Die Begründung, die Veränderung oder Aufgabe solcher Beteiligungen sind unverzüglich anzuzeigen;
- die jährliche Sammelanzeige nach § 13e Abs. 3 VAG einer gemischten Finanzholding-Gesellschaft, die an der Spitze eines Finanzkonglomerats steht, über die konglomeratsangehörigen Unternehmen. Veränderungen im Bestand konglomeratsangehöriger Unternehmen sind unverzüglich anzuzeigen.

Ferner hat der Prüfer von VU, die einer Versicherungsgruppe i.S.v. § 104a VAG angehören, über die Erfüllung der Anforderungen des § 104d VAG (Einrichtung von angemessenen internen Kontrollverfahren für die Vorlage von Informationen und Auskünften zur zusätzlichen Beaufsichtigung) und des § 104g Abs. 1 VAG (Berechnung der bereinigten Solvabilität) in Verbindung mit der Rechtsverordnung des § 104g Abs. 2 VAG zu berichten. **970**

Für VU, die einem Finanzkonglomerat i.S.d. § 104k VAG angehören, hat der Prüfer gem. § 57 VAG die Erfüllung der Anforderungen des § 104q Abs. 1 S. 1, Abs. 2 bis 9 VAG (angemessene Eigenmittelausstattung des Finanzkonglomerates), § 104r Abs. 1, 3 u. 4 VAG (Anzeige von Risikokonzentrationen auf Konglomeratsebene und bedeutender gruppeninterner Transaktionen sowie Voraussetzungen zur Durchführung bedeutender gruppeninterner Transaktionen) jeweils in Verbindung mit den Rechtsverordnungen nach § 104q Abs. 1 S. 2 VAG und § 104r Abs. 2 VAG zu berichten. **971**

Nach **§ 57 Abs. 1a VAG** hat der Prüfer bei VU i.S.v. § 80c VAG über die Erfüllung der Verpflichtungen nach §§ 80d bis 80f VAG sowie nach dem **Geldwäschegesetz (GwG)** zu berichten[1414]. **972**

§ 14 PrüfV schreibt eine **zusammenfassende Schlussbemerkung** vor, in der insbesondere noch einmal auf die geschäftliche Entwicklung und auf die Vermögens-, Liquiditäts- und Ertragslage einzugehen ist. Es empfiehlt sich, in diesem Zusammenhang auch auf den Umfang der nicht bilanzwirksamen Geschäfte, v.a. der derivativen Finanzinstrumente, hinzuweisen[1415]. **973**

In der Schlussbemerkung muss ferner dargelegt werden, ob die angewandten Bilanzierungs- und Bewertungsmethoden, insbesondere im Hinblick auf die gebildeten Rückstellungen und Wertberichtigungen, ordnungsgemäß waren. Darüber hinaus ist über Beanstandungen, die sich zwar nicht auf den BestV ausgewirkt haben, deren Kenntnis jedoch für den Berichtempfänger von Bedeutung sein kann, zu berichten.

Der Schlussbemerkung ist der zu unterzeichnende **Bestätigungsvermerk mit Siegel** anzufügen (§ 14 S. 4 PrüfV bzw. § 322 Abs. 7 S. 2 HGB). **974**

Der Aufbau der PrüfV sieht vor, dass dem Allgemeinen Teil des Prüfungsberichts (Zweiter Abschnitt, §§ 4 bis 14 PrüfV) ein Besonderer Teil (Dritter Abschnitt, §§ 15 bis 21 PrüfV) folgt. **975**

1414 Eine Pflicht zur Berichterstattung über Fälle des neu eingefügten § 80g VAG ergibt sich i.Z.m. § 8 GwG, über dessen Beachtung in Bezug auf die sog. vereinfachten Sorgfaltspflichten bereits nach § 80e Abs. 3 VAG zu berichten ist.
1415 Vgl. *v. Treuberg/Angermayer*, WPg 1998, S. 848.

976 § 15 PrüfV verlangt die **Erläuterung der einzelnen Posten** von Bilanz und GuV nebst Darstellung der Bewertungsmethoden und Eingehen auf stille Reserven in den Kapitalanlagen. Forderungen aus dem selbst abgeschlossenen Versicherungsgeschäft sind gesondert zu erläutern (§ 16 PrüfV).

977 Wesentliche Bedeutung kommt außerdem der Erläuterung der **versicherungstechnischen Rückstellungen** zu. Hierbei sind jeweils die Berechnungs- und Bewertungsmethoden und deren Veränderungen ggü. dem Vj. darzustellen. Dabei sind die Einhaltung der handels- und aufsichtsrechtlichen Vorschriften über die bei der Berechnung der Rückstellungen zu verwendenden Rechnungsgrundlagen einschließlich des dafür anzusetzenden Rechnungszinsfußes zu bestätigen.

978 Unabhängig von der versicherungsmathematischen Bestätigung des Aktuars, dass die Deckungsrückstellung unter Beachtung des § 341f HGB sowie der aufgrund des § 65 Abs. 1 VAG erlassenen Rechtsverordnung berechnet wurde, ist der APr. verpflichtet, eigene Prüfungshandlungen vorzunehmen. Trifft er hierbei Feststellungen, die von denen des Verantwortlichen Aktuars abweichen, hat er dies im PrB anzugeben (§ 17 Abs. 1 S. 3 PrüfV).

979 Der APr. hat gemäß § 17 Abs. 2 S. 1 PrüfV explizit zu den Berechnungs- und Bewertungsmethoden der **Rückstellung für noch nicht abgewickelte Versicherungsfälle** (§ 341g HGB i.V.m. § 26 RechVersV[1416]) sowie der **Rückstellung für drohende Verluste aus dem Versicherungsgeschäft** (§ 341e Abs. 2 Nr. 3 HGB i.V.m. § 31 Abs. 1 Nr. 2 RechVersV) Stellung zu nehmen.

980 Zur Rückstellung für noch nicht abgewickelte Versicherungsfälle bei Schaden-/Unfallversicherungsunternehmen muss der APr. unter Angabe der Beurteilungsmaßstäbe Stellung nehmen im Hinblick darauf, ob die **Dotierung** der zum Schluss des Berichtsjahres ausgewiesenen Schadenrückstellung sowohl für einzelne Versicherungszweige als auch für das gesamte Versicherungsgeschäft angemessen ist[1417].

Darzustellen und zu beurteilen sind dabei auch die **Methoden** der Ermittlung der Rückstellung für die bis zum Abschlussstichtag eingetretenen und gemeldeten Schäden sowie der übrigen Teilrückstellungen, und zwar für alle Versicherungszweige. In diesem Zusammenhang ist darzulegen, wie die je Schaden festgestellten Rückstellungsbeträge ermittelt wurden. Werden Pauschalmethoden angewendet, ist anzugeben, wie die Zahl der zugrunde gelegten offenen Schadenfälle ermittelt wurde. Zumindest bei wiederholt auftretenden erheblichen Abwicklungsverlusten sollte auch zu den Ergebnissen der Abwicklung der Teilrückstellungen, insbesondere der Spätschadenrückstellung, Stellung genommen werden unter Angabe der Konsequenzen, die das VU hieraus für seine Reservierung gezogen hat[1418].

Ausführungen und Hinweise zur Bewertung und zur Prüfung von Schadenrückstellungen von Schaden-/Unfallversicherungsunternehmen enthalten die *IDW Stellungnahme zur Rechnungslegung: Die Bewertung der Schadenrückstellung von Schaden-/Unfallversicherungsunternehmen (IDW RS VFA 3)* sowie der *IDW Prüfungsstandard: Die Prüfung der Schadenrückstellung im Rahmen der Jahresabschlussprüfung von Schaden-/Unfallversicherungsunternehmen (IDW PS 560)*.

1416 Verordnung über die Rechnungslegung von Versicherungsunternehmen (Versicherungsunternehmens-Rechnungslegungsverordnung – RechVersV) v. 08.11.1994, BGBl. I, S. 3378, zuletzt geändert durch Gesetz v. 09.06.2011, BGBl. I, S. 1041.
1417 Vgl. *IDW,* Versicherungsunternehmen⁵, Kap. B IV., Rn. 237.
1418 Vgl. *Biermann,* WPg 1983, S. 246.

Besonderheiten bei Unternehmen bestimmter Rechtsformen bzw. Branchen **Q**

Der APr. hat gemäß § 19 PrüfV darüber zu berichten, ob die Bildung der **Schwan-** 981
kungsrückstellung und ähnlicher Rückstellungen mit § 341h HGB, den §§ 29, 30
RechVersV sowie den in der Anlage zu § 29 RechVersV ergangenen Bestimmungen in
Einklang stehen und in welchem Umfang und auf welche Art eine Nachprüfung erfolgt ist.

Für den **Bestätigungsvermerk** zum JA eines VU gelten § 322 HGB sowie die allge- 982
meinen Grundsätze des *IDW PS 400*, und zwar auch in Bezug auf eine eventuelle Einschränkung oder Versagung. Im BestV ist nicht gesondert die Gesetzesentsprechung mit
den für VU ergänzend geltenden Rechnungslegungsvorschriften zu bestätigen[1419].

Nach § 341k Abs. 3 HGB hat der APr. die **Aufsichtsbehörde** über Feststellungen nach 983
§ 321 Abs. 1 S. 3 HGB unverzüglich **zu unterrichten**.

Ein Prüfer, der ein Unternehmen, das mit einem VU eine sich aus einem Kontrollver- 984
hältnis ergebende enge Verbindung i.S.d. § 8 Abs. 1 S. 4 Nr. 2 VAG unterhält, prüft und
zugleich das VU prüft, hat gem. § 57 Abs. 1 S. 4 VAG die **Aufsichtsbehörde zu unterrichten**, wenn er Feststellungen entsprechend § 321 Abs. 1 S. 3 HGB bei dem verbundenen Unternehmen macht, soweit die festgestellten Tatsachen die Ausübung der Tätigkeit des VU wesentlich beeinträchtigen können.

Der APr. hat der **Aufsichtsbehörde auf Anforderung** auch sonstige bei der Prüfung be- 985
kannt gewordene Tatsachen **mitzuteilen**, die gegen eine ordnungsgemäße Durchführung
der Geschäfte des VU sprechen (§ 57 Abs. 1 S. 5 VAG).

Der Vorstand des VU hat nach der Feststellung des JA der **Aufsichtsbehörde** gem. § 59 986
S. 1 VAG unverzüglich eine Ausfertigung des **Prüfungsberichts** mit seinen und den Bemerkungen des AR **vorzulegen**. Diese kann den PrB mit dem APr. erörtern und, wenn
nötig, Ergänzungen der Prüfung und des Berichts auf Kosten des VU veranlassen (§ 59
S. 2 VAG).

Befreiungen in Bezug auf Rechnungslegungsvorschriften ergeben sich für bestimmte VU 987
aus § 61 Abs. 1 RechVersV. Auf die dort genannten VU sind die Vorschriften des § 341k
HGB[1420] über die Prüfung, des § 341l HGB[1421] über die Offenlegung und des §§ 341i, 341j
HGB[1422] über den KA nicht anzuwenden[1423]. Weitere Ausnahmen ergeben sich aus § 341
Abs. 1 S. 2 HGB[1424].

VU, die der Bundesaufsicht unterliegen und für die § 341k HGB aufgrund der Befreiung 988
durch § 61 RechVersV nicht gilt, haben ihren JA und ihren LB stattdessen nach den Vorschriften der **SachvPrüfV**[1425] prüfen zu lassen. Davon ausgenommen sind Versicherungsvereine auf Gegenseitigkeit, die nach § 157a VAG von einer laufenden Aufsicht
freigestellt sind (§ 1 Abs. 1 SachvPrüfV).

1419 Vgl. *IDW PS 400*, Tz. 11.
1420 I.V.m. den Vorschriften der §§ 316 bis 324a HGB.
1421 I.V.m. den Vorschriften der §§ 325 bis 329 HGB.
1422 I.V.m. den Vorschriften der §§ 290 bis 315 HGB.
1423 Vgl. § 61 Abs. 1 Nr. 1 bis 4 RechVersV.
1424 Im Ergebnis sollen hier VU freigestellt werden, die nicht der VersBiRiLi unterliegen und für die die Anwendung der allgemeinen Vorschriften für VU nicht als erforderlich oder angemessen angesehen wurden (z.B.
berufsständische Versorgungswerke, Versorgungseinrichtungen des öffentlichen Dienstes und der Kirchen,
kommunale Versorgungskassen und Zusatzversorgungskassen etc.). Vgl. Bericht des Rechtsausschusses,
BT-Drs. 12/7646, S. 3.
1425 Verordnung über die Prüfung des Jahresabschlusses und des Lageberichts von Versicherungsunternehmen,
auf die § 340k des Handelsgesetzbuchs nicht anzuwenden ist, durch einen unabhängigen Sachverständigen
(Sachverständigenprüfverordnung – SachvPrüfV) v. 19.04.2002, BGBl. I, S. 1456, 1573.

989 Die **Prüfung** nach SachvPrüfV ist mindestens zum Abschluss jedes dritten GJ durchzuführen, auf Verlangen der Aufsichtsbehörde auch in kürzeren Abständen. Der Sachverständige muss rechtlich und wirtschaftlich von dem zu prüfenden VU unabhängig sein und über die zur Prüfungsdurchführung erforderlichen rechtlichen, kaufmännischen und versicherungsmathematischen Kenntnisse verfügen. Es handelt sich nicht um eine Vorbehaltsaufgabe für WP (vgl. § 3 Abs. 1 SachvPrüfV).

990 Der schriftliche **Bericht über die Prüfung** umfasst gem. §§ 4, 5 SachvPrüfV einen Allgemeinen und einen Besonderen Teil. Die inhaltlichen Anforderungen korrespondieren – gekürzt auf die Belange der SachvPrüfV – im Wesentlichen mit denen der PrüfV.

D.h. im Allgemeinen Teil (§ 4 SachvPrüfV) ist in Bezug auf die **rechtlichen, wirtschaftlichen und organisatorischen Grundlagen** des Versicherungsunternehmens insb. zu berichten über:

- die Kapital- und die Gesellschaftsverhältnisse sowie ihre Änderungen;
- die rechtlichen und geschäftlichen Beziehungen zu verbundenen Unternehmen oder Mitglieds- und Trägerunternehmen und – soweit wesentlich – auch zu anderen Unternehmen;
- Art und Umfang des aktiven und passiven Rückversicherungsgeschäftes unter Angabe wesentlicher Änderungen der Rückversicherungsverträge;
- Grundsätze und Organisation der Kapitalanlage und die Liquiditätslage;
- den Einsatz von derivativen Finanzinstrumenten und strukturierten Produkten sowie anderen Finanzinnovationen;
- die Ausgestaltung der Innenrevision.

Ferner ist auf **personelle und organisatorische Verhältnisse**, insb. die Organisation des Rechnungswesens, Betriebseinrichtung und Personalbestand, einzugehen und die **Ertragslage** unter Berücksichtigung von Vorjahresvergleichsangaben darzustellen.

991 Im Besonderen Teil des PrB (§ 5 SachvPrüfV) sind die einzelnen **Posten der Bilanz und der GuV** zu erläutern und die **Bewertungsmethoden** sowie deren Veränderungen darzustellen. Dabei ist einzugehen auf

- alle versicherungstechnischen Rückstellungen, deren Berechnungs- und Bewertungsmethoden und deren Veränderungen im Prüfungszeitraum;
- die Berechnungs- und Bewertungsmethoden für die Rückstellungen für noch nicht abgewickelte Versicherungsfälle gem. § 341g HGB;
- die Methoden zur Ermittlung der Rückstellungen für die bis zum Abschlussstichtag eingetretenen und gemeldeten Versicherungsfälle sowie für Spätschäden und für Schadenregulierungsaufwendungen bei Schaden-/Unfallversicherungen für alle in § 51 Abs. 4 RechVersV genannten Versicherungszweiggruppen, Versicherungszweige und –arten;
- die noch nicht abgewickelten Versicherungsfälle in der Berufsunfähigkeits- und Pflegeversicherung bei Lebensversicherungs- und Krankenversicherungsunternehmen;
- die Veränderung der Bilanzstruktur im Vergleich zum letzten Abschlussstichtag, zu dem die Deckungsrückstellung neu berechnet wurde, soweit es sich um Pensions- und Sterbekassen oder Krankenversicherungsunternehmen handelt.

Sind im Anhang Zeitwerte zu den Kapitalanlagen anzugeben, hat der Prüfer auf bestehende Bewertungsreserven je Bilanzposten hinzuweisen.

992 Stellt der Prüfer Tatsachen i.S.v. **§ 321 Abs. 1 S. 3 HGB** fest (d.h. entwicklungsbeeinträchtigende oder bestandsgefährdende Tatsachen bzw. wesentliche Unregelmäßigkeiten), so ist er verpflichtet, die Aufsichtsbehörde unverzüglich darüber zu unterrichten (§ 6 Abs. 2 S. 3 SachvPrüfV). Außerdem hat eine Berichterstattung im PrB zu erfolgen[1426].

Nach Abschluss der Prüfung ist ein **Prüfungsvermerk** zu erteilen. Sind nach dem Ergebnis der Prüfung keine Einwendungen zu erheben, so ist folgender Wortlaut zu verwenden (Formeltestat gem. § 6 Abs. 1 SachvPrüfV): 993

„Der Jahresabschluss vermittelt unter Beachtung der Grundsätze ordnungsmäßiger Buchführung ein den tatsächlichen Verhältnissen entsprechendes Bild der Vermögens-, Finanz- und Ertragslage. Der Lagebericht vermittelt eine zutreffende Vorstellung von der Lage des Unternehmens."

Sind **Einwendungen** zu erheben, so ist der Prüfungsvermerk entsprechend einzuschränken oder zu versagen (§ 6 Abs. 2 S. 1 SachvPrüfV). Zur Beurteilung des konkreten Einzelfalls finden die allgemeinen Grundsätze des *IDW PS 400*[1427] Anwendung. 994

Der Prüfungsvermerk ist in den PrB aufzunehmen und vom Prüfer mit Angabe von Ort und Datum zu unterzeichnen (§ 6 Abs. 3 SachvPrüfV). Ist der mit der Prüfung betraute Sachverständige WP/vBP, so darf er dabei das Berufssiegel verwenden (§ 48 Abs. 1 S. 2 WPO). 995

7. Genossenschaften

Eingetragene Genossenschaften gelten gem. § 17 Abs. 2 GenG[1428] als Kaufleute i.S.d. HGB. Dementsprechend gelten für sie die allgemeinen **Rechnungslegungsvorschriften** des Ersten Abschnitts des Dritten Buches des HGB (§§ 238 bis 261 HGB). Darüber hinausgehend sind eG nach § 336 Abs. 1 S. 1 HGB verpflichtet, den JA (§ 242 HGB) um einen Anh. zu erweitern sowie – sofern sie nicht „klein" i.S.v. § 267 Abs. 1 HGB sind[1429] – einen LB aufzustellen. JA und LB sind in diesem Fall in den ersten fünf Monaten des GJ für das vergangene GJ aufzustellen (§ 336 Abs. 1 S. 2 HGB). Die §§ 337 bis 339 HGB enthalten weitere rechnungslegungsbezogene Vorschriften, die von eG zu beachten sind und z.T. Erleichterungen ggü. den Rechnungslegungsvorschriften des HGB für KapGes. darstellen[1430]. 996

Die Vorschriften zur **Pflichtprüfung** nach § 53 GenG beinhalten zwei nebeneinander zu berücksichtigende größenabhängige Erleichterungsregelungen: Zum einen ist bei eG, deren Bilanzsumme 2 Mio. € nicht überschreitet, die Pflichtprüfung nur in jedem zweiten Jahr durchzuführen (§ 53 Abs. 1 S. 2 GenG)[1431]. Zum anderen erstreckt sich der Umfang dieser Pflichtprüfung bei eG, bei denen die Bilanzsumme nicht 1 Mio. € und zusätzlich die Umsatzerlöse nicht 2 Mio. € überschreiten, nicht auf JA und LB, sondern lediglich auf die in § 53 Abs. 1 S. 1 GenG genannten Punkte wirtschaftliche Verhältnisse und Ordnungsmäßigkeit der Geschäftsführung[1432]. 997

1426 Vgl. auch *IDW PS 450*, Tz. 35–50.
1427 Vgl. *IDW PS 400*, Tz. 50–69.
1428 Gesetz betreffend die Erwerbs- und Wirtschaftsgenossenschaften (Genossenschaftsgesetz – GenG) v. 16.10.2005, BGBl. I, S. 2230, zuletzt geändert durch Gesetz von 25.09.2009, BGBl. I, S. 1102.
1429 Vgl. § 336 Abs. 2 S. 1 HGB i.V.m. § 264 Abs. 1 S. 4 Hs. 1 HGB.
1430 Für Kreditgenossenschaften gelten anstelle der §§ 336–339 HGB die speziellen Vorschriften für Kreditinstitute (insb. §§ 340 ff. HGB, RechKredV). Dies gilt auch i.Z.m. der Abschlussprüfung; insofern wird auf Tz. 871 verwiesen.
1431 In Bezug auf die Frage, wann die Bilanzsumme 2 Mio. € übersteigt, ist auf die Bilanzsumme zum Ende des Geschäftsjahres abzustellen, in dem die letzte Prüfung stattgefunden hat. Vgl. BoHdR², § 53 GenG, Rn. 43; *Lang/Weidmüller*, GenG³⁶, § 53 GenG, Rn. 21.
1432 Gem. § 164 GenG gilt diese Erleichterung erstmals für zum 31.12.2006 endende GJ.

998 **Prüfungsgegenstand** ist bei allen eG, unabhängig von deren Größe, stets die Feststellung der **wirtschaftlichen Verhältnisse** und der **Ordnungsmäßigkeit der Geschäftsführung**[1433]. Zu diesem Zweck sind die Einrichtungen, die Vermögenslage sowie die Geschäftsführung der Genossenschaft einschließlich der Führung der Mitgliederliste zu prüfen (§ 53 Abs. 1 S. 1 GenG). Bei eG, deren Bilanzsumme 1 Mio. € oder deren Umsatzerlöse 2 Mio. € überschreiten, unterliegen darüber hinaus der JA unter Einbeziehung der Buchführung und ggf. der LB der Prüfungspflicht (§ 53 Abs. 2 S. 1 GenG). Im Vergleich zu Kaufleuten anderer Rechtsform reicht der Gegenstand der Pflichtprüfung für eG damit erheblich weiter[1434].

999 Die **Durchführung der Pflichtprüfung** erfolgt gem. § 55 Abs. 1 S. 1 GenG grds. durch den **Prüfungsverband**, bei welchem die eG Mitglied ist. Dadurch entfallen Wahl und Auswahl des APr. i.S.v. §§ 318, 319 HGB. Allerdings kann sich der Prüfungsverband im Einzelfall zur Durchführung der Abschlussprüfung auch der Hilfe eines anderen Prüfungsverbands, eines **WP** oder einer **WPG** bedienen (§ 55 Abs. 3 GenG). Dieser APr. fungiert dabei rechtlich als Erfüllungsgehilfe des zuständigen Prüfungsverbands, welcher selbst Träger der Prüfung bleibt[1435].

1000 Der Prüfungsverband muss dem Vorsitzenden des AR der Genossenschaft den Beginn der Prüfung rechtzeitig anzeigen. Dieser wiederum hat die übrigen Mitglieder des AR von dem Beginn der Prüfung unverzüglich zu unterrichten und sie auf ihr Verlangen oder auf Verlangen des Prüfers zu der Prüfung hinzuzuziehen (§ 57 Abs. 2 GenG).

1001 Über das Ergebnis der Prüfung hat der zuständige Verband schriftlich zu berichten (§ 58 Abs. 1 GenG). Soweit die **Berichterstattung** den JA (unter Einbeziehung der Buchführung) und ggf. den LB betrifft, ist **§ 321 Abs. 1 bis 3 sowie 4a HGB** entsprechend anzuwenden (§ 58 Abs. 1 S. 2 GenG), so dass hinsichtlich der **Gliederung des Prüfungsberichts** für diese Prüfungsaspekte auf die allgemeinen Grundsätze ordnungsmäßiger Berichterstattung bei Abschlussprüfungen von KapGes. und diesen gleichgestellten Gesellschaften verwiesen werden kann (vgl. Tz. 67). Darüber hinaus muss der PrB über die genossenschaftliche Pflichtprüfung aber auch der erweiterten Aufgabenstellung des § 53 Abs. 1 S. 1 GenG Rechnung tragen.

1002 Im Rahmen der geforderten **Feststellung der wirtschaftlichen Verhältnisse** wird insb. die **Vermögenslage** beurteilt. Dabei ist darauf einzugehen, ob das ausgewiesene Eigenkapital durch Risiken und Verluste gemindert ist und ob das Eigenkapital in seiner Höhe und Struktur angemessen ist; weiterhin muss der Prüfer Aussagen zur Zusammensetzung des Fremdkapitals und zur **Liquidität** treffen[1436]. Bei der Beurteilung der **Ertragslage** muss berücksichtigt werden, dass Genossenschaften nach § 1 Abs. 1 GenG die Förderung des Erwerbs oder der Wirtschaft ihrer Mitglieder mittels gemeinschaftlichen Geschäftsbetriebs bezwecken und sich der Gewinn daher aufgrund des preispolitischen Verhaltens der eG ggü. ihren Mitgliedern von demjenigen eines erwerbswirtschaftlich orientierten Unternehmens unterscheidet. Hat die Genossenschaft von der durch § 336 Abs. 2 HGB a.F. eröffneten Möglichkeit des § 253 Abs. 4 HGB a.F. Gebrauch gemacht, muss der PrB über die Höhe der danach vorgenommenen Abschreibungen und deren Veränderung zum

---

1433 Dies gilt auch für die insolvenzbedingt aufgelöste Genossenschaft; vgl. OLG Brandenburg v. 22.03.2010 (7 Wx 6/09), FN-IDW 2010, S. 456.
1434 Vgl. BeBiKo[8], Vor § 339, Rn. 10.
1435 Vgl. BeBiKo[8], Vor § 339, Rn. 14; *Beuthien*, GenG[14], § 55, Rn. 7; BoHdR[2], § 55 GenG, Rn. 20.
1436 Vgl. BoHdR[2], § 53 GenG, Rn. 14; *Müller, K.*, § 53 GenG, Rn. 11 (mit Checklisten); *Pauli*, BFuP 1980, S. 540.

Besonderheiten bei Unternehmen bestimmter Rechtsformen bzw. Branchen Q

Vj. Auskunft geben, soweit nicht bereits im Anh. entsprechende betragsmäßige Angaben zum Umfang dieser Abschreibungen enthalten sind[1437].

Die Prüfung und die Berichterstattung erstrecken sich auch auf die **Einrichtungen** i.S.v. § 53 Abs. 1 S. 1 GenG. Diese umfassen sowohl technische Einrichtungen, die je nach dem Zweck der eG (z.b. Kreditgenossenschaft, Konsumgenossenschaft, Wohnungsgenossenschaft, Einkaufs- oder Absatzgenossenschaft) sehr unterschiedlich auch hinsichtlich der an sie zu stellenden Anforderungen sein können, als auch die gesamte Innen- und Außenorganisation einschl. der Zuständigkeitsverteilung und der Organisation der Arbeitsabläufe und des internen Kontrollsystems[1438]. Bei der Beurteilung der technischen Einrichtungen ist u.a. darzulegen, ob das Erforderliche zur Erhaltung der Leistungsfähigkeit derselben getan wurde[1439]. Eine Konkretisierung dessen, was im Einzelnen unter Einrichtungen zu verstehen und was prüfungsrelevant ist, erfolgt durch die Prüfungsrichtlinien der Verbände[1440]. **1003**

Die Prüfung der **Ordnungsmäßigkeit der Geschäftsführung** der Genossenschaft und die Berichterstattung hierüber umfasst sowohl die Geschäftsführung als Institution, deren Organisation (inkl. Geschäftsverteilungsplan) als auch die Maßnahmen der Geschäftsführungstätigkeit[1441]. Sie unterscheidet sich nicht grds. von der entsprechenden Aufgabe bei der Prüfung von Unternehmen, an denen Gebietskörperschaften beteiligt sind (§ 53 HGrG), so dass auf die Ausführungen hierzu verwiesen werden kann[1442]. **1004**

Die Berichterstattung über die Prüfung der Ordnungsmäßigkeit der Geschäftsführung im **Prüfungsbericht** hat zwingend in einem gesonderten Abschnitt zu erfolgen[1443]. Im PrB ist auch darauf einzugehen, ob der Vorstand der Genossenschaft die Vorschriften des GenG und die Bestimmungen der Satzung beachtet und ob er die Geschäftsführung auf die Verwirklichung des genossenschaftlichen Förderauftrags ausgerichtet hat[1444]. **1005**

Der PrB sollte ein Urteil über die sachliche, organisatorische und zweckentsprechende Ausrichtung der Einrichtungen auf die Bedürfnisse des gemeinschaftlichen Geschäftsbetriebs der Mitglieder enthalten[1445]. Fehlen wesentliche Elemente insb. des internen Kontrollsystems oder sind diese nicht hinreichend wirksam, ist darauf einzugehen, und der Prüfer sollte deren Implementierung bzw. Verbesserung im PrB anregen[1446]. **1006**

Der PrB ist vom Prüfungsverband zu unterzeichnen[1447] und dem Vorstand der Genossenschaft sowie dem Vorsitzenden des AR **vorzulegen** (§ 58 Abs. 3 S. 1 GenG). Der AR-Vorsitzende erhält verpflichtend ein eigenes Exemplar[1448]; den übrigen Mitgliedern des **1007**

1437 Aufgrund des BilMoG sind diese Abschreibungen mit Wirkung für nach dem 31.12.2009 beginnende GJ nicht mehr möglich (Art. 66 Abs. 3 S. 1 EGHGB). Jedoch können Abschreibungen nach § 253 Abs. 4 HGB a.F., die in GJ vorgenommen wurden, die vor dem 01.01.2010 begonnen haben, unter Anwendung der bis zum 28.05.2009 geltenden Altvorschriften fortgeführt werden (Art. 67 Abs. 4 S. 1 EGHGB).
1438 Vgl. *Lang/Weidmüller*, GenG[36], § 53 GenG, Rn. 11; BoHdR[2], § 53 GenG, Rn. 13.
1439 Vgl. *Pauli*, in: HWRev[2], Sp. 628.
1440 Vgl. BoHdR[2], § 53 GenG, Rn. 13.
1441 Vgl. *Lang/Weidmüller*, GenG[36], § 53 GenG, Rn. 13; BoHdR[2], § 53 GenG, Rn. 17–23.
1442 Vgl. Tz. 1048. Zur Prüfung der Ordnungsmäßigkeit der Geschäftsführung vgl. weiterhin insb. *DGRV (Hrsg.)*[3].
1443 Vgl. *DGRV (Hrsg.)*[3], S. 87.
1444 Vgl. *Lang/Weidmüller*, GenG[36], § 53 GenG, Rn. 16.
1445 Vgl. *DGRV (Hrsg.)*[3], S. 88–89; *Beuthien*, GenG[14], § 53, Rn. 6; *Pauli*, BFuP 1980, S. 539.
1446 Vgl. *DGRV (Hrsg.)*[3], S. 88; BeBiKo[8], Vor § 339, Rn. 13; *Pöhlmann/Fandrich/Bloehs*[3], § 58, Rn. 7.
1447 Bei Beauftragung eines anderen Prüfers nach § 55 Abs. 3 GenG hat grds. eine Mitunterzeichnung durch den Prüfungsverband zu erfolgen. Vgl. *Beuthien*, GenG[14], § 58, Rn. 4; *Pöhlmann/Fandrich/Bloehs*[3], § 58, Rn. 1; *Lang/Weidmüller*, GenG[36], § 58 GenG, Rn. 4.
1448 Vgl. *Pöhlmann/Fandrich/Bloehs*[3], § 58, Rn. 2.

AR ist die Möglichkeit zur Kenntnisnahme des Inhalts des PrB (§ 58 Abs. 3 S. 2 GenG) zu geben. Allerdings ist die Vorlage des PrB nicht Voraussetzung für die Beschlussfassung der Organe einschl. der Generalversammlung. Die Generalversammlung kann auch einen noch nicht geprüften JA feststellen[1449]. Darüber hinaus können JA und LB auch bereits vor Prüfungsende offengelegt werden (§ 339 Abs. 1 S. 3 HGB)[1450].

1008 Neben dem schriftlichen PrB sieht das GenG noch folgende **weitere Berichterstattungen** vor:

- Der Prüfer soll[1451] den Vorsitzenden des AR der Genossenschaft von wichtigen Feststellungen, die nach Auffassung des Prüfers sofortige Maßnahmen des AR erforderlich machen, unverzüglich in Kenntnis setzen (§ 57 Abs. 3 GenG)[1452]. Eine bestimmte Form für diese Berichterstattung ist im Gesetz nicht vorgeschrieben; allerdings ist Schriftform, ggf. mittels Übersendens einer bestätigenden Gesprächsnotiz, generell zu empfehlen. Auch sollte die Mitteilung zweckmäßigerweise Vorschläge hinsichtlich der für erforderlich gehaltenen Maßnahmen enthalten.
- Der Prüfer soll in unmittelbarem Zusammenhang mit der Prüfung in einer gemeinsamen Sitzung des Vorstands und des AR der Genossenschaft über das voraussichtliche Ergebnis der Prüfung mündlich berichten (§ 57 Abs. 4 GenG). Diese Berichterstattung erfolgt vor Abfassung des PrB.
- Der Prüfer hat eine schriftliche Zusammenfassung des Ergebnisses des PrB zu erstellen, in welche jedes Genossenschaftsmitglied Einsicht nehmen darf (§ 59 Abs. 1 S. 2 GenG).

1009 Nach Beendigung der Prüfung hat der Prüfungsverband in einer **Bescheinigung** zu erklären, dass die Prüfung stattgefunden hat. Diese Prüfungsbescheinigung ist rein formaler Natur und ist auch dann zu erteilen, wenn die Prüfung zu erheblichen Beanstandungen geführt hat[1453]. Der Vorstand der Genossenschaft muss diese Bescheinigung zum Genossenschaftsregister einreichen und den PrB bei der Einberufung der nächsten Generalversammlung als Gegenstand der Beschlussfassung ankündigen (§ 59 Abs. 1 S. 1 GenG). Der Prüfungsverband ist berechtigt, an dieser Generalversammlung beratend teilzunehmen, und kann nach § 59 Abs. 3 GenG beantragen, dass der PrB ganz oder in bestimmten Teilen verlesen wird[1454].

1010 Sofern die Genossenschaft die Größenmerkmale des § 267 Abs. 3 HGB für große KapGes. erfüllt, ist nach § 58 Abs. 2 GenG – zusätzlich zu der o.g. Bescheinigung nach § 59 Abs. 1 GenG – ein **Bestätigungsvermerk** vorgesehen[1455].

1011 Für kleinere Genossenschaften verbleibt es bei der Bescheinigung über die stattgefundene Prüfung, sofern nicht auf Basis freiwilliger Beauftragung ein BestV erteilt werden kann. Voraussetzung für die Erteilung eines solchen freiwilligen BestV ist, dass eine Abschlussprüfung nach Art und Umfang von § 53 Abs. 1 GenG durchgeführt wurde[1456].

1449 Vgl. BeBiKo[8], Vor § 339, Rn. 15, 52.
1450 Vgl. BeBiKo[8], Vor § 339, Rn. 3, 15.
1451 Dieses „soll" ist als „Muss-Vorschrift" zu verstehen. Vgl. BoHdR[2], § 57 GenG, Rn. 10.
1452 Bspw. bei drohenden größeren Verlusten; vgl. BeBiKo[8], Vor § 339, Rn. 16, 63.
1453 Vgl. *Lang/Weidmüller*, GenG[36], § 59 GenG, Rn. 1.
1454 Vgl. *Lang/Weidmüller*, GenG[36], § 59 GenG, Rn. 8.
1455 Vgl. BeBiKo[8], Vor § 339, Rn. 19.
1456 Vgl. *IDW PS 400*, Tz. 5.

Besonderheiten bei Unternehmen bestimmter Rechtsformen bzw. Branchen   Q

Für den BestV ist **§ 322 HGB entsprechend** anzuwenden[1457]. Aussagen über den gem. **1012**
§ 53 GenG gesetzlich erweiterten Prüfungsgegenstand werden ausschließlich im PrB getroffen[1458].

Die positive Gesamtaussage des BestV ist auch dann nicht einzuschränken, wenn die eG in **1013**
wesentlichem Umfang Abschreibungen nach § 253 Abs. 4 HGB in der bis zum
28.05.2009 geltenden Fassung[1459] vorgenommen hat. Sofern jedoch im Anh. keine entsprechenden betragsmäßigen Angaben zum Umfang dieser wesentlichen Abschreibungen
gemacht sind, kann im BestV nicht bestätigt werden, dass der JA unter Beachtung der
GoB ein den tatsächlichen Verhältnissen entsprechendes Bild der Vermögens-, Finanz-,
und Ertragslage vermittelt[1460].

KapGes., bei denen die Mehrheit der Anteile und die Mehrheit der Stimmrechte Genossenschaften oder deren Prüfungsverbänden zustehen, dürfen ihre JA u.U. auch von **1014**
einem genossenschaftlichen Prüfungsverband prüfen lassen. Voraussetzung dafür ist aber,
dass mehr als die Hälfte der geschäftsführenden Vorstandsmitglieder dieses Verbands WP
sind und dem Prüfungsverband das Prüfungsrecht vor dem 29.05.2009 verliehen worden
ist (Art. 25 Abs. 1 EGHGB i.d.F. v. Art. 2 Nr. 1 BilMoG). Ungeachtet dieser Prüferwahl
bleiben die gesetzlichen Prüfungsvorschriften für solche Unternehmen jedoch unverändert[1461].

8. Stiftungen

Die Vorschriften des BGB[1462] in Bezug auf die Rechenschaftspflichten von Stiftungen **1015**
(§§ 86 i.V.m. 27 Abs. 3, 42, 259, 260, 666 BGB) bestimmen allgemein, dass – wie von
Vereinen – neben einer Vermögensübersicht[1463] eine geordnete Zusammenstellung der
Einnahmen und Ausgaben zu erfolgen hat[1464]. Regelungen über die externe **Rechnungslegung** von Stiftungen ergeben sich damit in erster Linie aus den **Stiftungsgesetzen der
einzelnen Bundesländer**[1465]. Diese stimmen weitgehend darin überein, dass die Stiftung
nach Ablauf des Geschäftsjahres einen Abschluss aufzustellen hat, der i.d.R. aus einer
Jahres(ab)rechnung und einer Vermögensübersicht sowie einem Bericht über die Erfüllung des Stiftungszwecks (Stiftungsbericht) besteht[1466]. Daneben sind insb. ergänzende
Bestimmungen der Stiftungssatzung sowie ggf. die steuerrechtlichen Vorschriften zur
Gemeinnützigkeit (§§ 51 ff. AO) u.Ä. zu beachten[1467].

1457 Zur Frage der Siegelführung siehe *Keßler/Herzberg*, BB 2007, S. 1778.
1458 Vgl. *IDW PS 400*, Tz. 11; *DGRV (Hrsg.)*³, S. 90.
1459 Aufgrund des BilMoG sind diese Abschreibungen mit Wirkung für nach dem 31.12.2009 beginnende GJ
nicht mehr möglich (Art. 66 Abs. 3 S. 1 EGHGB). Jedoch können Abschreibungen nach § 253 Abs. 4 HGB
a.F., die in GJ vorgenommen wurden, die vor dem 01.01.2010 beginnen, unter Anwendung der bis zum
28.05.2009 geltenden Altvorschriften fortgeführt werden (Art. 67 Abs. 4 S. 1 EGHGB).
1460 Vgl. *IDW PS 400*, Tz. 47; ADS⁶, § 322, Tz. 150; BeBiKo⁶, § 336, Rn. 20. Infolge der Änderungen in § 253
HGB i.R.d. BilMoG wird sich dieser Aspekt allerdings im Zeitverlauf von selbst erledigen.
1461 Vgl. BeBiKo⁸, Vor § 339, Rn. 31.
1462 Bürgerliches Gesetzbuch (BGB) v. 02.01.2002, BGBl. I, S. 42, zuletzt geändert durch Gesetz v. 27.07.2011,
BGBl. I, S. 1600.
1463 Vgl. hierzu z.B. *Segna*, DStR 2006, S. 1568; MünchKomm. BGB⁵, § 260, Rn. 4; *Staudinger*, BGB, § 260,
Rn. 4.
1464 Vgl. *IDW RS HFA 5*, Tz. 14; *Walter/Nazari Golpayegani*, DStR 2000, S. 701.
1465 Vgl. *IDW RS HFA 5*, Tz. 15; *Schauhoff*, Handbuch der Gemeinnützigkeit², § 3, Rn. 94.
1466 Vgl. *IDW RS HFA 5*, Tz. 17. Zu den unterschiedlichen landesgesetzlichen Regelungen siehe weiters *IDW RS
HFA 5*, Tz. 18–19.
1467 Vgl. *IDW RS HFA 5*, Tz. 26–27; *Koss*, Rechnungslegung von Stiftungen, S. 67, 118–121; *Walter/Nazari
Golpayegani*, DStR 2000, S. 702.

1016 Dementsprechend erfolgt die Rechnungslegung entweder in Form eines – ggf. auch freiwillig aufgestellten – JA[1468] (u.U. ergänzt um einen LB) oder in Form einer Jahresrechnung (bestehend aus Einnahmen-/Ausgabenrechnung sowie Vermögensrechnung) [1469]. Betreibt die Stiftung ein vollkaufmännisches Unternehmen (unternehmensbezogene Stiftung), unterliegt sie in jedem Fall insoweit den handelsrechtlichen Rechnungslegungsvorschriften[1470], die i.V.m. dem PublG ggf. auch für die Stiftung selbst verpflichtend werden können[1471]. Spenden sammelnde Stiftungen haben i.r. ihrer Rechnungslegung außerdem *IDW RS HFA 21* zu beachten[1472].

Betreibt die Stiftung einen (unternehmerischen) Teilbetrieb, der nach besonderen Vorgaben Rechnung zu legen hat (z.B. ein Krankenhaus), so sind die diesbezüglichen Vorschriften zu beachten; i.d.R. ist insoweit auch ein gesonderter Abschluss aufzustellen[1473].

1017 Die **Prüfung** der Rechnungslegung obliegt nach den Landesstiftungsgesetzen grds. der Stiftungsaufsichtsbehörde bzw. diese ist i.r. ihrer Aufgaben zumindest zu einer Prüfung berechtigt[1474]. Hierzu sehen einige Stiftungsgesetze die Möglichkeit vor, die Prüfung durch Dritte, insb. WP/vBP, vornehmen zu lassen[1475]. Falls, z.B. infolge des Überschreitens der Größenmerkmale des PublG[1476], eine Pflichtprüfung nach §§ 316 ff. HGB zu erfolgen hat, ist die Prüfung durch WP/vBP bundesgesetzlich vorgeschrieben.

1018 Gegenstand, Art und Umfang der Prüfung werden ebenfalls durch Landesstiftungsrecht bestimmt. **Prüfungsgegenstand** ist dabei grds. die Jahres(ab)rechnung mit einer Vermögensübersicht, in einigen Bundesländern auch der Stiftungsbericht. Teilweise wird der Prüfungsgegenstand darüber hinaus durch Landesstiftungsrecht auf weitere Sachverhalte, z.B. die satzungsgemäße Verwendung der Stiftungsmittel oder die Erhaltung des Stiftungsvermögens, erweitert[1477]. Anstelle einer Jahresrechnung kann grds. auch ein den handelsrechtlichen Vorschriften entsprechender JA aufgestellt und dessen Prüfung freiwillig beauftragt werden.

1019 Die allgemeinen **Grundsätze** für die Durchführung der Prüfung von Stiftungen und die damit verbundene Berichterstattung sowie für die Erteilung des BestV sind im *IDW Prüfungsstandard: Prüfung von Stiftungen (IDW PS 740)* niedergelegt.

1020 Im Interesse einer klaren Berichterstattung wird empfohlen, den **Prüfungsbericht** wie folgt zu gliedern. Die Inhalte der einzelnen Berichtsabschnitte haben sich dabei grds. an den korrespondierenden Vorgaben des *IDW PS 450* zu orientieren[1478].

I. Prüfungsauftrag
II. Grundsätzliche Feststellungen
III. Gegenstand, Art und Umfang der Prüfung
IV. Feststellungen und Erläuterungen zur Rechnungslegung

1468 Der Bundesverband Deutscher Stiftungen e.V. empfiehlt grds. die Rechnungslegung in Form eines JA nach HGB. Vgl. *Koss*, in: Bundesverband deutscher Stiftungen (Hrsg.), S. 38. Vgl. auch *IDW PS 740*, Tz. 20 i.V.m. *IDW RS HFA 5*, Tz. 31.
1469 Vgl. *IDW RS HFA 5*, Tz. 20; *IDW PS 740*, Tz. 11. Vgl. § 3 Abs. 1 Nr. 4 PublG i.V.m. §§ 5, 13 PublG.
1470 Vgl. *IDW RS HFA 5*, Tz. 23.
1471 Vgl. *IDW RS HFA 5*, Tz. 25.
1472 Vgl. hierzu Tz. 1042.
1473 Vgl. *IDW RS HFA 5*, Tz. 24.
1474 Zu den unterschiedlichen landesgesetzlichen Regelungen siehe *IDW PS 740*, Tz. 4–5.
1475 Vgl. *IDW PS 740*, Tz. 6.
1476 Vgl. *IDW PS 740*, Tz. 7.
1477 Vgl. *IDW PS 740*, Tz. 6, 8.
1478 Vgl. *IDW PS 740*, Tz. 28–30.

V. ggf. Feststellungen aus Erweiterungen des Prüfungsauftrags
VI. Ergebnis der Prüfung

Der aufgrund der allgemeinen Treuepflicht des APr. ggü. dem Auftraggeber bestehenden **Redepflicht** ist ggf. im Rahmen der Grundsätzlichen Feststellungen (Abschnitt II.) nachzukommen. Diese Redepflicht erstreckt sich außer auf Sachverhalte i.S.v. § 321 Abs. 1 S. 3 HGB insbesondere auch auf Verstöße gegen die Stiftungssatzung oder gegen die Verpflichtung zur Erhaltung des Stiftungsvermögens sowie auf die Gefährdung der steuerlichen Anerkennung als steuerbegünstigte Körperschaft. Falls dem Vorjahresabschluss von Seiten der Stiftungsaufsicht die Genehmigung verweigert worden ist, wäre auch hierauf einzugehen[1479]. **1021**

Im Rahmen der **Feststellungen und Erläuterungen zur Rechnungslegung** sollte – soweit im Einzelfall zutreffend – grds. auch auf folgende Aspekte eingegangen werden[1480]: **1022**

- Erhaltung des Stiftungsvermögens einschl. eventueller Zustiftungen;
- Rechnungslegung über Zustiftungen und erhaltene Zuwendungen;
- Ansatz und Bewertung des Grundstockvermögens;
- Zusammensetzung und Fristigkeit der Vermögensanlagen;
- Zusammensetzung und Fristigkeit des Stiftungskapitals;
- Behandlung von Gewinnen bzw. Verlusten aus Vermögensumschichtungen;
- Verpflichtungen, die über den Abschlussstichtag hinausgehen.

Feststellungen aus Erweiterungen des Prüfungsauftrags betreffen – in Abhängigkeit vom erweiterten Prüfungsgegenstand – z.B. die Erhaltung des Stiftungsvermögens, die satzungsmäßige Verwendung der Stiftungsmittel, die Ordnungsmäßigkeit der Geschäftsführung, die Einhaltung steuerrechtlicher Vorschriften (Gemeinnützigkeit)[1481]. **1023**

Gewinne und Verluste aus Vermögensumschichtungen (inkl. Abschreibungen auf den niedrigeren beizulegenden Wert sowie umgekehrt Zuschreibungen) werden aus steuer- und stiftungsrechtlichen Gründen i.d.R. einer sog. **Umschichtungsrücklage** zugewiesen[1482]. Insb. bei Stiftungen, deren Grundstockvermögen in erheblichem Umfang aus Aktienanlagen bestand, ist es infolge der Turbulenzen auf den Wertpapiermärkten in den vergangenen Jahren nicht selten geschehen, dass durch Abschreibungen auf den niedrigeren beizulegenden Wert negative Umschichtungsrücklagen entstanden sind. Die Stiftungsaufsichtsbehörden haben dabei z.T. ein explizites Ausweisen eines negativen Postens innerhalb des „Eigenkapitals"[1483] der Stiftung gefordert. In solchen Fällen ist im PrB die Verlustentstehung darzustellen und auf den besonderen bilanziellen Ausweis einzugehen. Eine Beurteilung der Verlustverursachung ist nicht Gegenstand der Berichterstattung; dies obliegt den Stiftungsaufsichtsbehörden als Berichtsadressaten. **1024**

Dem PrB sind grds. lediglich die der Prüfung unterlegenen Bestandteile des Abschlusses als Anlagen beizufügen. Falls dem PrB der **Stiftungsbericht** (nachrichtlich) als Anlage beigefügt wird, sind die darin enthaltenen zusätzlichen Informationen entsprechend *IDW PS 202* kritisch zu lesen, um ggf. Unstimmigkeiten mit dem geprüften Abschluss festzustellen[1484]. **1025**

1479 Vgl. *IDW PS 740*, Tz. 32.
1480 Vgl. *IDW PS 740*, Tz. 35; i.Z.m. Satzungsbestimmungen vgl. auch *IDW PS 740*, Tz. 18.
1481 Vgl. *IDW PS 740*, Tz. 38.
1482 Vgl. *Orth*, DStR 2009, S. 1404.
1483 Zum „Eigenkapital" und zur Kapitalerhaltung bei Stiftungen vgl. *IDW RS HFA 5*, Tz. 51–60.
1484 Vgl. *IDW PS 740*, Tz. 12. Vgl. *IDW Prüfungsstandard: Die Beurteilung von zusätzlichen Informationen, die von Unternehmen zusammen mit dem Jahresabschluss veröffentlicht werden (IDW PS 202).* Dies gilt für Bayern in grds. gleicher Weise, obwohl dort der Stiftungsbericht gem. § 4 Abs. 2 Nr. 3 AVBaySG dem PrB verpflichtend als Anlage beizufügen ist.

1026 Wird ein (ggf. freiwillig) nach handelsrechtlichen Vorschriften aufgestellter JA einer Stiftung im Umfang einer Pflichtprüfung nach §§ 316 ff. HGB geprüft, kann hierzu vom APr. ein **Bestätigungsvermerk** i.S.v. § 322 HGB erteilt werden. Hierbei sind die allgemeinen Grundsätze des *IDW PS 400* zu beachten, auch in Bezug auf die Einschränkung oder Ergänzung des BestV bzw. den Versagungsvermerk[1485]. Vermittelt der JA – zulässigerweise – kein den tatsächlichen Verhältnissen entsprechendes Bild der Vermögens-, Finanz- und Ertragslage (z.B. weil nur die Vorschriften des Ersten Abschnitts des Dritten Buches des HGB berücksichtigt werden mussten), kann sich das Gesamturteil lediglich darauf erstrecken, ob die für die Stiftung geltenden gesetzlichen Vorschriften einschließlich der GoB eingehalten wurden[1486].

1027 Eine **Beurteilung weiterer Prüfungsgegenstände** der Abschlussprüfung im BestV ist nur dann zulässig, wenn eine gesetzliche Regelung diese Aussage im BestV vorsieht[1487]. Darüber hinaus kann sich das Gesamturteil des APr. ergänzend auf solche Erweiterungen beziehen, die zwar das anwendbare Landesrecht nicht vorsieht, die aber parallel zu gesetzlichen Vorschriften in anderen Bundesländern zum Gegenstand des Auftrags der Abschlussprüfung gemacht wurden. In diesen Fällen ist der einleitende Abschnitt des BestV entsprechend zu ergänzen[1488]. Auf die Stiftungssatzung kann nur verwiesen werden, wenn diese (ergänzende) Bestimmungen zum Abschluss, zur Kapitalerhaltung oder zur Mittelverwendung enthält[1489].

1028 Ist nach Landesstiftungsrecht[1490] die Erhaltung des Stiftungsvermögens Teil des erweiterten Prüfungsgegenstands, so kann im o.g. Fall einer negativen Umschichtungsrücklage eine Aussage dazu in dem Absatz des BestV, der sich auf die Erweiterung des Prüfungsgegenstands bezieht, sachgerecht sein, um den stiftungsaufsichtsrechtlichen Vorschriften zu genügen. Steht die Kapitalerhaltung insgesamt nicht in Frage, weil z.B. andererseits erhebliche stille Reserven im Immobilienvermögen bestehen, so wird i.d.R. ein ergänzender Hinweis[1491] auf entsprechende Ausführungen im LB möglich sein.

1029 Ein **Formulierungsbeispiel** für den uneingeschränkten BestV zu einer nach §§ 316 ff. HGB durchgeführten Abschlussprüfung einer Stiftung, bei der eine Erweiterung des Prüfungsgegenstands nach Landesstiftungsrecht erfolgt, enthält der Anhang zu *IDW PS 740*[1492].

1030 Wird eine Jahresrechnung, d.h. ein Abschluss bestehend aus Einnahmen-/Ausgabenrechnung sowie Vermögensrechnung, der damit nicht vollumfänglich den handelsrechtlichen Vorschriften zur Rechnungslegung genügt, geprüft, so kann dazu lediglich eine **Bescheinigung** erteilt werden.

1031 Die Prüfung des Abschlusses einer Stiftung – unabhängig, ob in Form einer Jahresrechnung oder eines handelsrechtlichen JA – ist nunmehr länderübergreifend nicht als WP (landes-)gesetzlich vorbehaltene Tätigkeit anzusehen[1493]. Dementsprechend besteht auch

---

1485 Vgl. *IDW PS 740*, Tz. 45, 50.
1486 Vgl. *IDW PS 740*, Tz. 48.
1487 Vgl. *IDW PS 400*, Tz. 11, 70. *IDW PS 740*, Tz. 46 nennt als konkretes Beispiel § 10 Abs. 2 StiftG SH (Schleswig-Holstein). Entsprechende Vorgaben enthält z.B. auch das Bayerische Stiftungsgesetz (BayStG).
1488 Vgl. *IDW PS 740*, Tz. 47.
1489 Vgl. *IDW PS 740*, Tz. 51. Dies trifft jedoch bei steuerbegünstigten Stiftungen stets zu.
1490 Z.B. nach Art. 16 Abs. 3 BayStG.
1491 Vgl. *IDW PS 400*, Tz. 75.
1492 Es wird darauf hingewiesen, dass das Bayerische Stiftungsgesetz v. 26.09.2008 (GVBl. 2008, S. 834) die Erweiterung des Prüfungsgegenstands nunmehr in Art. 16 Abs. 3 S. 1 BayStG regelt.
1493 Vgl. *WPK*, WPK Magazin 3/2009, S. 33.

Besonderheiten bei Unternehmen bestimmter Rechtsformen bzw. Branchen | Q

keine Siegelpflicht; das Berufssiegel kann jedoch freiwillig geführt werden[1494]. Bei unternehmensbezogenen Stiftungen[1495] kann sich dies im Einzelfall anders darstellen[1496]. Bei der freiwilligen Prüfung von JA besteht jedenfalls keine Siegelpflicht (§ 48 Abs. 1 S. 2 WPO).

9. Vereine

Die Rechnungslegung von nichtwirtschaftlichen, rechtsfähigen Vereinen ist gesetzlich nicht abschließend geregelt. Regelungen über die Rechenschaftspflichten bei Vereinen ergeben sich in erster Linie aus dem BGB (§§ 27 Abs. 3, 42, 259, 260, 666 BGB), wonach eine Vermögensübersicht[1497] sowie eine geordnete Zusammenstellung der Einnahmen und Ausgaben erforderlich sind[1498]. Daneben sind insb. ergänzende Bestimmungen der Vereinssatzung und ggf. steuerrechtliche Vorschriften zur Gemeinnützigkeit (§§ 51 ff. AO) u.Ä. zu beachten[1499]. 1032

Die *IDW Stellungnahme zur Rechnungslegung: Rechnungslegung von Vereinen (IDW RS HFA 14)* beschreibt die zweckentsprechende Ausgestaltung der **Rechnungslegung** von Vereinen nach deutschen Vorschriften. Danach hat die Rechnungslegung jährlich und zumindest in Form einer Jahresrechnung (bestehend aus Einnahmen-/Ausgabenrechnung sowie Vermögensrechnung) zu erfolgen[1500]. Betreibt der Verein (zusätzlich) ein Handelsgewerbe, das nach Art und Umfang einen in kaufmännischer Weise eingerichteten Geschäftsbetrieb erfordert (vgl. § 1 HGB), unterliegt er jedenfalls insoweit den handelsrechtlichen Vorschriften nach §§ 238 ff. HGB. Falls der Verein als Unternehmen i.S.d. PublG zu qualifizieren ist, finden die in § 5 PublG genannten Vorschriften des Zweiten Abschnitts des Dritten Buches des HGB zu JA und LB sinngemäß Anwendung[1501]. Unabhängig davon kann ein Verein natürlich auf freiwilliger Basis einen JA (ggf. ergänzt um einen LB) i.S.d. HGB aufstellen. Von Spenden sammelnden Vereinen ist daneben i.R. der Rechnungslegung *IDW RS HFA 21* zu beachten[1502]. 1033

Betreibt der Verein einen (unternehmerischen) Teilbetrieb, der nach besonderen Vorgaben Rechnung zu legen hat (z.B. ein Krankenhaus), so sind die diesbezüglichen Vorschriften zu beachten; i.d.R. ist insoweit auch ein gesonderter Abschluss aufzustellen[1503].

Für Vereine besteht grds. keine rechtsformbezogene gesetzliche **Prüfungspflicht**; jedoch können Satzungsbestimmungen eine (formal freiwillige) Prüfung der Rechnungslegung vorsehen. Eine gesetzliche Prüfungspflicht kann sich im Einzelfall aufgrund einer branchenspezifischen Tätigkeit, z.B. als Träger eines Krankenhauses[1504], ergeben. Falls der Verein als Unternehmen i.S.d. PublG zu qualifizieren ist, besteht gem. § 6 PublG Prüfungspflicht[1505]. 1034

1494 Die einzige Ausnahme betrifft kommunale Stiftungen in Mecklenburg-Vorpommern, sofern diese anstelle eines Haushaltsplans einen Wirtschaftsplan aufstellen (§ 14 Abs. 1 S. 1 KPG M-V i.V.m. § 10 Abs. 2 S. 2 StiftG M-V). Vgl. *WPK*, WPK Magazin 3/2009, S. 33.
1495 Vgl. hierzu *IDW RS HFA 5*, Tz. 23.
1496 Vgl. auch *IDW PS 740*, Tz. 47.
1497 Vgl. MünchKomm. BGB⁵, § 260, Rn. 4; *Staudinger*, BGB, § 260, Rn. 4. Diese Vermögensübersicht beinhaltet das „Bestandsverzeichnis" i.S.v. § 260 BGB.
1498 Vgl. *IDW RS HFA 14*, Tz. 6–7, 13; *Galli*, DStR 1998, S. 263.
1499 Vgl. *IDW RS HFA 14*, Tz. 10–12; *Galli*, DStR 1998, S. 264–266.
1500 Vgl. *IDW RS HFA 14*, Tz. 18, 41; *IDW PS 750*, Tz. 5.
1501 Vgl. *IDW RS HFA 14*, Tz. 8. Vgl. § 3 Abs. 1 Nr. 3 PublG i.V.m. § 5 PublG.
1502 Vgl. hierzu Tz. 1042.
1503 Vgl. *IDW RS HFA 14*, Tz. 9.
1504 Hierzu existieren spezifische Regelungen auf Ebene der einzelnen Bundesländer. Vgl. Tz. 1069.
1505 Vgl. *IDW PS 750*, Tz. 4.

1035 Gesetzliche Vorschriften für die Gliederung und den Inhalt des **Prüfungsberichts** bestehen nicht. Der Prüfer hat sich, wie generell üblich, am Informationsinteresse der Adressaten zu orientieren. Im Interesse einer klaren Berichterstattung sollte der PrB entsprechend *IDW PS 450* gegliedert werden.

1036 Grds. empfiehlt sich folgende (Mindest-)**Gliederung**[1506]:
  I. Prüfungsauftrag
  II. Grundsätzliche Feststellungen
  III. Gegenstand, Art und Umfang der Prüfung
  IV. Feststellungen und Erläuterungen zur Rechnungslegung
  V. ggf. Feststellungen aus Erweiterungen des Prüfungsauftrags
  VI. Ergebnis der Prüfung[1507]

1037 Auch wenn Gegenstand der Prüfung lediglich eine Jahresrechnung ist, besteht für den APr. aufgrund der allgemeinen Treuepflicht ggü. dem Auftraggeber in entsprechender Anwendung von § 321 Abs. 1 S. 3 HGB ggf. **Redepflicht** in Bezug auf Tatsachen, die den Bestand des geprüften Vereins gefährden oder seine Entwicklung wesentlich beeinträchtigen könnten oder die schwerwiegende Verstöße der gesetzlichen Vertreter, von hauptamtlichen Mitarbeitern oder Funktionsträgern gegen Gesetzesvorschriften oder die Vereinssatzung erkennen lassen. Diese Redepflicht, der i.R. des Abschnitts II. Grundsätzliche Feststellungen nachzukommen ist, erstreckt sich auch auf die Gefährdung der steuerlichen Anerkennung als steuerbegünstigte Körperschaft. Ist dem Vorjahresabschluss vom zuständigen Vereinsorgan die Genehmigung verweigert worden, wäre ebenfalls darauf einzugehen[1508].

Berichtspflichtige Sachverhalte i.Z.m. der **Erweiterung des Prüfungsauftrags** können je nach Beauftragung z.B. die satzungsgemäße Verwendung der Mittel, die Einhaltung der steuerlichen Vorschriften zur Gemeinnützigkeit oder die Ordnungsmäßigkeit der Geschäftsführung sein[1509].

1038 Der **Bestätigungsvermerk** zum JA eines Vereins richtet sich nach den Grundsätzen des *IDW PS 400*, auch in Bezug auf eine evtl. Einschränkung oder Ergänzung bzw. Versagung des Prüfungsurteils. Für Prüfungen mit einem abweichenden Prüfungsgegenstand (z.B. eine Jahresrechnung) oder einem geringeren Umfang darf kein BestV, sondern nur eine Bescheinigung erteilt werden[1510].

1039 Wird lediglich eine Jahresrechnung geprüft, d.h. ein Abschluss bestehend aus Einnahmen-/Ausgabenrechnung sowie Vermögensrechnung, der damit nicht vollumfänglich den handelsrechtlichen Vorschriften zur Rechnungslegung genügt, so kann dazu ausschließlich eine **Bescheinigung** erteilt werden, die den allgemeinen Grundsätzen entsprechend auszuformulieren ist[1511].

1040 *IDW PS 750* enthält im Anhang **Formulierungsempfehlungen** für einen uneingeschränkten BestV aufgrund der (freiwilligen) Prüfung eines JA ohne LB und für eine un-

---

1506 Vgl. *IDW PS 750*, Tz. 18. Falls Gegenstand der APr. ein JA ist und eine Prüfung nach Art und Umfang der §§ 316 ff. HGB beauftragt wird, darf keine Berichterstattung in geringerem Umfang als nach *IDW PS 450* vorgegeben vereinbart werden. Vgl. *IDW PS 450*, Tz. 20; *IDW PS 750*, Tz. 17.
1507 Zur Darstellung der Prüfungsergebnisse in Form von BestV bzw. Bescheinigung vgl. *IDW PS 750*, Tz. 30-37.
1508 Vgl. *IDW PS 750*, Tz. 19. Vgl. auch *IDW PS 450*, Tz. 35–50.
1509 Vgl. *IDW PS 750*, Tz. 24.
1510 Vgl. *IDW PS 750*, Tz. 30 i.V.m. *IDW PS 400*, Tz. 5. Zur Differenzierung zwischen BestV und Bescheinigung nach dem Prüfungsgegenstand siehe *IDW PS 750*, Tz. 32.
1511 Vgl. *IDW PS 750*, Tz. 36–37. Siehe hierzu allgemein Tz. 1352.

Besonderheiten bei Unternehmen bestimmter Rechtsformen bzw. Branchen   Q

eingeschränkte Bescheinigung aufgrund der Prüfung einer Einnahme-/Ausgabenrechnung mit Vermögensrechnung nach *IDW RS HFA 14*, auf welche insoweit verwiesen wird.

Auf Vereine, die außerdem **Mutterunternehmen eines Konzerns** i.S.d. PublG sind, sind des Weiteren die Vorschriften der §§ 290 bis 315a HGB zum KA weitgehend sinngemäß anzuwenden[1512] (siehe hierzu Tz. 797, 827). Gesetzliche Prüfungspflicht besteht in diesem Zusammenhang nach § 14 PublG.   1041

10. Spendensammelnde Organisationen

Die Tätigkeit Spenden[1513] sammelnder Organisationen ist insbesondere darauf ausgerichtet, Geldmittel, Sachmittel, Arbeitsleistungen oder Dienstleistungen als **freigebige Zuwendungen** (d.h. ohne Gegenleistung) entgegenzunehmen und für satzungsmäßig bestimmte Förderzwecke einzusetzen[1514]. Spenden sammelnde Organisationen können ihrer Rechtsform nach als juristische Personen des privaten Rechts (z.B. eingetragene Vereine, Stiftungen, KapGes.) oder des öffentlichen Rechts (z.B. Körperschaften oder Stiftungen des öffentlichen Rechts) organisiert sein.   1042

Die **Rechnungslegung** Spenden sammelnder Organisationen richtet sich nach deren Rechtsform. Für Spenden sammelnde Organisationen, die Kaufleute i.S.d. HGB sind, gelten die §§ 238 ff. HGB; bei Vereinen ist insb. *IDW RS HFA 14* zu beachten, bei Stiftungen *IDW RS HFA 5* und bei Parteien *IDW RS HFA 12*[1515]. Dabei sind grds. zumindest die bürgerlich-rechtlichen Vorschriften über die Rechenschaftspflichten zugrunde zu legen[1516], ggf. ergänzt um die länderspezifischen Stiftungsgesetze bzw. das Parteiengesetz. Dementsprechend erfolgt die Rechnungslegung in Form eines JA (ggf. ergänzt um einen LB) oder in Form einer Jahresrechnung (bestehend aus Einnahmen-/Ausgabenrechnung sowie Vermögensrechnung)[1517]. Weitergehende Satzungsbestimmungen sind ggf. gesondert zu beachten; dies gilt auch in Bezug auf die §§ 51 ff. AO zur Gemeinnützigkeit.   1043

Ebenso richtet sich auch die **Prüfung** von Spenden sammelnden Organisationen primär nach deren Rechtsform. Eine Prüfung in Form der Abschlussprüfung nach §§ 316 ff. HGB ist grds. stets, ggf. im Wege der freiwilligen Beauftragung, möglich. Im Rahmen freiwilliger Prüfungen kann auch ein abweichender Prüfungsgegenstand bzw. ein geringerer Umfang vereinbart werden. In Bezug auf Spenden sammelnde Organisationen in der Rechtsform des Vereins wird auf *IDW PS 750*, für Stiftungen auf *IDW PS 740* verwiesen.   1044

Die **Berichterstattung im Prüfungsbericht** hat grds. unter – ggf. sinngemäßer – Beachtung der allgemeinen Grundsätze des *IDW PS 450* zu erfolgen[1518]. Besonderheiten infolge der Betätigung als Spenden sammelnde Organisation (bspw. i.Z.m. der ertragswirksamen Vereinnahmung von erhaltenen Spenden[1519], Projektberichterstattungen[1520]   1045

1512 Vgl. *IDW RS HFA 14*, Tz. 8. Vgl. § 3 Abs. 1 Nr. 3 PublG i.V.m. §§ 11–13 PublG.
1513 Zur Verwendung des Begriffs „Spende" vgl. *IDW RS HFA 21*, Tz. 3, Fn. 3. Zur zivilrechtlichen Einordnung von verschiedenen Spendenformen vgl. *Schruff/Busse/Hoffmann*, WPg 2009, S. 814–816.
1514 Vgl. *IDW RS HFA 21*, Tz. 1.
1515 Vgl. *IDW RS HFA 21*, Tz. 8–9.
1516 D.h. für Vereine und für Stiftungen des privaten Rechts sind zumindest §§ 27 Abs. 3, 42, 259, 260 und 666 BGB zu beachten (für Stiftungen gilt selbiges aufgrund § 86 BGB). Vgl. *IDW RS HFA 14*, Tz. 6–7, 13 bzw. *IDW RS HFA 5*, Tz. 14.
1517 Vgl. *IDW RS HFA 21*, Tz. 7.
1518 Vgl. auch *IDW PS 740*, Tz. 27–44; *IDW PS 750*, Tz. 17–29.
1519 Vgl. *IDW RS HFA 21*, Tz. 17–23; *Schruff/Busse/Hoffmann*, WPg 2009, S. 818–820.
1520 Vgl. *IDW RS HFA 21*, Tz. 53–55.

etc.) sind zu berücksichtigen; ggf. ist in einem gesonderten Berichtsabschnitt darauf näher einzugehen[1521].

1046 Die Erteilung eines **Bestätigungsvermerk** zum JA (und ggf. LB) einer Spenden sammelnden Organisation richtet sich nach den allgemeinen Grundsätzen des *IDW PS 400*, sofern die durchgeführte Prüfung nach Art und Umfang einer Pflichtprüfung nach §§ 316 ff. HGB entspricht[1522]. Für Prüfungen mit einem abweichenden Prüfungsgegenstand (z.b. eine Jahresrechnung) oder mit einem geringeren Umfang darf kein BestV, sondern lediglich eine **Bescheinigung** erteilt werden[1523].

1047 Für die Prüfung einer Jahresrechnung (bestehend aus Einnahmen-/Ausgabenrechnung sowie Vermögensrechnung) einer nicht anderweitig rechnungslegungspflichtigen Spenden sammelnden Organisation kann, sofern sich keine Beanstandungen ergeben haben, für die **Bescheinigung** folgende Formulierung verwendet werden:

„Die Buchführung und die Jahresrechnung – bestehend aus Einnahmen-/Ausgabenrechnung sowie Vermögensrechnung – der ... (vollständiger Name und Rechtsform der Spenden sammelnden Organisation) entsprechen nach meiner/unserer pflichtgemäßen Prüfung den Grundsätzen einer ordnungsgemäßen Rechnungslegung (und den ergänzenden Bestimmungen der Satzung)."

11. Öffentliche Unternehmen

1048 Bei der Abschlussprüfung von öffentlichen Unternehmen – d.h. juristischen Personen des öffentlichen Rechts (Körperschaften und rechtsfähige Anstalten), unselbständigen öffentlich-rechtliche Wirtschaftsbetrieben (z.B. Eigenbetriebe) sowie privatrechtlichen Unternehmen mit einer mehrheitlichen Beteiligung der öffentlichen Hand[1524] – erstreckt sich die Prüfung über § 317 HGB hinaus regelmäßig auch auf die **Prüfung der Ordnungsmäßigkeit der Geschäftsführung sowie der wirtschaftlichen Verhältnisse**.

1049 Für öffentliche Unternehmen in der **Rechtsform des privaten Rechts** ergibt sich diese Erweiterung des Prüfungsumfangs und der Berichterstattung aus den §§ 48 Abs. 3, 53 Abs. 1 HGrG[1525]. Für die Prüfung und Berichterstattung nach § 53 HGrG hat das IDW in Abstimmung mit dem BMF, dem BRH und den LRH den *IDW Prüfungsstandard: Berichterstattung über die Erweiterung der Abschlussprüfung nach § 53 HGrG (IDW PS 720)* vorgelegt.

1050 Die Jahresabschlüsse der **Eigenbetriebe, rechtsfähigen Anstalten usw.** der Länder und Gemeinden unterliegen grds. auch einer Prüfung durch unabhängige Dritte[1526]. Die Bundesländer haben hierzu Eigenbetriebsgesetze/-verordnungen etc. erlassen, die regelmäßig auf die Pflichtprüfungsvorschriften der §§ 316 ff. HGB für große KapGes. verweisen[1527].

Die durch Landesrecht ergangenen Prüfungsvorschriften verlangen grds. auch Aussagen zur Ordnungsmäßigkeit der Geschäftsführung und der wirtschaftlichen Verhältnisse.

1521 Vgl. *IDW PS 450*, Tz. 19.
1522 Vgl. auch Tz. 330.
1523 Vgl. *IDW PS 400*, Tz. 5; *IDW PS 750*, Tz. 30. Siehe hierzu allgemein Tz. 1352.
1524 Vgl. hierzu L Tz. 1.
1525 Gesetz über die Grundsätze des Haushaltsrechts des Bundes und der Länder (Haushaltsgrundsätzegesetz – HGrG) v. 19.08.1969, BGBl. I, S. 1273, zuletzt geändert durch Art. 1 Ges. v. 27.05.2010 BGBl. I, S. 671.
1526 Vgl. L Tz. 55 ff. m.w.N. Ausnahme z.B. § 59 SächsKomZG: In der Satzung des Zweckverbands kann die Entscheidung ausschließlich zugunsten eines eigens errichteten Rechnungsprüfungsamts getroffen werden.
1527 Vgl. aber § 59 Sächs. KomZG: Prüfung auch durch das Rechnungsprüfungsamt.

Besonderheiten bei Unternehmen bestimmter Rechtsformen bzw. Branchen   **Q**

Soweit für öffentliche Unternehmen durch die (Kommunal-)Aufsichtsbehörden der Länder erlassene Richtlinien für die Gliederung und den Inhalt des **Prüfungsbericht** vorliegen, sind auch sie Bestandteil des Prüfungsauftrags und bei der Gliederung des PrB grds. zu beachten[1528].   1051

Im Rahmen der Berichterstattung über die Prüfung des JA eines öffentlichen Unternehmens ist demgemäß im PrB an zwei Stellen auf die besonders zu beachtenden bundes- und/oder landesrechtlichen Vorschriften einzugehen: 1052

- Die zu beachtenden bundes- bzw. landesrechtlichen Vorschriften sind im Abschnitt zu **Gegenstand, Art und Umfang der Prüfung** anzugeben[1529].
- Über die Feststellungen aus der Erweiterung des Prüfungsauftrags aufgrund landesrechtlicher Vorschriften bzw. § 53 HGrG ist in einem ggf. einzufügenden, gesonderten Abschnitt „**Feststellungen aus Erweiterungen des Prüfungsauftrags**" zu berichten[1530].

In Zusammenhang mit der Berichterstattung über Feststellungen aus **Erweiterungen des Prüfungsauftrags nach § 53 HGrG** sind – unter Berücksichtigung der Tatsache, dass i.d.R. die Vorschriften für große KapGes. zu beachten sind – folgende Aspekte zu berücksichtigen: 1053

- Es sind alle wesentlichen **Prüfungsergebnisse** darzustellen; und es ist auf die Beantwortung der betreffenden Fragen des Fragenkataloges zur Prüfung der Ordnungsmäßigkeit der Geschäftsführung und der wirtschaftlichen Verhältnisse nach § 53 HGrG hinzuweisen[1531]. Wurden Prüfungsschwerpunkte gesetzt, sind diese im PrB zu nennen[1532].
- Ebenso ist darüber zu berichten, inwieweit **Vorjahresbeanstandungen** bzw. -empfehlungen zwischenzeitlich Rechnung getragen wurde[1533].
- Es muss weiterhin festgestellt werden, ob ein **Risikofrüherkennungssystem** in entsprechender Anwendung von § 91 Abs. 2 AktG eingerichtet ist und ob das System – unter Berücksichtigung der Größe und der Komplexität des Unternehmens – die zu stellenden Anforderungen erfüllt[1534].

Der beantwortete **Fragenkatalog** nach § 53 HGrG ist dem PrB als Anlage beizufügen. Es ist aber auch zulässig, diese Berichterstattung in einen Teilbericht aufzunehmen, auf den dann aus dem PrB heraus verwiesen werden muss[1535]. Unabhängig davon, wie der Fragenkatalog behandelt wird, hat die zusammenfassende Berichterstattung im PrB jedoch in jedem Fall zu erfolgen[1536].   1054

Bei öffentlichen Unternehmen werden dem PrB auf besonderen Wunsch des Auftraggebers häufig **weitere Darstellungen** als Anlagen beigefügt, die über den vom Gesetz geforderten Umfang hinausgehen, z.B.[1537]:   1055

1528 Vgl. *IDW PH 9.450.1*, Tz. 2.
1529 Vgl. *IDW PS 450*, Tz. 54; *IDW PH 9.450.1*, Tz. 4.
1530 Vgl. *IDW PS 450*, Tz. 108; *IDW PS 720*, Tz. 18; *IDW PH 9.450.1*, Tz. 5.
1531 Vgl. *IDW PH 9.450.1*, Tz. 5.
1532 Vgl. *IDW PS 720*, Tz. 5.
1533 Vgl. *IDW PS 720*, Tz. 18; *IDW PH 9.450.1*, Tz. 5.
1534 Vgl. *IDW PS 720*, Tz. 8. Zur Prüfung siehe IDW Prüfungsstandard: Die Prüfung des Risikofrüherkennungssystems nach § 317 Abs. 4 HGB (IDW PS 340).
1535 Vgl. *IDW PS 450*, Tz. 17.
1536 Vgl. *IDW PH 9.450.1*, Tz. 6; *IDW PS 450*, Tz. 108.
1537 Vgl. *IDW PH 9.450.1*, Tz. 7; *IDW PS 450*, Tz. 99 ff., 112 f.

- umfassende Aufgliederungen und Erläuterungen zu den einzelnen Posten des JA,
- Erfolgsübersicht nach Betriebszweigen (grds. sind bereits analysierende Darstellungen im PrB enthalten),
- rechtliche Verhältnisse,
- Übersicht über wesentliche technisch-wirtschaftliche Kennzahlen (nur soweit nicht in LB oder PrB bereits enthalten).

1056 Der **Bestätigungsvermerk** zur Abschlussprüfung von öffentlichen Unternehmen richtet sich grds. nach § 322 HGB und *IDW PS 400*. Dies gilt ebenfalls hinsichtlich eventueller Einschränkungen des BestV oder der Erteilung eines Versagungsvemerks.

1057 Bei einer **Erweiterung des Prüfungsgegenstands** durch Bundes- oder Landesrecht ist eine Beurteilung zu diesem erweiterten Prüfungsgegenstand im BestV nur dann zulässig, wenn die gesetzliche Vorschrift eine Aussage hierzu im BestV vorsieht. In gleicher Weise kann verfahren werden, wenn das konkret anzuwendende Landesrecht eine solche Erweiterung zwar nicht vorsieht, diese aber analog zu gesetzlichen Vorschriften, z.B. anderer Bundesländer, freiwillig beauftragt wird[1538].

1058 Sehen demnach landesrechtliche Vorschriften eine Erweiterung des Prüfungsgegenstands, nicht aber eine Beurteilung darüber im BestV vor, ist das Ergebnis der Prüfung ausschließlich im PrB darzustellen. Dies gilt z.B. grds. in Bezug auf die **Prüfung der Ordnungsmäßigkeit der Geschäftsführung** i.S.v. § 53 Abs. 1 Nr. 1 HGrG[1539].

Allerdings ist im einleitenden Abschnitt des BestV auf die ergänzenden landesrechtlichen Vorschriften hinzuweisen, und im beschreibenden Abschnitt des BestV sind die landesrechtlichen Vorschriften zu nennen, nach denen die Erweiterung des Prüfungsgegenstands erfolgt ist. Ein Beispiel hierzu findet sich im *IDW PH 9.400.3* als Anhang 1.

1059 Sehen dagegen landesrechtliche Vorschriften eine **Aussage über die wirtschaftlichen Verhältnisse**, bspw. eines kommunalen Wirtschaftsbetriebs, im BestV vor, muss auf diese ergänzenden Vorschriften im einleitenden Abschnitt des BestV hingewiesen werden, sie sind im beschreibenden Abschnitt des BestV zu nennen und das Prüfungsurteil muss um einen gesonderten Abschnitt zur Beurteilung der wirtschaftlichen Verhältnisse erweitert werden[1540].

Solche landesrechtlichen Vorschriften bestehen z.T. in Bezug auf die Prüfung der wirtschaftlichen Verhältnisse i.S.v. § 53 Abs. 1 Nr. 2 HGrG (z.B. nach § 13 Abs. 1 Nr. 3 KPG SH[1541]).

1060 Wird also bspw. bei einem Eigenbetrieb eine Aussage im BestV zu den wirtschaftlichen Verhältnissen gefordert, ist dies im **Wortlaut des Bestätigungsvermerks** grds. in folgender Weise zu berücksichtigen (vgl. hierzu *IDW PH 9.400.3,* Anhang 2):

- Alle Bezugnahmen auf den erweiterten Prüfungsgegenstand sind entsprechend um „... die wirtschaftlichen Verhältnisse des Eigenbetriebs ..." zu ergänzen.
- Im **einleitenden Abschnitt** ist einzufügen: „Durch ... [landesrechtliche Vorschrift] wurde der Prüfungsgegenstand erweitert. Die Prüfung erstreckt sich daher auch auf die wirtschaftlichen Verhältnisse des Eigenbetriebs i.S.v. § 53 Abs. 1 Nr. 2 HGrG."

1538 Vgl. *IDW PH 9.400.3,* Tz. 2; *IDW PS 400,* Tz. 11.
1539 Vgl. *IDW PH 9.400.3,* Tz. 4; *IDW PS 400,* Tz. 12.
1540 Vgl. *IDW PH 9.400.3,* Tz. 6; *IDW PS 400,* Tz. 26, 32, 40.
1541 Gesetz über die überörtliche Prüfung kommunaler Körperschaften und die Jahresabschlussprüfung kommunaler Wirtschaftsbetriebe (Kommunalprüfungsgesetz – KPG) des Landes Schleswig-Holstein i.d.F. v. 28.02.2003, GVOBl. 2003, S. 129, zuletzt geändert durch Gesetz v. 17.02.2011, GVOBl. 2011 S-H, S. 50.

- Im **beschreibenden Abschnitt** ist im Einleitungssatz auf die landesrechtliche Vorschrift Bezug zu nehmen und der Folgesatz zu ergänzen um: „... und dass mit hinreichender Sicherheit beurteilt werden kann, ob die wirtschaftlichen Verhältnisse des Eigenbetriebs Anlass zu Beanstandungen geben."
- Im Anschluss an das Prüfungsurteil über den JA und den LB ist die Aussage über den erweiterten Prüfungsgegenstand in einen **gesonderten Absatz** aufzunehmen.

Ergeben sich **keine Einwendungen** gegen den erweiterten Prüfungsgegenstand, so sollte die Aussage im hierauf bezogenen gesonderten Absatz des BestV wie folgt formuliert werden[1542]: **1061**

„Die wirtschaftlichen Verhältnisse des Eigenbetriebs geben nach meiner/unserer Beurteilung keinen Anlass zu wesentlichen Beanstandungen."

Das kommunale Prüfungsrecht der einzelnen Länder enthält unterschiedliche Regelungen für den BestV für **Eigenbetriebe und Zweckverbände**[1543]. Soweit diese Regelungen noch weitgehend der Kernfassung des § 322 HGB i.d.F. vor dem KonTraG entsprechen[1544], dem sog. Formeltestat, erscheint es gleichwohl sachgerecht, in Abstimmung mit dem Auftraggeber auch bei Eigenbetrieben und Zweckverbänden dem zu erteilenden BestV die allgemeinen Grundsätze des nunmehr gültigen § 322 HGB – ggfs. ergänzt um eine Aussage zu den wirtschaftlichen Verhältnissen – zugrunde zu legen. **1062**

12. Energieversorgungsunternehmen

Auch wenn Energieversorgungsunternehmen (EVU) nicht in der Rechtsform einer KapGes. betrieben werden, müssen sie ihren JA gem. § 6b Abs. 1 EnWG[1545] (bzw. § 10 Abs. 1 EnWG a.F.) grds. nach den §§ 264 ff. HGB aufstellen und nach den §§ 316 ff. HGB prüfen lassen[1546]. **1063**

Diese Prüfung umfasst nach § 6b Abs. 5 EnWG auch die **Entflechtung** der Tätigkeitsbereiche in der Rechnungslegung gem. § 6b Abs. 3 EnWG. Diesbezüglich ist neben dem Vorhandensein getrennter Konten auch zu prüfen, ob die Wertansätze und die Zuordnung der Konten sachgerecht und nachvollziehbar erfolgt sind und der Grundsatz der Stetigkeit beachtet worden ist. Unabhängig davon sind die aus § 6b Abs. 2 EnWG resultierenden erweiterten Anhangangabepflichten sowie die Angaben im LB nach § 6b Abs. 7 S. 4 EnWG zu prüfen[1547].

Für den **Prüfungsbericht** gelten die Grundsätze des *IDW PS 450* entsprechend. Über das Ergebnis aus der Erweiterung des gesetzlichen Prüfungsgegenstands um die Prüfung der Entflechtung der Rechnungslegung nach § 6b Abs. 3 EnWG ist in einem gesonderten Abschnitt des PrB („Feststellungen zur Rechnungslegung nach § 6b Abs. 3 EnWG") zu berichten[1548]. Hat die Regulierungsbehörde nach § 6b Abs. 6 EnWG zusätzlich Be- **1064**

1542 Vgl. *IDW PH 9.400.3*, Anhang 2.
1543 Siehe hierzu i.Z.m. *IDW EPS 730 n.F.* auch Tz. 1344.
1544 Gesetz zur Kontrolle und Transparenz im Unternehmensbereich v. 27.04.1998, BGBl. I, S. 786.
1545 Gesetz über die Elektrizitäts- und Gasversorgung (Energiewirtschaftsgesetz – EnWG) v. 07.07.2005 (BGBl. I, S. 1970), zuletzt geändert durch Gesetz v. 28.07.2011, BGBl. I, S. 1690. Gem. Art. 8 des Gesetzes v. 26.07.2011, BGBl. I, S. 1554 tritt dieses Gesetz am Tag nach seiner Verkündung, d.h. am 04.08.2011 in Kraft.
1546 Zu den aus § 6b EnWG resultierenden Rechnungslegungspflichten für EVU siehe *Entwurf einer Neufassung der IDW Stellungnahme zur Rechnungslegung: Rechnungslegung von Energiewirtschaftsunternehmen nach dem Energiewirtschaftsgesetz (IDW ERS ÖFA 2 n.F.)*.
1547 Vgl. hierzu *Entwurf einer Neufassung des IDW Prüfungsstandards: Prüfung von Energiewirtschaftsunternehmen (IDW EPS 610 n.F.)*, Tz. 8–11. Zur bisherigen Rechtslage siehe *IDW PS 610* i.d.F. v. 01.03.2006.
1548 Vgl. *IDW EPS 610 n.F.*, Tz. 14, 17; *IDW PS 400*, Tz. 11; *IDW PS 450*, Tz. 19.

stimmungen über Inhalt bzw. Schwerpunkte der Prüfung getroffen, sind die diesbezüglich vorgenommenen Prüfungshandlungen und erzielten Prüfungsergebnisse im PrB darzustellen[1549].

Über die Nichtbeachtung der gem. § 6b Abs. 2 EnWG erweiterten Anhangangaben ist ggf. im Rahmen der vorangestellten Berichterstattung[1550] unter „Unregelmäßigkeiten in der Rechnungslegung" zu berichten. Sollte der APr. i.R. seiner pflichtgemäßen Prüfung zudem wesentliche Mängel i.Z.m. der nach EnWG auch erforderlichen rechtlichen, operationellen und informatorischen Entflechtung erkennen, die nicht rechnungslegungsrelevant sind, hat er darüber unter „Sonstige Unregelmäßigkeiten" Bericht zu erstatten[1551].

1065 Die Erteilung des **Bestätigungsvermerks** richtet sich grds. nach *IDW PS 400*. Bei EVU, die zugleich kommunale Wirtschaftsbetriebe sind und daher zusätzlich landesrechtlichen Vorschriften zur Abschlussprüfung unterliegen[1552], ist ggf. ergänzend *IDW PH 9.400.3* zu beachten[1553].

1066 Sind Unternehmen zu einem vertikal integrierten EVU i.S.v. § 3 Nr. 38 EnWG verbunden, ist nach § 6b Abs. 5 S. 3 EnWG im BestV anzugeben, ob die Vorgaben nach § 6b Abs. 3 EnWG eingehalten worden sind. Dementsprechend ist sowohl im einleitenden und als auch im beschreibenden Abschnitt des BestV auf die Erweiterung des Prüfungsgegenstands nach § 6b Abs. 3 EnWG hinzuweisen, und der beurteilende Abschnitt ist zu modifizieren und um einen auf § 6b Abs. 3 EnWG bezogenen eigenen Absatz zu erweitern[1554]. *IDW EPS 610 n.F.*, Anhang 1 gibt eine Formulierungsempfehlung für einen solchen uneingeschränkten BestV.

1067 Ergeben sich wesentliche **Beanstandungen** gegen die vorgenommene Entflechtung der Rechnungslegung nach § 6b Abs. 3 EnWG ist der BestV insoweit einzuschränken; *IDW EPS 610 n.F.*, Anhang 3 enthält eine Formulierungsempfehlung für diesen Fall[1555]. Ebenso ist beim Fehlen von Anhangangaben gem. § 6b Abs. 2 EnWG der BestV einzuschränken; hierfür findet sich in *IDW EPS 610 n.F.*, Anhang 2 eine Formulierungsempfehlung.

Ausführungen und Hinweise i.Z.m. dem Betreiben von **Kundenanlagen** (§ 3 Nr. 24a bzw. 24b EnWG) enthält Punkt 3. der *Hinweise des Hauptfachausschusses (HFA) zu den Änderungen des Energiewirtschaftsgesetzes, zum Anwendungszeitpunkt sowie zu evtl. Konsequenzen für die Prüfung* (Stand September 2011).

1068 Nach § 6b Abs. 7 S. 1 EnWG hat der Auftraggeber der Prüfung, d.h. der AR bzw. die gesetzlichen Vertreter des EVU, nach Beendigung der APr. der **Regulierungsbehörde** unverzüglich eine Ausfertigung des geprüften JA, des LB sowie des BestV bzw. des Versagungsvermerks zu übersenden. Darüber hinaus ist der APr. gem. § 6b Abs. 7 S. 5 EnWG verpflichtet, den PrB nebst schriftlichen Anlagen (auch evtl. Ergänzungsbänden) unverzüglich nach Beendigung der Prüfung der Regulierungsbehörde einzureichen[1556].

1549 Vgl. *IDW EPS 610 n.F.*, Tz. 7, 14.
1550 Vgl. *IDW PS 450*, Tz. 42–50; *IDW EPS 610 n.F.*, Tz. 10.
1551 Vgl. *IDW EPS 610 n.F.*, Tz. 12.
1552 Vgl. hierzu *IDW EPS 610 n.F.*, Tz. 13 i.V.m. *IDW PS 720*.
1553 Vgl. *IDW EPS 610 n.F.*, Tz. 15.
1554 Vgl. *IDW EPS 610 n.F.*, Tz. 16.
1555 Vgl. *IDW EPS 610 n.F.*, Tz. 17.
1556 Vgl. hierzu auch *IDW EPS 610 n.F.*, Tz. 19.

13. Krankenhäuser

Die Rechnungslegungs- und Buchführungspflichten von Krankenhäusern regeln sich grds. nach den Vorschriften der **Krankenhaus-Buchführungsverordnung (KHBV)**[1557]. Die KHBV knüpft dabei ausschließlich an die wirtschaftliche Einheit Krankenhaus an[1558] und verpflichtet den Krankenhausträger – unabhängig von seiner Rechtsform und einer evtl. Kaufmannseigenschaft i.S.d. HGB – dazu, für die wirtschaftliche Einheit Krankenhaus nach kaufmännischen Grundsätzen Bücher zu führen und einen JA bestehend aus Bilanz, GuV und Anh. aufzustellen. Anzuwenden sind dabei die in den §§ 3 bis 6 KHBV genannten Buchführungs- und Rechnungslegungsvorschriften der §§ 238 ff. HGB, sofern nicht weitergehende rechtsformspezifische Vorschriften in anderen Gesetzen bestehen. Darüber hinaus haben Krankenhäuser gem. § 8 KHBV grds. eine Kosten- und Leistungsrechnung zu führen, die eine betriebsinterne Steuerung sowie eine Beurteilung der Wirtschaftlichkeit und Leistungsfähigkeit erlaubt[1559]. 1069

Falls ein Krankenhausträger mehrere Krankenhäuser betreibt, unterliegt er mit jedem einzelnen Krankenhaus den Vorschriften der KHBV[1560].

Um zu vermeiden, dass für die wirtschaftliche Einheit Krankenhaus ein JA nach KHBV und für den Träger des Krankenhauses (z.B. eine GmbH) zusätzlich rechtsformspezifisch ein JA nach HGB aufgestellt werden muss, eröffnet § 1 Abs. 3 KHBV dem betroffenen Krankenhausträger die Möglichkeit, einen gemeinsamen **JA für Krankenhaus und Krankenhausträgergesellschaft** aufzustellen. In diesem Fall sind Bilanz, GuV und Anlagennachweis nach den Vorschriften der KHBV zu gliedern und im Weiteren die Vorschriften des HGB zum JA zu befolgen[1561]. 1070

Anders als zu Buchführung und Rechnungslegung enthält die KHBV keine Vorschriften zur **Prüfung des aufzustellenden JA**. Dementsprechend richten sich die Prüfungspflichten in Bezug auf den JA von Krankenhäusern nach der jeweiligen Rechtsform sowie ggf. speziellen landesrechtlichen Vorschriften. 1071

Wird das Krankenhaus in der Rechtsform einer KapGes. oder einer Personenhandelsgesellschaft i.S.v. § 264a HGB betrieben, ergibt sich die **Prüfungspflicht** aus § 316 HGB. Daneben kann die Pflichtprüfung des JA von Krankenhäusern auch durch Landesrecht vorgeschrieben werden – rechtsformbezogen (z.B. für Eigenbetriebe) oder funktionsbezogen (nach Landeskrankenhausgesetz). Darüber hinaus kann durch Landes(krankenhaus)recht der Prüfungsumfang ggü. dem einer Pflichtprüfung gem. §§ 316 ff. HGB erweitert werden. Hiervon haben bis dato sieben Bundesländer Gebrauch gemacht[1562].

[1557] Verordnung über die Rechnungs- und Buchführungspflichten von Krankenhäusern (Krankenhaus-Buchführungsverordnung – KHBV) v. 24.03.1987, BGBl. I, S. 1045, zuletzt geändert durch Gesetz v. 09.06.2011, BGBl. I, S. 1041.

[1558] Zu den Ausnahmen siehe § 1 Abs. 2 KHBV.

[1559] Für Krankenhäuser mit bis zu 100 Betten oder nur einer bettenführenden Abteilung besteht gem. § 9 KHBV die Möglichkeit, bei der zuständigen Landesbehörde eine Befreiung von den Pflichten nach § 8 KHBV zu beantragen.

[1560] Zur Abgrenzung der wirtschaftlichen Einheit Krankenhaus vgl. *IDW Stellungnahme zur Rechnungslegung: Rechnungslegung von Krankenhäusern (IDW RS KHFA 1)*, Tz. 12–17.

[1561] Vgl. hierzu ausführlich *IDW RS KHFA 1*, insb. Tz. 5–10, 19–21, 36–37.

[1562] Hamburg (§ 29 HmbKHG), Hessen (§ 16 HKHG), Mecklenburg-Vorpommern (§ 42 LKHG M-V), Nordrhein-Westfalen (§ 30 KHGG NRW), Saarland (§ 20 SKHG), Sachsen (§ 35 SächsKHG) und Thüringen (§ 30 ThürKHG).

1072 Soweit **Prüfungsvorschriften nach Landeskrankenhausrecht** bestehen, geben diese zwar übereinstimmend die Durchführung der Abschlussprüfung nach den allgemeinen handelsrechtlichen Grundsätzen vor, wie sie auch in den *IDW PS* niedergelegt sind[1563]. Darüber hinaus regeln die einzelnen Landeskrankenhausgesetze aber z.T. recht unterschiedlich, in welchem Umfang die Prüfung des JA zu erweitern ist.

1073 Die **Erweiterung des Prüfungsumfangs** kann sich dabei z.B. erstrecken auf[1564]:
– die Ordnungsmäßigkeit der Geschäftsführung[1565],
– die Ordnungsmäßigkeit des Rechnungswesens[1566],
– die wirtschaftlichen Verhältnisse,
– die zweckentsprechende, sparsame und wirtschaftliche Verwendung der öffentlichen Fördermittel.

Unabhängig von den landeskrankenhausrechtlichen Vorschriften sehen die länderspezifischen Normen für kommunale Eigenbetriebe regelmäßig die Verpflichtung vor, den Umfang der gesetzlichen Abschlussprüfung um die in § 53 HGrG[1567] genannten Aspekte zu erweitern.

1074 Die Prüfung der **Ordnungsmäßigkeit der Geschäftsführung** entspricht inhaltlich grds. derjenigen nach § 53 Abs. 1 Nr. 1 HGrG[1568]. Desgleichen kann die Prüfung der **wirtschaftlichen Verhältnisse** mit der Prüfung der in § 53 Abs. 1 Nr. 2 Buchst. a) bis c) HGrG genannten Sachverhalte gleichgesetzt werden[1569]. Entsprechend sind die Maßstäbe für diese Prüfungsumfangerweiterungen zu setzen.

Folgerichtig ist insoweit der *IDW Prüfungsstandard: Berichterstattung über die Erweiterung der Abschlussprüfung nach § 53 HGrG* (**IDW PS 720**) heranzuziehen.

1075 Die Prüfung der **Ordnungsmäßigkeit des Rechnungswesens** erstreckt sich bei Krankenhäusern auf die nach KHBV vorgeschriebene Buchführung (einschließlich des JA)[1570], die Kosten- und Leistungsrechnung (KLR), die Betriebsstatistik und die betriebliche Planungsrechnung[1571].

Prüfungsgegenstand in Bezug auf die KLR[1572], die Betriebsstatistik und die Planungsrechnung[1573] ist die ordnungsgemäße Erfassung, Zuordnung und Abbildung der Daten sowie deren Nachweis im Rechnungswesen. Dabei sind die Belange des einzelnen Be-

---

1563 Vgl. *IDW Prüfungsstandard: Zum erweiterten Umfang der Jahresabschlussprüfung von Krankenhäusern nach Landeskrankenhausrecht (IDW PS 650)*, Tz. 1.
1564 Vgl. *IDW PS 650*, Tz. 6. Zu weiteren prüferischen (Zusatz-)Tätigkeiten von WP aufgrund gesetzlicher Vorgaben für Krankenhäuser siehe Tz. 1497.
1565 Vgl. § 29 Abs. 2 S. 2 HmbKHG.
1566 Z.B. erstreckt § 16 Abs. 2 S. 2 Nr. 1 HKHG die Prüfung auf die „Ordnungsmäßigkeit der Buchführung und des Rechnungswesens".
1567 Gesetz über die Grundsätze des Haushaltsrechts des Bundes und der Länder (Haushaltsgrundsätzegesetz – HGrG) v. 19.08.1969, BGBl. I, S. 1273, zuletzt geändert durch Art. 1 Ges. v. 27.05.2010, BGBl. I, S. 671.
1568 Vgl. *IDW PS 650*, Tz. 7.
1569 Vgl. *IDW PS 650*, Tz. 15.
1570 In diesem Zusammenhang sind insb. der *IDW Prüfungsstandard: Abschlussprüfung bei Einsatz von Informationstechnologie (IDW PS 330)* sowie die *IDW Stellungnahme zur Rechnungslegung: Grundsätze ordnungsmäßiger Buchführung bei Einsatz von Informationstechnologie (IDW RS FAIT 1)* einschlägig.
1571 Vgl. *IDW PS 650*, Tz. 10.
1572 Zur KLR vgl. *IDW RS KHFA 1*, Tz. 77–79.
1573 In Zusammenhang mit Planungsrechnungen sind im Einzelfall ggf. noch besondere landesrechtliche Normen zu beachten. Vgl. *IDW PS 650*, Tz. 14.

triebs, nicht zuletzt im Hinblick auf die Betriebsgröße, zu berücksichtigen[1574]. Die Ergebnisse dieser Rechnungen und Auswertungen selbst sind nicht Prüfungsgegenstand[1575].

Die Prüfung der **zweckentsprechenden, sparsamen und wirtschaftlichen Verwendung** **1076**
der öffentlichen Fördermittel nach KHG und Landeskrankenhausgesetzen umfasst neben dem ordnungsgemäßen Ausweis der verwendeten und der noch nicht verwendeten Fördermittel eine Prüfung der im GJ ggf. zur Finanzierung von Investitionen, Krediten, Nutzungsentgelten sowie Anlauf- und Umstellungskosten verwendeten pauschalen Fördermittel[1576].

Prüfungs- und Berichterstattungsaspekte sind dabei insbesondere[1577]:

- die Einhaltung der Verwendungsvorschriften nach Landeskrankenhausrecht bzw. Abgrenzungsverordnung[1578],
- die Übereinstimmung der nachgewiesenen Beträge mit deren Ausweis in Buchhaltung und JA[1579],
- die Übereinstimmung von Zahlungseingängen und Fördermittelbescheiden,
- die Aufstellung von Investitionsplänen unter Berücksichtigung von Alternativen wie bspw. Nutzungsverträgen oder Fremdvergaben,
- die Einholung und Auswertung von Vergleichsangeboten,
- die Berücksichtigung von Folgekosten.

Für die **Berichterstattung** über die – ggf. auch freiwillig beauftragte – Prüfung von Abschlüssen von Krankenhäusern sind die Grundsätze des *IDW PS 450* zu beachten[1580]. **1077**
Nachfolgend wird daher nur auf branchenspezifische Besonderheiten eingegangen.

Im Rahmen der **vorangestellten Berichterstattung** gem. § 321 Abs. 1 S. 2 HGB kann bei **1078**
Krankenhäusern z.B. auf Risiken aus der Entwicklung der rechtlichen Rahmenbedingungen zur Krankenhausfinanzierung (KHG[1581]) und zur Leistungsvergütung (KHEntgG[1582]) einzugehen sein. Weitere branchenbedingte Risiken können bspw. aus der Krankenhausplanung auf Landesebene (Bettenzahl), der Entwicklung der Fördermittel, der Konkurrenzsituation in der Region, der Situation auf dem Arbeitsmarkt für krankenhausspezifische Berufsgruppen (v.a. Ärzte und Pflegefachkräfte), einem evtl. Instandhaltungsstau oder der unzureichenden Einbindung des Krankenhauses in neue Versorgungsstrukturen resultieren.

1574 Vgl. *IDW PS 650*, Tz. 13.
1575 Vgl. *IDW PS 650*, Tz. 13, 14. Vgl. hierzu auch *IDW PS 720*, Tz. 20, Fragenkreis 3.
1576 Vgl. *IDW PS 650*, Tz. 18.
1577 Vgl. *IDW PS 650*, Tz. 20.
1578 Verordnung über die Abgrenzung der im Pflegesatz nicht zu berücksichtigenden Investitionskosten von den pflegesatzfähigen Kosten der Krankenhäuser (Abgrenzungsverordnung – AbgrV) v. 12.12.1985, BGBl. I, S. 2255, zuletzt geändert durch Gesetz v. 17.03.2009, BGBl. I, S. 534.
1579 Vgl. hierzu insb. *IDW RS KHFA 1*, Tz. 22–28, 29, 30–43.
1580 Vgl. *IDW PS 650*, Tz. 23. Eine Berichterstattung in geringerem Umfang dürfte – in Anbetracht der explizit auf die §§ 238 ff. HGB verweisenden umfangreichen Vorschriften der KHBV für den JA von Krankenhäusern – auch für freiwillig beauftragte Prüfungen nicht als statthaft anzusehen sein. Dies gilt unzweifelhaft, wenn ein BestV nach § 322 HGB erteilt werden soll; vgl. *IDW PS 450*, Tz. 20.
1581 Gesetz zur wirtschaftlichen Sicherung der Krankenhäuser und zur Regelung der Krankenhauspflegesätze (Krankenhausfinanzierungsgesetz – KHG) v. 10.04.1991, BGBl. I, S. 886, zuletzt geändert durch Gesetz v. 17.03.2009, BGBl. I, S. 534.
1582 Gesetz über die Entgelte für voll- und teilstationäre Krankenhausleistungen (Krankenhausentgeltgesetz – KHEntgG) v. 23.04.2002, BGBl. I, S. 1412, 1422, zuletzt geändert durch Gesetz v. 28.07.2011, BGBl. I, S. 1622.

1079 Über das Ergebnis aus Erweiterungen des Auftrags zur Abschlussprüfung, die sich nicht auf den JA oder den LB beziehen (z.B. die Prüfung der Geschäftsführung und/oder der Verwendung öffentlicher Fördermittel), ist in einem **gesonderten Abschnitt** des Prüfungsberichts zu berichten[1583].

1080 In diesem Berichtsabschnitt „**Feststellungen aus Erweiterungen des Prüfungsauftrags**" sind alle wesentlichen Ergebnisse i.Z.m. dem erweiterten Prüfungsumfang darzustellen. Dabei ist insb. auch auf Vorjahresbeanstandungen einzugehen und ggf. deren zwischenzeitliche Behebung darzustellen. Hinsichtlich des Aussprechens von Empfehlungen sollte prinzipiell Zurückhaltung gewahrt werden, da sich die Prüfung i.W. auf Ordnungsmäßigkeitsaspekte bezieht.

1081 In Bezug auf die oben angesprochenen Bereiche der Auftragserweiterung empfiehlt sich die Berücksichtigung folgender **Darstellungsgrundsätze**:

- hinsichtlich der **Ordnungsmäßigkeit der Geschäftsführung** sollten nur die wesentlichen Feststellungen im PrB genannt werden, ansonsten kann auf den dem PrB als Anlage beizufügenden Fragenkatalog nach § 53 HGrG[1584] verwiesen werden[1585]; allerdings ist im PrB ggf. ausdrücklich festzustellen, ob die gesetzlichen Vertreter des Krankenhauses ein geeignetes Risikofrüherkennungssystem eingerichtet haben[1586];
- hinsichtlich der **Ordnungsmäßigkeit des Rechnungswesens** dürfte es i.d.R. möglich sein, auf die Berichtsabschnitte zur Ordnungsmäßigkeit der Rechnungslegung und der Buchführung und außerdem die Beantwortung des Fragenkreises 3 des Fragenkatalogs nach § 53 HGrG zu verweisen, sofern keine wesentlichen Beanstandungen vorliegen;
- hinsichtlich der **wirtschaftlichen Verhältnisse** kann grds. ebenfalls auf den dem PrB als Anlage beizufügenden Fragenkatalog nach § 53 HGrG verwiesen werden, sofern nicht wesentliche Beanstandungen darzustellen sind;
- hinsichtlich der **zweckentsprechenden, sparsamen und wirtschaftlichen Verwendung der öffentlichen Fördermittel** empfiehlt sich eine tabellarische Übersicht, die ergänzend zu den entsprechenden Erläuterungen und den Prüfungsfeststellungen in den PrB aufzunehmen ist[1587]; die Übersicht sollte dabei entsprechend den jeweiligen landeskrankenhausrechtlichen Vorschriften gestaltet werden[1588].

1082 Für die Erteilung des **Bestätigungsvermerks** gelten die allgemeinen Grundsätze des *IDW PS 400*. Dies gilt namentlich im Hinblick auf eine eventuelle Einschränkung des BestV wie auch bzgl. ergänzender Hinweise zum BestV als auch bzgl. eines Versagungsvermerks.

1083 Darüber hinaus bestehen jedoch folgende **krankenhausspezifische Besonderheiten**, die **bei der Formulierung des Bestätigungsvermerks** eigens zu beachten sind[1589]:

- Im **einleitenden Abschnitt** des BestV ist darzustellen, ob für das Krankenhaus ein JA ausschließlich nach KHBV aufgestellt oder ob der JA des den Vorschriften des HGB

1583 Vgl. *IDW PS 650*, Tz. 23; *IDW PS 450*, Tz. 19, 108.
1584 Vgl. *IDW PS 720*, Tz. 19–23.
1585 Vgl. *IDW PS 720*, Tz. 18.
1586 Vgl. *IDW PS 720*, Tz. 7–8.
1587 Vgl. *IDW Prüfungshinweis: Berichterstattung über die Prüfung der Verwendung pauschaler Fördermittel nach Landeskrankenhausrecht (IDW PH 9.420.1)*, Tz. 9.
1588 *IDW PH 9.420.1*, Tz. 10–12.
1589 Vgl. hierzu insb. den *IDW Prüfungshinweis: Zur Erteilung des Bestätigungsvermerks bei Krankenhäusern (IDW PH 9.400.1)*.

unterliegenden Krankenhausträgers mit dem JA für die wirtschaftliche Einheit Krankenhaus nach dem Wahlrecht des § 1 Abs. 3 KHBV zusammengefasst worden ist[1590].

- Ist der **Gegenstand der Jahresabschlussprüfung** durch gesetzliche Vorschriften über den JA und den LB hinaus **erweitert** und darüber eine **Aussage im Bestätigungsvermerk** vorgeschrieben[1591], ist das Prüfungsurteil zum erweiterten Prüfungsgegenstand im Anschluss an das Prüfungsurteil über den JA und den LB in einen gesonderten Absatz aufzunehmen[1592].

- **Einwendungen** können sich auch gegen den erweiterten Prüfungsgegenstand ergeben (z.B., wenn die Prüfung der Fördermittelverwendung oder der KLR in Bezug auf die Vorgaben des § 8 KHBV zu wesentlichen Beanstandungen geführt hat)[1593].

Ergeben sich **keine Einwendungen** gegen den erweiterten Prüfungsgegenstand, so kommt bei einer Prüfung nach § 29 HmbKHG z.b. folgender Wortlaut für den darauf bezogenen gesonderten Absatz des BestV in Betracht[1594]: **1084**

„Die Prüfung der Ordnungsmäßigkeit der Geschäftsführung und des Rechnungswesens, der wirtschaftlichen Verhältnisse sowie der zweckentsprechenden, sparsamen und wirtschaftlichen Verwendung der öffentlichen Fördermittel hat zu keinen Einwendungen geführt."

Bei einer Prüfung nach § 30 KHGG NRW kommt, sofern keine Einwendungen zu erheben sind, dagegen folgender Wortlaut für diesen gesonderten Absatz im BestV in Betracht[1595]:

„Die Prüfung der zweckentsprechenden, sparsamen und wirtschaftlichen Verwendung der Fördermittel nach § 18 Abs. 1 KHGG NRW hat zu keinen Einwendungen geführt."

Entsprechen bei **freiwilligen Abschlussprüfungen**, z.B. weil das Krankenhaus nicht in der Rechtsform der KapGes. geführt wird und auch keine landes(krankenhaus)rechtlichen Vorschriften zur Abschlussprüfung bestehen, Prüfungsumfang und -gegenstand unter Berücksichtigung der Vorschriften der KHBV einer gesetzlichen Pflichtprüfung gem. §§ 316 ff. HGB, so ist im einleitenden Abschnitt des BestV darauf hinzuweisen, dass der JA für Zwecke des KHG nach den Vorschriften der KHBV aufgestellt wurde[1596]. *Ansonsten richtet sich der BestV nach den allgemeinen Grundsätzen des IDW PS 400*[1597]. **1085**

Liegt einer freiwilligen Prüfung jedoch ein **abweichender Prüfungsgegenstand** zugrunde oder wird der Prüfungsumfang ggü. der Pflichtprüfung gem. §§ 316 ff. HGB eingeschränkt, so darf kein BestV, sondern lediglich eine Bescheinigung erteilt werden[1598]. **1086**

1590 Vgl. *IDW PH 9.400.1*, Tz. 3–4.
1591 Z.B. gem. § 29 HmbKHG, § 16 HKHG oder § 30 KHGG NRW.
1592 Vgl. *IDW PS 650*, Tz. 24. Hierbei ist zu beachten, dass in diesem Fall auch der einleitende Absatz des beurteilenden Abschnitts des BestV entsprechend umzuformulieren ist, um zu verdeutlichen, dass sich dessen Aussage ausschließlich auf die „Prüfung des Jahresabschlusses unter Einbeziehung der Buchführung und des Lageberichts" bezieht und nicht den erweiterten Prüfungsgegenstand mit einschließt. Vgl. *IDW PH 9.400.1*, Anhang.
1593 Vgl. *IDW PS 650*, Tz. 24.
1594 Vgl. *IDW PS 650*, Tz. 25.
1595 Vgl. *IDW PH 9.400.1*, Anhang.
1596 Vgl. *IDW PH 9.400.1*, Tz. 8.
1597 Vgl. *IDW PH 9.400.1*, Tz. 8.
1598 Vgl. *IDW PS 400*, Tz. 5.

14. Pflegeeinrichtungen

1087 Die **Rechnungslegung** von Pflegeeinrichtungen bzw. deren Trägern richtet sich primär nach deren Rechtsform; d.h. für Pflegeeinrichtungen bzw. deren Träger, die Kaufleute i.S.d. HGB sind, gelten die §§ 238 ff. HGB, für KapGes. ergänzend die §§ 264 ff. HGB; bei Stiftungen ist insb. *IDW RS HFA 5* und bei Vereinen *IDW RS HFA 14* zu beachten.

1088 Ergänzend hierzu enthält die **Pflege-Buchführungsverordnung** (PBV)[1599] folgende Vorschriften in Bezug auf die Rechnungslegung von nach SGB XI[1600] zugelassenen Pflegeeinrichtungen[1601]:

- für Buchführung und Inventar gelten die §§ 238 bis 241 HGB, hierbei ist der Kontenrahmen nach Anlage 4 zur PBV zu verwenden (§ 3 PBV),
- der JA hat aus Bilanz, GuV und Anh. zu bestehen, zudem ist ein Anlagen- und Fördernachweis zu führen und es sind Formblätter zur Gliederung des JA zu verwenden (§§ 4 u. 5 PBV i.V.m. Anlagen 1, 2, 3a u. 3b zur PBV),
- es ist eine KLR zu führen (§ 7 PBV i.V.m. Anlagen 5 u. 6 zur PBV).

1089 Die PBV schreibt keine eigenständige Abschlussprüfung vor. Ebensowenig bestehen Vorgaben in Bezug auf Inhalt oder Gliederung des PrB. Dementsprechend sind bei (gesetzlich vorgeschriebenen oder freiwillig beauftragten) Abschlussprüfungen im Umfang der §§ 316 ff. HGB vom APr. des Trägers einer Pflegeeinrichtung die allgemeinen Grundsätze der *IDW PS 450* bzw. *IDW PS 400* zu beachten.

1090 Sofern Träger von Pflegeeinrichtungen gegen Vorschriften der PBV verstoßen[1602], kann daher eine Berichterstattung hierüber im **Prüfungsbericht** des Trägers in Betracht kommen. Bei schwerwiegenden Verstößen sind nach den allgemeinen Grundsätzen Auswirkungen auf den PrB und – soweit diese Verstöße Auswirkungen auf die Rechnungslegung haben – auf den **Bestätigungsvermerk** zu prüfen. Im Text des BestV selbst ist auf die (Mit-)Prüfung der Einhaltung der Vorschriften der PBV grds. nicht einzugehen[1603].

1091 Für Träger von Pflegeeinrichtungen kommen gesonderte Prüfungen nach landesrechtlichen Vorschriften in Betracht[1604]. Hierzu wird auf die diesbezüglichen Ausführungen unter Tz. 1490 verwiesen.

15. Verwertungsgesellschaften

1092 Natürliche oder juristische Personen, die Nutzungsrechte, Einwilligungsrechte oder Vergütungsansprüche, die sich aus dem Urheberrechtsgesetz[1605] ergeben, für Rechnung mehrerer Urheber oder Inhaber verwandter Schutzrechte zur gemeinsamen Auswertung wahrnehmen, gelten als **Verwertungsgesellschaft** i.S.d. Gesetzes über die Wahrnehmung

---

1599 Verordnung über die Rechnungs- und Buchführungspflichten der Pflegeeinrichtungen (Pflege-Buchführungsverordnung – PBV) v. 22.11.1995, BGBl. I, S. 1528, zuletzt geändert durch Verordnung v. 09.06.2011, BGBl. I, S. 1041.

1600 Elftes Buch Sozialgesetzbuch – Soziale Pflegeversicherung (Art. 1 des Gesetzes v. 26.05.1994, BGBl. I, S. 1014), zuletzt geändert durch Gesetz v. 28.07.2011, BGBl. I, S. 1622.

1601 Pflegeeinrichtungen i.S.d. PBV umfassen (ambulante) „Pflegedienste" und (stationäre) „Pflegeheime" (§ 1 Abs. 2 PBV).

1602 Zu Beispielen und Folgen von Verstößen vgl. *Gitter/Schmitt*, PBV, S. 48–49.

1603 Vgl. *IDW PS 400*, Tz. 11.

1604 Bis zum Inkrafttreten der Föderalismusreform zum 01.09.2006 bestand für Träger von Heimen i.S.v. § 1 Abs. 1 HeimG eine entsprechende jährliche Prüfungspflicht nach § 16 HeimsicherungsV.

1605 Gesetz über Urheberrecht und verwandte Schutzrechte (Urheberrechtsgesetz) v. 09.09.1965, BGBl. I, S. 1273, zuletzt geändert durch Gesetz v. 17.12.2008, BGBl. I, S. 2586.

Besonderheiten bei Unternehmen bestimmter Rechtsformen bzw. Branchen   Q

von Urheberrechten und verwandten Schutzrechten (Urheberrechtswahrnehmungsgesetz)[1606] und bedürfen der Erlaubnis des Patentamts[1607].

Verwertungsgesellschaften[1608] sind verpflichtet, jährlich einen JA (bestehend aus Bilanz, GuV und Anh.) sowie einen LB aufzustellen[1609], und müssen diesen JA unter Einbeziehung der Buchführung und des LB gem. § 9 Abs. 4 UrhWahrnG durch einen oder mehrere sachverständige Prüfer[1610] prüfen lassen. Über das Ergebnis der Prüfung haben die **Abschlussprüfer schriftlich zu berichten.** Dabei sind die allgemeinen Grundsätze ordnungsmäßiger Berichterstattung bei Abschlussprüfungen zu beachten[1611]. Im Rahmen des PrB sollte, vorzugsweise in einem gesonderten Berichtsabschnitt, auf die besonderen Vorschriften des UrhWahrnG eingegangen werden (z.B. Erlaubnis, Verteilung der Einnahmen, Auskunftspflicht, Abschluss von Gesamtverträgen, Tarife). **1093**

Sind nach dem abschließenden Ergebnis der Prüfung keine Einwendungen zu erheben, so hat dies der APr. durch folgenden **Vermerk** zu bestätigen, dessen Wortlaut von § 9 Abs. 5 S. 2 UrhWahrnG vorgegeben ist: **1094**

„Die Buchführung, der Jahresabschluss und der Lagebericht entsprechen nach meiner (unserer) pflichtmäßigen Prüfung Gesetz und Satzung."

Eine Anpassung an die Neufassung des § 322 HGB in der Fassung des KonTraG ist bisher nicht erfolgt. Allerdings stellt § 9 Abs. 7 UrhWahrnG klar, dass weitergehende gesetzliche Vorschriften über die Rechnungslegung und Prüfung unberührt bleiben. Dies bezieht sich insb. auf Verwertungsgesellschaften in der Rechtsform der KapGes., bei denen für die Berichterstattung über die Prüfung des JA die §§ 321 und 322 HGB unmittelbar gelten. In der Praxis wird in diesen Fällen regelmäßig der Vermerk mit Gesetzesverweis als letzter Absatz in den BestV aufgenommen[1612]. **1095**

Die APr. haben die Bestätigung nach § 9 Abs. 5 S. 3 UrhWahrnG einzuschränken oder zu versagen, sofern Einwendungen zu erheben sind. Der Vermerk ist mit Angabe von Ort und Tag zu unterzeichnen[1613]. **1096**

Der JA einschl. des vollen Wortlauts des Vermerks ist im BAnz. spätestens acht Monate nach dem Ende des GJ zu veröffentlichen. Der JA, der LB und der PrB sind von der Verwertungsgesellschaft gem. § 20 Nr. 6 UrhWahrnG unverzüglich abschriftlich dem Patentamt als zuständiger Aufsichtsbehörde zu übermitteln. **1097**

1606 Gesetz v. 09.09.1965, BGBl. I, S. 1294, zuletzt geändert durch Gesetz v. 26.10.2007, BGBl. I, S. 2513.
1607 Deutsches Patent- und Markenamt, München. § 1 Abs. 1 i.V.m. §§ 2 Satz 1, 18 Abs. 1 UrhWarnG.
1608 Bedeutende Verwertungsgesellschaften in Deutschland sind z.B. die GEMA – Gesellschaft für musikalische Aufführungs- und mechanische Vervielfältigungsrechte, Berlin, die Verwertungsgesellschaft WORT (VG WORT), München, (beides rechtsfähige Vereine kraft Verleihung) sowie die Gesellschaft zur Verwertung von Leistungsschutzrechten mbH (GVL), Berlin. Eine Liste aller Verwertungsgesellschaften findet sich auf der Website des Deutschen Patentamts.
1609 Sämtliche Vorgaben des § 9 Abs. 1–3 UrhWahrnG orientieren sich an den Vorschriften des HGB für Kapitalgesellschaften. Vgl. *Dreier/Schulze*, UrhG³, § 9 UrhWG, Rn. 2.
1610 Der Kreis der geeigneten Prüfer ist in § 9 Abs. 4 S. 2 UrhWahrnG abgegrenzt und umfasst WP und WPG; es handelt sich daher um eine Vorbehaltsprüfung.
1611 Vgl. *IDW PS 450*, Tz. 8–20.
1612 Vgl. hierzu Tz. 530.
1613 Dem wird durch die Aufnahme des Vermerks in den BestV (vgl. Tz. 341) formal nachgekommen.

16. Kapitalbeteiligungsgesellschaften

1098 Das deutsche Recht kennt im Zusammenhang mit der Eigenkapitalbeschaffung außerhalb von Börsen derzeit zwei gesetzlich geregelte Arten von Kapitalbeteiligungsgesellschaften:

- die Unternehmensbeteiligungsgesellschaft i.S.d. **UBGG**[1614] und
- die Wagniskapitalbeteiligungsgesellschaft i.S.d. **WKBG**[1615].

Für andere in diesem Bereich (i.d.R. unter dem Oberbegriff „Private Equity") tätige Kapitalbeteiligungsgesellschaften bestehen bis dato keine speziellen gesetzlichen Vorschriften.

1099 **Unternehmensbeteiligungsgesellschaften** sind Gesellschaften in der Rechtsform der AG, GmbH, KG oder KGaA (§ 2 Abs. 1 UBGG), deren Unternehmensgegenstand im Erwerb, Halten, Verwalten und Veräußern von Unternehmensbeteiligungen besteht (§ 1 i.V.m. § 2 Abs. 2 UBGG). Jede Gesellschaft bedarf der Anerkennung durch die örtlich zuständige oberste Landesbehörde[1616] (§ 15 Abs. 1 i.V.m. § 14 Abs. 1 UBGG) und wird von dieser auch beaufsichtigt.

1100 **Wagniskapitalbeteiligungsgesellschaften** sind Gesellschaften, deren Unternehmensgegenstand im Erwerb, Halten, Verwalten und Veräußern von Wagniskapitalbeteiligungen an sog. Zielgesellschaften i.S.v. § 2 Abs. 3 WKBG besteht und die nicht zugleich als Unternehmensbeteiligungsgesellschaften i.S.d. UBGG anerkannt sind (§ 2 Abs. 1 i.V.m. Abs. 2 WKBG). Wagniskapitalbeteiligungsgesellschaften unterliegen keinem Rechtsformzwang; zuständige Anerkennungs- und Aufsichtsbehörde ist für sie die BaFin (§§ 12 Abs. 1, 14 Abs. 1 WKBG).

Daneben bestehen für beide Kapitalbeteiligungsgesellschaftsarten noch weitere dezidierte Vorschriften, namentlich zum Sitz, zur Eigenkapitalausstattung, zu zulässigen Geschäften und zu den zu beachtenden Anlagegrenzen. Für Wagniskapitalbeteiligungsgesellschaften sieht Abschn. 4 des WKBG zudem steuerliche Vorzugsregelungen vor[1617].

1101 Unabhängig von ihrer Rechtsform sind Unternehmensbeteiligungs- und Wagniskapitalbeteiligungsgesellschaften verpflichtet, einen **Jahresabschluss** und einen **Lagebericht** mindestens nach den für (mittelgroße) KapGes. i.S.v. § 267 Abs. 2 HGB geltenden Vorschriften des Zweiten Abschnitts des Dritten Buches des HGB aufzustellen und diesen entsprechend prüfen zu lassen (§ 8 Abs. 1 UBGG bzw. § 15 S. 1 WKBG)[1618].

Darüber hinaus schreibt § 8 Abs. 3 UBGG vor, dass sich in **Erweiterung des gesetzlichen Prüfungsgegenstands** gem. §§ 316 ff. HGB die Prüfung von JA und LB bei Unternehmensbeteiligungsgesellschaften auch auf die Einhaltung der Vorschriften des UBGG[1619] zu erstrecken hat[1620] und dass der APr. das Ergebnis dieser Prüfung in den

---

1614 Gesetz über Unternehmensbeteiligungsgesellschaften (UBGG) v. 09.09.1998, BGBl. I, S. 2765, zuletzt geändert durch Gesetz v. 17.12.2008, BGBl. I, S. 2586.
1615 Gesetz zur Förderung von Wagniskapitalbeteiligungen (Wagniskapitalbeteiligungsgesetz – WKBG) v. 12.08.2008, BGBl. I, S. 1672.
1616 Hierbei handelt es sich i.d.R. um das Wirtschaftsministerium. Vgl. *Fock*, UBGG, § 14, Rn. 25.
1617 Deren Inkrafttreten hängt von entsprechender Entscheidung der EU-Kommission ab; daher werden die Tage, an denen die betroffenen Vorschriften (§§ 19, 20 WKBG) in Kraft treten, jeweils vom BMF im BGBl. bekannt gemacht.
1618 Für Unternehmensbeteiligungsgesellschaften in der Rechtsform der KG bestehen noch Sonderregelungen in § 8 Abs. 2 UBGG.
1619 Zwar nennt § 8 Abs. 3 UBGG keine Paragraphen; aus dem Sachzusammenhang ergibt sich jedoch, dass sich diese Prüfung nur auf Vorschriften erstrecken kann, die die Gesellschaft selbst bzw. deren Gesellschafter binden. Hierbei handelt es sich insb. um die §§ 3 bis 8 UBGG. Vgl. *Fock*, UBGG, § 8, Rn. 62.
1620 Zur Vorgehensweise in Bezug auf diese Prüfungsaspekte vgl. *Fock*, UBGG, § 8, Rn. 63–65.

BestV aufzunehmen hat[1621]. Analog hierzu gibt § 15 S. 2 u. 3 WKBG die Erweiterung des Prüfungsgegenstands bei Wagniskapitalbeteiligungsgesellschaften um die Vorschriften der §§ 8 bis 11 und 16 WKBG vor; der APr. ist ebenfalls verpflichtet, das Ergebnis seiner diesbezüglichen Prüfungstätigkeit in den BestV aufzunehmen.

Für den **Prüfungsbericht** gelten die Grundsätze des *IDW PS 450* entsprechend. Über das Ergebnis aus der Erweiterung des gesetzlichen Prüfungsgegenstands um die Prüfung der Einhaltung der Vorschriften des UBGG bzw. des WKBG ist in einem gesonderten Abschnitt des PrB („Feststellungen zur Einhaltung der Vorschriften des UBGG/WKBG") zu berichten[1622]. Bei wesentlichen Verstößen gegen einschlägige UBGG- bzw. WKBG-Vorschriften kann es erforderlich sein, darüber i.R. der vorangestellten Berichterstattung zu Unregelmäßigkeiten[1623] zu berichten. 1102

Die Erteilung des **Bestätigungsvermerks** richtet sich grds. nach *IDW PS 400*. Nach § 8 Abs. 3 S. 2 UBGG bzw. § 15 S. 3 WKBG ist im BestV anzugeben, ob die Vorschriften des UBGG bzw. der §§ 8 bis 11 und 16 WKBG eingehalten worden sind. Dementsprechend ist sowohl im einleitenden als auch im beschreibenden Abschnitt des BestV auf die Erweiterung des jeweiligen Prüfungsgegenstands hinzuweisen, und der beurteilende Abschnitt ist zu modifizieren und um einen auf § 8 Abs. 3 S. 2 UBGG bzw. § 15 S. 3 WKBG bezogenen eigenen Absatz zu erweitern[1624]. 1103

Ergeben sich wesentliche Beanstandungen gegen die verpflichtend zu beachtenden Vorschriften des UBGG bzw. des WKBG ist der BestV insoweit einzuschränken. 1104

17. Vereine und Kapitalgesellschaften im Berufsfußball

Die Anforderungen an die Rechnungslegung und Prüfung der Vereine (einschließlich deren Tochterkapitalgesellschaften) im Rahmen des jährlichen Lizenzierungsverfahrens für die Teilnahme von Mannschaften in den deutschen Berufsfußball-Ligen hat „Die Liga – Fußballverband e.V." (Ligaverband) in seiner **Lizenzierungsordnung (LO)**[1625] geregelt. 1105

Die in Anhang VII zur LO niedergelegten *„Anforderungen an die Unterlagen und Nachweise für die Prüfung der finanziellen Kriterien (wirtschaftliche Leistungsfähigkeit) vor einer Spielzeit gemäß § 8 LO und deren Prüfung/prüferische Durchsicht durch den Wirtschaftsprüfer"* schreiben dem Verein bzw. dessen Tochterkapitalgesellschaften[1626] zum Nachweis der wirtschaftlichen Leistungsfähigkeit eine **Rechnungslegung** nach den Vorschriften des Ersten und Zweiten Abschnitts des Dritten Buches des HGB sowie unter Beachtung der aktuellen Fassungen der Satzung, der Ordnungen und den Bestimmungen (d.h. Statuten) des Ligaverbands vor[1627]. Für Bilanz, GuV sowie Anh. sind dabei bestimmte Gliederungs- und Inhaltsvorgaben des Ligaverbands zu beachten bzw. Ligaverband-Formblätter zu verwenden. 1106

[1621] Vgl. auch *IDW PS 400*, Tz. 11.
[1622] Vgl. *IDW PS 400*, Tz. 11; *IDW PS 450*, Tz. 19; analog *IDW PS 610*, Tz. 17.
[1623] Vgl. *IDW PS 450*, Tz. 42–50.
[1624] In Bezug auf die Form der Darstellung im BestV kann grds. Anhang 1 zu *IDW PS 610* als Vorlage Verwendung finden.
[1625] *Ligaverband*, Lizenzierungsordnung (LO), Stand 08.12.2010 (abrufbar auf der Website der DFL unter www.bundesliga.de/de/dfl/interna).
[1626] In der LO wird für den jeweiligen Verein bzw. dessen Tochterkapitalgesellschaften grds. der Begriff „Bewerber" verwendet.
[1627] Auf die Besonderheiten bei nicht kalendergleichen Geschäftsjahren, in Bezug auf die Bestätigung der finanziellen Kriterien während der Spielzeit (§ 8a LO i.V.m. Anhang VIIa zur LO) sowie auf die Vorgaben zur prüferischen Durchsicht der jeweiligen Zwischenabschlüsse wird nachfolgend nicht eingegangen.

Außerdem ist eine **Prüfung des Jahresabschlusses**[1628] **und des Lageberichts** nach §§ 316 ff. HGB vorgeschrieben.

1107 Durch die in Anhang VII zur LO formulierten Anforderungen wird der Prüfungsauftrag ggü. den §§ 317 ff. HGB um die Prüfung von Plan-GuV erweitert[1629].

Dementsprechend hat der WP in einem gesonderten Abschnitt des PrB über **Feststellungen aus der Erweiterung des Prüfungsauftrags**[1630] in Bezug auf die Plan-GuV zu berichten[1631]. Dabei sind die für die Herleitung der prognostizierten Erträge und Aufwendungen getroffenen Annahmen in den Plan-GuV darzustellen und zu kommentieren; darüber hinaus ist darauf einzugehen, ob die Annahmen plausibel und die Planungen angemessen, realistisch sowie in sich widerspruchsfrei sind, ob alle zum Zeitpunkt der Aufstellung verfügbaren Informationen berücksichtigt wurden und ob die inhaltliche Zusammensetzung der ausgewiesenen Posten mit den VJ vergleichbar ist[1632].

1108 Bei der Berichterstattung sind die allgemeinen Grundsätze des **§ 321 Abs. 1 S. 3 HGB** zu beachten. Im Hinblick auf die branchenbedingten Besonderheiten ist dabei im PrB auch auf die rechtlichen Verhältnisse des Bewerbers sowie auf die Beziehungen zu Beteiligungsunternehmen und verbundenen Unternehmen einzugehen[1633]. U.U. kann es sich empfehlen, ergänzend auch Beziehungen zu sonstigen nahe stehenden Personen darzustellen.

1109 In Anhang VII zur LO wird für den uneingeschränkten **Bestätigungsvermerk** zur Prüfung des JA bei kalendergleichem GJ folgender **Wortlaut** vorgegeben[1634]:

„Wir haben den Jahresabschluss – bestehend aus Bilanz, Gewinn- und Verlustrechnung sowie Anhang – unter Einbeziehung der Buchführung und den Lagebericht des/der ... (Name des Bewerbers[1635]) für das Geschäftsjahr vom 01. Januar bis 31. Dezember t-1 geprüft. Durch die Statuten des Ligaverbandes wurde der Prüfungsgegenstand erweitert. Die Prüfung erstreckt sich daher auch auf die Plan-Gewinn- und Verlustrechnung. Die Buchführung und die Aufstellung von Jahresabschluss und Lagebericht nach den deutschen handelsrechtlichen Vorschriften (und ergänzenden Regelungen der Satzung/des Gesellschaftsvertrags) sowie der aktuellen Fassung der Statuten des Ligaverbandes liegen in der Verantwortung der gesetzlichen Vertreter des Bewerbers. Unsere Aufgabe ist es, auf der Grundlage der von uns durchgeführten Prüfung eine Beurteilung über den Jahresabschluss unter Einbeziehung der Buchführung, den Lagebericht sowie über den erweiterten Prüfungsgegenstand abzugeben.

Wir haben unsere Abschlussprüfung nach § 317 HGB unter Beachtung der vom Institut der Wirtschaftsprüfer (IDW) festgestellten deutschen Grundsätze ordnungsmäßiger Abschlussprüfung und den zusätzlichen Bestimmungen des Ligaverbandes vorgenommen.

1628 Zu den obligatorischen Bestandteilen dieses JA siehe § 8 Nr. 1.1 LO i.V.m. Anhang VII zur LO, Teil 1, Abschn. A. Der Wortlaut dieser Bescheinigung wird derzeit zwischen IDW und Ligaverband abgestimmt.

1629 Die Prüfung von sog. „überfälligen Verbindlichkeiten" ist i.R.d. LO vom 08.12.2010 aus dem Kanon der Erweiterungen des Abschlussprüfungsauftrages herausgenommen worden. Die Prüfung von überfälligen Verbindlichkeiten gem. § 8 Nr. 3 LO erfolgt gem. Anhang VII zur LO, Punkt 6., nunmehr gesondert und ist durch eine gesonderte Bescheinigung des APr. zu bestätigen.

1630 Vgl. *IDW PS 450*, Tz. 108.

1631 Vgl. – allerdings zur LO 2000, die noch die Erweiterung der Abschlussprüfung um sog. „überfällige Verbindlichkeiten" (siehe oben) beinhaltete – auch *Ellrott/Galli*, WPg 2000, S. 271, 278.

1632 Vgl. Anhang VII zur LO, Teil 1, Abschn. B. Punkt 3.

1633 Vgl. Anhang VII zur LO, Punkte 5.3 und 5.4. Zu den Vorgaben hierzu nach der LO 2000 vgl. *Ellrott/Galli*, WPg 2000, S. 277.

1634 Vgl. Anhang VII zur LO, Teil 1, Abschn. B. Punkt 4.

1635 Unter „Bewerber" versteht der Ligaverband den jeweiligen Verein bzw. dessen Tochterkapitalgesellschaften.

Danach ist die Prüfung so zu planen und durchzuführen, dass Unrichtigkeiten und Verstöße, die sich auf die Darstellung des durch den Jahresabschluss unter Beachtung der Grundsätze ordnungsmäßiger Buchführung, des durch den Lagebericht und des durch Anforderungen, die sich aus der Erweiterung des Prüfungsgegenstandes nach den Statuten des Ligaverbandes ergeben, vermittelten Bildes der Vermögens-, Finanz- und Ertragslage wesentlich auswirken, mit hinreichender Sicherheit erkannt werden. Bei der Festlegung der Prüfungshandlungen werden die Kenntnisse über die Geschäftstätigkeit und über das wirtschaftliche und rechtliche Umfeld des Bewerbers sowie die Erwartungen über mögliche Fehler berücksichtigt. Im Rahmen der Prüfung werden die Wirksamkeit des rechnungslegungsbezogenen internen Kontrollsystems sowie Nachweise für die Angaben in Buchführung, Jahresabschluss und Lagebericht überwiegend auf der Basis von Stichproben beurteilt. Die Prüfung umfasst die Beurteilung der angewandten Bilanzierungsgrundsätze und der wesentlichen Einschätzungen der gesetzlichen Vertreter sowie die Würdigung der Gesamtdarstellung des Abschlusses und des Lageberichts.

Wir sind der Auffassung, dass unsere Prüfung eine hinreichend sichere Grundlage für unsere Beurteilung bildet.

Unsere Prüfung hat zu keinen Einwendungen geführt.

Nach unserer Überzeugung aufgrund der bei der Prüfung gewonnenen Erkenntnisse entspricht der Jahresabschluss den gesetzlichen Vorschriften und den ergänzenden Bestimmungen des Gesellschaftsvertrages/der Satzung sowie der aktuellen Fassung der Statuten des Ligaverbandes und vermittelt unter Beachtung der Grundsätze ordnungsmäßiger Buchführung ein den tatsächlichen Verhältnissen entsprechendes Bild der Vermögens-, Finanz- und Ertragslage des Bewerbers. Der Lagebericht steht in Einklang mit dem Jahresabschluss, vermittelt insgesamt ein zutreffendes Bild von der Lage des Bewerbers und stellt die Chancen und Risiken der zukünftigen Entwicklung zutreffend dar.

Die Plausibilitätsprüfung der Plan-Gewinn- und Verlustrechnung hat keine Einwendungen ergeben."

1110 Einschränkung des BestV bzw. Erteilung des Versagungsvermerks sollen sich nach den allgemeinen Grundsätzen des *IDW PS 400* richten[1636], wobei zu beachten ist, dass sich **Einwendungen** auch gegen den erweiterten Prüfungsgegenstand ergeben können[1637].

18. Wohnungsunternehmen

1111 Das Gesetz über die **Gemeinnützigkeit** im Wohnungswesen (WGG) wurde durch Art. 21 des Steuerreformgesetzes 1990 mit Wirkung zum 01.01.1990 aufgehoben. Seither gelten auch für die ehemals gemeinnützigen Wohnungsunternehmen grds. die allgemeinen Prüfungsvorschriften, die lediglich von der Rechtsform abhängig sind.

1112 Nach § 162 GenG bleiben ehemals als gemeinnützig oder als Organe der staatlichen Wohnungspolitik *anerkannte* Wohnungsunternehmen, die nicht eingetragene Genossenschaften sind, weiterhin Mitglieder des Prüfungsverbands, dem sie bisher angehörten; sie

---

[1636] Vgl. Anhang VII zur LO, Teil 1, Abschn. B. Punkt 4.
[1637] Es erscheint fraglich, ob die Vorgaben des Ligaverbands vollumfänglich den Grundsätzen des *IDW PS 400* entsprechen. Denn nach *IDW PS 400*, Tz. 11 ist die Beurteilung eines über §§ 317 ff. HGB hinausgehenden Prüfungsgegenstands im Text des BestV lediglich dann zulässig, wenn dies von Gesetzes wegen vorgesehen ist. Auf das Ergebnis der Prüfung von vertraglichen Erweiterungen des Prüfungsauftrags – wie hier – darf dagegen i.R.d. BestV nicht beurteilend eingegangen werden; vielmehr wäre dies nach *IDW PS 400*, Tz. 12 – entsprechend dem Vorgehen in Bezug auf überfällige Verbindlichkeiten (siehe Fn. 1629) – ggf. gesondert zu bescheinigen.

konnten jedoch bis zum 30.06.1990 ggü. dem Prüfungsverband ihren Austritt zum 31.12.1991 erklären.

1113 Die früher dem WGG unterliegenden Unternehmen haben danach für die **Prüfung** des JA und des LB bzw. des KA und des KLB die allgemeinen Vorschriften der §§ 316 ff. HGB zu beachten, d.h. insb. nach § 318 HGB einen APr. zu wählen. Dies gilt auch, sofern das Wohnungsunternehmen freiwillig Mitglied seines bisherigen Prüfungsverbands bleibt[1638]. Will sich ein Wohnungsunternehmen, das nicht eingetragene Genossenschaft ist, weiterhin von dem Prüfungsverband, dem es als Mitglied angehört, prüfen lassen, bestimmt Art. 25 Abs. 1 EGHGB i.d.F. des BilMoG als Voraussetzung dafür, dass mehr als die Hälfte der geschäftsführenden Mitglieder des Vorstands dieses Prüfungsverbands WP sein müssen und dass dem Prüfungsverband vor dem 29.05.2009 das Prüfungsrecht verliehen worden sein muss.

1114 Für den Umfang der Abschlussprüfung sind die §§ 316 ff. HGB maßgebend, sofern es sich bei dem Wohnungsunternehmen nicht um eine eingetragene Genossenschaft handelt. Hinsichtlich **Prüfungsbericht** und **Bestätigungsvermerk** kann somit auf die allgemeinen Grundsätze ordnungsmäßiger Berichterstattung bei Abschlussprüfungen *(IDW PS 450)* bzw. auf die allgemeinen Grundsätze für die ordnungsmäßige Erteilung von Bestätigungsvermerken bei Abschlussprüfungen *(IDW PS 400)* verwiesen werden. Bei eG sind in Bezug auf den PrB ergänzend §§ 53, 58 GenG zu beachten[1639].

1115 Soweit kommunalen Wohnungsunternehmen und Wohnungsgenossenschaften in den neuen Bundesländern nach dem Altschuldenhilfe-Gesetz (AltSchG)[1640] auf Antrag **Altschuldenhilfe** gewährt wird, muss sich das Wohnungsunternehmen nach § 4 Abs. 5 S. 1 Nr. 3 AltSchG einer jährlichen Prüfung seiner Geschäftstätigkeit und seiner wirtschaftlichen Verhältnisse unterwerfen. Dies gilt auch für solche Einrichtungen, die keine Bücher nach den Vorschriften des HGB führen müssen und keiner Abschlussprüfung unterliegen (z.B. Regiebetriebe)[1641]. Unterliegen Wohnungsunternehmen bereits kraft Gesetzes einer derartigen jährlichen Prüfung wie z.B. nach § 53 HGrG, § 53 GenG sowie (länderspezifischen) Eigenbetriebsvorschriften, so kann die gesonderte Prüfung nach § 4 Abs. 5 S. 1 Nr. 3 AltSchG entfallen[1642]. Hinsichtlich PrB und BestV kann insoweit auf die allgemeinen Erläuterungen i.Z.m. der Prüfung nach § 53 HGrG[1643] verwiesen werden.

1116 Wohnungsunternehmen, denen eine Bestätigung für die Übernahme der Aufgaben als **Sanierungsträger** (§ 158 BauGB[1644]) oder als **Entwicklungsträger** (§ 167 BauGB) erteilt wurde, haben sich ebenfalls einer gesonderten jährlichen Prüfung ihrer Geschäftstätigkeit und ihrer wirtschaftlichen Verhältnisse zu unterwerfen, soweit sie nicht bereits kraft Gesetzes einer solchen Prüfung unterliegen (§ 158 Nr. 3 bzw. § 167 Abs. 1 i.V.m. § 158 Nr. 3 BauGB). Dementsprechend kann – bei Berücksichtigung branchenspezifischer und ggf. länderspezifischer Besonderheiten – insoweit ebenfalls auf die allgemeinen Erläuterungen i.Z.m. der Prüfung nach § 53 HGrG verwiesen werden.

1638 Vgl. *WFA*, FN-IDW 1989, S. 253.
1639 Vgl. hierzu Tz. 996.
1640 Gesetz v. 23.06.1993, BGBl. I, S. 986, zuletzt geändert durch VO v. 31.10.2006, BGBl. I, S. 2407.
1641 Vgl. *StN WFA 1/1994*, Abschn. III. A.
1642 Vgl. *StN WFA 1/1994*, Abschn. III. A.
1643 Vgl. hierzu Tz. 1053. Siehe auch Tz. 996 i.Z.m. der Prüfung von Genossenschaften.
1644 Baugesetzbuch (BauGB) v. 2309.2004, BGBl. I, S. 2414, zuletzt geändert durch Gesetz v. 22.07.2011, BGBl. I, S. 1509.

Besonderheiten der Berichterstattung bei anderen Prüfungen Q

Mit Art. 2 des Gesetzes zur Reform des Wohnungsbaurechts[1645] ist die bis dahin nach § 37 Abs. 1 S. 2 II. WoBauG erforderliche Zulassung als **Betreuungsunternehmen** mit Wirkung vom 01.01.2002 entfallen. Damit sind bei der Abschlussprüfung dieser Unternehmen Besonderheiten bei der Berichterstattung nicht mehr gegeben. 1117

VI. Besonderheiten der Berichterstattung bei anderen gesetzlich vorgeschriebenen oder berufsüblichen Prüfungen

1. Aktienrechtliche Prüfungen

a) Aktienrechtliche Gründungsprüfungen und gleichartige Prüfungen

aa) Ergebnis der externen aktienrechtlichen Gründungsprüfung

Aufgrund § 33 Abs. 3 S. 1 AktG wird in den Fällen der Bargründung einer AG eine externe Gründungsprüfung durch WP neben der Gründungsprüfung durch die Verwaltung nur in Ausnahmefällen in Betracht kommen, namentlich dann, wenn ein Vorstands- oder Aufsichtsratsmitglied sich Sondervorteile oder einen Gründerlohn ausbedungen hat (§ 33 Abs. 2 Nr. 3 AktG)[1646]. Demgegenüber ist in den Fällen einer Gründung mit Sacheinlagen oder Sachübernahmen eine externe Gründungsprüfung gem. § 33 Abs. 2 Nr. 4 AktG regelmäßig zwingend. Sie kann nicht vom amtierenden Notar durchgeführt werden[1647]. Besteht der Sacheinlagegegenstand jedoch in marktgängigen Wertpapieren oder Geldmarktinstrumenten oder in anderen Vermögensgegenständen, für die eine zeitnahe Fair Value-Wertermittlung stattgefunden hat, ist nach Maßgabe des § 33a AktG eine externe Gründungsprüfung nicht erforderlich[1648]. Den Gründungsprüfer bestellt im Übrigen das Amtsgericht des Gesellschaftssitzes (§ 33 Abs. 3 S. 2 AktG) ggf. nach Anhörung der IHK[1649]. Diese externe Gründungsprüfung muss sich auf den gesamten Gründungsvorgang erstrecken, wobei das Schwergewicht auf den in § 34 Abs. 1 AktG genannten Fragen liegt[1650]. Prüfungsgrundlage ist der Gründungsbericht der Gründer[1651]. 1118

Über die Gründungsprüfung ist nach § 34 Abs. 2 AktG schriftlich zu berichten und dabei auf alle Punkte einzugehen, die Gegenstand der Prüfung sind[1652]. 1119

Der **Bericht** der externen Gründungsprüfer dient nicht nur der Unterrichtung der interessierten Öffentlichkeit, er soll auch das Registergericht in die Lage versetzen, selbst zu prüfen, ob die Eintragung der Gesellschaft vorgenommen werden kann oder nach § 38 AktG abzulehnen ist[1653]. Daher darf sich der Bericht nicht nur darauf beschränken, Beanstandungen darzustellen[1654]. Vielmehr muss über den **Gründungshergang** so umfassend berichtet werden, dass sich die Berichtsleser und hierbei vor allem auch das Registerge- 1120

[1645] Gesetz vom 13.09.2001, BGBl. I, S. 2376.
[1646] In den praktisch relevanten Fällen einer Beteiligung des Vorstands oder Aufsichtsrates als Gründer (§ 33 Abs. 2 Nr. 1 und 2 AktG) kann der amtierende Notar im Interesse einer Verfahrensbeschleunigung die externe Gründungsprüfung durchführen (vgl. § 33 Abs. 3 S. 1 AktG).
[1647] Vgl. *Peres*, in: *Schüppen/Schaub (Hrsg.)*, § 13, Rn. 191.
[1648] Vgl. zu weiteren Einzelheiten die einschlägige Kommentierung, z.B. *Hüffer*, AktG[9], § 33a, Rn. 1 ff.
[1649] Anhörung der IHK im Verfahrensermessen des Amtsgerichts, vgl. *Hüffer*, AktG[9], § 34, Rn. 7.
[1650] H.M.; vgl. MünchKomm. AktG[3], § 34, Rn. 9; *Hüffer*, AktG[9], § 34, Rn. 2; AktG Großkomm[4], § 34, Rn. 4; Kölner Komm. AktG[3], § 34, Rn. 4; *Godin/Wilhelmi*, AktG, § 34, Rn. 2; *Voß*, WPg 1964, S. 443; *Selchert*, S. 179.
[1651] Vgl. *Hüffer*, AktG[9], § 34, Rn. 2.
[1652] Vgl. Kölner Komm. AktG[8], § 34, Rn. 10; *Hüffer*, AktG[9], § 34, Rn. 4–5; *Voß*, WPg 1964, S. 444; *Godin/Wilhelmi*, AktG, § 34, Rn. 2; *Munkert*, S. 63.
[1653] Vgl. Kölner Komm. AktG[3], § 34, Rn. 4.
[1654] Vgl. *Voß*, WPg 1964, S. 444; *Munkert*, in: HWRev[2], Sp. 788.

richt ein eigenes Urteil über die Ordnungsmäßigkeit des Gründungsvorgangs bilden können[1655]. Zu berichten ist über den gesamten Hergang der Gründung, d.h. alle tatsächlichen und rechtlichen Vorgänge, die mit der Gründung zu tun haben. Im Rahmen der Prüfung sind daher alle Umstände zu berücksichtigen, die für die gegenwärtigen und künftigen Aktionäre und Gläubiger der Gesellschaft erheblich sein können, sowie alle Vorgänge, die Gegenstand der registergerichtlichen Prüfung nach § 38 AktG sind[1656]. Geschäfts- oder Betriebsgeheimnisse dürfen die Gründungsprüfer in ihrem PrB allerdings nicht offenbaren, weil sie zur Verschwiegenheit verpflichtet sind und der PrB der Öffentlichkeit zugänglich ist (§ 49 AktG i.V.m. § 323 Abs. 1 HGB)[1657]. Deshalb müssen die Gründungsprüfer insb. dann, wenn eine Gründung mit Sacheinlagen oder Sachübernahmen vorliegt, sorgfältig abwägen, welche Angaben für die Berichtsadressaten erforderlich sind, um ein zutreffendes Bild über die Gründungsverhältnisse zu geben und auf welche Angaben im Hinblick auf die zu wahrenden Interessen des Unternehmens verzichtet werden kann bzw. muss[1658].

1121 Im Allgemeinen hat ein Gründungsprüfer[1659] weder die persönliche Eignung von Vorstandsmitgliedern noch die wirtschaftliche Lebensfähigkeit des Unternehmens noch die Tauglichkeit eines von diesem auszuwertenden technischen Verfahrens zu beurteilen. Sofern sich ihm aber bei pflichtmäßiger Durchführung seines Prüfungsauftrags die Erkenntnis aufdrängt, dass das Verfahren unzulänglich ist, und von der Brauchbarkeit eines solchen Verfahrens die richtige Bewertung einer Sacheinlage abhängt, muss er die Gesellschaft darauf hinweisen (**Warnpflicht**). Ebenso wenig sind die Zweckmäßigkeit der gewählten Rechtsform, die Liquidität der Gründer und Leistungsstörungen bei den Sacheinlagen Gegenstand der Prüfung, wobei Berichtspflicht bei entsprechenden Anhaltspunkten besteht[1660]. Davon unberührt bleibt die Pflicht des Gründungsprüfers, zum Wert der Sacheinlage Stellung zu nehmen.

1122 Der PrB über eine Gründung mit Sacheinlagen oder Sachübernahme (sog. qualifizierte Gründung) sollte insb. auf folgende Punkte eingehen[1661]:

 I. Auftrag und Auftragsdurchführung
 II. Darstellung durch Beurteilung des Gründungshergangs
 III. Gegenstand und Bewertung der Sacheinlagen und Sachübernahmen
 IV. Gründungsbericht und Prüfungsbericht des Vorstands und des Aufsichtsrats
 V. Schlussbemerkung

1123 Im Zusammenhang mit **Auftrag und Auftragsdurchführung** ist insb. auf folgende Punkte einzugehen: Bestellung durch das Gericht (Zeitpunkt, Grund nach § 33 Abs. 2 AktG); Zeitraum der Prüfungsdurchführung; Prüfungsunterlagen; Auskunftspersonen einschl. der Feststellung, ob die gewünschten Auskünfte erteilt und die erforderlichen Nachweise erbracht wurden; Bezeichnung ggf. hinzugezogener Sachverständiger; Hinweis auf Auftragsbedingungen.

1655 Vgl. Kölner Komm. AktG³, § 34, Rn. 11; *Godin/Wilhelmi*, AktG, § 34, Rn. 2.
1656 Vgl. MünchKomm. AktG³, § 34, Rn. 9 m.w.N.
1657 Vgl. AktG Großkomm⁴, § 34, Rn. 14; *Godin/Wilhelmi*, AktG, § 34, Rn. 2; Kölner Komm. AktG³, § 34, Rn. 12.
1658 Vgl. AktG Großkomm⁴, § 34, Rn. 14; *Godin/Wilhelmi*, AktG, § 34, Rn. 2; *Munkert*, S. 53, 65; *Klein*, S. 112; *Schedlbauer*, Sonderprüfungen, S. 57.
1659 BGH v. 27.02.1975 (II ZR 111/72), NJW 1975, S. 974.; vgl. auch *Schmidt*, DB 1975, S. 1781; *Saage*, ZGR 1977, S. 683; *Hüffer*, AktG⁹, § 34, Rn. 2.
1660 *Hüffer*, AktG⁹, § 34, Rn. 2.
1661 Vgl. *Voß*, WPg 1964, S. 443; *Klein*, S. 115; *Munkert*, S. 73, S. 132; WP Handbuch 2008, Bd. II, Kap. C, Rn. 82.

Besonderheiten der Berichterstattung bei anderen Prüfungen Q

Die Darstellung und Beurteilung des Gründungshergangs hat nach folgenden Aspekten zu erfolgen:

– Zweck der Gründung

Gegenstand des Unternehmens; wesentliche mit der Gründung zusammenhängende Vorgänge und Rechtsgeschäfte (Hinweis auf § 32 Abs. 2 und 3 AktG). 1124

– Ordnungsmäßigkeit des Gründungshergangs

Errichtung der Gesellschaft (insb. Anzahl und Namen der Gründer, Feststellung der Satzung, Übernahme der Aktien); Bestellung des ersten AR und des ersten Vorstands, Bestellung der APr. für das erste GJ; ggf. bereits erfolgte Einzahlungen auf das Grundkapital (hierbei Beachtung des § 36a Abs. 1 AktG); etwa erforderliche behördliche Genehmigungen; Beachtung der gesetzlichen Formerfordernisse. 1125

– Ordnungsmäßigkeit der Satzung

Mindestinhalt der Satzung (§ 23 Abs. 3 und 4 AktG); Richtigkeit und Vollständigkeit der Festsetzungen über Sondervorteile und Gründungsaufwand (§ 26 AktG); Grund, Art, Höhe und Angemessenheit der Sondervorteile; Angemessenheit des Gründungsaufwands; Richtigkeit und Vollständigkeit der Festsetzungen über Sacheinlagen und Sachübernahmen (§ 27 AktG); Ordnungsmäßigkeit der übrigen Satzungsbestimmungen. 1126

Gegenstand und Bewertung der Sacheinlagen und Sachübernahmen sind unter Berücksichtigung folgender Aspekte darzustellen: Ordnungsmäßigkeit der Sacheinlage- und Sachübernahmevereinbarungen; Beschreibung der Gegenstände (§ 34 Abs. 2 S. 2 AktG); bei der Einbringung von Unternehmen und Unternehmensteilen Angaben zum Gegenstand dieser Unternehmungen; Zweck des Erwerbs durch die AG; Zeitpunkt für die Leistung der Sacheinlagen (Hinweis auf § 36a Abs. 2 AktG), Vorliegen einer verdeckten Sacheinlage[1662]. 1127

Darstellung der angewandten Bewertungsmethoden (§ 34 Abs. 2 S. 2 AktG); Beurteilung der künftigen Ertragslage bei Unternehmen und Unternehmensteilen; Zweckbestimmung und Wirtschaftlichkeit der sonstigen Gegenstände; Feststellung, ob der Wert der Sacheinlage oder Sachübernahme den geringsten Ausgabebetrag (§ 9 Abs. 1 AktG) oder den Wert der dafür zu gewährenden Leistungen erreicht (§ 34 Abs. 1 Nr. 2 AktG).

Gründungsbericht und Prüfungsbericht des Vorstand und des AR sind in Bezug auf folgende Anforderungen zu beurteilen: Vollständigkeit und Richtigkeit des Gründungsberichts, insb. hinsichtlich der Angaben über die Übernahme der Aktien, über die Einlagen auf das Grundkapital und über die Festsetzungen nach §§ 26 und 27 AktG (§§ 32, 34 Abs. 1 Nr. 1 AktG); Stellungnahme zum PrB des Vorstands und des AR. 1128

Die Zahlungsfähigkeit der Aktienübernehmer ist nicht Prüfungsgegenstand. Allerdings wird es Aufgabe der Prüfer sein, bestehenden Bedenken nachzugehen und ggf. darüber zu berichten[1663]. 1129

Die Erteilung eines BestV über das Ergebnis der externen Gründungsprüfung ist im Aktiengesetz nicht vorgesehen, da der gesamte PrB der Öffentlichkeit zugänglich ist. Allerdings empfiehlt es sich dennoch, das Prüfungsergebnis in einer **Schlussbemerkung** zusammenzufassen. Diese Schlussbemerkung sollte insb. die Ergebnisse der Prüfung hin- 1130

1662 Vgl. MünchKomm. AktG³, § 34, Rn. 21.
1663 Vgl. *Godin/Wilhelmi*, AktG, § 34, Rn. 2; a.A. MünchKomm. AktG³, § 34, Rn. 10, 12.

2257

sichtlich der in § 34 Abs. 1 Nr. 1 und 2 AktG ausdrücklich bezeichneten Prüfungsgegenstände berücksichtigen.

1131 Für die Schlussbemerkung kommt im Falle eines **Positivbefundes** folgender **Wortlaut** in Betracht:

„Nach dem abschließenden Ergebnis meiner (unserer) pflichtgemäßen Prüfung nach § 34 AktG aufgrund der mir (uns) vorgelegten Urkunden, Bücher, Schriften sowie der mir (uns) erteilten Aufklärungen und Nachweise bestätige(n) ich (wir), dass die Angaben der Gründer im Gründungsbericht richtig und vollständig sind. Dies gilt insbesondere für die Angaben über die Übernahme der Aktien, über die Einlagen auf das Grundkapital und über die Festsetzungen nach §§ 26 und 27 AktG. Der Wert der Sacheinlagen erreicht den geringsten Ausgabebetrag der dafür zu gewährenden Aktien. (Der Wert der Sachübernahmen erreicht den Wert der dafür zu gewährenden Leistungen)."

1132 Es erscheint zweckmäßig, dem **Prüfungsbericht** als Anlagen neben den Allgemeinen Auftragsbedingungen auch die Berichte der Gründer sowie des Vorstands und des AR, die Satzung der neuen Gesellschaft und das Protokoll des Notars über die Gründungsverhandlungen beizufügen[1664].

1133 Wurden mehrere Gründungsprüfer bestellt und bestehen zwischen diesen unterschiedliche Meinungen über bestimmte Sachverhalte, so ist dies in einem Zusatz zum PrB darzustellen, sofern nicht gesonderte Berichte erstellt werden[1665].

1134 Je ein Exemplar des PrB ist dem Registergericht und dem Vorstand einzureichen[1666]. Der Bericht kann bei dem Gericht von jedermann eingesehen werden (§ 34 Abs. 3 AktG).

bb) Ergebnis der Nachgründungsprüfung

1135 Schließt die AG in den ersten zwei Jahren seit ihrer Eintragung in das HR mit ihren Gründern oder mit mehr als 10% des Grundkapitals beteiligten Aktionären Verträge ab, nach denen sie vorhandene oder herzustellende Vermögensgegenstände für eine 10% des Grundkapitals übersteigende Vergütung erwerben soll, so ist für die Wirksamkeit dieser Verträge nach § 52 AktG die Zustimmung der HV mit qualifizierter Mehrheit sowie die Eintragung in das HR erforderlich. Zweck der Vorschrift ist die Sicherstellung der realen Kapitalaufbringung[1667]. Drittgeschäfte werden von § 52 AktG nicht erfasst[1668]. Die Vorschrift dient somit nicht nur dem Gläubigerschutz und sichert den Vorstand vor unerwünschten Einflussnahmen der Gründer, sondern dient auch der Sicherung der übrigen Aktionäre vor mittelbaren Beeinträchtigungen infolge der Schädigung der Gesellschaft[1669]. Schließlich soll die Gesellschaft die Möglichkeit haben, Sacheinlagen und Sachübernahmevereinbarungen, die entgegen § 27 AktG nicht in die Satzung aufgenommen wurden, nachträglich wirksam zu vereinbaren und durchzuführen. § 52 AktG ist nicht nur auf den Erwerb von Vermögensgegenständen anwendbar, für die eine Gegenleistung aus dem Vermögen der Gesellschaft gezahlt wird, sondern entsprechend auch auf Kapitalerhöhungen mit Sacheinlagen[1670], bei denen der Zeichnungsvertrag innerhalb der

---

[1664] Vgl. *Voß*, WPg 1964, S. 444; *Klein*, S. 116.
[1665] Vgl. Kölner Komm. AktG³, § 34, Rn. 11; AktG Großkomm⁴, § 34, Rn. 11, 13.
[1666] Zu den Einzelheiten vgl. insbesondere *Hüffer*, AktG⁹, § 34, Rn. 7.
[1667] Zu den Einzelheiten vgl. MünchKomm. AktG³, § 52, Rn. 5 m.w.N.
[1668] Vgl. *Hüffer*, AktG⁹, § 52, Rn. 3a.
[1669] Vgl. *Hüffer*, AktG⁹, § 52, Rn. 1 m.w.N.
[1670] Vgl. MünchKomm. AktG³, § 52, Rn. 73 m.w.N.

Besonderheiten der Berichterstattung bei anderen Prüfungen   **Q**

Zweijahresfrist des § 52 AktG abgeschlossen wird[1671]. § 52 Abs. 1 S. 1 AktG erfasst nicht schlechthin alle Verträge, sondern nur solche, die mit qualifizierten Vertragspartnern geschlossen werden. Ein Nachgründungsvorgang liegt nur vor, wenn Vertragspartner der AG ein Gründungsmitglied ist[1672], selbst wenn dieses zum Zeitpunkt des Vertragsschlusses nicht mehr Aktionär ist[1673], oder ein mit mindestens 10% am Grundkapital beteiligter Aktionär ist. Beiden gleichgestellt sind diesen nahe stehende Personen[1674]. Vor der Beschlussfassung der HV muss der AR den Vertrag prüfen und einen schriftlichen **Nachgründungsbericht** erstatten, des Weiteren hat eine Prüfung durch einen oder mehrere Nachgründungsprüfer zu erfolgen, für die die Vorschriften über die Gründungsprüfung sinngemäß gelten.

Daher müssen die **Nachgründungsprüfer** insb. feststellen, ob die Nachgründungssachverhalte im Nachgründungsbericht vollständig und richtig erfasst sind (§ 52 Abs. 4 i.V.m. § 34 Abs. 1 AktG)[1675]. Weiterhin haben sie zu dem Nachgründungsvertrag bzw. den Nachgründungsverträgen Stellung zu nehmen und dabei anzugeben, ob der Wert der zu erwerbenden Vermögensgegenstände den Wert der dafür zu gewährenden Leistungen erreicht. Im Fall der Nachgründungsprüfung anlässlich einer Sachkapitalerhöhung hat sich die Prüfung auch darauf zu erstrecken, ob der Ausgabekurs der Aktien im Verhältnis zum Wert der jungen Aktien angemessen ist[1676]. Im Übrigen gelten für den Bericht dieselben Grundsätze wie im Falle der Gründung mit Sachübernahmen. Allerdings ist es empfehlenswert, im PrB den Nachgründungszeitraum genau anzugeben und den 10% des Grundkapitals ausmachenden Betrag ausdrücklich zu nennen. Ist Gegenstand der Nachgründung eine Sachkapitalerhöhung, ist bei Prüfung und Berichterstattung über Nachgründungsprüfung und Sacheinlageprüfung gem. § 183 Abs. 3 AktG darauf zu achten, dass es sich materiell um unterschiedliche Vorgänge handelt, die unterschiedlichen Zwecken dienen und auf verschiedene Zeitpunkte erfolgen[1677]. Eine Zusammenfassung beider Prüfungen sollte daher unterbleiben.   **1136**

Der PrB besitzt dieselbe Publizität wie der Bericht der externen Gründungsprüfer (§ 52 Abs. 4 i.V.m. § 34 Abs. 3 AktG). Entsprechend ist auch bei der Nachgründungsprüfung die Erteilung eines BestV nicht vorgeschrieben. Für die Zusammenfassung des Prüfungsergebnisses in einer Schlussbemerkung des PrB kommt im Falle eines **Positivbefundes** folgender **Wortlaut** in Betracht: **1137**

„Nach dem abschließenden Ergebnis meiner (unserer) pflichtgemäßen Prüfung nach §§ 52 Abs. 4, 34 AktG aufgrund der mir (uns) vorgelegten Urkunden, Bücher und Schriften sowie der mir (uns) erteilten Aufklärungen und Nachweise bestätige(n) ich (wir), dass die Angaben im Nachgründungsbericht des Aufsichtsrates richtig und vollständig sind. Der Wert der zu erwerbenden Vermögensgegenstände erreicht den Wert (den Betrag) der dafür zu gewährenden Vergütung."

1671 Vgl. MünchKomm. AktG³, § 52, Rn. 75.
1672 Diesem gleichgestellt ist ein Aktionär, der nach Gründung aber vor Eintragung beigetreten ist. Vgl. *Hüffer*, AktG⁹, § 52, Rn. 3.
1673 Vgl. *Priester*, DB 2001, S. 467; *Peres,* in: Schüppen/Schaub (Hrsg.), § 14, Rn. 161 m.w.N.
1674 Vgl. *Peres,* in: Schüppen/Schaub (Hrsg.), § 14, Rn. 162 insbesondere zur Frage wie der Kreis nahe stehender Personen zu bestimmen ist.
1675 Vgl. *Klein*, S. 63.
1676 Vgl. Großkomm. AktG⁴, § 183, Rn. 29; MünchKomm. AktG³, § 52, Rn. 75 a.E.; a.A. *Kubis*, AG 1993, S. 118, 122.
1677 Hierauf weist zu Recht hin *Peres,* in: Schüppen/Schaub (Hrsg.), § 14, Rn. 193.

cc) Ergebnis der Prüfung von Kapitalerhöhungen mit Sacheinlagen

1138 Bei Kapitalerhöhungen von AG mit Sacheinlagen schreibt das Gesetz eine Prüfung durch einen oder mehrere externe Prüfer vor, für die die §§ 33 Abs. 3 bis 5, 34 sowie 35 AktG sinngemäß gelten (§§ 183 Abs. 3, 194 Abs. 4, 205 Abs. 5 AktG). Der Gegenstand der Prüfung ergibt sich durch Verweis auf § 34 AktG. Zu prüfen ist, ob der Wert der Sacheinlagen den geringsten Ausgabebetrag (§ 34 Abs. 1 Nr. 2 AktG) der im Gegenzug gewährten Aktien erreicht[1678]. Die Prüfung erstreckt sich nicht auf die Frage, ob auch ein eventuell festgesetzter höherer Ausgabebetrag durch den Wert der Sacheinlage unterlegt ist[1679]. An dieser Auffassung ist entgegen im Vordringen befindlicher Auffassungen im Schrifttum[1680] festzuhalten, da Gegenstand der Sachgründungsprüfung keine Relationsprüfung zum Schutz der Aktionäre ist[1681]. Ist Gegenstand der Prüfung eine gemischte Sacheinlage, muss der Wert der Sacheinlage neben dem geringsten Ausgabebetrag zusätzlich auch die Barvergütung abdecken.

1139 Über das Ergebnis der Prüfung ist ebenfalls schriftlich zu berichten. Im **Prüfungsbericht** sollte auch auf die gesetzlich geforderte Festsetzung des Gegenstands, der Person, von der die Gesellschaft den Gegenstand erwirbt, und des Nennbetrags, bei Stückaktien der Zahl der bei der Sacheinlage zu gewährenden Aktien eingegangen werden. Entsprechend dem PrB über eine Gründung mit Sacheinlagen ist der Gegenstand der Sacheinlage zu beschreiben und unter Angabe der Bewertungsmethode festzustellen, ob der Wert der Sacheinlage den Nennbetrag der dafür zu gewährenden jungen Aktien oder den auf die einzelnen Stückaktien entfallenden anteiligen Betrag des Grundkapitals erreicht.

1140 Die Erteilung eines BestV ist vom Gesetz, wie auch bei der Gründungsprüfung, nicht vorgesehen. Das in einer **Schlussbemerkung** zusammengefasste Prüfungsergebnis kann folgenden Wortlaut haben:

„Nach dem abschließenden Ergebnis meiner (unserer) pflichtgemäßen Prüfung nach §§ 34 Abs. 2, 183 Abs. 3 (194 Abs. 4, 205 Abs. 3) AktG bestätige(n) ich (wir) aufgrund der mir (uns) vorgelegten Urkunden, Bücher und Schriften sowie der mir (uns) erteilten Aufklärungen und Nachweise, dass der Wert der Sacheinlage(n) (ggf. „unter Berücksichtigung der Barvergütung") den geringsten Ausgabebetrag der dafür zu gewährenden Aktien erreicht."

b) Prüfung des Abhängigkeitsberichts
aa) Grundlagen[1682]

1141 Der Vorstand einer i.S.v. § 17 AktG abhängigen AG oder KGaA[1683] hat in den ersten drei Monaten des GJ einen Bericht über die Beziehungen der Gesellschaft zu verbundenen Unternehmen im vergangenen Geschäftsjahr (Abhängigkeitsbericht) aufzustellen (§ 312 Abs. 1 AktG)[1684]. Mit Eintragung eines Beherrschungs- und/oder Gewinnabführungsvertrags i.S.v. § 291 AktG bzw. Eintragung einer Eingliederung i.S.v. § 319 AktG entfällt diese Pflicht (§§ 312, 316, 323 Abs. 1 S. 3 i.V.m. §§ 294 Abs. 2, 319 Abs. 7 AktG). Ent-

---
1678 Vgl. *Hüffer*, AktG[9], § 183, Rn. 16 m.w.N.
1679 So zutreffend *Hüffer*, AktG[9], § 183, Rn. 16: Die Prüfung bezweckt, einen Verstoß gegen § 9 AktG auszuschließen, nicht aber den Schutz der Altaktionäre.
1680 Großkomm. AktG[4], § 183, Rn. 82; *Bayer*, S. 21, 37.
1681 *Busch,* § 39, Rn. 32 mit umfassenden Nachweisen zum Streitstand.
1682 Vgl. hierzu F Tz. 1279 f.
1683 § 312 Abs. 1 S. 1 AktG erfasst nach ganz h.M. auch KGaA. Vgl. *Hüffer*, AktG[9], § 312, Rn. 5 m.w.N.
1684 Die Pflicht zur Aufstellung eines Abhängigkeitsberichts besteht dabei auch während der Liquidation. Vgl. *Budde/Förschle/Winkeljohann*, Sonderbilanzen[4], Kap. T, Rn. 386.

steht oder entfällt das für die Berichtspflicht konstitutive Abhängigkeitsverhältnis unterjährig, besteht die Berichtspflicht des Vorstands zeitanteilig; dies gilt ebenso im Fall der Beendigung der vertraglichen Beziehungen nach § 291 bzw. § 319 AktG. Wird umgekehrt unterjährig ein Beherrschungs- und/oder Gewinnabführungsvertrag abgeschlossen oder die AG eingegliedert, so entfällt die Berichtspflicht für das gesamte Geschäftsjahr[1685].

Sofern es sich um eine gem. § 316 HGB prüfungspflichtige AG handelt, stellt die Prüfung des Abhängigkeitsberichts gem. § 313 Abs. 1 S. 1 AktG eine notwendige Ergänzung der Abschlussprüfung dar[1686]; eines gesonderten Prüfungsauftrags bedarf es insoweit nicht[1687]. Wurde kein Abhängigkeitsbericht aufgestellt, so muss der APr. dennoch untersuchen, ob Abhängigkeitsbeziehungen bestehen. Ist dies der Fall und legt der Vorstand entgegen dem Hinweis des APr. auf die Pflicht zur Aufstellung eines Abhängigkeitsberichts einen solchen nicht vor, muss der **BestV zum JA** eingeschränkt werden, da der LB nicht die nach § 312 Abs. 3 S. 3 AktG erforderliche Schlusserklärung enthält[1688]. 1142

Der Abhängigkeitsbericht einer i.S.v. § 267 Abs. 1 HGB kleinen AG ist demgegenüber nicht prüfungspflichtig[1689]. Enthält weder der (freiwillig erstellte) LB noch der Anh. einer abhängigen kleinen AG die nach § 312 Abs. 3 S. 3 AktG erforderliche Schlusserklärung, ist der BestV ebenfalls einzuschränken.

Der schriftliche **Bericht des Abschlussprüfers über die Prüfung des Abhängigkeitsberichts** (§ 313 Abs. 2 AktG) dient in erster Linie der Unterrichtung des AR, welcher nach § 314 Abs. 2 AktG eine eigenständige Prüfung des Abhängigkeitsberichts vorzunehmen hat und das Ergebnis dieser Prüfung wiederum in seinen Bericht an die HV (§ 171 Abs. 2 AktG) aufnehmen muss[1690]. Eine Publizierung des Abhängigkeitsberichts selbst ist gesetzlich nicht vorgesehen; veröffentlicht wird lediglich die Schlusserklärung des Vorstands im LB (§ 312 Abs. 3 S. 3 AktG)[1691]. Neben dem AR können ansonsten nur Sonderprüfer nach § 315 AktG den Abhängigkeitsbericht ggf. einsehen und auswerten[1692]. 1143

bb) Inhalt des Prüfungsberichts

Um der zentralen **Informationsfunktion ggü. dem AR** der abhängigen AG gerecht werden zu können, ist der Bericht des APr. primär an dessen Informationsbedürfnissen[1693] auszurichten. 1144

Infolgedessen empfiehlt sich folgende **Gliederung des Prüfungsberichts**:

I. Prüfungsauftrag
II. Gegenstand, Art und Umfang der Prüfung

1685 Vgl. Beck AG-HB[2], § 15, Rn. 80; *Emmerich/Habersack*, Aktien- und GmbH-Konzernrecht[6], § 312, Rn. 11–12; *Hüffer*, AktG[9], § 312, Rn. 6–7; Kölner Komm. AktG[3], § 312, Rn. 14–19; StN HFA 3/1991, Abschn. I. Nr. 12, 14.
1686 Vgl. StN HFA 3/1991, Abschn. III. Nr. 1.
1687 Vgl. ADS[6], § 313 AktG, Tz. 6; *Hüffer*, AktG[9], § 313, Rn. 4; StN HFA 3/1991, Abschn. III. Nr. 2.
1688 Vgl. StN HFA 3/1991, Abschn. III. Nr. 3; IDW PS 350, Tz. 36; ADS[6], § 322 HGB, Tz. 302, § 312 AktG, Tz. 30,88 § 313 AktG, Tz. 6, 59; *Kupsch*, DB 1993, S. 493.
1689 Strittig. Die h.M. bejaht Prüfungspflicht zumindest für den Fall der auf Satzungsbestimmung beruhenden Verpflichtung zur APr. Vgl. ADS[6], § 313 AktG, Rn. 5; *Emmerich/Habersack*, Aktien- und GmbH-Konzernrecht[6], § 313, Rn. 7; MünchKomm. AktG[3], § 313, Rn. 10. A.A. *Hüffer*, AktG[9], § 313, Rn. 2.
1690 Vgl. StN HFA 3/1991, Abschn. III. Nr. 8; Kölner Komm. AktG[3], § 313, Rn. 29.
1691 Wird – zulässigerweise – kein LB aufgestellt, ist stattdessen eine Wiedergabe im Anhang geboten. Vgl. ADS[6], § 312 AktG, Tz. 88; BeBiKo[8], § 289 HGB, Rn. 343.
1692 Vgl. ADS[6], § 312 AktG, Tz. 2; Beck AG-HB[2], § 15, Rn. 85.
1693 Vgl. hierzu insb. ADS[6], § 313 AktG, Tz. 64.

III. Feststellungen

IV. Prüfungsvermerk

- Anlagen
  - Abhängigkeitsbericht des Vorstands[1694]
  - Übersicht über die verbundenen Unternehmen im Berichtszeitraum
  - Auftragsbedingungen

Auf die Übersicht über die verbundenen Unternehmen kann verzichtet werden, wenn diese Übersicht bereits im Abhängigkeitsbericht des Vorstands (ggf. als Anlage dazu) enthalten ist.

1145 Einleitend wird der APr. im PrB – wie auch im Bericht über die Jahresabschlussprüfung – auf seine Wahl durch die HV und auf den durch den AR[1695] erteilten **Auftrag** zur Prüfung des JA eingehen, der die Prüfung des Abhängigkeitsberichts mit einschließt, sowie auf die Beachtung der *IDW Stellungnahme HFA 3/1991* hinweisen.

1146 In Bezug auf **Gegenstand, Art und Umfang der Prüfung** (Abschnitt II.) ist anzugeben, worauf sich der Prüfer bei der Beurteilung der im Abhängigkeitsbericht aufgeführten Rechtsgeschäfte und Maßnahmen gestützt hat[1696]. Anzugeben sind Art und Umfang der – ggf. im Rahmen von Stichproben[1697] durchgeführten – Prüfungshandlungen, der Prüfungsunterlagen und der Prüfungszeitpunkt[1698]. In diesem Zusammenhang sollte auch darauf hingewiesen werden, dass die **Vollständigkeit** des Abhängigkeitsberichts, d.h. ob sämtliche berichtspflichtigen Rechtsgeschäfte und Maßnahmen dargestellt worden sind, nicht unmittelbar Prüfungsgegenstand ist[1699].

Außerdem empfiehlt es sich, klarstellend darauf hinzuweisen, dass der maßgebende Zeitpunkt für die Beurteilung der Rechtsgeschäfte der Zeitpunkt ihrer Vornahme und bei Maßnahmen der Zeitpunkt ist, zu dem diese getroffen oder unterlassen wurden[1700].

Abschließend ist darauf einzugehen, ob der APr. die erforderlichen Aufklärungen und Nachweise erhalten hat[1701]. Die Einholung einer gesonderten VollstE zur Prüfung des Abhängigkeitsberichts ist dabei grds. nicht erforderlich[1702]. Es kann allerdings im Einzelfall sinnvoll sein, dennoch eine solche einzuholen bzw. die berufsübliche VollstE zur Prüfung des JA entsprechend ergänzen zu lassen.

1147 **Feststellungen** und Beurteilungen des APr. (Abschnitt III.) sind namentlich zu den folgenden Prüfungsaspekten zu treffen bzw. abzugeben:

1694 Vgl. *StN HFA 3/1991*, Abschn. III. Nr. 9.
1695 Vgl. §§ 111 Abs. 2 S. 3 AktG, 318 Abs. 1 S. 4 HGB. Nur bei einer freiwilligen Abschlussprüfung kommt eine Beauftragung auch durch den Vorstand in Betracht. Vgl. ADS[6], § 318, Tz. 147; BeBiKo[8], § 318, Rn. 14.
1696 Vgl. *StN HFA 3/1991*, Abschn. III. Nr. 8.
1697 Vgl. *StN HFA 3/1991*, Abschn. III. Nr. 7; *ADS*[6], § 313 AktG, Tz. 45; *Emmerich/Habersack*, Aktien-und Konzernrecht[6], § 313, Rn. 20.
1698 Vgl. ADS[6], § 313 AktG, Tz. 67–68.
1699 Vgl. RegBegr. AktG 1965, BT-Drs. 10/317; ADS[6], § 313 AktG, Tz. 46; BeBiKo[8], § 289 HGB, Rn. 352; BoHdR[2], § 313 AktG, Rn. 13; Beck AG-HB[2], § 15, Rn. 84; *StN HFA 3/1991*, Abschn. III. Nr. 5.
1700 Ganz h.M. Vgl. ADS[6], § 311 AktG, Tz. 42; BeBiKo[8], § 289 HGB, Rn. 339; *Emmerich/Habersack*, Aktien-und Konzernrecht[6], § 313, Rn. 16, 19; *Hüffer*, AktG[9], § 312, Rn. 36; *StN HFA 3/1991*, Abschn. II. Nr. 7.
1701 Zum Umfang der Einsichts- und Auskunftsrechte i.Z.m. der Prüfung eines Abhängigkeitsberichts vgl. BoHdR[2], § 313 AktG, Rn. 15; *Emmerich/Habersack*, Aktien-und Konzernrecht[6], § 313, Rn. 22–24.
1702 Vgl. ADS[6], § 313 AktG, Tz. 8.

Besonderheiten der Berichterstattung bei anderen Prüfungen   Q

- **Abhängigkeitsverhältnisse** und die Abgrenzung des Kreises der in die Berichterstattung des Vorstands einbezogenen Unternehmen[1703].
- **Organisatorische und abrechnungstechnische Voraussetzungen**, die der Vorstand geschaffen hat, um eine gesetzeskonforme Berichterstattung im Abhängigkeitsbericht grds. zu gewährleisten[1704].
- **Unvollständigkeit von Aufklärungen oder Nachweisen**; d.h. sind der Vorstand der AG oder gesetzliche Vertreter eines verbundenen Unternehmens ihren Pflichten gem. § 313 Abs. 1 S. 3 AktG i.V.m. § 320 HGB ggü. dem APr. nicht oder nicht ausreichend nachgekommen, so ist im PrB auf diese Tatsache und auf die wesentlichen Punkte einzugehen, die sich aufgrund dieser Pflichtverletzung nicht abschließend aufklären bzw. beurteilen lassen[1705].
- **Unvollständigkeit der Angaben** im Abhängigkeitsbericht (§ 313 Abs. 2 S. 2 AktG); d.h. falls dem APr. im Rahmen seiner pflichtmäßigen Prüfung, v.a. des JA und des LB, ggf. aber auch in sonstiger Weise[1706], aufgefallen ist, dass berichtspflichtige Sachverhalte nicht oder nicht vollständig dargestellt werden, ist dies im PrB zu erläutern. Gleiches gilt für den Fall, dass Sachverhalte nicht so dargestellt werden, dass alle für die Beurteilung wesentlichen Umstände und Konditionen erkennbar sind, oder in unzulässiger Weise zusammengefasst[1707] dargestellt werden[1708]. Der Abhängigkeitsbericht ist darüber hinaus auch dann unvollständig, wenn er die Schlusserklärung des Vorstands gem. § 312 Abs. 3 AktG nicht enthält[1709].
- **Unrichtigkeit** von Angaben im Abhängigkeitsbericht; d.h. weicht die Beurteilung des APr. hinsichtlich eines Sachverhalts von der Darstellung und der Beurteilung des Vorstands ab, ist auf die Gründe und die daran angelegten Maßstäbe sowie die ggf. abweichende Ansicht des Vorstands einzugehen[1710]. Nachteile bei Rechtsgeschäften und Maßnahmen sind so weit zu quantifizieren, wie dies im Einzelfall möglich ist[1711].

Darüber hinaus liegt es im pflichtgemäßen Ermessen des APr., ggf. auf **Einzelsachverhalte** einzugehen, bei denen erhebliche Ermessensspielräume bei der Beurteilung bestehen oder die betragsmäßig von besonderer Bedeutung sind, auch wenn sich der Prüfer dabei der Einschätzung durch den Vorstand im Abhängigkeitsbericht anschließt bzw. diese für vertretbar erachtet[1712]. Es dürfte allerdings sinnvoll sein, im PrB generell auf etwaige **Nachteilsausgleiche** einzugehen, insb. wenn diese noch nicht vollständig erfolgt sind[1713].

Beruhen **Beanstandungen** des APr. auf der Unvollständigkeit oder der Unrichtigkeit der tatsächlichen Angaben im Abhängigkeitsbericht und ist der Vorstand nicht zur Ergänzung bzw. Berichtigung bereit, hat der APr. über die Mängel zu berichten und dabei die feh-   **1148**

1703 Vgl. StN HFA 3/1991, Abschn. III. Nr. 8.
1704 Vgl. ADS[6], § 313 AktG, Tz. 47; StN HFA 3/1991, Abschn. III. Nr. 5.
1705 Vgl. ADS[6], § 313 AktG, Tz. 67.
1706 Vgl. Emmerich/Habersack, Aktien-und Konzernrecht[6], § 313, Rn. 21.
1707 Zur grundsätzlichen Zulässigkeit zusammengefasster Darstellungen gleichartiger Rechtsgeschäfte im Abhängigkeitsbericht vgl. OLG München v. 10.04.2002 (7 U 3919/01), DB 2002, S. 1823 (rkr. gem. BGH v. 08.03.2004 – II ZR 159/02).
1708 Vgl. ADS[6], § 313 AktG, Tz. 49. Zur Sachverhaltsaufklärungspflicht des APr. vgl. auch BoHdR[2], § 313 AktG, Rn. 13; Kölner Komm. AktG[3], § 313, Rn. 25; StN HFA 3/1991, Abschn. III. Nr. 5.
1709 Vgl. Kölner Komm. AktG[3], § 312, Rn. 78. Zur Formulierung der Schlusserklärung des Vorstands vgl. ADS[6], § 312 AktG, Tz. 90–94.
1710 Vgl. BoHdR[2], § 313 AktG, Rn. 16.
1711 Vgl. ADS[6], § 313 AktG, Tz. 71.
1712 Vgl. ADS[6], § 313 AktG, Tz. 65; BoHdR[2], § 313 AktG, Rn. 16.
1713 Vgl. RegBegr. AktG 1965, BT-Drs. 10/317.

lenden bzw. unrichtigen Angaben entsprechend zu erläutern[1714]. Freilich beseitigt auch ein ausführlicher PrB festgestellte Mängel des Abhängigkeitsberichts nicht[1715].

Sofern vom APr. identifizierte Mängel des Abhängigkeitsberichts vom Vorstand im Verlauf der Prüfung beseitigt werden, kann es sich im Einzelfall dennoch empfehlen, darauf im PrB hinzuweisen. Hierfür sind die allgemeinen Grundsätze des *IDW PS 210*[1716] als Richtschnur zugrunde zu legen.

1149 Auch wenn sich die Prüfung gem. § 313 Abs. 1 S. 2 AktG nicht auf die formale Ordnungsmäßigkeit beschränkt, sondern vom APr. eine eigenständige **Beurteilung und Wertung** der vom Vorstand gemachten Angaben und Einschätzungen zu den im Abhängigkeitsbericht dargestellten Rechtsgeschäften und Maßnahmen verlangt[1717], ist im PrB eine Darstellung und Erläuterung von beanstandungsfreien Einzelsachverhalten grds. nicht erforderlich. Dementsprechend kurz kann daher der PrB regelmäßig gefasst werden, wenn sich der APr. den Angaben und Einschätzungen des Vorstands anschließt[1718].

cc) Prüfungsvermerk

1150 Das abschließende Ergebnis seiner pflichtmäßigen Prüfung des Abhängigkeitsberichts hat der APr. in einem **Prüfungsvermerk** zusammenzufassen.

1151 Für die Erteilung des Vermerks gelten die allgemeinen Grundsätze für die Erteilung von BestV (*IDW PS 400*) entsprechend; dies gilt auch in Zusammenhang mit der Einschränkung oder Versagung des Vermerks[1719]. Der **Wortlaut** hat sich dabei verpflichtend an den gesetzlichen Vorgaben in § 313 Abs. 3 und 4 AktG zu orientieren; d.h. mit Ausnahme der nach § 313 Abs. 3 S. 3 und Abs. 4 AktG vorgegebenen bzw. erlaubten textlichen Modifikationen sind andere Ergänzungen des formalisierten Wortlauts grds. nicht erlaubt. Dies ist auch bei der Formulierung von Vermerkseinschränkungen zu beachten: die Pflichtfeststellungen bleiben unangetastet, vielmehr wird der Vermerk um die Einschränkungen erweitert[1720].

Zusätze zum Vermerk, die auf eine bestimmte Problematik bei der Prüfung hinweisen, sind jedoch zulässig, sofern dadurch der Positivbefund des Vermerks nicht infrage gestellt wird[1721].

1152 Sind nach dem abschließenden Ergebnis der Prüfung keine Einwendungen zu erheben, so hat der APr. dies durch folgenden **Vermerk** zu bestätigen (§ 313 Abs. 3 S. 1 AktG):

„Nach meiner (unserer) pflichtmäßigen Prüfung und Beurteilung bestätige ich (bestätigen wir), dass

1. die tatsächlichen Angaben des Berichts richtig sind,
2. bei den im Bericht aufgeführten Rechtsgeschäften die Leistung der Gesellschaft nicht unangemessen hoch war oder Nachteile ausgeglichen worden sind,

---

1714 Vgl. ADS[6], § 313 AktG, Tz. 70; Kölner Komm. AktG[3], § 313, Rn. 30.
1715 Vgl. ADS[6], § 313 AktG, Tz. 50.
1716 Vgl. *IDW PS 210*, Tz. 70. Vgl. auch *IDW PS 450*, Tz. 47.
1717 Vgl. ADS[6], § 313 AktG, Tz. 16; BeBiKo[8], § 289 HGB, Rn. 352. Zu Abgrenzungsschwierigkeiten zwischen Tatsachenangaben und Werturteilen vgl. MünchKomm. AktG[3], § 313, Rn. 37–39.
1718 Vgl. ADS[6], § 313 AktG, Tz. 73.
1719 Vgl. *StN HFA 3/1991*, Abschn. III. Nr. 10.
1720 Vgl. ADS[6], § 313 AktG, Tz. 79; BoHdR[2], § 313 AktG, Rn. 20.
1721 Vgl. *StN HFA 3/1991*, Abschn. III. Nr. 10.

3. bei den im Bericht aufgeführten Maßnahmen keine Umstände für eine wesentlich andere Beurteilung als die durch den Vorstand sprechen."

Diese Positivformulierung beinhaltet zugleich implizit die Aussage, dass der Abhängigkeitsbericht insgesamt den Grundsätzen einer gewissenhaften und getreuen Rechenschaft (§ 312 Abs. 2 AktG) entspricht.

Der Wortlaut des (uneingeschränkten) Vermerks ist nach § 313 Abs. 3 S. 2–3 AktG ggf. wie folgt an die tatsächlichen Verhältnisse anzupassen: **1153**

– Bei einem sog. **Negativbericht**[1722], d.h. wenn im GJ trotz des Vorliegens der Voraussetzungen für die Aufstellung eines Abhängigkeitsberichts keine berichtspflichtigen Rechtsgeschäfte getätigt und/oder Maßnahmen getroffen wurden, entfallen die Nrn. 2 und 3 des Vermerks. Mit der Bestätigung, dass die tatsächlichen Angaben des Berichts richtig sind (Nr. 1), trifft der APr. eine Aussage darüber, dass er bei Wahrnehmung seiner Aufgaben keine berichtspflichtigen Tatbestände und auch keine Anhaltspunkte für das Vorliegen derartiger Sachverhalte festgestellt hat[1723].
– Sind keine berichtspflichtigen Rechtsgeschäfte getätigt und dementsprechend richtigerweise auch nicht im Abhängigkeitsbericht aufgeführt worden, so ist die Nr. 2 des Vermerks fortzulassen, sind keine berichtspflichtigen Maßnahmen getroffen bzw. unterlassen und aufgeführt worden, ist die Nr. 3 fortzulassen.
– Hat der APr. – in Übereinstimmung mit der Darstellung des Vorstands – bei keinem Rechtsgeschäft eine unangemessen hohe Leistung der Gesellschaft festgestellt, so entfällt in Nr. 2 des Vermerks der Halbsatz „oder Nachteile ausgeglichen worden sind".

Einen **Sonderfall** der Anpassung des Wortlauts des Vermerks regelt § 313 Abs. 4 S. 2 AktG für den Fall, dass der Vorstand selbst im Abhängigkeitsbericht erklärt, dass die Gesellschaft durch bestimmte Rechtsgeschäfte und/oder Maßnahmen benachteiligt worden ist, ohne dass dafür ein Ausgleich erfolgte. Tatsache und Reichweite dieser Erklärung des Vorstands ist in diesem Fall im Vermerk anzugeben; der Vermerk selbst ist auf die übrigen Rechtsgeschäfte oder Maßnahmen, die im Abhängigkeitsbericht angegeben werden, zu beschränken[1724]. **1154**

Der erforderliche Hinweis kann – je nach Lage des Falls – bei Nr. 2 und/oder Nr. 3 erfolgen; daneben besteht auch die Möglichkeit, den Vermerk um eine Nr. 4 zu erweitern und bei den Nrn. 2 und/oder 3 einen entsprechenden Vorbehalt zu ergänzen[1725].

Zu beachten ist, dass es sich dabei – obwohl in § 313 Abs. 4 AktG geregelt – nicht um eine Einschränkung des Vermerks handelt, sondern um einen **Zusatz**, der den Geltungsbereich des ansonsten uneingeschränkten Vermerks des APr. eingrenzt und für den daher § 315 Abs. 1 S. 1 Nr. 3 AktG eine eigenständige Behandlung in Bezug auf eine Sonderprüfung normiert[1726].

Über diesen Sonderfall hinaus sind **ergänzende Zusätze zum Prüfungsvermerk** nur dann zulässig, wenn sie auf eine bestimmte Problematik bei der Prüfung hinweisen und dadurch der Positivbefund des Vermerks an sich nicht in Frage gestellt wird[1727]. Hinsichtlich der Differenzierung zwischen Ergänzung und Einschränkung bei durch den APr. **1155**

[1722] Vgl. *StN HFA 3/1991*, Abschn. I. Nr. 17; ADS[6], § 312 AktG, Tz. 63, § 313 AktG, Tz. 60.
[1723] Vgl. Kölner Komm. AktG[3], § 313, Rn. 27.
[1724] Vgl. BoHdR[2], § 313 AktG, Rn. 20.
[1725] Vgl. ADS[6], § 313 AktG, Tz. 91.
[1726] Vgl. ADS[6], § 313 AktG, Tz. 91, 97; *Emmerich/Habersack*, Aktien-und Konzernrecht[6], § 313, Rn. 36.
[1727] Vgl. *StN HFA 3/1991*, Abschn. III. Nr. 10; ADS[6], § 313 AktG, Rn. 83, 92; *Emmerich/Habersack*, Aktien- und Konzernrecht[6], § 313, Rn. 32.

nicht abschließend beurteilbaren Sachverhalten wird auf die allgemeinen Grundsätze zur Erteilung von BestV[1728] verwiesen. In diesem Zusammenhang ist vom Prüfer auch das Spannungsverhältnis zwischen dem Recht auf einen uneingeschränkten Vermerk[1729] einerseits und der möglichen Sanktion des § 315 Abs. 1 S. 1 Nr. 1 AktG (gerichtliche Bestellung von Sonderprüfern) als Folge der Einschränkung des Vermerks andererseits zu berücksichtigen.

1156 Hat der APr. nach dem abschließenden Ergebnis seiner Prüfung **Einwendungen** gegen die Berichterstattung des Vorstands oder in Bezug auf die Vollständigkeit des Abhängigkeitsberichts zu erheben, muss der Vermerk nach § 313 Abs. 4 S. 1 AktG eingeschränkt oder versagt werden. Geringfügige Unvollständigkeiten der Berichterstattung des Vorstands, die für die Beurteilung der Angemessenheit der Rechtsgeschäfte bzw. Maßnahmen unerheblich sind, bzw. unwesentliche Abweichungen in der Beurteilung einzelner Sachverhalte zwischen Vorstand und APr. führen dabei nicht zu einer Einschränkung oder Versagung[1730].

1157 Beispiele für **wesentliche Beanstandungen** sind etwa[1731]:

– Tatsächliche Angaben des Vorstands im Abhängigkeitsbericht sind objektiv unrichtig oder fehlen in wesentlichem Umfang.

– Leistungen der AG waren bei aufgeführten Rechtsgeschäften oder Maßnahmen nach der Beurteilung des APr. unangemessen hoch, ohne dass der Vorstand darauf im Abhängigkeitsbericht eingegangen ist.

– Durch Rechtsgeschäfte oder Maßnahmen entstandene Nachteile wurden erst nach dem Ende des Geschäftsjahres ausgeglichen (z.B. erst aufgrund von Feststellungen des APr.), ohne dass der Vorstand darauf im Abhängigkeitsbericht eingeht[1732].

– Im Abhängigkeitsbericht ist keine Schlusserklärung des Vorstands (§ 312 Abs. 3 AktG) enthalten.

1158 Die Frage, welche Beanstandungen zu einer Einschränkung führen und wann der Vermerk zu versagen ist, muss in entsprechender Anwendung der Grundsätze beantwortet werden, die für die Einschränkung oder Versagung des BestV zum JA[1733] gelten.

Wie dieser drückt der Prüfungsvermerk zum Abhängigkeitsbericht einen Positivbefund aus. Insofern gilt auch hier, dass eine Versagung insb. dann in Betracht kommt, wenn die Einwendungen so zahlreich oder schwerwiegend sind, dass ein derartiger positiver Befund nicht mehr formuliert werden kann.

1159 Wird der Vermerk zum Abhängigkeitsbericht eingeschränkt, so ist dies durch Verwendung des Begriffs „**Einschränkung**" klar zum Ausdruck zu bringen. Die Einschränkung, die klar, eindeutig und möglichst kurz formuliert werden sollte, kann dem positiven Teil des Vermerks vorangestellt werden („Mit der Einschränkung, dass ..., sind die tatsächlichen Angaben des Berichts richtig.") oder sich an die Positivaussage anschließen („Die tatsächlichen Angaben des Berichts sind richtig mit der Einschränkung, dass ...")[1734].

1728 Vgl. Tz. 459, Tz. 525; *IDW PS 400*, Tz. 42, 73.
1729 Vgl. BoHdR², § 313 AktG, Rn. 17.
1730 Vgl. *StN HFA 3/1991*, Abschn. III. Nr. 6.
1731 Vgl. auch ADS⁶, § 313 AktG, Tz. 96.
1732 Vgl. *Geßler*, AktG, § 313, Rn. 8.
1733 Vgl. Tz. 457, Tz. 492; *IDW PS 400*, Tz. 50–64 bzw. Tz. 65–69.
1734 Vgl. BoHdR², § 313, Rn. 20; Kölner Komm. AktG³, § 313, Rn. 38.

Besonderheiten der Berichterstattung bei anderen Prüfungen   Q

§ 313 AktG sieht i.Z.m. einer **Versagung** nicht die Erteilung eines Versagungsvermerks (analog § 322 Abs. 4 S. 2, Abs. 5 HGB) vor. Vielmehr genügt es in einem solchen Fall, im PrB (im Abschnitt IV. Prüfungsvermerk) ausführlich darzustellen und zu begründen, dass und weswegen die Erteilung des Vermerks versagt wird[1735]. **1160**

Eine unzureichende Information der Aktionäre ist damit nicht verbunden, da der AR i.R. seiner nach § 314 AktG vorgeschriebenen Berichterstattung an die HV ausdrücklich auf die Versagung des Vermerks hinweisen muss (§ 314 Abs. 2 S. 3 Hs. 2 AktG).

Beachtenswert ist die in diesem Zusammenhang vertretene Auffassung, dass abgesehen von besonders schwerwiegenden Verstößen eher eine Einschränkung als eine Versagung zweckdienlich ist, da der Sinn des Vermerks, die abhängige AG vor Nachteilen zu schützen, eher erreicht wird, wenn die Beanstandungen offengelegt werden, indem der Wortlaut des eingeschränkten Vermerks im Bericht des AR an die HV gem. § 314 Abs. 2 S. 3 Hs. 1 AktG wiedergegeben wird[1736].

Der Vermerk ist – ebenso wie der PrB (§ 313 Abs. 2 S. 3 Hs. 1 AktG) – mit Angabe von Ort und Tag zu **unterzeichnen** und in den PrB zum Abhängigkeitsbericht aufzunehmen (§ 313 Abs. 5 S. 2 AktG). Dabei besteht im Fall der Prüfung des Abhängigkeitsberichts einer nach § 316 Abs. 1 HGB gesetzlich prüfungspflichtigen AG Siegelpflicht; ansonsten kann nach § 48 Abs. 1 S. 2 WPO das **Berufssiegel** verwandt werden[1737]. **1161**

Nach der Beendigung der Prüfung hat der APr. seinen PrB dem **Aufsichtsrat** unmittelbar vorzulegen (§ 313 Abs. 2 S. 3 Hs. 1 AktG) – in der Praxis regelmäßig zu Händen des AR-Vorsitzenden[1738]. Vor der Zuleitung des PrB an den AR hat der APr. dabei dem Vorstand Gelegenheit zu einer Stellungnahme zu geben (§ 313 Abs. 2 S. 3 Hs. 2 AktG); dies erfolgt i.d.R. durch Zurverfügungstellung eines Berichtsentwurfs. Falls der Vorstand eine (abweichende) Stellungnahme verfasst, so geht diese nicht in den PrB ein, sondern wird dem AR vom Vorstand, begleitend zu seinem Abhängigkeitsbericht (§ 314 Abs. 1 S. 1 AktG), direkt vorgelegt. **1162**

Der AR ist gem. § 314 Abs. 2 S. 1 AktG verpflichtet, den Abhängigkeitsbericht des Vorstands selbständig zu prüfen und darüber in dem nach § 171 Abs. 2 AktG vorgeschriebenen Bericht an die HV gesondert Bericht zu erstatten. Diese Berichterstattung des AR beinhaltet gem. § 314 Abs. 2 und 3 AktG: **1163**

- eine Stellungnahme des AR zum Ergebnis der Prüfung des Abhängigkeitsberichts durch den APr.,
- die Wiedergabe des Wortlauts des Vermerks des APr. zum Abhängigkeitsbericht bzw. ggf. einen ausdrücklichen Hinweis auf dessen Versagung,
- eine Erklärung des AR, ob nach dem Ergebnis seiner Prüfung Einwendungen gegen die Schlusserklärung des Vorstands zu erheben sind.

Wird der Vermerk des APr. zum Abhängigkeitsbericht eingeschränkt oder versagt, so hat dies zur Folge, dass jeder Aktionär das Recht hat, beim Gericht die **Bestellung von Sonderprüfern** zu beantragen (§ 315 Abs. 1 S. 1 Nr. 1 AktG)[1739]. **1164**

1735 Vgl. ADS[6], § 313 AktG, Tz. 94; *Hüffer*, AktG[9], § 313, Rn. 21. A.A., d.h. pro Erteilung eines „Versagungsvermerks" *Emmerich/Habersack*, Aktien-und Konzernrecht[6], § 313, Rn. 34; MünchKomm. AktG[3], § 313, Rn. 99.

1736 Vgl. *Godin/Wilhelmi*, AktG, § 313, Rn. 9; ADS[6], § 313 AktG, Tz. 95; Kölner Komm. AktG[3], § 313, Rn. 7.

1737 Vgl. WPK-Magazin 2/2010, S. 37.

1738 Vgl. *Emmerich/Habersack*, Aktien-und Konzernrecht[6], § 313, Rn. 26; Kölner Komm. AktG[3], § 313, Rn. 31.

1739 Zu den Voraussetzungen für eine Sonderprüfung nach § 315 AktG vgl. weiterhin Tz. 1198.

1165 Für den **Widerruf** des Vermerks zum Abhängigkeitsbericht gelten dieselben Grundsätze wie für den Widerruf des BestV zum JA[1740]. D.h., wenn der APr. erkennt, dass die Voraussetzungen für die Erteilung des Vermerks nicht vorgelegen haben, ist er – auch im Hinblick auf die o.g. Vorschriften zur Sonderprüfung nach § 315 Abs. 1 S. 1 Nr. 1 AktG – grds. zum Widerruf verpflichtet.

c) **Aktienrechtliche Sonderprüfungen**

aa) **Allgemeines**

1166 Als aktienrechtliche Sonderprüfungen sind anzusehen die Sonderprüfung nach den §§ 142 ff. AktG (allgemeine Sonderprüfung), die Sonderprüfung nach den §§ 258 ff. AktG (unzulässige Unterbewertung) und die Sonderprüfung nach § 315 AktG (Prüfung der geschäftlichen Beziehung der Gesellschaft zu dem herrschenden oder einem mit ihm verbundenen Unternehmen).

1167 In allen Fällen haben die Sonderprüfer über das Ergebnis ihrer Prüfung schriftlich zu berichten; entsprechend den Grundsätzen ordnungsmäßiger Berichterstattung ist der Inhalt des Berichts in erster Linie an dem Gegenstand der Prüfung und an dem Informationsbedürfnis der Berichtsempfänger auszurichten.

bb) **Allgemeine Sonderprüfung nach den §§ 142 ff. AktG**

1168 Die allgemeine aktienrechtliche Sonderprüfung dient in erster Linie dazu, die tatsächlichen Grundlagen für Schadenersatzansprüche der AG gegen die Gründer und die Verwaltung aufzubereiten[1741]. Als Gegenstand einer Sonderprüfung nach den §§ 142 ff. AktG kommen Einzelvorgänge bei der Gründung, d.h. alle Maßnahmen bis zur Eintragung der Gesellschaft sowie Nachgründungsvorgänge[1742] oder der Geschäftsführung sowie bei Maßnahmen der Kapitalbeschaffung und Kapitalherabsetzung in Betracht. In dem Zusammenhang ist der Begriff der Geschäftsführung weit zu fassen; er umfasst neben den Vorstandsmitgliedern auch den AR und die leitenden Angestellten[1743].

1169 Der **Prüfungsauftrag** muss sich stets auf bestimmte Vorgänge beziehen. Die Nachprüfung beispielsweise des gesamten Gründungsvorganges oder der Geschäftsführungsmaßnahmen eines bestimmten Zeitraums ist nach § 142 AktG nicht möglich[1744]. Ebenso wenig sind der JA selbst[1745] oder einzelne Posten desselben als solche[1746] Gegenstand der Sonderprüfung. Dies schließt nicht aus, dass der Prüfungsauftrag sich gegenständlich beschränkt auf ihnen zugrunde liegende Vorgänge bezieht[1747].

1170 Nach § 145 Abs. 6 AktG müssen die Sonderprüfer über das Ergebnis ihrer Prüfung schriftlich berichten. Eine **Schutzklausel**, wonach Tatsachen, die geeignet sind, der Gesellschaft oder einem verbundenen Unternehmen einen nicht unerheblichen Nachteil zuzufügen, nicht im PrB dargestellt zu werden brauchen, besteht nicht, sofern die Kenntnis dieser Tatsachen zur Beurteilung des zu prüfenden Vorgangs durch die HV erforderlich ist.

1740 Vgl. Tz. 608; *IDW PS 400*, Tz. 111–115; ADS⁶, § 313 AktG, Tz. 102; Kölner Komm. AktG³, § 313, Rn. 41.
1741 *Hüffer*, AktG⁹, § 142, Rn. 1 m.w.N.
1742 *Hüffer*, AktG⁹, § 142, Rn.3.
1743 Vgl. ADS⁶, Exkurs zu den §§ 142–146, Tz. 5; *Geßler*, AktG, § 142, Rn. 5; AktG Großkomm⁴, § 142, Rn. 11; vgl. außerdem WP Handbuch 2008, Bd. II, Kap. C, Tz. 100.
1744 Vgl. ADS⁶, Exkurs zu den §§ 142–146, Tz. 7; *Geßler*, AktG, § 142, Rn. 4; AktG Großkomm⁴, § 142, Rn. 17.
1745 ADS⁶, Exkurs zu den §§ 142–146, Tz. 8.
1746 So aber AktG Großkomm⁴, § 142, Rn. 16, 18 m.w. N.
1747 Zutreffend *Hüffer*, AktG⁹, § 142, Rn. 6.

Das Verbot, **Betriebs- oder Geschäftsgeheimnisse** zu offenbaren (§ 144 AktG, § 323 Abs. 1 HGB), wird eingeschränkt, um die Erfüllung der Aufgabe der Sonderprüfung, eventuell vorhandene Missstände aufzudecken, zu ermöglichen[1748]. Da der PrB weitgehender Publizität unterliegt, sind jedoch Tatsachen, zu deren **Geheimhaltung** der Vorstand **im öffentlichen Interesse** verpflichtet ist, nicht im PrB darzustellen[1749]. Auf Antrag des Vorstandes kann außerdem das zuständige Gericht den Berichtsinhalt gem. § 145 Abs. 4 AktG einschränken. In diesem Fall müssen Tatsachen dann nicht in den Bericht aufgenommen werden, wenn dies nach Abwägung der relevanten Belange durch das Gesellschaftsinteresse geboten ist und kein zwingendes Interesse an der Aufdeckung dieser Tatsachen im Bericht besteht[1750]. Im Übrigen bestehen keine weiteren Vorschriften hinsichtlich Umfang und Inhalt des PrB.

1171 Der Prüfungsauftrag wird im Allgemeinen von den Sonderprüfern, sofern möglich, auch eine **Beurteilung des entsprechenden Vorgangs** verlangen, z.B. ob der Vorstand die erforderliche kaufmännische Sorgfaltspflicht eingehalten hat[1751]. Nach überwiegender Literaturauffassung genügt es aber nicht, im PrB lediglich das aufgrund der durchgeführten Prüfung gebildete Urteil über den Sachverhalt wiederzugeben[1752]. Vielmehr ist es erforderlich, den zu prüfenden Sachverhalt so umfangreich und zutreffend darzustellen, dass sich die Aktionäre hieraus ein eigenes Urteil bilden können, und zwar insb. dann, wenn die Sonderprüfer den Vorgang nicht abschließend beurteilen können oder sie sich in wesentlichem Umfang auf die Aussagen oder Erklärungen derjenigen Personen stützen müssen, gegen die sich die Sonderprüfung richtet[1753].

1172 Es gehört zu einer ordnungsmäßigen Berichterstattung, das eigene Urteil sorgfältig im PrB zu **begründen** und sich dabei auch mit bestehenden gegenteiligen Auffassungen der Verwaltung auseinanderzusetzen[1754].

1173 Nach den gesetzlichen Vorschriften ist es nicht erforderlich, aber dennoch empfehlenswert, dass die Sonderprüfer das Ergebnis ihrer Prüfung in einer abschließenden Feststellung zusammenfassen.

1174 Der Bericht über die Sonderprüfung ist nach § 145 Abs. 6 S. 3 AktG zu unterzeichnen und unverzüglich dem Vorstand und zum Registergericht einzureichen.

cc) Sonderprüfung nach den §§ 258 ff. AktG wegen unzulässiger Unterbewertung

1175 Besteht Anlass für die Annahme, dass in einem festgestellten JA bestimmte Posten nicht unwesentlich unterbewertet sind oder der Anh. die vorgeschriebenen Angaben nicht oder nicht vollständig enthält und der Vorstand in der HV die fehlenden Angaben trotz Nachfrage nicht gemacht hat und die Aufnahme der Frage in die Niederschrift verlangt worden ist, hat das Gericht auf Antrag Sonderprüfer zu bestellen (§ 258 Abs. 1 AktG). Sonderprüfer können nach § 258 Abs. 4 AktG nur WP oder WPG sein[1755], wobei der APr. und Personen, die in den letzten drei Jahren vor der Bestellung APr. waren, nicht bestellt werden können (§ 258 Abs. 4 S. 3 AktG).

1748 Vgl. RegBegr. AktG = *Kropff*, AktG, S. 211.
1749 Vgl. AktG Großkomm[4], § 145, Rn. 33; MünchKomm. AktG[2], § 145, Rn. 29.
1750 Einzelheiten bei *Hüffer*, AktG[9], § 145, Rn. 6.
1751 Vgl. *Adler/Forster*, WPg 1957, S. 358; ADS[6], §§ 142–146, Tz. 43.
1752 H.M. Vgl. *Adler/Forster*, WPg 1957, S. 357; ADS[6], §§ 142–146 AktG, Tz. 42; AktG Großkomm[4], § 145, Rn. 31.
1753 Vgl. ADS[6], §§ 142–146 AktG, Tz. 43; *Adler/Forster*, WPg 1967, S. 359, 362.
1754 Vgl. AktG Großkomm[4], § 145, Rn. 32
1755 Vgl. ADS[6], § 258, Tz. 46; *Geßler*, AktG, § 258, Rn. 11; WP Handbuch 2008, Bd. II, Kap. B, Tz. 32.

1176 Die Sonderprüfer haben über das Ergebnis der Prüfung gem. § 259 Abs. 1 S. 1 AktG **schriftlich zu berichten**. Die Hauptadressaten des Berichts, die Aktionäre[1756], können erwarten, dass im PrB besonderes Gewicht auf eine klare, übersichtliche und verständliche Darstellung gelegt wird[1757].

1177 Für **Inhalt und Aufbau des Prüfungsberichts** gelten die allgemeinen Regelungen. Dabei ist auf die Bestellung durch das Gericht und den Prüfungsgegenstand einzugehen. Es empfiehlt sich, zum Ausdruck zu bringen, dass es sich um die Prüfung fest umrissener Sachverhalte handelt und nicht um eine umfassende Prüfung des JA[1758]. Auch ist anzugeben, wo und in welchem Zeitraum die Prüfung durchgeführt wurde und welche wesentlichen Unterlagen zur Verfügung standen. Weiterhin ist auf das Auskunfts- und Nachweisverhalten des Vorstands und des AR sowie ggf. der Konzernunternehmen bzw. abhängigen oder herrschenden Unternehmen einzugehen (§ 258 Abs. 5 i.V.m. § 145 Abs. 2 und 3 AktG).

1178 Besteht die Aufgabe des Sonderprüfers darin, **bestimmte Posten des JA** daraufhin zu überprüfen, ob sie nicht unwesentlich unterbewertet sind, so wird er im PrB

– zunächst die Zusammensetzung der Posten erläutern,
– die von der Gesellschaft vorgenommene Bewertung beschreiben und anschließend
– seine eigenen Überlegungen und Feststellungen darlegen.

1179 Kommt der Sonderprüfer zu dem Ergebnis, dass die zu prüfenden Aktivposten mit einem niedrigeren Wert, die Passivposten mit einem höheren Betrag angesetzt wurden als nach den §§ 253 bis 256 HGB zulässig (§ 258 Abs. 1 S. 1 i.V.m. § 256 Abs. 5 S. 3 AktG), so wird es notwendig sein, ein Urteil über die Wesentlichkeit dieser Unterbewertung abzugeben und dabei auch die Beurteilungsmaßstäbe[1759] darzulegen. Ist die Unterbewertung nach dem Ergebnis der Prüfung wesentlich und daher nach Auffassung des Sonderprüfers eine Korrektur unvermeidlich[1760], so muss der Sonderprüfer die Auswirkungen angeben, die sich auf das Jahresergebnis bei Ansatz der Mindestwerte (Höchstwerte) für die betreffenden Aktivposten (Passivposten) ergeben hätten. Dabei erscheint es sinnvoll, die Berechnung der Auswirkungen auf den Jahresüberschuss näher zu beschreiben.

1180 Richtet sich die Sonderprüfung auf fehlende oder nicht vollständige **Angaben im Anh.**, so wird der Prüfer im PrB

– zunächst feststellen, ob der Vorstand in der HV nach den betreffenden Angaben gefragt worden ist,
– ob er bejahendenfalls die Frage in der HV nicht beantwortet hat und schließlich,
– ob die Aufnahme der Frage in die Niederschrift verlangt worden ist[1761].

Im Anschluss daran wird der Sonderprüfer auf die Frage eingehen, ob die als fehlend bemängelte Angabe gesetzlich gefordert war bzw. die im Anh. erfolgte Angabe den gesetzlichen Anforderungen genügte.

1756 Vgl. ADS⁶, § 259, Tz. 5; MünchKomm. AktG², § 259, Rn. 3.
1757 Vgl. ADS⁶, § 259, Tz. 5.
1758 Vgl. MünchKomm. AktG², § 259, Rn. 23.
1759 Zur Frage des Beurteilungsmaßstabs vgl. *Frey*, WPg 1966, S. 634, der hier auf eine mit Jahresüberschuss und dem Grundkapital in Verbindung stehende Bezugsgröße abstellt, während ADS⁶, § 258 AktG, Tz. 84 starre Abgrenzungskriterien ablehnen.
1760 Zu korrigieren sind nach h.M. nur unvertretbare Bewertungen; vgl. *Hüffer*, AktG⁹, § 259, Rn. 5 m.w.N.
1761 Vgl. *Godin/Wilhelmi*, AktG, § 259, Rn. 4. Die Prüfung der Voraussetzung für die Bestellung des Sonderprüfers erfolgt dagegen nach ADS⁶, § 258 AktG, Tz. 72 zweckmäßigerweise in umgekehrter Reihenfolge.

Besonderheiten der Berichterstattung bei anderen Prüfungen

Kommt der Sonderprüfer zu dem Ergebnis, dass die der Sonderprüfung zugrunde liegen- 1181
den Annahmen (§ 258 Abs. 1 S. 1 AktG) zutreffen, so wird er in seinem Bericht auf die –
ggf. abweichenden – Auffassungen des Vorstands, des AR und auch des APr. der Gesellschaft eingehen[1762]. Organe und APr. sind im Übrigen nach § 258 Abs. 3 AktG vor der
Bestellung der Sonderprüfer vom Gericht zu hören.

Da keine **Schutzklausel** besteht, können in den PrB auch Tatsachen aufzunehmen sein, 1182
deren Bekanntwerden geeignet ist, der Gesellschaft oder einem verbundenen Unternehmen einen nicht unerheblichen Nachteil zuzufügen, sofern ihre Kenntnis zur Beurteilung des zu prüfenden Vorgangs durch die HV erforderlich ist (§§ 259 Abs. 1 S. 3 i.V.m.
145 Abs. 4 bis 6 AktG).

Daneben sieht § 259 Abs. 1 S. 2 AktG eine **Pflicht zur Erweiterung der Berichter-** 1183
stattung vor, sofern der Sonderprüfer bei Wahrnehmung seiner Aufgaben[1763] feststellt,

– dass Posten überbewertet sind (§ 256 Abs. 5 S. 2 AktG),
– dass gegen die für die Gliederung der Bilanz und GuV ergangenen Vorschriften verstoßen wurde oder
– dass bestehende Formblätter nicht beachtet wurden.

Da das Gesetz nicht auf die Wesentlichkeit der Überbewertungen oder Gliederungs- bzw. 1184
Formblattverstöße abstellt, kann nur bei völlig unwesentlichen Verstößen von einer Berichterstattung abgesehen werden[1764]. Der Sonderprüfer wird auch im Falle einer festgestellten Überbewertung unter genauer Bezeichnung des Bilanzpostens die von ihm ermittelte Überbewertung betragsmäßig in nachvollziehbarer Weise darstellen. Bei festgestellten Verstößen gegen Gliederungs- oder Formblattvorschriften sind diese genau zu
beschreiben. Im Rahmen dieser erweiterten Berichterstattung stellt sich für den Prüfer die
Frage, ob er ggf. auch auf die Problematik der **Nichtigkeit** des JA einzugehen hat. Obwohl
das Gesetz einen derartigen Hinweis in den abschließenden Feststellungen nicht vorgeschrieben hat, wird man den Sonderprüfer dennoch für verpflichtet halten müssen, im PrB
auf die Nichtigkeitsfolge hinzuweisen, wenn er ernsthaft von der Nichtigkeit des JA ausgeht[1765]. Dagegen ist es nicht erforderlich, darauf einzugehen, ob die festgestellten Sachverhalte Auswirkungen auf die Vermittlung eines den tatsächlichen Verhältnissen entsprechenden Bildes des JA i.S.d. § 264 Abs. 2 HGB haben[1766].

Stößt der Sonderprüfer im Rahmen seiner Prüfung bei anderen als den im Prüfungsauftrag 1185
bezeichneten Posten auf Unterbewertungen oder auf fehlende bzw. unvollständige Angaben im Anh., die nicht Prüfungsgegenstand waren, so ist eine Berichterstattung gesetzlich
nicht gefordert[1767].

Anders als der Bericht über die allgemeine Sonderprüfung nach § 145 AktG muss der 1186
Sonderprüfungsbericht wegen unzulässiger Unterbewertung mit einer **abschließenden**
Feststellung enden, deren Inhalt in § 259 Abs. 2 bis 4 AktG festgelegt ist. Diese abschließenden Feststellungen sind vom Vorstand unverzüglich in den Gesellschaftsblättern
bekannt zu machen (§ 259 Abs. 5 AktG) und sollten daher einerseits das Ergebnis des

---

1762 Vgl. Kölner Komm. AktG³, § 259, Rn. 7.
1763 Zusätzliche Berichtspflicht, nicht Erweiterung des Prüfungsgegenstands; vgl. ADS⁶, § 259 AktG, Tz. 6.
1764 Vgl. ADS⁶, § 259 AktG, Tz. 8; MünchKomm. AktG², § 259, Rn. 7; a.A. (nur bei schweren Verstößen) *Godin/*
  Wilhelmi, AktG, § 259, Rn. 2.
1765 Vgl. ADS⁶, § 259 AktG, Tz. 11; *Godin/Wilhelmi*, AktG, § 259, Rn. 2.; Kölner Komm. AktG², § 259, Rn. 9;
  MünchKomm. AktG², § 259, Rn. 9; a.A. *Frey*, WPg 1966, S. 640.
1766 Vgl. ADS⁶, § 259 AktG, Tz. 10.
1767 Vgl. ADS⁶, § 259 AktG, Tz. 7; im Ergebnis ebenso: Kölner Komm. AktG³, § 259, Tz. 12; MünchKomm.
  AktG³, § 259, Tz. 5; a.A. *Kirchhoff*, S. 191 (für den Fall wesentlicher Unterbewertungen).

Prüfungsauftrags möglichst klar und vollständig darstellen, andererseits aber so kurz und auf das Wesentliche begrenzt formuliert werden, dass sie sich für die erforderliche Bekanntmachung eignen[1768]. Bei komplizierten Tatbeständen kann ggf. ein Hinweis auf den Sonderprüfungsbericht erforderlich sein, der trotz der abschließenden Feststellungen das eigentliche Informationsmittel über das Prüfungsergebnis darstellt[1769].

1187 Hat die Sonderprüfung bei den im Prüfungsauftrag bezeichneten Posten eine nicht unwesentliche **Unterbewertung festgestellt**, so ist in der abschließenden Feststellung zunächst anzugeben, zu welchem Wert die einzelnen Aktivposten mindestens und mit welchem Betrag die einzelnen Passivposten höchstens anzusetzen waren. Es erscheint sinnvoll, auch die im JA bilanzierten Werte anzugeben und so die Größenordnung der Abweichung erkennbar zu machen[1770]. Weiterhin ist anzugeben, um welchen Betrag der Jahresüberschuss sich bei Ansatz dieser Werte oder Beträge erhöht oder der Jahresfehlbetrag sich ermäßigt hätte. Dabei muss der Betrag der anzugebenden Veränderung nicht identisch sein mit dem zuerst genannten Betrag der Unterbewertung[1771]. Im Rahmen dieser Feststellung empfiehlt es sich, auch den im JA ausgewiesenen Jahresüberschuss bzw. Jahresfehlbetrag zu nennen.

1188 Hat der Sonderprüfer festgestellt, dass die bemängelten Posten nicht oder nur unwesentlich unterbewertet sind, so muss dies ebenfalls in einer abschließenden Feststellung erklärt werden. Nach § 259 Abs. 3 AktG kommt folgender **Wortlaut** in Betracht[1772]:

„Nach meiner (unserer) pflichtmäßigen Prüfung und Beurteilung sind die bemängelten Posten im Jahresabschluss zum ... [Datum] nicht unzulässig unterbewertet."

Diese Formulierung kann auch dann verwendet werden, wenn die Sonderprüfer zwar eine Unterbewertung festgestellt, diese jedoch als unwesentlich eingestuft haben[1773].

1189 Hat sich die Sonderprüfung auf fehlende oder unvollständige **Angaben im Anh.** bezogen und sind die Sonderprüfer zu dem Ergebnis gelangt, dass diese Angaben erforderlich gewesen wären und der Vorstand diese Angaben auf Anfrage nicht in der HV gemacht hat, so sind die betreffenden Angaben in der abschließenden Feststellung in der Weise vorzunehmen, wie sie im Anh. nach den gesetzlichen Vorschriften zu machen gewesen wären.

1190 Handelt es sich bei der unterlassenen Angabe um Abweichungen von Bewertungs- oder Abschreibungsmethoden, so muss in der abschließenden Feststellung auch der Betrag angegeben werden, um den der Jahresüberschuss oder Jahresfehlbetrag ohne die Abweichung, deren Angabe unterlassen wurde, höher oder niedriger gewesen wäre (§ 259 Abs. 4 AktG).

1191 Wenn die Sonderprüfer zu dem Ergebnis gelangen, dass die bemängelten Angaben nicht unterlassen worden sind oder unvollständig waren, so haben sie dies ebenfalls abschließend zu erklären. Nach § 259 Abs. 4 S. 3 AktG kommt dabei folgender **Wortlaut** in Betracht[1774]:

„Nach meiner (unserer) pflichtmäßigen Prüfung und Beurteilung sind im Anhang für das Geschäftsjahr ... keine der vorgeschriebenen Angaben unterlassen worden."

1768 Vgl. ADS⁶, § 259 AktG, Tz. 18; *Barz et al.,* § 259, Rn. 5.
1769 Vgl. ADS⁶, § 259 AktG, Tz. 18; *Barz et al.,* § 259, Rn. 5.
1770 Vgl. ADS⁶, § 259 AktG, Tz. 21; Kölner Komm. AktG³, § 259, Rn. 16; *Kruse,* S. 141.
1771 Vgl. ADS⁶, § 259 AktG, Tz. 23; Kölner Komm. AktG³, § 259, Rn. 16; *Kruse,* S. 136.
1772 Vgl. ADS⁶, § 259 AktG, Tz. 24.
1773 Vgl. ADS⁶, § 259 AktG, Tz. 24.
1774 Vgl. ADS⁶, § 259 AktG, Tz. 29.

Besonderheiten der Berichterstattung bei anderen Prüfungen Q

Diese Formulierung ist aber insb. dann problematisch, wenn die Sonderprüfer vermuten oder im Rahmen ihrer Prüfung sogar festgestellt haben, dass andere als die im Prüfungsauftrag bezeichneten Anhangangaben unterlassen wurden oder unvollständig waren. **1192**

Insofern ist es zweckmäßig, die abschließende **Feststellung** zu präzisieren und etwa folgenden **Wortlaut** zu verwenden[1775]: **1193**

„Nach meiner (unserer) pflichtmäßigen Prüfung und Beurteilung sind im Anhang für das Geschäftsjahr ... die in dem mir (uns) erteilten Auftrag als fehlend oder unvollständig bezeichneten Angaben in der vorgeschriebenen Form gemacht und nicht unterlassen worden."

Hat sich die Prüfung sowohl auf eine vermutete, nicht unwesentliche Unterbewertung als auch auf bemängelte Angaben im Anh. bezogen, sind die vorgeschriebenen abschließenden Feststellungen entsprechend miteinander zu verbinden[1776]. **1194**

Haben die Sonderprüfer bei Wahrnehmung ihrer Aufgaben Überbewertungen oder Verstöße gegen die Gliederungs- oder Formblattvorschriften festgestellt, so ergeben sich hieraus – über die erweiterte Berichterstattung im PrB hinaus – grds. keine Auswirkungen auf die abschließende Feststellung gem. § 259 Abs. 3 bzw. 4 AktG. Ebensowenig besteht auch keine gesetzliche Verpflichtung, in der abschließenden Feststellung auf eine drohende Nichtigkeit des JA hinzuweisen[1777]. **1195**

Stellen aber die Sonderprüfer eine nicht unwesentliche Unterbewertung und daneben auch eine Überbewertung fest, so besteht die Gefahr, dass aus der abschließenden Feststellung, die keinen Hinweis auf die Überbewertung enthält, unzutreffende Schlussfolgerungen gezogen werden. Daher sollten die Sonderprüfer zumindest in diesen Fällen, in denen die **Gefahr einer zu hohen Gewinnausschüttung** besteht, in der abschließenden Feststellung auf die mögliche Nichtigkeit des JA hinweisen[1778]. Diese Auffassung ist strittig: Nach a.A. sollen die Sonderprüfer wegen der kompensatorischen Wirkung der Überbewertung in den abschließenden Feststellungen auf den vollen Inhalt des PrB verweisen, der durch die Einreichung zum HR und durch das Recht der Aktionäre auf Erteilung von Abschriften zugänglich ist (§ 259 Abs. 1 S. 3 i.V.m. § 145 Abs. 6 S. 3 u. 4 AktG)[1779]. Andererseits wird aufgrund der Publizität des PrB keine Notwendigkeit gesehen, die abschließenden Feststellungen zu ergänzen, da der Vorstand, wenn er die Feststellung der Überbewertung akzeptiert, wegen der Nichtigkeit grds. ohnehin einen neuen JA aufstellen muss[1780]. **1196**

Der Bericht ist von den Sonderprüfern zu unterzeichnen (§ 259 Abs. 1 S. 3 i.V.m. § 145 Abs. 6 S. 3 AktG). Dabei ist es als berufsüblich anzusehen, den Sonderprüfungsbericht mit Ort und Tag der Unterzeichnung zu versehen, obwohl dies vom Gesetz nicht ausdrücklich verlangt wird[1781]. Nach der Unterzeichnung müssen die Sonderprüfer den Bericht unverzüglich dem Vorstand und zum HR des Sitzes der Gesellschaft einreichen (§ 259 Abs. 1 S. 3 i.V.m. § 145 Abs. 6 S. 3 AktG). **1197**

1775 Vgl. ADS[6], § 259 AktG, Tz. 30; *Barz et al.,* § 259, Rn. 10; Kölner Komm. AktG[3], § 259, Rn. 14; MünchKomm. AktG[2], § 259, Rn. 23.
1776 Vgl. ADS[6], § 259 AktG, Tz. 31.
1777 Vgl. ADS[6], § 259 AktG, Tz. 11; *Barz et al.,* § 259, Rn. 3; Kölner Komm. AktG[3], § 259, Rn. 10; a.A. MünchKomm. AktG[3], § 259, Rn. 7.
1778 So ADS[6], § 259 AktG, Tz. 13.
1779 Vgl. Kölner Komm. AktG[3], § 259, Rn. 10.
1780 Vgl. *Barz et al.,* § 259, Rn. 3.
1781 Vgl. ADS[6], § 259 AktG, Tz. 32.

dd) Sonderprüfung nach § 315 AktG

1198 Auf Antrag eines Aktionärs muss das Gericht gem. § 315 AktG Sonderprüfer bestellen, die die geschäftlichen Beziehungen der Gesellschaft zu dem herrschenden oder einem mit ihm verbundenen Unternehmen zu prüfen haben, wenn eine der folgenden **Voraussetzungen** gegeben ist:

- der APr. hat den BestV zum Abhängigkeitsbericht des Vorstands eingeschränkt oder versagt oder
- der AR hat erklärt, dass er Einwendungen gegen die Schlusserklärung des Vorstands im Abhängigkeitsbericht erhebt, oder
- der Vorstand hat im Abhängigkeitsbericht selbst erklärt, dass die Gesellschaft benachteiligt worden ist, ohne dass ein Ausgleich vorgenommen wurde.

1199 Gegenstand der Sonderprüfung sind die gesamten geschäftlichen Beziehungen der abhängigen Gesellschaft zum herrschenden Unternehmen und zu den mit diesem verbundenen Unternehmen, somit alle Sachverhalte, die einen Verstoß gegen § 311 AktG beinhalten können[1782].

1200 Für die Durchführung der Prüfung und für den **Prüfungsbericht** gilt § 145 AktG sinngemäß[1783]. Somit ist über das Ergebnis der Prüfung schriftlich zu berichten. Da eine Schutzklausel nicht besteht, sind ggf. auch Tatsachen darzustellen, deren Bekanntwerden geeignet ist, der Gesellschaft oder einem verbundenen Unternehmen einen nicht unerheblichen Nachteil zuzufügen, sofern ihre Kenntnis zur Beurteilung des zu prüfenden Vorgangs durch die HV erforderlich ist[1784]. Ausnahmen von der vollen Berichtspflicht kann das zuständige Gericht gem. § 145 Abs. 4 AktG anordnen. Für Inhalt und Aufbau des Berichts gelten die allgemeinen Grundsätze. Prüfungsumfang und Informationsinteressen der Berichtsadressaten führen zu erheblichen Anforderungen an die Sonderprüfer. Im PrB sind die Rechtsgeschäfte und Maßnahmen, bei denen Nachteile festgestellt wurden, darzustellen und die Nachteile zu quantifizieren.

1201 Eine abschließende Feststellung hat das Gesetz nicht vorgesehen, allerdings empfiehlt es sich, die wesentlichen Prüfungsfeststellungen in einer **Schlussbemerkung** in übersichtlicher Form nochmals darzustellen.

1202 Der PrB ist zu unterzeichnen und von den Sonderprüfern unverzüglich dem Vorstand und zum HR des Sitzes der Gesellschaft einzureichen (§ 145 Abs. 6 S. 3 AktG).

d) Kapitalerhöhung aus Gesellschaftsmitteln

1203 Sofern bei einer AG dem Beschluss über die Kapitalerhöhung aus Gesellschaftsmitteln nicht die letzte Jahresbilanz zugrunde gelegt wird, muss eine Zwischenbilanz aufgestellt werden, die nach § 209 Abs. 2 AktG den Rechnungslegungsvorschriften der §§ 150, 152 AktG, §§ 242 bis 256, 264 bis 274 HGB entsprechen muss. Erhöht eine GmbH ihr Stammkapital aus Gesellschaftsmitteln, so ist, wenn keine Jahresbilanz zugrunde gelegt wird, § 57f GmbHG die maßgebende Vorschrift für die dem Beschluss zugrunde zu legende Zwischenbilanz, die nach § 57f Abs. 1 GmbHG den allg. Vorschriften über die Gliederung und über die Wertansätze[1785] zu entsprechen hat.

[1782] Vgl. Begr. zum RegE AktG; *Geßler*, AktG, § 315, Rn. 4; *Baumbach/Hueck, AktG[13]*, § 315, Rn. 6; *Godin/Wilhelmi*, AktG, § 315, Rn. 4; *Noack*, WPg 1994, S. 227; einschränkend: *Barz et al.*, § 315, Rn. 6.

[1783] Vgl. *Geßler*, AktG, § 315, Rn. 6; *Godin/Wilhelmi*, AktG, § 315, Rn. 4.

[1784] Vgl. *Noack*, WPg 1994, S. 234.

[1785] Dies umfasst auch die rechtsformspezifischen Vorschriften der §§ 29 Abs. 2 u. 4, 42 GmbHG; vgl. *Budde/Förschle/Winkeljohann*, Sonderbilanzen[4], Kap. E, Rn. 124.

Besonderheiten der Berichterstattung bei anderen Prüfungen   Q

Unabhängig davon, ob eine Jahresbilanz oder eine Zwischenbilanz zugrunde gelegt wird, muss diese in jedem Fall geprüft und mit dem **uneingeschränkten BestV** des APr. versehen sein. Die §§ 209 AktG bzw. 57f GmbHG verlangen allerdings lediglich eine geprüfte Bilanz nicht dagegen einen geprüften Abschluss.

Ergibt sich aus der Besonderheit des Prüfungsauftrags nichts anderes, sind die Vorschriften des HGB zum PrB sowie zum BestV entsprechend anzuwenden[1786]. Ein bestimmter Wortlaut für den **uneingeschränkten Bestätigungsvermerk** ist vom Gesetz nicht vorgeschrieben[1787].

Weitere Ausführungen, namentlich zum Umfang der ggü. *IDW PS 450* regelmäßig einschränkbaren Prüfungsberichterstattung, sowie ein Formulierungsbeispiel für einen uneingeschränkten BestV enthält *IDW PH 9.400.6*. 1204

2. Prüfungen nach dem Umwandlungsgesetz

a) Allgemeines

Der Begriff der Umwandlung ist im **Umwandlungsgesetz (UmwG)**[1788] selbst nicht definiert. § 1 Abs. 1 UmwG enthält lediglich eine Aufzählung der vier möglichen Arten der Umwandlung nach dem UmwG. Dies sind: die Verschmelzung, die Spaltung, die Vermögensübertragung und der Formwechsel[1789]. Den ersten drei Umwandlungsarten ist gemeinsam, dass Vermögen von einem oder mehreren Rechtsträgern im Wege der **Gesamtrechtsnachfolge** auf andere Rechtsträger übertragen wird[1790]. Als Gegenleistung erhält der übertragende Rechtsträger bzw. dessen Anteilseigner eine Beteiligung am übernehmenden Rechtsträger oder eine sonstige Leistung. Beim Formwechsel ändert sich lediglich die Rechtsform, es findet keine Übertragung von Vermögen statt. 1205

In Abhängigkeit von Umwandlungsart und Rechtsform der beteiligten Rechtsträger kommen folgende Prüfungen in Betracht: 1206

- Verschmelzungsprüfung;
- Spaltungsprüfung;
- Prüfung des Formwechsels;
- Gründungsprüfung;
- Nachgründungsprüfung;
- Prüfung der Sacheinlage.

Daneben kann im Einzelfall eine Prüfung der den Umwandlungsvorgängen zugrunde liegenden Bilanzen erforderlich sein: Erlischt ein an der Umwandlung beteiligter Rechtsträger infolge des Vermögensübergangs im Rahmen einer Umwandlung i.S.d. UmwG, so hat er eine Schlussbilanz zu erstellen[1791]. Die gleiche Verpflichtung besteht aber auch für den weiter bestehenden Rechtsträger in den Fällen der Abspaltung, Ausgliederung und Teilübertragung durch Abspaltung oder Ausgliederung. Für diese Schlussbilanz gelten gem. § 17 Abs. 2 S. 2 UmwG die Vorschriften über die Prüfung der Jahresbilanz ent- 1207

1786 Vgl. *IDW PH 9.400.6*, Tz. 3, 10.
1787 Vgl. Kölner Komm. AktG², § 209, Rn. 14; a.A. MünchKomm. AktG³, AktG, § 209, Rn. 36.
1788 Gesetz v. 28.10.1994, BGBl. I, S. 3210, ber. BGBl. I 1995, S. 428, zuletzt geändert durch Gesetz v. 11.07.2011, BGBl. I, S. 1338.
1789 Zu Einzelheiten bzw. Zweifelsfragen hinsichtlich der Rechnungslegung bei Verschmelzungen vgl. *StN HFA 2/1997* (zukünftig *IDW (E)RS HFA 42*), bei Spaltungen vgl. *StN HFA 1/1998* (zukünftig *IDW (E)RS HFA 43*) sowie beim Formwechsel vgl. zukünftig *IDW (E)RS HFA 41*.
1790 Vgl. *Hörtnagl*, in: Schmitt/Hörtnagl/Stratz, UmwG⁵, § 1 UmwG, Rn. 1 f.
1791 Vgl. *Widmann/Mayer*, UmwRecht³, § 24 UmwG, Rn. 32; *Hörtnagl*, in: Schmitt/Hörtnagl/Stratz, UmwG⁵, § 17 UmwG, Rn. 8 f.

2275

sprechend[1792]. Hierdurch wird keine eigenständige Prüfungspflicht begründet; die Schlussbilanz ist nur zu prüfen, wenn auch der JA prüfungspflichtig wäre[1793]. Im Gegensatz dazu sind für den übernehmenden Rechtsträger verschmelzungsbedingt keine besonderen Prüfungen veranlasst[1794] und zwar unabhängig davon, ob er gem. § 242 Abs. 1 S. 1 HGB eine Eröffnungsbilanz zu erstellen hat[1795], oder die Umwandlung als laufenden Geschäftsvorfall behandeln kann[1796]. In beiden Fällen wird die Umwandlung im Zuge der Prüfung des JA berücksichtigt, der das erste GJ des entstehenden Rechtsträgers[1797] oder das GJ betrifft, als dessen Geschäftsvorfall sich die Umwandlung darstellt.

b) Ergebnis der Verschmelzungsprüfung

aa) Ablauf der Verschmelzung

1208 Das **Umwandlungsverfahren** kann bei allen Umwandlungsvarianten in folgende drei Entwicklungsphasen eingeteilt werden, die Vorbereitungsphase, die Beschlussphase und die Vollzugsphase[1798].

1209 In der **Vorbereitungsphase** haben die Vertretungsorgane der an der Verschmelzung beteiligten Rechtsträger zunächst einen **Verschmelzungsvertrag** zu schließen oder einen schriftlichen Entwurf aufzustellen, der die Mindestanforderungen des § 5 Abs. 1 UmwG[1799] erfüllt. Nach § 6 UmwG ist der Verschmelzungsvertrag notariell zu beurkunden. Weiterhin müssen nach § 8 UmwG die Vertretungsorgane jedes der an der Verschmelzung beteiligten Rechtsträgers einen ausführlichen, schriftlichen Bericht **(Verschmelzungsbericht)**[1800] erstatten, in dem der Verschmelzungsvertrag oder dessen Entwurf und insb. das Umtauschverhältnis der Anteile oder die Angaben über die Mitgliedschaft bei dem übernehmenden Rechtsträger sowie die Höhe einer anzubietenden Barabfindung rechtlich und wirtschaftlich zu erläutern und zu begründen ist. Dabei ist auf besondere Schwierigkeiten bei der Bewertung der Rechtsträger und auf die Folgen für die Beteiligung der Anteilsinhaber hinzuweisen. Der Verschmelzungsbericht kann von den Vertretungsorganen der beteiligten Rechtsträger auch gemeinsam erstattet werden[1801]. Im Zuge des Dritten Gesetzes zur Änderung des Umwandlungsgesetzes[1802] wurde die Berichtspflicht auf eine allgemeine Unterrichtungspflicht hinsichtlich solcher Vermögensänderungen ausgedehnt, die zwischen Abschluss des Verschmelzungsvertrags bzw. Aufstellung des Entwurfs und dem Zeitpunkt der Beschlussfassung eingetreten sind.

1210 Für den Fall, dass ein an der Verschmelzung beteiligter Rechtsträger ein verbundenes Unternehmen i.S.v. § 15 AktG ist, müssen gem. § 8 Abs. 1 S. 3 UmwG auch Angaben über wesentliche Angelegenheiten der anderen verbundenen Unternehmen gemacht werden,

---

1792 Vgl. auch Tz. 1238.
1793 Vgl. *Hörtnagl*, in: Schmitt/Hörtnagl/Stratz, UmwG⁵, § 17 UmwG, Rn. 20 ff. m.w.N.
1794 Vgl. *Widmann/Mayer*, UmwRecht³, § 24 UmwG, Rn. 268; *Schiller*, BB 1991, S. 2408.
1795 Vgl. zu den hier in Betracht kommenden Fallgruppen *Widmann/Mayer*, UmwRecht³, § 24 UmwG, Rn. 219.
1796 Zu den Folgen für die Rechnungslegung beim übernehmenden Rechtsträger im Einzelnen vgl. StN HFA 2/1997, Abschn. 3 sowie StN HFA 1/1998, Abschn. 3.
1797 Vgl. *Widmann/Mayer*, UmwRecht³, § 24 UmwG, Rn. 268 m.w.N.
1798 Vgl. *Hörtnagl*, in: Schmitt/Hörtnagl/Stratz, UmwG⁵, § 1 UmwG, Rn. 7–9; vgl. auch WP Handbuch 2008 Bd. II, D Tz. 12.
1799 Zum Inhalt im Einzelnen vgl. *Stratz*, in: Schmitt/Hörtnagl/Stratz, UmwG⁵, § 5 UmwG, Rn. 1 ff.
1800 Vergleichbare Berichterstattungspflichten bestehen für die Spaltung (§ 125 S. 1 i.V.m. § 8 Abs. 1 UmwG) und für den Formwechsel gem. § 192 AktG.
1801 Vgl. *Stratz*, in: Schmitt/Hörtnagl/Stratz, UmwG⁵, § 8 UmwG, Rn. 1–2.
1802 Gesetz v. 11.07.2011, BGBl. I, S. 1338.

soweit sie für die Verschmelzung wesentlich sind. Entsprechend erstrecken sich hierauf auch die Auskunftspflichten der Vertretungsorgane.

Gem. § 8 Abs. 2 UmwG brauchen in dem Verschmelzungsbericht Tatsachen, deren Bekanntmachung geeignet ist, einem der beteiligten Rechtsträger oder einem verbundenen Unternehmen Nachteile zuzufügen, nicht aufgenommen zu werden (**Grenze der Berichtspflicht** bei Geheimnisschutz)[1803]. Allerdings sind in diesem Fall die Gründe im Verschmelzungsbericht darzulegen. 1211

Der Verschmelzungsvertrag oder sein Entwurf ist nach § 9 Abs. 1 UmwG durch einen oder mehrere sachverständige Prüfer (**Verschmelzungsprüfer**) zu prüfen. Neben der Prüfungspflicht des Verschmelzungsvertrages werden in den §§ 10 bis 12 UmwG die Bestellung des Verschmelzungsprüfers, seine Stellung und Verantwortlichkeit sowie die Anforderungen an den PrB normiert[1804]. Die Verschmelzungsprüfer werden nach § 10 Abs. 1 UmwG auf Antrag des Vertretungsorgans vom zuständigen[1805] Gericht ausgewählt und bestellt, wobei eine gemeinsame Bestellung für mehrere oder alle beteiligten Rechtsträger möglich ist[1806]. 1212

Im Anschluss an die Vorbereitungsphase folgt die Phase der **Beschlussfassung**[1807] der Anteilsinhaber über die Umwandlung. Diese werden ihre Entscheidungsfindung regelmäßig auf Basis der dafür bedeutsamen Unterlagen (Verschmelzungsvertrag, Bericht der Leitungsorgane und ggf. **Verschmelzungsprüfungsbericht**) ausrichten[1808]. 1213

In der **Vollzugsphase** erfolgt entsprechend den unterschiedlichen speziellen Regelungen der jeweiligen Umwandlungsvarianten die Anmeldung, Eintragung und Bekanntmachung der Umwandlung. 1214

bb) Inhalt des Verschmelzungsprüfungsberichts

Im Gesetz wird die Prüfung für jeden an der Verschmelzung beteiligten Rechtsträger separat geregelt. Die Prüfungspflicht ergibt sich danach aus der Rechtsform der beteiligten Rechtsträger und ist jeweils separat zu beurteilen[1809]. 1215

Während bei der Verschmelzung, der Auf- und Abspaltung und der Vermögensübertragung unter Beteiligung von AG oder KGaA eine Verschmelzungsprüfung grds. vorgeschrieben ist, hängt dies bei Beteiligung von Personengesellschaften[1810], GmbH und eingetragenen Vereinen davon ab, ob ein Gesellschafter bzw. 10% der Mitglieder des Vereins die Prüfung verlangen. Eine Pflichtprüfung ist auch dann erforderlich, wenn nach § 29 UmwG ein Barabfindungsangebot gemacht werden muss, es sei denn, die betroffenen Anteilseigner verzichten auf eine Prüfung[1811]. Auch in den Fällen grundsätzlicher Prüfungspflicht kann diese unterbleiben, wenn sich alle Anteile eines übertragenden Rechts-

---

1803 Vgl. *Stratz*, in: Schmitt/Hörtnagl/Stratz, UmwG[5], § 8 UmwG, Rn. 28.
1804 Vgl. *Bula/Schlösser*, in: Sagasser/Bula/Brüninger, Umwandlungen[3], Rn. J 93.
1805 § 10 Abs. 2 UmwG.
1806 Hinsichtlich der Einzelheiten vgl. *Lutter*, UmwG[4], § 9, Rn. 10; *Bula/Schlösser*, in: Sagasser/Bula/Brüninger, Umwandlungen[3], J Rn. 98; *Stratz*, in: Schmitt/Hörtnagl/Stratz, UmwG[5], § 10 UmwG, Rn. 8.
1807 Vgl. *Stratz*, in: Schmitt/Hörtnagl/Stratz, UmwG[5], § 13 UmwG.
1808 Vgl. *Zeidler*, § 12 UmwG, Rn. 2.
1809 Vgl. RegBegr. zu § 9 UmwG, BT-Drs. 12/6699, S. 84; *Ganske*, WPg 1994, S. 159, eine detaillierte Übersicht auch bei *Bula/Schlösser* in: Sagasser/Bula/Brüninger, Umwandlungen[3], J Rn. 95 sowie auch WP Handbuch 2008, Bd. II, Kap. D, Tz. 31.
1810 Sofern der Gesellschaftsvertrag für den Verschmelzungsbeschluss eine Mehrheitsentscheidung vorsieht (§ 44 S. 1 UmwG).
1811 Vgl. *Kallmeyer*, UmwG[4], § 9, Rn. 7.

trägers in der Hand des übernehmenden Rechtsträgers befinden (§ 9 Abs. 2 UmwG) bzw. wenn alle Anteilsinhaber aller beteiligten Rechtsträger auf eine Prüfung verzichten (§ 9 Abs. 3 i.V.m. § 8 Abs. 3 UmwG).

1216 Die Verschmelzungsprüfer haben über das Ergebnis der Prüfung schriftlich zu berichten[1812]. Der PrB kann auch gemeinsam erstattet werden (§ 12 Abs. 1 UmwG). Allerdings können die Gesellschafter nach § 12 Abs. 3 i.V.m. § 8 Abs. 3 UmwG auf die Erstellung eines PrB verzichten, wenn sie z.B. das Ergebnis der Prüfung nach mündlicher Erörterung für richtig und daher einen schriftlichen Bericht nicht mehr für erforderlich halten[1813].

1217 Die Ausgestaltung des PrB nach Art und Inhalt hat der Gesetzgeber im Einzelnen nicht festgelegt. Es empfiehlt sich folgende Gliederung[1814]:

　I.　Auftrag und Auftragsdurchführung
　II.　Prüfung des (Entwurfs eines) Verschmelzungsvertrages
　　1.　Vollständigkeit des Verschmelzungsvertrages
　　2.　Methodik zur Ermittlung des vorgeschlagenen Umtauschverhältnisses
　　3.　Angemessenheit der angewandten Bewertungsmethoden
　III.　Erklärung zur Angemessenheit des vorgeschlagenen Umtauschverhältnisses

– Anlagen

Das WP Handbuch 2008, Bd. II enthält in Kap. D umfangreiche Hinweise zu Inhalt und Darstellung der einzelnen Berichtsabschnitte. Im Folgenden werden daher nur wesentliche Einzelaspekte angesprochen.

1218 Im Rahmen der Erläuterung von **Auftrag und der Auftragsdurchführung** empfiehlt sich der ausdrückliche Hinweis, dass die Vollständigkeit und Richtigkeit des Verschmelzungsberichts nicht Prüfungsgegenstand ist[1815].

1219 **Gegenstand der Verschmelzungsprüfung** ist der Verschmelzungsvertrag oder dessen Entwurf und bezieht sich zunächst darauf, ob die Mindestanforderungen des § 5 Abs. 1 UmwG erfüllt sind (**Vollständigkeit des Verschmelzungsvertrages**). Zwar sind die Verschmelzungsberichte der Vertretungsorgane nach den gesetzlichen Vorschriften nicht Gegenstand der Verschmelzungsprüfung[1816], sie stellen jedoch eine wichtige Unterlage für die Prüfer dar, da die Vertretungsorgane auch das Umtauschverhältnis der Anteile und ggf. die Höhe der baren Zuzahlung bzw. einer Barabfindung zu erläutern und zu begründen haben[1817]. Die neben die Berichte der Vertretungsorgane als eigenständiger Schutzmechanismus[1818] tretende Prüfung dient dem **Schutz der Anteilseigner** des übertragenden aber auch des übernehmenden Rechtsträgers[1819]. Hieraus hat die Rechtsprechung[1820] folgende Prüfungsziele entwickelt, an denen sich die Prüfung auszurichten hat:

1812 Einzelheiten unter WP Handbuch 2008, Bd. II, Kap. D, Tz. 64 ff.
1813 Vgl. Begr. z. § 12 RegE UmwG, BT-Drs. 12/6699, S. 85; zu den Bedenken hierzu vgl. Schreiben des IDW v. 22.09.1992 an das Bundesjustizministerium, FN-IDW 1992, S. 383.
1814 Vgl. *StN HFA 6/1988,* Abschn. III; auch WP Handbuch 2008, Bd. II, Kap. D, Tz. 77.
1815 Siehe auch *StN HFA 6/1988,* Abschn. III.
1816 Vgl. *StN HFA 6/1988,* Abschn. 1; *Schedlbauer,* Sonderprüfungen, S. 129; *Mertens,* AG 1990, S. 31; Vgl. auch *Kallmeyer,* UmwG[4], § 9, Rn. 10 m.w.N.; a.A. Kölner Komm. AktG[3], § 340, Rn. 7; *Dirrigl,* WPg 1989, S. 417; *Bayer,* AG 1988, S. 328.
1817 Vgl. *StN HFA 6/1988,* Abschn. I; *Meyer zu Lösebeck,* WPg 1989, S. 500; *Schedlbauer,* Sonderprüfungen, S. 129.
1818 Vgl. *Stratz,* in: Schmitt/Hörtnagl/Stratz, UmwG[5], § 9 UmwG, Rn. 4.
1819 Vgl. *Bula/Schlösser,* in: Sagasser/Bula/Brüninger, Umwandlungen[3], J Rn. 94.
1820 Vgl. BGH v. 22.05.1989 (II ZR 206/88), NJW 1989, S. 2689; vgl. auch *Kallmeyer,* UmwG[4], § 9, Rn. 16.

- Vollständigkeit des Verschmelzungsvertrages;
- Richtigkeit der Angaben im Verschmelzungsvertrag;
- Angemessenheit des Umtauschverhältnisses.

Weiter ist auch die **Methodik zur Ermittlung des vorgeschlagenen Umtauschverhältnisses** und demzufolge die Beurteilung der Angemessenheit wesentliches Element der Prüfung[1821]. Hierbei ist zu beachten, dass der Verschmelzungsprüfer nicht etwa das Umtauschverhältnis bestätigt, sondern lediglich das ihm vorgegebene Ergebnis überprüft[1822]. 1220

Zudem umfasst die Prüfung nicht die Frage nach der Sinnhaftigkeit der Verschmelzung als solcher und ihrer möglichen wirtschaftlichen Rechtfertigung. Verschmelzungsprüfung ist Rechtmäßigkeits-, nicht aber Zweckmäßigkeitskontrolle[1823]. 1221

Nach § 12 Abs. 2 S. 2 UmwG ist der Verschmelzungsprüfer nicht gehalten, selbst ein Umtauschverhältnis zu errechnen und dieses dem Wert des Umtauschverhältnisses im Verschmelzungsvertrag gegenüberzustellen. Allerdings hat er Kontrollrechnungen durchzuführen und zu überprüfen, ob die Berechnungen und zugrunde gelegten Annahmen im Verschmelzungsvertrag nachvollziehbar und vertretbar sind, (**Angemessenheit der angewandten Bewertungsmethoden**)[1824] und ob die angewandten Methoden den **Grundsätzen ordnungsmäßiger Unternehmensbewertung**, wie sie z.B. im *IDW S 1 i.d.F. 2008* niedergelegt sind, entsprechen. 1222

Der PrB hat nach § 12 Abs. 2 UmwG mit einer **Erklärung** darüber abzuschließen, ob das vorgeschlagene Umtauschverhältnis, ggf. die Höhe der baren Zuzahlung oder die Mitgliedschaft bei dem übernehmenden Rechtsträger, als Gegenwert angemessen ist. Dabei ist anzugeben: 1223

- nach welchen Methoden das vorgeschlagene Umtauschverhältnis ermittelt worden ist;
- aus welchen Gründen die Anwendung dieser Methoden angemessen ist;
- welches Umtauschverhältnis oder welcher Gegenwert sich bei Anwendung verschiedener Methoden, sofern mehrere angewendet worden sind, jeweils ergeben würde; zugleich ist darzulegen, welches Gewicht den verschiedenen Methoden[1825] bei der Bestimmung des vorgeschlagenen Umtauschverhältnisses oder des Gegenwerts und der ihnen zugrunde liegenden Werte beigemessen worden ist und welche besonderen Schwierigkeiten bei der Bewertung der Rechtsträger aufgetreten sind.

Gesetzliche Vorgaben, die eine bestimmte Bewertungsmethode vorschreiben, bestehen nicht. Orientiert am Ziel der Prüfung, die Angemessenheit des Umtauschverhältnis zu ermitteln, ist Aufgabe der Prüfung nicht die exakte Errechnung des Unternehmenswertes der beteiligten Rechtsträger, sondern die Ermittlung der zutreffenden Relation der Unternehmenswerte[1826]. Daraus folgt zunächst im Grundsatz, dass die beteiligten Unternehmen auf Basis der gleichen Methode zu bewerten sind[1827], es sei denn Besonderheiten zwingen 1224

1821 Vgl. *Stratz,* in: Schmitt/Hörtnagl/Stratz, UmwG[5], § 12 UmwG, Rn. 4.
1822 Vgl. *Stratz,* in: Schmitt/Hörtnagl/Stratz, UmwG[5], § 12 UmwG, Rn. 4.
1823 Vgl. *Stratz,* in: Schmitt/Hörtnagl/Stratz, UmwG[5], § 9 UmwG, Rn. 5; *Lutter,* UmwG[4], § 9 UmwG, Rn. 9 ff. m.w.N.
1824 Vgl. *Stratz,* in: Schmitt/Hörtnagl/Stratz, UmwG[5], § 12 UmwG, Rn. 5.
1825 Vgl. *StN HFA 6/1988,* Abschn. II; *Schedlbauer,* Sonderprüfungen, S. 130.
1826 BayObLG v. 18.12.2002 (3Z BR 116/00), BB 2003, S. 275, ZIP 2003, S. 253; *Lutter,* UmwG[4], § 5, Rn. 19 m.w.N.
1827 *Lutter,* UmwG[4], § 5, Rn. 19 m.w.N.

zur Anwendung unterschiedlicher Methoden, um Vergleichbarkeit der Ergebnisse zu erreichen[1828].

Vergleichbare Ergebnisse lassen sich nur erzielen, wenn die Bewertung jeweils auf den gleichen Stichtag erfolgt, wobei mangels gesetzlicher Regelung davon auszugehen ist, dass die Parteien in der Wahl des Bewertungsstichtags grds. frei sind, soweit dieser vor dem Zeitpunkt der Beschlussfassung der Anteilseigner über die Verschmelzung liegt[1829]. Hinsichtlich der Methodik der Bewertung ist unter dem Eindruck des Beschlusses des BVerfG[1830] zur Ermittlung eines angemessenen Ausgleichs bzw. einer angemessenen Abfindung bei Abschluss eines Beherrschungs- und Gewinnabführungsvertrages umstritten, inwieweit ein etwaiger Börsenkurs bei der Ermittlung der Unternehmenswertrelation eine Rolle spielt[1831]. Sachgerecht dürfte es sein, jedenfalls dann nicht auf den Börsenkurs abzustellen, wenn anders als bei der dem Beschluss des BVerfG zugrunde liegenden Konstellation keine Beeinträchtigung der Vermögensinteressen einzelner Aktionärsgruppen zu befürchten ist[1832]. Demgegenüber stellt der Börsenkurs dann die Untergrenze der Bewertung dar, wenn die Verschmelzung konzernverbundener Unternehmen erfolgt[1833] oder Aktionäre im Rahmen der Umwandlung Anspruch auf Barabfindung haben.

Im Übrigen wird der Wert eines Unternehmens unter der Voraussetzung ausschließlich finanzieller Ziele grds. durch den Zukunftserfolgswert bestimmt.

1225 Die Verschmelzungsprüfer müssen daher prüfen, ob die angewandten Methoden den **Grundsätzen ordnungsmäßiger Unternehmensbewertung**, wie sie z.B. im *IDW S 1 i.d.F. 2008* niedergelegt sind, entsprechen. Sie haben dabei auch zu beurteilen, ob die der Unternehmensbewertung zugrunde liegenden Daten fachgerecht abgeleitet sind und ob die Zukunftsschätzungen plausibel erscheinen[1834].

1226 Grds. wird es genügen, im PrB festzustellen, dass das Ertragswert- bzw. das Discounted Cashflow-Verfahren angewandt wurde und dass das Verfahren den im *IDW S 1 i.d.F. 2008* dargestellten Grundsätzen zur Durchführung von Unternehmensbewertungen entspricht[1835]; ggf. können auch Ergänzungen zu den im Verschmelzungsbericht gemachten Ausführungen erforderlich werden, insb. um auf Abweichungen von den Bewertungsgrundsätzen hinzuweisen[1836]. Allerdings hat es das OLG Karlsruhe als nicht ausreichend angesehen, lediglich die Angemessenheit der Quoten zu testieren; vielmehr sollten die Berichtsleser in gewissem Umfang auch in die Lage versetzt werden, das Prüfungsergebnis nachzuvollziehen[1837].

1828 *Lutter*, UmwG⁴, § 5, Rn. 19; *Kallmeyer*, UmwG⁴, § 8 UmwG, Rn. 11.
1829 Streitig wie hier *Lutter*, UmwG⁴, § 5, Rn. 21 m.w.N.; vgl. auch BVerfG v. 25.07.2003 (2 BvR 1198/03), BVerfGE 108, S. 238 („Verschmelzungsstichtag").
1830 BVerfG v. 27.04.1999 (1 BvR 1613/94), BVerfGE 100, S. 289 („DAT/Altana").
1831 Vgl. *Lutter*, UmwG⁴, § 5, Rn. 24 mit ausführlicher Darstellung des Meinungsstandes.
1832 So beim sog. „merger of equals" BayObLG v. 18.12.2002, ZIP 2003, S. 253.
1833 Vgl. *Lutter*, UmwG⁴, § 5, Rn. 25 m.w.N.
1834 Vgl. *StN HFA 6/1988,* Abschn. II; *Schedlbauer,* Sonderprüfungen, S. 130.
1835 Vgl. *StN HFA 6/1988,* Abschn. I; *Mertens,* AG 1990, S. 31; a.A. (d.h. ausführliche Angaben verlangend) *Dirrigl,* WPg 1989, S. 456; *Bayer,* AG 1988, S. 328.
1836 Vgl. *Meyer zu Lösebeck,* WPg 1989, S. 500; *Mertens,* AG 1990, S. 32; OLG Karlsruhe v. 30.06.1989 (15 U 76/88), AG 1990, S. 37.
1837 Vgl. OLG Karlsruhe v. 30.06.1989 (15 U 76/88) („SEN"), AG 1990, S. 37, bestätigt durch BGH v. 29.10.1990 (II ZR 146/89), BB 1991, S. 17; vgl. auch OLG Frankfurt v. 22.08.2000 (14 W 23/00), ZIP, S. 1928; a.A. nur über das Ergebnis der Prüfung zu berichten z.B. *Stratz* in: Schmitt/Hörtnagl/Stratz, UmwG⁵, § 12 UmwG, Rn. 13 m.w.N.

Vom Verschmelzungsprüfer wird keine Stellungnahme zu der Frage verlangt, ob die rechtlichen und wirtschaftlichen Interessen der Gesellschafter aller beteiligten Rechtsträger gewahrt sind[1838]. Kommen die Verschmelzungsprüfer jedoch im Rahmen ihrer Prüfung zu dem Ergebnis, dass die Verschmelzung mit großer Wahrscheinlichkeit insgesamt zu nicht unwesentlichen negativen Verbundeffekten führen wird, so werden sie entsprechend der Rechtsprechung des BGH zur **Redepflicht** des APr. und zur **Warnpflicht** des Gründungsprüfers hierauf im PrB hinzuweisen haben. 1227

Nach der **Schutzklausel** der §§ 12 Abs. 3 i.V.m. 8 Abs. 2 UmwG brauchen Tatsachen nicht in den PrB aufgenommen zu werden, deren Bekanntwerden geeignet ist, einem der beteiligten Rechtsträger oder einem verbundenen Unternehmen einen nicht unerheblichen Nachteil zuzufügen. Durch die entsprechende Anwendung der für den Verschmelzungsbericht geltenden Schutzklausel wird es auch für den PrB erforderlich sein, die Gründe, aus denen die Tatsachen nicht aufgenommen wurden, darzulegen. 1228

Im Normalfall wird es nicht erforderlich sein, detaillierte, ins einzelne gehende Zahlenangaben in den PrB aufzunehmen, da im Vordergrund der Berichterstattung gem. § 12 UmwG das Prüfungsergebnis steht[1839], während § 8 Abs. 1 UmwG für den Verschmelzungsbericht der Vertretungsorgane ausdrücklich Ausführlichkeit verlangt[1840]. Sofern jedoch die Verschmelzungsprüfer Einwendungen gegen den Verschmelzungsvertrag und dabei insb. gegen das vorgesehene Umtauschverhältnis zu erheben haben und daher die abschließende Erklärung einschränken oder versagen, ist es i.d.R. erforderlich, die Gründe für die Einschränkung oder Versagung durch betragsmäßige Angaben zu unterlegen[1841]. 1229

cc) Erklärung zur Angemessenheit des vorgeschlagenen Umtauschverhältnisses

Als wesentliches Ergebnis der Verschmelzungsprüfung muss der PrB die Bestätigung über die Angemessenheit des Umtauschverhältnisses sowie ggf. der Höhe der baren Zuzahlung bzw. der Barabfindung, oder der Mitgliedschaft bei dem übernehmenden Rechtsträger als Gegenwert enthalten, wobei der Wortlaut der darauf abzielenden abschließenden Erklärung nicht gesetzlich vorgeschrieben ist. Jedoch findet sich in *IDW StN HFA 6/1988* Abschnitt IV eine Formulierungsempfehlung für eine **Schlusserklärung**, deren **Wortlaut** im WP Handbuch 2008 Bd. II, D Tz. 84 wie folgt fortgeschrieben ist[1842]: 1230

„Nach meinen/unseren Feststellungen ist aus den dargelegten Gründen das vorgeschlagene Umtauschverhältnis, nach dem die Gesellschafter der ... für ... Anteile ihrer Gesellschaft im Nennbetrag von (zum geringsten Ausgabebetrag von) EUR ... Anteile der... im Nennbetrag von (zum geringsten Ausgabebetrag von) EUR ... erhalten, auf der Grundlage der Verschmelzungswertrelation zum ... angemessen. Bare Zuzahlungen werden (nicht) gewährt."

Ist nach dem Ergebnis der Verschmelzungsprüfung der Inhalt des Verschmelzungsvertrages unvollständig oder unrichtig oder das Umtauschverhältnis unangemessen, so ist dies in der Schlusserklärung darzustellen und zu begründen. 1231

Zu den Fragen der Offenlegung des PrB sowie den Rechtsfolgen bei nicht ordnungsgemäßem oder fehlendem PrB und bei Änderung des Verschmelzungsvertrags oder dessen Entwurf nach Erstattung des PrB wird auf die Ausführungen im WP Handbuch 2008, Bd. II, Kap. D, verwiesen. 1232

1838 Vgl. BT-Drs. 9/1065, S. 16.
1839 Vgl. *Rodewald,* BB 1992, S. 241.
1840 Vgl. hierzu auch die Urteile des BGH v. 29.10.1990 (II ZR 146/89), BB 1991, S. 17; WM, S. 140.
1841 Vgl. die Urteile des BGH v. 29.10.1990 (II ZR 146/89), BB 1991, S. 17; WM, S. 140.
1842 Vgl. *StN HFA 6/1988,* Abschn. IV; zustimmend *Widmann/Mayer,* UmwRecht³, § 12 UmwG, Rn. 26.

c) Berichterstattung im Rahmen der verschmelzungsbedingten Nachgründungsprüfung

1233 Sofern der Verschmelzungsvertrag in den ersten zwei Jahren seit Eintragung der übernehmenden Gesellschaft in das HR abgeschlossen wird, gilt § 52 Abs. 3, 4, 7 bis 9 AktG über die **Nachgründung** entsprechend, wenn der Gesamtnennbetrag der zu gewährenden Aktien den zehnten Teil des Grundkapitals dieser Gesellschaft übersteigt (§ 67 UmwG). Die Verpflichtung zur Nachgründungsprüfung besteht nicht, wenn die betreffende AG durch Formwechsel aus einer GmbH entstanden ist und die GmbH mindestens zwei Jahre im Handelsregister eingetragen war. In den Fällen der Nachgründungsprüfung hat der AR der übernehmenden Gesellschaft über seine Prüfung des Verschmelzungsvertrages schriftlich zu berichten. Ferner muss eine Prüfung durch einen oder mehrere externe Prüfer stattfinden, wobei hiermit auch der Verschmelzungsprüfer betraut werden kann[1843]. Festzustellen ist, ob die Angaben im Bericht des AR vollständig und richtig sind und ob der Unternehmenswert der übertragenden Gesellschaft den Nennbetrag der dafür zu gewährenden Aktien erreicht (§ 52 Abs. 4 i.V.m. § 34 Abs. 1 AktG)[1844]. Nachgründungsprüfung bedeutet also in erster Linie Kontrolle der Einhaltung des Verbots der materiellen Unterpariemission[1845].

1234 Für die **Schlussbemerkung** im PrB kommt bspw. folgender **Wortlaut** in Betracht:

„Nach dem abschließenden Ergebnis meiner/unserer pflichtgemäßen Prüfung nach §§ 34, 52 Abs. 4 AktG aufgrund der mir/uns vorgelegten Urkunden, Bücher und Schriften sowie der mir/uns erteilten Aufklärungen und Nachweise bestätige ich/bestätigen wir, dass die Angaben im Nachgründungsbericht des Aufsichtsrates richtig und vollständig sind. Der Unternehmenswert der übertragenden Gesellschaft erreicht den Nennbetrag (den geringsten Ausgabebetrag) der dafür zu gewährenden Aktien der aufnehmenden Gesellschaft (und der baren Zuzahlung)."

d) Weitere Prüfungen im Zusammenhang mit Umwandlungen

1235 Erhöht bei einer Verschmelzung die übernehmende AG zur Durchführung der Verschmelzung ihr Grundkapital, so ist unter bestimmten Voraussetzungen eine Prüfung der Sacheinlage nach § 183 Abs. 3 AktG durchzuführen (§ 69 Abs. 1 UmwG). Diese Notwendigkeit ergibt sich nicht nur, wenn das Registergericht Zweifel hat, ob der Wert der Sacheinlage den geringsten Ausgabebetrag der dafür zu gewährenden Aktien erreicht, sondern auch dann, wenn die übertragenden Rechtsträger die Rechtsform einer Personenhandelsgesellschaft oder eines rechtsfähigen Vereins haben, wenn Vermögensgegenstände in der Schlussbilanz eines übertragenden Rechtsträgers höher bewertet worden sind als in der letzten Jahresbilanz oder wenn die in einer Schlussbilanz angesetzten Werte nicht als Anschaffungskosten in der Jahresbilanz der übernehmenden Gesellschaft angesetzt werden. Bei einer Spaltung unter Beteiligung von AG und KGaA hat im Falle einer Kapitalerhöhung gem. § 142 Abs. 1 UmwG eine Prüfung der Sacheinlage nach § 183 Abs. 3 AktG stets stattzufinden.

1236 Bezüglich PrB und Schlussbemerkung wird auf Tz. 1139 verwiesen.

1237 Bei bestimmten Umwandlungsformen unter Beteiligung von AG, z.B. Verschmelzung durch Neugründung (§ 75 Abs. 2 UmwG), Spaltung zur Neugründung (§ 144 UmwG), Ausgliederung aus dem Vermögen eines Einzelkaufmanns zur Neugründung (§ 159

[1843] Vgl. *Stratz*, § 67 UmwG, Rn. 12 m.w.N.
[1844] Vgl. *Schedlbauer*, Sonderprüfungen, S. 126.
[1845] Vgl. *Stratz*, § 67 UmwG, Rn. 12 a.E. m.w.N.

Abs. 2 UmwG) und Formwechsel (§ 197 UmwG), ist eine Gründungsprüfung gem. § 33 Abs. 2 AktG grds. vorgesehen. Insofern kann auf die Ausführungen unter Tz. 1118 verwiesen werden.

e) Verschmelzungs-Schlussbilanz

Der Anmeldung der Verschmelzung von Gesellschaften zum HR des Sitzes jeder der übertragenden Gesellschaften ist eine Schlussbilanz dieser Gesellschaft beizufügen (§ 17 Abs. 2 UmwG). Diese Bilanz muss auf einen höchstens acht Monate vor der Anmeldung liegenden Stichtag aufgestellt sein und kann daher mit der Jahresbilanz des letzten Geschäftsjahres identisch sein. Sofern jedoch eine Verschmelzungs-Schlussbilanz mit einem vom Schluss des Geschäftsjahres abweichenden Stichtag aufgestellt wird, gelten die Vorschriften über die Jahresbilanz und über deren Prüfung entsprechend. Für den **Bestätigungsvermerk** gilt § 322 HGB entsprechend. Unter Berücksichtigung der im Hinblick auf die Besonderheiten der zu prüfenden Schlussbilanz erforderlichen Anpassungen kommt die **Formulierungsempfehlung** aus der *IDW StN HFA 2/1997 i.d.F. 2000* in Betracht[1846]. **1238**

Bei Verschmelzungen unter Beteiligung von AG ist von der Einberufung der HV an, die über die Zustimmung zum Verschmelzungsvertrag beschließen soll, unter bestimmten Voraussetzungen nach § 63 Abs. 1 Nr. 3 UmwG eine Zwischenbilanz zur Einsicht der Aktionäre auszulegen, die aber nicht prüfungspflichtig ist. **1239**

Zu ausführlichen Erläuterungen und zu Formulierungsempfehlungen für Prüfungen in Umwandlungsfällen wird im Weiteren auf die Ausführungen in WP Handbuch 2008, Bd. II, Kap. D verwiesen. **1240**

3. Prüfung der Rechnungslegung im Falle der Liquidation bzw. der Insolvenz

a) Eröffnungsbilanz

Mit der Auflösung[1847] beginnt bei der AG die Abwicklung bzw. bei GmbH und Personenhandelsgesellschaften die Liquidation[1848]. Die Liquidatoren haben auf den Stichtag des Beginns der Liquidation eine **Liquidationseröffnungsbilanz** und – bei AG sowie GmbH – einen diese Bilanz erläuternden Bericht zu erstellen (§ 270 Abs. 1 AktG, § 71 Abs. 1 GmbHG, § 154 HGB). Dadurch soll eine ordnungsgemäße Rechnungslegung vom Beginn der gesamten Liquidationsphase an sichergestellt werden[1849]. **1241**

Die Liquidationseröffnungsbilanz mit Erläuterungsbericht unterliegt gem. § 270 Abs. 2 S. 2 AktG bzw. § 71 Abs. 2 S. 2 GmbHG bei allen KapGes., die nicht „klein" i.S.v. § 267 Abs. 1 HGB sind, grds. der **Prüfungspflicht** nach den §§ 316 bis 323 HGB[1850]. **1242**

1846 FN-IDW 2000, S. 156.

1847 Die in der Praxis wichtigsten Auflösungsgründe (vgl. § 262 AktG bzw. § 60 GmbHG) sind: der Ablauf der in der Satzung/im Gesellschaftsvertrag bestimmten Zeit, ein Beschluss der Haupt-/Gesellschafterversammlung und die Eröffnung des Insolvenzverfahrens.

1848 Nachfolgend wird (wie in *IDW PH 9.400.5*) vereinfachend einheitlich der Begriff „Liquidation" verwendet. Dies gilt hinsichtlich des Begriffs „Liquidator(en)" gleichermaßen.

1849 Zur Diskussion bzgl. der Differenzierung zwischen interner und externer Liquidationsrechnungslegung vgl. als Antipoden *Baumbach/Hueck*, GmbH[19], § 71, Rn. 8 und *Budde/Förschle/Winkeljohann*, Sonderbilanzen[4], Kap. T, Rn. 11–13. Siehe auch *IDW RH HFA 1.011* sowie *IDW RH HFA 1.012*.

1850 Für Personenhandelsgesellschaften besteht keine gesetzliche Prüfungspflicht in Bezug auf die Liquidationseröffnungsbilanz. I.Z.m. einer freiwilligen Prüfung wären die Vorgaben zu AG bzw. GmbH sinngemäß zu beachten. Zur Liquidationsrechnungslegung von Personenhandelsgesellschaften vgl. ausführlich *Budde/Förschle/Winkeljohann*, Sonderbilanzen[4], Kap. S.

Dementsprechend sind insb. die Vorschriften zur Wahl des APr. zu beachten, gleichermaßen die Vorschriften zu dessen Unabhängigkeit und Unbefangenheit (§§ 319 bis 319b HGB).

1243 Das Registergericht kann jedoch gem. § 270 Abs. 3 S. 1 AktG bzw. § 71 Abs. 3 S. 1 GmbHG auf Antrag eine **Befreiung von der Prüfungspflicht** während der Liquidation erteilen; dies gilt gem. § 270 Abs. 2 S. 2 AktG bzw. § 71 Abs. 2 S. 2 GmbHG auch in Bezug auf die Eröffnungsbilanz[1851]. Voraussetzung für eine Befreiung ist, dass die Verhältnisse der KapGes. derart überschaubar sind, dass eine Prüfung im Interesse der Gläubiger und der Gesellschafter nicht geboten erscheint. Die Entscheidung über die Befreiung von der Prüfungspflicht hängt von der Situation im Einzelfall ab und liegt im Ermessen des Gerichts. Bei großen KapGes., insb. bei kapitalmarktorientierten KapGes. i.S.v. § 264d HGB, oder bei noch umfangreicher Geschäftstätigkeit dürfte eine Befreiung regelmäßig nicht zu erlangen sein. Mit dem Fortschreiten der Liquidation sollte es normalerweise zu einer Verringerung des Geschäftsvolumens und der Komplexität der wirtschaftlichen Verhältnisse der Gesellschaft kommen, so dass für JA im Liquidationszeitraum und insbesondere für die Liquidationsschlussbilanz eine Befreiung wahrscheinlich erscheint[1852].

1244 In Bezug auf den Aufbau des **Prüfungsberichts**[1853] sind die allgemeinen Grundsätze des § 321 HGB bzw. des *IDW PS 450* zu beachten. Inhalt und Umfang sind dem Berichtszweck anzupassen. Wesentliche Aspekte können bspw. Bewertungsunterschiede zwischen dem letzten JA und der Liquidationseröffnungsbilanz (vgl. § 270 Abs. 2 S. 3 AktG) sowie bestandsgefährdende Tatsachen sein[1854].

1245 Für den **uneingeschränkten Bestätigungsvermerk** kann auf die Formulierung in *IDW Prüfungshinweis: Bestätigungsvermerk bei Prüfungen von Liquidationseröffnungsbilanzen (IDW PH 9.400.5)* zurückgegriffen werden. Dabei ist in Abhängigkeit von der Rechtsform bei einer Aktiengesellschaft der Begriff „Abwicklung" und bei der GmbH der Begriff „Liquidation" zu verwenden[1855].

1246 Hinsichtlich einer **Einschränkung** des BestV oder der Erteilung eines **Versagungsvermerks** gelten die allgemeinen Grundsätze des § 322 HGB bzw. *IDW PS 400*, ebenso in Bezug auf evtl. ergänzende Hinweise.

1247 Die Liquidationseröffnungsbilanz ist gem. § 270 Abs. 2 S. 1 AktG bzw. § 71 Abs. 2 S. 1 GmbHG von der HV bzw. von der Gesellschafterversammlung **festzustellen**.

1248 Alleine durch die Eröffnung der Liquidation ergeben sich grds. keine Auswirkungen auf eine etwaig bestehende Pflicht zur Konzernrechnungslegung[1856]. Ebenso entfällt eine Verpflichtung zur Erstattung eines Abhängigkeitsberichts (§ 312 AktG) dadurch nicht von selbst; u.U. kann eine solche sogar neu entstehen[1857]. Beide Aspekte sind einzelfallbezogen zu überprüfen bzw. zu berücksichtigen.

1851 Vgl. *Hüffer*, AktG[9], § 270, Rn. 12 bzw. *Roth/Altmeppen*, GmbHG[6], § 71, Rn. 36.
1852 Vgl. *Budde/Förschle/Winkeljohann*, Sonderbilanzen[4], Kap. T, Rn. 316–317; *Scherrer/Heni*, Liquidationsrechnungslegung[3], S. 112–113.
1853 Vgl. *Hüffer*, AktG[9], § 270, Rn. 11.
1854 Vgl. *Hüffer*, AktG[9], § 270, Rn. 9; *Scherrer/Heni*, Liquidationsrechnungslegung[3], S. 114.
1855 Vgl. *Budde/Förschle/Winkeljohann*, Sonderbilanzen[4], Kap. T, Rn. 332.
1856 Vgl. *Budde/Förschle/Winkeljohann*, Sonderbilanzen[4], Kap. T, Rn. 375.
1857 Vgl. *Budde/Förschle/Winkeljohann*, Sonderbilanzen[4], Kap. T, Rn. 385; *Scherrer/Heni*, Liquidationsrechnungslegung[3], S. 42.

Besonderheiten der Berichterstattung bei anderen Prüfungen   Q

b) Zwischenrechnungslegung

Während der Liquidationsphase sind von den gesetzlichen Vertretern von KapGes. für den **1249**
Schluss eines jeden (Geschäfts-)Jahres ein **Jahresabschluss** und ein **Lagebericht** aufzustellen (§ 270 Abs. 1 AktG, § 71 Abs. 1 GmbHG). In dem – nach dem Gesetzeswortlaut unabhängig von der Größe[1858] der KapGes. geforderten – LB ist insbesondere der erreichte Stand der Abwicklung darzustellen; ggf. sind die Gründe zu erläutern, die der Beendigung noch entgegenstehen[1859].

Für Personenhandelsgesellschaften sind demgegenüber unverändert die allgemeinen Vorschriften der §§ 238 ff. HGB maßgeblich, für bestimmte Personenhandelsgesellschaften i.S.v. § 264a HGB damit die ergänzenden Vorschriften für KapGes. (§§ 264 ff. HGB)[1860].

Mit Beginn der Liquidation beginnt ein neues **Geschäftsjahr**, für welches die Liquida- **1250**
tionseröffnungsbilanz die Eröffnungsbilanzstände determinieren. Ob das GJ, wie es sich bis dato aus der Satzung bzw. dem Gesellschaftsvertrag ergab, im Fall einer unterjährigen Liquidationseröffnung gegenstandslos wird oder dadurch beibehalten wird, dass sich das letzte Rumpfgeschäftsjahr der werbenden Gesellschaft mit einem entsprechenden Rumpfgeschäftsjahr nach dem Liquidationseröffnungsdatum zu diesem zwölfmonatigen GJ wieder ergänzen, ist strittig[1861]. Generell ist zu empfehlen, hierzu i.R. der nächsten – ggf. außerordentlichen – HV bzw. Gesellschafterversammlung einen entsprechenden Beschluss zu fassen.

Die Liquidationsjahresabschlüsse samt den zugehörigen LB unterliegen bei allen in Li- **1251**
quidation befindlichen KapGes., die nicht „klein" i.S.v. § 267 Abs. 1 HGB sind, grds. der **Prüfungspflicht** nach den §§ 316 bis 323 HGB (vgl. § 270 Abs. 2 S. 2 AktG, § 71 Abs. 2 S. 2 GmbHG). Zur ggf. möglichen Befreiung von der Prüfungspflicht durch das Registergericht siehe Tz. 1243.

Personenhandelsgesellschaften, die natürliche Personen als persönlich haftende Gesellschafter besitzen, sind i.R. der Liquidation gesetzlich nicht prüfungspflichtig[1862]. Demgegenüber besteht für bestimmte Personenhandelsgesellschaften i.S.v. § 264a HGB, die nicht „klein" i.S.v. § 267 Abs. 1 HGB sind, – vorbehaltlich des § 264b HGB – die Prüfungspflicht unverändert fort, wovon – im Gegensatz zu KapGes. – im Gesetz auch keine Befreiung durch das Registergericht vorgesehen ist[1863].

1858 In der Literatur ist strittig, ob auch kleine KapGes. i.S.v. § 267 Abs. 1 HGB in der Liquidation zur Erstellung eines LB verpflichtet sind, da dies eine strengere Behandlung der in Liquidation befindlichen ggü. der werbenden Gesellschaft darstelle (so *Budde/Förschle/Winkeljohann*, Sonderbilanzen[4], Kap. T, Rn. 195; *Scherrer/Heni*, Liquidationsrechnungslegung[3], S. 33–34). Demgegenüber ist jedoch der Gesetzeswortlaut eindeutig; zudem ist der LB zweckbezogen i.R.d. Abwicklung zu sehen (h.M.; vgl. *Baumbach/Hueck*, GmbH[19], § 71, Rn. 27; *Hüffer*, AktG[9], § 270, Rn. 16; WP Handbuch 2008, Bd. II, Kap. H, Tz. 294; *Roth/Altmeppen*, GmbH[6], § 71, Rn. 18; diesbezüglich indifferent: *IDW RH HFA 1.012*, Tz. 24). Es dürfte sich empfehlen, hierzu ggf. die Meinung des zuständigen Gerichts einzuholen.
1859 Vgl. WP Handbuch 2008, Bd. II, Kap. H, Tz. 294.
1860 Vgl. *Budde/Förschle/Winkeljohann*, Sonderbilanzen[4], Kap. S, Rn. 41.
1861 Nach h.M. (z.B. ADS[6], § 270 AktG, Rn. 25, § 71 GmbHG, Rn. 13; *Baumbach/Hueck*, GmbH[19], § 71, Rn. 23; *Hüffer*, AktG[9], § 270, Rn. 3, 14; *Scherrer/Heni*, Liquidationsrechnungslegung[3], S. 35) ist Ersteres der Fall, wenn nicht durch entsprechenden Gesellschafterbeschluss die Beibehaltung des bisherigen Geschäftsjahres festgelegt wird (a.A., d.h. das satzungsmäßig bzw. gesellschaftsvertraglich verankerte GJ bleibt unverändert, z.B. *Budde/Förschle/Winkeljohann*, Sonderbilanzen[4], Kap. T, Rn. 200–203; *HdR*[5], § 270 AktG, Rn. 21; vgl. zu § 155 InsO auch MünchKomm. InsO[2], § 155, Rn. 18).
1862 Die für große Personenhandelsgesellschaften grds. bestehende Prüfungspflicht nach § 5 i.V.m. § 3 Abs. 1 Nr. 1 PublG entfällt i.R. der Liquidation aufgrund § 3 Abs. 3 PublG.
1863 Vgl. *Budde/Förschle/Winkeljohann*, Sonderbilanzen[4], Kap. S, Rn. 130.

1252 Für den zum Schluss eines jeden Liquidationsgeschäftsjahres aufzustellenden **Liquidationsjahresabschluss**[1864] und den **Lagebericht** sind die §§ 321 u. 322 HGB unmittelbar anwendbar. Die Verwendung der Bezeichnung „Liquidationsjahresabschluss" erscheint dabei nicht erforderlich, da bereits aus dem notwendigen Firmenzusatz „i.L."[1865] ersichtlich ist, dass die Gesellschaft nicht mehr werbend tätig ist.

1253 In Bezug auf den **Prüfungsbericht** und die Erteilung des **Bestätigungsvermerk** durch den APr. gelten die allgemeinen Grundsätze. Dies gilt auch im Fall der Einschränkung des BestV oder der Erteilung eines Versagungsvermerks sowie bzgl. evtl. ergänzender Hinweise zum BestV.

1254 Die Zuständigkeit zur **Feststellung** des jeweiligen Liquidationsjahresabschlusses liegt – mit Ausnahme des Falls der Insolvenz (s.u.) – bei der HV (§ 270 Abs. 2 S. 1 AktG) bzw. bei der Gesellschaftersammlung (§ 71 Abs. 2 S. 1 GmbHG); dies gilt auch für Personenhandelsgesellschaften[1866].

c) Schlussrechnungslegung

1255 Die letzte öffentlich-rechtliche Rechnungslegung der KapGes. vor der Verteilung des verbliebenen Reinvermögens an die Gesellschafter ist die **Liquidationsschlussbilanz** (nebst GuV, Anh. und LB)[1867]. Maßgeblicher Stichtag für diesen letzten Liquidationsjahresabschluss ist der Zeitpunkt, an dem die Voraussetzungen für die Verteilung des Gesellschaftsvermögens nach § 271 AktG bzw. § 72 GmbH an die Gesellschafter vorliegen.

1256 Die Liquidationsschlussbilanz unterliegt bei allen aufgelösten KapGes., die nicht „klein" i.S.v. § 267 Abs. 1 HGB sind, grds. der **Prüfungspflicht** nach den §§ 316 ff. HGB. Diese Prüfungspflicht ergibt sich aus § 270 Abs. 2 S. 2 AktG bzw. § 71 Abs. 2 S. 2 GmbHG, die für die externe Liquidationsrechnungslegung die entsprechende Anwendung der für den JA geltenden Vorschriften anordnen. Allerdings werden die Vermögensverhältnisse zu diesem Zeitpunkt zumeist derart überschaubar geworden sein, dass die Voraussetzungen für eine antragsgemäße Befreiung von der Prüfungspflicht durch das Registergericht vielfach vorliegen dürften[1868].

1257 Aus § 273 Abs. 1 AktG bzw. § 74 Abs. 1 GmbHG ergibt sich das Erfordernis einer **Schlussrechnung**, die nach – erforderlichenfalls unter Beachtung des Sperrjahrs (§ 272 Abs. 1 AktG bzw. § 73 Abs. 1 GmbHG) – erfolgter Verteilung des Reinvermögens aufzustellen ist[1869]. Die Schlussrechnung ist formal Teil der „internen" Rechnungslegung der KapGes. und unterliegt keiner gesetzlichen Prüfungspflicht.

1864 Dieser hat bei kapitalmarktorientierten KapGes. i.S.v. § 264d HGB, die nicht (mehr) konzernrechnungslegungspflichtig sind, neben Bilanz, GuV und Anhang auch eine Kapitalflussrechnung und einen EK-Spiegel zu umfassen. Vgl. *Scherrer/Heni*, Liquidationsrechnungslegung[3], S. 34.
1865 Vgl. § 269 Abs. 6 AktG, § 68 Abs. 2 GmbHG, §§ 18 Abs. 2, 153 HGB.
1866 Vgl. *Budde/Förschle/Winkeljohann*, Sonderbilanzen[4], Kap. S, Rn. 131.
1867 Vgl. *Budde/Förschle/Winkeljohann*, Sonderbilanzen[4], Kap. T, Rn. 265; *Scherrer/Heni*, Liquidationsrechnungslegung[3], S. 39–40. Zur Entbehrlichkeit des Lageberichts vgl. *Baumbach/Hueck*, GmbH[19], § 71, Rn. 28. Für Personenhandelsgesellschaften ist lediglich eine Liquidationsschlussbilanz aufzustellen (§ 154 HGB), für die jedoch keine Prüfungspflicht besteht.
1868 Vgl. *Budde/Förschle/Winkeljohann*, Sonderbilanzen[4], Kap. T, Rn. 305.
1869 Eine „Schlussrechnung" als Voraussetzung ggü. dem Registergericht zur Löschung der Gesellschaft im HR bejahend z.B.: *Budde/Förschle/Winkeljohann*, Sonderbilanzen[4], Kap. T, Rn. 280; *Hüffer*, AktG[9], § 273, Rn. 3; *Scherrer/Heni*, Liquidationsrechnungslegung[3], S. 41; a.A.: *Baumbach/Hueck*, GmbH[19], § 71, Rn. 29.

d) Rechnungslegung im Insolvenzverfahren[1870]

Die Eröffnung des Insolvenzverfahrens führt als gesetzlich eigenständig normierter Tatbestand zur Auflösung der Gesellschaft[1871]. Allerdings sind dabei neben den Vorschriften des AktG, GmbHG bzw. HGB die speziellen Regelungen der **Insolvenzordnung**[1872] zu beachten. **1258**

Dem Grundsatz nach folgt die Rechnungslegung im Insolvenzverfahren zwar derjenigen i.R. der regulären Liquidation (s.o.). Jedoch institutionalisiert die InsO neben der allgemeinen steuer- und handelsrechtlichen Rechnungslegungspflicht noch eine gesonderte (interne) Rechenschaftspflicht ggü. den am Insolvenzverfahren direkt Beteiligten. Alle Rechnungslegungspflichten sind dabei von dem vom Insolvenzgericht nach § 27 Abs. 1 S. 1 InsO ernannten Insolvenzverwalter zu erfüllen. **1259**

Aus den §§ 66, 151 bis 154 InsO resultieren dabei folgende **interne Rechnungslegungspflichten** des Insolvenzverwalters: **1260**

– Erstellung von Masseverzeichnis und Gläubigerverzeichnis,
– Anfertigung der Vermögensübersicht,
– Zwischenrechnungslegung (nur auf Verlangen der Gläubigerversammlung),
– Schlussrechnungslegung.

Die Zusammensetzung der **Schlussrechnung** ist in der InsO nicht geregelt. In der Praxis besteht die Schlussrechnung regelmäßig aus einer Einnahmen-/Ausgaben-Rechnung, einer (fakultativen) Schlussbilanz, dem Schlussbericht und dem Schlussverzeichnis sowie dem Vergütungsantrag des Insolvenzverwalters[1873]. **1261**

Eine Prüfung dieser internen Rechnungslegungsbestandteile findet – mit Ausnahme der Schlussrechnung, die gem. § 66 Abs. 2 S. 1 InsO vom Insolvenzgericht verpflichtend zu prüfen ist – grds. nicht statt. **1262**

Dennoch können von WP auch in diesem Zusammenhang Aufgaben übernommen werden, bspw. die Erstellung von Masse- und Gläubigerverzeichnis[1874] und die Prüfung der Schlussrechnung im Auftrag des Insolvenzgerichts[1875] oder der Gläubigerversammlung.

Die Insolvenzordnung verpflichtet den Insolvenzverwalter in § 155 Abs. 1 InsO zudem, die bestehenden handels- und steuerrechtlichen Rechnungslegungspflichten des Schuldners zu erfüllen, soweit sie die Insolvenzmasse betreffen **(externe Rechnungslegungspflichten)**[1876]. **1263**

Gemäß § 155 Abs. 2 Satz 1 InsO beginnt mit der Eröffnung des Insolvenzverfahrens ein neues GJ[1877]. Daher sind auf diesen Zeitpunkt einerseits die **Schlussbilanz der werbenden Gesellschaft**[1878] und andererseits die **Eröffnungsbilanz der im Insolvenzverfahren** **1264**

1870 Vgl. hierzu auch WP Handbuch 2008, Bd. II, Kap. L sowie die *IDW RH HFA 1.010, 1.011* und *1.012*.
1871 Vgl. § 262 Abs. 1 Nr. 3 AktG, § 60 Abs. 1 Nr. 4 GmbHG, § 131 Abs. 1 Nr. 3 HGB.
1872 Insolvenzordnung (InsO) v. 05.10.1994, BGBl. I, S. 2866, zuletzt geändert durch Gesetz v. 09.12.2010, BGBl. I, S. 1885.
1873 Vgl. *IDW RH HFA 1.011*, Tz. 43.
1874 Vgl. hierzu *IDW RH HFA 1.010* und *IDW RH HFA 1.011*.
1875 Vgl. hierzu ausführlich *Haertlein*, NZI 2009, S. 577; *Kloos*, NZI 2009, S. 586.
1876 Vgl. *IDW RH HFA 1.012*, Tz. 5–6.
1877 Das neue GJ dauert ab Insolvenzeröffnung in Anwendung von § 240 Abs. 2 S. 2 HGB höchstens zwölf Monate. Um das ursprüngliche GJ im Ergebnis beizubehalten, kann es zu einem Rumpfgeschäftsjahr verkürzt werden. Hierfür ist ein entsprechender Gesellschafterbeschluss erforderlich; vgl. *IDW RH HFA 1.012*, Tz. 10. Die Notwendigkeit eines Gesellschafterbeschlusses wird z.T. verneint; vgl. *Bork/Koschmieder (Hrsg.)*, Kap. 30, Rn. 39; *Braun*, InsO⁴, § 155 InsO, Rn. 8; MünchKomm. InsO², § 155, Rn. 18.
1878 Vgl. *IDW RH HFA 1.012*, Tz. 11.

befindlichen Gesellschaft[1879] aufzustellen. Eine zwingende Bilanzidentität von Schlussbilanz und Eröffnungsbilanz besteht indes nicht[1880]. Der Eröffnungsbilanz ist ein diese Bilanz erläuternder Bericht beizufügen[1881].

1265 Sofern das Insolvenzverfahren nicht innerhalb von zwölf Monaten nach dem Stichtag der Eröffnungsbilanz beendet werden kann, muss der Insolvenzverwalter einen vollständigen **Jahresabschluss** nach den Vorschriften des HGB sowie – bei Vorliegen der gesetzlichen Voraussetzungen – einen LB aufstellen[1882].

Auch die Konzernrechnungslegungsvorschriften des HGB bzw. des PublG gelten in der Insolvenz unverändert fort. Ob die Voraussetzungen des § 290 HGB vorliegen, so dass ein KA und ein KLB aufgestellt werden müssen, ist – unter Berücksichtigung der §§ 291 bis 293 u. 296 HGB – für jeden Einzelfall zu überprüfen[1883].

1266 Mit der **Beendigung des Insolvenzverfahrens** durch Aufhebung (§ 200 InsO) oder Einstellung (§§ 207 ff. InsO) schließt das letzte GJ in der Insolvenz ab. Der Insolvenzverwalter muss hierfür eine handelsrechtliche Schlussbilanz, eine GuV sowie ggf. einen Anhang und ggf. einen LB aufstellen[1884].

1267 Während für die interne Rechnungslegung während der Insolvenz keine **Prüfungspflicht** vorgeschrieben ist, muss die externe Rechnungslegung gem. § 155 Abs. 1 InsO i.V.m. § 270 Abs. 2 S. 2 AktG bzw. § 71 Abs. 2 S. 2 GmbHG nach den handelsrechtlichen Vorschriften der §§ 316 ff. HGB geprüft werden. Dies betrifft die Schlussbilanz der werbenden Gesellschaft sowie die Eröffnungsbilanz und sämtliche erforderlichen JA einschl. des JA für das letzte GJ in der Insolvenz (inkl. aller dazu ggf. zu erstellenden Erläuterungs- bzw. Lageberichte).

Zur Prüfungspflicht von Personenhandelsgesellschaften siehe Tz. 1249.

1268 Die Vorschriften zur **Befreiung von der Prüfungspflicht** gem. § 270 Abs. 3 S. 1 AktG bzw. § 71 Abs. 3 S. 1 GmbHG gelten im Insolvenzverfahren analog[1885]. Somit kann das Registergericht auf Antrag des Insolvenzverwalters von der Prüfungspflicht befreien, wenn die Verhältnisse der Gesellschaft so überschaubar sind, dass eine Prüfung im Interesse der Gläubiger und der Gesellschafter nicht geboten erscheint. Eine Befreiung von der Prüfungspflicht wird insb. für den letzten JA und die Schlussbilanz in Betracht kommen[1886].

1269 Die **Bestellung des Abschlussprüfers** erfolgt ausschließlich durch das Registergericht auf Antrag des Insolvenzverwalters (§ 155 Abs. 3 S. 1 InsO). Ist für das GJ vor der Eröffnung des Insolvenzverfahrens bereits ein APr. bestellt worden, so bleibt dessen Bestellung für die Schlussbilanz der werbenden Gesellschaft wirksam (§ 155 Abs. 3 S. 2 InsO).

1879 Vgl. *IDW RH HFA 1.012*, Tz. 16.
1880 H.M.; vgl. WP Handbuch 2008, Bd. II, Kap. L, Tz. 412; *IDW RH HFA 1.012*, Tz. 18; *Baumbach/Hueck*, GmbH[19], § 71, Rn. 3; *Hüffer*, AktG[9], § 273, Rn. 3. A.A., d.h. die strikte Beachtung des Bilanzenzusammenhangs gem. § 252 Abs. 1 Nr. 1 HGB fordernd: *Budde/Förschle/Winkeljohann*, Sonderbilanzen[4], Kap. R, Rn. 75 m.w.N.
1881 Vgl. *IDW RH HFA 1.012*, Tz. 22; *Budde/Förschle/Winkeljohann*, Sonderbilanzen[4], Kap. R, Rn. 75.
1882 Vgl. *IDW RH HFA 1.012*, Tz. 26.
1883 Vgl. *IDW RH HFA 1.012*, Tz. 32–33; *IDW RS HFA 17*, Tz. 42–45.
1884 Vgl. *IDW RH HFA 1.012*, Tz. 28.
1885 Vgl. *IDW RH HFA 1.012*, Tz. 44; *Budde/Förschle/Winkeljohann*, Sonderbilanzen[4], Kap. R, Rn. 76 i.V.m. Kap. T, Rn. 315.
1886 Vgl. *IDW RH HFA 1.012*, Tz. 46.

Für alle Prüfungen sind die §§ 321 u. 322 HGB unmittelbar anzuwenden. Dementsprechend sind für **Prüfungsbericht** und **Bestätigungsvermerk** auch die allgemeinen Grundsätze der *IDW PS 450* und *IDW PS 400* zu beachten, auch hinsichtlich der Einschränkung des BestV oder der Erteilung eines Versagungsvermerks und bzgl. evtl. ergänzender Hinweise zum BestV. **1270**

Die Zuständigkeit für die **Feststellung** der einzelnen JA in der Insolvenz liegt beim Insolvenzverwalter[1887]. **1271**

Neben dem dargestellten regelmäßigen Insolvenzverfahren, welches normalerweise mit der Vollbeendigung des Insolvenzschuldners endet, kennt die Insolvenzordnung insb. noch das sog. **Insolvenzplanverfahren** (§§ 217 bis 269 InsO) und die **Eigenverwaltung** (§§ 270 bis 285 InsO). In Bezug auf die insolvenzspezifische Rechnungslegung gelten für beide Verfahren die für das Regelinsolvenzverfahren dargestellten Anforderungen analog[1888]. **1272**

4. Prüfungen nach Spezialgesetzen
a) Prüfung der Wertpapierdienstleistungsunternehmen nach § 36 Abs. 1 WpHG

Bei Kredit- und Finanzdienstleistungsinstituten sowie inländischen Zweigstellen von Unternehmen mit Sitz im Ausland (§ 53 Abs. 1 KWG), die Wertpapierdienstleistungen erbringen, sind nach § 36 Abs. 1 WpHG[1889] einmal jährlich zu prüfen: **1273**

– die Einhaltung der Meldepflichten nach § 9 WpHG,

– die Beachtung der Verhaltens-, Organisations- und Transparenzpflichten nach §§ 31 ff. WpHG und

– die sich aus der MiFID-Durchführungsverordnung[1890] ergebenden Pflichten.

Darüber hinaus ist gem. § 36 Abs. 1 S. 2 WpHG bei Kreditinstituten auch das **Depotgeschäft** zu prüfen (siehe hierzu Tz. 1295).

Verbindliche Mindeststandards für die Prüfung und die Berichterstattung sind in der von der BaFin nach § 36 Abs. 5 WpHG erlassenen **Wertpapierdienstleistungs-Prüfungsverordnung (WpDPV)**[1891] enthalten. Der Prüfer hat darüber hinaus auch die zur WpDPV ergangenen Erläuterungen[1892], diverse weitere von der BaFin erlassene Richtlinien, Bekanntmachungen und norminterpretierende Schreiben[1893] sowie den *IDW Prüfungsstandard: Die Prüfung des Wertpapierdienstleistungsgeschäfts nach § 36 Abs. 1 Satz 1 WpHG (IDW PS 521)* zu beachten. **1274**

1887 H.M.; vgl. *IDW RH HFA 1.012*, Tz. 9; WP Handbuch 2008, Bd. II, Kap. L, Tz. 424, 454.

1888 Vgl. *IDW RH HFA 1.011*, Tz. 70, 72.

1889 Gesetz über den Wertpapierhandel (Wertpapierhandelsgesetz – WpHG) v. 09.09.1998, BGBl. I, S. 2708, zuletzt geändert durch Gesetz v. 26.07.2011, BGBl. I, S. 1554.

1890 Verordnung (EG) Nr. 1287/2006 zur Durchführung der Richtlinie 2004/39/EG des Europäischen Parlaments und des Rates betreffend die Aufzeichnungspflichten für Wertpapierfirmen, die Meldung von Geschäften, die Markttransparenz, die Zulassung von Finanzinstrumenten zum Handel und bestimmte Begriffe im Sinne dieser Richtlinie v. 10.08.2006, Abl.EU Nr. L 241, S. 1 – *Consbruch/Fischer*, KWG, G 73. MiFID ist die Abkürzung für Markets in Financial Instruments Directive.

1891 Verordnung über die Prüfung der Wertpapierdienstleistungsunternehmen nach § 36 des Wertpapierhandelsgesetzes (Wertpapierdienstleistungs-Prüfungsverordnung – WpDPV) v. 16.12.2004, BGBl. I, S. 3515, zuletzt geändert durch VO v. 24.10.2007, BGBl. I, S. 2499 – *Consbruch/Fischer*, KWG, P 26.

1892 Erläuterungen zur Wertpapierdienstleistungs-Prüfungsverordnung (WpDPV) nach § 36 Abs. 5 Wertpapierhandelsgesetz (WpHG) vom 16.12.2004 – *Consbruch/Fischer*, KWG, P 26.1.

1893 Vgl. hierzu Erläuterungen zur WpDPV, Allgemeiner Teil, Abs. 4.

In der WpDPV werden Zeit, Art und Umfang der Prüfung sowie allgemeine und besondere Anforderungen an den PrB geregelt[1894]. Die bisherige Regelung zu den Prüfungsarten (d.h. die Dreiteilung in Eingangsprüfung, Regelprüfung und Schwerpunktprüfung) wurde im Zuge der Änderung der WpDPV am 24.10.2007 gestrichen, da sie sich nicht bewährt hatte[1895]. Die Prüfung nach § 36 Abs. 1 WpHG hat sämtliche Teilbereiche der Wertpapierdienstleistungen und -nebendienstleistungen sowie des Meldewesens nach § 9 WpHG abzudecken[1896]. Dem Prüfer steht es aber grds. frei, im Wege einer risikoorientierten Vorgehensweise bestimmte Teilbereiche schwerpunktmäßig bzw. im Rahmen eines mehrjährigen Prüfungsplans zu prüfen[1897].

1275 Über die Prüfung des Wertpapierdienstleistungsgeschäfts hat der Prüfer gem. § 36 Abs. 1 S. 7 WpHG einen schriftlichen Bericht zu erstellen. Für die **Gliederung des Prüfungsberichts** enthält *IDW PS 521* ein ausführliches Muster, welches folgende Abschnittsüberschriften vorsieht[1898]:

I. Prüfungsauftrag und Durchführung der Prüfung
II. Angaben zu Art und Umfang der Wertpapierdienstleistungen und Wertpapiernebendienstleistungen
III. Organisation des Wertpapierdienstleistungsgeschäfts
IV. Prüfungsfeststellungen zu den Teilgebieten der Prüfung des Wertpapierdienstleistungsgeschäfts
V. ggf. Prüfungsschwerpunkte der BaFin
VI. Maßnahmen aufgrund der Feststellungen im letzten Prüfungsbericht
VII. Zusammengefasstes Prüfungsergebnis

Dem PrB ist außerdem der ausgefüllte Fragebogen nach § 5 Abs. 6 WpDPV[1899] verpflichtend als Anlage beizufügen.

1276 Der **Umfang der Berichterstattung** unterliegt – unter Beachtung der Grundsätze der Klarheit und der Vollständigkeit – grds. dem pflichtgemäßen Ermessen des Prüfers. Dabei muss die Berichterstattung den Berichtsempfänger in die Lage versetzen zu beurteilen, inwieweit das Wertpapierdienstleistungsunternehmen den Meldepflichten, den Verhaltens-, Organisations- und Transparenzregeln sowie den sonstigen Pflichten (ggf. einschließlich der Anforderungen an das Depotgeschäft) entsprochen hat (§ 5 Abs. 1 WpDPV). Verweisungen auf den Inhalt früherer PrB sind grds. nicht zulässig; allerdings können zwecks Vermeidung umfangreicher Wiederholungen Auszüge aus früheren Berichten (inkl. PrB zum JA) dem PrB als Anlage beigefügt werden (§ 5 Abs. 3 WpDPV)[1900].

Vorgenommene Prüfungshandlungen und damit zusammenhängende Feststellungen, die sich auf von der BaFin konkret vorgegebene Prüfungsinhalte oder Prüfungsschwerpunkte beziehen, sind im PrB im Einzelnen darzustellen. Ebenso sind nach eigenem Ermessen des Prüfers gesetzte Prüfungsschwerpunkte sowie in Stichproben durchgeführte Prüfungs-

---

[1894] Die Prüfung des Moduls BTO 2 „Handelsgeschäft" der Mindestanforderungen an das Risikomanagement – MaRisk, Rundschreiben Nr. 11/2010 der BaFin v. 15.12.2010 (*Consbruch/Fischer*, KWG, B 64.44) ist gem. § 25a Abs. 1 KWG i.V.m. § 10 PrüfbV ausschließlich Teil der Jahresabschlussprüfung.
[1895] Vgl. Erläuterungen zur WpDPV, Zu § 4, Zu Absatz 1, Abs. 2 S. 1 u. 2.
[1896] Vgl. Erläuterungen zur WpDPV, Zu § 4, Zu Absatz 1, Abs. 1 S. 1, Abs. 2 S. 5 u. 6. Dies entspricht dem Umfang der bisherigen „Regelprüfung".
[1897] Vgl. Erläuterungen zur WpDPV, Zu § 4, Zu Absatz 1, Abs. 2 S. 3 u. 4, Zu Absatz 2.
[1898] Zur Integrierung der Berichterstattung über die Depotprüfung siehe Tz. 1299.
[1899] Fragebogen gemäß § 5 Abs. 6 WpDPV (Anlage zur WpDPV), BGBl. I 2007, S. 2503 – *Consbruch/Fischer*, KWG, P 26.
[1900] Vgl. auch *IDW PS 521*, Tz. 108.

handlungen ausführlich darzustellen (§ 5 Abs. 2 WpDPV)[1901]. Zweckmäßigerweise sollten diese Erläuterungen jeweils in Zusammenhang mit der Berichterstattung über die einzelnen Teilgebiete der Prüfung gegeben werden.

Bei der Darstellung der Prüfungsergebnisse ist – soweit einschlägig – insb. auch auf die in § 6 Abs. 1 WpDPV genannten Teilbereiche einzugehen. Sofern die Geschäftstätigkeit insoweit mangelfrei ausgeübt wurde und auch keine Änderungen zum Vj. eingetreten sind, kann jedoch auf die ansonsten geforderte Einzeldarstellung verzichtet werden. Sollten über mehrere Berichtsperioden keine Änderungen eintreten, so kann die BaFin nach drei Jahren dennoch eine aktualisierte Einzeldarstellung verlangen (§ 6 Abs. 2 WpDPV). 1277

Wurde von der BaFin nach § 35 WpHG eine Prüfung zur Überwachung der Meldepflichten und Verhaltensregeln vorgenommen, ist das Ergebnis dieser Prüfung zu verwerten[1902]; bei Sachverhalten, die Gegenstand dieser Prüfung waren, genügt eine Berichterstattung der nach dem Stichtag dieser Prüfung eingetretenen Veränderungen (§ 4 Abs. 3a WpDPV).

Festgestellte **Mängel**[1903] sind im PrB im Einzelnen ausführlich darzustellen. Dabei ist darauf einzugehen, wie diese Mängel beseitigt bzw. welche Maßnahmen hierzu eingeleitet wurden. Außerdem ist auf die Beseitigung der im Rahmen der vorhergehenden Prüfung festgestellten Mängel einzugehen. Maßstab für den Umfang der Darstellung im PrB muss dabei stets sein, der BaFin eine aufsichtsrechtliche Würdigung der Sachverhalte zu ermöglichen[1904]. 1278

Auf Umsetzungsmaßnahmen aufgrund von gesetzlichen oder sonstigen aufsichtsrechtlichen Neuerungen, den Stand der jeweiligen Umsetzung und festgestellte Fehler, Schwächen oder Mängel ist generell einzugehen[1905].

Im Rahmen der Darstellung von **Prüfungsauftrag und Durchführung der Prüfung** sollte auf die Bestellung als Prüfer, den Prüfungszeitraum sowie den Zeitraum der Prüfungsdurchführung eingegangen werden. Dabei ist auch der örtliche Prüfungsleiter namentlich zu nennen (§ 5 Abs. 5 S. 3 WpDPV). Um eventuelle Nachfragen der BaFin zu vermeiden, empfiehlt es sich außerdem, dem PrB eine Kopie der von den gesetzlichen Vertretern unterschriebenen VollstE[1906] als Anlage beizufügen[1907]. 1279

Die Aufschlüsselung von **Art und Umfang der Wertpapierdienstleistungen und -nebendienstleistungen** soll insb. Angaben zu Depotvolumina, Transaktionsvolumina, Kundenzahl und Anlageformen sowie zur Art der vertriebenen Finanzinstrumente umfassen (§ 6 Abs. 1 Nr. 1 WpDPV). 1280

Sinnvollerweise ist zur Fortführung der Berichterstattung zunächst die **Aufbau- und Ablauforganisation** zu beschreiben[1908] und darauf einzugehen, ob das Wertpapierdienstleistungsunternehmen über ein sachgerechtes und funktionierendes internes Kontrollsystem verfügt. Dabei sollte die Darstellung der **Tätigkeit der Innenrevision** in 1281

1901 Vgl. auch Erläuterungen zur WpDPV, Zu § 5, Zu Absatz 2.
1902 Zur Verwertung der Arbeit eines anderen Prüfers vgl. *IDW PS 320* bzw. *IDW EPS 320 n.F.*
1903 Zur Differenzierung zwischen „Fehler" und „Mangel" i.S.v. § 2 WpDPV vgl. *IDW PS 521*, Tz. 100–102.
1904 Vgl. *BaFin*, FN-IDW 2010, S. 37.
1905 Z.B. *BaFin*, FN-IDW 2010, S. 38; FN-IDW 2011, S. 486 u.a.m.
1906 Vgl. Muster einer VollstE zur Prüfung nach § 36 Abs. 1 Satz 1 Wertpapierhandelsgesetz (WpHG), hrsg. v. IDW.
1907 Vgl. *IDW PS 521*, Tz. 109.
1908 Zur Visualisierung der Organisationsstruktur können z.B. auch Organigramme verwendet werden. Vgl. *IDW PS 521*, Tz. 112, Zu Nr. 9.

einem eigenen Unterabschnitt des PrB erfolgen. Auf Zweigstellen und Zweigniederlassungen ist ggf. gesondert einzugehen[1909].

1282 Wurden Teilbereiche des Wertpapierdienstleistungsgeschäfts auf ein anderes Unternehmen ausgelagert (**Outsourcing**), so ist dies im PrB darzustellen[1910]. Hierbei ist einzugehen auf die formellen und materiellen Ordnungsmäßigkeitsvoraussetzungen, die vertragliche Sicherung der erforderlichen Kontroll- und Weisungsmöglichkeiten sowie die Qualifikation des die Aufgabe übernehmenden Unternehmens (§ 25a Abs. 2 KWG)[1911].

1283 Bezüglich der Einhaltung der anlegerschutzorientierten **Verhaltenspflichten nach §§ 31 ff. WpHG**[1912] ist insb. auf die allgemeinen Sorgfaltspflichten und das Interessenwahrungsgebot (inkl. des Gebots der Vermeidung von Interessenkonflikten) sowie auf die Aspekte Einholung von Kundenangaben einerseits und Weitergabe anleger- und anlagegerechter Informationen andererseits einzugehen. Zu beachten sind daneben die weiteren Pflichten i.Z.m. der Bearbeitung von Kundenaufträgen, i.Z.m. multilateralen Handelssystemen und in Bezug auf sog. „systematische Internalisierer"[1913].

In Bezug auf **vertraglich gebundene Vermittler** sind im PrB neben deren Einbindung in die Organisation und die Kontrollsysteme des geprüften Unternehmens vor allem auch die vom APr. vorgenommenen Stichproben im Hinblick auf die Einhaltung der allgemeinen Verhaltensregeln nach §§ 31 ff. WpHG durch die Vermittler darzustellen[1914].

1284 Zentrale Bedeutung kommt der Beachtung der **Organisationspflichten nach §§ 33 ff. WpHG**[1915] durch das Wertpapierdienstleistungsunternehmen zu. Diesbezüglich ist namentlich auf die Organisation und die Stellung der **Compliance-Funktion** im Unternehmen einzugehen und zu beurteilen, ob diese ihren gesetzlichen Aufgaben wirksam und in angemessener Weise nachkommt. Dabei sind u.a. die von der Compliance-Funktion im Berichtszeitraum wahrgenommenen präventiven Aufgaben und Überwachungstätigkeiten zu beschreiben, und es ist weiters die „Prüfungspolicy" in Bezug auf Zweigniederlassungen, Zweigstellen bzw. vertraglich gebundene Vermittler darzustellen[1916]. In diesem Zusammenhang ist auch Stellung zu nehmen zum **Beschwerdemanagement** bei Privatkunden[1917]. Dabei sind die internen Regelungen für die Behandlung von Kundenbeschwerden darzustellen und sich daraus ggf. ergebende personelle und organisatorische Konsequenzen aufzuzeigen. Außerdem ist auf die Anzahl der Beschwerden, Art und Umfang der Kundenbenachteiligungen, geleistete **Schadenersatzzahlungen** sowie auf mit Kunden geführte **Prozesse** und **Verfahren vor Schiedsgerichten** einzugehen. Angaben zu einzelnen Kundenbeschwerden sind regelmäßig nicht erforderlich.

1909 Vgl. *BaFin*, FN-IDW 2010, S. 170.
1910 Vgl. § 33 Abs. 2 WpHG.
1911 So bereits *Birnbaum*, WPg 1999, S. 117.
1912 Vgl. hierzu §§ 1 bis 10 der Verordnung zur Konkretisierung der Verhaltensregeln und Organisationsanforderungen für Wertpapierdienstleistungsunternehmen (Wertpapierdienstleistungs-Verhaltens- und Organisationsverordnung – WpDVerOV) v. 20.07.2007, BGBl. I, S. 1432, zuletzt geändert durch Art. 5 des Anlegerschutz- und Funktionsverbesserungsgesetzes v. 07.04.2011, BGBl. I, S. 538 – *Consbruch/Fischer*, KWG, G 27.
1913 Zum Begriff „systematischer Internalisierer" vgl. *Assmann/Schneider*, WpHG[5], § 2, Rn. 185.
1914 Vgl. *BaFin*, FN-IDW 2010, S. 37.
1915 Vgl. hierzu §§ 1, 11 bis 13 WpDVerOV.
1916 Als Beurteilungsmaßstab siehe insb. *BaFin*, Rundschreiben 4/2010 (WA) – Mindestanforderungen an die Compliance-Funktion und die weiteren Verhaltens-, Organisations- und Transparenzpflichten nach §§ 31 ff. WpHG für Wertpapierdienstleistungsunternehmen (MaComp) (Stand 14.06.2011). Zur Darstellung im PrB siehe z.B. *BaFin*, FN-IDW 2011, S. 250.
1917 Vgl. § 6 Abs. 1 Nr. 10 WpDPV.

Besonderheiten der Berichterstattung bei anderen Prüfungen   Q

In Bezug auf die Verpflichtung zur **„Best Execution"** (bestmögliche Ausführung von Kundenaufträgen) ist eine Beurteilung der organisatorischen Vorkehrungen ausreichend[1918].

Im Besonderen sind auch die Mittel und Verfahren zur Einhaltung der Verpflichtungen des § 33b WpHG für **Mitarbeiter und Mitarbeitergeschäfte** zu beschreiben und zu beurteilen. Soweit nicht – wie jedoch zu empfehlen – bereits i.r. der Darstellung der Aufbau- und Ablauforganisation erfolgt, sind an dieser Stelle auch die Maßnahmen zur Auswahl und Schulung der Mitarbeiter darzustellen.

Berichterstattungspflichtig ist auch die Einhaltung der formalen **Aufzeichnungs- und Aufbewahrungspflichten** nach § 34 WpHG[1919] und nach Art. 7 u. 8 der Verordnung (EG) 1287/2006. Hierfür ist das Verzeichnis der Mindestaufzeichnungen, welches die BaFin nach § 34 Abs. 5 WpHG auf ihrer Internetseite veröffentlicht, heranzuziehen. Bei festgestellten Fehlern ist zu spezifizieren, auf welche aufzuzeichnenden Daten sich diese Fehler beziehen[1920]. 1285

Bei Wertpapierdienstleistungsunternehmen, die keine Einlagenkreditinstitute sind und/ oder über keine Erlaubnis zum Betreiben des Depotgeschäfts verfügen, ist über die Einhaltung der Vorschriften zur **getrennten Vermögensverwaltung** nach § 34a WpHG zu berichten und dabei auf die Vermögenstrennung, die Unverzüglichkeit der Weiterleitung an ein KI und die Verwahrung auf Treuhandkonten bzw. Treuhanddepots einzugehen. Hierbei ist auch anzugeben, inwieweit die Übereinstimmung der den Kunden ausgewiesenen Gelder oder Wertpapiere mit den Salden der Treuhandkonten bzw. -depots bei den verwahrenden Instituten geprüft wurde und ob die verwahrenden Institute die Voraussetzungen nach § 34a WpHG erfüllen. 1286

Die getroffenen Maßnahmen und Verfahren zur Einhaltung der Anforderungen bei der Erstellung, Verbreitung oder Weitergabe von **Finanzanalysen** oder **anderen Informationen** über Finanzinstrumente oder deren Emittenten, die direkt oder indirekt eine Empfehlung für eine bestimmte Anlageentscheidung enthalten, sind zu beschreiben und zu beurteilen. Dabei ist auf die Erfüllung der besonderen Anforderungen nach § 34b WpHG wie auch auf die allgemeinen Pflichten gem. § 31 Abs. 1 WpHG einzugehen.[1921] Dies gilt auch für den Fall, dass das Unternehmen Finanzanalysen etc. nicht selbst erstellt, sondern von Dritten bezieht. Werden Finanzanalysen weder erstellt noch angeboten, ist in den PrB hierzu ein Negativvermerk aufzunehmen[1922]. 1287

Der Prüfer hat des Weiteren noch über die Einhaltung der **Meldepflichten** nach § 9 WpHG zu berichten. Meldepflichtig sind grds. alle – börslichen wie außerbörslichen – Wertpapier- und Derivategeschäfte, auch Eigengeschäfte. Diese Meldungen können auch durch damit beauftragte geeignete Dritte erfolgen (§ 14 WpHMV[1923]). 1288

Gemäß § 5 Abs. 5 WpDPV sind die Prüfungsergebnisse in Form einer **Schlussbemerkung** zusammengefasst darzustellen. Dabei ist zu beurteilen, ob das geprüfte Wertpapierdienstleistungsunternehmen die Meldepflichten und die Verhaltensregeln einge- 1289

1918 Vgl. *IDW PS 521*, Tz. 112, Zu Nr. 11; so auch *Knop*, AG 2009, S. 359.
1919 Vgl. hierzu §§ 1, 14, 14a WpDVerOV.
1920 Vgl. Erläuterungen zur WpDPV, Zu § 6, Zu Absatz 1 und 2, Abs. 16, S. 2 u. 3; *IDW 521*, Tz. 75-78, 112, Zu Nr. 13.
1921 Vgl. Erläuterungen zur WpDPV, Zu § 6, Zu Absatz 1 und 2, Abs. 18.
1922 Vgl. *BaFin*, FN-IDW 2010, S. 38.
1923 Verordnung über die Meldepflichten beim Handel mit Wertpapieren und Derivaten (Wertpapierhandel-Meldeverordnung – WpHMV) i.d.F. v. 18.12.2007, BGBl. I, S. 3014 – *Consbruch/Fischer*, KWG, G 21.

halten hat. Festgestellte **Mängel** sind unter Angabe der Fundstelle im Bericht (Randnummer oder Seite) einzeln aufzuführen. Dabei sollte grds. kurz darauf eingegangen werden, ob und ggf. wie ein festgestellter Mangel noch während der laufenden Prüfung behoben werden konnte. U.U. kann auch eine weitergehende Darstellung bestimmter Prüfungsfeststellungen sinnvoll sein; dies ist vom Prüfer unter besonderer Berücksichtigung der Berichtsinteressen der BaFin zu entscheiden[1924].

1290 Neben dieser zusammenfassenden Schlussbemerkung hat der Prüfer in einem gesonderten **Fragebogen** gemäß § 5 Abs. 6 WpDPV die Ergebnisse der Prüfung nach § 36 Abs. 1 WpHG zusammenzufassen und diesen dem PrB als Anlage beizufügen.

1291 Der PrB ist vom Prüfer mit Angabe von Ort und Datum zu unterzeichnen. Da es sich um eine Vorbehaltsaufgabe handelt (§ 36 Abs. 1 S. 6 WpHG), besteht gem. § 48 Abs. 1 S. 1 WPO für den Berufsangehörigen Siegelpflicht.

1292 Der Bericht über die Prüfung nach § 36 Abs. 1 WpHG ist unverzüglich[1925] nach Beendigung der Prüfung vom Prüfer[1926] **der BaFin** an den Dienstsitz in Frankfurt/Main (in zweifacher Ausfertigung) und der örtlich zuständigen Hauptverwaltung **der DBB** (in einfacher Ausfertigung) **zu übersenden.** Soweit Prüfungen von genossenschaftlichen Prüfungsverbänden oder von Prüfstellen der Sparkassen- und Giroverbände durchgeführt werden, ist der PrB nur auf Anforderung einzureichen[1927].

1293 Soweit eine **Kapitalanlagegesellschaft** Nebendienstleistungen nach § 7 Abs. 2 InvG[1928] erbringt, sind diese gemäß § 19f Abs. 2 S. 2 InvG vom APr. besonders zu prüfen. Bei der Erbringung von Nebendienstleistungen i.S.v. § 7 Abs. 2 Nr. 1, 3 o. 4 InvG (d.h. individuelle Vermögensverwaltung, Anlageberatung oder Depotgeschäft) umfasst diese Prüfung auch die Beachtung der Vorschriften der §§ 31 bis 31b, 31d sowie §§ 33 bis 34a WpHG[1929]. Falls nach Art der erbrachten Nebendienstleistung erforderlich, ist darüber hinaus die Erfüllung der aus der MiFID-Durchführungsverordnung (Verordnung (EG) 1287/2006 in ihrer jeweils geltenden Fassung) resultierenden Pflichten zu prüfen[1930]. Die Prüfung hat nach § 22 Abs. 1 InvPrüfbV[1931] den gesamten Berichtszeitraum zu erfassen und in einem angemessenen Verhältnis zum Umfang der jeweiligen Geschäfte und Aufgaben zu stehen.

1294 Anforderungen in Bezug auf den über die Prüfung zu erstattenden Prüfungsbericht ergeben sich insb. aus § 22 Abs. 2 bis 5 und § 23 InvPrüfbV. Soweit sachlich sowie der Art und dem Umfang der Geschäfte angemessen, sind hierbei die oben dargestellten Berichterstattungsgrundsätze zu beachten. Die Berichtsgliederung sollte sich am o.g. Muster des

---

1924 Vgl. *IDW PS 521*, Tz. 111.

1925 „Unverzüglich" bedeutet „innerhalb von zwei Monaten nach dem Ende des Prüfungszeitraums" (§ 3 Abs. 3 S. 2 WpDPV). Damit soll dem Prüfer ermöglicht werden, vor dem Einreichen des PrB mit dem KI (auf Grundlage eines Berichtsentwurfs) ein Abschlussgespräch zu führen. Vgl. Erläuterungen zur WpDPV, Zu § 3 WpDPV, Zu Absatz 3, S. 4 – *Consbruch/Fischer*, KWG, P 26.1.

1926 Die Einreichung an die Aufsichtsbehörden unmittelbar durch den Prüfer bezweckt die zeitnahe Übermittlung auch von für das geprüfte Unternehmen ungünstigen Berichten. Vgl. *IDW PS 521*, Tz. 107.

1927 Vgl. § 36 Abs. 1 S. 8 WpHG. Allerdings ist der Fragebogen der BaFin und der DBB auch dann zu übersenden, wenn bei verbandsgeprüften Wertpapierdienstleistungsunternehmen der PrB nicht angefordert wird (§ 5 Abs. 6 S. 3 WpDPV).

1928 Investmentgesetz v. 15.12.2003, BGBl. I, S. 2676, zuletzt geändert durch Gesetz v. 22.06.2011, BGBl. I, S. 1126 – *Consbruch/Fischer*, KWG, D 10.

1929 Vgl. § 22 Abs. 1 S. 2 InvPrüfbV i.V.m. § 5 Abs. 3 InvG.

1930 Vgl. § 22 Abs. 2 S. 2 InvPrüfbV; *PwC*, Novellierung des Investmentrechts 2007, S. 110.

1931 Verordnung über die Inhalte der Prüfungsberichte für Kapitalanlagegesellschaften, Investmentaktiengesellschaften und Sondervermögen (Investment-Prüfungsberichtsverordnung – InvPrüfbV) v. 15.12.2008, BGBl. I, S. 2467, zuletzt geändert durch VO v. 28.06.2011, BGBl. I, S. 1270.

Besonderheiten der Berichterstattung bei anderen Prüfungen Q

IDW PS 521 orientieren. Der PrB ist unverzüglich nach Beendigung der Prüfung der BaFin einzureichen (§ 23 Abs. 2 S. 2 InvPrüfbV); einer Einreichung bei der DBB bedarf es nicht.

b) Depotprüfung

Bei Kreditinstituten, die das **Depotgeschäft**[1932] betreiben, ist dieses Geschäft besonders zu prüfen (§ 36 Abs. 1 S. 2 WpHG bzw. § 29 Abs. 2 S. 2 KWG); Gleiches gilt für Kapitalanlagegesellschaften, die das Depotgeschäft als Nebendienstleistung nach § 7 Abs. 2 InvG betreiben (§ 19f Abs. 2 S. 2 InvG). Die Depotprüfung hat sich auch auf die Einhaltung der aktienrechtlichen Vorschriften über Mitteilungspflichten und über die Ausübung des Depotstimmrechts (§§ 128, 135 AktG) zu erstrecken. 1295

Die Depotprüfung erfolgt bei KI, welche Wertpapierdienstleistungen erbringen, zusammen mit der Prüfung nach § 36 Abs. 1 WpHG (vgl. Tz. 1273). Erbringt das Institut keine Wertpapierdienstleistungen i.S.d. WpHG[1933], ist die Depotprüfung gemäß § 29 Abs. 2 S. 2 KWG gesondert durchzuführen und es ist gesondert darüber zu berichten[1934]. Bei KAG, die das Depotgeschäft im Umfang des § 7 Abs. 2 InvG betreiben, erfolgt die Prüfung durch den APr.; Durchführung und Berichterstattung erfolgen dabei analog zu denen bei KI. 1296

Die **Berichtspflichten** im Rahmen der Depotprüfung sind bei KI, bei denen keine Prüfung nach § 36 Abs. 1 WpHG durchgeführt wird, in den §§ 56 bis 59 PrüfbV geregelt. Besondere Anforderungen an die Berichterstattung ergeben sich in diesem Fall aus § 58 PrüfbV. Darüber hinaus sind die allgemeinen Anforderungen der PrüfbV zu beachten, soweit diese auf den DepotPrB anwendbar sind. 1297

Erbringt ein KI Wertpapierdienstleistungen und erfolgt daher die Depotprüfung zusammen mit der Prüfung nach § 36 Abs. 1 WpHG, richten sich Prüfung und Berichterstattung ausschließlich nach der WpDPV und nicht nach der PrüfbV (§ 1 Abs. 2 WpDPV). 1298

Die **Gliederung des Prüfungsberichts** über die Depotprüfung sollte sich zweckmäßigerweise an den *„Anforderungen an die Ordnungsmäßigkeit des Depotgeschäfts und der Erfüllung von Wertpapierlieferungsverpflichtungen"*[1935] orientieren. 1299

I. Prüfungsauftrag und Auftragsdurchführung
II. Rechtliche und organisatorische Grundlagen
III. Art und Umfang des Depotgeschäfts
IV. Umfang und Ergebnis der Depotprüfung
   1. Verwahrung und Verwaltung der Kundenwertpapiere
   2. Verfügung über Kundenwertpapiere und Ermächtigungen i.S.v. §§ 10 bis 13 u. 15 DepG
   3. Lieferung und Eigentumsübertragung
   4. Depotbuchführung
   5. Depotabstimmung mit den Hinterlegern
   6. Verpflichtungen nach den §§ 128 und 135 AktG
   7. Zweigstellen im Ausland
   8. Tätigkeit als Depotbank i.S.v. § 20 Abs. 1 S. 1 u. Abs. 2 S. 1 InvG[1936]

1932 Vgl. hierzu ausführlich „Hinweise zum Tatbestand des Depotgeschäfts", Merkblatt der BaFin v. 09.09.2010 – *Consbruch/Fischer*, KWG, B 52.6.
1933 Z.B. reine Verwahrer und KAG, die als Nebendienstleistung das Verwahrgeschäft betreiben und nicht zugleich auch Nebendienstleistungen nach § 7 Abs. 2 Nr. 1 o. 3 InvG erbringen.
1934 *Boos,Fischer/Schulte-Mattler*, KWG³, § 29, Rn. 20a.
1935 Bekanntmachung des BAK v. 21.12.1998 – *Consbruch/Fischer*, KWG, H 45.3.
1936 Diese Tätigkeit kann eine KAG mangels Kreditinstitutseigenschaft keinesfalls ausüben.

9. Auslagerung von Tätigkeitsbereichen
10. Behandlung von Kundenbeschwerden
11. Tätigkeit der Innenrevision

V. Zusammenfassende Schlussbemerkung

Falls die Depotprüfung zusammen mit der Prüfung nach § 36 Abs. 1 WpHG erfolgt, lassen sich die das Depotgeschäft betreffenden Aspekte i.w. in die Gesamtberichterstattung (vgl. Tz. 1275) integrieren; nur der Abschnitt IV. „Umfang und Ergebnis der Depotprüfung" ist als gesonderter PrB-Abschnitt vorzusehen.

1300 Im Rahmen der Darstellung von **Prüfungsauftrag und Auftragsdurchführung** wird der Prüfer zunächst auf seine Bestellung, den Prüfungszeitraum und den Zeitraum der Prüfungsdurchführung eingehen. Es empfiehlt sich ein Hinweis auf die zugrunde liegenden Allgemeinen Auftragsbedingungen und die VollstE zur Depotprüfung[1937]. Der örtliche Prüfungsleiter wird nur bei Depotprüfungen genannt, welche in Zusammenhang mit der Prüfung nach § 36 Abs. 1 WpHG durchgeführt werden (§ 5 Abs. 5 S. 3 WpDPV)[1938].

1301 In Zusammenhang mit **rechtlichen und organisatorischen Grundlagen** ist vor allem auf die einschlägigen Geschäftsbedingungen einzugehen, die die Geschäftsbeziehungen zwischen KI und Kunden regeln. Dabei sind die als „Sonderbedingungen für Wertpapiergeschäfte" konzipierten Geschäftsbedingungen für den Kauf und Verkauf sowie für die Verwahrung von Wertpapieren zu berücksichtigen, die zugleich die Regelungsgrundlage für Wertpapiergeschäfte im Ausland darstellen.

1302 Zur Darstellung von **Art und Umfang des Depotgeschäfts** empfiehlt sich hinsichtlich der quantitativen Angaben die Wiedergabe einer Mehrjahresübersicht. Die Angaben sollten sich insb. auf die Anzahl der Kundendepots, Nennbetrag bzw. Stückzahl der Kundenwertpapiere, den Umfang des Eigenhandelsgeschäfts und des Kundengeschäfts in Wertpapieren, auf die Geschäfte in wertpapierbezogenen Derivaten mit Lieferansprüchen erstrecken und auch die Größe des Zweigstellennetzes und die personellen Kapazitäten im Depotgeschäft darstellen.

1303 Die Feststellungen in Bezug auf die **Einhaltung der Vorschriften des Depotgesetzes** sowie der **§§ 128, 135 AktG** haben die o.g. Berichtsaspekte vollständig abzudecken[1939]. Die Grundsätze der Klarheit und der Vollständigkeit sind besonders zu beachten. Die Ermittlung von Stichproben, die Stichprobenanzahl sowie deren Ergebnisse sind darzustellen. Der Umfang der Berichterstattung unterliegt – unter Berücksichtigung von Bedeutung und Risikogehalt des behandelten Sachverhalts[1940] – im Einzelnen dem pflichtgemäßen Ermessen des Prüfers. Werden durch die BaFin besondere Schwerpunkte gesetzt, ist auf diese im PrB gesondert einzugehen. Verweisungen auf frühere PrB sind grds. nicht zulässig; zur Vermeidung von Wiederholungen können jedoch Auszüge aus früheren PrB dem aktuellen PrB als Anlage beigefügt werden.

1304 Sofern das KI, ggf. auch über eine Zweigstelle im Ausland, als **Depotbank i.S.v. § 20 Abs. 1 S. 1 u. Abs. 2 InvG** tätig ist, muss über die ordnungsgemäße Erfüllung der in den §§ 22 bis 29 InvG genannten Anforderungen[1941] an die Depotbanktätigkeit berichtet wer-

---

1937 Vgl. Muster einer VollstE zur Depotprüfung und Depotbankprüfung, hrsg. v. IDW.
1938 Anders als § 73 Abs. 6 S. 2 PrüfV a.F. sieht § 58 PrüfbV keine solche Angabe mehr vor.
1939 Vgl. § 58 PrüfbV bzw. § 5 Abs. 1 u. 2, § 6 Abs. 3 WpDPV bzw. § 22 Abs. 4 InvPrüfbV i.V.m. § 7 Abs. 2 Nr. 4 InvG.
1940 Vgl. § 3 Abs. 1 PrüfbV bzw. § 5 Abs. 1 S. 3 WpDPV.
1941 Vgl. hierzu *BaFin*, Rundschreiben 6/2010 (WA) vom 02.07.2010 zu den Aufgaben und Pflichten der Depotbank nach den §§ 20 ff. InvG (abrufbar auf der Website der BaFin).

Besonderheiten der Berichterstattung bei anderen Prüfungen Q

den[1942]. Die vorgehaltene Organisation ist in den Grundzügen zu beschreiben und auf ihre Angemessenheit zu beurteilen. Daneben ist auf die in § 59 S. 4 bis 6 PrüfbV bzw. in § 6 Abs. 3 S. 4 bis 6 WpDPV genannten wesentlichen Vorkommnisse gesondert einzugehen.

In einer **Schlussbemerkung**[1943] ist das Prüfungsergebnis zusammengefasst darzustellen und zu beurteilen, ob das geprüfte Geschäft ordnungsgemäß betrieben und die geprüften Depotbankaufgaben inklusive der Einhaltung der Bestimmungen nach §§ 128, 135 AktG ordnungsgemäß erfüllt wurden. Festgestellte Mängel sind unter Verweisung auf die Fundstelle im Bericht aufzuführen[1944]. Dabei sollte grds. kurz darauf eingegangen werden, ob und ggf. wie der festgestellte Mangel noch während der laufenden Prüfung behoben werden konnte. § 5 Abs. 6 WpDPV verlangt zusätzlich die Eintragung aller prüfungsrelevanten Erkenntnisse in einen gesonderten Fragebogen[1945], der dem PrB beizufügen ist. 1305

Der **Prüfungsbericht** ist vom Prüfer mit Angabe von Ort und Datum zu unterzeichnen[1946]. Der Prüfer hat den PrB unverzüglich[1947] nach Beendigung der Prüfung fertigzustellen und in je einfacher Ausfertigung der BaFin und der DBB zu übersenden[1948]. Soweit Prüfungen von genossenschaftlichen Prüfungsverbänden oder von Prüfstellen der Sparkassen- und Giroverbände durchgeführt werden, ist der PrB nur auf Anforderung einzureichen[1949]. 1306

c) Prüfung nach dem Geldwäschegesetz

Die gesetzlichen Grundlagen zur Bekämpfung von Geldwäsche und Terrorismusfinanzierung in Deutschland werden maßgeblich von Standards im internationalen Kontext bestimmt. Mit dem Geldwäschebekämpfungsergänzungsgesetz (GwBekErgG)[1950] hat der deutsche Gesetzgeber im August 2008 die **Dritte EG-Geldwäscherichtlinie**[1951] in einem ersten Schritt weitgehend umgesetzt. Im Rahmen des GwBekErgG wurden das Geldwäschegesetz (GwG) neu gefasst[1952] und v.a. das Kreditwesengesetz (KWG) sowie das Versicherungsaufsichtsgesetz (VAG) geändert und um geldwäschespezifische Passagen ergänzt. Diese Vorschriften wurden – namentlich aufgrund der im Deutschland-Bericht der Financial Action Task Force on Money Laundering (FATF) vom 19.02.2010 identifizierten Defizite – 2011 im Rahmen entsprechender Gesetzesvorschriften weiterentwickelt[1953]. 1307

1942 Vgl. § 59 PrüfbV bzw. § 4 Abs. 1 S. 3 WpDPV.
1943 Vgl. § 58 Abs. 3 PrüfbV bzw. § 5 Abs. 5 WpDPV.
1944 Vgl. § 58 Abs. 3 S. 2 PrüfbV bzw. § 5 Abs. 5 S. 2 WpDPV.
1945 Vgl. Fragebogen gemäß § 5 Abs. 6 WpDPV (Anlage zur WpDPV), BGBl. I 2007, S. 2503.
1946 Vgl. § 6 Abs. 2 PrüfbV bzw. § 5 Abs. 5 S. 4 WpDPV.
1947 „Unverzüglich" bedeutet „innerhalb von zwei Monaten nach dem Ende des Prüfungszeitraums" (§ 3 Abs. 3 S. 2 WpDPV). Damit soll dem Prüfer ermöglicht werden, vor dem Einreichen des PrB mit dem KI (auf Grundlage eines Berichtsentwurfs) ein Abschlussgespräch zu führen. Vgl. *Boos/Fischer/Schulte-Mattler*, KWG³, § 74 PrüfbV, Rn. 2; Erläuterungen zur WpDPV, Zu § 3 WpDPV, Zu Absatz 2, S. 4 – *Consbruch/Fischer*, KWG, P 26.1.
1948 Vgl. § 29 Abs. 2 S. 3 i.V.m. § 26 Abs. 1 S. 3 KWG bzw. § 36 Abs. 1 S. 7 WpHG.
1949 Vgl. § 58 Abs. 2 S. 2 PrüfbV bzw. § 36 Abs. 1 S. 8 WpHG. Dahingegen ist der Fragebogen auch dann der BaFin und der DBB zu übersenden, wenn bei verbandsgeprüften Wertpapierdienstleistungsunternehmen der PrB nach § 36 Abs. 1 S. 8 WpHG nicht angefordert wird (§ 5 Abs. 6 S. 3 WpDPV).
1950 Gesetz zur Ergänzung der Bekämpfung der Geldwäsche und der Terrorismusfinanzierung (Geldwäschebekämpfungsergänzungsgesetz – GwBekErgG) v. 13.08.2008, BGBl. I, S. 1690, BGBl. I 2009, S. 816. Siehe hierzu auch die *Auslegungs- und Anwendungshinweise des ZKA zum GwBekErgG* vom 17.12.2008.
1951 Richtlinie 2005/60/EG, ABl.EU Nr. L 309, S. 15.
1952 Geldwäschegesetz, zuletzt geändert durch Gesetz v. 22.06.2011, BGBl. I, S. 1126.
1953 Die konkrete Umsetzung erfolgt durch das Gesetz zur Umsetzung der Zweiten E-Geld-Richtlinie (Richtlinie 2009/110/EG, ABl. EU Nr. L 267, S. 7) v. 01.03.2011, BGBl. I, S. 288 bzw. im Zuge eines Gesetzes zur Optimierung der Geldwäscheprävention (RegE, BMF-Dokument 08112 v. 05.05.2011).

1308 Im Zuge dieser Neuregelungen wurde das **deutsche Geldwäscherecht** in wesentlichen Bereichen **neu geordnet**. So enthält das GwG nunmehr die grundlegenden Anforderungen an die Umsetzung eines Geldwäschepräventionssystems für alle gem. § 2 GwG dazu Verpflichteten[1954], während im KWG die aus der speziellen Geschäftsstruktur resultierenden besonderen Pflichten für Kredit- und Finanzdienstleistungsinstitute sowie für bestimmte Finanzholding-Gesellschaften (§ 10a Abs. 3 S. 6 o. S. 7 KWG bzw. § 10b Abs. 3 S. 8 KWG) und im VAG die besonderen Pflichten für Versicherungsunternehmen, die das Lebensversicherungs- und/oder Unfallversicherungsgeschäft mit Prämienrückgewähr betreiben, geregelt sind[1955].

1309 Die dabei für **Institute im Bereich der Kredit- und Finanzdienstleistungswirtschaft** maßgeblichen Vorschriften der §§ 25c bis 25h KWG knüpfen unmittelbar an die besonderen organisatorischen Pflichten gem. § 25a KWG hinsichtlich einer ordnungsgemäßen Geschäftsorganisation an[1956]. Dennoch bleibt es i.R. einer verstärkt prinzipienorientierten Beaufsichtigung[1957] dem Institut i.W. selbst überlassen zu entscheiden, wie die organisatorische Ausgestaltung der Geldwäscheprävention im Unternehmen konkret aussehen soll.

1310 Die **Prüfungspflicht** des APr. ergibt sich aus § 29 Abs. 2 S. 1 KWG, wonach der APr. auch zu prüfen hat, ob das Institut seinen Verpflichtungen nach den §§ 24c, 25c bis 25h KWG, dem GwG und der Verordnung (EG) Nr. 1781/2006[1958] nachgekommen ist; einer gesonderten Beauftragung bedarf es daher insofern nicht. Die Prüfung hat grds. jährlich zu erfolgen; jedoch ist für Institute geringer Größe oder Geschäftstätigkeit ggf. auch ein nur zweijähriger Turnus möglich (vgl. § 20 Abs. 4 PrüfbV). Unabhängig davon können von der Aufsichtsbehörde gem. § 44 Abs. 1 S. 2 KWG jederzeit außerplanmäßige Prüfungen angeordnet werden.

1311 Nähere Vorgaben über den **Prüfungsgegenstand** und über die Berichterstattung enthält § 21 PrüfbV. Danach sind insb. folgende Geldwäschepräventionsmaßnahmen zu prüfen[1959], im PrB darzustellen und deren Eignung in Bezug auf die Abdeckung der spezifischen Risiken des Instituts zu beurteilen:

– Angemessenheit der **Gefährdungsanalyse**[1960] des Instituts im Verhältnis zur tatsächlichen Risikosituation[1961],

– Angemessenheit der **internen Grundsätze** zur Verhinderung von Geldwäsche und Terrorismusfinanzierung sowie von strafbaren Handlungen i.S.v. § 25c Abs. 1 KWG,

---

1954 Zu den daraus den WP-Praxen erwachsenden Pflichten vgl. ausführlich *Kütting*, WPg 2009, S. 1134.
1955 Nachfolgend wird in Bezug auf die von KWG-Vorschriften betroffenen Verpflichteten gem. § 2 GwG einheitlich der Begriff „Institute" verwendet und in Bezug auf die von VAG-Vorschriften betroffenen Verpflichteten gem. § 2 GwG der Begriff „Versicherungsunternehmen".
1956 Vgl. *Ackmann/Reder*, WM 2009, S. 159; *Herzog*, GWG, § 25c KWG, Rn. 1.
1957 Vgl. *Ackmann/Reder*, WM 2009, S. 160.
1958 Verordnung (EG) Nr. 1781/2006 des Europäischen Parlaments und des Rates vom 25.11.2006 über die Übermittlung von Angaben zum Auftraggeber bei Geldtransfers, ABl.EU Nr. L 345, S. 1.
1959 Vgl. zur Prüfungsplanung und -durchführung *Arbeitsgruppe Geldwäscheprüfung des IDW*, WPg 2009, S. 1116–1117.
1960 Vgl. *BaFin*, Rundschreiben 8/2005 v. 24.03.2005 zur institutsinternen Implementierung angemessener Risikomanagementsysteme zur Verhinderung der Geldwäsche, Terrorismusfinanzierung und Betrug zu Lasten der Institute gemäß §§ 25a Abs. 1 Satz 3 Nr. 6, Abs. 1a KWG, 14 Abs. 2 Nr. 2 GwG – *Consbruch/Fischer*, KWG, C 40.78. Die Gefährdungsanalyse ist mindestens einmal jährlich zu aktualisieren. Sie ist sogar dann erforderlich, wenn das Geschäftsmodell des Instituts die Annahme von Kundengeldern nicht vorsieht, da § 1 Abs. 4 GwG auch unbare Transaktionen und Vermögensverschiebungen i.R. einer Geschäftsbeziehung einschließt.
1961 Vgl. hierzu ausführlich *Auerbach/Vitzthum*, WPg 2009, S. 1119.

Besonderheiten der Berichterstattung bei anderen Prüfungen   Q

- Angemessenheit der geschäfts- und kundenbezogenen **Sicherungssysteme und Kontrollen** zur Verhinderung von Geldwäsche und Terrorismusfinanzierung sowie von strafbaren Handlungen i.S.v. § 25c Abs. 1 KWG[1962],
- Stellung und Tätigkeit des **Geldwäschebeauftragen** und seines Stellvertreters, deren Kompetenzen sowie die für eine ordnungsmäßige Durchführung ihrer Aufgaben notwendigen Mittel und Verfahren,
- Angemessenheit der **Unterrichtung der Mitarbeiter**, die Transaktionen abwickeln oder im Kundenkontakt stehen, über Methoden der Geldwäsche, Terrorismusfinanzierung und strafbaren Handlungen i.S.v. § 25c Abs. 1 KWG sowie über die insofern für sie bestehenden Pflichten,
- Erfüllung der **Aufzeichnungs- und Aufbewahrungspflichten** sowie der Erfassungs- und Anzeigepflichten bei Verdachtsfällen,
- **Auslagerungssachverhalte** in Bezug auf geschäfts- und kundenbezogene Sicherungsmaßnahmen und Kontrollen.

Bei übergeordneten Unternehmen i.S.v. § 25g KWG ist außerdem die Einbindung von nachgeordneten Unternehmen, Zweigstellen und Niederlassungen darzustellen und zu beurteilen; bei Kreditinstituten ist auf deren Pflichten i.Z.m. der Verifizierung von Auftraggeberdaten und dem automatisierten Abruf von Konteninformationen durch die BaFin (§ 24c KWG) einzugehen.

Im Rahmen der Prüfung sind auch die Ergebnisse von im Berichtszeitraum erfolgten Prüfungen der **Internen Revision** zu verwerten (§ 21 Abs. 1 S. 4 PrüfbV). **1312**

Die **Berichterstattung** sollte gliederungstechnisch sinnvollerweise den oben dargestellten Prüfungsgebieten folgen. Darstellungen und Erläuterungen müssen risikoadäquat sein und gesetzte Prüfungsschwerpunkte angemessen widerspiegeln. Aufgrund der detaillierten Vorgaben werden Weglassungen regelmäßig kaum möglich sein. Jedenfalls ausführlich einzugehen ist stets auf die Analyse der Gefährdungssituation und auf die darauf aufbauenden internen Sicherungsmaßnahmen und Kontrollen[1963]. Ein weiterer Schwerpunkt der Berichterstattung wird regelmäßig die Darstellung der Tätigkeit des Geldwäschebeauftragten sein. Zu beachten ist dabei, dass § 21 PrüfbV für jedes einzelne Prüfungsgebiet eine Beurteilung durch den APr. verlangt. **1313**

Sofern von Seiten der BaFin gem. **§ 30 KWG** inhaltliche Erweiterungen des Prüfungsgegenstands erfolgten oder besondere Prüfungsschwerpunkte gesetzt wurden, ist über die diesbezüglichen Prüfungsergebnisse gesondert zu berichten.

Das Ergebnis der Prüfung ist gem. § 6 PrüfbV in die **zusammenfassende Schlussbemerkung** des PrB zur Jahresabschlussprüfung aufzunehmen. Darüber hinaus sind gem. § 21 Abs. 8 PrüfbV die wesentlichen Prüfungsergebnisse in einem **Fragebogen gemäß Anlage 6 zur PrüfbV** darzustellen und nach den dort aufgeführten Kriterien zu klassifizieren.

Die Berichterstattung kann in den **Prüfungsbericht** über die Jahresabschlussprüfung als gesonderter Abschnitt eingebunden, diesem PrB als Anlage beigefügt oder als eigenständiger Bericht ausgefertigt werden[1964]. In letzterem Fall muss der PrB einen Verweis auf die Berichterstattung enthalten[1965]. **1314**

1962 Vgl. zur Betrugsbekämpfung ausführlich *Herzog*, GWG, § 25c KWG, Rn. 2–13.
1963 Vgl. *Arbeitsgruppe Geldwäscheprüfung des IDW*, WPg 2009, S. 1118.
1964 In diesem Fall sollte der Bericht um eine eigenständige zusammenfassende Schlussbemerkung erweitert werden.
1965 Vgl. *IDW PS 450*, Tz. 17.

2299

1315 Für **Versicherungsunternehmen** i.S.v. § 80c VAG besteht gem. § 57 Abs. 1a S. 1 VAG für den APr. die Verpflichtung zur Prüfung der Einhaltung der besonderen Pflichten nach den §§ 80d bis 80f VAG sowie der allgemeinen Pflichten nach dem GwG. Über diese Prüfung ist gesondert zu berichten (§ 57 Abs. 1a S. 2 VAG). Die PrüfV enthält hierzu bis dato noch keine detaillierten Vorgaben. Daher dürfte eine Orientierung an den bereits erlassenen Vorgaben für Institute (§ 21 PrüfbV) zunächst sinnvoll sein.

1316 Auf **Kapitalanlagegesellschaften und Investmentaktiengesellschaften** finden die neuen geldwäschebezogenen Vorschriften der §§ 25c bis 25h KWG qua Verweis aus § 6 Abs. 5 InvG Anwendung. Bei KAG und InvAG ist daher in gleicher Weise wie bei Instituten verpflichtend vom APr. die Beachtung dieser Vorschriften zu prüfen und darüber gesondert Bericht zu erstatten. Dabei schreibt § 12 Abs. 1 S. 1 InvPrüfbV für den Normalfall lediglich einen zweijährigen Prüfungsrhythmus vor. Die Darstellung im PrB regelt § 13 InvPrüfbV; sie entspricht i.W. der bei Instituten.

1317 Für **Zahlungsinstitute** bestimmt § 18 Abs. 1 S. 3 ZAG, dass der APr. im Rahmen der Prüfung des JA zu prüfen hat, ob das Zahlungsinstitut den geldwäschebezogenen Pflichten des GwG und insb. des § 22 ZAG nachgekommen ist. Die Berichterstattung hierüber im PrB zum JA regeln die §§ 15 u. 16 ZahlPrüfbV.

d) Prüfung nach der Makler- und Bauträgerverordnung

1318 Gewerbetreibende, die in § 34c Abs. 1 GewO[1966] genannten Tätigkeiten ausüben, unterliegen der Verordnung über die Pflichten der Makler, Darlehens- und Anlagenvermittler, Anlageberater, Bauträger und Baubetreuer (Makler- und Bauträgerverordnung – MaBV)[1967]. Gewerbetreibende i.S.v. § 34c Abs. 1 S. 1 Nr. 2 oder Nr. 4 GewO (d.h. Anlagenvermittler, Bauträger und Baubetreuer[1968]) sind dabei nach § 16 Abs. 1 MaBV verpflichtet, auf eigene Kosten die Einhaltung der sich aus den §§ 2 bis 14 MaBV ergebenden Verpflichtungen für jedes Kalenderjahr durch einen geeigneten Prüfer[1969] prüfen zu lassen (**ordentliche Prüfung**). Neben diesen verpflichtenden jährlichen Prüfungen für bestimmte Gewerbetreibende ist die zuständige Behörde[1970] auch befugt, bei allen § 34c Abs. 1 GewO unterfallenden Gewerbetreibenden aus besonderem Anlass eine **außerordentliche Prüfung** durch einen geeigneten Prüfer[1971] durchführen zu lassen (§ 16 Abs. 2 MaBV).

1319 Im Gegensatz zur Abschlussprüfung nach §§ 316 ff. HGB handelt es sich bei einer Prüfung nach § 16 MaBV um eine reine **Gesetzmäßigkeitsprüfung**[1972], die auf die Einhaltung der Vorschriften der §§ 2 bis 14 MaBV gerichtet ist. Prüfungszeitraum für die or-

---

1966 Gewerbeordnung i.d.F. der Bek. v. 22.02.1999, BGBl. I, S. 202, zuletzt geändert durch Gesetz v. 11.07.2011, BGBl. I, S. 1341.
1967 Gesetz i.d.F. der Bek. v. 07.11.1990, BGBl. I, S. 2479, zuletzt geändert durch Gesetz v. 22.06.2011, BGBl. I, S. 1126.
1968 Vgl. *Marcks*, MaBV[8], § 16 MaBV, Rn. 5.
1969 Der Kreis der geeigneten Prüfer ist in § 16 Abs. 3 S. 1 MaBV abgegrenzt und umfasst WP, vBP, deren Berufsgesellschaften sowie Prüfungsverbände; es handelt sich daher um eine Vorbehaltsaufgabe. Vgl. *WPK*, WPK-Magazin 3/2008, S. 32.
1970 Die zuständigen Behörden bestimmen sich nach Landesrecht. Es handelt sich um untere Verwaltungsbehörden, die durch Verordnung gem. § 155 Abs. 2 GewO bestimmt werden. Vgl. *Marcks*, MaBV[8], § 34 GewO, Rn. 187.
1971 Falls eine solche außerordentliche Prüfung bei einem Gewerbetreibenden i.S.v. § 34c Abs. 1 Nr. 1 oder 1a GewO (d.h. Grundstücks-, Wohnungs- bzw. Darlehensmakler) angeordnet wird, können auch Nicht-WP/vBP mit der Prüfung beauftragt werden (§ 16 Abs. 3 Satz 2 MaBV). In einem solchen Fall liegt keine Vorbehaltsaufgabe vor. Vgl. WPK-Magazin 3/2008, S. 32.
1972 Vgl. *IDW PS 830*, Tz. 6.

Besonderheiten der Berichterstattung bei anderen Prüfungen　　　　　　　　　**Q**

dentliche Prüfung nach § 16 Abs. 1 MaBV ist das Kalenderjahr; dies gilt auch, wenn das GJ des Gewerbetreibenden vom Kalenderjahr abweicht[1973]. Der Bericht über diese Prüfung ist der zuständigen Behörde bis spätestens zum 31.12. des darauffolgenden Jahres zu übermitteln (§ 16 Abs. 1 S. 1 MaBV). Bei der außerordentlichen Prüfung nach § 16 Abs. 2 MaBV kann der Prüfungszeitraum anlassbezogen auch vom Kalenderjahr abweichend und ggf. kürzer bestimmt werden. Ebenso ist die Berichterstattungsfrist zumeist anlassbezogen bestimmt.

Zwar zielt die Prüfung nach § 16 MaBV nur auf formale Ordnungsmäßigkeit; dennoch ist auch hier das Primat des Selbstprüfungsverbots (§ 23a BS WP/vBP) zu beachten. Dementsprechend ist die Annahme eines Prüfungsauftrags nach § 16 MaBV nicht zulässig, wenn der WP die Bücher des Gewerbetreibenden führt und Nachweise in Bezug auf die nach §§ 2–14 MaBV bestehenden Verpflichtungen aus dieser Buchführung abgeleitet werden[1974]. **1320**

Der **Prüfungsbericht** muss gem. § 16 Abs. 1 MaBV als **Pflichtbestandteil** ausdrücklich einen **Vermerk** darüber enthalten, ob Verstöße des Gewerbetreibenden festgestellt worden sind. Verstöße sind in dem Vermerk aufzuzeigen. Dies gilt für den PrB über eine anlassbezogene Prüfung gem. § 16 Abs. 2 MaBV gleichermaßen (§ 16 Abs. 2 S. 3 i.V.m. § 16 Abs. 1 S. 3–5 MaBV). Es bleibt demzufolge dem pflichtgemäßen Ermessen des einzelnen Prüfers überlassen, den Inhalt seines PrB im Hinblick auf die Adressaten (Aufsichtsbehörde, Gewerbetreibender) sachgerecht zu gestalten[1975]. **Aufgabe** des PrB ist es, die Aufsichtsbehörde darüber zu unterrichten, ob der Gewerbetreibende die zum Schutze der Allgemeinheit und der Auftraggeber erlassenen Vorschriften der MaBV eingehalten hat[1976]. Die durch den Bericht vermittelten Kenntnisse über den Gewerbetreibenden sollen die Behörde befähigen, sich ein eigenes Urteil über dessen Zuverlässigkeit zu bilden und ggf. Konsequenzen hinsichtlich seiner Erlaubnis zur Berufsausübung zu ziehen[1977]. Der Prüfer muss seinen Bericht so abfassen, dass die zuständige Behörde objektiv informiert und zu sachgerechten Entscheidungen in die Lage versetzt wird[1978]. Aus der Sicht des Prüfers stellt der PrB den Nachweis dar, ob und wie der Gewerbetreibende seine Pflichten erfüllt hat, und zwar insbesondere ggü. der Aufsichtsbehörde, bei ordentlichen Prüfungen auch ggü. dem Gewerbetreibenden als seinem Auftraggeber[1979]. Von Bedeutung ist, dass die Aufsichtsbehörde eine außerordentliche Prüfung gem. § 16 Abs. 2 MaBV auch dann anordnen kann, wenn der vorgelegte Bericht über die ordentliche Prüfung offensichtlich den an die Berichterstattung zu stellenden Anforderungen nicht genügt[1980]. **1321**

Hat ein Gewerbetreibender in einem Kalenderjahr keine erlaubnispflichtige Betätigung im Sinne des § 34c Abs. 1 S. 1 GewO ausgeübt, ist er von der Durchführung einer Pflichtprüfung entbunden, wenn er der zuständigen Behörde diesbezüglich eine **Negativerklärung** rechtzeitig, d.h. ebenfalls bis spätestens zum 31.12. des darauffolgenden Jahres, vorlegt (§ 16 Abs. 1 S. 2 MaBV). Die Negativerklärung gibt der Gewerbetreibende im eigenen Namen ab. Wurde ein Auftrag zur Durchführung einer ordentlichen Prüfung gem. **1322**

1973 Vgl. *Marcks*, MaBV[8], § 16 MaBV, Rn. 15.
1974 Vgl. *IDW PS 830*, Anhang, Abschn. I. Ziff. 10. Buchst. a).
1975 Vgl. *IDW PS 830*, Tz. 67.
1976 Vgl. *IDW PS 830*, Tz. 64.
1977 Vgl. *IDW PS 830*, Tz. 64.
1978 Vgl. *Marcks*, MaBV[8], § 16 MaBV, Rn. 11.
1979 Vgl. *IDW PS 830*, Tz. 65.
1980 Dies sieht Nr. 3.16.2 der Musterverwaltungsvorschrift zum Vollzug des § 34c der Gewerbeordnung und der Makler- und Bauträgerverordnung (MaBVwV) (abgedruckt bei *Marcks*, MaBV[8], S. 361) vor. Vgl. auch *IDW PS 830*, Tz. 65.

§ 16 Abs. 1 MaBV erteilt und stellt der Prüfer nach Vornahme geeigneter Prüfungshandlungen fest, dass keine Tätigkeiten ausgeübt wurden, aus denen Verpflichtungen nach der MaBV erwachsen, so kann der Prüfer eine Bescheinigung über dieses Prüfungsergebnis abgeben, die ggf. der Negativerklärung des Gewerbetreibenden beigefügt werden kann. Da die Aufbewahrungsfristen nach § 14 MaBV über mindestens fünf Jahre hinweg erfüllt werden müssen, sollte die Bescheinigung ergänzend die Feststellung enthalten, dass die erforderlichen Aufzeichnungen und Unterlagen der Vorjahre gem. § 14 MaBV aufbewahrt wurden[1981].

1323 Für die Berichterstattung über eine Prüfung nach § 16 MaBV gelten die allgemeinen Grundsätze für die Erstellung eines PrB[1982] entsprechend, sofern die Natur dieser Prüfung keine Abweichungen erfordert[1983]. Für die **Gliederung des Prüfungsberichts** sieht *IDW PS 830* grds. den folgenden Aufbau vor[1984]:

I. Auftrag und Auftragsdurchführung
II. Rechtliche Verhältnisse
III. Art und Umfang der durchgeführten Geschäfte
IV. Prüfungsfeststellungen
  1. Organisatorische Vorkehrungen zur Einhaltung der MaBV
  2. Einzelfeststellungen
V. Prüfungsvermerk

Die Anlage zu *IDW PS 830* enthält umfangreiche Hinweise zu Inhalt und Darstellung der einzelnen Berichtsabschnitte[1985]. Im Folgenden werden daher nur wesentliche Einzelaspekte angesprochen.

1324 In formaler Hinsicht wichtig ist es, im Abschnitt I. **Auftrag und Auftragsdurchführung** darauf hinzuweisen, dass der Prüfung *IDW PS 830* zugrunde gelegt wurde und dass eine berufsübliche VollstE[1986] eingeholt wurde.

1325 Die Darstellung der **organisatorischen Vorkehrungen zur Einhaltung der MaBV** in Abschnitt IV. 1. ist insoweit bedeutsam, als die hierzu getroffenen Feststellungen die Voraussetzung dafür bilden, dass der Prüfer Aussagen zur Einhaltung der Vorschriften der §§ 2–14 MaBV treffen kann[1987]. Von besonderer Wichtigkeit ist dabei, dass im Rahmen dieser Darstellung unterlegt wird, ob und inwieweit der Prüfer dazu in der Lage war, seine Prüfung (unter Berücksichtigung des Fehlerrisikos) ggf. stichprobenweise durchzuführen[1988]. Auswahl und Umfang der gezogenen Stichproben ist dabei im Abschnitt IV. 2. – ggf. tabellarisch – darzustellen[1989]. Bei systembedingten Fehlern ist der Prüfungsumfang nach den allgemeinen Grundsätzen auszuweiten[1990]. Insgesamt muss sich aus der Darstellung ein klares Bild für die Aufsichtsbehörde über die Aussagekraft der auf Grundlage von stichprobenweise durchgeführten Prüfungshandlungen gewonnenen Erkenntnisse in Bezug auf alle übrigen Geschäftsvorfälle ergeben[1991].

1981 Vgl. *IDW PS 830*, Tz. 20.
1982 *IDW PS 450*, Tz. 6–12; vgl. Tz. 67.
1983 Vgl. *IDW PS 830*, Tz. 67.
1984 Vgl. *IDW PS 830*, Anlage: Inhalt des Prüfungsberichts.
1985 Vgl. auch das Beispiel eines PrB in *Bergmeister/Reiß*, MaBV[4], Kap. D, Abschn. 5.
1986 Vgl. *IDW PS 830*, Anlage, Abschn. I. Ziff. 11. sowie *Marcks*, MaBV[8], § 16 MaBV, Rn. 13.
1987 Vgl. *IDW PS 830*, Anlage, Abschn. IV. Buchst. A.
1988 Vgl. *IDW PS 830*, Tz. 8; *Marcks*, MaBV[8], § 16 MaBV, Rn. 13.
1989 Vgl. *IDW PS 830*, Anlage, Abschn. IV. Buchst. B. Ziff. 1.
1990 Vgl. *IDW PS 830*, Abschn. IV. Buchst. B. Ziff. 2.
1991 Vgl. *Bergmeister/Reiß*, MaBV[4], Kap. D, Rn. 10.

Der Prüfer hat nach den ausdrücklichen Vorgaben in § 16 Abs. 1 MaBV **jeden** von ihm **festgestellten Verstoß** in den zusammenfassenden Prüfungsvermerk aufzunehmen[1992]. Dies gilt auch für möglicherweise einmalige und unbedeutende Fehler sowie für solche, deren Auftreten für die Zukunft deshalb ausgeschlossen ist, weil der Gewerbetreibende zwischenzeitlich Maßnahmen getroffen hat, um derartige Fehler in der Zukunft zu verhindern. Dementsprechend ist im PrB klar und differenziert zu erläutern, ob es sich bei den festgestellten Verstößen um einzelne Fehler bei im Übrigen einwandfreien organisatorischen Vorkehrungen zur Einhaltung der Vorschriften der MaBV handelt, oder aber, ob organisatorische Mängel festgestellt wurden, die in bestimmten Bereichen die Einhaltung der MaBV systematisch beeinträchtigen oder gar ausschließen[1993]. Sieht sich der Prüfer nicht dazu in der Lage, einzelne Sachverhalte, bei denen ein Verstoß gegen die Bestimmungen der MaBV nicht auszuschließen ist, eindeutig zu beurteilen[1994], so hat er diese Sachverhalte im PrB darzustellen und zu erläutern[1995]. Seine Berichterstattung hat sich auch auf Verstöße gegen die Vorschriften der MaBV im neuen GJ zu erstrecken, soweit diese im Rahmen der Prüfung festgestellt wurden[1996]. **1326**

Der in den PrB verpflichtend aufzunehmende **Prüfungsvermerk**, dessen Wortlaut in § 16 MaBV nicht vorgegeben wird, enthält kein abschließendes Gesamturteil über die Einhaltung der Vorschriften der §§ 2 bis 14 MaBV[1997]. Denn nicht der Prüfer hat zu beurteilen, ob sich aufgrund festgestellter Verstöße Bedenken im Hinblick auf die Zuverlässigkeit des Gewerbetreibenden ergeben; dies ist vielmehr Aufgabe der Aufsichtsbehörde. Der Prüfer agiert insofern nur als Informationsvermittler für die den PrB empfangende Behörde[1998]. **1327**

Hat der Prüfer **keine Verstöße** gegen die Vorschriften der MaBV festgestellt, so wird folgender **Wortlaut** empfohlen[1999]: **1328**

„Bei meiner/unserer pflichtmäßigen Prüfung nach § 16 MaBV für das Kalenderjahr ... habe ich/haben wir keine Verstöße des Gewerbetreibenden gegen die §§ 2 bis 14 MaBV festgestellt."

Wurden dagegen **Verstöße** festgestellt, so sind diese im Prüfungsvermerk einzeln aufzuzeigen; hierfür kommt folgender **Wortlaut** in Betracht[2000]: **1329**

„Bei meiner/unserer pflichtmäßigen Prüfung nach § 16 MaBV für das Kalenderjahr ... habe ich/haben wir folgende Verstöße des Gewerbetreibenden gegen die §§ 2 bis 14 MaBV festgestellt: ... [Aufzählung der Verstöße]."

In solchen Fällen ist es i.d.R. angebracht, in einer abschließenden Bemerkung auf die Bedeutung der festgestellten Verstöße sowie auf die zugehörigen Erläuterungen im PrB hinzuweisen[2001]. Dies gilt auch in Bezug auf festgestellte Verstöße im neuen Geschäftsjahr.

1992 Vgl. *IDW PS 830*, Tz. 6.
1993 Vgl. *Bergmeister/Reiß*, MaBV⁴, Kap. D, Rn. 11; *IDW PS 830*, Anlage, Abschn. IV. Buchst. B. Ziff. 2.
1994 Beispielsweise bei der streitigen Frage der Kombination der Sicherungssysteme der MaBV (§§ 3 und 7 MaBV); vgl. hierzu *Bergmeister/Reiß*, MaBV⁴, Kap. B, insb. Rn. 195–196a.
1995 Vgl. *IDW PS 830*, Abschn. IV. Buchst. B. Ziff. 2.
1996 Vgl. *IDW PS 830*, Abschn. IV. Buchst. B. Ziff. 3.
1997 Vgl. *IDW PS 830*, Tz. 68; *Marcks*, MaBV⁸, § 16 MaBV, Rn. 13.
1998 Vgl. *Bergmeister/Reiß*, MaBV⁴, Kap. D, Rn. 9. Vgl. auch *IDW PS 830*, Tz. 7.
1999 Vgl. *IDW PS 830*, Tz. 68.
2000 Vgl. *IDW PS 830*, Tz. 68.
2001 Vgl. *IDW PS 830*, Tz. 69.

Sofern auftragsgemäß grds. prüfungspflichtige Tätigkeiten des Gewerbetreibenden bei der Prüfung ausgeklammert werden, muss diesem Umstand bei der Formulierung des Prüfungsvermerks Rechnung getragen werden. Ergeben sich bei der Prüfung Anhaltspunkte für Verstöße gegen die MaBV in den nicht geprüften Bereichen, ist darauf im Prüfungsvermerk hinzuweisen[2002].

1330 Der Vermerk ist von dem Prüfer gem. § 16 Abs. 1 S. 5 MaBV mit Angabe von Ort und Datum zu unterzeichnen.

1331 Mit Ausnahme der anlassbezogenen Prüfung gem. § 16 Abs. 2 MaBV, die bei Gewerbetreibenden i.S.v. § 34c Abs. 1 S. 1 Nr. 1 oder 1a GewO (d.h. Grundstücks-, Wohnungs- bzw. Darlehensmakler) durchgeführt wird, handelt es sich bei Prüfungen nach § 16 Abs. 1 bzw. Abs. 2 MaBV um gesetzliche Vorbehaltsaufgaben, da § 16 Abs. 3 S. 1 MaBV neben WP, vBP und deren Berufsgesellschaften ausschließlich Prüfungsverbände als geeignete Prüfer nennt. Dementsprechend besteht für diese Prüfungen nach § 48 Abs. 1 S. 1 WPO **Siegelpflicht**[2003]. Da bei der o.g. anlassbezogenen Prüfung gem. § 16 Abs. 2 MaBV bei Gewerbetreibenden i.S.v. § 34c Abs. 1 S. 1 Nr. 1 o. 1a GewO der Kreis der geeigneten Prüfer ggü. § 16 Abs. 3 S. 1 MaBV erweitert ist[2004], besteht hierbei keine Siegelpflicht; das Siegel kann jedoch geführt werden[2005]. **Siegelverbot** besteht demgegenüber in Zusammenhang mit der Erteilung einer Negativbescheinigung i.S.v. § 16 Abs. 1 S. 2 MaBV durch WP, da es sich dabei nach Ansicht der WPK nicht um eine Erklärung über das Ergebnis einer betriebswirtschaftlichen Prüfung oder die Erstattung eines betriebswirtschaftlichen Gutachtens handelt[2006].

1332 Handelt es sich bei dem Gewerbetreibenden i.S.v. § 34c Abs. 1 GewO um ein Unternehmen, dessen JA prüfungspflichtig ist bzw. das eine freiwillige Abschlussprüfung durchführen lässt, so wird der APr. i.d.R. auch mit der Prüfung nach § 16 Abs. 1 MaBV beauftragt[2007]. Gleichwohl sind zwei gesonderte **Prüfungsberichte** zu erstatten, da der Gegenstand der Prüfung und insbesondere der Empfängerkreis der PrB unterschiedlich sind. Sofern im Rahmen der Abschlussprüfung schwerwiegende Verstöße gegen die Vorschriften der MaBV festgestellt werden[2008], hat gem. § 321 Abs. 1 S. 3 HGB eine Berichterstattung im PrB über die Abschlussprüfung zu erfolgen[2009]. Umgekehrt ist im Bericht über die Prüfung nach § 16 MaBV auf die Verwertung von Erkenntnissen aus der Abschlussprüfung grds. hinzuweisen[2010].

5. Prüfung des Rechenschaftsberichts einer politischen Partei

1333 Der Vorstand einer politischen Partei hat über die Herkunft und die Verwendung der Mittel sowie über das Vermögen der Partei zum Ende eines Kalenderjahres (Rechnungsjahr) in

---

2002 Vgl. IDW *PS 830*, Tz. 70.
2003 Vgl. *WPK*, WPK-Magazin 3/2008, S. 32.
2004 § 16 Abs. 3 S. 2 MaBV dehnt den Kreis möglicher Prüfer aus auf „andere Personen, die öffentlich bestellt und aufgrund ihrer Vorbildung und Erfahrung in der Lage sind, eine ordnungsgemäße Prüfung in dem jeweiligen Gewerbebetrieb durchzuführen, sowie deren Zusammenschlüsse". Vgl. auch WPK-Magazin 3/2008, S. 32.
2005 § 48 Abs. 1 Satz 2 WPO; vgl. § 18 Abs. 2 BS WP/vBP.
2006 Vgl. *WPK*, WPK-Magazin 4/2008, S. 42; vgl. § 18 Abs. 3 BS WP/vBP.
2007 Zur Vereinbarkeit von Jahresabschlussprüfung bzw. -erstellung mit der Übernahme der Prüfung nach § 16 MaBV sowie zur Unvereinbarkeit der Übernahme dieser Prüfung mit der Führung der Bücher durch den WP vgl. *Bergmeister/Reiß*, MaBV⁴, Kap. B, Rn. 273.
2008 Beispielsweise die Vornahme erlaubnispflichtiger Tätigkeiten i.S.v. § 34c Abs. 1 GewO ohne die dazu erforderliche Erlaubnis; vgl. *IDW PS 830*, Tz. 2.
2009 Vgl. *IDW PS 450*, Tz. 48.
2010 Vgl. *IDW PS 830*, Anlage, Abschn. I. Ziff. 10 Buchst. a).

Besonderheiten der Berichterstattung bei anderen Prüfungen   Q

einem Rechenschaftsbericht öffentlich Rechenschaft zu geben (§ 23 Abs. 1 PartG[2011]). Der Rechenschaftsbericht besteht gem. § 24 PartG aus einer Ergebnisrechnung auf der Grundlage einer den Vorschriften des PartG entsprechenden Einnahmen- und Ausgabenrechnung, einer damit verbundenen Vermögensbilanz sowie einem Erläuterungsteil[2012]. Der Rechenschaftsbericht ist nach § 23 Abs. 2 S. 1 PartG von einem WP oder einer WPG nach den Vorschriften der §§ 29 bis 31 PartG zu prüfen[2013]. Diese Prüfung erstreckt sich auf die Rechenschaftsberichte der Bundespartei, ihrer Landesverbände sowie auf mindestens zehn nachgeordnete Gebietsverbände, welche vom Prüfer auszuwählen sind (§ 29 Abs. 1 S. 1 PartG).

Die Grundsätze für die Durchführung dieser Prüfung und die damit verbundene Berichterstattung sowie für die Erteilung des Prüfungsvermerks sind im *IDW Prüfungsstandard: Prüfung des Rechenschaftsberichts einer politischen Partei (IDW PS 710)* niedergelegt. Diese gelten neben der gesetzlichen Prüfung des Rechenschaftsberichts der Gesamtpartei im o.g. Umfang auch für freiwillige Prüfungen, die sich lediglich auf Rechenschaftsberichte einzelner Gliederungen der Partei (z.B. eines Landesverbands oder einzelner Gebietsverbände) beziehen[2014]. 　1334

Über das Ergebnis der Prüfung des Rechenschaftsberichts der Gesamtpartei ist ein **schriftlicher Prüfungsbericht** zu erstellen, der dem Vorstand der Partei und den Vorständen der geprüften Gebietsverbände zu übergeben ist (§ 30 Abs. 1 PartG). Daneben ist ein Prüfungsvermerk zu erteilen (§ 30 Abs. 2 PartG), der auch in den PrB aufzunehmen ist.　1335

Im Interesse einer klaren Berichterstattung wird für den PrB folgende, der Struktur des PrB zum JA[2015] entsprechende, **Gliederung** empfohlen[2016]:

I. Prüfungsauftrag
II. Grundsätzliche Feststellungen
III. Gegenstand, Art und Umfang der Prüfung
IV. Feststellungen und Erläuterungen zur Rechnungslegung
V. ggf. Feststellungen aus Erweiterungen des Prüfungsauftrags
VI. Prüfungsvermerk

– Anlagen
  – Rechenschaftsbericht
  – Auftragsbedingungen.

Die Inhalte der Berichtsabschnitte orientieren sich an den korrespondierenden Vorgaben des *IDW PS 450*. Im Folgenden werden daher nur wichtige Einzelaspekte angesprochen.

Aufgrund der allgemeinen Treuepflicht des WP ggü. dem Auftraggeber ist in entsprechender Anwendung des **§ 321 Abs. 1 S. 3 HGB** ggf. Bericht zu erstatten. Dieser Redepflicht ist im Abschnitt II. „Grundsätzliche Feststellungen" nachzukommen; sie erstreckt sich außer auf festgestellte Unrichtigkeiten oder Verstöße gegen gesetzliche Rechnungslegungsvorschriften auch auf Tatsachen, die den Bestand der geprüften Partei gefährden　1336

2011 Gesetz über politische Parteien (PartG) i.d.F. der Bek. v. 31.01.1994 (BGBl. I, S. 149), zuletzt geändert durch Gesetz v. 23.08.2011, BGBl. I, S. 1748.
2012 Zur Rechnungslegung von politischen Parteien vgl. auch *IDW RS HFA 12*.
2013 Erfüllt eine Partei nicht die Voraussetzungen des § 18 Abs. 4 S. 1 erster Halbsatz PartG für eine staatliche Teilfinanzierung, so kann der Rechenschaftsbericht auch von einem vBP oder einer BPG geprüft werden (§ 23 Abs. 2 S. 2 PartG). Vgl. *IDW PS 710*, Tz. 5.
2014 Vgl. *IDW PS 710*, Tz. 1, 6.
2015 Vgl. *IDW PS 450*, Tz. 12.
2016 Vgl. *IDW PS 710*, Tz. 31.

oder deren Entwicklung wesentlich beeinträchtigen können. Des Weiteren ist über substanzielle Hinweise auf schwerwiegende Verstöße der gesetzlichen Vertreter, hauptamtlicher Mitarbeiter oder anderer Funktionsträger der Partei gegen sonstige gesetzliche Vorschriften oder die Satzung zu berichten[2017].

1337 Im Rahmen des Abschnitts III. „**Gegenstand, Art und Umfang der Prüfung**" ist ausdrücklich auf den gem. § 29 Abs. 1 S. 1 PartG eingeschränkten Prüfungsumfang bei der Prüfung des Rechenschaftsberichts der Gesamtpartei einzugehen[2018]. Ferner sollte darauf hingewiesen werden, dass die Angaben in den Rechenschaftsberichten der nicht in die Prüfung einbezogenen nachgeordneten Gebietsverbände sowie die vollständige Erfassung der Rechenschaftsberichte der Parteigliederungen im Rechenschaftsbericht der Gesamtpartei nicht geprüft wurden, und, dass die Zusammenfügung der Rechenschaftsberichte der Gebietsverbände zum Rechenschaftsbericht der Gesamtpartei lediglich auf formale und rechnerische Richtigkeit geprüft wurde[2019]. Ebenfalls einzugehen ist auf das Erteilen der verlangten Aufklärungen und Nachweise, das Abgeben der Versicherung des Vorstands gem. § 29 Abs. 3 PartG sowie das Einholen einer berufsüblichen VollstE[2020].

1338 Im Abschnitt IV. „**Feststellungen und Erläuterungen zur Rechnungslegung**" sind in entsprechender Anwendung des **§ 321 Abs. 2 S. 2 HGB** auch solche Beanstandungen und Mängel darzustellen, die zwar nicht zur Einschränkung oder Versagung des Prüfungsvermerks geführt haben (z.B. weil sie zwischenzeitlich behoben wurden), aber dennoch für den Adressaten des PrB von Bedeutung sind[2021]. Auch sollte hier ggf. zur Ordnungsmäßigkeit bestimmter im Erläuterungsteil des Rechenschaftsberichts gemachter Angaben (z.B. zum Beteiligungsbesitz oder zu den Zuwendungen) Stellung genommen oder auf das Ausüben von Wahlrechten (z.B. § 28 Abs. 1 und 3 PartG zur Vermögensbilanz) hingewiesen werden[2022]. Ergänzend zur Darstellung in Abschnitt III. sollte auch im Abschnitt IV. nochmals ausdrücklich auf die Tatsache hingewiesen werden, dass eine Aussage zur Beachtung der GoB und zur Auskunft entsprechend den tatsächlichen Verhältnissen über die Herkunft und Verwendung der Mittel sowie über das Vermögen der Partei nur insoweit getroffen werden kann, als dies der – gesetzlich eingeschränkte – Prüfungsumfang erlaubt[2023].

1339 Der Prüfer hat gem. § 30 Abs. 2 PartG neben dem PrB einen **Prüfungsvermerk** abzugeben. Aufbau und Ausformulierung dieses Vermerks sollten die allgemeinen Grundsätze für die ordnungsmäßige Erteilung von BestV bei Abschlussprüfungen[2024] zugrunde gelegt werden. Im Rahmen dessen sind folgende Vorgaben des PartG verpflichtend zu beachten[2025]:

– Sind nach dem abschließenden Ergebnis der Prüfung keine Einwendungen zu erheben, so ist zu bestätigen, dass nach pflichtgemäßer Prüfung der Rechenschaftsbericht der Gesamtpartei in dem geprüften Umfang des § 29 Abs. 1 PartG den Vorschriften des PartG entspricht (§ 30 Abs. 2 S. 1 PartG).

2017 Vgl. *IDW PS 710*, Tz. 32; *IDW PS 450*, Tz. 35–50.
2018 Vgl. *IDW PS 710*, Tz. 35 S. 1 i.V.m. Tz. 6–11.
2019 Vgl. *IDW PS 710*, Tz. 35 S. 2–3.
2020 Vgl. *IDW PS 710*, Tz. 36; *IDW PS 303 n.F.*, insb. Tz. 23–34.
2021 Vgl. *IDW PS 710*, Tz. 37.
2022 Vgl. *IDW PS 710*, Tz. 38–39.
2023 Vgl. *IDW PS 710*, Tz. 39 i.V.m. Tz. 6–11.
2024 Vgl. *IDW PS 400*.
2025 Vgl. *IDW PS 710*, Tz. 40–43.

Besonderheiten der Berichterstattung bei anderen Prüfungen   Q

- Sind Einwendungen zu erheben, so ist die Bestätigung im Prüfungsvermerk entsprechend einzuschränken oder zu versagen (§ 30 Abs. 2 S. 2 PartG)[2026].
- Im Prüfungsvermerk sind die geprüften Gebietsverbände namhaft zu machen (§ 30 Abs. 2 S. 3 PartG); insb. sind die geprüften, den Landesverbänden nachgeordneten, Gebietsverbände einzeln zu nennen[2027].

Ein Formulierungsbeispiel für einen uneingeschränkten Prüfungsvermerk aufgrund einer gesetzlichen Pflichtprüfung des Rechenschaftsberichts einer Gesamtpartei wird im Anhang des *IDW PS 710* unter 1. wiedergegeben.

Der Prüfungsvermerk über die Prüfung des Rechenschaftsberichts der Gesamtpartei ist gem. § 30 Abs. 3 PartG auf dem beim Präsidenten des Deutschen Bundestags einzureichenden Rechenschaftsbericht anzubringen. Falls der Prüfungsvermerk auf einem gesonderten Blatt erteilt wird, ist dieses mit dem Rechenschaftsbericht fest zu verbinden[2028]. 1340

Aufgrund des § 23 Abs. 2 S. 1 PartG handelt es sich bei der Prüfung des Rechenschaftsberichts einer Partei um eine gesetzliche Vorbehaltsaufgabe für WP (im Falle des Satzes 2 ggf. auch für vBP). Dementsprechend besteht **Siegelpflicht** (§ 48 Abs. 1 S. 1 WPO). Für die freiwillige Prüfung des Rechenschaftsberichts einer Parteigliederung (bspw. eines Landes- oder Gebietsverbands) besteht nach § 48 Abs. 1 S. 2 WPO ein Wahlrecht zur Siegelführung. 1341

Wird der geprüfte und dem Präsidenten des Deutschen Bundestages gem. § 23 Abs. 2 S. 3 PartG eingereichte Rechenschaftsbericht einer Partei aufgrund von Unrichtigkeiten geändert, ist dieser geänderte Rechenschaftsbericht gem. § 23a Abs. 5 S. 2 PartG erneut zu prüfen und durch einen Prüfungsvermerk zu bestätigen. Diese Prüfung ist in entsprechender Anwendung des § 316 Abs. 3 HGB durchzuführen (**Nachtragsprüfung**); d.h.[2029]: 1342

- die Prüfung ist von dem Prüfer durchzuführen, der bereits die ursprüngliche Fassung des Rechenschaftsberichts geprüft hat,
- die Prüfung hat insoweit zu erfolgen, wie es die Berichtigung erfordert,
- über die Nachtragsprüfung ist grds. gesondert schriftlich zu berichten,
- im Prüfungsvermerk ist auf die Berichtigungen und die Gründe dafür hinzuweisen,
- der aufgrund der Nachtragsprüfung erteilte Vermerk ist mit einem Doppeldatum zu unterzeichnen.

Kann aufgrund des Ergebnisses dieser Nachtragsprüfung der ursprünglich uneingeschränkt erteilte Prüfungsvermerk inhaltlich unverändert aufrecht erhalten werden, ist das Prüfungsurteil lediglich um einen gesonderten Abschnitt zu ergänzen, für den folgender Wortlaut empfohlen wird[2030]: 1343

„Diese Bestätigung erteile ich/erteilen wir aufgrund meiner/unserer pflichtgemäßen, am ... [Datum] abgeschlossenen Prüfung des Rechenschaftsberichts und meiner/unserer Nachtragsprüfung, die sich auf die Änderung des/der ... [geänderte Posten bzw. Angaben] bezog. Auf die Begründung der Änderung durch die Partei im geänderten Erläuterungsteil, Abschnitt ... wird verwiesen. Die Nachtragsprüfung hat zu keinen Einwendungen geführt."

2026 Vgl. *IDW PS 710*, Tz. 43. Siehe hierzu allg. *IDW PS 400*, Tz. 50–64, 65–69 bzw. Tz. 457, Tz. 492.
2027 Vgl. *IDW PS 710*, Tz. 40.
2028 Vgl. *IDW PS 710*, Tz. 41.
2029 Vgl. *IDW PS 710*, Tz. 50–55, 57. Siehe hierzu allg. *IDW PS 400*, Tz. 105–110; vgl. Tz. 309.
2030 Vgl. *IDW PS 710*, Tz. 56.

6. Prüfung von handelsrechtlichen Abschlüssen von Gebietskörperschaften

1344 Durch das **Haushaltsgrundsätzemodernisierungsgesetz**[2031] wurde mit Wirkung zum 01.01.2010 die rechtliche Basis für die Einführung einer staatlichen Doppik nach „den Vorschriften des Ersten und des Zweiten Abschnitts Erster und Zweiter Unterabschnitt des Dritten Buches Handelsgesetzbuch und den Grundsätzen der ordnungsmäßigen Buchführung und Bilanzierung" (§ 7a Abs. 1 S. 1 HGrG) gelegt.

1345 Die Grundsätze für Durchführung der Prüfung von diesen Vorschriften folgenden doppischen Abschlüssen von Gebietskörperschaften und die damit verbundene Berichterstattung sowie für die Erteilung des Prüfungsvermerks sind im *Entwurf eines IDW Prüfungsstandards: Prüfung des Jahresabschlusses und Lageberichts einer Gebietskörperschaft (**IDW EPS 730 n.F.**)* niedergelegt. Sofern sonstige öffentliche Einrichtungen (z.B. Eigenbetriebe und Zweckverbände), Sondervermögen oder juristische Personen des öffentlichen Rechts (z.B. Anstalten, Körperschaften, Stiftungen) diese Vorschriften – ggf. auch freiwillig – beachten, ist *IDW EPS 730 n.F.* entsprechend zu beachten.

1346 Die Zuständigkeit für die Jahresabschlussprüfung ist bislang in den einzelnen Bundesländern unterschiedlich geregelt. Einheitlich jedoch handelt es sich **nicht** um eine **Vorbehaltsaufgabe** für WP[2032]; vielmehr werden WP zumeist von den zuständigen Landesbehörden (z.B. dem Rechnungshof) mit freiwilligen Prüfungen, u.U. auch nur von Teilbereichen, beauftragt.

Im Zuge der **Beauftragung** muss eine genaue inhaltliche Aufgabenabgrenzung mit dem Auftraggeber erfolgen – und zwar sowohl den **Prüfungsgegenstand** als auch den **Prüfungsmaßstab** betreffend. Denn neben den o.g. Vorschriften der §§ 238 bis 315a HGB sind grds. die diesbezüglichen Standards des nach § 49a HGrG von Bund und Ländern gebildeten gemeinsamen Gremiums zur Standardisierung des staatlichen Rechnungswesens zu beachten sowie u.U. weitere landesrechtliche Vorschriften[2033]. Ebenfalls zu vereinbaren ist ggf. auch die Verwertung von Ergebnissen der zuständigen Prüfungseinrichtung durch den WP zwecks Vermeidung der Doppelprüfung[2034].

1347 Die **Berichterstattung** über die durchgeführte Prüfung hat **schriftlich** zu erfolgen[2035].

Wird auftragsgemäß ein BestV erteilt[2036], so ist – ggf. unter Beachtung der landesrechtlichen Vorschriften – ein **Prüfungsbericht** nach den Grundsätzen des *IDW PS 450* abzufassen. Ansonsten können Art und Umfang der Berichterstattung grds. frei vereinbart werden. Zur Berichterstattung i.Z.m. Bescheinigungen siehe allgemein Tz. 1352.

Die aus der allgemeinen Treuepflicht des APr. ggü. dem Auftraggeber resultierende **Redepflicht** des WP erstreckt sich auf alle Aspekte i.S. **§ 321 Abs. 1 S. 3 HGB**[2037]. Aufgrund der spezifischen Gegebenheiten können z.B. auch die Aspekte stetige Aufgabenerfüllung oder Gefährdung der Haushaltswirtschaft der Gebietskörperschaft von Relevanz sein.

Aus landesrechtlichen Vorschriften ggf. resultierende **Erweiterungen des Prüfungsauftrags** ggü. einer Abschlussprüfung i.S.v. §§ 316 ff. HGB sind im Abschnitt „Gegenstand,

---

[2031] Gesetz zur Modernisierung des Haushaltsgrundsätzegesetzes (Haushaltsgrundsätzemodernisierungsgesetz – HGrGMoG) v. 31.07.2009, BGBl. I, S. 2580.
[2032] Vgl. *IDW EPS 730 n.F.*, Tz. 8–9.
[2033] Vgl. *IDW EPS 730 n.F.*, Tz. 3, 11–13.
[2034] Vgl. *IDW EPS 730 n.F.*, Tz. 32.
[2035] Vgl. *IDW EPS 730 n.F.*, Tz. 34.
[2036] In diesem Fall muss eine Prüfung vereinbart sein, die nach Art und Umfang einer Abschlussprüfung i.S.v. §§ 317 ff. HGB entspricht. Vgl. *IDW EPS 730 n.F.*, Tz. 35 Abs. 1; *IDW PS 400*, Tz. 5.
[2037] Vgl. *IDW EPS 730 n.F.*, Tz. 37.

Erteilung von Bescheinigungen Q

Art und Umfang der Prüfung" darzustellen. Auf sich hierzu ergebende Feststellungen ist in einem gesonderten Abschnitt „Feststellungen aus Erweiterungen des Prüfungsauftrags" einzugehen[2038].

Dem PrB als **Anlagen** beizufügen sind sämtliche Bestandteile des geprüften Abschlusses (JA, LB etc.)[2039] und die von den gesetzlichen Vertretern einzuholende **VollstE**[2040], sowie zweckmäßigerweise die zugrunde gelegten Auftragsbedingungen. 1348

Für umfangreiche Anlagen, z.B. Teilergebnisrechnungen, Teilfinanzrechnungen o.Ä., empfiehlt sich die Erstellung eines gesonderten Anlagenbandes[2041].

Für die Erteilung eines **Bestätigungsvermerks** i.S.v. § 322 HGB gelten die in *IDW PS 400* niedergelegten Grundsätze entsprechend. Dies gilt ebenfalls hinsichtlich eventueller Einschränkungen des BestV oder der Erteilung eines Versagungsvermerks[2042]. 1349

Sehen die jeweiligen landesrechtlichen Vorschriften nicht die Vermittlung eines den tatsächlichen Verhältnissen entsprechenden Bildes der Vermögens-, Finanz- und Ertragslage vor, kann lediglich die Einhaltung der gesetzlichen Vorschriften und der sie ggf. ergänzenden Satzungen oder sonstigen ortsrechtlichen Bestimmungen bestätigt werden[2043].

Sofern eine Aussage im BestV in Bezug auf eine Erweiterung des Prüfungsgegenstands aufgrund landesrechtlicher Vorschriften erfolgt, ist der BestV entsprechend anzupassen[2044]. Siehe hierzu ausführlich Tz. 1057.

IDW EPS 730 n.F. enthält in Anhang 2 ein Formulierungsbeispiel für einen uneingeschränkten BestV über die Prüfung des JA und LB einer Gemeinde auf Basis der gemeinderechtlichen Vorschriften in Nordrhein-Westfalen.

Sofern auftragsgemäß keine Prüfung vereinbart war, die nach Art und Umfang einer Abschlussprüfung i.S.v. §§ 317 ff. HGB entspricht, kann kein BestV erteilt werden[2045]. In diesem Fall kann lediglich eine **Bescheinigung** erteilt werden. Diesbezüglich wird weiters auf Tz. 1352 verwiesen. 1350

Eine Siegelführung durch den WP ist auf Grundlage von § 48 Abs. 1 S. 2 WPO möglich. 1351

VII. Erteilung von Bescheinigungen

1. Grundlagen

Voraussetzung für die Erteilung von BestV ist die Durchführung von Abschlussprüfungen, d.h. insb. 1352

2038 Vgl. *IDW PS 450*, Tz. 54, 108.
2039 Vgl. *IDW PS 450*, Tz. 110.
2040 Vgl. *IDW EPS 730 n.F.*, Tz. 33.
2041 Vgl. *IDW EPS 730 n.F.*, Tz. 38.
2042 Vgl. *IDW EPS 730 n.F.*, Tz. 35.
2043 Bspw. verlangt Art. 102 Abs. 1 GO Bay für einen nach den Grundsätzen der doppelten kommunalen Buchführung aufgestellten JA keine Vermittlung eines den tatsächlichen Verhältnissen entsprechenden Bildes der Vermögens-, Finanz- und Ertragslage. Demgegenüber gibt § 101 Abs. 1 S. 1 GO NRW dies als Prüfungsaspekt ausdrücklich vor.
2044 Vgl. hierzu *IDW PS 400*, Tz. 11–12, 26, 32, 40.
2045 Vgl. *IDW PS 400*, Tz. 5.

– die Prüfung von JA, EA i.S.v. § 325 Abs. 2a HGB bzw. KA (einschließlich Zwischenabschlüssen)[2046], nach den Vorschriften über die Pflichtprüfung von KapGes. gem. §§ 316 ff. HGB,
– von solchen gesetzlichen Prüfungen, bei denen dieser Prüfungsgegenstand durch zusätzliche gesetzliche Vorschriften erweitert worden ist,
– von freiwilligen Abschlussprüfungen, die diesen Prüfungen nach Art und Umfang entsprechen.

Für Prüfungen mit einem abweichenden Prüfungsgegenstand oder einem geringeren Umfang darf kein BestV erteilt werden[2047]. Die Erteilung eines BestV setzt ferner die Unabhängigkeit des WP oder vBP i.S.v. §§ 319, 319a, 319b HGB bzw. § 49 WPO voraus.

1353 Dies bedeutet:
1. Über Prüfungstätigkeiten in Bezug auf JA, EA und KA (einschließlich Zwischenabschlüsse) oder anderweitige vergangenheitsorientierte Finanzinformationen (z.B. Vermögensübersichten, Erfolgsrechnungen nach Rechnungslegungssystemen mit einer speziellen Zielsetzung, Bestandteile vollständiger Abschlüsse, Posten, Konten oder Einzelangaben von Bestandteilen vollständiger Abschlüsse, Status etc.) und über andere Arbeiten zur Verifizierung von Sachverhalten, die nach Art und Umfang **nicht** einer handelsrechtlichen Abschlussprüfung gem. §§ 316 ff. HGB entsprechen, kann lediglich eine Bescheinigung erteilt werden[2048].
2. Hat ein WP oder vBP über die Prüfungstätigkeit hinaus bei der Führung der Bücher oder an der Aufstellung eines JA, EA, KA oder Zwischenabschlusses maßgeblich mitgewirkt, etwa einen wesentlichen Teil der Bewertungsarbeiten selbst durchgeführt oder den Abschluss erstellt, würde er bei der Prüfung dieses Abschlusses in eigener Sache urteilen[2049]. Er kann aus diesem Grund einen Prüfungsauftrag gem. §§ 316 ff. HGB nicht übernehmen. Der Prüfer kann daher einen BestV **nicht** erteilen, sondern lediglich eine Bescheinigung, aus der sich Tatsache und Umfang seiner Mitwirkung ergeben müssen. Der Wortlaut der Bescheinigung darf dabei nicht den Eindruck erwecken, dass eine unabhängige Abschlussprüfung gem. §§ 316 ff. HGB stattgefunden hat[2050] (vgl. im Einzelnen Tz. 1366).
3. Eine Bescheinigung kann, ebenso wie ein BestV, **nicht** erteilt werden, wenn persönliche Ausschlussgründe für die Tätigkeit des WP oder vBP vorliegen, namentlich wenn (z.B. aufgrund geschäftlicher, finanzieller oder persönlicher Beziehungen) die Besorgnis der Befangenheit besteht (§ 319 Abs. 2 HGB; § 49 WPO)[2051].

1354 Die **Grundsätze** zur Erteilung von Bescheinigungen aufgrund von Prüfungen in ggü. § 316 ff. HGB eingeschränktem Umfang oder lediglich in Bezug auf Teile des Abschlusses werden in einem noch zu erarbeitenden *IDW PS* dargelegt. Die sich darauf beziehenden Grundsätze der aufgehobenen *IDW FG 2/1988 und 3/1988* gelten deshalb fort[2052]. Die **Bescheinigung**

2046 Vgl. *IDW PS 200*, Tz. 5.
2047 Vgl. *IDW PS 400*, Tz. 5.
2048 Vgl. *IDW PS 400*, Tz. 5; HdJ, VI/5, Rn. 190; BeBiKo[8], § 321, Rn. 128, § 322, Rn. 110.
2049 Vgl. § 23a BS WP/vBP; *Silva-Schmidt*, § 49 WPO, Rn. 38–59; ADS[6], § 319, Tz. 113.
2050 Vgl. *IDW S 7*, Tz. 20 (wie schon *StN HFA 4/1996*, Abschn. D. I., Anm. 1); *Gross*, WPg 1979, S. 220; *Goerdeler* in: FS Fischer, S. 156. Maßstab ist dabei, ob aus der **Sicht eines verständigen Dritten** Umstände vorliegen, die die Besorgnis der Befangenheit begründen; nicht von Relevanz ist dagegen, ob tatsächlich Befangenheit vorliegt, ob sich der WP/vBP selbst für befangen hält oder ob der Auftraggeber die Befangenheit sogar bewusst zu akzeptieren bereit wäre. Vgl. § 21 Abs. 3 S. 1 BS WP/vBP; BeBiKo[8], Vor § 319, Rn. 4.
2051 Siehe auch §§ 21–24 BS WP/vBP; vgl. *Silva-Schmidt*, § 49 WPO, Rn. 11–74.
2052 Vgl. *IDW PS 400*, Tz. 5, Fn. 3.

Erteilung von Bescheinigungen Q

- ist als „Bescheinigung" zu bezeichnen,
- hat die klare Unterrichtung der Adressaten und die Abgrenzung der Verantwortung des WP aufzuzeigen und
- muss den Sachverhalt sowie Art und Umfang der Tätigkeit beschreiben, soweit diese nicht aus einem Bericht ersichtlich sind, auf den in der Bescheinigung zu verweisen ist.

Die **Haftung** aus Bescheinigungen reicht eben so weit, wie der Berufsangehörige nach dem Wortlaut seiner Bescheinigung die Verantwortung für die Richtigkeit übernommen hat[2053]. Dementsprechend hohe Bedeutung haben die genaue Angabe und Abgrenzung von Gegenstand, Art und Umfang der Tätigkeit[2054]. **1355**

Eine Bescheinigung kann nur erteilt werden, wenn kein Anlass besteht, an der Ordnungsmäßigkeit des zu bescheinigenden Sachverhalts zu zweifeln[2055]. Entsprechendes gilt, wenn die Plausibilität des Sachverhalts insgesamt angezweifelt werden muss[2056]. **1356**

Damit ist zu beachten, dass auch in Zusammenhang mit der Erteilung von Bescheinigungen der Möglichkeit zur Einschränkung der Prüfungstätigkeit bzw. der Arbeiten zur Verifizierung eines Sachverhalts Grenzen gesetzt sind[2057].

Es empfiehlt sich daher, folgende **Grundfragen** i.Z.m. einer Bescheinigung zu klären[2058]: **1357**

- Warum wird der Umfang der Arbeiten zur Prüfung bzw. Verifizierung (ggf. auch zur Urteilsgewinnung) ggü. einer Abschlussprüfung i.s.v. §§ 316 ff. HGB eingeschränkt?
- Ist für den zu beurteilenden Sachverhalt eine eindeutige Soll- oder Bezugsgröße vorgegeben bzw. definierbar?
- Ist der zu beurteilende Sachverhalt als solcher insgesamt ordnungsgemäß und plausibel?
- Ist sichergestellt, dass aus nicht geprüften Teil- oder anderen Sachverhalten, Umständen etc. kein Einfluss auf die Ordnungsmäßigkeit oder Plausibilität des zu beurteilenden Sachverhalts ausgeht bzw. dass ein solcher Einfluss ausgeschlossen werden kann?
- Ist der Umfang der Arbeiten, Prüfung bzw. Verifizierung so umfassend, dass sich die Bescheinigung (noch) auf den gesamten Abschluss bzw. den gesamten Sachverhalt beziehen kann?
- Ist abschließend sichergestellt, dass aufgrund des ggü. einer Abschlussprüfung i.S.v. §§ 316 ff. HGB eingeschränkten Umfangs der Tätigkeit keine Missdeutung von Inhalt und Tragweite der Bescheinigung möglich ist?

In diesem Zusammenhang ist vom WP darauf zu achten, mit dem Auftraggeber (i.d.R. die gesetzlichen Vertreter des beauftragenden Unternehmens) zu vereinbaren, dass dieser eine **Vollständigkeitserklärung** abgibt[2059]. **1358**

2053 Vgl. BeBiKo[8], § 321, Rn. 129; BGH v. 18.10.1988 (XI ZR 12/88), NJW-RR 1989, S. 696; WM 1989, S. 375 (entschieden für die Bescheinigung eines Steuerberaters).
2054 Vgl. BeBiKo[8], § 322, Rn. 111. Vgl. OLG Köln v. 01.07.1994 (3 U 40/94), DStR 1995, S. 1809, (zur Erkennbarkeit gewollter Haftungsbegrenzung mittels Verweisens aus der Bescheinigung des StB auf den zugehörigen PrB). Siehe auch OLG Hamm v. 09.04.2003 (25 U 108/02), WPK-Magazin 1/2004, S. 50–51 (zur Wirksamkeit von Ziff. 7 der IDW-AAB i.Z.m. der Weitergabe des PrB des APrs.).
2055 Vgl. *IDW PS 400*, Tz. 5, Fn. 3.
2056 Vgl. *IDW S 7*, Tz. 30, 31, 57, 66. Vgl. auch § 49 Alt. 1 WPO; *Silva-Schmidt*, § 49 WPO, Rn. 4–10.
2057 So auch *Gross*, S. 278.
2058 In Bezug auf Bescheinigungen insb. im Sozialbereich siehe auch *KHFA*, FN-IDW 2003, S. 8–9.
2059 Vgl. *IDW PS 303 n.F.*, Tz. 23–34; *IDW S 7*, Tz. 52–53. Bei der IDW Verlag GmbH sind eine Vielzahl unterschiedlicher Muster erhältlich, die ggf. einzelfallspezifisch zu ändern bzw. zu ergänzen sind.

Q _____ Das Prüfungsergebnis

1359 Entsprechend der gewonnenen Urteilssicherheit ist die Bescheinigung möglichst klar und aussagefähig zu formulieren. In einer Bescheinigung, zu der kein Bericht abgegeben wird, sollten daher zumindest folgende **Grundbestandteile** aufgeführt werden[2060]:

- Empfänger,
- Auftrag, Auftragsbedingungen,
- Gegenstand, Art und (ggf. eingeschränkter) Umfang der Tätigkeit,
- Durchführungsgrundsätze,
- zugrunde liegende Rechtsvorschriften und Unterlagen,
- Feststellungen sowie
- der Hinweis, dass weder eine Abschlussprüfung i.S.v. §§ 316 ff. HGB noch eine prüferische Durchsicht eines Abschlusses durchgeführt wurde.

Weitergehende Angaben können im Einzelfall zweckmäßig sein.

1360 Der Aufbau einer Bescheinigung unterscheidet sich grds. nicht vom Aufbau eines BestV. Dementsprechend empfiehlt es sich, die Bescheinigung – ggf. unter Einfügung von Zwischenüberschriften[2061] (nachfolgend *kursiv* gedruckt) – wie folgt in Abschnitte zu **gliedern**:

- Überschrift „Bescheinigung"[2062]
- Adressierung an den/die Empfänger
- Einleitender Abschnitt
  (Ausführungen zum Auftrag mit Darstellung des Gegenstands der Tätigkeit sowie der gesetzlichen und ggf. sonstigen rechtlichen Grundlagen)
- Beschreibender Abschnitt
  - *Verantwortung der gesetzlichen Vertreter*
  - *Verantwortung des Wirtschaftsprüfers*
    (Nennung der Durchführungsgrundsätze und Beurteilungskriterien sowie Ausführungen zu Gegenstand, Art und Umfang der Tätigkeit; Hinweis, dass weder eine Abschlussprüfung noch eine prüferische Durchsicht erfolgt sind)
- Beurteilung durch den Wirtschaftsprüfer
  - *Begründung für die Einschränkung des Prüfungsurteils bzw. der beurteilenden Aussage des Wirtschaftsprüfers*
    (nur, falls erforderlich, Bezug nehmend auf Feststellungen i.R. der Tätigkeit)
  - *Prüfungsurteil bzw. beurteilende Aussage des Wirtschaftsprüfers*
    (Beurteilung des Gegenstands der Tätigkeit anhand der Beurteilungskriterien auf Grundlage der Feststellungen)
  - *Ergänzende Hinweise*
    (nur, falls erforderlich, in Bezug auf i.R. der Tätigkeit festgestellte Besonderheiten).

Erforderlichenfalls können im Einzelfall noch Hinweise auf Verwendungsbeschränkungen sowie (i.Z.m. Haftungsbeschränkungen) zu den vereinbarten Auftragsbedingungen erfolgen[2063].

[2060] Vgl. *IDW PS 400*, Tz. 5, Fn. 3; BeBiKo⁸, § 321, Rn. 128.

[2061] Vgl. *International Standard on Auditing 700: Forming an Opinion and Reporting on Financial Statements (ISA 700)*, Tz. 20–45 sowie die Formulierungsvorschläge für Bescheinigungen in den Anhängen zu *IDW PS 970* und *IDW PS 971*.

[2062] Z.T. ist für betriebswirtschaftliche Prüfungen bestimmter Sachverhalte aufgrund gesetzlicher Vorschriften die Verwendung des Begriffs „Vermerk" vorgegeben (z.B. Vermerk des Abschlussprüfers gemäß § 17a Abs. 7 Satz 2 KHG zur Vorlage an die Vertragspartner nach § 18 Abs. 2 KHG (*IDW PH 9.420.4*) oder Vermerk des Wirtschaftsprüfers zur Vorlage bei der Stiftung Elektro-Altgeräte Register (*IDW PH 9.950.1*)). Trotz der anderslautenden Bezeichnung handelt es sich dabei um „Bescheinigungen", für welche lediglich abweichend der Begriff „Vermerk" zu verwenden ist.

[2063] Vgl. *IDW PS 970*, Tz. 116 bzw. *IDW PS 971*, Tz. 80.

Erteilung von Bescheinigungen

Sofern der WP wesentliche **Einwendungen** gegen abgrenzbare Teile des zu beurteilenden Sachverhalts hat, ist die Bescheinigung insoweit einzuschränken. In diesem Zusammenhang sind die allgemeinen Grundsätze für die Erteilung von BestV[2064] sinngemäß zu beachten. **1361**

Sind Einwendungen in Bezug auf den zu beurteilenden Sachverhalt zu erheben, die insgesamt so bedeutend oder wesentlich sind, dass eine Einschränkung nicht mehr ausreicht, um Dritten ggü. eine missverständliche Vorstellung von Aussage und Tragweite der Bescheinigung zu vermeiden, ist die Erteilung der Bescheinigung grds. zu versagen[2065].

Sofern es nicht möglich ist, Gegenstand, Art, Umfang und Ergebnis der Tätigkeiten in der Bescheinigung hinreichend darzustellen, ist zusätzlich ein schriftlicher „**Bericht**" zu erstellen, auf den in der Bescheinigung verwiesen werden muss[2066]. **1362**

Wird – ggf. auch auftragsgemäß vereinbart[2067] – ein solcher **Bericht** abgegeben, so hat er den allgemeinen Grundsätzen ordnungsmäßiger Berichterstattung[2068] sinngemäß zu genügen und u.a. die oben dargestellten Grundbestandteile zu enthalten. Die Form der Berichterstattung darf dabei nicht den Anschein erwecken, als habe eine Abschlussprüfung i.S.v. §§ 316 ff. HGB stattgefunden; auf diese Tatsache ist zudem ausdrücklich hinzuweisen[2069].

Sofern die Voraussetzungen der **Berichterstattungspflicht nach § 321 Abs. 1 S. 3 HGB** vorliegen, ergibt sich aus der Treuepflicht des Berufsangehörigen, dass auch hierüber zu berichten ist[2070]. **1363**

Ein WP oder vBP soll einen JA, Zwischenabschluss, Status oder dgl. nicht ohne BestV oder Bescheinigung lediglich unterschreiben und/oder mit seinem Siegel versehen oder auf Bogen mit seinem Namensaufdruck oder Briefkopf wiedergeben, weil sonst der Anschein entsteht, dass er die volle Verantwortung für den Inhalt des Dokuments (d.h. den Abschluss oder den Status etc.) übernimmt[2071]. Vielmehr sind grds. die beurteilten Angaben der Bescheinigung als Anlage(n) beizufügen und mit dieser fest zu verbinden[2072]. **1364**

Eine Bescheinigung ist unter Angabe von Ort, Datum und Berufsbezeichnung eigenhändig zu unterzeichnen. Sie ist nach § 48 Abs. 1 S. 1 WPO zu siegeln, wenn sie eine Vorbehaltsaufgabe des WP/vBP betrifft; sie darf nach § 48 Abs. 1 S. 2 WPO mit dem **Berufssiegel** versehen werden, wenn in ihr anderweitige Erklärungen über Prüfungsergebnisse (Prüfung in eingeschränktem Umfang, Teilprüfung, z.B. der Buchführung) enthalten sind[2073]. **1365**

2064 Vgl. *IDW PS 400*, Tz. 50–64.
2065 Vgl. *IDW PS 400*, Tz. 5, Fn. 3.
2066 Vgl. BeBiKo[8], § 321, Rn. 128.
2067 Bspw. verlangt die Der Grüne Punkt – Duales System Deutschland GmbH (DSD) ausdrücklich, dass der WP über das Ergebnis seiner Prüfung der ordnungsgemäßen Entgeltentrichtung an die DSD einen Bericht erstattet, der neben der Bescheinigung selbst noch verschiedene Pflichtbestandteile enthält. Vgl. Tz. 1450.
2068 Vgl. *IDW PS 450*, Tz. 8–20.
2069 Vgl. *IDW PS 400*, Tz. 5, Fn. 3; BeBiKo[8], § 321, Rn. 128. Vgl. auch *IDW S 7*, Tz. 69.
2070 Vgl. *IDW PS 400*, Tz. 5, Fn. 3. Vgl. auch *IDW S 7*, Tz. 78.
2071 Vgl. *IDW PS 400*, Tz. 5, Fn. 3. Vgl. auch *IDW S 7*, Tz. 56.
2072 Vgl. *IDW PS 970*, Tz. 117; *IDW PS 971*, Tz. 81.
2073 Vgl. § 18 BS WP/vBP sowie die Begründung dazu; *WPK*, WPK-Magazin 4/2004, S. 24; *Farr*, WPK-Magazin 2/2008, S. 34–35.

2. Prüferische Durchsicht von Abschlüssen

1366 Die prüferische Durchsicht ist eine betriebswirtschaftliche Prüfung i.S.v. § 2 Abs. 1 WPO[2074]. Der Terminus „prüferische Durchsicht" steht dabei synonym für den international gebräuchlichen Begriff **„Review"**.

1367 Eine prüferische Durchsicht (Review) stellt keine, auch keine in ihrem Umfang reduzierte Abschlussprüfung dar[2075]. Maßstab einer prüferischen Durchsicht ist das Erreichen einer **gewissen Sicherheit** für die Würdigung des Gegenstands des Reviews, auf deren Grundlage eine negativ formulierte Aussage in Form einer Bescheinigung erteilt wird[2076]. Da diese Aussage nicht den Sicherheitsgrad einer Prüfung (hinreichende Sicherheit[2077]) erreicht, darf aufgrund eines Reviews kein BestV erteilt werden; hierauf ist im Rahmen der Bescheinigung hinzuweisen[2078].

1368 Von der Erteilung einer Bescheinigung kann abgesehen werden, wenn zu erwarten ist, dass die Bescheinigung ggü. Dritten benutzt würde und hierdurch besondere Risiken für den WP entstehen können. Dies gilt insbesondere bei börsennotierten Gesellschaften, wenn die Bescheinigung zur Veröffentlichung verwendet würde[2079].

1369 Die berufsständischen Grundsätze für die Erteilung einer Bescheinigung als Ergebnis der prüferischen Durchsicht von Abschlüssen (**Reviewbescheinigung**) und ggf. für die Erstellung eines **Reviewberichts** ergeben sich aus dem *IDW Prüfungsstandard: Grundsätze für die prüferische Durchsicht von Abschlüssen (IDW PS 900)*[2080].

1370 Insbesondere dann, wenn sich aus der prüferischen Durchsicht wesentliche Feststellungen ergeben haben, sollte zusätzlich zur Bescheinigung ein Bericht erstellt werden. Hierfür empfiehlt sich folgende **Berichtsgliederung**:

I. Auftrag
II. Gegenstand, Art und Umfang der prüferischen Durchsicht
III. Feststellungen aufgrund der prüferischen Durchsicht
IV. Zusammenfassende Schlussbemerkungen und Bescheinigung

1371 Als wesentliche **Feststellungen** sind alle Informationen, die im Einzelfall für den Empfänger der Bescheinigung zum Verständnis der negativ formulierten Aussage des WP erforderlich sind, anzugeben. Wird die Bescheinigung eingeschränkt, sind die Gründe zu erläutern, die dazu geführt haben[2081].

Sofern sich im Einzelfall aus der Treuepflicht des Prüfers eine **Redepflicht** entsprechend § 321 Abs. 1 S. 3 HGB ergibt, ist dieser i.R. des Abschnitts III. nachzukommen.

1372 Zu ausführlichen Erläuterungen und zu Formulierungsempfehlungen für Bescheinigungen über die prüferische Durchsicht von Abschlüssen wird im Weiteren auf *IDW PS 900* bzw. auf die Ausführungen in WP Handbuch 2008, Bd. II, Kap. P verwiesen[2082].

2074 Vgl. *IDW PS 900*, Tz. 5.
2075 Vgl. *IDW PS 900*, Tz. 2.
2076 Vgl. *IDW PS 900*, Tz. 6–7.
2077 Vgl. *IDW PS 200*, Tz. 24–25.
2078 Vgl. *IDW PS 900*, Tz. 26.
2079 Vgl. *IDW PS 900*, Tz. 8.
2080 *IDW PS 900* berücksichtigt auch den *International Standard on Review Engagements (ISRE) 2400: Engagement to Review Financial Statements*; vgl. *IDW PS 900*, Tz. 34.
2081 Vgl. *IDW PS 900*, Tz. 33.
2082 Zum Ergebnis einer prüferischen Durchsicht und zur Berichterstattung darüber siehe insb. WP Handbuch 2008, Bd. II, Kap. P, Tz. 42–76.

Ein konkreter Anwendungsfall prüferischer Durchsichten ist die (freiwillige) prüferische Durchsicht von Halbjahresfinanzberichten nach § 37w WpHG[2083].

3. Prüfung einer vorläufigen IFRS-Konzerneröffnungsbilanz

Im Zuge der pflichtgemäßen bzw. freiwilligen Umstellung der Konzernrechnungslegung auf IFRS (vgl. § 315a HGB) erlangt die Prüfung einer vorläufigen IFRS-Konzerneröffnungsbilanz praktische Relevanz. 1373

In dem *IDW Prüfungshinweis: Prüfung einer vorläufigen IFRS-Konzerneröffnungsbilanz (IDW PH 9.400.8)* sind Hinweise und Erläuterungen zur Erteilung einer solchen Bescheinigung dargelegt. *IDW PH 9.400.8* enthält zudem als Anhang ein Formulierungsbeispiel für die Bescheinigung. 1374

In diesem Zusammenhang ist von Bedeutung, dass im Rahmen der Bescheinigung eine **Beurteilung** lediglich darüber abgegeben werden kann, ob die vorläufige IFRS-Konzerneröffnungsbilanz in allen wesentlichen Belangen in Übereinstimmung mit den dazu gegebenen Erläuterungen der gesetzlichen Vertreter aufgestellt worden ist. Nicht beurteilt werden kann dagegen, ob die vorläufige IFRS-Konzerneröffnungsbilanz in Übereinstimmung mit den IFRS ein den tatsächlichen Verhältnissen entsprechendes Bild der Vermögens-, Finanz- und Ertragslage des Konzerns vermittelt[2084]. 1375

4. Erstellung von Jahresabschlüssen durch Wirtschaftsprüfer

Die **Pflicht zur Aufstellung** des JA nach § 242 ggf. i.V.m. §§ 264 Abs. 1, 264a HGB obliegt ausschließlich dem Kaufmann bzw. den gesetzlichen Vertretern des Unternehmens. Diese Verpflichtung kann nicht auf andere Personen übertragen werden. Die zur Aufstellung des JA verpflichteten Personen entscheiden in diesem Zusammenhang auch über die Ausübung von Gestaltungsmöglichkeiten, namentlich in Bezug auf die Bilanzierungs- und Bewertungsmethoden[2085]. Hierbei wiederum können sich die zur Aufstellung verpflichteten Personen von Dritten, auch WP oder vBP, beraten lassen. Dabei wird i.d.R. keine nach außen gerichtete Erkennbarkeit vorliegen und es kann für diese Beratung keine Bescheinigung durch den Berater erteilt werden. 1376

Im Gegensatz zur Aufstellung kann die **Erstellung** (d.h. die technische Durchführung der zur Aufstellung des JA[2086] erforderlichen Arbeiten) auch auf externe Sachverständige übertragen werden. WP werden aufgrund ihrer umfassenden Kenntnisse auf dem Gebiet der Rechnungslegung häufig beauftragt, JA zu erstellen, hierüber zu berichten und eine Bescheinigung zu erteilen. Sie haben bei dieser Tätigkeit die einschlägigen Normen der WPO und die Berufspflichten zu beachten[2087]. Dies betrifft v.a. die Grundsätze der Unabhängigkeit, Gewissenhaftigkeit, Verschwiegenheit, Eigenverantwortlichkeit und Unparteilichkeit (§§ 43 Abs. 1, 49 WPO). Die Erstellung eines JA schließt dessen Prüfung oder prüferische Durchsicht – auch wenn dies auf freiwilliger Basis beauftragt würde – durch den erstellenden WP wegen des Selbstprüfungsverbots (§ 23a BS WP/vBP) stets aus[2088]. 1377

2083 Vgl. hierzu die Untersuchung von *Häcker*, WPg 2011, S. 269.
2084 Vgl. *IDW PH 9.400.8*, Tz. 8.
2085 Vgl. *IDW S 7*, Tz. 22.
2086 Dies gilt grds. auch für Einzelabschlüsse i.S.v. § 325 Abs. 2a HGB, Konzernabschlüsse, Zwischenabschlüsse bzw. Abschlussbestandteile, für die *IDW S 7* sinngemäß anzuwenden ist; vgl. *IDW S 7*, Tz. 4.
2087 Vgl. *IDW S 7*, Tz. 2. Zum Verhältnis zwischen *IDW S 7* und der Verlautbarung der BStBK zu den Grundsätzen für die Erstellung von JA unter berufsrechtlichen Aspekten siehe *WPK*, WPK-Magazin 3/2010, S. 29–30; vgl. auch *Farr/Niemann*, DStR 2010, S. 1095.
2088 Vgl. *IDW S 7*, Tz. 19–20; *IDW PS 900*, Tz. 3. Siehe auch *WPK*, WPK-Magazin 1/2010, S. 26–27.

1378 Der **Auftragsumfang** zur Erstellung eines JA ist nicht gesetzlich normiert und zwischen Auftraggeber und Auftragnehmer **frei vereinbar**[2089]. Für die Abgrenzung des Auftragsumfangs ist entscheidend, inwieweit der WP auftragsgemäß die Buchführung, Belege und Bestandsnachweise sowie Auskünfte als Grundlagen der eigentlichen Erstellungstätigkeit auf ihre Ordnungsmäßigkeit (formelle und materielle Richtigkeit) hin zu beurteilen hat. Je nach Auftragsart übernimmt der WP dabei eine mehr oder weniger weitreichende Verantwortung, nach der sich Art und Umfang der Auftragsdurchführung, die Berichterstattung und die Bescheinigung bestimmen[2090].

1379 Während die technische Durchführung der Arbeiten bei allen Erstellungsaufträgen grds. gleich ist, werden nach dem Grad der Beurteilung der dem WP vorgelegten Unterlagen (Bücher, Belege, Bestandsnachweise) auf der Basis qualitativer Merkmale folgende **Auftragsarten** (Grundfälle eines Erstellungsauftrags) unterschieden:[2091]

– Erstellung ohne Beurteilungen;
– Erstellung mit Plausibilitätsbeurteilungen;
– Erstellung mit umfassenden Beurteilungen.

1380 Bei der **Erstellung** eines JA **ohne Beurteilungen**[2092] erfolgt lediglich eine Entwicklung von Bilanz und GuV sowie ggf. die Erstellung von Anhang und weiteren Abschlussbestandteilen aus der Buchführung, dem Inventar und den weiteren vorgelegten Unterlagen unter Berücksichtigung der erteilten Auskünfte sowie der erhaltenen Vorgaben zu den anzuwendenden Bilanzierungs- und Bewertungsmethoden. Die Erstellung erfolgt auf Grundlage der überlassenen Unterlagen, ohne dass deren Ordnungsmäßigkeit oder Plausibilität beurteilt werden. Der WP ist damit nur für die normengerechte Entwicklung des JA aus den vorgelegten Unterlagen unter Berücksichtigung der erhaltenen Informationen sowie für die daraufhin von ihm vorgenommenen Abschlussbuchungen verantwortlich[2093]. Auftrag und Verantwortung des WP erstrecken sich weder auf die Beurteilung von Angemessenheit oder Funktion interner Kontrollen noch auf die Ordnungsmäßigkeit der Buchführung; auch gehören Beurteilungen der Inventuren, der Periodenabgrenzung und von Ansatz und Bewertung nicht zum Auftragsumfang[2094]. Allerdings hat der WP den Auftraggeber auf offensichtliche Unrichtigkeiten in den vorgelegten Unterlagen hinzuweisen und deren Korrektur zu veranlassen sowie nachzuhalten[2095]. Mit der Bescheinigung wird lediglich die formelle Richtigkeit der Zusammenstellung und die Freiheit von offensichtlichen Unrichtigkeiten bestätigt[2096].

1381 Bei der **Erstellung** eines JA **mit Plausibilitätsbeurteilungen**[2097] werden vom WP neben der eigentlichen Erstellungstätigkeit – unter Berücksichtigung von Fehlerrisiko und Wesentlichkeit – Maßnahmen durchgeführt, um mit einer gewissen Sicherheit ausschließen zu können, dass die ihm vorgelegten Unterlagen (Bücher, Belege und Bestandsnachweise) in allen für den JA wesentlichen Belangen nicht ordnungsgemäß sind[2098]. Geeignete

---

2089 Vgl. *IDW S 7*, Tz. 11.
2090 Vgl. *IDW S 7*, Tz. 12.
2091 Vgl. *IDW S 7*, Tz. 11. Der ggü. *IDW StN HFA 4/1996*, Abschn. B. abweichende Begriffsgebrauch „Beurteilungen" anstatt „Prüfungshandlungen" ist i.W. klarstellender Natur.
2092 Vgl. *IDW S 7*, Tz. 11, 1. Alt., Tz. 32–36.
2093 Vgl. *IDW S 7*, Tz. 33.
2094 Vgl. *IDW S 7*, Tz. 34–35.
2095 Vgl. *IDW S 7*, Tz. 36.
2096 Vgl. *IDW S 7*, Tz. 61.
2097 Vgl. *IDW S 7*, Tz. 11, 2. Alt., Tz. 37–44.
2098 Vgl. *IDW S 7*, Tz. 37.

Erteilung von Bescheinigungen   Q

Maßnahmen sind in diesem Zusammenhang insb. Befragungen, analytische Beurteilungen und der Abgleich zwischen den verschiedenen erlangten Informationen[2099]. Bei diesem Auftragsumfang erstreckt sich die Verantwortlichkeit des WP auch auf die Plausibilität der ihm vorgelegten Unterlagen und erteilten Auskünfte. Folgerichtig hat der WP bei insoweit festgestellten Fehlern in den Grundlagen für den zu erstellenden JA Vorschläge für deren Korrektur zu unterbreiten und auf entsprechende Berichtigung im JA zu achten[2100]. Im Gegensatz zu einer Abschlussprüfung i.S.v. §§ 316 ff. HGB sind jedoch keine eigenständigen Aufbau- und Funktionsprüfungen vorzunehmen[2101]; dementsprechend niedriger ist der erreichbare Sicherheitsgrad der Beurteilung (gewisse" Sicherheit). Im Rahmen der Bescheinigung wird eine (negativ formulierte) Aussage dahingehend getroffen, dass keine Umstände bekannt geworden sind, die gegen die Ordnungsmäßigkeit der dem WP vorgelegten Unterlagen und des auf dieser Grundlage von ihm erstellten JA sprechen[2102].

Bei der **Erstellung** eines JA **mit umfassenden Beurteilungen**[2103] durch einen WP soll eine Bescheinigung über die formelle und materielle Richtigkeit der Unterlagen, auf deren Grundlage der JA erstellt wurde, erteilt werden können. Daher sind im Rahmen dieser Auftragskategorie neben der eigentlichen Erstellungstätigkeit geeignete Maßnahmen i.S.d. GoA durchzuführen, um sich von der Ordnungsmäßigkeit der dem JA zugrunde liegenden Bücher, Belege und Bestandsnachweise einschl. der Angemessenheit und Wirksamkeit des rechnungslegungsbezogenen internen Kontrollsystems zu überzeugen. Die Maßnahmen stimmen nach Art und Umfang grds. mit denen einer Abschlussprüfung i.S.v. §§ 316 ff. HGB überein[2104]. In der Bescheinigung wird zum Ausdruck gebracht, dass die Buchführung und die Bestandsnachweise nach der Beurteilung des WP mit hinreichender Sicherheit geeignet sind, daraus einen JA zu erstellen, der den gesetzlichen Vorschriften entspricht. **1382**

Bei allen Auftragsarten gilt: **1383**

– werden die Bücher auch vom Ersteller geführt und wirkt dieser bei der Anfertigung des nach § 240 HGB aufzustellenden Inventars mit, kann eine Beurteilung der Ordnungsmäßigkeit der Buchführung nicht erfolgen, da die Objektivität nicht gegeben ist[2105],

– die Vornahme der zur Erstellung notwendigen Abschluss- bzw. Korrekturbuchungen kann durch den WP (in Abstimmung mit den zur Aufstellung Verpflichteten) erfolgen[2106].

Im Rahmen seiner Erstellungstätigkeit hat der WP vom Auftraggeber (i.d.R. die gesetzlichen Vertreter des beauftragenden Unternehmens) eine **Vollständigkeitserklärung** einzuholen, in welcher je nach Auftrag und Einzelfall entsprechende Anpassungen vorzunehmen sind[2107]. **1384**

2099 Vgl. *IDW S 7*, Tz. 40. Siehe hierzu insb. die *Arbeitshilfe zur prüferischen Durchsicht von Abschlüssen*, Beilage zu FN-IDW 4/2002.
2100 Vgl. *IDW S 7*, Tz. 44.
2101 Vgl. *IDW S 7*, Tz. 42.
2102 Vgl. *IDW S 7*, Tz. 62.
2103 Vgl. *IDW S 7*, Tz. 11, 3. Alt., Tz. 45–49.
2104 Vgl. *IDW S 7*, Tz. 46, 49.
2105 Vgl. *IDW S 7*, Tz. 48, 63.
2106 Vgl. *IDW S 7*, Tz. 35.
2107 Vgl. *IDW S 7*, Tz. 52–53. Bei der IDW Verlag GmbH ist das Muster einer VollstE erhältlich, das ggf. zu ändern bzw. zu ergänzen ist.

1385 Die **Formulierung der Bescheinigung** muss sich an dem erteilten Auftrag orientieren; dabei darf die Aussage der Bescheinigung nicht über die auftragsgemäß vom WP übernommene Verantwortlichkeit hinausgehen. Da auftragsgemäß keine Abschlussprüfung i.S.v. §§ 316 ff. HGB und keine prüferische Durchsicht des Abschlusses erfolgen, können weder ein BestV noch eine Bescheinigung nach prüferischer Durchsicht erteilt werden[2108]. IDW S 7 enthält als Anlagen verschiedene Formulierungsbeispiele, auf welche verwiesen wird.

Generell ist in Zusammenhang mit der Formulierung der Bescheinigung über die Abschlusserstellung Folgendes zu beachten:

- die Bescheinigung ist als solche zu bezeichnen[2109],
- hat der WP die Bücher geführt und bei der Anfertigung des nach § 240 HGB aufzustellenden Inventars mitgewirkt, ist in der Bescheinigung entsprechend darauf hinzuweisen; insoweit ist ggf. eine Beurteilung der Ordnungsmäßigkeit der Buchführung auf Plausibilität nicht möglich[2110],
- der Wortlaut der Bescheinigung ist erforderlichenfalls zu ergänzen (z.B. wenn wesentliche Risiken nicht abschließend beurteilt werden können, diese Risiken im erstellten JA nach Einschätzung des WP aber in zulässiger Weise dargestellt sind, wenn bereits Sachverhalte berücksichtigt sind, die erst noch der Beschlussfassung durch ein Organ des Unternehmens oder der HR-Eintragung bedürfen, oder wenn der Abschluss des Vj. noch nicht festgestellt ist)[2111],
- bestehen Einwendungen oder Beurteilungshemmnisse[2112] i.Z.m. den vorgelegten Unterlagen oder den erteilten Auskünften, ist auf diese in der Bescheinigung hinzuweisen[2113],
- sofern die Unterlagen insgesamt nicht abgrenzbare Mängel aufweisen oder insgesamt nicht beurteilbar sind, darf keine Bescheinigung erteilt werden[2114].

1386 Die Bescheinigung darf nur dann **gesiegelt** werden, wenn in ihr Erklärungen über Beurteilungsergebnisse enthalten sind. Dies ist regelmäßig bei Aufträgen zur Erstellung mit Plausibilitätsbeurteilungen oder mit umfassenden Beurteilungen der Fall. Bei einem Auftrag ohne Beurteilungen darf die Bescheinigung nicht mit dem Siegel des WP versehen werden[2115].

1387 Der WP darf nicht an erkannten unzulässigen Wertansätzen oder Darstellungen im JA mitwirken; verlangt der Auftraggeber derartige Wertansätze oder Darstellungen, unterlässt er notwendige Korrekturen, beseitigt er wesentliche Mängel nicht oder verweigert er Aufklärungen bzw. die Vorlage von Unterlagen, so hat der WP zu entscheiden, ob eine **Kündigung des Auftrags** angezeigt ist[2116].

1388 Es empfiehlt sich generell eine schriftliche **Berichterstattung** über die Erstellung des JA (Erstellungsbericht)[2117]. Die Form dieser Berichterstattung darf nicht den Anschein er-

---

2108 Vgl. *IDW S 7*, Tz. 60.
2109 Vgl. *IDW S 7*, Tz. 58.
2110 Vgl. *IDW S 7*, Tz. 63.
2111 Vgl. *IDW S 7*, Tz. 64.
2112 Siehe hierzu auch *IDW PS 400*, Tz. 50–64; vgl. *IDW S 7*, Tz. 57, Fn. 18.
2113 Vgl. *IDW S 7*, Tz. 29–31, 57, 65.
2114 Vgl. *IDW S 7*, Tz. 29–31, 57, 66; *IDW PS 400*, Tz. 5, Fn. 3.
2115 Vgl. *IDW S 7*, Tz. 67; § 18 Abs. 2 BS WP/vBP.
2116 Vgl. § 49 Alt. 1 WPO; *IDW S 7*, Tz. 29–31.
2117 Vgl. *IDW S 7*, Tz. 68.

Erteilung von Bescheinigungen   **Q**

wecken, als sei eine Abschlussprüfung i.S.v. §§ 316 ff. HGB oder eine prüferische Durchsicht des JA durchgeführt worden. Dies ist auch durch eine entsprechende Bezeichnung des Berichts (z.B. „Bericht über die Erstellung des Jahresabschlusses zum ... [Datum]") deutlich zu machen[2118].

Für den **Erstellungsbericht** gelten die allgemeinen Grundsätze ordnungsmäßiger Berichterstattung des *IDW PS 450* sinngemäß[2119]. Danach hat der WP gewissenhaft und unparteiisch, vollständig, wahrheitsgetreu und mit der gebotenen Klarheit über das Ergebnis seiner Tätigkeit schriftlich zu berichten[2120].   **1389**

Der Berichtsinhalt kann nach Art und Umfang grds. zwischen Auftraggeber und WP frei vereinbart werden. Allerdings dürfen diesbezügliche Festlegungen den WP nicht daran hindern, über alle Beschränkungen des Auftrags und der Auftragsdurchführung, einschl. eventueller Mängel der Buchführung bzw. der vorgelegten Unterlagen, sowie über seine wesentlichen Feststellungen zu berichten[2121]. Entsprechend den berufsständischen Grundsätzen kommt – angepasst an den Einzelfall – in Anlehnung an die Struktur des PrB zum JA[2122] für den Erstellungsbericht folgende **Gliederung** in Betracht[2123]:

Bericht über die Erstellung des Jahresabschlusses zum ... [Datum][2124]

I. Erstellungsauftrag
   – Auftraggeber (zugleich Berichtsempfänger)
   – Abschlussstichtag und Zeitraum des zu erstellenden JA
   – Hinweis auf die Auftragsart und die Beachtung des *IDW S 7*
   – Hinweis auf die vereinbarten Auftragsbedingungen

II. Gegenstand, Art und Umfang der Erstellungstätigkeit
   – Bestandteile des zu erstellenden JA (Bilanz, GuV, ggf. Anhang sowie evtl. weitere oder andere Abschlussbestandteile)
   – Rechtliche Grundlagen für die Erstellung
   – Art des Erstellungsauftrags und Abgrenzung der Verantwortlichkeit des WP
   – Hinweis auf evtl. Buchführungstätigkeiten des WP
   – Zeitraum der Auftragsdurchführung
   – Beschreibung der Erstellungsarbeiten (inkl. Festlegungen der gesetzlichen Vertreter über die Ausübung von Gestaltungsmöglichkeiten)
   – Nennung der Auskunftspersonen
   – Hinweis auf die Einholung einer VollstE

III. Feststellungen und Erläuterungen zur Rechnungslegung
   – Belege, Bücher und Bestandsnachweise
   – Jahresabschluss

IV. Erläuterungen zur Vermögens-, Finanz- und Ertragslage

V. Ergebnis der Arbeiten und Bescheinigung

Anlagen zum Erstellungsbericht

– Obligatorische Anlagen
  – Bilanz

2118 Vgl. *IDW S 7*, Tz. 69.
2119 Vgl. *IDW S 7*, Tz. 70.
2120 Vgl. *IDW PS 450*, Tz. 8–20.
2121 Vgl. *IDW S 7*, Tz. 71.
2122 Vgl. *IDW PS 450*, Tz. 12.
2123 Zum Inhalt des Erstellungsberichts vgl. *IDW S 7*, Tz. 72–77.
2124 Vgl. *IDW S 7*, Tz. 69.

- Gewinn- und Verlustrechnung
- ggf. Anhang sowie evtl. weitere oder andere Abschlussbestandteile
- Auftragsbedingungen
- Fakultative Anlagen z.B.
  - Wirtschaftliche Grundlagen
  - Rechtliche Verhältnisse
  - Steuerliche Verhältnisse
  - Umfassende Aufgliederungen der Posten des Jahresabschlusses

Im Zusammenhang mit der Erstellung von JA können die Voraussetzungen der Berichterstattungspflicht nach § 321 Abs. 1 S. 3 HGB gegeben sein. Aus der Treuepflicht des WP ergibt sich, dass auch hierüber zu berichten ist[2125]. Dabei empfiehlt es sich, im konkreten Fall hierzu einen gesonderten Abschnitt „Berichterstattung entsprechend § 321 Abs. 1 S. 3 HGB" vor dem o.g. Abschnitt V. einzufügen.

1390 Sofern vom Auftraggeber gewünscht, kann dem Erstellungsbericht nachrichtlich noch der von diesem aufgestellte **Lagebericht** als weitere fakultative Anlage beigefügt werden. Da eine Erstellung des LB durch den WP nicht möglich ist[2126], ist bei Existenz eines LB in der Bescheinigung darauf hinzuweisen, dass die Erstellung des LB (und ggf. dessen Beurteilung) nicht Gegenstand des Erstellungsauftrags war[2127].

5. Bescheinigungen und Berichterstattung zu anderen Prüfungstätigkeiten

1391 Die grundlegenden Ausführungen zu Bescheinigungen (vgl. Tz. 1352) und zur Berichterstattung über die Erstellung von Abschlüssen (vgl. Tz. 1376) sind auf andere Prüfungstätigkeiten entsprechend übertragbar.

1392 Zur Berichterstattung bei eingeschränktem Prüfungsumfang können generell die Ausführungen zur Darstellung bei prüferischer Durchsicht herangezogen werden (vgl. Tz. 1366).

Eine Berichterstattung ausschließlich in Form einer Bescheinigung ist grds. nur möglich, wenn in dieser Bescheinigung Gegenstand, Art, Umfang und Ergebnis der Tätigkeit des Berufsangehörigen hinreichend deutlich dargestellt werden können (vgl. Tz. 1362). Ansonsten ist die Bescheinigung um eine den Umständen des Einzelfalls angepasste Berichterstattung zu ergänzen.

a) Konsolidierte Abschlüsse

1393 Konsolidierte Abschlüsse sind freiwillige Abschlüsse für Gruppen von Unternehmen, bei denen die handelsrechtlichen Vorschriften der **§§ 290 ff. HGB** zur Konzernrechnungslegung i.R. der Erstellung nicht vollumfänglich berücksichtigt wurden. Dies ist z.B. der Fall, wenn nicht alle nach § 297 Abs. 1 HGB vorgeschriebenen Abschlussbestandteile enthalten sind[2128], oder wenn ein Abschluss für einen Gleichordnungskonzern aufgestellt wurde[2129].

2125 Vgl. *IDW S 7*, Tz. 78. .
2126 Vgl. *IDW S 7*, Tz. 10.
2127 Vgl. *IDW S 7*, Tz. 59.
2128 Ein derartiger konsolidierter Abschluss befreit nicht von der Erteilung eines eingeschränkten BestV, wenn der Gegenstand der beauftragten Prüfungstätigkeit ein KA i.S.v. §§ 290 ff. HGB gewesen ist, aber Teile dieses KA nicht oder nicht gesetzeskonform aufgestellt worden sind. Vgl. auch *IDW PS 220*, Tz. 3; *IDW PS 821*, Tz. 22 analog.
2129 Entsprechendes gilt, wenn dem konsolidierten Abschluss i.Z.m. § 315a HGB die Rechnungslegungsgrundsätze der IFRS zugrunde gelegt worden sind. Vgl. zum Umfang dann IAS 1.10 und IFRS 8.2.

Erteilung von Bescheinigungen Q

Falls ein solcher konsolidierter Abschluss nach den Grundsätzen der §§ 316 ff. HGB **geprüft** worden ist, so kann zu diesem Abschluss eine Bescheinigung erteilt werden, wenn der Abschluss den Grundsätzen ordnungsmäßiger Rechnungslegung entspricht[2130]. Diese Bescheinigung muss dabei – unter Beachtung der allgemeinen Grundsätze – insb. so gefasst werden, dass eine Verwechslung mit einem BestV nach § 322 HGB ausgeschlossen ist[2131]; sie hat u.a. eine Aussage über die bei der Aufstellung angewandten Rechnungslegungsgrundsätze zu enthalten (regelmäßig wird in diesem Zusammenhang ein Hinweis auf den Anh. zum konsolidierten Abschluss angebracht sein). 1394

Zu einem konsolidierten Abschluss, der **nicht** nach den §§ 316 ff. HGB **geprüft** wurde, kann eine Bescheinigung nur erteilt werden, wenn kein Anlass besteht, an der Ordnungsmäßigkeit dieses Abschlusses zu zweifeln. Hinsichtlich der Form und des Inhalts der Bescheinigung gelten die gleichen Grundsätze wie für Bescheinigungen zu anderen Abschlüssen[2132]. Aus einer solchen Bescheinigung muss die Einschränkung des Prüfungsumfangs deutlich erkennbar sein[2133]. Die Abgrenzung der Verantwortlichkeit des Berufsangehörigen durch entsprechende Erläuterungen im Anh. oder im PrB reicht wegen der eingeschränkten Publizität nicht aus. 1395

b) Vermögensübersicht

Eine Bescheinigung zu einer Vermögensübersicht sollte nur erteilt werden, wenn ein **schriftlicher Bericht** erstattet wird. Für derartige **Bescheinigungen** kommen folgende Fassungen in Betracht[2134]: 1396

– bei Prüfung:

„Die vorstehende Vermögensübersicht / Der vorstehende Status lag mir/uns zur Prüfung vor. Über Art, Umfang und Ergebnis dieser Prüfung unterrichtet mein/unser schriftlicher Bericht vom ... [Datum]."

– bei Erstellung:

„Die vorstehende Vermögensübersicht / Der vorstehende Status wurde von mir/uns erstellt. Über Art, Umfang und Ergebnis meiner/unserer Arbeiten unterrichtet mein/unser schriftlicher Bericht vom ... [Datum]."

Wurden bei der Aufstellung der Vermögensübersicht nicht versteuerte stille Reserven offen gelegt, aber entsprechende Steuerrückstellungen nicht in Ansatz gebracht, so ist die Bescheinigung um folgenden hinweisenden **Zusatz** zu ergänzen: 1397

„Ich weise/Wir weisen ergänzend darauf hin, dass für Ertragsteuern, die bei der späteren Auflösung von in der Vermögensübersicht / im Status offen gelegten stillen Reserven entstehen können, eine Rückstellung nicht in Ansatz gebracht worden ist."

Diese Formen der Bescheinigung eignen sich auch bei der Erstellung oder Prüfung von Vermögensübersichten nach § 153 InsO (sog. Insolvenzstatus). 1398

2130 Zu den Grundsätzen ordnungsmäßiger (Konzern-)Rechnungslegung vgl. BeBiKo[8], § 300, Rn. 1–2. Ein konsolidierter Abschluss ohne entsprechenden Anh. wird daher regelmäßig nicht den Grundsätzen ordnungsmäßiger (Konzern-)Rechnungslegung entsprechen.
2131 Vgl. BeBiKo[8], § 321, Rn. 128.
2132 Vgl. *IDW PS 400*, Tz. 5, Fn. 3.
2133 Vgl. BeBiKo[8], § 321, Rn. 128.
2134 Vgl. auch das Beispiel in *IDW PS 740*, Tz. 52.

c) Bescheinigung der Richtigkeit

1399 Zu Bescheinigungen bei generellen **Feststellungen zur Richtigkeit** von Abschlüssen oder Abschlussbestandteilen, aber auch sonstigen Sachverhalten, sind die allgemeinen Darlegungen (vgl. Tz. 1353) heranzuziehen.

1400 Unternehmen mit Auslandsbeziehungen müssen häufig zu einzelnen Sachverhalten, die sich im Rechnungswesen des deutschen Unternehmens niedergeschlagen haben, ggü. ausländischen Niederlassungen oder Tochtergesellschaften sowie ggü. ausländischen Geschäftspartnern oder Behörden Erklärungen abgeben, die im Ausland auch für die buchhalterische und steuerliche Behandlung Bedeutung haben. Die ausländischen Unternehmen und Behörden legen Wert darauf, dass die Richtigkeit dieser Erklärungen von dem APr. des deutschen Unternehmens, das die Erklärung abgibt, bestätigt wird.

Beispiele für derartige Erklärungen sind:

- Erklärung über die Höhe der einer ausländischen Betriebsstätte zuzurechnenden Kosten, die im Inland angefallen und gebucht sind, z.B. Personalkosten oder allgemeine Verwaltungskosten.
- Bescheinigung über die Höhe der Forderungen des ausländischen Unternehmens aus Lizenzen für eine bestimmte Zeit. Oft wird diese Bescheinigung dahingehend erweitert, dass auch die Höhe der noch nicht beglichenen Lizenzforderungen zu einem bestimmten Zeitpunkt angegeben wird.
- Bestätigung, dass die deutsche Aktiengesellschaft eine Public Limited Company ist und dass ihre Aktien an deutschen Börsen und einigen Auslandsbörsen notiert werden.

1401 Die Richtigkeit dieser Erklärungen kann der APr. entweder durch seine Kenntnisse aufgrund der Abschlussprüfung oder durch eine zusätzliche Einsicht in die Bücher und Unterlagen des Unternehmens bescheinigen, es können aber auch spezielle Prüfungshandlungen erforderlich sein.

1402 Die **Bescheinigung** kann wie folgt eingeleitet werden:

„Als von der Hauptversammlung/von der Gesellschafterversammlung/vom Amtsgericht ... gewählter/bestellter Abschlussprüfer der ... (Gesellschaft) ... bescheinige ich/bescheinigen wir nach Einsicht in die Bücher und Belege der Gesellschaft [ggf. Darstellung der speziellen Prüfungshandlungen], dass ... ."

Der weitere Inhalt der Bescheinigung richtet sich nach dem zu bescheinigenden Sachverhalt.

Derartige Bescheinigungen über Prüfungsergebnisse sind i.d.R. im Ausland ohne Wirkung, wenn der Berufsangehörige nicht das Berufssiegel verwendet.

1403 Generell ist bei solchen Bescheinigungen zu beachten, dass deutsches Recht regelmäßig nicht grenzüberschreitend Wirkung entfaltet, sondern ggf. internationales Privatrecht oder das Recht des Sitzlandes des Empfängers zur Anwendung kommt. Dementsprechend ist daher auf das Vereinbaren sachgerechter Verwendungsbeschränkungen Wert zu legen, auf welche im Wortlaut der Bescheinigung ausdrücklich hingewiesen werden sollte, sowie ggf. auf Abreden zur (Dritt-)Haftungsfreistellung durch den Auftraggeber.

d) Prüfung von Softwareprodukten

1404 Softwareprodukte zur Rechnungslegung sowie zur Steuerung und Überwachung von Unternehmen werden oftmals durch WP beim Softwarehersteller unabhängig von deren

Implementierung und Produktivsetzung beim Softwareanwender geprüft[2135]. **Gegenstand der Prüfung** können Softwareprodukte insgesamt, einzelne Module oder einzelne Funktionen sein[2136].

Ziel einer Softwareprüfung ist es, mit hinreichender Sicherheit zu beurteilen, ob das Softwareprodukt bei sachgerechter Anwendung ermöglicht, den Kriterien zu entsprechen, die als Maßstab für die Beurteilung der funktionalen Anforderungen des Softwareprodukts im Prüfungsauftrag vereinbart wurden[2137].

1405

Die anzuwendenden **Kriterien** können allgemein zugänglich (z.B. gesetzliche oder regulatorische Anforderungen wie die GoB) oder vom Softwarehersteller entwickelt worden sein. Soweit Kriterien nicht allgemein zugänglich und anerkannt sind, sind diese vorab stets auf ihre Eignung zu prüfen[2138].

Die Softwareprüfung umfasst folgende **Prüfungsschritte**[2139]:

1406

- Gewinnung eines Verständnisses über den Prüfungsgegenstand[2140],
- Beurteilung des Softwareentwicklungsverfahrens[2141],
- Prüfung der Angemessenheit der Programmfunktionen (Aufbauprüfung)[2142],
- Prüfung der Funktionsfähigkeit der Programmfunktionen (Funktionsprüfung)[2143].

Über die Softwareprüfung ist ein **Prüfungsbericht** anzufertigen und eine **Bescheinigung** zu erteilen[2144].

1407

Der über die Softwareprüfung anzufertigende Bericht hat insb. dem Grundsatz der Klarheit zu genügen. Es empfiehlt sich daher, im Rahmen des **Prüfungsberichts** zumindest auf folgende Punkte einzugehen[2145]:

1408

- Auftragsinhalt und Auftragsdurchführung,
- Bezeichnung des Softwareprodukts und Abgrenzung des Prüfungsgegenstands,
- Darstellung des im Rahmen der Softwareentwicklungsumgebung eingesetzten und für Zwecke der Softwareprüfung genutzten Testsystems,
- fachliche Grundlagen der Prüfung,
- die der Prüfung zugrunde gelegten Kriterien,
- spezielle Sachverhalte, die für die Gewährleistung der Ordnungsmäßigkeit und Sicherheit vom Anwender beachtet werden müssen,
- Prüfungsdurchführung und Prüfungsergebnisse,
- Zusammenfassung der Prüfungsergebnisse.

Ein wesentlicher **Aspekt** der Berichterstattung ist die Darstellung und Erläuterung der der Beurteilung zugrunde gelegten **Kriterien**[2146]. Sofern rechnungslegungsrelevante Programmfunktionen Gegenstand der Prüfung sind, ist darzustellen, dass für die Beurteilung

1409

2135 Vgl. *IDW PS 880*, Tz. 4.
2136 Vgl. *IDW PS 880*, Tz. 8.
2137 Vgl. *IDW PS 880*, Tz. 16.
2138 Vgl. *IDW PS 880*, Tz. 18–23.
2139 Vgl. *IDW PS 880*, Tz. 10.
2140 Vgl. *IDW PS 880*, Tz. 47–52.
2141 Vgl. *IDW PS 880*, Tz. 53–62.
2142 Vgl. *IDW PS 880*, Tz. 63–65.
2143 Vgl. *IDW PS 880*, Tz. 66–72.
2144 Vgl. *IDW PS 880*, Tz. 82.
2145 Vgl. *IDW PS 880*, Tz. 83.
2146 Vgl. *IDW PS 880*, Tz. 84; Tz. 16–23.

der Angemessenheit als Maßstab die gesetzlichen Anforderungen dienen, die in der *IDW Stellungnahme zur Rechnungslegung: Grundsätze ordnungsmäßiger Buchführung bei Einsatz von Informationstechnologie (IDW RS FAIT 1)* konkretisiert sind[2147]. Im PrB ist auf **spezielle Sachverhalte**, die vom Anwender besonders beachtet werden müssen, um die Ordnungsmäßigkeit und Sicherheit des Softwareprodukts zu gewährleisten, ausdrücklich hinzuweisen[2148].

1410 Die **Bescheinigung** ist den jeweiligen Umständen des Auftrags anzupassen. Sie muss die folgenden Grundbestandteile, üblicherweise in der folgenden Reihenfolge, enthalten[2149]:

- Überschrift
- Adressat
- Einleitender Abschnitt
- Beschreibender Abschnitt
- Prüfungsurteil
- ggf. ergänzende Aussagen
- Datum und Unterschrift

1411 Sofern im Verlauf der Prüfung eines **Softwareprodukts mit Bezug zur Rechnungslegung** keine wesentlichen Mängel dieses Softwareprodukts festgestellt wurden, empfiehlt sich die folgende **Formulierung**[2150]:

„Nach meiner/unserer Beurteilung aufgrund der bei der Prüfung gewonnenen Erkenntnisse ermöglicht das von mir/uns geprüfte Softwareprodukt (Release/Versions-Nr. ...) bei sachgerechter Anwendung eine den Grundsätzen ordnungsmäßiger Buchführung entsprechende Rechnungslegung und entspricht den vorstehend aufgeführten Kriterien."

1412 Stellt der Wirtschaftsprüfer bei der Prüfungsdurchführung **wesentliche Verstöße** gegen allgemein zugängliche oder vom Softwarehersteller selbst entwickelte Kriterien bzw. **wesentliche Mängel** des Softwareprodukts fest und sind diese bis zur Beendigung der Prüfung nicht behoben, ist die Bescheinigung dahingehend einzuschränken; dabei sind die Gründe für die Einschränkung in der Bescheinigung zu nennen. Entsprechendes gilt im Fall eines Prüfungshemmnisses in Bezug auf abgrenzbare Teile des Softwareprodukts[2151].

Ist nach Auffassung des WP eine Einschränkung nicht ausreichend, z.B. bei wesentlichen Verstößen gegen gesetzliche Anforderungen oder bei wesentlichen Mängeln oder Kontrolldefiziten, ist die Erteilung der Bescheinigung zu versagen. Gleiches gilt, wenn die Prüfungshemmnisse insgesamt so schwerwiegend sind, dass eine Bescheinigung nicht erteilt werden kann[2152].

1413 Ein Muster für eine uneingeschränkte Bescheinigung über die Durchführung einer Softwareprüfung ist im Anhang zu *IDW PS 880* enthalten.

2147 Vgl. *IDW PS 880*, Tz. 87.
2148 Vgl. *IDW PS 880*, Tz. 88.
2149 Vgl. *IDW PS 880*, Tz. 91.
2150 Vgl. *IDW PS 880*, Tz. 95.
2151 Vgl. *IDW PS 880*, Tz. 96.
2152 Vgl. *IDW PS 880*, Tz. 99.

e) Projektbegleitende Prüfung von IT-Projekten

Das Management eines Unternehmens trägt bei der Entwicklung, Einführung, Änderung oder Erweiterung IT-gestützter Rechnungslegungssysteme (**IT-Projekte**) die Verantwortung für die sachgerechte Planung, Durchführung, Organisation und Überwachung und muss angemessene Maßnahmen ergreifen, um den Risiken aus der Projektdurchführung begegnen zu können. Das Projektmanagement regelt die Einrichtung und Anwendung geeigneter aufbau- und ablauforganisatorischer Anweisungen und Verfahren (Projektorganisation) und die Überwachung der Projektziele und Projektkosten (**Projektcontrolling**)[2153]. Insbesondere obliegt es der Verantwortung des Managements, bei der Umsetzung von IT-Projekten mit Rechnungslegungsbezug die Einhaltung der zu beachtenden Rechtsvorschriften sowie der Ordnungsmäßigkeits- und Sicherheitsanforderungen an die Buchführung gemäß *IDW RS FAIT 1* zu gewährleisten[2154]. 1414

Der Abschlussprüfer oder ein anderer WP können in diesem Zusammenhang zweckmäßigerweise beauftragt werden, bereits während der Durchführung des Projekts eine Beurteilung der vom Management getroffenen Entscheidungen in Bezug auf die für die Buchführung bestehenden Ordnungsmäßigkeits-, Sicherheits- und Kontrollanforderungen vorzunehmen[2155]. 1415

Gegenstand einer solchen projektbegleitenden Prüfung ist die fortlaufende Beurteilung der phasenbezogenen Projektergebnisse unter Ordnungsmäßigkeits-, Sicherheits- sowie Kontrollgesichtspunkten in den einzelnen Phasen des IT-Projekts[2156]. Der Umfang erstreckt sich auf das Projektmanagement, auf die in den einzelnen Phasen getroffenen Entscheidungen des Managements und auf die konkreten Projekt(teil)ergebnisse. **Ziel** ist es, möglichst frühzeitig Risiken aus dem Projekt zu erkennen und diesen rechtzeitig gegenzusteuern. Projektrisiken können sich dabei sowohl aus der Projektdurchführung als auch aus dem Projektgegenstand ergeben.

Die projektbegleitende Prüfung nach *IDW Prüfungsstandard: Projektbegleitende Prüfung bei Einsatz von Informationstechnologie (IDW PS 850)* stellt grds. keine Mitwirkung an der Entwicklung, Einrichtung oder der Einführung eines Rechnungslegungsinformationssystems dar, durch die ein WP gemäß § 319 Abs. 3 Nr. 3 bzw. § 319a Abs. 1 S. 1 Nr. 3 HGB von einer Abschlussprüfung ausgeschlossen wäre[2157]. 1416

Sofern dadurch die Unabhängigkeit und die Unbefangenheit des APr. (§§ 319, 319a HGB, § 49 WPO, § 20 BS WP/vBP) nicht berührt wird, kann ggf. zusätzlich auch die Beurteilung von nicht auf die Buchführung gerichteten Ordnungsmäßigkeits-, Sicherheits- und Kontrollanforderungen beauftragt werden[2158].

Soweit der projektbegleitende **Prüfer** auch APr. des Unternehmens ist, hat er die wesentlichen Ergebnisse im PrB über die Abschlussprüfung oder in einem Teilbericht dazu zusammenzufassen[2159]. 1417

[2153] Vgl. *IDW PS 850*, Tz. 20.
[2154] Vgl. *IDW PS 850*, Tz. 26.
[2155] Vgl. *IDW PS 850*, Tz. 1–2.
[2156] Vgl. *IDW PS 850*, Tz. 13.
[2157] Vgl. *IDW PS 850*, Tz. 3.
[2158] Vgl. *IDW PS 850*, Tz. 15.
[2159] Vgl. *IDW PS 450*, Tz. 19; *IDW PS 850*, Tz. 92, 98.

Der über die projektbegleitende Prüfung anzufertigende Bericht hat dem Grundsatz der Klarheit zu genügen. Dementsprechend ist im Rahmen der **Berichterstattung** insb. auf folgende Punkte einzugehen[2160]:

- Auftragsinhalt und Auftragsdurchführung,
- Auftraggeber,
- Prüfungsgegenstand,
- Bezeichnung des IT-Projekts und Abgrenzung des Prüfungsgegenstands,
- projektbezogene IT-Infrastruktur (Testsystem),
- fachliche Grundlagen der Prüfung,
- anzuwendende gesetzliche Vorschriften,
- Art und Umfang der Prüfungshandlungen,
- Einholung einer VollstE,
- Hinweis auf Geltung der Allgemeinen Auftragsbedingungen,
- Zusammenfassung der Prüfungsergebnisse.

1418 Insbesondere bei komplexen und zeitlich ausgedehnten Projekten ist es empfehlenswert, bereits i.R. der Auftragserteilung zu vereinbaren, dass projektphasenbezogen Zwischenberichte erstellt werden. Wurde eine **Zwischenberichterstattung** vereinbart, so ist in dem zusammenfassenden Schlussbericht auf die einzelnen Zwischenberichte zu verweisen und der Gesamtzusammenhang darzustellen[2161].

1419 Hat ein WP, der nicht zugleich APr. des Unternehmens ist, die projektbegleitende Prüfung durchgeführt, so hat er neben dem zu erstellenden Prüfungsbericht über die wesentlichen Ergebnisse der projektbegleitenden Prüfung auch eine Bescheinigung darüber zu erteilen.

Die **Bescheinigung** ist den jeweiligen Umständen des Auftrags anzupassen. Sie muss die folgenden Grundbestandteile, üblicherweise in der nachfolgenden Reihenfolge, enthalten[2162]:

- Überschrift
- Adressat
- Einleitender Abschnitt
- Beschreibender Abschnitt
- Prüfungsurteil
- ggf. ergänzende Aussagen
- Datum und Unterschrift

1420 Stellt der projektbegleitende Prüfer bei der Prüfungsdurchführung **wesentliche Verstöße** gegen gesetzliche Anforderungen, **wesentliche Mängel** bei der Projektdurchführung oder Kontrolldefizite fest, ist die Bescheinigung einzuschränken und die Gründe der Einschränkung sind zu nennen. Im Falle eines Prüfungshemmnisses in Bezug auf abgrenzbare Teile des IT-gestützten Rechnungslegungssystems bspw. aufgrund von Dokumentationsmängeln hat die Bescheinigung eine Beschreibung dieses Prüfungshemmnisses zu enthalten. Die Bescheinigung ist dahingehend einzuschränken[2163].

Ist nach Auffassung des WP eine Einschränkung nicht ausreichend, um die Verstöße gegen gesetzliche Anforderungen oder wesentliche Mängel bei der Projektdurchführung oder Kontrolldefizite hinreichend offenzulegen, ist die Erteilung der Bescheinigung zu

---

[2160] Vgl. *IDW PS 850*, Tz. 93.
[2161] Vgl. *IDW PS 850*, Tz. 94, 97.
[2162] Vgl. *IDW PS 850*, Tz. 102.
[2163] Vgl. *IDW PS 850*, Tz. 107.

versagen. Gleiches gilt, wenn die Prüfungshemmnisse insgesamt so schwerwiegend sind, dass eine Bescheinigung nicht erteilt werden kann[2164].

Ein Muster für eine uneingeschränkte Bescheinigung über die Durchführung einer projektbegleitenden Prüfung ist in der Anlage zu *IDW PS 850* enthalten. **1421**

f) Prüfung des dienstleistungsbezogenen internen Kontrollsystems

Unternehmen lagern oftmals eine oder mehrere betriebliche Funktionen aus Kosten- und Effizienzgründen auf rechtlich eigenständige Dienstleistungsunternehmen aus („**Outsourcing**"). Typische Beispiele für ausgelagerte betriebliche Funktionen sind Rechenzentrumsbetrieb, Rechnungswesen oder Lohn- und Gehaltsabrechnung[2165]. **1422**

Führen Dienstleistungsunternehmen im Auftrag von auslagernden Unternehmen in bestimmten Bereichen der Rechnungslegung Vorgänge eigenständig durch, entbindet dies das auslagernde Unternehmen nicht von seiner Verantwortung für die ausgelagerten Vorgänge und deren ordnungsgemäße Abbildung in seiner eigenen Rechnungslegung. Die Beurteilung des IKS des auslagernden Unternehmens durch dessen APr. hat daher auch das IKS des Dienstleistungsunternehmens zu umfassen, soweit dies die Ausführung der ausgelagerten Funktionen betrifft (**dienstleistungsbezogenes internes Kontrollsystem**)[2166]. Der APr. muss beurteilen können, ob sich aus dem IKS beim Dienstleistungsunternehmen Risiken auf die Rechnungslegung des auslagernden Unternehmens ergeben können. **1423**

Aus diesem Grund beauftragen Dienstleistungsunternehmen häufig WP mit der gesonderten **Prüfung** ihres dienstleistungsbezogenen IKS, um ggü. dem auslagernden Unternehmen den Nachweis für dessen Angemessenheit und Wirksamkeit zu erbringen. Mit der Berichterstattung über diese Prüfung wird insb. dem APr. des auslagernden Unternehmens ein Prüfungsnachweis geliefert, den dieser für die Beurteilung des dienstleistungsbezogenen IKS des auslagernden Unternehmens verwerten kann[2167]. **1424**

Gegenstand der Prüfung ist das in einer Beschreibung des Dienstleistungsunternehmens dargestellte dienstleistungsbezogene IKS. Verantwortlich für den Inhalt der Beschreibung des dienstleistungsbezogenen IKS sind die gesetzlichen Vertreter des Dienstleistungsunternehmens[2168]. **1425**

Abhängig von der Auftragserteilung durch das Dienstleistungsunternehmen umfasst das Prüfungsurteil des beauftragten Prüfers über das in der Beschreibung dargestellte dienstleistungsbezogene interne Kontrollsystem[2169] **1426**

– die Beurteilung der Beschreibung sowie der Implementierung und Eignung dieses Systems (**Berichterstattung Typ A**)
oder
– über die Beurteilung der Beschreibung sowie der Implementierung und Eignung dieses Systems hinaus zusätzlich die Beurteilung der Wirksamkeit dieses Systems (**Berichterstattung Typ B**).

2164 Vgl. *IDW PS 850*, Tz. 108.
2165 Vgl. *IDW PS 951*, Tz. 1, 4.
2166 Vgl. *IDW PS 951*, Tz. 7.
2167 Vgl. *IDW PS 951*, Tz. 1. Zur Verwertung der Berichterstattung des externen Prüfers eines Dienstleistungsunternehmens vgl. *IDW PS 331*, Tz. 19–26a.
2168 Vgl. *IDW PS 951*, Tz. 9.
2169 Vgl. *IDW PS 951*, Tz. 10.

1427 Entsprechend den allgemeinen Berichterstattungsgrundsätzen[2170] wird empfohlen, für die Berichterstattung über die Prüfung des dienstleistungsbezogenen IKS folgende **Gliederung** zu verwenden[2171]:

I. Auftragsverhältnis[2172]
II. Prüfungsdurchführung und Prüfungsergebnisse
III. Berichterstattung über besondere Sachverhalte
IV. Bescheinigung über die Prüfung des dienstleistungsbezogenen internen Kontrollsystems

Anlagen[2173]

– Beschreibung des dienstleistungsbezogenen internen Kontrollsystems durch die gesetzlichen Vertreter des Dienstleistungsunternehmens
– VollstE der gesetzlichen Vertreter des Dienstleistungsunternehmens

1428 Die Berichterstattung über **Prüfungsdurchführung und Prüfungsergebnisse** beinhaltet insb. eine Darstellung der Kontrollziele und der eingerichteten Kontrollen. Hierbei sind sämtliche Tatsachen und Ergebnisse darzustellen, um dem Berichtsadressaten ein zutreffendes Bild über die Prüfungsergebnisse zu vermitteln. Festgestellte Mängel sind hinsichtlich ihrer Relevanz und evtl. Auswirkungen auf das Prüfungsurteil und die Bescheinigung zu beurteilen[2174].

1429 **Besondere Sachverhalte** betreffen Prüfungsfeststellungen zum dienstleistungsbezogenen IKS beim Dienstleistungsunternehmen im Hinblick auf das Zusammenwirken mit korrespondierenden Kontrollen beim auslagernden Unternehmen[2175].

1430 In der **Bescheinigung** bei Berichterstattung vom **Typ A** gibt der Prüfer ein **Prüfungsurteil zur Darstellung und zur Angemessenheit** des vom Dienstleistungsunternehmen eingerichteten dienstleistungsbezogenen IKS ab[2176].

1431 In einer **Bescheinigung** vom **Typ B** gibt der Prüfer – über den Inhalt einer Bescheinigung vom Typ A hinaus – ein **Prüfungsurteil zur Darstellung, zur Angemessenheit und zur Wirksamkeit** des dienstleistungsbezogenen IKS ab[2177].

1432 Ein Muster für eine Bescheinigung vom Typ A findet sich in Anlage 2 zum *IDW PS 951*; ein Muster für eine Bescheinigung nach Typ B enthält Anlage 3 zum *IDW PS 951*.

1433 Bei der **Verwertung**[2178] einer derartigen Berichterstattung bzw. Bescheinigung hat der APr. des auslagernden Unternehmens Folgendes zu beachten:

– Eine Berichterstattung bzw. Bescheinigung vom **Typ A** eignet sich ausschließlich dazu, den APr. bei der Planung und Durchführung der Prüfung des IKS i.R. der Abschlussprüfung zu unterstützen. Da sie lediglich die Durchführung einer **Aufbau-**

2170 Vgl. *IDW PS 450*, Tz. 8–20.
2171 Es wird darauf hingewiesen, dass die dargestellte Gliederungsreihenfolge von der Empfehlung in *IDW PS 951*, Tz. 42, insofern abweicht, als die Bescheinigung im *IDW PS 951* an erster Stelle steht.
2172 Vgl. *IDW PS 951*, Tz. 47–48. Anlage 1 zu *IDW PS 951* enthält ein Muster für ein Auftragsbestätigungsschreiben.
2173 Vgl. *IDW PS 951*, Tz. 57–60.
2174 Vgl. *IDW PS 951*, Tz. 49–55.
2175 Vgl. *IDW PS 951*, Tz. 56.
2176 Zum Inhalt der Bescheinigung vom Typ A siehe *IDW PS 951*, Tz. 43.
2177 Zum Inhalt der Bescheinigung vom Typ B siehe *IDW PS 951*, Tz. 45.
2178 Siehe hierzu *IDW PS 331*, Tz. 19–32. Vgl. *IDW PS 951*, Tz. 61.

prüfung dokumentiert, ermöglicht sie dem APr. **keine Beurteilung der Wirksamkeit des dienstleistungsbezogenen IKS**; dementsprechend muss der APr. grds. eigene Prüfungshandlungen beim Dienstleistungsunternehmen durchführen[2179].
- Eine Berichterstattung bzw. Bescheinigung vom **Typ B** kann demgegenüber grds. wesentliche **Basis für die Einschätzung des Fehlerrisikos** sein. Anhand der Darstellung der **Aufbau- und Funktionsprüfung** und der Beurteilung des Prüfers kann der APr. ggf. die Wirksamkeit des dienstleistungsbezogenen IKS angemessen beurteilen, ohne dazu eigene Prüfungshandlungen beim Dienstleistungsunternehmen durchzuführen[2180].

1434 IDW PS 951 wird derzeit überarbeitet, um die Anforderungen des *International Standard on Assurance Engagements 3402: Assurance Reports on Controls at a Service Organization (ISAE 3402)* zu berücksichtigen[2181]. Wesentliche Änderungen der Neufassung werden ein kriterienbasierter Ansatz, die Prüfung der Qualität der vom Dienstleister bereitgestellten Dokumentation des IKS sowie die Abgabe einer Erklärung der Geschäftsleitung des Dienstleistungsunternehmens über die Angemessenheit bzw. Wirksamkeit des IKS (sog. „Management Assertion") sein. Die Prüfungsmethodik bzgl. Aufbau- und Funktionsprüfung sowie die Differenzierung der Berichterstattung nach Typ A und Typ B werden sich im Grundsatz nicht verändern.

g) Prüfung oder prüferische Durchsicht von Berichten im Bereich der Nachhaltigkeit

1435 Berichte im Bereich der Nachhaltigkeit sind schriftliche Äußerungen von Unternehmen, Konzernen oder sonstigen Organisationen (z.B. öffentliche Institutionen, Stiftungen etc.) außerhalb der handelsrechtlichen Rechnungslegung über ökonomische, ökologische und/oder gesellschaftliche Leistungen des Berichtenden in einem bestimmten Zeitraum[2182]. Die berufsständischen Grundsätze für die Durchführung einer solchen Prüfung bzw. prüferischen Durchsicht von in sich geschlossenen Berichten[2183] im Bereich der Nachhaltigkeit, für die diesbezügliche Berichterstattung sowie für die Abfassung einer Bescheinigung sind im *IDW Prüfungsstandard: Grundsätze ordnungsmäßiger Prüfung oder prüferischer Durchsicht von Berichten im Bereich der Nachhaltigkeit (IDW PS 821)* niedergelegt[2184].

1436 Ein WP darf den Auftrag zur Prüfung oder prüferischen Durchsicht eines Berichts im Bereich der Nachhaltigkeit (nachfolgend auch kurz als Nachhaltigkeitsbericht bezeichnet) nur annehmen, wenn er über die besonderen Kenntnisse und Erfahrungen verfügt, die zur sachgerechten Auftragsdurchführung erforderlich sind, oder sich diese rechtzeitig verschaffen kann[2185]. Der **Auftragsumfang** zur Beurteilung eines Nachhaltigkeitsberichts kann, da hierzu keine gesetzlichen Vorgaben bestehen, zwischen Auftraggeber und WP grds. frei vereinbart werden. So kann z.B. auch vereinbart werden, dass Teile des Berichts

---

2179 Vgl. *IDW PS 951*, Tz. 63–64.
2180 Vgl. *IDW PS 951*, Tz. 65–66.
2181 *IDW PS 951*, Stand 09.09.2010, berücksichtigt das *AICPA Statement on Auditing Standards No. 70, Service Organizations (SAS 70)* sowie den *International Standard on Auditing 402: Audit Considerations relating to an Entity using a Service Organization (ISA 402)*; vgl. *IDW PS 951*, Tz. 3.
2182 Vgl. *IDW PS 821*, Tz. 1. Zur aktuellen Entwicklung auf EU-Ebene vgl. auch *Simon-Heckroth*, WPg 4/2011, S. 1.
2183 *IDW PS 821* erstreckt sich nicht auf prüferische Tätigkeiten in Bezug auf einzelne Angaben über einzelne ökonomische, ökologische und/oder gesellschaftliche Sachverhalte; vgl. *IDW PS 821*, Tz. 8.
2184 *IDW PS 821* ersetzt den am 06.09.2006 aufgehobenen *IDW Prüfungsstandard: Grundsätze ordnungsmäßiger Durchführung von Umweltberichtsprüfungen (IDW PS 820)*.
2185 Vgl. *IDW PS 821*, Tz. 19.

1437 Über die Prüfung eines Nachhaltigkeitsberichts ist grds. ein **Prüfungsbericht** zu erstellen, der auch die das Prüfungsergebnis zusammenfassende Bescheinigung zu enthalten hat. Bei einer prüferischen Durchsicht ist im Einzelfall zu entscheiden, ob zusätzlich zur Bescheinigung noch eine schriftliche Zusammenfassung der Ergebnisse in Form eines PrB angeraten ist[2188]. Für den PrB gelten die allgemeinen Grundsätze ordnungsmäßiger Berichterstattung sinngemäß. Danach hat der WP gewissenhaft und unparteiisch, wahrheitsgetreu und mit der gebotenen Klarheit über das Ergebnis seiner Prüfung schriftlich zu berichten[2189].

Vor diesem Absatz fehlt: geprüft und andere Teile einer prüferischen Durchsicht unterzogen werden[2186]. Dementsprechend müssen i.R. der Auftragsvereinbarung sowohl der zu beurteilende Berichtsgegenstand, die Beurteilungskriterien und die Art der Beauftragung konkretisiert als auch die sachgerechte Bescheinigung und der vorgesehene Adressatenkreis festgelegt werden[2187].

1438 Für den **Prüfungsbericht** empfiehlt sich folgende **Gliederung**, die ggf. dem Einzelfall anzupassen ist:

I. Prüfungsauftrag
   – Auftraggeber
   – Zeitraum, über den der Nachhaltigkeitsbericht berichtet
   – Art des Auftrags und Hinweis auf die Beachtung des *IDW PS 821*
   – Hinweis auf die vereinbarten Auftragsbedingungen
II. Gegenstand, Art und Umfang der Prüfung
   – Definition und Abgrenzung des Gegenstands des Nachhaltigkeitsberichts[2190]
   – Art und Umfang des Auftrags sowie Abgrenzung der Verantwortlichkeit des WP
   – Nennung der Kriterien, anhand derer der Inhalt des Nachhaltigkeitsberichts zu beurteilen ist[2191]
   – Zeitraum und ggf. Ort der Auftragsdurchführung
   – Grundzüge des Prüfungsvorgehens[2192]; ggf. Hinweis auf Umstände, die die Durchführung geplanter Prüfungshandlungen beeinträchtigt haben
   – ggf. Verwertung von Untersuchungen Dritter[2193]
   – Nennung der Auskunftspersonen
   – Hinweis auf die Einholung einer VollstE
III. Prüfungsfeststellungen
IV. Bescheinigung

– Anlagen
  – Nachhaltigkeitsbericht
  – Auftragsbedingungen

1439 Prüfungsfeststellungen betreffen insb. die Richtigkeit und Widerspruchsfreiheit der Angaben im Nachhaltigkeitsbericht sowie deren Konformität in Bezug auf die zugrunde

---

[2186] Vgl. *IDW PS 821*, Tz. 13.
[2187] Vgl. *IDW PS 821*, Tz. 14–15. Zu weiteren vom Auftraggeber zu erfüllenden Voraussetzungen für die Auftragsannahme siehe *IDW PS 821*, Tz. 18. Vgl. auch *Höschen/Vu*, WPg 2008, S. 381.
[2188] Vgl. *IDW PS 821*, Tz. 91.
[2189] Vgl. *IDW PS 450*, Tz. 8–20.
[2190] Vgl. *IDW PS 821*, Tz. 2, 8–9, 14.
[2191] Bsp. für als Hrsg. allgemein zugänglicher Kriterien fungierende anerkannte Sachverständigengremien nennt *IDW PS 821*, Tz. 25.
[2192] Vgl. *IDW PS 821*, Tz. 46–56.
[2193] Vgl. *IDW PS 821*, Tz. 64–68.

Erteilung von Bescheinigungen   Q

gelegten Kriterien. Identifizierte Mängel und unzutreffende, irreführende oder fehlende Aussagen sind ebenso wie Prüfungserschwernisse oder -hemmnisse darzustellen; wird die Bescheinigung eingeschränkt oder deren Erteilung gar versagt, ist auf die Gründe einzugehen[2194]. Ist bereits ein den vorhergehenden Zeitraum betreffender Nachhaltigkeitsbericht geprüft worden, kann es sich empfehlen, auf wesentliche Veränderungen hinzuweisen.

Aufgrund der allgemeinen Treuepflicht des WP ist in entsprechender Anwendung des § 321 Abs. 1 S. 3 HGB auch zu berichten über schwerwiegende Mängel im Managementsystem im Bereich der Nachhaltigkeit, über Tatsachen, die den Bestand der geprüften Einheit gefährden oder deren Entwicklung wesentlich beeinträchtigen können (z.B. neue Umweltgesetze), sowie über substanzielle Hinweise auf schwerwiegende Verstöße gegen gesetzliche Vorschriften im Bereich der Nachhaltigkeit. Dieser **Redepflicht** ist in einem gesonderten Berichtsabschnitt nachzukommen (sinnvollerweise im Anschluss an den Abschnitt III.); ggf. sind die gesetzlichen Vertreter, und erforderlichenfalls auch das Aufsichtsgremium, ad hoc zu informieren[2195]. **1440**

Über die Prüfung wie auch über die prüferische Durchsicht eines Berichts im Bereich der Nachhaltigkeit ist eine schriftliche **Bescheinigung** zu erteilen, deren Inhalt den Umständen des jeweiligen Auftrags anzupassen ist[2196]. Die Prüfung eines Nachhaltigkeitsberichts führt zu einem Prüfungsurteil, das mit hinreichender Sicherheit zu treffen ist; dagegen ist aus der prüferischen Durchsicht lediglich eine Aussage mit einer begrenzten Sicherheit ableitbar[2197]. Unabhängig davon, ob eine Prüfung oder eine prüferische Durchsicht erfolgt ist, sollte die Bescheinigung regelmäßig wie folgt aufgebaut sein[2198]: **1441**

– Adressierung an den/die Empfänger,
– Einleitender Abschnitt,
– Beschreibender Abschnitt,
– Beurteilung durch den Wirtschaftsprüfer,
– ggf. ergänzende Hinweise.

Erforderlichenfalls können im Einzelfall noch Hinweise auf Verwendungsbeschränkungen[2199] sowie (i.Z.m. Haftungsbeschränkungen) zu den vereinbarten Auftragsbedingungen erfolgen.

Bei der **Formulierung** des Wortlauts der Bescheinigung sind folgende wichtige Aspekte zu beachten: **1442**

– es ist auf die Kriterien, die Gegenstand des Nachhaltigkeitsberichts sind, Bezug zu nehmen[2200];
– es ist ausdrücklich darauf hinzuweisen, dass die Prüfung oder prüferische Durchsicht nach *IDW PS 821* vorgenommen worden ist[2201];
– wurden Sachverhalte identifiziert, die dazu führen, dass in wesentlichen Belangen bei abgrenzbaren Teilen des Nachhaltigkeitsberichts keine Übereinstimmung mit den zu-

---

2194 Vgl. *IDW PS 821*, Tz. 84, 87.
2195 Vgl. *IDW PS 821*, Tz. 92.
2196 Vgl. *IDW PS 821*, Tz. 70.
2197 Vgl. *IDW PS 821*, Tz. 11–12, 71, 82–83.
2198 Vgl. *IDW PS 821*, Tz. 73.
2199 Vgl. *IDW PS 821*, Tz. 89.
2200 Vgl. *IDW PS 821*, Tz. 77. Zu Formulierungsbeispielen siehe *IDW PS 821*, Tz. 78–79.
2201 Vgl. *IDW PS 821*, Tz. 80.

grunde gelegten Kriterien vorliegt, ist die Bescheinigung entsprechend einzuschränken und die Gründe für die Einschränkung sind zu nennen[2202];
- Prüfungshemmnisse in Bezug auf abgrenzbare Teile des Nachhaltigkeitsberichts sind zu beschreiben und die Bescheinigung ist dahingehend einzuschränken[2203].

1443 Falls die Berichterstattung im Bereich der Nachhaltigkeit den zugrunde gelegten Kriterien in solch wesentlichem Umfang nicht entspricht, dass eine Einschränkung nicht ausreicht, um die irreführende und/oder unvollständige Beschaffenheit des Nachhaltigkeitsberichts offenzulegen, ist die Erteilung einer Bescheinigung zu versagen. Gleiches gilt in Zusammenhang mit schwerwiegenden Prüfungshemmnissen[2204].

1444 *IDW PS 821* enthält im Anhang verschiedene **Beispiele** für die Formulierung von Bescheinigungen aufgrund einer Prüfung oder prüferischen Durchsicht von Berichten im Bereich der Nachhaltigkeit, auf welche insofern verwiesen wird.

1445 Die Bescheinigung ist vom WP unter Angabe von Ort und Datum eigenhändig zu unterzeichnen. Wird die Bescheinigung i.R. eines Berichts erteilt, erfolgt dies gleichlaufend.

Sofern – im Ausnahmefall – während der Auftragsdurchführung eine **Änderung der Beauftragung** von einer Prüfung in eine prüferische Durchsicht erfolgt[2205], ist darauf sowohl in der Bescheinigung als auch im PrB entsprechend einzugehen[2206]. Bereits i.R. der Prüfung gewonnene Erkenntnisse sind dabei verpflichtend auch i.R. der prüferischen Durchsicht zu berücksichtigen und ggf. weiter zu verfolgen[2207].

h) Prüfung der ordnungsgemäßen Entgeltentrichtung an Duale Systeme

1446 Hersteller und Vertreiber, die mit Ware befüllte Verkaufsverpackungen, die typischerweise beim privaten Endverbraucher anfallen, erstmals in den Verkehr bringen, haben sich gem. § 6 Abs. 1 S. 1 VerpackV[2208] zur Gewährleistung der **flächendeckenden Rücknahme dieser Verkaufsverpackungen** an einem oder mehreren dualen System(en) i.S.v. § 6 Abs. 3 VerpackV zu beteiligen. In Deutschland sind derzeit neun Duale Systeme i.S.v. § 6 Abs. 3 VerpackV zugelassen[2209].

1447 Die nachfolgenden Ausführungen beziehen sich auf die **Prüfung der ordnungsgemäßen Entgeltentrichtung an die DSD** (Der Grüne Punkt – Duales System Deutschland GmbH)[2210].

Für Prüfungen i.Z.m. Beteiligungen an einem anderen Dualen System wird ein analoges Vorgehen – unter Berücksichtigung der systemspezifischen vertraglichen Regelungen – empfohlen.

2202 Vgl. *IDW PS 821*, Tz. 84.
2203 Vgl. *IDW PS 821*, Tz. 85.
2204 Vgl. *IDW PS 821*, Tz. 87.
2205 Vgl. *IDW PS 821*, Tz. 13, 22.
2206 Vgl. *IDW PS 821*, Tz. 88, 92.
2207 Vgl. *IDW PS 821*, Tz. 22.
2208 Verordnung über die Vermeidung und Verwertung von Verpackungsabfällen (Verpackungsverordnung – VerpackV) v. 21.08.1998, BGBl. I, S. 2379, zuletzt geändert durch Gesetz v. 09.11.2010, BGBl. I, S. 1504.
2209 In alphabetischer Reihenfolge: BellandVision GmbH, Der Grüne Punkt – Duales System Deutschland GmbH, EKO-PUNKT GmbH, INTERSEROH Dienstleistungen GmbH, Landbell AG für Rückhol-Systeme, Redual GmbH, Veolia Umweltservice Dual GmbH, Vfw GmbH und Zentek GmbH & Co. KG (abrufbar auf der Website des DIHK unter: https://www.ihk-ve-register.de/inhalt/duale_systeme/index.jsp)
2210 Vgl. hierzu FN-IDW 2010, S. 242–243. Diese Vorgaben ersetzen für alle Neu-Verträge die bis dato gültige *Richtlinie zur Prüfung der ordnungsgemäßen Entrichtung der Lizenzentgelte für die Nutzung der Marke „Der Grüne Punkt"* v. 01.10.1994 i.d.F. v. 01.02.2005.

Erteilung von Bescheinigungen   Q

1448 Nach den vertraglichen Regelungen für die Beteiligung am dualen System der DSD (in Form eines Beteiligungsvertrags und ggf. in Kombination mit weiteren Verträgen[2211]) ist der Hersteller bzw. Vertreiber der Verkaufsverpackungen als DSD-Vertragspartner verpflichtet, die **Richtigkeit und Vollständigkeit der in der Jahresabschlussmeldung gemachten Angaben** innerhalb von sechs Monaten nach dem Ablauf des GJ ggü. der DSD durch einen WP, vBP oder StB bestätigen zu lassen[2212].

1449 Im **Prüfungsauftrag**, den der Hersteller bzw. Vertreiber zu erteilen hat, ist festzulegen, dass die Prüfung unter sinngemäßer Anwendung des *IDW Prüfungshinweises: Prüfung der „Vollständigkeitserklärung" für in den Verkehr gebrachte Verkaufsverpackungen (IDW PH 9.950.3)* zu erfolgen hat[2213]. Dementsprechend ist auch zu vereinbaren, dass der WP von den gesetzlichen Vertretern alle für die ordnungsgemäße Durchführung der Prüfung erforderlichen Aufklärungen und Nachweise verlangen kann[2214]. Hierzu zählt regelmäßig die Abgabe einer berufsüblichen VollstE[2215] durch die gesetzlichen Vertreter.

1450 **Prüfungsgegenstand** sind[2216]:
– die ordnungsgemäße Meldung der vertragsgegenständlichen Verkaufsverpackungen nach Menge, Materialart und Gewicht,
– die Abstimmung der unterjährigen Meldungen und der Jahresabschlussmeldung mit der Zahlungsabwicklung.

1451 Über das Ergebnis der Prüfung hat der Prüfer einen **schriftlichen Bericht** zu erstatten, der verpflichtend folgende Bestandteile zu enthalten hat:

– Adressat
– Beschreibung des Prüfungsgegenstands
– Verantwortung der gesetzlichen Vertreter und des Prüfers
– Aussage, dass die Prüfung unter sinngemäßer Anwendung des *IDW PH 9.950.3* durchgeführt wurde
– Art und Umfang der Prüfung
– Schlussfolgerung
– Feststellungen
– Bescheinigung
– Ort, Datum und Unterschrift.

1452 Im Abschnitt „Feststellungen" ist ggf. auf weitere festgestellte Umstände einzugehen, die für die ordnungsgemäße Entgeltentrichtung an die DSD wesentlich sind, die sich aber nicht auf das Prüfungsurteil ausgewirkt haben[2217].

1453 Die **Bescheinigung**[2218] ist obligatorischer Bestandteil des Berichts; sie darf nicht losgelöst von diesem verwendet werden[2219]. In Zusammenhang mit eventuellen Einwendungen

---

2211 Z.B. zur Nutzung der Marke „Der Grüne Punkt", zur Entsorgung von Transportverpackungen, zur Standortentsorgung, zu ElektroG-Service oder Pfandclearing o.Ä.
2212 Es handelt sich demnach nicht um eine Vorbehaltsaufgabe für WP/vBP.
2213 Vgl. FN-IDW 2010, S. 242.
2214 Vgl. *IDW PH 9.950.3*, Tz. 5.
2215 Vgl. *IDW Prüfungsstandard: Erklärungen der gesetzlichen Vertreter gegenüber dem Abschlussprüfer (IDW PS 303 n.F.)*, Tz. 23–34.
2216 Vgl. FN-IDW 2010, S. 243.
2217 Vgl. hierzu *IDW PH 9.950.3*, Tz. 45.
2218 Ein Muster für eine *Bescheinigung über die Prüfung der ordnungsgemäßen Entgeltentrichtung an die DSD* enthält FN-IDW 2010, S. 243.
2219 Vgl. FN-IDW 2010, S. 242.

2333

sind die allgemeinen Grundsätze für die Erteilung von Bescheinigungen als Maßstab anzulegen. Besteht Anlass, an der Ordnungsmäßigkeit des zu beurteilenden Sachverhalts oder an dessen Plausibilität insgesamt zu zweifeln, ist die Erteilung der Bescheinigung zu versagen[2220].

1454 Dem Bericht ist eine Kopie der geprüften Jahresabschlussmeldung als **Anlage** beizufügen. Ebenso sollte eine Kopie der von den gesetzlichen Vertretern eingeholten VollstE beigefügt werden.

1455 Für Prüfungen aufgrund einer Beteiligung am dualen System der INTERSEROH Dienstleistungs GmbH können beim IDW Verlag Muster für eine Bescheinigung und für eine VollstE sowie ein Abdruck der aktuellen Prüfungsrichtlinie bezogen werden.

i) Prüfung der „Vollständigkeitserklärung" für in den Verkehr gebrachte Verkaufsverpackungen (VerpackV)

1456 Hersteller und Vertreiber[2221], die nach § 6 VerpackV[2222] Verkaufsverpackungen in den Verkehr bringen, sind gem. § 10 Abs. 1 VerpackV verpflichtet, bis spätestens zum 1. Mai eine sog. „**Vollständigkeitserklärung**" über die im vorangegangenen Kalenderjahr in den Verkehr gebrachten Verkaufsverpackungen abzugeben und diese gem. § 10 Abs. 5 VerpackV bei der örtlich zuständigen IHK in elektronischer Form zu hinterlegen. Hersteller bzw. Vertreiber, die die Mengenschwellen nach § 10 Abs. 4 S. 1 VerpackV nicht überschreiten, haben die „Vollständigkeitserklärung" lediglich auf Verlangen der für die Überwachung der Abfallwirtschaft zuständigen Behörden abzugeben.

Die „Vollständigkeitserklärung" muss von einem WP, vBP, StB oder einem sonstigen unabhängigen Sachverständigen i.S.v. Anhang I Nr. 2 Abs. 4 VerpackV geprüft werden[2223].

1457 Im **Prüfungsauftrag**, den der Hersteller bzw. Vertreiber erteilt, ist festzulegen, dass die Prüfung unter Zugrundelegung des *IDW Prüfungshinweises: Prüfung der „Vollständigkeitserklärung" für in den Verkehr gebrachte Verkaufsverpackungen (IDW PH 9.950.3)* erfolgt[2224]. Im Zuge dessen ist zu vereinbaren, dass der WP von den gesetzlichen Vertretern alle für die ordnungsgemäße Durchführung der Prüfung erforderlichen Aufklärungen und Nachweise verlangen kann[2225]. Hierzu zählt grds. auch die Abgabe der berufsüblichen VollstE[2226] durch die gesetzlichen Vertreter. Es empfiehlt sich, die Allgemeinen Auftragsbedingungen für Wirtschaftsprüfer und Wirtschaftsprüfungsgesellschaften zu vereinbaren.

1458 Der **Prüfungsgegenstand** bestimmt sich nach § 10 Abs. 2 VerpackV, wonach die „Vollständigkeitserklärung" folgende Angaben zu enthalten hat[2227]:

– zu Materialart und Masse der im vorangegangenen Kalenderjahr in Verkehr gebrachten Verkaufsverpackungen nach den §§ 6 u. 7 VerpackV, jeweils gesondert zu den in Anhang I Nr. 1 Abs. 2 VerpackV genannten Materialarten;

2220 Vgl. *IDW PS 400, Tz. 5, Fn. 3*. Vgl. auch Tz. 1361.
2221 Zur Abgrenzung der Begriffe „Hersteller" und „Vertreiber" siehe *IDW PH 9.950.3, Tz. 2, Fn. 2 u. 3*.
2222 Verordnung über die Vermeidung und Verwertung von Verpackungsabfällen (Verpackungsverordnung – VerpackV) v. 21.08.1998, BGBl. I, S. 2379, zuletzt geändert durch Gesetz v. 09.11.2010, BGBl. I, S. 1504.
2223 Es handelt sich demnach nicht um eine Vorbehaltsaufgabe für WP/vBP.
2224 Vgl. *IDW PH 9.950.3, Tz. 5*.
2225 Vgl. *IDW PH 9.950.3, Tz. 5*.
2226 Vgl. *IDW PS 303 n.F., Tz. 23–34*.
2227 Vgl. auch *IDW PH 9.950.3, Tz. 7*.

Erteilung von Bescheinigungen Q

– zur Beteiligung an Systemen nach § 6 Abs. 3 VerpackV für die Verkaufsverpackungen, die dazu bestimmt waren, bei privaten Endverbrauchern anzufallen;
– zu Materialart und Masse der im vorangegangenen Kalenderjahr nach § 6 Abs. 2 VerpackV in Verkehr gebrachten Verkaufsverpackungen einschließlich des Namens desjenigen, der den Nachweis nach Anhang I Nr. 4 VerpackV hinterlegt;
– zur Erfüllung der Verwertungsanforderungen nach § 7 VerpackV.

Über das Ergebnis seiner Prüfung hat der Prüfer einen **Prüfungsbericht** zu erstatten. Dieser PrB hat die folgenden Bestandteile zu enthalten[2228]: 1459

– Adressat
– Beschreibung des Prüfungsgegenstands
– Verantwortung der gesetzlichen Vertreter und des WP
– Aussage, dass die Prüfung in Übereinstimmung mit *IDW PH 9.950.3* durchgeführt wurde
– Art und Umfang der Prüfung
– Prüfungsfeststellungen
– Prüfungsurteil
– Ort, Datum und Unterschrift.

Zu **Art und Umfang der Prüfung** ist u.a. anzugeben, dass diese so zu planen und durchzuführen ist, dass wesentliche Fehler in der „Vollständigkeitserklärung" mit hinreichender Sicherheit erkannt werden. Außerdem ist darauf hinzuweisen, dass die Beurteilung der relevanten internen Kontrollen und Nachweise überwiegend auf der Basis von Stichproben erfolgt[2229]. 1460

Soweit nach dem Ergebnis der Prüfung **Beanstandungen** vorliegen, ist vom Prüfer zu beurteilen, ob deswegen das Prüfungsurteil eingeschränkt werden muss. Unwesentliche Beanstandungen u.Ä. können ggf. als Hinweise in den PrB aufgenommen werden[2230]. 1461

Liegen **wesentliche Beanstandungen** vor, z.B. weil die Angaben in der „Vollständigkeitserklärung" nicht in Übereinstimmung mit der VerpackV ermittelt worden sind, oder bestehen schwerwiegende Prüfungshemmnisse, ist das Prüfungsurteil einzuschränken bzw. zu versagen. In diesen Fällen darf vom Prüfer auch die qualifizierte elektronische Signatur nach § 10 Abs. 5 S. 2 VerpackV nicht erteilt werden[2231]; der Auftraggeber ist hierüber unter Angabe der Gründe unverzüglich schriftlich zu informieren[2232].

Sofern keine Beanstandungen und auch keine bemerkenswerten Prüfungsfeststellungen vorliegen, kann die Berichterstattung grds. auch in Form einer entsprechend formulierten **Bescheinigung** erfolgen, die den PrB mit einschließt. Hierfür kann folgender Wortlaut zugrunde gelegt werden: 1462

„Bescheinigung über das Ergebnis der Prüfung der „Vollständigkeitserklärung" nach § 10 VerpackV

An ... [Auftraggeber]

2228 Vgl. *IDW PH 9.950.3*, Tz. 35.
2229 Vgl. *IDW PH 9.950.3*, Tz. 37.
2230 Siehe hierzu *IDW PH 9.950.3*, Tz. 45.
2231 Grund hierfür ist die Tatsache, dass das elektronisch zu signierende PDF-Dokument (s.u.) bereits eine vorformulierte Positivaussage beinhaltet, die nicht abänderbar ist, aber in einem solchen Fall dem Inhalt des (eingeschränkten oder gar versagten) Prüfungsurteils des Prüfers widersprechen würde.
2232 Vgl. *IDW PH 9.950.3*, Tz. 39–41.

"Ich habe/Wir haben auftragsgemäß die als Anlage beigefügte „Vollständigkeitserklärung" nach § 10 VerpackV für in den Verkehr gebrachte Verkaufsverpackungen der ... [Firma], ... [Ort], (USt-IdNr. ...) für den Zeitraum vom ... [Datum] bis ... [Datum] geprüft. Diese „Vollständigkeitserklärung" ist zur Hinterlegung bei der IHK ... [Ort] bestimmt. Die Erstellung der „Vollständigkeitserklärung" liegt in der Verantwortung der gesetzlichen Vertreter der Gesellschaft. Meine/Unsere Aufgabe ist es, auf der Grundlage der von mir/uns durchgeführten Prüfung eine Beurteilung über die Angaben in der „Vollständigkeitserklärung" abzugeben.

Ich habe meine/Wir haben unsere Prüfung unter Beachtung des *IDW Prüfungshinweises: Prüfung der „Vollständigkeitserklärung" für in den Verkehr gebrachte Verkaufsverpackungen (IDW PH 9.950.3)* durchgeführt. Danach ist die Prüfung so zu planen und durchzuführen, dass wesentliche Fehler bei der bei den Angaben in der „Vollständigkeitserklärung" mit hinreichender Sicherheit erkannt werden. Im Rahmen meiner/ unserer Prüfung habe ich/haben wir die internen Kontrollen, die für die Erstellung der „Vollständigkeitserklärung" relevant sind, und die Nachweise zu den Angaben in der „Vollständigkeitserklärung" überwiegend auf der Basis von Stichproben beurteilt. Ich bin/ Wir sind der Auffassung, dass meine/unsere Prüfung eine hinreichend sichere Grundlage für meine/unsere Beurteilung bildet.

Nach meiner/unserer Beurteilung auf der Grundlage der bei der Prüfung gewonnenen Erkenntnisse wurden die Angaben in der „Vollständigkeitserklärung" nach § 10 VerpackV für in den Verkehr gebrachte Verkaufsverpackungen der ... [Firma], ... [Ort], in Übereinstimmung mit der VerpackV ermittelt."

Die Bescheinigung ist vom Berufsträger unter Angabe von Ort und Datum zu unterzeichnen.

1463 Dem **Prüfungsbericht** ist ein vom Hersteller bzw. Vertreiber unterzeichneter und mit Datum versehener Ausdruck des nachfolgend erläuterten PDF-Dokuments als **Anlage** beizufügen[2233]. Es empfiehlt sich außerdem, eine Kopie der von den gesetzlichen Vertretern eingeholten berufsüblichen VollstE als Anlage zum PrB vorzusehen.

1464 Zur Umsetzung von § 10 Abs. 5 VerpackV hat der DIHK eine **elektronische Hinterlegungsplattform** entwickelt. Der Hersteller bzw. Vertreiber gibt über diese Plattform zunächst die Mengenangaben je Verpackungsart ein. Daraus wird ein **PDF-Dokument** erzeugt, das neben den eingegebenen Mengenangaben bereits eine vorformulierte, nicht abänderbare Positivaussage über das Ergebnis der Prüfung dieser Mengenangaben enthält[2234].

1465 Der Hersteller bzw. Vertreiber muss dieses PDF-Dokument dem Prüfer vorlegen. Nur dann, wenn der Prüfer aufgrund seiner Prüfung ein uneingeschränktes Prüfungsurteil abgegeben hat[2235], darf es der Prüfer mit der von § 10 Abs. 5 S. 2 VerpackV geforderten **qualifizierten elektronischen Signatur gemäß § 2 Signaturgesetz**[2236] versehen und an den Hersteller bzw. Vertreiber zur Einstellung über die Hinterlegungsplattform in die Datenbank bei der zuständigen IHK weiterleiten.

[2233] Vgl. *IDW PH 9.950.3*, Tz. 43.
[2234] Vgl. *IDW PH 9.950.3*, Tz. 46.
[2235] Vgl. *IDW PH 9.950.3*, Tz. 38, 41.
[2236] Gesetz über Rahmenbedingungen für elektronische Signaturen (Signaturgesetz – SigG) v. 16.05.2001, BGBl. I, S. 876, zuletzt geändert durch Gesetz v. 17.07.2009, BGBl. I, S. 2091.

Erteilung von Bescheinigungen   Q

j) Erneuerbare Energien und Energieeffizienz (EEG, KWK-G)

Neben dem Energiewirtschaftsgesetz (EnWG)[2237], das die gesamte Elektrizitäts- und Gasversorgung unter staatliche Aufsicht stellt, bestehen im Bereich der Energiewirtschaft mit dem Erneuerbare-Energien-Gesetz (EEG)[2238] und dem Kraft-Wärme-Kopplungsgesetz (KWK-G)[2239] zwei Gesetze, welche die Einführung und den Ausbau bestimmter Energieerzeugungsarten im Bereich der Stromversorgung unterstützen und fördern sollen[2240]. In diesem Zusammenhang sind diverse Prüfungstätigkeiten des Berufsstands aufgrund spezifischer gesetzlicher Regelungen vorgeschrieben wie auch auf freiwilliger Basis möglich. Die berufsständischen Grundsätze für die Durchführung solcher Prüfungen sowie für die Abfassung entsprechender Bescheinigungen sind in den *IDW Prüfungsstandards: Prüfungen nach dem Erneuerbare-Energien-Gesetz (IDW PS 970)* sowie *Prüfungen nach dem Kraft-Wärme-Kopplungsgesetz (IDW PS 971)* niedergelegt.   1466

Das 2008 in Kraft getretene **Erneuerbare-Energien-Gesetz (EEG)** soll die Stromerzeugung aus sog. erneuerbaren Energien (z.B. Wasserkraft, Windkraft, Solarenergie, Geothermie, Biomasse) fördern. Die Förderung erfolgt entweder mittels der Sicherstellung einer Mindestvergütung an die Anlagenbetreiber für den von ihnen erzeugten Strom oder ggf. mittels bestimmter Prämien an die Anlagenbetreiber in Fällen der Direktvermarktung; die finanzielle Förderung wird anschließend in mehreren Stufen auf die Strompreise umgelegt. In Zusammenhang mit der Bereitstellung der dafür erforderlichen Daten kann von Gesetzes wegen in folgenden Fällen eine Bescheinigung durch einen WP bzw. vBP verlangt werden (**Vorbehaltsaufgaben**)[2241]:   1467

– Prüfung von energieintensiven Unternehmen des produzierenden Gewerbes (§ 41 EEG);
– Prüfung von Schienenbahnen (§ 42 EEG);
– Prüfung der Angaben eines Netzbetreibers (§ 50 i.V.m. § 47 Abs. 1 Nr. 2 EEG);
– Prüfung der Angaben eines Übertragungsnetzbetreibers zur Endabrechnung i.R. des bundesweiten Ausgleichs (§ 50 i.V.m. § 48 Abs. 1 EEG);
– Prüfung der Angaben eines Übertragungsnetzbetreibers zur Endabrechnung i.R. des „vertikalen" Ausgleichs (§ 50 i.V.m. § 48 Abs. 2 EEG)[2242];
– Prüfung der Angaben eines Elektrizitätsversorgungsunternehmens (§ 50 i.V.m. § 49 EEG).

Darüber hinaus werden WP häufig noch mit weiteren Prüfungen betraut, bei denen es sich jedoch um **keine Vorbehaltsaufgaben** handelt; z.B.[2243]:

– Prüfung der Angaben des Anlagenbetreibers (§ 46 Nr. 3 EEG);
– Prüfung der Angaben eines Übertragungsnetzbetreibers i.Z.m. dem „horizontalen" Ausgleich (§ 36 EEG);

2237 Gesetz über die Elektrizitäts- und Gasversorgung (Energiewirtschaftsgesetz – EnWG) v. 07.07.2005, BGBl. I, S. 1970, 3621, zuletzt geändert durch Gesetz v. 28.07.2011, BGBl. I, S. 1690. Zur Prüfung nach § 6b EnWG n.F. bzw. § 10 EnWG a.F. vgl. Tz. 1063.
2238 Gesetz v. 25.10.2008, BGBl. I, S. 2074, zuletzt geändert durch Gesetz v. 28.07.2011, BGBl. I, S. 1634.
2239 Gesetz für die Erhaltung, die Modernisierung und den Ausbau der Kraft-Wärme-Kopplung (Kraft-Wärme-Kopplungsgesetz – KWK-G) v. 19.03.2002, BGBl. I, S. 1092, zuletzt geändert durch Gesetz v. 28.07.2011, BGBl. I, S. 1634.
2240 Zur Vereinbarkeit des EEG mit EU-Recht bzw. mit dem Grundgesetz vgl. *Salje*, KWK-G², Einführung, Rn. 79, 83; zum KWK-G vgl. *Salje*, KWK-G², Einführung, Rn. 62, 76.
2241 Vgl. *IDW PS 970*, Tz. 3–4, 10, 19–35.
2242 Vgl. *IDW PS 970*, Tz. 5.
2243 Vgl. *IDW PS 970*, Tz. 6, 36–53.

- Prüfung der Angaben eines Übertragungsnetzbetreibers i.Z.m. der Ermittlung der EEG-Umlage nach § 3 AusglMechV[2244] i.V.m. § 37 Abs. 2 EEG;
- Prüfung von Angaben der Übertragungsnetzbetreiber i.Z.m. der Ermittlung des EEG-Quotienten nach § 54 Abs. 3 EEG;
- Prüfung der Angaben zu Strommengen i.S.d. §§ 23–33 EEG im Rahmen der Direktvermarktung i.S.v. § 33b Nr. 2 EEG.

1468 Art und Komplexität der i.Z.m. dem EEG zu prüfenden Sachverhalte erfordern grds. ein entsprechendes technisches Verständnis des beauftragten WP; in Abhängigkeit vom Einzelfall kann sich dabei das Hinzuziehen von Sachverständigen empfehlen[2245]. Der **Auftragsumfang** der o.g. Vorbehaltsaufgaben ist jeweils im Gesetz geregelt. Sofern bei Vorbehaltsaufgaben vereinbart wird, dass der Auftragsumfang über das gesetzlich vorgeschriebene Mindestmaß hinausgeht, ist dies bereits i.R. der Beauftragung ausdrücklich festzulegen[2246]. Für (freiwillige) sonstige Prüfungen i.Z.m. dem EEG sind der genaue Auftragsumfang und ggf. der Adressatenkreis im Vorfeld abzustimmen; dabei sollten im Auftragsbestätigungsschreiben die maßgeblichen Regelungen explizit genannt werden[2247].

1469 Über Prüfungen i.Z.m. dem EEG ist eine schriftliche **Bescheinigung** zu erteilen, deren Inhalt den Umständen des jeweiligen Auftrags anzupassen ist; das Zusammenfassen mehrerer Prüfungen in einer Bescheinigung ist dabei nicht statthaft[2248].

Für den Aufbau der Bescheinigung gelten die allgemeinen Grundsätze (vgl. Tz. 1360). Nach *IDW PS 970* empfiehlt sich – unter Einfügung von Zwischenüberschriften (nachfolgend *kursiv* gedruckt) – folgende **Gliederung**[2249]:

- Überschrift,
- Adressierung an den/die Empfänger,
- Einleitender Abschnitt
- Beschreibender Abschnitt
  - *Verantwortung der gesetzlichen Vertreter*
  - *Verantwortung des Wirtschaftsprüfers*
- Beurteilung durch den Wirtschaftsprüfer
  - *ggf. Begründung für die Einschränkung des Prüfungsurteils*
  - *Prüfungsurteil*
  - ggf. *Ergänzende Hinweise*

Erforderlichenfalls können im Einzelfall noch Hinweise auf Verwendungsbeschränkungen[2250] sowie (i.Z.m. Haftungsbeschränkungen) zu den vereinbarten Auftragsbedingungen erfolgen.

2244 Verordnung zur Weiterentwicklung des bundesweiten Ausgleichsmechanismus (Ausgleichsmechanismusverordnung – AusglMechV) v. 17.07.2009, BGBl. I, S. 2101, zuletzt geändert durch Gesetz v. 28.07.2011, BGBl. I, S. 1634.
2245 Vgl. *IDW PS 970*, Tz. 8–9. Vgl. hierzu den *IDW Prüfungsstandard: Verwertung der Arbeit von Sachverständigen (IDW PS 322)*.
2246 Vgl. *IDW PS 970*, Tz. 16.
2247 Vgl. *IDW PS 970*, Tz. 11–15.
2248 Vgl. *IDW PS 970*, Tz. 125.
2249 Vgl. *IDW PS 970*, Tz. 116.
2250 Empfänger der Bescheinigung ist der Auftraggeber; die Bescheinigung ist ausschließlich zur Vorlage an die im Gesetz genannten bzw. im Auftrag vereinbarten Personen bestimmt (z.B. zuständige Netzbetreiber, BAFA). Vgl. *IDW PS 970*, Tz. 115.

Die geprüften Angaben sind der Bescheinigung als **Anlage(n)** beizufügen und fest mit ihr zu verbinden. Zur Dokumentation der Verantwortung der gesetzlichen Vertreter für die in der Anlage enthaltenen Angaben ist eine von diesen unterschriebene Fassung der Anlage zu den Arbeitspapieren zu nehmen[2251].

Ergeben sich wesentliche **Einwendungen** gegen die geprüften Angaben oder bestehen wesentliche Prüfungshemmnisse, ist die Bescheinigung – unter Angabe der Gründe – insoweit entsprechend einzuschränken[2252]. Der Abschnitt mit dem Prüfungsurteil ist in diesem Fall als „*Eingeschränktes Prüfungsurteil*" zu bezeichnen. 1470

Sind Einwendungen in Bezug auf den zu beurteilenden Sachverhalt zu erheben, die insgesamt so bedeutend oder wesentlich sind, dass eine Einschränkung nicht mehr ausreicht, um Dritten ggü. eine missverständliche Vorstellung von Aussage und Tragweite der Bescheinigung zu vermeiden, ist die Erteilung der Bescheinigung grds. zu versagen[2253].

IDW PS 970 enthält im *Anhang 1* verschiedene **Beispiele** für die Formulierung von (uneingeschränkten) Bescheinigungen aufgrund von Vorbehaltsaufgaben-Prüfungen nach dem EEG, auf welche insofern verwiesen wird. 1471

Die Bescheinigung ist auf den Tag der Beendigung der Prüfung zu datieren und vom WP unter Angabe von Ort und Berufsbezeichnung (§ 18 Abs. 1 WPO) eigenhändig zu **unterzeichnen**. Im Rahmen der o.g. Vorbehaltsaufgaben ist gem. § 48 Abs. 1 S. 1 WPO verpflichtend das **Berufssiegel** zu verwenden; bei (freiwilligen) sonstigen Prüfungen i.Z.m. dem EEG kann das Siegel geführt werden[2254]. 1472

Werden geprüfte Angaben nach Erteilung der Bescheinigung geändert, so hat eine **Nachtragsprüfung** durch denjenigen WP zu erfolgen, der bereits die ursprünglichen Angaben geprüft hat. Die geänderten Angaben sind erneut zu prüfen, soweit es die vorgenommenen Änderungen erfordern. Die Bescheinigung ist, sofern keine Einwendungen zu erheben sind, durch Einfügen eines gesonderten letzten Absatzes, in welchem u.a. der Gegenstand der Änderungen zu bezeichnen ist, entsprechend zu modifizieren und mit Doppeldatum (auf den Tag der Beendigung der ursprünglichen Prüfung und auf den Tag der Beendigung der Nachtragsprüfung) zu unterzeichnen[2255]. 1473

Keine Nachtragsprüfung erfordern grds. nachträgliche Änderungen der abzurechnenden Strommenge, Prämien- oder Vergütungszahlungen aufgrund von § 38 Nrn. 1 bis 6 EEG. Derartige Änderungen sind vielmehr nach § 38 EEG bei der jeweils nächsten Abrechnung zu berücksichtigen. Aus Gründen der Transparenz sollte das Unternehmen jedoch in der nächsten Endabrechnung die nachträgliche Korrektur unter Angabe des Betrags erläutern; und in der Bescheinigung sollte ein entsprechender Hinweis auf diese Ausführungen ergänzt werden. Gleichermaßen sollte ggf. auch bei nicht auf § 38 EEG beruhenden Korrekturen für Vorjahre verfahren werden[2256]. 1474

Das **Kraft-Wärme-Kopplungsgesetz (KWK-G)** bezweckt die Wiederherstellung der wirtschaftlichen Basis der Kraft-Wärme-Kopplung, die dieser aufgrund des allgemeinen Sinkens des Strompreisniveaus verloren gegangen ist[2257]. Hierzu wird der Förderzuschlag 1475

2251 Vgl. *IDW PS 970*, Tz. 117. Formulierungsvorschläge für Bausteine einer VollstE finden sich in *Anhang 2* zu *IDW PS 970*.
2252 Vgl. *IDW PS 970*, Tz. 119, 120.
2253 Vgl. Tz. 1361; *IDW PS 400*, Tz. 5, Fn. 3; *IDW PS 970*, Tz. 119, 121.
2254 Vgl. *IDW PS 970*, Tz. 118 i.V.m. Tz. 19–35 bzw. 36–53.
2255 Vgl. *IDW PS 970*, Tz. 128.
2256 Vgl. *IDW PS 970*, Tz. 126–127.
2257 Vgl. *Salje*, KWK-G², Vorwort zur 2. Aufl.

für die Betreiber der KWK-Anlagen in mehreren Stufen auf die Stromletztverbraucher umgelegt. In diesem Zusammenhang können für bestimmte Angaben von Gesetzes wegen Bescheinigungen eines WP bzw. vBP verlangt werden (**Vorbehaltsaufgaben**)[2258]:

- Prüfung der Angaben eines Wärmenetzbetreibers (§ 6a Abs. 1 Nr. 3 KWK-G);
- Prüfung der Angaben eines Anlagenbetreibers (§ 8 Abs. 1 S. 8 KWK-G);
- Prüfung der Angaben eines Netzbetreibers (§ 9 Abs. 6 S. 2 i.V.m. § 9 Abs. 2 KWK-G);
- Prüfung der Angaben eines Übertragungsnetzbetreibers (§ 9 Abs. 6 S. 2 i.V.m. § 9 Abs. 2 u. 3 KWK-G);
- Prüfung der Angaben eines Letztverbrauchers (§ 9 Abs. 7 S. 4 KWK-G).

Darüber hinaus werden WP u.U. noch mit weiteren Prüfungen betraut, bei denen es sich jedoch **nicht** um **Vorbehaltsaufgaben** handelt; z.B.[2259]:

- Prüfung der Voraussetzungen für die Abgrenzung von Anlagen (z.B. § 5 Abs. 1 Nr. 4, § 5 Abs. 3, § 5 Abs. 2 S. 1 Nr. 1 KWK-G);
- Prüfung der für die Ermittlung der Kürzung nach § 7 Abs. 9 S. 3 KWK-G notwendigen Daten.

1476 In Bezug auf die fachliche Eignung des WP[2260], hinsichtlich der gesetzlichen Vorgaben zum **Auftragsumfang**[2261] bei Vorbehaltsaufgaben sowie bzgl. der Auftragsvereinbarungen bei freiwilligen Prüfungen i.Z.m. dem KWK-G gelten die obigen Ausführungen zum EEG in grds. gleicher Form.

1477 Über Prüfungen i.Z.m. dem KWK-G ist eine schriftliche **Bescheinigung** zu erteilen[2262], deren Inhalt den Umständen des jeweiligen Auftrags anzupassen ist. In Bezug auf **Einwendungen** gelten die oben zum EEG dargestellten allgemeinen Grundsätze entsprechend[2263].

1478 Anhang 1 zu *IDW PS 971* enthält verschiedene **Beispiele** für die Formulierung von (uneingeschränkten) Bescheinigungen i.Z.m. Vorbehaltsaufgaben-Prüfungen nach dem KWK-G, auf die insofern verwiesen wird.

1479 Die geprüften Angaben sind der Bescheinigung als **Anlage(n)** beizufügen und fest mit ihr zu verbinden. Zur Dokumentation der Verantwortung der gesetzlichen Vertreter für die in der Anlage enthaltenen Angaben ist eine von diesen unterschriebene Fassung der Anlage zu den Arbeitspapieren zu nehmen[2264].

1480 In Bezug auf die **Unterzeichnung** der Bescheinigung, die **Siegelführung** sowie den Fall einer eventuellen **Nachtragsprüfung** gelten die obigen Ausführungen zum EEG gleichermaßen[2265].

2258 Vgl. *IDW PS 971*, Tz. 3, 17–26.
2259 Vgl. *IDW PS 971*, Tz. 27–30.
2260 Vgl. *IDW PS 971*, Tz. 7.
2261 Vgl. *IDW PS 971*, Tz. 10–16.
2262 Vgl. *IDW PS 971*, Tz. 80. Zur ausnahmsweisen Zusammenfassung von Urteilen über Prüfungen nach § 9 Abs. 6 S. 2 i.V.m. § 9 Abs. 2, 1. u. 2. Hs. KWK-G in einer Bescheinigung siehe *IDW PS 971*, Tz. 87.
2263 Vgl. *IDW PS 971*, Tz. 83–85.
2264 Vgl. *IDW PS 971*, Tz. 81.
2265 Vgl. *IDW PS 971*, Tz. 82, 88.

k) Werkstätten für behinderte Menschen

Werkstätten für behinderte Menschen (**Werkstätten**) sind nach § 136 Abs. 1 SGB IX[2266] Einrichtungen zur Teilhabe behinderter Menschen am Arbeitsleben und zur Eingliederung dieser behinderten Menschen in das Arbeitsleben. **1481**

In § 12 Abs. 1 **Werkstättenverordnung (WVO)**[2267] sind die Rechnungslegungspflichten für Werkstätten rechtsform- und größenunabhängig normiert[2268]. Weitergehende Pflichten, die sich aus handelsrechtlichen, haushaltsrechtlichen oder sonstigen Rechnungslegungsvorschriften für den Einrichtungsträger ergeben, z.B. Anhang und/oder LB, bleiben von den Vorschriften der WVO unberührt. **1482**

Die **Prüfung** des gesonderten Einrichtungsabschlusses unter Einbeziehung der Buchführung ist durch § 12 Abs. 1 WVO verpflichtend vorgeschrieben[2269]. Allerdings muss diese nicht jährlich stattfinden, sondern kann in angemessenen und mit dem zuständigen Rehabilitationsträger abgestimmten Zeitabständen erfolgen. **1483**

Die für Abschlussprüfungen **in Form einer gesetzlichen Pflichtprüfung gem. §§ 316 ff. HGB** allgemein geltenden Grundsätze sind auch bei Abschlussprüfungen von Werkstätten anzuwenden[2270]. **1484**

Darüber hinaus ist der **Prüfungsgegenstand** gem. § 12 Abs. 1 S. 5 WVO erweitert um die **1485**

- Prüfung der Betriebsabrechnung,
- Prüfung der Ermittlung des Arbeitsergebnisses,
- Prüfung seiner Zusammensetzung im Einzelnen gem. § 12 Abs. 4 WVO,
- Prüfung seiner Verwendung gem. § 12 Abs. 5 WVO.

Für Einzelfragen der Ermittlung[2271] und Verwendung[2272] des Arbeitsergebnisses, die durch die WVO nicht näher geregelt sind, sind die in der *IDW Stellungnahme zur Rechnungslegung: Ermittlung und Verwendung des Arbeitsergebnisses durch Werkstätten für behinderte Menschen gemäß § 12 Abs. 4 und 5 WVO (IDW RS KHFA 2)* niedergelegten Grundsätze zu beachten.

Die Prüfung hat in der Regel durch **WP/vBP** zu erfolgen; u.U. kann eine solche Prüfung aber auch von Prüfungs- bzw. Treuhandstellen der Spitzenverbände der Freien Wohlfahrtspflege oder von kirchlichen Rechnungsprüfungsämtern vorgenommen werden[2273]. Auswahl und Bestellung des APr. liegen in der Verantwortung des Trägers der Werkstätte. **1486**

Für die Berichterstattung gelten die Grundsätze ordnungsmäßiger Berichterstattung bei Abschlussprüfungen (*IDW PS 450*). Da § 12 WVO keine Aussage über den erweiterten Prüfungsgegenstand im BestV vorsieht, erfolgt die Berichterstattung über diesbezügliche **1487**

2266 Neuntes Buch Sozialgesetzbuch – Rehabilitation und Teilhabe behinderter Menschen (Art. 1 des Gesetzes v. 19.06.2001, BGBl. I, S. 1046), zuletzt geändert durch Gesetz v. 20.06.2011, BGBl. I, S. 1114.

2267 Werkstättenverordnung – WVO v. 13.08.1980, BGBl. I, S. 1365, zuletzt geändert durch Gesetz v. 22.12.2008, BGBl. I, S. 2959.

2268 Dabei sieht § 12 Abs. 1 S. 7 WVO eine Abstimmung mit den zuständigen Rehabilitationsträgern hinsichtlich der Ausgestaltung des Rechnungswesens vor. Vgl. hierzu auch *Cramer*[5], § 12, Rn. 10 ff.

2269 Vgl. *IDW RS KHFA 2*, Tz. 7; *Cramer*[5], § 12, Rn. 8.

2270 Dies ergibt sich sowohl aus dem Prüfungsgegenstand als auch aus den Vorgaben zur Auswahl des APr. in § 12 Abs. 1 WVO. Vgl. auch *IDW PH 9.420.2*, Abschn. 2: Formulierung der Bescheinigung.

2271 Vgl. hierzu *IDW RS KHFA 2*, Tz. 11–16; *Cramer*[5], § 12, Rn. 28–33.

2272 Vgl. hierzu *IDW RS KHFA 2*, Tz. 17–26; *Cramer*[5], § 12, Rn. 34–41.

2273 Vgl. *Cramer*[5], § 12, Rn. 18. Es handelt sich damit im Ergebnis nicht um eine Vorbehaltsaufgabe für WP/vBP, so dass auch keine Siegelpflicht besteht; allerdings kann nach § 48 Abs. 1 S. 2 WPO grds. freiwillig gesiegelt werden.

Feststellungen ausschließlich in einem gesonderten Abschnitt „Feststellungen aus Erweiterungen des Prüfungsgegenstands" im **Prüfungsbericht**[2274].

1488 Für die Erteilung des **Bestätigungsvermerks** gelten die Grundsätze des *IDW PS 400*.

Ein BestV kann jedoch nur dann erteilt werden, wenn die Werkstätte ordnungsgemäß als wirtschaftlich und organisatorisch eigenständige Einheit besteht bzw. vom Gesamtgebilde getrennt ist[2275]. Dies ist grds. der Fall, wenn der Träger der Werkstätte für behinderte Menschen keine weiteren Einrichtungen unterhält und damit der JA des Trägers und der JA der Werkstätte identisch sind. Ist eine derartige Separierung der wirtschaftlichen Einheit Werkstätte nicht möglich, so darf lediglich eine Bescheinigung erteilt werden.

1489 Zur Vorlage bei den Anerkennungsbehörden nach § 142 S. 2 SGB IX[2276] ist zur Darstellung der Prüfungsergebnisse des APr. bezüglich der Ermittlung des Arbeitsergebnisses und seiner Verwendung gem. § 12 WVO eine gesonderte **Bescheinigung** zu erteilen. Eine mögliche Bescheinigungsformulierung hierfür enthält *IDW PH 9.420.2*.

l) Prüfungen nach heimrechtlichen Vorschriften

1490 Mit dem Inkrafttreten der Föderalismusreform zum 01.09.2006 ist die Gesetzgebungskompetenz für das **Heimrecht** auf die einzelnen Bundesländer übertragen worden. Verblieben ist dem Bund die Gesetzgebungshoheit für die bürgerlich-rechtlichen Vorschriften über die vertraglichen Beziehungen zwischen den Bewohnern und den Trägern der Einrichtungen und Dienste. Nach den „alten" bundesgesetzlichen Vorschriften war dies in den §§ 5 bis 9 u. 14 HeimG[2277] sowie in der dazu erlassenen HeimsicherungsV[2278] geregelt.

1491 Mit dem **Wohn- und Betreuungsvertragsgesetz (WBVG)**[2279] hat der Bund seine Gesetzgebungskompetenz wahrgenommen. Das WBVG gilt ab 01.10.2009 (z.T. mit Übergangsfristen bis 01.05.2010) und ersetzt damit die bisherigen Vorschriften zum Heimvertragsrecht. Soweit die zwischenzeitlich erlassenen landesgesetzlichen Vorschriften mit den vertragsrechtlichen Vorschriften des WBVG kollidieren, gehen die vom Bund erlassenen Regelungen vor.

Die bisher in § 16 HeimsicherungsV geregelte Prüfungspflicht wurde im WBVG nicht aufgegriffen, so dass mit Wirkung ab dem 01.10.2009 **keine Prüfungen** zu heimvertragsrechtlichen Vorgaben mehr vorgeschrieben bzw. veranlasst sind[2280].

1492 Prüfungspflichten für Träger von Einrichtungen i.S.d. WBVG bestehen **auf Bundesebene** nur nach § 114 SGB XI[2281]. Diese „Qualitätsprüfung" durch den Medizinischen Dienst der

---

2274 Vgl. *IDW PS 400*, Tz. 11.
2275 Zur Behandlung von an mehreren Standorten betriebenen Werkstätten und zur Abgrenzung ggü. anderen vom selben Träger betriebenen Einrichtungen siehe *IDW RS KHFA 2*, Tz. 8–9; *Cramer⁵*, § 12, Rn. 9, 23.
2276 Hierbei handelt es sich um die Bundesagentur für Arbeit sowie den örtlich zuständigen Sozialhilfeträger. Vgl. *Cramer⁵*, § 12, Rn. 42.
2277 Heimgesetz (HeimG) i.d.F. d. Bek. v. 05.11.2001, BGBl. I, S. 2970, zuletzt geändert durch Gesetz v. 29.07.2009, BGBl. I, S. 2319.
2278 Verordnung über die Pflichten der Träger von Altenheimen, Altenwohnheimen und Pflegeheimen für Volljährige im Fall der Entgegennahme von Leistungen zum Zweck der Unterbringung eines Bewohners oder Bewerbers (Heimsicherungsverordnung – HeimsicherungsV) v. 24.04.1978, BGBl. I, S. 553, i.d.F. des Gesetzes v. 27.12.2003, BGBl. I, S. 3022.
2279 Gesetz zur Regelung von Verträgen über Wohnraum mit Pflege- und Betreuungsleistungen (Wohn- und Betreuungsvertragsgesetz – WBVG) v. 29.07.2009, BGBl. I, S. 2319.
2280 Die erforderliche Verordnungsermächtigung in Bezug auf die HeimsicherungsV war im zwischenzeitlich aufgehobenen § 14 Abs. 4, Abs. 7 HeimG enthalten.
2281 Elftes Buch Sozialgesetzbuch – Soziale Pflegeversicherung (Art. 1 des Gesetzes v. 26.05.1994, BGBl. I, S. 1014), zuletzt geändert durch Gesetz v. 28.07.2011, BGBl. I, S. 1622.

Krankenkassen (MDK) hat als Regelprüfung zumindest einmal jährlich zu erfolgen (§ 114 Abs. 2 S. 1 SGB XI). Daneben sind anlassbezogene Prüfungen möglich.

Bis zum 30.06.2011 sind **auf Länderebene** lediglich von 13 Bundesländern[2282] Vorschriften zum Heimrecht erlassen worden. Diese bilden seit ihrem jeweiligen Inkrafttreten die Grundlage für die Arbeit der zuständigen Heimaufsichtsbehörden der Länder. Soweit dabei in Bezug auf die Heimmindestbauverordnung (HeimMindBauV), die Heimpersonalverordnung (HeimPersV) und die Heimmitwirkungsverordnung (HeimmitwV) noch keine landesrechtlichen Nachfolgeregelungen erlassen worden sind, gelten die drei genannten Rechtsverordnungen gemäß Art. 125a Abs. 1 GG unverändert fort[2283]. Diesbezügliche Prüfungen können daher unverändert auf die bundesgesetzlichen Altregelungen gestützt werden.

Die aktuell **landesrechtlich vorgeschriebenen Prüfungen** umfassen inhaltlich neben der Ergebnisqualität der erbrachten Leistungen (diese wird vorrangig durch den MDK geprüft; s.o.) insb. auch die Prozessqualität, d.h. die ablauforganisatorischen Rahmenbedingungen, und die Strukturqualität, d.h. die aufbauorganisatorischen Rahmenbedingungen, der Leistungserbringung[2284]. Für die Durchführung von Prüfungen sind die Heimaufsichtsbehörden der einzelnen Länder zuständig.

Trotz im Einzelnen unterschiedlicher Ausgestaltung sehen die verschiedenen Landesgesetze i.W. übereinstimmend folgende **Vorgaben zum Prüfungsvorgehen** vor[2285]:

– Prüfungen sollen grds. unangemeldet erfolgen; sie können im Ausnahmefall auch zur Nachtzeit stattfinden.
– Prüfungen sollen grds. wiederkehrend erfolgen[2286]; ggf. sind anlassbezogene Prüfungen durchzuführen.
– Soweit ein aktueller[2287] Qualitätsprüfungsbericht des MDK, eines Kostenträgers nach SGB XII oder eines unabhängigen Sachverständigen vorliegt, kann sich die Prüfung i.d.R. auf die Prozessqualität und die Strukturqualität beschränken; ggf. kann auf sie dann auch vollumfänglich verzichtet werden[2288].
– Die Prüfergebnisse sind grds. zu veröffentlichen[2289].

2282 Baden-Württemberg (LHeimG v. 04.06.2008), Bayern (PfleWoqG v. 03.07.2008), Berlin (WTG v. 03.06.2010), Brandenburg (BbgPBWoG v. 08.07.2009), Bremen (BremWoBeG v. 20.10.2010), Hamburg (HmbWBG v. 15.12.2009), Mecklenburg-Vorpommern (EQG M-V v. 17.05.2010), Niedersachen (NHeimG v. 29.06.2011), Nordrhein-Westfalen (WTG v. 18.11.2008), Rheinland-Pfalz (LWTG v. 22.12.2009), Saarland (LHeimGS v. 06.05.2009), Sachsen-Anhalt (WTG LSA v. 17.02.2011) und Schleswig-Holstein (SbStG v. 17.07.2009 – Pflegegesetzbuch␣S-H, 2. Buch).
2283 Die diesbezüglichen Verordnungsermächtigungen finden sich in den – im Gegensatz zu § 14 HeimG in Bezug auf die HeimsicherungsV – nicht aufgehobenen §§ 3, 10 Abs. 5 bzw. 22 HeimG.
2284 Z.B. § 30 Abs. 3 S. 1 u. 2 HmbWBG (Hamburg). Vgl. zu dieser Differenzierung auch § 114 Abs. 2 S. 3. u. 4 SGB XI.
2285 Vgl. z.B. § 15 LHeimG (Baden-Württemberg); Art. 11 PfleWoqG (Bayern); § 30 HmbWBG (Hamburg); § 18 WTG (Nordrhein-Westfalen).
2286 Z.B. § 18 Abs. 1 S. 2 WTG (Nordrhein-Westfalen) „grundsätzlich mindestens einmal im Jahr"; so auch § 15 Abs. 4 S. 1 LHeimG (Baden-Württemberg); Art. 11 Abs. 4 S. 1 PfleWoqG (Bayern).
2287 Z.B. § 18 Abs. 2 S. 2 WTG (Nordrhein-Westfalen) „nicht älter als ein Jahr".
2288 Z.B. § 15 Abs. 4 S. 2 LHeimG (Baden-Württemberg); Art. 11 Abs. 4 S. 2 PfleWoqG (Bayern).
2289 Z.B. § 15 Abs. 1 S. 5 LHeimG (Baden-Württemberg); Art. 6 Abs. 2 PfleWoqG (Bayern); § 31 HmbWBG (Hamburg); § 20 WTG (Nordrhein-Westfalen).

1496 Die Heimaufsichtsbehörden können hierzu grds. **fach- und sachkundige Dritte** heranziehen[2290]. Wer als geeignet gilt, ist in den Landesgesetzen nicht näher ausgeführt. Es wird nur auf die Verpflichtungen zur Verschwiegenheit und zum Datenschutz hingewiesen.

1497 Ob bzw. inwieweit zukünftig Berufsangehörige mit Prüfleistungen nach Landesheimrecht beauftragt werden (können), ist derzeit noch nicht abzusehen.

m) Prüfungen nach weiteren krankenhausrechtlichen Vorschriften

1498 Für Krankenhäuser bestehen neben der Pflicht zur Abschlussprüfung nach landeskrankenhausrechtlichen Vorschriften **weitere bundes- und landesrechtliche Vorschriften**, aufgrund derer vom APr. oder einem anderen Prüfer bestimmte Sachverhalte zu prüfen und zu bestätigen sind.

1499 Diese **Bestätigungen** stellen regelmäßig keine gesetzlichen Erweiterungen des Prüfungsumfangs dar, die in den BestV zur Abschlussprüfung aufzunehmen sind; dementsprechend sind die Ergebnisse solcher Prüfungen gesondert zu bescheinigen[2291].

1500 Nachfolgend werden wichtige **Bescheinigungen** nach krankenhausrechtlichen Vorschriften dargestellt.

1501 Bei **Beanstandungen** sind dabei in allen Fällen die allgemeinen Grundsätze für die Erteilung von Bescheinigungen zu beachten[2292].

aa) Prüfung der Verwendung pauschaler Fördermittel nach Landeskrankenhausrecht

1502 In Abhängigkeit vom jeweiligen Landeskrankenhausrecht ist die Prüfung der Verwendung von **pauschalen Fördermitteln** zur Gebäudeerrichtung, zur Erstausstattung mit den für den Krankenhausbetrieb notwendigen Anlagegütern und zu deren Ersatzbeschaffung entweder als Erweiterung des Prüfungsgegenstands der Abschlussprüfung vorschrieben[2293], oder sie erfolgt auf freiwilliger Basis[2294].

1503 Wird die Prüfung des JA eines Krankenhauses mangels einschlägiger landesrechtlicher Vorschriften **freiwillig** um die Prüfung der Verwendung der pauschalen Fördermittel erweitert, so ist über das Ergebnis dieser Prüfung lediglich im Rahmen eines gesonderten Abschnitts des **Prüfungsberichts** zu berichten[2295]. Erfolgt die Prüfung aufgrund eines besonderen Auftrags auch unabhängig von der Abschlussprüfung, so erfolgt die Berichterstattung außerhalb des PrB[2296].

1504 Über die Prüfung ist ein **gesonderter Vermerk** zu erstellen, der zur Vorlage bei der Fördermittelbehörde bestimmt ist.

1505 **Inhalte des Vermerks** haben insb. zu sein[2297]:

– Grundlagen des Prüfungsauftrags,

2290 Vgl. z.B. Art. 11 Abs. 2 S. 3 PfleWoqG (Bayern); § 18 Abs. 3 S. 3 WTG (Nordrhein-Westfalen). § 15 Abs. 2 S. 3 LHeimG (Baden-Württemberg) formuliert sogar „*soll*".
2291 Vgl. *IDW PS 400*, Tz. 12.
2292 Vgl. Tz. 1361; *IDW PS 400*, Tz. 5, Fn. 3.
2293 Z.B. nach § 30 i.V.m. § 18 Abs. 1 KHGG NRW.
2294 Entsprechend gestaltet sich die Haftungsbegrenzung für den Prüfer; vgl. *IDW PH 9.420.1*, Tz. 8.
2295 Vgl. *IDW PH 9.420.1*, Tz. 5.
2296 Vgl. *IDW PH 9.420.1*, Tz. 6.
2297 Vgl. *IDW PH 9.420.1*, Tz. 13.

– Verantwortlichkeiten der gesetzlichen Vertreter und des WP,
– Gegenstand, Art und Umfang der Prüfung,
– Besonderheiten nach dem jeweiligen Landeskrankenhausrecht,
– Ergebnis der Prüfung der Verwendung der pauschalen Fördermittel,
– Auftragsbedingungen und Haftungsvereinbarungen, ggf. ergänzt um einen Verwendungsvorbehalt.

Einen **Formulierungsvorschlag** für einen solchen Vermerk – zu einer Prüfung gem. § 30 KHGG NRW über die Verwendung der pauschalen Fördermittel nach § 18 Abs. 1 KHGG NRW – enthält *IDW PH 9.420.1*. 1506

Der geprüfte Verwendungsnachweis[2298] ist dem Vermerk als **Anlage** beizufügen und fest mit diesem zu verbinden[2299]. 1507

bb) Prüfungen nach § 17a Abs. 7 S. 2 KHG

Nach § 17a Abs. 7 S. 2 KHG haben Krankenhausträger, die Ausbildungsstätten für Pflegeberufe i.S.v. § 2 Nr. 1a KHG unterhalten[2300], für die Budgetverhandlungen nach § 17a Abs. 3 KHG eine vom APr. bestätigte Aufstellung des Krankenhausträgers über die Einnahmen aus dem Ausgleichsfonds, die in Rechnung gestellten Ausbildungszuschläge, die Erlösabweichungen zum vereinbarten **Ausbildungsbudget** und die zweckgebundene Verwendung der erhaltenen Mittel für das jeweils abgelaufene Jahr vorzulegen. 1508

Die **Prüfung** umfasst den Abgleich der Einnahmen aus dem Ausgleichsfonds und der Erlöse aus den in Rechnung gestellten Ausbildungszuschlägen mit den entsprechenden Daten aus der Buchführung. Des Weiteren ist zur Prüfung der Angaben über die zweckgebundene Verwendung des Ausbildungsbudgets das vereinbarte Ausbildungsbudget den Mehrkosten der Ausbildungsvergütung und den Kosten der Ausbildungsstätten gegenüberzustellen. Bzgl. der Kosten der Ausbildungsstätten ist v.a. deren sachgerechte Zuordnung zu prüfen[2301]. 1509

Über das Ergebnis dieser Prüfung ist in einem gesonderten Abschnitt des **Prüfungsberichts** zu berichten. Falls stattdessen zulässigerweise ein Teilbericht erstattet wird, ist dieser als solcher zu kennzeichnen und muss einen Hinweis auf den PrB enthalten. Im PrB ist auf den erstatteten Teilbericht hinzuweisen[2302]. 1510

Der dergestalt erweiterte Prüfungsgegenstand ist im Prüfungsauftrag zur Abschlussprüfung ausdrücklich zu vereinbaren[2303]. Da § 17a Abs. 7 S. 2 KHG keine Aussage dazu im BestV vorsieht, ist die Bestätigung des APr. in einem **gesonderten Vermerk** zu erteilen[2304]. 1511

Für den **Wortlaut des Vermerks** enthält *IDW PH 9.420.4* im Anhang einen Formulierungsvorschlag. 1512

Die geprüfte Aufstellung ist dem Vermerk als **Anlage** beizufügen und fest mit diesem zu verbinden. Keinesfalls darf die Aufstellung lediglich vom APr. unterschrieben und/oder 1513

2298 Zur Gestaltung siehe *IDW PH 9.420.1*, Tz. 9–12.
2299 Vgl. des Weiteren die Hinweise in *IDW PS 400*, Tz. 5, Fn. 3.
2300 Vgl. *IDW PH 9.420.4*, Tz. 12.
2301 Vgl. *IDW PH 9.420.4*, Tz. 13.
2302 Vgl. *IDW PH 9.420.4*, Tz. 14.
2303 Vgl. *IDW PH 9.420.4*, Tz. 10. Die Haftung des APr. ergibt sich daher – sofern nicht eine freiwillige Abschlussprüfung vereinbart ist – aus § 323 HGB.
2304 Vgl. *IDW PH 9.420.4*, Tz. 15.

mit seinem Siegel versehen oder auf einem Bogen mit seinem Briefkopf wiedergegeben werden, weil sonst der Anschein entsteht, dass er die volle Verantwortung für den Inhalt des Dokuments übernimmt[2305].

1514 Der Vermerk ist vom **Berufsangehörigen** mit Angabe von Datum und Ort handschriftlich zu unterzeichnen. Wird der Vermerk in Zusammenhang mit einer gesetzlichen Abschlussprüfung erteilt, so besteht die Pflicht zur Führung des Berufssiegels. Vermerke, die im Rahmen von freiwilligen Prüfungen erteilt werden, unterliegen nicht der Siegelpflicht; sie können jedoch gesiegelt werden[2306].

cc) Prüfungen nach § 4 Abs. 3 S. 7 KHEntgG

1515 Nach § 4 Abs. 3 S. 7 KHEntgG hat der Krankenhausträger zur Ermittlung der Mehr- oder Mindererlöse eine vom Apr. bestätigte Aufstellung über die Erlöse nach § 7 Abs. 1 S. 1 Nr. 1 u. 2 KHEntgG vorzulegen. Diese umfasst die im Kalenderjahr erzielten Erlöse aus Fallpauschalen und Zusatzentgelten nach dem auf Bundesebene vereinbarten Entgeltkatalog für voll- und teilstationäre Leistungen (**Erlösbudget**).

1516 Der erweiterte Prüfungsgegenstand ist im Prüfungsauftrag zur Abschlussprüfung ausdrücklich zu vereinbaren. Die Bestätigung des APr. ist in einer gesonderten **Bescheinigung** zu erteilen.

1517 Hierfür empfiehlt sich – in Anlehnung an *IDW PH 9.420.4* – folgender **Wortlaut**:

„**Bescheinigung des Abschlussprüfers**

An ... [Krankenhausträgergesellschaft[2307] als Auftraggeber]

Als Abschlussprüfer der ... [Krankenhausträgergesellschaft] für das Geschäftsjahr vom ... [Datum] bis ... [Datum] habe ich/haben wir im Rahmen meiner/unserer Abschlussprüfung gemäß § 4 Abs. 3 Satz 7 KHEntgG auftragsgemäß auch die als Anlage beigefügte Aufstellung der Krankenhausträgergesellschaft über die Erlöse nach § 7 Abs. 1 Satz 1 Nr. 1 und 2 KHEntgG für das Kalenderjahr ... geprüft. Die Prüfung der Ermittlung der Mehroder Mindererlöse war nicht Gegenstand meines/unseres Auftrags. Die Anfertigung der Aufstellung gemäß § 4 Abs. 3 Satz 7 KHEntgG liegt in der Verantwortung der gesetzlichen Vertreter der Krankenhausträgergesellschaft. Meine/Unsere Aufgabe ist es, auf der Grundlage der von mir/uns durchgeführten Prüfung eine Beurteilung über diese Aufstellung abzugeben.

Im Rahmen der Prüfung des Jahresabschlusses nach § 317 HGB unter Beachtung der vom Institut der Wirtschaftsprüfer (IDW) festgestellten Grundsätze ordnungsmäßiger Abschlussprüfung ist die Prüfung so zu planen und durchzuführen, dass mit hinreichender Sicherheit beurteilt werden kann, ob die Anforderungen erfüllt wurden, die sich aus der Erweiterung des Prüfungsgegenstands nach § 4 Abs. 3 Satz 7 KHEntgG ergeben. Im Rahmen der Prüfung werden die Nachweise für die Angaben in der Aufstellung überwiegend auf der Basis von Stichproben beurteilt. Ich bin/Wir sind der Auffassung, dass meine/unsere Prüfung eine hinreichend sichere Grundlage für meine/unsere Beurteilung bildet.

2305 Vgl. *IDW PH 9.420.4*, Tz. 16; *IDW PS 400*, Tz. 5, Fn. 3.
2306 Vgl. *IDW PH 9.420.4*, Tz. 17.
2307 Ergibt sich die Prüfungspflicht für den Jahresabschluss originär aus landeskrankenhausrechtlichen Vorschriften, ist stattdessen (auch nachfolgend) der Begriff „Krankenhaus" zu verwenden; gegebenenfalls ist dann nachfolgend auch der Gesetzesbezug auf § 317 HGB entsprechend zu ersetzen.

Erteilung von Bescheinigungen   Q

Meine/Unsere Prüfung der Aufstellung über die Erlöse nach § 7 Abs. 1 Satz 1 Nr. 1 und 2 KHEntgG hat zu keinen Einwendungen geführt.

Diese Bescheinigung erteile ich/erteilen wir auf der Grundlage des mir/uns erteilten Auftrags. Dieser begrenzt meine/unsere Haftung nach Maßgabe des § 323 Abs. 2 HGB. Ich erteile/Wir erteilen diese Bescheinigung zugunsten der Vertragsparteien nach § 11 Abs. 1 Satz 1 KHEntgG i.V.m. § 18 Abs. 2 KHG unter der Voraussetzung, dass die genannten Vertragsparteien diese Haftungsbegrenzung auch sich gegenüber gelten lassen."

Die geprüfte Aufstellung ist der Bescheinigung als **Anlage** beizufügen und fest mit ihr zu verbinden. 1518

Die Bescheinigung ist vom **Berufsangehörigen** mit Angabe von Datum und Ort zu unterzeichnen. Wird die Bescheinigung in Zusammenhang mit einer gesetzlichen Abschlussprüfung erteilt, so besteht die Pflicht zur Führung des Berufssiegels. Bescheinigungen, die im Rahmen von freiwilligen Prüfungen erteilt werden, unterliegen nicht der Siegelpflicht; sie können aber gesiegelt werden. 1519

dd) Prüfungen nach § 4 Abs. 10 S. 11 KHEntgG[2308]

Nach § 4 Abs. 10 S. 11 KHEntgG hat der Krankenhausträger einen vom Jahresabschlussprüfer bestätigten Nachweis zur **Umsetzung des Förderprogramms Pflege** in Bezug auf die Stellenbesetzung im Vergleich zur Anzahl der umgerechneten Vollkräfte am Stichtag 30.06.2008 und über die zwecksprechende Verwendung der hierzu erhaltenen Fördermittel vorzulegen. 1520

Der erweiterte Prüfungsgegenstand ist im Prüfungsauftrag zur Abschlussprüfung ausdrücklich zu vereinbaren. Die Bestätigung des APr. ist in einem gesonderten **Vermerk** zu erteilen. 1521

Hierfür empfiehlt sich – in Anlehnung an *IDW PH 9.420.4* – folgender **Wortlaut**[2309]: 1522

„Bescheinigung des Abschlussprüfers

An ... [Krankenhausträgergesellschaft[2310] als Auftraggeber]

Als Abschlussprüfer der ... [Krankenhausträgergesellschaft] für das Geschäftsjahr vom ... [Datum] bis ... [Datum] habe ich/haben wir im Rahmen meiner/unserer Abschlussprüfung gemäß § 4 Abs. 10 Satz 11 KHEntgG auftragsgemäß auch den als Anlage beigefügten Nachweis der Krankenhausträgergesellschaft zur Umsetzung des Förderprogramms Pflege in Bezug auf die Stellenbesetzung im Vergleich zur Anzahl der umgerechneten Vollkräfte am 30. Juni 2008 und über die zweckentsprechende Verwendung der Mittel geprüft. Die Anfertigung des Nachweises zur Umsetzung des Förderprogramms Pflege liegt in der Verantwortung der gesetzlichen Vertreter der Krankenhausträgergesellschaft. Meine/Unsere Aufgabe ist es, auf der Grundlage der von mir/uns durchgeführten Prüfung eine Beurteilung über die Angaben gemäß § 4 Abs. 10 Satz 11 KHEntgG zur Stellenbesetzung und zweckentsprechenden Mittelverwendung im Nachweis abzugeben.

2308 Nach aktuellem Gesetzesstand wird diese Förderung letztmalig im Kalenderjahr 2011 erfolgen.

2309 Im Wortlaut dieser Bescheinigung ist berücksichtigt, dass die zur Prüfung vorgelegten Nachweise vielfach mehr Angaben enthalten, als nach § 4 Abs. 10 S. 11 KHEntgG zu bestätigen sind.

2310 Ergibt sich die Prüfungspflicht für den JA originär aus landeskrankenhausrechtlichen Vorschriften, ist stattdessen (auch nachfolgend) der Begriff „Krankenhaus" zu verwenden; gegebenenfalls ist dann nachfolgend auch der Gesetzesbezug auf § 317 HGB entsprechend zu ersetzen.

Im Rahmen der Prüfung des Jahresabschlusses nach § 317 HGB unter Beachtung der vom Institut der Wirtschaftsprüfer (IDW) festgestellten Grundsätze ordnungsmäßiger Abschlussprüfung ist die Prüfung so zu planen und durchzuführen, dass mit hinreichender Sicherheit beurteilt werden kann, ob die Anforderungen erfüllt wurden, die sich aus der Erweiterung des Prüfungsgegenstands nach § 4 Abs. 10 Satz 11 KHEntgG ergeben. Im Rahmen der Prüfung werden die Nachweise für die zu bestätigenden Angaben überwiegend auf der Basis von Stichproben beurteilt. Ich bin/Wir sind der Auffassung, dass meine/unsere Prüfung eine hinreichend sichere Grundlage für meine/unsere Beurteilung bildet.

Meine/Unsere Prüfung der im Nachweis zur Umsetzung des Förderprogramms Pflege zu bestätigenden Angaben nach § 4 Abs. 10 Satz 11 KHEntgG hat zu keinen Einwendungen geführt.

Diese Bescheinigung erteile ich/erteilen wir auf der Grundlage des mir/uns erteilten Auftrags. Dieser begrenzt meine/unsere Haftung nach Maßgabe des § 323 Abs. 2 HGB. Ich erteile/Wir erteilen diesen Vermerk zugunsten der Vertragsparteien nach § 11 Abs. 1 Satz 1 KHEntgG i.V.m. § 18 Abs. 2 KHG unter der Voraussetzung, dass die genannten Vertragsparteien diese Haftungsbegrenzung auch sich gegenüber gelten lassen."

1523 Der geprüfte Nachweis ist der Bescheinigung als **Anlage** beizufügen und fest mit ihr zu verbinden.

1524 Die Bescheinigung ist vom **Berufsangehörigen** mit Angabe von Datum und Ort zu unterzeichnen. Wird die Bescheinigung in Zusammenhang mit einer gesetzlichen Abschlussprüfung erteilt, so besteht die Pflicht zur Führung des Berufssiegels. Bescheinigungen, die im Rahmen von freiwilligen Prüfungen erteilt werden, unterliegen nicht der Siegelpflicht; sie können aber gesiegelt werden.

n) Bescheinigungen nach dem Investmentsteuergesetz (InvStG)
aa) Bescheinigungen nach § 5 Abs. 1 S. 1 Nr. 3 InvStG

1525 Kapitalanlagegesellschaften sowie Investmentaktiengesellschaften sind verpflichtet, für die von ihnen verwalteten Investmentvermögen („Investmentgesellschaften" in der Diktion des InvStG[2311]) für jede Ausschüttung (d.h. auch für Zwischenausschüttungen) den Anlegern alle in § 5 Abs. 1 S. 1 Nr. 1 u. 2 InvStG genannten **Besteuerungsgrundlagen** – bezogen auf einen Anteil – bekannt zu machen[2312]. Die (deutschen) Anleger können diese Angaben dann ihrerseits der Besteuerung zugrunde legen. Erfolgt die Bekanntmachung nicht innerhalb von vier Monaten nach Ablauf des Geschäftsjahrs im elektronischen Bundesanzeiger (§ 5 Abs. 1 S. 1 Nr. 3 InvStG), so erfolgt auf Ebene der betroffenen Anleger für die ihnen zuzurechnenden Erträge eine – für die Anleger i.d.R. nachteilige – Pauschalversteuerung nach § 6 InvStG.

1526 Gem. § 5 Abs. 1 S. 1 Nr. 3 InvStG sind die in Verbindung mit dem Jahresbericht i.S.v. §§ 45 Abs. 1, 122 Abs. 1 o. 2 InvG im elektronischen Bundesanzeiger bekannt zu machenden Angaben nach § 5 Abs. 1 S. 1 Nr. 1 u. 2 InvStG mit der **Bescheinigung** eines zur geschäftsmäßigen Hilfeleistung befugten Berufsträgers i.S.v. § 3 StBerG[2313] oder einer

---

[2311] Investmentsteuergesetz (InvStG) v. 15.12.2003, BGBl. I, S. 2676, 2724, zuletzt geändert durch Gesetz v. 22.06.2011, BGBl. I, S. 1126.

[2312] Vgl. zu den Modalitäten (auch zur Differenzierung nach Anlegergruppen) ausführlich *BMF*, Schreiben v. 18.08.2009 betr. Investmentsteuergesetz (InvStG), Rz. 86, 96, 104.

[2313] Steuerberatungsgesetz (StBerG) i.d.F. d. Bek. v. 04.11.1975, BGBl. I, S. 2735, zuletzt geändert durch Gesetz v. 22.12.2010, BGBl. I, S. 2248.

Erteilung von Bescheinigungen Q

behördlich anerkannten Wirtschaftsprüfungsstelle oder einer vergleichbaren Stelle zu versehen[2314], dass die Angaben nach den Regeln des deutschen Steuerrechts ermittelt wurden[2315].

Nach der Neufassung des § 5 Abs. 1 S. 1 Nr. 3 InvStG durch das **Jahressteuergesetz 2010** ist nunmehr auch zu bescheinigen, ob in die Ermittlung der Angaben Werte aus einem Ertragsausgleich i.S.v. § 9 InvStG eingegangen sind[2316].

Bei dieser Bescheinigung handelt es sich nicht um eine zusätzliche Tätigkeit i.R. der Prüfung des Jahresberichts o.Ä., sondern um eine **gesondert zu beauftragende Tätigkeit**. 1527

Ein amtliches Muster für die Bescheinigung ist nicht vorgesehen. Sie muss jedoch gem. § 5 Abs. 1 S. 1 Nr. 3 InvStG klar zum Ausdruck bringen, dass die von der Investmentgesellschaft gemäß dem InvStG zu machenden Angaben nach der Beurteilung des Berufsträgers nach den Regeln des deutschen Steuerrechts ermittelt wurden. 1528

Falls Mittel des Investmentvermögens in **Anteile an anderen Investmentvermögen (Zielfonds)** investiert sind, müssen in die Erstellung der Angaben nach § 5 Abs. 1 S. 1 Nr. 1 u. 2 InvStG in gleicher Weise ermittelte Angaben für diese Zielfonds einfließen. Wenn dafür keine Bescheinigungen nach § 5 Abs. 1 Satz 1 Nr. 3 InvStG existieren, sind diese Angaben für das Investmentvermögen selbst zu ermitteln[2317]. Fehlende Angaben führen insoweit zu der o.g. Pauschalversteuerung. 1529

Aus dem Wortlaut der Bescheinigung muss hervorgehen, inwieweit solche Bescheinigungen für Zielfonds vorlagen oder ob eigene Ermittlungen erfolgt sind. Dabei ist auch darzustellen, wie sich dies auf den Umfang der zur Abgabe der Bescheinigung vom Berufsträger durchgeführten Prüfungshandlungen ausgewirkt hat. Existieren mehrere Zielfonds, können hierzu ggf. differenzierende Darstellungen erforderlich sein.

Sind die Rechnungslegung und der Jahresbericht für ein Investmentvermögen, das auch in Zielfonds investiert, zuvor von einem APr. nach § 44 Abs. 5 InvG geprüft worden[2318], kommt für die Bescheinigung aufgrund einer durchgeführten Prüfung folgender **Wortlaut** in Betracht: 1530

„**Bescheinigung nach § 5 Abs. 1 Satz 1 Nr. 3 Investmentsteuergesetz (InvStG) über die Prüfung der steuerlichen Angaben**

An die Kapitalanlagegesellschaft [x]/die Investmentgesellschaft [x] 1531

(nachfolgend: die Gesellschaft)

Die Gesellschaft hat uns beauftragt, gemäß § 5 Abs. 1 Satz 1 Nr. 3 Investmentsteuergesetz (InvStG) zu prüfen, ob die von der Gesellschaft für das Investmentvermögen [y] für den Zeitraum vom [Datum 1] bis [Datum 2] zu veröffentlichenden Angaben nach § 5 Abs. 1 Satz 1 Nr. 1 und 2 InvStG nach den Regeln des deutschen Steuerrechts ermittelt wurden.

2314 Es handelt sich demnach nicht um eine Vorbehaltsaufgabe für WP/vBP.
2315 Aufgrund einer entsprechenden (klarstellenden) Ergänzung in Rz. 88 des o.g. BMF-Schreibens v. 18.08.2009 ist davon auszugehen, dass auch Berufsträger i.S.v. § 3a StBerG tätig werden dürfen.
2316 Vgl. Art. 6 des Jahressteuergesetzes 2010 v. 08.12.2010, BGBl. I, S. 1768.
2317 Praktisch ist dies nur möglich bei eigenen bzw. selbst gerechneten Investmentvermögen.
2318 Für einen Auflösungsbericht gilt § 44 Abs. 5 InvG gem. § 44 Abs. 6 InvG entsprechend. In diesem Fall muss aus dem Wortlaut der Bescheinigung hervorgehen, ob die Auflösung zum Geschäftsjahresende oder unterjährig (und damit zu einem Rumpfgeschäftsjahresende) erfolgt ist. Bei sog. Umbrella-Konstruktionen sind ggf. weitere Besonderheiten zu beachten.

Die Verantwortung für die Ermittlung der steuerlichen Angaben nach § 5 Abs. 1 Satz 1 Nr. 1 und 2 InvStG in Verbindung mit den Vorschriften des deutschen Steuerrechts liegt bei den gesetzlichen Vertretern der Gesellschaft. Die Ermittlung beruht auf der Rechnungslegung und dem Jahresbericht nach § 44 Abs. 1 InvG [/nach ...[2319]] für den betreffenden Zeitraum. Sie besteht aus einer Überleitungsrechnung aufgrund steuerlicher Vorschriften und der Zusammenstellung der zur Bekanntmachung bestimmten steuerlichen Angaben nach § 5 Abs. 1 Satz 1 Nr. 1 und 2 InvStG. Soweit die Gesellschaft Mittel in Anteile an anderen Investmentvermögen (Zielfonds) investiert hat, verwendet sie die ihr für diese Zielfonds vorliegenden steuerlichen Angaben. [Sofern keine Bescheinigungen vorlagen, wurde die steuerliche Bemessungsgrundlage nach § 6 InvStG überprüft.[2320]]

Unsere Aufgabe ist es, auf der Grundlage der von uns durchgeführten Prüfung eine Beurteilung abzugeben, ob die von der Gesellschaft nach den Vorschriften des InvStG zu veröffentlichenden Angaben in Übereinstimmung mit den Regeln des deutschen Steuerrechts ermittelt wurden. Unsere Prüfung erfolgt auf der Grundlage der von einem Abschlussprüfer nach § 44 Abs. 5 InvG [/nach ...[2321]] geprüften Rechnungslegung und des geprüften Jahresberichts. Unserer Beurteilung unterliegen die darauf beruhende Überleitungsrechnung und die zur Bekanntmachung bestimmten Angaben. Unsere Prüfung erstreckt sich insbesondere auf die steuerliche Qualifikation von Kapitalanlagen, von Erträgen und Aufwendungen einschließlich deren Zuordnung als Werbungskosten sowie sonstiger steuerlicher Aufzeichnungen. Soweit die Gesellschaft Mittel in Anteile an Zielfonds investiert hat, beschränkte sich unsere Prüfung auf die korrekte Übernahme der für diese Zielfonds von anderen zur Verfügung gestellten steuerlichen Angaben durch die Gesellschaft nach Maßgabe vorliegender Bescheinigungen und sonstiger veröffentlichter steuerlicher Daten. Die entsprechenden steuerlichen Angaben wurden von uns nicht geprüft.

Wir haben unsere Prüfung unter sinngemäßer Beachtung der vom Institut der Wirtschaftsprüfer festgestellten deutschen Grundsätze ordnungsmäßiger Abschlussprüfung vorgenommen. Danach ist die Prüfung so zu planen und durchzuführen, dass mit hinreichender Sicherheit beurteilt werden kann, ob die Angaben nach § 5 Abs. 1 Satz 1 Nr. 1 und 2 InvStG frei von wesentlichen Fehlern sind. Bei der Festlegung der Prüfungshandlungen werden die Kenntnisse über die Verwaltung des Investmentvermögens sowie die Erwartungen über mögliche Fehler berücksichtigt. Im Rahmen der Prüfung werden die Wirksamkeit des auf die Ermittlung der Angaben nach § 5 Abs. 1 Satz 1 Nr. 1 und 2 InvStG bezogenen internen Kontrollsystems sowie Nachweise für die steuerlichen Angaben überwiegend auf der Basis von Stichproben beurteilt.

Die Prüfung umfasst auch eine Beurteilung der Auslegung der angewandten Steuergesetze durch die Gesellschaft. Die von der Gesellschaft gewählte Auslegung ist dann nicht zu beanstanden, wenn sie in vertretbarer Weise auf Gesetzesbegründungen, Rechtsprechung, einschlägige Fachliteratur oder veröffentlichte Auffassungen der Finanzverwaltung gestützt werden konnte. Wir weisen darauf hin, dass eine künftige Rechtsentwicklung und insbesondere neue Erkenntnisse aus der Rechtsprechung eine andere Beurteilung der von der Gesellschaft vertretenen Auslegung notwendig machen können.

2319 Bei ausländischen Investmentvermögen ist die jeweilige nationale Vorschrift zu nennen.
2320 Dieser Satz ist nur einzufügen, wenn das Investmentvermögen in sog. „intransparente Zielfonds" investiert ist und für diese keine steuerlichen Angaben vorliegen (Normalfall). Solcherart investierende Investmentvermögen werden selbst auch als „semitransparent" bezeichnet.
2321 Bei ausländischen Investmentvermögen ist die jeweilige nationale Vorschrift zu nennen (s.o.).

Wir sind der Auffassung, dass unsere Prüfung eine hinreichend sichere Grundlage für unsere Beurteilung bildet.

Auf dieser Grundlage bescheinigen wir der Gesellschaft nach § 5 Abs. 1 Satz 1 Nr. 3 InvStG, dass die Angaben nach § 5 Abs. 1 Satz 1 Nr. 1 und 2 InvStG nach den Regeln des deutschen Steuerrechts ermittelt wurden.

[Wir weisen darauf hin, dass die in § 5 Abs. 1 Satz 1 Nr. 1 Buchst. c) bzw. Buchst. f) InvStG genannten Angaben nicht vorliegen; insoweit sind die Erträge nach § 2 Abs. 1 InvStG zu versteuern und § 4 InvStG findet keine Anwendung.[2322]]

[In die Ermittlung der Angaben sind Werte aus dem Ertragsausgleich nach § 9 InvStG eingegangen.[2323]]"

Falls **einzelne angabepflichtige Sachverhalte** nicht in Übereinstimmung mit den deutschen steuerrechtlichen Vorschriften stehen sollten, ist der – abschließende – beurteilende Absatz der Bescheinigung wie folgt zu formulieren: **1532**

„Auf dieser Grundlage bescheinigen wir, dass die Angaben nach § 5 Abs. 1 Satz 1 Nr. 1 und 2 InvStG nach den Regeln des deutschen Steuerrechts ermittelt wurden, mit der Einschränkung, dass die Angabe(n) nach § 5 Abs. 1 Satz 1 Nr. 1 Buchstabe(n) [...] InvStG nicht nach den Regeln des deutschen Steuerrechts ermittelt wurde(n)."

Besteht Anlass, an der **Ordnungsmäßigkeit** des zu bescheinigenden Sachverhalts insgesamt zu zweifeln, ist die Erteilung der Bescheinigung ggf. zu versagen[2324]. Gleiches gilt beim Vorliegen schwerwiegender Prüfungshemmnisse. **1533**

Wird der o.g. **Ertragsausgleich** lediglich zu steuerlichen Zwecken ermittelt, muss der letzte ergänzende Hinweis zur Bescheinigung wie folgt lauten: **1534**

„Die Gesellschaft hat für steuerliche Zwecke Werte für einen Ertragsausgleich i.S.v. § 9 InvStG errechnet, welche in die Ermittlung der Angaben eingeflossen sind."

Zur Anerkennung eines solchen nur für steuerliche Zwecke gerechneten Ertragsausgleichs ist es erforderlich, dass die Durchführung des Verfahrens nachvollziehbar dokumentiert ist[2325].

Die Bescheinigung ist vom Berufsträger mit Angabe von Ort, Datum und Berufsbezeichnung zu **unterzeichnen**. Ihr sind die bescheinigten steuerlichen Angaben beizufügen (vorzugsweise als **Anlage**); Bescheinigung und bescheinigte Angaben sind fest miteinander zu verbinden. **1535**

Die Bescheinigung kann auch der Berufsträger erteilen, der selbst im Auftrag der Investmentgesellschaft die durch das Investmentsteuergesetz geforderten Angaben ermittelt hat (**Erstellung**). Diese Tatsache muss jedoch aus der erteilten Bescheinigung ersichtlich sein[2326]. **1536**

2322 Dieser Satz ist nur einzufügen, wenn das Investmentvermögen in sog. „intransparente Zielfonds" investiert ist und für diese keine steuerlichen Angaben vorliegen (s.o.).

2323 Sofern ein Ertragsausgleich erfolgt, ist dieser Satz stets einzufügen. Vgl. die Neufassung des § 5 Abs. 1 S. 1 Nr. 3 InvStG durch Art. 6 des Jahressteuergesetzes 2010.

2324 Vgl. *IDW PS 400*, Tz. 5, Fn. 3.

2325 Vgl. Regierungsentwurf der Bundesregierung Jahressteuergesetz 2010 v. 19.05.2010, Begründung, Abschn. B., zu Art. 6, Zu Nr. 3, zu Buchst. a, zu Doppelbuchst. aa, zu Dreifachbuchst. bbb; mit Verweis auf das BMF-Schreiben v. 09.03.2010 an die Verbände der Kreditwirtschaft (IV C 1 – S 1980-1/09/10001).

2326 Vgl. *BMF*, Schreiben v. 18.08.2009 betr. Investmentsteuergesetz (InvStG), Rz. 89.

In diesem Fall ist der Wortlaut der Bescheinigung im Hinblick auf die Tatsache, dass der Berufsträger die Angaben selbst ermittelt hat, nach den allgemeinen Grundsätzen zu **modifizieren**[2327].

bb) Bescheinigung nach § 17a Satz 1 Nr. 2 InvStG

1537 Nach § 17a InvStG ist es unter bestimmten Bedingungen möglich, ausländische Investmentvermögen steuerneutral miteinander zu verschmelzen („**steuerneutrale Fondsfusion**"), so dass für die Anteilseigner keine Steuernachteile entstehen. Hierzu ist es insb. erforderlich, dass das übernehmende Investmentvermögen [z] die fortgeführten Anschaffungskosten des übertragenden Investmentvermögens [y] für die Ermittlung der Investmenterträge fortführt (§ 17a Satz 1 Nr. 2 InvStG). D.h., im Rahmen einer solchen Verschmelzung darf es steuerlich zu keiner Aufdeckung von stillen Reserven kommen.

1538 Weitere Bedingung ist, dass nebst einer Bescheinigung der ausländischen Investmentaufsichtsbehörde über die Zulässigkeit der Verschmelzung eine **Bescheinigung** eines zur geschäftsmäßigen Hilfeleistung befugten Berufsträgers i.S.v. § 3 StBerG[2328], einer behördlich anerkannten Wirtschaftsprüfungsgesellschaft oder einer vergleichbaren Stelle vorgelegt wird, in welcher die Tatsache der Fortführung der Anschaffungskosten und damit Nichtaufdeckung stiller Reserven bestätigt wird[2329].

Die Berufsträgerbescheinigung über die weitere Fortführung der fortgeführten Anschaffungskosten ist zusammen mit der Bescheinigung der ausländischen Investmentaufsichtsbehörde über die Zulässigkeit der Verschmelzung nach dem Recht des Sitzstaates beim Bundeszentralamt für Steuern (BZSt) einzureichen[2330].

1539 Für den Normalfall ist davon auszugehen, dass auf den Verschmelzungsstichtag keine von (ausländischen) APr. geprüften Jahresberichte für die ausländischen Investmentvermögen vorliegen. Dementsprechend dürfte für die Bescheinigung zur Vorlage beim BZSt regelmäßig folgende **Formulierung** sachgerecht sein:

„**Bescheinigung nach § 17a Satz 1 Nr. 2 Investmentsteuergesetz (InvStG) im Rahmen der Verschmelzung des Investmentvermögens [y] auf das Investmentvermögen [z] zum [Datum]**

An die Kapitalanlagegesellschaft [x]/die Investmentgesellschaft [x]

(nachfolgend: die Gesellschaft)

Die Gesellschaft hat uns beauftragt, gemäß § 17a Satz 1 Nr. 2 Investmentsteuergesetz (InvStG) zu prüfen, ob bei der Übertragung des Investmentvermögens [y] auf das übernehmende Investmentvermögen [z] zum [Datum] das übernehmende Investmentvermögen die fortgeführten Anschaffungskosten des übertragenden Investmentvermögens für die Ermittlung der Investmenterträge fortgeführt hat.

Die Verantwortung für die Buchführung und die darauf basierende Ermittlung der Investmenterträge nach dem Investmentsteuerrecht für das übertragende und das aufnehmende Investmentvermögen, für die Ermittlung der fortgeführten Anschaffungskosten der Vermögensgegenstände und Schulden beim übertragenden Investmentver-

---

2327 Vgl. hierzu Tz. 1385. Daneben sollten hierbei die Grundsätze des *IDW S 7* beachtet werden.
2328 Aufgrund der o.g. (klarstellenden) Ergänzung in Rz. 88 des BMF-Schreibens v. 18.08.2009 betr. Investmentsteuergesetz (InvStG) dürfte davon auszugehen sein, dass Berufsträger i.S.v. § 3a StBerG auch i.Z.m. § 17a S. 1 Nr. 2 InvStG tätig werden dürfen.
2329 Vgl. *BMF,* Schreiben v. 18.08.2009 betr. Investmentsteuergesetz (InvStG), Rz. 275.
2330 Vgl. *BMF,* Schreiben v. 18.08.2009 betr. Investmentsteuergesetz (InvStG), Rz. 274–275.

Erteilung von Bescheinigungen Q

mögen und deren Übertragung auf das übernehmende Investmentvermögen sowie für die Fortführung der fortgeführten Anschaffungskosten nach § 17a Satz 1 Nr. 2 InvStG und das in diesem Zusammenhang eingerichtete interne Kontrollsystem liegt bei den gesetzlichen Vertretern der Gesellschaft.

Unsere Aufgabe ist es, auf der Grundlage der von uns durchgeführten Prüfung eine Beurteilung darüber abzugeben, ob das übernehmende Investmentvermögen die fortgeführten Anschaffungskosten der Vermögensgegenstände und Schulden des übertragenden Investmentvermögens für die Ermittlung der Investmenterträge fortgeführt hat. Unsere Prüfung erfolgte auf der Grundlage der uns von der Gesellschaft zur Verfügung gestellten Unterlagen und Aufzeichnungen zum Übertragungszeitpunkt. Die Richtigkeit der übertragenen Daten wurde von uns nicht geprüft. Ebenso war es nicht Gegenstand unserer Prüfung festzustellen, ob die Gesellschaft – basierend auf den übertragenen Daten – die Investmenterträge zutreffend nach den Bestimmungen des deutschen Steuerrechts ermittelt.

Wir haben unsere Prüfung unter sinngemäßer Beachtung der vom Institut der Wirtschaftsprüfer festgestellten deutschen Grundsätze ordnungsmäßiger Abschlussprüfung vorgenommen. Danach ist die Prüfung so zu planen und durchzuführen, dass mit hinreichender Sicherheit beurteilt werden kann, ob die Übertragung der fortgeführten Anschaffungskosten in die Buchhaltungssysteme des aufnehmenden Investmentvermögens nach § 17a Satz 1 Nr. 2 InvStG frei von wesentlichen Fehlern im Hinblick auf deren Vollständigkeit und Richtigkeit durchgeführt wurde. Bei der Festlegung der Prüfungshandlungen werden die Kenntnisse über die Verwaltung der betroffenen Investmentvermögen sowie die Erwartungen über mögliche Fehler berücksichtigt. Im Rahmen der Prüfung werden die Wirksamkeit des auf die Übertragung der fortgeführten Anschaffungskosten i.S.v. § 17a Satz 1 Nr. 2 InvStG bezogenen internen Kontrollsystems sowie die Nachweise für die ordnungsgemäße Übertragung überwiegend auf der Basis von Stichproben beurteilt.

Wir sind der Auffassung, dass unsere Prüfung eine hinreichend sichere Grundlage für unsere Beurteilung bildet.

Auf dieser Grundlage bescheinigen wir der Gesellschaft nach § 17a Satz 1 Nr. 2 InvStG, dass bei der Übertragung des Investmentvermögens [y] zum [Datum] auf das übernehmende Investmentvermögen [z] die Anschaffungskosten des übertragenden Investmentvermögens für die Ermittlung der Investmenterträge fortgeführt wurden.

Diese Bescheinigung ist ausschließlich zur Vorlage beim Bundeszentralamt für Steuern, Bonn, bestimmt und darf in keinem anderen Zusammenhang verwendet werden."

Liegen anderweitige Voraussetzungen vor (z.B. ein geprüfter Jahresbericht), ist der Wortlaut der Bescheinigung entsprechend den allgemeinen Grundsätzen zu **modifizieren**. 1540

Die Bescheinigung ist vom Berufsträger mit Angabe von Ort, Datum und Berufsbezeichnung zu **unterzeichnen**. 1541

Anzumerken ist, dass es sich auch hier um eine **gesondert zu beauftragende Tätigkeit** handelt. 1542

o) Sonstige

Weitere Bescheinigungsnotwendigkeiten können sich z.B. ergeben bei: 1543

- Prüfung bei Sondervermögen oder Investment-AG (z.B. *IDW PH 9.400.12, IDW PH 9.400.13*)
- Meldungen an die Stiftung Elektro-Altgeräte Register[2331],
- Prüfungen nach REIT-Gesetz[2332],
- Prüfungen von Beihilfen (z.B. nach Art. 107 AEUV[2333]),
- Selbstauskunft zur Kautionsversicherung für Reiseveranstalter,
- Compliance-Bescheinigung[2334].

1544 Liegt eine vom HFA des IDW verabschiedete Musterbescheinigung vor, so ist grds. diese – ggf. im Wortlaut angepasst auf den konkreten Einzelfall – zu verwenden. Ansonsten sind die allgemeinen Grundsätze für Bescheinigungen[2335] zugrunde zu legen. Dies gilt sowohl in Bezug auf die Frage der Erteilung der jeweiligen Bescheinigung (insb. auch hinsichtlich des Aspekts einer evtl. Versagung der Erteilung) als auch in Bezug auf die konkrete Ausformulierung[2336].

VIII. Gutachterliche Tätigkeiten

1. Berichterstattung über Prospektbeurteilungen

1545 Gesetzliche Anforderungen zum Inhalt von Prospekten bestehen für Prospekte über öffentlich angebotene Wertpapiere und solche Wertpapiere, die zur Börse zugelassen werden sollen[2337], für Prospekte über deutsche und in Deutschland vertriebene ausländische Investmentanteile[2338] sowie für Verkaufsprospekte für Vermögensanlagen i.S.v. § 8f Abs. 1 Verkaufsprospektgesetz[2339].

1546 Zur Sicherstellung einer einheitlichen Handhabung bei der **Beurteilung von Verkaufsprospekten über öffentlich angebotene Vermögensanlagen** hat der Berufsstand Grundsätze entwickelt, die zuletzt in dem *IDW S 4*[2340] *zum Ausdruck kommen. Dieser Standard regelt die Beurteilung von Verkaufsprospekten über im Inland öffentlich angebotene nicht in Wertpapieren verbriefte Anteile an Unternehmen nach § 8f Abs. 1 Verkaufsprospektgesetz sowie unmittelbare Anteile an einem Anlageobjekt*[2341].

1547 Der WP darf einen **Auftrag** zur Prospektbeurteilung nur annehmen, wenn er unabhängig ist. Dies ist nicht der Fall, wenn er zuvor an Teilen der Konzeption der Vermögensanlage oder an Angaben des Verkaufsprospekts mitgewirkt hat. Außerdem muss er über ein aus-

---

2331 Vgl. hierzu *IDW PH 9.950.1*.
2332 Vgl. hierzu *IDW PH 9.950.2 sowie* ausführlich *Gorgs/Conrad/Rohde*, WPg 2009, S. 1167.
2333 Vertrag über die Arbeitsweise der Europäischen Union v. 09.05.2008, ABl.EU Nr. C 115, S. 47. Vgl. hierzu *IDW EPS 700*.
2334 Vgl. hierzu ausführlich *IDW Prüfungsstandard: Grundsätze ordnungsmäßiger Prüfung von Compliance Management Systemen (IDW PS 980)*, insb. Tz. 67–73 sowie Anlagen 2. und 3.
2335 Vgl. hierzu Tz. 1352.
2336 Zur Gliederung siehe insb. Tz. 1360.
2337 Siehe Gesetz über die Erstellung, Billigung und Veröffentlichung des Prospekts, der beim öffentlichen Angebot von Wertpapieren oder bei der Zulassung von Wertpapieren zum Handel an einem organisierten Markt zu veröffentlichen ist (Wertpapierprospektgesetz – WpPG) v. 22.06.2005, BGBl. I, S. 1698, zuletzt geändert durch Gesetz v. 22.06.2011, BGBl. I, S. 1126.
2338 Siehe Investmentgesetz (InvG).
2339 Siehe Verordnung über Vermögensanlagen-Verkaufsprospekte (Vermögensanlagen-Verkaufsprospektverordnung – VermVerkProspV) v. 16.12.2004, BGBl. I, S. 3464, zuletzt geändert durch Gesetz v. 16.07.2007, BGBl. I, S. 1330.
2340 *IDW Standard: Grundsätze ordnungsmäßiger Beurteilung von Verkaufsprospekten über öffentlich angebotene Vermögensanlagen (IDW S 4)* i.d.F. vom 18.06.2006.
2341 Vgl. *IDW S 4*, Tz. 2.

reichendes Verständnis der Vermögensanlage und von deren wirtschaftlichem und rechtlichem Umfeld verfügen bzw. sich dieses aneignen. Der Auftrag einer Beurteilung nach den Grundsätzen des *IDW S 4* muss sich dabei auf die Beurteilung des gesamten Verkaufsprospekts in der für das Angebot an die Öffentlichkeit bestimmten Fassung beziehen[2342]. Zusatzaufträge über den Umfang dieses Standards hinaus bedürfen einer gesonderten Beauftragung[2343]. Zudem setzt die Auftragsannahme voraus, dass im Verkaufsprospekt selbst nicht auf die Beurteilung hingewiesen wird[2344]; dies schließt auch eine Vervielfältigung oder auszugsweise Verwendung des Gutachtens oder eine Verwendung in werblichen Hinweisen ohne Zustimmung des WP aus. Ernsthaften Interessenten soll das Prospektgutachten nur im Rahmen einer gesonderten Auskunftsvereinbarung zwischen dem Interessenten und dem WP zur Verfügung gestellt werden[2345]. In dieser Vereinbarung ist neben der Darstellung des Inhalts der Beauftragung des WP und der Vereinbarung einer Haftungsregelung insb. auch klarzustellen, dass der WP keine Verpflichtung übernimmt, das Gutachten nach dessen ursprünglicher Erstellung zu aktualisieren[2346].

Gegenstand der Prospektbeurteilung ist es, mit hinreichender Sicherheit festzustellen, ob die aus der Sicht eines durchschnittlich verständigen und durchschnittlich vorsichtigen Anlegers für eine Anlageentscheidung erheblichen Angaben im Verkaufsprospekt vollständig und richtig enthalten sind und ob diese Angaben klar, eindeutig und verständlich gemacht werden[2347]. Wie sich die Vermögensanlage bei dem einzelnen Anleger auswirkt, ist jedoch nicht Gegenstand der Prospektbeurteilung. Die Prospektbeurteilung durch einen WP entbindet den Anleger daher nicht von einer eigenen Beurteilung der Chancen und Risiken der Vermögensanlage und ist insbesondere auch keine Garantie für den tatsächlichen Eintritt des wirtschaftlichen Erfolgs und der steuerlichen Auswirkungen. Auch bei einer ordnungsmäßigen Prospektbeurteilung kann keine absolute, sondern nur eine hinreichende Sicherheit erreicht werden[2348]. **1548**

Vollständigkeit kann im Normalfall dann unterstellt werden, wenn im Verkaufsprospekt keine wesentlichen Angaben fehlen. Wesentliche Angaben sind dabei solche, die in der Anlage 1 sowie ggf. ergänzend in einer der objektbezogenen Anlagen 2–7 zum *IDW S 4* aufgeführt werden, wobei je nach Objekt oder Auftrag zusätzliche Angaben erforderlich sein können[2349]. **1549**

Sind während der Dauer des öffentlichen Angebots seit der Gestattung der Veröffentlichung des Verkaufsprospekts wesentliche Veränderungen eingetreten, sind diese vom Anbieter als dem Herausgeber des Prospekts unverzüglich in einem Nachtrag zum Verkaufsprospekt zu veröffentlichen (§ 11 VerkaufsprospektG). Dies ggf. zu prüfen, ist jedoch nicht mehr Bestandteil der ursprünglichen Beauftragung des WP[2350].

2342 Vgl. *IDW S 4,* Tz. 19, 27.
2343 Vgl. *IDW S 4,* Tz. 19.
2344 Vgl. *IDW S 4,* Tz. 23, 26.
2345 Vgl. *IDW S 4,* Tz. 25. Die zu schließende Auskunftsvereinbarung dient dabei der Begrenzung der Prospekthaftung des WP. Zur Prospekthaftung siehe auch *Schmidt/Weidert,* DB 1998, S. 2309; *Buck/Heinemann,* Inf. 1994, S. 466; *Seibel/Graf von Westphalen,* BB 1998, S. 169. Vgl. auch OLG München v. 11.09.2007 (5 U 3693/06), WM 2008, S. 249.
2346 Vgl. *IDW S 4,* Tz. 25.
2347 Vgl. *IDW S 4,* Tz. 7–9.
2348 Vgl. *IDW S 4,* Tz. 13.
2349 Vgl. *Anlage 1 zu IDW S 4,* Abschn. 2.2. Abs. 2.
2350 Vgl. *IDW S 4,* Tz. 25, 27.

1550 **Richtigkeit** ist entsprechend *IDW S 4*, Anlage 1 Abschn. 2.3. dann gegeben, wenn die Tatsachenangaben zutreffend, die Annahmen und Schätzungen plausibel und nicht im Widerspruch zur Rechnungslegung und zu anderen Unterlagen, sonstigen Angaben im Prospekt und zu anderen Tatsachen stehen und wenn die Folgerungen aus den Tatsachen bzw. Annahmen rechnerisch und sachlich richtig abgeleitet wurden, d.h. also schlüssig sind. Bei wertenden Aussagen ist festzustellen, ob sie durch Tatsachen gestützt werden. Zudem müssen sich alle Wertungen und Beurteilungen an der allgemeinen Verkehrsauffassung orientieren. Sofern steuerliche Verhältnisse die Grundlage von Berechnungen oder Beurteilungen bilden, ist die geforderte Richtigkeit nur dann gegeben, wenn bestehende Risiken deutlich im Prospekt dargestellt werden. Im Prospekt getroffene Prognosen müssen als solche ausdrücklich gekennzeichnet, die verwendeten Prämissen wirklichkeitsnah, die Berechnungen rechnerisch richtig und im Aufbau plausibel sein und die Risiken und Unsicherheiten müssen ausreichend berücksichtigt sein. Die der Prognose zu Grunde liegenden Prämissen und Zusammenhänge sind im Verkaufsprospekt in geeigneter Form zu erläutern. Hängt die Wirtschaftlichkeit der Vermögensanlage von wesentlichen Parametern ab, über deren Entwicklung verschiedene Prognosen abgegeben werden können, empfiehlt *IDW S 4*, Anlage 1 Abschn. 4.1.4. die Darstellung der Auswirkungen unterschiedlicher Annahmen auf die Entwicklung der Vermögensanlage in Form einer Sensitivitätsanalyse. In einem gesonderten Abschnitt des Hauptteils des Verkaufsprospektes soll dem Anleger verdeutlicht werden, zu welchen Abweichungen von der im Verkaufsprospekt dargestellten Prognose die Veränderung einzelner und/oder mehrerer wesentlicher Parameter führen kann. Die Beurteilung muss sich nach *IDW S 4*, Anlage 1 Abschn. 2.3.3. auch darauf erstrecken, ob die Darstellung im Verkaufsprospekt insgesamt kein falsches Bild vom Anlageangebot und -objekt vermittelt, wobei graphische und andere nicht verbale Darstellungen mit eindeutig werblichem Charakter einzubeziehen sind.

1551 **Klarheit** erfordert nach *IDW S 4*, Anlage 1 Abschn. 2.4. eine eindeutige Ausdrucksweise im Prospekt und eine gedanklich geordnete Darstellung der Angaben. Begriffe, die nicht zum allgemeinen Sprachgebrauch gehören, sind zu erläutern. Der Verkaufsprospekt muss übersichtlich gegliedert und die mit der Anlage vorhandenen Risiken müssen deutlich zum Ausdruck gebracht werden. Es empfiehlt sich, den Hauptteil des Verkaufsprospekts entsprechend *IDW S 4*, Anlage 1 Abschn. 3. und 4. zu gliedern. Damit werden auch die Anforderungen von § 2 Abs. 2, 3 VermVerkProspV erfüllt.

Besondere Bedeutung kommt einer ausgewogenen Darstellung aller wesentlichen Aspekte zu. Dies bedeutet auch, dass nicht nur die vorteilhaften Aspekte allgemein verständlich erläutert werden, während Gesichtspunkte, die vom Anleger als negativ empfunden werden könnten, zurückhaltend kommentiert werden.

1552 Die mit der angebotenen Vermögensanlage verbundenen, wesentlichen tatsächlichen und rechtlichen **Risiken** sind nach *IDW S 4*, Anlage 1 Abschn. 3.3. im Verkaufsprospekt in einem gesonderten Abschnitt darzustellen, der nur diese Angaben enthält. Das den Anleger bei einem Misserfolg treffende maximale Risiko ist in seiner Größenordnung zu beschreiben. Die mit einer Fremdfinanzierung der Vermögensanlage durch den Anleger verbundenen Risiken sind in diese Darstellung mit einzubeziehen.

1553 In dem **Prospektgutachten** ist unter Beachtung der Grundsätze ordnungsmäßiger Berichterstattung über das Ergebnis der Beurteilung vollständig, wahrheitsgetreu und mit der gebotenen Klarheit schriftlich zu berichten.

Es wird empfohlen, das Prospektgutachten wie folgt zu **gliedern**[2351]: 1554

I. Auftrag und Auftragsdurchführung
II. Der Beurteilung zugrunde liegende Unterlagen
III. Darstellung der Vermögensanlage
IV. Einzelfeststellungen zum Verkaufsprospekt
V. Zusammenfassende Schlussbemerkungen
VI. Datum und Unterschrift.

Die wesentlichen Inhalte des erteilten **Auftrags** einschließlich der getroffenen Haftungsregelungen sind im Prospektgutachten wiederzugeben. Es ist klarzustellen, dass sich die Feststellungen nur auf die dem Gutachten zugrunde liegende Fassung des Verkaufsprospekts und auf die Tatsachen beziehen, die bis zur Beendigung des Auftrags bekannt geworden sind[2352]. 1555

Im Falle eines Nachtrags zum Verkaufsprospekt darf das bisherige Prospektgutachten nicht mehr weiter verwendet werden und es ist ggf. ein neues Prospektgutachten zu erstellen. Im Rahmen der Beauftragung zur Beurteilung des Nachtrags kann in Einzelfällen eine Beschränkung des Umfangs der Beurteilung auf die Nachtragsänderungen ausreichend sein, während bei weitreichenden Änderungen eine insgesamt neue Beurteilung des Verkaufsprospektes zu vereinbaren ist[2353].

Sofern der Umfang der Prospektbeurteilung auftragsgemäß ggü. den in *IDW S 4* aufgestellten Grundsätzen ordnungsmäßiger Beurteilung von Verkaufsprospekten über öffentlich angebotene Vermögensanlagen eingeschränkt wird (z.B. Beschränkung auf einzelne Bestandteile des Prospekts), ist ausdrücklich darauf hinzuweisen, dass es sich nicht um eine Prospektbeurteilung im Sinne des *IDW S 4* handelt. Dabei sind auch Umfang, Kriterien und Grenzen der Beurteilung anzugeben[2354]. 1556

Bei einer Auftragserweiterung mit dem Ziel einer vertiefenden Beurteilung von Teilbereichen des Verkaufsprospekts sind Gegenstand, Umfang und Grenzen der vertiefenden Beurteilung zu nennen[2355].

Im Prospektgutachten ist darauf hinzuweisen, dass die konkreten Auswirkungen der Vermögensanlage bei dem einzelnen Anleger nicht Gegenstand der Prospektbeurteilung ist. Es empfiehlt sich auch der ausdrückliche Hinweis, dass die Prospektbeurteilung keine Gewähr für den Eintritt des wirtschaftlichen Erfolgs und der steuerlichen Auswirkung der Vermögensanlage bieten kann und sich grds. nicht auf die Beurteilung der Angemessenheit einzelner Entgelte bezieht[2356]. 1557

In dem Abschnitt über die **der Beurteilung zugrunde liegenden Unterlagen** sind die entsprechenden Unterlagen mit genauer Bezeichnung unter Angaben ihres Datums aufzuführen, um dem Leser des Gutachtens offenzulegen, auf welche Unterlagen man sich i.R. der Tätigkeit gestützt hat. Dabei ist gesondert zu vermerken, wenn Unterlagen nur im Entwurf vorlagen[2357]. 1558

2351 Vgl. *IDW S 4*, Tz. 55.
2352 Vgl. *IDW S 4*, Tz. 56.
2353 Vgl. *IDW S 4*, Tz. 74–75.
2354 Vgl. *IDW S 4*, Tz. 17, 57.
2355 Vgl. *IDW S 4*, Tz. 57.
2356 Vgl. *IDW S 4*, Tz. 58, 59.
2357 Vgl. *IDW S 4*, Tz. 60.

1559 Bei der **Darstellung der Vermögensanlage** sind die wesentlichen Annahmen des Konzepts, die die Entscheidung des Anlegers beeinflussen, zu nennen[2358]. Dabei ist auch zu beurteilen, ob im Prospekt die für die Entscheidung des Anlegers wesentlichen Aspekte der Vermögensanlage enthalten sind. Hierzu gehören[2359]:

- die Darstellung des Emittenten,
- das Anlageobjekt und seine Nutzung,
- der Adressatenkreis,
- die vorgesehene Dauer und Möglichkeiten für eine vorzeitige Beendigung der Vermögensanlage,
- die wesentlichen wirtschaftlichen Eckdaten in der Investitions- und Bewirtschaftungs- bzw. Nutzungsphase sowie
- ein Überblick über die rechtliche Struktur des Emittenten und das steuerliche Konzept der Vermögensanlage.

1560 Der Abschnitt **Einzelfeststellungen zum Verkaufsprospekt** bezieht sich auf die für die Anlageentscheidung wesentlichen Einzelangaben. Dabei handelt es sich um Feststellungen zur Richtigkeit von Tatsachen aber auch hinsichtlich der Beurteilung von Annahmen, Folgerungen, wertenden Aussagen und Prognosen. Die Beurteilung der Risiken erfordert neben einzelnen Feststellungen zu allen die Vermögensanlage kennzeichnenden wesentlichen Risiken auch eine Feststellung zu dem einen Anleger bei einem Misserfolg treffenden maximalen Risiko[2360].

Der *IDW S 4* führt in den objektbezogenen Anlagen 2–7 Einzelangaben auf, bei denen eine Vermutung dafür besteht, dass es sich um für die Anlageentscheidung wesentliche Angaben handelt.

Alle wesentlichen Feststellungen zu den Einzelangaben sind im Gutachten ausreichend zu begründen[2361].

1561 In den **zusammenfassenden Schlussbemerkungen** ist vorab darauf hinzuweisen, dass Aufstellung und Inhalt des Verkaufsprospekts in der Verantwortung des Auftraggebers liegen und dass es die Aufgabe des Prospektgutachters ist, den Verkaufsprospekt auf Vollständigkeit, Richtigkeit und Klarheit der Prospektangaben einschließlich Plausibilität der im Verkaufsprospekt enthaltenen Werturteile, Schlüssigkeit von Folgerungen sowie Darstellung der mit der Anlage verbundenen Risiken zu beurteilen[2362].

Die **wesentlichen Feststellungen** zum Verkaufsprospekt eignen sich im Regelfall nicht dazu, standardisiert unter wiederholter Verwendung typischer Formulierungen zusammengefasst zu werden[2363]. Inhaltlich sind Aussagen über die Prospektangaben, zu den Chancen und Risiken sowie zu den für die Kapitalanlage charakteristischen wesentlichen Aspekten zu treffen. Dazu gehören auch etwaige Besonderheiten der Gestaltung[2364].

Ein Verweis auf die Feststellungen zu den Einzelangaben ist möglich. Wesentliche Beanstandungen müssen aber einzeln aufgeführt werden und strittige Punkte sind anzumerken. Sofern Feststellungen auf einer Beurteilung anhand von Stichproben beruhen, ist das an-

---

2358 Vgl. *IDW S 4*, Tz. 61.
2359 Vgl. *IDW S 4*, Tz. 62.
2360 Vgl. *IDW S 4*, Tz. 63–65.
2361 Vgl. *IDW S 4*, Tz. 66.
2362 Vgl. *IDW S 4*, Tz. 68.
2363 Vgl. *IDW S 4*, Tz. 72.
2364 Vgl. *IDW S 4*, Tz. 69.

zugeben. Können bestimmte Prospektangaben nicht beurteilt werden, so sind diese Sachverhalte im Prospektgutachten darzustellen und ein Hinweis hierauf in die zusammenfassenden Schlussbemerkungen aufzunehmen[2365].

Das Prospektgutachten ist unter Angabe von **Ort und Datum** der Beendigung der Beurteilung zu unterzeichnen. Es empfiehlt sich, dem Gutachten einen Abdruck des *IDW S 4* (einschließlich der einschlägigen verwendeten Anlagen) beizufügen[2366]. 1562

2. Sanierungskonzepte

Für die Bewältigung von Unternehmenskrisen gibt es kein Patentrezept – jeder Sanierungsfall erfordert eine Beurteilung der Sanierungsfähigkeit auf der Grundlage eines individuellen Sanierungskonzepts[2367]. Die berufsständischen Grundsätze für die Erstellung eines Sanierungskonzepts bzw. dessen Beurteilung, für die diesbezügliche Berichterstattung sowie für eine zusammenfassende Beurteilung sind im *IDW Standard: Anforderungen an die Erstellung von Sanierungskonzepten (IDW S 6)*[2368] niedergelegt[2369]. 1563

Der Auftragsumfang im Rahmen der Erstellung eines Sanierungskonzeptes kann, da hierzu keine gesetzlichen Vorgaben bestehen, zwischen Auftraggeber und WP grds. frei vereinbart werden. Dabei ist i.R. der **Auftragsvereinbarung**[2370] insb. klar festzulegen, ob es sich um ein umfassendes Sanierungskonzept i.S.v. *IDW S 6* handelt oder ob lediglich Teile eines solchen Konzepts Gegenstand der Beauftragung sind[2371]. Außerdem sind der (freie) Zugang zu allen Geschäftsunterlagen und umfassende Auskunftsrechte ggü. dem Unternehmen und ggf. auch ggü. Dritten, einschließlich des Anspruchs auf Abgabe einer VollstE durch die gesetzlichen Vertreter des Unternehmens, vertraglich sicherzustellen. Darüber hinaus muss aus Gründen der evtl. Dritthaftung[2372] bereits bei Festlegung des Auftragsgegenstands konkretisiert werden, ob bzw. in welchem Umfang und welchen Dritten (i.d.R. Gesellschafter, Banken und andere Gläubiger) die Arbeitsergebnisse des WP überlassen werden dürfen[2373]. 1564

Wenn der Bericht über die Erstellung des Sanierungskonzepts auftragsgemäß um eine **zusammenfassende Schlussbemerkung** ergänzt werden soll, ist außerdem i.R. der Auftragsvereinbarung festzulegen, dass diese Schlussbemerkung ausschließlich zusammen mit dem Erstellungsbericht an Dritte weitergegeben werden darf, um Missverständnisse über Art und Umfang der Beauftragung wie auch über die Tragweite der Schlussbemerkung zu vermeiden[2374]. 1565

Zur Beurteilung des Umfangs der Beauftragung empfiehlt sich vorab eine Einschätzung der Gesamtsituation und der Beurteilung des Krisenstadiums des Unternehmens, um daraus Erkenntnisse über den Umfang der Beauftragung zu erlangen[2375]. In diesem Zusammenhang hat sich der WP auch mit der Frage seiner **Unabhängigkeit** zu befassen. So 1566

2365 Vgl. *IDW S 4*, Tz. 71.
2366 Vgl. *IDW S 4*, Tz. 73.
2367 Vgl. *Kraus/Buschmann*, § 5, Rn. 1.
2368 *IDW S 6* ersetzt die *IDW StN FAR 1/1991*.
2369 Vgl. hierzu auch *Groß*, WPg Sonderheft 1/2011, S. 35.
2370 Vgl. hierzu sinngemäß *IDW Prüfungsstandard: Beauftragung des Abschlussprüfers (IDW PS 220)*.
2371 Vgl. *IDW S 6*, Tz. 4–5.
2372 Vgl. hierzu insb. A Tz. 670.
2373 Vgl. *IDW S 6*, Tz. 20–22, 24.
2374 Vgl. *IDW S 6*, Tz. 25, 145.
2375 Vgl. *IDW S 6*, Tz. 23.

ist z.B. die (auch teilweise) **Erstellung** eines Sanierungskonzepts mit der Tätigkeit als APr. unvereinbar, da der APr. i.R. der Abschlussprüfung die Voraussetzung der Unternehmensfortführung (§ 252 Abs. 1 Nr. 2 HGB) zu beurteilen hat und als Grundlage seiner Beurteilung keine selbst erstellte Unterlage verwenden darf (Selbstprüfungsverbot). Dagegen führt die **Beurteilung** eines Sanierungskonzepts grds. nicht dazu, dass der WP nicht (mehr) als APr. fungieren darf[2376].

1567 Über die Erstellung eines Sanierungskonzepts ist stets ein **schriftlicher Bericht** zu erstatten; für diesen sind die in *IDW S 6* niedergelegten Grundsätze zu beachten[2377]. Dementsprechend empfiehlt sich folgende, dem jeweiligen Einzelfall anzupassende **Gliederung**[2378]:

I. **Erstellungsauftrag**
   – Auftraggeber
   – Art des Auftrags und Hinweis auf die Beachtung des *IDW S 6*
   – Hinweis auf die vereinbarten Auftragsbedingungen
   – ggf. Abgrenzung des Adressatenkreises

II. **Gegenstand, Art und Umfang der Erstellungstätigkeit**
   – Art und Umfang des Auftrags sowie Abgrenzung der Verantwortlichkeit des WP
   – Zeitraum und ggf. Ort der Auftragsdurchführung
   – Nennung der Auskunftspersonen
   – Hinweis auf die Einholung einer VollstE

III. **Erläuterung des Sanierungskonzepts**[2379]
   – Darstellung der wirtschaftlichen Ausgangslage[2380]
   – Analyse von Krisenstadium und -ursachen[2381]
   – Darstellung des Leitbilds des sanierten Unternehmens[2382]
   – Maßnahmen zur Bewältigung der Unternehmenskrise[2383]
   – Integrierte Sanierungsplanung und Prognosezeitraum[2384]

IV. ggf. **Zusammenfassende Schlussbemerkung**
   – Anlagen
      – Auftragsbedingungen
      – Weitere Unterlagen/Analysen (Dritter)

1568 Wurden nur Teilbereiche eines Sanierungskonzepts, z.B. die Erstellung einer Fortführungsprognose, **beauftragt**, ist dies i.R. der Abschnitte I. und II. deutlich darzustellen und im Zuge der weiteren Berichterstattung auf die nicht bearbeiteten Teilbereiche explizit hinzuweisen. Auch in solchen Fällen sind die Anforderungen des *IDW S 6* grds. zu erfüllen[2385].

2376 Vgl. *IDW S 6*, Tz. 26.
2377 Die in *IDW S 6* niedergelegten Grundsätze reflektieren auch die sich aus der Rechtsprechung ergebenden Anforderungen an Sanierungskonzepte. Vgl. insb. OLG Köln v. 24.09.2009 (18 U 134/05), WPg 9/2011, S. 441; BGH v. 21.11.2005 (II ZR 277/03), ZIP 2006, S. 279; BGH v. 15.11.2001 (1 StR 185/01), ZIP 2002, S. 346; BGH v. 04.12.1997 (IX ZR 47/97), ZIP 1998, S. 248.
2378 Vgl. *IDW S 6*, Tz. 142.
2379 Vgl. *IDW S 6*, Tz. 7.
2380 Vgl. *IDW S 6*, Tz. 28–43.
2381 Vgl. *IDW S 6*, Tz. 44–76, Tz. 77–82.
2382 Vgl. *IDW S 6*, Tz. 83–92.
2383 Vgl. *IDW S 6*, Tz. 93–123.
2384 Vgl. *IDW S 6*, Tz. 124–141.
2385 Vgl. *IDW S 6*, Tz. 5.

Die im **Abschnitt III.** genannten Punkte verkörpern die **Kernbestandteile** jedes Sanierungskonzepts i.S.v. *IDW S 6*, ohne die eine Aussage zur Sanierungsfähigkeit des Unternehmens nicht getroffen werden kann[2386]. Die Darstellung der wirtschaftlichen Ausgangslage umfasst neben den wesentlichen Unternehmensdaten die Darstellung von Ursachen- und Wirkungszusammenhängen sowie rechtliche und wirtschaftliche Einflussfaktoren. Im Rahmen der Analyse des Krisenstadiums und der Krisenursachen erfolgt eine Lagebeurteilung, die im Hinblick auf das Leitbild des sanierten Unternehmens in einem nächsten Schritt die zu ergreifenden Maßnahmen zur Bewältigung der Unternehmenskrise beschreibt. Die integrierte Sanierungsplanung stellt die Auswirkungen der zu ergreifenden Maßnahmen i.R. einer ganzheitlichen Liquiditäts-, Ertrags- und Vermögensplanung dar.

Die **auf den jeweiligen Einzelfall abzustellende konkrete Umsetzung** eines unter Beachtung der in *IDW S 6* genannten Grundsätze erstellten Sanierungskonzepts hat auch die in der einschlägigen Rechtsprechung[2387] formulierten Anforderungen an bzw. Kommentare zu Sanierungskonzepten zu berücksichtigen. 1569

3. Umsetzung des § 87 AktG i.d.F. des VorstAG[2388]

Gemäß § 87 Abs. 1 AktG i.d.F. des VorstAG[2389] hat der Aufsichtsrat bei der **Festsetzung der Gesamtbezüge**[2390] **des einzelnen Vorstandsmitglieds** dafür zu sorgen, dass diese in einem angemessenen Verhältnis zu den Aufgaben und Leistungen des Vorstandsmitglieds sowie zur Lage der Aktiengesellschaft stehen und außerdem die übliche Vergütung nicht ohne besonderen Grund übersteigt. 1570

Bei **börsennotierten AG** ist die Vergütungsstruktur auf eine nachhaltige Unternehmensentwicklung auszurichten; variable Vergütungsbestandteile sollen daher eine mehrjährige Bemessungsgrundlage haben und für außerordentliche Entwicklungen sollen in den Vorstandsvergütungsverträgen Begrenzungsmöglichkeiten vereinbart werden. 1571

In gleicher Weise und z.T. ergänzend enthält der DCGK[2391] in den Ziff. 4.2.2 und 4.2.3 Empfehlungen[2392] in Bezug auf die Vergütung des Vorstands von börsennotierten AG. Diese sehen z.B. zusätzlich die Berücksichtigung etwaiger Konzernbezüge sowie die Vereinbarung einer Obergrenze für Abfindungszahlungen vor. Außerdem wird in Ziff. 4.2.2 Abs. 2 ausdrücklich vorgegeben, dass die Gesamtvergütung jedes einzelnen Vorstandsmitglieds vom Aufsichtsratsplenum, d.h. nicht von einem Ausschuss, festzulegen sei.

Die Aufsichtsräte deutscher AG haben die Vorgaben des VorstAG für alle Vorstandsverträge zu beachten, die **am oder nach dem 05.08.2009** neu abgeschlossen oder verlängert 1572

2386 Vgl. *IDW S 6*, Tz. 8.
2387 Vgl. insb. OLG Köln v. 24.09.2009 (18 U 134/05), WPg 9/2011, S. 441; BGH v. 21.11.2005 (II ZR 277/03), ZIP 2006, S. 279; BGH v. 15.11.2001 (1 StR 185/01), ZIP 2002, S. 346; BGH v. 04.12.1997 (IX ZR 47/97), ZIP 1998, S. 248.
2388 Vgl. hierzu insb. *IDW Praxishinweis: Gutachterliche Stellungnahme eines Wirtschaftsprüfers über die Umsetzung des § 87 AktG i.d.F. des VorstAG (IDW Praxishinweis 1/2010)*, WPg Supplement 4/2010, S. 96.
2389 Gesetz zur Angemessenheit der Vorstandsvergütung (VorstAG) v. 31.07.2009, BGBl. I, S. 2509.
2390 Die Gesamtbezüge i.S.v. § 87 Abs. 1 S. 1 AktG umfassen: Gehalt, Gewinnbeteiligungen, Aufwandsentschädigungen, Versicherungsentgelte, Provisionen, anreizorientierte Vergütungszusagen wie z.B. Aktienbezugsrechte und Nebenleistungen aller Art.
2391 DCGK i.d.F. v. 26.05.2010, veröffentlicht im eBAnz. am 02.07.2010.
2392 Empfehlungen sind im Text des DCGK durch die Verwendung des Wortes „soll" gekennzeichnet. Von solchen Empfehlungen kann die AG zwar abweichen; dies ist jedoch im Rahmen der jährlichen Erklärung nach § 161 AktG offenzulegen und zu begründen. Vgl. *DCGK*, Präambel, Abs. 11.

1573 Insgesamt wurde mit der Neufassung des § 87 AktG das **Verantwortungsspektrum des AR** in Bezug auf die Festsetzung, Beurteilung und – regelmäßige – Überprüfung der Vorstandsvergütungen umfassend neu geregelt[2393].

1574 Zur Unterstützung seiner diesbezüglichen Aufgaben kann sich der AR auch der **Expertise von sachverständigen Dritten** bedienen. Ziel einer solchen gutachterlichen Stellungnahme, mit deren Erstellung z.B. ein WP als externer Vergütungsexperte beauftragt werden kann, ist es, den AR als Empfänger der Stellungnahme in die Lage zu versetzen, die Regelungen zur Vorstandsvergütung angemessen dahingehend zu beurteilen, ob diese – unter Berücksichtigung der Empfehlungen des DCGK – den Anforderungen des § 87 AktG i.d.F. des VorstAG entsprechen.

Die Verantwortung des einzelnen AR-Mitglieds, sich ein **eigenes Urteil** zur Angemessenheit der Vergütung jedes einzelnen Vorstandsmitglieds zu bilden, wird von einer solchen gutachterlichen Stellungnahme allerdings nicht berührt.

1575 Im Zusammenhang mit der **Erstellung einer gutachterlichen Stellungnahme** in Bezug auf die Umsetzung des § 87 AktG in einer AG ist der beauftragte Berufsangehörige gehalten, insb. Folgendes zu beachten:

– **Inhalt** der Beauftragung ist eine gutachterliche Stellungnahme und nicht eine Prüfung oder prüferische Durchsicht eines „Bezügeberichts" o.Ä., wie sie z.B. im öffentlichen Sektor üblich sind.

– Ein Auftrag darf nur angenommen werden, wenn **keine Besorgnis der Befangenheit** (§§ 43 Abs. 1, 49 WPO; § 2 BS WP/vBP) besteht. Dabei gefährdet die Tatsache, dass der beauftragte Berufsangehörige zugleich APr. der betroffenen AG ist bzw. wird, nicht per se seine Unabhängigkeit und Unbefangenheit.

– Der Berufsangehörige muss über entsprechende **Kenntnisse** verfügen bzw. diese zeitgerecht erlangen können. Dies betrifft u.a. die Ermittlung und Auswertung von Daten einer „Peer Group" zur Beurteilung der Angemessenheit der Vergütung („übliche Vergütung" im Wortgebrauch des § 87 Abs. 1 S. 1 AktG).

– Dem Auftrag sollten die **Allgemeinen Auftragsbedingungen** für Wirtschaftsprüfer und Wirtschaftsprüfungsgesellschaften (IDW-AAB) zugrunde gelegt werden. Und es sollte ausdrücklich vereinbart werden, dass eine Weitergabe der gutachterlichen Stellungnahme nur mit Genehmigung des WP erfolgen darf (vgl. auch Ziff. 7 IDW-AAB i. d.F. 01.01.2002).

– Mit dem Auftraggeber ist des Weiteren zu vereinbaren, dass dieser eine berufsübliche **Erklärung über die Vollständigkeit** der erteilten Auskünfte und vorgelegten Unterlagen zu Vergütungsstruktur, Vorstandsvergütungen und eventuellen Nebenabreden abgibt.

– Insb. zu Nachweiszwecken sollten die berufsüblichen Dokumentationsgrundsätze[2394] angewandt werden.

[2393] Zu den europarechtlichen Hintergründen vgl. *Inwinkl/Schneider*, WPg 2009, S. 971. Zur weiteren Entwicklung auf europäischer Ebene vgl. Grünbuch der EU-Kommission „Corporate Governance in Finanzinstituten und Vergütungspolitik" vom 02.06.2010 (KOM(2010) 284 endgültig), insb. Abschn. 5.7, und Grünbuch der EU-Kommission „Europäischer Corporate Governance-Rahmen" vom 05.04.2011 (KOM(2011) 164/3), insb. Abschn. 1.4 sowie Anhang 1: Fragenkatalog, Fragen (9) und (10).

[2394] Vgl. *IDW Prüfungsstandard: Arbeitspapiere des Abschlussprüfers (IDW PS 460 n.F.)*, insb. Tz. 9–12.

Gutachterliche Tätigkeiten   Q

Die gutachterliche Stellungnahme ist grds. **in schriftlicher Form** zu erstatten. Um den AR als Empfänger in die Lage zu versetzen, die Berichterstattung nachzuvollziehen und darauf aufsetzend zu einer sachgerechten eigenen Würdigung zu gelangen, ist es erforderlich, die Methodik, die getroffenen Annahmen, Grundsatzüberlegungen und Schlussfolgerungen angemessen darzustellen. Auf Einzelheiten und Überlegungen ist unter dieser Zielsetzung dem einzelnen Sachverhalt entsprechend mehr oder minder ausführlich einzugehen. **1576**

Dementsprechend empfiehlt es sich, der Stellungnahme die folgende – dem Einzelfall ggf. anzupassende – **Gliederung** zugrunde zu legen[2395]: **1577**

I. Auftrag
II. Rechtliche Grundlagen
III. Vorgehen
IV. Darstellung der Vergütung der Vorstandsmitglieder
V. Würdigung der Angemessenheit der Vergütungen
VI. Würdigung der Vergütungsstruktur
VII. Feststellungen und Empfehlungen
VIII. Zusammenfassung

Zu Beginn sind die wesentlichen **Inhalte des Auftrags** zu nennen. Dabei sollten die zugrunde gelegten gesetzlichen Regelungen, diejenigen des DCGK und ggf. der Satzung bezeichnet werden. In Zusammenhang mit der (tagesgenauen) Angabe des Zeitraums der Auftragsdurchführung sollte darauf hingewiesen werden, dass sich alle Feststellungen ausschließlich auf die bis zum Zeitpunkt der Beendigung des Auftrags bekannt gewordenen Tatsachen und das nachfolgend beschriebene Vergütungssystem beziehen. Darüber hinaus soll darauf hingewiesen werden, dass die gesetzliche Verantwortung des AR, sich ein eigenes Urteil zu bilden, von der gutachterlichen Stellungnahme unberührt bleibt. **1578**

In Bezug auf die **rechtlichen Grundlagen** sind neben den aktienrechtlichen Anforderungen an die Festsetzung der Vorstandsvergütung insb. auch die Empfehlungen und Anregungen des DCGK zu nennen. Gegebenenfalls können zudem Satzungsbestimmungen und weitere, gesetzlich nicht verankerte Aspekte (z.B. die Dokumentation der Herleitung der Höhe oder Zusammensetzung von Vergütungsbestandteilen) anzugeben sein. **1579**

Wesentlicher Inhalt des Abschnitts zum **Vorgehen** sollte eine vollständige Auflistung aller vom Unternehmen zur Verfügung gestellten Unterlagen sowie der im Rahmen der gutachterlichen Tätigkeit verwendeten sonstigen Informationen, insb. von Dritten (z.B. Vergütungsstudien), sein. **1580**

Die Darstellung der **Vergütung der Vorstandsmitglieder** beinhaltet Angaben **1581**

– zur Zusammensetzung des Vorstands,
– zur Zusammensetzung der Gesamtvergütung der einzelnen Vorstandsmitglieder,
– zu den Vergütungsarten,
– zu den Verfahren zur Festsetzung der Vergütungen.

Im Hinblick auf die nicht vollständig kompatiblen Begriffsabgrenzungen in § 87 AktG und im DCGK empfiehlt es sich, ggf. entsprechende Definitionen für das Gutachten festzulegen.

Die **Würdigung der Angemessenheit der Vergütungen** hat sich zu orientieren an **1582**

2395 Vgl. *IDW Praxishinweis 1/2010*.

- den Aufgaben und Leistungen der Vorstände der AG,
- der Lage der AG im Besonderen,
- der „Üblichkeit" der Vergütung sowohl der Art als auch der Höhe nach.

Wesentliche Aspekte sind hierbei die Ermittlung von validen Vergleichswerten und die Bestimmung angemessener Maßstäbe – sowohl horizontal (d.h. insb. bezogen auf die Branche, die Unternehmensgröße und das Land) als auch vertikal (d.h. innerhalb des Unternehmens bzw. Konzerns). Dabei können u.U. auch weitere Kriterien wie eine besondere Qualifikation oder die Zugehörigkeitsdauer zum Unternehmen Berücksichtigung finden.

1583 Bei börsennotierten AG ist zusätzlich die **Vergütungsstruktur** vor dem Hintergrund der Nachhaltigkeit der Unternehmensentwicklung zu würdigen. Hierfür sind Betrachtungen regelmäßig über mehrere Jahre hinweg erforderlich – nicht zuletzt, um das Verhältnis zwischen fixen und variablen Vergütungsbestandteilen und zwischen kurz- und langfristig orientierten Leistungsanreizen angemessen einschätzen zu können.

1584 Zwar werden **Feststellungen und Empfehlungen** grds. bereits in den jeweiligen Abschnitten der gutachterlichen Stellungnahme erläutert; jedoch sollten zumindest die wesentlichen Feststellungen und Empfehlungen vor der abschließenden Zusammenfassung noch einmal gesammelt wiederholt werden.

1585 Im Rahmen der **Zusammenfassung** ist abschließend insb. auf die folgenden Aspekte der gutachterlichen Stellungnahme nochmals einzugehen[2396]:

- Ziel und Umfang der durchgeführten Untersuchungen,
- Art und Umfang der zugrunde gelegten Informationen,
- die wesentlichen durchgeführten Untersuchungen zur Würdigung der Angemessenheit der Vergütungen und deren Ergebnisse,
- die wesentlichen durchgeführten Untersuchungen zur Würdigung der Vergütungsstruktur und deren Ergebnisse.

1586 Ein **Formulierungsbeispiel** für eine solche Zusammenfassung bei einer börsennotierten AG könnte wie folgt lauten[2397]:

„Wir haben auftragsgemäß die Regelungen der ... AG (Stand ...) zur Vergütung des Vorstands daraufhin begutachtet, ob sie den Anforderungen des § 87 Abs. 1 AktG i.d.F. des Gesetzes zur Angemessenheit der Vorstandsvergütung (VorstAG) entsprechen. Dabei haben wir auch die Empfehlungen und Anregungen des Deutschen Corporate Governance Kodex (DCGK) (Stand ...) zur Vorstandsvergütung berücksichtigt. Die Verantwortung des Aufsichtsrats, sich ein Urteil zur Angemessenheit der individuellen Vergütung jedes Vorstandsmitglieds zu bilden, bleibt hiervon unberührt.

Unsere gutachterliche Stellungnahme stützt sich auf die uns von der ... AG zur Verfügung gestellten Unterlagen und Informationen sowie auf öffentlich verfügbare Vergütungsdaten ausgewählter börsennotierter Aktiengesellschaften.

In unserer gutachterlichen Stellungnahme haben wir erläutert, welches System der Aufsichtsrat der ... AG zur Festsetzung der Vorstandsvergütung eingerichtet hat, um zu gewährleisten, dass die Gesamtvergütung in einem angemessenen Verhältnis zu den Aufgaben und Leistungen des Vorstandsmitglieds sowie zur Lage der Gesellschaft steht. Un-

---

2396 Vgl. *IDW Praxishinweis 1/2010*, Tz. 42.
2397 Vgl. *IDW Praxishinweis 1/2010*, Anlage 1.

ser Auftrag zur Erstellung einer gutachterlichen Stellungnahme umfasst nicht die Prüfung oder prüferische Durchsicht der uns vorgelegten Unterlagen.

Nach den Ergebnissen unserer gutachterlichen Tätigkeit haben sich keine Anhaltspunkte ergeben, dass die Regelungen der ... AG zur Vergütungsstruktur gegen die Anforderungen des § 87 Abs. 1 AktG i.d.F. des VorstAG und die Empfehlungen sowie Anregungen des DCGK verstoßen.

Wir haben außerdem die für das Jahr ... festgesetzte Vergütung der Vorstandsmitglieder der ... AG mit der Vorstandsvergütung ausgewählter börsennotierter Aktiengesellschaften des letzten abgelaufenen Geschäftsjahrs verglichen (vgl. S. ...). Die Auswertung lässt insoweit nicht erkennen, dass die Gesamtvergütung eines Vorstandsmitglieds der ... AG die übliche Vergütung i.S.d. VorstAG überschreitet.

Zu Einzelheiten verweisen wir auf die in unserer gutachterlichen Stellungnahme getroffenen Feststellungen und Empfehlungen."

Die gutachterliche Stellungnahme ist vom Berufsangehörigen unter Angabe von Ort, Datum und Berufsbezeichnung handschriftlich zu **unterzeichnen**. Die Verwendung des Berufssiegels ist grds. statthaft (§ 48 Abs. 1 S. 2 WPO). **1587**

IX. Vereinbarte Untersuchungshandlungen („Agreed-Upon Procedures")

Besonderes Merkmal **vereinbarter Untersuchungshandlungen (Agreed-Upon Procedures)** i.S.d. *International Standard on Related Services 4400: Engagements to perform Agreed-Upon Procedures regarding Financial Information* **(ISRS 4400)**[2398] ist, dass der beauftragte WP Art und Umfang seiner Tätigkeit in Bezug auf den vereinbarten Untersuchungsgegenstand nicht eigenverantwortlich bestimmt, sondern dass sie ihm vom Auftraggeber dezidiert vorgegeben werden[2399]. Als Ergebnis der Durchführung derartiger vereinbarten Untersuchungshandlungen kann der WP demgemäß auch kein Gesamturteil (assurance) im Hinblick auf die Ergebnisse seiner Tätigkeit abgeben; vielmehr kann nur eine Berichterstattung über die festgestellten Tatsachen (factual findings) in Bezug auf den vereinbarten Untersuchungsgegenstand erfolgen[2400]. Es ist daher umgekehrt Aufgabe des Auftraggebers bzw. der weiteren Berichtsadressaten, auf der Grundlage der berichteten Feststellungen ggf. selbst Schlussfolgerungen zu ziehen und ein eigenes Urteil zu fällen[2401]. **1588**

Da es sich bei der Durchführung von vereinbarten Untersuchungshandlungen nicht um eine gesetzlich normierte WP-Tätigkeit handelt, kann das **Auftragsverhältnis** – unter Beachtung des von *ISRS 4400* vorgegebenen Rahmens – grds. frei vereinbart werden. Nach *ISRS 4400* sind dabei zumindest folgende Aspekte abschließend zu regeln[2402]: **1589**

2398 Vgl. *IFAC*, Handbook of International Quality Control, Auditing, Review, Other Assurance, and Related Services Pronouncements, 2010 Ed., Part. II, S. 370.
2399 Die Untersuchungshandlungen sind dabei so genau festzulegen, dass kein Ermessensspielraum besteht und daher unabhängig von der Person des beauftragten WP stets dieselben Tatsachen festgestellt würden. Vgl. *Almeling*, WPg 2011, S. 658-659.
2400 Vgl. *ISRS 4400.4-5.* In der Literatur findet für den Begriff „assurance" z.T. auch die Übersetzung „Zusicherung" Verwendung, und für den Begriff „factual findings" z.T. „tatsächliche Feststellungen".
2401 Vgl. *ISRS 4400.5*, S. 2. Eine Gegenüberstellung der wesentlichen Charakteristika von Jahresabschlussprüfungen i.S.v. §§ 316 ff. HGB und Agreed-Upon Procedures i.S.v. *ISRS 4400* findet sich bei *Pföhler/Kamping*, WPg 2010, S. 592, Abb. 4. Vgl. weiters *Almeling*, WPg 2011, S. 661, Übersicht 10.
2402 Vgl. *ISRS 4400.9*. Vgl. hierzu auch das Bsp. für einen „Engagement Letter" in Appendix 1 zu *ISRS 4400*.

- Art und Zweck des Auftrags
  (unter Klarstellung der Tatsache, dass die durchgeführten Untersuchungshandlungen keine (Abschluss-)Prüfung oder prüferische Durchsicht darstellen und dass der WP daher auch kein Gesamturteil (assurance) in Bezug auf den Untersuchungsgegenstand abgibt),
- Untersuchungsgegenstand,
- Art sowie zeitlicher und inhaltlicher Umfang der Untersuchungshandlungen,
- Form der Berichterstattung,
- Haftungsregelung[2403] und Abgrenzung des Kreises der Berichtsempfänger[2404].

Auch können spezifische Beschränkungen des Auftragsumfangs vereinbart werden. Sofern der WP in diesem Zusammenhang allerdings den Eindruck gewinnt, dass damit rechtliche Konflikte verbunden sein könnten oder sind, ist der Auftrag ggf. abzulehnen[2405].

1590 In Abhängigkeit vom jeweiligen Einzelfall kommt die Vereinbarung folgender **Untersuchungshandlungen** in Betracht[2406]:

- Befragung und Auswertung *(inquiry and analysis)*,
- Nachrechnen, Nachvollziehen, Abgleichen, Abstimmen und reine Formalkontrollen (z.B. auf Rechtschreibfehler) *(recomputation, comparison and other clerical accuracy checks)*,
- Beobachtung *(observation)*,
- Einsichtnahme bzw. Inaugenscheinnahme *(inspection)* sowie
- Einholen von Bestätigungen *(obtaining confirmations)*.

Bei der **Dokumentation** der Auftragsdurchführung sollten die berufsüblichen Maßstäbe, d.h. insb. *IDW PS 460 n.F.*, entsprechend Beachtung finden[2407].

1591 In Bezug auf die **Berichterstattung** sieht *ISRS 4400* Schriftform vor. Dabei kann dieser Bericht, je nach Vereinbarung bzw. den Erfordernissen des Einzelfalls, grds. wie ein PrB (vgl. Tz. 68), wie eine Bescheinigung (Tz. 1346) bzw. in Briefform[2408] ausgestaltet sein, sofern dabei alle in *ISRS 4400* genannten Einzelaspekte[2409] berücksichtigt werden.

Ziel dieses Berichts ist eine hinreichend detaillierte Darstellung, um jedem Leser Art und Umfang der durchgeführten vereinbarten Untersuchungshandlungen sowie die Aussagekraft der tatsächlichen Feststellungen deutlich vor Augen zu führen[2410]. Hierfür empfiehlt sich folgende **Grundgliederung**[2411]:

2403 Ergänzend hierzu empfiehlt es sich, wie auch sonst berufsüblich (vgl. *IDW PS 910*, Tz. 136), das Abgeben einer VollstE mit dem Auftraggeber zu vereinbaren. So auch *Pföhler/Kamping*, WPg 2010, S. 589.
2404 Je nach der Abgrenzung des Kreises der Berichtsempfänger kann es sich für den WP empfehlen, mit jedem einzelnen Berichtsempfänger eine entsprechende (Ergänzungs-)Vereinbarung zu treffen, um sicherzustellen, dass zwischen allen involvierten Personen Einvernehmen über Inhalt und Ausmaß der Beauftragung besteht; ggf. sollte hierzu rechtlicher Rat eingeholt werden. Vgl. auch *Pföhler/Kamping*, WPg 2010, S. 586.
2405 Vgl. *ISRS 4400.9*, sechster Aufzählungspunkt, S. 2.
2406 Vgl. *ISRS 4400.16*. Zu konkreten Beispielen vgl. *Pföhler/Kamping*, WPg 2010, S. 588-589.
2407 Vgl. *ISRS 4400.14*.
2408 Vgl. hierzu auch das Bsp. für einen „Report of Factual Findings" in Appendix 2 zu *ISRS 4400* sowie das Bsp. von *Pföhler/Kamping*, WPg 2010, S. 591-592 für den Fall der Abstimmung und Berechnung von im Rahmen einer Kreditvereinbarung zu meldenden Kennzahlen (sog. „financial covenants").
2409 Vgl. *ISRS 4400.18* (a) bis (p).
2410 Vgl. *ISRS 4400.17*.
2411 Formal ist zu beachten, dass die Berichterstattung gem. *ISRS 4400.18* (a) u. (b) zu titulieren und zu adressieren ist. Dies lässt sich mithilfe eines Deckel- oder Titelblatts i.d.R. problemlos umsetzen.

Vereinbarte Untersuchungshandlungen („Agreed-Upon Procedures") **Q**

I. Auftrag
II. Auftragsdurchführung
III. Darstellung der festgestellten Tatsachen
IV. Schlussbemerkung

– Anlagen
  – Auftragsgegenstand[2412]
  – Auftragsbedingungen

Im Abschnitt „**I. Auftrag**" sind Auftraggeber und Untersuchungsgegenstand zu nennen, und es ist festzuhalten, dass Inhalt und Umfang der vereinbarten Untersuchungshandlungen mit dem Auftraggeber abgestimmt worden sind. Des Weiteren ist explizit darauf hinzuweisen, dass die Untersuchungshandlungen in Übereinstimmung mit *ISRS 4400* bzw. – soweit existent – den einschlägigen nationalen Standards durchgeführt worden sind[2413]. **1592**

In Abschnitt „**II. Auftragsdurchführung**" sind der Zweck der Untersuchungstätigkeit zu nennen und Art sowie zeitlicher und inhaltlicher Umfang der auftragsgemäß durchgeführten spezifischen Untersuchungshandlungen anzugeben[2414]. **1593**

Bei der **Darstellung der festgestellten Tatsachen** *(factual findings)* ist einerseits auf Vollständigkeit zu achten, andererseits darauf, dass in diesem Zusammenhang keinerlei ermessensbehaftetes Urteil *(assurance)* von Seiten des WP abgegeben wird[2415]. Die Bildung eines Gesamturteils kommt – auf Grundlage der vom WP berichteten festgestellten Tatsachen – ausschließlich den Berichtsadressaten zu[2416]. **1594**

Da die Berichterstattung des WP im Rahmen von Agreed-Upon Procedures somit eine Darstellung der tatsächlich vorgefundenen Verhältnisse darstellt, ist die Beschreibung der Untersuchungshandlungen und der factual findings auch dann Teil der Berichterstattung nach *ISRS 4400*, wenn der Auftraggeber zunächst festgestellte Differenzen, Fehlklassifizierungen oder sonstige Abweichungen und Fehler im Nachgang durch zusätzliche Nachweise, Überleitungsrechnungen oder Korrekturen beseitigt[2417].

Zur Verbesserung der Klarheit und Übersichtlichkeit der Berichterstattung kann es sich empfehlen, die Abschnitte II. und III. zusammenzufassen und jeweils direkt im Anschluss an jede einzelne Untersuchungshandlung über die diesbezüglich festgestellten Tatsachen zu berichten[2418].

Im Rahmen der **Schlussbemerkung** ist abschließend (u.U. nochmals) klarzustellen[2419], **1595**

– dass die durchgeführten Untersuchungshandlungen keine (Abschluss-)Prüfung oder prüferische Durchsicht darstellen und dass der WP daher auch kein Gesamturteil (assurance) in Bezug auf den Untersuchungsgegenstand abgibt,

---

2412 Sofern möglich und sinnvoll; z.B. die untersuchte Kennzahlenübersicht.
2413 Vgl. *ISRS 4400.18* (b) bis (e). In dem Ausnahmefall, dass der beauftragte WP nicht unabhängig sein sollte, ist auf diesen Sachverhalt gem. *ISRS 4400.18* (f) zusätzlich gesondert hinzuweisen.
2414 Vgl. *ISRS 4400.18* (g) u. (h).
2415 Vgl. *ISRS 4400.18*. Vgl. auch *Almeling*, WPg 2011, S. 659.
2416 Vgl. *ISRS 4400.5*, S. 2.
2417 Vgl. Beantwortung fachlicher Anfragen durch die IDW Geschäftsstelle vom 06.03.2008 zu Agreed-Upon Procedures.
2418 Vgl. auch *Pföhler/Kamping*, WPg 2010, S. 591.
2419 Vgl. *ISRS 4400.18* (j) bis (m).

- dass bei Durchführung zusätzlicher Untersuchungshandlungen oder einer (Abschluss-) Prüfung bzw. einer prüferischen Durchsicht möglicherweise andere oder weitere Sachverhalte festgestellt worden wären, über die dann berichtet worden wäre,
- dass sich die Berichterstattung ausschließlich an den Personenkreis richtet, mit dem die Durchführung der vereinbarten Untersuchungshandlungen abgestimmt worden war, und – sofern zweckmäßig –
- dass sich der Bericht ausschließlich auf den Untersuchungsgegenstand bezieht und nicht darüber hinaus auf weitere Informationen o.ä. der untersuchten Einheit erstreckt.

1596 Der Bericht ist vom WP unter Angabe von Ort und Datum **eigenhändig zu unterzeichnen**[2420]. Je nach den Verhältnissen im Einzelfall dürfte eine Datierung entweder auf den Zeitpunkt der letzten durchgeführten Untersuchungshandlung oder auf den Zeitpunkt der Unterschriftsleistung in Frage kommen[2421].

1597 Auch wenn nach *ISRS 4400* sowohl i.r. der Auftragsvereinbarung anzuerkennen als auch i.R. der Berichterstattung ausdrücklich darauf hinzuweisen ist, dass es sich bei vereinbarten Untersuchungshandlungen weder um eine (Abschluss-)Prüfung noch um eine prüferische Durchsicht handelt und dass daher auch keinerlei Beurteilung seitens des WP erfolgt[2422], so attestiert *ISRS 4400* solchen Untersuchungshandlungen dennoch eine „*audit nature*"[2423]. Demnach dürfte – analog zum Fall des Comfort Letter auf der Grundlage von *IDW PS 910*[2424] – eine **Siegelverwendung** auf freiwilliger Basis (gem. § 48 Abs. 1 S. 2 WPO) zulässig sein[2425].

1598 Obgleich sich *IFRS 4400* formal ausschließlich mit Finanzinformationen beschäftigt, lassen sich die dargestellten Grundsätze sinngemäß auch auf die **Untersuchung anderer Untersuchungsgegenstände** anwenden[2426].

X. Formulierungsempfehlungen für Bestätigungsvermerke und Versagungsvermerke bei Abschlussprüfungen

1599 Nachfolgend werden die Formulierungsvorschläge des IDW für Bestätigungsvermerke gemäß *IDW PS 400* (Anhang 1 bis 14) wiedergegeben.

1. Uneingeschränkter Bestätigungsvermerk aufgrund einer gesetzlichen Jahresabschlussprüfung

1600 Bestätigungsvermerk des Abschlussprüfers

Ich habe / Wir haben den Jahresabschluss – bestehend aus Bilanz, Gewinn- und Verlustrechnung sowie Anhang – unter Einbeziehung der Buchführung und den Lagebericht der ... [Gesellschaft] für das Geschäftsjahr vom ... [Datum] bis ... [Datum] geprüft. Die Buchführung und die Aufstellung von Jahresabschluss und Lagebericht nach den deutschen handelsrechtlichen Vorschriften [und den ergänzenden Bestimmungen des Gesellschaftsvertrags / der Satzung] liegen in der Verantwortung der gesetzlichen Vertreter der Gesellschaft. Meine / Unsere Aufgabe ist es, auf der Grundlage der von mir / uns durch-

---
2420 Vgl. *ISRS 4400.18* (n) bis (p).
2421 *Pföhler/Kamping,* WPg 2010, S. 591 präferieren grds. das Datum der Unterzeichnung.
2422 Vgl. *ISRS 4400.9* bzw. *ISRS 4400.18* (j).
2423 Vgl. *ISRS 4400.4*.
2424 Vgl. *Schnepel,* § 48 WPO, Rn. 17.
2425 Vgl. *Pföhler/Kamping,* WPg 2010, S. 591.
2426 Vgl. auch *ISRS 4400.2*, S. 2.

geführten Prüfung eine Beurteilung über den Jahresabschluss unter Einbeziehung der Buchführung und über den Lagebericht abzugeben.

Ich habe meine / Wir haben unsere Jahresabschlussprüfung nach § 317 HGB unter Beachtung der vom Institut der Wirtschaftsprüfer (IDW) festgestellten deutschen Grundsätze ordnungsmäßiger Abschlussprüfung vorgenommen. Danach ist die Prüfung so zu planen und durchzuführen, dass Unrichtigkeiten und Verstöße, die sich auf die Darstellung des durch den Jahresabschluss unter Beachtung der Grundsätze ordnungsmäßiger Buchführung und durch den Lagebericht vermittelten Bildes der Vermögens-, Finanz- und Ertragslage wesentlich auswirken, mit hinreichender Sicherheit erkannt werden. Bei der Festlegung der Prüfungshandlungen werden die Kenntnisse über die Geschäftstätigkeit und über das wirtschaftliche und rechtliche Umfeld der Gesellschaft sowie die Erwartungen über mögliche Fehler berücksichtigt. Im Rahmen der Prüfung werden die Wirksamkeit des rechnungslegungsbezogenen internen Kontrollsystems sowie Nachweise für die Angaben in Buchführung, Jahresabschluss und Lagebericht überwiegend auf der Basis von Stichproben beurteilt. Die Prüfung umfasst die Beurteilung der angewandten Bilanzierungsgrundsätze und der wesentlichen Einschätzungen der gesetzlichen Vertreter sowie die Würdigung der Gesamtdarstellung des Jahresabschlusses und des Lageberichts. Ich bin / Wir sind der Auffassung, dass meine / unsere Prüfung eine hinreichend sichere Grundlage für meine / unsere Beurteilung bildet.

Meine / Unsere Prüfung hat zu keinen Einwendungen geführt.

Nach meiner / unserer Beurteilung aufgrund der bei der Prüfung gewonnenen Erkenntnisse entspricht der Jahresabschluss den gesetzlichen Vorschriften [und den ergänzenden Bestimmungen des Gesellschaftsvertrags / der Satzung] und vermittelt unter Beachtung der Grundsätze ordnungsmäßiger Buchführung ein den tatsächlichen Verhältnissen entsprechendes Bild der Vermögens-, Finanz- und Ertragslage der Gesellschaft. Der Lagebericht steht in Einklang mit dem Jahresabschluss, vermittelt insgesamt ein zutreffendes Bild von der Lage der Gesellschaft und stellt die Chancen und Risiken der zukünftigen Entwicklung zutreffend dar.

(Ort)

(Datum)

(Unterschrift)

Wirtschaftsprüfer

2. Uneingeschränkter Bestätigungsvermerk aufgrund einer gesetzlichen Konzernabschlussprüfung

Bestätigungsvermerk des Abschlussprüfers **1601**

Ich habe / Wir haben den von der ... [Gesellschaft] aufgestellten Konzernabschluss – bestehend aus Bilanz, Gewinn- und Verlustrechnung, Anhang, Kapitalflussrechnung und Eigenkapitalspiegel [sowie Segmentberichterstattung] – und den Konzernlagebericht für das Geschäftsjahr vom ... [Datum] bis ... [Datum] geprüft. Die Aufstellung von Konzernabschluss und Konzernlagebericht nach den deutschen handelsrechtlichen Vorschriften [und den ergänzenden Bestimmungen des Gesellschaftsvertrags / der Satzung] liegt in der Verantwortung der gesetzlichen Vertreter der Gesellschaft. Meine / Unsere Aufgabe ist es, auf der Grundlage der von mir / uns durchgeführten Prüfung eine Beurteilung über den Konzernabschluss und den Konzernlagebericht abzugeben.

Ich habe meine / Wir haben unsere Konzernabschlussprüfung nach § 317 HGB unter Beachtung der vom Institut der Wirtschaftsprüfer (IDW) festgestellten deutschen Grundsätze ordnungsmäßiger Abschlussprüfung vorgenommen. Danach ist die Prüfung so zu planen und durchzuführen, dass Unrichtigkeiten und Verstöße, die sich auf die Darstellung des durch den Konzernabschluss unter Beachtung der Grundsätze ordnungsmäßiger Buchführung und durch den Konzernlagebericht vermittelten Bildes der Vermögens-, Finanz- und Ertragslage wesentlich auswirken, mit hinreichender Sicherheit erkannt werden. Bei der Festlegung der Prüfungshandlungen werden die Kenntnisse über die Geschäftstätigkeit und über das wirtschaftliche und rechtliche Umfeld des Konzerns sowie die Erwartungen über mögliche Fehler berücksichtigt. Im Rahmen der Prüfung werden die Wirksamkeit des rechnungslegungsbezogenen internen Kontrollsystems sowie Nachweise für die Angaben im Konzernabschluss und Konzernlagebericht überwiegend auf der Basis von Stichproben beurteilt. Die Prüfung umfasst die Beurteilung der Jahresabschlüsse der in den Konzernabschluss einbezogenen Unternehmen, der Abgrenzung des Konsolidierungskreises, der angewandten Bilanzierungs- und Konsolidierungsgrundsätze und der wesentlichen Einschätzungen der gesetzlichen Vertreter sowie die Würdigung der Gesamtdarstellung des Konzernabschlusses und des Konzernlageberichts. Ich bin / Wir sind der Auffassung, dass meine / unsere Prüfung eine hinreichend sichere Grundlage für meine / unsere Beurteilung bildet.

Meine / Unsere Prüfung hat zu keinen Einwendungen geführt.

Nach meiner / unserer Beurteilung aufgrund der bei der Prüfung gewonnenen Erkenntnisse entspricht der Konzernabschluss den gesetzlichen Vorschriften [und den ergänzenden Bestimmungen des Gesellschaftsvertrags / der Satzung] und vermittelt unter Beachtung der Grundsätze ordnungsmäßiger Buchführung ein den tatsächlichen Verhältnissen entsprechendes Bild der Vermögens-, Finanz- und Ertragslage des Konzerns. Der Konzernlagebericht steht in Einklang mit dem Konzernabschluss, vermittelt insgesamt ein zutreffendes Bild von der Lage des Konzerns und stellt die Chancen und Risiken der zukünftigen Entwicklung zutreffend dar.

(Ort)

(Datum)

(Unterschrift)

Wirtschaftsprüfer

3. Uneingeschränkter zusammengefasster Bestätigungsvermerk aufgrund einer gesetzlichen Abschlussprüfung des Konzerns und des Mutterunternehmens im Falle zusammengefasster Lageberichterstattung

1602 Bestätigungsvermerk des Abschlussprüfers

Ich habe / Wir haben den Jahresabschluss – bestehend aus Bilanz, Gewinn- und Verlustrechnung sowie Anhang – unter Einbeziehung der Buchführung der ... [Gesellschaft] sowie den von ihr aufgestellten Konzernabschluss – bestehend aus Bilanz, Gewinn- und Verlustrechnung, Anhang, Kapitalflussrechnung und Eigenkapitalspiegel [sowie Segmentberichterstattung] – und ihren Bericht über die Lage der Gesellschaft und des Konzerns für das Geschäftsjahr vom ... [Datum] bis ... [Datum] geprüft. Die Aufstellung dieser Unterlagen nach den deutschen handelsrechtlichen Vorschriften [und den ergänzenden Bestimmungen des Gesellschaftsvertrags / der Satzung] liegt in der Verantwortung der gesetzlichen Vertreter der Gesellschaft. Meine / Unsere Aufgabe ist es, auf der Grundlage

Formulierungsempfehlungen für Bestätigungsvermerke Q

der von mir / uns durchgeführten Prüfung eine Beurteilung über den Jahresabschluss unter Einbeziehung der Buchführung sowie den von ihr aufgestellten Konzernabschluss und ihren Bericht über die Lage der Gesellschaft und des Konzerns abzugeben.

Ich habe meine / Wir haben unsere Jahres- und Konzernabschlussprüfung nach § 317 HGB unter Beachtung der vom Institut der Wirtschaftsprüfer (IDW) festgestellten deutschen Grundsätze ordnungsmäßiger Abschlussprüfung vorgenommen. Danach ist die Prüfung so zu planen und durchzuführen, dass Unrichtigkeiten und Verstöße, die sich auf die Darstellung des durch den Jahresabschluss und den Konzernabschluss unter Beachtung der Grundsätze ordnungsmäßiger Buchführung und durch den Bericht über die Lage der Gesellschaft und des Konzerns vermittelten Bildes der Vermögens-, Finanz- und Ertragslage wesentlich auswirken, mit hinreichender Sicherheit erkannt werden. Bei der Festlegung der Prüfungshandlungen werden die Kenntnisse über die Geschäftstätigkeit und über das wirtschaftliche und rechtliche Umfeld der Gesellschaft und des Konzerns sowie die Erwartungen über mögliche Fehler berücksichtigt. Im Rahmen der Prüfung werden die Wirksamkeit des rechnungslegungsbezogenen internen Kontrollsystems sowie Nachweise für die Angaben in Buchführung, in Jahres- und Konzernabschluss und in dem Bericht über die Lage der Gesellschaft und des Konzerns überwiegend auf der Basis von Stichproben beurteilt. Die Prüfung umfasst die Beurteilung der Jahresabschlüsse der in den Konzernabschluss einbezogenen Unternehmen, der Abgrenzung des Konsolidierungskreises, der angewandten Bilanzierungs- und Konsolidierungsgrundsätze und der wesentlichen Einschätzungen der gesetzlichen Vertreter sowie die Würdigung der Gesamtdarstellung des Jahres- und Konzernabschlusses sowie des Berichts über die Lage der Gesellschaft und des Konzerns. Ich bin / Wir sind der Auffassung, dass meine / unsere Prüfung eine hinreichend sichere Grundlage für meine / unsere Beurteilung bildet.

Meine / Unsere Prüfung hat zu keinen Einwendungen geführt.

Nach meiner / unserer Beurteilung aufgrund der bei der Prüfung gewonnenen Erkenntnisse entsprechen der Jahresabschluss und der Konzernabschluss den gesetzlichen Vorschriften [sowie den ergänzenden Bestimmungen des Gesellschaftsvertrags / der Satzung] und vermitteln unter Beachtung der Grundsätze ordnungsmäßiger Buchführung ein den tatsächlichen Verhältnissen entsprechendes Bild der Vermögens-, Finanz- und Ertragslage der Gesellschaft und des Konzerns. Der Bericht über die Lage der Gesellschaft und des Konzerns steht in Einklang mit dem Jahresabschluss und dem Konzernabschluss, vermittelt insgesamt ein zutreffendes Bild von der Lage der Gesellschaft und des Konzerns und stellt die Chancen und Risiken der zukünftigen Entwicklung zutreffend dar.

(Ort)

(Datum)

(Unterschrift)

Wirtschaftsprüfer

4. Uneingeschränkter Bestätigungsvermerk aufgrund einer gesetzlichen Abschlussprüfung bei einem nach § 315a HGB aufgestellten Konzernabschluss und Konzernlagebericht

Bestätigungsvermerk des Abschlussprüfers   1603

Ich habe / Wir haben den von der ... [Gesellschaft] aufgestellten Konzernabschluss – bestehend aus Bilanz, Gesamtergebnisrechnung, Eigenkapitalveränderungsrechnung, Kapitalflussrechnung und Anhang – sowie den Konzernlagebericht für das Geschäftsjahr vom ... [Datum] bis ... [Datum] geprüft. Die Aufstellung von Konzernabschluss und Konzernlagebericht nach den IFRS, wie sie in der EU anzuwenden sind, und / oder den ergänzend nach § 315a Abs. 1 HGB anzuwendenden handelsrechtlichen Vorschriften [sowie den ergänzenden Bestimmungen des Gesellschaftsvertrags / der Satzung] liegt in der Verantwortung der gesetzlichen Vertreter der Gesellschaft. Meine / Unsere Aufgabe ist es, auf der Grundlage der von mir / uns durchgeführten Prüfung eine Beurteilung über den Konzernabschluss und den Konzernlagebericht abzugeben.

Ich habe meine / Wir haben unsere Konzernabschlussprüfung nach § 317 HGB unter Beachtung der vom Institut der Wirtschaftsprüfer (IDW) festgestellten deutschen Grundsätze ordnungsmäßiger Abschlussprüfung vorgenommen. Danach ist die Prüfung so zu planen und durchzuführen, dass Unrichtigkeiten und Verstöße, die sich auf die Darstellung des durch den Konzernabschluss unter Beachtung der anzuwendenden Rechnungslegungsvorschriften und durch den Konzernlagebericht vermittelten Bildes der Vermögens-, Finanz- und Ertragslage wesentlich auswirken, mit hinreichender Sicherheit erkannt werden. Bei der Festlegung der Prüfungshandlungen werden die Kenntnisse über die Geschäftstätigkeit und über das wirtschaftliche und rechtliche Umfeld des Konzerns sowie die Erwartungen über mögliche Fehler berücksichtigt. Im Rahmen der Prüfung werden die Wirksamkeit des rechnungslegungsbezogenen internen Kontrollsystems sowie Nachweise für die Angaben im Konzernabschluss und Konzernlagebericht überwiegend auf der Basis von Stichproben beurteilt. Die Prüfung umfasst die Beurteilung der Jahresabschlüsse der in den Konzernabschluss einbezogenen Unternehmen, der Abgrenzung des Konsolidierungskreises, der angewandten Bilanzierungs- und Konsolidierungsgrundsätze und der wesentlichen Einschätzungen der gesetzlichen Vertreter sowie die Würdigung der Gesamtdarstellung des Konzernabschlusses und des Konzernlageberichts. Ich bin / Wir sind der Auffassung, dass meine / unsere Prüfung eine hinreichend sichere Grundlage für meine / unsere Beurteilung bildet.

Meine / Unsere Prüfung hat zu keinen Einwendungen geführt.

Nach meiner / unserer Beurteilung aufgrund der bei der Prüfung gewonnenen Erkenntnisse entspricht der Konzernabschluss den IFRS, wie sie in der EU anzuwenden sind, und den ergänzend nach § 315a Abs. 1 HGB anzuwendenden handelsrechtlichen Vorschriften [sowie den ergänzenden Bestimmungen des Gesellschaftsvertrags / der Satzung] und vermittelt unter Beachtung dieser Vorschriften ein den tatsächlichen Verhältnissen entsprechendes Bild der Vermögens-, Finanz- und Ertragslage des Konzerns. Der Konzernlagebericht steht in Einklang mit dem Konzernabschluss, vermittelt insgesamt ein zutreffendes Bild von der Lage des Konzerns und stellt die Chancen und Risiken der zukünftigen Entwicklung zutreffend dar.

(Ort)

(Datum)

(Unterschrift)

Wirtschaftsprüfer

4a. Uneingeschränkter Bestätigungsvermerk aufgrund einer gesetzlichen Abschlussprüfung, die unter ergänzender Beachtung der ISA durchgeführt wurde, bei einem nach § 315a HGB aufgestellten Konzernabschluss und Konzernlagebericht

Formulierungsempfehlungen für Bestätigungsvermerke — Q

An die ... [Gesellschaft]

Vermerk zum Konzernabschluss

Wir haben den beigefügten Konzernabschluss der ... [Gesellschaft] und ihrer Tochtergesellschaften – bestehend aus Konzernbilanz, Konzerngesamtergebnisrechnung, Konzerneigenkapitalveränderungsrechnung, Konzernkapitalflussrechnung und Konzernanhang für das Geschäftsjahr vom ... [Datum] bis zum ... [Datum] – geprüft.

Verantwortung der gesetzlichen Vertreter für den Konzernabschluss

Die gesetzlichen Vertreter der ... [Gesellschaft] sind verantwortlich für die Aufstellung dieses Konzernabschlusses. Diese Verantwortung umfasst, dass dieser Konzernabschluss in Übereinstimmung mit den IFRS, wie sie in der EU anzuwenden sind, und den ergänzend nach § 315a Abs. 1 HGB anzuwendenden deutschen gesetzlichen Vorschriften aufgestellt wird und unter Beachtung dieser Vorschriften ein den tatsächlichen Verhältnissen entsprechendes Bild der Vermögens-, Finanz- und Ertragslage des Konzerns vermittelt. Die gesetzlichen Vertreter sind auch verantwortlich für die internen Kontrollen, die sie als notwendig erachten, um die Aufstellung eines Konzernabschlusses zu ermöglichen, der frei von wesentlichen –beabsichtigten oder unbeabsichtigten – falschen Darstellungen ist.

Verantwortung des Abschlussprüfers

Unsere Aufgabe ist es, auf der Grundlage unserer Prüfung ein Urteil zu diesem Konzernabschluss abzugeben. Wir haben unsere Abschlussprüfung in Übereinstimmung mit § 317 HGB unter Beachtung der vom Institut der Wirtschaftsprüfer (IDW) festgestellten deutschen Grundsätze ordnungsmäßiger Abschlussprüfung sowie unter ergänzender Beachtung der International Standards on Auditing (ISA) durchgeführt. Danach haben wir die Berufspflichten einzuhalten und die Abschlussprüfung so zu planen und durchzuführen, dass hinreichende Sicherheit darüber erlangt wird, ob der Konzernabschluss frei von wesentlichen falschen Darstellungen ist.

Eine Abschlussprüfung umfasst die Durchführung von Prüfungshandlungen, um Prüfungsnachweise für die im Konzernabschluss enthaltenen Wertansätze und sonstigen Angaben zu erlangen. Die Auswahl der Prüfungshandlungen liegt im pflichtgemäßen Ermessen des Abschlussprüfers. Dies schließt die Beurteilung der Risiken wesentlicher – beabsichtigter oder unbeabsichtigter – falscher Darstellungen im Konzernabschluss ein. Bei der Beurteilung dieser Risiken berücksichtigt der Abschlussprüfer das interne Kontrollsystem, das relevant ist für die Aufstellung eines Konzernabschlusses, der ein den tatsächlichen Verhältnissen entsprechendes Bild vermittelt. Ziel hierbei ist es, Prüfungshandlungen zu planen und durchzuführen, die unter den gegebenen Umständen angemessen sind, jedoch nicht, ein Prüfungsurteil zur Wirksamkeit des internen Kontrollsystems des Konzerns abzugeben. Eine Abschlussprüfung umfasst auch die Beurteilung der Angemessenheit der angewandten Rechnungslegungsmethoden und der Vertretbarkeit der von den gesetzlichen Vertretern ermittelten geschätzten Werte in der Rechnungslegung sowie die Beurteilung der Gesamtdarstellung des Konzernabschlusses.

Wir sind der Auffassung, dass die von uns erlangten Prüfungsnachweise ausreichend und geeignet sind, um als Grundlage für unser Prüfungsurteil zu dienen.

Prüfungsurteil

Gemäß § 322 Abs. 3 Satz 1 HGB erklären wir, dass unsere Prüfung des Konzernabschlusses zu keinen Einwendungen geführt hat.

Q   Das Prüfungsergebnis

Nach unserer Beurteilung aufgrund der bei der Prüfung gewonnenen Erkenntnisse entspricht der Konzernabschluss in allen wesentlichen Belangen den IFRS, wie sie in der EU anzuwenden sind, und den ergänzend nach § 315a Abs. 1 HGB anzuwendenden deutschen gesetzlichen Vorschriften und vermittelt unter Beachtung dieser Vorschriften ein den tatsächlichen Verhältnissen entsprechendes Bild der Vermögens- und Finanzlage des Konzerns zum ... [Datum] sowie der Ertragslage für das an diesem Stichtag endende Geschäftsjahr.

Vermerk zum Konzernlagebericht

Wir haben den beigefügten Konzernlagebericht der ... [Gesellschaft] für das Geschäftsjahr vom ... [Datum] bis ... [Datum] geprüft. Die gesetzlichen Vertreter der ... [Gesellschaft] sind verantwortlich für die Aufstellung des Konzernlageberichts in Übereinstimmung mit den nach § 315a Abs. 1 HGB anzuwendenden deutschen gesetzlichen Vorschriften. Wir haben unsere Prüfung in Übereinstimmung mit § 317 Abs. 2 HGB und unter Beachtung der für die Prüfung des Konzernlageberichts vom Institut der Wirtschaftsprüfer (IDW) festgestellten deutschen Grundsätze ordnungsmäßiger Abschlussprüfung durchgeführt. Danach ist die Prüfung des Konzernlageberichts so zu planen und durchzuführen, dass hinreichende Sicherheit darüber erlangt wird, ob der Konzernlagebericht mit dem Konzernabschluss sowie mit den bei der Abschlussprüfung gewonnenen Erkenntnissen in Einklang steht, insgesamt ein zutreffendes Bild von der Lage des Konzerns vermittelt und die Chancen und Risiken der zukünftigen Entwicklung zutreffend darstellt.

Gemäß § 322 Abs. 3 Satz 1 HGB erklären wir, dass unsere Prüfung des Konzernlageberichts zu keinen Einwendungen geführt hat.

Nach unserer Beurteilung aufgrund der bei der Prüfung des Konzernabschlusses und Konzernlageberichts gewonnenen Erkenntnisse steht der Konzernlagebericht in Einklang mit dem Konzernabschluss, vermittelt insgesamt ein zutreffendes Bild von der Lage des Konzerns und stellt die Chancen und Risiken der zukünftigen Entwicklung zutreffend dar.

(Ort des Abschlussprüfers)

(Datum des Bestätigungsvermerks des Abschlussprüfers)

(Unterschrift des Abschlussprüfers)

Wirtschaftsprüfer

5. Uneingeschränkter Bestätigungsvermerk aufgrund einer gesetzlichen Abschlussprüfung bei einem nach § 315a HGB aufgestellten Konzernabschluss, der auch den IFRS insgesamt entspricht

1605   Bestätigungsvermerk des Abschlussprüfers

Ich habe / Wir haben den von der ... [Gesellschaft] aufgestellten Konzernabschluss – bestehend aus Bilanz, Gesamtergebnisrechnung, Eigenkapitalveränderungsrechnung, Kapitalflussrechnung und Anhang – sowie den Konzernlagebericht für das Geschäftsjahr vom ... [Datum] bis ... [Datum] geprüft. Die Aufstellung von Konzernabschluss und Konzernlagebericht nach den IFRS, wie sie in der EU anzuwenden sind, und / oder den ergänzend nach § 315a Abs. 1 HGB anzuwendenden handelsrechtlichen Vorschriften [sowie den ergänzenden Bestimmungen des Gesellschaftsvertrags / der Satzung] liegt in der Verantwortung der gesetzlichen Vertreter der Gesellschaft. Meine / Unsere Aufgabe ist es, auf der Grundlage der von mir / uns durchgeführten Prüfung eine Beurteilung über den

Formulierungsempfehlungen für Bestätigungsvermerke **Q**

Konzernabschluss und den Konzernlagebericht abzugeben. Ergänzend wurden wir beauftragt zu beurteilen, ob der Konzernabschluss auch den IFRS insgesamt entspricht.

Ich habe meine / Wir haben unsere Konzernabschlussprüfung nach § 317 HGB unter Beachtung der vom Institut der Wirtschaftsprüfer (IDW) festgestellten deutschen Grundsätze ordnungsmäßiger Abschlussprüfung vorgenommen. Danach ist die Prüfung so zu planen und durchzuführen, dass Unrichtigkeiten und Verstöße, die sich auf die Darstellung des durch den Konzernabschluss unter Beachtung der anzuwendenden Rechnungslegungsvorschriften und durch den Konzernlagebericht vermittelten Bildes der Vermögens-, Finanz- und Ertragslage wesentlich auswirken, mit hinreichender Sicherheit erkannt werden. Bei der Festlegung der Prüfungshandlungen werden die Kenntnisse über die Geschäftstätigkeit und über das wirtschaftliche und rechtliche Umfeld des Konzerns sowie die Erwartungen über mögliche Fehler berücksichtigt. Im Rahmen der Prüfung werden die Wirksamkeit des rechnungslegungsbezogenen internen Kontrollsystems sowie Nachweise für die Angaben im Konzernabschluss und Konzernlagebericht überwiegend auf der Basis von Stichproben beurteilt. Die Prüfung umfasst die Beurteilung der Jahresabschlüsse der in den Konzernabschluss einbezogenen Unternehmen, der Abgrenzung des Konsolidierungskreises, der angewandten Bilanzierungs- und Konsolidierungsgrundsätze und der wesentlichen Einschätzungen der gesetzlichen Vertreter sowie die Würdigung der Gesamtdarstellung des Konzernabschlusses und des Konzernlageberichts. Ich bin / Wir sind der Auffassung, dass meine / unsere Prüfung eine hinreichend sichere Grundlage für meine / unsere Beurteilung bildet.

Meine / Unsere Prüfung hat zu keinen Einwendungen geführt.

Nach meiner / unserer Beurteilung aufgrund der bei der Prüfung gewonnenen Erkenntnisse entspricht der Konzernabschluss den IFRS, wie sie in der EU anzuwenden sind, und den ergänzend nach § 315a Abs. 1 HGB anzuwendenden handelsrechtlichen Vorschriften [sowie den ergänzenden Bestimmungen des Gesellschaftsvertrags / der Satzung] sowie den IFRS insgesamt und vermittelt unter Beachtung dieser Vorschriften ein den tatsächlichen Verhältnissen entsprechendes Bild der Vermögens-, Finanz- und Ertragslage des Konzerns. Der Konzernlagebericht steht in Einklang mit dem Konzernabschluss, vermittelt insgesamt ein zutreffendes Bild von der Lage des Konzerns und stellt die Chancen und Risiken der zukünftigen Entwicklung zutreffend dar.

(Ort)

(Datum)

(Unterschrift)

Wirtschaftsprüfer

6. Uneingeschränkter Bestätigungsvermerk bei einem freiwillig aufgestellten Konzernabschluss, der den IFRS entspricht

Bestätigungsvermerk des Abschlussprüfers **1606**

An die ... [Muttergesellschaft]

Ich habe / Wir haben den von der ... [Gesellschaft] aufgestellten Konzernabschluss – bestehend aus Bilanz, Gesamtergebnisrechnung, Eigenkapitalveränderungsrechnung, Kapitalflussrechnung und Anhang – für das Geschäftsjahr vom ... [Datum] bis ... [Datum] geprüft. Die Aufstellung des Konzernabschlusses nach den IFRS liegt in der Verantwortung der gesetzlichen Vertreter der Gesellschaft. Meine / Unsere Aufgabe ist es, auf der

Grundlage der von mir / uns durchgeführten Prüfung eine Beurteilung über den Konzernabschluss abzugeben.

Ich habe meine / Wir haben unsere Konzernabschlussprüfung nach § 317 HGB unter Beachtung der vom Institut der Wirtschaftsprüfer (IDW) festgestellten deutschen Grundsätze ordnungsmäßiger Abschlussprüfung vorgenommen. Danach ist die Prüfung so zu planen und durchzuführen, dass Unrichtigkeiten und Verstöße, die sich auf die Darstellung des durch den Konzernabschluss unter Beachtung der IFRS vermittelten Bildes der Vermögens-, Finanz- und Ertragslage wesentlich auswirken, mit hinreichender Sicherheit erkannt werden. Bei der Festlegung der Prüfungshandlungen werden die Kenntnisse über die Geschäftstätigkeit und über das wirtschaftliche und rechtliche Umfeld des Konzerns sowie die Erwartungen über mögliche Fehler berücksichtigt. Im Rahmen der Prüfung werden die Wirksamkeit des rechnungslegungsbezogenen internen Kontrollsystems sowie Nachweise für die Angaben im Konzernabschluss überwiegend auf der Basis von Stichproben beurteilt. Die Prüfung umfasst die Beurteilung der Jahresabschlüsse der in den Konzernabschluss einbezogenen Unternehmen, der Abgrenzung des Konsolidierungskreises, der angewandten Bilanzierungs- und Konsolidierungsgrundsätze und der wesentlichen Einschätzungen der gesetzlichen Vertreter sowie die Würdigung der Gesamtdarstellung des Konzernabschlusses. Ich bin / Wir sind der Auffassung, dass meine / unsere Prüfung eine hinreichend sichere Grundlage für meine / unsere Beurteilung bildet.

Meine / Unsere Prüfung hat zu keinen Einwendungen geführt.

Nach meiner / unserer Beurteilung aufgrund der bei der Prüfung gewonnenen Erkenntnisse vermittelt der Konzernabschluss unter Beachtung der IFRS ein den tatsächlichen Verhältnissen entsprechendes Bild der Vermögens-, Finanz- und Ertragslage des Konzerns.

(Ort)

(Datum)

(Unterschrift)

Wirtschaftsprüfer

7. Uneingeschränkter Bestätigungsvermerk aufgrund der freiwilligen Prüfung eines Jahresabschlusses ohne Lagebericht

1607 Bestätigungsvermerk des Abschlussprüfers

An die ... [Personenhandelsgesellschaft / kleine Kapitalgesellschaft]

Ich habe / Wir haben den Jahresabschluss – bestehend aus Bilanz und Gewinn- und Verlustrechnung [sowie Anhang] – unter Einbeziehung der Buchführung der ... [Personenhandelsgesellschaft / kleine Kapitalgesellschaft] für das Geschäftsjahr vom ... [Datum] bis ... [Datum] geprüft. Die Buchführung und die Aufstellung des Jahresabschlusses nach den deutschen handelsrechtlichen Vorschriften [und den ergänzenden Bestimmungen des Gesellschaftsvertrags / der Satzung] liegen in der Verantwortung der gesetzlichen Vertreter der Gesellschaft. Meine / Unsere Aufgabe ist es, auf der Grundlage der von mir / uns durchgeführten Prüfung eine Beurteilung über den Jahresabschluss unter Einbeziehung der Buchführung abzugeben.

Ich habe meine / Wir haben unsere Jahresabschlussprüfung nach § 317 HGB unter Beachtung der vom Institut der Wirtschaftsprüfer (IDW) festgestellten deutschen Grundsätze

Formulierungsempfehlungen für Bestätigungsvermerke   Q

ordnungsmäßiger Abschlussprüfung vorgenommen. Danach ist die Prüfung so zu planen und durchzuführen, dass Unrichtigkeiten und Verstöße, die sich auf die Darstellung des Jahresabschlusses / des durch den Jahresabschluss unter Beachtung der Grundsätze ordnungsmäßiger Buchführung vermittelten Bildes der Vermögens-, Finanz- und Ertragslage wesentlich auswirken, mit hinreichender Sicherheit erkannt werden. Bei der Festlegung der Prüfungshandlungen werden die Kenntnisse über die Geschäftstätigkeit und über das wirtschaftliche und rechtliche Umfeld der Gesellschaft sowie die Erwartungen über mögliche Fehler berücksichtigt. Im Rahmen der Prüfung werden die Wirksamkeit des rechnungslegungsbezogenen internen Kontrollsystems sowie Nachweise für die Angaben in Buchführung und Jahresabschluss überwiegend auf der Basis von Stichproben beurteilt. Die Prüfung umfasst die Beurteilung der angewandten Bilanzierungsgrundsätze und der wesentlichen Einschätzungen der gesetzlichen Vertreter sowie die Würdigung der Gesamtdarstellung des Jahresabschlusses. Ich bin / Wir sind der Auffassung, dass meine / unsere Prüfung eine hinreichend sichere Grundlage für meine / unsere Beurteilung bildet.

Meine / Unsere Prüfung hat zu keinen Einwendungen geführt.

Bei Personenhandelsgesellschaften, deren Jahresabschluss die Generalnorm des § 264 Abs. 2 HGB nicht erfüllt:

Nach meiner / unserer Beurteilung aufgrund der bei der Prüfung gewonnenen Erkenntnisse entspricht der Jahresabschluss den gesetzlichen Vorschriften [und den ergänzenden Bestimmungen des Gesellschaftsvertrags].

Bei kleinen Kapitalgesellschaften / Personenhandelsgesellschaften, deren Jahresabschluss die Generalnorm des § 264 Abs. 2 HGB erfüllt:

Nach meiner / unserer Beurteilung aufgrund der bei der Prüfung gewonnenen Erkenntnisse entspricht der Jahresabschluss den gesetzlichen Vorschriften [und den ergänzenden Bestimmungen des Gesellschaftsvertrags / der Satzung] und vermittelt unter Beachtung der Grundsätze ordnungsmäßiger Buchführung ein den tatsächlichen Verhältnissen entsprechendes Bild der Vermögens-, Finanz- und Ertragslage der Gesellschaft.

(Ort)

(Datum)

(Unterschrift)

Wirtschaftsprüfer

8. Eingeschränkter Bestätigungsvermerk aufgrund einer gesetzlichen Jahresabschlussprüfung im Falle wesentlicher Beanstandungen des Jahresabschlusses ohne Auswirkungen auf die Aussage zur Generalnorm des § 264 Abs. 2 HGB

Bestätigungsvermerk des Abschlussprüfers   **1608**

Ich habe / Wir haben den Jahresabschluss – bestehend aus Bilanz, Gewinn- und Verlustrechnung sowie Anhang – unter Einbeziehung der Buchführung und den Lagebericht der ... [Gesellschaft] für das Geschäftsjahr vom ... [Datum] bis ... [Datum] geprüft. Die Buchführung und die Aufstellung von Jahresabschluss und Lagebericht nach den deutschen handelsrechtlichen Vorschriften [und den ergänzenden Bestimmungen des Gesellschaftsvertrags / der Satzung] liegen in der Verantwortung der gesetzlichen Vertreter der Gesellschaft. Meine / Unsere Aufgabe ist es, auf der Grundlage der von mir / uns durchgeführten Prüfung eine Beurteilung über den Jahresabschluss unter Einbeziehung der Buchführung und über den Lagebericht abzugeben.

Ich habe meine / Wir haben unsere Jahresabschlussprüfung nach § 317 HGB unter Beachtung der vom Institut der Wirtschaftsprüfer (IDW) festgestellten deutschen Grundsätze ordnungsmäßiger Abschlussprüfung vorgenommen. Danach ist die Prüfung so zu planen und durchzuführen, dass Unrichtigkeiten und Verstöße, die sich auf die Darstellung des durch den Jahresabschluss unter Beachtung der Grundsätze ordnungsmäßiger Buchführung und durch den Lagebericht vermittelten Bildes der Vermögens-, Finanz- und Ertragslage wesentlich auswirken, mit hinreichender Sicherheit erkannt werden. Bei der Festlegung der Prüfungshandlungen werden die Kenntnisse über die Geschäftstätigkeit und über das wirtschaftliche und rechtliche Umfeld der Gesellschaft sowie die Erwartungen über mögliche Fehler berücksichtigt. Im Rahmen der Prüfung werden die Wirksamkeit des rechnungslegungsbezogenen internen Kontrollsystems sowie Nachweise für die Angaben in Buchführung, Jahresabschluss und Lagebericht überwiegend auf der Basis von Stichproben beurteilt. Die Prüfung umfasst die Beurteilung der angewandten Bilanzierungsgrundsätze und der wesentlichen Einschätzungen der gesetzlichen Vertreter sowie die Würdigung der Gesamtdarstellung des Jahresabschlusses und des Lageberichts. Ich bin / Wir sind der Auffassung, dass meine / unsere Prüfung eine hinreichend sichere Grundlage für meine / unsere Beurteilung bildet.

Meine / Unsere Prüfung hat mit Ausnahme der folgenden Einschränkung zu keinen Einwendungen geführt: Entgegen § 285 Nr. 9 Buchstabe a) HGB wurden im Anhang die Gesamtbezüge der Geschäftsführer / des Vorstands nicht angegeben.

Nach meiner / unserer Beurteilung aufgrund der bei der Prüfung gewonnenen Erkenntnisse entspricht der Jahresabschluss mit der genannten Einschränkung den gesetzlichen Vorschriften [und den ergänzenden Bestimmungen des Gesellschaftsvertrags / der Satzung]. Der Jahresabschluss vermittelt unter Beachtung der Grundsätze ordnungsmäßiger Buchführung ein den tatsächlichen Verhältnissen entsprechendes Bild der Vermögens-, Finanz- und Ertragslage der Gesellschaft. Der Lagebericht steht in Einklang mit einem den gesetzlichen Vorschriften entsprechenden Jahresabschluss, vermittelt insgesamt ein zutreffendes Bild von der Lage der Gesellschaft und stellt die Chancen und Risiken der zukünftigen Entwicklung zutreffend dar.

(Ort)

(Datum)

(Unterschrift)

Wirtschaftsprüfer

9. Eingeschränkter Bestätigungsvermerk aufgrund einer gesetzlichen Jahresabschlussprüfung im Falle wesentlicher Beanstandungen mit Auswirkungen auf die Aussage zur Generalnorm des § 264 Abs. 2 HGB und den Lagebericht

1609 Bestätigungsvermerk des Abschlussprüfers

Ich habe / Wir haben den Jahresabschluss – bestehend aus Bilanz, Gewinn- und Verlustrechnung sowie Anhang – unter Einbeziehung der Buchführung und den Lagebericht der ... [Gesellschaft] für das Geschäftsjahr vom ... [Datum] bis ... [Datum] geprüft. Die Buchführung und die Aufstellung von Jahresabschluss und Lagebericht nach den deutschen handelsrechtlichen Vorschriften [und den ergänzenden Bestimmungen des Gesellschaftsvertrags / der Satzung] liegen in der Verantwortung der gesetzlichen Vertreter der

Gesellschaft. Meine / Unsere Aufgabe ist es, auf der Grundlage der von mir / uns durchgeführten Prüfung eine Beurteilung über den Jahresabschluss unter Einbeziehung der Buchführung und über den Lagebericht abzugeben.

Ich habe meine / Wir haben unsere Jahresabschlussprüfung nach § 317 HGB unter Beachtung der vom Institut der Wirtschaftsprüfer (IDW) festgestellten deutschen Grundsätze ordnungsmäßiger Abschlussprüfung vorgenommen. Danach ist die Prüfung so zu planen und durchzuführen, dass Unrichtigkeiten und Verstöße, die sich auf die Darstellung des durch den Jahresabschluss unter Beachtung der Grundsätze ordnungsmäßiger Buchführung und durch den Lagebericht vermittelten Bildes der Vermögens-, Finanz- und Ertragslage wesentlich auswirken, mit hinreichender Sicherheit erkannt werden. Bei der Festlegung der Prüfungshandlungen werden die Kenntnisse über die Geschäftstätigkeit und über das wirtschaftliche und rechtliche Umfeld der Gesellschaft sowie die Erwartungen über mögliche Fehler berücksichtigt. Im Rahmen der Prüfung werden die Wirksamkeit des rechnungslegungsbezogenen internen Kontrollsystems sowie Nachweise für die Angaben in Buchführung, Jahresabschluss und Lagebericht überwiegend auf der Basis von Stichproben beurteilt. Die Prüfung umfasst die Beurteilung der angewandten Bilanzierungsgrundsätze und der wesentlichen Einschätzungen der gesetzlichen Vertreter sowie die Würdigung der Gesamtdarstellung des Jahresabschlusses und des Lageberichts. Ich bin / Wir sind der Auffassung, dass meine / unsere Prüfung eine hinreichend sichere Grundlage für meine / unsere Beurteilung bildet.

Meine / Unsere Prüfung hat mit Ausnahme der folgenden Einschränkung zu keinen Einwendungen geführt: In einer Größenordnung von ... EUR wurden Umsatzerlöse ausgewiesen, obwohl sie am Abschlussstichtag nicht i.S.v. § 252 Abs. 1 Nr. 4 HGB realisiert waren.

Mit dieser Einschränkung entspricht der Jahresabschluss nach meiner / unserer Beurteilung aufgrund der bei der Prüfung gewonnenen Erkenntnisse den gesetzlichen Vorschriften [und den ergänzenden Bestimmungen des Gesellschaftsvertrags / der Satzung] und vermittelt unter Beachtung der Grundsätze ordnungsmäßiger Buchführung ein den tatsächlichen Verhältnissen entsprechendes Bild der Vermögens-, Finanz- und Ertragslage der Gesellschaft. Mit der genannten Einschränkung steht der Lagebericht in Einklang mit einem den gesetzlichen Vorschriften entsprechenden Jahresabschluss, vermittelt insgesamt ein zutreffendes Bild von der Lage der Gesellschaft und stellt die Chancen und Risiken der zukünftigen Entwicklung zutreffend dar.

(Ort)

(Datum)

(Unterschrift)

Wirtschaftsprüfer

10. Eingeschränkter Bestätigungsvermerk aufgrund einer gesetzlichen Jahresabschlussprüfung im Falle wesentlicher Beanstandungen des Lageberichts

Bestätigungsvermerk des Abschlussprüfers   **1610**

Ich habe / Wir haben den Jahresabschluss – bestehend aus Bilanz, Gewinn- und Verlustrechnung sowie Anhang – unter Einbeziehung der Buchführung und den Lagebericht der ... [Gesellschaft] für das Geschäftsjahr vom ... [Datum] bis ... [Datum] geprüft. Die Buchführung und die Aufstellung von Jahresabschluss und Lagebericht nach den deutschen handelsrechtlichen Vorschriften [und den ergänzenden Bestimmungen des Gesellschaftsvertrags / der Satzung] liegen in der Verantwortung der gesetzlichen Vertreter der Gesellschaft. Meine / Unsere Aufgabe ist es, auf der Grundlage der von mir / uns durchgeführten Prüfung eine Beurteilung über den Jahresabschluss unter Einbeziehung der Buchführung und über den Lagebericht abzugeben.

Ich habe meine / Wir haben unsere Jahresabschlussprüfung nach § 317 HGB unter Beachtung der vom Institut der Wirtschaftsprüfer (IDW) festgestellten deutschen Grundsätze ordnungsmäßiger Abschlussprüfung vorgenommen. Danach ist die Prüfung so zu planen und durchzuführen, dass Unrichtigkeiten und Verstöße, die sich auf die Darstellung des durch den Jahresabschluss unter Beachtung der Grundsätze ordnungsmäßiger Buchführung und durch den Lagebericht vermittelten Bildes der Vermögens-, Finanz- und Ertragslage wesentlich auswirken, mit hinreichender Sicherheit erkannt werden. Bei der Festlegung der Prüfungshandlungen werden die Kenntnisse über die Geschäftstätigkeit und über das wirtschaftliche und rechtliche Umfeld der Gesellschaft sowie die Erwartungen über mögliche Fehler berücksichtigt. Im Rahmen der Prüfung werden die Wirksamkeit des rechnungslegungsbezogenen internen Kontrollsystems sowie Nachweise für die Angaben in Buchführung, Jahresabschluss und Lagebericht überwiegend auf der Basis von Stichproben beurteilt. Die Prüfung umfasst die Beurteilung der angewandten Bilanzierungsgrundsätze und der wesentlichen Einschätzungen der gesetzlichen Vertreter sowie die Würdigung der Gesamtdarstellung des Jahresabschlusses und des Lageberichts. Ich bin / Wir sind der Auffassung, dass meine / unsere Prüfung eine hinreichend sichere Grundlage für meine / unsere Beurteilung bildet.

Meine / Unsere Prüfung hat mit Ausnahme der folgenden Einschränkung zu keinen Einwendungen geführt: Im Lagebericht sind die Preisänderungsrisiken aus Devisentermingeschäften nicht dargestellt.

Nach meiner / unserer Beurteilung aufgrund der bei der Prüfung gewonnenen Erkenntnisse entspricht der Jahresabschluss den gesetzlichen Vorschriften [und den ergänzenden Bestimmungen des Gesellschaftsvertrags / der Satzung] und vermittelt unter Beachtung der Grundsätze ordnungsmäßiger Buchführung ein den tatsächlichen Verhältnissen entsprechendes Bild der Vermögens-, Finanz- und Ertragslage der Gesellschaft. Mit der genannten Einschränkung steht der Lagebericht in Einklang mit dem Jahresabschluss, vermittelt insgesamt ein zutreffendes Bild von der Lage der Gesellschaft und stellt die Chancen und Risiken der zukünftigen Entwicklung zutreffend dar.

(Ort)

(Datum)

(Unterschrift)

Wirtschaftsprüfer

11. Eingeschränkter Bestätigungsvermerk aufgrund einer gesetzlichen Jahresabschlussprüfung im Falle fehlender Lageberichterstattung

1611 Bestätigungsvermerk des Abschlussprüfers

Ich habe / Wir haben den Jahresabschluss – bestehend aus Bilanz, Gewinn- und Verlustrechnung sowie Anhang – unter Einbeziehung der Buchführung der ... [Gesellschaft] für das Geschäftsjahr vom ... [Datum] bis ... [Datum] geprüft. Die Buchführung und die Aufstellung von Jahresabschluss und Lagebericht nach den deutschen handelsrechtlichen

Formulierungsempfehlungen für Bestätigungsvermerke Q

Vorschriften [und den ergänzenden Bestimmungen des Gesellschaftsvertrags / der Satzung] liegen in der Verantwortung der gesetzlichen Vertreter der Gesellschaft. Meine / Unsere Aufgabe ist es, auf der Grundlage der von mir / uns durchgeführten Prüfung eine Beurteilung über den Jahresabschluss unter Einbeziehung der Buchführung und über den Lagebericht abzugeben.

Ich habe meine / Wir haben unsere Jahresabschlussprüfung nach § 317 HGB unter Beachtung der vom Institut der Wirtschaftsprüfer (IDW) festgestellten deutschen Grundsätze ordnungsmäßiger Abschlussprüfung vorgenommen. Danach ist die Prüfung so zu planen und durchzuführen, dass Unrichtigkeiten und Verstöße, die sich auf die Darstellung des durch den Jahresabschluss unter Beachtung der Grundsätze ordnungsmäßiger Buchführung und durch den Lagebericht vermittelten Bildes der Vermögens-, Finanz- und Ertragslage wesentlich auswirken, mit hinreichender Sicherheit erkannt werden. Bei der Festlegung der Prüfungshandlungen werden die Kenntnisse über die Geschäftstätigkeit und über das wirtschaftliche und rechtliche Umfeld der Gesellschaft sowie die Erwartungen über mögliche Fehler berücksichtigt. Im Rahmen der Prüfung werden die Wirksamkeit des rechnungslegungsbezogenen internen Kontrollsystems sowie Nachweise für die Angaben in Buchführung, Jahresabschluss und Lagebericht überwiegend auf der Basis von Stichproben beurteilt. Die Prüfung umfasst die Beurteilung der angewandten Bilanzierungsgrundsätze und der wesentlichen Einschätzungen der gesetzlichen Vertreter sowie die Würdigung der Gesamtdarstellung des Jahresabschlusses und des Lageberichts. Ich bin / Wir sind der Auffassung, dass meine / unsere Prüfung eine hinreichend sichere Grundlage für meine / unsere Beurteilung bildet.

Meine / Unsere Prüfung hat mit Ausnahme der folgenden Einschränkung zu keinen Einwendungen geführt: Entgegen der gesetzlichen Verpflichtung ist ein Lagebericht nicht aufgestellt worden.

Nach meiner / unserer Beurteilung aufgrund der bei der Prüfung gewonnenen Erkenntnisse entspricht der Jahresabschluss den gesetzlichen Vorschriften [und den ergänzenden Bestimmungen des Gesellschaftsvertrags / der Satzung] und vermittelt unter Beachtung der Grundsätze ordnungsmäßiger Buchführung ein den tatsächlichen Verhältnissen entsprechendes Bild der Vermögens-, Finanz- und Ertragslage der Gesellschaft. Da ein Lagebericht nicht aufgestellt worden ist, vermittelt die Rechnungslegung insoweit kein zutreffendes Bild von der Lage der Gesellschaft und stellt die Chancen und Risiken der zukünftigen Entwicklung nicht dar.

(Ort)

(Datum)

(Unterschrift)

Wirtschaftsprüfer

12. Eingeschränkter Bestätigungsvermerk aufgrund einer gesetzlichen Jahresabschlussprüfung im Falle von Prüfungshemmnissen mit Auswirkungen auf den Lagebericht

Bestätigungsvermerk des Abschlussprüfers 1612

Ich habe / Wir haben den Jahresabschluss – bestehend aus Bilanz, Gewinn- und Verlustrechnung sowie Anhang – unter Einbeziehung der Buchführung und den Lagebericht der ... [Gesellschaft] für das Geschäftsjahr vom ... [Datum] bis ... [Datum] geprüft. Die Buchführung und die Aufstellung von Jahresabschluss und Lagebericht nach den deutschen handelsrechtlichen Vorschriften [und den ergänzenden Bestimmungen des Gesellschaftsvertrags / der Satzung] liegen in der Verantwortung der gesetzlichen Vertreter der Gesellschaft. Meine / Unsere Aufgabe ist es, auf der Grundlage der von mir / uns durchgeführten Prüfung eine Beurteilung über den Jahresabschluss unter Einbeziehung der Buchführung und über den Lagebericht abzugeben.

Mit Ausnahme des im folgenden Absatz dargestellten Prüfungshemmnisses habe ich meine / haben wir unsere Jahresabschlussprüfung nach § 317 HGB unter Beachtung der vom Institut der Wirtschaftsprüfer (IDW) festgestellten deutschen Grundsätze ordnungsmäßiger Abschlussprüfung vorgenommen. Danach ist die Prüfung so zu planen und durchzuführen, dass Unrichtigkeiten und Verstöße, die sich auf die Darstellung des durch den Jahresabschluss unter Beachtung der Grundsätze ordnungsmäßiger Buchführung und durch den Lagebericht vermittelten Bildes der Vermögens-, Finanz- und Ertragslage wesentlich auswirken, mit hinreichender Sicherheit erkannt werden. Bei der Festlegung der Prüfungshandlungen werden die Kenntnisse über die Geschäftstätigkeit und über das wirtschaftliche und rechtliche Umfeld der Gesellschaft sowie die Erwartungen über mögliche Fehler berücksichtigt. Im Rahmen der Prüfung werden die Wirksamkeit des rechnungslegungsbezogenen internen Kontrollsystems sowie Nachweise für die Angaben in Buchführung, Jahresabschluss und Lagebericht überwiegend auf der Basis von Stichproben beurteilt. Die Prüfung umfasst die Beurteilung der angewandten Bilanzierungsgrundsätze und der wesentlichen Einschätzungen der gesetzlichen Vertreter sowie die Würdigung der Gesamtdarstellung des Jahresabschlusses und des Lageberichts. Ich bin / Wir sind der Auffassung, dass meine / unsere Prüfung mit der im nachfolgenden Absatz dargestellten Ausnahme eine hinreichend sichere Grundlage für meine / unsere Beurteilung bildet.

Meine / Unsere Prüfung hat mit Ausnahme der folgenden Einschränkung zu keinen Einwendungen geführt: Das Vorhandensein der ausgewiesenen Vorräte in Höhe von ... EUR ist nicht hinreichend nachgewiesen, weil ich / wir nicht an der Inventur teilnehmen und durch alternative Prüfungshandlungen keine hinreichende Sicherheit über den Bestand der Vorräte gewinnen konnte(n). Es kann daher nicht ausgeschlossen werden, dass der Jahresabschluss insoweit fehlerhaft ist.

Mit dieser Einschränkung entspricht der Jahresabschluss nach meiner / unserer Beurteilung aufgrund der bei der Prüfung gewonnenen Erkenntnisse den gesetzlichen Vorschriften [und den ergänzenden Bestimmungen des Gesellschaftsvertrags / der Satzung] und vermittelt unter Beachtung der Grundsätze ordnungsmäßiger Buchführung ein den tatsächlichen Verhältnissen entsprechendes Bild der Vermögens-, Finanz- und Ertragslage der Gesellschaft. Mit der genannten Einschränkung steht der Lagebericht in Einklang mit einem den gesetzlichen Vorschriften entsprechenden Jahresabschluss, vermittelt insgesamt ein zutreffendes Bild von der Lage der Gesellschaft und stellt die Chancen und Risiken der zukünftigen Entwicklung zutreffend dar.

(Ort)

(Datum)

(Unterschrift)

Wirtschaftsprüfer

Formulierungsempfehlungen für Bestätigungsvermerke Q

13. Versagungsvermerk aufgrund einer gesetzlichen Jahresabschlussprüfung im Falle von Einwendungen

Versagungsvermerk des Abschlussprüfers   1613

Ich habe / Wir haben den Jahresabschluss – bestehend aus Bilanz, Gewinn- und Verlustrechnung sowie Anhang – unter Einbeziehung der Buchführung und den Lagebericht der ... [Gesellschaft] für das Geschäftsjahr vom ... [Datum] bis ... [Datum] geprüft. Die Buchführung und die Aufstellung von Jahresabschluss und Lagebericht nach den deutschen handelsrechtlichen Vorschriften [und den ergänzenden Bestimmungen des Gesellschaftsvertrags / der Satzung] liegen in der Verantwortung der gesetzlichen Vertreter der Gesellschaft. Meine / Unsere Aufgabe ist es, auf der Grundlage der von mir / uns durchgeführten Prüfung eine Beurteilung über den Jahresabschluss unter Einbeziehung der Buchführung und den Lagebericht abzugeben.

Ich habe meine / Wir haben unsere Jahresabschlussprüfung nach § 317 HGB unter Beachtung der vom Institut der Wirtschaftsprüfer (IDW) festgestellten deutschen Grundsätze ordnungsmäßiger Abschlussprüfung vorgenommen. Danach ist die Prüfung so zu planen und durchzuführen, dass Unrichtigkeiten und Verstöße, die sich auf die Darstellung des durch den Jahresabschluss unter Beachtung der Grundsätze ordnungsmäßiger Buchführung und den Lagebericht vermittelten Bildes der Vermögens-, Finanz- und Ertragslage wesentlich auswirken, mit hinreichender Sicherheit erkannt werden. Bei der Festlegung der Prüfungshandlungen werden die Kenntnisse über die Geschäftstätigkeit und über das wirtschaftliche und rechtliche Umfeld der Gesellschaft sowie die Erwartungen über mögliche Fehler berücksichtigt. Im Rahmen der Prüfung werden die Wirksamkeit des rechnungslegungsbezogenen internen Kontrollsystems sowie Nachweise für die Angaben in Buchführung, Jahresabschluss und Lagebericht überwiegend auf der Basis von Stichproben beurteilt. Die Prüfung umfasst die Beurteilung der angewandten Bilanzierungsgrundsätze und der wesentlichen Einschätzungen der gesetzlichen Vertreter sowie die Würdigung der Gesamtdarstellung des Jahresabschlusses und des Lageberichts. Ich bin / Wir sind der Auffassung, dass meine / unsere Prüfung eine hinreichend sichere Grundlage für meine / unsere Beurteilung bildet.

Meine / Unsere Prüfung hat zu folgender Einwendung geführt: Der Jahresabschluss wurde unzulässigerweise unter der Annahme der Fortführung der Unternehmenstätigkeit aufgestellt, obwohl wegen der ungesicherten Liquiditätsausstattung der Gesellschaft hiervon nicht ausgegangen werden kann. Aufgrund der Bedeutung dieser Einwendung versage ich / versagen wir den Bestätigungsvermerk.

Nach meiner / unserer Beurteilung aufgrund der bei der Prüfung gewonnenen Erkenntnisse entspricht der Jahresabschluss nicht den gesetzlichen Vorschriften [und den ergänzenden Bestimmungen des Gesellschaftsvertrags / der Satzung] und vermittelt kein unter Beachtung der Grundsätze ordnungsmäßiger Buchführung den tatsächlichen Verhältnissen entsprechendes Bild der Vermögens-, Finanz- und Ertragslage der Gesellschaft. Der Lagebericht steht nicht in Einklang mit einem den gesetzlichen Vorschriften entsprechenden Jahresabschluss, vermittelt insgesamt kein zutreffendes Bild von der Lage der Gesellschaft und stellt die Chancen und Risiken der zukünftigen Entwicklung nicht zutreffend dar.

(Ort)

(Datum)

(Unterschrift)

Wirtschaftsprüfer

14. Versagungsvermerk aufgrund einer gesetzlichen Jahresabschlussprüfung im Falle von Prüfungshemmnissen

1614 Versagungsvermerk des Abschlussprüfers

Ich wurde / Wir wurden beauftragt, den Jahresabschluss – bestehend aus Bilanz, Gewinn- und Verlustrechnung sowie Anhang – unter Einbeziehung der Buchführung und den Lagebericht der ... [Gesellschaft] für das Geschäftsjahr vom ... [Datum] bis ... [Datum] zu prüfen. Die Buchführung und die Aufstellung von Jahresabschluss und Lagebericht nach den deutschen handelsrechtlichen Vorschriften [und den ergänzenden Bestimmungen des Gesellschaftsvertrags / der Satzung] liegen in der Verantwortung der gesetzlichen Vertreter der Gesellschaft.

Als Ergebnis meiner / unserer Prüfung stelle ich / stellen wir fest, dass ich / wir nach Ausschöpfung aller angemessenen Möglichkeiten zur Klärung des Sachverhalts aus folgendem Grund nicht in der Lage war(en), ein Prüfungsurteil abzugeben: Durch die Unternehmensleitung wurde die Einsichtnahme in die Kalkulationsunterlagen zur Ermittlung der Herstellungskosten der unfertigen und fertigen Erzeugnisse sowie das Einholen von Saldenbestätigungen zu Forderungen aus Lieferungen und Leistungen verweigert. Aus diesem Grund war es nicht möglich, eine hinreichende Sicherheit über die tatsächliche Höhe der Vorratsbestände und Forderungen zu erzielen, die im Jahresabschluss in Höhe von etwa 80 % der Bilanzsumme ausgewiesen sind. Aufgrund der Bedeutung des dargestellten Prüfungshemmnisses versage ich / versagen wir den Bestätigungsvermerk.

Aussagen darüber, ob der Jahresabschluss den gesetzlichen Vorschriften [und den ergänzenden Bestimmungen des Gesellschaftsvertrags / der Satzung] entspricht und ein unter Beachtung der Grundsätze ordnungsmäßiger Buchführung den tatsächlichen Verhältnissen entsprechendes Bild der Vermögens-, Finanz- und Ertragslage der Gesellschaft vermittelt, sind wegen des dargestellten Prüfungshemmnisses nicht möglich. Ebenso kann nicht beurteilt werden, ob der Lagebericht in Einklang mit einem den gesetzlichen Vorschriften entsprechenden Jahresabschluss steht, insgesamt ein zutreffendes Bild von der Lage der Gesellschaft vermittelt und die Chancen und Risiken der zukünftigen Entwicklung zutreffend darstellt.

(Ort)

(Datum)

(Unterschrift)

Wirtschaftsprüfer

XI. Schrifttumsverzeichnis

1. Verzeichnis der Monographien und Beiträge in Sammelwerken

Achtelik, Risikoorientierte Geldwäschebekämpfung, Heidelberg 2008; *Aigner,* Das neue Bilanzrecht nach HGB auf der Grundlage des Bilanzrechtsmodernisierungsgesetzes (BilMoG), Münster 2009; *Aschfalk,* Zur Bedeutung der sog. „Redepflicht" des Abschlussprüfers nach § 166 Abs. 2 AktG, in: Aschfalk (Hrsg.), Unternehmensprüfung und Beratung, FS Hartmann, Freiburg i.Br. 1977, S. 67; *Bachem/Holzmayer,* IFRS-Jahresabschluss, Bonn 2009; *Baetge,* Möglichkeiten der Objektivierung der Redepflicht nach § 321 Abs. 1 Satz 4 u. Abs. 2 HGB, in: Lanfermann (Hrsg.), Internationale Wirtschaftsprüfung, FS Havermann, Düsseldorf 1995, S. 12; *Baetge/Kirsch,* Internationale Entwicklungen in der Rechnungslegung und Prüfung, Düsseldorf 2007; *Baetge/Wagner,* Der

Einfluss handelsrechlicher Rechnungslegungs- und Prüfungsvorschriften auf die genossenschaftliche Rechnungslegung und Prüfung nach neuem Recht, in: IDW (Hrsg.), Rechnungslegung und Prüfung nach neuem Recht, Düsseldorf 1987, S. 107; *Baetge/ Zülch*, Von der Spätwarnung zur Frühwarnung, in: Boysen (Hrsg.), Der Wirtschaftsprüfer und sein Umfeld zwischen Tradition und Wandel zu Beginn des 21. Jahrhunderts, FS Otte, Düsseldorf 2001, S. 1; *Baetge/Zülch*, Vermögenslage, in: HWRP, Sp. 2518; *Bantleon/ Gottmann*, Bankrechnungslegung – Bilanzierung, Aufsicht und Prüfung der Kreditinstitute, Berlin 2009; *Baumbach/Hueck*, Aktiengesetz, 13. Aufl., München 1968; *Bayer*, Transparenz und Wertprüfung beim Erwerb von Sachanlagen durch genehmigtes Kapital, in: Halbersack (Hrsg.), Festschrift für Peter Ulmer zum 70. Geburtstag am 2. Januar 2003, FS Ulmer, Berlin 2003, S. 21; *Beckmann*, Die Internationalisierung der Rechnungslegung und ihre Implikationen für das Europäische Bilanzrecht, Berlin 2008; *Bergmeister/Reiß*, MaBV für Bauträger, 4. Aufl., Düsseldorf 2003; *Bieg/Kußmaul/Petersen/Waschbusch*, Bilanzrechtsmodernisierungsgesetz, München 2009; *Bös*, Handelsbilanzielle und steuerrechtliche Behandlung von Sachdividenden, Berlin 2009; *Brebeck/Bredy*, Due Diligence aus bilanzieller und steuerlicher Sicht, in: Berens/Brauner/Strauch (Hrsg.), Due Diligence bei Unternehmensakquisitionen, 5. Auflage, Stuttgart 2008; *Brebeck/Bredy*, Financial Due Diligence I : Vermögen, Ertrag und Cashflow, in: Berens/Brauner/Strauch (Hrsg.): Due Diligence bei Unternehmensakquisitionen, 5. Auflage, Stuttgart 2008; *Breitenbach/ Martin/Nolte*, Rating-Systeme und –Prozesse, Frankfurt am Main 2007; *Buchholz*, Grundzüge des Jahresabschlusses nach HGB und IFRS, München 2010; *Buchholz*, Internationale Rechnungslegung – Die wesentlichen Vorschriften nach IFRS und neuem HGB, Berlin 2009; Burkel, Wirtschaftsprüfung und Insolvenzprophylaxe, Schwarzenbek 1982, Teil A S. 75; *Busch*, § 39, in: Marsch-Barner/Schäfer (Hrsg.), Handbuch börsennotierte AG, 2. Auflage, Köln 2009; *Busse v. Colbe u.a. (Hrsg.)*, Ergebnis je Aktie nach DVFA/ SG, 3. Aufl., Stuttgart 2000; *BVI-WVR:* Bundesverband Investment und Asset Management e.V., Handeln im Interesse der Anleger – Regelbuch für Kapitalanlagegesellschaften („BVI-Wohlverhaltensregeln"), Frankfurt am Main 2010; *Clemm*, Der Abschlussprüfer als Krisenwarner und der Aufsichtsrat, in: Lanfermann (Hrsg.), Internationale Wirtschaftsprüfung, FS Havermann, Düsseldorf 1995, S. 83; *DGRV (Hrsg.)*, Prüfung der Geschäftsführung von Genossenschaften, 3. Aufl., Berlin 2005; *Dicken*, Bankenprüfung, Berlin 2003; *Dülfer*, Der Förderungsauftrag als Gegenstand von Geschäftsberichten und Pflichtprüfungen, Marburg 1982; *Düpmann*, Bilanzielle Abbildung von zinsinduzierten Wertänderungen und Zinsrisiken im Jahresabschluss der Kreditinstitute nach HGB und IFRS, Düsseldorf 2007; *Duif/Martin/Wiegmann*, Bilanzierung von Personengesellschaften, Wiesbaden 2010; *Emmerich*, Offene Fragen zum Jahresabschluss und seiner Prüfung, in: IDW (Hrsg.), Bericht über die Fachtagung 1985 des Instituts der Wirtschaftsprüfer in Deutschland e.V., Düsseldorf 1985, S. 217; *Erle*, Der Bestätigungsvermerk des Abschlussprüfers, Düsseldorf 1990; *Ernst*, Die neuen Regelungen zur Abschlussprüfung im nationalen und europäischen Umfeld, in: Baetge/Kirsch, Anpassung des deutschen Bilanzrechts an internationale Standards, Düsseldorf 2005, S. 135; *Ernst/ Naumann*, Das neue Bilanzrecht, Düsseldorf 2009; *Ewert/Küpper*, Rechnungslegung, Kapitalmärkte und Regulierung, Wiesbaden 2009; *Farr*, Insolvenzprophylaxe durch Wirtschaftsprüfung, Frankfurt am Main 1986; *Farr*, Checkliste für die Anfertigung und Qualitätskontrolle von Prüfungsberichten, 5. Aufl., Düsseldorf 2009; *Federmann*, Bilanzierung nach Handelsrecht, Steuerrecht und IAS, IFRS, Berlin 2010; *Fiebig*, Prüfung des kommunalen Jahresabschlusses, Berlin 2007; *Fischer (u.a.)*, Die Bilanzrechtsreform 2009/10 : Handels- und Steuerbilanz nach BilMoG, Bonn 2009; *Fischer/Neubeck*, HGB-Jahresabschluss, Bonn 2009; *Forster*, Gedanken beim Unterzeichnen eines Bestätigungsvermerks, in: Ballwieser (Hrsg.), Bilanzrecht und Kapitalmarkt, FS Moxter,

Düsseldorf 1994, S. 959; *Forster,* Zur „Erwartungslücke" bei der Abschlußprüfung, in: Letzgus (Hrsg.), Für Recht und Staat, FS Helmrich, München 1994, S. 613; *Forster,* Zur Lagebeurteilung im Prüfungsbericht nach dem Referentenentwurf zum KonTraG, in: Fischer (Hrsg.), Jahresabschluß und Jahresabschlußanalyse, FS Baetge, Düsseldorf 1997, S. 935; *Freidank,* Rechnungslegung, Steuerung und Überwachung von Unternehmen, Berlin 2010; *Freidank/Altes,* Das Gesetz zur Modernisierung des Bilanzrechts (BilMoG), Berlin 2009; *Freidank/Altes,* Rechnungslegung und Corporate Governance – Reporting, Steuerung und Überwachung der Unternehmen im Umbruch, Berlin 2007; *Freidank/Velte,* Rechnungslegung und Rechnungslegungspolitik, Stuttgart 2007; *Freidank/Lachnit/Tesch (Hrsg.),* Vahlens Großes Auditing Lexikon, München 2007; *Fuchs,* Kapitalmarktorientierte Rechnungslegung, München 2007; *Funk/Rosmanith,* Internationale Rechnungslegung und internationales Controlling, Wiesbaden 2007; *Gantzkow,* Derivative Finanzinstrumente nach HGB, IFRS und US-GAAP sowie ihre Bedeutung für die Jahresabschlusspolitik und –analyse, Augsburg 2007; *Geßler,* Nichtigkeit und Anfechtung des GmbH-Jahresabschlusses nach dem Bilanzrichtlinien-Gesetz, in: Havermann (Hrsg.), Bilanz- und Konzernrecht, FS Goerdeler, Düsseldorf 1987, S. 127; *Gleich/Klein,* BilMoG und Controlling, Freiburg 2009; *Gmelin,* Neue Anforderungen an die Darstellung des Prüfungsergebnisses zum Einzel- und Konzernabschluss, in: IDW (Hrsg.), Bericht über die Fachtagung 1986, Düsseldorf 1986, S. 53; *Goerdeler,* Die freiwillige Prüfung von Jahresabschlüssen, in: Lutter/Stimpel/Wiedemann (Hrsg.), FS Fischer, Berlin 1979, S. 149; *Godfrey/Chalmers,* Globalisation of accounting standards, Cheltenham 2007; *Graumann/Schmidt-Graumann,* Rechnungslegung und Finanzierung der Krankenhäuser, Herne 2007; *Grewe/Pisternick,* Bausparkassen, in: HWRP, Sp. 215; *Grewe/Plendl,* Redepflicht des Abschlussprüfers, in: HWRP, Sp. 2006; *Gross,* Überlegungen zum Bestätigungsvermerk und zur Bescheinigung bei freiwilligen Abschlussprüfungen, in: Gross (Hrsg.), Der Wirtschaftsprüfer im Schnittpunkt nationaler und internationaler Entwicklungen, FS v. Wysocki, Düsseldorf 1985, S. 269; *Grünberger/Klein,* Offenlegung im Bankabschluss – Schnittstellen Basel II Säule 3 und IFRS, Herne 2008; *Hackenberg,* Professionelle Fußballspieler in der internationalen Rechnungslegung, Frankfurt am Main 2008; *Hahn,* BilMoG kompakt, Weil im Schönbuch 2009; *Hauser,* Krankenhausrecht 2009 – Rechtsvorschriften des Bundes, 9. Aufl., Düsseldorf 2009; *Hauser,* Krankenhausrecht kompakt 2009, 18. Auflage, Düsseldorf 2009; *Hayn,* IFRS, HGB, HGB-BilMoG im Vergleich, Stuttgart 2008; *Helfer,* Interne Kontrollsysteme in Banken und Sparkassen, Heidelberg 2008; *Henn/Frodermann/Jannot,* Handbuch des Aktienrechts, 8. Aufl., Heidelberg 2009; *Hense,* Der Prüfungsbericht hat zu viele Empfänger, in: Förschle (Hrsg.), Rechenschaftslegung im Wandel, FS Budde, München 1995, S. 287; *Hillen/Hartmann/Hosemann,* Neue regulatorische Offenlegungspflichten für Kreditinstitute, Heidelberg 2008; *Hipp,* IAS IFRS für Versicherungsunternehmen, Karlsruhe 2007; *Högemann,* Due Diligence – Prüfung und Unternehmensbewertung von Akutkrankenhäusern, Wegscheid 2006; *Hommelhoff/Matheus,* Die Rolle des Abschlussprüfers bei der Corporate Governance, in: Hommelhoff/Hopt/Werder, Handbuch Corporate Governance, 2. Auflage, Stuttgart 2009; *Hoppen/Husemann/Schmidt,* Das neue HGB-Bilanzrecht, Köln 2009; *IDW,* Die Abschlussprüfung der mittelgroßen GmbH, Düsseldorf 1989; *Jackstein,* Entwicklungslinien der Rechnungslegung nach HGB und IFRS, Hamburg 2009; *Jansen/Pfitzer,* Der Bestätigungsvermerk des Abschlussprüfers, in: Dörner/Menold/Pfitzer (Hrsg.), Reform des Aktienrechts, der Rechnungslegung und Prüfung : KonTraG – KapAEG – EuroEG – StückAG, Stuttgart 1999, S. 679; Kaiser, Rückstellungsbilanzierung – Ansatz- und Bewertungskonzeptionen für Rückstellungen nach HGB, IFRS und US-GAAP am Beispiel von Stilllegungsverpflichtungen, Wiesbaden 2008; *Kessler/Leinen/Strickmann,* Handbuch Bilanzrechtsmodernisierungsgesetz, Freiburg 2009; *Kirchhoff*, Die Sonderprüfung wegen unzulässiger Unterbewertung nach § 258 ff. AktG, München 1971; *Kirsch/Hömberg/Fischer*, Erwartungslücke und Bestätigungsvermerk, in: Fischer (Hrsg.), Jahresabschluß und Jahresabschlußanalyse, FS Baetge, Düsseldorf 1997, S. 955; *Kirsch/Thiele*, Rechnungslegung und Wirtschaftsprüfung, FS Baetge, Düsseldorf 2007; *Klein*, Die betriebswirtschaftliche Beurteilung eines neu errichteten oder umgestalteten Unternehmens im Rahmen der aktienrechtlichen Gründungsprüfung, Düsseldorf 1972; *Knüppel*, Bilanzierung von Verschmelzungen nach Handelsrecht, Steuerrecht und IFRS, Berlin 2007; *König*, Rechnungslegung nach HGB und IFRS zwischen Unternehmensfortführung und Unternehmensbeendigung, Düsseldorf 2007; *Korth*, Prüfungsbericht der GmbH – Der Bericht über die Jahresabschlussprüfung der GmbH nach § 321 HGB, München 1988; *Koss,* Rechnungslegung von Stiftungen, Düsseldorf 2003; *Koss,* in: Bundesverband Deutscher Stiftungen e.V. (Hrsg.), Das Rechnungswesen einer Stiftung, Ratgeber Deutscher Stiftungen, Bd. 4, Berlin 2004; *Kraus/Buschmann*, § 5 Sanierungskonzept und Umsetzungsmanagement einer nachhaltigen Unternehmenssanierung, in: Buth/Herrmanns (Hrsg.), Restrukturierung, Sanierung, Insolvenz, 3. Auflage, München 2008; *Krawitz,* Der Lagebericht und seine Prüfung, in: Baetge (Hrsg.), Rechnungslegung, Finanzen, Steuern und Prüfung in den neunziger Jahren, Düsseldorf 1990, S. 1; *Krommes*, Handbuch Jahresabschlussprüfung, Wiesbaden 2008; *Kropff,* Rechtsfragen in der Abschlußprüfung, in: Lanfermann (Hrsg.), Internationale Wirtschaftsprüfung, FS Havermann, Düsseldorf 1995, S. 333; *Krüger*, Prospektprüfung, in: HWRev, Sp. 1468; *Kruse*, Die Sonderprüfung wegen unzulässiger Unterbewertung, Berlin 1972; *Künnemann/Brunke*, Geschäftsführungsprüfung, in: HWRP, Sp. 921; *Leffson*, Bilanzanalyse, 3. Aufl., Stuttgart 1984; *Leffson,* Die beiden Generalnormen, in: Havermann (Hrsg.), Bilanz- und Konzernrecht, FS Goerdeler, Düsseldorf 1987, S. 315; *Ludewig*, Die Darstellung der wirtschaftlichen Lage im Bericht über die aktienrechtliche Jahresabschlussprüfung, Düsseldorf 1955; *Lüdenbach*, IFRS: Der Ratgeber zur erfolgreichen Anwendung von IFRS, Freiburg 2010; *Mai*, Rechtsverhältnis zwischen Abschlussprüfer und prüfungspflichtiger Kapitalgesellschaft, Düsseldorf 1993; *Marcks*, Makler- und Bauträgerverordnung, 8. Aufl., München 2009; *Mayer/Knop*, Jahresabschlussprüfung und Prüfung nach § 36 Abs. 1 WpHG bei Finanzdienstleistungsunternehmen, in: Becker/Wolf (Hrsg.), Handbuch Prüfungen in Kredit- und Finanzdienstleistungsunternehmen, Stuttgart 2005, S. 337; *Meyer (u.a.)*, Latente Steuern : Bewertung, Bilanzierung, Beratung, Wiesbaden 2010; *Meyer/Loitz/Quella/Zerwas*, Latente Steuern: Bewertung, Bilanzierung, Beratung, Wiesbaden 2010; *Mirtschink*, Die Haftung des Wirtschaftsprüfers gegenüber Dritten, Berlin 2006; *Mock*, Finanzverfassung der Kapitalgesellschaften und internationale Rechnungslegung, Köln/München 2008; *Müller, D.*, Verbindlichkeitsrückstellungen, Köln 2008; *Müller, K.*, Kommentar zum Genossenschaftsgesetz, 2. Aufl., Bielefeld 1998; *Müller, W.*, Der Jahresabschluß im Spannungsverhältnis zwischen öffentlichem Recht und Gesellschaftsrecht, in: Ballwieser (Hrsg.), Bilanzrecht und Kapitalmarkt, FS Moxter, Düsseldorf 1994, S. 75; *Munkert,* Die externe aktienrechtliche Gründungsprüfung, München 1971; *Munkert,* Gründungsprüfung, in: HWRev, Sp. 778; *Nemet,* Besonderheiten bei der Prüfung von Finanzierungsleasing- und Factoringunternehmen nach § 29 KWG sowie MaRisk, in: IDW (Hrsg.), Rechnungslegung und Prüfung von Finanzierungsleasing- und Factoringunternehmen, Düsseldorf 2009, S. 41; *Nemet/Ulrich,* Gesetzliche und betriebswirtschaftliche Grundlagen eines Risikomanagements für Leasinggesellschaften, in: Nemet (Hrsg.), Risikomanagement für Leasinggesellschaften, München 2010, S. 2; *Niehus/Wilke*, Die Besteuerung der Kapitalgesellschaften, Stuttgart 2009; *Nonnenmacher,* Abschlussprüfung und wirtschaftliche Lage des Unternehmens, in: Ballwieser (Hrsg.), Rechnungslegung – Warum und Wie?, FS Clemm, München 1996, S. 261; *Olbrich*, Die wirtschaftliche Lage der Kapitalgesellschaft, Düsseldorf 1992; *Papst*, Rechnungslegung und Prüfung bei Auftragsfertigung – Vergleichende Analyse von HGB, IFRS und US-GAAP, Düsseldorf 2006; *Pauli*, Gründungsprüfung, in: HWRev, Sp. 620; *Peemöller/Kunowski*, Aspekte im Rahmen der Prüfung befreiender Konzernabschlüsse gem. § 292a HGB, in: Dörner/Menold/Pfitzer (Hrsg.), Reform des Aktienrechts, der Rechnungslegung und Prüfung : KonTraG – KapAEG – EuroEG – StückAG, 2. Aufl., Stuttgart 2003, S. 675; *Petersen/Bansbach/ Dornsbach*, IFRS Praxishandbuch, München 2009; *Petersen/Zwirner*, Konzernrechnungslegung nach HGB, Weinheim 2009; *Pfitzer*, Aufbau und Inhalt des Prüfungsberichts nach neuem Recht, in: Dörner/Menold/Pfitzer (Hrsg.), Reform des Aktienrechts, der Rechnungslegung und Prüfung : KonTraG – KapAEG – EuroEG – StückAG, 2. Aufl., Stuttgart 2003, S. 649; *Pfitzer/Orth*, Die Berichterstattung des Abschlussprüfers nach neuem Recht, in: Dörner/Menold/Pfitzer (Hrsg.), Reform des Aktienrechts, der Rechnungslegung und Prüfung : KonTraG – KapAEG – EuroEG – StückAG, 2. Aufl., Stuttgart 2003, S. 873; *Phillips*, Finanzkrise, Managementpflichten und Wirtschaftsprüfung : Anforderungen an eine ordnungsgemäße Geschäftsführung und deren Prüfung, Wiesbaden 2009; *Plendl*, Die Berichterstattung des Abschlussprüfers über nachteilige Lageveränderungen und wesentliche Verluste nach § 321 Abs. 1 Satz 4 HGB, Düsseldorf 1990; *Plendl*, Prüfungsbericht, in: HWRP, Sp. 1777; *Plendl/Kompenhans/Buhleier (Hrsg.)*, Der Prüfungsausschuss der Aktiengesellschaft, Stuttgart 2011; *Pöhlmann/Fandrich/Bloehs*, Genossenschaftsgesetz : GenG, Kommentar, 3. Aufl., München 2007; *Potthoff/Trescher*, Das Aufsichtsratsmitglied – Ein Handbuch der Aufgaben, Rechte und Pflichten, 6. Aufl., bearbeitet von M. Theisen, Stuttgart 2003; *PwC*, Die Novellierung des Investmentrechts 2007, Frankfurt am Main 2008; *PwC*, Rechnungslegung von Investmentvermögen, Frankfurt am Main 2010; *Ruhnke*, Konzernbuchführung, Düsseldorf 1995; *Ruhnke*, Rechnungslegung nach IFRS und HGB, Stuttgart 2008; *Sander*, Regulierungskosten der deutschen Kreditinstitute, Hamburg 2010; *Sarx*, Zur Abwicklungs-Rechnungslegung einer Kapitalgesellschaft, in: Moxter (Hrsg.), Rechnungslegung, FS Forster, Düsseldorf 1992, S. 529; *Schäfer*, Der Prüfungsbericht nach § 321 HGB, in: Baetge (Hrsg.), Abschlussprüfung nach neuem Recht, Stuttgart 1988, S. 67; *Scharenberg*, Die Bilanzierung von wirtschaftlichem Eigentum in der IFRS-Rechnungslegung, Wiesbaden 2009; *Scharpf/Schaber*, Handbuch Bankbilanz, 3. Aufl., Düsseldorf 2009; *Schauhoff*, Handbuch der Gemeinnützigkeit, 2. Aufl., München 2005; *Scherrer*, Rechnungslegung nach neuem HGB (BilMoG), München 2009; *Scherrer/Heni*, Liquidationsrechnungslegung, 3. Aufl., Düsseldorf 2009; *Schichold*, Die Redepflicht des Konzernabschlussprüfers, Wiesbaden 1995; *Schlickenrieder*, Die Unternehmensteuerreform 2008 und ihre Konsequenzen, Hamburg 2008; *Schmidt-Verstey*, Durchsetzung ordnungsgemäßer Rechnungslegung in Deutschland, Berlin 2008; *Schmiel/Breithecker*, Steuerliche Gewinnermittlung nach dem Bilanzrechtsmodernisierungsgesetz, Berlin 2008; *Schruff*, Rechnungslegung und Prüfung der AG und GmbH nach neuem Recht (4. EG-RL), Düsseldorf 1978; *Schubert/Steder*, Genossenschafts-Handbuch, Berlin 1973- (Loseblattausgabe); *Schüppen/Schaub (Hrsg.)*, Münchener Anwalts-Handbuch Aktienrecht, 2. Auflage, München 2010; *Selchert*, Prüfungen anlässlich der Gründung, Umwandlung, Fusion und Beendigung von Unternehmungen, Düsseldorf 1977; *Selchert*, Jahresabschlussprüfung der Kapitalgesellschaft, 2. Aufl., Wiesbaden 1996; *Siebler*, Internationalisierung der Rechnungslegung und deren Auswirkungen auf Handels- und Steuerbilanz nicht auf den geregelten Kapitalmarkt ausgerichteter Unternehmen, Berlin 2008; *Spieth/Krumb*, Die Depotprüfung, Stuttgart 1975; *Steiner*, Der Prüfungsbericht des Abschlussprüfers, Köln 1991; *Theisen*, Zur Reform des Aufsichtsrats, in: Dörner/Menold/Pfitzer (Hrsg.), Reform des Aktienrechts, der Rechnungslegung und Prüfung : KonTraG – KapAEG – EuroEG – StückAG, 2. Aufl., Stuttgart 2003, S. 203; *Theisen*, Information und Berichterstattung des Aufsichtsrats, 4. Auflage,

Stuttgart 2007; *Torklus*, Rückstellungen nach internationalen Normen, Düsseldorf 2007; *v. Thermann,* Risikotragfähigkeitsrechnung (Substanzwertrechnung zur Ermittlung des Risikotragfähigkeitspotenzials bei Finanzierungsmobilienleasinggesellschaften), in: IDW (Hrsg.), Rechnungslegung und Prüfung von Finanzierungsleasing- und Factoringunternehmen, Düsseldorf 2009, S. 60; *v. Wysocki*, Grundlagen des betriebswirtschaftlichen Prüfungswesens, 3. Aufl., München 1988; *Vinken (u.a.)*, BilMoG : Bilanzrechtsmodernisierungsgesetz, Berlin 2009; *v. Wysocki,* Wirtschaftliches Prüfungswesen, Bd. III, München 2003; *Wagenhofer,* Internationale Rechnungslegungsstandards – IAS, IFRS, München 2009; *Wagner,* Die Kontrafunktion von Bilanzen in Entnahme- und Abfindungsregelungen, in: Richter (Hrsg.), Kapitalgeberansprüche, Marktwertorientierung und Unternehmenswert, FS Drukarczyk, Herne 2003, S. 594; *Wanik,* Probleme der Aufstellung und Prüfung von Prognosen über die Entwicklung der Unternehmen in der nächsten Zukunft, in: IDW (Hrsg.), Bericht über die Fachtagung 1974 des Instituts der Wirtschaftsprüfer, Düsseldorf 1975, S. 45; *Weber,* Risikopublizität von Kreditinstituten, Wiesbaden 2009; *Weber/Lorson/Pfitzer (Hrsg.),* Berichterstattung für den Kapitalmarkt, FS Küting, Stuttgart 2009; *Weirich,* Prospektprüfung und Prospekthaftung bei Wirtschaftsprüfern, in: Havermann (Hrsg.), Bilanz- und Konzernrecht, FS Goerdeler, Düsseldorf 1987, S. 649; *Willms,* Einkommens- und Eigenkapitalwirkungen der Steuerabgrenzung nach traditionellem deutschen Handelsrecht und nach IFRS, Hamburg 2008; *Wohlgemuth,* IFRS : Bilanzpolitik und Bilanzanalyse, Berlin 2006, *WPK* , International Standards on Auditing (ISAs) – Autorisierte Übersetzung der Verlautbarungen der IFAC, Stand Juni 2002, Stuttgart 2003; *Zimmermann/Werner,* Buchführung und Bilanzierung nach IFRS, München 2008; *Zöbeli/Neubert,* Jahresabschluss und Finanzen von Stiftungen, Zürich 2009.

2. Verzeichnis der Beiträge in Zeitschriften

Ackmann/Reder, Geldwäscheprävention in Kreditinstituten nach Umsetzung der Dritten EG-Geldwäscherichtlinie – Teil I -, WM 2009, S. 158; *Ackmann/Reder,* Geldwäscheprävention in Kreditinstituten nach Umsetzung der Dritten EG-Geldwäscherichtlinie – Teil II -, WM 2009, S. 200; *Adler/Forster,* Zur Frage des Inhalts und Umfanges des Berichts über die aktienrechtliche Sonderprüfung (§ 121 AktG), WPg 1957, S. 357; *Almeling,* Internationale Grundsätze für die Durchführung von Assurance-Aufträgen, WPg 2011, S. 607, S. 653; *Ammermann/Ravenstein,* Verstöße gegen die Aufstellungs- und Offenlegungspflicht von Konzernabschlüssen, WPg 2009, S. 644; *Arbeitskreis DVFA/SG,* Empfehlungen zur Ermittlung prognosefähiger Ergebnisse, DB 2003, S. 1913; *Arbeitskreis „Externe Unternehmensrechnung" der Schmalenbach-Gesellschaft,* Cash Flow nach DVFA/SG, WPg 1993, S. 599; *Arbeitsgruppe „Geldwäscheprüfung" des IDW,* Der risikobasierte Ansatz bei der Prüfung der Anti-Geldwäsche-Organisation von Kreditinstituten, WPg 2009, S. 1116; *Auerbach,* Die Neuregelungen des Geldwäschebekämpfungsergänzungsgesetzes (GwBekErgG) und ihre Auswirkungen auf die Prüfung von Kreditinstituten und Versicherungen, WPg 2009, S. 1101; *Auerbach/Vitzthum,* Anforderungen an die Geldwäsche-Gefährdungsanalyse der Kreditinstitute aus der Sicht des Wirtschaftsprüfers, WPg 2009, S. 1119; *Baetge/Linßen,* Beurteilung der wirtschaftlichen Lage durch den Abschlussprüfer und Darstellung des Urteils im Prüfungsbericht und Bestätigungsvermerk, BFuP 1999, S. 369; *Baetge/Schulze,* Möglichkeiten der Objektivierung der Lageberichterstattung über Risiken der künftigen Entwicklung, DB 1998, S. 937; *Ballwieser,* Sind mit der neuen Generalklausel zur Rechnungslegung auch neue Prüfungspflichten verbunden?, BB 1985, S. 1034; *Ballwieser,* Zur Berichterstattung des Abschlussprüfers nach neuem Recht, BFuP 1988, S. 313; *Bartels/Scholich,* Die Prüfung der Stückzahlmeldung der Nutzer des Grünen Punkts, DB 1993, S. 997; *Barth T.,* Konsequenzen aus dem BilMoG für den Berufsstand der Wirtschaftsprüfer sowie der Einfluss auf die Corporate Governance, StuB 2009, S. 726; *Barth T./Barth D./Kyank/Litz*, Einfluss des BilMoG auf das Controlling, BBK 2008, S. 465; *Bayer*, Informationsrechte bei Verschmelzung von Aktiengesellschaften, AG 1988, S. 328; *Beyer*, Rechte und Pflichten bei der Durchführung einer Außen- bzw. Betriebsprüfung, BBK 2008, S. 807; *Beyer*, Kriterien für die richtige Rechtsform vor dem Hintergrund des MoMiG, BB 2009, S. 397; *Biermann*, Neue Richtlinien der Aufsichtsbehörden für die Abschlussprüfung von Versicherungsunternehmen, WPg 1983, S. 239; *Bihr*, Prospektprüfung bei Bauherrengemeinschaften, BB 1983, S. 937; *Birnbaum*, Die jährliche Prüfung des Wertpapierdienstleistungsgeschäfts bei Wertpapierdienstleistungsinstituten nach § 36 des Wertpapierhandelsgesetzes (WpHG), WPg 1999, S. 110; *Bischof/Oser*, Zweifelsfragen zur Teilnahmepflicht des Abschlussprüfers an der Bilanzsitzung des Aufsichtsrats, WPg 1998, S. 539; *Böcking/Orth*, Mehr Kontrolle und Transparenz im Unternehmensbereich durch eine Verbesserung der Qualität der Abschlussprüfung, BFuP 1999, S. 419; *Böcking/Orth*, Kann das Gesetz zur Kontrolle und Transparenz im Unternehmensbereich (KonTraG) einen Beitrag zur Verringerung der Erwartungslücke leisten?, WPg 1998, S. 351; *Böcking/Orth/Brinkmann*, Die Anwendung der International Standards on Auditing (ISA) im Rahmen der handelsrechtlichen Konzernabschlussprüfung und deren Berücksichtigung im Bestätigungsvermerk, WPg 2000, S. 216; *Bormann/Gucht*, Übermittlung des Prüfungsberichts an den Aufsichtsrat – ein Beitrag zu § 170 Abs. 3 Satz 2 AktG, BB 2003, S. 1887; *Breidenbach*, Das Eigenkapital von Kapitalgesellschaften, BBK 2009, S. 917; *Brösel/Zwirner*, Zum Goodwill nach IFRS aus Sicht des Abschlußprüfers, BFuP 2009, S. 191; *Bückel/Semjonow*, DRS 17 – Berichterstattung über die Vergütung der Organmitglieder und DRS 15a, WPg 2008, S. 1143; *Buck/Heinemann*, Der Schutz vom Kapitalanleger durch die Prospekthaftung, Inf 1994, S. 466; *BStBK*, Abschlußvermerke und Prüfungsvermerke von Steuerberatern und Steuerbevollmächtigten, DStR 1992, S. 683; *BStBK*, Verlautbarung der Bundessteuerberaterkammer zu den Grundsätzen für die Erstellung von Jahresabschlüssen, Beihefter zu DStR 16/2010; *Burkel*, Zum Krisenwarnproblem der Wirtschaftsprüfer nach § 166 Abs. 2 AktG bei Insolvenzgefährdeten Unternehmen, ZIP 1982, S. 28; *Clemm*, Die Bedeutung des Bestätigungsvermerks des Abschlußprüfers einer Aktiengesellschaft nach derzeitiger gesetzlicher Regelung und nach dem Verständnis der Allgemeinheit, WPg 1977, S. 145; *Clemm*, Der Abschlussprüfer als Krisenwarner, WPK-Mitt. 2/1995, S. 65; *Coenenberg*, Die Einführung der Zinsschrankenregelung und des IFRS-Jahresabschlusses als Grundlage für deutsche Besteuerungszwecke, PiR 2007, S. 207; *Costa*, BilMoG : Schwellenwerte für Buchführung und Größenklassen, BBK 2009, S. 684; *Dedner*, Zur Entwicklung der Grundsätze ordnungsmäßiger Durchführung von Prospektprüfungen, BB 1983, S. 2026; *Deussen*, Der Lagebericht der Kapitalgesellschaft, StuB 2007, S. 795; *Dilling*, Behandlung zweifelhafter Forderungen nach deutschem Handelsrecht unter besonderer Berücksichtigung des Umsatzsteuerrechts, StuB 2007, S. 726; *Dirrigl*, Die Angemessenheit des Umtauschverhältnisses bei einer Verschmelzung als Problem der Verschmelzungsprüfung und der gerichtlichen Überprüfung (Teil I), WPg 1989, S. 413; *Dobler*, Auswirkungen des Wechsels der Rechnungslegung von HGB zu IFRS auf die Gewinnsteuerung, BFuP 2008, S. 259; *DVFA/SG*, Cash Flow nach DVFA/SG, WPg 1993, S. 599; *Eisolt*, Erstellung von Sanierungskonzepten nach dem neuen IDW S 6, BB 2010, S. 427; *Elkart/Naumann*, Zur Fortentwicklung der Grundsätze für die Erteilung von BestV bei Abschlussprüfungen nach § 322 HGB (Teil I), WPg 1995, S. 357; *Ellrott/Galli*, Neuregelungen der Rechnungslegung und Prüfung im deutschen Berufsfußball, WPg 2000, S. 269; *Eisele*, Steuerliche Unternehmensbewertung nach dem Erbschaftsteuerreformgesetz, BB 2009, S. 82; *Endriss*, Besteuerung von Anteilen an Kapitalgesellschaften, BBK 2008, S. 1177; *Erchinger/*

Melcher, Zur Umsetzung der HGB-Modernisierung durch das BilMoG : Neuerungen im Hinblick auf die Abschlussprüfung und die Einrichtung eines Prüfungsausschusses, DB 2009, S. 91; *Erchinger/Melcher*, Zum Referentenentwurf des Bilanzrechtsmodernisierungsgesetzes (BilMoG) : Neuerungen im Hinblick auf die Abschlussprüfung und die Einrichtung eines Prüfungsausschusses, DB 2008, S. 56; *Ernst*, KonTraG und KapAEG sowie aktuelle Entwicklungen zur Rechnungslegung und Prüfung in der EU, WPg 1998, S. 1025; *Esser/Hillebrand/Walter*, Unabhängigkeit der genossenschaftlichen Prüfungsverbände – Auswirkungen des Bilanzrechtsreformgesetzes und der Genossenschaftsgesetznovelle, WPg 2007, S. 32; *Fachausschuss Recht (FAR) des IDW*, Sitzungsberichterstattung, FN-IDW 1994, S. 18; *Fachausschuss Recht (FAR) des IDW*, Konsequenzen unterlassener Pflichtprüfungen für die Prüfung des Folgeabschlusses, FN-IDW 2002, S. 214; *Fachausschuss Sanierung und Insolvenz (FAS) des IDW*, Sanierungen erfolgreich konzipieren, BB 2010, S. 1413; *Farr*, Berichtskritik – Berufsrechtliche Anforderungen bei Siegelführung und praktische Lösungsansätze insbesondere für Kleinpraxen, WPK-Magazin 2008, S. 33; *Farr/Niemann*, Neue Grundsätze für die Erstellung von Jahresabschlüssen durch Wirtschaftsprüfer und Steuerberater – IDW S 7 und Verlautbarung der Bundessteuerberaterkammer, DStR 2010, S. 1095; *Ferlings/Poll/Schneiß*, Aktuelle Entwicklungen im Bereich nationaler und internationaler Prüfungs- und Qualitätssicherungsstandards – Unter besonderer Berücksichtigung der Prüfung von KMU (Teil 1), WPg 2007, S. 101; *Ferlings/Poll/Schneiß*, Aktuelle Entwicklungen im Bereich nationaler und internationaler Prüfungs- und Qualitätssicherungsstandards – Unter besonderer Berücksichtigung der Prüfung von KMU (Teil 2), WPg 2007, S. 145; *Fiebiger/Lenz*, Nutzen von Unternehmensratings nach Basel II für die Prüfung des Lageberichts, WPg 2007, S. 279; *Fink/Mannsperger*, Herausforderungen bei der BilMoG-Umstellung – Bilanzierungsbezogene Fragen beim Umstieg auf das neue Bilanzrecht, StuB 2010, S. 375; *Fink/Mannsperger*, Herausforderungen bei der BilMoG-Umstellung – Technischkonzeptionelle Fragen beim Umstieg auf das neue Bilanzrecht, StuB 2010, S. 344; *Fliess,* Die Fortentwicklung der Abschlussprüfungsgrds und die IFAC-Standards, WPK-Mitt. 1997, Sonderheft Juni, S. 126; *Fölsing,* Mitwirkungspflichten des Abschlussprüfers im Rechnungslegungs-Enforcement, StuB 2008, S. 391; *Forster*, MG, Schneider, Balsam und die Folgen – was können Aufsichtsräte und Abschlussprüfer gemeinsam tun?, AG 1995, S. 1; *Forster*, Zum Zusammenspiel von Aufsichtsrat und Abschlussprüfer nach dem KonTraG, AG 1999, S. 193; *Forster*, Einige Thesen zum Prüfungsbericht, WPg 1979, S. 650; *Forster*, Abschlussprüfung nach dem Regierungsentwurf des KonTraG, WPg 1998, S. 41; *Forster*, Aufsichtsrat und Abschlussprüfung, ZfB 1988, S. 789; *Forster,* Verbesserte Zusammenarbeit zwischen Aufsichtsrat und Abschlussprüfer in Deutschland, Der Schweizer Treuhänder 1999, S. 203; *Forster/Gelhausen/Möller*, Das Einsichtsrecht nach § 321 a HGB in Prüfungsberichte des gesetzlichen Abschlussprüfers, WPg 2007, S. 191; *Füser/Gleißner/Meier*, Risikomanagement (KonTraG), DB 1999, S. 753; *Galli*, Die Rechnungslegung nichtwirtschaftlicher gemeinnütziger Vereine, DStR 1998, S. 263; *Ganske*, Berufsrelevante Regelungen für Wirtschaftsprüfer im neuen Umwandlungsrecht, WPg 1994, S. 157; *Gelhausen*, Aufsichtsrat und Abschlussprüfer – eine Zweckgemeinschaft, BFuP 1999, S. 390; *Gemeinhardt/Bode*, Änderungen bei der Bewertung von zu Handelszwecken erworbenen Finanzinstrumenten nach dem BilMoG-Entwurf, StuB 2008, S. 170; *Gmelin/Weber*, Neue Prüfungsaufgaben des Abschlussprüfers aufgrund der Erweiterung seiner Berichterstattungs- und Testatspflichten durch das HGB, BFuP 1988, S. 301; *Göttgens*, Perspektiven der Rechnungslegung und Prüfung von Kreditinstituten, WPg 2008, S. 709; *Gorgs/Conrad/Rohde*, IDW PH 9.950.2: Besonderheiten bei der Prüfung einer REIT-Aktiengesellschaft, WPg 2009, S. 1167; *GPA NRW/IDW*, Prüfung der Eröffnungsbilanz und des Jahresabschlusses einer Gemeinde in NRW, WPg 2008, S. 757;

Gross, Zur Fortentwicklung der Grundsätze über die Erteilung von Bestätigungsvermerken und Bescheinigungen durch Wirtschaftsprüfer, WPg 1979, S. 213; *Gross*, Der Bericht über die Jahresabschlussprüfung nach neuem Recht, ZfB Erg.-Heft 1/1987, S. 341; *Gross/Möller*, Auf dem Weg zu einem problemorientierten Prüfungsbericht, WPg 2004, S. 317; *Groß*, Das Sanierungskonzept als Grundlage der Insolvenzvermeidung und Insolvenzbewältigung, WPg Sonderheft 1/2011, S. 35; *Groß/Amen*, Die Fortbestehensprognose – Rechtliche Anforderungen und ihre betriebswirtschaftlichen Grundlagen, WPg 2002, S. 225; *Grützner*, Die Änderungen der steuerlichen Gewinnermittlungsvorschriften durch das BilMoG, StuB 2009, S. 481; *Geschrey/Gruber*, Aktuelle Entwicklungen und Besonderheiten der Prüfung von Kreditinstituten, ZfgG 2008, S. 131; *Häcker*, Die prüferische Durchsicht von Halbjahresfinanzberichten nach § 37 w WpHG – eine Analyse der Inanspruchnahme einer freiwilligen Prüfungsdienstleistung, WPg 2011, S. 269; *Haertlein*, Die Entschaltung privater Sachverständiger bei der Schlussrechnungsprüfung durch das Insolvenzgericht (§ 66 II 1 InsO), NZI 2009, S. 577; *Hahne*, Steuerbilanzielle Behandlung der Ausgabe von Options- und Wandelanleihen beim Emittenten, StuB 2006, S. 295; *Hammer*, Überlegungen zur Prüfung von Prospekten, WPg 1982, S. 651; *Hammer*, Grundsätze ordnungsmäßiger Durchführung von Prospektprüfungen – Zur Stellungnahme WFA, WPg 1987, S. 676; *Hanenberg*, Das neue Konzept einer risikoorientierten Prüfungsberichtsverordnung der Kreditinstitute, WPg 2009, S. 713; *Haßlinger*, Zur Rechnungslegung nach IFRS bei Abwicklung der Kapitalgesellschaft, BFuP 2010, S. 276; *Havermann*, Der Aussagewert des Jahresabschlusses, WPg 1988, S. 612; *Heininger*, Aktuelle Entwicklungen zur ISA-Anwendung in Europa, WPg 2010, S. 15; *HFA des IDW*, Die künftige Pflicht zur Anwendung der ISAs, WPg 2004, S. 1281; *Heese/Kreisel*, Prüfung von Geschäftsprozessen, WPg 2010, S. 907; *Hillebrand*, Das Sanierungskozept: Die (standardisierte) Dokumentation der gesamten Sanierung, Teil 1: NWB-BB 2009, S. 90, Teil 2: NWB-BB 2009, S. 121; *Hillebrand*, Rechnungslegung in der Krise, BB 2007, S. 52; *Hirsch*, Voraussetzungen für den Widerruf eines BestV – Anmerkungen zur Entscheidung des Kammergerichts Berlin v. 19.09.2000, WPg 2001, S. 606; *Höhne*, Schenkungen unter Beteiligung von Kapitalgesellschaften, EV 2010, S. 9; *Höhne/Krause*, Die Bewertung von Anteilen an Kapitalgesellschaften und von Betriebsvermögen, EV 2009, S. 300; *Hoffmann*, Berichterstattung des Wirtschaftsprüfers über die Jahresabschlussprüfung nach den Vorschriften des Bilanzrichtlinien-Gesetzes, BB 1983, S. 874; *Hoffmann*, Eröffnungsbilanzen, StuB 2009, S. 867; *Hoffmann*, Transparente Besteuerung und Steuerlatenz, PiR 2010, S. 30; *Hoffmann*, Steuerlatenz bei der zwischenbetrieblichen Übertragung einer 6b-Rücklage, PiR 2008, S. 103; *Hoffmann/Lüdenbach*, Die imparitätische Berichterstattung des Abschlussprüfers nach § 321 Abs. 2 Satz 4 HGB n.F., DB 2003, S. 781; *Hofmeister*, Der BestV nach dem Entwurf des Bilanzrichtlinie-Gesetzes, DB 1984, S. 1585; *Hommelhoff*, Die neue Position des Abschlussprüfers im Kraftfeld der aktienrechtlichen Organisationsverfassung (Teil I), BB 1998, S. 2567; *Hommelhoff*, Abschlussprüfer – Bericht an den Wirtschaftsausschuss, ZIP 1990, S. 218; *Höschen/Vu*, Möglichkeiten und Herausforderungen der Prüfung von Nachhaltigkeitsberichten, WPg 2008, S. 378; *Hüttche*, Neue bilanzpolitische Wahlrechte und Spielräume im modernisierten Bilanzrecht, StuB 2009, S. 409; *Hüttche*, Bilanzierung selbst erstellter immaterieller Vermögensgegenstände des Anlagevermögens im Lichte des BilMoG, StuB 2008, S. 163; *IDW*, Stellungnahme zum Referentenentwurf eines Gesetzes zur Bereinigung des Umwandlungsrechts, FN-IDW 1992, S. 383; *IDW*, Aufsichtsrat und Wirtschaftsprüfung sollten sich stärker ergänzen – Verlautbarung des IDW zur Gestaltung der Überwachung in der Aktiengesellschaft, FN-IDW 1995, S. 102a; *IDW*, Stellungnahme zum Referentenentwurf eines KonTraG, FN-IDW 1997, S. 4; *IDW*, Bescheinigung zur Erstellung von Jahresabschlüssen mit Plausibilitätsbeurteilung, FN-IDW 2004, S. 288;

IDW, Bericht des Vorstands, FN-IDW 2005, S. 421; *IDW*, Aktuelle berufspolitische Entwicklungen, IDW-FN 2005, S. 265; *IDW*, Stellungnahme zum Regierungsentwurf eines Bilanzrichtlinie-Gesetzes 1983, WPg 1984, S. 125; *IDW*, Standpunkte: IDW zur Übernahme der International Standards on Auditing, FN-IDW 2009, S. 437; *Inwinkl/Schneider*, Überblick über das neue Gesetz zur Angemessenheit der Vorstandsvergütung (VorstAG), WPg 2009, S. 971; *Jacob*, KonTraG und KapAEG – die neuen Entwürfe des HFA zum Risikofrüherkennungssystem, zum BestV. und zum Prüfungsbericht, WPg 1998, S. 1043; *Jäger*, BilMoG: Auswirkungen und Lösungen für die Gesellschafter-Geschäftsführer-Versorgung, StuB 2010, S. 59; *Janert/Schuster*, Dritthaftung des Wirtschaftsprüfers am Beispiel der Haftung für Prospektgutachten, BB 2005, S. 987; *Kämpfer/Schmidt*, Die Auswirkungen der neueren Prüfungsstandards auf die Durchführung von Abschlussprüfungen, WPg 2009, S. 47; *Keßler/Herzberg*, Siegelführung durch genossenschaftliche Prüfungsverbände – Sakrileg oder Notwendigkeit?, BB 2007, S. 1778; *Kessler*, Abschlussanalyse nach IFRS und HGB, PiR 2010, S. 33; *Kessler/Leinen*, Latente Steuern: Abbau temporärer Auffassungsdivergenzen?, StuB 2010, S. 275; *KHFA*, Bescheinigungen/Prüfungsanforderungen im Sozialbereich zusätzlich zur Abschlussprüfung, FN-IDW 2003, S. 8; *Kirsch*, Neuinterpretation der Grundsätze ordnungsmäßiger Buchführung durch das Bilanzrechtsmodernisierungsgesetz, StuB 2008, S. 453; *Kling*, Angaben zur Honorierung des Abschlußprüfers, WPg 2011, S. 209; *Kloos*, Zur Standardisierung insolvenzrechtlicher Rechnungslegung – Bemerkungen in Hinblick auf Ziele und Grenzen des § 66 InsO, NZI 2009, S. 568; *Kohl/Schilling*, Die Bewertung immaterieller Vermögenswerte gem. IDW ES 5, StuB 2007, S. 541; *Köhler*, Kosten-Nutzen-Aspekte der Vereinfachungsvorschläge der EU-Kommission in den Bereichen Rechnungslegung und Wirtschaftsprüfung, WPg 2008, S. 5; *Köhler/Böhm*, Nutzen- und Kosteneffekte einer möglichen Übernahme der ISA in der EU – Ausgewählte Ergebnisse, WPg 2009, S. 997; *Kolbe*, Aktuelles zu Bilanzierung und Gewinnermittlung bei Betriebsaufspaltungen, BBK 2010, S. 412; *Knop*, Vermögensverwaltung im zweiten Jahr der MiFiD, AG 2009, S. 357; *Koch*, Rechnungslegung und Prüfung von Krankenhäusern, WPg 2009, S. 416; *Krag*, Konzepte für die Durchführung von Sonderprüfungen gem. § 315 AktG, BB 1988, S. 1856; *Krain*, Der Konzernbegriff der Zinsschranke nach dem BilMoG, StuB 2009, S. 486; *Krawitz*, Zur Prüfung des Lageberichts nach neuem Recht, WPg 1988, S. 225; *Krystek/Klein*, Erstellung von Sanierungskonzepten (Teil 1): Kritische Würdigung bestehender Standards, speziell IDW S 6, BB 2010, S. 1769; *Krystek/Klein*, Erstellung von Sanierungskonzepten (Teil 2): Leitfaden zur zukünftig ausgestaltung von Sanierungskonzepten, BB 2010, S. 1837; *Kronner/Herold*, Gestaltung der Rechnungslegungsnormen zur Vermeidung manipulativer Umsatzrealisierung, BFuP 2007, S. 148; *Kubis*, § 52 AktG – eine unsichere Sicherung der Kapitalaufbringung, AG 1993, S. 118; *Kupsch*, Die Auswirkungen einer fehlenden Schlusserklärung nach § 312 Abs. 3 AktG im Lagebericht auf den BestV des APr., DB 1993, S. 493; *Kupsch*, Die Redepflicht des Abschlussprüfers, WISU 1985, S. 489; *Küting*, Aufbau und Bestandteile des Jahres- und Konzernabschlusses nach dem BilMoG-RegE, StuB 2008, S. 735; *Küting*, Die Ermittlung der Herstellungskosten nach den Änderungen durch das Bilanzrechtsmodernisierungsgesetz, StuB 2008, S. 419; *Küting*, Das deutsche Prüfungswesen im Umbruch, StuB 2006, S. 954; *Küting*, Zur Typologie von Prüfungsarten, StuB 2006, S. 819; *Küting/Reuter*, Der Bilanzausweis des Eigenkapitals nach dem BilMoG-RegE, StuB 2008, S. 535; *Küting/Reuter/Zwirner*, Erfolgsrechnungen in deutschen Jahresabschlüssen: Umsatzkosten- versus Gesamtkostenverfahren, StuB 2006, S. 85; *Küting/Pfirmann/Mojadadr*, Einzelfragen der Umrechnung und Bewertung von Fremdwährungsgeschäften im Einzelabschluss nach § 256a HGB – Währungsumrechnung nach BilMoG, StuB 2010, S. 411; *Küting/Tesche T./Tesche J.*, Der Stetigkeitsgrundsatz nach dem Bilanzrechtsmo-

2393

dernisierungsgesetz im Einzel- und Konzernabschluss, StuB 2008, S. 655; *Kütting,* Neuerungen in der Bekämpfung von Geldwäsche und Terrorismusfinanzierung – Anforderungen an die Tätigkeit und Organisation des Wirtschaftsprüfers, WPg 2009, S. 1134; *Lachnit,* Externe Erfolgsanalyse auf der Grundlage der GuV nach dem Gesamtkostenverfahren, BFuP 1987, S. 33; *Lanfermann,* Vorschlag der EU-Kommission zur Modernisierung der EU-Prüferrichtlinie, DB 2004, S. 609; *Laux,* Bauspartechnische Aspekte der neuen Prüfungsrichtlinien für Bausparkassen (Teil I), WPg 1984, S. 573; *Laux,* Bauspartechnische Prüfungsaspekte des novellierten Bausparkassengesetzes, WPg 1994, S. 237; *Leffson,* Der Einfluss einer erkennbaren Gefährdung der Unternehmung auf die Aussagen im Prüfungsbericht und Bestätigungsvermerk, WPg 1980, S. 637; *Lehwald,* Erstellung eines Jahresabschlusses mit Plausibilitätsbeurteilung, BB 2006, S. 38; *Lenz/ Ostrowski,* Kontrolle und Transparenz im Unternehmensbereich durch die Institution Abschlussprüfung, BB 1997, S. 1523; *Lettl,* Einbeziehung Dritter in den Schutzbereich des Vertrags über eine Pflichtprüfung nach §§ 316 ff. HGB, NJW 2006, S. 2817; *Leuschner/Weller,* Die genossenschaftliche Verbandsprüfung heute, ZfgK 2007, S. 334; *Lièvre,* § 34c der Gewerbeordnung und die sich daraus ergebenden Prüfungs- und Beratungsaufgaben, WPg 1975, S. 30; *Lingemann/Wasmann,* Mehr Kontrolle und Transparenz im Aktienrecht, BB 1998, S. 853; *Ludewig,* Der Bericht über die Prüfung des Einzelabschlusses nach neuem Recht, WPg 1987, S. 373; *Ludewig,* Gedanken zur Berichterstattung des Abschlussprüfers nach der Neufassung des § 321 HGB, WPg 1998, S. 595; *Lüdenbach,* Abstockung einer Mehrheitsbeteiligung im Konzernabschluss, StuB 2010, S. 279; *Lüdenbach,* Tatsachengetreue Darstellung des Rückstellungsbedarfs – Einschränkungen von Ermessensspielräumen durch die Generalnorm?, StuB 2009, S. 735; *Lüdenbach,* Die wichtigsten Änderungen der HGB-Rechnungslegung durch das BilMoG, StuB 2009, S. 287; *Lühn,* Weiterentwicklung des handelsrechtlichen Einzelabschlusses, StuB 2007, S. 928; *Lühn,* Bilanzierung von Finanzinstrumenten nach HGB i.d.F. des BilMoG, BBK 2009, S. 993; *Mansch/Stolberg/Wysocki,* Die Kapitalflussrechnung als Ergänzung des Jahres- und Konzernabschlusses, WPg 1995, S. 185; *Marks,* Entwicklungstendenzen bei Bestätigungsvermerken – Zum neuen FG 3/1988 des IDW (Teil I), WPg 1989, S. 121; *Massenberg/Borchardt,* Rating und Rechnungslegung im Mittelstand, BFuP 2007, S. 346; *Mattheus,* Die gewandelte Rolle des Wirtschaftsprüfers als Partner des Aufsichtsrats nach dem KonTraG, ZGR 1999, S. 682; *Mertens,* Die Gestaltung von Verschmelzungs- und Verschmelzungsprüfungsbericht, AG 1990, S. 20; *Meyer zu Lösebeck,* Zur Verschmelzungsprüfung, WPg 1989, S. 499; *Meyer,* Bankbilanzierung unter der Generalklausel des § 264 Abs. 2 HGB, ZfgK 1987, S. 438; *Miletzki,* Die neuen Depotprüfungsbestimmungen und die Bekanntmachung zum Depotgeschäft, WM 1999, S. 1451; *Mücke,* Anhebung der Schwellenwerte für Einzelabschlüsse durch das BilMoG, BBK 2008, S. 229; *Mujkanovic,* Anpassungsbedarf bei der Bilanzierung des derivaten Geschäfts- oder Firmenwerts, StuB 2010, S. 268; *Mujkanovic,* Die Bilanzierung des derivativen Geschäfts- oder Firmenwerts, StuB 2010, S. 167; *Mujkanovic,* Zweckgesellschaften nach BilMoG, StuB 2009, S. 374; *Mujkanovic,* Die Bewertung von Finanzinstrumenten zum fair value nach BilMoG, StuB 2009, S. 329; *Mujkanovic,* Die Konsolidierung von Zweckgesellschaften nach IFRS und HGB vor dem Hintergrund der Subprime-Krise und des BilMoG, StuB 2008, S. 136; *Nehm,* Grundsätze ordnungsmäßiger Durchführung von Prospektprüfungen, WPg 1981, S. 645; *Nemet/Hülsen/Distler,* Neue Anforderungen an die Rechnungslegung und Prüfung von Finanzierungsleasingunternehmen nach dem Jahressteuergesetz 2009, WPg 2009, S. 960, S. 1022; *Nguyen,* Offenlegungspflichten von Versicherungsunternehmen gemäß der dritten Säule von Solvency II, WPg 2008, S. 651; *Niemann/Bruckner,* Qualitätssicherung bei der Konzernabschlussprüfung, DStR 2010, S. 345; *Noack,* Die konzernrechtliche Sonderprüfung nach § 315

AktG, WPg 1994, S. 227; *Nonnenmacher*, Das Umtauschverhältnis bei der Verschmelzung von Kapitalgesellschaften, AG 1982, S. 153; *Orth*, Verluste gemeinnütziger Stiftungen aus Vermögensverwaltung, DStR 2009, S. 1397; *Oser*, Der Konzernabschluss nach dem BilMoG mit internationalem Antlitz, PiR 2009, S. 121; *Ostermeier*, Transparenzberichterstattung in Deutschland – Eine Untersuchung zum aktuellen Stand, WPg 2009, S. 133; *Ott*, Aktuelle Rechtsprechung zur Besteuerung der GmbH und ihrer Gesellschafter, StuB 2008, S. 451; *Pauli*, Probleme der Feststellung der wirtschaftlichen Verhältnisse der Genossenschaft durch die Prüfung, BFuP 1980, S. 533; *Peemöller*, Auswirkungen des BilMoG auf die Bilanzanalyse, BB 2010, S. 52; *Peemöller/Keller*, Änderungen der Überwachung in Kapitalgesellschaften, DStR 1997, S. 1986; *Petersen/Zwirner*, Abgrenzung und Erläuterung latenter Steuern nach dem BilMoG, StuB 2010, S. 216; *Petersen/Zwirner*, Latente Steuern nach dem BilMoG, StuB 2009, S. 416; *Petersen/Zwirner*, Die Konzernrechnungslegung im Lichte des BilMoG, StuB 2009, S. 335; *Petersen/Zwirner*, Neukonzeption der Abgrenzung latenter Steuern durch das BilMoG, StuB 2008, S. 777; *Petersen/Zwirner*, Latente Steuern im Lichte des BilMoG, StuB 2008, S. 205; *Petersen/Zwirner*, Die Konzernrechnungslegung im Lichte des BilMoG, StuB 2007, S. 921; *Petersen/Zwirner*, Abschlussprüfung nach dem Regierungsentwurf zum BilMoG, WPg 2008, S. 967; *Petersen/Zwirner/Busch*, Berichterstattungspflichten im Zusammenhang mit natürlichen Personen: nahestehende Personen und Abhängigkeitsbericht, BB 2009, S. 1854; *Petersen/Zwirner/Künkele*, Bilanzpolitik und -analyse nach neuem Recht (Teil 1), StuB 2009, S. 669; *Petersen/Zwirner/Künkele*, Bilanzpolitik und -analyse nach neuem Recht (Teil 2), StuB 2009, S. 794; *Petersen/Zwirner/Künkele*, Rückstellungen nach BilMoG, StuB 2008, S. 693; *Pfitzer/Oser/Orth*, Zur Reform des Aktienrechts, der Rechnungslegung und Prüfung durch das TransPuG, DB 2001, S. 157; *Pfitzer/Oser/Orth*, Offene Fragen und Systemwidrigkeiten des Bilanzrechtsreformgesetzes (BilReG), DB 2004, S. 2593; *Phillips*, Bilanzpolitik beim Übergang auf den Jahresabschluss nach BilMoG, BBK 2010, S. 379; *Pföhler/Kamping*, Aufträge zur Durchführung vereinbarter Untersuchungshandlungen nach dem International Standard on Related Services (ISRS) 4400, WPg 2010, S. 582; *Potthoff*, Wirtschaftsprüfer auf dem Prüfstand, DB 2002, S. 1; *Priester*, Neue Regelungen zur Nachgründung – Die Entschärfung des § 52 AktG, DB 2001, S. 467; *Quick/Wiemann/Wiltfang*, Corporate-Governance-Berichterstattung, WPg 2009, S. 205; *Rabenhorst*, Neue Anforderungen an die Berichterstattung des Abschlussprüfers durch das TransPuG, DStR 2003, S. 436; *Reschke*, Finanzierungsleasing und Factoring – Zwei neue Erlaubnistatbestände im BKR 2009, S. 141; *Riehl*, Der Entwurf des IDW zur Bilanzierung von Altersversorgungsverpflichtungen nach dem BilMoG, StuB 2010, S. 131; *Rodewald*, Zur Ausgestaltung von Verschmelzungs- und Verschmelzungsprüfungsbericht, BB 1992, S. 241; *Rohde/Gemeinhardt*, Betriebsvermögen nach neuem Erbschaftsteuerrecht, StuB 2009, S. 687; *Rosenberger*, Umstellung von HGB auf IFRS in der Praxis, BBK 2007, S. 367; *Rückle*, Externe Prognosen und Prognoseprüfung, DB 1984, S. 57; *Ruhnke*, Prüfung von Jahresabschlüssen nach internationalen Prüfungsnormen, DB 2006, S. 1169; *Ruhnke/Canitz*, Besonderheiten der Prüfung von Konzernabschlüssen, WPg 2007, S. 447; *Saage*, Zum Umfang der Gründungsprüfung, ZGR 1977, S. 683; *Sarx/Marquard*, Die neuen Prüfungsrichtlinien für Bausparkassen, WPg 1984, S. 565; *Schedlbauer*, Die Ordnungsmäßigkeit der Geschäftsführung als Gegenstand von periodischen Routine- und Sonderprüfungen, DBW 1981, S. 537; *Scheffler*, Die Berichterstattung des Abschlussprüfers aus der Sicht des Aufsichtsrates, WPg 2002, S. 1289; *Scheffler*, Corporate Governance Auswirkungen auf den Wirtschaftsprüfer, WPg 2005, S. 477; *Scheffler*, Bilanzrechtsmodernisierungsgesetz und steuerliche Gewinnermittlung, StuB 2009, S. 45; *Scherff/Willeke*, Erklärungen der gesetzlichen Vertreter gegenüber dem Abschlussprüfer – der IDW EPS

303 n.F., StuB 2009, S. 456; *Scherff/Willeke*, Die Erstellung von Jahresabschlüssen durch Wirtschaftsprüfer – der IDW ES 7, StuB 2009, S. 12; *Schiller*, Die Gründungsbilanz der Aktiengesellschaft, BB 1991, S. 2403; *Schindler/Rabenhorst*, Die Gründungsbilanz der Aktiengesellschaft, BB 1998, S. 1886; *Schlagheck*, Bilanzierung verdeckter Gewinnausschüttung, BKK 2007, S. 719; *Schmidt*, Zur aktienrechtlichen Haftung des Gründungsprüfers bei der Überbewertung von Sachanlagen, DB 1975, S. 1781; *Schmidt*, Das Spannungsverhältnis zwischen Dynamik und Stabilität bei der Rechnungslegungsregulierung : Fehlentwicklungen in der EU, BFuP 2007, S. 533; *Schmidt/Weidert*, Zur Verjährung von Prospekthaftungsansprüchen bei geschlossenen Immobilienfonds, DB 1998, S. 2309; *Schoor*, Ausgewählte neue Rechtsprechung zum Bilanz- und Einkommenssteuerrecht, StuB 2009, S. 845; *Schruff*, Herausforderungen aus der Subprime Krise an die Rechnungslegung, BFuP 2009, S. 568; *Schruff/Busse/Hoffmann*, Zur Weiterentwicklung der Rechnungslegung Spenden sammelnder Organisationen – IDW ERS HFA 21 n.F., WPg 2009, S. 812; *Schülen*, Die neuen Fachgutachten und weitere Themen aus der Facharbeit des IDW, WPg 1989, S. 1; *Segna,* Rechnungslegung und Prüfung von Vereinen, DStR 2006, S. 1568; *Seibel/Graf von Westphalen*, Prospektbeurteilung bei Immobilien-Leasing, BB 1998, S. 169; *Selchert*, Prospektbeurteilung bei Immobilien-Leasing, BB 1993, S. 753; *Sieben/Marmor/Rossels*, Bedeutung und Beurteilung der Kosten- und Leistungsrechnung im Rahmen externer Krankenhausprüfungen, WPg 1982, S. 544; *Simon-Heckroth,* Die Zukunft der Nachhaltigkeitsberichterstattung – Pflicht oder Kür?, WPg 4/2011 S. I; *Simons/Weißenberger*, Die Konvergenz von externem und internem Rechnungswesen, BFuP 2008, S. 137; *Sinning/Walter/Wätke*, Neuerungen bei der Prüfung des Wertpapierdienstleistungsgeschäfts nach § 36 Abs. 1 WpHG – unter besonderer Berücksichtigung der Neufassung der WpDPV sowie des IDW EPS 521 n. F., WPg 2008, S. 600; *Sotiriadis/Heimerdinger*, Die Umsetzung der 3. EG-Geldwäscherichtlinie und ihre Bedeutung für die Finanzwirtschaft, BKR 2009, S. 234; *Sprick*, Analytische Prüfungshandlungen im Rahmen der Jahresabschlussprüfung, StuB 2006, S. 90; *Stannigel,* Die unverzügliche Berichterstattungspflicht des Abschlussprüfers von Kreditinstituten nach § 29 Abs. 2 KWG (Teil I), WPg 1977, S. 565; *Stobbe*, Der Lagebericht, BB 1988, S. 303; *Strieder*, Zeitpunkt und Unterzeichnung von Vollständigkeitserklärungen, BB 2000, S. 298; *Sultana/Willeke*, Die Neuerungen bei der Offenlegung von Jahres- und Konzernabschlüssen nach dem EHUG, StuB 2007, S. 45; *Theile*, Latente Steuern im Jahresabschluss nach BilMoG, BBK 2010, S. 639; *Theile*, Umstellung der Rückstellungen zum 1.1.2010 auf BilMoG, BBK 2010, S. 80; *Theile*, Der Dornröschenschlaf ist vorbei : Latente Steuern im HGB-Abschluss nach BilMoG, BBK 2008, S. 851; *Theile*, Reform des Bilanzrechts durch das Bilanzrechtsmodernisierungsgesetz, BBK 2007, S. 1233;*Theile*, Übergang auf BilMoG im Konzernabschluss, StuB 2010, S. 211; *Theile*, Übergang auf BilMoG im Jahresabschluss : Insbesondere Rückstellungen und Sonderposten mit Rücklageanteil, StuB 2009, S. 789; *Theile*, Übergang auf BilMoG im Jahresabschluss : Insbesondere niedrigere Wertansätze von Vermögensgegenständen, StuB 2009, S. 749; *Theile/ Stahnke*, Zum Erstkonsolidierungszeitpunkt im Konzernabschluss nach dem BilMoG-RegE, StuB 2008, S. 578; *Theisen*, Aufsichtsrat, WPg 1994, S. 809; *Thelen-Pischke/ Christ,* Die aufsichtsrechtliche Gruppe im Fokus der Bankenaufsicht – Öffnung des § 10a KWG für Konzernabschlüsse, WPg 2008, S. 67; *Thelen-Pischke/Grötzinger*, Die aufsichtsrechtliche Gruppe im Fokus der Bankenaufsicht – Deregulierung über die „Waiver"-Regelung des § 2a KWG?, WPg 2007, S. 976; *Thümmel*, Die unterschiedliche Bedeutung des Begriffs „Unabhängigkeit" im Rahmen prüfender und beratender Tätigkeit sowie ihre Auswirkung auf Inhalt und Aussagekraft von Testat und Bescheinigungen, Anlage zum MittBl. der WPK Nr. 112/1984, S. 6; *v. Treuberg/Angermayer*, Die Ausgestaltung des Prüfungsberichts des Abschlußprüfers von Versicherungsunternehmen nach der neuen

Prüfungsberichteverordnung, WPg 1998 S. 843; *Velte,* Die Gehilfenfunktion des Abschlussprüfers für den Aufsichtsrat bei der Rechnungslegungsprüfung, StuB 2010, S. 451; *Velte,* Die Stellungnahme zur Lagebeurteilung des Vorstands sowie krisenbehaftete Tatsachen im Prüfungsbericht, StuB 2009, S. 880; *Velte,* Zur Reform des Prüfungsausschusses post BilMoG, StuB 2009, S. 342; *Velte/Sepetauz,* Das BMF und die Herstellungskosten, StuB 2010, S. 523; *Voß,* Die Gründungsprüfung, WPg 1964, S. 439; *Wätke/ Kopka,* Einzelfragen zu Zuwendungen im Rahmen der Prüfung nach § 36 WpHG, WPg 2010, S. 520; *Wagner,* Bilanzierung, Bewertung und Besteuerung von Investmentanteilen, StuB 2007, S. 801; *Walter/Nazari Golpayegani,* Die kaufmännische Rechnungslegung bei rechtsfähigen Stiftungen des bürgerlichen Rechts, DStR 2000, S. 701; *Wehrheim,* Die Bilanzierung von Aufhebungszahlungen im Lizenzfußball nach IFRS, PiR 2007, S. 221; *Weitnauer,* Auswirkungen eines Gesetzes zur Modernisierung der Rahmenbedingungen für Kapitalbeteiligungen (MoRaKG) und der Unternehmensteuerreform auf die deutsche Venture Capital-Landschaft, BKR 2007, S. 521; *Wenzel/Hoffmann,* Unternehmensbewertung im Rahmen der Erbschaftsteuerreform, BBK 2009, S. 1119; *Werner,* Offenlegung des Jahresabschlusses, BBK 2007, S. 671; *Werner/Pankoke,* Auswirkungen der (vorzeitigen) Umstellung der Rechnungslegung, BBK 2009, S. 637; *Westerfelhaus,* Stärkere Kooperation von Aufsichtsrat und Abschlußprüfer, DB 1998, S. 2078; *WFA,* FN-IDW 1989 S. 253; *Willeke,* Ausgewählte Anforderungen an die Erstellung von Sanierungskonzepten, StuB 2010, S. 12; *Willeke,* Zur Auftragsabwicklung bei betriebswirtschaftlichen Prüfungen – Die Anforderungen der neuen VO 1/2006, StuB 2006, S. 577; *Wiechers,* Offenlegung von Jahresabschlüssen nach dem EHUG, BB 2007, S. 49; *Wolz/Oldewurtel,* Pensionsrückstellungen nach BilMoG, StuB 2009, S. 424; *WPK/ IDW,* WPg 1980, S. 501; *WPK,* WPK-Mitt. 1997, S. 34; *WPK,* Siegelführung bei MaBV Prüfungen, WPK-Magazin 3/2008, S. 32; *WPK,* Mitglieder fragen – WPK antwortet, WPK-Magazin 4/2008, S. 41, *WPK,* WPK-Magazin 3/2010, S. 29; *WPK,* Grundsätze für die Erstellung von Jahresabschlüssen: IDW S 7 und Verlautbarungen der BStBK zu den Grundsätzen für die Erstellung von Jahresabschlüssen, WPK-Magazin 3/2010, S. 29; *WPK,* Mitglieder fragen – WPK antwortet, WPK-Magazin 1/2010, S. 26; *Wolf,* Die Bilanzierung bestrittener Rechtsverhältnisse in der Handels-, Steuer- und Überschuldungsbilanz, StuB 2007, S. 423; *Wolf,* Reform der GmbH-Rechnungslegung durch das MoMiG, BBK 2008, S. 1005; *Wulf,* Auswirkungen des BilMoG auf die Bilanzpolitik und Beurteilung aus Sicht der Abschlussanalyse, StuB 2010, S. 563; *Wulf/Bosse,* Auswirkungen des BilMoG auf das Bilanzrating, StuB 2009, S. 568; *Zacher/Stöcker,* Die Haftung von Wirtschaftsprüfern bei steuerorientierten Kapitalanlagen, DStR 2004, S. 1494, *Zimmermann/Meyer-Schell,* Die Änderungen der Regeln zur Pensionsbilanzierung im BilMoG-RegE: Alle Ziele verfehlt, StuB 2008, S. 583; *Zimmermann/Meyer-Schell,* Die Neuregelung der Rückstellungsbilanzierung im Spiegel der betrieblichen Altersversorgung, StuB 2008, S. 188; *Zülch/Hoffmann,* Die Bilanzreform im Überblick, BBK 2009, S. 425; *Zülch/Hoffmann,* Die Bilanzierung sonstiger Rückstellungen nach BilMoG, StuB 2009, S. 369; *Zülch/Hoffmann,* Fehlen eines Prognoseberichts als wesentlicher Fehler der Rechnungslegung, StuB 2010, S. 83; *Zwirner,* Zur Notwendigkeit eines unabhängigen Rechnungslegungsgremiums in Deutschland, StuB 2010, S. 627; *Zwirner,* Latente Steuern (DRS 18), StuB 2010, S. 570; *Zwirner,* BilMoG – Mehr als nur eine Rechnungslegungsreform, StuB 2010, S. 493; *Zwirner,* Latente Steuern – Neue Regelungen, neuer Standard, neue Probleme, StuB 2010, S. 3; *Zwirner,* Entwicklung der Rechnungslegung am deutschen Kapitalmarkt, StuB 2008, S. 899; *Zwirner/Künkele,* Eigenständige Steuerbilanzpolitik durch das Bilanzrechtsmodernisierungsgesetz (BilMoG), StuB 2010, S. 355; *Zwirner/Künkele,* Währungsumrechnung nach HGB: Abgrenzung latenter Steuern?, StuB 2009, S. 722; *Zwirner/Künkele,* Währungsumrechnung nach HGB: Erstmalige Kodifikation durch das BilMoG, StuB 2009, S. 517; *Zwirner/Künkele*, Auswirkungen der Finanzmarktkrise auf den handelsrechtlichen Jahresabschluss: Bilanzpolitik versus Vorsichtsprinzip, StuB 2009, S. 188; *Zwirner/Künkele*, Währungsumrechnung nach HGB : Erstmalige Kodifikation durch das BilMoG, StuB 2008, S. 636.

Kapitel R

Prüfungstechnik

I. Vorbemerkungen

1. Zielsetzung der Abschlussprüfung

Das Prüfungsvorgehen, mithin die Prüfungstechnik, muss sich an der Zielsetzung der Abschlussprüfung orientieren. Diese ergibt sich aus § 317 Abs. 1 S. 2 HGB; danach hat sich die Prüfung „darauf zu erstrecken, ob die gesetzlichen Vorschriften und sie ergänzende Bestimmungen des Gesellschaftsvertrags oder der Satzung beachtet worden sind". Durch die Prüfung soll die **Verlässlichkeit** der im JA und LB enthaltenen Informationen erhöht werden[1]. Konsequenterweise wird die Abschlussprüfung als Gesetz- und Ordnungsmäßigkeitsprüfung bezeichnet. Neben dieser **Kontrollfunktion** kommt der Abschlussprüfung eine **Informationsfunktion** gegenüber den gesetzlichen Vertretern, den Aufsichtsorganen und den Anteilseignern des Unternehmens zu, die primär durch den PrB erfüllt wird. Mit der Erteilung eines BestV bzw. dessen Einschränkung oder Versagung übernimmt die Abschlussprüfung schließlich eine **Beglaubigungsfunktion** gegenüber den externen Adressaten des JA[2].

§ 317 Abs. 1 S. 3 HGB konkretisiert die Ziele der Abschlussprüfung. Danach ist die Prüfung so anzulegen, dass **Unrichtigkeiten und Verstöße** gegen die in S. 2 aufgeführten Bestimmungen, die sich auf die Darstellung des sich nach § 264 Abs. 2 HGB ergebenden Bildes der Vermögens-, Finanz- und Ertragslage des Unternehmens wesentlich auswirken, bei gewissenhafter Berufsausübung erkannt werden. Diese Ausrichtung entspricht ISA 240 „The Auditor's Responsibilities Relating to Fraud in an Audit of Financial Statements"[3]. Durch die gesetzliche Regelung wird zum einen klargestellt, dass nur Vorgänge von erheblicher Bedeutung zu berücksichtigen sind, da nur in diesen Fällen eine wesentliche Auswirkung auf die Vermögens-, Finanz- und Ertragslage eintreten kann. Zum anderen macht die Bezugnahme auf eine **gewissenhafte Berufsausübung** einschränkend deutlich, dass die Prüfungshandlungen zur Aufdeckung von Unregelmäßigkeit und Verstößen im Rahmen der Abschlussprüfung nicht den Umfang einer Sonderprüfung, wie z.B. einer Unterschlagungsprüfung, annehmen können[4]. Der APr. hat eine Nichtaufdeckung solcher Tatbestände nur dann zu vertreten, wenn er sie bei ordnungsmäßiger Durchführung der Abschlussprüfung mit berufsüblichen Methoden hätte feststellen müssen. Zu den berufsüblichen Methoden gehört, dass die Abschlussprüfung mit einer **kritischen Grundhaltung** zu planen und durchzuführen ist. Der APr. muss sich stets bewusst sein, dass Umstände existieren können, aufgrund derer der JA und der LB wesentliche falsche Aussagen enthalten[5].

Das Ziel der Abschlussprüfung ist eine Aussage über ein mit hinreichender Sicherheit zu treffendes Prüfungsergebnis unter Beachtung des Grundsatzes der Wirtschaftlichkeit[6]. Eine absolute Sicherheit ist indes nicht zu erreichen. Die Grenzen der Abschlussprüfung liegen in vielfältigen Ursachen begründet; insb. sind dies:

---

1 Vgl. *IDW PS 200,* Tz. 8.
2 Zu den Funktionen vgl. ADS⁶, § 316, Tz. 16; siehe auch MünchKomm. HGB² § 316, Rn. 24 ff.
3 Zu den Folgen für die Prüfungsplanung, Prüfungsdurchführung und Berichterstattung vgl. ausführlich *Schindler/Gärtner,* WPg 2004, S. 1238; *Mertin/Schmidt,* WPg 2001, S. 1305.
4 Vgl. *IDW PS 201,* Tz. 11; vgl. dazu *Schindler/Rabenhorst,* BB 1998, S. 1889 m.w.N.
5 Vgl. *IDW PS 200,* Tz. 17.
6 Vgl. *IDW PS 200,* Tz. 9.

- die Prüfung in Stichproben,
- die immanenten Grenzen des IKS einschließlich des Rechnungslegungssystems,
- der Umstand, dass Prüfungsnachweise ggf. nicht den Tatsachen entsprechen (z.B. bei kollusivem Verhalten),
- die Tatsache, dass in den meisten Fällen die Prüfungsnachweise eher überzeugend als zwingend sind, sie also Schlussfolgerungen nahe legen, ohne aber einen endgültigen Beweis zu liefern[7].

4 Der Aussagegehalt einer Abschlussprüfung, die ihr der Gesetzgeber beimisst, deckt sich nicht vollständig mit den äußerst heterogenen Erwartungen der Öffentlichkeit. Meist wird im BestV des APr. ein „Gütesiegel" für die wirtschaftliche Lage des Unternehmens gesehen. Daraus hat sich die sog. Erwartungslücke (Expectation Gap) gebildet[8].

5 Es ist nicht Ziel einer Abschlussprüfung, ein Urteil über die wirtschaftlichen Verhältnisse oder die **Ordnungsmäßigkeit der Geschäftsführung**[9] abzugeben. Dem steht nicht entgegen, dass ein Eingehen auf die wirtschaftlichen Verhältnisse im PrB guter Übung entspricht, und dass der APr. eine Berichtspflicht hat, wenn er bei Wahrnehmung seiner Aufgabe Tatsachen festgestellt hat, die den Bestand des Unternehmens gefährden oder seine Entwicklung wesentlich beeinträchtigen können[10].

2. Gegenstand und Umfang der Abschlussprüfung
a) Gesetzliche Abschlussprüfung

6 Gegenstand der gesetzlichen Abschlussprüfung nach § 317 Abs. 1 und 2 HGB sind der **JA** unter Einbeziehung der **Buchführung** und der **LB**. Zur Buchführung gehören nicht nur die Finanzbuchführung, sondern auch die rechnungslegungsbezogenen Teile der Nebenbuchhaltungen, wie z.B. Anlagenbuchhaltung, Lohn- und Gehaltsbuchhaltung oder Lagerbuchhaltung. Die Kostenrechnung ist demgegenüber kein unmittelbarer Gegenstand der Abschlussprüfung, sondern nur insoweit zu berücksichtigen, als sie die Grundlage für Ansatz und Bewertung einzelner Bilanzposten bildet. Dies betrifft u.a. die Prüfung der Herstellungskosten für die fertigen und unfertigen Erzeugnisse.

7 In die Abschlussprüfung sind daneben auch solche Bereiche einzubeziehen, die einen Einfluss auf die Rechnungslegung haben können, aber nicht selbst Teil davon sind. Bei diesen sog. **außerbuchhalterischen Bereichen** handelt es sich im Wesentlichen um die Rechtsgrundlagen und Rechtsbeziehungen des Unternehmens. Ihre Einbeziehung in die Prüfung des JA ist schon deswegen geboten, weil von ihnen Wirkungen ausgehen können, die ihren Niederschlag in der Buchhaltung finden[11]. So bestehen z.B. enge Verbindungen zwischen den Rechtsgrundlagen der Gesellschaft und den Bilanzposten Kapital und Rücklagen oder zwischen den Erträgen und Aufwendungen aus Ergebnisabführungsverträgen und den dazugehörigen Angaben im Anhang. Weitere Zusammenhänge können sich zwischen den Rechtsbeziehungen der Gesellschaft und den Rückstellungen ergeben, z.B. durch Risiken aus Lieferungs- und Abnahmeverträgen oder Verbindlichkeiten aus Altersversorgungszusagen.

---

7 Vgl. *IDW PS 200*, Tz. 24
8 Vgl. z.B. *Ruhnke/Schmiele/Schwind*, Zfbf 2010, S. 394; *Velte*, WiSt 2009, S. 481; *Quick*, WPg 2004, S. 1227.
9 Allerdings kann sich eine Verpflichtung zur Prüfung der Ordnungsmäßigkeit der Geschäftsführung aufgrund rechtsformspezifischer Vorschriften ergeben, vgl. z.B. § 53 Abs. 1 GenG, § 53 HGrG.
10 § 321 Abs. 1 HGB.
11 Vgl. auch Tz. 230.

Vorbemerkungen

8 KapGes. haben gemäß § 265 Abs. 2 S.1 HGB im JA zu jedem Posten den entsprechenden Betrag des vorangegangenen GJ anzugeben. Diese Angabepflicht führt dazu, dass die Vorjahreszahlen Bestandteil des zu prüfenden JA werden und somit auch Gegenstand der Abschlussprüfung sind. Vergleichsangaben über Vorjahre im Anhang und im LB unterliegen ebenfalls der Prüfungspflicht des APr. Vorjahresangaben, die außerhalb des geprüften Abschlusses gemeinsam mit diesem veröffentlicht werden, sind vom APr. kritisch zu lesen[12].

9 Für börsennotierte AG erweitert § 317 Abs. 4 HGB den Gegenstand der Abschlussprüfung um das **Risikofrüherkennungssystem** i.S.v. § 91 Abs. 2 AktG. Dabei ist zu beurteilen, „ob der Vorstand die ihm nach § 91 Abs. 2 des AktG obliegenden Maßnahmen in einer geeigneten Form getroffen hat und ob das danach einzurichtende Überwachungssystem seine Aufgaben erfüllen kann". Auch ohne eine derartige explizite gesetzliche Verpflichtung werden bei den übrigen Gesellschaften diejenigen Teile des Überwachungssystems, die in Zusammenhang mit den Risiken der künftigen Entwicklung stehen, im Rahmen der Prüfung des LB (Darstellung der Risiken der künftigen Entwicklung) zu untersuchen sein[13].

10 Die Prüfung der Ordnungsmäßigkeit des **Versicherungsschutzes** ist kein Prüfungsgegenstand. Das gilt auch für die Frage der Höhe des Selbstbehalts im Rahmen einer sog. Directors & Officers Versicherung (vgl. § 93 Abs. 2 S. 3 AktG). Es ist Aufgabe der gesetzlichen Vertreter, dafür Sorge zu tragen, dass die Gesellschaft sachgerecht und ausreichend gegen die ihr drohenden Risiken versichert ist[14]. Wenn dennoch mitunter im PrB auch auf den Versicherungsschutz der Gesellschaft eingegangen wird, so geschieht dies vorwiegend zu dem Zweck, dem AR die Möglichkeit zu geben, die Angemessenheit des Versicherungsschutzes seinerseits zu prüfen oder durch geeignete Sachverständige prüfen zu lassen.

11 Der **Umfang** der Abschlussprüfung ergibt sich in erster Linie aus den Rechnungslegungsvorschriften der §§ 238 ff. HGB sowie den ergänzenden rechtsform- und wirtschaftszweigspezifischen Sondervorschriften über den JA[15]. Ferner können ergänzende Bestimmungen des **Gesellschaftsvertrags** oder der **Satzung** Regelungen enthalten, die die Aufstellung des JA betreffen[16]. Die gesetzlichen Vorschriften über die Rechnungslegung werden ergänzt durch die nicht kodifizierten GoB, die gleichfalls vom APr. zu berücksichtigen sind. Darüber hinaus sind die höchstrichterliche handelsrechtliche deutsche Rechtsprechung und die Rechtsprechung des EuGH zu berücksichtigen, soweit sie über den entschiedenen Fall hinaus Bedeutung haben[17]. Die Prüfung der Einhaltung anderer gesetzlicher Vorschriften gehört dagegen nur insoweit zu den Aufgaben der Abschlussprüfung, als sich aus diesen anderen Vorschriften üblicherweise Rückwirkungen auf den geprüften JA ergeben oder die Nichtbeachtung solcher Gesetze erfahrungsgemäß Risiken zur Folge haben kann, die im LB darzustellen sind[18].

12 Bei der Prüfung der Beachtung der Bestimmungen des Gesellschaftsvertrags oder der Satzung ist der gleiche Maßstab anzulegen, wie bei der Prüfung der Einhaltung der gesetzlichen Vorschriften. Der APr. hat deshalb die Einhaltung solcher Bestimmungen zu

---

12 Vgl. *IDW PS 318*, Tz. 7.
13 Vgl. *Schindler/Rabenhorst*, BB 1998, S. 1891.
14 Vgl. ADS[6], § 317, Tz. 120.
15 Vgl. dazu Kap. G, J, K, L.
16 Vgl. *IDW PS 201*, Tz. 5.
17 Vgl. *IDW PS 201*, Tz. 8.
18 Vgl. *IDW PS 201*, Tz. 9.

prüfen, die sich auf den JA oder den LB auswirken können. Dazu zählen bspw. Regelungen über die Gewinnverwendung, die Inanspruchnahme zweckgebundener Rücklagen, den Verzicht auf größenabhängige Aufstellungserleichterungen o.ä.

13 Der gesetzlich festgelegte Umfang der Prüfung (§ 317 HGB) kann weder einseitig durch den APr. noch in Einvernehmen mit dem zu prüfenden Unternehmen **eingeschränkt** werden. Wird der APr. dagegen von dem Organ (AR oder Geschäftsführung), das den Prüfungsauftrag erteilt, gebeten, seine Prüfung in einer bestimmten Richtung oder auf bestimmte Sachverhalte auszudehnen, so handelt es sich um eine **Auftragserweiterung**, die Bestandteil der Abschlussprüfung ist. Für den Inhalt des BestV[19] haben derartige Auftragserweiterungen keine unmittelbare Bedeutung[20].

b) Freiwillige Abschlussprüfungen

14 Der APr. wird häufig mit der Prüfung von JA beauftragt, ohne dass eine gesetzliche Verpflichtung zur Prüfung besteht. Anlässe für solche freiwilligen Abschlussprüfungen können sich etwa ergeben aus:

- gesellschaftsvertraglichen oder satzungsmäßigen Bestimmungen,
- Anweisungen der Obergesellschaft,
- Verlangen von Kreditgebern oder
- beabsichtigten Unternehmensverkäufen.

15 Soweit sich nicht aus diesen Regelungen bzw. Vereinbarungen heraus bestimmte Festlegungen ergeben, können bei freiwilligen Abschlussprüfungen Gegenstand und Umfang der Prüfung im Rahmen des erteilten Prüfungsauftrags zwischen der Unternehmensleitung und dem WP grundsätzlich frei vereinbart werden. Soll die Prüfung jedoch mit einem BestV abschließen, müssen hinsichtlich Art und Prüfungsumfang die Vorschriften der §§ 316 ff. HGB beachtet werden. Ist dies nicht der Fall, darf lediglich eine Bescheinigung erteilt werden[21].

3. Gegenstand und Umfang sonstiger Prüfungen

16 Gegenstand und Umfang sonstiger Prüfungen ergeben sich, soweit sie gesetzlich vorgeschrieben sind, i.d.R. unmittelbar aus den jeweiligen gesetzlichen Vorschriften[22]. Bei freiwilligen sonstigen Prüfungen, wie z.B. Due Diligences, Kreditwürdigkeitsprüfungen, Investitionsprüfungen oder Prospektbegutachtungen, können hingegen Gegenstand und Umfang der Prüfung frei vereinbart werden. Dabei sollte der WP in jedem Fall in einer schriftlichen **Auftragsbestätigung** sein Verständnis des Prüfungsauftrags dokumentieren, um Missverständnisse über Gegenstand und Umfang der Prüfung zu vermeiden. Das gilt insb. für die Regelungen zur Haftungsbegrenzung und zur Verwendung/ Weitergabe der Berichterstattung des WP.

4. Auswahl der Prüfungshandlungen

17 Während sich Zielsetzung, Gegenstand und Umfang der Abschlussprüfung und sonstiger gesetzlicher Prüfungen aus den gesetzlichen Vorschriften bzw. bei freiwilligen Prüfungen aus dem Prüfungsauftrag ergeben, bleibt es dem pflichtmäßigen Ermessen des APr. über-

---

19 Vgl. zum BestV Kap. Q; vgl. auch *IDW PS 400*, Tz. 12.
20 Vgl. Tz. 697 ff.
21 Vgl. *IDW PS 400*, Tz. 5.
22 Z.B. §§ 142 ff. AktG; § 313 AktG; § 16 MaBV. Vgl. zu weiteren im Bereich der Wirtschaft vorgeschriebenen Prüfungen Kap. D.

Vorbemerkungen

lassen, im Einzelfall **Art und erweiterten Umfang der Prüfungsdurchführung** zu bestimmen. Dabei sind folgende grundsätzliche Faktoren zu berücksichtigen:

- Art der Prüfung;
- allgemeine Berufsgrundsätze wie Unabhängigkeit, Unbefangenheit, Gewissenhaftigkeit; Eigenverantwortlichkeit, Verschwiegenheit, Unparteilichkeit und berufsübliche Sorgfalt;
- fachliche Grundsätze, wie die gesetzlichen Vorschriften über die Prüfung und die Grundsätze ordnungsmäßiger Abschlussprüfung (GoA), die in den *IDW Prüfungsstandards* und *IDW Prüfungshinweisen* enthalten sind.

Grundsätzlich sind gesetzliche Abschlussprüfungen nach den **deutschen Prüfungsgrundsätzen (GoA)** durchzuführen. Dies gilt auch, wenn die dem Abschluss zugrunde liegenden Rechnungslegungsvorschriften nicht die des HGB sind. So ist auch ein aufgrund gesetzlicher Vorschriften aufzustellender IFRS-Abschluss nach deutschen Prüfungsvorschriften zu prüfen. Eine zusätzliche Beachtung anderer Prüfungsstandards, insb. der **ISA**, ist möglich[23]. 18

Die **Abschlussprüferrichtlinie** (Richtlinie 2006/43/EG des Europäischen Parlaments und des Rates vom 17. Mai 2006 über Abschlussprüfungen von JA und konsolidierten Abschlüssen, zur Änderung der Richtlinien 78/660/EWG und 83/349/EWG des Rates und zur Aufhebung der Richtlinie 84/253/EWG des Rates) räumt der Europäischen Kommission das Recht ein, die internationalen Prüfungsstandards der IFAC (ISA) für gesetzliche Abschlussprüfungen in der EU verbindlich vorzuschreiben. Danach sind die ISA verpflichtend anzuwenden, sobald sie in einem förmlichen Verfahren („Komitologie-Verfahren") rechtlich verbindlich angenommen wurden. 19

Die Europäische Kommission hat noch keine ISA für verbindlich erklärt. Die Ingangsetzung des Komitologieverfahrens ist derzeit noch offen. Die deutschen GoA weisen jedoch bereits heute eine hohe Konvergenz mit den ISA auf, weil der HFA des IDW die deutschen GoA in einem mehrjährigen Projekt im Interesse einer Harmonisierung an die internationalen Prüfungsgrundsätze angeglichen hat[24] und seitdem eingetretene Änderungen der ISA ebenfalls in die deutschen GoA transformiert (hat). 20

Die Berücksichtigung weiterer Prüfungsstandards kann eine **freiwillige Ergänzung** darstellen. Bei Gesellschaften, deren Aktien auch an einer ausländischen Börse notiert sind, kann sich eine Anwendung von anderen Prüfungsgrundsätzen aus den Börsenbestimmungen ergeben. Bspw. haben Unternehmen, deren Aktien in den USA notiert sind, aufgrund der Vorschriften der amerikanischen Börsenaufsichtsbehörde (Securities and Exchange Commission – SEC) ihre Abschlüsse nach den **Prüfungsstandards des PCAOB**[25] prüfen zu lassen. Die Anwendung bestimmter Prüfungsstandards kann sich auch ohne Börsennotierung, insb. bei Gesellschaften mit Sitz in einem anderen Staat, aus gesetzlichen Bestimmungen oder der dortigen Geschäftspraxis ergeben. Bspw. erwarten in den USA ansässige, nicht den Bestimmungen der SEC bzw. des PCAOB unterliegende Gesellschaften zumeist eine Prüfung nach den Prüfungsstandards des Accounting Standard Boards (ASB) des AICPA[26], die allgemein als US-GAAS bekannt sind. 21

Bei freiwilligen Abschlussprüfungen können die zugrunde zu legenden Prüfungsstandards mit dem Auftraggeber frei vereinbart werden. 22

---

23 Vgl. *IDW PS 400*, Tz. 30a.
24 Vgl. *Jacob*, WPg 2001, S. 237; *HFA*, WPg 2004, S. 1281.
25 PCAOB – Public Company Accounting Oversight Board.
26 AICPA – American Institute of Certified Public Accountants.

23 Die Auswahl der Prüfungshandlungen sowie die Bestimmung aller mit der Durchführung der Prüfung im Zusammenhang stehenden organisatorischen Maßnahmen werden im Wesentlichen durch folgende Faktoren beeinflusst[27]:

- Art der Geschäftstätigkeit sowie das wirtschaftliche und rechtliche Umfeld des zu prüfenden Unternehmens;
- organisatorische Gegebenheiten des zu prüfenden Unternehmens, insb. Einrichtung und Wirksamkeit des IKS;
- Bedeutung der einzelnen Prüfungsgegenstände entsprechend ihrer absoluten oder relativen Bedeutung;
- Risiko von Unregelmäßigkeiten.

In diesem Rahmen sind die Prüfungshandlungen vom APr. mit dem erforderlichen Maß an Sorgfalt so zu bestimmen, dass unter Beachtung der Grundsätze der Wesentlichkeit und der Wirtschaftlichkeit der Abschlussprüfung die geforderte Beurteilung der Rechnungslegung möglich ist[28].

24 Im Folgenden soll ein Überblick über die Prüfungstechnik bei Abschlussprüfungen vermittelt werden. Ausgeklammert werden die Besonderheiten von Sonderprüfungen und die Eigenarten einzelner Branchen, die ebenfalls einen wesentlichen Einfluss auf die Art der anzuwendenden Prüfungstechnik haben[29].

Die folgenden Ausführungen stellen keine allgemein gültige Prüfungsmethodik dar. Dies verbietet sich schon deshalb, weil die Prüfungspraxis und die zu prüfenden Unternehmen zu vielfältig sind und sich stetig verändern. Die Zusammenfassung versucht vielmehr, die wesentlichen Grundsätze zur Prüfung von JA in einem Überblick und ihre verhältnismäßige Anwendung darzustellen.

5. Verantwortlichkeit der Unternehmensorgane

25 Die gesetzliche Verpflichtung zur Buchführung und zur Aufstellung des JA sowie ggf. des LB obliegt den gesetzlichen Vertretern der Gesellschaft (vgl. etwa § 238 Abs. 1 HGB, § 91 Abs. 1 AktG, § 41 GmbHG). Diese Verpflichtung schließt die Einrichtung und Aufrechterhaltung eines angemessenen internen Überwachungssystems mit ein. Der Vorstand einer AG hat nach § 91 Abs. 2 AktG geeignete Maßnahmen zu treffen, insb. ein Überwachungssystem einzurichten, damit den Fortbestand der Gesellschaft gefährdende Entwicklungen früh erkannt werden (Risikofrüherkennungssystem). Die Verantwortlichkeit der gesetzlichen Vertreter wird durch die Abschlussprüfung nicht eingeschränkt[30].

26 Der AR einer AG ist das für die Überwachung der Geschäftsführung zuständige Organ (§ 111 Abs. 1 AktG). Er kann die Bücher und Schriften der Gesellschaft, die Gesellschaftskasse sowie die Bestände an Wertpapieren und Waren einsehen und prüfen (§ 111 Abs. 2 AktG). Der AR hat den JA bzw. KA, den (Konzern-)LB und den Gewinnverwendungsvorschlag zu prüfen (§ 171 Abs. 1 AktG)[31]. Billigt der AR den JA bzw. KA, ist dieser festgestellt, sofern nicht ausnahmsweise die Feststellung der Hauptversammlung überlassen wurde (§ 172 AktG). Um den AR bei seiner Überwachungsaufgabe zu entlasten, werden Bilanz- bzw. Prüfungsausschüsse (Audit Committees) regelmäßig ge-

---

27 Vgl. auch *IDW PS 200*, Tz. 20.
28 Vgl. *IDW PS 200*, Tz. 21.
29 Z.B. Kredit- und Finanzdienstleistungsinstitute, Bausparkassen, Versicherungsunternehmen, Wohnungsbauunternehmen, Krankenhäuser, kommunale Eigenbetriebe u.ä.; vgl. dazu auch Kap. G, J, K, L.
30 Vgl. *IDW PS 200*, Tz. 31; ISA 200.4. Ausf. Kap. P.
31 Zur Zusammenarbeit hierbei mit dem APr. vgl. *Nonnenmacher*, WPg 2001, Sonderheft S. S 15.

bildet. Die Einrichtung eines Audit Committee wird börsennotierten AG vom DCGK empfohlen[32]. Kapitalmarkorientierte KapGes. (§ 264d HGB) müssen einen solchen Prüfungsausschuss einrichten, soweit sie nicht über einen Aufsichts- oder Verwaltungsrat verfügen, der die Voraussetzungen des § 100 Abs. 5 AktG erfüllt (§ 324 Abs. 1 HGB).

Sofern der AR einer börsennotierten Gesellschaft dieser Empfehlung nachkommt, soll sich der Prüfungsausschuss insb. mit Fragen der Rechnungslegung und des Risikomanagements, der erforderlichen Unabhängigkeit des APr., der Erteilung des Prüfungsauftrags an den APr., der Bestimmung von Prüfungsschwerpunkten und der Honorarvereinbarung befassen (vgl. § 107 Abs. 3 S. 2 AktG). Mindestens ein Mitglied des Prüfungsausschusses muss über besondere Kenntnisse und Erfahrungen in der Anwendung von Rechnungslegungsgrundsätzen und internen Kontrollverfahren verfügen (§ 107 Abs. 4 AktG). Über diese Kenntnisse sollte zumindest der Vorsitzende verfügen[33]. Der Prüfungsausschuss hat in erster Linie eine beratende Funktion[34]; die Überwachungsverantwortung verbleibt somit beim GesamtAR. **27**

Die Verantwortlichkeiten sind zu dokumentieren. Nach § 245 HGB haben die gesetzlichen Vertreter den JA zu unterzeichnen. Der AR hat über das Ergebnis seiner Prüfung des JA bzw. KA, des LB bzw. KLB und des Gewinnverwendungsvorschlags schriftlich an die HV zu berichten (§ 171 Abs. 2 AktG). Die Klarstellung der Verantwortlichkeiten, die auch in dem BestV betont wird[35], sollte ebenso in die Bestätigung des Auftrags über die Abschlussprüfung aufgenommen werden[36]. **28**

Im Rahmen des Transparenzrichtlinie-Umsetzungsgesetzes vom 05.01.2007[37] hat der Gesetzgeber in §§ 264 Abs. 2 S. 3, 289 Abs. 1 S.5, 297 Abs. 2 S. 4, § 315 Abs. 1 S. 6 HGB für die gesetzlichen Vertreter von kapitalmarktorientierten KapGes. die Verpflichtung vorgesehen, einen sog. Bilanzeid abzugeben. Damit haben sie jeweils schriftlich zu versichern, dass nach bestem Wissen **29**

– der JA/ KA ein den tatsächlichen Verhältnissen entsprechendes Bild der Vermögens-, Finanz- und Ertragslage vermittelt oder der Anhang zusätzliche Angaben enthält, falls dieses Bild nicht vermittelt wird,
– im LB der Geschäftsverlauf einschließlich des Geschäftsergebnisses und die Lage der KapGes. so dargestellt sind, dass ein den tatsächlichen Verhältnissen entsprechendes Bild vermittelt wird und die wesentlichen Chancen und Risiken beschrieben sind.

Eine vergleichbare Regelung ist in den USA bereits in 2002 in Kraft getreten[38]. Danach haben der Vorstandsvorsitzende (CEO) und der Finanzvorstand (CFO) gegenüber der SEC eidesstattlich zu versichern, dass sie den Jahresbericht an die SEC durchgesehen haben, der Bericht nach ihrem Kenntnisstand keine irreführenden Angaben enthält und die Finanzinformationen die Vermögens-, Finanz- und Ertragslage sowie die Kapitalflüsse

---

32 Vorstand und AR einer börsennotierten Gesellschaft haben nach § 161 AktG jährlich eine Erklärung darüber abzugeben, ob den Verhaltensempfehlungen des DCGK entsprochen wurde bzw. wird und welche Verhaltensempfehlungen nicht angewendet wurden bzw. werden (sog. Entsprechenserklärung). Im Anhang zum JA bzw. KA ist anzugeben, dass die Entsprechenserklärung abgegeben und wo sie den Aktionären zugänglich gemacht worden ist (§§ 285 Nr. 16, 314 Abs. 1 Nr. 8 HGB); des Weiteren ist die Entsprechenserklärung in die Erklärung zur Unternehmensführung (§ 289a HGB) aufzunehmen.
33 Vgl. Rn. 5.3.2 DCGK (Fassung vom 26.05.2010).
34 Vgl. *Kirsten*, BB 2004, S. 174.
35 Vgl. *IDW PS 400*, Tz. 25.
36 Nach PCAOB AU Section 310.06 hat das Management zudem die Verantwortung für die Berichtigung von aufgedeckten wesentlichen Fehlern im Abschluss.
37 BGBl. I 2007, S. 10.
38 Vgl. Sec. 302(a) SOA; SEC Release No. 33-8124.

des Unternehmens in allen wesentlichen Belangen in realistischer Weise widerspiegeln. Sie haben außerdem schriftlich die Wirksamkeit des IKS zu beurteilen und zu bestätigen. Insb. im Hinblick auf die Bestätigung der Wirksamkeit des IKS geht der Bilanzeid gegenüber der SEC über die deutsche Regelung hinaus.

6. Entwicklung der Abschlussprüfung

30 Theorie und Praxis der Vorgehensweise bei Abschlussprüfungen haben sich in den letzten Jahrzehnten rasant fortentwickelt. Während zu Beginn der Abschlussprüfung eine lückenlose Prüfung aller Geschäftsvorfälle erwartet worden war, war schon zu Beginn des letzten Jahrhunderts das Konzept einer **Vollprüfung** nicht mehr haltbar[39]. Eine Beschränkung auf ausgewählte Transaktionen war unumgänglich. Ein Ansatz zur Reduzierung des Prüfungsumfangs bestand in einer intensiven Prüfung des **IKS**. Dahinter stand die Überlegung, dass der Umfang von Einzelfallprüfungen erheblich reduziert werden kann, sofern ein IKS besteht[40], dessen Wirksamkeit durch Funktionstests überprüft wurde[41].

31 Der Übergang von einem *balance sheet auditing* zum *transaction flow auditing*[42] vollzog sich über einen längeren Zeitraum. Anstelle der Konzentration der Prüfung auf Bilanzposten wurde das Verständnis der Abläufe in den **Transaction Cycles**, wie dem Absatz-, Beschaffungs-, Produktions- oder Personalbereich, in den Vordergrund gestellt[43]. In dieser Vorgehensweise kam bereits eine **Risikoorientierung** zum Ausdruck: Sofern im Unternehmen Kontrollen eingerichtet sind, die sicherstellen, dass die rechnungslegungsrelevanten Informationen in den einzelnen Transaktionszyklen vollständig und korrekt erfasst werden, führt dies aus Sicht des APr. zu einer Risikoreduktion[44]. Aussagebezogene Prüfungshandlungen können verringert werden, ohne die Qualität der Abschlussprüfung zu beeinträchtigen[45].

32 Der Grundsatz, wonach am Ende der Prüfung mit einer Mindestwahrscheinlichkeit sichergestellt sein muss, dass der JA keine wesentlichen falschen Angaben enthält, hat zur Integration von statistischen Ansätzen geführt[46]. Das **Prüfungsrisiko** wird dabei als das Produkt von **Fehlerrisiko** (inhärentes Risiko und internes Kontrollrisiko) und **Entdeckungsrisiko** definiert[47]. Die durch die Kombination von Risikoanalyse, analytischen und systemorientierten Prüfungshandlungen erreichte Prüfungssicherheit ist durch Einzelfallprüfungen soweit zu erhöhen, dass eine (Mindest)Prüfungssicherheit von 95% erreicht wird. Auf diesem Weg lässt sich der für Einzelfallprüfungen theoretisch noch erforderliche Stichprobenumfang bei Anwendung des Risikomodells herleiten[48]. Trotz der formalen Eleganz dieses statistischen Ansatzes hat sich dieses Modell zumindest in der reinen Form in der Praxis nicht durchgesetzt. Neben den z.T. recht hohen Stich-

---

39 Vgl. *Cushing*, in: Bell/Wright (Hrsg.), S. 13; *Stettler*, in: Srivastava (Hrsg.), S. 33; vgl. auch *IDW PS 200*, Tz. 19.
40 Diese Erkenntnis geht bereits auf *Montgomery* (1922), S. 82, zurück: „Where there is a satisfactory system of internal check, the auditor is not expected, and shall not attempt, to make a detailed audit".
41 Vgl. *Wiedmann*, WPg 1981, S. 706.
42 Vgl. *Dörner*, in: HWRev², Sp. 1748.
43 Vgl. *Cushing*, in: Bell/Wright, S. 20.
44 Vgl. *Buchner*, S. 166.
45 Vgl. *Wiedmann*, WPg 1981, S. 711.
46 Vgl. *Cushing*, in: Bell/Wright, S. 23.
47 Vgl. *Wiedmann*, WPg 1993, S. 17-19; vgl. auch Tz. 75.
48 Vgl. *Dörner*, in: HWRev², Sp. 1759.

probenumfängen ist insb. die weitgehende Formalisierung, die das prüferische Ermessen zurückdrängt, ein Kritikpunkt.

Die Weiterentwicklung der Abschlussprüfung zu einem **Value Audit** erfolgte nicht zuletzt vor dem Hintergrund der Anforderungen, die aus den sich wandelnden Rahmenbedingungen resultieren[49]. Neben den veränderten Erwartungen der Unternehmen und der Öffentlichkeit hat insb. die rasante Fortentwicklung der IT einschneidende Veränderungen für die Geschäftsprozesse mit sich gebracht[50]. Mit der zunehmenden technischen Durchführung von Prozessen steigt die Zuverlässigkeit bei der Bearbeitung von Routinetransaktionen durch den EDV-Einsatz, weil dadurch Fehler durch manuelle Vorgänge reduziert werden. Die Unternehmensführung richtet darüber hinaus entsprechende Prozesse und Kontrollen ein, um eine zuverlässige Datenbasis zu gewährleisten. Damit verschiebt sich der Schwerpunkt der Abschlussprüfung von der Überprüfung einer großen Anzahl von Routinetransaktionen hin zu einer sorgfältigen Würdigung von außergewöhnlichen und/ oder ermessensbehafteten Geschäftsvorfällen. Diese Entwicklung lässt sich bspw. an der Bedeutung der Inventur festmachen: Aus heutiger Sicht ist bei funktionierenden Lagerverwaltungssystemen das Hauptaugenmerk des Managements nicht mehr auf die Abweichung der Ist- von den Sollbeständen am Abschlussstichtag gerichtet, sondern vielmehr auf eine Minimierung der Lagerbestände bei gleichzeitiger Dispositionssicherheit.

Eine Prüfung derartiger Transaktionen ohne ausreichende Berücksichtigung des Unternehmensumfeldes läuft Gefahr, Auswirkungen von wesentlicher Bedeutung für den JA und damit den BestV zu ignorieren.

Die beschriebenen Entwicklungen haben eine Änderung der Prüfungsperspektive erforderlich gemacht. Das hat zu einem gestiegenen Niveau der Abschlussprüfung geführt. Dies kommt nicht zuletzt in der wachsenden Bedeutung der Aufdeckung von Unregelmäßigkeiten im Rahmen der Abschlussprüfung zum Ausdruck[51]. Die damit verbundene Komplexität stellt eine besondere Herausforderung dar und macht gleichzeitig operationalisierte Verfahren erforderlich[52]. Als übergreifendes Merkmal dieser unterschiedlichen Entwicklungen ist festzustellen, dass die Bewältigung der genannten Herausforderungen ohne tiefgreifende Kenntnisse über das zu prüfende Unternehmen und dessen Umfeld nicht möglich ist.

Die verstärkte Ausrichtung der Abschlussprüfung an den Geschäftsrisiken hat zu dem **geschäftsrisikoorientierten Prüfungsansatz** oder auch Business Risk Audit[53] geführt. Die geschäftsrisikoorientierte Abschlussprüfung versucht, das Unternehmen sowie seine Umwelt in einer ganzheitlichen Betrachtungsweise zu erfassen. Änderungen in den berufsständischen Verlautbarungen haben sich dabei hauptsächlich aus dem ganzheitlichen Risikoverständnis und dem daraus resultierenden Top-Down-Vorgehen ergeben[54]. Mit der Veröffentlichung des überarbeiteten Audit Risk Model hat das IAASB die grundlegenden Elemente des geschäftsrisikoorientierten Prüfungsansatzes in seine Prüfungsnormen aufgenommen[55]. Die neueren Entwicklungen zielen insb. darauf ab, die festgestellten Risiken und die einzusetzenden Prüfungshandlungen in stärkerem Maße zu verbinden[56].

---

49 Vgl. *Wiedmann*, WPg 1998, S. 338.
50 Vgl. *Bell u.a.*, S. V.
51 Vgl. Tz. 167.
52 Vgl. *Bell u.a.*, S. 31.
53 Vgl. *Ruhnke*, JfB 2006, S. 193.
54 Vgl. *Link*, S. 243.
55 Vgl. *Link*, S. 247 ff.
56 Vgl. *Ruhnke/Lubitzsch*, WPg 2006, S. 366.

7. Überblick über die Phasen der Abschlussprüfung

36 Der **Prüfungsprozess** lässt sich in die Phasen der

- Prüfungsplanung,
- Prüfungsdurchführung und Überwachung und
- Berichterstattung über die Prüfung

unterteilen.

37 Die Unterteilung des Prüfungsprozesses in diese **drei Phasen**[57] gibt dabei v.a. den gedanklichen, nicht jedoch unbedingt den zeitlichen Ablauf der Prüfung wieder. Eine Reihe der im Rahmen der Planungsphase benötigten Informationen stellen das Ergebnis von Zwischenprüfungen oder vorangegangener Abschlussprüfungen dar. Umgekehrt müssen die im Rahmen der Planung getroffenen Einschätzungen und Annahmen laufend an die während der Prüfung gewonnenen Erkenntnisse angepasst werden und führen insoweit zu einer Revision des ursprünglichen Plans[58].

- Der Ausgangspunkt der Abschlussprüfung besteht darin, dass der APr. eine angemessene Prüfungsstrategie entwickelt und ein Prüfungsprogramm erstellt[59]. Diese Prüfungsstrategie leitet er aus den Risikofaktoren (Unternehmensrisiken, Fehlerrisiken) ab. Hierzu hat der APr. **Prüfungshandlungen zur Risikobeurteilung** festzulegen, um ein Verständnis von dem Unternehmen sowie von dessen rechtlichem und wirtschaftlichem Umfeld einschließlich des IKS zu erlangen[60]. Dabei sind u.a. das Unternehmensumfeld (einschließlich branchenspezifischer und rechtlicher Rahmenbedingungen sowie Rechnungslegungsgrundsätze), die Merkmale des Unternehmens (Geschäftstätigkeit und -entwicklung, Rechtsform, Organe, Finanzierung etc.), die Ziele und Strategien des Unternehmens (einschließlich Geschäftsrisiken) sowie die Erfolgskennzahlen und die Erfolgsmessung zu analysieren[61]. Das für die Abschlussprüfung relevante IKS ist hinsichtlich des Aufbaus und der Implementierung zu würdigen (insb. Kontrollumfeld, Risikobeurteilungsprozess, rechnungslegungsbezogenes Informationssystem, Überwachung des IKS)[62]. Erst durch diese Vorgehensweise wird der APr. in die Lage versetzt, Risiken wesentlicher falscher Angaben identifizieren und beurteilen zu können.

- Der APr. muss Prüfungshandlungen entsprechend seiner Risikobeurteilung festlegen. In diesem Zusammenhang sind die **bedeutsamen Risiken**[63] und die Risiken, bei denen aussagebezogene Prüfungshandlungen allein zur Gewinnung hinreichender Sicherheit nicht ausreichen, für den APr. von besonderer Relevanz. Als Reaktion auf diese Risiken hat er im weiteren Verlauf das Verständnis von dem Unternehmen und insb. von dem IKS zu vertiefen, da er ein Verständnis über die für diese Risiken relevanten Kontrollen und Kontrollaktivitäten erlangen muss[64]. In diesem Zusammenhang macht sich der APr. mit den wesentlichen Unternehmensabläufen (Transaction Cycles) vertraut. Eine Abschlussprüfung geht somit nicht primär von den Jahresabschlussposten aus, sondern von den Unternehmensabläufen, die sich im JA widerspiegeln[65]. Als Teil

---

57 Vgl. *Dörner* (1989), S. 339 (343).
58 Vgl. ISA 300.10; *IDW PS 240*, Tz. 21.
59 Vgl. ISA 300.7; *IDW PS 240*, Tz. 11.
60 Vgl. ISA 315.4(d); *IDW PS 240*, Tz. 17.
61 Vgl. ISA 315.11; *IDW PS 261*, Tz. 13.
62 Vgl. ISA 315.14 ff.; *IDW PS 261*, Tz. 37 ff.
63 Vgl. ISA 315.27; *IDW PS 261*, Tz. 10.
64 Vgl. ISA 315.29f.; *IDW PS 261*, Tz. 12 ff.
65 Vgl. *Orth*, WPg 1999, S. 577.

der Risiko- und Kontrollbeurteilung legt der APr. fest, in welchem Umfang darüber hinaus das unternehmerische Kontrollsystem für die prüferischen Zwecke genutzt werden soll[66]. D.h. er berücksichtigt, ob und inwiefern eine bestimmte Kontrolle geeignet ist, wesentliche falsche Angaben zu verhindern bzw. aufzudecken und zu korrigieren[67]. Sofern der APr. plant, sich auf die in den Abläufen identifizierten Kontrollen zu verlassen, hat er sie auf ihre Funktionsfähigkeit hin zu prüfen (Test of Controls)[68]. In Abhängigkeit von den Kontrollmaßnahmen des Unternehmens und den Ergebnissen der Funktionsprüfung hat der APr. im Anschluss zu entscheiden, in welcher Art, welchem Umfang und zu welchem Zeitpunkt aussagebezogene Prüfungshandlungen (Substantive Testing) durchzuführen sind. Dazu gehören analytische Prüfungshandlungen (Analytical Procedures) und Einzelfallprüfungen (Tests of Details). Bei bedeutsamen Risiken sind aussagebezogene Prüfungshandlungen stets verpflichtend[69].

– An die Durchführung der Prüfungshandlungen und die damit verbundene Sammlung von Prüfungsnachweisen schließt sich die Berichterstattung an. Dazu gehört die Erteilung des BestV, die Erstattung des PrB, die Berichterstattung an den Prüfungsausschuss/den AR sowie ggf. die Erstellung eines Management Letter.

II. Planung der Abschlussprüfung
1. Prüfungsplanung durch den Abschlussprüfer
a) Gegenstand und Zweck der Planung

Die Prüfungsplanung umfasst die **Beschaffung von Informationen** über das Unternehmen und die prüfungsrelevanten Bereiche, die Entwicklung einer **Prüfungsstrategie**, die **Einteilung des Prüfungsstoffs** in einzelne Prüfungsgebiete, die Bestimmung von Art und Umfang der vorzunehmenden **Prüfungshandlungen** und den zeitlichen und qualitativen **Mitarbeitereinsatz**. Darüber hinaus ist auch der Umfang der Anleitung und **Überwachung der Mitglieder des Prüfungsteams** sowie die **Durchsicht ihrer Arbeit** zu planen[70]. Die Prüfungsplanung soll sicherstellen, dass die Prüfung zum vereinbarten Zeitpunkt begonnen, mit den jeweiligen – den Anforderungen entsprechend qualifizierten – Prüfern besetzt ist, ordnungsgemäß durchgeführt und zeitgerecht abgeschlossen wird. **38**

Mit der **Planung der Prüfung** sollte bereits unmittelbar nach der Erteilung des Prüfungsauftrags begonnen werden, um einen den Verhältnissen des zu prüfenden Unternehmens angemessenen Prüfungsverlauf in sachlicher, personeller und zeitlicher Hinsicht zu gewährleisten[71]. Daneben hat die Prüfungsplanung die Aufgabe, ergänzende Vorstellungen und Anforderungen des Prüfungsausschusses/des AR zu berücksichtigen[72]. **39**

b) Projektmanagement und Prüfungsplanung

Entsprechend dem Grundsatz der **Wirtschaftlichkeit** sollte für eine Abschlussprüfung – genau wie für jedes andere Projekt – ein angemessenes **Projektmanagement** durchge- **40**

---

66 Vgl. *Nonnenmacher*, S. 67.
67 Vgl. ISA 315.29 f.; *IDW PS 261*, Tz. 35 ff.
68 Vgl. ISA 330.8 ff.; *IDW PS 261*, Tz. 74.
69 Vgl. ISA 330.21; nach *IDW PS 261*, Tz. 83, sind zumindest in wesentlichen Prüffeldern aussagebezogene Prüfungshandlungen durchzuführen.
70 Vgl. ISA 300.11; *IDW PS 240*, Tz. 20.
71 Vgl. § 4 BS WP/vBP, *VO 1/2006*, Tz. 79; *IDW PS 240*, Tz. 7. Dabei ist auch zu berücksichtigen, dass die Gesamtheit aller Aufträge durchgeführt werden kann.
72 Vgl. Tz. 13.

führt werden[73]. Darunter versteht man im Allgemeinen die Planung, Steuerung und Kontrolle von Projekten. Ein konsequentes Projektmanagement ist notwendig, damit trotz der Begrenzungen in zeitlicher Hinsicht sowie bezüglich der Ressourcen ein zutreffendes Prüfungsurteil bei gleichzeitiger Realisierung der finanziellen Ziele abgegeben wird. Besondere Anforderungen an das Projektmanagement ergeben sich bspw. in den Bereichen

– Mitarbeiterdisposition im Rahmen der Verfügbarkeit von Ressourcen,
– Erstellung eines Ablaufplans mit definierten Meilensteinen,
– zeitgerechter Einsatz von Spezialisten,
– Kommunikation mit dem Mandanten während des gesamten Prüfungsverlaufs (z.B. Erstellung eines Kommunikationsplans, Definition eines Eskalationsprozesses zur Vermeidung der Verschleppung bedeutsamer Themen),
– Unsicherheiten bezüglich der Qualifikation, der Kompetenzen und der Arbeitsauffassung der verantwortlichen Ansprechpartner beim Mandanten (insb. bei neuen Themen oder Erstprüfungen),
– Einhaltung der Deadlines.

41 Die Planung ist ein unverzichtbarer Teil des Projektmanagements und macht eine anschließende **Überwachung** erst möglich. In diesem Zusammenhang gehört zur Prüfungsplanung auch die Erstellung eines **Zeit- und Kostenbudgets**. Diesem Budget werden im weiteren Ablauf die tatsächlich aufgelaufenen Zeiten und Kosten gegenübergestellt und im Rahmen einer Soll-Ist-Abweichung analysiert. Dadurch ist es möglich, frühzeitig Abweichungen von der ursprünglichen Planung festzustellen.

c) Planung als prüfungsbegleitender Prozess

42 Planung und Überwachung sind als kontinuierliche Prozesse zu verstehen, die bis zur Beendigung der Abschlussprüfung andauern. Sämtliche Schritte des Projektmanagements sind im weiteren Verlauf den gewonnenen Erkenntnissen anzupassen. Die Notwendigkeit für **Änderungen in der Prüfungsplanung** kann sich insb. in den folgenden Fällen ergeben:

– Änderung der der Prüfungsplanung zugrunde gelegten Gegebenheiten (z.B. durch Zweifel an der Going Concern-Prämisse)
– zusätzliche Informationen während der Prüfungsdurchführung (z.B. durch Kenntnisnahme erheblicher Altlasten)
– unerwartete Ergebnisse einzelner Prüfungshandlungen (z.B. Widersprüche zwischen Prüfungsnachweisen aus aussagebezogenen Prüfungshandlungen und Funktionsprüfungen)
– Aufdeckung von Schwachstellen des IKS (z.B. fehlende/ unzureichende Kontrollen im Rahmen der Umsatzrealisierung)
– Identifizierung von Anzeichen für betrügerische Handlungen (z.B. durch Hinweise auf Leistungen ohne erkennbare/ eindeutige Gegenleistung)[74].

43 Das wiederkehrende Durchlaufen der Stufen dieses Gesamtprozesses (Planung, Durchführung und Überwachung, Anpassung) ist in jeder Phase des Prüfungsablaufs erforderlich, um die im Laufe der Prüfung gewonnenen Erkenntnisse und Feststellungen in den nächsten Prüfungsschritten berücksichtigen zu können.

---

73 Zu elektronischen Hilfsmitteln vgl. Tz. 730.
74 Vgl. ISA 300.A13; *IDW PS 240*, Tz. 21.

d) Sachliche Planung
aa) Überblick

Die sachliche Planung enthält eine Festlegung der im Einzelnen vorzunehmenden **Prüfungshandlungen**. Sowohl der Umfang der Prüfungsplanung als auch der Prüfungshandlungen hängt von der **Größe und Komplexität** des zu prüfenden Unternehmens und damit dem Schwierigkeitsgrad der Prüfung ab. Ebenso spielen die bisherigen **Erfahrungen** des APr. mit dem Unternehmen eine entscheidende Rolle[75]. In allen Fällen vollzieht sich die Planung in folgenden **Schritten**, die im Einzelfall unterschiedlich detailliert sind: 44

– Erlangung eines Verständnisses von dem Unternehmen sowie von dessen rechtlichem und wirtschaftlichem Umfeld einschließlich des IKS
– Entwicklung einer Prüfungsstrategie
– Planung von Art und Umfang der Prüfungshandlungen (Erstellung eines Prüfungsprogramms).

bb) Informationen als Grundlage der Planung

Die Entwicklung der Prüfungsstrategie sowie darauf aufbauend des Prüfungsprogramms setzt voraus, dass sich der APr. ein möglichst umfassendes Verständnis von dem zu prüfenden Unternehmen und den prüfungsrelevanten Bereichen verschafft. Diese Informationsbeschaffung ist wesentlicher Bestandteil der **Prüfungshandlungen zur Risikobeurteilung**, durch die der APr. ein Verständnis von dem Unternehmen und seinem Umfeld, einschließlich des IKS, mit dem Ziel gewinnt, die Risiken wesentlicher falscher Angaben zu identifizieren und zu beurteilen[76]. Die im Rahmen dieses **Informationsbeschaffungs- und -analyseprozesses** heranzuziehenden Informationen umfassen Informationen über die **Geschäftstätigkeit** sowie das **rechtliche und wirtschaftliche Umfeld** des Unternehmens[77]. Durch diese Informationen macht sich der APr. mit den grundlegenden Verhältnissen des Unternehmens vertraut und kann Erkenntnisse über externe Einflussfaktoren gewinnen, die auf die Lage des Unternehmens insgesamt oder auf einzelne Prüfungsgebiete (z.B. Ansatz oder Bewertung bestimmter Vermögensgegenstände) Einfluss haben können. Darüber hinaus sind bei der Prüfungsplanung die Informationen des APr. über wesentliche interne Aspekte des zu prüfenden Unternehmens zu berücksichtigen. Dazu gehören insb. die von dem zu prüfenden Unternehmen verfolgten Ziele und **Strategien** sowie die damit zusammenhängenden Geschäftsrisiken[78] und die Kenntnisse der Unternehmensabläufe einschließlich des IKS[79] des Unternehmens. In den Unternehmensabläufen sind die internen Kontrollen enthalten, auf die sich der APr. soweit wie möglich stützt. Kenntnisse über Aufbau und Wirkungsweise der vorhandenen Kontrollstruktur sind notwendig, um entscheiden zu können, inwieweit die Prüfung auf dem vorhandenen System aufbauen kann. 45

Der **Umfang** der benötigten Informationen ist im Einzelfall sehr unterschiedlich, abhängig insb. von der Größe, Komplexität und Organisation des zu prüfenden Unternehmens sowie der Branche, in der es tätig ist. Als mögliche **Informationsquellen** kommen u.a. in Betracht: 46

---

75 Vgl. ISA 300.A1; *IDW PS 240*, Tz. 12.
76 Vgl. ISA 315.4(d); *IDW PS 300*, Tz. 14.
77 Vgl. dazu auch Tz. 239.
78 Vgl. dazu im Einzelnen Tz. 243; ISA 315.11(d).
79 Vgl. dazu im Einzelnen Tz. 245 sowie Tz. 264; ISA 315.12.

- Vorstands- und Aufsichtsratsprotokolle,
- Geschäftsberichte, Internetrecherchen,
- Datenbanken,
- Planungsrechnungen,
- Gespräche mit der Geschäftsführung,
- Gespräche mit der Innenrevision und Durchsicht von Berichten der Innenrevision,
- Gespräche mit Fachleuten außerhalb des Unternehmens,
- PrB des Vj.,
- Dauerakte,
- Arbeitspapiere des Vj.,
- Bilanzierungsrichtlinie,
- Übersicht über das IKS,
- Übersicht über eingesetzte IT-Systeme,
- Berichte von Banken, Analysten oder Rating-Agenturen,
- Berichte in Fach- und Wirtschaftszeitschriften und
- Betriebsbesichtigungen.

47   Die im Rahmen dieses Informationsbeschaffungsprozesses gewonnenen Erkenntnisse und Hinweise erlauben dem APr., eine vorläufige Risikoeinschätzung für die einzelnen Prüfungsgebiete vorzunehmen. Er kann eine dieser Einschätzung entsprechende Prüfungsstrategie entwickeln, bei der er unter Berücksichtigung der relativen oder absoluten Bedeutung der Prüfungsgebiete festlegt,

- in welchen Bereichen bei der Durchführung der Prüfung ein Abstützen auf das IKS möglich und sinnvoll oder auch verpflichtend[80] ist,
- welche Prüfungshandlungen zur Gewinnung zusätzlicher urteilsrelevanter Informationen in den einzelnen Prüfungsbereichen durchgeführt werden sollen und
- in welchen Bereichen aufgrund einer erhöhten Risikoeinschätzung umfangreichere Prüfungshandlungen erforderlich sind bzw. in welchen Bereichen aufgrund eines geringen Risikos eine Prüfung in vermindertem Umfang möglich erscheint.

48   Dem Verständnis des IKS kommt im Rahmen der Abschlussprüfung eine besondere Bedeutung zu. Zur Verdeutlichung, über welche Aspekte des IKS sich der APr. Kenntnisse verschaffen muss, wird im Folgenden das Framework[81] des Committee of Sponsoring Organizations of the Treadway Commission (COSO Report) kurz dargestellt. In ISA 315 und *IDW PS 261* wurde die Definition des IKS gemäß COSO Report berücksichtigt[82]. Danach werden im Rahmen des IKS drei Ebenen unterschieden:

---

80   Vgl. ISA 315.29 f.; *IDW PS 261*, Tz. 10.
81   Vgl. *Committee of the Sponsoring Organizations of the Treadway Commission* (2004).
82   Vgl. ISA 315.14 ff.; *IDW PS 261*, Tz. 26 ff.; *Förschle/Schmid*, in: FS Lück, S. 229.

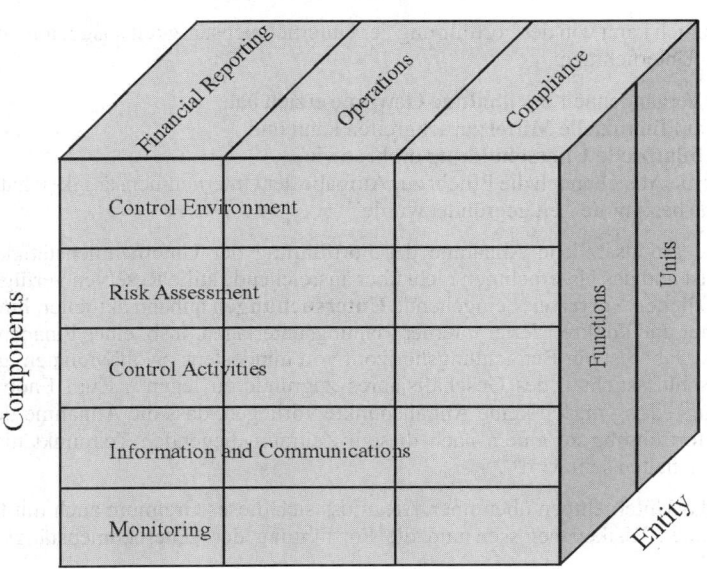

Abbildung 1

Bei den **Zielen** handelt es sich um:

- die Ordnungsmäßigkeit und Verlässlichkeit der Rechnungslegung,
- die operativen Ziele und
- die Einhaltung der für das Unternehmen maßgeblichen rechtlichen Vorschriften.

Die **Bestandteile** des IKS sind[83]:

- Kontrollumfeld,
- Risikobeurteilung,
- Kontrollaktivitäten,
- Information und Kommunikation und
- Überwachung des IKS.

Diese Bestandteile sind in ihrer Gesamtheit zwingende Voraussetzung für die Erreichung der Ziele. Das IKS ist für das Gesamtunternehmen, auf Ebene der operativen Einheiten und für die Unternehmensfunktionen von Relevanz.

cc) Beurteilung der Fortführung der Unternehmenstätigkeit

Die **Annahme der Fortführung der Unternehmenstätigkeit** (Going Concern-Prämisse) ist gemäß § 252 Abs. 1 HGB bei der Bewertung der im JA ausgewiesenen Vermögensgegenstände und Schulden grundsätzlich maßgeblich, sofern dem nicht tatsächliche oder rechtliche Gegebenheiten entgegenstehen. Für IFRS-Abschlüsse ist die Annahme der Fortführung der Unternehmenstätigkeit in IAS 1.25 f. geregelt. Die gesetzlichen Vertreter

---

83 Vgl. auch ISA 315.14 ff.

haben bei der Aufstellung des JA darüber zu entscheiden, ob die Voraussetzungen für die Annahme der Fortführung der Unternehmenstätigkeit gegeben sind[84].

52 Grundsätzlich kann von der Fortführung der Unternehmenstätigkeit ausgegangen werden, wenn das Unternehmen:

- in der Vergangenheit **nachhaltige Gewinne** erzielt hat,
- leicht auf **finanzielle Mittel** zurückgreifen kann und
- **keine bilanzielle Überschuldung** droht sowie
- weder die Absicht noch die Pflicht zur Aufgabe der Unternehmenstätigkeit hat oder nur für eine bestimmte Zeit gegründet wurde[85].

53 Wenn die grundsätzliche Annahme der Fortführung der Unternehmenstätigkeit nicht möglich ist und das Unternehmen nicht über ausreichende stille Reserven verfügt[86] haben die **gesetzlichen Vertreter**[87] eingehende **Untersuchungen** anhand aktueller, hinreichend detaillierter und konkretisierter interner Planungsunterlagen, insb. eines Finanzplans, anzustellen. Dabei ist ein Betrachtungshorizont von mindestens zwölf Monaten, gerechnet vom Abschlussstichtag des Geschäftsjahres zugrunde zu legen[88]. Zum Ende der Abschlussaufstellung dürfen keine Anhaltspunkte vorliegen, dass die Annahme der Unternehmensfortführung zu einem nach diesem Zeitraum liegenden Zeitpunkt nicht mehr aufrecht zu halten sein wird[89].

54 Verfügt das Unternehmen über einen AR, muss sich dieses Gremium auch mit bestandsgefährdenden Risiken befassen und die Fortführung der Unternehmenstätigkeit überwachen[90].

55 Für die Beurteilung der Fortführung der Unternehmenstätigkeit gilt das Stichtagsprinzip (§ 252 Abs. 1 Nr. 3 und 4 HGB) nicht, so dass neuere Erkenntnisse nach dem Abschlussstichtag, die die Annahme der Unternehmensfortführung betreffen, stets zu berücksichtigen sind[91].

Mit der Berücksichtigung dieser Erkenntnisse soll verhindert werden, dass auf der Grundlage des JA Gewinnausschüttungs- oder Entnahmerechte geltend gemacht werden, obwohl bei der Aufstellung des JA bereits feststeht, dass das Unternehmen den maßgeblichen Prognosezeitraum nicht überleben wird[92].

56 Die Vorgehensweise im Hinblick auf die Prüfung der Angemessenheit der Fortführungsprognose lässt sich in drei Stufen einteilen[93]:

---

84 Vgl. ISA 570.3f.; *IDW PS 270*, Tz. 9.
85 Vgl. *IDW PS 270*, Tz. 7 u. 9. In diesen Fällen muss der APr. keine detaillierten Beurteilungen durchführen, sofern er durch andere Prüfungshandlungen (z.B. Befragungen) zu dem Schluss kommt, dass das Management in angemessener Weise der Annahme der Unternehmensfortführung zugrunde gelegt hat; vgl. ISA 570. A8. Sofern sich die wirtschaftlichen Rahmenbedingungen ändern (z.B. durch eine Wirtschaftskrise) kann er nicht ohne Weiteres von der Unternehmensfortführung ausgehen. Vgl. *Lilienbecker/Link/Rabenhorst*, BB 2009, S. 262 (264).
86 Vgl. *IDW PS 270*, Tz. 10; vgl. ISA 570.3 ff.
87 Zur Pflicht des Geschäftsführungsorgans gehört die Erstellung einer Fortführungsprognose; vgl. *Groß/Amen*, WPg 2002, S. 225 (226 f.); *Groß*, WPg 2010, S. 119 (127). Bei einer Bestandsgefährdung ist der AR gefordert, die Ursachen der Krise zu erforschen und nach Lösungsmöglichkeiten zu suchen. Vgl. OLG Brandenburg, Urteil v. 17.02.2009 – 6 U 102/07, ZIP, S. 866 (869).
88 Vgl. *IDW PS 270*, Tz. 8; vgl. ISA 570.13.
89 Vgl. *IDW PS 270*, Tz. 8.
90 Vgl. *Groß*, WPg 2010, S. 127.
91 Vgl. *IDW PS 270*, Tz. 48; vgl. *IDW PS 203 n.F.*, Tz. 9; anders BeBiKo[7], § 252, Rn. 12.
92 Vgl. *IDW PS 270*, Tz. 26.
93 Vgl. *Lilienbecker/Link/Rabenhorst*, BB 2009, S. 262.

Planung der Abschlussprüfung   R

– Prüfungshandlungen zur Risikobeurteilung sowie die Beurteilung der Einschätzung der gesetzlichen Vertreter
– weitere Prüfungshandlungen bei Anhaltspunkten für bestandsgefährdende Tatsachen
– besondere Berichterstattungspflichten.

Dabei ist die erste Stufe in jedem Fall durchzuführen, während der APr. nur dann auf die zweite oder von dort auf die dritte Stufe gelangt, wenn wesentliche Unsicherheiten über die Angemessenheit der Fortführungsprognose bestehen bzw. fortbestehen.

Erhebliche Zweifel an der Fortführung der Unternehmenstätigkeit bestehen insb. dann, wenn einzelne oder mehrere der folgenden, beispielhaft aufgeführten Umstände vorliegen[94]: 57

– **Finanzielle Umstände**:
  – in der Vergangenheit eingetretene oder für die Zukunft erwartete negative Zahlungssalden aus der laufenden Geschäftstätigkeit
  – die Schulden übersteigen das Vermögen oder die kurzfristigen Schulden übersteigen das Umlaufvermögen
  – Kredite zu festen Laufzeiten, die sich dem Fälligkeitsdatum nähern, ohne konkrete Aussichten auf Verlängerung oder Rückzahlung
  – übermäßige kurzfristige Finanzierung langfristiger Vermögensgegenstände
  – Anzeichen für den Entzug finanzieller Unterstützung durch Lieferanten oder andere Gläubiger
  – ungünstige finanzielle Schlüsselkennzahlen
  – erhebliche Betriebsverluste oder erhebliche Wertminderungen bei betriebsnotwendigem Vermögen
  – Ausschüttungsrückstände oder Aussetzen der Ausschüttung
  – Unfähigkeit, Zahlungen an Gläubiger bei Fälligkeit zu leisten
  – Unfähigkeit, Darlehenskonditionen einzuhalten
  – Lieferantenkredite stehen nicht mehr zur Verfügung
  – Unmöglichkeit, Finanzmittel für wichtige neue Produktentwicklungen oder andere wichtige Investitionen zu beschaffen
  – Unfähigkeit, Kredite ohne Sicherheitenstellung von außen zu beschaffen
  – Einsatz von Finanzinstrumenten außerhalb der gewöhnlichen Geschäftstätigkeit
  – angespannte finanzielle Situation im Konzernverbund
– **Betriebliche Umstände**:
  – Ausscheiden von Führungskräften in Schlüsselpositionen ohne adäquate Nachfolge
  – Verlust eines Hauptabsatzmarktes, Verlust von Hauptlieferanten oder wesentlichen Kunden bzw. Kündigung von bedeutenden Franchise-Verträgen
  – gravierende Personalprobleme
  – Engpässe bei der Beschaffung wichtiger Vorräte
  – nicht ausreichend kontrollierter Einsatz von Finanzinstrumenten
– **Sonstige Umstände**:
  – Verstöße gegen Eigenkapitalvorschriften oder andere gesetzliche Regelungen
  – anhängige Gerichts- oder Aufsichtsverfahren gegen das Unternehmen, die zu Ansprüchen führen können, die wahrscheinlich nicht erfüllbar sind
  – Änderungen in der Gesetzgebung, von denen negative Folgen für das Unternehmen erwartet werden

---
94 Vgl. *IDW PS 270*, Tz. 11; vgl. ISA 570.A2.

58 Das Vorliegen eines ungünstigen Faktors bedeutet nicht zwangsläufig, dass ernsthafte Zweifel an der Unternehmensfortführung bestehen müssen. Vielmehr ist eine Gesamtwürdigung aller Umstände erforderlich[95].

59 Ist von der Fortführung der Unternehmenstätigkeit nicht mehr auszugehen, hat dies Konsequenzen für die **Bewertung** sowie für den **LB**[96] (§ 289 HGB). Darüber hinaus sind **insolvenzrechtliche Folgen**[97] zu beachten[98].

60 Der **Verantwortung des APr.** obliegt es, die Angemessenheit der durch die gesetzlichen Vertreter getroffenen Going Concern-Prämisse bei der Planung und Durchführung der Prüfungshandlungen und bei der Abwägung der Prüfungsaussagen auf ihre Plausibilität hin zu beurteilen. Dies kann bspw. durch zielgerichtete Befragungen, analytische Prüfungshandlungen oder Einsichtnahme etwa in Vorstands- und Aufsichtsratsprotokolle erfolgen[99]. Dabei hat er zu erwägen, ob ggf. bestehende wesentliche Unsicherheiten hinsichtlich der Fortführung der Unternehmenstätigkeit im JA und LB zum Ausdruck gebracht werden müssen[100]. Allerdings muss die Beurteilung des APr., die Annahme der Unternehmensfortführung für angemessen zu halten, nicht bedeuten, dass die Fortführung der Unternehmenstätigkeit gesichert ist[101]. Liegen Anhaltspunkte für bestandsgefährdende Tatsachen vor, hat dies Einfluss auf Art, Umfang und zeitlichen Einsatz der Prüfungshandlungen[102].

61 Die Annahme der gesetzlichen Vertreter zur Fortführung der Unternehmenstätigkeit ist durch den APr. zu beurteilen[103]. Die **Beurteilung** berücksichtigt die angewandten Prognoseverfahren, die zugrunde gelegten Annahmen, den Zeitraum der Einschätzung, die künftigen, von gesetzlichen Vertretern beabsichtigten Vorhaben sowie die Vollständigkeit der dem APr. bekannten Vorhaben und umfasst dabei grundsätzlich den Zeitraum, den auch die gesetzlichen Vertreter zugrunde gelegt haben[104]. Alle relevanten, zum Prognosezeitpunkt eingetretenen Ereignisse bzw. verfügbaren Informationen sind für die Beurteilung der Annahme der Fortführung der Unternehmenstätigkeit zu berücksichtigen[105].

62 Die Fortführungsprognose sollte aus Sicht des APr. grundsätzlich einen Zeithorizont von mindestens **zwölf Monaten ab dem Abschlussstichtag** abdecken[106]. Zusätzlich dürfen keine Anhaltspunkte dafür vorliegen, dass die Fortführungsprognose nach dem Ende der Aufstellung des Abschlusses (Datum des BestV)nicht aufrecht zu erhalten sein wird. Der APr. ist verpflichtet, das Management zu dessen Kenntnissen von Ereignissen jenseits des

---

95 Vgl. ISA 570.A2; *IDW PS 270*, Tz. 11.
96 Siehe auch *IDW PS 350*.
97 Siehe zu insolvenzrechtlicher Fortbestehungsprognose *Groß*, WPg 2010, S. 119 (121 ff.)
98 Vgl. *IDW PS 270*, Tz. 12.
99 Vgl. *Lilienbecker/Link/Rabenhorst*, BB 2009, S. 262 (263).
100 Vgl. *IDW PS 270*, Tz. 13; vgl. ISA 570.9.
101 Vgl. ISA 570.7; *IDW PS 270*, Tz. 14.
102 Vgl. *IDW PS 270*, Tz. 18; vgl. ISA 570.10.
103 Vgl. *IDW PS 270*, Tz. 19; vgl. ISA 570.12.
104 Vgl. *IDW PS 270*, Tz. 19 f.; vgl. ISA 570.A7 ff.; siehe auch *IDW PS 314 n.F.*; siehe auch *Groß*, WPg 2010, S. 119 (123 f.).
105 Vgl. *IDW PS 270*, Tz. 31.
106 Vgl. ISA 570.13: mindestens zwölf Monate nach Abschlussstichtag; *IDW PS 270*, Tz. 8: mindestens zwölf Monate nach Abschlussstichtag, bei Unternehmen mit längeren Produktionszyklen können längere Prognosezeiträume sachgerecht sein; in *IDW St/FAR 1/1996* Abschnitt 3.2 wird empfohlen, der der insolvenzrechtlichen Fortbestehensprognose das laufende und das folgende Geschäftsjahr zugrunde zu legen.

Planung der Abschlussprüfung   R

Prognosezeitraums zu befragen, die die Unternehmensfortführung in Frage stellen könnten[107], wobei der Zeithorizont unbestimmt ist.

Bezüglich sich abzeichnender bestandsgefährdender Tatsachen hat der APr. die **gesetzlichen Vertreter** über deren Kenntnisse zu **befragen**. Darüber hinaus hat der APr. zu prüfen, ob bereits bekannte Ereignisse oder Verhältnisse nach dem Prognosezeitraum eingetreten sind, die die Annahme der Unternehmensfortführung in Frage stellen[108]. Anhaltspunkte kann der APr. bei der Prüfungsplanung und während der Prüfungsdurchführung einschließlich der Prüfung des Risikofrüherkennungssystems, der Ereignisse nach dem Abschlussstichtag und des LB erlangen[109]. Die Verwertung der Ergebnisse der Prüfung des Risikofrüherkennungssystems ist allerdings nur dann sinnvoll, wenn dieses dazu geeignet ist, bestandsgefährdende Tatsachen festzustellen[110]. Liegen keine deutlichen Anzeichen für eine jenseits des Prognosezeitraums liegende Gefährdung der Fortführung der Unternehmenstätigkeit vor, ist der APr. über die Befragung der gesetzlichen Vertreter hinaus nicht verpflichtet, weitere Prüfungshandlungen durchzuführen[111]. 63

Werden bestandsgefährdende Tatsachen festgestellt, hat der Prüfer zu beurteilen, inwieweit dies sein Prüfungsrisiko beeinflusst[112]. Dabei erhöht eine Bestandsgefährdung Art, Umfang und den zeitlichen Einsatz der Prüfungshandlungen[113]. (Geplante) Maßnahmen der gesetzlichen Vertreter sowie andere, die bestandsgefährdenden Tatsachen vermindernde Faktoren, sind zu berücksichtigen[114]. Zu diesen gehören z.B. die Veräußerung von Vermögenswerten, Kapitalerhöhungen, Umschuldungen, qualifizierte Rangrücktrittsvereinbarungen, „harte" Patronatserklärungen sowie die Umsetzung von Sanierungsmaßnahmen. Geplante Maßnahmen sind hinsichtlich ihrer Realisierbarkeit kritisch durchzusehen und deren tatsächlich beabsichtigte Durchführung hat sich der APr. durch die gesetzlichen Vertreter ggf. schriftlich bestätigen zu lassen[115]. 64

Die Durchführung folgender **Prüfungshandlungen** können zusätzlich Aufschluss über das Bestehen bestandsgefährdender Tatsachen geben[116]: 65

– Analyse und Erörterung der Zahlungsströme, des geplanten Ergebnisses und anderer wichtiger Prognosedaten mit den gesetzlichen Vertretern
– Analyse und Erörterung des letzten verfügbaren Zwischenabschlusses des Unternehmens
– Durchsicht der Bedingungen für Schuldverschreibungen und Darlehensverträge sowie Ermittlung etwaiger Verstöße gegen die Vereinbarungen
– kritisches Lesen der Sitzungsprotokolle der Gesellschafterversammlung, der Aufsichtsgremien, der gesetzlichen Vertreter und anderer wichtiger Gremien auf Hinweise auf finanzielle Schwierigkeiten

---

107 Vgl. ISA 570.15; *IDW PS 270*, Tz. 22.
108 Vgl. *IDW PS 270*, Tz. 22 f.; vgl. ISA 570.15 u. A13 f.
109 Vgl. *IDW PS 270*, Tz. 23; vgl. zur Prüfung des Risikofrüherkennungssystems allgemein *IDW PS 340*, zur Prüfung der Ereignisse nach dem Abschlussstichtag allgemein *IDW PS 203 n.F.*; vgl. zur Prüfung des LB allgemein *IDW PS 350*.
110 Vgl. *Lilienbecker/Link/Rabenhorst*, BB 2009, S. 262 (263).
111 Vgl. *IDW PS 270*, Tz. 24 f.; vgl. ISA 570.A14.
112 Vgl. Tz. 75.
113 Vgl. ISA 570.16; *IDW PS 270*, Tz. 18.
114 Vgl. *Lilienbecker/Link/Rabenhorst*, BB 2009, S. 264.
115 Vgl. *IDW PS 270*, Tz. 28; vgl. ISA 570.16 u. 16(e); siehe zu Sanierungskonzepten *IDW Standard: Anforderungen an die Erstellung von Sanierungskonzepten (IDW S 6)*.
116 Vgl. *IDW PS 270*, Tz. 29; vgl. ISA 570.16 u. A15.

- Befragung der Rechtsanwälte des Unternehmens zu bestehenden Rechtsstreitigkeiten und Klagen sowie zur Vertretbarkeit der von den gesetzlichen Vertretern vorgenommenen Einschätzung der Auswirkungen und der daraus zu erwartenden finanziellen Konsequenzen
- Bestätigung des Vorhandenseins, der Wirksamkeit und der Durchsetzbarkeit von Verträgen mit nahe stehenden Personen und Dritten über die Bereitstellung oder Aufrechterhaltung finanzieller Unterstützung sowie Beurteilung deren finanzieller Möglichkeiten, erforderliche Mittel zur Verfügung zu stellen
- Beurteilung der Planungen des Unternehmens hinsichtlich nicht mehr ausführbarer Kundenaufträge
- Feststellungen zu Ereignissen nach dem Abschlussstichtag mit dem Ziel, solche Sachverhalte zu erkennen, die Einfluss auf die Annahme der Fortführung der Unternehmenstätigkeit haben.

Werden Anhaltspunkte für eine **Insolvenzgefahr** erkannt, sind die gesetzlichen Vertreter im Rahmen der Berichtspflicht auf ihre insolvenzrechtlichen Verpflichtungen hinzuweisen[117].

66 Meist kommt es für die Beurteilung der erwarteten Auswirkungen von Ereignissen oder Verhältnissen auf künftige **Zahlungsströme** an. In diesen Fällen ist die Zuverlässigkeit des diesbezüglichen Planungssystems zu prüfen[118]. Der APr. vergleicht ergänzend[119]:

- die zukunftsorientierten Finanzinformationen für die unmittelbar vorangegangenen Zeiträume mit den jeweiligen Ergebnissen dieser Zeiträume (Plan/ Ist-Vergleich) und
- die zukunftsorientierten Annahmen zur Unternehmensfinanzierung für das laufende Geschäftsjahr mit den bis zum aktuellen Zeitpunkt erreichten Ergebnissen.

67 Der APr. hat auf Grundlage der erlangten Prüfungsnachweise zu beurteilen, ob eine erhebliche Unsicherheit hinsichtlich der Fortführung der Unternehmenstätigkeit besteht. In einem solchen Fall sind für den PrB und den BestV vier Fälle zu unterscheiden[120]:

- Die Annahme über die Fortführung der Unternehmenstätigkeit ist angemessen, es besteht hierüber aber eine erhebliche Unsicherheit.
- Die Annahme über die Fortführung der Unternehmenstätigkeit ist nicht angemessen.
- Die gesetzlichen Vertreter weigern sich, eine Einschätzung auf den erforderlichen Prognosezeitraum oder überhaupt eine solche vorzunehmen.
- Die Aufstellung des JA verzögert sich wesentlich.

68 Ist die Annahme über die **Fortführung der Unternehmenstätigkeit angemessen**, besteht aber eine erhebliche Unsicherheit, hat der APr. zu beurteilen[121],

- ob im LB sowohl die bestandsgefährdenden Tatsachen als auch die Pläne der gesetzlichen Vertreter, mit diesen bestandsgefährdenden Tatsachen umzugehen, angemessen dargestellt sind sowie
- ob aus dem LB klar hervorgeht, dass die dargestellten bestandsgefährdenden Tatsachen eine erhebliche Unsicherheit über die Fortführung des Unternehmens erkennen lassen.

---

117 Vgl. *IDW PS 270*, Tz. 29; siehe zu Überschuldungsprüfung *IDW St/FAR 1/1996: Empfehlung zur Überschuldungsprüfung bei Unternehmen*; siehe zur Prüfung eingetretener oder drohender Zahlungsunfähigkeit *IDW Prüfungsstandard: Empfehlung zur Prüfung eingetretener oder drohender Zahlungsunfähigkeit bei Unternehmen (IDW PS 800)*.
118 Vgl. *IDW PS 270*, Tz. 30; vgl. ISA 570.16(c).
119 Vgl. *IDW PS 270*, Tz. 30; vgl. ISA 570.A17.
120 Vgl. *IDW PS 270*, Tz. 31; vgl. ISA 570.18 bis 22, 24.
121 Vgl. *IDW PS 270*, Tz. 34; vgl. *IDW PS 350*, Tz. 13 u. Tz. 17; vgl. ISA 570.18.

Planung der Abschlussprüfung   R

Kommt der APr. zu dem Ergebnis, dass durch die Darstellung der aufgestellte JA ein den tatsächlichen Verhältnissen entsprechendes Bild vermittelt, ist ein uneingeschränkter BestV[122] zu erteilen, der um einen Hinweis nach § 322 Abs. 2 S. 3 HGB zu ergänzen ist[123]. Darüber hinaus ist gemäß § 321 Abs. 1 S. 2 HGB im PrB[124] auf die Bestandsgefährdung einzugehen. Sofern das Unternehmen nicht verpflichtet ist, einen LB aufzustellen, soll im BestV ein Hinweis auf die Bestandsgefährdung aufgenommen werden und auf die zugehörige Anhangangabe verwiesen werden[125]. Bestehen wesentliche Unsicherheiten, ist sorgfältig abzuwägen, ob ein Prüfungshemmnis hinsichtlich der Going Concern-Prämisse besteht und der BestV zu versagen ist[126]. Ist die Berichterstattung im LB nicht angemessen (z.B. unzutreffend oder nicht ausreichend), ist der BestV einzuschränken[127]. Der Grund für die Einschränkung ist im BestV anzugeben und im PrB zu erläutern[128]. Wurde der JA nicht unter dem Grundsatz der Unternehmensfortführung aufgestellt und wurde dies angemessen in Anhang und LB dargestellt, kann der APr. einen uneingeschränkten BestV erteilen, in den ein Hinweis nach § 322 Abs. 2 S. 3 HGB unter Bezugnahme auf die Darstellung im Anhang und LB aufzunehmen ist[129].

Sofern die Annahme über die **Fortführung** der Unternehmenstätigkeit **nicht angemessen** ist und der JA gleichwohl in der Annahme der Fortführung der Unternehmenstätigkeit aufgestellt ist, hat der APr. den BestV zu versagen, auch wenn die bestandsgefährdenden Tatsachen im LB angemessen dargestellt sind[130]. 69

Die **fehlende oder unzureichende Einschätzung** der Unternehmensfortführung durch die gesetzlichen Vertreter stellt, sofern die Going Concern-Prämisse nicht offenkundig erfüllt ist, ein Prüfungshemmnis dar[131]. Sofern der APr. ohne Einschätzung der gesetzlichen Vertreter nicht mit hinreichender Sicherheit beurteilen kann, dass keine Bestandsgefährdung oder Pläne zur Aufgabe der Geschäftstätigkeit oder Maßnahmen zur Beseitigung der Bestandsgefährdung bestehen, sind die Auswirkungen des Prüfungshemmnisses so wesentlich, dass ein Versagungsvermerk zu erteilen ist[132]. Es ist nicht Aufgabe des APr., die fehlende Analyse der gesetzlichen Vertreter zu ersetzen[133]. 70

Verzögert sich die Aufstellung des Jahresabschlusses und stellt der APr. fest, dass die Gründe hierfür in bestandsgefährdenden Tatsachen liegen, ist abzuwägen, ob ergänzende Prüfungshandlungen erforderlich werden oder ob Zweifel an der Fortführung der Unternehmenstätigkeit bestehen, auf die im PrB oder BestV einzugehen ist[134]. 71

---

122 Zum BestV siehe *IDW PS 400*.
123 Vgl. *IDW PS 270*, Tz. 36; vgl. ISA 570.19.
124 Zum PrB siehe *IDW PS 450*.
125 Vgl. *Lilienbecker/Link/Rabenhorst*, BB 2009, S. 262 (265).
126 Vgl. *IDW PS 270*, Tz. 36.
127 Vgl. *IDW PS 270*, Tz. 37; vgl. ISA 570.20.
128 Vgl. *IDW PS 270*, Tz. 39.
129 Vgl. *IDW PS 270*, Tz. 40.
130 Vgl. *IDW PS 270*, Tz. 41; vgl. ISA 570.21.
131 Vgl. *IDW PS 270*, Tz. 42 u. 44; vgl. ISA 570.22 u. A27.
132 Vgl. *IDW PS 270*, Tz. 42; vgl. ISA 570.A27.
133 Vgl. *IDW PS 270*, Tz. 43; vgl. ISA 570.A8.
134 Vgl. *IDW PS 270*, Tz. 45; vgl. ISA 570.24.

dd) Entwicklung der Prüfungsstrategie

(1) Grundsatz

72 Die Anforderungen an eine gewissenhafte Prüfung sind an den **Zielen** der Abschlussprüfung auszurichten. Der APr. hat zur Beurteilung des JA die Richtigkeit von **Abschlussaussagen,** das sind Einzelaussagen innerhalb des JA, zu überprüfen. Das Aussagenkonzept ist aufgrund der verstärkten Orientierung der Prüfungsnormen an einer geschäftsrisikoorientierten Abschlussprüfung überarbeitet worden[135]. Es zielt nunmehr darauf ab, die festgestellten Risiken und die einzusetzenden Prüfungshandlungen in stärkerem Maße zu verbinden und lässt sich wie folgt in drei Kategorien einteilen[136]:

Aussagen zu Arten von Geschäftsvorfällen und Ereignissen für den zu prüfenden Zeitraum	Aussagen zu Kontensalden am Abschlussstichtag	Aussagen zur Darstellung im Abschluss und zu den Abschlussangaben
Eintritt: Erfasste Geschäftsvorfälle und Ereignisse haben stattgefunden und sind dem Unternehmen zuzurechnen. **Vollständigkeit**: Alle Geschäftsvorfälle und Ereignisse, die erfasste werden mussten, wurden aufgezeichnet. **Genauigkeit**: Beträge und andere Daten zu aufgezeichneten Geschäftsvorfällen und Ereignissen wurden angemessen erfasst. **Periodenabgrenzung**: Geschäftsvorfälle und Ereignisse wurden in der richtigen Berichtsperiode erfasst. **Kontenzuordnung**: Geschäftsvorfälle und Ereignisse wurden auf den richtigen Konten erfasst.	**Vorhandensein**: Vermögensgegenstände und Schulden sowie das Eigenkapital sind vorhanden. **Rechte und Verpflichtungen**: Das Unternehmen hält die Rechte an Vermögensgegenständen bzw. hat die Kontrolle darüber, Schulden stellen Verpflichtungen des Unternehmens dar. **Vollständigkeit**: Alle Vermögensgegenstände und Schulden und Eigenkapitalposten, die zu erfassen sind, wurden erfasst. **Bewertung und Zuordnung**: Vermögensgegenstände, Schulden und Eigenkapitalpositionen sind mit angemessenen Beträgen im Abschluss enthalten, Anpassungen bei Bewertungen oder Zuordnung wurden in angemessener Weise erfasst.	**Eintritt sowie Rechte und Verpflichtungen**: Im Abschluss angegebene Ereignisse, Geschäftsvorfälle und andere Sachverhalte haben stattgefunden und sind dem Unternehmen zuzurechnen. **Vollständigkeit**: Alle Angaben, die im Abschluss enthalten sein müssen, sind enthalten. **Ausweis und Verständlichkeit**: Finanzinformationen sind in angemessener Weise dargestellt und erläutert, die Angaben sind deutlich formuliert. **Genauigkeit und Bewertung**: Finanzinformationen und andere Informationen sind angemessen und mit zutreffenden Beträgen angegeben.

Der APr. kann die oben beschriebenen Aussagen verwenden oder andere Formulierungen wählen, sofern alle Aspekte abgedeckt sind. Es können auch bestimmte Aussagen kombiniert werden.

73 Bei der Entwicklung der Prüfungsstrategie muss der APr.[137]

– Merkmale des Auftrags identifizieren (z.B. relevante Rechnungslegungsstandards, branchenspezifische Berichterstattungserfordernisse, benötigte Fachkenntnisse, Ver-

---

135 Vergleichende Darstellung der unterschiedlichen Aussagenkonzepte in: *Ruhnke/Lubitzsch*, WPg 2006, S. 366 ff.
136 Vgl. ISA 315.A111; *IDW PS 300*, Tz. 7.
137 Vgl. ISA 300.8 i.V.m. der Anlage zu ISA 300; *IDW PS 240*, Tz. 14 ff.

fügbarkeit der Arbeit der Internen Revision[138], Nutzung von Experten[139] durch das Unternehmen),
- Berichterstattungsanforderungen definieren, zeitliche Einteilung der Prüfung und Art der Kommunikation festlegen,
- Art, zeitliche Einteilung und Umfang der Ressourcen ermitteln (z.B. Auswahl des Prüfungsteams, Aufgabenverteilung, Auftragsbudget) sowie
- weitere Informationen berücksichtigen (z.B. angemessene Wesentlichkeitsgrenzen, Branchenentwicklungen, wirtschaftliches und rechtliches Umfeld, Bedeutung des IKS für die Prüfung, vorläufige Identifizierung risikobehafteter Prüfungsgebiete).

Damit legt der APr. Art und Umfang sowie die zeitliche Einteilung und Ausrichtung der Prüfung fest, die der Entwicklung des Prüfungsprogramms als Leitfaden dient.

Die inhaltliche Festlegung der Prüfungshandlungen in den einzelnen Prüfungsgebieten ergibt sich demnach aus sachlichen und zeitlichen Gründen, da unterschiedliche Prüfungshandlungen unterschiedlichen Zeitaufwand erfordern und unterschiedliche Ergebnisse bringen können.

(2) Einschätzung des Prüfungsrisikos

Jede Abschlussprüfung birgt grundsätzlich die Gefahr, dass der APr. einen BestV erteilt, obwohl der JA wesentliche falsche Angaben enthält, die durch die Prüfung nicht aufgedeckt wurden[140]. Maßgebliches Kriterium für die Bestimmung von Art und Umfang der vorzunehmenden Prüfungshandlungen ist daher das Risiko von wesentlichen Unrichtigkeiten oder Verstößen gegen die Rechnungslegung, Vorschriften und Gepflogenheiten in den einzelnen Prüfungsgebieten (**Prüfungsrisiko**). Das Prüfungsrisiko setzt sich aus drei Teilrisiken zusammen: dem inhärenten (innewohnenden) Risiko, dem Kontrollrisiko und dem Entdeckungsrisiko. Inhärentes Risiko und Kontrollrisiko bilden das **Fehlerrisiko**[141]. Folglich ist auch bei der Prüfungsplanung zu unterscheiden zwischen den Risikoursachen, den innerbetrieblichen Möglichkeiten zur Risikobeseitigung oder -minderung (interne Kontrollen) und den prüferischen Möglichkeiten der Aufdeckung falscher Angaben[142].

Als **inhärentes Risiko** wird das Risiko bezeichnet, dass gewollt oder ungewollt signifikante Fehlaussagen auftreten können. Dabei bleibt die Wirksamkeit der internen Kontrollen außer Betracht, die solche Fehler verhüten, entdecken oder korrigieren sollen. Eine kurzfristige Beeinflussung des inhärenten Risikos ist im Regelfall nicht möglich. Das inhärente Risiko wird durch eine Vielzahl von Faktoren bestimmt (z.B. makroökonomische, branchenspezifische, unternehmensspezifische und prüffeldspezifische Faktoren)[143].

Als **Kontrollrisiko** wird das Risiko bezeichnet, dass wesentliche Unrichtigkeiten oder Verstöße bei Geschäftsvorfällen oder Beständen nicht durch das IKS verhindert oder entdeckt werden. Eine falsche Einschätzung des Kontrollrisikos kann dazu führen, dass der APr. zu Unrecht auf die Wirksamkeit und Funktionsfähigkeit des IKS vertraut oder dieses zu Unrecht ablehnt[144]. Bei der Einschätzung des Kontrollrisikos kann sich der APr. im

---
138 Vgl. Tz. 872.
139 Vgl. Tz. 875.
140 Vgl. zum risikoorientierten Prüfungsansatz die Darstellungen von *Diehl*, in: FS Luik, S. 187, sowie *Wiedmann*, WPg 1993, S. 13
141 Vgl. *IDW PS 261*, Tz. 6.
142 Vgl. *Hömberg*, DB 1989, S. 1785.
143 Vgl. Tz. 81 u. 82 zu Faktoren für Fehlerrisiken.
144 Vgl. *Dörner*, in: HWRP³, Sp. 1746.

Wesentlichen auf die Informationen stützen, die er im Rahmen der Aufnahme der **Kontrollstruktur**[145] gewonnen hat.

78 Zwischen den inhärenten Risiken und den Kontrollrisiken besteht in vielen Fällen ein enger Zusammenhang, da die gesetzlichen Vertreter üblicherweise durch die Ausgestaltung des IKS auf die bestehenden inhärenten Risiken reagieren. Eine separate Beurteilung von inhärenten Risiken und Kontrollrisiken kann u. U. zu einer falschen Beurteilung der Fehlerrisiken führen[146]. Je nach bevorzugter Prüfungstechnik oder –methodik oder aus praktischen Überlegungen kann der APr. aber auch eine getrennte Beurteilung vornehmen. In jedem Fall ist die Notwendigkeit, dass der APr. angemessene Risikobeurteilungen durchführt, wichtiger als die unterschiedlichen Ansätze, mit denen sie vorgenommen werden können[147].

79 Der APr. hat durch **Prüfungshandlungen zur Risikobeurteilung** sicherzustellen, dass er ein ausreichendes Verständnis über das zu prüfende Unternehmen (einschließlich des IKS) und seines Umfelds erlangt, das es ihm ermöglicht, wesentliche Fehlerrisiken zu identifizieren[148]. Die Prüfungshandlungen zur Risikobeurteilung stellen keine neuen Prüfungsaktivitäten dar. Jedoch wird mit Einführung dieser eigenständigen Kategorie verdeutlicht, dass die vom APr. eingesetzten Verfahren zur allgemeinen Informationsgewinnung als Prüfungshandlungen gelten und daher zu Prüfungsnachweisen führen, die entsprechend zu dokumentieren sind.

80 Die Fehlerrisiken sind hinsichtlich ihrer Auswirkungen auf die Rechnungslegung insgesamt (**Fehlerrisiken auf Abschlussebene**) und auf einzelne Aussagen in der Rechnungslegung (**Fehlerrisiken auf Aussageebene**) einzustufen[149]. Diese Differenzierung ist erforderlich im Hinblick auf die Reaktion der APr. auf diese Fehlerrisiken. Während es sich bei Fehlerrisiken auf Abschlussebene um **allgemeine Reaktionen**[150] des APr. handelt (z.B. Betonung der kritischen Grundhaltung, Einsatz von Spezialisten, überraschende Prüfungshandlungen, besondere Qualitätssicherungsmaßnahmen), kann es sich bei Fehlerrisiken auf Aussageebene um Reaktionen in Form von **Funktionsprüfungen** des IKS und **aussagebezogenen Prüfungshandlungen** handeln.

81 Die Fehlerrisiken auf Abschlussebene resultieren häufig aus Schwächen im IKS oder aus dem Unternehmensumfeld. Für solche Fehlerrisiken sind nachfolgende Faktoren von Bedeutung[151]:

– Integrität und Kompetenz des Managements sowie Kontinuität in der Zusammensetzung der gesetzlichen Vertreter
– ungünstige Entwicklungen im Unternehmen oder in der Branche, die das Management zur Anwendung fragwürdiger bilanzpolitischer Maßnahmen verleiten könnten (z.B. hohe externe Erwartungen an die Erreichung aggressiver Ergebnis- oder Umsatzziele, Abhängigkeit der Vergütung des Managements von ambitionierten Zielvorgaben)
– branchenspezifische Faktoren, z.B. neue Technologien, Nachfrageänderungen und Konkurrenzentwicklungen

---

145 Vgl. Tz. 284.
146 Vgl. *IDW PS 261*, Tz. 7. Vgl auch ISA 315.25; Eine konzeptionelle Ausnahme besteht lediglich bei der Identifikation sog. bedeutsamer Risiken, die grundsätzlich ohne die Berücksichtigung des Kontrollrisikos erfolgt (ISA 315.27). Vgl. auch Tz. 90.
147 Vgl. ISA 200.A40.
148 Vgl. ISA 315.4(d); *IDW PS 300*, Tz. 14.; Details siehe Tz. 239 ff.
149 Vgl. ISA 315.25; *IDW PS 261*, Tz. 64.
150 Vgl. ISA 330.A1; *IDW PS 261*, Tz. 71.
151 Vgl. ISA 315 Anlage 2; *IDW PS 261*, Tz. 14.

– neue fachliche Standards oder gesetzliche Regelungen, die erstmals in der Rechnungslegung zu beachten sind
– mangelnde fachliche Kompetenz der für die Rechnungslegung zuständigen Mitarbeiter.

Für Fehlerrisiken auf Aussageebene können folgende Aspekte von Bedeutung sein[152]: 82

– Fehleranfälligkeit von Posten des Abschlusses
– Komplexität der Geschäftsvorfälle
– Beurteilungsspielräume bei Ansatz und Bewertung von Vermögensgegenständen und Schulden
– Gefahr von Verlust oder Unterschlagung bei Vermögensgegenständen
– Abschluss ungewöhnlicher oder komplexer Geschäfte, insb. gegen Ende des GJ
– Geschäftsvorfälle, die nicht routinemäßig verarbeitet werden.

Die verstärkte Risikoorientierung zeigt sich auch in dem Erfordernis einer weiteren 83
Klassifizierung der Fehlerrisiken. Der APr. hat folgende Risiken gesondert festzustellen[153]:

– bedeutsame Risiken
– Risiken, bei denen aussagebezogene Prüfungshandlungen alleine zur Gewinnung einer hinreichenden Sicherheit nicht ausreichen (z.B. Routinetransaktionen, die IT-gestützt erfasst und verarbeitet werden).

Auf der Grundlage der Beurteilung der Fehlerrisiken hat der APr. Prüfungsnachweise zur Funktion relevanter Teile des IKS (Funktionsprüfungen) und zu den einzelnen Aussagen in der Rechnungslegung (aussagebezogene Prüfungshandlungen) einzuholen[154].

Risiken können aufgrund ihrer Art oder des damit verbundenen Umfangs möglicher falscher Angaben bedeutsam sein[155]. Dabei ist das Kontrollrisiko außer Betracht zu lassen[156]. 84
Folgende Faktoren sind bei der Einstufung als bedeutsame Risiken zu berücksichtigen[157]:

– Hinweise auf Verstöße
– Zusammenhang mit jüngeren bedeutsamen wirtschaftlichen, rechnungslegungsbezogenen oder anderen Entwicklungen (z.B. Fair Value Accounting)
– Komplexität der Geschäftsvorfälle (z.B. ABS-Transaktionen)
– bedeutsame Transaktionen mit nahe stehenden Personen
– Maß an Subjektivität bei der Ausübung von Ermessensspielräumen (z.B. Prozessrisiken)
– ungewöhnliche Geschäftsvorfälle und solche außerhalb des gewöhnlichen Geschäftsbetriebs (z.B. Verschmelzungen).

Entdeckungsrisiko ist das Risiko, dass die Prüfungshandlungen nicht zur Aufdeckung 85
einer wesentlichen Unrichtigkeit oder eines wesentlichen Verstoßes im jeweiligen Prüfungsbereich führen. Damit wird auch der Unterschied zwischen dem Entdeckungsrisiko auf der einen und dem inhärenten sowie Kontrollrisiko auf der anderen Seite deutlich. Die beiden zuletzt genannten Risiken bestehen unabhängig von der Prüfung, während das

---

152 Vgl. *IDW PS 261*, Tz. 15.
153 Vgl. ISA 315.27; *IDW PS 261*, Tz. 10.
154 Vgl. ISA 315.29 f.; *IDW PS 261*, Tz. 10.
155 Vgl. ISA 315.4(e); *IDW PS 261*, Tz. 65.
156 Vgl. ISA 315.27.
157 Vgl. ISA 315.28.

Entdeckungsrisiko mit den Prüfungshandlungen des APr. zusammenhängt und von ihm folglich beeinflussbar ist[158].

86 Die Einschätzung des innewohnenden Risikos und des Kontrollrisikos beeinflussen unmittelbar die Entscheidung des APr. über Art und Umfang der aussagebezogenen Prüfungshandlungen, die vorzunehmen sind, um das Entdeckungsrisiko auf ein vertretbares Maß zu reduzieren.

87 Diese **Abhängigkeit** lässt sich auch formal in einer mathematischen Gleichung quantifizieren, die auf dem Multiplikationsgesetz der Wahrscheinlichkeitslehre basiert[159]. Dabei ist das Prüfungsrisiko (AR) gleich dem Produkt aus innewohnendem Risiko (IR), Kontrollrisiko (CR) und Entdeckungsrisiko (DR).

$$AR = IR * CR * DR[160].$$

88 Da der Umfang der durchzuführenden aussagebezogenen Prüfungshandlungen im Wesentlichen davon abhängt, welches Prüfungsrisiko der APr. maximal in Kauf zu nehmen bereit ist, kann er durch Auflösung der obigen Gleichung nach DR das **maximale Entdeckungsrisiko** ermitteln und den Umfang der aussagebezogenen Prüfungshandlungen danach ausrichten. Lägen bspw. das innewohnende Risiko und das Kontrollrisiko bei jeweils 40% und wäre der APr. maximal bereit, ein Prüfungsrisiko von 4% in Kauf zu nehmen, so ergibt sich durch Einsetzen in die Gleichung

$$DR = \frac{AR}{IR * CR}$$

ein Entdeckungsrisiko von 25%. Dies zeigt, dass der APr. nur ein geringes Entdeckungsrisiko in Kauf nehmen darf und entsprechend aussagefähige aussagebezogene Prüfungshandlungen durchführen muss.

89 Im Rahmen einer Abschlussprüfung ist es weder sinnvoll noch möglich, Risikoeinschätzungen exakt zu **quantifizieren** und in einer kardinalen Skala abzubilden. Das Modell soll lediglich dazu dienen, die Beziehungen zwischen den einzelnen Risikoarten und die sich daraus ergebenden Auswirkungen auf den Umfang der durchzuführenden Prüfungshandlungen aufzuzeigen.

90 Je höher das innewohnende Risiko und das Kontrollrisiko eingeschätzt werden, desto umfangreicher müssen die aussagebezogenen Prüfungshandlungen geplant werden, um das Prüfungsrisiko zu minimieren. Werden umgekehrt das innewohnende Risiko und das Kontrollrisiko als niedrig eingeschätzt, so kann der APr. den Umfang der aussagebezogenen Prüfungshandlungen entsprechend vermindern. Das kann, je nach Ausgestaltung des Einzelfalls und insb. der Risikoeinschätzung, dazu führen, dass in einzelnen Bereichen analytische Prüfungshandlungen ausreichen und keine Einzelfallprüfungen mehr vorgenommen werden müssen.

91 Die **Einschätzung** des innewohnenden Risikos und des Kontrollrisikos kann sich im Verlauf der Prüfung ändern. So kann der APr. bspw. bei der Durchführung von Funktionstests und/ oder aussagebezogenen Prüfungshandlungen zu Erkenntnissen gelangen,

---

158 Vgl. AICPA AU 312.25.
159 Das Multiplikationsgesetz der Wahrscheinlichkeit besagt, dass die Wahrscheinlichkeit des gleichzeitigen Eintretens mehrerer, voneinander unabhängiger Ereignisse gleich dem Produkt der Einzelwahrscheinlichkeiten ist. Vgl. weiterführend *Marten/Quick/Ruhnke*, Wirtschaftsprüfung[3], S. 218.
160 Vgl. AICPA AU 312.26. In der Literatur ist dieses Modell teilw. noch um das Analytical Review Risk, d.h. das Risiko, dass Fehler oder Verstöße nicht anhand von Plausibilitätsbeurteilungen aufgedeckt werden, erweitert worden; vgl. bspw. *Diehl*, DStR 1993, S. 1115; vgl. auch Tz. 357.

die wesentlich von den Annahmen abweichen, die er bei der ursprünglichen Einschätzung des innewohnenden Risikos oder des Kontrollrisikos zugrunde gelegt hat. In diesen Fällen muss er Art und Umfang der aussagebezogenen Prüfungshandlungen entsprechend anpassen.

(3) Festlegung von Wesentlichkeitsgrenzen

Welche **Bedeutung** einem Prüfungsgegenstand oder einem bestimmten Sachverhalt im Rahmen der Rechnungslegung zukommt, ergibt sich i.d.R. aus dessen absolutem oder relativem Wert. Dabei können **qualitative** und **quantitative Merkmale** maßgebend sein. Der **Grundsatz der Wesentlichkeit (Materiality)** in der Prüfung verlangt deshalb, Art und Umfang der vorzunehmenden Prüfungshandlungen so festzulegen, dass falsche Angaben in der Rechnungslegung, die auf Unrichtigkeiten und Verstöße[161] zurückzuführen sind und die alleine oder zusammen mit anderen falschen Angaben als wesentlich anzusehen sind, nicht unentdeckt bleiben. Umgekehrt werden aus Wirtschaftlichkeitsüberlegungen die Prüffelder, in denen nur unwesentliche falsche Angaben erwartet werden, mit weniger Aufwand zu prüfen sein. Die Wesentlichkeit von Angaben ist danach zu beurteilen, ob ihr Weglassen oder ihre unrichtige Darstellung die wirtschaftliche Entscheidung der Abschlussadressaten beeinflussen kann[162]. Unabhängig hiervon kann sich die Wesentlichkeit auch aus der Bedeutung einer verletzten Rechtsnorm ergeben[163]. 92

Der Wesentlichkeits- oder Materiality-Grundsatz wird im Rahmen der Abschlussprüfung in zwei Bereichen angewendet. Bei der **Prüfungsplanung** dient er zur Festlegung von Art, zeitlichem Ablauf und Umfang der Prüfungshandlungen, die für eine Aufdeckung als wesentlich falscher Angaben erforderlich erscheinen. Bei der **Prüfungsdurchführung** dient er zur Entscheidung der Frage, ob der JA oder ein Prüfungsgebiet trotz der dort festgestellten falschen Angaben noch als ordnungsgemäß angesehen werden kann. 93

Für die Anwendung des Wesentlichkeitsgrundsatzes muss der APr. **Grenzen** festlegen, anhand derer er entscheiden kann, welche Bereiche in welchem Umfang zu prüfen sind und welches Ausmaß von Unrichtigkeiten und Verstößen er noch akzeptieren kann, ohne den BestV einschränken oder versagen zu müssen[164]. Dabei sind sowohl Wesentlichkeitsgrenzen für einzelne Prüfungsfelder als auch für den JA als Ganzes festzulegen[165]. I.d.R. wird der APr. auch eine Nichtaufgriffsgrenze festlegen, um die Nachverfolgung von geringfügigen Unrichtigkeiten zu vermeiden[166]. Jedoch sind auch qualitative Aspekte dieser Unrichtigkeiten, die unterhalb der Nichtaufgriffsgrenze liegen, zu würdigen (z.B. die Frage, ob sich aus diesen geringfügigen Unrichtigkeiten Hinweise auf Kontrollschwächen ergeben können). 94

Der APr. kann die Wesentlichkeitsgrenze für Zwecke der Planung (und damit auch für den Umfang durchzuführender Prüfungshandlungen) bewusst niedriger ansetzen, als die für die abschließende Beurteilung der Prüfungsergebnisse zugrunde gelegte[167]. Dadurch wird zum einen das Entdeckungsrisiko von Unrichtigkeiten und Verstößen sowie zum anderen das prüffeldübergreifende Kumulationsrisiko von nicht entdeckten Fehlern verringert. Zur Verringerung des Kumulationsrisikos von nicht entdeckten Fehlern ist die Festlegung ei- 95

---

161 Vgl. zur Definition der Begriffe *IDW PS 210*, Tz. 7.
162 Vgl. ISA 320.2; *IDW PS 250*, Tz. 8 f.
163 Vgl. ISA 320.A11; *IDW PS 250*, Tz. 11.
164 Vgl. *Leffson*, HURB, S. 437; *Leffson/Bönkhoff*, WPg 1982, S. 389; *Sperl.*
165 Vgl. *Wiedmann*, WPg 1993, S. 19; ISA 320.10; *IDW PS 250*, Tz. 12.
166 Vgl. ISA 450.5; *IDW PS 250*, Tz. 20.
167 Vgl. *IDW PS 250*, Tz. 17a.

ner oder mehrerer **Toleranzwesentlichkeiten** (*performance materiality*) verpflichtend[168]. Die Toleranzwesentlichkeit ist unterhalb der Wesentlichkeit für den JA als Ganzes für Zwecke der Risikobeurteilung sowie zur Bestimmung von Art, zeitlicher Einteilung und Umfang weiterer Prüfungshandlungen (in einzelnen Prüfgebieten) festzulegen und ggf. im Verlauf der Abschlussprüfung anzupassen. Die Bestimmung der Toleranzwesentlichkeiten ist keine mechanische Berechnung und beinhaltet pflichtgemäßes Ermessen des APr. Beispielhaft seien im Folgenden einige Umstände genannt, die eine geringere Toleranzwesentlichkeit erfordern:

- schwaches Kontrollumfeld
- Erkenntnisse hinsichtlich der Fehleranfälligkeit aus vorherigen Abschlussprüfungen
- komplexe Bilanzierungssachverhalte sowie hohe Ermessenspielräume
- hohe Fluktuation im Management.

96 Für die Festlegung von Wesentlichkeitsgrenzen werden im Allgemeinen relative Größen herangezogen, für deren Quantifizierung in der Literatur zahlreiche **Bezugsgrößen** genannt werden. Die Bedenken gegen diese Maßgrößen[169] sowie die Gefahr, dass die Vorgabe bestimmter quantitativer Regeln dazu führen könnte, dass sie ohne Berücksichtigung der Besonderheiten des jeweiligen Einzelfalles angewandt werden, haben die Prüfungspraxis von der Festlegung verbindlicher Grenzen bisher weitgehend absehen lassen. Hinzu kommt, dass für die Beurteilung der Frage, ob eine falsche Angabe wesentlich ist, neben quantitativen auch qualitative Aspekte zu berücksichtigen sind. So können z.B. aufgedeckte Unrichtigkeiten oder Verstöße betragsmäßig unbedeutend, jedoch gleichzeitig ein Indiz für andere Unrichtigkeiten sein. Weitere Beispiele qualitativer Aspekte sind die Angaben über angewandte Bilanzierungs- und Bewertungsmethoden im Anhang, bei denen falsche Angaben häufig als wesentlich anzusehen sind, da sie den Einblick der Abschlussadressaten in die Lage des Unternehmens i.d.R. stark beeinflussen. Statt einer Orientierung an allgemeingültig vorgegebenen Materiality-Grenzen muss der APr. aufgrund seines Sachverstands und seiner Prüfungserfahrung in einer spezifischen Prüfungssituation und unter Berücksichtigung der Umstände des jeweiligen Einzelfalls entscheiden, inwieweit eine falsche Angabe als wesentlich anzusehen ist[170].

97 Bei der qualitativen Beurteilung, ob eine falsche Angabe wesentlich ist, muss die Auswirkung auf die gesamte Darstellung der Vermögens-, Finanz- und Ertragslage beurteilt werden. Der in der Praxis häufig betrachtete quantitative Aspekt (als Daumenregel gilt dabei vielfach 5% des entsprechenden Postens) wird mit Recht erheblich kritisiert. Denn dies hat in der Vergangenheit mitunter dazu geführt, dass selbst absichtlich falsche Angaben bzw. Ergebnisbeeinflussungen unterhalb einer solchen Grenze nicht berichtigt wurden. Nach Auffassung der US-amerikanischen Wertpapier- und Börsenaufsichtsbehörde SEC ist die quantitative Festlegung lediglich der erste Schritt und sind die qualitativen Aspekte in die Gesamtwürdigung einzubeziehen[171].

98 Der Grundsatz der Wesentlichkeit wird ergänzt um den Grundsatz der Wirtschaftlichkeit[172]. Das bedeutet für den APr., seine Prüfungshandlungen so auszurichten, dass er mit dem **geringstmöglichen Aufwand** ein unter Beachtung des Grundsatzes der

---

168 Vgl. ISA 320.11; *IDW PS 250*, Tz. 17.
169 Vgl. *Sperl*, S. 53; *Stachuletz/Kühnberger*, DBW 1987, S. 401; a.A. *Niehus*, WPg 1981, S. 13; *Leffson/Bönkhoff*, WPg 1982, S. 396. Ein Überblick über die zahlreichen Bezugsgrößen und die Kritik an ihnen findet sich bei *Ossadnik*, WPg 1993, S. 618.
170 Vgl. AICPA AU 312.04.
171 Vgl. SEC SAB No. 99: Materiality, August 1999.
172 Vgl. *IDW PS 200*, Tz. 21.

Planung der Abschlussprüfung

Wesentlichkeit ausreichendes Prüfungsurteil erhält. Er hat grundsätzlich die Prüfungshandlung zu wählen, die den geringsten zeitlichen und personellen Einsatz erfordert. Dabei sind auch die Einsatzmöglichkeiten von IT-Tools zu berücksichtigen. I.d.R. ist bei Routinetransaktionen der auf einer Prüfung des IKS basierende Prüfungsansatz der effizientere, da hierdurch eine Reduktion der aussagebezogenen Prüfungshandlungen, insb. der Einzelfallprüfungen, erreicht wird.

(4) Plausibilitätsbeurteilungen

Zusätzliche Hinweise auf bedeutende Prüfungsfelder oder ungewöhnliche Entwicklungen, die erhöhte Risiken in sich bergen können, erhält der APr. häufig im Rahmen der Entwicklung der Prüfungsstrategie durch eine erste Plausibilitätsbeurteilung[173]. Dafür wird regelmäßig ein Zwischenabschluss herangezogen und das Verhältnis bestimmter Posten zueinander oder deren Entwicklung im Vergleich zum Vj. oder zum letzten JA analysiert. 99

Werden im Rahmen einer derartigen Analyse auffällige Abweichungen von den Erwartungen der APr. oder Veränderungen festgestellt, kann dies auf besondere Risikobereiche hindeuten, die dann zu besonderen Prüfungsschwerpunkten und bedeutenden Prüfungsfeldern führen. 100

ee) Planung von Art und Umfang der Prüfungshandlungen
(1) Grundsatz

Im Anschluss an die Entwicklung der Prüfungsstrategie müssen Art und Umfang der Prüfungshandlungen festgelegt werden. Diese Festlegung hat zum Ziel, unter Berücksichtigung der Wirtschaftlichkeit **ausreichende und angemessene Prüfungsnachweise** zu erlangen, um mit hinreichender Sicherheit die geforderten Prüfungsaussagen treffen zu können. Insb. geht es dabei darum, 101

– in welchem Umfang der APr. sich auf das IKS (**Aufbau- bzw. Funktionsprüfung**) stützen kann bzw. muss und

– welche weiteren **aussagebezogenen Prüfungshandlungen** notwendig sind.

Im Rahmen der **Prüfungshandlungen zur Risikobeurteilung**, durch die der APr. ein Verständnis von dem Unternehmen sowie von dessen rechtlichem und wirtschaftlichem Umfeld einschließlich des IKS (Aufbauprüfung) erlangt[174] und Fehlerrisiken identifiziert, hat der APr. die Fehlerrisiken zu beurteilen und zu klassifizieren[175]. Die weiteren erforderlichen Prüfungshandlungen hängen davon ab, ob es sich um **Fehlerrisiken auf Abschlussebene** oder **Fehlerrisiken auf Aussageebene** handelt[176]. Zusätzlich sind für **die Bereiche, in denen sich der APr. auf wirksame interne Kontrollen stützen möchte, und die Risiken, bei denen aussagebezogene Prüfungshandlungen alleine zur Gewinnung einer hinreichenden Sicherheit nicht ausreichen**, Prüfungsnachweise zur Funktion relevanter Teile des IKS (Funktionsprüfungen) und zu den einzelnen Aussagen in der Rechnungslegung (aussagebezogene Prüfungshandlungen) einzuholen[177]. 102

---

[173] Vgl. Tz. 377.
[174] Vgl. ISA 315.4(d); *IDW PS 240* Tz. 17.
[175] Vgl. Tz. 75 ff.
[176] Vgl. Tz. 89.
[177] Vgl. Tz. 90; *IDW PS 261*, Tz. 74.

103 Der Zusammenhang zwischen den einzelnen Arten von Prüfungshandlungen wurde bereits im Rahmen der Erläuterungen zum Prüfungsrisiko dargestellt[178]. Je geringer das Kontrollrisiko ist, weil der APr. sich von der Zuverlässigkeit der internen Kontrollen überzeugen konnte, desto geringer ist der notwendige Umfang der aussagebezogenen Prüfungshandlungen. Als aussagebezogene Prüfungshandlungen kommen **analytische Prüfungshandlungen** und **Einzelfallprüfungen** in Betracht. Auch zwischen diesen Arten von Prüfungshandlungen besteht eine Wechselwirkung, sofern durch analytische Prüfungshandlungen aussagefähige Prüfungsnachweise erlangt werden können, sind keine oder kaum Einzelfallprüfungen erforderlich. Wenn dagegen wenig oder keine Prüfungsnachweise durch analytische Prüfungshandlungen erzielbar sind, müssen umfangreiche Einzelfallprüfungen durchgeführt werden.

104 Die nachstehende Grafik[179] verdeutlicht, dass erst durch die Kombination verschiedener Prüfungshandlungen unter Berücksichtigung der Grundsätze der Wirtschaftlichkeit und Wesentlichkeit insgesamt eine höhere Prüfungssicherheit erreicht wird[180].

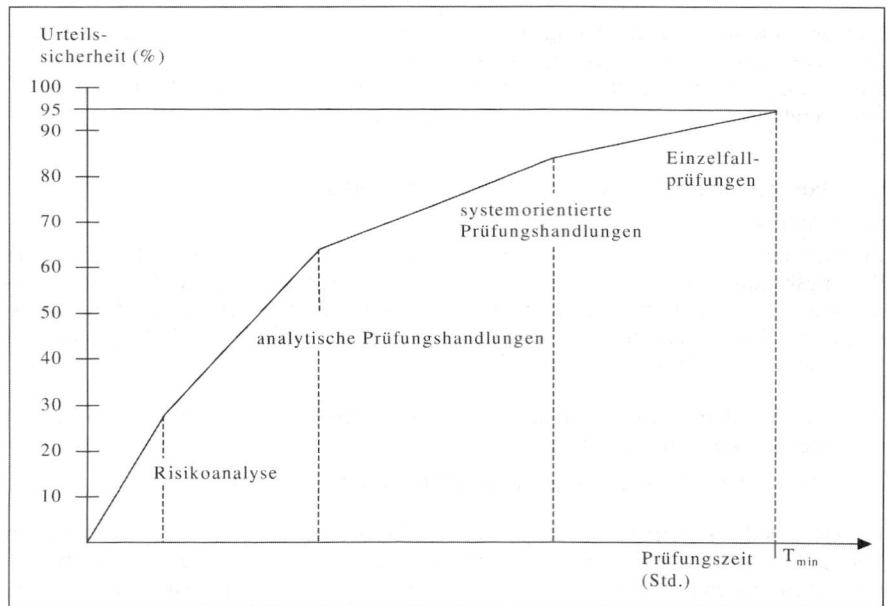

Abbildung 2

(2) Prüfung des IKS

105 Im Rahmen der Prüfungshandlungen zur Risikobeurteilung hat der APr. die Ausgestaltung und Implementierung des rechnungslegungsbezogenen IKS zu beurteilen. Hat sich der APr. im jeweiligen Prüfungsgebiet dafür entschieden, das vorhandene Kontrollsystem für seine eigenen prüferischen Zwecke zu nutzen, oder ist eine Prüfung der rele-

---

178 Vgl. Tz. 81 u. 82.
179 Vgl. *Dörner*, in: HWRP³, Sp. 1759.
180 Vgl. *Wiedmann*, WPg 1993, S. 19.

Planung der Abschlussprüfung **R**

vanten Kontrollen verpflichtend (z.B. wenn aussagebezogene Prüfungshandlungen alleine keine ausreichende Prüfungssicherheit gewährleisten)[181], so muss er sich davon überzeugen, dass

- die im Rahmen der Einschätzung des Kontrollumfelds getroffenen Annahmen über das Vorhandensein angemessener interner Kontrollmaßnahmen in dem jeweiligen Prüfungsbereich zutreffen,
- die Kontrollen tatsächlich in den Arbeitsablauf eingebaut sind,
- sie zweckentsprechend sind und wirksam ausgeführt werden und
- sie während des ganzen GJ bestanden haben.

Zu diesem Zweck muss der APr. für die entsprechenden Prüfungsgebiete Aufbau- und Funktionsprüfungen des relevanten IKS planen, durch die die prüfungsrelevanten internen Kontrollen erfasst, hinsichtlich ihrer **Angemessenheit** und **Implementierung** beurteilt und auf ihre **Wirksamkeit**, d.h. die tatsächliche Durchführung in der vorgesehenen Weise, geprüft werden[182]. Nur wenn die Wirksamkeit der Kontrollen geprüft wurde, können die Kontrollen zur Prüfungssicherheit beitragen. Die Wirksamkeit von Kontrollen muss nicht geprüft werden, wenn die Aufbauprüfung ergeben hat, dass keine geeigneten Kontrollen implementiert sind. **106**

Da ein Unternehmen sein IKS nicht jährlich neu gestaltet, ergibt sich für die Prüfung, dass das Erfassen des prüfungsrelevanten IKS und das Beurteilen seiner Angemessenheit und Implementierung nach dem erstmaligen Erfassen und Beurteilen in den Folgejahren im Regelfall nicht mit dem gleichen Aufwand erfolgen muss. In den Folgejahren ist es meistens ausreichend, wenn die **wesentlichen Änderungen** erfasst und die Auswirkungen dieser Änderungen beurteilt werden. Das Erfassen, Aktualisieren und die Beurteilung der Angemessenheit des rechnungslegungsbezogenen IKS können zu jedem beliebigen Zeitpunkt im Jahr erfolgen. Sowohl für das Unternehmen als auch für den APr. ist es von Vorteil, wenn bereits in der Phase der Konzeption und der Implementierung von neuen Verfahren das für diese vorgesehene Kontrollsystem geprüft wird[183]. **107**

Funktionsprüfungen sind grundsätzlich für den gesamten Zeitraum durchzuführen, für den der APr. beabsichtigt, sich auf die betreffenden Kontrollen zu verlassen. Da Funktionsprüfungen häufig in der Vorprüfung durchgeführt werden, muss der APr. Prüfungsnachweise über bedeutsame Änderungen der Kontrollen bis zum Abschlussstichtag einholen und festlegen, welche weiteren Prüfungsnachweise einzuholen sind. Der Umfang der zusätzlichen Prüfungshandlungen richtet sich u.a. nach folgenden Faktoren: **108**

- Bedeutsamkeit des beurteilten Risikos
- Änderungen in dem Informationssystem oder den Prozessen sowie personelle Veränderungen
- Länge des verbleibenden Zeitraums
- Umfang, in dem sich der APr. auf die Kontrolle verlässt
- Kontrollumfeld.

Der Grundsatz der vollständigen Funktionsprüfungen gilt ausnahmslos bei Kontrollen zur Steuerung **bedeutsamer Fehlerrisiken.** So müssen auch unveränderte Kontrollmaßnahmen im aktuellen Geschäftsjahr auf ihre Wirksamkeit geprüft werden. **109**

---
181 Vgl. ISA 330.8; *IDW PS 261*, Tz. 74.
182 Vgl. ISA 330.8 ff.; *IDW PS 300*, Tz. 15 ff.
183 Vgl. im Einzelnen *IDW PS 850*.

110 Für **andere Kontrollen** besteht hingegen die Möglichkeit, auf Prüfungsnachweise aus Funktionsprüfungen der Vorjahre zurückzugreifen. Dieser Grundsatz gilt bei automatisierten und manuellen Kontrollen, sofern nachfolgende Voraussetzungen kumulativ erfüllt sind[184]:

– Die Kontrolle darf sich seit der letzten Prüfung nicht verändert haben. Hiervon hat sich der APr. mittels Befragungen und Beobachtungen (i.d.R. in Form eines Walkthrough) zu vergewissern. Wenn der APr. plant, sich auf Kontrollen zu verlassen, die sich seit der letzten Prüfung verändert haben, muss er die Wirksamkeit der Durchführung im aktuellen Jahr prüfen.

– Das Unternehmen stützt die Einschätzung, dass sich die Kontrollen nicht verändert haben, auf ein wirksames Monitoring. Die Implementierung und Wirksamkeit solcher Monitoring-Prozesse müssen vom APr. geprüft werden. Zum Beispiel kann die physische Bestandsaufnahme des Anlagevermögens Hinweise liefern, dass die implementierten Kontrollen in der Anlagenbuchhaltung lückenhaft sind. Ebenso können Verprobungen von betrieblichen Auswertungen mit der Finanzberichterstattung sowie mit Plan- und Vorperiodenzahlen ein Monitoring darstellen, da sich hierdurch Hinweise auf ggf. nicht wirksame Kontrollen im Bereich der Finanzberichterstattung gewinnen lassen. Liegen solche Hinweise vor, muss es Bestandteil des Monitoring sein, die Ursachen für Abweichungen zu identifizieren und ggf. notwendige Maßnahmen zur Behebung von Kontrolldefiziten umzusetzen.

111 In welchem Umfang sich der APr. auf Prüfungsergebnisse aus Vorjahren zur Beurteilung der Wirksamkeit der Durchführung von Kontrollen verlassen will, ist eine Ermessensfrage. Für die Ausübung des pflichtgemäßen Ermessens können folgende Überlegungen herangezogen werden:

– Wirksamkeit der Kontrolle in Vorjahren, einschließlich Art und Umfang von in Vorjahren festgestellten Abweichungen
– Wirksamkeit von Aufbau und Implementierung anderer IKS-Bestandteile, insb. Kontrollumfeld, Risikobeurteilung und Monitoring (z.B. Interne Revision, Bilanzierungsrichtlinien, Internes Reporting, Risikomanagementprozess)
– Art der Kontrolle und damit verbundenes Risiko (z.B. automatisierte oder manuelle Kontrolle)
– Wirksamkeit der allgemeinen IT-Kontrollen (z.B. Berechtigungskonzept, Änderungsmanagement, Ablaufsteuerung)
– personelle Veränderungen, die auf die Implementierung der Kontrolle einen wesentlichen Einfluss haben könnten
– Risiko von unterlassenen Veränderungen von Kontrollen bei veränderten Sachverhalten (z.B. Wegfall einer Kreditversicherung erfordert ggf. eine intensivere Bonitätsprüfung)
– Umfang, in dem sich der APr. sich auf die Kontrolle verlassen will, um Art, Zeitpunkt und Umfang seiner aussagebezogenen Prüfungshandlungen zu modifizieren.

112 Kontrollen, auf die sich der APr. im Rahmen seiner Prüfung verlassen will, müssen bei Vorliegen der oben genannten kumulativen Voraussetzungen mindestens **einmal innerhalb von drei Jahren**[185] einer Funktionsprüfung unterzogen werden. Gleichwohl sind bei jeder Abschlussprüfung Funktionsprüfungen durchzuführen, um zu vermeiden, dass sämtliche Kontrollen in einer Periode einer Funktionsprüfung unterzogen werden und in

---

184 Vgl. ISA 330.13 f.; *IDW PS 261*, Tz. 77 f.
185 Vgl. ISA 330.14(b); *IDW PS 261*, Tz. 78.

den beiden Folgeperioden keine derartigen Prüfungen durchgeführt werden[186]. Je länger der Zeitraum seit der letzten Wirksamkeitsüberprüfung ist, desto geringer ist die Relevanz und Verlässlichkeit der Prüfungsergebnisse aus Vorjahren.

Die vorstehenden Grundsätze gelten grundsätzlich auch für die relevanten Kontrollen, die mit der Auslagerung von betrieblichen Funktionen auf Dienstleistungsunternehmen zusammenhängen (z.b. Logistikdienstleistungen, IT- bzw. Rechenzentrumsleistungen, Debitorenmanagement, Personalabrechnung, Buchhaltung)[187]. Das Dienstleistungsunternehmen ist ein rechtlich vom auslagernden Unternehmen getrenntes Unternehmen, das eine oder mehrere betriebliche Funktionen des auslagernden Unternehmens in dessen Auftrag eigenständig durchführt. Mit der Auslagerung dieser Funktionen erlangt das IKS des Dienstleistungsunternehmens für die Beurteilung der Frage Bedeutung, ob sich aus der Ausgestaltung der Kontrollen Risiken ergeben, die bei einem auslagernden Unternehmen zu Mängeln in der Rechnungslegung führen können. Falls das Dienstleistungsunternehmen sein IKS insoweit prüfen lässt, als es die Ausführung der ausgelagerten Funktionen betrifft (dienstleistungsbezogenes IKS), stellt dies für das auslagernde Unternehmen und dessen APr. Einen Nachweis dar, der für die Beurteilung des dienstleistungsbezogenen IKS des auslagernden Unternehmens verwertet werden kann[188]. 113

(3) Aussagebezogene Prüfungshandlungen
(a) Analytische Prüfungshandlungen

Analytische Prüfungshandlungen[189] bestehen aus **Plausibilitätsprüfungen, Trendanalysen** und **Kennzahlenanalysen**. Mit ihrer Hilfe analysiert bzw. trifft der APr. Voraussagen über Zusammenhänge zwischen Finanz- und Betriebsdaten. Werden dabei ungewöhnliche Posten oder unerwartete Bewegungen festgestellt, sind deren Art und Ursache zu untersuchen. Dies kann z.B. der Fall sein, wenn Schwankungen bestehen, die im Widerspruch zu anderen einschlägigen Informationen stehen oder von erwarteten Beträgen abweichen[190]. 114

Durch analytische Prüfungshandlungen können häufig Prüfungsnachweise gewonnen werden über 115

– Routinetransaktionen und Schätzungen, für die sich Beziehungen und Trends ermitteln lassen,
– Abschlussposten und Geschäftsvorfälle, deren Wertansätze innerhalb relativ geringer Spannen schwanken, und
– Abschlussposten und Geschäftsvorfälle, für die z.B. Prüfungsnachweise zur Vollständigkeit nur sehr aufwändig durch Einzelfallprüfungen erlangt werden können (z.B. Personalaufwand).

(b) Einzelfallprüfungen

Einzelfallprüfungen werden durch einen **Soll-Ist-Vergleich** von Geschäftsvorfällen und Beständen durchgeführt, die einzelne Angaben in der Rechnungslegung stützen[191]. I.d.R. werden bestimmte Prüfungshandlungen keine Schlussfolgerung über alle Abschlussaus- 116

---

186 Vgl. ISA 330.14(b); *IDW PS 261*, Tz. 78.
187 Vgl. dazu weiterführend ISA 402 und *IDW PS 331*.
188 Vgl. *IDW PS 951*; ISAE 3402.
189 Vgl. auch Tz. 357.
190 Vgl. *IDW PS 300*, Tz. 28.
191 Vgl. *IDW PS 300*, Tz. 25.

sagen[192] zulassen. So lässt sich bspw. anhand von Saldenbestätigungen das tatsächliche Vorhandensein der ausgewiesenen Forderungen nachweisen, jedoch erlauben sie keine Aussage über ihren zutreffenden Ausweis und ihre Werthaltigkeit. Die Auswahl der vorzunehmenden Prüfungshandlungen ist deshalb so zu kombinieren, dass sie dem APr. ein verlässliches Urteil über alle relevanten Aussage- oder Prüfkategorien ermöglicht[193].

117 Folgende **Prüfungshandlungen** können im Einzelfall angewendet werden[194]:
   - **Einsichtnahme** in Unterlagen und Belege
   - **Vergleich** im Sinne einer manuellen oder automatischen Abstimmung von verschiedenen Unterlagen oder Daten
   - **rechnerische Prüfung** durch Feststellung der Richtigkeit von Zahlenmaterial in Originalbelegen und Buchhaltungsunterlagen und deren Verifizierung durch unabhängige Berechnungen
   - **Bestätigungen** sind Antworten auf Befragungen Dritter zu in der Rechnungslegung enthaltenen Informationen, wodurch deren Aussagekraft verstärkt wird. Bestätigungen werden i.d.R. schriftlich formuliert. Typische Fälle sind **Saldenbestätigungen** über bestehende Forderungen oder Verbindlichkeiten bei dem entsprechenden Gläubiger bzw. Schuldner oder **Bankbestätigungen** über alle Arten der geschäftlichen Beziehungen des zu prüfenden Unternehmens mit KI
   - **Befragungen** sind Informationen von kompetenten Personen inner- und außerhalb des Unternehmens. Dadurch werden neue Informationen geliefert oder bisherige Prüfungsnachweise bestätigt. Befragungen sind an keine bestimmte Form gebunden und können mündlich oder schriftlich erfolgen
   - **Beobachtung** ist die persönliche Anwesenheit bei der Durchführung von Prozessen oder Verfahren. Ein typisches Beispiel ist die Beobachtung einer Inventur.
   - Bei der **Inaugenscheinnahme** handelt es sich um eine Prüfung, ob ein materieller Vermögensgegenstand, z.B. eine Maschine, tatsächlich vorhanden ist. Über das Eigentum und den Wert kann dadurch jedoch kein Prüfungsnachweis erlangt werden

118 Die Verlässlichkeit der Prüfungsnachweise hängt wesentlich davon ab, welcher Art diese Nachweise sind und aus welcher Quelle sie stammen. Externen Nachweisen ist eine höhere Beweiskraft beizumessen als internen; eine Inaugenscheinnahme und schriftliche Dokumente haben für sich genommen eine höhere Beweiskraft als mündliche Auskünfte[195].

(4) **Anwendung von Stichproben**

119 Die Zielsetzung der Abschlussprüfung erfordert keine lückenlose Prüfung, vielmehr wird der APr. seine Prüfungshandlungen unter Berücksichtigung des Grundsatzes der Wesentlichkeit und des Fehlerrisikos auf der Grundlage von Stichproben vornehmen[196]. Eine Anwendung von Stichproben kommt dabei sowohl für Funktionstests im Rahmen der Prüfung des IKS als auch für aussagebezogene Prüfungshandlungen in Betracht. Werden durch Stichproben Unregelmäßigkeiten aufgedeckt, so sind weitere Prüfungsnachweise einzuholen, soweit die bisherigen Prüfungsnachweise keine hinreichend sichere Beurteilung ermöglichen[197].

---

192 Vgl. Tz. 72.
193 Vgl. Tz. 74.
194 Vgl. ISA 500.10 i.V.m. A52-A56; *IDW PS 300*, Tz. 27 ff.
195 Vgl. *IDW PS 300*, Tz. 39.
196 Vgl. *IDW PS 300*, Tz. 11.
197 Vgl. *IDW PS 300*, Tz. 12.

Für die Anwendung von Stichproben stehen zahlreiche **Auswahlverfahren** zur Verfügung, die sich in Verfahren mit **bewusster Auswahl** und Verfahren mit **Zufallsauswahl** einteilen lassen[198]. Beiden Gruppen ist gemeinsam, dass der Grad der Sicherheit und Genauigkeit des anhand der Auswahlverfahren gewonnenen Urteils nicht nur von der Anzahl der in die Stichprobe einbezogenen Elemente, sondern auch von der sachgerechten Anwendung der Verfahren und der Zuverlässigkeit der zugrunde gelegten Informationen über das jeweilige Prüfungsgebiet abhängt. Die erforderlichen Informationen gewinnt der APr. u.a. im Rahmen der Analyse der Geschäftstätigkeit sowie der rechtlichen und wirtschaftlichen Verhältnisse des Unternehmens, bei der Beurteilung des IKS oder auch von außerhalb der betreffenden Abschlussprüfung (z.B. aus vorangegangenen Abschlussprüfungen). Diese Informationen erlauben ihm, die Bedeutung der Elemente des Prüfungsgebiets für das Prüfungsurteil abzuschätzen, eine sachgerechte Schichtung des Prüfungsstoffs vorzunehmen und das Risiko abzuschätzen, dass aufgrund des gewählten Auswahlverfahrens wesentliche Elemente nicht in die Stichprobe einbezogen werden. 120

(a) Verfahren mit bewusster Auswahl

Von einer bewussten Auswahl spricht man, wenn die in die Stichprobe einzubeziehenden Elemente einer Grundgesamtheit vom APr. subjektiv aufgrund seiner **persönlichen Erkenntnisse und Erfahrungen** eigenverantwortlich, selbstständig und nach pflichtgemäßem Ermessen ausgewählt werden. 121

Davon zu unterscheiden ist die sog. „**Auswahl aufs Geratewohl**", bei der ohne sachliche Überlegung eine Anzahl von Elementen aus einem Prüfungsfeld herausgegriffen wird. Da der APr. bei diesem Verfahren weder eine für die Grundgesamtheit repräsentative Auswahl erhält, noch gewährleistet ist, dass die für sein Prüfungsurteil wesentlichen Elemente in die Stichprobe einbezogen werden, kann dieses Verfahren allein nicht zur Begründung eines Urteils über das Prüfungsgebiet herangezogen werden[199]. 122

Bei der **bewussten Auswahl** nutzt der APr. seine bisher über das Unternehmen gewonnenen Informationen und Kenntnisse sowie seine Erfahrung dazu, Entscheidungen über die Auswahl der in die Stichprobe einzubeziehenden Elemente zu treffen, um aus dem Ergebnis der Prüfung dieser Einzelfälle ein Urteil über das Prüfungsgebiet abzuleiten. Bei einer ansonsten in gleichem Maße erzielbaren Prüfungssicherheit ist bei der bewussten Auswahl der Grundsatz der Wirtschaftlichkeit der Abschlussprüfung zu beachten[200]. 123

Die Auswahl der Prüfungselemente nimmt der APr. nach solchen Kriterien vor, die ihm aufgrund der gewonnenen Informationen über das Prüfungsgebiet für dessen Beurteilung relevant erscheinen. Als **Auswahlkriterien** bieten sich i.d.R. an[201]: 124

– der Typ der Geschäftsvorfälle,
– die absolute oder relative Bedeutung der Prüfungselemente in einem Prüfungsfeld oder
– die für das jeweilige Prüfungsfeld getroffene Risikoeinschätzung.

Bei der **Einbeziehung typischer Fälle** in die Stichprobe konzentriert sich der APr. auf solche Geschäftsvorfälle, die im Prüfungsgebiet jeweils in gleicher Weise oder von den gleichen Personen verarbeitet werden und bei denen Fehler deshalb als typisch für den 125

---

198 Vgl. zu den folgenden Ausführungen auch *IDW St/HFA 1/1988;* v. *Wysocki,* S. 170; zur Diskussion der Unterschiede zwischen *IDW St/HFA 1/1988* und ISA 500 bzw. ISA 530 vgl. auch *Göb/Karrer,* WPg 2010, S. 593.
199 Vgl. *IDW St/HFA 1/1988,* Abschn. C. I.
200 Zum Grundsatz der Wirtschaftlichkeit vgl. *IDW PS 200,* Tz. 21.
201 Vgl. ISA 500.A54; *Schmidt,* in: HWRP³, Sp. 2281.

jeweiligen Verarbeitungsgang angesehen werden können. Die Auswahl typischer Fälle empfiehlt sich v.a. im Rahmen von Funktionsprüfungen bei der Prüfung des IKS.

126 Bei einer Auswahl der Prüfungselemente nach ihrer **absoluten oder relativen Bedeutung** werden nur diejenigen Elemente in die Stichprobe einbezogen, denen der Prüfer eine besondere Bedeutung für die Urteilsbildung beimisst. Dem liegt die Überlegung zugrunde, dass Fehler in diesen Elementen die Aussagefähigkeit des betreffenden Prüfungsgebietes in besonderem Maße beeinträchtigen können. Danach kann die Auswahl bspw. darauf ausgerichtet sein, nur Forderungen für die Prüfung auszuwählen, die einen bestimmten Betrag überschreiten (z.B. alle Debitoren mit einem Saldo von mehr als 50.000 €).

127 Die Informationen, die sich der APr. über die Geschäftstätigkeit sowie das rechtliche und wirtschaftliche Umfeld des Unternehmens verschafft hat, die Einschätzung der vorhandenen Kontrollstruktur sowie die Ergebnisse der vorläufigen Plausibilitätsbeurteilungen erlauben es ihm, die Elemente eines Prüfungsgebietes für die Stichprobenprüfung nach seiner **Risikoeinschätzung** auszuwählen. Dabei geht er davon aus, dass in den von ihm ausgewählten Stichproben das Risiko falscher Angaben größer ist als in den übrigen Bereichen. In Betracht kommen für eine derartige Auswahl insb. Geschäftsvorfälle oder Posten, die außergewöhnlich sind bzw. bei denen in hohem Maße Beurteilungs- oder Gestaltungsspielräume bestehen, sowie Vermögensgegenstände, die aufgrund ihres Wertes und ihrer Verwertbarkeit anfällig für Manipulationen sind. Dabei wird der APr. auch Erkenntnisse verwerten, die er bei früheren Prüfungen dieses Unternehmens oder bei vergleichbaren Unternehmen gewonnen hat.

128 Für die Auswahl der Stichprobe können u.a. die folgenden Kriterien herangezogen werden:

(1) Funktionen (z.B. Zahlungsverkehr, Warenverkehr, Lohn- und Gehaltsverkehr)
(2) Höhe des Betrages (z.B. die zehn größten Forderungen)
(3) Abteilungen (z.B. Anlagenbuchhaltung, Lagerbuchhaltung, Kontokorrentbuchhaltung, Lohnbuchhaltung, Kassen, Filialen und andere Außenstellen)
(4) Aufträge (v.a. bei Einzelfertigung großer Objekte, z.B. Großanlagenbau, Werften, Bauunternehmen)
(5) Kunden oder Lieferanten (z.B. Zahlungs- und Leistungsverkehr mit bestimmten Großlieferanten oder -abnehmern)
(6) verbundene Unternehmen und sonstige nahe stehende Personen (z.B. Rechtsbeziehungen, Einflussnahme, Verrechnungsverkehr)
(7) Zeiträume (z.B. Monate vor und nach dem Abschlussstichtag, Saison oder sonstige Perioden starken Buchungsverkehrs)
(8) Arbeitsgebiete bestimmter Mitarbeiter.

(b) Verfahren mit Zufallsauswahl

129 Im Gegensatz zur bewussten Auswahl, bei der die Einbeziehung von Elementen in eine Stichprobe von den Erfahrungen und dem Gespür des APr. abhängt, haben bei der Zufallsauswahl alle Elemente der Grundgesamtheit eine **berechenbare,** gleiche **Wahrscheinlichkeit** größer Null, in die Stichprobe einbezogen zu werden. Darüber hinaus erlauben die Verfahren mit Zufallsauswahl dem APr., unter Anwendung **mathematisch-statistischer Regeln** Rückschlüsse auf die Grundgesamtheit zu ziehen und eine Aussage über das mit der Stichprobenprüfung verbundene Fehlerrisiko zu treffen.

130 Die Anwendung mathematisch-statistischer Verfahren setzt voraus, dass der APr. mit den von ihm ausgewählten Verfahren vertraut ist, da sonst die Gefahr besteht, dass durch

Auswahl ungeeigneter Parameter, durch unzutreffende Schichtung o.ä. Ergebnisse verzerrt werden und zu falschen Rückschlüssen auf die Gesamtheit führen. Die Anwendung mathematisch-statistischer Verfahren stellt darüber hinaus erhöhte Anforderungen an die interne Organisation des zu prüfenden Unternehmens. Die für die Zwecke der Stichprobenziehung vorzunehmende Abgrenzung der Grundgesamtheit und die strukturelle Aufbereitung des Prüfungsgebietes erfordern, dass die Merkmale, die als Auswahlkriterien in Betracht kommen bzw. selbst Gegenstand der Prüfung sein können, über den gesamten Prüfungszeitraum lückenlos erfasst werden können. Eine weitere Voraussetzung für die Anwendung mathematisch-statistischer Verfahren ergibt sich schließlich aus den ihnen zugrunde liegenden Regeln der Wahrscheinlichkeitsrechnung. Danach verlangt die Anwendung dieser Verfahren insb., dass die Anzahl der Elemente der Grundgesamtheit ausreichend groß ist und die übrigen für die Anwendung des Verfahrens notwendigen Voraussetzungen (z.b. Homogenität der Grundgesamtheit) und Informationen (z.B. erwarteter Fehleranteil, Häufigkeitsverteilung) vorliegen.

Für die Durchführung von Stichprobenverfahren mit Zufallsauswahl stehen dem APr. zahlreiche anerkannte mathematisch-statistische Verfahren zur Verfügung, deren Voraussetzungen und Grundlagen in der Literatur ausführlich dargestellt sind[202]. Bei diesen mathematisch-statistischen Verfahren kann grundsätzlich zwischen statistischen Schätzverfahren und statistischen Testverfahren unterschieden werden. **131**

Die **Auswahl** des im Einzelfall anzuwendenden Verfahrens bestimmt sich nach der Fragestellung und den vorhandenen Informationen über das jeweilige Prüfungsgebiet (einschließlich der Einschätzung der gegebenen Kontroll- und Risikosituation). Anhand dieser Informationen erhält der APr. bspw. **132**

– Erkenntnisse zu Prüfungsgebieten, in denen die Art der anfallenden Geschäftsvorfälle eine routinemäßige Verarbeitung nicht zulässt oder erhebliche Gestaltungsspielräume bestehen (Nicht-Routinetransaktionen bzw. Schätzungen),
– Aufschluss über Bereiche, in denen er das IKS als nicht hinreichend wirksam eingeschätzt hat oder in denen er sich aus anderen Gründen nicht auf das Kontrollsystem stützen will oder
– wichtige Erkenntnisse über die Auswahl einzelner Parameter, wie z.B. des zugrunde zu legenden Sicherheitsgrades. So dürfte bspw. eine Verringerung des Sicherheitsgrades auf einen Wert unter 90% nur in den Fällen vertretbar sein, in denen der APr. aufgrund seiner Risikoeinschätzung keine besonderen Risikofaktoren festgestellt hat und davon ausgehen kann, dass eine fehlerhafte statistische Aussage keine wesentliche Auswirkung auf das Gesamturteil haben wird[203].

(c) Statistische Schätzverfahren

Bei **statistischen Schätzverfahren** werden, ausgehend vom Ergebnis der Stichprobe, die unbekannten Parameter der Grundgesamtheit geschätzt. Als zu schätzende Parameter kommen dabei v.a. in Betracht: **133**

– der Fehleranteil oder die Fehleranzahl (sog. homograder Fall) und
– der durchschnittliche Wert einer Position bzw. der Gesamtwert aller Positionen (sog. heterograder Fall).

Zu den statistischen Schätzverfahren gehören bspw.: **134**

---
202 Vgl. z.B. *Leffson*, S. 170; *v. Wysocki*, S. 170; *Marten/Quick/Ruhnke*, Wirtschaftsprüfung³, S. 312 ff.
203 Vgl. *IDW St/HFA 1/1988*, Abschn. D. III. 2. b).

(1) Ungeschichtete und geschichtete Schätzverfahren
- freie Hochrechnung
- gebundene Hochrechnung – Differenzenschätzung – Verhältnisschätzung – Regressionsschätzung

(2) Monetary-Unit-Sampling-Verfahren[204]

(d) Statistische Testverfahren

135 Mit **statistischen Testverfahren** versucht der APr., eine bestimmte Ausgangshypothese (sog. Null-Hypothese) zu verifizieren oder zu widerlegen. Die Null-Hypothese entspricht dabei der Fehlerrate, die der APr. in der Grundgesamtheit erwartet und bei der er bereit ist, das Prüfungsgebiet als ordnungsgemäß anzunehmen.

ff) Besonderheiten bei Erstprüfungen

136 Bei einer Erstprüfung besteht ein unvermeidbar höheres Risiko, falsche Angaben im Abschluss nicht zu entdecken, da keine Erfahrungen aus Vorjahresprüfungen vorliegen. Dem Projektmanagement kommt insb. bei Erstprüfungen eine besondere Bedeutung zu, da die Projektplanung i.d.R. mit einer Reihe von Unsicherheiten behaftet ist. Ein gutes Projektmanagement hilft dabei, Probleme im Prüfungsablauf zu vermeiden bzw. rechtzeitig zu erkennen und richtig zu „managen".

137 Grundsätzlich ist der Umfang der Prüfungsplanung unabhängig davon, ob es sich um eine erstmalige Abschlussprüfung oder um eine Folgeprüfung durch denselben APr. handelt. Sämtliche für die Rechnungslegung relevanten Sachverhalte sind in jedem Jahr neu zu beurteilen. Dennoch wird der APr. bei Folgeprüfungen auf Kenntnisse und **Erfahrungen aus der Vergangenheit** mit dem zu prüfenden Unternehmen zurückgreifen[205].

138 Zusätzlich sind bei Erstprüfungen einige Besonderheiten zu berücksichtigen. Dies betrifft insb. die **Prüfung der Eröffnungsbilanzwerte**, zu denen der APr. über keine eigenen Prüfungsnachweise aus dem Vj. verfügt. Mittels weiterer Prüfungshandlungen ist sicherzustellen, dass die Prüfungsaussagen hinsichtlich der Eröffnungsbilanzwerte mit hinreichender Sicherheit getroffen werden können. Dabei geht es um

- den korrekten Vortrag der Schlussbilanzwerte des vorhergehenden GJ (Bilanzidentität) und
- die stetige Anwendung im Zeitablauf der Ausweis-, Bewertungs- und Konsolidierungsmethoden[206].

139 Gemäß § 265 Abs. 2 S. 1 HGB ist in der Bilanz sowie in der Gewinn- und Verlustrechnung einer KapGes. sowie einer KapGes. & Co. zu jedem Posten der entsprechende Betrag des vorhergehenden Geschäftsjahres anzugeben. Diese Angabepflicht führt dazu, dass die **Vorjahreszahlen** Bestandteil des zu prüfenden Jahresabschlusses werden und somit auch Gegenstand der Abschlussprüfung nach §§ 316 ff. HGB sind. Vorjahresangaben im Anhang und im LB unterliegen ebenfalls der Prüfungspflicht des APr. Die Prüfung von auf gesetzlicher Grundlage anzugebenden Vorjahreszahlen kann im Prüfungsauftrag nicht

---

204 Vgl. *Ruhnke/von Torklus*, WPg 2008, S. 1120: MUS ist das in der Praxis am häufigsten eingesetzte statistische Verfahren und bei Überbewertungen (häufigster Fall) hinsichtlich seiner Effizienz anderen statistischen Verfahren überlegen. Jedoch ist in der Praxis ein erstaunlich hoher Anteil (85%) an nicht-statistischen Verfahren (z.B. reine Zufallsstichprobe – *haphazard*) zu beobachten, die in den relevanten Anwendungsfällen (z.B. Prüfung von Massendaten, Mangel an Vorabinformationen für eine bewusste Auswahl) den statistischen Methoden unterlegen sind.
205 Vgl. *IDW PS 240*, Tz. 13.
206 Vgl. *IDW PS 205*, Tz. 9.

ausgeschlossen werden, da sie Bestandteil der gesetzlichen Prüfungspflicht ist. Bei Erstprüfungen hat der APr. demzufolge ergänzend zur Prüfung der Übernahme der Vorjahresbeträge aus dem Vorjahresabschluss zusätzliche Prüfungshandlungen durchzuführen[207].

Die zusätzlichen Prüfungshandlungen sind im Rahmen der Planung zu berücksichtigen. **140** Wesentlich wird es darauf ankommen, ob und mit welchem Ergebnis der JA und LB des Vj. geprüft wurden. Sofern ein anderer APr. den JA und LB geprüft hat, können dessen Prüfungsergebnisse unter Beachtung des Grundsatzes der Eigenverantwortlichkeit verwertet werden. Eine unreflektierte Verwendung der Arbeit anderer Prüfer ist unzulässig. In welchem Ausmaß und mit welcher Gewichtung Feststellungen des Vorjahresprüfers verwertet werden können, hängt von der Bedeutung des Sachverhalts für das Gesamturteil des APr. sowie von der fachlichen Kompetenz und beruflichen Qualifikation des Vorjahresprüfers nach Maßgabe der für den APr. geltenden Erfordernisse der Unabhängigkeit, Gewissenhaftigkeit, Unparteilichkeit, Unbefangenheit und Eigenverantwortlichkeit ab[208].

Mit der Ergänzung des § 320 HGB i.d.F. des BilMoG um einen vierten Absatz wird dem **141** neuen APr. ein unmittelbar gegenüber dem bisherigen APr. wirkendes Informationsrecht eingeräumt. Gleichzeitig wird der bisherige APr. dazu verpflichtet, dem neuen APr. auf schriftliche Anforderung über das Ergebnis der bisherigen Abschlussprüfung zu berichten. Dieses Informationsrecht gilt sowohl für den regulären Wechsel des APr. als auch für die Fälle, bei denen ein Auftrag nach § 318 Abs. 6 HGB aus wichtigem Grund gekündigt wurde.

In der Praxis dürften zur Erfüllung der Auskunftspflicht die Übersendung des PrB an den neuen APr. sowie – wenn notwendig – einige zusätzliche Erläuterungen genügen. In vielen Fällen wird der Vorprüfer in einem Übergabegespräch bereit sein, Auskunft über den gesetzlichen Mindestumfang hinaus zu erteilen. Da auf diesem Wege erlangte zusätzliche Informationen hilfreich für die Durchführung der Erstprüfung sind, sollte von der Möglichkeit des Gesprächs mit dem Vorprüfer Gebrauch gemacht werden. Gleiches gilt für eine Einsichtnahme in die Arbeitspapiere des bisherigen APr.[209] Auf die Einsichtnahme in die Arbeitspapiere[210] und auf die Erteilung mündlicher Auskünfte durch den Vorprüfer besteht kein rechtlicher Anspruch. Dies bedeutet, dass die Gewährung von Einsicht in Arbeitspapiere ebenso wie die Erteilung von Auskünften über den gesetzlichen Mindestumfang, d.h. über die Verpflichtung hinaus, wie sie sich unmittelbar aus § 320 Abs. 4 HGB ergibt, im Ermessen des bisherigen APr. steht. Grundsätzlich erfolgt die Erteilung von Informationen auf Grundlage eines vom neuen APr. zu unterzeichnenden Hold Harmless Letters, der eine haftungsbegrenzende bzw. -freistellende Vereinbarung in Bezug auf die Auskunftserteilung verbunden mit der Verschwiegenheitsverpflichtung des Informationsempfängers darstellt. Eine Entbindung von der Verschwiegenheit des bisherigen APr. durch den Mandanten ist nur in den Fällen entbehrlich, in denen auszuschließen ist, dass Informationen begehrt bzw. erteilt werden, die über den gesetzlichen Mindestumfang hinausgehen. Da in der Regel eine trennscharfe Begrenzung auf diesen Umfang nicht möglich sein wird, empfiehlt es sich, stets eine entsprechende Entbindung von der Verschwiegenheit einzuholen.

---

207 Vgl. *IDW PS 318*, Tz. 15 i.V.m. *IDW PS 205*, Tz. 10 ff.
208 Vgl. *IDW PS 205*, Tz. 12.
209 Vgl. *IDW PS 205*, Tz. 12.
210 Vgl. *Gutman*, BB 2010, S. 173.

142 Hat eine Prüfung im Vj. nicht stattgefunden, sind geeignete Prüfungshandlungen zu planen, um sicherzustellen, dass die Vermögensgegenstände, Schulden und Rechnungsabgrenzungsposten in der Eröffnungsbilanz der erstmals zu prüfenden Periode so erfasst und bewertet waren, dass hieraus nicht mit einer wesentlichen Beeinträchtigung der Darstellung der Ertragslage des Unternehmens im zu prüfenden GJ zu rechnen ist[211].

e) Zeitplanung

143 Die Zeitplanung ist insb. bei Erstprüfungen schwierig, da dem APr. der Prüfungsstoff und die bei seiner Bewältigung entstehenden Schwierigkeiten sowie die Organisation des Unternehmens noch unbekannt sind. Der Prüfer wird hier auf seine Erfahrungen bei der Prüfung von Unternehmen ähnlicher Art und Größe zurückgreifen müssen.

144 Bei der Zeitplanung ist v.a. darauf zu achten, dass[212]

- die Terminierung der Prüfungstätigkeiten (z.B. Prüfungshandlungen vor dem Abschlussstichtag, Einholung von Saldenbestätigungen, Inventurteilnahme, Prüfungshandlungen nach dem Abschlussstichtag) einen ordnungsgemäßen Prüfungsablauf ermöglicht,
- die Prüfungsanweisungen an die Prüfungsmitarbeiter bei deren Tätigkeitsbeginn vorliegen,
- die Zeitvorgaben zur Durchführung der geplanten Prüfungshandlungen ausreichend bemessen sind,
- die Prüfungsbereitschaft des Mandanten bei Beginn der jeweiligen Prüfungstätigkeiten gegeben ist,
- Zeitreserven für unerwartet erforderliche Änderungen des Prüfungsvorgehens bestehen und
- die Überwachungsmaßnahmen parallel zum Prüfungsfortschritt durchgeführt werden.

145 Im Verlauf der Prüfung kann sich ergeben, dass der ursprüngliche Zeitplan geändert werden muss. Das kann bspw. darauf zurückzuführen sein, dass Unterlagen vom zu prüfenden Unternehmen nur schleppend bereitgestellt werden, einzelne Sachverhalte intensiver zu prüfen sind als ursprünglich vorgesehen, Bilanzierungsentscheidungen aus bilanzpolitischen Gründen im Laufe der Abschlussprüfung geändert werden oder Mitarbeiter im Prüfungsteam krankheitsbedingt ausfallen. Gleichwohl können bei Wiederholungsprüfungen die in Vj. aufgewendeten Prüfungszeiten ein wichtiger Anhaltspunkt für die Zeitplanung sein.

146 Bei der zeitlichen Planung muss der APr. auch festlegen, in welchem Umfang Teile der vorzunehmenden Prüfungshandlungen bereits vor dem Abschlussstichtag im Rahmen von **Vor- oder Zwischenprüfungen** durchgeführt werden sollen. Ohne eine ausreichende Vor- oder Zwischenprüfung ist eine ordnungsgemäße Durchführung der Abschlussprüfung bei Unternehmen ab einer bestimmten Größe und Organisation nicht mehr möglich, wenn die zeitlichen Restriktionen eingehalten werden sollen, die für die Prüfung und Feststellung des JA durch die zuständigen Organe und die Einberufung und Abhaltung der Haupt-/ Gesellschafterversammlung durch die gesetzlichen und ggf. satzungsmäßigen Regelungen festgelegt sind.

147 Die **rechtliche Grundlage** für die Vorprüfung (Zwischenprüfung) ist § 320 Abs. 2 HGB zu entnehmen, der dem APr. das Recht gibt, auch vor Fertigstellung des JA von den gesetzlichen Vertretern sämtliche Unterlagen und Auskünfte zu fordern, die zur Durch-

---

211 Vgl. *IDW PS 240*, Tz. 24.
212 Vgl. § 24a BS WP/vBP; *VO 1/2006*, Tz. 79 ff; *IDW PS 240*, Tz. 20.

Planung der Abschlussprüfung R

führung der Abschlussprüfung erforderlich sind, wenn die Vorbereitung der Abschlussprüfung diese vorzeitigen Prüfungshandlungen notwendig erscheinen lässt.

Für Vorprüfungen eignen sich insb. **148**

- die Beschaffung und Analyse von Informationen über die Geschäftstätigkeit des geprüften Unternehmens; dies beinhaltet insb. eine Analyse der Strategie, der externen Faktoren sowie der Geschäftsrisiken,
- die Analyse der Unternehmensabläufe, innerhalb derer sich die internen Kontrollen befinden, auf die sich der APr. stützen will,
- die Prüfung derjenigen Posten des JA, die eine abschließende Beurteilung der bis zur Vorprüfung angefallenen Geschäftsvorfälle zulassen; dazu gehört bspw. die Prüfung der Anlagenzugänge oder der Pensionsverpflichtungen bis zu diesem Zeitpunkt,
- die Einholung und Prüfung von Bestätigungen auf einen vorgezogenen Stichtag, z.B. Saldenbestätigungen zu Forderungen.

In den vergangenen Jahren waren die meisten Unternehmen bestrebt, den Prozess der Erstellung und Prüfung des JA zu verkürzen. In diesem Zusammenhang wird vielfach ein vollständiger Abschluss auf einen Stichtag vor dem Abschlussstichtag geprüft, während der Zeitraum bis zum Abschlussstichtag gesondert mit möglichst geringem Zeitaufwand geprüft wird (*hard close*). Dieser Ansatz ist nur unter bestimmten Voraussetzungen zu realisieren, z.B. einem funktionierenden IKS. Eine abschließende Prüfung vieler Aspekte setzt voraus, dass zum Zeitpunkt der Prüfung auf den *hard close*-Stichtag (z.B. 30. November) die Bilanzpolitik des Unternehmens festgelegt ist, die durch die Ausnutzung von Bilanzierungs- und Bewertungswahlrechten den endgültigen Wertansatz im JA nicht unmaßgeblich beeinflussen kann. **149**

Der Teil des GJ, der zwischen Vorprüfung und Abschlussstichtag liegt, ist in den nach dem Abschlussstichtag erfolgenden Teil der Abschlussprüfung einzubeziehen. Wie intensiv diese Prüfung sein muss, hängt davon ab, ob sich der Prüfer durch andere Prüfungshandlungen, z.B. der Einschaltung der Internen Revision und die Verwertung von deren Prüfungsergebnissen[213], Gewissheit von der Gesetz- und Satzungsmäßigkeit der Bilanzierung der Geschäftsvorfälle auch für diesen Zeitraum verschaffen kann. I.d.R. wird dies ohne ein bestimmtes Maß an Prüfungshandlungen nicht möglich sein. Insb. **außergewöhnliche Buchungen** vor dem Abschlussstichtag sowie alle wesentlichen Abschlussbuchungen sollten von ihm geprüft werden. Er muss sich ferner Gewissheit darüber verschaffen, ob ggf. Ereignisse eingetreten sind, die eine andere Beurteilung der von ihm bereits bei der Vorprüfung geprüften Posten erforderlich machen. **150**

Ergibt die Vorprüfung Anlass zu **wesentlichen Beanstandungen**, kann es notwendig sein, mit der Bekanntgabe an die Organe der Gesellschaft nicht bis zur endgültigen Abgabe des PrB zu warten. Dies gilt insb. für die Feststellung von Tatsachen, die den Bestand des Unternehmens gefährden oder seine Entwicklung wesentlich beeinträchtigen können[214], für die Aufdeckung wesentlicher falscher Angaben in der Rechnungslegung und bei einem Verdacht auf einen sonstigen Verstoß gegen Gesetz, Gesellschaftsvertrag oder Satzung[215]. Um diesem Gedanken Rechnung zu tragen, wird teilw. in solchen Fällen vorab ein **gesonderter** Teilbericht abgegeben, der in den Bericht über die Prüfung des JA aufzunehmen ist[216]. **151**

---

213 Vgl. Tz. 872.
214 Vgl. *IDW PS 450*, Tz. 41.
215 Vgl. ISA 240.40; *IDW PS 210*, Tz. 51.
216 Vgl. *IDW PS 450*, Tz. 41.

152 Als Hilfsmittel bei der Durchführung der zeitlichen Planung kann die Netzplantechnik herangezogen werden[217]. Voraussetzung dafür ist, dass sich die Abschlussprüfung in mehrere Teilprojekte (Prüffelder) zerlegen lässt, zwischen denen eine Anzahl von Beziehungen bestehen. Ein solcher Zusammenhang besteht bspw. zwischen den aussagebezogenen Prüfungshandlungen und den Ergebnissen der Funktionsprüfungen oder zwischen den relevanten IT-Kontrollen und den vorgelagerten generellen IT-Kontrollen. Anhand dieser Beziehungen und dem voraussichtlichen Zeitbedarf je Prüffeld kann ein zeitlicher Prüfungsplan aufgestellt werden, der einen vollständigen Überblick über den Zeitablauf der Prüfung gibt.

f) Personelle Planung

153 Im Rahmen der personellen Planung ist zu entscheiden, welche Prüfer für die Durchführung der Abschlussprüfung eingesetzt und wie die Prüfungsgebiete auf die Mitarbeiter aufgeteilt werden sollen. Bei dieser **Aufteilung** ist insb. darauf zu achten, dass die fachliche Qualifikation (Ausbildung, Erfahrung, Branchen- und Spezialkenntnisse) des jeweiligen Prüfers sachgerecht mit dem Schwierigkeitsgrad der entsprechenden Arbeitsgebiete abgestimmt ist[218]. Darüber hinaus sind mögliche Interessenkonflikte sowie die berufsrechtlichen Grundsätze der **Unabhängigkeit** und Unbefangenheit zu beachten[219]. Der deutsche Gesetzgeber hatte bereits durch das Bilanzrechtsreformgesetz die Ausschlussgründe ausgeweitet, aufgrund derer ein WP wegen der Besorgnis der Befangenheit nicht APr. sein darf[220]. Durch das Bilanzrechtsmodernisierungsgesetz (BilMoG) wurden die Regelungen des § 319a HGB nochmals ausgedehnt und zusätzlich Regelungen für Netzwerke in § 319b HGB eingeführt. Bei Mandanten, deren Aktien in den USA notiert sind, müssen auch die weitergehenden SEC-Regelungen zur Unabhängigkeit beachtet werden.

154 Eine effiziente Prüfung verlangt neben fundierten Fachkenntnissen auch detaillierte Kenntnisse über das zu prüfende Unternehmen, die gesellschaftsrechtlichen Verhältnisse (z.B. Beziehung zu verbundenen Unternehmen), die Organisation des Rechnungswesens und die Betriebsabläufe sowie Branchenbesonderheiten. Dies spricht einerseits für den Einsatz derselben Prüfer bei Wiederholungsprüfungen. Wie lange dieser „Einarbeitungsprozess" dauert, lässt sich generell nicht sagen; er steigt mit zunehmender Unternehmensgröße sowie komplizierten rechtlichen Konstruktionen und Fertigungsabläufen. Andererseits kann bei langjährigen Prüfungen die Gefahr einer gewissen **Betriebsblindheit** eintreten. Es ist daher empfehlenswert, die mit der Prüfung beauftragten Mitarbeiter des APr. in bestimmten Zeitabständen zu wechseln. Dadurch wird ein Optimum zwischen notwendiger Erfahrung und Vermeidung einer möglichen Betriebsblindheit hergestellt[221]. Bei kapitalmarktorientierten Unternehmen i.S.d. § 264d HGB hat der Gesetzgeber eine interne Rotation des Auftragsverantwortlichen und ggf. des weiteren Unterzeichners des BestV vorgeschrieben, sofern dieser/ diese den BestV in sieben oder mehr Fällen unterzeichnet haben und seit der letzten Beteiligung an der Prüfung nicht zwei oder mehr Jahre vergangen sind. Für die Prüfung der Unternehmen von öffentlichem Interesse ergeben sich aufgrund der Änderungen durch das BilMoG folgende Änderungen:

---

217 Vgl. *Marten/Quick/Ruhnke*, Wirtschaftsprüfung³, S. 245.
218 Vgl. *VO 1/2006*, Tz. 85.
219 Vgl. § 2 BS WP/vBP; *VO 1/2006*, Tz. 32 ff.
220 Vgl. §§ 319, 319a HGB.
221 Vgl. *Havermann*, BFuP 1976, S. 215.

- Ausdehnung des Kreises der betroffenen Unternehmen auf solche, die lediglich einen Antrag auf Zulassung von Wertpapieren zum Handel an einem organisierten Markt gestellt haben (§ 264d HGB)
- Verkürzung der Cooling off-Periode auf zwei Jahre
- Definition des „verantwortlichen Prüfungspartners"[222]
- Ausdehnung der Rotationspflichten auf den verantwortlichen Prüfungspartner von bedeutenden Tochterunternehmen, der auch als verantwortlicher Prüfungspartner auf Konzernebene gilt
- Anpassung der Vorschriften zur auftragsbegleitenden Qualitätssicherung an das Konzept des verantwortlichen Prüfungspartners
- Ausdehnung der Vorschriften §§ 319, 319a HGB auf Netzwerke (§ 319b HGB).

Im Rahmen der personellen Planung muss sich der APr. auch mit der Einbeziehung von Sachverständigen oder Spezialisten befassen. Der Einsatz von Sachverständigen oder Spezialisten dient der Sicherung der Qualität sowie der Effektivität und Effizienz der Abschlussprüfung. Sie verfügen über spezielle Fähigkeiten, Kenntnisse und Erfahrungen auf bestimmten Gebieten außerhalb der klassischen Rechnungslegung oder Abschlussprüfung und werden in dieser Eigenschaft im Rahmen der Abschlussprüfung tätig[223]. So werden häufig Steuerspezialisten, IT-Spezialisten, Treasury-Spezialisten, aber auch Aktuare, Umweltspezialisten oder Juristen beigezogen. Die Verantwortung für die Abschlussprüfung verbleibt jedoch beim APr. 155

g) Erstellung und Dokumentation des Prüfungsplans

Als Prüfungsplan ist die **Gesamtheit aller** vom APr. getroffenen **Festlegungen** hinsichtlich der Art und des Umfangs der durchzuführenden Prüfungshandlungen, der Auswahl und Zuordnung der Mitarbeiter sowie des zeitlichen und organisatorischen Ablaufs der Prüfung anzusehen. Der Prüfungsplan ist angemessen zu dokumentieren[224]. Der Umfang der Dokumentation richtet sich insb. nach der Größe des zu prüfenden Unternehmens sowie der Anzahl der einzusetzenden Mitarbeiter. Während bei Prüfungen von Unternehmen mit hohem Risikopotential und Konzernen eine detaillierte schriftliche Fixierung des Prüfungsplans unverzichtbar ist, dürften auch bei Prüfungen mit geringerem Risikopotential mündliche Anweisungen allein nicht als ausreichend anzusehen sein. Der Prüfungsplan hat eine **Nachweisfunktion** und dokumentiert die Prüfungsschwerpunkte und die Überlegungen und Einschätzungen des APr., die für die getroffene Auswahl maßgeblich waren. 156

Bei der Aufteilung des Prüfungsstoffs in Prüfungsgebiete oder Prüffelder sollen möglichst solche Teile des Rechnungswesens zu einem Bereich zusammengefasst werden, die in einem **sachlogischen Zusammenhang** stehen. Der Prüfer, der z.B. die Anlagenzugänge prüft, die aus der Eigenfertigung stammen, kann sich über die Angemessenheit kein zuverlässiges Urteil bilden, wenn er nicht auch die entsprechenden Kalkulationsunterlagen und ihr Zustandekommen sowie die Aufwendungen für Eigen- und Fremdreparaturen prüft. Das Gleiche gilt für die Prüfung der unfertigen und fertigen Erzeugnisse. Mit der Prüfung der Forderungen aus Lieferungen und Leistungen sollte die Prüfung der Wertberichtigungen, der Ausbuchungen und Nachlässe und der Gutschriften für Retouren so- 157

---

222 Verantwortlicher Prüfungspartner ist, wer den BestV gemäß § 322 HGB unterzeichnet oder für die Durchführung der Prüfung als vorrangig verantwortlich (siehe § 24a Abs. 2 BS WP/vBP) bestimmt worden ist. Letzterer hat gemäß § 27a BS WP/vBP bei Pflichtprüfungen immer den BestV zu unterzeichnen, so dass sich daraus keine materiellen Änderungen zur bisherigen Situation ergeben.
223 Vgl. Tz. 875.
224 Vgl. ISA 300.12; *IDW PS 240*, Tz. 28.

wie etwaiger Garantieleistungen verbunden werden. Man kann innerhalb dieser Zusammenhänge je nach der Buchhaltungsorganisation und der Größenordnung auch eine Arbeitsteilung innerhalb eines Prüfungsteams vornehmen. Es ist dann Aufgabe des Prüfungsleiters, die Arbeiten zweckmäßig zu koordinieren. Die Zusammenhänge zwischen einzelnen Prüffeldern und -teams und die zweckmäßige Gestaltung der Prüfungshandlungen werden im Einzelnen bei der Erörterung der Prüfung der Einzelposten des JA dargestellt[225].

158 Bei der Festlegung der durchzuführenden Prüfungshandlungen werden häufig auch Fragebögen oder Checklisten verwandt. Dabei handelt es sich um **Prüfungsanweisungen** oder Prüfprogramme, durch die dem einzelnen Prüfer bestimmte Prüfungshandlungen vorgegeben werden. Solche Prüfprogramme können entweder als Standardprogramme vorliegen, die an die besonderen Verhältnisse des zu prüfenden Unternehmens anzupassen sind, oder sie werden von vornherein mandantenbezogen entwickelt. Durch solche Prüfprogramme soll eine möglichst einheitliche Prüfungsdurchführung und Prüfungsqualität durch alle Mitarbeiter sichergestellt werden. Gleichzeitig schaffen sie die Voraussetzung für eine angemessene Beaufsichtigung der Prüfungsdurchführung, die nach den Berufsgrundsätzen[226] geboten ist. Bei der Aufstellung von Prüfungsprogrammen empfiehlt es sich, die Prüfungshandlungen für das jeweilige Prüfungsgebiet systematisch nach dem jeweiligen Arbeitsablauf vorzugeben und dabei die logischen Verknüpfungen zwischen den einzelnen Prüfungsarten einschließlich der vermuteten Fehlerrisiken zu berücksichtigen[227]. Zunehmend gelangen zur Strukturierung des Prüfungsprozesses anstelle von herkömmlichen Prüfprogrammen auch aktivitätsbasierte IT-Lösungen zum Einsatz.

159 Planungsentscheidungen werden in einem **Planungsmemorandum** dokumentiert, das üblicherweise als Anlage das Prüfungsprogramm enthält. Das Planungsmemorandum ist eine Zusammenfassung der wichtigsten Planungsentscheidungen. Gewöhnlich enthält es die folgenden Punkte:

– Hintergrundinformationen zu dem zu prüfenden Unternehmen, Anmerkungen über die Branche und das wirtschaftliche Umfeld
– Verständnis des APr. von den relevanten Unternehmensabläufen und internen Kontrollen (einschließlich der allgemeinen IT-Kontrollen) des Unternehmens
– Risikobeurteilung und eine Zusammenfassung von Art, zeitlicher Abfolge und Umfang der geplanten Prüfungshandlungen unter Berücksichtigung der inhärenten Risiken, der Kontrollrisiken und der Entdeckungsrisiken
– erforderliche Befragungen der Organe oder des Managements zu bestimmten Themen (z.B. Fraud, Going Concern etc.)
– nahe stehende Personen sowie mögliche Auswirkungen von Geschäftsvorfällen mit diesem Personenkreis auf den JA und das Prüfungsvorgehen
– Festlegung der Wesentlichkeitsgrenzen
– Personalplanung, einschließlich Aufgabenzuordnung der einzelnen Mitglieder des Prüfungsteams
– Einbeziehung von Spezialisten und Sachverständigen
– Einbeziehung der Arbeit der Internen Revision
– Liste der wichtigsten Mitarbeiter des Mandanten, die in die Abschlussprüfung einbezogen werden müssen
– Einsatz von IT-gestützten Prüfungsmethoden

---
225 Vgl. Tz. 396.
226 Vgl. §§ 24b Abs. 1 BS WP/vBP; *VO 1/2006*, Tz. 106.
227 Vgl. *Dörner*, S. 346.

Planung der Abschlussprüfung   R

- Terminplanung einschließlich einer Festlegung, wann der PrB ausgeliefert werden soll
- Einbeziehung in die auftragsbegleitende Qualitätssicherung[228].

Damit alle an der Prüfung beteiligten Mitarbeiter ausreichend informiert sind, müssen sie das Planungsmemorandum rechtzeitig vor Beginn der ersten Prüfungshandlungen erhalten. Sind andere WP an der Prüfung beteiligt (z.B. Prüfung von Niederlassungen oder Tochtergesellschaften), müssen auch diese von den für sie relevanten Planungsaspekten in Kenntnis gesetzt werden[229]. 160

2. Vorbereitung der Abschlussprüfung durch das zu prüfende Unternehmen

Ein Unternehmen ist dann prüfbereit, wenn alle personellen und sachlichen Voraussetzungen dafür geschaffen sind, dass die Prüfung ohne vermeidbare Verzögerung durchgeführt werden kann. 161

Die **personelle Vorbereitung** beschränkt sich im Wesentlichen darauf, dass alle Mitarbeiter, die für eine Auskunftserteilung im Rahmen der Prüfungstätigkeit in Betracht kommen, darüber informiert sind, zu Auskünften ermächtigt werden und während der Dauer der Prüfung für Auskünfte zur Verfügung stehen. 162

Das Schwergewicht der Planung liegt normalerweise auf der **sachlichen Vorbereitung**, die neben der Vorbereitung der Arbeitsplätze und Arbeitsmaterialien v.a. in der Bereitstellung der von den Prüfern benötigten Unterlagen besteht. 163

Einen vollständigen Katalog dieser Unterlagen aufzustellen, ist wegen der Verschiedenartigkeit der zu prüfenden Unternehmen schwierig. Dennoch gibt es eine Reihe von Unterlagen, die bei nahezu jeder Prüfung benötigt werden. Dazu gehören bspw.:

Allgemeine Unterlagen 164

1. Rechtliche Verhältnisse

Gesellschaftsvertrag bzw. Satzung, Handelsregisterauszüge, Protokolle der letzten Gesellschafterversammlungen bzw. Aufsichtsratssitzungen und HV, Übersicht über den Konzernaufbau und/ oder verbundene Unternehmen, Konzessionsverträge, Patenturkunden, Lizenzverträge, sonstige wichtige Verträge und Unterlagen, insb. über Beziehungen zu verbundenen Unternehmen und nahe stehenden Personen, Verträge mit Kreditinstituten (Darlehen, Kreditlinien, Finanzinstrumente, Vereinbarung von Covenants), Meldepflichten usw.

2. Technisch-wirtschaftliche Verhältnisse

Beschreibung der Geschäftsmodelle, Unterlagen über Fertigungsprogramm und Produktion, ggf. Änderungen im Fertigungsprogramm gegenüber dem Vj., Kapazitätsausnutzung, Anzahl der Beschäftigten (Fluktuationszahlen), Auftragsbestand, Absatzentwicklung, Kundenstruktur, Budget, Finanzplan, Investitionsplan, Unterlagen zu Verrechnungspreisen, Vorstands-/ Geschäftsführungssitzungsprotokolle, Untersuchungen durch ein Aufsichtsamt oder eine Behörde.

3. Unternehmensstrategie

Strategiepapiere, Analyse der Wettbewerber sowie der Marktstellung, erwartete Marktentwicklung, Stärken-Schwächen-Analyse, Unterlagen zu den strategischen Risiken.

---
228 Vgl. *VO 1/2006*, Tz. 121.
229 Vgl. ISA 600.40; *IDW PS 320*, Tz. 22a, *IDW EPS 320 n.F.*, Tz. 36.

4. Unternehmensabläufe

Darstellung der Unternehmensabläufe, kritische Erfolgsfaktoren, leistungsbezogene Schlüsselgrößen, Beschreibung der internen Kontrollen innerhalb der Abläufe.

5. Organisation und Rechnungswesen

Organisationsplan, Übersicht über das IKS, Namensverzeichnis des Vorstandes, des AR und der Anweisungs- und Zeichnungsberechtigten, Kontenplan, Kostenstellenplan, BAB, Angaben über das Buchführungssystem und die Datenverarbeitungsanlage, Angaben zu verwendeten IT-Systemen (Hardware, Software, Archivierung, Verfahrensregelungen), Prüfungsplan und Berichte der Internen Revision, Konzernbilanzierungs- und Organisationsrichtlinien.

165 Unterlagen zum JA

1. Allgemeine Abschlussunterlagen

Vj.-Abschluss und -prüfungsbericht, Hauptabschlussübersicht mit vorläufiger Bilanz und GuV, Erläuterungen zu wesentlichen Änderungen in Bilanz/ GuV, Entwurf des LB und des Anhangs, Gewinnverwendungsvorschlag, Dokumentation zu Bewertungseinheiten, Übersicht über nicht in der Bilanz enthaltene Geschäfte.

2. Anlagevermögen

Anlagekartei bzw. Anlagelisten, Abschreibungslisten, Grundbuchauszüge, Zusammenstellungen der Zu- und Abgänge mit den dazugehörigen Eingangs- und Ausgangsrechnungen einschließlich Bezugskosten, genehmigte Investitionsanträge, Unterlagen über die Ermittlung der Herstellungskosten bei selbsterstellten Anlagen und selbsterstellter immaterieller Vermögensgegenstände (einschließlich Dokumentation der Aktivierungsvoraussetzungen), Kaufverträge bei Grundstückskäufen, hypothekarische Belastungen, Verträge über Eigentumsvorbehalte und Sicherungsübereignungen, Versicherungspolicen, Verzeichnis der gemieteten Anlagen, Leasing-Verträge, Abschlüsse von Beteiligungsunternehmen, Depotauszüge.

3. Roh-, Hilfs- und Betriebsstoffe

Inventuranweisungen, unterschriebene Inventur-Urschriften und -Reinschriften, Eingangsrechnungen, Bestandsmeldungen von Kommissions- und Konsignationslägern, Unterlagen über den Altersaufbau der Bestände, wenn keine besondere Lagerkartei vorhanden ist, ebenso für Fremdmaterialbestände und deren Lagerort im Betrieb, Konzernbestände, aktuelle Marktpreise.

4. Unfertige und fertige Erzeugnisse

Kalkulationsunterlagen und bisher aufgelaufene Kosten, bei Einzelfertigung: Aufzeichnung nach Aufträgen, Baukonten bei Bauunternehmungen, Brückenbauern und dgl., Fertigungsstadium, noch zu erwartende Kosten, Nachkalkulation, Verkaufspreise, ggf. Verkaufskontrakte, Liefer- und Zahlungsbedingungen.

5. Anzahlungen (geleistete)

Saldenlisten getrennt für Anlage- und Umlaufvermögen.

6. Kurzfristige Forderungen und Verbindlichkeiten

Saldenlisten und Saldenbestätigungen, Altersaufbau der Forderungen, Ermittlung der Wertberichtigungen, Schriftwechsel zu zweifelhaften oder besonders bemerkenswerten

Planung der Abschlussprüfung　　　　　　　　　　　　　　　　　　　　　　　　R

Forderungen, Sicherheiten, Kreditversicherungen, Forderungsabtretungen, Bestandsaufnahmeprotokolle von Wechseln und Schecks am Abschlussstichtag, Aufstellung über das Wechselobligo.

7. Langfristige Forderungen (Ausleihungen) und Verbindlichkeiten

Hypothekenforderungen und Verbindlichkeiten, Saldenlisten, Fälligkeiten, Verzinsung, Tilgungspläne, gegebene oder erhaltene Sicherheiten, Ermittlung der Wertberichtigungen, Saldenbestätigungen.

8. Bankguthaben, Bankverbindlichkeiten

Tagesauszüge zum Abschlussstichtag, Bankbestätigungen, Zinsstaffel, Besicherung von Bankverbindlichkeiten, Marktwertermittlungen von Finanzinstrumenten.

9. Barbestände

Anweisungen zur Bestandsaufnahme, Verzeichnis der Haupt- und Nebenkassen, unterzeichnete Aufnahmeprotokolle zum Abschlussstichtag und zu anderen Stichtagen des Jahres, Kassenordnung.

10. Kapital und Rücklagen

Veränderungen im GJ, Übersicht über Aktiengattungen, Ermittlung der Ausschüttungssperre.

11. Rückstellungen

Begründung und Einzelnachweis der Entwicklung: Anfangsbestand – Auflösung – Neubildung – Endbestand, Gutachten über Pensionsrückstellungen/Altersteilzeit/Jubiläen, Pensionsordnung/-zusagen. Unterlagen über rechtlich selbständige Unterstützungskassen oder ähnliche Versorgungseinrichtungen, die nicht bilanziert sind, ggf. versicherungsmathematische Errechnung von Unterdeckungen/Fehlbeträgen, Rechtsanwaltsbestätigungen.

12. Eventualverbindlichkeiten

Bürgschafts- und Gewährleistungsverträge, Wechselobligo, Patronatserklärungen.

13. Umsatzerlöse

Übersicht der Umsätze nach Erzeugnissen gruppiert, Preis- und Mengenbewegungen, Aufstellung über Inlands- und Auslandsumsatz, Rabattsysteme, Umsatzerlöse innerhalb des Konsolidierungskreises (Innenumsatzerlöse).

14. Materialverbrauch

Auswertung von Inventurdifferenzen und Preisentwicklung, Begründung wesentlicher Abweichungen gegenüber dem Vj., Auswirkung steuerlicher Maßnahmen, Konzernmaterialverbrauch.

15. Löhne und Gehälter

Lohn- und Gehaltslisten, Berechnungsunterlagen der Brutto- und Nettolöhne bzw. -gehälter, Unterlagen über die Berechnung und Abführung von Lohnsteuern und Sozialabgaben, Organisation der Lohn- und Gehaltsbuchführung, Abrechnung von Naturalbezügen, Unterlagen über Sozialversicherungsprüfungen.

16. Steuern

Steuerbescheide, Unterlagen über schwebende Auseinandersetzungen mit dem FA, Ergebnis der letzten Außenprüfung, Unterlagen über die Berechnung der Steuerrückstellungen, Ermittlung latenter Steuern, Unterlagen zu sonstigen externen Prüfungen (LSt, USt, Zoll etc.).

17. Zinsen

Aufgliederung der Zinsaufwendungen/Zinserträge.

18. Sonstige Aufwendungen und Erträge

Unterlagen über die Zusammensetzung und ggf. die Berechnungsunterlagen.

166 Durch die Bereitstellung geeigneter Hilfsmittel für die Prüfer wie Netzwerkverbindungen, einer genügenden Zahl von Arbeitsräumen, Telefonen, Telefonverzeichnissen, verschließbaren Schränken usw. kann die Gesellschaft den Ablauf der Prüfung beschleunigen. Dazu gehört auch die Einräumung ausreichender Rechnerkapazitäten für Datenanalysen bzw. -abzüge oder eventuelle Testläufe der EDV-Buchführung.

III. Berücksichtigung von Verstößen im Rahmen der Abschlussprüfung

1. Einleitung

167 Die Abschlussprüfung ist nach § 317 Abs. 1 S. 3 HGB darauf auszurichten, dass Unrichtigkeiten und Verstöße, die sich wesentlich auf die Ordnungsmäßigkeit des Abschlusses auswirken, bei gewissenhafter Berufsausübung erkannt werden[230]. Gerade die Aufdeckung von **Verstößen** ist vor dem Hintergrund der zahlreichen Betrugsfälle der Vergangenheit und der daraus resultierenden Erwartungshaltung in der Öffentlichkeit für den APr. von besonderer Bedeutung[231].

168 Die Berücksichtigung von **Verstößen** im Rahmen der Abschlussprüfung wird im *IDW Prüfungsstandard: Zur Aufdeckung von Unregelmäßigkeiten im Rahmen der Abschlussprüfung (IDW PS 210)* geregelt, in dem der ISA 240: The Auditor's Responsibility to Consider Fraud in an Audit of Financial Statements sowie der ISA 250: Consideration of Laws and Regulations in an Audit of Financial Statements umgesetzt sind. Dabei wurden Ergänzungen vorgenommen, um der deutschen Rechtslage Rechnung zu tragen (z.B. Berichtspflichten nach § 321 HGB, LB und KLB nach §§ 289 und 315 HGB). ISA 240 behandelt ausschließlich **Verstöße**. Die Berücksichtigung von **Gesetzen und Verordnungen** im Rahmen der Abschlussprüfung regelt ISA 250.

169 Die nachfolgende Abbildung gibt einen zusammenfassenden Überblick über die Einteilung der Unregelmäßigkeiten im Sinne des *IDW PS 210* (ISA 240 und ISA 250)[232]:

---

230 Vgl. Tz. 187.
231 Vgl. dazu auch *Schindler/Gärtner*, WPg 2004, S. 1233.
232 Vgl. *IDW PS 210*, Tz. 7.

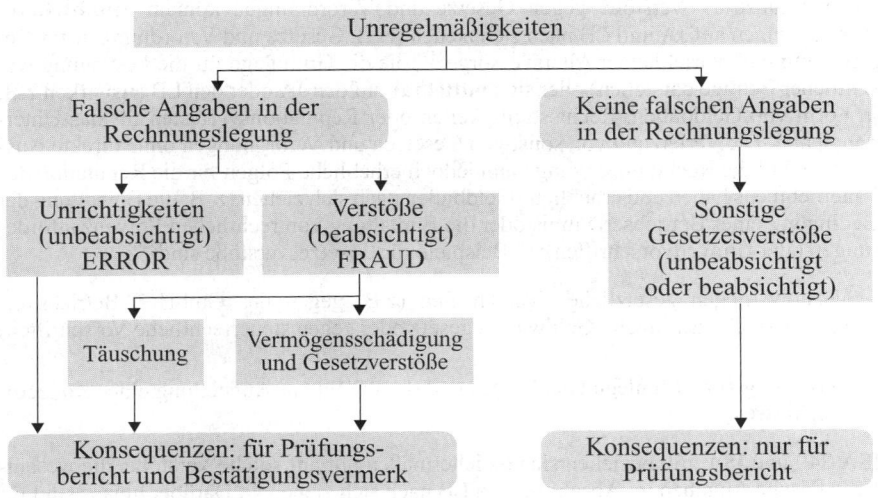

Abbildung 3

2. Merkmale von Verstößen

Ursachen für falsche Angaben im Abschluss und LB können einerseits **Unrichtigkeiten (Error)** und andererseits **Verstöße (Fraud)** sein[233]. Unrichtigkeiten stellen **unbeabsichtigt** falsche Angaben im Abschluss und LB dar, die bspw. aus Schreib- oder Rechenfehlern, aber auch aus einer unbewusst falschen Anwendung von Rechnungslegungsgrundsätzen oder der unzutreffenden Einschätzung von Sachverhalten resultieren. Als Verstöße dagegen werden **beabsichtigte** Handlungen (oder Unterlassungen) der gesetzlichen Vertreter, der Mitglieder von Aufsichtsorganen, der Mitarbeiter oder Dritter bezeichnet[234]. Erfahrungsgemäß sind Verstöße mit der Absicht verbunden, sich selbst oder dem Unternehmen ungerechtfertigte Vorteile zu verschaffen. Häufig dienen bewusste Manipulationen der Rechnungslegung dabei der gezielten Verschleierung anderer Verstöße, z.B. von Unterschlagungen.

170

Unregelmäßigkeiten, die nicht zu falschen Angaben in der Rechnungslegung führen, stellen **sonstige Gesetzesverstöße** dar. Sie sind nicht Gegenstand der Abschlussprüfung[235]. Somit hat der APr. keine Verantwortung für die Identifizierung sonstiger Verstöße im Rahmen von Prüfungsplanung und –durchführung[236]. Werden anlässlich der Abschlussprüfung jedoch schwerwiegende sonstige Verstöße durch den APr. festgestellt, ist nach § 321 Abs. 1 S. 3 HGB eine Darstellung im PrB erforderlich.

171

Die Auswirkungen von Gesetzen und Verordnungen auf die Rechnungslegung können sehr unterschiedlich sein, zumal Unternehmen je nach Geschäftstätigkeit und Branche mit unterschiedlich starken regulatorischen Anforderungen konfrontiert sind (z.B. Banken,

172

---

233 Vgl. *IDW PS 210*, Tz. 6.
234 Vgl. *IDW PS 210*, Tz. 7; ISA 240.2.
235 Vgl. *IDW PS 210*, Tz. 56.
236 Vgl. *Berndt/Jeker*, BB 2007, S. 2618.

Chemieindustrie). Verstöße gegen Gesetze und Verordnungen können **unmittelbare** Auswirkungen auf JA und LB nach sich ziehen (z. B. Gesetze und Verordnungen zur Besteuerung und betrieblichen Altersvorsorge[237], die die Grundlage für die Festlegung wesentlicher Beträge darstellen) oder sich **mittelbar** auf den JA oder den LB auswirken z.b. in Form von Geldbußen, Rechtsstreitigkeiten oder Reputationsverlusten für das Unternehmen[238]. Die Verletzung von sonstigen Gesetzen und Verordnungen ohne direkte Auswirkung auf die Rechnungslegung kann jedoch erhebliche Folgen für die Reputation des Unternehmens haben und erhebliche Geldbußen nach sich ziehen (z. B. die Einhaltung der Bedingung einer Betriebserlaubnis oder die Einhaltung von rechtlichen Solvenzanforderungen oder Umweltvorschriften)[239]. Beispiele für Gesetzesverstöße sind[240]:

- Verstöße gegen gesetzlichen Vorschriften (z.B. gegen das GmbHG, Betriebsverfassungsrecht, Strafrecht, Geldwäschegesetz oder gegen steuerrechtliche Vorschriften) oder
- Verletzung von Offenlegungspflichten und der Pflicht zur Aufstellung eines Konzernabschlusses.

173 ISA 240 und ISA 250 beziehen sich gleichermaßen nur auf solche Verstöße, die wesentliche falsche Angaben im Abschluss und LB nach sich ziehen[241]. Darüber hinaus sind für den APr. nur solche Gesetzesverstöße relevant, die im Namen oder für Rechnung des Unternehmens, durch die für die Überwachung Verantwortlichen, das Management oder Mitarbeiter in der Ausübung ihrer Tätigkeit begangen werden[242]. Verstöße in der privaten Sphäre, die in keinem Zusammenhang mit der Tätigkeit im Unternehmen stehen (z.B. Verkehrsverstöße) fallen demnach nicht darunter.

174 Für den APr. sind zwei Arten von bewusst falschen Angaben von Bedeutung: **Manipulationen der Rechnungslegung** (Täuschungen) und **Vermögensschädigungen**[243]. **Manipulationen der Rechnungslegung** stellen **beabsichtigte** Falschangaben im Abschluss und LB dar (z.B. Fälschungen in der Buchführung oder deren Grundlagen, Weglassen von Sachverhalten oder Geschäftsvorfällen, bewusst falsche Anwendung von Rechnungslegungsgrundsätzen)[244]. Sie gehen häufig mit der gezielten Außerkraftsetzung des ansonsten als wirksam anzusehenden IKS durch die gesetzlichen Vertreter oder andere Führungskräfte (**Management Override**) einher[245]. Manipulationen der Rechnungslegung werden von den gesetzlichen Vertretern und anderen Führungskräften nahezu immer mit der Zielsetzung einer Ergebnisbeeinflussung vorgenommen, um die Abschlussadressaten über den wirtschaftlichen Erfolg und die Profitabilität des Unternehmens zu täuschen. Dies kann insb. dann der Fall sein, wenn ein starker Druck zur Erfüllung von Markterwartungen oder der Wunsch, eine erfolgsabhängige Vergütung zu maximieren, besteht. Darüber hinaus erfolgen Manipulationen der Rechnungslegung häufig im Zusammenhang mit gezielter Verschleierung der Auswirkungen von Vermögensschädigungen (z.B. Fälschung von Belegmaterial und Nachweisen, fiktive Buchungen auf Geldkonten zur Verschleierung von Fehlbeständen).

---

237 Vgl. ISA 250.13 i.V.m. A8.
238 Vgl. ISA 250.2.
239 Vgl. ISA 250 i.V.m. A9 und A10.
240 Vgl. auch Tz. 198.
241 Vgl. ISA 240.1 und 10.
242 Vgl. ISA 250.11.
243 Vgl. ISA 240.3; vgl. *IDW PS 210*, Tz. 7.
244 Vgl. ISA 240.A2; vgl. *IDW PS 210*, Tz. 7.
245 Vgl. Tz. 234.

Berücksichtigung von Verstößen im Rahmen der Abschlussprüfung R

Als **Vermögensschädigung** wird die Entwendung von Vermögensgegenständen des Unternehmens bezeichnet (z.B. Unterschlagung von Zahlungseingängen, Entwendung von Vorräten zum persönlichen Gebrauch oder Verkauf, Zahlungen an fiktive Lieferanten für nicht empfangene Güter und Dienstleistungen, der private Gebrauch von Vermögensgegenständen sowie immer häufiger auch Wirtschaftsspionagedelikte, wie etwa der Diebstahl von Know-how oder von für die Geschäftstätigkeit wesentlichen Daten). Oft werden Vermögensschädigungen von Mitarbeitern in Form von relativ kleinen und unwesentlichen Beträgen begangen. Teilw. sind daran die gesetzlichen Vertreter und andere Führungskräfte beteiligt, die in der Lage sind, solche Vermögensschädigungen zu verschleiern. Im Zusammenhang mit Vermögensschädigungen kommt es fast immer auch zur Fälschung von Aufzeichnungen oder Dokumenten mit dem Ziel, die Entwendung zu vertuschen[246].   175

Durch spektakuläre Korruptionsfälle ist die Verantwortlichkeit des APr. für die Aufdeckung und Vermeidung von **Korruption** in die Diskussion geraten. Obwohl der *IDW PS 210* nicht unmittelbar auf Korruption Bezug nimmt, lässt sich Korruption in die Kategorie von Verstößen gegen gesetzliche und/ oder Rechnungslegungsvorschriften einordnen. Korruption ist auf die Erzielung nicht autorisierter geschäftlicher Vorteile ausgerichtet. Ebenso wie bei anderen Verstößen liegt die Verantwortung für die Prävention und Aufdeckung von Korruption bei den gesetzlichen Vertretern unter der Überwachung des AR. Ebenso wie bei anderen Verstößen wird der APr. bei der Prüfung die Möglichkeit von Verstößen in Form von Korruption in Erwägung ziehen müssen. Auswirkungen auf den BestV ergeben sich nur dann, wenn die Korruption Auswirkungen auf den zu prüfenden Abschluss hat. Dies wird bspw. dann der Fall sein, wenn aus der Korruption Folgewirkungen resultieren wie   176

– Steuernachzahlungen aufgrund der steuerlichen Nichtabzugsfähigkeit solcher Zahlungen,
– Strafzahlungen oder
– Schadensersatzforderungen.

Demgegenüber werden Korruptionszahlungen selbst häufig zutreffend im JA verarbeitet sein.

Der APr. sollte sich stets darüber bewusst sein, dass Verstöße bestimmte Bedingungen, nämlich einen **Anreiz (Motivation)** oder einen **Druck** sowie eine **Gelegenheit** zur Durchführung und eine gewisse innere **Rechtfertigung** voraussetzen. Diese Faktoren werden als „Fraud Triangle" bezeichnet[247].   177

---

246 Vgl. ISA 240.A5.
247 Vgl. *Boecker*, S. 31.

2449

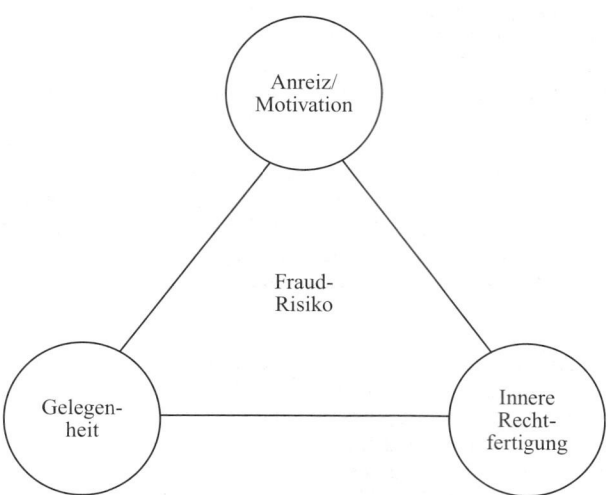

Abbildung 4

178 Die Motivation für Vermögensschädigungen kann bspw. darin liegen, dass Personen über ihre Verhältnisse leben oder unvermittelt wirtschaftlich unter Druck geraten (z.B. im Zusammenhang mit Hauskauf, Scheidung oder Spielsucht). Interner oder externer Druck auf die gesetzlichen Vertreter oder andere Führungskräfte, eine erwartete – ggf. unrealistische – Ergebnisvorgabe zu erreichen, kann zu Manipulationen der Rechnungslegung führen. Anreize auf der persönlichen Ebene von Mitarbeitern sind naturgemäß durch das Unternehmen schwer zu beeinflussen, jedoch können auch durch gängige Instrumente der Unternehmensführung wie kennzahlengestützte Vertriebssteuerung in korruptionsanfälligen Märkten oder leistungsorientierte Vergütungssysteme sowohl positive als auch negative Impulse in der Unternehmenskultur gesetzt werden. Eine günstige Gelegenheit sowohl für Manipulationen der Rechnungslegung als auch für Vermögensschädigungen besteht dann, wenn das IKS umgangen werden kann[248]. Gelegenheit wird auf der Organisationsebene durch das Fehlen oder die Ineffektivität von Kontrollen geschaffen.

179 Personen, die Verstöße begehen, besitzen eine **Einstellung** und den **Charakter**, die es ihnen erlauben, die Handlungen zu begehen und bringen dies meist mit ihren persönlichen Wertvorstellungen in Einklang. Für den APr. ist insofern eine Einschätzung der Einstellung und des Charakters insb. bei den gesetzlichen Vertretern und anderen Führungskräften des zu prüfenden Unternehmens von besonderer Relevanz. Es ist zu beachten, dass ansonsten ehrliche Personen auch Verstöße begehen können, wenn das Umfeld genügend Druck auf sie ausübt. Da sich Umstände im Zeitablauf ändern können, muss der APr. deshalb – unabhängig von seinen bisherigen Erfahrungen über die Ehrlichkeit und Integrität der zu beurteilenden Personen – stets die Möglichkeit von Verstößen in Betracht ziehen[249].

---

248 Vgl. ISA 240.A1.
249 Vgl. ISA 240.12; vgl. *IDW PS 210*, Tz. 14.

3. Verantwortung für die Aufdeckung von Verstößen und kritische Grundhaltung des Abschlussprüfers

Die Verantwortung für die Verhinderung und Aufdeckung von Verstößen obliegt den **gesetzlichen Vertretern** des Unternehmens sowie dem sie überwachendem **Aufsichtsorgan**. Dazu gehört auch die Sicherstellung der Einhaltung der für das Unternehmen einschlägigen gesetzlichen Vorschriften und sonstiger Regelungen (Compliance)[250]. Die **gesetzlichen Vertreter** eines Unternehmens müssen organisatorische Maßnahmen zur Verhinderung und Aufdeckung von Verstößen einführen und unterhalten[251]. Dies umfasst einerseits das Schaffen einer Kultur der Ehrlichkeit und des ethischen Verhaltens (bspw. durch einen entsprechenden Führungsstil und die Schaffung eines positiven Arbeitsumfelds), aber auch die Festlegung von Grundsätzen zum Umgang mit tatsächlichen, vermuteten oder behaupteten Verstößen (z.B. in einem Verhaltenskodex oder Unternehmenshandbuch). Andererseits gehört dazu die Einrichtung eines geeigneten IKS[252]. **180**

Die Sicherstellung eines rechtmäßigen Verhaltens **(Compliance)** im Allgemeinen sowie die Verhinderung und Aufdeckung von Verstößen im Besonderen ist in der jüngeren Vergangenheit zunehmend in den Fokus gerückt. Insb. börsennotierte Unternehmen haben ihre Risikomanagementsysteme um ein Teilsystem Compliance Management System (CMS) erweitert, dessen Schwerpunkt auf der Identifikation, Analyse, Bewertung und Steuerung der Risikodimension „Gesetzes- oder Regelverstoß" liegt. Auch wenn derzeit noch keine allgemeine Rechtspflicht zur Einrichtung einer Compliance-Organisation besteht, kann davon ausgegangen werden, dass ein der Unternehmensgröße und -struktur angemessenes CMS zwingender Bestandteil einer zeitgemäßen und risikoadäquaten Corporate Governance ist[253]. **181**

Das **Aufsichtsorgan** muss die Geschäftsführung überwachen. Die Überwachungspflicht ergibt sich für den AR einer AG aus § 111 Abs. 1 AktG. Bei einer Beteiligung der gesetzlichen Vertreter an Verstößen ist für deren Verhinderung und Aufdeckung unmittelbar das Aufsichtsorgan verantwortlich, denn die Verantwortung für die Überwachung einer Leitungsebene kann grundsätzlich immer nur von der nächst höheren Ebene im Unternehmen wahrgenommen werden[254]. **182**

Die Abschlussprüfung ist nach § 317 Abs. 1 S. 3 HGB so anzulegen, dass Unrichtigkeiten und Verstöße gegen gesetzliche Vorschriften und sie ergänzende Bestimmungen des Gesellschaftsvertrags oder der Satzung, die sich auf die Darstellung des sich nach § 264 Abs. 2 HGB ergebenden Bildes der Vermögens-, Finanz- und Ertragslage des Unternehmens wesentlich auswirken, bei **gewissenhafter Berufsausübung** erkannt werden. Der APr. erlangt eine **hinreichende Sicherheit** darüber, dass Abschluss und LB als Ganzes frei von wesentlichen falschen Angaben aufgrund von Verstößen oder Unrichtigkeiten sind. Eine **absolute Sicherheit** hierüber zu erlangen, ist dem APr. nicht möglich[255]. So schließt die Tätigkeit des APr. bspw. Entscheidungen und Beurteilungen im Rahmen des pflichtgemäßen Ermessens (z.B. bei der Würdigung der Angemessenheit von Schätzungen, die bei der Aufstellung von Abschluss und LB von den gesetzlichen Vertretern vorgenommen worden sind) mit ein. Eine absolute Sicherheit ist auch deshalb nicht möglich, weil eine Abschlussprüfung regelmäßig in Form von Stichproben vorgenommen **183**

---

250 Vgl. *IDW PS 210*, Tz. 8 f.; vgl. *Berndt/Jeker*, BB 2007, S. 2618.
251 Vgl. ISA 240.4 und 20 ; vgl. *IDW PS 210*, Tz. 8; vgl. *Schindler*, in: FS Schneeloch, S. 90.
252 Vgl. Tz. 245, *IDW PS 261*, Tz. 19 ff.
253 Zur Prüfung von Compliance Management-Systemen vgl. Tz. 636.
254 vgl. ISA 240.40 und A59; vgl. *IDW PS 210*, Tz. 60. Siehe auch *Schruff*, WPg 2003, S. 902;
255 Vgl. ISA 240.5; *IDW PS 200*, Tz. 25; vgl. *IDW PS 210*, Tz. 19.

wird und es immanente Grenzen eines IKS gibt, das oftmals durch die gesetzlichen Vertreter und andere Führungskräfte außer Kraft gesetzt werden kann. Darüber hinaus sind in vielen Fällen Prüfungsnachweise eher überzeugend als zwingend, legen also Schlussfolgerungen nahe, ohne aber einen endgültigen Beweis zu liefern.

184 Der APr. führt die Prüfung mit einer **kritischen Grundhaltung** durch und berücksichtigt dabei insb. das Risiko, dass Kontrollmaßnahmen durch die gesetzlichen Vertreter und andere Führungskräfte umgangen werden können. Die kritische Grundhaltung des APr. erfordert ein ständiges Hinterfragen, ob die erlangten Informationen und Prüfungsnachweise Hinweise auf Verstöße enthalten. Der APr. muss, ungeachtet seiner bisherigen Erfahrungen im Hinblick auf die Ehrlichkeit und die Integrität der gesetzlichen Vertreter und anderer Führungskräfte sowie der Mitglieder des Aufsichtsorgans des Unternehmens, jederzeit die Möglichkeit in Betracht ziehen, dass Verstöße begangen werden können, er also getäuscht werden kann[256]. Die kritische Grundhaltung bedingt auch, dass der APr. seine Prüfungshandlungen im Hinblick auf ihre Eignung nicht nur zur Aufdeckung von Unrichtigkeiten, sondern insb. auch von Verstößen würdigt[257].

185 Bei der Abschlussprüfung handelt es sich nach wie vor nicht um eine **Unterschlagungsprüfung** oder anlassbezogene **Deliktprüfung**, die den APr. dazu zwingen, bei seiner Prüfung regelmäßig von gefälschten Zahlen und Belegen auszugehen[258] oder bestimmte Prüffelder im Rahmen einer Vollprüfung und mit detektivisch ausgerichteten methodischen Ansätzen abzudecken. Anders als bei anlassbezogenen Prüfungen darf der APr. somit grundsätzlich von der Echtheit von Dokumenten und Buchungsunterlagen sowie der Korrektheit von Informationen ausgehen, sofern die pflichtgemäß und mit kritischer Grundhaltung durchgeführte Prüfung keine gegenteiligen Hinweise ergibt. Auch wenn sich später herausstellt, dass Unterlagen gefälscht waren, ändert dies nichts an der Ordnungsmäßigkeit der Prüfung[259]. Ergibt die nach den berufsüblichen Grundsätzen (vgl. § 317 Abs. 1 S. 3 HGB) zur Planung und Durchführung von Abschlussprüfungen mit der verlangten **kritischen Grundhaltung** durchgeführte Prüfung keine Hinweise auf wesentliche Unrichtigkeiten und Verstöße, dann kann der APr. die Buchführung und den Abschluss sowie ggf. den LB als ordnungsgemäß akzeptieren und bestätigen[260].

186 Gerade aufgrund der **inhärenten Grenzen** einer Abschlussprüfung besteht ein unvermeidbares Risiko, dass wesentliche falsche Angaben im Abschluss möglicherweise nicht aufgedeckt werden, obwohl die Prüfung in Übereinstimmung mit den GoA ordnungsgemäß geplant und durchgeführt worden ist. Im Zusammenhang mit Verstößen gegen Gesetze und Verordnungen wirken sich die inhärenten Grenzen für die Fähigkeit des APr., wesentliche falsche Angaben aufzudecken, tendenziell stärker aus[261]. Das ist u.a. auf folgende Gründe zurückzuführen:

– Manche Gesetze und Verordnungen beziehen sich in erster Linie auf betriebliche Aspekte eines Unternehmens und haben keine unmittelbaren Auswirkungen auf die Rechnungslegung, so dass sie daher nicht von den rechnungslegungsbezogenen Informationssystemen des Unternehmens erfasst werden.

– Verstöße können mit einem Verhalten zu deren Verschleierung einhergehen (z. B. betrügerische Absprachen, Fälschungen, vorsätzliche Nichtaufzeichnungen von Ge-

---

256 Vgl. ISA 240.A8; vgl. *IDW PS 210*, Tz. 14.
257 Vgl. *IDW PS 210*, Tz. 14.
258 Vgl. *Schruff*, WPg 2003, S. 903.
259 Vgl. *IDW PS 210*, Tz. 50.
260 Vgl. *IDW PS 210*, Tz. 17.
261 Vgl. ISA 250.5.

schäftsvorfällen, Außerkraftsetzen von Kontrollen durch das Management oder absichtlich falsche Darstellung gegenüber dem APr.).

Ob ein Verstoß vorliegt, kann häufig nur nach abschließender juristischer Würdigung oder gerichtlicher Entscheidung bestimmt werden. Gleichwohl kann es für den APr. im Einzelfall ratsam sein, juristischen Sachverstand hinzuzuziehen.

4. Vorgehensweise zur Berücksichtigung von Verstößen
a) Erörterungen im Prüfungsteam

Während der Prüfungsplanung sind auf der Grundlage der bis dahin erlangten Informationen mögliche Anfälligkeiten des Unternehmens für Verstöße im **Prüfungsteam** zu erörtern[262]. Erfahrenere Mitglieder des Prüfungsteams sollen ihre Erkenntnisse anderen Teammitgliedern mitteilen. Die Erörterung sollte einen offenen Austausch von Einschätzungen auf der Basis einer **kritischen Grundhaltung** darstellen, wobei diese von allen Mitgliedern des Prüfungsteams während der gesamten Abschlussprüfung aufrecht zu erhalten ist. In der Diskussion sollten bspw. die folgenden Überlegungen angestellt werden[263]:

187

– wie die gesetzlichen Vertreter und andere Führungskräfte gegen gesetzliche Vorschriften verstoßen und Manipulationen der Rechnungslegung verschleiern könnten und wie Vermögensgegenstände des Unternehmens unterschlagen werden könnten;
– welche Umstände auf eine mögliche Beeinflussung von Ergebnissen hinweisen könnten und welche daraus resultierenden Handlungen der gesetzlichen Vertreter oder anderer Führungskräfte zu Manipulationen der Rechnungslegung führen können;
– das Vorliegen von Faktoren innerhalb und außerhalb des Unternehmens, die eine Motivation oder Gelegenheit für Verstöße darstellen oder die auf entsprechende Einstellungen der gesetzlichen Vertreter, anderer Führungskräfte oder weiterer Personen hinweisen könnten;
– welche Überwachungsmaßnahmen von gesetzlichen Vertretern und anderen Führungskräften im Hinblick auf Mitarbeiter in Bereichen vorgenommen werden, die besonders anfällig für Unterschlagungen sind (z.B. bei Barmitteln oder Gegenständen des Vorratsvermögens von geringer Größe, hohem Wert oder mit starker Nachfrage);
– bekannt gewordene ungewöhnliche oder ungeklärte Veränderungen im Verhalten oder im Lebensstil von gesetzlichen Vertretern, anderen Führungskräften oder Mitarbeitern;
– welche Umstände auf die Möglichkeit von Verstößen hinweisen könnten;
– auf welche Weise Art, Zeitpunkt und Umfang von Prüfungshandlungen mit Überraschungselementen versehen werden können;
– welche Prüfungshandlungen als Reaktion auf die Anfälligkeit des Abschlusses und LB für wesentliche falsche Angaben aufgrund von Verstößen durchgeführt werden könnten;
– Hinweise auf das Vorliegen von Verstößen, die dem APr. bekannt geworden sind;
– Einschätzung des Risikos, dass interne Kontrollen durch die gesetzlichen Vertreter und andere Führungskräfte außer Kraft gesetzt werden.

Im Rahmen dieser Erörterungen sollen die Teammitglieder im Wesentlichen für mögliche Verstöße sensibilisiert und in ihrer kritischen Grundhaltung bestärkt werden. Die Berücksichtigung von bekannten und branchentypischen betrügerischen Handlungsmustern in einzelnen Transaktionsbereichen (z.B. Vertriebskorruptionssachverhalte in der Phar-

---

262 Vgl. ISA 240.15.
263 Vgl. ISA 240.A10 f.; vgl. *IDW PS 210*, Tz. 24.

mainindustrie, typische Korruptionssachverhalte im Einkauf) steigert die Qualität der Diskussion im Prüfungsteam.

188 Im Verlauf der Diskussion sollte auch festgelegt werden, welche Mitglieder des **Prüfungsteams** für welche Prüfungshandlungen oder besonderen Befragungen zuständig sind. Insofern sollten ggf. auch Spezialisten (z.B. Spezialisten für forensische Prüfungen, Mitarbeiter der Steuerabteilung oder IT-Experten) in die Diskussion eingebunden werden. An der Diskussion müssen nicht zwingend sämtliche Mitglieder des Prüfungsteams teilnehmen. Der verantwortliche WP entscheidet vielmehr über den Teilnehmerkreis und über Art, Weise und Umfang der Kommunikation an die übrigen, nicht beteiligten Teammitglieder[264].

189 Die Mitglieder des **Prüfungsteams** sollten nach der ersten Besprechung während der Prüfungsplanung und in bestimmten Abständen auch im weiteren Verlauf der Abschlussprüfung ihre Kommunikation über die Anfälligkeit des Abschlusses und LB für Verstöße fortsetzen und dabei jeweils auch die nicht beteiligten Teammitglieder informieren. Die Erörterung muss unabhängig davon geführt werden, ob das Management und die Mitglieder des Aufsichtsorgans für ehrlich und integer gehalten werden[265].

190 Bedeutende Entscheidungen, die im Rahmen dieser Besprechung im **Prüfungsteam** getroffen werden, sind in den **Arbeitspapieren** zu dokumentieren[266].

191 Folgende Sachverhalte können **Anzeichen** für Verstöße gegen Gesetze und Verordnungen sein[267]:

– Untersuchungen durch Aufsichtsorganisationen (z. B. BaFin), Enforcement-Stellen (z.B. Deutsche Prüfstelle für Rechnungslegung – DPR), Behörden oder Zahlungen von Geldbußen oder -strafen
– Zahlungen für nicht näher bezeichnete Dienstleistungen oder Darlehen an Berater, nahe stehende Personen, Mitarbeiter oder staatlich Bedienstete
– Zahlungen für Waren oder Dienstleistungen in Länder, aus denen die Waren oder Dienstleistungen nicht bezogen wurden
– Zahlungen ohne angemessene Dokumentation über Devisenkontrollen
– Verkaufsprovisionen oder Vertreterhonorare, die im Vergleich zu den üblicherweise von dem Unternehmen oder in der betreffenden Branche gezahlten oder im Vergleich zu den tatsächlich erhaltenen Dienstleistungen überhöht erscheinen
– Einkäufe zu Preisen, die erheblich über oder unter dem Marktpreis liegen
– unübliche Barzahlungen, per Barscheck bezahlte Einkäufe oder Überweisungen auf Nummernkonten
– unübliche Transaktionen mit in Steueroasen ansässigen Unternehmen
– Informationssysteme, die zufällig oder aufgrund ihrer Konzeption keine angemessene Überprüfung oder keine ausreichenden Nachweise zulassen
– nicht autorisierte oder nicht korrekt aufgezeichnete Geschäftsvorfälle;
– negative Medienberichte.

b) Prüfungshandlungen zur Erkennung und Beurteilung von Risiken

192 Um ein Verständnis des zu prüfenden Unternehmens und dessen Umfeld einschließlich des IKS zu erlangen, führt der APr. Prüfungshandlungen zur **Risikoerfassung** durch.

---
264 Vgl. ISA 240.15.
265 Vgl. ISA 240.15; vgl. *IDW PS 210*, Tz. 25.
266 Vgl. ISA 240.44.
267 Vgl. ISA 250.A13.

Dazu gehören folgende Maßnahmen, mit deren Hilfe Risiken wesentlicher falscher Angaben aufgrund von Verstößen identifiziert werden sollen[268]:

- Befragungen der gesetzlichen Vertreter, anderer Führungskräfte, der Mitglieder des Aufsichtsorgans und weiterer Personen innerhalb des Unternehmens
- Einschätzung, ob Risikofaktoren für Verstöße vorliegen
- Berücksichtigung von ungewöhnlichen oder unerwarteten Erkenntnissen aus der Anwendung von analytischen Prüfungshandlungen
- Berücksichtigung weiterer Informationen, die bei der Identifizierung von Risiken wesentlicher falscher Angaben aufgrund von Verstößen nützlich sein können.

Ein Teil dieser Maßnahmen, insb. die Identifizierung von **Risikofaktoren** und die Durchführung von **analytischen Prüfungshandlungen**, sollte bereits vor der Erörterung im Prüfungsteam vorgenommen werden. Die dabei erzielten Ergebnisse können dann für die Diskussion der Anfälligkeit des Unternehmens für Verstöße herangezogen werden. 193

Durch diese Maßnahmen wird der APr. aufgefordert, seiner Einschätzung der Risiken von Verstößen ein wesentlich breiteres Spektrum an Informationen zugrunde zu legen. 194

aa) Befragungen der gesetzlichen Vertreter und anderer Führungskräfte sowie weiterer geeigneter Personen im geprüften Unternehmen

Der APr. muss die **gesetzlichen Vertreter** und andere Führungskräfte darüber befragen, 195

- wie sie das Risiko von wesentlichen falschen Angaben im Abschluss und LB aufgrund von Verstößen einschätzen,
- wie der von ihnen eingerichtete Prozess zur Identifizierung der Risiken von Verstößen und des Umgangs mit solchen Risiken in der Gesellschaft ausgestaltet ist,
- wie sie ggf. das Aufsichtsorgan über diesen Prozess informieren,
- wie sie den Mitarbeitern ihr Verständnis von einer verantwortungsvollen Geschäftsführung und von Verhaltensnormen vermitteln (bspw. über ein Unternehmenshandbuch, Verhaltenskodex, Schulungen oder einen Compliance-Beauftragten)[269];
- welche Kenntnisse oder Vermutungen über bestehende, vermutete oder behauptete Verstöße im Unternehmen sie haben und welche Maßnahmen ggf. ergriffen wurden[270].

Bei der **Befragung** der gesetzlichen Vertreter und anderer Führungskräfte über den Prozess zur Erkennung von und zum Umgang mit Risiken von Verstößen wird der APr. auch Informationen darüber erlangen, wie mit Anhaltspunkten oder Behauptungen von Mitarbeitern oder Dritten über Verstöße umgegangen wird. Dies kann bspw. durch die Einrichtung der Stelle eines Ombudsmannes – häufig ein externer Rechtsanwalt, oder einer entsprechenden Hotline – Whistleblower erfolgen. Beim **Whistleblowing** können Hinweisgeber (z.B. derzeitige oder ehemalige Mitarbeiter) Informationen über Verstöße – meist anonym – an Ansprechpartner melden (z.B. Compliance-Officer oder Interne Revision), die den entsprechenden Vorgang unterbinden oder Konsequenzen einleiten können[271]. Das Verständnis über den Umgang mit Risiken von Verstößen kann dem APr. Erkenntnisse über die Angemessenheit der internen Kontrollmaßnahmen und die Kompetenz und Integrität des Managements vermitteln. 196

---

268 Vgl. ISA 240.16; *IDW PS 210*, Tz. 30.
269 Vgl. ISA 240.17.
270 Vgl. ISA 240.18; vgl. *IDW PS 210*, Tz. 26.
271 Vgl. *Boecker*, S. 112.

197 Die genannten Befragungen dienen vorrangig der Aufdeckung von Verstößen auf nachgelagerten Mitarbeiterebenen und sind i.d.R. dann wenig hilfreich, wenn es zu Verstößen unter Beteiligung der gesetzlichen Vertreter und anderer Führungskräfte (Management Fraud) kommt[272]. In solchen Fällen ist die zusätzliche Befragung **anderer Mitarbeiter des Unternehmens** zielführender, da diese dem APr. eine andere Sichtweise als die der gesetzlichen Vertreter und der anderen Führungskräfte vermitteln. Meist gibt erst die direkte Befragung den angesprochenen Personen die Gelegenheit, dem APr. Informationen anzuvertrauen, die ansonsten nicht kommuniziert würden[273]. Daher sind auch Mitarbeiter der Internen Revision sowie andere geeignete Mitarbeiter danach zu befragen, ob sie möglicherweise Kenntnisse über bestehende, vermutete oder behauptete Verstöße in dem zu prüfenden Unternehmen haben[274]. Solche Befragungen stellen eine äußerst effektive Prüfungstechnik dar[275]. Viele Personen sind bereit, ihr Wissen oder ihre Vermutungen weiterzugeben, wenn sie nur gefragt werden. Um mögliche Widerstände bei den Befragten zu vermeiden, ist es allerdings wichtig, zunächst den Hintergrund der Befragung zu erläutern und Anonymität zuzusichern. Ebenfalls hilfreich ist es, Fragen zu Verstößen im Anschluss an andere im Rahmen der Prüfungsdurchführung zu diskutierende Themen zu stellen[276].

198 Die Auswahl der zu befragenden anderen Mitarbeiter erfolgt nach pflichtgemäßem Ermessen. Dabei können bspw. Vermutungen des APr. über Bereiche mit einem besonders hohen Risiko für Verstöße eine Rolle spielen, oder aber auch seine Erfahrungen und Kenntnisse über Mitarbeiter, die dem APr. gegenüber eine eher offene Kommunikation pflegen. Oft wird sich die Gelegenheit zu entsprechenden Fragen schon im Verlauf von ohnehin bei der Durchführung der Prüfungshandlungen zu führenden Gesprächen, z.B. mit dem Leiter des Rechnungswesens, ergeben.

199 Verfügt das geprüfte Unternehmen über eine **Interne Revision**, so sind deren Mitarbeiter darüber zu befragen, welche Prüfungshandlungen von ihnen zur Aufdeckung von Verstößen durchgeführt wurden, ob die gesetzlichen Vertreter und andere Führungskräfte angemessen auf die Prüfungsergebnisse reagiert haben und ob Kenntnisse über bestehende, vermutete oder behauptete Verstöße vorliegen[277]. Darüber hinaus können zusätzliche Befragungen über das Vorliegen von Verstößen oder entsprechende Vermutungen bzw. Behauptungen bspw. mit folgenden Personen durchführt werden:

– Personal, das nicht unmittelbar in den Rechnungslegungsprozess eingebunden ist (z.B. Mitarbeiter aus dem Vertriebs- und Einkaufsbereich)
– Mitarbeiter, die mit der Auslösung, Verarbeitung oder Aufzeichnung ungewöhnlicher oder komplexer Geschäftsvorfälle betraut sind oder deren Vorgesetzte (z.B. Kaufpreisallokation bei Unternehmenserwerben)
– Mitarbeiter der Rechtsabteilung
– Mitarbeiter der Personalabteilung
– Mitarbeiter des IT-Bereichs
– Mitarbeiter der Treasuryabteilung
– Mitarbeiter, die für Pressemitteilungen und Öffentlichkeitsarbeit verantwortlich sind

---

272 Vgl. *Schruff*, WPg 2003, S. 907.
273 Vgl. *Bantleon/Thomann/Bühner*, DStR 2007, S. 1980, auch ISA 240.A15 und *IDW PS 210*, Tz. 28.
274 Vgl. ISA 240.A16 u. A18.
275 Vgl. *Schindler/Gärtner*, WPg 2004, S. 1241.
276 Vgl. *Berndt/Jeker*, BB 2007, S. 2620.
277 Vgl. ISA 240.19; vgl. *IDW PS 210*, Tz. 29.

Berücksichtigung von Verstößen im Rahmen der Abschlussprüfung   R

– Mitarbeiter, die im Unternehmen für die Untersuchung von Verstößen zuständig sind (z.B.Compliance-Beauftragte).

bb) Befragungen des Aufsichtsorgans

Neben der Befragung der gesetzlichen Vertreter und anderer Führungskräfte sowie weiterer Mitarbeiter des geprüften Unternehmens muss der APr. auch das Gespräch mit dem **Aufsichtsorgan**, also z.b. dem AR oder dem Prüfungsausschuss, suchen[278]. Diese Befragung dient einerseits der Erlangung eines Verständnisses darüber, wie das Aufsichtsorgan die von den gesetzlichen Vertretern und anderen Führungskräften zur Erkennung von und zur Reaktion auf Risiken von Verstößen eingerichteten Prozesse sowie der zur Verringerung solcher Risiken eingerichteten Teile des IKS überwacht. Dieses Verständnis ist wichtig, um beurteilen zu können, ob die entsprechenden internen Kontrollmaßnahmen angemessen sind und wie hoch die Wahrscheinlichkeit für Verstöße von Führungskräften einzuschätzen ist[279]. Andererseits muss der APr. die Mitglieder des Aufsichtsorgans nach vorhandenen Kenntnissen über bestehende, vermutete oder behauptete Verstöße befragen, wodurch nicht zuletzt auch die Ergebnisse der Befragungen der gesetzlichen Vertreter und anderer Führungskräfte untermauert werden sollen[280].   200

Die Befragungen müssen nicht zwingend mit sämtlichen Mitgliedern des **Aufsichtsorgans** durchgeführt werden. Es sollte aber zumindest der Vorsitzende des AR bzw. des Audit Committees befragt werden. Es empfiehlt sich, die Gespräche mit dem Aufsichtsorgan – wie auch alle anderen Befragungen – bereits im Rahmen der Prüfungsplanung zu führen, da sie der Identifizierung von Risikofaktoren für Verstöße und so der Einschätzung der entsprechenden Risiken dienen sollen.   201

cc) Einschätzung von Risikofaktoren für Verstöße

Während der Erlangung eines Verständnisses über das zu prüfende Unternehmen und dessen Umfeld muss der APr. beurteilen, ob diese Informationen auf **Risiken von Verstößen** hindeuten. Dabei handelt es sich um Sachverhalte oder Bedingungen, die entweder auf einen Anreiz oder einen unangemessenen Druck schließen lassen, Verstöße zu begehen, oder die eine Gelegenheit zum Begehen von Verstößen bieten[281]. So kann bspw. ein unangemessener Druck oder ein Anreiz zu Manipulationen der Rechnungslegung daraus resultieren, dass die gesetzlichen Vertreter und andere Führungskräfte unter einem starken Druck stehen, die Erwartungen von Analysten, institutionellen Anlegern oder bedeutenden Gläubigern bezüglich des Ergebnisses oder der Ergebnisentwicklung zu erfüllen, die z.B. durch übermäßig optimistische Pressemitteilungen, Aussagen in Geschäftsberichten oder in Börsenprospekten geweckt wurden. Das Risiko von Verstößen kann sich auch erhöhen, wenn Unternehmen aufgrund sich verschlechternder Marktbedingungen finanziell unter Druck geraten oder das Risiko von Insolvenz oder Übernahme droht. Gelegenheiten zu Manipulationen der Rechnungslegung können sich neben Schwachstellen bei Ausgestaltung und/ oder Wirksamkeit des IKS (z.B. unzureichender Aufgaben- und Funktionstrennung, Schwächen im IT-Berechtigungskonzept) aus dem Fehlen einer wirksamen Überwachung des Rechnungslegungsprozesses und des IKS durch die Mitglieder des Aufsichtsorgans ergeben.   202

---

278 Vgl. *IDW PS 210*, Tz. 30.
279 Vgl. ISA 240.20.
280 Vgl. ISA 240.21.
281 Vgl. ISA 240.24; zu Beispielen für Risikofaktoren vgl. ISA 240, Anlage 1.

dd) Berücksichtigung ungewöhnlicher oder unerwarteter Verhältnisse sowie anderer Informationen

203 Hinweise auf Risiken von Verstößen ergeben sich nicht nur aus den vorstehend genannten Risikofaktoren. Ergebnisse von **analytischen Prüfungshandlungen**, die zu ungewöhnlichen oder unerwarteten Relationen führen, können auf wesentliche falsche Angaben infolge von Manipulationen der Rechnungslegung hinweisen (z.b. fingierte Umsatzerlöse)[282]. Rückschlüsse auf das Risiko von Verstößen können sich darüber hinaus aus **weiteren Informationen** über das zu prüfende Unternehmen und sein Umfeld ergeben, bspw. aus der Prozessaufnahme der Auftragsbearbeitung oder aus der prüferischen Durchsicht von Zwischenabschlüssen, aus der Prüfung des rechnungslegungsbezogenen IKS oder Prüfungshandlungen, die nahe stehende Personen zum Gegenstand haben.

c) Erkennung und Beurteilung der Risiken von Verstößen

204 Der APr. muss diejenigen Risiken erkennen und beurteilen, die zu wesentlichen falschen Angaben im Abschluss und LB aufgrund von Verstößen führen könnten. Solche Risiken stellen „**bedeutsame**" **Risiken** i.S.v. *IDW PS 210* dar[283]. Für diese Beurteilung wird der APr. zunächst nach pflichtgemäßem Ermessen Risiken für Verstöße identifizieren[284]. Dazu zieht er die aus der Durchführung von Prüfungshandlungen zur Risikoerkennung und -beurteilung[285] erlangten Informationen heran und schätzt ein, welche Abschlussaussagen im Hinblick auf bestimmte Arten von Geschäftsvorfällen, Kontensalden und Abschlussangaben durch die identifizierten Risiken betroffen sein könnten. Schließlich sind die Wahrscheinlichkeit des Auftretens der einzelnen Risiken und das Ausmaß der möglichen falschen Angaben einzuschätzen, wobei zu beachten ist, dass ein bestimmtes Risiko auch zu mehreren falschen Angaben führen kann (so kann z.B. das Risiko von Manipulationen im Bereich der Umsatzrealisierung sowohl zu fingierten Umsatzerlösen als auch zu fingierten Forderungen führen).

205 Hinsichtlich der **bedeutsamen Risiken** wesentlicher falscher Angaben aufgrund von Verstößen muss der APr. einerseits den Aufbau entsprechender Kontrollmaßnahmen einschließlich der damit verbundenen Kontrollaktivitäten beurteilen und andererseits feststellen, ob diese Kontrollmaßnahmen tatsächlich implementiert wurden[286]. Das hieraus erlangte Verständnis ist für den APr. wichtig, weil er auf dieser Grundlage beurteilen kann, ob bestimmte Risiken (z.B. eine fehlende Funktionstrennung) bewusst hingenommen werden, was wiederum Rückschlüsse auf Risikofaktoren für Verstöße zulässt[287].

206 Wesentlicher Bestandteil einer pflichtgemäßen Prüfungsdurchführung ist eine konsequente **Risikobeurteilung** im Hinblick auf mögliche (wesentliche) Falschangaben in der Rechnungslegung aufgrund von Unrichtigkeiten und Verstößen in allen Phasen der Prüfung. Die im Rahmen der Prüfungsplanung vorgenommene Risikoeinschätzung ist während der gesamten Prüfungsplanung kontinuierlich aufgrund der gewonnenen Erkenntnisse anzupassen[288].

---

282 Vgl. ISA 240.26; vgl. *IDW PS 210*, Tz. 32.
283 Vgl. ISA 240.27; vgl. *IDW PS 210*, Tz. 38.
284 Vgl. ISA 240.A31 und A32.
285 Vgl. Tz. 45, 242.
286 Vgl. ISA 240.30.
287 Vgl. ISA 240.A12.
288 Vgl. *IDW PS 210*, Tz. 22.

Berücksichtigung von Verstößen im Rahmen der Abschlussprüfung | R

d) Risiken von Verstößen im Zusammenhang mit der Umsatzrealisierung
Viele Unternehmen unterliegen aufgrund der zunehmenden Kapitalmarktorientierung und der damit verbundenen wachsenden Relevanz einer Shareholder value-orientierten Unternehmensführung einem erheblichen Druck zur Erreichung kurzfristiger Erfolgsziele[289]. Bei der Beurteilung der Risiken für Verstöße muss der APr. daher von der Annahme ausgehen, dass solche Risiken im Zusammenhang mit der Umsatzrealisierung bestehen (z.B. Manipulationen der Rechnungslegung wie eine verfrühte Umsatzrealisierung, die Verbuchung fingierter Umsatzerlöse oder das unzulässige Verschieben von Umsatzerlösen in eine spätere Berichtsperiode)[290]. Als **Prüfungshandlungen** zur Reaktion auf diese Risiken kommen bspw. in Frage[291]: 207

– aussagebezogene analytische Prüfungshandlungen unter Verwendung von disaggregierten Daten, wie z.B. Vergleich der monatlichen Umsätze je Produktlinie oder Geschäftssegment mit den entsprechenden Umsätzen in Vorperioden gegebenenfalls unter Zuhilfenahme IT-gestützter Prüfungstechniken,
– die Kontaktaufnahme mit Kunden, um sich bestimmte relevante Vertragsbedingungen sowie das Nichtvorhandensein mündlicher Nebenabreden (z.B. über Abnahmekriterien, Liefer- und Zahlungsbedingungen oder Rückgaberechte) bestätigen zu lassen (u.U. ist eine Entbindung von der Verschwiegenheitspflicht erforderlich),
– Befragungen des Vertriebs- und Marketingpersonals oder der Rechtsabteilung zu Verkäufen oder Lieferungen, die in zeitlicher Nähe zum Abschlussstichtag erfolgt sind sowie diesbezüglich ungewöhnlicher Geschäftsbedingungen,
– die Durchführung von Prüfungshandlungen hinsichtlich sachgerechter Umsatz- und Vorratsabgrenzungen.

Schätzt der APr. die Umsatzrealisierung **ausnahmsweise** nicht als einen solchen Risikobereich ein, so hat er die Gründe für diese Schlussfolgerung zu dokumentieren[292]. 208

e) Reaktionen auf Risiken wesentlicher falscher Angaben aufgrund von Verstößen
Risiken wesentlicher falscher Angaben aufgrund von Verstößen sind einzuteilen in Risiken übergeordneter Art, die sich auf den Abschluss und LB insgesamt auswirken und sich bspw. aus Veränderungen des Unternehmensumfelds oder aus Schwächen in der Unternehmensüberwachung ergeben können (**Risiken auf Abschlussebene**), sowie in besondere Risiken, die im Zusammenhang mit einzelnen Abschlussaussagen (im Hinblick auf bestimmte Arten von Geschäftsvorfällen, Kontensalden und Abschlussangaben) auftreten (**Risiken auf Aussageebene**)[293]. 209

Beispiele für Risiken auf **Abschlussebene** sind eine Gefährdung der Profitabilität des Unternehmens durch starken Wettbewerb oder eine Abhängigkeit der Vergütungen von gesetzlichen Vertretern und anderen Führungskräften von der Erreichung aggressiver Zielvorgaben. Risiken auf Aussageebene sind bspw. das Risiko von Manipulationen bei der Umsatzrealisierung, wodurch Umsatzerlöse fingiert werden sollen, oder das Risiko von Manipulationen bei Wertberichtigungen, was bspw. zur Überbewertung bei Forderungen, Vorräten oder AV führt. 210

---
289 Vgl. *Schruff*, WPg 2003, S. 906.
290 Vgl. ISA 240.A28; vgl. *IDW PS 210*, Tz. 39.
291 Vgl. ISA 240, Anlage 2.
292 Vgl. ISA 240.47; vgl. *IDW PS 210*, Prolog und Tz. 39 am Ende und Tz. 68 am Ende.
293 Vgl. ISA 240.25; vgl. *IDW PS 210*, Tz.38.

2459

211 Hinsichtlich der **Reaktion** auf diese Risiken ist zunächst auf die **kritische Grundhaltung** des APr. zu verweisen[294]. Diese kann bspw. zu einer erhöhten Sorgfalt im Hinblick auf die bei wesentlichen Geschäftsvorfällen einzuholenden Prüfungsnachweise oder eine erhöhte Sensibilität hinsichtlich erforderlicher zusätzlicher Nachweise für die Gültigkeit von Erläuterungen oder Erklärungen der gesetzlichen Vertreter und anderer Führungskräfte führen[295].

212 Zu den festgestellten Risiken wesentlicher falscher Angaben aufgrund von Verstößen auf der Abschlussebene muss der APr. darüber hinaus **allgemeine Überlegungen** anstellen[296]. Im Einzelnen muss er

– sich mit der Zuordnung und der Überwachung der eingesetzten Mitarbeiter befassen (z.b. müssen die Mitarbeiter, die mit der Prüfung der Risiken wesentlicher falscher Angaben betraut sind, über die erforderlichen Kenntnisse, Fähigkeiten und Erfahrung verfügen. Ggf. sind dabei Spezialisten, z.b. für forensische Prüfungen, hinzuzuziehen),

– die von dem Unternehmen angewandten Rechnungslegungsmethoden einschätzen, insb. bei Bewertungen (z.B. Ermittlung des Abschreibungsbedarfs auf einen Geschäfts- oder Firmenwert) und komplexen Geschäftsvorfällen (z.B. Kaufpreisallokationen bei Unternehmenserwerben). Dabei ist abzuwägen, ob Hinweise auf Manipulationen der Rechnungslegung vorliegen (z.B. Auswahl von für bestimmte Geschäftsvorfälle unzulässigen Rechnungslegungsmethoden);

– Überraschungselemente bei der Auswahl von Art, Zeitpunkt und Umfang von Prüfungshandlungen vorsehen (z.B. durch Veränderungen bei den Verfahren zur Auswahl von Stichproben oder die Durchführung von Prüfungshandlungen an vorher nicht bekanntgegebenen Standorten). Dies ist entscheidend, weil Personen im Unternehmen, die mit den üblicherweise durchgeführten Prüfungshandlungen vertraut sind, ansonsten Täuschungen eher verdecken können.

213 Bei besonderen Risiken wesentlicher falscher Angaben auf **Aussageebene** können die Prüfungshandlungen bspw. wie folgt **modifiziert** werden[297]:

– **Art der Prüfungshandlungen**: z.B. verstärkte Prüfung durch Beobachtung oder körperliche Inaugenscheinnahme, Einsatz IT-gestützter Prüfungstechniken (z.B. die Verwendung der Prüfsoftware IDEA oder anderer digitaler Datenanalysen in Verbindung mit Benford's Law[298] zur Prüfung von großen Datenbeständen auf Auffälligkeiten), zusätzliche Bestätigungsanfragen an bestimmte Mitarbeiter des Unternehmens oder Dritte

– **Zeitpunkt der Prüfungshandlungen**: z.B. Durchführung bestimmter aussagebezogener Prüfungshandlungen am oder in zeitlicher Nähe zum Abschlussstichtag

– **Umfang der Prüfungshandlungen**: z.B. Erhöhung des Stichprobenumfangs, zusätzliche analytische Prüfungshandlungen auf der Grundlage von disaggregierten Daten (z.B. Untersuchungen auf Posten- oder Kontenebene) oder umfassendere Prüfung von in elektronischer Form gespeicherten Geschäftsvorfällen oder Konten mit Hilfe von IT-gestützten Prüfungstechniken.

---

294 Vgl. Tz. 190.
295 Vgl. ISA 240.A33.
296 Vgl. ISA 240.28 f.; vgl. *IDW PS 210*, Tz. 42f.
297 Vgl. ISA 240.A37; zu Beispielen für entsprechende Prüfungshandlungen vgl. ISA 240, Anlage 2.
298 Vgl. z.B. *Bantleon/Thomann/Bühner*, DStR 2007, S. 1981 und 1983; vgl. auch Tz. 772.

f) Berücksichtigung des Risikos von „Management Override"

Die Reaktionen des APr. auf erkannte Risiken wesentlicher falscher Angaben aufgrund von Verstößen müssen auch Prüfungshandlungen im Hinblick auf das Risiko der Ausschaltung bestehender interner Kontrollen durch die gesetzlichen Vertreter und andere Führungskräfte (**Management Override**) einschließen[299]. Dabei muss er die Möglichkeit von kollusivem Verhalten unter Beteiligung von anderen Mitarbeitern oder Dritten berücksichtigen. Es soll insb. dem Risiko Rechnung getragen werden, dass Verstöße durch gesetzliche Vertreter und andere Führungskräfte mit wesentlichen Auswirkungen auf den Abschluss und LB (**Management Fraud**) begangen werden. Im Zusammenhang mit dem Risiko des „Management-Override" können IT-gestützte Datenanalysen einen wertvollen Beitrag leisten, da auf diese Weise große Datenmengen wie z.b. das Hauptbuchjournal des Berichtsjahres effizient untersucht werden können. Sinnvolle Auswertungen können bspw. sein: Buchungen zu ungewöhnlichen Zeiten, manuelle Buchungen auf nur für maschinelle Buchungen vorgesehenen Konten, Buchungen mit glatten Beträgen oder knapp unterhalb von Autorisierungsgrenzen, Buchungen in frühere Buchungsperioden bzw. mit größeren zeitlichen Abweichungen zwischen Belegdatum und Buchungsdatum.

214

Im **Einzelnen** muss der APr. Prüfungshandlungen durchführen im Hinblick auf[300]:

215

- die Angemessenheit und die Autorisierung von Journalbuchungen und anderen Anpassungen im Rahmen des Abschlusserstellungsprozesses, die sich nicht im Hauptbuch niederschlagen[301];
- eine zielgerichtete und einseitige Einflussnahme bei geschätzten Werten in der Rechnungslegung[302];
- die Erlangung eines Verständnisses von dem wirtschaftlichen Hintergrund bedeutsamer Geschäftsvorfälle, die außerhalb der gewöhnlichen Geschäftstätigkeit durchgeführt wurden oder die für den APr. vor dem Hintergrund seiner Kenntnisse über das zu prüfende Unternehmen und sein Umfeld außergewöhnlich erscheinen[303].

g) Mitteilungspflichten bei vermuteten oder aufgedeckten Verstößen

Hat der APr. Verstöße aufgedeckt oder Informationen erhalten, die auf die Existenz von Verstößen hinweisen, so muss er diese Feststellungen zeitnah – sobald dies praktisch durchführbar ist[304] – der **angemessenen Führungsebene** in dem geprüften Unternehmen mitteilen, wobei die angemessene Führungsebene gewöhnlich zumindest eine Ebene über derjenigen liegt, der die mit den mutmaßlichen Verstößen in Zusammenhang stehenden Personen zugeordnet sind[305]. Werden Verstöße aufgedeckt, bei denen die gesetzlichen Vertreter und andere Führungskräfte oder aber Personen beteiligt sind, die entweder bedeutende Funktionen im Rahmen des IKS innehaben oder bei denen der Verstoß zu wesentlichen falschen Angaben im Abschluss und LB führt, dann hat der APr. hierüber – sobald wie möglich – das **Aufsichtsorgan** zu informieren[306]. Vorbehaltlich einer abw. getroffenen Vereinbarung ist es sachgerecht und ausreichend, solche Informationen dem Vorsitzenden des AR zukommen zu lassen, der sie dann an die übrigen AR-Mitglieder

216

---

299 Vgl. ISA 240.31 und 33; vgl. *IDW PS 210*, Tz. 43, Tz. 59, Tz. 68.
300 Vgl. ISA 240.32.
301 Vgl. weiter ISA 240.32.
302 Vgl. weiter ISA 240.A45 f.
303 Vgl. *IDW PS 210*, Prolog.
304 Vgl. ISA 250.23.
305 Vgl. ISA 240.40 und A59; *IDW PS 210*, Tz. 60.
306 Vgl. ISA 240.41; vgl. *IDW PS 210*, Tz. 62.

weiterleitet[307]. Auch wenn der APr. einen Verstoß unter Mitwirkung der gesetzlichen Vertreter und anderer Führungskräfte vermutet, teilt er diese Vermutung dem Aufsichtsorgan mit und erörtert mit ihm außerdem Art, Zeitpunkt und Umfang der erforderlichen Prüfungshandlungen, um der Vermutung nachzugehen[308]. Eine abschließende rechtliche Wertung nimmt er dabei nicht vor.

217 Der APr. muss **festgestellte** oder **vermutete** Verstöße gegen Gesetze und Verordnungen sowie die Ergebnisse von Gesprächen mit dem Management und erforderlichenfalls mit den für die Überwachung Verantwortlichen und Dritten außerhalb des Unternehmens angemessen **dokumentieren** (z. B. Gesprächsprotokolle und Kopien von Aufzeichnungen und Dokumenten)[309].

218 Sofern keine gegenteiligen Anhaltspunkte vorliegen, ist davon auszugehen, dass die vermutete Unregelmäßigkeit **kein einmaliger Vorgang** ist[310]. Soweit ein möglicher Einfluss auf die Ordnungsmäßigkeit des Abschlusses vermutet werden muss, ergeben sich erweiterte Prüfungspflichten, die insb. die Erwägung möglicher Konsequenzen für andere Gebiete der Abschlussprüfung beinhalten (z.B. Glaubhaftigkeit der vom Management erteilten Auskünfte und Erklärungen, Risikobeurteilungen). Darüber hinaus kann die Einholung rechtlichen Rates erforderlich sein[311].

219 Die Information der Mitglieder des Aufsichtsorgans durch den APr. kann entweder **schriftlich** oder **mündlich** erfolgen[312]. Dieses Ermessen ist allerdings bei Abschlussprüfungen nach den §§ 316 ff. HGB insoweit eingeschränkt, als hierbei zwingend die Vorschriften des § 321 HGB zur schriftlichen Berichterstattung im PrB[313] und des § 171 AktG zur mündlichen Berichterstattung in der Bilanzsitzung des AR[314] zu beachten sind[315].

220 In jedem Fall ist das **Aufsichtsorgan** über die nicht korrigierten falschen Angaben zu informieren, die der APr. im Verlauf der Prüfung aufgedeckt hat, die auch aus Sicht der gesetzlichen Vertreter einzeln und in ihrer Summe als unwesentlich beurteilt wurden und die nicht zur Einschränkung oder Versagung des BestV geführt haben, soweit diese für die Überwachung der Geschäftsführung und des geprüften Unternehmens von Bedeutung sind. Die Gesamtauswirkung dieser falschen Angaben auf die Rechnungslegung ist ebenfalls darzulegen[316].

221 Das **Aufsichtsorgan** sowie die **gesetzlichen Vertreter** sind ebenfalls unverzüglich zu informieren, wenn wesentliche Schwachstellen im IKS zur Verhinderung und zur Aufdeckung von Verstößen bekannt werden[317]. Außerdem muss der APr. abwägen, ob auch andere Sachverhalte im Zusammenhang mit Verstößen mit den Mitgliedern des Aufsichtsorgans erörtert werden sollten, wie z.B.[318]:

---

307 Vgl. *IDW PS 345*, Tz. 59.
308 Vgl. ISA 240.41 am Ende.
309 Vgl. ISA 240.46; vgl. ISA 250.29; *IDW PS 210*, Tz. 68.
310 Vgl. *IDW PS 210*, Tz. 59.
311 Vgl. *IDW PS 210*, Tz. 59; vgl. ISA 250.19.
312 Vgl. ISA 240.A60.
313 Vgl. Q Tz. 9 ff.
314 Vgl. Tz. 919.
315 Vgl. auch *IDW PS 450*, Tz. 48.
316 Vgl. *IDW PS 210*, Tz. 63.
317 Vgl. *IDW PS 210*, Tz. 62.
318 Vgl. ISA 240.A63.

- Bedenken an der Beurteilung von Kontrollmaßnahmen zur Verhinderung und zur Aufdeckung von Verstößen durch die gesetzlichen Vertreter und andere Führungskräfte
- das Versäumnis der gesetzlichen Vertreter und anderer Führungskräfte, festgestellte Schwächen im IKS zu beheben oder angemessen auf festgestellte Verstöße zu reagieren
- die Beurteilung des Kontrollumfeldes des geprüften Unternehmens durch den APr., einschließlich Fragen hinsichtlich der Kompetenz und Integrität der gesetzlichen Vertreter und anderer Führungskräfte
- Handlungen der gesetzlichen Vertreter und anderer Führungskräfte, die auf Manipulationen der Rechnungslegung hinweisen könnten
- Bedenken hinsichtlich der Angemessenheit und Vollständigkeit von Autorisierungen bei ungewöhnlichen Geschäftsvorfällen.

Eine Mitteilung von Erkenntnissen über Verstöße an **Dritte** (z.B. einzelne Gesellschafter, Gläubiger, Staatsanwaltschaft) ist aufgrund der gesetzlichen Verschwiegenheitspflicht des APr. (§ 43 Abs. 1 WPO, § 323 HGB, § 203 StGB) nicht zulässig[319]. Ausnahmen hiervon sind aufgrund gesetzlicher Regelungen für bestimmte Bereiche (z.B. Meldepflicht bei Verdacht auf Geldwäsche gem. § 11 GwG) oder für bestimmte Prüfungen (z.B. Abschlussprüfungen von Kreditinstituten nach § 29 Abs. 2 KWG oder von Versicherungsunternehmen nach § 57 Abs. 1 VAG, bei denen an die Bundesanstalt für Finanzdienstleistungsaufsicht – BaFin zu berichten ist) vorgesehen[320]. **222**

h) Pflicht zur Berichterstattung im PrB und Bestätigungsvermerk

Über wesentliche Unrichtigkeiten und Verstöße im Abschluss oder LB und ihre Auswirkungen auf die Rechnungslegung ist im PrB (Feststellungen zur Gesetzmäßigkeit von Buchführung, JA und LB oder Konzernabschluss und KonzernLB) zu **berichten**. Hat der APr. während der Prüfung weitere Anhaltspunkte für Unrichtigkeiten oder Verstöße erkannt, die zusätzliche Prüfungshandlungen erforderlich machen, so sind auch diese Anhaltspunkte und die hierauf getroffenen Maßnahmen des APr. im PrB zu dokumentieren[321]. **223**

Ferner ist eine Berichterstattung im PrB **geboten**[322], **224**

- wenn Beanstandungen nicht zur Einschränkung oder Versagung des BestV geführt haben, aber für eine angemessene Information des Berichtsempfängers, insb. für die Überwachung der Unternehmensführung und des geprüften Unternehmens von Bedeutung sind,
- soweit diese Tatsachen auch bei inzwischen behobenen Fehlern auf Schwächen im IKS hindeuten,
- falls der APr. trotz der Auskunftsbereitschaft im zu prüfenden Unternehmen aufgrund der gegebenen Umstände nicht abschließend feststellen kann, ob eine Täuschung, Vermögensschädigung oder ein Gesetzesverstoß vorliegt.

Der BestV ist nur **einzuschränken** oder zu **versagen**, wenn sich die Unrichtigkeit oder der Verstoß wesentlich auf den Abschluss auswirkt und der Mangel im Zeitpunkt des Abschlusses der Prüfung noch vorliegt und nicht zutreffend im Abschluss dargestellt ist[323]. **225**

---

319 Vgl. *IDW PS 210*, Tz. 66 und Tz. 75.
320 Vgl. ISA 250, Tz. 28.
321 Vgl. *IDW PS 210*, Tz. 69.
322 Vgl. *IDW PS 450*, Tz. 45 ff.
323 Vgl. *IDW PS 210*, Tz. 71; vgl. ISA 250.25.

226 Sofern das Unternehmen den APr. daran **hindert**, Untersuchungen zur Aufdeckung von möglicherweise für den Abschluss wesentlichen Unrichtigkeiten und Verstößen anzustellen, hat der APr. den BestV einzuschränken oder zu versagen und dies auch im BestV zu begründen. Konsequenzen für den BestV können auch erforderlich sein, wenn der APr. durch Umstände, die das Unternehmen nicht zu vertreten hat, daran **gehindert** ist festzustellen, ob eine Unrichtigkeit oder ein Verstoß vorliegt[324].

227 Für die sonstigen Gesetzesverstöße ist die **Redepflicht** nach § 321 Abs. 1 S. 3 HGB zu beachten[325].

228 Selbst wenn die aufgedeckten Sachverhalte keinen wesentlichen Einfluss auf die Ordnungsmäßigkeit des Abschlusses haben, können die Voraussetzungen für eine **Kündigung** des Prüfungsauftrags aus **wichtigem Grund** nach § 318 Abs. 6 HGB (z.B. Täuschung, Wegfall der Vertrauensgrundlage) gegeben sein[326]. Gemäß § 320 Abs. 4 HGB hat der kündigende APr. dem nachfolgenden APr. auf dessen schriftliche Anfrage über das Ergebnis der bisherigen Prüfung zu berichten. Der bisherige APr. kann seine Informationspflicht i.d.R. dadurch erfüllen, dass er den nach § 318 Abs. 6 S. 4 HGB zu erstellenden Bericht an den nachfolgenden APr. weiterleitet[327]. Die Mandatsniederlegung muss **angemessen** und **gesetzlich zulässig** sein sowie unter Maßgabe der im Einzelfall zu beachtenden berufsständischen und rechtlichen Pflichten erfolgen[328].

229 Ohne den APr. in den angegebenen Prüfungshandlungen zu beschränken, hat der APr. von den gesetzlichen Vertretern des geprüften Unternehmens eine schriftliche **Erklärung** einzuholen, in der diese bestätigen[329], dass sie

– die Ergebnisse ihrer Beurteilung von Risiken, dass der Abschluss und der LB wesentlich falsche Angaben aufgrund von Verstößen enthalten könnten, dem APr. mitgeteilt haben;

– den APr. über alle ihnen bekannten oder von ihnen vermuteten das zu prüfende Unternehmen betreffenden Verstöße informiert haben, insb. solche des Managements, von Mitarbeitern, denen eine bedeutende Rolle im IKS zukommt und von anderen Personen, deren Verstöße eine wesentliche Auswirkung auf den Abschluss und LB haben könnten;

– dem APr. ihre Kenntnis jeglicher ihnen von Mitarbeitern, ehemaligen Mitarbeitern, Analysten, Aufsichtsbehörden oder anderen Personen zugetragenen Behauptungen über begangene oder vermutete Verstöße mitgeteilt haben, die eine wesentliche Auswirkung auf den Abschluss und den LB des zu prüfenden Unternehmens haben könnten[330].

---

324 Vgl. *IDW PS 400*, Tz. 50 und Tz. 56; vgl. ISA 250.26 und .27.
325 Vgl. *IDW PS 450*, Tz. 42 ff.
326 Vgl. BeBiKo[7], § 318, Rn. 34.
327 Vgl. BeBiKo[7], § 318, Rn. 42.
328 Vgl. ISA 240.38.
329 Vgl. *IDW PS 210*, Tz. 67.
330 Vgl. zur Vollständigkeitserklärung insgesamt *IDW PS 303*, Tz. 20 ff.

IV. Durchführung der Abschlussprüfung

1. Prüfung der Rechtsgrundlagen und der rechtlichen Verhältnisse des Unternehmens

Nach den Vorschriften des HGB ist die Abschlussprüfung auf die Prüfung des JA und des LB einschließlich der Ordnungsmäßigkeit der Buchführung beschränkt. Gleichwohl muss der APr. auch solche Teilgebiete in seine Prüfung einbeziehen, die nur in einem mittelbaren Zusammenhang mit der Prüfung des eigentlichen JA stehen[331]. Bei diesen sog. **außerbuchhalterischen Bereichen** handelt es sich im Wesentlichen um die Rechtsgrundlagen und Rechtsbeziehungen des Unternehmens. Ihre Einbeziehung in die Prüfung des JA ist schon deswegen geboten, weil von ihnen häufig Wirkungen ausgehen, die ihren Niederschlag in der Buchhaltung finden[332]. Darüber hinaus ist die Auseinandersetzung mit den Rechtsgrundlagen und den rechtlichen Verhältnissen des Unternehmens auch für die Berichtspflicht des APr. über schwerwiegende Verstöße der gesetzlichen Vertreter oder von Arbeitnehmern gegen Gesetz, Gesellschaftsvertrag oder die Satzung (§ 321 Abs. 1 S. 3 HGB) von Bedeutung[333]. 230

In den Bereich der Prüfung der Rechtsgrundlagen fällt auch die ordnungsmäßige **Bestellung und Beauftragung des APr.**[334] Während die Bestellung des APr. im Fall der AG zwingend in den Aufgabenbereich der HV fällt (§ 119 Abs. 1 Nr. 4 AktG), kann im Fall der GmbH sowie bei der OHG bzw. KG i.S.d. § 264 a Abs. 1 HGB der Gesellschaftsvertrag eine abw. Regelung enthalten, nach der die Bestellungskompetenz nicht bei der Gesellschafterversammlung liegt[335]. Die Auftragserteilung obliegt im Fall der Pflichtprüfung einer AG dem AR (§ 111 Abs. 2 S. 3 AktG)[336]. Gleiches gilt ohne Einschränkung für die GmbH mit einem obligatorischen AR[337] sowie für die GmbH mit einem freiwilligen, auf gesellschaftsvertraglicher Regelung basierenden AR immer dann, wenn der Gesellschaftsvertrag keine abw. Regelung zur Beauftragung des APr. enthält[338]. Schließlich hat der APr. sicherzustellen, dass seiner Bestellung keine Ausschlussgründe nach den §§ 319, 319a, 319b HGB entgegenstehen. 231

Bei der Prüfung der Rechtsgrundlagen und der rechtlichen Verhältnisse werden insb. die **Satzung, Protokolle** der HV/ Gesellschafterversammlung und des AR sowie **Verträge mit Dritten** zu untersuchen sein, wobei nachfolgende Fragenkataloge nützlich sein können, die vorwiegend auf die Rechtsverhältnisse der AG zugeschnitten sind[339]: 232

Satzung/Gesellschaftsvertrag 233

– Ist die Gesellschaft unter Beachtung der aktienrechtlichen Gründungsvorschriften wirksam entstanden (ggf. ist darüber hinaus die Prüfung von umwandlungsrechtlichen Vorschriften erforderlich)?

---

331 Vgl. *Schulze-Osterloh*, in: HWRev², Sp. 1620.
332 Vgl. auch Tz. 7.
333 Vgl. dazu auch Tz. 168.
334 Vgl. *Schulze-Osterloh*, in: HWRev², Sp. 1622.
335 Vgl. § 318 Abs. 1 S. 2 HGB. Zu Besonderheiten der Bestellung bei Kredit- und Finanzdienstleistungsinstituten sowie bei Versicherungsunternehmen vgl. auch Kap. J und Kap. K; ferner ADS⁶, § 318, Tz. 268.
336 Zum Fall einer kleinen AG, die nicht der Prüfungspflicht unterliegt, vgl. ADS⁶, § 318, Tz. 147.
337 Z.B. durch die Vorschriften des MitbestG oder des DrittelbG.
338 Vgl. im Einzelnen ADS⁶, § 318, Tz. 151.
339 Vgl. *Fabian*, WPg 1962, S. 57.

- Wie setzt sich das Grundkapital zusammen (Inhaberaktien, Namensaktien, vinkulierte Namensaktien (Aktienbuch), nennwertlose Stückaktien, Stammaktien, Vorzugsaktien, Mehrstimmrechtsaktien)?
- Ist das Kapital voll eingezahlt?
- Besteht bedingtes Kapital (Bilanzvermerk, ggf. Erläuterung im Anhang)?
- Besteht ein genehmigtes Kapital (Angabe im Anhang)?
- Sind bei Kapitalerhöhungen oder -herabsetzungen die gesetzlichen Vorschriften beachtet worden?
- Bestehen Sonderrechte der Gründer/ Aktionäre?
- Bestehen von den Kapitalanteilen abweichende Stimmrechtsregelungen (einschließlich Vereinbarungen über Stimmrechtsausübungen)?
- Bestehen Genussrechte (Angabe im Anhang)?
- Sind Einlagen offen oder verdeckt zurückgewährt worden?
- Sind gewinn- oder dividendenabhängige AR-Bezüge zu zahlen?
- Gibt die Satzung/ der Gesellschaftsvertrag Anweisungen über die Bildung und Auflösung von Rücklagen sowie Verwendung des Bilanzgewinns?
- Steht die geschäftliche Betätigung im Einklang mit dem in der Satzung/ im Gesellschaftsvertrag festgelegten Zweck der Gesellschaft?
- Bestehen eingetragene Zweigniederlassungen?
- Zählt die Satzung/ der Gesellschaftsvertrag Rechtsgeschäfte oder Maßnahmen auf, die der Vorstand/ die Geschäftsführung nur mit Zustimmung des AR vornehmen darf?
- Wann ist die Satzung/ der Gesellschaftsvertrag letztmalig geändert worden?
- Ist die Satzungsänderung in das HR eingetragen worden (neuester Registerauszug)?

Der APr. ist nicht verpflichtet, im Rahmen der Abschlussprüfung gesetzeswidrige Bestimmungen der Satzung/ des Gesellschaftsvertrages aufzudecken. Stellt er jedoch bei seiner Prüfung solche Gesetzesverstöße fest, so sind Konsequenzen für den PrB und in bestimmten Fällen für den BestV zu ziehen[340].

Für **fehlerhafte Bestimmungen** der Satzung/ des Gesellschaftsvertrages, die die rechtliche Struktur der Gesellschaft betreffen und nicht den JA beeinflussen – aber dem APr. zur Kenntnis gelangen, wie z.B. fehlerhafte Bestimmungen über den Gegenstand des Unternehmens, die Geschäftsführungsbefugnis des Vorstands/ der Geschäftsführung oder Formen und Fristen bei der Einberufung der HV/ Gesellschafterversammlung –, besteht keine Rede- und Mitteilungspflicht des Prüfers. Er wird jedoch die Unternehmensleitung in geeigneter Form darauf aufmerksam machen.

234 AR, Vorstand/ Geschäftsführung, Prokuristen

- Sind AR und Vorstand/ Geschäftsführung ordnungsmäßig besetzt (Satzungsbestimmungen, Zeitablauf der Bestellung)?
- Sind Beschlüsse eventuell wegen nicht ordnungsmäßiger Besetzung des AR oder des Vorstandes/ der Geschäftsführung fehlerhaft?
- Sind die Befugnisse des Vorstandes/ der Geschäftsführung durch die Satzung beschränkt?
- Ist der letzte JA festgestellt worden?
- Ist der letzte JA offen gelegt worden?
- Sind Vorstand und AR von der HV entlastet worden?
- Welche Beschlüsse hat der AR im GJ gefasst?
- Sind neue Prokuristen ernannt oder ist bisherigen Prokuristen die Prokura entzogen worden?

---

340 Vgl. § 321 Abs. 1 S. 3 HGB; *IDW PS 450*, Tz. 48.

- Sind Erteilungen und Löschungen von Prokuren im HR eingetragen worden?
- Wird die Art der Prokura (Einzel- oder Gesamtprokura) beachtet?
- Sind andere Vollmachten erteilt worden?

Hauptversammlung/ Gesellschafterversammlung 235

- Wann hat die letzte HV/ Gesellschafterversammlung stattgefunden (Protokoll)?
- Ist die HV/Gesellschafterversammlung ordnungsmäßig einberufen worden, so dass alle Beschlüsse ordnungsmäßig gefasst worden sind?
- Hat der letzte JA der HV/ Gesellschafterversammlung vorgelegen?
- Welche Beschlüsse hat die HV/ Gesellschafterversammlung über die Gewinnverwendung gefasst und wie sind diese Beschlüsse ausgeführt worden?
- Welche Beschlüsse hat die HV/ Gesellschafterversammlung weiterhin gefasst?
- Sind die Beschlüsse, deren Durchführung dem Vorstand/ der Geschäftsführung obliegt, ausgeführt worden?
- Ist gegen einen Beschluss Widerspruch zu Protokoll gegeben worden?
- Schweben Nichtigkeits- oder Anfechtungsklagen?
- Ist der APr. gewählt worden?
- Ist ein Sonderprüfer bestellt worden?

Verträge mit Dritten/ nahe stehenden Personen 236

- Bestehen langfristige Verträge mit Lieferanten und Kunden?
- Bestehen Verträge mit Lizenzgebern oder Lizenznehmern?
- Bestehen Pacht- oder Leasingverträge?
- Wurden Unternehmensfunktionen ausgelagert (z.B. Logistik, Buchhaltung, IT etc.)?
- Bestehen wesentliche Darlehensverträge bzw. sind Covenants vereinbart?
- Bestehen Zweckgesellschaften?
- Bestehen wesentliche Verträge mit nahe stehenden Personen/ Unternehmen?
- Bestehen Beherrschungs- und/oder GAV, Gewinnpoolungen, Interessengemeinschaftsverträge, Kartellverträge, steuerlich wirksame Organschaftsverträge, Dokumentation zu Verrechnungspreisen?
- Welche Zusagen wurden für die Altersversorgung der Belegschaft gemacht?
- Unterliegt die Gesellschaft Tarifverträgen?

Sonstiges 237

- Ist die Gesellschaft ein verbundenes Unternehmen?
- Ist ein Risikofrüherkennungssystem nach § 91 Abs. 2 AktG eingerichtet?
- Sind der Gesellschaft Mitteilungen gemäß §§ 20, 21 AktG gemacht worden?
- Hat die Gesellschaft ihrerseits Mitteilungspflichten nach §§ 20, 21 AktG erfüllt?
- Hat die Gesellschaft die diversen Mitteilungspflichten des WpHG eingehalten?
- Welche Regelungen hat die Gesellschaft in Bezug auf eine angemessene Corporate Governance getroffen?
- Ist ein Abhängigkeitsbericht zu erstellen?
- Ist ein (Teil-)KA zu erstellen?
- Hat die Gesellschaft ihren JA oder einen Zwischenabschluss zur Einbeziehung in einen KA einem anderen Unternehmen einzureichen?
- Erfüllt die Gesellschaft die für die Inanspruchnahme von Aufstellungs- und/ oder Offenlegungserleichterungen erforderlichen Größenkriterien?

Aus der exemplarischen Aufzählung möglicher Rechtsbeziehungen ergibt sich, dass 238 ggf. sehr weitgehende Auswirkungen auf die Buchführung und den JA ergeben können, so dass hinreichender Anlass für den APr. besteht, solchen Fragen nachzugehen und entsprechende Auskünfte zu erfragen. Gerade für den außerbuchhalterischen Bereich empfiehlt sich stets die Einholung einer ausführlich gehaltenen Vollständigkeitserklärung[341].

2. Verstehen des Unternehmens und seines Umfelds einschließlich des IKS
a) Einleitung

239 Das Konzept einer risikoorientierten Vorgehensweise bei der Durchführung einer Abschlussprüfung gilt mittlerweile als selbstverständlich. Bereits bei der Planung spielen Risikoüberlegungen eine wesentliche Rolle, um die kritischen Prüfungsziele zu identifizieren, darauf aufbauend eine Prüfungsstrategie zu entwickeln und das Prüfungsprogramm zu erstellen[342]. Hierzu hat der APr. Prüfungshandlungen zur Risikobeurteilung festzulegen, um ein Verständnis von dem Unternehmen sowie von dessen rechtlichem und wirtschaftlichem Umfeld einschließlich des IKS zu erlangen[343]. Erst durch diese Vorgehensweise wird der APr. in die Lage versetzt, Risiken wesentlicher falscher Angaben feststellen und beurteilen zu können, die sich wesentlich auf den zu prüfenden JA und LB, die Abschlussprüfung, den PrB sowie den BestV auswirken können. Die Beschaffung und Würdigung dieser Informationen stellt den Bezugsrahmen für eine pflichtgemäße Ermessensausübung im Verlauf der gesamten Abschlussprüfung dar[344]. Die Sammlung, Aktualisierung und Analyse der dazu notwendigen Informationen ist ein dynamischer Prozess.

Im Rahmen des risikoorientierten Prüfungsansatzes ist eine Analyse der Geschäftstätigkeit sowie des rechtlichen und wirtschaftlichen Umfelds des Unternehmens notwendig, um das Fehlerrisiko einzuschätzen[345].

240 Im Rahmen des Verständnisses des Unternehmens sind

– das Unternehmensumfeld (einschließlich branchenspezifischer und rechtlicher Rahmenbedingungen sowie Rechnungslegungsgrundsätze),
– die Merkmale des Unternehmens (Geschäftstätigkeit und -entwicklung, Rechtsform, Organe, Finanzierung etc.) einschließlich der ausgewählten und angewendeten Rechnungslegungsmethoden,
– die Ziele und Strategien des Unternehmens (einschließlich Geschäftsrisiken) sowie
– die Erfolgskennzahlen und die Erfolgsmessung

zu analysieren[346]. Das für die Abschlussprüfung relevante IKS ist hinsichtlich des Aufbaus und der Implementierung zu würdigen (insb. Kontrollumfeld, Risikobeurteilungsprozess, rechnungslegungsbezogenes Informationssystem, Überwachung des IKS)[347].

aa) Unternehmensumfeld[348]

241 Der APr. muss die Branche, die rechtlichen Rahmenbedingungen und andere externe Faktoren einschließlich des maßgebenden Rechnungslegungssystems verstehen; dies umfasst

---
341 Vgl. Tz. 883.
342 Vgl. Tz. 38; Zur Entwicklung des Prüfungsansatzes im Zeitablauf vgl. Tz. 30.
343 Vgl. ISA 315.4(d); *IDW PS 240*, Tz. 17.
344 Vgl. *IDW PS 230*, Tz. 7; ISA 315, Rn. 5.
345 Vgl. *Marten/Quick/Ruhnke*, Wirtschaftsprüfung³, S. 256; zum Begriff des Fehlerrisikos vgl. Tz. 76.
346 Vgl. ISA 315.11; *IDW PS 261*, Tz. 13.
347 Vgl. ISA 315.14 ff.; *IDW PS 261*, Tz. 37 ff.
348 Vgl. ISA 315.11 (a) sowie A17-A22.

- die Branchensituation, wie z.B. Wettbewerbsverhältnisse, Lieferanten- und Kundenbeziehungen sowie technologische Entwicklungen,
- rechtliche Rahmenbedingungen (maßgebendes Rechnungslegungssystem, das rechtliche und politische Umfeld sowie Umweltvorschriften, die sich auf die Branche und das Unternehmen auswirken),
- die Besteuerung,
- die Regierungspolitik;
- andere externe Faktoren, wie die gesamtwirtschaftlichen Rahmenbedingungen, das Zinsniveau, die Verfügbarkeit von Finanzierungsmitteln, Inflation oder Währungsanpassungen.

bb) Merkmale des Unternehmens[349]

Zu den Merkmalen eines Unternehmens gehören die Geschäftstätigkeit, die Struktur der Einheit, die Eigentümerstruktur, die Beziehungen zu nahe stehenden Personen, die Führungs- und Aufsichtsstruktur, die Organisation, die durchgeführten und geplanten Investitionen sowie die Finanzierung. Der APr. muss sich mit den angewandten Rechnungslegungsmethoden auseinandersetzen und beurteilen, ob diese der Geschäftstätigkeit angemessen und mit den maßgebenden Rechnungslegungssystemen vereinbar sind. Dies umfasst

242

- die Rechnungslegungsmethoden für bedeutsame und ungewöhnliche Geschäftsvorfälle,
- die Auswirkung von bedeutsamen Rechnungslegungsmethoden in umstrittenen oder neuen Bereichen, für die es keine verbindlichen Grundsätze oder keine herrschende Meinung gibt,
- Veränderungen in den angewandten Rechnungslegungsmethoden sowie
- Rechnungslegungsstandards und gesetzliche oder andere rechtliche Bestimmungen, die für das Unternehmen neu sind.

cc) Unternehmensziele und -strategien und Geschäftsrisiken[350]

Der APr. muss die Ziele und Strategien des Unternehmens sowie die damit zusammenhängenden Geschäftsrisiken verstehen, die wesentliche falsche Angaben im JA und LB zur Folge haben können. Unter Strategien werden Leitlinien für das operative Geschäft verstanden, die der Erreichung der Ziele durch die gesetzlichen Vertreter dienen. Geschäftsrisiken resultieren aus bedeutenden Gegebenheiten, Ereignissen, Umständen, Maßnahmen oder Unterlassungen, die sich auf die Fähigkeit der Einheit, ihre Ziele zu erreichen und ihre Strategien durchzuführen, nachteilig auswirken können. Der Begriff Geschäftsrisiko umfasst neben dem Risiko wesentlicher falscher Angaben im Abschluss auch andere Risiken.

243

Beispiele für Geschäftsrisiken:

- Unternehmen kann nicht angemessen auf Entwicklungen innerhalb der Branche reagieren (z.B. mangels Know-how);
- erhöhtes Produkthaftungsrisiko bei neuen Produkten;
- Ausweitung der Geschäftstätigkeit bei unzutreffender Einschätzung der Nachfrage;
- Zunahme rechtlicher Risiken bei Änderung der regulatorischen Anforderungen;
- gegenwärtige und zukünftige Finanzierungsanforderungen;

---

349 Vgl. ISA 315.11 (b) und (c) sowie A23-A28.
350 Vgl. ISA 315.11 (d) und A29-A35 sowie Anhang 2.

– besondere Abhängigkeit von IT.

Die meisten Geschäftsrisiken sind letztlich mit finanziellen Konsequenzen verbunden und wirken sich deshalb auf den JA oder LB aus.

dd) Messung und Überwachung des wirtschaftlichen Erfolgs[351]

244 Leistungskennzahlen und deren Überwachung geben dem APr. Hinweise auf von den gesetzlichen Vertretern sowie anderen am Unternehmen interessierten Personen (Analysten u.a.) als wichtig erachtete Aspekte der unternehmerischen Leistung. Interne oder externe Leistungskennziffern bewirken Druck auf die gesetzlichen Vertreter und andere Führungskräfte, Maßnahmen zur Verbesserung der Leistung des Unternehmens zu ergreifen oder aber im Abschluss falsche Angaben zu machen. Im Unternehmen genutzte Informationen zur Messung und Überwachung des wirtschaftlichen Erfolgs können intern erzeugte Informationen umfassen, wie leistungsbezogene (finanzielle und nicht finanzielle) Schlüsselgrößen, Budgets, Abweichungsanalysen, Segmentinformationen und Leistungsberichte nach Geschäftsbereichen oder Abteilungen sowie Benchmark-Analysen mit der Entwicklung von Wettbewerbern. Daneben können extern ermittelte Analysen verwendet werden, wie Analystenberichte, Berichte von Rating-Agenturen.

Beabsichtigt der APr. die Verwendung von Leistungskennzahlen für Zwecke der Abschlussprüfung (z. B. für analytische Prüfungshandlungen), hat er abzuwägen, ob die bei der Überwachung der Leistung verwendeten Informationen hierfür verlässlich und hinreichend präzise sind, um die Aufdeckung wesentlicher falscher Angaben zu ermöglichen.

ee) Internes Kontrollsystem[352]

245 Der APr. muss das rechnungslegungsrelevante IKS des Unternehmens verstehen. Der APr. berücksichtigt dabei in erster Linie, ob und inwiefern bestimmte Kontrollmaßnahmen geeignet sind, wesentliche falsche Angaben in Arten von Geschäftsvorfällen, Kontensalden sowie Angaben in Abschlussposten und anderen Angaben und den damit zusammenhängenden Aussagen zu verhindern bzw. aufzudecken und zu korrigieren („relevante Kontrollen")[353].

b) Instrumente zur Beurteilung der Geschäftstätigkeit und des rechtlichen und wirtschaftlichen Umfelds

246 Die Gewinnung der erforderlichen Kenntnisse[354] ist ein komplexer Prozess, obgleich es i.d.R. nicht erforderlich sein wird, dass der Kenntnisstand des APr. demjenigen der gesetzlichen Vertreter entspricht[355]. Die Vielzahl der Aspekte, die in diesem Zusammenhang zu berücksichtigen sind[356], macht ein operationalisiertes Verfahren notwendig, das eine strukturierte Vorgehensweise sicherstellt. Um die Informationen systematisch aufbereiten zu können, stehen verschiedene Techniken zu Verfügung. Die Entscheidung darüber, welche Technik am besten geeignet ist, kann nur unternehmensspezifisch getroffen wer-

---

351 Vgl. ISA 315.11 (e) und A36-A41.
352 Vgl. ISA 315.12 und A42-A65.
353 Vgl. ausführlich Tz. 264.
354 Vgl. im Einzelnen: Anhang zu *IDW PS 230: Relevante Aspekte im Zusammenhang mit den Kenntnissen über die Geschäftstätigkeit sowie das wirtschaftliche und rechtliche Umfeld des Unternehmens*; Siehe auch ISA 315.
355 Vgl. *IDW PS 230*, Tz. 8.
356 Vgl. Aufstellung in dem Anhang zu *IDW PS 230*; ISA 315.

den. Die Durchführung der Analyse kann durch verschiedene betriebswirtschaftliche Verfahren unterstützt werden:

- Die **PEST-Analyse** (Political, Economical, Social, Technological) stellt auf das Makroumfeld des Unternehmens ab und dient zur strukturierten Aufbereitung der Informationen der politischen, wirtschaftlichen, sozialen und technologischen Einflussfaktoren. Damit werden die Chancen und Gefahren von externen Einflüssen auf die Geschäftstätigkeit des Unternehmens sichtbar gemacht.
- Im **Porter's Five Forces-Modell**[357] (Strukturierung anhand der Einflussgrößen Wettbewerbsintensität, Bedrohung durch neue Anbieter, Bedrohung durch Ersatzprodukte, Verhandlungsstärke der Lieferanten sowie Verhandlungsstärke und Preissensitivität der Abnehmer) werden die Einflüsse im Branchenumfeld und die Wettbewerbssituation in der Branche dargestellt.
- Ebenfalls auf die Stellung des Unternehmens innerhalb der Branche stellt eine **Wettbewerbsanalyse** ab, bei der die Leistung des Unternehmens in unterschiedlichen Kategorien in Relation zur Leistung der Wettbewerber gesetzt wird.
- Die **SWOT-Analyse** dient der systematischen Erfassung von Stärken, Schwächen, Chancen und Risiken (Strengths, Weaknesses, Opportunities, Threats) des Unternehmens und führt die festgestellten Eigenschaften der Strategie des Mandanten zusammen. Dabei gehen sowohl die (unternehmensinternen) Stärken und Schwächen als auch die (unternehmensexternen) Chancen und Gefahren in die Beurteilung ein.
- Das Konzept der **Balanced Scorecard** übersetzt die Geschäftsziele und -strategien in eine Ursache-/ Wirkungsbeziehung regelmäßig entlang von vier Perspektiven; Finanzperspektive, Kundenperspektive, interne Prozessperspektive und Lern- und Entwicklungsperspektive. Durch das Aufzeigen von Ursache-Wirkungszusammenhängen zwischen den einzelnen Perspektiven wird eine Perspektive nicht isoliert betrachtet, sondern aus den anderen Perspektiven abgeleitet und in Verbindung zu diesen gesetzt.

c) Ergebnisse der Analyse der Geschäftstätigkeit und des rechtlichen und wirtschaftlichen Umfelds

Der APr. hat die aus der Analyse der Geschäftstätigkeit sowie des rechtlichen und wirtschaftlichen Umfelds erworbenen Kenntnisse in zweifacher Hinsicht zu nutzen: Einerseits sind die Auswirkungen des wirtschaftlichen und rechtlichen Umfelds dahingehend zu beurteilen, inwieweit sie sich auf JA und LB auswirken. Andererseits ist zu fragen, ob der JA und der LB mit diesen Kenntnissen in Einklang stehen[358]. Die Ergebnisse sind dann wesentliche Grundlage für[359]

- die Beurteilung von Risiken wesentlicher falscher Angaben im Abschluss,
- die Festlegung der Wesentlichkeitsgrenze,
- die Einschätzung der Angemessenheit der Auswahl und Anwendung von Rechnungslegungsmethoden sowie der Angaben im JA,
- die Identifikation von Bereichen, die ggf. einer besonderen Berücksichtigung bei der Abschlussprüfung erfordern,
- die Entwicklung von analytischen Prüfungshandlungen sowie
- die Beurteilung, ob ausreichende und angemessene Prüfungsnachweise erlangt wurden.

---

357 Vgl. *Porter*.
358 Vgl. *IDW PS 230*, Tz. 8.
359 Vgl. ISA 315.A1.

248 Der APr. muss die Risiken wesentlicher falscher Angaben auf **Abschlussebene** und auf **Aussageebene** von Geschäftsvorfällen, Kontensalden sowie Angaben in Abschlussposten und andere Angaben erkennen und beurteilen[360]. Die Kontrollrisiken auf Abschlussebene resultieren vielfach aus einem schwachen Kontrollumfeld des Unternehmens oder dem rechtlichen oder wirtschaftlichen Umfeld des Unternehmens (z.B. konjunkturelle Lage, rechtliche Rahmenbedingungen in einer regulierten Branche, wirtschaftlicher oder technischer Umbruch in der Branche, starker Wettbewerbsdruck) und wirken daher regelmäßig nicht auf einzelne Anschlussaussagen, sondern auf den Abschluss als Ganzes.

249 Als Teil der Risikobeurteilung ist festzulegen, welche der identifizierten Risiken auf Abschlussebene eine besondere Berücksichtigung bei der Prüfung erfordern (sog. „**bedeutsame Risiken**")[361]. Für die bedeutsamen Risiken **muss** der APr. ein Verständnis von den für dieses Risiko relevanten Kontrollen des Unternehmens gewinnen, einschließlich der dazugehörigen Kontrollaktivitäten[362]. Bedeutsame Risiken betreffen oft Nicht-Routine-Transaktionen, die aufgrund ihrer Größe oder Art ungewöhnlich sind und deshalb selten auftreten, wie bspw. die Bewertung von Rückstellungen für wesentliche Rechtsstreitigkeiten. Weiterhin zählen dazu solche Sachverhalte, die ermessensbehaftete Entscheidungen erfordern, bei denen es erhebliche Bemessungsunsicherheiten gibt.

250 Kenntnisse über die Geschäftstätigkeit des Unternehmens sind auch im Zusammenhang mit der **Prüfung des LB** unumgänglich, da die Prüfung der Darstellung des Geschäftsverlaufs und der Lage des Unternehmens regelmäßig zusätzliche, über den unmittelbaren Informationsbedarf hinausgehende Kenntnisse der wirtschaftlichen Verhältnisse der Gesellschaft erfordert[363]. Dies gilt umso mehr, als der APr. auch die von den gesetzlichen Vertretern vorzunehmende Darstellung der Chancen und Risiken der künftigen Entwicklung zu beurteilen hat[364].

d) Risiken aus dem Einsatz von Informationstechnologie (IT)
aa) Vorbemerkungen

251 Als Teil des Risikofrüherkennungssystems[365] führen Unternehmen auch **Risikobeurteilungen** zum Einsatz von IT durch, um Risiken festzustellen und zu analysieren, die die Entwicklung des Unternehmens oder die Erreichung der Unternehmensziele beeinträchtigen können[366]. Unternehmen setzen zur Planung, Steuerung, Durchführung und Überwachung der Geschäftsaktivitäten IT-Systeme ein. Diese sollen der Unternehmensleitung zeitnahe, verlässliche und aussagefähige Informationen liefern. Der APr. muss die Risikobeurteilungen der Unternehmen für IT-Systeme verstehen und würdigen, die rechnungslegungsrelevant sind. Rechnungslegungsrelevante IT-Systeme (IT-Anwendungen, IT-gestützte Geschäftsprozesse und IT-Infrastruktur) dienen dazu, Daten über Geschäftsvorfälle oder sonstige betriebliche Aktivitäten zu erfassen und zu verarbeiten, die entweder direkt in die IT-gestützte Rechnungslegung einfließen oder als Grundlage für Buchungen dem Rechnungslegungssystem in elektronischer Form zur Verfügung stehen[367].

---

360 Vgl. ISA 315.25.
361 Vgl. ISA 315.27; zu Einzelheiten vgl. Tz. 75 ff.
362 Vgl. ISA 315.29; zu Einzelheiten vgl. Tz. 275.
363 Vgl. *IDW PS 350*, Tz. 10; ferner *Clemm/Reittinger*, in: HWRev², Sp. 1190.
364 Vgl. § 317 Abs. 2 S. 2 HGB; *IDW PS 350*, Tz. 10. Zu Einzelheiten der Prüfung des LB vgl. Tz. 649.
365 Vgl. *IDW PS 340*.
366 Vgl. dazu und zu den nachfolgenden Ausführungen insb. die Grundsätze in *IDW PS 330; ISA 315; ISA 330*.
367 Vgl. *IDW RS FAIT 1*, Tz. 14.

Die aus der Risikobeurteilung identifizierten IT-Risiken, die zu wesentlichen Fehlern in 252
der Rechnungslegung führen können, werden als **IT-Fehlerrisiken** bezeichnet. Das IT-
Fehlerrisiko setzt sich aus dem inhärenten IT-Risiko und dem IT-Kontrollrisiko zusammen. Beide Risikoarten sind eng miteinander verbunden, so dass grundsätzlich eine gemeinsame Betrachtung erfolgt[368]. Ein inhärentes IT-Risiko liegt vor, wenn durch den Einsatz von IT-Systemen Fehler auftreten können, die Auswirkungen auf die Ordnungsmäßigkeit der Rechnungslegung haben. Bei der Beurteilung der inhärenten IT-Risiken ist es notwendig, IT-bezogene Risikoindikatoren frühzeitig zu beachten, um auf dieser Basis Schlussfolgerungen für die weitere Prüfung zu ziehen.

bb) Bedeutung von IT-Risikoindikatoren für die Risikoeinschätzung

Die IT-Risikoindikatoren Abhängigkeit, Änderungen, Know-how und Ressourcen sowie 253
geschäftliche Ausrichtung sollen dem APr. eine angemessene Einschätzung der jeweiligen Mandantensituation ermöglichen. Die nachfolgende Darstellung dieser Risikoindikatoren berücksichtigt wesentliche und typisch auftretende Faktoren, die u.U. in einer gegebenen Situation zu ergänzen oder anders zu gewichten sind. Insb. ist zu beachten, dass IT-Risiken (bzw. aktuelle technische und organisatorische Entwicklungen im IT-Bereich) branchenspezifisch stark variieren können.

Bei der Einschätzung der IT-Risikoindikatoren ist weiterhin zu berücksichtigen, dass Teile 254
davon keine direkten Auswirkungen auf die Ordnungsmäßigkeit der Rechnungslegung haben müssen (z.B. Veralterung der IT), andere Faktoren jedoch einen unmittelbaren Einfluss darauf haben, wie z.B. fehlende Nachvollziehbarkeit von Änderungen von Softwareprogrammen.

(1) Risikoindikator „Abhängigkeit"

Die Abhängigkeit der Unternehmen von IT stellt einen strategischen Risikofaktor dar. Die 255
folgenden Risikoaspekte gelten grundsätzlich für alle Unternehmen:

- **Automationsgrad:** Die zunehmende Automatisierung der Systeme und Prozesse fördert einerseits die Effizienz und Effektivität, andererseits können Fehlfunktionen (z.B. in Produktions-, Lagerwirtschafts- und Logistiksystemen) zu einem Ausfall ganzer Geschäftsprozesse (betrieblicher Abläufe) führen, so dass der Geschäftsbetrieb gefährdet wird. Das Unternehmen ist somit in hohem Maße von der Funktionsfähigkeit und der dauernden Betriebsbereitschaft und Verfügbarkeit der Systeme abhängig. Es muss entsprechende Maßnahmen (Notfallplanungen) ergreifen, um diese zu gewährleisten. Zu berücksichtigen ist auch, dass derartige Systeme häufig über Schnittstellen mit Dritten verbunden sind (z.B. Internet, Electronic Data Interchange) und automatisierte Prozesse von außen initiiert werden können.
- **Komplexität:** Die Systeme werden zunehmend flexibler und umfangreicher, jedoch auch für die Anwender komplizierter und unüberschaubarer (so müssen z.B. bei Standard-Anwendungssystemen umfangreiche rechnungslegungsrelevante Tabellen und Parameter gepflegt werden). Diese Komplexität bedingt eine hohe Abhängigkeit vom Fachwissen einzelner IT-Spezialisten, das zudem häufig an externe Dritte ausgelagert ist. Das Unternehmen muss sicherstellen, dass es über ausreichende Kenntnisse der eigenen und ausgelagerten Systeme verfügt.
- **Kritische/ sensitive Daten:** Unternehmenswichtige Daten werden weitgehend in IT-Systemen vorgehalten (z.B. Rezepturen, Zeichnungen, Stücklisten) und stellen einen

---
368 Vgl. *IDW PS 261*, Tz. 7; ISA 200.A40.

wichtigen Vermögenswert dar. Ohne permanenten Zugriff auf diese Daten können der Wertschöpfungsprozess (d.h. Produktion von Gütern und Dienstleistungen) und die Unternehmenssteuerung gefährdet werden. Das Unternehmen muss neben ausreichenden Datensicherungsmaßnahmen auch angemessene Zugriffsbeschränkungen konzipieren, um eine Manipulation oder die missbräuchliche Verwendung zu verhindern.

- **Verfügbarkeit der Systeme:** IT-Systeme müssen zur Aufrechterhaltung des Geschäftsbetriebs dauerhaft und verlässlich verfügbar sein. Hierzu ist es erforderlich, die Abhängigkeit des Unternehmens vom Betrieb wichtiger Systeme richtig einzuschätzen und – nach Prioritäten gewichtet – Notfallmaßnahmen für die Überbrückung von Ausfallzeiten zu definieren.
- **Outsourcing:** IT-Leistungen werden aus unterschiedlichen Gründen an externe Dritte vergeben (Outsourcing). So spielen bei einem Outsourcing u.a. die Reduzierung der Kosten, die Sicherstellung einer höchstmöglichen IT-Expertise und strategische Überlegungen im Konzern eine Rolle. Dies kann das Outsourcing des gesamten IT-Betriebs, die Inanspruchnahme von Rechenzentren oder Softwarehäusern, aber auch die gezielte Vergabe von einzelnen Leistungen beinhalten. Je nach Umfang des Outsourcings, das bis zu einer Auslagerung ganzer Prozesse führen kann (Business Process Outsourcing), wird hierdurch eine sehr hohe Abhängigkeit von Dritten eintreten. Das Unternehmen muss sehr sorgfältig überlegen, welche Leistungen nach außen gegeben und ob hierdurch unvertretbare strategische Abhängigkeiten verursacht werden. Die Leistungen und gegenseitigen Rechte und Pflichten, insb. Prüfrechte beim externen Dritten, sind umfassend vertraglich zu regeln und zu dokumentieren. Dies schließt die Leistungserbringung und -messung auf Basis sog. Service Level Agreements mit ein.

(2) Risikoindikator „Änderungen"

256 Wesentliche Risiken resultieren aus größeren Änderungsprojekten, die durch die Einführung neuer Systeme und Technologien sowie Restrukturierungen bedingt sein können.

Folgende Risiken sind hervorzuheben:

- **Projektmanagement:** Fehlläufer in Änderungsprojekten können zu wesentlichen Zeit-, Kosten- und/ oder Terminüberschreitungen und teilweise zu Betriebsunterbrechungen führen. Die besonderen Risiken resultieren primär aus der Tatsache, dass derartige Projekte nicht zum Tagesgeschäft des Unternehmens gehören, demgemäß auch nur geringe Erfahrungen insb. im professionellen Projektmanagement bestehen. Häufig ist auch festzustellen, dass das sog. Change Management vernachlässigt wird. Dies führt dazu, dass bei den Mitarbeitern im Unternehmen keine Akzeptanz für neue IT-Lösungen erzielt werden kann und dadurch wesentliche Effizienzverluste auftreten können.
- **Neue Technologien/ Prozesse:** Die Veränderungen werden häufig durch die Einführung neuer Technologien (z.B. Produktionsverfahren) bzw. durch eine Änderung von Unternehmensabläufen (z.B. neue integrierte IT-Systeme) begleitet. Diese sind den Anwendern zu Beginn unvertraut, stellen hohe Anforderungen an die Anwender und werden u.U. von diesen abgelehnt. Ohne ausreichende Schulung und Dokumentation (z.B. durch Anwenderhandbücher) sowie professionelles Change Management ist das Risiko für Fehler in den Prozessen (z.B. mangelhafte Produkte; Fehlhandhabung von Systemen) größer als im bewährten Betriebsablauf.
- **Softwarekonzepte:** Unterschiedliche Risiken resultieren sowohl aus der Einführung von Standard-Softwarepaketen als auch von Individualprogrammierungen[369]. Die

---

[369] Vgl. auch *IDW PS 850*.

Einführungsrisiken bei Standard-Software bestehen darin, dass keine fertigen Produkte vorliegen, sondern ein komplexes und strukturiertes Customizing (d.h. mandantenspezifische Einstellung von Parametern) notwendig ist, um den Standard an die Anforderungen des Unternehmens anzupassen. Software-Testate[370] sind in diesen Zusammenhang nur eingeschränkt aussagefähig, da sie sich nur auf den allgemeinen Standard beziehen und nicht auf Kundenspezifika ausgerichtet sind. Es ist daher auch für das Customizing ein professionelles Projektmanagement einschließlich eines Qualitätssicherungsverfahrens erforderlich. Individualprogrammierungen, die je nach Branche noch in größerem Umfang vorgenommen werden (z.B. um Zusatzlösungen oder Add-Ons für den Standard zu entwickeln), weisen besondere Projektentwicklungsrisiken auf, da häufig keine ausreichenden Pflichtenhefte vorliegen und der Aufwand sowie die Entwicklungszeit unterschätzt werden.

(3) Risikoindikator „Know-how und Ressourcen"

Trotz der fortschreitenden Technologie im IT-Bereich ist der Faktor „Mensch" für die Risikoanalyse weiterhin, teilw. sogar zunehmend, von Bedeutung: **257**

– **Know-how:** Wesentlich für den IT-Betrieb und die Geschäftsabwicklung ist das aktuelle und spezifische Fachwissen der Mitarbeiter. Dieses sollte alle wesentlichen Anforderungen erfüllen, die von der eingesetzten Technik (Hardware, Betriebssysteme, Software) und den Prozessabläufen gestellt werden. Dies gilt sowohl für die IT-Spezialisten als auch für die Anwender der eingesetzten IT-Systeme. Risiken resultieren aus veraltetem oder lückenhaftem IT-Know-how. Fachkenntnisse im Bereich der Großrechnersysteme oder älterer Betriebssysteme reichen nicht aus, um dezentrale Anwendungen, wie bspw. Windows NT-basierte Systeme, einzuführen und zu pflegen. Ähnliches gilt für die Anwender, die über keine Kenntnisse der technischen Prozesse verfügen, aber zumindest ein Verständnis eines neuen Systems haben müssen, um es bedienen zu können. Dieses Verständnis kann in Schulungen erworben werden.
– **Arbeitsbelastung/ Zufriedenheit:** Überlastungen im IT- und Anwenderbereich können erheblich zur Risikoerhöhung beitragen. Der Betrieb von IT-Systemen kann insofern durch unzureichende Pflege und Fehlbedienungen bzw. Gleichgültigkeit beeinträchtigt werden. IT-relevante Aufgaben sind, abhängig von Inhalt, Zielsetzung und Priorität, den jeweiligen Fachkompetenzen der Mitarbeiter zuzuweisen.

(4) Risikoindikator „Geschäftliche Ausrichtung"

Wesentlich für die Risikobegrenzung ist die Ausrichtung der IT auf die Geschäftsstrategien und -prozessanforderungen des Unternehmens: **258**

– **IT-Strategie:** Geschäftsrisiken und IT-Risiken können nur dauerhaft auf ein akzeptables Maß begrenzt werden, wenn die IT-Strategie mit der Unternehmensstrategie abgestimmt ist[371]. Diese muss mittel- bis langfristig ausgerichtet, schriftlich formuliert, von der Unternehmensleitung genehmigt sein und konkrete Maßnahmenpläne/ Investitionsbudgets beinhalten. Diese Anforderung setzt einerseits voraus, dass die Unternehmensleitung IT als wesentlichen Faktor einstuft und sich über Entwicklungen im IT-Bereich fortlaufend informieren lässt. Andererseits ist es auch wichtig, dass das IT-Management in die unternehmerischen Entscheidungsprozesse eingebunden ist. Sofern derartige Strategien nicht vorliegen und das IT-Management nicht ausreichend integriert ist, kann von einem deutlich höheren Risikopotential ausgegangen werden.

---

370 Vgl. *IDW PS 880*.
371 Vgl. *IDW RS FAIT 1*, Tz. 76.

– **IT-Steuerung:** Der umfassende Einsatz von IT-Systemen führt häufig zu einer erheblichen Kostenbelastung und ohne adäquates IT-Controlling zu nachteiligen Kostenentwicklungen. Das Unternehmen sollte daher eine IT-Kostenrechnung implementieren und/ oder Indikatoren bzw. Benchmarks einführen, um die Kostenentwicklung sinnvoll überwachen zu können. Derartige Maßnahmen sind zudem erforderlich, um die Vergabe von IT-Leistungen an Dritte (Outsourcing) und größere IT-Projekte angemessen zu steuern. Obwohl eine mögliche Unwirtschaftlichkeit der IT keine direkten rechnungslegungsrelevanten Auswirkungen aufweist, können Folgeursachen unmittelbar die IT-Fehlerrisiken erhöhen (z.B. Sicherheitslücken in den IT-Systemen aufgrund veralteter IT-Anwendungen).

– **Geschäftliche Anforderungen:** Unternehmerischen Anforderungen an die Geschäftsprozesse und die Anwenderbedürfnisse müssen klar definiert sein (z.B. über Fachkonzepte, Pflichtenhefte, strategische Maßnahmenpläne) und über IT-Funktionalitäten bzw. -Prozesse zielgerichtet abgedeckt werden. Größere Lücken zwischen Anforderungsprofil und Umsetzung, die i.d.R. durch höhere Unzufriedenheit bei den Anwendern erkennbar werden, deuten auf ein hohes Risikopotential hin.

– **Geschäftliche Zielsetzungen:** Unrealistische und überzogene Zielsetzungen für das Management (z.B. Budgetziele, erfolgsabhängige Vergütungen) können dazu beitragen, dass verlässliche IT-Systeme durch ein sog. Management Override (z.B. manuelle Eingriffe) außer Kraft gesetzt werden[372]. Eine fehlende Funktionstrennung (IT-Benutzerberechtigungskonzept) kann der Manipulation durch Mitarbeiter Vorschub leisten.

cc) Konkretisierung von IT-Risikoindikatoren

259 Die dargestellten IT-Risikoindikatoren können ein Anzeichen dafür sein, dass IT-Fehlerrisiken bestehen, die sich nachteilig auf die Ordnungsmäßigkeit der Rechnungslegung auswirken und damit die Ausgestaltung des Buchführungsverfahrens, die Funktionsweise der rechnungslegungsrelevanten Programmabläufe und Verarbeitungsregeln sowie die Sicherheit der rechnungslegungsrelevanten Daten beeinträchtigen. Diese IT-Fehlerrisiken können sich als **IT-Infrastruktur-, IT-Anwendungs- und IT-Geschäftsprozessrisiken** konkretisieren, jedoch auch als Kombination dieser Risikofaktoren auftreten, und betreffen u.a. folgende Aspekte:

– **Qualität:** Erhöhte Fehlerrisiken treten auf, wenn die eingesetzten Anwendungsprogramme nicht kompetent, d.h. den Anwenderbedürfnissen entsprechend, am Markt ausgewählt oder entwickelt werden. Gründe hierfür sind u.a. fehlende spezifische Pflichtenhefte bzw. detaillierte Vorgaben der Fachabteilungen sowie unterlassene Probeläufe der Programme. Als Folge ist, neben erheblichen Kosten- und Zeitüberschreitungen, nicht sichergestellt, dass die rechnungslegungsrelevanten Geschäftsprozesse adäquat durch IT-Programme unterstützt werden. Fehleinstellungen in den Systemen, Falscheingaben oder Bedienerfehler können zu einer hohen Anzahl von systematischen Fehlern (bei Routinetransaktionen) oder zu unvermuteten Verarbeitungsfehlern in anderen, integrierten Bereichen führen. Sofern kein adäquates IKS besteht, sind diese Fehler häufig nicht direkt erkennbar und nur mit hohem Aufwand zu bereinigen. Wesentlich ist daher ein eingerichtetes **Qualitätssicherungsverfahren**, das die Umsetzung klar definierter Anforderungen, ausreichende Tests und Abnahmen (durch Anwender in von der Produktion getrennten Testumgebungen), gesicherte Programmübergaben und verlässliche Datenübernahmen gewährleistet.

---

372 Vgl. *IDW PS 210*, Tz. 7; ISA 240.31-33.

Durchführung der Abschlussprüfung **R**

– **Entwicklungsstand:** Spezifische Risiken bestehen, wenn veraltete, nicht-integrierte Softwareanwendungen („Insellösungen") betrieben werden. Zum einen stehen aufgrund eines eingeschränkten Reportings dieser Insellösungen den Entscheidungsträgern und Anwendern häufig nicht die notwendigen Informationen zeitnah zur Verfügung, zum anderen bindet die Überwachung der Schnittstellen unnötige Ressourcen. Neben diesen Risiken ist die Behebung von Störungen kaum möglich, da häufig keine Dokumentationen vorliegen und das frühere (Entwicklungs-) Know-how nicht mehr verfügbar ist. Die Hardwareausstattungen der Insellösungen sind teilw. veraltet und durch die Vielzahl von Typen und Herstellern inhomogen gestaltet und damit vielfach nicht mehr entwicklungsfähig. Aus diesen Insellösungen resultieren mittelfristig hohe Kostenbelastungen (z.b. durch ineffizientes „Trouble Shooting", langsame Reaktionen). Ähnliches gilt bei veralteten Betriebssystemen und Datenbanken, da diese z.T. unnötig Know-how binden und eine Neuausrichtung der eingesetzten IT-Anwendungen vielfach nicht zulassen.

– **Schutz:** Der unzureichende Schutz von sensiblen Daten und Programmen führt zu einem ungehinderten Zugang (teilw. auch von außen durch ungeschützte Internet-Anschlüsse) zu nahezu allen wesentlichen Informationen und Betriebsgeheimnissen. Um diese Risiken zu begrenzen, muss über ein sachgerechtes Benutzerberechtigungskonzept sichergestellt werden, dass den Anwendern unter Beachtung einer sinnvollen Funktionstrennung nur die Rechte eingeräumt werden, die diese zur Bewältigung des Tagesgeschäfts benötigen. Dies schließt auch die Mitarbeiter des IT-Bereichs ein.

– **Infrastruktur-/ Ressourcensicherung:** Baulich-technische Maßnahmen zur Absicherung des IT-Betriebs werden häufig nicht oder zu spät ergriffen, um Investitionsmittel zu schonen. Insb. der Schutz vor unberechtigtem Zutritt/ Zugriff, vor Feuer- und Wasserschäden sowie Energieunterbrechungen wird dadurch stark eingeschränkt, gleichzeitig das Risiko der Betriebsunterbrechung deutlich erhöht. Erhebliche Vermögensverluste und Behinderungen des Betriebsablaufs können auch dann entstehen, wenn Daten, Programme und zum Betrieb notwendige Dokumentationen nicht regelmäßig gesichert und ausgelagert werden. Diese Risiken potenzieren sich bei Eintritt eines echten Notfalls, sofern keine ausreichenden Planungen und Vorkehrungen für den Notbetrieb bzw. Wiederanlauf bestehen.

dd) Branchen-Fokus und rechtliche Rahmenbedingungen

Die Risikoanalyse ist in jedem Fall um branchenspezifische Faktoren zu ergänzen. Hierzu ist es in einem ersten Schritt notwendig, die **aktuellen technischen Trends der Branche** zu analysieren. In einem zweiten Schritt sind die eingesetzten IT-Systeme und Verfahren hinsichtlich der **Branchenbesonderheiten** zu gewichten. So ist z.B. bei Kreditinstituten zu berücksichtigen, dass neue Technologien schon sehr verbreitet sind und einen besonderen Fokus des APr. erfordern. Diese Branche ist zudem durch einen „24/7-Einsatz" der IT (d.h. einen Einsatz über 24 Stunden an 7 Tagen) gekennzeichnet. Ausfälle der IT für eine vergleichbar kurze Zeit können erhebliche Schäden verursachen und sogar bestandsgefährdend sein. **260**

Rechtliche Rahmenbedingungen beinhalten u.a. Anforderungen des Handels- und Steuerrechts, Arbeits- und Umweltrechts, aber auch, branchenabhängig, **regulatorische Vorgaben** von inländischen und ausländischen Aufsichtsbehörden. Obwohl auf den ersten Blick in vielen Fällen kein direkter Bezug zur IT besteht, sollte beachtet werden, dass moderne IT-Systeme in erheblichem Umfang zur Umsetzung derartiger Vorschriften beitragen müssen (z.B. Nachweis von Rezepturen im Bereich Medizin/ Pharma, Qualitäts- und Lieferantennachweise für Zwecke der Produkthaftung, spezielle Berichtspflichten für **261**

steuerliche Zwecke sowie für die Aufsichtsämter im Bereich Kreditwirtschaft/ Versicherungswesen, Nachweis der Effektivität des IKS für die Rechnungslegung). Sofern derartige Anforderungen nicht über IT-Systeme abgedeckt werden, können substantielle Nachteile/ Risiken für das Unternehmen eintreten.

ee) Vorgehensweise zur Identifikation von IT-Fehlerrisiken und Überleitung zur prozessorientierten Abschlussprüfung

262 Im Rahmen der Prüfungsplanung zur Analyse der Unternehmensstrategie ist vom Prüfungsteam in Zusammenarbeit mit IT-Prüfungsspezialisten frühzeitig eine vorläufige Analyse der IT-Risiken durchzuführen. Auf dieser Grundlage sind die Prüfungsbereiche und -schwerpunkte im IT-Bereich sowie die Einbindung von IT-Spezialisten für die weitere Prüfung festzulegen.

263 Im Rahmen der Systemprüfung sind auf Basis der mandantenspezifischen Prüfungsplanung dann die folgenden Prüfungsschritte von IT-Prüfungsspezialisten durchzuführen:

– Aufnahme und Dokumentation der IT-Systeme im Überblick (Voraussetzung für die weitere Risikoanalyse),
– Analyse und Beurteilung der Geschäftsrisiken im IT-Bereich,
– Analyse und Beurteilung der internen Kontrollen im IT-Bereich, die geeignet sind, die festgestellten Risiken zu begrenzen,
– Darstellung der vorläufigen Risikoeinschätzung und
– Ermittlung von Schwachstellen, Beurteilung der Auswirkungen für die weitere Prozessprüfung und abschließende Dokumentation der Ergebnisse.

3. Systemprüfung

a) Begriff und Aufgaben des internen Kontrollsystems

264 Der APr. holt durch Systemprüfungen Prüfungsnachweise über die angemessene Ausgestaltung und Wirksamkeit des für die Rechnungslegung bedeutsamen IKS ein[373]. Die Systemprüfung hat sich insb. darauf zu erstrecken, ob

– das IKS **angemessen gestaltet ist**, um wesentliche falsche Angaben in den zu prüfenden Unterlagen zu verhindern oder zu entdecken und zu berichtigen,
– das IKS während des zu prüfenden GJ **kontinuierlich bestanden** hat und **wirksam** war,
– die Buchführung als Teil des IKS **den gesetzlichen Anforderungen entspricht**.

265 Das IKS umfasst die von der Unternehmensleitung im Unternehmen eingeführten Grundsätze, Verfahren und Maßnahmen, die gerichtet sind auf die organisatorische Umsetzung der Entscheidungen der Unternehmensleitung

– zur Sicherung der Wirksamkeit und Wirtschaftlichkeit der Geschäftstätigkeit; hierzu gehört auch der Schutz des Vermögens einschließlich der Verhinderung und Aufdeckung von Vermögensschädigungen,
– zur Ordnungsmäßigkeit und Verlässlichkeit der internen und externen Rechnungslegung sowie
– zur Einhaltung der für das Unternehmen anzuwendenden Gesetze und sonstigem Vorschriften[374].

---

373 Vgl. *IDW PS 300*, Tz. 14.
374 Vgl. *IDW PS 261*, Tz. 19; ISA 315.42.

Durchführung der Abschlussprüfung

266 Die auf die Sicherung der Ordnungsmäßigkeit und Verlässlichkeit der **Rechnungslegung** (Buchführung, Abschluss und LB) gerichteten Teile des IKS sind sämtlich für die Abschlussprüfung von Bedeutung (sog. rechnungslegungsbezogenes IKS)[375].

267 Das IKS besteht aus Regelungen zur Steuerung der Unternehmensaktivitäten (internes Steuerungssystem) und Regelungen zur Überwachung der Einhaltung dieser Regelungen (internes Überwachungssystem). Beim internen Überwachungssystem ist zwischen prozessintegrierten Überwachungsmaßnahmen und prozessunabhängigen Überwachungsmaßnahmen, die v.a. von der Internen Revision durchgeführt werden, zu unterscheiden[376]. Die Regelungsbereiche des IKS[377] sind in der nachfolgenden Übersicht zusammengefasst dargestellt:

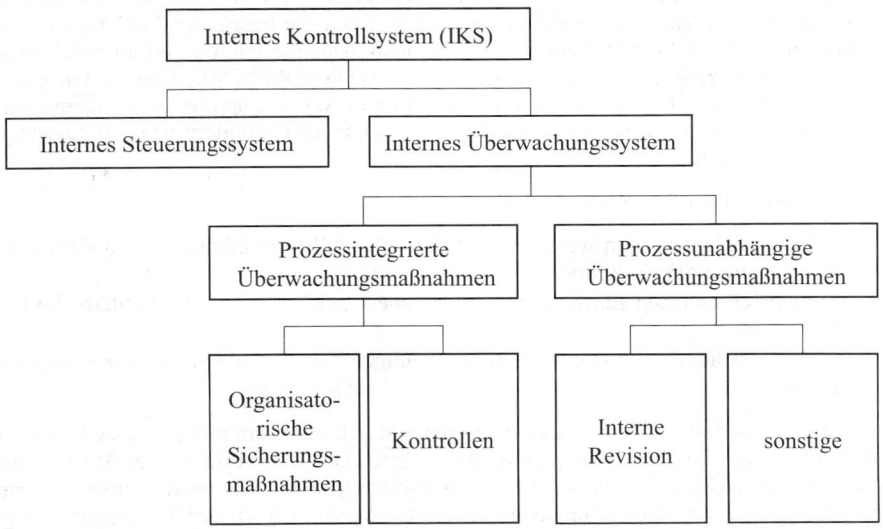

Abbildung 5

268 Die Verantwortung für die Ausgestaltung (Konzeption, Implementierung, Aufrechterhaltung, laufende Anpassung und Weiterentwicklung) eines angemessenen und wirksamen IKS liegt bei den gesetzlichen Vertretern des Unternehmens. Die Ausgestaltung eines IKS hängt u.a. von Größe und Komplexität sowie Rechtsform und Organisation des Unternehmens und der Art, Komplexität und Diversifikation der Geschäftstätigkeit ab. Weiterhin sind die Methoden der Erfassung, Verarbeitung, Aufbewahrung und Sicherung von Informationen sowie Art und Umfang der zu beachtenden rechtlichen Vorschriften maßgebend[378].

In kleineren und mittleren Unternehmen, die übersichtlich sind, eine flache Hierarchie mit täglichen persönlichen Kontakten und einfache Geschäftsprozesse haben, wird das IKS i.d.R. weniger formalisiert sein als in großen Unternehmen mit mehreren hierarchischen Ebenen, örtlich getrennten Einheiten und komplexen Geschäftsprozessen[379].

---

375 Vgl. *IDW PS 261*, Tz. 22.
376 Vgl. auch *Marten/Quick/Ruhnke*, Wirtschaftsprüfung³, S. 269.
377 Vgl. *IDW PS 261*, Tz. 20 mit weiteren Erläuterungen.
378 Vgl. *IDW PS 261*, Tz. 26; zur Prüfung vgl. Tz. 623.
379 Vgl. *IDW PS 261*, Tz. 28; *IDW PH 9.100.1*, Tz 21; zur Prüfung vgl. Tz. 623.

269 Das IKS besteht aus folgenden **Komponenten**, die zueinander in wechselseitiger Beziehung stehen[380]:

- Kontrollumfeld
- Risikobeurteilungen
- Kontrollaktivitäten
- Information und Kommunikation
- Überwachung des IKS.

b) Internes Kontrollsystem und risikoorientierte Abschlussprüfung

270 Der APr. muss ein Verständnis vom IKS insoweit entwickeln, als es für die Feststellung von Fehlerrisiken sowie der prüferischen Reaktion auf die beurteilten Fehlerrisiken erforderlich ist[381]. Ziel der Prüfung des IKS ist insb. festzustellen, ob und inwiefern eine bestimmte Kontrollmaßnahme geeignet ist, wesentliche falsche Angaben in Arten von Geschäftsvorfällen, Kontensalden sowie Angaben in Abschlussposten und anderen Angaben und den damit zusammenhängenden Aussagen zu verhindern bzw. aufzudecken und zu korrigieren.

271 Der Überblick über das IKS ist erforderlich, um

- die verschiedenen Arten wesentlicher Fehler feststellen zu können, die in der Rechnungslegung auftreten können,
- die unterschiedlichen Einflussfaktoren abwägen zu können, die das Fehlerrisiko berühren, und
- mit zielgerichteten weiteren Prüfungshandlungen auf die Fehlerrisiken reagieren zu können[382].

Der APr. muss feststellen, ob das Unternehmen durch die Einrichtung eines wirksamen IKS auf die festgestellten inhärenten Risiken reagiert hat[383]. Die Prüfung des Aufbaus des IKS erstreckt sich somit nicht auf alle Regelungsbereiche des IKS, sondern insb. auf jene Regelungen, welche die Ordnungsmäßigkeit und Verlässlichkeit der Rechnungslegung, den Fortbestand des Unternehmens sowie den Schutz des vorhandenen Vermögens einschließlich der Verhinderung oder Aufdeckung von Vermögensschädigungen sicherstellen sollen[384]. Die Bereiche des IKS, die rein auf die Sicherstellung der Wirksamkeit und Wirtschaftlichkeit der unternehmensinternen Prozesse gerichtet sind, sind für die Abschlussprüfung im Allgemeinen nicht relevant[385].

272 Das **Verständnis des IKS** beinhaltet die **Beurteilung des Aufbaus** der jeweiligen Kontrollmaßnahme und die Feststellung, ob diese tatsächlich implementiert wurde. Anhand der Feststellungen zum Aufbau einer Kontrollmaßnahme wird der APr. entscheiden, ob er sich mit deren **Implementierung** beschäftigen soll. Das Verständnis über Kontrollmaßnahmen genügt nicht zur **Prüfung der Wirksamkeit**. Hierzu ist die Beurteilung der Funktionsweise des IKS auf der Grundlage von durch Funktionsprüfungen eingeholten Prüfungsnachweisen erforderlich[386].

---

380 Vgl. *IDW PS 261*, Tz. 29; mit weiteren Erläuterungen in Tz. 43.
381 Vgl. *IDW PS 261*, Tz. 35.
382 Vgl. *IDW PS 261*, Tz 39.
383 Vgl. Tz. 264 ff.
384 Vgl. hierzu *IDW PS 210*.
385 Vgl. *IDW PS 261*, Tz. 41 und 42.
386 Vgl. *IDW PS 261*, Tz. 73.

Es liegt im pflichtgemäßen Ermessen des APr. zu beurteilen, ob eine Kontrollmaßnahme 273
für die Beurteilung der Risiken wesentlicher falscher Angaben und für die Festlegung und
Durchführung weiterer Prüfungshandlungen von Bedeutung ist. Hierzu wird er insb. die
Größe des Unternehmens, die Art und Komplexität der Geschäfte des Unternehmens, die
Organisation und Eigentümerstruktur des Unternehmens, die anzuwendenden gesetzlichen Vorschriften und die Art und Komplexität des IKS berücksichtigen.

Die dem IKS immanenten Grenzen beeinträchtigen den Grad der Zielerreichung, da das 274
menschliche Urteil bei Ermessensentscheidungen fehlerhaft sein kann und Störungen im
IKS infolge menschlichen Versagens, bspw. infolge von Nachlässigkeit, Ablenkung, Beurteilungsfehlern und Missverstehen von Arbeitsanweisungen, auftreten können[387].

c) Prüfung des Aufbaus des IKS (Aufbauprüfung)

Die Prüfung des IKS beinhaltet die Beurteilung des Aufbaus der jeweiligen Kontroll- 275
maßnahmen (Prüfung des **Designs**) und die Feststellung, ob diese tatsächlich implementiert (Prüfung der **Implementierung**) wurden.

aa) Durchführung der Aufbauprüfung

Kontrollumfeld: Der APr. hat das Kontrollumfeld im Unternehmen zu beurteilen, um die 276
Einstellung, das Problembewusstsein und das Verhalten der Unternehmensleitung und
anderer Führungskräfte sowie der mit der Überwachung des Unternehmens betrauten
Mitarbeiter im Hinblick auf das IKS feststellen zu können.[388] Der APr. hat sich mit den
das Kontrollumfeld prägenden Faktoren auseinanderzusetzen:

– der Bedeutung von Integrität und ethischen Werten im Unternehmen,
– der Bedeutung der fachlichen Kompetenz der Mitarbeiter des Unternehmens,
– der Unternehmenskultur und -philosophie sowie das dadurch vermittelte Werteverständnis,
– dem Führungsstil der Unternehmensleitung,
– der Zuordnung von Weisungsrechten und Verantwortung,
– der Überwachungstätigkeit des AR bzw. der Gesellschafterversammlung sowie
– den Grundsätzen der Personalpolitik[389].

Ein günstiges Kontrollumfeld ist Voraussetzung für die Wirksamkeit des IKS. Ein günstiges Kontrollumfeld an sich verhindert bzw. entdeckt und korrigiert allerdings nicht eine
wesentliche falsche Angabe in der Rechnungslegung und im JA.

Risikobeurteilung: Unternehmen sind vielfältigen Risiken (z.B. finanzwirtschaftlicher, 277
rechtlicher, leistungswirtschaftlicher oder strategischer Natur) ausgesetzt, welche die Erreichung der Unternehmensziele gefährden können. Risikobeurteilungen dienen dazu,
solche Risiken zu erkennen und zu analysieren, und bilden die Grundlage für die Entscheidung der Unternehmensleitung über den Umgang mit den Risiken. Der APr. hat zu
beurteilen, ob im Unternehmen die Risikobeurteilungen in angemessener Weise erfolgen.[390] Der APr. wird dazu feststellen, wie das Management

---

[387] Vgl. *IDW PS 261*, Tz. 25.
[388] Vgl. *IDW PS 261*, Tz. 43; ISA 315.75.
[389] Vgl. *IDW PS 261*, Tz. 44; ISA 315, Appendix I enthält eine eingehende Beschreibung der Komponenten des IKS.
[390] Vgl. *IDW PS 261*, Tz. 41.

- Geschäftsrisiken erkennt, die sich auf die Ordnungsmäßigkeit und Verlässlichkeit der Rechnungslegung auswirken können,
- die Bedeutung dieser Risiken einschätzt,
- die Wahrscheinlichkeit ihres Eintritts und die quantitative Tragweite beurteilt und
- über Maßnahmen des Risikomanagements entscheidet[391].

Dazu sind alle wesentlichen Regelungen zu beurteilen, die auf die Feststellung und Analyse von für die Rechnungslegung relevanten Risiken gerichtet sind, um zu verstehen, wie die Unternehmensleitung zu Risikobeurteilungen kommt und wie sie über die Einrichtung von organisatorischen Regelungen zur Abwendung oder Begrenzung möglicher Auswirkungen dieser Risiken entscheidet. Ursachen von für die Ordnungsmäßigkeit und Verlässlichkeit der Rechnungslegung relevanten Unternehmensrisiken können z.B. unternehmensinterne Umstrukturierungen, Veränderungen in der Geschäftstätigkeit, schnelles Unternehmenswachstum, zunehmende Auslandsaktivitäten, finanzielle Interessen der Unternehmensleitung am Unternehmenserfolg, Veränderungen in den eingesetzten EDV-Systemen u.a. sein. [392]

278 **Kontrollaktivitäten** sind Grundsätze und Verfahren, die sicherstellen sollen, dass die Entscheidungen des Managements beachtet werden. Sie tragen dazu bei, dass notwendige Maßnahmen getroffen werden, um den Unternehmensrisiken zu begegnen. Kontrollaktivitäten umfassen Autorisierung, Leistungskontrolle, Informationsverarbeitung, physische Kontrollen und Funktionstrennung. Der APr. hat die Kontrollaktivitäten des Unternehmens zu beurteilen, um festzustellen, ob sie geeignet sind, Fehler in der Rechnungslegung zu verhindern, aufzudecken oder zu korrigieren. Für die Entwicklung der Prüfungsstrategie und die Festlegung des Prüfungsprogramms kann sich der APr. auf die wesentlichen Kontrollaktivitäten beschränken, da es nicht notwendig ist, sämtliche Kontrollaktivitäten in allen Prüfungsfeldern in Bezug auf jede Aussage in der Rechnungslegung zu beurteilen. [393] Kontrollaktivitäten sind für die Abschlussprüfung insb. relevant, wenn sie sich auf

- bedeutsame Risiken beziehen und
- auf solche Risiken beziehen, bei denen aussagebezogene Prüfungshandlungen alleine zur Gewinnung hinreichender Sicherheit nicht ausreichen.

279 Im Übrigen beurteilt der APr. nach pflichtgemäßem Ermessen, welche anderen Kontrollaktivitäten für die Abschlussprüfung relevant sind. Dabei sind das innewohnende Risiko für einen wesentlichen Fehler in der Rechnungslegung sowie seine Einschätzung zu berücksichtigen, ob zur Bestimmung des Umfangs der aussagebezogenen Prüfungshandlungen eine Beurteilung der Wirksamkeit der Kontrollaktivitäten zweckmäßig ist[394].

280 Besondere Bedeutung für die Ordnungsmäßigkeit und Verlässlichkeit der Rechnungslegung haben die Analyse von Sachverhalten und Entwicklungen, die Kontrolle von Richtigkeit, Vollständigkeit und Genehmigung von Vorgängen, die Kontrolle zur Sicherung von Vermögenswerten und Aufzeichnungen und die Funktionstrennung[395].

Bei den Kontrollaktivitäten ist zwischen **fehlervermeidenden** und **fehleraufdeckenden Maßnahmen** zu unterscheiden[396].

---

391 Vgl. ISA 315.15.
392 Vgl. *IDW PS 261*, Tz. 45 und 46.
393 Vgl. *IDW PS 261*, Tz. 49 und 50.
394 Vgl. *IDW PS 261*, Tz. 51.
395 Vgl. *IDW PS 261*, Tz. 52 und 53 (mit weiteren Ausführungen zu den Aussagen zur Rechnungslegung).
396 Vgl. *IDW PS 261*, Tz. 54; vgl. auch Tz. 285.

Durchführung der Abschlussprüfung   R

Information und Kommunikation: Das **rechnungslegungsrelevante Informations-** 281
system umfasst alle Aufzeichnungen und Abläufe des betrieblichen Informationssystems, die Geschäftsvorfälle auslösen, aufzeichnen, verarbeiten und darüber berichten. Der APr. prüft die für die Abschlussprüfung relevanten Kontrollaktivitäten des Unternehmens, um beurteilen zu können, ob sie geeignet sind, wesentliche Fehler in der Rechnungslegung zu verhindern bzw. aufzudecken und zu korrigieren[397]. Ein angemessenes Informationssystem ist Voraussetzung für die Ordnungsmäßigkeit und Verlässlichkeit der Rechnungslegung.

Information und Kommunikation dienen dazu, dass die für die Entscheidung des Managements erforderlichen Informationen in geeigneter und zeitgerechter Form eingeholt, aufbereitet und an die zuständigen Stellen weitergeleitet werden[398]. Der APr. prüft das betriebliche Informationssystem, um beurteilen zu können, ob alle rechnungslegungsrelevanten Informationen erfasst und verarbeitet werden, da dies die Voraussetzung für die Ordnungsmäßigkeit der Rechnungslegung ist. Der APr. hat festzustellen,

– welche Arten von Geschäftsvorfällen im Unternehmen vorkommen,
– wie die Geschäftsvorfälle ausgelöst werden,
– welche Buchungsunterlagen und Konten geführt werden,
– wie der Rechnungslegungsprozess einschließlich der Aufstellung des Abschlusses und des LB organisiert ist. [399]

Das Informationssystem umfasst die Erfassung periodisch wiederkehrender Geschäftsvorfälle (sog. *Routinetransaktionen*) im Hauptbuch (z.B. Verkäufe, Einkäufe oder Auszahlungen)[400], die Aufzeichnung von Werten in der Rechnungslegung, die regelmäßig geschätzt werden sowie die Anwendung von nicht standardisierten Buchungen zur Aufzeichnung einmaliger, ungewöhnlicher Geschäftsvorfälle oder Anpassungen *(Nichtroutine-Transaktionen)*. Der APr. wird sich für die Beurteilung damit auseinandersetzen, wie die Funktionen und Verantwortlichkeiten in der Rechnungslegung geregelt und wie die **Kommunikation** von bedeutsamen Sachverhalten mit Bezug auf die Rechnungslegung erfolgt (z.B. in Organisations- und Rechnungslegungshandbüchern).

Unter der **Überwachung des IKS** ist die Beurteilung der Wirksamkeit des IKS zu verstehen. Es ist zu beurteilen, ob das IKS sowohl angemessen ist als auch kontinuierlich funktioniert. Darüber hinaus hat das Management dafür Sorge zu tragen, dass festgestellte Mängel im IKS auf geeignete Weise abgestellt werden. Überwachungsmaßnahmen können zum einen in die Unternehmensprozesse eingebaut sein und zum anderen von der Internen Revision durchgeführt werden. Schließlich muss der APr. sich auch mit den wesentlichen auf die Überwachung des IKS bezogenen Maßnahmen beschäftigen[401], etwa 282

– der Prüfung des IKS durch die Interne Revision,
– der Prüfung des IKS durch einen externen Prüfer,
– der Prüfung einzelner Regelungen des IKS bspw. durch das Management (sog. High Level Controls).

bb) Systemerfassung und -beurteilung

Die Systemerfassung und -beurteilung erfolgt in folgenden Schritten: 283

---

397 Vgl. *IDW PS 261*, Tz. 49.
398 Vgl. *Marten/Quick/Ruhnke*, Wirtschaftsprüfung³, S. 275.
399 Vgl. *IDW PS 261*, Tz. 56.
400 Vgl. dazu die Erläuterungen zu Systemprüfungen in ausgewählten Bereichen, Tz. 345.
401 Vgl. *Marten/Quick/Ruhnke*, Wirtschaftsprüfung³, S. 275; *IDW PS 261*, Tz. 60.

- Erfassen der relevanten Kontrollmaßnahmen
- Beurteilung der Angemessenheit der Kontrollmaßnahmen
- Prüfung der Implementierung der Kontrollmaßnahmen.

(1) Erfassen der relevanten Kontrollmaßnahmen

284 Die Erfassung des IKS dient der **Ermittlung der Soll-Vorstellungen und Soll-Anforderungen** des Unternehmens hinsichtlich der in den einzelnen Bereichen vorhandenen Kontrollmaßnahmen.

Dabei kann der APr. von folgenden Grundsätzen ausgehen, deren Beachtung für die Wirksamkeit des IKS unabdingbar sind:

Organisation des Arbeitsablaufs

285 Die Wirksamkeit des IKS ist in erster Linie von der betrieblichen Organisation abhängig. Gleiche Vorgänge, die täglich in anderer Form, von anderen Personen und mit anderen Hilfsmitteln erledigt werden, bieten wesentlich mehr Möglichkeiten für unbewusste oder bewusste Fehler als gleiche Vorgänge, deren Bearbeitung im Einzelnen durch die betriebliche Ordnung vorgegeben ist.

Für die manuell zu bearbeitenden Vorgänge mit Bedeutung für die Rechnungslegung sind durch Richtlinien, Arbeitsanweisungen und die Vorgabe von Formularen die organisatorischen Voraussetzungen für eine richtige Sachbearbeitung zu schaffen.

Sowohl bei der maschinellen als auch der manuellen Vorgangsbearbeitung sollte ein Abweichen von der vorgegebenen Arbeitsfolge zu einer „Störmeldung" führen, die dann von einer Kontrollinstanz zu bearbeiten ist.

Funktionstrennung

286 Der Grundsatz der Funktionstrennung besagt, dass Funktionen, die i.S.d. Aufgabenstellung des IKS nicht miteinander vereinbar sind, nicht in einer Person (bzw. Abteilung) vereinigt sein dürfen. Voneinander getrennt werden sollten bspw. vollziehende Funktionen (z.B. Einkauf, Verkauf), verbuchende Funktionen (z.B. Finanz- und Betriebsbuchhaltung einschließlich aller Nebenbuchhaltungen) und verwaltende Funktionen (z.B. Lagerverwaltung, Kassenführung). In jedem Fall sollten z.B. Kassenführung und Buchführung sowie Lagerverwaltung und Lagerbuchführung voneinander getrennt sein.

Kontrolle

287 In einem gut funktionierenden System sollte keine Arbeit ohne Kontrolle bleiben. Kontrollen erfolgen durch Maßnahmen, die in den Arbeitsablauf integriert sind. Kontrollen können einzelfallweise und manuell vorgenommen werden, sie können aber auch systematisiert sein und sollten dann nach Möglichkeit programmiert und damit zwangsläufig sein. Die richtige Durchführung einer manuellen Arbeit kann, ohne sie zu wiederholen, dadurch geprüft werden, dass ihre Ergebnisse mit den Ergebnissen einer anderen unabhängig erstellten Arbeit abgestimmt werden, wobei drei Fälle unterschieden werden:

(1) Die Kontrolle ist dem eigentlichen Arbeitsgang vorgeschaltet **(fehlervermeidende oder vorbeugende Kontrolle)**. Diese Kontrolle dient der Vermeidung von Fehlern. So werden z.B. in der Postabteilung die Beträge der eingehenden Verrechnungsschecks erfasst und addiert; die Summe wird täglich mit der Buchhaltung abgestimmt.

(2) Die Kontrolle ist dem Arbeitsgang gleichgeschaltet. Werden z.B. innerbetriebliche Reparaturscheine von einem Sachbearbeiter nach ausführenden Kostenstellen, von

einem anderen nach belasteten Kostenstellen bzw. Aktivierungen und Weiterberechnungen ausgewertet, so können die Endergebnisse unmittelbar verglichen werden.

(3) Die Kontrolle ist dem Arbeitsgang nachgeschaltet (**fehleraufdeckende Kontrolle**). Diese Art von Kontrolle dient der Aufdeckung von Fehlern nach ihrem Auftreten und ermöglicht die Bereinigung von Fehlern. Werden z.B. die Kassenbelege zwecks weiterer Bearbeitung in der Buchhaltung kontiert, so kann der Sachbearbeiter, dem der Anfangs- und Endbestand der Kasse i.d.R. aus der Durchschrift des Kassenbuches bekannt ist, die rechnerische Richtigkeit der Kassenführung kontrollieren.

Von der Wirksamkeit **programmierter Kontrollen** überzeugt man sich in der Weise, dass man prüft, ob sichergestellt ist, dass nicht unbefugt und unkontrolliert Änderungen der Programme erfolgen, in denen die relevanten Kontrollen vorgesehen sind (z.B. die Plausibilitätskontrollen bei der Datenerfassung/ -eingabe). 288

Als Hilfsmittel für die Gestaltung des für das Unternehmen erforderlichen IKS kommen dabei insb. in Betracht: 289

Organisationsplan und Stellenbeschreibungen

Mit Hilfe des Organisationsplans in Verbindung mit Stellenbeschreibungen werden die Über- und Unterordnungen sowie die Aufgabenzuständigkeit und Kompetenzen der Mitarbeiter im Unternehmen geregelt (**Aufbauorganisation bzw. Organisationsstruktur** des Unternehmens). 290

Anhand des Organisationsplans gewinnt der APr. einen ersten groben Überblick darüber, wie weit der Grundsatz der Funktionstrennung in allen für die Rechnungslegung relevanten Unternehmensbereichen beachtet wurde. Ferner macht ein Organisationsplan deutlich, wo infolge von unklaren oder unzweckmäßigen Unterstellungsverhältnissen die Überwachung einzelner Abteilungen unzureichend sein kann. 291

Anhand der Stellenbeschreibungen kann der APr. u.a. feststellen, ob der Grundsatz der Funktionstrennung auch bei der Festlegung der Aufgabenzuständigkeit der einzelnen Stellen beachtet wurde und die erforderliche Funktionstrennung auch im Falle der Stellvertretung gegeben ist. 292

Verfahrens- und Prozessbeschreibungen

Verfahrens- und Prozessbeschreibungen regeln den Inhalt und die **Abfolge eines Arbeitsprozesses**, z.B. das Verfahren der Kundenauftragsabwicklung oder das Verfahren zur Bearbeitung der Kreditorenrechnungen vom Rechnungseingang bis zur Bezahlung. Zu den einzelnen IT-Anwendungen müssen aussagefähige Verfahrensbeschreibungen vorliegen. Nur mit Hilfe einer solchen Verfahrensbeschreibung kann sich der APr. in zumutbarer Zeit einen Überblick über den Zusammenhang und das Zusammenwirken der manuellen und maschinellen Aufgabenbearbeitung verschaffen sowie das in dem Verfahren enthaltene Kontrollsystem – die maschinellen und manuellen Kontrollen – erfassen. 293

Richtlinien und Arbeitsanweisungen

Um eine richtige Sachbearbeitung im Rahmen der durch den Organisationsplan, die Stellenbeschreibung und die Verfahrensbeschreibung vorgegebenen Aufbau- und Ablauforganisation zu unterstützen und sicherzustellen, bedarf es Richtlinien und Arbeitsanweisungen. 294

295 Richtlinien beinhalten die bei der Sachbearbeitung verbindlich zu beachtenden **Vorgaben und Anforderungen.** Sie sind für die manuell zu bearbeitenden Aufgaben zu erlassen, die entweder mit wesentlichen Entscheidungen verbunden sind (z.B. Veranlassen von Zahlungen) oder durch eine hohe Komplexität gekennzeichnet sind (z.B. Berücksichtigung von verschiedenen Einflussfaktoren).

Ein Beispiel einer Richtlinie aus dem Bereich der Buchführung ist die **Kontierungs- und Bilanzierungsrichtlinie.** Durch die Kontierung zu einem buchungspflichtigen Vorgang wird dessen Erfassung in der Buchführung festgelegt. Fehler, die beim Kontieren gemacht werden, wirken sich im JA aus und können von der Gesellschaft nur durch eine systematische Kontenpflege bereinigt werden. Um diese zeitraubende Arbeit soweit wie möglich zu vermeiden, sollten Kontierungsrichtlinien angefertigt werden, welche die bei der Kontierung auftretenden Zweifelsfragen klären helfen und eine gleichbleibende Buchung gleichartiger Geschäftsvorfälle garantieren.

296 In **Arbeitsanweisungen** wird i.d.R. neben der genauen Bezeichnung der Arbeiten festgelegt, wer diese Arbeiten auszuführen hat und auf welche Weise sie zu erledigen sind. Daneben sollten die Arbeitsanweisungen auch Termine für regelmäßig wiederkehrende Arbeiten (z.B. Anmahnen der Kunden, Erstellung von Saldenlisten, Aufstellung von Monats-, Quartals- und Jahresabschlüssen) enthalten. Ferner sollte bestimmt werden, wie die Arbeiten im Einzelnen zu kontrollieren sind, wobei zur Erleichterung der Abstimmungsarbeiten auf die Bildung möglichst begrenzter und überschaubarer Fehlerfelder zu achten ist. Für Richtlinien und Arbeitsanweisungen gilt gleichermaßen, dass ihre Inhalte ständig an die sich ändernden Bedingungen angepasst werden müssen.

297 Für das Erstellen von Richtlinien und Arbeitsanweisungen ergibt sich hieraus die Forderung, dass sie nur den Umfang haben dürfen, der eine Pflege auf Dauer ermöglicht. Richtlinien und Arbeitsanweisungen sollten daher zielgerichtet und möglichst knapp formuliert sein.

Manuelle und maschinelle Kontrollen

298 Durch die in den manuellen und maschinellen Arbeitsabläufen vorzusehenden Kontrollen können Fehler verhindert bzw. Fehler aufgedeckt werden.

299 Manuelle Kontrollen sind alle **von Personen durchzuführenden Kontrollen,** wie z.B. Vergleichen, Nachrechnen, Abstimmen, Anfertigung von nummerierten Belegsätzen, Abzeichnen und Gegenzeichnen von Belegen, Belegentwertung, Ablage von Büchern und Belegen unter Verschluss und Belegausgabe gegen Quittung.

Bezüglich der Wirksamkeit der manuellen Kontrollen ist zu beachten, dass es von der Arbeitsdisziplin des Sachbearbeiters abhängt, ob er die angewiesene Kontrolle durchführt oder nicht.

300 Maschinelle Kontrollen sind alle **von Maschinen auszuführenden Kontrollen,** wie z.B. Mess- und Rechengeräte aller Art, Fahrtenschreiber, Stechuhr, Wiegekarte, Registrierkassen sowie insb. **programmierte Kontrollen** im Rahmen der IT.

Da die Wahrscheinlichkeit der Kontrollausführung bei den maschinellen Kontrollen gegenüber den manuellen Kontrollen sehr groß ist – und damit auch die Wirksamkeit der Kontrollen –, sollten soweit wie möglich manuelle Kontrollen durch maschinelle Kontrollen ersetzt werden.

Formulare

Der Sicherung der Arbeitsabläufe dienen auch Formulare, die den Bearbeiter zur Einhaltung einer bestimmten Arbeitsabfolge und zu einzelnen Arbeitsschritten anleiten. 301

Bei der **Formulargestaltung** sollten die folgenden Punkte beachtet werden:

(1) Für unterschiedliche Arbeitsabläufe sollten erkennbar unterschiedliche Formulare benutzt werden (eindeutige Überschrift; unterschiedliche Farbe).
(2) Die einzelnen Stationen eines Arbeitsablaufs sollten auf dem Formular angegeben werden (Vordruck oder Stempel).
(3) Die Bearbeitung sollte durch ein Namenszeichen, Kennziffer oder Stempel der einzelnen Sachbearbeiter sichtbar gemacht werden.
(4) Der zeitliche Ablauf der Bearbeitung sollte durch eine entsprechende Datierung des Formulars deutlich gemacht werden. Ein langes Liegenbleiben von Formularen auf einem Arbeitsplatz erhöht die Gefahr des Verlustes oder der willentlichen Einwirkung. Fortwährende Verzögerungen sind Anlass für die Überprüfung der Organisation.
(5) Zur Sicherung gegen ein Überspringen/ Auslassen von Arbeitsschritten im Arbeitsablauf sollten alle Sachbearbeiter einer Ablaufkette ein Formular nur dann bearbeiten, wenn der Vorgänger einen Bearbeitungsvermerk angebracht hat.

Interne Revision

Sofern ein Unternehmen über eine Interne Revision verfügt, wird deren Aufgabe in erheblichem Umfang darin bestehen, die Funktionsfähigkeit der Prozesse und der darin enthaltenen internen Kontrollen zu überwachen. Ohne eine regelmäßige **Überprüfung der Funktionsfähigkeit** besteht die Gefahr, dass das IKS aufgrund von menschlichem Versagen seinen Aufgaben nicht gerecht wird. Der APr. kann dabei die Ergebnisse der Internen Revision bei seiner Prüfungstätigkeit berücksichtigen, ohne dass deren Arbeitsergebnisse jedoch sein eigenes Urteil ersetzen könnten[402]. In kleinen und mittleren Unternehmen, die keine Interne Revision besitzen, wird die Unternehmensleitung unmittelbar diese Funktion wahrnehmen. Daneben kommt auch ein Outsourcing der Internen Revision in Betracht. 302

IKS in kleinen und mittelgroßen Unternehmen (KMU)[403]

Auch KMU verfügen über ein rechnungslegungsbezogenes IKS. Mit abnehmender Betriebsgröße wird die Möglichkeit der Funktionstrennung immer geringer. Mit abnehmender Zahl der Mitarbeiter sinkt auch tendenziell der Bedarf nach schriftlichen Richtlinien und Arbeitsanweisungen. Wichtige Vorgänge und Abläufe werde infolge der flachen Hierarchien häufig nur durch eine andere Person (i.d.R. die Unternehmensleitung) kontrolliert. Eine Dokumentation der Regelungen zum IKS oder von Vorgaben des Unternehmens in Arbeitsrichtlinien oder –bestimmungen ist entweder nicht oder nur partiell vorhanden; eine eigenständige Interne Revision besteht regelmäßig nicht. Hingegen ist die Möglichkeit von maschinellen Kontrollen mittlerweile auch in sämtlichen Bereichen von kleinen Unternehmen gegeben, da der IT-Einsatz bei Unternehmen jeder Größenordnung selbstverständlich geworden ist. 303

Anstelle der fehlenden Funktionstrennung müssen im Arbeitsablauf Kontrollen vorgesehen werden. Da aufgrund der geringeren Mitarbeiterzahl viele dieser Kontrollen von dem Sachbearbeiter als Selbstkontrolle durchgeführt werden, ist es in erster Linie **Auf-** 304

---

402 Vgl. zur Verwendung von Prüfungsergebnissen der Internen Revision Tz. 870.
403 Vgl. *IDW PH 9.100.1*, Tz. 20 – 37.

305 gabe des Managements, die Einhaltung der Anweisungen und die Durchführung der Selbstkontrollen zeitnah zu überwachen.

305 Der APr. achtet bei KMU auf den Gesamteinfluss des Managements. Kann vom Management neben anderen Aufgaben wegen des zunehmenden Geschäftsumfangs die Überwachung nicht mehr ausreichend wahrgenommen werden, ist eine Anpassung des IKS erforderlich.

306 Die Einstellung eines Eigentümer-Unternehmers zu Kontrollangelegenheiten im Allgemeinen sowie zur persönlichen Ausübung von Kontrollen kann den Prüfungseinsatz beeinflussen[404]. Beispiele hierfür sind:

– Möglichkeiten und Motivation für die Unternehmensleitung, Abschlüsse zu manipulieren
– keine Unterscheidung zwischen persönlichen und geschäftlichen Transaktionen durch die Unternehmensleitung
– keine Übereinstimmung des Lebensstils des Eigentümer-Unternehmers mit seinem Einkommensniveau
– häufiger Wechsel von Beratern
– häufige Verschiebung des Prüfungsbeginns
– nicht erklärbare Forderungen, die Prüfung in einer unangemessen kurzen Zeit abzuschließen
– ungewöhnliche Transaktionen kurz vor oder kurz nach dem Abschlussstichtag mit deutlichem Einfluss auf das Ergebnis
– ungewöhnliche Transaktionen mit nahe stehenden Personen.

Information zum IKS im Überblick

307 Bei der erstmaligen Erfassung des IKS in einem Unternehmen empfiehlt es sich, vor dem Lesen von Unterlagen und vor einem detaillierten Befragen von Mitarbeitern, sich von einem ausgewählten Mitarbeiter des Mandanten einen **Überblick über die relevanten Prozesse und das IKS** des Unternehmens bzw. des spezifischen Unternehmensbereiches geben zu lassen.

Sammlung von Unterlagen

308 Der APr. sammelt die relevanten **Organisationsunterlagen**, wie Organigramme, Unternehmenshandbuch, Qualitätsmanagementhandbuch, Stellenbeschreibungen, Anweisungs- und Zeichnungsberechtigungen, Kontierungs- und Bilanzierungsrichtlinien zum Unternehmen insgesamt bzw. zu dem jeweils zu prüfenden Unternehmensbereich. Durch gezielte Auswertung dieser Unterlagen bezüglich der relevanten Sachverhalte vertieft der APr. seine aus der „Information im Überblick" gewonnene Kenntnis über die Prozesse und Kontrollen in dem Unternehmen. Der APr. dokumentiert seine vorläufigen Feststellungen. I.d.R. sind weitere Fragen zu stellen, um die vorläufigen Feststellungen zu verifizieren.

Arbeiten mit Fragebogen

309 Eine Technik für die Aufnahme des IKS ist die Verwendung von Fragebögen. Durch die vorgezeichnete Fragestellung soll sich der APr. einen Einblick in die Ausgestaltung des IKS verschaffen.

---

[404] Vgl. *IDW PH 9.100.1*, Tz. 25.

Die Fragen können in geschlossener Form (Antwort nur „ja" oder „nein") oder in offener Form (Antwort unter näherer Darlegung des Sachverhalts) gestellt werden. Bei Verwendung der **geschlossenen Form** kann der Fragebogen so aufgebaut sein, dass eine bejahende Antwort eine brauchbare und eine verneinende Antwort eine unzulängliche interne Kontrolle anzeigen. In diesem Fall würden die verneinenden Antworten wie Signale die Lücken und Schwachstellen des IKS markieren. Die **offene Frageform** ist demgegenüber weniger schematisch, so dass mangelhafte Kontrollen nicht unmittelbar ins Auge springen, andererseits jedoch flexibler, da sie im Falle unvorhergesehener Antworten den Sachverhalt eher erläutert. Um die Vorteile beider Frageformen zu nutzen, werden sie zweckmäßigerweise in der Weise kombiniert, dass die Antwort mit „ja" oder „nein" erfolgt und zusätzlich – soweit notwendig – der Sachverhalt erläutert wird. Die Fragen müssen so gestellt sein, dass die Antworten den Sachverhalt eindeutig festlegen. Suggestivfragen sind zu vermeiden. 310

Der Bogen ist sinnvollerweise so zu gestalten, dass bei jeder Frage genügend Raum für Zusatzfragen und entsprechende Anmerkungen des APr. verbleibt.

Der Vorteil der Fragebogentechnik liegt v.a. in dem relativ geringen Zeitaufwand für die Aufnahme des IKS, wobei allerdings die Zeit für die erstmalige Aufstellung des Bogens nicht berücksichtigt ist. Auch mit der Organisation der Gesellschaft weniger vertraute APr. können sich mit Hilfe eines Fragebogens schnell in die individuellen Verhältnisse hineinfinden und laufen nicht Gefahr, wesentliche Sachverhalte zu übersehen. 311

Dokumentation mit Hilfe von Ablaufschaubildern und -beschreibungen

Zur Anfertigung eines Ablaufschaubildes können nach Art eines Betriebsabrechnungsbogens der Prozess in der Waagerechten und die bearbeiteten Unterlagen in der Senkrechten abgetragen werden. Werden Prozess und Unterlagen zueinander in Beziehung gesetzt und die dadurch gewonnenen Punkte durch Pfeile in der Richtung des Zeitablaufs verbunden, so entsteht ein **Arbeitsflussdiagramm,** das in einprägsamer Weise Aussagen darüber gibt, ob eine Funktionstrennung und Kontrolle eingerichtet wurde. Die Erstellung eines solchen Diagramms erfordert allerdings einige Zeit und Erfahrung. In größeren Gesellschaften kann die Darstellung zudem so umfangreich werden, dass der Vorteil der Übersichtlichkeit wieder verloren gehen kann. Um dies zu vermeiden, sollten die Abläufe zu den einzelnen Arbeitsgebieten/ Unternehmensbereichen im Detail und auf der Basis dieser Detaildarstellungen der Zusammenhang zwischen den Arbeitsgebieten in einer Übersicht auf höherer Ebene (geringere Detaillierung) dargestellt werden. 312

Für relativ einfach strukturierte oder für sehr seltene Arbeits- und Geschäftsabläufe können auch rein verbale Ablaufbeschreibungen zweckmäßig sein.

Unabhängig von der Darstellungsform wird das Ablaufschaubild allein für die Aufnahme des IKS i.d.R. nicht ausreichen. Als Ergänzung der Fragebogentechnik kann es dagegen gute Dienste leisten.

Obwohl das Fehlen einzelner in Tz. 290 ff. genannter Unterlagen ein Indiz für ein unzureichendes IKS ist, darf der APr. bei der Erfassung nicht davon ausgehen, dass er aus den im Unternehmen vorhandenen Unterlagen alle erforderlichen Informationen über das zu prüfende IKS erfassen kann. Zusätzlich zur Auswertung der Unterlagen muss sich der APr. durch **Befragen der verantwortlichen Mitarbeiter** des Unternehmens und durch **Beobachten von Arbeitsabläufen** weitere Informationen zum IKS des Unternehmens beschaffen. 313

314 Bei einer Prüfung des IKS ist das Erfassen des Systems nie endgültig abgeschlossen. Immer dann, wenn während der nachfolgenden Schritte der Beurteilung der Angemessenheit und der Prüfung der Wirksamkeit sich eine – vermeintliche – Schwachstelle im IKS zeigt, ist es zweckmäßig und erforderlich, durch ein „Nachfassen" festzustellen, ob das System zuvor vollständig und richtig erfasst wurde.

315 Das Ergebnis der Erfassung des IKS ist dessen Nachweis in den Prüfungsunterlagen. Aus diesem Nachweis sollen die einzelnen prüfungsrelevanten Kontrollen und Abstimmungen sowie deren Zusammenwirken erkennbar sein. Bei Prozessen, die der APr. – z.B. wegen ihrer beschränkten Relevanz für den JA – nicht in aller Ausführlichkeit untersucht, sollte er auf Unterlagen des Unternehmens zurückgreifen bzw. auf diese verweisen, so dass sich seine Dokumentationstätigkeit auf ein Ergänzen vorhandener Unterlagen beschränkt.

316 Obwohl sich das IKS eines Unternehmens ständig verändert, da sich die Organisation im Unternehmen neuen/ geänderten Aufgaben und neuen Techniken anpassen muss, ist das IKS vom APr. nicht jährlich erneut vollständig zu erfassen. Nach der erstmaligen Erfassung hat der APr. in den folgenden Jahren lediglich die Änderungen festzustellen und in seinen Arbeitspapieren zu dokumentieren.

(2) Beurteilen der Angemessenheit des internen Kontrollsystems

317 Hat der APr. sich Informationen über das prüfungsrelevante IKS des Unternehmens/ des Unternehmensbereichs verschafft, dann kennt er die Soll-Anforderungen des Unternehmens hinsichtlich des IKS. Er muss nun beurteilen, ob dieses für die konkrete Situation des Unternehmens angemessen und leistungsfähig ist, um wesentliche Fehler in den zu prüfenden Unterlagen zu verhindern bzw. zu entdecken und zu berichtigen[405]. Hierbei geht er zunächst davon aus, dass das IKS so funktioniert, wie es funktionieren soll (die vorgesehenen Funktionstrennungen und die Richtlinien werden beachtet, die manuellen Kontrollen werden vorgenommen, die maschinellen Kontrollen sind wirksam). Die Ergebnisse der Aufbauprüfung wirken sich auf den Umfang der weiteren Prüfungshandlungen aus.

318 Bei dieser **Beurteilung der Angemessenheit des Soll-Zustandes** des IKS muss sich der APr. zum einen mit den einzelnen Komponenten (Funktionstrennung, Richtlinien, Kontrollen und Abstimmungen) und zum anderen mit dem Zusammenwirken der einzelnen Komponenten auseinandersetzen.

Beurteilung der einzelnen Komponenten des IKS

319 Ist eine von der Sache her gebotene und aufgrund der Zahl der Mitarbeiter mögliche Funktionstrennung im Unternehmen nicht vorgesehen, dann ist dies eine Schwäche des IKS, die bei der Gesamtbeurteilung des IKS berücksichtigt werden muss. Sind Funktionstrennungen vorgesehen, dann muss der APr. beurteilen, ob diese im Unternehmen mit den vorhandenen Mitarbeitern auf Dauer eingehalten werden können. Der APr. muss weiterhin beurteilen, ob bei der Regelung der Stellvertretung beachtet wurde, dass die vorgesehenen Funktionstrennungen erhalten bleiben.

320 Die Richtlinien des zu beurteilenden IKS sind daraufhin zu prüfen, ob ihr Inhalt vollständig, sachlich richtig und v.a. verständlich ist. Bei dieser Prüfung festgestellte inhaltliche Mängel sollten unverzüglich behoben werden. Von einer fehlerhaften Richtlinie darf der APr. nicht zwangsläufig auf eine fehlerhafte Sachbearbeitung schließen. Er muss aber

---

405 Vgl. *IDW PS 300*, Tz. 16; *IDW PS* 450, Tz. 32.

bei seinen weiteren Prüfungen durch gezielte Prüfungshandlungen feststellen, ob die fehlerhafte Richtlinie zu Fehlern geführt hat oder nicht.

Zu jeder im IKS des Unternehmens vorgesehenen Kontrollmaßnahme und Abstimmung muss sich der APr. die Frage stellen, ob durch diese Kontrolle/ Abstimmung ein Beitrag für die Vollständigkeit und Richtigkeit der Rechnungslegung und des JA geleistet wird. Eine Kontrolle/ Abstimmung leistet einen solchen Beitrag, wenn sie an der richtigen Stelle im Arbeitsablauf/ Informationsfluss und mit dem richtigen Inhalt erfolgt. 321

Die Vollständigkeit der Erfassung/ Übernahme aller Geschäftsvorfälle in die Rechnungslegung des Unternehmens muss durch eine Abstimmung der zu erfassenden/ zu übernehmenden Daten ab dem Eingang eines Vorgangs beim Unternehmen bzw. ab dem Entstehen eines internen Vorgangs[406] mit den erfassten/ übernommenen Daten an der „Unternehmensgrenze" sichergestellt werden. Je weiter diese Abstimmung von der „Unternehmensgrenze" entfernt ist, desto geringer ist ihr Beitrag zur Sicherung der Vollständigkeit. Wird die Vollständigkeit der Erfassung/ Übernahme von Geschäftsvorfällen nicht an der „Unternehmensgrenze" sichergestellt, dann kann auch durch im Verfahren nachgelagerte Abstimmungen zur Vollständigkeit die einmal verlorene Vollständigkeit nicht mehr hergestellt werden.

Beurteilung des Zusammenwirkens der einzelnen Komponenten des IKS

Das Beurteilen des Zusammenwirkens der einzelnen Komponenten des IKS erfordert vom APr. mehr als das Addieren deren einzelner Beiträge zur Sicherung der Vollständigkeit und Richtigkeit der Rechnungslegung und des JA. Um die einzelnen Komponenten in ihrer Gesamtheit beurteilen zu können, empfiehlt es sich, das Zusammenwirken der Komponenten entlang der Prozesse zu beurteilen. Bei diesem Vorgehen geht der APr. von der Vorstellung aus, dass ein Risiko bezüglich Vollständigkeit und Richtigkeit, das durch die erste Kontrolle noch nicht ausreichend begrenzt ist, durch eine nachfolgende Kontrolle weiter begrenzt werden muss. Die am Ende dieses Vorgehens noch **bestehenden Restrisiken** sind die Grundlage für die Beurteilung des Zusammenwirkens der einzelnen Komponenten des IKS. 322

Während nach der erstmaligen Erfassung des IKS des Unternehmens seine Angemessenheit umfassend beurteilt werden muss, ist in den Folgejahren eine Beurteilung der Angemessenheit nur in dem Umfang erforderlich, wie sich das IKS verändert hat. 323

(3) Prüfung der Implementierung der Kontrollmaßnahmen

Mit der Prüfung der Implementierung der Kontrollmaßnahmen verschafft sich der APr. ein Verständnis, ob die vorgesehenen Kontrollmaßnahmen tatsächlich im Unternehmen implementiert sind und genutzt werden. Die Prüfungshandlungen sind in Tz. 332 ff. erläutert. 324

Zur Unterscheidung der Prüfung der Implementierung von Kontrollmaßnahmen einerseits und der Funktionsprüfung andererseits ist festzuhalten, dass bei der Implementierungsprüfung der APr. die Funktionsweise der Kontrollmaßnahme nur zeitpunktbezogen und einmalig würdigt. Damit ist die Prüfung der Implementierung von Kontrollmaßnahmen zwar geeignet als Prüfungsnachweis für die Beurteilung des Risikos, aber nicht für die Ordnungsmäßigkeit des JA. Folglich ist aufgrund der Feststellungen aus der Prüfung der Implementierung von Kontrollmaßnahmen keine Reduktion des Umfangs der aussagebezogenen Prüfungshandlungen möglich.

---

406 Vgl. *IDW RS FAIT 1*, Abschn. 3.2.

(4) Prüfungshandlungen im Rahmen der Aufbau- und Implementierungsprüfung

325 Als **Prüfungshandlungen** zur Erlangung von Prüfungsnachweisen über Aufbau, Implementierung und Funktion des IKS können folgende grundlegende Prüfungstechniken eingesetzt werden[407]:

- **Befragung** des Managements und von Mitarbeitern des Unternehmens,
- **Beobachtung der Anwendung** bestimmter Kontrollmaßnahmen,
- **Einsichtnahme** in Dokumente und Berichte sowie
- **Nachverfolgung von Geschäftsvorfällen** im rechnungslegungsbezogenen Informationssystem (= Walkthrough).

Befragungen allein sind allerdings für gewöhnlich keine ausreichenden Prüfungsnachweise für die Beurteilung von Aufbau, Implementierung und Funktionsfähigkeit des IKS[408].

Art, Umfang und Zeitpunkt der Prüfungshandlungen sind abhängig u.a. von den bisherigen Erfahrungen des APr. mit dem Unternehmen, der Beurteilung der inhärenten Risiken, der Ausgestaltung des IKS und von seinen Wesentlichkeitsüberlegungen[409].

d) Beurteilung der festgestellten Fehlerrisiken

326 Auf der Grundlage der Beurteilung der inhärenten Risiken und der Analyse von Aufbau und Implementierung des IKS hat der APr. eine Beurteilung **der festgestellten Fehlerrisiken** auf die Auswirkungen zu untersuchen, die sie auf die Rechnungslegung insgesamt und auf einzelne Aussagen in der Rechnungslegung haben. Die Beurteilung umfasst die Größenordnung und die Eintrittswahrscheinlichkeit möglicher falscher Angaben in der Rechnungslegung[410]. **Bedeutsame Fehlerrisiken** sind gesondert zu erfassen[411].

327 Hält der APr. das IKS ganz oder teilw. für unwirksam und ist dementsprechend in einzelnen Prüffeldern von einem hohem Kontrollrisiko auszugehen, sind Prüfungsnachweise ggf. ausschließlich durch aussagebezogene Prüfungshandlungen einzuholen. Sind ausreichende und geeignete aussagebezogene Prüfungsnachweise nicht möglich, um das Prüfungsurteil zu stützen, ist der BestV einzuschränken oder zu versagen[412]. Beurteilt der APr. den Aufbau und die Implementierung des IKS als angemessen, sind Funktionsprüfungen zur Beurteilung der Wirksamkeit durchzuführen. Verzichtet der APr. auf die Durchführung von Funktionsprüfungen, so muss er bei der Festlegung der weiteren, aussagebezogenen Prüfungshandlungen von einem hohen Kontrollrisiko ausgehen.

328 Die Risikobeurteilungen des APr. sind im Verlauf der Prüfung laufend aufgrund neuerer Erkenntnisse anzupassen[413].

e) Funktionsprüfungen des internen Kontrollsystems

329 Die im Rahmen der Aufbauprüfung durchgeführten Prüfungshandlungen reichen zur Beurteilung des IKS und damit der Kontrollrisiken nicht aus. Auch ein wirksam konzipiertes System sichert noch keine zuverlässigen Arbeitsabläufe, denn die Konzeption ge-

---

407 Vgl. ISA 315.55.
408 Vgl. *IDW PS 300*, Tz. 32.
409 Vgl. *IDW PS 261*, Tz. 61.
410 Vgl. *IDW PS 261*, Tz. 64.
411 Vgl. *IDW PS 261*, Tz. 65.
412 Vgl. *IDW PS 400*, Tz. 50 und 65.
413 Vgl. *IDW PS 261*, Tz. 69.

Durchführung der Abschlussprüfung **R**

währleistet noch nicht die tatsächliche Umsetzung[414]. Vielmehr hat die Beurteilung der **Funktionsweise des IKS** auf die von ihm erfassten und beurteilten Fehlerrisiken auf der Grundlage von Funktionstests (sog. *tests of operating effectiveness*) zu erfolgen. Funktionsprüfungen betreffen die Art der Anwendung bestimmter organisatorischer Regelungen, die Kontinuität in der Anwendung im abgelaufenen Geschäftsjahr und die Frage, welche Personen für die Durchführung bestimmter Maßnahmen verantwortlich waren und ob diese Maßnahmen tatsächlich durchgeführt wurden[415], d.h. ob das IKS im Unternehmen tatsächlich so funktioniert, wie es den Soll-Vorstellungen entspricht.

Der APr. wird Funktionsprüfungen immer dann durchführen[416]: **330**

– wenn er bei einer Aussage in der Rechnungslegung **von der Wirksamkeit einer Kontrollmaßnahme ausgeht** und somit ein Teil der erforderlichen Prüfungssicherheit aus der Annahme eines wirksamen IKS resultiert oder
– in den Fällen, in denen **aussagebezogene Prüfungshandlungen allein** zur Gewinnung hinreichender Prüfungssicherheit auf Aussageebene **nicht ausreichen**.

Der APr. wird von der Prüfung der internen Kontrollmaßnahmen Abstand nehmen, wenn die internen Kontrollmaßnahmen nicht angemessen aufgebaut oder wirksam implementiert sind. Zweck des Funktionstests ist, Nachweise darüber zu erhalten, wie die Kontrollmaßnahmen angewendet wurden, ob die Kontrollmaßnahmen während des gesamten zu prüfenden Zeitraums wirksam waren und ob Konsistenz in der Anwendung gegeben war. **331**

Der APr. hat angemessene und ausreichende Prüfungshandlungen zur Beurteilung der Wirksamkeit von Kontrollmaßnahmen festzulegen[417]. Die Prüfung der Kontrollen wird der APr. grundsätzlich auf der Basis von Stichproben durchführen[418]. Bei der Stichprobenauswahl wird der APr. **332**

– die Charakteristik der Grundgesamtheit,
– das Fehlerrisiko eines Kontrollversagens,
– die Anzahl von akzeptierten Fehlern im Rahmen des Testens der Funktionsfähigkeit von Kontrollmaßnahmen und
– den Umfang, in dem der APr. plant, sich auf das IKS zu verlassen,

heranziehen[419].

Erlangt der APr. Prüfungsnachweise zur Funktionsfähigkeit des IKS im Rahmen einer Vorprüfung, so hat er festzulegen, welche Prüfungshandlungen er für die verbliebende Periode bis zum Abschlussstichtag durchzuführen hat (**Roll-forward der Funktionsprüfung**)[420]. Dabei wird der APr. folgende Aspekte in Betracht ziehen: **333**

– das Kontrollumfeld des Unternehmens,
– den Umfang der durch die Prüfung des IKS bereits erzielten Prüfungssicherheit,
– die Länge der verbleibenden Periode bis zum Abschlussstichtag,
– die Art der spezifischen Kontrollmaßnahme,

---

414 Vgl. *Marten/Quick/Ruhnke*, Wirtschaftsprüfung³, S. 280.
415 Vgl. *IDW PS 261*, Tz. 73.
416 Vgl. *IDW PS 261*, Tz. 74.
417 Vgl. *IDW PS 300*, Tz. 6.
418 Vgl. *IDW PS 300*, Tz. 12.
419 Vgl. auch ISA 330.45.01, 02a-d.
420 Vgl. ISA 330.37; *IDW PS 261*, Tz. 79.

– den Umfang, um den der APr. die aussagebezogenen Prüfungshandlungen aufgrund der Wirksamkeit des IKS vermindern möchte oder
– die Bedeutung für das Risiko eine wesentliche Fehlaussage im Abschluss aufzudecken, zu verhindern oder zu vermeiden.

334 Zur Gewinnung von Prüfungsnachweisen kommen folgende Prüfungshandlungen in Betracht:

– Befragungen von Mitgliedern des Managements, Personen mit Überwachungsfunktionen und sonstigen Mitarbeitern auf unterschiedlichen organisatorischen Ebenen
– Durchsicht von Dokumenten, z.B. Organisationshandbüchern, Arbeitsplatzbeschreibungen und Ablaufdiagrammen
– Durchsicht von Unterlagen, die durch das IKS, insb. das Rechnungslegungssystem, generiert werden
– Durchsicht von Nachweisen über die Durchführung der Kontrollaktivitäten
– Beobachtung von Kontrollaktivitäten: Aktivitäten und Arbeitsabläufen im Unternehmen, einschließlich der IT-gestützten Verfahren und der Art und Weise der Verarbeitung von Geschäftsvorfällen
– Auswertung von Ablaufdiagrammen, Checklisten und Fragebögen
– Einsichtnahme in Berichte der Internen Revision[421].

335 Aus **Gründen der Wirtschaftlichkeit** kann der APr. ggf. auf die Ergebnisse von Vorjahresprüfungen zurückgreifen. Dazu hat der APr. insb. Prüfungsnachweise im Zusammenhang mit bedeutsamen Veränderungen von Art und Umfang des IKS einzuholen und deren Auswirkungen auf die Kontrollrisiken zu beurteilen. Hat sich im Laufe des Geschäftsjahres das IKS in einem Prüffeld geändert, sind sowohl die ursprünglichen als auch die geänderten Regelungen zu würdigen. Sofern die Kontrollmaßnahmen im Zusammenhang mit **bedeutsamen Risiken** stehen, müssen die Funktionsprüfungen auch bei unveränderten Kontrollmaßnahmen indes **in jedem Geschäftsjahr** durchgeführt werden. Bei nicht bedeutsamen Risiken ist es ausreichend, wenn die (unveränderten) Kontrollmaßnahmen zumindest in jeder dritten aufeinander folgenden Abschlussprüfung einer Funktionsprüfung unterzogen werden. Ob und inwieweit sich der APr. auf die Ergebnisse der Kontrollprüfungen verlassen kann, ist eine Frage des beruflichen Ermessens. In die Entscheidung darüber sind einbeziehen

– das inhärentes Fehlerrisiko,
– das Fehlerrisiko der Kontrolle,
– die Wirksamkeit des Aufbaus und der Implementierung,
– das Risiko, das sich aus einer Kontrollschwäche ergibt und
– die Veränderungen im Personalbereich, die bedeutsame Auswirkungen auf die Implementierung haben können.

336 Plant der APr. die Verwendung von **Prüfungsnachweisen aus früheren Abschlussprüfungen** für mehrere Kontrollmaßnahmen, so hat er zumindest die Wirksamkeit einiger Kontrollmaßnahmen in der laufenden Abschlussprüfung zu prüfen[422]. Regelmäßig wird sich der APr. durch einen Walkthrough vergewissern, ob das IKS unverändert geblieben ist. Die Verwendung von Prüfungsnachweisen aus Vj. erfordert eine angemessene Dokumentation. Der APr. wird seine Einschätzung, warum er von einem unverändertem IKS ausgehen kann und eine Beurteilung der Funktionsfähigkeit auch für das laufende GJ ge-

---

421 Vgl. *IDW PS 261*, Tz. 61, *IDW PS 300*, Tz. 27 ff.
422 Vgl. *IDW PS 261*, Tz. 77/78; ISA 315 Appendix Rn. 39-44.

Durchführung der Abschlussprüfung

geben ist, dokumentieren. Regelmäßig wird der APr. eine Kopie der Arbeitspapiere aus den Vorjahren zu den laufenden Arbeitspapieren nehmen.

Die Prüfung der Wirksamkeit erfordert auch angemessene und geeignete Prüfungshandlungen des APr., um ein Urteil darüber abzugeben, ob die Funktionsfähigkeit des IKS während des ganzen Jahres gegeben war[423]. Bei der Auswahl der Kontrollen, deren Funktionsfähigkeit der APr. untersucht, wird er sich soweit wie möglich auf **übergeordnete Kontrollen** stützen. Diese zeichnen sich dadurch aus, dass sie 337

- systemunabhängig sind, d.h. es werden Vergleiche bzw. Abstimmungen mit außerhalb des Systems generierten Daten vorgenommen (z.B. monatliche Inventur mit anschließendem Vergleich mit den Buchbeständen),
- von prozessunabhängigen Mitarbeitern ausgeführt werden,
- weniger zahlreich als untergeordnete Kontrollen sind, mehrere Prüfungsziele gleichzeitig abdecken und somit die Prüfungseffizienz erhöhen,
- verlässliche Prüfungsnachweise ergeben, da sie dazu geeignet sind, Fehler aufzudecken und nicht nur verhindern.

Die **Vorgehensweise bei Funktionstests** besteht aus den folgenden Schritten: 338

- Feststellung, ob der Ablauf der Kontrollen dem bei der Erfassung gewonnenen Verständnis entspricht;
- Feststellung, welche Maßnahmen im Anschluss an die Identifikation von Fehlern eingeleitet werden;
- kritische Überprüfung der Berichtigung von aufgetretenen Fehlern;
- Einschätzung von Maßnahmen zur Verbesserung der Abläufe;
- Wirksamkeit der Funktionstrennung.

Das Einhalten der Funktionstrennung kann vom APr. in zweifacher Weise geprüft werden. Zum einen kann er während seiner Anwesenheit im Unternehmen beobachten, ob die Funktionstrennungen bei der täglichen Arbeit beachtet werden. Zum anderen kann er anhand von Bearbeitungsvermerken/ Unterschriften auf Unterlagen feststellen, ob die Funktionstrennungen im Unternehmen nachhaltig bestehen. 339

Wirksamkeit von Richtlinien und Arbeitsanweisungen

Die Wirksamkeit von Richtlinien und Arbeitsanweisungen ist dadurch festzustellen, dass anhand ausgewählter Bearbeitungsvorgänge, auf die die Richtlinie/ Arbeitsanweisung anzuwenden war, nachgeprüft wird, ob deren Bearbeitung entsprechend der Richtlinie erfolgt ist. Wird hierbei für alle geprüften Vorgänge festgestellt, dass die Bearbeitung entsprechend dem Inhalt der Richtlinie erfolgt ist, darf der APr. davon ausgehen, dass die betreffende Richtlinie bei der Sachbearbeitung beachtet wird und wirksam ist. Wird zu mehreren geprüften Vorgängen festgestellt, dass ihre Bearbeitung nicht dem Inhalt der Richtlinie entspricht, dann darf der APr. nicht mehr von einer hinreichenden Wirksamkeit dieser Richtlinie ausgehen. 340

Wirksamkeit von Kontrollmaßnahmen

Der Inhalt und der Umfang der Prüfung der Wirksamkeit von Kontrollmaßnahmen unterscheiden sich nach der Art der Kontrollen/ Abstimmungen. Zunächst sind hierbei manuelle und maschinelle Kontrollen zu unterscheiden. 341

---

[423] Vgl. *IDW PS 300*, Tz. 17.

342　Bei den **manuellen Kontrollen** ist zu unterscheiden, ob sie zu einem einzelnen Geschäftsvorfall erfolgen oder ob es sich um Abstimmkontrollen handelt. Die Prüfung der Wirksamkeit auf einzelne Geschäftsvorfälle bezogener manueller Kontrollen erfolgt in der gleichen Weise wie die Prüfung der Wirksamkeit von Richtlinien. Anhand ausgewählter Geschäftsvorfälle ist zu prüfen, ob die vorgesehene Kontrolle durchgeführt wurde. Wird zu mehreren Geschäftsvorfällen festgestellt, dass die Kontrolle nicht oder nicht mit dem richtigen Ergebnis erfolgt ist, dann ist die Wirksamkeit dieser Kontrolle zweifelhaft.

Zur Prüfung der Wirksamkeit von Abstimmkontrollen ist anhand der Abstimmaufzeichnungen/Abstimmvermerke nachzuvollziehen, ob die Abstimmungen korrekt durchgeführt wurden. Bei fehlenden Abstimmvermerken wird die Wirksamkeit einer Abstimmkontrolle nicht dadurch nachgewiesen, dass die vom APr. erfolgte Abstimmung zu keiner Differenz führte.

343　Bei der Prüfung der Wirksamkeit **maschineller Kontrollen** (Kontrollen, die durch die EDV per Programm erfolgen) stützt man sich auf die „Zwangsläufigkeit" von Verarbeitungsregeln in IT-Programmen. Wenn im Unternehmen freigegebene Programme nur von berechtigten Mitarbeitern zur Verarbeitung der Geschäftsvorfälle eingesetzt werden, dann ist die Wirksamkeit maschineller Kontrollen zwangsläufig sehr hoch. Es ist konsequent und zweckmäßig, dass die Wirksamkeit maschineller Kontrollen nicht geschäftsvorfallbezogen geprüft wird. Die hierfür zu prüfenden Vorgänge sind insb. das Programmfreigabeverfahren, das Zugriffsberechtigungsverfahren zur Programmbibliothek und die Arbeitsvorbereitung/ das Operating beim Einsatz der Programme.

f) Ergebnisse der Systemprüfung

344　Die Ergebnisse der Systemprüfung haben eine unmittelbare Auswirkung auf die Bestimmung von **Art, Umfang und Zeitpunkt der noch erforderlichen aussagebezogenen Prüfungshandlungen**. Sofern sich die in den Prozessen enthaltenen internen Kontrollmaßnahmen als geeignet erwiesen haben und die planmäßige Durchführung der Kontrollmaßnahmen durch Funktionstests überprüft wurde, stellen die Ergebnisse der Systemprüfung wirksame Prüfungsnachweise dar[424]. Um die Abschlussprüfung so effizient wie möglich durchzuführen, sind weitere aussagebezogene Prüfungshandlungen in Form von analytischen Prüfungshandlungen und Einzelfallprüfungen dann nur noch in dem Umfang durchzuführen, wie auf Grundlage der Ergebnisse der Systemprüfung zusätzliche Prüfungsnachweise erforderlich sind, um eine Aussage über das Prüfungsergebnis mit hinreichender Sicherheit treffen zu können[425].

Unabhängig von der Höhe der Fehlerrisiken muss der APr. zumindest in wesentlichen Prüffeldern aussagebezogene Prüfungshandlungen durchführen und darf sein Prüfungsurteil nicht ausschließlich auf die Ergebnisse der Beurteilung der inhärenten Risiken und der Prüfung des IKS stützen[426].

345　Hat sich das IKS hingegen nicht als geeignet erwiesen oder wurden die vorgesehenen Kontrollmaßnahmen nicht entsprechend durchgeführt, sind analytische Prüfungshandlungen und Detailprüfungen so zu planen, dass die erforderliche Prüfungssicherheit auf diesem Weg erreicht werden kann. Kann auch durch diese Maßnahmen in Bezug auf ein wesentliches Prüfungsfeld das Entdeckungsrisiko nicht in ausreichendem Maße re-

---

[424] Vgl. *IDW PS 300*, Tz. 14.
[425] Vgl. *IDW PS 300*, Tz. 17.
[426] Vgl. *IDW PS 261*, Tz. 83.

duziert werden, ist zu prüfen, ob ggf. ein Prüfungshemmnis vorliegt und damit der BestV einzuschränken oder zu versagen ist [427].

g) Kommunikation mit dem Management und dem Aufsichtsorgan

Festgestellte Schwächen im Aufbau und in der Wirksamkeit des IKS sind den Mitgliedern des Aufsichtsorgans sowie dem Management auf einer angemessenen Zuständigkeitsebene rechtzeitig und in geeigneter Form mitzuteilen[428]. **346**

Führen festgestellte Mängel des IKS zu wesentlichen falschen Angaben in der Rechnungslegung, ist der BestV einzuschränken oder zu versagen[429]. Auf **Mängel im IKS** mit Auswirkung auf die Buchführung ist im PrB auch dann zwingend einzugehen, wenn diese zwischenzeitlich behoben wurden, sofern die Information über diese behobenen Mängel, Unrichtigkeiten und Verstöße für die Wahrnehmung der Überwachungsfunktion der Berichtsadressaten bedeutsam ist[430].

h) Systemprüfungen in ausgewählten Teilbereichen des Unternehmens

Die Aufgabe der Systemprüfungen im Rahmen der Abschlussprüfung besteht im Wesentlichen darin festzustellen, ob in den Bereichen, in denen vornehmlich Massenvorgänge (Routinetransaktionen) abgewickelt werden, die organisatorischen Voraussetzungen für die vollständige, richtige und zeitgerechte Erfassung und Bearbeitung der Geschäftsvorfälle vorhanden sind und ob diese auch tatsächlich beachtet werden. **347**

Systemprüfungen erfolgen häufig entlang sog. **Transaktionskreise** (oder Transaction Cycles), denen sich logisch zusammengehörende Geschäftsvorfälle sowie die damit verbundenen Verarbeitungssysteme und Kontrollmaßnahmen zuordnen lassen[431]. Die Abgrenzung der Transaktionskreise variiert von Unternehmen zu Unternehmen. Typische Transaktionskreise sind: **348**

- Beschaffung/ Einkauf
- Produktions- und Lagermanagement
- Personalmanagement
- Beteiligungsmanagement
- Finanzmanagement
- Investitions- und Instandhaltungsmanagement
- Rechnungswesen/ Jahresabschlusserstellung.

Die allgemeine Vorgehensweise bei der Prüfung der Transaktionskreise umfasst die folgenden fünf Schritte[432]: **349**

(1) Analyse eines Transaktionskreises
(2) Feststellung des inhärenten Risikos
(3) Abschätzung des Kontrollrisikos
(4) Durchführung aussagebezogener Prüfungshandlungen
(5) Evaluation und Aggregation der Prüfungsnachweise.

---

427 Vgl. *IDW PS 261*, Tz. 84; zur Definition vgl. *IDW PS 400*, Tz. 56. Zu den Auswirkungen auf den BestV vgl. *IDW PS 400*, Tz. 50, 66.
428 Zu Einzelheiten vgl. *IDW PS 470*, Tz. 26.
429 Vgl. *IDW PS 261*, Tz. 91.
430 Vgl. *IDW PS 450*, Tz. 62.
431 Vgl. *Marten/Quick/Ruhnke*, Wirtschaftsprüfung[3], S. 352.
432 Nach *Marten/Quick/Ruhnke*, Wirtschaftsprüfung[3], S. 354 ff. Zu Einzelheiten vgl. dort.

Nachfolgend werden einige spezifische Hinweise zur Durchführung von System- und Funktionsprüfungen in ausgewählten Transaktionskreisen gegeben:

aa) Beschaffung/ Einkauf

350 Mit dem Transaktionskreis „Beschaffung/ Einkauf" sind i.d.R. folgende wesentliche Geschäftsvorfälle und Abschlussaussagen/ Prüfungsziele verbunden:

Wesentliche Geschäftsvorfälle	Abschlussaussagen/Prüfungsziele[433]
Einkauf von Waren (RHB-Stoffe und Handelsware) und Dienstleistungen	Verbindlichkeiten aus Lieferungen und Leistungen/VBG RHB-Stoffe und Handelsware/VBG Dienstleistungsaufwendungen /VBG
Zahlungsausgänge (Lieferanten)	Verbindlichkeiten aus Lieferungen und Leistungen/VBG Flüssige Mittel/Verbindlichkeiten gegenüber Kreditinstituten/VBG

1. **Einkaufsorganisation**
   1. Wie ist der Einkauf organisatorisch aufgebaut?
   2. Welche Funktionen innerhalb des Einkaufs deckt die Einkaufsabteilung ab?
2. **Bedarfsanforderungen**
   1. Wer ist für die Bedarfsermittlung verantwortlich?
   2. Wie werden Bedarfs- und Bestellmengenermittlungen durchgeführt?
   3. Wie ist sichergestellt, dass nur für diejenigen Vorräte ein Bedarf gemeldet wird, die nach der Auftrags-/Produktions- bzw. Absatzplanung benötigt werden (Verhinderung von Materialengpässen/ Überbeständen)?
   4. Wie ist sichergestellt, dass die Bedarfsanforderungen zeitnah bearbeitet werden?
   5. Wer gibt die Bedarfsmeldung frei? Werden die Grundsätze der Funktionstrennung eingehalten (d.h. wird sichergestellt, dass nicht derjenige, der den Bedarf anmeldet, diesen auch genehmigt)?
3. **Lieferantenauswahl und Bestellung**
   1. Wie ist sichergestellt, dass Bestellungen nur nach freigegebenen Bedarfsanforderungen ausgelöst werden?
   2. Werden Angebote von unterschiedlichen Lieferanten eingeholt?
   3. Wie und durch wen erfolgt die Angebotsprüfung?
   4. Welche Kriterien werden bei der Entscheidung für ein Angebot herangezogen?
   5. Besteht ein Genehmigungsverfahren (4-Augen-Prinzip) für Bestellungen?
   6. Sind Kompetenzrahmen (Preisobergrenzen, bestimmte Güter/ Dienstleistungen) geregelt, innerhalb derer Mitarbeiter eigenverantwortlich Waren oder Dienstleistungen bestellen können?
   7. Wenn ja: Wie ist sichergestellt, dass diese Grenzen eingehalten und nicht umgangen werden (z.B. durch gestückelte Bestellungen zur Umgehung von Preisgrenzen)?
   8. Werden die Bestellungen fortlaufend nummeriert in das System eingepflegt (notwendig für die Wareneingangs- und Rechnungsprüfung)?
   9. Wie werden Bestellungen überwacht (z.B. Kontrolle der Liefertermine)?
   10. Wird eine Lieferantendatenbank geführt?

---
[433] V = Vollständigkeit, B = Bestand, G = Genauigkeit, E = Eigentum, W = Wert, A = Ausweis.

11. Bestehen Rahmenverträge mit den Lieferanten? Wer ist berechtigt, diese abzuschließen? Werden diese regelmäßig durch Angebote/ Konditionsvergleiche aktualisiert?
12. Werden die Daten der Rahmenverträge (Material, Einkaufspreis, Rabatte, Gewährleistung) regelmäßig in den Materialstammdatensatz des Warenwirtschaftssystems eingepflegt?
13. Wer ist für die Pflege der Materialstammdaten verantwortlich? Wie ist sichergestellt, dass die Datensätze nur von autorisierten Personen angelegt, geändert oder gelöscht werden können?

4. Wareneingang und Einlagerung

1. Ist die Wareneingangskontrolle vom Einkauf organisatorisch unabhängig?
2. Werden die Wareneingänge betreffend Materialart, Menge, ggf. Preis u.a. mit der Bestellung verglichen (Abgleich Wareneingang mit Lieferschein und Lieferschein mit Bestellung)? Von wem?
3. Findet eine Qualitätsprüfung des Wareneingangs statt? Von wem?
4. Wie wird sichergestellt, dass Wareneingänge ohne Bestellung zurückgewiesen werden? Sind zur Vermeidung von Unterschlagungen bei Gratislieferungen, Nachlieferungen oder Lieferungen ohne Bestellung entsprechende Kontrollmaßnahmen installiert?
5. Wie werden Warenbeschädigungen, Falschlieferungen (Art und/ oder Menge) und deren Rücklieferungen behandelt? Erfolgt eine Rückmeldung an die Einkaufsabteilung/ Buchhaltung?
6. Wie wird die zeitnahe und vollständige Erfassung der Wareneingänge gewährleistet? Werden Lieferscheine umgehend im System erfasst und/ oder an das Rechnungswesen weitergeleitet?
7. Wird bei Erfassung der Wareneingänge eine entsprechende Verbindlichkeit gebucht (i.d.R. auf dem Wareneingangsverrechnungskonto)?
8. Wie erfolgt die Einlagerung der Wareneingänge? Gibt es eine Lagerplatzorganisation?
9. Existieren ausreichende Sicherheitsmaßnahmen zur Vermeidung von Unterschlagungen und Diebstählen?
10. Von wem werden die auswärts eingelagerten Waren verwaltet und wie werden sie vor unautorisierten Entnahmen geschützt?
11. Ist sichergestellt, dass eine ausreichende körperliche und buchmäßige Kontrolle über Dritten gehörende Waren besteht?

5. Rechnungseingang und Rechnungsprüfung

1. Wie wird die vollständige, zeitnahe und periodengerechte Erfassung der eingehenden Rechnungen gewährleistet?
2. Erfolgt eine Rechnungsprüfung (Preis-, Konditions- und rechnerische Prüfung) und wie werden die einzelnen Prüfungsschritte dokumentiert?
3. Wird die Rechnung mit der jeweiligen Bestellung/Auftragsbestätigung/Lieferschein abgestimmt? Wird Abweichungen nachgegangen und ist dies dokumentiert?
4. Wird das Wareneingangsverrechnungskonto regelmäßig bearbeitet, d.h. erfolgt regelmäßig bei Rechnungseingang eine Zuordnung der jeweiligen Verbindlichkeit zum betreffenden Kreditor, werden offene Posten (Wareneingänge, für die noch keine Rechnung vorliegt) geklärt bzw. in die Rückstellung für ausstehende Rechnungen übernommen?

5. Ist sichergestellt, dass ein vollständiges Verzeichnis aller Kreditoren (einschließlich Angaben über Zahlungsziele, Kreditgrenzen, evtl. Sicherheiten und sonstige Vereinbarungen) geführt wird?
6. Ist sichergestellt, dass Fracht- und andere Nebenrechnungen mit den Hauptrechnungen abgestimmt werden?
7. Werden Nachlässe oder Gutschriften für Retouren unmittelbar beim Rücksenden der Retouren oder beim Geltendmachen der Minderung periodengerecht verbucht?
8. Werden vereinbarte Rückvergütungen und Treue-/Umsatzprämien usw. in geeigneter Weise überwacht und ggf. angemahnt?

6. Zahlungsausgänge
1. Wie werden Fälligkeiten überwacht?
2. Wie ist sichergestellt, dass der korrekte Rechnungsbetrag an den richtigen Kreditor gezahlt wird und keine Doppelzahlungen erfolgen?
3. Besteht eine Funktionstrennung zwischen der Person, die die Buchung vornimmt, und derjenigen Person, die die Zahlung veranlasst?
4. Wie ist sichergestellt, dass Zahlungen nur auf Basis geprüfter und durch autorisierte Personen zur Zahlung freigegebener Rechnungen erfolgen (Kompetenzverteilung, Vieraugenprinzip)?
5. Werden die Bankkontoauszüge regelmäßig mit den Konten der Finanzbuchhaltung und der Zahlungsvorschlagsliste abgestimmt?
6. Wird auf die Ausnutzung der eingeräumten Zahlungsziele geachtet?
7. Wird nach Bezahlung der Lieferantenrechnungen eine ordnungsgemäße Entwertung der Belege („Bezahlt-Stempel") durchgeführt?
8. Erhält die Geschäftsführung einen laufenden Überblick über den zu erwartenden Geldabfluss (z.B. Finanzplanung, Zahlungsvorschlagsliste)?
9. Wie wird der Bestand an Scheck- und Wechselformularen überwacht?
10. Wird der Verrechnungsverkehr mit verbundenen Unternehmen nach Lieferungen von Finanz- oder Sachanlagen sowie sonstigen Lieferungen getrennt?
11. Ist sichergestellt, dass für Retouren entsprechende Gutschriften von den Lieferanten erstellt werden?

7. Geleistete Anzahlungen auf Vorräte
1. Wird für geleistete Anzahlungen eine Saldenliste geführt? Werden die geleisteten Anzahlungen mit den zugrunde liegenden vertraglichen Bestimmungen abgestimmt?
2. Ist sichergestellt, dass beim Eingang von Rechnungen die geleisteten Anzahlungen zutreffend verrechnet werden?

bb) Produktions- und Lagermanagement

351 Mit dem Prozess „Produktions- und Lagermanagement" sind i.d.R. folgende wesentliche Geschäftsvorfälle und Abschlussaussagen/Prüfungsziele verbunden:

Durchführung der Abschlussprüfung   **R**

Wesentliche Geschäftsvorfälle	Abschlussaussagen/Prüfungsziele[433]
Einkauf von RHB und Waren	RHB-Stoffe und Waren/VBG RHB-Stoffe und Waren/W Unfertige und Fertige Erzeugnisse/VBG Unfertige und Fertige Erzeugnisse/W
Verkauf von Fertigen Erzeugnissen und Waren	RHB-Stoffe und Waren/VBG RHB-Stoffe und Waren/W Unfertige und Fertige Erzeugnisse/VBG Unfertige und Fertige Erzeugnisse/W

1. Wareneingang
1. Welches Warenwirtschaftssystem wird verwendet?
2. Handelt es sich um eine Standardsoftware oder um eine mandantenspezifische Software?
3. Sind die Zugriffsrechte zur Änderung von Systemdaten sowie die Zugriffsrechte zur Nutzung des Systems auf die notwendigen Mitarbeiter begrenzt?
4. Entsprechen die Zugriffsrechte den aktuellen Aufgabenbereichen der Mitarbeiter? Werden diese regelmäßig aktualisiert und überwacht? Wer ist mit der Überwachung und Aktualisierung beauftragt?
5. Ist die Wareneingangskontrolle unabhängig vom Einkauf?
6. Wie ist die vollständige Erfassung der Wareneingänge gewährleistet?
7. Werden die Wareneingänge mit der Bestellung verglichen? Von wem?
8. Wie ist sichergestellt, dass Wareneingänge ohne Bestellung/ Lieferschein zurückgewiesen werden?
9. Findet eine Mengen- und Qualitätsprüfung der Wareneingänge statt?
10. Durch wen darf der Wareneingang erfasst werden? Sind hierzu ausschließlich Lager- und/ oder Produktionsmitarbeiter autorisiert?
11. Wie ist sichergestellt, dass Falschlieferungen oder beschädigte Lieferungen zurückgesendet werden oder ausgebessert werden und ein Schadensersatzanspruch geltend gemacht wird?
12. Ist sichergestellt, dass Warenrücksendungen autorisiert erfolgen und buchmäßig getrennt erfasst werden?
13. Wie ist die zeitnahe und vollständige Erfassung der Wareneingänge geregelt (z.B. vollständige Weiterleitung der Lieferscheine an das Rechnungswesen, Schließen von Bestellungen im IT-System)?
14. Wird das Wareneingangsverrechnungskonto regelmäßig durchgesehen und werden offene Posten – d.h. Wareneingänge, für die noch keine Rechnung vorliegt – zeitnah geklärt bzw. in entsprechender Höhe in die Rückstellung für ausstehende Rechnungen übernommen?
15. Sind zur Vermeidung von Unterschlagungen bei Gratislieferungen, Nachlieferungen oder Lieferungen, denen keine Bestellung zugrunde liegt, Kontrollmaßnahmen vorgesehen?
16. Wird die Lebensführung von Lager- und Produktionsmitarbeitern im Hinblick auf möglichen Diebstahl und Untreue kontrolliert?

2. Lagerverwaltung
1. Welche Bruttowertansätze gehen in die bewertete Inventurliste ein (z.B. Durchschnittspreise, Festpreise, Verrechnungspreise, Standardpreise)?
2. Existieren Anweisungen über das Verfahren der Ermittlung des Mengengerüstes und der Bewertung, insb. zu der Ermittlung des Mengengerüsts für die Bilanzie-

rung (Inventuren) oder dem angewandten Bewertungsverfahren für die Bilanzierung? Liegen diese Anweisungen im Rahmen der handelsrechtlichen Vorschriften?
3. Werden die monatlichen Lagerbewegungen lt. Lagerbuchführung mit den Zu- und Abgängen der Konten „Unfertige Erzeugnisse, Roh-, Hilfs- und Betriebsstoffe und Waren" mit der Hauptbuchhaltung abgestimmt?
4. Wie erfolgt die Einlagerung der eingehenden Waren? Gibt es vorherbestimmte Lagerplätze oder erfolgt die Lagerung dort, wo gerade Platz ist?
5. Von wem werden die auswärts lagernden Waren verwaltet und wie werden sie vor unautorisierten Entnahmen geschützt?
6. Wie wird Fremdware gelagert? Ist diese gesondert gekennzeichnet?
7. Besteht für Lagerhüter, wenig gängiges oder nicht mehr voll verwertbares Material und für Nebenprodukte eine ausreichende körperliche und buchmäßige Kontrolle? Werden diese gesondert gekennzeichnet? Wie gelangen diese Informationen in die Finanzbuchhaltung?
8. Erfolgt eine Listung von Lagerhütern und beschädigten Materialien und wird diese der Geschäftsleitung vorgelegt?
9. Existieren Richtlinien für die Bewertung von Überbeständen, Lagerhütern und beschädigten Materialien, die die außerplanmäßigen Abwertungssätze festlegen und wie sind die Genehmigungsverfahren für außerplanmäßige Abschreibungen?
10. Wird Material nur gegen Entnahmeschein ausgegeben?
11. Wie werden Rücknahmen unverbrauchter oder überschüssiger Ware behandelt? Gibt es dazu Anweisungen?
12. Gibt es Lagerbestandskontrollen? Werden z.B. unterjährig stichprobenweise Inventuren durchgeführt?
13. Wer veranlasst die Berichtigung der auftretenden Differenzen? Wie werden die Differenzen buchhalterisch erfasst?
14. Wie wird sichergestellt, dass regelmäßig ein evtl. bestehender Abschreibungsbedarf auf Vorräte aufgrund von Beschädigungen, Überalterungen oder Überbeständen festgestellt wird?
15. Wie häufig werden Warenbeschädigungen, Überalterungen und zu hohe/zu geringe Lagerbestände festgestellt? Wie erfolgt die Rückmeldung zur Einkaufsabteilung/Buchhaltung?
16. Ist gewährleistet, dass die Beschädigung, Zerstörung oder Diebstahl und Unterschlagung von Vorräten verhindert wird? Wodurch?
17. Nimmt die Geschäftsleitung Lagerveränderungsanalysen vor? In welchem zeitlichen Rhythmus? Erfolgt die Analyse durchgängig für das ganze Jahr?
18. Wie werden Sicherungsübereignungen und Eigentumsvorbehalte berücksichtigt? Sind die Vorräte im Buchhaltungssystem entsprechend gekennzeichnet?
19. Erfolgt die Bewertung der Vorräte zu Anschaffungs- und Herstellungskosten? Welche Verfahren für die Ermittlung der Anschaffungs- oder Herstellungskosten werden angewandt (tatsächliche AK, Durchschnittswert, Lifo, Fifo)?

3. Produktion
1. Erfolgt eine Produktions(-programm-)planung? Wird diese regelmäßig mit entsprechenden Absatzstatistiken und den Beständen an fertigen und unfertigen Erzeugnissen auf Lager verglichen?
2. Werden die aus dem Lager für die Produktion entnommenen Vorräte auf Materialentnahmescheinen oder direkt in der Lagerbestandsverwaltung erfasst?
3. Ist festgelegt, wer Material entnehmen darf? Wie häufig erfolgt eine Aktualisierung dieser Autorisierung?
4. Gibt es Stücklisten für die Erzeugnisse?

Durchführung der Abschlussprüfung   R

5. Werden die Stücklisten bzw. die Materialentnahmescheine bei der Ermittlung der Materialeinzelkosten zugrunde gelegt?
6. Erfolgte der Nachweis des Fertigungsmaterials ausschließlich anhand der Stücklisten?
7. Wie werden die bei der Fertigung anfallenden Stunden erfasst?
8. Wird überprüft, ob die bei der Fertigung anfallenden Stunden sowie die Fertigungslöhne innerhalb der Arbeitspläne liegen?
9. Wie wird sichergestellt, dass die für die Fertigung anfallenden Stunden auch jeweils der richtigen Kostenstelle/dem richtigen Kostenträger zugeordnet werden?
10. Wie erfolgt die Zuordnung der Gemeinkosten? Wer führt diese durch?
11. Existieren bei den fertigen/unfertigen Erzeugnissen Qualitätskontrollen? Wie wird Ausschussware gekennzeichnet bzw. wie wird eine entsprechende buchmäßige Abwertung gewährleistet?

4. Warenausgang
1. Wie sind die systemtechnischen Voraussetzungen für die Auslieferung von Beständen ausgestaltet? Ist die Auslieferung nur möglich, wenn die Auftrags- und Lieferungsunterlagen vollständig vorliegen?
2. Welche Mitarbeiter sind zur Entnahme von Beständen berechtigt? Sind die bestehenden Berechtigungen sachgerecht? Werden die Berechtigungen regelmäßig aktualisiert? Wer ist für die Aktualisierungen zuständig?
3. Wie wird sichergestellt, dass nur befugte Personen Entnahmen tätigen dürfen (Vermeidung von Diebstahl)? Welche Kontrollen und Sicherungsvorkehrungen bestehen dahingehend?
4. Werden Warenausgänge mit der jeweiligen Bestellung abglichen (Produktspezifikation, Menge)? Wird die Kontrolle dokumentiert (z.B. durch Abzeichnung des Mitarbeiters)?
5. Wird die Ausführung eines Warenausgangs dokumentiert? Wird der Name des mit der Ausführung betrauten Mitarbeiters auf dem Ausgangs-Lieferschein vermerkt?
6. Wie wird sichergestellt, dass Bestellungen nicht doppelt ausgeliefert werden? Werden Bestellungen EDV-technisch nach erfolgter Auslieferung geschlossen?
7. Gibt es Abweichungen zwischen Bestell- und Versandmengen? Sofern es zu Abweichungen kommt, werden diese analysiert? Was ist die Hauptursache hierfür?
8. Wie ist sichergestellt, dass die Lagerabgänge in der Lagerbuchführung zeitnah erfasst werden?
9. Wie wird gewährleistet, dass die ausgeführten Versandaufträge an das Rechnungswesen und an den Vertrieb (Rechnungsstellung) vollständig und zeitnah gemeldet werden?
10. Werden Aufträge in Teilen ausgeliefert? Wenn ja, wie wird die Vollständigkeit der Auslieferung sichergestellt und überwacht? Wie wird sichergestellt, dass die ausgelieferten Teilmengen in der Hauptbuchhaltung erfasst werden?

cc) Personalmanagement

Mit dem Transaktionskreis „Personalmanagement" sind i.d.R. folgende wesentliche Geschäftsvorfälle und Abschlussaussagen/ Prüfungsziele verbunden: 352

2503

Wesentliche Geschäftsvorfälle	Abschlussaussagen/Prüfungsziele[433]
Zahlungsausgänge für Personalaufwand (einschließlich Abgrenzungen für Löhne und Gehälter, Sozialabgaben, Lohnsteuer und Aufwendungen für Altersversorgung)	Personalaufwand/VBGA Personalrückstellungen/VBGWA Verbindlichkeiten gegenüber Mitarbeitern, Finanzamt, Krankenkassen/VBGWA
Verwaltung der Stammdaten der Mitarbeiter (für Lohn- und Gehaltszwecke sowie Altersversorgung und Altersteilzeit)	Personalaufwand/VBGA Rückstellungen für Personalansprüche und Pensionen/Altersversorgung/VBGWA Verbindlichkeiten gegenüber Mitarbeitern, Finanzamt, Krankenkassen/VBG

1. **Grundlagen und allgemeine Fragestellungen**
   1. Wurde im abgelaufenen Geschäftsjahr eine Lohnsteuer-, Krankenkassen- oder Sozialversicherungsprüfung durchgeführt? Wie wurden die Ergebnisse und Anmerkungen aus den Prüfungen bei der Gesellschaft berücksichtigt?
   2. Hat im abgelaufenen Geschäftsjahr eine Überprüfung des Personalmanagements durch die Interne Revision des Mandanten oder einen Dritten stattgefunden? Wie sind die Schlussfolgerungen aus der Prüfung?
   3. Ist die Gesellschaft tarifgebunden oder an einen Tarifvertrag angelehnt? Wie sind die aktuellen gesetzlichen Regelungen, Sozialversicherungssätze, Tarifverträge, Betriebsvereinbarungen und Personalordnungen (Reisekostenordnung, Urlaubsordnung u.a.?
   4. Gewährt die Gesellschaft Ausleihungen an Mitarbeiter und Geschäftsleitung? Sind diese genehmigungsbedürftig? Sind die Ausleihungen verzinslich? Wird die regelmäßige Rückzahlung durch die Gesellschaft überwacht? Wie erfolgt die Rückzahlung? Gibt es sonstige Bonusprogramme für Mitarbeiter und Geschäftsleitung, die für das Personalmanagement relevant sind (z.B. Firmenwagen, Aktienoptionsprogramme u.a.)?
   5. Verfügt der Mandant über einen Betriebsrat? Falls ja, wie einflussreich ist der Betriebsrat?
   6. Welche Unterschriftenregelungen existieren im Unternehmen bzgl. Einstellung, Kündigung, Zahlung von Entgelten u.a.?
2. **Bedarfsermittlung und Einstellung neuer Mitarbeiter**
   1. Wie erhält die Geschäftsführung einen laufenden Überblick über die Entwicklung des Mitarbeiterbestandes? Wie hoch ist er zur Zeit?
   2. Gibt es Standardarbeitsverträge je Mitarbeitergruppe oder werden die Arbeitsverträge individuell für jeden Mitarbeiter erstellt? Werden die Arbeitsverträge in Hinblick auf Übereinstimmung mit den gesetzlichen und tarifvertraglichen Bestimmungen hin überprüft?
   3. Sofern die Lohn- und Gehaltsbuchhaltung sowie Personalabteilung nicht bereits in den Einstellungsprozess involviert ist, wie wird sichergestellt, dass eine zeitnahe Information an die Lohn- und Gehaltsabteilung/ Personalabteilung über die erfolgte Einstellung eines neuen Mitarbeiters erfolgt?
   4. Wie werden der Personalabteilung sowie der Lohn- und Gehaltsbuchhaltung (sofern getrennt) die Zu- und Abgänge mitgeteilt (Personalstammblätter, sonstige Formblätter, Kopie des Vertrages u.a.)?
3. **Stammdatenanlage und -pflege**
   1. Wie ist die vollständige Erfassung der Mitarbeiter in der Personalabteilung gewährleistet?

Durchführung der Abschlussprüfung R

2. Wie ist sichergestellt, dass auf der Lohn- und Gehaltsliste keine Mitarbeiter geführt werden, die ausgeschieden sind oder aus anderen Gründen keinen Anspruch auf Entgelt haben?
3. Existiert für jeden Mitarbeiter eine Personalakte? Sind die Personalakten jedes Mitarbeiters vollständig und enthalten sie die aktuellen Unterlagen und Informationen?
   – Aktuelle Lohnsteuerkarte
   – Arbeitsvertrag sowie Unterlagen zur letzten Lohn-/ Gehaltserhöhung
   – Bescheinigung der Krankenkasse
   – Personalstammblatt
   – Einstellungsbogen/ Bewerbungsunterlagen u.a.
4. Wie wird sichergestellt, dass der Lohn- und Gehaltsabrechnung stets die aktuellen Sozialversicherungssätze zugrunde liegen? Wie werden die neuen Sozialversicherungssätze jeweils in das Lohn-/ Gehaltsabrechnungssystem eingepflegt und von wem?
5. Bedürfen sämtliche Lohn- und Gehaltsveränderungen einer schriftlichen Autorisierung? Wer kann diese Änderungen autorisieren?
6. Wer kann Personalstammdaten im EDV-System anlegen und ändern? Führen dieselben Mitarbeiter, die Personalstammdaten im System erfassen, auch Lohn- und Gehaltsabrechnungen durch?
7. Wie ist das Personalstammdatensystem vor unberechtigtem Zugriff geschützt? Erlangen Sie von der IT-Abteilung eine Übersicht der zur Stammdatenerfassung und -änderung berechtigten Mitarbeiter.
8. Wie wird gewährleistet, dass nur berechtigte Stammdatenänderungen vorgenommen werden und die Änderungen korrekt erfolgen?
9. Wie wird sichergestellt, dass die Stammdaten ausscheidender Mitarbeiter zeitnah entsprechend gekennzeichnet werden, so dass keine unberechtigten Auszahlungen erfolgen?

4. Lohn- und Gehaltsabrechnung

1. Wer erfasst die Bewegungsdaten (Stunden, Kostenstellen, Auftragsnummern, Zuschläge, u.a.) und wie werden die Eingaben kontrolliert?
   Beispiele:
   – Erfassung der Arbeitsstunden durch die Mitarbeiter oder durch die Lohn- und Gehaltsbuchhaltung
   – Überprüfung der erfassten Daten auf Plausibilität, bevor die tatsächliche Lohn-/ Gehaltsabrechnung durchgeführt wird
   – Überprüfung der Lohn- und Gehaltsabrechnungen und -journale auf ungewöhnliche Posten
   – Analyse aller Aufwendungen, die um einen definierten Prozentsatz zum Vormonat abweichen
2. Ist eine Funktionstrennung gewährleistet, insb. durch Trennung von
   – Gehalts-/ Lohnabrechnung und Ermittlung der Arbeitszeiten und Erstellung der hierzu erforderlichen Belege,
   – Autorisierung von Lohn- und Gehaltsveränderungen und Lohnbuchhaltung,
   – Auszahlungsstelle und sonstiges Personalwesen?
3. Wie werden die Bemessungsgrundlagen vor Ort erfasst?
4. Werden Anwesenheitskontrollen zur Lohnermittlung durchgeführt? Wie werden die tatsächlichen Arbeitszeiten überprüft?
5. Wie wird die rechnerische Richtigkeit der Lohn-/Gehaltsabrechnung sichergestellt?

6. Erfolgt vor der tatsächlichen Lohn-/Gehaltsabrechung ein Probelauf?
7. Erfolgt die Lohnabrechnung zeitnah? In welchem Rhythmus? Wie werden rückständige Lohn- und Gehaltsbestandteile abgegrenzt?
8. Werden die Lohnnachweise entsprechend der steuerlichen Vorschriften geführt?
9. Wie werden Rückflüsse von ausgezahlten Entgelten/ Sozialversicherungsbeiträgen behandelt?

5. Übernahme der komprimierten Daten in die Finanzbuchhaltung und Zahlung
1. Wie wird sichergestellt, dass die aus Lohnsteuer und Sozialversicherung resultierenden Verbindlichkeiten sowie der Personalaufwand aus den Lohn-/Gehaltsabrechnungen ordnungsgemäß in die Finanzbuchhaltung übernommen werden?
2. Wie und wie regelmäßig werden die Lohnjournale mit den übernommenen und gebuchten Werten in der Finanzbuchhaltung abgestimmt? Wie wird diese Abstimmung dokumentiert?
3. Welche Genehmigungsverfahren bestehen für die Ausbuchung von Differenzen?
4. Wie werden die Lohn- und Gehaltszahlungen vorgenommen? Gibt es noch Barauszahlungen? Falls ja, in welchem Umfang? Wie werden sie erfasst, autorisiert und gebucht?
5. Besteht eine sinnvolle Abgrenzung der Verantwortlichkeiten (Funktionstrennung) zwischen der Erstellung der Abrechnungen und der Erstellung der Zahlungslisten sowie der Freigabe der Zahlungsläufe?
6. Werden die Zahlungsvorschlagslisten (Lohn-/ Gehalt, Sozialabgaben, Steuern u.a.) vor Freigabe überprüft? Wenn ja, von wem?
7. Erfolgt eine regelmäßige Durchsicht und Abstimmung der Konten „sonstige Verbindlichkeiten gegenüber Mitarbeitern, Finanzamt und Sozialversicherungsträgern" mit den Beitragsmeldungen, Darlehensverträgen, Steueranmeldungen u.a.?

6. Bildung personalbezogener Rückstellungen
1. Wie wird durch die Ablauforganisation sichergestellt, dass sämtliche Informationen über eine eventuell erforderliche Rückstellungsbildung dem Rechnungswesen zur Kenntnis gelangen?
2. Wer ist verantwortlich für die Ermittlung der Personal- und Pensionsrückstellungen sowie ähnlichen Verpflichtungen?
3. Werden die Rückstellungen vor Buchung in der Finanzbuchhaltung auf Plausibilität und Ansatzmöglichkeit geprüft? Wer überprüft die Übereinstimmung der Rückstellungen mit gesetzlichen Regelungen?
4. Wie wird sichergestellt (durch Buchungsanweisungen, Bilanzierungsrichtlinien oder Kenntnis der verantwortlichen Personen in der Buchhaltung), dass alle rückstellungspflichtigen Sachverhalte korrekt und vollständig berücksichtigt werden?
5. Wie ist sichergestellt, dass die für die Personalrückstellungen benötigten Mengengerüste vollständig sind und laufend fortgeschrieben werden?
6. Wer meldet die jeweils notwendigen Daten für die Ermittlung von Pensions- und ähnlichen Rückstellungen an den Versicherungsmathematiker? Wie werden die Daten dem Versicherungsmathematiker gemeldet? Erfolgt zuvor eine Überprüfung der Meldedaten durch die Gesellschaft? Wie wird sichergestellt, dass alle relevanten Daten gemeldet werden und alle berechtigten Mitarbeiter berücksichtigt werden?
7. Wie stellt die Gesellschaft sicher, dass der beauftragte Versicherungsmathematiker ausreichend kompetent ist? Handelt es sich um einen internen oder externen Sachverständigen?

7. Kostenstellenzuordnung/Personalcontrolling
1. Wie wird die Kostenstelle einem Kostenträger zugerechnet?

Durchführung der Abschlussprüfung **R**

2. Wie erhält die Geschäftsführung einen Überblick über die laufende Aufwandsentwicklung? Welche Personalberichte und -statistiken gibt es?
3. In welche anderen Prozesse laufen die Daten aus der Personal-/ Lohn-/ Gehaltsbuchhaltung ein?

8. Kündigungen/ Austritt von Mitarbeitern
1. Gibt es derzeit Hinweise oder Vereinbarungen zu Mitarbeiterreduzierungen bzw. betriebsbedingten Kündigungen/ Restrukturierungen?
2. Wurden im abgelaufenen Geschäftsjahr Aufhebungsvereinbarungen mit Mitarbeitern getroffen? Welche Konditionen wurden in diesen Aufhebungsverträgen vereinbart?
3. Wie wird sichergestellt, dass die Personalabteilung bzw. Lohn- und Gehaltsbuchhaltung zeitnah vom Ausscheiden des Mitarbeiters erfährt und rechtzeitig alle Entgeltzahlungen einstellt?
4. Gibt es einen Prozessablauf über die Behandlung von noch zu erfolgenden Zahlungen nach Ausscheiden des Mitarbeiters?
5. Sind Austrittsprozeduren schriftlich fixiert? Gibt es dafür Checklisten u.a.? Wie wird sichergestellt, dass alle bei Austritt aus der Gesellschaft notwendigen Prozeduren durchgeführt werden?

dd) Beteiligungsmanagement

Mit dem Prozess „Beteiligungsmanagement" sind i.d.R. folgende wesentliche Geschäftsvorfälle und Abschlussaussagen/ Prüfungsziele verbunden: 353

Wesentliche Geschäftsvorfälle	Abschlussaussagen/Prüfungsziele[433]
Erwerb/ Veräußerung von Beteiligungen	Finanzanlagen/VBGEAW
Gewährung von Darlehen an Tochterunternehmen und Beteiligungen	Ausleihungen, Forderungen gegen verbundene Unternehmen und Beteiligungen/VBGAW Zinserträge/VBG

1. Beteiligungscontrolling
1. Wer ist zuständig für das Beteiligungscontrolling? Wie erfolgt die Abgrenzung zum Rechnungswesen?
2. Gibt es eine Richtlinie zum Beteiligungscontrolling, in dem die Zuständigkeiten, die Abläufe, die Berichtspflichten der Tochterunternehmen und der Umfang der Berichterstattung festgelegt werden? Ist die Richtlinie aktuell? Wird sie eingehalten?
3. Gibt es „Gesellschaftsakten" pro Beteiligung, in der alle wichtigen Verträge, Gesellschafterbeschlüsse etc. gesammelt werden?
4. Wie häufig und in welchem Umfang müssen die Tochterunternehmen und Beteiligungen Bericht erstatten:
   – Monatsabschlüsse/ Quartalsabschlüsse/ zum Abschlussstichtag
   – Risikoberichterstattung
   – Planzahlen/ aktualisierte Planzahlen (sog. Forecast)
5. Gibt es eine Ad hoc-Berichterstattung für Ereignisse ab einer bestimmten Größenordnung?
6. Wie erfolgt die Berichterstattung bzw. mit welchem System erfolgt die Berichterstattung? Werden die Ist-Zahlen der Tochterunternehmen automatisch aus der Finanzbuchhaltung übernommen oder müssen sie manuell eingegeben werden?

7. Wie werden die gemeldeten Zahlen ausgewertet und Abweichungen verfolgt? Erfolgt ein regelmäßiger Kontakt (wie häufig?) mit den Verantwortlichen der Tochterunternehmen bzw. der Teilkonzerne, um Abweichungen von den Planzahlen und aktuelle Probleme zu erörtern? Welche Maßnahmen werden bspw. getroffen?
8. Wird die Liquidität der Tochterunternehmen und Beteiligungen regelmäßig überprüft?
9. In welcher Form erfolgt eine Auswertung der Risikoberichterstattung? Welche Maßnahmen werden getroffen?
10. Wie häufig und in welchem Umfang erfolgt eine Berichterstattung an den Vorstand/ die Geschäftsführung/ den AR (Controllerbericht, Risikobericht)?
11. Stellen die Planzahlen realistische Vorgaben dar (tatsächlich erwartete Leistung oder Zielvorgaben der Unternehmensleitung des Mutterunternehmens)?
12. Wird das Controlling (oder die Rechtsabteilung) über laufende Rechtsstreitigkeiten bei den Tochtergesellschaften informiert?

2. Erwerb und Veräußerung von Beteiligungen
1. Gibt es eine Richtlinie, in der die Zuständigkeiten und der Prozess des Beteiligungserwerbs und der Veräußerung von Beteiligungen geregelt sind (Investment policies)? Wird diese Richtlinie eingehalten?
2. Ist sichergestellt, dass bei jedem Vorgang die Rechtsabteilung einbezogen wird?
3. Wer genehmigt den Beteiligungserwerb und die Veräußerung von Beteiligungen? Wird die Genehmigung dokumentiert?
4. Gibt es eine Checkliste, in der die wesentlichen Punkte, die bei dem Erwerb bzw. der Veräußerung von Beteiligungen zu beachten sind, zusammengestellt sind (z.B. Prüfung des Business Plans, Einschaltung der Rechtsabteilung etc.)? Wird regelmäßig ein Due Diligence durchgeführt und gibt es hierfür eine Checkliste?
5. Nach welcher Methode erfolgt die Bewertung der Unternehmen, die erworben oder veräußert werden sollen? Werden für die Unternehmensbewertung Spezialisten hinzugezogen?
6. Werden die wertvernichtenden Beteiligungen – unter Berücksichtigung der Strategie des Unternehmens – möglichst schnell veräußert?

3. Beteiligungsbewertung
1. Wie wird die Werthaltigkeit der Beteiligungen zum Abschlussstichtag überprüft? Wer ist hierfür zuständig bzw. wer genehmigt die abschließende Bewertung?
2. Wird auch überprüft, ob Zuschreibungen erforderlich sind?
3. Welche Methode zur Ermittlung der Ertragskraft der Beteiligung wird bei der Beteiligungsbewertung angewandt (z.B. Discounted Cash Flow)? Werden dabei alle möglichen Einflüsse wie z.B. wirtschaftliches Umfeld oder politische Risiken berücksichtigt?
4. Wird bei der Bewertung das Gesamtengagement berücksichtigt (Beteiligungsbuchwert, Ausleihungen, Forderungen etc.)?
5. Wird überprüft, ob der endgültige Kaufpreis von Beteiligungen von bestimmten Faktoren abhängig ist, wie z.B. zukünftigen Erträgen des Unternehmens? Wenn ja, wie? Werden Änderungen der Anschaffungskosten der Buchhaltung mitgeteilt und wie wird die korrespondierende Buchung kontrolliert?

4. Gewährung von Darlehen an Beteiligungsunternehmen
1. Mit welchen verbundenen Unternehmen und Beteiligungen bestehen Darlehensverträge? (Übersicht und Verträge erlangen)
2. Wer ist für die Vergabe der Darlehen zuständig? Wer genehmigt die Darlehensvergabe?

Durchführung der Abschlussprüfung **R**

3. Werden die Darlehen zu marktüblichen Konditionen abgewickelt? Wie werden die Konditionen festgelegt bzw. ermittelt?
4. Werden die Darlehen planmäßig getilgt?
5. Wer ist für die Überprüfung der Werthaltigkeit der Darlehen zuständig? Wird bei der Bewertung das Gesamtengagement berücksichtigt?

ee) Finanzmanagement

Mit dem Prozess „Finanzmanagement" sind i.d.R. folgende wesentliche Geschäftsvorfälle und Abschlussaussagen/ Prüfungsziele verbunden: **354**

Wesentliche Geschäftsvorfälle	Abschlussaussagen/Prüfungsziele[433]
Zahlungseingänge (Kunden)	Flüssige Mittel, Verbindlichkeiten gegenüber Kreditinstituten, Forderungen aus Lieferungen und Leistungen/VGB
Zahlungsausgänge (Lieferanten)	Flüssige Mittel, Verbindlichkeiten gegenüber Kreditinstituten, Verbindlichkeiten aus Lieferungen und Leistungen/VGB
Cash-Clearing im Cash-Pool-Verfahren	Flüssige Mittel, Verbindlichkeiten gegenüber Kreditinstituten/Forderungen und Verbindlichkeiten gegenüber verbundenen Unternehmen/ VGB
Kurssicherungsgeschäfte	Finanzanlagen, Forderungen, Verbindlichkeiten/VGBW
Kauf/ Verkauf von Wertpapieren	Flüssige Mittel, Verbindlichkeiten gegenüber Kreditinstituten/VGB Wertpapiere des Anlage- und Umlaufvermögens/VGBW

1. Zahlungsausgänge

1. Gibt es eine Übersicht über alle Bankverbindungen mit Angabe der Bankkonten bzw. der Art der Geschäftsbeziehung z.B. Darlehen, Girokonto, Aval, gegebene Sicherheiten, Zeichnungsbefugnis (Kopie für die Arbeitspapiere)?
2. Wer ist berechtigt, Bankkonten zu eröffnen (Geschäftsführer, Prokuristen)?
3. Welche Unterschriftenregelungen (Verfügungsberechtigungen) bestehen für die Bankkonten bzgl. Zahlungstransaktionen, Aufnahme von Kreditlinien?
4. Erfolgt der unbare Zahlungsverkehr beleghaft (Einreichung von Zahlungsbelegen) oder beleglos mittels Datenträgeraustausch (DTA) oder Datenfernübertragung (DFÜ)?
5. Wie werden Fälligkeiten der Verbindlichkeiten überwacht?
6. Wird systemseitig eine Zahlungsvorschlagsliste generiert? Ist sichergestellt, dass die Positionen hinsichtlich der Fälligkeit und der Zahlungswürdigkeit überprüft werden?
7. Wie ist sichergestellt, dass Zahlungen nur auf Basis geprüfter und zur Zahlung freigegebener Rechnungen erfolgen?
8. Wer darf Zahlungsläufe anstoßen (systemseitiges Benutzerprofil, Vieraugen-Prinzip) und wie oft erfolgen sie (z.B. täglich, wöchentlich)? Welche Vertretungsregelungen bestehen?

9. Dürfen Zahlungen grundsätzlich erst nach Freigabe autorisierter Personen erfolgen (Kompetenzverteilungen, Vieraugenprinzip)?
10. Ist sichergestellt, dass die Erfassung und Pflege der Stammdaten der Kreditoren erfolgt (z.B. Bankverbindung, Bankleitzahl, Konto-Nr.)?
11. Wie ist sichergestellt, dass keine Doppelzahlungen erfolgen und Anzahlungen verrechnet werden? Erfolgt ein zeitnahes Clearing des Zahlungsverrechnungskontos?
12. Findet ein Abgleich der Kontoauszüge (erfolgten Zahlungen) mit den Zahllauflisten statt?
13. Werden die Bankkontoauszüge regelmäßig mit den Konten der Finanzbuchhaltung abgestimmt?
14. Wird die Möglichkeit des Skontoabzugs genutzt? Wie wird er überwacht?
15. Wird auf die Ausnutzung der eingeräumten Zahlungsziele geachtet?
16. Wird nach Bezahlung der Lieferantenrechnungen eine ordnungsgemäße Entwertung der Belege („Bezahlt-Stempel") durchgeführt?
17. Besteht eine Funktionstrennung zwischen
    – Bankvollmacht und Buchhaltung (Ausstellung und Anweisung/Unterzeichnung von Zahlungsbelegen),
    – Buchhaltung und Ausstellung von Rechnungen.
18. Wie wird der Bestand an Scheck- und Wechselformularen überwacht?
19. Wird der Verrechnungsverkehr mit verbundenen Unternehmen nach Cash Pool sowie sonstigen Lieferungen und Leistungen getrennt?
20. Wie erfolgt der Zahlungsverkehr in Fremdwährung? Unterhält die Gesellschaft Fremdwährungskonten?

2. Zahlungseingänge

1. Wie werden in den einzelnen Debitorenkonten die Zahlungseingänge und Gutschriften den Rechnungen zugeordnet?
2. Wie ist die vollständige Erfassung aller Zahlungseingänge im Debitorensystem gewährleistet?
3. Wie werden strittige Posten und Zahlungsdifferenzen mit dem Kunden geklärt und in welcher Zeit?
4. Welche Genehmigungsverfahren bestehen für die Ausbuchung von strittigen Posten und Zahlungsdifferenzen?
5. Wie werden Scheckzahlungen erfasst? Wie ist die vollständige Erfassung gewährleistet?
6. Wie ist die Funktionstrennung zwischen der Erfassung von Schecks und der Buchung von Zahlungseingängen sichergestellt?
7. Gibt es Bareinzahlungen? In welchem Umfang? Wie werden sie erfasst und gebucht?
8. Erfolgen regelmäßige Mahnungen überfälliger Forderungen? In welchem Rhythmus?
9. Erfolgen Analysen des durchschnittlichen Zahlungsziels der Debitoren? Wird regelmäßig ein Altersaufbau der Forderungen erstellt?
10. Werden Zinsen und Kosten bei Zielüberschreitungen und Mahnungen berechnet?
11. Wie ist die Zuständigkeit für Beitreibungsmaßnahmen geregelt?

3. Cash-Pooling/Cash-Clearing

1. Welche Gesellschaften nehmen am Cash-Pooling teil?
2. Wie sind die vertraglichen Regelungen des Cash-Pool-Verfahrens in steuerlicher und gesellschaftsrechtlicher Hinsicht zu würdigen (z.B. Anfechtung im Insolvenzverfahren)?

Durchführung der Abschlussprüfung **R**

3. Wer ist für die Erfassung und Pflege der Stammdaten (z.B. Bankkonten) für alle am Cash-Pooling teilnehmenden Gesellschaften zuständig?
4. Werden die Guthaben/ negativen Salden auf den Bankkonten der am Cash-Pooling teilnehmenden Gesellschaften täglich umgebucht bzw. ausgeglichen?
5. Werden die Liquiditätsspitzen (Nettoüberschuss, -finanzbedarf) täglich am Finanzmarkt angelegt bzw. finanziert? Wer ist für den Geldhandel verantwortlich?
6. Wie erfolgt die Abschätzung der Tagesendsalden der Bankkonten (Berücksichtigung der täglich erwarteten Zahlungseingänge, -ausgänge)?

4. Fremdwährungsmanagement/Finanzinstrumente
1. Wie wird sichergestellt, dass die richtigen Fremdwährungskurse im System hinterlegt sind?
2. Besteht ein Fremdwährungsmanagement? Ist es z.B. Bestandteil des Risikomanagements?
3. Werden zur Risikobegrenzung und Liquiditätssicherung Fremdwährungspositionen durch Kurssicherungsgeschäfte abgesichert?
4. Welche Kurssicherungsinstrumente werden eingesetzt (z.B. Options- oder Termingeschäfte)? Erfolgt eine grundsätzliche Genehmigung einzelner Arten von Finanzinstrumenten, bevor sie eingesetzt werden, um eine Risikobeurteilung sicherzustellen?
5. Hat das Unternehmen Erfahrung und das notwendige Know-how für den Einsatz von Finanzinstrumenten? Werden ähnliche Finanzinstrumente wie in der Vergangenheit eingesetzt? Wenn nicht – warum werden andere Finanzinstrumente eingesetzt?
6. Wie ist sichergestellt, dass keine unautorisierten Geschäfte durchgeführt werden können?
7. Wie werden die Finanzinstrumente in der Finanzbuchhaltung erfasst? Wie wird sichergestellt, dass alle Finanzinstrumente in der Finanzbuchhaltung erfasst werden?
8. Erfolgt die Erfassung und Abwicklung von Finanzinstrumenten systemgestützt?
9. Wie ist die Zuständigkeit (wer/ welche Abteilung) der Risikobeurteilung von Fremdwährungsgeschäften geregelt?
10. Wird der Einsatz von Finanzinstrumenten von einer unabhängigen Person überwacht?
11. Wie werden Finanzinstrumente bilanziert und bewertet?
12. Werden Finanzinstrumente ausschließlich als Sicherungsinstrument eingesetzt?
13. Welche externen Faktoren beeinflussen die Bilanzierung von Finanzinstrumenten (z.B. Währungskursveränderungen)? Haben sich diese Faktoren in der letzten Zeit wesentlich verändert?
14. Gibt es betragsmäßige Beschränkungen für den Handel mit Derivaten? Wer darf Überschreitungen genehmigen, und wie wird die Genehmigung dokumentiert?
15. Wie häufig werden Limits und andere interne Kontrollmaßnahmen durch das Management auf ihre Angemessenheit überprüft?
16. Werden die Finanzinstrumente vom Risikomanagementsystem erfasst? Wenn ja, wie? Wenn nicht – wie werden die Risiken aus Finanzinstrumenten überwacht?

5. Liquiditätsplanung
1. Gibt es einen aktuellen Liquiditätsplan? Wie häufig wird dieser aktualisiert?
2. Wer ist zuständig für die Liquiditätsplanung?
3. Wie häufig wird die Liquiditätsplanung mit der Geschäftsführung besprochen?
4. Bestehen für Unwägbarkeiten Liquiditätsreserven?
5. Wie finanziert sich das Unternehmen hauptsächlich?

6. Wann sind Kreditlinien bzw. Darlehen fällig? Wie werden diese Fälligkeiten überwacht?
7. Wie sind die Kündigungsbedingungen in den Kreditverträgen ausgestaltet? Werden diese Bedingungen fortlaufend überwacht?

6. Kauf/ Verkauf von Wertpapieren
1. Wer ist zuständig für den Erwerb und die Veräußerung von Wertpapieren bzw. die Anlagestrategie? Welche Genehmigungsverfahren gibt es? Werden diese eingehalten?
2. Wo sind die Wertpapiere hinterlegt? Werden hierüber Bestätigungen zum Abschlussstichtag eingeholt?
3. In welcher Form werden die Informationen zu den gehaltenen Anteilen geführt (z.B. Wertpapierinventar)?
4. Werden diese Informationen regelmäßig mit der Finanzbuchhaltung abgestimmt?
5. Ist Funktionstrennung gewährleistet durch Trennung von buchhalterischen und verwaltenden/ bearbeitenden Funktionen?
6. Hat die Gesellschaft eine Ermächtigung zum Erwerb eigener Anteile (z.B. AG § 71 Nr. 8 AktG) bzw. ist geplant, eigene Anteile zu erwerben? Wie ist sichergestellt, dass dabei die gesellschaftsrechtlichen Vorschriften beachtet werden?

7. Sonstige finanzielle Verpflichtungen
1. Wer oder welche Abteilung verwaltet vom Unternehmen übernommene Bürgschaften/ Garantien/ Avale?
2. Wie wird die vollständige Erfassung der Bürgschaften/Garantien/Avale sichergestellt?
3. Wer darf Bürgschaften ausreichen oder Avalkreditverträge abschließen? Gibt es ein Genehmigungsverfahren?
4. Wie erfolgt die Überwachung der Bürgschaften/Garantien in Hinblick auf Fristigkeiten, Verlängerungen, Inanspruchnahmen?
5. Wie ist sichergestellt, das die Geschäftsführung über die bestehenden sonstigen Verpflichtungen informiert ist und in das Genehmigungsverfahren einbezogen wird?

ff) Investitions- und Instandhaltungsmanagement

355 Mit dem Prozess „Investitions- und Instandhaltungsmanagement" sind i.d.R. folgende wesentliche Geschäftsvorfälle und Abschlussaussagen/ Prüfungsziele verbunden:

Durchführung der Abschlussprüfung   **R**

Wesentliche Geschäftsvorfälle	Abschlussaussagen/Prüfungsziele[433]
Zahlungsausgänge für Investitionen im Anlagevermögen	Verbindlichkeiten aus Lieferungen und Leistungen/VBG Liquide Mittel/VBG Verbindlichkeiten gegenüber Kreditinstituten bzw. Verbindlichkeiten gegenüber verbundenen Unternehmen/VBG
Zahlungsausgänge für Instandhaltungsmaßnahmen	Verbindlichkeiten aus Lieferungen und Leistungen/VBG Liquide Mittel bzw. Verbindlichkeiten gegenüber Kreditinstituten/VBG Aufwendungen für Instandhaltung/VBGA
Investitionen in Vermögensgegenstände des Anlagevermögens	Sachanlagen und Immaterielle VG/VBGWE
Desinvestition von Vermögensgegenständen des Anlagevermögens	Sachanlagen und Immaterielle Vermögensgegenstände/VBG
Rückstellungsbildung für unterlassene Instandhaltung	Rückstellungen für unterlassene Instandhaltung/VBGW
Bewertung von Sachanlagen und Immateriellen Vermögensgegenständen	Sachanlagen und Immateriellen Vermögensgegenstände/W

1. **Allgemeine Fragestellungen**
    1. Verfügt die Gesellschaft über schriftliche Bilanzierungsrichtlinien? Haben sich Änderungen in den Bilanzierungsrichtlinien in den Bereichen „Immaterielle Vermögensgegenstände, Sachanlagen und Rückstellungen für unterlassene Instandhaltung" ergeben?
    2. Über welche schriftliche Prozessdokumentation/ Verfahrensanweisungen für das Investitionsmanagement und die Anlagenbuchhaltung verfügt die Gesellschaft? Gibt es Änderungen im Vergleich zum Vj.?
    3. Hat im abgelaufenen GJ eine Überprüfung des Investitions- und Instandhaltungsmanagements durch die Interne Revision des Mandanten oder einen Dritten stattgefunden? (wenn ja, PrB einholen und auswerten)
    4. Gibt es ein (sinnvolles) Investitionsgenehmigungsverfahren? Welche Unterschriftenregelungen existieren im Unternehmen? Sind alle Investitionen – unabhängig von Investitionsplan – individuell zu genehmigen oder reicht der Verweis auf den genehmigten Investitionsplan aus?
    5. Sind alle Anlagengegenstände des Mandanten in eine Anlagevermögensübersicht (Inventar) aufgenommen und einzeln durch eine Anlagen-Identifikationsnummer identifizierbar? Sind die Gegenstände selbst z.B. durch einen Aufkleber mit der Anlagennummer gekennzeichnet?
    6. Werden Vertragsunterlagen und Belege über den Erwerb von Anlagevermögen, insb. über den Erwerb von Immobilien, systematisch und übersichtlich gesammelt?
2. **Investitions- und Instandhaltungsplanung**
    1. Wird ein Budgetplan für Investitionen, Reparaturen und Instandhaltungsaufwendungen erstellt? Gibt es ein getrenntes Budget für Investitionen und für Instandhaltungen? Wie ist sichergestellt, dass die Investitionen nur aus dem dafür vorgesehenen Budget finanziert wird? Wer genehmigt die Budgets?

2. Sofern die Gesellschaft einen Investitionsplan und Instandhaltungsplan erstellt, wie häufig wird dieser aktualisiert?
3. Wie detailliert erfolgt die Investitionsplanung? Über welchen Zeitraum wird ein Investitions- und Instandhaltungsplan/ -budget erstellt? Wer kontrolliert die Einhaltung des Budgets?
4. Wer entscheidet, ob es sich bei Ausgaben um Instandhaltungsaufwand oder Investitionen handelt, d.h. ob sie aktiviert werden können bzw. aktiviert werden?
5. Wird vor der Investitionsentscheidung eine Investitionsrechnung durchgeführt und diese dokumentiert?
6. Welche Konsequenzen ergeben sich bei Überschreiten des Investitionsbudgets?

3. Zugänge
1. Wer führt Bestellungen durch? Ist die Einkaufsabteilung auch für den Einkauf von Investitionsgütern verantwortlich? Inwieweit erfolgt hier eine Zusammenarbeit mit den anfordernden Stellen? Wer ist autorisiert, eine Bedarfsmeldung auszustellen, und wer darf Bestellungen vornehmen?
2. Sind Bestellungen von einer zweiten Person zu genehmigen?
3. Wie stellt die Geschäftsleitung die Einhaltung des Genehmigungsverfahrens und des Budgets sicher?
4. Werden Zugangsrechnungen vor der Buchung und Bezahlung sachlich und rechnerisch überprüft?
5. Wie ist die Funktionstrennung zwischen der Anlagenbuchhaltung, der Anlagenverwaltung und der Bezahlung der Anlagegüter sichergestellt?
6. Wie ist sichergestellt, dass die Anlagen im Bau zu Anschaffungs- bzw. Herstellungskosten aktiviert werden?
7. Wie ist sichergestellt, dass die Fertigmeldung und somit Umgliederung aus den Anlagen im Bau bzw. der Zugang an die Anlagenbuchhaltung zeitnah erfolgt?
8. Wie ist sichergestellt, dass Nacharbeiten erfasst und der Anlagenbuchhaltung übermittelt werden?
9. Wer ist berechtigt, Stammsätze für Anlagegüter zu erstellen? Wer prüft die Hinterlegung der Informationen im Stammsatz?
10. Anschaffungs- oder Herstellungskosten, Anschaffungsnebenkosten, Nutzungsdauer, Abschreibungsmethode, Kostenstelle, Zugangsdatum/Datum der Inbetriebnahme, Sicherungsübereignung für die finanzierende Bank, Kennzeichnung für erhaltene Investitionszuschüsse: Wie ist sichergestellt, dass die o.g. Stammdaten aktuell und korrekt sind?
11. Wie ist sichergestellt, dass Sondersachverhalte (z.B. Leasing, Mietkauf, Sale-and-Lease-Back) korrekt entsprechend der Beurteilung des wirtschaftlichen Eigentums bilanziert werden? Wer führt die Beurteilung der Sondersachverhalte auf ihre Aktivierungsfähigkeit durch? Welche Beurteilungsverfahren liegen dem zugrunde?
12. Wie ist sichergestellt, dass bei Inanspruchnahme des Wahlrechts zur Aktivierung selbsterstellter immaterieller Vermögensgegenstände keine Forschungsaufwendungen aktiviert werden?
13. Wie sieht das IT-Zugriffsberechtigungskonzept für das Anlagevermögen aus?
14. Wie und wo werden die Zugriffsrechte verwaltet und kontrolliert?
15. Wie ist sichergestellt, dass sämtliche Daten von der Anlagenbuchhaltung korrekt in die Finanzbuchhaltung übertragen werden? Wie erfolgt die Übernahme (manuell oder per EDV-Schnittstelle)?
16. Werden Investitionszulagen bzw. -zuschüsse geltend gemacht? Wird in diesem Zusammenhang jährlich geprüft, ob die Voraussetzungen für deren Inanspruchnahme noch bestehen?

Durchführung der Abschlussprüfung **R**

17. Werden erhaltene Investitionszulagen als Anschaffungskostenminderung bilanziert oder wird ein Sonderposten gebildet? Nach welcher Methode wird ein gebildeter Sonderposten aufgelöst?
18. Wird in regelmäßigen Abständen eine Anlageninventur durchgeführt? Wie werden die Ergebnisse der Anlageninventur in der Buchführung behandelt?
19. Werden notwendige Instandhaltungen durchgeführt?
20. Wie ist sichergestellt, dass Herstellungs- und Erhaltungsaufwand bei Gebäuden bilanziell korrekt aktiviert bzw. als Aufwand gebucht wird? Werden größere Reparaturen und Instandhaltungsmaßnahmen regelmäßig auf ihre Aktivierbarkeit hin überprüft?
21. Wie ist sichergestellt, dass alle zu aktivierenden Ausgaben auch tatsächlich aktiviert werden und nicht als Reparatur- oder Instandhaltungsaufwand gebucht werden?

4. Abgänge
1. Wie werden Abgänge autorisiert? Wer entscheidet, ob Anlagegegenstände verkauft, verschrottet oder ggf. verschenkt/ gespendet werden? Gibt es Standardformulare für Veräußerungen/ Verschrottungen?
2. Wie ist sichergestellt, dass die Anlagenbuchhaltung zeitnah von Anlagenabgängen unterrichtet wird und die Abgangserlöse – sofern vorhanden – korrekt mitgeteilt werden?
3. Wie ist sichergestellt, dass Anlagenabgänge vollständig und korrekt in der Anlagenbuchhaltung erfasst werden?
4. Wie ist sichergestellt, dass die sonstigen betrieblichen Erträge/ sonstigen betrieblichen Aufwendungen aus Anlagenabgang korrekt erfasst sind?
5. Kommt es häufig vor, dass Anlagengegenstände im Unternehmen des Mandanten nicht mehr auffindbar sind?

5. Grundstücke
1. Wie ist sichergestellt, dass die Anschaffungs- und Herstellungskosten einschließlich der Anschaffungsnebenkosten und nachträglicher/ herstellungsnaher Aufwand korrekt und vollständig aktiviert werden?
2. Gibt es eine Übersicht aller im Eigentum der Gesellschaft befindlichen Grundstücke?
3. Werden Eintragungen in die Grundbücher zeitnah initiiert und verfolgt?
4. Wie werden mögliche Restitutionen bearbeitet und ggf. gebucht?
5. Wie werden die mit den Grundstücken zusammenhängenden Grundschulden gebucht und überwacht?

6. Abschreibungen
1. Wer überprüft die Werthaltigkeit der Vermögensgegenstände des Anlagevermögens im Hinblick auf notwendige außerplanmäßige Abschreibungen? Wie wird die Werthaltigkeit der Grundstücksbuchwerte überprüft?
2. Werden Informationen über notwendige außerplanmäßige Abschreibungen zeitnah übermittelt und gebucht?
3. Überprüft das Unternehmen die Zuschreibungspflicht bei im Vj. außerplanmäßig abgeschriebenen Anlagegegenständen?
4. Werden die im Vj. außerplanmäßig abgeschriebenen Anlagengegenstände gegebenenfalls im Anlagenstammsatz oder in der Anlagenbuchhaltung gekennzeichnet und die Gründe dafür in gesonderten Aufzeichnungen festgehalten?
5. Werden steuerliche Sonderabschreibungen geltend gemacht? Werden die steuerlichen Möglichkeiten der Sonderabschreibungen genutzt?

2515

6. Ist das Anlagevermögen in Anlagenklassen eingeteilt? Wer legt die Abschreibungsmethode und -sätze fest? Gab es im Vergleich zum Vj. Änderungen bei den Abschreibungsmethoden und -sätzen?
7. Wie werden die Abschreibungsmethode und -sätze für Zugänge des GJ festgelegt?
8. Wie ist sichergestellt, das die Abschreibungen auf Anlagenabgänge korrekt ermittelt werden?
9. Gibt es Richtlinien zur Behandlung geringwertiger Anlagengüter, Abschreibung auf einen Erinnerungswert, Abschreibungsmethode, außerplanmäßige Abschreibungen etc.?

7. Sonstiges
1. Werden vom Unternehmen Eigenleistungen erbracht, die aktiviert werden (selbsterstellte Anlagen, aktivierte Großreparaturen)?
2. Wie ist sichergestellt, dass die anderen aktivierten Eigenleistungen vollständig erfasst werden?
3. Welche Kostenbestandteile werden in die anderen aktivierten Eigenleistungen einbezogen?
4. Wie ist die Vorgehensweise zur Erfassung und Buchung der anderen aktivierten Eigenleistungen?
5. Gibt es Festwerte im Anlagevermögen? Könnte man aus Vereinfachungsgründen für bestimmte Gegenstände Festwerte bilden?
6. Werden ggf. die gesetzlichen Voraussetzungen für die Bildung und Beibehaltung von Festwerten berücksichtigt und regelmäßig überprüft?
7. Wird für „festbewertete" Vermögensgegenstände alle drei Jahre eine körperliche Bestandsaufnahme durchgeführt und werden hieraus entsprechende Konsequenzen gezogen (ggf. Aufstockung des Festwerts)?
8. Wie ist sichergestellt, dass geleistete Anzahlungen für Anlagevermögen korrekt von den geleisteten Anzahlungen für Umlaufvermögen abgegrenzt werden?
9. Wie ist sichergestellt, dass gebildete Rückstellungen für Instandhaltungsmaßnahmen/ Abraumbeseitigung den gesetzlichen Vorgaben insb. an die Nachholfrist gerecht werden? Wer überprüft die Einhaltung der Nachholfrist?

gg) Rechnungswesen/Jahresabschlusserstellung

356 Mit dem Prozess „Rechnungswesen/Jahresabschlusserstellung" sind i.d.R. folgende wesentliche Geschäftsvorfälle und Abschlussaussagen/ Prüfungsziele verbunden:

Wesentliche Geschäftsvorfälle	Abschlussaussagen/Prüfungsziele[433]
Festlegung und Anwendung von Bilanzierungsgrundsätzen	alle Abschlussaussagen/VBGWA
Erfassung von Geschäftsvorfällen in der Finanzbuchhaltung	alle Abschlussaussagen/VBGA
Durchführung von Abschlussbuchungen (Bewertungen, Abgrenzungen etc.)	alle Abschlussaussagen/VBGWA
Aufstellung des Jahresabschlusses	alle Abschlussaussagen/VBGWEA

1. Organisation des Rechnungswesens
1. Sind die im Rechnungswesen eingesetzten Mitarbeiter ausreichend qualifiziert, befähigt und motiviert? Ist ausreichend Personal vorhanden? In welchen Bereichen gibt es Schwachstellen?

2. Wie ist die Fluktuation im Rechnungswesen?
3. Sind Teile der Rechnungslegung auf einen externen Dienstleister ausgelagert?
4. Gibt es eine Dokumentation der Aufbau- und Ablauforganisation des Rechnungswesens sowie Stellenbeschreibungen? Ist die Dokumentation aktuell, d.h. entspricht die Aufbau- und Ablauforganisation der Dokumentation? Wie ist das Rechnungswesen aufgebaut? Wem untersteht es (z.B. Finanzvorstand)?
5. Gibt es Unterschriftsregelungen (z.B. wer genehmigt bis zu welcher Höhe Rechnungen, Überweisungen, Buchungen)? Sind die Unterschriftsregelungen angemessen?
6. Wie sind die Abläufe in der Finanzbuchhaltung (wer initiiert Buchungen, wer genehmigt und kontrolliert, insb. bei der Abschlusserstellung)? Welche Kontrollen (insb. übergeordnete Kontrollmaßnahmen) gibt es? Wie werden die Kontrollen dokumentiert? Welche automatischen Kontrollen gibt es?
7. Hat es Veränderungen bei den Abläufen in der Finanzbuchhaltung gegeben?
8. Ist eine angemessene Funktionstrennung gewährleistet (z.B. zwischen Buchhaltung und Zugang zu Geld und Schecks, zwischen Buchung und Rechnungsstellung)? Ist das Vieraugenprinzip gewährleistet?
9. Gibt es bestimmte Bereiche/ Transaktionen, die für Diebstahl und Unterschlagungen besonders anfällig sind?
10. Gibt es eine Interne Revision? Wie ist der Aufgabenbereich der Internen Revision?
11. Wie ist sichergestellt, dass alle Geschäftsvorfälle zeitnah erfasst werden?
12. Wie wird eine korrekte Periodenabgrenzung sichergestellt?
13. Wie ist sichergestellt, das keine Buchung ohne Beleg vorgenommen wird?
14. Wie/ Wo erfolgt die Ablage der Belege?
15. Erfolgt regelmäßig eine Abstimmung der Nebenbücher mit den Hauptbüchern? Wie häufig wird eine solche Abstimmung durchgeführt? Wer überprüft die Abstimmung?
16. Wie häufig werden die Konten der Finanzbuchhaltung (z.B. auch Zwischenkonten) auf Fehler und Plausibilität überprüft bzw. bereinigt?
17. Bestehen eine Vertragsdatenbank und ein Vertragscontrolling zur Erfassung und Überwachung wesentlicher Verträge?

2. Rechnungslegung
1. Nach welchen Bilanzierungsgrundsätzen bilanziert das Unternehmen (Einzelabschluss, Konzernabschluss, internes Berichtswesen)?
2. Verfügt die Gesellschaft über eine Bilanzierungsrichtlinie? Wird diese regelmäßig aktualisiert? Wer ist für die Aktualisierung zuständig? Sind die Änderungen durch das Management zu genehmigen?
3. Werden die Bilanzierungsgrundsätze stetig angewendet?
4. Wie werden Änderungen der Bilanzierungsrichtlinie kommuniziert? Werden bei wesentlichen Änderungen Schulungen der Mitarbeiter durchgeführt?
5. Ist durch Buchungsanweisungen, die Bilanzierungsrichtlinien, Kenntnis der verantwortlichen Person und entsprechende Kontrollmaßnahmen (Management Review) sichergestellt, das die Bilanzierungsgrundsätze einheitlich (z.B. über verschiedene Standorte) angewendet werden?
6. Hat es im Berichtsjahr Änderungen der Bilanzierungsgrundsätze gegeben? Welche?
7. Welche Gründe gibt es für die Änderungen (z.B. Bilanzpolitik, neue Rechnungslegungsvorschriften, neue Interpretationen von bestehenden Rechnungslegungsgrundsätzen)? Sind die Änderungen angemessen und nach den Rechnungslegungsvorschriften zulässig?

8. Zur Risikoeinschätzung: Verfolgt das Unternehmen tendenziell eine eher konservative oder progressive Bilanzpolitik? Worin äußert sich diese Bilanzpolitik?

3. IT
1. Welche IT-Systeme werden in der Finanzbuchhaltung eingesetzt? Wie bedeutend ist die IT für die Berichterstattung und das interne Management Reporting?
2. Gibt es Schnittstellen zwischen Haupt- und Nebenbüchern, sodass die Daten automatisch übernommen werden?
3. Gibt es ein gesondertes Berichtssystem für den Konzernabschluss und das Controlling? Werden die Daten des Einzelabschlusses automatisch in das Berichtssystem übernommen (Schnittstelle)?
4. Wie sind die Zugriffsberechtigungen geregelt? Wer ist für die Verwaltung zuständig?

4. Jahresabschlusserstellung
1. Wie häufig erstellt die Gesellschaft einen Abschluss? Welche Abschlussbuchungen werden auch bei unterjährigen Abschlüssen durchgeführt?
2. Welche Kontrollmaßnahmen gibt es im Rahmen der Abschlusserstellung? Wie sind die Abläufe? Welche übergeordneten Kontrollmaßnahmen gibt es bei der Abschlusserstellung?
3. Welche wesentlichen Abschlussbuchungen und Buchungen nach dem Stichtag gibt es, die vom Management initiiert werden? In welchem Umfang ist das Management in Bewertungsfragen involviert? Wie erfolgt die Dokumentation und Genehmigung von Buchungen, die vom Management veranlasst werden?
4. Wird nach Erstellung des JA eine detaillierte Abweichungsanalyse durchgeführt (Vergleich mit Planzahlen)? Wer ist hierfür zuständig?
5. Erfolgt regelmäßig eine Abstimmung zwischen der Rechtsabteilung und dem Rechnungswesen, um sicherzustellen, dass alle Verträge vollständig und zutreffend bilanziell berücksichtigt wurden?
6. In welchen Bereichen werden Spezialisten hinzugezogen? (z.B. Steuerrückstellungen, Pensionsrückstellungen, Bewertung von Finanzderivaten, Unternehmensbewertungen)
7. Wer ist verantwortlich für die Erstellung der einzelnen Bestandteile des Jahresabschlusses? Wer kontrolliert die Erstellung (Vieraugenprinzip)?

4. Analytische Prüfungshandlungen
a) Begriff und Komponenten der analytischen Prüfungshandlungen

357 Die Durchführung einer Abschlussprüfung verlangt nicht nur die Sicherstellung des vorgegebenen **Qualitätsniveaus**, sondern auch die Beachtung des **Grundsatzes der Wirtschaftlichkeit**[434]. Analytische Prüfungshandlungen spielen für die Wirtschaftlichkeit, aber auch für die Effektivität einer Abschlussprüfung eine bedeutende Rolle, da durch sie die aussagebezogenen Einzelfallprüfungen und damit der Prüfungsumfang insgesamt zur Gewinnung eines hinreichend sicheren Prüfungsurteils reduziert werden können[435]. Darüber hinaus eignen sich analytische Prüfungshandlungen zur Identifizierung von Risikofaktoren für Verstöße und in Einzelfällen auch zur Aufdeckung von Verstößen[436].

358 Analytische Prüfungshandlungen sind Plausibilitätsbeurteilungen von Verhältniszahlen und Trends, mit deren Hilfe auffällige Abweichungen aufgezeigt werden sollen[437]. Bei

---
[434] Vgl. auch *IDW PS 300*, Tz. 13.
[435] Vgl. *IDW PS 312*, Tz. 10. Im Gegensatz zu ISA 520 hebt *IDW PS 312*, Tz. 29 die Bedeutung der analytischen Prüfungshandlungen für die Wirtschaftlichkeit der Prüfung hervor.
[436] Vgl. Tz. 385.
[437] Vgl. *IDW PS 312*, Tz. 5.

einer Plausibilitätsbeurteilung handelt es sich somit um eine indirekte Prüfungsmethode, die im Rahmen des Soll-Ist-Vergleichs nicht eine exakte Gleichheit zwischen Soll-Objekt und Ist-Objekt, sondern eine sachlogische Übereinstimmung (Plausibilität) feststellt. Es werden nur Gruppenergebnisse d.h. verdichtete Abschlussinformationen und nicht einzelne Geschäftsvorfälle oder Bestandselemente miteinander verglichen[438]. Dabei besteht eine analytische Prüfungshandlung grundsätzlich aus drei Komponenten:

– Prognose (des Soll-Objektes),
– Vergleich (des Ist-Objektes mit dem Soll-Objekt) und
– Beurteilung (der Soll-Ist-Differenz).

aa) Prognose

Nach der Entscheidung für einen zu prüfenden Sachverhalt besteht der erste Schritt bei der Durchführung von analytischen Prüfungshandlungen zwingend in der Entwicklung eines Prognosewertes, der dann als Vergleichsmaßstab für das Ist-Objekt dient. Wird auf die Entwicklung eines Prognosewertes zu Beginn der analytischen Prüfungshandlung verzichtet, besteht die Gefahr von Fehleinschätzungen[439]. So könnte bei einem einfachen Vergleich mit Vorjahreswerten übersehen werden, dass bei bestimmten Größen, z.B. wegen eines starken Anstiegs des Preisniveaus in bestimmten Branchen, zwingend wesentliche Veränderungen vorliegen müssen. Der Erfolg einer analytischen Prüfungshandlung hängt entscheidend von der Qualität dieses Prognosewertes ab. Einflussgrößen auf die Qualität sind das Verständnis des APr. für die Zusammenhänge zwischen einzelnen Daten sowie die Genauigkeit der Prognose. 359

Analytische Prüfungshandlungen erfordern ein fundiertes **Verständnis** der Zusammenhänge zwischen den zugrunde gelegten Daten (Finanz- oder Betriebsdaten). 360

Dabei sind insb. folgende Anforderungen zu berücksichtigen:

– Bestehen eines Zusammenhangs
  – Beispiel: Die Formulierung einer Prognose für den Provisionsaufwand anhand der Entwicklung der Umsatzzahlen ist dann ungenau, wenn für die Zahlung der Provisionen nicht nur die Umsätze berücksichtigt werden, sondern auch der Zahlungseingang bei den entsprechenden Forderungen;
– Relevanz des Zusammenhangs
  – Beispiel: Bei der Beschäftigung von tariflichen und außertariflichen Angestellten sowie gewerblichen Arbeitnehmern reicht es nicht aus, bei der Formulierung einer Prognose für den Personalaufwand nur Tariflohnsteigerungen zu berücksichtigen, sondern es sind ggf. weitere Lohn- oder Gehaltsbestandteile mit einzubeziehen;
– Stetigkeit des Zusammenhangs
  – Beispiel: Bei der Formulierung einer Prognose für den Personalaufwand kann zu berücksichtigen sein, dass sich eine bisher relativ konstante Beschäftigtenstruktur durch Umstrukturierungen stark verändert hat;
– Beobachtungshäufigkeit eines Zusammenhangs
  – Beispiel: Saisonale Schwankungen, z.B. bei Bauunternehmen, können bei der Formulierung der Prognose für den Personalaufwand besser berücksichtigt werden, wenn monatliche Betrachtungen der Lohn- und Gehaltskosten vorgenommen und dann zusammengefasst werden;

---

[438] Vgl. hierzu und zum folgenden *Marten/Quick/Ruhnke*, Wirtschaftsprüfung³, S. 293; *Leuschner*, WT 1994, S. 30; vgl. auch *Gärtner*, DB 1994, S. 949; *Hömberg*, DB 1989, S. 1783; *Müller/Kropp*, DB 1992, S. 149.
[439] Vgl. *Blocher/Patterson*, JoA 1996, Feb., S. 53.

- Zuverlässigkeit des zugrunde liegenden Datenmaterials
  - Beispiel: Die Prognose von Lohn- und Gehaltsaufwendungen sollte nicht auf der Grundlage von Daten der Lohn- und Gehaltsbuchhaltung, sondern mit Hilfe von anderen internen oder externen Unterlagen, z.B. Mitarbeiterstatistiken der Personalabteilung, Tarifverträge, vorgenommen werden.

361 Die **Genauigkeit** der Prognose ist ein Maß für die Verlässlichkeit der analytischen Prüfungshandlung[440]. Die erforderliche Genauigkeit hängt dabei von dem Grad an Prüfungssicherheit ab, der von der Anwendung einer analytischen Prüfungshandlung erwartet wird[441]. Analytische Prüfungshandlungen, die in der Phase der Prüfungsdurchführung eingesetzt werden, erfordern einen höheren Grad an Prüfungssicherheit als analytische Prüfungshandlungen, die im Rahmen der Prüfungsplanung oder der abschließenden kritischen Durchsicht durchgeführt werden. Bei stark vereinfachten Modellen zur Ermittlung von Prognosewerten besteht eine hohe Wahrscheinlichkeit, dass die analytische Prüfungshandlung nur begrenzt aussagefähige Prüfungsnachweise liefert. Modelle mit mehreren relevanten unabhängigen Variablen sind zwar kostenaufwändiger, führen aber zu genaueren Prognosen und damit zu einem erhöhten Maß an Prüfungssicherheit.

362 Einflussfaktoren für die Genauigkeit von analytischen Prüfungshandlungen sind somit die Verfahren zur Ermittlung von Prognosewerten. Darüber hinaus spielt die Zuverlässigkeit des Datenmaterials, dessen Aggregationsgrad (Untersuchungen auf der Ebene von Konten führen zu einer höheren Genauigkeit als Untersuchungen auf der Ebene des gesamten Unternehmens) und die Prognostizierbarkeit des untersuchten Zusammenhangs eine entscheidende Rolle (z.B. ist in einem stabilen Umfeld die Prognostizierbarkeit von Zusammenhängen i.d.R. höher als in einem instabilen oder dynamischen Umfeld).

bb) Vergleich

363 Durch Vergleich des Prognosewertes mit dem Ist-Wert wird die Soll-Ist-Abweichung ermittelt. Ziel von analytischen Prüfungshandlungen ist dabei nicht die Überprüfung der exakten Übereinstimmung der beiden Größen, sondern vielmehr die Aussage, ob der vorhandene Ist-Wert in Anbetracht der Soll-Größe (Prognosewert) plausibel ist. Auftretende Abweichungen können verschiedene Ursachen haben:

- Es liegen falsche Angaben in der Rechnungslegung vor (aufgrund von Unrichtigkeiten oder Verstößen) oder
- der Prognosewert ist zu ungenau.

cc) Beurteilung

364 Werden die im Rahmen des Soll-Ist-Vergleiches festgestellten Abweichungen als wesentlich angesehen, sind Befragungen des Managements und weitergehende Untersuchungen erforderlich. Die akzeptable Abweichung wird beeinflusst durch die Wesentlichkeitsgrenzen (insb. die Toleranzwesentlichkeit[442]) und den gewünschten Grad an Prüfungssicherheit[443]. Grundsätzlich muss der APr. um so überzeugendere Prüfungsnachweise erlangen, je höher das vom APr. beurteilte Risiko ist. Folglich nimmt die akzeptable Abweichung bei zunehmendem Risiko ab. Können Abweichungen durch das

---

440 Vgl. *IDW PS 312*, Tz. 24.
441 Vgl. *Blocher/Patterson*, JoA 1996, Feb., S. 54.
442 Vgl. Tz. 92.
443 Vgl. ISA 520.A16.

Unternehmen nicht zufriedenstellend geklärt werden, müssen ggf. die bei der Ermittlung der Prognosewerte zugrunde gelegten Daten und getroffenen Annahmen noch einmal überprüft oder ein modifiziertes Verfahren zur Formulierung der Prognose verwendet werden. Bleiben danach noch wesentliche Prüfungsdifferenzen bestehen, sind zusätzliche Prüfungshandlungen erforderlich, um festzustellen, ob der JA wesentliche Falschaussagen enthält[444].

b) Arten analytischer Prüfungshandlungen
Die analytischen Prüfungshandlungen unterscheiden sich hinsichtlich der Verfahren zur Prognosewertermittlung und lassen sich im Wesentlichen in drei Arten einteilen: 365

– Trendanalysen,
– Kennzahlenanalysen oder
– Plausibilitätsprüfungen.

Der APr. kann diese Verfahren auch kombinieren, z.B. indem er die Trends einer Kennzahl ermittelt. Neben diesen Ansätzen sind mathematisch-statistische Verfahren (z.B. Regressionsanalysen, Zeitreihenanalysen) trotz der damit verbundenen höheren Genauigkeit in der Prüfungspraxis weniger stark verbreitet[445].

aa) Trend- und Kennzahlenanalysen
Bei der Ermittlung von Prognosewerten im Rahmen von **Trendanalysen** werden Veränderungen eines bestimmten Abschlusspostens oder einer bestimmten Art von Geschäftsvorfällen über die Zeit hinweg untersucht und ein Richtungsverlauf ermittelt. Der APr. muss dabei auch die Ursachen für die Trendentwicklung der betrachteten Größe ermitteln. Bei der Anwendung von Trendanalysen ist es von entscheidender Bedeutung, die auf die Entwicklung des geprüften Postens wirkenden sonstigen Einflussfaktoren zu erkennen, da die Zeit als alleiniger Einflussfaktor für die Trendentwicklung keinen Erklärungswert für die zu prognostizierende Größe hat[446]. Das Verständnis dieser Ursachen ist daher wichtig, um zu vermeiden, dass Verknüpfungen zwischen bestimmten Posten angenommen werden, die in keinem ursächlichen Zusammenhang zueinander stehen, z.B. zwischen den Rechtsberatungskosten des abgelaufenen GJ und den Rechtsberatungskosten des folgenden GJ. Unter Berücksichtigung der so gewonnenen Erkenntnisse und auf der Grundlage der Kenntnisse über die laufende Geschäftstätigkeit des geprüften Unternehmens wird ein Prognosewert ermittelt und mit dem gebuchten Betrag verglichen. So können bspw. die Jahresumsätze vergangener Rechnungsperioden extrapoliert werden und den im laufenden GJ gebuchten Umsätzen gegenübergestellt werden, um eine Aussage über die Vollständigkeit und die Genauigkeit der gebuchten Umsätze zu erhalten. Soweit festgestellte Abweichungen nicht durch eine Änderung der wirtschaftlichen Verhältnisse oder durch eine Umstrukturierung bestimmter betrieblicher Verhältnisse bedingt sind, können sie Hinweise auf Risikobereiche bzw. Mängel des Prüfungsstoffes geben. 366

Bei der Prüfung mit Hilfe von **Kennzahlen** werden Verhältniszahlen untersucht. Die Verwendung von Verhältniszahlen im Rahmen von analytischen Prüfungshandlungen ist sinnvoller als die Untersuchung von absoluten Zahlen, weil störende Einflüsse auf die Entwicklung der betrachteten Größe auf diese Weise weitgehend eliminierbar sind. 367

---

444 Vgl. ISA 520.7; *IDW PS 312*, Tz. 27; *IDW PS 300*, Tz. 24.
445 Vgl. *Biggs/Mock/Quick*, WPg 2000, S. 170.
446 Vgl. *Müller*, S. 40.

368 Die Kennzahlen lassen sich in Index-, Gliederungs- und Beziehungszahlen unterteilen[447]. **Indexzahlen** geben die zeitliche Veränderung einer Größe im Verhältnis zu einem Basiszeitpunkt bzw. Basiszeitraum an (z.B. Veränderung der Umsatzerlöse im Zeitablauf). Im Unterschied zur Trendanalyse handelt es sich bei den Indexzahlen um die Darstellung von relativen Veränderungen. Bei den **Gliederungszahlen** werden Teilgrößen zu Gesamtgrößen in Relation gesetzt, um die Struktur der Gesamtgröße aufzuzeigen (z.B. Anteil des AV am Gesamtvermögen, Anteil des Betriebsergebnisses am Gesamtergebnis). Alle übrigen Kennzahlen, die das innere Verhältnis einzelner Zahlen zueinander beschreiben, werden unter den **Beziehungszahlen** zusammengefasst (z.B. Personalaufwand zur Gesamtleistung).

369 Im Rahmen von Kennzahlenanalysen können unterschiedliche Relationen untersucht werden, wie z.B. zwischen

- zwei verschiedenen Abschlussposten (z.B. Untersuchung des Verhältnisses der Kreditverkäufe zu den durchschnittlichen Nettoforderungen bei der Prüfung der Forderungen, Relation zwischen Materialaufwand und durchschnittlichem Vorratsvermögen bei der Prüfung der Vorräte),
- einer Art von Geschäftsvorfällen und einem Abschlussposten (z.B. Untersuchung des Verhältnisses von Rücksendungen zum Gesamtumsatz, wobei steigende Relationen auf Produktmängel hindeuten und sich damit Fragen der Werthaltigkeit der ausgewiesenen Forderungen, des Bestandes der Umsatzerlöse und ggf. der Bildung von Gewährleistungsrückstellungen aufwerfen) sowie
- Finanz- und Betriebsdaten (z.B. kann eine Verschlechterung des Verhältnisses Umsatzerlöse zu verkauften Stückzahlen für eine einzelne Produktlinie über einen bestimmten Zeitraum die Bildung von Drohverlustrückstellungen erforderlich erscheinen lassen).

370 Bei Kennzahlenanalysen können einerseits die mittel- und längerfristigen Veränderungen der Kennzahlen eines Unternehmens, andererseits aber auch Kennzahlen vergleichbarer Unternehmen, verschiedener Unternehmenssegmente oder Branchenkennzahlen untersucht werden (sog. **Benchmarking**). Bspw. kann eine Margenanalyse Hinweise auf die Profitabilität von Produkten, die Notwendigkeit der Abwertung von Vorräten bzw. der Bildung von Drohverlustrückstellungen, aber auch Aufschluss auf die korrekte Erfassung von Umsatzerlösen und Materialaufwand geben. Eine Analyse der Kennzahl „durchschnittliches Kundenziel" ermöglicht Aussagen über das Alter der Forderungen am Abschlussstichtag bzw. mögliche Kreditrisiken durch sich verschlechternde Bonität der Kunden. Als Informationsquellen für solche Analysen kommen Veröffentlichungen über Unternehmen oder Branchen (z.B. öffentliche Statistiken, Branchenreporte, von Banken und Finanzanalysten veröffentlichte Berichte, Mitteilungen von Industrie- und Handelskammern sowie Unternehmerverbänden und Wirtschaftsvereinigungen, Finanzzeitungen, Internet) oder auch die Konsultation von Branchenspezialisten innerhalb der Prüfungsgesellschaft in Frage[448].

371 Die Aussagefähigkeit dieser beiden analytischen Verfahren ist entscheidend davon abhängig, ob ein innerer Zusammenhang zwischen einzelnen Daten besteht. Die Jahresabschlussdaten werden überwiegend durch einen Hauptfaktor und verschiedene Nebenfaktoren beeinflusst. Die Ermittlung dieser Faktoren ist eine Voraussetzung für die Anwendung von Vergleichs- und Kennzahlen. Die Höhe der Umsatzerlöse eines Supermarktes wird bspw. entscheidend durch die Größe der Verkaufsfläche beeinflusst; dieses

---

447 Vgl. hierzu *Staudt*.
448 Vgl. *IDW PS 230*, Tz. 14; *Marten/Quick/Ruhnke*, Wirtschaftsprüfung[1], S. 309, 257.

Verhältnis wird durch die Kennzahl Umsatz je Quadratmeter ausgedrückt. Die Umsatzerlöse werden jedoch durch weitere Faktoren (z.B. Lage des Supermarktes, Anbindung an den öffentlichen Verkehr usw.) beeinflusst, so dass durch die alleinige Analyse dieser Kennzahl eine verlässliche Beurteilung der Umsatzentwicklung nicht möglich ist.

bb) Plausibilitätsprüfungen

Plausibilitätsprüfungen dienen dazu, die Daten der Finanzbuchhaltung durch Vergleich mit davon unabhängigen Aufzeichnungen auf ihre inhaltliche Richtigkeit hin zu überprüfen. Ziel dieser Kontrollrechnungen ist es festzustellen, ob die Höhe des Ist-Objektes im Vergleich zur Sollgröße plausibel erscheint[449]. Solche Analysemethoden werden in der Praxis häufig bei der Prüfung der GuV-Posten angewandt. In der Prüfungspraxis werden häufig Plausibilisierungen der Umsatzerlöse anhand der verkauften Stückzahlen und der Durchschnittserlöse je Produktgruppe, Plausibilisierungen des Zinsaufwands anhand der jeweiligen Zinssätze und des durchschnittlichen Saldos der Verbindlichkeiten und Plausibilisierungen der Absatzmenge mit der Produktionskapazität und den Lagerabgängen vorgenommen. 372

Die Ergebnisse einer Plausibilitätsprüfung sind nur dann verwertbar, wenn ein richtiges Soll-Objekt entwickelt werden kann. Das verlangt vom APr. ein erhöhtes Wissen über die Branche sowie die Betriebs- und Geschäftsabläufe des Mandanten. Dieses Wissen ist erforderlich, um zweckentsprechende Variablen für die Kontrollrechnungen ermitteln zu können. Im Rahmen der risikoorientierten Abschlussprüfung sollten solche Variablen bspw. während der Erlangung eines Verständnisses über die Geschäftstätigkeit sowie das Umfeld des geprüften Unternehmens identifiziert werden. 373

Das Verfahren soll an folgenden Beispielen verdeutlicht werden: Bei einem Fertigungsbetrieb kann von den zugekauften Rohstoffen und Waren auf die Menge der hergestellten Erzeugnisse geschlossen werden, sofern diese in einem Verhältnis zueinander stehen. Die Umsatzerlöse eines Speditionsunternehmens lassen sich anhand der Treibstoffkosten überschlägig prüfen. Auf der Grundlage von Mitarbeiterzahlen, durchschnittlichen Lohn- und Gehaltstarifen und durchschnittlichen Arbeitsstunden kann der Personalaufwand geschätzt werden. Die Temperaturentwicklung kann Aufschluss über die von einem Versorgungsunternehmen abgesetzten Energiemengen liefern[450]. Die Umsatzerlöse eines Hotels können aus der Belegungsquote des laufenden Jahres und den durchschnittlichen Zimmerpreisen hergeleitet werden. 374

Damit diese Verfahren sinnvoll eingesetzt werden können, kommt es somit entscheidend auf die spezifischen Branchenkenntnisse des APr. an, die sowohl aus früheren Prüfungen des Unternehmens oder aus der Prüfung anderer Unternehmen der gleichen Branche stammen können. Die Ergebnisse der Analyse sind immer im branchen- bzw. unternehmensspezifischen Zusammenhang zu sehen. Eine einheitliche Interpretation der Resultate ist daher nur begrenzt möglich. Neben dieser speziellen Problematik sind die allgemeinen Voraussetzungen, die z.T. bei der Trend- und Kennzahlenanalyse beschrieben wurden, zu beachten. So ist darauf zu achten, aus welchen Quellen die Informationen stammen und welche Unsicherheiten in dem Datenmaterial enthalten sind. Darüber hinaus muss bei dieser Analysemethode geprüft werden, ob die Relationen zwischen den einzelnen Daten gerechtfertigt sind. Solche Relationen können sich durch außergewöhnliche Ereignisse verändern (z.B. Erweiterung des Produktsortimentes, Umstellung des Rechnungswesens usw.). 375

---

449 Vgl. *Müller/Kropp*, DB 1992, S. 154.
450 Vgl. *O'Reilly*, Ch. 18.3.

c) Anwendungsbereich analytischer Prüfungshandlungen

376 Analytische Prüfungshandlungen sind sowohl bei Prüfungsplanung (insb. bei den Prüfungshandlungen zur Risikobeurteilung[451]) und der Prüfungsdurchführung (aussagebezogene analytische Prüfungshandlungen[452]) als auch als abschließende prüferische Durchsicht vor Beendigung der Prüfung vorzunehmen[453]. Zu Beginn der Prüfung können mit Hilfe dieser Prüfungsmethode zeitnah kritische Prüfungsgebiete identifiziert und damit Prüfungsschwerpunkte festgelegt werden. Während der Abschlussprüfung ergänzen die Plausibilitätsüberlegungen die Einzelfallprüfungen und können den Umfang der aufwändigen Belegprüfungen einschränken. Abschließend wird die Methode noch einmal bei der kritischen Durchsicht der Prüfungsergebnisse benutzt. Analytische Prüfungshandlungen eignen sich darüber hinaus als Prüfungshandlungen zur Aufdeckung von Verstößen.

aa) Prüfungsplanung

377 Die Prüfungsplanung für die Abschlussprüfung umfasst zunächst die Entwicklung einer Prüfungsstrategie, die Grundlage für die Erstellung des Prüfungsprogramms ist. Dabei hat der APr. Prüfungshandlungen zur Risikobeurteilung durchzuführen, um Anhaltspunkte dafür zu gewinnen, in welchen Prüfungsgebieten mit wesentlichen Unrichtigkeiten oder Verstößen gegen Rechnungslegungsvorschriften zu rechnen ist[454]. In dieser Phase unterstützen analytische Prüfungshandlungen den APr. bei der Erlangung eines Verständnisses der Geschäftstätigkeit des geprüften Unternehmens und der Identifizierung kritischer Prüfungsgebiete[455]. Mit ihrer Hilfe können ungewöhnliche Geschäftsvorfälle, Ereignisse, Beträge, Verhältniszahlen oder Trends erkannt werden, die Hinweise auf Risiken wesentlicher falscher Angaben in Abschluss und LB geben[456].

bb) Prüfungsdurchführung

378 Im Rahmen der Prüfungsdurchführung tragen aussagebezogene analytische Prüfungshandlungen zur Erlangung verlässlicher Prüfungsnachweise bei. Bei deren Planung und Durchführung muss der APr. nach ISA zwingend[457]

– die **Eignung** bestimmter aussagebezogener analytischer Prüfungshandlungen für gegebene Abschlussaussagen unter Berücksichtigung des Fehlerrisikos und ggf. von Einzelfallprüfungen bestimmen,
– die **Verlässlichkeit der Daten** beurteilen (unter Berücksichtigung von Quellen, Vergleichbarkeit, Art und Relevanz der verfügbaren Informationen sowie der Kontrolle über deren Erstellung),
– eine **Erwartung (Prognosewert)** von den erfassten Beträgen oder Kennzahlen entwickeln und beurteilen, ob diese Erwartung ausreichend genau für die Feststellung einer falschen Darstellung ist, die einzeln oder in Summe mit anderen falschen Darstellungen dazu führen kann, dass der Abschluss wesentlich falsch dargestellt ist, sowie
– den **Betrag einer akzeptablen Abweichung** zwischen den erfassten und erwarteten Beträgen bestimmen, die ohne weitere Untersuchung vertretbar ist.

---

451 Vgl. ISA 315.6(b); *IDW PS 261*, Tz. 16.
452 Vgl. ISA 520.5; *IDW PS 312*, Tz. 16.
453 Vgl. ISA 520.6; *IDW PS 312*, Tz. 16.
454 Vgl. ISA 300.9(a) i.V.m. ISA 315; *IDW PS 240*, Tz. 11, 15.
455 Vgl. *IDW PS 312*, Tz. 17.
456 Vgl. ISA 315.A7.
457 Vgl. ISA 520.5

Durchführung der Abschlussprüfung   R

Der APr. kann durch aussagebezogene analytische Prüfungshandlungen, Einzelfall-   379
prüfungen oder durch eine Kombination beider Prüfungshandlungen das Risiko, wesentliche falsche Aussagen im JA und im LB nicht aufzudecken, verringern. Auf der Grundlage von aussagebezogenen analytischen Prüfungshandlungen können ausreichende und angemessene Prüfungsfeststellungen für die abschließende Prüfungsaussage getroffen und der Umfang notwendiger weiterer Einzelfallprüfungen reduziert bzw. Einzelfallprüfungen ganz unterlassen werden[458]. Im letzteren Fall sind jedoch Faktoren wie das mit dem Abschlussposten verbundene Prüfungsrisiko, dessen Wesentlichkeit und die Genauigkeit des bei der aussagebezogenen analytischen Prüfungshandlung verwendeten Verfahrens zu berücksichtigen. Im Prüfungsgebiet Forderungen kann bspw. ein Vergleich des Prozentsatzes der Pauschalwertberichtigung auf Forderungen eine ausreichende Prüfungshandlung im Hinblick auf das Prüfungsziel Bewertung der Forderungen sein, sofern keine weiteren Risiken zu berücksichtigen sind. Bei wesentlichen Posten darf der APr. jedoch sein Prüfungsurteil nicht ausschließlich auf die Ergebnisse aussagebezogener analytischer Prüfungshandlungen stützen, wobei sich der Begriff der Wesentlichkeit nicht nur auf quantitative, sondern auch auf qualitative Merkmale (Sachverhalte, die auf kritische Prüfungsgebiete hinweisen) bezieht[459].

Posten der Gewinn- und Verlustrechnung sind für den Einsatz von aussagebezogenen   380
analytischen Prüfungshandlungen besonders geeignet, da wegen des Charakters der Gewinn- und Verlustrechnung als Zeitraumrechnung sachlogische Verknüpfungen besser prognostizierbar sind als in der Bilanz. Daher ist es zweckmäßig und wirtschaftlich, die mit der Bilanz korrespondierenden Posten der Gewinn- und Verlustrechnung (z.B. Abschreibungen) vorrangig mit Hilfe von aussagebezogenen analytischen Prüfungshandlungen zu prüfen, soweit die entsprechenden Bilanzposten bereits einer Einzelfallprüfung unterzogen worden sind[460].

Der Einsatz von analytischen Prüfungshandlungen kann auch bei der Prüfung des LB   381
sinnvoll sein. Im Rahmen der zukunftsorientierten Prüfung des LB beurteilt der APr. prognostische und wertende Angaben hinsichtlich deren Plausibilität und Übereinstimmung mit den während der Abschlussprüfung gewonnenen Erkenntnissen[461].

Welche Prüfungsmethode (aussagebezogene analytische Prüfungshandlungen, Einzel-   382
fallprüfungen) angewandt wird, entscheidet der APr. eigenverantwortlich[462]. Seine Entscheidung richtet sich nach der erwarteten Wirtschaftlichkeit und Wirksamkeit der verfügbaren Prüfungshandlungen. I.d.R. wählt der APr. eine Kombination aus beiden Prüfungshandlungen.

Fällt eine aussagebezogene analytische Prüfungshandlung positiv aus, d.h. existieren   383
keine oder nur plausible Abweichungen zwischen dem erwarteten und dem tatsächlichen Ergebnis, so verringert sich der erforderliche Stichprobenumfang der Einzelfallprüfungen. Sind das innewohnende Risiko und das Kontrollrisiko für diesen Bereich gering eingeschätzt worden, so können bei positiv ausgefallenen Analysen, die einen hohen Genauigkeitsgrad haben, Einzelfallprüfungen u.U. ganz entfallen. Werden die Abwei-

---

[458] Vgl. ISA 330.A43; *IDW PS 312*, Tz. 11.
[459] Vgl. *IDW PS 312*, Tz. 12: Nach ISA 330.21 sind als Reaktion auf ein bedeutsames Risiko zwingend Einzelfallprüfungen durchzuführen, wenn der Prüfungsansatz ausschließlich aus aussagebezogenen Prüfungshandlungen besteht.
[460] Vgl. *Boynton/Raymond/Kell*, S. 348.
[461] Vgl. *IDW PS 350*, Tz. 22.
[462] Vgl. ISA 330.A43; ISA 520.A4; *IDW PS 312*, Tz. 20.

chungen jedoch als wesentlich angesehen, hat der APr. das Management zu befragen und weitere Prüfungshandlungen durchzuführen[463].

cc) Abschließende Gesamtdurchsicht

384 Analytische Verfahren werden als eine abschließende Prüfungshandlung vorgenommen, um die im Verlauf der Prüfung gezogenen Schlussfolgerungen auf ihre Berechtigung hin zu überprüfen und damit das Gesamturteil über den JA zu erleichtern[464]. Sie bieten eine zusätzliche Sicherheit, dass der JA nicht durch nicht entdeckte Unrichtigkeiten oder Verstöße[465] wesentliche falsche Angaben aufweist. Treten Unplausibilitäten bei dieser abschließenden Prüfungshandlung auf, sind zusätzliche Untersuchungen erforderlich und die Risikobeurteilung ist ggf. zu ändern[466]. Die durchzuführenden analytischen Prüfungshandlungen können denjenigen ähneln, die als Prüfungshandlungen zur Risikobeurteilung angewendet werden könnten[467].

dd) Berücksichtigung von Verstößen

385 Nach § 317 Abs. 1 S. 3 HGB ist die Prüfung so anzulegen, dass wesentliche Unrichtigkeiten und Verstöße gegen die gesetzlichen Vorschriften und sie ergänzende Bestimmungen des Gesellschaftsvertrags oder der Satzung, die sich auf die Darstellung des sich nach § 264 Abs. 2 HGB ergebenden Bildes der Vermögens-, Finanz- und Ertragslage des Unternehmens wesentlich auswirken, bei gewissenhafter Berufsausübung erkannt werden. Die Abschlussprüfung ist danach mit einer kritischen Grundhaltung zu planen und durchzuführen. Der APr. muss sich stets vor Augen halten, dass JA und LB wesentliche falsche Angaben aufgrund von Verstößen wie Manipulationen der Rechnungslegung, Vermögensschädigungen, aber auch sonstigen Gesetzesverstößen enthalten können. Analytische Prüfungshandlungen eignen sich zur Identifizierung von Risikofaktoren für Verstöße, in Einzelfällen auch zur Aufdeckung von Verstößen. Analytische Prüfungshandlungen können hilfreich sein, um bereits bei der Entwicklung eines Verständnisses des zu prüfenden Unternehmens und dessen Umfeld ungewöhnliche Transaktionen oder Ereignisse, Beträge, Verhältniszahlen und Entwicklungen, die auf Verstöße hinweisen können, zu erkennen. Ungewöhnliche oder unerwartete Verhältnisse, die bei der Durchführung analytischer Prüfungshandlungen festgestellt werden, sind stets auf das Bestehen von Risiken wesentlicher falscher Angaben aufgrund von Verstößen zu beurteilen[468]. Auch der Vergleich mit unternehmensexternen Daten wie z.B. Daten vergleichbarer Unternehmen oder Branchenvergleichszahlen kann zu Hinweisen auf Verstöße führen. Mit Hilfe von einfachen Plausibilitätsprüfungen wie z.B. dem Vergleich der für ein Lager ausgewiesenen Vorräte mit der Lagerkapazität können wesentliche Verstöße aufgedeckt werden[469]. Zur Aufdeckung von sonstigen Gesetzesverstößen, die definitionsgemäß nicht zu falschen Angaben in der Rechnungslegung führen und damit regelmäßig keine auffälligen Abweichungen in den Relationen prüfungsrelevanter Daten verursachen, eignen sich analytische Prüfungshandlungen i.d.R. nicht[470].

---

463 Vgl. Tz. 364.
464 Vgl. ISA 520.6; *IDW PS 312*, Tz. 23.
465 Vgl. ISA 240.34
466 ISA 520.A18; *IDW PS 312*, Tz. 23.
467 Vgl. Tz. 75 ff.
468 Vgl. ISA 240.22, 34; *IDW PS 210*, Tz. 32, 47.
469 Vgl. *Coglitore/Berryman*, Auditing 1988, S. 152-153.
470 Vgl. *Sell*, S. 181.

d) Grenzen und Probleme analytischer Prüfungshandlungen

Die Qualität analytischer Prüfungshandlungen hängt entscheidend von der Zuverlässigkeit des zur Verfügung gestellten Datenmaterials ab. Es besteht die Gefahr, dass die zu Vergleichszwecken herangezogenen Größen fehlerhaft sind. Gerade manipulierte Daten zeichnen sich häufig dadurch aus, dass die aus ihnen abgeleiteten allgemein üblichen Kenn- und Verhältniszahlen keine Abweichung von der Norm erkennen lassen[471]. Aus diesem Grunde ist der APr. verpflichtet, die Qualität der Daten kritisch zu prüfen. Dabei ist das erforderliche Maß an Verlässlichkeit solcher Daten abhängig von dem Grad an Sicherheit, den der Prüfer mittels der analytischen Prüfungshandlungen gewinnen will. Wird vom geprüften Unternehmen zusammengestelltes Datenmaterial verwendet, muss sich der APr. davon überzeugen, dass es in sachgerechter Weise erstellt wurde[472]. Bspw. kann auch die Verwendung von Planungsrechnungen des Mandanten im Rahmen von analytischen Prüfungshandlungen zusätzliche Prüfungshandlungen erforderlich machen, um sowohl die Angemessenheit der Annahmen zu prüfen als auch um bestimmte Informationen zu erhärten.

386

Wichtig für die Anwendung analytischer Prüfungshandlungen ist, ob die Annahme eines Zusammenhangs zwischen den einzelnen Daten gerechtfertigt ist. Diese Relationen können aber unter Umständen von der Geschäftsleitung beeinflusst sein. Die Beziehungen zwischen den Daten können durch Bilanzierungswahlrechte (z.B. Wahlrechte bei den Abschreibungen) oder Ermessensspielräume (z.B. Bewertung von Rückstellungen oder Forderungen) verändert werden. Der Prüfer muss deshalb solche Zusammenhänge erkennen, um keine falschen Schlussfolgerungen zu ziehen[473]. Wird bspw. die Abschreibungsmethode von degressiv auf linear geändert, muss der APr. diese Änderung bei der Ermittlung des Erwartungswertes für die Abschreibungen erkennen und berücksichtigen.

387

Analytische Prüfungshandlungen hängen häufig von verschiedenen Einflussfaktoren ab. Deshalb ist es für die Qualität dieser Analysen entscheidend, wie sorgfältig der Prüfer die einzelnen Erwartungsgrößen untersucht. Häufig sind in den einzelnen Faktoren Unsicherheiten enthalten, die der Prüfer bei seiner Interpretation berücksichtigen muss.

388

Ein weiteres Problem liegt in der Datenstruktur. Je stärker die Daten aggregiert sind, desto eher besteht die Möglichkeit, dass wesentliche Unrichtigkeiten durch gegenläufige Faktoren ausgeglichen und verdeckt werden. Wenn die Analyse auf aggregierten Zahlen beruht, nimmt die Aussagekraft der Ergebnisse mit der Größe, Diversifizierung und Komplexität des Geschäfts des Mandanten ab. Der Prüfer sollte daher bei seinen Analysen auf Detailgrößen zurückgreifen.

389

Die Verwendung von Vergleichszahlen eines anderen Unternehmens oder einer bestimmten Branche ist häufig nicht uneingeschränkt möglich, da Unternehmensvergleichszahlen ggf. aufgrund von betrieblichen Besonderheiten nicht vergleichbar sind und auch die Heranziehung von Branchenvergleichszahlen bspw. bei Unternehmen, die sich nicht exakt einer bestimmten Branche zuordnen lassen, problematisch ist.

390

Die Grenzen und Probleme der analytischen Prüfungshandlungen machen deutlich, dass zur abschließenden Beurteilung kritischer Prüfungsgebiete die analytischen Untersuchungen nicht ausreichen[474]. I.d.R. werden daher die Systemprüfungen, die analyti-

391

---

471 Vgl. *Dörner*, in: FT IDW 1988, S. 34.
472 Vgl. ISA 520.A12; *IDW PS 312*, Tz. 15.
473 Vgl. ISA 520.A6; *IDW PS 312*, Tz. 14.
474 Vgl. ISA 330.21; *IDW PS 312*, Tz. 12.

schen Prüfungshandlungen und die Einzelfallprüfungen miteinander kombiniert, um einen optimalen Wirkungsgrad im Hinblick auf das Prüfungsziel zu erreichen.

5. Einzelfallprüfungen[475]

a) Einleitung

392 Im Rahmen einer **risikoorientierten Abschlussprüfung** wird der JA in den Gesamtzusammenhang mit dem Unternehmen und seinem Umfeld gestellt. Den im Hinblick auf die Jahresabschlussposten durchgeführten Prüfungshandlungen liegt ein generelles Verständnis des Umfeldes und der Geschäftstätigkeit des geprüften Unternehmens sowie eine Beurteilung der Geschäftsrisiken zugrunde[476]. Die dabei identifizierten Kontrollen können bei ihrer Wirksamkeit zu einer Einschränkung des Umfangs der noch erforderlichen aussagebezogenen Prüfungshandlungen (analytische Prüfungshandlungen und Einzelfallprüfungen) führen[477]. Einzelfallprüfungen werden insb. für solche Prüfungsziele durchgeführt, die als besonders kritisch eingeschätzt wurden und/oder bei denen die Prüfung von internen Kontrollen und aussagebezogene analytische Prüfungshandlungen nicht zu ausreichenden Prüfungsnachweisen führen. Die im Folgenden dargestellten Prüfungshandlungen sind daher im Rahmen eines risikoorientierten Prüfungsansatzes als eine Auswahl ggf. in Frage kommender Einzelfallprüfungen anzusehen.

b) Prüfung der Gliederungsgrundsätze

393 Während § 265 HGB Grundsätze für die Gliederung des JA von **KapGes.** und **Personenhandelsgesellschaften i.S.v. § 264a HGB** normiert, enthalten die für alle **Kaufleute** geltenden Vorschriften diesbezüglich keine detaillierten Regelungen. Der APr. hat sich deshalb bei der Prüfung des JA von Nicht-KapGes., die auch nicht unter § 264a HGB fallen, davon zu überzeugen, dass die im Einzelfall gewählte Gliederung unter Berücksichtigung von Art und Umfang des Geschäftsbetriebs sachgerecht ist.

394 Bei der Beurteilung der von KapGes. und Personenhandelsgesellschaften i.S.v. § 264a HGB angewendeten Gliederung sind vom APr., unbeschadet der speziellen Anforderungen für den zutreffenden Ausweis von Einzelposten, folgende allgemeinen Überlegungen anzustellen (§ 265 HGB):

– Wurde die im Vj. gewählte Gliederung der Bilanz und GuV im abgelaufenen GJ beibehalten? Soweit von der Gliederung des Vj. abgewichen wurde, war dies aufgrund besonderer Umstände gerechtfertigt? Wurde die Abweichung im Anhang angegeben und begründet?
– Wird zu jedem Posten der Bilanz und GuV der entsprechende Betrag des vorhergehenden GJ angegeben? Stimmt dieser mit dem entsprechenden Betrag des Vorjahresabschlusses überein? Soweit die Vergleichbarkeit aufgrund besonderer Vorgänge (Ausweis- oder Bewertungsänderungen, Änderungen der Rechnungsperiode, Ausgliederung von Teilbetrieben etc.) gestört ist, wurde dies im Anhang angegeben und erläutert? Wenn die Störung der Vergleichbarkeit durch Anpassung der Vorjahreszahlen beseitigt wurde, ist deren Ermittlung durch Einsichtnahme in die entsprechenden Überleitungsrechnungen des Unternehmens zu überprüfen. Auch in diesem Fall ist darauf zu achten, ob die erforderliche Angabe und Erläuterung im Anhang erfolgt ist.

---

[475] Zur Prüfung der einzelnen Bilanz- und GuV-Posten vgl. ausf. *Selchert*, S. 281, *Krommes*, S. 283 sowie die Einzelbeiträge in HWRP[3] und die dort angegebene Literatur.
[476] Vgl. Tz. 239.
[477] Vgl. Tz. 90.

- Soweit ein Vermögensgegenstand oder eine Schuld unter mehrere Bilanzposten fällt, wurde die Mitzugehörigkeit bei dem entsprechenden Posten vermerkt bzw. im Anhang angegeben?
- Sind mehrere Geschäftszweige vorhanden und bedingt dies die Gliederung des JA nach verschiedenen Gliederungsvorschriften? Wurde in diesem Fall der JA nach der für einen Geschäftszweig vorgeschriebenen Gliederung aufgestellt und nach der für den anderen Geschäftszweig vorgeschriebenen Gliederung ergänzt? Wurde die Ergänzung im Anhang angegeben und begründet?
- Wurde bei einer weitergehenden Untergliederung von Posten das vorgeschriebene Gliederungsschema beachtet und wurden neue Posten nur dann hinzugefügt, wenn ihr Inhalt nicht von vorgeschriebenen Posten gedeckt wird?
- Soweit Gliederung und/ oder Bezeichnung von mit arabischen Zahlen versehenen Posten der Bilanz und GuV geändert wurden, war dies wegen der Besonderheiten der Gesellschaft zur Aufstellung eines klaren und übersichtlichen JA erforderlich?
- Sind bei einer Zusammenfassung der mit arabischen Zahlen versehenen Posten die gesetzlichen Voraussetzungen (nicht wesentliche Beträge oder Vergrößerung der Klarheit der Darstellung) erfüllt und sind – im letztgenannten Fall – die zusammengefassten Posten im Anhang zutreffend ausgewiesen worden? Es muss dann ein entsprechendes Verweissystem (Fußnoten oder eine sonstige systematische Ordnung) vorhanden sein, aus dem sich ohne Schwierigkeiten ein Bezug zwischen Bilanzposten und entsprechenden Aufgliederungen im Anhang herstellen lässt. Anderenfalls ist das für die Zulässigkeit der Zusammenfassung maßgebliche Kriterium der Vergrößerung der Klarheit der Darstellung nicht erfüllt.

Soweit das Unternehmen von dem Wahlrecht Gebrauch macht, Posten der GuV zusammenzufassen, hat sich der APr. überdies davon zu überzeugen, dass die für die entsprechenden Postengruppen gewählten Bezeichnungen sinnvoll und eindeutig sind.

c) Prüfung der Bilanz
aa) Grundsätzliches zur Prüfungstechnik bei der Prüfung der Bilanz

Der APr. muss Prüfungsfeststellungen zu folgenden in der Rechnungslegung enthaltenen Aussagen treffen[478]:

- Aussagen zu Arten von Geschäftsvorfällen und Ereignissen für den zu prüfenden Zeitraum:
  - **Eintritt**: Erfasste Geschäftsvorfälle und Ereignisse haben stattgefunden und sind der Einheit zuzurechnen.
  - **Vollständigkeit**: Alle Geschäftsvorfälle und Ereignisse, die erfasst werden mussten, wurden aufgezeichnet.
  - **Genauigkeit**: Beträge und andere Daten zu aufgezeichneten Geschäftsvorfällen und Ereignissen wurden angemessen erfasst.
  - **Periodenabgrenzung**: Geschäftsvorfälle und Ereignisse wurden in der richtigen Berichtsperiode erfasst.
  - **Kontenzuordnung**: Geschäftsvorfälle und Ereignisse wurden auf den richtigen Konten erfasst.
- Aussagen zu Kontensalden am Abschlussstichtag:
  - **Vorhandensein**: Vermögensgegenstände und Schulden sowie das Eigenkapital sind vorhanden.

---
478 Vgl. Tz. 72.

- **Rechte und Verpflichtungen**: Die Einheit hält die Rechte an Vermögensgegenständen bzw. hat die Kontrolle darüber, Schulden stellen Verpflichtungen der Einheit dar.
- **Vollständigkeit**: Alle Vermögensgegenstände und Schulden und Eigenkapitalposten, die zu erfassen sind, wurden erfasst.
- **Bewertung und Zuordnung**: Vermögensgegenstände, Schulden und Eigenkapitalpositionen sind mit angemessenen Beträgen im Abschluss enthalten, Anpassungen bei Bewertungen oder Zuordnung wurden in angemessener Weise erfasst.
- Aussagen zur Darstellung im Abschluss und zu den Abschlussangaben:
    - **Eintritt sowie Rechte und Verpflichtungen**: Im Abschluss angegebene Ereignisse, Geschäftsvorfälle und andere Sachverhalte haben stattgefunden und sind der Einheit zuzurechnen.
    - **Vollständigkeit**: Alle Angaben, die im Abschluss enthalten sein müssen, sind enthalten.
    - **Ausweis und Verständlichkeit**: Finanzinformationen sind in angemessener Weise dargestellt und erläutert, die Angaben sind deutlich formuliert.
    - **Genauigkeit und Bewertung**: Finanzinformationen und andere Informationen sind angemessen und mit zutreffenden Beträgen angegeben.

Der APr. kann die oben beschriebenen Aussagen verwenden oder andere Formulierungen wählen, sofern alle Aspekte abgedeckt sind. Es können auch bestimmte Aussagen kombiniert werden.

bb) Prüfung der Aktiva
(1) Prüfung der immateriellen Vermögensgegenstände

397 Die Prüfung beginnt mit einer Abstimmung des Vortrags mit dem Endbestand der letzten Schlussbilanz. Ist der mengenmäßige Umfang der immateriellen Vermögensgegenstände wesentlich, so sollte der Prüfer sich eine Aufstellung über die Zusammensetzung des Bestandes geben lassen, aus der die Art des Vermögensgegenstandes, die Kennzeichnung des Rechts, seine zeitliche und regionale Gültigkeit sowie seine wirtschaftliche Bedeutung ersichtlich sind. Als Unterlagen für das tatsächliche Vorhandensein der Rechte kommen Eintragungen bei öffentlichen Stellen (z.B. Patentregister und Patentnummern) und original unterschriebene privatrechtliche Verträge (z.B. Konzessions- und Lizenzverträge) in Frage. Bei **Geschäfts- oder Firmenwerten** wird sich der APr. in erster Linie auf Kaufverträge, Bewertungsgutachten[479], JA o.ä. Unterlagen stützen. Bei Anzahlungen dienen als Unterlagen i.d.R. Vertragsunterlagen sowie die entsprechenden Belege und Finanzkonten. Bei Erstprüfungen sind diese Nachweise für den gesamten Bestand zu erbringen; bei Wiederholungsprüfungen kann sich der Nachweis auf die Zu- und Abgänge beschränken.

398 Die Schwerpunkte der Prüfung liegen i.d.R. in folgenden Bereichen:

- Abgrenzung von Anschaffung (Ansatzgebot) und Herstellung (Ansatzwahlrecht)
- Erfüllung der Ansatzkriterien selbst geschaffener immaterieller Vermögensgegenstände
- Bewertung immaterieller Vermögensgegenstände.

399 Bei der Abgrenzung von Anschaffung und Herstellung ist insb. die Beurteilung der Übernahme des Herstellungsrisikos maßgeblich[480]. Zur Prüfung dieser Abgrenzung sind

---
479 Zu den Anforderungen an die Verwertung der Arbeit von Sachverständigen vgl. Tz. 875.
480 Aus *IDW RS HFA 11* können allgemeingültige Aussagen zu Abgrenzungsfragen abgeleitet werden.

Durchführung der Abschlussprüfung **R**

Vertragsunterlagen einzusehen und in Zweifelsfragen Stellungnahmen des Managements anzufordern.

Die Erfüllung der Ansatzkriterien selbst geschaffener immaterieller Vermögensgegenstände ist durch das Management zu dokumentieren[481]. Diese Dokumentation sollte insb. umfassen: **400**

- Grundlegende, unternehmens- oder produktspezifische Ansatzregeln
  - definierte Kriterien für den Übergang von der Forschungs- in die Entwicklungsphase
  - definierte Kriterien für den Eintritt einer hohen Wahrscheinlichkeit für das Entstehen eines immateriellen Vermögensgegenstandes und dessen Einzelveräußerbarkeit;
- Dokumentation zum jeweiligen Forschungs- oder Entwicklungsprojekt
  - Gründe für die zu erwartende Einzelverwertbarkeit,
  - Eintrittszeitpunkt der hohen Wahrscheinlichkeit für das Entstehen eines immateriellen Vermögensgegenstandes und
  - Zeitpunkt des Übergangs von der Forschungs- zur Entwicklungsphase.

Die Prüfung der **Bewertung** zielt im Rahmen der Zugangsbewertung auf den Umfang der Anschaffungs- bzw. Herstellungskosten nach § 255 Abs. 1-2a HGB und im Rahmen der Folgebewertung insb. auf planmäßige sowie außerplanmäßige Abschreibungen nach den allgemeinen Vorschriften des § 253 HGB. Bei der Zugangsbewertung sind auch Anschaffungsnebenkosten und eine sachgerechte Zuordnung der Herstellungskosten zu den Projekten zu prüfen. Neben den Bilanzierungsrichtlinien des Unternehmens kommen für die Prüfung vor allem Auswertungen aus dem Kostenrechnungssystem bzw. dem Projektcontrolling, Prognosen für die voraussichtliche Nutzungsdauer und Ertragswertermittlungen in Betracht. Wird eine Nutzungsdauer von mehr als fünf Jahren für einen entgeltlich erworbenen Geschäfts- oder Firmenwert angesetzt, dann ist die erforderliche Anhangangabe gem. § 285 Nr. 13 HGB durch den APr. zu prüfen. Anhaltspunkte dafür können sein: Art und voraussichtliche Bestandsdauer, Stabilität und Bestandsdauer der Branche, Lebenszyklus der Produkte etc. Bestehende Schätzunsicherheiten sind nach dem allgemeinen Vorsichtsprinzip bei der Bemessung der Abschreibungen zu berücksichtigen[482]. Eine Wertaufholung von in Vorjahren außerplanmäßig abgeschriebenen Geschäfts- oder Firmenwerten ist gem. § 253 Abs. 4 HGB nicht zulässig. Insb. bei der Prüfung der Bewertung der immateriellen Vermögensgegenstände ist das Risiko von **Verstößen** in Betracht zu ziehen (z.B. Bilanzierung zu überhöhten Schätzwerten aufgrund von Gefälligkeitsgutachten). **401**

Grundsätzlich sind die Ansatz- und Bewertungsmethoden stetig beizubehalten (§§ 246 Abs. 3, 252 HGB). Das gilt auch für die Ansatzkriterien selbst geschaffener immaterieller Vermögensgegenstände. Im Hinblick auf die Berichterstattung über Abweichungen von Bilanzierungs- und Bewertungsmethoden im Anhang (§ 284 Abs. 2 Nr. 3 HGB) muss der Prüfer feststellen, ob die Aktivierungs- und Abschreibungsmethoden gegenüber dem Vj. geändert worden sind. **402**

In Höhe der Beträge aus der Aktivierung selbst geschaffener immaterieller Vermögensgegenstände abzüglich der zu bildenden passiven latenten Steuern (§ 274 Abs. 1 HGB) ist die **Ausschüttungssperre** gem. § 268 Abs. 8 HGB und ggf. die Abführungssperre gem. **403**

---

481 Für Zwecke der Abschlussprüfung ist eine Dokumentation erforderlich, aus der sich entnehmen lässt, aus welchen Gründen von der künftigen Entstehung eines selbst geschaffenen immateriellen Vermögensgegenstandes ausgegangen werden muss; vgl. Begr. RegE, BT-Drucks. 16/10067, S. 60.
482 Vgl. BeBiKo[7], § 253, Tz. 673; zur Prüfung von geschätzten Werten vgl. ISA 540; *IDW PS 314 n.F.* und Tz. 604.

§ 301 AktG zu berücksichtigen. Für Kommanditgesellschaften ist eine Regelung zur Außenhaftung des Kommanditisten vorgesehen (§ 172 Abs. 4 S. 3 HGB). Zusätzlich sind ergänzende Erläuterungen zu selbst geschaffenen immateriellen Vermögensgegenständen und Forschungs- und Entwicklungsaufwendungen im Anhang nach § 285 Nr. 22 HGB zu prüfen.

(2) Prüfung der Sachanlagen
(a) Prüfung der Bestandsführung[483]

404 Der Bestand des in der Bilanz auszuweisenden AV wird durch Fortschreibung ermittelt, die vom Anfangsbestand ausgeht und die Zu- und Abgänge, die Zu- und Abschreibungen auf die einzelnen Anlagegegenstände sowie die Umbuchungen berücksichtigt. Die sich aus § 240 HGB ergebende Aufzeichnungspflicht kann grundsätzlich als erfüllt angesehen werden, wenn der Wertansatz des einzelnen Anlagegegenstands aus den Aufzeichnungen festgestellt werden kann (Anlagekartei, Anlagenbuchhaltung). Eine jährliche Kontrolle durch Vergleich mit den Ist-Beständen ist nicht erforderlich, wenn das Investitionsmanagement (z.B. Bedarfsermittlung, Genehmigungsverfahren, Beschaffungsvorgang, Regelungen für Zu-/ Abgangsmeldungen etc.) ordnungsgemäß geregelt ist[484]. Ist die erforderliche Bestandszuverlässigkeit der Anlagekartei nicht gegeben, so ist eine jährliche Bestandsaufnahme notwendig.

405 Die Anlagekartei muss mindestens enthalten[485]:

- die genaue Bezeichnung des Gegenstands,
- den Tag der Anschaffung oder Herstellung des Gegenstands,
- die Höhe der Anschaffungs- oder Herstellungskosten,
- die Abschreibungsmethode und die Nutzungsdauer,
- den Bilanzwert am Abschlussstichtag und
- denTag des Abgangs.

(b) Prüfung der Anschaffungs-/ Herstellungskosten

406 Die Prüfung der Anschaffungs-/ Herstellungskosten gem. Anlagenspiegel beschränkt sich i.d.R. auf eine **rechnerische Abstimmung** mit dem entsprechenden Betrag des Vj. zzgl./ abzgl. im GJ eingetretener Veränderungen aufgrund von Zugängen, Abgängen und Umbuchungen. Die Prüfung von Zu- und Abgängen wird im Folgenden beschrieben.

(c) Prüfung der Zugänge
Grundstücke

407 Bei der Prüfung der Zugänge von **Grundstücken** sollte sich der Prüfer – zumindest für wesentliche Zugänge – zum Nachweis des tatsächlichen Vorhandenseins die Grundbuchauszüge vorlegen lassen, da für die Feststellung der Rechtsverhältnisse an Grundstücken der Inhalt des **Grundbuchs** von wesentlicher Bedeutung ist. Er gibt Auskunft nicht nur über den Eigentümer, sondern auch über das Bestehen und den Inhalt anderer dinglicher Rechte. Häufig wird zur näheren Bezeichnung des Inhalts des Rechts auf die Eintragungsbewilligung (§ 874 BGB) Bezug genommen, so dass diese dann zur Ergänzung herangezogen werden muss. Jede rechtsgeschäftliche Veränderung bei Grund-

---
483 Vgl. *IDW St/HFA 1/1990*, Abschn. A II.
484 Vgl. zum Investitionsmanagement auch Tz. 345.
485 Vgl. *IDW St/HFA 1/1990*, Abschn. A. II. b).

stücksrechten bedarf zu ihrer Wirksamkeit grundsätzlich der Eintragung in das Grundbuch. Da für den Bilanzierungszeitpunkt von Grundstücken der wirtschaftliche Eigentumsübergang maßgeblich ist, ist die Einsichtnahme in das Grundbuch zu ergänzen durch die Einsichtnahme in die notariell beurkundeten Kaufverträge, in denen der wirtschaftliche Eigentumsübergang festgehalten ist.

Für die Feststellung der **tatsächlichen Rechtsverhältnisse** ist ferner zu berücksichtigen, dass außerhalb des Grundbuchs Rechtsänderungen eingetreten sein können, die kraft Gesetzes auch ohne Eintragung wirksam werden (z.b. Erwerb kraft Gesetzes durch Erbfolge nach § 1922 BGB oder Nacherbfolge nach § 2139 BGB, andere Fälle der Gesamtrechtsnachfolge wie Verschmelzung und Umwandlung von KapGes. oder Änderung der persönlichen Beteiligung an Gesamthandsverhältnissen, bspw. durch Eintritt oder Austritt von Gesellschaftern einer Personenhandelsgesellschaft). Zwar können auch solche Vorgänge durch Berichtigung des Grundbuchs berücksichtigt werden (§ 894 BGB), wegen des fehlenden Berichtigungszwangs und der von der Eintragung unabhängigen Wirksamkeit wird dies jedoch häufig nicht der Fall sein. Das Grundbuch vermittelt daher nicht immer ein vollständiges Bild. 408

Zur Prüfung der Frage, inwieweit der **Wert** eines Grundstücks durch Baulasten beeinflusst ist, kann es insb. bei Erstprüfungen ratsam sein, einen Auszug aus dem Baulastenverzeichnis anzufordern[486]. Das Baulastenverzeichnis enthält öffentlich-rechtliche Verpflichtungen eines Grundstückeigentümers gegenüber der Baubehörde (z.B. Zufahrtsbaulast, Abstandsflächenbaulast). Das Verzeichnis wird durch die zuständige Baubehörde geführt. Rechtsgrundlage sind die jeweiligen Landesbauordnungen (LBO), die sich an der Musterbauordnung (MBO) orientieren. 409

Andere Gegenstände des Sachanlagevermögens

Von der tatsächlichen **Anlieferung** der Gegenstände muss sich der Prüfer – i.d.R. in Stichproben – durch persönliche Inaugenscheinnahme oder anhand der Lieferscheine und Wareneingangsmeldungen überzeugen. Dabei empfiehlt es sich, gleichzeitig das Eingangsdatum der angelieferten Gegenstände mitzuprüfen, da davon die Höhe der Abschreibungen im Jahr der Anschaffung maßgeblich beeinflusst wird. Die Angaben des Lieferscheins sind mit den Eintragungen in der Anlagenkartei zu vergleichen. Dabei überzeugt sich der Prüfer gleichzeitig davon, ob der Zugang entsprechend seiner Art und seinem Verwendungszweck unter dem dafür im Gliederungsschema der Bilanz vorgesehenen Posten ausgewiesen ist. Bei selbst erstellten Anlagen oder größeren Anlagenzugängen, die ggf. größere Montagearbeiten erfordern, ist der Termin der Fertigstellung gesondert zu prüfen. 410

Unterlagen für die Prüfung der **Anschaffungskosten** sind bei erworbenen Gegenständen die Eingangsrechnungen. Der Prüfer sollte dabei darauf achten, ob sämtliche Anschaffungsnebenkosten aktiviert sind. Grundlage für die Prüfung der **Herstellungskosten** selbst erstellter Anlagen sind die Kalkulationsunterlagen. Die Berücksichtigung von Investitionszulagen bzw. -zuschüssen ist anhand der entsprechenden Bescheide bzw. Anträge sowie der Zahlungseingänge zu würdigen. Bei geringwertigen Anlagegütern muss sich der Prüfer anhand der Eingangsrechnungen davon überzeugen, ob die Voraussetzungen für die Einordnung in diese Anlagenart gegeben sind. 411

Für Zwecke der Bilanzierung von Vermögensgegenständen kommt es im Zweifel auf das **wirtschaftliche Eigentum** bzw. die wirtschaftliche Zurechnung gem. § 246 Abs. 1 HGB an. Der APr. hat i.d.R. anhand von Vertragsunterlagen zu beurteilen, ob die Kriterien für 412

---

486 Vgl. *Metzger/Neubacher*, BB 1995, S. 867.

das wirtschaftliche Eigentum erfüllt sind. Es ist derjenige als wirtschaftlicher Eigentümer anzusehen, dem dauerhaft, also für die wirtschaftliche Nutzungsdauer, Besitz, Gefahr, Nutzungen und Lasten zustehen und der über das Verwertungsrecht verfügt sowie die Chancen und Risiken von Wertveränderungen innenhat[487].

413 Die Zugänge während des GJ laut Anlagenkartei sind mit den Zugängen auf den Hauptbuchkonten und in der Bilanz abzustimmen.

414 Schwerpunkt bei der Prüfung der **geleisteten Anzahlungen** auf Sachanlagen ist die Feststellung, ob sie zutreffend von den Anzahlungen auf immaterielle Vermögensgegenstände und den Anzahlungen auf Vorräte abgegrenzt wurden. Unterlagen für die Prüfung der zugrunde liegenden Geschäfte und besonders ihrer Abwicklung sind die Verträge über die Leistung und Verrechnung der Anzahlungen. Weitere Einblicke kann eine Durchsicht der Korrespondenz geben. Ggf. muss der Prüfer feststellen, ob und inwieweit der Ausweis der Anzahlung noch gerechtfertigt bzw. eine Verrechnung mit der Rechnung des Lieferanten inzwischen notwendig geworden ist, da der angezahlte Gegenstand inzwischen geliefert wurde. Bestehen Zweifel daran, ob der Empfänger der Anzahlung die zugesagte Leistung erbringen kann, so muss eine Werthaltigkeitsprüfung vorgenommen werden.

(d) Prüfung der Abgänge

415 Der Abgang von Anlagegegenständen, die verkauft oder verschrottet werden, wird durch besondere Belege nachgewiesen, welche die Funktion der **Versandanzeige** bei regulären Warenverkäufen haben. Wesentliche Abgänge sind daher mit Verkaufsrechnungen, Lieferscheinen, Verträgen, Abgangsmeldungen, Verschrottungsanzeigen etc. abzustimmen.

416 Durch einen Vergleich der Restbuchwerte mit den Verkaufserlösen wird gleichzeitig die zutreffende Erfassung der Buchgewinne/ -verluste unter den Posten „sonstige betriebliche Erträge" bzw. „sonstige betriebliche Aufwendungen" in der GuV geprüft.

417 Beim Verkauf von Anlagegegenständen an Betriebsangehörige kann im Hinblick auf mögliche **Verstöße** u.U. die Prüfung der **Angemessenheit des Verkaufserlöses** angebracht sein. Das trifft insb. dann zu, wenn der Verkaufserlös den Restbuchwert unterschreitet. In derartigen Fällen sollte sich der Prüfer davon überzeugen, dass der Verkauf durch eine vorgesetzte Stelle genehmigt worden ist. Die Abgänge laut Anlagenkartei sind mit den Abgängen, die im Hauptbuch und in der Bilanz ausgewiesen werden, abzustimmen.

(e) Prüfung der Zuschreibungen

418 Es ist zu prüfen, ob bei allen Anlagegegenständen, bei denen eine Zuschreibungspflicht besteht (vgl. § 253 Abs. 5 HGB), Zuschreibungen tatsächlich vorgenommen worden sind. Der Prüfer muss daher regelmäßig prüfen, ob die Gründe, die in Vj. zu außerplanmäßigen Abschreibungen geführt haben, noch bestehen. Das Unternehmen sollte daher Gegenstände, auf die in Vj. außerplanmäßige Abschreibungen vorgenommen wurden, in der Anlagenkartei bzw. –buchführung kennzeichnen und die Gründe für die seinerzeitige Abschreibung in den Buchungsbelegen oder sonstigen Aufzeichnungen festhalten. Die Summe der einzelnen Zuschreibungsbeträge laut Anlagenkartei ist mit den Hauptbuchkonten und dem Anlagespiegel abzustimmen.

---

[487] Vgl. *Kühne/Melcher*, DB 2009, Beil. 5, S. 15; *IDW ERS HFA 13 n.F.;* ADS[6], § 246, Tz. 263 m.w.N.

Durchführung der Abschlussprüfung R

(f) Prüfung der Abschreibungen

Bei der Prüfung der **planmäßigen Abschreibungen** hat der Prüfer ein besonderes Augenmerk auf das Vorliegen eines Abschreibungsplans zu richten. Ein Vermerk der angewandten Abschreibungsmethoden in den Arbeitspapieren erleichtert dem Prüfer die spätere Prüfung der Berichterstattung gem. § 284 Abs. 2 Nr. 1 HGB zu den angewandten Bilanzierungs- und Bewertungsmethoden. 419

Die Prüfung der Abschreibungen geht von der Anlagenkartei und einer i.d.R. vorhandenen Abschreibungsliste aus. Die Richtigkeit der Abschreibungsgrundlage ist i.d.R. im Jahr des Zugangs zu prüfen[488]. Bei komponentenweiser planmäßiger Abschreibung von Sachanlagen hat der APr. zu prüfen, ob die Komponenten physisch separierbar sind (entsprechend können bspw. Großreparaturen keine Komponente sein)[489]. Eine nochmalige Prüfung ist dann nur bei Werterhöhungen durch Erweiterungen des Anlagegegenstandes, bei werterhöhenden Reparaturen oder Zuschreibungen oder bei außergewöhnlichen Wertminderungen durch Teilabgang oder außerplanmäßige Abschreibungen notwendig. Der Prüfer muss sich ferner ein Urteil über die Angemessenheit der geplanten Abschreibungsdauer bilden[490]. Im Einzelfall kann eine Hinzuziehung technischer Sachverständiger erforderlich sein[491]. 420

Bei der Prüfung der Abschreibungen ist auch auf Änderungen des Abschreibungsplans zu achten. Planänderungen sind zu dokumentieren und ggf. bei der Prüfung der Anhangangaben gem. § 284 Abs. 2 Nr. 3 HGB zu berücksichtigen. 421

Der Prüfer sollte sich bei Betriebsbesichtigungen oder durch Befragungen einen Eindruck darüber verschaffen, welche Anlagen infolge technischer Mängel, wirtschaftlicher Überholung oder bevorstehender Änderungen im Fertigungsverfahren und Fertigungsprogramm nicht mehr voll oder demnächst nicht mehr verwendet werden, so dass ggf. **außerplanmäßige Abschreibungen** vorzunehmen sind[492]. Bei der Prüfung der Sonderabschreibungen hat der Prüfer nicht nur die Zulässigkeit sowie ggf. die Notwendigkeit, sondern auch die **Angemessenheit** zu beurteilen. Die Prüfung ist darauf auszurichten, dass beim AV keine unzulässigen stillen Reserven gebildet wurden, aber auch keine Überbewertung vorliegt. Dabei verdient die Angemessenheit des Wertansatzes von Festwerten (vgl. § 240 Abs. 3 HGB) besondere Beachtung. Ggf. kann es erforderlich sein, dass der Prüfer ohne Rücksicht auf die Höhe des Festwerts die Werte der Anlagen statistisch ermittelt. Liegt der errechnete Gesamtwert wesentlich unter dem Festwert, so wird eine außerplanmäßige Abschreibung des Festwerts notwendig sein. Der Prüfer sollte sich gleichzeitig vom Vorliegen der gesetzlichen Voraussetzungen für den Ansatz des Festwertes überzeugen. 422

(3) Prüfung der Finanzanlagen
(a) Prüfung der Anteile an verbundenen Unternehmen

Dem Prüfer ist eine Liste der verbundenen Unternehmen vorzulegen. Zur Prüfung der **Vollständigkeit** wird der APr. einerseits auf an anderer Stelle im Rahmen der Prüfung gewonnene Erkenntnisse zurückgreifen (etwa aus der Durchsicht von Verträgen oder Protokollen) und andererseits sich die Vollständigkeit von den gesetzlichen Vertretern in 423

---
488 Vgl. Tz. 410.
489 Vgl. *IDW RH HFA 1.016.*
490 Vgl. auch ISA 540; *IDW PS 314 n.F.*
491 Zur Verwertung der Arbeit von Sachverständigen vgl. Tz. 875.
492 Vgl. auch ISA 540; *IDW PS 314 n.F.*

der Vollständigkeitserklärung bestätigen lassen. Dabei kommt es nicht darauf an, ob die Unternehmen in den KA einbezogen werden. Der Nachweis sämtlicher Unternehmen, mit denen eine Unternehmensverbindung i.S.v. § 271 Abs. 2 HGB besteht, kann von einem Unternehmen, das nicht selbst als oberstes MU an der Spitze eines Konzerns steht, häufig nicht selbst erbracht werden. Zweckmäßigerweise sollte deshalb ein Verzeichnis vorliegen, das von dem obersten MU aufgestellt und allen betroffenen Unternehmen zur Verfügung gestellt wurde. Der Prüfer kann die erforderlichen Aufklärungen und Nachweise auch unmittelbar von dem MU verlangen (§ 320 Abs. 2 S.3 HGB). Das Verzeichnis sollte für alle verbundenen Unternehmen Angaben über die Rechtsform, die Höhe der Beteiligung (prozentual und nominal), die Anschaffungskosten und den Buchwert zum Abschlussstichtag enthalten. Die Angaben dieses Verzeichnisses sind mit internen oder externen Unterlagen (z.B. HR-Auszüge, Gesellschaftsverträge, Kaufverträge, PrB über die Beteiligungsunternehmen) abzustimmen. Bei Wiederholungsprüfungen kann sich der Bestandsnachweis auf die Zu- und Abgänge im GJ beschränken. Die Sicherstellung der Vollständigkeit der Zu- und Abgänge kann für den APr. u.U. problematisch sein. Wichtige Aufschlüsse können bspw. die Durchsicht von Protokollen über Vorstandssitzungen, Aufsichtsratssitzungen oder Gesellschafterversammlungen, Befragungen von Mitarbeitern der Rechtsabteilung, aber auch die Prüfung der korrespondierenden GuV-Posten[493] liefern.

424 Sind die Anteile verbrieft, so werden sie, insb. soweit es sich um börsengängige Wertpapiere handelt, gewöhnlich von Kreditinstituten verwahrt, deren Depotauszüge als Bestandsnachweis gelten. Verwahrt die Gesellschaft ihre Wertpapiere selbst, so ist der Wertpapierbestand ähnlich wie der Kassenbestand aufzunehmen[494]. Gleiches gilt für die Beteiligungen und die anderen Wertpapiere des AV, wobei darauf zu achten ist, dass Zins- und Erneuerungsscheine vollständig vorhanden sind. Bei größeren Wertpapierbeständen empfiehlt sich eine Prüfung des Bestandes in der Vorprüfung. Für die Prüfung am Abschlussstichtag brauchen dann nur noch die Veränderungen geprüft zu werden.

425 Die Prüfung der **Bewertung** der Anteile erfolgt – soweit es sich nicht um börsennotierte Wertpapiere handelt – anhand von vorgelegten JA dieser Unternehmen und entsprechenden PrB, von Auskünften der Prüfer von TU, von Ertragswertberechnungen[495] (z.B. Discounted Cash Flows), Finanzplänen, Planzahlen oder anderen Nachweisen für die zukünftige Entwicklung oder von Protokollen über Vorstandssitzungen, Aufsichtsratssitzungen oder Gesellschafterversammlungen, sowie durch Auskünfte der geprüften Gesellschaft. Bei Unternehmensbewertungen sind ggf. Sachverständige hinzuzuziehen[496]. Ergeben sich aus diesen Unterlagen und den erteilten Auskünften keine Anhaltspunkte für eine nachhaltige Wertminderung, so bestehen gegen die Weiterführung der Anschaffungskosten oder der niedrigeren Buchwerte keine Bedenken. Hat der Prüfer dagegen Zweifel an der Angemessenheit des Wertansatzes für ein verbundenes Unternehmen, so muss er die Situation mit der Gesellschaft diskutieren und ggf. eine außerplanmäßige Abschreibung verlangen. Liegt aus Sicht des Unternehmens lediglich eine vorübergehende Wertminderung vor, dann muss der APr. die Vertretbarkeit dieser Annahme sowie die erforderliche Anhangangabe gem. § 285 Nr. 18 HGB prüfen. Wie bei den immateriellen Vermögensgegenständen und den Gegenständen des Sachanlagevermögens ist auch bei der Bewertung der Finanzanlagen ein besonderes Risiko von **Verstößen** (z.B. beabsichtigte Überbewertung von Anteilen an verbundenen Unternehmen) zu be-

---

[493] Vgl. Tz. 569.
[494] Vgl. Tz. 499.
[495] Dabei ist der *IDW RS HFA 10* zu berücksichtigen.
[496] Vgl. Tz. 875; zur Unternehmensbewertung siehe auch WP Handbuch 2008 Bd. II, Kap. A.

Durchführung der Abschlussprüfung — **R**

rücksichtigen. Hat die Gesellschaft eine außerplanmäßige Abschreibung vorgenommen, so muss sie dem Prüfer die Gründe und die Angemessenheit darlegen. Als Nachweise kommen z.B. Gutachten von Sachverständigen in Betracht[497].

Bestehen die Anteile aus börsennotierten Wertpapieren, so können – wie auch bei den anderen Wertpapieren des AV – die amtl. Kurse am Abschlussstichtag sowie deren Entwicklung bis zum Prüfungsstichtag gewisse Anhaltspunkte für mögliche oder notwendige außerplanmäßige Abschreibungen geben. — **426**

Im Zusammenhang mit der Prüfung der Anteile an verbundenen Unternehmen, Beteiligungen und anderen Wertpapiere des AV wird der APr. gleichzeitig die entsprechenden Posten der GuV untersuchen. Hierzu gehören die Erträge aus Beteiligungen, Erträge aus Gewinngemeinschaften, GAV und Teil-GAV, die Erträge aus anderen Wertpapieren und Ausleihungen des Finanzanlagevermögens, die sonstigen betrieblichen Aufwendungen und Erträge, die Abschreibungen auf Finanzanlagen sowie die Aufwendungen aus Verlustübernahme. Dazu sind u.a. Gesellschafterbeschlüsse und Unternehmensverträge einzusehen. — **427**

Dabei sollte sich der Prüfer gleichzeitig davon überzeugen, dass die **Erträge aus Anteilen an verbundenen Unternehmen** jeweils gesondert ausgewiesen werden und dass die Erträge oder Verluste aus dem Abgang von Gegenständen des Finanzanlagevermögens zutreffend unter den Posten „sonstige betriebliche Erträge" bzw. „sonstige betriebliche Aufwendungen" erfasst wurden. — **428**

Bei der Prüfung der Anteile an verbundenen Unternehmen sollte der Prüfer sich gleichzeitig einen umfassenden Überblick über die **Art der Unternehmensverbindung** und die sich daraus für die Rechnungslegung ergebenden Konsequenzen verschaffen. Dabei ist zu beachten, dass die materiellen Inhalte des Begriffs verbundene Unternehmen nach § 271 Abs. 2 HGB und § 15 AktG nicht deckungsgleich sind und dass sich daraus unterschiedliche Konsequenzen ergeben, z.B. Mutter-, Tochter- und assoziierte Unternehmen nach HGB (KA) oder herrschende und abhängige Unternehmen sowie Bestandteile eines Unternehmensvertrages gem. AktG (Abhängigkeitsbericht, Gewinnabführung, Verlustübernahme, Ausgleichszahlung)[498]. Es empfiehlt sich, in diesem Zusammenhang auch die Konsequenzen zu prüfen, die sich aus der Qualifizierung eines Unternehmens als verbundenes Unternehmen für Sonderausweise in der Bilanz (z.B. Ausleihungen, Forderungen, Verbindlichkeiten, Wertpapiere) und GuV (z.B. Erträge aus Beteiligungen und anderen Wertpapieren, Zinsaufwendungen, Zinserträge) sowie für Zusatzangaben im Anhang (z.B. sonstige finanzielle Verpflichtungen, wechselseitige Beteiligung) ergeben. Der APr. hat bzgl. des richtigen Ausweises die Abgrenzung zu den Posten Beteiligungen und Wertpapiere des AV zu prüfen[499]. — **429**

(b) Prüfung der Beteiligungen

Für die Prüfung der Beteiligungen gelten die vorstehend für die Prüfung der Anteile an verbundenen Unternehmen aufgestellten Grundsätze entsprechend. — **430**

---

497 Zur Verwertung der Arbeit von Sachverständigen vgl. Tz. 875.
498 Vgl. BeBiKo[7], § 271, Rn. 2.
499 Vgl. *Selchert*, S. 346.

(c) Prüfung der Ausleihungen

431 Die Ausleihungen müssen wie andere Forderungen durch eine Saldenliste nachgewiesen werden. Der Prüfer sollte sich zur Prüfung der **Werthaltigkeit** neben einer Analyse der Bonität der Schuldner zusätzlich von der Sicherung der Ausleihungen überzeugen. Unterlagen dafür sind u.a. Grundbuchauszüge neuesten Datums, notarielle Urkunden, Hypotheken- und Grundschuldbriefe sowie Darlehensverträge. Eine Einsichtnahme in die Darlehensverträge ist schon deswegen erforderlich, weil aus ihnen die Zins- und Tilgungsbedingungen ersichtlich sind, anhand derer die im Abschluss erfassten Zins- und Tilgungsleistungen zu prüfen sind. In einer geordneten Darlehensübersicht sind die notwendigen Daten zur Überwachung der Forderung – insb. Sicherheiten, Verzinsung und Rückzahlungsbedingungen – enthalten. Der APr. sollte die richtige Übernahme dieser Angaben aus den Darlehensverträgen für wesentliche Neuzugänge lückenlos prüfen. Ferner sind nachträgliche Änderungen sowie Abweichungen zwischen den vertraglichen Vereinbarungen und der tatsächlichen Abwicklung zu prüfen.

Bei Ausleihungen an nahe stehende Personen[500] und Organmitglieder ist zu prüfen, ob die Ausleihungen zu marktüblichen Konditionen vergeben wurden und planmäßig getilgt werden, sowie, ob die gesellschaftsrechtlichen und/ oder satzungsmäßigen Vorschriften eingehalten werden. Werden Ausleihungen an Mitarbeiter vergeben, muss sich der APr. auch davon überzeugen, ob entsprechende Genehmigungen vorliegen.

432 Die richtige Buchung der Eingänge von Tilgungen und Zinsen ist stichprobenweise zu überprüfen. Bei Darlehen an Betriebsangehörige ist häufig eine Aufrechnung dieser Beträge mit Lohn- und Gehaltsforderungen vereinbart, deren tatsächliche Umsetzung dann zu überprüfen ist.

433 Hinsichtlich des **Ausweises** hat sich der Prüfer davon zu überzeugen, dass die Zuordnung der Ausleihungen zum AV aufgrund ihrer Zweckbestimmung sachgerecht ist. Außerdem ist zu prüfen, ob der gesonderte Ausweis der Ausleihungen an verbundene Unternehmen sowie an Unternehmen, mit denen ein Beteiligungsverhältnis besteht, beachtet wurde.

(d) Prüfung der Wertpapiere des AV

434 Für die Prüfung der Wertpapiere des AV gelten im Wesentlichen die gleichen Grundsätze wie für die Wertpapiere des Umlaufvermögens, so dass auf die dortigen Ausführungen verwiesen werden kann[501]. Für zu den Finanzanlagen gehörende Finanzinstrumente ist die Anhangangabe des § 285 Nr. 18 HGB zu prüfen.

(4) Prüfung der Vorräte
(a) Prüfung der Roh-, Hilfs- und Betriebsstoffe

435 Wenn die Vorratsbestände wesentlich für den JA sind, dann muss der APr. die Vorratsinventur prüfen, um sich vom tatsächlichen **Vorhandensein**, der **Vollständigkeit** und der **Genauigkeit** der im JA ausgewiesenen Vorräte zu überzeugen[502].

436 Die Prüfung der Vorratsinventur ist sorgfältig zu planen. Sie umfasst zunächst Aufbau- und Funktionsprüfungen des vorratsbezogenen IKS und analytische Prüfungshandlungen. In Abhängigkeit von den dabei gewonnenen Prüfungsfeststellungen wird der erforderliche Umfang an Einzelfallprüfungen festgelegt. Einzelfallprüfungen können

---

500 Vgl. Tz. 596.
501 Vgl. Tz. 491.
502 Vgl. ISA 501; *IDW PS 301*, Tz. 1; *IDW St/HFA 1/1990*, Abschn. B.

Durchführung der Abschlussprüfung   R

bspw. die Überprüfung der vollständigen und ordnungsgemäßen Eintragung der Ergebnisse der Bestandsaufnahme in die Aufnahmeformulare, die Inaugenscheinnahme der in den Inventuraufzeichnungen aufgeführten Ist-Bestände oder die Überprüfung der körperlichen Bestandsaufnahme in Stichproben sein.

Sind die Vorräte des Unternehmens von wesentlicher Bedeutung, muss der APr. bei der körperlichen Bestandsaufnahme anwesend sein und im Rahmen der Prüfung des IKS die Angemessenheit (Aufbauprüfung) und die Wirksamkeit (Funktionsprüfung) der angewandten Inventurverfahren prüfen sowie aussagebezogene Prüfungshandlungen durchführen[503]. Bei der Prüfung des vorratsbezogenen IKS muss sich der APr. auf der Grundlage der **Inventurrichtlinien** des Unternehmens von der Einhaltung der Inventurgrundsätze (Vollständigkeit und Richtigkeit der Bestandsaufnahme, Einzelerfassung der Bestände und Nachprüfbarkeit der Bestandsaufnahme)[504] überzeugen und die sachgerechte Umsetzung der Inventurrichtlinien prüfen. Zusätzlich muss er aussagebezogene Prüfungshandlungen hinsichtlich der Menge und der Beschaffenheit der Vorräte durchführen (Inaugenscheinnahme der in den Inventuraufzeichnungen aufgeführten Ist-Bestände sowie Nachprüfung des Ergebnisses der körperlichen Bestandsaufnahme durch Stichprobenzählungen). 437

Die Inventur dient primär der Feststellung des Mengengerüstes der Vorräte. Werterhebliche Merkmale der Bestände werden im Rahmen der Inventur lediglich aufgenommen, die Bewertung selbst erfolgt in einem nachgelagerten Schritt. Insofern zielt die Inventurbeobachtung vorrangig auf **Vollständigkeit**, **Vorhandensein** und **Genauigkeit** der Vorräte.

Der APr. muss bei der Prüfung der Inventur außerdem folgende Punkte besonders beachten: 438

Für die Bestandsaufnahme gilt der Grundsatz der **wirtschaftlichen Zugehörigkeit**. Unter Eigentumsvorbehalt gelieferte und sicherungsübereignete Waren sind folglich mit in das Inventar aufzunehmen. Bestände in Konsignations- und sonstigen Außenlägern müssen ebenfalls aufgenommen und bilanziert werden. Andererseits dürfen Fremdbestände, wie z.B. Kommissionswaren, nicht inventarisiert werden; sie sollten aber unter besonderer Kennzeichnung mit aufgenommen werden, damit Bestätigungsanfragen der Eigentümer aufgrund des Ergebnisses der Aufnahme beantwortet werden können. 439

Von Dritten verwahrte Vermögensgegenstände müssen, sofern sie nicht durch das Unternehmen selbst körperlich aufgenommen worden sind, durch Bestätigungen der Verwahrer nachgewiesen werden[505]. Eine Einholung dieser Bestätigungen auf vom Abschlussstichtag abw. Stichtage ist vertretbar, wenn das innerbetriebliche Rechnungswesen eine ordnungsmäßige Fortschreibung bzw. Rückrechnung der Bestände auf den Abschlussstichtag und eine ordnungsmäßige Bewertung sicherstellt. Ggf. muss der APr. – unabhängig von den Bestätigungen der Verwahrer – zusätzliche Feststellungen (Inaugenscheinnahme, Auskünfte usw.) selbst treffen oder durch andere Berufsangehörige[506] treffen lassen. 440

Besondere Aufmerksamkeit sollte der APr. – auch im Hinblick auf mögliche **Verstöße** – der Periodengleichheit der Erfassung der Vorräte sowie der Forderungen und Verbindlichkeiten schenken. Eine fehlerhafte **Periodenabgrenzung** hat zur Folge, dass das Jahresergebnis falsch ausgewiesen wird und darüber hinaus ggf. Forderungen und Ver- 441

---
503 Vgl. ISA 501.4; *IDW PS 301*, Tz. 7.
504 Vgl. *IDW St/HFA 1/1990*, Abschn. B.
505 Vgl. ISA 501.8; *IDW PS 301*, Tz. 32; *IDW PS 302*, Tz. 27.
506 Zur Verwertung der Arbeit eines anderen externen Prüfers vgl. Tz. 857.

2539

bindlichkeiten unvollständig erfasst sind. Diese Gefahr ist umso größer, je dezentralisierter die Lagerbuchhaltung, Ein- und Verkauf sowie die Buchhaltung sind.

442 Die Prüfung der **Periodenabgrenzung (Cut-off-Prüfung)** erfolgt durch Abstimmung der Wareneingangs- bzw. -ausgangsscheine sowie der Lieferscheine mit den entsprechenden Ein- bzw. Ausgangsrechnungen. Zur Prüfung herangezogen werden sollten jeweils die letzten Lieferscheine und Rechnungen vor dem Inventurstichtag sowie die ersten Lieferscheine und Rechnungen nach dem Inventurstichtag. Es empfiehlt sich jedoch, die Prüfung nicht nur auf den letzten Tag vor und nach dem Inventurstichtag zu beschränken, sondern einen Zeitraum von mehreren Wochen um den Stichtag in die Betrachtung mit einzubeziehen, da Lieferung und Rechnungsstellung in der Praxis zeitlich nicht unwesentlich auseinander fallen können. In dem ausgewählten Zeitraum sollten insb. größere Warenein- und -ausgänge auf die richtige Abgrenzung hin untersucht werden.

443 Zur Prüfung der periodengleichen Erfassung der Vorräte und Forderungen sollte der APr. zum einen von den Rechnungen ausgehen und in Stichproben eine Abstimmung mit den zugehörigen Lieferscheinen vornehmen, zum anderen sollte er eine Stichprobe bei den Warenausgangsmeldungen ziehen und mit den entsprechenden Rechnungen vergleichen. Durch Abstimmung der letzten vor dem Stichtag erstellten Rechnungen mit den Lieferscheinen wird festgestellt, ob der Warenausgang ebenfalls vor dem Stichtag erfolgt ist, oder ob eine Vorfakturierung und somit eine Doppelerfassung von Vermögensgegenständen vorgenommen wurde. Auch die Durchsicht der ersten Warenausgangsmeldungen nach dem Stichtag und ein anschließender Abgleich mit den zugehörigen Rechnungen dient der Aufdeckung von Doppelerfassungen. Die nicht vollständige Erfassung der Vermögensgegenstände kann festgestellt werden, indem der Prüfer die letzten Warenausgangsmeldungen vor dem Stichtag mit den Rechnungen abstimmt bzw. ausgehend von den ersten Rechnungen nach dem Stichtag das Datum der Warenausgänge überprüft. Wegen des Risikos von **Verstößen** empfiehlt sich auch die Einholung von zusätzlichen Prüfungsnachweisen aus unternehmensexternen Quellen wie z.B. Versandnachweise, Lieferbestätigungen, Kundenbestellungen, Empfangsbestätigungen für erhaltene Waren etc.

444 Bei der Prüfung der periodengleichen Erfassung der Vorräte und Verbindlichkeiten ist entsprechend vorzugehen.

445 Diese Prüfungshandlungen sind zum Inventurstichtag durchzuführen. Im Falle der Stichtagsinventur ergeben sich keine weiteren Erfordernisse. Bei vor- oder nachverlegten Inventuren wird i.d.R. – insb. abhängig von der Einschätzung des Fehlerrisikos – die Notwendigkeit einer zusätzlichen Cut-off-Prüfung zum Abschlussstichtag geboten sein.

446 Als **Stichtagsinventur** gilt auch die auf einige Tage[507] vor oder nach dem Abschlussstichtag ausgeweitete Bestandsaufnahme. Für etwaige Bestandsveränderungen zwischen Aufnahmetag und Abschlussstichtag, die sich in überschaubaren Grenzen halten müssen, ist ein eindeutiger Buch- oder Belegnachweis erforderlich, den der APr. zumindest stichprobenweise nachvollziehen muss.

447 Bei **vor- oder nachverlegter Stichtagsinventur** (§ 241 Abs. 3 HGB) kann die Prüfung sich nicht auf die Bestandsaufnahme selbst beschränken. Der APr. muss zusätzlich die Zulässigkeit dieses Verfahrens im speziellen Falle sowie die Ordnungsmäßigkeit der Wertfortschreibung bzw. -rückrechnung beurteilen[508].

---

507 Vgl. ADS⁶, § 240, Tz. 38.
508 Vgl. ISA 501.5; *IDW PS 301*, Tz. 25; *IDW St/HFA 1/1990*, Abschn. C. II.

Für die Bestandsaufnahme selbst, insb. hinsichtlich der Anwesenheit des Prüfers bei der Aufnahme, gelten die zur Inventur am Abschlussstichtag entwickelten Grundsätze. **448**

Wenn Vorräte durch **permanente Inventur** erfasst werden, muss sich der Prüfer davon überzeugen, dass die Voraussetzungen für die Anwendung der permanenten Inventur gegeben sind und die Grundsätze ihrer Durchführung beachtet werden[509]. **449**

Neben der Prüfung, ob diese Voraussetzungen erfüllt sind, hat der APr. insb. die Ordnungsmäßigkeit der jeweiligen Lager- und Bestandsbuchführung festzustellen. Außerdem muss der APr. bei den mindestens einmal im Jahr erforderlichen Bestandsaufnahmen der Ist-Bestände zeitweise anwesend sein und die Inventuraufnahmen anhand von Kontrollzählungen prüfen[510]. **450**

Bei der sog. **Einlagerungsinventur** bei vollautomatischen Lagersystemen ist bei der Prüfung der Voraussetzungen insb. die Wirksamkeit der Prozesskontrollen (z.B. automatisierte Kontrollen, die Ein- und Auslagerungen nur bei gleichzeitiger Erfassung der körperlichen Bewegungen in der Bestandsfortschreibung zulassen, Ausschluss von Zugriffsmöglichkeiten zwischen Lagereingang und Lagerplatz) zu berücksichtigen[511]. Die Prüfung der **systemgestützten Werkstattinventur** richtet sich v.a. darauf, ob das zugrunde liegende Produktionsplanungs- und Steuerungssystem den Bestand zuverlässig darstellt und die erforderlichen Inventurdaten zur Verfügung stellen kann[512]. **451**

Nimmt das Unternehmen bei der Inventur die Vorratsgegenstände **stichprobenweise**[513] auf, kann der Prüfer sämtliche oder nur ein Teil der Stichproben prüfen. Im letztgenannten Fall zieht er eine Unterstichprobe und schließt aus ihr auf die Genauigkeit des Ergebnisses der Unternehmensinventur. Voraussetzung für die wirksame materielle Prüfung einer vom Unternehmen durchgeführten Inventur mit Hilfe von Stichproben ist die sorgfältige Überprüfung von Planung, Vorbereitung, Durchführung und Auswertung der Inventurstichproben durch den Prüfer einschließlich der Prüfung der Überleitung zum Bilanzansatz[514]. Besonderes Augenmerk hat der Prüfer dabei auf die Zuverlässigkeit der Bestandsführung und des IKS, die Beurteilung der Angemessenheit und Richtigkeit des Stichprobenverfahrens und die sachliche und rechnerische Prüfung der Auswertung der Stichprobenaufnahme zu richten[515]. **452**

Eine andere Prüfungstechnik ist erforderlich, wenn zwischen Bestandsaufnahme und Prüfungsstichtag einige Wochen oder Monate liegen und sich die Bestände inzwischen mehr oder weniger stark verändert haben. In diesem Falle kann sich der Prüfer nur noch **retrograd** anhand der verwendeten Inventuranweisungen ein Urteil über die Ordnungsmäßigkeit der Bestandsaufnahme bilden. Werden sämtliche Bewegungen der Vorräte in einer Lagerbuchführung erfasst, so kann der Prüfer durch eine körperliche Aufnahme des Bestandes am Prüfungsstichtag sowie Addition der Abgänge und Subtraktion der Zugänge retrograd die Richtigkeit der Aufnahme am Abschlussstichtag feststellen. Der Aussagewert dieser Rückrechnung wird jedoch umso problematischer, je länger der Zeitraum zwischen Bestandsaufnahme und Prüfung ist. Ist eine Inventurbeobachtung nicht **453**

---

509 Vgl. *IDW PS 301*, Tz. 26; *IDW St/HFA 1/1990*, Abschn. C. III.
510 Vgl. *IDW PS 301*, Tz. 26.
511 Vgl. *IDW PS 301*, Tz. 27; *IDW St/HFA 1/1990*, Abschn. D. II.
512 Vgl. *IDW PS 301*, Tz. 28; *IDW St/HFA 1/1990*, Abschn. D. III.
513 Vgl. *IDW St/HFA 1/1981 i.d.F. 1990; IDW St/HFA 1/1990*.
514 Vgl. *Elmendorff*, S. 57; vgl. u.a. *Scherrer/Obermeier; v. Wysocki* in Rückle, S. 273; *v. Wysocki*, WPg 1980, S. 28; *Köhle/Sturm*, WPg 1980, S. 126; *de Vries*, DB 1981, S. 1245; *Uhlig*, WPg 1981, S. 461; *Köhle/Sturm*, WPg 1983, S. 369; *Ibert*, WPg 1986, S. 467; *Quick*.
515 Vgl. *IDW PS 301*, Tz. 29.

möglich (z.B. weil die Erteilung des Prüfungsauftrags erst nach der Durchführung der Inventur erfolgt), sind alternative Prüfungshandlungen, wie z.B. der Nachweis eines späteren Verkaufs von vor dem Inventurstichtag erworbenen Vorräten, durchzuführen[516]. Sind alternative Prüfungshandlungen nicht möglich, liegt ein Prüfungshemmnis vor[517].

454 Im Hinblick auf Risiken von **Verstößen** im Vorratsbereich kommen folgende Prüfungshandlungen in Frage[518]:

- Durchsicht der Bestandsaufzeichnungen, um bestimmte Lagerorte oder Posten festzustellen, die bei oder nach der körperlichen Bestandsaufnahme besonders beachtet werden sollten,
- unangemeldete Inventurbeobachtungen an bestimmten Standorten oder zeitgleiche Durchführung von Inventurbeobachtungen an allen Standorten,
- zusätzliche Prüfungshandlungen während der Inventurbeobachtung, z.B. genauere Prüfung von Verpackungsinhalten, der Verfahrensweise bei der Stapelung (z.B. im Hinblick auf leere Zwischenräume) oder der Etikettierung sowie der Qualität flüssiger Substanzen (z.B. Parfüm, Spezialchemikalien)[519],
- Verwendung von IT-gestützten Prüfungstechniken zur weiteren Prüfung der körperlichen Bestandsaufnahmen (z.B. Sortierung nach laufender Artikelnummer zur Überprüfung der Möglichkeit der Nichterfassung oder doppelten Zählung von Artikeln)[520].

455 Von der Ordnungsmäßigkeit der **Bewertung** der Roh-, Hilfs- und Betriebsstoffe muss sich der APr. in Stichproben überzeugen. In jedem Falle sollte er eingehend die Bewertungsrichtlinien ansehen, die den Bewertenden ausgehändigt worden sind, und sich durch Gespräche mit ihnen davon vergewissern, dass sie die erhaltenen Richtlinien auch zu handhaben wissen. Ferner sollte sich der APr. bei der Auswahl seiner Stichproben von der Größenordnung der Einzelposten und ihrer Bedeutung für den JA leiten lassen. Eine lückenlose Prüfung bestimmter Bereiche kann für die Beurteilung der Zuverlässigkeit der Bewertung angebracht sein, etwa bei Vermögensgegenständen, deren Wert beträchtlichen Ermessensspielräumen unterliegt.

456 Unterlagen für die Prüfung der Bewertung werden i.d.R. Eingangsrechnungen, Preislisten, Auftragsbestätigungen und dergleichen sein. Zumindest bei hochwertigen oder für die Branche bedeutenden Materialien, von denen bekannt ist, dass sie starken Preisschwankungen unterliegen (z.B. NE-Metalle, Kautschuk, Baumwolle, Hopfen), wird der Prüfer sich, soweit ihm nicht die Preisentwicklung durch regelmäßige Prüfungen auch in anderen Unternehmen der gleichen Branche geläufig ist, durch Informationen von Dritten (z.B. Produktbörsen, Verbänden, IHK) von der Angemessenheit des Wertansatzes überzeugen müssen. Wenn Lagerkarteien vorhanden sind, in die regelmäßig auch die Einstandspreise der Zukäufe eingetragen werden, so lassen sich durch einen Zeitvergleich der Einstandspreise häufig gewisse Preisentwicklungstendenzen erkennen. Soweit wie möglich sollte der APr. die eingesetzten Werte mit den Vorjahresinventurwerten vergleichen. Weitere Anhaltspunkte für eingehendere Prüfungen kann bei der Prüfung mehrerer gleichartiger Zweigniederlassungen die Gegenüberstellung der Preise für gleiche Materialien bieten, die von den einzelnen Niederlassungen eingesetzt werden.

---

516 Vgl. ISA 501.7; *IDW PS 301*, Tz. 21.
517 Vgl. ISA 501.7; *IDW PS 301*, Tz. 23.
518 Vgl. ISA 240, Anhang 2.
519 Dabei kann die Hinzuziehung eines Sachverständigen hilfreich sein. Zur Verwertung der Arbeit von Sachverständigen vgl. Tz. 875.
520 Vgl. Tz. 767.

Durchführung der Abschlussprüfung   R

Schwierig ist i.d.R. die Beurteilung der Angemessenheit der **Wertabschläge,** die bei nicht 457
mehr uneingeschränkt verwertbaren Materialien wegen Überalterung oder sonstigen
Wertminderungen vorzunehmen sind[521]. Da dazu fast immer produktionstechnische
Kenntnisse erforderlich sind, wird der APr. im Wesentlichen auf Auskünfte von Fachleuten zurückgreifen müssen. Dabei ist es wichtig, die allgemeine Bewertungs- und Bilanzpolitik des Unternehmens zu kennen.

Bei Anwendung der **Gruppenbewertung** (§ 240 Abs. 4 HGB) ist zu prüfen, ob die verwendeten Durchschnitts- oder Festpreise richtig errechnet sind und ob die summarische Bewertung zu einem den gesetzlichen Vorschriften entsprechenden Wertansatz geführt hat. Nimmt das Unternehmen für die Bewertung der Roh-, Hilfs- und Betriebsstoffe steuerliche Vergünstigungen in Anspruch, so muss sich der APr. auch davon überzeugen, dass die Voraussetzungen für ihre Inanspruchnahme gegeben sind. 458

Für die **Festbewertung** (§ 240 Abs. 3 HGB) gilt das für das AV Gesagte[522] analog. Im Bereich der Roh-, Hilfs- und Betriebsstoffe findet diese Bewertungsmethode nur bei solchen Beständen Anwendung, die weitgehend Anlagencharakter haben. 459

Wendet das Unternehmen ein zulässiges **Bewertungsvereinfachungsverfahren** nach § 256 HGB an (Fifo- oder Lifo-Verfahren), so hat sich der APr. davon zu überzeugen, dass dessen Voraussetzungen vorliegen. Dabei hat er die Übereinstimmung des angewandten Verfahrens mit den GoB zu prüfen. Diese ist bspw. dann nicht gegeben, wenn die Bewertungsmethode wegen der Eigenart des Betriebsablaufs in keinem Fall dem tatsächlichen Verbrauch entsprechen kann oder unterschiedliche Bewertungsmethoden ohne sachliche Begründung bei einzelnen Gruppen gleichartiger Gegenstände angewendet worden sind[523]. 460

Sowohl bei der Gruppenbewertung als auch bei den Bewertungsvereinfachungsverfahren nach § 256 HGB hat sich der APr. davon zu überzeugen, dass die im Anhang nach § 284 Abs. 2 Nr. 4 HGB anzugebenden Unterschiedsbeträge im Rahmen einer Vergleichsrechnung zutreffend ermittelt wurden. Dabei kann er sich zur Prüfung der zugrunde gelegten letzten zu dem Abschlussstichtag bekannten Börsen- oder Marktpreise auf die gleichen Unterlagen stützen, die er bereits bei der Prüfung der Bewertung herangezogen hat. 461

Anhand der Bestandskonten lässt sich auch der Verbrauch der einzelnen Roh-, Hilfs- und Betriebsstoffe nach folgender Formel feststellen: 462

Anfangsbestand am Stichtag der Eröffnungsbilanz
+ Zugänge im GJ
./. Endbestand am Stichtag der Schlussbilanz
= Verbrauch im GJ

Der errechnete Betrag muss sich mit dem Wert decken, der bei Anwendung des GKV als Aufwand für Roh-, Hilfs- und Betriebsstoffe in der GuV ausgewiesen ist. Wenn keine Lagerbuchführung besteht, ist die dargestellte Art der Verbrauchserfassung die einzig mögliche. Der APr. muss sich darüber im klaren sein, dass der so ermittelte Materialeinsatz nicht nur den bestimmungsmäßen Verbrauch, sondern auch sämtliche anderen Mengen- und Bewertungsdifferenzen enthält. 463

---

521 Vgl. dazu auch *IDW PS 314 n.F.*
522 Vgl. Tz. 422.
523 Vgl. *Selchert*, S. 434; BeBiKo[7], § 256, Rn. 56 bis 75.

(b) Prüfung der unfertigen Erzeugnisse und Leistungen, der fertigen Erzeugnisse sowie der Waren

464 Für die Prüfung des **Vorhandenseins**, der **Vollständigkeit** und der **Genauigkeit** der unfertigen Erzeugnisse und Leistungen, der fertigen Erzeugnisse sowie der Waren gelten die gleichen Grundsätze wie für die Prüfung der Roh-, Hilfs- und Betriebsstoffe. Bei unfertigen Erzeugnissen kann jedoch die Schätzung des Fertigungsgrades, der für die Bewertung bedeutsam ist, zusätzliche Schwierigkeiten bereiten.

465 I.d.R. wird der APr. bei **Einzelfertigung** nach der Prüfung des IKS in Stichproben die ordnungsmäßige Erfassung und Verrechnung der Einzelkosten prüfen. Als Unterlagen stehen ihm dafür Materialentnahmescheine, Akkordzettel, Stücklisten sowie die Vor- und Nachkalkulationen zur Verfügung. Daneben wird er auch die Höhe und Verrechnung der Gemeinkostenzuschläge kritisch würdigen müssen und zu diesem Zweck Teile des Betriebsabrechnungsbogens bzw. Kostenrechnungssystems prüfen. Dabei ist insb. darauf zu achten, dass Leerkosten und kalkulatorische Kosten, soweit ihnen keine tatsächlichen Aufwendungen gegenüberstehen, z.B. Zinsen, Wagniskosten, Mieten, Abschreibungen, handelsrechtlich nicht aktivierungsfähig sind[524]. Soweit Fremdkapitalzinsen in die Herstellungskosten einbezogen wurden, sollte sich der Prüfer gleichzeitig davon überzeugen, dass darüber im Anhang gem. § 284 Abs. 2 Nr. 5 HGB berichtet wird. Ferner muss der APr. auf die Aussonderung etwaiger Kostenüber- und Kostenunterdeckungen und aller jener Kosten achten, die nicht Bestandteile der Herstellungskosten sind (z.B. Vertriebskosten). Für die Prüfung der in **Massenfertigung** hergestellten unfertigen und fertigen Erzeugnisse gelten sinngemäß die gleichen Grundsätze.

466 Hat sich der APr. von der richtigen Ermittlung der Herstellungskosten überzeugt, so ist im Anschluss daran festzustellen, ob das **Niederstwertprinzip** beachtet worden ist. Dazu sind die Herstellungskosten mit dem voraussichtlichen Verkaufserlös nach Abzug der noch anfallenden Kosten zu vergleichen. Liegt der errechnete Wert unter den aktivierten Herstellungskosten, so sind diese um die Differenz abzuwerten (verlustfreie Bewertung). Bei schwebenden Geschäften ist zu prüfen, ob drohende Verluste aus diesen Geschäften berücksichtigt wurden[525], wobei jedoch zunächst aktivierte Vorräte abzuschreiben sind. Sind fertige Erzeugnisse bereits abgerechnet worden und ist das Ergebnis realisiert[526], so ist insb. bei Einzelfertigung zu prüfen, ob und ggf. in welchem Umfang eine Rückstellung für noch anfallende Kosten zu bilden ist, die nicht durch eine ggf. vorhandene Garantierückstellung gedeckt ist. Wenn keine oder keine aussagefähige Kostenrechnung vorhanden ist, liefert die retrograde Rechnung die einzigen Anhaltspunkte für die Bewertung der Erzeugnisse.

467 Der Bestand der unfertigen und fertigen Erzeugnisse am Abschlussstichtag ist dem Vorjahresbestand gegenüberzustellen. Der Unterschiedsbetrag ist bei Anwendung des GKV mit dem Posten Bestandsveränderungen in der GuV abzustimmen.

(c) Prüfung der geleisteten Anzahlungen

468 Für die Prüfung der geleisteten Anzahlungen gelten die allgemeinen Grundsätze über die Prüfung der Forderungen. Dies gilt insb. für den Nachweis des tatsächlichen **Vorhandenseins** der Anzahlungen durch eine Saldenliste. Darüber hinaus ist die sachgerechte **Abgrenzung** der Anzahlungen des AV und des Umlaufvermögens zu prüfen. Zu prüfen ist

---

[524] Zum Umfang der Herstellungskosten vgl. auch *IDW RS HFA 31*.
[525] Zum Ansatz und zur Bewertung von Drohverlustrückstellungen vgl. *IDW RS HFA 4*.
[526] Zur Gewinnrealisierung bei langfristiger Fertigung vgl. ADS⁶, § 252, Tz. 86; E 317; vgl. zur Aktivierung der Herstellungskosten *IDW RS HFA 31*.

ferner, ob die Anzahlungen noch zu Recht ausgewiesen sind, oder ob aufgrund zwischenzeitlicher Lieferung oder Leistungserbringung nicht eine Verrechnung mit der passivierten Verbindlichkeit erforderlich ist. Für die **Bewertung** gelten die allgemeinen Grundsätze einer Bonitätsprüfung. Bestehen Zweifel, ob der Empfänger der Anzahlung die Lieferung/ Leistung erbringen kann, so muss die Anzahlung ggf. abgeschrieben werden.

(5) Prüfung der Forderungen
(a) Prüfung der Forderungen aus Lieferungen und Leistungen

Forderungen aus Lieferungen und Leistungen sind i.d.R. das Ergebnis von Routinetransaktionen. Deshalb kommt der Prüfung des rechnungslegungsbezogenen IKS eine besondere Bedeutung zu. Die Ergebnisse der Prüfung des IKS und von aussagebezogenen analytischen Prüfungshandlungen bestimmen den danach noch erforderlichen Umfang der Einzelfallprüfungen, insb. der Einholung von Saldenbestätigungen. **469**

Bei Saldenbestätigungen handelt es sich um Bestätigungen aus externen Quellen (Bestätigungen Dritter). Deshalb ist ihnen eine höhere Aussagekraft beizumessen als den schriftlichen oder mündlichen Auskünften von gesetzlichen Vertretern oder anderen Führungskräften bzw. Mitarbeitern des zu prüfenden Unternehmens. Solche Bestätigungen sind für wesentliche Sachverhalte einzuholen, sofern nicht durch anderweitige Prüfungshandlungen die Prüfungssaussagen mit zumindest gleicher Sicherheit getroffen werden können[527]. Auf die Einholung von Saldenbestätigungen sollte nur in begründeten Ausnahmefällen verzichtet werden. Solche Ausnahmefälle können bspw. vorliegen, wenn die Forderungen von untergeordneter Bedeutung für den JA sind, der Rücklauf oder die Qualität des Rücklaufs erfahrungsgemäß gering ist oder – sofern es sich nicht um wesentliche Sachverhalte handelt – inhärentes Risiko und Kontrollrisiko als gering eingeschätzt werden und die Prüfungsnachweise aus anderen aussagebezogenen Prüfungshandlungen eine ausreichende Prüfungssicherheit liefern. **470**

Bei Verzicht auf die Einholung von Saldenbestätigungen ist in jedem Fall sicherzustellen, dass die Prüfungsnachweise aus der Prüfung des IKS und den aussagebezogenen Prüfungshandlungen eine hinreichende Prüfungssicherheit für die Vollständigkeit, das Bestehen und die Genauigkeit der Forderungen liefern (z.B. durch aussagekräftige Funktionstests interner Kontrollen und Abgrenzungsprüfungen sowie die Prüfung von Zahlungseingängen nach dem Abschlussstichtag, die auch dem Risiko von Verstößen Rechnung tragen).

Bei der Einholung von Saldenbestätigungen kann zwischen folgenden **Methoden** unterschieden werden[528]: **471**

1. **Positive Methode:** Der Adressat wird gebeten,
   – den in seinen Büchern vorhandenen Saldo mitzuteilen (Alternative 1) oder
   – dessen Übereinstimmung mit dem mitgeteilten Saldo zu bestätigen (Alternative 2).
2. **Negative Methode**: Der Adressat wird gebeten, nur bei Nichtübereinstimmung mit dem mitgeteilten Saldo zu antworten.

Die positive Methode liefert grundsätzlich verlässlichere Prüfungsnachweise als die negative Methode und ist daher zu bevorzugen. Der Nachteil der negativen Methode liegt

---
527 Vgl. ISA 505; *IDW PS 302*, Tz. 6.
528 Vgl. ISA 505.6; *IDW PS 302*, Tz. 17.

darin, dass ein ausbleibender Rücklauf keinen expliziten Prüfungsnachweis für den mitgeteilten Saldo darstellt[529].

472 Zur Erlangung verlässlicher Prüfungsnachweise **müssen** die Angaben der benötigten Informationen, Auswahl, Versendung und Rücklauf der Saldenbestätigungsanfragen unter der Kontrolle des APr. stehen. Damit soll das Risiko minimiert werden, dass die Bestätigungen durch Abfangen oder Veränderung der Bestätigungsanfragen bzw. ihrer Antworten manipuliert werden[530]. Außerdem ist darauf zu achten, dass die Bestätigungsanfragen von den dafür vorgesehenen Empfängern[531] beantwortet wurden und dass die Antworten i.d.R. im Original per Post zugehen. Die Nutzung von elektronischen Übermittlungsverfahren[532] wird jedoch nicht durch die berufsständischen Verlautbarungen ausgeschlossen und zukünftig im Zuge der technischen Weiterentwicklung voraussichtlich zunehmen, da bspw. US-amerikanischen Banken teilw. nur noch elektronische Bestätigungen über Dienstleister zur Verfügung stellen. Das IAASB sieht in den elektronischen Übermittlungsverfahren die Vorteile, den Bestätigungsprozess effizienter und effektiver zu gestalten und die Verlässlichkeit der Antworten zu erhöhen. Gleichzeitig wird eingeräumt, dass diese Vorteile durch zusätzliche bzw. andere Risiken relativiert werden können (z.B. der Nachweis der Authentizität und Autorisierung des Absenders sowie die Aufdeckung von Manipulationen kann aufwendiger sein), die im Rahmen der Planung von Saldenbestätigungsaktionen zu berücksichtigen sind. Allerdings bestehen diese Risiken auch bei Antworten im Original per Post. Neben technischen Lösungen zur Minderung dieser Risiken (z.B. Verschlüsselungstechnologien, elektronische digitale Signaturen, Website Authenticity) wird auch die telefonische Kontaktaufnahme zur Bestätigung der elektronischen Übermittlung genannt[533]. Falls eine Saldenbestätigung nicht eingeht und auch eine erneute Bestätigungsanfrage unbeantwortet bleibt, hat sich der APr. durch alternative Prüfungshandlungen (z.B. Prüfung des Zahlungseingangs, Abstimmung mit Lieferscheinen, Rechnungen, Kundenaufträgen oder eventuellen Lieferbestätigungen, bei wesentlichen Umsätzen mit einem Kunden Überprüfung der Existenz des Kunden z.B. durch Einholung eines HR-Auszugs, Prüfung der Periodenabgrenzung) ein Urteil über diesen Posten zu bilden. Erheben die gesetzlichen Vertreter des zu prüfenden Unternehmens Einwendungen gegen das Einholen von Saldenbestätigungen von bestimmten Personen, dann ist das Management zu den Gründen zu befragen und die Begründung durch den APr. zu beurteilen (auch im Hinblick auf die Risikoeinschätzung)[534]. Ggf. liegt ein Verstoß gegen die Mitwirkungspflichten der gesetzlichen Vertreter gem. § 320 Abs. 2 HGB vor[535] und dem APr. obliegt eine Redepflicht[536]. Der APr. muss zudem abwägen, ob hierin ein Indiz für **Verstöße** zu sehen ist[537].

473 Die Salden der Kontokorrentkonten und die entsprechenden Zusammenstellungen in Saldenlisten oder Saldenbüchern werden mit den Saldenbestätigungen abgeglichen. Da-

---

529 Vgl. ISA 505.15; *IDW PS 302*, Tz. 21.
530 Vgl. ISA 505.7; *IDW PS 302*, Tz. 39.
531 Vgl. ISA 505.7; *IDW PS 302*, Tz. 37.
532 Beispielhaft seien E-Mail, Fax, Web-Portale genannt.
533 Siehe dazu auch IAASB, Staff Audit Practice Alert, Emerging Practice Issues Regarding The Use Of External Confirmations In An Audit Of Financial Statements, November 2009.
534 Vgl. ISA 505.8; *IDW PS 302*, Tz. 34.
535 Vgl. *IDW PS 302*, Tz. 34.
536 Vgl. ISA 508.9.
537 Vgl. ISA 505.8; *IDW PS 302*, Tz. 36.

Durchführung der Abschlussprüfung R

bei auftretende Differenzen müssen geklärt werden[538]. Für den Umfang und die Auswahl der Saldenbestätigungen gelten die Ausführungen zum Stichprobenverfahren bei der Prüfung[539]. Forderungskonten, die am Abschlussstichtag eine Verbindlichkeit aufweisen (kreditorische Debitoren), sollten lückenlos geprüft werden, um das Zustandekommen der Verbindlichkeit zu klären. Die Konten mit Null-Saldo sollte der APr. in Stichproben kritisch darauf durchsehen, auf welche Weise der Ausgleich erzielt worden ist. Bei **ausgebuchten Forderungen** ist die Anweisung zur Ausbuchung zu prüfen. Die Summe der Forderungen laut Saldenliste ist mit dem entsprechenden Sachkonto abzustimmen. Falls das Buchführungssystem bei den Kontokorrentkonten und bei dem Debitorensammelkonto (Hauptbuchkonto) die Soll- und Habenumsätze fortschreibt, sollte auch diese Gesamtabstimmung durchgeführt werden. Dadurch gewinnt der APr. die Gewissheit, dass ihm sämtliche Konten, die während des Jahres bewegt worden sind, auch vorgelegen haben.

Bei der Abstimmung der Saldenliste mit den Salden der Kontokorrentkonten sollte der APr. auch die **Abwicklung** des Saldos auf dem Kontokorrentkonto im **neuen GJ** stichprobenartig prüfen und die Beträge vermerken, die am Prüfungsstichtag noch nicht ausgeglichen waren. Diese Prüfungshandlung dient – wie auch die Analyse einer Altersstrukturliste – der Vorbereitung der Bonitätsprüfung. Dabei wird er auch in Stichproben die Zusammensetzung des ausgewiesenen Saldos aus Einzelbelastungen prüfen. Diese Prüfungshandlung dient gleichfalls der Vorbereitung der Bonitätsprüfung, da sie den Altersaufbau des Forderungsbestandes offen legt; sie liefert außerdem eine Reihe wertvoller Nebenergebnisse. So könnte z.B. zutage treten, dass im Saldo noch Spitzenbeträge aus Skontoabzügen oder Mängelrügen enthalten sind oder dass der Saldo lediglich durch die Rückbelastung eines nicht eingelösten Wechsels entstanden ist. Additionsfehler oder bewusste Unkorrektheiten auf dem Konto können dadurch aufgedeckt werden, dass die Summe der noch nicht ausgeglichenen Einzelbelastungen nicht mit der Höhe des Saldos übereinstimmt. Zeigt sich weiter, dass Forderungen ganz oder teilw. aufgrund von Mängelrügen storniert worden sind, so ist zu prüfen, ob sich in dem aktivierten Bestand der unfertigen und fertigen Erzeugnisse nicht Erzeugnisse ähnlicher Art befinden, deren Wertansatz ggf. durch Wertabschläge korrigiert werden muss. 474

Zumindest ein Teil der Konten, insb. solche mit hohen Jahresverkehrszahlen, sollten auf auffällige Buchungen und die Einhaltung der allgemeinen Ordnungsprinzipien durchgesehen werden. Dadurch wird sichergestellt, dass der APr. Konten mit hohem Umsatz prüft, die zum Abschlussstichtag nur zufällig einen geringen Saldo haben und somit von einer Stichprobe, die von der Höhe des Saldos bestimmt wird, nicht erfasst werden. Das ist insb. dann erforderlich, wenn systematische Waren- und Zahlungsverkehrsprüfungen nicht durchgeführt werden. Es kann in diesen Fällen auch sinnvoll sein, für eine Reihe von Konten die Soll- und Habenbuchungen systematisch mit den Belegen abzustimmen. Dabei sollten wiederum die Buchungen um den Abschlussstichtag von besonderem Interesse sein. Die gebuchten Rechnungen kurz vor Jahresende sollte der Prüfer in Stichproben mit den Lieferscheinen und mit von Dritten erstellten Dokumenten wie z.B. Kundenbestellungen oder Empfangsbestätigungen abstimmen, um festzustellen, ob **Vorfakturierungen** vorgenommen worden sind[540]. Bei Gutschriften und Retouren zu Beginn des neuen GJ sind die Belege zu prüfen um festzustellen, ob es sich um eine nachträgliche 475

---

538 Grundsätzlich können anstelle von Salden auch Einzelposten angefragt werden, um die Abstimmung von Saldenbestätigung mit der Buchhaltung zu vereinfachen. Die Abstimmung beschränkt sich in diesen Fällen lediglich auf die Einzelrechnung (bestätigt/nicht bestätigt), so dass eine ggf. aufwendige Überleitung von bestätigtem Saldo zu gebuchtem Saldo entfällt.
539 Vgl. Tz. 119.
540 Vgl. zur Cut-off-Prüfung Tz. 442.

Korrektur des Vorjahresergebnisses handelt, für die in der Schlussbilanz eine Rückstellung zu bilden ist. Darüber hinaus sollte bei Retouren generell in Stichproben anhand von Wareneingangsscheinen geprüft werden, ob die beanstandete Ware auch tatsächlich eingegangen ist.

476 Bei Konten mit Bezeichnungen „pro diverse", „verschiedene Debitoren" oder „sonstige Debitoren" ist zu prüfen, welche Geschäftsvorfälle hier erfasst wurden, da hier ein besonderes Risiko besteht, dass es sich um ungeklärte Sachverhalte handelt, die möglicherweise nicht zutreffend verbucht wurden. Wenn die Prüfung der Abwicklung der auf diesen Konten gebuchten Vorgänge große Schwierigkeiten macht – das kann insb. der Fall sein, wenn auf diesen Konten Forderungen und Verbindlichkeiten vermischt werden –, muss der APr. eine weitere Aufteilung der Konten und eine Aufstellung über die Einzelsalden verlangen.

477 Die Aufgabe des APr. bei der Prüfung der **Bewertung** der Forderungen besteht darin festzustellen, inwiefern Forderungen noch mit ihrem Nennwert angesetzt werden können und in welchem Umfang Abschreibungen zur Berücksichtigung des speziellen Risikos sowie für das allgemeine Kreditrisiko zu bilden sind[541]. Die Prüfung der Angemessenheit von Wertberichtigungen spielt auch im Hinblick auf mögliche **Verstöße** (z.B. beabsichtigte Über- oder Unterdotierung von Wertberichtigungen) eine wichtige Rolle. Die Prüfung sollte sich dabei auf die Forderungen konzentrieren, die bis zum Prüfungsstichtag noch nicht abgewickelt sind.

478 Die **Bonitätsanalyse** muss von einer kritischen Durchsicht der Konten ausgehen. Abgesehen von der aus der Erfahrung bekannten Bonität des Schuldners können folgende Feststellungen Anhaltspunkte für die Bewertung der Forderungen geben:

- Höhe der Salden
- bei wenigen großen Salden ist das Ausfallrisiko größer als bei vielen kleinen und mittleren Salden
- Altersaufbau der Forderungen
- dazu sollte eine detaillierte Aufstellung über den Altersaufbau der Forderungen angefertigt werden; zusätzliche Aufschlüsse gibt die Saldenanalyse
- Umfang der am Prüfungsstichtag noch nicht ausgeglichenen Forderungen
- starkes Anwachsen eines Saldos
- erstellt das Unternehmen monatliche Saldenlisten, lassen sich die Schwankungen des Saldos anhand dieser Unterlagen einfach nachvollziehen
- Art der Zahlung (z.B. Wechsel)
- regelmäßige Verlängerung von Akzepten
- Nichteinlösung von Wechseln
- regelmäßige Überschreitungen des Zahlungsziels
- Anzahl der notwendigen Mahnungen und Reaktionen auf diese Mahnungen
- Art der Auskünfte und Sicherheiten
- Rechtsstreitigkeiten oder sonstige Meinungsverschiedenheiten über Forderungen
- Eröffnung von Vergleichs- und Konkursverfahren
- Kursentwicklung bei Forderungen in fremder Währung.

479 Für die Bewertung der einzelnen Debitoren ist jeweils das **Gesamtengagement** des betreffenden Schuldners maßgebend, das sich teilw. – z.B. bei Brauereien – aus Warenforderungen, Darlehensforderungen und Bürgschaften zusammensetzt. Diesem Gesamtengagement müssen zur Beurteilung des darin liegenden Risikos die vorhandenen Si-

---

541 Vgl. auch ISA 540; *IDW PS 314 n.F.*

cherheiten gegenübergestellt werden. Zur Beurteilung des allgemeinen Kreditrisikos können vom APr. die tatsächlichen Forderungsverluste der letzten Jahre, die Eingänge auf abgeschriebene Forderungen sowie die Veränderung des durchschnittlichen Zahlungsziels – insb. bei gegenläufiger Entwicklung von Umsatz- und Forderungsbestand – als Hilfsgröße herangezogen werden.

Für die Bonitätsanalyse von **Währungsforderungen** gelten die gleichen Grundsätze. **480** Zusätzlich ist zu prüfen, ob Bewertungen gem. § 256a HGB aufgrund veränderter Umrechnungskurse erforderlich sind. Im Allgemeinen gehen Währungsforderungen mit dem Euro-Betrag in die Buchführung ein, der für den Tag ihrer Entstehung gilt. Es ist dann zu prüfen, ob wegen einer Veränderung des Kurses zuungunsten des Euro zwischen dem Zeitpunkt der Entstehung der Forderung und dem Abschlussstichtag eine Abwertung erforderlich ist (Niederstwertprinzip). Bei kurzfristigen Forderungen ist gem. § 256a S. 2 HGB auch eine Realisierung von Kursgewinnen zulässig. Die Kursgewinne bzw. -verluste sind in der GuV gem. § 277 Abs. 5 HGB gesondert unter den Posten „Sonstige betriebliche Erträge" bzw. „Sonstige betriebliche Aufwendungen" auszuweisen (z.B. als Davon-Vermerk). Werden bei kurzfristigen Forderungen die Anschaffungskosten ex post durch Näherungsrechnungen errechnet, so muss der APr. auch die Plausibilität solcher Vereinfachungsrechnungen prüfen. Außerdem ist bei der Prüfung der Bewertung von Währungsforderungen zu berücksichtigen, in welchem Umfang das Währungsrisiko durch Kurssicherungsklauseln und Deckungsgeschäfte ausgeschaltet ist und ob darüber hinaus das Ausfallrisiko durch Ausfuhrgarantien oder Ausfuhrbürgschaften des Bundes (Hermesgarantie) abgedeckt ist[542].

(b) Prüfung der Forderungen gegen verbundene Unternehmen

Sofern Forderungen gegen verbundene Unternehmen, die aus dem Waren-, Leistungs- **481** und Finanzverkehr, aus Dividenden und sonstigen Gewinnausschüttungen sowie aus Betriebsüberlassungs-, Pacht- und Interessengemeinschaftsverträgen entstanden sein können, innerhalb der Bilanz einen wesentlichen Posten ausmachen, sollte der APr. die einzelnen Forderungen in seinen Arbeitspapieren analysieren und ihre Entstehungsursache feststellen. Zusätzlich ist zu prüfen, ob es sich tatsächlich um verbundene Unternehmen handelt. Dabei sollte der APr. auch die rechtliche Zulässigkeit der Forderungen anhand von Verträgen oder durch Einsichtnahme in die Korrespondenz prüfen[543].

Forderungen gegen verbundene Unternehmen sind durch eine **Saldenliste** nachzuweisen. **482** Für die rechnerischen Prüfungshandlungen und die erforderlichen Abstimmungen gelten die gleichen Grundsätze wie bei der Prüfung der Forderungen aus Lieferungen und Leistungen[544]. Der APr. hat eine von dem zu prüfenden Unternehmen vorgenommene Abstimmung von Forderungen und Verbindlichkeiten im Konzernverbund (sog. Intercompany Clearing) im Hinblick auf Methoden, Umfang und Behandlung von Differenzen zu prüfen und ggf. zusätzliche Saldenbestätigungen einzuholen bzw. alternative Prüfungshandlungen durchzuführen.

Für die Beurteilung der **Bonität** gelten bei Forderungen gegen verbundene Unternehmen **483** die gleichen Grundsätze wie bei den Forderungen gegenüber Dritten. Im Normalfall wird der APr. jedoch über einen besseren Informationsstand in Bezug auf die verbundenen Unternehmen verfügen (z.B. interne Informationen des Mandanten, Kenntnisse des APr.

---

542 Vgl. zur Problematik der Bewertungseinheit Tz. 565.
543 Zur Abgrenzung des Kreises der verbundenen Unternehmen vgl. Tz. 423.
544 Vgl. Tz. 469.

aus einer Prüfung des verbundenen Unternehmens, Informationen von dem Konzernabschlussprüfer etc.)[545].

(c) Prüfung der Forderungen gegen Unternehmen, mit denen ein Beteiligungsverhältnis besteht

484 Für die Prüfung der Forderungen gegen Unternehmen, mit denen ein Beteiligungsverhältnis besteht, gelten die gleichen Grundsätze wie bei der Prüfung der Forderungen gegen verbundene Unternehmen[546].

(d) Prüfung der sonstigen Vermögensgegenstände

485 Bei der Prüfung der sonstigen Vermögensgegenstände ist wie bei der Prüfung der Lieferungs- und Leistungsforderungen vorzugehen. Es handelt sich hier um einen sehr heterogenen Posten, der i.d.r. mehrere Prüffelder und keine Routinetransaktionen umfasst. Die materielle Beurteilung der Salden erfordert daher eine kritische Durchsicht der einzelnen Konten unter Beachtung der Grundsätze der Wesentlichkeit und der Wirtschaftlichkeit der Prüfung. Dabei ist insb. auch festzustellen, ob unter den sonstigen Vermögensgegenständen Posten ausgewiesen werden, die unter andere Bilanzposten gehören.

486 Bei der Prüfung der Forderungen aus **Krediten gem. § 89 und § 115 AktG,** die, sofern sie nicht zu den Ausleihungen[547] gehören, ebenfalls hier auszuweisen sind, sind folgende Besonderheiten zu beachten:

487 Anhand einer Liste der Vorstandsmitglieder und der in Frage kommenden Angestellten ist zu prüfen, welche Personen dem in § 89 AktG genannten Kreis im konkreten Fall angehören. Sodann ist festzustellen, wer von diesen Betriebsangehörigen Darlehen erhalten hat, die die **Höhe eines Monatsgehaltes** zzgl. eines Zwölftels der garantierten festen Tantieme und der Sachleistungen übersteigen. Die erste Feststellung kann der Prüfer anhand der Saldenliste treffen, zur zweiten Feststellung bedarf es einer Einsichtnahme in die Anstellungsverträge oder andere Unterlagen, aus denen die Gehaltsfestsetzung hervorgeht. In einem weiteren Schritt muss der APr. darauf achten, ob der erforderliche **Beschluss** bzw. die **Einwilligung** durch eine besondere schriftliche Bestätigung des AR erteilt worden oder aus dem Protokoll einer AR-Sitzung zu ersehen ist. Mit dem Beschluss über Kredite nach § 89 AktG muss der AR gleichzeitig die Zins- und Tilgungsbedingungen festlegen. Der APr. hat die Einhaltung dieser Bedingungen wie bei anderen Darlehen zu prüfen. Ein fehlender Beschluss oder eine fehlende Einwilligung des AR ist im PrB zu vermerken. Der APr. sollte ferner auf mögliche Umgehungen achten, die z.B. dann vorliegen, wenn im Laufe des GJ gewährte Darlehen, die beschluss- bzw. einwilligungspflichtig sind, kurz vor dem Abschlussstichtag zurückgezahlt und wenige Tage später neu gewährt werden. Derartige Fälle lassen sich durch kritische Durchsicht der Buchungen um den Abschlussstichtag herum feststellen. Auch hierüber hat der APr. im PrB zu berichten.

488 Ähnlich werden die Forderungen aus Krediten geprüft, die unter § 115 AktG fallen. Auch hier wird der APr. von einem Namensverzeichnis der AR-Mitglieder ausgehen und dann prüfen, ob diese Namen auch in den Saldenlisten enthalten sind. Weiter ist zu klären, ob es sich nicht um Forderungen aus Krediten handelt, die für die Bezahlung von Waren oder an ein verbundenes Unternehmen gewährt wurden, da insoweit statt eines Ausweises unter

---
545 Vgl. zur Prüfung von Transaktionen mit nahe stehenden Personen auch ISA 550; *IDW PS 255*.
546 Vgl. Tz. 481.
547 Vgl. dazu Tz. 431.

den sonstigen Vermögensgegenständen ein Ausweis unter den jeweiligen Sonderposten zu erfolgen hat.

Bei der Prüfung der Forderungen aus Krediten gem. § 89 und § 115 AktG sollte sich der APr. gleichzeitig davon überzeugen, dass die Vorschriften der §§ 286 Abs. 2 S.4 AktG, 42 Abs. 3 GmbHG über den gesonderten Ausweis der Forderungen an Gesellschafter beachtet wurden und dass im Anhang die geforderten Angaben über die Vorschüsse und Kredite für die dort genannten Personengruppen enthalten sind. **489**

(e) Prüfung der Restlaufzeit

Bei allen Forderungen muss der Betrag der jeweiligen Forderungsgruppe mit einer Restlaufzeit von **mehr als einem Jahr** vermerkt werden (§ 268 Abs. 4 S. 1 HGB). Der APr. sollte zumindest in Stichproben diese Vermerke prüfen. Normalerweise sollte ihm für diese Prüfung eine besondere Aufstellung zur Verfügung stehen, wenn die Beträge nicht bereits in der Saldenliste kenntlich gemacht worden sind. Wenn die Restlaufzeit nicht vertraglich vereinbart ist, ist der APr. weitgehend auf Auskünfte des Unternehmens angewiesen. Nicht vereinbarte Restlaufzeiten von mehr als einem Jahr können Hinweise für ggf. vorzunehmende Abschreibungen sein. **490**

(6) Prüfung der Wertpapiere

Zu den Wertpapieren gehören die Anteile an verbundenen Unternehmen, soweit nicht ein Ausweis im AV in Betracht kommt, und die sonstigen Wertpapiere. Sie können im Unternehmen selbst oder außerhalb des Unternehmens – i.d.R. im Depot einer Bank – aufbewahrt werden. **491**

Die in der Praxis überwiegende Aufbewahrung im Depot einer Bank verursacht den geringsten Prüfungsaufwand. Die Angaben auf der Depotbescheinigung der Bank, die zum Abschlussstichtag eingeholt werden muss – dasselbe gilt bei Aufbewahrung der Wertpapiere an anderen Hinterlegungsstellen –, sind zur Prüfung des **Vorhandenseins** mit den Eintragungen im Wertpapierbuch (falls vorhanden) oder einem von der Gesellschaft aufgestellten Inventar abzustimmen. Dabei ist es erforderlich, dass jedes einzelne Papier bzw. – bei mehreren Papieren der gleichen Art – die Art genau gekennzeichnet ist, da sonst eine Einzelbewertung unmöglich ist. Depotbescheinigungen und Inventare sollten auch Angaben über mögliche Belastungen der Papiere enthalten (z.B. Sicherungsübereignung, Verpfändung). **492**

Werden Wertpapiere im zu prüfenden Unternehmen selbst aufbewahrt, hat der APr. zunächst zu prüfen, ob das Wertpapierabwicklungssystem mit ausreichenden internen Kontrollen ausgestattet ist[548].

Die Depotbescheinigung wird bei Selbstaufbewahrung der Papiere durch ein Protokoll über die Aufnahme des Bestandes am Abschlussstichtag ersetzt, an das die gleichen Anforderungen zu stellen sind wie an die Depotbescheinigung einer Bank. Das Protokoll ist zu unterzeichnen. I.d.R. wird der APr. am Prüfungsstichtag den Wertpapierbestand aufnehmen. Für die Aufnahmetechnik gelten entsprechend die Grundsätze für die Kassenbestandsaufnahme[549]. Nach der Aufnahme des Bestandes, bei der auch auf die Vollständigkeit der Zins-, Dividenden- und Erneuerungsscheine zu achten ist, ist auch hier unter Berücksichtigung der Zu- und Abgänge zwischen Abschlussstichtag und Prüfungsstich- **493**

---

548 Vgl. *Kuhner/Schilling*, in: HWRP³, Sp. 2684.
549 Vgl. Tz. 499.

tag eine Rückrechnung auf den Bestand am Abschlussstichtag möglich (aufgenommener Bestand ./. Zugänge + Abgänge = Bilanzbestand). Soweit für die Bewertung der Bestände Rechenoperationen erforderlich waren – Nennwert x Kurs, Addition der Kurs- und Anschaffungswerte –, kann eine Prüfung der rechnerischen Richtigkeit in Stichproben geboten sein.

494 Anhand des Wertpapierbuches oder -kontos muss sich der APr. vergewissern, dass die **Zu- und Abgänge** während des GJ ordnungsgemäß gebucht worden sind. Bei umfangreichem Wertpapierbestand sowie starken Bewegungen während des GJ sollte er diese Prüfung auf eine Wertpapierverkehrsprüfung ausdehnen und zumindest für einen ausgewählten Zeitraum die Buchungen mit den Belegen (z.B. Kaufabrechnungen, Kaufverträge) abstimmen.

495 Da für die **Bewertung** der Wertpapiere des Umlaufvermögens das strenge **Niederstwertprinzip** gilt, hat sich der APr. von dessen Einhaltung zu überzeugen. In diesem Zusammenhang hat der APr. die Ermittlung des beizulegenden Zeitwerts der Wertpapiere anhand von Marktpreisen oder Berechnungen nach anerkannten Bewertungsmethoden (ggf. unter Hinzuziehung von Sachverständigen) zu prüfen. Er hat ferner im Hinblick auf die Angabepflicht im **Anhang** (§ 284 Abs. 2 Nr. 3 HGB) zu prüfen, ob die Bewertungsmethode gegenüber dem Vj. unverändert blieb. Darüber hinaus hat sich der APr. davon zu überzeugen, ob ein in Vj. gewählter niedrigerer Wert beibehalten werden kann oder ob ggf. eine Zuschreibungspflicht besteht.

496 I.d.R. wird es zweckmäßig sein, mit dem Bestand zugleich die Wertpapiererträge zu prüfen, da nur der Bestand unter Berücksichtigung der unterjährigen Zu- und Abgänge die Errechnung der Sollerträge gestattet. Die Sollerträge sollten mit den tatsächlichen Eingängen abgestimmt werden. Außerdem empfiehlt es sich, an dieser Stelle die ordnungsmäßige Abgrenzung der Erträge für das GJ zu prüfen.

497 Bei der Prüfung der Anteile an verbundenen Unternehmen[550] hat sich der APr. darüber hinaus davon zu überzeugen, dass der **Ausweis** unter den Wertpapieren des Umlaufvermögens zutreffend ist. Dabei ist er im Wesentlichen auf die Erklärungen und Nachweise der Geschäftsführung angewiesen.

(7) Prüfung der flüssigen Mittel
(a) Prüfung des Scheckbestandes

498 Der Bestand der Schecks ist am Abschlussstichtag durch Inventur zu ermitteln. Über das Ergebnis der Inventur muss dem APr. ein ordnungsgemäß unterzeichnetes Aufnahmeprotokoll vorgelegt werden. Schecks, die am Abschlussstichtag der Bank zur Einlösung eingereicht waren, dem Konto jedoch noch nicht gutgeschrieben worden sind, sind durch Scheckeinreichungsquittungen der Bank nachzuweisen.

(b) Prüfung des Kassenbestandes

499 Unterlage für das tatsächliche Vorhandensein des Kassenbestandes am Abschlussstichtag ist das Kassenaufnahmeprotokoll, das auch für alle Nebenkassen einschließlich der Markenbestände und des Freistemplers anzufertigen ist. Das Aufnahmeprotokoll muss vom Verwalter der Kasse sowie dem Aufnehmenden, der mit der Kassenführung nichts zu tun haben sollte, unterzeichnet werden. Der Bestand laut Aufnahmeprotokoll muss mit dem Saldo des Kassenbuchs und des Hauptbuchkontos Kasse am Abschlussstichtag überein-

---

550 Zur Abgrenzung des Kreises der verbundenen Unternehmen vgl. Tz. 423.

stimmen. Bei Sortenbeständen, die mit dem Kurs am Abschlussstichtag in Euro umgerechnet werden müssen, muss der APr. sich von der rechnerischen Richtigkeit der Umrechnungen überzeugen.

(c) Prüfung des Bundesbankguthabens sowie der Guthaben bei Kreditinstituten

Die Unterlagen, die den Bestand am Abschlussstichtag nachweisen, sind mit Bankbestätigungen zum Abschlussstichtag abzustimmen. Bei Abweichungen, die durch zeitliche Buchungsunterschiede entstehen können, ist eine Übergangsrechnung anzufertigen, durch die die Übereinstimmung von Auszug und Konto hergestellt wird. 500

Der APr. muss darauf achten, dass die Zinsen und Spesen, die das abgelaufene GJ betreffen, periodengerecht gebucht werden. 501

Im Zusammenhang mit der Prüfung der Guthaben bei KI hat sich der APr. gleichzeitig einen Überblick über die sonstigen geschäftlichen Beziehungen des Unternehmens zu den KI zu verschaffen. Er muss dazu Bankbestätigungen für alle Arten der geschäftlichen Beziehungen des zu prüfenden Unternehmens mit Kredit- und Finanzdienstleistungsinstituten sowie für alle Geschäftsbeziehungen zu Finanzunternehmen i.S.v. § 1 Abs. 3 KWG einholen[551]. 502

Zu den durch Bankbestätigungen festzustellende Angaben gehören somit insb.[552] 503

– Kontostände;
– gestellte Sicherheiten;
– Avale, Gewährleistungen, Indossamentverpflichtungen und sonstige Gewährleistungen;
– Geschäfte mit Finanzderivaten (z.B. Termingeschäfte);
– Unterschriftsberechtigungen.

Obwohl die durch Bankbestätigungen festzustellenden Angaben regelmäßig auch in den dem Unternehmen vorliegenden Unterlagen enthalten sein werden, kann der APr. nicht mit hinreichender Sicherheit davon ausgehen, dass ihm sämtliche relevanten Unterlagen auch vorgelegt werden. Auf der Grundlage vorgelegter Kontoauszüge oder älterer Kreditzusagen ist bspw. keine Aussage darüber möglich, ob ggf. weitere Forderungen oder Verbindlichkeiten ggü. dem KI bestehen bzw. ob eine in der Vergangenheit zugesagte Kreditlinie fortbesteht. Insofern ist die Einholung von Bankbestätigungen grundsätzlich Pflicht, da diese Bestätigungen einen Prüfungsnachweis liefern, der auf anderem Wege nicht zu erlangen ist. Liegen keine Bankbestätigungen vor, ist zu prüfen, ob eine ausreichende Beurteilung aufgrund alternativer Prüfungshandlungen möglich ist. Ist dies nicht der Fall, liegt ein Prüfungshemmnis vor[553].

Nur in begründeten Ausnahmefällen kann es unter Berücksichtigung von Risikogesichtspunkten zulässig sein, von der Einholung von Bankbestätigungen abzusehen. Dabei ist zu berücksichtigen, dass es sich in diesen Fällen um eine Abweichung von *IDW PS 302*, Tz. 29 handelt. Zudem ist damit zu rechnen, dass eine solche Abweichung von der Berufsauffassung, ohne dass dafür gewichtige Gründe vorliegen, in einem Schadensfall zum Nachteil des APr. ausgelegt werden kann[554]. 504

---

551 Vgl. *IDW PS 302*, Tz. 29.
552 Vgl. *IDW PS 302*, Tz. 31.
553 Vgl. ISA 505.9; *IDW PS 302*, Tz. 35; *IDW PS 400*, Tz. 56; vgl. auch Tz. 471.
554 Vgl. *IDW PS 201*, Tz. 29.

(d) Prüfung der aktiven Rechnungsabgrenzung

505 Anhand des Kontos Rechnungsabgrenzung sollte der APr. unter Hinzuziehung der entsprechenden Gegenkonten den **Vortrag** und die **Abwicklung** der Abgrenzungsposten des Vj. prüfen. Diese Prüfung gibt gleichzeitig Hinweise für die Abgrenzungen des **laufenden Jahres**. Über diese Abgrenzungen sollte sich der APr. eine Aufstellung anfertigen lassen, deren Summe mit dem Saldo des Rechnungsabgrenzungskontos übereinstimmen muss. Aus der Aufstellung sollte gleichzeitig die Errechnung der Abgrenzungsbeträge hervorgehen, die der APr. – bei umfangreichen Abgrenzungen wenigstens in Stichproben – prüfen muss. Insb. ist zu prüfen, ob die Abgrenzung sog. antizipative Posten enthält[555].

506 Der APr. muss sich davon überzeugen, dass ein in die RAP aufgenommenes **Disagio** in der Bilanz oder im Anhang gesondert angegeben wurde.

(8) Prüfung der aktiven latenten Steuern

507 Die vom Unternehmen angefertigten Berechnungsunterlagen werden i.d.R. die Grundlage für die weiteren Prüfungshandlungen bilden. Dabei muss sich der APr. als erstes davon überzeugen, dass nur solche Abweichungen zwischen Handels- und Steuerbilanz in die Berechnung einbezogen wurden, die sich in späteren Jahren voraussichtlich ausgleichen werden **(zeitliche Abweichungen)** und insgesamt zu einer künftigen Steuerbe- bzw. -entlastung führen, nicht hingegen permanente Abweichungen (z.B. nicht abzugsfähige Betriebsausgaben, steuerfreie Erträge). Gleichzeitig ist zu prüfen, ob alle berücksichtigungsfähigen Abweichungen **vollständig** in die Berechnung einbezogen wurden, da ansonsten die Gefahr besteht, dass durch Nichtberücksichtigung einzelner Maßnahmen, die zu einem niedrigeren handelsrechtlichen Aufwand geführt haben, im Rahmen der Gesamtberechnung ein zu hoher aktivischer Posten ermittelt wurde bzw. eine aktivische anstelle einer ansonsten auszuweisenden passivischen Abgrenzung vorgenommen wurde. Es empfiehlt sich daher, die Steuerabgrenzung erst zum Ende der Prüfung zu prüfen, da die bei den anderen Bilanzposten getroffenen Feststellungen über die Ausübung von Ansatz- und Bewertungswahlrechten die Prüfung der Vollständigkeit wesentlich erleichtern. Dabei sollte der APr. sein besonderes Augenmerk auf die Posten richten, bei denen typischerweise Sachverhalte auftreten, die zu zeitlichen Differenzen führen[556]. Der APr. hat zu berücksichtigen, dass das Unternehmen grundsätzlich eine Gesamtdifferenzenbetrachtung vorzunehmen hat. Soweit passive latente Steuern vorliegen, sind bis zur Höhe der passiven latenten Steuern zunächst aktive latente Steuern anzusetzen (Pflicht). Hierbei sind auch verpflichtend aktive latente Steuern auf Verlustvorträge bzw. Zinsvorträge, deren Verrechnung innerhalb der nächsten fünf Jahre zu erwarten ist, mit einzubeziehen. Ein Ansatzwahlrecht besteht demnach nur für einen Aktivüberhang latenter Steuern[557]. Für passive latente Steuern besteht eine Ansatzpflicht[558].

508 Anschließend sollte sich der APr. von der **rechnerischen Richtigkeit** der Ermittlung überzeugen, wobei er gleichzeitig die Plausibilität des zugrunde gelegten Steuersatzes zu beurteilen hat. Grundsätzlich sind die unternehmensindividuellen Steuersätze im Zeitpunkt des Abbaus der Differenzen zu verwenden. Sind diese nicht bekannt, dann sind die am Abschlussstichtag gültigen individuellen Steuersätze zu verwenden. Ebenso erfolgt keine Abzinsung der entsprechenden Steuerbe- bzw. -entlastungen. Schließlich wird er sich noch mit der Frage befassen müssen, ob mit den für die Zukunft zu erwartenden

---
555 Vgl. E Tz. 267.
556 Vgl. dazu die Beispiele in ADS⁶, § 274, Tz. 43.
557 Vgl. *Wendholt/Wesemann*, DB 2009, Beil. 5, S. 67.
558 Vgl. zu Detailfragen auch *IDW ERS HFA 27*.

steuerlichen Entlastungen tatsächlich gerechnet werden kann, oder ob Erkenntnisse oder Tatsachen vorliegen, die dies zweifelhaft erscheinen lassen. Als solche kommen insb. zu erwartende künftige steuerliche Verluste in Betracht. Soweit dem Prüfer dabei keine aussagefähigen Unterlagen über die Steuerplanung des Unternehmens vorgelegt werden können, wird er im Wesentlichen auf Auskünfte der Geschäftsleitung und der zuständigen Sachbearbeiter sowie auf eigene begründete Schätzungen angewiesen sein. Zumindest hat der Nachweis hinreichender steuerpflichtiger Gewinne durch eine Unternehmensplanung zu erfolgen.

Der Ausweis der latenten Steuern kann gem. § 274 Abs. 1 S. 3 HGB unverrechnet erfolgen, so dass diesbezüglich ein Ausweiswahlrecht besteht. Dieses Wahlrecht unterliegt allerdings dem Gebot der Ausweisstetigkeit gem. § 265 Abs. 1 S. 1 HGB, wobei ein Wechsel von der Netto- zur Bruttomethode aufgrund eines verbesserten Einblicks in die Vermögenslage i.d.R. zulässig sein wird. Im Rahmen der von der Gesellschaft vorgelegten Entwicklung des Bilanzpostens vom Vortrag über die Auflösungen/ Zuführungen bis zum Stand am Abschlussstichtag sollte sich der APr. gleichzeitig von der zutreffenden Erfassung der Zuführungs-/ Auflösungsbeträge unter den jeweiligen Posten der GuV überzeugen (gesonderter Ausweis unter den Steuern vom Einkommen und vom Ertrag). 509

Gleichzeitig sollte er darauf achten, dass die erforderlichen Erläuterungen im **Anhang** (§ 285 Nr. 29 HGB) gegeben wurden und dass die mit der Bildung dieses Postens versehene **Ausschüttungssperre** (§ 268 Abs. 8 HGB) bei der Gewinnverteilung bzw. der Abfassung des Gewinnverwendungsvorschlags beachtet wurde. 510

Kleine KapGes. und kleine haftungsbeschränkte Personengesellschaften können gem. § 274a Nr. 5 HGB auf die Anwendung von § 272 HGB verzichten. Dabei ist jedoch zu berücksichtigen, dass bei Inanspruchnahme dieser Erleichterung unter den Voraussetzungen des § 249 Abs. 1 S. 1 HGB ggf. Rückstellungen für latente Steuern anzusetzen sind[559]. 511

(9) Prüfung des aktiven Unterschiedsbetrag aus der Vermögensverrechnung
Vgl. hierzu Tz. 535. 512

cc) Prüfung der Passiva
(1) Prüfung des Eigenkapitals
Bei Erstprüfungen sollte der APr. die Höhe des in den Büchern ausgewiesenen Betrages des gezeichneten Kapitals, Stammkapitals oder Kommanditkapitals mit den Angaben im HR abstimmen. Bei Ausgaben von Namensaktien sollte er auch darauf achten, dass das in § 67 AktG vorgeschriebene Aktienregister ordnungsgemäß geführt wird. Sind bei AG mehrere Aktiengattungen vorhanden, so ist darauf zu achten, dass der auf jede Aktiengattung entfallende Betrag des Grundkapitals gesondert angegeben wird (§ 152 Abs. 1 S. 2 AktG). Bei der KGaA ist § 286 Abs. 2 AktG zu beachten. 513

Für die Prüfung der **ausstehenden Einlagen** gelten ähnliche Grundsätze wie für die Prüfung von Forderungen. Bei der Prüfung des ersten JA nach der Gründung bzw. Kapitalerhöhung sollte sich der Prüfer eine Aufstellung der Gesellschafter mit Angabe der von diesen übernommenen Aktien oder Stammeinlagen sowie der darauf geleisteten Einzahlungen vorlegen lassen und sich anhand der Belege und Konten von der Leistung der vereinbarten Einzahlungen überzeugen. Darüber hinaus ist der Gesamtbetrag des Grund- 514

---

[559] *Wendholt/Wesemann*, DB 2009, Beil. 5, S. 72.

oder Stammkapitals mit dem HR-Auszug abzustimmen. Soweit **Sacheinlagen** oder **Sachübernahmen** erfolgt sind, ist gleichzeitig durch Einsichtnahme in Satzung oder Gesellschaftsvertrag zu prüfen, ob die §§ 27 AktG, 5 GmbHG beachtet wurden, da bei fehlender Deklaration der Sacheinlagen bzw. -übernahmen die stattdessen zu erbringende Bareinlage als noch ausstehend auszuweisen ist. Dies gilt entsprechend, wenn bei einer Bareinlageverpflichtung der eingezahlte Betrag nicht zur freien Verfügung des Vorstands steht (sog. verschleierte Sacheinlage)[560].

515 Die Prüfung sollte sich auch darauf erstrecken, ob bei der ersten Einzahlung die gesetzlich vorgeschriebenen **Mindestbeträge** (§ 36a AktG, § 7 Abs. 2 GmbHG) geleistet worden sind und ob die (satzungsmäßig festgesetzten) Termine für weitere Zahlungen eingehalten wurden. Im Übrigen wird sich der Prüfer in den Folgejahren i.d.R. darauf beschränken können, Veränderungen in der Höhe der ausstehenden Einlagen mit den entsprechenden Finanzkonten und Belegen abzustimmen.

516 Für die Prüfung der **Bewertung** gelten die allgemeinen Grundsätze der Bonitätsprüfung, bei der die Zahlungsfähigkeit der Gesellschafter bzw. der Ersatzverpflichteten (§ 65 AktG, §§ 22, 24 GmbHG) zu berücksichtigen ist.

517 Für den **Ausweis** ist darauf zu achten, dass ausstehende, nicht eingeforderte Einlagen zwingend auf der Passivseite von dem Posten „Gezeichnetes Kapital" offen abzusetzen sind und der Differenzbetrag in der Hauptspalte als „Eingefordertes Kapital" auszuweisen ist. Eingeforderte, aber noch nicht eingezahlte Beträge sind unter den Forderungen gesondert auszuweisen und entsprechend zu bezeichnen. Der Nachweis über die Einforderung muss vom Unternehmen erbracht werden.

518 Sämtlichen Buchungen auf dem Kapitalkonto während des zu prüfenden GJ muss der Prüfer nachgehen. Bei **Kapitalerhöhungen** und **Kapitalherabsetzungen** muss er sich davon überzeugen, ob die gesetzlichen Vorschriften sowie die Beschlüsse des AR und der HV bzw. Gesellschafterversammlung eingehalten worden sind. Die Protokolle der HV bzw. Gesellschafterversammlung und der AR-Sitzungen sind ferner daraufhin durchzusehen, ob Beschlüsse gefasst worden sind, die eine zukünftige Änderung des Kapitals vorbereiten (bedingtes Kapital, genehmigtes Kapital) und es ist darauf zu achten, ob die entsprechenden Berichterstattungspflichten (z.B. § 160 Abs. 1 Nr. 4 AktG) beachtet wurden. Hat die Gesellschaft eigene Aktien nach § 71 Abs. 1 Nr. 6 oder 8 AktG erworben, ist die Einhaltung der Regelungen des § 272 Abs. 2 S. 4 HGB zu überprüfen.

519 Nachdem aufgrund der Regelungen in § 272 Abs. 1a und 1b HGB zur Bilanzierung **eigener Anteile**[561] ein Bruttoausweis nicht mehr zulässig ist, sind ggf. auch die Übergangsregelungen gem. Art. 66, 67 EGHGB bei der Prüfung zu berücksichtigen. Die Prüfung der eigenen Anteile hat sich neben der bilanziellen Behandlung der Erwerbs- und Veräußerungsvorgänge anhand der Kauf- bzw. Verkaufsunterlagen auch darauf zu erstrecken, ob die gesetzlichen Beschränkungen (§§ 71, 71a-e AktG, § 33 GmbHG) eingehalten worden sind. Auch die Einhaltung der Voraussetzungen für die Einziehung eigener Anteile gem. § 237 AktG sind zu prüfen, sofern Aktien eingezogen werden.

520 Bei der Prüfung des Kapitals von **Personenhandelsgesellschaften**[562] stehen der Ausweis und die Besitzverhältnisse im Vordergrund. Anhand des Gesellschaftsvertrages oder der Gesellschafterbeschlüsse muss sich der APr. davon überzeugen, ob der Ausweis auf den verschiedenen Kapitalkonten den gesellschaftsvertraglichen Vereinbarungen entspricht.

---

560 Vgl. mit weiteren Nachweisen *Hüffer*, AktG⁵, § 27, Tz. 9.
561 Vgl. Art. 66 EGHGB; *IDW RS HFA 28*.
562 Vgl. *IDW RS HFA 7*, Tz. 14; 31; *IDW ERS HFA 7 n.F.*, Tz. 14, 40.

Durchführung der Abschlussprüfung R

Gesellschaftsvertrag und Gesellschafterbeschlüsse sind i.d.R. auch Unterlagen für weitere das Kapital betreffende Prüfungshandlungen, z.B. Aufteilung der einzelnen Kapitalkonten in Kapitalkonten I und II, die unterschiedlich zu behandeln sind, Zuschreibung der Gewinne und Abschreibung etwaiger Verluste, zulässige Höhe der Entnahmen, Verzinsung der Kapitalkonten, Übertragung von Gesellschaftsanteilen. Bei Personenhandelsgesellschaften i.S.v. § 264 a HGB ist die Einhaltung von § 264c Abs. 2 HGB zu prüfen[563].

(2) Prüfung der Rücklagen

Aus den gesetzlichen bzw. satzungsmäßigen Bestimmungen über die Bildung und Verwendung von Rücklagen ergeben sich zugleich die wesentlichen Prüfungshandlungen. 521

Danach hat der APr. bei der Prüfung der **Kapitalrücklage** neben dem Ausweis insb. die Einhaltung der gesetzlichen Vorschriften über Zuweisungen bzw. Entnahmen zu prüfen[564]. Gleichzeitig muss er darauf achten, dass – soweit es sich um eine AG/ KGaA handelt – die Vorschriften über die Offenlegung der Rücklagenbewegungen im GJ (§§ 152 Abs. 2, 158 Abs. 1 AktG) beachtet werden. 522

Bei der Prüfung der **Gewinnrücklagen** sollte der APr. insb. folgende Sachverhalte beachten:

Bei der Prüfung der **gesetzlichen Rücklage** ist darauf zu achten, dass im GJ keine höheren als die in § 150 Abs. 2 AktG vorgeschriebenen Beträge zugeführt oder Beträge entgegen den gesetzlichen Bestimmungen aus der Rücklage entnommen wurden. Beide Fälle führen zur Nichtigkeit des JA (§ 256 Abs. 1 Nr. 4 AktG). 523

Ebenfalls unter den Gewinnrücklagen ist die nach § 272 Abs. 4 HGB zu bildende **Rücklage für Anteile eines herrschenden oder mit Mehrheit beteiligten Unternehmens** auszuweisen. Die Prüfung hat sich im Wesentlichen darauf zu erstrecken, ob die Rücklagen aus freien Mitteln (freie Rücklagen, Jahresüberschuss, Gewinnvortrag) oder ggf. zu Lasten des Bilanzverlusts[565] gebildet wurden und ob sie nur entsprechend der Veräußerung, Ausgabe, Einziehung oder im Zusammenhang mit einer niedrigeren Bewertung der Anteile gem. § 253 HGB aufgelöst wurden. 524

Die Bildung der **satzungsmäßigen Rücklagen** sowie der **anderen Gewinnrücklagen** ergibt sich aus den jeweiligen Satzungsbestimmungen sowie – für die anderen Gewinnrücklagen – aus den Vorschriften der §§ 58 AktG, 29 GmbHG. Der APr. hat deshalb insb. festzustellen, ob die gesetzlichen Vorschriften und Satzungsbestimmungen beachtet wurden. Soweit das Unternehmen von dem Wahlrecht der §§ 58 Abs. 2a AktG, 29 Abs. 4 GmbHG Gebrauch macht, hat der APr. sich gleichzeitig davon zu überzeugen, dass die Dotierung auf den Eigenkapitalanteil der Wertaufholung bzw. des Sonderpostens beschränkt ist. Ferner hat er zu prüfen, ob die Formvorschriften über die Rücklagenbewegungen in Bilanz bzw. Anhang und GuV (§§ 152 Abs. 3, 158 Abs. 1 AktG) eingehalten wurden. 525

---

563 Vgl. auch *IDW RS HFA 7*, Tz. 33; *IDW ERS HFA 7 n.F.*, Tz. 42.
564 Vgl. zu den gesetzlichen Vorschriften auch F Tz. 360 ff.; BeBiKo[7], § 272, Rn. 160 ff.
565 Vgl. z.B. ADS[6], § 272, Tz. 197 m.w.N.

(3) Prüfung der Rückstellungen
(a) Allgemeine Prüfungshandlungen

526 Bei der Prüfung der Rückstellungen ist v.a. festzustellen, ob für passivierungspflichtige ungewisse Verbindlichkeiten und für drohende Verluste Rückstellungen gebildet worden sind und ob die gebildeten Rückstellungen zutreffend dotiert sind. Dies setzt besondere Sachkenntnis und Prüfungserfahrung voraus, zumal hier Ermessensentscheidungen[566] einen regelmäßig breiten Raum einnehmen. Auch hinsichtlich der Dotierung von Rückstellungen besteht ein besonderes Risiko von **Verstößen** (bspw. die beabsichtigte Unterbewertung von Rückstellungen, die ungerechtfertigte Auflösung von Rückstellungen oder der Ansatz fiktiver Rückstellungen).

527 Zu Beginn der Prüfung muss sich der APr. einen Überblick über die buchmäßige Behandlung der bisher gebildeten Rückstellungen verschaffen:

	Vortrag am Stichtag der Eröffnungsbilanz
./.	Inanspruchnahme während des GJ
./.	Auflösung der nicht benötigten Rückstellung
+	Neuzuführung für das GJ
=	Stand am Stichtag der Schlussbilanz

528 Der Vortrag ist mit dem in der Schlussbilanz des Vj. ausgewiesenen Bestand bzw. mit dem Abschlusssaldo des entsprechenden Rückstellungskontos abzustimmen.

529 Die gebuchte Inanspruchnahme der Rückstellung ist anhand der Dokumentation zu den Buchungsbelegen zu prüfen. In Stichproben sind auch die Buchungen auf den Gegenkonten zu prüfen. Sind Rückstellungen während des Jahres nicht verändert worden, so ist zu prüfen, ob der Rückstellungsgrund unverändert besteht und nur die Inanspruchnahme noch aussteht, ob der Rückstellungsgrund weggefallen ist, so dass die Rückstellung aufgelöst werden muss, oder ob inzwischen neue Erkenntnisse oder Ereignisse eingetreten sind, die die ursprünglich gebildete Rückstellung als zu niedrig erscheinen lassen, so dass eine weitere Dotierung notwendig ist.

530 Rückstellungen sind grundsätzlich gem. § 253 Abs. 1 HGB zum **Erfüllungsbetrag** zu bewerten und gem. § 253 Abs. 2 HGB laufzeitadäquat **abzuzinsen**, falls sie eine Restlaufzeit von mehr als einem Jahr haben. Entsprechend hat der APr. die angemessene Berücksichtigung von Preis- und Kostensteigerungen sowie die Anwendung der Zinssätze, die von der Deutschen Bundesbank veröffentlicht werden, zu prüfen.

531 Hinsichtlich des Ausweises muss sich der APr. davon überzeugen, dass neben der im gesetzlichen Gliederungsschema vorgesehenen Unterteilung in Rückstellungen für Pensionen und ähnliche Verpflichtungen, Steuerrückstellungen und sonstige Rückstellungen die gesonderten Angabe- bzw. Erläuterungspflichten des § 285 Nr. 12, 24 und 25 HGB beachtet wurden. Ebenso ist der gesonderte Ausweis gem. § 277 Abs. 5 HGB der Aufwendungen und Erträge aus der Ab- bzw. Aufzinsung unter den „Zinsen und ähnliche Aufwendungen" bzw. den „Sonstige Zinsen und ähnliche Erträge" zu prüfen.

(b) Prüfung der Pensionsrückstellungen

532 Ist für die Berechnung der **Pensionsrückstellungen** ein versicherungsmathematisches Gutachten erstellt worden, so ist zu berücksichtigen, dass der Gutachter regelmäßig nur

---

[566] Zur Prüfung von geschätzten Werten vgl. ISA 540; *IDW PS 314 n. F.*

die Pensionsverpflichtungen anhand der ihm vom Unternehmen vorgelegten Daten ermittelt. Der APr. muss sich deshalb v.a. davon überzeugen, dass dem Gutachter alle erforderlichen Unterlagen vollständig zur Verfügung gestellt wurden und dass alle Daten und personellen Veränderungen zutreffend berücksichtigt wurden. Ausgangspunkt für die Prüfung des **Mengengerüsts** der Pensionsrückstellungen bildet dabei ein Bestandsnachweis, aus dem für jede Verpflichtung die für die Berechnung maßgeblichen Daten ersichtlich sind. Zu diesen Daten, die in Stichproben anhand der Personalakten und der Unterlagen der Lohn- und Gehaltsbuchhaltung abzustimmen sind, zählen im Wesentlichen Personalnummer, Geschlecht, Geburts-, Eintritts- und Zusagedatum, Versorgungsstatus, Pensionierungsalter, Familienstand und ruhegehaltsfähige Bezüge. Besondere Aufmerksamkeit ist dann angebracht, wenn in Einzelfällen Sondervereinbarungen getroffen worden sind, wie etwa die Anerkennung von Vordienstzeiten oder die Anrechnung von Leistungen Dritter. Wurde der Bestand aufgrund einer vor- oder nachverlegten Inventur ermittelt, so ist zu prüfen, ob die Voraussetzungen für die Anwendung dieser Erleichterungsregelung gegeben sind und ob im Rahmen der erforderlichen Fortschreibung bzw. Rückrechnung auf den Abschlussstichtag wesentliche Veränderungen im Hinblick auf den Bestand oder die Höhe der Verpflichtungen berücksichtigt worden sind. Bei der Prüfung der vollständigen Erfassung und Zuordnung der Mitarbeiter zu den einzelnen Pensionsgruppen ist auch auf eventuelle Sonderfälle zu achten, wie z.B. die Berücksichtigung von zu anderen Konzernunternehmen entsandten Mitarbeitern oder die Erfassung von Mitarbeitern, die bspw. wegen Mutterschaftsurlaub, Wehrdienst o.ä. vorübergehend keine Bezüge erhalten.

Inweiweit sich der APr. bei der Prüfung der **Bewertung** der Pensionsrückstellungen auf das Gutachten des versicherungsmathematischen Sachverständigen stützen kann, ist nach den Grundsätzen für die Verwertung der Arbeit von Sachverständigen[567] zu entscheiden. Hat sich der APr. in hinreichendem Maß von der beruflichen Qualifikation und fachlichen Kompetenz des versicherungsmathematischen Sachverständigen sowie von dessen Unparteilichkeit und Unbefangenheit überzeugt, muss er auch die Arbeitsergebnisse des Sachverständigen beurteilen[568]. Dafür kommen nach der Prüfung der zugrunde liegenden Ausgangsdaten[569] Plausibilitätskontrollen der Bewertung und versicherungsmathematischen Berechnung in Betracht. Diese sind bspw. durch überschlägige Berechnung der Rückstellungshöhe einzelner Pensionsverpflichtungen an Hand der „Richttafeln" von Dr. Klaus Heubeck und Vergleich der Vorjahreswerte möglich[570]. Zumindest muss sich der APr. aber darüber informieren, nach welchen Bewertungsmethoden der Gutachter vorgegangen ist, welche Sterbetafeln, welcher Rechnungszinsfuß und welche sonstigen Annahmen (z.B. unterstellter Lohn- und Gehaltstrend sowie Fluktuation) und Formeln zum Ansatz kamen. Dies ist nicht nur im Hinblick auf die Einschätzung der sachlichen Vertrauenswürdigkeit des Urteils notwendig, sondern dient gleichzeitig der Prüfung der Anhangangaben nach § 284 Abs. 2 Nr. 1 und – bei Abweichungen gegenüber dem Vj. – Nr. 3 HGB sowie § 285 Nr. 24 HGB. Im Rahmen der Bewertungsprüfung hat der APr. auch festzustellen, ob das zu prüfende Unternehmen die durch § 16 BetrAVG alle drei Jahre geforderte Anpassungsprüfung vorgenommen hat. Bzgl. der Frage, ob eine Anpassungspflicht besteht, hat der APr. die Einschätzung der Geschäftsführung über die wirtschaftliche Lage auf Plausibilität, Nachvollziehbarkeit und Vollständigkeit zu überprüfen. Un-

533

---

567 Vgl. auch Tz. 854 sowie ISA 500.8 und *IDW PS 322*, Tz. 7.
568 Vgl. ISA 500.8; *IDW PS 322*, Tz. 17.
569 Vgl. Tz. 532.
570 Ein Beispiel für ein rechnerangepasstes Verfahren zur Teilwertberechnung nach § 6a EStG ist in Anhang 2 abgedruckt.

begründet unterlassene Anpassungen hat der APr. mit der Unternehmensleitung zu erörtern, ggf. in seinem Bericht zu vermerken und u.U. beim BestV zu berücksichtigen[571].

534 Bei **wertpapiergebundenen Altersversorgungsverpflichtungen** richtet sich die Bewertung nach § 253 Abs. 1 S. 3 HGB. In diesem Zusammenhang hat der APr. die Ermittlung des beizulegenden Zeitwerts der Wertpapiere anhand von Marktpreisen oder Berechnungen nach anerkannten Bewertungsmethoden (ggf. unter Hinzuziehung von Sachverständigen) zu prüfen. Bei einer Zusage mit einem garantierten Mindestbetrag erfordert die Bewertung einen Vergleich mit dem beizulegenden Zeitwert des Referenzobjekts. Entsprechend ist eine Ermittlung des garantierten Mindestbetrags nach den Bewertungsmaßstäben für Rückstellungen, dem Erfüllungsbetrag, durch das Unternehmen vorzunehmen.

535 Gem. § 246 Abs. 2 HGB sind Vermögensgegenstände, die dem Zugriff aller übrigen Gläubiger entzogen sind und ausschließlich der Erfüllung von Schulden aus Altersversorgungsverpflichtungen oder vergleichbaren langfristig fälligen Verpflichtungen dienen, mit diesen Schulden zu verrechnen[572]. Darunter fallen insb. Pensionszusagen, Lebensarbeitszeitkontenvereinbarungen und Altersteilzeitverträge. In diesem Zusammenhang hat der APr. anhand der Vertragsgestaltungen zu prüfen, ob die Vermögensgegenstände vor dem Zugriff der Gläubiger geschützt und zweckexklusiv sind. Ein Schutz vor dem Zugriff der Gläubiger ist grundsätzlich möglich bei

– insolvenzfesten Treuhandvereinbarungen,
– verpfändeten Rückdeckungsversicherungsansprüchen,
– sicherungshalber abgetretenen Rückdeckungsversicherungsansprüchen und
– anderen verpfändeten oder sicherungsabgetretenen Rechten.

Im Hinblick auf „Zweckexklusivität" muss der APr. prüfen, dass es sich um nichtbetriebsnotwendige Vermögensgegenstände handelt, da nur diese – von Ausnahmefällen abgesehen – für eine Verrechnung in Frage kommen[573].

Nach § 253 Abs. 1 S. 4 HGB sind diese Vermögensgegenstände stets mit dem beizulegenden Zeitwert zu bewerten und können damit die AK übersteigen. Der APr. hat den beizulegenden Zeitwert und die nach § 246 Abs. 2 S. 3 HGB gesondert unter dem Posten „Aktiver Unterschiedsbetrag aus der Vermögensverrechnung"[574] auszuweisenden Überhänge zu prüfen, die abzüglich passiver latenter Steuern in der Ausschüttungssperre gem. § 268 Abs. 8 HGB zu berücksichtigen sind. Gleiches gilt für die Angabepflichten gem. § 285 Nr. 25 HGB.

536 Zusätzlich hat der APr. die umfangreichen Übergangsregelungen gem. Art. 66, 67 EGHGB, die sich noch bis zum 31.12.2024 auswirken können, sowie *IDW RS HFA 28* während der Prüfung zu beachten. Zusätzlich finden sich in *IDW RS HFA 30* weitere Informationen, die bei der Bilanzierung von Altersversorgungsverpflichtungen zu berücksichtigen sind.

537 Sind die Pensionsverpflichtungen in Anwendung der Übergangsvorschriften des Art. 28 Abs. 1 EGHGB nur teilw. passiviert worden, so ist zu prüfen, ob die Abgrenzung zwischen passivierungspflichtigen und nicht passivierungspflichtigen Zusagen zutreffend erfolgt. Dabei sollte sich der APr. gleichzeitig davon überzeugen, dass der Fehlbetrag der nicht

---

571 Vgl. im Einzelnen *IDW St/HFA 3/1993*.
572 Vgl. zu den Übergangsregelungen Art. 66/67 EGHGB; *IDW RS HFA 28*.
573 Vgl. *Hasenburg/Hausen*, DB 2009, Beil. 5, S. 43.
574 Vgl. § 266 Abs. 2 E. HGB.

Durchführung der Abschlussprüfung   **R**

gebildeten Pensionsrückstellungen im Anhang richtig angegeben worden ist. Gleiches gilt für die nicht oder nicht in voller Höhe passivierten Verpflichtungen gegenüber rechtsfähigen Versorgungseinrichtungen des Trägerunternehmens. Soweit das Unternehmen bestimmte steuerliche Erleichterungsmöglichkeiten (z.B. § 6a Abs. 4 EStG) auch in der Handelsbilanz anwenden möchte, ist zu prüfen, ob dies handelsrechtlich zu vertretbaren Ergebnissen führt.[575]

(c) Prüfung der anderen Rückstellungen

Bei den **anderen Rückstellungen** wird der Schwerpunkt der Abschlussprüfung häufig auf der Vollständigkeit der gebildeten Rückstellungen und auf der Bewertung liegen. Die **Vollständigkeit** stellt deshalb eine besondere Herausforderung dar, weil Rückstellungsbedarf auch aus solchen Sachverhalten resultieren kann, mit denen der APr. im Rahmen der Abschlussprüfung nicht unmittelbar konfrontiert wird. Zur Prüfung der Vollständigkeit kommen folgende Maßnahmen in Betracht: 538

- Beurteilung des Prozesses, wie in dem Unternehmen rückstellungsrelevante Sachverhalte erfasst werden
- Auswertung von Erkenntnissen aus anderen Prüfungsgebieten (z.B. Verlustgeschäfte in der laufenden Periode als mögliches Indiz für Drohverlustrückstellungen)
- Einholung von Erklärungen der Rechtsabteilung sowie von Rechtsanwaltsbestätigungen[576]
- Bearbeitung von Checklisten zu potentiell rückstellungspflichtigen Sachverhalten
- Einholung einer Vollständigkeitserklärung, mit der die gesetzlichen Vertreter des zu prüfenden Unternehmens eine umfassende Versicherung über die Vollständigkeit der erteilten Erklärungen und Nachweise abgeben[577].

Da Rückstellungen gerade dadurch gekennzeichnet sind, dass die dadurch abgebildeten Verpflichtungen hinsichtlich ihres Eintritts und/ oder ihrer Höhe ungewiss sind, wird die Prüfung der **Bewertung** den zweiten Schwerpunkt darstellen. Regelmäßig liegen den Rückstellungen aufgrund der Unsicherheit Schätzungen zugrunde. Bei diesen geschätzten Werten muss der APr. beurteilen, ob die Werte plausibel sind und in angemessener Weise erläutert wurden. Folgende Prüfungshandlungen können zur Erlangung der erforderlichen Prüfungssicherheit in Hinblick auf die zutreffende Bewertung beitragen: 539

- Bestätigungen externer Sachverständiger (z.B. Gutachten zu Umweltrisiken, Rechtsanwaltsbestätigungen zur Höhe möglicher Prozessrisiken)
- Rückgriff auf Vergangenheitserfahrungen bei wiederkehrenden Sachverhalten (z.B. Gewährleistungsrisiken unter Berücksichtigung von Inanspruchnahmen in der Vergangenheit)
- Berücksichtigung von Ereignissen nach dem Abschlussstichtag mit wertaufhellendem Charakter (z.B. zwischenzeitlich eingegangene Rechnungen für vor dem Abschlussstichtag bezogene Dienstleistungen)
- Würdigung der zugrunde liegenden Annahmen (z.B. zu den noch anfallenden Aufwendungen bei Drohverlustrückstellungen für langfristige Aufträge)
- Beurteilung von wertbestimmenden Faktoren (z.B. erwartete Preissteigerungen).

Besonderes Augenmerk hat der APr. darauf zu richten, ob eine Rückstellung für Risiken aus derivativen Finanzinstrumenten zu bilden ist[578], da mit der bei diesen Instrumenten   540

---

575 Vgl. *IDW St/HFA 2/1988*, Abschn. 4.
576 Vgl. ISA 501.10; *IDW PS 302*, Tz. 32.
577 Vgl. *IDW PS 303 n.F.*
578 Vgl. *IDW St/BFA 2/1993;* ADS[6], § 253, Tz. 269.

2561

häufig vorliegenden Komplexität häufig auch ein erhöhtes Risiko der sachgerechten Abbildung im Abschluss einhergeht. Hierzu ist zunächst zu klären, in welchem Umfang diese Instrumente eingesetzt werden. Das Schwergewicht der Prüfung liegt auf der Prüfung der Organisationsstruktur, der Abwicklung und der Kontrolle dieser Geschäfte. Bei der Abschlussprüfung ist zu klären, inwieweit die Voraussetzungen zur Bildung von Bewertungseinheiten (Hedging) gegeben sind[579].

541 I.d.R. steht bei der Bildung der Rückstellungen die Aufwandsart, die durch die spätere Inanspruchnahme entsteht, eindeutig fest (Ausnahme z.B. Garantierückstellungen), so dass die Bildung der Rückstellung zu Lasten dieser Aufwandsart möglich ist. Der APr. sollte grundsätzlich die Belastungen auf den Aufwandskonten mit der Dotierung der Rückstellungen abstimmen.

(4) Prüfung der Verbindlichkeiten
(a) Prüfung der Anleihen

542 Unterlagen für den Nachweis des **Bestehens** der Anleihen sind Beschlüsse des AR und der HV bzw. der entsprechenden Gremien bei Unternehmen anderer Rechtsform, Börsenprospekte und Abrechnungen der Emissionsbank. Daraus wird auch eine eventuell eingeräumte Konvertibilität ersichtlich, die gesondert vermerkt werden muss. Durch Einsichtnahme in die Tilgungspläne und Auslosungsprotokolle ist die Einhaltung der **Zins- und Tilgungsbedingungen** zu prüfen. Damit wird zweckmäßigerweise gleichzeitig die Prüfung der entsprechenden Aufwandskonten verbunden, wobei die vereinbarten Zinsen den tatsächlich gezahlten Zinsen gegenüberzustellen sind. Aus dieser Gegenüberstellung ergibt sich auch ein evtl. abzugrenzender Zinsaufwand. Alle Abweichungen von den ursprünglichen Vereinbarungen müssen aufgeklärt werden. Die zur Durchführung dieser Prüfungen erforderlichen Daten und etwaige Änderungen der ursprünglichen Vereinbarungen sollte der APr. in seinen Arbeitspapieren festhalten, damit er nicht jedes Jahr die Verträge erneut einsehen muss.

(b) Prüfung der Verbindlichkeiten gegenüber Kreditinstituten

543 Der tatsächlich in Anspruch genommene Kredit wird für den Abschlussstichtag durch Bankbestätigungen nachgewiesen, die mit den Salden der Bankkonten abzustimmen sind[580]. Dabei können sich Differenzen aufgrund zeitlicher Buchungsunterschiede ergeben, die durch eine Übergangsrechnung geklärt werden müssen.

544 Darüber hinaus muss der APr. die Kreditunterlagen einsehen, aus denen die Art, Begrenzung und **Sicherung** des Kredits sowie seine **Verzinsung** zu ersehen sind. Bei der Prüfung der Einhaltung der Kreditbedingungen – zu denen auch Covenants zählen – wird der APr., sofern es sich nicht um einen Kontokorrentkredit handelt, die Soll-Verzinsung dem gebuchten Zinsaufwand gegenüberstellen. Diese Gegenüberstellung macht deutlich, ob ggf. noch Zinsen – dasselbe gilt für evtl. Spesen und Provisionen – abzugrenzen sind.

(c) Prüfung der erhaltenen Anzahlungen auf Bestellungen

545 Für die Prüfung der erhaltenen Anzahlungen auf Bestellungen gelten die gleichen Grundsätze wie für die Prüfung der Lieferungs- und Leistungsverbindlichkeiten[581].

---

579 Vgl. zur Problematik der Bewertungseinheiten Tz. 565.
580 Zur Einholung von Bankbestätigungen vgl. Tz. 502.
581 Vgl. Tz. 546.

Darüber hinaus ist zu prüfen, ob die Anzahlungen noch zu Recht ausgewiesen werden oder ob ihre Aufrechnung versehentlich unterblieben ist, obgleich die Lieferung/ Leistung bereits ausgeführt ist.

(d) Prüfung der Verbindlichkeiten aus Lieferungen und Leistungen
Wie bei den Forderungen aus Lieferungen und Leistungen handelt es sich bei einem großen Teil der Verbindlichkeiten aus Lieferungen und Leistungen um das Ergebnis von Routinetransaktionen. Das Ergebnis der Analyse der Geschäftsprozesse und der Geschäftsdurchführung bestimmt den Umfang der noch erforderlichen Detailprüfungen. Für den Nachweis des **Bestehens** der Verbindlichkeiten sind grundsätzlich Saldenbestätigungen einzuholen[582]. Die Bestätigungen müssen mit den Salden laut Saldenliste und diese wiederum mit den Salden auf den Kontokorrentkonten abgestimmt werden, sofern Haupt- und Nebenbuch nicht auf dem identischen Datenbestand beruhen. Debitorische Kreditoren[583] sollten abgestimmt und ihre Entstehungsursache geprüft werden. Für Zwecke des Bilanzausweises sind die Kreditoren um die debitorischen Kreditoren zu bereinigen, die ihrerseits unter den sonstigen Vermögensgegenständen auszuweisen sind.

546

Bei der **Abwicklung** des Saldos in neuer Rechnung ist es vielfach üblich, die Beträge zu vermerken, die im Saldo am Abschlussstichtag enthalten und am Prüfungsstichtag noch nicht ausgeglichen waren. Auffälligen Zahlungsverzögerungen muss nachgegangen werden. Als weiteres Ergebnis könnte sich bei dieser Prüfungshandlung herausstellen, dass ein Kreditor seine Rechnung nachträglich vermindert oder erhöht hat. Insb. im letzten Fall ist eine ggf. erforderliche Korrektur am Abschlussstichtag zu prüfen.

547

Schließlich liefert die Prüfung der Abwicklung des Saldos in neuer Rechnung wichtige Hinweise dafür, ob die Abgrenzung zwischen Vorräten und in Anspruch genommenen Leistungen mit den Verbindlichkeiten zum Abschlussstichtag ordnungsgemäß durchgeführt worden ist[584]. Die Gefahr der Nichtpassivierung von Verbindlichkeiten ist besonders groß bei Rechnungen für Dienstleistungen, da die Inanspruchnahme der Leistung nicht wie die Warenlieferung durch einen Eingangsschein belegt ist und die Rechnungserstellung häufig längere Zeit hinter der Leistungserstellung zurückbleibt. Um hier einer hinreichenden Abgrenzung sicher zu sein, sollte sich der APr. zusätzlich zur Prüfung des relevanten IKS von den zuständigen Abteilungen des Unternehmens eine Aufstellung anfertigen lassen über alle Arbeiten, die vor dem Abschlussstichtag abgeschlossen oder begonnen wurden und bis zum Abschlussstichtag noch nicht abgerechnet worden sind. Ggf. ist für noch ausstehende Leistungsrechnungen, deren Höhe sich nur schätzen lässt, eine Rückstellung zu bilden.

548

Konten, die als „diverse", „verschiedene" oder „sonstige Kreditoren" bezeichnet sind, beinhalten häufig ein besonderes Risiko dadurch, dass dort ungeklärte oder außerhalb der üblichen Prozesse verarbeitete Geschäftsvorfälle erfasst werden, so dass der APr. insb. bei einem größeren Umfang und unübersichtlicher Abwicklung zusätzliche Aufbereitungen/ Auswertungen durch das Unternehmen benötigt.

549

(e) Prüfung der Wechselverbindlichkeiten
Schuldwechsel werden regelmäßig in einem Wechselkopierbuch erfasst. Deshalb ist der Saldo, der sich aus dem Wechselkopierbuch ergibt, mit dem Hauptbuchkonto abzu-

550

---
582 Vgl. *IDW PS 302,* Tz. 6. Zu den dabei anzuwendenden Grundsätzen vgl. auch Tz. 471.
583 Vgl. die Ausführungen zu den kreditorischen Debitoren (Tz. 473), die hier sinngemäß gelten.
584 Vgl. zur Cut-off-Prüfung Tz. 442.

stimmen. Befinden sich unter den umlaufenden Wechseln solche über besonders hohe Beträge, sollte der Prüfer sich vergewissern, ob die ordnungsmäßige **Einlösung** zu erwarten ist. Er sollte ferner feststellen, in welchem Umfang und aus welchen Gründen Wechsel **prolongiert** wurden, ob Wechsel zu **Protest** gegangen sind und ob ggf. die Rechtsabteilung oder der Rechtsanwalt des Unternehmens eingebunden ist.

(f) **Prüfung der Verbindlichkeiten gegenüber verbundenen Unternehmen und der Verbindlichkeiten gegenüber Unternehmen, mit denen ein Beteiligungsverhältnis besteht**

551 Die Prüfung dieser Verbindlichkeiten bietet gegenüber den gleichartigen Forderungen keine Besonderheiten, so dass hier darauf verwiesen werden kann[585].

(g) **Prüfung der sonstigen Verbindlichkeiten**

552 Bei der Prüfung der sonstigen Verbindlichkeiten sind die Salden der Kontokorrentkonten mit Saldenbestätigungen sowie mit dem Hauptbuchkonto, falls ein solches geführt wird, abzustimmen. Daneben sind evtl. Besonderheiten der einzelnen Posten sowie gegebene Sicherheiten und vereinbarte Zinsen zu prüfen. Häufig sind in den sonstigen Verbindlichkeiten auch die nicht abgerufenen Dividenden sowie bei Anleihen nicht abgehobene ausgeloste Beträge enthalten. Diese Verbindlichkeiten sollten anhand eines Nummernverzeichnisses bis zum Verfall oder Ablauf der Verjährungsfrist sorgfältig kontrolliert werden. Bei Fortfall der Verbindlichkeit ist darauf zu achten, wer die Ausbuchung veranlasst hat und ob der Ertrag ordnungsmäßig gebucht ist.

553 Die in einem „davon"-Vermerk gesondert auszuweisenden Verbindlichkeiten aus Steuern und die Verbindlichkeiten im Rahmen der sozialen Sicherheit können i.d.R. unmittelbar mit den entsprechenden Aufwandskonten abgestimmt werden.

(h) **Prüfung der Angabe der Restlaufzeiten und der pfandrechtlichen Sicherungen**

554 Für jeden Posten der Verbindlichkeiten sind

– der Gesamtbetrag der Verbindlichkeiten mit einer Restlaufzeit von mehr als fünf Jahren,
– der Gesamtbetrag der Verbindlichkeiten, die durch Pfandrechte oder ähnliche Rechte gesichert sind, unter Angabe von Art und Form der Sicherheiten,

im Anhang anzugeben (§ 285 S. 1 Nr. 1 HGB). Außerdem ist in der Bilanz bei jedem Posten der Betrag der Verbindlichkeiten mit einer Restlaufzeit bis zu einem Jahr gesondert anzugeben (§ 268 Abs. 5 S. 1 HGB).

555 Bei der Prüfung der Vermerksangaben über die **Restlaufzeiten** wird sich der APr. i.d.R. auf entsprechende Aufstellungen der Gesellschaft stützen können. Diese sollte er in Stichproben mit den entsprechenden Vertragsunterlagen abstimmen. Soweit Zusammenstellungen dieser Art nicht vorgelegt werden können, ist der APr. im Wesentlichen auf die Schätzungen der Gesellschaft angewiesen. Seitens des Unternehmens nicht eingehaltene Zahlungsvereinbarungen können wesentliche Hinweise für die Beurteilung seiner Finanz- und Ertragslage sein.

556 Vom zutreffenden Ausweis der durch **Pfandrechte** oder **ähnliche Rechte** gesicherten Verbindlichkeiten muss sich der APr. durch Einsichtnahme in Grundbücher bzw. Grund-

---

[585] Vgl. Tz. 481.

Durchführung der Abschlussprüfung R

buchauszüge, notarielle Urkunden und Verträge überzeugen. Dabei muss er auch darauf achten, dass die Angabepflicht auch für erhaltene Anzahlungen gilt, die nicht unter den Verbindlichkeiten ausgewiesen werden, sondern entsprechend § 268 Abs. 5 S. 2 HGB offen von den Vorräten abgesetzt wurden.

Wenngleich **vereinbarte Kreditsicherungen** nur hinsichtlich des Ausweises der Anteile, die durch Grundpfandrechte oder ähnliche Rechte gesichert sind, der Prüfungspflicht unterliegen, müssen im Interesse einer zutreffenden Beurteilung der Vermögenslage im LB jedoch erhebliche anderweitige Beschränkungen der Verfügungsmacht über Vermögensgegenstände durch vereinbarte Kreditsicherungen erwähnt und somit auch geprüft werden, wenn die Vermögenslage ohne die Kenntnis dieser Belastungen zu günstig erscheint. Das trifft insb. bei Unternehmen zu, die sich in wirtschaftlichen Schwierigkeiten befinden. Stellt der APr. fest, dass vereinbarte Kreditsicherungen nicht eingehalten werden, sollte er daher ggf. einen entsprechenden Vermerk in den PrB aufnehmen. 557

(5) Prüfung der passiven Rechnungsabgrenzung

Die Ausführungen zur Prüfung der aktiven Rechnungsabgrenzung gelten sinngemäß[586]. 558

(6) Prüfung der passiven latenten Steuern

Vgl. hierzu Tz. 507. 559

(7) Prüfung der vermerkpflichtigen Haftungsverhältnisse

Unterlagen für die Prüfung vermerkpflichtiger Haftungsverhältnisse (vgl. §§ 251, 268 Abs. 7, 285 Nr. 27 HGB) sind Wechsel- und Scheckkopierbücher, Verträge sowie die allgemeine Korrespondenz. Die Prüfung wird erleichtert, wenn grundsätzlich sämtliche Haftungsverhältnisse an einer Stelle statistisch erfasst werden. Darüber hinaus ist der APr. im Wesentlichen auf Auskünfte angewiesen (Vollständigkeitserklärung)[587]. Der APr. muss feststellen, ob sämtliche Haftungsverhältnisse unter der Bilanz bzw. im Anhang angegeben worden sind und ob die Abgrenzung zu den gem. § 285 Nr. 3a HGB zu erläuternden sonstigen finanziellen Verpflichtungen entsprechend den gesetzlichen Vorschriften vorgenommen wurde[588]. 560

dd) Prüfung von off-balance sheet-Geschäften

Unter off-balance sheet-Geschäften sind solche Geschäfte zu verstehen, die nicht oder nur in geringem Umfang (z.B. in Form von erhaltenen/ geleisteten Optionsprämien oder Margin-Zahlungen) in der Bilanz enthalten sind. Hierunter fallen insb. **derivative Finanzinstrumente,** deren Entstehen und zunehmender Einsatz auf die zunehmenden Schwankungen an den internationalen Geld- und Kapitalmärkten und dem daraus resultierenden Bedürfnis der Marktteilnehmer nach geeigneten Absicherungsinstrumenten zurückzuführen ist. Dabei kann zwischen bedingten (Optionen, Zinsoptionen, Zinsbegrenzungsvereinbarungen) und unbedingten Geschäften (Zinsswaps, Währungsswaps, Finanzterminkontrakte wie Financial Futures oder Devisentermingeschäfte) unterschieden werden. Bei den bedingten Geschäften kann ein Vertragspartner von der Gegenpartei entweder Erfüllung verlangen oder auch auf diese verzichten, bei unbedingten 561

---
586 Vgl. Tz. 505.
587 Vgl. auch Tz. 883.
588 Zu Patronatserklärungen vgl. *IDW RH HFA 1.013.*

2565

Geschäften sind beide Vertragspartner zur Erfüllung verpflichtet. Für den APr. sind v.a. die Bonitäts-, Zinsänderungs- und Währungsrisiken von Bedeutung.

562 Die Planung und die Durchführung der Prüfung von off-balance sheet-Geschäften weist folgende prüfungstechnische Besonderheiten auf:

– Da beim Einsatz derivativer Finanzinstrumente kein bzw. kein vollständiger unmittelbarer Liquiditätsfluss stattfindet (schwebende Geschäfte) und die Geschäfte oft nur fernmündlich abgeschlossen werden, kommen der ordnungsmäßigen Erfassung und Bearbeitung der Geschäftsvorfälle und damit der Prüfung des IKS eine erhebliche Bedeutung zu. Dieses sollte die Dokumentation der Absicherung, die Erfassung von Risikopositionen, die Vorgabe von Limiten für die Schließung offener Positionen und für pro Handelstag nicht zu überschreitende Verlustrisiken sicherstellen. Darüber hinaus ist eine strenge Funktionstrennung zwischen den Bereichen Handel, Abwicklung, Kontrolle und Buchhaltung erforderlich[589].

– Erhebliche Fehlerrisiken liegen insb. bei der Erfassung, Kontrolle und Buchung der Geschäftsvorfälle.

– Die eindeutige Einordnung von derivativen Finanzinstrumenten als Handels- oder Sicherungsgeschäfte und damit die Beurteilung der Risikolage des geprüften Unternehmens gestalten sich für den APr. häufig sehr schwierig und erfordert wegen der Komplexität der Geschäfte den Einsatz erfahrener Prüfer und Spezialisten.

563 Von wesentlicher Bedeutung ist die Prüfung der **vollständigen,** richtigen und zeitgerechten Erfassung von derivativen Finanzinstrumenten. Als Informationsquellen kommen Protokolle von Vorstandssitzungen, Unterlagen von Rechts- und Finanzabteilungen, Verträge, allgemeiner Schriftverkehr und Saldenbestätigungen in Betracht. Die Geschäfte sind auch in die vom APr. einzuholende Vollständigkeitserklärung einzubeziehen.

Im Rahmen der OTC-Geschäfte (OverTheCounter-Geschäfte) sollte darüber hinaus durch eine neutrale Stelle geprüft werden, ob die Kontrahentenabstimmung erfolgt ist. Wesentlich hierbei ist, ob die Gegenleistung durch eine Geschäftsbestätigung des Kontrahenten vorhanden ist.

564 Hinsichtlich der Prüfung der **Bewertung** ist zu beachten, dass für derivative Finanzinstrumente grundsätzlich die gleichen Bewertungsregeln wie für andere schwebende Geschäfte gelten, mit der Besonderheit, dass unter bestimmten Voraussetzungen die Bildung von Bewertungseinheiten zulässig ist.

565 Bewertungseinheiten[590] i.S.d. § 254 HGB sollen dazu beitragen, dass der JA ein den tatsächlichen Verhältnissen entsprechendes Bild der Lage des Unternehmens vermittelt. Bei der handelsrechtlich gebotenen wirtschaftlichen Betrachtungsweise ist es nicht sachgerecht, Ergebnisse – z.B. aufgrund der Anwendung des Einzelbewertungsgrundsatzes – zu erfassen, die wegen einer Sicherungsbeziehung nicht zu einer Vermögensmehrung oder -minderung führen werden. Der APr. hat sich davon zu überzeugen, dass im Rahmen von Bewertungseinheiten die folgenden Voraussetzungen kumulativ erfüllt werden:

– Vermögensgegenstände, Schulden, schwebende Geschäfte oder mit hoher Wahrscheinlichkeit erwartete Transaktionen als Grundgeschäft,
– Finanzinstrument als Sicherungsinstrument,
– Sicherungsabsicht (einschließlich Durchhalteabsicht),

---

[589] Vgl. auch *Krumnow,* KI[2], § 340e HGB, Rn. 303-327.
[590] Vgl. zur Problematik der Bewertungseinheit *Gelhausen/Fey/Kämpfer,* BilMoG, S. 125 ff.; BeBiKo[7], § 254; *IDW St/BFA 2/1993*

- Wirksamkeit der Sicherungsbeziehung (einschließlich Vergleichbarkeit der Risiken und gegenläufigkeit der Wert- oder Zahlungsstromänderungen),
- Betragsidentität,
- Fristenidentität und
- Designation (Zusammenfassung von Grundgeschäft und Sicherungsinstrument).

Dazu wird der APr. vom Management entsprechende Dokumentationen sowie Nachweise und Erläuterungen zu den Sicherungsinstrumenten bzw. Sicherungsbeziehungen anfordern und prüfen. Zusätzlich sind die Anhangangaben gem. § 285 Nr. 23 HGB zu prüfen.

Bei der Prüfung des **Ausweises** hat der APr. zu untersuchen, ob ggf. zu bildende Drohverlustrückstellungen unter den „sonstigen Rückstellungen" ausgewiesen sind. Erträge und Aufwendungen im Zusammenhang mit derivativen Finanzinstrumenten sind grundsätzlich unter den „sonstigen betrieblichen Erträgen/ Aufwendungen" zu erfassen. Bei Zinsen aus Zinsswaps, Zinsbegrenzungsvereinbarungen oder Zinstermingeschäften erfolgt i.d.R. ein Ausweis im Finanzergebnis[591]. **566**

Ferner sind die zusätzlichen Anhanganforderungen in § 285 Nr. 19 HGB zu beachten und zu prüfen. Im Anhang sind für jede Kategorie nicht zum beizulegenden Zeitwert bilanzierter derivativer Finanzinstrumente die folgenden Angaben vorzunehmen[592]: **567**

- Art und Umfang der Finanzinstrumente,
- deren beizulegender Zeitwert, soweit er sich nach § 255 Abs. 4 HGB verlässlich ermitteln lässt, unter der Angabe der angewandten Bewertungsmethode,
- deren Buchwert und der zugehörige Bilanzposten, in welchem der Buchwert erfasst ist, sowie
- die Gründe weshalb der beizulegende Zeitwert nicht bestimmt werden kann.

Der beizulegende Zeitwert[593] nach § 255 Abs. 4 HGB entspricht dem Marktpreis, sofern dieser verlässlich feststellbar ist, d.h. ein aktiver Markt[594] besteht. Soweit kein aktiver Markt besteht, dann ist der beizulegende Zeitwert – soweit möglich – nach anerkannten Bewertungsmethoden zu bestimmen (z.B. Black-Scholes-Optionspreismodell, Binomialmodell)[595].

Zusätzlich sind die Anhangangaben für Geschäfte nach § 285 Nr. 3 HGB zu prüfen. Beispiele hierfür sind Factoring-Geschäfte, ABS-Transaktionen, Pensionsgeschäfte, Leasingverträge und die Nutzung von Zweckgesellschaften. Für die Prüfung dieser Angaben wird der APr. Vertragsunterlagen und seine Kenntnisse aus dem Verständnis der Geschäftstätigkeit des Unternehmens heranziehen. Dabei sind alle Risiken und Vorteile aus nicht in der Bilanz enthaltenen Geschäften zu würdigen, die sich auf die Finanzlage des Unternehmens auswirken können[596]. **568**

---

591 Vgl. BeBiKo[7], § 275 HGB, Rn. 108, 168, 194. Zur Bilanzierung und Bewertung ausgewählter derivativer Finanzinstrumente auf Zinsbasis vgl. *Krumnow*, KI[2], § 340e HGB, Rn. 359-451.
592 *IDW RH HFA 1.005*, Tz. 22.
593 Vgl. zur Prüfung von Zeitwerten auch ISA 540; *IDW PS 314 n.F.*
594 Vgl. zu den Kriterien für das Vorliegen eines aktiven Marktes BeBiKo[7], § 285, Rn. 329.
595 Vgl. *Gelhausen/Fey/Kämpfer*, BilMoG, S. 382.
596 Vgl. hierzu auch *IDW ERS HFA 32*.

d) Prüfung der Gewinn- und Verlustrechnung
aa) Grundsätzliches zur Prüfungstechnik bei der Prüfung der Gewinn- und Verlustrechnung

569 Bei der Prüfung der GuV muss der Prüfer jeweils zwei Feststellungen treffen:

(1) Sind sämtliche Aufwendungen und Erträge vollständig und periodengerecht ausgewiesen?
(2) Sind die Aufwendungen und Erträge richtig ausgewiesen?

570 **Bewertungsfragen,** soweit sie im Zusammenhang mit Aufwendungen und Erträgen auftreten, werden i.d.R. im Rahmen der Prüfung der entsprechenden Bilanzposten gelöst.

571 Die **Vollständigkeit** der ausgewiesenen Aufwendungen und Erträge kann auf verschiedene Weise festgestellt werden. Dabei sollten vorrangig analytische Prüfungshandlungen vorgenommen werden[597]. Am zuverlässigsten ist die Prüfung der Vollständigkeit von Aufwendungen und Erträgen dann, wenn sich aufgrund der Bilanzprüfung Soll-Aufwendungen und Soll-Erträge berechnen lassen. So gestattet z.B. die Durchsicht der Unterlagen für Darlehensforderungen und -verbindlichkeiten, Festgeldbankguthaben und mittel- und langfristige Bankverbindlichkeiten die Berechnung von Soll-Zinserträgen, die angefallen sein müssen, wenn man vereinbarungsgemäß verfahren ist. In ähnlicher Weise lassen sich anhand der Versicherungspolicen die zu zahlenden Prämien oder anhand der Verträge Mietaufwendungen und Mieterträge berechnen.

572 Die Prüfung von wiederkehrenden Buchungen auf deren regelmäßige Vornahme (wöchentlich, monatlich, quartalsweise) lässt ein weit weniger sicheres Urteil über die Vollständigkeit der Aufwendungen und Erträge zu, gibt aber wertvolle Hinweise, da sie für die Anzahl der Buchungen ein Soll vorgibt. So müssen z.B. bei Fremdbezug von Strom, Gas und Wasser die Aufwandskonten (monatliche Abrechnung unterstellt) zwölf Belastungen ausweisen. Ähnliche Regelmäßigkeiten werden sich bei Mieten, Pachten, Bezugsgebühren für regelmäßige Lieferungen und Leistungen, Abrechnungen von Betriebsabteilungen (z.B. Kantine) und Außenstellen und bei vielen anderen Aufwandsarten und Erträgen feststellen lassen. Eine Durchsicht der Konten lässt im Allgemeinen erkennen, ob die Regelmäßigkeit an einer Stelle unterbrochen – es fehlt z.B. die zwölfte (letzte) Buchung – und damit für weitere Prüfungen ein Hinweis gegeben ist.

573 Weitere Anhaltspunkte lassen sich durch analytische Prüfungshandlungen wie z.B. den **Vergleich** von Zahlen gewinnen, zwischen denen ein sachlicher Zusammenhang besteht, z.B. USt und Umsätze, Materialverbrauch und hergestellte Einheiten. In ähnlicher Weise kann man Aufwendungen untereinander oder mit Erträgen vergleichen, zwischen denen zwar kein Kausalzusammenhang besteht, die aber eine annähernd gleiche Entwicklung zeigen müssen. Wertvolle Hinweise vermitteln Gegenüberstellungen des Aufwandes der laufenden Periode mit dem Vorjahresverbrauch. Bei den letztgenannten Methoden ist zwar nur eine beschränkte Aussage über die Vollständigkeit des Ausweises von Aufwendungen und Erträgen möglich, sie können jedoch helfen, Fehler festzustellen.

574 Für die Prüfung des richtigen **Ausweises** der einzelnen Aufwands- und Ertragsposten wird eine kritische Durchsicht der Buchungen auf den Konten bereits eine Reihe von Anhaltspunkten bieten, sofern der Buchungstext so klar und vollständig ist, dass sich der APr. ein Bild von dem zugrunde liegenden Geschäftsvorfall machen kann. Ggf. ist ein Zurückgreifen auf den Buchungsbeleg notwendig. Neben dem richtigen Ausweis innerhalb des Gliederungsschemas ist auch die Frage der Ausweiskontinuität zu prüfen, da bei Auf-

---
[597] Vgl. auch Tz. 357.

wendungen oder Erträgen, die (zulässigerweise, vgl. § 265 Abs. 1 HGB) unter einem anderen Posten ausgewiesen werden, als gleichartige Aufwendungen oder Erträge in der GuV des Vj., die Vj.-Zahlen anzupassen sind, soweit sich das Unternehmen nicht auf eine verbale Erläuterung für die fehlende Vergleichbarkeit im Anhang beschränkt.

bb) Zusammenhang zwischen Bilanzprüfung und Prüfung der Gewinn- und Verlustrechnung

Nach der Prüfung des IKS und den danach noch erforderlichen aussagebezogenen Prüfungshandlungen im Rahmen der Prüfung der Bilanz sind regelmäßig bis auf wenige Ausnahmen auch die Aufwendungen und Erträge der GuV geprüft. 575

Die Aufwendungen und Erträge, die bei der Prüfung der Bilanz nicht oder nicht vollständig abgedeckt worden sind, werden sich im Wesentlichen auf die **sonstigen betrieblichen Aufwendungen** und die **sonstigen betrieblichen Erträge** beschränken. Diese Konten sind ihrer Natur nach ohnehin Sammelkonten für alle nicht gesondert ausweispflichtigen Aufwendungen und Erträge. Der APr. sollte daher prüfen, ob in diesen Konten Erfolgsposten enthalten sind, die gesondert auszuweisen sind oder Aufwendungen z.B. als Reparatur- oder Instandhaltungsaufwendungen erfasst wurden, obwohl es sich um aktivierungspflichtigen Herstellungsaufwand handelt. Darüber hinaus sollte der APr. v.a. bei unüblichen Buchungsvorgängen (etwa auffällige Buchungen um den Abschlussstichtag oder Stornobuchungen) die zugrunde liegenden Belege einsehen, um möglicherweise unsachgemäß behandelte Vorgänge zu identifizieren. Eine intensive Prüfung der sonstigen betrieblichen Aufwendungen und Erträge liefert daher häufig wertvolle Hinweise für Prüfungshandlungen in anderen Bereichen. 576

Für einen ordnungsmäßigen **Ausweis** muss sich der APr. davon überzeugen, dass neben dem im gesetzlichen Gliederungsschema vorgesehenen Vermerk bestimmter Aufwendungen und Erträge aus verbundenen Unternehmen folgende Zusatzangaben erfolgt sind: 577

– Angabe latenter Steueraufwendungen und -erträge (§ 274 Abs. 2 S. 3 HGB)
– Angabe der außerplanmäßigen Abschreibungen (§ 277 Abs. 3 S. 1 HGB)
– Angabe der Erträge und Aufwendungen aus Verlustübernahme und der aufgrund einer Gewinngemeinschaft, eines GAV oder eines Teil-GAV erhaltenen oder abgeführten Gewinne (§ 277 Abs. 3 S. 2 HGB)
– Erläuterung der wesentlichen außerordentlichen und der periodenfremden Aufwendungen und Erträge (§ 277 Abs. 4 HGB)
– gesonderte Angabe der Aufwendungen und Erträge aus der Ab-/ Aufzinsung bzw. aus der Währungsumrechnung (§ 277 Abs. 5 HGB)
– Aufgliederung der Umsatzerlöse nach Tätigkeitsbereichen und geographischen Märkten, soweit sich diese untereinander erheblich unterscheiden (§ 285 S. 1 Nr. 4 HGB)
– Aufteilung der Steuern vom Einkommen und vom Ertrag auf das Ergebnis der gewöhnlichen Geschäftstätigkeit und das a.o. Ergebnis (§ 285 S. 1 Nr. 6 HGB)
– Angabe des – entsprechend untergliederten – Material- und Personalaufwands des GJ bei Anwendung des UKV (§ 285 S. 1 Nr. 8 HGB)
– Gesamthonorar des APr. (§ 285 Nr. 17 HGB)
– Gesamtbetrag der F&E-Kosten (§ 285 Nr. 22 HGB)
– verrechnete Aufwendungen und Erträge aus § 246 Abs. 2 HGB (§ 285 Nr. 25 HGB).

e) Prüfung des Anhangs
aa) Grundsätzliches zur Prüfung des Anhangs

578 Die Prüfung des Anhangs erfordert wegen der Vielzahl von Zusatzangaben sowie der Möglichkeit, bestimmte Angaben wahlweise in Bilanz/ GuV oder Anhang zu machen, ein besonderes Vorgehen in der Prüfung. Dabei geht es im Wesentlichen um folgende Fragen:

(1) Erfüllt der Anhang die allgemeinen Grundsätze der Berichterstattung?
(2) Enthält der Anhang sämtliche erforderlichen Angaben[598]?
(3) Sind die gemachten Angaben richtig?

579 Besondere **Grundsätze für die Berichterstattung** im Anhang sind im Gesetz nicht enthalten, insb. ist auch eine bestimmte Form des Anhangs nicht vorgeschrieben. Maßgebend sind daher die allgemeinen Grundsätze, wonach der Anhang klar und übersichtlich sein muss und – i.V.m. der Bilanz und der GuV – ein den tatsächlichen Verhältnissen entsprechendes Bild der Vermögens-, Finanz- und Ertragslage der Gesellschaft zu vermitteln hat (§ 264 Abs. 2 HGB).

580 Der APr. hat sich deshalb davon zu überzeugen, dass trotz der grundsätzlich bestehenden äußeren **Gestaltungsfreiheit** für den Anhang die Ausführungen überschaubar, klar und übersichtlich gegliedert sind und in sich eine gewisse **Strukturierung** aufweisen.

581 Die Anhangangaben lassen sich im Wesentlichen in drei Gruppen einteilen:

– Angaben zu einzelnen Posten der Bilanz/GuV,
– Angaben zu den angewandten Bilanzierungs- und Bewertungsmethoden und
– sonstige Angaben.

582 Die Angaben zu einzelnen **Posten der Bilanz/ GuV** werden sinnvollerweise zusammen mit den jeweiligen Posten geprüft. Soweit der Anhang zum Zeitpunkt der Prüfung der entsprechenden Posten noch nicht vorliegt, dürfte es zweckmäßig sein, die damit zusammenhängenden angabepflichtigen Sachverhalte in den Arbeitspapieren festzuhalten, damit später eine Prüfung der Anhangangaben ohne eine erneute Befassung mit den zugrunde liegenden Sachverhalten möglich ist.

583 Ähnliches gilt für die Prüfung der angewandten **Bilanzierungs- und Bewertungsmethoden.** Darüber hinaus sollte sich der APr. nach Beendigung der Prüfung aller Einzelposten noch einmal einen Gesamtüberblick über sämtliche angewandten Methoden und ggf. ihre Veränderung gegenüber dem Vj. verschaffen und danach mit der Prüfung der entsprechenden Angaben im Anhang beginnen.

584 Bei der Prüfung der **sonstigen Anhangangaben** dürfte sich i.d.R. eine Kombination der vorstehend genannten Vorgehensweisen anbieten, da teilw. bestimmte, für die Beurteilung relevante Informationen bei der Prüfung von Posten der Bilanz und der GuV anfallen (z.B. finanzielle Verpflichtungen aus Miet- und Leasingverträgen bei der Prüfung der korrespondierenden GuV-Posten), teilw. weitergehende Prüfungshandlungen erforderlich sind (z.B. Angaben zu den Organen oder Angaben zur Anzahl der beschäftigten Arbeitnehmer). Insb. in den Fällen, in denen das Gesetz keine Zahlenangaben, sondern qualitative Erläuterungen verlangt (z.B. Grundlagen der Währungsumrechnung), muss der Prüfer kritisch untersuchen, ob die vom Unternehmen gewählten Formulierungen die Sachverhalte angemessen widerspiegeln.

---

[598] Dazu ist die Verwendung einer Checkliste hilfreich.

bb) Prüfung der Angaben zu Einzelposten der Bilanz und der Gewinn- und Verlustrechnung

Die erforderlichen Prüfungshandlungen wurden bereits bei der Darstellung der Prüfungstechnik für die einzelnen Posten der Bilanz und der GuV angesprochen, so dass darauf verwiesen werden kann[599]. 585

cc) Prüfung der Angaben zu den angewandten Bilanzierungs- und Bewertungsmethoden

Der APr. muss sich bei der Prüfung dieser Angaben v.a. davon überzeugen, dass die vom Unternehmen angewandten Bilanzierungs- und Bewertungsmethoden (einschließlich der Abschreibungsmethoden) so **vollständig** und **verständlich** zum Ausdruck gebracht worden sind, wie es zur Vermittlung eines den tatsächlichen Verhältnissen entsprechenden Bildes der Vermögens-, Finanz- und Ertragslage erforderlich ist. Der Leser muss sich aufgrund dieser Angaben über die Grundsätze der Bilanzierung und Bewertung ein zutreffendes eigenes Urteil bilden können. Ferner hat sich der APr. davon zu überzeugen, ob (zulässige) Abweichungen von Bilanzierungs- und Bewertungsmethoden angegeben und begründet wurden und ihr Einfluss auf die Vermögens-, Finanz- und Ertragslage gesondert dargestellt wurde. 586

Da die Bilanzierungs- und Bewertungsmethoden im Einzelnen bereits Gegenstand der Bilanzprüfung und der Prüfung der GuV waren, wird der APr. schon dort im Hinblick auf die Angabepflicht im Anhang die folgenden Fragen zu beantworten versuchen: 587

– Liegt ein angabepflichtiger Vorgang vor?
– Ist der Vorgang für die Vermittlung eines den tatsächlichen Verhältnissen entsprechenden Bildes wesentlich (Grundsatz der Wesentlichkeit[600])?
– Welchen Einfluss hat die Abweichung auf die Vermögens-, Finanz- und Ertragslage?

Unabhängig von der Beantwortung dieser Fragen bei Einzelposten sollte sich der APr. im Zusammenhang mit der Prüfung des Anhang noch einmal fragen, ob die gewählten Bilanzierungs- und Bewertungsmethoden in ihrer Gesamtheit das vom Gesetz geforderte (§ 264 Abs. 2 HGB), den tatsächlichen Verhältnissen entsprechende Bild der Vermögens-, Finanz- und Ertragslage des Unternehmens wiedergeben oder ob im Anhang zusätzliche Angaben zu machen sind. Sind Bilanzierungs- und Bewertungsmethoden gegenüber dem Vj. geändert worden, so ist in diese abschließende Analyse auch die Frage einzubeziehen, ob die Abweichungen hinreichend begründet sind und ob ihr Einfluss auf die Vermögens-, Finanz- und Ertragslage zutreffend dargestellt und ausreichend erläutert ist. Dabei ist insb. kritisch zu prüfen, ob verbale Angaben ausreichen oder ob, je nach Auswirkung der Abweichungen, zahlenmäßige Angaben geboten erscheinen[601]. 588

dd) Prüfung der sonstigen Angaben

Der Umfang der Prüfung der sonstigen Angaben hängt weitgehend von den vorausgegangenen Prüfungshandlungen ab, da selbst ohne unmittelbaren Bezug zu einzelnen Posten der Bilanz oder GuV dort Prüfungsnachweise auch zur Prüfung der sonstigen Anhangangaben erlangt worden sein können (z.B. Besicherung von Darlehen, die aus Bankbestätigungen ersichtlich sind). 589

---

599 Vgl. Tz. 396.
600 Vgl. ISA 320; *IDW PS 250.*
601 Vgl. auch F Tz. 731.

590 Wird bei der Aufstellung der Beteiligungsliste von der **Schutzklausel** Gebrauch gemacht (§ 286 Abs. 3 HGB), so muss der APr. darauf achten, dass die Inanspruchnahme durch einen eindeutigen Hinweis kenntlich gemacht ist. Wird im Übrigen bei der Berichterstattung – weil es das Wohl der Bundesrepublik Deutschland oder eines ihrer Länder erfordert oder weil für das berichtende oder ein Beteiligungsunternehmen ein Nachteil zu befürchten ist – von der Schutzklausel Gebrauch gemacht (§ 286 Abs. 1 HGB), so ist ein Hinweis auf die Inanspruchnahme nicht erforderlich. In jedem Fall sollte der APr. eine schriftliche Begründung des Vorstandes zu seinen Arbeitsunterlagen nehmen.

591 Der Anhang ist auch darauf zu prüfen, ob für alle Mitglieder des Geschäftsführungsorgans und des AR sämtliche Angaben des § 285 Nr. 10 HGB gemacht worden sind. Als Prüfungsunterlagen hierfür können i.d.r. Protokolle über AR-, HV- oder Gesellschafterversammlungen sowie HR-Eintragungen herangezogen werden. Bei börsennotierten Gesellschaften kann es zur Prüfung der Vollständigkeit der Angaben über die Mitgliedschaft der Organmitglieder in Aufsichtsräten und anderen Kontrollgremien erforderlich sein, diese Information unmittelbar von den betroffenen Personen einzuholen.

592 Der APr. hat die nach § 285 Nr. 17 HGB erforderlichen Angaben zu den Abschlussprüferhonoraren zu prüfen, falls die Angabe nicht aufgrund größenabhängiger Erleichterungen gem. § 288 HGB unterlassen wird[602].

593 Bei börsennotierten AG sind zudem die nach § 285 Nr. 16 HGB geforderten Angaben zu der **Entsprechenserklärung** zu prüfen. Vorstand und AR einer börsennotierten AG haben gem. § 161 AktG jährlich zu erklären, dass den Verhaltensempfehlungen der Regierungskommission „Deutscher Corporate Governance Kodex" entsprochen wurde oder wird oder welche Empfehlungen nicht angewendet wurden oder werden. Abweichungen von den Empfehlungen des Kodex sind zu begründen. Die Erklärung ist der Öffentlichkeit dauerhaft zugänglich zu machen. Nach der Konzeption des Gesetzgebers ist eine unmittelbare Aufnahme der Entsprechenserklärung selbst in den Anhang (oder in den LB) allerdings nicht vorgesehen. Im Anhang ist nach § 285 Nr. 16 HGB lediglich anzugeben, dass die Erklärung abgegeben und wo sie dauerhaft öffentlich zugänglich gemacht worden ist. Die Entsprechenserklärung ist Bestandteil der Erklärung zur Unternehmensführung (§ 289a Abs. 2 S. 1 HGB)[603].

594 Der APr. hat zu prüfen, ob der Angabepflicht des § 285 Nr. 16 HGB entsprochen wurde und ob die Angabe vollständig ist und zutrifft[604]. Die Anhangangabe ist **vollständig**, wenn der Anhang sowohl die Aussage zur Abgabe der Entsprechenserklärung als auch dazu enthält, wo diese der Öffentlichkeit dauerhaft zugänglich gemacht wurde (z.B. über die Internetseite des Unternehmens unter Angabe des Links). Hierzu hat sich der APr. zu vergewissern, dass das Unternehmen Vorkehrungen getroffen hat, die eine solche dauerhafte Verfügbarkeit der Entsprechenserklärung ermöglichen. Die Anhangangabe ist **zutreffend**, wenn eine Entsprechenserklärung vorliegt, die die formellen Anforderungen des § 161 AktG an den Inhalt und die jährliche Abgabe der Erklärung erfüllt. Das ist der Fall, wenn erkennbar ist, dass die Entsprechenserklärung von Vorstand **und** AR abgegeben wurde, die Erklärung sowohl eine vergangenheitsbezogene als auch eine zukunftsorientierte Aussage zur Einhaltung der Empfehlungen des Kodex enthält und die Abweichungen vom Kodex **im Einzelnen** aufgeführt und begründet sind. Außerdem ist zu überprüfen, ob die Entsprechenserklärung rechtzeitig, d.h. innerhalb von zwölf Monaten, abgegeben wurde.

---

602 Zu den Detailfragen vgl. *IDW ERS HFA 36*.
603 Vgl. auch F Tz. 741.
604 Vgl. *IDW PS 345*, Tz. 22, 25.

Für die Beurteilung der Ordnungsmäßigkeit der Anhangangabe ist nicht relevant, ob die 595
Entsprechenserklärung **inhaltlich** zutreffend ist. Es ist nicht Aufgabe des APr. zu prüfen,
ob und inwieweit den Verhaltensempfehlungen des DCGK tatsächlich entsprochen wurde
und ob Abweichungen von diesen Empfehlungen zutreffend in der Entsprechenserklärung dargestellt sind[605]. Eine Prüfungspflicht für die Entsprechenserklärung selbst besteht auch dann nicht, wenn diese in den Anhang oder LB aufgenommen wurde[606].

f) Berücksichtigung von Beziehungen zu nahe stehenden Personen

aa) Allgemeines

Der APr. muss in der Lage sein, Ereignisse, Geschäftsvorfälle und Gepflogenheiten festzustellen, die sich wesentlich auf die Rechnungslegung auswirken können. Hierzu muss er 596
über ausreichende Kenntnisse der Geschäftstätigkeit sowie des rechtlichen und wirtschaftlichen Umfelds des zu prüfenden Unternehmens verfügen. Beziehungen zu und
Geschäftsvorfälle mit nahe stehenden Personen sind zwar als normaler Bestandteil wirtschaftlicher Tätigkeit anzusehen, der APr. muss jedoch solche Beziehungen und Geschäftsvorfälle besonders berücksichtigen, da

– sich hieraus Auswirkungen auf die Rechnungslegung ergeben können,

– die Zuverlässigkeit von Prüfungsnachweisen höher ist, wenn diese nicht von nahe stehenden Personen beigebracht oder erstellt wurden und

– Geschäftsvorfälle mit nahe stehenden Personen möglicherweise nicht auf kaufmännischen Erwägungen, sondern auf ausschließlich persönlichen Motiven beruhen, was zu Verstößen[607] führen kann[608].

Darüber hinaus muss der APr. prüfen, ob die Geschäftsvorfälle mit nahe stehenden Personen ordnungsgemäß in der Rechnungslegung erfasst und offen gelegt werden. Ent- 597
sprechend zu beachtende Vorschriften beziehen sich bspw. auf den Ausweis von Forderungen und Verbindlichkeiten gegen verbundene Unternehmen (§ 266 HGB), den Ausweis der Organbezüge (§ 285 Nr. 9 HGB), die Angaben zu nicht marktüblichen Transaktionen (§ 285 Nr. 21 HGB)[609] oder den Ausweis der Ausleihungen, Forderungen und
Verbindlichkeiten gegenüber GmbH-Gesellschaftern (§ 42 Abs. 3 GmbHG). Eine Beurteilung der sich aus Geschäftsvorfällen mit nahe stehenden Personen ergebenden Risiken
und somit die Feststellung der Beziehungen zu nahe stehenden Personen sowie der entsprechenden Geschäftsvorfälle ist jedoch auch dann erforderlich, wenn keine solchen
Offenlegungsverpflichtungen bestehen[610].

Bestehen Anzeichen dafür, dass im Zusammenhang mit Beziehungen mit nahe stehenden 598
Personen ein bedeutsames Risiko für Unrichtigkeiten oder Verstöße vorliegt, sind die
Prüfungshandlungen des APr. auszudehnen bzw. zusätzliche Prüfungshandlungen durchzuführen[611].

---

605 Zur Redepflicht des APr. vgl. *IDW PS 345*, Tz. 35.
606 Vgl. *IDW PS 345*, Tz. 22. Zum kritischen Lesen der Entsprechenserklärung durch den APr. bei Veröffentlichung im Geschäftsbericht vgl. *IDW PS 202*.
607 Vgl. Tz. 167.
608 Vgl. ISA 550.2; *IDW PS 255*, Tz. 10.
609 Vgl. hierzu auch *IDW RS HFA 33*.
610 Vgl. ISA 550.4; *IDW PS 255*, Tz. 1.
611 Vgl. ISA 315, ISA 240.

bb) Prüfung der Beziehungen mit nahe stehenden Personen

599 Die gesetzlichen Vertreter eines Unternehmens müssen mittels des IKS die ordnungsgemäße Erfassung von Geschäftsvorfällen mit nahe stehenden Personen und deren Darstellung entsprechend den anzuwendenden Rechnungslegungsgrundsätzen sicherstellen. Der APr. muss angemessene und ausreichende Prüfungsnachweise darüber erlangen, ob das IKS des zu prüfenden Unternehmens in Bezug auf Geschäftsvorfälle mit nahe stehenden Personen angemessen ist und wirksam ausgestaltet wurde[612]. Im Rahmen der Prüfungshandlungen zur Risikobeurteilung muss der APr.[613]

- die Beziehungen und Transaktionen der Einheit mit nahe stehenden Personen verstehen (z.B. durch Befragung, Diskussion möglicher Risiken in den erforderlichen Besprechungen im Prüfungsteam, Prüfungshandlungen zum IKS etc.),
- bei der Durchsicht von Aufzeichnungen oder Dokumenten eine kritische Grundhaltung in Bezug auf Geschäftsvorfälle mit nahe stehenden Personen bewahren sowie
- Informationen über nahe stehende Personen mit dem Prüfungsteam austauschen.

600 Zur Feststellung der Beziehungen des geprüften Unternehmens zu nahe stehenden Personen und der korrespondierenden Geschäftsvorfälle hat der APr. die gesetzlichen Vertreter und andere Führungskräfte zu befragen. Zur Prüfung der Vollständigkeit dieser Informationen sind folgende Prüfungshandlungen durchzuführen[614]:

- Befragung der gesetzlichen Vertreter zur Identität nahe stehender Personen, der Art der Beziehung sowie Umfang, Art und Zweck von Transaktionen
- Befragung der gesetzlichen Vertreter und anderer Personen innerhalb des Unternehmens zum IKS sowie die Durchführung anderer Prüfungshandlungen zur Risikobeurteilung in Bezug auf Transaktionen mit nahe stehenden Personen (z.B. Identifikation nahe stehender Personen; Genehmigungsverfahren zu bedeutsamen Geschäftsvorfällen mit nahe stehenden Personen und Geschäftsvorfällen außerhalb der gewöhnlichen Geschäftstätigkeit, etc.)
- Würdigung eingeholter Bank- und Rechtsanwaltsbestätigungen
- Auswertung der Arbeitspapiere der Vorjahre im Hinblick auf bereits bekannte nahe stehende Personen
- Auswertung der Maßnahmen des zu prüfenden Unternehmens zur Identifizierung von nahe stehenden Personen
- Befragungen nach Verbindungen der Mitglieder von Aufsichtsgremien, der gesetzlichen Vertreter und der leitenden Angestellten zu anderen Unternehmen
- Auswertung der Liste der Anteilseigner, um wesentliche Anteilseigner festzustellen (z.B. eine Aufstellung der Hauptaktionäre anhand des Aktienbuchs)
- Auswertung der Sitzungsprotokolle von Gesellschafter- oder Hauptversammlungen oder Sitzungen der Aufsichtsgremien sowie sonstiger geeigneter Unterlagen
- Befragung von Vorjahresprüfern und anderen externen Prüfern, deren Arbeit verwendet oder übernommen werden soll, nach Kenntnissen über nahe stehende Personen
- Auswertung von Steuererklärungen des zu prüfenden Unternehmens und anderen für Behörden erstellten Informationen
- Berücksichtigung der Prüfungsergebnisse zu den Berichten der Vorstände von abhängigen Aktiengesellschaften über die Beziehungen zu verbundenen Unternehmen[615]

---

612 Vgl. ISA 550.14; *IDW PS 345*, Tz. 8.
613 Vgl. ISA 550.11-17; *IDW PS 345*, Tz. 10-13.
614 Vgl. ISA 550.13-14; *IDW PS 345*, Tz. 15-20.
615 Zur Prüfung des Abhängigkeitsberichts vgl. F Tz. 1365.

Der APr. hat während der Abschlussprüfung auf ungewöhnlich erscheinende Geschäfts- **601**
vorfälle zu achten, die auf zuvor nicht festgestellte Beziehungen zu nahe stehenden Personen hinweisen können. Beispiele hierfür sind Geschäftsvorfälle zu ungewöhnlichen Konditionen (z.B. unübliche Preise, Zinsen, Garantievereinbarungen oder Rückzahlungskonditionen), Geschäftsvorfälle mit vergleichsweise hohem Geschäftsvolumen, Geschäftsvorfälle, bei denen rechtliche Gestaltung und wirtschaftlicher Gehalt nicht übereinstimmen oder die in ungewöhnlicher Weise abgewickelt wurden, Geschäftsvorfälle ohne schlü wirtschaftlichen Hintergrund oder nicht gebuchte Geschäftsvorfälle (z.B. unentgeltliche Nutzungsüberlassung). Entsprechende Hinweise können bspw. Einzelfallprüfungen bei ausgewählten Geschäftsvorfällen, die Würdigung von Bankbestätigungen oder Bestätigungen Dritter über gewährte bzw. aufgenommene Darlehen oder Prüfungshandlungen zur Feststellung von Bürgschafts- oder anderen Haftungsverhältnissen und von Erwerben oder Verkäufen von Beteiligungen geben[616].

Der APr. hat nach pflichtgemäßem Ermessen die identifizierten Risiken, zu denen auch **602**
Risiken für Verstöße gehören, zu beurteilen und festzustellen, ob es sich bei den Risiken um bedeutsame Risiken handelt. Der APr. hat entsprechende Prüfungshandlungen als Reaktion auf die identifizierten Risiken durchzuführen, um ausreichende und geeignete Prüfungsnachweise zu erlangen. Diese Prüfungshandlungen müssen die folgenden einschließen[617]:

– Bei Identifizierung von bislang vom Management nicht erkannten oder nicht angegebenen nahe stehenden Personen oder Transaktionen mit diesen, muss der APr.
  – das Prüfungsteam informieren, damit die Mitglieder des Teams dies bei den Schlussfolgerungen aus anderen Prüfungshandlungen berücksichtigen können,
  – das Management zur Identifizierung aller relevanten Transaktionen und nahe stehenden Personen auffordern,
  – das Management befragen, warum diese nicht durch das IKS erkannt wurden,
  – geeignete aussagebezogene Prüfungshandlungen durchführen,
  – erneut das Risiko weiterer unentdeckter Transaktionen in Betracht ziehen und
  – die Folgen für die Prüfung abwägen, wenn das Management absichtlich auf die Angabe verzichtet.
– Bei identifizierten bedeutsamen Transaktionen mit nahe stehenden Personen außerhalb des gewöhnlichen Geschäftsverlaufs muss der APr.
  – Einsicht in die zugrunde liegenden Verträge oder Vereinbarungen nehmen; dabei sind insb. der wirtschaftliche Hintergrund und die zutreffende Abbildung nach den maßgeblichen Rechnungslegungsvorschriften zu würdigen und
  – Prüfungsnachweise darüber erlangen, dass die Transaktion genehmigt wurde.
– Aussagen des Managements im JA über Transaktionen mit nahe stehenden Personen unter marktüblichen Bedingungen sind vom APr., bspw. durch Vergleich mit ähnlichen Rechtsgeschäften, die mit Dritten abgeschlossen wurden, oder durch die Heranziehung von Marktpreisen (etwa bei Beschaffungsgeschäften), zu prüfen.

Über die Vollständigkeit der von den gesetzlichen Vertretern des geprüften Unternehmens **603**
gegebenen Informationen über nahe stehende Personen und über die angemessene Berücksichtigung der Beziehungen zu diesen in der Rechnungslegung ist vom APr. eine schriftliche Erklärung der gesetzlichen Vertreter und – soweit angemessen – von den für die Überwachung Verantwortlichen einzuholen[618]. Der APr. hat sich mit dem Aufsichts-

---

616 Vgl. ISA 550, Anwendungshinweise und Erläuterungen; *IDW PS 255*, Tz. 19.
617 Vgl. ISA 550.20-24; *IDW PS 255*, Tz. 21-23c.
618 Vgl. ISA 550.26; *IDW PS 255*, Tz. 24.

organ über bedeutsame Sachverhalte im Zusammenhang mit nahe stehenden Personen auszutauschen[619].

6. Prüfung von geschätzten Werten in der Rechnungslegung einschließlich von Zeitwerten

a) Allgemeines

604 Bei der Abbildung von Geschäftsvorfällen in der Rechnungslegung ist häufig die exakte Ermittlung eines Wertes nicht möglich, sodass **geschätzte Werte** (Näherungswerte) an deren Stelle berücksichtigt werden müssen[620]. Geschätzte Werte finden sich bspw. in der Rechnungslegung bei der Bestimmung der voraussichtlichen Nutzungsdauer zur Festlegung der planmäßigen Abschreibung eines abnutzbaren Vermögensgegenstandes des Anlagevermögens[621], bei der Bestimmung der außerplanmäßigen Abschreibungen des Anlage- und Umlaufvermögens[622] oder bei der Bewertung von Rückstellungen[623], z.B. für Prozessrisiken, Gewährleistungsverpflichtungen, Altersversorgungsverpflichtungen oder drohende Verluste aus schwebenden Geschäften[624]. Schätzungen können insb. dadurch erschwert werden, dass in erheblichen Umfang Spezialkenntnisse und Beurteilungen (z.B. die Bewertung von Rohstoffreserven in rohstoffgewinnenden Industrien) erforderlich sein können[625]. Da Schätzungen neben Unsicherheiten (z.B. Länge des Prognosezeitraumes oder Annahmen über bestehende Gesetzmäßigkeiten sowie zugehörige Rahmenbedingungen[626]) auch Ermessensentscheidungen beinhalten, besteht bei ihnen ein erhöhtes Risiko falscher Angaben in der Rechnungslegung[627].

605 Durch ausreichende und **angemessene Prüfungsnachweise**[628] ist zu belegen, dass mit **hinreichender Sicherheit**[629] die geschätzten Werte in Übereinstimmung mit den zugrundegelegten Rechnungslegungsgrundsätzen ermittelt und in der Rechnungslegung zutreffend berücksichtigt wurden[630]. Die geschätzten Werte müssen im Einklang mit sonstigen Angaben in der Rechnungslegung stehen und mit sonstigen getroffenen Feststellungen stimmig sein[631]. Dabei müssen die zugrunde liegenden **Prognosen** und deren Zeithorizont angemessen sein[632]. Bspw. ist bei der Ermittlung zukunftsbezogener Zahlungsströme darauf zu achten, dass eine verschlechterte Geschäftsentwicklung ausreichend berücksichtigt wird[633]. Bei der Verwendung eines **Bewertungsmodells** zur Ermittlung des geschätzten Wertes ist zu beurteilen, ob das Bewertungsmodell angemessen ist und die zugrunde liegenden Annahmen vertretbar sind[634].

---

619 Vgl. ISA 550.27; *IDW PS 255*, Tz. 23d.
620 Vgl. *IDW PS 314 n.F.*, Tz. 1; vgl. ISA 540.2.
621 Vgl. § 253 Abs. 3 S. 1 und 2 HGB.
622 Vgl. § 253 Abs. 3 S. 3 und 4 sowie Abs. 4 HGB.
623 Vgl. § 253 Abs. 1 S. 2 HGB
624 Vgl. *IDW PS 314 n.F.*, Tz. 11.
625 Vgl. *IDW PS 314 n.F.*, Tz. 12; vgl. ISA 540.A29.
626 Vgl. *IDW PS 314 n.F.*, Tz. 14.
627 Vgl. *IDW PS 314 n.F.*, Tz. 10; vgl. ISA 540.A83.
628 Vgl. *IDW PS 300*, Tz. 6; vgl. ISA 200.5; vgl. ISA 540.6.
629 Vgl. *IDW PS 200*, Tz. 9; ISA 200.5; vgl. ISA 540.6.
630 Vgl. *IDW PS 314 n.F.*, Tz. 20; vgl. ISA 540.6 und .12.
631 Vgl. *IDW PS 314 n.F.*, Tz. 23; vgl. ISA 540.13.
632 Vgl. *IDW PS 314 n.F.*, Tz. 23; vgl. ISA 540.A79.
633 Vgl. DPR, Tätigkeitsbericht 2009, S. 5.
634 Vgl. *IDW PS 314 n.F.*, Tz. 25; vgl. ISA 540.A71 ff.

b) Prüfungshandlungen bei geschätzten Werten

Die Angemessenheit der erforderlichen organisatorischen Vorkehrungen zur Ermittlung von geschätzten Werten sowie der internen Kontrollen und deren Wirksamkeit sind im Rahmen des risikoorientierten Prüfungsansatzes durch Aufbau und Funktionsprüfungen zu prüfen[635]. Zumindest in wesentlichen Prüffeldern sind darüber hinaus aussagebezogene Prüfungshandlungen durchzuführen[636], die analytische Prüfungshandlungen sowie Einzelfallprüfungen umfassen[637]. 606

aa) Prüfungshandlungen zur Beurteilung von Fehlerrisiken im Zusammenhang mit geschätzten Werten

Die Aufbauprüfung zur Beurteilung der eingerichteten organisatorischen Vorkehrungen zur Ermittlung von geschätzten Werten umfasst[638] 607

- die Erlangung eines Verständnisses der **organisatorischen Ausgestaltung** des Prozesses[639],
- die Beurteilung der Angemessenheit der angewandten **Bewertungsverfahren**[640],
- die Beurteilung der zugrunde liegenden wesentlichen **Annahmen**[641] und Informationen anhand der Kriterien Relevanz, Zuverlässigkeit, Neutralität, Verständlichkeit und Vollständigkeit[642],
- die Prüfung der mathematischen Richtigkeit von **Berechnungen** einschließlich der Berücksichtigung aller relevanter Informationen bei Berechnungen[643] sowie
- den Vergleich der in vorhergehenden Geschäftsjahren vorgenommenen Schätzungen mit den späteren tatsächlich **eingetretenen Ergebnissen**[644].

Ohne das Fachwissen von Sachverständigen können häufig nicht alle Annahmen und Verfahren abschließend beurteilt werden[645]. So werden bei **komplexen Schätzprozessen** oder **speziellen Ermittlungsverfahren** Sachverständige hinzuzuziehen sein. Bspw. kann bei der Prüfung von Pensionsverpflichtungen der Einsatz eines Aktuars geboten sein. Um auf der Grundlage der Kenntnisse über das Unternehmen und der Ergebnisse aus anderen Prüfungshandlungen abschätzen zu können, ob geschätzte Werte sachgerecht und schlüssig sind, muss der APr. ein ausreichendes Verständnis von den Annahmen und Verfahren – ggf. nach Hinzuziehung von Sachverständigen – haben[646]. 608

---

635 Vgl. *IDW PS 314 n.F.,* Tz. 26; vgl. *IDW PS 261,* Tz. 10 u. 73 ff.; vgl. ISA 540.8; vgl. ISA 315.5 f.
636 Vgl. *IDW PS 261,* Tz. 83; vgl ISA 330.18.
637 Vgl. *IDW PS 300,* Tz. 24; vgl. ISA 330.4.
638 Vgl. *IDW PS 314 n.F.,* Tz. 29; vgl. ISA 540.8.
639 Näher dazu *IDW PS 314 n.F.,* Tz. 31 ff; vgl. ISA 540.8(c); näher dazu ISA 540.A22 f.
640 Näher dazu *IDW PS 314 n.F.,* Tz. 35 ff. und ISA 540.A24 ff.
641 Die Annahmen müssen im Einklang stehen mit der Lage des Unternehmens und seinem wirtschaftlichen Umfeld, mit der Planung des Managements, mit Annahmen aus vorhergehenden Geschäftsjahren, mit vergangenheitsbezogenen Erfahrungen, mit Annahmen des Managements, die in anderem Zusammenhang, z.B. für Prognosen, verwendet werden und mit dem Risiko bzw. der Schwankungsbreite des Zahlungsstromes; vgl. *IDW PS 314 n.F.,* Tz. 46.
642 Vgl. *IDW PS 314 n.F.,* Tz. 40; näher dazu *IDW PS 314 n.F.,* Tz. 40 ff. und ISA 540.A31 f.
643 Näher dazu *IDW PS 314 n.F.,* Tz. 52 ff.
644 Näher dazu *IDW PS 314 n.F.,* Tz. 55 f.; vgl. ISA 540.9 und A39 ff.
645 Vgl. *IDW PS 314 n.F.,* Tz. 30; vgl. ISA 540.14 und A96 ff.
646 Vgl. *IDW PS 314 n.F.,* Tz. 30; vgl. *IDW PS 322,* Tz. 19.

609 Der Grad der **Schätzunsicherheit**, der mit einem geschätzten Wert verbunden ist, muss bei der Feststellung und Beurteilung von Fehlerrisiken berücksichtigt und es muss festgestellt werden, ob bedeutsame Risiken vorliegen[647].

610 Bestehen bedeutende **Ermessensspielräume** bei der Ermittlung der geschätzten Werte durch das Unternehmen, ist zu beurteilen, ob die Ermessensentscheidungen im Rahmen der zulässigen Bandbreite möglicher Werte einseitig getroffen wurden[648]. Über die Ausübung von wesentlichen Ermessensspielräumen ist im PrB gemäß § 321 Abs. 2 S. 4 HGB Bericht zu erstatten.

bb) Prüfungshandlungen als Reaktion auf die beurteilten Fehlerrisiken im Zusammenhang mit geschätzten Werten

611 Basierend auf der Aufbauprüfung ist das Fehlerrisiko einzuschätzen und sind weitere Prüfungshandlungen in Bezug auf die Ermittlung von geschätzten Werten und ihre Darstellung im Abschluss durchzuführen, wobei Art, Umfang und zeitliche Einteilung der weiteren Prüfungshandlungen auch von der Komplexität der Ermittlung der Werte abhängen[649].

612 **Funktionsprüfungen** sind durchzuführen,

– wenn im Rahmen der Aufbauprüfung die Angemessenheit der vom Unternehmen eingerichteten organisatorischen Vorkehrungen zur Ermittlung von geschätzten Werten festgestellt wurde und sich der APr. bei einer Aussage in der Rechnungslegung auf deren Wirksamkeit verlassen will oder

– wenn aussagebezogene Prüfungshandlungen allein zur Gewinnung hinreichender Prüfungssicherheit auf Aussageebene nicht ausreichend sind[650].

Funktionsprüfungen können sich bspw. auf die Prüfung der Wirksamkeit der Kontrollen über die Vorgehensweise, mit der geschätzte Werte ermittelt wurden, beziehen[651]. In diesen Fällen kann geprüft werden, ob bei der Ermittlung der geschätzten Werte mindestens eine weitere Person die Werte überprüft hat und somit das Vieraugenprinzip eingehalten wurde.

613 **Aussagebezogene Prüfungshandlungen** können sich neben der Beurteilung der zugrundeliegenden wesentlichen Annahmen und Informationen sowie dem Nachvollziehen der vorgelegten Berechnungen der im Abschluss berücksichtigten geschätzten Werte bspw. beziehen auf[652]

– den Vergleich der vom Management ermittelten Werte mit Werten aus einer unabhängigen – auch von einem unabhängigen Dritten durchgeführten – Schätzung[653],

– die Einhaltung des Grundsatzes der Bewertungsstetigkeit[654],

– die Reaktion des Managements auf bedeutsame Risiken[655],

---

647 Vgl. *IDW PS 314 n.F.*, Tz. 34; vgl. ISA 540.10 f.
648 Vgl. *IDW PS 314 n.F.*, Tz. 39; vgl. ISA 540.21; näher dazu ISA 540.A124 f.
649 Vgl. *IDW PS 314 n.F.*, Tz. 57; vgl. ISA 330.5 ff.
650 Vgl. *IDW PS 314 n.F.*, Tz. 59; vgl. *IDW PS 261*, Tz. 74; vgl. ISA 330.8.
651 Vgl. ISA 540.13(c) und A84.
652 Vgl. *IDW PS 314 n.F.*, Tz. 60 ff.
653 Näher dazu *IDW PS 314 n.F.*, Tz. 61 ff.; vgl. ISA 540.13(d).
654 Näher dazu *IDW PS 314 n.F.*, Tz. 64 ff.; vgl. ISA 540.12(b).
655 Näher dazu *IDW PS 314 n.F.*, Tz. 67 ff.; vgl. ISA 540.12(a).

Durchführung der Abschlussprüfung

- die Beurteilung von Ereignissen nach dem Abschlussstichtag, die sich auf die Ermittlung des geschätzten Werts auswirken (unter Berücksichtigung der Unterscheidung zwischen wertaufhellenden und wertbegründenden Ereignissen)[656] und
- die Prüfung der Angaben im Anhang und LB[657].

Die Prüfung der **stetigen Anwendung** der Ermittlungsverfahren beinhaltet die Beurteilung, ob die Anwendung desselben Verfahrens unter Berücksichtigung möglicher Veränderungen noch angemessen ist[658]. Bspw. könnte ein geschätzter Wert in der Vergangenheit aus vergleichbaren Geschäftsvorgängen an einem aktiven Markt abgeleitet worden sein. Durch fehlende Markttransaktionen könnten derartige Schätzungen nun nicht mehr angemessen sein. 614

Bei geschätzten Werten, die mit **bedeutsamen Risiken** verbunden sind, müssen ausreichende und angemessene Prüfungsnachweise erlangt werden, um sicherzustellen dass die im Abschluss berücksichtigten geschätzten Werte im Einklang mit den Anforderungen der maßgeblichen Rechnungslegungsgrundsätze stehen[659]. Wurde bedeutsamen Risiken durch das Management nicht angemessen Rechnung getragen, muss – wenn dies als notwendig erachtet wird – eine Bandbreite vertretbarer Werte entwickelt werden, anhand derer die Vertretbarkeit der geschätzten Werte beurteilt werden kann[660]. 615

Über bedeutende Annahmen sind **schriftliche Erklärungen der gesetzlichen Vertreter** einzuholen, die eine Aussage enthalten muss, ob die Annahmen vertretbar sind und ob die Absicht sowie Möglichkeit besteht, entsprechende Handlungen durchzuführen[661]. Darüber hinaus können schriftliche Erklärungen eingeholt werden, die folgende Aussagen enthalten können[662]: 616

– Angemessenheit der zugrunde gelegten Annahmen sowie Bewertungsmethoden und deren stetige Anwendung,
– ob und aus welchen Gründen in bestimmten Ausnahmefällen entsprechend der angewandten Rechnungslegungsgrundsätze geschätzte Werte nicht angesetzt wurden,
– Vollständigkeit und Richtigkeit der Angaben zu geschätzten Werten im Anhang und/ oder LB,
– Berücksichtigung von Ereignissen, die nach dem Abschlussstichtag eingetreten sind.

c) Abschließende Beurteilung und Berichterstattung

Auf Grundlage der Prüfungsnachweise ist zu beurteilen, ob die geschätzten Werte 617

– in Übereinstimmung mit den jeweiligen Rechnungslegungsgrundsätzen ermittelt sind,
– im Abschluss unter Berücksichtigung der entsprechenden Bewertungsvorschriften angesetzt wurden,
– Angaben im Anhang und/ oder LB enthalten und richtig sind sowie
– die geschätzten Werte im Einklang mit anderen während der Prüfung erlangten Prüfungsnachweisen stehen[663].

---

656 Näher dazu *IDW PS 314 n.F.*, Tz. 70 ff.; vgl. ISA 540.13(a).
657 Näher dazu *IDW PS 314 n.F.*, Tz. 73 ff.
658 Vgl. *IDW PS 314 n.F.*, Tz. 64; vgl. ISA 540.A57.
659 Vgl. *IDW PS 314 n.F.*, Tz. 69; vgl. ISA 540.A53.
660 Vgl. *IDW PS 314 n.F.*, Tz. 68; vgl. ISA 540.A116.
661 Vgl. *IDW PS 314 n.F.*, Tz. 77; vgl. ISA 540.22; s.a. *IDW PS 303*.
662 Vgl. *IDW PS 314 n.F.*, Tz. 78; vgl. ISA 540.A126 f.
663 Vgl. *IDW PS 314 n.F.*, Tz. 79.

618 Zwischen den sich aus den Prüfungsnachweisen ergebenden Wertansätzen und den in der Rechnungslegung berücksichtigten Wertansätzen können sich **Abweichungen** ergeben. Eine Abweichung muss nur dann zu einer **Änderung** führen, wenn der im Abschluss berücksichtigte Wert außerhalb einer Bandbreite zu akzeptierender Wertansätze liegt[664]. Ist eine Änderung notwendig und wird diese nicht durchgeführt, ist zu beurteilen, ob dies eine Auswirkung auf das Prüfungsurteil hat[665]. Sofern die Schätzung von Werten einzeln für sich betrachtet innerhalb der Bandbreite liegen, insgesamt aber außerhalb einer Bandbreite liegen, ist zu beurteilen, ob dies den JA wesentlich beeinflusst[666].

619 In den **Arbeitspapieren** sind die Grundlagen für die Schlussfolgerungen zur Vertretbarkeit von geschätzten Werten sowie der Vertretbarkeit der Angaben im Anhang und LB, soweit hiermit bedeutsame Risiken verbunden sind, und Anzeichen für die Einseitigkeit des Managements bei der Ermittlung von geschätzten Werten zu dokumentieren[667].

620 Sofern **keine ausreichenden Prüfungsnachweise** für die Beurteilung eines geschätzten Werts vorliegen, ist zu entscheiden, ob ein Prüfungshemmnis vorliegt und ob der BestV in Abhängigkeit von der Wesentlichkeit der zu schätzenden Werte einzuschränken oder zu versagen ist[668]. Zu bedeutenden **Unsicherheiten** im Zusammenhang mit der Ermittlung und Darstellung von geschätzten Werten ist im PrB Stellung zu nehmen[669]. U.U. kann die Notwendigkeit bestehen, einen Hinweis in den BestV aufzunehmen[670]. Liegt aufgrund der mit der Ermittlung des geschätzten Wertes verbundenen Unsicherheit ein Prüfungshemmnis vor, ist zu entscheiden, ob der BestV in Abhängigkeit von der Wesentlichkeit der zu schätzenden Werte einzuschränken oder zu versagen ist[671].

d) Die Prüfung von Zeitwerten

Bei **Zeitwerten** handelt es sich regelmäßig um geschätzte Werte [672]. Handelsrechtlich entspricht der beizulegende Zeitwert dem Marktpreis[673]. Die IFRS definieren an unterschiedlichen Stellen den beizulegenden Zeitwert als den Betrag, zu dem zwischen sachverständigen, vertragswilligen und voneinander unabhängigen Geschäftspartnern ein Vermögenswert getauscht oder eine Schuld beglichen werden könnte[674]. Deshalb entspricht auch in den IFRS der beizulegende Zeitwert einem Marktpreis[675]. In der Rechnungslegung finden sich Zeitwerte bspw. bei der Ermittlung des niedrigeren beizulegenden Werts[676], als Wertansatz bei Tauschgeschäften[677] oder im Rahmen der Erstkonso-

---

664 Vgl. *IDW PS 314 n.F.*, Tz. 81; vgl. ISA 540.A116.
665 Vgl. *IDW PS 314 n.F.*, Tz. 81; vgl. *IDW PS 450*, Tz. 91 f.
666 Vgl. *IDW PS 314 n.F.*, Tz. 82.
667 Vgl. *IDW PS 314 n.F.*, Tz. 86; vgl. ISA 540.23.
668 Vgl. *IDW PS 314 n.F.*, Tz. 24 u. 84; vgl. *IDW PS 400*, Tz. 50.
669 Vgl. *IDW PS 314 n.F.*, Tz. 85; vgl. *IDW PS 450*, Tz. 91 f.
670 Vgl. *IDW PS 314 n.F.*, Tz. 83; vgl. *IDW PS 400*, Tz. 75.
671 Vgl. *IDW PS 314 n.F.*, Tz. 84; vgl. *IDW PS 400*, Tz. 50.
672 Vgl. *IDW PS 314 n.F.*, Tz. 2; vgl. ISA 540.3 u. 7.
673 Vgl. § 255 Abs. 4 S. 1 HGB.
674 Bspw. IAS 16.6, IAS 32.11, IAS 39.9; ED/2009/5 *Fair Value Measurement* sieht für die IFRS eine einheitliche Definition des beizulegenden Zeitwertes als „price that would be received to sell an asset or paid to transfer aliability in an orderly transaction between market participants at the measurement date" vor.
675 Vgl. BeBiKo[7], § 255, Rn. 598.
676 Vgl. § 253 Abs. 4 S. 2 HGB.
677 Vgl. IAS 16.24.

lidierung nach IFRS 3 oder gemäß § 301 Abs. 1 S. 2 HGB[678]. Hinsichtlich der Bestimmung des beizulegenden Zeitwerts ist bedeutsam, ob ein aktiver Markt vorliegt. Existiert ein aktiver Markt, ist der Wert, der an diesem Markt bestimmt wurde, der beizulegende Zeitwert. Existiert kein aktiver Markt, ist der beizulegende Zeitwert mit Hilfe allgemein anerkannter Bewertungsmethoden[679], z.B. bei Beteiligungen mittels des Ertragswertverfahrens oder des Discounted-Cash-Flow-Verfahrens[680] zu ermitteln[681]. Insb. ist darauf zu achten, dass die Einschätzung, des Vorliegens eines inaktiven Marktes nicht vorschnell erfolgt[682]. Die Bestimmung des Zeitwerts kann in vielen Fällen verhältnismäßig einfach sein, in anderen Fällen werden umfassende Analysen, Prognosen und Sachkenntnisse erforderlich sein[683].

An die Prüfung von Zeitwerten sind dieselben **Anforderungen** wie an die Prüfung von **geschätzten Werten** zu stellen, insofern ist die Prüfung nach **gleichen Grundsätzen** durchzuführen[684].   621

Die **Sensitivität** der Zeitwerte gegenüber der Veränderung bedeutender Annahmen (bspw. künftige Inflationsraten, Zinssätze) einschließlich künftiger Marktbedingungen, die den Zeitwert beeinflussen können, ist auf Basis von Sensitivitätsanalysen des Managements oder durch eigene Analysen zu beurteilen[685]. Weiterhin ist zu prüfen, ob sich **Annahmen** nicht widersprechen[686]. Werden zur Festlegung von Annahmen vergangenheitsbezogene Informationen herangezogen, ist zu beurteilen, ob dies gerechtfertigt ist, da vergangenheitsbezogene Informationen aufgrund veränderter Umstände ggf. nicht mehr repräsentativ für künftige Ereignisse sein können[687].   622

7. Prüfung des Risikofrüherkennungssystems[688]

a) Prüfungspflicht des Risikofrüherkennungssystems nach § 317 Abs. 4 HGB bei börsennotierten Aktiengesellschaften

Nach § 91 Abs. 2 AktG hat der Vorstand einer AG geeignete Maßnahmen zu treffen, insb. ein Überwachungssystem einzurichten, damit den Fortbestand gefährdende Entwicklungen früh erkannt werden. Nach § 317 Abs. 4 HGB hat der APr. einer **börsennotierten** AG zu beurteilen, ob der Vorstand diese gesetzlich ihm obliegenden Maßnahmen in einer geeigneten Form getroffen hat und ob das danach einzurichtende Überwachungssystem seine Aufgaben erfüllen kann.   623

Für Fragen der gesetzlichen Abschlussprüfung ist zu differenzieren zwischen einem umfassenden Risikomanagementsystem und dem Risikofrüherkennungssystem, auf das § 91 Abs. 2 AktG Bezug nimmt. Das Risikofrüherkennungssystem muss geeignet sein, „die Risiken so rechtzeitig zu erfassen und die Information darüber an die zuständigen Entscheidungsträger weiterzuleiten, dass diese in geeigneter Weise reagieren können und der   624

---

678 Vgl. *IDW PS 314 n.F.*, Tz. 16.
679 Vgl. BeBiKo[7], § 255, Rn. 519.
680 Vgl. *IDW PS 314 n.F.*, Tz. 14; vgl. *IDW RS HFA 10*.
681 Vgl. § 255 Abs. 4 S. 2 HGB; vgl. BeBiKo[7], § 255, Rn. 598.
682 Vgl. DPR, Tätigkeitsbericht 2009, S. 5.
683 Vgl. *IDW PS 314 n.F.*, Tz. 18; vgl. ISA 540.A5.
684 Vgl. *IDW PS 314 n.F.*, Tz. 2; vgl. ISA 540.1.
685 Vgl. *IDW PS 314 n.F.*, Tz. 44; vgl. ISA 540.A38 und A103 ff.
686 Vgl. *IDW PS 314 n.F.*, Tz. 45; vgl. ISA 540.A78.
687 Vgl. *IDW PS 314 n.F.*, Tz. 47; vgl. ISA 540.A79.
688 Zu Einzelheiten vgl. die ausführliche Darstellung in Kap. P Ausgestaltung und Prüfung des Risikofrüherkennungssystems sowie *IDW PS 340*.

Vorstand über Risiken, die allein oder im Zusammenwirken mit anderen Risiken bestandsgefährdend werden können, informiert wird"[689]. Demgegenüber unterliegen die Reaktionen des Vorstands auf erfasste und kommunizierte Risiken nicht der Prüfung durch den APr.; es handelt sich insoweit um eine **System-** und **nicht** um eine **Geschäftsführungsprüfung**[690].

625   Im Rahmen der Abschlussprüfung wird sich der APr. regelmäßig mit dem gesamten Risikomanagementsystem beschäftigen müssen. Im Rahmen einer risikoorientierten Prüfung werden gerade die Maßnahmen zur Risikosteuerung und –überwachung für den APr. von großer Bedeutung sein. Das gilt insb. für die rechnungslegungsrelevanten Risiken. Bei der Prüfung des LB sind bezüglich der Beschreibung des Risikomanagements[691] durch das Unternehmen sowie der Darstellung der Risiken der künftigen Entwicklung im LB unter Berücksichtigung wirksamer Gegenmaßnahmen[692] entsprechende Kenntnisse des Risikomanagementsystems notwendig.

626   Risikofrüherkennungssysteme sind in der Praxis sehr unterschiedlich ausgestaltet. Die **zentralen Elemente**, über die ein solches System verfügen muss, sind im *IDW Prüfungsstandard: Die Prüfung des Risikofrüherkennungssystems nach § 317 Abs. 4 HGB (IDW PS 340)* zusammengefasst. Danach sind folgende Maßnahmen erforderlich[693]:

– Festlegung der Risikofelder, die zu bestandsgefährdenden Entwicklungen führen können
– Risikoerkennung und Risikoanalyse
– Risikokommunikation
– Zuordnung von Verantwortlichkeiten und Aufgaben
– Einrichtung eines Überwachungssystems
– Dokumentation der getroffenen Maßnahmen.

627   Diese Elemente finden sich in den Komponenten eines nach COSO Enterprise Risk Management - Integrated Framework strukturierten Risikomanagementsystem wieder[694]. Bei der **Planung der Prüfung** des Risikofrüherkennungssystems greift der APr. auf seine Kenntnisse über die Geschäftstätigkeit und das wirtschaftliche Umfeld des Unternehmens zurück. Die COSO-Elemente bilden insoweit das „Soll-Objekt" seiner Prüfung.

628   Für die Abschlussprüfung kommt der **Dokumentation** des Risikofrüherkennungssystems wesentliche Bedeutung zu, da am Beginn der Prüfung die Feststellung der getroffenen Maßnahmen steht. Ohne entsprechende Dokumentation wird der Prüfer selbstständig eine aufwändige **Systemaufnahme** durchführen müssen[695]. Im Weiteren folgt die Prüfung des Risikofrüherkennungssystems dem Ablauf anderer Systemprüfungen, wobei der Umfang größer ist als bei einer herkömmlichen Prüfung des IKS und sich auf die Risikofrüherkennung in allen Bereichen des Unternehmens erstreckt[696].

---

689 *IDW PS 340*, Tz. 5.
690 Vgl. *IDW PS 340*, Tz. 6, 19. Damit ist die Ausrichtung anders als bei der Prüfung nach § 53 HGrG, die als Geschäftsführungsprüfung angelegt ist; vgl. auch *IDW PS 720*.
691 Vgl. DRS 5.28.
692 Vgl. DRS 5.21.
693 Vgl. *IDW PS 340*, Tz. 7-18.
694 COSO Enterprise Risk Management – Integrated Framework definiert das IKS als integralen Bestandteil des RMS (Committee of the Sponsoring Organizations of the Treadway Commission, Enterprise Risk Management – Integrated Framework, 2002, S. 8.
695 Vgl. *IDW PS 340*, Tz. 25.
696 Vgl. *IDW PS 340*, Tz. 21.

Der APr. hat das Risikofrüherkennungssystem daraufhin zu beurteilen, ob die betref- 629
fenden **Maßnahmen** grundsätzlich **geeignet** sind, bestandsgefährdende Risiken rechtzeitig zu erkennen und an die Verantwortlichen zu kommunizieren. Hier wird der APr.
häufig auf Experten zurückgreifen müssen, um in bestimmten Unternehmensbereichen
ein Urteil darüber abgeben zu können, ob die Maßnahmen ihren Zweck erfüllen.
Schließlich hat der APr. sich davon zu überzeugen, dass die **Maßnahmen umgesetzt**
werden und nicht nur auf dem Papier existieren. Eine vollständige Dokumentation über
unterjährige Maßnahmen der Risikofrüherkennung erleichtert die vom APr. zu treffende
Feststellung über die kontinuierliche Anwendung.

Da sich die Verpflichtung des Vorstands zur Einrichtung eines Risikofrüherkennungs- 630
systems auch auf den Konzern bezieht, ist die Prüfung bei einem MU, das Aktien mit amtl.
Notierung ausgegeben haben, auch auf die **Konzernunternehmen** auszudehnen.

In den Fällen, in denen sich nach § 317 Abs. 4 HGB die Prüfungspflicht auf das Risi- 631
kofrüherkennungssystem erstreckt, besteht nach § 321 Abs. 4 HGB auch eine besondere
Berichterstattungspflicht. Demnach ist in einem gesonderten Abschnitt des PrB darauf
einzugehen,

– ob der Vorstand ein Überwachungssystem in geeigneter Form eingerichtet hat,
– ob das Überwachungssystem seine Aufgaben erfüllen kann und
– ob Maßnahmen erforderlich sind, um das interne Überwachungssystem zu verbessern.

Die Berichterstattung im PrB beinhaltet nicht eine umfassende Darstellung des Risi- 632
kofrüherkennungssystems. Ebensowenig erstreckt sich die Berichterstattungspflicht auf
konkrete Verbesserungsvorschläge[697]. Auf ein Fehlen eines Risikofrüherkennungssystems ist hinzuweisen; zudem wird dadurch eine Angabe bei der Berichterstattung nach
§ 321 Abs. 1 S. 3 HGB ausgelöst, da ein Gesetzesverstoß vorliegt[698].

Das Ergebnis der Prüfung des Risikofrüherkennungssystems bleibt ohne unmittelbare 633
Auswirkungen auf den BestV, da dieser regelmäßig ausschließlich ein auf die Rechnungslegung bezogenes Gesamturteil des APr. enthält. Eine Erweiterung in Richtung auf
die Beurteilung des Risikofrüherkennungssystems im BestV hat der Gesetzgeber nicht
vorgenommen[699]. Allenfalls indirekte Folgewirkungen auf den BestV können sich ergeben, etwa wenn der APr. aufgrund einer fehlenden systematischen Erfassung der Risiken der künftigen Entwicklung kein hinreichend sicheres Urteil über die Vollständigkeit
der im LB dargestellten Risiken abgeben kann.

**b) Umfang der Prüfung des Risikofrüherkennungssystems bei anderen Gesell-
schaften**

Aufgrund der eindeutigen Beschränkung der Prüfungspflicht auf das Risikofrüherken- 634
nungssystem bei börsennotierten AG sind diese Maßnahmen grundsätzlich bei allen anderen Gesellschaftsformen nicht unmittelbarer Gegenstand der gesetzlichen Abschlussprüfung. Dies gilt völlig unabhängig davon, dass die Verpflichtung zur *Einrichtung* eines
Risikofrüherkennungssystems *alle* AG trifft und der Gesetzgeber darüber hinaus eine
Ausstrahlungswirkung auf Geschäftsführer anderer Gesellschaftsformen erwartet, die
eine vergleichbare Größe und Komplexität der Struktur aufweisen[700].

---

697 Vgl. *IDW PS 450*, Tz. 104, Tz. 106.
698 Vgl. *IDW PS 450*, Tz. 106. Dies gilt auch für den Fall einer fehlenden Dokumentation des Risikofrüherken-
    nungssystems; vgl. *IDW PS 340*, Tz. 32.
699 Vgl. *IDW PS 340*, Tz. 32; *IDW PS 400*, Tz. 11.
700 Vgl. Begr. RegE zu § 91 AktG, BT-Drs. 13/9712, S. 15.

635 Allerdings wird auch bei nicht börsennotierten Gesellschaften regelmäßig eine Auseinandersetzung mit dem Risikofrüherkennungssystem geboten sein. Erstens muss sich der APr. bei AG und ggf. auch bei Gesellschaften anderer Rechtsform, die eine vergleichbare Größe und Komplexität aufweisen, schon deshalb einen Überblick über das Risikofrüherkennungssystem verschaffen, weil das Fehlen oder die mangelnde Eignung eines solchen Systems eine **berichtspflichtige Tatsache** i.S.v. § 321 Abs. 1 S. 3 HGB bedeuten kann[701]. Zweitens können die im LB dargestellten **Risiken der künftigen Entwicklung** ab einer gewissen Unternehmensgröße nicht losgelöst von einem funktionierenden Risikofrüherkennungssystems gesehen werden. Gerade die Vollständigkeit der Risiken kann vom APr. nicht zuverlässig beurteilt werden, wenn er sich nicht auch mit dem System der Risikoidentifikation, -analyse und -kommunikation auseinandersetzt. Schließlich wird der APr. insb. vor dem Hintergrund einer an den Geschäftsrisiken ausgerichteten Prüfung[702] nicht auf die Informationen verzichten, die ein Risikofrüherkennungssystem zur Verfügung stellen kann.

Die Grundsätze zur **Berichterstattung** über die Prüfung des Risikofrüherkennungssystems, wie sie für den Fall der Prüfungspflicht nach § 317 Abs. 4 HGB gelten, finden bei anderen Gesellschaften keine Anwendung[703], sofern keine Erweiterung des Prüfungsauftrags vorliegt. Beanstandungen, die sich aus der Prüfung des Risikofrüherkennungssystems ergeben, haben auch bei diesen Gesellschaften keine Auswirkungen auf den BestV[704], soweit sich aus diesen Beanstandungen nicht weitere, rechnungslegungsrelevante Feststellungen ergeben.

8. Exkurs: Prüfung von Compliance Management Systemen

636 Vor dem Hintergrund gestiegener zivil- und öffentlich-rechtlicher Pflichten der gesetzlichen Vertreter eines Unternehmens, werden Vorstände, Geschäftsführer sowie Aufsichtsräte vieler Gesellschaften zunehmend präventiv tätig, um ihrer Verantwortung hinsichtlich des Themas „Compliance" nachzukommen[705]. Viele Unternehmen investieren daher in den Aufbau eines unternehmensadäquaten Compliance Management Systems (CMS), dessen Formalisierungsgrad und Ausgestaltung naturgemäß entsprechend der Unternehmensgröße und –struktur variiert.

637 Bislang existiert in Deutschland[706] kein einheitliches, verpflichtendes Rahmenkonzept für ein CMS, jedoch können Unternehmen bei der Ausgestaltung ihres CMS auf unterschiedliche Konzepte[707] zurückgreifen. Der *IDW Prüfungsstandard: Grundsätze ordnungsmäßiger Prüfung von Compliance Management Systemen (IDW PS 980)*[708], der sich in Bezug auf die konzeptionellen Grundlagen eines CMS im Wesentlichen an COSO ERM[709] orientiert, stellt Grundelemente für ein angemessenes CMS dar. Diese können als

---

701 Vgl. *IDW PS 340*, Tz. 2.
702 Vgl. hierzu im Einzelnen Tz. 239.
703 Vgl. *IDW PS 450*, Tz. 104.
704 Vgl. dazu im Einzelnen Kap. P.
705 Vgl. *Vetter*, E. 2009, S. 33-48
706 Auch international existiert bislang noch kein (rechtlich) verbindliches Rahmenkonzept für die konkrete Ausgestaltung von Compliance Management Systemen. Allerdings kann hinsichtlich der grundlegenden Anforderungen sowie der Ausgestaltung solcher Systeme auf verschiedene Standards und Rahmenkonzepte zurückgegriffen werden, wie z.B. die US Federal Sentencing Guidlines oder die Australian Standard on Compliance Programs (AS 3806-2006).
707 Z.B. COSO ERM und United States Sentencing Commission sowie allgemein anerkannte CMS-Rahmenkonzepte. Vgl. hierzu *IDW PS 980*.
708 Vgl. *IDW PS 980*.
709 Vgl. COSO ERM.

Durchführung der Abschlussprüfung   R

Ausgangspunkt für die Herleitung eines Soll-Zustands für Prüfungen herangezogen werden.

Das CMS ist als integraler Bestandteil der Corporate Governance des Unternehmens auf die Einhaltung von Regeln ausgerichtet[710]. Ein CMS bezieht sich auf die Gesamtheit der einzuhaltenden Regeln (gesetzliche Bestimmungen und unternehmensinterne Richtlinien), wobei deren risikoorientierte und unternehmensindividuelle sinnvolle Abgrenzung in vom CMS abzudeckende Teilbereiche (z.B. Rechtsgebiete, Geschäftsbereiche bzw. operative Prozesse oder Länder bzw. Regionen) bereits eine erste grundlegende Gestaltungsentscheidung darstellt.[711]

Eine Prüfung des CMS wird sich regelmäßig auf einen oder mehrere solcher abgegrenzter Teilbereiche und nicht auf alle denkbaren, vom Unternehmen einzuhaltenden Regeln erstrecken.

Ein CMS besteht aus folgenden Grundelementen:[712]   **638**

– Grundlegendes Element stellt die **Compliance-Kultur** dar, die in den Grundeinstellungen und Verhaltensweisen von Management, AR und Mitarbeitern zum Ausdruck kommt und zeigt, welche Bedeutung der Beachtung von Regeln und einem regelkonformen Verhalten beigemessen wird. Eine integritätsfördernde Unternehmenskultur, in der ein compliancegerechtes Verhalten die Grundhaltung der Mitarbeiter darstellt, bildet das wesentliche Fundament eines wirksamen CMS[713], vergleichbar dem Kontrollumfeld im Rahmen des IKS.

– Aus den allgemeinen Unternehmenszielen sowie den vom Unternehmen zu beachtenden Regeln lassen sich die **Compliance-Ziele** ableiten. Hierzu gehört auch die Identifizierung der für das Unternehmen relevanten rechtlichen Vorschriften und der entsprechenden risikoorientierten Abgrenzung der CMS-Teilbereiche.

– Die potentielle Verfehlung von Compliance-Zielen stellen **Compliance-Risiken** dar, die kumuliert die Compliance-Risikolandschaft ergeben. Die Beurteilung der Compliance-Risiken durch das Unternehmen hat wesentlichen Einfluss auf die Wirksamkeit des CMS. Deshalb sollte die Erfassung der Compliance-Risiken mit hinreichender Sorgfalt vorgenommen werden. Nach der Beurteilung der Compliance-Risiken werden Grundsätze definiert und Maßnahmen festgelegt, die auf die Reduzierung oder Vermeidung von Compliance-Risiken bzw. Compliance-Verstößen abzielen.

– Die **Compliance-Organisation** befasst sich mit der Rollen- und Verantwortlichkeitsverteilung, der Aufbau- und Ablauforganisation des CMS sowie dessen Einbindung in das Unternehmen. Aufbau- und Ablauforganisation eines CMS sollten effizient auf die jeweiligen unternehmensindividuellen Bedingungen abgestimmt sein. Bei der Ausgestaltung der Aufbauorganisation sowie der Compliance-Prozesse werden in der Praxis regelmäßig unterschiedliche Abteilungen, wie z.B. Risikomanagement, Personalabteilung, Rechtsabteilung oder die Interne Revision einbezogen. Ob die Compliance-Organisation selbst eine eigenständige, organisatorische Abteilung darstellt, entscheidet sich nach den jeweiligen betrieblichen Notwendigkeiten.

– Die **Compliance-Kommunikation dient u.a. der Information der** Mitarbeiter über Compliance-Ziele, die Compliance-Organisation und das Compliance-Programm und

---

710 Vgl. *IDW PS 980*, Tz. 1.
711 Teilbereiche können auch aus einer Kombination unterschiedlicher Abgrenzungen bestehen, wie z.B. der Einhaltung der Antikorruptionsvorschriften des US-amerikanischen FCPA im Einkaufsprozess.
712 Vgl. *IDW PS 980*, Tz. 23.
713 Vgl. *IDW PS 980*, Tz. A14.

2585

spiegelt die Wertschätzung und Bedeutung wider, die das Management diesem Thema beimisst.
- Die Angemessenheit und Wirksamkeit werden durch die **Compliance-Überwachung** sichergestellt und durch die **Compliance-Verbesserung** fortlaufend optimiert.
- Als Compliance-Programm werden die Grundsätze und Maßnahmen bezeichnet, die im Rahmen des CMS zur Begrenzung der identifizierten Compliance-Risiken und damit zur Vermeidung und/ oder Aufdeckung von Compliance-Verstößen eingerichtet werden. Hierzu gehören auch alle Maßnahmen als Reaktion auf eintretende Verstöße. Darunter fallen bspw. geeignete Anti-Fraud Kontrollen in den Geschäftsprozessen oder die Einholung von Hintergrundinformationen über wesentliche Lieferanten und Mitarbeiter in Schlüsselpositionen.

639 Die Prüfung des CMS birgt für das Unternehmen vielfältige Vorteile. Gegenstand einer CMS-Prüfung sind die Aussagen des Managements in der Beschreibung des CMS, die die Basis für die Beurteilung von Angemessenheit und/ oder Wirksamkeit eines CMS darstellt. Damit dient eine externe Prüfung dem Management bzw. Überwachungsorganen bei der Sicherstellung eines angemessenen und wirksamen CMS. Mit Hilfe der Prüfung kann zudem der gestiegenen Nachweis- und Dokumentationspflichten gegenüber den Aufsichtsorganen Rechnung getragen werden. Damit können Haftungsrisiken für die gesetzlichen Vertreter des Unternehmens und die Aufsichtsorgane reduziert werden. Es werden nicht nur Mängel im System identifiziert, sondern es besteht die Möglichkeit, Verbesserungsmöglichkeiten der Compliance Management Prozesse aufzuzeigen. Damit können aus einer solchen externen Prüfung weiterführende Optimierungsempfehlungen gewonnen werden, die neben der Effektivität auch die Effizienz des CMS zum Gegenstand haben.

640 Ein vorhandenes CMS kann sich bei aus dem Unternehmen heraus begangenen Gesetzesverstößen unter Umständen mildernd auf die Festsetzung von Strafzahlungen durch Aufsichtsbehörden und Strafverfolgungsorgane auswirken[714]. Die Prüfung kann den Nachweis erleichtern, dass solche Verstöße nicht wegen unzureichender oder fehlender Aufsichts- oder Organisationsmaßnahmen aufgetreten sind, sondern obwohl die Unternehmensleitung diesen Pflichten, die sich z.B. aus § 130 OWiG ableiten, hinreichend nachgekommen war.

641 Ein solcher Nachweis wird regelmäßig nur dann möglich sein, wenn die Prüfung umfassend erfolgt, d.h. sich auf **Angemessenheit, Implementierung und Wirksamkeit des CMS erstreckt**. Ziel einer solchen **Wirksamkeitsprüfung**[715] ist es, dem Prüfer, anhand der vom Unternehmen zugrunde gelegten CMS-Grundsätze, eine Aussage mit hinreichender Sicherheit darüber zu ermöglichen,

- ob die in der CMS-Beschreibung enthaltenen Aussagen über die Grundsätze und Maßnahmen des CMS in allen wesentlichen Belangen zutreffend dargestellt sind,
- dass die dargestellten Grundsätze und Maßnahmen in Übereinstimmung mit den angewandten CMS-Grundsätzen geeignet sind, mit hinreichender Sicherheit sowohl Risiken für wesentliche Regelverstöße rechtzeitig zu erkennen als auch solche Regelverstöße zu verhindern,
- dass die Grundsätze und Maßnahmen zu einem bestimmten Zeitpunkt implementiert und
- während eines bestimmten Zeitraums wirksam waren.

---

714 Eine gesetzlich legitimierte Exkulpationswirkung existiert, anders als in der US-amerikanischen Rechtsprechung, jedoch in Deutschland derzeit nicht.
715 Vgl. *IDW PS 980*, Tz. 14 ff.

Durchführung der Abschlussprüfung **R**

Möchte ein Unternehmen bereits eine unabhängige Beurteilung des Prozesses der Entwicklung und Einrichtung eines CMS erhalten, können die Prüfungshandlungen auf die **Konzeption des CMS (Konzeptionsprüfung)** oder die **Angemessenheit und Implementierung des CMS (Angemessenheitsprüfung)** beschränkt werden. **642**

Bei einer Konzeptionsprüfung erstreckt sich die Aussage des Prüfers ausschließlich darauf, ob

– die Aussagen der gesetzlichen Vertreter in der Beschreibung der Konzeption des CMS sämtliche genannten Grundelemente eines CMS umfasst und keine wesentlichen falschen Angaben sowie keine unangemessenen Verallgemeinerungen oder unausgewogenen und verzerrenden Darstellungen enthalten, die eine Irreführung der Berichtsadressaten zur Folge haben können[716].

Die Angemessenheitsprüfung stellt dagegen bereits eine Systemprüfung des CMS dar, die Aussage des Prüfers beschränkt sich aber darauf,

– ob die in der CMS-Beschreibung enthaltenen Aussagen über die Grundsätze und Maßnahmen des CMS in allen wesentlichen Belangen zutreffend dargestellt sind,
– dass die dargestellten Grundsätze und Maßnahmen in Übereinstimmung mit den angewandten CMS-Grundsätzen geeignet sind, mit hinreichender Sicherheit Risiken sowohl für wesentliche Regelverstöße rechtzeitig zu erkennen als auch solche Regelverstöße zu verhindern und
– dass die Grundsätze und Maßnahmen zu einem bestimmten Zeitpunkt implementiert waren[717].

Entsprechend des Auftragsumfangs sind unterschiedliche **Prüfungshandlungen** vorzunehmen. Auf alle Prüfungen treffen folgende vorzunehmende Prüfungshandlungen zu: **643**

(1) Es wird das relevante Rahmenwerk auf Existenz, Relevanz und Verständlichkeit für den maßgeblichen Teil des CMS durchgesehen.
(2) Es wird beurteilt, ob die Beschreibung der Konzeption alle Grundelemente eines CMS umfasst und somit insgesamt ein schlüssiges Konzept zur Ausgestaltung eines zielgerichteten CMS darstellt.
(3) Die Beschreibung wird darauf hin überprüft, dass sie keine verallgemeinernden oder irreführenden Angaben enthält, dies betrifft auch die Auswahl und Beschreibung des vom CMS zu adressierenden Teilbereichs.

Für die Angemessenheits- sowie die Wirksamkeitsprüfung muss zunächst die Ausgestaltung des Systems beurteilt werden. Hierbei kommen u.a. folgende zusätzliche Prüfungshandlungen in Betracht: **644**

(1) Die über die Beschreibung hinausgehenden Teile der Dokumentation zum CMS sind zu lesen und auf Widersprüche zur Beschreibung zu prüfen.
(2) Es ist zu prüfen, ob in angegebenen Rahmenwerken bestimmte konkrete Grundsätze und Maßnahmen gefordert werden. Gegebenenfalls sind diese im Rahmen der Prüfung zur Überprüfung der Einhaltung aufzunehmen.
(3) Die vom Unternehmen genutzten Prozesse zur Identifizierung und Risikobeurteilung, der für den beschriebenen CMS-Teilbereich relevanten einzuhaltenden Vorschriften ist kritisch zu beurteilen. Insbesondere ist dies in Bezug auf die Vollständigkeit der identifizierten Vorschriften und den sich hieraus ergebenden Anforderungen an das CMS erforderlich.

---

716 Vgl. *IDW PS 980*, Tz. 16 i.V.m. Tz. 19.
717 Vgl. *IDW PS 980*, Tz. 17.

(4) Das Prüfprogramms sowie die Berichte der Internen Revision sind einzusehen.

(5) Es ist kritisch zu hinterfragen, ob die Beschreibung des CMS durch das Management mit sonstigen Kenntnissen des Prüfers über den Mandanten übereinstimmt (z.B. aus der Abschlussprüfung).

(6) Ausgehend von spezifischen Anforderungen der dem CMS zugrundeliegenden Rahmenwerke sowie von Anforderungen, die sich unmittelbar aus den einzuhaltenden Regeln oder mittelbar aus deren Auslegung in Rechtsprechung oder der Literatur ergeben, ist die Vollständigkeit des beschriebenen CMS zu beurteilen.

(7) Die zur Beurteilung der Richtigkeit der Aussagen in der CMS-Beschreibung zu prüfenden Bestandteile des CMS sind zu identifizieren.

(8) Die für die Aussagen und das CMS relevanten Policies, Richtlinien, Aktivitäten und Arbeitsabläufe sind auf ihre tatsächliche Implementierung zu prüfen.

(9) Maßnahmen aufgrund von Feststellungen bei der Überwachung sind kritisch zu würdigen (z.B. Änderungen an Kontrollen, Dokumentation von Konsequenzen aufgrund von Verstößen).

645   Während sich die Angemessenheitsprüfung neben der Ausgestaltung des Systems nur auf die Prüfung der tatsächlichen Einrichtung der dargestellten Grundsätze und Maßnahmen des CMS zu einem bestimmten Zeitpunkt beschränkt, ist bei der Wirksamkeitsprüfung auch deren Wirksamkeit über einen zu bestimmenden Zeitraum zu prüfen.

646   Für die vorzunehmenden Einrichtungs- und Wirksamkeitsprüfungen kommen u.a. die folgenden Aktivitäten in Frage:

(1) Beobachtung

(2) Befragung

(3) Nachvollziehen

(4) Nachrechnen

(5) Inspektion

(6) Bestätigende Befragungen

(7) Prüfung automatisierter Kontrollen durch IT-Systeme.

647   Es ist möglich, dass sich bei der Prüfung des CMS Synergien aus der Abschlussprüfung ergeben. Diese können sich in der grundlegenden Kenntnis bzw. dem Verständnis über die Compliance-Organisation und den zugehörigen Ansprechpartnern ergeben. Zudem sind evtl. bereits Kenntnisse über relevante Systeme, Prozesse, Richtlinien sowie eingerichtete Compliance-Kontrollen (FCPA, Fraud) vorhanden. Teilw. können bestimmte Compliance-Kontrollen auch im Rahmen der Abschlussprüfung und der Prüfung des rechnungslegungsbezogenen IKS geprüft werden.

648   Abschließend soll noch einmal auf die naturgemäß bestehenden immanenten Grenzen von CMS-Prüfungen hingewiesen werden. Es handelt sich um auf einen bestimmten Zeitpunkt oder Zeitraum angesetzte Systemprüfungen. Aus ihnen kann zwar eine Aussage über die Eignung und Wirksamkeit eines CMS abgeleitet werden, das Auftreten von Compliance-Verstößen kann aber trotz eines positiven Prüfungsurteils nicht gänzlich ausgeschlossen werden. Auch ein angemessenes und wirksames CMS kann keine vollständige Gewähr für die Verhinderung oder Aufdeckung von Compliance Verstößen bieten.

Durchführung der Abschlussprüfung **R**

9. Prüfung des Lageberichts
a) Grundlagen

Gegenstand und Umfang der Prüfung des LB ergeben sich im Einzelnen aus § 317 HGB. **649**
Zusätzliche Prüfungspflichten sind aus den §§ 321 und 322 HGB abzuleiten[718]. Der APr. hat nach § 317 HGB zu prüfen

- ob der LB mit dem JA, ggf. auch mit dem Einzelabschluss nach § 325 Abs. 2a HGB, sowie mit den bei der Prüfung gewonnenen Erkenntnissen des APr. **in Einklang** steht (§ 317 Abs. 2 S. 1 Hs. 1 HGB),
- ob der LB insgesamt eine **zutreffende** Vorstellung von der Lage des Unternehmens vermittelt (§ 317 Abs. 2 S. 1 Hs. 2 HGB) und
- ob in diesem Zusammenhang die **Chancen und Risiken der künftigen Entwicklung** zutreffend dargestellt sind (§ 317 Abs. 2 S. 2 HGB).

Hingegen sind die Angaben nach § 289a HGB auch dann nicht in die Prüfung einzubeziehen, wenn die Erklärung zur Unternehmensführung in den LB aufgenommen wird[719].

Im **PrB** ist **vorweg** zu der Beurteilung der Lage des Unternehmens durch die gesetzlichen **650** Vertreter Stellung zu nehmen, wobei insb. auf deren Beurteilung des Fortbestands und der künftigen Entwicklung des Unternehmens einzugehen ist, soweit die geprüften Unterlagen und der LB eine solche Beurteilung erlauben (§ 321 Abs. 1 S. 2 HGB). Ferner ist festzustellen, ob der LB den gesetzlichen Vorschriften sowie den ergänzenden gesellschaftsvertraglichen bzw. satzungsmäßigen Bestimmungen entspricht (§ 321 Abs. 2 S. 1 HGB).

Im **BestV** ist auf im Rahmen der Prüfung festgestellte bestandsgefährdende Risiken gesondert einzugehen und die zutreffende Darstellung der Chancen und Risiken der zukünftigen Entwicklung im LB zu beurteilen (§ 322 Abs. 2 S. 3 und Abs. 6 S. 2 HGB). **651**
Ferner werden im BestV auch Aussagen des APr. darüber verlangt, ob der LB nach Beurteilung des APr. mit dem JA, ggf. auch mit dem Einzelabschluss nach § 325 Abs. 2a HGB, in Einklang steht und insgesamt eine zutreffende Vorstellung von der Lage des Unternehmens vermittelt (§ 322 Abs. 6 S. 1 HGB).

Hinsichtlich der bei der Lageberichtsprüfung durchzuführenden Prüfungshandlungen **652** sind die Grundsätze des *IDW Prüfungsstandards: Prüfung des Lageberichts (IDW PS 350)* zu beachten. Die Angaben des LB sind daraufhin zu prüfen, ob sie den Grundsätzen der Lageberichterstattung entsprechen[720]. Dabei sind auch solche Angaben innerhalb des LB, die freiwillig über den Katalog des § 289 HGB hinaus gegeben werden, uneingeschränkt zu prüfen[721]. Der nach § 325 Abs. 1 S. 1 HGB offenzulegende LB ist mit der gleichen Sorgfalt zu prüfen, so dass auch im Rahmen der Prüfung des LB ausreichende geeignete Prüfungsnachweise einzuholen sind[722]. Dabei ist jedoch zu berücksichtigen, dass es sich bei der Prüfung des LB um eine Einklangsprüfung handelt: Die Prüfung ist demzufolge darauf ausgerichtet, dass das durch den LB vermittelte Bild nicht im Widerspruch zu den im JA enthaltenen Aussagen und den bei der Prüfung gewonnenen Kenntnissen steht.

---

718 Vgl. *IDW PS 350*, Tz. 5.
719 Vgl. *IDW PS 350*, Tz. 9a.
720 Vgl. für den KLB auch DRS 15.
721 Vgl. *IDW PS 350*, Tz. 13.
722 Vgl. *IDW PS 350*, Tz. 13.

b) Maßstab für die Prüfung/ Hinweise zur Prüfungsdurchführung

aa) Einklang des LB mit dem JA und Vermittlung einer zutreffenden Vorstellung von der Lage des Unternehmens

653 Aus den gesetzlichen Vorgaben ergibt sich, dass der APr. zu prüfen hat, ob der LB mit dem JA[723] „in Einklang steht". Der Einblick in die Lage der Gesellschaft wird zum einen durch den JA und zum anderen durch den LB gegeben. Der JA stellt die Vermögens-, Finanz- und Ertragslage des Unternehmens entsprechend der deutschen Grundsätze ordnungsmäßiger Buchführung oder sonstiger maßgeblicher Rechnungslegungsgrundsätze (z.B. IFRS) dar. Die Darstellung der Lage des Unternehmens im LB verdeutlicht und ergänzt die aus dem JA ableitbaren Erkenntnisse über die wirtschaftliche Situation des Unternehmens u.a. durch verbale Ausführungen, wie z.b. Aspekte der Branchenkonjunktur, Entwicklung von Absatzpreisen oder Angaben zu noch nicht abgeschlossenen Großaufträgen. Die Berichterstattung ist umfassender als im JA, da sie nicht durch die maßgeblichen Rechnungslegungsgrundsätze eingeschränkt wird. JA und LB befassen sich jedoch mit demselben Gegenstand, der Lage des Unternehmens. Daher ist es wichtig, dass das Ergebnis beider Informationsmedien übereinstimmt. „**In Einklang stehen**" bedeutet daher, dass der LB kein Bild von der Lage des Unternehmens vermitteln darf, das von dem abweicht, das durch den JA gegeben wird. Die Prüfung des LB muss daher so umfassend sein, dass der APr. darüber eine hinreichende Überzeugung erlangt. Der vom Gesetz geforderte Einklang ist bspw. dann nicht mehr gegeben, wenn der JA dem sachkundigen Leser den Eindruck vermittelt, dass sich das Unternehmen in einer schlechten Ertragslage und angespannten Finanzlage befindet, der LB durch optimistische Darstellungen diesen Eindruck aber wieder aufhebt[724]. Die Beurteilung, ob der LB mit dem JA in Einklang steht, kann sich primär nur auf Sachverhalte beziehen, die im abgelaufenen GJ realisiert worden sind und ihren Niederschlag im Zahlenwerk gefunden haben. Dies ist hauptsächlich bei Aussagen zum Geschäftsverlauf und der Lage gegeben. Im LB genannte **Zahlenangaben**, die sich auf die Zeit vor dem Datum des BestV beziehen, müssen bei der Prüfung, ob sie mit dem JA in Einklang stehen, entweder mit den Jahresabschlussunterlagen des Mandanten, mit den Arbeitspapieren des APr. oder mit sonstigen vom Mandanten bereitgestellten Quellen abgestimmt werden. Letztere sind im Rahmen der Lageberichtsprüfung kritisch zu hinterfragen, bspw. hinsichtlich ihrer Aktualität und ihrer Verlässlichkeit.

654 Bei prognostischen Angaben im LB kann nicht die Übereinstimmung mit den Angaben des JA geprüft werden, sondern nur, ob sie mit dem JA in dem Sinne „in Einklang stehen", dass sie vor dem Hintergrund der Jahresabschlussangaben plausibel sind und mit den während der Abschlussprüfung gewonnenen Erkenntnisse übereinstimmen[725]. So kann der APr. z.B. dann nicht den Einklang feststellen, wenn im abgelaufenen GJ der Umsatz mit einem Hauptabnehmer stark rückläufig war, der Vorstand jedoch einen Wiederanstieg für das nächste GJ prognostiziert, ohne dass es hierfür Nachweise, wie neue Aufträge u.ä., gibt. Auch bei der Bewertung von Rückstellungen oder Wertberichtigungen auf Forderungen können sich Erwartungen über die voraussichtliche Entwicklung des Unternehmens im JA widerspiegeln. Bei wertenden Aussagen ist insb. zu beachten, dass nicht trotz einer ggf. zutreffenden Einzelaussage durch die Darstellungsform und die Wortwahl ein falscher Eindruck über die tatsächlich erwarteten Verhältnisse vermittelt wird[726].

---

723 Auf die Nennung des Einzelabschlusses nach § 325 Abs. 2a HGB wird im Folgenden verzichtet, da sich hieraus kein anderer Beurteilungsmaßstab ergibt.
724 Vgl. *Sieben*, in: FS Goerdeler, S. 597.
725 Vgl. *IDW PS 350*, Tz. 22.
726 Vgl. *IDW PS 350*, Tz. 26.

Neben der Prüfung, ob der LB mit dem JA in Einklang steht, hat der APr. zu beurteilen, ob **655**
der LB insgesamt eine zutreffende Vorstellung von der Lage des Unternehmens vermittelt[727]. Der LB vermittelt dann eine zutreffende Vorstellung von der Lage des Unternehmens, wenn dem sachkundigen Leser aufgrund der gegebenen Informationen sowie der Form der Präsentation eine wirtschaftliche Gesamtbeurteilung des Unternehmens möglich ist.

bb) Einklang des LB mit den bei der Prüfung gewonnenen Erkenntnissen

Nach § 317 Abs. 2 S. 1 HGB hat der APr. auch festzustellen, ob der LB mit den bei seiner **656**
Prüfung gewonnenen Erkenntnissen in Einklang steht. Hieraus wird deutlich, dass die Prüfung des LB in einem engen Zusammenhang mit der Prüfung des JA steht. Der APr. hat zu Beginn der Abschlussprüfung anhand von Informationen eine vorläufige Beurteilung der Lage des Unternehmens vorzunehmen und basierend hierauf Prüfungsrisiken zu identifizieren, Prüfungsschwerpunkte zu setzen und geeignete Prüfungshandlungen festzulegen[728]. Diese vorläufige Einschätzung des Geschäftsverlaufs und der Lage des Unternehmens einerseits und der voraussichtlichen Entwicklung andererseits wird durch im weiteren Verlauf der Abschlussprüfung gewonnene Erkenntnisse präzisiert. In Einklang stehen bedeutet in diesem Zusammenhang, dass der LB kein Bild von der Lage des Unternehmens vermitteln darf, das von dem abweicht, welches der APr. durch die Abschlussprüfung gewonnen hat.

Diese Einschätzung des APr. verlangt eine intensive Prüfung, die ausreichende Kennt- **657**
nisse des Unternehmens und der Branche voraussetzt. Ein frühzeitiger Beginn der Prüfung des LB ist nicht nur wegen der Beurteilung der zusätzlichen Informationen erforderlich (wie z.B. Informationen über Umwelt- und Arbeitnehmerbelange, die bei großen KapGes. im LB anzugeben sind). Aus diesem Grund ist mit dem Mandanten zu vereinbaren (z.B. im Rahmen der Liste der vom Mandanten vorzubereitenden Unterlagen), dass ein Entwurf des LB frühzeitig vorgelegt werden muss. Dabei kommt es nicht darauf an, dass der Entwurf bereits sämtliche Zahlenangaben enthält. Jedoch würde bereits die Gelegenheit bestehen, sich mit dem Aufbau, der Struktur und den Schwerpunkten des LB sowie den verbalen Ausführungen des LB auseinanderzusetzen. Andererseits ist zu beachten, dass im LB alle relevanten Vorgänge und Erkenntnisse bis zur Erteilung des BestV berücksichtigt werden müssen[729]. Dies ist insb. von Bedeutung, wenn zwischen Abschlussstichtag und Datum des BestV ein erheblicher Zeitraum liegt. Umgekehrt ist in solchen Fällen über am Abschlussstichtag bestehende Risiken der künftigen Entwicklung, die aufgrund zwischenzeitlich erlangter neuerer Erkenntnisse nicht mehr existieren, im LB nicht zu berichten.

c) Prüfungsgegenstand

aa) Prüfung der Angaben zum Geschäftsverlauf einschließlich des Geschäftsergebnisses und zur Lage der Gesellschaft

Mit der Darstellung des Geschäftsverlaufs einschließlich des Geschäftsergebnisses ist ein **658**
Überblick über die Entwicklung des Unternehmens und deren ursächliche Ereignisse in der Berichtsperiode zu geben. Aus der Darstellung muss hervorgehen, ob die Geschäftsleitung die Entwicklung als günstig oder ungünstig beurteilt[730]. Im Rahmen der Dar-

---

727 Vgl. zu der in diesem Zusammenhang notwendigen Prüfung der Chancen und Risiken der künftigen Entwicklung Tz. 664.
728 Vgl. *IDW PS 350*, Tz. 15.
729 Vgl. *IDW PS 203 n.F.*, Tz. 10.
730 Vgl. ADS⁶ § 289, Tz. 66.

stellung der Lage des Unternehmens ist ein zeitpunktbezogenes und gegenwartsorientiertes Bild von der wirtschaftlichen Lage der Gesellschaft zu vermitteln.

659 Um die Aussagen der Geschäftsleitung prüfen zu können, hat der APr. im Rahmen der Prüfungsplanung folgende Aspekte zu berücksichtigen, die durch geeignete Prüfungshandlungen im Verlauf der Prüfung zu aktualisieren und zu vervollständigen sind:

- Analyse des globalen Umfelds, d.h. Analyse des gesamtwirtschaftlichen, des rechtlich-politischen, des wissenschaftlich-technischen sowie des ökologischen Umfelds als allgemeine Rahmenbedingungen der Unternehmenstätigkeit

- Analyse des Unternehmensumfelds, d.h. Analyse der Branchenentwicklung, der Marktbedingungen auf Absatz- und Beschaffungsmärkten sowie der Wettbewerbsverhältnisse

- Analyse der unternehmensinternen Erfolgsfaktoren, d.h. Analyse der Leistungs- und Produktpalette, der Beschaffungs- und Absatzpolitik, der strategischen Ausrichtung des Unternehmens, des Rationalisierungspotentials, der Finanzierungsstrategie etc.

- Analyse der internen Organisation und Entscheidungsfindung. Hierbei kann auch auf die Ergebnisse der Beurteilung der Maßnahmen nach § 91 Abs. 2 AktG zurückgegriffen werden[731].

660 Vor dem Hintergrund dieser Erkenntnisse hat der APr. die – seiner Einschätzung nach – für die Geschäftstätigkeit bedeutsamsten finanziellen Leistungsindikatoren, d.h. die wesentlichen wertmäßigen Einflussgrößen, zu analysieren, die z.B. durch betriebswirtschaftliche Kennzahlen abgebildet werden können und – insb. im Branchenvergleich – eine Beurteilung bestimmter Entwicklungen und Ursachen ermöglichen[732]. Beispiele für diese finanziellen Leistungsindikatoren sind Ergebnisentwicklung und Ergebniskomponenten, Liquidität und Kapitalausstattung[733]. Um die gesetzliche Anforderung in § 289 Abs. 1 S. 3 HGB nach einer Einbeziehung der bedeutsamsten finanziellen Leistungsindikatoren in die Analyse prüfen zu können, hat die APr. festzustellen, ob die von dem Unternehmen dargestellten Leistungsindikatoren zutreffend und/ oder vollständig benannt wurden, die Bezugnahme auf die im JA ausgewiesenen Beträge eindeutig und richtig ist und die Erläuterungen dazu führen, dass ein Sachverständiger Dritter die Berechnungsgrundlagen und die sich hieraus ergebenden Aussagen und Konsequenzen nachvollziehen kann.

661 Die Bezugnahme im LB auf die im JA ausgewiesenen Beträge und Angaben ist besonders kritisch zu prüfen: Wie sich aus der Regierungsbegründung zum BilReG[734] ergibt, soll hierdurch eine Verdoppelung von Angaben im JA einerseits und im LB andererseits vermieden werden, wenn eine eindeutige Bezugnahme des LB auf den JA zur Information des Adressaten ausreicht. Hieraus kann jedoch nicht abgeleitet werden, dass eine gesetzlich geforderte Information oder eine Erläuterung unter Verweis auf den JA nicht im LB enthalten sein muss. Nach wie vor muss der LB alle gesetzlich vorgeschriebenen Bestandteile aufweisen; er muss eine in sich geschlossene und aus sich selbst heraus verständliche Darstellung aller Pflichtbestandteile aufweisen. Ein (eindeutiger) Verweis im LB auf den JA ist nur dann statthaft, wenn über die gesetzlich geforderten Angaben hinaus Informationen gegeben werden sollen und diese Informationen im JA enthalten sind. Diese Möglichkeit des Verweises wird auch im DRS 15.11 für den KLB eingeräumt.

---

731 Vgl. *IDW PS 350*, Tz. 18.
732 Vgl. *IDW PS 350*, Tz. 18.
733 Vgl. BT-Drs. 15/3419, S. 30.
734 Vgl. BT-Drs. 15/3419, S. 30.

Durchführung der Abschlussprüfung **R**

Durch die Verwendung des Begriffs „Geschäftsergebnis" wird als Negativabgrenzung **662** deutlich, dass es sich weder um das Ergebnis der gewöhnlichen Geschäftstätigkeit, noch um den Jahresüberschuss/ Jahresfehlbetrag nach § 275 HGB handeln kann. Geschäftsergebnis ist vielmehr ein allgemeiner Begriff, was insb. aus der Formulierung „perfomance of the business" im Originalwortlaut der Modernisierungsrichtlinie deutlich wird[735]. Unter dem „Geschäftsergebnis" ist ein bereinigtes Ergebnis zu verstehen, d.h. aus dem Jahresüberschuss/Jahresfehlbetrag sind insb. ungewöhnliche und außerordentliche Einflüsse sowie das Ergebnis von Ansatz- und Bewertungsänderungen gegenüber dem Vorjahr einschließlich der Inanspruchnahme wesentlicher steuerlicher Sonderabschreibungen zu eliminieren. Aufgrund einer fehlenden gesetzlichen Definition des Begriffs „Geschäftsergebnis" in § 289 Abs. 1 S. 1 HGB ist es eine Ermessensentscheidung des Unternehmens, auf welche Art und Weise das Geschäftsergebnis zu ermitteln ist, wobei der Zusammenhang zwischen dem im JA ausgewiesenen Jahresergebnis und dem im LB dargestellten Geschäftsergebnis ersichtlich werden muss. Der APr. hat zu prüfen, ob die Art der Berechnung im LB angegeben wurde und plausibel ist, ob die bei der Berechnung verwendeten Zahlen mit den Angaben des JA übereinstimmen und ob durch diese Angabe der LB insgesamt eine zutreffende Vorstellung von der Lage des Unternehmens vermittelt.

Der APr. hat nach § 321 Abs. 2 S. 1 HGB festzustellen, ob der LB u.a. den gesetzlichen **663** Vorschriften entspricht, d.h. er hat festzustellen, ob der LB eine ausgewogene und umfassende, den Umfang und der Komplexität der Geschäftstätigkeit entsprechende Analyse des Geschäftsverlaufs und der Lage der Gesellschaft enthält. Aus dieser Vorgabe ergeben sich für den APr. keine neuen oder weitergehenden Prüfungshandlungen, da er bereits nach den bisher geltenden Prüfungsgrundsätzen[736] feststellen musste, ob die Grundsätze der Lageberichterstattung, wie Vollständigkeit, Richtigkeit sowie Klarheit und Übersichtlichkeit, eingehalten wurden.

bb) Prüfung der Darstellung der Chancen und Risiken der künftigen Entwicklung

Im Rahmen der Prüfung, ob der LB insgesamt eine zutreffende Vorstellung von der Lage **664** des Unternehmens vermittelt, hat der APr. nach § 317 Abs. 2 S. 2 HGB zu prüfen, ob die wesentlichen Chancen und Risiken der künftigen Entwicklung zutreffend dargestellt sind[737]. Als Risiken der künftigen Entwicklung sind in diesem Sinne sowohl bestandsgefährdende Risiken als auch sonstige Geschäftsrisiken anzusehen, die sich auf die Vermögens-, Finanz- und Ertragslage des Unternehmens wesentlich auswirken können[738]. Als Chancen sind die Möglichkeiten von positiven künftigen Entwicklungen der wirtschaftlichen Lage des Unternehmens zu definieren[739]. Nach § 289 Abs. 1 S. 4 HGB hat sich die Berichterstattung auf die **wesentlichen** Chancen und Risiken zu beschränken.

Nach § 289 Abs. 1 S. 4 HGB ist eine **Beurteilung** und **Erläuterung** der Chancen und **665** Risiken erforderlich. Eine Beurteilung beinhaltet eine Bewertung von Sachverhalten. Diese muss zumindest qualitativ in Form einer verbalen Beschreibung erfolgen, so dass die Bedeutung der Chancen und Risiken deutlich wird. Dazu bietet es sich an, die Ein-

---

735 Directive 2003/51/EC of the European Parliament and the Council of 18 June 2003 amending Directives 78/660/EEC, 83/349/EEC, 86/635/EEC and 91/674/EEC on the annual and consolidated accounts of certain types of companies, banks and other financial institutions and insurance undertakings, L178/18; vgl. auch Anhang A zu E-DRS 20.
736 Vgl. *IDW PS 350*, Tz. 11.
737 Die Begriffspaare „voraussichtliche Entwicklung" in § 289 Abs. 1 S. 4 und „künftige Entwicklung" in § 317 Abs. 2 S. 2 HGB sind als Synonym zu verstehen. So auch *Kajüter*, BB 2004, S. 427.
738 Vgl. für den Konzern DRS 5.83.
739 Vgl. für den Konzern DRS 5.9.

trittswahrscheinlichkeit und die potenziellen Auswirkungen der Chancen und Risiken aufzuzeigen. Möglich ist ebenfalls die Bildung einer Rangfolge nach Wichtigkeit der Chancen und Risiken. Soweit verlässlich ermittelbar, sollten Chancen und Risiken aber auch quantitativ bewertet werden, z.B. durch die Angabe von Bandbreiten, Sensitivitäten oder Kennzahlen. Durch die Erläuterung soll eine über die Beurteilung hinausgehende Erklärung und Kommentierung der berichtspflichtigen Sachverhalte erfolgen[740].

666 Da es sich bei den Angaben der Chancen und Risiken i.d.R. um prognostische und wertende Angaben handelt, sind die hierfür geltenden Prüfungsgrundsätze anzuwenden. Die Beurteilung und Erläuterungen der Chancen und Risiken sind von dem APr. vor dem Hintergrund der Jahresabschlussaussagen auf Vollständigkeit, Plausibilität und Übereinstimmung mit seinen während der Abschlussprüfung gewonnenen Erkenntnissen zu beurteilen[741]. Die setzt zunächst voraus, dass der APr. sich von der Zuverlässigkeit und Funktionsfähigkeit des unternehmensinternen Planungssystems überzeugt, soweit dieses für die Herleitung der Angaben des LB von Bedeutung ist.

667 Weiterhin ist zu prüfen, ob Prognosen und Wertungen im LB als solche gekennzeichnet sind und diesen die tatsächlichen Verhältnisse zugrunde liegen, d.h. ob die Prognosen und Wertungen wirklichkeitsnah sind. Bei einem im Zeitablauf konstanten Planungssystem des Unternehmens empfiehlt es sich, durch einen Vergleich der Vorjahres-LB mit der tatsächlichen Entwicklung eine Einschätzung der Prognosesicherheit des Unternehmens vorzunehmen[742]. Neben der Realitätsnähe der Prognosen ist bei wertenden Aussagen zusätzlich zu prüfen, ob nicht durch Darstellungsform und Wortwahl ein irreführendes Bild der tatsächlich erwarteten Verhältnisse vermittelt wird[743].

668 Daneben sind die der Prognose zugrunde liegenden Annahmen über die künftige Entwicklung der wesentlichen Einflussfaktoren auf die wirtschaftliche Lage vor dem Hintergrund der tatsächlichen Lage am Abschlussstichtag auf Plausibilität, Widerspruchsfreiheit und Vollständigkeit zu prüfen. Die Prognosen im LB dürfen nicht von internen Erwartungen des Unternehmens abweichen[744]. Schließlich ist zu prüfen, ob das verwendete Prognosemodell einschließlich dessen Zeithorizonts für die jeweilige Problemstellung sachgerecht ist, richtig gehandhabt wurde und im LB zutreffend angegeben wurde[745].

669 Bei wirtschaftlichen Schwierigkeiten der Gesellschaft sind prognostische und wertende Angaben im LB besonders kritisch zu prüfen[746]. In diesen Fällen ist die Zukunftsperspektive mit der Frage verbunden, ob die Going Concern-Annahme noch gerechtfertigt ist. Hierbei bedarf insb. die Frage, ob die der Aufrechterhaltung der Annahme der Unternehmensfortführung zugrunde liegende kurz- und mittelfristige Erfolgs- und Finanzplanung des Unternehmens realistisch ist, besonderer Aufmerksamkeit. Liegen Anhaltspunkte dafür vor, dass die Unternehmensfortführung bedroht ist, muss im LB auf diese Gefährdungen unter Nennung der Gründe bzw. Anhaltspunkte hingewiesen werden. Dabei besteht allerdings ein Zielkonflikt zwischen dem Konkretisierungsgrad der Darstellung im LB und dem Problem der sog. *self fulfilling prophecy*. Je konkreter und detaillierter z.T. die Risiken der Unternehmensfortführung beschrieben werden, desto höher ist tendenziell auch die Wahrscheinlichkeit ihres Eintretens. Trotzdem ist im Zweifel die

---
740 *Kajüter*, BB 2004, S. 427.
741 Vgl. *IDW PS 350*, Tz. 22.
742 Vgl. *IDW PS 350*, Tz. 23.
743 Vgl. *IDW PS 350*, Tz. 26.
744 Vgl. *IDW PS 350*, Tz. 24.
745 Vgl. *IDW PS 350*, Tz. 25.
746 Vgl. *IDW PS 350*, Tz. 17.

Schutzwürdigkeit der Abschlussadressaten höher zu bewerten als die des Unternehmens und daher detailliert auf bestandsgefährdende und entwicklungsbeeinträchtigende Risiken hinzuweisen. Lediglich verallgemeinernde Angaben sind nur in Ausnahmefällen zulässig[747].

Für **bestandsgefährdende** Risiken ist ein Prognosezeitraum von etwa zwölf Monaten ab dem Abschlussstichtag sachgerecht. Auch bei **entwicklungsbeeinträchtigenden** Risiken sollte der Prognosezeitraum nur in Ausnahmefällen über einen Zeitraum von mehr als zwei Jahren ausgedehnt werden[748]. Als Zeitraum für die Erfassung und Bewertung berichtspflichtiger Chancen ist grundsätzlich ein Zeitraum von einem Jahr zu berücksichtigen[749]. 670

Sofern von der Unternehmensfortführung nicht mehr ausgegangen werden kann, ist dies in der Lageberichterstattung deutlich und unter Nennung der Gründe bzw. der Anhaltspunkte darzustellen. Zu erläutern ist insb., von welchem Zeitraum, in dem das Vermögen liquidiert und die Schulden beglichen werden sollen, die gesetzlichen Vertreter ausgehen. Ferner sind die geplanten Modalitäten der Einstellung des Geschäftsbetriebes (z.B. Zerschlagung im Einzelnen bzw. Verkauf einzelner Geschäftsbereiche) mit ihren voraussichtlichen finanziellen Auswirkungen darzustellen[750].

Eine Berichterstattung über Chancen und Risiken im LB darf nicht unterbleiben, nur weil das jeweilige Risiko bzw. die jeweilige Chance bereits im JA durch eine entsprechende Bewertung berücksichtigt wurde. Eine Unterlassung der Risikoberichterstattung ist nur dann zulässig, wenn wesentliche Risiken vollständig und endgültig auf Dritte abgewälzt worden sind (z.B. Versicherung) oder die Position durch ein wirksames Hedging gesichert ist[751]. Gesetzlich nicht geregelt ist die Frage, ob Chancen und Risiken miteinander verrechnet werden dürfen. Aus dem Sinn und Zweck dieser Vorschrift (Erhöhung des Informationsgehalts des LB[752]) lässt sich ableiten, dass eine Verrechnung nicht gewollt sein kann und daher nicht vorgenommen werden darf[753]. 671

cc) Exkurs: Zusammenhang zwischen Darstellung der Risiken der künftigen Entwicklung und Risikofrüherkennungssystem

Die Verpflichtung des Vorstands, „geeignete Maßnahmen zu treffen, insb. ein Überwachungssystem einzurichten, damit den Fortbestand der Gesellschaft gefährdende Entwicklungen früh erkannt werden" (§ 91 Abs. 2 AktG), betrifft unmittelbar zunächst nur Vorstände von AG[754]. Die Prüfung dieser Maßnahmen durch den APr. im Rahmen der Abschlussprüfung ist in § 317 Abs. 4 HGB nur bei börsennotierten AG vorgeschrieben. 672

Sofern ein solches Risikofrüherkennungssystem eingerichtet ist, wird der APr. auch in den Fällen, in denen keine explizite Prüfungspflicht besteht, die Übereinstimmung der auf diesem Wege gesammelten Informationen über Unternehmensrisiken mit den im LB auf- 673

---

747 Vgl. *Gelhausen*, AG 1997, Sonderheft Aug., S. 74; *Wichers*, StuB 2000, S. 132.
748 ADS[6], Ergänzungsband zur 6. Aufl., § 289 HGB n.F., Tz. 27; DRS 15.87; siehe auch BeBiKo[7] § 289 HGB Rn. 37.
749 Vgl. *Kajüter*, BB 2004, S. 427.
750 Vgl. *IDW RS HFA 17*, Tz. 41.
751 So auch *Kajüter*, BB 2004, S. 427.
752 Vgl. Begr. RegE zu § 289 BT-Drs. 15/3419, S. 30.
753 So auch DRS 15.12 für den KLB.
754 Zur Ausstrahlungswirkung der aktienrechtlichen Regelung zur Einrichtung eines Risikofrüherkennungssystems auf Unternehmen anderer Rechtsform vgl. Begr. RegE, BR-Drucks. 872/97, S. 37; ADS[6], § 91 AktG n.F., Tz. 4.

geführten Risiken der künftigen Entwicklung überprüfen. Dies gilt schon deshalb, weil insb. über die Vollständigkeit der dargestellten Risiken ohne eine intensive Prüfung kein Urteil abgegeben werden kann[755].

dd) Prüfung der Berichterstattung über Vorgänge von besonderer Bedeutung nach Schluss des Geschäftsjahres

674 Das Datum des BestV dokumentiert den für den APr. maßgeblichen Zeitpunkt, zu dem die Prüfung des Abschlusses und des LB materiell abgeschlossen wurden[756]. Der APr. hat die Auswirkungen von Ereignissen nach dem Abschlussstichtag auf die Rechnungslegung sowie auf die Berichterstattung im PrB und BestV zu würdigen. Durch geeignete Prüfungshandlungen sind ausreichende und angemessene Prüfungsnachweise zu erlangen, um Ereignisse zwischen dem Abschlussstichtag und der Erteilung des BestV, die sich auf die Rechnungslegung auswirken können, festzustellen[757].

675 Beispiele für diese Prüfungshandlungen sind[758]:

– Erzielung eines Verständnisses von den Maßnahmen, die die Unternehmensleitung getroffen hat, um eine vollständige Erfassung der für den JA und LB relevanten Ereignisse nach dem Abschlussstichtag zu gewährleisten
– Durchsicht von aktuellen Zwischenabschlüssen und -berichten (Monats- oder Quartalsberichte)
– Durchsicht von Protokollen über Sitzungen der Verwaltung (Vorstand/ Geschäftsführung und AR)
– Befragung der Geschäftsführung und anderer – ggf. auch nicht mit der Rechnungslegung befassten – Auskunftspersonen
– Durchsicht von Berichten der Internen Revision
– Aktualisierung der Befragung der Rechtsanwälte oder der Rechtsabteilung des Unternehmens zu anhängigen und drohenden Rechtsstreitigkeiten
– Beschaffung von neuen Informationen über schwebende Geschäfte
– Beschaffung von Informationen über den Stand der steuerlichen Veranlagungen.

676 Aufgrund der hierbei gewonnenen Erkenntnisse können ggf. weitere Prüfungshandlungen erforderlich werden.

677 Der APr. hat zudem darauf zu achten, dass sich die von der Unternehmensleitung abzugebende Vollständigkeitserklärung auch auf den LB bezieht und die erforderlichen Angaben zu Vorgängen von besonderer Bedeutung nach dem Abschlussstichtag einschließt[759].

678 Der Prüfung der Berichterstattung über Vorgänge von besonderer Bedeutung nach Schluss des GJ ist insb. bei Unternehmen in der Krise von hoher Relevanz, da solche Vorgänge nach dem Stichtag Rückwirkungen auf die Angemessenheit der Annahme der Unternehmensfortführung haben können. Die Folgen von nach dem Abschlussstichtag eingetretenen Ereignissen können somit nicht nur die Berichterstattung im LB, sondern auch die Grundlagen der Rechnungslegung im JA berühren.

---

755 Vgl. Begr. RegE zu § 91 AktG; BT-Drs. 13/9712, S. 15.
756 Vgl. *IDW PS 400*, Tz. 81.
757 Vgl. *IDW PS 203 n.F.*, Tz. 11.
758 Vgl. *IDW PS 203*, Tz. 13 i.V.m. *IDW PS 350*, Tz. 27.
759 Vgl. *IDW PS 350*, Tz. 28.

Durchführung der Abschlussprüfung | R

ee) Prüfung der Berichterstattung über Finanzrisiken

In Anlehnung an die in IAS 32 formulierten Vorgaben ist auch nach § 289 Abs. 2 Nr. 2 HGB in Bezug auf die Verwendung von Finanzinstrumenten einzugehen auf[760]: 679

– Risikomanagementziele und -methoden der Gesellschaft einschließlich ihrer Methoden zur Absicherung aller wichtigen Arten von Transaktionen, die im Rahmen der Bilanzierung von Sicherungsgeschäften erfasst werden,
– Preisänderungs-, Ausfall- und Liquiditätsrisiken sowie Risiken aus Zahlungsstromschwankungen, denen die Gesellschaft ausgesetzt ist,

jeweils in Bezug auf die Verwendung von Finanzinstrumenten durch die Gesellschaft und sofern dies für die Beurteilung der Lage oder der voraussichtlichen Entwicklung von Belang ist.

Eine gesetzliche Definition des Begriffs „Finanzinstrumente" gibt es nicht. Der Begriff wird demzufolge ähnlich wie im KWG und in den IFRS als Oberbegriff zu verstehen sein; er erfasst insb. alle Arten von Wertpapieren, Geldmarktinstrumenten, Devisen, Rechnungseinheiten und Derivaten[761]. 680

Der APr. hat festzustellen, ob die nach § 289 Abs. 2 Nr. 2 HGB geforderten Angaben im LB enthalten und vollständig sind und vor dem Hintergrund seiner bei der Prüfung gewonnenen Erkenntnisse ein zutreffendes Bild von den tatsächlichen Verhältnissen im Unternehmen vermitteln. Neben den unter Tz. 664 aufgezeigten Prüfungshandlungen sind die in dem *IDW Prüfungsstandard: Die Prüfung des Risikofrüherkennungssystems nach § 317 Abs. 4 HGB (IDW PS 340)* dargestellten Prüfungsmethoden entsprechend anzuwenden. Die Reaktion des Managements auf identifizierte Risiken dieser Art ist nicht Gegenstand der Abschlussprüfung. 681

ff) Prüfung der Angaben zum Bereich Forschung und Entwicklung

Art und Umfang der Angaben zum Bereich Forschung und Entwicklung sind nicht gesetzlich geregelt. Die Erläuterungen im LB müssen dem Berichtsadressaten einen Eindruck über die globale Ausrichtung der Forschungs- und Entwicklungsaktivitäten sowie über deren Intensität im Zeitablauf vermitteln. Die Einbeziehung konkreter Forschungsergebnisse und Entwicklungsabsichten in die Berichterstattung sowie eine betragsmäßige Aufgliederung nach einzelnen Forschungsprojekten sind nicht zwingend Gegenstand der Lageberichterstattung. Die Prüfungshandlungen hängen daher weitgehend von der im Einzelfall gewählten Form der Berichterstattung ab. 682

So können z.B. Angaben zu von Dritten oder staatlichen Stellen erhaltenen Zuwendungen durch Einsichtnahme in die Verträge, Kontrolle des Zahlungseingangs und durch eine Mittelverwendungsprüfung überprüft werden. Die Angaben zur Zahl der im Forschungs- und Entwicklungsbereich tätigen Mitarbeiter, des entsprechenden Personal- und Sachaufwands und der in diesem Bereich getätigten oder beabsichtigten Investitionen können i.d.R. mit dem JA abgestimmt werden. 683

Eine Berichterstattungspflicht entfällt für solche Unternehmen, die branchenüblich keine Forschungs- und Entwicklungsaktivitäten in einem nennenswerten Umfang betreiben. Ein Verzicht auf branchenübliche Aktivitäten im Forschungs- und Entwicklungsbereich ist zu erläutern. 684

---

[760] Vg. *IDW RH HFA 1.005*, Tz. 30.
[761] Vgl. Begr. RegE BT-Drs. 15/3419, S. 30; vgl. auch *IDW RH HFA 1.005*, Tz. 4.

gg) Prüfung der Angabe bestehender Zweigniederlassungen

685 Der APr. hat zu prüfen, ob die Belegenheitsorte von in- und ausländischen Zweigniederlassungen im LB angegeben sind, ob abweichende, die Stammhauszugehörigkeit verdeckende Firmierungen aufgezeigt und ob wesentliche Veränderungen ggü. dem Vj. (Neugründungen, Schließungen, Verlegungen) erläutert wurden. Dabei wird er zunächst feststellen, ob auf alle wesentlichen im HR eingetragenen Niederlassungen eingegangen wird. Da die Eintragung im HR lediglich deklaratorischen Charakter hat und darüber hinaus bei ausländischen Niederlassungen unterschiedliche rechtliche Voraussetzungen bzgl. der Eintragung existieren, ist unter Beachtung des Grundsatzes der Wesentlichkeit auch zu untersuchen, ob auf weitere, nicht eingetragene, Zweigniederlassungen einzugehen ist. Dabei ist nicht zu beanstanden, wenn sich die Angabe der Zweigniederlassungen auf die wesentlichen beschränkt oder wenn nicht angabepflichtige Geschäftsstellen mit in die Berichterstattung einbezogen werden[762]. Die Prüfung durch den APr. wird sich gerade bei größeren Unternehmen auf den Prozess der Erfassung der Zweigniederlassungen beschränken müssen, da eine Prüfung der Vollständigkeit durch andere Prüfungshandlungen mit vertretbarem Aufwand nicht möglich sein wird.

hh) Prüfung der Angabe nichtfinanzieller Leistungsfaktoren

686 Im LB von **großen KapGes.** ist über nichtfinanzielle Leistungsfaktoren, wie Informationen über Umwelt- und Arbeitnehmerbelange zu berichten, soweit sie für das Verständnis des Geschäftsverlaufs oder der Lage von Bedeutung sind (§ 289 Abs. 3 HGB). Aus der Regierungsbegründung zum BilReG[763] ergibt sich, dass die in Anlehnung an die Bilanzrichtlinie besonders erwähnten Belange der Arbeitnehmer und des Umweltschutzes keine abschließende Aufzählung bilden und auch nicht zu einer entsprechenden Schwerpunktsetzung zwingen. Vielmehr zählen zu den nichtfinanziellen Leistungsfaktoren regelmäßig die Entwicklung des Kundenstamms, das Humankapital, der Bereich Forschung und Entwicklung und unter Umständen auch die – z.B. durch Sponsoring oder karitative Zuwendungen seitens des Unternehmens geförderte – gesellschaftliche Reputation der KapGes.

687 Fraglich ist, ob der Prüfungsmaßstab hierbei ein anderer ist als bei der Prüfung der finanziellen Leistungsfaktoren i.S.v. § 289 Abs. 1 S. 3 HGB. Bei den finanziellen Leistungsfaktoren hängt eine Berichterstattung von der **Bedeutung** für die Geschäftstätigkeit ab, bei den nichtfinanziellen Leistungsfaktoren hängt es von dem **Verständnis** des Geschäftsverlaufs oder der Lage ab. Der Begriff „Verständnis" ist nach dem Wortlaut in dem Sinne zu verstehen, dass es weniger auf die Beurteilung des Vorstands, sondern vielmehr auf die Einschätzung des externen Bilanzlesers ankommt. Da es jedoch weder für den APr. noch für den Vorstand möglich ist zu entscheiden, ob der Bilanzleser etwas versteht oder nicht, kann es sich auch hier nur um eine Ermessensentscheidung des Vorstands handeln. Allerdings ist aus dem Sinn und Zweck dieser gesetzlichen Regelung (Erhöhung des Informationsgehalts für den Bilanzleser) sowie aus dem in § 289 Abs. 3 HGB enthaltenen Verweis auf § 289 Abs. 1 S. 3 HGB abzuleiten, dass der Maßstab für die Beurteilung, wann eine Information als wesentlich einzustufen ist, nicht den gleichen hohen Maßstäben genügen muss wie bei der Berichterstattung über finanzielle Leistungsfaktoren. Im Zweifel wird der APr. der Geschäftsleitung einen größeren Ermessensspielraum zugestehen müssen, da der Bezug zu dem Geschäftsverlauf und der Lage des Unternehmen naturgemäß nicht immer eindeutig bestimmt und bemessen werden kann. Aus diesem

---

762 Vgl. *Fey*, DB 1994, S. 485.
763 Vgl. Begr. RegE, BT-Drs. 15/3419, S. 30.

Grund sind bei der Prüfung der finanziellen und der nichtfinanziellen Leistungsindikatoren zwei Prüfungsmaßstäbe anzuwenden. Dem APr. obliegt indes bei der Prüfung dieser Berichterstattung die Verpflichtung zur Festzustellung, ob durch eine evtl. sehr umfangreiche Berichterstattung über nichtfinanzielle Leistungsindikatoren der Grundsatz der Klarheit verletzt wird und ob der LB insgesamt immer noch eine zutreffende Vorstellung von der Lage vermittelt.

Auf der anderen Seite hat der APr. zu prüfen, ob im LB die seiner Meinung nach relevanten Informationen vollständig benannt wurden. Dies ist z.b. dann der Fall, wenn das Unternehmen eine Befragung über Kundenzufriedenheit hat durchführen lassen und das Ergebnis hieraus nicht im LB enthalten ist, da eine bedeutende Anzahl von Kunden angegeben haben, in Zukunft nicht mehr bei dem Unternehmen kaufen zu wollen und ihre Käufe im abgelaufenen GJ bereits reduziert haben. **688**

Die konkreten Prüfungshandlungen hängen weitgehend von der im Einzelfall gewählten Form der Berichterstattung ab. Im Rahmen der Prüfung der Vollständigkeit der Angaben im LB wird der APr. sich zukünftig verstärkt mit den nichtfinanziellen Leistungsfaktoren zu beschäftigen haben, etwa durch Befragungen der Unternehmensleitung oder auch z.B. die Durchsicht der Marketingaufwendungen zur Gewinnung von Rückschlüssen auf mögliche relevante Marketingaktivitäten etc. **689**

Je nach Art der Information kann es auch erforderlich sein, dass der APr. – unter Beachtung der Grundsätze des *IDW Prüfungsstandards: Verwertung der Arbeit von Sachverständigen (IDW PS 322)* – ggf. Spezialisten hinzuzieht. **690**

ii) Prüfung der Schlusserklärung des Vorstands im Abhängigkeitsbericht

Da nach § 312 Abs. 3 S. 3 AktG die Schlusserklärung des Vorstands, der einen Bericht über Beziehungen zu verbundenen Unternehmen aufzustellen hat, auch in den LB aufzunehmen ist, ist diese Erklärung auch Gegenstand der Prüfung des LB. Da im Fall einer prüfungspflichtigen AG der Abhängigkeitsbericht als solcher nach § 313 Abs. 1 HGB ohnehin durch den APr. zu prüfen ist, folgt daraus keine materielle Erweiterung des Prüfungsumfangs in Zusammenhang mit dem LB. Zur Prüfung des Abhängigkeitsberichts vgl. F Tz. 1036. **691**

jj) Prüfung der übernahmerechtlichen Angaben

Aufgrund europarechtlicher Vorgaben wurden durch das Übernahmerichtlinie-Umsetzungsgesetz[764] eine Reihe von zusätzlichen Lageberichtsangaben zu übernahmerelevanten Sachverhalten vorgeschrieben. Die Angabepflicht beschränkt sich auf solche Unternehmen, deren zum Handel an einem organisierten Markt zugelassene Aktien *stimmberechtigt* sind. Da die geforderten Angaben teilw. redundant zu Anhangangaben (börsennotierter) Aktiengesellschaften sind, wurde durch das BilMoG in § 289 Abs. 4 S. 2 HGB die Möglichkeit eröffnet, auf die Angabe im LB zu verzichten und stattdessen auf die Anhangangabe zu verweisen. **692**

---

[764] Gesetz zur Umsetzung der Richtlinie 2004/25/EG des Europäischen Parlaments und des Rates vom 21.04.2004 betreffend Übernahmeangebote (Übernahmerichtlinie-Umsetzungsgesetz) vom 08.07.2006, BGBl. I, S. 1426.

kk) Prüfung der Beschreibung der wesentlichen Merkmale des internen Kontroll- und des Risikomanagementsystems im Hinblick auf den Rechnungslegungsprozess

693 Durch das BilMoG wurden gem. § 289 Abs. 5 HGB die Angabepflichten im LB für KapGes. i.S.d. § 264d HGB um eine Beschreibung der wesentlichen Merkmale des internen Kontroll- und des Risikomanagementsystems im Hinblick auf den Rechnungslegungsprozess erweitert. Für den KLB hat sich die Beschreibung auf den Konzernrechnungslegungsprozess zu erstrecken. Die Anforderung der Beschreibung und demzufolge die Prüfung der Aussagen im LB ist auf das interne Kontroll- und Risikomanagementsystem beschränkt, soweit es im Zusammenhang mit dem Rechnungslegungsprozess steht. Weitergehende Ausführungen zu anderen Bereichen des internen Kontroll- und Risikomanagementsystems sind nicht verlangt. Allerdings gilt auch für derartige Angaben im LB der allgemeine Grundsatz, dass freiwillige Angaben der Prüfungspflicht unterliegen[765]. Diese Erweiterung des Prüfungsumfangs kommt auch dann zum Tragen, wenn im LB über den gesetzlichen geforderten Rahmen hinausgehend Aussagen zur Wirksamkeit des internen Kontroll- und des Risikomanagementsystems getroffen werden. Dies ist insb. deshalb von erheblicher Bedeutung, als eine Prüfung, die sich auch auf die Beurteilung der Aussage zur Wirksamkeit erstreckt, wesentlich aufwändiger sein wird als die Prüfung der Aussagen zum System als solchem.

ll) Exkurs: Auswirkungen der Erklärung zur Unternehmensführung auf die Abschlussprüfung

694 Aufgrund der Vorgaben der Abschlussprüferrichtlinie wurde in § 289a HGB die Verpflichtung zur Abgabe einer Erklärung zur Unternehmensführung[766] für bestimmte Unternehmen[767] in das deutsche Rechts transformiert. Diese Erklärung kann entweder in einem gesonderten Abschnitt in den LB aufgenommen oder auf der Internetseite der Gesellschaft zugänglich gemacht werden, wenn der LB eine Bezugnahme auf die Angabe der Internetseite enthält. Die Verpflichtung zur Aufnahme der Erklärung bzw. einer Bezugnahme auf die Angabe der Internetseite betrifft lediglich den LB, nicht jedoch den KLB.

695 Durch § 317 Abs. 2 S. 3 HGB werden die Angaben nach § 289a HGB ausdrücklich von der Abschlussprüfung ausgenommen, unabhängig davon, ob sie in den LB aufgenommen oder im Internet gemacht werden. Auch wenn gesetzlich nicht ausdrücklich geregelt, muss die Ausnahme von der Prüfungspflicht auch dann gelten, wenn die Erklärung (freiwillig) im KLB gemacht wird. Zwar enthält das Gesetz hierzu keine explizite Regelung, weil sich die gesetzliche Verpflichtung zur Abgabe der Erklärung auf den LB bezieht. Es erscheint jedoch konsequent, die Intention des Gesetzgebers zur Ausklammerung dieser Angaben von der Prüfung auch für den Fall einer Aufnahme in den KLB als gegeben anzusehen. Dies gilt insb. auch für den Fall, in dem die Erklärung in einem zusammengefassten LB abgegeben wird und damit Bestandteil (auch) des KLB ist[768].

696 Obwohl die Erklärung zur Unternehmensführung als solche von der Abschlussprüfung ausgenommen ist, besteht für den APr. gleichwohl die Verpflichtung, die Erklärung kri-

---

765 Vgl. Tz. 652.
766 Zum Gegenstand der Erklärung zur Unternehmensführung vgl. F Tz. 1214 f.
767 Im Einzelnen trifft diese Verpflichtung börsennotierte Aktiengesellschaften sowie Aktiengesellschaften, die ausschließlich andere Wertpapiere als Aktien zum Handel an einem organisierten Markt i.S.d. § 2 Abs. 5 WpHG ausgegeben haben und deren ausgegebene Aktien auf eigene Veranlassung über ein multilaterales Handelssystem i.S.d. § 2 Abs. 3 Nr. 8 WpHG (z.B. im Freiverkehr) gehandelt werden.
768 DRS 15.140.

tisch zu lesen[769]. Dies gilt unabhängig davon, ob sie in den LB aufgenommen oder im Internet veröffentlicht wurde. Dies setzt insb. voraus, dass die Erklärung, auch in den Fällen, in denen vom LB auf eine Internetseite verwiesen wird, bereits zum Datum des BestV im Internet verfügbar sein muss. Nur so ist es dem APr. möglich festzustellen, ob die Erklärung zur Unternehmensführung auf der angegebenen Internetseite tatsächlich öffentlich zugänglich gemacht worden ist[770].

10. Prüfung aufgrund eines erweiterten Prüfungsauftrags

Der Gegenstand und Umfang des Prüfungsauftrags ist allgemein in § 317 HGB geregelt. Darüber hinaus kann sich eine Erweiterung des Prüfungsumfangs aus Prüfungsvorschriften für Betriebe bestimmter Wirtschaftszweige, wie bspw. bei Kreditinstituten und Finanzdienstleistungsinstituten, Versicherungsunternehmen, Wohnungsunternehmen, Krankenhäusern oder im Bereich der öffentlichen Wirtschaft, aufgrund spezialgesetzlicher Regelungen ergeben[771]. Zusätzlich besteht für den AR[772] die Möglichkeit, dem APr. in erheblich größerem Umfang Prüfungserweiterungen aufzugeben. Um eine bestmögliche Unterstützung der eigenen Überwachungstätigkeit zu gewährleisten, soll der AR Prüfungen in eine bestimmte Richtung oder bestimmter Sachverhalte zusätzlich zur Abschlussprüfung in Auftrag geben. Dafür kommen z.B. die Prüfung des Derivatehandels oder eine erweiterte Prüfung des IKS in Betracht. Generell dürfte es sich um Prüfungen von Sachverhalten handeln, die dem AR eine bessere Beurteilung der Tätigkeit des Vorstands erlauben. Soweit vorhanden, wird die Beauftragung von erweiterten Prüfungen durch den Prüfungsausschuss des AR wahrgenommen[773]. **697**

Die Bedeutung von Erweiterungen des Prüfungsauftrags – oder auch der Beauftragung von gesonderten Prüfungen – ist durch die Neufassung des § 107 Abs. 3 AktG durch das BilMoG deutlich gestiegen. Demnach obliegt dem Prüfungsausschuss oder – sofern ein solcher Ausschuss nicht eingerichtet wird – dem AR neben der Überwachung des Rechnungslegungsprozesses auch die Überwachung der Wirksamkeit des IKS, des Risikomanagementsystems und des internen Revisionssystems. Der AR bedient sich vielfach des APr., um zusätzliche Erkenntnisse für die eigene Überwachungstätigkeit zu gewinnen und zudem den Nachweis über die Wahrnehmung dieser Überwachungstätigkeit führen zu können. Derartige Erweiterungen können Bestandteil der Abschlussprüfung sein, obwohl sie keine unmittelbare Bedeutung für den BestV haben[774]. Der APr. sollte sicherstellen, dass die Erweiterung ausreichend detailliert in das Auftragsschreiben aufgenommen wird, um ein gemeinsames Verständnis mit dem Auftraggeber zu gewährleisten. Von der Vereinbarung mit dem Auftraggeber ist auch abhängig, ob es sich um eine erweiterte Abschlussprüfung handelt oder eine zusätzliche Beauftragung vorliegt[775]. Danach richtet sich auch die Form der Berichterstattung: Während im Fall einer Erweiterung des Prüfungsauftrags die Berichterstattung im PrB erfolgt, ist über eine zusätzliche Beauftragung außerhalb des PrB gesondert zu berichten[776]. Zu betonen ist, dass der gesetzlich festge- **698**

---

769 *IDW PS 202*, Tz. 10a; *Gelhausen/Fey/Kämpfer*, BilMoG, P Tz. 43 ff.
770 *IDW PS 350*, Tz. 9a.
771 Vgl. Kap. D.
772 Sofern die Beauftragung nicht durch den AR erfolgt, kann eine solche Erweiterung durch das jeweils für die Beauftragung verantwortliche Organ vorgenommen werden.
773 Vgl. Rn. 5.3.2 DCGK (Fassung vom 26.05.2010); http://www.corporate-governance-code.de/ger/kodex/1.html.
774 Vgl. Kap. Q.
775 Vgl. *IDW PS 450*, Tz. 19.
776 Vgl. *IDW PS 450*, Tz. 19.

legte Prüfungsumfang durch Vereinbarungen mit dem Auftraggeber nicht eingeschränkt werden darf[777].

699 Die im Einzelnen aufgrund der Erweiterung vorzunehmenden zusätzlichen Prüfungshandlungen bestimmen sich nach dem Gegenstand der Erweiterung. Grundsätzlich können alle Arten von Prüfungshandlungen sowie sämtliche Prüfungstechniken zur Anwendung kommen.

11. Berücksichtigung von Ereignissen nach dem Abschlussstichtag

700 Der APr. muss auch mögliche Auswirkungen von Ereignissen nach dem Abschlussstichtag auf die Rechnungslegung sowie auf die Berichterstattung in PrB und BestV würdigen. Dabei ist zu unterscheiden zwischen solchen Ereignissen, die bis zum Zeitpunkt der Erteilung des BestV eintreten und solchen, die in der Zeit nach der Erteilung des BestV eintreten[778]. Das Datum des BestV dokumentiert den für den APr. maßgeblichen Beurteilungszeitpunkt, zu dem die Prüfung des JA und ggf. des LB materiell abgeschlossen ist (z.B. Tag der Schlussbesprechung mit den gesetzlichen Vertretern)[779].

701 Besondere praktische Bedeutung erhält die Berücksichtigung von Ereignissen nach dem Abschlussstichtag in wirtschaftlich kritischen Situationen – bezogen auf die gesamtwirtschaftliche Lage oder die individuelle Lage des betroffenen Unternehmens. Unter diesen Umständen ist von einer erhöhten Wahrscheinlichkeit auszugehen, dass Ereignisse nach dem Abschlussstichtag mit Bedeutung für den Abschluss und/ oder den LB eintreten können. Exemplarische Umstände, die möglicherweise Rückwirkungen auf den JA oder LB haben können, sind

- eine angespannte Liquiditätslage,
- zur Erneuerung anstehende Finanzierungsvereinbarungen,
- drohende Inanspruchnahmen aus gewährten Bürgschaften und Patronatserklärungen,
- ein Abwertungsbedarf bei Sachverhalten, der auf Basis vorläufiger und geschätzter Parameter ermittelt wurde,
- die Abwicklung von Geschäften, die zum Abschlussstichtag schwebend waren,
- die wirtschaftliche Situation wesentlicher Kunden und Lieferanten oder
- eine rückläufige Kapazitätsauslastung.

a) Ereignisse zwischen Abschlussstichtag und Erteilung des Bestätigungsvermerks

702 Zwischen dem Abschlussstichtag und der Erteilung des BestV eingetretene Ereignisse sind daraufhin zu würdigen, ob sie nachträglich bessere Erkenntnisse über die Verhältnisse am Abschlussstichtag liefern[780]. Dies ist auch der Fall bei Ereignissen, die bis zum Abschlussstichtag eingetreten sind, dem zu prüfenden Unternehmen und dem APr. aber erst nach dem Abschlussstichtag bekannt werden. Solche **wertaufhellenden** Ereignisse sind bei der Aufstellung und der Prüfung des JA zu berücksichtigen, unbeschadet dessen, ob sie sich positiv oder negativ auswirken. Befindet sich bspw. ein Schuldner am Abschlussstichtag bereits in Schwierigkeiten, so stellt die spätere Eröffnung des Insolvenzverfahrens eine wertaufhellende Tatsache dar und ist bei der Bewertung am Abschlussstichtag zu berücksichtigen[781]. Werden durch nach dem Abschlussstichtag eingetretene

---

777 Vgl. BeBiKo[7], § 317, Rn. 14; ADS[6], § 317, Tz. 22, *IDW PS 220*, Tz. 28.
778 Vgl. *IDW PS 203 n.F.*, Tz. 8-17 und 18-30; ISA 560.6-9 und 10-17.
779 Vgl. *IDW PS 400*, Tz. 81.
780 Vgl. *IDW PS 203 n.F.*, Tz. 11.
781 Vgl. BeBiKo[7], § 252, Rn. 37.

Ereignisse jedoch neue, wertverändernde Verhältnisse erst nach dem Abschlussstichtag begründet, dürfen diese Ereignisse im JA nicht mehr berücksichtigt werden, weil sie keinen Rückschluss auf die Verhältnisse am Abschlussstichtag zulassen (**wertbegründende Ereignisse**). Dies kann bspw. bei einem Schadenereignis (Feuer) infolge höherer Gewalt kurz nach dem Abschlussstichtag der Fall sein[782]. Es können sich jedoch Berichterstattungspflichten im LB ergeben. So ist nach § 289 Abs. 2 Nr. 1 HGB im LB über Vorgänge von besonderer Bedeutung nach dem Schluss des Geschäftsjahres zu berichten. Hingegen sind beim Wegfall der Going Concern-Prämisse bis zum Zeitpunkt der Aufstellung des JA die daraus resultierenden Auswirkungen bereits bei der Bewertung der Bilanzposten zu berücksichtigen, auch wenn es sich um ein Ereignis des neuen Geschäftsjahres handelt[783].

Wenn der APr. Ereignisse nach dem Abschlussstichtag feststellt, die sich wesentlich auf die Rechnungslegung auswirken, muss er beurteilen, ob diese Ereignisse zutreffend berücksichtigt wurden, und ggf. Konsequenzen für den BestV ziehen. Der APr. muss daher möglichst zeitnah zum Zeitpunkt der Erteilung des BestV geeignete Prüfungshandlungen durchführen, um Ereignisse nach dem Abschlussstichtag, die einen Einfluss auf die Rechnungslegung haben können, festzustellen und gleichzeitig sicherzustellen, dass keine nach dem Abschlussstichtag eingetretenen wertbegründenden Ereignisse – von der Ausnahme des Wegfalls der Going Concern-Prämisse abgesehen – im JA berücksichtigt wurden. Solche Prüfungshandlungen sind bspw. Befragungen der gesetzlichen Vertreter und erforderlichenfalls des Aufsichtsorgans zu entsprechenden Ereignissen, das kritische Lesen von aktuellen Zwischenabschlüssen und -berichten (z.B. Monats- oder Quartalsberichten) und ggf. von Planungsrechnungen (z.B. der Finanzplanung), von unternehmensinternen Berichten (z.B. Berichte des Vorstands an den AR nach § 90 Abs. 1 und 3 AktG, Berichte der Internen Revision) und von Protokollen über Gesellschafterversammlungen oder Sitzungen der Verwaltungsorgane sowie die Untersuchung der von den gesetzlichen Vertretern getroffenen Maßnahmen zur Gewährleistung der vollständigen Erfassung relevanter Ereignisse nach dem Abschlussstichtag[784]. **703**

b) Ereignisse nach der Erteilung des Bestätigungsvermerks

Der APr. ist nach der Erteilung des BestV grundsätzlich nicht verpflichtet, weitere Prüfungshandlungen zur Feststellung und Würdigung von Ereignissen, die sich auf den JA und den LB auswirken können, vorzunehmen bzw. weitere Nachforschungen anzustellen. Stattdessen liegt es in der Verantwortung der gesetzlichen Vertreter des zu prüfenden Unternehmens, den APr. über den Eintritt solcher Ereignisse zwischen der Erteilung des BestV und der Veröffentlichung des geprüften Abschlusses zu informieren[785]. **704**

Wenn zwischen dem Datum des BestV und dessen Auslieferung ein nicht unbeachtlicher Zeitraum liegt oder wenn nach der Erteilung des BestV das Eintreten wesentlicher Ereignisse erwartet wird, muss der APr. vor der Auslieferung des BestV mit den gesetzlichen Vertretern des geprüften Unternehmens klären, ob sich zwischenzeitliche Ereignisse oder Entwicklungen auf die Aussage des BestV auswirken[786]. Werden entsprechende Tatsachen festgestellt, muss der APr. beurteilen, ob der bereits geprüfte JA und/ oder LB geändert werden müssen. Dies gilt auch dann, wenn dem APr. nach der Erteilung und Auslieferung des BestV wertaufhellende Ereignisse bekannt werden, die bereits vor dem Zeitpunkt der **705**

---

[782] Vgl. BeBiKo⁷, § 252, Rn. 38.
[783] Vgl. *IDW RS HFA 17*, Tz. 26.
[784] Vgl. *IDW PS 203 n.F.*, Tz. 13 f.
[785] Vgl. *IDW PS 203 n.F.*, Tz. 18; *IDW PS 400*, Tz. 82.
[786] Vgl. *IDW PS 203 n.F.*, Tz. 19.

Erteilung des BestV eingetreten sind und bei Kenntnis des APr. zu einem abw. Prüfungsurteil hätten führen können[787]. Der geänderte JA und/ oder LB sind im Rahmen einer Nachtragsprüfung gem. § 316 Abs. 3 HGB zu prüfen. Erfolgt keine erforderliche Änderung von JA und/ oder LB, muss der APr. prüfen, ob die Voraussetzungen für einen Widerruf vorliegen[788].

V. Besonderheiten der Abschlussprüfung kleiner und mittelgroßer Unternehmen

1. Allgemeines

706 Für die **Abschlussprüfungen** kleiner und mittelgroßer Unternehmen (**KMU**) bestehen weder Ausnahmen von der Anwendbarkeit der *IDW Prüfungsstandards* noch zusätzliche oder andere Prüfungsanforderungen[789]. Gleichwohl gibt es bei solchen Unternehmen Besonderheiten, die das *IDW* mit dem *IDW Prüfungshinweis: Besonderheiten der Abschlussprüfung kleiner und mittelgroßer Unternehmen (IDW PH 9.100.1)* zusammengefasst hat[790].

707 Auf eine quantitative Definition von KMU, wie dies bspw. im HGB erfolgt[791], wurde im *IDW PH 9.100.1* verzichtet. Unter KMU werden Unternehmen verstanden, bei denen die folgenden Umstände typischerweise vorliegen[792]:

– Eigentum bei einer kleinen Anzahl von Personen
– Eigentümer mit geschäftsführender Funktion
– wenige Geschäftsbereiche
– einfaches Rechnungswesen
– einfache interne Kontrollen.

708 Der Umfang und die Dokumentation der **Prüfungsplanung** können an die Größe und die Komplexität des Unternehmens und der Prüfung angepasst werden[793]. Die für die Prüfungsplanung notwendigen Kenntnisse über das KMU können bspw. durch Befragung der Unternehmensleitung erlangt werden[794]. Die quantitative und qualitative Wesentlichkeit ist nach den Umständen des Einzelfalles im Rahmen des pflichtgemäßen Ermessens des APr. festzulegen[795].

2. Feststellung und Beurteilung von Fehlerrisiken

709 Das **Verständnis** der Geschäftstätigkeit des KMU sowie von dessen rechtlichem und wirtschaftlichem Umfeld kann aus Gesprächen, Protokollen, Veröffentlichungen oder aus vorhandenen Erfahrungen und Kenntnissen gewonnen werden[796]. Dabei kann die Infor-

---

[787] Vgl. *IDW PS 203 n.F.*, Tz. 21.
[788] Vgl. *IDW PS 203 n.F.*, Tz. 28; *IDW PS 400*, Tz. 111.
[789] Vgl. *IDW PH 9.100.1*, Tz. 2.
[790] Der Verbindlichkeitsgrad eines *IDW Prüfungshinweises* ist nicht mit dem eines *IDW Prüfungsstandards* gleichgestellt. Vgl. *Scherf/Willeke*, StuB 2005, S. 61/66; *IDW PS 200*, Tz. 29a.
[791] Vgl. § 267 HGB.
[792] Vgl. *IDW PH 9.100.1*, Tz. 3.
[793] Vgl. *IDW PH 9.100.1*, Tz. 14; Die Dokumentationspflicht gemäß *IDW PS 240*, Tz. 28 ff. ist zu beachten. Für die Prüfungsstrategie ist es ausreichend, wenn die Aspekte von *IDW PS 240*, Tz. 17 dokumentiert sind.
[794] Vgl. *Scherf/Willeke*, StuB 2005, S. 61 f.
[795] Vgl. *IDW PH 9.100.1*, Tz. 16; siehe auch *IDW PS 250*, Tz. 8 ff. u. Tz. 19.
[796] Vgl. *IDW PH 9.100.1*, Tz. 18; vgl. *IDW PS 230*, Tz. 8 u. 14 ff.

mationsbeschaffung durch regelmäßige und enge Kontakte zum Eigentümer-Unternehmer erleichtert werden[797].

Bei der Prüfung von KMU ist der **risikoorientierte Prüfungsansatz**, dessen Ausgangspunkt die Beurteilung des IKS ist, anzuwenden[798]. Auf Unternehmensebene können bspw. folgende **Risiken** typisch für KMU sein[799]: 710

- Abhängigkeit von nur wenigen Produkten, Dienstleistungen oder Kunden und daher starker Einfluss von Nachfrageänderungen und Konkurrenzentwicklungen
- fehlende bzw. nicht dokumentierte Unternehmensplanung
- ungenügende Eigenkapitalausstattung
- eingeschränkte Finanzierungsmöglichkeiten.

Für ein erhöhtes **inhärentes Risiko** können bspw. folgende Sachverhalte sprechen[800]: 711

- Unschärfen in der Abgrenzung der Vermögenssphäre zwischen Unternehmer und Unternehmen
- Konzentration
  - des unternehmensspezifischen Wissens bei nur wenigen Personen (oft nur Unternehmensleitung und Prokurist)
  - des fachspezifischen Wissens bei nur wenigen Fachmitarbeitern
  - der rechnungslegungsrelevanten Informationen bei nur wenigen im Rechnungswesen zuständigen Mitarbeitern.

Das IKS muss der Komplexität des jeweiligen KMU angemessen sein[801]. KMU verfügen stets über ein **rechnungslegungsbezogenes IKS**, das bspw. aus Arbeits-, Organisations- und Kontrollanweisungen und aus Abstimmungen der Bankbestände und Kassenbücher bestehen kann[802]. Der Eigentümer-Unternehmer ergänzt i.d.R. das IKS z.B. durch folgende Maßnahmen[803]: 712

- regelmäßige Durchsicht von Auftragsbestandslisten
- regelmäßige Durchsicht von betriebswirtschaftlichen Auswertungen
- regelmäßige Durchsicht der Offene-Posten- und Mahn-Listen
- regelmäßige Durchsicht der Eingangs- und Ausgangspost
- Freigabe von Zahlungen
- Unternehmensplanung und Soll-/ Ist-Vergleich.

Die Besonderheiten des IKS bei KMU können sich in folgenden Punkten ergeben[804]:

- eine Funktionstrennung ist nicht oder zumindest nur eingeschränkt möglich
- wichtige Vorgänge und Arbeitsabläufe werden häufig nur durch eine andere Person kontrolliert
- eine Dokumentation der Regelungen zum IKS oder von Vorgaben in Arbeitsrichtlinien oder -bestimmungen ist nicht bzw. nur partiell vorhanden
- eine eigenständige Interne Revision besteht i.d.R. nicht.

---

797 Vgl. *IDW PH 9.100.1*, Tz. 18.
798 Vgl. *IDW PH 9.100.1*, Tz. 5 u. 6; vgl. zu risikoorientiertem Prüfungsansatz allgemein *IDW PS 261*, Tz. 10 ff.
799 Vgl. *IDW PH 9.100.1*, Tz. 3.
800 Vgl. *IDW PH 9.100.1*, Tz. 5.
801 Vgl. *IDW PH 9.100.1*, Tz. 6; vgl. *IDW PS 261*, Tz. 28.
802 Vgl. *IDW PH 9.100.1*, Tz. 20.
803 Vgl. *IDW PH 9.100.1*, Tz. 20.
804 Vgl. *IDW PH 9.100.1*, Tz. 21.

713 Bei KMU achtet der APr. auf den Gesamteinfluss der gesetzlichen Vertreter und anderer Führungskräfte auf das IKS[805]. Dabei ist insb. zu beurteilen, ob diese Personen ein **Kontrollbewusstsein** besitzen und wie diese Personen in das Tagesgeschäft und die Kontrollaktivitäten eingebunden sind[806]. Dabei kann insb. die Einstellung des Eigentümer-Unternehmers zu Kontrollaktivitäten sowie zur persönlichen Ausübung von Kontrollen den Prüfungsansatz beeinflussen[807]. Bspw. kann der Eigentümer-Unternehmer zwar über ein ausgeprägtes Kontrollbewusstsein verfügen, jedoch aufgrund seiner hohen beruflichen Inanspruchnahme aus Zeitmangel keine angemessenen Kontrollen durchführen[808]. Liegen keine Dokumentationen über die Durchführung von Kontrollmaßnahmen vor, ist eine Anwendung von Checklisten/ Fragebögen, die an die Gegebenheiten bei KMU angepasst wurden, empfehlenswert[809]. Folgende Prüfungshandlungen kommen bspw. in Betracht[810]:

– Befragung von Mitarbeitern und gesetzlichen Vertretern;
– Beobachtung der Durchführung von Maßnahmen;
– Nachvollzug der Kontrollaktivitäten der Mitarbeiter durch den APr.

714 Bei einem nicht oder nur eingeschränkt funktionierenden bzw. dokumentierten IKS greift der APr. in verstärktem Umfang auf aussagebezogene Prüfungshandlungen zurück[811]. Ein **Prüfungshemmnis**, das insb. eine Prüfung der Vollständigkeit des JA verhindert und zu einer Versagung des BestV führt, kann darin liegen, dass sämtliche internen Kontrollmaßnahmen und Abstimmungen im Unternehmen fehlen[812].

715 Das IKS bei KMU wird häufig durch den **Einsatz von IT** ergänzt. Der Umfang von IT-**Systemprüfungen** wird durch die Komplexität der eingesetzten IT bestimmt[813]. Bei komplexen IT-Systemen ist stets eine umfassende Systemprüfung nach den Grundsätzen des *IDW PS 330* erforderlich[814]. Wenn die eigene Fachkompetenz zur Durchführung der IT-Systemprüfung nicht ausreicht, ist die Hilfe eines sachverständigen Dritten einzuholen[815]. Wohingegen sich bei IT-Systemen mit geringer Komplexität die Systemprüfung auf ausgewählte Funktionalitäten beschränken, wenn hinreichende Sicherheit der Prüfungsaussagen durch aussagebezogene Prüfungshandlungen erlangt werden kann[816].

716 Die Einschätzung der Komplexität des IT-Systems, die abhängig von den abzubildenden wirtschaftlichen Sachverhalten des KMU ist, liegt allein im pflichtgemäßen Ermessen des APr. und hat die jeweiligen Umstände des Einzelfalles zu berücksichtigen[817]. Folgende Kriterien können einen Hinweis auf den voraussichtlichen **Komplexitätsgrad** eines IT-Systems geben[818]:

---

805 Vgl. *IDW PH 9.100.1*, Tz. 22.
806 Vgl. *IDW PH 9.100.1*, Tz. 22.
807 Vgl. *IDW PH 9.100.1*, Tz. 25.
808 Vgl. *Scherf/Willeke*, StuB 2005, S. 61/64.
809 Vgl. *IDW PH 9.100.1*, Tz. 34.
810 Vgl. *IDW PH 9.100.1*, Tz. 34.
811 Vgl. *IDW PH 9.100.1*, Tz. 36; vgl. allg. *IDW PS 300*.
812 Vgl. *IDW PH 9.100.1*, Tz. 36 u. Tz. 88; vgl. zur ordnungsgemäßen Erteilung von Bestätigungsvermerken *IDW PS 400*.
813 Vgl. *IDW PH 9.100.1*, Tz. 38.
814 Vgl. *IDW PH 9.100.1*, Tz. 38 u. Tz. 50; vgl. *IDW PS 330*, Tz. 12.
815 Vgl. *IDW PH 9.100.1*, Tz. 51; siehe auch *IDW PS 322*.
816 Vgl. *IDW PH 9.100.1*, Tz. 38.
817 Vgl. *IDW PH 9.100.1*, Tz. 41.
818 Vgl. *IDW PH 9.100.1*, Tz. 41.

Besonderheiten der Abschlussprüfung kleiner und mittelgroßer Unternehmen R

- Struktur des IT-Systems und der durch das IT-System abgebildeten Prozesse
- Abbildung umfangreicher und unübersichtlicher Transaktionen
- Integration unterschiedlicher IT-Anwendungen (Schnittstellen)
- Automatisierungsgrad der Geschäftsprozesse
- IT-Systemänderungen im Berichtsjahr
- Einbindung des IT-Systems in ein konzerneinheitliches System.

Der APr. hat sich bei **Standard-Software-Paketen**, die im Einsatz sind, davon zu überzeugen, dass hinreichende Kontrollen zur Gewährleistung der Sicherheit der rechnungsrelevanten Daten vorhanden sind, dass eine richtige Bedienung der Programme erfolgt und dass die Einstellung der Software-Steuerungsparameter zutreffend ist[819]. Wird Standardsoftware um Individuallösungen ergänzt, sind insoweit die Grundsätze des *IDW PS 330* zu beachten[820]. **717**

In Fällen der begrenzten Funktionstrennung im Rahmen des Einsatzes von IT-Systemen, die nicht durch prozessintegrierte oder fallweise Kontrollen kompensiert wird, hat der APr. ergänzende aussagebezogene Prüfungshandlungen vorzunehmen[821]. Bspw. verfügen Standardprogramme häufig über vordefinierte Schnittstellen, die den Datenaustausch mit Office-Anwendungen erlauben, wodurch über Filter- und Sortierfunktionen Auswertungen standardisierter Verarbeitungsvorgänge bspw. im Einkaufs-, Vertriebs- und Personalbereich sowie im Zahlungsverkehr möglich sind und somit Prüfungshandlungen zur Beurteilung der vollständigen und rechnerisch richtigen Erfassung von Geschäftsvorfällen durchgeführt werden können[822]. **718**

Das Vorhandensein eines dominierenden Eigentümer-Unternehmers ist ein wichtiger Faktor im gesamten Kontrollumfeld bei KMU, woraus sich risikoerhöhende oder risikomindernde Einschätzungen einschließlich der sich daraus resultierenden Einflüsse auf den Prüfungsansatz ergeben[823]. Ein erhöhtes Risiko von **Unrichtigkeiten und Verstößen**[824] kann bestehen, sofern das Geschäftsführungsgremium durch eine oder wenige Personen, ohne Vorhandensein eines wirksamen Aufsichtsorgans, beherrscht wird[825]. **719**

Da bei KMU vielfach Geschäftsbeziehungen zwischen dem Unternehmen und **nahe stehenden Personen** anzutreffen sind, hat der APr. diese Beziehungen festzustellen und zu beurteilen[826]. Dabei sind die Prüfungshandlungen des Prüfers so auszurichten, dass beurteilt werden kann, ob die gesetzlichen Vertreter des KMU das IKS angemessen und wirksam in Bezug auf die Erfassung aller Geschäftsvorfälle mit nahe stehenden Personen ausgerichtet haben[827]. Grundsätzlich ist die Prüfung der Angemessenheit der Konditionen von Geschäftsbeziehungen zu nahe stehenden Personen nicht Gegenstand der Abschlussprüfung. Allerdings kann der Prüfung, ob eventuelle Rückforderungsansprüche des Unternehmens oder Steuerrisiken im Abschluss bestehen, besondere Bedeutung zukommen[828]. **720**

---

819 Vgl. *IDW PH 9.100.1*, Tz. 45; vgl. *IDW RS FAIT 1*, Tz. 19 ff.; siehe auch *IDW PS 880*.
820 Vgl. *IDW PH 9.100.1*, Tz. 49.
821 Vgl. *IDW PH 9.100.1*, Tz. 47; siehe auch *IDW PS 261*, Tz. 7, Tz. 9 u. 52.
822 Vgl. *IDW PH 9.100.1*, Tz. 68; vgl. *IDW PS 300*, Tz. 7
823 Vgl. *IDW PH 9.100.1*, Tz. 54.
824 Vgl. allg. *IDW PS 210*.
825 Vgl. *IDW PH 9.100.1*, Tz. 54; vgl. *IDW PS 210*, Tz. 23 u. 30.
826 Vgl. *IDW PH 9.100.1*, Tz. 57; vgl. allg. *IDW PS 255*.
827 Vgl. *IDW PH 9.100.1*, Tz. 58.
828 Vgl. *IDW PH 9.100.1*, Tz. 59; vgl. *IDW PS 255*, Tz. 9.

721 Die Größe eines Unternehmens kann dessen Fähigkeit beeinflussen, ungünstigen Bedingungen zu widerstehen[829]. Folgende Risiken sind für KMU vielfach **bestandsgefährdend**[830]:

- Kündigung von Kreditlinien durch Banken oder andere Fremdkapitalgeber
- Verlust von Großkunden bzw. Arbeitnehmern in Schlüsselpositionen
- Verlust wesentlicher Wettbewerbspositionen bzw. Rechte (z.B. aus Lizenz-, Franchise- oder sonstigen Verträgen).

722 Der APr. wird für die Einschätzung der Annahme über die Fortführung der Unternehmenstätigkeit auf

- Gespräche mit dem Eigentümer-Unternehmer,
- dessen mittel- und langfristige Finanzierungsplanung und
- schriftliche Erklärungen der Unternehmensleitung[831]

zurückgreifen und diese auf Plausibilität beurteilen[832].

3. Feststellung und Durchführung von Prüfungshandlungen als Reaktion auf die beurteilten Fehlerrisiken

723 Auch bei KMU ermöglichen **Funktionsprüfungen** häufig eine wirtschaftliche Durchführung der Prüfung und eine Vorverlagerung von Prüfungshandlungen[833]. Sofern die Aufbauprüfung zu dem Ergebnis geführt hat, dass Kontrollen nicht angemessen sind, bedarf es keiner Funktionsprüfungen mehr[834]. Zur Erlangung der erforderlichen Prüfungssicherheit sind dann **aussagebezogene Prüfungshandlungen** durchzuführen[835].

724 Nach Maßgabe des *IDW PS 303* sind geeignete Erklärungen der gesetzlichen Vertreter als Prüfungshandlungen einzuholen, sofern keine anderen ausreichenden und angemessenen Prüfungsnachweise bestehen[836].

725 Bei KMU kommen als **analytische Prüfungshandlungen** insb. Kennzahlen- und Abweichungsanalysen, Branchen- und Vorjahresvergleiche (z.B. Vergleich des Standes einer Saldenlisten zu einem bestimmten Zeitpunkt mit dem Stand einer Saldenliste des Vorjahres) sowie einfache Prognosemodelle in Betracht[837]. IT-Gestützte Prüfungstechniken können analytische Prüfungshandlungen z.B. in den folgenden Bereichen unterstützen[838]:

- bei der Ermittlung und Analyse von Verhältniszahlen und Trends, durch die die Beziehungen von maschinell verfügbaren prüfungsrelevanten Daten eines KMU zu anderen Daten aufgezeigt werden oder
- bei der Ermittlung und Analyse auffälliger Abweichungen durch Vergleich gespeicherter Soll-Werte mit der korrespondierenden Entwicklung von Ist-Daten.

---

829 Vgl. *IDW PH 9.100.1*, Tz. 60.
830 Vgl. *IDW PH 9.100.1*, Tz. 61; vgl. auch *IDW PS 270*, Tz. 11.
831 Vgl. allg. zu Erklärungen der gesetzlichen Vertreter *IDW PS 303*.
832 Vgl. *IDW PH 9.100.1*, Tz. 62.
833 Vgl. *IDW PH 9.100.1*, Tz. 64; vgl. *IDW PS 300*, Tz. 20.
834 Vgl. *IDW PH 9.100.1*, Tz. 65; vgl. *IDW PS 261*, Tz. 74.
835 Vgl. *IDW PH 9.100.1*, Tz. 65.
836 Vgl. *IDW PH 9.100.1*, Tz. 66.
837 Vgl. *IDW PH 9.100.1*, Tz. 71.
838 Vgl. *IDW PH 9.100.1*, Tz. 69; vgl. *IDW PS 330*, Tz. 99.

Bei der Prüfung der **Vorratsinventur**[839] kann sich eine erhöhtes Fehlerrisiko, das zu einer Ausweitung der Prüfungshandlungen führen kann, z.B. aus folgenden Sachverhalten ergeben[840]: **726**

- mangelnde Routine bei Aufnahme und Bewertung der Vorräte
- fehlende Verknüpfung von Finanzbuchhaltung und Warenwirtschaft und sich daraus ergebende Cut-off-Problematiken
- mangelhafte Informationen über nicht gängige Bestände und damit einhergehender Wertberichtigungserfordernisse
- unzureichende Aktualisierung von Einstandspreisen
- Ermittlung der Herstellungskosten aufgrund veralteter Zuschlagssätze.

4. Die Prüfung des Lageberichts

Die Prüfung des LB erfolgt auch bei KMU nach dem *IDW Prüfungsstandard: Prüfung des Lageberichts (IDW PS 350)*. Bezüglich der Prüfung des vergangenheitsorientierten Teils des LB sind die wirtschaftliche Lage und die Entwicklung von Unternehmen regelmäßig von der gesamtwirtschaftlichen oder branchen- und regionalspezifischen Entwicklung abhängig. Jedoch ergibt sich bei der Prüfung von KMU oftmals, dass deren **wirtschaftliche Lage und Entwicklung** nur sehr bedingt mit der gesamtwirtschaftlichen oder branchen- und regionalspezifischen Entwicklung vergleichbar ist[841]. Das ist etwa der Fall, weil **727**

- ein umfangreiches und/oder spezifisches Produktprogramm (z.B. Nischenprodukte) besteht,
- lokale Verhältnisse (z.B. lokale Monopolstellung) eine besondere Bedeutung spielen,
- besonders gewichtige Kunden- oder Lieferantenbeziehungen bestehen.

Für die Prüfung des LB hat der APr. darauf hinzuwirken, dass die gesetzlichen Vertreter für die Prüfung des LB geeignete Daten und Rechenwerke vorlegen[842]. Hierzu zählen z.B. Mehrjahresvergleiche, regionale Branchenanalysen der finanzierenden Hausbank oder sonstige Analysen bspw. von Berufsverbänden oder Kammern. Um vollständige und sachgerechte Angaben im LB zu erreichen, sollte der APr. der Unternehmensleitung die gesetzlich geforderten **(Mindest)Gliederungspunkte des Lageberichts** erläutern[843]. **728**

Liegen Angaben zur **künftigen Entwicklung** nicht in fundierter quantitativer Form vor oder basieren diese Angaben nicht auf von der Gesellschaft erstellten, angemessen dokumentierten und regelmäßig aktualisierten Planungsrechnungen oder Budgets, hat der APr. im Rahmen von Gesprächen die gesetzlichen Vertreter über mögliche Quellen[844] zu befragen, welche die prognostischen Aussagen stützen könnten und auf eine angemessene Dokumentation (z.B. Unterlegung von Erwartungen über künftige Entwicklungen durch Planungsrechnungen der Dokumentation zugrunde liegender Prämissen) hinzuwirken[845]. Die hinreichend sichere Beurteilung durch den APr., ob die **Risiken** der künftigen Entwicklung und insb. bestandsgefährdende Risiken vollständig im LB abgebildet sind, wird erschwert, wenn den gesetzlichen Vertretern ein angemessenes Risikobewusstsein **729**

---

839 Vgl. allg. zur Prüfung der Vorratsinventur *IDW PS 301*.
840 Vgl. *IDW PH 9.100.1*, Tz. 72.
841 Vgl. *IDW PH 9.100.1*, Tz. 74; vgl. *Scherf/Willeke*, StuB 2005, S. 61/65.
842 Vgl. *IDW PH 9.100.1*, Tz. 75.
843 Vgl. *IDW PH 9.100.1*, Tz. 76.
844 Vgl. *IDW PS 230*, Tz. 14.
845 Vgl. *IDW PH 9.100.1*, Tz. 78 u. Tz. 80.

fehlt⁸⁴⁶. Der APr. hat mögliche wesentliche Risiken zu untersuchen, die Feststellungen mit den gesetzlichen Vertretern zu erörtern, diese über mögliche Konsequenzen aus den Risiken zu befragen und die Ergebnisse zu dokumentieren, jährlich zu aktualisieren und zu bewerten[847].

VI. Einsatz der Informationstechnologie im Rahmen der Abschlussprüfung[848]

1. Einleitung in die Informationstechnologie (IT)

a) Notwendigkeit des IT-Einsatzes

730 Heutzutage verarbeiten die Unternehmen ihre Daten überwiegend IT-gestützt; eine manuelle Prüfung der Mandantendaten im Rahmen der Abschlussprüfung würde mit dieser Entwicklung auf Dauer nicht Schritt halten. Die IT ist damit zu einem der **bedeutendsten Hilfsmittel** des APr.[849] geworden.

731 Die Abschlussprüfung unterliegt dem Grundsatz der **Wirtschaftlichkeit**[850]. „Die Verwendung IT-gestützter Prüfungstechniken kann die Wirksamkeit und Wirtschaftlichkeit der Prüfung wesentlich erhöhen"[851]. So ist der Einsatz der IT in der Abschlussprüfung häufig unumgänglich, um große Datenmengen zu verarbeiten. Er ist nahezu immer geboten, um wirtschaftlich prüfen zu können.

732 Schließlich sollte die dem APr. entgegen gebrachte **Erwartungshaltung** der zu prüfenden Unternehmen nicht unterschätzt werden: „Mandanten und die Öffentlichkeit erwarten von den Wirtschaftsprüfern profunde Kenntnisse auf dem Gebiet der Informationstechnologie"[852].

b) Zusatznutzen des IT-Einsatzes

733 Der zusätzliche Nutzen, der durch einen IT-Einsatz entsteht, kann zu einer Steigerung von Effektivität und Effizienz der Abschlussprüfung[853] und damit zu einer Entlastung von aufwändigen Routinetätigkeiten führen[854]. Die Nutzenpotenziale sind sowohl **quantitativer** Art (z.B. Zeit- und Kosteneinsparungen durch Reduzierung der Bearbeitungszeiten, Verringerung der „Fehlerquelle Mensch" bzw. aufwändiger Fehlerkorrekturen, Erleichterung der Dokumentation) als auch **qualitativer** Art (z.B. einheitliche Vorgehensweise, Verarbeitungssicherheit, Transparenz der Prüfungsabwicklung, Verarbeitung größerer Grundgesamtheiten, Erschließung zusätzlicher Informationsquellen)[855].

---

846 Vgl. *IDW PH 9.100.1*, Tz. 79.
847 Vgl. *IDW PH 9.100.1*, Tz. 79.
848 In diesem Abschnitt werden der allgemeine Einsatz von IT-Anwendungen im Rahmen der Abschlussprüfung und der IT-Einsatz hinsichtlich der aus den Systemen des zu prüfenden Unternehmens resultierenden Ergebnisse behandelt. Zum Einsatz von IT im Rahmen der Systemprüfung vgl. Tz. 783 ff.
849 Vgl. *Minz*, S. 229.
850 Vgl. *IDW PS 200*, Tz. 21; ISA 300, Rn. 2.
851 *IDW PS 330*, Tz. 94.
852 *McKee/Quick*, WPg 2003, S. 547.
853 Vgl. *McKee/Quick*, WPg 2003, S. 542.
854 Vgl. *Marten u.a.*, WPg 1996, S. 228.
855 Vgl. *Marten u.a.*, WPg 1996, S. 235.

2. Rahmenbedingungen des IT-Einsatzes

a) Technische Plattformen

Als Plattformen für den IT-Einsatz kommen grundsätzlich die Systeme des APr. und die des zu prüfenden Unternehmens in Betracht[856]. Die Nutzung der **Systeme des zu prüfenden Unternehmens** ist durch folgende Anwendungen möglich:

- Nutzung allgemeiner Dienstprogramme (Utilities) **sowie spezifischer Datenselektions-** und -aufbereitungsprogramme
- Erstellung und Ausführung spezieller Auswertungen
- Verwendung von eingebetteten Prüfungswerkzeugen und Prüfungsschnittstellen[857]
- Nutzung eingebetteter Funktionen zur kontinuierlichen Verarbeitung von Testfällen (Integrated Test Facility)[858]
- Installation von Software durch den APr. auf den Systemen des zu prüfenden Unternehmens[859].

Die Nutzung der Systeme des zu prüfenden Unternehmens kann mit gravierenden Nachteilen verbunden sein. Die Installation von Software des APr. auf den Systemen des Mandanten erfordert **umfangreiche technische Voraussetzungen** und die Garantie, dass Veränderungen durch das Unternehmen ausgeschlossen sind[860]. Weiterhin können IT-Anwendungen des Mandanten nur dann verwendet werden, wenn zuvor deren Verlässlichkeit festgestellt wurde. Schließlich sind die zuvor genannten Voraussetzungen und Prüfungshandlungen i.d.R. unternehmensspezifisch und können bei anderen Mandanten nicht ohne Anpassungen verwendet werden[861].

Die Nutzung der (eigenen) **Systeme des APr.** hat den Vorteil eines routinierten, sachverständigen Umgangs mit den immer gleichen Instrumenten, da heute bei verschiedenen Mandanten oftmals die gleichen Systeme anzutreffen sind. „Ein System muss ‚mit Abstand' und ‚von außen her' getestet werden, um kritisch verstanden werden zu können"[862]. Dies setzt eine kritische Grundhaltung des APr. voraus, d.h. ursprüngliche Prozesse im Unternehmen sollten bewusst in Frage gestellt werden und von außen mit den Systemen des APr. beurteilt werden.

b) Dokumentation des IT-Einsatzes

Die Pflicht des APr., Planung und Durchführung der Prüfung sowie die Prüfungsergebnisse zu dokumentieren[863], umfasst auch den Einsatz und die Verwendung der IT im Rahmen der Abschlussprüfung. Die Dokumentation beinhaltet Art und Umfang der eingesetzten IT[864] und kann sowohl auf physischen Dokumenten als auch in elektronischer Form erfolgen[865].

---

856 Vgl. *IDW PS 330*, Tz. 102.
857 Hierzu zählen insb. SCARF (Systems control audit review file) und EAM (Embedded audit module), die die Systeme des zu prüfenden Unternehmens überwachen.
858 Vgl. *IDW PS 330*, Tz. 103.
859 Vgl. *IDW PS 330*, Tz. 104.
860 Vgl. die einzelnen Voraussetzungen in *IDW PS 330*, Tz. 104.
861 Vgl. *Leffson*, S. 279; *Rogers/Sheehy*, CA Magazine 5/1994, S. 56.
862 *Will*, WPg 1997, S. 425.
863 Vgl. *IDW PS 460*, Tz. 8; ISA 230.2.
864 Vgl. *IDW PS 460*, Tz. 13; ISA 230.8.
865 Vgl. § 51b Abs. 5 WPO; *IDW PS 460*, Tz. 23; ISA 230.A3.

738 Der Inhalt der Dokumentation legt dar, welche **Art** von IT-gestützter Prüfungstechnik (Computer Assisted Audit Techniques, CAAT) durch den APr. genutzt wird, z.B. IDEA[866] oder ACL[867]. Weiterhin wird der **Umfang** der Nutzung IT-gestützter Prüfungstechnik dokumentiert, z.B. der Einsatz bei der zufallsgesteuerten Auswahl von Saldenbestätigungen[868], da diese zur Unterstützung des gesamten Prüfungsprozesses verwendet werden können[869].

739 Regelmäßig erfolgt auch die Dokumentation der Prüfungshandlungen in **elektronischer Form**; die entsprechenden Dateien sind Teil der Arbeitspapiere des APr. und mit diesen aufzubewahren. Es gelten die generellen Regeln zur **Archivierung**[870]. Die elektronische Speicherung der Dokumentation hat den Vorteil, dass sich Algorithmen und Verarbeitungsprozeduren, je nach eingesetzter Software, anhand der Dateien zumeist schrittweise nachvollziehen lassen und die Dateien für Folgeprüfungen zur Verfügung stehen[871].

740 Besonders zu beachten ist die gesetzliche Aufbewahrungsfrist für Handakten, d.h. für vom Mandanten überlassene Unterlagen, von zehn Jahren[872] sowie die vertraglich vereinbarte Aufbewahrungsfrist von zehn Jahren[873] für die vom APr. selbst erstellten Arbeitspapiere. Insb. bei elektronischer Dokumentation ist für den gesamten Aufbewahrungszeitraum die jederzeitige **Lesbarkeit**[874] sicherzustellen. Dies erfordert in Anbetracht der Entwicklungsgeschwindigkeit der IT und des schnellen Wandels von Dateitypen organisatorische Maßnahmen, z.B. die Aufbewahrung nicht mehr eingesetzter IT-Anwendungen.

c) Verschwiegenheit im Rahmen des IT-Einsatzes

741 WP sind in besonderem Maße zur Verschwiegenheit verpflichtet[875]. Sie haben entsprechende Vorkehrungen zu treffen und dadurch dafür Sorge zu tragen, dass Tatsachen und Umstände Unbefugten nicht bekannt werden[876].

742 Das gilt auch für die Sicherheit elektronischer Daten. Diese Verpflichtung besteht auch gegenüber Mitarbeitern, die mit dem Mandat nicht befasst sind[877]. Die Einhaltung der Verschwiegenheitspflicht führt mit dem zunehmenden Einsatz von IT zu einer nicht zu unterschätzenden (technischen) Herausforderung für den APr. Das **Risiko des unbefugten Zugriffs** Dritter auf der Verschwiegenheitspflicht unterliegenden Informationen ist durch den IT-Einsatz wesentlich gestiegen. Dies ist insb. auf zwei Gründe zurückzuführen: Zum einen besteht heute im Regelfall eine **physische Verbindung** zwischen der Informationsverwaltung und -archivierung des APr. einerseits und den – unbefugten – Dritten andererseits. Zum anderen ist sowohl über Speichermedien als auch über Informationskanäle, wie z.B. das Internet, der **schnelle Transfer großer Mengen an Informationen** möglich.

---

866 IDEA (Interactive Data Extraction and Analysis) ist eine eingetragene Marke der CaseWare IDEA Inc., siehe auch unter www.caseware-idea.com.
867 ACL ist eine eingetragene Marke der ACL Services Ltd., siehe auch unter www.acl.com.
868 Vgl. *IDW PS 302*, Tz. 25.
869 Vgl. *IDW PS 330*, Tz. 96.
870 Vgl. *IDW PS 460*, Tz. 32; ISA 230.A23.
871 Vgl. *IDW PS 330*, Tz. 101.
872 Vgl. § 51b Abs. 2 S. 1 WPO.
873 Vgl. Nr. 15 Abs. 1 der Allgemeinen Auftragsbedingungen für Wirtschaftsprüfer und Wirtschaftsprüfungsgesellschaften vom 01.01.2002.
874 Vgl. § 257 Abs. 3 S. 1 HGB; *IDW PS 460*, Tz. 32; ISA 230.A23.
875 Vgl. § 43 Abs. 1 S. 1 WPO, § 9 BS WP/vBP.
876 Weiterführend A Tz. 344.
877 Vgl. *VO 1/2006*, Tz. 49.

d) Qualitätssicherung bei und durch den IT-Einsatz

Die Qualitätssicherung in der Abschlussprüfung und der WP-Praxis gewinnt immer mehr an Bedeutung[878]. Mit der *VO 1/2006: Anforderungen an die Qualitätssicherung in der Wirtschaftsprüferpraxis (Gemeinsame Stellungnahme der WPK und des IDW)* haben IDW und WPK Grundsätze und Maßnahmen zur Qualitätssicherung veröffentlicht. Eine Qualitätssicherung stützt sich meist auf den **qualitativ hochwertigen IT-Einsatz**. Das verlangt **zusätzliche Maßnahmen** zur Qualitätssicherung durch den APr. Gegenstand der Qualitätssicherung sind in diesem Zusammenhang die eingesetzten IT-Anwendungen selbst sowie deren Verwendung durch den APr. und dessen Mitarbeiter. 743

Die **Qualitätssicherung der IT-Anwendung** ist bei Eigenentwicklungen besonders wichtig. Bereits in den Phasen der Definition der Anforderungen und der Entwicklung, d.h. vor der eigentlichen Testphase, müssen qualitätssichernde Maßnahmen einsetzen. Das Fehlerrisiko ist bei Standardanwendungen tendenziell niedriger. Gleichwohl zeigt die Praxis auch bei diesen immer wieder Fehler[879]. 744

Die **Qualitätssicherung der Nutzung von IT-Anwendungen** bleibt solange unabdingbar, wie deren Nutzung nicht frei ist von jeder Benutzerinteraktion. Davon ist auf absehbare Zeit nicht auszugehen. Die erforderlichen qualitätssichernden Maßnahmen in diesem Zusammenhang entsprechen im Wesentlichen denen in der *VO 1/2006*, d.h. insb. 745

– kontinuierliche Fortbildung der Mitarbeiter in der Nutzung der verwendeten IT-Anwendungen
– Planung des IT-Einsatzes und Formulierung von Prüfungsanweisungen
– Überwachung des IT-Einsatzes, d.h. z.B. die durch Befragen und Beobachten zu treffende Feststellung, ob die vorzunehmenden Prüfungshandlungen verstanden wurden
– Durchsicht der Prüfungsergebnisse, z.B. hinsichtlich der für Datenverarbeitungsprozesse angewandten Parameter oder manuellen Berechnungsformeln.

3. Erforderliche Infrastruktur für den IT-Einsatz

Der Einsatz der IT durch den APr. unterliegt allgemeinen, branchenunabhängigen Grundsätzen. Der APr. hat deshalb die allgemeinen Regeln zur Sicherheit und Ordnungsmäßigkeit bei IT-gestützten Geschäftsprozessen[880] des Mandanten zu beachten. Der IT-Einsatz ist sowohl für den Mandanten als auch den APr. mit besonderen IT-Risiken[881] verbunden. 746

Um den o.g. Rahmenbedingungen Rechnung zu tragen und die angestrebten Effizienzgewinne bei gleichzeitiger Minimierung der IT-Risiken zu erreichen, ist es erforderlich, für eine angemessene Infrastruktur zu sorgen. Hierbei sind zusammenfassend folgende Bereiche zu unterscheiden: 747

– Technik,
– Organisation und
– Mentalität.

Der moderne IT-Einsatz setzt eine leistungsfähige **technische Infrastruktur** voraus. Neben den für die Prüfungsunterstützung unmittelbar eingesetzten Anwendungen und der dafür erforderlichen Hardware umfasst dies insb. 748

---

878 Vgl. A Tz. 466 ff.
879 Vgl. *Coderre*, S. 180.
880 Vgl. *IDW RS FAIT 1*, Tz. 106 ff.
881 Vgl. zur Identifikation von IT-Risiken Tz. 251.

- leistungsfähige Netzwerke (Local, Wide, Global Area Networks; Intranets, Internetzugang)
- allgemeine Software zum Betrieb der Hardware und zur Verwaltung der Daten (Betriebssystem, Dokumenten-Management-System etc.)
- Soft- und/ oder Hardware zum Schutz der Daten vor unbefugtem Zugriff.

749 Zu schützen sind sowohl die heute im Regelfall nicht physisch von der Außenwelt getrennten Netze als auch jede einzelne Arbeitsstation. Diese können einzeln verschlüsselt werden oder in Gänze über sog. Firewalls vor dem unbefugten Zugriff Dritter geschützt werden. Durch Verschlüsselung sollte auch die Kommunikation, insb. die mit Dritten geschützt werden. Hierfür steht Software zur Verfügung, deren Verwendung regelmäßig einen nicht unbeträchtlichen organisatorischen Aufwand hervorruft (Austausch und Verwaltung der Schlüssel). Die Verwaltung der Schlüssel kann auf Dritte, wie z.B. Trust Center, verlagert werden. Grundsätzlich ergibt sich das erforderliche Sicherheitsniveau aus einer Abwägung zwischen Sicherheitsanforderungen und Kosten der Sicherheit.

750 Ein besonderes Problem ist die **Offline-Arbeit** des APr. beim Mandanten. Der APr. ist dadurch physisch von den eigenen Netzen und von der Nutzung der IT-gestützten Kommunikations- und Informationskanäle getrennt. Für die Mitglieder des Prüfungsteams ergibt sich das Problem der Synchronisation der Daten bei regelmäßiger Offline-Arbeit. Die umfassende Anbindung an die Netze des Mandanten und die Nutzung allgemein zugänglicher Datenkanäle (z.B. Internet) scheitern vielfach (noch) entweder an Problemen der Datensicherheit oder der mangelnden Bereitschaft der Mandanten, diese Kanäle dem APr. in vollem Umfang zur Verfügung zu stellen. Die verfügbaren technischen Lösungen (z.B. UMTS) verursachen nicht unbeträchtliche Kosten oder ermöglichen nur einen temporären Zugriff mit geringen Bandbreiten über Telefonleitungen. Durch das noch nicht abschließend gelöste Problem einer kostengünstigen, sicheren und leistungsfähigen Anbindung des Prüfungsteams vor Ort sind die Möglichkeiten des IT-Einsatzes im Rahmen der Abschlussprüfung häufig begrenzt.

751 IT-Risiken, wie z.B. lückenhafter und instabiler Verfügbarkeit, können beim APr. insb. durch **organisatorische** Maßnahmen wirkungsvoll begegnet werden. Dies beinhaltet einen geordneten IT-Betrieb zur Wartung der Systeme, aber auch Strukturen zur unabdingbaren regelmäßigen Fortbildung und für den laufenden Support der Anwender. In größeren Wirtschaftsprüfungspraxen kann dies den Aufbau umfangreicher organisatorischer Einheiten erforderlich machen.

752 Besonders hervorzuheben ist die Bedeutung der **Kompetenz** der Anwender. Durch gezielte Aus- und Fortbildungsmaßnahmen (theoretische und praktische Ausbildung) können die IT-Kenntnisse verbessert werden[882]. Ein unsachgemäßer Umgang mit Software führt zur fehlerhaften Nutzung von IT-Anwendungen und kann zu Falschaussagen in der Würdigung von Ergebnissen aus Prüfungshandlungen oder zu Effizienzverlusten im Rahmen der Prüfungsabwicklung führen.

753 Alle Bereiche der Infrastruktur (insb. die IT-Anwendungen, Netzwerke und Betriebssysteme des APr.) müssen angesichts der kurzen Produktlebens- und Entwicklungszyklen in der IT **innovativ** sein, um mit neuen technischen Entwicklungen (auch hinsichtlich der von den zu prüfenden Unternehmen eingesetzten Systeme) Schritt halten zu können.

---

882 Vgl. *McKee/Quick*, WPg 2003, S. 547.

Einsatz der Informationstechnologie im Rahmen der Abschlussprüfung R

4. Reichweite des IT-Einsatzes im Rahmen der Abschlussprüfung

In der Literatur wird der Einsatz von IT im Rahmen der APr. meist nur in Form von Datenanalysetools, z.B. IDEA oder ACL, und Standardanwendungen, etwa Microsoft Excel, diskutiert. Darüber hinaus werden entscheidungsunterstützende Systeme besprochen, die sich Methoden und Techniken der künstlichen Intelligenz bedienen[883]. Ein Anwendungsgebiet der künstlichen Intelligenz in Verbindung mit angewandter Statistik wird bei der Beurteilung des Fraud-Risikos durch den APr. gesehen[884]. 754

Weiterhin führt der Trend zur Bereitstellung verlässlicher Informationen in immer kürzeren Abständen durch die Unternehmen zu kürzeren Prüfungsintervallen, die letztlich in einer kontinuierlichen Prüfung (Continous Audit) enden können[885]. Ohne eine Unterstützung des APr. durch IT-Anwendungen ist diese Entwicklung nur schwer vorstellbar.

In Anbetracht des Informations- und Kommunikationszeitalters und der fortgeschrittenen technischen Entwicklung stellt sich die Lebenswirklichkeit des APr. vielfältiger dar und es erscheint eine **ganzheitliche Betrachtungsweise** aller Prozessabschnitte der Abschlussprüfung erforderlich[886]. Diese lassen sich in folgende Bereiche klassifizieren: 755

– Client Collaboration,
– Engagement Management,
– Knowledge Management und
– Tools.

Unter **Client Collaboration** ist – technisch gesehen – eine Aufteilung von Prüfungshandlungen auf eine Mehrzahl von Computern zu verstehen. Im Hinblick auf die Abschlussprüfung fällt hierunter insb. die Kommunikation (Informations- bzw. Datenaustausch) zwischen Mandant und APr. 756

Die elektronische Zusammenarbeit bedeutet i.d.R. nicht nur eine Zeitersparnis, sondern erleichtert insb. die Verarbeitung der Informationen bzw. Daten und trägt damit zur Steigerung der Effizienz bei. Das Zeitalter des E-Commerce bringt die Einrichtung von virtuellen, allen Mandanten zugänglichen Marktplätzen und von virtuellen, gegenüber Dritten abgeschotteten Räumen für den Daten- und Informationsaustausch mit einzelnen Mandanten mit sich. Dies eröffnet für den APr. neue Möglichkeiten der Mandantenbetreuung[887]. So können z.B. über sog. eRooms[888] Daten zwischen den Mitgliedern des Prüfungsteams, aber auch mit den Mandanten, ausgetauscht und Informationen hinterlegt werden. Eine Zugriffsteuerung ermöglicht den personalisierten und eingeschränkten Zugriff auf die entsprechenden Daten und Informationen. 757

Angesichts der Sensibilität der ausgetauschten Informationen und Daten, etwa bei Austausch personenbezogener Daten, ist die technische Achillesferse der Client Collaboration die ggf. aufwändig sicher zu stellende Datensicherheit. 758

Das **Engagament Management** ist die effiziente Abwicklung der Abschlussprüfung außerhalb der Prüfungshandlungen und reicht von der Auftragsanbahnung bis zur Rechnungsstellung. Es kann durch Methoden und Werkzeuge des Workflow Managements 759

---

883 Zur Fuzzy Logic vgl. etwa *Zaeh*, WPg 1999, S. 500.
884 Im Einzelnen vgl. *Knabe u.a.*, WPg 2004, S. 1063.
885 Vgl. *Küting/Dawo/Heiden*, BB 2001, S. 620.
886 Ähnlich umfassend *Coderre*, Chapter 2 und bereits *Minz*, S. 114.
887 Vgl. *IDW RS FAIT 2*, Tz. 1.
888 eRoom ist ein Produkt der EMC Corporation, siehe http://germany.emc.com/products/family/eroom-family.htm.

wesentlich unterstützt werden. Unter Workflow Management ist die elektronische Speicherung, Bearbeitung, Verwaltung, automatisierte Weiterleitung und Kontrolle von betrieblichen, arbeitsteiligen Vorgängen zu verstehen. Damit gemeint ist die „prozessbezogene elektronische Kooperation von miteinander vernetzten, örtlich und funktional bzw. hierarchisch getrennten Arbeitsplätzen"[889].

760 In Engagement Management-Systemen können bspw. die folgenden Funktionen oder Schnittstellen zu entsprechenden Subsystemen enthalten sein:

- Aufgaben-Management, d.h. die Verwaltung, Priorisierung, Kommunikation, Zuordnung und Überwachung der von den einzelnen Teammitgliedern zu erfüllenden Aufgaben
- Terminplanung und -überwachung
- Personaldisposition, d.h. die Sicherstellung der personellen und zeitlichen Verfügbarkeit der Teammitglieder;
- Stunden- i.S.v. Kostenplanung und -erfassung für das Controlling der für die einzelnen Abschnitte der Prüfung erforderlichen und angefallenen Arbeitsstunden
- Human Ressource Management, d.h. die Verwaltung und Steuerung des effizienten Einsatzes der individuellen Kompetenzen der verfügbaren Mitarbeiter
- Managementinformationssysteme, die die Leitung einer WPG automatisch darüber in Kenntnis setzen, wenn Analysewerte (z.B. Anzahl von Stunden für eine Abschlussprüfung) außerhalb eines festgelegten Bereichs liegen[890].

761 Wissen ist heute einer der wichtigsten Erfolgsfaktoren für nahezu jedes Unternehmen und für viele eine der bedeutendsten Ressourcen. Die Verwaltung vorhandenen Wissens und Gewinnung neuen, verfügbaren Wissens ist angesichts der Informationsflut nur noch durch IT-gestützte **Knowledge Management-Systeme** möglich[891]. Die bevorzugten technologischen Medien für Knowledge Management sind elektronischer Mailverkehr, Intranets oder das (allgemein zugängliche) Internet.

762 Neue Dimensionen der Verfügbarkeit und Nutzung von externen Finanzinformationen im Rahmen der Abschlussprüfung sind durch den weltweit anerkannten Schnittstellenstandard XBRL (eXtensible Business Reporting Language) für den Austausch von Finanzinformationen möglich[892]. XBRL basiert auf der lizenzfreien und international anerkannten Auszeichnungssprache XML (eXtensible Markup Language) und soll die Erstellung, Analyse und Kommunikation von Finanzinformationen fördern und verbessern[893]. Dabei können Finanzinformationen, ausgehend von der unternehmensinternen Darstellung, in das XBRL-Standardsystem überführt werden. Im XBRL-Standard sind sog. Taxonomien sowohl für die IFRS und US-GAAP als auch für das HGB[894] angelegt. Eine Taxonomie ist ein vordefiniertes Schema, das die folgenden Elemente enthalten kann:

---

889 *Marten u.a.*, WPg 1996, S. 225.
890 Vgl. *Marten u.a.*, WPg 1996, S. 229.
891 Es ist zu beachten, dass ein leistungsfähiges IT-System für ein optimales Knowledge Management notwendig, aber nicht hinreichend ist. Ohne Knowledge-Strategie, eine entsprechende Unternehmenskultur und -organisation, d.h. ggf. eine Anpassung der Abläufe, scheitern die meisten entsprechenden Projekte.
892 Vgl. Mitteilung der U.S. Securities and Exchange Commission (SEC), dass alle bei ihr registrierten Unternehmen ihre Finanzinformationen im XBRL-Format einzureichen haben (http://www.sec.gov/rules/final/2009/33-9002.pdf).
893 Vgl. zu den folgenden Aussagen über XBRL „IAASB Staff Issues Q&As to Raise Awareness of XBRL Uses in Business Reporting" vom 19.01.2010 (http://press.ifac.org/news/2010/01/iaasb-staff-issues-q-as-to-raise-awareness-of-xbrl-uses-in-business-reporting).
894 Vgl. dazu die weiterführenden Hinweise der XBRL Deutschland e.V. unter www.xbrl.de.

– Definition der Begriffe für die einzelnen Posten der Bilanz und Gewinn- und Verlustrechnung
– Darstellung der Beziehungen zwischen den einzelnen Begriffen, z.B. der Begriff „Umlaufvermögen" steht in Beziehung zu den Begriffen „Vorräte" und „Forderungen und sonstige Vermögensgegenstände"
– Geschäftsregeln (business-rules) für einzelne Begriffe, z.B. kann für Bilanzposten die Regel aufgestellt werden, dass sich der Endbestand aus dem Anfangsbestand, erhöht um die Zugänge und vermindert um die Abgänge des GJ, ergibt.

Finanzinformationen, die über XBRL ausgetauscht werden, sind keine zusätzlichen Informationen, die von Unternehmen zusammen mit dem JA veröffentlicht werden[895] und daher nicht Bestandteil der Abschlussprüfung[896]. Sie stellen lediglich die maschinenlesbare Wiedergabe von Jahresabschlussdaten dar. 763

Viele der im Rahmen der Abschlussprüfung eingesetzten **IT-Tools** unterstützen den APr., ohne dass sie ihm für seine Entscheidungsunterstützung intelligente Vorschläge zum Prüfungsvorgehen[897] machen. So muss der APr., insb. bei Datenanalysetools, vor jeder Operation sowohl den Input in Form von z.B. „Annahmen, Fragen, Gedanken und Hypothesen"[898] als auch den Output aus der Operation kritisch würdigen. Diese Leistung ihm können die IT-Tools nicht abnehmen. 764

Der Katalog der verfügbaren Tools ist heute vielfältig und reicht von allgemeinen und weit verbreiteten Standardanwendungen (wie z.B. Tabellenkalkulations- oder Textverarbeitungssoftware) bis hin zu auf den Prüfungs- oder Revisionseinsatz speziell zugeschnittene Software (Datenanalyse-, Berichterstellungs-, Buchungssoftware etc.). 765

Die hier eingenommene ganzheitliche Betrachtungsweise erhält ihre Berechtigung durch die Notwendigkeit einer weitestgehenden **Integration** aller o.g. Bereiche des IT-Einsatzes. Integrative Ansätze stellen eine der größten Herausforderungen an die moderne Softwareentwicklung dar. Integration kann in diesem Zusammenhang sowohl die Schaffung eines einzigen Systems bedeuten als auch die Entwicklung nahtloser Schnittstellen zwischen verschiedenen Systemen untereinander oder zu Subsystemen. 766

5. Beispiele für den IT-Einsatz in den einzelnen Abschnitten des Prüfungsprozesses
a) IT-Einsatz im Rahmen der Prüfungsplanung

Durch den Einsatz von IT kann eine für die effiziente Abwicklung der Abschlussprüfung unerlässliche Prüfungsplanung in erheblichem Maße unterstützt werden. Die Planungsmethoden sollten den zumeist projektartigen Charakter der Abschlussprüfung berücksichtigen und die Prüfungsphasen oder ggf. einzelne Arbeitsvorgänge als einen Workflow abbilden. 767

Es empfiehlt sich die Nutzung integrativer Systeme, die verschiedene Anwendungen wie z.B. die Planung der zeitlichen Abfolge einer Abschlussprüfung, Mitarbeiterdisposition, Budgetplanung oder Aufgabenverteilung vereinen. Derartige Anwendungen beachten die zwischen verschiedenen Teilaufgaben bestehenden Interdependenzen[899] unter Be- 768

---
895 Vgl. *IDW PS 202;* ISA 720.
896 Vgl. die Antwort des IAASB zu Frage 5 in der Publikation „XBRL: The Emerging Landscape" vom Januar 2010 (http://web.ifac.org/media/publications/0/xbrl-the-emerging-landscape/xbrl-the-emerging-landscape.pdf).
897 Vgl. *Dörner,* in: HWRev², Sp. 90.
898 *Will,* WPg 1991, S. 58.
899 Zur Prüfungsplanung vgl. ausf. Tz. 38.

rücksichtigung Restriktionen oder stellen bei Bedarf für Teilbereiche eine ausschließlich sukzessive Aufgabenabwicklung sicher. So kann die IT-Anwendung z.B. verlangen, dass mit den Prüfungshandlungen erst begonnen werden darf, wenn das Auftragsschreiben durch den Mandanten unterzeichnet wurde, das eine Regelung zur Haftungsvereinbarung enthält und die Pflicht zur Abgabe Vollständigkeitserklärung vorsieht.

769 Der Detaillierungsgrad der Planung wird durch die verfügbaren Systeme bestimmt. Bspw. ist die Planung einzelner Arbeitsvorgänge nur sinnvoll, wenn geeignete (Workflow Management-)Systeme eingesetzt werden, die einen Abgleich mit Ergebnissen der Arbeitsvorgänge zulassen.

770 Die Vorteile einer IT-basierten Prüfungsplanung sind in der Aktualisierung und Anpassung der Planungsgrundlagen und des Projektverlaufs zu sehen, um neuen Erkenntnissen und veränderten Rahmenbedingungen Rechnung zu tragen. Nur bei entsprechender Pflege und Fortschreibung aller zur Prüfungsabwicklung erforderlichen Daten sind zu einem späteren Zeitpunkt aussagekräftige Statusabfragen bspw. hinsichtlich des Prüfungsfortschritts oder des Budgetcontrollings möglich. Detailliert ausgearbeitete Planungen dienen gleichzeitig als Grundlage für Folgeprüfungen.

771 Weitere Bestandteile der Prüfungsplanung sind die Auswahl und die Qualitätssicherung[900] der Anwendungen, die im Verlauf der Prüfung zum Einsatz gelangen, sowie die Festlegung von Verarbeitungsprozessen und Prüfgebieten. Zeitgleich einzuleitende Vorbereitungen gewährleisten die physische Verfügbarkeit der Software, das Angebot entsprechender Fortbildungsmaßnahmen für die Mitarbeiter des Prüfungsteams oder die rechtzeitige Bereitstellung der zu analysierenden Daten durch den Mandanten[901]. Als Problem wird in diesem Zusammenhang die „Schnittstellenthematik"[902] diskutiert, da der APr. bei jeweils verschiedenen Mandanten andersartige Systeme vorfindet, deren Output er weiterverarbeiten möchte. Die technischen Möglichkeiten sind mittlerweile soweit gereift, dass eine Reihe allgemeiner Datenformate anerkannt ist und diese von verschiedenen Systemen verarbeitet bzw. andersartige Formate ohne Informationsverlust in vom APr. lesbare Datenformate konvertiert werden können.

b) IT-Einsatz im Rahmen der Prüfungsdurchführung
aa) Verständnis des Unternehmens und seines Umfelds

772 Die Nutzung von Knowledge Management-Systemen zur Erlangung eines Verständnisses über das Unternehmen und dessen Geschäftstätigkeit erleichtert die Gewinnung aussagekräftiger Informationen hinsichtlich Brancheninformationen sowie interner und externer Rahmenbedingungen des zu prüfenden Unternehmens (strategische Ausrichtung des Mandanten, wirtschaftliches Umfeld, Positionierung des Mandanten am Markt)[903]. Das Internet hält bei hoher Verarbeitungsgeschwindigkeit reichhaltige Vergleichsmöglichkeiten bereit. Das nicht-kommerzielle Netz bietet Recherchemöglichkeiten zu

– Informationen über das zu prüfende Unternehmen (Branchen, allgemeines wirtschaftliches Umfeld, rechtliche Rahmenbedingungen, gesellschaftsrechtliche Struktur, Produktbeschreibungen, Preisgestaltung, wirtschaftliche Lage des Unternehmens, bilanzpolitische Kennzahlen usw.), sofern die Unternehmung im Internet präsent ist,

---

900 Vgl. Tz. 743.
901 Vgl. *IDW PS 330*, Tz. 106.
902 *Minz*, in: FS Havermann, S. 480.
903 Vgl. *IDW PS 230*, Tz. 5; ISA 315.11.

– charakteristischen Merkmalen vergleichbarer Unternehmen oder Branchen (z.B. für Benchmark-Vergleiche) und
– allgemeinen Marktdaten, Trends und zukünftigen Entwicklungen.

Daneben verschafft das Internet Zugang zu Online-Datenbankdiensten[904] oder zu kommerziellen Anbietern, die Firmendatenbanken pflegen und verschiedenartige Informationen (z.b. geläufige Kennzahlen oder Anzahl der Mitarbeiter über mehrere Jahre) gegen Entgelt zur Verfügung stellen. Professionelle Rechercheanbieter[905] liefern Antworten zu konkreten Fragestellungen, die im Rahmen der Analyse der Strategie auftreten. Bei der Nutzung des Internets ist grundsätzlich das Problem der Authentizität und Aktualität der Quellen bzw. der zur Verfügung gestellten Daten kritisch zu würdigen.

Der Fokus auf die Geschäftstätigkeit und damit insb. die Beurteilung möglicher Geschäftsrisiken des Mandanten erfordert Erfahrung des APr. bei der Aufbereitung der gewonnenen Informationen sowie die strukturierte Erfassung und Weitergabe bereits gesammelter Erkenntnisse zur Verbreiterung der Wissensbasis. Der Aufbau eines firmeninternen Netzwerks (Intranet) als Datenbasis dient dazu, fundierte fachliche oder auch wertvolle organisatorische Inhalte ad hoc zugänglich zu machen. In das Intranet können insb. anonymisierte Beispiele für Best Practice eingestellt werden, die übergeordnete vergleichbare Problemstellungen behandeln und Vorgehensweisen und Lösungswege aufzeigen.

bb) Systemprüfung

Der IT-Einsatz kann insb. die Dokumentation der Systemprüfung unterstützen. Darüber hinaus können bei der Aufbau- und Funktionsprüfung IT-gestützte Hilfsmittel eingesetzt werden. So werden z.B. automatisierte Checklisten zur Prüfungsdurchführung im Rahmen der Aufbauprüfung genutzt. Im Rahmen von Funktionsprüfungen können „Programme zur Beurteilung der Wirksamkeit technischer und organisatorischer Sicherungsmaßnahmen" unterstützen[906].

cc) Analytische Prüfungshandlungen

Im Rahmen analytischer Prüfungshandlungen[907] werden Ist-Werte mit vorab definierten Soll-Werten[908] in Beziehung gesetzt. Ziel ist eine Aussage darüber, ob die Ist-Werte in Anbetracht der Soll-Werte plausibel sind. Zur Durchführung analytischer Prüfungshandlungen stehen leistungsfähige Anwendungen[909] zur Verfügung, die dem Prüfer „Unterstützung beim kritischen Denken und beim rationalen Urteilen"[910] liefern sollen. Sie eignen sich zur Auswertung nahezu aller Datenbestände und erlauben dem APr., Annahmen, Fragen und Hypothesen zu definieren und aus Ergebnissen verlässliche Aussagen abzuleiten[911]. Der Gebrauch von Standardsoftware verhindert fehleranfällige „Eigenpro-

---

904 Über Online-Datenbankdienste können z.B. aktuelle Gesetzesentwürfe, neue Verwaltungsanweisungen, BFH-Entscheidungen, elektronische Handelsregisterauszüge oder sonstige fachliche Informationen abgerufen werden.
905 Beispiele hierfür sind: www.hoppenstedt.de, www.infobroker.de.
906 Vgl. *IDW PS 330*, Tz. 98.
907 Vgl. Tz. 357.
908 Auch im Rahmen analytischer Prüfungshandlungen kann für die Ermittlung erwarteter Soll-Werte neben dem prüferischen Urteilsvermögen auf das Internet zurückgegriffen werden.
909 In diesem Zusammenhang werden in der Literatur als leistungsfähige Datenanalysetools oft IDEA und ACL genannt.
910 *Will*, WPg 1997, S. 425.
911 Vgl. *Will*, WPg 1991, S. 57.

grammierungen" oder die Programmierung spezieller Makros für detaillierte Auswertungsroutinen. Oftmals werden aber auch für die Durchführung analytischer Prüfungshandlungen Auswertungen oder Controlling-Instrumente, die vom System des Mandanten generiert werden, eingesetzt.

777 Zur Durchführung IT-gestützter analytischer Prüfungshandlungen sind vom APr. folgende Überlegungen vorzunehmen[912]:

– Datenbestandsanalyse (Analyse hinsichtlich zeitlicher, quantitativer oder sachlicher Merkmale)
– Auswahl des zu untersuchenden Datenbestands aus dem Gesamtbestand der Daten (nach bestimmten Merkmalen oder dem Zufallsprinzip)
– Definition von Kriterien und Aufbau der Auswertung der Daten (Summenbildung, Durchführung mathematischer Operationen)
– Möglichkeiten der Gruppierung von Daten (nach Größe, Alter, Doppelbelegungen, sonstigen Auffälligkeiten, weitere formale oder inhaltliche Gesichtspunkte)
– Definition der durchzuführenden Vergleiche (Vergleich verschiedener Datenquellen mit identischem Dateninhalt, Vergleich zu Vorjahreswerten)
– Verfügbarkeit und Bereitstellung der Daten durch den Mandanten
– Datenformat der bereitgestellten Daten und ggf. Konvertierung der Daten
– Möglichkeiten des Datentransfers unter Berücksichtigung von Datenschutz und Datensicherheit
– Abwicklung der Auswertungen des zu prüfenden Datenbestands.

778 Die Analysen können sich auf übliche Fragestellungen wie Größen- oder Altersstrukturgliederung und Fälligkeiten von Forderungen, Höhe der vorgenommenen Pauschalwertberichtigung im Verhältnis zum Gesamtforderungsbestand oder auch die Ein- und Beibehaltung gewählter Bilanzierungsmethoden (Abschreibungsmethoden und -quoten) beziehen[913].

dd) Einzelfallprüfungen

779 Einzelfallprüfungen[914] dienen u.a. der Erhöhung der Aussagesicherheit für risikobehaftete Prüffelder oder der Untersuchung von Auffälligkeiten, die im Rahmen analytischer Prüfungshandlungen beobachtet wurden. Alle vom Mandanten gepflegten und zur Verfügung gestellten Daten können für Zwecke von Einzelfallprüfungen auf relevante Merkmale oder Auffälligkeiten untersucht werden[915].

780 Die elektronische Analyse[916] von Mandantendaten sowohl auf Datei- als auch auf Feld- und Satzebene führt insb. zur Aufdeckung doppelter Transaktionen, fehlender Transaktionen und Auffälligkeiten oder Anormalitäten (Maximum, Minimum, Leerfelder[917]) und somit bspw. zur Identifikation[918]

– von Vorratsartikeln, deren Verkaufspreis kleiner ist als der Einkaufspreis,
– nicht bewegter Vorratsartikel,
– nicht ordnungsgemäßer Fortführung der Bestände zum Abschlussstichtag oder
– doppelt gebuchter Forderungen.

---

912 Vgl. *Leffson*, Wirtschaftsprüfung, Wiesbaden 1988, S. 282 ff.
913 Zu weiteren Beispielen vgl. *IDW PS 330*, Tz. 99.
914 Vgl. Tz. 392 ff.
915 Vgl. *IDW PS 330*, Tz 100.
916 Zu Analysemöglichkeiten mit der Anwendung ACL vgl. DSWR 2006, S. 8.
917 Zu weiteren Funktionen und Anforderungen von Prüfsoftware vgl. *Mosblech*, ZIR 2000, S. 46.
918 Vgl. *Coderre*, The CPA Journal 8/1999, S. 58.

Einsatz der Informationstechnologie im Rahmen der Abschlussprüfung   R

Derartige Auswertungen können von einer Vielzahl von Programmen (z.B. IDEA, ACL) 781
durchgeführt werden. Daneben existieren Anwendungen für die Prüfung einzelner Bilanzposten[919] oder für die Berücksichtigung von Branchenspezifika z.B. in der Banken- oder Versicherungsbranche[920].

ee) IT-gestützte Berichtserstellung

Basierend auf der Übernahme der Kontensalden des Mandanten lässt sich der PrB durch 782
den kombinierten Einsatz von Tabellenkalkulations- bzw. Datenbank- und Textverarbeitungsprogrammen erstellen. Um dem unmittelbaren Zusammenhang zwischen den Daten der Finanzbuchführung und deren Darstellung im PrB Rechnung zu tragen, werden heute integrative Systeme genutzt, die eine dynamisierte Berichtserstellung erlauben[921]. Bei Anwendung dieser Systeme werden sämtliche Daten der Finanzbuchführung des Mandanten mit Hilfe eines automatisierten Imports in die dem APr. zur Verfügung stehende IT-Anwendung übernommen. Die einzelnen Konten werden den verschiedenen Abschlussposten zugewiesen, deren Gliederungsstruktur z.B. durch die §§ 266, 275 HGB vorgegeben ist. Im Anschluss daran können neben verschiedenen Auswertungen einzelner Positionen für Analysezwecke die Bilanz, Gewinn- und Verlustrechnung und weitere erforderliche Berichtsteile erzeugt werden. Zwischen der Datenbasis (im Wesentlichen der importierte Kontenrahmen) und dem PrB bestehen Verknüpfungen, so dass Änderungen der Datenbasis (z.B. durch Nachbuchungen oder Umgliederungen) automatisch Eingang in den Bericht finden. Daneben erfolgen automatisierte Abgleiche innerhalb des PrB[922]. Die Steuerung der Formatierung übernimmt weitestgehend das System, wesentliche Eigenschaften des PrB (Zahlenformat, Stichtag) werden durch veränderbare Festlegungen definiert.

c) Prüfung der Einhaltung der Grundsätze der Sicherheit und Ordnungsmäßigkeit bei IT-gestützten Geschäftsprozessen

aa) Vorbemerkungen

Unternehmensorganisationen, Geschäftsprozesse und die Rechnungslegung sind dadurch 783
gekennzeichnet, dass IT als ein wesentlicher und untrennbar mit der Aufbau- und Ablauforganisation verbundener Faktor eingesetzt wird. Ordnungsgemäße und sichere IT-gestützte Geschäftsprozesse und Buchführungssysteme ermöglichen unter Einbeziehung aller manuellen und maschinellen Verfahren bzw. Kontrollen eine vollständige, richtige, zeitgerechte, geordnete, unveränderliche sowie für einen sachverständigen Dritten nachvollziehbare Rechnungslegung. Unter Berücksichtigung der potenziellen IT-Risiken (siehe Tz. 251) sind die Ordnungsmäßigkeit und Sicherheit der IT-Systeme sowie die Effektivität der IT-gestützten internen Kontrollen zu prüfen.

Der Einsatz von IT im Unternehmen erfolgt in Form eines **IT-Systems**, das zur Ver- 784
arbeitung von rechnungslegungsrelevanten Daten folgende **Elemente** beinhaltet[923]:

---

919 Spezielle Programme berechnen die Höhe zu bildender Pensionsrückstellungen oder das Steueraufkommen. Daneben sind elektronische Checklisten für diverse Bilanzposten verfügbar.
920 Zu nennen sind Programme, die für Kredit- und Bonitätsprüfungen, die Prüfung von Einzelwertberichtigungen oder der Berechnung von Schwankungsrückstellungen einsetzbar sind.
921 Anwendungen, die in diesem Zusammenhang oft genannt werden, sind AuditSolutions (www.audicon.net) und Bilanza (www.bilanza.com).
922 Die Abstimmungen können sich bspw. auf die Übereinstimmung der Bilanzsummen oder den richtigen Wert von Abschreibungen, Erträgen aus der Auflösung von Rückstellungen oder Jahresüberschuss in Aktiva, Passiva und GuV beziehen.
923 Vgl. dazu und zu den nachfolgenden Ausführungen insb. die Grundsätze in *IDW RS FAIT 1*.

2621

- IT-Infrastruktur,
- IT-Anwendungen und
- IT-gestützte Geschäftsprozesse.

In Abhängigkeit von der Unternehmensorganisation kann das IT-System zentral oder dezentral organisiert, national oder international (grenzüberschreitend) ausgerichtet, über Schnittstellen mit der IT von Geschäftspartnern (Lieferanten, Kunden, Kreditinstitute, Behörden) verbunden sein oder von Dritten betrieben werden (Outsourcing).

785 Das Zusammenwirken der Geschäftsprozesse, der in sie integrierten (Software-)Anwendungen und der zugrunde liegenden IT-Infrastruktur wird maßgebend durch das **IT-Kontrollsystem** bestimmt. Das IT-Kontrollsystem ist Bestandteil des IKS des Unternehmens und beinhaltet Grundsätze, Maßnahmen (Regelungen) und Verfahren, die zur Bewältigung von IT-Risiken festgelegt und eingeführt werden. Zugleich sollte es einen effektiven, effizienten, ordnungsgemäßen, verlässlichen und sicheren Betrieb der IT-Systeme gewährleisten sowie zur Sicherung von Vermögenswerten beitragen. Das IT-Kontrollsystem sollte zudem im Einklang mit maßgeblichen rechtlichen Vorschriften und organisatorischen Regelungen stehen. Es wird durch die IT-Kontrollen selbst, die IT-Organisation und das IT-Umfeld geprägt.

786 Zu den IT-Kontrollen als Bestandteil des internen Überwachungssystems zählen die in den Geschäftsprozessen vorgesehenen prozessintegrierten Kontrollen, die darüber hinaus in IT-Anwendungen enthaltenen Eingabe-, Verarbeitungs- und Ausgabekontrollen, organisatorischen Sicherungsmaßnahmen auf Ebene der IT-Infrastruktur (z.B. Zugriffskontrollen) und solche Maßnahmen, die sich als generelle Kontrollen auf das gesamte IT-System auswirken (z.B. Qualitätssicherung bei der Entwicklung, Änderung und Einführung von IT-Anwendungen).

787 Durch die **IT-Organisation** werden die übergreifenden Verantwortungen und Kompetenzen im Hinblick auf die Planung, Steuerung und Durchführung des IT-Einsatzes im Unternehmen geregelt.

788 Das **IT-Umfeld** ist durch die Einstellungen, das Problembewusstsein und Verhalten der Mitarbeiter, insb. der Unternehmensleitung, im Hinblick auf den IT-Einsatz geprägt.

789 Die **IT-Infrastruktur** umfasst alle technischen Einrichtungen und Ressourcen sowie organisatorischen Maßnahmen, die für die Durchführung, Aufrechterhaltung und Sicherheit der Datenverarbeitung erforderlich sind. Hierzu zählen neben baulichen und räumlichen Einrichtungen des IT-Bereichs die Hardware, die Betriebssystemsoftware, die Kommunikationseinrichtungen sowie eine Vielzahl von technischen Lösungen für die Abwicklung und Unterstützung des IT-Betriebs.

790 **IT-Anwendungen** betreffen sowohl von Dritten bezogene Standardsoftware als auch eigen erstellte Software, die eigenständig, über Schnittstellen verbunden oder weitgehend automatisiert/ integriert eingesetzt werden, um die Abwicklung von Geschäftsprozessen und der in sie integrierten internen Kontrollen zu unterstützen.

791 **IT-gestützte Geschäftsprozesse** umfassen alle betriebswirtschaftlich-technischen (wertschöpfenden) Tätigkeiten, die zur Erreichung des Unternehmenszwecks und zur Verarbeitung rechnungslegungsrelevanter Geschäftsvorfälle erforderlich sind und zu deren Abwicklung IT eingesetzt wird.

792 Die **Buchführung** umfasst in diesem Zusammenhang sowohl das Hauptbuch als auch die Nebenbücher oder **vor- und nachgelagerte rechnungslegungsrelevante Systeme** (z.B. Debitoren- und Kreditorenbuchhaltung, Materialwirtschaft, Anlagenbuchhaltung, Perso-

nalabrechnung, Auftragsabrechnung, Fakturierung, Spreadsheet-Modelle) des Unternehmens, die zur Erfassung und Verarbeitung rechnungslegungsrelevanter Geschäftsvorfälle, zur Erstellung des JA und KA und der jeweiligen LB sowie der sonstigen Berichterstattung dienen.

bb) Grundsätze ordnungsmäßiger Buchführung bei Einsatz von IT

Die handelsrechtlichen Anforderungen an die Ordnungsmäßigkeit sind auch bei der Gestaltung der IT-gestützten Rechnungslegung zu beachten (Grundsätze ordnungsmäßiger Buchführung, Nachvollziehbarkeit, Einhaltung der Aufbewahrungsvorschriften)[924]. **Voraussetzung** hierfür ist, dass IT-Systeme bestimmte **Sicherheitsanforderungen** insb. im Hinblick auf die verarbeiteten rechnungslegungsrelevanten Daten erfüllen. 793

(1) IT-Sicherheitsanforderungen

IT-Systeme, insb. spezifische IT-Anwendungen und Datenbestände, stellen für die Unternehmen wichtige Vermögenswerte dar und dienen der Aufrechterhaltung des Geschäftsbetriebs. Für Zwecke der Rechnungslegung ist zu beachten, dass nur bei Vorliegen sicherer IT-Systeme und Daten die Verlässlichkeit der in Buchführung, JA und LB enthaltenen Informationen gewährleistet werden kann. Die gesetzlichen Vertreter des Unternehmens haben daher dafür Sorge zu tragen, dass IT-Systeme folgende Sicherheitsanforderungen erfüllen: 794

— **Vertraulichkeit:** Von Dritten erlangte oder zur Verfügung gestellte Daten müssen davor geschützt werden, dass sie nicht unberechtigt genutzt, weitergegeben oder veröffentlicht werden (z.B. durch Verschlüsselungstechniken, die eindeutige Identifizierung/ Verifizierung des Empfängers oder die Einhaltung von Verarbeitungsregeln und Löschfristen).

— **Integrität:** IT-Systeme müssen so gestaltet und durch organisatorische Verfahren überwacht und geschützt werden, dass IT-Anwendungen, Daten und die IT-Infrastruktur in vorgesehenem Umfang vollständig und richtig zur Verfügung stehen und nur autorisierte Veränderungen zugelassen werden (z.B. durch Test- und Freigabeverfahren zur Qualitätssicherung).

— **Verfügbarkeit:** Das Unternehmen muss zur Aufrechterhaltung des Geschäftsbetriebs die ständige Betriebsbereitschaft und Funktionsfähigkeit der IT-Anwendungen, Daten, der Infrastruktur sowie personelle Ressourcen gewährleisten und muss im Falle einer Störung (Notfall) in der Lage sein, diese innerhalb einer bestimmten Zeit, am richtigen Ort und für die vorgesehenen Adressaten (wieder) bereitzustellen (z.B. durch Notfallkonzepte, Wiederanlaufroutinen, Back-Up-Verfahren).

— **Authentizität:** Ein Geschäftsvorfall muss einem Verursacher eindeutig zuzuordnen sein (z.B. über Berechtigungsprüfungen oder die Identifizierung des Partners durch ein Signaturverfahren im Rahmen eines elektronischen Datenaustausches).

— **Autorisierung:** Nur berechtigte, d.h. im Voraus festgelegte Personen dürfen nach intern festgelegten, organisatorischen Regeln oder auf Basis vertraglicher Vereinbarungen Zugriff auf Programme und Daten haben bzw. für das IT-System definierte Rechte wahrnehmen. Hierdurch soll insb. die ausschließlich genehmigte Abbildung von Geschäftsvorfällen im IT-System gewährleistet werden (z.B. durch physische und logische, passwortgesteuerte Zugriffsschutzverfahren).

---

924 Zu weiterführenden Erläuterungen der Grundsätze ordnungsmäßiger Buchführung vgl. Kap. E.

- **Verbindlichkeit:** Die Funktionalitäten eines IT-Systems müssen gewährleisten, dass beabsichtigte Rechtsfolgen bindend herbeigeführt werden (z.B. durch Verfahrensprotokolle und sonstige elektronische Dokumentationen).

795 Um den erforderlichen Grad an Informationssicherheit zu gewährleisten, ist für das Unternehmen ein geeignetes umfassendes Sicherheitskonzept zu entwickeln, einzuführen und aufrechtzuerhalten.

796 Die Entwicklung eines **IT-Sicherheitskonzeptes** setzt voraus, dass das Unternehmen die Sicherheitsrisiken aus dem Einsatz von IT regelmäßig identifiziert sowie aus Sicht der Unternehmensleitung bewertet und priorisiert. Auf dieser Grundlage sind organisatorische und technische Maßnahmen festzulegen, die eine angemessene IT-Infrastruktur für die IT-Anwendungen bereitstellen und eine ordnungsmäßige und sichere Abwicklung der IT-gestützten Geschäftsprozesse gewährleisten.

797 Das IT-Sicherheitskonzept basiert zum einen auf Erkenntnissen des Risikofrüherkennungssystems bzw. Risikomanagementsystems im IT-Bereich. Zum anderen stellt die Umsetzung eines IT-Sicherheitskonzeptes einen wesentlichen Bestandteil des IKS für IT-Systeme dar.

(2) Spezifische Anforderungen an die Ordnungsmäßigkeit

(a) Vorbemerkungen

798 Die Geschäftsvorfälle müssen sich in ihrer Entstehung und Abwicklung auch bei IT-gestützten Systemen verfolgen lassen. Hierzu sind die Nachvollziehbarkeit der Geschäftsvorfälle von ihrem Ursprung bis zur endgültigen Verarbeitung, die Nachvollziehbarkeit des Verarbeitungsverfahrens anhand einer Verfahrensdokumentation sowie der Nachweis erforderlich, dass das Verfahren entsprechend der Dokumentation zu jedem Zeitpunkt durchgeführt worden ist.

799 Die GoB bei IT-gestützter Rechnungslegung sind dann erfüllt, wenn das zugrunde liegende Rechnungslegungssystem die **Einhaltung der handelsrechtlichen Anforderungen an die Ordnungsmäßigkeit** bei der Erfassung, Verarbeitung, Ausgabe und Aufbewahrung der rechnungslegungsrelevanten Daten über die Geschäftsvorfälle sicherstellt[925]:

- **Vollständigkeit:** Sämtliche Geschäftsvorfälle sind lückenlos zu erfassen. Jeder Geschäftsvorfall ist zudem grundsätzlich einzeln zu erfassen, wobei zusammengefasste Buchungen möglich sind, sofern diese in ihre Einzelpositionen aufgegliedert werden können.

  Daten zu buchungspflichtigen Geschäftsvorfällen bzw. Belegbestandteile werden in IT-Systemen häufig in mehreren Arbeitsschritten erfasst, über vorgelagerte IT-Systeme (auch externe z.B. E-Commerce) zur Verfügung gestellt oder für die weitere Verarbeitung/ Buchung zu einem späteren Zeitpunkt bereitgestellt. Die Anforderungen an die Erfassungs- und Verarbeitungskontrollen und die Qualitätssicherung der eingesetzten IT-Systeme sind entsprechend zu gestalten.

- **Richtigkeit:** Belege und Bücher müssen die Geschäftsvorfälle inhaltlich zutreffend und in Übereinstimmung mit den tatsächlichen Verhältnissen sowie im Einklang mit den rechtlichen Vorschriften abbilden.

---

925 Zur Vollständigkeit, Richtigkeit, Zeitgerechtheit, zeitlichen Reihenfolge, sachlichen Ordnung und zur Unveränderlichkeit (§ 239 Abs. 1-3 HGB) sowie zum Kriterium der Nachvollziehbarkeit bzw. Prüfbarkeit (§ 238 Abs. 1 HGB) vgl. ausf. E Tz. 13 ff.; F.

Einsatz der Informationstechnologie im Rahmen der Abschlussprüfung

Daten zu Belegen und Büchern werden nach Maßgabe der zugrunde liegenden IT-Systeme oft unstrukturiert abgespeichert und nur für die Bildschirmdarstellung lesbar aufbereitet. So ist es in einigen IT-Systemen üblich, bestimmte Belegbestandteile an verschiedenen Stellen einer Datenbank zu führen und die eindeutige Verknüpfung dieser Bestandteile separat zu speichern. Die Richtigkeit der Belegbestandteile muss in diesen Fällen durch das angewandte IT-Verfahren erbracht werden. An die Archivierung dieser Daten und der genutzten Verfahren sind aus diesem Grund erhöhte Dokumentations- und Nachweispflichten zu knüpfen.

- **Zeitgerechtheit:** Geschäftsvorfälle sind unmittelbar nach ihrer Entstehung zu erfassen und der Buchungsperiode zuzuordnen, in der sie angefallen sind.

  IT-Systeme bieten die Möglichkeit, Buchungen in unterschiedlichen Perioden (auch z.B. Vormonate, Vj. oder spätere Perioden) vorzunehmen. Die Einrichtung und Zuordnung von Buchungsperioden ist sorgfältig zu gestalten. Darüber hinaus ist die zeitgerechte Erfassung von Geschäftsvorfällen durch die Anwender insb. in dezentral organisierten oder verteilten Systemen in besonderem Maße zu überwachen.

- **Zeitliche Reihenfolge und sachliche Ordnung:** Das Buchführungsverfahren muss gewährleisten, dass Buchungen nach zeitlichen und sachlichen Kriterien geordnet dargestellt werden können.

  Die Darstellung erfolgt häufig nicht mehr über „klassische" Grundbücher/Journale, sondern wird durch Datenbanken und Auswertungsroutinen „simuliert". Entsprechende Bedeutung kommt der Datenbankorganisation zu.

- **Nachvollziehbarkeit:** Ein sachverständiger Dritter muss in der Lage sein, sich in angemessener Zeit einen Überblick über die Geschäftsvorfälle und die Lage des Unternehmens zu machen. Die Abwicklung des einzelnen Geschäftsvorfalls sowie die angewandten Buchführungs- und Rechnungslegungsverfahren müssen nachvollziehbar sein. Die Prüfbarkeit muss über die Dauer der Aufbewahrungsfrist gegeben sein.

  Dies umfasst insb. die zum Verständnis der Buchführung erforderlichen Dokumentationen der eingesetzten IT-Systeme und der hierin eingesetzten Regeln und Verfahren. Da moderne IT-gestützte Rechnungslegungssysteme häufig weitgehend integriert eingesetzt werden, d.h. Geschäftsvorfälle ab ihrer Erfassung automatisiert (weiter)verarbeitet und gebucht werden, sind an den Nachweis der IT-Verfahren, insb. der Softwareanwendungen, deutlich erhöhte Anforderungen zu stellen. Dies gilt um so mehr, als die IT-Verfahren regelmäßig fortentwickelt und aktualisiert, d.h. geändert werden (z.B. durch Software-Releasewechsel) und der Nachweis über lange Aufbewahrungsfristen zu erbringen ist (i.d.R. erfordert dies umfassende Aufbewahrungs- und Archivierungskonzepte für einen Zeitraum von bis zu zehn Jahren).

- **Unveränderlichkeit:** Ab dem Buchungszeitpunkt sind Veränderungen der Eintragungen und Aufzeichnungen (Buchungen) nur zulässig, wenn sowohl der ursprüngliche Inhalt als auch die Tatsache, dass Veränderungen vorgenommen wurden, erkennbar bleiben.

  Dies gilt ebenso für Änderungen am IT-gestützten Rechnungslegungsverfahren. Bei programmgenerierten bzw. -gesteuerten Buchungen (automatisierte bzw. Dauerbelege) sind Änderungen an den der Buchung zugrunde liegenden Generierungs- und Steuerungsdaten ebenfalls aufzuzeichnen und betreffen grundsätzlich die Parametrisierung der Softwareanwendung, insb. die Protokollierung von Änderungen in rechnungslegungsrelevanten Einstellungen, Tabellen und Stammdaten.

(b) Beleg-, Journal- und Kontenfunktion

800 Jede Buchung und ihre Berechtigung sind durch einen Beleg nachzuweisen (**Belegfunktion**). Bezüglich der Belegfunktion in IT-Systemen, die in ihrer Ausprägung deutlich von herkömmlichen Buchungsverfahren abweichen kann, ist Folgendes zu beachten:

- Bei IT-gestützten Prozessen kann und soll der beleghafte Nachweis oft nicht durch konventionelle Belege erbracht werden. Die Belegfunktion ist deshalb auf IT-gestützte Prozesse anzupassen. Sie erfordert bei IT-gestützten automatisierten Buchungsverfahren keinen Einzelbeleg für jede Buchung, sondern den **verfahrensmäßigen Nachweis** des Zusammenhangs zwischen dem einzelnen Geschäftsvorfall und seiner Buchung. Dies erfolgt regelmäßig durch die Dokumentation der programminternen Verarbeitungsvorschriften, der tatsächlichen Durchführung des Verfahrens und der Qualitätssicherungs- und Schutzmaßnahmen (Zugriffsschutz, Test- und Freigabeverfahren).
- Geschäftsvorfälle können bereits dann als gebucht gelten, wenn sie in den der Finanzbuchführung vorgelagerten IT-Anwendungen mit allen erforderlichen Angaben erfasst und gespeichert werden und in ihrer Bearbeitung keinen weiteren Kontrollen mehr unterliegen.
- In automatisierten Verfahren können Buchungstexte durch verschlüsselte Belegtexte ersetzt werden, wenn anhand eines Schlüsselverzeichnisses in angemessener Zeit ein nachvollziehbarer Nachweis möglich ist.
- Die **Autorisierung (Freigabe) der Buchung** ist abhängig vom Einsatz der unterschiedlichen automatisierten Verfahren: Automatisch mit der Erfassung erstellte Belege werden durch die Benutzeridentifikation des Sachbearbeiters in Verbindung mit einem entsprechend ausgestalteten Zugriffsschutzverfahren autorisiert. Dies gilt entsprechend für automatisch mit der Erfassung durch den Kunden gespeicherte Daten (Signaturverfahren). Bei per Datenfernübertragung gesendeten oder empfangenen Belegen ist ebenfalls ein entsprechendes Signaturverfahren festzulegen. Neben weltweit standardisierten Verfahren (S.W.I.F.T., EDI, EDIFACT) sind auch einzelvertragliche Festlegungen zwischen Vertragspartnern möglich. Sofern Buchungen programmintern generiert werden, erfolgt die Autorisierung der Buchung, zumindest indirekt, durch die IT-Anwendung selbst, sofern aus der Verfahrensdokumentation die Regeln für die Generierung der Buchungen eindeutig erkennbar und die freigegebenen Programme gegen undokumentierte Änderungen geschützt sind. Bei der Betriebsdatenerfassung werden Daten automatisch erfasst und an das Rechnungswesen weitergegeben. Die Belegfunktion wird hierbei ebenfalls durch die Dokumentation des zugrunde liegenden Verfahrens erfüllt.

801 Sämtliche buchungspflichtigen Geschäftsvorfälle sind zeitnah nach ihrer Entstehung vollständig und verständlich in zeitlicher Reihenfolge aufzuzeichnen. Hinsichtlich der **Journalfunktion** in IT-Systemen gelten folgende Besonderheiten:

- Die Auflistung der Buchungen in der zeitlichen Reihenfolge der Erfassung (Journal bzw. Grundbuch) kann in verschiedenen Stufen des Verarbeitungsprozesses erfolgen. Neben der Protokollierung der Buchungen bei der Erfassung und Verarbeitung der Geschäftsvorfälle kommt auch die **auswertbare Speicherung** (Einzelnachweis) der Buchungen in vorgelagerten IT-Anwendungen mit Übertragung von Summenbuchungen in Betracht. Voraussetzung ist neben der Dokumentation des Verfahrens die Existenz eines Kontroll- und Abstimmverfahrens, mit dem die Identität von Hauptbuch und Nebenbüchern gewährleistet und nachgewiesen werden kann.
- Die Journalfunktion ist nur dann erfüllt, wenn die gespeicherten Aufzeichnungen gegen **Veränderung oder Löschung** geschützt sind. Sofern Belege in Zwischendateien erfasst werden, um nach einer Kontrolle Erfassungskorrekturen vornehmen zu können,

sind die erstellten Listen als Erfassungsprotokolle und nicht als Journale einzustufen, da die abschließende Autorisierung der Geschäftsvorfälle noch aussteht.

Bei IT-gestützten Rechnungslegungsverfahren lassen sich die Journalfunktion und die Kontenfunktion i.d.R. nicht trennen, weil bereits bei der erstmaligen Erfassung des Geschäftsvorfalls alle auch für die sachliche Zuordnung notwendigen Angaben erfasst werden. Darüber hinaus ist für die **Kontenfunktion** von IT-Systemen noch Folgendes zu beachten: 802

- Die Kontenfunktion bzw. die Verarbeitung hierfür notwendiger Angaben (z.B. Kontobezeichnung, Gegenkonto, Buchungstext) wird bei integrierten Softwareanwendungen häufig durch aufeinander abgestimmte Funktionen in unterschiedlichen Software-Modulen und durch maschinelle **Kontenfindungsverfahren** unterstützt. So werden z.B. entsprechende Angaben teilw. schon bei der Initiierung einer Bestellung erzeugt und beim späteren Waren-/ Rechnungseingang für die Buchung über entsprechende Konfigurationseinstellungen dem Benutzer bereitgestellt.
- Die Kontenfunktion kann auch durch **Führung von Haupt- und Nebenbüchern** in verschiedenen IT-Anwendungen erfüllt werden. Sofern IT-Anwendungen Nebenbücher enthalten, müssen sie Funktionen zur ordnungsgemäßen Kontenpflege beinhalten (z.B. Kennzeichnung von offenen und ausgeglichenen Posten/ Auszifferungsverfahren, Auswertung von nicht ausgeglichenen Posten in Offene-Posten-Listen).
- Bei der Buchung verdichteter Zahlen müssen die darin enthaltenen **Einzelposten** nachvollziehbar sein.
- In der Hauptbuchführung wird bei der Führung von Nebenbüchern regelmäßig nur der Saldo über alle Konten des vorgelagerten Kontokorrentsystems geführt. Durch **Kontroll- und Abstimmverfahren** in Verbindung mit einer entsprechenden Verfahrensdokumentation muss der Nachweis der richtigen Übertragung der fortgeschriebenen Salden vom Nebenbuch in das Hauptbuch erbracht werden.
- Bezüglich des Ausdrucks oder der Auswertung von Konten ist zu beachten, das für unterschiedliche Rechnungslegungsordnungen (z.B. HGB oder IFRS) auch abw. Verfahren und Strukturen eingesetzt werden (die auf spezifischen Kontenplänen, Positionsnummern usw. beruhen).

(c) Dokumentation und Nachvollziehbarkeit des Rechnungslegungsverfahrens

Voraussetzung für die Nachvollziehbarkeit des IT-gestützten Buchführungs- und Rechnungslegungsverfahrens ist eine **ordnungsgemäße Verfahrensdokumentation**, die die Beschreibung aller zum Verständnis der Rechnungslegung erforderlichen Verfahrensbestandteile, insb. der eingesetzten IT-Systeme, enthalten muss. Die Beurteilung der Ordnungsmäßigkeit komplexer IT-Verfahren ist für einen sachverständigen Dritten nur dann möglich, wenn ihm neben den Eingabedaten und Verarbeitungsergebnissen auch eine ausführliche IT-Dokumentation zur Verfügung steht. 803

Die Verfahrensdokumentation besteht in einer IT-gestützten Rechnungslegung aus der Anwenderdokumentation und der technischen Systemdokumentation. Die **Anwenderdokumentation** muss alle Informationen enthalten, die für eine sachgerechte Bedienung einer IT-Anwendung erforderlich sind. Neben einer allgemeinen Beschreibung der durch die IT-Anwendung abgedeckten Aufgabenbereiche sowie einer Erläuterung der Beziehungen zwischen einzelnen Modulen sind Art und Bedeutung der verwendeten Eingabefelder, die programminterne Verarbeitung (z.B. programmierte Buchungsroutinen, Verarbeitungsformeln), die Bildungsvorschriften für Auswertungen sowie die angewendeten Kontroll- und Abstimmaßnahmen anzugeben. Bei Einsatz von Standard- 804

Software ist die vom Produkthersteller gelieferte Dokumentation um die anwendungsspezifischen Anpassungen (z.B. Parametrisierungen, Verwendung der Eingabefelder, Schlüsselsystematiken) zu ergänzen.

805 Art und Umfang der **technischen Systemdokumentation** sind abhängig von der Komplexität der IT-Anwendung und können somit nur im jeweiligen Einzelfall bestimmt werden. Die Technik und formale Gestaltung der Dokumentation liegen im Ermessen des Programmherstellers. Angesichts der Vielzahl von Programmiersprachen und Programmgeneratoren ist eine nur auf den Quellcode gestützte Dokumentation zur Sicherung der Nachvollziehbarkeit des Buchführungsverfahrens nicht ausreichend. Die Dokumentation muss in einer Weise zur Verfügung gestellt werden, die einem sachverständigen Dritten ohne Kenntnis der Programmiersprache bzw. des verwendeten Programmgenerators die Nachvollziehung der programminternen Verarbeitung, insb. der Verarbeitungsfunktionen und -regeln erlaubt. Die technische Systemdokumentation muss ergänzt werden um die Dokumentation der ordnungsgemäßen Programmanwendung (u.a. Datensicherungsverfahren, Verarbeitungsnachweise, Programmfreigabeverfahren und Programmversionsverwaltung).

806 Auch die **zum Verständnis der Buchführung erforderlichen Unterlagen** sind für einen Zeitraum von zehn Jahren aufzubewahren[926]. Hierzu zählen im Zusammenhang mit der IT-gestützten Rechnungslegung insb. folgende Unterlagen:

– Bei Einsatz von Individualsoftware handelt es sich um die Anwenderdokumentation, den **Programm-Quellcode** (in maschinenlesbarer Form) und die technische Systemdokumentation, soweit die entsprechenden Programme rechnungslegungsrelevant sind.

– Bei Einsatz von Standardsoftware muss die Anwenderdokumentation und die mit der Software ausgelieferten Programmbeschreibungen aufbewahrt werden. Ferner sollte mit dem Softwarelieferanten vereinbart werden, dass für die Dauer der Aufbewahrungsfrist im Bedarfsfall ein Zugriff auf den Programm-Quellcode und die technische Systemdokumentation ermöglicht wird.

– **Unternehmensspezifische Einstellungen**, Anpassungen und Änderungen von rechnungslegungsrelevanten Steuerungsparametern, Tabellen und Stammdaten.

cc) IT-Systemprüfungen im Rahmen von Abschlussprüfungen
(1) Ziele und Umfang von IT-Systemprüfungen

807 Im Rahmen der Abschlussprüfung hat der APr. zu beurteilen, ob das IT-gestützte Rechnungslegungssystem den gesetzlichen Anforderungen an die **Ordnungsmäßigkeit der Buchführung** entspricht[927]. Dabei beschränkt sich die Prüfung auf die Elemente des IT-Systems, die dazu dienen, Daten über Geschäftsvorfälle oder betriebliche Aktivitäten zu verarbeiten, die entweder direkt in die IT-gestützten Rechnungslegung einfließen oder als Grundlage für Buchungen dienen[928]. Das folgende Schaubild zeigt die Inhalte einer IT-Systemprüfung[929]:

---

926 Vgl. Abschn. 7 der Anlage zum BMF-Schreiben vom 07.11.1995 zu den Grundsätzen ordnungsmäßiger DV-gestützter Buchführungssysteme (GoBS), BStBl. I, S. 738.
927 Zu den Grundsätzen ordnungsmäßiger Buchführung vgl. Kap. E.; Zu den spezifischen Anforderungen bei IT-gestützten Rechnungslegungssystemen vgl. Tz. 798.
928 Vgl. *IDW RS FAIT 1*, Tz. 14.
929 Vgl. *IDW PS 330*, Tz. 8, Abb. 1.

Einsatz der Informationstechnologie im Rahmen der Abschlussprüfung

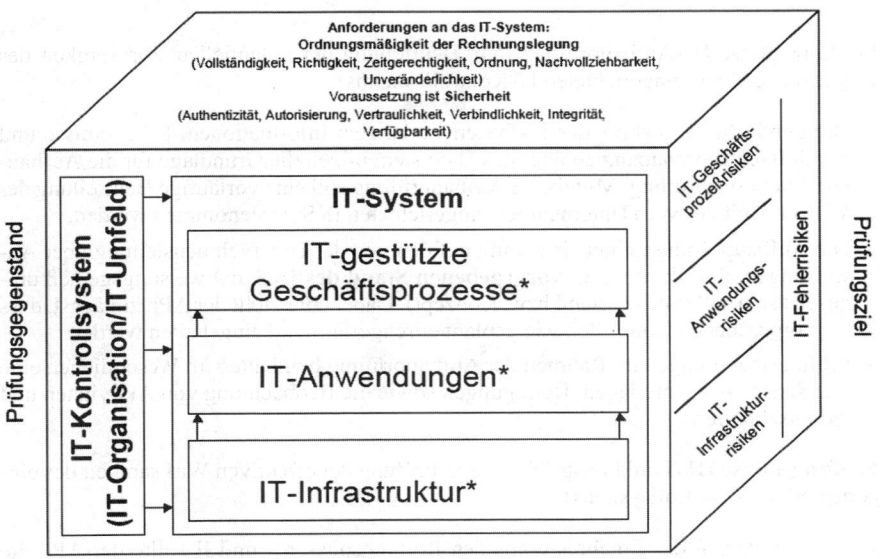

Abbildung 6

(2) Planung der Prüfung und Einordnung in die Prüfungsstrategie

Eine IT-Systemprüfung ist sachgerecht zu planen und durchzuführen[930]. Die wesentlichen Prüfungsphasen werden nachfolgend auf Basis sachlogischer, aufeinander aufbauender Prüfungsschritte dargestellt. Zu beachten ist, dass im Rahmen der praktischen Prüfungsdurchführung diese Prüfungsschritte häufig kombiniert vorgenommen werden, um Zeit- und Effizienzgewinne zu erzielen:

Prüfungsphase I (Risikoanalyse und Informationserhebung)

- Im Rahmen der **Analyse der Unternehmensstrategie und der Geschäftsrisiken** als Ausgangspunkt einer risikoorientierten Abschlussprüfung ist frühzeitig eine vorläufige Identifikation und Bewertung auch der IT-Risiken vorzunehmen[931].
- In engem Zusammenhang hierzu stehen alle relevanten **Informationen zum IT-System.** Damit sind die Bereich IT-Umfeld, IT-Organisation, IT-Infrastruktur, IT-Anwendungen und IT-Geschäftsprozesse[932] aufzunehmen bzw. auf Basis von Vorjahresarbeiten zu aktualisieren. Obwohl bei der Informationserhebung i.d.R. noch keine umfassende Beurteilung und Prüfung durchgeführt wird, kann ein erfahrener Prüfer häufig schon weitere potentielle IT-Risiken erkennen. Der APr. sollte auf der Basis dieser Informationen seine Risikoanalyse aktualisieren.

---

930 Vgl. dazu und zu den nachfolgenden Ausführungen insb. die Grundsätze in *IDW PS 330;* ISA 315; ISA 330.
931 Vgl. hierzu Tz. 251.
932 Zu den Einzelheiten dieser Bereiche vgl. Tz. 783 ff.

- Unter Berücksichtigung der gewonnen Erkenntnisse sind die Prüfungsbereiche und Prüfungsschwerpunkte im IT-Bereich sowie die Einbindung von Spezialisten festzulegen.

Prüfungsphase II (Aufbauprüfung, d.h. Beurteilung der potentiellen Wirksamkeit des vorgesehenen bzw. eingerichteten IT-Kontrollsystems)

- Die durch die Aufnahme des IT-Systems erlangten Informationen, Erkenntnisse und vorläufigen Einschätzungen über das IT-System bilden die Grundlage für die Aufbau- und Funktionsprüfung. Mittels der Aufbauprüfung soll eine vorläufige Beurteilung der Wirksamkeit des vom Unternehmen eingerichteten IKS vorgenommen werden.

- Die Aufbauprüfung richtet sich damit auf den von der Unternehmensleitung über Anweisungen, Richtlinien usw. **vorgegebenen Stand des IKS**, der weisungsgemäß umgesetzt sein soll (Soll-Zustand bzw. Konzept). Dabei unterstellt der APr. zunächst, dass die vorgesehenen Kontrollen wie geplant durchgeführt und eingehalten werden.

- Prüfungshandlungen im Rahmen der Aufbauprüfung beinhalten im Wesentlichen eine Durchsicht von Unterlagen, Befragungen sowie die Beobachtung von Aktivitäten und Arbeitsabläufen.

Prüfungsphase III (Funktionsprüfung, d.h. Prüfung der effektiven Wirksamkeit des eingerichteten IT-Kontrollsystems)

- Nach Vorliegen der Ergebnisse aus den Prüfungsphasen I und II sollte der APr. die Funktionsprüfungen von internen Kontrollen planen, insb. von prozessintegrierten IT-Kontrollen. Funktionsprüfungen werden nur in den Bereichen der IT-Systeme durchgeführt, die im Rahmen der Aufbauprüfung als angemessen (d.h. grundsätzlich funktionsfähig) beurteilt wurden.

- Ziel der Funktionsprüfungen ist es zu beurteilen, ob die als angemessen identifizierten Kontrollen **tatsächlich durchgeführt** werden und **wirksam** sind und damit zu einer Begrenzung der IT-Fehlerrisiken beitragen.

- Prüfungshandlungen im Rahmen der Funktionsprüfung umfassen darüber hinaus im Wesentlichen den Nachvollzug von Kontrollen in Form von Wiederholungen oder eigenen Kontrolltests. Hierzu können IT-gestützte Prüfungsmethoden (z.B. Analysen mit Hilfe von Prüfsoftware des APr.) sowie durch den APr. angeforderte IT-Systemauswertungen wirkungsvoll eingesetzt werden. Insb. im Bereich der generellen IT-Kontrollen, die in vielen Fällen durch Verfahrensnachweise erbracht werden, ist zudem eine tiefgehende Analyse von Dokumentationen mit Plausibilitätsbeurteilungen notwendig. Auch Unterlagen bzw. Prüfungsergebnisse Dritter, z.B. im Hinblick auf Softwarebescheinigungen[933] oder Rechenzentrumsprüfungen[934], sowie der Internen Revision können unter Anlegung der berufsüblichen Kriterien verwendet werden[935].

809 Sofern im Rahmen der Aufbau- oder Funktionsprüfung wesentliche Schwachstellen festgestellt werden, so dass die Wirksamkeit von IT-Kontrollen nicht gewährleistet ist und die Restrisiken unvertretbar hoch erscheinen, sind alternative Prüfungshandlungen durchzuführen oder der Umfang ergebnisorientierter Prüfungshandlungen (Einzelfallprüfungen) auszudehnen.

---

933 Vgl. *IDW PS 880;* ISAE 3000.
934 Vgl. *IDW PS 951;* ISAE 3402.
935 Zur Anwendbarkeit der Ergebnisse Dritter im Rahmen der Abschlussprüfung vgl. *IDW PS 320, 321 und 322;* ISA 600, 610, 620.

(3) Durchführung von IT-Systemprüfungen
(a) Prüfung des IT-Umfeldes und der IT-Organisation

Der APr. muss wesentliche und aktuelle Informationen zum IT-Umfeld und der IT-Organisation einerseits und zum eingesetzten IT-System (Infrastrukur, Anwendungen, Geschäftsprozesse) andererseits einholen und prüfen. Die Prüfung sollte sich dabei von Beginn an auf die **rechungslegungsrelevanten IT-Systemelemente** konzentrieren. Damit hat eine vorläufige Risikoeinschätzung nach Prüfungszielen bzw. -gebieten zu erfolgen, um mögliche weitere **Prüfungsschwerpunkte** frühzeitig identifizieren und die **Effizienz** der Prüfung erhöhen zu können.

Typischerweise sind Informationen aus folgenden Bereichen einzuholen:

- **IT-Umfeld:** Aus der Unternehmensstrategie abgeleitete IT-Strategie, Planungen und Leitlinien; IT-Sicherheitskonzepte; sonstige Dokumentationen, die die Einstellung des Unternehmens zum Einsatz von IT-Systemen wiederspiegeln.
- **IT-Organisation:** Organigramme und Ablaufpläne; Verantwortlichkeiten und Kompetenzen; Regelungen und Richtlinien zur Steuerung des IT-Betriebs sowie zur Entwicklung, Einführung und Änderung von IT-Systemen; Arbeitsbeschreibungen.
- **IT-Infrastruktur:** Eingesetzte Hardware, Betriebssysteme, Netzwerke, Kommunikationseinrichtungen; Datensicherungs- und Archivierungsverfahren; Back-Up-Einrichtungen; physische und logische Sicherungsmaßnahmen.
- **IT-Anwendungen:** Beschreibung der Software und ihrer Einsatzgebiete bzw. Aufgabenstellungen; weitere, spezifische Informationen zur eingesetzten Software (Individual-Software, Standard-Software/ Hersteller, eingesetzte Versionen, zugrunde liegende Hardware, Betriebssysteme, Datenbank- bzw. Dateiorganisation).
- **IT-gestützte Geschäftsprozesse:** Rechnungslegungsrelevante Abläufe und Teilprozesse, die im wesentlichen Umfang auf IT-Anwendungen beruhen; Schnittstellen zwischen Anwendungen und zur Buchhaltung; Datenfluss.

Die Aufbau- und Funktionsprüfungen werden meist zusammengefasst, da sich zum einen die Prüfungsthemen ergänzen, zum anderen die Prüfungsschritte unmittelbar aufeinander aufbauen.

In der Aufbauprüfung des IT-Umfeldes und der IT-Organisation wird der APr. auf Basis der vorgelegten Unterlagen (z.B. Strategiepapiere, Sicherheitskonzepte, Regelungen zur Aufbau- und Ablauforganisation, Prozess- und Funktionsbeschreibungen) die Angemessenheit der Richtlinien und Verfahren im Hinblick auf Vollständigkeit, Aktualität und die hinreichende **Beachtung von Organisationsprinzipien** beurteilen. Hierbei wird er seine Beurteilung insb. auf folgende Aspekte ausrichten:

- Einbindung der **IT als „strategische Ressource"** in die Unternehmensorganisation
- **Sensibilisierung** der Unternehmensleitung und der sonstigen Anwender für die Bedeutung von IT im Hinblick auf die Risikofrüherkennung, die Unterstützung und Verlässlichkeit von Prozessen sowie **die IT-Sicherheit** und den Datenschutz („IT Awareness")
- professionelle **Organisation** der IT-Unterstützungsfunktion
- klare Beschreibung von Zielen und Aufgaben im IT-Bereich
- sinnvolle Trennung von Aufgaben und Kompetenzen im IT-Bereich
- ordnungsgemäße Organisation von wichtigen Teilprozessen im IT-Bereich.

Die Prüfung der Wirksamkeit insb. von Organisationsmaßnahmen wird der APr. in Stichproben durchführen, indem er die Einhaltung von Organisationsrichtlinien oder vorgeschriebenen Abläufen beobachtet bzw. nachvollzieht. Prüfungshandlungen können z.B. umfassen:

- die Untersuchung der Einhaltung der vorgesehenen Funktionstrennung (von unvereinbaren Aufgaben) durch Einsichtnahme von abgewickelten Aufträgen, Freigaben, Projektprotokollen, Entwicklungsergebnissen und ähnlichen Bearbeitungsvermerken,
- die Prüfung der Umsetzung von Arbeitsplatz-, Stellen- und Funktionsbeschreibungen sowie
- den Abgleich von im Sicherheits- oder Berechtigungskonzept festgelegten Richtlinien zum Zugriffsschutz mit den tatsächlich eingerichteten Systemparametern.

(b) Prüfung der IT-Infrastruktur

815 Die Prüfung der IT-Infrastruktur richtet sich auf die organisatorisch-technischen Maßnahmen und die Verfahren, die einen sicheren und geordneten IT-Betrieb sicherstellen und damit insb. die Integrität und Verfügbarkeit der IT gewährleisten sollen. Hierzu zählen insb.:

- physische Sicherungsmaßnahmen und Zugriffskontrollsysteme,
- Datensicherungs- und Auslagerungsverfahren,
- Verfahren für einen sicheren und geordneten Regelbetrieb sowie
- Maßnahmen zur Sicherung der Betriebsbereitschaft und Verfahren für den Notbetrieb.

816 **Physische Sicherungsmaßnahmen** dienen dem Schutz der Hardware sowie der Programme und Daten vor Verlust, Zerstörung und unberechtigter Veränderung. Hierzu zählen u.a. bauliche Maßnahmen, Zugangskontrollen, Feuerschutzmaßnahmen oder Maßnahmen zur Sicherstellung der Stromversorgung, die zur Sicherung der Funktionsfähigkeit der IT, unter Würdigung des Gefährdungsgrades von Programmen und Daten sowie aus datenschutzrechtlichen Aspekten erforderlich sind.

817 Die Aufbauprüfung zu physischen Sicherungsmaßnahmen zielt auf die Beurteilung der Angemessenheit der vorgesehenen Maßnahmen und Kontrollen. Hierbei sollte im Hinblick auf die **Risikoeinschätzung** und den gewünschten **Schutzzweck** eine realistische Beurteilung der eingesetzten bzw. verfügbaren Technik erfolgen. Bei der Beurteilung der vom Unternehmen hierzu durchgeführten Risikoeinschätzung sollte insb. die Abhängigkeit des Unternehmens von der ständigen Verfügbarkeit der IT bzw. das Gefährdungspotential durch Systemausfälle in die Betrachtung einbezogen werden. Gleichermaßen ist zu berücksichtigen, dass ein stetig zunehmender Anteil der Unternehmenswerte in Software und Daten „gebunden" ist (überwiegend immaterielle Werte) und entsprechend auch physisch geschützt werden sollte.

818 Zur Funktionsprüfung von physischen Sicherungsmaßnahmen wird sich der Prüfer durch Begehung von Rechenzentren, Inaugenscheinnahme von technischen Sicherungsmaßnahmen und durch Stichproben (z.B. Abgleich von Zutrittsberechtigungen mit Organisationsanweisungen und Mitarbeiter-/ Funktionsverzeichnissen; Einsicht in Verträge und Wartungsprotokolle für Klima-, Brandschutz-, und Energieversorgungssysteme) von der Wirksamkeit der Maßnahmen überzeugen. Im Hinblick auf die zunehmende Komplexität dieser physischen Sicherungsmaßnahmen wird es in Einzelfällen auch erforderlich sein, weitere Spezialisten hinzuzuziehen bzw. Prüfungsergebnisse Dritter zu berücksichtigen. Sofern der IT-Betrieb von einem Dienstleistungsunternehmen durchgeführt wird (Outsourcing) ist im Regelfall, je nach Ausgestaltung der eingesetzten Technik/ Verfahren (eigenes Rechenzentrum; Übernahme der Infrastruktur des Kunden), das Dienstleistungsunternehmen in die Prüfungen einzubeziehen. Ergänzend oder alternativ können

auch Prüfungsergebnisse Dritter beim Dienstleistungsunternehmen herangezogen werden[936]. Dies gilt auch, wenn diese Prüfungen nach internationalen Standards durchgeführt wurden, welche den inländischen Verlautbarungen entsprechen (insb. die Standards ISAE 3402 sowie SSAE 16[937]).

Zum Schutz von IT-Anwendungen und Daten sind **Zugriffskontrollsysteme** (Benutzerberechtigungskonzepte) auf Anwendungs-, Betriebssystem- und Datenbankebene erforderlich. Diese sollen die organisatorischen Zuweisungen von Aufgaben in Form von Menü- und Transaktionsberechtigungen im IT-System umsetzen und somit das in der Aufbau- und Ablauforganisation vorgesehene IKS durch differenzierte Zugriffsberechtigungen ermöglichen bzw. unterstützen. Hierbei gilt, dass nach den Prinzipien der Funktionstrennung und minimalen Rechtevergabe die Anwender nur über die Berechtigungen verfügen sollten, die miteinander vereinbar sind und die zur Abwicklung ihrer Aufgaben erforderlich sind. Wesentlich für den sicheren und ordnungsgemäßen Betrieb ist zudem, dass der Zugriff auf IT-Anwendungen im Produktionsbetrieb strikt von IT-Anwendungen im Testbetrieb (z.B. aufgrund von Neueinführungen oder Änderungen der Software) getrennt wird. Die Verfahren und Techniken zur Realisierung angemessener und wirksamer Zugriffskontrollen hängen von den eingesetzten Betriebssystemen und IT-Anwendungen ab. Die Ausgestaltung eines angemessenen Zugriffskontrollsystems liegt auch dann in der Verantwortung des zu prüfenden Unternehmens, wenn der IT-Betrieb von einem Dienstleistungsunternehmen durchgeführt wird (Outsourcing).

819

Als Teil der Aufbauprüfung sollte sich der Prüfer zunächst ein Bild von den durch die Unternehmensleitung festgelegten **Sicherheitsgrundsätzen und** den **generellen Zugriffsschutzverfahren** machen. Hierzu zählen Regelungen über die Einrichtung, Änderung und Entziehung von Berechtigungen, die Protokollierung aller Aktivitäten im Bereich der Berechtigungsverwaltung, die Gestaltung der Passwörter, z.B. hinsichtlich Mindestlänge und Ablaufdatum, und die Festlegung von stellenbezogenen Berechtigungsprofilen.

820

In einem zweiten Schritt muss sich der APr. durch **Aufnahme der Abläufe** zur Berechtigungsverwaltung und Einsichtnahme in die implementierten Zugriffsrechte von der Wirksamkeit der Zugriffskontrollen und der hierauf basierenden Funktionstrennung überzeugen. Hierzu können in Abhängigkeit von der Ausgestaltung der Anwendungssoftware Systemauswertungen genutzt, jedoch auch eigene Prüfsoftwareprodukte eingesetzt werden, um die Funktionsprüfung effizient zu unterstützen oder faktisch erst zu ermöglichen (z.B. bei größeren Unternehmen mit mehreren tausend Anwendern oder komplexeren, verteilten IT-Systemen). Bei der Prüfung sind insb. die folgenden Punkte stichprobenartig zu untersuchen:

821

– Vergabe von spezifischen Berechtigungen und stellenbezogenen Berechtigungsprofilen in den einzelnen Geschäftsprozessen sowie in den IT-Prozessen der IT-Anwendungen
– ob berechtigte Mitarbeiter tatsächlich in den vorgesehenen Verantwortungsbereichen des Unternehmens (noch) tätig sind
– Vergabe von umfassenden Berechtigungen („Superuser") an einzelne Mitarbeiter, diese Berechtigungen sollten nur im Rahmen eines Notfallkonzepts mit einem dokumentierten Notfallverfahren vergeben werden

---

936 Vgl. *IDW PS 951;* ISAE 3402.
937 Statement on Standards for Attestation Engagements No. 16: Reporting on Controls at a Service Organinzation ersetzt den SAS 70 für Prüfungszeiträume ab dem 15.06.2011.

– Nutzung von nicht-personalisierten Benutzern (z.B. Nutzung von nur einem Benutzer „PRODUKTION" durch alle Mitarbeiter in der Produktion).

822 Die Berechtigungsvergabe soll an zwei Beispielen dargestellt werden. Beim Geschäftsprozess Einkauf ist zu prüfen, ob das Recht zur Bestellgenehmigung an einen Einkäufer, das Recht für die Wareneingangsbuchung (nach Qualitätsprüfung) an einen Lagerdisponenten, das Recht für die Freigabe der Eingangsrechnung (nach Prüfung) an einen Mitarbeiter der Rechnungsprüfung und das Recht zur Zahlungsfreigabe an einen leitenden Mitarbeiter in der Kreditorenabteilung vergeben wurde. Zur Wahrung der Funktionstrennung sollten diese Rechte nur einzeln, nicht jedoch kumuliert, an die Mitarbeiter vergeben werden. Bei der Prüfung der Berechtigungsvergabe im IT-Prozess hat sich der APr. davon zu überzeugen, dass das Recht zur Entwicklung und Änderung von IT-Anwendungen nur in einer Entwicklungsumgebung vergeben wurde, dieses Recht jedoch nicht in der Produktivumgebung besteht.

823 **Datensicherungs- und Auslagerungsverfahren** müssen so ausgestaltet sein, dass die jederzeitige Verfügbarkeit und Lesbarkeit der Daten sichergestellt ist. Geeignete Verfahren sind hinreichend gestaffelte Tages-, Monats- und Jahressicherungen, die Inventarisierung aller Sicherungsmedien einschließlich der Führung von Datenträgerverzeichnissen sowie die Auslagerung wichtiger Sicherungsbestände außerhalb des Rechnerbereichs. Im Rahmen des Datensicherungskonzeptes für die Wiederherstellbarkeit der Systemumgebung sind die Zahl bzw. Periodizität der Sicherungen (Generationenkonzept), die verwendeten Sicherungsmedien und die Art der Aufbewahrung der Sicherungen festzulegen. Diese Verfahren stellen nicht nur einen wichtigen Beitrag zur Sicherung der Betriebsbereitschaft und zur Unterstützung von Maßnahmen im Notfall dar, sondern sind auch zunehmend wichtig, um den gesetzlichen Aufbewahrungsvorschriften z.B. über Archivierungsverfahren gerecht werden zu können.

824 Der APr. muss im Rahmen der Aufbau- und Funktionsprüfung insb. beurteilen,

– ob das Unternehmen angemessene Sicherungsverfahren eingeführt und z.B. durch Tests der Datenrücksicherung, die Wiederherstellbarkeit von Programmen und Daten aus den Sicherungsmedien nachgewiesen hat,
– dass das Unternehmen über diese Verfahren und/ oder zusätzliche Archivierungsverfahren den Ordnungsmäßigkeitsvorschriften (Nachvollziehbarkeit, Einhaltung der Aufbewahrungsvorschriften über den gesetzlich vorgeschriebenen Zeitraum von 10 Jahren) nachkommen kann,
– ob eine regelmäßige Auslagerung der Sicherungsmedien erfolgt und
– dass im Rahmen eines Operating-Verfahren eine regelmäßige Überwachung der Sicherungen der Daten durchgeführt wird (System-Monitoring, Fehlerprotokolle).

825 Die **Verfahren für einen sicheren und geordneten Regelbetrieb** sollen die Integrität und jederzeitige Verfügbarkeit der IT-Systeme gewährleisten. Sie umfassen daher insb. IT-Maßnahmen, die den geordneten Einsatz von IT-Anwendungen und Daten (richtige Programmversion zur richtigen Zeit mit den richtigen Daten) sicherstellen, aber auch die Sicherung der Betriebsbereitschaft sowie die Verfahren für einen Notbetrieb gewährleisten.

826 Im Hinblick auf den geordneten Einsatz von IT-Anwendungen und Daten muss der APr. im Rahmen der Aufbauprüfung beurteilen, ob adäquate Operating-Verfahren zur Arbeitsvorbereitung, Programmeinsatzplanung und Arbeitsnachbereitung bestehen, die den Einsatz der Programmversion und Jobfolge sowie den Zugriff auf Dateien und Datenbanken regeln. Die angewendeten Verfahren sind hierbei stark von den eingesetzten Softwareanwendungen und Datenbankkonzepten abhängig. Die Beurteilungen sind durch

spezifische Funktionstests zu verifizieren, indem z.B. in konkrete Operating-Planungen und Job-Protokolle Einsicht genommen wird. Über konkrete Befragungen und weitere Untersuchungen ist insb. in Stichproben zu analysieren, ob und inwieweit Unterbrechungen und Fehler in den Abläufen und Prozeduren vom Unternehmen erkannt (System-Monitoring, Fehlerprotokolle), gemeldet bzw. eskaliert und zeitnah bearbeitet werden. Sofern der IT-Betrieb von einem Dienstleistungsunternehmen durchgeführt wird (Outsourcing), ist ergänzend zu prüfen, ob diese Maßnahmen z.B. in Service Level Agreements geregelt sind und Fehler/ Probleme in eindeutigen Melde- und Eskalationsverfahren kommuniziert und bei Bedarf zusammen mit dem Kunden behoben werden.

Der APr. muss darüber hinaus in der Aufbauprüfung beurteilen, ob das Unternehmen angemessene Maßnahmen ergriffen hat, um auf einen vollständigen oder teilw. **Ausfall der IT-Systeme** vorbereitet zu sein bzw. über vorbeugende Kontroll- und Sicherungsmaßnahmen verfügt, die die Eintrittswahrscheinlichkeit eines derartigen Notfalls reduzieren. Die Maßnahmen zur **Sicherung der Betriebsbereitschaft** lassen sich unterscheiden in Maßnahmen, die sich auf den kurzfristigen Ersatz einzelner Hardware-Komponenten richten und so genannte Katastrophenfall-Szenarien, die bei einem vollständigen Ausfall der gesamten IT eines Unternehmens zum Tragen kommen. Der Prüfer hat daher zu untersuchen, ob das Unternehmen eine effektive Eventualplanung erstellt und die Wirksamkeit dieser Planung getestet hat, die sowohl die unternehmensspezifischen Risiken als auch die Abhängigkeit des Unternehmens von der Funktionsfähigkeit der IT berücksichtigt. Für die Wiederanlauf- und Vorsorgemaßnahmen müssen insb. die Zeiträume definiert sein, innerhalb derer die Unternehmensleitung beim Eintritt der unterschiedlichen Schadensfälle die Wiederherstellung der Datenverarbeitung für unabdingbar erachtet, um den Bestand des Unternehmens nicht zu gefährden. Bei Unternehmen mit sehr hoher Abhängigkeit von IT-Systemen (z.B. Finanzdienstleistungs- oder Telekommunikationsunternehmen) wird der Prüfer im Regelfall erhöhte Anforderungen an Art und Umfang der Risikovorsorge und den Detaillierungsgrad einer Notfallplanung stellen müssen. Zudem ist im Rahmen des Outsourcings zu prüfen, ob ausreichende Maßnahmen für den Notbetrieb und die Wiederherstellung der Betriebsbereitschaft spezifisch zwischen den Parteien vereinbart wurden. 827

(c) Prüfung von IT-Anwendungen

Die Prüfung von **IT-Anwendungen** stellt einen Kernbereich der Prozessprüfung dar, mit der festgestellt werden soll, ob 828

- eine angemessene Organisation der Softwareauswahl (für Standardsoftware) sowie des Entwicklungs- und Änderungsprozesses für IT-Anwendungen (für Individual- und Standardsoftware) vorliegt (Qualitätssicherung, Change Management),
- die spezifische IT-Anwendung den relevanten Ordnungsmäßigkeits- und Sicherheitsanforderungen entspricht,
- ausreichend wirksame Kontrollen für eine vollständige und richtige Informationsverarbeitung vorgesehen sind und
- die der IT-Anwendung vor- und nachgelagerten Prozesskontrollen in dem vorgesehenen Umfang ausgeführt werden.

Die vom Unternehmen durchzuführende **Qualitätssicherung** von IT-Anwendungen soll die ordnungsgemäße, d.h. insb. vollständige und richtige Verarbeitung von Geschäftsvorfällen im Rahmen von Geschäftsprozessen gewährleisten. Der Prüfer hat daher im Rahmen der Aufbauprüfung zu beurteilen, ob angemessene Verfahren zur Qualitätssicherung im Unternehmen implementiert sind. Diese umfassen sowohl für Standardsoft- 829 ware als auch Individualsoftware insb. die Erstellung von fachlichen Feinkonzepten, die Verfahren der Programmierung und Softwareauswahl, die Programmtest-, -freigabe- und -übergabeverfahren sowie die Verfahren zu Datenübernahme (Migration)[938]. In diesem Zusammenhang sollte der Prüfer beachten, dass sich die Anwender im zu prüfenden Unternehmen i.d.R. auf die Wirksamkeit der in den IT-Anwendungen enthaltenen automatisierten Kontrollen/ Abstimmungen verlässt, da er von einer qualitätsgesicherten Einführung ausgeht. Die dargestellten Grundsätze gelten nicht nur für die Neueinführung, sondern auch für Änderungen von IT-Anwendungen während des GJ.

Die Wirksamkeit dieser generellen Kontrollen ist im Regelfall durch detaillierte Funktionstests zu prüfen. Diese beinhalten z.B. die Beurteilung und stichprobenhafte Prüfung,

- ob und inwieweit **Pflichten- und Lastenhefte** für IT-Anwendungen erstellt wurden, diese an die Anforderungen der Fachbereiche/ Anwender angepasst wurden und der Softwareauswahl oder Eigenentwicklung tatsächlich zugrunde gelegt wurden,
- der Angemessenheit des **Softwareauswahlprozesses** (z.B. Lieferantenauswahl und -bewertung; Machbarkeitsstudien; Deckungsgradanalysen; Demonstrationen und Testläufe; Vertragsgestaltung),
- der angewendeten **Testverfahren** (Einzel- und Integrationstests), der Fehlerfeststellung und -bereinigung,
- der angewendeten **Freigabeverfahren** (Abnahme durch Fachbereiche/Anwender) und
- der Verfahren zur Übernahme (**Migration**) von Stamm- und Bewegungsdaten.

830 Für die anschließende Funktionsprüfung von spezifischen IT-Anwendungen stützt sich der Prüfer auf die vorgelagerten Prüfungshandlungen zu den generellen Kontrollen, da die Feststellungen zu diesen Bereichen i.d.R. unmittelbare Auswirkungen auf die Anwendungsprüfung haben. In einem ersten Schritt ist daher insb. zu beurteilen, ob und inwieweit die grundlegenden Feststellungen zu den Qualitätssicherungsverfahren auch für die ausgewählte, zu prüfende IT-Anwendung gelten. Bei vollständig integrierten einheitlichen Standardsoftwareanwendungen ist dies überwiegend der Fall bzw. über zusätzliche begrenzte Prüfungsschritte zu verifizieren. Sofern das Unternehmen jedoch im Prozess individuelle Anwendungen einsetzt, die nicht den generellen IT-Kontrollen unterliegen, sind weitere vergleichbare Prüfungshandlungen erforderlich.

831 Eine **Softwarebescheinigung** bestätigt die Ordnungsmäßigkeit der rechnungslegungsrelevanten Funktionen einer Software[939], wobei diese Funktionen in einer definierten Testumgebung getestet wurden. Unter Beachtung einer sachgerechten Handhabung durch den Anwender kann der APr. das Ergebnis der Softwareprüfung (Softwarebescheinigung und PrB) im Rahmen der Abschlussprüfung verwerten[940]. Auch bei Vorliegen einer Softwarebescheinigung muss der Prüfer jedoch die unternehmensspezifische Parametrisierung der Standardsoftware (Prüfung der Implementierung) sowie die Einbettung der IT-Anwendung in das IKS beurteilen.

832 IT-Anwendungsprüfungen, speziell im Zusammenhang mit der Neueinführung von IT-Systemen, können aus zeitlichen Gründen i.d.R. nicht im Rahmen von Abschlussprüfungen durchgeführt werden. Die Neueinführungen erfolgen regelmäßig unterjährig und je nach Größe des Projekts über einen längeren Zeitraum. In diesen Fällen sollte daher eine **projektbegleitende Prüfung** durchgeführt werden, die frühzeitig schon in der Phase

---

938 Vgl. zu den Kriterien und zur Prüfung auch *IDW PS 850*.
939 Vgl. *IDW PS 880*, Tz. 4 ff.; ISAE 3000.
940 Zu den Grundsätzen der Verwertung der Arbeit eines anderen externen Prüfers vgl. *IDW PS 320*; zur Möglichkeit der Verwertung einer Softwareprüfung vgl. *IDW PS 880*, Tz. 100.

der Softwareauswahl bzw. des Designs (Pflichtenhefte, Fachkonzepte) beginnen und den Einführungsprozess bis zur Produktivstellung der Software begleiten sollte[941].

Die mögliche Effektivität von Prozesskontrollen sollte schon im Rahmen der Prozessaufnahme nach Prioritäten gewichtet werden. Der Prüfer wird hierbei zuerst die Kontrollen betrachten, die von übergeordneter Natur und geeignet sind, die vollständige und richtige Verarbeitung in mehreren Prozessschritten bzw. Verarbeitungsabläufen abzudecken. Diese Kontrollen sind typischerweise vom Anwender gestaltete Abstimmungen und Analysen, die zwar häufig auf IT-Auswertungen beruhen (z.B. im Controlling des Unternehmens), jedoch keine maschinellen oder automatisierten IT-Kontrollen darstellen. Sofern diese Kontrollen (auch **High Level Controls**) aufgrund von Funktionstests als wirksam eingestuft werden, kann der Prüfer häufig auf untergeordnete Detailprüfungen von IT-Anwendungen verzichten. 833

(d) Prüfung von IT-gestützten Geschäftsprozessen

Geschäftsprozesse sind für Zwecke der Rechnungslegung und aus Sicht der Prüfung darauf ausgerichtet, rechnungslegungsrelevante Geschäftsvorfälle bzw. Daten zu erfassen, zu verarbeiten und in die Buchführung sowie Abschlusserstellung überzuleiten. Interne Kontrollen haben in diesem Zusammenhang sicherzustellen, dass die Geschäftsvorfälle/ Daten unter Beachtung der Ordnungsmäßigkeitsanforderungen vollständig, richtig, zeitnah und geordnet erfasst und verarbeitet werden. 834

IT-gestützte Geschäftsprozesse sind demgemäß dadurch gekennzeichnet, dass wesentliche oder sogar sämtliche Teilprozessschritte sowie interne Kontrollen durch eine oder mehrere IT-Anwendungen abgebildet oder unterstützt werden. Im Ergebnis sind folgende Grundkonstellationen denkbar:

– **Vollständig integrierte/ automatisierte Geschäftsprozesse:** Geschäftsvorfälle werden nach ihrer erstmaligen Erfassung vollständig durch IT-Anwendungen in der Buchführung (weiter)verarbeitet. Das erfordert eine ordnungsmäßige Verarbeitung durch die in den IT-Anwendungen integrierten Kontrollen oder generellen IT-Kontrollen.

– **Teilw. integrierte/ automatisierte Geschäftsprozesse:** Abw. davon werden in derartigen Geschäftsprozessen die Geschäftsvorfälle teilw. manuell, teilw. durch IT-Anwendungen verarbeitet. Die Verarbeitung ist damit wesentlich durch Schnittstellen zwischen verschiedenen Anwendungen oder manuellen Bearbeitungsschritten gekennzeichnet. Zusätzlich zu IT-Kontrollen müssen insb. manuelle Anwender- sowie Prozesskontrollen die ordnungsmäßige Verarbeitung gewährleisten.

Die Aufbauprüfung erfordert eine **Prozessaufnahme** und ist insgesamt an den Prüfungszielen für den ausgewählten Geschäftsprozess sowie für die zugrunde liegenden Prüfungsfelder des Abschlusses auszurichten. Hierbei hat der APr. zu dokumentieren und zu beurteilen, 835

– ob der Geschäftsprozess das von der Unternehmensleitung vorgesehene **Geschäftsmodell** des Unternehmens angemessen abbildet,

– in welchen Prozessschritten **IT-Anwendungen integriert** sind und/ oder manuelle Tätigkeiten durchgeführt werden,

– wie rechnungslegungsrelevante Informationen aus dem Geschäftsprozess in die **Buchführung übergeleitet** werden (Daten- und Belegfluss, Schnittstellen) und

---
941 Vgl. *IDW PS 850*.

– welche **prozess- und anwendungsbezogenen Kontrollen** bei der Erfassung und Verarbeitung der Geschäftsvorfälle bestehen.

836 Hierauf aufbauend sind in jedem Fall die folgenden **spezifischen anwendungsbezogenen Kontrollen** zu prüfen, die überwiegend in der Verantwortung der Fachbereiche liegen:
– zutreffende Einstellung der Steuerungsparameter
– richtige Belegaufbereitung
– verlässliche Plausibilitätskontrollen bei der Belegerfassung am System
– wirksame vor- und nachgelagerte Kontroll- und Abstimmverfahren
– zeitnahe Bearbeitung von Fehlermeldungen und -protokollen.

Im Zusammenhang mit der Prozessaufnahme und Prüfung der anwendungsbezogenen Kontrollen hat der Prüfer auch die Einhaltung der Grundsätze der Sicherheit und Ordnungsmäßigkeit zu beurteilen, d.h. insb. die Frage, wie die Beleg-, Journal- und Kontenfunktion in der untersuchten Anwendung eingehalten wird.

837 Die zur Prüfung der Wirksamkeit der internen Kontrollen durchzuführenden Funktionstests müssen je nach Ausgestaltung der Kontrollen zum einen verfahrensorientierte, zum anderen geschäftsvorfallsorientierte Tests beinhalten. Der Umfang und die Intensität der Prüfungshandlungen sind im Einzelfall festzulegen.

VII. Abschlussprüfung bei teilweiser Auslagerung der Rechnungslegung auf Dienstleistungsunternehmen

1. Einführung

838 Durch die stark arbeitsteilige Wirtschaftswelt und zur Sicherung von Wettbewerbsvorteilen tendieren Unternehmen vermehrt zur **Auslagerung von betrieblichen Funktionen** auf dafür spezialisierte externe Dienstleistungsunternehmen. Der Grad der Auslagerung kann je nach Größe des Unternehmens und der Branche stark variieren. Allgemein lassen sich die Arten von Auslagerungen in die folgenden typischen drei Bereiche einordnen[942]:

– **Rechenzentrumsbetreiber:** Das externe Dienstleistungsunternehmen stellt dabei die zur Verarbeitung von Daten über Geschäftsvorfälle oder sonstige betriebliche Aktivitäten[943] notwendige Hardware und erforderlichen Programme zur Verfügung und ist verantwortlich für deren physischen Schutz[944], z.B. durch bauliche Maßnahmen, Zugangskontrollen, oder Feuerschutzmaßnahmen.
– **Shared Service Center:** Betriebliche Funktionen, z.B. Debitoren-/ Kreditorenbuchhaltung oder Personalverwaltung, werden den Konzernunternehmen in einer dafür gegründeten eigenständigen Unternehmenseinheit oder Gesellschaft zentral zur Verfügung gestellt.
– **Business Process Outsourcing:** Das zu prüfende Unternehmen lagert betriebliche Funktionen, z.B. die Lohn- und Gehaltsabrechnung, an ein externes Dienstleistungsunternehmen aus, welches sich auf die Bereitstellung solcher Funktionen spezialisiert hat. Die den betrieblichen Funktionen zugrunde liegenden IT-Systeme werden i.d.R. auch vom externen Dienstleistungsunternehmen betreut.

839 Die Auslagerung der betrieblichen Funktionen sollte **schriftlich** zwischen dem zu prüfenden Unternehmen und dem Dienstleister vereinbart werden und ein Prüfungs- und

---
942 Vgl. *IDW PS 951*, Tz. 4.
943 Vgl. *IDW RS FAIT 1*, Tz. 14.
944 Vgl. *IDW RS FAIT 1*, Tz. 83.

Kontrollrecht für das auslagernde Unternehmen sowie dessen APr. enthalten[945]. Das zu prüfende Unternehmen bleibt weiterhin für die Angemessenheit und Wirksamkeit des IKS für die ausgelagerten betrieblichen Funktionen verantwortlich[946].

Im Rahmen der Abschlussprüfung muss der APr. zunächst beurteilen, ob die Regelungen[947] (Grundsätze, Verfahren und Maßnahmen) im IKS des zu prüfenden Unternehmens auch beim Dienstleistungsunternehmen gelten, oder ob das Dienstleistungsunternehmen **eigene Regelungen** eingerichtet hat und das zu prüfende Unternehmen darauf keinen Einfluss hat. Gelten die Regelungen beim Dienstleistungsunternehmen direkt und unmittelbar kann es ausreichen, dass der APr. nur die Regelungen zur Überwachung der Auslagerung innerhalb des IKS des zu prüfenden Unternehmens beurteilt. Fehlt eine entsprechende Geltung, sind in Abhängigkeit vom festgestellten und beurteilten Kontrollrisiko sowohl beim zu prüfenden Unternehmen als auch beim Dienstleistungsunternehmen entsprechende Prüfungshandlungen erforderlich. 840

2. Feststellung und Beurteilung des Kontrollrisikos

a) Feststellung des Kontrollrisikos

Im Rahmen der Prüfungsplanung[948] muss sich der APr. zur Feststellung des Kontrollrisikos zunächst ein **Verständnis vom rechnungslegungsbezogenen IKS** (einschließlich des Rechnungslegungssystems) des zu prüfenden Unternehmens verschaffen. Hier ergibt sich die Besonderheit, dass Teile des rechnungslegungsbezogenen IKS an ein Dienstleistungsunternehmen ausgelagert sind und der APr. für diese beim zu prüfenden Unternehmen kein ausreichendes Verständnis erlangen kann. 841

Der APr. muss in einem ersten Schritt einschätzen, wie sehr das rechnungslegungsbezogene IKS des zu prüfenden Unternehmens durch die Auslagerung beeinflusst wird und welche **Bedeutung** die Auslagerung für das zu prüfende Unternehmen und die Abschlussprüfung hat. Die folgenden wesentlichen Aspekte sollte der APr. bei seiner Einschätzung berücksichtigen[949]: 842

– Art und Umfang der vom Dienstleistungsunternehmen durchgeführten Tätigkeiten

– Grad der Spezialisierung des Dienstleistungsunternehmen für die ausgelagerten Tätigkeiten

– Auswirkungen der ausgelagerten betrieblichen Funktionen auf die wesentlichen Aussagen im JA/KA und LB/KLB.

Stellt der APr. unter Berücksichtigung der o.g. Aspekte fest, dass das ausgelagerte IKS die Beurteilung des Kontrollrisikos beim zu prüfenden Unternehmen nicht beeinflusst und daher von **untergeordneter Bedeutung** ist, ergibt sich lediglich eine Prüfungspflicht für das IKS beim zu prüfenden Unternehmen. Nur wenn das ausgelagerte IKS nach Einschätzung des APr. für die Abschlussprüfung von **Bedeutung** ist, ergibt sich zur Beurteilung des Kontrollrisikos eine erweiterte Prüfungspflicht für das ausgelagerte IKS beim Dienstleistungsunternehmen. 843

---

945 Vgl. *IDW PS 951*, Tz. 5; ISA 402.9(d).
946 Vgl. *IDW PS 331*, Tz. 10; ISA 402.3.
947 Vgl. *IDW PS 261*, Tz. 19; ISA 315.4.
948 Vgl. *IDW PS 240*, Tz. 12, 17; ISA 315.12.
949 Vgl. *IDW PS 331*, Tz. 12; ISA 402.9.

b) Beurteilung des Kontrollrisikos

844 Bei der Beurteilung des Kontrollrisikos für das zu prüfende Unternehmen muss der APr. beachten, dass Teile des rechnungslegungsbezogenen IKS an ein Dienstleistungsunternehmen ausgelagert sind. Daher berücksichtigt er für die Beurteilung zunächst die Ergebnisse seiner **eigenen Systemprüfungen** für die Kontrollhandlungen, die das zu prüfende Unternehmen über die Tätigkeiten des Dienstleistungsunternehmens ausübt. Sind die Tätigkeiten des Dienstleistungsunternehmens von hoher Bedeutung für die Abschlussprüfung, fordert der APr. entweder den **Bericht eines externen Prüfers** des Dienstleistungsunternehmens zur Angemessenheit und Wirksamkeit des IKS des Dienstleistungsunternehmens an oder er beauftragt **Systemprüfungen beim Dienstleistungsunternehmen** bzw. führt diese selbst durch.

aa) Bericht eines externen Prüfers des Dienstleistungsunternehmens

845 Zur Beurteilung des Kontrollrisikos kann der APr. den Bericht eines externen Prüfers des Dienstleistungsunternehmens verwerten. Dabei muss er die folgenden Grundsätze zur Verwertung beachten:

- Würdigung von Art, Inhalt und Angemessenheit des Berichts
- Beurteilung der beruflichen Qualifikation und fachlichen Kompetenz des externen Prüfers[950]
- Einschätzung der Qualität der Arbeit des externen Prüfers[951].

846 Der Bericht des externen Prüfers des Dienstleistungsunternehmens beinhaltet eine Beurteilung, ob das IKS durch die gesetzlichen Vertreter richtig beschrieben ist und ob die Kontrollen angemessen eingerichtet wurden, um die angegebenen Kontrollziele zu erreichen (Bericht Typ 1 bzw. Typ A)[952]. Führt der externe Prüfer des Dienstleistungsunternehmens auch Prüfungen zur Wirksamkeit des IKS durch, hat er den Umfang und die Ergebnisse der Prüfungshandlungen darzustellen (Bericht Typ 2 bzw. Typ B).

847 Um ein allgemeines Verständnis über die Teile des rechnungslegungsbezogenen IKS zu erlangen, die an das Dienstleistungsunternehmen ausgelagert wurden, ist ein Bericht des Typs 1 ausreichend. Der APr. fordert einen Bericht des Typs 2 an, sofern er bei der Beurteilung des Kontrollrisikos beim zu prüfenden Unternehmen von der Erwartung ausgeht, dass ausgelagerte Kontrollen beim Dienstleistungsunternehmen wirksam sind.

848 Bei einem Bericht des Typs 2 muss der APr. zusätzlich beurteilen, ob die durchgeführten Prüfungshandlungen nach Art, Umfang und Zeitpunkt ausreichend sind, um die vorläufige Beurteilung des Kontrollrisikos des zu prüfenden Unternehmens zu bestätigen. Derzeit erfüllen auf nationaler Ebene nur Berichte die o.g. Kriterien, die nach den Vorgaben des *IDW PS 951* erstellt wurden. International werden diese Kriterien von Berichten erfüllt, die nach den Standards ISAE 3402 oder SAS 70[953] erstellt wurden.

---

[950] Vgl. *IDW PS 320*, Tz. 18 ff.; ISA 600.19; *IDW EPS 320 n.F.*
[951] Vgl. *IDW PS 320*, Tz. 22 ff.; ISA 600.30; *IDW EPS 320 n.F.*
[952] International haben sich die Bezeichnungen Typ 1 und Typ 2 durchgesetzt (z.B. ISAE 3402), während in Deutschland der *IDW PS 951* die Bezeichnungen Typ A und Typ B verwendet. Im Weiteren wird die internationale Bezeichnung Typ 1 bzw. Typ 2 verwendet.
[953] Statement on Standards for Attestation Engagements (SSAS) No. 16: Reporting on Controls at a Service Organinzation ersetzt den SAS 70 für Prüfungszeiträume ab dem 15.06.2011.

bb) Durchführung von Systemprüfungen beim Dienstleistungsunternehmen

Der APr. des zu prüfenden Unternehmens kann zur Beurteilung des Kontrollrisikos auch eigene Prüfungshandlungen beim Dienstleistungsunternehmen durchführen. Dem APr. sollte dazu über das zu prüfende Unternehmen beim Dienstleistungsunternehmen ein Zugang zu den notwendigen Informationen gewährt werden. Wird ein solcher Zugang nicht gewährt, stellt dies ein Prüfungshemmnis dar. 849

Systemprüfungen beim Dienstleistungsunternehmen können auch nach Abstimmung mit dem APr. durch einen externen Prüfer beim Dienstleistungsunternehmen durchgeführt werden (sog. Agreed-upon Procedures[954]). 850

Eigene bzw. beauftragte Systemprüfungen beim Dienstleistungsunternehmen sollte der APr. nur durchführen, wenn der Bericht eines externen Prüfers des Dienstleistungsunternehmens zur Beurteilung des Kontrollrisikos nicht herangezogen werden kann, z.B. weil nur ein Bericht des Typs A erstellt wurde oder der Bericht nur einen geringen Teil des Prüfungszeitraums abdeckt. 851

3. Auswirkungen auf den Prüfungsbericht und Bestätigungsvermerk

Die Verwertung von wesentlichen Arbeiten des externen Prüfers beim Dienstleistungsunternehmen sind im PrB darzustellen[955]. Dies ist insb. der Fall, wenn nach Einschätzung des APr. das ausgelagerte IKS für die Abschlussprüfung von Bedeutung ist. 852

Der APr. hat die Gesamtverantwortung für die Abschlussprüfung beim zu prüfenden Unternehmen. Verweisende Angaben im BestV auf die Verwertung von Arbeiten des externen Prüfers beim Dienstleistungsunternehmen sind daher nicht sachgerecht[956]. 853

VIII. Verwertung der Arbeit Dritter

1. Grundsatz

Nach dem Grundsatz der Eigenverantwortlichkeit hat der APr. die Abschlussprüfung stets in eigener Verantwortung zu planen und durchzuführen, Prüfungsaussagen zu treffen und das Prüfungsurteil zu fällen[957]. Dem steht nicht entgegen, dass er unter bestimmten Voraussetzungen Prüfungsergebnisse und Untersuchungen Dritter verwertet. Jedoch hat der APr. in diesem Fall zu beurteilen, welchen Einfluss die Arbeit des Dritten auf die Abschlussprüfung hat. 854

Durch das BilMoG wurden die Möglichkeiten der Verwertung der Arbeit anderer externer Prüfer neu geregelt: Eine **Übernahme von Prüfungsergebnissen** eines anderen externen Prüfers bei der Prüfung eines KA ist nicht mehr vorgesehen. Stattdessen besteht die Verpflichtung zur Überprüfung der Arbeit eines anderen externen Prüfers und zur Dokumentation dieser Überprüfung (§ 317 Abs. 2 S. 2 HGB). Die Frage der Verwertung von Arbeiten eines Dritten kann sich im nationalen und im internationalen Bereich stellen. Hierbei kann es sich um die Prüfungsergebnisse anderer APr., einer Internen Revision oder um Arbeitsergebnisse oder Untersuchungen von Sachverständigen handeln[958]. 855

---

954 Vgl. ISRS 4400.
955 Vgl. *IDW PS 331*, Tz. 27; *IDW PS 450*, Tz. 57.
956 Vgl. *IDW PS 331*, Tz. 28; *IDW PS 400*, Tz. 34.
957 Vgl. § 11 der BS der WPK.
958 Vgl. auch ISA 600; ISA 610; ISA 620; *Philipps*, WPK-Mitt. 1998, S. 279; *Klein*, in: HWRev³, Sp. 470; *Rusch*, in: FS v. Wysocki, S. 253; *Neitemeier*.

856 Art und Umfang der Verwertung hängen in allen Fällen davon ab, ob und in welchem Umfang der Dritte die fachlichen (sachliche Kompetenz und berufliche Qualifikation) und die persönlichen Voraussetzungen (Unparteilichkeit, Unbefangenheit und Eigenverantwortlichkeit) für die Übernahme seiner Arbeitsergebnisse erfüllt und wie weit im konkreten Fall die Arbeit des Dritten vom verwertenden APr. – zumindest in ihren wesentlichen Schritten – nachprüfbar ist. Unabhängig von diesen grundsätzlichen Voraussetzungen ist auch in diesem Zusammenhang die Frage der Wesentlichkeit (materiality) zu beachten, d.h. welche Bedeutung der von dem anderen APr. bzw. Sachverständigen geprüfte Sachverhalt für die Abgabe des eigenen Urteils hat.

2. Prüfungsergebnisse anderer externer Prüfer

857 Die Frage der Verwertung von Prüfungsergebnissen anderer externer Prüfer stellt sich insb., wenn in einen KA einbezogene Unternehmen nicht vom KAPr., sondern von anderen in- oder ausländischen Prüfern geprüft worden sind. Sie ist darüber hinaus in den – selteneren – Fällen von Bedeutung, in denen Unternehmensteile, z.B. rechtlich unselbständige Betriebsabteilungen, von einem anderen als dem gewählten APr. des Unternehmens geprüft werden. Durch die Verwertung von Prüfungsergebnissen anderer APr. wird die Verantwortung des APr. bzw. KAPr. nicht eingeschränkt. Vielmehr trägt er weiterhin die volle Verantwortung für die Richtigkeit des von ihm testierten Abschlusses[959]. Der APr. muss sich daher durch geeignete Maßnahmen von der Einhaltung der unter 1. erwähnten Grundsätze und Voraussetzungen überzeugen, da er als KAPr. allein für die Einhaltung sämtlicher Rechtsvorschriften verantwortlich ist[960]. Da die Verantwortung des APr. unberührt bleibt, hat dieser bereits bei der Auftragsannahme sicherzustellen, dass die eigene Befassung mit der Prüfung insgesamt ausreichend sein wird, um zu einem eigenverantwortlichen Urteil gelangen[961].

Als andere externe Prüfer gelten nicht nur Prüfungspraxen, die keine Verbindung zu dem APr. unterhalten, sondern auch solche, die demselben Firmenverbund wie der APr. angehören – unabhängig davon, ob sie den gleichen Namen verwenden – oder mit dem APr. in einem sonstigen Kooperationsverhältnis stehen[962].

858 Die Verwertung der Arbeit eines anderen externen Prüfers erfordert die Zusammenarbeit zwischen APr. und dem anderen externen Prüfer. Zu diesem Zweck wird der APr. den anderen externen Prüfer über Folgendes unterrichten[963]:

– die Unabhängigkeitsanforderungen in Bezug auf das zu prüfende Unternehmen,
– die beabsichtige Verwertung der Arbeit und der Prüfungsaussagen,
– die erforderliche Koordinierung der Prüfungstätigkeit des APr. und des anderen externen Prüfers für Zwecke der Prüfungsplanung und Prüfungsdurchführung und
– die zu beachtenden Rechnungslegungs-, Prüfungs- und Berichtspflichten.

859 Die Verwertung der Arbeit eines anderen externen Prüfers kann nur erfolgen, wenn der APr. sich entweder direkt durch eigene Prüfungsarbeit oder indirekt durch eigene Prüfungshandlungen mit der Verwertung der Arbeit eines anderen externen Prüfers befasst.

---

959 Anders hingegen in den USA, wo im BestV auf die Prüfung durch einen anderen APr. hingewiesen wird; vgl. AICPA, AU § 543.06.
960 Vgl. HdR[4], § 317, Rn. 61.
961 Vgl. *IDW PS 320*, Tz. 12; *IDW EPS 320 n.F.*:
962 Vgl. *IDW PS 320*, Tz. 3; *IDW EPS 320 n.F.*:
963 Vgl. *IDW PS 320*, Tz. 14; *IDW EPS 320 n.F.*

Verwertung der Arbeit Dritter   R

Dazu sind stets die **Beurteilung der beruflichen Qualifikation und der fachlichen Kompetenz** sowie die **Beurteilung der Qualität der Arbeit** erforderlich.

Die **fachliche Kompetenz und die berufliche Qualifikation** eines anderen externen Prüfers sind nach Maßgabe der für den bestellten APr. geltenden Erfordernisse der Unabhängigkeit, Gewissenhaftigkeit, Unparteilichkeit, Unbefangenheit und Eigenverantwortlichkeit zu beurteilen. Bei der Verwertung von Arbeitsergebnissen **anderer deutscher WP** wird der APr. grundsätzlich davon ausgehen können, dass die persönlichen und sachlichen Voraussetzungen erfüllt sind. Dasselbe gilt für solche APr., die in Mitgliedstaaten der EU als gesetzliche APr. nach den Regeln der EU-Abschlussprüferrichtlinie zugelassen sind, da die Richtlinie insoweit Gleichwertigkeit unterstellt[964]. Wenn ein ausländischer APr. neben dem nach Landesrecht vorgeschriebenem Abschluss auch die Handelsbilanz II prüft, muss sich der APr. davon überzeugen, dass dieser mit den deutschen Rechnungslegungsvorschriften bzw. den Bilanzierungsrichtlinien des MU vertraut ist[965]. Ob die Überleitung auf die Handelsbilanz II unter die dem KAPr. *allein* vorbehaltenen Pflichten fällt[966], wird pragmatisch zu lösen sein. Der größeren Vertrautheit des KAPr. mit den Konzernrechnungslegungsrichtlinien steht ggf. eine bessere Kenntnis des Einzelabschlussprüfers der anzupassenden Sachverhalte gegenüber[967]. In jedem Fall verbleibt die volle Verantwortung für die Überleitungsrechnungen beim KAPr.   860

Ist ein ausländischer APr. nicht nach den Regeln der EU-Abschlussprüferrichtlinie als APr. zugelassen, so muss von Fall zu Fall geprüft werden, ob er die notwendigen persönlichen und sachlichen Voraussetzungen erfüllt, die grundsätzlich eine Verwertung seiner Prüfungsergebnisse gestatten. Dazu gehören neben einer entsprechenden Vorbildung und hinreichenden fachlichen Ausbildung auch die in § 43 WPO genannten Grundsätze der Unabhängigkeit, Gewissenhaftigkeit, Verschwiegenheit und Eigenverantwortlichkeit. Diese Voraussetzungen können im Allgemeinen bei den Angehörigen der jeweiligen Berufsorganisationen als erfüllt angesehen werden, die Mitglied der International Federation of Accountants (IFAC) sind und nachweisen können, dass deren Guidelines in nationales Recht oder nationale Prüfungs- und Berufsgrundsätze inkorporiert sind.   861

Der APr. hat ausreichende und angemessene Prüfungsnachweise darüber zu erlangen, ob die **Qualität der Arbeit** eines anderen externen Prüfers unter Berücksichtigung der Bedeutung der von diesem zu prüfenden Teileinheiten den Zwecken der Abschlussprüfung genügt[968]. Um eine ausreichende Qualität der Arbeit des anderen externen Prüfers sicherzustellen, sind die Prüfungsplanung und Prüfungsdurchführung mit dem anderen externen Prüfer vorab zu erörtern und schriftliche Prüfungsvorgaben (Audit Instructions) zu machen.   862

Die Planung einer Abschlussprüfung, bei der die Arbeit anderer Prüfer verwertet werden soll, umfasst zum einen die Planung der auf die spätere Verwertung gerichteten Arbeit des anderen Prüfers in sachlicher und zeitlicher Hinsicht, zum anderen umfasst sie die personelle, zeitliche und sachliche Planung der eigenen Prüfungshandlungen im Zusammenhang mit der Verwertung der Arbeit anderer Prüfer.   863

Bei der Planung der eigenen Prüfungshandlungen im Zusammenhang mit der Verwertung der Arbeit anderer Prüfer ist zu beachten, dass diese an Risikogesichtspunkten aus-

---

964 Vgl. *IDW PS 320*, Tz. 20; *IDW EPS 320 n.F.*
965 Vgl. *Havermann*, in: FS Döllerer, S. 185.
966 So BeBiKo[7], § 317, Rn. 37; HdR[4], § 317, Rn. 70.
967 Ähnlich ADS[6], § 317, Tz. 201.
968 Vgl. *IDW PS 320*, Tz. 22; *IDW EPS 320 n.F.*

zurichten ist. Das Prüfungsrisiko erhöht sich, wenn der durch den anderen Prüfer bearbeitete Bereich wesentlich für die durch den APr. zu treffende Gesamtaussage ist. Darüber hinaus können bestimmte kritische Sachverhalte, die im Rahmen der Analyse der Unternehmensstrategie und der Geschäftsrisiken, der Durchführung analytischer Prüfungshandlungen, in der Planungsphase sowie bei der Prüfung des rechnungslegungsbezogenen IKS bekannt werden, zu einem erhöhten Prüfungsrisiko führen. Solche Tatsachen sind z.B.:

- ein Wechsel im Management bei Tochtergesellschaften oder in Werken bzw. Betriebsstätten,
- starke Schwankungen der Profitabilität oder eine schwache Profitabilität bei Tochtergesellschaften,
- strukturelle Veränderungen innerhalb des Unternehmens bzw. (Teil-)Konzerns,
- besondere operative Risiken,
- Besonderheiten im lokalen Unternehmensumfeld oder
- die Bildung von Zweckgesellschaften und die Verwendung von off-balance sheet-Finanzierungen.

Zusammen mit den Erfahrungen aus Vorjahresprüfungen stellen die Erkenntnisse über die Bereiche mit erhöhtem Prüfungsrisiko beim zu prüfenden Unternehmen die Grundlage für die sachliche, zeitliche und personelle Planung der eigenen Prüfungshandlungen im Zusammenhang mit der Verwertung der Arbeit anderer Prüfer dar.

864 Die Planung der Einbeziehung anderer Prüfer erfolgt im Wesentlichen über die Audit Instructions, die den zeitlichen Rahmen der Prüfungsdurchführung des anderen Prüfers vorgeben und die Prüfungsintensität, die Prüfungsschwerpunkte sowie Art und Umfang der Berichterstattung an den APr. konkretisieren.

865 Die Arbeit eines anderen Prüfers kann verwertet werden, wenn die Prüfungshandlungen des APr. bei der Verwertung der Arbeit anderer Prüfer zu dem Ergebnis führen, dass die Prüfung von dem anderen Prüfer angemessen durchgeführt wurde und die anzuwendenden Prüfungsgrundsätze beachtet wurden. Wenn ausreichende und angemessene Prüfungsnachweise vorliegen, dass in der Praxis des anderen externen Prüfers Qualitätssicherungsgrundsätze und -maßnahmen eine angemessene Qualität der Arbeit des anderen externen Prüfers gewährleisten, kann der APr. seine Prüfungshandlungen auf die Durchsicht des PrB oder die Zusammenfassung der Prüfungsergebnisse eines anderen externen Prüfers beschränken[969].

866 Selbst wenn man die Qualitätsvermutung unterstellen kann[970], ist stets gewissenhaft zu prüfen, ob im Einzelfall Zweifel an der Qualität der Arbeit und der Qualifikation des anderen Prüfers angebracht sind. Vor diesem Hintergrund und unter Berücksichtigung der Eindrücke aus der laufenden Kommunikation mit dem externen Prüfer ist die Berichterstattung des anderen Prüfers daraufhin zu überprüfen, ob die gemeldeten Unterlagen (JA, LB, ggf. PrB, Reporting Package, Early Warning Memorandum, abschließendes Memorandum über die Prüfungsergebnisse und andere wesentliche Sachverhalte (Completion Memorandum), Management Letter) in ihrem Gesamtbild den Qualitätsanforderungen und den in den Audit Instructions enthaltenen Vorgaben genügen. Es sind im Einzelnen v.a. folgende Prüfungshandlungen durchzuführen:

- Untersuchung der gemeldeten Unterlagen auf Konsistenz und Plausibilität sowie Übereinstimmung mit den Audit Instructions

---

969 Vgl. *IDW PS 320*, Tz. 24; *IDW EPS 320 n.F.*
970 Vgl. Tz. 860.

- analytische Prüfungshandlungen auf Grundlage der gemeldeten JA vor dem Hintergrund der Erläuterungen zu den Sachverhalten in den Memoranden
- Durchsicht des Completion Memorandums hinsichtlich der angewandten Prüfungsgrundsätze und hinsichtlich Fakten, die auf unzutreffende Prüfungsergebnisse hinweisen.

Kann die Qualitätsvermutung nicht angenommen werden, so sind zusätzlich zu den vorstehend aufgeführten Prüfungshandlungen weitere Prüfungshandlungen erforderlich. Es sollte in diesen Fällen an dem Abschlussgespräch des anderen Prüfers mit dem Mandanten teilgenommen und ein Gespräch mit dem anderen Prüfer vor Ort geführt werden sowie die Arbeitspapiere des anderen Prüfers einer Durchsicht unterzogen werden. 867

Ergibt sich aus der Durchsicht der Arbeitspapiere, dass die Arbeit des anderen Prüfers in Teilen oder als Ganzes nicht verwertet werden kann, so sind ausreichende und angemessene eigene Prüfungshandlungen vorzunehmen.

Der APr. hat im **PrB** die Verwertung von wesentlichen Arbeiten anderer externer Prüfer darzustellen[971]. Im Fall der Verwertung nach § 317 Abs. 3 S. 2 HGB hat der APr. im PrB einen Hinweis auf die vorgenommene Durchsicht der Arbeitspapiere und ggf. auf getroffene Feststellungen zu geben[972]. Sind die einbezogenen JA mit einem eingeschränkten BestV oder Versagungsvermerk versehen, sind im PrB die vom KAPr. hieraus abgeleiteten Beurteilungen zu erläutern. Demgegenüber enthält der BestV keinen Hinweis darauf, dass Ergebnisse anderer Prüfer verwertet wurden[973]. 868

In den **Arbeitspapieren** sind der Name des anderen externen Prüfers und die von ihm geprüften Teilbereiche sowie deren Bedeutung für den geprüften Abschluss zu dokumentieren. Außerdem sind die eigenen Prüfungshandlungen des APr. und die Prüfungsfeststellungen und in den Fällen, in denen auf eigene Prüfungshandlungen verzichtet wurde, die Gründe dafür festzuhalten[974]. 869

3. Prüfungsergebnisse der Internen Revision

Mit wachsender Komplexität der betrieblichen Prozesse und des Rechnungswesens ist eine wirksame Interne Revision für die Ordnungsmäßigkeit des Rechnungswesens von wesentlicher Bedeutung. Sie ermöglicht es, die Art und den zeitlichen Ablauf der durch den APr. durchzuführenden Prüfungshandlungen zu ändern und deren Umfang zu verringern. Die Interne Revision ist Teil des Unternehmens. Ziele und Aufgaben der Internen Revision werden durch die gesetzlichen Vertreter des Unternehmens im Rahmen ihrer Geschäftsführungsverantwortung vorgegeben. Die Interne Revision ist damit, unabhängig vom Grad der eingeräumten Autonomie, nicht in dem Maße unabhängig, wie dies der APr. bei der Prüfung des JA und KA sein muss[975]. 870

Die Verwertbarkeit der Arbeiten der Internen Revision durch den APr. erfordert:

Einschätzung der Internen Revision[976]:

Der APr. muss im Rahmen der Entwicklung der Prüfungsstrategie eine Einschätzung der Wirksamkeit der Internen Revision vornehmen. Zur Einschätzung der Auswirkungen der 871

---

971 Vgl. *IDW PS 320*, Tz. 31.
972 Vgl. *IDW PS 450*, Tz.128.
973 Vgl. *IDW PS 320*, Tz. 33.
974 Vgl. *IDW PS 320*, Tz. 32.
975 Vgl. *IDW PS 321*, Tz. 13; ISA 610.4.
976 Vgl. *IDW PS 321*, Tz. 14; ISA 610.8 f.

Arbeit der Internen Revision auf das Kontrollrisiko, ist bei der Prüfungsdurchführung zu beurteilen, ob das Vorgehen und der Umfang der Arbeiten der Internen Revision angemessen waren und ob die im Rahmen der Prüfungsplanung vorgenommene Einschätzung der Wirksamkeit der Internen Revision zutreffend war. Dies umfasst die organisatorische Eingliederung (Weisungsungebundenheit und Prozessunabhängigkeit) im Unternehmen, Art und Umfang der von der Internen Revision durchgeführten Projekte, die fachliche Ausbildung und berufliche Erfahrung der Mitarbeiter der Internen Revision und die Sorgfalt, mit der die Tätigkeit der Internen Revision geplant, durchgeführt, überwacht und dokumentiert wird.

Überprüfung der Arbeit der Internen Revision[977]:

872 Der APr. hat zu beurteilen, ob das Vorgehen und der Umfang der Arbeiten der Internen Revision angemessen waren. Hierzu wählt der APr. einzelne Projekte der Arbeit der Internen Revision aus und überprüft anhand dieser, ob die Arbeiten durch Personen mit ausreichender fachlicher Ausbildung durchgeführt wurden, angemessene und ausreichende Prüfungsnachweise vorliegen, die Schlussfolgerungen daraus sachgerecht getroffen, die PrB konsistent mit den Arbeitsergebnissen sind und ob ungewöhnliche Sachverhalte geklärt wurden.

873 Im Interesse einer effektiven und effizienten Zusammenarbeit ist eine enge Abstimmung mit der Internen Revision sinnvoll. Dazu wird sich der APr. einen Überblick über das Arbeitsprogramm der Internen Revision verschaffen und die Arbeitsergebnisse, sofern der APr. diese verwerten möchte, so früh wie möglich erörtern.

Eine Eingliederung des Personals der Internen Revision sowie anderer Mitarbeiter des geprüften Unternehmens in das Prüfungsteam des APr. ist nicht zulässig[978].

874 Abgeschlossene Prüfungshandlungen, wie z.B. körperliche Aufnahmen im Rahmen der Inventur, Kassen- und Kassenverkehrsprüfungen usw., die im Laufe des GJ von der Internen Revision durchgeführt worden sind, können nicht an die Stelle gleichartiger Prüfungshandlungen des APr. treten und dürfen nicht als vorweggenommene Teile der Abschlussprüfung angesehen werden. So kann auch eine Prüfung von in den KA einbezogenen JA durch die Interne Revision nicht an die Stelle der Prüfung durch den KAPr. treten.

4. Verwertung der Arbeit von Sachverständigen

875 Die Verwertung der Arbeit von Sachverständigen ist zunehmend ein wesentlicher Bestandteil der Abschlussprüfung. Die gestiegenen Anforderungen an die Abschlussprüfung und die Tatsache, zunehmend komplexere Gestaltungen im Rahmen der Abgabe des Prüfungsurteils zu beurteilen, erfordern den Einsatz von Spezialisten[979]. Es kann daher erforderlich sein, Arbeitsergebnisse oder Untersuchungen Sachverständiger in die eigenverantwortliche Bildung des Prüfungsurteils einzuziehen, da der APr. nicht die spezielle Sachkenntnis haben kann, die für bestimmte Bereiche speziell qualifizierte Personen, z.B. Versicherungsmathematiker, Ingenieure oder IT-Spezialisten besitzen[980]. Die Arbeit von Sachverständigen kann dabei die unterschiedlichsten Abschlussaussagen oder Angaben betreffen, bspw. seien hier genannt:

---

977 Vgl. *IDW PS 321*, Tz. 22; ISA 610.11 f.
978 Vgl. *IDW PS 321*, Tz. 27. Insoweit geht der Regelungsbereich des *IDW PS 321* über ISA 610 hinaus, vgl. *IDW PS 321*, Tz. 29.
979 Vgl. Tz. 239.
980 Vgl. *IDW PS 322*, Tz. 7.

2646

- Bewertung von Grundstücken von Wohnungsbauunternehmen
- Bestimmung des Umfangs und der physikalischen Beschaffenheit von Vermögenswerten (z.B. Bodenschätzen)
- Bestimmung des Fertigstellungsgrades von unfertigen Erzeugnissen
- Beurteilung von Prozessrisiken
- Beurteilung von Maßnahmen nach § 91 Abs. 2 AktG zur Risikofrüherkennung von Umweltrisiken.

Sachverständige sind Personen, Unternehmen oder sonstige Einrichtungen, soweit sie in Bereichen außerhalb der Rechnungslegung oder Abschlussprüfung über spezielle Fähigkeiten, Kenntnisse und Erfahrungen verfügen und in dieser Eigenschaft tätig werden. Es kann sich um externe Sachverständige handeln, die vom zu prüfenden Unternehmen oder dem APr. beauftragt werden. Ferner kommt auch in Betracht, dass der Sachverständige bei dem zu prüfenden Unternehmen oder bei einem mit diesem verbundenen Unternehmen angestellt ist[981]. **876**

Für die Beurteilung der Frage, ob ein Sachverständiger hinzuziehen ist, sind folgende Aspekte besonders zu berücksichtigen: **877**

- Bedeutung des zu beurteilenden Sachverhalts für das Gesamturteil des APr.
- Risiko einer unrichtigen Angabe oder Aussage
- Umfang und Qualität alternativer Prüfungsnachweise[982].

Die Arbeitsergebnisse und Untersuchungen von Sachverständigen unterliegen, soweit sie für den JA oder LB der Gesellschaft von Bedeutung sind, der Nachprüfung, mindestens jedoch der **kritischen Würdigung durch den APr.**[983]. Eine ungeprüfte Übernahme dieser Ergebnisse ist nicht statthaft. Der APr. hat daher die Frage zu beurteilen, ob die Arbeit eines Sachverständigen den Zwecken der Abschlussprüfung genügt und ausreichend und angemessene Prüfungsnachweise liefert. **878**

Ob die Arbeit Sachverständiger durch den Prüfer verwertet werden darf und kann, hängt davon ab, inwieweit diese Arbeit für ihn nachvollziehbar ist, d.h. in wesentlichen Schritten sachgerecht und schlüssig ist. Der APr. hat zumindest folgende eigene Prüfungshandlungen bei der Verwertung der Arbeit von Sachverständigen vorzunehmen: **879**

- Beurteilung der beruflichen Qualifikation und der fachlichen Kompetenz sowie der Unparteilichkeit und Unbefangenheit:
    - In diesem Zusammenhang muss der APr. insb. die persönliche und wirtschaftliche Unabhängigkeit des Sachverständigen gegenüber dem zu prüfenden Unternehmen beurteilen.
- Beurteilung von Art und Umfang der Tätigkeit:
    - Der APr. hat die Frage zu beurteilen, ob Art und Umfang der Tätigkeit des Sachverständigen den Zwecken der Abschlussprüfung genügt.
- Beurteilung der Arbeitsergebnisse:
    - Der APr. hat zu beurteilen, ob die Arbeiten als Prüfungsnachweis für die Beurteilung der Aussagen oder Angaben im JA verwertbar sind. In einem ersten Schritt erfolgt dabei die Prüfung, ob die Arbeitsergebnisse mit den Aussagen oder Angaben im JA im Einklang stehen oder sie stützen. Außerdem sind die der Arbeit zugrunde liegenden Ausgangsdaten, die getroffenen Annahmen und verwendeten Methoden sowie deren stetige Anwendung zu beurteilen und die Arbeitsergebnisse sind vor

---

981 Vgl. *IDW PS 322*, Tz. 2; ISA 620.6 (c) management's expert.
982 Vgl. *IDW PS 322*, Tz. 9.
983 Vgl. *IDW PS 322*, Tz. 11; ISA 620.12.

dem Hintergrund der Gesamtkenntnisse über Geschäftstätigkeit und das wirtschaftliche und rechtliche Umfeld sowie den Ergebnissen anderer Prüfungshandlungen zu würdigen.

Die Verwertung ist nicht möglich, wenn der APr. nicht zumindest in wesentlichen Schritten beurteilen kann, ob die Arbeit des Sachverständigen sachgerecht und schlüssig ist[984].

880 Weitere Prüfungshandlungen können notwendig werden, wenn folgende Umstände vorliegen:

- Zweifel an der fachlichen Kompetenz und Unparteilichkeit, z.b. wenn wesentliche wirtschaftliche Beziehungen bestehen („Gefälligkeitsgutachten") oder es sich bei dem Sachverständigen um einen Mitarbeiter des Unternehmens handelt

- Arbeiten des Sachverständigen erbringen keine ausreichend geeigneten Prüfungsnachweise, z.b. weitgehend offen formulierte Schlussbemerkungen bei Rechts- oder Umweltgutachten, Abhängigkeit von noch vorzunehmenden Untersuchungen oder vorzulegenden Unterlagen

- Feststellungen des Sachverständigen stehen im Widerspruch zu anderen Prüfungsnachweisen, z.b. Annahmen des Gutachters zu Leerstandsquoten weichen von Einschätzungen der ortsansässigen renommierten Makler ab.

881 Bei Zweifeln an der Verwertbarkeit kommen als weitere Prüfungshandlungen zur Verifizierung der Arbeitsergebnisse des Sachverständigen in Betracht:

- Besprechung mit der Unternehmensleitung bzw. dem Sachverständigen
- Überprüfung der erhaltenen Aussagen (**ergänzende Prüfungshandlungen**)
- Einbeziehung anderer Sachverständiger (**alternative Prüfungshandlungen**).

882 Im **PrB**[985] sind Ausführungen zur Verwertung und Einschätzung von Arbeiten Sachverständiger zu machen, die für die Beurteilung des APr. wesentlich waren. Die Ausführungen müssen deutlich machen, inwieweit sich die Beurteilungen des APr. auf die Arbeit von Sachverständigen stützen und wie der APr. diese Arbeiten einschätzt. Inhaltlich umfasst die Einschätzung der Verwertbarkeit der Arbeit von Sachverständigen folgende Schritte: Beurteilung der beruflichen Qualifikation und der fachlichen Kompetenz sowie der Unparteilichkeit und Unbefangenheit des des Gutachters, Beurteilung von Art und Umfang seiner Tätigkeit sowie Beurteilung der Arbeitsergebnisse[986]. Berichtspflichtig ist nicht nur die Verwertung von Ergebnissen externer Gutachter. In Betracht kommt auch eine Berichterstattung über Arbeiten von Sachverständigen, die bei dem zu prüfenden Unternehmen angestellt sind, sobald deren Ergebnisse wesentlich für das Urteil des APr. sind. Auf die Verwertung der Arbeit eines im Prüfungsteam des APr. beschäftigten Sachverständigen ist dagegen nicht einzugehen. Für die Berichterstattung im BestV bleibt die Verwertung der Arbeit von Sachverständigen ohne Auswirkung; verweisende Angaben im BestV auf die Arbeitsergebnisse des Sachverständigen sind nicht zulässig[987].

---

984 Vgl. *IDW PS 322*, Tz. 11.
985 *IDW PS 322*, Tz. 23.
986 *IDW PS 322*, Tz. 12 ff.
987 *IDW PS 322*, Tz. 24; *IDW PS 400*, Tz. 34. Gleiches gilt nach ISA 620.14; eine Bezugnahme auf die Arbeit eines Sachverständigen ist nur dann vorgesehen, wenn die Bezugnahme auf die Arbeit des Sachverständigen für das Verständnis einer Modifikation des Prüfungsurteils erforderlich ist.

IX. Vollständigkeitserklärung

Der APr. hat von dem geprüften Unternehmen eine Vollständigkeitserklärung einzuholen[988]. Im Fall des **Konzernabschlusses** ist die Vollständigkeitserklärung vom MU einzuholen. Die Vollständigkeitserklärung ist kein Ersatz für eigene Prüfungshandlungen, sondern eine sachgerechte Ergänzung der Abschlussprüfung[989]. Sie stellt eine umfassende Versicherung des geprüften Unternehmens über die Vollständigkeit der erteilten Auskünfte und Nachweise dar und wird üblicherweise von den gesetzlichen Vertretern des Unternehmens abgegeben, die damit auch ihre Verantwortlichkeit für die Buchführung und die Aufstellung von JA und LB zum Ausdruck bringen[990]. Es reicht aus, wenn die gesetzlichen Vertreter in vertretungsberechtigter Zahl die Vollständigkeitserklärung unterzeichnen[991], wobei es international üblich ist, dass die Vollständigkeitserklärung von dem Vorsitzenden des Geschäftsleitungsorgans und dem für Finanzen Verantwortlichen unterzeichnet wird[992]. In besonderen Fällen kann die Einholung einer zusätzlichen Erklärung von einem ressortverantwortlichen gesetzlichen Vertreter angebracht sein, wenn in dessen Verantwortungsbereich fallende abschlussrelevante Sachverhalte von besonderer Bedeutung sind.

883

Die Vollständigkeitserklärung soll Lücken schließen, die erfahrungsgemäß auch bei fachgerechter Prüfung und kritischer Untersuchung des JA offen bleiben, indem die gesetzlichen Vertreter eine umfassende Versicherung über die Vollständigkeit der erteilten Aufklärungen und Nachweise abgeben[993]. Dies gilt insb. für Vorgänge, die in den Büchern gewöhnlich nicht ihren Niederschlag finden, sondern sich aus den übrigen Unterlagen und Schriften der Gesellschaft ergeben, die der APr. im Rahmen der Pflichtprüfung nicht von sich aus systematisch durcharbeiten kann[994]. Gleiches gilt für Sachverhalte, deren Abbildung im JA von den Absichten der gesetzlichen Vertreter abhängt, wie etwa die Aufgabe von Geschäftsbereichen oder die Halteabsicht bei Finanzanlagen. Die Vollständigkeitserklärung wird zweckmäßigerweise am Ende der Prüfung, zeitnah zum BestV eingeholt[995]; im PrB sollte auf die Einholung hingewiesen werden[996]. Auch bei der Datierung des BestV ist darauf zu achten, dass am Tag des Datums des BestV die Prüfung materiell abgeschlossen ist und zeitnah eine Vollständigkeitserklärung vorliegt[997].

884

Die Vollständigkeitserklärung ist an den APr. zu adressieren, zu datieren und zu unterzeichnen. Liegen zwischen dem Datum des BestV und seiner Auslieferung ein längerer Zeitraum oder ist in diesem Zeitraum das Eintreten wesentlicher Ereignisse zu erwarten, hat der APr. ergänzende mündliche oder schriftliche Erklärungen der gesetzlichen Vertreter über die Vollständigkeit der erteilten Auskünfte und Nachweise für diesen Zeitraum einzuholen[998].

885

---

988 Vgl. *IDW PS 303 n.F.*, Tz 23; *Jacobs*, in: HWRev², Sp. 134; HdR⁴, § 320, Rn. 23: Einholung einer Vollständigkeitserklärung als „Grundsatz ordnungsmäßiger Anschlussprüfung".
989 Vgl. *IDW PS 303 n.F.*, Tz 23; ADS⁶, § 320, Tz. 33.
990 *IDW PS 303 n.F.*, Tz. 27; ISA 580; BeBiKo⁷, § 317, Rn. 178; ADS⁶, § 320, Tz. 33.
991 So auch vorgesehen in den von der IDW Verlag GmbH herausgegebenen Mustern für Vollständigkeitserklärungen; a.A. *Strieder*, BB 2000, S. 299, der eine Unterzeichnung durch alle Vorstandsmitglieder bzw. Geschäftsführer präferiert.
992 Vgl. ISA 580.A4.
993 Vgl. *IDW PS 303 n.F.*, Tz. 24.
994 Zur Bedeutung von Vollständigkeitserklärungen bei off-balance sheet-Geschäften vgl. Tz. 563.
995 Vgl. *IDW PS 303 n.F.*, Tz. 29; *IDW PS 400*, Tz. 81; ferner *Strieder*, BB 2000, S. 299.
996 Vgl. *IDW PS 450*, Tz. 55.
997 Vgl. *IDW PS 400*, Tz. 81.
998 Vgl. *IDW PS 203 n.F.*, Tz. 19; *IDW PS 303 n.F.*, Tz. 30.

886 Die Erteilung einer Vollständigkeitserklärung durch die Geschäftsleitung kann vom APr. nicht erzwungen werden. Der APr. hat die Weigerung zur Abgabe einer Vollständigkeitserklärung im Einzelfall zu beurteilen. Ergeben sich daraus Unsicherheiten, sind weitere Prüfungshandlungen zu ergreifen. Die Weigerung der Abgabe einer angeforderten schriftlichen Erklärung führt dazu, dass der APr. die Integrität der gesetzlicher Vertreter neu beurteilen, die Verlässlichkeit anderer von den gesetzlichen Vertretern abgegebener Erklärungen überdenken muss sowie über Auswirkungen dieser Weigerung auf das Prüfungsurteil im BestV entscheiden muss[999]. Die vom IDW herausgegebenen Allgemeinen Auftragsbedingungen für WP und WPG vom 01.01.2002 sehen in Nr. 3 Abs. 2 einen Anspruch auf die schriftliche Bestätigung der Vollständigkeit der vorgelegten Unterlagen und der gegebenen Auskünfte vor. Unrichtige Angaben, die im Widerspruch zur Vollständigkeitserklärung stehen, können den Tatbestand einer unrichtigen Darstellung i.S.v. § 331 Nr. 4 HGB erfüllen und strafrechtlich geahndet werden[1000].

887 Bei **Nachtragsprüfungen** (§ 316 Abs. 3 HGB) hat der APr. ergänzend eine Erklärung über die Vollständigkeit der dem APr. gegebenen Informationen in Bezug auf die Posten und Sachverhalte einzuholen, auf die sich die Änderungen beziehen.

888 Von der IDW Verlag GmbH können Muster und Module für Vollständigkeitserklärungen für die Prüfung von Unternehmen unterschiedlicher Rechtsformen und Branchen bezogen werden. Sie sind auf die in der Praxis am häufigsten anzutreffenden Vorgänge abgestellt und müssen im Einzelfall, soweit erforderlich, geändert oder ergänzt werden.

X. Durchführung von Gemeinschaftsprüfungen (Joint Audit)

889 Zwar wird in der gesetzlichen Regelung zur Wahl des APr. in § 318 Abs. 1 S. 1 HGB auf die Wahl des APr. Bezug genommen, was aber nicht etwa bedeutet, dass die Wahl **mehrerer APr.** ausgeschlossen wäre[1001]. Werden mehrere Personen zum APr. bestellt, führen diese ihre Prüfungen jeweils eigenverantwortlich durch, jedoch sind sie gemeinsam der APr. im Sinn der der gesetzlichen Vorschriften (Gemeinschaftsprüfung). Bei der Wahl mehrerer APr. sind bestimmte Einschränkungen zu beachten[1002]:

- Durch die Wahl mehrerer APr. kann nicht der Gesellschafterversammlung/ HV das Recht eingeräumt werden, zu einem späteren Zeitpunkt einen der ursprünglich gewählten Prüfer zum alleinigen APr. zu bestimmen. Ebenso wenig kann der Geschäftsleitung oder dem AR die Möglichkeit eröffnet werden, nur einem der gewählten APr. den Prüfungsauftrag zu erteilen[1003].
- Ist zunächst nur ein Prüfer zum APr. gewählt worden, kann nicht durch einen späteren Wahlbeschluss ein weiterer gesetzlicher Prüfer gewählt werden, um nunmehr eine Gemeinschaftsprüfung durchzuführen[1004].
- Außerdem ist es nicht zulässig, im Wahlbeschluss die Aufgabenverteilung zwischen den beteiligten Prüfern in der Form festzuschreiben, dass die beteiligten Prüfer jeweils

---

999 Vgl. *IDW PS 303 n.F.,* Tz. 21.
1000 Vgl. HdR[4], § 320, Rn. 7.
1001 Vgl. BT-Drs. 10/4268, S. 117; *IDW PS 208,* Tz. 4; ferner BeBiKo[7], § 316, Rn. 2, § 318, Rn. 12; ADS[6], § 318, Tz. 65 m.w.N.
1002 Zu den Besonderheiten bei der Wahl einer Sozietät zum APr. vgl. *IDW PS 208,* Tz. 7; ADS[6], § 318, Tz. 76.
1003 Vgl. *IDW PS 208,* Tz. 5; ADS[6], § 318, Tz. 89; BeBiKo[7], § 318, Rn. 12.
1004 Vgl. ADS[6], § 318, Tz. 87; HdR[4], § 318, Rn. 62; teilw. a.A. BeBiKo[7], § 318, Rn. 12; dort wird von der Möglichkeit der „Hinzuwahl" eines weiteren APr. in einer späteren Haupt-/ Gesellschafterversammlung ausgegangen.

Durchführung von Gemeinschaftsprüfungen (Joint Audit) **R**

nur für Teilgebiete der Prüfung zuständig sein sollen[1005]. Dies ist schon deshalb ausgeschlossen, weil jeder der beteiligten Prüfer die Verantwortung für das Ergebnis der gesamten Anschlussprüfung trägt.

Von einer Gemeinschaftsprüfung zu unterscheiden sind die Verwertung von Prüfungsergebnissen anderer Prüfer[1006]. Da in diesem Fall die anderen Prüfer nicht zum APr. des betreffenden Unternehmens bestellt wurden, handelt es sich um keine Gemeinschaftsprüfung. Eine Gemeinschaftsprüfung liegt auch dann nicht vor, wenn der Wahlbeschluss einen Ersatzprüfer für den Fall vorsieht, dass der ursprünglich gewählte APr. ausfällt. Eine derartige Wahl unter einer aufschiebenden Bedingung zieht im Ergebnis nur die Beauftragung eines Prüfers als APr. nach sich[1007]. Schließlich fällt auch die Bestellung mehrerer Prüfer, die nicht gemeinsam, sondern nebeneinander tätig werden sollen, nicht in die Kategorie der Gemeinschaftsprüfung i.e.S.[1008] **890**

Die Bestellung mehrerer APr. schränkt den Grundsatz der Eigenverantwortlichkeit nicht ein; jeder der beteiligten Prüfer muss sich ein eigenes Prüfungsurteil bilden und die Gesamtverantwortung übernehmen können. Daraus folgt unmittelbar, dass ein Zusammenwirken der Prüfer in allen Phasen der Prüfung erfolgen muss. Dies schließt eine Aufteilung der Prüfungsgebiete nicht aus, erfordert jedoch einen Austausch von wesentlichen Informationen und Teilergebnissen sowie die Einsicht und Beurteilung der Arbeitspapiere der anderen Gemeinschaftsprüfer. Entsprechend der vollen Verantwortung, die jeder Prüfer für das Prüfungsergebnis übernimmt, kann keine Einschränkung der Prüfungshandlungen durch andere beteiligte Prüfer erfolgen[1009]. **891**

Für die **Berichterstattung** im PrB ergeben sich im Fall einer Gemeinschaftsprüfung grundsätzlich keine Besonderheiten, soweit die beteiligten APr. nicht zu abw. Prüfungsfeststellungen gelangen. Dabei ist ein gemeinsamer PrB insb. vor dem Hintergrund einer klaren und verständlichen Information der Berichtsadressaten gegenüber einer getrennten Berichterstattung zu bevorzugen[1010]. Auf die gemeinsame Bestellung mehrerer Personen zum APr. ist im PrB unter den Ausführungen zum Prüfungsauftrag hinzuweisen[1011]. Entsprechend dem Charakter der gemeinsamen Prüfung und der gemeinsamen Verantwortung für das Prüfungsergebnis ist im PrB nicht auf die (interne) Aufteilung der Prüfungsgebiete zwischen den Gemeinschaftsprüfern einzugehen[1012]. Können sich die beteiligten Prüfer nicht auf ein gemeinsames Prüfungsergebnis verständigen, sind die abw. Prüfungsfeststellungen in geeigneter Weise in den PrB aufzunehmen. Über Beanstandungen ist im Abschnitt zu den grundsätzlichen Feststellungen auch dann zu berichten, wenn sie nur von einem der beteiligten Prüfer erhoben werden. **892**

Der BestV ist von den Gemeinschaftsprüfern gemeinsam zu unterzeichnen[1013], soweit über das Gesamturteil Einvernehmen erzielt werden kann[1014]. Gelangen die Prüfer ausnahmsweise zu einem unterschiedlichen Gesamturteil, hat dies jeder beteiligte Prüfer in **893**

1005 Vgl. *IDW PS 208*, Tz. 5; ADS[6], § 318, Tz. 67.
1006 Vgl. *IDW PS 208*, Tz. 2; ADS[6], § 318, Tz. 90. Das ist etwa der Fall, wenn ein KAPr. bestellt wird, während Teilbereiche von anderen APr. geprüft werden.
1007 Vgl. ADS[6], § 318, Tz. 91; *IDW PS 208*, Tz. 2.
1008 Zur Ausgestaltung einer solchen Anschlussprüfung durch mehrere APr. nebeneinander vgl. ADS[6], § 318, Tz. 83, vgl. auch Tz. 1.
1009 Vgl. *IDW PS 208*, Tz. 15; ADS[6], § 318, Tz. 67.
1010 Vgl. *IDW PS 208*, Tz. 21; ADS[6], § 318, Tz. 68.
1011 Vgl. *IDW PS 208*, Tz. 22.
1012 Vgl. *IDW PS 208*, Tz. 23.
1013 Vgl. ADS[6], § 318, Tz. 69; BeBiKo[7], § 318, Rn. 12.
1014 Vgl. *IDW PS 208*, Tz. 28.

einem separaten BestV zum Ausdruck zu bringen. Allerdings führt die Einschränkung eines der BestV zwangsläufig dazu, dass selbst bei einem uneingeschränkten BestV des anderen Prüfers das Gesamturteil eingeschränkt ist. Jeder der APr. hat in einem Absatz nach dem Prüfungsurteil auf die abw. Ergebnisse der anderen Prüfer hinzuweisen. Dies gilt auch in den Fällen, in denen die Prüfer ihre Prüfung unabhängig voneinander durchführen und jeweils gesondert Bericht erstatten. Werden aufgrund unterschiedlicher Prüfungsergebnisse zwei voneinander abweichende BestV erteilt, sind beide offen zu legen[1015].

XI. Nachweis der Prüfungsdurchführung und Berichterstattung

1. Allgemeines

894 Die Bedeutung einer ordnungsmäßigen Dokumentation und Berichterstattung über die Prüfungsdurchführung hat in der Vergangenheit aufgrund der verschiedenen Maßnahmen zu Stärkung der Qualität der Abschlussprüfung und des Vertrauens der Kapitalmarktteilnehmer in die Abschlussprüfung erheblich zugenommen, da der Kreis der potentiellen Adressaten immer größer wurde. Diese Entwicklung wird sich in Zukunft weiter fortsetzen. So sind bspw. im Rahmen der externen Qualitätskontrolle (Peer Review) dem Prüfer zur Durchführung von Auftragsprüfungen die jeweilige Berichterstattung (BestV und PrB) sowie die dazugehörigen Arbeitspapiere vorzulegen. Gleiches gilt auch für den Fall einer anlassunabhängigen Sonderuntersuchung (Inspektion) durch die Abschlussprüferaufsichtskommission (APAK) nach § 62 b WPO, bei der ebenfalls die Auftragsdokumentation zu einzelnen Prüfungsaufträgen vorzulegen ist. Ein weiteres Beispiel stellt der durch das Gesetz zur Einführung internationaler Rechnungslegungsstandards und zur Sicherung der Qualität der Abschlussprüfung (Bilanzrechtsreformgesetz – BilReG) in das HGB eingefügte § 321a dar, der im Insolvenzfall oder im Fall einer Abweisung des Verfahrenseröffnung mangels Masse grundsätzlich eine Einsichtnahme in die PrB des APr. für Gläubiger oder Gesellschafter bzw. für einen von diesen zu bestimmenden WP oder vBP vorsieht.

2. Arbeitspapiere

a) Begriff und Zweck

895 Der APr. hat die Abschlussprüfung in angemessener Weise und in angemessener Zeit zu **dokumentieren**[1016]. Dies dient einer Verbesserung der Prüfungsqualität und erleichtert die effektive Durchsicht und Beurteilung der erlangten Prüfungsnachweise sowie der gezogenen Schlussfolgerungen vor der Erteilung des BestV. Dabei muss er die zur Stützung seiner Prüfungsaussagen dienenden **Prüfungsnachweise** in den Arbeitspapieren festhalten, soweit diese nicht aus dem PrB ersichtlich sind[1017].

896 Arbeitspapiere und PrB ergänzen sich insofern, als der APr. in der Lage sein muss, aus beiden zusammen die Prüfungsdurchführung nachzuweisen und das Prüfungsergebnis abzuleiten. Insb. bei komplexen Prüfungen wird der Schwerpunkt der Prüfungsdokumentation auf den Arbeitspapieren liegen, da eine Darstellung im PrB den Rahmen des Berichts sprengen und der Interessenlage der Berichtsadressaten nicht gerecht werden würde.

1015 Vgl. ADS[6], § 318, Tz. 69; BeBiKo[7], § 318, Rn. 12.
1016 Vgl. ISA 230.7; *IDW PS 460 n.F.*, Tz. 9.
1017 Vgl. *IDW PS 460 n.F.*, Tz. 7. Diese Regelung weicht insoweit von ISA 230 ab, da bei einer Prüfung nach ISA kein PrB zu erstellen und damit eine Dokumentation im PrB nicht möglich ist.

Die Arbeitspapiere umfassen sämtliche Aufzeichnungen und Unterlagen, die der APr. im Zusammenhang mit der Planung und Durchführung der Abschlussprüfung und zur Herleitung des Prüfungsergebnisses selbst erstellt, sowie alle Schriftstücke und Unterlagen, die er von dem geprüften Unternehmen oder von Dritten als Ergänzung seiner eigenen Unterlagen zum Verbleib erhält[1018]. Mittels der Arbeitspapiere weist der APr. nach, dass die Prüfung in Übereinstimmung mit den GoA durchgeführt wurde. Darüber hinaus dienen die Arbeitspapiere insb. der Unterstützung bei der Planung und Durchführung der Abschlussprüfung sowie der Überwachung der Prüfungstätigkeit, der Dokumentation der Prüfungsnachweise zur Stützung der Prüfungsaussagen im PrB und im BestV, als Grundlage für die Erstellung des PrB, zur Unterstützung bei der Beantwortung von Rückfragen zur Prüfung und der Vorbereitung von Folgeprüfungen, als Grundlage für Qualitätssicherungsmaßnahmen in der WP-Praxis und für die Durchführung externer Kontrollen und berufsaufsichtsrechtlicher Maßnahmen sowie der Sicherung des Nachweises bei Regressfällen[1019].

b) Systematischer Aufbau der Arbeitspapiere

Der APr. hat die Arbeitspapiere klar und übersichtlich zu führen[1020]. Das bedeutet, dass bspw. Angaben über die Auswahlkriterien der zu prüfenden Sachverhalte bzw. Geschäftsvorfälle, den Ersteller der Arbeitspapiere, den Zeitpunkt ihrer Erstellung sowie eine ggf. durchgeführte Durchsicht und die jeweilige Quelle der Informationen zu machen sind[1021]. Art, Umfang und Ergebnis der Prüfungshandlungen im Einzelnen sind festzuhalten, wobei die einzelnen Prüfungsschritte nachvollziehbar sein müssen. Die Arbeitspapiere müssen lesbar, übersichtlich geordnet und abgelegt sowie – soweit erforderlich – mit Querverweisen versehen sein. Die Bedeutung von verwendeten Prüfungszeichen ist zu erläutern. Grundsätzlich werden Form und Inhalt der Arbeitspapiere vom pflichtgemäßen Ermessen des APr. bestimmt. Maßgebend sind dabei folgende Faktoren, die von der jeweiligen Abschlussprüfung und den Besonderheiten des geprüften Unternehmens abhängen[1022]:

– Auftragsart
– Form des Prüfungsurteils
– Inhalt des PrB
– Art und Komplexität der Geschäftstätigkeit
– Art und Zustand des rechnungslegungsbezogenen IKS
– Umfang der im Einzelfall erforderlichen Anleitung und Überwachung der Mitarbeiter sowie der Durchsicht ihrer Arbeitsergebnisse
– Besonderheiten der angewandten Prüfungsmethoden und -techniken.

Die Arbeitspapiere sind dabei so anzulegen, dass ein APr., der nicht mit der Prüfung befasst war, sich i.V.m. dem PrB in angemessener Zeit ein Bild über die Abwicklung der Prüfung machen und die für das Nachvollziehen des Prüfungsergebnisses insgesamt und im Einzelnen notwendigen Informationen aus ihnen entnehmen kann. Die Ordnungsmäßigkeit der Arbeitspapiere wird nicht dadurch beeinträchtigt, dass ein Verständnis der Einzelheiten der Abschlussprüfung ggf. erst durch eine Erörterung mit dem Ersteller der Arbeitspapiere erlangt werden kann[1023].

1018 Vgl. *IDW PS 460 n.F.,* Tz. 1.
1019 Vgl. ISA 230.3; *IDW PS 460 n.F.,* Tz. 8.
1020 Vgl. ISA 230.8; *IDW PS 460 n.F.,* Tz. 11, 18.
1021 Vgl. ISA 230.9; *IDW PS 460 n.F.,* Tz. 18.
1022 Vgl. ISA 230.A2; *IDW PS 460 n.F.,* Tz. 12.
1023 Vgl. ISA 230.A5; *IDW PS 460 n.F.,* Tz. 11.

900 Die Effizienz der Erstellung und der Durchsicht der Arbeitspapiere kann durch deren Standardisierung (Checklisten, Musterbriefe, Standardgliederung der Arbeitspapiere) und den Einsatz der IT[1024] verbessert werden. Eine Dokumentation der Arbeitspapiere in Papierform ist nicht erforderlich. Zunehmend erfolgt eine Erstellung und Aufbewahrung mittels elektronischer oder anderer geeigneter Medien (§ 51b Abs. 5 WPO).

901 Neben den **laufenden Arbeitspapieren** wird der APr. eine **Dauerakte** anlegen. Sie stellt eine systematische Sammlung derjenigen Unterlagen dar, die über einen Zeitraum von mehreren Jahren Bedeutung haben und dient v.a. dem Zweck der schnellen Information des APr. über wesentliche Grundlagen der Unternehmung. Dabei ist es sinnvoll, in einer Dauerakte neben allgemeinen Informationen zum Unternehmen auch Unterlagen zu den Rechtsverhältnissen, der Geschäftsführung und den Aufsichtsorganen, den wirtschaftlichen Grundlagen, der Organisation und der Prüfungsdurchführung, die für einen längeren Zeitraum von Bedeutung sein können, aufzunehmen[1025]. Die Dauerakte ist laufend zu ergänzen und auf dem neuesten Stand zu halten.

902 Die laufenden Arbeitspapiere enthalten die systematische Sammlung von Unterlagen, die die Buchführung, den zu prüfenden JA und den LB betreffen, soweit sie nicht in der Dauerakte abgelegt sind.

c) Inhalt der Arbeitspapiere

903 In den Arbeitspapieren sind Informationen zur Planung der Prüfung einschließlich der im Prüfungsverlauf vorgenommenen Änderungen, Art, Zeit und Umfang durchgeführter Prüfungshandlungen sowie deren Ergebnisse und die Schlussfolgerungen aus den eingeholten Prüfungsnachweisen zu dokumentieren. Auch Gespräche mit dem Management, dem Aufsichtsorgan und anderen Personen über bedeutsame Sachverhalte sind unter Angabe des Datums und Gesprächspartners festzuhalten[1026].

904 Wenn der APr. während der Prüfungsdurchführung Informationen erlangt, die im Widerspruch zu seiner Beurteilung eines bedeutsamen Sachverhalts stehen, dann hat der APr. die Berücksichtigung dieser Informationen bei der abschließenden Würdigung des Sachverhaltes zu dokumentieren[1027]. Auch ein Abweichen von den Prüfungsstandards im Rahmen der Eigenverantwortlichkeit des APr. ist in den Arbeitspapieren zu begründen und zu erläutern[1028].

905 Die Arbeitspapiere können vom APr. selbst erstellte Aufzeichnungen und Unterlagen sowie Schriftstücke und Unterlagen, die er von dem geprüften Unternehmen oder von Dritten zum Verbleib erhält, beinhalten. Nach *IDW PS 460 n.F.* kommen Arbeitspapiere zu folgenden Bereichen in Betracht[1029]:

– Geschäftszweig sowie wirtschaftliches und rechtliches Umfeld des Unternehmens[1030]
– Rechtsverhältnisse und Organisation des Unternehmens
– Risikobeurteilung und Prüfungsplanung
– rechnungslegungsbezogenes IKS und Interne Revision
– ggf. sonstige Besonderheiten des Unternehmens

1024 Vgl. Tz. 739.
1025 Vgl. *Marten/Quick/Ruhnke*, Wirtschaftsprüfung³, S. 526.
1026 Vgl. ISA 230.10; *IDW PS 460 n.F.*, Tz. 15.
1027 Vgl. ISA 230.11; *IDW PS 460 n.F.*, Tz. 16.
1028 Vgl. ISA 230.12; *IDW PS 460 n.F.*, Tz. 17.
1029 Vgl. *IDW PS 460 n.F.*, Tz. 21.
1030 Vgl. hierzu auch ISA 315 und *IDW PS 230*.

Nachweis der Prüfungsdurchführung und Berichterstattung **R**

- Vollständigkeitserklärung
- JA, LB und BestV sowie PrB[1031]
- Bedingungen des Prüfungsauftrags (Auftragsbestätigungsschreiben)
- Angaben zu Prüfungszeitpunkt, Prüfungsort, Prüfungshandlung, Person des Prüfers und Prüfungsnachweise für die einzelnen Prüffelder
- Angaben über die Analyse von Geschäftsvorfällen, Salden, bedeutsamen Kennzahlen und Trends sowie zu Abwägungen und Schlussfolgerungen des APr. im Zusammenhang mit Ermessensentscheidungen der gesetzlichen Vertreter (bei schwierigen Grundsatzfragen oder Ermessensentscheidungen auch die zum Zeitpunkt der Schlussfolgerungen bekannten relevanten Tatsachen)
- Kopien des gesamten Schriftverkehrs im Zusammenhang mit der Abschlussprüfung; dazu gehören auch ggf. versandte Management Letter und Gesprächsprotokolle
- bei Verwertung von Prüfungsergebnissen und Untersuchungen Dritter (APr., Sachverständiger) Angaben zu deren Person sowie zu Gegenstand und Umfang der Verwertung von deren Ergebnissen
- ggf. Ergebnisse von Konsultationen und der daraus gezogenen Folgerungen[1032]
- Angaben über die Beaufsichtigung der Prüfungsdurchführung, die Durchsicht der Prüfungsunterlagen durch den verantwortlichen APr. und die Tatsache einer durchgeführten Berichtskritik sowie ggf. über die Durchführung der auftragsbegleitenden Qualitätssicherung.

Ferner bestehen **spezifische Dokumentationspflichten** aus einzelnen Prüfungsstandards, **906** wie z.B. in Bezug auf

- die Berücksichtigung des Risikos von Verstößen (ISA 240, *IDW PS 210*),
- die Feststellungen und Beurteilung von Fehlerrisiken und die Reaktionen des APr. (ISA 315, ISA 330, *IDW PS 261*),
- die Verwertung der Arbeit eines anderen externen Prüfers (ISA 500, ISA 620, *IDW PS 320*) oder
- die Berücksichtigung der Arbeit der Internen Revision (ISA 610, *IDW PS 321*).

Der **Abschluss der Auftragsdokumentation** hat in angemessener Zeit nach Erteilung des **907** BestV zu erfolgen; i.d.R. sollte der Zeitraum des Abschlusses der Auftragsdokumentation 60 Tage nach dem Datum des BestV nicht überschreiten[1033]. Nach Erteilung des BestV dürfen vom APr. keine materiellen Prüfungshandlungen mehr durchgeführt werden. Die Arbeiten des APr. im Zusammenhang mit dem Abschluss der Auftragsdokumentation sind somit ausschließlich administrativer Art. Ein nachträgliches Entfernen oder Herausnehmen von Arbeitspapieren bis zum Ende der Aufbewahrungspflicht ist grundsätzlich nicht zulässig[1034]. Falls es in Ausnahmefällen dennoch erforderlich sein sollte, zusätzliche Prüfungshandlungen durchzuführen, die Arbeitspapiere zu verändern oder zusätzliche Unterlagen zu ergänzen, ergeben sich zusätzliche Dokumentationspflichten[1035]. In diesen Fällen sind anzugeben:

- die spezifischen Gründe für deren Vornahme,

1031 Da der PrB regelmäßig in die Arbeitspapiere aufgenommen wird (vgl. *IDW PS 460 n.F.*, Tz. 36), ist zu berücksichtigen, dass die Frist für den Abschluss der Auftragsdokumentation auch die Fertigstellung und Auslieferung des PrB einschließt.
1032 Vgl. *VO 1/2006*, Tz. 98 ff.
1033 Vgl. ISA 230.14 i.V.m. A21; *IDW PS 460 n.F.*, Tz. 27.
1034 Vgl. ISA 230.15; *IDW PS 460 n.F.*, Tz. 28.
1035 Vgl. ISA 230.13 und 16; *IDW PS 460 n.F.*, Tz. 30.

- die neu oder zusätzlich durchgeführten Prüfungshandlungen einschließlich der erlangten Prüfungsnachweise und der gezogenen Schlussfolgerungen, auch für den BestV und
- wann bzw. von wem diese vorgenommen und durchgesehen wurden.

908 Die Anforderungen an die Dokumentation sind grundsätzlich unabhängig davon, ob die Dokumentation in Papierform oder in elektronischer Form erstellt wird. Somit gelten für eine **elektronische Prüfungsdokumentation** keine gesonderten, erweiterten oder strengeren Anforderungen. Es können sich jedoch technische Besonderheiten ergeben und es sind entsprechende Regelungen der IT-Sicherheit zu beachten. Insb. ist durch regelmäßige Sicherungskopien sicherzustellen, dass es zu keinem Datenverlust kommt.

909 Die Arbeitspapiere gehören zwar zu den Handakten des WP i.S.v. § 51b Abs. 1 WPO, aber nicht zu denjenigen Unterlagen, die den gesetzlichen **Aufbewahrungsfristen** unterliegen (§ 51b Abs. 4 WPO)[1036]. Die allgemeinen Auftragsbedingungen für WP und WPG enthalten Angaben zur berufsüblichen Aufbewahrungsfrist. Danach bewahrt der APr. die Arbeitspapiere sieben Jahre lang auf. Der APr. sollte aus eigenem Interesse Arbeitspapiere jedenfalls so lange aufbewahren, wie im Zusammenhang mit seiner Prüfung Ansprüche gegen ihn oder gegen Organe der Gesellschaft oder andere Personen gestellt werden können und er als Auskunftsperson in Anspruch genommen werden kann[1037].

3. Schlussbesprechung

910 Die Abhaltung einer Schlussbesprechung ist, von Ausnahmen für Unternehmen bestimmter Rechtsformen oder Branchen abgesehen[1038], gesetzlich nicht vorgeschrieben. Dennoch entspricht es allgemeiner Berufsübung, das Ergebnis der Abschlussprüfung mit den gesetzlichen Vertretern (Vorstand oder Geschäftsführung) und den sonstigen zuständigen Personen zu besprechen.

911 Die Schlussbesprechung verfolgt den Zweck, den gesetzlichen Vertretern nach Beendigung der eigentlichen Prüfungshandlungen, aber noch vor der Abgabe des BestV und des PrB eine Zusammenstellung der **wichtigsten Prüfungsfeststellungen** sowie ein Bild von der allgemeinen **Ordnungsmäßigkeit des Rechnungswesens** zu vermitteln. Dabei werden insb. diejenigen Sachverhalte zur Sprache kommen, die zu **Beanstandungen** des Prüfers geführt haben. Die Klärung dieser Fragen dient der Zusammenarbeit von APr. und Gesellschaft und fördert das gegenseitige Vertrauen. Insb. bei Fragen, in denen die Auffassung des Prüfers und der Gesellschaft auseinandergehen, haben die gesetzlichen Vertreter der Gesellschaft noch einmal Gelegenheit zu einer endgültigen Stellungnahme, die vom Prüfer bei der Abfassung des PrB noch verwertet werden kann. Daher wird häufig bei der Schlussbesprechung auch der **Berichtsentwurf** des APr. besprochen. Die Schlussbesprechung hat ferner besondere Bedeutung, wenn das Prüfungsergebnis zu einer Einschränkung oder Versagung des BestV führt.

912 Die in § 111 Abs. 2 S. 3 AktG normierte Zuständigkeit des AR für die Erteilung des Prüfungsauftrags und die damit korrespondierende Vorlage des PrB an den AR (§ 321 Abs. 5 S. 2 HGB), ändert nichts am Sinn und Zweck sowie am Teilnehmerkreis der Schlussbesprechung. Auch für den Fall der Auslieferung des PrB an den AR ist dem **Vorstand** vorher Gelegenheit zur Stellungnahme zu geben. Dies wird i.d.R. durch die Vorlage eines unverbindlichen Vorwegexemplars des PrB an den Vorstand erfolgen. Damit kann nicht

---

1036 Vgl. *IDW PS 460 n.F.*, Tz. 31.
1037 Vgl. ADS[6], § 323, Tz. 166.
1038 Vgl. z.B. § 57 Abs. 4 GenG.

zuletzt auch die Richtigkeit und Aktualität der im PrB enthaltenen Fakten sichergestellt werden. Eine mündliche Berichterstattung des APr. über die wesentlichen Prüfungsergebnisse gegenüber dem **AR** als Auftraggeber findet ohnehin im Rahmen der nach § 171 Abs. 1 S. 2 AktG verpflichtenden Teilnahme des APr. an der Bilanzsitzung des AR oder eines Bilanzausschusses statt[1039].

Je nach Art und Bedeutung der in der Schlussbesprechung diskutierten Fragen oder Feststellungen kann es empfehlenswert sein, ein **Ergebnisprotokoll** über die Schlussbesprechung anzufertigen und dem Vorstand/ der Geschäftsführung des geprüften Unternehmens zur Gegenzeichnung zuzusenden. 913

4. Prüfungsbericht und Bestätigungsvermerk

Der APr. berichtet über das Ergebnis seiner Prüfung in relativ kurzer Form (BestV)[1040] an die Öffentlichkeit und in einer ausführlichen Form (PrB)[1041] an die zuständigen Organe der Gesellschaft. Die Erstattung des PrB, in dem das Ergebnis der Prüfung besprochen wird, ist bei Pflichtprüfungen zwingend vorgeschrieben. Sie gehört zu den Vertragspflichten des APr. 914

5. Zusätzliche Instrumente der Berichterstattung
a) Management Letter

Bei der Durchführung einer Abschlussprüfung tauchen häufig Probleme und Fragestellungen auf, die im Rahmen des Gesamturteils über die Ordnungsmäßigkeit der Rechnungslegung nicht ins Gewicht fallen oder nicht unmittelbar Gegenstand des Prüfungsauftrags sind, deren Bekanntgabe an die Unternehmensleitung dennoch sinnvoll oder erforderlich erscheint. Soweit sie nicht in der Abschlussbesprechung erörtert werden, bietet sich eine Zusammenfassung in einem Management Letter an. Management Letter enthalten ergänzende Informationen, mit denen der APr. aus Anlass der Prüfung **organisatorische oder sonstige Hinweise** gibt. Diese Informationen werden jedoch getrennt vom PrB gegeben und können somit auch nicht notwendige Angaben des PrB oder zum Verständnis der Prüfungsergebnisse erforderliche Angaben ersetzen. Eine Hinweispflicht auf einen Management Letter im PrB besteht daher nicht[1042]. Die Abgrenzung zwischen Sachverhalten, die Gegenstand der Berichterstattung im PrB sind, und sonstigen Sachverhalten, die lediglich in einem Management Letter kommuniziert werden, ist insb. vor dem Hintergrund der Berichtspflicht nach § 321 Abs. 2 S. 2 HGB von Bedeutung. Der APr. hat im PrB auch über solche Beanstandungen zu berichten, die nicht zur Einschränkung oder Versagung des BestV geführt haben, soweit dies für die Überwachung der Geschäftsführung und des geprüften Unternehmens von Bedeutung ist. Demnach ist es ausgeschlossen, über Sachverhalte, die diese Voraussetzungen erfüllen, ausschließlich in einem Management Letter, nicht jedoch im PrB zu berichten. 915

Das Interesse an einem Management Letter kann sowohl bei der Unternehmensleitung als primärem Adressaten (und ggf. dem AR als „sekundärem" Adressaten, falls er den Management Letter im Rahmen seiner Überwachungstätigkeit anfordert) als auch beim APr. liegen. Aus Sicht des Adressaten besteht ein Interesse, über Mängel, die kein Berichtsgegenstand des PrB sind, und über Verbesserungsmöglichkeiten informiert zu werden. Die- 916

1039 Vgl. Tz. 919.
1040 Vgl. im Einzelnen *IDW PS 400*, sowie die Ausführungen unter Kap. Q.
1041 Vgl. im Einzelnen *IDW PS 450*, sowie die Ausführungen unter Kap. Q.
1042 Vgl. *IDW PS 450*, Tz. 17.

2657

ses Informationsbedürfnis besteht zunehmend auch bei der Konzernleitung und beim AR. Dem APr. bietet er die Möglichkeit, die Beseitigung von Mängeln und Verbesserungen anzuregen.

917 Die **Schriftform** des Management Letters hat im Gegensatz zum mündlichen Vortrag in einer Schlussbesprechung den Vorteil, dass den Anmerkungen des APr. im Allgemeinen ein größeres Gewicht beigelegt wird[1043]. Außerdem ist es für die Unternehmensleitung vielfach einfacher, die volle Tragweite der vom APr. gegebenen Hinweise und Anregungen zu überblicken, als dies bei einer nur verbalen Darstellung möglich wäre[1044].

918 Gleichwohl muss sich der APr. jedoch bewusst sein, dass es nicht zulässig ist, eine Berichterstattung bspw. über bei Durchführung der Prüfung festgestellte bestandsgefährdende oder entwicklungsbeeinträchtigende Tatsachen gem. § 321 Abs. 1 S. 3 HGB statt im PrB in einem Management Letter vorzunehmen. Die Redepflicht des APr. im PrB darf nicht durch ein Ausweichen auf den Management Letter umgangen werden. Die ergänzende Berichterstattung im Management Letter soll sich vielmehr nur auf für das Gesamturteil und die formale Berichterstattung im PrB und BestV **unwesentliche Sachverhalte** erstrecken[1045]. Feststellungen, die der APr. für wesentlich hält, so dass sowohl das Management als auch der AR davon Kenntnis erhalten sollten, sind daher im PrB zu benennen. Dagegen können Sachverhalte, die im PrB benannte Feststellungen detailliert beschreiben bzw. konkretisierte Maßnahmen und Verbesserungsvorschläge beinhalten, in den Management Letter aufgenommen werden. Inkonsistenzen zwischen den Ausführungen im PrB und im Management Letter sind zu vermeiden.

b) Berichterstattung im Rahmen von Sitzungen des Aufsichtsrats/Prüfungsausschusses

919 Nach § 171 Abs. 1 S. 2 AktG besteht eine generelle Verpflichtung des APr. zur Teilnahme an der **Bilanzsitzung** des AR oder eines von diesem eingerichteten Bilanzausschusses. Die Teilnahme ist für den APr. mit der Verpflichtung verbunden, über die wesentlichen Ergebnisse der Prüfung zu berichten. Mit der Teilnahme an der Bilanzsitzung soll der APr. dem AR bei dessen Prüfung des JA und/oder KA nach § 171 Abs. 1 AktG als unabhängige sachverständige Auskunftsperson zur Verfügung stehen und damit den AR bei der Überwachung der Geschäftsführung gemäß § 111 Abs. 1 AktG unterstützen. Die Berichterstattung des APr. in der Bilanzsitzung dient der Erläuterung von Sachverhalten im Zusammenhang mit der vom Vorstand vorgelegten Rechnungslegung und deren Prüfung[1046]. Sie trägt dazu bei, dass die Darstellung der wirtschaftlichen Lage der Gesellschaft bzw. des Konzerns, einzelner Geschäftsfelder und besonderer Risiken kritisch gewürdigt werden kann. Außerdem kann der AR der Berichterstattung des APr. Hinweise entnehmen, worauf er seine eigene Prüfungs- und Überwachungsaufgabe schwerpunktmäßig ausrichten sollte[1047].

920 Im Rahmen der mündlichen Berichterstattung werden i.d.R. folgende Themenbereiche angesprochen werden, wobei der APr. im Einzelfall zu beurteilen hat, ob und inwieweit die Themen für den AR bedeutsam und daher in die Berichterstattung aufzunehmen sind[1048]:

1043 Vgl. *Selchert*, S. 844.
1044 Vgl. ADS[6], § 321, Tz. 159.
1045 Vgl. *Selchert*, S. 844.
1046 Vgl. *IDW PS 470*, Tz. 8.
1047 Vgl. *IDW PS 470*, Tz. 8.
1048 Vgl. *IDW PS 470*, Tz. 12.

- Umfang des Auftrags sowie Prüfungsschwerpunkte, ggf. Hinweis auf die Unabhängigkeitserklärung des APr. nach Abschn. 7.2.1 des Deutschen Corporate Governance Kodex
- Ausführungen zur Prüfungsdurchführung, einschließlich Darstellung des risikoorientierten Prüfungsansatzes
- Darstellung rechtlicher und wirtschaftlicher Besonderheiten, die sich im GJ ergeben haben, einschließlich solcher Vorgänge, die nach Ablauf des GJ eingetreten und Gegenstand der Berichterstattung im LB sind
- Darstellung der wirtschaftlichen Lage der Gesellschaft bzw. des Konzerns und Erläuterung des Einflusses einzelner besonders bedeutsamer Geschäftsvorfälle sowie bilanzpolitischer Maßnahmen auf die Vermögens-, Finanz- und Ertragslage, ggf. Erläuterung wesentlicher Einzelposten
- Beurteilung des Ergebnisses im wirtschaftlichen Kontext
- Stellungnahme zur Darstellung der Lage der Gesellschaft bzw. des Konzerns durch die gesetzlichen Vertreter
- Aussage zur Ordnungsmäßigkeit der Rechnungslegung und Hinweis auf kritische Einzelsachverhalte des IKS, ggf. Beurteilung des Risikofrüherkennungssystems
- Hinweis auf sonstige für den AR bedeutsame Feststellungen, z.B. Verstöße gegen gesetzliche Vorschriften oder schwerwiegende Verstöße der gesetzlichen Vertreter oder von Arbeitnehmern gegen Gesetz, Gesellschaftsvertrag und Satzung, bedeutsame künftige Änderungen einschlägiger Rechnungslegungsnormen oder Feststellungen aus mit dem AR ggf. besonders vereinbarten Berichtspflichten[1049]
- Stellungnahme zu dem im BestV abgegebenen Prüfungsurteil, Begründung einer eventuellen Einschränkung oder Versagung.

Darüber hinaus besteht eine **uneingeschränkte Auskunftsverpflichtung** des APr. gegenüber dem AR in den Grenzen von Gegenstand und Umfang des Prüfungsauftrags. Der APr. kann sich im Rahmen der Bilanzsitzung nicht auf seine Verpflichtung zur Verschwiegenheit berufen[1050]. Fragen des AR, die über die Ausführungen im PrB hinausgehen, aber noch mit der Beauftragung zusammenhängen (z.B. die Höhe des Prüfungshonorars oder die Unabhängigkeit des APr.) hat der APr. daher zu beantworten. Die Beantwortung von Fragen, die den Prüfungsumfang des APr. überschreiten, wie bspw. Fragen zur Ordnungsmäßigkeit der Geschäftsführung, kann er dagegen ablehnen.

XII. Schrifttumsverzeichnis

1. Verzeichnis der Monographien, Kommentare und Beiträge in Sammelwerken

Accountants International Study Group, Materiality in Accounting, Current Practices in Canada, the United Kingdom and the United States, New York 1974; *Arens/Loebbecke,* Auditing – An Integrated Approach, Upper Saddle River, 2000; *Bell u.a.,* Auditing Organizations Through a Strategic-Systems Lens, 1997; *Boecker,* Accounting Fraud aufdecken und vorbeugen – Formen der Kooperation von Unternehmensführung und -überwachung, Berlin 2010; *Boynton/Raymond/Kell,* Modern Auditing, New York 2001; *Buchner,* Wirtschaftliches Prüfungswesen, 2. Aufl., München 1997; *Clemm/Reittinger,* Lagebericht, Prüfung, in: HWRev², Sp. 1181; *Coderre,* CAATTs & other Beasts for Auditors, 3. Aufl., Vancouver 2005; *Committee of Sponsoring Organizations of the Treadway Commission,* Enterprise Risk Management – Integrated Framework, Executive Summary Framework and Enterprise Risk Management – Integrated Framework : Ap-

---

1049 Vgl. auch *IDW PS 345,* Tz. 357.
1050 Vgl. ADS⁶, Ergänzungsband zur 6. Aufl., § 171 n.F. AktG, Tz. 33; *Kropff* (2009), § 8, Rn. 176.

plication Techniques, Jersey City/NJ 2004; *Coglitore/Berryman,* Analytical procedures : A defensive necessity, Auditing 1988, S. 152; *Cushing u.a.* in: Bell/Wright (Hrsg.), Auditing Practice, Research, and Education, New York 1995, S. 13; *Diehl,* Strukturiertes Prüfungsvorgehen durch risikoorientierte Abschlußprüfung, in: Schitag (Hrsg.), Aktuelle Fachbeiträge aus Wirtschaftsprüfung und Beratung, FS Luik, Stuttgart 1991, S. 187; *Dörner,* Risikoorientierte Abschlußprüfung, in: IDW (Hrsg.), Bericht über die Fachtagung 1988 des Instituts der Wirtschaftsprüfer, Düsseldorf 1989, S. 339; *Dörner,* Audit Risk, in: HWRev[2], Sp. 81; *Dörner,* Prüfungsansatz, risikoorientiert, in: HWRP[3], Sp. 1744; *Elmendorff,* Anwendbarkeit von Zufallsstichproben bei der Abschlussprüfung, Düsseldorf 1963; *Förschle/Schmid,* Die Weiterentwicklung der deutschen und internationalen Prüfungsstandards, in: Wollmert (Hrsg.), Wirtschaftsprüfung und Unternehmensüberwachung, FS Lück, Düsseldorf 2003, S. 229; *Gross,* Die Unternehmensfortführungsannahme als Bewertungskriterium, in: Förschle (Hrsg.), Rechenschaftslegung im Wandel FS Budde, München 1995, S. 243; *Havermann,* Die Handeslbilanz II – Zweck, Inhalt und Einzelfragen ihrer Erstellung, in: Knobbe-Keuk (Hrsg.), Handelsrecht und Steuerrecht, FS Döllerer, Düsseldorf 1988, S. 185; *Hüffer,* Aktiengesetz, 5. Aufl., München 2002; *IDW (Hrsg.),* Abschlußprüfung nach International Standards on Auditing (ISA) – Vergleichende Darstellung deutscher und internationaler Prüfungsgrundsätze, Düsseldorf 1998; *Jacobs,* Auskunftsrechte des Prüfers, in: HWRev[2], Sp. 132; *Klein,* Ergebnisse Dritter, Verwendung bei der Prüfung, in: HWRev[2], Sp. 470; *Krommes,* Handbuch der Jahresabschlussprüfung, 2. Aufl., Wiesbaden 2008; *Kropff,* Arbeitshandbuch für Aufsichtsratsmitglieder, 3. Aufl., München 2009; *Kuhner/Schilling,* Wertpapiere, in: HWRP[3], Sp. 2677; *Leffson,* Wirtschaftsprüfung, 4. Aufl., Wiesbaden 1988; *Leffson (Hrsg.),* Handwörterbuch unbestimmter Rechtsbegriffe im Bilanzrecht des HGB, Köln 1986; *Leffson/Lippmann/Baetge,* Zur Sicherheit und Wirtschaftlichkeit der Urteilsbildung bei Unternehmensprüfungen, Düsseldorf 1969; *Link,* Abschlussprüfung und Geschäftsrisiko, Wiesbaden, 2006; *Luik,* Das Going-concern-Prinzip im deutschen Bilanzrecht, in: Gross (Hrsg.), Der Wirtschaftsprüfer im Schnittpunkt nationaler und internationaler Entwicklungen, FS v. Wysocki, Düsseldorf 1985, S. 61; *Marten/Quick/Ruhnke,* Wirtschaftsprüfung, 3. Aufl., Stuttgart 2007; *Mertens/Dräger,* Expertensysteme in der Revision, in: HWRev[2], Sp. 504; *Minz,* Computergestützte Jahresabschlussprüfung, Düsseldorf 1987; *Minz,* Wirtschaftsprüfung und Automation, in: Lanfermann (Hrsg.), Internationale Wirtschaftsprüfung, FS Havermann, Düssseldorf 1995, S. 473; *Montgomery,* Auditing Theory and Practice, New York 1922; *Müller,* Entwicklung eines wissensbasierten Systems zur Unterstützung analytischer Prüfungshandlungen im Rahmen der Jahresabschlussprüfung, Frankfurt 1996; *Naumann,* Bewertungseinheiten im Gewinnermittlungsrecht der Banken, Düsseldorf 1995; *Neitemeier,* Die Übernahme fremder Urteile bei Prüfungen, Düsseldorf 1979; *Nonnenmacher,* Von der Bilanzprüfung zum Business Audit, hrsg. von der Fakultät Betriebswirtschaft der Ludwig-Maximilians-Universität München, München 1999; *O'Reilly u.a.,* Montgomery's Auditing, 12. Aufl., New York 1998; *Porter,* Wettbewerbsvorteile, 7. Aufl., Frankfurt am Main, 2010; *Quick,* Grundsätze ordnungsmäßiger Inventurprüfung, 2. Aufl. Wiesbaden 2000; *Rosenstiel,* in: Reiß/Rosenstiel/Lanz (Hrsg.), Change Management, Stuttgart 1997, S. 191; *Rückle,* Grundsätze ordnungsmäßiger Abschlußprüfung, in: HWRev[2], Sp. 752; *Rusch,* Die Verwendung von Prüfungsergebnissen und Untersuchungen Dritter, in: Gross (Hrsg.), Der Wirtschaftsprüfer im Schnittpunkt nationaler und internationaler Entwicklungen, FS v. Wysocki, Düsseldorf 1985, S. 253; *Sarx,* Grenzfälle des Grundsatzes der Unternehmensfortführung im deutschen Bilanzrecht in: Förschle (Hrsg.), Rechenschaftslegung im Wandel, FS Budde, München 1995, S. 561; *Scherrer/Obermeier,* Stichprobeninventur – Theoretische Grundlagen und praktische Anwendung, München 1981; Schindler, Entwicklung bei der Berücksichtigung von Verstößen (fraud) im Rahmen der Abschlussprüfung in Deutschland und ein Vergleich mit der Situation in den USA, in: Winkeljohann/Bareis/Volk (Hrsg.), Rechnungslegung, Eigenkapital und Besteuerung, FS Schneeloch, München 2007, S. 83; *Schmidt*, Stichprobenprüfung mit bewusster Auswahl, in: HWRP[3], Sp. 2279; *Schulze-Osterloh*, Rechtliche Verhältnisse, Prüfung, in: HWRev[2], Sp. 1620; *Selchert*, Jahresabschlussprüfung der Kapitalgesellschaften, 2. Aufl., Wiesbaden 1996; *Sell*, Die Aufdeckung von Bilanzdelikten bei der Abschlussprüfung, Düsseldorf 1999; *Sieben*, Offene Fragen bei der Erstellung und Prüfung des Lageberichts, in: Havermann (Hrsg.), Bilanz- und Konzernrecht, FS Goerdeler, Düsseldorf 1987, S. 581; *Sperl*, Prüfungsplanung, Düsseldorf 1978; *Staudt u.a.*, Kennzahlen und Kennzahlensysteme, Berlin 1985; *Stettler*, in: Srivastava (Hrsg.), Auditing Symposium XII, Kansas 1995, S. 33; *Vetter*, in: Wecker/van Laak (Hrsg.), Compliance in der Unternehmenspraxis, 2. Aufl., Wiesbaden 2009, S. 33; *v. Wysocki*, Grundlagen des betriebswirtschaftlichen Prüfungswesens, München 1988; *v. Wysocki*, in: Rückle (Hrsg.), Aktuelle Fragen der Finanzwirtschaft und der Unternehmensbesteuerung, FS Loitlsberger, Wien 1991, S. 273; *Weller*, Expertensysteme für die steuerliche Betriebsprüfung, Bielefeld 1995; *Wiedmann*, Die Bewertungseinheit im Handelsrecht, in: Ballwieser (Hrsg.), Bilanzrecht und Kapitalmarkt, FS Moxter, Düsseldorf 1994, S. 453.

2. Verzeichnis der Beiträge in Zeitschriften

Bantleon/Thomann/Bühner, Die Neufassung des IDW Prüfungsstandards: „Zur Aufdeckung von Unregelmäßigkeiten im Rahmen der Abschlussprüfung (IDW PS 210)" und dessen Auswirkungen auf die Unternehmensorganisation, DStR 2007, S. 1978; *Berndt/Jeker*, Fraud Detection im Rahmen der Abschlussprüfung, BB 2007, S. 2615; *Biggs/Mock/Quick*, Das Prüfungsurteil bei analytischen Prüfungshandlungen – Praktische Implikationen von Forschungsergebnissen, WPg 2000, S. 169; *Blocher/Patterson*, The use of analytical procedures, JoA, February 1996, S. 53; *Böcking/Orth*, Kann das „Gesetz zur Kontrolle und Transparenz im Unternehmensbereich (KonTraG)" einen Beitrag zur Verringerung der Erwartungslücke leisten?, WPg 1998, S. 351; *Coderre*, Computer-assisted techniques for fraud detection, The CPA Journal 8/1999, S. 58; *de Vries*, Anwendungsmöglichkeiten mathematisch-statistischer Stichprobenmethoden für Inventurzwecke, DB 1981, S. 1245; *Diehl*, Risikoorientierte Abschlußprüfung, DStR 1993, S. 1114; *Fabian*, Die Prüfung der rechtlichen Verhältnisse bei Abschlußprüfungen – Prüfplan und -methode, WPg 1962, S. 57; *Fey*, Die Angabe bestehender Zweigniederlassungen im Lagebericht nach § 289 Abs. 2 Nr. 4 HGB, DB 1994, S. 485; *Groß*, Zur Beurteilung der „handelsrechtlichen Fortführungsprognose" durch den Abschlussprüfer, WPg 2010, S.119; *Groß/Amen*, Die Fortbestehungsprognose – Rechtliche Anforderungen und ihre betriebswirtschaftliche Grundlagen,WPg 2002, S. 225; *Gärtner*, Die Anwendung von analytischen Prüfungshandlungen, DB 1994, S. 949; *Gelhausen*, Die Aktienrechtsreform 1997 : Reform der externen Rechnungslegung und ihrer Prüfung durch den Wirtschaftsprüfer, AG 1997, Sonderheft August, S. 73; *Göb/Karrer*, Die neue Aktualität der statistischen Stichprobenprüfung, WPg 2010, S. 593; *Gutman*, Anspruch auf Herausgabe von Arbeitspapieren des Wirtschaftsprüfers, BB 2010, S. 171; *Hasenburg/Hausen*, Zur Umsetzung der HGB-Modernisierung durch das BilMoG : Bilanzierung von Altersversorgungsverpflichtungen (insbesondere aus Pensionszusagen) und vergleichbaren langfristig fälligen Verpflichtungen unter Einbeziehung der Verrechnung mit Planvermögen, DB 2009, Beil. 5, S. 38; *Havermann*, Meinungsspiegel, BFuP 1976, S. 206; *Hertzsch/Schmitz*, Die EDV als ein Werkzeug der Datenprüfung im Rahmen der Jahresabschlussprüfung, WPg 1997, S. 525; *HFA*, Die künftige Pflicht zur Anwendung der ISAs, WPg 2004, S. 1281; *Hömberg*, Das IDW-Fachgutachten über die „Grundsätze ordnungmäßiger Durchführung von Abschlußprüfungen" – Kritische Analyse wichtiger Prüfungsnormen und Vergleich mit amerikanischen Prüfungsgrundsätzen, DB 1989, S. 1781; *Ibert,* Erfahrungen bei der Einführung und Überprüfung von Stichprobeninventurverfahren, WPg 1986, S. 467; *Jacob,* Die Transformation der International Standards on Auditing in deutsche Grundsätze ordnungsmäßiger Abschlussprüfung, WPg 2001, S. 237; *Janssen,* Überlegungen zum „Going concern concept", WPg 1984, S. 341; *Kajüter,* Berichterstattung über Chancen und Risiken im Lagebericht, BB 2004, S. 427; *Kämpfer/Schmidt,* Die Auswirkungen der neueren Prüfungsstandards auf die Durchführung von Abschlussprüfungen, WPg 2009, S. 47; *Kirsten,* Deutscher Corporate Governance-Kodex : Die rechtmäßige Besetzung von Aufsichtsratsausschüssen am Beispiel des Prüfungsausschusses, BB 2004, S. 173; *Knabe u.a.,* Zur Beurteilung des Fraud-Risikos im Rahmen der Abschlussprüfung, WPg 2004, S. 1057; *Köhle/Sturm,* Methode der geschichteten Stichproben-Inventur, WPg 1980, S. 126; *Köhle/Sturm,* Die permanente Stichproben-Inventur mit Annahmetest, WPg 1983, S. 369; *Krumnow,* Derivative Instrumente als Herausforderung für Bankencontrolling und Bankenorganisation, ZBB 1993, S. 133; *Kühne/Melcher,* Zur Umsetzung der HGB-Modernisierung durch das BilMoG : Wirtschaftliche Zurechnung von Vermögensgegenständen und Schulden sowie Erträgen und Aufwendungen, DB 2009, Beil.5, S. 15; *Küting/Dawo/Heiden,* Rechnungslegung und Wirtschaftsprüfung im Internet-Zeitalter, BB 2001, S. 615; *Leffson,* Die Going-Concern-Prämisse bei Unsicherheit über den Fortbestand der Unternehmung, WPg 1984, S. 604; *Leffson/Bönkhoff,* Zu Materiality-Entscheidungen bei Jahresabschlussprüfungen, WPg 1982, S. 389; *Lenz/Müller/Ruhnke,* Ein fuzzybasierter Ansatz zur Durchführung analytischer Prüfungen bei der Existenz von Schätzspielräumen, WPg 2003, S. 532; *Lilienbecker/Link/Rabenhorst,* Beurteilung der Going-Concern-Prämisse durch den Abschlussprüfer bei Unternehmen in der Krise, BB 2009, S. 262; *Marten u.a.,* Workflow-Management – ein Instrument zur Kostenoptimierung und Qualitätsverbesserung in Wirtschaftsprüfungsgesellschaften?, WPg 1996, S. 225; *McKee/Quick,* IT-Kenntnisse der wirtschaftsprüfenden Berufsstände, WPg 2003, S. 541; *Mertin/Schmidt,* Die Aufdeckung von Unregelmäßigkeiten im Rahmen der Abschlussprüfung nach dem überarbeiteten ISA 240, WPg 2001, S. 1303; *Metzger/Neubacher,* Bewertungs- und Prüfungsrisiken bei Grundstücken durch Baulasten, BB 1995, S. 867; *Mosblech,* Einsatz von Software für Revisionszwecke, ZIR 2000, S. 46 ; *Müller/Kropp,* Die Überprüfung der Plausibilität von Jahresabschlüssen, DB 1992, S. 149; *Niehus,* „Materiality" („Wesentlichkeit") – Ein Grundsatz der Rechnungslegung auch im deutschen Handelsrecht?, WPg 1981, S. 1; *Nonnenmacher,* Möglichkeit zur weiteren Verbesserung der Zusammenarbeit zwischen Aufsichtsrat und Abschlussprüfer, WPg 2001, Sonderheft S. S 15; *Orth,* Überlegungen zu einem prozeßorientierten Prüfungsansatz, WPg 1999, S. 573; *Ossadnik,* Grundsatz und Interpretation der „Materiality", WPg 1993, S. 617; *Philipps,* Die Verantwortung des Abschlussprüfers bei der Verwendung der Urteile von Dritten, WPK-Mitt. 1998, S. 279; *Quick,* Buchbesprechung – Vertrauen in Wirtschaftsprüfer, WPg 2004, S. 1227; *Ruhnke,* Business Risk Audits: State of the Art und Entwicklungsperspektiven, JfB 2006, S. 189; *Ruhnke/Lubitzsch,* Abschlussprüfung und das neue Aussagen-Konzept der IFAC : Darstellung, Beweggründe und Beurteilung, WPg 2006, S. 366; *Ruhnke/Schmiele/Schwind,* Die Erwartungslücke als permanentes Phänomen der Abschlussprüfung – Definitonsansatz, empirische Untersuchung und Schlussfolgerungen, zfbf 2010, S. 394; *Ruhnke/von Torklus,* Monetary Unit Sampling, WPg 2008, S. 1119; *Scherf/Willeke,* Zur Abschlussprüfung kleiner und mittelgroßer Unternehmen (KMU) – der IDW PH 9.100.1, StuB 2005, S. 61; *Schindler/Gärtner,* Verantwortung des Abschlussprüfers zur Berücksichtigung von Verstößen (fraud) im Rahmen der Abschlussprüfung – Eine Einführung in ISA 240 (rev.), WPg 2004, S. 1233; *Schindler/Rabenhorst,* Auswirkungen des KonTraG auf die Abschlußprüfung, BB 1998, S. 1886; *Schmidt/Cohen,* A better language for utilizing the web, The CPA Journal 11/1999, S. 47; *Schneider/Strenger,* Die „Corporate Governance-Grundsätze" der Grundsatzkommission Corporate Governance (German Panel on Corporate Governance), AG 2000, S. 112; *Schruff,* Zur Aufdeckung von Top-Management-Fraud durch den Wirtschaftsprüfer im Rahmen der Jahresabschlussprüfung, WPg 2003, S. 901; *Stachuletz/Kühnberger,* Einige Überlegungen zur Konkretisierung des materiality-Grundsatzes aus der Sicht der Betriebswirtschaftlichen Prüfungslehre oder Entlastung durch Beschränkung auf das Wesentliche und die Schwierigkeit, es zu erkennen, DBW 1987, S. 401; *Strieder,* Zeitpunkt und Unterzeichnung von Vollständigkeitserklärungen, BB 2000, S. 298; *Uhlig,* Zur Verabschiedung der Stellungnahme „Stichprobenverfahren für die Vorratsinventur im Jahresabschluß", WPg 1981, S. 461; *Velte,* Die Erwartungslücke im Rahmen der externen Abschlussprüfung, WiSt 9/2009, S. 481; *v. Wysocki,* Einzelfragen zur Verwendung gebundener Schätzverfahren bei der Stichproben-Inventur, WPg 1980, S. 28; *Warner,* A state of the art audit software package, The CPA Journal 11/1998; *Wendholt/Wesemann,* Zur Umsetzung der HGB-Modernisierung durch das BilMoG: Bilanzierung von latenten Steuern im Einzel- und Konzernabschluss, DB 2009, Beil. 5, S. 64; *Wichers,* Neue Anforderungen bei der Aufstellung und Prüfung des Lageberichts gemäß KonTraG, StuB 2000, S. 130; *Wiedmann,* Die Prüfung des internen Kontrollsystems, WPg 1981, S. 705; *Wiedmann,* Der risikoorientierte Prüfungsansatz, WPg 1993, S. 13; *Wiedmann,* Ansätze zur Fortentwicklung der Abschlussprüfung, WPg 1998, S. 338; *Will,* Prüf- und Controllsoftware – Entwicklungstendenzen und Einsatzmöglichkeiten, WPg 1991, S. 57; *Will,* Prüfsoftware aus globaler Sicht, WPg 1997, S. 421; *Wolz,* Die Erwartungslücke vor und nach Verabschiedung des KonTraG, WPK-Mitt. 1998, S. 122; *Zaeh,* Audit Support Systems in der Risikoorientierten Abschlussprüfung, WPg 1999, S. 500; *Zilias/Lanfermann,* Die Neuregelung des Erwerbs und Haltens eigener Aktien, WPg 1980, S. 61.

Kapitel S
Die Bezüge des Vorstands und des Aufsichtsrates einer Aktiengesellschaft

I. Vorstandsbezüge

1. Allgemeines

Die Regelungen für die Bezüge des Vorstands finden sich in § 87 AktG, der nach der Aufhebung des § 86 AktG (durch das TransPuG vom 19.07.2002[1]) nun alle Arten der Vorstandsvergütung erfasst. Nach der bis zum VorstAG[2] geltenden Fassung hat der AR die Pflicht, für ein angemessenes Verhältnis der Gesamtbezüge einschließlich Gewinnbeteiligung zu den Aufgaben des Vorstandsmitglieds und zur Lage der Gesellschaft zu sorgen. Maßgeblich waren die Verhältnisse bei Festsetzung der Bezüge. Lagen die Voraussetzungen des § 87 Abs. 2 AktG (noch) nicht vor, konnte – auch bei nachträglicher Unangemessenheit – eine Herabsetzung nicht Platz greifen[3]. Die Regelungen über die Bezüge des Vorstands wurden verschiedentlich geändert. Durch das VorstOG[4] wurden die Angabepflichten im Anh. und KAnh. erweitert (vgl. Tz. 81).

Mit dem VorstAG wurde die Konzeption der Regelungen über die Vorstandsbezüge wesentlich verändert. Dies folgte der aktuellen Diskussion über die Angemessenheit von Organbezügen, die in ihrer absoluten Höhe als nicht durchweg angemessen empfunden wurden[5]. Die Vorstandsbezüge unterliegen nunmehr einem materiellen Angemessenheitserfordernis, das sich am Drittvergleich, der Lage der Gesellschaft und den Leistungen des Vorstandsmitglieds ausrichtet. Zudem wurde die Möglichkeit geschaffen, Bezüge herabzusetzen. Gleiche Regelungen finden auch auf die Ruhestandsbezüge Anwendung. Die Norm bewirkt damit eine Einschränkung der Vertragsfreiheit und eine den §§ 134, 138 BGB vorgelagerte Schranke[6]. Vergütungsregelungen werden ferner z.B. in § 25a Abs. 1 KWG[7] vorgeschrieben[8].

Die Vorschrift wendet sich an den AR in dessen Funktion als verantwortliches Organ für die Festsetzung der Vorstandsbezüge. Nach dem DCGK ist das AR-Plenum berufen, die Gesamtvergütung des einzelnen Vorstandsmitglieds festzulegen[9]. § 87 AktG dient dem Schutz der AG sowie ihrer Gläubiger, Aktionäre und Arbeitnehmer. Mangels Übergangsregelungen gilt die Neufassung für jede vertragliche Begründung oder Änderung von Vorstandsbezügen ab Inkrafttreten des Gesetzes. Wie bisher beinhaltet § 87 Abs. 1 AktG keine Schutzvorschrift für den Vorstand auf die Vereinbarung angemessener Bezüge. Die Regelung markiert eine obere Grenze, die nicht überschritten werden darf[10]. Abgesehen von der Zuständigkeit des AR für die Festsetzung der Vorstandsvergütung

---

1 BGBl. I, S. 2681.
2 VorstAG v. 04.09.2009, BGBl. I, S. 2509.
3 Zur Rechtslage vor TransPuG *Hefermehl/Spindler* in MünchKomm. AktG², § 87, Rn. 17 und 41; *Hüffer*, AktG⁶, § 87, Rn. 6.
4 VorstOG v. 03.08.2005, BGBl. I, S. 2267.
5 *Götz/Friese*, Corporate Finance biz 2010, S. 410; *Hoffmann/Becking*, ZHR 2005, S. 155 ff.; *Martens*, ZHR 2005, S. 124 ff.; zu Möglichkeiten des Steuerrechts zur Regulierung von Vorstandsvergütungen *Fleischer/Hupka*, DB 2010, S. 601 ff.
6 *Hüffer*, AktG⁹, § 87, Rn. 1.
7 KWG i.d.F v. 21.07.2010, BGBl. I, S. 950.
8 Dazu bereits BaFin-Rundschreiben 22/2009 (BA) und 23/2009 (VA) jeweils v. 21.12.2009.
9 Ziff. 4.2.2 DCGK i.d.F. v. 26.05.2010.
10 *Mertens/Cahn* in Kölner Komm. AktG³, § 87, Rn. 4.

wurde durch das VorstAG auch die Zuständigkeit der HV geschaffen, über das Vergütungsvolumen zu beschließen. Nach § 120 Abs. 4 AktG ist die HV befugt, über das System zur Vergütung der Vorstandsmitglieder abzustimmen[11]. Durch einen solchen Beschluss kann die HV indes nicht wirksam in die Vergütung der Vorstandsmitglieder eingreifen. Beschlüsse über das Vergütungssystem sind für den AR bei der Festsetzung der Vergütung im Einzelfall nicht bindend[12]. Zur Erstellung von gutachterlichen Stellungnahmen über die Beachtung von § 87 AktG durch WP vgl. *IDW Praxishinweis 1/2010*[13].

2. Gesamtbezüge

4 § 87 Abs. 1 AktG schreibt als zwingende Regelung die Angemessenheit der **Gesamtbezüge** vor. Der Begriff ist nicht neu; er wurde auch in der vorherigen Gesetzesfassung verwendet.

5 Zu den Gesamtbezügen gehören sämtliche Leistungen der Gesellschaft an das Vorstandsmitglied, die im Hinblick auf seine Tätigkeit für die Gesellschaft gewährt werden[14]. Dazu gehören insbesondere die in § 87 Abs. 1 S. 1 AktG aufgeführten Beträge, wie Gehalt, Gewinnbeteiligungen, Aufwandsentschädigungen, Versicherungsentgelte[15], Provisionen, anreizorientierte Vergütungszusagen wie z.B. Aktienbezugsrechte und Nebenleistungen aller Art. Damit umfasst wird jeder **vermögenswerte Zufluss** aus der Gesellschaft, wie ein monetäres Festgehalt oder in bar auszuzahlende Tantiemebestandteile, aber auch Naturalleistungen (Dienstwohnung, unentgeltliche Benutzung von Kraftfahrzeugen, Flugzeugen etc.). Auch eine von der Gesellschaft übernommene Lohnsteuer (z.B. für die private Benutzung eines firmeneigenen Transportmittels durch das Vorstandsmitglied) ist Teil der Vorstandsbezüge[16]. Auch Beteiligungen am Gewinn oder dem Kurserfolg der Gesellschaft werden von den Vorstandsbezügen erfasst. Sinngemäß ist § 87 AktG auch auf die Festsetzung von Ruhegehältern, Hinterbliebenenbezügen und Leistungen verwandter Art anzuwenden[17], genauso wie auf Anerkennungs-, Halte- oder Antrittsprämien[18], Abfindungen, Übergangsgelder und ähnliche Leistungen. Zu den Gesamtbezügen gehört auch die Zusage von Ruhegeldern[19], nicht hingegen die jährlichen Zuführungen zu Rückstellungen für Pensionsverpflichtungen oder Prämien, die die Gesellschaft auf ihre Rechnung zur Rückdeckung ihrer Pensionsverpflichtungen leistet[20]. Auch wenn sich die Angemessenheitsprüfung in erster Linie auf die gesamten Bezüge (einschließlich der Bezüge von Konzernunternehmen) richtet, bedeutet das nicht, dass einzelne Vergütungskomponenten unangemessen sein dürfen, insbesondere dürfen sich daraus keine Anreizwirkungen zur Fehlallokation ergeben. Bei der gebotenen Gesamtbetrachtung ist es indessen statthaft, einzelne untergewichtete Vergütungsbestandteile gegen andere stärker

---

11 *v. Falkenhausen/Kocher*, AG 2010, S. 623/625 mit Hinweis auf die Wahrnehmung dieser Beschlusszuständigkeit durch DAX-30-Gesellschaften; *Döll*, WM 2010, S. 103; *Schüppen*, ZIP 2010, S. 905 ff.
12 *Mertens/Cahn* in Kölner Komm. AktG³, § 87, Rn. 22; *Fleischer/Bedkowski*, AG 2009, S. 677.
13 *IDW Praxishinweis: Gutachterliche Stellungnahme des Wirtschaftsprüfers über die Umsetzung von § 87 AktG i.d.F. des VorstAG* (Stand: 08.10.2010), FN-IDW 2010, S. 463; dazu *Matischiok/Splinter*, WPg 2011, S. 773 ff.
14 *Mertens/Cahn* in Kölner Komm. AktG³, § 87, Rn. 18; *Spindler* in MünchKomm. AktG³, § 87, Rn. 9; *Hoffmann-Becking*, ZHR 2005, S. 155/156.
15 *Grambow*, AG 2010, S. 477 ff. zur Sozialversicherungspflicht.
16 Zur Angabepflicht solcher Leistungen nach § 285 Nr. 9 HGB vgl. F Rn. 917; *Portner*, DStR 2010, S. 577 ff.; *Hilbert/Sperandio*, DStR 2011, S. 1121 zur steuerlichen Behandlung; FG Hamburg v. 14.07.2009, DStRE 2011, S. 793.
17 *Spindler* in MünchKomm. AktG³, § 87, Rn. 19; *Bauer/Arnold*, AG 2009, S. 717/724; *Bauer/Baeck/v. Medem*, NZG 2010, S. 721 ff.; *Doetsch*, AG 2010, S. 465/466; *Fonk*, ZGR 2009, S. 413/424 ff.
18 *Poguntke*, ZIP 2010, S. 893.
19 Ziff. 4.2.3 DCGK; *Mertens/Cahn* in Kölner Komm. AktG³, § 87, Rn. 6; *Spindler*, DStR 2004, S. 36/38.
20 DRS 17.17 sowie Entwurf der geänderten Fassung (E-DRS 25).

gewichtete zu kompensieren. Mit den Bezügen sind alle Tätigkeiten des Vorstandsmitgliedes, zu denen dieses gegenüber der Gesellschaft verpflichtet ist, erfasst[21]. § 87 AktG findet also auf Vergütungen, die dem Vorstandsmitglied für Leistungen zustehen, die außerhalb seines Tätigkeitsbereiches liegen, keine Anwendung[22] und kommt auch für Marktgeschäfte nicht in Betracht. Keine Anwendung finden die Regelungen auf dienstliche Fürsorgeaufwendungen, die von der Gesellschaft unternommen werden, um dem Organmitglied einen angemessen ausgestalteten, sicheren infrastrukturellen Rahmen für seine Tätigkeit zur Verfügung zu stellen[23]. Besondere Bedeutung hat § 87 AktG auch bei Anerkennungsprämien (Appreciation Awards). Als vertraglich zugesagte Leistungen unterliegen sie der Gesamtbetrachtung und der Lagebeurteilung. Insbesondere auch nachträgliche Anerkennungsprämien sind als variable Vergütungsbestandteile an § 87 Abs. 1 S. 3 AktG zu messen; sie müssen nicht notwendigerweise einer Begrenzung der Höhe nach unterliegen[24]. Prämien ohne vertragliche Grundlage unterliegen im Hinblick auf die Mannesmann-Entscheidung des BGH[25] weiteren Anforderungen. Sie dürfen nur gewährt werden, wenn sie trotz Belohnung von Vergangenheitserfolgen zu einer nachhaltigen Entwicklung in der Zukunft beitragen. Prämien, die zu keinen Vorteilen für das Unternehmen führen können (kompensationslose Anerkennungsprämien) dürfen nicht gewährt werden[26].

Gleiche Überlegungen gelten auch für die Versorgungsbezüge eines Vorstandsmitglieds. **6**

Vor dem Hintergrund hoher Abfindungszahlungen wurde sowohl in der juristischen **7** Fachliteratur als auch in der breiten Öffentlichkeit die Angemessenheit von Vorstandsgehältern diskutiert und die Offenlegung von Bezügen einzelner Personen unter Änderung von § 285 Nr. 9 und § 314 Abs. 1 Nr. 6 HGB durch das VorstOG eingeführt[27]. Diese Diskussion war durch das VorstOG und die darin insbesondere für börsennotierte AG vorgeschriebenen Angabepflichten zu einem vorläufigen Abschluss gekommen. Im Zentrum des Interesses standen insbesondere nachträgliche Anerkennungs- und Abfindungszahlungen, aber auch die verbreitete Anwendung von Aktienoptionsprogrammen und Fragestellungen im Zusammenhang mit dem Abschluss einer Director's & Officer's Versicherung wurden erörtert. Diese Vergütungsbestandteile werden nunmehr in die durch den AR vorzunehmende Angemessenheitsprüfung einbezogen[28].

3. Angemessenheit

Unabhängig davon, für welches Vergütungsmodell sich der AR entscheidet, hat er gemäß **8** § 87 AktG dafür zu sorgen, dass die **Gesamtbezüge** der einzelnen Vorstandsmitglieder in einem angemessenen Verhältnis zu den Leistungen und Aufgaben des jeweiligen Mitglieds einerseits und der Lage der Gesellschaft andererseits stehen. Darüber hinaus ist ein Vergleich mit anderen Gesellschaften anzustellen. § 87 AktG markiert die noch zulässige Obergrenze von Vorstandsvergütungen und dient dem Schutz der Gesellschaft, ihrer Aktionäre, Arbeitnehmer und Gläubiger vor überhöhten Bezügen von Vorstandsmit-

---

21 *Dreher*, AG 2002, S. 214/215; vgl. auch *Spindler* in MünchKomm. AktG³, § 87, Rn. 22; *Tegtmeier*, Vergütung, S. 276.
22 Vgl. z.B. *Tegtmeier*, Vergütung, S. 277.
23 *Mertens/Cahn* in Kölner Komm. AktG³, § 87, Rn. 19; *Mertens*, AG 2000, S. 447/449; *Dreher*, ZHR 2001, S. 293/302 ff.
24 *Poguntke*, ZIP 2011, S. 893 (896).
25 BGH v. 21.12.2005, ZIP 2006, S. 72.
26 *Poguntke*, ZIP 2011, S. 893 (896 f.).
27 Dazu VorstOG, BGBl. I 2005, S. 2267.
28 Dazu auch *Spindler* in MünchKomm. AktG³, § 87, Rn. 15 f.; *Dreher/Thomas*, ZGR 2009, S. 31/49 ff.

gliedern[29]. Eine unangemessen niedrige Vergütung bleibt sanktionslos[30]. Letztlich konkretisiert § 87 AktG das Unternehmensinteresse, dem der AR für die Frage der Vorstandsvergütung verpflichtet ist[31]. Die Angemessenheit der Vorstandsbezüge kann nur nach Lage des Einzelfalles beurteilt werden. Von Bedeutung ist eine Struktur der Vergütung, die keinen Anreiz für Fehlallokationen bieten darf. Neben persönlichen Umständen wie Fachwissen und Dauer der Tätigkeit für die Gesellschaft sind der Verantwortungsbereich des Vorstandsmitglieds und die wirtschaftliche Lage der Gesellschaft entscheidend[32].

9 Der Grundsatz, dass bei der Festsetzung der Gesamtbezüge auf ein angemessenes Verhältnis zu achten ist, bestand bereits unter der bisherigen Fassung von § 87 Abs. 1 AktG. Bereits bisher aber war es schwierig, das „angemessene Verhältnis" durch **materielle Kriterien** auszufüllen[33], auch wenn sich in der juristischen Literatur einige greifbare Grundsätze herausgebildet hatten. Die Aufgaben des Vorstandsmitglieds und die Lage der Gesellschaft waren **kumulative Erfordernisse**, so dass es nicht angemessen gewesen wäre, Bezüge zu gewähren, die zwar die Gesellschaft mühelos tragen könnte, aber verglichen mit den Aufgaben des Vorstandes zu hoch wären[34]. Einigkeit besteht auch darüber, dass der AR bei der Beurteilung der in § 87 Abs. 1 S. 1 AktG genannten Kriterien auch einen **Marktvergleich** vorzunehmen hat, um so eine Bewertungsskala zu erhalten[35]. Dabei war ebenso zu beachten, dass der relevante Markt bei einem internationalen Betätigungsfeld daher auch Usancen ausländischer Märkte, wie z.B. des amerikanischen Markts berücksichtigen muss[36].

10 Nach VorstAG sind wesentliche Kriterien für die Beurteilung der Angemessenheit die Leistung und die Aufgaben sowie deren Vergleichbarkeit im Sinne einer üblichen Vergütung des Vorstandsmitglieds[37].

11 Die **Aufgaben des Vorstandsmitglieds** bestimmen sich nach Art, Umfang, Schwierigkeit und Komplexität der übertragenen Tätigkeit, ferner sind die damit übernommenen Risiken sowie die Bedeutung der Funktion für die Gesellschaft von Belang[38]. Insbesondere gilt es als angemessen, wenn das Maß der Verantwortung und die Bedeutung der übertragenen Aufgaben, sowie die Risiken, die mit der Übernahme des Vorstandsamtes verbunden sind, Berücksichtigung finden[39]. Da die Aufgaben der Vorstandsmitglieder im Unternehmen ein unterschiedliches Gewicht haben können, muss dem bei der Festsetzung der Ver-

---

29 Vgl. *Rönnau/Hohn*, NStZ 2004, S. 113/116; *Liebers/Hoefs*, ZIP 2004, S. 97/99; *Spindler*, DStR 2004, S. 36/37.
30 Vgl. auch *Thüsing*, ZGR 2003, S. 457/459.
31 Vgl. *Tegtmeier*, Vergütung, S. 278.
32 Vgl. BGH v. 14.05.1990, BGHZ 111, S. 224/227; *Fleck*, EWiR 1990, S. 701/702.
33 Vgl. *Lutter*, ZIP 2003, S. 737/740.
34 Vgl. *Spindler* in MünchKomm. AktG³, § 87, Rn. 22 ff.
35 Vgl. *Tegtmeier*, Vergütung, S. 278; *Thüsing*, ZGR 2003, S. 457/465; *Hüffer*, AktG⁹, § 87, Rn. 2; *Liebscher* in Beck AG-HB², § 6, Rn. 70.
36 Vgl. *Liebers/Hoefs*, ZIP 2004, S. 97/100; *Spindler*, DStR 2004, S. 36/39; strenger *Thüsing*, ZGR 2003, S. 457/471.
37 Kritisch zur Neufassung *Handelsrechtsausschuss des DAV*, NZG 2009, S. 612 ff.; zum Überblick *Fleischer*, NZG 2009, S. 801/802 ff.; *Lingemann*, BB 2009, S. 1918 ff.; zur Anwendung bei Übernahmeangeboten *Nießen/Stöwe*, DB 2010, S. 885/886; *Schüler/Grewe*, NWB 2009, S. 3192 ff.; *Seibert*, WM 2009, S. 1489 ff.; *Sailer-Coceani* in Jahrestagung VGR, S. 141/142 ff.; *Inwinkl/Schneider*, WPg 2009, S. 971.
38 *Mertens/Cahn* in Kölner Komm. AktG³, § 87, Rn. 12; *Thüsing*, ZGR 2003, S. 457/469, *Liebers/Hoefs*, ZIP 2004, S. 97/100; *Spindler*, DStR 2004, S. 36/38; zu den Kriterien auch *IDW Praxishinweis 1/2010*, FN-IDW 2010, S. 463 (466 f.); *Matischiok/Splinter*, WPg 2011, S. 773 (777 f.).
39 Vgl. für einen GmbH-Geschäftsführer z.B. BGH v. 14.05.1990, BGHZ 111, S. 224/227; zu Gesellschaftergeschäftsführer OLG Frankfurt v. 22.12.2004, DB 2005, S. 492/493; vgl. auch *Spindler* in MünchKomm. AktG³, § 87, Rn. 28; *Liebscher* in Beck AG-HB², § 6, Rn 70; *Thüsing*, ZGR 2003, S. 457/469.

gütung Rechnung getragen werden. Zu beachten bleibt, dass die Vorstandsmitglieder dem Gesamtunternehmen verpflichtet sind; die Ausrichtung der Vergütung ausschließlich an den Ergebnissen der von dem einzelnen Vorstandsmitglied verantworteten Sparte kann deswegen zu unangemessenen Ergebnissen führen[40].

Neu aufgenommen in den Beurteilungskatalog wurden die **Leistungen** des Vorstandsmitglieds[41]. Dies wurde in der Vergangenheit kritisch gesehen, da die Leistungen bei der Festsetzung der Bezüge noch nicht feststehen. Gleichwohl wurde auch bisher dieses Kriterium mit herangezogen[42]. Insbesondere bei der erstmaligen Bestellung eines Vorstandsmitglieds kann es – abgesehen von der Beurteilung von Leistungen in vergleichbaren Funktionen in der Vergangenheit – nur um eine Prognose gehen. Bei der Wiederbestellung sind die gezeigte Leistung und damit nicht zuletzt der Erfolg in der ausgeübten Tätigkeit zu beurteilen. 12

Zusätzlich zu den ausdrücklich in § 87 Abs. 1 AktG genannten Kriterien können auch solche wie die Dauer der Zugehörigkeit zur Gesellschaft, besondere Kenntnisse und Erfahrungen, Fähigkeiten und, in angemessenem Rahmen, auch die Verhandlungsposition eine Rolle spielen[43], in seltenen Fällen auch die familiären Verhältnisse des Vorstandsmitglieds[44]. 13

Unter der **Lage der Gesellschaft** sind die gesamten Verhältnisse des Unternehmens zu verstehen. Dieses Merkmal bietet daher den Anknüpfungspunkt an den Unternehmenserfolg, so dass eine erfolgsabhängige Vergütung zulässig ist[45]. Erfolgreichen Unternehmen ist es gestattet, höhere Vergütungen zu entrichten als Unternehmen in schlechter Lage. Abgesehen davon sind aber auch andere Faktoren, wie Größe, Marktgeltung, Umsatz und Beschäftigtenzahl[46] oder Internationalität von Bedeutung. Auch der Börsenkurs und seine Entwicklung können ein Indikator für die Lage der Gesellschaft sein[47]. Bei einem Anstellungsverhältnis zu einer konzernangehörigen Tochtergesellschaft darf die Lagebeurteilung auch an der Lage der MU ausgerichtet werden[48]. Aus der Anknüpfung an die Lage der Gesellschaft ergibt sich jedoch nicht zwingend, dass wirtschaftliche Schwierigkeiten der AG zu einem niedrigeren Vergütungsniveau führen müssen – schließlich können gerade Konsolidierungs- oder Sanierungsaufgaben einer besonderen Kompetenz bedürfen[49]. Jedoch ergibt sich aus § 87 Abs. 2 AktG, dass in der Regel eine Verschlechterung der Verhältnisse der Gesellschaft eher niedrigere Bezüge rechtfertigt[50] oder gar eine Anpassung geboten sein kann. Während einer erfolgreich durchstandenen Krise geleistete besondere Beiträge, wie z.B. Vergütungsverzicht oder Haftungsübernahmen können als weitere Kriterien herangezogen werden. Die Berücksichtigung der Lage der Gesellschaft verbietet auch, Vergütungen zu vereinbaren, die zu einer Belohnung 14

---

40 *Mertens/Cahn* in Kölner Komm. AktG³, § 87, Rn. 12.
41 *Hohenstatt*, ZIP 2009, S. 1349/1350; *Suchan/Winter*, DB 2009, S. 2531/2532 ff.
42 Ziff. 4.2.2 Abs. 2 S. 2 DCGK; *Hoffmann-Becking*, ZHR 2005, S. 155/158 f.; *Fleischer*, DStR 2005, S. 1279/1280; *Fonk*, NZG 2005, S. 248/249 f.
43 *Mertens/Cahn* in Kölner Komm. AktG³, § 87, Rn. 14.
44 Vgl. *Liebscher* in Beck AG-HB², § 6, Rn. 70; *Tegtmeier*, Vergütung, S. 279; *Spindler*, DStR 2004, S. 36/38.
45 Vgl. *Tegtmeier*, Vergütung, S. 279.
46 Vgl. *Thüsing*, ZGR 2003, S. 457/469.
47 *Mertens/Cahn* in Kölner Komm. AktG³, § 87, Rn. 9.
48 BGH v. 09.11.2009, DStR 2009, S. 2692.
49 Vgl. *Liebscher* in Beck AG-HB², § 6, Rn. 70; *Hüffer*, AktG⁹, § 87, Rn. 2; vgl. auch *Hoffmann-Becking*, NZG 1999, S. 797/798; siehe auch *Peltzer*, in FS Lutter, S. 571/575, der darauf hinweist, dass in solchen Fällen insb. variable Vergütungssysteme angemessen sein werden, die in Bezug zur erreichten Verlustminderung stehen; zu geschäftspolitischen Risiken bei Banken *Hüttenbrink/Kaserer/Rapp*, ZBB 2012, S. 1 (4).
50 Vgl. auch *Thüsing*, ZGR 2003, S. 457/469.

führen, wenn die wirtschaftliche Lage des Unternehmens sich verschlechtert. Das ist z.B. der Fall, wenn damit Entscheidungen honoriert werden, die dem Interesse der Gesellschaft entgegenlaufen[51].

15 Unklar war, inwieweit eine **Kausalitätsbeziehung** zwischen den Aufgaben des Vorstandsmitglieds und der Lage der Gesellschaft herzustellen ist. Grds. ist jetzt davon auszugehen, dass keine kausale Verknüpfung erforderlich ist, die angesichts der Aufgabenstellung des Vorstandes stets vermutet werden kann[52].

16 Neu in § 87 Abs. 1 AktG ist die zusätzliche Begrenzung, dass die Gesamtbezüge eines Vorstandsmitglieds die **übliche Vergütung** nicht ohne besondere Gründe übersteigen darf. Diese Regelung wird nicht als weiteres Element der Angemessenheitsprüfung verstanden, sondern bildet ein weiteres Kriterium zur Begrenzung der Vorstandsbezüge[53]. Die Üblichkeit bemisst sich, einer Überlegung der Begründung zum Regierungsentwurf[54] folgend, zum einen im Branchen-, Größen- oder Landesvergleich (Horizontalverhältnis) und zum anderen im Vergleich zum Lohn- und Gehaltsgefüge des Unternehmens (Vertikalverhältnis)[55]. Eine an sich angemessene Vergütung kann gleichwohl im horizontalen oder vertikalen Vergleich unüblich sein; eine übliche Vergütung bietet hingegen keine Gewähr, angesichts der Lage der Gesellschaft sowie der Aufgaben und Leistungen des Vorstandsmitglieds als angemessen betrachtet zu werden. Der Vergleich im Horizontalverhältnis wird zu berücksichtigen haben, ob die betrachteten Unternehmen tatsächlich eine vergleichbare Stellung haben; bei gleicher Branche und Größe kann die unterschiedliche Ertragskraft unterschiedlich hohe Vergütungen rechtfertigen[56]. Das Vertikalverhältnis verlangt und gestattet, eine angemessene Distanz zwischen den Vergütungen des Vorstands und der nächsten Führungsebene zu halten; ob sich eine Begrenzung aus einem gewissen Vielfachen der Vergütung für Tarifbeschäftigte ableiten lassen soll, ist zweifelhaft und wird im Hinblick auf andere zu berücksichtigende Parameter abgelehnt[57]. Im Konflikt zwischen horizontaler und vertikaler Vergleichbarkeit soll das horizontale Verhältnis vorgehen[58]. Eine absolute Obergrenze für Vorstandsvergütungen statuiert die auf § 10 Abs. 2 Nr. 3 FMStFG zurückgehende Regelung in § 5 Abs. 2 Nr. 4 FMStV. Hiernach wird die Unangemessenheit von Vergütungen vermutet, die pro Jahr einen Gesamtbetrag in Höhe von 500.000 € überschreiten[59].

17 Für **börsennotierte KapGes.** gelten nach § 87 Abs. 1 S. 2 AktG weitere Anforderungen. Bei diesen Gesellschaften soll die Vergütungsstruktur auf eine nachhaltige Unternehmensentwicklung ausgerichtet sein[60]. Betroffen von dieser Anforderung sind börsennotierte Unternehmen im Sinne von § 3 Abs. 2 AktG. Bei diesen soll zum einen eine vom

---

51 OLG München v. 07.05.2008, NZG, S. 631/632 f. m. Anm. von *Habersack*; *Hohenstatt/Seibt/Wagner*, ZIP 2008, S. 2289 ff.; *Tröger*, ZGR 2009, S. 447/453 ff.
52 So auch Hoffmann-Becking, NZG 1999, S. 797/799.
53 *Mertens/Cahn* in Kölner Komm. AktG³, § 87, Rn. 16; *Bauer/Arnold*, AG 2009, S. 717/719 ff.; *IDW Praxishinweis 1/2010*, FN-IDW 2010, S. 463 (467 ff.).
54 Begr. RegE, BT-Drs. 16/12278, S. 5; Beschlussempfehlung und Bericht des Rechtsausschusses, BT-Drs. 16/13433, S. 10.
55 *Hüffer*, AktG⁹, § 87, Rn. 2; *Mertens/Cahn* in Kölner Komm. AktG³, § 87, Rn. 16; Ziff. 4.2.L DCGK; zu steuerlichen Aspekten des externen Fremdvergleichs FG Berlin-Brandenburg v. 12.12.2007, EFG 2010, S. 517 (rkr.).
56 *Mertens/Cahn* in Kölner Komm. AktG³, § 87, Rn. 16; *Korts*, BB 2009, S. 1876/1879; *Annuß/Theusinger*, BB 2009, S. 2434/2435.
57 *Hüffer*, AktG⁹, § 87, Rn. 2; *Annuß/Theusinger*, BB 2009, S. 2434/2435; *Bauer/Arnold*, AG 2009, S. 717/720; *Fleischer*, NZG 2009, S. 801/802; *Thüsing*, AG 2009, S. 517/518 f.
58 *Hoffmann-Becking/Krieger*, NZG 2009, Beil. zu Heft 27, Rn. 8.
59 *Diller/Göpfert*, DB 2008, S. 2579 ff.
60 BT-Drs. 16/13433, S. 16.

AR geschaffene Vergütungsstruktur bestehen, wie sie auch in §§ 289 Abs. 2 Nr. 5 und 315 Abs. 2 Nr. 4 HGB vorausgesetzt und durch Ziff. 4.2.3 Abs. 2 DCGK empfohlen wird. Die Zusammensetzung der einzelnen Vergütungselemente und ihr Verhältnis zueinander sollen bezogen auf das einzelne Vorstandsmitglied in strukturierter Form bestehen und zum anderen dem Nachhaltigkeitsgedanken verpflichtet sein[61]. Das gilt insbesondere für die fixen und variablen Vergütungsbestandteile und ihr Verhältnis zueinander. Sie sollen nicht nur Vergangenes entlohnen, sondern auch einen Anreiz für die Zukunft geben. Der Nachhaltigkeitsbegriff selbst ist unklar und bedarf einer Eingrenzung, um als geeignete Beurteilungsgröße operabel zu sein. Im Kern geht es um die Sicherung des dauernden Bestands und der dauerhaften Rentabilität des Unternehmens[62]. Dabei soll nach § 87 Abs. 1 S. 3 AktG eine mehrjährige Bemessungsgrundlage verwendet werden; dies wurde als „Sollvorschrift" ausgestattet und ist daher keine verbindliche Handlungsanweisung an den AR[63]. Es geht hier nicht darum, die Fälligkeit der Vergütung hinauszuschieben, sondern durch die Auswahl der Bemessungsgrundlage sicher zu stellen, dass Schwankungen der Ergebnisse, wie auch negative Entwicklungen Berücksichtigung finden[64]. Das Minimum des Betrachtungszeitraums soll eine Periode von zwei Jahren sein[65]; besser ist – in Anlehnung an § 193 Abs. 2 Nr. 4 AktG – ein Zeitraum von drei Jahren bis vier Jahren[66].

4. Variable Vergütungsmodelle

Neben dem Festgehalt wird die Höhe der Gesamtbezüge eines Vorstandsmitglieds maßgeblich durch variable Vergütungskomponenten bestimmt. Es entspricht üblichen Vergütungsstrukturen, dass neben fixe Bestandteile jährliche Boni (Tantiemen) und Komponenten mit langfristiger Anreizwirkung treten, wie Aktienoptionen. Insbesondere bei börsennotierten Unternehmen wird erwartet, dass der AR zur Ausgestaltung dieser Merkmale bei den Bezügen der einzelnen Vorstandsmitglieder eine Vergütungsstruktur entwickelt[67]. **18**

Auch nach der Aufhebung des § 86 AktG durch das TransPuG vom 19.07.2002[68] ist es selbstverständlich möglich, Vorständen einer AG Gewinnbeteiligungen, heute eher als Tantieme bezeichnet, zu gewähren. Der Maßstab für deren Zulässigkeit ergibt sich jetzt aber aus § 87 AktG. Die frühere Orientierung am Jahresgewinn ist entfallen. Das entspricht auch der gängigen Praxis, die vielfach an betriebswirtschaftliche Kennzahlen (wie EBIT, EBITD, EBITDA, ROCE, Free Cash-Flow) oder andere Ergebnisgrößen anknüpft[69]. Zulässig, wenn auch nicht mehr sehr üblich, bleiben die Gewinn-, insbesondere Dividendentantieme[70] sowie Ermessens-, Mindest- oder Garantietantieme[71]. Unter dem Gesichtspunkt der Angemessenheit kritisch sind Umsatztantiemen. Sie können in Betracht kommen bei Vertriebsgesellschaften mit weitgehend festgelegten Preisen, so dass **19**

---

61 *Hüffer*, AktG[9], § 87, Rn. 4c; *Mertens/Cahn* in Kölner Komm. AktG[3], § 87, Rn. 22; *Hohenstatt/Kuhnke*, ZIP 2009, S. 1981 ff.
62 *Wagner*, AG 2010, S. 774 (776 ff.).
63 *Mertens*, AG 2011, S. 57 (59 ff.).
64 Beschluss, BT-Drs. 16/13433, S. 10; *Bauer/Arnold*, AG 2009, S. 717/722 f.; *Rieckhoff*, AG 2010, S. 617; *Hüffer*, AktG[9], § 87, Rn. 4d.
65 *Hoffmann-Becking/Krieger*, NZG 2009, Beil. zu Heft 27, Rn. 17; dazu auch *Seibert*, WM 2009, S. 1489/1490.
66 *Hoffmann-Becking/Krieger*, NZG 2009, Beil. zu Heft 27, Rn. 20.
67 *Hüffer*, AktG[9], § 87, Rn. 4c; *Mertens/Cahn* in Kölner Komm. AktG[3], § 87, Rn. 24.
68 BGBl. I, S. 2681.
69 *Mertens/Cahn* in Kölner Komm. AktG[3], § 87, Rn. 24.
70 Vgl. dazu ausführlich Tz. 44.
71 Vgl. *Liebscher* in Beck AG-HB[2], § 6, Rn. 74; *Hoffmann-Becking*, NZG 1999, S. 797/799; *Seibt* in Schmidt/Lutter, AktG, § 87, Rn. 8; einschränkend *Spindler* in MünchKomm. AktG[3], § 87, Rn. 40.

das sonst vorgetragene Bedenken, der Umsatz könne zu Lasten der Ertragskraft maximiert werden, nicht trägt. In einem solchen Fall sollte daher der Gesamtumsatz der Gesellschaft und nicht nur der Umsatz bestimmter Sparten als Bemessungsgrundlage herangezogen werden[72]. Zur Ausgestaltung von Vergütungssystemen in der Finanzbranche hat die BaFin Stellung genommen[73]. Darin werden Grundsätze für die Ausgestaltung formuliert, wie z.B. die Widerspruchsfreiheit mit den Strategien des Unternehmens. Es sollen keine negativen Anreize gegeben werden, unverhältnismäßig hohe Risiken einzugehen. Zur Festsetzung der Tantieme ist der Aufsichtsrat zuständig. Die Abänderung einer einmal getroffenen Festsetzung ist zulässig, wenn z.B. der zugrunde liegende Jahresabschluss der Gesellschaft wegen zwischenzeitlich wesentlich geänderter Bedingungen geändert werden müsste[74].

a) Allgemeines zur ergebnisabhängigen Tantieme

20 Die Streichung des § 86 AktG a.F. erfolgte, weil die Vorschrift als überflüssig und überholt galt[75]. Durch die Streichung war eine **inhaltliche Änderung** nur insoweit bezweckt, als nicht mehr von dem – nicht definierten – Begriff des „Jahresgewinns" ausgegangen wird. Auch die strenge Nichtigkeitsfolge war als misslich angesehen worden. Nicht zweckmäßig war u.a., dass sich die Tantieme unter § 86 AktG am Ergebnis nach Steuern orientierte, so dass Änderungen der Steuergesetzgebung auf die Tantiemen durchschlugen, was deren Charakter als leistungsbezogener Vergütungsbestandteil widersprach[76].

21 Gewinntantieme sowie Tantieme, die in anderer Weise vom Ergebnis der Gesellschaft abhängen, die auf Vereinbarungen beruhen, die nach In-Kraft-Treten des TransPuG geschlossen wurden[77], werden nach Inkrafttreten des VorstAG anhand des Kriteriums der „Angemessenheit" im Sinne von § 87 Abs. 1 AktG überprüft. Seit dem VorstAG ist allerdings klargestellt, dass die variable Vergütung überwiegend durch langfristig wirkende Anreizelemente gekennzeichnet werden soll. Ein Ausgestaltungselement dazu ist die Bindung an eine mehrjährige Bemessungsgrundlage[78].

22 Die Beteiligung am **Gewinn oder Ergebnis** der Gesellschaft bezieht sich auf den Erfolg der Gesellschaft insgesamt, nicht also den Gewinn einer Zweigniederlassung oder eines von der Gesellschaft hergestellten Erzeugnisses. Die Bindung an den Gewinn oder den (Börsen-)Erfolg der Gesellschaft erscheint deshalb zulässig, weil sich die Verantwortung des Vorstands auf das gesamte Unternehmen bezieht. Die Anknüpfung an andere ergebnisbezogene Bemessungsgrundlagen wird nur dann statthaft sein, wenn sie der um-

---

72 Begr. RegE s. *Kropff*, AktG, S. 109. Der BFH hat – unter Berufung auf § 86 AktG – bei einem GmbH-Geschäftsführer den Standpunkt vertreten, eine umsatzabhängige Tantieme sei schon dann als verdeckte Gewinnausschüttung zu behandeln, wenn sie im Hinblick auf Art und Größe des Unternehmens nicht branchenüblich ist, DB 1978, S. 773. Kritisch äußert sich zu diesem Urt. *Ranft*, GmbHR 1979, S. 42. Den Ausführungen von *Ranft* zur Rechtslage nach dem Aktienrecht kann insoweit nicht zugestimmt werden, als es nach seiner Meinung im freien Ermessen der Beteiligten steht, welche Art von Bezügen sie vereinbaren wollen und sie daher auch eine Umsatztantieme vereinbaren können, ohne dass besondere Gründe hierfür vorliegen. Zur steuerlichen Beurteilung durch den BFH soll hier nicht Stellung genommen werden. *Hüffer*, AktG[9], § 86, Rn. 2 sieht die Umsatztantieme als „eher unzulässig" i.S.d. § 87 AktG an; *Spindler* in MünchKomm. AktG[3], § 87, Rn. 40; vgl. auch BGH v. 04.10.1976, WM, S. 1226/1227; BGH v. 15.06.1992, ZIP, S. 1152/1154, beide Urt. zur GmbH.
73 BaFin-Rundschreiben v. 21.12.2009 für Banken (Rundschreiben 22/2009) und Versicherungen (Rundschreiben 23/2009); dazu *Leßmann/Hopfe*, DB 2010, S. 54 ff.
74 OLG Düsseldorf v. 27.10.2011, NZG 2012, S. 20.
75 Vgl. *Seibert*, Das Transparenz- & Publizitätsgesetz, S. 20.
76 Vgl. *Seibert*, Das Transparenz- & Publizitätsgesetz, S. 20.
77 Für ältere Vereinbarungen gilt selbstverständlich die bisherige Rechtslage, vgl. auch BGH v. 10.03.2003, EWiR, S. 795 m. Anm. *Rottnauer*.
78 *Bauer/Arnold*, AG 2009, S. 717/722 f.; *Bosse*, BB 2009, S. 1650 ff.; *Dauner-Lieb/v. Preen/Simon*, DB 2010, S. 377/378.

fassenden Verantwortung des Vorstands entsprechen[79]. Zulässig erscheinen Tantieme, die an einen definierten *cash-flow* anknüpfen[80].

Die Angemessenheit einer variablen Vergütung ist wohl insbesondere dann zweifelhaft, wenn die Höhe der Vergütung nicht auf Umstände zurückzuführen ist, die die unternehmerische Aufgabe und Leistung des jeweiligen Vorstandsmitglieds widerspiegeln, sondern wenn die Vergütung so gewählt ist, dass der Vorstand ggf. von sog. *windfall profits* („Marktlagengewinne", d.h. Vermögenszuwächse, die nicht auf entsprechenden Leistungen des Unternehmens, sondern auf außergewöhnlichen Veränderungen der Marktsituation beruhen) profitiert[81]. Bei der Festsetzung einer gewinnabhängigen Vergütung obliegt es daher dem AR, genau zu prüfen, ob das von ihm gewählte Vergütungsmodell geeignet ist, ein bestimmtes Verhalten des Vorstandes zu fördern[82]. 23

Wird eine gewinnabhängige Tantieme vereinbart, stellt sich die Frage, ob damit eine einem Genussrecht vergleichbare Verpflichtung der Gesellschaft vorliegt, für die, soweit nicht die Voraussetzungen von § 193 Abs. 2 Nr. 4 AktG vorliegen, ein HV-Beschluss nach § 221 AktG erforderlich wäre. Unter der Geltung von § 86 AktG war die Zulässigkeit der Festsetzung solcher Vergütungen durch den AR ohne Beteiligung der HV vorausgesetzt worden[83]. Da durch die Streichung von § 86 AktG daran nichts geändert, sondern der Spielraum des AR bei der Festsetzung von Vergütungen eher erweitert werden sollte, sollte sich an der alleinigen Zuständigkeit des AR zur Festsetzung gewinn-/ergebnisabhängiger Tantieme nichts verändert haben[84]. 24

War ein Vorstandsmitglied nur für einen **Teil des GJ** bestellt, so ist nur der Teil der Bemessungsgrundlage bei Ermittlung der Gewinnbeteiligung anzusetzen, welcher der Dauer seiner Vorstandstätigkeit während des GJ entspricht. Entsprechendes gilt, wenn sich seine Tantieme nach dem Betrag der ausgeschütteten Dividende richtet. 25

Eine unzulässige Berechnung von Vorstands- oder AR-Tantieme führt nicht allein wegen der Unrichtigkeit der Berechnung zur **Nichtigkeit** des **JA**. Wenn jedoch die Tantiemerückstellung zu niedrig bemessen ist, kann die Nichtigkeit des JA wegen Überbewertung gegeben sein (§ 256 Abs. 5 S. 1 Nr. 1 AktG); das ist allerdings nicht der Fall, wenn auf die nicht zurückgestellten Beträge verzichtet worden ist, so dass eine Überbewertung nicht vorliegt. Bei einer infolge unrichtiger Berechnung der Tantieme zu hoch bemessenen Tantiemerückstellung kann der JA nur in dem Ausnahmefall nichtig sein, in dem die Vermögens- und Ertragslage der Gesellschaft durch die Unterbewertung vorsätzlich unrichtig wiedergegeben oder verschleiert wird (§ 256 Abs. 5 S. 1 Nr. 2 AktG). 26

b) Jahresüberschuss als Bemessungsgrundlage

Wird der Jahresüberschuss als Bemessungsgrundlage herangezogen, müssen bestimmte materielle Konsequenzen berücksichtigt werden. Denkbar ist auch die Bezugnahme auf den Bilanzgewinn, gegebenenfalls auch auf den Bilanzgewinn vor Steuern[85]. 27

---

79 Vgl. *Spindler*, DStR 2004, S. 36/39; vgl. auch zur bisherigen Rechtslage *Mertens* in Kölner Komm. AktG², § 86, Rn. 5 m.w.N.
80 BGH v. 10.03.2003, AG, S. 384 (noch verneinend zur Rechtslage nach § 86 AktG a.F.); *Mertens/Cahn* in Kölner Komm. AktG³, § 87, Rn. 36.
81 Vgl. auch *Peltzer*, in FS Lutter, S. 571/575; zur dividendenabhängigen Tantieme BGH v. 03.07.2000, NJW, S. 2998.
82 Vgl. dazu ausführlich *Thüsing*, ZGR 2003, S. 457/473.
83 *Mertens/Cahn* in Kölner Komm. AktG³, § 87, Rn. 26; dazu BegrRegE, BT-Drucks. 14/8769, S. 13.
84 *Mertens/Cahn* in Kölner Komm. AktG³, § 87, Rn. 26.
85 LG Düsseldorf v. 06.11.2009, DB 2010, S. 789.

28 Ist die Gesellschaft aufgrund eines **GAV** zur Abführung des Jahresüberschusses verpflichtet (§§ 291 Abs. 1, 301 AktG), so wird ein Jahresüberschuss nur ausgewiesen, wenn ein Verlustvortrag getilgt oder eine Zuführung zur gesetzlichen Rücklage vorgenommen werden muss oder freiwillig nach Maßgabe der Vereinbarung eine Einstellung in die Gewinnrücklagen erfolgen soll. Vereinbarungen über gewinnabhängige Tantiemeansprüche dürfen durch den Abschluss eines GAV nicht beeinträchtigt werden[86]. Stattdessen kann der Jahresüberschuss als Bemessungsgrundlage in Betracht kommen, der sich ohne die Gewinnabführung ergibt[87].

29 Wird während des Bestehens eines GAV eine Gewinnbeteiligung vereinbart, ist wegen des normalerweise fehlenden Jahresüberschusses eine andere Bemessungsgrundlage heranzuziehen. Jedoch erscheint die Anknüpfung an den Jahresüberschuss, der sich ohne Gewinnabführung ergeben würde, zulässig.

30 **Sondererträge,** die den Jahresüberschuss nicht erhöhen, gehören nicht zur Bemessungsgrundlage der Tantieme. Für den Ertrag aufgrund höherer Bewertung entsprechend dem Ergebnis einer Sonderprüfung nach § 258 AktG enthält § 261 Abs. 3 AktG ebenso eine ausdrückliche Regelung wie sie z.B. in Art. 67 Abs. 1 S. 3, Abs. 3 S. 2, Abs. 4, S. 2, Abs. 6 EGHGB für die beim Übergang auf das HGB i.d.F. des BilMoG aufgedeckten stillen Reserven enthält.

31 Unter Geltung des aufgehobenen § 86 AktG war bei der Berechnung der Vorstandstantieme vom **Jahresüberschuss vor Abzug** der Vorstandstantieme auszugehen[88]. Zwar wird die Vorstandstantieme als Aufwand bereits im Abschluss des Jahres verrechnet, für das sie gewährt wird, und beeinflusst somit den Jahresüberschuss in der GuV der Gesellschaft. Nach Aufhebung der Vorschrift kann etwas anderes gelten. Der Vorstand soll am Jahresgewinn beteiligt werden, also einen Teil des im GJ erzielten Ertrags erhalten. Dazu kann es einen gewissen Widerspruch darstellen, wenn bei der Berechnung dieses Anteils berücksichtigt würde, dass der auf den Vorstand entfallende Anteil am Ertrag des GJ seinerseits wieder den Jahresüberschuss mindert. I.d.S. hat sich bereits das RG zur Rechtslage vor dem Aktiengesetz 1937 geäußert[89]; die Ausführungen des Gerichts haben insoweit ihre Bedeutung behalten. Auch der BGH hatte sich dieser Auffassung angeschlossen[90]. Für die jetzt gegebene Rechtslage ist das indes nicht mehr zwingend.

32 Um Auseinandersetzungen über die Höhe des Tantiemebetrages zu vermeiden, ist es zweckmäßig, in den Vereinbarungen über die Vorstandstantieme klarzustellen, ob auf den Jahresüberschuss vor oder nach Abzug der Tantieme abzustellen ist. Ist bei der Tantiemezusage keine Regelung getroffen, ob der Jahresüberschuss vor oder nach Abzug der Tantieme die Bemessungsgrundlage bilden soll, so kann vom Jahresüberschuss vor Kürzung um die Tantieme auszugehen sein.

33 Letztlich handelt es sich um eine Frage des in der Tantiemevereinbarung festzulegenden Prozentsatzes der Gewinnbeteiligung. Um denselben Tantiemebetrag zu erhalten, muss bei Zugrundelegung des Jahresüberschusses vor Abzug der Tantieme der Prozentsatz niedriger sein als bei Zugrundelegung des Jahresüberschusses nach Abzug der Tantieme. In jedem Falle bildet der Grundsatz der **Angemessenheit** (§ 87 AktG) die Grenze für die Tantiemefestsetzung.

---

86 BGH v. 08.02.1960, DB, S. 318.
87 *Mertens/Cahn* in Kölner Komm. AktG³, § 87, Rn. 27 ließ in einem solchen Fall auch die Berücksichtigung des abgeführten Gewinns zu. So auch *Wiesner* in MünchHdb. AG³, § 21, Rn. 40.
88 BGH v. 10.03.2003, AG, S. 384/385; *Kort* in Großkomm. AktG⁴, § 87, Rn. 123.
89 RG v. 11.01.1918, RGZ 91, S. 316.
90 BGH v. 03.12.1962, BB 1963, S. 55, 323.

Nach der hier vertretenen Auffassung können die Vertragspartner somit vereinbaren, ob 34
die Tantieme von ihrer eigenen Bemessungsgrundlage abgezogen werden soll oder nicht.
Eine bestimmte, ständig angewandte Berechnungsmethode, der nicht widersprochen
wurde, kann i.d.R. als stillschweigend vereinbart gelten.

Ob auch die AR-Tantieme die Bemessungsgrundlage der Vorstandstantieme nicht ver- 35
mindert, hängt davon ab, was vereinbart worden ist[91]. Im Zweifel wird nunmehr zu gelten
haben, dass eine passivierte AR-Tantieme von der Bemessungsgrundlage der Vorstandstantieme abgezogen bleibt.

Arbeitnehmertantiemen mindern die Bemessungsgrundlage der Vorstandstantieme 36
auch dann, wenn sie als Gewinnbeteiligung bezeichnet werden[92]. Dass sie bei der Berechnung der Vorstandstantieme nicht wie die Vorstandstantieme behandelt werden können, ergibt sich daraus, dass sie auf einer anderen Ebene als die Gewinnbeteiligung der
Organe der Gesellschaft liegen. Dafür spricht bereits der Umstand, dass Gewinnbeteiligungen der Arbeitnehmer im AktG nicht ausdrücklich vorgesehen sind, dass Arbeitnehmertantiemen somit ausschließlich arbeitsrechtlich und nicht gesellschaftsrechtlich begründet sind. Entscheidend aber ist, dass der Vorstand nach Sinn und Zweck
des § 87 AktG am Ertrag des Unternehmens partizipieren soll und dieser Ertrag durch
Gewinnbeteiligungen der Arbeitnehmer ebenso gekürzt wird wie durch sonstige Lohn-
und Gehaltsbestandteile.

Der Vereinbarung der Beteiligten zugänglich ist die Behandlung von Einstellungen und 37
Entnahmen aus den Rücklagen sowie die Behandlung von Ausschüttungssperrbeträgen
nach § 268 Abs. 8 HGB. An sich bleibt der Jahresüberschuss von Einstellungen in die und
Entnahmen aus den Rücklagen oder von Ausschüttungssperrbeträgen unberührt. Einer
angemessenen Dotierung kann es allerdings entsprechen, von dem Jahresüberschuss die
Beträge abzusetzen, die nach Gesetz oder Satzung in **Gewinnrücklagen** eingestellt werden müssen oder nicht ausgeschüttet werden dürfen. Die Bezugnahme auf Gewinnrücklagen beinhaltet i.V.m. § 272 Abs. 3 S. 2 HGB auch die Aussage, dass damit nur
Rücklagenbildungen aus Beträgen gemeint sind, die aus dem Ergebnis der Gesellschaft
kraft Gesetzes oder des Statuts zu bilden waren[93].

Abzusetzen sind (ggf.) auch die in § 158 Abs. 1 Nr. 4a AktG aufgeführten und nach § 150 38
Abs. 2 AktG und § 300 Nr. 1 bis 3 AktG erfolgten Zuführungen zur **gesetzlichen Rücklage**, die aufgrund einer gesetzlichen oder, soweit die Satzung die gesetzliche Rücklage
auf einen höheren Betrag als den zehnten Teil des Grundkapitals festsetzt, aufgrund einer
satzungsmäßigen Verpflichtung vorgenommen werden. Anderes kann für Dotierungen
nach § 232 AktG gelten, da die Beträge als Zuweisungen zur Kapitalrücklage nicht im
Jahresüberschuss enthalten sind. Ohne Bedeutung sind die Einstellungen nach § 272
Abs. 2 HGB, § 237 Abs. 5 AktG, da sie – ebenso wie die entsprechenden Erträge – nicht
über die GuV geführt werden, so dass die Rücklagenzuführung nicht aus dem Jahresüberschuss erfolgt.

Zu den Rücklagen, die nach Gesetz zu bilden sind, zählt auch die Rücklage für Anteile an 39
einem herrschenden oder mit Mehrheit beteiligten Unternehmen, § 272 Abs. 4 S. 1 HGB,
§ 158 Abs. 1 Nr. 4b AktG. Soweit die Rücklagenbildung aus dem Jahresüberschuss erfolgt, ist die Tantiemebemessungsgrundlage zu kürzen[94].

---

91 *Kort* in Großkomm. AktG[4], § 87, Rn. 124.
92 Seinerzeit strittig; vgl. ADS[6], § 174, Tz. 15.
93 ADS[6], § 272 HGB, Tz. 141; so auch BGH v. 03.07.2000, NJW, S. 2998.
94 Vgl. ADS[6], § 272 HGB, Tz. 183 zur Bildung der Rücklage für eigene Anteile.

40 Bei den Zuführungen zu **anderen Gewinnrücklagen** (§ 158 Abs. 1 Nr. 4d AktG) ist zu unterscheiden: Stellen Vorstand und AR den JA fest, so sind, wenn nichts anderes vereinbart wurde, Zuführungen zu den anderen Gewinnrücklagen nur dann abzusetzen, wenn die Satzung – soweit man das für zulässig hält[95] – im Rahmen des § 58 Abs. 2 AktG eine Verpflichtung zu dieser Rücklagenbildung enthält. Besteht jedoch keine derartige Verpflichtung, sondern machen Vorstand und AR nur von der Ermächtigung des § 58 Abs. 2 oder 2a AktG Gebrauch (die durch eine Ermächtigung in der Satzung, mehr als die Hälfte des Jahresüberschusses einstellen zu dürfen, ergänzt sein kann), so sind die entsprechenden Zuführungen nicht vom Jahresüberschuss abzusetzen.

41 Stellt die **HV** den JA fest und enthält die Satzung einen Zwang zur Rücklagenbildung (§ 58 Abs. 1 AktG), so mindern diese Zuführungen die Bemessungsgrundlage. Wenn jedoch durch den Gewinnverwendungsbeschluss der HV im Übrigen der Bilanzgewinn ganz oder teilw. in offene Rücklagen eingestellt wird, berührt dies die Bemessungsgrundlage nicht; diese Zuführung beruht auf einer gesetzlichen Ermächtigung (§ 58 Abs. 3 AktG), also nicht auf gesetzlichem Zwang, und wird ferner nicht aus dem Jahresüberschuss, sondern aus dem Bilanzgewinn vorgenommen.

42 **Entnahmen** aus Gewinnrücklagen erhöhen den Jahresüberschuss nicht (vgl. § 158 Abs. 1 Nr. 3 AktG) und bleiben infolgedessen tantiemefrei; gleiches gilt für Entnahmen aus der Kapitalrücklage (§ 158 Abs. 1 Nr. 2 AktG)[96].

43 Bei der Ermittlung des Jahresüberschusses sind selbstverständlich die Steuern einschließlich der Beträge aus der Steuerabgrenzung zu berücksichtigen.

c) Dividendenabhängige Tantieme

44 Eine Gewinnbeteiligung, die sich nach dem Betrag der **Gewinnausschüttung** oder dem Prozentsatz der **ausgeschütteten Dividenden** richtet, ist zulässig, wenn auch nicht sehr verbreitet[97].

45 Bei der Ermittlung der Bemessungsgrundlage für die dividendenabhängige Tantieme sind Besonderheiten zu berücksichtigen. Umstritten ist z.B., ob die Dividende auch als Grundlage für die Tantiemebemessung herangezogen werden darf, wenn der Ausschüttungsbetrag ganz oder teilweise aus Beträgen stammt, die den sonstigen Rücklagen entnommen wurden. Eine gesetzliche Regelung hierfür besteht nicht, so dass dies – im Rahmen des Angemessenheitsgrundsatzes des § 87 Abs. 1 AktG – der Vereinbarung und Festsetzung zwischen den Beteiligten zugänglich ist. Als angemessen kann die Beteiligung an Rücklagen gelten, die während der Amtszeit eines Vorstandsmitglieds gebildet wurden, wenn die Beträge bei Einstellung in die Rücklagen die Bemessungsgrundlage für die Tantieme nicht erhöht haben; an Rücklagen, an deren Bildung das Vorstandsmitglied keinen Anteil hatte, soll es nicht beteiligt sein[98].

46 Wurde ein GAV abgeschlossen, entsteht bei der verpflichteten Gesellschaft regelmäßig kein ausschüttungsfähiger Bilanzgewinn. Bei einer dividendenabhängigen Tantieme muss daher eine modifizierte Bemessungsgrundlage gefunden werden. So kann bspw. der Betrag berücksichtigt werden, der als Gewinn abgeführt wurde; ergänzend kann der Betrag angesetzt werden, der sich ergäbe, wenn der Tantiemeberechnung die Zahlungen zu-

---

95 ADS[6], § 58 AktG, Tz. 38.
96 Anders BGH v. 03.07.2000, NJW, S. 2998 für den Fall des korrespondierenden Abzugs von in die Gewinnrücklage eingestellten Beträgen.
97 *Mertens/Cahn* in Kölner Komm. AktG[3], § 87, Rn. 27.
98 *Peltzer* in FS Lutter, S. 571/583.

grunde gelegt werden würden, die aufgrund der Dividendengarantie an die Minderheitsaktionäre der Organtochter geleistet werden.

Es ist der Vereinbarung zugänglich und damit statthaft, aperiodische und außerordentliche Erträge i.S.v. § 275 Abs. 2 Nr. 15 HGB aus der Bemessungsgrundlage auszunehmen. Geschieht dies nicht, werden auch solche Erträge erfasst, die Eingang in den Bilanzgewinn gefunden haben. Dies gilt auch bei der Auflösung stiller Reserven bei Abverkäufen von Betrieben oder Betriebsteilen. Die Nichteliminierung solcher Gewinnbestandteile kann die Angemessenheit der Tantiemeregelung in Frage stellen[99]. 47

Zur Frage, ob eine dividendenabhängige Tantieme eine Gewinnbeteiligung ist und daher nicht nur der Festsetzung durch den AR, sondern auch der Zustimmung durch die HV bedarf, vgl. Tz. 24. 48

d) Ziel- oder Ermessenstantieme

In Anstellungsverträgen werden verbreitet Ziele vereinbart, bei und nach Maßgabe derer Erreichung dem Vorstandsmitglied eine Tantieme zustehen soll, deren Höhe sich zumeist nach dem Grad der Zielerreichung richtet. Als Parameter gelten einerseits bestimmte unternehmerische Kennzahlen (vgl. auch Tz. 19), möglich sind aber auch andere Ereignisse oder Bedingungen, für deren Erreichen oder Erfüllung die Tantieme zustehen soll, wie z. B. die Durchführung oder der Abschluss bestimmter Projekte oder Investitionen, die Erreichung eines bestimmten Marktanteils oder Grades der Kundenzufriedenheit[100]. Insbesondere bei den letztgenannten Kriterien bietet es sich an, sie nach den Aufgaben und Leistungen einzelner Vorstandsmitglieder auszurichten. Sie bieten sich deswegen als geeignete Vergütungsmethoden an, mit denen der AR bestimmte Unternehmensziele oder Tätigkeiten herausheben und damit auf die Unternehmensführung Einfluss nehmen kann. 49

Mit der Festlegung von Ermessenstantiemen besteht die Grundlage für die Zuerkennung von Tantiemebeträgen nach pflichtmäßigem Ermessen des AR. Anders als bei den anderen Vergütungsmethoden fehlt bei diesen ein bestimmter im Vorhinein festgelegter Maßstab, nach dem sich die Tantieme richtet. Auch mit dieser Tantiemeform kann der AR auf die Unternehmensführung Einfluss nehmen[101]. 50

Im Übrigen kann der AR nach wie vor den Vorstandsmitgliedern für ein einzelnes GJ auch eine **Sondervergütung** bewilligen. Das gleiche Recht hat die HV i.R.d. Gewinnverwendung, sofern eine Ermächtigung in der Satzung gem. § 58 Abs. 3 S. 2 AktG vorliegt. In solchen Fällen handelt es sich jedoch nicht um eine Gewinnbeteiligung, was im Beschluss über die Sondervergütung klargestellt werden sollte. Solche im Anstellungsvertrag nicht vorgesehenen Zahlungen, wie auch Anerkennungsprämien bedürfen als Änderung der Vergütungsabrede eines Beschlusses des AR[102]. Die Zulässigkeit nachträglicher Veränderungen der Vergütungsabreden wird kontrovers diskutiert. Es wird bezweifelt, ob es angemessen ist, nachträglich bei besonderen Anlässen die Bezüge anzuheben, wenn sie bei Nichterreichen vorgestellter Erwartungen nicht reduziert würden; beides liege im Rahmen der Nichtvorhersehbarkeit zukünftiger Entwicklungen[103]. Nach Maßgabe des 51

---

99 *Mertens/Cahn* in Kölner Komm. AktG³, § 87, Rn. 27.
100 Dazu auch *Mertens/Cahn* in Kölner Komm. AktG³, § 87, Rn. 28; *Heiden*, DB 2009, S. 1705 ff.
101 *Mertens/Cahn* in Kölner Komm. AktG³, § 87, Rn. 29; *Wiesner* in MünchHdb. AG³, § 21, Rn. 41.
102 *Fonk*, NZG 2005, S. 248/250.
103 *Brauer*, NZG 2004, S. 502/507; *Lange*, ArbuR 2004, S. 83/85; *Martens*, ZHR 2005, S. 124/129 ff.; *Säcker/Boesche*, BB 2006, S. 897/903.

BGH im Fall Mannesmann[104] wird die Zulässigkeit an einem dreistufigen Maßstab gemessen. Sind Prämien nach den Vereinbarungen im Anstellungsvertrag an den Geschäftserfolg gebunden, steht dem AR ein weiter Ermessensspielraum zu, der seine Grenze in der Angemessenheitsprüfung nach § 87 Abs. 1 AktG findet. Auch ohne eine Grundlage im Anstellungsvertrag sind Anerkennungsprämien zulässig, bei denen die durch sie verursachte Minderung des Gesellschaftsvermögens in angemessenem Verhältnis zu den zugunsten der Gesellschaft entstandenen Vorteilen steht; auch hier ist das Angemessenheitsgebot zu berücksichtigen. Hingegen sollen nicht vorher vereinbarte Anerkennungsprämien mit ausschließlich belohnendem Charakter und ohne Zukunftsnutzen für die Gesellschaft grundsätzlich unzulässig sein. Das Verbot belohnender Zahlungen bei fehlender vorheriger Vereinbarung wird von der herrschenden Lehre als übertrieben formalistisch kritisiert[105]. Stattdessen sollte die Kontrolle durch die Angemessenheitsprüfung am Maßstab von § 87 Abs. 1 AktG genügen.

e) Stock Options

52 In der Praxis hat sich die Gewährung von Stock Options als Vergütungsinstrument durchgesetzt[106]. Sie gehören nach Ziff. 4.2.3 Abs. 3 DCGK zu den variablen Vergütungskomponenten mit langfristigem Anreizcharakter[107]. Durch die Ausgabe von Stock Options, die unentgeltlich oder zu einem unter dem Marktwert liegenden Wert erfolgt, wird den Vorstandsmitgliedern z.B. die Möglichkeit eingeräumt, nach Ablauf einer bestimmten Zeit (Wartezeit) innerhalb einer bestimmten Frist (Ausübungsfrist) Aktien der Gesellschaft oder der Konzernmutter zu einem vorab fixierten Preis (Basispreis) zu erwerben[108]. Die Berechtigung zur Ausübung wird i.d.R. mit dem Erreichen bestimmter Erfolgsziele verbunden. Kommt es zur Ausübung der Option, ist das Unternehmen verpflichtet, dem Vorstandsmitglied die Aktien zum vereinbarten Basispreis (z.B. dem aktuellen Börsenkurs im Zeitpunkt des Beschlusses des Stock-Option-Plans oder einem darüber liegenden Kurs) zu verkaufen, auch wenn deren Wert inzwischen darüber hinaus gestiegen ist. Auf diese Weise kann das begünstigte Vorstandsmitglied an der Steigerung des Aktienkurses partizipieren, wohingegen es bei negativer Kursentwicklung von der Ausübung der Option absehen wird, um Verluste zu vermeiden. Optionspläne bieten die Möglichkeit, eine anreizorientierte Vergütung ohne direkte Belastung der Liquidität des Unternehmens zu leisten und damit den Anreiz einer längerfristigen Steigerung des Börsenwerts zu geben. Auf der anderen Seite wird hierdurch das Aktienkapital der Anleger verwässert; auch kann es durch Entwicklungen, die von Leistungen des Vorstands unabhängig eintreten, zu sehr hohen Vergütungen kommen[109].

53 Ansprüche aus Stock-Option-Plänen werden durch die Gewährung von Aktien bedient, die durch eine Kapitalerhöhung der Gesellschaft, i.d.R. durch Ausnutzen eines bedingten Kapitals, geschaffen werden (dazu Tz. 56). Ferner kommt die Verwendung von eigenen Aktien der Gesellschaft in Betracht (Tz. 65 f.). Abgesehen von diesen Instrumenten gibt es virtuelle Eigenkapitalinstrumente in Form von Stock Appreciation Rights und von Phantom Stocks, die dadurch gekennzeichnet sind, dass der Begünstigte keine Aktien erwirbt,

---

104 BGH v. 21.12.2005, NJW 2006, S. 522/524.
105 *Hoffmann-Becking*, NZG 2006, S. 127/130; *Peltzer*, ZIP 2006, S. 205/207; *Marsch-Barner* in FS Röhricht, S. 401/405; *Ransiek*, NJW 2006, S. 814/815; *Säcker/Boesche*, BB 2006, S. 897/901 f.; *Spindler*, ZIP 2006, S. 349/352; *Wollburg*, ZIP 2004, S. 646/651.
106 Dazu *Lenuer/Lehmaier/Rattler*, FB 2004, S. 258.
107 *Mertens/Cahn* in Kölner Komm. AktG³, § 87, Rn. 37.
108 Vgl. auch BMF-Schreiben vom 10.11.1994, IV B 3 – S 2256 – 34/94, BStBl. I, S. 816, Rn. 1.
109 Zu weiteren Abwägungsgründen *Mertens/Cahn* in Kölner Komm. AktG³, § 87, Rn. 37.

aber dennoch so behandelt wird, als ob er an einem Stock-Option-Programm beteiligt wäre und Aktien erhielte (vgl. Tz. 72).

aa) Ausgabevoraussetzungen

Die Ausgabe von Stock Options beinhaltet eine Form der Festsetzung der Vergütung des Vorstands und liegt damit in der Zuständigkeit des AR (Gesamtaufsichtsrat nach § 107 Abs. 3 AktG). Die Entscheidung darüber, ob und in welchem Umfang von einer von der HV eingeräumten Ermächtigung Gebrauch gemacht werden soll, Aktien, Bezugsrechte oder Wandel- oder Optionsschuldverschreibungen an Vorstandsmitglieder zu gewähren, liegt in der Kompetenz des AR[110]. 54

Je nach Ausgestaltung des Programms ist jedoch auch die Mitwirkung der HV erforderlich, um etwa ein für die Gewährung von Aktien erforderliches genehmigtes Kapital zu schaffen oder die Verwendung eigener Aktien zuzulassen. Die Aktien können in Form **isolierter Optionen** durch eine bedingte Kapitalerhöhung nach § 192 Abs. 2 Nr. 3 AktG bereitgestellt werden; ein anderer Weg ist die Bereitstellung von Aktien für den Fall der Ausübung von Wandel- oder Optionsschuldverschreibungen nach § 192 Abs. 2 Nr. 1 AktG. Von diesem Weg wird insb. dann Gebrauch gemacht werden, wenn mehr als 10% des Grundkapitals für die Ausgabe der Optionen benötigt werden[111]. Zu beachten ist, dass bei § 192 Abs. 2 Nr. 1 AktG das Bezugsrecht der Altaktionäre erhalten bleibt (§ 221 Abs. 4 AktG). Möglich ist auch die Gewährung von Aktien nach dem Rückkauf bereits umlaufender Aktien nach § 71 Abs. 1 Nr. 8 AktG. Durch eine Änderung von § 193 Abs. 2 Nr. 4 AktG durch das UMAG[112] ist vorgesehen worden, dass diese Vorschriften auch bei dem Erwerb eigener Aktien zu beachten sind. Dies gilt nicht bei Optionsprogrammen, die zur Ausgabe von Wandelschuldverschreibungen oder Optionsanleihen führen[113]; die Rechte der Aktionäre sind durch deren Bezugsrecht im Grundsatz gewährleistet, so dass ein Vorschlag, entsprechende Anforderungen auch hier vorzusehen, im Gesetzesbeschluss des Bundestags nicht mehr enthalten war[114]. 55

Voraussetzung für die Ausgabe von Stock Options, die aus einer bedingten Kapitalerhöhung (§ 192 Abs. 2 Nr. 3 AktG) stammen, ist ein Ermächtigungs- oder Zustimmungsbeschluss der HV. Der Beschluss bedarf einer Mehrheit von ¾ des bei der Beschlussfassung vertretenen Grundkapitals (§ 193 Abs. 1 AktG). Die HV hat darüber zu entscheiden, ob die Aktienoptionen (durch den AR) zur Verfügung gestellt werden[115]. Darüber hinaus hat sie den Ausgabebetrag der Bezugsaktien oder die Grundlagen, nach denen dieser Betrag errechnet wird, festzusetzen (§ 193 Abs. 2 Nr. 3 AktG) und über die in § 193 Abs. 2 Nr. 4 AktG aufgezählten Eckdaten, also die Aufteilung der Aktienoptionen auf die Begünstigten, die Erfolgsziele, den Erwerbs- und Ausübungszeitraum und die Wartefrist zu beschließen. 56

bb) Anforderungen an die inhaltliche Ausgestaltung

Der HV-Beschluss hat den Kreis der **Bezugsberechtigten** zu bestimmen (§ 193 Abs. 2 Nr. 2 AktG) und die Bezugsberechtigten in Gruppen aufzuteilen (bspw. die Gruppe der 57

---

110 *Mertens/Cahn* in Kölner Komm. AktG³, § 87, Rn. 41.
111 Dazu *Ihrig/Wagner*, NZG 2002, S. 657/662; *Keul/Semmer*, DB 2002, S. 2255.
112 RefE eines Gesetzes zur Unternehmensintegrität und Modernisierung des Anfechtungsrechts (UMAG) mit Begr. v. 28.01.2004.
113 *Seibert* in Freidank (Hrsg.), Reform, S. 191/206.
114 Vgl. BR-Drucksache 454/05 v. 17.06.2005 zum Bundestagsbeschluss v. 16.06.2005.
115 *Hüffer*, AktG⁹, § 192, Rn. 22.

Vorstandsmitglieder und die der Arbeitnehmer). Nach § 192 Abs. 2 Nr. 3 AktG ist es auch möglich, Geschäftsführungsmitgliedern und Arbeitnehmern von verbundenen Unternehmen Aktienoptionen auszugeben. Ausgeschlossen sind demgegenüber Aktienoptionen zugunsten von AR- oder Verwaltungsratsmitgliedern der Gesellschaft oder der mit ihr verbundenen Unternehmen. Für diesen Personenkreis bleibt der Weg über § 192 Abs. 2 Nr. 1 AktG offen.

58 Nach § 193 Abs. 2 Nr. 3 AktG müssen in dem Beschluss der Ausgabebetrag oder die Grundlagen bestimmt werden, nach denen der Ausgabebetrag errechnet wird. Der mögliche Erfolg bei den Begünstigten hängt maßgeblich vom Ausgabebetrag ab. In Betracht kommt, den Ausgabebetrag in Höhe des Börsenkurses zum Zeitpunkt der Ausgabe der Optionen festzulegen (Ausgabemethode); denkbar ist auch die Festlegung des Ausgabebetrags zum Zeitpunkt der Auflegung des Programms (Festpreismethode)[116]. Der dabei festgelegte Betrag kann in Höhe des aktuellen Börsenkurses oder darüber liegen. Die Festlegung eines niedrigeren Betrags als des aktuellen Kurses wird als bedenklich angesehen. Denkbar ist ferner die Berücksichtigung eines Indexes oder Abschlags, um einerseits die allgemeine Entwicklung eines Indexes auszuklammern oder von einem Ausübungspreis in Höhe des Börsenkurses einen Abschlag zu machen[117].

59 Nicht als Beschlussgegenstand der HV, aber als Regelungsvorgabe an den AR sieht § 87 Abs. 1 AktG jetzt vor, dass in der Vergütungsvereinbarung eine Begrenzungsmöglichkeit für den Fall außerordentlicher Entwicklungen vorgesehen werden soll, mit der bei Festlegung der Vergütung nicht vorhersehbare Entwicklungen berücksichtigt werden können. Die Einführung eines solchen Caps war bereits durch Ziff. 4.2.3 Abs. 3 S. 4 des DCGK vorgeschlagen worden. Die Begrenzung kann durch Festlegung fester Obergrenzen oder durch Abschläge bei Überschreiten festgelegter Grenzen vereinbart werden[118].

60 Kommt ein Optionsprogramm nicht nur den Mitgliedern der Geschäftsführung, sondern auch Arbeitnehmern zugute, hat die HV auch über die Aufteilung zwischen diesen Gruppen zu beschließen. Die Aufteilung der den Vorstand betreffenden Optionsrechte auf dessen Mitglieder liegt hingegen alleine in der Zuständigkeit des AR.

61 Weiter sind die **Erfolgsziele** zu definieren, die erreicht werden müssen, bevor die Bezugsrechte begründet werden können. Dies erfolgt im Dienstvertrag für das jeweilige Vorstandsmitglied; zur Festlegung der zu erreichenden Ziele und der Feststellung der Zielerreichung bedarf es eines Beschlusses des AR[119]. § 87 Abs. 1 AktG hält den AR ohnedies dazu an, bei der Festlegung einer Optionsvergütung eine mehrjährige Bemessungsgrundlage zu wählen[120]; bei börsennotierten Unternehmen muss sich die Vergütungsstruktur auf eine nachhaltige Unternehmensentwicklung ausrichten. Mittlerweile ist anerkannt, dass die Vergütung nicht allein davon abhängig gemacht werden kann, dass der Bezugskurs der Aktie über einem gewissen zuvor festgelegten Börsenkurs der Aktie liegt[121]. In der Vergangenheit waren Steigerungen von 8,5% bis 20% gegenüber dem

---

116 *Mertens/Cahn* in Kölner Komm. AktG³, § 87, Rn. 51; *v. Schlabrendorf*, Repricing, S. 6/9 ff.
117 *Mertens/Cahn* in Kölner Komm. AktG³, § 87, Rn. 51; *Friedrichsen*, Aktienoptionsprogramme, S. 156/177.
118 *Bredow*, DStR 1998, S. 380/381; *Thüsing*, ZGR 2003, S. 457/496; *Schwark* in FS Raiser, 2005, S. 377/390; *Mertens/Cahn* in Kölner Komm. AktG³, § 87, Rn. 53.
119 *Fonk*, NZG 2011, S. 321 (322 f.); zur Ausgestaltung *Eichner/Delahaye*, ZIP 2010, S. 2082; zu nicht aktienbasierten Vergütungsmodellen vgl. Ergebnisbericht der 42. RIC-Sitzung v. 06.10.2010.
120 Als Sollvorschrift ausgestaltet, vgl. *Mertens*, AG 2011, S. 57 (59 ff.).
121 Zust. noch vor KonTraG noch OLG Stuttgart v. 12.08.1998, AG, S. 529/532.

Ausgabekurs als angemessen angesehen worden[122]. Bereits in der Begründung zum RefE des KonTraG wurde empfohlen, einen weiteren Erfolgsmaßstab einzubauen, damit *windfall profits* bei allgemeinen ggf. nur kurzfristig wirkenden Kursanstiegen vermieden werden[123]. Möglich ist die Berücksichtigung eines Indexes (Benchmarking), wobei Branchen- und Gesamtmarktindizes in Betracht kommen, die auch unter Einbeziehung ausländischer Unternehmen zusammengesetzt sein können[124], um unternehmensunabhängige Entwicklungen auszuschließen. Als Anknüpfungspunkte kommen aber auch bestimmte Gewinn- oder Bilanzkennzahlen oder betriebswirtschaftliche Erfolgsgrößen in Betracht, wenn sie hinreichend frei von der unmittelbaren Beeinflussbarkeit durch den Vorstand sind. Das gilt z.B. für ausschüttungsbezogene oder strategische Erfolgsziele, die aber den Nachteil der ungenügenden Quantifizierung aufweisen[125].

Neben den Erfolgszielen ist der **Erwerbs- und Ausübungszeitraum** im HV-Beschluss festzulegen. Das betrifft zunächst den Zeitraum, innerhalb dessen die Organmitglieder berechtigt sind, im Rahmen eines Optionsplans überhaupt Bezugsrechte zu erwerben. Darüber hinaus ist der Zeitpunkt zu bestimmen, zu dem Bezugsrechte frühestens bezogen werden können (Wartezeit). Die Wartezeit muss bei der AG seit der Änderung durch das VorstAG mindestens 4 Jahre betragen (§ 193 Abs. 2 Nr. 4 AktG)[126]. Schließlich ist der Ausübungszeitraum festzulegen, also der Zeitraum, in dem die Bezugsrechte ausgeübt werden können. Empfohlen werden mindestens 5-jährige Laufzeiten. 62

Enthält der Hauptversammlungsbeschluss zwingende Angaben nicht, ist er **nichtig** und kann mit einer Nichtigkeitsklage nach § 241 AktG angegriffen werden[127].

Weitere Details werden durch den AR festgelegt, soweit Begünstigte der Aktienoptionen Vorstandsmitglieder sind[128]. Durch ihn ist insbesondere über die nähere Ausgestaltung der Aktienoptionen und die Bezugsberechtigung der einzelnen Vorstandsmitglieder zu entscheiden[129]. Die Regelungen müssen sich an § 87 AktG messen lassen. Zur näheren Ausgestaltung der Aktienoptionen können **Haltefristen** vorgesehen werden, welche einen sofortigen Verkauf der Aktien nach der Optionsausübung verbieten (z.B. 3 Jahre). Die im Gesetz bereits vorgeschriebene Wartezeit steht der Vereinbarung einer zusätzlichen Haltefrist nicht entgegen. Dem Interesse des Vorstands an einem zügigen Aktienverkauf, z.B. um den Ausübungspreis und die anfallenden Steuern finanzieren zu können[130], steht das Interesse der Gesellschaft entgegen, das Organmitglied langfristig an den Erfolg des Unternehmens zu binden[131]. Auch kann im Aktienoptionsprogramm geregelt werden, wie bei einem Ausscheiden des Begünstigten aus dem Unternehmen zu verfahren ist[132]. Dazu können **Rückzahlungsklauseln** vereinbart werden, nach denen der Bezugsberechtigte, 63

---

[122] So z.B. die Aktienoptionspläne der Daimler Benz AG (15% Steigerung), der Deutsche Bank AG (10% Steigerung), der Puma AG (20% Steigerung) und der Schwarz-Pharma AG (8,5% Steigerung); vgl. auch *Aha*, BB 1997, S. 2225/2226.

[123] Zur Begründung RefE KonTraG vgl. ZIP 1996, S. 2129/2138, weniger streng Begründung RegE KonTraG, BT-Drucksache 13/9712. Kritisch zum Börsenkurs als alleinigem Anknüpfungspunkt auch *Spindler*, DStR 2004, S. 36/43.

[124] So auch *Spindler*, DStR 2004, S. 36/43; kritisch hingegen *Aha*, BB 1997, S. 2225/2227.

[125] *Mertens/Cahn* in Kölner Komm. AktG^3, § 87, Rn. 55; *Weiß*, Aktienoptionspläne, S. 70 ff.

[126] BT-Drs. 16/12278, S. 6.

[127] Allg. Meinung vgl. *Hüffer*, AktG^9, § 193, Rn. 10.

[128] Soweit die Optionen den Arbeitnehmern zustehen, haben Vorstand und AR zu entscheiden.

[129] OLG Braunschweig v. 29.07.1998, AG 1999, S. 84; OLG Stuttgart v. 12.08.1998, AG, S. 529/530; *Tegtmeier*, Vergütung, S. 356/362.

[130] *Baums* in FS Claussen, S. 3/18.

[131] *Mertens/Cahn* in Kölner Komm. AktG^3, § 87, Rn. 66.

[132] *Lutter*, ZIP 1997, S. 1/7.

der das Unternehmen innerhalb eines gewissen Zeitraums nach Ausübung des Wandlungsrechts verlässt, einen gewissen Teil des nach Versteuerung erzielten persönlichen Gewinns zurückzuzahlen hat. Auch enthalten Aktienoptionsprogramme häufig über die gesetzlichen Insidervorschriften hinausgehende Regelungen zur Unterbindung von Insidergeschäften, indem sie die Ausübung des Optionsrechts auf Zeiträume beschränken, in denen auch den übrigen Marktteilnehmern die relevanten Informationen zur Verfügung stehen (JA oder Quartals- und Zwischenberichte). Darüber hinaus kann auf **Verwässerungsschutzklauseln** und *dividend-protection*-**Klauseln** zurückgegriffen werden[133].

64 Zur Steigerung der Anreizwirkung für die begünstigten Organmitglieder kann bei Festlegung der variablen Vergütung in Form von Bezugsrechten auch vereinbart werden, dass Bezugsrechte entweder vor Ablauf der Wartezeit oder auch darüber hinaus nicht veräußert werden dürfen. Im Sinne solcher Regelungen sind nach weit verbreiteter Ansicht **Gegengeschäfte (Hedging)** unzulässig, mit denen ein Vorstandsmitglied den Wert der Option gegen Kursrisiken absichert[134].

cc) Verwendung eigener Aktien

65 Soll der Aktienoptionsplan mit eigenen Aktien bedient werden, sind die Begrenzungen aus § 71 Abs. 1 Nr. 8 AktG zu beachten. Es bedarf eines Ermächtigungsbeschlusses der HV[135]; da beim Erwerb der Aktien zum Zweck der Weitergabe an Vorstandsmitglieder die Veräußerung über die Börse ausscheidet, sind die Regelungen in §§ 186 Abs. 3, 4 und 193 Abs. 2 Nr. 4 AktG zu beachten. Das bedeutet, dass durch einen mit qualifizierter Mehrheit gefassten Beschluss das Erwerbsrecht der Aktionäre ausgeschlossen werden muss und die HV in gleicher Weise die in § 193 Abs. 2 Nr. 4 aufgeführten Parameter des Optionsprogramms festgestellt hat.

66 Erwirbt die AG zur Ausgabe der Optionen **eigene Aktien** gem. § 71 Abs. 1 Nr. 2 AktG, sind diese nicht mehr zu bilanzieren. Die Rücklage für eigene Anteile nach § 272 Abs. 4 HGB ist nur noch zu bilden, wenn es sich um Aktien eines beherrschenden oder mit Mehrheit beteiligten Unternehmens handelt[136].

dd) Angemessenheit

67 Die Gewährung von Aktienoptionen ist nicht per se unangemessen, wie sich – neben § 192 Abs. 2 Nr. 3 AktG – auch in der Empfehlung der Regierungskommission Corporate Governance[137] zeigt. Da es durch die Gewährung von Aktienoptionen aber zu besonders hohen Bezügen kommen kann, sind bei der Ausgestaltung der Aktienoptionspläne die Ermessensschranken des § 87 Abs. 1 AktG einzuhalten: Der AR hat sich also zu vergewissern, dass die Gesellschaft im Marktvergleich keine unangemessen hohen Vergütungen bezahlt und diese im Gesamtkontext der vereinbarten Vergütung in Anbetracht der Lage der Gesellschaft und der Leistung des Vorstandsmitglieds nicht unangemessen sind. Hierzu muss er sich Angaben darüber verschaffen, welchen gegenwärtigen Wert die Optionszusage besitzt und zu welchem Vermögenszuwachs die Option im Falle ihrer

---

133 Vgl. im Einzelnen *Menichetti*, DB 1996, S. 1688/1689.
134 *Spindler* in MünchKomm. AktG³, § 87, Rn. 57; *Kort* in Großkomm. AktG⁴, § 87, Rn. 188; *Thüsing*, ZGR 2003, S. 457/500; *Mertens/Cahn* in Kölner Komm. AktG³, § 87, Rn. 68.
135 *Kort*, NZG 2008, S. 823/824.
136 Zur Rechtslage vor BilMoG: *Klingberg*, BB 1998, S. 1575; *Kühnberger/Kessler*, AG 1999, S. 453/464.
137 Vgl. *Baums*, Bericht der Regierungskommission Corporate Governance; DCGK in der Fassung v. 02.06.2005, Ziff. 4.2.3.

Ausübung führen würde. Bewertungsproblemen kann dadurch begegnet werden, dass ein fester Höchstbetrag für die Gesamtvergütung pro Jahr festgelegt wird (Fixum, Tantieme, Gewinne aus ausgeübter Option)[138]. Angemessenheit ist insb. dann anzunehmen, wenn die Aktienoptionspläne so beschaffen sind, dass sie langfristiges, solides Wachstum belohnen[139]. Teilw. wird auch empfohlen, die Optionen so auszugestalten, dass der für den Vorstand zu erzielende Gewinn limitiert ist[140].

Zur Angemessenheit der Vergütung gehört auch die Ausrichtung an einer mehrjährigen Bemessungsgrundlage, also einer Bemessungsgrundlage, die sich nicht nur aus wirtschaftlichen Parametern eines Kalenderjahres ergibt[141]. Die Festlegung von Regelungen, dass die Vergütung im Falle außerordentlicher Entwicklungen begrenzt werden kann, stärkt die Angemessenheit der Vergütung. 68

ee) Höchstbetrag

Der Nennbetrag des bedingten Kapitals, das zur Gewährung von Bezugsrechten an Mitglieder der Geschäftsführung und Arbeitnehmer nach § 192 Abs. 2 Nr. 3 AktG dienen soll, darf 10% des Grundkapitals, das im Zeitpunkt der Beschlussfassung über die bedingte Kapitalerhöhung vorhanden ist, nicht übersteigen (§ 192 Abs. 3 AktG). Darüber hinaus ist der allgemeine **Höchstbetrag** in Höhe der Hälfte des Grundkapitals einzuhalten, der ohne Rücksicht auf den jeweiligen Verwendungszweck gilt. 69

ff) Repricing

Durch das VorstAG wurde die Sollvorgabe für den AR statuiert, eine Begrenzungsmöglichkeit der Vorstandsvergütung im Falle außerordentlicher Entwicklungen zu vereinbaren (§ 87 Abs. 1 S. 3 AktG). Diese Regelung bezieht sich nur auf variable Vergütungsbestandteile. Sie zielt ab auf die Anpassung abgeschlossener Vereinbarungen, um diese im Falle wesentlicher Veränderungen gegenüber dem Zeitpunkt der erstmaligen Festlegung verändern zu können. Die Gründe für die Anpassung werden in erster Linie in unerwarteten Kursentwicklungen liegen, die im Falle negativer Kursentwicklungen eine Herabsetzung des Ausübungspreises und/oder der zugrundeliegenden Erfolgsparameter nach sich ziehen kann. Die Sinnhaftigkeit eines Repricing ist umstritten. Nach Ziff. 4.2.3 Abs. 3 S. 3 DCGK soll eine nachträgliche Änderung der Erfolgsziele und -parameter ausgeschlossen sein; nach § 5 Abs. 2 Nr. 4 S. 2 d) FMStFV sollen im Falle der Gewährung von Stabilisierungsmaßnahmen Erfolgsziele, Ausübungspreise oder andere Parameter nicht zulasten des Unternehmens verändert werden dürfen[142]. 70

Enthält der HV-Beschluss keine flexiblen Regelungen zur Festsetzung des Ausübungspreises, liegt die Kompetenz zur Änderung der Ausübungsbedingungen *(repricing)* bei den Aktionären, die hierüber mit qualifizierter Mehrheit zu entscheiden haben[143]. Wird der Ausübungspreis nachträglich herabgesetzt, muss nach § 193 Abs. 2 Nr. 4 AktG eine neue Mindestwartefrist festgesetzt werden. 71

---

138 *Semler* in FS Budde, S. 599/610; Baums in FS Claussen, S. 3/31.
139 *Peltzer*, NZG 2002, S. 10/15.
140 Vgl. beispielsweise *Käpplinger*, NZG 2003, S. 573.
141 BT-Drs. 16/13433, S. 16.
142 *Mertens/Cahn* in Kölner Komm. AktG³, § 87, Rn. 70.
143 *Spindler* in MünchKomm. AktG³, § 87, Rn. 55; *Mertens/Cahn* in Kölner Komm. AktG³, § 87, Rn. 71; *Kort* in Großkomm. AktG⁴, § 87, Rn. 181 ff.; *Ackermann/Suchan*, BB 2002, S. 1497/1499.

f) Virtuelle Eigenkapitalinstrumente

72 Virtuelle Eigenkapitalinstrumente sind statt auf die Lieferung von Aktien auf eine Barauszahlung gerichtet, welche dem Grunde und der Höhe nach von der Aktienkursentwicklung abhängt[144]. Durchgesetzt haben sich insoweit insbesondere die **Stock Appreciation Rights** (virtuelle Optionen) und die **Phantom Stocks** (virtuelle Aktien). Für erstere ist charakteristisch, dass durch das Geschäftsleitungsmitglied keine Aktien erworben werden, es aber vertraglich so gestellt wird, als ob ein Stock-Option-Programm vereinbart worden wäre[145]. Bei Ausübung der Option steht dem Begünstigten ein Baranspruch auf die Kursdifferenz zwischen dem vereinbarten Basiskurs und dem bei Ausübung geltenden Aktienkurs zu. Die Ausgestaltung der virtuellen Optionen ist weitgehend identisch mit derjenigen echter Optionen. So können Koppelungen an einen Index, Ausübungssperrfristen, Zeitfenster etc. vereinbart werden (vgl. Tz. 57 ff.)[146]. Unterschiede bestehen nur insoweit, als es bei der Gewährung virtueller Optionen zu keinen Veränderungen des Eigenkapitals kommt. Eine Koppelung der Vergütung an den Aktienkurs bewirken auch die Phantom Stocks: Bei dieser Form der Vergütung werden virtuelle Aktien zugeteilt, wobei die Zuteilung mit einer Zahlung bis zur Höhe des aktuellen Aktienkurses verbunden werden kann. Während der Laufzeit der Phantom Stocks nehmen diese sowohl an positiven als auch an negativen Kursentwicklungen teil. Am Ende der Laufzeit wird der dann aktuelle Aktienkurs ausbezahlt[147].

73 Die Zuständigkeit für die Vereinbarung und Festlegung der Bedingungen eines solchen Optionsprogramms liegt beim AR. Je nach Ausgestaltung des virtuellen Optionsprogramms ist zu entscheiden, ob diese Form der Vergütung die Kriterien eines Genussrechts erfüllt, zu dem nach § 221 Abs. 3 AktG die Zustimmung der HV einzuholen ist[148].

g) Abfindungszahlungen

74 Eines der auslösenden Elemente der Diskussion über die Angemessenheit von Vorstandsbezügen waren vereinbarte Abfindungszahlungen aus Anlass der vorzeitigen Beendigung der Vorstandstätigkeit durch Widerruf der Bestellung, ohne dass zugleich auch der Anstellungsvertrag beendet wird. Deren **Zulässigkeit** wurde u.a. wegen der in § 87 AktG verankerten Verknüpfung der Bezüge des Vorstandsmitglieds an seine Aufgaben in Frage gestellt. Mit der Aufhebung der Bestellung und des Anstellungsvertrages falle der Bezug der Vergütung zu den Aufgaben nämlich gerade weg. Weder die Aktionäre noch die Gläubiger hätten ein Interesse an Abfindungszahlungen an ausscheidende Vorstandsmitglieder[149], die de facto **keinerlei Anreizwirkung** mehr ausüben können[150]. Eine Ausnahme soll allenfalls dann möglich sein, wenn die Gesellschaft ein besonderes Interesse hätte, sich vorzeitig von einem Vorstandsmitglied zu trennen und mit diesem eine einvernehmliche Lösung suchen muss. Wenn eine Abfindungszahlung in einer solchen Situation auf die Höhe der noch ausstehenden Gehälter beschränkt wird, soll sie ausnahmsweise angemessen sein[151].

---

144 *Herzig*, DB 1999, S. 1; *Schiemzik*, NWB 10/2011, S. 798.
145 Vgl. *Feddersen*, ZHR 1997, S. 269/285/296.
146 *Pellens/Crasselt*, WPg 1999, S. 765/766.
147 *Herzig*, DB 1999, S. 1; *Pellens/Crasselt*, WPg 1999, S. 765/766.
148 *Mertens/Cahn* in Kölner Komm. AktG³, § 87, Rn. 80; *Frey* in Großkomm. AktG⁴, § 192, Rn. 108.
149 Vgl. *Käpplinger*, NZG 2003, S. 573/574.
150 *Mertens/Cahn* in Kölner Komm. AktG³, § 87, Rn. 83.
151 Vgl. *Käpplinger*, NZG 2003, S. 573/574.

Die Gegenansicht betonte, dass Abfindungen zumindest dann angemessen sein können, 75
wenn die Gesellschaft damit zukünftigen Vorständen signalisiert, dass sie bereit ist,
überobligatorischen Einsatz zu belohnen[152]. Dass Leistungen, die über das geschuldete
Maß hinausgingen, **auch eine gesonderte Vergütung** erforderlich machen können, zeige
bereits § 612 BGB, der für alle Dienstverträge, also auch für den Anstellungsvertrag eines
Vorstandsmitglieds, Anwendung finde und nach ganz h.M. auch auf über die geschuldeten
hinausgehende Leistungen anzuwenden sei[153].

Ob solche Grundsätze, wie sie bei Anerkennungsprämien zur Anwendung kommen (vgl. 76
Tz. 51), auf Abfindungszahlungen anzuwenden sind, ist fraglich. Hier geht es um die
Angemessenheit von Zahlungen, die bei vorzeitiger Beendigung der Organstellung unter
Aufhebung des Anstellungsverhältnisses geleistet werden und kompensieren, dass dem
Vorstandsmitglied bis zur Beendigung des Anstellungsvertrags die vereinbarten Bezüge
zugestanden hätten. Hier stellen sich Fragen der Bemessung des fortbestehenden Anspruchs; nach §§ 615 S. 2, 326 Abs. 2 S. 2 BGB hat sich das Vorstandsmitglied anrechnen
zu lassen, was es anderweitig erwirbt oder zu erwerben böswillig unterlässt[154]. Es spielt
auch das Interesse eine Rolle, Streitigkeiten über die Höhe der fortlaufenden Bezüge nicht
forensisch austragen zu müssen. Ein Indiz für die Angemessenheit von Abfindungszahlungen folgt aus Ziff. 4.2.3 Abs. 4 S. 1 DCGK, nach dem bei Vereinbarungen über
Vorstandsbezüge darauf zu achten ist, dass Leistungen bei vorzeitiger Beendigung des
Vertrags ohne wichtigen Grund den Wert von zwei Jahresgesamtvergütungen nicht überschreiten und nicht höher als die in der Vertragsrestlaufzeit noch zu erhaltenen Bezüge
sein sollen[155].

Besonderheiten gelten bei Abfindungszahlungen infolge von sog. **Change of Control-** 77
Klauseln. Diese treffen bereits zum Beginn des Anstellungsvertrags[156] eine Regelung für
den Fall einer Übernahme der Gesellschaft und der sich dabei ergebenden Möglichkeit des
Amtsverlusts. Leistungen infolge solcher Klauseln werden nicht als Abfindungen i.S.v.
Tz. 74 behandelt und sollen neben diesen gewährt werden können[157]. Sie gehören jedoch
gleichwohl zu den Gesamtbezügen des Vorstandsmitglieds und sind deswegen in die Angemessenheitsbetrachtung mit einzubeziehen[158]. Nach Ziff. 4.2.3. Abs. 5 DCGK soll
ebenfalls eine Deckelung gelten, allerdings bei 150% der für Abfindungen geltenden
Obergrenze. Anders als in den vorgenannten Fällen kann eine Change of Control-Klausel
die Loyalität des Vorstandsmitglieds zumindest bis zum Eintritt des Kontrollwechsels
dadurch sichern, dass dieses nicht nach alternativen Beschäftigungsmöglichkeiten
sucht[159].

---

152 *Wollburg*, ZIP 2004, S. 646/653; *Spindler*, DStR 2004, S. 36/45.
153 Vgl. *Liebers/Hoefs*, ZIP 2004, S. 97.
154 *Mertens/Cahn* in Kölner Komm. AktG³, § 87, Rn. 83.
155 *Martens* in FS Hüffer, S. 647/654 ff.; *Hoffmann-Becking*, ZIP 2007, S. 2101 ff.; *Lutter*, BB 2009, S. 1874 f.; *Bauer/Arnold*, BB 2008, S. 1692/1694; *Dörrwächter/Trafkowski*, NZG 2007, S. 846/848; *Hohenstatt/Willemsen*, NJW 2008, S. 3462/3463.
156 Empfohlen im Hinblick auf BGH v. 21.12.2005, AG 2006, S. 110 „Mannesmann"; *Kort*, AG 2006, S. 106/108; *Korts*, BB 2009, S. 1876/1878.
157 *Hüffer*, AktG⁹, § 87, Rn. 4b; *ders.* in Habersack/Bayer, Aktienrecht, 7. Kap., Rn. 68.
158 *Fleischer* in Spindler/Stilz, AktG, § 87, Rn. 27; *Dauner-Lieb*, DB 2008, S. 567/570 ff.; *Dreher*, AG 2002, S. 214/216 ff.; *Korts*, BB 2009, S. 1876/1879.
159 Vgl. zum Ganzen *Dreher*, AG 2002, S. 214/216; für eine grundsätzliche Angemessenheit von Change of Control-Klauseln auch *Spindler*, DStR 2004, S. 36/45.

h) Bilanzielle Behandlung

78 Besonderheiten in der bilanziellen Behandlung von Vorstandsbezügen ergeben sich vor allem bei aktienbasierten variablen Bezügen. Die bilanzielle Behandlung von Stock Options wird in der Praxis unterschiedlich gehandhabt. Eine Äußerung zur Darstellung im KA wurde vom DRSC als Entwurf entwickelt; das Projekt wurde eingestellt[160].

79 Bei der Ausgabe von Stock Options nach § 192 Abs. 2 Nr. 3 AktG (bedingte Kapitalerhöhung) wird wirtschaftlich der Aufwand über den Verwässerungseffekt von den Altaktionären getragen. Die Ausgabe führt demgemäß nach der herkömmlichen Meinung nicht zu Personalaufwand bei der Gesellschaft. Daher ist bei der unentgeltlichen Ausgabe der Stock Options, die den Regelfall darstellt, keine Buchung veranlasst[161] (siehe jedoch dazu auch F Rn. 143). Werden die Stock Options ausgeübt, so ist der Gesellschaft zufließende Betrag, d.h. der Basispreis, auf das gezeichnete Kapital und die Kapitalrücklage aufzuteilen (§ 272 Abs. 1 und 2 Nr. 2 HGB). Verfallen die Stock Options, ist kein Buchungsvorgang veranlasst. Sollten die Stock Options durch die Muttergesellschaft an Mitglieder der Geschäftsleitung eines verbundenen Unternehmens ausgegeben werden, sind Buchungen bei der Tochtergesellschaft allenfalls veranlasst, wenn diese durch eine besondere Vereinbarung mit der Muttergesellschaft zur Übernahme von Aufwand verpflichtet ist[162].

80 Eine andere Auffassung, die auch durch den – allerdings nicht weiter verfolgten – Entwurf des DRSC[163] unterstützt wird, will sowohl bei unentgeltlicher als auch entgeltlicher Ausgabe von Stock Options entsprechend IFRS 2 und SFAS No. 123 zu einer Buchung „Personalaufwand an Kapitalrücklage" kommen. Dem liegt die Vorstellung zu Grunde, dass in Höhe des Optionserwerbs die Arbeitsleistung des Begünstigten vergütet wird. Bei der AG wird nach dieser Auffassung der Vorgang aufgrund der Weitergabe des Bezugsrechts an die Begünstigten als Personalaufwand verbucht[164]. Der Entwurf des DRSC schließlich ging davon aus, dass der Wert der Aktienoptionen (innerer Wert plus Zeitwert) in die Kapitalrücklage einzustellen ist mit der Gegenbuchung im Personalaufwand. Die Einbuchung soll sofort und in voller Höhe der Gewährung der Optionen erfolgen, wenn vergangene Arbeitsleistungen abgegolten werden; wird die Option hingegen für noch zu erbringende Arbeitsleistungen gewährt, erfolgt die Dotierung sukzessive über den Leistungszeitraum (bis zur ersten Ausübungsmöglichkeit)[165]. Nach einer anderen Auffassung erfolgt die Gegenbuchung für den Personalaufwand als Rückstellung nach § 249 Abs. 1 S. 1 HGB, da ein Erfüllungsrückstand der Gesellschaft in Höhe des inneren Werts der Option besteht[166]. Bei Anwendung von IFRS 2 werden Aktienoptionen zeitproportional über den Leistungszeitraum als Aufwand erfasst (IFRS 2.7)[167].

---

160 Zur Bilanzierung nach IFRS 2 vgl. *Pellens/Crasselt*, KoR 2004, S. 113.; *Blecher*, WpG 2011, S. 625; E-DRS 11 „Bilanzierung von Aktienoptionsplänen und ähnlichen Entgeltformen", vgl. www.drsc.de.
161 *Wiedmann*, Bilanzrecht², § 272, Rn. 62; *Roß/Pemmerening*, WPg 2002, S. 371; *Roß/Baumunk* in Kessler, Handbuch Stock Options, Rn. 188; *Naumann*, DB 1998, S. 1428/1430; *Rammert*, WPg 1998, S. 766/775; *Kühnberger/Keßler*, AG 1999, S. 453; *Haas/Pötschan*, DB 1998, S. 2138/2141.
162 Vgl. LAG Düsseldorf v. 03.03.1998, DStR 1999, S. 1498.
163 E-DRS 11 „Bilanzierung von Aktienoptionsplänen und ähnlichen Entgeltformen", vgl. www.drsc.de.
164 *Pellens/Crasselt*, DB 1998, S. 217; *Haarmann* in FS Rädler, S. 229.
165 E-DRS 11, Rn. 7 und 15; Förschle/Hoffmann in BeBiKo⁷ § 272, Rn. 505.
166 *Blecher*, Die Bilanzierung von Aktienoptionsprogrammen, S. 34; *Walter*, DStR 2006, S. 1101/1105; *Kropp*, DStR 2002, S. 1960/1961.
167 *Lüdenbach/Hoffmann*, IFRS⁷, § 23, Rn. 26 ff.; *Hoffmann/Lüdenbach*, DStR 2004, S. 786/788; *Brockmeyer/Andert* in FS Baetge, S. 102 ff.

Im **Anhang** des JA/KA sind die Vorstandsbezüge offenzulegen. Die weiteren Einzelheiten der Angabe der Vergütung ergeben sich aus §§ 285 Nr. 9a, 314 Abs. 1 Nr. 6a HGB[168]. Durch das VorstOG v. 03.08.2005 wurden die Angabepflichten wesentlich ausgeweitet[169]. Es besteht im Interesse des Anlegerschutzes Vergütungstransparenz mit der Verpflichtung zur individualisierten Offenlegung der Bezüge jedes einzelnen Vorstandsmitglieds bei börsennotierten AG[170]. Außer der Angabe der Gesamtbezüge sind die Bezüge für jedes Vorstandsmitglied unter Namensnennung anzugeben. Sie sind aufzuteilen in erfolgsabhängige und -unabhängige Bestandteile und solche mit langfristiger Anreizwirkung. Bei aktienbasierten Vergütungen sind z.B. Anzahl und Zeitwert von Bezugsrechten anzugeben. Anzugeben sind auch die Bezüge, die einem Vorstandsmitglied für die Beendigung seiner Tätigkeit zugesagt sind[171]. Von der Verpflichtung zu Angaben nach §§ 285 Abs. 1 Nr. 9a S. 5 bis 8, 314 Abs. 2 HGB kann nach § 286 Abs. 5 AktG die HV auf Vorschlag von Vorstand und AR oder von Aktionären mit qualifizierter Mehrheit befreien[172]. 81

In den Anh. sind ferner die nach § 160 Abs. 1 Nr. 5 AktG erforderlichen Angaben aufzunehmen, wenn Aktienoptionen begeben, aber noch nicht ausgeübt worden sind (vgl. im Einzelnen F Tz. 1025). Sind sie ausgeübt worden, sind die Angaben nach § 160 Abs. 1 Nr. 3 AktG erforderlich (vgl. im Einzelnen F Tz. 1033). Zusätzlich sind weitere Einzelheiten im Rahmen der Angabe der Gesamtvergütung nach § 285 Nr. 9a HGB anzugeben[173]. Für den Wertansatz stellt *Ellrott*[174] auf den Wert zum Zeitpunkt der Einräumung bzw. des Ablaufs der Wartezeit ab. *Pellens/Crasselt*[175] befürworten demgegenüber eine Bewertung nach finanzwirtschaftlichen Prinzipien i.S.d. Optionstheorie. Ggf. wird auch nur eine verbale Angabe einschließlich der Bezugsbedingungen ausreichen. Zur Behandlung von **Wandelschuldverschreibungen** vgl. F Tz. 1036. 82

Darüber hinaus ist im LB und im KLB börsennotierter Gesellschaften auf die Grundzüge des Vergütungssystems einzugehen, §§ 289 Abs. 2 Nr. 5, 315 Abs. 2 Nr. 4 HGB. Darin sind die Zusammensetzung der verschiedenen Vergütungselemente und ihr Verhältnis zueinander darzustellen. 83

Im Hinblick auf die **bilanzielle Behandlung** der Stock Appreciation Rights und der Phantom Stocks ist wie bei anderen erfolgsabhängigen Vergütungen Vorsorge durch Rückstellungen für ungewisse Verbindlichkeiten zu treffen, sobald sie sich zu einer wirtschaftlichen Last des Unternehmens verdichtet haben[176]. Sind auf die Stock Appreciation Rights oder Phantom Stocks Zahlungen geleistet worden, so sind diese als Personalaufwand zu buchen. Die geleisteten Beträge sind im Anh. anzugeben und in die Gesamtbezüge einzurechnen (§ 285 Nr. 9a HGB). Zu weiteren Einzelheiten siehe F Tz. 143. 84

---

168 Zu weitergehenden Überlegungen der Angabepflichten vgl. *Kiethe*, WM 2004, S. 458/462; *Hennke/Fett*, BB 2007, S. 1267 ff.; zur Rechtslage bei Sparkassen OLG Köln v. 09.06.2009 und *Hesse*, ZBB 2009, S. 387 ff.
169 Dazu RegBegr BR-Drs. 398/05, S. 5; DRSC E-DRS 25 (Stand Oktober 2010) zur Überarbeitung von DRS 17.
170 *Hüffer*, AktG⁹, § 87, Rn. 14; *Baums*, ZHR 2005, S. 299/300 ff.
171 *Hüffer*, AktG⁹, § 87, Rn. 15; *Leuering/Simon*, NZG 2005, S. 945/946 f.
172 „opting out"; *Hüffer*, AktG⁹, § 87, Rn. 16; *Mertens/Cahn* in Kölner Komm. AktG³, § 87, Rn. 90 ff.; *Leuering/Simon*, NZG 2005, S. 945/949 f.
173 Zu weitergehenden Überlegungen der Angabepflichten vgl. *Kiethe*, WM 2004, S. 458/462; jetzt auch VorstOG v. 03.08.2005, BGBl. I, S. 2267.
174 *Ellrott* in BeBiKo⁷, § 285, Rn. 183 ff.
175 *Pellens/Crasselt*, DB 1998, S. 217/222.
176 *Wiedmann*, Bilanzrecht, § 272, Rn. 61; *Förschle/Hoffmann* in BeBiKo⁷, § 272, Rn. 510 ff.; vgl. auch *Herzig*, DB 1999, S. 1/9; *Pellens/Crasselt*, WPg 1999, S. 765/767.

i) Steuerrechtliche Behandlung beim Empfänger

85 Steuerliche Besonderheiten gelten bei variablen Vorstandsbezügen in erster Linie bei gewährten Optionen. Nach der Rechtsprechung und der Finanzverwaltung erfolgt ein Zufluss i.S.v. § 19 EStG nur dann bei der Einräumung der Option, wenn es sich bei der Option um ein verkehrsfähiges (handelbares) Wirtschaftsgut handelt, die Option also frei veräußerbar ist (Anfangsbesteuerung)[177]. Stellen die Optionsrechte, wie dies in aller Regel der Fall ist, persönliche, nicht übertragbare Anwartschaften dar, entsteht – wie auch der BFH entschieden hat – der steuerpflichtige Vorteil hingegen erst bei deren Ausübung, jedenfalls noch nicht bei der Ausübbarkeit, da die Option vor ihrer Ausübung lediglich eine Gewinnchance verkörpert (Endbesteuerung)[178]. Auch bei handelbaren Optionsrechten hat der BFH dies bestätigt[179]. Nach den Entscheidungen des BFH ist die Auffassung überholt, dass die Optionen stets im Zeitpunkt der Einräumung zu besteuern seien, weil sie ein Wirtschaftsgut darstellten, das dem Begünstigten im Zeitpunkt der Optionseinräumung zufließe[180]. Virtuelle Stock Options werden stets erst nach dem realisierten Erfolg (z.B. Exit) besteuert[181].

86 Werden die Stock Options im Zeitpunkt der Optionsausübung besteuert (Normalfall), ergibt sich der zu versteuernde geldwerte Vorteil als Überschuss des Marktwerts der Aktien zum Ausübungszeitpunkt über den Basispreis. Sind die Optionen hingegen zum Zeitpunkt der Einräumung zu besteuern und liegen keine Verkäufe an Dritte vor, ist der Wert nach § 8 Abs. 2 EStG zu schätzen[182]. Als Zuflusszeitpunkt gilt der Tag der Erfüllung des Anspruchs durch den Arbeitgeber[183].

5. D & O-Versicherungen

87 Diskutiert wird, ob die D & O-Versicherungen zu den **Gesamtbezügen** der Vorstände gehören oder **(Fürsorge)Aufwendungen** der Gesellschaft darstellen[184]. Während noch gegen Ende der neunziger Jahre die wohl überwiegende Literaturmeinung von der Zuordnung zu den Vorstandsbezügen bzw. zur Vergütung der Aufsichtsräte, die Unternehmenspraxis hingegen davon ausging, dass Versicherungsentgelte für D & O Versicherungen, in die die Organmitglieder einbezogen sind, keine Vergütungsbestandteile

---

177 *Haunhorst*, DB 2003, S. 1864; *Drensch* in Schmidt, L., EStG[29], § 19, Rn. 50 (Ankaufsrecht); a.M. FG Münster v. 09.05.2003, EFG, S. 1172 (rkr.); *Lochmann*, Vergütungsinstrumente, S. 154.
178 Vgl. BFH v. 24.01.2001, BStBl. II, S. 509; BFH v. 24.01.2001, BStBl. II, S. 512; BFH v. 23.07.1999, BStBl. II, S. 684/685; BFH v. 10.03.1972, BStBl. II, S. 596/597; BFH v. 26.07.1985, BFH/NV, S. 306; FG München v. 11.01.1998, EFG 1999, S. 381; FG Baden-Württemberg v. 24.06.1999, EFG 2000, S. 64; Finanzgericht Köln v. 09.09.1998, EFG, S. 1634; v. 21.10.1998, EFG 1999, S. 116; vgl. DStZ 1999, S. 242, Anm. *Knoll*; *Haas/Pötschan* (OFD München), DB 1999, S. 2138/2139; FinMin. NRW v. 27.03.2003, DStR 2003, S. 689; FinMin. Bremen v. 01.06.1971, S. 2334-1-St 41, StEK Nr. 86, LSTDV a.F. zu § 3; *Herzig*, DB 1999, S. 1; *Feddersen*, ZHR 1997, S. 269/274; *Isensee*, DStR 1999, S. 143; *Lampe/Strnad*, DStR 2000, S. 1117.
179 BFH v. 20.11.2008, BStBl. II 2009, S. 382; a.A. BMF v. 14.09.2006, DStR I 2006, S. 532/545, Rn. 129 ff.; zu Wandelanleihen BFH v. 20.05.2010, DStR 2010, S. 1888 ff.; dazu *Hasbargen/Schmitt/Betz*, BB 2010, S. 1951 (1957).
180 *Portner*, DStR 1997, S. 1876; *Portner*, DStR 1998, S. 1535; *Portner/Bödefeld*, DStR 1995, S. 629; *Neyer*, BB 1999, S. 130; *Jacobs* in Dörner/Menold/Pfitzer, Reform, S. 101.
181 *Schiemzik*, NWB 2011, S. 798 (803).
182 Zu den verschiedenen Schätzverfahren vgl. *Haas/Pötschan*, DB 1998, S. 2138/2139; *Herzig*, BB 1999, S. 1/3; *Jacobs* in Dörner/Menold/Pfitzer, Reform, S. 101/109; *Portner* in Harrer, B II, Rn. 25.
183 Lt. BMF v. 10.03.2003, BStBl. I, S. 234 maßgeblich der Tag der Ausbuchung der Aktien aus dem Depot des Überlassenden.
184 Vgl. hierzu *Spindler* in MünchKomm. AktG[3], § 87, Rn. 11 ff.; *Dreher*, ZHR 2001, S. 293/302; *Lange*, ZIP 2001, S. 1524; *Vetter*, AG 2000, S. 453; *Notthoff*, NJW 2003, S. 1350/1353; *Kästner*, AG 2000, S. 113/115; *Mertens*, AG 2000, S. 447.

sind[185], nehmen die Stimmen, die sich für eine Einordnung der Vergütung als (Fürsorge) Aufwendung aussprechen, auch in der Literatur zu.

Für eine Zuordnung zu den Bezügen wird v.a. der Wortlaut des § 87 AktG angeführt. Hingewiesen wird auch auf das Eigeninteresse der Vorstände an der Absicherung durch eine solche Versicherung[186]. Hingegen spricht für eine Einordnung zumindest zum Aufwand der Gesellschaft zur Schaffung der sachlichen Tätigkeitsgrundlagen von Organpersonen[187] das primäre Eigeninteresse der Gesellschaft, die sich dadurch auch für Innenhaftungsansprüche einen solventen Schuldner sichert[188], sowie die Tatsache, dass die Versicherungsentgelte nicht als Gegenleistung für die Tätigkeit der Organmitglieder erbracht werden[189]. § 93 Abs. 2 S. 3 AktG legt nunmehr im Sinne eines Verbotsgesetzes nach § 134 BGB[190] fest, dass bei Abschluss einer Versicherung zur Absicherung des Vorstandsmitglieds gegen Risiken aus dessen beruflicher Tätigkeit durch die Gesellschaft ein Selbstbehalt von mindestens 10% des Schadens bis mindestens zur Höhe des Eineinhalbfachen der festen jährlichen Vergütung des Vorstandsmitglieds vorzusehen ist. Damit wird die Versicherbarkeit rechtlich bestätigt und eine gewisse Präventionswirkung durch das persönliche Haftungsrisiko aufrecht erhalten[191]. Die Regelung ist nicht unstrittig[192]. 88

Sofern man mit der wohl noch h.M. annimmt, dass diese Versicherungsentgelte zu den Gesamtbezügen gehören, müssen jene auch bei der **Bemessung der Gesamtbezüge** berücksichtigt werden. Der AR hat demnach darauf zu achten, dass die Vorteile, die das jeweilige Vorstandsmitglied aus der Versicherung zieht, auch unter Beachtung der übrigen Bezüge angemessen sind. Insbesondere bedeutet dies, dass das Risiko einer Haftung nicht als Argument einer höheren Vergütung dienen kann. 89

6. Herabsetzung von Bezügen der Vorstandsmitglieder

Durch das VorstAG neu – in Form einer als Soll-Vorschrift ausgestalteten Anweisung an den AR[193] – eingeführt wurde die Möglichkeit, im Falle der Verschlechterung der Lage der Gesellschaft, die Vorstandsbezüge auf eine angemessene Höhe herabzusetzen (§ 87 Abs. 2 S. 1 AktG). Adressat der Vorschrift ist der AR. 90

Der AR ist grds. verpflichtet, die Gesamtbezüge eines jeden einzelnen Vorstandsmitglieds in angemessener Weise herabzusetzen, wenn in den Verhältnissen der Gesellschaft eine Verschlechterung eingetreten ist und die Fortzahlung der bisherigen Bezüge für die Gesellschaft eine unbillige Härte bedeuten würde. Das Kriterium der Verschlechterung der Verhältnisse der Gesellschaft verlangt nicht mehr das Erreichen oder Überschreiten einer Wesentlichkeitsschwelle. Gleichwohl werden unwesentliche oder nicht ins Gewicht fal- 91

---

185 Vgl. *Notthoff*, NJW 2003, S. 1350/1353.
186 Vgl. *Kästner*, AG 2000, S. 113/116; *Spindler* in MünchKomm. AktG³, § 87, Rn. 13.
187 So *Dreher*, ZHR 2001, S. 293/308.
188 Vgl. *Notthoff*, NJW 2003, S. 1350/1354; *Mertens*, AG 2000, S. 447/451.
189 Vgl. *Vetter*, AG 2000, S. 453/457; *Schüppen/Sanna*, ZIP 2002, S. 550/551/553.
190 *Koch*, AG 2009, S. 637/638.
191 *Hüffer*, AktG⁹, § 93, Rn. 18a; *Annuß/Theusinger*, BB 2009, S. 2434/2441; *Bosse*, BB 2009, S. 1650/1652; *Dreher*, AG 2008, S. 429/431; *Harzenetter*, DStR 2010, S. 653/654 ff.; *Kerst*, WM 2010, S. 594/596 ff.; *Gädtke/Wax*, AG 2010, S. 851.
192 *Hoffmann-Becking/Krieger*, NZG 2009, Beil. Zu Heft 27, Rn. 44 ff.; *Dauner-Lieb/Tettinger*, ZIP 2009, S. 1555 ff.; *van Kann*, NZG 2009, S. 1010/1011 f.; *Lingemann*, BB 2009, S. 1918/1922; *Franz*, DB 2009, S. 2764 ff.; *Olbrich/Kassing*, BB 2009, S. 1659 ff.; *Peltzer*, NZG 2009, S. 970; *Sailer-Coceani*, VGR 2010, S. 141/159 ff.
193 *Annuß/Theusinger*, BB 2009, S. 2434/2437 f.

lende Veränderungen für eine Anpassung nicht ausreichen[194]. Damit ist zugleich klargestellt, dass andere Ursachen nicht zur Anpassung der Bezüge herangezogen werden können, wie die Erkenntnis überhöht festgesetzter Bezüge oder enttäuschte Erwartungen an die Leistung eines Vorstandsmitglieds[195].

92 Infolge der **Verschlechterung der Lage** muss es zu einem unangemessenen Verhältnis der Höhe der Bezüge und der Lage der Gesellschaft gekommen sein. Auch hier kommt es auf eine Wertungsentscheidung an, ob und in welchem Grade die Unangemessenheit bestehen muss[196]. Eine Verschlechterung der Lage ist in Fällen der Insolvenz der Gesellschaft oder einer unmittelbaren Krise stets gegeben. Eine solche Schwelle der Verschlechterung der Lage ist indes nicht erforderlich[197]. Verschlechterungen des Ergebnisses oder der Lage der Gesellschaft werden zukünftig ausreichen[198].

93 Die Weitergewährung der unveränderten Bezüge muss für die Gesellschaft unbillig sein. Auch hier bewirkt das Gesetz nunmehr die Erleichterung, dass keine schwere Unbilligkeit mehr gegeben sein muss. **Unbilligkeit** für die Gesellschaft bedeutet, dass eine Schwelle nicht unerheblicher Unzumutbarkeit für die Gesellschaft überschritten ist. Bei der Abwägung der Billigkeitsüberlegungen auf Seiten der Gesellschaft sollen die persönlichen Verhältnisse des einzelnen Vorstandsmitglieds berücksichtigt werden. Daneben geht es um die Einschätzung der Nachhaltigkeit der negativen Entwicklung und der Ursächlichkeit des Verhaltens des Vorstandsmitglieds für die Krise[199]. Je eher persönliche Fehlleistungen zu der verschlechterten Lage der Gesellschaft geführt haben, wird die Fortzahlung unveränderter Bezüge unbillig sein[200]. Von Bedeutung ist ferner, ob die aktuellen Bezüge die Gesellschaft so stark belasten werden, dass deren wirtschaftliche Situation nachhaltig in Mitleidenschaft gezogen wird. Die Herabsetzung der Bezüge soll auf den Betrag erfolgen, der bei einem Neuabschluss des Vorstandsvertrags zu diesem Zeitpunkt angemessen wäre[201]. Sonderregelungen ergeben sich für Unternehmen, die Stützungsmaßnahmen nach dem FMStFG erhalten. Nach § 5 Abs. 2 Nr. 4a) FMStFV darf die Vergütung 500.000 € p.a. nicht übersteigen[202].

94 Die Herabsetzung der Bezüge kann befristet oder unbefristet erfolgen. Entscheidend hierfür sind wiederum die Lage der Gesellschaft und die Unbilligkeit. In aller Regel wird eine unbefristete Anpassung nicht billig sein, es sei denn, die Vereinbarung sieht eine Anpassung im Falle sich positiv verändernder Umstände vor[203].

95 Die Befugnis zur Herabsetzung der Bezüge beinhaltet ein einseitiges Gestaltungsrecht, in abgeschlossene Vereinbarungen eingreifen zu können[204].

---

[194] *Mertens/Cahn* in Kölner Komm. AktG[3], § 87, Rn. 94; *Wilsing/Kleißl*, BB 2008, S. 2422/2423; *Wittuhn/Hamann*, ZGR 2009, S. 847/849 ff.; *Oetker*, ZHR 175 (2011), S. 527/537 ff.
[195] *Hüffer*, AktG[9], § 87, Rn. 9.
[196] *Mertens/Cahn* in Kölner Komm. AktG[3], § 87, Rn. 94: völlig unangemessenes Verhältnis.
[197] *Waldenberger/Kaufmann*, BB 2010, S. 2257/2258.
[198] *Koch*, WM 2010, S. 49/53.
[199] *Waldenberger/Kaufmann*, BB 2010, S. 2257/2260; *Inwinkl/Schneider*, WPg 2009, S. 971 (975).
[200] BT-Drs. 16/12278, S. 7; *Mertens/Cahn* in Kölner Komm. AktG[3], § 87, Rn. 95; *Hüffer*, AktG[9], § 87, Rn. 9.
[201] *Diller*, NZG 2009, S. 1006/1007; *Seibert*, WM 2009, S. 1489/1491.
[202] *Diller/Göpfert*, DB 2008, S. 2579 ff.
[203] *Dauner-Lieb/Friedrich*, NZG 2010, S. 688/690 ff.
[204] *Feißel/Gorn*, BB 2009, S. 1138 ff.; Zur Anwendung bei GmbH *Baeck/Götze/Arnold*, NZG 2009, S. 1121/1124 f.; *Greven*, BB 2009, S. 2154 ff.; *Habersack*, ZHR 2010, S. 2 ff.; *Oetker*, ZHR 175 (2011), S. 527/554 ff. zu Änderungsvorbehalten.

96 Nach der bis zum VorstAG geltenden Fassung erfasste die nach § 87 Abs. 2 AktG a.F. zulässige Herabsetzung der Bezüge durch den AR oder – auf dessen Antrag – durch das Gericht nicht das bereits laufende **Ruhegehalt**, die **Hinterbliebenenbezüge** oder Leistungen verwandter Art i.S.d. § 87 Abs. 1 S. 2 AktG[205]. Befand sich die Gesellschaft in einer ihren Bestand gefährdenden Notlage, konnte jedoch eine (zeitweilige) Herabsetzung nach § 242 oder § 313 BGB in Betracht kommen[206]. Bei Kürzung einer Pension vor Vollendung des 63. Lebensjahres des Begünstigten war ggf. eine Abstimmung mit dem Pensionssicherungsverein erforderlich[207]. Seit dem VorstAG ist auch die Herabsetzung von Ruhegehältern, Hinterbliebenenbezügen und ähnlichen Bezügen möglich (§ 87 Abs. 2 S. 2 AktG). Den berechtigten Einwänden gegen diese Regelung trägt das Gesetz dadurch Rechnung, dass diese Bezüge nur innerhalb der ersten drei Jahre nach dem Ausscheiden aus der Gesellschaft herabgesetzt werden dürfen[208]. Gleichwohl bedeutet die Regelung einen Einbruch in die Vertragsfreiheit und Vertragstreue[209]. Die Herabsetzung von Versorgungszusagen führt i.d.R. zu einem steuerlichen Ertrag[210].

97 Werden die Bezüge herabgesetzt, so steht dem betroffenen Vorstandsmitglied nach § 87 Abs. 2 S. 4 AktG ein **Kündigungsrecht** zu[211]. Macht er von diesem Recht keinen Gebrauch, so erhält er die herabgesetzten Bezüge für die Restlaufzeit des Vorstandsvertrags. Bestreitet er die Berechtigung der Herabsetzung, so kann er sowohl auf Zahlung der ursprünglich vereinbarten Leistungen klagen als auch eine Feststellungsklage (§ 256 ZPO) erheben.

II. Aufsichtsratsbezüge

1. Allgemeines

98 Die Bestimmungen über AR-Bezüge in § 113 Abs. 1 und 2 AktG regeln allgemeine Grundsätze über die Höhe der Vergütung, insbesondere regeln sie aber die Zuständigkeiten über Höhe und die Art der Festlegung (HV oder Satzung). § 113 Abs. 3 enthält Bestimmungen für den Fall, dass die Vergütung in einer Beteiligung am Jahresgewinn besteht. Darüber hinaus regelt § 114 AktG Besonderheiten des Vorliegens von Dienst- oder Werkverträgen mit AR-Mitgliedern über Tätigkeiten außerhalb der AR-Funktionen[212].

99 Ein genereller **Anspruch** der AR-Mitglieder auf Gewährung einer Vergütung besteht nicht; § 113 Abs. 1 AktG setzt die Zulässigkeit der Vergütung voraus. Ein Anspruch auf eine Vergütung entsteht nicht stillschweigend; § 612 BGB ist nicht anwendbar[213]. Soll jedoch eine Vergütung gewährt werden, so muss sie in der Satzung festgesetzt oder – wie stets beim ersten AR – von der HV bewilligt werden[214]. Der AR kann sich nicht selbst eine

---

[205] Dazu können auch Bezüge aus Beraterverträgen mit ausgeschiedenen Vorstandsmitgliedern gehören, vgl. *van Kann/Keiluweit*, AG 2010, S. 805.

[206] Vgl. BGH v. 19.09.1951, BB, S. 869; v. 11.02.1985, BGHZ 93, S. 383/389; BGH v. 19.10.1978, WM 1979, S. 250/251; BGH v. 11.02.1985, ZIP, S. 760; *Fleck*, WM 1985, S. 677/683; *Lutter/Timm*, ZGR 1983, S. 269; *Mertens/Cahn* in Kölner Komm. AktG³, § 87, Rn. 94.

[207] Vgl. *Mertens/Cahn* in Kölner Komm. AktG³, § 87, Rn. 85.

[208] Vgl. § 87 Abs. 2 S. 2 AktG; *Hüffer*, AktG⁹, § 87, Rn. 9a; *Mertens/Cahn* in Kölner Komm. AktG³, § 87, Rn. 105; *Apel*, BB 2010, Heft 16, Erste Seite; *Seibert*, WM 2009, S. 1489/1491; *Hohenstatt*, ZIP 2009, S. 1349/1353.

[209] *Weller*, NZG 2010, S. 7/8 ff.

[210] *Lehmann*, BB 2009, S. 1620 zu Zusagen an Gesellschafter-Geschäftsführer.

[211] Zur Änderung der Vereinbarung eines Gesellschafter-Geschäftsführers vgl. OLG Frankfurt v. 22.12.2004, DB 2005, S. 492.

[212] Dazu BGH v. 27.04.2009, BB, S. 2113; OLG Frankfurt v. 15.2.2011, NZG 2011, S. 350.

[213] *Hüffer*, AktG⁹, § 113, Rn. 2.

[214] *Hüffer*, AktG⁹, § 113, Rn. 2; *Habersack* in MünchKomm. AktG³, § 113, Rn. 27.

Vergütung festsetzen. Dies gilt auch für Sondervergütungen bei Erfüllung besonderer Aufgaben. Auch hier ist die Vergütung durch den AR festzusetzen, der in der Satzung dazu ermächtigt ist, im Einzelfall eine Sondervergütung zu gewähren; anderenfalls muss die Sondervergütung stets von der HV festgesetzt werden[215]. Im Rahmen der Gewinnverwendung kann die HV nur dann eine Vergütung gewähren, wenn eine Satzungsermächtigung gem. § 58 Abs. 3 S. 2 AktG vorliegt.

2. Arten und inhaltliche Anforderungen an Aufsichtsratsbezüge

100 Die Art der Vergütung von AR-Mitgliedern ist gesetzlich nicht vorgegeben. Folgende **Arten von AR-Bezügen** für die Tätigkeit als AR-Mitglied sind zu unterscheiden: feste Vergütung, erfolgsabhängige variable Vergütung, darunter anreizorientierte oder gewinnabhängige Vergütung, Sondervergütung für eine außerordentliche Tätigkeit als AR-Mitglied, ferner Leistungen, die nicht nur den Charakter von Aufwandsersatz haben, wie Sitzungsgelder, andere Aufwandsentschädigungen oder ggf. (vgl. Tz. 103) die Übernahme von Prämien für D & O-Versicherungen[216]. Davon zu unterscheiden ist die Vergütung für eine Tätigkeit außerhalb der Aufgaben als AR (Dienstverträge oder Werkverträge über Tätigkeiten höherer Art, § 114 AktG). Verschiedene Komponenten der Vergütung können miteinander verbunden werden. Vergütungen können auch in Form von Sachleistungen gewährt werden, wie bei Deputaten oder Kfz-Gestellung auch zur privaten Nutzung.

101 Die feste Vergütung kann als fester Betrag oder als von vorn herein bestimmter Vomhundertsatz des Grundkapitals festgelegt sein. Ein Sitzungsgeld gehört ebenfalls zur Vergütung, wenn es über die Abgeltung tatsächlicher Aufwendungen hinausgeht[217]. Das ist insbesondere dann der Fall, wenn die Vergütung auf Stunden- oder Tagessatzbasis festgelegt wird oder Komponenten beinhaltet, die unabhängig von der Teilnahme an einer Sitzung bestimmt sind.

102 Nicht zur Vergütung eines AR-Mitglieds gehört der Aufwendungs- oder Auslagenersatz in angemessenem Umfang[218]. Die Erstattung von Aufwendungen bedarf weder eines HV-Beschlusses noch einer Satzungsregelung[219]. Dazu gehören Reise-, Übernachtungs-, Verpflegungs-, Telefonkosten o.ä.; Personalkosten sind nur im Ausnahmefall erstattungsfähig. Die Erstattung von Kosten in Form einer Pauschale gilt aktienrechtlich als zulässig, wenn sie keine Vergütungsbestandteile beinhaltet.

103 Ebenfalls zu den Vergütungen gehören Nebenleistungen, wie die Übernahme der Prämien für eine **D & O-Versicherung**[220]. Anders soll dies dann sein, wenn die Versicherung für die Tätigkeit der Mitglieder der Organe unabhängig von ihrer konkreten Zusammensetzung und den konkreten Funktionen abgeschlossen ist und in erster Linie der Absicherung der Gesellschaft gegen Schäden dient[221]. Die Festsetzung eines Selbstbehalts ist – im Gegensatz zum Selbstbehalt eines Vorstandsmitglieds nach § 93 Abs. 2 S. 3 AktG – nicht geboten[222].

---

215 *Hüffer*, AktG[9], § 113, Rn. 5; *Hopt/Roth* in Großkomm. AktG[4], § 113, Rn. 102 ff.; OLG Düsseldorf v. 16.11.1967, DB, S. 2155; *Hoffmann-Becking* in MünchHdb. AG[3], § 33, Rn. 18.
216 *Hoffmann-Becking* in MünchHdb. AG[3], § 33, Rn. 16 f.; zum empirischen Befund *Helm*, DB 2003, S. 2718; zur Zulässigkeit für AR-Mitglieder *Franz*, DB 2011, S. 2019 (2020).
217 Ziff. 5.4.7. Abs. 1 S. 3 DCGK.
218 *Fonk*, NZG 2009, S. 761/762 f.
219 *Habersack* in MünchKomm. AktG[3], § 113, Rn. 20; *Hüffer*, AktG[9], § 113, Rn. 2b.
220 Zur Zulässigkeit *Habersack* in MünchKomm. AktG[3], § 113, Rn. 13; *Hüffer*, AktG[9], § 113, Rn. 2a.
221 *Hopt/Roth* in Großkomm. AktG[4], § 133, Rn. 53; *Lutter/Krieger*, Recht und Pflichten des Aufsichtsrats, § 11, Rn. 870; *Vetter*, AG 2000, S. 453/457; *Schüppen/Sanna*, ZIP 2002, S. 550/552.
222 Selbstbehalt wird empfohlen von Ziff. 3.8 Abs. 3 DCGK; *Franz*, DB 2011, S. 2019 (2020).

Die gewährte Gesamtvergütung (einschl. unter den Vergütungsbegriff fallender Sitzungsgelder) muss angemessen sein, d.h. in einem **angemessenen Verhältnis** zu den Aufgaben der AR-Mitglieder und zur Lage der Gesellschaft stehen (§ 113 Abs. 1 AktG). Das gilt auch für eine Beteiligung am Jahresgewinn, nicht jedoch für eine Vergütung gem. § 114 AktG, die Entgelt für eine Tätigkeit außerhalb des Aufgabenbereichs eines AR-Mitglieds ist und die nur auf der Grundlage eines Beschlusses des Gesamt-AR statthaft ist[223]. Die Regelung bewirkt eine Begrenzung der Vergütung nach oben, nicht aber eine weitergehende Vorgabe oder ein anspruchskonkretisierendes Merkmal. Kriterien für die Angemessenheit sind die Aufgaben der AR-Mitglieder und die Lage der Gesellschaft; die Regelung entspricht der bis zum VorstAG auch für Vorstandsbezüge geltenden Regelung in § 87 Abs. 1 AktG. Zweck der Regelung ist es, überhöhte Vergütungen zu verhindern. Gleichwohl besteht bei der Festlegung ein Ermessensspielraum, der es auch erlaubt, bestimmten Funktionen, wie dem Vorsitzenden, dem stellvertretenden Vorsitzenden oder der Übernahme wichtiger Ressorts einen Zuschlag zu gewähren[224].

104

3. Variable Vergütungen

a) Allgemeines

Zulässig sind auch erfolgsorientierte Vergütungen, denn schon der DCGK empfiehlt ausdrücklich, dass die Vergütung der AR sowohl feste als auch variable Bestandteile umfassen soll, wobei darauf zu achten ist, dass die erfolgsorientierte Vergütung auch auf den langfristigen Unternehmenserfolg bezogene Bestandteile enthält[225]. Unzulässig hingegen ist die Gewährung von Aktienoptionen an AR-Mitglieder (vgl. dazu auch Tz. 118).

105

b) Beteiligung am Unternehmensergebnis

Die Tantieme des AR kann nach § 113 Abs. 3 AktG nach der **Beteiligung** der Aktionäre **am Gewinn** ausgerichtet sein, auch wenn dies in der Praxis unüblich geworden ist[226]. Dies entspricht auch der Stellung des AR als einem mit Vertretern der Aktionäre (und ggf. der Arbeitnehmer) besetzten Organ. Deshalb geht das Gesetz vom Bilanzgewinn aus, der Grundlage des Gewinnanspruchs der Aktionäre. Die Tantieme berechnet sich nach dem Bilanzgewinn, vermindert um einen Betrag von vier v.H. der auf den Nennbetrag geleisteten Einlagen. Diese Regelungen sind zwingendes Recht; entgegenstehende Festsetzungen sind nichtig (§ 113 Abs. 3 S. 2 AktG). Dies gilt allerdings nur, soweit AR-Mitglieder günstiger gestellt werden als nach der gesetzlichen Regelung. Eine Schlechterstellung der AR-Mitglieder ist dagegen wirksam[227]. Für AR-Mitglieder eines Versicherungsunternehmens muss die variable Vergütung nach § 64b Abs. 1 VAG nunmehr auf die nachhaltige Entwicklung des Unternehmens ausgerichtet sein. Klassische gewinn- oder dividendenabhängige Vergütungen werden damit problematisch.

106

Wird die Gewinnbeteiligung an die Höhe der **Gewinnausschüttung** geknüpft (dividendenabhängige Tantieme), so handelt es sich ebenfalls um eine Gewinnbeteiligung i.S.d. § 113 Abs. 3 AktG. Da die Tantieme des AR nach der gesetzlichen Regelung vom Bilanzgewinn berechnet wird, ist eine Gewinnbeteiligung i.S.v. § 113 Abs. 3 AktG immer dann anzunehmen, wenn der AR am ausschüttungsfähigen Gewinn partizipieren soll.

107

---

223 OLG Frankfurt v. 15.02.2011, NZG, S. 350.
224 *Hüffer*, AktG[9], § 113, Rn. 4; *Mutter*, AG-Report 2009, R 180.
225 Ziff. 5.4.6 Abs. 2 DCGK; *IDW Praxishinweis 1/2010* (Stand: 08.10.2010), Tz. 23.
226 *Hüffer*, AktG[9] § 113, Rn. 9; *Habersack* in MünchKomm. AktG[3], § 113, Rn. 15.
227 *Drygala* in Schmidt/Lutter AktG[2], § 113 Rn. 27; *Hopt/Roth* in Großkomm. AktG[4], § 113, Rn. 125; *Habersack* in MünchKomm. AktG[3], § 113, Rz. 61.

Diese Voraussetzung ist auch bei einer dividendenabhängigen Tantieme gegeben, wenn auch ggf. nur ein Teil des Bilanzgewinns ausgeschüttet und damit tantiemepflichtig wird. Bei der Berechnung einer dividendenabhängigen Tantieme muss daher die Bestimmung in § 113 Abs. 3 AktG beachtet werden.

108 Zulässig ist es, die Tantieme nicht an den Bilanzgewinn, sondern an andere Bemessungsgrößen als den Jahresgewinn zu knüpfen. Dabei ist es auch denkbar, die Entwicklung der Gesellschaft im Mehrjahresvergleich zu berücksichtigen. Nicht völlig geklärt ist, ob eine Anknüpfung Ergebniszahlen, wie EBIT, EBITD, EBITDA, ROCE oder andere, zulässig ist bzw. ob derartige Vergütungsparameter unter § 113 Abs. 3 AktG fallen[228]; Regelungen zu gewinnbezogenen Erfolgsparametern, die von § 113 Abs. 3 AktG abweichen, sind unwirksam.

Im Einzelnen ergeben sich bei der Tantiemeberechnung folgende Fragen:

aa) Bilanzgewinn als Bemessungsgrundlage

109 Ausgangspunkt für die Ermittlung der Gewinnbeteiligung des AR ist der **Bilanzgewinn** und zwar ohne Rücksicht darauf, woraus er entstanden ist. Entnahmen aus den Gewinnrücklagen sind daher tantiemepflichtig[229]. Auch ein Gewinnvortrag aus dem Vj. ist tantiemepflichtig, obwohl er bereits im Jahr seiner Bildung als Teil des Bilanzgewinns der Tantiemeberechnung unterlegen hat. Selbst ein aus weiter zurückliegenden Jahren stammender Gewinnvortrag wird erneut tantiemepflichtig, weil er Bestandteil des Bilanzgewinns ist. Die mehrfache Tantiemezahlung von ein und demselben Betrag ist ggf. unbefriedigend, im Hinblick auf den Gesetzeswortlaut jedoch unausweichlich.

110 **Zuführungen zu den Gewinnrücklagen** im Rahmen der Feststellung des JA kürzen den Bilanzgewinn und sind daher tantiemefrei, während Rücklagedotierungen durch die HV im Rahmen der Gewinnverwendung tantiemepflichtig sind, da sie den Bilanzgewinn nicht mindern.

bb) Abzug der Vorstandstantieme

111 Umstritten ist, ob die Vorstandstantieme die Bemessungsgrundlage für die Berechnung der AR-Tantieme mindert oder ob die Vorstandstantieme, die als Aufwand den Jahresüberschuss und damit den Bilanzgewinn gekürzt hat, für die Berechnung der AR-Tantieme dem Bilanzgewinn wieder hinzugesetzt werden muss.

112 In Bezug auf die Vorstandstantieme ist ungeregelt, ob die Bemessungsgrundlage für die AR-Tantieme zu modifizieren ist, während bei der AR-Tantieme zwingend vom Bilanzgewinn auszugehen ist. Dadurch wird nicht nur eine formale Differenzierung im Hinblick auf die Berechnungsmethode, sondern auch eine qualitative Unterscheidung getroffen. Wegen der Aufsichtsfunktion des AR soll die Tantieme nach dem Betrag bemessen werden, der den Aktionären zur Verteilung zur Verfügung steht. Es besteht also ein materieller Unterschied zwischen beiden Bemessungsgrundlagen[230]. Deshalb ist davon auszugehen,

---

228 *Habersack* in MünchKomm. AktG³, § 113, Rn. 16; *Hüffer*, AktG⁹, § 113, Rn. 10; *Hoffmann-Becking*, ZHR 2005, S. 155/176 f.; *Krieger* in FS Röhricht, S. 349/358 f.; *Marsch-Barner* in FS Röhricht, S. 401/417.

229 *Hüffer*, AktG⁹, § 113, Rn. 9.

230 Noch deutlicher war dieser Unterschied bis zum Inkrafttreten des TransPuG zum 19.07.2002, da gem. § 86 AktG a.F. die Gewinnbeteiligung des Vorstandes vom Jahresgewinn abhing. Dadurch, dass der Vorstand an dem während eines GJ erwirtschafteten Gewinn teilhaben sollte, orientierte sich auch seine Tantieme an seiner Funktion im Unternehmen.

dass auch die Vorstandstantieme dem Bilanzgewinn für die Berechnung der AR-Tantieme nicht hinzugesetzt werden darf[231].

cc) Abzug der Aufsichtsratstantieme

Im Gesetz ist nicht ausdrücklich geregelt, ob die AR-Tantieme, die normalerweise im Aufwand des abgelaufenen GJ verrechnet wird, ihre eigene Bemessungsgrundlage, den Bilanzgewinn, kürzt. Hier kommt jedoch derselbe Grundsatz zur Anwendung wie bei der Vorstandstantieme. Die Tantieme wird aus dem Gewinn gezahlt, gleichgültig ob sie als Aufwand des abgelaufenen GJ behandelt oder nur im Gewinnverwendungsbeschluss berücksichtigt wird. Sie ist materiell Teil des Gewinns, an dem der AR partizipiert. 113

Im Übrigen kann – wie bei der Vorstandstantieme – der Abzug oder Nichtabzug bei der Festsetzung der Gewinnbeteiligung vereinbart werden. Es handelt sich hier ebenfalls nur um eine Frage des in der Tantiemevereinbarung anzugebenden Prozentsatzes der Gewinnbeteiligung. Ist keine abw. Regelung getroffen, so geht auch hier der „objektive Erklärungswert" der Tantiemefestsetzung dahin, dass die Tantieme die Bemessungsgrundlage nicht mindern soll, weil anzunehmen ist, dass die Tantiemeberechnung entsprechend der bisher einhelligen Rechtsauffassung und allgemeinen Handhabung erfolgen soll. Auch bei dieser Auslegung der Tantiemefestsetzung handelt es sich um eine „nach" dem Bilanzgewinn berechnete, also mit § 113 Abs. 3 AktG in Einklang stehende Tantieme; denn mit dieser Formulierung ist nicht vorgeschrieben, dass ein für die Tantiemeberechnung festgesetzter Prozentsatz sich auf den Betrag beziehen müsse, der – nach Verrechnung der Tantieme – als Bilanzgewinn verbleibt. 114

dd) Abzug der Mindestdividende

Bei dem Abzug von vier v.H. der auf den Nennbetrag der Aktien geleisteten Einlagen ist zu beachten, dass zu Einlagen auch solche Beträge rechnen, die bei einer Kapitalerhöhung aus Gesellschaftsmitteln nach § 211 Abs. 2 AktG als voll eingezahlt gelten. Andererseits ist ein Aufgeld nicht zu berücksichtigen, wie sich aus dem klaren Wortlaut des § 113 Abs. 3 AktG ergibt, der nur Einlagen einbezieht, die auf den Nennbetrag der Aktien gezahlt sind. 115

Der Abzug der Vordividende für die Aktionäre hat den Zweck, den AR erst dann am Bilanzgewinn teilhaben zu lassen, wenn dieser vier v.H. des Nennkapitals übersteigt, so dass in jedem Fall die Möglichkeit einer Ausschüttung von vier v.H. sichergestellt ist. 116

Die Vordividende von vier v.H. bleibt aber auch dann **tantiemefrei**, wenn die Tantieme voll aus dem vier v.H. übersteigenden Bilanzgewinn gedeckt werden kann. Reicht der Bilanzgewinn also bspw. zur Ausschüttung einer Dividende von zehn v.H. aus, so wird die AR-Tantieme dennoch nur von einem Betrag in Höhe von sechs v.H. berechnet. 117

c) Aktienoptionen und andere variable Vergütungsbestandteile

Seit Bekanntwerden des Referentenentwurfs zum KonTraG wurde in der Literatur diskutiert, ob es möglich sein soll, dass auch AR-Mitglieder Aktienoptionen erhalten[232]. Durch Urt. des II. Zivilsenats[233] wurde indessen klargestellt, dass Aktienoptionen – zumindest im Wege des **Erwerbs eigener Aktien** nach § 71 Abs. 1 Nr. 8 AktG – für AR **unzulässig** 118

---

231 *Habersack* in MünchKomm. AktG³, § 113, Rn. 53; *Hopt/Roth* in Großkomm. AktG⁴, § 113, Rn. 122.
232 Vgl. dazu ausführlich *Richter*, BB 2004, S. 949.
233 BGH v. 16.02.2004, BB, S. 621.

sind[234]. Für die Zukunft ist ein entsprechender HV-Beschluss daher unzulässig. Für die Aktiengewährung durch bedingtes Kapital folgt dies unmittelbar aus dem Wortlaut von § 192 Abs. 2 Nr. 3 AktG. Fraglich ist jedoch, welche Folgerungen für bestehende HV-Beschlüsse zu ziehen sind, d.h. ob ein solcher Beschluss nichtig oder bloß anfechtbar ist. Der BGH stützt seine Entscheidung v.a. auch auf einen Vergleich mit § 192 Abs. 2 Nr. 3 AktG, der sich im Wesentlichen nur in der Art der Beschaffung der benötigten Aktien von § 71 Abs. 1 Nr. 8 AktG unterscheidet[235]. Festzustellen ist daher, ob eine unzulässige Erweiterung des Kreises der Optionsbegünstigten i.R.d. § 192 Abs. 2 Nr. 3 AktG Vorschriften, die im öffentlichen Interesse gegeben sind, verletzt. Nach ganz h.M. ist dies nicht der Fall, so dass von **bloßer Anfechtbarkeit** auszugehen ist[236]. Bestehende HV-Beschlüsse sind daher nach Ablauf der Anfechtungsfrist als wirksam anzusehen.

119 Der BGH hat offen gelassen, ob ein Aktienoptionsprogramm für AR-Mitglieder über die Begebung von **Wandel- oder Optionsanleihen** nach § 221 AktG noch realisiert werden kann[237]. Angesichts des fehlenden Verweises auf §§ 192, 193 AktG wurde zunächst davon ausgegangen, dass dieser Weg nach wie vor möglich ist[238]. Zu beachten ist jedoch, dass der BGH seine Entscheidung argumentativ auch dadurch belegt, dass eine gleichförmige Ausrichtung der Vergütung von AR und Vorstand rechtspolitisch unerwünscht sei, so dass es möglich ist, dass der BGH auch diese Variante der AR-Vergütung für unzulässig erklären wird[239]. Die Rechtsänderungen infolge des UMAG lassen nunmehr die Deutung zu, dass die Aktiengewährung auch auf diesem Wege nicht in Betracht kommt[240]. Auch wenn der erste Entwurf des UMAG noch eine Neufassung des § 193 Abs. 2 Nr. 4 AktG vorsah[241], wonach auch Wandelschuldverschreibungen und Optionsanleihen von den Mindeststandards erfasst werden sollen, wäre nach der Argumentationslinie des BGH wohl auch dieser Weg abgeschnitten[242]. Der Vorschlag wurde in das UMAG vom 16.06.2005 indes nicht aufgenommen[243], gleichwohl wird, wenn auch umstritten, eine entsprechende Anwendung nunmehr bevorzugt.

120 Fraglich ist noch, ob sonstige aktienkursbezogene Vergütungsstrukturen für den AR, insb. **Phantom Stocks** oder **Stock Appreciation Rights**, zulässig bleiben. Einerseits ergeben sich durch deren Ausrichtung am Aktienkurs mit Blick auf die AR-Vergütung dieselben Bedenken wie gegen Aktienoptionen. Sieht man als einen wesentlichen Gesichtspunkt an, dass der AR nicht nach den gleichen, für Mitglieder des Vorstands zulässigen und gewählten Vergütungen vergütet werden soll, um insoweit eine die Kontrollaufgabe beeinträchtigende Interessenparallelität auszuschließen, sind auch derartige Vergütungsformen unzulässig. Andererseits ist zu berücksichtigen, dass jene dem jeweiligen AR-Mitglied im

---

234 Die Argumentation des BGH wird in der Literatur teilw. scharf kritisiert, vgl. *Richter*, BB 2004, S. 949/953; zust. hingegen *Meyer/Ludwig*, ZIP 2004, S. 940/942; so auch schon *Krieger* in MünchHdb. AG³, § 63, Rn. 56; *Weiß*, WM 1999, S. 353/361; ferner *Hopt/Roth* in Großkomm. AktG⁴, § 113, Rn. 41; *Habersack* in Münch-Komm. AktG³, § 113, Rn. 17.
235 BGH v. 16.02.2004, BB, S. 621 unter II 2 c der Gründe.
236 *Richter*, BB 2004, S. 949/955 m.w.N.
237 BGH v. 16.02.2004, BB, S. 621 unter II 3 der Gründe.
238 Vgl. bspw. LG München I v. 07.12.2000, EWiR 2001, S. 99 m. Anm. Kort; *Krieger* in MünchHdb. AG³, § 63, Rn. 56; *Mäger*, BB 1999, S. 1389/1392.
239 Vgl. auch *Richter*, BB 2004, S. 949/956; *Meyer/Ludwig*, ZIP 2004, S. 940/943; *Seibt*, NJW-Spezial 2004, S. 28/29.
240 *Habersack* in MünchKomm. AktG³, § 113, Rn. 19; *Hopt/Roth* in Großkomm. AktG⁴, § 113, Rn. 42; *Hüffer*, AktG⁹, § 192, Rn. 21.
241 RegE UMAG v. 28.01.2005, BR-Drs. 3/05.
242 Vgl. auch *Meyer/Ludwig*, ZIP 2004, S. 940/943; *Seibt*, NJW-Spezial 2004, S. 29; *Seibert* in Freidank, S. 191/207.
243 Vgl. BR-Drucksache 454/05 v. 17.06.2005.

Unterschied zu Stock Options eine bloß schuldrechtliche Stellung einräumen. Angesichts der bereits erwähnten Argumentationslinie des BGH ist aber deutlich geworden, dass dieser jede Ausrichtung der AR-Vergütung an der des Vorstands und so auch jegliche Orientierung am Aktienkurs der Gesellschaft für unzulässig halten wird[244]; gegenteilige Stimmen halten solche schuldrechtlichen Vergütungsformen für zulässig und erachten es als Aufgabe der Angemessenheitskontrolle, Fehlsteuerungen und Interessenkollisionen auszuschließen[245].

Vor diesem Hintergrund empfiehlt es sich für die Unternehmen, erfolgsbezogene Leistungsanreize zu entwickeln, die sich nicht am Börsenkurs des Unternehmens orientieren, sondern bspw. auf einen Gesamtrenditevergleich zu Wettbewerbsunternehmen abstellen.

4. Herabsetzung der AR-Bezüge

Anders als für die Bezüge der Mitglieder des Vorstands ist für die Bezüge der AR-Mitglieder keine Vorgabe erfolgt, dass diese unter bestimmten Umständen herabgesetzt werden sollen. § 113 Abs. 1 S. 4 AktG enthält lediglich für den Fall der Festsetzung der AR-Vergütung in der Satzung die Erleichterungsregelung, dass ein Beschluss zur Herabsetzung der Vergütung mit einfacher Mehrheit und nicht, wie sonst bei Änderungen der Satzung nach § 179 AktG vorgeschrieben, mit qualifizierter Mehrheit zu erfolgen hat. Als satzungsändernder Beschluss entfaltet dieser Wirkung erst mit der Eintragung im HR; eine Rückwirkung kann dem Beschluss nicht beigelegt werden[246].

III. Schrifttumsverzeichnis

1. Verzeichnis der Monographien, Kommentare und Beiträge in Sammelwerken

Baums, Aktienoptionen für Vorstandsmitglieder, in: Martens/Westermann/Zöllner (Hrsg.), Festschrift für Carsten Peter Claussen zum 70. Geburtstag, FS Claussen, Köln 1997, S. 3; *Baums*, Bericht der Regierungskommission Corporate Governance, Köln 2001; *Blecher*, Die Bilanzierung von Aktienoptionsprogrammen, Wiesbaden 2008; *Brockmeyer/Andert*, Die Bilanzierung von Stock Options nach den Vorschriften des IFRS 2 „Share-based Payment" im Vergleich zum HGB, in: Kirsch/Thiele (Hrsg.), Rechnungslegung und Wirtschaftsprüfung, Festschrift zum 70. Geburtstag von Jörg Baetge, FS Baetge, Düsseldorf 2007, S. 102; *Dörner/Menold/Pfitzer* (Hrsg.), Reform des Aktienrechts, der Rechnungslegung und Prüfung, Stuttgart 1999; *Friedrichsen*, Aktienoptionsprogramme für Führungskräfte, Köln 2000; *Haarmann*, Steuer- und Bilanzierungsfragen bei der Vergütung durch Stock Options in Deutschland, in: Breuninger/Müller/Strobl-Haarmann (Hrsg.), Steuerrecht und Europäische Integration, Festschrift für Albert J. Rädler zum 65. Geburtstag, FS Rädler, München 1999, S. 229; *Hüffer*, Aktiengesetz, Kommentar, 4. Aufl., München 1999; *Hüffer*, Aktiengesetz, Kommentar, 6. Aufl., München 2004; *Hüffer*, Der Vorstand als Leitungsorgan und die Mandats- sowie Haftungsbeziehungen seiner Mitglieder, in: Habersack/Bayer, Aktienrecht im Wandel, Band II, Grundsatzfragen des Aktienrechts, 2008, S. 334; *Jacobs*, Das KonTraG und die steuerliche Behandlung von Stock Options Plans in Deutschland in: Dörner/Menold/Pfitzer (Hrsg.), Reform des Aktienrechts, der Rechnungslegung und Prüfung, Stuttgart 1999,

---

244 Vgl. dazu auch *Meyer/Ludwig*, ZIP 2004, S. 940/943; *Seibt*, NJW-Spezial 2004, S. 29; *Richter*, BB 2004, S. 949/956.
245 *Hopt/Roth* in Großkomm. AktG[4], § 113, Rn. 47; *Hüffer*, AktG[9], § 113, Rn. 10; *Kort* in FS Hüffer, S. 483/499; *Fuchs*, WM 2004, S. 2233/2235; *Vetter*, AG 2004, S. 234/236.
246 *Habersack* in MünchKomm. AktG[3], § 113, Rn. 33; *Hopt/Roth* in Großkomm. AktG[4], § 113, Rn. 96; *Hüffer*, AktG[9], § 113, Rn. 6.

S. 101; *Kort*, Rechtsfragen der Höhe und Zusammensetzung der Vergütung von Mitgliedern des Aufsichtsrats einer AG, in: Kindler u.a. (Hrsg.), Festschrift für Uwe Hüffer zum 70. Geburtstag, München 2010, FS Hüffer, S. 483; *Krieger*, Gewinnabhängige Aufsichtsratsvergütungen, in: Crezelius/Hirte/Vieweg (Hrsg.), Gesellschaftsrecht Rechnungslegung Sportrecht, Festschrift für Volker Röhricht zum 65. Geburtstag, FS Röhricht, Köln 2005, S. 349; *Lochmann*, Besteuerung aktienkursorientierter Vergütungsinstrumente, Düsseldorf 2004; *Lutter/Krieger*, Recht und Pflichten des Aufsichtsrats, 5. Aufl., Köln 2008; *Marsch-Barner*, Aktuelle Rechtsfragen zur Vergütung von Vorstands- und Aufsichtsratsmitgliedern einer AG, in: Crezelius/Hirte/Vieweg (Hrsg.), Gesellschaftsrecht Rechnungslegung Sportrecht, Festschrift für Volker Röhricht zum 65. Geburtstag, Köln 2005, FS Röhricht, S. 401; *Martens*, Rechtliche Rahmenbedingungen der Vorstandsvergütungen, in: Kindler u.a. (Hrsg.), Festschrift für Uwe Hüffer zum 70. Geburtstag, München 2010, FS Hüffer, S. 647; *Peltzer*, Wider den „greed" – Betrachtungen zu §§ 86 und 87 AKtG, in: Schneider u.a. (Hrsg.), Deutsches und europäisches Gesellschafts-, Konzern- und Kapitalmarktrecht, Festschrift für Marcus Lutter zum 70. Geburtstag, FS Lutter, Köln 2000, S. 571; *Portner*, Steuerrechtliche und bilanzielle Aspekte, in: Harrer (Hrsg.), Mitarbeiterbeteiligungen und Stock-Option-Pläne, München 2000, B II, Rn. 25; *Roß/Baumunk*, in: Kessler (Hrsg.), Handbuch Stock Options, München 2003, Rn. 188; *Sailer-Coceani* in: Gesellschaftsrecht in der Diskussion – Jahrestagung der Gesellschaftsrechtlichen Vereinigung (VGR), Köln 2010, S. 141; *Schwark*, Zur Angemessenheit der Vorstandsvergütung, in: Damm/Heermann/Veil (Hrsg.), Festschrift für Thomas Raiser zum 70. Geburtstag am 20. Februar 2005, FS Raiser, S. 377; *Seibert*, Das Tranzparenz- & Publizitätsgesetz (TransPuG), München 2002; *Seibert*, Stand und Perspektive der Reformbestrebungen zur Verbesserung der Corporate Governance, in: Freidank (Hrsg.), Reform der Rechnungslegung und Corporate Governance, in: Deutschland und Europa, Wiesbaden 2004, S. 191; *Semler*, Leistungs- und erfolgsbezogene Vorstandsvergütungen, in: Förschle/Kaiser/Moxter (Hrsg.), Rechenschaftslegung im Wandel, Festschrift für Wolfgang Dieter Budde, FS Budde, München 1995, S. 599; *Tegtmeier*, Die Vergütung von Vorstandsmitgliedern in Publikumsgesellschaften, Frankfurt am Main 1998; *v. Schlabrendorf*, Repricing von Stock Options, Köln 2008; *Weiß*, Aktienoptionspläne für Führungskräfte, Köln 1999; *Wiedmann*, Bilanzrecht, München 1999; *Wiedmann*, Bilanzrecht, 2. Aufl., München 2003.

2. Verzeichnis der Beiträge in Zeitschriften

Ackermann/Suchan, Repricing von Stock Options – aktienrechtliche Zulässigkeit und bilanzielle Behandlung, BB 2002, S. 1497; *Aha*, Ausgewählte Gestaltungsmöglichkeiten bei Aktienoptionsplänen, BB 1997, S. 2225; *Annuß/Theusinger*, Das VorstAG - Praktische Hinweise zum Umgang mit dem neuen Recht, BB 2009, S. 2434; *Apel*, Kürzung von Ruhegeld nach dem VorstAG, BB 2010, Heft 16, S. III; *Baeck/Götze/Arnold*, Festsetzung und Herabsetzung der Geschäftsführervergütung – Welche Änderungen bringt das VorstAG?, NZG 2009, S. 1121; *Bauer/Arnold*, Festsetzung und Herabsetzung der Vorstandsvergütung nach dem VorstAG, AG 2009, S. 717; *Bauer/Arnold*, Sind Abfindungs-Caps in Vorstandsverträgen wirklich zu empfehlen? – Zur Überarbeitung des Deutschen Corporate Governance Kodex, BB 2008, S. 1692; *Bauer/Baeck/v. Medem*, Altersversorgung und Übergangsgeld in Vorstandsanstellungsverträgen, NZG 2010, S. 721; *Baums*, Zur Offenlegung von Vorstandsvergütungen, ZHR 2005, S. 299; *Blecher*, Zur Bilanzierung von realen und virtuellen Aktienoptionsprogrammen aus ökonomischer Sicht, WPg 2011, S. 625; *Bosse*, Das Gesetz zur Angemessenheit der Vorstandsvergütung (VorstAG) – Überblick und Handlungsbedarf, BB 2009, S. 1650; *Brauer*, Die aktienrechtliche Beurteilung von „appreciation awards" zu Gunsten des Vorstands, NZG 2004,

S. 502; *Bredow*, Mustervereinbarung zu Aktienoptionsplänen für das Management und leitende Angestellte (Stock Options Plan), DStR 1998, S. 380; *Dauner-Lieb*, Change Of Control-Klauseln nach Mannesmann, DB 2008, S. 567; *Dauner-Lieb/Friedrich*, Zur Reichweite des § 87 II AktG, NZG 2010, S. 688; *Dauner-Lieb/Tettinger*, Vorstandshaftung, D&O-Versicherung, Selbstbehalt, ZIP 2009, S. 1555; *Dauner-Lieb/ v. Preen/Simon*, Das VorstAG – Ein Schritt auf dem Weg zum Board-System?, DB 2010, S. 377; *Diller*, Nachträgliche Herabsetzung von Vorstandsvergütungen und -ruhegeldern nach dem VorstAG, NZG 2009, S. 1006; *Diller/Göpfert*, Rettungsfonds für Banken: Eingriffe in Vorstandsverträge- und -bezüge, DB 2008, S. 2579; *Döll*, Das Votum zum Vergütungssystem nach § 120 Abs. 4 AktG, WM 2010, S. 103; *Dörrwächter/Trafkowski*, Anmerkungen zum Abfindungs-Cap in Nummer 4.2.3 n.F. des deutschen Corporate Governance Kodex, NZG 2007, S. 846; *Doetsch*, Veränderte Anforderungen an Gestaltungen und Publizität von Vorstands-Pensionszusagen, AG 2010, S. 465; *Dreher*, Change of Control-Klauseln bei Aktiengesellschaften, AG 2002, S. 214; *Dreher*, Die selbstbeteiligungslose D&O-Versicherung in der Aktiengesellschaft, AG 2008, S. 429; *Dreher*, Der Abschluss von D&O-Versicherungen und die aktienrechtliche Zuständigkeitsordnung, ZHR 2001, S. 293; *Dreher/Thomas*, Die D&O-Versicherung nach der VVG-Novelle 2008, ZGR 2009, S. 31; *Eichner/Delahaye*, Sorgfaltspflichten und Gestaltungsmöglichkeiten des Aufsichtsrats bei Vorstandsverträgen nach dem VorstAG, ZIP 2010, S. 2082; *Feddersen*, Aktienoptionsprogramme für Führungskräfte aus kapitalmarktrechtlicher und steuerlicher Sicht, ZHR 1997, S. 269; *Feißel/Gorn*, Finanzkrise vs. Pacta sunt servanda – Vertragsanpassung in Krisenzeiten, BB 2009, S. 1138; *Fleck*, Zur Anfechtungsfrist für Gesellschafterbeschlüsse bei der GmbH – Angemessenheit der Geschäftsführer-Bezüge, EWiR 1990, S. 701; *Fleck*, Das Dienstverhältnis der Vorstandsmitglieder und Geschäftsführer in der Rechtsprechung des BGH, WM 1985, S. 677; *Fleischer*, Zur Angemessenheit der Vorstandsvergütung im Aktienrecht (Teil 1), DStR 2005, S. 1279; *Fleischer*, Das Gesetz zur Angemessenheit der Vorstandsvergütung (VorstAG), NZG 2009, S. 801; *Fleischer/Bedkowski*, "Say on Pay" im deutschen Aktienrecht – das neue Vergütungsvotum der Hauptversammlung nach § 120 Abs. 4 AktG, AG 2009, S. 677; *Fleischer/Hupka*, Zur Regulierung der Vorstandsvergütung durch das Steuerrecht, DB 2010, S. 601; *Fonk*, Die Zulässigkeit von Vorstandsbezügen dem Grunde nach, NZG 2005, S. 248; *Fonk*, Auslagenersatz für Aufsichtsratsmitglieder, NZG 2009, S. 761; *Fonk*, Altersversorgung von Organmitgliedern im Umbruch, ZGR 2009, S. 413; *Fonk*, Vergütungsrelevante Zielvereinbarungen und -vorgaben versus Leitungsbefugnis des Vorstands, NZG 2011, S. 321 (322 f.); *Franz*, Der gesetzliche Selbstbehalt in der D&O-Versicherung nach dem VorstAG: wie weit geht das Einschussloch in der Schutzweste der Manager?, DB 2009, S. 2764; *Fuchs*, Grenzen für eine aktienkursorientierte Vergütung von Aufsichtsratsmitgliedern, WM 2004, S. 2233; *Gädtke/Wax*, Konzepte zur Versicherung des D&O-Selbstbehalts – Eine kritische Bestandsaufnahme, AG 2010, S. 851; *Götz/Friese*, Empirische Analyse der Vorstandsvergütung im DAX und MDAX nach Einführung des Vorstandsvergütungsangemessenheitsgesetzes, Corporate Finance biz 2010, S. 410; *Grambow*, Sozialversicherungspflicht von Vorständen der AG und geschäftsführenden Direktoren der SE, AG 2010, S. 477; *Greven*, Die Bedeutung des VorstAG für die GmbH, BB 2009, S. 2154; *Haas/Pötschan*, Ausgabe von Aktienoptionen an Arbeitnehmer und deren lohnsteuerliche Behandlung, DB 1998, S. 2138; *Habersack*, VorstAG und mitbestimmte GmbH – eine unglückliche Beziehung, ZHR 2010, S. 2; *Handelsrechtsausschuss des DAV*, Stellungnahme zum Entwurf eines Gesetzes zur Angemessenheit der Vorstandsvergütung (VorstAG), NZG 2009, S. 612; *Harzenetter*, Der Selbstbehalt in der D&O-Versicherung nach dem VorstAG und der Neufassung des Deutschen Corporate Governance Kodex (DCGK), DStR 2010, S. 653; *Hasbargen/*

Schmitt/Betz, Aktuelle Entwicklungen bei der Besteuerung von Mitarbeiterbeteiligungsmodellen, BB 2010, S. 1951; *Haunhorst*, Der Lohnzufluss bei Gewährung handelbarer Aktienoptionen – oder wie aus dem Traum vom günstigen Aktienbezug ein Alptraum werden kann, DB 2003, S. 1864; *Heiden*, Entgeltvariabilisierung durch Zielvereinbarungen, DB 2009, S. 1705; *Helm*, Vergütungsstrukturen des Aufsichtsrats mittelständischer, nicht börsennotierter Aktiengesellschaften, DB 2003, S. 2718; *Hennke/Fett*, Vorstandsvergütungs-Offenlegungsgesetz: erste Praxiserfahrungen und Stellungnahme zu E-DRS 22, BB 2007, S. 1267; *Herzig*, Steuerliche und bilanzielle Probleme bei Stock Options und Stock Appreciation Rights, DB 1999, S. 1; *Hesse*, „Wer ist Millionär?" – Gesetzgebungskompetenz zur Offenlegungspflicht der Vergütung von Sparkassenvorständen, ZBB 2009, S. 387; *Hilbert/Sperandio*, Fahrergestellung bei Fahrten zwischen Wohnung und regelmäßiger Arbeitsstätte sowie bei Familienheimfahrten – geldwerter Vorteil? DStR 2011, S. 1121; *Hoffmann-Becking*, Gestaltungsmöglichkeiten bei Anreizsystemen, NZG 1999, S. 797; *Hoffmann-Becking*, Vorstandsvergütung nach Mannesmann, NZG 2006, S. 127; *Hoffmann-Becking*, Rechtliche Anmerkungen zur Vorstands- und Aufsichtsratsvergütung, ZHR 2005, S. 155; *Hoffmann-Becking*, Abfindungsleistungen an ausscheidende Vorstandsmitglieder, ZIP 2007, S. 2101; *Hoffmann-Becking/Krieger*, Leitfaden zur Anwendung des Gesetzes zur Angemessenheit der Vorstandsvergütung (VorstAG), NZG 2009, Beil. zu Heft 27; *Hoffmann/Lüdenbach*, Die Bilanzierung aktienorientierter Vergütungsformen nach IFRS 2 (Share-based Payment), DStR 2004, S. 786; *Hohenstatt*, Das Gesetz zur Angemessenheit der Vorstandsvergütung, ZIP 2009, S. 1349; *Hohenstatt/Kuhnke*, Vergütungsstruktur und variable Vergütungsmodelle für Vorstandsmitglieder nach dem VorstAG, ZIP 2009, S. 1981; *Hohenstatt/Seibt/Wagner*, Einbeziehung von Vorstandsmitgliedern in ergebnisabhängige Vergütungssysteme von Konzernobergesellschaften, ZIP 2008, S. 2289; *Hohenstatt/Willemsen*, Abfindungsobergrenzen in Vorstandsverträgen, NJW 2008, S. 3462; *Ihrig/Wagner*, Volumengrenzen für Kapitalmaßnahmen der AG, NZG 2002, S. 657; *Inwinkl/Schneider*, Überblick über das neue Gesetz zur Angemessenheit der Vorstandsvergütung (VorstAG), WPg 2009, S. 971; *Isensee*, Mitarbeiteraktienoptionen – mehr als eine steuerliche Gewinnchance?, DStR 1999, S. 143; *Käpplinger*, Zur aktienrechtlichen Zulässigkeit von Abfindungszahlungen, NZG 2003, S. 573; *Kästner*, Aktienrechtliche Probleme der D&O-Versicherung, AG 2000, S. 113; *Kerst*, Haftungsmanagement durch die D&O-Versicherung nach Einführung des aktienrechtlichen Selbstbehalts in § 93 Abs. 2 Satz 3 AktG, WM 2010, S. 594; *Keul/Semmer*, Das zulässige Gesamtvolumen von Aktienoptionsplänen, DB 2002, S. 2255; *Kiethe*, Aktienoptionen für den Vorstand im Maßnahmenkatalog der Bundesregierung – ein Beitrag zur Überregulierung des Aktienrechts, WM 2004, S. 458; *Klingberg*, Der Aktienrückkauf nach dem KonTraG aus bilanzieller und steuerlicher Sicht, BB 1998, S. 1575; *Koch*, Einführung eines obligatorischen Selbstbehalts n der D&O-Versicherung durch das VorstAG, AG 2009, S. 637; *Koch*, Die Herabsetzung der Vorstandsbezüge gemäß § 87 Abs. 2 AktG nach dem VorstAG, WM 2010, S. 49; *Kort*, "Change-of-Control"-Klauseln nach dem "Mannesmann"-Urteil des BGH: zulässig oder unzulässig?, AG 2006, S. 106; *Kort*, Pflichten von Vorstands- und Aufsichtsratsmitgliedern beim Erwerb eigener Aktien zwecks Vorstandsvergütung, NZG 2008, S. 823; *Korts*, Die Vereinbarung von Kontrollwechselklauseln in Vorstandsverträgen, BB 2009, S. 1876; *Kropp*, Aktienoptionen statt finanzielle Gewinnbeteiligung: Wann und in welcher Höhe werden sie aufwandswirksam?, DStR 2002, S. 1960; *Kühnberger/Keßler*, Stock option incentives – betriebswirtschaftliche und rechtliche Probleme eines anreizkompatiblen Vergütungssystems, AG 1999, S. 453; *Lampe/Strnad*, Stock Options: Besteuerung, Glattstellung und „gehedgter Arbeitslohn", DStR 2000, S. 1117; *Lange*, Die Belohnung von Vorstandsmitgliedern auf Veranlassung des Aufsichtsrats, ArbuR 2004, S. 83; *Lange*, Zulässigkeitsvoraussetzungen einer gesellschaftsfinanzierten Aufsichtsrats-D&O-Versicherung, ZIP 2001, S. 1524; *Lehmann*, Widerruf von (beherrschenden) Gesellschafter-Geschäftsführern einer in der Krise befindlichen Kapitalgesellschaft gegebenen Versorgungszusagen – Balanceakt zwischen „Scylla und Charybdis", BB 2009, S. 1620; *Leuner/Lehmaier/Rattler*, Entwicklungen und Tendenzen bei Stock Option Modellen, FB 2004, S. 258; *Leßmann/Hopfe*, Neue Regeln für Vergütungssysteme in Finanzinstituten, DB 2010, S. 54; *Leuering/Simon*, Offene Fragen zur Offenlegung der Vorstandsvergütung, NZG 2005, S. 945; *Liebers/Hoefs*, Anerkennungs- und Abfindungszahlungen an ausscheidende Vorstandsmitglieder, ZIP 2004, S. 97; *Lingemann*, Angemessenheit der Vorstandsvergütung: Das VorstAG ist in Kraft, BB 2009, S. 1918; *Lutter*, Das Abfindungs-Cap in Ziff. 4.2.3 Abs. 3 und 4 des Deutschen Corporate Governance-Kodex, BB 2009, S. 1874; *Lutter*, Aktienoptionen für Führungskräfte - de lege lata und de lege ferenda, ZIP 1997, S. 1; *Lutter*, Corporate Governance und ihre aktuellen Probleme, vor allem – Vorstandsvergütung und ihre Schranken, ZIP 2003, S. 737; *Lutter/Timm*, Betriebsrentenkürzung im Konzern, ZGR 1983, S. 269; *Mäger*, Vergütung des Aufsichtsrats – welchen Spielraum gibt das Aktienrecht?, BB 1999, S. 1389; *Martens*, Die Vorstandsvergütung auf dem Prüfstand, ZHR 2005, S. 124; *Matischiok/Splinter*, IDW Praxishinweis 1/2010: *Gutachterliche Stellungnahme eines Wirtschaftsprüfers über die Umsetzung des § 87 AktG i.d.F. des VorstAG*, WPg 2011, S. 773; *Menichetti*, Aktien-Optionsprogramme für das Top-Management, DB 1996, S. 1688; *Mertens*, Bedarf der Abschluß einer D & O Versicherung durch die Aktiengesellschaft der Zustimmung der Hauptversammlung?, AG 2000, S. 447; *Mertens*, Vorstandsvergütung in börsennotierten Aktiengesellschaften – Bemerkungen zu § 87 Abs. 1 S. 2 und 3 AktG, AG 2011, S. 57; *Meyer/Ludwig*, Aktienoptionen für Aufsichtsräte ade?, ZIP 2004, S. 940; *Mutter*, Anpassung der Aufsichtsratsvergütung an das BilMoG, AG-Report 2009, R 180; *Naumann*, Zur Bilanzierung von Stock Options, DB 1998, S. 1428; *Neyer*, Steuerliche Behandlung von Arbeitnehmer-Aktienoptionen, BB 1999, S. 130; *Nießen/Stöwe*, Die Vergütung des Vorstands beim öffentlichen Übernahmeangebot, DB 2010, S. 885; *Notthoff*, Rechtliche Fragestellungen im Zusammenhang mit dem Abschluss einer Director's & Officer's-Versicherung, NJW 2003, S. 1350; *Oetker*, Nachträgliche Eingriffe in die Vergütungen von Geschäftsführungsorganen im Lichte des VorstAG, ZHR 175 (2011), S. 527; *Olbrich/Kassing*, Der Selbstbehalt in der D&O Versicherung: Gesetzliche Neuregelung lässt viele Fragen offen, BB 2009, S. 1659; *Pellens/Crasselt*, Bilanzierung von Stock Options, DB 1998, S. 217; *Pellens/Crasselt*, Bilanzierung von Aktienoptionsplänen und ähnlichen Entgeltformen nach IFRS 2 „Share-based Payment", KoR 2004, S. 113; *Pellens*, Virtuelle Aktienoptionsprogramme im Jahresabschluß, WPg 1999, S. 765; *Peltzer*, Corporate Governance Codices als zusätzliche Pflichtenbestimmung für den Aufsichtsrat, NZG 2002, S. 10; *Peltzer*, Konstruktions- und Handhabungsschwierigkeiten bei der D&O-Versicherung, NZG 2009, S. 970; *Peltzer*, Das Mannesmann-Revisionsurteil aus der Sicht des Aktien- und allgemeinen Zivilrechts, ZIP 2006, S. 205; *Poguntke*, Anerkennungsprämien, Antrittsprämien und Untreuestrafbarkeit im Recht der Vorstandsvergütung, ZIP 2011, S. 893; *Portner*, Lohnsteuerliche Behandlung der Gewährung von Stock Options durch die ausländische Muttergesellschaft, DStR 1997, S. 1876; *Portner*, Stock Options – (Weitere) lohnsteuerliche Fragen, insbesondere bei Expatriates, DStR 1998, S. 1535; *Portner*, Neue Vergütungsregeln für Manager – Welche Folgen ergeben sich daraus für die Besteuerung? DStR 2010, S. 577; *Portner/Bödefeld*, Besteuerung von Arbeitnehmer-Aktien-Optionen, DStR 1995, S. 629; *Rammert*, Die Bilanzierung von Aktienoptionen für Manager – Überlegungen zur Anwendung von US-GAAP im handelsrechtlichen Jahresabschluß, WPg 1998, S. 766; *Ranft*, Umsatzabhängige Geschäftsführervergütung als verdeckte Gewinnausschüttung, GmbHR 1979, S. 42; *Ransiek*, Anerkennungsprämien und Untreue –

Das Mannesmann-Urteil des BGH, NJW 2006, S. 814; *Richter*, Aktienoptionen für den Aufsichtsrat?, BB 2004, S. 949; *Rieckhoff*, Vergütung des Vorstands mit langfristiger Anreizwirkung, AG 2010, S. 617; *Rönnau/Hohn*, Die Festsetzung (zu) hoher Vorstandsvergütungen durch den Aufsichtsrat – ein Fall für den Staatsanwalt?, NStZ 2004, S. 113; *Roß/Pemmerening*, Angabepflichten zu Aktienoptionsplänen im Anhang und Lagebericht, WPg 2002, S. 371; *Säcker/Boesche*, Vom Gutsherren zum Gutsverwalter: Wandlungen im Aufsichtsratsrecht unter besonderer Berücksichtung des Mannesmann-Urteils, BB 2006, S. 897; *Schiemzik*, Virtual Stock Options – Mitarbeiterbeteiligungsmodell im Bereich der Venture Capital finanzierten Gesellschaften, NWB 2011, S. 798; *Schüler/Grewe*, Das Gesetz zur Angemessenheit der Vorstandsvergütung, NWB 2009, S. 3192; *Schüppen*, Vorstandsvergütung – (K)ein Thema für die Hauptversammlung?, ZIP 2010, S. 905; *Schüppen/Sanna*, D&O-Versicherungen – Gute und schlechte Nachrichten!, ZIP 2002, S. 550; *Seibert*, Das VorstAG – Regelungen zur Angemessenheit der Vorstandsvergütung und zum Aufsichtsrat, WM 2009, S. 1489; *Seibt*, Keine Aktienoptionen für Aufsichtsräte, NJW-Spezial 2004, S. 28; *Spindler*, Vergütung und Abfindung von Vorstandsmitgliedern, DStR 2004, S. 36; *Spindler*, Vorstandsvergütungen und Abfindungen auf dem aktien- und strafrechtlichen Prüfstand – Das Mannesmann-Urteil des BGH, ZIP 2006, S. 349; *Suchan/Winter*, Rechtliche und betriebswirtschaftliche Überlegungen zur Festsetzung angemessener Vorstandsbezüge nach Inkrafttreten des VorstAG, DB 2009, S. 2531; *Thüsing*, ECLR – Auf der Suche nach dem iustum pretium der Vorstandstätigkeit, ZGR 2003, S. 457; *Thüsing*, Das Gesetz zur Angemessenheit der Vorstandsvergütung, AG 2009, S. 517; *Tröger*, Anreizorientierte Vorstandsvergütung im faktischen Konzern, ZGR 2009, S. 447; *van Kann*, Zwingender Selbstbehalt bei der D&O-Versicherung – Gut gemeint, aber auch gut gemacht?, NZG 2009, S. 1010; *van Kann/Keiluweit*, Beraterverträge mit ausgeschiedenen Vorstandsmitgliedern im Konzern, AG 2010, S. 805; *v.Falkenhausen/Kocher*, Erste Erfahrungen mit dem Vergütungsvotum der Hauptversammlung, AG 2010, S. 623; *Vetter*, Aktienrechtliche Probleme der D & O Versicherung, AG 2000, S. 453; *Vetter*, Stock Options für Aufsichtsräte – ein Widerspruch?, AG 2004, S. 234; *Wagner*, Nachhaltige Unternehmensentwicklung als Ziel der Vorstandsvergütung – Eine Annäherung an den Nachhaltigkeitsbegriff in § 87 Abs. 1 AktG, AG 2010, S. 774; *Waldenberger/Kaufmann*, Nachträgliche Herabsetzung der Vorstandsvergütung: Vermeidung von Haftungsrisiken für den Aufsichtsrat, BB 2010, S. 2257; *Walter*, Bilanzierung von Aktienoptionsplänen in Handels- und Steuerbilanz – einheitliche Behandlung unabhängig von der Art der Unterlegung, DStR 2006, S. 1101; *Weiß*, Aktienoptionsprogramme nach dem KonTraG, WM 1999, S. 353; *Weller*, Die Systemkohärenz des § 87 II AktG – Eingeschränkte Vertragstreue beim Vorstandsvertrag auf Grund Fremdinteressenwahrung, NZG 2010, S. 7; *Wilsing/Kleißl*, Herabsetzung von Vorstandsbezügen in Zeiten der Krise, BB 2008, S. 2422; *Wittuhn/Hamann*, Herabsetzung von Vorstandsvergütungen in der Krise, ZGR 2009, S. 847; *Wollburg*, Unternehmensinteresse bei Vergütungsentscheidungen, ZIP 2004, S. 646.

Kapitel T
Unternehmensverbindungen

I. Allgemeines

Der Begriff der „verbundenen Unternehmen" wurde primär gesellschaftsrechtlich entwickelt und geprägt, hat aber über die Entwicklung der Konzernrechnungslegung auch für die Darstellung der Beziehungen zwischen solchen Unternehmen durch die externe Rechnungslegung Bedeutung. Dabei geht es um Unternehmen, die rechtlich selbständig, aber – im Grundsatz – aufgrund bestimmter gesellschaftsrechtlicher Instrumentarien miteinander verbunden sind[1]. Das aktienrechtliche Recht der verbundenen Unternehmen hat sich seit dem AktG 1937 entwickelt, das nur zwei Formen von Unternehmensverbindungen, nämlich Konzernunternehmen einerseits und herrschende und abhängige Unternehmen andererseits, unterschied. Die Sicherung der Kapitalerhaltung, der Schutz außenstehender Aktionäre und Gläubiger und die Offenlegung von Unternehmensverbindungen (z.B. durch JA und GB sowie Aufstellung eines KA) bildeten ein Kernstück der damaligen „Großen Aktienreform" des AktG 1965. Damit wurde der Tatsache Rechnung getragen, dass das wesentlich von der Vorstellung der autonomen Publikumsgesellschaft geprägte Leitbild der AG vielfach mit der Wirklichkeit nicht in Einklang steht, dass vielmehr im Wirtschaftsleben Unternehmen miteinander verflochten sind und daher der Einflussnahme anderer Personen als ihrer Organe unterliegen können. Die unterschiedliche Art und Intensität der Verflechtungen zwischen den Unternehmen macht Abstufungen nach der Art der Unternehmensverbindung erforderlich. Die aktienrechtlichen Regelungen sind vom Prinzip des Schutzes der abhängigen Gesellschafter geprägt. Sie tragen anderen konzernrechtlichen Fragen, z.B. der Konzernbildungs- und Konzernleitungskontrolle sowie einem Konzernorganisationsrecht, nur unzureichend Rechnung[2].

Den aktienrechtlichen Regelungen ist in § 15 AktG eine Definition der „verbundenen Unternehmen" vorangestellt, die als Oberbegriff für fünf verschiedene **Arten** von Unternehmensverbindungen dient, nämlich

1. in Mehrheitsbesitz stehende und mit Mehrheit beteiligte Unternehmen (§ 16 AktG),
2. abhängige und herrschende Unternehmen (§ 17 AktG),
3. Konzernunternehmen (§ 18 AktG),
4. wechselseitig beteiligte Unternehmen (§ 19 AktG),
5. Vertragsteile eines Unternehmensvertrages (§§ 291, 292 AktG).

Als weiterer Typus konzernrechtlicher Regelungen können die Vorschriften zum Ausschluss von Minderheitsaktionären verstanden werden (§§ 327a ff. AktG; vgl. dazu WP Handbuch 2008 Bd. II, M Tz. 67). An die traditionellen Unternehmensverbindungen werden in einer Reihe von Bestimmungen, die über das ganze AktG verstreut sind, Rechtsfolgen geknüpft. Teils betreffen sie alle fünf Arten von Unternehmensverbindungen gleichermaßen, also alle verbundenen Unternehmen i.S.d. § 15 AktG, teils jeweils nur einzelne Verbindungsformen, wobei die Rechtsfolgen entsprechend der Intensität des speziellen Verbindungstypus abgestuft sind. Neben diese traditionellen Typen der Unternehmensverbindung ist als Entwicklung der Rspr. und Literatur ausgehend von abhängigen und herrschenden Unternehmen der Ausgleich bei qualifizierter Nachteilszufügung im nicht vertraglich geregelten sog. faktischen Konzern getreten. Bei Unternehmensver-

---

[1] *Emmerich/Habersack*, Aktien- und GmbH-Konzernrecht⁶, Einl., Rn. 1.
[2] *Emmerich/Habersack*, Aktien- und GmbH-Konzernrecht⁶, Einl., Rn. 12; zum Organisationsrecht *Endres*, ZHR 1999, S. 441.

3 Nicht als besondere Unternehmensverbindung aufgeführt ist die Eingliederung (§ 319 AktG), weil die Eingliederung zugleich ein Konzernverhältnis begründet (§ 18 Abs. 1 S. 2 AktG), so dass zwischen der Hauptgesellschaft und der eingegliederten Gesellschaft in jedem Fall eine Unternehmensverbindung i.S.v. § 18 AktG, zugleich aber auch i.S.v. § 17 und § 16 AktG besteht.

4 Diese aktienrechtlichen Regelungen hatten früher Bedeutung für die Rechnungslegung der AG. Seit der selbständigen Regelung der „verbundenen Unternehmen" im HGB durch das BiRiLiG bestimmt sich der Inhalt des Begriffs von „verbundenen Unternehmen" für die Rechnungslegung nach § 271 Abs. 2 HGB. Die aktienrechtlichen Vorschriften behalten ihre Wirkung außerhalb der Rechnungslegung. Das aktienrechtliche Recht der verbundenen Unternehmen ist durch die Rechtsänderungen der vergangenen Jahre (z.B. KonTraG, KapAEG, StückaktienG, EuroEG, EGInsO, Drittes Finanzmarktförderungsgesetz, KapCoRiLiG, Übernahmegesetz, TransPuG, Spruchverfahrensneuordnungsgesetz, Ges. zur Anpassung von Verjährungsvorschriften, BilReG, UMAG, EHUG, TUG, 2. Ges. zur Änderung des UmwG bis hin zum BilMoG) berührt, in seinem Wesen indes nicht verändert worden. Gemeinschaftsrechtliche Regelungen haben mit Ausnahme der Transparenz-RL das Recht der verbundenen Unternehmen ebenfalls nicht wesentlich berührt. Keine relevanten Änderungen des Aktienkonzernrechts sind infolge der 13. EG-RL über Übernahmeangebote eingetreten[3].

II. Verbundene Unternehmen im Aktiengesetz und im Handelsgesetzbuch

1. Grundlagen

5 Mit dem Gesetz zur Durchführung der Vierten, Siebenten und Achten RL des Rates der Europäischen Gemeinschaften zur Koordinierung des Gesellschaftsrechts vom 19.12.1985[4] (BiRiLiG) wurde die Einheitlichkeit des Begriffs „verbundene Unternehmen" aufgegeben. Seither gilt für die Rechnungslegung die in Art. 41 der 7. EG-RL enthaltene Definition der verbundenen Unternehmen, die unter Ausübung von Wahlrechten in nationales Recht umgesetzt wurde. Diese Definition, die von der des § 15 AktG abweicht, gilt ausschließlich im Dritten Buch des **HGB**, vornehmlich für die Rechnungslegung (Jahres- und Konzernabschluss) der KapGes. (AG, KGaA, SE und GmbH) und Personenhandelsgesellschaften i.S.v. § 264a HGB. Die Regelung im HGB führt zu einer Einschränkung des Anwendungsbereichs des Begriffs der verbundenen Unternehmen in § 15 AktG, der nicht mehr für die im Dritten Buch des HGB enthaltenen Rechnungslegungsvorschriften gilt; insoweit tritt die Begriffsbestimmung des § 271 Abs. 2 HGB an die Stelle des in § 15 AktG umschriebenen Begriffs. Die nach HGB verbundenen Unternehmen bestimmen sich letztlich durch Vorschriften über die Konzernrechnungslegung und damit infolge des durch das BilReG eingefügten § 315a HGB in gewissem Umfang auch nach Maßgabe der IFRS. Für alle Vorschriften des AktG, die auf „verbundene Unternehmen" abstellen, ist weiterhin die Definition in § 15 AktG maßgebend, so z.B. auch für den Bericht über Beziehungen zu verbundenen Unternehmen (Abhängigkeitsbericht, § 312 AktG).

---

3 *Emmerich/Habersack*, Aktien- und GmbH-Konzernrecht[6], Einl., Rn. 44; *Habersack/Mayer*, ZIP 1997, S. 2141/2143.
4 BiRiLiG, BGBl. I 1985, S. 2355.

Verbundene Unternehmen im AktG und im HGB   T

Für die Vorschriften des **AktG** gelten – eben weil sie Teil des AktG sind – die §§ 15 bis 19   6
AktG ohne weiteres; das gilt auch, soweit sie sich auf die Rechnungslegung beziehen (z.B.
für die ergänzenden Vorschriften zum Anhang bei AG und KGaA in § 160 Abs. 1 Nr. 1, 2,
7 und 8 AktG).

2. Keine verschiedenen Arten von Unternehmensverbindungen im HGB
Die Regelungen über verbundene Unternehmen im HGB und AktG sind inhaltlich nicht
deckungsgleich[5].

Bestimmungen, in denen verschiedene Arten von Unternehmensverbindungen um-   7
schrieben sind wie in §§ 16 bis 19, 291, 292 AktG, enthält das HGB nicht; das HGB kennt
nur die in § 271 Abs. 2 definierte Unternehmensverbindung.

Das HGB baute traditionell auf den aktienrechtlichen Typen von Unternehmensverbindungen auf, indem im Dritten Buch des HGB Rechtsfolgen an einige der in §§ 16 bis 19
AktG genannten Verbindungsformen geknüpft werden; auf die betreffende Art der Unternehmensverbindung wird durch Verweisungen zurückgegriffen (z.B. in § 272 Abs. 4
HGB). Wiederholt wurde die entsprechende Anwendung von Abs. 2 und 4 des § 16 AktG
vorgeschrieben und damit auf das Abhängigkeitsverhältnis (§ 17 AktG) abgestellt (vgl.
§ 271 Abs. 1 S. 4, § 285 Nr. 11 HGB), denn die Zurechnung der einem abhängigen Unternehmen gehörenden Anteile beim herrschenden Unternehmen ist der praktisch bedeutsamste Fall des § 16 Abs. 4 AktG. Diese Vorschriften werden dadurch auch für die
Rechnungslegung und Konzernrechnungslegung z.B. der GmbH verbindlich. Mit den
Voraussetzungen für die Pflicht zur Konzernrechnungslegung wurde bis zum Inkrafttreten
des BilMoG in § 290 Abs. 1 HGB mit der „einheitlichen Leitung" an ein weiteres aktienrechtliches Kriterium (§ 18 Abs. 1 AktG) angeknüpft. Mit der Änderung von § 290 HGB
ist diese Anknüpfung entfallen; stattdessen gilt mit dem „Control-Concept" nun ein eher
der aktienrechtlichen Beherrschung und Abhängigkeit (§ 17 AktG) ähnliches Prinzip.

3. Verhältnis des aktienrechtlichen Begriffs der verbundenen Unternehmen zu dem Begriff der verbundenen Unternehmen in § 271 Abs. 2 HGB
Die **Definition** der verbundenen Unternehmen in § 271 Abs. 2 HGB ist gegenüber der-   8
jenigen in § 15 AktG in verschiedener Hinsicht **enger**[6]:

- Die Unternehmensverbindung des § 16 AktG (in Mehrheitsbesitz stehende und mit
  Mehrheit beteiligte Unternehmen) wird von § 271 Abs. 2 HGB nur erfasst, wenn sie
  (auch oder nur) auf Stimmrechtsmehrheit beruht (§ 290 Abs. 2 Nr. 1 HGB).
- Durch § 271 Abs. 2 HGB nicht erfasst sind die Unternehmensverbindungen des § 19
  AktG (wechselseitig beteiligte Unternehmen), die Verbindung durch Unternehmensvertrag (mit Ausnahme des Beherrschungsvertrages, § 290 Abs. 2 Nr. 3 HGB) sowie
  der Gleichordnungskonzern, § 18 Abs. 2 AktG (§ 290 HGB betrifft nur Unterordnungskonzerne).
- Durch die Neufassung von § 290 Abs. 1 HGB mit dem Abstellen auf einen unmittelbar
  oder mittelbar beherrschenden Einfluss als Voraussetzung für ein MU/TU-Verhältnis
  wurde die bisher in § 290 Abs. 2 HGB bestehende Unterschiedlichkeit zu § 17 AktG

---

5   Vgl. *Hüffer*, AktG[9], § 15, Rn. 17; *Clausen*, Verbundene Unternehmen, S. 53, 59; zu den verbundenen Unter-
    nehmen allg. vgl. *Rose/Glorius-Rose*, Unternehmensformen und -verbindungen.
6   Dies entsprach der erklärten Absicht des Gesetzgebers, wie der Begr. RegE zu § 236 Abs. 3 Nr. 3 HGB zu
    entnehmen ist (BT-Drs. 10/3440, S. 34). Zur dadurch entstandenen Begriffsvielfalt vgl. *Ulmer* in FS Goerdeler,
    S. 623; vgl. ferner *Kropff*, DB 1986, S. 364/367.

eingeebnet. Eine Beherrschung wird nach § 290 Abs. 2 Nr. 1 HGB stets angenommen, wenn dem MU die Mehrheit der Stimmrechte zusteht.

9   Die praktische Bedeutung dieser Unterschiede gegenüber den aktienrechtlichen Unternehmensverbindungen sollte nicht überschätzt werden. Die Unternehmensverbindungen durch Mehrheitsbeteiligung und durch Abhängigkeitsverhältnis begründen aktienrechtlich zumeist auch ein Konzernverhältnis (§ 18 Abs. 1 AktG), welches für die Rechnungslegung nunmehr keine weitere Rechtsfolge auslöst, da bereits bei Beherrschung im aktienrechtlichen Sinne wie auch nach § 271 Abs. 2 i.V.m. § 290 Abs. 1 HGB verbundene Unternehmen gegeben sind. Ein GAV alleine führt weder zur Beherrschung nach § 290 Abs. 1 HGB noch wird § 290 Abs. 2 HGB erfüllt. In aller Regel wird ein GAV nur bei Unternehmensverbindungen vorliegen, die auf der Mehrheit der Stimmrechte beruhen[7], so dass ein Sachverhalt i.s.v. § 290 Abs. 2 HGB gegeben ist; deshalb wird auch hier die Rechtslage nach § 15 AktG mit der des § 271 Abs. 2 HGB i.d.R. übereinstimmen. Wechselseitige Beteiligungen sind wegen der Veräußerungspflicht für Aktien an einer herrschenden oder mit Mehrheit beteiligten Gesellschaft (§ 71d S. 4 i.V.m. § 71c Abs. 1 und 2 AktG) nicht mehr in den Formen des § 19 Abs. 2 und 3 AktG zulässig[8], der Anwendungsbereich dieser Unternehmensverbindung ist daher ohnehin verkürzt. – Nicht weiter verengt im Verhältnis zu den Unternehmensverbindungen des AktG wird der Begriff der verbundenen Unternehmen in § 271 Abs. 2 HGB dadurch, dass nach § 271 Abs. 2 HGB nur solche Unternehmen als verbunden gelten, die in einen KA gem. §§ 290, 291 HGB einzubeziehen sind oder doch einbezogen werden können (s. hierzu Tz. 11).

10 Andererseits geht § 271 Abs. 2 HGB z.T. auch weiter als §§ 15 ff. AktG. So sind verbundene Unternehmen i.s.v. § 271 Abs. 2 HGB, nicht aber i.s.v. § 15 AktG anzunehmen, wenn ein MU bei einem TU über die Mehrheit der Stimmrechte, bei einem anderen TU über das Recht verfügt, die Mehrheit der Mitglieder eines Gesellschaftsorgans zu bestellen, ohne tatsächlich eine einheitliche Leitung auszuüben[9]. Ferner entsteht eine Unternehmensverbindung allein i.s.v. § 271 Abs. 2 HGB, wenn einem MU auch solche Stimmrechte zugerechnet werden, über die es aufgrund einer Vereinbarung mit anderen Gesellschaftern verfügen kann (§ 290 Abs. 3 S. 2)[10]. Zu einer Unternehmensverbindung i.s.v. § 16 AktG können diese Stimmrechte nicht führen (wohl aber zu einer Unternehmensverbindung nach § 17 AktG[11]).

11 Eine Erweiterung erfährt der Kreis der verbundenen Unternehmen nach § 271 Abs. 2 HGB durch die Erweiterung des Einbeziehungskreises für den Konzernabschluss in § 290 Abs. 2 Nr. 4 HGB. Danach werden Unternehmen zu TU, wenn das MU bei wirtschaftlicher Betrachtung die Mehrheit der Chancen und Risiken des Unternehmens (Zweckgesellschaft) trägt. Insbesondere im Hinblick auf die Einbeziehung solcher Zweckgesellschaften wird im Bereich des HGB für die Kennzeichnung als verbundenes

---

7   Anderenfalls werden die Voraussetzungen für eine ertragsteuerliche Organschaft nicht erfüllt; vgl. § 14 Abs. 1 Nr. 1 S. 1 KStG.
8   H.M.: vgl. Erl. zu § 19 AktG, Tz. 193; *Emmerich/Habersack*, Aktien- und GmbH-Konzernrecht[6], § 19, Rn. 16; *Krieger* in MünchHdB. AG[3], § 68, Rn. 107, v.a. Rn. 109; *Hüffer*, AktG[9], § 19, Rn. 6, 10; *Vetter, J.* in Schmidt/Lutter, AktG, § 19, Rn. 18.
9   Vgl. *ADS*[6], Vorbem. zu §§ 15–18 AktG, Tz. 7. Im Bereich des AktG sind verbundene Unternehmen nur solche, zwischen denen ein in § 15 AktG bezeichnetes Verhältnis vorliegt; *Koppensteiner* in Kölner Komm. AktG[3], § 15, Rn. 3.
10 Allgemeine Meinung vgl. *Kropff*, DB 1986, S. 364/368 unter C; vgl. im Übrigen Tz. 363 ff.
11 Vgl. Erl. zu § 17 AktG, Tz. 99.; ein nicht mit Mehrheit beteiligtes Unternehmen kann dadurch, dass es mit den Stimmen anderer Aktionäre mit Sicherheit rechnen kann, zu einem herrschenden Unternehmen i.s.v. § 17 AktG werden.

Unternehmen kein Beteiligungsverhältnis mehr vorausgesetzt[12]; hierdurch erfolgt eine deutliche Annäherung an IAS 27 und SIC-12.

Dieser Regelkreis bleibt unberührt, auch wenn das MU, das nach §§ 290 ff. HGB zur Aufstellung eines Konzernabschlusses verpflichtet ist, bei der Aufstellung nach Maßgabe von § 315a Abs. 1 HGB die IFRS zu beachten hat. Auch in diesem Fall bestimmt sich für Zwecke des handelsrechtlichen Abschlusses nach den Vorschriften des HGB der Kreis der verbundenen Unternehmen nach Maßgabe von § 271 Abs. 2 HGB, auch wenn in dem tatsächlich aufgestellten Konzernabschluss nach den Regelungen der IFRS andere Unternehmen in den Konzernabschluss einbezogen werden.

4. Die Einbeziehung oder mögliche Einbeziehung in einen Konzernabschluss als zusätzliche Voraussetzung für Unternehmensverbindungen in § 271 Abs. 2 HGB

Eine gewisse, in ihrer Reichweite aber nicht zu überschätzende Einschränkung erfährt der Begriff der verbundenen Unternehmen in § 271 Abs. 2 HGB seinem Wortlaut nach dadurch, dass die Unternehmensverbindungen abhängig sind von der Einbeziehung oder möglichen Einbeziehung der Unternehmen in einen KA. Im Gegensatz hierzu sind die von §§ 16 bis 19, 291, 292 AktG erfassten Unternehmen ohne weiteres miteinander verbunden; bei der Unternehmensverbindung durch Zugehörigkeit zu einem Konzern (§ 18 AktG) war es unerheblich, ob die Unternehmen in einen KA der Konzernobergesellschaft einzubeziehen sind oder nicht.

Durch die Anfügung von Abs. 5 des § 290 HGB durch das BilMoG entfällt die Verpflichtung, einen Konzernabschluss aufzustellen, wenn das MU nur TU hat, die nach § 296 HGB nicht einbezogen zu werden brauchen[13]. Bei Nichtaufstellung des Konzernabschlusses entfällt der Konzernabschluss und damit die Einbeziehungsmöglichkeit. Gleichwohl wird es sich bei den betroffenen Unternehmen um verbundene Unternehmen i.S.v. § 271 Abs. 2 HGB handeln, da TU, die nach § 296 HGB nicht einbezogen werden, gleichwohl verbundene Unternehmen sind, und zwar i.S. einer erweiternden Auslegung auch im Falle von § 290 Abs. 5 HGB, wenn demzufolge gar kein Konzernabschluss aufgestellt wird.

Die Konsequenz, die diese zusätzliche Voraussetzung für die Begründung von Unternehmensverbindungen in § 271 Abs. 2 HGB bei wortgetreuer Auslegung haben kann, sei an zwei Beispielsfällen verdeutlicht: Wenn in einem einstufigen Konzern eine PersGes.[14], die nicht unter § 264a HGB fällt, MU mehrerer nebeneinander stehender KapGes. (Schwestergesellschaften) ist, muss sie keinen KA nach § 290 HGB aufstellen, denn nur (inländische) KapGes. und PersGes. i.S.v. § 264a HGB sind hierzu verpflichtet; auch ein befreiender KA nach § 291 HGB kommt nicht in Betracht, weil die PersGes. oder die Schwester-KapGes. hier keinen KA aufzustellen haben. Infolgedessen sind bei dieser wortlautorientierten Auslegung die Unternehmen nicht verbundene Unternehmen i.S.v. § 271 Abs. 2 HGB.

Das Gleiche gilt, wenn ein Unternehmen, gleich welcher Rechtsform, mit Sitz im Ausland MU einer oder mehrerer KapGes. mit Sitz im Inland ist, die ihrerseits (wie im vorigen Fall)

---

12 § 290 Abs. 2 Nr. 4 HGB i.d.F. des BilMoG v. 25.05.2009, BGBl. I 2009, S. 1102; RefE BilMoG v. 08.11.2007, S. 160; BT-Drs. 16/10067, S. 78; BT-Drs. 16/12407, S. 89; *Küting/Koch* in Küting/Pfitzer/Weber, Das neue deutsche Bilanzrecht², S. 380.
13 BT-Drs. 16/12407, S. 90.
14 Vgl. aber RL 90/605/EWG, Abl.EG 1990, Nr. L 317, S. 60, betr. Personengesellschaften mit nur unbeschränkt haftender GmbH und AG.

keine TU haben, oder wenn die Größenmerkmale des § 293 HGB nicht erreicht werden. Dass nach § 271 Abs. 2 HGB Unternehmensbindungen schon dann bestehen, wenn ein befreiender KA aufgestellt werden könnte (auch wenn er nicht aufgestellt wird), erweitert den Begriff der verbundenen Unternehmen wieder erheblich. Hierzu hat sich eine über den Wortlaut hinausgehende Interpretation durchgesetzt, um ein unbefriedigendes Ergebnis zu vermeiden, wie es in dem angeführten Beispiel sonst entstehen könnte[15].

5. Geltung der Vermutungswirkungen des AktG

16 Bis zur Änderung von § 290 Abs. 1 HGB durch das BilMoG stellt sich die Frage, ob die – ggf. widerlegbare – Konzernvermutung des § 18 Abs. 1 S. 3 AktG im HGB gilt. Weder § 290 noch § 271 Abs. 2 HGB nahmen auf die aktienrechtliche Vermutung Bezug oder enthielten entsprechende Bestimmungen. Für eine entsprechende Anwendung der **Konzernvermutung** gab § 290 HGB keinen Anhaltspunkt; die Systematik des § 290 HGB sprach eher gegen eine analoge Anwendung, da der Einbeziehungstatbestand des § 290 Abs. 1 HGB außer auf die einheitliche Leitung lediglich auf das Bestehen eines Beteiligungsverhältnisses an den TU i.S.v. § 271 Abs. 1 HGB abstellte. Da mit der Verwendung desselben Begriffs wie im AktG auch ein einheitliches Begriffsfeld erhalten bleiben soll, sollte aus dem Fehlen einer Verweisung auf § 18 Abs. 1 AktG kein gegenteiliger Schluss gezogen werden[16]. Für die nach BilMoG geltende Fassung von § 290 HGB kommt es auf die Konzernvernetzung nicht mehr an.

17 § 290 Abs. 1 HGB stellt jetzt auf die Möglichkeit zur Ausübung eines beherrschenden Einflusses ab. Damit ergibt sich nun die Frage, ob die **Abhängigkeitsvermutung**, die im AktG an die Mehrheitsbeteiligung geknüpft ist (§ 17 Abs. 2 AktG), für die Rechnungslegung bedeutsam sein kann. Von Bedeutung wäre dies z.B. für Unternehmen, bei denen keine Stimmenmehrheit, wohl aber eine Kapitalmehrheit besteht, so dass nach § 17 Abs. 2 i.V.m. § 16 Abs. 1 AktG die Abhängigkeit vermutet werden kann. Allein aus der gesetzlichen Regelung in Abs. 2, der Fallgruppen vorschreibt, in denen stets Beherrschung anzunehmen ist, kann nicht auf die Nichtanwendung der Vermutungsregelung geschlossen werden. Es ist jedoch auch im Falle einer vermuteten Abhängigkeit zu prüfen, ob die bestehenden Einflusselemente tatsächlich zur Beherrschung führen oder ob die Vermutungsfolge widerlegt werden kann.

18 Im Übrigen gilt die Abhängigkeitsvermutung nach AktG bei denjenigen Vorschriften im Dritten Buch des HGB, die das Abhängigkeitsverhältnis direkt oder indirekt ansprechen. So ist z.B. für die Feststellung, ob die Anteile an einer KapGes. 20% des Nennkapitals dieser Gesellschaft überschreiten und damit im Zweifel als Beteiligung gelten, auf § 16 Abs. 4 AktG verwiesen (§ 271 Abs. 1 S. 3 i.V.m. S. 4 HGB). Nach § 16 Abs. 4 AktG werden einem Unternehmen u.a. die Anteile zugerechnet, die einem von ihm abhängigen Unternehmen gehören, nicht dagegen Anteile in der Hand eines Unternehmens, an dem lediglich eine Mehrheitsbeteiligung i.S.v. § 16 AktG besteht. Wenn z.B. das Unternehmen A eine Mehrheitsbeteiligung an B besitzt, wird nach § 17 Abs. 2 AktG vermutet, dass B von A auch abhängig ist. Wird diese gesetzliche Vermutung nicht widerlegt, so gilt das in Mehrheitsbesitz stehende Unternehmen B auch als abhängig, und die dem abhängigen Unternehmen B gehörenden Anteile an einem dritten Unternehmen gelten gem. § 16 Abs. 4 AktG als Anteile an A bei der Feststellung, ob der Anteilsbesitz von A mehr als 20% ausmacht. Die Bezugnahme auf § 16 Abs. 4 AktG in § 271 Abs. 1 HGB schließt die Anwendung der Abhängigkeitsvermutung des § 17 Abs. 2 AktG ein, weil der in § 16

---

[15] Vgl. dazu Tz. 466 ff., zur Kritik an § 271 Abs. 2 HGB *Kropff*, DB 1986, S. 364; offen *Bieg/Küting* in HdR[5], § 271, Rn. 135.
[16] *ADS*[6], § 290 HGB, Tz. 15; dazu ferner *Hoyos/Ritter-Thiele* in BeBiKo[6], § 290, Rn. 23.

Abs. 4 AktG angesprochene Begriff des abhängigen Unternehmens erst durch § 17 AktG ausgefüllt wird und somit auch die unwiderlegt vermutete Abhängigkeit des § 17 Abs. 2 AktG umfasst.

6. Übersicht

Die Begriffe der verbundenen Unternehmen nach AktG und HGB können wie folgt gegenübergestellt werden: 19

Verbundene Unternehmen							
Im Sinne des Dritten Buches des HGB			Im Sinne des AktG				
MU und TU im Konzern	Mehrheitsbeteiligung	Beherrschung/ Abhängigkeit	Konzern (einschließlich Eingliederung)	Wechselseitige Beteiligung	Unternehmensverträge		
Nach §§ 290, 291, 292 HGB § 271 Abs. 2 HGB	§ 16 AktG	§ 17 AktG	§ 18 AktG §§ 319 ff. AktG	§ 19 AktG	§§ 291, 292 AktG		

III. Die für verbundene Unternehmen geltenden Vorschriften

Die in § 15 AktG definierten Unternehmensverbindungen bilden den Anknüpfungspunkt für eine Reihe von Vorschriften des AktG, aber auch für einige Bestimmungen im Dritten Buch des HGB (zu Letzteren Tz. 35). Die Unternehmensverbindung des § 271 Abs. 2 HGB ist für die Vorschriften im Dritten Buch des HGB (§§ 238 bis 341p) maßgebend, die sich auf verbundene Unternehmen i.S.d. HGB beziehen. 20

Im Folgenden (unter Tz. 22) wird eine Übersicht über die wesentlichen Vorschriften des AktG gegeben, die alle in § 15 AktG angeführten Unternehmensverbindungen betreffen. Die Darstellung beschränkt sich auf die Rechtslage für AG; einzelne dieser Vorschriften sind entsprechend auch auf Gesellschaften anderer Rechtsformen anwendbar. Unter Tz. 32 folgt eine Übersicht über die Vorschriften im Dritten Buch des HGB, die sich auf verbundene Unternehmen nach § 271 Abs. 2 HGB beziehen. 21

1. Der Anwendungsbereich des § 15 AktG

a) Gemeinsame Vorschriften für alle i.S.v. § 15 AktG verbundenen Unternehmen

Sie betreffen im Wesentlichen genehmigungspflichtige Kredite an Mitglieder des Vorstands und des AR, die Einbeziehung verbundener Unternehmen in Informationspflichten des Vorstands gegenüber AR und HV und die Berichterstattung über die Beziehungen zu verbundenen Unternehmen gem. §§ 312 ff. AktG: 22

§ 71 Abs. 1 Nr. 2 AktG

Zulässigkeit des Erwerbs eigener Aktien mit dem Zweck, sie Personen, die in einem Arbeitsverhältnis mit der Gesellschaft oder einen mit ihr verbundenen Unternehmen stehen, anzubieten.

§ 71a Abs. 1 S. 2 AktG

Annahmen bei Umgehungsgeschäften beim Erwerb eigener Aktien.

§ 89 Abs. 4 AktG

Als genehmigungspflichtige mittelbare Kreditgewährung an Vorstandsmitglieder, Prokuristen oder Generalhandlungsbevollmächtigte der Gesellschaft werden nicht behandelt Kreditgewährungen an verbundene Unternehmen, bei denen diese Personen gesetzliche Vertreter, AR-Mitglieder oder Gesellschafter sind.

§ 90 Abs. 1 und 3 AktG

Berichterstattungspflicht des Vorstands gegenüber dem AR-Vorsitzenden u.a. über geschäftliche Vorgänge bei verbundenen Unternehmen, die auf die Lage der Gesellschaft von erheblichem Einfluss sein können; auf Anforderung auch Berichterstattung an den AR über die rechtlichen und geschäftlichen Beziehungen zu verbundenen Unternehmen.

§ 115 Abs. 3 AktG

Als genehmigungspflichtige mittelbare Kreditgewährungen an AR-Mitglieder der Gesellschaft werden nicht behandelt Kreditgewährungen an verbundene Unternehmen, bei denen die AR-Mitglieder gesetzliche Vertreter oder Gesellschafter sind.

§ 131 Abs. 1 S. 2 AktG

Auskunftspflicht gegenüber dem Aktionär in der HV auch über die rechtlichen und geschäftlichen Beziehungen zu verbundenen Unternehmen.

§ 131 Abs. 3 Nr. 1 AktG

Recht zur Auskunftsverweigerung, wenn die Erteilung der Auskunft der Gesellschaft oder einem verbundenen Unternehmen einen nicht unerheblichen Nachteil zufügen kann.

§ 192 Abs. 2 Nr. 3 AktG

Gewährung von Bezugsrechten an Arbeitnehmer verbundener Unternehmen.

§ 293a Abs. 2 AktG

Verzicht auf die Aufnahme von Tatsachen in den Bericht über den Unternehmensvertrag, soweit sie geeignet sind, einem der vertragschließenden Unternehmen oder einem verbundenen Unternehmen einen nicht unerheblichen Nachteil zuzufügen.

§ 312 Abs. 1 AktG

Im Abhängigkeitsbericht hat der Vorstand der abhängigen Gesellschaft auch über die Rechtsgeschäfte mit Unternehmen zu berichten, die mit dem herrschenden Unternehmen verbunden sind, ferner über die auf Veranlassung oder im Interesse dieser Unternehmen getroffenen oder unterlassenen Maßnahmen.

§ 400 Nr. 1 und Nr. 2 AktG

Die unrichtige Wiedergabe oder Verschleierung der Beziehungen zu verbundenen Unternehmen ist strafbar.

b) Vorschriften mit Geltungsbereich speziell für einzelne Gruppen verbundener Unternehmen

23 Neben den für alle verbundenen Unternehmen geltenden Vorschriften knüpft das AktG spezielle Rechtsfolgen an einzelne Verbindungsformen. Dabei gilt eine Reihe von Vorschriften wiederum für jeweils zwei Arten von Unternehmensverbindungen gemeinsam. Zu unterscheiden ist zwischen Vorschriften mit Geltungsbereich

- gemeinsam für Mehrheitsbeteiligungen und Abhängigkeitsverhältnisse,
- ausschließlich für Mehrheitsbeteiligungen,
- ausschließlich für Abhängigkeitsverhältnisse,
- gemeinsam für Abhängigkeitsverhältnisse und Konzernverhältnisse,
- ausschließlich für Konzernverhältnisse,
- für wechselseitige Beteiligungen,
- für Vertragsteile eines Unternehmensvertrages.

Im Einzelnen handelt es sich um folgende Bestimmungen:

aa) Gemeinsame Vorschriften für mit Mehrheit beteiligte und in Mehrheitsbesitz stehende Unternehmen (§ 16 AktG) sowie herrschende und abhängige Unternehmen (§ 17 AktG)

Auf in Mehrheitsbesitz stehende und mit Mehrheit beteiligte sowie die abhängigen und herrschenden Unternehmen gemeinsam beziehen sich v.a. die Vorschriften, die den aus der vermögensmäßigen Verflechtung erwachsenden Gefahren für die Erhaltung des Kapitals begegnen sollen. Wenn solche Gefahren bei Mehrheitsbeteiligungen bestehen, sind sie erst recht bei Abhängigkeitsverhältnissen gegeben: 24

§ 56 Abs. 2 und 3 AktG

Verbot der Übernahme von Aktien der Obergesellschaft durch abhängige oder in Mehrheitsbesitz stehende Unternehmen als Gründer, Zeichner oder in Ausübung eines Umtausch- oder Bezugsrechts; Aktienübernahme für Rechnung eines abhängigen oder in Mehrheitsbesitz stehenden Unternehmens ist der Aktienübernahme für Rechnung der Gesellschaft selbst gleichgestellt.

§ 71a Abs. 2 AktG und § 71d S. 2 AktG

Verbot des Erwerbs von Aktien der Obergesellschaft durch abhängige oder in Mehrheitsbesitz stehende Unternehmen in gleichem Rahmen wie des Erwerbs eigener Aktien durch die Obergesellschaft selbst; Aktien der Obergesellschaft im Besitz abhängiger oder in Mehrheitsbesitz stehender Unternehmen werden bei Ermittlung der Höchstgrenze von 10 v.H. des Grundkapitals mitgerechnet, der Erwerb für Rechnung abhängiger oder in Mehrheitsbesitz stehender Unternehmen steht dem Erwerb für Rechnung der Gesellschaft selbst gleich. Aus Aktien der Obergesellschaft stehen dem abhängigen oder in Mehrheitsbesitz stehenden Unternehmen keine Rechte zu, § 71 S. 4 i.V.m. § 71b AktG. Nichtigkeit von Umgehungsvorschriften für Rechnung eines abhängigen oder in Mehrheitsbesitz stehenden Unternehmens, wenn der Aktienerwerb durch die Gesellschaft selbst gegen § 71 Abs. 1 oder 2 AktG verstoßen würde.

§ 158 Abs. 1 Nr. 3 Buchst. b und Nr. 4 AktG

Regelungen betreffend die Rücklage für Anteile an einem herrschenden oder mehrheitlich beteiligten Unternehmen.

§ 160 AktG

Vorschriften zum Anhang des JA.

§ 160 Abs. 1 Nr. 1 AktG

In jedem Anhang sind Angaben über Bestand, Zugang und Verwertung auch solcher Aktien der Gesellschaft zu machen, die ein Aktionär für Rechnung eines abhängigen oder im

Mehrheitsbesitz der Gesellschaft stehenden Unternehmens oder ein solches Unternehmen selbst als Gründer oder Zeichner übernommen hat.

§ 160 Abs. 1 Nr. 2 AktG

In jedem Anhang sind Angaben zu machen auch über den Bestand an eigenen Aktien der Gesellschaft, die ein abhängiges oder im Mehrheitsbesitz stehendes Unternehmen oder ein Anderer für deren Rechnung erworben oder als Pfand genommen hat, und zwar u. a. unter Angabe von Zeitpunkt und Gründen des Erwerbs; bei Erwerb oder Veräußerung im GJ ist auch hierüber zu berichten.

§ 305 Abs. 2 Nr. 2 AktG

Bei Abschluss eines GAV oder Beherrschungsvertrages hat das abfindungspflichtige Unternehmen, wenn es selbst eine abhängige oder in Mehrheitsbesitz stehende AG ist, den außenstehenden Aktionären nicht eigene Aktien, sondern entweder Aktien der Obergesellschaft oder eine Barabfindung anzubieten.

bb) Vorschriften ausschließlich für mit Mehrheit beteiligte und in Mehrheitsbesitz stehende Unternehmen (§ 16 AktG)

25 Bestimmungen, die allein auf die durch Mehrheitsbeteiligung miteinander verbundenen Unternehmen abstellen, sollen die Publizität des Beteiligungsverhältnisses gewährleisten. Sie gehen über die Mitteilungspflichten, die bereits bei einer Beteiligung von mehr als einem Viertel der Anteile einsetzen, hinaus:

§ 20 Abs. 4 AktG, § 21 Abs. 2 AktG

Verpflichtung zur Mitteilung einer Mehrheitsbeteiligung an das in Mehrheitsbesitz stehende Unternehmen.

§ 20 Abs. 5 AktG, § 21 Abs. 3 AktG

Verpflichtung zur Mitteilung, sobald die Mehrheitsbeteiligung nicht mehr besteht.

§ 20 Abs. 6 AktG

Bekanntmachung der mitgeteilten Beteiligung durch die in Mehrheitsbesitz stehende AG in deren Gesellschaftsblättern, ebenso anntmachung der Beendigung der Beteiligung.

§ 22 AktG

Verpflichtung zum Nachweis der mitgeteilten Mehrheitsbeteiligung.

§ 160 Abs. 1 Nr. 8 AktG

Angabe einer der Gesellschaft mitgeteilten Mehrheitsbeteiligung und Angabe, wem die Beteiligung gehört.

§ 327a Abs. 2 AktG, § 328 Abs. 1 AktG

Zurechnung von Aktien, die einem in Mehrheitsbesitz stehenden Unternehmen gehören, zum Hauptaktionär zum Zwecke der Feststellung der Gebühren von 95 v.H. des Grundkapitals.

cc) Vorschriften ausschließlich für herrschende und abhängige Unternehmen (§ 17 AktG)

Nur auf abhängige und herrschende Unternehmen abgestellt sind die Vorschriften, die den Schutz vor Benachteiligungen durch den beherrschenden Einfluss eines Unternehmens bezwecken. Da die Unternehmensverbindung in der Form der bloßen Mehrheitsbeteiligung i.S.v. § 16 AktG gerade durch das Fehlen eines beherrschenden Einflusses auf die Beteiligungsgesellschaft gekennzeichnet ist, verbot es sich für den Gesetzgeber, die Gruppe der in Mehrheitsbesitz stehenden oder mit Mehrheit beteiligten Unternehmen in diese Vorschriften einzubeziehen. Es handelt sich um folgende Bestimmungen:

§ 16 Abs. 4 AktG, § 19 Abs. 1 S. 2 AktG, § 20 Abs. 1 S. 2 AktG, § 21 Abs. 1 S. 2 AktG

Für die Feststellung, ob einem Unternehmen mehr als der vierte Teil der Anteile einer KapGes. gehört, sind dem Unternehmen auch Anteile zuzurechnen, die einem abhängigen Unternehmen oder einem anderen für Rechnung des abhängigen Unternehmens gehören. Das Gleiche gilt für die Feststellung, ob eine Mehrheitsbeteiligung gegeben ist.

§ 20 Abs. 2 AktG

Ein Optionsrecht, das einem abhängigen Unternehmen zusteht, wird einem Optionsrecht des herrschenden Unternehmens selbst gleichgestellt, ebenso eine Abnahmeverpflichtung des abhängigen Unternehmens.

§ 20 Abs. 7 AktG, § 21 Abs. 4 AktG

Abhängige Unternehmen und andere, die für dessen Rechnung handeln, können Rechte aus Anteilen für die Zeit nicht ausüben, für die das herrschende Unternehmen die Beteiligung, zu der die Anteile gehören, nicht gem. § 20 **AktG** mitgeteilt hat[17].

§ 89 Abs. 2 S. 2 AktG

Kreditgewährungen einer herrschenden Gesellschaft an gesetzliche Vertreter, Prokuristen oder Generalbevollmächtigte eines abhängigen Unternehmens und Kreditgewährungen einer abhängigen Gesellschaft an den gleichen Personenkreis des herrschenden Unternehmens sind nur mit Einwilligung des AR des herrschenden Unternehmens zulässig.

§ 100 Abs. 2 Nr. 2 AktG

Gesetzliche Vertreter eines abhängigen Unternehmens können nicht Mitglied des AR der herrschenden Gesellschaft sein.

§ 115 Abs. 1 S. 2 AktG

Kreditgewährungen der herrschenden Gesellschaft an AR-Mitglieder eines abhängigen Unternehmens und Kreditgewährungen einer abhängigen Gesellschaft an AR-Mitglieder des herrschenden Unternehmens sind nur mit Einwilligung des AR des herrschenden Unternehmens zulässig.

§ 136 Abs. 2 AktG

Nichtigkeit eines Vertrages, durch den sich ein Aktionär verpflichtet, das Stimmrecht nach Weisung eines abhängigen Unternehmens auszuüben.

---

17 Die Vorschriften des AktG gelten nur noch für im Freiverkehr gehandelte Aktien sowie für nicht gehandelte Aktien. Für Aktien börsennotierter Gesellschaften i.S.v. § 3 Abs. 2 AktG gelten vorrangig §§ 21 ff. WpHG; vgl. *Emmerich/Habersack*, Aktien- und GmbH-Konzernrecht[6], § 20, Rn. 3a und b sowie Rn. 5 zu §§ 21 ff. WpHG und anderen Vorschriften.

§ 145 Abs. 3 AktG

Rechte von Sonderprüfern auch gegenüber einem abhängigen oder herrschenden Unternehmen.

§ 302 Abs. 2 AktG

Verpflichtung des herrschenden Unternehmens zum Ausgleich eines Jahresfehlbetrages bei einer abhängigen Gesellschaft, die ihren Betrieb dem herrschenden Unternehmen verpachtet oder sonst übertragen hat, und zwar bis zur Höhe einer angemessenen Gegenleistung.

§ 308 AktG

Zulässigkeit benachteiligender Weisungen an eine abhängige Gesellschaft bei Bestehen eines Beherrschungsvertrages, sofern die Weisungen den Belangen des herrschenden Unternehmens oder anderer konzernverbundener Unternehmen dienen.

§ 311 AktG

Besteht kein Beherrschungsvertrag, so darf ein herrschendes Unternehmen eine abhängige AG oder KGaA nicht zu für sie nachteiligen Rechtsgeschäften oder Maßnahmen veranlassen, es sei denn, dass die Nachteile ausgeglichen werden.

§§ 312 bis 316 AktG

Verpflichtung des Vorstands einer abhängigen AG oder KGaA zur Erstellung eines Abhängigkeitsberichts, außer wenn ein Beherrschungsvertrag oder ein GAV besteht oder die abhängige Gesellschaft in die herrschende Gesellschaft eingegliedert ist (§ 323 **AktG**).

§§ 317, 318 AktG

Verantwortlichkeit des herrschenden Unternehmens, seiner gesetzlichen Vertreter oder der Verwaltungsmitglieder der abhängigen Gesellschaft für Benachteiligungen durch das herrschende Unternehmen, wenn kein Beherrschungsvertrag besteht.

§ 320b Abs. 1 S. 3 AktG

Bei Eingliederung einer AG in eine andere durch Mehrheitsbeschluss hat die abfindungspflichtige Gesellschaft, wenn sie selbst eine abhängige Gesellschaft ist, den ausscheidenden Aktionären nach deren Wahl entweder eigene Aktien oder eine Barabfindung zu gewähren.

dd) Gemeinsame Vorschriften für herrschende und abhängige Unternehmen (§ 17 AktG) und Konzernunternehmen (§ 18 AktG)

27 **§ 134 Abs. 1 S. 4 AktG**

Bei betragsmäßigen Stimmrechtsbeschränkungen in der Satzung kann bestimmt werden, dass zu den Aktien eines Aktionärs, der ein Unternehmen ist, auch die Aktien rechnen, die einem abhängigen, herrschenden oder konzernverbundenen Unternehmen gehören.

§ 145 Abs. 3 AktG, § 293d Abs. 1 S. 2 AktG, § 313 Abs. 1 S. 4 AktG

APr. und Sonderprüfer können auch von der Verwaltung herrschender, abhängiger oder konzernverbundener Unternehmen die erforderlichen Aufklärungen und Nachweise verlangen.

Die für verbundene Unternehmen geltenden Vorschriften **T**

ee) Vorschriften ausschließlich für Konzernverhältnisse (§ 18 AktG)
Nur auf Konzernverhältnisse, und zwar lediglich auf Unterordnungskonzerne i.S.v. § 18   28
Abs. 1 **AktG**, bezieht sich die folgende Bestimmung:

§ 100 Abs. 2 S. 2 AktG

Nichtanrechnung von bis zu fünf AR-Sitzen eines gesetzlichen Vertreters des herrschenden Unternehmens eines Konzerns in zum Konzern gehörenden Handelsgesellschaften auf die Höchstzahl von zehn AR-Mandaten.

ff) Vorschriften für wechselseitig beteiligte Unternehmen
An wechselseitige Beteiligungen knüpft das Gesetz folgende spezielle Bestimmungen: 29

§ 160 Abs. 1 Nr. 7 AktG
Angabe der wechselseitigen Beteiligung unter Angabe des Unternehmens.

§ 328 AktG

Beschränkung der Rechte aus wechselseitigen Beteiligungen; gegenseitige Verpflichtung zur Mitteilung der Höhe der Beteiligung und aller Veränderungen in der Beteiligungshöhe, wenn eine AG oder KGaA und ein anderes Unternehmen wechselseitig beteiligt sind.

gg) Vorschriften für Vertragsteile eines Unternehmensvertrages (§§ 291, 292 AktG)
Zu den verschiedenen Arten, zum Abschluss, zur Änderung und Beendigung von Unter-   30
nehmensverträgen vgl. Tz. 235. Besondere Schutzmaßnahmen zugunsten der Gesellschaft, ihrer Gläubiger und der außenstehenden Aktionäre sieht das Gesetz bei den bedeutsamsten Arten der Unternehmensverträge, dem Beherrschungsvertrag und dem GAV (in beschränktem Umfang auch beim Teil-GAV), vor:

§§ 300 bis 302 AktG

Sicherung der Kapitalgrundlage der beherrschten oder gewinnabführungspflichtigen Gesellschaft durch Auffüllung der gesetzlichen Rücklage unter Hinzurechnung einer Kapitalrücklage in fünf GJ auf 10 v.H. oder den in der Satzung bestimmten höheren Teil des Grundkapitals; Begrenzung der Gewinnabführung, Regelung der Verlustübernahme.

§ 303 AktG

Sicherung der Gläubiger der beherrschten oder gewinnabführungspflichtigen Gesellschaft bei Beendigung des Unternehmensvertrages.

§§ 304, 305 und 307 AktG

Dividendengarantie und Abfindungsangebot an die außenstehenden Aktionäre bei Abschluss eines Beherrschungsvertrages oder eines GAV.

Darüber hinaus sind noch anzuführen:

§ 308 AktG

Bei Bestehen eines Beherrschungsvertrages darf das herrschende Unternehmen dem Vorstand der beherrschten Gesellschaft Weisungen, die dem Interesse des herrschenden oder anderer konzernverbundener Unternehmen dienen, auch dann erteilen, wenn sie für das beherrschte Unternehmen nachteilig sind.

§§ 309, 310 AktG

Verantwortlichkeit der gesetzlichen Vertreter des herrschenden Unternehmens gegenüber der beherrschten Gesellschaft; Verantwortlichkeit der Verwaltungsmitglieder der beherrschten Gesellschaft.

§§ 312, 316 AktG

Die Verpflichtung zur Aufstellung eines Abhängigkeitsberichts entfällt für den Vorstand eines abhängigen Unternehmens, wenn mit dem herrschenden Unternehmen ein Beherrschungsvertrag oder ein GAV abgeschlossen ist.

c) Verknüpfungen zwischen den verschiedenen Formen von Unternehmensverbindungen durch gesetzliche Vermutungen

31 Die in a) und b) enthaltene Zusammenstellung der Vorschriften des AktG, die sich auf Unternehmensverbindungen beziehen, macht deutlich, dass die für verschiedene Formen von Unternehmensverbindungen getroffenen Regelungen einander überschneiden und sich in Teilbereichen decken. Darüber hinaus stehen die einzelnen Arten von Unternehmensverbindungen durch ein System gesetzlicher Vermutungen miteinander in Beziehung:

Widerlegbare Vermutungen	Unwiderlegbare Vermutungen
Eine Mehrheitsbeteiligung (§ 16 **AktG**)	Eine Mehrheitsbeteiligung bei wechselseitiger Beteiligung (§ 19 Abs. 2 und 3 **AktG**)
begründet die widerlegbare Vermutung für das Bestehen einer	begründet die unwiderlegbare Vermutung für das Bestehen einer
Abhängigkeit (§ 17 **AktG**),	Abhängigkeit (§ 17 **AktG**),
	Beherrschungsvertrag (§ 291 **AktG**) und Eingliederung (§ 319 **AktG**)
diese wiederum die widerlegbare Vermutung für das Bestehen eines	begründen die unwiderlegbare Vermutung für das Bestehen eines
Konzerns (§ 18 Abs. 1 Satz 3 **AktG**).	Konzerns.

2. Der Anwendungsbereich des § 271 Abs. 2 HGB im Dritten Buch des HGB

32 § 271 Abs. 2 HGB hat für den Bereich der Rechnungslegung, einschließlich der Konzernrechnungslegung, den Begriff der verbundenen Unternehmen des AktG abgelöst (vgl. unter Tz. 341) und gilt rechtsformübergreifend, da die Vorschriften des Dritten Buchs des HGB nicht nur für AG, SE oder KGaA, sondern auch für GmbH und PersGes. nach § 264a HGB und über die Verweisungen des PublG für noch weitere Rechtsformen anzuwenden sind. Das HGB enthält verschiedene Bestimmungen, nach denen verbundene Unternehmen i.S.v. § 271 Abs. 2 HGB gesonderte Ausweise zu Posten von Bilanz oder GuV oder zusätzliche Angaben zu machen haben (nachfolgend Tz. 34). Daneben gelten im HGB einzelne Vorschriften des AktG über verbundene Unternehmen (nachfolgend Tz. 36).

33 Keine Anwendung finden die aktienrechtlichen Normen über verbundene Unternehmen bei der Abschlussprüfung[18]. Einzelne Bestimmungen des § 319 Abs. 3 HGB sowie die Schadensersatzpflicht des APr. in § 323 HGB beziehen sich auf verbundene Unter-

---

[18] Vgl. *ADS⁶*, Vorbem. zu §§ 15–18 AktG, Tz. 14, 15; *Baetge/Thiele* in HdR⁵, § 319, Rn. 67.

nehmen. Damit wird der durch § 271 Abs. 2 HGB, nicht aber der durch § 15 AktG gezogene Kreis von Unternehmen erfasst[19].

Die wesentlichen für verbundene Unternehmen i.S.v. § 271 Abs. 2 HGB geltenden Vorschriften im HGB sind nachfolgend aufgeführt: 34

§ 266 Aktivseite A III Nr. 1, 2 und B III Nr. 1 HGB

Gesonderter Ausweis von Anteilen an verbundenen Unternehmen und von Ausleihungen an verbundene Unternehmen.

§ 266 Aktivseite B II Nr. 2, Passivseite C Nr. 6 HGB

Gesonderter Ausweis von Forderungen und Verbindlichkeiten gegenüber verbundenen Unternehmen.

§ 268 Abs. 7 HGB

Gesonderte Angabe von Haftungsverhältnissen i.S.v. § 251 HGB gegenüber verbundenen Unternehmen.

§ 275 Abs. 2 Nr. 9, 10 und 11 (beim UKV Abs. 3 Nr. 8, 9 und 10) HGB

Gesonderter Ausweis der Erträge aus verbundenen Unternehmen (aus Beteiligungen, anderen Wertpapieren und Ausleihungen des Finanzanlagevermögens sowie Zinsen und ähnliche Erträge).

§ 275 Abs. 2 Nr. 13 (beim UKV Abs. 3 Nr. 12) HGB

Gesonderter Ausweis von Zinsen und ähnlichen Aufwendungen an verbundene Unternehmen.

§ 285 Nr. 3a HGB

Gesonderte Angabe sonstiger Verpflichtungen gegenüber verbundenen Unternehmen im Anhang, die nicht in der Bilanz erscheinen und für die Beurteilung der Finanzlage von Bedeutung sind.

§ 327 Nr. 1 HGB

Mittelgroße KapGes. müssen, auch wenn sie von der für kleine KapGes. vorgesehenen Aufstellung in verkürzter Form Gebrauch machen, die verbundene Unternehmen betreffenden Posten in der Bilanz oder im Anhang gesondert angeben.

3. Die im Dritten Buch des HGB anzuwendenden Vorschriften der §§ 16 bis 19 AktG

Einzelne Rechnungslegungsvorschriften des HGB beziehen sich auf die Unternehmensverbindungen in §§ 16 bis 19 AktG. 35

§ 266 Passivseite A III 2 HGB

Rücklage für Anteile an einem herrschenden oder mehrheitlich beteiligten Unternehmen.

§ 271 Abs. 1 HGB

Die Beteiligung bestimmt sich gem. § 271 Abs. 1 S. 3 **HGB** nach § 16 Abs. 2 und 4 AktG.

---

19 Vgl. *ADS*[6], § 319 HGB, Tz. 97, sowie § 323 HGB, Tz. 153; *Baumbach/Hopt*, HGB[34], § 319, Rn. 16, § 323, Rn. 7; *Hüffer*, AktG[9], § 15, Rn. 17; BGH v. 03.06.2004, NZG 2004, S. 770; krit. *Ulmer* in: FS Goerdeler, S. 623/638.

Damit ist u.a. auf das Abhängigkeitsverhältnis, § 17 AktG, Bezug genommen. Als Anteile, die dem Unternehmen gehören, gelten nach § 16 Abs. 4 AktG Anteile, die einem abhängigen Unternehmen gehören. Bei der Feststellung der Beteiligung ist auch von der Abhängigkeitsvermutung des § 17 Abs. 2 AktG auszugehen; danach wird gesetzlich vermutet, dass ein in Mehrheitsbesitz stehendes Unternehmen von dem an ihm mit Mehrheit beteiligten Unternehmen abhängig ist (vgl. hierzu Tz. 63).

§ 272 Abs. 4 S. 1 und 4 HGB

Die Rücklage für eigene Aktien ist für die Anteile eines herrschenden oder eines mit Mehrheit beteiligten Unternehmens zu bilden.

Mit dem herrschenden Unternehmen kann hier nur ein herrschendes Unternehmen i.S.d. § 17 AktG, mit dem mit Mehrheit beteiligten Unternehmen ein Unternehmen i.S.d. § 16 AktG gemeint sein.

§ 285 Nr. 11 HGB

Für die Berechnung des 20%igen Anteilsbesitzes sind § 16 Abs. 2 AktG und § 16 Abs. 4 AktG anzuwenden.

Auch hier ist durch die Verweisung auf § 16 Abs. 4 AktG das Abhängigkeitsverhältnis angesprochen.

Ergänzend ist auf die Angabepflicht im Anhang einer AG/KGaA/SE nach § 160 Abs. 1 Nr. 1 und 2 AktG hinzuweisen, die sich auch auf Aktien bezieht, die von abhängigen Unternehmen (§ 17 AktG) oder in Mehrheitsbesitz stehenden Unternehmen (§ 16 AktG) Unternehmen gehalten werden.

4. Im AktG anzuwendende Vorschriften des HGB

36 Das AktG nimmt nunmehr auch Vorschriften des HGB über verbundene Unternehmen in Bezug:

§ 90 Abs. 1 S. 2 AktG

Erstreckung der Berichtspflicht bei MU (§ 290 Abs. 1, 2 HGB) auch auf TU und Gemeinschaftsunternehmen (§ 310 Abs. 1 HGB).

§ 131 Abs. 4 S. 3 AktG

Auskünfte u.a. von TU (§ 290 Abs. 1 und 2 HGB) an ein MU fallen nicht unter die Informationsregelungen von § 131 Abs. 4 S. 1 und 2 AktG[20].

§ 170 Abs. 1 AktG, §§ 171, 173 Abs. 1 AktG und § 175 AktG

Erstreckung der Pflicht zur Vorlage von Unterlagen an den AR, die Prüfung und Billigung durch den AR, die Feststellung durch die HV und die Regelungen zur Einberufung der HV bei MU (§ 290 Abs. 1 und 2 HGB) auch auf den Konzernabschluss.

---

[20] § 131 Abs. 4 S. 3 AktG wurde durch Art. 2 Nr. 1 des BankBiRiLiG (BGBl. I 1990, S. 2570) eingefügt: Der Regelung kommt im Wesentlichen klarstellende Bedeutung zu. Vgl. *Hüffer*, AktG[9], § 131, Rn. 39; ferner *Hoffmann-Becking* in FS Rowedder, S. 155/169.

5. Verbundene Unternehmen in anderen Rechtsvorschriften

Rechtsvorschriften außerhalb von AktG und HGB verwenden vereinzelt die Begriffe von verbundenen Unternehmen, abhängigen und herrschenden Unternehmen oder Konzernen. Die jeweiligen Vorschriften verdeutlichen i.d.R., auf welche Norm sich die begriffliche Verweisung bezieht, z.b. in § 8 UmwG für den Begriff der verbundenen Unternehmen auf § 15 AktG oder in § 5 Abs. 1 MitbestG sowie § 2 Abs. 1 DrittelbG oder §§ 54, 73a BetrVerfG für den Begriff des Konzerns auf § 18 Abs. 1 AktG. Der Begriff der verbundenen Unternehmen erscheint ferner in § 51a Abs. 2 GmbHG, die Zurechnungsvorschriften von § 16 Abs. 2 und 4 AktG z.B. in § 39a WPüG. § 36 Abs. 2 GWB nimmt Bezug auf abhängige oder herrschende Unternehmen i.S.v. § 17 AktG oder Konzernunternehmen nach § 18 AktG. Insbesondere diese Verweisungen haben zur Folge, dass die zunächst rechtsformspezifischen aktienrechtlichen Regelungen weithin rechtsformübergreifend Anwendung finden[21]. Eigenständige Vorschriften über verbundene Unternehmen gelten im Rahmen der IAS/IFRS (z.B. IAS 24). 37

IV. Unternehmensverbindungen im Aktiengesetz

1. Verbundene Unternehmen

Der Begriff „Verbundene Unternehmen" hat im AktG v.a. rechtstechnische Bedeutung; er gestattet dem Gesetzgeber, mit diesem Oberbegriff aus § 15 AktG alle Arten von Unternehmensverbindungen zu umschreiben. 38

§§ 15 ff. AktG enthalten grundlegende begriffliche Festlegungen, ohne stets ins Detail gehende Definitionen zu vermitteln. Die Normierung im AktG bedeutet keine Festlegung auf aktienrechtliche Sachverhalte; für §§ 15 bis 19 AktG ist anerkannt, dass sie rechtsformübergreifend gelten. Sie kommen auch zur Anwendung, wenn keines der beteiligten Unternehmen die Rechtsform der AG, SE oder KGaA aufweist[22]. Diese Beurteilung wird v.a. auch durch die vornehmlich zur GmbH ergangene Rspr. zur Haftung bei qualifizierter Nachteilzufügung (vgl. Tz. 216, 228) deutlich, die anhand der aktienrechtlichen Begriffe als eine weitere Rechtsfolge des Abhängigkeitsverhältnisses entwickelt wurde. 39

Bei der Anwendung der über die §§ 15 bis 19 AktG hinausgehenden aktienrechtlichen Vorschriften über verbundene Unternehmen ist im Einzelfall zu prüfen, ob diese nur auf AG oder KGaA oder auch Gesellschaften in anderer Rechtsform anwendbar sind[23]. So setzt z.B. § 19 AktG voraus, dass der andere Partner der wechselseitigen Beteiligung eine bestimmte Rechtsform hat (KapGes.)[24]. Andere Vorschriften über verbundene Unternehmen (z.b. über Unternehmensverträge nach §§ 291, 292 AktG) gelten nur, wenn die beherrschte Gesellschaft eine AG oder KGaA ist[25]. PersGes. oder GmbH sind damit als herrschende oder abhängige Vertragspartner eines Unternehmensvertrages nicht ausgeschlossen[26], doch müssen Voraussetzungen und Rechtsfolgen z.T. eigenständig definiert werden (i.E. Tz. 238 und Tz. 304). 40

---

21 Zur konzernrechtlichen Relevanz bei anderen Rechtsformen vgl. *Emmerich/Habersack*, Konzernrecht[9], §§ 29 ff. und §§ 33 ff.

22 Vgl. zur GmbH: z.B. BGH v. 16.02.1981, BGHZ 80, S. 69/72; v. 16.09.1985, BGHZ 95, S. 330/337 „Autokran"; v. 20.02.1989, BGHZ 107, S. 7/15; zu PersGes. BGH v. 05.02.1979, NJW 1980, S. 231; BGH v. 05.12.1983, BGHZ 89, S. 162/167; *Emmerich/Habersack*, Aktien- und GmbH-Konzernrecht[6], § 15, Rn. 5.

23 Zu den Besonderheiten bei Unternehmensverträgen vgl. Tz. 236 und 304.

24 Weitere Beispiele: § 20 Abs. 1, 3, § 21 Abs. 1 AktG.

25 Ebenso bei § 311 AktG.

26 Vgl. BGH v. 24.10.1988, BGHZ 105, S. 324/330 „Supermarktbeschluss"; BGH v. 30.01.1992, GmbHR 1992, S. 253.

Für eine **Europäische Gesellschaft (SE)** sind weder in der Verordnung (EG) Nr. 2157/2001[27] noch im deutschen Umsetzungsgesetz (SEEG)[28] Regelungen über die SE als verbundenes Unternehmen enthalten. Gleichwohl ist offensichtlich, dass eine SE herrschendes Unternehmen und die ihr nachgeordneten Unternehmen abhängige Unternehmen sein können, wie eine SE auch selbst abhängiges Unternehmen sein kann[29]. Nach Art. 9 Abs. 1 Buchst. c ii SE-VO wird für alle nicht in der SE-VO geregelten Fragen auf das nationale Recht, v.a. auf die Rechtsvorschriften verwiesen, die auf eine nach dem Sitzstaat der SE gegründete AG Anwendung finden. Hieraus ergibt sich die subsidiäre Geltung des nationalen Aktienrechts. Eine in Deutschland ansässige SE unterliegt daher in allen Fragen, die in der SE-VO nicht geregelt sind, dem deutschen AktG. Auf eine SE finden somit die konzernrechtlichen Vorschriften des §§ 15 ff. AktG und §§ 291 ff. AktG Anwendung.

2. Der Begriff „Unternehmen"

a) Allgemeines

41 Auf eine Umschreibung des **Unternehmensbegriffs** wurde im AktG angesichts der erheblichen Schwierigkeiten einer Definition verzichtet. In der BegrRegE zu § 15 AktG wurde betont, dass die hierher gehörenden Unternehmen alle Rechtsformen haben können[30]. Wenn in der Vorschrift auf „rechtlich selbständige Unternehmen" abgestellt ist, so wird damit nicht vorausgesetzt, dass der Inhaber des Unternehmens eine juristische oder natürliche Person sein muss (auch PersGes. können Inhaber eines Unternehmens sein). Die rechtliche Selbständigkeit wird für das Unternehmen, nicht für den Unternehmensinhaber gefordert. Zweigniederlassungen und Betriebsstätten fehlt diese rechtliche Selbständigkeit, so dass sie als solche nicht Glieder einer Unternehmensverbindung sein können.

Als Unternehmen sollten ferner bestimmte Beteiligte nicht betrachtet werden, die für Rechnung Dritter und/oder in deren Namen handeln. Fraglich ist deswegen, ob ein weisungsgebundener Trh. Unternehmen i.S.v. § 15 AktG sein kann. Dies wird gleichwohl bejaht[31], da auch der Trh. eine eigenständige wirtschaftliche Einheit darstellt und neben dem Treugeber ebenfalls als Unternehmer i.S.d. Konzernrechts zu betrachten ist.

42 Der Unternehmensbegriff kann nicht aus anderen Gesetzen, z.B. dem UStG oder dem Kartellgesetz, für das AktG übernommen werden. Vielmehr ist der Unternehmensbegriff je nach Zweck und Interessenlage des betreffenden Gesetzes auszulegen[32]. Teilweise wird der Begriff Unternehmen auch innerhalb des AktG unterschiedlich interpretiert, wobei jeweils von dem Zweck der einzelnen Vorschrift, in der der Begriff verwendet ist, ausgegangen wird[33]. Nach dieser Auffassung sind allgemeine Feststellungen zum Inhalt des Unternehmensbegriffs kaum möglich, vielmehr muss danach der Begriff auf die jeweilige, von der betreffenden Norm vorausgesetzte Situation zugeschnitten werden. Danach

---

27 Abl.EG 2001, Nr. L 294, S. 1.
28 SEEG, BGBl. I 2004, S. 3675.
29 *Emmerich/Habersack*, Aktien- und GmbH-Konzernrecht[6], Einl., Rn. 46 f.; *Marsch-Barner* in Holding-Handbuch[4], § 15, Rn. 96.
30 *Kropff*, AktG, S. 27; so h.M.: vgl. *Emmerich/Habersack*, Konzernrecht[9], § 2 II 1; *Emmerich/Habersack*, Aktien- und GmbH-Konzernrecht[6], § 15, Rn. 5; *ADS*[6], § 15 AktG, Tz. 9; *Petersen/Zwirner*, DB 2008, S. 481/483.
31 *Emmerich/Habersack*, Aktien- und GmbH-Konzernrecht[6], § 15, Rn. 19.
32 *Kropff*, BB 1965, S. 1281/1285, unter Hinweis auf eine Entscheidung des KG v. 12.01.1960 in Kartellsachen, BB 1960, S. 385; *Hüffer*, AktG[9], § 15, Rn. 7; *Emmerich/Habersack*, Aktien- und GmbH-Konzernrecht[6], § 15, Rn. 6, 9.
33 *Windbichler* in Großkomm. AktG[4], § 15, Rn. 10; *Koppensteiner* in Kölner Komm. AktG[3], § 15, Rn. 18 m.w.N.; *Bayer* in MünchKomm. AktG[3], § 15, Rn. 10; *Schmidt, K.*, Gesellschaftsrecht[4], § 17 II 3, S. 496.

könnte dasselbe Gebilde im Rahmen der einen Vorschrift des AktG als Unternehmen, bei Anwendung einer anderen Vorschrift dagegen nicht als Unternehmen zu qualifizieren sein. Denkbar wäre danach auch, dass der Unternehmensbegriff für herrschende Unternehmen ein anderer als für abhängige Unternehmen sein kann[34]. Einer solchen Differenzierung kann jedoch entgegengehalten werden, dass der Gesetzgeber wohl von einem einheitlichen Unternehmensbegriff jedenfalls innerhalb des Konzernrechts des AktG ausging, wie sich auch aus § 15 AktG ergibt; lediglich auf eine Umschreibung des – einheitlichen – Unternehmensbegriffs ist verzichtet worden[35]. Soweit es mit dem Zweck der Regelung vereinbar ist, sollte von einem einheitlichen Unternehmensbegriff des AktG ausgegangen werden. Eine Durchbrechung erfährt dieser Grundsatz jedoch bereits dadurch, dass herrschende und abhängige Unternehmen nicht einheitlich definiert werden können[36].

Das Fehlen einer Definition des Unternehmensbegriffs im AktG hat dazu geführt, dass v.a. **43** zur Problematik des herrschenden Unternehmens unterschiedliche Auffassungen vertreten werden. Zu entscheiden ist die Frage, nach welchen **Kriterien** der „einfache Aktionär" oder „Privataktionär" von dem „Aktionär mit Unternehmenseigenschaft" unterschieden werden kann. Für den Begriff des herrschenden Unternehmens (§ 17 AktG) stellt die Rspr. darauf ab, ob bei dem (maßgeblich beteiligten) Aktionär eine anderweitige **wirtschaftliche Interessenbindung** außerhalb der Gesellschaft, an der der Aktionär beteiligt ist, mit der Gefahr einer Interessenkollision vorliegt[37]. Selbst die maßgebliche Beteiligung an einer AG macht den Inhaber nicht zum Unternehmen, falls eine solche andere Interessenbindung fehlt.

Der vorstehend beschriebene Interessenkonflikt kann typischerweise entstehen, wenn der **44** Aktionär aufgrund anderweitiger Tätigkeiten „Unternehmensqualität" besitzt. Zu unterscheiden sind die Fallgruppen, nach denen die Unternehmenseigenschaft zum einen aus einer anderweitigen unternehmerischen Tätigkeit, zum anderen aus sonstigen Gründen abgeleitet wird. Das AktG knüpft in erster Linie, wie § 16 Abs. 4 AktG und § 89 Abs. 2 S. 2 AktG zeigen, beim Unternehmensbegriff an handelsrechtliche Kategorien an. Deshalb ist die Unternehmenseigenschaft stets gegeben, wenn eine unternehmerische Tätigkeit vorliegt; nicht ausreichend ist eine bloß vermögensverwaltende oder eine gemeinnützige, karitative Tätigkeit außerhalb der Aktionärsstellung. Der Geschäftsbetrieb des Einzelkaufmanns oder einer juristischen Person stellt ein Unternehmen im aktienrechtlichen Sinne dar. Auch Holdinggesellschaften gelten im Allgemeinen als Unternehmen, dies v.a., da auch die bloße Vermögensverwaltung Handelsgewerbe i.S.v. § 1 HGB sein kann[38]. Zweifelhaft ist dies bei der Beteiligung eines „Privataktionärs" allein an einer Holdinggesellschaft, ferner im Einzelfall, wenn die Holdinggesellschaft nur die Beteiligung an einer Gesellschaft verwaltet[39].

---

34 *Koppensteiner* in Kölner Komm. AktG[3], § 15, Rn. 17; *Bayer* in MünchKomm. AktG[3], § 15, Rn. 11; *Hüffer*, AktG[9], § 15, Rn. 7.

35 Urt. v. 13.10.1977 wegen des Abfindungsangebots der Veba AG bei Eingliederung der Gelsenberg AG, Gründe Teil II Nr. 6, WPg 1978, S. 80; BB 1977, S. 1665.

36 Vgl. *ADS*[6], § 15 AktG, Tz. 2; *Hüffer*, AktG[9], § 15, Rn. 8 (für herrschende Unternehmen), Rn. 14 (für abhängige Unternehmen); *Krieger* in MünchHdb. AG[3], § 68, Rn. 6 und 13.

37 Vgl. seit BGH v. 13.10.1977, BGHZ 69, S. 334/336; stets bestätigt z.B. v. 16.09.1985, BGHZ 95, S. 330/337, v. 23.09.1991, BGHZ 115, S. 187/189; v. 17.03.1997, BGHZ 135, S. 107/113; *Krieger* in MünchHdb. AG[3], § 68, Rn. 6; *Emmerich/Habersack*, Aktien- und GmbH-Konzernrecht[6], § 15, Rn. 10; *Schall* in Spindler/Stilz, AktG, § 15, Rn. 23.

38 *Baumbach/Hopt*, HGB[34], § 1, Rn. 13; *Lutter/Hommelhoff*, GmbHG[17], Anh. § 13, Rn. 8; bisher anders lautend die überwiegende Meinung wie *Ehlke*, DB 1986, S. 523/526; *Priester*, ZIP 1986, S. 137/145; *Ulmer*, NJW 1986, S. 1579/1586; *Schmidt, K.*, ZHR 1991, S. 417/439; *Ebenroth/Boujong/Joost*, HGB, § 1, Rn. 32.

39 *Emmerich/Habersack*, Aktien- und GmbH-Konzernrecht[6], § 15, Rn. 16/17; *Lutter/Hommelhoff*, GmbHG[17], Anh. § 13, Rn. 8 a.E.; *Krieger* in MünchHdb. AG[3], § 68, Rn. 8.

45 § 15 AktG setzt weder ein Handelsgewerbe noch einen eingerichteten Gewerbebetrieb noch eine sonstige institutionelle Organisation voraus. Die institutionelle Unternehmenstheorie ist ebenso überholt wie die funktionale Unternehmenstheorie, nach der das allein maßgebende Kriterium die Ausübung unternehmerischer Planungs- und Entscheidungsgewalt sein sollte[40].

46 Nach der schutz**zweckbezogenen Auslegung**, die der Unternehmensbegriff durch die Rspr.[41] und Literatur[42] mittlerweile erfahren hat, kommt es nicht auf institutionelle oder funktionale Merkmale, sondern allein darauf an, ob der Gesellschafter/Aktionär neben der Beteiligung an der Gesellschaft über anderweitige wirtschaftliche Interessenverbindungen verfügt, die nach Art und Intensität die Besorgnis begründen, dass wegen dieser Interessen in nachteiliger Weise Einfluss auf die Gesellschaft genommen werden könnte. Die Beherrschung und Leitung einer Gesellschaft durch einen Aktionär lässt diesen solange nicht selbst zum Unternehmen werden, als der Aktionär nicht eigene unternehmerische Ziele neben der von ihm beherrschten Gesellschaft verfolgt. Durch Vermögensverwaltung wird der Aktionär auch bei erheblicher Beteiligungsquote nicht zum Unternehmen[43]. Genügend, aber nicht erforderlich hierfür ist, dass der Gesellschafter ein eigenes Unternehmen betreibt. Es genügt, wenn der Gesellschafter seine unternehmerischen Interessen als Allein- oder Mehrheitsgesellschaft in- oder ausländischer Gesellschaften ausübt, vorausgesetzt, dass die unternehmerische Betätigung auch in der Möglichkeit zur Ausübung von Leitungsmacht in den anderen Gesellschaften besteht. Auch ohne Mehrheitsbeteiligung ist die Bedingung erfüllt, wenn in anderer Weise maßgeblicher Einfluss auf die Besetzung der Leitungsorgane oder auf die Gewinnverwendung besteht[44]. Dafür kann u.U. eine Beteiligung von 25% ausreichen[45]. Die Rechtsform des Unternehmens, an dem die weitere Beteiligung besteht, ist gleichgültig.

47 Zu den Wirtschaftseinheiten, die nach der hier vertretenen Auffassung des Unternehmensbegriffs als Unternehmen anzusehen sind, obwohl sie kein Handelsgewerbe betreiben, gehören z.B. Betriebe der Urproduktion wie Land- und Forstwirtschaft, nur im Ausnahmefall dagegen die bloße, keine gewerbliche Tätigkeit i.S.v. § 1 Abs. 1 HGB darstellende Vermögensverwaltung. Die Ausübung eines **freien Berufs** kann im Einzelfall ein Unternehmen begründen, obwohl die Angehörigen freier Berufe i.d.R. nach nicht primär kaufmännisch orientierten Berufsgrundsätzen tätig werden. Gleichwohl kann es zu der für das Unternehmen charakterisierenden Interessenkollision kommen[46].

---

40 Vgl. *Hüffer*, AktG[9] § 15, Rn. 8; *Krieger* in MünchHdb. AG[3], § 68, Rn. 6; *Emmerich/Habersack*, Aktien- und GmbH-Konzernrecht[6], § 15, Rn. 8; ein neuer Ansatz i.S. organisationsrechtlicher Überlegung findet sich bei *Mülbert*, ZHR 1999, S. 1, 24.

41 BGH v. 13.10.1977, BGHZ 69, S. 334/337 „Veba/Gelsenberg"; v. 16.07.1981, BGHZ 80, S. 69/72 „Süssen"; v. 16.09.1985, BGHZ 95, S. 330/337 „Autokran"; v. 23.09.1991, ZIP 1991, S. 1354 „Video"; v. 29.03.1993, ZIP 1993, S. 589/590 „TBB"; v. 13.12.1993, AG 1994, S. 179; v. 17.03.1997, BGHZ 135, S. 107/113 = NJW 1997, S. 1855/1856 „VW"; v. 18.06.2001, NJW 2001, S. 2973 „MLP"; zur Einzelperson mit anderweitiger unternehmerischer Betätigung vgl. BGH v. 13.12.1993, DB 1994, S. 370; krit. *Schmidt, K.*, AG 1994, S. 189.

42 Vgl. v.a. *Schmidt, K.*, ZGR 1980, S. 277/280; *Koppensteiner* in Kölner Komm. AktG[3], § 15, Rn. 10; *ADS*[6], § 15 AktG, Tz. 5; *Emmerich/Habersack*, Aktien- und GmbH-Konzernrecht[6], § 15, Rn. 10; *Liebscher* in Beck AG-HB[2], § 14, Rn. 10.

43 OLG Hamm v. 02.11.2000, AG 2001, S. 146/148.

44 OLG Karlsruhe v. 09.06.1999, ZIP 1999, S. 1176/1177; *Emmerich/Habersack*, Aktien- und GmbH-Konzernrecht[6], § 15, Rn. 14.

45 BGH v. 18.06.2001, NJW 2001, S. 2973 „MLP"; dazu *Bayer*, ZGR 2002, S. 933/945; *Cahn*, AG 2002, S. 30.

46 Vgl. *Hüffer*, AktG[9], § 15, Rn. 11; *Emmerich/Habersack*, Aktien- und GmbH-Konzernrecht[6], § 15, Rn. 11; *Koppensteiner* in Kölner Komm. AktG[3], § 15, Rn. 33 und 61; *ADS*[6], § 15 AktG, Tz. 6; *Bayer* in MünchKomm. AktG[3], § 15, Rn. 15; *Windbichler* in Großkomm. AktG[4], § 15, Rn. 23; *Raisch* in FS Rittner, S. 471; BGH v. 19.09.1994, NJW 1994, S. 3288/3290; v. 27.03.1995, NJW 1995, S. 1544/1545; LG Münster v. 06.01.1997, AG 1997, S. 474; *Schmidt, K.*, ZIP 1994, S. 1741/1742.

Auch bei **Personenvereinigungen**, die nicht im HR eingetragen sind (BGB-Gesellschaften, rechtsfähigen und nicht rechtsfähigen Vereinen sowie Stiftungen, sofern sie kein Handelsgewerbe betreiben), gilt Entsprechendes. Danach sind Arbeitsgemeinschaften i.d.R. als Unternehmen anzusehen; dass sich ihre Aufgabe auf die Erledigung vielleicht nur eines Auftrags beschränkt, steht nicht entgegen, da eine sachliche und zeitliche Begrenzung der unternehmerischen Zwecksetzung für die Unternehmensqualität ohne Bedeutung ist[47]. Selbst BGB-Gesellschaften, die ausschließlich zur gemeinsamen Wahrnehmung von Beteiligungsrechten eingegangen werden (Innengesellschaften, z.B. Konsortial- oder Poolverträge)[48], können ein Unternehmen darstellen, wenn über diese Gesellschaft mehrere Gesellschaften beherrscht werden[49]. Das ist v.a. gegeben, wenn über die bloße Wahrnehmung von Beteiligungsrechten hinaus durch die BGB-Gesellschaft selbständige wirtschaftliche Ziele verfolgt werden, wie dies i.d.R. bei Abschluss eines Beherrschungsvertrages durch die BGB-Gesellschaft oder bei joint ventures der Fall sein wird. Grundlagen für die Willensbildung innerhalb von Stimmrechtskonsortien finden sich in der Entscheidung des BGH vom 24.11.2008[50].

48

b) Körperschaften und Anstalten des öffentlichen Rechts als Unternehmen

Nach den oben dargelegten Kriterien kann die Unternehmensqualität auch bei juristischen Personen des öffentlichen Rechts, die außerhalb der Rechtsformen des privaten Rechts handeln, zu bejahen sein. Aufgrund ihrer eigenen wirtschaftlichen Betätigung sind die Landesbanken und die ö.-r. Bausparkassen als Unternehmen i.S.d. §§ 15 ff. AktG anzusehen.

49

Gebietskörperschaften wurden zunächst in Literatur und Praxis nicht als Unternehmen i.S.d. AktG behandelt. Durch die Entscheidung des BGH vom 13.10.1977 wurde Klarheit geschaffen und die Bundesrepublik Deutschland als Unternehmen i.S.d. Aktienrechts behandelt[51]. Der BGH begründet dies mit dem umfangreichen Beteiligungsbesitz, den die Bundesrepublik Deutschlandnicht als bloße Vermögensanlage betrachte, sondern zu unternehmerischer Einflussnahme benutze, und der Notwendigkeit des Schutzes außenstehender Aktionäre auch bei von der öffentlichen Hand abhängigen Unternehmen. Ohne abschließend zu dem Begriff „herrschendes Unternehmen" i.S.v. § 17 AktG und den verschiedenen hierzu vertretenen Auffassungen (vgl. oben unter Tz. 41) Stellung zu nehmen, bejaht der BGH die Unternehmenseigenschaft der Bundesrepublik Deutschland im industriellen Bereich wegen ihrer erheblichen unternehmerischen Aktivitäten, die sie im Rahmen ihres eigenen Beteiligungsbesitzes, aber auch darüber hinaus entfaltet. Die Rspr. hat seither in mehreren Entscheidungen diesen Standpunkt bekräftigt und vertieft. Für die

50

---

47 A.A. *Müller/Rieker*, WPg 1967, S. 197/203.
48 BGH v. 24.11.2008, NZG 2009, S. 183/185.
49 Ähnlich *Bayer* in MünchKomm. AktG³, § 15, Rn. 28 ff.; *Emmerich/Habersack*, Aktien- und GmbH-Konzernrecht⁶, § 15, Rn. 20 ff.; *Koppensteiner* in Kölner Komm. AktG³, § 15, Rn. 62; enger: *Janberg/Schlaus*, AG 1967, S. 33/38; *ADS*⁶, § 15 AktG, Tz. 11; *Krieger* in MünchHdb. AG³, § 68, Rn. 10; *Hüffer*, AktG⁹, § 15, Rn. 10; OLG Köln v. 27.09.2001, DB 2002, S. 420; Hans. OLG Hamburg v. 03.08.2000, AG 2001, S. 479/ 481; LG Heidelberg v. 24.09.1997, DB 1997, S. 2265.
50 BGH v. 24.11.2008, ZIP 2009, S. 216; OLG Karlsruhe v. 12.01.2005, NZG 2005, S. 636; dazu *Schäfer*, ZGR 2009, S. 768 ff.
51 *Wiedemann/Martens*, AG 1976, S. 197/232. So auch *Zöllner*, der jedoch die analoge Anwendung konzernrechtlicher Vorschriften auf den Staat in einzelnen Beziehungen bejaht, ZGR 1976, S. 1/23; ferner *Müller, H. P.*, WPg 1978, S. 61; *Koppensteiner*, ZGR 1979, S. 91; *Sina*, AG 1991, S. 1; *Weimar*, ZGR 1992, S. 477/480. Zur Rspr. vgl. BGH v. 13.10.1977, BGHZ 69, S. 334 (im Zusammenhang mit dem Abfindungsangebot der VEBA AG bei Eingliederung der Gelsenberg AG), WPg 1978, S. 80, BB 1977, S. 1665; LG Essen v. 27.01.1976, AG 1976, S. 136; LG Köln v. 26.01.1976, AG 1976, S. 244, BB 1976, S. 1041. Vgl. auch OLG Köln v. 22.12.1977, AG 1978, S. 171; in diesen Zusammenhang gehört auch das Urt. v. 19.09.1988, BGHZ 105, S. 168/174, BGH v. 03.03.2008, AG 2008, S. 375.

Unternehmenseigenschaft von Gebietskörperschaften (v.a. der Bundesrepublik) ist eine anderweitige Interessenbindung nicht mehr Voraussetzung. Es genügt die bloße Gefahr, das öffentliche Interesse zu Lasten der Beteiligungsgesellschaft zu fördern[52]. Dieser Befund ist völlig unproblematisch bei im alleinigen Anteilsbesitz der öffentlichen Hand stehenden Gesellschaften (v.a. in der Rechtsform der GmbH).

51   Nicht abschließend geklärt ist die Frage, ob die Bundesrepublik Deutschland auch außerhalb des industriellen Bereichs, v.a. im Bereich der sog. **Daseinsvorsorge**, als Unternehmen anzusehen ist; in diesem Bereich ist die Verfolgung gesellschaftsfremder, nicht unternehmerischer Zwecke besonders augenfällig. Bejaht wird im Übrigen die Anwendbarkeit derjenigen Vorschriften des Rechts der verbundenen Unternehmen, die dem Schutz von Minderheitsaktionären und Gläubigern dienen, wobei für den Abhängigkeitsbericht (§ 312 AktG) die Möglichkeit einer Beschränkung auf das im Hinblick auf die Eigenart der jeweiligen Körperschaft nach dem Zweck der Vorschrift tatsächlich Erforderliche angedeutet wird[53]. Die Pflicht zum aktienrechtlichen Nachteilsausgleich oder zum Schadensersatz bei Verletzung der gesellschaftsrechtlichen Treuepflicht bleibt unberührt. Ferner wird ausdrücklich offen gelassen, inwieweit die Vorschriften des Konzernrechts im engeren Sinne, v.a. des Vertragskonzernrechts (§§ 291 ff. AktG), auf Gebietskörperschaften passen. Von der Anwendbarkeit dieser Regelungen ist mittlerweile auszugehen. Schließt die öffentliche Hand mit einem Unternehmen in privater Rechtsform einen Vertrag, der ihr einen bestimmenden Einfluss auf diese Gesellschaft einräumt, kann es sich um einen Beherrschungsvertrag handeln, der der Zustimmung der Gesellschafterversammlung der Gesellschaft bedarf; §§ 291 ff. AktG sind anzuwenden[54].

52   Die Urteilsgründe lassen erkennen, dass der BGH auch **andere Gebietskörperschaften** (Bundesländer, Gemeinden) als Unternehmen betrachtet, wenn sie sich in entsprechender Weise unternehmerisch betätigen[55]. Problematisch sind deswegen kommunalrechtliche Regelungen, die zu einer öffentlich-rechtlich begründeten Ingerenz gegenüber Eigengesellschaften führen sollen (z.B. §§ 108, 113 i.V.m. § 63 Abs. 2 NRW GO)[56]. Ein genereller Vorrang ö.-r. Vorschriften vor dem Gesellschaftsrecht kann nicht angenommen werden[57]. Die gleichen Grundsätze gelten im Übrigen für Gewerkschaften und Religionsgemeinschaften[58].

53   Es besteht auch kein Grund, Gebietskörperschaften, die mehrheitlich an Gesellschaften in Privatrechtsform beteiligt sind, aus dem Anwendungsbereich der konzernrechtlichen Vermutungen (Tz. 130) auszunehmen. Auch wenn die öffentliche Hand gelegentlich davon ausgeht, z.B. die Konzernvernetzung widerlegen zu können, ist festzustellen, dass die Gebietskörperschaften durch ihre Beteiligung vielfältige Ziele verfolgen, um deretwillen sie auf diese Einfluss nehmen[59]. Die vorstehenden Überlegungen galten im Grundsatz auch für die ehemalige **Treuhandanstalt** (zuletzt: Bundesanstalt für vereinigungs-

---

52   BGH v. 17.03.1997, BGHZ 135, S. 107/113; OLG Celle v. 12.07.2000, AG 2001, S. 474/476; Zustimmend *Bayer* in MünchKomm. AktG[3], § 15, Rn. 38 ff.; *Schiessl*, ZGR 1998, S. 871/878; *Emmerich/Habersack*, Konzernrecht[9], § 2, Rn. 23; krit. *Mülbert*, ZHR 1999, S. 1/15.
53   BGH v. 13.10.1977, BGHZ 69, S. 334/343; *Hüffer*, AktG[9], § 312, Rn. 22; *Schiessl*, ZGR 1998, S. 871/880.
54   *Emmerich/Habersack*, Aktien- und GmbH-Konzernrecht[6], § 15, Rn. 30.
55   H.M. *Paschke*, ZHR 1988, S. 263; *Koppensteiner* in Kölner Komm. AktG[3], § 15, Rn. 71 ff.; *Emmerich/Habersack*, Konzernrecht[9], § 2, Rn. 32.
56   *Hüffer*, AktG[9], § 15, Rn. 13a; *Gratzel*, BB 1998, S. 175; dazu *Kraft*, Das Verwaltungsgesellschaftsrecht, S. 231.
57   *Emmerich/Habersack*, Aktien- und GmbH-Konzernrecht[6], § 15, Rn. 27a; *Emmerich/Habersack*, Konzernrecht[9], § 2, Rn. 23.
58   *Hüffer*, AktG[9], § 15, Rn. 13; *Krieger* in MünchHdb. AG[3], § 68, Rn. 12.
59   *Emmerich/Habersack*, Aktien- und GmbH-Konzernrecht[6], § 15, Rn. 32; *Emmerich/Habersack*, Konzernrecht[9], § 2, Rn. 28.

bedingtes Sondervermögen – BvS), die nach dem Treuhandgesetz vom 17.06.1990 die Aufgabe der Privatisierung und Verwertung des volkseigenen Vermögens nach den Prinzipien der Sozialen Marktwirtschaft hatte (§ 2 Abs. 1 THG)[60].

3. Der Begriff „verbundene Unternehmen"
a) Die Struktur des Begriffs

Zweck des § 15 AktG ist es, einen Oberbegriff für diejenigen Unternehmen zu schaffen, die im Verhältnis zueinander einen der Tatbestände der §§ 16 bis 19, 291, 292 AktG erfüllen. Die Vorschrift bedeutet nicht, dass ein Unternehmen, das durch eine der fünf Arten von Unternehmensverbindungen mit einem anderen Unternehmen verbunden ist, allein schon aus diesem Grund mit dritten Unternehmen i.S.d. Gesetzes verbunden ist, die ihrerseits mit anderen Unternehmen in einer Unternehmensverbindung stehen. Dies sei an folgendem Schaubild verdeutlicht:

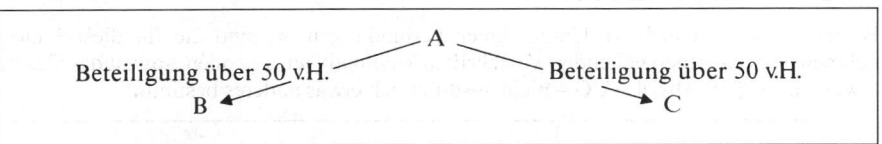

Wenn A an B und C mit Mehrheit beteiligt ist, ohne dass zugleich ein Konzernverhältnis zu B und C besteht, sind B und C aktienrechtlich nicht miteinander verbunden, obwohl beide Unternehmen mit demselben dritten Unternehmen (A) verbunden sind; denn entscheidend dafür, ob zwischen B und C eine Unternehmensverbindung besteht, ist ausschließlich ihr „Verhältnis zueinander" (vgl. den Wortlaut des § 15 AktG).

Ob demgegenüber Forderungen und Verbindlichkeiten zwischen B und C als Forderungen und Verbindlichkeiten gegenüber verbundenen Unternehmen auszuweisen sind, ist allein nach § 271 Abs. 2 i.V.m. § 290 HGB zu entscheiden[61].

Zwischen B und C würde auch dann keine aktienrechtliche Unternehmensverbindung bestehen, wenn B und C von A abhängig sind (§ 17 AktG), in wechselseitiger Beteiligung zu A stehen (§ 19 AktG) oder Partner eines Unternehmensvertrages mit A sind (§§ 291, 292 AktG), den Fall eines zugleich bestehenden Konzernverhältnisses wiederum ausgenommen[62].

In der Praxis wird jedoch im Beispielsfall i.d.R. auch ein Konzernverhältnis gegeben sein, da von einem in Mehrheitsbesitz stehenden Unternehmen vermutet wird, dass es abhängig ist (§ 17 Abs. 2 AktG), und von einem abhängigen Unternehmen, dass es mit dem herrschenden Unternehmen einen Konzern bildet (§ 18 Abs. 1 S. 3 AktG). Wird die Konzernvermutung nicht widerlegt, so sind B und C auch untereinander i.S.v. § 15 AktG verbunden, weil das Konzernverhältnis nicht nur eine Unternehmensverbindung zur Konzernobergesellschaft, sondern darüber hinaus auch eine Unternehmensverbindung

---

60 KreisG Erfurt v. 29.07.1991, ZIP 1991, S. 1233/1250; AG Halle/Saalekreis v. 10.12.1992, ZIP 1993, S. 961; BVerfG v. 29.12.1994, ZIP 1995, S. 393 (Vorlage d. AG Halle/Saalekreis unzulässig); *Habighorst/Spoerr*, ZGR 1992, S. 499; *Weimar*, ZGR 1992, S. 477; *Ulmer* in Hommelhoff, Treuhandunternehmen im Umbruch, S. 39/40; *Timm* in FS Semler, S. 611; *Emmerich/Habersack*, Konzernrecht[9], § 2 Rn. 23 f., m.w.N.; im Erg. ebenso *Weimar/Bartscher*, ZIP 1991, S. 69/70; *Weimar*, DZWiR 1993, S. 441; *Müller, H. P.* in Budde/Forster, DMBilG, Vor §§ 24–26, Rn. 4; dazu auch Vorlagebeschluss AG Halle/Saalekreis v. 10.12.1992, AG 1993, S. 961; dazu BVerfG v. 29.12.1994, ZIP 1995, S. 393; *Bayer* in MünchKomm. AktG[3], § 15, Rn. 44.

61 Vgl. hierzu unten Tz. 335.

62 Vgl. *Hüffer*, AktG[9], § 15, Rn. 16; *Koppensteiner* in Kölner Komm. AktG[3], § 15, Rn. 4; *Bayer* in MünchKomm. AktG[3], § 15, Rn. 3.

zwischen sämtlichen Unternehmen begründet, die unter der einheitlichen Leitung derselben Obergesellschaft stehen. Alle Glieder eines Konzerns sind im Verhältnis zueinander verbundene Unternehmen, unabhängig davon, welche unmittelbaren Beziehungen zwischen ihnen bestehen. Dies gilt gleichermaßen für den Unterordnungskonzern (§ 18 Abs. 1 AktG) wie für den Gleichordnungskonzern (§ 18 Abs. 2 AktG).

b) Überlagerung von Unternehmensverbindungen

57 Die fünf fünf Arten von aktienrechtlichen Unternehmensverbindungen schließen sich nicht gegenseitig aus. Zwei Unternehmen können zueinander **gleichzeitig in verschiedenen Arten** von Unternehmensverbindungen stehen, die einander überlagern[63]. So trifft z.B. die Unternehmensverbindung durch Mehrheitsbeteiligung (§ 16 AktG) i.d.R. zusammen mit den Verbindungsformen Abhängigkeitsverhältnis und Konzernverhältnis, vorausgesetzt, dass die dahingehenden Vermutungen nicht widerlegt werden (vgl. § 17 Abs. 2 AktG und § 18 Abs. 1 S. 3 AktG).

58 Bestehen zugleich mehrere Unternehmensverbindungen, so sind die für diese Unternehmensverbindungen geltenden Vorschriften kumulativ anzuwenden, soweit das Gesetz – wie z.B. in § 19 Abs. 4 AktG – nicht ausdrücklich etwas anderes bestimmt.

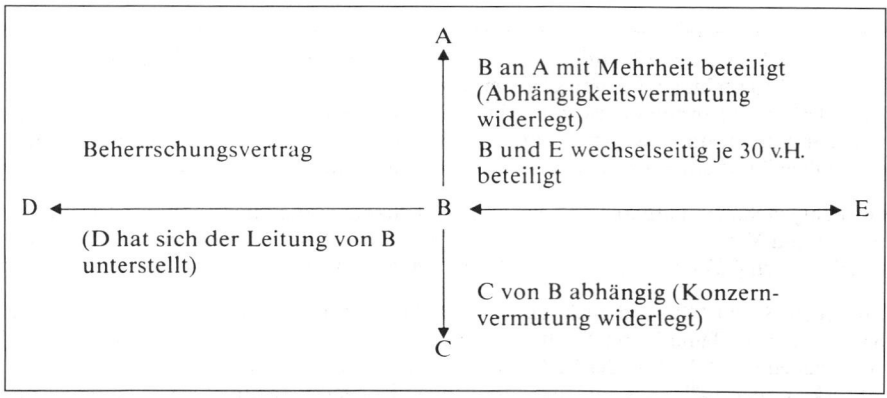

59 Im Schaubild ist B mit A, C, D und E verbunden und unterliegt aus diesen Unternehmensverbindungen den für alle verbundenen Unternehmen geltenden Vorschriften. Darüber hinaus ist B mit seinen Beteiligungen an A und E (ggf. auch mit Beteiligungen an C und D) gem. §§ 20, 21 AktG[64] mitteilungspflichtig. Gegenüber C ist B als herrschendes Unternehmen verpflichtet, etwaige benachteiligende Einflussnahmen durch Gewährung entsprechender Vorteile auszugleichen (§ 311 AktG). Im Verhältnis zu D besteht zwar keine Ausgleichspflicht nach § 311 AktG, doch hat B u.a. gem. § 302 AktG die bei D sonst entstehenden Jahresfehlbeträge auszugleichen. Als mit E wechselseitig beteiligtes Unternehmen ist B in der Ausübung seiner Rechte aus den Anteilen unter bestimmten Voraussetzungen beschränkt (§ 328 AktG).

c) Ausländische Unternehmen als Partner einer Unternehmensverbindung

60 Ausländische Unternehmen können ebenso Partner einer Unternehmensverbindung i.S.v. § 15 AktG sein wie inländische (abgesehen von wechselseitigen Beteiligungen, § 19

---
63 *Hüffer*, AktG[9], § 15, Rn. 16; *Bayer* in MünchKomm. AktG[3], § 15, Rn. 2.
64 Bei börsennotierten Gesellschaften §§ 21 ff. WpHG.

AktG)[65]. Dabei ist zu berücksichtigen, dass die Hoheitsgewalt an den Staatsgrenzen endet. Die ausländischen Unternehmen unterliegen denjenigen Vorschriften des AktG, die Vorgänge oder Rechtsverhältnisse mit Schwergewicht im Inland betreffen. So gilt z.B. das Verbot der Stimmrechtsausübung auch für Aktien einer herrschenden inländischen Gesellschaft, die einem von ihr abhängigen ausländischen Unternehmen gehören. Desgleichen werden von der Mitteilungspflicht des § 20 AktG auch ausländische Unternehmen mit ihren Beteiligungen an deutschen AG betroffen[66]; Beteiligungen an anderen inländischen Unternehmen sind dagegen nicht mitteilungspflichtig, weil § 21 AktG die Mitteilungspflicht auf den Fall beschränkt, dass eine „Gesellschaft", also eine (inländische) AG beteiligt ist. Ein Beherrschungsvertrag kann auch mit einem ausländischen herrschenden Unternehmen abgeschlossen werden, gleichgültig welche Rechtsform das ausländische Unternehmen hat[67]; ob die Zustimmung der HV der ausländischen Gesellschaft nicht erforderlich ist, ist mit dem Beschluss des BGH vom 24.10.1988 zweifelhaft geworden[68]. Eindeutig ist indessen, dass sich einzelne Regelungen, z.B. § 19 Abs. 1 AktG, § 305 Abs. 2 Nr. 1 und 2 AktG und § 219 Abs. 1 AktG sowie § 320 Abs. 1 AktG, nur auf Gesellschaften mit Sitz im Inland beziehen.

Einer besonderen Prüfung bedarf jedoch die Frage, ob die ausländische Gesellschaft einen **61** Beherrschungsvertrag mit den Modalitäten und Rechtsfolgen des deutschen Rechts (vgl. z.B. §§ 302, 303 AktG) nach der für sie gültigen Rechtsordnung überhaupt rechtswirksam zu schließen vermag. In angelsächsischen Ländern kann es dabei wegen der dort geltenden sog. ultra-vires-Lehre auch darauf ankommen, ob solche Maßnahmen von der Umschreibung des Gesellschaftszwecks in der Satzung erfasst sind.

Inländische AG, die mit einem ausländischen Unternehmen verbunden sind, müssen die **62** Bestimmungen des AktG, die für die betreffende Form der Unternehmensverbindung gelten, in jedem Fall beachten. Eine Ausnahme gilt jedoch dann, wenn eine Vorschrift des AktG sich zwar auf ein im Inland ansässiges Unternehmen bezieht, aber der mit der Vorschrift verfolgte Schutzzweck nicht dieses Unternehmen, sondern ein anderes Unternehmen betrifft, das seinen Sitz im Ausland hat. So ist für die Frage, ob ein inländisches abhängiges Unternehmen Anteile an der herrschenden, im Ausland ansässigen Gesellschaft erwerben darf, nicht § 71d AktG maßgebend, sondern das Recht des ausländischen Staates, in dem das herrschende Unternehmen seinen Sitz hat[69]. Die Vorschriften des AktG gelten nach Art. 9 Abs. 1 Buchst. c ii SE-VO auch für eine SE mit Sitz im Inland[70]. Die Abhängigkeit einer SE von einer ausländischen Gesellschaft wird als zulässig erachtet[71].

4. In Mehrheitsbesitz stehende Unternehmen und mit Mehrheit beteiligte Unternehmen

a) Allgemeines

§ 16 AktG enthält Grundlagenbestimmungen, auf denen z.B. die widerlegbare Vermutung **63** eines Abhängigkeitsverhältnisses aufbaut (§ 17 Abs. 2 AktG). Mit einer **Mehrheits-**

---

65 *Hüffer*, AktG[9], § 15, Rn. 5.
66 Allgemeine Meinung, vgl. *Emmerich/Habersack*, Aktien- und GmbH-Konzernrecht[6], § 15, Rn. 5; *Hüffer*, AktG[9], § 20, Rn. 2.
67 Vgl. zur steuerlichen Wirksamkeit die Voraussetzungen von § 14 und § 18 KStG; *Altmeppen* in MünchKomm. AktG[3], § 291, Rn. 136, 164.
68 BGH v. 24.10.1988, BGHZ 105, S. 324 = NJW 1989, S. 295.
69 *Geßler* in Geßler u.a., AktG, § 17, Rn. 85.
70 *Marsch-Barner* in Holding-Handbuch, § 15, Rn. 96; vgl. auch Tz. 40.
71 *Emmerich/Habersack*, Aktien- und GmbH-Konzernrecht[6], § 291, Rn. 33/37; *Maul*, ZGR 2003, S. 743/747; *Jaecks/Schönborn*, RIW 2003, S. 254/264; *Veil*, WM 2003, S. 2169/2172.

beteiligung ist nicht in jedem Fall ein herrschender Einfluss verbunden; dies gilt z.B. für den Fall der Stimmrechtsbindung und den Fall, dass die Kapitalmehrheit zu einem wesentlichen Teil aus Vorzugsaktien ohne Stimmrechte besteht[72]; gleichwohl handelt es sich um verbundene Unternehmen, da es bei der Mehrheitsbeteiligung nicht darauf ankommt, ob eine Kapital- oder eine Stimmrechtsmehrheit besteht[73]. Auf durch Mehrheitsbesitz verbundene Unternehmen, zwischen denen nicht zugleich ein Beherrschungsverhältnis besteht, brauchen die Vorschriften über abhängige und beherrschende Gesellschaften nicht angewendet zu werden[74]. Diese Unternehmen sollen aber wegen ihrer engen Verflechtung in den Kreis der verbundenen Unternehmen einbezogen werden. Auf diese sind neben den generell für alle verbundenen Unternehmen geltenden Vorschriften[75] diejenigen Vorschriften anzuwenden, die den Gefahren Rechnung tragen sollen, die mit der vermögensmäßigen Verflechtung von zwei Unternehmen für den Grundsatz der Kapitalerhaltung und für die Gläubiger verbunden sind[76].

64 Die Bedeutung des § 16 AktG liegt v.a. darin, dass an die Mehrheitsbeteiligung durch § 17 Abs. 2 AktG eine – wenn auch widerlegbare – **Abhängigkeitsvermutung** geknüpft wird. Wegen der hohen Anforderungen, die an die Widerlegung dieser Vermutung gestellt werden[77], führt in den meisten Fällen die Annahme einer Mehrheitsbeteiligung auch zur Anwendung des § 17 AktG. Kann die Abhängigkeitsvermutung nicht ausgeräumt werden, so ist es grundsätzlich unerheblich, dass zwei Unternehmen nicht nur nach § 17 AktG, sondern auch nach § 16 AktG miteinander verbunden sind, weil die Vorschriften, die für abhängige und herrschende Unternehmen gelten, auch auf in Mehrheitsbesitz stehende oder mit Mehrheit beteiligte Unternehmen Anwendung finden. Vorschriften, die lediglich auf Unternehmen, die gem. § 16 AktG miteinander verbunden sind, anzuwenden sind, finden sich in § 20 Abs. 4 und 5 AktG, § 21 Abs. 2 und 3 AktG sowie § 160 Abs. 1 Nr. 8 AktG.

65 Eine Folgewirkung der Vorschrift liegt in § 18 Abs. 1 S. 3 AktG, wonach von einem abhängigen Unternehmen vermutet wird, dass es mit dem herrschenden Unternehmen einen Konzern bildet. Es besteht also ausgehend von § 16 AktG über § 17 Abs. 2 AktG zu § 18 AktG eine Kette von Vermutungen, deren Ausgangspunkt die Vorschrift über die Mehrheitsbeteiligung darstellt.

b) Die Mehrheit der Anteile
aa) Berechnung der Mehrheitsbeteiligung

66 Eine Mehrheitsbeteiligung liegt vor, wenn die Mehrheit der Anteile an einem Unternehmen einem anderen Unternehmen gehört. Zur Mehrheitsbeteiligung aufgrund der Mehrheit der Stimmrechte vgl. Tz. 92. Das Gesetz legt die erforderliche Höhe für eine Mehrheitsbeteiligung mit der einfachen Mehrheit, also mehr als 50 v.H. fest. Für die Mehrheit der Anteile kommt es auf die Kapitalmehrheit an, wie dies für die KapGes. in § 16 Abs. 2 AktG ausdrücklich klargestellt wird. Hat die Gesellschaft Stückaktien, kommt es statt auf das Verhältnis der Aktiennennbeträge zum Gesamtkapital auf die Anzahl der Stückaktien im Verhältnis zur gesamten Anzahl von Stückaktien an.

---

[72] Ausschussbericht, *Kropff*, AktG, S. 28; *Hüffer*, AktG⁹, § 16, Rn. 1.
[73] *Hüffer*, AktG⁹, § 16, Rn. 2 a.E.
[74] Insbesondere §§ 89 Abs. 2 S. 2, 115 Abs. 1 S. 2, 134 Abs. 1 S. 4, 136 Abs. 2 und Abs. 3, 291 Abs. 2, 302 Abs. 2, 311–318 AktG, aber gleichwohl z.B. §§ 52 Abs. 2, 71d S. 2 AktG.
[75] Vgl. Tz. 22.
[76] Vgl. die Zusammenstellung dieser Vorschriften unter Tz. 23.
[77] Vgl. hierzu im Einzelnen Tz. 99.

Die Kapitalmehrheit setzt das Bestehen von Anteilen am Kapital der Gesellschaft voraus. **67**
Eine Anteilsmehrheit ist somit bei jedem Unternehmen möglich, welches ein Gesellschaftsvermögen besitzt, an dem Gesellschafter beteiligt sein können[78]. Dies ist bei KapGes. (AG, GmbH, KGaA, SE) stets der Fall und stößt bei PersGes. (OHG, KG) dann auf keine Schwierigkeiten, wenn – wie es in der Praxis üblich ist – entgegen der gesetzlichen Regelung feste Kapitalkonten vereinbart sind, die die Beteiligung am Vermögen der Gesellschaft ausdrücken. Bestehen entsprechend §§ 120 ff. HGB variable Kapitalkonten, ist auf den jeweiligen Stichtag festzustellen, wie hoch der Kapitalanteil jeweils ist[79] und ob der Kapitalanteil des Gesellschafters die Summe der den anderen Gesellschaftern zustehenden Anteile übersteigt[80]. Dies ist v.a. bedeutsam in den Fällen, in denen zu prüfen ist, ob eine Personenhandelsgesellschaft Aktien einer an ihr beteiligten AG erwerben darf (§ 71d S. 2 AktG), oder für die Ausübung der Stimmrechte aus diesen Anteilen, falls Abhängigkeit vorliegt (§ 136 Abs. 2 AktG).

Keinen Anteil in diesem Sinne besitzt i.d.R. der **stille Gesellschafter**. Seine Einlage geht **68**
in das Vermögen des Inhabers eines Handelsgeschäftes über. Es werden lediglich schuldrechtliche Beziehungen zwischen den Vertragspartnern begründet; eine sachenrechtliche Beziehung zwischen dem Vermögen des Kaufmanns und dem stillen Gesellschafter in Form einer gesamthänderischen Beteiligung besteht nicht[81]. Etwas anderes kann gelten, sofern der stille Gesellschafter im Innenverhältnis am Vermögen beteiligt ist[82], was i.d.R. bei einer atypisch stillen Beteiligung erfolgt. Bei Idealvereinen, einem VVaG oder bei Stiftungen scheidet eine Anteilsmehrheit aus, da es keine Kapitalanteile gibt[83].

Bei der Ermittlung des Verhältnisses des Gesamtnennbetrages der einem Unternehmen **69**
gehörenden Anteile zum Nennkapital einer KapGes. sind **eigene Anteile** vom Nennkapital abzusetzen (§ 16 Abs. 2 S. 2 AktG). Den eigenen Anteilen stehen Anteile gleich, die einem Dritten für Rechnung des Unternehmens gehören. Dazu zählen bei einer AG sowohl Anteile, die originär (§ 56 AktG) als auch von Dritten (§ 71a AktG) erworben worden sind. Entsprechendes gilt bei anderen Gesellschaften.

Es ergibt sich jedoch die Frage, ob auch § 16 Abs. 4 AktG auf § 16 Abs. 2 AktG anzu- **70**
wenden ist.

---

78 *Krieger* in MünchHdb. AG³, § 68, Rn. 20; *Emmerich/Habersack*, Aktien- und GmbH-Konzernrecht⁶, § 16, Rn. 4.
79 Zustimmend *Koppensteiner* in Kölner Komm. AktG³, § 16, Rn. 14, 26; *Hüffer*, AktG⁹, § 16, Rn. 5; *Emmerich/Habersack*, Aktien- und GmbH-Konzernrecht⁶, § 16, Rn. 6; *Schall* in Spindler/Stilz, AktG, § 16, Rn. 12, 27.
80 *ADS*⁶, § 16 AktG, Tz. 13.
81 Zustimmend *Windbichler* in Großkomm. AktG⁴, § 16, Rn. 18, *ADS*⁶, § 16 AktG, Tz. 15; weiter *Bayer* in MünchKomm. AktG³, § 16, Rn. 18; *Koppensteiner* in Kölner Komm. AktG³, § 16, Rn. 16.
82 *Krieger* in MünchHdb. AG³, § 68, Rn. 20; *Emmerich/Habersack*, Aktien- und GmbH-Konzernrecht⁶, § 16, Rn. 6 a.E.; *Hüffer*, AktG⁹, § 16, Rn. 3.
83 Vgl. *Hüffer*, AktG⁹, § 16, Rn. 4.

Beispiel:

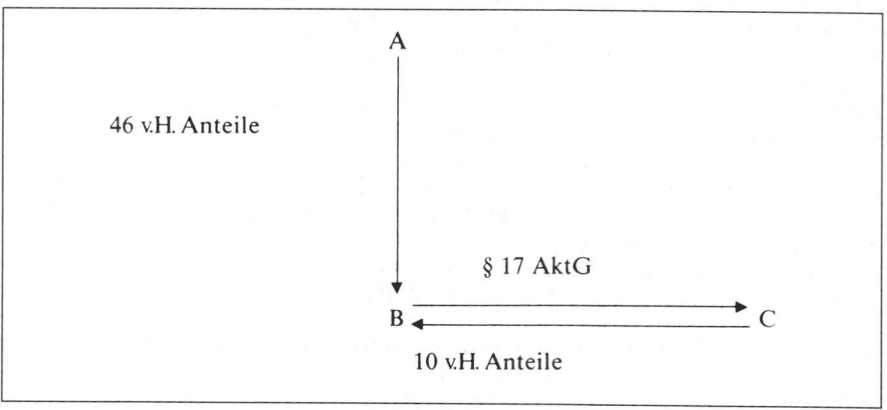

Rechnet man im Beispielsfall die Anteile von C an B dem Unternehmen B wegen des Abhängigkeitsverhältnisses nach § 16 Abs. 4 AktG mit der Folge zu, dass sie als eigene Anteile behandelt werden, so beträgt das für die Berechnung der Mehrheitsbeteiligung zu berücksichtigende Nennkapital von B nur 90 v.H. des Nominalkapitals. A ist dann mit Mehrheit an B beteiligt. Nimmt man den entgegengesetzten Standpunkt ein, so fehlen A rund 5 v.H. der Anteile zu einer Mehrheitsbeteiligung.

71 Der Wortlaut des § 16 Abs. 4 AktG spricht gegen seine Anwendung auf § 16 Abs. 2 AktG. Er bezieht sich nur auf die Zurechnung von Anteilen zu dem Unternehmen, dessen Beteiligung festgestellt werden soll. Im obenstehenden Beispiel besteht danach keine Mehrheitsbeteiligung von A an B. Insbesondere wäre auch ein Tatbestand doppelt geregelt, weil sowohl § 16 Abs. 4 AktG als auch § 16 Abs. 2 AktG die für Rechnung eines Unternehmens gehaltenen Anteile in die jeweilige Bestimmung einbeziehen[84].

72 Bei der GmbH ist bei der Ermittlung der Kapitalmehrheit zu beachten, dass bei einer Amortisation von Geschäftsanteilen das Stammkapital nicht berührt wird[85], wenn eine Kapitalherabsetzung unterbleibt. Die wörtliche Anwendung von § 16 Abs. 2 AktG könnte dazu führen, dass der einzige Gesellschafter einer GmbH die Kapitalmehrheit nicht besitzt, wenn mindestens die Hälfte der Geschäftsanteile eingezogen ist. In diesem Fall sind daher nicht die Anteile ins Verhältnis zu setzen zum Stammkapital, sondern zu den nicht eingezogenen Anteilen. Diese Auslegung entspricht auch der Behandlung der eigenen Anteile, die vom Nennkapital abzusetzen sind.

73 Bei den PersGes. ist das in den einzelnen festen oder beweglichen Kapitalkonten enthaltene Gesamtkapital, soweit es die gesamthänderische Beteiligung am Vermögen ausdrückt, wie das Nennkapital bei den KapGes. zu behandeln. Dazu ist das vom einzelnen Gesellschafter gehaltene Kapital ins Verhältnis zu setzen.

---

84 *Krieger* in MünchHdb. AG³, § 68, Rn. 24, mit Hinweis auf die Inkonsequenz dieser Regelung im Hinblick auf § 71d AktG; *Emmerich/Habersack*, Aktien- und GmbH-Konzernrecht⁶, § 16, Rn. 11; *Hüffer*, AktG⁹, § 16, Rn. 9; *Bayer* in MünchKomm. AktG³, § 16, Rn. 33; *ADS*⁶, § 16 AktG, Tz. 16.
85 *Ulmer* in Hachenburg, GmbHG⁸, § 34, Rn. 62; *Baumbach/Hueck*, GmbHG¹⁹, § 34, Rn. 20.

bb) Unmittelbare Mehrheitsbeteiligung

Nach § 16 Abs. 1 AktG ist mit dem in Mehrheitsbesitz stehenden Unternehmen dasjenige Unternehmen verbunden, dem die Mehrheitsbeteiligung gehört. Es ist festzuhalten, dass die Anteile im Allgemeinen dem zivilrechtlichen Eigentümer gehören[86]. Fraglich ist dies, wenn das wirtschaftliche Eigentum vom zivilrechtlichen abweicht (z.B. Sicherungsübereignung, Treuhand) oder in Fällen eines Pfandrechts oder Nießbrauchs. Nach der von *Zilias* und *H.P. Müller* vertretenen Auffassung soll eine Mehrheitsbeteiligung i.S.d. § 16 Abs. 1 AktG nur demjenigen gehören, der nach der tatsächlichen Machtlage der wirkliche Herr der Beteiligung ist, also dem wirtschaftlichen Anteilsinhaber, nicht dagegen einem Unternehmen, das bloß formell Anteilsinhaber ist. Die Richtigkeit dieser Auffassung solle sich aus der Begründung zu § 16 AktG sowie aus einer Gegenüberstellung der Formulierung in § 16 Abs. 1 AktG und § 319 Abs. 1 S. 1 AktG ergeben, v.a. aber aus Sinn und Zweck des Gesetzes. Infolgedessen wäre ein Unternehmen, das eine Mehrheitsbeteiligung nur treuhänderisch hält, nicht gem. § 16 AktG mit dem Unternehmen verbunden, an dem die Mehrheitsbeteiligung besteht. Die h.M. steht demgegenüber für § 16 Abs. 1 AktG auf dem Standpunkt, dass die Zuordnung der Anteile nach zivilrechtlichen Kriterien zu bestimmen ist und dass die Frage der Zurechnung von Anteilen zu einem Dritten (z.B. wirtschaftliche Eigentümer) nach Abs. 4 zu beurteilen ist[87].

Hieraus folgt[88], dass ein Unternehmen, das eine Mehrheitsbeteiligung nur treuhänderisch hält, mit dem in Mehrheitsbesitz stehenden Unternehmen gem. § 16 AktG verbunden ist. Der Treugeber muss sich nach Maßgabe von § 16 Abs. 4 AktG ebenfalls als Inhaber behandeln lassen.

Die besonderen Verhältnisse bei treuhänderischem Anteilsbesitz (in der Form der bloß formellen Rechtsinhaberschaft ohne eigene Interessen- oder Machtposition) sind nicht nur für das Innenverhältnis bedeutsam; sie betreffen vielmehr die Interessenlage, die bei den Vorschriften vorausgesetzt wird, in denen das Gesetz Rechtsfolgen an das Vorliegen einer Mehrheitsbeteiligung knüpft.

Folgte man der Gegenmeinung, gilt dieser Grundsatz uneingeschränkt nur bei uneigennützigen (Verwaltungs-)**Treuhandschaften**. Besteht jedoch bei dem Trh. ein nicht unerhebliches Eigeninteresse und hat er nach dem Treuhandvertrag oder nach den tatsächlichen Verhältnissen in gewissem Rahmen eigene Entscheidungsbefugnisse (z.B. bei Verwaltungstreuhand), geht seine Stellung über die eines bloß formellen Rechtsinhabers hinaus. Alsdann können auch in der Person des Trh. Interessenkollisionen eintreten, vor deren Gefahren die Vorschriften über verbundene Unternehmen schützen sollen; in solchen Fällen ist der Trh. dann stets selbst nach § 16 Abs. 1 AktG mit dem Beteiligungsunternehmen verbunden.

Eine Mehrheitsbeteiligung ist nicht vorhanden, wenn lediglich eine Option auf den Erwerb von Anteilen besteht[89]. Nichts anderes gilt im Falle eines Andienungsrechts (put-option), auch wenn dadurch das Unternehmen unabdingbar zur Übernahme der Anteile

---

86 *Hüffer*, AktG⁹, § 16, Rn. 6; *Krieger* in MünchHdb. AG³, § 68, Rn. 25; *Emmerich/Habersack*, Aktien- und GmbH-Konzernrecht⁶, § 16, Rn. 13.

87 Vgl. *Emmerich/Habersack*, Konzernrecht⁹, § 3, Rn. 7; *Emmerich/Habersack*, Aktien- und GmbH-Konzernrecht⁶, § 16, Rn. 13a; *Hüffer*, AktG⁹, § 16, Rn. 7, mit Verweis auf BGH v. 21.03.1988, BGHZ 104, S. 66/74; BGH v. 20.02.1989, NJW 1989, S. 1800; v. 16.12.1991, NJW 1992, S. 1167.

88 *Koppensteiner* in Kölner Komm. AktG³, § 16, Rn. 27; *Hüffer*, AktG⁹, § 16, Rn. 7; *Emmerich/Habersack*, Aktien- und GmbH-Konzernrecht⁶, § 16, Rn. 18a. Vgl. zu diesem Fragenkreis auch Tz. 136. Auch *Bayer* in MünchKomm AktG³, § 16, Rn. 25; offen bei *ADS*⁵, § 16 AktG, Tz. 8 und 27.

89 Vgl. hierzu die Sonderregelungen in § 20 Abs. 2 AktG, die auf § 16 Abs. 4 AktG verweisen; vgl. *ADS*⁶, § 16 AktG, Tz. 26 a.E.; *Emmerich/Habersack*, Aktien- und GmbH-Konzernrecht⁶, § 16, Rn. 18a.

verpflichtet wird. Nur wenn zugleich dem Nehmer der put-option ein jederzeit ausübbarer, unentziehbarer Anspruch (call option) zusteht, kann etwas anderes gelten, da er dann eine dem Anteilsinhaber vergleichbare Rechtsmacht besitzt.

cc) Mittelbare Mehrheitsbeteiligung

79 Neben den einem Unternehmen nach § 16 Abs. 1 AktG unmittelbar gehörenden Anteilen gelten als Anteile, die einem Unternehmen gehören, gem. § 16 Abs. 4 AktG auch solche Anteile, die

- einem von dem Unternehmen abhängigen Unternehmen gehören,
- einem anderen für Rechnung des Unternehmens oder eines von ihm abhängigen Unternehmens gehören,
- ein Einzelkaufmann in seinem sonstigen Vermögen hält.

80 Durch die Zurechnung wird die Möglichkeit des mittelbaren Mehrheitsbesitzes und über § 17 Abs. 2 AktG die Möglichkeit einer Form der mittelbaren Abhängigkeit begründet:

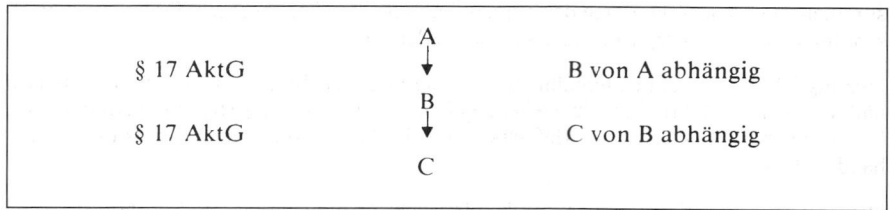

Nicht nur A und B sowie B und C sind durch das Abhängigkeitsverhältnis miteinander verbunden, sondern auch A und C. Der praktisch häufigste Fall ist der, dass A an B und B an C mit Mehrheit beteiligt ist und die daran geknüpfte Abhängigkeitsvermutung (§ 17 Abs. 2 AktG) nicht widerlegt ist.

81 Das abhängige Unternehmen kann dem herrschenden Unternehmen auch eine Unternehmensverbindung durch Mehrheitsbeteiligung vermitteln. Als Anteile, die einem Unternehmen gehören, gelten nach § 16 Abs. 4 AktG auch Anteile, die einem von ihm abhängigen Unternehmen gehören (Mehrheitsbeteiligung kraft Zurechnung). Wenn ein abhängiges Unternehmen an einem anderen Unternehmen mit Mehrheit beteiligt ist, so besteht zwischen diesem und dem herrschenden Unternehmen ebenfalls eine Unternehmensverbindung i.S.v. § 16 AktG:

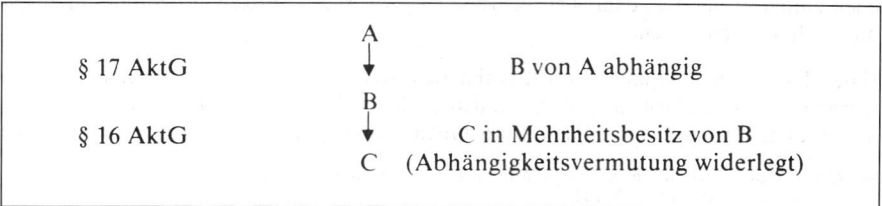

Miteinander verbundene Unternehmen sind hier sowohl A und B (§ 17 AktG) als auch B und C (§ 16 Abs. 1 AktG), darüber hinaus aber auch A und C (§ 16 Abs. 4 AktG). Die Zurechnung der im Besitz des abhängigen Unternehmens B befindlichen Anteile an C beim Unternehmen A erfolgt im Übrigen auch dann, wenn B keine Mehrheitsbeteiligung an C hat. Zusammen mit anderen Anteilen an C, die A unmittelbar gehören oder die ihm als Besitz anderer abhängiger Unternehmen gem. § 16 Abs. 4 AktG zugerechnet werden, kann sich bei dem Unternehmen A so dennoch eine Mehrheitsbeteiligung i.S.v. § 16 AktG an C ergeben. In diesem Fall wären zwar A und C, dagegen nicht B und C miteinander verbunden (ausgenommen wie stets der Fall, dass alle drei Unternehmen als Glieder eines Konzerns sämtlich miteinander verbunden sind).

Zu beachten ist, dass eine Zurechnung des Anteilsbesitzes nach § 16 Abs. 4 AktG nur dann in Frage kommt, wenn B (im Beispielsfall) ein abhängiges Unternehmen ist; es genügt nicht, dass B lediglich in Mehrheitsbesitz von A steht, ohne von A abhängig zu sein:

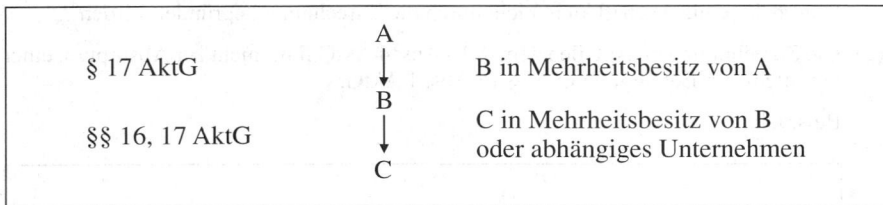

Hier sind A und B einerseits und B und C andererseits gem. § 16 AktG miteinander verbunden, nicht aber A und C, da der Anteilsbesitz von B dem Unternehmen A nicht zugerechnet wird; § 16 Abs. 4 AktG greift hier nicht ein. Selbst wenn C sich nicht nur in Mehrheitsbesitz von B befindet, sondern zugleich auch von B abhängig ist (§ 17 AktG), besteht keine Unternehmensverbindung zwischen A und C.

(1) Für die Zurechnung ist es nach h.M. nicht erforderlich, dass das Unternehmen, dem Anteile zugerechnet werden sollen, auch selbst unmittelbar Anteile besitzt[90]. § 16 Abs. 4 AktG fingiert für die dort aufgeführten Fälle, dass dem Unternehmen außer den Anteilen i.S.v. § 16 Abs. 1 AktG auch im Fremdbesitz befindliche Anteile gehören. Insoweit wird die Frage, welche Anteile einem Unternehmen gehören, vom Gesetz nicht nach formal-rechtlichen, sondern nach wirtschaftlichen Gesichtspunkten entschieden und damit der „Wirklichkeitswert" der Vorschrift erhöht[91]. Diese Gesichtspunkte treffen in gleicher Weise zu, wenn die Anteile in vollem Umfang einem abhängigen Unternehmen gehören. Sonst könnte eine Gesellschaft die von ihr gehaltene Mehrheitsbeteiligung auf eine von ihr abhängige Gesellschaft übertragen und damit den Folgen, die sich aus der Mehrheitsbeteiligung ergeben, v.a. der Abhängigkeitsvermutung, entgehen, ohne dass im Hinblick auf den wirtschaftlichen Sachverhalt eine Änderung eintreten würde[92].

Dasselbe gilt bei der Zurechnung von Anteilen, die ein Dritter für Rechnung des Unternehmens oder für Rechnung eines von diesem abhängigen Unternehmens hält. Halten für Rechnung bedeutet Halten auf Kosten und Risiko des Unternehmens. Hauptanwendungsfall sind die zu Sicherungseigentum oder einem Trh. übertragenen Anteile[93].

Hält ein Einzelkaufmann als Inhaber eines Unternehmens Anteile ausschließlich oder teilweise im Privatvermögen, sind diese gleichwohl zum „Unternehmen" zu rechnen. § 16 Abs. 4 AktG wird dadurch auf Sachverhalte angewendet, bei denen ein Einzel-

---

[90] OLG Hamm v. 26.05.1997, AG 1998, S. 588; *Emmerich/Habersack*, Aktien- und GmbH-Konzernrecht[6], § 16, Rn. 17.

[91] Begr. RegE: *Kropff*, AktG, S. 30.

[92] Zustimmend *Bork*, ZGR 1994, S. 237/246; *Müller, H. P.*, AG 1968, S. 277; *Koppensteiner* in Kölner Komm. AktG[3], § 16, Rn. 34; *Bayer* in MünchKomm. AktG[3], § 16, Rn. 44.

[93] *Hüffer*, AktG[9], § 16, Rn. 7 und 12; *Krieger* in MünchHdb. AG[3], § 68, Rn. 26; LG Hannover v. 19.05.1992, AG 1993, S. 187/188; weitergehend *Vedder*, Zum Begriff „für Rechnung" im AktG und WpHG, S. 121.

kaufmann in seinem Privatvermögen eine Beteiligung von mehr als 50 v.H. an einem Unternehmen hält, selbst wenn dessen Unternehmensgegenstand keinen Berührungspunkt zu dem Einzelunternehmen hat. Der Gesetzgeber wollte ebenso wie bei den Gesellschaften die Möglichkeit verhindern, dass der Gesetzeszweck durch Überführung einer Beteiligung in das Privatvermögen umgangen wird[94]. Die Regelung findet entsprechend auf andere Gewerbetreibende, Freiberufler und die öffentliche Hand Anwendung[95]. In allen Fällen der Zurechnung ist Voraussetzung, dass derjenige, dem die Anteile zugerechnet werden, Unternehmensqualität besitzt. Die Unternehmereigenschaft kann nicht durch die Zurechnung begründet werden[96].

86 (2) Die Zurechnung von Anteilen gem. § 16 Abs. 4 AktG führt nicht zur Absorption einer unmittelbaren Beteiligung i.S.v. § 16 Abs. 1 AktG.

Beispiel:

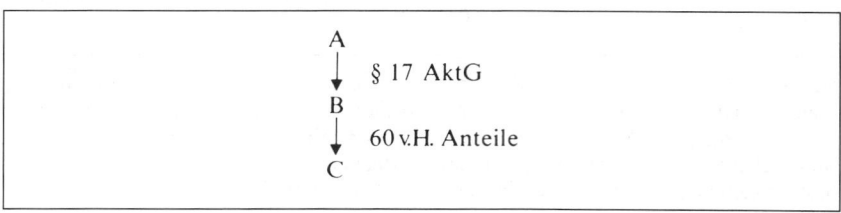

Nach § 16 Abs. 4 AktG werden A die Anteile von B an C zugerechnet, so dass C im Mehrheitsbesitz von A steht. Trotz der Zurechnung gilt das Unternehmen B als an C mit Mehrheit beteiligt.

87 Auszugehen ist davon, dass durch § 16 Abs. 4 AktG dem wirtschaftlichen, der Wirklichkeit entsprechenden Sachverhalt Geltung verschafft werden soll, ohne dass die durch eine unmittelbare Beteiligung begründeten rechtlichen Beziehungen von zwei Unternehmen zueinander abgeschwächt werden. Sie bestehen mit unverminderter rechtlicher Wirkung weiter. Anderenfalls könnte im Beispielsfall das Unternehmen C ungeachtet des § 56 Abs. 2 AktG Aktien von B zeichnen, falls C nicht in einem Abhängigkeitsverhältnis zu B steht und schon deshalb von der Zeichnung ausgeschlossen ist. Die Verneinung einer Mehrheitsbeteiligung von B an C könnte so zu unerwünschten Kapitalverflechtungen führen. Noch weniger akzeptabel wären die Folgen, wenn C die Abhängigkeitsvermutung zu A ausräumen könnte; denn dann könnte C durch die Annahme einer Absorptionswirkung zu einer unabhängigen Gesellschaft werden, weil die Vermutung des § 17 Abs. 2 AktG im Verhältnis zu B – eben wegen der Absorption – nicht zum Zuge käme[97].

88 (3) Da § 16 Abs. 4 AktG keine Absorptionswirkung zur Folge hat und außerdem die Bestimmung auch dann anzuwenden ist, wenn eine unmittelbare Beteiligung nicht besteht, kann es zu einer mehrfachen Anwendung des § 16 Abs. 4 AktG „nacheinander" und damit zu einer Kettenwirkung kommen.

---

94 So h.M.: einschränkend *Havermann*, WPg 1966, S. 30/34, der vorschlägt, § 16 Abs. 4 AktG in Fällen nicht anzuwenden, in denen eine Umgehung nicht vorliegt.
95 *Bayer* in MünchKomm. AktG[3], § 16, Rn. 50; *Emmerich/Habersack*, Aktien- und GmbH-Konzernrecht[6], § 16, Rn. 19 f.; *Krieger* in MünchHdb. AG[3], § 68, Rn. 26.
96 BGH v. 18.06.2001, NJW 2001, S. 2973/2974; *Hüffer*, AktG[9], § 16, Rn. 12.
97 LG Berlin v. 01.12.1997, AG 1998, S. 195/196; *Koppensteiner* in Kölner Komm. AktG[3], § 16, Rn. 36; *ADS[6]*, § 16 AktG, Tz. 28; *Bayer* in MünchKomm. AktG[3], § 16, Rn. 45; *Hüffer*, AktG[9], § 16, Rn. 13; *Emmerich/Habersack*, Aktien- und GmbH-Konzernrecht[6], § 16, Rn. 16a; *Krieger* in MünchHdb. AG[3], § 68, Rn. 27.

Beispiel:

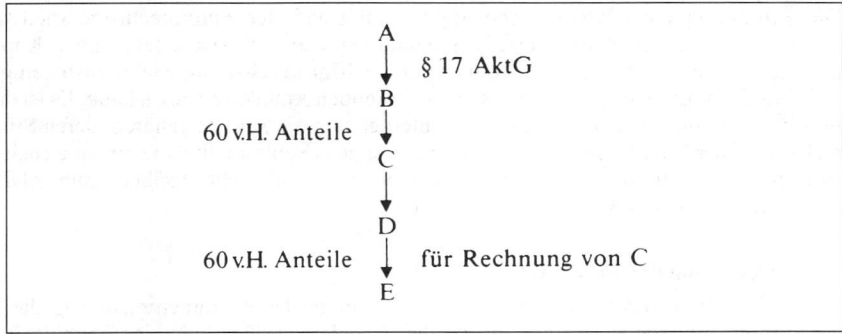

Im Beispiel werden gem. § 16 Abs. 4 AktG die Anteile von B an C der Gesellschaft A zugerechnet. Kann die Abhängigkeitsvermutung von C zu A nicht ausgeräumt werden, so sind auch die Anteile, die D für C an E hält, A zuzurechnen, so dass E deshalb im Mehrheitsbesitz von A steht, weil die Zurechnungsvorschrift zweimal nacheinander angewendet wird. Außerdem ist B an C mit Mehrheit beteiligt; ist die Abhängigkeitsvermutung nicht ausgeräumt, so steht E auch im Mehrheitsbesitz von B.

(4) Auch bei der Zurechnung bleiben ebenso wie bei der unmittelbaren Beteiligung Anteile, die für Rechnung des Unternehmens gehalten werden, an dem der Mehrheitsbesitz ermittelt wird, bei der Berechnung außer Betracht. **89**

(5) Die Anteile werden dann „für Rechnung" des Unternehmens oder eines von ihm abhängigen Unternehmens gehalten, wenn bei diesem die mit dem Halten der Anteile verbundenen Kosten und das wirtschaftliche Risiko des Besitzes der Aktien liegen. Diese Voraussetzungen sind sowohl bei der uneigennützigen als auch bei der eigennützigen Treuhand erfüllt[98]; die vom Trh. gehaltenen Anteile werden dem Treugeber zugerechnet[99]. **90**

(6) Die Vorschrift über Zurechnungen von Anteilen, die sich im sonstigen Vermögen eines Einzelkaufmanns befinden, kann nicht auf den Gesellschafter einer PersGes. angewendet werden; Anteile, die sich im sonstigen Vermögen eines Gesellschafters einer PersGes. befinden, können daher der Gesellschaft nicht zugerechnet werden[100]. Diese Gesellschaften sind als solche Unternehmen i.S.d. AktG, nicht jedoch die an ihr beteiligten Gesellschafter. Eine Umgehung des § 16 Abs. 1 AktG kann kaum in Betracht kommen, da die von einer PersGes. gehaltenen Anteile gesamthänderisch gebundenes Eigentum der einzelnen Gesellschafter darstellen und im Normalfall ein Gesellschafter die Anteile wegen der gemeinschaftlichen Willensbildung nicht durch einen einseitigen Entschluss dem Betriebsvermögen entnehmen kann. Bei Gebietskörperschaften sind auch Anteile zuzurechnen, die sich in rechtlich nicht selbständigen Betrieben befinden[101]. **91**

---

98 *Hüffer*, AktG[9], § 16, Rn. 12; *Krieger* in MünchHdb. AG[3], § 68, Rn. 26; *Janberg/Schlaus*, AG 1967, S. 33/38; *Schall* in Spindler/Stilz, AktG, § 16, Rn. 22.
99 Vgl. auch § 22 Abs. 1 S. 1 WpHG; zur Zurechnung in umgekehrte Richtung OLG München v. 09.09.2009, ZIP 2009, S. 2095; dazu *Mayrhofer/Pirner*, DB 2009, S. 2312; ablehnend *v. Bülow/Petersen*, NZG 2009, S. 1373; *Widder/Kocher*, ZIP 2010, S. 457.
100 OLG Hamm v. 26.05.1997, AG 1998, S. 588; *Bayer* in MünchKomm. AktG[3], § 16, Rn. 51; *Windbichler* in Großkomm. AktG[4], § 16, Rn. 33; *Krieger* in MünchHdb. AG[3], § 68, Rn. 26; *Hüffer*, AktG[9], § 16, Rn. 13.
101 *Hüffer*, AktG[9], § 16, Rn. 13 a.E.

c) Die Mehrheit der Stimmrechte

92 Die Ermittlung einer Mehrheitsbeteiligung aufgrund der Stimmrechtsmehrheit wird grundsätzlich in derselben Weise vorgenommen wie die Feststellung einer Kapitalmehrheit. Nach § 16 Abs. 3 AktG können nur die **Stimmrechte** eine Mehrheitsbeteiligung begründen, die das Unternehmen aus ihm gehörenden Anteilen ausüben kann. Es ist daher im Einzelfall immer zu prüfen, ob dem Unternehmen die Anteile gehören, deren Stimmrechte zu einer Mehrheitsbeteiligung führen können. Stimmrechte, die ein Unternehmen aufgrund eines Stimmbindungsvertrages oder einer Vollmacht ausüben kann, bleiben, soweit nicht Abs. 4 eingreift, außer Betracht[102].

aa) Berechnung der Mehrheit

93 Bei der Ermittlung des Teils der Stimmrechte, der einem Unternehmen zusteht, ist die Zahl der Stimmrechte, die es aus ihm gehörenden Anteilen ausüben kann, ins **Verhältnis zur Gesamtzahl** aller Stimmrechte zu setzen. Von der Gesamtzahl sind abzusetzen die Stimmrechte aus eigenen Anteilen und aus Anteilen, die einem anderen für Rechnung des Unternehmens gehören. Unberücksichtigt bleiben ferner Anteile ohne Stimmrecht, z.B. stimmrechtslose Vorzugsaktien oder stimmrechtslose Beteiligungen an PersGes. oder GmbH[103]. Verträge über Stimmrechtsbeschränkungen (z.B. Entherrschungs-, Stimmbindungsvertrag) haben hier keine Bedeutung. Da es auf die ausübbaren Stimmrechte ankommt, sind unterlassene Mitteilungen nach § 20 Abs. 7 AktG oder nach § 28 WpHG zu berücksichtigen[104].

94 Bei **PersGes.** wird üblicherweise in den Gesellschaftsverträgen das Stimmrecht an die Höhe der festen Kapitalkonten geknüpft und mit Mehrheit abgestimmt; bei dieser Regelung kann eine Mehrheitsbeteiligung durch Stimmrechte begründet werden. Sofern eine Abstimmung nach Köpfen vorgesehen ist (§ 119 Abs. 2 HGB), kann eine Mehrheitsbeteiligung nur dadurch entstehen, dass einem Gesellschafter die Stimme eines anderen gem. § 16 Abs. 4 AktG zuzurechnen ist (z.B. wenn ein herrschendes Unternehmen, sein abhängiges TU und ein fremder Dritter Gesellschafter einer dreiköpfigen PersGes. sind). Wenn dagegen, was praktisch kaum vorkommt, entsprechend der gesetzlichen Regelung in § 119 Abs. 1 HGB für alle Beschlüsse Einstimmigkeit erforderlich ist, kann eine Mehrheitsbeteiligung weder unmittelbar noch mittelbar begründet werden, weil es dann an Stimmrechten i.S.d. Gesetzes fehlt[105].

bb) Unmittelbare Mehrheitsbeteiligung

95 Beim **Nießbrauch** ist umstritten, ob dem Nießbraucher die Stimmrechte aus den Anteilen zustehen[106]. I.d.R. bleibt der Nießbrauchsbesteller Inhaber der Stimmrechte. Soweit der mitgliedschaftspaltende Nießbrauch für zulässig gehalten wird, können Stimmrechte auf den Nießbraucher übergehen, der in dieser Rechtsstellung unter § 16 Abs. 1 AktG fällt[107].

---

102 *Koppensteiner* in Kölner Komm. AktG³, § 16, Rn. 43; *Krieger* in MünchHdb. AG³, § 68, Rn. 43; *Emmerich/Habersack*, Aktien- und GmbH-Konzernrecht⁶, § 16, Rn. 18a/25.

103 *Emmerich/Habersack*, Konzernrecht⁹, § 3, Rn. 5; *Emmerich/Habersack*, Aktien- und GmbH-Konzernrecht⁶, § 16, Rn. 22.

104 *Hüffer*, AktG⁹, § 16, Rn. 11; *Bayer* in MünchKomm. AktG³, § 16, Rn. 40; *Windbichler* in Großkomm. AktG⁴, § 16, Rn. 35.

105 Zustimmend *Windbichler* in Großkomm. AktG⁴, § 16, Rn. 45; ferner *Koppensteiner* in Kölner Komm. AktG³, § 16, Rn. 17; *Hüffer*, AktG⁹, § 16, Rn. 5; zur Stimmrechtsmehrheit bei Personenhandelsgesellschaften mit weiteren Fallgestaltungen vgl. *ADS*⁶, § 16 AktG, Tz. 13.

106 Vgl. hierzu OLG Koblenz v. 16.01.1992, NJW 1992, S. 2163; *Pohlmann* in MünchKomm. BGB⁵, § 1068, Rn. 69; *Bassenge* in Palandt, BGB⁶⁹, § 1068, Rn. 3.

107 *Hüffer*, AktG⁹, § 16, Rn. 7, m.w.N.; *Bayer* in MünchKomm. AktG³, § 16, Rn. 28.

Kein Stimmrecht hat hingegen ein Bevollmächtigter, v.a. Banken bei der Ausübung des Bankenstimmrechts.

Einem Unternehmen gehören nicht die Anteile, die es **für Rechnung** der Gesellschaft 96
hält. Damit entfällt die Möglichkeit, mit Anteilen, die eigenen Anteilen gleichstehen, eine Stimmrechtsmehrheit zu begründen. Dieses Ergebnis wird bei der AG noch dadurch gestützt, dass aus diesen Anteilen nach der Regelung des § 136 Abs. 2 AktG die Stimmrechte nicht ausgeübt werden können. Das entspricht auch dem Sinn der Vorschrift, der sich v.a. in der Abhängigkeitsvermutung des § 17 Abs. 2 AktG zeigt. Kann der Anteilseigner keine Stimmrechte ausüben, so besteht nicht die in § 17 Abs. 2 AktG vermutete latente Beherrschungsmöglichkeit.

Ist jedoch ein Anteilsbesitzer lediglich nach § 136 Abs. 1 AktG an der Stimmrechtsaus- 97
übung gehindert (z.B. wegen Interessenkollision), so kann dies nicht die Mehrheitsbeteiligung beseitigen. Wenn daher ein mit Mehrheit beteiligter Einzelunternehmer über seine Entlastung nicht abstimmen kann, so entfallen durch diese einmalige Verhinderung bei der Stimmrechtsausübung nicht die Voraussetzungen des § 16 Abs. 1 AktG. Ist dagegen die Stimmenzahl gem. § 134 Abs. 1 AktG beschränkt oder können die Stimmrechte wegen der nichterfüllten Anzeigepflicht gem. § 20 Abs. 7 AktG oder § 28 WpHG nicht ausgeübt werden, so bleiben diese Stimmrechte außer Betracht[108].

cc) Mittelbare Mehrheitsbeteiligung

Auch bei der Feststellung einer Mehrheitsbeteiligung aufgrund von Stimmrechten ist die 98
Zurechnungsvorschrift des § 16 Abs. 4 AktG anzuwenden. In ihr werden zwar die Stimmrechte nicht unmittelbar angesprochen. Da bei zuzurechnenden Anteilen jedoch fingiert wird, dass sie dem Unternehmen gehören, andererseits nach § 16 Abs. 3 AktG Stimmrechte aus dem Unternehmen gehörenden Anteilen eine Mehrheitsbeteiligung begründen können, ist die Verbindung zu § 16 Abs. 4 AktG hergestellt.

Daher sind alle Stimmrechte aus solchen Anteilen zuzurechnen, bei denen die Voraussetzungen des § 16 Abs. 4 AktG vorliegen. Die Ausführungen zur Zurechnung von Anteilen bei Ermittlung einer Kapitalmehrheit gelten also auch unmittelbar für die Bestimmung einer Stimmrechtsmehrheit.

5. Abhängige und herrschende Unternehmen
a) Allgemeines

Die Vorschriften über abhängige und herrschende Unternehmen in § 17 AktG stellen die 99
zentralen Regelungen für das Recht der verbundenen Unternehmen dar. Sie sind Kern der Vermutungskette: von einem in Mehrheitsbesitz stehenden Unternehmen wird nach § 17 Abs. 2 AktG vermutet, dass es abhängig ist; von einem abhängigen Unternehmen besteht nach § 18 Abs. 1 S. 3 AktG eine Vermutung, dass das herrschende Unternehmen mit dem abhängigen Unternehmen einen Konzern bildet; diese Vermutung kann durch den Nachweis fehlender einheitlicher Leitung widerlegt werden. Wird sie nicht widerlegt, so kommen zugleich die für Konzernverhältnisse vorgesehenen Bestimmungen zur Anwendung. Nach Art. 9 Abs. 1 Buchst. c ii SE-VO gelten die Vorschriften für abhängige und herrschende Unternehmen auch für eine SE mit Sitz im Inland (vgl. Tz. 40, 62).

---

[108] *Windbichler* in Großkomm. AktG[4], § 16, Rn. 35; *Koppensteiner* in Kölner Komm. AktG[3], § 16, Rn. 46; *Hüffer*, AktG[9], § 16, Rn. 11; *ADS*[6], § 16 AktG, Tz. 8 a.E.; a.A. mit beachtlichen Gründen *Krieger* in MünchHdb. AG[3], § 68, Rn. 32: Rechtsverletzung darf nicht privilegieren.

100 Eine der wesentlichen Rechtsfolgen dient der Absicherung einer abhängigen Gesellschaft, ihrer Aktionäre und Gläubiger gegen Benachteiligungen durch den Einfluss des herrschenden Unternehmens (§§ 311–318 AktG). Diesem Zweck dient v.a. die Verpflichtung des herrschenden Unternehmens, Benachteiligungen der abhängigen Gesellschaft auszugleichen, und in Verbindung damit der „Bericht über Beziehungen zu verbundenen Unternehmen", den der Vorstand einer abhängigen Gesellschaft für jedes GJ aufzustellen hat.

101 Das Abhängigkeitsverhältnis des § 17 AktG setzt, wie alle Unternehmensverbindungen, auf beiden Seiten Unternehmen voraus[109]. Im Hinblick auf herrschende Unternehmen wird in der Rspr. darauf abgestellt, ob bei dem Gesellschafter außerhalb der Gesellschaft, an der er beteiligt ist, eine wirtschaftliche Interessenbindung besteht, die stark genug ist, um die ernste Besorgnis zu begründen, der Gesellschafter könnte um ihretwillen seinen Einfluss zum Nachteil der Gesellschaft geltend machen, vgl. Tz. 42 f. Im Zusammenhang mit der Entwicklung der Rspr. zunächst zum qualifiziert faktischen Konzern, später zur Haftung bei qualifizierter Nachteilszufügung wurde dieser Grundsatz für den Gesellschafter von GmbH bestätigt[110]. Diese Rechtsfolgen können auch Gebietskörperschaften betreffen. Durch gesetzliche Normierung als herrschendes Unternehmen ausgenommen wurde die Treuhandanstalt (vgl. Art. 28a EGAktG; vgl. hierzu Tz. 53).

b) Der Abhängigkeitsbegriff

aa) Einheitliche Begriffsbestimmung in § 17 AktG

102 Verschiedene Vorschriften des AktG[111] und die Rspr.[112] nehmen auf den Abhängigkeitsbegriff Bezug. Für die Anwendung des Begriffs im einzelnen Fall kommt es darauf an, ob ihm eine einheitliche oder eine differenzierte Auslegung zukommt.

103 In der Vergangenheit wurde vereinzelt eine differenzierte, auf den jeweiligen normativen Einzelzusammenhang abstellende Auslegung des Abhängigkeitsbegriffs befürwortet[113]. So sollte der Abhängigkeitsbegriff z.B. im Rahmen der §§ 302 Abs. 2 und 311 ff. AktG enger als sonst ausgelegt werden. Die h.M. steht einer solchen, den Begriff der Abhängigkeit im Rahmen der einzelnen Vorschriften modifizierenden Auslegung jedoch ablehnend gegenüber[114]. Zweck einer Definitionsnorm wie § 17 Abs. 1 AktG ist vielmehr die einheitliche Festlegung des Begriffs für alle Vorschriften des Gesetzes. Darüber hinaus hat sie rechtsformübergreifende Bedeutung, die teilweise im Rahmen rechtsfortbildender Entscheidungen entwickelt wurde; ferner nehmen andere Gesetze auf den Abhängigkeitsbegriff Bezug[115]. Keine Bedeutung kommt § 17 AktG hingegen im Hinblick auf die Voraussetzungen der organisatorischen Eingliederung bei der umsatzsteuerlichen Organschaft zu[116].

---

109 Vgl. Tz. 41.
110 Zur sog. eingliedrigen Gesellschaft vgl. z.B. BGH v. 23.09.1991, BGHZ 115, S. 187/195 „Video"; BGH v. 23.09.1993, BGHZ 122, S. 123 = ZIP 1993, S. 589 „TBB".
111 Z.B. § 18 Abs. 1 S. 3; § 56 Abs. 2; § 71d S. 2; §§ 311, 312; § 302 Abs. 2 AktG.
112 Vgl. z.B. BGH v. 13.10.1977, BGHZ 69, S. 337/347 „Veba/Gelsenberg"; v. 16.09.1985, BGHZ 95, S. 330 „Autokran", v. 20.02.1989, BGHZ 107, S. 7 „Tiefbau"; v. 17.03.1997, BGHZ 135, S. 107/114 „VW".
113 *Biedenkopf/Koppensteiner* in Kölner Komm. AktG, § 17, Rn. 9–14.
114 Vgl. *Koppensteiner* in FS Stimpel, S. 811/822; *Koppensteiner* in Kölner Komm. AktG[3], § 17, Rn. 11; *Hüffer*, AktG[9], § 17, Rn. 3; *Emmerich/Habersack*, Aktien- und GmbH-Konzernrecht[6], § 17, Rn. 4; BGH v. 26.03.1984, BGHZ 90, S. 381; *Ulmer*, ZGR 1978, S. 457/459.
115 Z.B. GWB, KWG, WpHG.
116 BFH v. 03.04.2008, DB 2008, S. 1544.

bb) Die Beherrschungsmöglichkeit

Das Abhängigkeitsverhältnis beruht auf der Möglichkeit zum beherrschenden Einfluss. **104**
Es genügt, dass ein Unternehmen die Möglichkeit hat, auf ein anderes Unternehmen unmittelbar oder mittelbar beherrschenden Einfluss auszuüben; aus der Sicht des abhängigen Unternehmens ist das die Lage, in der ein anderes Unternehmen auf dieses Einfluss nehmen kann. Dieser braucht nicht tatsächlich ausgeübt zu werden, das kommt in den Worten „... beherrschenden Einfluss ausüben kann" zum Ausdruck[117]. Unerheblich ist deshalb auch, ob die Absicht besteht, das andere Unternehmen zu beherrschen. **Beherrschungsmöglichkeit** i.S.d. § 17 AktG ist gegeben, wenn ein Unternehmen über gesicherte (gesellschafts-)rechtliche Beherrschungsmöglichkeiten verfügt, die es ihm ermöglichen, die Geschäfts- und Unternehmenspolitik des (abhängigen) Unternehmens nach seinem Willen zu beeinflussen[118]. Die Beherrschungspflicht ist gegeben, sobald dem Gesellschafter die Mitgliedschaftsrechte zustehen. Bei einem Wechsel im Mitgliederbestand ist dies ab dem Zeitpunkt des dinglichen Anteilserwerbs gegeben: ob im Vorfeld des dinglichen Erwerbs (z.B. nach Abschluss des Kaufvertrages, aber vor dessen dinglichem Vollzug (Closing)) eine solche Einwirkungsmöglichkeit bereits besteht, ist noch nicht ausdiskutiert[119].

Nicht erforderlich ist, dass der beherrschende Einfluss sofort durchgesetzt werden kann. **105**
Es genügt, wenn der beherrschende Einfluss im Rahmen der gesellschaftsrechtlichen Möglichkeiten unabhängig von der Mitwirkung Dritter und somit notfalls erst über Wahlen zum AR oder über die Bestellung anderer Vorstandsmitglieder zur Geltung gebracht werden kann[120]. Diese Beherrschungsmöglichkeit muss eine gewisse Breite entfalten[121], doch genügt es, dass infolge des maßgeblichen Einflusses auf die personelle Besetzung der Verwaltungsorgane die Wahrscheinlichkeit einflusskonformen Verhaltens der Organmitglieder besteht[122].

cc) Beständigkeit der Einflussmöglichkeit

Wie sich aus der Begründung zum RegE ergibt, knüpft der Gesetzgeber an Ausführungen **106**
des RG zum Begriff des Abhängigkeitsverhältnisses an[123]. Das RG hatte darauf abgestellt, ob das (herrschende) Unternehmen in der Lage ist, das (abhängige) Unternehmen seinem Willen zu unterwerfen und diesen bei ihm durchzusetzen; das herrschende Unternehmen muss die Willensbildung des anderen Unternehmens nach seinen Wünschen gestalten können. Die Beherrschungsmöglichkeit darf nicht lediglich auf zufälligen, dem Willen des herrschenden Unternehmens nicht unterworfenen und veränderlichen Umständen beruhen. Zufälligkeiten begründen kein Abhängigkeitsverhältnis, ebensowenig die fallweise, aber nicht gesicherte Mitwirkung Dritter, um eine Mehrheit innezuhaben[124]. Diese Betrachtungsweise gilt jetzt als zu eng; vorausgesetzt wird nunmehr die **Beständigkeit der Einflussmöglichkeit**. Das impliziert i.d.R. eine gewisse Dauer, doch kann eine vor-

---

117 Begr. RegE § 17, *Kropff*, AktG, S. 31.
118 *Hüffer*, AktG[9], § 17, Rn. 4; *ADS*[6], § 17 AktG, Tz. 13; *Emmerich/Habersack*, Aktien- und GmbH-Konzernrecht[6], § 17, Rn. 4.
119 Dazu *Bayer* in MünchKomm. AktG[3], § 17, Rn. 53; *Lutter* in FS Steindorff, S. 125/132; *Weber*, ZIP 1994, S. 678/687.
120 *ADS*[6], § 17 AktG, Tz. 26; *Bayer* in MünchKomm. AktG[3], § 17, Rn. 26.
121 OLG Frankfurt v. 22.12.2003, AG 2004, S. 567 „umfassender Einfluss".
122 H.M.: OLG Düsseldorf v. 22.07.1993, AG 1994, S. 36/37; *Hüffer*, AktG[9], § 17, Rn. 5; *Krieger* in MünchHdb. AG[3], § 68, Rn. 38; *Emmerich/Habersack*, Aktien- und GmbH-Konzernrecht[6], § 17, Rn. 7; *Ulmer*, ZGR 1978, S. 457/461.
123 RG v. 21.04.1941, RGZ 167, S. 40.
124 RG v. 21.04.1941, RGZ 167, S. 49/50.

übergehende Beteiligung zur Einflussvermittlung genügen[125]. Daher ist eine Bank, die im Fall des § 186 Abs. 5 AktG die Aktien aus einer Kapitalerhöhung übernommen hat, um sie den Aktionären anzubieten, während der Zeit der Bezugsrechtsausübung nicht als herrschendes Unternehmen anzusehen[126]. Überhaupt wird ein Anteilsbesitz, der von vornherein nur für wenige Wochen vorgesehen war und auch tatsächlich nicht länger gedauert hat, häufig zur Begründung eines beherrschenden Einflusses i.S.d. hierfür erforderlichen Beständigkeit und Verlässlichkeit nicht ausreichen[127]; denn schon aus zeitlichen Gründen wird es bei dem Beteiligungsunternehmen in solchen Fällen u.U. nicht möglich sein, beherrschenden Einfluss auszuüben[128].

dd) Die Beherrschungsmittel

107 Das bedeutsamste Beherrschungsmittel ist die **Beteiligung** durch die sich aus ihr ergebenden gesellschaftsrechtlichen Einflussnahmemöglichkeiten[129]. Ein Mehrheitsgesellschafter kann durch Ausübung seines Stimmrechts in der HV und ggf. im AR des Unternehmens Einfluss geltend machen und dadurch in die Innenstruktur der AG eingreifen. Auch eine Minderheitsbeteiligung kann zu beherrschendem Einfluss führen, z.B. wenn das mit Minderheit beteiligte Unternehmen mit Sicherheit auf die Mitwirkung anderer Aktionäre rechnen kann (etwa aufgrund eines Pool- oder Konsortialvertrages) und dadurch die Mehrheit gewährleistet ist, ebenso bei im Übrigen zersplittertem Anteilsbesitz sowie bei Präsenzmehrheit (vgl. Tz. 115)[130].

108 Die familiäre Verbundenheit eines Minderheitsaktionärs mit anderen Aktionären lässt nicht ohne weiteres den Schluss zu, dass zwischen ihnen eine ausreichend sichere und beständige Interessenverbindung besteht; wenn jedoch die Familie in der Vergangenheit stets als geschlossene Einheit aufgetreten ist, spricht dies für einen verfestigten Interessenverbund, so dass dem Aktionär die Stimmen der anderen Familienmitglieder zuzurechnen sind[131].

109 Rein **tatsächliche Verhältnisse** reichen trotz enger wirtschaftlicher Verflechtungen nicht aus, ein Abhängigkeitsverhältnis zu begründen. Dies erscheint auch deswegen zweifelhaft, „weil sie es in aller Regel nicht gestatten, sich das abhängige Unternehmen ohne Rücksicht auf zufällige Entwicklungen und auf die nicht sichere Mitwirkung anderer zu unterwerfen"[132]. Das gilt selbst im Falle einer geschäftlichen Bindung mit besonders weitgehenden, auf eine Beherrschung des ganzen Unternehmens hinauslaufenden Direktions- und Kontrollmöglichkeiten (anders ggf. bei Beteiligung der öffentlichen Hand, die infolge solcher Vereinbarungen eine einem Beherrschungsvertrag vergleichbare Stellung erlangt). Eine solche Lage kann sich zwar als Ausfluss der Marktlage oder einer erheblichen Verschuldung gegenüber einem anderen Unternehmen ergeben; für sich allein

---

125 *Hüffer*, AktG[9], § 17, Rn. 7; *Krieger* in MünchHdb. AG[3], § 68, Rn. 39.
126 *Bayer* in MünchKomm. AktG[3], § 17, Rn. 62; *ADS*[6], § 17 AktG, Tz. 17.
127 *Emmerich/Habersack*, Aktien- und GmbH-Konzernrecht[6], § 17, Rn. 13; *Krieger* in MünchHdb. AG[3], § 68, Rn. 39; *Hüffer*, AktG[9], § 17, Rn. 7; BGH v. 17.03.1997, BGHZ 135, S. 107/114 „VW".
128 Im Ergebnis ebenso *Rittner*, DB 1976, S. 1465/1469; *Koppensteiner* in Kölner Komm. AktG[3], § 17, Rn. 25; *ADS*[6], § 17 AktG, Tz. 19.
129 Ganz h.M.: BGH v. 26.03.1984, NJW 1984, S. 1893; v. 19.01.1993, NJW 1993, S. 2114; v. 17.03.1997, NJW 1997, S. 1855/1856; *Emmerich/Habersack*, Aktien- und GmbH-Konzernrecht[6], § 17, Rn. 14; *Krieger* in MünchHdb. AG[3], § 68, Rn. 40; *Bayer* in MünchKomm. AktG[3], § 17, Rn. 34; *Hüffer*, AktG[9], § 17, Rn. 8; *ADS*[6], § 17 AktG, Tz. 21.
130 Vgl. u.a. BGH v. 13.10.1977, BGHZ 69, S. 334/337 „VEBA/Gelsenberg"; OLG Karlsruhe v. 11.12.2003, AG 2004, S. 147/148.
131 BGH v. 16.02.1981, DB 1981, S. 931, 932.
132 *Kropff*, AktG, S. 31; *Emmerich/Habersack*, Aktien- und GmbH-Konzernrecht[6], § 17, Rn. 15, 16.

begründen die Verschuldung und die sich aus dem Kreditvertrag ggf. ergebenden Rechte dagegen kein Abhängigkeitsverhältnis[133]. Geschäftliche Beziehungen führen daher i.d.R. nur zusammen mit Einflussmöglichkeiten einer Beteiligung zu einem Abhängigkeitsverhältnis[134]. Die Abhängigkeit aus schuldrechtlichen Verträgen wird z.b. bei starker organisatorischer Einbindung infolge von Just-in-time-Lieferverträgen oder bei Franchising (der zweiten Generation) oder auch bei weit reichenden Rechten bei Fehlverhalten in Kreditverträgen diskutiert[135]. Der Ausgleich bestimmter Rechtsschutzdefizite bei solchen Verflechtungen durch das Konzernrecht wird jedoch weiterhin zu Recht angezweifelt.

110 Grundlage der Abhängigkeit ist stets die gesellschaftsrechtliche Verbindung zwischen den Unternehmen. Dem entspricht es, dass der BGH in einem Urteil vom 26.03.1984 für einen beherrschenden Einfluss i.S.v. § 17 AktG generell voraussetzt, dass der Einfluss „**gesellschaftsrechtlich bedingt** oder zumindest **vermittelt**" ist; denn Zweck der Vorschriften über verbundene Unternehmen sei der Schutz gegen nachteilige Einwirkungen auf die Unternehmensführung unter Ausnutzung spezifisch gesellschaftsrechtlicher Möglichkeiten, nicht dagegen der Schutz vor Gefahren, die jedem auf dem Markt auftretenden Unternehmen von der Ausübung fremder wirtschaftlicher Macht drohen. Deshalb reicht eine durch Austauschbeziehungen, z.B. Liefer-, Lizenz- oder Kreditverträge begründete rein wirtschaftliche Abhängigkeit für sich allein nicht aus[136]. Dagegen können außergesellschaftsrechtliche Einflüsse auch nach Auffassung des BGH einen schon bestehenden gesellschaftsrechtlichen Einfluss so verstärken, dass dieser zu einem beherrschenden Einfluss i.S.v. § 17 AktG wird. Das ist allerdings nur bei Gestaltungen denkbar, in denen die gesellschaftsrechtliche Machtstellung schuldrechtlich verstärkt wird, etwa wenn der außergesellschaftsrechtliche Einfluss die Einwirkung auf gesellschaftsrechtliche Entscheidungen, z.B. die Organbesetzung, vermittelt[137]. Im Urteilsfall hat der BGH die unter 25% liegende Beteiligung einer Bank i.V.m. einer wirtschaftlich bedeutsamen Gläubigerposition nicht als ausreichende Grundlage für eine abgesicherte, umfassende und beständige Einflussmöglichkeit, wie sie § 17 AktG verlangt, angesehen.

111 Andererseits muss die tatsächliche Beherrschung selbst nicht auf einer **rechtlichen Grundlage** beruhen[138]; v.a. wird eine Weisungsbefugnis hier ebensowenig vorausgesetzt wie für den Begriff der einheitlichen Leitung i.S.v. § 18 AktG. Wesentliches Beherrschungsmittel ist vielmehr der durch die Stimmenmacht ausgeübte Einfluss. Dies folgt auch aus der an das Vorliegen einer Mehrheitsbeteiligung geknüpften Vermutung der Abhängigkeit[139]. Zu Besonderheiten der durch Stimmrechte begründeten Abhängigkeit vgl. Tz. 118.

---

133 Verneint für Austauschbeziehungen, z.B. Liefer-, Lizenz- oder Kreditbeziehungen, OLG Karlsruhe v. 11.12.2003, AG 2004, S. 147/148.
134 BGH v. 26.03.1984, BGHZ 90, S. 381/395 „BUM"; v. 17.03.1997, BGHZ 135, S. 107/114 „VW"; OLG Frankfurt v. 21.11.1995, AG 1998, S. 139/140, sowie v. 22.12.2003, AG 2003, S. 567; *Emmerich/Habersack*, Aktien- und GmbH-Konzernrecht[6], § 17, Rn. 16; *Hüffer*, AktG[9], § 17, Rn. 8; *Dierdorf*, Herrschaft und Abhängigkeit einer AG auf schuldvertraglicher und tatsächlicher Grundlage, S. 258; *Martens*, Die existenzielle Wirtschaftsabhängigkeit, S. 58.
135 *Windbichler* in Großkomm. AktG[4], § 17, Rn. 41; *Bayer* in MünchKomm. AktG[3], § 17, Rn. 30.
136 *Krieger* in MünchHdb. AG[3], § 68, Rn. 40; *Hüffer*, AktG[9], § 17, Rn. 8.
137 BGH v. 26.03.1984, DB 1984, S. 1188, 1190; OLG Düsseldorf v. 27.07.1993, WM 1994, S. 842/845; *ADS*[6], § 17 AktG, Tz. 29 und 91; h.M.: vgl. hierzu *Koppensteiner* in FS Stimpel, S. 811/814; *Hüffer*, AktG[9], § 17, Rn. 8; *Ulmer*, ZGR 1978, S. 457/465; *Emmerich/Habersack*, Aktien- und GmbH-Konzernrecht[6], § 17, Rn. 16a; ablehnend zur sog. „kombinierten" Beherrschung *Koppensteiner* in Kölner Komm. AktG[3], § 17, Rn. 68.
138 Vgl. auch *Godin/Wilhelmi*, AktG[4], § 17, Rn. 2.
139 *Krieger* in MünchHdb. AG[3], § 68, Rn. 41; *Emmerich/Habersack*, Aktien- und GmbH-Konzernrecht[6], § 17, Rn. 14.

Im Regelfall nicht zur Beeinträchtigung der Beherrschungsmöglichkeit führt bei AG die Zusammensetzung des AR nach dem **Mitbestimmungsgesetz**. Hier haben in Pattsituationen die Anteilseigner über die Zweitstimme des AR-Vorsitzenden ein Entscheidungsrecht[140]. Gleiches wird überwiegend für AG angenommen, die nach dem Montan-MitbestG mitbestimmt sind[141].

Das **Bankenstimmrecht** (§ 135 AktG) begründet weder einen herrschenden Einfluss für ein Kreditinstitut, das aufgrund dieses Stimmrechts regelmäßig mehr als die Hälfte des Stimmrechts vertritt, noch für einen Aktionär, der zusammen mit dem Bankenstimmrecht über die Mehrheit in der HV verfügt; denn das Kreditinstitut handelt nur als Bevollmächtigter der Aktionäre und ist von deren Weisungen abhängig. Dass die Depotkunden den Abstimmungsvorschlägen der Kreditinstitute i.d.R. folgen, ist hierbei ohne Bedeutung[142].

112 Als Beherrschungsmittel kommen neben der Beteiligung[143] v.a. sonstige **vertragliche Bindungen** in Frage. Dass ein Beherrschungsvertrag ein Abhängigkeitsverhältnis begründet, ergibt sich unmittelbar aus dem Gesetz selbst (§ 291 Abs. 2 AktG). Auch die mit einem isolierten GAV verbundenen Begleitumstände führen als Indiz i.d.R. zu einem Abhängigkeitsverhältnis; das Gleiche gilt bei anderen Unternehmensverträgen, z.B. einem Vertragsverhältnis, aufgrund dessen eine Gesellschaft ihr Unternehmen für Rechnung eines anderen führt (§ 291 Abs. 1 S. 2 AktG)[144]. Dagegen hat die Weisungsgebundenheit, die ein normaler Dienstvertrag oder ein sonstiger, auf eine Leistung gerichteter Vertrag mit sich bringt, keine Abhängigkeit zur Folge; denn die Weisungsgebundenheit bezieht sich nur auf die zu erbringenden Leistungen, nicht auf die Geschäftsführung des verpflichteten Unternehmens als solche.

ee) Verbotsrechte als Beherrschungsmittel

113 Grundsätzlich erfordert ein Beherrschungsverhältnis die Möglichkeit, die Entscheidungen des anderen Unternehmens zu beeinflussen; es genügt nicht, dass ein Unternehmen in der Lage ist, bestimmte Handlungen eines anderen Unternehmens zu verhindern. Eine gesellschaftsrechtliche Sperrminorität stellt kein Beherrschungsmittel dar, da mit ihr nur Entscheidungen blockiert, i.d.R. aber nicht herbeigeführt werden können[145]. Aber auch nichtgesellschaftsrechtliche Verbotsrechte beschränken sich i.d.R. auf ganz bestimmte Handlungen und können daher zwar die geschäftspolitische Freiheit des Unternehmens in dieser oder jener Hinsicht beeinträchtigen, führen aber nur im Ausnahmefall dazu, dass das Unternehmen in den Grundzügen seiner Geschäftspolitik dem Willen des anderen unterworfen ist. Nur in sehr seltenen Fällen, z.B. bei Verbindung mit anderen satzungsmäßigen Rechten, können Verbotsrechte in einzelnen Bereichen der unternehmerischen Betätigung so bedeutsam sein, dass sie zu einem Beherrschungsmittel werden und das

---

140 H.M.: so z.B. *Koppensteiner* in Kölner Komm. AktG³, § 17, Rn. 121; *Hüffer*, AktG⁹, § 17, Rn. 11; *Schall* in Spindler/Stilz, AktG, § 18, Rn. 54.

141 *Hüffer*, AktG⁹, § 17, Rn. 11; *Krieger* in MünchHdb. AG³, § 68, Rn. 60; a.A. *Koppensteiner* in Kölner Komm. AktG³, § 17, Rn. 120; *ADS*⁶, § 17 AktG, Tz. 55.

142 *Bayer* in MünchKomm. AktG³, § 17, Rn. 46 ff.; *Koppensteiner* in Kölner Komm. AktG³, § 17, Rn. 48; *Hüffer*, AktG⁹, § 17, Rn. 10; *Emmerich/Habersack*, Aktien- und GmbH-Konzernrecht⁶, § 17, Rn. 24; *Krieger* in MünchHdb. AG³, § 68, Rn. 43; a.A. *Werner/Peters*, BB 1976, S. 393, und AG 1978, S. 297/302/303.

143 *Bayer* in MünchKomm. AktG³, § 17, Rn. 34 ff.; *Hüffer*, AktG⁹, § 17, Rn. 9.

144 *Emmerich/Habersack*, Aktien- und GmbH-Konzernrecht⁶, § 17, Rn. 22, 23; *Bayer* in MünchKomm. AktG³, § 17, Rn. 64 ff.

145 H.M.: *Koppensteiner* in Kölner Komm. AktG³, § 17, Rn. 43; *Hüffer*, AktG⁹, § 17, Rn. 10; *Emmerich/Habersack*, Aktien- und GmbH-Konzernrecht⁶, § 17, Rn. 25.

Unternehmen praktisch dazu nötigen, sich dem anderen Unternehmen in den wesentlichen Beziehungen unterzuordnen[146].

ff) Verflechtung der Verwaltungen als Beherrschungsmittel
Ein Abhängigkeitsverhältnis kann durch **Personenidentität** in den Verwaltungen der Unternehmen begründet werden, und zwar v.a. dann, wenn ein gesellschaftsrechtlich vermitteltes Beherrschungsverhältnis besteht. Die Beherrschung durch Personenverflechtungen ohne qualifizierte gesellschaftsrechtliche Beteiligung ist die Ausnahme, da in diesen Fällen die Beständigkeit nicht gesichert ist. Im Übrigen wäre dieser Fall z.B. dann gegeben, wenn Mitglieder der Geschäftsleitung eines Unternehmens zugleich der Geschäftsleitung eines zweiten Unternehmens angehören und dort bestimmenden Einfluss besitzen, d.h. ihren Willen (und damit ggf. auch den des erstgenannten Unternehmens) gegenüber den übrigen Mitgliedern der Geschäftsleitung durchzusetzen vermögen, etwa weil sie diese überstimmen können[147]. Je nach den Verhältnissen kann sich in einer personellen Verflechtung auch eine einheitliche Leitung beider Unternehmen manifestieren, und zwar sowohl in der Form der Unterordnung wie auch in der Form der Gleichordnung[148]. 114

gg) Minderheitsbeteiligung; Präsenzmehrheit in der Hauptversammlung
Bei Bestehen einer Minderheitsbeteiligung kann die Abhängigkeit durch Hinzutreten besonderer Rechte oder Umstände entstehen[149]. Das ist nicht der Fall bei Angewiesensein auf die freiwillige Unterstützung durch andere Gesellschafter. Somit wird eine Abhängigkeit nicht begründet durch zufällige Mehrheitsverhältnisse in der HV. Wenn jedoch das beteiligte Unternehmen praktisch immer mit der Präsenzmehrheit rechnen kann und sie auch durch entsprechende Entscheidung bei der Besetzung der Organe ausnutzen kann, ist unter Berücksichtigung der sonstigen Umstände Abhängigkeit zu bejahen. Dasselbe gilt, wenn der übrige Anteilsbesitz weit gestreut ist und sich deshalb in der HV gegenüber dem Paketbesitz mit an Gewissheit grenzender Wahrscheinlichkeit nicht durchzusetzen vermag. Dies ist auch in der Rspr. anerkannt. So hat der BGH ausgeführt, auch eine unter 50 v.H. liegende Beteiligung könne i.V.m. weiteren verlässlichen Umständen rechtlicher oder tatsächlicher Art einen beherrschenden Einfluss i.S.v. § 17 Abs. 1 AktG begründen[150]. 115

hh) Die mittelbare (mehrstufige) Abhängigkeit
Der beherrschende Einfluss kann auch mittelbar gegeben sein, und zwar v.a. bei mehrstufigen Beteiligungen, ferner auch über einen Trh., der die Anteile des herrschenden Unternehmens an dem anderen Unternehmen hält. Wenn z.B. das Unternehmen A an dem Unternehmen B und dieses wiederum an C mit Mehrheit beteiligt ist, ohne dass die Abhängigkeitsvermutung zwischen B und A oder C und B widerlegt ist, besteht nicht nur ein Abhängigkeitsverhältnis von B gegenüber A und von C gegenüber B, sondern auch eine 116

---
146 *Emmerich/Habersack*, Aktien- und GmbH-Konzernrecht⁶, § 17, Rn. 25; *Windbichler* in Großkomm. AktG⁴, § 17, Rn. 23.
147 *Windbichler* in Großkomm. AktG⁴, § 17, Rn. 43; *Krieger* in MünchHdb. AG³, § 68, Rn. 47; a.A. *Koppensteiner* in Kölner Komm. AktG³, § 17, Rn. 62.
148 Vgl. hierzu RG v. 21.04.1941, RGZ 167, S. 40/54, und Erl. zu § 18 AktG, Tz. 157; *ADS*⁶, § 17 AktG, Tz. 63.
149 *Emmerich/Habersack*, Aktien- und GmbH-Konzernrecht⁶, § 17, Rn. 18; BGH v. 17.03.1997, NJW 1997, S. 1855/1856 „VW"; BayOLG v. 06.03.2002, AG 2002, S. 511/513; OLG Frankfurt v. 30.04.1997, NZG 1998, S. 229; LG Mannheim v. 25.02.2002, AG 2003, S. 216/217.
150 Urteil im Veba-Gelsenberg-Fall v. 13.10.1977, WPg 1978, S. 80 = BB 1977, S. 1665; BGH v. 17.03.1997, BGHZ 135, S. 107/114; *Hüffer*, AktG⁹, § 17, Rn. 9; *Koppensteiner* in Kölner Komm. AktG³, § 17, Rn. 40 ff.; *ADS*⁶, § 17 AktG, Tz. 35.

mittelbare Abhängigkeit von C gegenüber A[151]. A kann wegen seines Einflusses auf B mittelbar auch die Geschäftspolitik bei C bestimmen. Das Beispiel zeigt zugleich, dass ein Unternehmen gegenüber mehreren anderen abhängig sein kann (C ist sowohl von B als auch von A abhängig) und dass es gleichzeitig gegenüber dem einen Unternehmen abhängig und gegenüber dem anderen beherrschend sein kann (so im Beispielsfall das Unternehmen B)[152].

117 Die unmittelbaren Abhängigkeitsbeziehungen werden durch die mittelbare Abhängigkeit nicht absorbiert. Im Beispielsfall entfällt also das Abhängigkeitsverhältnis von C zu B nicht etwa deshalb, weil C mittelbar auch von A abhängig ist. Eine mehrstufige Abhängigkeit, die für vertikal gegliederte Konzerne typisch ist, führt somit stets zu mehrfacher Abhängigkeit der untenstehenden Unternehmen.

ii) Abhängigkeit von mehreren (untereinander unabhängigen) Unternehmen

118 Ein Unternehmen kann, auch ohne dass es sich um eine mehrstufige Beteiligung (wie in Tz. 116) handelt, von mehreren anderen Unternehmen abhängig sein, d.h. gleichzeitig zu mehreren Unternehmen in (je einem gesonderten) Abhängigkeitsverhältnis stehen. Nahe liegt die Annahme einer Abhängigkeit von mehreren miteinander nicht verbundenen Unternehmen v.a. in den Fällen, in denen zwei Unternehmen je zur Hälfte an einem anderen Unternehmen beteiligt sind (z.B. bei Gemeinschaftsunternehmen). In der aktienrechtlichen Literatur ist zunächst eine Abhängigkeit von beiden beteiligten Unternehmen überwiegend abgelehnt worden mit der Begründung, keines der beteiligten Unternehmen könne ohne Mitwirkung des anderen Unternehmens beherrschenden Einfluss ausüben, jedes sei auf die Unterstützung des anderen Unternehmens angewiesen; da jedoch keines der Unternehmen mit Sicherheit mit dieser Unterstützung rechnen könne, sei das entscheidende Merkmal des Abhängigkeitsbegriffs, wie ihn das RG umschrieben hatte, nämlich die Beherrschungsmöglichkeit durch ein (einzelnes) Unternehmen[153], nicht erfüllt. Gemeinsamer beherrschender Einfluss ist z.B. in § 36 Abs. 2 S. 2 GWB anerkannt; danach gilt im Falle des Zusammenwirkens zur gemeinsamen Beherrschung jedes der beteiligten Unternehmen als herrschendes Unternehmen. Die steuerliche Anerkennung der sog. Mehrmütterorganschaft durch eine PersGes., in der sich mehrere beteiligte Unternehmen zum Zwecke der Begründung einer steuerlichen Organschaft gegenüber einer (abhängigen) Organgesellschaft zusammenschließen konnten, wurde nach zuletzt mehrfachem Meinungswandel in der Rspr. und Gesetzgebung durch das Steueränderungsgesetz 2003 abgeschafft[154].

119 Abhängigkeit von zwei Unternehmen liegt nicht vor, wenn nur eines dieser Unternehmen die Führung des Gemeinschaftsunternehmens übernimmt; ferner auch dann nicht, wenn die Herrschaftsausübung der Unternehmen allein auf deren unabhängiger Ausübung der Gesellschaftsrechte beruht[155]. Etwas anderes gilt aber dann, wenn die MU ihr Vorgehen gegenüber den Unternehmen koordinieren. Als Koordinationsmittel kommen Vereinba-

---

151 *Emmerich/Habersack*, Aktien- und GmbH-Konzernrecht⁶, § 17, Rn. 27.
152 *Krieger* in MünchHdb. AG³, § 68, Rn. 49.
153 RG v. 21.04.1941, RGZ 167, S. 40/49; vgl. hierzu *Barz* in FS Kaufmann, S. 59, 63; *Leo*, WPg 1968, S. 395; *Boetius*, DB 1970, S. 1964; *Schulze*, WPg 1968, S. 85; *Nordmeyer*, BB 1971, S. 70; *Schmidt, K.*, ZGR 1980, S. 277. Mit ausführlicher Darstellung *Bayer* in MünchKomm. AktG³, § 17, Rn. 76; *Koppensteiner* in Kölner Komm. AktG³, § 17, Rn. 83; *ADS*⁶, § 17 AktG, Tz. 40.
154 Ausgelöst durch BFH v. 24.03.1998, BStBl. II 1998, S. 447; BFH v. 09.06.1999, AG 2000, S. 181/182; Nichtanwendungserlass des BMF v. 04.12.2000, BStBl. I 2000, S. 1571; Gesetzesänderungen z.B. in BGBl. I 2000, S. 1433; BGBl. I 2001, S. 3858; BGBl. I 2003, S. 660.
155 *Vetter, J.* in Schmidt/Lutter, AktG, § 17, Rn. 46; BGH v. 08.05.1979, AG 1980, S. 50; OLG Frankfurt v. 22.12.2003, AG 2004, S. 567/568.

rungen (Konsortial- oder Stimmbindung) oder auch tatsächliche Verhältnisse in Betracht, die aber eine auf Dauer gerichtete gemeinsame Interessenverfolgung gewährleisten müssen[156]. Dies ist folgerichtig, geht man mit dem BGH davon aus, dass das Vorliegen eines Abhängigkeitsverhältnisses aus der Sicht des abhängigen und nicht des herrschenden Unternehmens zu beurteilen ist[157]. Vom Standpunkt des abhängigen Unternehmens sei es gleichgültig, ob der – nach außen einheitliche – fremde Unternehmenswille, dem die Gesellschaft unterworfen ist, von einem oder mehreren anderen Unternehmen gebildet werde; denn die Gefahr, zum eigenen Nachteil fremden Unternehmensinteressen dienstbar gemacht zu werden, sei für das abhängige Unternehmen auch in diesen Fällen gegeben.

120 Grundlegend ist die Entscheidung des BGH vom 04.03.1974[158]. Im Urteilsfall waren drei Familiengesellschaften an einer AG mit zusammen rd. 55 v.H. beteiligt; Gesellschafter dieser drei Familiengesellschaften waren, und zwar paritätisch, zwei Familienstämme, wobei allerdings innerhalb der beiden Stämme die Anteile der einzelnen Familienmitglieder an den Familiengesellschaften z.T. verschieden hoch waren. Diese Beteiligung der beiden Familienstämme über die drei Familiengesellschaften wertete der BGH als „tatsächlichen Umstand sonstiger Art", der eine „von vornherein gesicherte Herrschaftsmöglichkeit" über die AG biete. Die Einheitlichkeit der Einflussnahme sei hier durch die Parität der Familienstämme in den drei Familiengesellschaften gegeben, die eine gleichwertige Interessenverfolgung dieser Familiengesellschaften gewährleiste[159].

121 Die Entscheidung des BGH stimmt mit dem Urt. der Vorinstanz überein[160]. Sie deckt sich darin, ob die Beherrschung einer AG durch mehrere Unternehmen möglich ist, auch mit einem Beschluss des BAG vom 18.06.1970, der zu § 76 Abs. 4 BetrVerfG 1952 ergangen ist und die Frage betraf, ob die Arbeitnehmer der Beteiligungsgesellschaft bei der Wahl der Arbeitnehmervertreter zu den AR von zwei Obergesellschaften zugelassen werden müssen, die zusammen über das überwiegende Nominalkapital der Beteiligungsgesellschaft verfügten, ihr Stimmrecht gepoolt und sich zu gemeinsamer Geschäftspolitik verpflichtet hatten[161]. Dies war bei § 76 Abs. 4 BetrVerfG 1952 nur bei Bestehen eines Unterordnungs-Konzernverhältnisses i.S.v. § 18 Abs. 1 S. 1 AktG zwischen der Beteiligungsgesellschaft und jeder einzelnen Obergesellschaft zu bejahen; ein Unterordnungs-Konzernverhältnis aber setzt seinerseits wieder ein Abhängigkeitsverhältnis voraus. Das BAG erkennt ein Abhängigkeitsverhältnis zu jeder der Obergesellschaften an, darüber hinaus ein Konzernverhältnis[162].

122 Maßgebend ist, dass die **gemeinschaftliche Herrschaftsausübung** auf eine hinreichend sichere Grundlage zurückgeführt werden kann[163]; diese kann auf vertraglicher oder organisatorischer Grundlage (z.B. Personenidentität[164]), aber sogar tatsächlichen Umständen beruhen. In Betracht kommen die Gründung einer BGB-Gesellschaft, die Zusammen-

---

156 *Emmerich/Habersack*, Aktien- und GmbH-Konzernrecht[6], § 17, Rn. 30.
157 BGH v. 04.03.1974, BB 1974, S. 572, DB 1974, S. 767 „Seitz/Enzinger-Union-Urteil".
158 BGH v. 04.03.1974, BGHZ 80, S. 69/73 = BB 1974, S. 572, DB 1974, S. 767.
159 Kritisch zu dieser Wertung *Schweda*, DB 1974, S. 1993; *ADS*[6], § 17 AktG, Tz. 44. Der Vorentscheidung des OLG Karlsruhe stimmt *Lutter* im Ergebnis zu, vgl. NJW 1973, S. 113.
160 OLG Karlsruhe v. 30.05.1972, DB 1972, S. 1572, BB 1972, S. 979.
161 DB 1970, S. 1595.
162 BAG v. 30.10.1986, DB 1987, S. 1961 = AG 1988, S. 106; AG 1996, S. 367/368.
163 BGH v. 04.03.1974, BGHZ 62, S. 193/199; bestätigt auch für den qualifiziert faktischen Konzern durch BGH v. 19.09.1994, DB 1994, S. 2385; *Hüffer*, AktG[9], § 17, Rn. 13; *Schmidt, K.*, ZIP 1994, S. 1741.
164 BAG v. 16.08.1995, NJW 1996, S. 1691.

fassung der MU in einem Gleichordnungskonzern durch Verträge (Pool-, Konsortial- oder Stimmbindungsverträge) oder andere Verhältnisse, die auf Dauer die gemeinsame Interessenverfolgung durch dias MU sichern[165]. Die nur zufällige Wahrnehmung gleichgerichteter Interessen gegenüber der Gesellschaft kann genauso wenig genügen wie die Auflösung von Patt-Situationen durch faktischen Einigungszwang oder die Anrufung eines Schiedsgerichts[166], da in diesen Fällen die Nachhaltigkeit der Herrschaftsausübung nicht gegeben ist.

123 Als Grundlage für die Ausübung gemeinsamer Herrschaft kommen ein Konsortialvertrag, Poolvertrag oder auch eine Stimmbindungsvereinbarung zwischen den MU in Betracht. Diese sind primär darauf gerichtet, das Abstimmungsverhalten zu regeln; in Betracht kommen jedoch auch solche Abreden, die die Koordination in bestimmten, für das Unternehmen jedoch wesentlichen Aspekten der Geschäftspolitik betreffen[167]. Von Bedeutung ist letztlich festzustellen, ob und unter welchen tatsächlichen und rechtlichen Voraussetzungen Bindungen vorliegen, die eine ausreichend sichere Beherrschungsgrundlage bilden. Bei 50:50-Gemeinschaftsunternehmen soll ein Beweis des ersten Anscheins in Betracht kommen, dass die Gesellschaftsrechte nicht unkoordiniert ausgeübt werden[168].

124 Eindeutig ist die Rechtslage, abgesehen von den eingangs dargestellten Fällen, wenn die Obergesellschaften eines Gemeinschaftsunternehmens, zwischen denen ein Konsortialvertrag besteht, ihrerseits von einem dritten Unternehmen beherrscht werden; denn in diesen Fällen gewährleistet die Beherrschung der Obergesellschaften durch das dritte Unternehmen die Einheitlichkeit der Einflussnahme der Gesellschafter des Gemeinschaftsunternehmens, eine gegenseitige Machtbeschränkung ist nicht gegeben.

125 Entscheidend ist die verlässlich verabredete einheitliche Ausübung des Stimmrechts, selbst wenn wegen der Unterschiedlichkeit der Interessen und der Willensbildung gewöhnlich ein Spannungsverhältnis bestehen bleibt, das zu einer gegenseitigen Machtbeschränkung führen und für die Beteiligungsgesellschaft einen gewissen Schutz bedeuten kann. Ist ein von Interessendivergenzen geprägtes Spannungsverhältnis zwischen den Obergesellschaften nur von geringer Bedeutung, ist ein Abhängigkeitsverhältnis zu jeder der Obergesellschaften und nicht nur zu der (häufig bestehenden) GbR anzunehmen[169].

126 Falls ein Abhängigkeitsverhältnis gegenüber den Obergesellschaften nicht festzustellen ist, wird auch ein Abhängigkeitsverhältnis des Gemeinschaftsunternehmens gegenüber der von den Obergesellschaften zwischengeschalteten **BGB-Gesellschaft** nicht anzunehmen sein; denn wenn die Interessendivergenzen der Obergesellschaften zu einer gegenseitigen Machtbeschränkung führen, die die stetige Inanspruchnahme des Gemeinschaftsunternehmens für ein fremdes Unternehmensinteresse verhindern, so gilt dies auch für die BGB-Gesellschaft. Die BGB-Gesellschaft ist im Übrigen in aller Regel auch nicht Inhaberin der Anteile an dem Gemeinschaftsunternehmen oder der Stimmrechte, so dass die Abhängigkeitsvermutung (§ 17 Abs. 2 AktG) nicht Platz greift. Ist die Zwischenge-

---

165 Vgl. *Koppensteiner* in Kölner Komm. AktG³, § 17, Rn. 90 ff.; *Hüffer*, AktG⁹, § 17, Rn. 15; *Emmerich/Habersack*, Aktien- und GmbH-Konzernrecht⁶, § 17, Rn. 31; BGH v. 16.12.1991, NJW 1992, S. 1167 = ZIP 1992, S. 279, mit Rn. von *Joost*; BGH v. 19.01.1993, NJW 1993, S. 2114/2115; v. 19.09.1994, DB 1994, S. 2385.
166 OLG Hamm v. 26.05.1997, AG 1998, S. 588; *Hüffer*, AktG⁹, § 17, Rn. 16, m.w.N.
167 Vgl. *ADS*⁶, § 17 AktG, Tz. 45.
168 *Bayer* in MünchKomm. AktG³, § 17, Rn. 81; *Vetter, J.* in Schmidt/Lutter, AktG, § 17, Rn. 47; a.A. *Koppensteiner* in Kölner Komm. AktG³, § 17, Rn. 93.
169 H.M.: *Hüffer*, AktG⁹, § 17, Rn. 14; *Krieger* in MünchHdb. AG³, § 68, Rn. 51; *Emmerich/Habersack*, Aktien- und GmbH-Konzernrecht⁶, § 17, Rn. 32; enger *Koppensteiner* in Kölner Komm. AktG³, § 17, Rn. 86 ff. Zu den sächlichen Problemen, die sich bei der Frage nach einem Konzernverhältnis des Gemeinschaftsunternehmens zu den einzelnen Obergesellschaften ergeben, vgl. Erl. zu § 18 AktG unter Tz. 175.

sellschaft hingegen Unternehmen i.S.v. § 15 AktG, kann auch die Zwischengesellschaft neben den Partnern herrschendes Unternehmen gegenüber dem Gemeinschaftsunternehmen sein[170].

jj) Treuhandverhältnisse

Ein Unternehmen, das eine Beteiligung aufgrund einer uneigennützigen (Verwaltungs-) Treuhandschaft als Trh. besitzt, wird dadurch gegenüber dem Unternehmen, an dem die Beteiligung besteht, infolge der Vermutung nach § 17 Abs. 2 AktG zum herrschenden Unternehmen. Zwar kann vertreten werden, dass die Beteiligung im materiellen Sinne kein Beherrschungsmittel des Trh., sondern des Treugebers vermittelt; denn der Trh. nimmt lediglich fremde Interessen in fremdem Auftrag wahr, ist also nur Gehilfe bei der Ausübung der Beherrschungsmacht des Treugebers und besitzt keine eigene Beherrschungsmöglichkeit[171], so dass in solchen Fällen mittelbare Abhängigkeit des Beteiligungsunternehmens im Verhältnis zu dem Treugeber-Unternehmen gegeben sein kann[172]. I.d.R. kommt es indessen zu einem mehrfachen Abhängigkeitsverhältnis, und zwar zur mittelbaren Abhängigkeit (nach § 16 Abs. 4 AktG) vom Treugeber und zur unmittelbaren Abhängigkeit vom Trh.[173]   127

Das die Anteile treuhänderisch haltende Unternehmen kann jedoch von dem Treugeber-Unternehmen abhängig sein. Das folgt daraus, dass dem Treugeber nach § 16 Abs. 4 AktG die Anteile an der Gesellschaft zugerechnet werden, so dass für ihn eine gleichfalls gesellschaftsrechtlich vermittelte Beherrschungsmöglichkeit besteht; darüber hinaus kommt die Vermutung nach § 17 Abs. 2 AktG zur Anwendung[174].   128

kk) Abhängigkeit und Gleichordnungskonzern

Kein Abhängigkeitsverhältnis ist gegeben zwischen Unternehmen, die einen **Gleichordnungskonzern** bilden; der Gleichordnungskonzern setzt vielmehr voraus, dass die Unternehmen unabhängig sind und es auch bleiben[175]. Auch wenn die Unternehmen als Leitungsinstanz eine GmbH gründen, entsteht dadurch kein Abhängigkeitsverhältnis, weil die GmbH beauftragtes Organ der Unternehmen ist[176].   129

c) Die Abhängigkeitsvermutung (§ 17 Abs. 2 AktG)

In § 17 Abs. 2 AktG ist die **Vermutung** aufgestellt, dass ein in Mehrheitsbesitz stehendes Unternehmen von dem an ihm mit Mehrheit beteiligten Unternehmen abhängig ist. Dabei wird unter Mehrheitsbeteiligung sowohl eine Kapitalmehrheit als auch eine Stimmrechtsmehrheit verstanden[177]. Grundgedanke der Regelung ist, dass ein mit Mehrheit beteiligtes Unternehmen im Allgemeinen in der Lage ist, auf das in Mehrheitsbesitz stehende   130

---

170 *Vetter, J.* in Schmidt/Lutter, AktG, § 17, Rn. 49.
171 *Zilias*, WPg 1967, S. 465/469/470. Anders liegen die Dinge dagegen, wenn die Stellung des Trh. über die eines bloß formellen Rechtsinhabers hinausgeht, z.B. wenn der Trh. ein nicht unerhebliches Eigeninteresse besitzt und nach dem Treuhandvertrag oder nach den tatsächlichen Verhältnissen eigene Entscheidungen treffen kann, vgl. Erl. zu § 16 AktG unter Tz. 77.
172 *Emmerich/Habersack*, Aktien- und GmbH-Konzernrecht[6], § 17, Rn. 26.
173 *Emmerich/Habersack*, Aktien- und GmbH-Konzernrecht[6], § 17, Rn. 26, § 16, Rn. 13a/18; *Bayer* in MünchKomm. AktG[3], § 17, Rn. 74.
174 Vgl. Erl. unter Tz. 77.
175 *Emmerich/Habersack*, Aktien- und GmbH-Konzernrecht[6], § 18, Rn. 25; *Kropff*, BB 1965, S. 1281/1284; a.A. *Hardach*, ZfhF 1961, S. 713/724.
176 *Bayer* in MünchKomm. AktG[3], § 18, Rn. 53, 56; *Hüffer*, AktG[9], § 18, Rn. 20.
177 Vgl. die Legaldefinition der Mehrheitsbeteiligung in § 16 Abs. 1 AktG.

Unternehmen beherrschenden Einfluss auszuüben, sei es durch entsprechende Besetzung des AR und damit mittelbar auch des Vorstands, sei es auf andere Weise außerhalb der gesellschaftsrechtlichen Zuständigkeitsordnung (z.b. durch direkte Einflussnahme auf die Entscheidungen des Vorstands).

131 Die Abhängigkeitsvermutung kann **widerlegt** werden[178]. Es ist Sache des sich hierauf berufenden in Mehrheitsbesitz stehenden Unternehmens darzutun und ggf. zu beweisen, aus welchen Gründen die Mehrheitsbeteiligung im konkreten Fall ausnahmsweise keine Abhängigkeit zur Folge hat[179]. Diese Beweislage ist v.a. für den APr. von Bedeutung, z.b. bei der Feststellung, ob ein Abhängigkeitsbericht erstellt werden muss.

132 Ausgeschlossen ist eine Widerlegung der Abhängigkeitsvermutung jedoch in den Fällen, in denen das in Mehrheitsbesitz stehende Unternehmen seinerseits mehr als 25 v.H. der Anteile des Unternehmens besitzt, das an ihm mit Mehrheit beteiligt ist. Bei solchen wechselseitigen Beteiligungen ist die Abhängigkeitsvermutung unwiderlegbar (§ 19 Abs. 3 AktG)[180].

133 Für die Widerlegung der Abhängigkeitsvermutung im Rahmen des § 17 Abs. 2 AktG sind folgende Grundsätze zu beachten:

aa) Keine Ausübung von Beherrschungsmacht

134 Die Abhängigkeitsvermutung des § 17 Abs. 2 AktG ist nicht allein durch den Nachweis widerlegbar, dass tatsächlich kein beherrschender Einfluss auf das in Mehrheitsbesitz stehende Unternehmen geltend gemacht wird; da die tatsächliche Ausübung des beherrschenden Einflusses für den Abhängigkeitsbegriff nicht vorausgesetzt wird[181], ist für die Widerlegung der Abhängigkeitsvermutung der Nachweis erforderlich, dass aus Rechtsgründen keine Beherrschung praktiziert werden kann[182].

135 Andererseits ist eine Widerlegung der Abhängigkeitsvermutung ausgeschlossen, wenn tatsächlich beherrschender Einfluss ausgeübt wird; denn damit ist auch die vom Gesetz allein vorausgesetzte Beherrschungsmöglichkeit erwiesen. Das Fehlen tatsächlicher Einflussnahme reicht mithin zwar zur Widerlegung der Abhängigkeitsvermutung nicht aus, ist aber andererseits Voraussetzung dafür, dass eine Widerlegung überhaupt möglich ist.

136 Grundsätzlich genügen tatsächliche Verhältnisse für sich allein nicht zur Widerlegung der Abhängigkeitsvermutung[183]. Vielmehr muss die Widerlegung sich auf eine **gesellschaftsrechtliche** oder **vertragliche Grundlage** stützen, durch die der sonst aufgrund der Mehrheitsrechte gegebene Einfluss auf die Geschäfts- und Unternehmenspolitik des anderen Unternehmens ausgeschlossen wird. Nur unter ganz besonderen Umständen ist vorstellbar, dass tatsächliche Verhältnisse für sich allein zur Widerlegung ausreichen, z.B. wenn die Ausübung der Beherrschungsmacht über ein ausländisches TU durch politische oder wirtschaftspolitische Einflussmaßnahmen des betreffenden ausländischen Staates ausgeschlossen ist[184].

---

178 Zur Widerlegung vgl. OLG München v. 11.05.2004, DB 2004, S. 1356 (m. Rn. von *Götz*).
179 *Hüffer*, AktG[9], § 17, Rn. 18.
180 *Krieger* in MünchHdb. AG[3], § 68, Rn. 55; *Vetter, J.* in Schmidt/Lutter, AktG, § 17, Rn. 50.
181 Vgl. oben Tz. 104.
182 H.M.: *Hüffer*, AktG[9], § 17, Rn. 19; *Koppensteiner* in Kölner Komm. AktG[3], § 17, Rn. 101; *Krieger* in MünchHdb. AG[3], § 68, Rn. 55; *ADS*[6], § 17 AktG, Tz. 101.
183 So *Geßler*, DB 1965, S. 1691/1696; *Emmerich/Habersack*, Aktien- und GmbH-Konzernrecht[6], § 17, Rn. 38; *ADS*[6], § 17 AktG, Tz. 101.
184 So *Bayer* in MünchKomm. AktG[3], § 17, Rn. 94; *ADS*[6], § 17 AktG, Tz. 102.

(1) Beschränkung der Mehrheitsrechte durch Satzungsgestaltung

Als Satzungsbestimmungen, auf die sich die Widerlegung der Abhängigkeitsvermutung stützen kann, kommen v.a. die folgendenBestimmungen in Betracht: 137

Das mit Mehrheit beteiligte Unternehmen besitzt zwar mehr als 50 v.H. der Anteile, jedoch nicht die Stimmenmehrheit, weil die Beteiligung ganz oder z.T. aus Vorzugsaktien ohne Stimmrechte (§ 12 Abs. 1 AktG) besteht. Hier ist jedoch zur Widerlegung der Abhängigkeitsvermutung, die auch an das Innehaben der Kapitalmehrheit anknüpft, erforderlich darzutun, dass auch in anderer Weise ein gesellschaftsrechtlich vermittelter Einfluss nicht ausgeübt werden kann[185]. Das Gleiche gilt, wenn in der Satzung Stimmrechtsbeschränkungen gem. § 134 AktG vorgesehen sind. Ferner gehört hierher der Fall, dass die Satzung für wichtige Beschlüsse, v.a. Wahlen zum AR, eine qualifizierte Mehrheit, z.B. eine Zweidrittelmehrheit, vorsieht, die das mit Mehrheit beteiligte Unternehmen nicht erreicht[186].

In allen diesen Fällen kann jedoch ein Abhängigkeitsverhältnis dennoch zu bejahen sein, in erster Linie aus den gleichen Gründen wie bei einer Minderheitsbeteiligung[187], aber auch im Hinblick auf andere Beherrschungsmittel in der Hand des beteiligten Unternehmens[188]. 138

(2) Beschränkungen der Mehrheitsrechte durch Vertrag

Verträge zwischen Gesellschaftern können eine geeignete Grundlage für die Widerlegung der Abhängigkeitsvermutung bilden, wenn sie die spezifische Abhängigkeitsquelle ausschalten, die bei einer Mehrheitsbeteiligung darin besteht, dass das mit Mehrheit beteiligte Unternehmen bei einer AG die AR-Mitglieder und damit mittelbar den Vorstand, bei einer GmbH oder PersGes. die Geschäftsführer nach Belieben auswählen und abberufen kann. In erster Linie ist hierbei an **Stimmrechtsvereinbarungen** zu denken, durch die sich das mit Mehrheit beteiligte Unternehmen verpflichtet, gemäß der Stimmbindung mit einem Dritten nach dessen Vorgaben zu stimmen und z.B. mindestens die Hälfte der Anteilseignervertreter im AR nach den Vorschlägen eines Minderheitsaktionärs zu wählen[189]. Eine Stimmbindung zugunsten eines Nichtgesellschafters ist problematisch, v.a. wenn sich die Bindung auch auf wichtige Strukturentscheidungen bezieht[190]. 139

Die Zahl der AR-Mandate, die hiernach den Minderheitsaktionären zur Verfügung stehen müssen, berechnet sich nur nach der Gesamtzahl der Aktionärsvertreter. Die Arbeit- 140

---

185 *Hüffer*, AktG[9], § 17, Rn. 20 f.; *Emmerich/Habersack*, Aktien- und GmbH-Konzernrecht[6], § 17, Rn. 36 f.; *Krieger* in MünchHdb. AG[3], § 68, Rn. 56.

186 Vgl. auch *Hüffer*, AktG[9], § 17, Rn. 21. Die dort vertretene Auffassung, dass sich die Mehrheit auch auf Zustimmungsbeschlüsse in wesentlichen Angelegenheiten der Gesellschaft (vgl. BGH v. 25.02.1982, BGHZ 83, S. 122 „Holzmüller") beziehen soll, ist nach BGH v. 26.04.2004, DB 2004, S. 1200, der für solche Beschlüsse eine 3/4-Mehrheit vorschreibt, nicht mehr aufrechtzuerhalten; ferner *ADS*[6], § 17 AktG, Tz. 109.

187 Vgl. oben Tz. 115.

188 Vgl. Tz. 107.

189 Zu Stimmbindungsverträgen *Hüffer*, AktG[9], § 17, Rn. 22; *Vetter, J.* in Schmidt/Lutter, AktG, § 17, Rn. 55; *Emmerich/Habersack*, Aktien- und GmbH-Konzernrecht[6], § 17, Rn. 40; ferner *Zöllner*, ZHR 1991, S. 168; *Zutt*, ZHR 1991, S. 190; *Hentzen*, ZHR 1993, S. 65; *Reichert/Harbarth*, AG 2001, S. 447/453; zur tatsächlichen Anwendung von Stimmbindungen *Zutt*, ZHR 1991, S. 190/213; *Geßler*, DB 1965, S. 1691; *Götz* (Die Entherrschungsvertrag im Aktienrecht, S. 60; *Jäger*, DStR 1995, S. 1113/1114. Nach der Rspr. sind Stimmrechtsbindungsverträge mittels Klage auf Erfüllung durchsetzbar, vgl. BGH v. 29.05.1967, BB 1967, S. 975; OLG Köln v. 16.03.1988, WM 1988, S. 974/976.

190 Vgl. *Lutter/Hommelhoff*, GmbHG[17], § 47, Rn. 4, m.w.N.; *Krieger* in MünchHdb. AG[3], § 68, Rn. 58. Zur Durchsetzung der Rechte aus einer Stimmbindungsvereinbarung kann vorbeugender Rechtsschutz (einstweilige Verfügung, § 935 ZPO) gewährt werden; vgl. OLG Koblenz v. 27.02.1986, ZIP 1986, S. 503; OLG Hamburg v. 28.06.1991, GmbHR 1991, S. 467; *Kiethe*, DStR 1993, S. 609, m.w.N.

nehmervertreter im AR sind weder auf Seiten des Mehrheitsaktionärs noch auf Seiten der Minderheitsaktionäre mitzurechnen, sondern sind, weil sie nicht spezifische Anteilseignerinteressen wahrnehmen, bei dem Zahlenverhältnis nicht zu berücksichtigen. Im Gegensatz hierzu wurde teilweise die Auffassung vertreten, bei Unternehmen, die der Montan-Mitbestimmung unterliegen, sei die Abhängigkeitsvermutung per se widerlegt, weil der AR bei diesen Unternehmen paritätisch mit Anteilseigner- und Arbeitnehmervertretern besetzt ist (zusätzlich wird ein sog. elfter Mann bestellt)[191]. Das ist allerdings nicht h.M., und dem ist das BAG mit dem Hinweis darauf entgegengetreten, das AktG mache bei der Abhängigkeitsvermutung keinen Unterschied zugunsten der mitbestimmten Unternehmen[192].

141 Fraglich ist, ob der Mehrheitsaktionär auch durch einen **Vertrag** (z.B. Entherrschungsvertrag, Abhängigkeitsausschlussvertrag) mit der in Mehrheitsbesitz stehenden Gesellschaft selbst seine Rechtsstellung so beschränken kann, dass die Abhängigkeitsvermutung widerlegt ist[193]. Jedenfalls kann der Gesellschaft nicht rechtswirksam die Befugnis eingeräumt werden, dem Großaktionär Weisungen für die Ausübung des Stimmrechts (bei Wahl und Abberufung der Anteilseignervertreter zum AR) zu erteilen (§ 136 Abs. 3 AktG). Zulässig ist dagegen die schriftliche Verpflichtung des Mehrheitsaktionärs gegenüber der Gesellschaft, auf die Ausübung des Stimmrechts teilweise zu verzichten[194]; dagegen ist fraglich, ob die vertragliche Bindung des Großaktionärs mit der Gesellschaft, durch die der Großaktionär auf die Ausübung seiner Mehrheitsrechte (bezogen auf die Präsenz bei der Beschlussfassung in der HV) hinsichtlich der Besetzung des AR verzichtet, als mögliche Grundlage für die Widerlegung der Abhängigkeitsvermutung genügt[195]. Dann ist nämlich zu prüfen, ob zum einen die Beschränkung in der Ausübung der Gesellschafterrechte bei der AR-Wahl ausreicht, um die Gesellschaft von beherrschendem Einfluss unabhängig zu machen. Zum anderen muss auch als sicher angenommen werden können, dass die Gesellschaft ihre Rechte aus dem Vertrag mit dem Mehrheitsaktionär ggf. auch nachdrücklich geltend macht. Im Grunde geht es um die wirksame Begrenzung der Befugnis des – an sich – beherrschenden Gesellschafters zur Ausübung der Stimmrechtsmehrheit in den für die beherrschende Einflussnahme maßgeblichen Beschlussgegenständen. Dabei wird eine Beschränkung auf weniger als die Hälfte der in der HV oder in der Gesellschafterversammlung vertretenen Stimmen verlangt[196].

142 In jedem Fall ist zu berücksichtigen, dass von entscheidender Bedeutung stets das **Gesamtbild** der Beziehungen zwischen der Gesellschaft und dem Mehrheitsaktionär ist[197].

---

191 *Koppensteiner* in Kölner Komm. AktG³, § 17, Rn. 120, mit dem Hinweis, dass Abhängigkeit jedoch aus anderen Gründen gegeben sein kann.
192 BAG v. 18.06.1970, DB 1970, S. 1595; so die h.M.: vgl. *Krieger* in MünchHdb. AG³, § 68, Rn. 60.
193 Zur Problematik von Entherrschungsverträgen vgl. *Götz*, Der Entherrschungsvertrag im Aktienrecht; *Hoffmann-Becking*, ZGR 1994, S. 442/452.
194 Zur Zulässigkeit solcher Vereinbarungen vgl. LG Köln v. 03.02.1992, AG 1992, S. 238; OLG Köln v. 24.11.1992, AG 1993, S. 86/87 „Winterthur/Nordstern"; zu den Grenzen vgl. BGH v. 07.06.1993, BGHZ 123, S. 185/196); *Hentzen*, ZHR 1993, S. 65/67; *ADS⁶*, § 17 AktG, Tz. 116; *Hüffer*, AktG⁹, § 17, Rn. 22; *Emmerich/Habersack*, Aktien- und GmbH-Konzernrecht⁶, § 17, Rn. 42.
195 *Bayer* in MünchKomm. AktG³, § 17, Rn. 100, zur „Minus-eins-Regel". *Barz* bezeichnet die in Mehrheitsbesitz stehende Gesellschaft als den „auch von der Sache her zutreffenden Vertragspartner" (*Barz* in FS Bärmann, S. 185/196). Gegen *Barz* vgl. *Meilicke/Meilicke*, BB 1978, S. 406/407. Vgl. hierzu auch die Begr. des Urt. des LG Mainz v. 16.10.1990, DB 1990, S. 2361, mit Rn. von *Theisen*, der Entherrschungsverträge grundsätzlich anerkennt. Zur Auswirkung auf die Rechnungslegung vgl. Stellungnahme *St/SABI 1/1988*, Abschn. I 3a. Zum Entherrschungsvertrag im Übrigen vgl. *Krieger* in MünchHdb. AG³, § 68, Rn. 58; *Emmerich/Habersack*, Konzernrecht⁹, § 3, Rn. 49; *ADS⁶*, § 17 AktG, Tz. 116.
196 *Bayer* in MünchKomm. AktG³, § 17, Rn. 100; *Koppensteiner* in Kölner Komm. AktG³, § 17, Rn. 111; *Vetter, J.* in Schmidt/Lutter, AktG, § 17, Rn. 61; *Emmerich/Habersack*, Konzernrecht⁹, § 3, Rn. 50; *Schall* in Spindler/Stilz, AktG, § 17, Rn. 52.
197 Vgl. unten Tz. 145.

Besteht z.B. das Präsidium des AR aus Vertretern des Großaktionärs, so spricht dies trotz des geschlossenen Vertrages für Abhängigkeit.

Die Vereinbarung eines **Kündigungsrechts** in dem Vertrag zwischen Mehrheitsaktionär und Minderheitsaktionär oder der Gesellschaft selbst ist unschädlich[198]. Allerdings kann ein Recht des Mehrheitsaktionärs, den Vertrag jederzeit fristlos zu kündigen, selbst ein Beherrschungsmittel darstellen und je nach den Verhältnissen zur Abhängigkeit führen. Derartige Verträge sind daher grundsätzlich über einen bestimmten Zeitraum (mindestens fünf Jahre[199]) unkündbar auszugestalten; durch die Laufzeit des Vertrages ist abzusichern, dass die nächstfolgende Wahl zum AR nicht durch den Mehrheitsgesellschafter dominiert werden kann[200]. 143

Ein Vertrag, der sich auf die Vereinbarung beschränkt, dass kein Einfluss auf Maßnahmen der Geschäftsführung des in Mehrheitsbesitz stehenden Unternehmens genommen werden darf, ist für sich allein zur Widerlegung der Abhängigkeitsvermutung nicht geeignet. In erster Linie muss stets die Möglichkeit ausgeschlossen werden, die sich aus dem Innehaben der Anteils- oder Stimmenmehrheit ergebende Rechtsmacht bei Entscheidungen in Bezug auf das Unternehmen beeinflussen zu können, wozu z.B. gehört, dass das mit Mehrheit beteiligte Unternehmen die Organe des anderen Unternehmens nach eigenem Ermessen besetzen kann, weil bereits durch die Auswahl der Geschäftsführer der beherrschende Einfluss gewahrt werden könnte. Andererseits ist es i.d.R. nicht erforderlich, dass das mit Mehrheit beteiligte Unternehmen sich seiner Mehrheitsrechte auch noch in anderen Beziehungen begibt. Das mit Mehrheit beteiligte Unternehmen braucht aber auch nicht generell für alle Abstimmungen in der HV auf die Ausnutzung der Stimmrechtsmehrheit zu verzichten; denn im Allgemeinen führt die Stimmrechtsmehrheit bei anderen Beschlüssen als Wahlen zum AR nicht zu einem beherrschenden Einfluss. Sollte sie im Einzelfall doch in diesem Sinne ausgenutzt werden (z.B. bei der Abstimmung über die Entlastung des Vorstands), so ist dies bei der Würdigung des Gesamtbildes der Beziehungen zwischen den Unternehmen[201] zu berücksichtigen. 144

bb) Die Maßgeblichkeit des Gesamtbildes der Beziehungen

Das Vorhandensein von Satzungsbestimmungen oder Verträgen, die die Rechte des Mehrheitsaktionärs beschränken, ist zur Widerlegung der Abhängigkeitsvermutung für sich allein nicht ausreichend, wie sich aus der Begründung zu § 16 AktG ergibt[202]. Vielmehr kommt es entscheidend auf das **Gesamtbild der Beziehungen** zwischen den Unternehmen an. Daher muss über die Feststellung hinaus, ob die Satzungsbestimmungen oder Verträge ihrem Inhalt nach überhaupt zur Widerlegung der Abhängigkeitsvermutung geeignet sind, geprüft werden, 145

   a) ob die Satzungsbestimmungen oder Verträge nach Wortlaut, Sinn und Zweck eingehalten worden sind und

---

198 *Geßler*, DB 1965, S. 1691; *ADS*[6], § 17 AktG, Tz. 113.
199 OLG Köln v. 24.11.1992, AG 1993, S. 86/87; *Hüffer*, AktG[9], § 17, Rn. 22; *Emmerich/Habersack*, Aktien- und GmbH-Konzernrecht[6], § 17, Rn. 43.
200 *Hüffer*, AktG[9], § 17, Rn. 22; *Emmerich/Habersack*, Aktien- und GmbH-Konzernrecht[6], § 17, Rn. 43.
201 Vgl. Tz. 145. Weitere Beschlüsse, die für die Feststellung der Nicht-Abhängigkeit von Bedeutung sind, liegen vor bei Beschlussfassungen über Geschäftsführungsangelegenheiten, Kapitalmaßnahmen und Unternehmensverträge, bei denen die Gesellschaft ein subordiniertes Unternehmen ist; wie hier *Bayer* in MünchKomm. AktG[5], § 17, Rn. 101, der darüber hinausgehende Stimmrechtsbeschränkungen aber für sinnvoll hält; *Hommelhoff*, Konzernleitungspflicht, S. 81; *Krieger* in MünchHdb. AG[3], § 68, Rn. 58; *ADS*[6], § 17 AktG, Tz. 108, für Einschränkungen bei beherrschungsrelevanten Beschlüssen; a.A. *Koppensteiner* in Kölner Komm. AktG[3], § 17, Rn. 111.
202 *Kropff*, AktG, S. 29; *Emmerich/Habersack*, Aktien- und GmbH-Konzernrecht[6], § 17, Rn. 36.

b) ob die Abhängigkeit nicht aufgrund sonstiger Beherrschungsmittel gegeben ist[203].

146 Ebenso wie ein Unternehmen auch mit einer Minderheitsbeteiligung Beherrschungsmacht über ein anderes Unternehmen haben kann, ist trotz Ausschlusses der einflusssichernden Mehrheitsrechte aus einer Mehrheitsbeteiligung ein Abhängigkeitsverhältnis möglich[204]. Dies z.B. dann, wenn das mit Mehrheit beteiligte Unternehmen zur Durchsetzung seines Einflusses sicher auf die Mitwirkung anderer Aktionäre rechnen kann.

cc) Widerlegung bei mehrstufigen Beteiligungen

147 Die Abhängigkeitsvermutung greift nicht nur dann ein, wenn ein Unternehmen unmittelbar an einem anderen mit Mehrheit beteiligt ist, sondern auch dann, wenn ein Unternehmen gem. § 16 Abs. 4 AktG infolge der Zurechnung von Anteilen, die sich im Besitz abhängiger Unternehmen befinden oder von einem Trh. gehalten werden, als mit Mehrheit beteiligt gilt.

148 Wenn in Fällen mehrstufiger Beteiligungen in der **untersten Stufe** die Abhängigkeitsvermutung widerlegt ist (z.B. im Verhältnis zwischen des TU B und der Enkelgesellschaft C der Obergesellschaft A), ist für C auch die Abhängigkeitsvermutung im Verhältnis zu A widerlegt; denn wenn die in der Hand von B befindlichen Anteile keinen beherrschenden Einfluss auf C gewähren, kann auch das Unternehmen A auf C keinen beherrschenden Einfluss ausüben, es sei denn, dass es selbst noch eine unmittelbare Beteiligung an C besitzt oder aufgrund anderer Beherrschungsmittel auf C beherrschenden Einfluss hat[205].

149 Liegt bei mehrstufigen Beteiligungen auf der untersten Stufe ein **Beherrschungsvertrag** vor, schließt dies einen beherrschenden Einfluss der in der Beteiligungskette höher stehenden Unternehmen nicht aus. Hat z.B. das Unternehmen C sich durch Beherrschungsvertrag der Leitung von B unterstellt, so kann das an B mit Mehrheit beteiligte Unternehmen A mittelbar seinen Einfluss auch bei C geltend machen, indem es die Geschäftsführung von B veranlasst, von der Leitungsmacht in bestimmter Weise Gebrauch zu machen. Die Möglichkeit, in dieser Weise zu verfahren, genügt zur Begründung eines Abhängigkeitsverhältnisses auch zwischen A und C. Durch den Beherrschungsvertrag zwischen B und C ist daher die Abhängigkeitsvermutung im Verhältnis zwischen A und C nicht widerlegt[206].

150 Besteht bei mehrstufigen Beteiligungen ein Beherrschungsvertrag zwischen der Konzernobergesellschaft und einem von ihr mittelbar abhängigen Unternehmen (im Beispielsfall zwischen A und C), wird dadurch zugleich der beherrschende Einfluss des die Anteile an C unmittelbar besitzenden Unternehmens B i.d.R. ausgeschlossen. Wenn die Leitung unmittelbar der Konzernspitze unterstellt wird, wird die Enkelgesellschaft damit, was die Beherrschungsverhältnisse anbetrifft, zum unmittelbar abhängigen TU der an der

---

203 *Koppensteiner* ist der Auffassung, dass die Feststellung, ob sonstige Beherrschungsmittel einen beherrschenden Einfluss ermöglichen, nicht zur Widerlegung der Abhängigkeitsvermutung vermittels § 17 Abs. 2 AktG gehört, Kölner Komm. AktG³, § 17, Rn. 100. Unzweifelhaft muss der APr. Feststellungen in dieser Hinsicht treffen; er kann sich nicht mit dem Nachweis begnügen, dass das mit Mehrheit beteiligte Unternehmen keine Möglichkeit hat, AR und Vorstand der Gesellschaft zu besetzen.

204 Vgl. zu den Beherrschungsmitteln Tz. 107.

205 Vgl. dazu *Hüffer*, AktG⁹, § 17, Rn. 23; *Emmerich/Habersack*, Aktien- und GmbH-Konzernrecht⁶, § 17, Rn. 41; *Bayer* in MünchKomm. AktG³, § 17, Rn. 114; *ADS⁶*, § 17 AktG, Tz. 123; auch OLG München v. 11.05.2004, AG 2004, S. 455.

206 *Emmerich/Habersack*, Aktien- und GmbH-Konzernrecht⁶, § 17, Rn. 41; *Bayer* in MünchKomm. AktG³, § 17, Rn. 114. Zu der Sonderfrage, ob C trotz eines mit B geschlossenen Beherrschungsvertrages einen Abhängigkeitsbericht – über seine Beziehungen zu A – zu erstellen hat, falls die Abhängigkeitsvermutung zwischen A und C nicht widerlegt ist, vgl. *Kronstein*, BB 1967, S. 637.

Konzernspitze stehenden Gesellschaft. B ist in diesem Fall aufgrund seines Anteilsbesitzes nicht in der Lage, beherrschenden Einfluss auf C auszuüben, weil die mit dem Anteilsbesitz verbundene Einflussmöglichkeit durch das Leitungsrecht von A entscheidend beschränkt ist[207]. Daran ändert sich auch dann nichts, wenn A die Geschäftsleitung des Unternehmens B mit der Wahrnehmung von Rechten aus dem Beherrschungsvertrag beauftragt. Dadurch erlangt B keine eigene Leitungsmacht, sondern wird lediglich als Gehilfe von A im Rahmen der von A erteilten Weisungen und in Wahrnehmung der Rechte und Interessen von A tätig.

dd) Besonderheiten bei GmbH und Personengesellschaften

Bei **GmbH** verleiht die Mehrheitsbeteiligung infolge der Einflussnahmemöglichkeit der Gesellschafterversammlung auf die Geschäftsführung eine ausgeprägte Beherrschungsmöglichkeit (§ 46 GmbHG)[208]. Die Vermutung der Abhängigkeit ist infolgedessen schwieriger zu widerlegen als bei einer AG. Die Widerlegung kann gelingen, wenn der Mehrheitsgesellschafter z.B. infolge besonderer satzungsmäßiger Regelungen nicht mehr die Bestimmungsmöglichkeit z.B. bei der Wahl oder Abberufung der Geschäftsführung oder Weisungsbeschlüssen besitzt oder wenn die Zuständigkeit zu diesen Maßnahmen auf ein anderes Organ verlagert wird, auf das der Mehrheitsgesellschafter keinen beherrschenden Einfluss besitzt[209]. 151

Bei **PersGes.** wird die Möglichkeit zum beherrschenden Einfluss grundsätzlich nach Maßgabe des Gesellschaftsvertrages eingeräumt. Sieht dieser Mehrheitsentscheidungen z.B. bei Festlegung der Geschäftsführungs- und Vertretungsbefugnis oder Beschlüssen nach § 116 Abs. 2 HGB vor, gilt das Gleiche wie bei GmbH. Im Regelfall kommt § 17 Abs. 2 AktG bei PersGes. keine Bedeutung zu[210]. 152

6. Konzern und Konzernunternehmen

a) Allgemeines

Der Zentralbegriff für den Konzern in § 18 AktG ist das Kriterium der einheitlichen Leitung. Durch diese werden abhängige und herrschende Unternehmen zum Konzern. Von praktisch erheblicher Bedeutung ist jedoch auch, dass abhängige und herrschende Unternehmen nicht unwiderlegbar als Konzern gelten, sondern lediglich (widerlegbar) vermutet wird, dass sie einen Konzern bilden (§ 18 Abs. 1 S. 3 AktG). 153

Unternehmensverbindungen i.S.d. AktG sind nur zwischen rechtlich selbständigen Unternehmen möglich[211]. Ein Konzernverhältnis ist daher nicht gegeben, wenn ein Einzelkaufmann oder eine Handelsgesellschaft mehrere Betriebe unterhält, sei es auch als eingetragene Zweigniederlassungen. Anders verhält es sich, wenn diese Betriebe rechtlich verselbständigt sind, z.B. in Form mehrerer GmbH. 154

---

207 *Kronstein*, BB 1967, S. 637/641; *Hüffer*, AktG[9], § 17, Rn. 23; *Emmerich/Habersack*, Aktien- und GmbH-Konzernrecht[6], § 17, Rn. 41; *Bayer* in MünchKomm. AktG[3], § 17, Rn. 114; *Koppensteiner* in Kölner Komm. AktG[3], § 17, Rn. 126; *Vetter, J.* in Schmidt/Lutter, AktG, § 17, Rn. 58; *Krieger* in MünchHdb. AG[3], § 68, Rn. 61.
208 Zum Weisungsrecht vgl. z.B. *Lutter/Hommelhoff*, GmbHG[17], § 37, Rn. 17.
209 *Emmerich/Habersack*, Aktien- und GmbH-Konzernrecht[6], § 17, Rn. 45.
210 *Emmerich/Habersack*, Aktien- und GmbH-Konzernrecht[6], § 17, Rn. 48.
211 Vgl. hierzu Erl. zu § 15 AktG unter Tz. 41. Zu PersGes. als Konzernunternehmen vgl. *Schäfer* in Staub, HGB[5], Anh. § 105 HGB, Rn. 27; *Schneider*, BB 1980, S. 1057; zur GmbH & Co. KG als verbundenes Unternehmen und zu der Frage, ob die GmbH & Co. KG einen (mitbestimmungspflichtigen) Insichkonzern bilden kann, vgl. *Beiner/Hennerkes/Binz*, DB 1979, S. 68.

155 Eine Übersicht über die Vorschriften des AktG, die an das Konzernverhältnis anknüpfen, ist in den Erläuterungen zu § 15 AktG enthalten[212]. Infolge des Generalverweises von Art. 9 Abs. 1 Buchst. c ii SE-VO auf die Vorschriften des deutschen AktG unterliegt eine SE mit Sitz im Inland wie eine AG den Vorschriften über den Konzern (vgl. Tz. 40).

b) Konzernbegriff

156 § 18 AktG ist eine der Definitionsnormen des Rechts der verbundenen Unternehmen. Als Konzern werden rechtlich selbständige Unternehmen umschrieben, die herrschende und abhängige Unternehmen sind und unter der einheitlichen Leitung des herrschenden Unternehmens zusammengefaßt sind. Der Begriff des Konzerns wird im AktG mit einheitlichem Verständnis verwendet[213]; durch die Verweisung auf § 18 AktG in anderen Vorschriften (z.B. § 5 MitbestG, § 2 DrittelBG, § 54 Abs. 1 BetrVG, § 36 Abs. 2 GWB, § 24 WpHG, § 36 Nr. 3 WpÜG) strahlt dieser Konzernbegriff auch auf diese aus. Ein einheitlicher Konzernbegriff hat sich im Übrigen nicht gebildet; so gehen z.B. das Steuerrecht (sog. Konzernsteuerrecht) oder die Betriebswirtschaftslehre jeweils von eigenen Konzernbegriffen aus[214]; von einem einheitlichen Verständnis kann in den unterschiedlichen Vorschriften nicht ausgegangen werden[215]. In der betriebswirtschaftlichen Betrachtung wird der Konzern als wirtschaftliche Einheit gesehen, die v.a. durch eine über die rechtliche Selbständigkeit hinweggehende, einheitlich unternehmerische Planung gekennzeichnet ist[216]. Die aktienrechtliche Betrachtung geht von der rechtlichen Selbständigkeit der Konzernglieder aus, was konsequent ist, soweit das Konzernrecht v.a. als Schutzrecht der konzernangehörigen Unternehmen zu verstehen ist. Darüber hinaus sind Entwicklungen erkennbar, den Konzern auch als Einheit im Rechtssinne zu verstehen; Ansatzpunkte hierzu sind v.a. im Arbeitsrecht (z.B. Konzernbetrachtung bei § 16 BetrAVG[217]) erkennbar. Der Konzern ist aber weder eine Gewinn- und Verlusteinheit noch im Verhältnis zu Dritten eine Haftungseinheit[218]. Im Hinblick auf die sich aus dem Konzernbegriff abzuleitenden Rechtsfolgen ist es von Bedeutung, ob § 18 Abs. 1 AktG ein weiter oder enger Konzernbegriff zugrunde zu legen ist[219].

c) Die Zusammenfassung unter einheitlicher Leitung

157 Die Konzernunternehmen müssen unter einheitlicher Leitung zusammengefaßt sein, und zwar – beim Unterordnungskonzern – unter Einbeziehung des herrschenden Unternehmens selbst. Vorschriften über den Gegenstand (Bereiche) und die Mittel der einheitlichen Leitung sind gesetzlich nicht geregelt. Folgende allgemeinen Grundsätze seien hervorgehoben[220]:

1. Die Zusammenfassung unter einheitlicher Leitung setzt voraus, dass das abhängige Unternehmen im Ganzen geleitet wird. Die Leitung nur von Teilen des Unternehmens ist unzureichend[221]. Es ist jedoch nicht erforderlich, dass der Gegenstand der Leitung alle irgendwie wesentlichen Bereiche der unternehmerischen Tätigkeit umfasst. Es

---

212 Vgl. Tz. 20.
213 Vgl. *Hüffer*, AktG[9], § 18, Rn. 2.
214 *Emmerich/Habersack*, Aktien- und GmbH-Konzernrecht[6], § 18, Rn. 6; *ADS*[6], § 18 AktG, Tz. 6, 8.
215 *Vetter, J.* in Schmidt/Lutter, AktG, § 18, Rn. 4.
216 Im Einzelnen ist vieles strittig, vgl. Nachw. bei *ADS*[6], § 18 AktG, Tz. 6.
217 Vgl. z.B. BAG v. 14.02.1989, DB 1989, S. 1471; v. 28.04.1992, DB 1992, S. 402.
218 *Lutter/Trölitzsch* in Holding-Handbuch[4], § 7, Rn. 3.
219 Hierzu *Emmerich/Habersack*, Konzernrecht[9], § 4, Rn. 12 ff.; *Hüffer*, AktG[9], § 18, Rn. 9; *Vetter, J.* in Schmidt/ Lutter, AktG, § 18, Rn. 6, jeweils m.w.N.
220 Begr. RegE § 18; *Kropff*, AktG, S. 33.
221 *Krieger* in MünchHdb. AG[3], § 68, Rn. 70.

genügt vielmehr, dass sich die einheitliche Leitung auf die Geschäftspolitik der Unternehmen und sonstige grundsätzliche Fragen ihrer Geschäftsführung bezieht.
2. Die einheitliche Leitung setzt ein Recht des herrschenden Unternehmens, durch Weisungen oder in anderer Weise in die Geschäftsführung des abhängigen Unternehmens einzugreifen, nicht voraus. Eine Zusammenfassung unter einheitlicher Leitung ist bereits dann gegeben, wenn die Konzernleitung sich in der Form gemeinsamer Beratungen vollzieht, mit dem Ziel, die Geschäftsführung der Unternehmen in den wesentlichen Fragen aufeinander abzustimmen. Auch aus einer personellen Verflechtung der Verwaltung kann sich diese Abstimmung ergeben.

158 Die Zusammenfassung unter einheitlicher Leitung setzt eine gewisse Beständigkeit voraus. Dieses Merkmal hat sowohl in zeitlicher als auch in sachlicher Hinsicht Bedeutung. Gleichwohl ist eine bestimmte Mindestdauer nicht erforderlich; die nur gelegentliche Koordination von Entscheidungen begründet indes keine Zusammenfassung unter einheitlicher Leitung[222].

159 Zur Bestimmung von Begriff und Umfang der einheitlichen Leitung wird ein enger oder ein weiter Konzernbegriff vertreten. Im Sinne des **engen Konzernbegriffs** wird der Konzern als wirtschaftliche Einheit verstanden, die dann vorliegt, wenn eine Konzernspitze für die zentralen unternehmerischen Bereiche eine einheitliche Planung aufstellt und bei den Konzerngliedern ggf. auch gegen deren individuellen Interessen durchsetzt[223]. Im Kernbereich der Leitungsfunktion steht das Finanzwesen, ohne dessen zentrale Steuerung (z.B. Vorgabe der Beiträge zum Konzernerfolg, Cash-Management) ein Konzern nicht denkbar ist[224]. Bei Anwendung des **weiten Konzernbegriffs** genügt es, wenn wenigstens in einem wesentlichen Bereich der unternehmerischen Tätigkeit (z.B. Produktion, Verkauf, Organisation) einheitliche Leitung (Planung, Durchführung, Kontrolle) ausgeübt wird[225]. Eine einheitliche Auffassung hierzu liegt nicht vor. Wird einheitliche Leitung eines Konzerns i.S.d. unternehmerischen Leitung der Zusammenfassung von rechtlich selbständigen Unternehmen verstanden, bedeutet sie die Leitung der wirtschaftlichen Einheit des Konzerns[226]. Im rechtswissenschaftlichen Schrifttum zeigt sich die Tendenz, dem weiten Konzernbegriff den Vorzug zu geben[227]. Für die Begründung der einheitlichen Leitung kann es danach nicht nur auf die Beeinflussung der Finanzpolitik ankommen, sondern ebenso auch auf die Einflussnahme auf die Personalpolitik oder das Bestehen personeller Verflechtungen. Auch die Vertretung von Arbeitnehmern in den Konzerngremien (AR, Konzernbetriebsrat) ist ein Indiz. Auch dem Bestehen einer körperschaftsteuerlichen Organschaft kommt wegen der Notwendigkeit des Bestehens eines GAV (auch ohne Vorhandensein eines Beherrschungsvertrages) indizielle Wirkung zu[228].

160 Nach dem hier zugrunde gelegten Verständnis sind **Gegenstand** der **einheitlichen Leitung** die Führungsaufgaben für den Gesamtkonzern[229]. Das umfasst in erster Linie die

---

222 *Emmerich/Habersack*, Aktien- und GmbH-Konzernrecht⁶, § 18, Rn. 15a; *Krieger* in MünchHdb. AG³, § 68, Rn. 70.
223 *Emmerich/Habersack*, Aktien- und GmbH-Konzernrecht⁶, § 18, Rn. 10; *Vetter, J.* in Schmidt/Lutter, AktG, § 18, Rn. 8; *Hüffer*, AktG⁹, § 18, Rn. 10.
224 Z.B. *Emmerich/Habersack*, Aktien- und GmbH-Konzernrecht⁶, § 18, Rn. 10; *Hüffer*, AktG⁹, § 18, Rn. 9; *Krieger* in MünchHdb. AG³, § 68, Rn. 71.
225 Z.B. *Emmerich/Habersack*, Konzernrecht⁹, § 4, Rn. 17; *Emmerich/Habersack*, Aktien- und GmbH-Konzernrecht⁶, § 18, Rn. 11; *Krieger* in MünchHdb. AG³, § 68, Rn. 71.
226 *Hüffer*, AktG⁹, § 18, Rn. 10; *ADS*⁶, § 18 AktG, Tz. 17.
227 *Emmerich/Habersack*, Aktien- und GmbH-Konzernrecht⁶, § 18, Rn. 13; *Vetter, J.* in Schmidt/Lutter, AktG, § 18, Rn. 11.
228 *Emmerich/Habersack*, Aktien- und GmbH-Konzernrecht⁶, § 18, Rn. 14b.
229 *Meier*, WPg 1966, S. 570; *Albach*, NB 1966, S. 30/33. Im Einzelnen umstritten; *Emmerich/Habersack*, Konzernrecht⁹, § 4 Rn. 12 ff.; *Semler*, DB 1977, S. 805; *Krieger* in MünchHdb. AG³, § 68, Rn. 71.

Festlegung der Geschäftspolitik für den Konzern sowie die Planung und Koordination der wesentlichen Unternehmensinteressen im Hinblick auf die Zielsetzungen des Konzerns. Zu den wesentlichen Führungsaufgaben im Konzern gehören, ohne dass diese gleichrangig oder insgesamt vollständig erfüllt sein müssten, damit:

a) Bestimmung der Konzernziele und Festlegung der Konzerngeschäftspolitik,
b) einheitliche Gesamtplanung für die wesentlichen Teilbereiche,
c) Festlegung der Unternehmensziele im Rahmen des in der Satzung umschriebenen Unternehmensgegenstandes,
d) Entscheidung über geschäftliche Maßnahmen von besonderer Bedeutung,
e) Organisation, Koordination und Kontrolle der wesentlichen Teilbereiche der Unternehmensleitung,
f) Besetzung der Führungsstellen im Unternehmen.

161 Die einheitliche Leitung muss nicht die Führungsaufgaben auf sämtlichen irgendwie wesentlichen Gebieten der Tätigkeit des Unternehmens betreffen[230], der koordinierte Bereich muss jedoch so bedeutsam sein, dass das **Gesamtbild** davon entscheidend bestimmt wird. Auf jeden Fall muss mindestens in einem wesentlichen Entscheidungsbereich des Unternehmens die einheitliche Leitung praktiziert werden, d.h. es müssen – im Fall des Unterordnungskonzerns – die Führungsaufgaben bei der Obergesellschaft liegen. Im Sinne des weiten Konzernbegriffs genügt die Wahrnehmung der Leitungsaufgaben durch die Obergesellschaft in einem einzigen Entscheidungsbereich der Unternehmenspolitik. Der Koordination im finanziellen Bereich kommt zwar ein besonderes Gewicht zu, v.a. wenn ein konzerneinheitliches Cash-Management praktiziert wird; doch allein entscheidend ist dies nicht[231]. I.d.R. ist die einheitliche Finanzplanung jedoch verbunden mit der Ergebnisplanung und strahlt infolgedessen auch in die Investitionsplanung und die Bilanzpolitik aus. Einheitliche Leitung lässt sich insofern nicht an der Leitung nur einer Führungsfunktion festmachen[232], auch wenn dem tatsächlichen Einfluss auf die Personalpolitik mit dem Ziel der Gewährleistung der Umsetzung einer einheitlichen Konzernpolitik besondere Bedeutung zukommt[233]. Je mehr die Bereiche, in denen selbständige und unbeeinflusste Entscheidungen der Geschäftsführung eines Unternehmens erfolgen, in ihrer Bedeutung für das Gesamtbild zurücktreten gegenüber den Unternehmensfunktionen, bei denen die Obergesellschaft ihren Willen zur Geltung bringt, desto näher liegt die Annahme einheitlicher Leitung. Eine Einflussnahme in Teilbereichen genügt für den Begriff der einheitlichen Leitung nur dann nicht, wenn sie für die Geschäftspolitik eher unmaßgeblich sind, z.B. wenn sie in gleicher Weise auch zwischen unverbundenen Unternehmen vorkommen (z.B. gemeinschaftlicher Ein- oder Verkauf, gemeinschaftliche Forschung und – soweit zulässig – Marktabsprachen). Die Abgrenzung im Einzelfall kann schwierig sein, da die Zusammenfassung wesentlicher Unternehmensaufgaben bei der Obergesellschaft, wie z.B. die Zentralisierung von Einkauf und Vertrieb, auch eine der häufigsten institutionellen Formen einheitlicher Leitung ist[234]. Einheitliche Leitung liegt auch dann

---

230 Vgl. Begr. RegE zu § 18, oben Nr. 1; wie hier *Bayer* in MünchKomm. AktG^3, § 18, Rn. 30, 33; für maßgebliche Bedeutung der Leitung im finanziellen Bereich *Koppensteiner* in Kölner Komm. AktG^3, § 18, Rn. 25.

231 *Emmerich/Habersack*, Aktien- und GmbH-Konzernrecht^6, § 18, Rn. 13 ff.; das Abstellen auf die finanzielle Koordination bei *Koppensteiner* in Kölner Komm. AktG^3, § 18, Rn. 25, wird zum verbindenden Element einer engen oder weiten Konzerndefinition, vgl. *Bayer* in MünchKomm. AktG^3, § 18, Rn. 31.

232 Wie hier *ADS*^{6}, § 18 AktG, Tz. 33, 35. Mit dieser Betrachtung verwischen sich die Unterschiede zwischen einem weiten oder engen Konzernbegriff; vgl. auch *Emmerich/Habersack*, Konzernrecht^9, § 4, Rn. 17.

233 *Emmerich/Habersack*, Aktien- und GmbH-Konzernrecht^6, § 18, Rn. 14; dazu auch die die Konzernmitbestimmung betreffende Rspr., z.B. BAG v. 16.08.1995, AG 1996, S. 367; BayObLG v. 06.03.2002, AG 2002, S. 511; OLG Düsseldorf v. 30.01.1979, AG 1979, S. 318.

234 Im Einzelnen vgl. zu den vielfältigen Formen, Mitteln und Wegen der Konzernleitung *Meier*, WPg 1966, S. 570, und *Hardach*, ZfhF 1961, S. 713.

vor, wenn die Konzernspitze den Verwaltungen der TU weitgehende Selbständigkeit belässt, aber die Richtlinien der Geschäftspolitik nach einheitlichen Gesichtspunkten abstimmt[235]. Diesem Aspekt kommt z.B. bei Unternehmensverbindungen, an deren Spitze eine Holdinggesellschaft steht, Bedeutung zu[236].

Die **Mittel** der einheitlichen Leitung sind nicht bestimmt. Welches Mittel im Einzelnen zur Anwendung kommt, ist unerheblich[237]. Zu den wesentlichen Mitteln gehören z.B. **162**

a) Erteilung von Weisungen,
b) personelle Verflechtungen zwischen den Organen,
c) Zustimmungs- und Kontrollrechte,
d) informelle Möglichkeiten der Beeinflussung.

Rechtsgrundlagen zur Erteilung von **Weisungen** bestehen bei Vorliegen eines Beherrschungsvertrages (§ 308 AktG) oder bei Eingliederung (§ 323 AktG); in anderen Fällen ist im AG-Konzern die Erteilung von Weisungen nicht zulässig (§ 311 AktG regelt lediglich die Rechtsfolgen). Gegenüber einer abhängigen GmbH sind Weisungen nach Maßgabe eines Gesellschafterbeschlusses (§ 46 GmbHG) zulässig. Das Recht zur Erteilung von Weisungen ist für die einheitliche Leitung nicht wesensbestimmend; einheitliche Leitung kann sich vielmehr auch in anderen Formen (vgl. unten) vollziehen[238]. Eine tatsächlich große Bedeutung haben **personelle Verflechtungen** zwischen den Organen. Die engste Verflechtung besteht bei Doppelmitgliedschaft im Vorstand oder der Geschäftsführung, ausreichend ist jedoch auch die maßgebliche Vertretung von Vorstands-/Geschäftsführungsmitgliedern des MU im AR des TU. Gleiches gilt auch für eine vollständig oder wesentlich gleiche Besetzung des AR[239]. Ein wichtiges Instrument enthalten auch **Zustimmungs-** und **Kontrollrechte** und -vorbehalte. Im Einzelnen ist hierbei jedoch zu differenzieren. **163**

Es wird die Ansicht vertreten, dass es für die Annahme einer einheitlichen Leitung ausreicht, wenn die Kontrolle bei der Obergesellschaft liegt[240]. Da Kontrollen vergangenheitsorientiert sind und sich in der Nachprüfung der Auswirkungen vollzogener Entscheidungen erschöpfen, wirken Entscheidungen in die Zukunft hinein und setzen risikobehaftete Vorhaben erst in Gang. Die Wahrnehmung bloßer Überwachungs- und Kontrollaufgaben durch die Obergesellschaft begründet daher für sich allein keine einheitliche Leitung. In diesem Zusammenhang ist allerdings zu berücksichtigen, dass der AR kein bloßes Kontrollorgan ist, so dass eine Obergesellschaft, wenn sie im AR der Beteiligungsgesellschaft entscheidenden Einfluss besitzt, v.a. wenn sie über die Stimmenmehrheit verfügt, nicht nur Kontrollfunktion ausübt. Das ist besonders evident, wenn nach der Satzung der Gesellschaft oder aufgrund eines AR-Beschlusses bestimmte bedeutsame Geschäfte (z.B. Investitionen) nur mit Zustimmung des AR vorgenommen werden dürfen. **164**

---

235 *Bayer* in MünchKomm. AktG³, § 18, Rn. 34 ff.
236 Vgl. hierzu Tz. 190.
237 *Emmerich/Habersack*, Aktien- und GmbH-Konzernrecht⁶, § 18, Rn. 16; *Hüffer*, AktG⁹, § 18, Rn. 12; *Vetter, J.* in Schmidt/Lutter, AktG, § 18, Rn. 12; *Liebscher* in Beck AG-HB², § 15, Rn. 26.
238 Ganz h.M.: vgl. *Kropff*, AktG, S. 33; *Kropff*, BB 1965, S. 1281/1284; *Koppensteiner* in Kölner Komm. AktG³, § 18, Rn. 35; *Emmerich/Habersack*, Aktien- und GmbH-Konzernrecht⁶, § 18, Rn. 16; *ADS*⁶, § 18 AktG, Tz. 20; *Hüffer*, AktG⁹, § 18, Rn. 12; *Vetter, J.* in Schmidt/Lutter, AktG, § 18, Rn. 12.
239 H.M.: *Emmerich/Habersack*, Konzernrecht⁹, § 4, Rn. 17; *Hüffer*, AktG⁹, § 18, Rn. 12; *ADS*⁶, § 18 AktG, Tz. 25; *v. Werder*, DBW 1989, S. 37. Zu Interessenkollisionen bei Doppelmandaten vgl. *Hoffmann-Becking*, ZHR 1986, S. 570; *Hoffmann-Becking*, ZHR 1995, S. 325/343; *Säcker*, ZHR 1987, S. 59; *Semler* in FS Stiefel, S. 719. Zur Unvereinbarkeit der Mehrfachfunktionen in Konzerngesellschaften vgl. *Reichert/Schlitt*, AG 1995, S. 241.
240 So *Albach*, NB 1966, S. 30/33. Gegen diese Auffassung auch *Koppensteiner* in Kölner Komm. AktG³, § 18, Rn. 23; *Krieger* in MünchHdb. AG³, § 68, Rn. 71.

In solchen Fällen betätigt sich der AR – betriebswirtschaftlich gesehen – als Geschäftsführungs- und nicht als Kontrollorgan. Ob auf diese Weise eine einheitliche Leitung durch die Obergesellschaft ausgeübt werden kann, hängt davon ab, wie weit der Kreis der zustimmungsbedürftigen Geschäfte gezogen ist. Bei einem die wesentlichen Entscheidungen umfassenden Zustimmungsvorbehalt wird der Vorstand in den wesentlichen Führungsaufgaben praktisch vom AR abhängig. Nutzt die Obergesellschaft ihren Einfluss im AR in diesem Sinne, liegt darin die für den Konzerntatbestand erforderliche Ausübung der einheitlichen Leitung.

165 Es genügt indes auch, wenn sich die einheitliche Leitung in anderen, auch informellen Formen der Beeinflussung vollzieht, z.B. gemeinsame Beratungen, Abstimmungen, Empfehlungen oder sogar Wünsche[241]. Wichtig ist hierbei, dass die im Konzerninteresse liegenden und einheitlich zu gestaltenden Vorstellungen der Konzernspitze durchgesetzt werden können, es genügt, dass die Konzernunternehmen ihre Geschäftspolitik auf die Konzernvorgaben abstimmen[242].

166 Hat der **Geschäftsgegenstand** des untergeordneten Unternehmens mit dem des herrschenden Unternehmens keine Berührungspunkte, ergibt sich die Frage, ob dennoch eine Zusammenfassung unter einheitlicher Leitung angenommen werden kann. Dies ist nach den allgemeinen Kriterien und den Umständen des Einzelfalles zu entscheiden[243]. Allein dadurch, dass die Gesellschaftsanteile an zwei Unternehmen von denselben Personen gehalten werden, entsteht – abgesehen von der Konzernvermutung – noch kein Konzern, wenn die Unternehmen, jedes für sich, unabhängig voneinander geführt werden, allerdings ist die branchenfremde Tätigkeit des Unternehmens kein Hindernis für deren Konzernierung[244]. Ein unterschiedlicher Geschäftsgegenstand ist z.B. im Verhältnis einer **Holding** zu ihren TU gegeben[245]. Für die Annahme eines Konzernverhältnisses kommt es, wie oben dargestellt, nicht darauf an, dass die Planung und Führung der Unternehmenspolitik z.B. auf den Gebieten Produktion, Ein- und Verkauf aufeinander abgestimmt werden kann. Bei einer Holding wird es genügen, wenn z.B. die Finanz- und Investitionspolitik oder Personalpolitik der Unternehmen von der Holding gesteuert wird oder wenn eine einheitliche personalpolitische Lenkung erfolgt[246].

167 Fraglich kann sein, ob eine gewisse **Dauerhaftigkeit** der einheitlichen Leitung für den Konzerntatbestand erforderlich ist. Eine Mindestdauer wird weder für den Konzerntatbestand noch für den Abhängigkeitstatbestand des § 17 AktG vorausgesetzt. Eine von vornherein befristete Zusammenfassung unter einheitlicher Leitung steht der Annahme des Konzerntatbestandes nicht entgegen; bei vorübergehendem Beteiligungserwerb werden jedoch besondere Anhaltspunkte gegeben sein müssen, um die Zusammenfassung unter einheitlicher Leitung annehmen zu können[247]. Einzelne, auf spezielle Tatbestände beschränkte oder fallweise Eingriffe in die Geschäftspolitik eines TU reichen für den Begriff der einheitlichen Leitung durch das MU ohnehin nicht aus. Wenn eine Beteiligung nur für kurze Zeit übernommen worden ist, z.B. durch eine Bank im Rahmen der Sanierung der Gesellschaft, wird daher ein Konzernverhältnis i.d.R. nicht entstehen.

---

241 *Emmerich/Habersack*, Konzernrecht[9], § 4, Rn. 17; *Emmerich/Habersack*, Aktien- und GmbH-Konzernrecht[6], § 18, Rn. 16; *ADS*[6], § 18 AktG, Tz. 20; *Hüffer*, AktG[9], § 18, Rn. 12.
242 *ADS*[6], § 18 AktG, Tz. 21 und 23.
243 Vgl. hierzu *Godin/Wilhelmi*, AktG[4], § 18, Rn. 5.
244 BGH v. 23.09.1991, BGHZ 115, S. 187/191 = AG 1991, S. 429 „Video"; *Emmerich/Habersack*, Aktien- und GmbH-Konzernrecht[6], § 18, Rn. 12.
245 *Scheffler* in FS Goerdeler, S. 469/482; *ADS*[6], § 18 AktG, Tz. 43.
246 *Lutter* in Holding-Handbuch[4], § 1, Rn. 44.
247 *Vetter, J.* in Schmidt/Lutter, AktG, § 18, Rn. 13; *Bayer* in MünchKomm. AktG[3], § 18, Rn. 37.

d) Der Unterordnungskonzern

Ein Konzernverhältnis i.S. eines **Unterordnungskonzerns** (§ 18 Abs. 1 AktG) setzt ein **Abhängigkeitsverhältnis** gem. § 17 AktG voraus, während ein **Gleichordnungskonzern** nur zwischen nicht durch ein Abhängigkeitsverhältnis verbundenen Unternehmen möglich ist (§ 18 Abs. 2 AktG). Da im Wirtschaftsleben die Möglichkeit zu beherrschender Einflussnahme, die das Wesensmerkmal des Abhängigkeitsverhältnisses ausmacht, meist auch zur Ausübung einheitlicher Leitung infolge gesellschaftsrechtlicher Beherrschung durch das herrschende Unternehmen genutzt wird, knüpft das Gesetz an das Abhängigkeitsverhältnis die Vermutung, dass zugleich ein Konzernverhältnis besteht (§ 18 Abs. 1 S. 3 AktG). **168**

Das für den Unterordnungskonzern vorausgesetzte Abhängigkeitsverhältnis kann auch seinerseits wieder auf einer gesetzlichen Vermutung beruhen, nämlich wenn das herrschende Unternehmen eine Mehrheitsbeteiligung besitzt[248]. **169**

Wird die Abhängigkeitsvermutung widerlegt[249], so entfällt damit auch der Anknüpfungspunkt für die Konzernvermutung. Um den Unterordnungskonzern zu verneinen, genügt die Widerlegung einer der beiden von der Mehrheitsbeteiligung zum Konzernverhältnis führenden Vermutungen. Bei Widerlegung der Abhängigkeitsvermutung scheidet lediglich die Annahme eines Unterordnungskonzerns i.S.v. § 18 Abs. 1 AktG aus; es kann jedoch auch dann noch ein Konzernverhältnis in der Form des Gleichordnungskonzerns (§ 18 Abs. 2 AktG) zu bejahen sein[250]. Die Widerlegung der Konzernvermutung kann jedoch auch unabhängig von der Widerlegung des Abhängigkeitsverhältnisses erfolgen. Es genügt darzutun, dass die die einheitliche Leitung begründenden Merkmale nicht gegeben sind, dass es z.B. an der Möglichkeit fehlt, das TU einheitlich zu leiten. Hierfür kann ein Entherrschungsvertrag in Betracht kommen, der entsprechend einem Abhängigkeitsausschlussvertrag die Leitungsmöglichkeiten beschränkt, der bei isolierter Ausrichtung auf das Konzernverhältnis das Abhängigkeitsverhältnis unberührt lässt[251].

Wenn zwischen Unternehmen ein **Beherrschungsvertrag** besteht (§ 291 AktG) oder ein Unternehmen in ein anderes **eingegliedert** ist (§ 319 AktG), gelten diese Unternehmen unwiderleglich als unter einheitlicher Leitung stehend (§ 18 Abs. 1 S. 2 AktG); Beherrschungsvertrag und Eingliederung führen also stets zu einem Unterordnungskonzern. Es besteht eine gesetzliche Konzernvermutung[252]. Die Feststellung, ob und wie die einheitliche Leitung tatsächlich ausgeübt wird, braucht hier also, anders als sonst, nicht getroffen zu werden. Für diese Art von Konzernen wird der Ausdruck „Vertragskonzern" verwendet[253], im Gegensatz zum „faktischen Konzern", bei dem nur eine faktische Leitungsmacht besteht[254]. **170**

Andere Unternehmensverträge als der Beherrschungsvertrag stehen nicht notwendig i.V.m. einem Konzernverhältnis[255]; v.a. begründen sie es für sich allein nicht. Häufig sind sie **171**

---

248 § 17 Abs. 2. Vgl. die Übersicht über das System gesetzlicher Vermutungen in Erl. zu § 15 AktG Rn. 41.
249 Hierzu vgl. die Erl. zu § 17 AktG, Tz. 131.
250 Vgl. auch *Würdinger* in Großkomm. AktG³, § 18, Rn. 14; teilweise a.A. *Havermann* in Bericht über die Fachtagung des IDW 1971, S. 29/31.
251 Vgl. oben Tz. 139.
252 *Emmerich/Habersack*, Aktien- und GmbH-Konzernrecht⁶, § 18, Rn. 20; *Hüffer*, AktG⁹, § 18, Rn. 17; *Bayer* in MünchKomm. AktG³, § 18, Rn. 44; *Vetter, J.* in Schmidt/Lutter, AktG, § 18, Rn. 16.
253 Als Vertragskonzern wird auch ein Konzern bezeichnet, bei dem ein sonstiger Unternehmensvertrag die Konzerngrundlage bildet. Zur Terminologie *Bayer* in MünchKomm. AktG³, § 18, Rn. 8.
254 Zum faktischen Konzern vgl. unten Tz. 216.
255 Vgl. z.B. Betriebsüberlassungs-, -pacht- und Betriebsführungsverträge. Zu deren unternehmensvertraglicher Einordnung vgl. *Huber*, ZHR 1988, S. 1, S. 123; *Krieger* in MünchHdb. AG³, § 72.

jedoch Ausdruck einer bereits ohne den Vertrag bestehenden einheitlichen Leitung. Ein GAV stellt ein starkes Indiz für das Vorliegen eines Unterordnungskonzernverhältnisses dar, auch wenn er nach der Änderung des § 14 KStG[256] neben der finanziellen Eingliederung die wesentliche Voraussetzung für die steuerliche Anerkennung der Organschaft ist und die Voraussetzung der wirtschaftlichen und organisatorischen Eingliederung entfallen ist[257].

e) Der Gleichordnungskonzern

172 Der Gleichordnungskonzern setzt, wie bereits unter Tz. 168 ausgeführt, voraus, dass die einheitliche Leitung nicht auf der Grundlage eines Beherrschungsverhältnisses i.S.v. § 17 AktG ausgeübt wird[258]. Die einheitliche Leitung kann auf einem vertraglichen Gemeinschaftsorgan der Unternehmen beruhen (vertraglicher Gleichordnungskonzern)[259], was häufig zugleich zu einer Gewinngemeinschaft (§ 292 Abs. 1 Nr. 1 AktG) führt, oder darauf, dass die Anteile der Unternehmen in der Hand eines Eigentümers vereinigt sind, der kein Unternehmen ist[260]. Sie kann auch durch Zusammenschluss zu einer Interessengemeinschaft hergestellt werden[261]. Vertragliche Absprachen zur Begründung der einheitlichen Leitung sind nicht erforderlich (faktischer Gleichordnungskonzern)[262], da diese v.a. durch die persönliche Verflechtung der Geschäftsführungen begründet werden können[263]. Ein typisches Beispiel für die Begründung eines Gleichordnungskonzerns ist der Abschluss eines Gleichordnungsvertrages i.S.v. § 291 Abs. 2 AktG, der i.d.R. als BGB-Innengesellschaft zu qualifizieren ist[264]. Solche „dual-headed structures" sind in der Unternehmenspraxis vergleichsweise selten anzutreffen (beispielhaft: Royal Dutch Shell). Es genügt auch, dass sich Gesellschafter und Geschäftsführer der einen Gesellschaft der Leitung eines anderen Unternehmens unterstellt haben[265]. Ein Gleichordnungskonzern wird somit schon dadurch begründet, dass zwei Unternehmen ihre Stimmrechte aus der Beteiligung an einem dritten Unternehmen poolen und sich hinsichtlich dieses Unternehmens zu gemeinsamer Geschäftspolitik verpflichten; die bloße Koordination der Herrschaftsmacht soll jedoch nicht genügen[266]. Die einheitliche Leitung begründet keine Abhängigkeit der Unternehmen, auch dann nicht, wenn die Unternehmen z.B. eine GmbH als Leitungsinstanz gründen und die Verpflichtung übernehmen, Weisungen der Leitungsinstanz zu befolgen[267], ohne dass jedoch Abhängigkeit von dieser Leitungsinstanz bestehen darf[268]. Ein Gleichordnungskonzern kann auch bei einer wechselseitigen Betei-

---

[256] BGBl. I 2000, S. 1433.
[257] *Emmerich/Habersack*, Aktien- und GmbH-Konzernrecht[6], § 18, Rn. 14b; *Hüffer*, AktG[9], § 291, Rn. 27.
[258] *Hüffer*, AktG[9], § 18, Rn. 20; *Krieger* in MünchHdb. AG[3], § 68, Rn. 73.
[259] *Krieger* in MünchHdb. AG[3], § 68, Rn. 81; *Emmerich/Habersack*, Aktien- und GmbH-Konzernrecht[6], § 18, Rn. 29; *Hüffer*, AktG[9], § 18, Rn. 20.
[260] Begr. RegE zu § 18, *Kropff*, AktG, S. 34; *Koppensteiner* in Kölner Komm. AktG[3], § 18, Rn. 8; *Hüffer*, AktG[9], § 18, Rn. 20; *Emmerich/Habersack*, Aktien- und GmbH-Konzernrecht[6], § 18, Rn. 32 f.
[261] *Würdinger* in Großkomm. AktG[3], § 18, Rn. 13.
[262] *Krieger* in MünchHdb. AG[3], § 68, Rn. 83; *Emmerich/Habersack*, Aktien- und GmbH-Konzernrecht[6], § 18, Rn. 30; *Hüffer*, AktG[9], § 18, Rn. 21.
[263] BGH v. 19.01.1993, NJW 1993, S. 2114; BGH v. 08.12.1998, AG 1999, S. 181/182; *Hüffer*, AktG[9], § 18, Rn. 21; *Emmerich/Habersack*, Aktien- und GmbH-Konzernrecht[6], § 18, Rn. 30.
[264] *Vetter, J.* in Schmidt/Lutter, AktG, § 18, Rn. 24; *Emmerich/Habersack*, Aktien- und GmbH-Konzernrecht[6], § 18, Rn. 29; *Bayer* in MünchKomm. AktG[3], § 18, Rn. 54.
[265] Vgl. BGH v. 19.01.1993, NJW 1993, S. 2114/2116; ebenso *Krieger* in MünchHdb. AG[3], § 68, Rn. 83; *Hüffer*, AktG[9], § 18, Rn. 20.
[266] *Hüffer*, AktG[9], § 18, Rn. 21.
[267] *Würdinger* in Großkomm. AktG[3], § 18, Rn. 12.
[268] *Krieger* in MünchHdb. AG[3], § 68, Rn. 80.

ligung, die die einheitliche Leitung zweier voneinander unabhängiger Unternehmen sicherstellt, gegeben sein[269]. Wenn sich die Koordination nur auf **Teilbereiche** der Unternehmensfunktionen bezieht, die für das Gesamtbild, das die Unternehmensführung bietet, nicht bestimmend sind, liegt keine einheitliche Leitung i.S.d. Gesetzes vor[270].

Grundsätzlich gelten die an den Konzernbegriff anknüpfenden Vorschriften sowohl für den Unterordnungs- als auch für den Gleichordnungskonzern, sofern sich aus der betreffenden Vorschrift nichts anderes ergibt[271]. Der Unterschied zwischen Unterordnungs- und Gleichordnungskonzern ist v.a. in einer Hinsicht bedeutsam: Im Fall eines Unterordnungskonzerns ist ein KA aufzustellen, im Fall eines Gleichordnungskonzerns kann es dazu i.d.R. nicht kommen, da es an der Kontrolle des eines Unternehmens über das andere fehlt. Seit der Neufassung von § 290 Abs. 1 HGB durch das BilMoG kommt es für die handelsrechtliche Konsolidierung auf das Vorliegen der einheitlichen Leitung nicht mehr an[272]. Besteht der Gleichordnungskonzern auf einer vertraglichen Grundlage, ist fraglich, ob dieser der Zustimmung der jeweiligen HV bedarf. Sofern der Vertrag zugleich den Charakter eines Unternehmensvertrages (z.B. Gewinngemeinschaft gem. §§ 292 Abs. 1 Nr. 1, 293 AktG) aufweist, ist das zu bejahen. Anderenfalls ist zweifelhaft, ob entgegen der gesetzgeberischen Entscheidung in § 291 Abs. 2 AktG die Zustimmung der HV einzuholen ist[273], ggf. auch in Anwendung der die „Holzmüller"-Entscheidung des BGH tragenden Grundsätze nach § 119 Abs. 2 AktG.

173

Unklar sind ferner die Rechtsfolgen im Gleichordnungskonzern. Nachteilige Weisungen sind nach überwiegender Mehrheit verboten, es sei denn, dass die Gesellschafter der Gründung des Gleichordnungskonzerns mit der entsprechenden Mehrheit zugestimmt haben, die Weisungen zulässt, dann aber die Verlustausgleichspflicht nach sich zieht[274]. Wegen der wechselseitigen Einstandspflicht der beteiligten Gesellschaften wird ferner ein Haftungsdurchgriff analog § 670 BGB oder eine Haftungsgemeinschaft analog §§ 730 ff. BGB erwogen. Der Schutz gegen nachteilige Eingriffe lässt sich nach §§ 302–305 AktG für den Gleichordnungskonzern nicht begründen; auch der Schutz nach §§ 311 ff. AktG scheidet wegen des Nichtbestehens eines Abhängigkeitsverhältnisses aus[275]. Am ehesten wird auf die allgemeinen Haftungstatbestände (§ 117 AktG, § 826 BGB) abzustellen sein.

174

f) Besondere Fälle
aa) Gemeinschaftsunternehmen

Fragen besonderer Art stellen sich, wenn die Anteile an einer Gesellschaft bei mehreren Unternehmen liegen, wenn also z.B. zwei Unternehmen mit je 50 v.H. an der Gesellschaft beteiligt sind (Gemeinschaftsunternehmen).

175

1. Falls nicht besondere Umstände hinzukommen, scheidet ein Abhängigkeitsverhältnis des Gemeinschaftsunternehmens gegenüber einem oder beiden beteiligten Unternehmen aus, da keines der beteiligten Unternehmen ohne Mitwirkung des anderen be-

176

---

269 *Kropff*, BB 1965, S. 1281/1283; *Havermann*, WPg 1966, S. 66/70.
270 *Koppensteiner* in Kölner Komm. AktG³, § 18, Rn. 5.
271 Vgl. die Übersicht in Erl. zu § 15 AktG unter Tz. 27.
272 Zur Frage der Aufstellung von Konzernabschlüssen im Gleichordnungskonzern *ADS*⁶, § 290 HGB, Tz. 95.
273 Die Zustimmungsfrage bejahen *Emmerich/Habersack*, Aktien- und GmbH-Konzernrecht⁶, § 18, Rn. 35; im Übrigen *Hüffer*, AktG⁹, § 291, Rn. 34; *Vetter, J.* in Schmidt/Lutter, AktG, § 18, Rn. 37; zur Holzmüller-Entscheidung BGH v. 25.02.1982, BGHZ 83, S. 122; BGH v. 26.04.2004, DB 2004, S. 1204; ferner *Krieger* in MünchHdb. AG³, § 68, Rn. 86 f.
274 *Emmerich/Habersack*, Aktien- und GmbH-Konzernrecht⁶, § 18, Rn. 37; *Vetter, J.* in Schmidt/Lutter, AktG, § 18, Rn. 37.
275 *Vetter, J.* in Schmidt/Lutter, AktG, § 18, Rn. 31

herrschenden Einfluss auszuüben in der Lage ist[276]. Mangels ausreichender Willenskoordinierung in den Gesellschaftsorganen des Gemeinschaftsunternehmens sind die beteiligten Unternehmen in der Lage, sich wechselseitig zu blockieren. Infolgedessen können auch Konzernverhältnisse i.S.v. § 18 Abs. 1 AktG nicht gegeben sein, weil der Unterordnungskonzern Abhängigkeit voraussetzt[277].

177 2. Häufig bestehen jedoch zwischen Unternehmen, die zusammen mit mehr als 50 v.H. an dem Gemeinschaftsunternehmen beteiligt sind, vertragliche Abmachungen über die einheitliche Ausübung des Stimmrechts und die Verfolgung einer gemeinsamen Geschäftspolitik bei dem Gemeinschaftsunternehmen. Eine solche Gestaltung war Gegenstand einer Entscheidung des BAG, bei der es um die Frage ging, ob die Arbeitnehmer des Gemeinschaftsunternehmens bei der Wahl der Arbeitnehmervertreter zu den AR der Obergesellschaften zugelassen werden müssen. Das BAG bejaht dies mit der Begründung, zwischen dem Gemeinschaftsunternehmen und jeder der Obergesellschaften bestehe ein Konzernverhältnis[278]. Dabei beruft sich das BAG u.a. auf die Bemerkung in der Begr. RegE zu § 329 AktG a.F., wo in Ausnahmefällen die Zugehörigkeit eines Unternehmens zum Konzern zweier Obergesellschaften für möglich gehalten wird[279].

178 Die Rechtsauffassung des BGH konturiert sich aus verschiedenen Entscheidungen. In einem zu § 17 AktG ergangenen Urteil vom 04.03.1974 lässt der BGH die Frage, ob zu den Obergesellschaften ein Abhängigkeitsverhältnis besteht, wenn diese sich durch Konsortialvertrag oder sonstige Abreden zu einheitlichem Handeln gegenüber dem Gemeinschaftsunternehmen verpflichtet haben, ausdrücklich offen[280]. Er weist jedoch darauf hin, dass es zwischen den Obergesellschaften mit verschiedenem Mitgliederbestand i.d.R. auch dann Interessendivergenzen geben werde, wenn diese Gesellschaften sich zur einheitlichen Ausübung des Stimmrechts verpflichtet haben; daher bestehe gewöhnlich ein Spannungsverhältnis, das zu einer gegenseitigen Machtbeschränkung führen und für das Gemeinschaftsunternehmen einen gewissen Schutz gegen die stetige Inanspruchnahme für ein fremdes Unternehmensinteresse bedeuten könne. Damit ist es eine Frage des Einzelfalls, ob das Gemeinschaftsunternehmen i.S.v. § 17 AktG abhängig ist. Nach den entschiedenen Fällen reicht es aus, wenn mehrere beherrschende Gesellschaften dieselben Gesellschafter haben oder wenn gleichgerichtete Interessen eine gemeinsame Unternehmenspolitik gewährleisten. Schließlich kann es genügen, wenn die Anteile von verschiedenen Mitgliedern einer Familie gehalten werden und diese in der Vergangenheit als geschlossene Einheit aufgetreten sind[281].

---

276 Erl. zu § 17 AktG unter Tz. 118.
277 *Koppensteiner* in Kölner Komm. AktG³, § 17, Rn. 83; *Bayer* in MünchKomm. AktG³, § 17, Rn. 80; *Krieger* in MünchHdb. AG³, § 68, Rn. 77; *Emmerich/Habersack*, Aktien- und GmbH-Konzernrecht⁶, § 18, Rn. 18.
278 BAG v. 18.06.1970, DB 1970, S. 1595. Gem. § 76 Abs. 4 BetrVerfG 1952 war für die Entscheidung maßgebend, ob ein Konzernverhältnis i.S.v. § 18 Abs. 1 S. 1 AktG vorliegt. In einem späteren Beschluss (v. 21.10.1980) hat sich das BAG in anderem Zusammenhang dahin geäußert, dass der Begriff der einheitlichen Leitung in § 18 Abs. 1 AktG im Bereich des BetrVG am Zweck der betriebsverfassungsrechtlichen Normen orientiert werden müsse und das aktienrechtliche Verständnis des Konzernbegriffs daher nicht entscheidend sein könne (AG 1981, S. 227, 228). Im Fall dieser Entscheidung handelte es sich um die Verweisung auf § 18 Abs. 1 AktG in § 54 BetrVfG 1972; das BAG spricht aber auch die entsprechende Verweisung in § 76 Abs. 4 BetrVerfG 1952 an und fordert auch insoweit ein spezifisch betriebsverfassungsrechtliches Verständnis des Konzernbegriffs. Damit wird die Bedeutung der Entscheidungen des BAG zum Konzernbegriff für den Bereich des Aktienrechts – zumindest – stark abgeschwächt. In einer neueren Entscheidung (Beschluss v. 30.10.1986) vom BAG bestätigt für den Fall der Vereinbarung zur gemeinsamen Herrschaftsausübung, DB 1987, S. 1691; BAG v. 16.08.1995, NJW 1996, S. 1691.
279 *Kropff*, AktG, S. 439.
280 BGH v. 04.03.1974, BB 1974, S. 572, DB 1974, S. 767, Näheres zu dieser Entscheidung unter Tz. 119.
281 Vgl. BGH v. 04.03.1974, BGHZ 62, S. 193/199 „Seitz-Enzinger"; v. 08.05.1979, BGHZ 74, S. 359/365 ff. „Brost und Funke"; v. 16.02.1981, BGHZ 80, S. 69/73 „Süssen"; OLG Frankfurt v. 22.12.2003, AG 2004, S. 567/568.

Nur wenn die Abhängigkeit nach den tatsächlichen und rechtlichen Gegebenheiten zu 179
bejahen ist, stellt sich die weitere Frage, ob das Gemeinschaftsunternehmen mit jeder
Obergesellschaft einen Unterordnungskonzern bildet[282]. Mittlerweile wird weitgehend
bejaht, dass die einheitliche Leitung von mehreren Unternehmen, die unter sich keinen
Konzern bilden, ausgeübt werden kann. Voraussetzung ist, dass die MU dem Gemeinschaftsunternehmen gegenüber koordiniert auftreten[283]. Das bedeutet, dass das Gemeinschaftsunternehmen „voll" mit seinem gesamten Unternehmen unter der Leitung
der Obergesellschaften zusammengefasst ist. Diese Formulierung schließt nicht den
Fall ein, dass die beteiligten Unternehmen sich gegenseitig die Leitung in je verschiedenen Bereichen der Betätigung des Gemeinschaftsunternehmens zugestanden
haben, denn dann wäre das Gemeinschaftsunternehmen bei jeder Obergesellschaft nur
mit einem Teilbereich, bei keiner aber mit seinem gesamten Unternehmensbereich zusammengefasst[284]. Die Frage der Einbeziehung von Gemeinschaftsunternehmen in den
KA ist allein nach den Vorschriften des HGB zu entscheiden. Ist die einheitliche Leitung zu bejahen, kommt die Vollkonsolidierung nach § 290 Abs. 1 HGB in Betracht; in
anderen Fällen verbleibt es bei der Möglichkeit zur Quotenkonsolidierung nach § 310
HGB[285].

3. Die gemeinsame einheitliche Leitung beruht auf einer dauerhaften Grundlage für ihre 180
Ausübung. I.d.R. ist dies ein Konsortial- oder Poolvertrag[286]. Erfolgt die Koordination
in Form einer BGB-Gesellschaft, stellt sich die Frage, ob diese durch das vertragliche
Zusammenwirken der Obergesellschaften als Konzernobergesellschaft anzusehen ist.
Tatsächliche Verhältnisse können ausreichen, wenn sie auch auf Dauer die gemeinsame
Interessenverfolgung der MU gewährleisten, wie das z.B. bei personellen Verflechtungen der Fall sein kann[287].

Es ist h.M., dass nicht die BGB-Gesellschaft, sondern die dahinter stehenden MU 181
herrschende Unternehmen sind[288]. Etwas anderes kann im Einzelfall nur gelten, wenn
die beteiligten Unternehmen sich nicht auf den Abschluss eines Stimmrechtsbindungsvertrages beschränken, sondern auch die Verfolgung einer gemeinsamen Geschäftspolitik bei dem Gemeinschaftsunternehmen vereinbaren[289].

Im Falle des Abschlusses eines Beherrschungsvertrages zwischen dem Gemein- 182
schaftsunternehmen und der GbR wird es zu Recht als gekünstelte Konstruktion abgelehnt, die BGB-Gesellschaft als herrschendes Unternehmen und Konzernobergesellschaft zu behandeln, da diese keine eigenständige Leitungsmacht hat und nur von ihren
Gesellschaftern als organisatorisches Instrument zur Leitung des Gemeinschaftsunter-

---

[282] Vgl. *Koppensteiner* in Kölner Komm. AktG³, § 18, Rn. 34, m.w.N.; *Emmerich/Habersack*, Konzernrecht⁹, § 3, Rn. 41; *Hüffer*, AktG⁹, § 18, Rn. 16; *Bayer* in MünchKomm. AktG³, § 18, Rn. 43.
[283] *Emmerich/Habersack*, Konzernrecht⁹, § 3, Rn. 39.
[284] Vgl. BGH, Beschluss v. 18.11.1986, NJW 1987, S. 1700, zur Leitung eines Gemeinschaftsunternehmens durch einen Gesellschafter.
[285] Zu dieser Problematik *Hoffmann-Becking/Rellermeyer* in FS Goerdeler, S. 199; *Maas/Schruff*, WPg 1986, S. 237; *Havermann* in Bericht über die Fachtagung des IDW 1986, S. 47.
[286] H.M.: *Krieger* in MünchHdb. AG³, § 68, Rn. 77; vgl. auch LG Hamburg v. 26.06.1995, AG 1996, S. 89; LG München I v. 25.09.1995, AG 1996, S. 186/187.
[287] *Emmerich/Habersack*, Aktien- und GmbH-Konzernrecht⁶, § 17, Rn. 30; *Böttcher/Liekefett*, NZG 2003, S. 701/705.
[288] *Krieger* in MünchHdb. AG³, § 68, Rn. 53; *Emmerich/Habersack*, Aktien- und GmbH-Konzernrecht⁶, § 17, Rn. 31; *Ruwe*, DB 1988, S. 2037.
[289] Die steuerliche Bedeutung der sog. Mehrmütterorganschaft ist infolge der im Jahr 2003 erfolgten Änderung von § 14 KStG durch das Gesetz v. 16.05.2003 (BGBl. I 2003, S. 660) nicht mehr zwischenzeitlich gesetzlicher Anerkennung der Mehrmütterorganschaft durch Gesetz v. 20.12.2001 (BGBl. I 2001, S. 3858), durch die für steuerliche Zwecke die Organträgereigenschaft – abw. von den Entscheidungen des BFH v. 24.03.1998, BStBl. II 1998, S. 447; BFH v. 09.06.1999, AG 2000, S. 181/182 – der GbR zugeordnet wurde, wurde die Anerkennung einer mit nicht nur einem einzigen Unternehmen begründeten Organschaft abgeschafft.

nehmens eingesetzt wird. Vertragspartner sind die MU in gesamthänderischer Verbundenheit. Inhaber des beherrschenden Einflusses sind nur die Unternehmen, von denen der Einfluss ausgeht und die ihn selbst oder durch die BGB-Gesellschaft als Leitungsorgan ausüben, also die Obergesellschaften[290].

183 4. Ist bei den Absprachen über die Einflussnahme auf die Geschäftspolitik des Gemeinschaftsunternehmens einer der Obergesellschaften ein entscheidendes Übergewicht eingeräumt, so liegt der beherrschende Einfluss allein bei dieser Obergesellschaft. Das Gemeinschaftsunternehmen ist in einem solchen Fall nur im Verhältnis zu dieser Obergesellschaft abhängig und – bei Ausnutzung des beherrschenden Einflusses zu einheitlicher Leitung durch die betreffende Obergesellschaft – konzernverbunden.

Liegen diese Voraussetzungen vor, sind die Beziehungen des Gemeinschaftsunternehmens im Hinblick auf die Folgen der Abhängigkeit und der Konzerneinbindung zu jedem der gemeinschaftlichen MU von Relevanz. Ein faktischer Konzern kann zu jedem dieser Unternehmen bestehen; auch für § 5 MitbestG dürften die Beziehungen zu beiden Müttern von Bedeutung sein[291].

bb) Ein Unternehmen als Obergesellschaft verschiedener Konzerne?

184 Dass ein Unternehmen die Obergesellschaft zweier verschiedener Konzerne ist, erscheint mit dem Begriff der einheitlichen Leitung kaum vereinbar. Unter der einheitlichen Konzernleitung steht auch das herrschende Unternehmen selbst[292]. Dieses kann aber im Hinblick auf die eine ihm untergeordnete Unternehmensgruppe nicht anders als im Hinblick auf die andere Unternehmensgruppe geleitet werden. Durch das herrschende Unternehmen als Bindeglied werden vielmehr beide Gruppen zu einem einzigen Konzern zusammengefasst.

cc) Verbindung zwischen Gleichordnungskonzern und Unterordnungskonzern

185 Um einen einzigen Konzern i.S. einer Unternehmensverbindung handelt es sich auch, wenn ein Unternehmen auf der einen Seite durch ein Gleichordnungskonzernverhältnis, auf der anderen Seite durch ein Unterordnungskonzernverhältnis mit anderen Unternehmen verbunden ist.

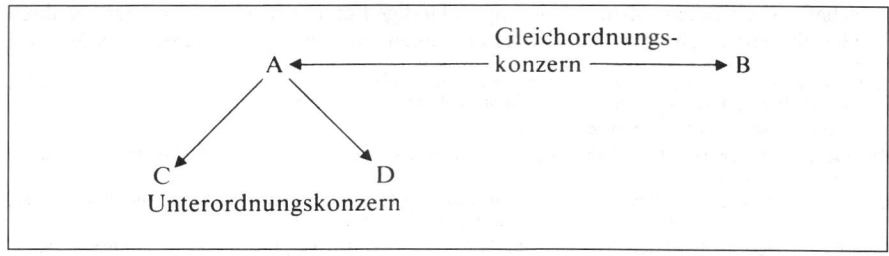

Die einheitliche Leitung, unter der A und B als gleichgeordnete Unternehmen stehen, wirkt sich hier auch auf die Leitung der Unternehmen C und D durch A aus. C und D sind auch im Verhältnis zu B konzernverbundene Unternehmen.

---

290 So *Bayer* in MünchKomm. AktG³, § 17, Rn. 83, und *Geßler* in FS Knur, S. 145, 163; *Koppensteiner* in Kölner Komm. AktG³, § 17, Rn. 88; *Nordmeyer*, BB 1971, S. 70. Von dieser Auffassung geht auch das BAG in dem oben unter b) bereits angesprochenen Beschluss v. 18.06.1970, DB 1970, S. 1595, aus.

291 *Emmerich/Habersack*, Aktien- und GmbH-Konzernrecht⁶, § 17, Rn. 32; *Bayer* in MünchKomm. AktG³, § 17, Rn. 83; *Hüffer*, AktG⁹, § 17, Rn. 14; BAG v. 13.10.2004, AG 2005, S. 533/535.

292 Vgl. Tz. 157.

dd) Konzern im Konzern?

Nach ganz überwiegender Auffassung ist der Fall, dass ein abhängiges und unter einheitlicher Leitung des MU stehendes Unternehmen seinerseits wieder Konzernobergesellschaft (Zwischen-Obergesellschaft) eines Unterordnungskonzerns ist („Konzern im Konzern"), nicht denkbar[293], es sei denn, die Zwischengesellschaft verfügt über eigenverantwortliche Leitungsmacht[294]. Die umfassend angelegte einheitliche Leitung im Konzern durch das in der Konzernhierarchie höher stehende Unternehmen lässt keinen Raum für die einheitliche Leitung auf einer Unterstufe oder für eine Differenzierung nach der Intensität der einheitlichen Leitung[295]. **186**

Nach **HGB** ist im Hinblick auf die geregelten Befreiungen i.d.R. nur das an der **Spitze des Konzerns** stehende Unternehmen zur Konzernrechnungslegung verpflichtet, nicht dagegen eine Zwischen-Obergesellschaft. Aktienrechtlich beschränkt sich daher die Bedeutung der Frage der Anerkennung eines Konzerns im Konzern im Wesentlichen darauf, ob auch gesetzlichen Vertretern einer Zwischen-Obergesellschaft das Privileg des § 100 Abs. 2 S. 2 AktG zusteht, wonach auf die Höchstzahl von zehn AR-Sitzen bei gesetzlichen Vertretern des herrschenden Unternehmens eines Konzerns bis zu fünf AR-Sitze in zum Konzern gehörenden Unternehmen nicht anzurechnen sind[296]. **187**

Unter bestimmten Voraussetzungen anerkannt wird dagegen der Konzern im Konzern in der Rspr. des BAG zu § 54 Abs. 1 BetrVerfG 1972, zum DrittelBG und zu § 5 Abs. 1 MitBestG 1976, wo jeweils zum Konzernbegriff auf § 18 Abs. 1 AktG verwiesen ist[297]. Dabei setzt das BAG voraus, dass dem Konzern-TU hinsichtlich mitbestimmungspflichtiger Angelegenheiten ein Entscheidungsspielraum zusteht, dem Konzern-TU somit gegenüber den Konzernenkelgesellschaften noch genügend eigene Leitungsmacht verbleibt. Die Bildung eines mitbestimmten AR bei einem abhängigen Unternehmen spricht nicht gegen die Konzernbeziehung zu einem herrschenden Unternehmen, so dass auch dort ein mitbestimmter AR zu bilden ist[298]. Die Auffassung des BAG ist für das Konzernrecht im Übrigen nicht verallgemeinerungsfähig[299]. **188**

ee) Joint Ventures, Arbeitsgemeinschaften

Die Frage der Zugehörigkeit zu mehreren Konzernen spielt auch bei Joint Ventures und Arbeitsgemeinschaften, v.a. des Baugewerbes, eine Rolle. Als verbundene Unternehmen sind diese nur dann von Belang, wenn sie Unternehmenseigenschaft besitzen, was bei Ar- **189**

---

293 *Koppensteiner* in Kölner Komm. AktG³, § 18, Rn. 31; *Krieger* in MünchHdb. AG³, § 68, Rn. 76; *Emmerich/Habersack*, Konzernrecht⁹, § 4; *Emmerich/Habersack*, Aktien- und GmbH-Konzernrecht⁶, § 18, Rn. 18.

294 OLG München v. 19.11.2008, AG 2009, S. 339.

295 Die Möglichkeit eines „Konzerns im Konzern" verneinen generell *Koppensteiner* in Kölner Komm. AktG³, § 18, Rn. 31, m.w.N.; *Bayer* in MünchKomm. AktG², § 18, Rn. 40 ff., und *v. Hoyningen-Huene*, ZGR 1978, S. 515; *Hüffer*, AktG⁹, § 18, Rn. 14; *Emmerich/Habersack*, Aktien- und GmbH-Konzernrecht⁶, § 18, Rn. 18; *Krieger* in MünchHdb. AG³, § 68, Rn. 76; a.A. *Kropff*, BB 1965, S. 1281/1284.

296 *Emmerich/Habersack*, Aktien- und GmbH-Konzernrecht⁶, § 18, Rn. 17; *Vetter, J.* in Schmidt/Lutter, AktG, § 18, Rn. 14; *Geßler*, BB 1977, S. 1313/1314/1316.

297 BAG v. 21.10.1980, AG 1981, S. 227; OLG Düsseldorf v. 30.01.1979, mit ausführlichen Literaturhinweisen, AG 1979, S. 318. Vgl. auch OLG Zweibrücken v. 09.11.1983, AG 1984, S. 80, und LG Fürth v. 10.10.1983, AG 1984, S. 55; OLG Frankfurt v. 10.11.1986, AG 1987, S. 53, erkennt den Konzern im Konzern an, wenn die Obergesellschaft einen Teil ihrer Leitungsbefugnis auf das abhängige Unternehmen zur selbständigen Ausübung übertragen hat; LG München I v. 25.09.1995, AG 1996, S. 186; LG Hamburg v. 26.06.1995, AG 1996, S. 89; OLG Celle v. 22.03.1993, AG 1994, S. 131/133; offen in OLG Düsseldorf v. 27.12.1996, WM 1997, S. 668/671; neuere Rspr.: OLG Zweibrücken v. 18.10.2005, AG 2005, S. 928 „Eckes"; OLG Düsseldorf v. 30.10.2006, NZG 2007, S. 77; KG v. 07.06.2007, AG 2007, S. 671; OLG Frankfurt v. 21.04.2008, AG 2008, S. 502; v. 21.04.2008, AG 2008, S. 504.

298 OLG Frankfurt v. 21.04.2008, DB 2008, S. 1032/1033; *Redeke*, DB 2008, S. 2408.

299 *Hüffer*, AktG⁹, § 18, Rn. 14 a.E.

beitsgemeinschaften, die meist in der Rechtsform der BGB-Gesellschaft bestehen, i.d.R. der Fall ist, weil sie mittels einer nach außen in Erscheinung tretenden Organisation Interessen kaufmännischer und gewerblicher Art verfolgen[300]. Nach anderer Auffassung sind sie nicht ihren Gesellschaftern gegenüber rechtlich selbständige Unternehmen, sondern lediglich eine Organisationsform, in der ihre Gesellschafter bestimmte Geschäfte im Rahmen ihrer eigenen Unternehmen gemeinsam ausführen. Im Falle, dass es sich um selbständige Unternehmen handelt, können Joint Ventures und Arbeitsgemeinschaften zu jedem ihrer Gesellschafter in einem Abhängigkeits- und Konzernverhältnis stehen[301], wenn ein Fall gemeinsamer einheitlicher Leitung vorliegt[302] oder wenn die beteiligten Unternehmen untereinander einen Gleichordnungskonzern bilden. Anderenfalls kann die Arbeitsgemeinschaft lediglich dem Konzern eines ihrer Gesellschafter angehören, nämlich wenn dem Gesellschafter die selbständige Leitung der Arbeitsgemeinschaft überlassen ist. Das setzt die Übertragung der kaufmännischen und technischen Federführung an den Gesellschafter voraus, verbunden mit selbständiger, eigenverantwortlicher Geschäftsführung. Keinesfalls reicht hierfür die bloße Ausführung von Beschlüssen der beteiligten Unternehmen.

ff) Holdinggesellschaften

190 Eine Holding wird dadurch gekennzeichnet, dass der Gesellschaftszweck in erster Linie auf das Halten, Verwalten, Erwerben und Veräußern von Beteiligungen abstellt. Gleichwohl verbindet sich mit dem Begriff der Holding kein einheitliches Erscheinungsbild (vgl. Finanzholding, geschäftsleitende Holding, Zwischenholding, Basisgesellschaft u.a.m.)[303].

191 Holdinggesellschaften sind konzernrechtlich wie andere Gesellschaften zu beurteilen, es gelten keine Besonderheiten. Als herrschende oder konzernleitende Unternehmen werfen sie indes einzelne Sonderprobleme auf. Steht die Holding an der Spitze einer Unternehmensgruppe, ist sie, sofern die Voraussetzungen der §§ 16, 17 AktG gegeben sind, herrschendes Unternehmen. Sie bildet mit den abhängigen Unternehmen einen Konzern, wenn sie über diese einheitliche Leitung ausübt. Ob dies der Fall ist, hängt von der Funktion der Holding ab. Bei einer Holding, die sich auf das Verwalten ihrer Beteiligungen beschränkt, kann es gelingen, die Konzernvermutung des § 18 Abs. 1 S. 3 AktG zu widerlegen[304]. Anders verhält sich dies bei der geschäftsleitenden Holding (auch Managementholding), die nachhaltig die Konzerngeschäftspolitik bestimmt und zu deren Umsetzung sie die abhängigen Gesellschaften einheitlich leitet. Gegenstand und Mittel der einheitlichen Leitung sind bei Holdinggesellschaften differenziert zu betrachten. Neben der Bestimmung der Konzerngeschäftspolitik[305] kann dies auch durch deren Koordination, durch die Steuerung infolge der Zentralisierung von Funktionen oder Bereitstellung von Dienstleistungen durch Stabsstellen erfolgen.

---

300 Erl. zu § 15 AktG unter Tz. 41.
301 *Granobs*, DB 1966, S. 1363/1364.
302 *Hüffer*, AktG[9], § 18, Rn. 16; *Vetter, J.* in Schmidt/Lutter, AktG, § 18, Rn. 15; *Emmerich/Habersack*, Aktien- und GmbH-Konzernrecht[6], § 18, Rn. 18; *Krieger* in MünchHdb. AG[3], § 68, Rn. 77, m.w.N.
303 Zu den mit Holdinggesellschaften verbundenen besonderen Rechtsfragen *Lutter* in Holding-Handbuch[4], § 1, Rn. 11; *Emmerich/Habersack*, Aktien- und GmbH-Konzernrecht[6], § 15, Rn. 16 ff.; *Schulze zur Wiesche*, DB 1988, S. 252; *Schneider, U. H.*, BB 1989, S. 1985; *Keller*, DB 1991, S. 1633, 1635; *Keller*, Unternehmensführung mit Holdingkonzepten; *Bühner*, Managementholding.
304 *Lutter* in Holding-Handbuch[4], § 1, Rn. 22, zum Beispiel der Finanzholding.
305 Hierzu oben Tz. 160.

gg) Konzernverhältnis bei treuhänderisch gehaltenen Beteiligungen

Treuhänderisch gehaltene Beteiligungen gehören zum Konzern des Treugebers, nicht des Trh., wenn es sich um eine uneigennützige (Verwaltungs-)Treuhandschaft handelt. Ein Unternehmen, das eine Beteiligung lediglich formal als Trh. besitzt, kann nicht Konzernobergesellschaft gegenüber der Beteiligungsgesellschaft sein, weil die Vermutung, dass es ein herrschendes Unternehmen ist, widerlegt werden kann[306], wenn der Treugeber an Stelle des Trh. die Herrschaftsrechte ausübt. Gleichwohl ist das Trh.-Unternehmen formalrechtlich Gesellschafter und infolgedessen Inhaber der gesellschaftsrechtlich vermittelten Herrschaftsmacht. Eine einheitliche Leitung durch das Trh.-Unternehmen ist aber rein begrifflich nicht vorstellbar, weil dem Trh. keine originäre, sondern allenfalls eine delegierte Leitungsmacht zustehen könnte[307]. Im Übrigen wird eine einheitliche Leitung seitens des Trh.-Unternehmens i.d.R. auch tatsächlich gar nicht möglich sein, weil die „Zusammenfassung unter einheitlicher Leitung" dieses selbst mit einschließen müsste[308]. Ferner ist zu berücksichtigen, dass die Beteiligung i.S.d. § 16 Abs. 4 AktG auch dem Treugeber-Unternehmen zuzurechnen ist[309].

192

7. Wechselseitig beteiligte Unternehmen

a) Allgemeines

Durch eine wechselseitige Beteiligung zweier Unternehmen wird die Aufbringung, Erhaltung und der richtige Ausweis des Kapitals gefährdet. Dadurch, dass zwei AG wechselseitig ihre Aktien zeichnen, kann dasselbe Kapital mehrfach als Einlage verwendet werden[310]. Außerdem kommt ein wechselseitiger Aktienerwerb einer Rückgewährung von Einlagen nahe. Da die Verwaltungen die Rechte aus den Aktien ausüben, kann es v.a. in den HV zu einer der Struktur der AG widersprechenden Herrschaft der Verwaltungen kommen; denn wenn sich die Verwaltungen der wechselseitig beteiligten Gesellschaften untereinander verständigen, wird dadurch u.U. die Kontrolle durch die eigentlichen Anteilseigner ausgeschaltet[311].

193

Wegen dieser mit wechselseitigen Beteiligungen verbundenen Gefahren ist die Ausübung der Rechte aus wechselseitigen Beteiligungen beschränkt (vgl. § 328 AktG zu Beteiligungen i.S.d. § 19 Abs. 1 AktG) und die gesonderte Angabe wechselseitiger Beteiligungen im Anhang der wechselseitig beteiligten Unternehmen vorgeschrieben[312]. Voraussetzung hierfür war eine gesetzliche Definition der wechselseitigen Beteiligung, die in § 19 AktG enthalten ist. Eine einfache wechselseitige Beteiligung i.S.d. AktG ist gegeben, wenn der gegenseitige Anteilsbesitz mehr als 25 v.H. beträgt (eine beiderseitige Beteiligung von jeweils genau 25 v.H. genügt nicht). Diese Grenze wurde deshalb gewählt, weil ein Anteilsbesitz von mehr als 25 v.H. eine Sperrminorität darstellt (vgl. z.B. § 179 AktG).

194

---

306 Zum Trh. im Konzernrecht auch BGH v. 20.02.1989, BGHZ 107, S. 7/14.
307 Wesentliches Merkmal der einheitlichen Leitung ist, dass sie originären Charakter hat und nicht nur delegiert ist; vgl. *Lutter*, ZGR 1977, S. 195/212; *Lutter/Schneider*, BB 1977, S. 553; *v. Hoyningen-Huene*, ZGR 1978, S. 515/528.
308 Vgl. den Text des § 18 Abs. 1 S. 1 AktG.
309 *Zilias*, WPg 1967, S. 465/470.
310 *Krieger* in MünchHdb. AG³, § 68, Rn. 94; *Wastl/Wagner*, AG 1997, S. 241/242.
311 Begr. RegE *Kropff*, AktG, S. 34; *Emmerich/Habersack*, Konzernrecht⁹, § 5; *Hüffer*, AktG⁹, § 19, Rn. 1; *Vetter, J.* in Schmidt/Lutter, AktG, § 19, Rn. 1; *Bayer* in MünchKomm. AktG³, § 19, Rn. 6; *Emmerich*, NZG 1998, S. 622.
312 Vgl. § 160 Abs. 1 Nr. 7 AktG.

und jedenfalls damals das steuerliche Schachtelprivileg an eine Beteiligung von mindestens 25 v.H. anknüpfte[313].

195 In § 19 Abs. 3 AktG ist die Streitfrage entschieden worden, dass bei wechselseitig beteiligten Unternehmen jedes der beiden Unternehmen zugleich herrschendes und abhängiges Unternehmen sein kann. Mehrheitsbeteiligungen führen im Rahmen wechselseitiger Beteiligungen unwiderleglich zu Beherrschungsverhältnissen (§ 19 Abs. 2 und 3 AktG), während sonst bei einer Mehrheitsbeteiligung die Abhängigkeit nur widerlegbar vermutet wird (§ 17 Abs. 2 AktG).

196 Für wechselseitig beteiligte Unternehmen (v.a. in Fällen des § 19 Abs. 2 und 3 AktG) sind aktienrechtliche Regelungen über Erwerb und Halten eigener Aktien, v.a. die Pflicht zur Veräußerung von Aktien an einer mit Mehrheit beteiligten oder herrschenden Gesellschaft von Bedeutung[314]. War ein Aktienerwerb nach § 71d S. 2 i.V.m. § 71 Abs. 1 oder 2 AktG unzulässig, so sind die verbotswidrig erworbenen Aktien binnen Jahresfrist zu veräußern; war der Erwerb zulässig, so ist ein 10 v.H. des Grundkapitals der Obergesellschaft übersteigender Aktienbesitz zu veräußern, und zwar innerhalb von drei Jahren (§ 71d S. 4 i.V. m. § 71c Abs. 1 und 2 AktG). Diese Vorschriften zwingen dann zur Auflösung wechselseitiger Beteiligungen, wenn ein Unternehmen von dem wechselseitig beteiligten Partner abhängig ist (oder, was gleich gilt, in dessen Mehrheitsbesitz steht) und dieser Partner eine AG oder KGaA ist (nur in diesen Fällen sind die §§ 71 ff. AktG anwendbar)[315]. Das von einer AG oder KGaA abhängige oder in deren Mehrheitsbesitz stehende Unternehmen muss seine Beteiligung an der AG oder KGaA daher jedenfalls soweit reduzieren, dass die 10 v.H.-Grenze des § 71 Abs. 2 AktG gewahrt ist; d.h. die Beteiligung sinkt unter den für wechselseitige Beteiligungen i.S.v. § 19 AktG erforderlichen Anteilsbesitz von mehr als 25 v.H.

197 Ist die Beteiligung auf keiner Seite eine Mehrheitsbeteiligung oder mit beherrschendem Einfluss verbunden, so besteht keine Veräußerungspflicht, selbst wenn die wechselseitigen Beteiligungen jeweils 50 v.H. betragen.

b) Rechtsform der Unternehmen und Sitzvoraussetzungen

198 Eine wechselseitige Beteiligung liegt nur vor, wenn beide Unternehmen die **Rechtsform** einer **KapGes.** – AG, KGaA und GmbH – haben und sich ihr Sitz im Inland befindet. Hinsichtlich Rechtsform und Sitz der Unternehmen weicht § 19 AktG damit vom allgemeinen Unternehmensbegriff für die anderen Unternehmensverbindungen ab[316].

---

313 Begr. RegE: *Kropff*, AktG, S. 36; diese Größenordnung ist für steuerliche Zwecke nicht von Bedeutung.
314 Vgl. zur Änderung des AktG v. 13.12.1978, BGBl. I 1978, S. 1959; vgl. *Emmerich/Habersack*, Konzernrecht[9], § 5, Rn. 11 und 14.
315 *Hüffer*, AktG[9], § 19, Rn. 6, 8; *Bayer* in MünchKomm. AktG[3], § 19, Rn. 49; *Emmerich/Habersack*, Aktien- und GmbH-Konzernrecht[6], § 19, Rn. 16; *Koppensteiner* in Kölner Komm. AktG[3], § 19, Rn. 9; *Lutter* in Kölner Komm. AktG[3], § 71d, Rn. 43, 47; zu den Verpflichtungen bei entsprechendem Aktienbesitz aus der Zeit vor In-Kraft-Treten des Gesetzes vgl. *Zilias/Lanfermann*, WPg 1980, S. 61/96; *Hefermehl/Bungeroth* in Geßler u.a., AktG, § 71d, Rn. 7, 49. Abweichend hiervon besteht nach *Cahn/Farrenkopf* die Verpflichtung zum Abbau einer Beteiligung nur insoweit, als der Erwerb der Aktien des Partners durch ein bereits abhängiges Unternehmen erfolgt ist (AG 1984, S. 178). Aktien der herrschenden Gesellschaft, die vor Beginn der Abhängigkeit erworben worden sind, sind nach Ansicht von *Cahn/Farrenkopf* vom Regelungsbereich des § 71d S. 4 AktG und des § 71d S. 2 AktG nicht erfasst.
316 *Hüffer*, AktG[9], § 19, Rn. 2.

Nicht erforderlich ist es jedoch, dass das Unternehmen, dessen Anteile gem. §§ 19 Abs. 1 **199**
S. 2, 16 Abs. 4 AktG zugerechnet werden[317], eine KapGes. mit Sitz im Inland ist.

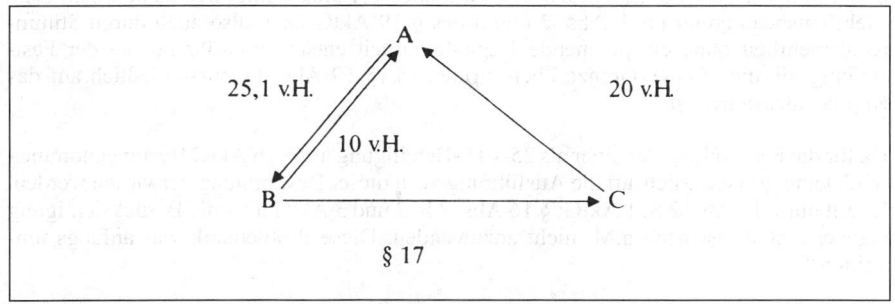

Das Unternehmen A besitzt 25,1 v.H. der Anteile von B, dem seinerseits unmittelbar nur 10 v.H. der Anteile von A gehören. Dem Unternehmen B werden jedoch die 20 v.H. Anteile von A gem. § 16 Abs. 4 AktG zugerechnet, die dem von B abhängigen Unternehmen C gehören. Auch wenn im Beispielsfall das Unternehmen C eine PersGes. oder eine ausländische KapGes. ist, besteht eine wechselseitige Beteiligung zwischen A und B, da nur bei diesen beiden Unternehmen die Voraussetzungen des § 19 Abs. 1 S. 1 AktG erfüllt zu sein brauchen.

c) Ermittlung der wechselseitigen Beteiligungen
aa) Allgemeines

Der Inhalt der Abs. 1 bis 3 des § 19 AktG lässt sich wie folgt umschreiben: **200**

1. In Abs. 1 sind die Mindesterfordernisse einer wechselseitigen Beteiligung festgesetzt, nämlich dass die beiderseitige Beteiligung wenigstens mehr als 25 v.H. betragen muss (einfache wechselseitige Beteiligung).
2. Abs. 2 betrifft die wechselseitige Beteiligung, die auf einer Seite eine Mehrheitsbeteiligung ist oder bei der eines der Unternehmen beherrschenden Einfluss hat. Praktisch betrifft Abs. 2 v.a. den Fall, dass die Beteiligung auf einer Seite über 50 v.H. liegt (einseitig qualifizierte wechselseitige Beteiligung).
3. Abs. 3 regelt schließlich den Fall, dass die wechselseitige Beteiligung auf beiden Seiten eine Mehrheitsbeteiligung oder auf beiden Seiten mit beherrschendem Einfluss verbunden ist. Insbesondere kommt Abs. 3 also dann zur Anwendung, wenn beide Beteiligungen über 50 v.H. liegen (beidseitig qualifizierte wechselseitige Beteiligung).

Mindestens muss jedem der beiden Unternehmen mehr als der vierte Teil der Anteile des **201**
anderen Unternehmens gehören, damit eine wechselseitige Beteiligung i.S.d. Gesetzes besteht. Dabei kommt es im Rahmen des § 19 Abs. 1 AktG – also für die Feststellung, ob eine Beteiligung von mehr als 25 v.H. gegeben ist – ausschließlich auf den Anteilsbesitz an; § 16 Abs. 3 AktG wird nicht in Bezug genommen. Beträgt die Kapitalbeteiligung 25 v.H. oder weniger, so kommt eine wechselseitige Beteiligung auch nicht dadurch zustande, dass dem Unternehmen mehr als 25 v.H. der Stimmrechte zustehen; denn § 19 AktG stellt in seinem Abs. 1 im Grundsatz ausschließlich auf den unmittelbaren **Anteilsbesitz** ab,

---

317 Zur Zurechnung von Anteilen im Rahmen des § 19 AktG im Einzelnen vgl. Tz. 204; im Übrigen *Emmerich/ Habersack*, Aktien- und GmbH-Konzernrecht[6], § 19, Rn. 10; *Koppensteiner* in Kölner Komm. AktG[3], § 19, Rn. 4; *Krieger* in MünchHdb. AG[3], § 68, Rn. 97.

2769

nicht auch auf die Stimmrechte wie § 16 Abs. 1 AktG[318]. Anders verhält es sich mit den in Abs. 2 und 3 genannten Mehrheitsbeteiligungen. Was eine Mehrheitsbeteiligung ist, wird in § 16 Abs. 1 AktG definiert; darunter fällt auch die bloße Stimmrechtsmehrheit. Eine Mehrheitsbeteiligung i.S.d. Abs. 2 und 3 des § 19 AktG kann also auch durch Stimmrechtsmehrheit ohne entsprechende Kapitalmehrheit entstehen, während bei der Feststellung, ob die 25-v.H.-Grenze überschritten ist (§ 19 Abs. 1), ausschließlich auf das Kapital abzustellen ist.

202 Da für die Feststellung der mehr als 25-v.H.-Beteiligung auf § 16 AktG Bezug genommen wird, kann grundsätzlich auf die Ausführungen zu dieser Bestimmung verwiesen werden. Es gilt nur § 16 Abs. 2 S. 1 AktG; § 16 Abs. 2 S. 2 und 3 AktG über die Berücksichtigung eigener Anteile ist nach h.M. nicht anzuwenden. Diese Problematik war anfangs umstritten[319].

203 Nach der Intention des Gesetzgebers[320] wurde die Grenze von 25 v.H. gewählt, damit eine Sperrminorität ohne nachteilige Folgen erworben werden kann. Die Bezugnahme nur auf § 16 Abs. 2 S. 1 AktG stellt klar, dass nicht der gesamte § 16 Abs. 2 AktG angewendet werden darf, da sonst schon eine im Verhältnis zum Gesamtkapital niedrigere prozentuale Beteiligung eine wechselseitige Beteiligung begründet. Da aus den in § 16 Abs. 2 S. 2 und 3 AktG genannten Anteilen keine Stimmrechte ausgeübt werden können (§ 136 Abs. 2 AktG), würde auch diese niedrigere Beteiligung eine Sperrminorität darstellen. Besitzt eine AG mit einem Grundkapital von 100 000,– € eigene Anteile in Höhe von 10 000,– €, so würde schon eine Beteiligung von mehr als 22,5 v.H. des Grundkapitals zur Begründung einer wechselseitigen Beteiligung ausreichen, ebenso wie eine Beteiligung von 22,5 v.H. eine Sperrminorität begründet, da nur Anteile von nominell 90 000,– € Stimmrecht besitzen. Die Regelung dient der Rechtsklarheit. Ein Erwerber könnte in der Annahme, die Beteiligung liege nicht über 25 v.H., die Mitteilung nach § 20 oder § 21 AktG unterlassen und dann von der Mitteilung der anderen Gesellschaft gem. §§ 20, 21 AktG überrascht werden; der Erwerber wäre in diesem Fall mit den nachteiligen Folgen des § 328 AktG belastet. Es dient daher der Rechtssicherheit, nur § 16 Abs. 2 S. 1 AktG anzuwenden; entsprechend wird auch in § 20 Abs. 1 AktG nur auf § 16 Abs. 2 S. 1 AktG verwiesen[321].

bb) Zurechnung

204 Die Zurechnung der Anteile gem. §§ 19 Abs. 1 S. 2, 16 Abs. 4 AktG erfolgt wie bei der Feststellung des Mehrheitsbesitzes[322]. Da durch die Zurechnung die Beteiligung des unmittelbar beteiligten Unternehmens nicht aufgegeben wird[323], ist es möglich, dass zwei Gesellschaften mit ein und derselben dritten Gesellschaft durch wechselseitige Beteiligung verbunden sind, nämlich die eine unmittelbar und die andere infolge Zurechnung des Anteilsbesitzes.

---

318 *Emmerich/Habersack*, Aktien- und GmbH-Konzernrecht[6], § 19, Rn. 9; *Hüffer*, AktG[9], § 19, Rn. 3.
319 Für die Anwendung von § 16 Abs. 2 S. 2 und Abs. 3 vgl. *Würdinger*, Aktien- und Konzernrecht, S. 264; *Windbichler* in Großkomm. AktG[4], § 19, Rn. 17; zur h.M. *Godin/Wilhelmi*, AktG[4], § 19, Rn. 6; *Bayer* in Münch-Komm. AktG[3], § 19, Rn. 30; *Koppensteiner* in Kölner Komm. AktG[3], § 19, Rn. 19; *Hüffer*, AktG[9], § 19, Rn. 3.
320 Begr. RegE: *Kropff*, AktG, S. 36.
321 *Emmerich/Habersack*, Aktien- und GmbH-Konzernrecht[6], § 19, Rn. 9; *Krieger* in MünchHdb. AG[3], § 68, Rn. 96.
322 Erl. zu § 16 AktG unter Tz. 66.
323 Erl. zu § 16 AktG unter Tz. 86.

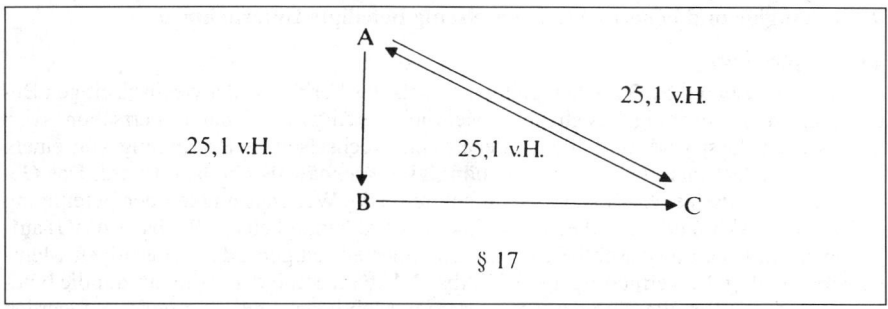

Sowohl C wie B sind hier durch wechselseitige Beteiligung mit A verbunden: C kraft seiner unmittelbaren Beteiligung an A und B kraft Zurechnung der Anteile des abhängigen Unternehmens C gem. § 16 Abs. 4 AktG[324].

Durch die Zurechnung könnten unter Umständen auch Ringbeteiligungen, die an sich nicht durch § 19 AktG erfasst werden, zu wechselseitigen, unter § 19 AktG fallenden Beteiligungen führen. Das beruht darauf, dass für die Zurechnung eine unmittelbare Beteiligung des herrschenden Unternehmens, dem zugerechnet wird, nicht erforderlich ist[325].

205

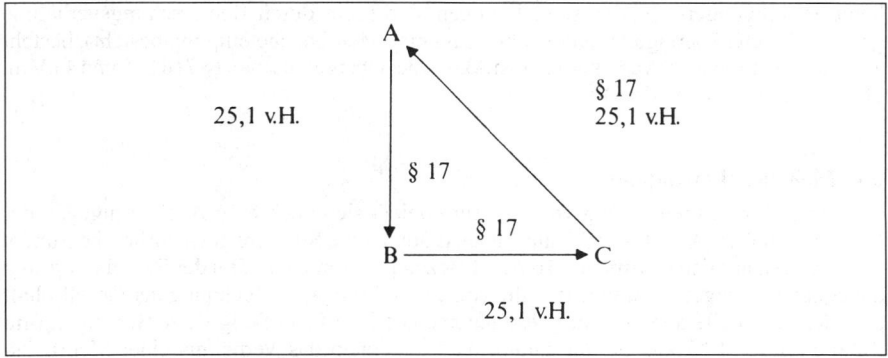

Wegen der Abhängigkeitsverhältnisse werden A die im Besitz von B befindlichen Anteile an C, B die bei C vorhandenen Anteile an A und C die bei A befindlichen Anteile an B zugerechnet. Wechselseitige Beteiligungen bestehen daher zwischen A und C, B und A sowie zwischen C und B[326].

206

Bei nicht abhängigen Gesellschaften führt jedoch eine Ringbeteiligung nicht zu wechselseitigen Beteiligungen[327].

207

---

324 Zustimmend *Bayer* in MünchKomm. AktG³, § 19, Rn. 31; *Krieger* in MünchHdb. AG³, § 68, Rn. 97; *Emmerich/Habersack*, Aktien- und GmbH-Konzernrecht⁶, § 19, Rn. 9.
325 Erl. zu § 16 AktG unter Tz. 83.
326 *Hüffer*, AktG⁹, § 19, Rn. 5; *Emmerich/Habersack*, Aktien- und GmbH-Konzernrecht⁶, § 19, Rn. 10; *Bayer* in MünchKomm. AktG³, § 19, Rn. 38; *Koppensteiner* in Kölner Komm. AktG³, § 19, Rn. 23; *Geßler* wollte noch Fälle dieser Art entsprechend § 19 Abs. 3 behandeln, da hier alle Unternehmen sich gegenseitig beherrschen und voneinander abhängig sind; dann aber kommt – gem. § 19 Abs. 4 AktG – § 328 AktG nicht zur Anwendung (*Geßler* in Geßler u.a., AktG, § 19, Rn. 15).
327 *Hüffer*, AktG⁹, § 19, Rn. 3; *Krieger* in MünchHdb. AG³, § 68, Rn. 98.

d) Abhängige und beherrschte wechselseitig beteiligte Unternehmen

aa) Allgemeines

208 In § 19 Abs. 2 und Abs. 3 AktG regelt das Gesetz das Verhältnis der wechselseitigen Beteiligung zu gleichzeitig bestehenden Mehrheitsbeteiligungen und Beherrschungsverhältnissen. Erfasst sind die Fälle, in denen eine wechselseitige Beteiligung von einem einseitigen oder einem beidseitigen **Abhängigkeitsverhältnis** überlagert wird. Das Gesetz bestimmt, dass eine Abhängigkeit nicht durch die Wechselseitigkeit der Beteiligung (§ 19 Abs. 2 AktG) oder die Wechselseitigkeit der Abhängigkeit (§ 19 Abs. 3 AktG) aufgehoben wird. Um auszuschließen, dass bei einer einseitigen oder beidseitigen Mehrheitsbeteiligung die Vermutung des § 17 Abs. 2 AktG u.a. mit dem Hinweis auf die beidseitige einfache Beteiligung oder wechselseitige Mehrheitsbeteiligung widerlegt werden kann, begründet das Gesetz für diese Fälle eine unwiderlegbare Vermutung der Abhängigkeit. An eine Mehrheitsbeteiligung werden also im Rahmen wechselseitiger Beteiligungen strengere Rechtsfolgen geknüpft als in § 17 AktG. Gehört einem wechselseitig beteiligten Unternehmen eine Mehrheitsbeteiligung an dem anderen Unternehmen, so ist immer zugleich ein Abhängigkeitsverhältnis gegeben. Dasselbe gilt, wenn jedem wechselseitig beteiligten Unternehmen an dem anderen Unternehmen eine Mehrheitsbeteiligung gehört; es liegt dann beidseitige Beherrschung und Abhängigkeit vor.

209 Ein Zwang zum Abbau wechselseitiger Beteiligungen in den Fällen, in denen eine oder beide Beteiligungen Mehrheitsbeteiligungen sind (oder durch Beherrschungsverhältnis gem. § 17 AktG überlagert werden, ohne dass eine Mehrheitsbeteiligung besteht), besteht aufgrund der Pflicht zur Veräußerung von Aktien der Obergesellschaft (§ 71d S. 2 und 4 i.V.m. §§ 71 und 71c Abs. 1 AktG)[328].

bb) Mehrheitsbeteiligung

210 Ob eine Mehrheitsbeteiligung vorliegt, entscheidet sich nach § 16 AktG. Entgegen der Regelung in § 19 Abs. 1 AktG kann sie auch durch eine Stimmrechtsmehrheit begründet werden, weil auf den gesamten § 16 AktG Bezug genommen ist. Bei der Berechnung sind daher auch die eigenen Anteile und die von einem Dritten für Rechnung der Gesellschaft gehaltenen Anteile abzusetzen. Diese unterschiedliche Ermittlung einer Beteiligung im Rahmen des § 19 AktG beruht darauf, dass allgemein das Verhältnis einer Mehrheitsbeteiligung zu einer wechselseitigen Beteiligung geregelt werden sollte. Es bestand daher kein sachlicher Anlass, eine spezielle Art der Mehrheitsbeteiligung zu begründen, die sich an § 19 Abs. 1 AktG anlehnt und die v.a. die Mehrheitsbeteiligung aufgrund von Stimmrechten ausnimmt[329].

211 Auch eine Mehrheitsbeteiligung kraft Zurechnung gem. § 16 Abs. 4 AktG führt zur **unwiderlegbaren Vermutung** der Abhängigkeit. Das gilt auch, wenn eine Mehrheitsbeteiligung zugerechnet wird und das wechselseitig beteiligte Unternehmen die Abhängigkeitsvermutung des § 17 Abs. 2 AktG im Verhältnis zu dem vermittelnden Unternehmen ausgeräumt hat. Dieses Ergebnis ist eine Folge der Unwiderlegbarkeit der Abhängigkeitsvermutung im Rahmen wechselseitiger Beteiligungen.

---

328 *Emmerich/Habersack*, Aktien- und GmbH-Konzernrecht[6], § 19, Rn. 16, 18; *Hüffer*, AktG[9], § 19, Rn. 6, 8; *Vetter, J.* in Schmidt/Lutter, AktG, § 19, Rn. 16 f.; *Burgard*, AG 2006, S. 527/535; *Krieger* in MünchHdb. AG[3], § 68, Rn. 113.

329 *Hüffer*, AktG[9], § 29, Rn. 4; *Vetter, J.* in Schmidt/Lutter, AktG, § 19, Rn. 14.

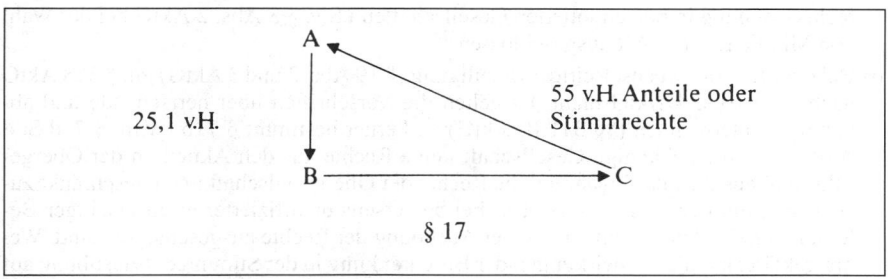

A und B sind einseitig qualifiziert wechselseitig beteiligte Unternehmen, und zwar ist A an B mit 25,1 v.H. und B an A – durch Zurechnung der bei C befindlichen Anteile nach § 16 Abs. 4 AktG – mit Mehrheit beteiligt. Außerdem ist A ein von B abhängiges Unternehmen, auch wenn A im Verhältnis zu C die Abhängigkeitsvermutung ausgeräumt hat.

cc) Abhängigkeit

Wenn keine Mehrheitsbeteiligung vorliegt, ist grundsätzlich in derselben Weise wie außerhalb wechselseitiger Beteiligungen zu prüfen, ob nicht aus anderen Gründen ein Abhängigkeitsverhältnis besteht[330]. Maßgebend ist das **Gesamtbild der Beziehungen** der beiden Unternehmen zueinander. Dabei kommt der Tatsache, dass die Beteiligung wechselseitig ist, keine entscheidende Bedeutung zu, wie die Bestimmungen in § 19 Abs. 2 und 3 AktG erkennen lassen[331]. 212

e) Rechtsfolgen der wechselseitigen Beteiligung

Ein wechselseitig beteiligtes Unternehmen hat alle Pflichten, die ein verbundenes Unternehmen betreffen[332]. 213

Speziell finden auf wechselseitig beteiligte Unternehmen folgende Vorschriften Anwendung: 214

a) Die wechselseitig beteiligten Unternehmen unterliegen der gegenseitigen Mitteilungspflicht nach §§ 20, 21 AktG[333].

b) Nach § 160 Abs. 1 Nr. 7 AktG ist eine wechselseitige Beteiligung unter Nennung des anderen Unternehmens im Anhang anzugeben.

c) Die Ausübung von Rechten aus Anteilen bei einfacher wechselseitiger Beteiligung ist nach § 328 AktG beschränkt. Sobald einem Unternehmen das Bestehen einer wechselseitigen Beteiligung bekannt geworden ist oder ihm das andere Unternehmen eine Mitteilung nach § 20 Abs. 3 AktG oder § 21 Abs. 1 AktG gemacht hat, kann es Rechte aus seiner Beteiligung nur noch für höchstens den vierten Teil aller Anteile an dem anderen Unternehmen ausüben. Das gilt auch für die Anteile, die nach § 16 Abs. 4 AktG zugerechnet werden. Nur das Recht auf neue Aktien aus einer Kapitalerhöhung aus Gesellschaftsmitteln bleibt erhalten, weil sich durch seine Ausübung die prozentuale Beteiligung nicht ändert. Durch den infolge des KonTraG eingefügten § 328 Abs. 3 AktG ist bei bekannt gewordener wechselseitiger Beteiligung die Stimm-

---

330 Erl. zu § 17 AktG unter Tz. 107.
331 Siehe dazu auch *Koppensteiner* in Kölner Komm. AktG³, § 19, Rn. 27.
332 Erl. zu § 15 AktG unter Tz. 22; zu den Rechtsfolgen *Emmerich/Habersack*, Aktien- und GmbH-Konzernrecht⁶, § 19, Rn. 14, 16; *Krieger* in MünchHdb. AG³, § 68, Rn. 99 und 113.
333 *Nodoushani*, WM 2008, S. 1671 ff.

rechtsausübung in börsennotierten Gesellschaften i.S.v. § 3 Abs. 2 AktG bei der Wahl von Mitgliedern des AR ausgeschlossen[334].

d) Bei qualifizierter wechselseitiger Beteiligung (§ 19 Abs. 2 und 3 AktG) gilt § 328 AktG nach § 19 Abs. 4 AktG nicht. Es gelten die Vorschriften über herrschende und abhängige Unternehmen (§§ 311 ff. AktG)[335]. Ferner bestimmt § 71b i.V.m. § 71d S. 4 AktG, dass die abhängige Gesellschaft keine Rechte aus den Aktien an der Obergesellschaft ausüben darf, während die Rechte der Obergesellschaft uneingeschränkt zustehen[336], mit der Konsequenz, dass bei beiderseits qualifizierter wechselseitiger Beteiligung beide Unternehmen von der Ausübung der Rechte ausgeschlossen sind. Wenig geklärt sind die Auswirkungen der Beschränkung in der Stimmrechtsausübung auf die Konzernbeziehungen der Obergesellschaft zu Unternehmen, die an dieser beteiligt sind. Hier soll die Nichtausübbarkeit von Stimmrechten nach § 328 AktG nicht zu einer Vergrößerung der Stimmrechtsquote eines an der Obergesellschaft beteiligten Unternehmens führen[337].

215 Einem Unternehmen, das gutgläubig eine mehr als 25 v.H.-Beteiligung erwirbt, die zur Begründung einer wechselseitigen Beteiligung führt, bleiben die Rechte aus den Anteilen gem. § 328 Abs. 2 AktG voll erhalten, wenn es die erforderliche Mitteilung gem. § 20 Abs. 3 AktG oder § 21 Abs. 1 AktG macht, und zwar

a) ehe es von dem anderen Unternehmen eine entsprechende Mitteilung erhalten hat und
b) ehe ihm das Bestehen der wechselseitigen Beteiligung bekannt geworden ist.
c) Nach § 20 Abs. 8 AktG und § 21 Abs. 5 AktG i.d.F. des TUG[338] finden §§ 20, 21 AktG keine Anwendung mehr auf Emittenten i.S.v. § 21 Abs. 2 WpHG, die damit ausschließlich den strengeren Vorschriften des WpHG unterliegen.

Eine Sonderbestimmung enthält § 6 EGAktG für wechselseitige Beteiligungen, die schon am 01.01.1966 bestanden und nicht von einem einfachen Abhängigkeitsverhältnis (§ 19 Abs. 2 AktG) oder einem wechselseitigen Abhängigkeitsverhältnis (§ 19 Abs. 3 AktG) überlagert wurden[339].

8. Faktische Konzernierung

216 Das aktienrechtlich geregelte Recht der verbundenen Unternehmen umfasst neben der Beschreibung verschiedener Typen von Unternehmensverbindungen in §§ 15 ff. AktG nur wenige Vorschriften, die für die materiellen Beziehungen von Unternehmen untereinander und gegenüber Dritten, z.B. Gläubigern, von Bedeutung sind. Hierzu zählen diejenigen Regelungen, die für Unternehmen gelten, die durch Unternehmensverträge verbunden sind (§§ 291–307 AktG), sowie diejenigen, die die Leitungsmacht und Verantwortlichkeit bei Abhängigkeit von Unternehmen zum Gegenstand haben, und zwar v.a. in den Fällen des Bestehens eines Beherrschungsvertrages (§§ 308–310 AktG), bei Fehlen eines Beherrschungsvertrages (§§ 311–318 AktG), bei eingegliederten Gesellschaften (§§ 319–327 AktG) und von wechselseitig beteiligten Unternehmen (§ 328 AktG). Dieser Normenkomplex lässt indessen zahlreiche Fragen, die sich aus der Rechtswirklichkeit entwickelt haben, ungelöst. Die Problematik des faktischen Konzerns ist v.a. für den

---

334 *Krieger* in MünchHdb. AG³, § 68, Rn. 106; *Hüffer*, AktG⁹, § 328, Rn. 7.
335 *Krieger* in MünchHdb. AG³, § 68, Rn. 113; *Emmerich/Habersack*, Konzernrecht⁹, § 5, Rn. 15 f.
336 *Windbichler* in Großkomm. AktG⁴, § 19, Rn. 31; *Hüffer*, AktG⁹, § 19, Rn. 9.
337 Vgl. Fallbeispiel bei *Schubert/Ravenstein*, DB 2006, S. 2219.
338 Transparenzrichtlinien-Umsetzungsgesetz v. 05.01.2007, BGBl. I 2007, S. 10.
339 Vgl. zu den von § 6 EGAktG erfassten Regelungen WP Handbuch Bd. I 1985/86, S. 1333.

GmbH-Konzern entwickelt worden und hat dort ihr Hauptanwendungsgebiet. Für AG-Konzerne sind vergleichbare Sachverhalte denkbar. Im Hinblick auf die weitreichenden Konsequenzen, die an das Vorhandensein eines faktischen Konzerns anknüpfen, müssen an die Feststellung der Voraussetzungen strenge Maßstäbe angelegt werden[340]. Die gesetzlichen Regeln für den vertragslosen Konzern betreffen in erster Linie die bereits abhängige oder konzernierte Gesellschaft und sorgen für einen gewissen Schutz von Gläubigern und anderen Aktionären[341]. Infolge der allgemeinen subsidiären Geltung der Vorschriften des AktG für eine SE (vgl. Art. 9 Abs. 1 Buchst. c ii SE-VO) unterliegt eine SE den gleichen Regelungen faktischer Konzernierung wie eine AG[342].

a) Konzernbildung

Ein faktischer Konzern entsteht, wenn ein Unternehmen eine Beteiligung an einem anderen Unternehmen erwirbt und auf dieses beherrschenden Einfluss ausüben kann. Einen gewissen Ordnungsrahmen bei Anteilsübernahmen bilden die Regeln des WpÜG mit der Möglichkeit zu freiwilligen und der Verpflichtung zu obligatorischen Übernahmeangeboten. Es gilt der Unternehmensbegriff des § 15 AktG. Somit sind v.a. Gesellschafter von Bedeutung, die neben der Beteiligung an der Gesellschaft maßgeblichen Einfluss auf zumindest eine weitere Gesellschaft ausüben können, wodurch ein unternehmerischer Interessenkonflikt entstehen kann. Diese Sachlage kann sowohl durch Einzelpersonen wie auch freiberuflich tätige PersGes. (BGB-Gesellschaften), die unter den Unternehmensbegriff als Konzerngesellschaft fallen, erfüllt werden[343]. Dasselbe gilt im Falle der Ausgliederung des gesamten oder von Teilen des Unternehmens auf rechtlich selbständige TU, die von dem ausgliedernden MU abhängig sind[344]. Diese Vorgänge stellen sich zunächst häufig als **Maßnahme der Geschäftsführung** bzw. des Vorstands dar. Umstritten ist jedoch, in welchem Umfang Schranken aus dem Gesetz[345], der Satzung oder Mitwirkungsrechte anderer Unternehmensorgane zu beachten sind. Die Konzernbildungskontrolle soll der effektiven Kontrolle der Begründung von Konzern- und Abhängigkeitsverhältnissen dienen. Die Beurteilung hat für die Kontrolle auf der Ebene der herrschenden und der abhängigen Gesellschaft zu unterscheiden.

217

Die **Satzung** der Gesellschaft ist für zwei Aspekte zu beachten: Zum einen muss der Unternehmensgegenstand des erwerbenden Unternehmens den Beteiligungserwerb zulassen[346]. Das zukünftig beherrschende Unternehmen darf nicht seinen Tätigkeitsbereich über die satzungsmäßigen Grenzen hinaus erweitern, indem dies mittelbar durch den Erwerb von Beteiligungen an TU erfolgt. Zum anderen muss die Satzung den Erwerb einer

218

---

340 *ADS*[6], Vorbem. zu §§ 15–18 AktG, Tz. 21.
341 *Emmerich/Habersack*, Aktien- und GmbH-Konzernrecht[6], Vor § 311, Rn. 1.
342 *Marsch-Barner* in Holding-Handbuch[4], § 15, Rn. 99, mit Hinweisen zur Aufstellung des Abhängigkeitsberichts bei monistisch strukturierter SE; ferner *Maul*, ZGR 2003, S. 743/758; *Veil*, WM 2003, S. 2169/2173.
343 Vgl. Tz. 41; zum „Freiberuflerkonzern": BGH v. 19.09.1994, ZIP 1994, S. 1690; OLG München v. 21.04.1994, ZIP 1994, S. 1776, und *Schmidt, K.*, ZIP 1994, S. 1741; zum Einzelpersonenkonzern: BGH v. 13.12.1993, ZIP 1994, S. 207; *Emmerich/Habersack*, Aktien- und GmbH-Konzernrecht[6], § 15, Rn. 11; *Lutter/Hommelhoff*, GmbHG[17], Anh. § 13, Rn. 8.
344 Zur Abhängigkeit vgl. Erl. zu § 17 AktG unter Tz. 99; zur Konzernbildung im Holdingkonzern *Kraft* in Holding-Handbuch[4], § 3, Rn. 106.
345 Vgl. z.B. die Vorschriften des GWB.
346 H.M.: z.B. *Krieger* in MünchHdb. AG[3], § 69, Rn. 5; *Emmerich/Habersack*, Aktien- und GmbH-Konzernrecht[6], Vor § 311, Rn. 31; *Lutter/Leinekugel*, ZIP 1998, S. 225/228; *Lutter* in FS Stimpel, S. 825/846; *Timm*, Die Aktiengesellschaft als Konzernspitze, S. 100; *Hommelhoff*, Konzernleitungspflicht, S. 271; *Wiedemann*, Gesellschaftsrecht: Bd. I Grundlagen, S. 329; *Koppensteiner* in Kölner Komm. AktG[3], Vorbem. zu § 291, Rn. 60; *Kraft* in Holding-Handbuch[4], § 3, Rn. 166; OLG Hamburg v. 05.09.1980, ZIP 1980, S. 1000/1006.

Beteiligung oder die Ausgliederung von Unternehmensteilen überhaupt zulassen[347] und gestatten, dass mit diesem Unternehmen ein Unternehmensverbund begründet wird. Dabei ist zu beachten, dass herkömmliche Öffnungsklauseln in Satzungen diesen Anforderungen in aller Regel nicht genügen[348]. Erfolgt der Beteiligungserwerb oder -hinzuerwerb im Wege der Spaltung (Aufspaltung, Abspaltung, Ausgliederung) nach § 123 ff. UmwG, ist zwar ohnehin eine Beschlussfassung der Anteilsinhaber erforderlich (§ 125 i.V.m. § 13 UmwG), die allerdings auch die Anpassung der Satzung an den veränderten Unternehmensgegenstand zu beschließen haben[349].

219 Neben der abstrakten Öffnungsklausel in der Satzung sind Mitwirkungskompetenzen anderer Gesellschaftsorgane zu beachten. Für den AR ergeben sich diese aus der Satzung (und ggf. der Geschäftsordnung), sofern der AR nicht bestimmte Arten von solchen Geschäften an seine Zustimmung gebunden hat (§ 111 Abs. 4 S. 2 AktG)[350]. Darüber hinaus kann in besonderen Fällen die **Zustimmung der HV** der erwerbenden bzw. ausgründenden Gesellschaft erforderlich werden. Das gilt – abgesehen von den Vorschriften des UmwG – in jedem Falle für Ausgliederungsmaßnahmen, die zugleich eine Vermögensübertragung i.S.v. § 179a AktG darstellen. Für Fälle unterhalb dieser Schwelle hatte der BGH zunächst in der „Holzmüller-Entscheidung" entschieden, dass bei der Ausgliederung von wesentlichen Unternehmensbereichen der Vorstand verpflichtet ist, die Entscheidung der HV nach § 119 Abs. 2 AktG herbeizuführen[351]. Im entschiedenen Fall wurde die Notwendigkeit dazu bejaht, da der wertvollste Betriebszweig ausgegliedert und die Unternehmensstruktur dadurch erheblich verändert wurde. Diese Rspr. bleibt auch nach Einführung des Rechtsinstituts der Spaltung durch das UmwG (§§ 123 ff. UmwG) zu beachten, wenn die Ausgliederung ohne Inanspruchnahme des UmwG (also v.a. ohne Gesamtrechtsnachfolge) nur nach den Regeln über die Sachgründung oder die Sacheinlage herbeigeführt wird[352]. Ihre Auswirkungen auf andere Maßnahmen, z.B. den Erwerb oder die Veräußerung von Beteiligungen oder den Börsengang der Beteiligungsunternehmen, blieben umstritten[353].

220 Die Entscheidung war im Schrifttum auf erhebliche Kritik gestoßen, doch hat sich dort mittlerweile die Zustimmung und in der Praxis die Überzeugung durchgesetzt, den An-

---

347 Weitestgehend bejaht für sog. kapitalistische Beteiligungen (Finanzanlagen ohne unternehmerischen Einfluss); vgl. *Hommelhoff*, Konzernleitungspflicht, S. 271; *Götz*, AG 1984, S. 85/90; *Rehbinder*, ZHR 1983, S. 464/467; *Krieger* in MünchHdb. AG³, § 69, Rn. 7; *Kraft* in Holding-Handbuch⁴, § 3, Rn. 167. Umstritten hingegen bei unternehmerischen Beteiligungen: vgl. *Timm*, Die Aktiengesellschaft als Konzernspitze, S. 89; *Kropff*, ZGR 1984, S. 112 /130; *Koppensteiner* in Kölner Komm. AktG³, Vorbem. zu § 291, Rn. 62; a.A. z.B. OLG Hamburg v. 05.09.1980, ZIP 1980, S. 1000/1006; *Westermann*, ZGR 1984, S. 352/362. Offen gelassen in BGH v. 25.02.1982, BGHZ 83, S. 122/130; jetzt aber h.M.: OLG Stuttgart v. 14.05.2003, NZG 2003, S. 778/783; v. 13.07.2005, AG 2005, S. 693/695 f.; OLG Köln v. 15.01.2009, AG 2009, S. 416/417 f.; LG Köln v. 23.11.2007, AG 2008, S. 457/331.
348 Vgl. *Koppensteiner* in Kölner Komm. AktG³, Vorbem. zu § 291, Rn. 64 f., m.w.N.
349 *Emmerich/Habersack*, Aktien- und GmbH-Konzernrecht⁶, Vor § 311, Rn. 31; *Lutter/Hommelhoff*, GmbHG¹⁷, § 3, Rn. 7; *Hüffer*, AktG⁹, § 23, Rn. 24; *Koppensteiner* in Kölner Komm. AktG³, Vorbem. zu § 291, Rn. 36, 62.
350 *Krieger* in MünchHdb. AG³, § 69, Rn. 8.
351 BGH v. 25.02.1982, BGHZ 83, S. 122 „Holzmüller"; dazu die „Gelatine"-Entscheidungen mit Konkretisierungen: BGH v. 26.04.2004, ZIP 2004, S. 993 „Gelatine I", und v. 26.04.2004, ZIP 2004, S. 1001 „Gelatine II", ferner v. 20.11.2006, ZIP 2007, S. 24; v. 25.11.2002, NZG 2003, S. 280 „Macrotron"; dazu Tz. 220. Zur Mitwirkungsaufgabe bei der Konzerneingangskontrolle durch AR oder APr. vgl. *Kropff* in FS Goerdeler, S. 259/266.
352 Zur Abfärbewirkung dieser Regelung vgl. LG Karlsruhe v. 06.11.1997, ZIP 1998, S. 385/387; *Emmerich/Habersack*, Aktien- und GmbH-Konzernrecht⁶, Vor § 311, Rn. 33, mit zahlreichen Nachweisen; a.A. LG Hamburg v. 21.01.1997, AG 1997, S. 238; *Bungert*, NZG 1998, S. 367.
353 Vgl. *Kraft* in Holding-Handbuch⁴, § 3, Rn. 171.

forderungen des BGH Rechnung zu tragen[354]. Auch die Instanzgerichte sind dem BGH weitestgehend gefolgt[355]. Für die Beschlussfassung sollte nach der bisherigen Auffassung die einfache Mehrheit genügen[356]. In der Vergangenheit umstritten waren v.a. die Fallgruppen, die als **„wesentlich"** i.S.d. Rspr. einzustufen sind. Die Erforderlichkeit der Zustimmung der HV wurde an qualitativen und quantitativen Voraussetzungen gemessen. Während bei den qualitativen Voraussetzungen Übereinstimmung herrschte, dass es sich um erhebliche, in der Nähe der Vermögensübertragung liegende Fälle handeln muss[357], besteht erhebliche Unsicherheit über die quantitativen Merkmale. Die Bandbreite schwankte zwischen 10–50 v.H. des Gesellschaftsvermögens[358]. Die konkrete Anwendung dieser Entscheidung auf Konzernbildungsmaßnahmen blieb umstritten, im Allgemeinen und in der Praxis wurde ihr indes Rechnung getragen. Dies galt jedenfalls bei Maßnahmen der Ausgliederung oder anderen Strukturveränderungen im Konzern, wenn sie wesentlich sind und außerhalb der Regelung des UmwG vollzogen werden[359]. Die Anwendung der Grundsätze der Entscheidung wurde ferner in Fällen des Erwerbs von TU und teilweise auch bei der Veräußerung wesentlicher Unternehmensbeteiligungen verlangt[360]. Dies konnte indes nur in Fällen überzeugen, bei denen der Erwerb oder die Veräußerung zu einer wesentlichen Strukturveränderung der Gesellschaft oder des Konzerns führt[361].

Durch die *Gelatine*-Entscheidungen des BGH in den Urteilen vom 26.04.2004[362] und in der Folgezeit[363] wurden die Voraussetzungen für die ungeschriebenen Mitwirkungsbefugnisse der HV präzisiert. Er hat darin den Ausnahmecharakter der Mitwirkungspflicht herausgestellt und den in der Literatur zur *Holzmüller*-Entscheidung innewohnenden Ausweitungstendenzen eine Absage erteilt. Die HV der AG muss danach bei Leitungsmaßnahmen nur ausnahmsweise und in engen Grenzen mitwirken. Das ist nur dann der Fall, wenn die in Aussicht genommene Umstrukturierung der Gesellschaft an der Kernkompetenz der HV, über die Verfassung der AG zu bestimmen, rührt. Das ist, in Anlehnung an die *Holzmüller*-Entscheidung gegeben, wenn das wesentliche Vermögen der AG auf einn TU ausgegliedert werden soll, aber auch bei der Umstrukturierung eines TU in eine Enkelgesellschaft wegen des damit einhergehenden Mediatisierungseffekts. Die Zustimmung ist aber auch dann nur geboten, wenn die wirtschaftliche Bedeutung die Ausmaße der Holzmüller-Entscheidung (75–80 v.H. des Vermögens) erreicht. Damit wird den in der Vergangenheit diskutierten quantitativen Kriterien die Zustimmung der HV bereits

221

---

354 Z.B. *Hüffer*, AktG⁹, § 119, Rn. 16; *Emmerich/Habersack*, Aktien- und GmbH-Konzernrecht⁶, Vor § 311, Rn. 33; *Mülbert*, Aktiengesellschaft², S. 430; *Heinsius*, ZGR 1984, S. 383/389; *Kropff*, ZGR 1984, S. 112/113; *Westermann*, ZGR 1984, S. 352/362; im Ergebnis jedoch Zustimmung bei *Lutter* in FS Stimpel, S. 825; *Lutter* in FS Fleck, S. 169.

355 Z.B. OLG Celle v. 07.03.2001, ZIP 2001, S. 613/615; OLG Karlsruhe v. 12.03.2002, DB 2002, S. 1094; LG Duisburg v. 27.06.2002, AG 2003, S. 390.

356 Für 3/4-Mehrheit: *Krieger* in MünchHdb. AG³, § 69, Rn. 14; *Lutter* in FS Fleck, S. 169/181; für einfache Mehrheit (vor „Gelatine"): OLG Karlsruhe v. 12.03.2002, AG 2003, S. 388/389 f.

357 *Hüffer*, AktG⁹, § 119, Rn. 18a; *Hüffer* in FS Ulmer, S. 279; *Zimmermann/Pentz* in FS W. Müller, S. 151/160; OLG Celle v. 07.03.2001, ZIP 2001, S. 357/358.

358 *Hüffer*, AktG⁹, § 119, Rn. 18b, m.w.N.; *Krieger* in MünchHdb. AG³, § 69, Rn. 11, mit Nachweisen zur Bilanzsumme des Eigenkapitals oder Umsatzes; *Lutter* in FS Stimpel, S. 850; *Lutter* in FS Fleck, S. 169/180; für weitere Grenzziehung *Ebenroth*, Konzernbildungs- und Konzernleitungskontrolle, S. 48.

359 *Krieger* in MünchHdb. AG³, § 69, Rn. 11; *Kraft* in Holding-Handbuch⁴, § 3, Rn. 171 ff.

360 Z.B. LG Stuttgart v. 08.11.1991, AG 1992, S. 236/237; *Emmerich/Habersack*, Aktien- und GmbH-Konzernrecht⁶, Vor § 311, Rn. 33 ff.; *Veil*, ZIP 1998, S. 361/368.

361 LG Frankfurt v. 29.07.1997, ZIP 1997, S. 1698/1700; *Lutter/Leinekugel*, ZIP 1998, S. 225/228; *Krieger* in MünchHdb. AG³, § 69, Rn. 10; enger z.B. *Emmerich/Habersack*, Aktien- und GmbH-Konzernrecht⁶, Vor § 311, Rn. 35; *Joost*, ZHR 1999, S. 164/185.

362 BGH v. 26.04.2004, ZIP 2004, S 993, und ZIP 2004, S. 1001; Vorinstanz OLG Karlsruhe v. 12.03.2002, DB 2002, S. 1094/1095.

363 BGH v. 20.11.2006, ZIP 2007, S. 24; dazu *Hofmeister*, NZG 2008, S. 47/48 f.

bei Maßnahmen, die eine Größenordnung von 10–50 v.H. des Vermögens (bezogen auf den Gesamtkonzern) ausmachten, entgegengetreten. Im Ergebnis ist die Zustimmung der HV bei qualitativ bedeutsamen Maßnahmen erforderlich, wenn z.b. der Kernbereich der unternehmerischen Tätigkeit der AG betroffen ist, wenn zugleich qualitativ ein wesentlicher Eingriff vorliegt, der gemessen an der anteiligen Bilanzsumme, dem anteiligen Eigenkapital, anteiligem Ergebnis vor Steuern, anteiligem Unternehmenswert und anteiliger Mitarbeiterzahl etwa 80 v.h. erreichen muss[364]. Die Entscheidung lässt erkennen, dass außer der Ausgliederung eines Geschäftsfeldes in ein TU und der Kapitalerhöhung bei dem TU auch das Umhängen der Anteile an dem TU unter ein anderes TU von Bedeutung sein kann; für andere Fälle, z.b. einen Beteiligungserwerb oder auch für den Börsengang des TU oder des Enkelunternehmens, lassen sich noch keine Erkenntnisse gewinnen[365]. Der BGH hat indessen klargestellt, dass die im Ausnahmefall erforderliche Zustimmung der HV wegen der Nähe zu einer Satzungsänderung mit einer 3/4-Mehrheit zu fassen ist.

222 Die abhängige Gesellschaft kann sich i.d.R. nur in beschränktem Umfang gegen den Erwerb des beherrschenden Einflusses durch das andere Unternehmen wehren[366]. Gewisse Schutzinstrumente ergeben sich aus der Verpflichtung des herrschenden Unternehmens, ein Übernahmeangebot zu unterbreiten (§ 135 Abs. 1 WpÜG). Sofern der Zusammenschluss nicht infolge der angewandten rechtlichen Schritte (z.B. Kapitalerhöhung mit Sacheinlagen) die qualifizierte Mitwirkung des Gesellschafter der abhängigen Gesellschaft erfordert, kommen v.a. die Vinkulierung in Aktien oder Geschäftsanteilen, die Festlegung von Höchst- oder Mehrfachstimmrechten (bei der GmbH), Wettbewerbsverbote, Abtretungspflichten oder die Erhöhung des Mehrheitserfordernisses in der HV/Gesellschafterversammlung in Betracht[367]. Ob darüber hinaus eine **Konzerneingangskontrolle** mit einem entsprechenden Schutz der Minderheiten schon nach geltendem Recht besteht, ist – v.a. für die GmbH – äußerst umstritten. *Lutter/Hommelhoff*[368] sehen eine Verpflichtung der GmbH-Gesellschafter untereinander, „autonomiegefährdende Änderungen ihres Status" (also z.B. Anteilsverkauf) einander bekannt zu geben. Bei Vorliegen der entsprechenden satzungsmäßigen Voraussetzungen können strukturverändernde Beschlüsse (Zustimmung zur Veräußerung nach § 15 Abs. 5 GmbHG, Abschaffung von Höchst- oder Einführung von Mehrfachstimmrechten, Aufhebung eines Wettbewerbsverbots) gegen den Willen der Minderheit wirksam nur gefasst werden, wenn diese zugleich gegen die Gefahren der Abhängigkeit geschützt werde[369]. Zweifelhaft ist, ob die Veräußerung einer (möglicherweise) in die Abhängigkeit führenden Mehrheitsbeteiligung – auch bei Nichtvorliegen einer Vinkulierung – von der Zustimmung der Gesellschafterversammlung abhängig gemacht werden kann. Diese Auffassung hat sich nicht allgemein durchgesetzt[370]. Sie wird jedenfalls nicht für die AG gelten, schon deshalb nicht, weil das AktG in §§ 291 ff. und §§ 311 ff. AktG ein punktuelles Schutzsystem für die abhängige Gesellschaft und die Minderheitsgesellschafter vorsieht. Gleichwohl wird

---

364 *Bungert*, BB 2004, S. 1345/1347.
365 *Bungert*, BB 2004, S. 1345/1349.
366 *Hüffer*, AktG[9], § 18, Rn. 5, § 119, Rn. 18a: Konzernoffenheit; zu den gesetzlichen Schutzmechanismen der Gesellschafter vgl. WpÜG; dazu WP Handbuch 2008 Bd. II, Kap. M Tz. 67 ff.
367 Vgl. *Krieger* in MünchHdb. AG[3], § 69, Rn. 18, m.w.N. Zur nachträglichen Einführung von Höchststimmrechten durch Satzungsänderung vgl. LG Frankfurt v. 29.01.1990, BB 1990, S. 365; Mehrstimmrechte sind bei AG nach § 12 Abs. 2 AktG unzulässig; *Hüffer*, AktG[9] § 12, Rn. 8.
368 *Lutter/Hommelhoff*, GmbHG[17], Anh. § 13, Rn. 17.
369 *Lutter/Hommelhoff*, GmbHG[17], Anh. § 13, Rn. 19; *Emmerich/Habersack*, Aktien- und GmbH-Konzernrecht[6], Anh. § 318, Rn. 11; *Zöllner* in *Baumbach/Hueck*, GmbHG[19], SchlAnhKonzernR, Rn. 93 ff.; *Rowedder/Schmidt-Leithoff*, GmbHG[4], Anh. § 52, Rn. 32.
370 *Rowedder/Schmidt-Leithoff*, GmbHG[4], Anh. § 52, Rn. 38; *Baumbach/Hueck*, GmbHG[19], SchlAnhKonzernR, Rn. 94.

auch hier diskutiert, ob dem Minderheitsaktionär nach erfolgter Konzernierung der AG ein Austrittsrecht gegen Abfindung zugestanden werden soll (analog zu § 305 AktG). Für den einfachen Konzern wird dies von der h.M. abgelehnt[371].

b) Der faktische Konzern

Infolge des Beteiligungserwerbs entsteht ein Unternehmensverbund. Wird kein Beherrschungsvertrag abgeschlossen oder das abhängige Unternehmen eingegliedert, handelt es sich um einen faktischen Konzern, wenn die zu diesem Unternehmensverbund gehörenden Unternehmen unter einheitlicher Leitung zusammengeschlossen sind: fehlt die einheitliche Leitung, verbleibt es bei reinen Abhängigkeitsverhältnissen. Herrschendes Unternehmen kann grundsätzlich jeder Rechtsträger sein, also z.B. alle Rechtsträger eines Handelsgewerbes, v.a. alle Formen der KapGes. und Personenhandelsgesellschaften. Herrschendes Unternehmen kann aber auch eine natürliche Person sein, die an anderen Unternehmen maßgeblich beteiligt ist und deren anderweitige unternehmerische Betätigung sich in der Einflussnahme auf diese anderen Unternehmen niederschlägt. Schließlich kann auch eine BGB-Gesellschaft herrschendes Unternehmen sein, wenn sie sich außerhalb ihrer Beteiligung am abhängigen Unternehmen wirtschaftlich betätigt[372]. Ebenso kann ein abhängiges Unternehmen jeder Rechtsträger sein, der einer selbständigen wirtschaftlichen Betätigung nachgeht, die in einen Interessenkonflikt zum herrschenden Unternehmen kommen kann[373]. Auch eine Gebietskörperschaft des öffentlichen Rechts oder ein anderer ö.-r. Rechtsträger (wie die Bundesrepublik Deutschland) unterliegen als herrschende Unternehmen den §§ 311, 317 AktG[374]. Für den faktischen Konzern wurden in der Vergangenheit die Fallgruppen des einfachen und des qualifiziert faktischen Konzerns unterschieden. Der einfache faktische Konzern liegt vor, wenn gegenüber einem abhängigen Unternehmen eine locker gefügte Leitungsstruktur besteht, so dass die einzelnen Eingriffe des herrschenden Unternehmens isoliert und die sich daraus ergebenden (nachteiligen) Auswirkungen vermögensmäßig nach Maßgabe des gesetzlichen Ausgleichsmechanismus im Einzelnen erfasst werden können[375]. Der qualifiziert faktische Konzern wurde v.a. dadurch gekennzeichnet, dass die Einflussnahme des herrschenden Unternehmens eine solche Intensität, Dichte und Breite erreicht hat, dass das abhängige Unternehmen laufend und umfassend – nach Art einer Betriebsabteilung – geführt wird und dass eine breitflächige Schädigung des abhängigen Unternehmens durch ständige Hintansetzung seiner Interessen hinter das Konzerninteresse vorliegt. In diesem Falle lassen sich die Einzeleingriffe nicht mehr isolieren. Die Differenzierung wurde von der Rspr. v.a. zum GmbH-Konzern für Fälle entwickelt, in denen das auf Einzelausgleich angelegte Haftungssystem (z.B. in §§ 311 ff. AktG) sich als nicht mehr funktionsfähig erweist[376]. Der BGH hat sich nunmehr von der Figur des qualifiziert faktischen Konzerns als

223

---

371 *Vetter, J.* in Schmidt/Lutter, AktG, § 311, Rn. 120; *Emmerich/Habersack*, Aktien- und GmbH-Konzernrecht[6], Vor § 311, Rn. 1, Anh. § 318, Rn. 11; *Krieger* in MünchHdb. AG[3], § 69, Rn. 21; zur Pflicht zum Ausscheiden in Sanierungsfällen BGH v. 19.10.2009, DB 2009, S. 2596.
372 Vgl. *ADS*[6], § 15 AktG, Tz. 4; *Emmerich/Habersack*, Aktien- und GmbH-Konzernrecht[6], § 15, Rn. 6, 11, 19; BGH v. 13.12.1993, ZIP 1994, S. 207; BGH v. 19.09.1994, ZIP 1994, S. 1690; *Schmidt, K.*, ZIP 1994, S. 1741.
373 Vgl. *ADS*[6], § 15 AktG, Tz. 5.
374 BGH v. 03.03.2008, NZG 2008, S. 389.
375 *Krieger* in MünchHdb. AG[3], § 69, Rn. 133; *Emmerich/Habersack*, Konzernrecht[9], § 24, Rn. 15 ff.
376 BGH v. 16.09.1985 „Autokran", BGHZ 95, S. 330/344 = NJW 1986, S. 188; v. 20.02.1989 „Tiefbau", NJW 1989, S. 1800 = BGHZ 107, S. 7 = ZIP 1989, S. 440; v. 23.09.1991 „Video", BGHZ 115, S. 187 = ZIP 1991, S. 1354; v. 29.03.1993 „TBB", BGHZ 122, S. 123 = ZIP 1993, S. 589; Beschluss v. 17.07.1993 – II ZR 179/92 (juris), in dem die Revision gg. OLG Karlsruhe v. 07.08.1992, ZIP 1992, S. 1394 „Schotterkleber", nicht angenommen wurde; BAG v. 04.10.1994 „Berechnungsdurchgriff", ZIP 1995, S. 491; *Zöllner* in Baumbach/Hueck, GmbHG[19], SchlAnhKonzernR, Rn. 134; *Emmerich/Habersack*, Konzernrecht[9], § 28; *Decher*, DB 1989, S. 965; *Lutter*, AG 1990, S. 179/181; *Kropff* in FS Goerdeler, S. 259/264; *Schmidt, K.*, ZIP 1993, S. 549; *Schneider*, WM 1993, S. 782; *Westermann*, ZIP 1993, S. 554; *Wiedemann*, DB 1993, S. 141.

Haftungsmodell verabschiedet[377]. Die Haftung als Rechtsfolge eines qualifiziert faktischen Konzerns wurde aufgegeben. Eine mit solcher Intensität verfolgte Einflussnahme ist von der Privilegierungsfunktion des § 311 AktG nicht mehr erfasst und kann nur durch den Abschluss eines Beherrschungsvertrages legalisiert werden[378]. An ihre Stelle ist die Haftung wegen eines existenzvernichtenden Eingriffs getreten[379].

224 Der aktienrechtliche Regelkreis in §§ 311 ff. AktG ist darauf angelegt, die Einflussnahme im faktischen Konzern zu umfassen und deren Rechtsfolgen zu regeln. Mittlerweile ist von der Zulässigkeit der faktischen Konzernierung auszugehen[380]. Dies gilt aber nur für den einfachen faktischen Konzern, wenn man davon ausgeht, dass die §§ 311 ff. AktG eine – ggf. nachteilige – Einflussnahme zwar voraussetzen, wenn auch nicht positiv zulassen (Schädigungsprivileg)[381]. Als nicht zulässig wurde der faktische AG-Konzern angesehen, wenn das gesetzlich vorgesehene Schutzsystem der §§ 311 ff. AktG (Einzelausgleich von Nachteilszufügung) außer Funktion gesetzt ist[382]. Infolge der Aufgabe der Rspr. zum qualifiziert faktischen Konzern bedarf diese Betrachtung einer Überprüfung; die Rechtsfolgen bestimmen sich nach der weiterentwickelten Durchgriffslehre bei qualifizierter Nachteilszufügung[383].

225 Der faktische Konzern ist durch das Fehlen eines Beherrschungsvertrages gekennzeichnet. Dem beherrschenden Unternehmen steht demzufolge kein Weisungsrecht gegenüber der abhängigen AG zu[384], gegenüber abhängigen GmbH bestehen die Weisungsrechte der Gesellschafterversammlung[385]. Die Organe des herrschenden Unternehmens besitzen keine Vertretungsmacht im Konzern für die abhängigen Gesellschaften[386]; gleichwohl verpflichtet die Rspr Konzerngesellschaften zur Beschaffung von Informationen einer anderen Konzerngesellschaft[387]. Können bei einer AG aufgrund der bestehenden faktischen und rechtlichen Durchsetzungsmöglichkeiten nachteilige Maßnahmen oder Rechtsgeschäfte veranlasst werden, so sind die Nachteile gem. § 311 AktG auszugleichen. Eine Verpflichtung des herrschenden Unternehmens zur Zusammen-

---

377 BGH v. 17.09.2001, BGHZ 149, S. 10 „Bremer Vulkan"; v. 25.02.2002, ZIP 2002, S. 848; v. 24.06.2002, ZIP 2002, S. 1578 „KBV".
378 *Emmerich/Habersack*, Aktien- und GmbH-Konzernrecht[6], § 311, Rn. 9.
379 *Hüffer*, AktG[9], § 311, Rn. 11; *Lutter/Hommelhoff*, GmbHG[17], § 13, Rn. 31 f.; dazu BFH v. 16.07.2007, NJW 2007, S. 2689 „Trihotel".
380 Z.B. OLG Hamm v. 03.11.1986, NJW 1987, S. 1030 „Banning"; OLG Köln v. 15.01.2009, AG 2009, S. 416/418; LG Mannheim v. 17.01.1990, WM 1990, S. 760/764.
381 *Hüffer*, AktG[9], § 311, Rn. 6; *Krieger* in MünchHdb. AG[3], § 69, Rn. 22; *Emmerich/Habersack*, Aktien- und GmbH-Konzernrecht[6], § 311, Rn. 8 und 13; *Mülbert*, ZHR 1999, S. 1; *Hommelhoff*, Konzernleitungspflicht, S. 109; *Semler*, Überwachungsaufgabe des Aufsichtsrats, S. 114; LG Mannheim v. 17.01.1990, DB 1990, S. 2011; offen bei *Emmerich/Habersack*, Konzernrecht[9], zum einfachen faktischen AG-Konzern, § 24 IV; ablehnend *Koppensteiner* in Kölner Komm. AktG[3], Vorbem. zu § 311, Rn. 10 ff.
382 Unter dem Blickwinkel der Rspr. zum qualifiziert faktischen Konzern vgl. OLG Hamm v. 03.11.1986, NJW 1987, S. 1030; kritisch dazu *Timm*, NJW 1987, S. 977; *Emmerich/Habersack*, Aktien- und GmbH-Konzernrecht[6], § 311, Rn. 8 f.; Anh. § 317, Rn. 16, 23; *Dierdorf*, Herrschaft und Abhängigkeit einer AG auf schuldvertraglicher und tatsächlicher Grundlage, S. 256; *Hommelhoff*, Konzernleitungspflicht, S. 109; a.A. *Decher*, DB 1990, S. 2005/2006; *Ebenroth*, AG 1990, S. 188/191; *Deilmann*, Die Entstehung des qualifiziert faktischen Konzerns, S. 121. Zu den Tatbeständen, die einen qualifiziert faktischen Konzern begründen können, vgl. *Krieger* in MünchHdb. AG[3], § 69, Rn. 135 ff.
383 *Hüffer*, AktG[9], § 311, Rn. 11; § 1, Rn. 22.
384 H.M.: *Koppensteiner* in Kölner Komm. AktG[3], § 311, Rn. 139; *Emmerich/Habersack*, Aktien- und GmbH-Konzernrecht[6], § 311, Rn. 10; *Vetter, J.* in Schmidt/Lutter, AktG, § 311, Rn. 117; *Hüffer*, AktG[9], § 311, Rn. 48; *Altmeppen* in MünchKomm. AktG[3], § 311, Rn. 70.
385 *Lutter/Hommelhoff*, GmbHG[17], Anh. § 13, Rn. 13; zu den Schranken des Weisungsrechts bei GmbH vgl. Rn. 229.
386 BGH v. 14.05.1990, AG 1990, S. 459.
387 BGH v. 18.12.2008, AG 2009, S. 579 zu § 888 ZPO.

fassung der Unternehmen unter einheitlicher Leitung und deren Ausübung kann nicht verlangt werden[388], wohl aber die Verpflichtung der Verwaltung, die sich aus dem Beteiligungsbesitz ergebenden unternehmerischen Möglichkeiten zu nutzen und diese nicht als Finanzanlage zu behandeln[389]. Dies spiegelt sich auch in den den Konzern umfassenden Mitwirkungsrechten des AR und der HV der Obergesellschaft wider[390].

Für den Konzernverbund wird die Frage – z.T. kontrovers – diskutiert, ob die **Thesau-** **226** **rierung von Gewinnen** bei abhängigen Gesellschaften auf die bei dem beherrschenden Unternehmen gem. § 58 Abs. 2 AktG in die Gewinnrücklagen einzustellenden Beträge angerechnet werden muss oder ob die beherrschende Gesellschaft die eigene Rücklagendotierung allein aufgrund des Handelsbilanzergebnisses und unabhängig von der Thesaurierung im Konzern vornehmen darf[391]. Für eine Anrechnung spricht, dass sonst erhebliche Risiken der Beeinträchtigung von Gesellschafter- und Aktionärsinteressen bestehen und es keinen Unterschied machen könne, ob der Gewinn in einem Einheitsunternehmen oder einem Konzern anfalle. Von der Gegenmeinung wird angeführt, dass eine Vorschrift wie § 58 Abs. 2 AktG im Konzern keine Anwendung finde, da sonst erhebliche Rechtsunsicherheit entstünde[392]. Dieser letztgenannten Auffassung ist angesichts der gegebenen gesetzlichen Regelungen der Vorzug zu geben[393]. Dies ergibt sich aus dem Verständnis, dass der Konzern nicht ein Unternehmen im Rechtssinne darstellt. Die Konsequenzen einer missbräuchlichen Rücklagenbildungspolitik im Konzern sind bei der Entlastung der Verwaltung und ggf. der Geltendmachung von Schadensersatzansprüchen zu ziehen[394]. Die Rechtsfolge kann jedenfalls nicht die Nichtigkeit des JA oder die Anfechtbarkeit von Aktionärsbeschlüssen sein[395].

Durch das MoMiG zur Änderung des GmbHG[396] wurden Teilbereiche der Konzerninnenfinanzierung neu geregelt und z.T. rechtsformübergreifend ausgestaltet. Die bisher im **227** GmbH-Recht enthaltenen Regelungen über kapitalersetzende Darlehen (§§ 32a, 32b GmbHG) sind entfallen und Rechtsfolgen für den Fall der Insolvenz in der InsO geregelt. Die Umqualifikation von Gesellschafterdarlehen in funktionales Eigenkapital erfolgt nun in der Form der Nachrangigkeit von Gesellschafterforderungen und der Möglichkeit zur Anfechtung (§§ 39 Abs. 1 Nr. 5, 135 Abs. 1 und 4 InsO)[397]. Die Rückzahlung eines Gesellschafterdarlehens stellt nach § 30 Abs. 1 S. 3 GmbHG keine Einlagenrückgewähr dar. Durch das MoMiG wurden auch neue Regelungen für die Darlehensgewährung des TU an das MU geschaffen. In Abkehr von der Rechtslage, die durch die Entscheidung des BGH vom 24.11.2003 geschaffen wurde, gilt die Gewährung eines up-stream-Darlehens nicht als Einlagenrückgewähr, wenn die Darlehensgewährung durch einen vollwertigen Ge-

---

388 *Hüffer*, AktG[9], § 311, Rn. 8; *Emmerich/Habersack*, Aktien- und GmbH-Konzernrecht[6], § 311, Rn. 11; *Vetter, J.* in Schmidt/Lutter, AktG, § 311, Rn. 117; *Altmeppen* in MünchKomm. AktG[3], § 311, Rn. 404; weiter aber *Hommelhoff*, Konzernleitungspflicht, S. 424.
389 Zum Meinungsstand vgl. *Koppensteiner* in Kölner Komm. AktG[3], Vorbem. zu § 291, Rn. 71 f.
390 Zum AR *Koppensteiner* in Kölner Komm. AktG[3], Vorbem. zu § 291, Rn. 73; *Semler*, Überwachungsaufgabe des Aufsichtsrats, S. 104; *Krieger* in MünchHdb. AG[3], § 69, Rn. 30; vgl. auch § 32 MitbestG. Zur HV vgl. z.B. §§ 179a, 293, 319 AktG und z.B. § 13, 62 UmwG sowie BGHZ 83, S. 122, zu Zustimmungsbeschlüssen, jetzt konkretisiert durch BGH v. 26.04.2002, BB 2004, S. 1182, und § 131 Abs. 1 AktG zu Auskunftsrechten.
391 *Hüffer*, AktG[9], § 58, Rn. 16, zum Streitstand; *Götz*, AG 1984, S. 85/93; *Lutter* in Kölner Komm. AktG[2], § 58, Rn. 38; *Lutter* in FS Goerdeler, S. 327; *Lutter* in FS Westermann, S. 347; *Timm*, Die Aktiengesellschaft als Konzernspitze, S. 90.
392 Vgl. z.B. *Thomas*, ZGR 1985, S. 365; *Goerdeler*, WPg 1986, S. 229; *Beusch* in FS Goerdeler, S. 25.
393 Wie hier *ADS*[6], § 58 AktG, Tz. 74, 84; *Hüffer*, AktG[9], § 58, Rn. 17.
394 So *Goerdeler*, WPg 1986, S. 229/236.
395 *ADS*[6], § 58 AktG, Tz. 87, m.w.N.; *Müller, H. P.* in FS Quack, S. 345.
396 MoMiG v. 23.10.2008, BGBl. I 2008, S. 2026.
397 *Kleindiek* in Lutter/Hommelhoff, GmbHG[17], Anh. § 64, Rn. 93 ff.; *Huber/Habersack*, BB 2006, S. 1.

genleistungs- oder Rückgewähranspruch gedeckt ist[398]. Diese neuen Regelungen schaffen auch eine zweckmäßige Rechtsgrundlage für Maßnahmen der zentralen Konzernfinanzierung (z.b. Cash-Management oder Cash-Pool)[399]. Nach MoMiG ist die taggenaue Sammlung der Konzernliquidität an einer Stelle im Konzern und die zentrale Liquiditätssteuerung und die Liquiditätsversorgung der Konzernunternehmen im Grundsatz zulässig, ohne dass das Gesetz für die Ausgestaltung Vorgaben macht. Für die abhängige Gesellschaft muss bereits bei dem Abschluss des Cash-Pool-Vertrages sichergestellt sein, dass Rückzahlungsansprüche vollwertig sind[400]. Ein entgegen den gesetzlichen Vorschriften gewährtes Darlehen ist zurückzuerstatten (§ 31 Abs. 1 GmbHG). Die Rspr. neigt dazu, die durch die Neuregelungen des BilMoG abgeschafften Rspr.-Regelungen über eigenkapitalersetzende Darlehen auch auf Altfälle nicht mehr anzuwenden[401].

c) Rechtsfolgen bei Bestehen eines faktischen Konzerns

228 Die Rechtsfolgen, die sich bei Bestehen eines faktischen Konzerns ergeben, sind nur lückenhaft gesetzlich geregelt. §§ 311 bis 318 AktG betreffen die Verantwortlichkeit bei Fehlen eines Beherrschungsvertrages[402]; gegenüber einer abhängigen AG oder KGaA regeln sie die Folgerungen der Abhängigkeit im faktischen Konzern, in dem die nachteiligen Eingriffe noch isoliert festgestellt und ausgeglichen werden können[403]. Kommen die §§ 311 ff. AktG zur Anwendung, so verpflichten sie das herrschende Unternehmen, alle **Nachteile auszugleichen**, die der abhängigen Gesellschaft durch Veranlassung nachteiliger Rechtsgeschäfte oder Maßnahmen entstehen können. Dadurch soll das abhängige Unternehmen zumindest wirtschaftlich so gestellt werden, als ob es unabhängig wäre. Unterbleibt der Nachteilsausgleich, so macht sich das herrschende Unternehmen schadensersatzpflichtig (§ 317 Abs. 1 AktG). Die Einhaltung dieser Regelungen wird dadurch verstärkt, dass der Vorstand in einem Abhängigkeitsbericht über nachteilige Einwirkungen und ihren Ausgleich zu berichten hat und dieser Bericht durch den APr. zu prüfen ist[404]. Die Nichterfüllung der Pflicht zum Nachteilsausgleich sowie die Nichtbeachtung der Berichtspflichten der abhängigen Gesellschaft sind durch persönliche Haftung der Organmitglieder zusätzlich sanktioniert (§§ 317, 318 AktG). Eine über §§ 311 ff. AktG hinausgehende Verlustübernahmepflicht entsprechend § 302 AktG kann – auch für die kleine AG – nicht verlangt werden[405].

229 Vergleichbare Regelungen bestehen für **abhängige GmbH** nicht, auch eine entsprechende Anwendung der §§ 311 ff. AktG kommt nicht in Betracht[406]. Für die GmbH

---

398 Zum bisherigen Recht: BGH v. 25.02.2002, GmbHR 2002, S. 550; BGH v. 24.11.2003, ZIP 2004, S. 263; *Kleindiek* in Lutter/Hommelhoff, GmbHG[17], Anh. § 64, Rn. 96 ff.; *Vetter* in Holding-Handbuch[4], § 8, Rn. 8.

399 Zum bisherigen Recht: *Krieger* in MünchHdb. AG[3], § 69, Rn. 65; zum neuen Recht z.B. *Altmeppen*, NZG 2010, S. 361 ff. sowie 401 ff.

400 *Lutter/Hommelhoff*, GmbHG[17], § 30, Rn. 37 ff.

401 Z.B. OLG München v. 06.05.2010, ZIP 2010, S. 1236; anders aber, wenn Insolvenzverfahren vor Inkrafttreten des MoMiG eröffnet, s. BGH v. 26.01.2009, NJW 2009, S. 1277 „Gut Buschow".

402 *Emmerich/Habersack*, Aktien- und GmbH-Konzernrecht[6], § 311, Rn. 1;*Vetter, J.* in Schmidt/Lutter, AktG, § 311, Rn. 13 ff.; *Koppensteiner* in Kölner Komm. AktG[3], Vorbem. zu § 311, Rn. 25, 20; zum Schutz der Minderheitsgesellschafter und Gläubiger der abhängigen Gesellschaft *Sonnenschein* in Mestmäcker/Behrens, Das Gesellschaftsrecht der Konzerne im internationalen Vergleich, S. 49.

403 *Emmerich/Habersack*, Konzernrecht[9], § 24, Rn. 14 ff. Nach *Koppensteiner* in Kölner Komm. AktG[3], Vorbem. zu § 311, Rn. 21, und § 311 Rn. 155 ff., sollen die §§ 311 ff. AktG auch im qualifiziert faktischen Konzern zur Anwendung kommen.

404 Vgl. zum Abhängigkeitsbericht Kap. F Tz. 1279.

405 Vgl. *Kropff*, ZGR 1988, S. 558/581.

406 BGH v. 05.06.1975, BGHZ 65, S. 15 „ITT"; *Winter*, ZGR 1994, S. 570; *Lutter/Trölitzsch* in Holding-Handbuch[4], § 7, Rn. 53.

besteht ein Schädigungsverbot[407]. Die Rspr. hat daher einen Schutzkreis um abhängige Gesellschaften gelegt, die zunächst in der gesellschafterlichen Treuepflicht ihren Ausgangspunkt genommen haben[408]. Nach diesen Grundsätzen ist ein herrschendes Unternehmen wie jeder andere Gesellschafter auch verpflichtet, die abhängige GmbH nicht zu schädigen[409]; ein dagegen verstoßender Weisungsbeschluss ist anfechtbar, ein Verstoß hiergegen verpflichtet zu Schadensersatz. Wird die Maßnahme von allen Gesellschaftern mitgetragen, bestehen keine Ansprüche, sofern durch die Maßnahme nicht in den durch § 30 Abs. 1 GmbHG geschützten Bereich eingegriffen wurde. Der Schadensersatzanspruch kann von der Gesellschaft, aber auch jedem Gesellschafter, also v.a. einem Minderheitsgesellschafter geltend gemacht werden[410]. Der Gesellschafter ist verpflichtet, das (wirtschaftliche) Eigeninteresse der abhängigen GmbH zu respektieren. Wird dieses Gebot missachtet, steht den Mitgesellschaftern, die solchen Maßnahmen nicht zugestimmt haben, ein Anspruch auf Unterlassung, ferner ein Anspruch der abhängigen GmbH auf Schadensersatz gegen den beherrschenden Gesellschafter zu.

Das Vermögen einer GmbH steht allerdings in den Grenzen der §§ 30 ff. GmbHG und der Rspr. über existenzvernichtende Eingriffe zur Disposition der Gesellschafter. Das gilt auch im Falle des Alleingesellschafters[411]. Auch die sog. Einmann-Gesellschaft genießt insoweit keinen weitergehenden Schutz als eine mehrgliedrige GmbH.

Reichen die Eingriffsmaßnahmen und Schädigungen über das Maß hinaus, welches durch das Schutzsystem von §§ 311 ff. AktG oder des Ausgleichs bei Treuepflichtverletzungen ausgeglichen werden kann, soweit es sich um einzelne abgrenzbare Schädigungen handelte, hat die Rspr. ein weitergehendes Schutzsystem entwickelt. Nach dem anfänglichen Versuch, an die Rechtsfigur des „qualifiziert faktischen Konzerns" ein an §§ 302, 303 AktG orientiertes konzernrechtliches Haftungssystem zu entwickeln, hat sich die Rspr. nunmehr zu einem aus der Durchgriffslehre abgeleiteten Haftungsmodell hin entwickelt[412]. Das Haftungssystem zum qualifiziert faktischen Konzern wurde von der Rspr. aufgegeben und ist überholt[413]. Dieses Haftungssystem kam zur Anwendung in einer Konzernlage, bei der aufgrund dauernder und umfassender Leitung und infolge der Dichte der Einflussnahme des herrschenden Unternehmens die Verhältnisse unübersichtlich geworden sind und einzelne schädigende Ereignisse sich nicht mehr isolieren lassen und somit ein Nachteilsausgleich nicht mehr durch Schadensersatz im Einzelfall oder bei der AG nach Maßgabe von § 317 AktG erfolgen konnte. An dessen Stelle ist nunmehr ein deliktrechtlicher Anspruch der Gesellschaft gegenüber dem Gesellschafter nach § 826 BGB getreten, der darauf fußt, dass der (Allein-)Gesellschafter ohne Rücksicht auf die

230

---

407 *Emmerich/Habersack*, Konzernrecht[9], § 30, Rn. 7; *Lutter/Hommelhoff*, GmbHG[17], Anh. zu § 13, Rn. 20; v. 16.09.1985, BGHZ 95, S. 330/339 „Autokran"; v. 20.02.1989, BGHZ 107, S. 7/16 „Tiefbau"; v. 09.01.1992, BGHZ 117, S. 8/17; OLG Stuttgart v. 08.10.1999, BB 1999, S. 2316.
408 Vgl. BGH v. 05.06.1975, BGHZ 65, S. 15/18 „ITT"; BGH v. 05.02.1979, BB 1979, S. 1735; *Emmerich/Habersack*, Konzernrecht[9], § 30, Rn. 7 f.
409 Vgl. BGH v. 16.09.1985, BGHZ 95, S. 330/340 „Autokran"; *Koppensteiner* in Rowedder/Schmidt-Leithoff, GmbHG[4], Anh. § 52, Rn. 74; *Emmerich*, AG 1987, S. 1/4.
410 *Lutter/Hommelhoff*, GmbHG[17], Anh. zu § 13, Rn. 26; *Koppensteiner* in Rowedder/Schmidt-Leithoff, GmbHG[4], Anh. § 52, Rn. 79.
411 Z.B. BGH v. 28.09.1992, BGHZ 119, S. 257/262; BGH v. 10.05.1993, BGHZ 122, S. 333/336.
412 Dazu grundlegend BGH v. 17.09.2001, BGHZ 149, S. 10 „Bremer Vulkan"; v. 25.02.2002, BGHZ 150, S. 61; v. 24.06.2002, BGHZ 151, S. 181 „KBV".
413 *Lutter/Hommelhoff*, GmbHG[17], Anh. § 13, Rn. 33; *Lutter/Trölitzsch* in Holding-Handbuch[4], § 7, Rn. 59; grundlegend: *Röhricht* in FS 50 Jahre BGH, S. 83.

Fähigkeit der Gesellschaft zur Bedienung ihrer Verbindlichkeiten in das Vermögen und die Interessen der Gesellschaft eingreift[414].

231 Die Rechtsfolge qualifizierter Eingriffe in das Vermögen der abhängigen Gesellschaft war die Haftung des herrschenden Unternehmens für Ansprüche der Gläubiger der abhängigen Gesellschaft entsprechend § 303 AktG, wenn Zahlung von der abhängigen Gesellschaft (z.B. mangels Masse) nicht zu erhalten ist. Alle vom BGH positiv entschiedenen Fälle hatten eine Einstandspflicht des herrschenden Unternehmens für die Schulden der abhängigen Gesellschaft bejaht. Ist die abhängige Gesellschaft jedoch (bereits) vermögenslos, sollte an Stelle der Sicherheitsleistung die **Ausfallhaftung** durch das herrschende Unternehmen treten[415]. Nach umstrittener Auffassung soll dies auch für die abhängige AG gelten[416]. Die Ausfallhaftung sollte im Falle der mehrgliedrigen wie der eingliedrigen Gesellschaft gleichermaßen greifen.

232 Das herrschende Unternehmen war entsprechend § 302 Abs. 1 AktG zum Ausgleich der bei der abhängigen Gesellschaft entstandenen Verluste verpflichtet[417]. Nach der geläuterten Rechtsauffassung des BGH (nach dem „TBB-Urt."), wonach die Konzernhaftung im qualifiziert faktischen Konzern nicht mehr eine Zustandshaftung ist (wie im Vertragskonzern), sondern eine Missbrauchs- und Verschuldenshaftung, wird für den GmbH-Konzern die Anwendung von § 302 AktG in solchen Lagen abgelehnt, im Aktienkonzern jedoch gleichwohl erwogen[418].

233 Bei AG ist die missbräuchliche Ausübung der Leitungsmacht im Einklang mit dem Nachteilsbegriff des § 311 Abs. 1 AktG zu interpretieren. Danach ist missbräuchlich und damit nachteilig jede auf die Abhängigkeitslage zurückzuführende Beeinträchtigung der Vermögens- und Ertragslage der AG[419].

234 Die Aufgabe des konzernrechtlichen Haftungsansatzes und die Hinwendung zur Entwicklung eines erweiterten **Haftungstatbestandes** im Rahmen der Durchgriffsfälle führt zugleich zur Aufgabe des Versuchs, den Tatbestand der qualifizierten faktischen Konzernierung zu definieren; ferner kann es damit gelingen, Fallgruppen zu erfassen, die z.B. mangels Unternehmenseigenschaft durch das konzernrechtliche Haftungssystem nicht zu fassen waren[420]. Die Haftung des Gesellschafters – nicht nur des herrschenden – in Fällen des Durchgriffs stellt eine Durchbrechung des Prinzips der Haftungstrennung zwischen der juristischen Person einerseits und deren Gesellschafter(n) andererseits dar. Das Prinzip der Haftungstrennung gilt grundlegend im Bereich der KapGes. (vgl. § 1 Abs. 1 S. 2 AktG, § 13 Abs. 2 GmbHG)[421]. Die gesetzgeberische Zweckentscheidung des Trennungs-

---

414 BGH v. 16.07.2007, NJW 2007, S. 2689 „Trihotel"; v. 07.01.2008, ZIP 2008, S. 308, und v. 13.12.2007, ZIP 2008, S. 455; v. 28.04.2008, ZIP 2008, S. 1232 „Gamma"; zur Entwicklung der Haftungsmodelle durch den BGH s. *Dauner-Lieb*, ZGR 2008, S. 34.
415 Vgl. *Zöllner* in Baumbach/Hueck, GmbHG[19], SchlAnhKonzernR, Rn. 147; *Krieger* in MünchHdb. AG[3], § 69, Rn. 146; BGH v. 16.09.1985, BGHZ 95, S. 330/347 „Autokran"; v. 23.09.1991, ZIP 1991, S. 1354 „Video"; v. 29.03.1993, ZIP 1993, S. 589/593 „TBB"; v. 13.12.1993, ZIP 1994, S. 207; vgl. auch *Schmidt, K.*, ZIP 1993, S. 549, und *Westermann*, ZIP 1993, S. 554.
416 *Ebenroth*, AG 1990, S. 188/193; *Krieger* in MünchHdb. AG[3], § 69, Rn. 134; a.A. *ADS*[6], Vorbem. zu §§ 15–18 AktG, Tz. 21; *Emmerich/Habersack*, Aktien- und GmbH-Konzernrecht[6], Anh. § 317, Rn. 23.
417 H.M.: *Emmerich/Habersack*, Aktien- und GmbH-Konzernrecht[6], Anh. § 317, Rn. 23; *Baumbach/Hueck*, GmbHG[19], SchlAnhKonzernR, Rn. 132 ff.; *Krieger* in MünchHdb. AG[3], § 69, Rn. 143 ff.
418 Kritisch: *Rowedder/Schmidt-Leithoff*, GmbHG[4], Anh. § 52, Rn. 91 ff.; *Müller, W.* in FS Rowedder, S. 277/289; *Vetter, J.* in Schmidt/Lutter, AktG, § 317, Rn. 52; *Liebscher* in Beck AG-Hb[2], § 15, Rn. 90; *Hüffer*, AktG[9], § 1, Rn. 26; OLG Stuttgart v. 30.05.2007, AG 2007, S. 873/875.
419 *Emmerich/Habersack*, Aktien- und GmbH-Konzernrecht[6], § 311, Rn. 39.
420 Dazu *Winter*, ZGR 1994, S. 570/590; *Schmidt, K.*, AG 1994, S. 189/190; *Altmeppen*, NJW 2002, S. 321/323.
421 *Hüffer*, AktG[9], § 1, Rn. 8; *Lutter/Hommelhoff*, GmbHG[17], § 13, Rn. 5.

prinzips wird nach Maßgabe eines Regel-Ausnahme-Verhältnisses in besonderen Fällen durchbrochen. Grund für Durchbrechungen ist im Allgemeinen der Missbrauch des Zweckes der Vermögens- und Haftungstrennung[422]. In der Rspr. wurden zunächst vier Fallgruppen des Durchgriffs entwickelt:

Unterkapitalisierung: Wird die KapGes., im Vergleich zu dem festgelegten Unternehmensgegenstand und der ihr zugedachten unternehmerischen Funktion, mit völlig unzureichendem Eigenkapital ausgestattet, so dass die Gesellschaft bei kleinsten wirtschaftlichen Schwierigkeiten insolvent wird, haften die Gesellschafter den Gläubigern der Gesellschaft entsprechend § 128 HGB[423], während die Rspr. den Haftungsansatz bei § 826 BGB wählt[424].

Vermögensvermischung: Die Vermögensabgrenzung zwischen Gesellschaft und Gesellschafter wird z.B. durch falsche oder unzureichende Durchführung oder in anderer Weise verschleiert, so dass die Einhaltung der Kapitalerhaltung der Gesellschaft unkontrollierbar wird. Die Haftung trifft Gesellschafter, die die Vermischung veranlasst haben oder zumindest kennen, entsprechend § 128 HGB[425].

Sphärenvermischung: Vermischung der organisatorischen Sphären von Gesellschaft und Gesellschaftern, so dass eine rechtliche Trennung unmöglich wird. Im Insolvenzfall ergibt sich eine Haftung der Gesellschafter entsprechend § 128 HGB[426].

Rechtsform- oder Institutsmissbrauch: Bei bewusster Verwendung der Haftungsfreistellung zum Nachteil der Gläubiger; subsidiär im Vergleich zu den o.g. Tatbeständen. Im Insolvenzfall Haftung der Gesellschafter entsprechend § 128 HGB[427].

Die jüngere Rspr. (vgl. Tz. 230) hat nun in Ablösung der Rspr. über den qualifizierten faktischen Konzern den weiteren Haftungstatbestand der **Existenzvernichtung** herausgearbeitet. Haftungsauslösendes Ereignis ist unabhängig von einer Konzernverbindung der existenzvernichtende Eingriff eines Gesellschafters. Voraussetzung der Haftung ist ein Eingriff in das Vermögen oder die vermögenswerten Interessen der Gesellschaft ohne Beachtung der erforderlichen Rücksicht auf die Fähigkeit der Gesellschaft zur Bedienung ihrer Verbindlichkeiten. Ein solcher Eingriff kann bei dem Entzug von Vermögen gegeben sein, aber auch bei Eingriffen in Chancen der Gesellschaft, bei Auferlegen übermäßiger Risiken oder der Wegnahme wirtschaftlicher Betätigungsmöglichkeiten[428]. Ferner muss objektiv erkennbar sein, dass aus dem Eingriff ein Insolvenzrisiko folgt. Das ist stets bei überwiegendem Insolvenzrisiko gegeben; bei einem erheblichen, aber noch nicht überwiegenden Risiko ist zwischen den das Risiko rechtfertigenden erheblichen Vorteilen für die Gesellschaft und dem Risiko abzuwägen. Ein rein abstraktes Insolvenzrisiko ist un-

---

422 *Lutter/Hommelhoff*, GmbHG[17], § 13, Rn. 11 ff.; *Baumbach/Hueck*, GmbHG[19], § 13, Rn. 10; *Hüffer*, AktG[9], § 1, Rn. 15, alle mit weiteren Ausführungen zur dogmatischen Fundierung.
423 *Baumbach/Hueck*, GmbHG[19], § 13, Rn. 47; *Lutter/Hommelhoff*, GmbHG[17], § 13, Rn. 15.
424 Uneinheitlich: ablehnend BAG v. 10.02.1999, ZIP 1999, S. 878; zweifelnd: BGH v. 13.06.1977, WM 1977, S. 841/845; bejahend: BGH v. 08.07.1970, BGHZ 54, S. 222/224; BSG v. 01.02.1996, ZIP 1996, S. 1134.
425 *Baumbach/Hueck*, GmbHG[19], § 13, Rn. 45; *Lutter/Hommelhoff*, GmbHG[17], § 13, Rn. 14; *Hüffer*, AktG[9], § 1, Rn. 20; BGH v. 13.04.1994, ZIP 1994, S. 868; AG Brühl v. 21.06.2001, NZG 2002, S. 584; OLG Celle v. 29.09.2001, GmbHR 2001, S. 1042.
426 *Baumbach/Hueck*, GmbHG[19], § 13, Rn. 46; *Lutter/Hommelhoff*, GmbHG[17], § 13, Rn. 20.
427 *Lutter/Hommelhoff*, GmbHG[17], § 13, Rn. 22; BGH v. 30.11.1979, WM 1979, S. 229; v. 16.03.1992, ZIP 1992, S. 694.
428 *Ulmer*, JZ 2002, S. 1049/1051; *Lutter/Banerjea*, ZGR 2003, S. 402/413; *Decher* in MünchHdb. GmbH[3], § 69, Rn. 9; aus der Rspr. AG Jena v. 28.11.2001, GmbHR 2002, S. 112; OLG Rostock v. 10.12.2003, ZIP 2004, S. 118/120; enger AG Köln v. 20.06.2003, ZIP 2003, S. 1893/1895.

beachtlich[429]. Die Haftung wird ferner durch den Eintritt der Insolvenz begründet; sie tritt nicht ein, wenn die Fähigkeit der Gesellschaft zur Erfüllung ihrer Verbindlichkeiten durch Maßnahmen der Insolvenzabwehr wiederhergestellt wird[430]. Die Rechtsfolge eines existenzvernichtenden Eingriffs ist der Verlust des Haftungsprivilegs (bei GmbH: § 13 Abs. 2 GmbHG) und die persönliche Haftung der Gesellschafter, die den Eingriff vorgenommen oder die durch ihr Einverständnis mit dem Vermögensentzug die Insolvenz mitverursacht haben, es sei denn, dass ihre Mitwirkung für den Eintritt der Insolvenz nicht kausal war[431]. Die Haftung ist verschuldensabhängig. Sie ist nicht nur an rein objektive Kriterien geknüpft, wie das Vorliegen eines Eingriffs unter Missachtung der erforderlichen Rücksichtnahme[432], sondern verlangt mindestens bedingten Vorsatz[433]. Dazu ist aber weder das Bewusstsein der Sittenwidrigkeit noch eine Schädigungsabsicht erforderlich[434]. Nach Ansicht des BGH in „Trihotel" ist die Haftungsfolge aus existenzvernichtendem Eingriff nicht mehr subsidiär zu Ansprüchen aus § 31 GmbHG[435]. Genügt es, die Fähigkeit der Gesellschaft zur Erfüllung ihrer Verbindlichkeiten dadurch wiederherzustellen, dass nach einer § 30 GmbHG verletzenden Maßnahme ein Anspruch auf Rückgewähr geltend gemacht werden kann, besteht kein Anlass, die Haftung auf diesen Durchgriffstatbestand zu stützen[436].

9. Unternehmensverträge

235 Einen grundlegenden Teil des Rechts der verbundenen Unternehmen bilden die gesetzlichen Bestimmungen über die Unternehmensverträge (§§ 291 bis 307 AktG)[437]. Die Partner eines solchen Vertrages sind verbundene Unternehmen i.S.d. § 15 AktG[438].

Im AktG sind fünf Arten von Rechtsbeziehungen zwischen einer AG oder KGaA und einem anderen Unternehmen normiert:

- Beherrschungsvertrag (§ 291 AktG),
- GAV (§ 291 AktG),
- Gewinngemeinschaftsvertrag (§ 292 AktG),
- Teil-GAV (§ 292 AktG),
- Betriebspacht und Betriebsüberlassungsvertrag (§ 292 AktG).

236 Für alle diese Verträge ist typisch, dass sie in gewisser Weise in die Struktur des verpflichteten (abhängigen) Unternehmens eingreifen, während der Gegenstand des anderen

---

429 *Lutter/Trölitzsch* in Holding-Handbuch[4], § 7, Rn. 68.
430 *Röhricht* in FS 50 Jahre BGH, S. 83/113.
431 BGH v. 25.02.2002, BGHZ 150, S. 61/67; *Lutter/Trölitzsch* in Holding-Handbuch[4], § 7, Rn. 70; *Lutter/Hommelhoff*, GmbHG[17], § 13, Rn. 39.
432 BGH v. 24.06.2002, BGHZ 151, S. 181/187.
433 *Lutter/Hommelhoff*, GmbHG[17], § 13, Rn. 42.
434 BFH v. 16.07.2007, NJW 2007, S. 2689 „Trihotel"; v. 07.01.2008, ZIP 2008, S. 308/455; v. 28.04.2008, ZIP 2008, S. 1232 „Gamma".
435 BGH v. 16.07.2007, BGHZ 173, S. 246/262.
436 *Lutter/Hommelhoff*, GmbHG[17], § 13, Rn. 45, die es nicht für erforderlich halten, dass der Anspruch aus § 31 GmbHG bereits erfüllt wurde. So auch *Hüffer*, AktG[9], § 1, Rn. 25, und der BGH seit „Trihotel", v. 16.07.2007, BGHZ 173, S. 246/262.
437 a) Kommentare: *Emmerich/Habersack*, Aktien- und GmbH-Konzernrecht[6], Vor § 291; *Hüffer*, AktG[9], §§ 291; *Altmeppen* in MünchKomm. AktG[3], §§ 291–308; *Koppensteiner* in Kölner Komm. AktG[3], §§ 291–308; *Langenbucher* in Schmidt/Lutter, AktG, §§ 291 ff.
   b) Steuerliche Behandlung: § 14 KStG; aus der hierzu erschienenen Literatur *Müller, H. P.* in WP-HdU[3], Kap. R Tz. 35–87; *Dötsch* in DJPW, KSt, § 14 KStG, Rn. 50 ff.
438 Vgl. Erl. zu § 15 AktG unter Tz. 2.

Unternehmens unverändert bleibt[439]. Die Aufzählung ist erschöpfend. Vereinbarungen, die sich nicht unter diese Formen einordnen lassen, sind keine Unternehmensverträge i.S.d. AktG.

Mit der gesetzlichen Regelung von Unternehmensverträgen wird für das geltende Aktienrecht[440] entschieden, dass infolge eines solchen Vertrages erfolgende Eingriffe in das Gefüge der AG mit dem Gesetz vereinbar sind. Leistungen der Gesellschaft bei Bestehen[441] eines Beherrschungsvertrages, eines GAV, eines Betriebspacht- oder Betriebsüberlassungsvertrages gelten nicht als Verstoß gegen die §§ 57, 58 und 60 AktG (§§ 291 Abs. 3, 292 Abs. 3 AktG)[442], solche Leistungen gelten nicht als Einlagenrückgewähr (§ 57 Abs. 1 S. 3 AktG). Die jetzt geltende Fassung dehnt den Anwendungsbereich aus, um z.B. auch Cash-Pooling-Gestaltungen aufzunehmen. **237**

Nicht eindeutig geklärt ist die systematische Bedeutung der Verträge. Der Gesetzgeber hat zwei Gruppen dadurch gebildet, dass er den Beherrschungsvertrag und den GAV in § 291 AktG behandelt, während die übrigen Vertragstypen in § 292 AktG zusammengefasst werden. Gemeinsam ist allen diesen Vertragstypen, dass mit der Zusammenfassung in §§ 291, 292 AktG die Voraussetzungen für die Anwendung der Vorschriften, die für alle Unternehmensverträge gelten, und zwar §§ 293–299 AktG, geschaffen wurden[443]. Der Unterschied zwischen den Vertragstypen ist damit erklärt worden, dass es sich bei den Ersteren um Organisationsverträge, bei den anderen dagegen um schuldrechtliche Vereinbarungen mit Austausch von Leistung und Gegenleistung handele[444]. Dabei darf nicht übersehen werden, dass auch bei den Verträgen nach § 291 AktG neben der organisationsrechtlichen eine schuldrechtliche Bindung besteht. Gleichwohl liegt hierin der wesentliche Unterschied. Nur die Verträge nach § 291 AktG ermächtigen unter Beachtung der §§ 300–307 AktG zu weitgehenden Eingriffen in die Verfassung der Gesellschaften, und zwar in die eigenverantwortliche Leitung oder den Vermögensbestand einer Gesellschaft (vgl. § 291 Abs. 3 AktG)[445]. §§ 291 und 292 AktG finden unmittelbar nur Anwendung, wenn die verpflichtete (abhängige) Gesellschaft die Rechtsform einer AG oder KGaA im Inland aufweist[446]. Das schließt nicht aus, dass Unternehmensverträge in den im AktG geregelten Typen auch von Unternehmen in anderen Rechtsformen abgeschlossen werden können. Für GmbH ist die Zulässigkeit nicht mehr zweifelhaft[447] und seit der Änderung von § 30 Abs. 1 S. 3 GmbHG (geändert durch das MoMiG) gesetzlich festgeschrieben, für PersGes. oder Genossenschaften werden differenzierte Lösungen gesucht[448]. Umstritten ist, ob Anstalten des öffentlichen Rechts abhängige Unternehmen **238**

---

439 *Altmeppen* in MünchKomm. AktG³, Vor § 291, Rn. 2; *Hüffer*, AktG⁹, § 291, Rn. 2.
440 Zum AktG 1937 und der danach umstrittenen Rechtsfrage vgl. *Schilling* in Gadow/Heinichen, § 256, Rn. 11, 26.
441 § 291 Abs. 3 AktG geändert infolge des MoMiG v. 21.05.2008, BGBl. I 2008, S. 2026.
442 *Emmerich/Habersack*, Aktien- und GmbH-Konzernrecht⁶, § 291, Rn. 3 und 74 ff.; *Hüffer*, AktG⁹, § 291, Rn. 36; *Krieger* in MünchHdb. AG³, § 70, Rn. 1.
443 *Emmerich/Habersack*, Aktien- und GmbH-Konzernrecht⁶, § 291, Rn. 1.
444 *Kropff*, BB 1965, S. 1281/1287, *Müller, O.*, AG 1965, S. 133; *Wilhelmi*, AG 1965, S. 247/250; *Würdinger* in Großkomm. AktG³, § 291, Rn. 6; zur Rechtsnatur des Beherrschungsvertrages BGH v. 14.12.1987, WM 1988, S. 258.
445 S. h.M.: vgl. *Altmeppen* in MünchKomm. AktG³, § 291, Rn. 25, § 292, Rn. 7; *Schmidt, K.*, ZGR 1984, S. 295/304; *Hüffer*, AktG⁹, § 292, Rn. 2.
446 Ganz h.M.: vgl. *Altmeppen* in MünchKomm. AktG³, § 291, Rn. 15 ff.; *Hüffer*, AktG⁹, § 291, Rn. 5; *Emmerich/Habersack*, Aktien- und GmbH-Konzernrecht⁶, § 291, Rn. 8; *Koppensteiner* in Kölner Komm. AktG³, Vorbem. zu § 291, Rn. 183.
447 Ganz h.M.: „Supermarkt-Beschluss" des BGH v. 24.10.1988, BGHZ 105, S. 324/330 = NJW 1989, S. 295 = WM 1989, S. 1819; *Lutter/Hommelhoff*, GmbHG¹⁷, Anh. § 13, Rn. 40; *Baumbach/Hueck*, GmbHG¹⁹, SchlAnh. KonzernR, Rn. 36; *Emmerich/Habersack*, Aktien- und GmbH-Konzernrecht⁶, § 291, Rn. 41.
448 Vgl. *Schäfer* in Staub, HGB⁵, Anh. § 105, Rn. 10 ff.

sein können⁴⁴⁹. Die Teilnahme von Gesellschaften in anderen Rechtsformen macht die unternehmensvertragliche Bindung nicht zu einem aktienrechtlichen Vertragskonzern; die für diesen geltenden (Schutz-)Vorschriften, z.B. §§ 293 ff. und §§ 308 ff. AktG, gelten nur für diesen. Für die Vertragskonzerne mit Unternehmen in anderen Rechtsformen fehlen gesetzliche Regelungen; am Vorbild der aktienrechtlichen Regelungen orientiert werden unter Berücksichtigung der rechtsformspezifischen Unterschiede die rechtlichen Rahmenbedingungen entwickelt⁴⁵⁰. Nachfolgend wird zunächst der aktienrechtliche Unternehmensvertrag, danach der Unternehmensvertrag für GmbH behandelt. Die Regelungen des AktG gelten auch für eine SE mit Sitz im Inland, für die nach Art. 9 Abs. 1 Buchst. c ii SE-VO die Vorschriften des deutschen AktG subsidiär gelten. Somit gelten die Vorschriften auch für eine abhängige SE, mit der ein Beherrschungsvertrag oder ein GAV abgeschlossen werden soll⁴⁵¹. Das Schutzrecht der §§ 291 ff. AktG gilt hingegen nicht für ausländische Gesellschaften; ist eine ausländische Gesellschaft von einer inländischen Gesellschaft abhängig, ergibt sich der Schutz der ausländischen Gesellschaft allein aus deren Heimatrecht⁴⁵². Hat die ausländische Gesellschaft jedoch ihren tatsächlichen Sitz in Deutschland, dann können im Vertragskonzern die gegenüber einer deutschen AG anzuwendenden §§ 302 bis 305 AktG ebenfalls anzuwenden sein⁴⁵³.

a) Die einzelnen Unternehmensverträge

239 Das Gesetz umreißt die Voraussetzungen und die Rechtsfolgen der einzelnen Vertragstypen. Für die Ausgestaltung im Einzelnen gilt der Grundsatz der Vertragsfreiheit, soweit dem nicht zwingende aktienrechtliche Regelungen entgegenstehen⁴⁵⁴.

240 Die Zuordnung zu den einzelnen **Vertragstypen** richtet sich nach dem Inhalt, wie er sich aus der Gesamtheit der Bestimmungen ergibt. Die Vertragspartner können im Rahmen der Vertragsfreiheit Regelungen vereinbaren, auch wenn Auswirkungen die Zuordnung des Vertrages zu einem der vom Gesetz normierten Typen zweifelhaft erscheinen lassen⁴⁵⁵. Aus Gründen der Rechtssicherheit ist eine klare Abgrenzung erforderlich.

241 Die Art des Vertrages wird demnach durch die vertragsschließenden Unternehmen bestimmt und muss, wenn schon nicht in der Bezeichnung, so doch im Vertragstext eindeutig zum Ausdruck kommen⁴⁵⁶. Gleiches gilt für den nach § 293a Abs. 1 S. 1 AktG vom Vorstand der beteiligten Unternehmen zu erstattenden Bericht über den Unternehmensvertrag. Dieser Bericht wird seiner Aufgabe der Information der Aktionäre⁴⁵⁷ nur gerecht, wenn er die Art des Vertrages und damit seine Rechtswirkungen ausführlich erläutert. Die Bezeichnung des Vertrages bei seiner Anmeldung zum HR hat demgegenüber nur nachrangige Bedeutung. Auch das Registergericht hat zu prüfen, ob der Vertrag den gesetzlichen Erfordernissen der angemeldeten Vertragsart entspricht. Daher kann die im HR

---

449 LAG Berlin v. 27.10.1995, AG 1996, S. 140/142 f.; verneinend *Hüffer*, AktG⁹, § 291, Rn. 7; grundsätzlich bejahend *Langenbucher* in Schmidt/Lutter, AktG, § 291, Rn. 21.
450 Vgl. *Emmerich/Habersack*, Konzernrecht⁹, § 11, Rn. 8 f.; *Hüffer*, AktG⁹, § 291, Rn. 6, 7.
451 *Marsch-Barner* in Holding-Handbuch⁴, § 15, Rn. 96, mit Hinweisen zum Weisungsrecht bei monistisch strukturierter SE; ferner *Hommelhoff*, AG 2003, S. 179/182.
452 BGH v. 13.12.2004, NZG 2005, S. 214/215.
453 *Emmerich/Habersack*, Aktien- und GmbH-Konzernrecht⁶, § 291, Rn. 35.
454 BGH v. 15.06.1992, BGHZ 119, S. 1/5 „ASEA/BBC"; v. 05.04.1993, BGHZ 122, S. 211/217 „SSI"; *Emmerich/Habersack*, Aktien- und GmbH-Konzernrecht⁶, § 291, Rn. 18; *Hahn*, DStR 2009, S. 589 ff.
455 *Hahn*, DStR 2009, S. 589.
456 *Hüffer*, AktG⁹, § 291, Rn. 13; *Koppensteiner* in Kölner Komm. AktG³, § 291, Rn. 21 f.; *Huber*, ZHR 1988, S. 123/136; LG Hamburg v. 29.01.1991, AG 1991, S. 365/366; KG Berlin v. 30.06.2000, AG 2001, S. 186.
457 Begr.-RegE zum UmwG, BT-Drs. 12/6699, S. 84 und 178.

eingetragene Art des Vertrages als Kriterium dafür gelten, welchem Vertragstyp der Vertrag angehört[458]. Nach der Art des Vertrages, wie sie dort bezeichnet wurden, können die Rechte und Pflichten der Beteiligten ermittelt werden.

Die Eintragung im HR hat konstitutive Bedeutung (§ 294 Abs. 2 AktG). Mängel des Vertrages oder seines Zustandekommens werden durch die Eintragung nicht geheilt[459]. Auch der APr. kann sich grundsätzlich auf die Eintragung im HR verlassen, es sei denn, dass sich ihm Zweifel an der Rechtswirksamkeit des Vertrages oder der Richtigkeit der Eintragung des Vertragstyps ernsthaft aufdrängen. **242**

aa) Beherrschungsvertrag

Durch einen Beherrschungsvertrag unterstellt eine AG, KGaA oder eine SE die Leitung ihrer Gesellschaft einem anderen Unternehmen (§ 291 AktG). Die Rechtsform des anderen Unternehmens ist gleichgültig; dabei kann es sich auch um ein ausländisches Unternehmen handeln[460]. Selbst Privataktionäre können als herrschendes Unternehmen und Vertragspartner eines Unternehmensvertrages in Betracht kommen[461]. Dieser Vertrag wird als Organisationsvertrag qualifiziert[462]; er ist in seinen Auswirkungen der Typus von Unternehmensverträgen, der am tiefsten in die Struktur der Gesellschaft eingreift. Durch Abschluss eines Beherrschungsvertrages entsteht unwiderlegbar (§ 18 Abs. 1 S. 2 AktG) ein Vertragskonzern. **243**

Der Formwechsel des anderen Vertragsteils lässt den Bestand des Beherrschungsvertrages und des GAV unberührt[463]. Umwandlungsrechtliche Maßnahmen berühren den Beherrschungsvertrag in unterschiedlicher Weise. Ein Formwechsel einer der beiden Vertragsparteien wird i.d.R. auf den Bestand des Unternehmensvertrages ohne Auswirkungen bleiben, da im Allgemeinen Unternehmen in jeder Rechtsform an dem Vertrag beteiligt sein können. Besonderheiten ergeben sich, wenn eine AG als abhängiges Unternehmen in eine Personenhandelsgesellschaft formgewechselt wird, an der ein Gesellschafter als persönlich haftender Gesellschafter beteiligt ist[464]. Die Verschmelzung der beiden Vertragsparteien untereinander führt zum Wegfall des Unternehmensvertrages infolge von Konfusion; die Verschmelzung des herrschenden Unternehmens führt im Grundsatz nicht zum Erlöschen des Unternehmensvertrages; hier geht der Unternehmensvertrag infolge der Gesamtrechtsnachfolge auf den übernehmenden Rechtsträger über, wobei je nach Rechtsform des herrschenden Unternehmens bestimmte Regelungen, z.B. über die an die Dividende der herrschenden AG anknüpfende Ausgleichsleistung, entfallen können oder angepasst werden müssen[465]. Bei Verschmelzung der abhängigen Gesellschaft auf eine dritte Gesellschaft endet hingegen der Unternehmensvertrag. Bei einer Spaltung des herrschenden Unternehmens bleibt die Beteiligteneigenschaft des herrschenden Unter- **244**

---

[458] *Hüffer*, AktG⁹, § 294, Rn. 11; OLG München v. 14.06.1991, WM 1991, S. 1843/1845.
[459] *Hüffer*, AktG⁹, § 294, Rn. 17, 21; *Emmerich/Habersack*, Aktien- und GmbH-Konzernrecht⁶, § 294, Rn. 25.
[460] Allgemeine Meinung: z.B. *Koppensteiner* in Kölner Komm. AktG³, Vorbem. zu § 291, Rn. 183, mit Literaturhinweisen; *Altmeppen* in MünchKomm. AktG³, § 291, Rn. 24; *Hüffer*, AktG⁹, § 291, Rn. 8; *Emmerich/Habersack*, Aktien- und GmbH-Konzernrecht⁶, § 291, Rn. 9; *Langenbucher* in Schmidt/Lutter, AktG, § 291, Rn. 22; BGH v. 13.10.1977, BGHZ 69, S. 334/338; OLG Düsseldorf v. 27.02.2004, AG 2004, S. 324/326, zur PersGes.
[461] *Emmerich/Habersack*, Aktien- und GmbH-Konzernrecht⁶, § 291, Rn. 9a.
[462] H.M.: vgl. BGH v. 14.12.1987, BGHZ 103, S. 1/4 = NJW 1988, S. 1326; v. 24.10.1988, BGHZ 105, S. 324/331 = NJW 1989, S. 295.
[463] OLG Düsseldorf v. 27.02.2004, AG 2004, S. 324/326.
[464] *Emmerich/Habersack*, Aktien- und GmbH-Konzernrecht⁶, § 297, Rn. 45; *Langenbucher* in Schmidt/Lutter, AktG, § 297, Rn. 36; OLG Düsseldorf v. 27.02.2004, AG 2004, S. 324/326.
[465] *Emmerich/Habersack*, Aktien- und GmbH-Konzernrecht⁶, § 297, Rn. 43; *Langenbucher* in Schmidt/Lutter, AktG § 297, Rn. 32 f.

nehmens im Grunde unberührt; bei der abhängigen Gesellschaft bleibt bei Abspaltung und Ausgliederung der Unternehmensvertrag und seine Zuordnung unberührt, bei einer Aufspaltung fällt der Unternehmensvertrag hingegen weg[466].

245 Das herrschende Unternehmen wird durch den Beherrschungsvertrag berechtigt, dem Vorstand der unterworfenen Gesellschaft hinsichtlich der Leitung dieser Gesellschaft **Weisungen** zu erteilen (§ 308 AktG). Es kommt dabei nicht darauf an, in welcher Weise die Unterwerfung unter die Leitungsmacht des anderen Unternehmens formuliert wird. Die beherrschte Gesellschaft wird, wenn sie es nicht schon vorher war, mit Abschluss des Vertrages zum Konzernunternehmen (§ 18 Abs. 1 S. 2 AktG).

246 Ein Beherrschungsvertrag liegt nicht vor, wenn sich Unternehmen, die voneinander nicht abhängig sind, durch Vertrag unter einheitliche Leitung stellen, ohne dass dadurch eines von ihnen von einem anderen vertragschließenden Unternehmen abhängig wird (§ 291 Abs. 2 AktG). Es handelt sich dann um einen Gleichordnungskonzern nach § 18 Abs. 2 AktG. Ein solcher Gleichordnungskonzernvertrag ist kein Unternehmensvertrag[467]. Ebenso kann ein Vertrag, der statt der Beherrschung der Gesellschaft oder einzelner unternehmerischer Funktionen die bloße Unterstellung einzelner Betriebe vorsieht, ebenfalls ein Beherrschungsvertrag i.S.d. Gesetzes sein[468]. Nach der mittlerweile überwiegenden Auffassung sind auch Verträge als Beherrschungsverträge zulässig, die einzelne Komponenten einschränken, z.B. das Weisungsrecht, etwa in Bezug auf einzelne Funktionen der unternehmerischen Leitungsmacht oder durch Konzentration auf einzelne Betriebe des abhängigen Unternehmens. Dies wird für unbedenklich gehalten, da § 308 Abs. 1 S. 2 AktG die Möglichkeit gibt, die Zulässigkeit nachteiliger Weisungen auszuschließen und damit auch einzuschränken[469]. Die Grenze solcher Gestaltungen ist eine Beschränkung des Weisungsrechts derart, dass sich an der Selbständigkeit der abhängigen Gesellschaft nichts ändert[470].

247 Durch die Unterstellung der Leitungsmacht erlangt das herrschende Unternehmen ein Weisungsrecht i.S.v. § 308 AktG als unverzichtbares Merkmal eines Beherrschungsvertrages. Es umfasst alle Maßnahmen, die nach § 76 Abs. 1 AktG zum Tätigkeitsbereich des Vorstands gehören. Das herrschende Unternehmen kann sich jedoch über bestimmte gesetzliche oder satzungsmäßige Beschränkungen der Geschäftsführung nicht hinwegsetzen, sowie z.B. bei Angelegenheiten, die in den Zuständigkeitsbereich von AR oder HV der abhängigen Gesellschaft fallen[471] (dazu auch § 308 Abs. 3 AktG). Die Befugnis berührt nicht die Vertretungsmacht des Vorstands und die Verfügungsmacht über das Vermögen der beherrschten Gesellschaft[472]. Zu beachten sind ferner die gesetzlichen Grenzen des Weisungsrechts, z.B. hinsichtlich des Bestands des Unternehmensvertrages (§ 299 AktG) oder für Maßnahmen, die sich für die abhängige Gesellschaft existenzbe-

---

466 *Emmerich/Habersack*, Aktien- und GmbH-Konzernrecht⁶, § 297, Rn. 47.
467 *Koppensteiner* in Kölner Komm. AktG³, § 291, Rn. 104; *Würdinger* in Großkomm. AktG³, § 291, Rn. 4; *Hüffer*, AktG⁹, § 291, Rn. 34.
468 *Altmeppen* in MünchKomm. AktG³, § 291, Rn. 86 ff.; 102 ff.; *Krieger* in MünchHdb. AG³, § 70, Rn. 4 und 5; *Emmerich/Habersack*, Aktien- und GmbH-Konzernrecht⁶, § 291, Rn. 19; a.A. *Koppensteiner* in Kölner Komm. AktG³, § 291, Rn. 49.
469 KG Berlin v. 30.06.2001, AG 2001, S. 186; LG München I v. 31.01.2008, ZIP 2008, S. 555/560; OLG Schleswig v. 27.08.2008, NZG 2008, S. 868/869.
470 *Emmerich/Habersack*, Aktien- und GmbH-Konzernrecht⁶, § 291, Rn. 19 ff.; im Einzelnen strittig: *Däubler*, NZG 2005, S. 617 f.
471 *Altmeppen* in MünchKomm. AktG³, § 308, Rn. 156.
472 *Hirte* in Großkomm. AktG⁴, § 308, Rn. 20 f.; *Emmerich/Habersack*, Aktien- und GmbH-Konzernrecht⁶, § 308, Rn. 22.

drohend auswirken können⁴⁷³. Der Vorstand kann auch nicht angewiesen werden, den Verlustausgleich nicht geltend zu machen (§ 302 AktG), Aktien unter pari auszugeben (§ 9 Abs. 1 AktG) oder Aktionäre von ihren Leistungsverpflichtungen zu befreien⁴⁷⁴.

Dem Vorstand können jedoch Weisungen erteilt werden, die für die Gesellschaft **nachteilig** sind, wenn sie den Belangen des herrschenden Unternehmens oder der mit ihm und der Gesellschaft konzernverbundenen Unternehmen dienen (§ 308 Abs. 1 S. 2 AktG)⁴⁷⁵. Damit kann die Gesellschaft auch zu Vermögensgeschäften jeder Art zugunsten des Konzerns angewiesen werden. Leistungen aufgrund des Beherrschungsvertrages gelten nicht als Verstoß gegen §§ 57, 58, 60 AktG. Das Verbot von vGA gilt also nicht⁴⁷⁶. **248**

Ob dagegen ohne Gewinnabführungsabrede die Abführung des erzielten Gewinns gefordert werden kann, war strittig⁴⁷⁷. Nach jetzt h.A. dürfen Weisungen für alle innergesellschaftlichen organisatorischen Aufgaben des Vorstands gegeben werden⁴⁷⁸. Weisungen, die den Fortbestand der Gesellschaft vor oder nach Beendigung des Vertrages ernsthaft in Frage stellen, sind nicht zulässig⁴⁷⁹. **249**

Unzulässig sind **Weisungen** zu **rechtswidrigem Verhalten**, z.B. Weisungen, deren Befolgung gegen Vorschriften verstößt, welche im öffentlichen Interesse erlassen sind oder den Belangen der Gläubiger dienen⁴⁸⁰. Sieht der Beherrschungsvertrag eine über das Zulässige hinausgehende Einflussnahme auf das beherrschende Unternehmen vor, hat dies nicht die Nichtigkeit des ganzen Vertrages zur Folge, wenn die Bestimmungen auf die zulässige Einflussnahme des herrschenden Unternehmens zurückgeführt werden können⁴⁸¹. **250**

Der Vorstand muss die Weisungen des herrschenden Unternehmens befolgen und darf die Befolgung nicht deshalb verweigern, weil eine Weisung nach seiner Ansicht außerhalb des gesetzlich vorgesehenen Umfangs der Leitungsmacht liegt. Wenn sie jedoch offensichtlich nicht den Belangen des Konzerns dient, ist er berechtigt und verpflichtet, die Weisung abzulehnen (§ 308 Abs. 2 AktG, § 310 AktG)⁴⁸². **251**

Soweit Weisungen nicht erteilt werden, bleibt der Vorstand eigenverantwortlicher Leiter der Gesellschaft. Er sollte die Konzernleitung konsultieren, wenn wichtige, aus dem Rahmen des Üblichen herausfallende Fragen zur Entscheidung anstehen. Gegenüber der HV oder dem AR des beherrschten Unternehmens besteht kein Weisungsrecht. Wird jedoch der Vorstand angewiesen, ein zustimmungsbedürftiges Geschäft vorzunehmen, so **252**

---

473 *Hüffer*, AktG⁹, § 291, Rn. 10 a.E.; *Altmeppen* in MünchKomm. AktG³, § 308, Rn. 101; weitergehend *Koppensteiner* in Kölner Komm. AktG³, § 308, Rn. 31 f.; *Emmerich/Habersack*, Aktien- und GmbH-Konzernrecht⁶, § 308, Rn. 55 ff., 60 ff.
474 *Emmerich/Habersack*, Aktien- und GmbH-Konzernrecht⁶, § 308, Rn. 52.
475 H.M.: *Emmerich/Habersack*, Konzernrecht⁹, § 23 13.25.; *Emmerich/Habersack*, Aktien- und GmbH-Konzernrecht⁶, § 308, Rn. 45.
476 *Emmerich/Habersack*, Aktien- und GmbH-Konzernrecht⁶, § 291, Rn. 75; *Koppensteiner* in Kölner Komm. AktG³, § 291, Rn. 107.
477 Ablehnend *Koppensteiner* in Kölner Komm. AktG³, § 308, Rn. 36; *Hirte* in Großkomm. AktG⁴, § 308, Rn. 36; *Emmerich/Habersack*, Aktien- und GmbH-Konzernrecht⁶, § 308, Rn. 43.
478 *Altmeppen* in MünchKomm. AktG³, § 308, Rn. 87 ff.; *Hüffer*, AktG⁹, § 308, Rn. 12.
479 *Hüffer*, AktG⁹, § 308, Rn. 19, 21; abweichend *Koppensteiner* in Kölner Komm. AktG³, § 308, Rn. 50.
480 *Emmerich/Habersack*, Aktien- und GmbH-Konzernrecht⁶, § 308, Rn. 55; *Hüffer*, AktG⁹, § 308, Rn. 14, 22; *Koppensteiner* in Kölner Komm. AktG³, § 308, Rn. 30.
481 OLG München v. 11.07.1979, AG 1980, S. 272.
482 Zu den Grenzen des Weisungsrechts *Immenga*, ZHR 1976, S. 301/303; *Clemm*, ZHR 1977, S. 197; *Emmerich/Habersack*, Konzernrecht⁹, § 23, Rn. 35 ff.

kann bei Verweigerung der Zustimmung durch den AR die Zustimmung durch eine Wiederholung der Anweisung ersetzt werden (§ 308 Abs. 3 AktG)[483].

253 Die **Verantwortlichkeit** der Verwaltungsmitglieder der beherrschten Gesellschaft aus § 93 AktG wird durch den Beherrschungsvertrag modifiziert. Für die Folgen bindender Weisungen kann der Vorstand nicht zur Verantwortlichkeit gezogen werden. Er haftet vielmehr, wenn er solche Weisungen nicht befolgt. Werden rechtswidrige Weisungen ausgeführt, deren Befolgung er nach § 93 Abs. 1 AktG abzulehnen hat, so haftet er gesamtschuldnerisch mit den Verwaltungsmitgliedern der herrschenden Gesellschaft (§ 310 AktG).

254 Insbesondere am Beispiel des Beherrschungsvertrages wird die Frage der fehlerhaften Unternehmensverträge diskutiert. Hier handelt es sich um Unternehmensverträge, die mit formellen oder materiellen Mängeln behaftet sind, die zur Unwirksamkeit oder Nichtigkeit führen können. Seit dem durch das UMAG eingefügten § 246a AktG genießen solche Verträge Bestandsschutz, wenn ihre Eintragung im HR auf einem rechtskräftigen Freigabebeschluss beruht (§ 246a Abs. 4 S. 2 AktG). Die Problematik der fehlerhaften Unternehmensverträge beschränkt sich seither auf Fälle, in denen kein solcher Freigabebeschluss vorliegt[484]. War eine Eintragung des Unternehmensvertrages im HR infolge eines Freigabebeschlusses erfolgt, beseitigt die nachträgliche erfolgreiche Anfechtung des Eintragungsbeschlusses die seither eingetretenen Wirkungen des Unternehmensvertrages nicht; dem anfechtenden Aktionär verbleiben Schadensersatzansprüche gegen die AG (§ 246a Abs. 1 S. 1 AktG). Im Übrigen ist zu differenzieren. War der Vertrag noch nicht vollzogen worden, entfaltet er keine Wirkungen, auch wenn er in das HR eingetragen worden sein sollte[485]. Vollzug ist gegeben mit dem Ausgleich von Verlusten oder der Erteilung von Weisungen. Wurde ein Vertrag trotz formeller Mängel vollzogen, so soll nach den Regelungen über fehlerhafte Beherrschungsverträge auf die Rückabwicklung verzichtet und stattdessen der Gläubigerschutz über die Anwendung von §§ 302 und 303 AktG sichergestellt werden. Die für die GmbH entwickelten Regelungen über fehlerhafte Verträge waren lt. BGH auch in Fällen anzuwenden, in denen es noch nicht zur Eintragung des Vertrages in das HR gekommen war[486]. Ob diese Rspr. auch für die AG zu übernehmen war, war zweifelhaft geblieben[487]. Der verneinenden Auffassung haben sich in jüngerer Zeit verschiedene OLG-Entscheidungen angeschlossen[488]. Soweit es sich um materielle Mängel handelt, neigt die Rspr. ebenfalls zur Aufrechterhaltung für die Vergangenheit. Im Hinblick auf den Wertungswiderspruch zu §§ 134, 138 und 139 BGB sollen hingegen Mängel, die nicht geheilt werden können und nicht immaterial sind, zur Nichtigkeit führen. Aktuelle Überlegungen werden angestellt, um die Rechtsfolgen verdeckter Beherr-

---

483 *Emmerich/Habersack*, Aktien- und GmbH-Konzernrecht[6], § 308, Rn. 70.
484 *Emmerich/Habersack*, Aktien- und GmbH-Konzernrecht[6], § 291, Rn. 28/28a.
485 *Emmerich/Habersack*, Aktien- und GmbH-Konzernrecht[6], § 291, Rn. 28b.
486 BGH v. 14.12.1987, NJW 1988, S. 1326 „Familienheim"; v. 19.09.1988, NJW 1988, S. 3143 „HSW"; v. 11.11.1991, NJW 1992, S. 505 „Stromlieferungen/Hansa Feuerfest"; v. 05.11.2001, NJW 2002, S. 822; v. 29.11.2004, AG 2005, S. 201, „Securenta/Göttinger Gruppe".
487 Bejahend *Hirte/Schall*, Der Konzern 2006, S. 243; differenzierend *Langenbucher* in Schmidt/Lutter, AktG, § 291, Rn. 41/45; verneinend *Balthasar*, NZG 2008, S. 858; *Kort*, NZG 2009, S. 364/367 f.; *Liebscher*, GmbH-Konzernrecht, Rn. 622 ff.; *Emmerich/Habersack*, Aktien- und GmbH-Konzernrecht[6], § 291, Rn. 30 f.
488 OLG Koblenz v. 23.11.2000, ZIP 2001, S. 1095/1098 „Diebels/Reginaris II"; OLG Zweibrücken v. 02.03.2004, ZIP 2004, S. 559/561 ff. „Diebels/Reginaris"; OLG München v. 24.06.2008, AG 2008, S. 672/673 f.; OLG München v. 24.06.2008, NZG 2008, S. 753 „Mobilcom"; OLG Schleswig v. 27.08.2008, NZG 2008, S. 876.

schungsverträge zu beurteilen[489]. Hierbei handelt es sich um Verträge, die eine gewisse Leitungsunterstellung bewirken sollen, ohne den Anforderungen der §§ 293 ff. AktG zu genügen[490]. Für diese bietet es sich an, sie als Unterfall fehlerhafter Beherrschungsverträge zu qualifizieren.

bb) Gewinnabführungsvertrag

Beim GAV verpflichtet sich eine AG oder KGaA, ihren ganzen Gewinn an ein anderes Unternehmen abzuführen (§ 291 Abs. 1 AktG). Er wird typischerweise, aber nicht notwendigerweise zwischen dem abhängigen und dem unmittelbar beteiligten herrschenden Unternehmen abgeschlossen. Zulässig ist auch der Abschluss mit einem in der Konzernhierarchie höher stehenden Unternehmen. In diesem Falle sind die Schutzinteressen der Zwischengesellschaft zu beachten[491]. Er ist eine wesentliche Voraussetzung der körperschaftsteuerlichen Organschaft (§ 14 KStG)[492], denn allein ein GAV erlaubt die Verrechnung von Ergebnissen über die Grenzen der Körperschaft hinweg. Nicht als GAV sind Vereinbarungen über die Abführung eines Teils des Gesamtgewinns oder des Gewinns eines Betriebes anzusehen; vielmehr liegt dann ein Teil-GAV vor. Der GAV kann, wie es in der Praxis regelmäßig geschieht, gemeinsam mit einem Beherrschungsvertrag abgeschlossen werden. Für sich allein begründet er noch kein vertragliches Konzernverhältnis, sondern es kann lediglich ein sog. faktischer Konzern entstehen; § 18 Abs. 1 S. 2 AktG gilt für isolierte GAV nicht[493]. Die isolierte Gewinnabführung verpflichtet nicht für sich alleine zum Nachteilsausgleich. Wesentliches Kennzeichen des GAV ist die Pflicht der verpflichteten Gesellschaft zur Abführung ihres ganzen Bilanzgewinns. Ein Jahresüberschuss oder Bilanzgewinn i.S.v. §§ 266, 275 HGB entsteht demzufolge i.d.R. nicht mehr; der abzuführende Betrag wird per Stichtag des JA als Verbindlichkeit gegenüber dem herrschenden Unternehmen passiviert. Die Ermittlung des Ergebnisses ist Angelegenheit des Vorstands der verpflichteten Gesellschaft, auf die – vorbehaltlich des Bestehens eines Beherrschungsvertrages – der andere Vertragsteil keinen Einfluss nehmen darf. Das abzuführende Ergebnis steht dem anderen Vertragsteil „phasengleich" zu. Nach aktienrechtlichen Vorschriften ist die Festsetzung einer Mindestdauer eines GAV nicht erforderlich. Für die steuerliche Anerkennung einer Organschaft ist der Abschluss auf mindestens fünf Zeitjahre geboten (§ 14 Abs. 1 Nr. 3 KStG)[494]. Ansprüche aus dem GAV sind nach Maßgabe der BGH-Entscheidung vom 11.10.1999 zu verzinsen[495].

255

Als GAV gilt auch ein Vertrag, durch den eine AG oder KGaA es übernimmt, ihr (gesamtes) Unternehmen **für Rechnung** eines anderen Unternehmens zu führen (§ 291

256

---

489 LG München I v. 19.10.2007, AG 2008, S. 301; sowie v. 31.01.2008, ZIP 2008, S. 555; OLG München v. 24.06.2008, BB 2008, S. 1533; LG Nürnberg v. 18.12.2008, AG 2010, S. 179; *Ederle*, AG 2010, S. 273; *Emmerich* in FS Hüffer, S. 179 ff.; *Decher* in FS Hüffer, S. 145 ff.; *Goslar*, DB 2008, S. 800 ff.; *Kort*, NZG 2009, S. 364 ff.
490 *Ederle*, AG 2010, S. 273/275.
491 *Krieger* in FS Schmidt, K., S. 999/1006 ff.
492 Zu den Anforderungen an den GAV aus steuerlicher Sicht vgl. § 14 KStG (bei GmbH: § 17 KStG). Die Notwendigkeit des Abschlusses eines Beherrschungsvertrages zur Begründung der organisatorischen Eingliederung i.S.v. § 14 Nr. 2 KStG ist seit dem StSenkG v. 23.10.2000 entfallen; vgl. das steuerliche Schrifttum: z.B. *Dötsch* in DJPW, KSt, § 14 KStG, Rn. 160 ff.; *Müller, H. P.* in WP-HdU³, R Rn. 49.
493 Zum isolierten GAV *Müller, H. P.* in FS Goerdeler, S. 375/382; *Emmerich/Habersack*, Konzernrecht⁹, § 12, Rn. 13 ff.; *Hüffer*, AktG⁹, § 291, Rn. 24; *Altmeppen* in MünchKomm. AktG³, § 291, Rn. 148 ff.
494 Dazu FG Köln v. 09.12.2009, EFG 2010, S. 668; weitergehend FG Düsseldorf v. 26.01.2010, EFG 2010, S. 903; fünf WJ.
495 BGH v. 11.10.1999, BB 1999, S. 2524; BMF v. 15.10.2007, BStBl. I 2007, S 765; *Philippi/Fickert*, BB 2007, S. 2761.

Abs. 1 S. 2 AktG)⁴⁹⁶. Bei einer solchen vertraglichen Vereinbarung verzichtet die Gesellschaft auf die Erzielung eines eigenständigen Ertrages. Ein solcher Geschäftsführungsvertrag unterscheidet sich vom bürgerlich-rechtlichen Geschäftsbesorgungsvertrag dadurch, dass er die gesamte geschäftliche Tätigkeit zum Inhalt hat und durch die Übertragung auf das andere Unternehmen ein Gewinn nicht entsteht. Beim Geschäftsbesorgungsvertrag ist dagegen jede einzelne Aufwendung zu ersetzen und jeder einzelne in Ausführung der Geschäftsbesorgung erlangte Gegenstand herauszugeben. Die bilanzielle Behandlung des Geschäftsführungsvertrages ist nicht geklärt. Nach wohl überwiegender Auffassung werden die Ergebnisse der Geschäftstätigkeit der verpflichteten Gesellschaft zunächst bei dieser erfasst, in der zum GJ-Ende das daraus resultierende Ergebnis abgeführt oder übernommen wird⁴⁹⁷. Ein solcher Geschäftsführungsvertrag allein hat keine steuerliche (organschaftliche) Wirkung.

257 Kein Geschäftsführungs-, sondern ein **Betriebsführungsvertrag** liegt vor, wenn ein Unternehmen es übernimmt, das Unternehmen oder die Betriebe einer Gesellschaft für deren Rechnung zu betreiben. Besteht ein solcher Vertrag zwischen abhängigen und herrschenden Unternehmen, so kann es sich um einen verdeckten Beherrschungsvertrag handeln⁴⁹⁸.

258 Der GAV wird als Organisationsvertrag mit schuldrechtlichen Elementen angesehen. Die Verletzung von Rechten und Pflichten dieses Vertrages kann schadensersatzpflichtig machen. Einem GAV kann, anders als bei einem Beherrschungsvertrag, rückwirkende Kraft beigemessen werden. Die Rückwirkung kommt jedenfalls für das laufende GJ in Betracht; eine weitergehende Rückwirkung ist, auch ungeachtet der steuerlichen Nichtanerkennung, abzulehnen⁴⁹⁹. Durch den Abschluss eines (isolierten) GAV wird die Gesellschaft nicht wie beim Beherrschungsvertrag der Leitungsmacht des herrschenden Unternehmens unterworfen⁵⁰⁰. Die Befugnis zur Erteilung von Weisungen besteht nicht; das herrschende Unternehmen darf seinen Einfluss nicht dazu benutzen, die abhängige Gesellschaft zu veranlassen, ein für sie nachteiliges Rechtsgeschäft vorzunehmen oder Maßnahmen zu ihrem Nachteil zu treffen oder zu unterlassen, es sei denn, dass die Nachteile ausgeglichen werden (§ 311 AktG). Die Verantwortlichkeit der Verwaltungsmitglieder richtet sich nach §§ 317, 318 AktG. Das abhängige Unternehmen ist lediglich von der Pflicht zur Erstellung eines Berichts über Beziehungen zu verbundenen Unternehmen befreit (§ 316 AktG). Die Schwierigkeiten bei der Abgrenzung des Einflusses des herrschenden Unternehmens, die sich aus der Nichtanwendung des § 308 AktG ergeben, werden regelmäßig dazu führen, dass der GAV zusammen mit einem Beherrschungsvertrag abgeschlossen wird.

cc) Gewinngemeinschaft

259 Bei der Gewinngemeinschaft verpflichten sich die beteiligten Unternehmen, ihren **gesamten Gewinn** oder den Gewinn **einzelner** ihrer Betriebe ganz oder z.T. mit dem Gewinn anderer Unternehmen oder einzelner Betriebe anderer Unternehmen zur Aufteilung eines gemeinschaftlichen Gewinns zusammenzulegen (§ 292 Abs. 1 Nr. 1 AktG).

---

496 Gleiches gilt, wenn die Gesellschaft ihr Unternehmen nicht nur für fremde Rechnung, sondern auch im Namen des anderen Vertragspartners führt, vgl. *Koppensteiner* in Kölner Komm. AktG³, § 291, Rn. 83; *Hüffer*, AktG⁹, § 291, Rn. 30.
497 *Hüffer*, AktG⁹, § 291, Rn. 30; *Emmerich/Habersack*, Aktien- und GmbH-Konzernrecht⁶, § 291, Rn. 71.
498 *Huber*, ZHR 1988, S. 1 und 123.
499 Dazu auch *Emmerich/Habersack*, Aktien- und GmbH-Konzernrecht⁶, § 291, Rn. 54.
500 Vgl. *van Venrooy*, DB 1981, S. 675; *Hüffer*, AktG⁹, § 291, Rn. 23; *Emmerich/Habersack*, Aktien- und GmbH-Konzernrecht⁶, § 291, Rn. 49.

Zwischen den beteiligten Unternehmen entsteht eine BGB-Gesellschaft[501]. Rechtsform und Sitz des anderen Unternehmens sind unerheblich.

Unter den Begriff der Gewinngemeinschaft fallen nicht sog. Gelegenheitsgesellschaften, bei denen nur die Ergebnisse eines einzelnen Geschäfts gepoolt werden. Erforderlich ist vielmehr das Pooling des periodischen Unternehmensergebnisses im Ganzen oder eines Teiles (z.B. von Betrieben) der Beteiligten[502]. Dieser Gewinn kann verschieden bestimmt sein, so dass nicht nur der Bilanzgewinn, sondern auch Jahresüberschuss, Rohertrag oder Betriebsergebnis, nicht aber nur z.B. Umsatzerlöse in Frage kommen. Seine Verwendung muss jedoch in der Aufteilung an die Beteiligten bestehen, nicht in der Abführung an einen Partner. Andere Zwecke werden vom Gesetz nicht vorgesehen. Die Aufteilung selbst bleibt der vertraglichen Gestaltung überlassen. Dabei wird im Grunde unterstellt, dass die bei Abschluss des Vertrages prinzipiell gegebene Gleichberechtigung der Vertragspartner zu ausgewogenen Ergebnissen führt. Auch hier muss gewährleistet sein, dass jeder Vertragspartner in der Verwendung des ihm zugewiesenen Gewinns frei ist. Sind die Parteien des Vertrages hingegen voneinander abhängig, kann sich hinter dem Gewinngemeinschaftsvertrag auch ein Beherrschungsvertrag oder ein GAV verbergen.

260

Zweifelhaft ist, ob eine Gewinngemeinschaft auch dann vorliegt, wenn bei den beteiligten Gesellschaften Aufwendungen und Erträge so beeinflusst werden, dass bei jeder Gesellschaft ein dem beabsichtigten Verteilungsschlüssel entsprechender Gewinn entsteht[503]. Dagegen fallen Verträge, die eine Verwendung eines gemeinsamen Gewinns zu einem gemeinsamen Zweck, nicht jedoch zur Aufteilung auf die Partner vorsehen, nicht unter § 292 AktG[504]. Diese Rechtsfolge wird im Hinblick auf die unter § 292 Abs. 1 AktG sonst gegebenen Schutzprinzipien in Zweifel gezogen und stattdessen eine entsprechende Anwendung für empfehlenswert erachtet[505].

261

Für Gewinngemeinschaftsverträge gelten die §§ 57, 58 und 60 AktG weiterhin. Verträge mit einem Aktionär können daher bei nicht angemessener Gegenleistung nichtig sein[506]. Gewinngemeinschaftsverträge führen nicht dazu, dass sich die beteiligten Unternehmen der Leitungsmacht eines anderen Vertragspartners unterwerfen. Es kann jedoch durch entsprechende Vereinbarungen ein Gleichordnungskonzern entstehen.

dd) Teilgewinnabführungsvertrag

Verpflichtet sich eine AG oder KGaA, einen Teil ihres Gewinns oder den Gewinn einzelner ihrer Betriebe ganz oder z.T. an einen anderen abzuführen, so liegt ein Teil-GAV vor (§ 292 Abs. 1 Nr. 2 AktG). Der andere Vertragspartner braucht kein Unternehmen zu sein. Ein Vertrag über eine Gewinnbeteiligung mit Mitgliedern von Vorstand und AR oder mit einzelnen Arbeitnehmern der Gesellschaft sowie eine Abrede über eine Gewinnbeteiligung im Rahmen von Verträgen des laufenden Geschäftsverkehrs oder Lizenzver-

262

---

501 *Emmerich/Habersack*, Aktien- und GmbH-Konzernrecht⁶, § 292, Rn. 14; *Altmeppen* in MünchKomm. AktG³, § 292, Rn. 12.
502 *Würdinger* in Großkomm. AktG³, § 292, Rn. 1, 2; *Altmeppen* in MünchKomm. AktG³, § 292, Rn. 14; *Koppensteiner* in Kölner Komm. AktG³, § 292, Rn. 34; *Hüffer*, AktG⁹, § 292, Rn. 7; *Liebscher* in Beck HB-AG², § 15, Rn. 110.
503 So *Havermann*, WPg 1966, S. 90/92; *Koppensteiner* in Kölner Komm. AktG³, § 292, Rn. 10.
504 *Emmerich/Habersack*, Konzernrecht⁹, § 13, Rn. 11; *Hüffer*, AktG⁹, § 292, Rn. 9.
505 *Emmerich/Habersack*, Aktien- und GmbH-Konzernrecht⁶, § 292, Rn. 13.
506 *Hüffer*, AktG⁹, § 292, Rn. 11; *Krieger* in MünchHdb. AG³, § 72, Rn. 13.

trägen ist kein Teil-GAV (§ 292 Abs. 2 AktG). Dagegen liegt bei Gründung eines **stillen Gesellschaftsverhältnisses** ein Teil-GAV vor[507]. Umstritten ist, ob auch andere Leistungen, die an den Gewinn der Gesellschaft anknüpfen, als Teilgewinnabführung zu beurteilen sind, wie Partizipationsscheine, Genuss- oder Besserungsrechte[508]. Soweit solche Leistungen als Schuldverschreibungen oder Genussrechte i.S.v. § 221 AktG zu qualifizieren sind, geht diese Regelung § 292 Abs. 1 AktG vor. Diese Auffassung ist nicht unumstritten; wegen der inhaltlichen Nähe oder wirtschaftlichen Austauschbarkeit wird auch die Anwendung von § 292 Abs. 1 Nr. 2 AktG postuliert[509]. Auf Besserungsrechte findet § 292 Abs. 1 Nr. 2 AktG keine Anwendung, wenn diese nicht eine Abführung des Gewinns, sondern eine gewinnabhängige Schuldtilgung zum Gegenstand haben; Besserungsabreden sind auch kein Teil-GAV[510].

263 Wie beim Gewinngemeinschaftsvertrag sind §§ 57, 58 und 60 AktG nicht ausgeschlossen. Daher muss der andere Vertragspartner, v.a. auch wenn er Aktionär ist, eine angemessene Gegenleistung erbringen. Wird ein Aktionär durch den Abschluss eines solchen Vertrages begünstigt, sind der Vertrag und der Zustimmungsbeschluss wegen Verstoßes gegen §§ 57, 58 und 60 AktG als vGA nichtig. Die Abführung des Gewinns eines oder mehrerer Betriebe kann Umgehung der Vorschriften über den GAV sein, wenn bei Vertragsabschluss feststeht, dass für absehbare Zeit der ganze Gewinn der Gesellschaft nur in dem Gewinn des Betriebes besteht[511].

ee) Betriebspacht- und Betriebsüberlassungsvertrag

264 Ein Betriebspacht- oder Betriebsüberlassungsvertrag[512] ist eine Vereinbarung, durch die eine AG oder KGaA den gesamten Betrieb ihres Unternehmens gegen Entgelt einem anderen verpachtet oder sonst überlässt (§ 292 Abs. 1 Nr. 3 AktG). Bezieht sich der Vertrag nur auf einzelne Betriebe, so fällt er nicht unter § 292 AktG.

265 Beim **Betriebspachtvertrag** führt der Pächter den Betrieb der Verpächterin im eigenen Namen und für eigene Rechnung weiter. Die verpachtende Gesellschaft erhält für die Verpachtung eine Gegenleistung, die angemessen sein muss[513]. Beim Betriebsüberlassungsvertrag handelt der Pächter zwar für eigene Rechnung, jedoch im Namen des Verpächters. Durch Abschluss eines Betriebspacht- oder Betriebsüberlassungsvertrages ändert sich die Tätigkeit der Gesellschaft im Wirtschaftsleben. Ihr Interesse ergibt sich weitgehend aus der Art und der Verwendung der erlangten Gegenleistung. Die Gesellschaft ist nicht in der Lage, der Pachtgesellschaft Weisungen zu erteilen, soweit hierüber nicht im Vertrag besondere Vereinbarungen getroffen werden. Ist die verpachtende Gesellschaft jedoch von der Pächterin abhängig, gelten die besonderen Sicherungen der

---

507 H.M.: vgl. *Koppensteiner* in Kölner Komm. AktG³, § 292, Rn. 61; *Zutt* in Staub, HGB⁴, § 230, Rn. 58; *Hüffer*, AktG⁹, § 292, Rn. 15; *Emmerich/Habersack*, Aktien- und GmbH-Konzernrecht⁶, § 292, Rn. 29; BGH v. 21.07.2003, AG 2003, S. 625/627; OLG Braunschweig v. 03.09.2003, ZIP 2003, S. 1793/1794; *Liebscher* in Beck HB-AG², § 15, Rn. 111.
508 Zu Partizipationsscheinen *Reuter* in FS R. Fischer, S. 605/617; zu Genussrechten *Hirte*, ZBB 1992, S. 50/51; zum Streitstand *Emmerich/Habersack*, Aktien- und GmbH-Konzernrecht⁶, § 292, Rn. 29b ff.; ohne Prüfung unter § 292 AktG BGH v. 09.11.1992, NJW 1993, S. 400 = AG 1993, S. 134; OLG München v. 29.10.2008, WM 2009, S. 354: Besserungsabrede aus Schuldverhältnis ist kein Teilgewinnabführungsvertrag.
509 *Emmerich/Habersack*, Aktien- und GmbH-Konzernrecht⁶, § 292, Rn. 31; *Langenbucher* in Schmidt/Lutter, AktG, § 292, Rn. 26.
510 OLG München v. 29.10.2008, WM 2009, S. 354.
511 *Altmeppen* in MünchKomm. AktG³, § 292, Rn. 54; *Emmerich/Habersack*, Aktien- und GmbH-Konzernrecht⁶, § 292, Rn. 24.
512 Zur Abgrenzung vom Beherrschungsvertrag vgl. *Hüffer*, AktG⁹, § 292, Rn. 18 ff.
513 Vgl. *Emmerich/Habersack*, Aktien- und GmbH-Konzernrecht⁶, § 292, Rn. 48 f.; *Krieger* in MünchHdb. AG³, § 72, Rn. 32 ff. u.a.

Unternehmensverbindungen im AktG T

§§ 311 ff. AktG; es kann sich auch um einen verdeckten Beherrschungsvertrag handeln. Anders als beim Gewinngemeinschaftsvertrag und beim Teil-GAV führt ein Betriebspacht- und ein Betriebsüberlassungsvertrag, der z.b. wegen Festsetzung einer nicht marktadäquaten und somit unangemessenen Gegenleistung gegen §§ 57, 58 und 60 AktG verstößt, nicht zur Nichtigkeit des Vertrages oder des zustimmenden HV-Beschlusses. Eine Anfechtung des Zustimmungsbeschlusses aus diesem Grund ist jedoch möglich.

Strittig ist, ob auch **Betriebsführungsverträge** als Unternehmensverträge anzusehen 266 sind, bei denen ein Unternehmen ein anderes mit der Führung seines Unternehmens oder einzelner seiner Betriebe für seine Rechnung beauftragt, ohne es ihm zu verpachten oder sonst zu überlassen[514]. Verträge dieser Art gehören nicht zu den in §§ 291 f. AktG normierten Verträgen, doch kann bei Bindung einer Gesellschaft durch einen Betriebsführungsvertrag eine vergleichbare Gefahrenlage gegeben sein. Im Schrifttum ist daher die Auffassung, dass es sich hierbei um Unternehmensverträge handelt, mittlerweile weitgehend herrschend, v.a. wenn die beteiligten Unternehmen konzernverbunden sind[515].

b) Abschluss, Änderung und Beendigung von Unternehmensverträgen

Die nachfolgenden Absätze betreffen zunächst die im AktG geregelte Rechtslage. Zu den 267 Erfordernissen bei Abschluss, Änderung oder Beendigung von Unternehmensverträgen mit einer abhängigen GmbH vgl. Tz. 304.

aa) Abschluss

Unternehmensverträge aller Typen werden von dem zur Vertretung der AG berechtigten 268 **Vorstand** abgeschlossen. Dabei ist die Schriftform zu wahren (§ 293 Abs. 3 AktG). Mündliche Nebenabreden sind nichtig (§ 125 S. 1 BGB). Wirksam werden die Verträge nur mit Zustimmung der HV der betroffenen Gesellschaft, die vor oder nach dem Vertragsabschluss erteilt werden kann (§ 293 Abs. 1 S. 1 AktG)[516]. Bei der KGaA ist auch die Zustimmung des persönlich haftenden Gesellschafters erforderlich. Ist bei einem Beherrschungsvertrag oder einem GAV der andere Vertragsteil eine AG oder KGaA, so muss auch die HV dieser Gesellschaft zustimmen[517]. Der HV-Beschluss bedarf einer Mehrheit, die mindestens 3/4 des bei der Beschlussfassung vertretenen Grundkapitals umfasst. Die Satzung kann eine größere Kapitalmehrheit und weitere Erfordernisse bestimmen. Eine Erleichterung der gesetzlichen Vorschriften durch die Satzung ist nicht möglich. Besondere Bestimmungen des Gesetzes und der Satzung über Satzungsänderungen sind aufgrund der ausdrücklichen gesetzlichen Regelungen nicht anzuwenden (§ 293 Abs. 1 S. 4 AktG).

Der **andere Vertragsteil** des Unternehmensvertrages kann, auch wenn er Aktionär ist, bei 269 der Beschlussfassung der betroffenen Gesellschaft mitstimmen und ihn bei Vorliegen der erforderlichen Kapitalmehrheit entscheidend beeinflussen.

Die anderen Aktionäre der abhängigen Gesellschaft haben beim Beherrschungsvertrag 270 und beim GAV das Recht einer **Anfechtung**. Bei Beschlussmängeln (z.B. der Verletzung von Informations- und Auskunftspflichten) besteht ein Anfechtungsrecht, hingegen

---

[514] *Altmeppen* in MünchKomm. AktG³, § 292, Rn. 149; *Hüffer*, AktG⁹, § 292, Rn. 17.
[515] Vgl. *Koppensteiner* in Kölner Komm. AktG³, § 291, Rn. 35 ff.; *Huber*, ZHR 1988, S. 1, S. 123; *Krieger* in MünchHdb. AG³, § 72, Rn. 46.
[516] *Hüffer*, AktG⁹, § 293, Rn. 4; *Langenbucher* in Schmidt/Lutter, AktG, § 293, Rn. 23.
[517] § 293 Abs. 2 AktG kommt bei ausländischer Obergesellschaft nicht zur Anwendung; *Hüffer*, AktG⁹, § 293, Rn. 18; *Koppensteiner* in Kölner Komm. AktG³, § 293, Rn. 42 f.; *Altmeppen* in MünchKomm. AktG³, § 293, Rn. 119.

kommt eine Anfechtung wegen Verfolgung von Sondervorteilen (§ 243 Abs. 2 S. 1 AktG) nicht in Betracht. Die den außenstehenden Aktionären zustehenden besonderen gesetzlichen Sicherungen rechtfertigen einen solchen Ausschluss (§§ 304 Abs. 3 S. 2, 305 Abs. 5 AktG). Bei den anderen Unternehmensverträgen, die solche Sicherungen nicht gewähren, kann eine Anfechtung auch auf diese Gründe gestützt werden. Die Anfechtung wegen falscher Angabe eines festen Ausgleichs kommt nicht in Betracht[518].

271 Zur Vorbereitung der HV hat der Vorstand einen ausführlichen schriftlichen Bericht zu erstatten, in dem der Abschluss des Vertrages, der Vertrag im Einzelnen und v.a. Art und Höhe eines Ausgleichs nach § 304 AktG oder einer Abfindung nach § 305 AktG rechtlich und wirtschaftlich erläutert und begründet werden (§ 293a Abs. 1 AktG)[519]. Dies gilt auch beim Abschluss eines als Teil-GAV zu qualifizierenden stillen Beteiligungsvertrages[520]. Die Anforderungen an die Berichtsinhalte gleichen denen des Umwandlungsrechts[521]. Der Unternehmensvertrag ist für jede der vertragschließenden AG durch einen sachverständigen Prüfer zu prüfen (§ 293b AktG), es sei denn, dass sich alle Anteile der Gesellschaft in der Hand des herrschenden Unternehmens befinden. Über die Prüfung ist schriftlich zu berichten; dabei ist v.a. auf die bei Ermittlung des Ausgleichs und der Abfindung angewendete Methode und deren Angemessenheit einzugehen (§ 293e Abs. 1 AktG)[522]. Die Prüfung braucht sich nicht auf die Finanzausstattung des herrschenden Unternehmens zu beziehen[523].

272 Um den Aktionären die Möglichkeit der rechtzeitigen Unterrichtung zu geben, muss der Vertrag von der Einberufung der HV an in dem Geschäftsraum der Gesellschaft zur Einsicht der Aktionäre ausliegen. Gleiches gilt für den Bericht der Vorstände und die Berichte der Vertragsprüfer (§ 293f Abs. 1 AktG). Auf Verlangen ist jedem Aktionär unverzüglich eine Abschrift zu erteilen. Zu Beginn der Verhandlung in der HV, in der die genannten Unterlagen ebenfalls ausliegen müssen, hat der Vorstand den Vertrag zu erläutern. Dabei ist jedem Aktionär der Untergesellschaft stets auf Verlangen bei Abschluss eines Beherrschungsvertrages oder eines GAV auch über alle Angelegenheiten des anderen Unternehmens Auskunft zu geben, die für den Vertragsabschluss wesentlich sind (§ 293g Abs. 1–3 AktG)[524]. Ob bei den übrigen Unternehmensverträgen eine so weitgehende Auskunft über den anderen Vertragsteil verlangt werden kann, ist streitig[525]. Der Umfang des Auskunftsrechts der Aktionäre und das Recht des Vorstands zur Verweigerung der Auskunft sollen sich dann nach § 131 AktG bestimmen[526].

Die HV der verpflichteten AG muss einen **Zustimmungsbeschluss** mit einer Mehrheit von 3/4 der Stimmen fassen (§ 293 Abs. 1 S. 2 AktG). Der Beschluss ist eine der Wirk-

---

518 BGH v. 31.05.2010, BB 2010, S. 2203.
519 Mit Wirkung zum 31.12.1994 eingefügt durch §§ 293a-g AktG; vgl. Art. 6 UmwBerG; zum Inhalt vgl. Begr. BT-Drs. 12/6699, S. 178.
520 LG München v. 05.11.2009, ZIP 2010, S. 522; dies gilt jedoch nicht für einen Teilgewinnabführungsvertrag einer GmbH und Still; OLG München v. 17.03.2011, ZIP 2011, S. 811; dazu *Berninger*, EWiR 2011, S. 447.
521 Die Anforderungen werden als übergezogen angesehen; *Bungert*, DB 1995, S. 1384/1385 f.; *Emmerich/Habersack*, Aktien- und GmbH-Konzernrecht[6], § 293a, Rn. 7.
522 *Hüffer*, AktG[9], § 293a, Rn. 14; *Emmerich/Habersack*, Aktien- und GmbH-Konzernrecht[6], § 293a, Rn. 24.
523 LG München v. 09.06.2009, AG 2009, S. 918.
524 Vgl. BegrRegE, BT-Drs. 12/6699, S. 178; *Hüffer*, AktG[9], § 293g, Rn. 3; dazu BGH v. 15.06.1992, BGHZ 119, S. 1/15 „ASEA/BBC"; v. 05.04.1993, BGHZ 122, S. 211/237 „SSI"; v. 19.06.1995, NJW 1995, S. 3115/3116; v. 21.07.2003, AG 2003, S. 625/627.
525 *Hüffer*, AktG[9], § 293g, Rn. 3; KG Berlin v. 17.01.2002, AG 2003, S. 99, 101; a.A. *Altmeppen*, ZIP 1998, S. 1853/1865.
526 Vgl. *Krieger* in MünchHdb. AG[3], § 70, Rn. 53; *Langenbucher* in Schmidt/Lutter, AktG, § 293a, Rn. 11; BGH v. 15.06.1992, WM 1992, S. 1479; OLG Hamburg v. 24.02.1994, BB 1994, S. 530; *Decher*, ZHR 1994, S. 473; *Spitze/Diekmann*, ZHR 1994, S. 447.

samkeitsvoraussetzungen für den Unternehmensvertrag. Eine besondere sachliche Rechtfertigung oder Angemessenheit ist nicht Voraussetzung für den Beschluss[527]. Der Zustimmungsbeschluss kann nach allgemeinen Vorschriften (§§ 241 ff. AktG) angefochten werden. Die Anfechtung darf sich indes nicht auf die Angemessenheit von Ausgleich (§ 304 AktG) oder Abfindung (§ 305 AktG) beziehen[528]; hierfür steht das in §§ 304 f. AktG i.V.m. dem SpruchG gesondert geregelte Verfahren zur Verfügung.

Das Bestehen und die Art des Unternehmensvertrages sowie der Name des anderen Vertragsteils sind zur **Eintragung** in das **HR** anzumelden (§ 294 AktG)[529]. Es ist möglich, dass ein Vertrag die Voraussetzungen für mehrere der Vertragstypen erfüllt, z.B. bei gleichzeitigem Abschluss von Beherrschungsvertrag und GAV. Dann müssen beide Arten des Vertrages genannt werden. Bei Teil-GAV muss außerdem die Vereinbarung über die Höhe des abzuführenden Gewinns angegeben werden (§ 294 Abs. 1 AktG). Der Vertrag wird erst wirksam, wenn sein Bestehen in das HR des Sitzes der Gesellschaft eingetragen ist[530]. Das Registergericht hat die Ordnungsmäßigkeit der Anmeldung, der Beschlüsse und der eingereichten Unterlagen zu prüfen. Sind die erforderlichen Beschlüsse vorhanden und liegt kein Nichtigkeitsgrund vor, hat die Eintragung zu erfolgen. Eine Prüfung auf mögliche Anfechtungsgründe hat das Gericht nicht vorzunehmen. Anders als bei einer Eingliederung (§ 319 Abs. 5 AktG) oder bei Umwandlungen (§ 16 Abs. 2 UmwG) führt die Erhebung einer Anfechtungsklage nicht zu einer Registersperre[531]; im Freigabeverfahren nach § 246a AktG kann zugelassen werden, dass die Erhebung einer Anfechtungsklage der Eintragung nicht entgegensteht. Durch das Freigabeverfahren kann auch nachträglich Bestandsschutz erstrebt werden; die Eintragung eines Unternehmensvertrages in das HR trotz der Erhebung von Anfechtungs- oder Nichtigkeitsklagen steht der Durchführung eines Freigabeverfahrens nach § 246a AktG nicht entgegen[532]. 273

Dadurch ist nicht ausgeschlossen, dass ein rechtswirksam gewordener Vertrag **sich rückwirkende Kraft** beilegt. Inwieweit das möglich ist, entscheidet sich nach allgemeinen Rechtsgrundsätzen[533]. Danach wird ein **Beherrschungsvertrag** – jedenfalls die Regelungen über die Beherrschung in einem kombinierten Unternehmensvertrag – nicht auf einen vor Eintragung im HR liegenden Zeitpunkt zurückbezogen werden können, weil eine vertragliche Unterstellung der Leitungsmacht die Wirksamkeit des Vertrages voraussetzt[534]; die zuvor ausgeübte Beherrschung ist nach §§ 311 ff. AktG zu messen. Dagegen ist eine Rückbeziehung eines **GAV** zum Zeitpunkt des Beginns des laufenden GJ 274

---

527 LG München v. 09.06.2009, AG 2009, S. 916.
528 *Krieger* in MünchHdb. AG³, § 70, Rn. 53; *Hüffer*, AktG⁹, § 293, Rn. 16.
529 *Hüffer*, AktG⁹, § 294, Rn. 3; die Eintragung von Beherrschungsverträgen und GAV im HR der herrschenden Gesellschaft ist nicht erforderlich; ganz h.M.: AG Erfurt v. 02.10.1996, AG 1997, S. 275; AG Duisburg v. 18.11.1993, DB 1993, S. 2522; *Emmerich/Habersack*, Aktien- und GmbH-Konzernrecht⁶, § 294, Rn. 9 ff.; *Vetter*, AG 1994, S. 110; bejahend LG Bonn v. 27.04.1993, AG 1993, S. 521.
530 Nach § 14 Abs. 1 S. 2 KStG i.d.F. des StVergAbG wird das Einkommen der Organgesellschaft dem Organträger erstmals für das Kalenderjahr zugerechnet, in dem das WJ endet, in dem der GAV wirksam wird; dazu *Dötsch* in DJPW, KSt, § 14 KStG, Rn. 170 ff.
531 *Hüffer*, AktG⁹, § 294, Rn. 13; *Krieger* in MünchHdb. AG³, § 70, Rn. 56; enger *Emmerich/Habersack*, Aktien- und GmbH-Konzernrecht⁶, § 294, Rn. 21; BGH v. 31.05.2010, ZIP 2010, S. 1287: keine Anfechtung der Zustimmung wegen Fälligkeit des festen Ausgleichs.
532 OLG Frankfurt v. 21.07.2008, EWiR, § 246a AktG, 1/09; KG Berlin v. 09.06.2008, AG 2009, S. 30; LG Frankfurt v. 29.01.2008, ZIP 2008, S. 1180.
533 Begr. zu § 294, *Kropff*, AktG, S. 383; *Würdinger* in Großkomm. AktG³, § 294, Rn. 5.
534 H.M.: *Emmerich/Habersack*, Aktien- und GmbH-Konzernrecht⁶, § 291, Rn. 15, § 294, Rn. 3; *Hüffer*, AktG⁹, § 294, Rn. 19; *Koppensteiner* in Kölner Komm. AktG³, § 294, Rn. 34; a.A. *Altmeppen* in MünchKomm. AktG³, § 294, Rn. 52 ff.; BGH v. 05.04.1993, BGHZ 122, S. 211/233; OLG Hamburg v. 06.10.1989, WM 1989, S. 1767, mit Bespr. von *Emmerich* in WuB II A. § 294 AktG 1.90; OLG Karlsruhe v. 12.10.1993, WM 1993, S. 2092; LG Kassel v. 15.11.1995, AG 1997, S. 239.

zulässig[535]. Eine schuldhaft verzögerte Eintragung eines GAV in das HR führt allerdings nicht dazu, dass der Vertrages bereits für ein zurückliegendes WJ steuerlich anzuerkennen ist[536]. Die Frage, ob die z.T. weitergehende Rückwirkung zulassenden steuerlichen Regelungen gesellschaftsrechtlich Beachtung finden können, ist mit Änderung der steuerrechtlichen Vorschriften gegenstandslos geworden. Mit § 14 Nr. 3 S. 1 KStG i.d.F. vor dem StVergAbG, der die steuerliche Anerkennung eines körperschaftsteuerlichen Organschaftsverhältnisses in einem WJ zuließ, wenn der GAV bis zum Ende des folgenden WJ wirksam geworden ist, ging die Vorschrift über die gesellschaftsrechtlich zugelassene Rückwirkung hinaus[537]. Nach der seit dem 01.01.2003 anzuwendenden Regelung des § 14 Abs. 1 S. 2 KStG[538] ist das Einkommen der Organgesellschaft dem Organträger für Zwecke der Besteuerung erstmals für das Kalenderjahr zuzurechnen, in dem das WJ der Organschaft endet, in dem der GAV wirksam wird. Die steuerliche Wirkung kann somit nicht weiter als bis zum Beginn des relevanten WJ der Organgesellschaft zurückreichen[539]. Bei Betriebspacht- oder Betriebsüberlassungsverträgen kann eine Rückbeziehung auf den Zeitpunkt einer vor Vertragsabschluss erfolgten Übergabe vereinbart werden[540].

275 Der Inhalt der Eintragung, nicht der Vertrag selbst, wird elektronisch bekannt gemacht (§ 10 HGB). Da der Vertrag der Anmeldung beizufügen ist, kann er gem. § 9 HGB beim HR eingesehen werden. Die Rechtsnatur des Vertrages ergibt sich aus dem Inhalt der Eintragung. Damit ist seine Unterordnung unter die einzelnen Vertragstypen fixiert[541]. Nachdem der Unternehmensvertrag in Kraft getreten ist, soll die verpflichtete Gesellschaft nicht in ihren Entschließungen über den Fortbestand des Vertrages beeinträchtigt werden.

---

535 Zur Rückbeziehung auf den Beginn des Jahres, in dem der Vertrag wirksam wird, vgl. OLG München v. 14.06.1991, WM 1991, S. 1843; BGH v. 05.04.1993, ZIP 1993, S. 752/755; h.M.: vgl. *Hüffer*, AktG⁹, § 294, Rn. 20; *Emmerich/Habersack*, Aktien- und GmbH-Konzernrecht⁶, § 294, Rn. 29; *Emmerich/Habersack*, Konzernrecht⁹, § 12, Rn. 10.

536 Nds. FG v. 13.12.2007, EFG 2008, S. 885.

537 Dazu Nds. FG v. 29.10.2009, DStRE 2010, S. 615.

538 Gesetz v. 16.05.2003, BGBl. I 2003, S. 660, mit Wirkung für GAV, die nach dem 20.11.2002 abgeschlossen werden.

539 Ein bis zum Ende des GJ 01 abgeschlossener GAV, der nach Zustimmung der HV/Gesellschafterversammlung der beteiligten Gesellschaften in 02 in das HR eingetragen wurde, konnte bei Abschluss bis zum 20.11.2002 ab Beginn des GJ 01 Wirkungen entfalten, § 14 Abs. 1 Nr. 3 KStG a.F., § 34 Abs. 9 Nr. 3 KStG. Dies ist handels- und gesellschaftsrechtlich problematisch, da (1) der Bilanzierung bei beiden Gesellschaften zunächst ein (schwebend) unwirksamer Vertrag zugrunde gelegt werden muss; (2) die Gesellschafter der abhängigen Gesellschaft u.U. noch keine Möglichkeit zur Beschlussfassung über die Zustimmung oder Ablehnung des GAV hatten und sich (3) aus der Sicht von Minderheiten rückwirkend die Aussicht auf eine Dividende in die Aussicht auf einen Ausgleich wandelt. Ist der Unternehmensvertrag in dem GJ, für die er erstmals angewendet werden soll, noch nicht wirksam geworden, kommen folgende Lösungsansätze zur Ausdehnung des Zeitpunkts des Wirksamwerdens in Betracht; (1) die Rückwirkung für frühere GJ wird anerkannt, wenn für sie der JA noch nicht festgestellt worden ist (so LG Kassel v. 15.11.1995, AG 1997, S. 239; weitergehend OLG Frankfurt v. 12.06.1996, GmbHR 1996, S. 859; *Hüffer*, AktG⁹, § 294, Rn. 20, m.w.N. zum damaligen Rechtsstand); (2) ein Unternehmensvertrag, der bis zum Ende des GJ 01 noch nicht wirksam geworden ist, wird bei Durchführung entsprechend den Grundsätzen über fehlerhafte, aber durchgeführte Unternehmensverträge behandelt (Ableitung aus der Lehre über die fehlerhafte Gesellschaft, vgl. BGH v. 14.12.1987, BGHZ 103, S. 1 „Familienheim"; v. 11.11.1991, BGHZ 116, S. 37 „Stromlieferung"; *Ulmer*, BB 1989, S. 10/15; *Timm*, GmbHR 1989, S. 11/17; *Lutter/Hommelhoff*, GmbHG¹⁷, Anh. § 13, Rn. 77 ff.; zu fehlerhaften Unternehmensverträgen *Krieger*, ZHR 1994, S. 35/36). Das setzte voraus, dass außer der Eintragung im oder der Anmeldung zum HR und ggf. der Zustimmung der HV/Gesellschafterversammlung des herrschenden Unternehmens, die zum Wirksamwerden des Vertrages erforderlichen Einzelmaßnahmen wirksam vorgenommen wurden (in diesem Sinne *Timm*, GmbHR 1989, S. 11/19; *Kleindiek*, ZIP 1988, S. 613/618; *Lutter/Hommelhoff*, GmbHG¹⁷, Anh. § 13, Rn. 50 a.E.; a.A. *Ulmer*, BB 1989, S. 10/16); v.a. war der Abschluss des Vertrages und ein Beschluss der Gesellschafter der abhängigen Gesellschaft im GJ, in dem der Vertrag wirksam werden soll, unabdingbar. Nach der seit 01.01.2003 geltenden Fassung von § 14 Abs. 1 S. 2 KStG ist erforderlich, dass der Unternehmensvertrag (noch) in dem Kalenderjahr wirksam wird, in dem das WJ endet, für das der Gewinn erstmals dem Organträger zugerechnet werden soll.

540 *Hüffer*, AktG⁹, § 294, Rn. 20; *Emmerich/Habersack*, Aktien- und GmbH-Konzernrecht⁶, § 294, Rn. 29.

541 *Hüffer*, AktG⁹, § 294, Rn. 16; *Koppensteiner* in Kölner Komm. AktG³, § 294, Rn. 37.

Es kann daher aufgrund eines Unternehmensvertrages der Gesellschaft nicht die Weisung erteilt werden, den Vertrag zu ändern, aufrechtzuerhalten oder zu beendigen (§ 299 AktG).

bb) Änderung

Eine Änderung des Unternehmensvertrages ist nur mit **Zustimmung der HV** der verpflichteten Gesellschaft möglich (§ 295 AktG). Wenn Bestimmungen des Vertrages, die zur Leistung eines Ausgleichs an die außenstehende Aktionäre der Gesellschaft oder zum Erwerb ihrer Aktien verpflichten, geändert werden, bedarf es außerdem eines Sonderbeschlusses der außenstehenden Aktionäre. Dies gilt nicht für die ordentliche Kündigung eines Unternehmensvertrages durch das herrschende Unternehmen und den Neuabschluss zu geänderten Bedingungen[542]; eine Änderung liegt vor, wenn ein befristeter Vertrag über das Laufzeitende hinaus fortgesetzt werden soll[543]. Der Zustimmung bedarf es ferner nicht beim Vertragsbeitritt eines Dritten, da der andere Vertragsteil unverändert Schuldner bleibt und die Ansprüche der außenstehenden Aktionäre nicht berührt werden[544]. Die Änderung tritt mit der Eintragung im HR in Kraft[545]. 276

Eine Änderung eines Unternehmensvertrages liegt auch vor im Fall des **Beitritts** eines weiteren herrschenden Unternehmens zu einem Beherrschungsvertrag. Das gilt sowohl im Fall des Auswechselns eines Beteiligten oder der Aufnahme eines weiteren Vertragspartners[546]. Hierzu ist es nicht erforderlich, dass der Unternehmensvertrag beendet und mit den herrschenden Unternehmen neu abgeschlossen wird[547]. Der Vertrag bedarf der Zustimmung der HV der abhängigen Gesellschaft (§ 295 Abs. 1 AktG i.V.m. § 293 Abs. 1 AktG). Ein Sonderbeschluss der außenstehenden Aktionäre kann jedoch dann nicht erforderlich sein, wenn die geänderten vertraglichen Bestimmungen die Ausgleichs- und Abfindungsansprüche unberührt lassen und vielmehr ein weiterer Schuldner für diese Ansprüche hinzutritt. Die Vereinbarung einer neuen Ausgleichszahlung ist entbehrlich, wenn der bisherige Anspruch in einer Festdividende (vgl. Tz. 312) besteht[548]. Ein Fall der Änderung eines Unternehmensvertrages liegt auch vor, wenn bei einer nunmehr praktisch bedeutungslosen Mehrmütterorganschaft in Form einer GbR der Mitgliederbestand wechselt[549]. Kein Fall des § 295 AktG ist hingegen die Verschmelzung des herrschenden Vertragsteils mit einem Dritten; in diesem Fall geht der Unternehmensvertrag infolge der Gesamtrechtsnachfolge über. Wird die beherrschte Gesellschaft verschmolzen, erlischt der Unternehmensvertrag. 277

Der Zwang zur formellen Änderung trifft sowohl wesentliche wie unwesentliche Korrekturen eines Unternehmensvertrages[550]. Verlängerung der Vertragsdauer eines zeitlich befristeten Vertrages bedeutet Abschluss eines neuen Vertrages, so dass §§ 293, 294 AktG 278

---

542 BGH v. 07.05.1979, BB 1979, S. 1059 = DB 1979, S. 1596. Die im Vertrag vorgesehene Verlängerung über einen bestimmten Zeitpunkt hinaus bei Unterbleiben einer Kündigung ist keine Änderung; vgl. *Milatz*, GmbHR 1995, S. 369.
543 *Hüffer*, AktG[9], § 295, Rn. 7; weiter: *Emmerich/Habersack*, Konzernrecht[9], § 18, Rn. 7 f.; *Langenbucher* in Schmidt/Lutter, AktG, § 295, Rn. 12 ff.; BFH v. 22.10.2008, AG 2009, S. 511.
544 H.M.: BGH v. 15.06.1992, BGHZ 119, S. 1/7; OLG Karlsruhe v. 04.07.1990, AG 1991, S. 144/146; *Altmeppen* in MünchKomm. AktG[3], § 295, Rn. 37.
545 BFH v. 22.10.2008, jurio PR-SteuerR 13./2009.
546 *Hüffer*, AktG[9], § 295, Rn. 5; *Emmerich/Habersack*, Aktien- und GmbH-Konzernrecht[6], § 295, Rn. 13; *Liebscher* in Beck AG-HB[2], § 15, Rn. 168.
547 Hierzu BGH v. 15.06.1992, WM 1992, S. 1479; *Priester*, ZIP 1992, S. 293; *Timm*, EWiR 1990, S. 323.
548 Vgl. BGH v. 15.06.1992, WM 1992, S. 1479/1482; zustimmend *Priester*, ZIP 1992, S. 293/298; *Rehbinder*, ZGR 1977, S. 581.
549 *Hüffer*, AktG[9], § 295, Rn. 5 a.E.; a.A. *Langenbucher* in Schmidt/Lutter, AktG, § 295, Rn. 19.
550 Begr. zu § 295, *Kropff*, AktG, S. 384; *Würdinger* in Großkomm. AktG[3], § 295, Rn. 1.

eingreifen⁵⁵¹. Wird vom Vertrag ohne Einhaltung der gesetzlichen Vorschriften abgewichen, so können u.U. Schadensersatzansprüche nach § 93 AktG sowie Rückzahlungsansprüche im Rahmen des § 62 AktG entstehen. Über etwaige Nachteile für die Gesellschaft ist im Abhängigkeitsbericht zu berichten[552].

cc) Beendigung[553]

279 Da für die Gestaltung von Unternehmensverträgen weitgehende **Vertragsfreiheit** besteht, kann auch die Beendigung des Vertrages geregelt werden. So kann der Vertrag von vornherein für eine bestimmte Zeit abgeschlossen werden. Nach Ablauf der Zeit bedarf es keiner weiteren Erklärungen, sondern die Beendigung tritt automatisch ein. Ebenso können Kündigungsmöglichkeiten vorgesehen sein, wie auch Verlängerungsklauseln vereinbart werden[554]. Ein vertragliches Rücktrittsrecht ist unter gewissen Umständen und bis zum Vollzug des Vertrages auch zulässig bei Unternehmensverträgen, die zur Leistung eines Ausgleichs an außenstehende Aktionäre verpflichten[555], sonst nur mit Wirkung auf das Ende des bestimmten Abrechnungszeitraums. Für bestimmte Fälle der Beendigung enthält das Gesetz zwingende Vorschriften. Nach der Rspr. enden Beherrschungsverträge und GAV ipso iure mit Eröffnung des Insolvenzverfahrens über das Vermögen der Obergesellschaft[556].

280 Hat die Gesellschaft im Zeitpunkt der Beschlussfassung ihrer HV über einen Beherrschungsvertrag oder GAV keinen außenstehenden Aktionär, so endet der Vertrag spätestens zum Ende des GJ, in dem ein außenstehender Aktionär beteiligt ist (§ 307 AktG)[557]. Diese Vorschrift berücksichtigt, dass ein Beherrschungsvertrag oder ein GAV dann keinen Ausgleich nach § 304 AktG vorzusehen braucht, wenn die Gesellschaft im Zeitpunkt der Beschlussfassung keinen außenstehenden Aktionär hat. Daher erschien zur Sicherung der Rechte neu eintretender Gesellschafter die Beendigung des Vertrages notwendig.

281 Mit **Auflösung** eines der Vertragsteile enden die Unternehmensverträge mit Ausnahme von Betriebsüberlassungs- und Betriebspachtverträgen[558]; im Falle der umwandlungsrechtlichen Auflösung, z.B. durch Verschmelzung des herrschenden Unternehmens, geht der Unternehmensvertrag infolge Grundrechtsnachfolge (§ 20 Abs. 1 Nr. 1 UmwG) auf

---

551 Kritisch *Emmerich/Habersack*, Aktien- und GmbH-Konzernrecht⁶, § 295, Rn. 11, der auch diesen Fall als Vertragsänderung qualifiziert.
552 Zu den Rechtsfolgen konzerninterner Umstrukturierungen auf Unternehmensverträge vgl. *Säcker*, DB 1988, S. 271.
553 *Gerth*, BB 1978, S. 1497; *Hüffer*, AktG⁹, § 297, Rn. 3; *Emmerich/Habersack*, Konzernrecht⁹, § 19; *Schlögell*, GmbHR 1995, S. 401.
554 Zur Problematik der Verlängerungsklauseln *Hüffer*, AktG⁹, § 297, Rn. 11; *Altmeppen* in MünchKomm. AktG³, § 297, Rn. 57 f.; zur vertraglichen Regelung von Kündigungsgründen OLG München v. 14.06.1991, WM 1991, S. 1843/1848.
555 *Emmerich/Habersack*, Konzernrecht⁹, § 19, Rn. 56 f.; *Hüffer*, AktG⁹, § 297, Rn. 11; enger *Koppensteiner* in Kölner Komm. AktG³, § 297, Rn. 31.
556 BGH v. 14.12.1987, ZIP 1988, S. 229/231 f. „Familienheim"; BayObLG v. 29.09.1998, ZIP 1998, S. 1872/1873; OLG Hamburg v. 31.07.2001, AG 2002, S. 406/407; *Emmerich/Habersack*, Aktien- und GmbH-Konzernrecht⁶, § 297, Rn. 52b; *Krieger* in FS Metzeler, S. 139/141 f.; *Liebscher* in Beck AG-HB², § 15, Rn. 181; krit. *Freudenberg*, ZIP 2009, S. 2037 ff.
557 *Hüffer*, AktG⁹, § 307, Rn. 3.
558 Vgl. BGH v. 14.12.1987, WPg 1988, S. 258/269; *Koppensteiner* in Kölner Komm. AktG³, § 297, Rn. 44 ff., mit verschiedenen Fallgruppen; *Krieger* in MünchHdb. AG³, § 70, Rn. 201 a.E.; die Auflösung einer beherrschten GmbH berechtigt den Organträger grundsätzlich nicht zur außerordentlichen Kündigung; OLG München v. 20.06.2011, NZG 2011, S. 867.

den Übernehmer über, während bei verschmelzungsbedingtem Untergang der verpflichteten Gesellschaft der Unternehmensvertrag erlischt[559].

Eine **Aufhebung** des Unternehmensvertrages (§ 296 AktG), die der schriftlichen Form bedarf, kann nur zum Ende des GJ oder des sonst vertraglich bestimmten Abrechnungszeitraumes erfolgen. Eine rückwirkende Aufhebung ist unzulässig. Der Aufhebungsvertrag bedarf zu seiner Wirksamkeit weder der Zustimmung der HV noch der Eintragung in das HR[560]. Soweit der Vertrag Verpflichtungen gegenüber außenstehenden Aktionären nach §§ 304, 305 AktG enthält, ist wiederum ein Sonderbeschluss notwendig. **282**

Für die **ordentliche Kündigung** trifft das Gesetz keine Regelung, v.a. nicht, ob die Kündigung nur zum Ende des GJ oder des vertraglich bestimmten Abrechnungszeitraumes möglich sein soll. Die ordentliche Kündigung bewirkt die einseitig erklärte fristgebundene Vertragsauflösung mit Wirkung ex nunc, ohne dass ein wichtiger Grund erforderlich ist. Sie ist zulässig infolge vertraglicher Regelung. Fehlt eine vertragliche Klausel, ist die ordentliche Kündigung von Unternehmensverträgen i.S.v. § 291 AktG nach h.M. unzulässig[561]. Im Interesse der Sicherung der außenstehenden Aktionäre kann bei Zusage von Ausgleichsleistungen der Vorstand ohne wichtigen Grund nur kündigen, wenn die außenstehenden Aktionäre zustimmen (§ 297 AktG). Bei einer Kündigung durch die Obergesellschaft bedarf es einer solchen Zustimmung nicht. Sie wird daher zum Schutz der außenstehenden Aktionäre nur bei einer vertraglichen Regelung der ordentlichen Kündigung zulässig sein[562]. **283**

Eine **außerordentliche Kündigung** ist aus wichtigem Grund möglich (§ 297 AktG). Sie kann vertraglich weder ausgeschlossen noch beschränkt werden[563]. Ein wichtiger Grund wird namentlich darin gesehen, dass der andere Vertragsteil voraussichtlich nicht in der Lage sein wird, seine vertraglichen Verpflichtungen zu erfüllen. Kündigungsgründe sind weiterhin schwerwiegende Vertragsverletzungen, die dem anderen Vertragsteil ein Festhalten am Vertrag unzumutbar machen[564]. Zugelassen wird ferner, im Unternehmensvertrag festzulegen, dass der Eintritt bestimmter Sachverhalte, die für sich genommen keinen wichtigen Grund i.S.v. § 297 Abs. 1 AktG darstellen müssen, als wichtiger Grund gilt, z.B. die Veräußerung der Beteiligung an der Untergesellschaft[565]. Die Kündigung ist von den Vertretungsberechtigten des betreffenden Vertragsteils auszusprechen. Sie bedarf der Schriftform. Ein Beschluss der HV ist in diesem Fall nicht notwendig. Die außenstehenden Aktionäre können eine Kündigung durch die beherrschte Gesellschaft nicht verhindern. Umstritten ist nach wie vor, ob der Verkauf der Anteile an dem beherrschten **284**

---

559 *Hüffer*, AktG[9], § 295, Rn. 5; *Altmeppen* in MünchKomm. AktG[3], § 295, Rn. 16, § 297, Rn. 130; LG Bonn v. 30.01.1996, GmbHR 1996, S. 774 f.; LG Mannheim v. 30.05.1994, AG 1995, S. 89.

560 BGH v. 05.11.2001, NJW 2002, S. 822/823; ferner OLG Frankfurt v. 11.11.1993, ZIP 1993, S. 1790, für den Fall der abhängigen GmbH unter Bezugnahme auf BGH v. 11.11.1991, BGHZ 116, S. 37; nach OLG Karlsruhe v. 03.06.1994, WM 1994, S. 1208, ist die Aufhebung eines zwischen zwei GmbH bestehenden Beherrschungsvertrages/GAV ohne die Zustimmung der jeweiligen Gesellschafterversammlungen zulässig; ferner *Hüffer*, AktG[9], § 296, Rn. 4; *Vetter*, ZIP 1995, S. 345; *Ehlke*, ZIP 1995, S. 355; *Bungert*, NJW 1995, S. 1118/1120.

561 *Hüffer*, AktG[9], § 297, Rn. 11; *Altmeppen* in MünchKomm. AktG[3], § 297, Rn. 56, 68; *Krieger* in MünchHdb. AG[3], § 70, Rn. 192; *Liebscher* in Beck AG-HB[2], § 15, Rn. 175.

562 *Koppensteiner* in Kölner Komm. AktG[3], § 297, Rn. 5; *Altmeppen* in MünchKomm. AktG[3], § 297, Rn. 15; *Würdinger* in Großkomm. AktG[3], § 297, Rn. 2; *Hüffer*, AktG[9], § 297, Rn. 18; BGH v. 05.04.1993, WM 1993, S. 1087.

563 *Altmeppen* in MünchKomm. AktG[3], § 297, Rn. 15; *Würdinger* in Großkomm. AktG[3], § 297, Rn. 3.

564 *Hüffer*, AktG[9], § 297, Rn. 6; *Altmeppen* in MünchKomm. AktG[3], § 297, Rn. 22 f.; *Emmerich/Habersack*, Konzernrecht[9], Rn. 45.

565 BGH v. 05.04.1993, BGHZ 122, S. 211/227; OLG München v. 14.06.1991, AG 1991, S. 358/360; *Altmeppen* in MünchKomm. AktG[3], § 297, Rn. 49; *Hüffer*; AktG[9], § 297, Rn. 8; nicht hingegen die vom Alleingesellschafter beschlossene Auflösung der beherrschten GmbH; OLG München v. 20.06.2011, NZG 2011, S. 867.

Unternehmen zur Kündigung eines Unternehmensvertrages aus wichtigem Grund berechtigt[566]; ggf. müssen sich die beteiligten Gesellschaften über eine Aufhebung des Unternehmensvertrages einigen.

285 Die Beendigung eines Unternehmensvertrages sowie Grund und Zeitpunkt der Beendigung hat der Vorstand unverzüglich zur **Eintragung in das HR** anzumelden (§ 298 AktG). Die Eintragung hat keine konstitutive Wirkung[567]. Ihre Bekanntmachung entscheidet jedoch darüber, ab wann sich die Gesellschaft über Ansprüche auf Verlustübernahme vergleichen kann (§ 302 Abs. 3 AktG) und welche Gläubiger Sicherheit verlangen können (§ 303 AktG). Gleichwohl hat das Registergericht die Wirksamkeit der zur Eintragung angemeldeten (außerordentlichen) Kündigung zu prüfen, wenn Anhaltspunkte dafür vorliegen, dass ein Kündigungsgrund nicht vorliegt[568].

286 Wurde ein Beherrschungsvertrag oder ein GAV eingetragen und durchgeführt, obwohl er nichtig war, so ist dieser Vertrag nach den Grundsätzen über die fehlerhafte Gesellschaft solange als wirksam zu behandeln, bis sich ein Vertragspartner auf die Nichtigkeit beruft und die Beherrschung ein Ende findet. Die Fortsetzung des Vertragsverhältnisses für die Zukunft kann nicht verlangt werden[569]. Bis zu diesem Zeitpunkt ist das herrschende Unternehmen zum Ausgleich der Verluste des beherrschten Unternehmens verpflichtet[570]. Diese Verpflichtungen bestehen, wenn der Unternehmensvertrag vor Ablauf eines GJ endet, bis zum Beendigungsstichtag[571].

c) Sicherung der Gesellschaft und der Gläubiger

287 Beim GAV kann durch die Bestimmung des abzuführenden Gewinns und beim Beherrschungsvertrag durch Weisungen eine Beeinträchtigung des Vermögens der abhängigen Gesellschaft eintreten. Daher müssen Gesellschaft und Gläubiger gegen eine solche Vermögensbeeinträchtigung geschützt werden. Das Gesetz hat hierzu verschiedene Grundsätze aufgestellt, die allerdings nur der Erhaltung des bilanziellen Vermögens dienen:

288 (1) Neben dem Grundkapital haben die Kapitalrücklage und die gesetzliche Rücklage eine Garantiefunktion. Daher sieht das Gesetz vor, dass die gesetzliche Rücklage, auf die die Kapitalrücklage angerechnet wird, ausreichend und in möglichst kurzer Zeit gebildet wird. Bei Bestehen eines Beherrschungsvertrages, eines GAV oder eines Teil-GAV treten an die Stelle der allgemeinen Regelung (§ 150 Abs. 2 AktG) strengere Vorschriften (§ 300 AktG).

289 Ausgangsgröße für die **Berechnung** ist der um einen Verlustvortrag aus dem Vorjahr geminderte Jahresüberschuss, wie er ohne die Gewinnabführung entstehen würde.

290 Das Gesetz geht also von einem fiktiven Jahresüberschuss aus, der die Gewinnabführung negiert und fiktiv die abzuführenden Gewinnanteile einbezieht[572]. Er ist bei Bestehen einer Gewinn- oder Teilgewinnabführungsvereinbarung aus der GuV zu

---

[566] Ablehnend OLG Düsseldorf v. 19.08.1994, AG 1995, S. 137/138; LG Duisburg v. 18.10.1993, ZIP 1994, S. 299; LG Frankenthal v. 04.08.1988, ZIP 1988, S. 1460; *Hüffer*, AktG[9], § 297, Rn. 6, 7, m.w.N.; *Emmerich/Habersack*, Konzernrecht[9], § 19, Rn. 49; dazu auch *Wirth*, DB 1990, S. 2105; zustimmend LG Bochum v. 01.07.1986, GmbHR 1987, S. 24. Ferner *Heisterkamp*, AnwBl. 1994, S. 487/490; *Knott/Rodewald*, BB 1996, S. 472.

[567] Zu Folgewirkungen von beendeten Unternehmensverträgen *Hentzen*, NZG 2008, S. 201.

[568] OLG München v. 09.12.2008, WM 2009, S. 1038.

[569] *Langenbucher* in Schmidt/Lutter, AktG, § 293, Rn. 46; *Krieger*, ZHR 1994, S. 35/40.

[570] BGH v. 05.11.2001, NJW 2002, S. 822/823.

[571] Vgl. BGH v. 14.12.1987, NJW 1988, S. 1326; *Hüffer*, AktG[9], § 297, Rn. 21; *Krieger* in MünchHdb. AG[3], § 70, Rn. 213.

[572] *Hüffer*, AktG[9], § 300, Rn. 4; *Emmerich/Habersack*, Aktien- und GmbH-Konzernrecht[6], § 300, Rn. 11.

ersehen (§ 277 Abs. 3 S. 2 HGB)⁵⁷³. Beim reinen Beherrschungsvertrag ist i.d.R. auf den tatsächlichen Jahresüberschuss abzustellen[574]. Die Rücklagendotierung unterbleibt zunächst, wenn z.B. aufgrund gewinnverlagernder Maßnahmen der Gewinn nicht bei der abhängigen Gesellschaft entsteht. Es bleibt offen, wie in diesen Fällen der Jahresüberschuss ermittelt werden soll.

Aufzufüllen ist die gesetzliche Rücklage nur aus einem ohne die Gewinnabführung entstehenden Jahresüberschuss. Ergibt sich kein Jahresüberschuss, so entfällt eine Zuweisung zur gesetzlichen Rücklage[575]. **291**

Von der in § 300 AktG genannten Bemessungsgrundlage (fiktiver Jahresüberschuss abzgl. Verlustvortrag) sind bei den einzelnen Vertragsarten folgende Zuweisungen zur gesetzlichen Rücklage vorzunehmen: **292**

a) Beim Teil-GAV sind 5 v.H. der Bemessungsgrundlage einzustellen, bis die Rücklage den zehnten oder den in der Satzung bestimmten höheren Teil des Grundkapitals erreicht (§§ 300 Nr. 2, 150 Abs. 2 AktG). Es besteht keine Auffüllungsfrist.

b) Beim GAV ist der Betrag der Bemessungsgrundlage einzustellen, der erforderlich ist, um die gesetzliche Rücklage unter Hinzurechnung der Kapitalrücklage[576] innerhalb der ersten fünf GJ, die während des Bestehens des Vertrages oder nach Durchführung einer Kapitalerhöhung beginnen, gleichmäßig auf den zehnten oder den in der Satzung bestimmten höheren Teil des Grundkapitals aufzufüllen. Entsteht kein fiktiver Jahresüberschuss oder reicht der vorhandene Jahresüberschuss nicht zur gleichmäßigen Auffüllung innerhalb der Fünf-Jahresfrist aus, so muss in den folgenden Jahren die Zuweisung entsprechend erhöht werden. In dem Falle muss mindestens der sich aus § 300 Nr. 2 AktG ergebende Betrag eingestellt werden (§ 300 Nr. 1 AktG)[577]. Erfolgt eine Kapitalerhöhung während des Laufes der ersten fünf GJ, so ist vom nächsten GJ an das erhöhte Grundkapital maßgebend und die Rücklage auf den neuen Betrag innerhalb von fünf Jahren nach Kapitalerhöhung aufzufüllen[578].

c) Beim Bestehen eines Beherrschungsvertrages ohne Gewinnabführung ist die Rücklage in gleicher Weise wie beim GAV (Buchst. b) aufzufüllen, mindestens ist die normale Zuführung (§ 150 Abs. 2 AktG) vorzunehmen[579]. Hat die Gesellschaft ihren Gewinn z.T. abzuführen, so ist der beim Teil-GAV (Buchst. a) bestimmte Betrag einzustellen (§ 300 Nr. 3 AktG).

(2) Beim GAV oder Teil-GAV bleibt es grundsätzlich der vertraglichen Vereinbarung überlassen, was unter dem abzuführenden Gewinn zu verstehen ist. Das Gesetz muss daher Grenzen setzen, damit durch derartige Vereinbarungen das Grundkapital nicht gefährdet werden kann. Deshalb regelt es den **Höchstbetrag** der Gewinnabführung, der ohne Rücksicht auf die vertragliche Vereinbarung gilt. **293**

---

573 Zum Ausweis vgl. Kap. F Tz. 446; ferner *ADS*⁶, § 277 HGB, Tz. 64.
574 *Emmerich/Habersack*, Aktien- und GmbH-Konzernrecht⁶, § 300, Rn. 19 ff.
575 *Hüffer*, AktG⁹, § 300, Rn. 6; *ADS*⁶, § 300 AktG, Tz. 17.
576 Einbezogen werden nur Rücklagenbeträge nach § 272 Abs. 2 Nr. 1☐3 HGB; vgl. *Hüffer*, AktG⁹, § 300, Rn. 3; *Stephan* in Schmidt/Lutter, AktG, § 300, Rn. 10, 11.
577 *Koppensteiner* in Kölner Komm. AktG³, § 300, Rn. 7; *Hüffer*, AktG⁹, § 300, Rn. 7, 9; *Emmerich/Habersack*, Aktien- und GmbH-Konzernrecht⁶, § 300, Rn. 12.
578 *Koppensteiner* in Kölner Komm. AktG³, § 300, Rn. 11; *Hüffer*, AktG⁹, § 300, Rn. 8; *Altmeppen* in Münch-Komm. AktG³, § 300, Rn. 17.
579 Umstritten ist, ob auf das Vorliegen eines Jahresüberschusses verzichtet wird: *ADS*⁶, § 300 AktG, Tz. 53; *Hüffer*; AktG⁹, § 300, Rn. 13; *Altmeppen* in MünchKomm. AktG³, § 300, Rn. 29 ff.; a.A. *Koppensteiner* in Kölner Komm. AktG³, § 300, Rn. 20, der das Vorliegen eines Jahresüberschusses voraussetzt; ebenso *Emmerich/Habersack*, Aktien- und GmbH-Konzernrecht⁶, § 300, Rn. 19 ff.

294 Nach § 301 AktG kann eine Gesellschaft als ihren Gewinn höchstens den Jahresüberschuss abführen, der ohne die Gewinnabführung besteht. Er ist zu mindern um einen Verlustvortrag aus dem Vorjahr und um den Betrag, der nach § 300 AktG in die gesetzliche Rücklage einzustellen ist[580], ferner dürfen die für Ausschüttungen gesperrten Beträge nach § 268 Abs. 8 HGB nicht abgeführt werden. Vorhandene Rücklagen können nur dann aufgelöst und als Gewinn abgeführt werden, wenn sie während der Dauer des Vertrages gebildet worden sind. Es ist daher nicht möglich, vorvertragliche Rücklagen im Wege der Gewinnabführung auf das herrschende Unternehmen zu übertragen[581]. Von der Einbeziehung in die Gewinnabführung ist ausgeschlossen jede Art von Kapitalrücklagen. Der gesellschaftsrechtlich ursprünglich anerkannten Auffassung[582], dass während der Vertragzeit in die Kapitalrücklage nach § 272 Abs. 2 Nr. 4 HGB eingestellte Beträge zugunsten des abzuführenden Ergebnisses aufgelöst werden dürfen, ist der BFH[583] entgegengetreten. Beträge aus der Auflösung der Kapitalrücklage dürfen nur im Rahmen der Gewinnverwendung ausgeschüttet werden. Die Finanzverwaltung hat sich dieser neuen Rspr. angeschlossen[584]. Durch das BilMoG wurde § 301 S. 1 AktG um das Verbot ergänzt, zur Ausschüttung gesperrte Beträge als Gewinn abzuführen. Der Höchstbetrag der Gewinnabführung mindert sich dementsprechend. Hierbei handelt es sich um Ertragsbestandteile, die sich durch den Ansatz selbstgeschaffener immaterieller Vermögensgegenstände des Anlagevermögens, von aktiven latenten Steuern oder bestimmten Deckungsmassen im Bereich der Altersversorgungsverpflichtungen ergeben haben, wenn nicht frei verfügbare Rücklagen oder ein (verbliebener) Gewinnvortrag abzgl. eines Verlustvortrags den Gesamtbetrag der sonst gesperrten Beträge decken[585]. Die bilanzielle Abbildung dieser Sperre ist nicht völlig klar. Wird der gesperrte Betrag von dem abzuführenden Betrag abgezogen, entsteht in dieser Höhe entweder ein Jahresüberschuss oder – bei ungekürztem Aufwand aus der Gewinnabführung – eine jedenfalls nicht jetzt zu erfüllende Verbindlichkeit gegenüber dem anderen Vertragspartner. Unklar ist, ob der nach § 268 Abs. 8 HGB anzusetzende Betrag den Ansatz von auf diesen Posten entfallenden latenten Steuern umfasst; werden latente Steuern bei der Obergesellschaft gebildet, sind Doppelungseffekte zu vermeiden[586].

295 Eine gesetzliche Sicherung bei Vertragsabschluss vorhandener stiller Reserven ist nicht vorgesehen. Die bei der Auflösung freiwerdenden Beträge fließen in den abzuführenden Gewinn ein. *Geßler*[587] gab für solche Fälle die Empfehlung, der Vorstand solle die Gesellschaft von der Abführung erheblicher Gewinne aus der Auflösung stiller Reserven schützen. Der hierin liegenden Gefährdung der zur Gewinnabführung verpflichteten Gesellschaft kann nur durch eine grundlegend geänderte

---

580 *Hüffer*, AktG⁹, § 301, Rn. 3, 5; *Emmerich/Habersack*, Aktien- und GmbH-Konzernrecht⁶, § 301, Rn. 9.
581 *Hüffer*, AktG⁹, § 301, Rn. 8; *Emmerich/Habersack*, Aktien- und GmbH-Konzernrecht⁶, § 301, Rn. 11; *Koppensteiner* in Kölner Komm. AktG³, § 301, Rn. 18. Zu den Möglichkeiten der Verwendung vorvertraglicher Rücklagen vgl. *Krieger* in MünchHdb. AG³, § 71, Rn. 21.
582 OLG Frankfurt v. 29.06.1999, NZG 2000, S. 603/604; *Krieger* in MünchHdb. AG³, § 71, Rn. 21; *Hoffmann-Becking*, WiB 1994, S. 57/61; jetzt wie BFH: *Altmeppen* in MünchKomm. AktG³, § 301, Rn. 18;.
583 BFH v. 08.08.2001, BFHE 196, S. 485/489 = DB 2002, S. 408.
584 BMF v. 27.11.2003, BStBl. I 2003, S. 647, unter Aufgabe von BMF v. 16.10.1990, DB 1990, S. 2148.
585 *Emmerich/Habersack*, Aktien- und GmbH-Konzernrecht⁶, § 301, Rn. 10; *Hüffer*, AktG⁹, § 301, Rn. 5; *Kröner/Bolik/Gageur*, Ubg 2010, S. 237 ff.; zur Anwendung *Simon*, NZG 2009, S. 1081/1086; zur steuerlichen Lage BMF v. 14.01.2010, DStR 2010, S. 113.
586 *Ellerbusch/Schlüter/Hofherr*, DStR 2009, S. 2443/2446 „Nettomethode"; *Kröner/Bolik/Gageur*, Ubg 2010, S. 237/241; *Petersen/Zwirner/Froschhammer*, KoR 2010, S. 334/339 f.
587 *Geßler* in Geßler u.a., AktG, § 301, Rn. 21.

Konzeption der Ergebnisabführung begegnet werden[588]. Dafür besteht de lege lata kein Raum. Da nach der gesetzlichen Regelung der Schutz der abhängigen Gesellschaft ausschließlich die Erhaltung ihres Grundkapitals zum Gegenstand hat, besteht für eine weitergehende Handlungspflicht des Vorstands kein Raum[589]. Auch ein vorvertraglicher Gewinnvortrag darf in das abzuführende Ergebnis nicht einbezogen werden. Letzteres wird in § 301 AktG nicht ausdrücklich erwähnt, ergibt sich aber bereits aus dem gesetzlichen Schema der GuV; danach gehört der Gewinnvortrag nicht zum Jahresüberschuss. Wird ein vorvertraglicher Gewinnvortrag später während des Vertrages einer anderen Gewinnrücklage zugeführt, so handelt es sich dabei nicht um eine Rücklage, die während der Dauer des Vertrages gebildet worden ist. Es kann also auch nicht über eine Auflösung einer solchen Rücklage der Gewinnvortrag abgeführt oder zur Deckung eines Jahresfehlbetrages verwendet werden[590].

Ein **vorvertraglicher Gewinnvortrag** kann nur als Dividende an die Aktionäre aufgrund eines Gewinnausschüttungsbeschlusses verteilt werden, § 301 S. 2 AktG; desgleichen können zu diesem Zweck den vorvertraglich gebildeten Gewinnrücklagen Beträge entnommen werden[591]. Dies gilt mit der Einschränkung, dass die Beträge nicht zur Zahlung der garantierten Dividende verwendet werden dürfen, weil insoweit nötigenfalls die Obergesellschaft einzuspringen hat; sie dürfen nur zusätzlich zu der garantierten Dividende ausgeschüttet werden. Der Gesetzeswortlaut, der an während der Vertragslaufzeit in die Gewinnrücklage eingestellte Beträge anknüpft, ist in zeitlicher Hinsicht unscharf formuliert, da es nicht um die während der Dauer der Unternehmensverträge eingestellten Beträge geht, die im ersten Vertragsjahr noch aus dem Vorjahr stammen können, sondern um Beträge, die während der Anwendung des Unternehmensvertrages nicht als Gewinn abgeführt, sondern in die Rücklagen eingestellt wurden. 296

(3) Eine weitere Sicherung wird dadurch geschaffen, dass bei verschiedenen Typen von Unternehmensverträgen das herrschende Unternehmen zum **Ausgleich von Verlusten** der Gesellschaft verpflichtet ist. 297

a) Bei GAV und bei Beherrschungsverträgen muss der andere Vertragsteil jeden während der Vertragsdauer sonst entstehenden Jahresfehlbetrag ausgleichen, soweit dieser nicht dadurch ausgeglichen wird, dass den anderen Gewinnrücklagen Beträge entnommen werden, die während der Vertragsdauer in sie eingestellt worden sind (§ 302 Abs. 1 AktG). Die Verlustübernahme ist gesetzlich an das Bestehen des Unternehmensvertrages geknüpft, und zwar ohne Rücksicht darauf, welche vertraglichen Vereinbarungen getroffen wurden. 298
Grundsätzlich ist jeder Jahresfehlbetrag auszugleichen, der während der Vertragsdauer entsteht. Maßgeblich für den zu übernehmenden Verlust ist die ordnungs-

---

588 Vgl. *Koppensteiner* in Kölner Komm. AktG³, § 301, Rn. 22; *Sonnenschein*, ZGR 1981, S. 429/441; *Emmerich/Habersack*, Konzernrecht⁹, § 20, Rn. 24; OLG Düsseldorf v. 07.06.1990, DB 1990, S. 1394, bejaht die Zulässigkeit der Abführung von Gewinnen, die aus der Auflösung stiller Reserven resultieren. Zur rechtspolitischen Diskussion vgl. ferner *Müller, H. P.* in FS Goerdeler, S. 375/389: zur Ablehnung eines isolierten Gesellschaftsinteresses BGH v. 28.09.1992, AG 1993, S. 84.
589 *Hüffer*, AktG⁹, § 301, Rn. 4; *Emmerich/Habersack*, Aktien- und GmbH-Konzernrecht⁶, § 301, Rn. 18.
590 *Koppensteiner* in Kölner Komm. AktG³, § 301, Rn. 19; *Altmeppen* in MünchKomm. AktG³, § 301, Rn. 18; *Hüffer*, AktG⁹, § 301, Rn. 7.
591 Das Verbot der Abführung vorvertraglicher freier Rücklagen an die Obergesellschaft (§ 301 AktG) steht der Ausschüttung des Gewinnvortrags und vorvertraglich gebildeter offener Rücklagen als Gewinn (an alle Aktionäre) nicht entgegen; so bereits *Jurkat*, Die Organschaft im Körperschaftsteuerrecht, Rn. 537, und *Schmidt* in Jahrbuch der Fachanwälte für Steuerrecht 1970/71, S. 198.

gemäß aufgestellte Bilanz der abhängigen Gesellschaft[592]. Ist der JA hingegen unzutreffend, wird der auszugleichende Betrag durch den am Bilanzstichtag zutreffend ausgewiesenen Fehlbetrag bestimmt. Auf die Feststellung des JA kommt es nicht an. In seiner Entscheidung vom 11.10.1999 hat der BGH festgestellt, dass der Anspruch auf Ausgleich des Jahresfehlbetrages am Stichtag des korrekt aufgestellten JA der beherrschten Gesellschaft entsteht und der Anspruch mit seiner Entstehung fällig wird[593]. Die Verlustübernahmepflicht kann nur dann gemindert werden, wenn der Jahresfehlbetrag durch Auflösung anderer Gewinnrücklagen gedeckt werden kann, die während der Vertragsdauer gebildet worden sind. Dies gilt auch nicht für Beträge, die während der Vertragslaufzeit nach § 272 Abs. 2 Nr. 4 HGB der Kapitalrücklage zugeführt werden[594]. Damit wird eine Fixierung des bei Vertragsabschluss vorhandenen Vermögens der abhängigen Gesellschaft erreicht (Kapitalerhaltungsschutz als Voraussetzung der Haftungsbeschränkung bei KapGes.[595]). Es können also weder die gesetzliche Rücklage noch Rücklagen für Anteile an einem beherrschenden oder mehrheitlich beteiligten Unternehmen oder vorvertragliche andere Gewinnrücklagen zur Verlustdeckung herangezogen werden. Auch vorvertragliche (satzungsmäßige) zweckgebundene Rücklagen können nicht an Stelle des Verlustausgleichs zur Tilgung von Jahresfehlbeträgen herangezogen werden, auch wenn der Wortlaut des § 302 Abs. 1 AktG nur die anderen Gewinnrücklagen auszuschließen scheint[596]. Dagegen braucht ein vorvertraglicher Verlustvortrag nicht ausgeglichen zu werden. Er vermindert jedoch zwingend in Gewinnjahren den abzuführenden Gewinn (§ 301 S. 1 AktG). Nicht im Gesetz erwähnt werden Gewinnvorträge, die bei Vertragsabschluss bestanden. Man wird sie jedoch, ebenso wie im Rahmen des § 301 AktG, den vorvertraglichen anderen Gewinnrücklagen gleichsetzen müssen[597]. Für GAV mit GmbH gelten nach § 17 S. 2 KStG besondere Anforderungen für die Regelung der Verpflichtung zur Verlustübernahme. Die Rspr. bestätigte zunächst die Notwendigkeit zu einer ausdrücklichen Regelung[598]. Im Nachgang zu den jüngeren Entscheidungen hat die Praxis der Finanzverwaltung durch Anforderungen an einen fragwürdigen Formalismus zu erheblicher Unsicherheit geführt[599]. Durch den Entwurf zur Änderung von § 17 S. 2 Nr. 2 KStG im JStG 2010 sollte, mit Wirkung für alle offenen Veranlagungszeiträume, klargestellt werden, dass es genügt, wenn eine Verpflichtung zur Verlustübernahme entsprechend § 302 AktG besteht; sie sollte nicht mehr vereinbart werden müssen[600]. In der Entscheidung vom 28.07.2010 hat der BFH den formalistischen Interpretationsversuchen der Finanzverwaltung eine

---

592 *Hüffer*, AktG[9], § 302, Rn. 11; *Emmerich/Habersack*, Aktien- und GmbH-Konzernrecht[6], § 302, Rn. 28.
593 BGH v. 11.10.1999, BB 1999, S. 2524, mit Rn. von *Riegger/Beinert*; *Altmeppen*, DB 1999, S. 2453; *Müller, W.* in FS Kropff, S. 517/527.
594 *Krieger* in MünchHdb. AG[3], § 70, Rn. 67: gesellschaftsrechtlich ist es zulässig, auch wenn dies steuerlich nicht mehr anerkannt würde; abweichend nunmehr BFH v. 08.08.2001, BFHE 196, S. 485/486 = BStBl. II 2003, S. 923; *Stephan* in Schmidt/Lutter, AktG, § 302, Rn. 27; *Cahn/Simon, St.*, Der Konzern 2003, S. 1/14; *Hirte*, Großkomm. AktG[4], § 302, Rn. 39; weiterhin krit.: *Krieger*, NZG 2005, S. 787 ff. Ein entgegen diesen Regelungen durchgeführter Vertrag wird steuerlich nicht anerkannt, vgl. R 60 Abs. 4 KStR.
595 *Hüffer*, AktG[9], § 302, Rn. 14.
596 Vgl. *Krieger* in MünchHdb. AG[3], § 70, Rn. 68; *Koppensteiner* in Kölner Komm. AktG[3], § 302, Rn. 21.
597 *Koppensteiner* in Kölner Komm. AktG[3], § 302, Rn. 21; *Hüffer*, AktG[9], § 302, Rn. 14.
598 BFH v. 22.02.2006, GmbHR 2006, S. 890, und DStR 2006, S. 1224; v. 17.06.2008, BFH/NV 2008, S. 1705; v. 03.03.2010, BFH/NV 2010, S. 1132. Zuvor anders: FG Köln v. 13.05.2009, EFG 2009, S. 1969.
599 OFD Rheinland u. Münster v. 12.08.2009, BB 2010, S. 101; dazu *Kinzl*, AG 2010, S. 447/448; *Rödder*, DStR 2010, S. 1218; *Weber*, Ubg 2010, S. 556; *Hohage/Willkommen*, BB 2010, S. 1119 f.
600 Zum Entwurf des Bundesrates jetzt auch *Prinz*, DStR 2010, S. 1512.

Absage erteilt. Das BMF hat sich mittlerweile der Auffassung des BFH angeschlossen[601]. Die Gesetzesänderung von § 17 S. 2 KStG konnte folglich unterbleiben.

Eine **vereinfachte Kapitalherabsetzung** mit Rückwirkung der Herabsetzung (§§ 229, 234 AktG) kann die Ausgleichspflicht nicht berühren. Die Rückwirkung beseitigt nur den Ausweis des Bilanzverlustes, nicht aber den ausgleichspflichtigen Jahresfehlbetrag[602]. **299**

Die Verpflichtung zur Verlustübernahme besteht während der **Vertragsdauer**. Daher ist ein Jahresfehlbetrag auch dann zu übernehmen, wenn der Beherrschungsvertrag oder der GAV im Laufe des GJ abgeschlossen wurde und in Kraft getreten ist. Die Verpflichtung endet mit der Beendigung des Vertrages, die sich regelmäßig mit dem Ende des GJ deckt. Bei einer fristlosen Kündigung aus wichtigem Grund wird der Vertragspartner den anteiligen Fehlbetrag des GJ, in das die Beendigung des Vertrages fällt, auszugleichen haben. Auf den Tag der Beendigung des Unternehmensvertrages ist daher ein Zwischenabschluss aufzustellen[603]. Für den Zwischenabschluss gelten dieselben Bilanzierungsgrundsätze wie für den zuletzt aufgestellten JA; auszugleichen ist der bei korrekter Anwendung dieser Vorschriften sonst entstehende Fehlbetrag[604]. Verneint man die Verpflichtung zur Verlustübernahme, so könnte ein herrschendes Unternehmen die Vorteile aus Benachteiligungen des abhängigen Unternehmens während des bis zur Kündigung abgelaufenen Teils des GJ behalten, ohne die dafür vorgesehene Gegenleistung in Form der Übernahme des anteiligen Fehlbetrages zu erbringen. Sofern allerdings lediglich ein GAV bestand, kann die abhängige Gesellschaft ggf. Ansprüche aus § 311 AktG geltend machen. **300**

Mit **Auflösung einer Gesellschaft** endet die Pflicht zur Gewinnabführung bereits vor dem Ende der Abwicklung ebenso wie die Verlustübernahmepflicht des herrschenden Unternehmens[605]. Bei Auflösung der verpflichteten Gesellschaft ist auf den Tag der Auflösung eine Schlussbilanz zu erstellen[606], da in diesem Zeitpunkt ein Rumpf-GJ endet[607]. Die Verlustübernahme erfasst damit auch die Verluste, die in die Abwicklungseröffnungsbilanz z.B. nach § 252 Abs. 1 Nr. 2 HGB aufzunehmen sind[608].

b) Eine Beeinträchtigung der Substanz kann sich auch bei einem **Betriebsüberlassungs-** oder **Betriebspachtvertrag** ergeben, wenn sich Leistung und Gegenleistung nicht gleichwertig gegenüberstehen. Soweit die vereinbarte Gegenleistung das angemessene Entgelt nicht erreicht, muss bei Verpachtung oder sonstiger Überlassung des Betriebes der abhängigen Gesellschaft das herrschende **301**

---

601 BMF v. 19.10.2010, BStBl. I 2010, S. 836.
602 *Emmerich/Habersack*, Aktien- und GmbH-Konzernrecht[6], § 302, Rn. 36.
603 Jetzt h.M.: BGH v. 14.12.1987, NJW 1988, S. 1326; v. 19.09.1988, NJW 1988, S. 3143; v. 05.11.2001, NJW 2002, S. 822/823; *Hüffer*, AktG[9], § 302, Rn. 13; *Schmidt, K.*, ZGR 1983, S. 513/522; *Altmeppen* in Münch.Komm. AktG[3], § 302, Rn. 24; *Emmerich/Habersack*, Aktien- und GmbH-Konzernrecht[6], § 302, Rn. 38; *Krieger* in MünchHdb. AG[3], § 70, Rn. 66; *Koppensteiner* in Kölner Komm. AktG[3], § 302, Rn. 31; *Hirte* in Großkomm. AktG[4], § 302, Rn. 19 f.
604 Entsprechend BGH v. 05.11.2001, NJW 2002, S. 822/823; bei der Bilanzierung sind Wahlrechte im Einklang mit dem zum Ausgleich verpflichteten Unternehmen auszuüben; OLG Frankfurt v. 29.06.1999, NZG 2000, S. 603/604.
605 *Emmerich/Habersack*, Aktien- und GmbH-Konzernrecht[6], § 302, Rn. 38; differenzierend *Koppensteiner* in Kölner Komm. AktG[3], § 302, Rn. 34 ff.; a.A. *Werner*, AG 1968, S. 181/185; *Werner*, AG 1972, S. 137/142; *Meister*, WM 1976, S. 1182/1187.
606 *Emmerich/Habersack*, Aktien- und GmbH-Konzernrecht[6], § 302, Rn. 38, 39.
607 BFH v. 17.07.1974, BStBl. II 1974, S. 692.
608 *Emmerich/Habersack*, Aktien- und GmbH-Konzernrecht[6], § 302, Rn. 39 a.E.

Unternehmen jeden während der Vertragsdauer sonst entstehenden Jahresfehlbetrag ausgleichen (§ 302 Abs. 2 AktG). Diese Vorschrift greift nur ein, wenn ein Jahresfehlbetrag entsteht und soweit das Entgelt nicht angemessen ist. Der Jahresfehlbetrag ist bis zur Höhe des angemessenen Entgeltes auszugleichen. Die Auflösung anderer Gewinnrücklagen, die während der Vertragsdauer gebildet wurden, befreit nicht von der Ausgleichspflicht. Es entsteht keine Verpflichtung, wenn das Entgelt zwar unangemessen ist, jedoch ausreicht, um einen Verlust zu vermeiden. Entsteht ein Jahresfehlbetrag auch bei angemessenem Entgelt, so besteht keine Verlustübernahmepflicht[609].

302   c) Ein **Verzicht** oder **Vergleich** über den Ausgleichsanspruch ist erst drei Jahre nach dem Tag möglich, an dem die Eintragung der Beendigung des Vertrages in das HR als bekannt gemacht gilt (§ 302 Abs. 3 S. 1 AktG)[610]. Lediglich wenn die herrschende Gesellschaft zahlungsunfähig ist und sich zur Abwendung oder Beseitigung des Insolvenzverfahrens mit ihren Gläubigern vergleicht, braucht diese Frist nicht eingehalten zu werden. Verzicht oder Vergleich werden nur wirksam, wenn die außenstehenden Aktionäre durch Sonderbeschluss zustimmen und nicht eine Minderheit von 10 v.H. des vertretenen Grundkapitals Widerspruch zur Niederschrift erhebt (§ 302 Abs. 3 S. 3 AktG).

303   d) Für den Fall der **Beendigung** des Beherrschungsvertrages oder eines GAV wird den Gläubigern ein besonderer Schutz gewährt. Sie können, wenn ihre Forderungen begründet sind, bevor die Eintragung der Beendigung in das HR als bekannt gemacht gilt, **Sicherheit** verlangen. Eine Sicherheit für künftige Betriebsrentenanpassungen nach § 16 BetrAVG kann nach § 303 Abs. 1 AktG nicht verlangt werden[611]. Ferner soll eine zeitliche Begrenzung statthaft sein[612]. Voraussetzung ist, dass sie sich binnen sechs Monaten zu diesem Zweck bei der herrschenden Gesellschaft melden. Statt Sicherheitsleistung kann sich die herrschende Gesellschaft auch für die Forderungen verbürgen. Dabei braucht sie nicht auf die Einrede der Vorausklage zu verzichten (§ 303 Abs. 3 S. 2 AktG). Die Verpflichtung zur Sicherheitsleistung konnte sich in bestimmten Fällen zu einer Ausfallhaftung des herrschenden Unternehmens wandeln[613], so z.B., wenn das abhängige Unternehmen vermögenslos war. Diese im Zusammenhang mit der Haftung im faktischen Konzern entwickelte Überlegung wird jetzt als gegenstandslos betrachtet. Zu einer unmittelbaren Inanspruchnahme des anderen Vertragsteils kann es im Rahmen von Verletzungen des Verbots bestandsschützender Einkünfte kommen[614]. Soweit der Gesellschaft indes noch Ansprüche auf Verlustausgleich nach § 302 Abs. 1 AktG zustehen, ist zweifelhaft, ob Vermögenslosigkeit bereits bejaht werden kann[615]. Für die Gesellschaft sieht das Gesetz einen darüber hin-

---

609 *Emmerich/Habersack*, Aktien- und GmbH-Konzernrecht⁶, § 302, Rn. 47; *Koppensteiner* in Kölner Komm. AktG³, § 302, Rn. 62. *Koppensteiner* verneint zugleich die entsprechende Anwendung des § 302 Abs. 2 AktG auf Betriebsführungsverträge; vgl. Rn. 59.
610 *Hüffer*, AktG⁹, § 302, Rn. 27; *Emmerich/Habersack*, Aktien- und GmbH-Konzernrecht⁶, § 302, Rn. 49.
611 BAG v. 26.05.2009, ZIP 2009, S. 2166.
612 OLG Hamm v. 18.02.2008, AG 2008, S. 898.
613 Vgl. z.B. BGH v. 19.09.1988, NJW 1988, S. 3143 „HSW"; v. 23.09.1991, NJW 1991, S. 3142/3145 „Video"; v. 11.11.1991, NJW 1992, S. 505 „Stromlieferung"; OLG Dresden v. 19.12.1996, AG 1997, S. 330/333.
614 *Hüffer*, AktG⁹, § 303, Rn. 7; für den Insolvenzfall weiter: *Emmerich/Habersack*, Aktien- und GmbH-Konzernrecht⁶, § 303, Rn. 24 f.; *Stephan* in Schmidt/Lutter, AktG, § 303, Rn. 28 f.
615 Vgl. hierzu *Hüffer*, AktG⁹, § 303, Rn. 7.

ausgehenden Schutz bei Vertragsbeendigung nicht vor. Hierfür sind Regelungen im Unternehmensvertrag zu treffen.

d) Abschluss von Unternehmensverträgen mit GmbH

304 Ob und inwieweit das kodifizierte Recht über verbundene Unternehmen im Allgemeinen und über Unternehmensverträge im Besonderen, wie es im AktG geregelt ist, für GmbH gilt, muss nunmehr normspezifisch betrachtet werden. Die rechtsformspezifischen Unterschiede zwischen AG und KGaA einerseits und GmbH andererseits verbieten die undifferenzierte analoge Anwendung der aktienrechtlichen Vorschriften für den GmbH-Konzern, auch wenn nicht zu verkennen ist, dass bestimmte Gefahren für Gläubiger und außenstehende Gesellschafter nicht rechtsformspezifisch begrenzt sind[616]. Die Definitionsnormen der §§ 15–19 AktG sind rechtsformneutral gefasst und finden daher auch für Gesellschaften in der Rechtsform der GmbH Anwendung[617]. Auch ist wegen der rechtsformneutralen Regelungen im Recht der Unternehmensverträge eindeutig, dass dieses auch auf herrschende Gesellschaften in der Rechtsform der GmbH unmittelbar anzuwenden ist.

305 Der Abschluss von Unternehmensverträgen mit abhängigen GmbH ist positivrechtlich nicht geregelt[618]; die Zulässigkeit des Abschlusses solcher Verträge wird indes in Vorschriften außerhalb des Gesellschaftsrechts vorausgesetzt, wenn z.B. § 17 KStG an das Vorliegen eines bestimmten Wirksamkeitserfordernissen unterworfenen Unternehmensvertrages mit einer abhängigen GmbH steuerliche Wirkungen knüpft. Auch § 30 Abs. 1 S. 2 GmbHG i.d.F. des MoMiG setzt die Zulässigkeit des Abschlusses von Beherrschungsverträgen und von GAV mit abhängigen GmbH voraus[619]. Die Zulässigkeit wird jedoch von diesen Vorschriften nicht geregelt[620]. Heute besteht kein Zweifel mehr an der Zulässigkeit des Abschlusses eines Unternehmensvertrages mit einer abhängigen GmbH[621]. Zur Regelung der vielfältigen mit dem Abschluss und der Durchführung von Unternehmensverträgen verbundenen Fragen wird einerseits auf §§ 53 und 54 GmbHG über Satzungsänderungen, andererseits auf eine Analogie zu den §§ 291–310 AktG zurückgegriffen.

306 Auf der Seite der **abhängigen GmbH** ist der Abschluss eines Beherrschungsvertrages oder eines GAV nur mit Zustimmung der Gesellschafterversammlung zulässig[622]. Die Geschäftsführer sind weder befugt noch zur Vertretung der Gesellschaft bei Vertragsabschluss ohne die Mitwirkung der Gesellschafterversammlung berechtigt[623]. Umstritten war, welchen Mehrheitsanforderungen dieser Gesellschafterbeschluss unterliegen muss. Der BGH hat dies in seinem Beschluss vom 24.10.1988 offen gelassen[624]. Fehlt eine Er-

---

616 Zum Konzernrecht der GmbH vgl. z.B. *Baumbach/Hueck*, GmbHG[19], SchlAnhKonzernR; *Lutter/Hommelhoff*, GmbHG[17], Anh. 13, Rn. 6 ff.; *Emmerich/Habersack*, Konzernrecht[9], Rn. 3.
617 *Emmerich/Habersack*, Konzernrecht[9], § 29, Rn. 1; *Lutter/Hommelhoff*, GmbHG[17], Anh. zu § 13, Rn. 7.
618 Auf den Abschluss von Unternehmensverträgen zwischen beherrschender GmbH und beherrschter AG finden die §§ 291 ff. AktG hingegen unmittelbare Anwendung.
619 *Emmerich/Habersack*, Aktien- und GmbH-Konzernrecht[6], Vor § 291, Rn. 6.
620 BGH v. 24.10.1988, BGHZ 105, S. 325 = DB 1988, S. 2623 = WM 1988, S. 1819.
621 Z.B. *Emmerich/Habersack*, Konzernrecht[9], § 32; *Lutter/Hommelhoff*, GmbHG[17], Anh. 13, Rn. 40; *Baumbach/Hueck*, GmbHG[19], SchlAnhKonzernR, Rn. 50.
622 Vgl. *Priester*, DB 1989, S. 1013, mit Überlegungen, den Zustimmungsbeschluss in der Satzung zu antizipieren. Im Übrigen *Zöllner*, DB 1989, S. 913.
623 H.M.: *Lutter/Hommelhoff*, GmbHG[17], Anh. § 13, Rn. 47 ff.; *Emmerich* in Scholz, GmbHG[10], Anh. § 13, Rn. 143, Rn. 233; *Koppensteiner* in Rowedder/Schmidt-Leithoff, GmbHG[4], Anh. § 52, Rn. 53; *Zöllner* in Baumbach/Hueck, GmbHG[19], SchlAnhKonzernR, Rn. 54.
624 BGH v. 24.10.1988, BGHZ 105, S. 325.

mächtigung zum Abschluss eines solchen Unternehmensvertrages in der Satzung[625], so wird für den nachträglichen Beschluss teilweise Einstimmigkeit gefordert[626]. Da der Abschluss eines solchen Unternehmensvertrages weitreichend in das Organisationsgefüge der abhängigen Gesellschaft eingreift, kommt dem Abschluss jedenfalls satzungsändernde Qualität zu. Danach spricht vieles dafür, den die Satzung überlagernden Abschluss solcher Unternehmensverträge mit der satzungsändernden Mehrheit des § 53 Abs. 2 S. 1 GmbHG, somit der 3/4-Mehrheit, von der Gesellschafterversammlung beschließen zu lassen[627]. Soweit dies in der Literatur zugelassen wird, wird z.T. zum Schutz der Minderheiten verlangt, dass der Unternehmensvertrag aus dem Interesse der abhängigen GmbH gefordert wird[628] mit der Folge einer materiellen Inhaltskontrolle des Zustimmungsbeschlusses. Hierauf kommt es indes nicht an, wird mit den zahlreichen Stimmen der Literatur für den Zustimmungsbeschluss Einstimmigkeit verlangt[629]. Eine Entscheidung des BGH hierzu steht noch aus. Ist der Vertragspartner des Unternehmensvertrages selbst Gesellschafter der GmbH, so ist er, was im Falle der Mehrheitsentscheidung von Bedeutung ist, nicht nach § 47 Abs. 4 GmbHG vom Stimmrecht ausgeschlossen[630].

307 Der Inhalt eines Beherrschungsvertrages oder eines GAV wird für abhängige GmbH vom Gesetz nicht vorgegeben, so dass die grundlegenden Regelungen über die Beherrschung oder die Gewinnabführung im Vertrag zu treffen sind. Es besteht Vertragsfreiheit, doch sind bestimmte Inhalte erforderlich[631]. Die Vereinbarung einer dem § 302 AktG entsprechenden Verlustübernahmepflicht ist Voraussetzung für die steuerliche Anerkennung des Organschaftsverhältnisses[632]; auch ohne eine ausdrückliche Regelung besteht in Analogie zu § 302 AktG die Verlustübernahmepflicht kraft Gesetzes[633]. Im Übrigen werden v.a. im Falle eines Mehrheitsbeschlusses Regelungen über einen Ausgleich nach § 304 AktG und eine Abfindungsregelung nach § 305 AktG für zulässig und empfehlenswert gehalten; offen ist, ob das Fehlen entsprechender Bestimmungen den Unternehmensvertrag nichtig macht[634]. Soweit für die Zustimmung zum Unternehmensvertrag durch die Gesellschafterversammlung nicht Einstimmigkeit verlangt wird, wird das Angebot zur Abfindung und zum Ausgleich notwendig; bei fehlendem oder unzureichendem Angebot kann nur der Zustimmungsbeschluss angefochten werden[635]. Das Spruchverfahren steht mangels gesetzlicher Anordnung nicht zur Verfügung.

---

625 *Priester*, DB 1989, S. 1013/1014.

626 *Emmerich* in Scholz, GmbHG[10], Anh. § 13, Rn. 146; *Zöllner* in Baumbach/Hueck, GmbHG[19], SchlAnhKonzernR, Rn. 54; *Ulmer*, BB 1989, S. 10/13.

627 *Koppensteiner* in Rowedder/Schmidt-Leithoff, GmbHG[4], Anh. § 52, Rn. 55; *Lutter/Hommelhoff*, GmbHG[17], Anh. § 13, Rn. 63; *Timm*, ZGR 1987, S. 403/430; für 9/10-Mehrheit z.B. *Heckschen*, DB 1989, S. 29/30.

628 Vgl. *Lutter*, ZGR 1979, S. 401/412; a.A. *Lutter/Hommelhoff*, GmbHG[17], Anh. zu § 13, Rn. 64.

629 Vgl. *Emmerich* in Scholz, GmbHG[10], Anh. § 13, Rn. 146; *Zöllner* in Baumbach/Hueck, GmbHG[19], SchlAnhKonzernR, Rn. 54; *Emmerich/Habersack*, Konzernrecht[9], § 32, Rn. 14 ff.

630 *Lutter/Hommelhoff*, GmbHG[17], Anh. § 13, Rn. 49; *Koppensteiner* in Rowedder/Schmidt-Leithoff, GmbHG[4], § 52 Anh., Rn. 54; a.A. *Zöllner* in Baumbach/Hueck, GmbHG[19], SchlAnhKonzernR, Rn. 55.

631 BGH v. 15.06.1992, WM 1992, S. 1479; zum notwendigen Vertragsinhalt vgl. *Lutter/Hommelhoff*, GmbHG[17], Anh. § 13, Rn. 65; *Zöllner*, ZGR 1992, S. 173.

632 Zur steuerlichen Anerkennung muss der GAV entweder die Vorschrift des § 302 AktG wörtlich übernehmen oder auf die entsprechende Geltung des § 302 AktG mit allen seinen Absätzen verweisen; so OFD Rheinland und Münster v. 12.08.2009. Dieses Schreiben überspannt die formalen Anforderungen und geht über R 66 Abs. 3 S. 2 und 3 KStR sowie BFH v. 28.11.2007, DStR 2008, S. 1413, hinaus; dazu auch *Baldamus*, Ubg 2009, S. 484; *Hahn*, DStR 2009, S. 1834. Nach BMF v. 28.07.2010, BStBl. II, S. 932, hat das BMF am 19.10.2010, BStBl. I, S. 836, die Anforderungen zurückgenommen.

633 BGH v. 11.11.1991, BGHZ 116, S. 37; v. 11.10.1999, BGHZ 142, S. 382; *Hommelhoff*, WM 1984, S. 1105/1110; *Schmidt, K.*, GmbHR 1979, S. 121/134, auch wenn damit die steuerliche Anerkennung des Unternehmensvertrages nicht erreicht wird.

634 Vgl. *Koppensteiner* in Rowedder/Schmidt-Leithoff, GmbHG[4], Anh. § 52, Rn. 58.

635 Vgl. *Lutter/Hommelhoff*, GmbHG[17], Anh. § 13, Rn. 69.

Der zugleich satzungsändernde Charakter des Zustimmungsbeschlusses der Gesell- **308**
schafterversammlung sowie die entsprechende Anwendung von § 294 AktG machen
dessen **notarielle Beurkundung** sowie die **Eintragung** des Unternehmensvertrages im
HR erforderlich[636]. Der Unternehmensvertrag bedarf der Schriftform[637], es sei denn, der
Vertrag enthält ein Umtausch- oder Abfindungsangebot an außenstehende Gesellschafter,
da dieses auf Übertragung von deren Anteilen gerichtet ist und demzufolge § 15 Abs. 4
GmbHG unterfallen wird[638].

Die Gesellschafterversammlung der herrschenden Gesellschaft muss dem Unter- **309**
nehmensvertrag ebenfalls zustimmen[639]. Die Rechtsform dieses Unternehmens ist insoweit gleichgültig. Handelt es sich bei dem herrschenden Unternehmen um eine AG, ist die Zustimmung ihrer HV nach § 293 Abs. 2 AktG einzuholen. Der Beschluss bedarf einer Mehrheit von 3/4 der bei der Beschlussfassung abgegebenen Stimmen. Die notarielle Beurkundung dieses Beschlusses ist nicht erforderlich[640], ebenso unterbleibt die Eintragung des Unternehmensvertrages im HR des herrschenden Unternehmens. Unklar ist ferner die Anwendung der §§ 293a ff. AktG in Fällen der Beteiligung einer GmbH[641]. Folgt man der Auffassung, dass der Zustimmungsbeschluss bei der abhängigen GmbH mit qualifizierter Mehrheit gefasst werden darf, ist es folgerichtig, die Berichts- und Prüfungspflichten der §§ 293a ff. AktG auch auf GmbH auszudehnen[642]. Wird die Einstimmigkeit vorausgesetzt, bedarf es einer solchen Analogie nicht; jeder Gesellschafter vermag selbst zu entscheiden, welche Informationen er wünscht[643].

e) Sicherung der außenstehenden Aktionäre

Hat eine Gesellschaft ihren Gewinn aufgrund eines GAV an ein anderes Unternehmen **310**
abzuführen, so entsteht, jedenfalls im Grundsatz, kein Bilanzgewinn. Das mitgliedschaftliche Dividendenrecht läuft demzufolge leer. Ferner kann die Weisungsbefugnis des herrschenden Unternehmens beim Beherrschungsvertrag dazu führen, dass Gewinne, die im Fall der Selbständigkeit der abhängigen Gesellschaft erzielt worden wären, nicht oder in geringerem Umfang anfallen. Gegen eine solche Schmälerung ihrer Gewinnaussichten müssen die außenstehenden Aktionäre geschützt werden. Die gesetzlichen Regelungen in §§ 304, 305 AktG gelten unmittelbar nur für AG. Ihre Anwendung auf Gesellschafter abhängiger Gesellschaften in anderen Rechtsformen kommt in Betracht, wenn der Ab-

---

636 So entschieden durch BGH v. 24.10.1988, BGHZ 105, S. 325; *Emmerich/Habersack*, Aktien- und GmbH-Konzernrecht[6], § 293, Rn. 42; *Zöllner* in Baumbach/Hueck, GmbHG[19], SchlAnhKonzernR, Rn. 52.
637 BGH v. 14.12.1987, NJW 1988, S. 1326; zu den Übergangsregelungen nach der Entsch. des BGH vgl. *Ulmer*, BB 1989, S. 10/15. Für die steuerliche Behandlung solcher Verträge wurden Übergangsregelungen erlassen; vgl. v.a. BMF-Schr. v. 31.10.1989 – IV B 7 – S 2770 – 31/89, BStBl. I 1989, S. 430 = DB 1989, S. 2249; BMF-Schr. v. 20.07.1990 – IV B 7 – S 2770 – 19/90, DB 1990, S. 1592.
638 *Emmerich/Habersack*, Aktien- und GmbH-Konzernrecht[6], § 293, Rn. 41; *Lutter/Hommelhoff*, GmbHG[17], Anh. zu § 13, Rn. 48.
639 *Zöllner* in Baumbach/Hueck, GmbHG[19], SchlAnhKonzernR, Rn. 56.
640 BGH v. 14.10.1988, BGHZ 105, S. 325; ferner jetzt h.m.: vgl. z.B. Baumbach/Hueck, GmbHG[19], SchlAnhKonzernR, Rn. 56; *Koppensteiner* in Rowedder/Schmidt-Leithoff, GmbHG[4], Anh. § 52, Rn. 65; *Ulmer*, BB 1989, S. 10/12; *Heckschen*, DB 1989, S. 1273, 1274.
641 Für die Anwendung von §§ 293a ff. AktG auf Unternehmensverträge, die zwischen herrschender AG und abhängiger GmbH abgeschlossen werden, spricht der Wortlaut von § 293a Abs. 1 AktG, nicht aber Sinn und Zweck der §§ 293 ff. AktG. Die Praxis verfährt indes danach; der Vertragsprüfer wird dann entsprechend § 293c Abs. 1 AktG vom GF der GmbH bestellt. Auf Unternehmensverträge, an denen keine AG oder KGaA beteiligt ist, finden §§ 293a ff. AktG keine Anwendung. Vgl. auch *Zöllner* in Baumbach/Hueck, GmbHG[19], SchlAnhKonzernR, Rn. 58; *Hüffer*, AktG[9], § 293a, Rn. 5; a.A. *Humbeck*, BB 1995, S. 1893; *Bungert*, DB 1995, S. 1449.
642 *Lutter/Hommelhoff*, GmbHG[17], Anh. § 13, Rn. 57.
643 *Hüffer*, AktG[9], § 293, Rn. 6; *Zöllner* in Baumbach/Hueck, GmbHG[19], SchlAnhKonzernR, Rn. 58; *Emmerich/Habersack*, Aktien- und GmbH-Konzernrecht[6], § 293a, Rn. 11.

schluss des Unternehmensvertrages nicht ohnehin der einstimmigen Zustimmung bedarf, da dann die Gesellschafter selbst für die Wahrung ihrer Rechte Sorge tragen[644] (vgl. dazu auch Tz. 306). Das AktG verlangt, dass ein Beherrschungsvertrag oder ein GAV folgende Sicherungen vorsieht:

a) Ein GAV muss einen angemessenen Ausgleich für die außenstehenden Aktionäre durch eine auf die Aktiennennbeträge bezogene Geldleistung (Ausgleichszahlung) vorsehen. Ein Beherrschungsvertrag muss, wenn nicht gleichzeitig ein GAV besteht, den außenstehenden Aktionären als angemessenen Ausgleich einen bestimmten jährlichen Gewinnanteil nach der für die Ausgleichszahlungen bestimmten Höhe garantieren (§ 304 Abs. 1 AktG).

b) Daneben muss ein Beherrschungsvertrag oder ein GAV eine Verpflichtung der Obergesellschaft enthalten, auf Verlangen eines außenstehenden Aktionärs dessen Aktien gegen eine im Vertrag bestimmte angemessene Abfindung zu erwerben (§ 305 Abs. 1 AktG)[645].

Der außenstehende Aktionär hat damit die Möglichkeit, entweder gegen eine Abfindung aus der Gesellschaft auszuscheiden oder bei einem Verbleib in der Gesellschaft einen angemessenen Ausgleich für die Dividende zu fordern.

311 Der Anspruch auf Ausgleich oder Abfindung steht nur den **außenstehenden Aktionären** zu. Das Gesetz definiert diesen Begriff nicht. Man wird hierzu alle Aktionäre zählen müssen, die nicht Vertragsteil sind und deren Vermögen nicht mit dem Vermögen des anderen Vertragsteils eine wirtschaftliche Einheit bildet oder denen die Vorteile eines Beherrschungsvertrages oder eines GAV in gleicher Weise wirtschaftlich zufließen[646]. Hierzu werden zu 100 v.H. am herrschenden Unternehmen beteiligte Unternehmen oder andere Gesellschaften gehören, deren Anteile zu 100 v.H. von dem herrschenden Unternehmen gehalten werden[647] oder die mit dem anderen Vertragsteil ebenfalls durch einen Beherrschungsvertrag oder einen GAV verbunden sind. Der verpflichteten Gesellschaft selbst gehörende eigene Aktien machen diese nicht zu einem außenstehenden Aktionäre. Außenstehende sind also nicht nur solche Aktionäre, die außerhalb des herrschenden Unternehmens stehen[648].

aa) Der Ausgleichsanspruch

312 Die Art des Ausgleichs (§ 304 AktG) ist bei GAV und Beherrschungsverträgen verschieden. Bei Bestehen nur eines **Beherrschungsvertrages** behält der Aktionär grundsätzlich seinen Anspruch auf Dividende. Daher wird ihm ein bestimmter jährlicher Gewinnanteil garantiert (§ 304 Abs. 1 S. 2 AktG). Ist ein Gewinn ausgewiesen worden, so muss dieser aufgrund eines Gewinnverwendungsbeschlusses verteilt werden. Liegt der Gewinnanteil über dem garantierten Anteil, so hat der außenstehende Aktionär auch hierauf einen Anspruch. Die Ausgleichszahlung entfällt. Es ist nicht zulässig, die Dividendengarantie mit einer Höchstdividende zu verbinden und damit die Gewinnausschüttung

---

644 *Emmerich/Habersack*, Aktien- und GmbH-Konzernrecht[6], § 304, Rn. 11; *Lutter/Hommelhoff*, GmbHG[17], Anh. § 13, Rn. 66 ff.
645 OLG Düsseldorf v. 02.08.1994, AG 1995, S. 85.
646 Vgl. *Hüffer*, AktG[9], § 304, Rn. 2; *Koppensteiner* in Kölner Komm. AktG[3], § 295, Rn. 40 ff.; *Emmerich/Habersack*, Konzernrecht[9], § 21, Rn. 11 ff.; BGH v. 08.05.2006, NJW 2006, S. 3146 „Jenoptik".
647 *Krieger* in MünchHdb. AG[3], § 70, Rn. 79, m.w.N.; ferner *Hüffer*, AktG[9], § 304, Rn. 18; differenzierter *Stephan* in Schmidt/Lutter, AktG, § 304, Rn. 70 f.
648 Vgl. zu diesem Fragenkreis *Koppensteiner* in Kölner Komm. AktG[3], § 304, Rn. 18; *Emmerich/Habersack*, Aktien- und GmbH-Konzernrecht[6], § 304, Rn. 15, 18.

zu beschränken[649]. Nur wenn kein Gewinn oder ein niedrigerer Gewinn erzielt wurde, ist der Ausgleich aufgrund der Garantie zu leisten.

Beim GAV entfällt, abgesehen von der Ausschüttung vorvertraglicher Rücklagen, die Ausschüttung einer Dividende, da ein Bilanzgewinn bei der abführenden Gesellschaft im Grundsatz nicht vorhanden ist. Der Anspruch auf Gewinnbeteiligung verwandelt sich in einen Anspruch auf Ausgleichszahlung. Der Aktionär hat eine gleichbleibende Forderung, die unabhängig vom Jahresergebnis der Gesellschaft und von einem Gewinnverwendungsbeschluss besteht. Sie bleibt jedoch verbunden mit dem Besitz der Aktie. Das Gesetz sieht daher vor, dass eine auf die Aktiennennbeträge bezogene wiederkehrende Geldleistung garantiert wird (§ 304 Abs. 1 S. 1 AktG).

313

Von der Festsetzung der Ausgleichszahlung kann nur abgesehen werden, wenn die verpflichtete Gesellschaft zum Zeitpunkt der HV, in der über den Unternehmensvertrag Beschluss gefasst wird, keinen außenstehenden Aktionär hat (§ 304 Abs. 1 S. 3 AktG).

Anspruchsberechtigte sind die außenstehenden Aktionäre im zuvor definierten Sinne[650]. Der Schuldner des Anspruchs ist im Gegensatz zu § 305 Abs. 1 AktG in § 304 AktG nicht bestimmt. Aufgrund des offenen Gesetzeswortlauts können infolge der Vertragsfreiheit entweder die herrschende oder die beherrschte Gesellschaft verpflichtet werden. Dem Zweck der Vorschrift wird indes nur genügt, wenn für den Ausgleichsanspruch allein das herrschende Unternehmen in Anspruch genommen wird. Hierzu können entweder unmittelbar Zahlungsansprüche gegen dieses Unternehmen begründet werden, oder das abhängige Unternehmen verpflichtet sich, auf Rechnung des anderen Unternehmens den Ausgleich zu leisten[651].

314

Für die Ausgestaltung des Ausgleichs besteht Vertragsfreiheit. In jedem Fall ist der Umfang der Garantieverpflichtung durch Auslegung des Unternehmensvertrages zu ermitteln.

315

Die Ausgleichszahlung kann **in festen wiederkehrenden Beträgen** (fester Ausgleich, § 304 Abs. 2 S. 1 AktG) zugesagt werden[652] oder mit der **Dividende** des **anderen Vertragsteils** (variabler Ausgleich, § 304 Abs. 2 S. 2 AktG) **gekoppelt** werden. Diese Gestaltung ist nur möglich, wenn der andere Vertragsteil eine AG oder KGaA ist. Eine Ausgleichszahlung in fester Höhe liegt auch vor, wenn ihre Anpassung an gesetzliche Änderungen des KStG vertraglich vereinbart ist[653].

Bei der Zusage eines festen wiederkehrenden Betrages ist zur Ermittlung der Angemessenheit von der **bisherigen Ertragslage** der Gesellschaft und ihren **künftigen Ertragsaussichten** auszugehen (§ 304 Abs. 2 S. 3 AktG)[654]. Dabei ist unter Berücksichtigung angemessener Abschreibungen und Wertberichtigungen, jedoch ohne Bildung anderer Gewinnrücklagen zu ermitteln, welcher Betrag voraussichtlich als durchschnitt-

316

---

649 *Krieger* in MünchHdb. AG[3], § 70, Rn. 82; *Hüffer*, AktG[9], § 304, Rn. 6; OLG Frankfurt v. 30.07.2001, AG 2002, S. 404.
650 Zum außenstehenden Aktionär *Baldamus*, ZGR 2007, S: 819 ff.; *Baldamus*, Ubg 2010, S. 483 ff.; zur Kombination von festen und variablen Ausgleichsbestandteilen aus steuerlicher Sicht BFH v. 04.03.2009, DStR 2009, S. 1749; dagegen Nichtanwendungsverfügung des BMF v. 20.04.2010, DStR 2010, S. 873.
651 Überwiegende Meinung: vgl. *Koppensteiner* in Kölner Komm. AktG[3], § 304, Rn. 20 ff.; *Emmerich/Habersack*, Konzernrecht[9], § 21, Rn. 17; *Krieger* in MünchHdb. AG[3], § 70, Rn. 81; *Hüffer*, AktG[9], § 304, Rn. 4; *Paulsen* in MünchKomm. AktG[3], § 304, Rn. 32; *Stephan* in Schmidt/Lutter, AktG, § 304, Rn. 26 f.
652 Dazu *Popp*, WPg 2008, S. 23 ff.
653 OLG Celle v. 01.07.1980, DB 1980, S. 2506 = BB 1981, S. 8.
654 *Hüffer*, AktG[9], § 304, Rn. 8; *Krieger* in MünchHdb. AG[3], § 70, Rn. 87; *Emmerich/Habersack*, Aktien- und GmbH-Konzernrecht[6], § 304, Rn. 29; *Koppensteiner* in Kölner Komm. AktG[3], § 304, Rn. 58; *Paulsen* in MünchKomm. AktG[3], § 304, Rn. 72 ff.

licher Gewinnanteil auf die einzelnen Aktien verteilt werden könnte. Bei der Ermittlung der festen Ausgleichszahlung wird allein auf den Wert der verpflichteten Gesellschaft abgestellt; eine vergleichende Unternehmensbewertung ist nicht erforderlich. Die Ermittlung und Zugrundelegung des Liquidationswerts ist nicht geboten, wenn weder die Absicht noch die Notwendigkeit für eine Liquidation besteht oder die Fortführung des Unternehmens aus wirtschaftlichen Gründen als unvertretbar erscheint[655].

317 Die gesetzliche Regelung führt dazu, dass der Ausgleichsanspruch bei gleichbleibenden Ertragsaussichten höher als die bisherige Dividendenzahlung sein kann. Eine selbständige Gesellschaft müsste in gewissem Rahmen andere **Gewinnrücklagen** bilden, während bei Feststellung der Ausgleichszahlung die hierfür vom ausschüttbaren Ergebnis zu kürzenden Beträge außer Ansatz bleiben[656]. Dennoch ist bei der Berechnung vom Grundsatz der Vollausschüttung auszugehen[657]. Diese Regelung hat weiter zur Folge, dass nach Beendigung des Unternehmensvertrages neben der gesetzlichen Rücklage i.d.R. nur vorvertragliche Rücklagen vorhanden sein werden, so dass die Aktionäre auf Gewinnausschüttungen ggf. verzichten müssen, um die Bildung weiterer erforderlicher Rücklagen zu ermöglichen.

318 Für die **Höhe** der Ausgleichszahlung kommt es auf die bisherige Ertragslage und die künftigen Ertragsaussichten an. Börsenkurse haben für die Ermittlung des Ausgleichs keine Bedeutung, da es auf die Ertragskraft und nicht deren Ausdruck in einer Börsenbewerbung ankommt[658]. Der Ausgleichsanspruch stellt sich auch nicht ohne weiteres als Verzinsung eines Abfindungsbetrages dar[659]; es kann bei schlechter Ertragslage der Gesellschaft zu einem „Nullausgleich" kommen[660], der sich nicht als Verzinsung eines hypothetischen Liquidationswerts ableitet[661]. Das Gesetz gibt keine Hinweise, wie im Einzelnen die Bemessungsgrundlage ermittelt werden soll. Die bisherige Ertragslage wird i.d.R. auf der Grundlage einer Phasenrechnung ermittelt, in der ein überschaubarer Planungszeitraum konkret geplant ist[662]; die Ergebnisse sind um außergewöhnliche Erträge und Aufwendungen sowie stille Reserven zu bereinigen[663]. Die bisherige Ertragslage bildet die Grundlage für die Ermittlung der zukünftigen Ertragsaussichten. Maßgeblich ist die Ertragsprognose am Tage der Beschlussfassung der HV (§ 293 Abs. 1 AktG)[664]; spätere Ereignisse sind dann zu berücksichtigen, wenn sie zu diesem Stichtag bereits „angelegt" waren (Wurzeltheorie)[665]. Da das Gesetz von der Fiktion der Vollausschüttung ausgeht, ist die betriebswirtschaftlich notwendige Bildung von anderen Gewinnrücklagen außer Betracht zu lassen, Einstellungen in die gesetzliche Rücklage sind indes zu berücksichtigen.

---

655 Z.B. BGH v. 17.03.1982, NJW 1982, S. 2497/2498; OLG Düsseldorf v. 27.02.2004, AG 2004, S. 324/328 „EVA"; OLG Düsseldorf v. 20.11.2001, AG 2002, S. 398/402 „Kaufhof/Metro".
656 OLG Düsseldorf v. 29.10.1976, DB 1977, S. 296 = AG 1977, S. 68.
657 OLG Stuttgart v. 13.03.1994, AG 1994, S. 564/565; *Hüffer*, AktG[9], § 304, Rn. 11; *Emmerich/Habersack*, Aktien- und GmbH-Konzernrecht[6], § 304, Rn. 32; *Stephan* in Schmidt/Lutter, AktG, § 304, Rn. 84.
658 OLG Hamburg v. 07.08.2002, NZG 2003, S. 89/91; *Hüffer*, AktG[9], § 304, Rn. 8; *Stephan* in Schmidt/Lutter, AktG, § 304, Rn. 77.
659 OLG Frankfurt v. 09.01.2003, AG 2003, S. 581/582.
660 BGH v. 13.02.2006, AG 2006, S. 331 ff.; *Hüffer*, AktG[9], § 304, Rn. 12; *Stephan* in Schmidt/Lutter, AktG, § 304, Rn. 81; *Bungert*, BB 2006, S. 1129; *Spindler/Klöhn*, Der Konzern 2003, S. 511/521.
661 Zur Relevanz des Liquidationswerts *Wüstemann*, BB 2010, S. 1715/1716.
662 OLG Celle v. 01.07.1980, AG 1981, S. 234; *Großfeld*, Rn. 355 ff.; *Koppensteiner* in Kölner Komm. AktG[3], § 304, Rn. 58; *Hüffer*, AktG[9], § 304, Rn. 9; *Paulsen* in MünchKomm. AktG[3], § 304, Rn. 77 ff.
663 LG Dortmund v. 14.02.1996, AG 1996, S. 278/279.
664 H.M.: BGH v. 04.03.1998, BGHZ 138, S. 136/139; OLG Düsseldorf v. 20.11.1997, AG 1998, S. 230/237; OLG Frankfurt v. 30.07.2001, AG 2002, S. 404.
665 OLG Düsseldorf v. 20.11.1997, AG 1998, S. 236/237; *Hüffer*, AktG[9], § 304, Rn. 10; *Emmerich/Habersack*, Aktien- und GmbH-Konzernrecht[6], § 304, Rn. 31; *Krieger* in MünchHdb. AG[3], § 70, Rn. 87, 91.

Für den Ansatz von Wertberichtigungen und Abschreibungen gelten die Bewertungsvorschriften des HGB, so dass die Abschreibungen an die ursprünglichen Anschaffungs- und Herstellungskosten gebunden sind. Als angemessen wird man die Abschreibungsmethoden ansehen können, die die Gesellschaft bisher angewandt hat. Das neutrale, nicht betriebsnotwendige Vermögen, das veräußert werden könnte, ohne die der Erfüllung der eigentlichen Unternehmensaufgabe zugrunde liegende Substanz zu beeinträchtigen, ist mit seinen daraus tatsächlich erzielbaren Erträgen zu berücksichtigen[666]. Der Bemessung des Ausgleichs war in der jüngeren Vergangenheit das Ergebnis nach (ggf. typisierten) Steuern zugrunde gelegt worden. Seit der Entscheidung des BGH vom 21.07.2003[667] ist der Bruttogewinnanteil je Aktie zu ermitteln, von dem die Körperschaftsteuer (nicht hingegen die Gewerbesteuer) in Höhe des jeweils anzuwendenden Steuersatzes abzuziehen ist, wodurch sich im Zeitablauf in Abhängigkeit von den Steuervorschriften unterschiedliche Ausgleichsbeträge ergeben können. Dabei kommt es nach überwiegender Auffassung eher auf den Körperschaftsteuersatz als auf die tatsächliche Steuerzahllast an, die sonst noch nach unterschiedlichen in- oder ausländischen Einkunftsquellen differenzieren müsste[668]. Zu Recht wird kritisiert, dass infolge der BGH-Rspr. Änderungen der Steuergesetzgebung, die nach der maßgeblichen Beschlussfassung der HV liegen, berücksichtigt werden müssen. Der maßgebliche Zeitraum für die Prognose ist die voraussichtliche Dauer des Unternehmensvertrags[669]. Der in der Zukunft voraussichtlich verteilbare durchschnittliche Gewinn ist durch eine Planungsrechnung zu ermitteln und auf den Bewertungsstichtag abzuzinsen[670]. Der Ausgleichsbetrag ist als Festbetrag vorzusehen; die Gewährung eines darüber hinaus gehenden variablen Betrages, der die Differenz zu einem ohne die Gewinnabführung bestehenden Gewinnanspruch ausgleichen soll, ist nach Auffassung des BFH steuerlich unzulässig[671].

Eine **variable Bemessung** der Ausgleichszahlung ist nur möglich, wenn die Obergesellschaft eine AG oder KGaA ist. Die Ausgleichszahlung kann dann vom Gewinn dieser Gesellschaft abhängig gemacht werden (§ 304 Abs. 2 S. 2 AktG). Bei einem Gemeinschaftsunternehmen, das durch Unternehmensvertrag mit mehreren beherrschenden Unternehmen verbunden ist, kommt ein variabler Ausgleich nicht in Betracht, da die maßgebliche Dividende nicht eindeutig bestimmbar ist; hier verbleibt es bei einem festen Ausgleich[672]. Im mehrstufigen Konzern gelten weitere Besonderheiten[673]. Beim Beherrschungsvertrag ohne Gewinnabführung bleibt der Anspruch des Aktionärs auf Auszahlung einer Dividende gegen seine Gesellschaft auch in diesem Falle bestehen. Die Höhe richtet sich nach dem zugesicherten Teil der Dividende der herrschenden Gesellschaft. Nicht möglich erscheint eine vom Gewinn der Obergesellschaft abhängige Ausgleichszahlung, wenn diese mit einem dritten Unternehmen einen GAV oder Beherr- **319**

---
666 *IDW S 1*, Rn. 67; OLG Düsseldorf v. 08.07.2003, AG 2003, S. 688/692 „Veba"; BGH v. 21.07.2003, AG 2003, S. 627/629 „Ytong"; BayObLG v. 28.10.2005, AG 2006, S. 41/45 „Pilkington AG".
667 BGH v. 21.07.2003, NJW 2003, S. 3272/3273; ferner BGH v. 02.06.2003, BB 2003, S. 1860/1862.
668 *Emmerich/Habersack*, Aktien- und GmbH-Konzernrecht[6], § 304, Rn. 34d; *Stephan* in Schmidt/Lutter, AktG, § 304, Rn. 88; *Reuter, A.*, AG 2007, S. 1/6.
669 Vgl. *Hüffer*, AktG[9], § 304, Rn. 10, 11, m.w.N.
670 *Koppensteiner* in Kölner Komm. AktG[3], § 304, Rn. 59; *IDW S 1* i.d.F. 2008, Abschn. 7, FN-IDW 2008, S. 271; aus der Rspr. zu unterschiedlichen Bewertungsmethoden BGH v. 10.10.1994, NJW 1985 S. 192/193; zum Kapitalisierungszinsfuß LG Stuttgart v. 28.06.1993, WM 1994, S. 239; OLG Düsseldorf v. 12.02.1992, DB 1992, S. 1034; zur Berücksichtigung von Synergien vgl. *Busse v. Colbe*, ZGR 1994, S. 595/607.
671 BFH v. 04.03.2009, BStBl. II 2010, S. 407; dagegen Nichtanwendungsschreiben des BMF v. 20.04.2010, BStBl. I 2010, S. 372; dazu *Scheunemann/Bauersfeld*, BB 2010, S. 1582.
672 *Krieger* in MünchHdb. AG[3], § 70, Rn. 94; *Emmerich/Habersack*, Aktien- und GmbH-Konzernrecht[6], § 304, Rn. 45; *Hüffer*, AktG[9], § 304, Rn. 14.
673 Vgl. *Emmerich/Habersack*, Konzernrecht[9], § 21, Rn. 40 ff.; *Hüffer*, AktG[9], § 304, Rn. 17; OLG Düsseldorf v. 12.02.1992, DB 1992, S. 1034.

schungsvertrag geschlossen hat. In diesen Fällen kommt allenfalls das Anknüpfen an die Dividende des MU in Betracht[674].

320 Bei Anknüpfung an den Gewinn der Obergesellschaft kann als Ausgleichszahlung ein Betrag zugesichert werden, der unter Herstellung eines angemessenen Umrechnungsverhältnisses auf Aktien der anderen Gesellschaft jeweils als Gewinnanteil entfällt. Dabei ist unter Gewinnanteil die an die Aktionäre tatsächlich zu verteilende **Dividende**, nicht ein Anteil am Jahresüberschuss oder Bilanzgewinn zu verstehen[675]. Für die Errechnung der Höhe des Ausgleichs ist der Wert der Aktien beider Gesellschaften maßgebend. Der entsprechende Betrag bestimmt sich nach dem Verhältnis, in dem bei einer Verschmelzung auf eine Aktie der Gesellschaft Aktien der Obergesellschaft zu gewähren wären (§ 304 Abs. 2 S. 3 AktG). Für die Art der Bewertung gelten die bisher von der Rspr. und Rechtslehre herausgearbeiteten Grundsätze zur Ermittlung einer Verschmelzungswertrelation[676]. Im Rahmen einer Unternehmensbewertung beider Gesellschaften sind deren Vermögens- und Ertragslage miteinander zu vergleichen und danach das Umtauschverhältnis festzusetzen[677]. Die Unternehmensbewertung folgt den zu § 305 AktG entwickelten Grundsätzen. Sind Aktien der abhängigen Gesellschaft börsennotiert, gibt ein vorhandener Börsenkurs regelmäßig die Wertuntergrenze an[678]. Insbesondere ist zu berücksichtigen, dass anders als bei der Verschmelzung der Aktionär der verpflichteten Gesellschaft nicht Aktionär der herrschenden Gesellschaft wird. Er nimmt also nicht an der Wertsteigerung des Vermögens dieser Gesellschaft teil, v.a. durch Rücklagenbildung. Da § 304 Abs. 2 AktG nur Mindestbeträge angibt, kann eine höhere Zahlung angemessen und daher nach dem in § 304 Abs. 1 S. 1 AktG festgelegten Grundsatz auch festzusetzen sein[679]. Der Anspruch auf Zahlung eines jährlich wiederkehrenden festen Ausgleichs entsteht jedes Jahr mit dem Ende der auf das Geschäftsjahr folgenden ordentlichen Hauptversammlung, wenn im zugrunde liegenden Unternehmensvertrag nichts anderes bestimmt ist.[680]

321 Ein Beherrschungsvertrag oder ein GAV, der keine Ausgleichszahlung vorsieht, ist nichtig (§ 304 Abs. 3 S. 1 AktG)[681]. Von der Bestimmung eines angemessenen Ausgleichs kann nur abgesehen werden, wenn die Gesellschaft im Zeitpunkt der Beschlussfassung ihrer HV über den Vertrag keinen außenstehenden Aktionär hat (§ 304 Abs. 1 S. 3 AktG).

322 Enthält der Vertrag zwar einen Ausgleich, der jedoch unangemessen ist, so ist er weder nichtig noch anfechtbar (§ 304 Abs. 3 S. 3 AktG). Jeder außenstehende Aktionär kann jedoch

---

674 *Hüffer*, AktG[9], § 304, Rn. 17; *Emmerich/Habersack*, Aktien- und GmbH-Konzernrecht[6], § 304, Rn. 57; *Krieger* in MünchHdb. AG[3], § 70, Rn. 99.

675 OLG Düsseldorf v. 26.01.1978, BB 1978, S. 219 = DB 1978, S. 388; LG Dortmund v. 31.10.1980, AG 1981, S. 236; *Hüffer*, AktG[9], § 304, Rn. 15; *Krieger* in MünchHdb. AG[3], § 70, Rn. 96; a.A.: *Emmerich/Habersack*, Aktien- und GmbH-Konzernrecht[6], § 304, Rn. 49; *Koppensteiner* in Kölner Komm. AktG[3], § 304, Rn. 81; *Paulsen* in MünchKomm. AktG[3], § 304, Rn. 70. BVerfG v. 08.09.1999, AG 2000, S. 40, will bei Anknüpfung an die Dividendenauszahlung in Missbrauchsfällen eine Korrektur anhand des Rechtsgedankens des § 162 Abs. 1 BGB vornehmen.

676 Vgl. aus der Rspr. z.B. LG Frankfurt v. 01.10.1986, AG 1987, S. 315; OLG Frankfurt v. 24.01.1989, DB 1989, S. 469; OLG Celle v. 30.07.1987, AG 1988, S. 141; OLG Düsseldorf v. 07.06.1990, DB 1990, S. 1364; ferner v. 12.02.1992, AG 1992, S. 200/205.

677 *Hüffer*, AktG[9], § 304, Rn. 16; zur Problematik der Ausgleichszahlung im mehrstufigen Konzern vgl. *Pentz*, Die Rechtsstellung der Enkel-AG in einer mehrstufigen Unternehmensverbindung, S. 66; *Kamprad*, AG 1986, S. 321.

678 BVerfG v. 24.04.1999, NJW 1999, S. 3769; BGH v. 12.03.2001, NJW 2001, S. 2080; OLG Düsseldorf v. 25.05.2000, AG 2000, S. 422/423; OLG Hamburg v. 03.08.2000, AG 2001, S. 479.

679 Begr. zu § 304, *Kropff*, AktG, S. 395; *Geßler* in Geßler u.a., AktG, § 304, Rn. 103; *Koppensteiner* in Kölner Komm. AktG[3], § 304, Rn. 43; LG Dortmund v. 08.02.1977, DB 1977, S. 623.

680 BGH v. 19.04.2011, AG 2011, S. 514 (Wella AG I), sowie AG 2011, S. 517 (Wella AG II).

681 *Hüffer*, AktG[9], § 304, Rn. 20.

die Festsetzung der **angemessenen Ausgleichszahlung** durch Entscheidung im Spruchverfahren nach dem SpruchG beantragen. Der Antrag kann nach § 4 Abs. 1 Nr. 1 i.V.m. § 1 Nr. 1 SpruchG nur binnen drei Monaten seit dem Tage gestellt werden, an dem die Eintragung des Bestehens oder einer Änderung des Vertrages im HR bekannt gemacht worden ist.

Das Gericht ist bei seiner Entscheidung an die vorgesehene Bemessungsform gebunden; es kann also nicht eine feste Bemessung an die Stelle der variablen Bemessung, sondern den Ausgleich nur gem. der vereinbarten Methode festsetzen, es sei denn, dass für die gewählte Ausgleichsart die Voraussetzungen nicht vorliegen[682]. Trifft das Gericht eine Bestimmung über den Ausgleich, so kann die Obergesellschaft den Vertrag binnen zwei Monaten nach Rechtskraft der Entscheidung ohne Einhaltung einer Kündigungsfrist kündigen (§ 304 Abs. 4 AktG). 323

Die Entscheidung des Gerichts wirkt für und gegen alle. Eine höhere Festsetzung des angemessenen Ausgleichs gilt auch für die Vergangenheit seit Vertragsabschluss. Zuwenig bezahlte Beträge sind nachzuentrichten[683]. Das gilt auch für diejenigen Aktionäre, die das ursprüngliche Vertragsangebot bereits angenommen hatten. 324

Eine **Überprüfung** der Angemessenheit der Ausgleichszahlung **während** der **Vertragsdauer** ist nicht vorgesehen. Nach § 304 AktG ist für die Ermittlung des angemessenen Ausgleichs allein die Beurteilung im Zeitpunkt der Beschlussfassung durch die HV der beteiligten Unternehmen maßgebend[684]. Dies gilt auch, wenn Änderungen in den wirtschaftlichen Verhältnissen eintreten, es sei denn, der Unternehmensvertrag trifft hierfür eine Regelung. Kapitalmaßnahmen bei der herrschenden Gesellschaft ziehen beim festen Ausgleich keine Anpassung nach sich; bei einem variablen Ausgleich hat eine Anpassung bei Kapitalerhöhungen aus Gesellschaftsmitteln nach § 216 Abs. 3 AktG stets, bei Einlagen – nach nicht umstrittener Auffassung – nach dem Verhältnis des Werts des Bezugsrechts zum Börsenkurs nach Kapitalerhöhung zu erfolgen[685]. Sofern im Einzelfall eine Änderung der Ausgleichszahlung nach den Grundsätzen des Wegfalls der Geschäftsgrundlage (§ 313 Abs. 1 BGB) gerechtfertigt wäre, kann nach allgemeinen Grundsätzen lediglich ein Anspruch auf Vertragsänderung und Anpassung bestehen[686]. Nur im Ausnahmefall keine Vertragsänderung, die ein neues Ausgleichsangebot nach sich zieht, ist der Beitritt eines weiteren Unternehmens zum Unternehmensvertrag, sofern der bisherige Vertrag bereits einen festen Ausgleichsbetrag vorsah und das dritte Unternehmen den vertraglichen Pflichten beitritt[687]. Soweit jedoch die außenstehenden Aktionäre durch Sonderbeschluss mit qualifizierter Mehrheit der Vertragsänderung zuzustimmen haben (§ 295 Abs. 2 AktG), können opponierende außenstehende Aktionäre das in § 304 Abs. 3 AktG vorgesehene Verfahren einleiten. Wird die Zustimmung zur Änderung verweigert, so könnte bei wesentlichen Änderungen in den wirtschaftlichen Verhältnissen eine ordentliche Kündigung des Vertrages durch das herrschende Unternehmen mit Neuabschluss zu geänderten Bedingungen in Frage kommen[688]. 325

---

682 *Hüffer*, AktG⁹, § 304, Rn. 22; *Paulsen* in MünchKomm. AktG³, § 304, Rn. 188.
683 *Koppensteiner* in Kölner Komm. AktG³, § 304, Rn. 113 ff.; *Paulsen* in MünchKomm. AktG³, § 304, Rn. 191.
684 *Hüffer*, AktG⁹, § 304, Rn. 19; *Emmerich/Habersack*, Aktien- und GmbH-Konzernrecht⁶, § 304, Rn. 67.
685 Dazu *Hüffer*, AktG⁹, § 304, Rn. 19; *Emmerich/Habersack*, Aktien- und GmbH-Konzernrecht⁶, § 304, Rn. 70 f.; *Krieger* in MünchHdb. AG³, § 70, Rn. 102.
686 Ganz h.M.: vgl. *Roth* in MünchKomm. BGB⁵, § 313, Rn. 100, zum Gesellschaftsrecht Rn. 117 ff.; *Grüneberg* in Palandt, BGB⁶⁹, § 313, Rn. 40. Zur Bemessung von Ausgleich oder Abfindungen bei Unternehmensvertragsänderungen vgl. OLG Celle v. 30.07.1987, AG 1988, S. 141; OLG Düsseldorf v. 07.06.1990, DB 1990, S. 1364; *Emmerich/Habersack*, Aktien- und GmbH-Konzernrecht⁶, § 304, Rn. 69, bei völlig unvoraussehbaren Veränderungen.
687 Vgl. BGH v. 15.06.1992, NJW 1992, S. 2760/2762 „ASEA/BBC".
688 Vgl. BGH v. 07.05.1979, BB 1979, S. 1059 = DB 1979, S. 1596.

bb) Der Abfindungsanspruch

326 Außer der Ausgleichszahlung muss ein aktienrechtlicher Beherrschungs- oder ein GAV die Verpflichtung der Obergesellschaft enthalten, auf Verlangen eines außenstehenden Aktionärs dessen Aktien gegen eine im Vertrag bestimmte angemessene Abfindung zu erwerben (§ 305 Abs. 1 AktG). Das Fehlen von Regelungen über den Abfindungsanspruch oder ihre Unangemessenheit machen den Unternehmensvertrag nicht nichtig, anders als dies in § 304 Abs. 3 S. 1 AktG vorgesehen ist; es bleibt das durch § 305 Abs. 5 S. 2 AktG eingeräumte Recht, die gerichtliche Bestimmung der Abfindung zu verlangen[689]. In welcher Weise die Abfindung zu erbringen ist, richtet sich nach der Rechtsform und dem Sitz des herrschenden Unternehmens.

a) Der andere Vertragsteil ist eine nicht abhängige und nicht in Mehrheitsbesitz stehende AG oder KGaA mit Sitz in einem Mitgliedstaat der EU oder einem Vertragsstaat des EWR: **Abfindung durch eigene Aktien dieser Gesellschaft** (§ 305 Abs. 2 Nr. 1 AktG). Der Erwerb eigener Aktien ist zu diesem Zweck zulässig (§ 71 Abs. 1 Nr. 3 AktG).

b) Der andere Vertragsteil ist eine AG oder KGaA, die von einer anderen AG oder KGaA mit Sitz in einem Mitgliedstaat der EU oder des EWR abhängig ist oder in deren Mehrheitsbesitz steht: Abfindung entweder durch **Aktien** der ihr **übergeordneten** herrschenden oder mit Mehrheit beteiligten **Gesellschaft** oder **Barabfindung** (§ 305 Abs. 2 Nr. 2 AktG). Die Wahl zwischen diesen Möglichkeiten haben die Vertragschließenden, nicht die Minderheitsaktionäre[690].

c) In allen anderen Fällen: **Barabfindung**, § 305 Abs. 2 Nr. 3 AktG.

Das Angebot zur Abfindung in Aktien oder – soweit in Betracht kommend – durch Barleistung enthält eine Option zugunsten des Minderheitsgesellschafters. Das Angebot richtet sich auf den Erwerb der Aktien des Minderheitsaktionärs durch Veräußerung oder Tausch. Der außenstehende Aktionär, also das nicht mit dem anderen Vertragsteil qualifiziert verbundene Unternehmen, ist der Berechtigte, Schuldner der Abfindungsverpflichtung ist der andere Vertragsteil, und zwar auch dann, wenn die Abfindung durch Lieferung von Aktien an der herrschenden Gesellschaft geleistet wird[691]. Der Abschluss eines Beherrschungsvertrages und eines GAV zwischen einer Untergesellschaft und einer von der Obergesellschaft abhängigen Zwischengesellschaft in der Rechtsform der GmbH stellt keinen Rechtsmissbrauch dar, auch wenn bei Abschluss mit der Obergesellschaft in der Rechtsform einer AG von dieser eigene Aktien als Ausgleich angeboten werden müssten[692].

327 Im Fall des Aktienangebots verweist das Gesetz für die Feststellung der Angemessenheit auf die bei der Verschmelzung zweier AG geltenden Grundsätze. Nach Rspr. und Rechtslehre kommt es bei der Verschmelzung für das Umtauschverhältnis auf den **Unternehmenswert** beider Gesellschaften an, aus denen der Anteilswert zu entwickeln ist[693]. Unter „angemessen" ist daher nur eine Abfindung zu verstehen, durch die der außenstehende Aktionär den vollen Wert seiner Aktien, bemessen nach deren Anteil am Wert

---

689 Vgl. BGH v. 15.06.1992, NJW 1992, S. 2760/2762 „ASEA/BBC"; v. 20.05.1997, NJW 1997, S. 2242; h.M.: vgl. *Emmerich/Habersack*, Aktien- und GmbH-Konzernrecht⁶, § 305, Rn. 82 ff.; *Hüffer*, AktG⁹, § 305, Rn. 29.
690 H.M.: *Paulsen* in MünchKomm. AktG³, § 305, Rn. 58; *Hüffer*, AktG⁹, § 305, Rn. 15.
691 *Stephan* in Schmidt/Lutter, AktG, § 305, Rn. 13 ff. und 27 f.
692 OLG Frankfurt v. 26.08.2009, AG 2010, S. 369.
693 *Hüffer*, AktG⁹, § 305, Rn. 17; *Krieger* in MünchHdb. AG³, § 70, Rn. 127; OLG Düsseldorf v. 02.08.1994, AG 1995, S. 85.

des lebenden Unternehmens, bekommt⁶⁹⁴. Damit scheidet z.B. der Bilanzwert des Eigenkapitals aus der Betrachtung aus. Das gilt gleichermaßen in Fällen der Abfindung in Aktien oder der Barabfindung⁶⁹⁵.

Bewertungszweck ist die Feststellung des Grenzpreises für den außenstehenden Aktionär. **328**
Die Wertfindung erfolgte nach bisher überwiegender Praxis durch Ableitung aus dem Ertragswert oder einer Discounted-Cashflow-Methode (DCF-Methode); zumindest theoretisch denkbar ist die Anwendung anderer Verfahren (z.B. Buchwert, Substanzwert, Wert nach dem sog. Stuttgarter Verfahren), auch wenn sie sich in der Praxis regelmäßig als untauglich erwiesen haben, den dem vollen Wert entsprechenden Grenzpreis abzubilden⁶⁹⁶. Zu ermitteln ist der Wert, der dem Unternehmen ohne Abschluss des Unternehmensvertrages beizumessen wäre. Die Ertragswertmethode ist jedoch nach wie vor nicht rechtsverbindlich vorgeschrieben⁶⁹⁷, gleichwohl wird sie von der Rspr. als geeignete Methode betrachtet⁶⁹⁸. Die Methodik der Ertragswertmethode zur Ermittlung eines Unternehmenswerts wird in *IDW S 1* beschrieben. Es kann sinnvoll sein, in Ergänzung dieser Wertfindung auch betriebswirtschaftliche Kennzahlen zur Plausibilitätskontrolle des Umtauschverhältnisses heranzuziehen⁶⁹⁹; für die gerichtliche Überprüfung des Abfindungsverhältnisses haben diese jedoch keine Bedeutung⁷⁰⁰. Der Liquidationswert ist hingegen nicht von Bedeutung, wenn rechtlich oder tatsächlich ein Zwang zur Unternehmensfortführung besteht. In diesen Fällen stellt der Liquidationswert auch keine Wertuntergrenze dar⁷⁰¹. Die Berücksichtigung des Börsenkurses der oder eines der beteiligten Unternehmen war in der Vergangenheit stets abgelehnt worden; dem Börsenkurs wurde lediglich eine indizielle Wirkung beigemessen, da er im Übrigen nicht den wahren Wert widerspiegele⁷⁰². Hierzu vollzog sich ein Wandel in der Auffassung in der Literatur, die den Börsenkurs bei der Bewertung herangezogen sehen wollte⁷⁰³. Das BVerfG hat in einer jüngsten Entscheidung nochmals klargestellt, dass das GG keine bestimmte Methode der Unternehmensbewertung vorschreibt.⁷⁰⁴ Gleichwohl bleibt es dabei, wie in einem Beschluss vom 27.04.1999 festgestellt⁷⁰⁵, dass als angemessene Abfindung oder angemessener Ausgleich nach §§ 304, 305 AktG sowie § 320b AktG der Wert von bör-

---

694 *Paulsen* in MünchKomm. AktG³, § 305, Rn. 72; *Emmerich/Habersack*, Aktien- und GmbH-Konzernrecht⁶, § 305, Rn. 37; aus der Rspr. BVerfG v. 25.07.2003, AG 2003, S. 624/625; BVerfG v. 30.05.2007, AG 2007, S. 697/698; BayObLG v. 29.09.1998, BayObLGZ 1998, S. 231/235; v. 11.09.2001, BayObLGZ 2001, S. 259/263; Hans. OLG Hamburg v. 31.07.2001, AG 2002, S. 406/407; OLG München v. 30.11.2006, AG 2007, S. 411; OLG Stuttgart v. 16.02.2007, AG 2007, S. 209/210; v. 06.07.2007, AG 2007, S. 705/709; *Koppensteiner* in Kölner Komm. AktG³, § 305, Rn. 50; *Dielmann/König*, AG 1984, S. 57.
695 *Hüffer*, AktG⁹, § 305, Rn. 18.
696 Aus der Rspr. vgl. OLG Celle v. 31.07.1998, AG 1999, S. 128/129; BayObLG v. 29.09.1998, BayObLGZ 1998, S. 231/235; OLG Düsseldorf v. 16.10.1990, AG 1991, S. 106; OLG Stuttgart v. 06.07.2007, AG 2007, S. 705/709; *Hüffer*, AktG⁹, § 305, Rn. 19; *Emmerich/Habersack*, Aktien- und GmbH-Konzernrecht⁶, § 305, Rn. 36.
697 Zu den Methoden *Emmerich/Habersack*, Konzernrecht⁹, § 22, Rn. 35; *Liebscher* in Beck AG-HB², § 15, Rn. 161 ff.; vorsichtig differenzierend: *Hüffer*, AktG⁹, § 305, Rn. 20.
698 OLG Stuttgart v. 22.09.2009, AG 2010, S. 42; OLG Düsseldorf v. 10.06.2009, AG 2009, S. 907.
699 *IDW S 1* i.d.F. 2008, FN-IDW 2008, S. 271, Tz. 14 ff.
700 OLG Düsseldorf v. 17.02.1984, DB 1984, S. 817; v. 11.04.1988, DB 1988, S. 1109.
701 OLG Düsseldorf v. 10.06.2009, AG 2009, S. 907/909 f.
702 Z.B. BGH v. 13.03.1978, BGHZ 71, S. 40/51 „Kali u. Salz"; OLG Düsseldorf v. 02.08.1994, AG 1995, S. 85; LG Frankfurt v. 01.10.1986, AG 1987, S. 315/317.
703 Z.B. *Bungert/Eckert*, BB 2000, S. 1845; *Großfeld*, BB 2000, S. 261; *Henze* in FS Lutter, S. 1101; *Hüttemann*, ZGR 2001, S. 454; *Martens*, AG 2003, S. 593; *Piltz*, ZGR 2001, S. 185; *Vetter*, ZIP 2000, S. 561; *Wilm*, NZG 2000, S. 234; *Luttermann*, ZIP 1999, S. 45; *Rodloff*, DB 1999, S. 1149; *Steinhauer*, AG 1999, S. 299.
704 BVerfG v. 26.04.2011, NZG 2011, S. 869 (870), mit Bezug auf BVerfG, NJW 2007, S. 3266 (3267), und NZG 2011, S. 235; *v.d. Linden*, EWiR 2011, S. 515.
705 BVerfG v. 27.04.1999, ZIP 1999, S. 1436/1441; vgl. aber weiterhin v. 10.12.1999, WM 2000, S. 136.

sennotierten Aktien nicht ohne Rücksicht auf den Börsenkurs zu ermitteln ist. In der Entscheidung werden Regelungen wie § 305 AktG oder § 320 AktG mit Art. 14 Abs. 1 GG als Inhalts- und Schrankenbestimmungen für vereinbar gehalten, wenn die berechtigten Interessen der Minderheitsaktionäre durch eine Abfindung, die den vollen Wert repräsentiert, und darauf gerichtete wirksame Rechtsbehelfe gewahrt werden. Der volle Wert der Aktien dürfe nicht ohne Berücksichtigung des Börsenwerts festgelegt werden, da dieser bei einer Desinvestitionsentscheidung realisierbar gewesen wäre[706]. Es hat v.a. festgestellt, dass der Börsenkurs bei der Abfindung i.d.R. nicht unterschritten werden darf[707]. Der Börsenkurs stellt nach Auffassung des BVerfG für den außenstehenden Aktionär die einzige Möglichkeit der Wertbestimmung dar. Das gilt auch bei Verschmelzung beiderseits börsennotierter Unternehmen im Konzern[708]. Ein Unterschreiten des Börsenkurses ist in Einzelfällen gerechtfertigt, wenn der Kurs z.b. durch die Enge des Marktes oder andere Umstände nicht den wahren Wert der Beteiligung widerspiegelt[709]. Eine Überschreitung des Börsenkurses durch den wahren Wert ist indes zulässig. Als maßgeblicher Börsenkurs ist ein gewichteter Durchschnittskurs über einen angemessenen Zeitraum vor Bekanntgabe des Vorhabens, einen Unternehmensvertrag abzuschließen, anzusehen[710]. Der maßgebliche Referenzzeitraum war weiterhin umstritten. Die Länge des Referenzzeitraums wird überwiegend mit drei Monaten angenommen; diese durch die Rspr. angenommene Zeitdauer wird im Allgemeinen als angemessen erachtet[711]. Unklar bleibt der Zeitpunkt, ab dem zurückzurechnen ist. Der BGH hatte die Frist mit der über den Unternehmensvertrag beschließenden HV beginnen lassen, was zu Verwerfungen führen kann, weil auch zu Manipulationszwecken vorgenommene Kursbeeinflussungen seit Bekanntgabe der Tagesordnung in die Bewertung einfließen[712]. Zweckmäßiger ist hingegen, die Frist ab dem Zeitpunkt der Ankündigung des Unternehmensvertrages zurückzurechnen[713]. Dem hat sich nunmehr der BGH angeschlossen. Im Beschluss vom 19.07.2010[714] hat der BGH die bisherige Auffassung aufgegeben und eine dreimonatige Referenzperiode vor der Bekanntmachung der Maßnahme als entscheidend festgestellt. Etwas anderes kann gelten, wenn die Bekanntmachung bereits wesentlich länger (im entschiedenen Fall neun Monate) vor der HV zurückliegt. Da das Gesetz beim Angebot von Aktien nur den Ausgleich von Spitzenbeträgen durch bare Zuzahlungen zulässt, scheiden gemischte Abfindungen aus. Es kann lediglich neben der angebotenen Abfindung in Aktien eine volle Barabfindung mit Wahlrecht des Aktionärs angeboten werden[715]. Ein wei-

---

706 BVerfG v. 27.04.1999, ZIP 1999, S. 1436/1441; v. 30.05.2007, AG 2007, S. 697/698.

707 *Hüffer*, AktG^9, § 305, Rn. 24b, mit zahlreichen Nachweisen.

708 LG Frankfurt v. 13.03.2009, ZIP 2009, S. 1322.

709 *Krieger* in MünchHdb. AG^3, § 70, Rn. 134; BVerfG v. 26.04.2011, NZG 2011, S. 869 (870); *Pluskat*, EWiR 2011, S. 479.

710 BGH v. 12.03.2001, NJW 2001, S. 2080; OLG Stuttgart v. 04.02.2000, NZG 2000, S. 744/745; LG München I v. 27.03.2000, AG 2001, S. 99/100; *Hüffer*, AktG^9, § 305, Rn. 24d; *Emmerich/Habersack*, Aktien- und GmbH-Konzernrecht^6, § 305, Rn. 46; *Paulsen* in MünchKomm. AktG^3, § 305, Rn. 85.

711 BGH v. 12.03.2001, AG 2001, S. 417/419 „DAT/Altana"; *Hüffer*, AktG^9, § 305, Rn. 24 f.; *Stephan* in Schmidt/Lutter, AktG, § 305, Rn. 103.

712 BGH v. 12.03.2001, BGHZ 147, S. 108 „DAT/Altana".

713 Fristbeginn ab HV: OLG Frankfurt v. 02.11.2006, AG 2007, S. 403/404; OLG München v. 11.07.2006, ZIP 2006, S. 1722/1725; Fristbeginn ab Bekanntgabe der Maßnahme: OLG Stuttgart v. 18.12.2009, NZG 2010, S. 388; keine Anfechtung wegen unzutreffenden Referenzzeitraums: LG München v. 09.06.2009, AG 2009, S. 918; dazu *Hüffer*, AktG^9, § 305, Rn. 24e; *Stephan* in Schmidt/Lutter, AktG, § 305, Rn. 105; *Beckmann*, WPg 2004, S. 620/623; *Maier-Reimer/Kolb* in FS W. Müller, 2001, S. 93/106; *Pluskat*, NZG 2008, S. 365; *Schenk* in Bürgers/Körber, AktG, § 305, Rn. 27.

714 BGH v. 19.07.2010 – II ZB 18/09 „Stollwerck" (download unter *www.bundesgerichtshof.de*); dazu *Bungert*, BB 2010, S. 2227 ff.

715 *Koppensteiner* in Kölner Komm. AktG^3, § 305, Rn. 49; *Paulsen* in MünchKomm. AktG^3, § 305, Rn. 144; *Hüffer*, AktG^9, § 305, Rn. 25.

terer Streitpunkt ist die Berücksichtigung von Synergie-(Verbund-)vorteilen. Nach der bisher maßgeblichen stand-alone-Betrachtung wurde dies im Regelfall abgelehnt[716]. Es besteht allerdings eine zunehmende Tendenz, Verbundeffekte zu berücksichtigen, da es sich um einen der übertragenden Gesellschaft anhaftenden Wert handeln solle. Die Rspr. hierzu ist weitgehend ablehnend[717]. Jedenfalls ist eine angemessene Aufteilung der Vorteile zwischen den beteiligten Unternehmen geboten[718]. Das gilt v.a. für „unechte", nicht auf dem Unternehmensvertrag beruhende Synergien, die infolge hinreichender Konkretisierung bei der Planung berücksichtigt werden konnten[719]. Steuerliche Verlustvorträge sind bei der Bewertung zu berücksichtigen[720]. Da durch die Abfindung in Aktien eine vergleichende Bewertung des herrschenden und des abhängigen Unternehmens erforderlich wird, ist bei den Bewertungen nach gleichen Methoden vorzugehen. Nach den Feststellungen des BVerfG ist es gleichwohl nicht geboten, den Börsenkurs als den Höchstwert des anderen Vertragsteils anzusehen[721]; aus dem der Entscheidung ebenfalls zu entnehmenden Grundsatz der Methodengleichheit ist vielmehr auch der höhere Börsenkurs des herrschenden Unternehmens heranzuziehen. Offen bleibt, wie zu verfahren ist, wenn nur eines der beteiligten Unternehmen börsennotiert ist. In diesen Fällen sollte dem Grundsatz der Methodengleichheit der Vorzug gegeben werden.

Für den Fall der **Barabfindung** enthielt das AktG 1965 insoweit eine eindeutige Regelung, als es bestimmte, dass die Vermögens- und Ertragslage der Gesellschaft im Zeitpunkt der Beschlussfassung ihrer HV über den Vertrag berücksichtigt werden musste. Damit war vorgegeben, dass es für die Bemessung der Abfindung nicht allein auf den Kurswert der Aktien ankommt[722]. Dies galt grundsätzlich auch nach der – so die Gesetzesbegründung (BT-Drs. 12/6699, S. 169) – mit dem Gesetz zur Bereinigung des Umwandlungsrechts (BGBl. I 1994, S. 3210) vorgenommenen rein redaktionellen Anpassung des Wortlauts des § 305 Abs. 3 S. 2 AktG an § 30 UmwG. Infolge der Entscheidung des BVerfG v. 27.04.1999 muss diese Auffassung jedoch als überholt gelten; die Überlegungen unter Tz. 328 gelten entsprechend. Auch die Barabfindung ist in Höhe des vollen Werts des Gesamtunternehmens unter Berücksichtigung des Börsenkurses zu bestimmen. Anders als in § 304 AktG ist jedoch nicht vorgeschrieben, dass bei der Beurteilung von der vollen Ausschüttung des Gewinns auszugehen ist. Entscheidend ist der Anteil am inneren Wert der Gesellschaft[723]; die Barabfindung hat dem vollen Wert des Anteils am Gesamtunternehmen zu entsprechen. Damit sind auch die hier allgemein üblichen Bewertungsmethoden anzuwenden, wie sie v.a. zur Ermittlung von Abfindungen bei Umwandlungen

329

---

716 Z.B. BGH v. 04.03.1995, ZIP 1998, S. 690/691; OLG Düsseldorf v. 26.09.1997, AG 1998, S. 37/38; BayOblG v. 11.12.1995, AG 1996, S. 176/178 und S. 127/128.
717 BGH v. 04.03.1998, NJW 1998, S. 1866; BayObLG v. 19.10.1995, AG 1996, S. 127/128; OLG Celle v. 31.07.1998, AG 1999, S. 128/130; OLG Düsseldorf v. 26.09.1997, AG 1998, S. 37/38; OLG Düsseldorf v. 12.11.1999, AG 2000, S. 323.
718 *Krieger* in MünchHdb. AG³, § 70, Rn. 132; *Fleischer*, ZGR 1997, S. 368/398.
719 BGH v. 12.03.2001, AG 2001, S. 417/419; *Stephan* in Schmidt/Lutter, AktG, § 305, Rn. 69.
720 OLG München v. 17.07.2007, AG 2008, S. 28/31, 32.
721 BVerfG v. 27.04.1999, NJW 1999, S. 3769; v. 08.09.1999, AG 2000, S. 40/41; krit. dazu *Hüffer*, AktG⁹, § 305, Rn. 24g, h.
722 Begr. zu § 305, *Kropff*, AktG, S. 399; *Albach*, AG 1966, S. 180/183; *Würdinger* in Großkomm. AktG³, § 305, Rn. 13; BGH v. 30.03.1967, NJW 1967, S. 1464.
723 Zur Barabfindung bei stimmrechtslosen Vorzugsaktien: OLG Düsseldorf v. 08.06.1973, BB 1973, S. 910. Zum Sonderfall der Bemessung der Barabfindung nach zwar erfolgter faktischer Eingliederung OLG Düsseldorf, v. 07.06.1990, DB 1990, S. 1394; zur Unternehmensbewertung vgl. *IDW S 1* i.d.F. 2008, FN-IDW 2008, S. 271.

praktiziert wurden[724]. Der maßgebliche Stichtag für die Wertermittlung ist der Tag der Beschlussfassung der HV[725]. Seit dem Bewertungsstichtag bis zum Tag der Beschlussfassung ist die Abfindung aufzuzinsen[726]. Haben Aktionäre zu Recht Ausgleichszahlungen angenommen, könnte die rückwirkend ab Wirksamwerden des Vertrages einsetzende Verzinsung der Abfindung zu einer Doppelbegünstigung führen. Nach BGH sind Ausgleichsleistungen auf Abfindungszinsen aber nur auf diese anzurechnen[727].

330 Da die Verpflichtung zum Erwerb der Aktien zu einer erheblichen Belastung des anderen Vertragsteils führen kann, ist eine **Befristung** der Übernahmeverpflichtung zulässig (§ 305 Abs. 4 S. 1 AktG). Sie muss bereits im Unternehmensvertrag ausdrücklich enthalten sein. Die gesetzliche Mindestfrist endet zwei Monate nach dem Tag, an dem das letzte der Blätter erschienen ist, in dem die Bekanntmachung über die Eintragung des Unternehmensvertrages enthalten ist (vgl. im Einzelnen § 305 Abs. 4 AktG). Die Frist verlängert sich, wenn die Bestimmung der Abfindung im Spruchverfahren beantragt worden war, bis zur Bekanntmachung der gerichtlichen Entscheidung im BAnz (§ 305 Abs. 4 S. 3 AktG).

331 Der Zustimmungsbeschluss der HV kann nicht deswegen angefochten werden, weil der Vertrag keine oder keine angemessene Abfindung vorsieht (§ 305 Abs. 5 S. 1 AktG). Der Aktionär hat vielmehr nur das Recht, eine gerichtliche Entscheidung zu beantragen, wenn der Vertrag überhaupt keine oder keine den Vorschriften des § 305 Abs. 1 bis 3 AktG entsprechende Abfindung vorsieht. Es tritt also nicht wie beim Fehlen des Ausgleichs (§ 304 Abs. 3 S. 1 AktG) Nichtigkeit des Vertrages ein. Zuständig ist das LG, in dessen Bezirk die abhängige Gesellschaft ihren Sitz hat (§ 21 SpruchG). Das Verfahren richtet sich nach dem SpruchG[728].

332 Strittig ist, ob eine gerichtliche Erhöhung der Abfindung auch zugunsten von Aktionären wirkt, die von dem Abfindungsangebot schon vorher Gebrauch gemacht haben. Die Frage ist mit § 13 S. 2 SpruchG zu bejahen[729]. Bei Erhöhung der Barabfindung ist der Erhöhungsbetrag vom Tag der Bekanntmachung der Eintragung an seit der Änderung von § 305 Abs. 3 S. 3 AktG mit 5 v.H. über dem Basiszinssatz nach § 247 BGB zu verzinsen[730]. Hierüber entscheidet das Gericht von Amts wegen; ein weitergehender Schaden (Verzugszinsen) kann nicht im Spruchverfahren, sondern nur im Zivilprozess mit Leistungsklage verfolgt werden[731].

---

724 Vgl. zu Bewertungsgrundsätzen BGH v. 13.03.1978, BB 1978, S. 776 = DB 1978, S. 974; OLG Celle v. 04.04.1979, DB 1979, S. 1031; OLG Hamburg v. 17.08.1979, AG 1980, S. 162; LG Dortmund v. 31.10.1980, AG 1981, S. 236, v. 16.11.1981, AG 1981, S. 257; LG Berlin v. 24.11.1982, AG 1983, S. 135 = BB 1983, S. 1432; LG Frankfurt v. 08.12.1982, AG 1983, S. 137 = BB 1983, S. 1432, sowie AG 1985, S. 58; OLG Düsseldorf v. 17.02.1984, BB 1984, S. 742 = DB 1984, S. 817; sowie v. 11.03.1988, DB 1988, S. 1109; BGH v. 24.09.1984, NJW 1985, S. 192; OLG Düsseldorf v. 12.02.1992, AG 1992, S. 200/203; BayObLG v. 31.05.1995, AG 1995, S. 509.

725 LG Hannover v. 16.06.1977, AG 1977, S. 346; BGH v. 04.03.1998, NJW 1998, S. 1866; OLG München v. 17.07.2007, AG 2008, S. 28/31; *Koppensteiner* in Kölner Komm. AktG³, § 305, Rn. 59.

726 OLG Celle v. 31.07.1998, AG 1999, S. 128/131; *Busch*, AG 1993, S. 1/3.

727 BGH v. 16.09.2002, NJW 2002, S. 3467; BGH v. 02.06.2001, ZIP 2003, S. 1923; *Hüffer*, AktG⁹, § 305, Rn. 26b, m.w.N.

728 *Hüffer* AktG⁹, Anh. § 305; *Klöcker/Frowein*, Spruchverfahrensgesetz.

729 *Emmerich/Habersack*, Aktien- und GmbH-Konzernrecht⁶, § 305, Rn. 86; *Hüffer*, AktG⁹, § 305, Rn. 32.

730 Zur Anrechnung von Ausgleichsleistungen auf Abfindungszinsen nach § 305 Abs. 3 S. 3 AktG BGH v. 16.09.2002, NZG 2002, S. 1057; v. 02.06.2003, NZG 2003, S. 1113; zum bisherigen Recht OLG Celle v. 04.04.1979, BB 1981, S. 1234; ARUG v. 30.07.2009, BGBl. I 2009, S. 2479.

731 *Klöcker/Frowein*, Spruchverfahrensgesetz, § 11, Rn. 4.

V. Verbundene Unternehmen im Dritten Buch des Handelsgesetzbuches

1. Bedeutung des Begriffs der verbundenen Unternehmen im Dritten Buch des Handelsgesetzbuches

Die Umsetzung der Regelungen der 7. EG-RL brachte es mit sich, dass neben die aktienrechtlichen Bestimmungen über verbundene Unternehmen weitere Bestimmungen traten, die nur für die **Rechnungslegung** Anwendung finden. Außerhalb der Vorschriften des HGB über JA und KA sowie des PublG hat der handelsrechtliche Begriff der verbundenen Unternehmen keine Gültigkeit. Die aktienrechtlichen und die handelsrechtlichen auf die Rechnungslegung bezogenen Begriffe sind in den jeweiligen Normenkomplexen jeweils unabhängig voneinander anwendbar[732]. 333

Im Recht der Rechnungslegung soll mit dem Anknüpfen an den Begriff des verbundenen Unternehmens auf die sich aus dem Näheverhältnis von Unternehmen ggf. ergebenden wirtschaftlichen Verflechtungen hingewiesen werden, um dadurch das tatsächliche Bild der Vermögens-, Finanz- und Ertragslage zu verdeutlichen. Diese Herausstellung ist erforderlich, da zwischen verbundenen Unternehmen die Möglichkeit besteht, rechtliche und wirtschaftliche Verhältnisse zu schaffen, die von marktüblichen Bedingungen abweichen können[733]. Im Hinblick darauf ist es gerechtfertigt, bestimmte Posten des JA, die solche Einflüsse widerspiegeln können, besonders herauszuheben. 334

Verbundene Unternehmen finden im Dritten Buch des HGB in verschiedenen Bestimmungen Berücksichtigung. Hierbei geht es in erster Linie um den gesonderten Ausweis von Posten in der Bilanz und der GuV, um gesonderte Angaben zu Haftungsverhältnissen und um zusätzliche Angaben im Anhang. Darüber hinaus führt das Bestehen einer handelsrechtlichen Unternehmensverbindung zum Ausschluss von bestimmten Personen oder Gesellschaften als APr., zu erweiterten Schadensersatzpflichten des APr. und zu erweiterten Strafandrohungen[734]. 335

Das BilMoG hat in § 285 Nr. 21 HGB den Begriff der nahe stehenden Unternehmen und Personen eingeführt[735]. Dieser Begriff ist IAS 24 entnommen und entsprechend dieser Norm zu verstehen[736]. Ziel der Regelung ist eine weitreichende Transparenz, die über die Angaben zu verbundenen Unternehmen hinausgeht. 336

2. Begriff des „Unternehmens" im Dritten Buch des HGB

Der Begriff **„Unternehmen"** ist im Dritten Buch des HGB von Bedeutung für TU (z.B. in §§ 271 Abs. 2, 290 Abs. 1 S. 1 HGB), für MU v.a. im Zusammenhang mit der freiwilligen Aufstellung eines befreienden KA, die „jedem Unternehmen unabhängig von seiner Rechtsform" unter bestimmten Voraussetzungen gestattet ist (§ 291 Abs. 1 S. 2 HGB). Dagegen ist die Pflicht zur Aufstellung eines JA an den Begriff **„Kaufmann"** geknüpft (§ 242 HGB), mit ergänzenden Vorschriften für die Aufstellung von JA der „KapGes." (§§ 264–289a HGB) und der PersGes. ohne natürliche Person in Vollhafterposition (GmbH & Co KG (§ 264a HGB, eingefügt durch das KapCoRiLiG vom 24.02.2000)); die Pflicht zur Konzernrechnungslegung im HGB ist ebenfalls den „KapGes." und PersGes. 337

---

732 Vgl. hierzu Tz. 340 ff.
733 Vgl. auch *ADS⁶*, § 271 HGB, Tz. 34; *Küting* in HdR⁵, § 271, Rn. 86; *Hachmeister* in HdJ, Abt. II/3, Rn. 27.
734 Vgl. Tz. 32 ff.; *ADS⁶*, § 271 HGB, Tz. 35.
735 Vgl. *Küting* in HdR⁵, § 271, Rn. 156 ff.
736 *IDW RS HFA 33*, Tz. 8.

ohne natürliche Person in Vollhafterposition auferlegt (§ 290 Abs. 1 S. 1 HGB). Infolgedessen kommt es insoweit auf den Unternehmensbegriff nicht an.

338 Im Hinblick auf TU sowie MU im Fall des § 291 Abs. 1 S. 2 HGB stellt sich auch im Dritten Buch des HGB, ähnlich wie im AktG, die Frage, was unter einem „**Unternehmen**" zu verstehen ist. Soll es sich dabei, wie dies *Geßler* für in Mehrheitsbesitz stehende, abhängige oder konzernverbundene Unternehmen im AktG vertrat, um „jede rechtlich besonders organisierte Vermögenseinheit" handeln[737]? Und wenn, wo liegen bei einer derartigen Definition die Grenzen des Unternehmensbegriffs, konkret also: welche „Vermögenseinheiten" wären danach als TU in den KA einzubeziehen?

339 Der **Gesetzgeber** hat im BiRiLiG offenbar eine **Definition** des Unternehmensbegriffs nicht als erforderlich angesehen, sondern dürfte davon ausgegangen sein, dass sich dieser Begriff von der Sache her, aus dem Zusammenhang mit der Rechnungslegung des Kaufmanns und der KapGes., von selbst versteht[738]. **Vorgesehen war** eine Definition im Entwurf eines Gesetzes zur Durchführung der 4. EG-RL vom 26.08.1983 (§ 236 Abs. 1 und 3, BT-Drs. 10/317), und zwar dahin gehend, dass im Rahmen des Dritten Buches des HGB der Unternehmensbegriff eingegrenzt werden sollte auf Unternehmen, die Kaufmann sind (§§ 1, 2, 3, 6 HGB) oder als solcher gelten, kurz gesagt also auf Unternehmen, die eine kaufmännische Rechnungslegung haben. Dieses Vorhaben wurde jedoch in Anpassung an die Definition des verbundenen Unternehmens in Art. 41 der 7. EG-RL[739] vom deutschen Gesetzgeber im Entwurf eines Gesetzes zur Durchführung der Siebenten und Achten EG-RL wieder aufgegeben[740]. Eine allgemeingültige Konkretisierung des Begriffs hat auch das Handelsrechtsreformgesetz vom 22.06.1998 – entgegen manchen Erwartungen – nicht gebracht[741].

a) Kein allgemeingültiger Unternehmensbegriff und keine Bindung an den Unternehmensbegriff des AktG

340 Nach allgemein anerkannter Ansicht ist davon auszugehen, dass es einen **einheitlichen, für alle Rechtsbereiche geltenden Unternehmensbegriff nicht gibt,** dass dieser Begriff vielmehr je nach der Zweckbestimmung des betreffenden Gesetzes einen anderen Inhalt haben kann[742]. Deshalb muss die Frage, was ein Unternehmen i.S.d. Dritten Buches des HGB ist, nach Wortlaut und Zweckbestimmung des HGB und nach dem Sachzusammenhang, in dem das Wort Unternehmen verwendet wird, beantwortet werden[743].

341 Eine Bindung an den Unternehmensbegriff des AktG besteht für den Unternehmensbegriff des HGB nicht. Weder ist eine solche Bindung im HGB festgeschrieben noch ergibt sie sich als Folge der sachlichen Verknüpfungen zwischen dem AktG und der im Dritten Buch des HGB geregelten Rechnungslegung der KapGes. In diesem Zusammenhang ist

---

737 *Geßler* in Geßler u.a., AktG, § 15, Rn. 59. Ein Geschäftsbetrieb (oder gar ein kaufmännischer) muss nach *Geßler* nicht gegeben sein; so auch die h.M.: vgl. *Bayer* in MünchKomm. AktG³, § 15, Rn. 48, m.w.N.
738 Näheres auch zu den Gesetzesmaterialien bei *Zilias*, DB 1986, S. 1110, dort unter Nr. 2 (S. 1111).
739 Vom 13.06.1983, Abl.EG, Nr. L 193, S. 1.
740 Begr. RegE, BT-Drs. 10/3440, S. 34.
741 Vgl. Hinweis in ZRP 1993, S. 456; *Schmidt, K.*, DB 1994, S. 515, mit einem Vorschlag für eine Legaldefinition des Unternehmens.
742 So h.M.: vgl. *Merkt* in Baumbach/Hopt, HGB³⁴, § 271, Rn. 10; *ADS*⁶, § 271 HGB, Tz. 11; *Petersen/Zwirner*, DB 2008, S. 481.
743 KG v. 12.01.1960, BB 1960, S. 385; *Bayer* in MünchKomm. AktG³, § 15, Rn. 10; *Kropff*, BB 1965, S. 1281, 1285; *ADS*⁶, § 271 HGB, Tz. 11. Wie der Unternehmensbegriff im PublG aufzufassen ist, richtet sich somit nach Wortlaut und Zielrichtung des PublG. Ob und ggf. inwiefern sich der Unternehmensbegriff des PublG hiernach von dem Begriff im Dritten Buch des HGB unterscheidet, ist im vorliegenden Zusammenhang nicht zu untersuchen.

bedeutsam, dass die Unternehmensverbindungen der §§ 15–19 AktG nicht nur für die Rechnungslegung bestimmt waren (wie die insoweit jetzt an deren Stelle getretene Definition der verbundenen Unternehmen in § 271 Abs. 2 HGB). Vielmehr sind die §§ 15–19 AktG – und dies auch weiterhin – Anknüpfungspunkt für eine Reihe von mehr oder weniger komplexen gesetzlichen Regelungen, bei denen speziellere Ziele im Vordergrund stehen als bei der Rechnungslegung (so z.B. der Schutz außenstehender Aktionäre in §§ 311 ff. AktG). Zudem ist der Unternehmensbegriff des AktG noch weitgehend ungeklärt[744].

b) Bestimmung des Unternehmensbegriffs für die Rechnungslegung im Dritten Buch des HGB für Tochterunternehmen

Im Bereich der Rechnungslegung liegt es nahe, den Unternehmensbegriff mit der Pflicht zur kaufmännischen Buchführung zu verknüpfen. Dann können TU nur solche Unternehmen sein, die eine kaufmännische Rechnungslegung haben müssen (§§ 238, 242 HGB i.V.m. §§ 1, 2, 3, 6 HGB, § 263 HGB sowie Verweisungen in Spezialgesetzen, z.B. in § 17 Abs. 2 GenG, § 16 S. 2 VAG)[745]. **342**

Die Verpflichtung zu kaufmännischer Rechnungslegung als wesentliches Kriterium für TU fügt sich konsequent in die Vorschriften über die Konzernrechnungslegung ein. Die Konzernrechnungslegung muss auf den EA der einzubeziehenden Unternehmen aufbauen. In § 294 Abs. 3 S. 1 HGB werden daher die TU u.a. verpflichtet, „ihre JA" dem MU „einzureichen". Diese Verpflichtung setzt ihrerseits voraus, dass überhaupt JA aufgestellt werden. Wer JA aufzustellen hat und in welcher Form, ist im Dritten Buch des HGB im Ersten Abschnitt (§§ 242–263 HGB) und im Zweiten Abschnitt, Erster Unterabschnitt (§§ 264–289a HGB), geregelt: alle Kaufleute (mit Ausnahme der Einzelkaufleute i.S.d. § 241a HGB), mit zusätzlichen Anforderungen an die JA der KapGes. und PersGes. ohne natürliche Person in Vollhafterposition. Dass hieran der Zweite Unterabschnitt (§§ 290–315a HGB) mit den Bestimmungen über die Konzernrechnungslegung unmittelbar anschließt, macht den inneren Zusammenhang der Vorschriften im Dritten Buch des HGB besonders deutlich. Diesem auch gesetzessystematisch zum Ausdruck kommenden Zusammenhang entspricht die hier vertretene Auffassung des Unternehmensbegriffs: Nur wer nach den vorgenannten allgemeinen Vorschriften zur kaufmännischen Rechnungslegung verpflichtet ist, kann als TU in den KA einzubeziehen sein[746]. **343**

c) Bestimmung des Unternehmensbegriffs für die Rechnungslegung im Dritten Buch des HGB für Mutterunternehmen

MU i.S.d. § 290 Abs. 1 S. 1 HGB können nur **KapGes.** mit Sitz im Inland sein, inklusiv PersGes. ohne natürliche Person in Vollhafterposition. Deren Unternehmenseigenschaft steht außer Frage. Eine derartige Festlegung wird in § 291 Abs. 1 HGB nicht getroffen. MU i.S.d. § 291 Abs. 1 S. 2 HGB kann jedes Unternehmen unabhängig von seiner Rechtsform sein. Hierdurch wird die Frage aufgeworfen, ob es gerechtfertigt ist, Unternehmen i.S.d. funktionalen Unternehmensbegriffs als selbständige Träger unternehme- **344**

---

744 Vgl. hierzu Tz. 41 ff.; *Hüffer*, AktG[9,] § 15, Rn. 7; *Emmerich* in Emmerich/Habersack, Aktien- und GmbH-Konzernrecht[6], § 15, Rn. 9 ff.
745 *Merkt* in Baumbach/Hopt, HGB[34], § 271, Rn. 9.
746 § 294 Abs. 3 HGB enthält keine zusätzliche gesetzliche Verpflichtung zur Aufstellung von JA, die sich allein auf die Konzernzugehörigkeit gründen würde und zu den in den allgemeinen Vorschriften geregelten Fällen der Rechnungslegungspflicht hinzuträte; dazu *Zilias*, DB 1986, S. 1111, mit weiteren Gesichtspunkten. *ADS*[6], § 271 HGB, Tz. 11, differenziert nicht zwischen MU und TU. Nach der hier vorgenommenen Auslegung können nur Stiftungen, Körperschaften und Anstalten des öffentlichen Rechts, BGB-Gesellschaften und Privatpersonen nicht TU sein.

rischer Planungs- und Entscheidungsgewalt – und damit weiter als unter b) dargestellt – zu begreifen[747].

345 Hinsichtlich des MU in § 291 Abs. 1 S. 2 HGB wird jedoch im Bericht des Rechtsausschusses angemerkt, dass „Privatpersonen, Bund, Länder und Gemeinden" als MU im Sinn dieser Vorschrift ausscheiden[748]. Dies liegt auf der Linie der hier vertretenen Auffassung zum Unternehmensbegriff im Dritten Buch des HGB. Auch in den Fällen, in denen es nach § 17 AktG angemessen sein kann, einen maßgebend an einer KapGes. beteiligten Privatmann, der außerhalb dieser KapGes. ein so starkes unternehmerisches Fremdinteresse hat und dadurch die Besorgnis begründet, er könne um dessentwillen seinen Einfluss zum Nachteil der KapGes. geltend machen, als herrschendes Unternehmen[749] zu behandeln, besteht keine Unternehmenseigenschaft i.S.d. Konzernrechnungslegung[750].

346 Unternehmen der **öffentlichen Hand,** die gem. § 263 HGB zur kaufmännischen Rechnungslegung verpflichtet sind, können dagegen MU i.S.d. § 291 Abs. 1 S. 2 HGB sein.

d) Ausländische Unternehmen

347 Bei ausländischen TU und MU i.S.d. §§ 291 Abs. 1 S. 2, 292 Abs. 1 S. 1 HGB kann die Unternehmenseigenschaft nicht von der kaufmännischen Rechnungslegung nach den Vorschriften des HGB abhängig sein, da sie nicht der Buchführung und Rechnungslegung des deutschen Rechts unterliegen. Ausländische Unternehmen erfüllen die Voraussetzungen des Unternehmensbegriffs, wenn sie nach dem an ihrem Sitz geltenden Recht in vergleichbarer Weise wie Kaufleute in der Bundesrepublik Deutschland zur Buchführung und Rechnungslegung verpflichtet sind[751] oder in anderer Weise als Unternehmen in Erscheinung treten[752].

3. „Verbundene Unternehmen" i.S.d. § 271 Abs. 2 HGB
a) Die Struktur des Begriffs „verbundene Unternehmen"

348 Nach § 271 Abs. 2 HGB ist jedes zum Konsolidierungskreis gehörende Unternehmen mit jedem anderen Unternehmen desselben Konsolidierungskreises verbunden. In § 290 HGB sowie in § 291 HGB und § 292 HGB i.V.m. § 1 S. 2 KonBefrV ist bestimmt, wer MU und wer TU ist. Die Brücke zu § 271 Abs. 2 HGB wird durch die Vorschrift in § 294 Abs. 1 HGB geschlagen, nach der das MU und alle seine TU in den KA einzubeziehen sind. In § 271 Abs. 2 HGB wird die Zugehörigkeit zum selben Konsolidierungskreis zum entscheidenden Kriterium für die Unternehmensverbindungen. Diese Struktur des Begriffs „verbundenes Unternehmen" besteht in gleicher Weise in den Fällen des KA nach § 290 HGB wie auch bei befreienden KA nach §§ 291, 292 HGB. Wird der KA nach § 315a

---
747 Hierfür *ADS⁶*, § 271 HGB, Tz. 2; *Scheffler* in BHdR, B 213, Rn. 131.
748 BT-Drs. 10/4268, S. 113; so auch *Kropff*, DB 1986, S. 364, Rn. 3, mit Bezug auf Art. 41 der 7. RL.
749 Vgl. das Urt. des BGH vom 16.02.1981, DB 1981, S. 931, sowie – mit entsprechender Argumentation – die Urteile über die Unternehmenseigenschaft der Bundesrepublik Deutschland v. 13.10.1977, WPg 1978, S. 80 = BB 1977, S. 1665, und die Unternehmereigenschaft des Landes Niedersachsen v. 17.03.1997, BB 1997, S. 1548, 1549. Hier ging es um den Begriff des „herrschenden Unternehmens" i.s.v. § 17 AktG und den hieran geknüpften Schutz der abhängigen Gesellschaft bzw. ihrer außenstehenden Gesellschafter, also um spezielle Zwecksetzungen, welche die Entscheidung über den Unternehmensbegriff maßgeblich bestimmt haben.
750 Vgl. *ADS⁶*, § 271 HGB, Tz. 10; *Merkt* in Baumbach/Hopt, HGB³⁴, § 271, Rn. 9.
751 Näheres bei *Zilias*, DB 1986, S. 1110/1112.
752 Auch hier gelten Privatpersonen, Bund, Länder und Gemeinden nicht als Unternehmen; bei ausländischen Wirtschaftseinheiten kann auf die Befolgung eigenständiger erwerbswirtschaftlicher Ziele im Rahmen einer nach außen hin auftretenden Organisation abgestellt werden; vgl. *ADS⁶*, § 271 HGB, Tz. 12.

HGB i. V. m. internationalen Rechnungslegungsstandards oder nach den §§ 291, 292 HGB nach einer anderen Rechtsordnung aufgestellt, so ist nicht geklärt, wie sich dies auf den Kreis der verbundenen Unternehmen auswirkt[753].

Letztlich ist es nach § 271 Abs. 2 HGB für die Unternehmensverbindungen unerheblich, welche direkten Beziehungen zwischen den einzelnen Konzernunternehmen bestehen, z.B. ob sie zueinander im Verhältnis MU – TU stehen oder Schwester-Unternehmen sind. Dass in den KA nur Unternehmen einzubeziehen sind, die MU oder TU sind, steht dem nicht entgegen, wenn auch der Wortlaut des § 271 Abs. 2 HGB hieran anknüpft; denn dies besagt nicht, dass nur jeweils MU und TU im Verhältnis zueinander verbundene Unternehmen sind, sondern grenzt lediglich den Kreis der einzubeziehenden Unternehmen ab, während die Rechtsfolge der Einbeziehung, die Unternehmensverbindung, alle Glieder eines Konsolidierungskreises umfasst. **349**

Dies entspricht auch Art. 41 Abs. 1 der 7. EG-RL, der wie folgt lautet: **350**

„Unternehmen, zwischen denen Beziehungen i.S.d. Art. 1 ... bestehen, sowie die übrigen Unternehmen, die mit einem der genannten Unternehmen in einer solchen Beziehung stehen, sind verbundene Unternehmen ..."

Diese allseitige Unternehmensverbindung stimmt mit der Struktur der Unternehmensverbindungen im Konzern des § 18 AktG überein, nur mit dem Unterschied, dass die Unternehmensverbindung dort an das Konzernverhältnis als solches anknüpft, nicht an die Einbeziehung in einen KA.

b) Die Definitionen in § 271 Abs. 2 HGB – Überblick

Der Begriff „verbundene Unternehmen" im Dritten Buch des HGB ist eng verknüpft mit den Begriffen von MU und TU in § 290 HGB. Von diesen Begriffen ist für die weitere Erläuterung auszugehen. **MU** ist, wer einen KA aufzustellen hat oder einen befreienden KA aufstellen kann. **TU** ist, wer in den KA eines MU einzubeziehen ist[754]. **351**

Die Definition der verbundenen Unternehmen knüpft hieran an. Verbundene Unternehmen sind nach dem Wortlaut von § 271 Abs. 2 HGB Unternehmen, **352**

a) die gem. § 290 HGB MU oder TU sind (oder beides zugleich, wenn das TU seinerseits ein TU hat und daher auch MU ist)

b) und in den KA eines MU nach den Vorschriften über die Vollkonsolidierung einzubeziehen sind, (1) das als oberstes MU den am weitestgehenden KA nach §§ 290 ff. HGB aufzustellen hat – auch wenn die Aufstellung unterbleibt (hier im Folgenden **1. Fallgruppe** genannt) oder (2) das einen befreienden KA nach § 291 HGB oder nach § 292 HGB i.V.m. §§ 1, 2 KonBefrV aufstellt – oder aufstellen könnte (im Folgenden **2. Fallgruppe** genannt),

c) wobei TU, die nach § 296 HGB nicht einbezogen werden, in beiden Fallgruppen ebenfalls verbundene Unternehmen sind.

Die Definition der verbundenen Unternehmen in § 271 Abs. 2 HGB stellt somit, vereinfachend ausgedrückt, auf die vorgeschriebene **Einbeziehung** von MU und TU in denselben KA ab, unabhängig davon, ob der KA aufgestellt wird. Ihre Anknüpfungspunkte, **353**

---

[753] Vgl. Tz. 392 f. und 431 ff.
[754] Hinzu kommen die Sonderfälle in § 296 HGB, bei denen es sich um TU handelt, die nicht in den KA einbezogen werden dürfen oder hinsichtlich derer ein Einbeziehungswahlrecht besteht; diese sind dennoch verbundene Unternehmen (§ 271 Abs. 2 HGB, letzter Halbsatz). Zur erweiterten Auslegung von § 271 Abs. 2 HGB siehe Tz. 466 ff.

die Begriffe MU und TU, die Pflicht zur Aufstellung eines KA und die Möglichkeit zur Aufstellung eines befreienden KA, finden sich in §§ 290, 291 und 292 HGB. Auf diese Vorschriften muss daher zurückgegriffen werden, wenn im konkreten Fall festgestellt werden sollte, ob Unternehmen i.S.v. § 271 Abs. 2 HGB miteinander verbunden sind[755]. Hierbei ergeben sich gewisse Regelungslücken bei § 271 Abs. 2 HGB[756].

354 Kapitalgesellschaften mit Sitz im Inland, die gem. § 271 Abs. 2 HGB mit einem **ausländischen Unternehmen** verbunden sind, unterliegen hinsichtlich dieser Unternehmensverbindung den Bestimmungen im Dritten Buch des HGB ebenso wie hinsichtlich inländischer verbundener Unternehmen; m.a.W.: sie müssen die Vorschriften, die an das Bestehen einer Unternehmensverbindung geknüpft sind, auch bezüglich der mit ihnen verbundenen ausländischen Unternehmen beachten.

355 Dagegen ist es für die Rechnungslegung eines inländischen Unternehmens nach dem HGB unerheblich, ob nach dem Recht des ausländischen Staates, in dem ein anderes Unternehmen seinen Sitz hat, eine Unternehmensverbindung zu dem im Inland ansässigen Unternehmen besteht. So sind z.B. Forderungen und Verbindlichkeiten einer KapGes. mit Sitz im Inland gegenüber einem im Ausland ansässigen Unternehmen nicht deshalb in deren Bilanz gesondert als solche auszuweisen (§ 266 Abs. 2 B II 2, Abs. 3 C 6 HGB), weil nach dem Recht des ausländischen Staates die beiden Unternehmen als verbunden gelten. Maßgebend für einen solchen Ausweis ist allein, ob die Unternehmen nach § 271 Abs. 2 HGB verbundene Unternehmen sind.

c) Mutter- oder Tochterunternehmen nach § 290 HGB

356 Die Bestimmung des Kreises der verbundenen Unternehmen gem. § 271 Abs. 2 HGB nimmt seinen Ausgang bei MU oder TU, die nach den Grundsätzen der Vollkonsolidierung in den KA des MU einzubeziehen sind. Zur Definition von MU oder TU wird auf die Erläuterungen zu § 290 HGB zurückgegriffen[757]. Die nachfolgend für „KapGes." dargestellten Grundsätze gelten in gleicher Weise für PersGes. ohne natürlichen Vollhafter i.S.v. § 264a HGB.

aa) Mutterunternehmen

357 MU sind nur dann verbundene Unternehmen, wenn sie

a) entweder als **KapGes.** (oder PersGes. i.S.v. § 264a HGB) mit Sitz im Inland nach § 290 HGB zur Konzernrechnungslegung verpflichtet sind (§ 271 Abs. 2 HGB, 1. Fallgruppe)

b) oder **als Unternehmen beliebiger Rechtsform** und unabhängig von ihrer Größe gem. § 291 HGB einen befreienden KA aufstellen oder aufstellen könnten; dabei ist es gleichgültig, ob sie ihren Sitz in der Bundesrepublik Deutschland, in einem anderen Mitgliedstaat der EU/des EWR oder in einem Staat haben, der gem. § 292 HGB i.V.m. der KonBefrV gleichgestellt ist (§ 271 Abs. 2 HGB, 2. Fallgruppe).

358 Die Pflicht zur Konzernrechnungslegung ist in § 290 HGB auf MU mit Sitz im Inland beschränkt. Ein MU mit Sitz im Ausland ist auch dann nicht nach deutschem Recht zur Konzernrechnungslegung verpflichtet, wenn es MU eines oder mehrerer TU mit Sitz in Deutschland ist. Dies entspricht dem Grundsatz, dass die Hoheitsgewalt eines Staates an

---

[755] Vgl. hierzu Erl. zu § 290 HGB; Kap. M Tz. 21.
[756] Vgl. hierzu Tz. 466 ff.
[757] Vgl. Kap. M Tz. 21.

den Staatsgrenzen endet. MU mit **Sitz im Ausland** haben aber ebenso wie MU mit Sitz im Inland unter den Voraussetzungen der §§ 291, 292 HGB die Möglichkeit, einen befreienden KA aufzustellen, und sind dann, auch wenn sie von dieser Möglichkeit keinen Gebrauch machen, nach deutschem Recht verbundene Unternehmen (§ 271 Abs. 2 HGB, 2. Fallgruppe)[758].

bb) Tochterunternehmen
(1) Unternehmensverbindungen gem. § 290 Abs. 1 HGB

Die **Zugehörigkeit zu demselben Konsolidierungskreis** ist in den Fällen, in denen nach § 290 Abs. 1 S. 1 HGB ein KA aufgestellt werden muss, das konstitutive Merkmal für die Unternehmensverbindungen. Dies gilt unabhängig davon, ob ein KA aufgestellt wird oder ob die Aufstellung unterbleibt. 359

In **§ 290 Abs. 1 S. 1 HGB** ist die Konsolidierungspflicht an die Möglichkeit einer KapGes. mit Sitz im Inland (MU) geknüpft, auf andere Unternehmen einen beherrschenden Einfluss auszuüben. Diese anderen Unternehmen werden als „TU" bezeichnet. 360

Der Gesetzgeber vermeidet es, in § 290 HGB von einem **„Konzern"** zu sprechen. Er hat auch davon abgesehen, in § 290 HGB eine unwiderlegbare Vermutung für das Bestehen eines Konzerns aufzustellen (z.B. in § 18 Abs. 1 S. 2 AktG) oder auch nur die entsprechende Anwendung der Vorschriften vorzuschreiben, die sich auf Konzerne beziehen. Ob eine einheitliche Konzernleitung i.S.v. § 18 Abs. 1 S. 1 AktG gegeben ist, ist für die Rechnungslegung nicht von praktischer Bedeutung, weil in § 290 HGB die Aufstellung eines „KA", zu dem der Konzernanhang gehört, und eines „Konzernlageberichts" vorgeschrieben ist, so dass es insoweit auf die Einordnung der Fälle in den Konzernbegriff nicht ankommt. Dies gilt für die Unternehmensverbindungen ebenfalls, weil auch in diesem Zusammenhang nicht auf die Zugehörigkeit zu einem Konzern abgestellt wird, sondern nur auf die Pflicht zur Einbeziehung in einen „KA" (§ 271 Abs. 2 HGB). 361

Es spielt im Übrigen keine Rolle, in welchem **ausländischen Staat** ein einzubeziehendes TU seinen Sitz hat. Auch wenn der Sitz in einem Staat liegt, der weder Mitglied der EU/ des EWR noch von der KonBefrV erfasst ist, bestehen die vorgenannten Unternehmensverbindungen. 362

(2) Insbesondere Unternehmensverbindungen durch Zurechnung gem. § 290 Abs. 3 HGB

Für die Reichweite der Unternehmensverbindungen nach § 290 Abs. 2 HGB sind die durch Zurechnung (§ 290 Abs. 3 S. 1 und 2 HGB) begründeten Unternehmensverbindungen von wesentlicher Bedeutung. Nach § 290 Abs. 3 HGB gelten als Rechte, die einem MU nach Abs. 2 zustehen, auch die einem TU zustehenden Rechte und die Rechte, die einer für Rechnung des MU oder eines TU handelnden Person zustehen. 363

Durch diese **Zurechnung** der Rechte bei dem MU (M), die ein TU (T) bei seinem TU (E) hat, wird nicht etwa die Unternehmensverbindung zwischen T und E aufgehoben. Vielmehr sind alle gem. § 294 Abs. 1 HGB zu konsolidierenden Unternehmen verbundene Unternehmen i.S.v. § 271 Abs. 2 HGB[759]. 364

Die Zurechnung von Anteilen bei einem in der Unternehmenshierarchie höher stehenden Unternehmen führt, ebenso wie im AktG (§ 16 Abs. 4 AktG), auch bei § 271 Abs. 2 HGB 365

---

758 *ADS*[6], § 290 HGB, Tz. 23.
759 Vgl. *ADS*[6], § 290 HGB, Tz. 133.

nicht zur Absorption der in der Unternehmenshierarchie niedriger stehenden Unternehmensverbindung; sie allein ist für Zwecke der Rechnungslegung jedoch nicht von Bedeutung[760].

366 Dagegen bleiben bei einem MU oder TU Rechte aus Anteilen, die es für Rechnung einer anderen Person (z.B. als Trh.) oder als Sicherheit hält, außer Ansatz (§ 290 Abs. 3 S. 3 Nr. 1 und 2 HGB). Rechte aus treuhänderisch gehaltenen Anteilen gelten ausschließlich als Rechte des Unternehmens, für dessen Rechnung die Anteile gehalten werden (§ 290 Abs. 3 S. 1 HGB); dazu sogleich (3)[761].

Die Zurechnung gem. § 290 Abs. 3 HGB wird in dem folgenden Schaubild verdeutlicht:

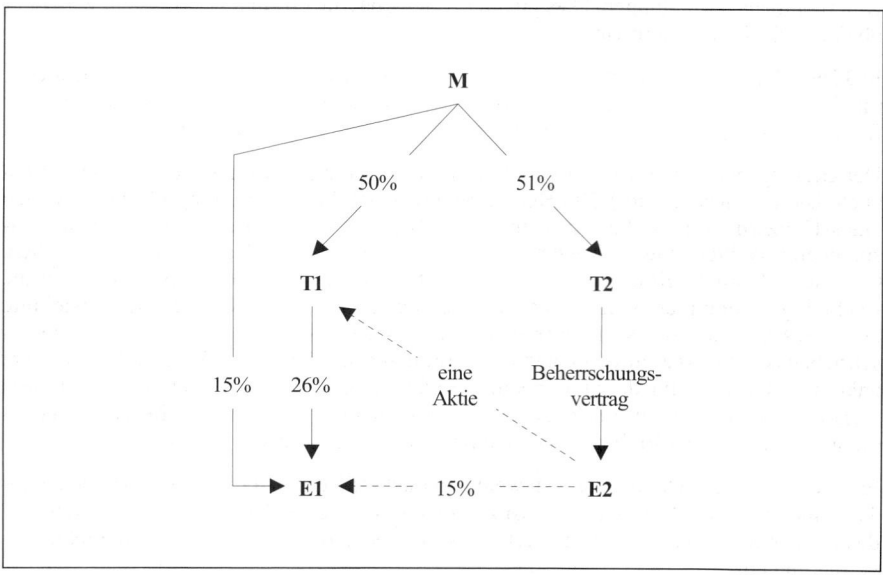

367 Betrachtet man ausschließlich die direkten Beziehungen von M zu T1 und E1, so wären M, T1 und E1 nach §§ 271 Abs. 2, 290 HGB nicht verbundene Unternehmen, weil M nicht mehr als 50 v.H. der Stimmrechte an T1 und E1 (und auch keine andere Möglichkeit eines beherrschenden Einflusses) zustehen und T1 wie E1 daher keine „TU" von M wären. Daran würde sich auch nichts ändern, wenn T1 36 v.H. der Stimmrechte an E1 innehätte, die an sich zusammen mit den bei M selbst vorhandenen 15 v.H. eine Stimmrechtsmehrheit bei E1 ergeben würden; denn T1 wäre eben nicht TU von M, und infolgedessen gelten die Stimmrechte von T1 an E1 nicht als solche von M (§ 290 Abs. 3 S. 1 HGB).

368 Bezieht man dagegen T2 und E2 in die Betrachtung ein, so ist die Rechtslage eine andere. Da M die Stimmrechtsmehrheit bei T2 hat, ist T2 TU von M gem. § 290 Abs. 1 S. 1, Abs. 2 Nr. 1 HGB; demzufolge gilt das T2 zustehende Recht auf beherrschende Einflussnahme aus dem zwischen T2 und E2 geschlossenen Beherrschungsvertrag als Recht von M (§ 290 Abs. 3 S. 1 HGB), wodurch auch E2 TU von M wird. Letzteres wiederum führt bei M zur Zurechnung des Stimmrechts aus der einen Aktie, die E2 an T1 besitzt, so dass M

---
760 Vgl. Tz. 86.
761 Vgl. *ADS*[6], § 290 HGB, Tz. 139.

zusammen mit seinem unmittelbaren Stimmrechtsanteil von 50 v.H. nunmehr als Inhaber der Mehrheit der Stimmrechte bei T1 gilt. Da T1 hierdurch zu einem TU von M wird, gilt auch der 26-v.H.-Stimmrechtsanteil von T1 an E1 als solcher von M, desgleichen der 15-v.H.-Stimmrechtsanteil von E2 an E1, was zusammen mit den eigenen Stimmen von M an E1 eine Stimmrechtsmehrheit von M in Höhe von 56 v.H. bei E1 ergibt. Damit ist E1 ebenfalls TU von M und muss, ebenso wie alle anderen Unternehmen des Schaubildes, in den KA von M einbezogen werden (§ 294 HGB); sämtliche Unternehmen des Schaubildes sind gem. § 271 Abs. 2 HGB, 1. Fallgruppe, verbundene Unternehmen.

(3) Unternehmensverbindungen bei treuhänderisch gehaltener Mehrheitsbeteiligung bei § 290 Abs. 3 HGB

Das Trh.-Unternehmen ist nicht zur Aufstellung eines KA unter Einbeziehung des Unternehmens, an dem die Mehrheitsbeteiligung besteht, verpflichtet, auch wenn die Mehrheitsbeteiligung mit der Stimmrechtsmehrheit verbunden ist. Da die **Beteiligung für Rechnung** einer anderen Person, dem Treugeber-Unternehmen, gehalten wird, gelten die mit ihr verbundenen Rechte (§ 290 Abs. 2 Nr. 1–4 HGB) nicht als Rechte des Trh.-Unternehmens (§ 290 Abs. 3 S. 3 Nr. 1 HGB), sondern als Rechte des Treugeber-Unternehmens (§ 290 Abs. 3 S. 1 HGB). Dieses hat, wenn es eine KapGes. ist, einen KA unter Einbeziehung des Unternehmens, an dem die Beteiligung besteht, aufzustellen[762]. 369

Nicht in Betracht kommt die Einbeziehung des Trh.-Unternehmens in einen KA des Treugeber-Unternehmens, soweit Letzteres keine Möglichkeit eines beherrschenden Einflusses, v.a. keine Rechtsposition gem. § 290 Abs. 2 Nr. 1–4 HGB, ggü. dem Trh.-Unternehmen innehat. 370

(4) Unternehmensverbindungen bei Stimmbindung oder Entherrschung?

Für die Entscheidung, ob trotz des Abschlusses von Stimmbindungs- oder Entherrschungsvereinbarungen verbundene Unternehmen i.S.v. § 271 Abs. 2 HGB vorliegen, muss die Frage entschieden werden, ob derartige Vereinbarungen das Innehaben der Stimmenmehrheit i.S.v. § 290 Abs. 2 Nr. 1 HGB ausschließen oder § 290 Abs. 2 HGB unberührt lassen und zum Konsolidierungswahlrecht nach § 296 Abs. 1 Nr. 1 HGB führen[763]. Für die Konsolidierung kann diese Frage letztlich offen bleiben, wenn die Nichtkonsolidierung angestrebt ist. Für § 271 Abs. 2 HGB gilt jedoch: Ergibt sich diese Entscheidung aus § 296 Abs. 1 Nr. 1 HGB, bleiben die betroffenen Unternehmen verbundene Unternehmen; folgt sie jedoch aus § 290 Abs. 2 HGB, entfällt diese Zuordnung. 371

Diese Frage ist umstritten. Sieht man in den Fällen des § 290 Abs. 2 HGB eine unwiderlegliche Vermutung des beherrschenden Einflusses, so schließen schuldrechtliche Beschränkungen den beherrschenden Einfluss nicht aus; Unternehmen wären auch bei Stimmbindungs- oder Entherrschungsverträgen als verbundene Unternehmen zu behandeln[764]. Interpretiert man § 290 Abs. 2 HGB jedoch materiell, so schließen Stimmbindungs- und Entherrschungsverträge einen beherrschenden Einfluss aus und stehen einer Qualifikation als verbundene Unternehmen entgegen[765]. Dieser Auffassung ist zu 372

---

[762] *Berger/Lütticke* in BeBiKo⁷, § 290, Tz. 82; so bereits *Mathews*, BB 1987, S. 642/647.

[763] Zur Wirksamkeit von Entherrschungsverträgen vgl. LG Mainz v. 16.10.1990, DB 1990, S. 2361; OLG Köln v. 24.11.1992, AG 1993, S. 86 „Winterthur/Nordstern"; zu den Grenzen *Zöllner*, ZHR 1991, S. 168; *Hentzen*, ZHR 1993, S. 65/67.

[764] So *Kozikowski/Ritter* in BeBiKo⁷, § 290, Rn. 46; *ADS⁶*, § 290 HGB, Tz. 38; *Ulmer* in FS Goerdeler, S. 623/641, mit Fn. 180.

[765] Vgl. *von Keitz/Ewelt* in Baetge/Kirsch/Thiele, Bilanzrecht, § 290 HGB, Rn. 72; zum HGB vor dem BilMoG *St/SABI 1/1988*, Abschn. I.3.a).

folgen; v.a. § 290 Abs. 2 Nr. 4 HGB macht deutlich, dass § 290 Abs. 2 HGB nur wertend angewandt werden kann.

(5) Unternehmensverbindungen bei §§ 291, 292 HGB

373 Der Begriff der verbundenen Unternehmen wird nach dem Wortlaut des § 271 Abs. 2 HGB auf „Mutter- oder Tochterunternehmen (§ 290 HGB)" begrenzt. Dieser Wortlaut gilt auch für die 2. Fallgruppe des § 271 Abs. 2 HGB, in der auf einen KA nach den §§ 291, 292 HGB abgestellt wird. Somit sind auch in der 2. Fallgruppe nur solche TU verbundene Unternehmen, die nach § 290 HGB als TU zu qualifizieren sind[766]. Würde man dagegen auf das jeweilige ausländische Recht abstellen, so wäre der Ersteller des EA gezwungen, im Rahmen der Abschlusserstellung ausländischen Rechtsrat einzuholen.

d) Einbeziehung in den Konzernabschluss nach den Vorschriften über die Vollkonsolidierung

aa) Maßgeblichkeit des pflichtmäßigen Konsolidierungskreises für die Unternehmensverbindungen

374 Verbundene Unternehmen sind nach § 271 Abs. 2 HGB nur solche Unternehmen, die in den KA **einzubeziehen sind**. Durch die Aufstellung eines KA oder der Möglichkeit hierzu können nicht beliebige Unternehmen verbunden werden. Es kann nicht willkürlich bestimmt werden, welche Unternehmen in den KA einbezogen werden, auch wenn dieser Abschluss freiwillig aufgestellt wird.

375 Zusätzlich sind TU, die nicht einbezogen werden, weil sie nach § 296 HGB nicht einbezogen zu werden brauchen, verbundene Unternehmen (§ 271 Abs. 2 HGB, 2. Halbsatz)[767]. Dabei ist zu berücksichtigen, dass auch deren TU verbundene Unternehmen sind, wenn bei ihnen die Möglichkeit eines beherrschenden Einflusses nach § 290 HGB besteht.

376 Maßgeblich für die Bestimmung des pflichtgemäßen Konsolidierungskreises ist nach dem Wortlaut des § 271 Abs. 2 HGB die Norm des § 290 HGB und damit ausschließlich das HGB, nicht also IFRS oder ausländisches Recht.

bb) Einbeziehung nach den Vorschriften über die Vollkonsolidierung

377 Verbundene Unternehmen sind nach § 271 Abs. 2 HGB nur solche Unternehmen, die in den KA **nach den Vorschriften über die Vollkonsolidierung** einzubeziehen sind, also nach §§ 300 ff. HGB. Die Quotenkonsolidierung (§ 310 HGB) genügt nicht. Auch die Qualifikation als assoziiertes Unternehmen (§ 311 HGB) reicht nicht aus.

e) Der weitestgehende Konzernabschluss eines obersten Mutterunternehmens (§ 271 Abs. 2 HGB, 1. Fallgruppe)

378 Nach § 271 Abs. 2 HGB, 1. Fallgruppe, ist bei der Feststellung, welche Unternehmen verbunden sind, auf den „weitestgehenden" KA abzustellen, den ein „oberstes" MU nach dem Zweiten Unterabschnitt (§§ 290 ff. HGB) aufzustellen hat, auch wenn die Aufstellung unterbleibt.

---

[766] Vgl. Tz. 431 ff.

[767] Vgl. *ADS*[6], § 271 HGB, Tz. 42; *von Keitz* in Baetge/Kirsch/Thiele, Bilanzrecht, § 271 HGB, Rn. 55; *Küting* in HdR[5], § 271, Rn. 121; *Merkt* in Baumbach/Hopt, HGB[34], § 271, Rn. 9; *Reiner* in MünchKomm. HGB[2], § 271, Rn. 23.

aa) Pflicht zur Aufstellung eines Konzernabschlusses
(1) Grundlagen der Pflicht zur Aufstellung eines Konzernabschlusses

Nach § 271 Abs. 2 HGB muss eine **Pflicht zur Aufstellung eines KA** nach dem Zweiten Unterabschnitt (§§ 290 ff. HGB) bestehen. Eine solche Pflicht ergibt sich aus § 290 HGB. 379

Auch in den Fällen des § 315a HGB basiert die Pflicht zur Aufstellung des KA auf § 290 HGB[768]; § 315a HGB regelt lediglich, welche Vorschriften auf den KA anzuwenden sind. Somit ist § 271 Abs. 2 HGB, 1. Fallgruppe, auch im Falle von IAS/IFRS-Abschlüssen anzuwenden (zum Kreis der verbundenen Unternehmen in diesem Fall vgl. Tz. 392 f.). 380

Ist das MU **keine KapGes.**, sondern nach § 11 PublG zur Aufstellung eines KA verpflichtet, so ergibt sich die Pflicht zur Aufstellung des KA nicht nach dem Zweiten Unterabschnitt (§§ 290 ff. HGB). Die Einbeziehung in einen nach dem PublG aufzustellenden KA begründet somit dem **Wortlaut** der Vorschrift nach **keine Unternehmensverbindung** i.S.d. HGB. Das konzernleitende und die anderen in den KA einzubeziehenden Unternehmen wären in den EA der KapGes. nicht als verbundene Unternehmen zu behandeln[769]. 381

Hiergegen wurde in der Literatur Widerspruch erhoben. So hielt *Kropff* eine Gleichstellung der KA nach dem PublG mit KA nach dem HGB für zulässig[770]. Dafür spricht, dass im PublG eine sinngemäße Anwendung des § 271 Abs. 2 HGB für die nach dem PublG zur Aufstellung eines JA verpflichteten Unternehmen vorgeschrieben ist (§ 5 Abs. 1 S. 2 PublG). Wenn im JA des dem PublG unterliegenden Unternehmens Forderungen ggü. TU als Forderungen ggü. verbundenen Unternehmen auszuweisen sind, spricht vieles dafür, korrespondierend im JA der TU die entsprechenden Verbindlichkeiten ebenfalls als solche ggü. verbundenen Unternehmen auszuweisen. 382

Hat ein MU **nur TU**, die gem. **§ 296 HGB** nicht in den KA einbezogen zu werden brauchen, so ist es von der Pflicht, einen KA aufzustellen, befreit (§ 290 Abs. 5 HGB). *Küting* schließt hieraus, dass in diesem Fall keine verbundenen Unternehmen vorliegen[771]. Dies entspricht dem Wortlaut der Normen. Allerdings bestimmt § 271 Abs. 2 HGB, dass auch Unternehmen, die nach § 296 HGB nicht in den KA einbezogen werden, verbundene Unternehmen sind. Aufgrund dieser Wertentscheidung ist auch im Falle des § 290 Abs. 5 HGB der Kreis der verbundenen Unternehmen so zu bestimmen, als ob ein KA einschließlich aller TU aufzustellen wäre. 383

„**Oberstes**" **MU** ist die oberste KapGes. mit Sitz im Inland, die einen beherrschenden Einfluss auf TU ausüben kann, v.a. Rechtspositionen bei TU gem. § 290 Abs. 2 Nr. 1–4 HGB innehat oder der solche Rechtspositionen gem. § 290 Abs. 3 S. 1 oder 2 HGB zugerechnet werden. 384

Dass hier **nur auf MU mit Sitz im Inland** abgestellt wird, ergibt sich aus der Bezugnahme auf die Pflicht zur Aufstellung eines KA nach dem Zweiten Unterabschnitt; MU mit Sitz im Ausland kann der deutsche Gesetzgeber nicht zur Konzernrechnungslegung verpflichten. 385

---

768 Vgl. *Küting* in HdR[5], § 271, Rn. 105.
769 So *Küting* in HdR[5], § 271, Rn. 132; *Kozikowski/Gutike* in BeBiKo[7], § 271, Rn. 39; *Reiner* in MünchKomm. HGB[2], § 271, Rn. 23.
770 DB 1986, S. 364, S. 365, unter B 11 Nr. 2a.
771 *Küting* in HdR[5], § 271, Rn. 138.

(2) Qualifikation als verbundene Unternehmen bei Nichterfüllung der Pflicht zur Aufstellung eines Konzernabschlusses

386 Die Vorschrift soll bewirken, dass sich die Unternehmensverbindungen stets nach dem **größtmöglichen Kreis** der verbundenen Unternehmen bestimmen[772]. Sie betrifft nicht nur den Fall, dass ein KA überhaupt nicht aufgestellt wird, sondern auch den, dass ein KA zwar aufgestellt wird, jedoch ein oder mehrere TU nicht einbezogen werden, obwohl sie nach den gesetzlichen Bestimmungen einbezogen werden müssten. Im letzteren Fall wäre nicht, wie das Gesetz verlangt, der weitestgehende KA aufgestellt. Dessen ungeachtet bestimmt sich der Kreis der verbundenen Unternehmen stets nach dem weitestgehenden KA, der nach §§ 290 ff. HGB aufzustellen ist. Aus welchen Gründen der Pflicht zur Aufstellung eines KA oder zur Einbeziehung eines Unternehmens in den KA nicht nachgekommen wird, ist für die Unternehmensverbindungen unerheblich.

(3) Qualifikation als verbundene Unternehmen bei unterlassener Abschlussprüfung

387 Wird der KA gem. § 290 HGB nicht geprüft, so ist dies für die Frage, welche Unternehmen gem. § 271 Abs. 2 HGB, 1. Fallgruppe, verbunden sind, ohne Bedeutung. Entscheidend ist, dass die **Unternehmensverbindungen unabhängig** davon bestehen, ob überhaupt ein KA aufgestellt wird oder ob die Aufstellung pflichtwidrig unterbleibt. Wenn sogar ein vorgeschriebener, aber tatsächlich nicht erstellter KA die Unternehmensverbindungen begründet, so doch erst recht ein aufgestellter, wenn auch nicht geprüfter KA.

(4) Qualifikation als verbundene Unternehmen auch in den Fällen, in denen größenbedingt keine Pflicht zur Aufstellung eines Konzernabschlusses besteht

388 Besteht nach den Vorschriften im Zweiten Unterabschnitt keine Pflicht zur Aufstellung eines KA, weil eine größenabhängige Befreiung nach § 293 HGB vorliegt, so ist § 271 Abs. 2 HGB, 1. Fallgruppe, dem Gesetzeswortlaut nach nicht anwendbar[773]. Für diese Ansicht würde sprechen, dass in denjenigen Fällen, in denen kein KA erforderlich wäre, um den Abschlussadressaten die notwendige Transparenz über die Unternehmensgruppe zu verschaffen, auch kein Ausweis der Beziehungen zu verbundenen Unternehmen geboten wäre.

389 In der Literatur wird die 1. Fallgruppe jedoch weitgehend über ihren Wortlaut hinaus ausgelegt, so dass verbundene Unternehmen auch dann vorliegen, wenn aufgrund § 293 HGB keine Pflicht zur Aufstellung eines KA besteht[774].

bb) Kreis der verbundenen Unternehmen i.S.d. § 271 Abs. 2 HGB, 1. Fallgruppe

390 Nach der 1. Fallgruppe des § 271 Abs. 2 HGB sind verbundene Unternehmen diejenigen, die als MU oder TU in den KA des obersten MU einzubeziehen sind; dieser weitestgehende KA soll die größtmögliche Zahl einzubeziehender Unternehmen erfassen. Der Sinn der weiten Fassung des Begriffs der verbundenen Unternehmen ist darin zu sehen, dass bei der gesonderten Offenlegung der finanziellen Verflechtungen im JA von einem möglichst weitgespannten Kreis nahe stehender Unternehmen ausgegangen werden soll.

---

772 *Küting* in HdR[5], § 271, Rn. 138.
773 Vgl. *Hachmeister* in HdJ, II/3, Rn. 29; *Kozikowski/Gutike* in BeBiKo[7], § 271, Rn. 34 f.; *Küting* in HdR[5], § 271, Rn. 127; *Reiner* in MünchKomm. HGB[2], § 271, Rn. 23.
774 Vgl. Kap. F Tz. 250; *ADS*[6], § 271 HGB, Tz. 46 ff., 64; *von Keitz* in Baetge/Kirsch/Thiele, Bilanzrecht, § 271 HGB, Rn. 66 ff.; *Merkt* in Baumbach/Hopt, HGB[34], § 271, Rn. 9.

(1) Unternehmensverbindung bei aufgestelltem Konzernabschluss nach § 290 HGB

Wird ein KA nach § 290 HGB aufgestellt, bestimmt sich hierdurch der Mindestumfang des Kreises der verbundenen Unternehmen. Verbundene Unternehmen nach § 271 Abs. 2 HGB sind in jedem Falle die Unternehmen, deren JA nach den Grundsätzen über die Vollkonsolidierung im KA zusammengefasst wurden. Voraussetzung ist jedoch, dass – abgesehen vom Fall des § 296 HGB – eine Pflicht zur Vollkonsolidierung bestand[775]. 391

(2) Unternehmensverbindung bei aufgestelltem Konzernabschluss nach § 315a HGB in Verbindung mit internationalen Rechnungslegungsstandards

Wird der handelsrechtliche KA nach § 315a HGB durch den nach internationalen Rechnungslegungsvorschriften aufgestellten KA ersetzt, ist fraglich, ob sich der Kreis der verbundenen Unternehmen anhand dieses nach internationalen Standards aufgestellten KA bestimmt. Damit fänden – unmittelbar – internationale Rechnungslegungsstandards Eingang in den nach HGB aufgestellten JA. 392

Da § 271 Abs. 2 HGB für die Definition der TU auf § 290 HGB verweist, ist der Kreis der TU weiterhin nach § 290 HGB zu bestimmen und nicht nach den Vorschriften der IAS/IFRS. Auch aus gesetzessystematischen Gründen spricht vieles dafür, der für handelsrechtliche Zwecke anzuwendenden Vorschrift des § 271 Abs. 2 HGB weiterhin den nach handelsrechtlichen Vorschriften zu bestimmenden Kreis verbundener Unternehmen zugrunde zu legen[776]. Da sich § 290 Abs. 2 HGB in der Neufassung des BilMoG weitgehend an IAS 27 und SIC-12 orientiert, besteht ohnehin weitgehende Deckung in den Definitionen. 393

(3) Unternehmensverbindungen, wenn der vorgeschriebene Konzernabschluss nicht (vollständig) aufgestellt wird

Wird ein KA entgegen den gesetzlichen Vorschriften im Zweiten Unterabschnitt (§§ 290–315a HGB) nicht aufgestellt, so sind die Unternehmen, die in den KA **hätten einbezogen werden** müssen, dennoch verbundene Unternehmen (§ 271 Abs. 2 HGB, 1. Fallgruppe). Das Gleiche gilt, wenn ein KA zwar aufgestellt wird, die Einbeziehung einzelner Unternehmen in den KA jedoch gesetzeswidrig unterbleibt[777]. Alle Unternehmen, die zu konsolidieren gewesen wären, sind im Verhältnis zueinander verbundene Unternehmen. Dabei stellt das Gesetz auf den „am weitestgehenden" KA ab, den das „oberste" MU nach dem Zweiten Unterabschnitt (§§ 290 ff. HGB) aufzustellen hat. 394

Durch diese Bestimmung wird **verhindert,** dass infolge des Unterlassens der vorgeschriebenen Konzernrechnungslegung oder der Einbeziehung eines Unternehmens die Anwendung der Vorschriften der Rechnungslegung entfällt, die verbundene Unternehmen betreffen. Auch im Hinblick hierauf ist bei der Aufstellung und Prüfung von KA und EA darauf zu achten, ob der Kreis der verbundenen Unternehmen über den Kreis der tatsächlich konsolidierten Unternehmen hinausreicht; dies wäre der Fall, wenn nicht der „weitestgehende" KA aufgestellt worden ist. 395

cc) Konzernabschluss auf unterer Stufe

Von § 271 Abs. 2 HGB, 1. Fallgruppe, erfasst wird z.B. der Fall, dass ein KA pflichtwidrig nicht auf oberster Stufe, sondern von einem TU des obersten MU auf niedriger Stufe auf- 396

---

[775] Hierzu Tz. 374.
[776] Vgl. Kap. F Tz. 250.
[777] Vgl. ADS⁶, § 271 HGB, Tz. 46.

gestellt wird. Nicht in einen solchen KA einbezogen wären das oberste MU sowie diejenigen Unternehmen, die unmittelbar dem obersten MU oder anderen TU als dem den KA aufstellenden TU angegliedert sind.

397 Beispiel:

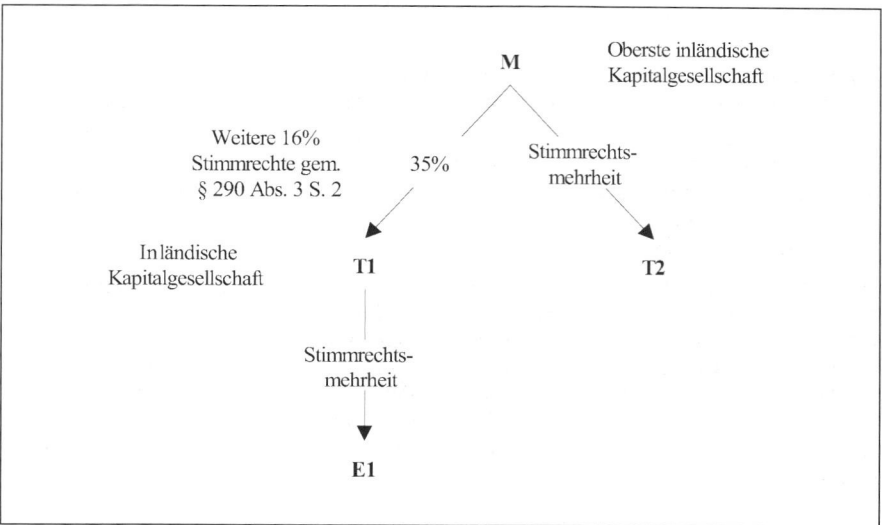

398 M ist hier als oberstes MU verpflichtet, einen KA unter Einbeziehung von T1, E1 und T2 aufzustellen. Wenn M jedoch keinen KA aufstellt, hat T1 einen KA unter Einbeziehung von E1 aufzustellen; von dieser Pflicht wäre T1 nur durch einen von M erstellten befreienden KA i.S.v. § 291 HGB befreit. Dasselbe gilt, wenn M zwar einen KA aufstellt, aber T1 und E1 nicht in den KA einbezieht, z.B. weil M den Stimmrechten aus seiner Beteiligung von 35 v.H. an T1 die zur Stimmrechtsmehrheit führenden weiteren 16 v.H. der Stimmrechte, über die M aufgrund einer Vereinbarung mit anderen Gesellschaftern von T1 verfügen kann, entgegen § 290 Abs. 3 S. 2 HGB nicht hinzugerechnet hat. **Verbundene Unternehmen** sind jedoch stets alle Unternehmen des Schaubilds, weil es nach § 271 Abs. 2 HGB, 1. Fallgruppe, nicht darauf ankommt, ob das oberste MU den KA tatsächlich aufstellt oder nicht (vgl. Tz. 394).

399 Diese **Unternehmensverbindungen** bestehen sowohl, wenn M überhaupt keinen KA aufstellt, wie auch dann, wenn M einen KA lediglich unter Einbeziehung von T2 aufstellt. Denn dieser KA wäre nicht der weitestgehende KA, und die Unternehmensverbindungen richten sich, wie bereits dargelegt, nach dem weitestgehenden KA, den M nach den gesetzlichen Bestimmungen aufzustellen hat.

dd) Zwei oberste Mutterunternehmen nebeneinander

400 Denkbar sind auch Konstellationen, in denen ein oberstes MU nicht den am weitestgehenden KA aufzustellen hat. Z.B. könnten zwei nebeneinander stehende oberste MU mit Sitz im Inland vorhanden sein, die bei einem dritten Unternehmen unterschiedliche Rechtsstellungen gem. § 290 Abs. 2 HGB innehaben. Das dritte Unternehmen wird hierdurch TU jedes der beiden MU. Die Sachlage hat Ähnlichkeiten mit der Konstellation bei den herkömmlichen **Gemeinschaftsunternehmen,** für die jedoch – anders als bei dem

Verbundene Unternehmen im Dritten Buch des HGB　　　　　　　　　　　　　　T

hier zugrunde liegenden Sachverhalt – eine paritätische Beteiligung der Obergesellschaften und Vereinbarungen zwischen diesen über die Leitung des Unternehmens typisch sind.

Anhand des folgenden Schaubildes wird der Fall zweier nebeneinander stehender oberster MU erörtert.　　401

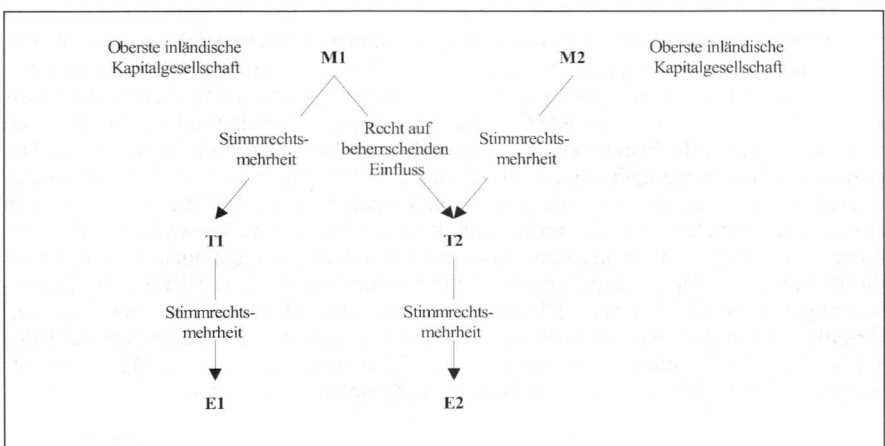

In der Praxis wird zwar der hier dargestellte Fall, dass bei demselben Unternehmen (hier: T2) ein Unternehmen (M1) das Recht auf beherrschenden Einfluss besitzt und ein anderes Unternehmen (M2) die Stimmrechtsmehrheit, selten vorkommen. Immerhin ist er denkbar, etwa aufgrund einer Verständigung zwischen den MU M1 und M2 oder wenn die Stimmrechtsmehrheit in der Hand von M2 erst später als das Recht von M1 auf beherrschenden Einfluss bei T2 zustande gekommen ist, z.B. durch Erwerb von Anteilen an T2 oder durch Vereinbarungen mit anderen Gesellschaftern von T2, aufgrund deren M2 über die Stimmrechte dieser Gesellschafter verfügen kann (§ 290 Abs. 3 S. 2 HGB). Wenn T2 eine GmbH ist, wäre ferner der Fall möglich, dass M2 mit T2 durch das Recht gem. § 290 Abs. 2 Nr. 2 HGB verbunden ist, die Mehrheit der Mitglieder des Leitungs- oder Aufsichtsorgans zu bestellen oder abzuberufen.　　402

Im obigen Schaubild sind sowohl M1 wie auch M2 nebeneinander oberste MU gem. § 290 Abs. 1 S. 1 HGB. T2 ist TU jedes der MU, nämlich im Verhältnis zu M1 gem. § 290 Abs. 2 Nr. 3 HGB und im Verhältnis zu M2 gem. Abs. 2 Nr. 1; ebenso ist E2 TU von M1 und M2, weil die Stimmrechtsmehrheit von T2 bei E2 sowohl M1 wie auch M2 zugerechnet wird (§ 290 Abs. 3 S. 1 HGB). Den weitergehenden KA hat hier M1 aufzustellen, weil außer T2 und E2 auch noch T1 und E1 in den KA von M1 einzubeziehen sind (T1 ist TU von M1 gem. § 290 Abs. 2 Nr. 1 HGB, E1 gem. § 290 Abs. 3 S. 1 i.V.m. § 290 Abs. 2 Nr. 1 HGB). Die Unternehmensverbindungen bestimmen sich nach diesem weitergehenden KA, auch wenn er nicht aufgestellt wird. Miteinander verbundene Unternehmen sind deshalb hier M1, T1, E1, T2, E2 (auf Unternehmensverbindungen von M2 wird weiter unten eingegangen).　　403

M1, T1 und E1 sind hier untereinander, jedoch nicht mit M2 verbunden, denn sie sind nicht in einen KA von M2 einzubeziehen. T2 und E2 sind ebenfalls mit M1 verbunden, weil M1 den weitestgehenden KA aufzustellen hat. Sind T2 und E2 nicht aber auch　　404 gleichzeitig mit M2 verbunden, obwohl in § 271 Abs. 2 HGB nur auf die Einbeziehung in den weitestgehenden KA, mithin denjenigen von M1, abgestellt ist?

405 Vorgängig ist die Frage, ob nach den Vorschriften im Dritten Buch des HGB eine **doppelte Konzernzugehörigkeit** möglich ist, m.a.W. ob T2 und E2 außer in den KA von M1 auch in einen KA von M2 einzubeziehen sind, den M2 wegen seiner Rechtsposition bei T1 und – mittelbar – bei E1 innehat.

406 Der Wortlaut des § 290 Abs. 2 HGB ist insoweit eindeutig: Wenn einer KapGes. mit Sitz im Inland eine der Rechtspositionen der Nr. 1 bis 4 des § 290 Abs. 2 HGB bei einem anderen Unternehmen zusteht, ist sie zur Konzernrechnungslegung verpflichtet; eine Ausnahme für den Fall, dass zwei KapGes. mit Sitz im Inland bei demselben Unternehmen (unterschiedliche) Rechtspositionen des Abs. 2 innehaben, enthält das Gesetz nicht. Die **mehrfache Konzernzugehörigkeit** in derartigen Fällen entspricht auch Sinn und Zweck des Gesetzes[778]. Dass die Unternehmensverbindungen zwischen M2, T2 und E2, die sich aus der Zugehörigkeit von T2 und E2 auch zum Konsolidierungskreis von M2 ergeben, durch § 271 Abs. 2 HGB ausgeschlossen werden sollten, ist nicht anzunehmen, zumal dieser Vorschrift der gesetzgeberische Wille zu entnehmen ist, die Unternehmensverbindungen weit zu spannen. Vielmehr ist davon auszugehen, dass bei der Gesetzesformulierung an Fälle wie den vorliegenden nicht gedacht worden ist. Dem Sinn auch des § 271 Abs. 2 HGB entspricht es daher, T2 und E2 auch im Verhältnis zu M1 (und zu etwaigen weiteren TU von M2) als verbundene Unternehmen anzusehen.

f) Unternehmensverbindungen bei befreiendem Konzernabschluss nach §§ 291, 292 HGB (2. Fallgruppe)

407 Durch die Inbezugnahme auch der §§ 291 und 292 HGB i.V.m. KonBefrV in § 271 Abs. 2 HGB, 2. Alternative, wird der Kreis der Unternehmen, die als verbundene Unternehmen zu behandeln sind, **wesentlich erweitert.** Dies folgt daraus, dass gemäß diesen Bestimmungen alle diejenigen Unternehmen verbunden i.S.v. § 271 Abs. 2 HGB sind, für die ein Unternehmen gleich welcher Rechtsform mit Sitz innerhalb der EU/des EWR (§ 291 HGB) oder außerhalb der EU/des EWR (§ 292 HGB i.V.m. KonBefrV) einen befreienden KA aufstellt oder aufstellen könnte.

408 Die praktisch bedeutsamste Erweiterung des Kreises der verbundenen Unternehmen gegenüber dem Kreis der in einen KA einbezogenen Unternehmen liegt in der 2. Fallgruppe des § 271 Abs. 2 HGB, nach der Unternehmensverbindungen schon dann bestehen, wenn ein MU einen befreienden KA nach den Vorschriften des § 291 HGB oder des § 292 HGB i.V.m. KonBefrV **aufstellen könnte,** selbst wenn es ihn tatsächlich nicht aufstellt oder noch nicht einmal dazu verpflichtet ist.

409 Damit geht § 271 Abs. 2 HGB über den Anwendungsbereich der §§ 291 Abs. 1 S. 1, 292 HGB i.V.m. KonBefrV hinaus: Nach diesen Vorschriften ist ein zur Konzernrechnungslegung verpflichtetes MU mit Sitz im Inland, das zugleich TU ist, von dieser Pflicht nur freigestellt, wenn sein MU einen befreienden KA tatsächlich erstellt. Für § 271 Abs. 2 HGB, 2. Fallgruppe, genügt für die Herstellung von Unternehmensverbindungen jedoch die bloße rechtliche **Möglichkeit,** einen befreienden KA aufzustellen. Die Unternehmensverbindungen bestehen auch dann, wenn von dieser Möglichkeit kein Gebrauch gemacht, ein befreiender KA also tatsächlich nicht – oder, was gleichsteht, nicht gem. den Vorschriften der §§ 291, 292 HGB – aufgestellt wird.

---

[778] Zur mehrfachen Konzernzugehörigkeit vgl. *ADS*[6], § 290 HGB, Tz. 82; kritisch *Lüdenbach/Freiberg*, BB 2009, S. 1230.

Ferner müssen, wenn ein KA befreiende Wirkung haben soll, das zu befreiende MU und **410** seine TU in den befreienden KA einbezogen worden sein, außer soweit nach § 296 HGB keine Pflicht zur Einbeziehung besteht (§ 291 Abs. 2 S. 1 Nr. 1 HGB). Zur Ermittlung der Unternehmensverbindungen i.S.d. § 271 Abs. 2 HGB ist dagegen lediglich festzustellen, ob das zu befreiende inländische MU und seine TU nach § 291 Abs. 1 S. 2 HGB in den befreienden KA **einzubeziehen wären, wenn er erstellt würde** (wiederum mit Ausnahme der unter § 296 HGB fallenden TU).

Ob der befreiende KA gem. § 291 Abs. 2 S. 1 Nr. 2 HGB oder § 292 HGB i.V.m. § 2 Abs. 1 **411** S. 1 Nr. 3 KonBefrV **geprüft** sein muss, um Unternehmensverbindungen zu begründen, könnte nach dem bloßen Wortlaut des § 271 Abs. 2 HGB, 2. Fallgruppe, fraglich sein. Einerseits ist dort nur von der Aufstellung des Abschlusses, nicht auch von dessen Prüfung die Rede. Andererseits hat ein KA, der nicht gem. § 291 Abs. 2 S. 1 Nr. 2 HGB geprüft worden ist, keine „befreiende Wirkung" (§ 291 Abs. 2, S. 1, 1. Halbsatz HGB, § 2 Abs. 1 S. 1 KonBefrV) und könnte darum möglicherweise auch nicht als „befreiender KA" i.S.v. § 271 Abs. 2 HGB anzusehen sein. Es ergibt jedoch keinen Sinn, einen geprüften befreienden KA zu fordern, wenn zur Herstellung der Unternehmensverbindungen allein schon die bloße rechtliche Möglichkeit genügt, einen befreienden KA aufzustellen (und prüfen zu lassen). Ist die Prüfung eines befreienden KA unterblieben, so würde dies nichts daran ändern, dass die Unternehmensverbindungen bestehen, eben weil ein den Anforderungen des § 291 HGB und § 292 HGB i.V.m. KonBefrV auch hinsichtlich der Prüfung genügender KA aufgestellt werden könnte. Deshalb ist unter dem Gesichtspunkt des § 271 Abs. 2 HGB, 2. Fallgruppe, die Frage nach der Bedeutung einer unterbliebenen Prüfung irrelevant.

Zu unterscheiden ist zwischen MU mit Sitz im Inland und solchen mit Sitz im Ausland. **412**

aa) Befreiende Konzernabschlüsse durch Mutterunternehmen mit Sitz im Inland

§ 291 HGB bezieht sich nicht nur auf MU mit Sitz in anderen Mitgliedstaaten der EU/des **413** EWR, sondern auch auf MU im Inland.

(1) Befreiende Konzernabschlüsse, die aufgrund gesetzlicher Verpflichtung aufgestellt werden

Stellt eine KapGes. mit Sitz im Inland einen KA aufgrund gesetzlicher Verpflichtung **414** (§§ 290 ff. HGB) auf, so ist dieser ein „befreiender" für diejenigen in den KA einzubeziehenden TU, die sonst selbst als MU einen KA aufstellen müssten (vorausgesetzt, dass KA und Anhang den Anforderungen des § 291 Abs. 2 HGB entsprechen). Die Unternehmensverbindungen ergeben sich in diesem Fall bereits aus der 1. Fallgruppe in § 271 Abs. 2 HGB, nach der die MU und TU verbundene Unternehmen sind, die in den weitestgehenden KA des obersten MU einzubeziehen sind – auch wenn dessen Aufstellung unterbleibt. Dies gilt auch im Falle einer Aufstellung des KA nach § 315a HGB (s. Tz. 392 f.).

(2) Unternehmensverbindungen, wenn ein befreiender Konzernabschluss zwar nicht verpflichtend, aber möglich ist

Zu untersuchen sind die Fälle, in denen für das MU mit Sitz im Inland zwar keine Ver- **415** pflichtung, jedoch die Möglichkeit zur Aufstellung eines KA mit befreiender Wirkung besteht.

(a) Kapitalgesellschaften und Personengesellschaften i.S.d. § 264a HGB

416 Kapitalgesellschaften und PersGes. i.S.d. § 264a HGB mit Sitz im Inland sind als MU bereits nach § 290 HGB zur Aufstellung eines KA verpflichtet. Bedeutung kann § 291 Abs. 1 S. 2 HGB daher hier nur bezüglich der Größenunabhängigkeit zukommen.

417 Folgt man der Auffassung, dass verbundene Unternehmen i.S.d. § 271 Abs. 2 HGB, 1. Fallgruppe, auch dann vorliegen, wenn das MU nach § 293 HGB größenabhängig von der Aufstellung eines KA befreit ist,[779] so hat § 271 Abs. 2 HGB, 2. Fallgruppe, für oberste MU mit Sitz im Inland keine Bedeutung.

418 Dagegen gelangt die Auffassung, nach der im Falle des § 293 HGB die 1. Fallgruppe des § 271 Abs. 2 HGB ausscheidet, in folgenden Fällen zu einem Anwendungsfall der 2. Fallgruppe: Eine KapGes. mit Sitz im Inland (M) ist größenbedingt von der Pflicht zur Konzernrechnungslegung freigestellt (§ 293 HGB). Sofern ein TU (T) KapGes. und als solche zugleich MU gem. § 290 HGB ist, könnte M freiwillig einen befreienden KA aufstellen. Zu der Frage, ob dies dann nicht gilt, wenn T selbst gem. § 293 HGB von der Pflicht, einen KA aufzustellen, befreit ist, vgl. Tz. 442 ff.

(b) Unternehmen anderer Rechtsform

419 Generell ist festzuhalten, dass zur Aufstellung eines befreienden KA nicht nur KapGes., sondern auch Unternehmen anderer Rechtsform befugt sein können, und zwar unabhängig von ihrer Größe; bei Letzteren ist darauf zu achten, ob der Unternehmensbegriff erfüllt ist (hierzu Tz. 342 ff.).

420 Der praktisch **bedeutsamste Fall** der Aufstellung oder möglichen Aufstellung eines befreienden KA – und damit der Begründung von Unternehmensverbindungen nach der 2. Fallgruppe in § 271 Abs. 2 HGB – dürfte der Fall sein, dass das oberste inländische MU, dem die Möglichkeit zur Beherrschung unmittelbar oder mittelbar (§ 290 Abs. 3 S. 1, 2 HGB) zusteht, nicht die Rechtsform der AG, KGaA, GmbH oder einer PersGes. i.S.v. § 264a HGB hat, sondern z.B. in der **Rechtsform** eines **Einzelkaufmanns** oder einer **Personenhandelsgesellschaft** mit einer natürlichen Person als unbeschränkt haftendem Gesellschafter geführt wird.

421 Nach § 291 Abs. 1 S. 2 HGB kann ein Unternehmen „unabhängig von seiner Rechtsform und Größe" freiwillig einen befreienden KA aufstellen. Voraussetzung ist nach dem Gesetzeswortlaut, dass das Unternehmen, wäre es eine KapGes. mit Sitz in einem Mitgliedstaat der EU/des EWR, zur Aufstellung eines KA unter Einbeziehung des zu befreienden MU und seiner TU verpflichtet wäre (§ 291 Abs. 1 S. 2 HGB).

422 Ein im Inland ansässiges Unternehmen in anderer Rechtsform als der KapGes. kann somit einen befreienden KA aufstellen – und allein schon durch diese Möglichkeit Unternehmensverbindungen begründen –, wenn es als AG, KGaA oder GmbH oder als PersGes. i.S.v. § 264a HGB kraft Gesetzes einen KA aufzustellen hätte.

423 Die **Größe** dieser nur gedachten KapGes. ist außer Betracht zu lassen, also auch eine größenbedingte Befreiung von der Pflicht zur Konzernrechnungslegung. Liegen die Voraussetzungen für einen befreienden KA im Übrigen vor und wäre die gedachte KapGes. ausschließlich deswegen nicht zur Konzernrechnungslegung verpflichtet, weil die Größenmerkmale des § 293 Abs. 1 oder 2 HGB nicht überschritten sind, so kann dies der Möglichkeit eines befreienden KA nicht entgegenstehen (und eine solche Möglichkeit genügt zur Begründung von Unternehmensverbindungen, auch wenn von ihr kein Ge-

---
[779] Hierzu Tz. 388.

brauch gemacht wird). Dies entspricht dem Zusammenhang des § 291 Abs. 1 S. 2 HGB. Die **freiwillige Aufstellung** eines befreienden KA soll – so auch die Gesetzesbegründung – **„rechtsform- und größenunabhängig"** zulässig sein[780]. Deshalb kann nicht beabsichtigt sein, diese eingangs des Satzes 2 in § 291 Abs. 1 HGB statuierte Größenunabhängigkeit wieder zurückzunehmen; das aber wäre der Fall, wenn es auch darauf ankäme, ob das Unternehmen nach seiner Größe als KapGes. zur Aufstellung eines KA verpflichtet wäre. Besteht die Pflicht zur Konzernrechnungslegung lediglich aus Gründen der Größenordnung für die gedachte KapGes. nicht, so kann dies nach dem Sinn des Gesetzes kein Hinderungsgrund für die Möglichkeiten eines befreienden KA sein.

(3) Kreis der verbundenen Unternehmen bei § 271 Abs. 2 HGB, 2. Fallgruppe, bei Mutterunternehmen mit Sitz im Inland

(a) Maßgeblichkeit des pflichtmäßigen Konsolidierungskreises für die Unternehmensverbindungen

Durch die Aufstellung eines befreienden KA oder der Möglichkeit hierzu können nicht beliebige Unternehmen verbunden werden. Vielmehr werden **nur diejenigen** Unternehmen zu verbundenen Unternehmen, die in den befreienden KA **einzubeziehen „sind"** (s. Wortlaut des § 271 Abs. 2 HGB – auch bezogen auf die hier in Frage stehende 2. Fallgruppe); darüber hinaus nur solche TU, für die ein Konsolidierungswahlrecht (§ 296 HGB) besteht (§ 271 Abs. 2, letzter Halbsatz HGB).[781] **424**

Nach § 291 Abs. 2 S. 1 Nr. 2 HGB müssen die Unternehmen einbezogen werden, die nach dem am Sitz des MU geltenden und mit der 7. EG-RL übereinstimmenden Recht in den konsolidierten Abschluss einzubeziehen sind, also im HGB gem. §§ 294, 296 HGB. Stets gehören zu den einbezogenen Unternehmen das zu befreiende MU und dessen TU, wie sich aus § 291 Abs. 1 S. 2 und Abs. 2 S. 1 Nr. 1 HGB ergibt. **425**

(b) Kreis der verbundenen Unternehmen bei Aufstellung des Konzernabschlusses nach internationalen Rechnungslegungsstandards (§ 315a HGB)

Wird der KA nach § 315a HGB und internationalen Rechnungslegungsstandards aufgestellt, so spricht vieles dafür, der für handelsrechtliche Zwecke anzuwendenden Vorschrift des § 271 Abs. 2 HGB weiterhin den nach handelsrechtlichen Vorschriften zu bestimmenden Kreis verbundener Unternehmen zugrunde zu legen (s. Tz. 392 f.). Wegen § 291 Abs. 2 S. 1 Nr. 1 HGB sind ohnehin zwingend alle Unternehmen verbundene Unternehmen, die nach § 290 HGB als TU zu qualifizieren sind. **426**

bb) Befreiende Konzernabschlüsse durch Mutterunternehmen mit Sitz im Ausland

(1) Keine gesetzliche Verpflichtung zur Aufstellung eines befreienden Konzernabschlusses

Für MU mit Sitz im Ausland kommt nur die Aufstellung der KA nach §§ 291, 292 HGB in Betracht; der **Pflicht zur Aufstellung** von KA nach § 290 HGB unterliegen nur KapGes. mit Sitz im Inland. **427**

(2) Möglichkeit zur Aufstellung eines befreienden Konzernabschlusses

Ein MU mit Sitz in einem anderen Mitgliedstaat der EU/des EWR, das KapGes. ist, wird i.d.R. nach dem gem. der 7. EG-RL gestalteten Recht des betreffenden Staates verpflichtet **428**

---

[780] Bericht des Rechtsausschusses des Bundestages vom 18.11.1985, BT-Drs. 10/4268, S. 113.
[781] Dazu Tz. 374 f.

sein, einen KA unter Einbeziehung auch seiner in Deutschland ansässigen TU aufzustellen (vgl. die Aufzählung der Gesellschaftsformen in Art. 4 der RL). Dieser ausländische KA ist für deutsche TU, die sonst als MU selbst konzernrechnungslegungspflichtig wären, ein „befreiender KA", wenn er den Anforderungen des § 291 HGB entspricht. Die deutschen TU sind verbundene Unternehmen im Verhältnis zu dem ausländischen MU wie auch im Verhältnis zu dessen anderen TU, gleich, wo diese ihren Sitz haben.

429 Hat das MU mit Sitz im Ausland **nicht** die Rechtsform einer **KapGes.**, so ist zu prüfen, ob dieses MU als KapGes. mit Sitz in einem EU/EWR-Mitgliedstaat zur Aufstellung eines KA verpflichtet wäre (§ 291 Abs. 1 S. 2 HGB). Für die Mitgliedstaaten der EU/des EWR ist in Art. 4 der 7. EG-RL bestimmt, welche Gesellschaftsformen in den einzelnen Ländern als KapGes. gelten. Größenbedingte Befreiungen sind in diesem Zusammenhang bei der gedachten KapGes. außer Betracht zu lassen[782].

(3) Kreis der verbundenen Unternehmen bei befreiendem Konzernabschluss eines ausländischen Mutterunternehmens

430 Wenn ein MU mit Sitz in einem anderen EU/EWR-Staat einen befreienden KA nach § 291 HGB aufstellt oder auch nur aufstellen könnte (§ 271 Abs. 2 HGB, 2. Fallgruppe), stellt sich die Vorfrage, nach welcher Rechtsordnung sich bestimmt, welche Unternehmen in den befreienden KA einzubeziehen und damit verbundene Unternehmen i.S.d. HGB sind – nach der Rechtsordnung am Sitz des ausländischen MU oder nach deutschem Recht? Auszugehen ist hierbei von den Vorschriften über den befreienden KA in § 291 HGB.

(a) Unternehmensverbindungen mit dem zu befreienden Mutterunternehmen und seinen Tochterunternehmen

431 Nach § 291 Abs. 2 S. 1 Nr. 1 HGB hat der KA nur dann befreiende Wirkung, wenn das zu befreiende MU und seine TU in den KA des ausländischen MU einbezogen worden sind. Mit dem Wort „seine" sind hier als TU diejenigen Unternehmen angesprochen, die nach deutschem Recht TU des zu befreienden MU sind[783].

432 Durch § 291 Abs. 2 S. 1 Nr. 1 HGB (wie auch schon durch § 291 Abs. 1 S. 2 HGB) soll sichergestellt werden, dass alle Unternehmen, die in den KA des inländischen MU auf unterer Stufe hätten einbezogen werden müssen, unbeschadet des § 296 HGB in den befreienden KA einbezogen werden; denn nur unter dieser Voraussetzung lässt sich der Verzicht auf die Konzernrechnungslegung auf unterer Stufe rechtfertigen. Den **Kreis der** in den befreienden KA **einzubeziehenden Unternehmen** auf dieser Konzernstufe bestimmt somit das **deutsche Recht,** hier also die Vorschriften im Dritten Buch des HGB.

(b) Unternehmensverbindungen mit den anderen in den befreienden Konzernabschluss einzubeziehenden Unternehmen

433 Auch hier ist bei Feststellung des Kreises der zu konsolidierenden Unternehmen hinsichtlich der in § 291 Abs. 2 S. 1 Nr. 1 HGB bezeichneten TU auf das am Sitz des ausländischen MU geltende Recht abzustellen (§ 291 Abs. 2 S. 1 Nr. 2 HGB).

434 Neben dem zu befreienden MU und seinen TU gibt es weitere in den befreienden KA einzubeziehende Unternehmen. Das werden im Allgemeinen Unternehmen mit Sitz im Ausland sein; aber hierher gehören auch in Deutschland ansässige Unternehmen, die nicht

---

782 Vgl. vorstehend Tz. 423.
783 Vgl. vorstehend Tz. 373.

TU des zu befreienden MU sind, sondern in direkter Beziehung zu dem ausländischen MU stehen (auf Letztere bezieht sich § 291 Abs. 2 S. 1 Nr. 1 HGB nicht).

Fraglich ist, nach welchem Recht sich bestimmt, welche dieser Unternehmen in den befreienden KA einzubeziehen und damit gem. § 271 Abs. 2 HGB, 2. Fallgruppe, im Verhältnis zu dem zu befreienden deutschen MU und dessen TU verbundene Unternehmen sind. 435

Für Zwecke des § 291 HGB ist **auf das am Sitz des ausländischen MU geltende Recht abzustellen**. Dies ergibt sich aus § 291 Abs. 2 S. 1 Nr. 2 HGB. Dort ist bestimmt, dass der befreiende KA nach dem Recht des Staates aufzustellen ist, in dem das MU seinen Sitz hat, mit der Maßgabe, dass dieses Recht den Anforderungen der 7. EG-RL entsprechen muss (Letzteres gewährleistet jedoch u.a. wegen verschiedener Wahlrechte nicht unbedingt die Übereinstimmung mit dem deutschen Recht). Würde man diese Vorschrift auch im Bereich des § 271 Abs. 2 HGB anwenden, so würde indirekt im Fall des befreienden KA eines ausländischen MU das ausländische Recht am Sitz des MU darüber entscheiden, mit welchen sonstigen Unternehmen das zu befreiende deutsche MU und dessen TU i.S.v. § 271 Abs. 2 HGB verbunden sind, und zwar selbst hinsichtlich der in Deutschland ansässigen Unternehmen (sofern es sich nicht um TU des zu befreienden deutschen MU selbst handelt). 436

Im Anwendungsbereich des § 271 Abs. 2 HGB, 2. Fallgruppe, ist jedoch zu beachten, dass diese Norm für die Definition von TU ausdrücklich auf § 290 HGB verweist. Damit ist **auf das deutsche Recht abzustellen**. Hierfür spricht auch der unterschiedliche Regelungszweck der Normen: § 291 Abs. 2 S. 1 Nr. 2 HGB soll sicherstellen, dass ein ordnungsgemäßer KA erstellt wurde; da das MU im Ausland sitzt, kann für die Ordnungsmäßigkeit eines KA nur an die Vorschriften des ausländischen Rechts angeknüpft werden. § 271 Abs. 2 HGB soll den Adressaten des JA eine höhere Transparenz verschaffen; die Adressaten des JA legen dem Begriff „verbundene Unternehmen" jedoch ihr deutsches Rechtsverständnis zugrunde. Schließlich ist nur bei Anknüpfung an das deutsche Recht sichergestellt, dass der JA erstellt werden kann, ohne dass ausländischer Rechtsrat eingeholt werden müsste. 437

Die vorstehenden Ausführungen gelten entsprechend für MU mit Sitz in einem Staat, der nicht Mitglied der EU/des EWR ist, sofern gem. § 292 HGB und der KonBefrV § 291 HGB auf KA von MU mit Sitz in diesem Staat angewendet werden darf. 438

cc) Voraussetzung eines befreienden Konzernabschlusses

Die 2. Fallgruppe des § 271 Abs. 2 HGB setzt eine mögliche Befreiung von der Verpflichtung voraus, einen KA aufzustellen. Eine solche Verpflichtung muss also dem Grunde nach bestehen. 439

(1) Grundlagen der Verpflichtung zur Aufstellung eines Konzernabschlusses

Eine Pflicht zur Aufstellung eines KA setzt nach § 290 HGB eine KapGes. mit Sitz in Deutschland voraus, die auf mindestens ein TU einen beherrschenden Einfluss ausüben kann. 440

Fraglich ist, ob auch von einem befreienden KA gesprochen werden kann, wenn eine Verpflichtung nach dem **PublG** zur Aufstellung eines KA besteht und somit eine Befreiung nach § 11 Abs. 6 S. 1 Nr. 1 PublG i.V.m. § 291 HGB möglich ist. Diese Frage ist zu bejahen: § 271 Abs. 2 HGB, 2. Fallgruppe, fordert lediglich, dass ein befreiender KA nach 441

§ 291 HGB zu erstellen ist. Ein solcher befreiender KA liegt im Fall des § 11 Abs. 6 S. 1 Nr. 1 PublG vor[784].

(2) Bedeutung einer größenbedingten Befreiung des zu befreienden Mutterunternehmens

442 Ein MU kann unabhängig von seiner Größe einen befreienden KA aufstellen (§ 291 Abs. 1 S. 2 HGB). Das gilt auch für KapGes. und PersGes. i.S.d. § 264a HGB, sofern der „Konzern" die Größenordnung des § 293 HGB nicht überschreitet und das MU deshalb nicht zur Konzernrechnungslegung verpflichtet ist. Sie ist dann nicht verbundenes Unternehmen der 1. Fallgruppe in § 271 Abs. 2 HGB, aber verbundenes Unternehmen der 2. Fallgruppe.

443 Wie aber ist die Rechtslage, wenn das zu befreiende MU seinerseits gem. § 293 HGB von der Pflicht zur Konzernrechnungslegung freigestellt ist, so dass ein befreiender KA des ihm übergeordneten MU keine befreiende Wirkung haben könnte, eben weil eine Pflicht zur Konzernrechnungslegung, von der befreit werden könnte, gar nicht besteht?

444 § 291 Abs. 1 S. 2 HGB bezieht sich dem Wortlaut nach nur auf die **Größe** des **übergeordneten, den befreienden KA aufstellenden MU.** Diese Vorschrift ginge aber, was nicht im Sinn des Gesetzes liegen kann, weitgehend ins Leere, wenn die größenbedingte Befreiung nicht auch bei dem zu befreienden MU außer Betracht bliebe. Denn wenn schon bei dem übergeordneten MU, dessen befreiender KA hier in Frage steht, die Größenmerkmale des § 293 HGB unterschritten sind, wird dies in aller Regel erst recht bei dessen TU, dem zu befreienden MU, der Fall sein. In solchen Fällen entfällt zwar der Anreiz zur freiwilligen Aufstellung eines befreienden KA, weil es einer Befreiung nicht bedarf; doch ist im Hinblick auf die mit § 291 HGB bezweckte Herstellung von Unternehmensverbindungen die Aufstellung jedenfalls als möglich anzusehen. Denn Sinn und Zweck des § 291 HGB erschöpfen sich nicht darin, die Befreiung von der Pflicht zur Konzernrechnungslegung auf unterer Ebene zu ermöglichen; die Vorschrift ist auch als Anknüpfungspunkt für die Unternehmensverbindungen der 2. Fallgruppe des § 271 Abs. 2 HGB konzipiert und darum auch im Hinblick auf diese Zweckbestimmung zu verstehen und auszulegen. Offensichtlich ist eine möglichst große Reichweite des Begriffs der verbundenen Unternehmen im Rahmen der Anknüpfung an die Aufstellung oder mögliche Aufstellung eines KA gem. § 291 HGB beabsichtigt. Durch § 271 Abs. 2 HGB werden eben die Akzente anders gesetzt, als sich bei isolierter Betrachtung des § 291 HGB ergibt.

445 Es wäre nicht recht einzusehen, warum die Entstehung von Unternehmensverbindungen daran scheitern sollte, dass ein KA, würde er aufgestellt, keine befreiende Wirkung hätte; denn der befreienden Wirkung kann für die Unternehmensverbindungen keine hohe Rangstelle zukommen, weil bei einer bloß möglichen Aufstellung des KA eine befreiende Wirkung ohnehin nicht eintreten kann. Freilich kann dieser Gesichtspunkt nur unterstützend herangezogen werden; für sich allein wäre er nicht ausreichend, weil sonst außer Betracht bliebe, dass der Gesetzgeber die Unternehmensverbindungen der 2. Fallgruppe in § 271 Abs. 2 HGB im Allgemeinen auf befreiende KA begrenzt hat.

446 Es ist davon auszugehen, dass auch **unterhalb der Größenordnung** des **§ 293 HGB** die Konzernunternehmen in mehrstufigen Konzernen verbundene Unternehmen i.S.v. § 271 Abs. 2 HGB, 2. Fallgruppe, sind[785]. Entscheidend ist hier nicht, ob ein KA tatsächlich

---

[784] A.A. *Reiner* in MünchKomm. HGB[2], § 271, Rn. 25.
[785] Vgl. Kap. F Tz. 250; im Ergebnis gleichlautend *ADS*[6], § 271 HGB, Tz. 47, 64; *Merkt* in Baumbach/Hopt, HGB[34], § 271, Rn. 9; a.A. *Küting* in HdR[5], § 271, Rn. 147; *Reiner* in MünchKomm. HGB[2], § 271, Rn. 25.

aufgestellt wird oder nicht. Dass es Sonderfälle geben kann, in denen bei größenbedingter Befreiung des übergeordneten MU das zu befreiende MU nicht auch seinerseits gem. § 293 HGB von der Pflicht zur Konzernrechnungslegung befreit ist, steht dieser Argumentation, die auf den Normalfall abstellt, nicht entgegen[786].

(3) Bedeutung einer Befreiung nach § 290 Abs. 5 HGB

Hat ein MU nur TU, die gem. § 296 HGB nicht in den KA einbezogen zu werden brauchen, so ist es von der Pflicht, einen KA aufzustellen, befreit (§ 290 Abs. 5 HGB). Da nach § 271 Abs. 2 HGB jedoch auch Unternehmen, die nach § 296 HGB nicht in den KA einbezogen werden, verbundene Unternehmen sind, ist nach der hier vertretenen Auffassung der Kreis der verbundenen Unternehmen so zu bestimmen, als ob ein KA einschließlich aller TU aufzustellen wäre[787]. **447**

(4) Bedeutung des § 291 Abs. 3 HGB

Unternehmen, die i.S.d. § 291 Abs. 3 Nr. 1 HGB am Kapitalmarkt auftreten, oder Unternehmen, bei denen eine Minderheit die Aufstellung eines KA verlangt (§ 291 Abs. 3 Nr. 2 HGB), können die Befreiung des § 291 Abs. 1 HGB nicht in Anspruch nehmen. Es stellt sich die Frage, ob in diesem Fall für Zwecke des § 271 Abs. 2 HGB, 2. Fallgruppe, dennoch von einem befreienden KA ausgegangen werden kann. Richten sich die Unternehmensverbindungen in einem solchen Fall nach dem **Teil-KA**, den das untere (zu befreiende) MU daraufhin zu erstellen hat, oder nach dem (tatsächlich erstellten oder auch nur möglichen) **KA** des übergeordneten MU, der in diesem Fall keine befreiende Wirkung hätte? Die gleiche Frage stellt sich nach § 292 HGB i.V.m. § 2 Abs. 2 KonBefrV. **448**

Auszugehen ist davon, dass nach Sinn und Zweck des Gesetzes der Kreis der verbundenen Unternehmen im Rahmen der gesetzlichen Bestimmungen **möglichst weit** gespannt sein soll. Dies lässt auch der Wortlaut des § 271 Abs. 2 HGB erkennen. In Zweifelsfällen ist daher, soweit nach den anerkannten Regeln der Auslegung zulässig, derjenigen Auffassung des Gesetzeswortlauts der Vorzug zu geben, nach der die weiterreichenden Unternehmensverbindungen bestehen. Dies ist für die Auslegung des § 291 HGB bedeutsam, weil die Zweckbestimmung dieser Vorschrift auch darin besteht, Anknüpfungspunkt für Unternehmensverbindungen zu sein. **449**

Unter diesem Gesichtspunkt muss auch die Formulierung in Abs. 3 des § 291 HGB gesehen werden, dass „trotz Vorliegens der Voraussetzungen nach Abs. 2" die Befreiung von einem MU „nicht in Anspruch genommen werden (kann)". Dies spricht dafür, Abs. 3 als Sondertatbestand anzusehen, der die sonstigen Wirkungen eines (möglichen) befreienden KA nicht aufheben soll (wobei zur Begründung von Unternehmensverbindungen die bloße Möglichkeit, einen befreienden KA aufzustellen, genügt, § 271 Abs. 2 HGB, 2. Fallgruppe). Die Formulierung, dass die Befreiung nach Abs. 1 „nicht in Anspruch genommen werden (kann)", lässt einen Auslegungsspielraum dahin gehend zu, dennoch die Möglichkeit eines befreienden KA anzunehmen, soweit es sich um die Unternehmensverbindungen handelt. **450**

---

786 Hier ist an den Fall zu denken, dass das zu befreiende MU (T) erst im letzten abgelaufenen GJ TU des übergeordneten MU (M) geworden ist, etwa durch Erwerb einer Mehrheitsbeteiligung durch M an T i.V.m. einer Kapitalerhöhung bei M. Wenn bei T die Größenmerkmale des § 293 HGB bereits am vorhergehenden Abschlussstichtag überschritten waren und T daher nicht durch § 293 HGB freigestellt ist, andererseits aber bei M die Größenmerkmale infolge des Erwerbs der Mehrheitsbeteiligung an T erstmals zum Abschlussstichtag überschritten sind, dann wäre der Sonderfall gegeben, dass T durch einen befreienden KA von M tatsächlich von der Pflicht zur Konzernrechnungslegung befreit würde.

787 Vgl. Tz. 383.

451 Denn was „nicht in Anspruch genommen werden kann", wird nicht negiert; lediglich der Anspruch darauf wird einem sonst Berechtigten abgesprochen. Es wäre auch kaum einzusehen, wenn gerade bei kapitalmarktorientierten Unternehmen der Kreis der verbundenen Unternehmen kleiner sein sollte oder die Reichweite der Unternehmensverbindungen von dem Verhalten der in § 291 Abs. 3 Nr. 2 HGB genannten Minderheit abhängen sollte. Die Unternehmensverbindungen sind daher nach dem befreienden KA abzugrenzen, wie er aufgestellt werden könnte, ohne Rücksicht auf § 291 Abs. 3 HGB[788].

g) Verbundene Unternehmen in einem Beispielsfall

452 Das folgende Schaubild soll die Reichweite des Begriffs der verbundenen Unternehmen, auch über die Staatsgrenzen hinweg, an einem praktischen Beispiel verdeutlichen.

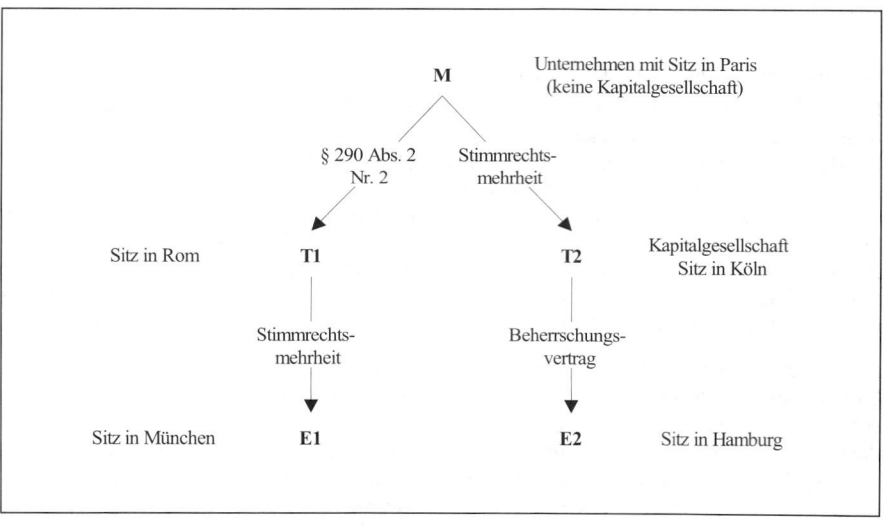

T2 ist mit E2 verbunden, weil T2 als oberste KapGes. mit Sitz im Inland einen KA unter Einbeziehung von E2 aufzustellen hat (§ 271 Abs. 2 HGB, 1. Fallgruppe). Die Pflicht zur Konzernrechnungslegung ergibt sich für T2 aus § 290 Abs. 1 S. 1, Abs. 2 Nr. 3 HGB.

453 T2 wird von der Pflicht zur Konzernrechnungslegung **freigestellt,** wenn M einen befreienden KA aufstellt, der den Bestimmungen des § 291 HGB entspricht. Insbesondere müssen T2 als zu befreiendes MU und E2 als dessen TU in den KA einbezogen sein, ausgenommen in den Fällen des § 296 HGB (§ 291 Abs. 2 S. 1 Nr. 1 HGB). Welche Unternehmen TU von T2 sind, bestimmt sich nach deutschem Recht. Bei Aufstellung des befreienden KA sind M, T2 und E2 verbundene Unternehmen gem. § 271 Abs. 2 HGB, 2. Fallgruppe.

454 Ob auch T1 und E1 verbundene Unternehmen im Verhältnis zu M, T2 und E2 sind, bestimmt sich nach der hier vertretenen Auffassung danach, ob T1 und E1 nach den Grundsätzen des § 290 HGB in einen KA von M einzubeziehen wären[789].

---
[788] Im Ergebnis übereinstimmend *Kropff*, DB 1986, S. 364. Die hier im Hinblick auf Unternehmensverbindungen vertretene Auslegung des § 291 Abs. 3 HGB zieht *Kropff* nicht in Betracht (S. 365 unter B.II.3a); das Ergebnis nicht aus dem Wortlaut, aber aus dem Zweck herleitend *Küting* in HdR[5], § 271, Rn. 143; zur Problematik auch *ADS*[6], § 271 HGB, Tz. 52.
[789] Hierzu Tz. 431 ff.

Aber auch dann, wenn M keinen befreienden KA aufstellt (z.B. weil M nicht die Rechtsform einer französischen KapGes. i.S.v. Art. 4 der 7. EG-RL oder einer ihr gleichgestellten Rechtsform hat und deshalb zur Konzernrechnungslegung nicht verpflichtet ist), bestehen die vorgenannten Unternehmensverbindungen, wenn M freiwillig einen befreienden KA unter Einbeziehung von T2 und E2 sowie T1 und E1 aufstellen könnte (§ 271 Abs. 2 HGB, 2. Fallgruppe). 455

Voraussetzung hierfür und damit für das Bestehen von Unternehmensverbindungen ist – unabhängig davon, ob ein befreiender KA aufgestellt wird oder nicht –, dass M als Unternehmen i.S.d. Unternehmensbegriffs anzusehen ist (s. Tz. 342 ff.) und dass M, wäre M KapGes., zur Aufstellung eines KA unter Einbeziehung von T2 und E2 verpflichtet wäre (§ 291 Abs. 1 S. 2 HGB). 456

Die Unternehmensverbindungen wären dieselben, wenn M seinen Sitz in einem Staat hätte, der nicht Mitglied der EU/des EWR ist (§ 292 HGB i.V.m. KonBefrV). 457

Wäre M KapGes. mit Sitz in Deutschland, jedoch größenbedingt von der Verpflichtung zur Konzernrechnungslegung gem. § 293 HGB befreit, so wäre die Rechtslage ebenfalls dieselbe. M könnte gem. § 291 Abs. 1 S. 2 HGB freiwillig einen befreienden KA aufstellen, und infolgedessen bestehen Unternehmensverbindungen zwischen allen einzubeziehenden Unternehmen. Auch in diesem Fall gilt dies selbst dann, wenn die Aufstellung des KA unterbleibt (§ 271 Abs. 2 HGB, 2. Fallgruppe). 458

h) Nicht vom Wortlaut des § 271 Abs. 2 HGB erfasste Fälle

aa) Nichterreichen der Größenmerkmale von § 293 HGB

Erreicht ein MU nicht die Größenmerkmale von § 293 HGB, dass ein KA aufgestellt werden muss, so fällt dieses MU samt seiner TU nach dem Wortlaut nicht in den Anwendungsbereich des § 271 Abs. 2 HGB, 1. Fallgruppe. Nach dem Wortlaut wäre zudem § 271 Abs. 2 HGB, 2. Fallgruppe, nur eröffnet, wenn das MU dennoch einen befreienden KA aufstellen kann, also eines seiner TU verpflichtet wäre, einen KA aufzustellen, was nur in seltenen Konstellationen der Fall ist. 459

Nach weit vertretener – jedoch umstrittener – Ansicht ist § 271 Abs. 2 HGB, 1. Fallgruppe, daher über seinen Wortlaut hinaus auszulegen, so dass das Nichterreichen der Größenmerkmale unschädlich ist (s. Tz. 388 f.). 460

bb) Mutterunternehmen im einstufigen Konzern ist keine Kapitalgesellschaft mit Sitz im Inland

Ist das MU im einstufigen Konzern keine KapGes. und auch keine PersGes. i.S.d. § 264a HGB, so ist § 271 Abs. 2 HGB aufgrund seines Wortlauts nicht anwendbar[790]: Die 1. Fallgruppe setzt ein MU i.S.d. § 290 HGB voraus[791], die 2. Fallgruppe setzt einen mehrstufigen Konzern voraus[792]. 461

Dasselbe gilt, wenn das MU im einstufigen Konzern nicht seinen Sitz im Inland hat[793]. 462

---

790 *Hachmeister* in HdJ, II/3, Tz. 29; *Kozikowski/Gutike* in BeBiKo[7], § 271, Rn. 34 f.; *Merkt* in Baumbach/Hopt, HGB[34], § 271, Rn. 10; *Reiner* in MünchKomm. HGB[2], § 271, Rn. 23.
791 Hierzu Tz. 379 ff.
792 Hierzu Tz. 439 ff.
793 *Hachmeister* in HdJ, II/3, Tz. 29; *Kozikowski/Gutike* in BeBiKo[7], § 271, Rn. 34 f.; *Küting* in HdR[5], § 271, Rn. 147; *Merkt* in Baumbach/Hopt, HGB[34], § 271, Rn. 10; eine richtlinienkonforme Anwendung über den Wortlaut hinaus für geboten haltend *Reiner* in MünchKomm. HGB[2], § 271, Rn. 31; kritisch auch *von Keitz* in Baetge/Kirsch/Thiele, Bilanzrecht, § 271 HGB, Rn. 66.

cc) Konzernabschlüsse nach dem PublG

463 Bildet in einem Konzern eine **PersGes. mit Sitz im Inland**, die nicht zu den Gesellschaften i.S.v. § 264a HGB gehört, die **Konzernspitze** und hat sie einen KA nach dem PublG aufzustellen, in den eine KapGes. einzubeziehen ist (§ 11 Abs. 1 PublG)[794], so ist § 271 Abs. 2 HGB, 1. Fallgruppe, nach seinem Wortlaut nicht einschlägig. Denn die Vorschrift ist nur auf KA anwendbar, die „nach dem Zweiten Unterabschnitt" aufzustellen sind, also nach den §§ 290 ff. HGB, nicht jedoch nach dem PublG. Für die Rechnungslegung der PersGes. ist die KapGes. nach § 5 Abs. 1 PublG verbundenes Unternehmen; nach dieser Vorschrift gilt u.a. § 271 Abs. 2 HGB sinngemäß. Es spricht vieles dafür, auch umgekehrt die PersGes. als verbundenes Unternehmen der KapGes. bei deren Rechnungslegung nach dem HGB anzusehen (s. Tz. 381 f.).

464 Ist eine in den KA nach § 11 PublG einbezogene KapGes. ihrerseits MU gem. § 290 Abs. 2 HGB, so bestehen die vorgenannten Unternehmensverbindungen ohnehin, wenn der **KA** entweder ein **befreiender** ist (sofern er den Anforderungen des § 291 HGB entspricht) oder wenn das nach dem PublG konzernrechnungslegungspflichtige Unternehmen einen diesen Anforderungen entsprechenden befreienden KA aufstellen könnte (§ 271 Abs. 2 HGB, 2. Fallgruppe). Die praktische Bedeutung der oben behandelten Frage, ob die nach dem PublG aufzustellenden KA im Rahmen des § 271 Abs. 2 HGB den KA nach dem HGB gleichzustellen sind, ist hierdurch erheblich eingeschränkt. Die Verneinung einer solchen Gleichstellung schließt eben nicht aus, dass der KA eines nach dem PublG konzernrechnungslegungspflichtigen Unternehmens auch die Voraussetzungen des § 291 HGB erfüllt und eine einzubeziehende KapGes. von der Pflicht zur Aufstellung eines (Teil-)KA befreit oder dass das Unternehmen einen solchen KA aufstellen könnte; in beiden Fällen aber sind die Unternehmen verbundene Unternehmen gemäß der 2. Fallgruppe des § 271 Abs. 2 HGB.

dd) Gleichordnungskonzern

465 Anders als im AktG (§ 18 Abs. 2 AktG) begründet ein Gleichordnungskonzern nach § 271 Abs. 2 HGB **keine Unternehmensverbindung.** Die Bundesrepublik Deutschland hat von dem nationalen Wahlrecht in Art. 12 der 7. EG-RL, auch Gleichordnungskonzerne in die Konzernrechnungslegung einzubeziehen, keinen Gebrauch gemacht. Unternehmen eines Gleichordnungskonzerns sind i.S.v. § 271 Abs. 2 HGB keine verbundenen Unternehmen[795]. Der Gleichordnungskonzern ist daher nur noch insofern von Bedeutung, als die zu dem **Gleichordnungskonzern gehörenden Unternehmen** gem. §§ 15, 18 Abs. 2 AktG für den Bereich des AktG verbundene Unternehmen sind.

i) Erweiterte Auslegung von § 271 Abs. 2 HGB

466 Die vorstehend dargestellte Auslegung von § 271 Abs. 2 HGB, die über den Wortlaut teilweise hinausgeht, zeigt, dass eine große Zahl denkbarer Unternehmensverbindungen als verbundene Unternehmen i.S. dieser Vorschrift zu behandeln sind.

467 Ungeregelt bleiben nur wenige Fälle. Nicht als verbundene Unternehmen hätten die Unternehmen eines Unternehmensverbundes zu gelten, dessen Spitze von einer Personenhandelsgesellschaft außerhalb des Anwendungsbereiches des § 264a HGB oder einem Einzelunternehmen gebildet wird, wenn weder § 11 PublG anwendbar ist noch ein befreiender KA aufgestellt werden kann. Nicht verbunden i.S.v. § 271 Abs. 2 HGB wäre

---

794 Zur Rechnungslegung nach dem PublG vgl. Kap. H.
795 *Hüttemann* in Ulmer, HGB, § 271, Rn. 35.

ferner ein Unternehmensverbund mit ausländischer Konzernspitze gleich welcher Rechtsform, wenn ebenfalls, wie im einstufigen Konzernaufbau, die Voraussetzungen für einen befreienden KA nicht gegeben sind.

Im Vergleich zu den als verbundene Unternehmen erfassten Sachverhalten ist es weder rechtlich noch wirtschaftlich einleuchtend, die verbliebenen Gestaltungen auszuklammern. In der Literatur wurde daher seit In-Kraft-Treten des BiRiLiG versucht, die festgestellte Lücke im Wege der Auslegung zu schließen. Nach *Kropff*[796] könnte eine Auslegung von § 271 Abs. 2 HGB Abhilfe schaffen, die sich von der Pflicht (Rechtspflicht) zur Aufstellung eines KA löst und verbundene Unternehmen auch dann annimmt, wenn die Voraussetzungen von § 290 HGB gegeben sind und ein KA aus Rechtsgründen nicht aufgestellt werden kann. Wie *Kropff* sehen *ADS*[797] in einer an **Sinn und Zweck** der Vorschrift sowie an Art. 41 der 7. EG-RL orientierten Auslegung die Notwendigkeit und Möglichkeit, den Anwendungsbereich von § 271 Abs. 2 HGB zur Schließung der Lücken auszudehnen. Unabhängig von der Konzernrechnungslegungspflicht, der befreienden Wirkung eines KA und der tatsächlich oder nur möglichen Aufstellung von KA und der Berücksichtigung im Einbeziehungskreis soll es allein darauf ankommen, ob ein **MU/TU-Verhältnis vorliegt;** dies erstrecke sich auf weitere TU[798]. Mit dieser, den Wortlaut der Regelung allerdings vernachlässigenden Interpretation lassen sich die oben offen gebliebenen Problemfälle lösen[799]. Der Befund, eine unbefriedigende, offene Regelungslücke in § 271 Abs. 2 HGB sehen zu müssen, wird auch von anderen Autoren festgestellt, doch nicht durch eine weitere Auslegung, sondern durch den Appell an den Gesetzgeber gelöst[800]. Der Gesetzgeber hat bislang bei Änderung der handelsrechtlichen Vorschriften der Rechnungslegung, zuletzt im BilMoG[801], keinen Anlass gesehen, klärend einzugreifen. Es kann daher davon ausgegangen werden, dass die in der Literatur gefundenen Interpretationen die Verbundbeziehung zutreffend bezeichnen und ausgewiesen werden dürfen. Diese Auffassungen haben sich in der Praxis durchgesetzt, da sie allein zu praktikablen Ergebnissen führen.

468

VI. Schrifttumsverzeichnis

1. Verzeichnis der Monographien und Beiträge in Sammelwerken

Barz, Das 50:50-Gemeinschaftsunternehmen und das Konzernrecht, in: Bartholomeyczik u.a. (Hrsg.), Beiträge zum Wirtschaftsrecht, FS Kaufmann, Köln 1972, S. 59; *Barz*, Abhängigkeitsausschlußvertrag bei der Aktiengesellschaft, in: Lutter (Hrsg.), Recht und Wirtschaft in Geschichte und Gegenwart, FS Bärmann, München 1975, S. 185; *Beusch*, Rücklagenbildung im Konzern, in: Havermann (Hrsg.), Bilanz- und Konzernrecht, FS Goerdeler, Düsseldorf 1987, S. 25; *Budde/Forster*, D-Markbilanzgesetz (DMBilG), München 1991; *Bühner*, Managementholding, 2. Aufl., Landsberg/Lech 1992; *Bürgers/Körber* (Hrsg.), Heidelberger Kommentar zum AktG, Heidelberg 2008; *Clausen*, Ver-

---

796 *Kropff* in MünchKomm. AktG², § 271 HGB, Rn. 55; *Kropff*, DB 1986, S. 364/366; gefolgt von *Scheffler* in BHdR, B 213, Rn. 136.

797 *ADS*⁶, § 271 HGB, Tz. 52.

798 *ADS*⁶, § 271 HGB, Tz. 63.

799 Im Ergebnis ebenfalls die richtlinienkonforme Auslegung befürwortend *Ulmer* in FS Goerdeler, S. 623/646; *von Keitz* in Baetge/Kirsch/Thiele, Bilanzrecht, § 271 HGB, Rn. 67; kritisch *Reiner* in MünchKomm. HGB², § 271, Rn. 29 ff.

800 Vgl. *Küting* in HdR⁵, § 271, Rn. 153 f.; *Hüttemann* in Ulmer, HGB, § 271, Rn. 24; *Schulze-Osterloh* in FS Fleck, S. 313/324; ferner *Hoffmann*, BB 1987, S. 2192.

801 BGBl. I 2009, S. 1102.

bundene Unternehmen, Düsseldorf 1992; *Decher*, Das Business Combination Agreement – ein verdeckter Beherrschungsvertrag oder sonstiger strukturändernder Vertrag?, in: Kindler, u.a. (Hrsg.), FS Hüffer, München 2010, S. 145; *Deilmann*, Die Entstehung des qualifiziert faktischen Konzerns, Bonn 1990; *Dierdorf*, Herrschaft und Abhängigkeit einer AG auf schuldvertraglicher und tatsächlicher Grundlage, 1978; *Ebenroth*, Konzernbildungs- und Konzernleitungskontrolle, Konstanz 1987; *Emmerich*, Über atypische und verdeckte Beherrschungsverträge, in: Kindler, u.a. (Hrsg.), FS Hüffer, München 2010, S. 179; *Gadow/Heinichen*, Aktiengesetz 1937, Großkommentar, 2. Aufl., Berlin 1957–1965; Geßler, Das „Unternehmen" im Aktiengesetz, in: Flume/Hamm (Hrsg.), Festschrift für Alexander Knur, FS Knur, München 1972, S. 145; *Götz*, Der Entherrschungsvertrag im Aktienrecht, Frankfurt a.M. 1991; *Großfeld*, Recht der Unternehmensbewertung, 5. Aufl., Köln 2009; *Großkomm AktG³*: Aktiengesetz Großkommentar / hrsg. v. Barz, 3. Aufl., Berlin 1970-1975; *Havermann*, Offene Fragen der Konzernrechnungslegung, in: IDW (Hrsg.), Bericht über die Fachtagung 1971 des Instituts der Wirtschaftsprüfer, Düsseldorf 1971, S. 29; *Havermann*, Offene Fragen der Konzernrechnungslegung, in: IDW (Hrsg.), Bericht über die Fachtagung 1986 des Instituts der Wirtschaftsprüfer, Düsseldorf 1986, S. 43; *Henze*, Die Berücksichtigung des Börsenkurses bei der Bemessung von Abfindung und variablem Ausgleich im Unternehmensvertragsrecht, in: Schneider (Hrsg.), Deutsches und europäisches Gesellschafts-, Konzern- und Kapitalmarktrecht, FS Lutter, Köln 2000, S. 1101; *Hoffmann-Becking*, Das erweiterte Auskunftsrecht des Aktionärs nach § 131 Abs. 4 AktG, in: Pfeiffer (Hrsg.), FS Rowedder, München 1994, S. 155; *Hoffmann-Becking/Rellermeyer*, Gemeinschaftsunternehmen im neuen Recht der Konzernrechnungslegung, in: Havermann (Hrsg.), Bilanz- und Konzernrecht, FS Goerdeler, Düsseldorf 1987, S. 199; *Hommelhoff*, Konzernleitungspflicht, Köln 1982; *Hüffer*, Zur Holzmüller-Problematik: Reduktion des Vorstandsermessens oder Grundlagenkompetenz der Hauptversammlung? in: Habersack (Hrsg.), FS Ulmer, Berlin, 2003, S. 279; *IDW* (Hrsg.), WP Handbuch 1985/86, Wirtschaftsprüfung, Rechnungslegung, Beratung, Bd. I, Düsseldorf 1986; *Jurkat*, Die Organschaft im Körperschaftsteuerrecht, Heidelberg 1975; *Keller*, Unternehmensführung mit Holdingkonzepten, 2. Aufl., Köln 1993; *Klöcker/Frowein*, Spruchverfahrensgesetz, Köln 2004; *Kölner Komm. AktG:* Kölner Kommentar zum Aktiengesetz / hrsg. v. Zöllner, Köln 1970–1984; *Koppensteiner*, Über wirtschaftliche Abhängigkeit, in: Lutter (Hrsg.), FS Stimpel, Berlin/New York 1985, S. 811; *Kraft*, Das Verwaltungsgesellschaftsrecht, Frankfurt a.M. 1982; *Krieger*, Der Abschluss eines Gewinnabführungsvertrags zwischen Mutter und Enkel im mehrstufigen faktischen Konzern, in: Bitter u.a. (Hrsg.), FS K. Schmidt, Köln 2009, S. 999; *Krieger*, Unternehmensvertrag und Insolvenz, in: Betteray/Delhaes (Hrsg.), FS Metzeler, Köln, 2003; *Kropff*, Konzerneingangskontrolle bei der qualifiziert konzerngebundenen Aktiengesellschaft in: Havermann (Hrsg.), Bilanz- und Konzernrecht, FS Goerdeler, Düsseldorf 1987, S. 259; *Küting/Pfitzer/Weber* (Hrsg.), Das neue deutsche Bilanzrecht, 2. Aufl. Stuttgart 2009; *Liebscher*, GmbH-Konzernrecht: die GmbH als Konzernbaustein, München 2006; *Lutter*, Zur Binnenstruktur des Konzerns, in: Hefermehl (Hrsg.), FS Westermann, Karlsruhe 1974, S. 347; *Lutter*, Rücklagenbildung im Konzern, in: Havermann (Hrsg.), Bilanz- und Konzernrecht, FS Goerdeler, Düsseldorf 1987, S. 327; *Lutter*, Organzuständigkeiten im Konzern, in: Lutter (Hrsg.), FS Stimpel, Berlin/New York 1985, S. 825; *Lutter*, Zur Vorbereitung und Durchführung von Grundlagenbeschlüssen in Aktiengesellschaften, in: Goerdeler (Hrsg.), FS Fleck, Berlin/New York 1988, S. 169; *Lutter*, Vermögensveräußerungen einer abhängigen Aktiengesellschaft – Haftungsrisiken beim „asset-stripping", in: Baur (Hrsg.), FS Steindorff, Berlin 1990, S. 125; *Lutter* (Hrsg.), Holding-Handbuch, 4. Aufl., Köln 2004; *Maier-Reimer/Kolb*, Abfindung und Börsenkurs – Verfassungsrecht vs. Aktienrecht? in: Hommelhoff (Hrsg.), FS Müller, München 2001, S. 93; *Martens*, Die existenzielle Wirtschaftsabhängigkeit, Köln 1979; *Mülbert*, Aktiengesellschaft, 2. Aufl., München 1996; *MünchKomm. AktG²*: Münchener Kommentar zum Aktiengesetz / hrsg. v. Kropff/Semler, 2. Aufl., München 2000–2006; *Müller, H.-P.*, Zur Gewinn- und Verlustermittlung bei aktienrechtlichen Gewinnabführungsverträgen, in: Havermann (Hrsg.), Bilanz- und Konzernrecht, FS Goerdeler, Düsseldorf 1987, S. 375; *Müller, H.-P.*, Bilanzrecht und Organverantwortung, in: Westermann/Rosner (Hrsg.), FS Quack, Berlin 1991, S. 345; *Müller, W.*, Ist nach dem TBB-Urteil des Bundesgerichtshofs eine Verlustübernahmeverpflichtung im qualifiziert faktischen Konzern noch begründbar? in: Pfeiffer (Hrsg.), FS Rowedder, München 1994, S. 277; *Müller, W.*, Bilanzierungsfragen bei der Beendigung von Unternehmensverträgen, in: Forster (Hrsg.), Aktien- und Bilanzrecht, FS Kropff, Düsseldorf 1997, S. 517; *Pentz*, Die Rechtsstellung der Enkel-AG in einer mehrstufigen Unternehmensverbindung, Frankfurt a.M. 1994; *Priester/Mayer* (Hrsg.), Münchener Handbuch des Gesellschaftsrechts: Bd. 3: Gesellschaft mit beschränkter Haftung, 3. Aufl, München 2009; *Raisch*, Freie Berufe und Handelsrecht, in: Löwisch (Hrsg.), Beiträge zum Handels- und Wirtschaftsrecht, FS Rittner, München 1991, S. 471; *Reuter*, Der Partizipationsschein als Form der Mitarbeiterbeteiligung, in: Lutter (Hrsg.), FS Fischer, Berlin 1979, S. 605; *Röhricht*, Die GmbH im Spannungsfeld zwischen wirtschaftlicher Dispositionsfreiheit ihrer Gesellschafter und Gläubigerschutz, in: Geiß (Hrsg.), FS BGH, Köln 2000, S. 83; *Rose/Glorius-Rose*, Unternehmensformen und -Verbindungen, Köln 1995; *Scheffler*, Zur Problematik der Konzernleitung, in: Havermann (Hrsg.), Bilanz- und Konzernrecht, FS Goerdeler, Düsseldorf 1987, S. 469; *Schmidt*, in: Jahrbuch der Fachanwälte für Steuerrecht 1970/71, Herne/Berlin 1972, S. 198; *Schmidt, K.*, Gesellschaftsrecht, 4. Aufl., Köln 2002; *Schulze-Osterloh*, Die verbundenen Unternehmen nach dem Bilanzrichtlinien-Gesetz, in: Goerdeler (Hrsg.), FS Fleck, Berlin/New York 1988, S. 313; *Semler*, Überwachungsaufgabe des Aufsichtsrats, Köln 1980; *Semler*, Doppelmandats-Verbund im Konzern – Sachgerechte Organisationsform oder rechtlich unzulässige Verflechtung? in: Lutter (Hrsg.), FS Stiefel, München 1987, S. 719; *Sonnenschein*, Der Schutz von Minderheitsgesellschaftern und Gläubigern der abhängigen Gesellschaft im deutschen Recht, in: Mestmäcker/Behrens (Hrsg.), Das Gesellschaftsrecht der Konzerne im internationalen Vergleich, Baden-Baden 1991, S. 49; *Timm*, Die Aktiengesellschaft als Konzernspitze, Köln 1980; *Timm*, Risiken bei der Privatisierung und Betriebsveräußerung durch die Treuhandanstalt – Zur Tragweite des § 28a EGAktG, in: Bierich (Hrsg.), FS Semler, Berlin 1993, S. 611; *Ulmer*, Begriffsvielfalt im Recht der verbundenen Unternehmen als Folge des Bilanzrichtliniengesetzes in: Havermann (Hrsg.), Bilanz- und Konzernrecht, FS Goerdeler, Düsseldorf 1987, S. 623; *Ulmer*, Gläubigerschutz bei Treuhandunternehmen, in: Hommelhoff (Hrsg.), Treuhandunternehmen im Umbruch, Köln 1991, S. 39; *Vedder*, Zum Begriff „für Rechnung" im AktG und WpHG, Köln 1999; *Wiedemann*, Gesellschaftsrecht: Bd. I: Grundlagen, München 1980; *Würdinger*, Aktien- und Konzernrecht, 3. Aufl., Karlsruhe 1973; *Zimmermann/Pentz*, „Holzmüller" – Ansatzpunkt, Klagefristen, Klageantrag, in: Hommelhoff (Hrsg.), FS Müller, München 2001, S. 151.

2. Verzeichnis der Beiträge in Zeitschriften

Albach, Probleme der Ausgleichszahlung und der Abfindung bei Gewinnabführungsverträgen nach dem Aktiengesetz 1965, AG 1966, S. 180; *Albach*, Die Organisation des Entscheidungsprozesses nach dem Aktiengesetz 1965, NB 1966, S. 30; *Altmeppen*, Zur Entstehung, Fälligkeit und Höhe des Verlustausgleichsanspruchs nach § 302, DB 1999, S. 2453; *Altmeppen*, Gesellschafterhaftung und „Konzernhaftung" bei der GmbH, NJW 2002, S. 321; *Altmeppen*, Zum richtigen Verständnis der neuen §§ 293a–293g AktG zu Bericht und Prüfung beim Unternehmensvertrag, ZIP 1998, S. 1853; *Altmeppen*, Cash

Pooling und Kapitalerhaltung bei bestehendem Beherrschungs- oder Gewinnabführungsvertrag, NZG 2010, S. 361; *Altmeppen*, Cash Pooling und Kapitalerhaltung im faktischen Konzern, NZG 2010, S. 401; *Baldamus*, An wen ist beim Gewinnabführungsvertrag Ausgleich zu zahlen?, ZGR 2007, S: 819; *Baldamus*, Durchführung von Gewinnabführungsverträgen – zu § 14 KStG und § 302 AktG nach MoMiG und BilMoG, Ubg 2009, S. 484; *Baldamus*, Gestaltungsspielraum bei Art und Maß von Ausgleichszahlungen nach § 304 AktG, Ubg 2010, S. 483; *Balthasar*, Zum Austrittsrecht nach § 305 AktG bei „faktischer Beherrschung", NZG 2008, S. 858; *Bayer*, Der an der Tochter beteiligte Mehrheitsgesellschafter der Mutter: herrschendes Unternehmen?, ZGR 2002, S. 933; *Beckmann*, Zur Relevanz des Börsenkurses bei der Ermittlung des Abfindungsanspruchs beim Ausschluss von Minderheitsaktionären gemäß §§ 327a ff. AktG, WPg 2004, S. 620; *Beiner/Hennerkes/Binz*, Die GmbH & Co – ein mitbestimmungspflichtiger In-sich-Konzern?, DB 1979, S. 68; *Boetius*, Konzernbildung durch Aktienpoolung?, DB 1970, S. 1964; *Böttcher/Liekefett*, Mitbestimmung bei Gemeinschaftsunternehmen mit mehr als zwei Muttergesellschaften, NZG 2003, S. 701; *Bork*, Zurechnung im Konzern, ZGR 1994, S. 237; *Bungert*, Festschreibung der ungeschriebenen „Holzmüller"-Hauptversammlungszuständigkeiten bei der Aktiengesellschaft, BB 2004, S. 1345; *Bungert*, Zur Frage der Wirksamkeit der Festsetzung eines Nullausgleichs in einem Gewinnabführungsvertrag bei dauerhaft negativer Ertragsprognose, BB 2006, S. 1129; *Bungert*, Vorgaben aus Karlsruhe zum Referenzzeitraum des Börsenwerts für die Abfindung bei Strukturmaßnahmen, BB 2010, S. 2227; *Bungert*, Unternehmensvertragsbericht und Unternehmensvertragsprüfung gemäß §§ 293a ff. AktG (Teil I), DB 1995, S. 1384; *Bungert*, Unternehmensvertragsbericht und Unternehmensvertragsprüfung gemäß §§ 293a ff. AktG (Teil II), DB 1995, S. 1449; *Bungert*, Die Beendigung von Beherrschungs- und Gewinnabführungsverträgen im GmbH-Konzern, NJW 1995, S. 1118; *Bungert*, Ausgliederung durch Einzelrechtsübertragung und analoge Anwendung des Umwandlungsgesetzes, NZG 1998, S. 367; *Bungert/Eckert*, Unternehmensbewertung nach Börsenwert: Zivilgerichtliche Umsetzung der BVerfG-Rechtsprechung, BB 2000, S. 1845; *Burgard*, Rechtsfragen der Konzernfinanzierung, AG 2006, S. 527; *Busch*, Der Zinsanspruch des Aktionärs bei unangemessenen Bar-Kompensationsansprüchen gem. §§ 304 Abs. 3 S. 3, 305 Abs. 5 S. 2 AktG, AG 1993, S. 1; *Busse v. Colbe*, Berücksichtigung von Synergien versus Stand-alone-Prinzip bei der Unternehmensbewertung, ZGR 1994, S. 595; *Cahn/Farrenkopf*, Abschied von der qualifizierten wechselseitigen Beteiligung?, AG 1984, S. 178; *Cahn*, Die Holding als abhängiges Unternehmen?, AG 2002, S. 30; *Cahn/Simon*, Isolierte Gewinnabführungsverträge, Der Konzern 2003, S. 1; *Clemm*, Die Grenzen der Weisungsfolgepflicht des Vorstands der beherrschten AG bei bestehendem Beherrschungsvertrag, ZHR 1977, S. 197; *Däubler*, Ausklammerung sozialer und personeller Angelegenheiten aus einem Beherrschungsvertrag?, NZG 2005, S. 617; *Dauner-Lieb*, Die Existenzvernichtungshaftung als deliktische Innenhaftung gemäß § 826 BGB, ZGR 2008, S. 34; *Decher*, Information im Konzern und Auskunftsrecht der Aktionäre gem. § 131 Abs. 4 AktG, ZHR 1994, S. 473; *Decher*, Neues zum qualifizierten, faktischen GmbH-Konzern, DB 1989, S. 965; *Decher*, Die Zulässigkeit des qualifizierten, faktischen Aktienkonzerns, DB 1990, S. 2005; *Dielmann/König*, Der Anspruch ausscheidender Minderheitsaktionäre auf angemessene Abfindung, AG 1984, S. 57; *Ebenroth*, Die qualifiziert faktische Konzernierung und ihre körperschaftsteuerrechtliche Auswirkung, AG 1990, S. 188; *Ederle*, Der verdeckte Beherrschungsvertrag als konzernrechtliches Haftungsinstrument, AG 2010, S. 273; *Ehlke*, Konzerninduzierter Haftungsdurchgriff auf den GmbH-Gesellschafter?, DB 1986, S. 523; *Ehlke*, Aufhebung von Beherrschungsverträgen – eine schlichte Geschäftsführungsmaßnahme?, ZIP 1995, S. 355; *Ellerbusch/Schlüter/Hofherr*, Die Abgrenzung latenter Steuern im Organkreis nach BilMoG, DStR 2009,

S. 2443; *Emmerich*, Der heutige Stand der Lehre vom GmbH-Konzernrecht, AG 1987, S. 1; *Emmerich*, Wechselseitige Beteiligungen bei AG und GmbH, NZG 1998, S. 622; *Endres*, Organisation der Unternehmensleitung aus der Sicht der Praxis, ZHR 1999, S. 441; *Fleischer*, Die Barabfindung außenstehender Aktionäre nach den §§ 305 und 320b AktG – Stand-alone-Prinzip oder Verbundberücksichtigungsprinzip?, ZGR 1997, S. 368; *Freudenberg*, Der Fortbestand des Beherrschungs- und Gewinnabführungsvertrages in der Insolvenz der Konzernobergesellschaft, ZIP 2009, S. 2037; *Gerth*, Die Beendigung des Gewinnabführungsvertrages und Beherrschungsvertrages, BB 1978, S. 1497; *Geßler*, Mitbestimmung im mehrstufigen Konzern, BB 1977, S. 1313; *Geßler*, Probleme des neuen Konzernrechts, DB 1965, S. 1691; *Goerdeler*, Rücklagenbildung nach § 58 Abs. 2 AktG 1965 im Konzern, WPg 1986, S. 229; *Götz*, Die Sicherung der Rechte der Aktionäre der Konzernobergesellschaft bei Konzernbildung und Konzernleitung, AG 1984, S. 85; *Goslar*, Verdeckte Beherrschungsverträge, DB 2008, S. 800; *Granobs*, Erfassung der Abschlüsse von Arbeitsgemeinschaften in der konsolidierten Konzernbilanz?, DB 1966, S. 1363; *Gratzel*, Zur konzernrechtlichen Haftung der Gebietskörperschaften aus Inferenz, BB 1998, S. 175; *Großfeld*, Börsenkurs und Unternehmenswert, BB 2000, S. 261; *Habersack/Mayer*, Der neue Vorschlag 1997 einer Takeover-Richtlinie – Überlegungen zur Umsetzung in das nationale Recht, ZIP 1997, S. 2141; *Habighorst/Spoerr*, Treuhandanstalt und Konzernrecht in der Diskussion, ZGR 1992, S. 499; *Hahn*, Vertragsfreiheit bei Unternehmensverträgen, DStR 2009, S. 589; *Hahn*, Bezugnahme auf § 302 AktG im Gewinnabführungsvertrag mit einer GmbH wirklich erforderlich?, DStR 2009, S. 1834; *Hardach*, Die einheitliche Leitung von Konzernen, ZfhF 1961, S. 713; *Havermann*, Die verbundenen Unternehmen und ihre Pflichten nach dem Aktiengesetz, WPg 1966, S. 30 (Teil I), S. 66 (Teil II), S. 90 (Teil III); *Heckschen*, Gelöste und ungelöste zivilrechtliche Fragen des GmbH-Konzernrechts, DB 1989, S. 29; *Heckschen*, Probleme des Unternehmensvertrags zwischen AG und GmbH, DB 1989, S. 1273; *Heinsius*, Organzuständigkeit bei Bildung, Erweiterung und Umorganisation des Konzerns, ZGR 1984, S. 383; *Heisterkamp*, Die Beendigung des GmbH-Vertragskonzerns, AnwBl. 1994, S. 487; *Hentzen*, Atypische Risiken aus der Beendigung von Beherrschungs- und Gewinnabführungsverträgen, NZG 2008, S. 201; *Hentzen*, Der Entherrschungsvertrag im Aktienrecht, ZHR 1993, S. 65; *Hirte*, Genußrecht oder verbotener Gewinnabführungsvertrag?, ZBB 1992, S. 50; *Hirte/Schall*, Zum faktischen Beherrschungsvertrag, Der Konzern 2006, S. 243; *Hoffmann*, Wann liegen „Verbundene Unternehmen" im Einzelabschluß von ausländisch beherrschten Konzernen vor?, BB 1987, S. 2192; *Hoffmann-Becking*, Gelöste und ungelöste Fragen zum Unternehmensvertrag der GmbH, WiB 1994, S. 57; *Hoffmann-Becking*, Der Einfluß schuldrechtlicher Gesellschaftervereinbarungen auf die Rechtsbeziehungen in der Kapitalgesellschaft, ZGR 1994, S. 442; *Hoffmann-Becking*, Vorstands-Doppelmandate im Konzern, ZHR 1986, S. 570; *Hoffmann-Becking*, Der Aufsichtsrat im Konzern, ZHR 1995, S. 325; *Hofmeister*, Veräußerung und Erwerb von Beteiligungen bei der Aktiengesellschaft – Denkbare Anwendungsfälle der Gelatine-Rechtsprechung, NZG 2008, S. 47; *Hohage/Willkommen*, Zu Art und Umfang der Bezugnahme auf § 302 AktG im Gewinnabführungsvertrag, BB 2010, S. 1119; *Hommelhoff*, Zum Konzernrecht in der Europäischen Aktiengesellschaft, AG 2003, S. 179; *Hommelhoff*, Eigenkapital-Ersatz im Konzern und in Beteiligungsverhältnissen, WM 1984, S. 1105; *Huber*, Betriebsführungsverträge zwischen selbständigen Unternehmen, ZHR 1988, S. 1; *Huber*, Betriebsführungsverträge zwischen konzernverbundenen Unternehmen, ZHR 1988, S. 123; *Huber/Habersack*, GmbH-Reform: Zwölf Thesen zu einer möglichen Reform des Rechts der kapitalersetzenden Gesellschafterdarlehen, BB 2006, S. 1; *Humbeck*, Die Prüfung der Unternehmensverträge nach neuem Recht, BB 1995, S. 1893; *Hüttemann*, Börsenkurs und Unternehmensbewertung, ZGR 2001, S. 454; *Im-*

menga, Bestandsschutz der beherrschten Gesellschaft im Vertragskonzern?, ZHR 1976, S. 301; *Jaecks/Schönborn*, Die Europäische Aktiengesellschaft, das Internationale und das deutsche Konzernrecht, RIW 2003, S. 254; *Jäger*, Der Entherrschungsvertrag, DStR 1995, S. 1113; *Janberg/Schlaus*, Abstimmungsverträge nach neuem Aktienrecht unter Berücksichtigung des Rechts der verbundenen Unternehmen, AG 1967, S. 33; *Joost*, „Holzmüller 2000" vor dem Hintergrund des Umwandlungsgesetzes, ZHR 1999, S. 164; *Kamprad*, Ausgleichszahlungen nach § 304 AktG in einem mehrstufigen Konzern, AG 1986, S. 321; *Keller*, Die Einrichtung einer Holding: Bisherige Erfahrungen und neuere Entwicklungen, DB 1991, S. 1633; *Kiethe*, Einstweilige Verfügung und Stimmrechtsausübung im Gesellschaftsrecht, DStR 1993, S. 609; *Kinzl*, Voraussetzungen für die Anerkennung eienr steuerlichen Organschaft, AG 2010, S. 447; *Kleindiek*, Fehlerhafte Unternehmensverträge im GmbH-Recht, ZIP 1988, S. 613; *Knott/Rodewald*, Beendigung der handels- und steuerrechtlichen Organschaften bei unterjähriger Anteilsveräußerung, BB 1996, S. 472; *Koppensteiner*, Zur Anwendung konzerngesellschaftlicher Normen auf die Bundesrepublik, Teil 1, ZGR 1979, S. 91; *Kort*, Anwendung der Grundsätze der fehlerhaften Gesellschaft auf einen „verdeckten" Beherrschungsvertrag?, NZG 2009, S. 364; *Krieger*, Fehlerhafte Satzungsänderungen: Fallgruppen und Bestandskraft, ZHR 1994, S. 35; *Krieger*, Verlustausgleich und Jahresabschluss, NZG 2005, S. 787; *Kröner/Bolik/Gageur*, Stolpert die Organschaft über das BilMoG?, Ubg 2010, S. 237; *Kronstein*, Die Anwendbarkeit der §§ 311 ff. AktG über die Verantwortlichkeit im „faktischen Konzern" bei mehrstufigen Unternehmensverbindungen, BB 1967, S. 637; *Kropff*, Das Konzernrecht des Aktiengesetzes 1965, BB 1965, S. 1281; *Kropff*, „Verbundene Unternehmen" im Aktiengesetz und im Bilanzrichtlinien-Gesetz, DB 1986, S. 364; *Kropff*, Zur Konzernleitungspflicht, ZGR 1984, S. 112; *Kropff*, Außenseiterschutz in der faktisch abhängigen „kleinen Aktiengesellschaft", ZGR 1988, S. 558; *Leo*, Einheitliche Konzernleitung durch mehrere Obergesellschaften?, WPg 1968, S. 395; *Lüdenbach/Freiberg*, Mutter-Tochter-Verhältnisse durch beherrschenden Einfluss nach dem BilMoG, BB 2009, S. 1230; *Lutter*, Der qualifizierte faktische Konzern, AG 1990, S. 179; *Lutter*, Zur Herrschaft mehrerer Unternehmen über eine Aktiengesellschaft, NJW 1973, S. 113; *Lutter*, Der Anwendungsbereich des Mitbestimmungsgesetzes, ZGR 1977, S. 195; *Lutter*, Materielle und förmliche Erfordernisse eines Bezugsrechtsausschlusses – Besprechung der Entscheidung BGHZ 71, 40 (Kali und Salz), ZGR 1979, S. 401; *Lutter/Banerjea*, Die Haftung wegen Existenzvernichtung, ZGR 2003, S. 402; *Lutter/Leinekugel*, Kompetenzen von Hauptversammlung und Gesellschafterversammlung beim Verkauf von Unternehmensanteilen, ZIP 1998, S. 225; *Lutter/Schneider*, Mitbestimmung im mehrstufigen Konzern, BB 1977, S. 553; *Luttermann*, Zum Börsenkurs als gesellschaftsrechtliche Bewertungsgrundlage, ZIP 1999, S. 45; *Maas/Schruff*, Der Konzernabschluß nach neuem Recht (Teil II), WPg 1986, S. 237; *Martens*, Die Unternehmensbewertung nach dem Grundsatz der Methodengleichheit oder dem Grundsatz der Meistbegünstigung, AG 2003, S. 593; *Mathews*, Die Behandlung von Treuhandverhältnissen im Bilanzrichtlinien-Gesetz und in der Bankbilanzrichtlinie, BB 1987, S. 642; *Maul*, Konzernrecht der deutschen SE – ausgewählte Fragen zum Vertragskonzern und den faktischen Unternehmensverbindungen, ZGR 2003, S. 743; *Mayrhofer/Pirner*, DB 2009, S. 2312; *Meier*, Einheitliche Leitung im Konzern aus betriebswirtschaftlicher Sicht, WPg 1966, S. 570; *Meilicke/Meilicke*, Mitbestimmung im Konzern, BB 1978, S. 406; *Meister*, Der Ausgleichsanspruch nach § 302 Abs 1 AktG bei Beherrschungs- und Gewinnabführungsverträgen als Kreditsicherheit, WM 1976, S. 1182; *Milatz*, Eintragungserfordernis bei der Verlängerung eines Unternehmensvertrags?, GmbHR 1995, S. 369; *Mülbert*, Unternehmensbegriff und Konzernorganisationsrecht, ZHR 1999, S. 1; *Müller, O.*, Die Rechtsnatur von Beherrschungsvertrag und Gewinnabführungsvertrag im Regierungsentwurf zu einem Aktiengesetz, AG

1965, S. 133; *Müller, H. P.*, Zur Zurechnung von Anteilen gemäß § 16 Abs. 4 AktG insbesondere bei der Feststellung der Mehrheitsbeteiligung, AG 1968, S. 277; *Müller, H. P.*, Anmerkungen zum Urteil des BGH vom 13. Oktober 1977 über die aktienrechtliche Unternehmenseigenschaft von Gebietskörperschaften, WPg 1978, S. 61; *Müller/Rieker*, Der Unternehmensbegriff des Aktiengesetzes, WPg 1967, S. 197; *Nodoushani*, Die Transparenz von Beteiligungsverhältnissen, WM 2008, S. 1671; *Nordmeyer*, Möglichkeit mehrfacher Abhängigkeit bzw. Konzernzugehörigkeit im Sinne der §§ 17, 18 AktG, BB 1971, S. 70; *Paschke*, Die kommunalen Unternehmen im Lichte des GmbH-Konzernrechts, ZHR 1988, S. 263; *Petersen/Zwirner*, Unternehmensbegriff, Unternehmenseigenschaft und Unternehmensformen, DB 2008, S. 481; *Petersen/Zwirner/Froschhammer*, Funktionsweise und Problembereiche der im Rahmen des BilMoG neu eingeführten außerbilanziellen Ausschüttungssperre des § 268 Abs. 8 HGB, KoR 2010, S. 334; *Philippi/Fickert*, Verzinsung von Ansprüchen aus Ergebnisabführungsverträgen – Neues BMF-Schreiben; BB 2007, S. 2761; *Piltz*, Unternehmensbewertung und Börsenkurs im aktienrechtlichen Spruchstellenverfahren, ZGR 2001, S. 185; *Pluskat*, Endlich Klärung hinsichtlich der Lage des Referenzzeitraums bei Relevanz des Durchschnittsbörsenkurses für die Abfindungshöhe?, NZG 2008, S. 365; *Popp*, Fester Ausgleich bei Beherrschungs- und/oder Gewinnabführungsverträgen, WPg 2008, S. 23; *Priester*, Bestimmungen zum Unternehmensvertrag in der Satzung der GmbH, DB 1989, S. 1013; *Priester*, Unbeschränkte Konzernhaftung des GmbH-Gesellschafters, ZIP 1986, S. 137; *Priester*, Herrschaftswechsel beim Unternehmensvertrag, ZIP 1992, S. 293; *Prinz*, Droht in Deutschland ein zigfaches Scheitern der steuerlichen Organschaften?, DStR 2010, S. 1512; *Redeke*, Zur Unternehmensmitbestimmung auf der Ebene von Konzernzwischengesellschaften, DB 2008, S. 2408; *Rehbinder*, Gesellschaftsrechtliche Probleme mehrstufiger Unternehmensverbindungen, ZGR 1977, S. 581; *Rehbinder*, Buchbesprechung zu „Die Konzernleitungspflicht" von Peter Hommelhoff, ZHR 1983, S. 464; *Reichert/Harbarth*, Stimmrechtsvollmacht, Legitimationszession und Stimmrechtsausschlußvertrag in der AG, AG 2001, S. 447; *Reichert/Schlitt*, Konkurrenzverbot für Aufsichtsratsmitglieder, AG 1995, S. 241; *Reuter, A.*, Nationale und internationale Unternehmensbewertung mit CAPM und Steuer-CAPM im Spiegel der Rechtsprechung, AG 2007, S. 1; *Rittner*, Die Beteiligung als Grund der Abhängigkeit einer Aktiengesellschaft, DB 1976, S. 1465; *Rodloff*, Börsenkurs statt Unternehmensbewertung – Zur Ermittlung der Abfindung in Spruchstellenverfahren, DB 1999, S. 1149; *Rödder*, Droht Deutschland ein zigfaches Scheitern von steuerlichen Organschaften?, DStR 2010, S. 1218; *Ruwe*, Die BGB-Gesellschaft als Unternehmen i.S.d. Aktienkonzernrechts, DB 1988, S. 2037; *Säcker*, Die Rechte der Aktionäre bei konzerninternen Umstrukturierungen gemäß §§ 304 f AktG, DB 1988, S. 271; *Säcker*, Zur Problematik von Mehrfachfunktionen im Konzern, ZHR 1987, S. 59; *Schäfer*, Mehrheitserfordernisse bei Stimmrechtskonsortien, ZGR 2009, S. 768; *Scheunemann/Bauersfeld*, Organschaft bei Ausgleichszahlungen an außenstehende Gesellschafter, BB 2010, S. 1582; *Schiessl*, Abhängigkeitsbericht bei Beteiligungen der öffentlichen Hand, ZGR 1998, S. 871; *Schlögell*, Die Beendigung von Unternehmensverträgen im GmbH-Konzern, GmbHR 1995, S. 401; *Schmidt, K.*, Die wundersame Karriere des Unternehmensbegriffs im Reich der Konzernhaftung, AG 1994, S. 189; *Schmidt, K.*, Bemerkungen und Vorschläge zur Überarbeitung des Handelsgesetzbuches, DB 1994, S. 515; *Schmidt, K.*, Konzernrecht, Minderheitenschutz und GmbH-Innenrecht, GmbHR 1979, S. 121; *Schmidt, K.*, „Unternehmen" und „Abhängigkeit" – Begriffseinheit und Begriffsvielfalt im Kartell- und Konzernrecht, ZGR 1980, S. 277; *Schmidt, K.*, Die konzernrechtliche Verlustübernahmepflicht als gesetzliches Dauerschuldverhältnis, ZGR 1983, S. 513; *Schmidt, K.*, Konzernrechtliche Wirksamkeitsvoraussetzungen für typische stille Beteiligungen an Kapitalgesellschaften?, ZGR 1984, S. 295; *Schmidt, K.*, Gleichordnung im Konzern: terra incognita?, ZHR 1991, S. 417; *Schmidt, K.,* „Konzernhaftung" nach dem TBB-Urteil – Versuch einer Orientierung, ZIP 1993, S. 549; *Schmidt, K.,* Konzernhaftung von freiberuflichen Mehrfachgesellschaftern?, ZIP 1994, S. 1741; *Schneider,* Die Personengesellschaft als Konzernunternehmen, BB 1980, S. 1057; *Schneider, U.H.,* Die Firma des Konzerns und der Konzernunternehmen, BB 1989, S. 1985; *Schneider,* Neues zum qualifizierten faktischen GmbH-Konzern – Das „TBB"-Urteil, WM 1993, S. 782; *Schubert/Ravenstein,* Beschränkung der Stimmrechtsausübung und Abhängigkeit: Überlegungen zu § 328 AktG, DB 2006, S. 2219; *Schulze zur Wiesche,* Die Personengesellschaft als Holdinggesellschaft, DB 1988, S. 252; *Schulze,* Einheitliche Leitung von Konzernunternehmen durch mehrere Obergesellschaften und ihre Bedeutung für die Konzernrechnungslegung nach dem Aktiengesetz, WPg 1968, S. 85; *Schweda,* Abhängigkeit im Sinne des § 17 Abs. 1 AktG von mehreren Unternehmen?, DB 1974, S. 1993; *Semler,* „Konzern im Konzern", DB 1977, S. 805; *Simon,* Ausschüttungs- und Abführungssperre als gläubigerschützendes Institut in der reformierten HGB-Bilanzierung, NZG 2009, S. 1081; *Sina,* Grenzen des Konzern-Weisungsrechts nach § 308 AktG, AG 1991, S. 1; *Sonnenschein,* Der aktienrechtliche Vertragskonzern im Unternehmensrecht, ZGR 1981, S. 429; *Spindler/Klöhn,* Ausgleich gem. § 304 AktG, Unternehmensbewertung und Art. 14 GG, Der Konzern 2003, S. 511; *Spitze/Diekmann,* Verbundene Unternehmen als Gegenstand des Interesses von Aktionären, ZHR 1994, S. 447; *Steinhauer,* Der Börsenpreis als Bewertungsgrundlage für den Abfindungsanspruch von Aktionären, AG 1999, S. 299; *Thomas,* Rücklagenbildung im Konzern, ZGR 1985, S. 365; *Timm,* Rechtsfragen im Zusammenhang mit dem Beitritt zu einem Beherrschungsvertrag – Zum Auskunftsrecht des Aktionärs, EWiR 1990, S. 323; *Timm,* Unternehmensverträge im GmbH-Recht, GmbHR 1989, S. 11; *Timm,* Grundfragen des „qualifizierten" faktischen Konzerns im Aktienrecht, NJW 1987, S. 977; *Timm,* Zur Sachkontrolle von Mehrheitsentscheidungen im Kapitalgesellschaftsrecht, ZGR 1987, S. 403; *Ulmer,* Fehlerhafte Unternehmensverträge im GmbH-Recht, BB 1989, S. 10; *Ulmer,* Haftung von GmbH-Gesellschaftern, JZ 2002, S. 1049; *Ulmer,* Gläubigerschutz im „qualifizierten" faktischen GmbH-Konzern, NJW 1986, S. 1579; *Ulmer,* Aktienrechtliche Beherrschung durch Leistungsaustauschbeziehungen?, ZGR 1978, S. 457; *v. Hoyningen-Huene,* Der Konzern im Konzern, ZGR 1978, S. 515; *van Venrooy,* Weisungen im Rahmen von Geschäftsführungs- und Gewinnabführungsverträgen, DB 1981, S. 675; *v. Bülow/Petersen,* Stimmrechtszurechnung zum Treuhänder?, NZG 2009, S. 1373; *v. Werder,* Vorstands-Doppelmandate im Konzern, DBW 1989, S. 37; *Veil,* Das Konzernrecht der Europäischen Aktiengesellschaft, WM 2003, S. 2169; *Veil,* Aktuelle Probleme im Ausgliederungsrecht, ZIP 1998, S. 361; *Vetter,* Eintragung des Unternehmensvertrages im Handelsregister des herrschenden Unternehmens?, AG 1994, S. 110; *Vetter,* Zur Aufhebung eines Beherrschungs- und Gewinnabführungsvertrages im GmbH-Recht, ZIP 1995, S. 345; *Vetter,* Die Entschädigung der Minderheitsaktionäre im Vertragskonzern erneut vor dem Bundesverfassungsgericht, ZIP 2000, S. 561; *Wastl/Wagner,* Wechselseitige Beteiligungen im Aktienrecht, AG 1997, S. 241; *Weber,* Vormitgliedschaftliche Abhängigkeitsbegründung, ZIP 1994, S. 678; *Weber,* Vereinbarung der Verlustübernahme im GmbH-Vertragskonzern: eine unendliche Geschichte?, Ubg 2010, S. 556; *Weimar,* Überwindung der Haftungssperre des § 28a EGAktG?, DZWiR 1993, S. 441; *Weimar,* Treuhandanstalt und Treuhandunternehmen – qualifizierte faktische Konzernverbindungen?, ZGR 1992, S. 477; *Weimar/Bartscher,* Treuhandanstalt und Konzernrecht, ZIP 1991, S. 69; *Werner,* Zum Erscheinen der 13. Auflage des Kommentars von Baumbach-Hueck zum Aktiengesetz, AG 1968, S. 181; *Werner,* Ausgewählte Fragen zum Aktienrecht, AG 1972, S. 137; *Werner/Peters,* Banken als herrschende Unternehmen?, AG 1978, S. 297; *Werner/Peters,* Zwei Probleme konzernrechtlicher Abhängigkeit am Beispiel der Deutschen Bank und

Daimler Benz, BB 1976, S. 393; *Westermann*, Organzuständigkeit bei Bildung, Erweiterung und Umorganisation des Konzerns, ZGR 1984, S. 352; *Westermann*, Das TBB-Urteil – ein Neuansatz bei der Haftung wegen qualifizierter faktischer Konzernierung?, ZIP 1993, S. 554; *Widder/Kocher*, Stimmrechtszurechnung vom Treugeber zum Treuhänder gem. § 22 Abs. 1 Satz 1 Nr. 2 WpHG analog?, ZIP 2010, S. 457; *Wiedemann*, Entwicklungen im Kapitalgesellschaftsrecht, DB 1993, S. 141; *Wiedemann/Martens*, Die Unternehmensqualifikation von Gebietskörperschaften im Recht der verbundenen Unternehmen Teil (I), AG 1976, S. 197; *Wilhelmi*, Das neue Aktiengesetz, AG 1965, S. 247; *Wilm*, Abfindung zum Börsenkurs – Konsequenzen der Entscheidung des BVerfG, NZG 2000, S. 234; *Winter*, Eigeninteresse und Treupflicht bei der Einmann-GmbH in der neueren BGH-Rechtsprechung, ZGR 1994, S. 570; *Wirth*, Beendigung von Beherrschungs- und Gewinnabführungsverträgen bei der Veräußerung der abhängigen GmbH, DB 1990, S. 2105; *Wüstemann*, BB-Rechtsprechungsreport Unternehmensbewertung 2009/10, BB 2010, S. 1715; *Zilias*, Zum Unternehmensbegriff im neuen Bilanzrecht (Drittes Buch HGB), DB 1986, S. 1110; *Zilias*, Treuhandverhältnisse und Unternehmensverbindungen, WPg 1967, S. 465; *Zilias/Lanfermann*, Die Neuregelung des Erwerbs und Haltens eigener Aktien, WPg 1980, S. 61; *Zöllner*, Die formellen Anforderungen an Beherrschungs- und Gewinnabführungsverträge bei der GmbH, DB 1989, S. 913; *Zöllner*, Zum Unternehmensbegriff der §§ 15 ff. AktG, ZGR 1976, S. 1; *Zöllner*, Inhalt und Wirkungen von Beherrschungsverträgen bei der GmbH, ZGR 1992, S. 173; *Zöllner*, Zu Schranken und Wirkungen von Stimmbindungsverträgen, insbesondere bei der GmbH, ZHR 1991, S. 168; *Zutt*, Einstweiliger Rechtsschutz bei Stimmbindungen, ZHR 1991, S. 190.

Kapitel U

Nichtigkeit und Anfechtbarkeit von Hauptversammlungsbeschlüssen und des festgestellten Jahresabschlusses

I. Allgemeines

Der Siebente Teil des Ersten Buches des AktG enthält Regelungen über die Rechtsfolgen mangelhafter Beschlüsse der HV und – wegen des engen Zusammenhangs – zur Nichtigkeit von fehlerhaften JA. 1

Bei den **Beschlüssen der HV** unterscheidet das Gesetz zwischen solchen, die nichtig sind, und solchen, die nur der Anfechtung unterliegen. Ist ein Beschluss mit schwerwiegenden, im Gesetz aufgeführten Mängeln behaftet, dann ist er **nichtig**. Da es sich bei den aktienrechtlichen Nichtigkeitsvorschriften (§§ 241, 250, 253, 256 AktG) um zwingende und abschließende Regelungen handelt, können aus allgemeinen Rechtsvorschriften, etwa aus § 134 BGB, weitere Nichtigkeitsgründe nicht abgeleitet werden[1]. Die Nichtigkeit kann durch Nichtigkeitsklage oder in anderer Weise geltend gemacht werden. Sind die Mängel weniger schwerwiegend, bleibt der Beschluss grundsätzlich wirksam, aber **anfechtbar** (vgl. §§ 243 ff. AktG). Denjenigen, die durch den Beschluss in ihren Rechten verletzt zu sein glauben, bleibt es überlassen, ihn durch Anfechtungsklage zu beseitigen. Zur Anfechtung befugt ist dabei nur ein begrenzter Kreis von Beteiligten. 2

Zu unterscheiden von den nichtigen und anfechtbaren Beschlüssen sind die **unvollständigen** sowie die **unwirksamen** Beschlüsse, die für sich allein die beabsichtigte Rechtswirkung nicht herbeiführen können. Sie sind weder nichtig noch anfechtbar[2]. Auch aufschiebend oder auflösend bedingte Beschlüsse[3] entfalten zunächst keine Wirkung; mit Eintritt oder Ausfall der zusätzlichen Wirksamkeitsvoraussetzung wird der Beschluss dann voll wirksam oder endgültig unwirksam[4]. Die Eröffnung des Insolvenzverfahrens nach Beschlussfassung, aber vor Durchführung des Beschlusses macht diesen nicht unwirksam[5]. 3

Ein **festgestellter JA** kann aufgrund von Mängeln nichtig sein, die das Gesetz ebenfalls abschließend regelt. Die Regelung über die Nichtigkeit eines JA ist unabhängig davon, ob er durch einen Beschluss der HV oder – nach Aufstellung durch den Vorstand – durch die Billigung seitens des AR festgestellt worden ist. Eine Anfechtung des Feststellungsbeschlusses ist allerdings nur möglich, wenn die Feststellung durch Beschluss der HV erfolgt[6]. Ob auch ein **KA** nichtig sein kann, wird aufgrund der geänderten Vorschriften über 4

---

1 *Hüffer* in: MünchKomm. AktG[3], § 241, Rn. 52; *Würthwein* in: Spindler/Stilz, AktG[2], § 241, Rn. 26.
2 BGH v. 10.11.1954, BGHZ 15, S. 177 (181); *Hüffer*, AktG[9], § 241, Rn. 6; *K. Schmidt* in: Großkomm. AktG[4], § 241, Rn. 14; Beispielsfälle sind die fehlende Eintragung eines satzungsändernden Beschlusses in das HR oder das Erfordernis eines Sonderbeschlusses bestimmter Aktionäre.
3 Vgl. *ADS*[6], § 322 HGB, Tz. 53, zur aufschiebend bedingten Feststellung eines JA durch den AR; in einem solchen Fall kommt ggf. auch ein aufschiebend bedingter Gewinnverwendungsbeschluss der HV in Betracht. Ein weiterer praktischer Anwendungsfall ist z.B. die Beschlussfassung über eine (zusätzliche) Gewinnausschüttung, die davon abhängig gemacht wird, dass die Verschmelzung der Gesellschaft auf eine andere wirksam wird.
4 *K. Schmidt* in: Großkomm. AktG[4], § 241, Rn. 18; *Semler* in: MünchHdb. AG[3], § 41, Rn. 3.
5 BGH v. 07.11.1994, AG 1995, S. 133; vgl. zum Kapitalerhöhungsbeschluss *Hüffer*, AktG[9], § 182, Rn. 32, m.w.N.
6 Vgl. § 256 Abs. 3 AktG. Dagegen kommt die Anwendung der allgemeinen Nichtigkeitsgründe für den Feststellungsbeschluss der HV nicht in Betracht, weil § 256 Abs. 3 AktG (dazu unten Tz. 219) als lex specialis vorgeht; vgl. dazu *ADS*[6], § 256 AktG, Tz. 73.

die Billigung des KA durch den AR oder die HV (§§ 171 Abs. 2 S. 5, 173 Abs. 1 S. 2, 175 Abs. 3 AktG) vermehrt diskutiert, ist aber im Ergebnis abzulehnen[7].

5 Besteht Anlass zu der Annahme, dass in einem festgestellten JA bestimmte Posten nicht unwesentlich unterbewertet sind oder dass der Anhang die erforderlichen Angaben nicht oder nicht vollständig enthält, kann auf Antrag von Aktionären durch das Gericht eine **Sonderprüfung wegen unzulässiger Unterbewertung** angeordnet werden (§§ 258 ff. AktG)[8].

6 Wenn die Rechtsbehelfe des AktG tatbestandsmäßig nicht eingreifen, weil es etwa an einem danach angreifbaren Beschluss überhaupt fehlt, können die in ihren Rechten verletzten Aktionäre oder Dritten auf die allgemeinen Gesetze zurückgreifen. Bei Vorliegen eines rechtlichen Interesses kommt etwa eine gewöhnliche **Feststellungsklage** (§ 256 ZPO) in Betracht; für nach § 249 AktG Klageberechtigte geht dagegen die Nichtigkeitsklage vor, so dass daneben für eine Feststellungsklage kein Rechtsschutzbedürfnis besteht[9].

7 Gegen Beschlüsse des **Vorstandes** oder des **AR** einer AG sind aktienrechtliche Anfechtungs- und Nichtigkeitsklagen nach §§ 241 ff. AktG nicht zulässig[10]. Zu den Folgen fehlerhafter Vorstandsbeschlüsse oder AR-Beschlüsse vgl. unten Tz. 99.

8 Die aktienrechtlichen Vorschriften über die Anfechtbarkeit und Nichtigkeit finden nach h.M. auf mangelhafte **Gesellschafterbeschlüsse** einer **GmbH** entsprechende Anwendung, soweit nicht rechtsformspezifische Besonderheiten der GmbH eine Abweichung erfordern[11]. Dagegen sind diese aktienrechtlichen Regelungen auf fehlerhafte Beschlüsse bei Personenhandelsgesellschaften (OHG, KG, GmbH & Co. KG) nach h.M. nicht anwendbar, so dass insoweit auch keine gesetzliche Klagefrist besteht[12].

II. Nichtigkeit von Hauptversammlungsbeschlüssen

1. Nichtigkeitsgründe

9 Das Gesetz regelt in den §§ 241, 250, 253 und 256 AktG die Nichtigkeit von HV-Beschlüssen abschließend[13]. § 241 AktG ist auf alle Beschlüsse der HV mit Ausnahme der AR-Wahlen, des Gewinnverwendungsbeschlusses sowie der Feststellung des JA anwendbar; für diese Beschlüsse bestehen besondere Regelungen (vgl. Tz. 10). In seinen Nr. 1–6 enthält er die **allgemeinen** Nichtigkeitsgründe für HV-Beschlüsse (dazu unten Tz. 12). Daneben wird in § 241 erster Halbsatz AktG auf die **zusätzlichen** Nichtigkeitsgründe verwiesen, die nur für einzelne HV-Beschlüsse gelten und an anderer Stelle im Gesetz geregelt sind (dazu Tz. 41).

---

7 Näheres dazu unten Tz. 180.
8 Vgl. WP Handbuch 2008 Bd. II, B Tz. 23.
9 *Würthwein* in: Spindler/Stilz, AktG[2], § 241, Rn. 27; *Hüffer*, AktG[9], § 249, Rn. 12, m.w.N.
10 H.M.: OLG Frankfurt a.M. v. 04.02.2003, ZIP, S. 1198; *Hüffer*, AktG[9], § 241, Rn. 2, m.w.N.
11 *K. Schmidt* in: Scholz, GmbHG[10], § 45, Rn. 35 f., m.w.N. zur ständigen Rspr.; *Römermann* in: Michalski, GmbHG[2], Anh. § 47, Rn. 21; *Hüffer*, ZGR 2001, S. 833/863; gegen eine generelle Übernahme der Anfechtungsregelungen *Zöllner* in: Baumbach/Hueck, GmbHG[19], Anh. § 47, Rn. 4.
12 BGH v. 07.06.1999, ZIP, S. 1391 (1392), m.w.N.; *Hopt* in: Baumbach/Hopt, HGB[34], § 119, Rn. 31, m.w.N.; a.A., für analoge Anwendung des aktienrechtlichen Anfechtungsmodells *v. Gerkan/Haas* in: Röhricht/Graf v. Westphalen, HGB[3], § 119, Rn. 8; *K. Schmidt* in: Scholz, GmbHG[10], Anh. § 45, Rn. 52.
13 *Hüffer*, AktG[9], § 241, Rn. 1; *Semler* in: MünchHdb. AG[3], § 41, Rn. 1; a.A. *K. Schmidt* in: Großkomm. AktG[4], § 241, Rn. 111, der eine Erweiterung im Wege der Rechtsfortbildung für möglich hält.

Die Nichtigkeitsgründe für die **Wahl von AR-Mitgliedern** durch Beschlüsse der HV sind 10 in § 250 AktG abschließend geregelt (dazu Tz. 48). Eine besondere Regelung der Nichtigkeit von HV-Beschlüssen über die **Verwendung des Bilanzgewinns** enthält § 253 AktG; diese Regelung schließt allerdings die allgemeinen Nichtigkeitsgründe ein und bestimmt zusätzlich, dass der Gewinnverwendungsbeschluss auch dann nichtig ist, wenn der JA, auf dem er beruht, seinerseits nichtig ist (dazu Tz. 54).

Wird der JA abweichend vom Regelfall des § 172 AktG durch Beschluss der HV festgestellt, richtet sich die **Nichtigkeit des Feststellungsbeschlusses** ausschließlich nach § 256 AktG (dazu Tz. 175). 11

a) Allgemeine Nichtigkeitsgründe des § 241 AktG

aa) § 241 Nr. 1 AktG

HV-Beschlüsse sind nichtig, wenn sie in einer HV gefasst worden sind, deren **Einberufung** nicht den Anforderungen des § 121 Abs. 2, Abs. 3 S. 1 oder Abs. 4 AktG entspricht. 12

Dies ist etwa dann der Fall, wenn die HV durch **nicht dazu befugte Personen** einberufen wird. Die HV wird nach § 121 Abs. 2 AktG vom Vorstand einberufen. Personen, die in das HR als Vorstand eingetragen sind, gelten als befugt, auch wenn sie nicht wirksam bestellt oder nicht mehr im Amt sind (§ 121 Abs. 2 S. 2 AktG). Ausnahmsweise beruft der AR die HV ein, wenn es das Wohl der Gesellschaft erfordert (§ 111 Abs. 3 AktG); für die Einberufung auf Verlangen einer Minderheit vgl. § 122 AktG. Bei der GmbH kann die Gesellschafterversammlung durch den Geschäftsführer oder durch Gesellschafter mit insgesamt mindestens 10%iger Beteiligung einberufen werden (§§ 49 Abs. 1, 50 Abs. 3 GmbHG). Letztere müssen zuvor vergeblich vom Geschäftsführer die Einberufung verlangt haben[14]. 13

Nichtigkeit tritt wegen des Verstoßes gegen § 121 Abs. 4 S. 1 AktG ein, wenn die Einberufung nicht in den Gesellschaftsblättern[15] bekannt gemacht worden ist. Nach § 121 Abs. 4 AktG S. 2 genügt die Einberufung durch eingeschriebenen Brief, wenn die Aktionäre namentlich bekannt sind und die Satzung nichts anderes bestimmt. Eine Veröffentlichung der Einberufung ist dann nicht erforderlich. In der Satzung kann als Erleichterung auch eine Einberufung durch Telefax oder E-Mail zugelassen werden[16]. Zur Nichtigkeit führt es auch, wenn in der Einberufung entgegen § 121 Abs. 3 S. 1 AktG zu Firma, Sitz der Gesellschaft[17], Zeit oder Ort der HV unrichtige Angaben gemacht werden oder diese Angaben fehlen. Die Fortsetzung der HV nach Mitternacht führt nach h.M. nicht zur Nichtigkeit der dann gefassten Beschlüsse wegen fehlerhafter Zeitangabe; im Einzelfall kann aber wegen Unzumutbarkeit ein Anfechtungsgrund vorliegen[18]. 14

---

14 Vgl. zu Einzelheiten *Zöllner* in: Baumbach/Hueck, GmbHG[19], § 50, Rn. 16.
15 Seit dem 01.01.2003 zumindest im elektronischen BAnz.; § 25 AktG.
16 Vgl. *Hüffer*, AktG[9], § 121, Rn. 11 f.; *Rieckers* in: Spindler/Stilz, AktG[2], § 121, Rn. 61.
17 Vgl. OLG Düsseldorf v. 24.04.1997, ZIP, S. 1153 (1160): keine Nichtigkeit, wenn sich der Sitz der Einladung an anderer Stelle entnehmen lässt.
18 OLG Koblenz v. 26.04.2001, ZIP, S. 1093; *Happ/Freitag*, AG 1998, S. 493 (495), m.w.N.; *Hüffer*, AktG[9], § 121, Rn. 17, m.w.N., § 241, Rn. 11; *Würthwein* in: Spindler/Stilz, AktG[2], § 241, Rn. 147; a.A., für Rechtsfolge der Nichtigkeit LG Düsseldorf v. 16.05.2007, ZIP, S. 1859 (1860); *Kubis* in: MünchKomm. AktG[2], § 121, Rn. 34, m.w.N.

15 Ganz unwesentliche Formfehler oder etwa offensichtliche Schreibfehler, die aber keinen Zweifel darüber zulassen, hinsichtlich welcher Gesellschaft, wo und wann die HV stattfinden soll, führen dagegen nicht zur Nichtigkeit[19].

Andere Einberufungsfehler, z.B. Einberufung nicht an den Sitz oder Börsenort oder an den von der Satzung bestimmten Ort, Nichteinhaltung der Einberufungsfrist oder Verstöße gegen Bekanntmachungsvorschriften (§ 124 AktG) oder Satzungsbestimmungen, begründen nur ein Anfechtungsrecht[20]. Die weitergehenden Pflichtangaben bei der Einberufung insb. zu den Teilnahmebedingungen und zur Stimmrechtsausübung, die durch das ARUG für börsennotierte Gesellschaften eingeführt wurden (§ 121 Abs. 3 S. 3 AktG), sind in § 241 Nr. 1 AktG bewusst nicht erfasst, so dass aus einer Verletzung dieser Angabepflichten keine Nichtigkeit der HV-Beschlüsse folgen kann[21].

16 Die Nichtigkeit tritt nicht ein, wenn alle Aktionäre erschienen oder vertreten sind (**Vollversammlung**) und unzweideutig zu erkennen geben, dass sie mit der Abhaltung der Versammlung überhaupt und der Beschlussfassung über einzelne Gegenstände der Versammlung (nicht notwendigerweise auch mit den gefassten Beschlüssen) einverstanden sind. Dies wird durch § 121 Abs. 6 AktG klargestellt und gilt für alle Einberufungsmängel[22]. Ausreichend ist, dass die Aktionäre einer Beschlussfassung nicht widersprechen. Um Unklarheiten auszuschließen, empfiehlt es sich in einem solchen Fall, die vollständige Präsenz und das Ausbleiben von Widerspruch sowie ggf. auch den Rügeverzicht in die Niederschrift aufzunehmen[23].

bb) § 241 Nr. 2 AktG

17 HV-Beschlüsse sind nichtig, wenn sie nicht nach § 130 Abs. 1 und 2 S. 1 und Abs. 4 AktG **beurkundet** worden sind.

18 Grundsätzlich ist jeder Beschluss der HV von einem **Notar** zu beurkunden (§ 130 Abs. 1 S. 1 AktG). In die Niederschrift sind der Ort und der Tag der Verhandlung, der Name des Notars sowie die Art und das Ergebnis der Abstimmung[24] und die Feststellung des Vorsitzenden über die Beschlussfassung aufzunehmen (§ 130 Abs. 2 S. 1 AktG). Die Niederschrift ist vom Notar zu unterschreiben (§ 130 Abs. 4 S. 1 AktG). Dabei muss das Protokoll vom Notar nicht bereits in der HV fertiggestellt werden, sondern kann von ihm auch noch nach der HV im Einzelnen ausgearbeitet und unterzeichnet werden[25]. Auch durch einen einstimmigen Beschluss einer Vollversammlung kann nicht auf eine formgerechte Beurkundung verzichtet werden[26]. Fehlt es an einem Protokoll insgesamt, ent-

---

19 OLG Hamburg v. 19.09.1980, AG 1981, S. 193; OLG Düsseldorf v. 24.04.1997, ZIP, S. 1153 (1160); *K. Schmidt* in: Großkomm. AktG⁴, § 241, Rn. 46; *Semler* in: MünchHdb. AG³, § 41, Rn. 9; *Würthwein* in: Spindler/Stilz, AktG², § 241, Rn. 145; einschränkend auf „marginale Formfehler" *Hüffer* in: MünchKomm. AktG³, § 241, Rn. 33.

20 BGH v. 17.10.1988, AG 1989, S. 95; OLG München v. 12.11.1999, BB 2000, S. 582 (unvollständige Nennung der Hinterlegungsstellen); *Hüffer* in: MünchKomm. AktG³, § 241, Rn. 36; *Semler* in: MünchHdb. AG³, § 41, Rn. 27, m.w.N.; *Würthwein* in: Spindler/Stilz, AktG², § 243, Rn. 101 ff.

21 Vgl. *Arnold*, Der Konzern 2009, S. 88 (89); *Bosse*, NZG 2009, S. 807 (810); *Verse*, NZG 2009, S. 1127 (1131); hierdurch überholt OLG Frankfurt v. 15.07.2008, ZIP, S. 1722.

22 *Hüffer*, AktG⁹, § 241, Rn. 12; *K. Schmidt* in: Großkomm. AktG⁴, § 241, Rn. 50; *Würthwein* in: Spindler/Stilz, AktG², § 241, Rn. 167.

23 Vgl. *Happ*, Aktienrecht³, 10.19, Rn. 6; *Hüffer*, AktG⁹, § 121, Rn. 22; *K. Schmidt* in: Großkomm. AktG⁴, § 241, Rn. 150.

24 Vgl. BGH v. 04.07.1994, BB, S. 1663.

25 BGH v. 16.02.2009, DB, S. 500 (502); *Hüffer*, AktG⁹, § 130, Rn. 11, 26, m.w.N.

26 RG v. 09.12.1927, RGZ 119, S. 229; *Hüffer* in: MünchKomm. AktG³, § 241, Rn. 37; *Hüffer*, AktG⁹, § 241, Rn. 13; *K. Schmidt* in: Großkomm. AktG⁴, § 241, Rn. 51.

spricht es nicht den genannten Anforderungen oder sind einzelne Beschlüsse nicht in das Protokoll aufgenommen worden, sind die betroffenen Beschlüsse nichtig. Gleiches gilt bei unrichtiger Beurkundung[27]. Dagegen fällt die Beaufsichtigung und Protokollierung der Stimmenauszählung nicht zu den Protokollierungserfordernissen des § 130 Abs. 2 S. 1 AktG, deren Verletzung zur Nichtigkeit nach § 241 Nr. 2 AktG führt[28].

Erleichterungen für nicht börsennotierte[29] **Gesellschaften** ergeben sich aus § 130 Abs. 1 S. 3 AktG. Danach reicht ein vom **Vorsitzenden des AR** unterzeichnetes Protokoll aus, soweit keine Beschlüsse gefasst wurden, für die das Gesetz eine Dreiviertel- oder größere Mehrheit verlangt. Sollen in einer HV sowohl Beschlüsse, die eine solche Mehrheit erfordern, als auch Beschlüsse ohne dieses Erfordernis gefasst werden („gemischte HV"), ist es unzulässig, zwei Teilprotokolle zu fertigen und lediglich diejenigen Beschlüsse notariell zu protokollieren, die kraft Gesetzes einer qualifizierten Mehrheit bedürfen, während im Übrigen ein privatschriftliches Protokoll angefertigt wird[30]. Unbedenklich ist dagegen die Praxis, für die unterschiedlich formbedürftigen Beschlussgegenstände zwei gesonderte HV abzuhalten, die ohne weiteres an einem Tag und am gleichen Ort stattfinden können[31]. **19**

Die Verletzung **anderer Vorschriften** über die Form und den Inhalt der Niederschrift begründen keine Nichtigkeit des Beschlusses. **20**

cc) § 241 Nr. 3 AktG

Beschlüsse, die mit dem **Wesen der AG** nicht zu vereinbaren sind oder die durch ihren Inhalt Vorschriften verletzen, die ausschließlich oder überwiegend **zum Schutze der Gläubiger** der Gesellschaft oder **sonst im öffentlichen Interesse gegeben** sind, sind nichtig. **21**

Bei dieser Regelung handelt es sich um eine **Generalklausel**, die schon in § 195 Nr. 3 AktG 1937 enthalten war. Zu den einzelnen Tatbeständen hat sich in der Rspr. eine umfangreiche Kasuistik herausgebildet, die zur Interpretation dieser Vorschrift herangezogen werden kann[32].

Der HV-Beschluss muss in sämtlichen Tatbestandsgruppen, also sowohl bei Verstößen gegen (Gläubigerschutz-)Vorschriften als auch bei Wesensverstößen, **seinem Inhalt nach** zu beanstanden sein; bloße Verfahrensmängel reichen insoweit nicht aus[33]. **22**

Die Rangfolge der Tatbestandsgruppen ist umstritten[34]. Der Streit kann jedoch dahinstehen, weil er für die Rechtsfolge unerheblich ist.

Zur ersten Tatbestandsgruppe (**Wesensverstöße**) sind solche Beschlüsse zu zählen, die zum unverbrüchlichen Normenbestand des Aktienrechts gehörende, grundlegende Vor- **23**

---

27 Vgl. *Hüffer*, AktG^9, § 130, Rn. 30; ausführlich zu den Folgen von Beurkundungsmängeln *Grumann/Gillmann*, NZG 2004, S. 839 (841).
28 BGH v. 16.02.2009, DB, 500 (503); *Hüffer*, AktG^9, § 130, Rn. 19, m.w.N.
29 Sog. „kleine" AG, zu denen auch Gesellschaften gehören, deren Aktien im Freiverkehr gehandelt werden; vgl. *Hüffer*, AktG^9, § 130, Rn. 14b, m.w.N.
30 H.M.: *Happ*, Aktienrecht^3, 10.19, Rn. 2; *Hüffer*, AktG^9, § 130, Rn. 14c, m.w.N.; *Kubis* in: MünchKomm. AktG^2, § 130, Rn. 27, m.w.N.; *Wicke* in: Spindler/Stilz, AktG^2, § 130, Rn. 40; *Ziemons* in: Schmidt/Lutter, AktG^2, § 130, Rn. 37.
31 *Kubis* in: MünchKomm. AktG^2, § 130, Rn. 27; *Wicke* in: Spindler/Stilz, AktG^2, § 130, Rn. 40.
32 Vgl. Nachweise bei *K. Schmidt* in: Großkomm. AktG^4, § 241, Rn. 55.
33 *K. Schmidt* in: Großkomm. AktG^4, § 241, Rn. 45, *Würthwein* in: Spindler/Stilz, AktG^2, § 241, Rn. 194.
34 Dazu zusammenfassend *Hüffer*, AktG^9, § 241, Rn. 16, m.w.N.

schriften verletzen, welche die Funktionsfähigkeit der Organisation und die Kompetenzordnung in der AG sicherstellen wollen oder auf sonstige Weise die Struktur der AG prägen[35].

Zu den Vorschriften, die das Wesen einer AG bestimmen, gehören insb. § 1 AktG über die **eigene Rechtspersönlichkeit** sowie die Bestimmungen, nach denen diese Rechtspersönlichkeit nur unter bestimmten Voraussetzungen und durch bestimmte Rechtsvorgänge, wie Verschmelzung, Auflösung und Umwandlung, aufgehoben werden kann[36], die Vorschriften über die Ausstattung mit einem in **Aktien** zerlegten **Grundkapital**, über den Ausschluss der persönlichen **Haftung der Aktionäre** für die Verbindlichkeiten der Gesellschaft, über den Ausschluss **der Nachschusspflicht** sowie über die **Organisation** der Gesellschaft (Vorstand, AR und HV)[37], die **Mitgliedsrechte** der Aktionäre in ihrem Kernbereich und der Grundsatz der freien Übertragbarkeit von Aktien[38].

24 **Kompetenzüberschreitungen** durch die HV, z.B. nicht durch § 119 AktG legitimierte Beschlussfassungen zu Geschäftsführungsangelegenheiten oder die Erteilung von Weisungen an den Vorstand, werden teilweise den Wesensverstößen zugerechnet[39], teilweise wird hierin ein Verstoß gegen im öffentlichen Interesse liegende Normen gesehen[40]. Daher ist ein Beschluss, der den Vorstand – wenn auch mit Zustimmung des AR – ermächtigt, mit dem Geschäftsbetrieb der AG einschließlich Anteilen an Tochtergesellschaften nach Belieben zu verfahren, nichtig, weil hierdurch die Mitwirkung der Aktionäre an lebenswichtigen Entscheidungen ausgeschaltet würde[41]. Wird ein Entlastungsbeschluss nur unter Ausschluss bestimmter Vorgänge gefasst, liegt hierin ein Verstoß gegen das Wesen der **Entlastung**, da diese immer eine Gesamtbeurteilung der Amtsführung des Organmitglieds enthalten muss[42].

25 Dagegen führt ein Verstoß gegen den Grundsatz der **Gleichbehandlung** der Aktionäre (§ 53a AktG) nicht zur Nichtigkeit, sondern nur zur Anfechtbarkeit des Beschlusses[43].

26 Zur zweiten Tatbestandsgruppe zählen Beschlüsse, die ihrem Inhalt nach Vorschriften verletzen, die ausschließlich oder überwiegend dem **Schutz der Gläubiger** der Gesellschaft dienen oder **sonst im öffentlichen Interesse** gegeben sind. Dabei ist es auch in der zweiten Alternative ausreichend, wenn die fragliche Vorschrift **überwiegend** im öffentlichen Interesse steht.

27 Die Voraussetzung, dass eine Vorschrift „überwiegend" den Gläubigerschutz bezwecken muss, ist erfüllt, wenn der Gläubigerschutz eine wesentliche Komponente der Norm darstellt. Es kommt daher auch dann eine Nichtigkeit in Betracht, wenn Vorschriften im

---

35 Vgl. *K. Schmidt* in: Großkomm. AktG[4], § 241, Rn. 55 ff.; *Schwab* in: Schmidt/Lutter, AktG[2], § 241, Rn. 19; *Semler* in: MünchHdb. AG[3], § 41, Rn. 14; abweichend *Hüffer* in: MünchKomm. AktG[3], § 241, Rn. 66, der im „Wesen der AG" lediglich einen nicht abgrenzbaren Auffangtatbestand sieht.
36 RG v. 11.06.1940, RGZ 164, S. 223; *K. Schmidt* in: Großkomm. AktG[4], § 241, Rn. 58.
37 *K. Schmidt* in: Großkomm. AktG[4], § 241, Rn. 58; *Schwab* in: Schmidt/Lutter, AktG[2], § 241, Rn. 18; *Semler* in: MünchHdb. AG[3], § 41, Rn. 14.
38 BGH v. 20.09.2004, ZIP, S. 2093; *Semler* in: MünchHdb. AG[3], § 41, Rn. 14.
39 *K. Schmidt* in: Großkomm. AktG[4], § 241, Rn. 56; *Schwab* in: Schmidt/Lutter, AktG[2], § 241, Rn. 19, m.w.N.; *Semler* in: MünchHdb. AG[3], § 41, Rn. 14.
40 *Hüffer*, AktG[9], § 241, Rn. 20; *Zöllner* in: Kölner Komm. AktG, § 241, Rn. 117.
41 BGH v. 17.10.1991, WM 1992, S. 62.
42 OLG Düsseldorf v. 22.02.1996, ZIP, S. 503 (505); zulässig soll dagegen die Ausklammerung sachlich klar abgegrenzter Einzelvorgänge von nebensächlicher Bedeutung außerhalb des Kernbereichs der Amtsführung sein, so *Hüffer*, AktG[9], § 120, Rn. 12, m.w.N.; *Kubis* in: MünchKomm. AktG[2], § 120, Rn. 22.
43 *Hüffer*, AktG[9], § 243, Rn. 29; *Semler* in: MünchHdb. AG[3], § 41, Rn. 38; *Würthwein* in: Spindler/Stilz, AktG[2], § 241, Rn. 220.

gleichen Maße wie den Gläubigerinteressen den Aktionärsinteressen dienen, z.B. das **Verbot der Einlagenrückgewähr** und der **vGA**[44] und die übrigen der Kapitalerhaltung dienenden Normen, wozu in Umwandlungsfällen auch die Vorschriften des UmwG zählen[45]. Dagegen lässt sich ein gläubigerschützender Zweck nicht schon durch die Erwägung begründen, dass organisationsrechtliche Normen letztlich auch den Gläubigern zugute kommen[46].

Zu den sonstigen Vorschriften, die im öffentlichen Interesse gegeben sind, gehören die Vorschriften zum Schutze der künftigen Aktionäre sowie die unverzichtbaren **Schutzvorschriften für die gegenwärtigen Aktionäre**[47]. Dazu gehören auch die Normen eines weit verstandenen ordre public[48]. Das sind regelmäßig mindestens die Normen, die mit Straf- oder Ordnungswidrigkeitstatbeständen bewehrt sind. 28

Weiterhin gehören dazu die Vorschriften des **MitbestG** über die innere Ordnung und die Rechte und Pflichten des **AR**. Satzungsändernde Beschlüsse, die mit den §§ 25 ff. MitbestG nicht vereinbar sind, sind daher nach § 241 Nr. 3 AktG nichtig, ohne Rücksicht darauf, ob hierdurch die Anteilseigner oder die Arbeitnehmer benachteiligt werden[49]. Satzungsregelungen sind dabei nicht schon deshalb unzulässig, weil sie u.U. dazu führen könnten, das im Gesetz selbst angelegte leichte Übergewicht der Anteilseigner, etwa in zusätzlich gebildeten Ausschüssen, zur Geltung zu bringen. Sie sind aber unzulässig, wenn sie dazu dienen, zwingendes Mitbestimmungsrecht nach dessen Sinn und Zweck zu unterlaufen oder zu umgehen[50]. Unzulässig ist es danach z.B., die Position des AR-Vorsitzenden über seine gesetzlichen Befugnisse hinaus so zu verstärken, dass eine Beschlussfassung ohne ihn gänzlich ausgeschlossen ist[51]. Unzulässig sind ebenfalls Satzungsbestimmungen, die vorschreiben, dass ein zu wählender weiterer Stellvertreter des AR-Vorsitzenden zwingend aus dem Kreis der AR-Mitglieder der Aktionäre stammen muss[52]. 29

Zu den im öffentlichen Interesse gegebenen Vorschriften gehören grundsätzlich auch die Regelungen in §§ 319, 319a, 319b HGB über die **Auswahl** und **Unabhängigkeit des APr**. Wird eine Person zum APr. gewählt, die die Eignungsvoraussetzungen des § 319 Abs. 1 HGB nicht erfüllt, ist der **Wahlbeschluss** nichtig; ein von dieser Person geprüfter JA wäre nach § 256 Abs. 1 Nr. 3 AktG ebenfalls nichtig[53]. Gleiches gilt für die Wahl eines Prüfers, der nicht über eine wirksame Bescheinigung über die Teilnahme am Qualitätskontrollverfahren nach § 57a WPO verfügt und daher die Anforderungen des § 319 Abs. 1 S. 3 HGB nicht erfüllt[54]. 30

---

44 *Hüffer*, AktG⁹, § 241, Rn. 17; *K. Schmidt* in: Großkomm. AktG⁴, § 241, Rn. 60; *Würthwein* in: Spindler/Stilz, AktG², § 241, Rn. 211.
45 *K. Schmidt* in: Großkomm. AktG⁴, § 241, Rn. 60.
46 *Hüffer*, AktG⁹, § 241, Rn. 17; *Würthwein* in: Spindler/Stilz, AktG², § 241, Rn. 211.
47 *Hüffer*, AktG⁹, § 241, Rn. 18; *Würthwein* in: Spindler/Stilz, AktG², § 241, Rn. 218; *Zöllner* in: Kölner Komm. AktG, § 241, Rn. 110; BGH v. 17.10.1991, WM 1992, S. 62, m.w.N.
48 *Hüffer*, AktG⁹, § 241, Rn. 18, m.w.N.; *Würthwein* in: Spindler/Stilz, AktG², § 241, Rn. 214.
49 BGH v. 25.02.1982, DB, S. 742; *Hüffer*, AktG⁹, § 241, Rn. 22; *K. Schmidt* in: Großkomm. AktG⁴, § 241, Rn. 60; *Semler* in: MünchHdb. AG³, § 41, Rn. 18; vgl. dazu ausführlich *Hüffer* in: MünchKomm. AktG³, § 241, Rn. 63.
50 BGH v. 25.02.1982, DB, S. 745.
51 Vgl. *Hoffmann-Becking* in: MünchHdb. AG³, § 31, Rn. 60, m.w.N.; *Habersack* in: MünchKomm. AktG³, § 108, Anm. 39; *Spindler* in: Spindler/Stilz, AktG², § 108, Rn. 43.
52 *Gach* in: MünchKomm. AktG², § 27 MitbestG, Rn. 18, m.w.N.; *Hoffmann-Becking* in: MünchHdb. AG³, § 31, Rn. 30.
53 Begr. RegE zum BilReG, BT-Drucks. 15/3419, S. 38; *Förschle/Schmidt* in: BeBiKo⁷, § 319, Rn. 92; *Hoffmann-Becking* in: MünchHdb. AG³, § 44, Rn. 2.
54 *Förschle/Schmidt* in: BeBiKo⁷, § 319, Rn. 92; *Rölike* in: Spindler/Stilz, AktG², § 256, Rn. 34.

31 Dagegen führt es nicht mehr zwangsläufig zur Nichtigkeit des Wahlbeschlusses, wenn ein APr. die gesetzlichen Anforderungen an seine **Unabhängigkeit** nicht erfüllt und daher nach §§ 319 Abs. 2–4, 319a oder 319b HGB von der Prüfung ausgeschlossen wäre[55]. Denn die **Geltendmachung** der Beschlussnichtigkeit aus Gründen, die eine Ersetzung des APr. nach § 318 Abs. 3 HGB rechtfertigen, ist nach § 243 Abs. 3 Nr. 3 AktG **ausgeschlossen**[56]. Der Gesetzgeber hat außerdem in § 256 Abs. 1 Nr. 3 AktG klargestellt, dass ein Verstoß gegen die Inhabilitätsvorschriften der §§ 319 Abs. 2, 3 oder 4, 319a Abs. 1 oder 319b Abs. 1 HGB **keine Nichtigkeit** des JA zur Folge hat[57].

dd) § 241 Nr. 4 AktG

32 Beschlüsse, die durch ihren Inhalt gegen die **guten Sitten** verstoßen, sind nichtig.

Entscheidend für die Beurteilung ist, dass der Inhalt der Beschlüsse gegen die guten Sitten verstoßen muss. Maßstab dafür ist die zu § 138 BGB entwickelte Formel des Anstandsgefühls aller billig und gerecht Denkenden[58]. Sittenwidrig in diesem Sinne wäre z.B. ein Beschluss über die Errichtung eines Unternehmens mit verbotenem Unternehmensgegenstand.

33 Inhaltliche **Sittenwidrigkeit** liegt nach der Rspr. des BGH auch dann vor, wenn der Beschluss zwar nicht nach seinem Wortlaut, aber nach seinem inneren Gehalt in einer sittenwidrigen Schädigung nicht anfechtungsberechtigter Personen (z.B. Gläubiger) besteht[59]. Zur Begründung wird ausgeführt, dass sich die Anwendung der Bestimmung gerade dann rechtfertige, wenn der eigentliche Inhalt eines HV-Beschlusses sittenwidrig sei, jedoch durch eine nichtssagende Fassung seines Wortlautes verborgen werde.

34 Dagegen stellt der **Machtmissbrauch** einer Aktionärsmehrheit zum Schaden der Minderheit keinen reinen Inhaltsverstoß dar. Ein hierdurch sittenwidrig zustande gekommener Beschluss führt nicht zur Nichtigkeit des Beschlusses, sondern nach § 243 Abs. 1 AktG oder aufgrund der besonderen Vorschrift des § 243 Abs. 2 AktG nur zur Anfechtbarkeit[60].

ee) § 241 Nr. 5 AktG

35 Beschlüsse, die auf Anfechtungsklage durch **Urteil** rechtskräftig **für nichtig erklärt** worden sind, sind nichtig. Zur Anfechtungsklage wird auf die Ausführungen unter Tz. 97 verwiesen.

ff) § 241 Nr. 6 AktG

36 Beschlüsse, die im Verfahren der freiwilligen Gerichtsbarkeit gem. § 398 FamFG aufgrund rechtskräftiger Entscheidung **im HR gelöscht** worden sind, sind nichtig.

37 Ein HV-Beschluss, der in das HR eingetragen worden ist, kann nach § 398 FamFG **von Amts wegen** oder auf **Antrag** der berufsständischen Organe[61] als nichtig gelöscht werden,

---

[55] Vgl. *Gelhausen/Heinz*, WPg 2005, S. 693 (697); *Hoffmann-Becking* in: MünchHdb. AG³, § 44, Rn. 3; *Hüffer*, AktG⁹, § 241, Rn. 18, § 256, Rn. 14.
[56] S. dazu unten Tz. 78 und 103.
[57] Vgl. *Gelhausen/Heinz*, WPg 2005, S. 693 (699); *Hoffmann-Becking* in: MünchHdb. AG³, § 44, Rn. 3; *Hüffer*, AktG⁹, § 256, Rn. 13.
[58] *Hüffer* in: MünchKomm. AktG³, § 241, Rn. 68; *K. Schmidt* in: Großkomm. AktG⁴, § 241, Rn. 66; *Würthwein* in: Spindler/Stilz, AktG², § 241, Rn. 238.
[59] BGH v. 08.12.1954, BGHZ 15, S. 382; zustimmend *Hüffer*, AktG⁹, § 241, Rn. 24, m.w.N.; *Semler* in: MünchHdb. AG³, § 41, Rn. 20; *Würthwein* in: Spindler/Stilz, AktG², § 241, Rn. 239.
[60] *K. Schmidt* in: Großkomm. AktG⁴, § 241, Rn. 67; *Würthwein* in: Spindler/Stilz, AktG², § 241, Rn. 239.
[61] Vgl. § 380 Abs. 1 FamFG: insb. die Industrie- und Handelskammern.

wenn der Beschluss durch seinen Inhalt zwingende Gesetzesvorschriften verletzt und die Beseitigung des Beschlusses im öffentlichen Interesse erforderlich erscheint. Nach h.M. stellt das „öffentliche Interesse" an der Beschlussbeseitigung ein eigenständiges, zusätzliches Erfordernis dar, so dass die Verletzung zwingender Vorschriften nicht stets auch ein öffentliches Interesse begründet, sondern eine Interessenabwägung im Einzelfall notwendig ist[62]. Auslöser für die Nichtigkeitsfolge ist allein das Vorliegen einer rechtskräftigen auf Löschung gerichteten Entscheidung im FamFG-Verfahren, ohne dass es auf das Vorliegen der materiellen Voraussetzungen des § 398 FamFG ankommt[63]. § 398 FamFG stellt eine abschließende Spezialvorschrift dar und verdrängt die allgemeine Regelung des § 395 FamFG über die Löschung unzulässiger Eintragungen. Umstritten ist, ob dieser Vorrang in allen Fällen oder nur bei inhaltlichen Beschlussmängeln wirkt, so dass eine Löschung der Eintragung des Beschlusses nach § 395 FamFG bei schwerwiegenden Verfahrensfehlern zulässig bliebe[64].

Ob die Löschungsvoraussetzungen gegeben sind, ist allein im **Verfahren der freiwilligen Gerichtsbarkeit** in dessen Instanzenzug zu entscheiden. Das Löschungsverfahren und die zivilprozessuale Nichtigkeitsklage können nebeneinander betrieben werden, wobei jeweils die Möglichkeit zur Verfahrensaussetzung bis zum Abschluss des anderen Verfahrens besteht (§§ 21, 381 FamFG, 148 ZPO). Der Registerrichter ist bei schwebendem Nichtigkeits- oder Anfechtungsprozess bzw. bei Klageabweisung durch das Prozessgericht einerseits nicht gehindert, eine Löschung nach § 398 FamFG vorzunehmen; andererseits ist das Prozessgericht nicht an die Ablehnung der Löschung durch den Registerrichter gebunden[65]. 38

Das Löschungsverfahren wird nach pflichtgemäßem Ermessen von Amts wegen oder auf Antrag der berufsständischen Organe i.S.d. § 380 Abs. 1 FamFG eingeleitet. Das Amtslöschungsverfahren kann auch von **Dritten** angeregt werden (§ 24 Abs. 1 FamFG). Gegen die Löschungsankündigung des Gerichts (§ 395 Abs. 2 S. 1 FamFG) kann von den Verfahrensbeteiligten Widerspruch eingelegt werden. Gegen den Beschluss, mit dem das Gericht einen Widerspruch zurückweist, oder gegen die Ablehnung des Antrags auf Einleitung eines Löschungsverfahrens kann Beschwerde eingelegt werden[66]. 39

Gleichgültig ist, ob der Beschlussinhalt Vorschriften des AktG oder andere zwingende gesetzliche Regelungen verletzt. Die Prüfungskompetenz der Registergerichte umfasst daher auch die Vorschriften des MitbestG (§§ 25 ff.)[67]. 40

---

[62] *Hüffer*, AktG[9] § 241, Rn. 30; *Hüffer* in: MünchKomm. AktG[3], § 241, Rn. 78, m.w.N.; *Krafka* in: MünchKomm. ZPO[3], § 398 FamFG, Rn. 9; *Schwab* in: Schmidt/Lutter, AktG[2], § 241, Rn. 34; *Würthwein* in: Spindler/Stilz, AktG[2], § 241 Rn. 268; a.A. *K. Schmidt* in: Großkomm. AktG[4], § 241, Rn. 84.
[63] *Hüffer*, AktG[9], § 241, Rn. 32; *Hüffer* in: MünchKomm. AktG[3], § 241, Rn. 84; *K. Schmidt* in: Großkomm. AktG[4], § 241, Rn. 98.
[64] Für umfassenden Vorrang der Spezialregelung OLG Karlsruhe v. 10.04.2001, AG 2002, S. 523; OLG Hamm v. 08.12.1993, DB 1994, S. 465; *K. Schmidt* in: Großkomm. AktG[4], § 241, Rn. 78, m.w.N.; a.A., für Beschränkung auf Inhaltsmängel *Hüffer*, AktG[9], § 241, Rn. 34; *Krafka* in: MünchKomm. ZPO[3], § 398 FamFG, Rn. 9; *Würthwein* in: Spindler/Stilz, AktG[2], § 241, Rn. 261; nach dem Grad der Umsetzung des HV-Votums differenzierend *Schwab* in: Schmidt/Lutter, AktG[2], § 241, Rn. 37.
[65] *K. Schmidt* in: Großkomm. AktG[4], § 241, Rn. 103; *Semler* in: MünchHdb. AG[3], § 41, Rn. 22; *Würthwein* in: Spindler/Stilz, AktG[2], § 241, Rn. 275, 277.
[66] *Heinemann* in: Keidel, FamFG, § 398, Rn. 26; *Krafka* in: MünchKomm. ZPO[3], § 399 FamFG, Rn. 15.
[67] *Hüffer*, AktG[9], § 241, Rn. 30; *K. Schmidt* in: Großkomm. AktG[4], § 241, Rn. 84.

b) Zusätzliche Nichtigkeitsgründe für einzelne Hauptversammlungsbeschlüsse

aa) § 192 Abs. 4 AktG

41 Beschlüsse der HV, die einem in das HR eingetragenen Beschluss über eine **bedingte Kapitalerhöhung** entgegenstehen, d.h. diesen aufheben oder nachteilig verändern oder die Durchsetzung von Umtausch- oder Bezugsrechten erschweren, sind nichtig. Ein Verwässerungsschutz wird hierdurch allerdings nicht bewirkt; er muss in den Anleihebedingungen verankert werden.

Da diese Vorschrift zum Schutz der Umtausch- und Bezugsberechtigten dient, kommt sie nicht zur Anwendung, wenn alle Berechtigten auf ihre Rechte verzichtet haben[68].

bb) § 212 AktG

42 Beschlüsse, nach denen bei einer **Kapitalerhöhung aus Gesellschaftsmitteln** die neuen Aktien den Aktionären nicht im Verhältnis ihrer Anteile am bisherigen Grundkapital zustehen, sind nichtig.

Wegen des zwingenden Charakters der Norm ist der Beschluss auch dann nichtig, wenn ihm alle Aktionäre zugestimmt haben[69].

cc) § 217 Abs. 2 S. 4 AktG

43 Beschlüsse über die Kapitalerhöhung aus Gesellschaftsmitteln, nach denen die neuen Aktien bereits am Gewinn des vorausgegangenen GJ teilnehmen, sind nichtig, wenn sie nicht binnen drei Monaten nach Beschlussfassung in das HR eingetragen worden sind.

dd) § 228 Abs. 2 S. 1 AktG

44 Beschlüsse über eine **Kapitalherabsetzung** unter den Mindestnennbetrag von 50.000 € bei gleichzeitiger Kapitalerhöhung durch Geldeinlage sind nichtig, wenn sie und die Durchführung der Erhöhung nicht binnen sechs Monaten nach Beschlussfassung in das HR eingetragen worden sind.

ee) § 234 Abs. 3 AktG

45 Beschlüsse über die **Rückwirkung einer vereinfachten Kapitalherabsetzung** auf das letzte abgelaufene GJ sind dann nichtig, wenn sie nicht binnen drei Monaten nach Beschlussfassung in das HR eingetragen worden sind.

ff) § 235 Abs. 2 AktG

46 Beschlüsse über die **Rückwirkung einer Kapitalerhöhung**, die gleichzeitig mit einer rückwirkenden Kapitalherabsetzung nach § 234 AktG getroffen werden, sind nichtig, wenn die Beschlüsse über die Kapitalherabsetzung und die Kapitalerhöhung und die Durchführung der Erhöhung nicht binnen drei Monaten nach Beschlussfassung in das HR eingetragen worden sind.

47 In den vorstehenden fristbezogenen Nichtigkeitsfällen (Tz. 43–46) wird der **Lauf der Frist gehemmt**, solange eine Anfechtungs- oder Nichtigkeitsklage rechtshängig ist oder eine zur Kapitalerhöhung oder Kapitalherabsetzung beantragte staatliche Genehmigung

---

[68] *Fuchs* in: MünchKomm. AktG³, § 192, Rn. 157; *Hüffer*, AktG⁹, § 192, Rn. 26, m.w.N.
[69] *Fock/Wüsthoff* in: Spindler/Stilz, AktG², § 212, Rn. 5; *Hirte* in: Großkomm. AktG⁴, § 212, Rn. 15; *Hüffer*, AktG⁹, § 212, Rn. 3, m.w.N.

noch nicht erteilt ist. Hierdurch soll verhindert werden, dass durch Anfechtungs- und/oder Nichtigkeitsklagen, die auch schikanös sein könnten, oder durch den Zeitaufwand, den ein Genehmigungsverfahren erfordert (z.B. bei VU nach §§ 5, 13 Abs. 1 VAG), die Frist versäumt wird[70].

c) Nichtigkeit von Aufsichtsratswahlen (§ 250 AktG)
aa) § 250 Abs. 1 erster Halbsatz AktG

Die Wahl eines AR-Mitglieds durch die HV ist nichtig, wenn einer der folgenden **allgemeinen Nichtigkeitsgründe** des § 241 AktG gegeben ist: 48

- § 241 Nr. 1 AktG (Einberufungsmängel),
- § 241 Nr. 2 AktG (Beurkundungsmängel),
- § 241 Nr. 5 AktG (Nichtigkeitsurteil aufgrund Anfechtungsklage).

Die allgemeinen Nichtigkeitsgründe des § 241 Nr. 3, 4 und 6 AktG sowie die im Eingangssatz von § 241 AktG genannten Nichtigkeitsgründe führen dagegen nicht zur Nichtigkeit des Wahlbeschlusses; dies ergibt sich in den meisten Fällen bereits daraus, dass der Nichtigkeitsgrund der Sache nach nicht einschlägig sein kann. Ergänzend regelt das Gesetz in § 250 Abs. 1 AktG besondere Nichtigkeitsgründe, die der Einhaltung der Vorschriften über die Zusammensetzung des AR dienen sollen.

bb) § 250 Abs. 1 Nr. 1 AktG

Die Wahl eines AR-Mitglieds ist nichtig, wenn der AR unter Verstoß gegen die §§ 96 Abs. 2, 97 Abs. 2 S. 1 oder 98 Abs. 4 AktG zusammengesetzt wird. 49

Die genannten Vorschriften betreffen das sog. **Statusverfahren** (Bekanntmachung und ggf. gerichtliche Entscheidung), durch das Rechtssicherheit über die **Zusammensetzung des AR** geschaffen wird. Die Nichtigkeitsregelung des § 250 Abs. 1 Nr. 1 AktG schützt damit nur die formelle Richtigkeit des Verfahrens über die Zusammensetzung des AR, gewährleistet dagegen nicht die materiell-rechtlich richtige Zusammensetzung; diese soll durch das Statusverfahren selbst und die hierbei begründeten Antragsrechte (§ 98 Abs. 2 AktG) gesichert werden. Wenn die genannten Verfahrensregeln eingehalten werden, ist auch die Wahl eines aktien- oder mitbestimmungsrechtlich gesetzwidrig zusammengesetzten AR grundsätzlich gültig[71]. Sie ist allerdings nach § 251 AktG anfechtbar.

cc) § 250 Abs. 1 Nr. 2 AktG

Die Wahl eines AR-Mitglieds ist nichtig, wenn die HV, obwohl sie an Wahlvorschläge gebunden ist, eine **nicht vorgeschlagene Person** wählt. 50

Eine **Bindung an Wahlvorschläge** besteht gem. § 101 Abs. 1 S. 2 AktG nur bei Geltung des Montan-Mitbestimmungsgesetzes hinsichtlich der Arbeitnehmervertreter und des neutralen AR-Mitglieds (§§ 6 und 8 Montan-MitbestG, § 5 Montan-MErgG). Die Arbeitnehmervertreter für AR, die nach dem MitbestG oder dem Drittelbeteiligungsgesetz (DrittelbG[72]) zusammenzusetzen sind, werden dagegen nicht von der HV gewählt, so dass sich die Frage nicht stellt.

---

70 Vgl. *Hüffer*, AktG[9], § 234, Rn. 8; *Oechsler* in: MünchKomm. AktG[3], § 234, Rn. 16.
71 *K. Schmidt* in: Großkomm. AktG[4], § 250, Rn. 11; *Hüffer*, AktG[9], § 250, Rn. 4.
72 BGBl. I 2004, S. 974.

dd) § 250 Abs. 1 Nr. 3 AktG

51 Die Wahl eines AR-Mitglieds ist nichtig, wenn durch die Wahl die **gesetzliche Höchstzahl der AR-Mitglieder** überschritten wird.

Die jeweilige Höchstzahl ergibt sich aus § 95 AktG oder, wenn diese Gesetze anwendbar sind, aus dem MitbestG bzw. aus dem Montan-MitbestG oder dem Montan-MErgG. Wenn eine einheitliche Wahl aller AR-Mitglieder (Listen- oder Gesamtwahl) erfolgt, sind bei Überschreitung der Höchstzahl alle Wahlen nichtig[73].

ee) § 250 Abs. 1 Nr. 4 AktG

52 Die Wahl eines AR-Mitglieds ist nichtig, wenn es die in § 100 Abs. 1 und 2 AktG genannten **persönlichen Voraussetzungen** nicht erfüllt.

Danach kann Mitglied des AR nur eine natürliche, unbeschränkt geschäftsfähige Person sein. Weiter kann Mitglied des AR nicht sein, wer

– bereits in zehn Handelsgesellschaften, die gesetzlich einen AR zu bilden haben, AR-Mitglied ist[74],
– gesetzlicher Vertreter eines von der Gesellschaft abhängigen Unternehmens ist,
– gesetzlicher Vertreter einer anderen KapGes. ist, deren AR ein Vorstandsmitglied der Gesellschaft angehört, oder
– in den letzten zwei Jahren Vorstandsmitglied derselben börsennotierten Gesellschaft war, es sei denn, die Wahl erfolgt auf Vorschlag von Aktionären, die mehr als 25% der Stimmrechte halten.

Maßgeblicher Zeitpunkt ist nicht die Wahl selbst, sondern der Beginn der Amtszeit, für die das AR-Mitglied gewählt worden ist[75]. Das Fehlen weitergehender Eigenschaften, die nach der Satzung erforderlich sind, führt jedoch nicht zur Nichtigkeit des Wahlbeschlusses[76]. Darüber hinaus wird in analoger Anwendung des § 250 Abs. 1 AktG die Nichtigkeit des Wahlbeschlusses für den Fall angenommen, dass beim Kandidaten eine nach § 105 Abs. 1 AktG **unzulässige Funktionsverknüpfung** vorliegt[77].

53 Dagegen ist der Wahlbeschluss nicht nichtig, wenn bei der AR-Wahl entgegen § 100 Abs. 5 AktG kein **unabhängiger Finanzexperte** kandidiert[78], da keiner der gesetzlichen Nichtigkeitsgründe einschlägig ist. Eine analoge Anwendung des § 250 Abs. 1 AktG kommt mangels Regelungslücke nicht in Betracht, zumal es sich nicht um die mangelnde Eignung eines bestimmten AR-Mitglieds handelt, sondern nur um das Fehlen einer zusätzlich geforderten persönlichen Eigenschaft (vgl. zur Anfechtbarkeit Tz. 123).

---

73 *K. Schmidt* in: Großkomm. AktG[4], § 250, Rn. 17; *Hüffer*, AktG[9], § 250, Rn. 7, 8; *Stilz* in: Spindler/Stilz, AktG[2], § 250, Rn. 14.
74 Zur doppelten Anrechnung von Mandaten als Vorsitzender vgl. § 100 Abs. 2 S. 3 AktG.
75 BGH v. 15.12.1986, DB 1987, S. 475; *Hüffer*, AktG[9], § 250, Rn. 9; *K. Schmidt* in: Großkomm. AktG[4], § 250, Rn. 26.
76 Vgl. zu satzungsmäßigen Anforderungen *Hoffmann-Becking* in: MünchHdb. AG[3], § 30, Rn. 12.
77 *Hüffer*, AktG[9], § 250, Rn. 11; *K. Schmidt* in: Großkomm. AktG[4], § 250, Rn. 25.; *Schwab* in: Schmidt/Lutter, AktG[2], § 250, Rn. 5; a.A. *Stilz* in: Spindler/Stilz, AktG[2], § 250, Rn. 18.
78 *Kropff* in: FS K. Schmidt, S. 1023 (1032); *v. Falkenhausen/Kocher*, ZIP 2009, S. 1601 (1603); *Widmann*, BB 2009, S. 2602 (2603); *Wind/Klie*, DStR 2010, S. 1339 (1340).

d) Nichtigkeit von Gewinnverwendungsbeschlüssen (§ 253 AktG)

aa) § 241 AktG

Beschlüsse über die Verwendung des Bilanzgewinns können aus den **allgemeinen Nichtigkeitsgründen** nichtig sein (dazu oben Tz. 12). 54

Da ein Gewinnverwendungsbeschluss nicht in das HR eingetragen wird, scheidet aber eine Nichtigkeit nach § 241 Nr. 6 AktG aus.

bb) § 173 Abs. 3 AktG

Ein Gewinnverwendungsbeschluss ist nichtig, wenn im Falle der **Feststellung des JA durch die HV** diese den vom Vorstand aufgestellten JA ändert, den Beschluss über die Gewinnverwendung aufgrund der Änderung vor Erteilung des erforderlichen neuen BestV aufgrund der Nachtragsprüfung des APr. fasst und sodann der BestV nicht binnen zwei Wochen seit der Beschlussfassung über die Änderung erteilt wird. 55

cc) § 217 Abs. 2 AktG

Vgl. zur **Kapitalerhöhung aus Gesellschaftsmitteln** mit rückwirkender Gewinnteilnahme bereits Tz. 43. Neben dem Kapitalerhöhungsbeschluss ist auch der anschließend zu treffende Gewinnverwendungsbeschluss über das abgelaufene GJ nichtig, wenn der **Kapitalerhöhungsbeschluss** nicht binnen drei Monaten **in das HR eingetragen** worden ist. 56

dd) § 253 Abs. 1 AktG

Ein Gewinnverwendungsbeschluss ist insbesondere dann nichtig, wenn der festgestellte JA, auf dem er beruht, nichtig ist. 57

Wann ein JA nichtig ist, ergibt sich abschließend aus der Spezialregelung in § 256 AktG. Es kommt hierbei nicht darauf an, ob der JA vom Vorstand und AR oder von der HV festgestellt worden ist. Im Übrigen wird auf die Ausführungen unter Tz. 175 verwiesen.

2. Feststellung der Nichtigkeit von Hauptversammlungsbeschlüssen

Der **Begriff** der **Nichtigkeit** des AktG stimmt mit dem Begriff der Nichtigkeit des BGB überein. Ein nichtiger Beschluss ist dies von Anfang an und dauernd, ist also von Anfang an ohne jede rechtliche Wirkung[79]. Einer besonderen Feststellung der Nichtigkeit bedarf es deshalb eigentlich nicht. 58

Wegen der besonderen Bedeutung der Nichtigkeit für die Rechtsverhältnisse einer AG regelt das Gesetz aber dennoch für einen besonderen Personenkreis ein zusätzliches formalisiertes Verfahren für die Geltendmachung der Nichtigkeit.

a) Nichtigkeitsklage gem. § 249 AktG

Während die Anfechtbarkeit eines HV-Beschlusses nur im Wege der Anfechtungsklage geltend gemacht werden kann, und dies auch nur durch die nach § 245 AktG klagebefugten Aktionäre, den Vorstand sowie die Vorstands- und AR-Mitglieder, kann sich grundsätzlich **jedermann** auf die Nichtigkeit eines HV-Beschlusses berufen und ihn mit 59

---

[79] *Semler* in: MünchHdb. AG³, § 41, Rn. 2; *K. Schmidt* in: Großkomm. AktG⁴, § 241, Rn. 20; *Würthwein* in: Spindler/Stilz, AktG², § 241, Rn. 29.

den verschiedenen **allgemeinen Rechtsbehelfen** angreifen (§ 249 Abs. 1 S. 2 AktG). So kann z.B. die Nichtigkeit eines Kapitalerhöhungsbeschlusses als Einrede gegen Einlageforderungen geltend gemacht werden[80].

60 **Klagebefugt** für die besondere aktienrechtliche Nichtigkeitsklage sind nach § 249 Abs. 1 S. 1 AktG die Aktionäre, und zwar jeder Einzelne, der Vorstand in seiner Gesamtheit oder die einzelnen Mitglieder des Vorstandes oder des AR. Gegenstand der Klage ist die Feststellung der Nichtigkeit eines HV-Beschlusses. Der **Streitgegenstand** der aktienrechtlichen Nichtigkeits- und Anfechtungsklage ist damit letztlich identisch; in beiden Verfahren geht es um das Begehren, die Nichtigkeit eines HV-Beschlusses anhand der dem Beschluss anhaftenden Mängel richterlich klären zu lassen[81].

61 Die Nichtigkeitsklage ist eine **Feststellungsklage**. Ihre Zulässigkeit hängt vom **Feststellungsinteresse** des Klägers ab, das spätestens im Zeitpunkt der letzten mündlichen Verhandlung gegeben sein muss (§ 256 ZPO). Bei der Klage eines Aktionärs ist das Feststellungsinteresse ohne weiteres gegeben, da dieses allein schon aus seiner Mitgliedschaft folgt[82]. Anders als bei der Anfechtungsklage ist dagegen nicht erforderlich, dass er bereits im Zeitpunkt der Bekanntmachung der Tagesordnung der HV, in der der angegriffene Beschluss gefasst worden ist, oder im Zeitpunkt der Beschlussfassung selbst Aktionär war[83]. Bei nachträglichem Erwerb der **Aktionärseigenschaft** wird eine zunächst als allgemeine Feststellungsklage (§ 256 ZPO) erhobene Klage automatisch zur Nichtigkeitsklage, so dass die hierfür geltenden Verfahrensregeln zu beachten sind[84]. Die Auswirkungen eines nachträglichen Verlusts der Aktionärseigenschaft sind umstritten. Teils wird die Auffassung vertreten, dass der vormalige Aktionär den Rechtsstreit nach § 265 ZPO als aktienrechtliche Nichtigkeitsklage fortsetzen kann; nach der Gegenmeinung kann die Klage nur als gewöhnliche Feststellungsklage fortgeführt werden, wenn noch ein Feststellungsinteresse besteht[85]. Erforderlich ist zudem ein allgemeines **Rechtsschutzinteresse** des Klägers; dies kann etwa dann fehlen, wenn der angegriffene Beschluss inzwischen fehlerfrei wiederholt worden ist[86].

62 Die Klage ist nach § 249 Abs. 1 i.V.m. § 246 Abs. 2 AktG **gegen die Gesellschaft** zu richten, die in diesem Falle abweichend von § 78 AktG grundsätzlich durch den Vorstand und den AR gemeinsam vertreten wird. Klagt der Vorstand, wird die Gesellschaft durch den AR, klagt ein AR-Mitglied, wird die Gesellschaft durch den Vorstand allein vertreten.

63 **Zuständig** für die Klage ist nach § 249 Abs. 1 i.V.m. § 246 Abs. 3 S. 1 AktG ausschließlich das LG, in dessen Bezirk die Gesellschaft ihren Sitz hat. Zuständig ist die Kammer für Handelssachen. Nach § 249 Abs. 1 S. 1 i.V.m. §§ 246 Abs. 3 S. 3, 148 Abs. 2 S. 3 und 4 AktG kann die Zuständigkeit für mehrere Bezirke eines OLG bei einem LG konzentriert werden[87].

---

80 *Hüffer*, AktG[9], § 249, Rn. 19, *Semler* in: MünchHdb. AG[3], § 41, Rn. 100, m.w.N.
81 BGH v. 22.07.2002, WM, S. 1887; *Dörr* in: Spindler/Stilz, AktG[2], § 246, Rn. 5; *Schwab* in: Schmidt/Lutter, AktG[2], § 249, Rn. 2, m.w.N.
82 *Hüffer*, AktG[9], § 249, Rn. 11, m.w.N.; *Schwab* in: Schmidt/Lutter, AktG[2], § 249, Rn. 3.
83 *Dörr* in: Spindler/Stilz, AktG[2], § 249, Rn. 8; *Hüffer*, AktG[9], § 249, Rn. 5.
84 *Dörr* in: Spindler/Stilz, AktG[2], § 249, Rn. 9, m.w.N.; *Hüffer*, AktG[9], § 249, Rn. 6; *Hüffer* in: MünchKomm. AktG[3], § 249, Rn. 12; a.A. *K. Schmidt* in: Großkomm. AktG[4], § 249, Rn. 14; *Schwab* in: Schmidt/Lutter, AktG[2], § 249, Rn. 4: Klageänderung erforderlich.
85 Vgl. *Dörr* in: Spindler/Stilz, AktG[2], § 249, Rn. 10; *K. Schmidt* in: Großkomm. AktG[4], § 249, Rn. 15; *Schwab* in: Schmidt/Lutter, AktG[2], § 249, Rn. 4: Fortsetzung als Nichtigkeitsklage; a.A. BGH v. 23.10.1998, AG 1999, S. 180; *Hüffer* in: MünchKomm. AktG[3], § 249, Rn. 13: Umstellung auf Feststellungsklage.
86 *Hüffer*, AktG[9], § 249, Rn. 11, m.w.N.; *Semler* in: MünchHdb. AG[3], § 41, Rn. 97.
87 Vgl. auch Tz. 153.

Mehrere Nichtigkeitsprozesse sind nach § 249 Abs. 2 S. 1 AktG zur gleichzeitigen Verhandlung und Entscheidung zu verbinden. Nichtigkeits- und Anfechtungsprozesse können nach § 249 Abs. 2 S. 2 AktG verbunden werden; nach h.M. ist das Gericht sogar zur Prozessverbindung verpflichtet, da dies bei Identität des Streitgegenstands die allein richtige verfahrensleitende Entscheidung ist[88].

Nach § 249 Abs. 1 S. 1 i.V.m. § 246 Abs. 4 AktG hat der Vorstand die Erhebung der Klage und den Termin zur mündlichen Verhandlung unverzüglich in den Gesellschaftsblättern **bekannt zu machen**. 64

Den **Streitwert** bestimmt das Prozessgericht nach § 249 Abs. 1 S. 1 i.V.m. § 247 AktG unter Berücksichtigung aller Umstände des Einzelfalls, insb. der Bedeutung der Sache für die Parteien, d.h. die Auswirkung des Rechtsstreites auf ihre (wirtschaftlichen) Interessen nach billigem Ermessen[89]. Er darf jedoch ein Zehntel des Grundkapitals oder, wenn dieses Zehntel mehr als 500.000 € beträgt, die 500.000 € nur insoweit übersteigen, als die Bedeutung der Sache für den Kläger höher zu bewerten ist (§ 247 Abs. 1 AktG). 65

Werden in einer Nichtigkeitsklage **mehrere Beschlüsse** angegriffen, so muss das Gericht für jeden Antrag den Streitwert gesondert ermitteln. Die genannten Höchstgrenzen sind jeweils für jeden Antrag gesondert zu beachten, der Gesamtstreitwert wird sodann durch Zusammenrechnung ermittelt[90]. Art und Anzahl der geltend gemachten Nichtigkeitsgründe sind hingegen nicht geeignet, den Streitwert zu beeinflussen[91]. 66

Macht eine Partei, d.h. gewöhnlich der klagende Aktionär, glaubhaft, dass die Belastung mit den Prozesskosten ihre wirtschaftliche Lage erheblich gefährden würde, so kann das Prozessgericht auf Antrag anordnen, dass für sie der für die Berechnung der Anwalts- und Gerichtskosten maßgebliche Streitwert niedriger bemessen wird. Das Gericht hat gem. § 247 Abs. 2 AktG nach billigem Ermessen einen Teilstreitwert festzusetzen, der der Wirtschaftslage der antragstellenden Partei angemessen ist (Festsetzung des sog. **gespaltenen Streitwertes**). Die Festsetzung dieses Teilstreitwertes setzt zunächst die Bestimmung des sog. Regelstreitwertes nach § 247 Abs. 1 AktG voraus[92]. 67

Der Teilstreitwert ist so zu **bemessen**, dass der Partei auch ein gewisser Vermögensbestand erhalten bleibt. Eine Gefährdung der wirtschaftlichen Lage kann daher auch vorliegen, wenn die voraussichtlichen Prozesskosten das Vermögen des Aktionärs praktisch aufzehren, ihm aber ein sicheres Einkommen aus nicht selbständiger Arbeit verbleibt[93]. Anders als bei § 114 ZPO braucht eine Gefährdung des notwendigen Unterhalts nicht zu drohen[94]. Da neben dem Antrag auf Streitwertspaltung (§ 247 Abs. 2 AktG) auch **Prozesskostenhilfe** beantragt werden kann (dazu Tz. 71), stellt sich die umstrittene Frage, ob bei der Einschätzung der Gefährdung der wirtschaftlichen Lage des Antragstellers auch 68

---

88 *Hüffer* in: MünchKomm. AktG³, § 249, Rn. 33; *K. Schmidt* in: Großkomm. AktG⁴, § 249, Rn. 27.
89 OLG Frankfurt v. 06.10.2004, AG 2005, S. 122; *Hüffer*, AktG⁹, § 247, Rn. 5, § 249, Rn. 11; *K. Schmidt* in: Großkomm. AktG⁴, § 247, Rn. 14.
90 OLG Frankfurt v. 24.01.1984, DB, S. 869; *K. Schmidt* in: Großkomm. AktG⁴, § 247, Rn. 10; *Hüffer* in: MünchKomm. AktG³, § 247, Rn. 14.
91 BGH v. 11.07.1994, DB, S. 2126; *K. Schmidt* in: Großkomm. AktG⁴, § 247, Rn. 10; *Hüffer*, AktG⁹, § 247, Rn. 6.; a.A. *Schwab* in: Schmidt/Lutter, AktG², § 247, Rn. 16: eigener Streitwert für jeden Beschlussmangel.
92 OLG Frankfurt v. 24.01.1984, DB, S. 869; *Hüffer*, AktG⁹, § 247, Rn. 12.
93 OLG Frankfurt v. 28.08.1984, DB, S. 2615; *K. Schmidt* in: Großkomm. AktG⁴, § 247, Rn. 22; *Schwab* in: Schmidt/Lutter, AktG², § 247, Rn. 19.
94 *Hüffer*, AktG⁹, § 247, Rn. 13, m.w.N.; *Hüffer* in: MünchKomm. AktG³, § 247, Rn. 24.

die nach den §§ 122, 123 ZPO entstehende Entlastungswirkung der Prozesskostenhilfe in die Abwägung einzubeziehen ist[95].

69 Der Antrag ist **vor der Verhandlung zur Hauptsache** anzubringen. Später ist er nur zulässig, wenn der angenommene oder festgesetzte Streitwert durch das Prozessgericht heraufgesetzt wird. Der Antrag ist noch in der Berufungsinstanz zulässig, wenn das Berufungsgericht den in erster Instanz festgesetzten Streitwert heraufsetzt. Der für die Partei gesondert festzusetzende Streitwert kann dann aber nicht niedriger liegen als der in der ersten Instanz angenommene Streitwert[96].

70 Im Interesse der Verfahrensbeschleunigung prüft das Gericht im Verfahren nach § 247 Abs. 2 AktG nicht, ob die Klage hinreichende Aussicht auf Erfolg hat. Der Antrag ist jedoch **abzulehnen**, wenn die beabsichtigte Rechtsverfolgung völlig aussichtslos und mutwillig ist und das Gericht dies ohne weiteres feststellen kann[97].

71 Unabhängig vom Antrag auf Streitwertspaltung kann nach §§ 114 ff. ZPO auch ein Antrag auf Gewährung von **Prozesskostenhilfe** gestellt werden. Die Bewilligung der Prozesskostenhilfe setzt jedoch voraus, dass die Klage hinreichende Erfolgsaussichten hat. Beide Rechtsinstitute unterscheiden sich auch hinsichtlich des Umfangs und der Dauerhaftigkeit der befreienden Wirkung[98].

72 Für die Bewertung der Beschwer eines Rechtsmittelklägers (**Berufung oder Revision**) ist immer der Regelstreitwert nach § 247 Abs. 1 AktG maßgebend, da die Streitwertspaltung nach Abs. 2 nur der Herabsetzung des Gebührenstreitwertes zur Minderung des Prozesskostenrisikos der Aktionäre dienen soll[99].

73 Da ein der Nichtigkeitsklage stattgebendes **rechtskräftiges Urteil** nur die bereits kraft Gesetzes eintretende Nichtigkeit feststellt, **wirkt es für und gegen alle Aktionäre**, Mitglieder des Vorstandes und des AR, gleichgültig, ob sie am Prozess beteiligt waren oder nicht (§ 249 Abs. 1 S. 1 i.V.m. § 248 Abs. 1 AktG). Es muss sich jedermann mit der Nichtigkeit abfinden.

74 Um zu gewährleisten, dass die Nichtigkeit der Beschlüsse zur Kenntnis der Beteiligten gelangt, ist das Urteil bei börsennotierten Gesellschaften in den Gesellschaftsblättern bekannt zu machen (§ 249 Abs. 1 S. 1 i.V.m. § 248a AktG) und unverzüglich **zum HR einzureichen** (§ 249 Abs. 1 S. 1 i.V.m. § 248 Abs. 1 S. 2 AktG). War der Beschluss in das HR einzutragen, dann hat der Registerrichter von Amts wegen einzutragen, dass der Beschluss als nichtig festgestellt worden ist.

75 Hatte der Beschluss eine **Satzungsänderung** zum Inhalt, so ist nach § 248 Abs. 2 AktG mit dem Urteil der vollständige Wortlaut der Satzung in der Fassung, die sich unter Berücksichtigung der Urteile ergibt, zum HR einzureichen.

76 Ein nichtiger Beschluss kann nicht analog § 244 AktG bestätigt, wohl aber **neu vorgenommen** werden[100]. Sofern der ursprüngliche Beschluss nicht nur formale, sondern auch

---

95 Dafür OLG Frankfurt v. 30.01.1990, DB, S. 472; *K. Schmidt* in: Großkomm. AktG⁴, § 247, Rn. 11; a.A. *Schwab* in: Schmidt/Lutter, AktG², § 247, Rn. 27; kritisch auch *Dörr* in: Spindler/Stilz, AktG², § 247, Rn. 20.
96 OLG Frankfurt v. 28.08.1984, DB, S. 2615; *K. Schmidt* in: Großkomm. AktG⁴, § 247, Rn. 24; *Schwab* in: Schmidt/Lutter, AktG², § 247, Rn. 24.
97 *Dörr* in: Spindler/Stilz, AktG², § 247, Rn. 19; *Hüffer*, AktG⁹, § 247, Rn. 15, m.w.N. zur Rspr.; *Schwab* in: Schmidt/Lutter, AktG², § 247, Rn. 20.
98 Vgl. *Dörr* in: Spindler/Stilz, AktG², § 247, Rn. 20; *Schwab* in: Schmidt/Lutter, AktG², § 247, Rn. 26.
99 *Hüffer*, AktG⁹, § 247, Rn. 11; *Hüffer* in: MünchKomm. AktG³, § 247, Rn. 21; *Schwab* in: Schmidt/Lutter, AktG², § 247, Rn. 22.
100 *Hüffer* in: MünchKomm. AktG³, § 241, Rn. 93; *K. Schmidt* in: Großkomm. AktG⁴, § 244, Rn. 28.

inhaltliche Mängel aufweist, muss die Neuvornahme notwendig mit einer Inhaltsänderung verbunden werden. Eine gegen den Ausgangsbeschluss bereits erhobene Nichtigkeitsklage kann der Kläger nach der Neuvornahme für erledigt erklären; der neue Beschluss kann wiederum durch eine neue Anfechtungs- oder Nichtigkeitsklage angegriffen oder im Wege der Klageänderung in die bereits gegen den Ausgangsbeschluss erhobene Nichtigkeitsklage, soweit nicht bereits für erledigt erklärt, einbezogen werden[101].

Das durch das UMAG eingeführte aktienrechtliche **Freigabeverfahren** gilt sowohl für Anfechtungsklagen (§ 246a AktG) als auch aufgrund der Verweisung in § 249 Abs. 1 S. 1 AktG für Nichtigkeitsklagen[102]. Näheres zum Freigabeverfahren siehe Tz. 160. **77**

Während der Beschluss zur **Wahl** des **APr.** nach früherer Rechtslage auch mit dem Vorwurf der **Befangenheit** angegriffen werden konnte[103], bestimmt der durch das BilReG eingeführte § 243 Abs. 3 Nr. 3 AktG für die Anfechtungsklage einen Vorrang des **Ersetzungsverfahrens** nach § 318 Abs. 3 HGB. Diese Regelung gilt nach h.M. auch in Bezug auf die Geltendmachung der Nichtigkeit des Beschlusses über die Prüferbestellung im Wege der **Nichtigkeitsklage** entsprechend[104]. Auch wenn die in § 249 Abs. 1 S. 1 AktG i.d.F. des BilReG noch vorhandene Verweisung durch das UMAG versehentlich aufgehoben wurde, ist nach Sinn und Zweck der Vorschriften von einer umfassenden Priorität des Ersetzungsverfahrens auszugehen. Näheres zum Anfechtungsausschluss nach § 243 Abs. 3 AktG siehe Tz. 103. **78**

b) Besonderheiten der Nichtigkeitsklage hinsichtlich Aufsichtsratswahlen

Klage auf Feststellung der Nichtigkeit von AR-Wahlen kann nach § 250 Abs. 3 AktG erhoben werden. Die Vorschrift verweist weitgehend auf § 249 AktG und die dort genannten Vorschriften. Die Ausführungen unter Tz. 62 ff. gelten daher auch hier. **79**

§ 250 Abs. 3 i.V.m. Abs. 2 AktG erweitert die **Klagebefugnis**. Außer den Aktionären, dem Vorstand sowie den einzelnen Mitgliedern des Vorstandes oder des AR können zusätzlich folgende Organisationen oder Arbeitnehmervertretungen die Nichtigkeitsklage erheben: **80**

– der Gesamtbetriebsrat der Gesellschaft oder, wenn in der Gesellschaft nur ein Betriebsrat besteht, der Betriebsrat sowie, wenn die Gesellschaft herrschendes Unternehmen eines Konzerns ist, der Konzernbetriebsrat; Entsprechendes gilt für den Sprecherausschuss;

– der Gesamtbetriebsrat eines anderen Unternehmens, dessen Arbeitnehmer selbst oder durch Delegierte an der Wahl von AR-Mitgliedern der Gesellschaft teilnehmen, oder, wenn in dem anderen Unternehmen nur ein Betriebsrat besteht, der Betriebsrat; Entsprechendes gilt für den Sprecherausschuss;

– jede in der Gesellschaft oder in einem Unternehmen, dessen Arbeitnehmer selbst oder Delegierte an der Wahl von AR-Mitgliedern der Gesellschaft teilnehmen, vertretene Gewerkschaft sowie deren Spitzenorganisation.

Das die Nichtigkeit rechtskräftig feststellende Urteil **wirkt** gem. § 252 Abs. 1 AktG **für und gegen alle Aktionäre** der Gesellschaft sowie die Mitglieder des **Vorstandes** und des **81**

---

101 *K. Schmidt* in: Großkomm. AktG[4], § 244, Rn. 28.
102 Vgl. *Dörr* in: Spindler/Stilz, AktG[2], § 249, Rn. 18; *Seibert/Schütz*, ZIP 2004, S. 258; *Schütz*, DB 2004, S. 425.
103 Vgl. BGH v. 25.11.2002, DB 2003, S. 383; hierzu *Gelhausen/Kuss*, NZG 2003, S. 424; *Habersack*, NZG 2003, S. 659.
104 *Bezzenberger* in: Großkomm. AktG[4], § 256, Rn. 156; *Ebke* in: MünchKomm. HGB[2], § 318, Rn. 52; *Förschle/Heinz* in: BeBiKo[7], § 318, Rn. 17; *Hüffer*, AktG[9], § 249, Rn. 12a; *Schwab* in: Schmidt/Lutter, AktG[2], § 249, Rn. 5.

AR, darüber hinaus für und gegen die unter Tz. 80 genannten **Organisationen und Arbeitnehmervertretungen** sowie alle **Arbeitnehmer** der Gesellschaft und von anderen Unternehmen, deren Arbeitnehmer an der AR-Wahl teilnehmen.

82 Das Urteil ist nach § 250 Abs. 3 i.V.m. § 248 Abs. 1 S. 2 AktG unverzüglich **zum HR** einzureichen; außerdem ist die Verfahrensbeendigung nach § 250 Abs. 3 i.V.m. § 248a AktG in den **Gesellschaftsblättern** bekannt zu machen.

c) Geltendmachung der Nichtigkeit in anderer Weise

83 Da die Nichtigkeit von selbst wirkt und sie auch durch Urteil nur festgestellt werden kann, stellt das Gesetz in § 249 Abs. 1 S. 2 AktG nochmals ausdrücklich klar, dass es nicht ausgeschlossen ist, die Nichtigkeit auch in anderer Weise als durch Erhebung der Nichtigkeitsklage geltend zu machen. Dabei kommt insb. die Möglichkeit einer **Einrede** gegen Leistungsansprüche aufgrund eines HV-Beschlusses in Betracht.

84 Die **allgemeine Feststellungsklage** nach § 256 ZPO steht einem nach § 249 Abs. 1 AktG Klagebefugten neben der aktienrechtlichen Nichtigkeitsklage nicht zur Verfügung. Für diese Personen besteht an einer nur zwischen den Parteien wirkenden Feststellung der Nichtigkeit eines Beschlusses nach § 256 ZPO kein rechtsschutzwürdiges Interesse[105]. Es handelt sich nicht um zwei parallele Rechtsschutzmöglichkeiten, sondern um eine besonderen Regeln unterliegende Feststellungsklage[106]. Andere als die in § 249 Abs. 1 AktG genannten Personen („Dritte"), für die der Weg der inter omnes wirkenden besonderen Nichtigkeitsklage nicht eröffnet ist, können dagegen die gewöhnliche Feststellungsklage nach § 256 ZPO erheben[107]. Diese erfordert allerdings als Zulässigkeitsvoraussetzung ein besonderes Feststellungsinteresse des Klägers.

85 Außerdem besteht für jedermann die Möglichkeit, das **Amtslöschungsverfahren** gem. § 398 FamFG anzuregen und so eventuell die Nichtigkeit eines HV-Beschlusses gem. § 241 Nr. 6 AktG herbeizuführen (Tz. 39). Gegen die Ablehnung der Löschung steht allerdings nur denjenigen die Beschwerde zu, deren Rechte durch die Verfügung beeinträchtigt werden (§ 59 Abs. 1 FamFG).

3. Heilung der Nichtigkeit von Hauptversammlungsbeschlüssen

86 Die Nichtigkeit eines HV-Beschlusses löst für die AG **schwerwiegende Folgen** aus. Damit im Interesse der Rechtssicherheit verhindert wird, dass die Nichtigkeit noch nach vielen Jahren geltend gemacht wird, nachdem sowohl die Beteiligten als auch die Gesellschaft selbst von der Rechtswirksamkeit der Beschlüsse ausgegangen sind und unbeteiligte Dritte sich auf die Wirksamkeit der Beschlüsse verlassen haben, hat das Gesetz unter bestimmten Voraussetzungen eine Heilung der Nichtigkeit vorgesehen.

87 Die **Wirkung der Heilung** besteht darin, dass die Nichtigkeit weder durch Nichtigkeitsklage oder sonstige Klage noch durch Einrede geltend gemacht werden kann.

---

105 BGH v. 23.02.1978, BGHZ 70, S. 384 (388); *Dörr* in: Spindler/Stilz, AktG², § 249, Rn. 25; *Hüffer* in: Münch-Komm. AktG³, § 249, Rn. 7.
106 Vgl. *Dörr* in: Spindler/Stilz, AktG², § 249, Rn. 25; *Hüffer*, AktG⁹, § 249, Rn. 2.
107 *Dörr* in: Spindler/Stilz, AktG², § 249, Rn. 25; *Hüffer*, AktG⁹, § 249, Rn. 12; *K. Schmidt* in: Großkomm. AktG⁴, § 249, Rn. 36.

a) Heilung durch Eintragung in das Handelsregister
aa) § 242 Abs. 1 AktG

Beschlüsse werden **durch die Eintragung in das HR** geheilt, soweit die Nichtigkeit darauf beruht, dass die Beschlüsse entgegen § 130 Abs. 1, Abs. 2 S. 1 und Abs. 4 AktG nicht gehörig beurkundet worden sind (Fall des § 241 Nr. 2 AktG). **88**

Voraussetzung für die Heilung ist die Eintragung, **nicht der Antrag** auf Eintragung. Die Heilung bindet auch das Registergericht, eine Amtslöschung ist nun nicht mehr zulässig. Das Registergericht muss die Eintragung allerdings ablehnen, wenn es den Mangel erkennt.

bb) § 242 Abs. 2 AktG

Ist ein HV-Beschluss nichtig nach **89**

- § 241 Nr. 1 AktG (Einberufungsmangel),
- § 241 Nr. 3 AktG (Wesenswidrigkeit oder inhaltlicher Gesetzesverstoß),
- § 241 Nr. 4 AktG (inhaltliche Sittenwidrigkeit),

so ist der Beschluss zwar zunächst trotz Eintragung unwirksam; die Nichtigkeit wird jedoch durch Eintragung in das HR und durch den **Ablauf von drei Jahren** seit der Eintragung geheilt[108].

Auch nach Zeitablauf und damit trotz eingetretener Heilung ist eine **Löschung der Beschlüsse von Amts wegen** nach § 242 Abs. 2 S. 3 AktG i.V.m. § 398 FamFG noch möglich. Bei schweren Verstößen gegen das Gesetz soll es nicht dem Zufall überlassen bleiben, ob die Nichtigkeit geltend gemacht wird oder nicht. Nach § 398 FamFG kann der Beschluss als nichtig gelöscht werden, wenn er durch seinen Inhalt zwingende Vorschriften des Gesetzes verletzt und seine Beseitigung im öffentlichen Interesse erforderlich erscheint. Dies wird aber nur in Ausnahmefällen gegeben sein[109]. **90**

Die Nichtigkeit aufgrund **mangelhafter Ladung** eines namentlich bekannten Aktionärs (§§ 121 Abs. 4, 241 Nr. 1 AktG) kann nach § 242 Abs. 2 S. 4 AktG nicht mehr geltend gemacht werden, wenn der mangelhaft geladene Aktionär die Beschlüsse genehmigt[110]. Der durch das UMAG eingefügte S. 5 stellt klar, dass die **Bestandskraft** der HR-Eintragung nach Durchlaufen eines **Freigabeverfahrens** (§ 246a AktG) auch im Falle einer erfolgreichen Anfechtungs- oder Nichtigkeitsklage gewährleistet bleibt. In diesen Fällen darf das die Nichtigkeit feststellende Urteil nicht in das HR eingetragen werden, so dass es bei der Wirksamkeit des eingetragenen Beschlusses verbleibt. **91**

Ist bei Ablauf der Frist eine Klage auf Feststellung der Nichtigkeit des HV-Beschlusses „rechtshängig", so **verlängert** sich die Heilungsfrist, bis über die Klage rechtskräftig entschieden ist oder sie sich auf andere Weise endgültig erledigt hat, z.B. durch Vergleich oder Klagerücknahme. Zur Fristwahrung genügt die Einreichung der Klage bei Gericht, wenn die Zustellung demnächst erfolgt (§ 167 ZPO). Trotz aller Unterschiede zwischen der Heilungsfrist nach § 242 Abs. 2 AktG und prozessualen Fristen, die in § 167 ZPO angesprochen sind, dient auch die Frist nach § 242 Abs. 2 AktG dem Zweck der Rechtssicherheit und Klarheit. Daher ist zwar für die Rechtshängigkeit grundsätzlich die Zu- **92**

---

108 Vgl. zu Einzelheiten *Hüffer*, AktG[9], § 242, Rn. 7, m.w.N.; auf Beschlüsse von GmbH-Gesellschaften ist diese Vorschrift analog anzuwenden: BGH v. 20.02.1984, AG, S. 149; *Raiser* in: Großkomm. GmbHG, Anh. § 47, Rn. 87, m.w.N.
109 *Hüffer*, AktG[9], § 242, Rn. 8, m.w.N.; differenzierend *Casper* in: Spindler/Stilz, AktG[2], § 242, Rn. 23.
110 *Casper* in: Spindler/Stilz, AktG[2], § 242, Rn. 11; *Hüffer*, AktG[9], § 242, Rn. 5a; *Lutter*, AG 1994, S. 429.

stellung der Klageschrift innerhalb der Heilungsfrist erforderlich, die Erleichterung des § 167 ZPO ist jedoch auch auf die Frist nach § 242 Abs. 2 AktG anwendbar[111].

cc) § 242 Abs. 3 AktG

93 Durch die Eintragung in das HR und den Ablauf von drei Jahren seit der Eintragung tritt ebenfalls Heilung ein, wenn die erforderliche Eintragung in den Fällen der §§ 217 Abs. 2, 228 Abs. 2, 234 Abs. 3, 235 Abs. 2 AktG nicht fristgerecht vorgenommen worden ist. Nach diesen Bestimmungen muss, damit eine beschlossene Kapitalveränderung wirksam sein soll, binnen bestimmter Frist eine Eintragung in das HR erfolgen (dazu im Einzelnen Tz. 43). Wenn die Eintragung erst nach Ablauf der Frist vorgenommen wird, sind die entsprechenden Beschlüsse an sich nichtig. Die Nichtigkeit wird aber durch den Ablauf der Dreijahresfrist geheilt, soweit keine Nichtigkeitsklage rechtshängig ist.

b) Heilung von Gewinnverwendungsbeschlüssen

94 Die Nichtigkeit eines Beschlusses über die Verwendung des Bilanzgewinns kann nach § 253 Abs. 1 S. 2 AktG nicht mehr geltend gemacht werden, wenn die Nichtigkeit der Feststellung des JA nicht mehr geltend gemacht werden kann. Wann das der Fall ist, ergibt sich aus § 256 Abs. 6 AktG. Vgl. hierzu Tz. 245.

c) Von der Heilung ausgeschlossene Fälle

95 Die Nichtigkeit von HV-Beschlüssen kann in den folgenden Fällen nicht geheilt werden, da die entsprechenden Vorschriften in § 242 AktG nicht aufgeführt sind:

– § 192 Abs. 4 AktG (Änderung oder Aufhebung eines durch Eintragung in das HR rechtswirksam gewordenen Beschlusses über eine bedingte Kapitalerhöhung),

– § 212 AktG (Beeinträchtigung der Beteiligungsrechte von Aktionären bei einer Kapitalerhöhung aus Gesellschaftsmitteln),

– § 241 Nr. 5 AktG (Nichtigkeitserklärung durch rechtskräftiges Urteil aufgrund einer Anfechtungsklage)[112],

– § 241 Nr. 6 AktG (Löschung eines HV-Beschlusses nach § 398 FamFG).

96 Darüber hinaus kann auch die Nichtigkeit der **Wahl eines AR-Mitglieds** (§ 250 AktG) nicht geheilt werden, da weder in § 242 AktG noch an anderer Stelle für Verstöße gegen § 250 AktG eine Heilung vorgesehen ist. Eine entsprechende Anwendung des § 242 AktG kommt nicht in Betracht, weil die AR-Wahl nicht in das HR eingetragen wird.

III. Anfechtung von Hauptversammlungsbeschlüssen
1. Anfechtungsgründe

97 Ebenso wie bei der Nichtigkeit unterscheidet das Gesetz zwischen allgemeinen Anfechtungsgründen, die in § 243 AktG aufgeführt sind, und speziellen Anfechtungsgründen für bestimmte HV-Beschlüsse.

---

111 BGH v. 14.01.1988, NJW 1989, S. 904, m.w.N.; *Hüffer* in: MünchKomm. AktG[3], § 242, Rn. 9; *K. Schmidt* in: Großkomm. AktG[4], § 242, Rn. 12, jeweils zu § 270 Abs. 3 ZPO a.F.; *Hüffer*, AktG[9], § 242, Rn. 4.

112 Vgl. insoweit aber § 242 Abs. 2 S. 5 AktG zur Wirkung einer Freigabeentscheidung nach § 246a AktG.

a) Allgemeine Anfechtungsgründe
aa) § 243 Abs. 1 AktG

Beschlüsse der HV können wegen **Verletzung des Gesetzes oder der Satzung** angefochten werden. **98**

Gegenstand der Anfechtung sind nur Beschlüsse der **HV**. Beschlüsse des **Vorstandes** **99** einer AG können nicht mit der aktienrechtlichen Anfechtungsklage angegriffen werden; insoweit bleibt nur der Weg der allgemeinen Feststellungsklage nach § 256 ZPO[113]. Die Anfechtungsklage kann auch nicht dazu dienen, unternehmerische Entscheidungen auf ihre Nützlichkeit und Zweckmäßigkeit zu überprüfen. Im Wege der Anfechtung des Entlastungsbeschlusses kann das Verhalten des Vorstandes nur daraufhin überprüft werden, ob ein eindeutiger und schwerwiegender Verstoß gegen Gesetz oder Satzung vorliegt, der für die Teilnehmer der HV zumindest erkennbar war[114]; dies dürfte bei unternehmerischen Entscheidungen des Vorstandes in Anbetracht seines breiten Ermessens (vgl. § 93 Abs. 1 S. 2 AktG) selten nachweisbar sein. Verstöße gegen eine **Geschäftsordnung** für die HV (§ 129 Abs. 1 S. 1 AktG) unterliegen als solche nicht der Anfechtbarkeit nach § 243 AktG, da es sich hierbei um eine nachrangige Verfahrensregelung ohne Satzungscharakter handelt[115]. Allerdings kann ein Verstoß gegen die Geschäftsordnung mit einem gleichzeitigen Gesetzesverstoß einhergehen, der dann zur Anfechtbarkeit führt.

Ebenso wenig sind die §§ 241, 243 AktG auf **Beschlüsse des AR** analog anwendbar[116]. **100** Die Beschlüsse dieses Organs haben aufgrund seiner Kontrollfunktion in erster Linie Innenwirkung, so dass kein so großes Bedürfnis zur Einschränkung der Nichtigkeitsfolge im Interesse der Rechtssicherheit besteht wie bei HV-Beschlüssen. Gleichwohl kann ein AR-Beschluss als korporationsrechtliches Rechtsgeschäft nichtig sein; die Nichtigkeit kann nur durch die allgemeine Feststellungsklage (§ 256 ZPO) geltend gemacht werden[117]. Auch die von Teilen der Rspr. und der Literatur vertretene Auffassung, zumindest heilbare Verfahrensmängel oder Verstöße gegen verzichtbare Verfahrensregeln dürften statt zur Nichtigkeit nur zur bloßen Anfechtbarkeit des fehlerhaften AR-Beschlusses führen, wird von der h.M.[118] abgelehnt.

Die HV-Beschlüsse können wegen **Verletzung des Gesetzes** angefochten werden. Da- **101** runter sind nicht nur Verstöße gegen das AktG zu verstehen, sondern Verstöße gegen jede Rechtsnorm. Verstöße gegen bestimmte Normen mit besonders wichtiger Bedeutung führen allerdings nach § 241 AktG zur Nichtigkeit, deren Geltendmachung keiner Anfechtungsklage bedarf (dazu Tz. 9). Auch die Verletzung von gesetzlichen Sollvor-

---

113 OLG Frankfurt a.M. v. 04.02.2003, ZIP, S. 1198; *Hüffer* in: MünchKomm. AktG³, § 243, Rn. 10; *Würthwein* in: Spindler/Stilz, AktG², § 243, Rn. 33.
114 Vgl. BGH v. 26.11.2007, NZG 2008, S. 309 (310); OLG Köln v. 09.07.2009, NZG, S. 1110, m.w.N.; OLG Frankfurt v. 16.05.2006, AG 2007, S. 330; *Hoffmann* in: Spindler/Stilz, AktG², § 120, Rn. 49; *Hüffer*, AktG⁹, § 120, Rn. 12; *Lorenz*, NZG 2009, S. 1138; abweichend *Spindler* in: Schmidt/Lutter, AktG², § 120, Rn. 55, m.w.N.: Entlastungsbeschluss liege im freien Ermessen der HV und sei der Anfechtung wegen Inhaltsfehlern entzogen.
115 H.M.: *Hüffer*, AktG⁹, § 129, Rn. 1b, 1g; *Hüffer* in: MünchKomm. AktG³, § 243, Rn. 22; *Würthwein* in: Spindler/Stilz, AktG², § 243, Rn. 71; a.A. *Ziemons* in: Schmidt/Lutter, AktG², § 129, Rn. 14, m.w.N.
116 BGH v. 17.05.1993, WM, S. 1330; BGH v. 21.04.1997, ZIP, S. 883; OLG Frankfurt v. 04.02.2003, ZIP, S. 1198; *Drygala* in: Schmidt/Lutter, AktG², § 108, Rn. 39; *Habersack* in: MünchKomm. AktG³, § 108, Rn. 85; *Hüffer*, AktG⁹, § 108, Rn. 18; *Würthwein* in: Spindler/Stilz, AktG², § 243, Rn. 33.
117 BGH v. 21.04.1997, ZIP, S. 883; *Hüffer*, AktG⁹, § 108, Rn. 18; *Habersack* in: MünchKomm. AktG³, § 108, Rn. 85; *Würthwein* in: Spindler/Stilz, AktG², § 243, Rn. 33.
118 BGH v. 17.05.1993, WM, S. 1330; BGH v. 15.11.1993, DB 1994, S. 84; *Drygala* in: Schmidt/Lutter, AktG², § 108, Rn. 39; *Habersack* in: MünchKomm. AktG³, § 108, Rn. 81, m.w.N.; *Hüffer*, AktG⁹, § 108, Rn. 19, m.w.N.; a.A., für bloße Anfechtbarkeit OLG Hamburg v. 06.03.1992, AG, S. 197; *Mertens* in: Kölner Komm. AktG², § 108, Rn. 82, m.w.N.

schriften macht einen HV-Beschluss grundsätzlich anfechtbar; allerdings kann die Sollvorschrift einen Beurteilungsspielraum einräumen oder eine Auslegung indizieren, nach der die Normverletzung ausnahmsweise keinen Anfechtungsgrund darstellt[119]. Umstritten ist dabei, ob auch der Verstoß gegen unbedeutende **Ordnungsvorschriften** eine Anfechtbarkeit begründet; dies gilt z.B. für §§ 118 Abs. 3, 120 Abs. 3, 175 Abs. 3 S. 2, 182 Abs. 4 S. 1, 234 Abs. 2 S. 2 AktG[120].

102 Das Gesetz sieht in § 243 Abs. 3 AktG für drei bestimmte Fallkonstellationen ausdrücklich den **Ausschluss der Anfechtung** vor. Die betrifft zunächst nach § 243 Abs. 3 Nr. 1 AktG **technische Störungen** bei der elektronischen Wahrnehmung von Teilnahme- und Stimmrechten gem. § 118 Abs. 1 S. 2 und Abs. 2 AktG sowie in den Fällen, in denen eine Vollmacht nach § 134 Abs. 3 AktG elektronisch erteilt, widerrufen oder nachgewiesen wird[121]. Durch die Regelung soll einer Erweiterung der Anfechtungsmöglichkeiten durch technische Störungen entgegengewirkt werden, die bei einer sog. Online-Teilnahme auftreten können. Der Anfechtungsausschluss greift jedoch nicht ein, wenn der Gesellschaft grobe Fahrlässigkeit oder Vorsatz vorzuwerfen ist; in der Satzung kann ein noch strengerer Verschuldensmaßstab festgelegt werden. Ferner kann nach § 243 Abs. 3 Nr. 2 AktG eine Anfechtung von HV-Beschlüssen nicht auf eine Verletzung bestimmter **Veröffentlichungs- und Übermittlungspflichten** gestützt werden. Dies betrifft zum einen bei börsennotierten Gesellschaften die Verpflichtung, die Einberufung der HV in der EU verbreiteten Medien zur Veröffentlichung zuzuleiten (§ 121 Abs. 4a AktG), sowie die Verpflichtung zu bestimmten Veröffentlichungen auf der Internetseite (§ 124a AktG). Zum anderen ist bei einen Verstoß gegen die Vorschriften über die **Weitergabe der Mitteilungen** durch KI und FDLI (§ 128 AktG) die Anfechtbarkeit der auf der HV gefassten Beschlüsse ausgeschlossen. Hingegen führt die **unvollständige oder verspätete Bekanntmachung** von Tagesordnungspunkten und der dazu relevanten Informationen zur Anfechtbarkeit des HV-Beschlusses[122].

103 Ein weiterer **Anfechtungsausschluss** betrifft den in § 243 Abs. 3 Nr. 3 AktG geregelten Vorrang des **Ersetzungsverfahrens**: Danach kann die Anfechtung eines Beschlusses über die Wahl des APr. nicht auf Gründe gestützt werden, die ein Verfahren nach § 318 Abs. 3 HGB rechtfertigen. Diese Regelung steht im Zusammenhang mit der Erweiterung der **Befangenheitsgründe** für **APr.** in §§ 319, 319a, 319b HGB. Um die weitreichenden Konsequenzen einer nachträglich festgestellten Nichtigkeit des Wahlbeschlusses zu vermeiden und auch eine zügige Abwicklung des Rechtsschutzverfahrens zu gewährleisten, wird die Geltendmachung jeglicher Befangenheitsgründe in das Ersetzungsverfahren nach § 318 Abs. 3 HGB verwiesen[123]. Hierdurch soll sichergestellt werden, dass jederzeit ein wirksam bestellter APr. vorhanden ist, und gleichzeitig der missbräuchlichen Geltendmachung von Befangenheitsgründen durch Aktionäre entgegengewirkt werden[124]. Im Zusammenspiel mit § 256 Abs. 1 Nr. 3 AktG wird zugleich klargestellt, dass ein Befangenheitsvorwurf gegen den gewählten APr. die Wirksamkeit des von diesem geprüften und testierten JA nicht berührt[125]. Die Regelung zum Klageausschluss gilt nach h.M. auch

---

119 *Hüffer*, AktG[9], § 243 Rn. 7, m.w.N.; *K. Schmidt* in: Großkomm. AktG[4], § 243, Rn. 12.
120 Vgl. mit Differenzierungen *Hüffer* in: MünchKomm. AktG[3], § 243, Rn. 19; *Zöllner* in: Kölner Komm. AktG, § 243, Rn. 63; *Semler* in: MünchHdb. AG[3], § 41, Rn. 25.
121 *Hüffer*, AktG[9], § 243, Rn. 44.
122 *K. Schmidt* in: Großkomm. AktG[4], § 124, Rn. 97; *Hüffer*, AktG[9], § 243, Rn. 14.
123 Vgl. OLG München v. 24.09.2008, WM 2009, S. 265 (270); *Hüffer*, AktG[9], § 243, Rn. 44c, m.w.N.; zur früheren Rspr., die Anfechtungsklage und Ersetzungsverfahren für kumulativ eröffnet hielt, vgl. BGH v. 25.11.2002, DB 2003, S. 383; auch *Gelhausen/Kuss*, NZG 2003, S. 424.
124 Begr. RegE, BT-Drucks. 15/3419, S. 55.
125 Vgl. *Schütz*, DB 2004, S. 421; *Gelhausen/Heinz*, WPg 2005, S. 699.

für die **Nichtigkeitsklage** nach § 249 Abs. 1 AktG analog[126]. Eine Anfechtungs- oder Nichtigkeitsklage gegen den Wahlbeschluss aus anderen Gründen, z.B. bei Fehlern der Bekanntmachung des entsprechenden Tagesordnungspunktes[127], bleibt weiterhin zulässig.

Im Gegensatz zu der kraft Gesetzes eintretenden Nichtigkeit kann die Anfechtung nicht nur auf die Verletzung des Gesetzes, sondern auch auf **Verstöße gegen die Satzung** gestützt werden. Auch Satzungsvorschriften können aber als bloße Ordnungsvorschriften zu qualifizieren sein, deren Verletzung nicht zwangsläufig die Folge der Anfechtbarkeit nach sich ziehen muss (vgl. Tz. 101). Umstritten ist, ob in Ausnahmefällen auch die Verletzung gesellschaftsbezogener schuldrechtlicher Nebenabreden sämtlicher Aktionäre (z.B. Stimmbindungsverträge) eine Anfechtbarkeit des HV-Beschlusses begründen kann[128]. 104

Im Einzelnen kommen folgende **Anfechtungsgründe** in Betracht, wobei die Abgrenzung teilweise schwierig ist[129]: 105

– Verstöße beim Zustandekommen eines HV-Beschlusses; dazu gehören Verstöße bei der Einberufung[130] und bei der Bekanntmachung der Tagesordnung[131] und der Teilnahme- und Stimmausübungsbedingungen[132], bei der Durchführung der HV[133], Verstöße im Abstimmungsverfahren und bei der Feststellung des Beschlussergebnisses[134] sowie die Verletzung von Informationspflichten[135] gegenüber den Aktionären (hierzu ausführlich unter Tz. 112);
– inhaltliche Verstöße gegen einzelne Bestimmungen des AktG; hierzu gehört auch die Anfechtung von Entlastungsbeschlüssen wegen Unrichtigkeit der nach § 161 AktG abzugebenden Entsprechenserklärung[136];
– Verstöße gegen die guten Sitten;
– Verstöße gegen den Gleichbehandlungsgrundsatz (§ 53a AktG);
– Verstöße gegen die Bindung an den Gesellschaftszweck;
– Verstöße gegen Treubindung bei Stimmrechtsausübung (Verletzung der Gesellschaftstreue).

---

126 *Ebke* in: MünchKomm. HGB², § 318, Rn. 52; *Förschle/Heinz* in: BeBiKo⁷, § 318, Rn. 17; *Hüffer*, AktG⁹, § 249, Rn. 12a; *Schwab* in: Schmidt/Lutter, AktG², § 249, Rn. 5; Näheres zur Nichtigkeitsklage siehe Tz. 78.
127 Vgl. hierzu BGH v. 25.11.2002, DB 2003, S. 383; *Bezzenberger* in: Großkomm. AktG⁴, § 256, Rn. 149; *Würthwein* in: Spindler/Stilz, AktG², § 243, Rn. 243.
128 Bejahend BGH v. 20.01.1983, NJW, S. 1910, BGH v. 27.10.1986, NJW 1987, S. 1890, jeweils für GmbH; zustimmend *K. Schmidt* in: Großkomm. AktG⁴, § 243, Rn. 19; *Schwab* in: Schmidt/Lutter, AktG², § 243, Rn. 19: ablehnend *Hüffer*, AktG⁹, § 243, Rn. 10, m.w.N.; *Würthwein* in: Spindler/Stilz, AktG², § 243, Rn. 75.
129 Vgl. *Zöllner* in: Kölner Komm. AktG, § 243, Rn. 112 (mit ausführlichen Erörterungen zu den anfechtungsrelevanten Generalklauseln); ähnlich *K. Schmidt* in: Großkomm. AktG⁴, § 243, Rn. 8, m.w.N.
130 *Schwab* in: Schmidt/Lutter, AktG², § 243, Rn. 7; *Würthwein* in: Spindler/Stilz, AktG², § 243, Rn. 94 ff.; vgl. OLG Naumburg v. 17.12.1996, GmbHR 1998, S. 90 (Verstoß gegen statutarische Einberufungsfrist).
131 BGH v. 25.11.2002, DB 2003, S. 383 (Vorschlag zur Wahl des APr. durch Vorstand); BGH v. 12.11.2001, ZIP 2002, S. 172 (fehlerhaft zustande gekommene Beschlussvorschläge), hierzu *Tröger*, NZG 2002, S. 211.
132 Vgl. *Würthwein* in: Spindler/Stilz, AktG², § 243, Rn. 106 ff.
133 Hierzu gehören Eingriffe in das Teilnahmerecht; vgl. *Würthwein* in: Spindler/Stilz, AktG², § 243, Rn. 116, m.w.N.; LG München I v. 14.10.1999, DB 2000, S. 267 (Beschränkung der Redezeit).
134 *Schwab* in: Schmidt/Lutter, AktG², § 243, Rn. 10, m.w.N.; *Würthwein* in: Spindler/Stilz, AktG², § 243, Rn. 121 ff., m.w.N.
135 Vgl. BGH v. 21.06.2010, DB, S. 1697 (fehlende Feststellung des ab Einberufung der HV auszulegenden AR-Berichts); OLG Hamburg v. 12.01.2001, AG, S. 359; OLG Brandenburg v. 06.06.2001, AG 2003, S. 328 (Auskunftsverweigerung über zentralen Punkt).
136 Mängel der Entsprechenserklärung führen nach h.M. zur Anfechtbarkeit der Entlastungsbeschlüsse: BGH v. 16.02.2009, DB, S. 500 (503); BGH v. 21.09.2009, DB, S. 2422 (2425); *Hüffer*, AktG⁹, § 161, Rn. 31, m.w.N.; *Vetter*, NZG 2009, S. 561 (566); kritisch *Goslar/von der Linden*, NZG 2009, S. 1337 (1339); a.A. *Leuering*, DStR 2010, S. 2255 (2258).

106 Ein **gesellschaftsrechtliches Treueverhältnis**, dessen Missachtung zur Beschlussanfechtung führen kann, besteht nicht nur zwischen Gesellschaftern einer PersGes. sowie unter Gesellschaftern einer personalistisch organisierten GmbH, sondern auch unter Aktionären einer AG, denn auch der **Mehrheitsaktionär** kann durch seinen Einfluss auf die Geschäftsleitung die gesellschaftsimmanenten Interessen der anderen Aktionäre beeinträchtigen. Diese innere Struktur ist unabhängig von der Rechtsform, so dass die grundsätzlich körperschaftliche Struktur der AG einem Treupflichtverhältnis nicht im Wege steht. Jedoch ist die Ausprägung umso geringer, je weniger Einfluss der Aktionär auf die Gesellschaft hat. Der **Kleinaktionär** unterliegt deswegen i.d.R. keiner Treubindung[137]. Erreicht der Minderheitsaktionär jedoch durch Stimmrechtsbündelung oder Stimmrechtsbindung eine Sperrminorität, unterliegt er einer Treubindung[138]. Ein Verstoß gegen die Treubindung liegt vor, wenn in die Rechte anderer Aktionäre eingegriffen wird und der Eingriff entweder durch das Gesellschaftsinteresse nicht gerechtfertigt ist oder gerechtfertigt, aber nach Abwägung mit den Interessen der Betroffenen unverhältnismäßig ist[139].

bb) § 243 Abs. 2 AktG

107 Ein Beschluss kann deshalb angefochten werden, weil ein Aktionär durch Ausübung des Stimmrechts **Sondervorteile** verfolgt.

Die Vorschrift ist ein Sondertatbestand innerhalb des weitergehenden Anfechtungstatbestandes des Verstoßes gegen Treubindungen bei der Stimmrechtsausübung durch Missbrauch der Mehrheitsmacht. Die Anfechtungsgründe nach § 243 Abs. 1 und 2 AktG bestehen unabhängig voneinander, so dass eine Anfechtbarkeit wegen Treupflichtverletzung nach Abs. 1 auch dann in Betracht kommt, wenn die weiteren Voraussetzungen des Abs. 2 nicht erfüllt sind[140].

108 Die Anfechtung wegen Erlangung von Sondervorteilen nach § 243 Abs. 2 AktG hat folgende **Voraussetzungen**:

– Ein Sondervorteil muss erstrebt werden, d.h. ein Vorteil, der nicht allen Aktionären zufließt, die sich der Gesellschaft gegenüber in der gleichen Lage befinden, sondern einen Aktionär **sachwidrig** bevorzugt[141]. Dabei braucht es sich nicht um einen eigenen Vorteil zu handeln. In Frage kommen auch Vorteile für Dritte.
– Der Sondervorteil muss entweder die Gesellschaft oder die anderen Aktionäre schädigen.
– Der Beschluss muss objektiv geeignet sein, dem Streben nach einem Sondervorteil zu dienen. Es kommt dagegen nicht darauf an, ob dieser Sondervorteil tatsächlich erlangt wurde.
– In subjektiver Hinsicht muss der Vorsatz in Bezug auf die Vorteilserlangung vorliegen. Nicht erforderlich ist, dass der Vorsatz die Schädigung der Gesellschaft oder der anderen Aktionäre umfasst.
– Der Beschluss gewährt den anderen Aktionären keinen angemessenen Ausgleich für ihren Schaden (§ 243 Abs. 2 S. 2 AktG). Die Ausgleichsgewährung (nur) an die übri-

---

137 BGH v. 01.02.1988, NJW, S. 1579; LG Düsseldorf v. 22.12.1992, WM 1993, S. 153.
138 BGH v. 20.03.1995, ZIP, S. 819 (Verhinderung einer mehrheitlich angestrebten Sanierung); *K. Schmidt* in: Großkomm. AktG[4], § 243, Rn. 50; *Würthwein* in: Spindler/Stilz, AktG[2], § 243, Rn. 161.
139 *Hüffer*, AktG[9], § 243, Rn. 24; *Hüffer* in: MünchKomm. AktG[3], § 243, Rn. 57, m.w.N.
140 *K. Schmidt* in: Großkomm. AktG[4], § 243, Rn. 53; *Würthwein* in: Spindler/Stilz, AktG[2], § 243, Rn. 190.
141 *Hüffer*, AktG[9], § 243, Rn. 35, m.w.N.; *K. Schmidt* in: Großkomm. AktG[4], § 243, Rn. 55; *Würthwein* in: Spindler/Stilz, AktG[2], § 243, Rn. 199.

gen Aktionäre schließt die Anfechtung allerdings unter Gläubigerschutzaspekten dann nicht aus, wenn es sich um einen Sondervorteil zum Schaden der Gesellschaft handelt[142].

Ein Sondervorteil i.S. dieser Vorschrift wird erstrebt, wenn z.b. der Mehrheitsaktionär im Wege der **Liquidation** der beherrschten AG deren Vermögen übernehmen will und schon vor Liquidationsbeschluss mit deren Geschäftsleitung insoweit rechtlich oder rein tatsächlich eine ausreichend sichere Grundlage für den alleinigen Erwerb geschaffen hat, so dass der Ausschluss Dritter vom geplanten Erwerb des Vermögens garantiert ist[143]. Die Verfolgung eines Sondervorteils wird von der h.M. auch für den Fall angenommen, dass dem Abschluss eines Betriebspachtvertrags mit dem Mehrheitsaktionär zugestimmt wird, obwohl eine ernsthafte und für die Gesellschaft lukrativere Offerte eines Minderheitsgesellschafters vorliegt, oder wenn sich der Mehrheitsaktionär hierfür ein Abschlussmonopol einräumen lässt[144]. **109**

Dagegen wird vom Mehrheitsaktionär kein sachwidriger Sondervorteil erstrebt, wenn eine wirtschaftliche Minderbegünstigung der außenstehenden Aktionäre gesetzliche Rechtsfolge einer Umwandlungsmaßnahme ist oder sich zwangsläufig als Folge der niedrigeren Anteilsquote ergibt. In diesen Fällen fehlt es an einer sachwidrigen Ungleichbehandlung. Dies gilt z.B., wenn sich Steuervorteile aus einem Rechtsformwechsel in erster Linie für den Mehrheitsaktionär ergeben[145] oder wenn bei einer Verschmelzung vor allem der Mehrheitsaktionär von steuerlichen oder wirtschaftlichen Vorteilen profitiert[146]. **110**

§ 243 Abs. 2 AktG entfaltet **keine Sperrwirkung** gegenüber den Anfechtungsgründen nach § 243 Abs. 1 AktG. Auch neben der Anfechtung wegen der Erlangung von Sondervorteilen ist daher eine Anfechtung wegen Gesetzesverletzung zulässig, und zwar auch dann, wenn den anderen Aktionären gem. § 243 Abs. 2 S. AktG durch den Beschluss ein angemessener Ausgleich gewährt wird[147]. **111**

cc) § 243 Abs. 1 und 4 i.V.m. § 131 AktG (Informationspflichtverletzung)

Eine Anfechtung nach § 243 Abs. 1 AktG kann auch darauf gestützt werden, dass einem Aktionär in der HV entgegen § 131 AktG eine **Auskunft** überhaupt nicht, nicht richtig oder nicht vollständig erteilt worden ist. Der durch das UMAG neu gefasste § 243 Abs. 4 AktG schränkt jedoch das **Anfechtungsrecht** wegen Verletzung der Informationspflichten ein. Nach S. 1 kann „wegen unrichtiger, unvollständiger oder verweigerter Erteilung von Informationen" nur angefochten werden, wenn ein objektiv urteilender Aktionär die Erteilung der Information als **wesentliche Voraussetzung** für die sachgerechte Wahrnehmung seiner Rechte angesehen hätte. Der Gesetzgeber orientiert sich damit an der neueren Rspr. des BGH, wonach es im Rahmen einer wertenden Betrachtung auf die **Relevanz** der Informationspflichtverletzung für die Entschließung des Aktionärs ankommen soll[148]. Nach dieser Rspr. ist ein HV-Beschluss fehlerhaft und damit anfechtbar, **112**

---

142 *Hüffer*, AktG[9], § 243, Rn. 40, m.w.N.; *K. Schmidt* in: Großkomm. AktG[4], § 243, Rn. 60; *Würthwein* in: Spindler/Stilz, AktG[2], § 243, Rn. 231; a.A. *Schwab* in: Schmidt/Lutter, AktG[2], § 243, Rn. 26.
143 BGH v. 01.02.1988, AG, S. 135; *Hüffer*, AktG[9], § 243, Rn. 36, m.w.N.
144 *Hüffer* in: MünchKomm. AktG[3], § 243, Rn. 107, 108; *Schwab* in: Schmidt/Lutter, AktG[2], § 243, Rn. 22, m.w.N.
145 BGH v. 09.05.2005, AG, S. 613; *Hüffer*, AktG[9], § 243, Rn. 36.
146 OLG Frankfurt v. 08.02.2006, DB, S. 438 (440); *Hüffer*, AktG[9], § 243, Rn. 36, m.w.N.
147 Ganz h.M.: *Hüffer*, AktG[9], § 243, Rn. 31, 32, m.w.N.; *K. Schmidt* in: Großkomm. AktG[4], § 243, Rn. 53; *Würthwein* in: Spindler/Stilz, AktG[2], § 243, Rn. 190.
148 Begr. RegE, S. 56; *Seibert/Schütz*, ZIP 2004, S. 256; *Diekmann/Leuering*, NZG 2004, S. 253; *Wilsing*, DB 2005, S. 35; *Würthwein* in: Spindler/Stilz, AktG[2], § 243, Rn. 132.

„wenn ein vernünftig urteilender Aktionär bei Kenntnis der Umstände, die Gegenstand seines Auskunftsbegehrens waren, anders abgestimmt hätte, als ohne die Erlangung dieser Kenntnis abgestimmt worden ist"[149]. Ungeachtet der Änderung des bisherigen Gesetzeswortlauts gilt weiterhin, dass Aussagen der Aktionäre, die Auskunftsverweigerung habe ihre Beschlussfassung nicht beeinflusst, unbeachtlich sind[150].

113 Nach dem neu gefassten § 243 Abs. 4 S. 2 AktG sind Anfechtungsklagen wegen Informationspflichtverletzungen im Zusammenhang mit **Bewertungsfragen** ausgeschlossen, wenn sich die Informationspflichtverletzungen auf solche Beschlussinhalte beziehen, deren Überprüfung einem Spruchverfahren vorbehalten ist. Damit werden Anfechtungsklagen wegen bewertungsbezogener Informationsmängel in den Fällen der §§ 14 Abs. 2, 15, 29, 34, 176–181, 186, 196, 207 und 210 UmwG sowie §§ 304 Abs. 3 S. 3 und 305 Abs. 4 S. 1 und 2 AktG ausgeschlossen[151]. In Fällen einer **totalen Informationsverweigerung** bleibt die Anfechtung dagegen zulässig[152]. Da sich der Klageausschluss nach dem eindeutigen Gesetzeswortlaut nur auf **in der HV** aufgetretene Informationspflichtverletzungen bezieht, können bewertungsrelevante Informationsmängel in der Berichterstattung vor und außerhalb der HV weiterhin zur Anfechtung führen[153].

114 In § 131 Abs. 3 AktG sind abschließend die **Gründe** geregelt, aus denen der Vorstand die Auskunftserteilung gegenüber dem Aktionär **verweigern** darf. Dieser Katalog ist durch das UMAG in S. 1 um die Nr. 7 erweitert worden. Hiernach rechtfertigt die vorherige Informationserteilung auf der Internetseite der Gesellschaft eine Auskunftsverweigerung. Besondere Bedeutung hat in der Praxis der Auskunftsverweigerungsgrund nach S. 1 Nr. 1; danach darf der Vorstand die Auskunft verweigern, soweit die Auskunftserteilung nach vernünftiger kaufmännischer Beurteilung geeignet ist, der Gesellschaft oder einem verbundenen Unternehmen einen nicht unerheblichen **Nachteil** zuzufügen. Der Vorstand darf in aller Regel die Auskunft nicht unter Hinweis auf Nachteile der Gesellschaft verweigern, wenn bestimmte Tatsachen objektiv den hinreichenden Verdacht schwerwiegender Pflichtverletzungen der Verwaltung begründen und die Auskunft dazu geeignet sein kann, den Verdacht zu erhärten[154].

115 Umstritten ist, ob der Vorstand die Auskunftsverweigerung in der HV wenigstens auf Nachfrage begründen muss oder ob diese Gründe erst in einem sich ggf. anschließenden gerichtlichen Verfahren dargelegt werden müssen[155]. Soweit ein **Begründungszwang** in der HV angenommen wird, werden jedoch an die Intensität der Begründung keine hohen Anforderungen gestellt[156]. Dass die Erteilung einer Auskunft u.U. einen erheblichen

---

149 BGH v. 12.11.2001, DB 2002, S. 197, m.w.N.; BGH v. 18.10.2004, DStR 2005, S. 75; BGH v. 21.09.2009, DB, S. 2422 (2426).
150 Begr. RegE, S. 56; *Schütz*, DB 2004, S. 420; *Veil*, AG 2005, S. 567 (569).
151 Begr. RegE, S. 57, *Würthwein* in: Spindler/Stilz, AktG², § 243, Rn. 261; zur Anwendung auf Altfälle *Schwab*, NZG 2007, S. 521, m.w.N.
152 Begr. RegE, S. 57; *Schwab* in: Schmidt/Lutter, AktG², § 243, Rn. 38, m.w.N.; *Seibert/Schütz*, ZIP 2004, S. 256; *Tielmann*, WM 2007, S. 1686 (1692); hiergegen kritisch *Würthwein* in: Spindler/Stilz, AktG², § 243, Rn. 146, 259.
153 *Hüffer*, AktG⁹, § 243, Rn. 47c; *Schwab* in: Schmidt/Lutter, AktG², § 243, Rn. 38, m.w.N.; *Schwab*, NZG 2007, S. 521 (522); *Tielmann*, WM 2007, S. 1686 (1692).
154 BGH v. 29.11.1982, DB 1983, S. 273, 277; OLG Stuttgart v. 17.11.2010, DB, S. 2610; *Kersting* in: Kölner Komm. AktG³, § 131, Rn. 294, m.w.N.; *Spindler* in: Schmidt/Lutter, AktG², § 131, Rn. 76.
155 Für Begründungserfordernis in der HV *Decher* in: Großkomm. AktG⁴, § 131, Rn. 291; *Hüffer*, AktG⁹, § 131, Rn. 26; a.A. z.B. KG v. 24.08.1995, ZIP, S. 1585 (1589); *Kubis* in: MünchKomm. AktG², § 131, Rn. 97; *Siems* in: Spindler/Stilz, AktG², § 131, Rn. 36.
156 *Hüffer*, AktG⁹, § 131, Rn. 26; *Decher* in: Großkomm. AktG⁴, § 131, Rn. 291.

Zeitaufwand bedeutet, rechtfertigt die Verweigerung der Auskunft bei Erheblichkeit des Inhalts nicht[157].

Eine Anfechtung wegen Verletzung des **Auskunftsrechts** setzt voraus, dass in der HV die Auskunft verlangt worden ist. Dieses Recht des Aktionärs muss in der HV ausgeübt worden sein. Darüber hinaus kommt eine Anfechtung aber auch bei der Verletzung **sonstiger Informationspflichten** in Betracht. Dies gilt z.B. für die Pflicht, ab Einberufung der HV bestimmte Unterlagen im Geschäftsraum der AG auszulegen bzw. über die Internetseite zugänglich zu machen (§§ 175 Abs. 2, 179a Abs. 2 oder 293f AktG), oder für die Pflicht zur schriftlichen Vorabberichterstattung bei bestimmten Beschlussgegenständen (z.B. § 186 Abs. 4 S. 2 AktG)[158]. Mängel in der schriftlichen Vorabberichterstattung können nach h.M. durch mündliche Erläuterungen in der HV nicht mehr korrigiert werden[159]. **116**

Ein Aktionär kann einen HV-Beschluss auch dann wegen Auskunftsverweigerung anfechten, wenn er ein **Auskunftserzwingungsverfahren** nach § 132 AktG nicht eingeleitet hat, da beide Verfahren ein unterschiedliches Ziel und ungleiches Gewicht haben[160]. Eine erfolgreiche Anfechtung führt zur Nichtigkeit des Beschlusses, das Verfahren nach § 132 AktG dagegen zur Entscheidung, ob der Vorstand die Auskunft zu geben hat oder nicht. Ein Beschluss im Verfahren nach § 132 AktG hat nach h.M. für das Gericht im Anfechtungsverfahren keine Bindungswirkung[161]. Das Gericht muss deshalb auch nicht das Anfechtungsverfahren bis zur rechtskräftigen Entscheidung des Auskunftserzwingungsverfahrens nach § 148 ZPO aussetzen, kann dies aber tun. **117**

dd) § 241 Abs. 1 AktG i.V.m. §§ 8, 14, 16 UmwG (Anfechtung bei Umwandlungsvorgängen)

Die Anfechtung von Verschmelzungsbeschlüssen (§§ 13, 65 UmwG) kann nach § 243 Abs. 1 AktG auch darauf gestützt werden, dass ein **Verschmelzungsbericht** nicht den Anforderungen des § 8 UmwG genügt[162]. Darin ist über die Verschmelzung, den Verschmelzungsvertrag oder seinen Entwurf im Einzelnen schriftlich der HV zu berichten. In dem Bericht ist insb. auf das Umtauschverhältnis der Anteile der beteiligten Gesellschaften bzw. die Angaben über die Mitgliedschaft bei dem übernehmenden Rechtsträger sowie auf die Höhe einer anzubietenden Barabfindung einzugehen. Die genannten Themenkreise sind wirtschaftlich und rechtlich zu erläutern. Auf besondere Schwierigkeiten bei der Bewertung der Rechtsträger sowie auf die Folgen für die Beteiligung der Anteilsinhaber ist hinzuweisen[163]. Nach § 8 Abs. 2 UmwG brauchen Tatsachen nur dann nicht in den Bericht aufgenommen zu werden, wenn sie geeignet sind, den beteiligten Rechts- **118**

---

157 So zur Verlesung eines Untersuchungsberichts einer WPG im Zusammenhang mit der Entlastung des Vorstandes OLG Köln v. 17.02.1998, ZIP, S. 994 (996).
158 Vgl. *Hüffer*, AktG[9], § 243, Rn. 47a, m.w.N.; *K. Schmidt* in: Großkomm. AktG[4], § 243, Rn. 35.
159 *Hüffer*, AktG[9], § 186, Rn. 24; *Schwab* in: Schmidt/Lutter, AktG[2], § 243, Rn. 34, m.w.N.
160 BGH v. 29.11.1982, DB 1983, S. 273; *Hüffer*, AktG[9], § 243, Rn. 47; *K. Schmidt* in: Großkomm. AktG[4], § 243, Rn. 34; *Kersting* in: Kölner Komm. AktG[3], § 131, Rn. 560.
161 BGH v. 16.02.2009, DB, S. 500 (506); BGH v. 21.09.2009, DB, S. 2422 (2425); *Hüffer*, AktG[9], § 243, Rn. 47; *Hüffer* in: MünchKomm. AktG[3], § 243, Rn. 119; *Decher* in: Großkomm. AktG[4], § 132, Rn. 11, m.w.N.; *Kersting* in: Kölner Komm. AktG[3], § 131, Rn. 560; a.A. *K. Schmidt* in: Großkomm. AktG[4], § 243, Rn. 34, m.w.N.
162 Vgl. OLG Düsseldorf v. 15.03.1999, DB, S. 1153; OLG Hamm v. 04.03.1999, DB, S. 1156; *Hüffer*, AktG[9], § 243, Rn. 47a, m.w.N.
163 Vgl. zu den Anforderungen im Einzelnen BGH v. 18.12.1989, ZIP 1990, S. 168; BGH v. 22.05.1989, DB, S. 1664; *Marsch-Barner* in: Kallmeyer, UmwG[4], § 8, Rn. 6 ff. Diese Grundsätze sind prinzipiell auch auf Verschmelzungen anderer Rechtsformen anzuwenden; auch dort sind die Gesellschafter für ihre Entscheidung auf umfassende Informationen angewiesen.

119 Ebenso wie Verschmelzungsbeschlüsse können auch die Zustimmungsbeschlüsse der HV im Falle einer Spaltung, Vermögensübertragung oder eines Formwechsels (§§ 125, 176, 240 UmwG) wegen formeller oder inhaltlicher Mängel anfechtbar sein. Um längerfristige Rechtsunsicherheiten im Hinblick auf die Wirksamkeit des beschlossenen Umwandlungsvorgangs zu vermeiden, enthält das UmwG spezialgesetzliche Sonderregeln, die unter bestimmten Voraussetzungen einen Anfechtungsausschluss bzw. ein Freigabeverfahren vorsehen[165].

120 Ein spezialgesetzlicher **Ausschluss des Anfechtungsrechts** findet sich in § 14 Abs. 2 UmwG; danach kann eine Klage gegen die Wirksamkeit des Verschmelzungsbeschlusses nicht darauf gestützt werden, dass das Umtauschverhältnis der Anteile zu niedrig bemessen ist oder dass die Mitgliedschaft bei dem übernehmenden Rechtsträger kein ausreichender Gegenwert für die Anteile oder Mitgliedschaft beim übertragenden Rechtsträger ist[166]. Diese Regelungen werden ergänzt durch § 243 Abs. 4 S. 2 AktG, wonach in diesen Fällen die Anfechtung auch nicht auf unrichtige, unvollständige oder unzureichende Informationen in der HV gestützt werden kann[167].

121 Wird gegen einen Zustimmungsbeschluss zur Verschmelzung eine Anfechtungsklage erhoben, hat dies nach § 16 Abs. 2 UmwG zur Folge, dass die Verschmelzung nicht eingetragen werden kann (sog. **Registersperre**). Diese Sperrwirkung kann jedoch nach § 16 Abs. 3 S. 1 UmwG dadurch überwunden werden, dass das OLG, in dessen Bezirk die Gesellschaft ihren Sitz hat (§ 16 Abs. 3 S. 7 UmwG), auf Antrag des betroffenen Rechtsträgers durch Beschluss feststellt, dass die Erhebung der Klage der Eintragung nicht entgegensteht. Die sachlichen Voraussetzungen für einen solchen **Freigabebeschluss** sind durch das ARUG in § 16 Abs. 3 S. 3 UmwG neu geregelt worden. Hiernach hat der Beschluss zu ergehen, wenn die Klage **unzulässig** oder **offensichtlich unbegründet** ist (S. 3 Nr. 1), wenn der Kläger nicht binnen einer Woche nach Antragszustellung nachgewiesen hat, dass er seit Bekanntmachung der Einberufung einen **Mindestanteil von 1.000 €** hält (S. 3 Nr. 2), oder wenn ein **vorrangiges Vollzugsinteresse** besteht (S. 3 Nr. 3). Im letzten Fall muss das Gericht nach freier Überzeugung zwischen den **Nachteilen abwägen**, die einerseits für die beteiligten Rechtsträger und deren Anteilsinhaber und andererseits für den Antragsgegner drohen. Im Rahmen einer an den relevanten Umständen des Einzelfalls orientierten Gesamtbetrachtung sind die wirtschaftlichen Interessen der beteiligten Rechtsträger und ihrer Anteilsinhaber am sofortigen Wirksamwerden der Verschmelzung dem Aufschubinteresse des Anfechtungsklägers gegenüberzustellen, für das auch der Umfang seiner Beteiligung von Bedeutung ist[168]. Sofern ein **besonders schwerer Rechtsverstoß** vorliegt, ist die Freigabe aber auch dann abzulehnen, wenn nach der ersten Stufe der gerichtlichen Prüfung ein überwiegendes Interesse am Vollzug der Eintragung anzunehmen wäre[169].

---

164 BT-Drs. 12/6699, S. 83.
165 Vgl. *K. Schmidt* in: Großkomm. AktG⁴, § 243, Rn. 63 ff.; *Würthwein* in: Spindler/Stilz, AktG², § 243, Rn. 225.
166 Vgl. hierzu OLG Düsseldorf v. 15.03.1999, DB, S. 1153; *K. Schmidt* in: Großkomm. AktG⁴, § 243, Rn. 64; zur parallelen Regelung in § 210 UmwG für den Formwechsel OLG Karlsruhe v. 13.11.1998, NZG 1999, S. 604.
167 Dazu oben Tz. 113.
168 *Marsch-Barner* in: Kallmeyer, UmwG⁴, § 16, Rn. 43, 44, m.w.N.; vgl. auch Tz. 141.
169 Vgl. hierzu *Florstedt*, AG 2009, S. 465 (471); *Rubel*, DB 2009, S. 2027 (2029); *Verse*, NZG 2009, S. 1127 (1130).

b) Anfechtungsgründe bei Aufsichtsratswahlen

aa) § 251 Abs. 1 S. 1 AktG

Die Wahl eines AR-Mitglieds durch die HV kann ebenso wie die anderen HV-Beschlüsse wegen **Verletzung des Gesetzes oder der Satzung** angefochten werden. 122

Als Gesetzesverstöße können insb. die Verletzung von § 127 AktG (Vorschlag eines Aktionärs zur Wahl von AR-Mitgliedern) und von § 137 AktG (Abstimmung über Vorschläge eines Aktionärs zur Wahl von AR-Mitgliedern) in Betracht kommen. Darüber hinaus ist die Wahl anfechtbar, wenn der Wahlbeschluss dazu führt, dass der AR entgegen § 100 Abs. 5 AktG über keinen unabhängigen Finanzexperten verfügt[170]. Bei Blockwahl mehrerer Kandidaten ist der Beschluss insgesamt anfechtbar. Bei Einzelwahl könnte vertreten werden, dass nur der zuletzt gefasste Wahlbeschluss angefochten werden kann, weil die Eigenschaft als unabhängiger Finanzexperte nur von einem AR-Mitglied erfüllt werden muss. Da dies zu zufälligen Ergebnissen führen würde und die Pflicht, mindestens einen geeigneten Kandidaten zu wählen, insgesamt verletzt worden ist, wird in solchen Fällen davon auszugehen sein, dass alle in dieser HV gefassten Wahlbeschlüsse zusammen anfechtbar sind. Zweifelhaft ist, ob der Wahlbeschluss auch mit der Begründung angefochten werden kann, dass bei dem Wahlvorschlag mögliche Interessenkollisionen nicht aufgedeckt worden sind und insoweit auch die vorher abgegebene Entsprechenserklärung gem. § 161 AktG fehlerhaft war[171]. 123

bb) § 251 Abs. 1 S. 2 AktG

Die Wahl eines AR-Mitglieds ist anfechtbar, wenn ein die HV **bindender Wahlvorschlag gesetzwidrig** zustande gekommen ist. 124

Ein bindender Wahlvorschlag besteht nur bei Geltung der Montan-Mitbestimmung (§§ 6, 8 MontanMitbestG, § 5 Montan-MErgG, vgl. § 101 Abs. 1 S. 2 AktG) hinsichtlich der von der HV zu wählenden Arbeitnehmervertreter und des neutralen AR-Mitglieds. Wie bei der Direktwahl von AR-Mitgliedern durch die Arbeitnehmerseite bei Geltung des MitbestG kommt eine Anfechtung nur in Betracht, wenn gegen wesentliche Vorschriften des Arbeitnehmerwahlverfahrens, das zur Aufstellung des Wahlvorschlages geführt hat, verstoßen worden ist (vgl. §§ 21, 22 MitbestG)[172].

c) Anfechtungsgründe bei Gewinnverwendungsbeschlüssen (§ 254 AktG)

Beschlüsse über die Verwendung des Bilanzgewinns können nach der allgemeinen Vorschrift des § 243 AktG wegen **Verletzung des Gesetzes oder der Satzung** angefochten werden. 125

In Erweiterung der allgemeinen Anfechtungsgründe kann ein Gewinnverwendungsbeschluss nach § 254 Abs. 1 AktG außerdem angefochten werden, wenn die HV aus dem in der festgestellten Jahresbilanz ausgewiesenen Bilanzgewinn unnötige Rücklagen bildet und dadurch die Ausschüttung einer **Mindestdividende von 4%** verhindert wird, soweit die Ausschüttung nicht bereits durch die Satzung ausgeschlossen ist. 126

---

[170] v. *Falkenhausen/Kocher*, ZIP 2009, S. 1601 (1603); *Widmann*, BB 2009, 2602 (2603); *Wind/Klie*, DStR 2010, S. 1339 (1340); ähnlich *Habersack*, AG 2008, S. 98 (106), der Anfechtbarkeit nach § 243 Abs. 1 AktG annimmt.

[171] Für Anfechtbarkeit LG Hannover v. 17.03.2010, NZG, S. 744; OLG München v. 06.08.2008, NZG 2009, S. 508; a.A., ablehnend *Goslar/von der Linden*, DB 2009, S. 1691 (1696); *Hüffer*, AktG[9], § 161, Rn. 31; *Hüffer*, ZIP 2010, S. 1979 (1980); *Rieder*, NZG 2010, S. 737 (739).

[172] *Hüffer*, AktG[9], § 251, Rn. 3; *K. Schmidt* in: Großkomm. AktG[4], § 251, Rn. 9.

Diese Regelung dient dem Interesse von Kleinaktionären, denen bei ausreichendem Gewinn eine Mindestdividende gesichert werden soll, um ihnen Schutz vor Aushungerung durch Großaktionäre zu gewähren. Der Anfechtungsgrund gilt daher auch, wenn die Gewinnschmälerung darauf beruht, dass der Gewinn auf neue Rechnung vorgetragen wird[173].

d) Anfechtungsgründe bei Kapitalerhöhungsbeschlüssen gegen Einlagen (§ 255 AktG)

127 Für Kapitalerhöhungsbeschlüsse gelten die **allgemeinen Nichtigkeits- und Anfechtungsgründe** (vgl. § 255 Abs. 1 AktG). Insb. kann eine Anfechtung gem. § 243 Abs. 2 AktG wegen Erstrebens eines Sondervorteils in Betracht kommen (dazu Tz. 107).

128 Nach der speziellen Regelung des § 255 Abs. 2 AktG kann die Anfechtung dann, wenn in einem Kapitalerhöhungsbeschluss gem. § 186 Abs. 3 AktG das **Bezugsrecht** der Aktionäre **ausgeschlossen** worden ist, auch darauf gestützt werden, dass die neuen Aktien zu einem **unangemessen niedrigen Betrag**[174] (oder Mindestbetrag) ausgegeben werden sollen. Dies gilt allerdings dann nicht, wenn den Aktionären ein mittelbares Bezugsrecht über ein KI (§ 186 Abs. 5 AktG) oder andere Dritte gewährt wird.

Die Bestimmung dient dem **Schutz vor Verwässerung** und soll verhindern, dass durch Ausgabe neuer Aktien unter Wert eine Wertminderung der alten Aktien sowie ein Verlust an Herrschafts- und Verwaltungsrechten der Aktionäre durch Minderung ihrer relativen Stimmrechtsquote eintritt[175].

129 Die Vorschrift ist auf Kapitalerhöhungen mit **Sacheinlagen**, bei denen ein bestimmter Ausgabebetrag im Beschluss nicht festgesetzt worden ist, entsprechend anzuwenden. Ist in diesen Fällen der tatsächliche Wert der Sacheinlage im Verhältnis zum Wert der dafür ausgegebenen neuen Aktien unangemessen niedrig, so ist der Anfechtungstatbestand des § 255 Abs. 2 AktG erfüllt[176].

130 Auch dann, wenn die Voraussetzungen für eine Anfechtung nach § 255 Abs. 2 AktG vorliegen, ist daneben die Anwendung der allgemeinen Anfechtungsvorschriften statthaft. Schließlich kann der Beschluss nach § 243 Abs. 2 AktG anfechtbar sein, auch wenn der Ausgabebetrag nicht unangemessen niedrig ist, sofern sich aus anderen Gründen die Verfolgung eines **Sondervorteils** ergibt[177].

131 Ganz allgemein ist der **Bezugsrechtsausschluss anfechtbar**, wenn sich **keine** sachliche **Rechtfertigung** für ihn ergibt, wobei eine Abwägung der Interessen der Aktionäre und der Gesellschaft vorzunehmen ist. Die Verhältnismäßigkeit zwischen dem Eingriff in die Rechte der Aktionäre und dem damit erstrebten Vorteil für die Gesellschaft muss gewahrt bleiben[178]. Wie Verhältnismäßigkeit in diesem Sinne zu definieren ist, ist umstritten. Die Streitfrage hat auf das Ergebnis i.d.R. keinen Einfluss[179]. Nach § 186 Abs. 3 S. 4 AktG ist

---

173 *K. Schmidt* in: Großkomm. AktG[4], § 254, Rn. 8; *Hüffer*, AktG[9], § 254, Rn. 4; *ADS*[6], § 174 AktG, Tz. 64.

174 KG v. 22.08.2001, ZIP, S. 2178 (Mehrzuteilungsoption, bei der der Ausgabepreis im Ermessen der Konsortialbank liegt).

175 *Hüffer* in: MünchKomm. AktG[3], § 255, Rn. 2; *K. Schmidt* in: Großkomm. AktG[4], § 255, Rn. 1.

176 BGH v. 13.03.1978, AG, S. 196; *Hüffer*, AktG[9], § 255, Rn. 15, m.w.N.; *K. Schmidt* in: Großkomm. AktG[4], § 185, Rn. 5.

177 *K. Schmidt* in: Großkomm. AktG[4], § 255, Rn. 2; *Hüffer*, AktG[9], § 255, Rn. 3, jeweils m.w.N.

178 BGH v. 13.03.1978, AG, S. 196; BGH v. 07.03.1994, ZIP, S. 529; *Hüffer*, AktG[9], § 186, Rn. 28; *K. Schmidt* in: Großkomm. AktG[4], § 243, Rn. 45, m.w.N.

179 Zusammenfassend BGH v. 07.03.1994, AG, S. 75: dort Frage offen gelassen; so auch OLG München v. 24.11.1994, AG 1995, S. 231; zur Vereinbarkeit mit EG-Kapitalrichtlinie BGH v. 30.01.1995, AG, S. 227.

der Bezugsrechtsausschluss kraft Gesetzes sachlich gerechtfertigt, wenn die Kapitalerhöhung gegen Bareinlagen nicht mehr als 10% des Grundkapitals beträgt und der Ausgabepreis nicht wesentlich vom Börsenkurs per Ausgabetag abweicht[180].

Dies gilt nicht nur für den Ausschluss des Bezugsrechts auf neue Aktien, sondern auch auf **Wandelschuldverschreibungen** (Wandelanleihen oder Optionsanleihen) gem. §§ 221 Abs. 4, 186 Abs. 3 AktG. Ob der Bezugsrechtsausschluss bei **Genussrechten** und Gewinnschuldverschreibungen ebenfalls einer sachlichen Rechtfertigung bedarf, hängt nach h.M. davon ab, ob die Genussscheinbedingungen in ihrer konkreten Ausgestaltung in die Mitgliedschafts- und Vermögensrechte der Aktionäre eingreifen[181].

Die **genannten** Grundsätze müssen auch beim **genehmigten Kapital** Anwendung finden, wobei die Ermächtigung der HV an die Verwaltung auch die Entscheidung über den Bezugsrechtsausschluss umfassen kann (§ 203 Abs. 2 AktG). Wird das Bezugsrecht bereits durch HV-Beschluss ausgeschlossen oder der Vorstand hierzu ermächtigt, verlangt das Gesetz nicht, dass die Ermächtigung die Voraussetzungen und Durchführung der Kapitalerhöhung in allen wesentlichen Einzelheiten regelt, wenn der Erfolg der Maßnahme wesentlich von flexibler Reaktion auf das Marktgeschehen abhängt. Ausreichend ist, dass die Maßnahme abstrakt umschrieben und in dieser Form der HV bekannt gegeben wird und im Interesse der Gesellschaft liegt[182]. Die Unrechtmäßigkeit eines von der Verwaltung beschlossenen Bezugsrechtsausschlusses ist vom Aktionär im Wege einer allgemeinen zivilrechtlichen Unterlassungs- oder Feststellungsklage geltend zu machen, da es nicht um einen HV-Beschluss geht[183]. 132

2. Bestätigung anfechtbarer Hauptversammlungsbeschlüsse

Nach § 244 AktG kann die Anfechtung dann nicht mehr geltend gemacht werden, wenn die HV den anfechtbaren Beschluss **durch einen neuen Beschluss bestätigt** hat und dieser Beschluss innerhalb der Anfechtungsfrist nicht angefochten oder die Anfechtung rechtskräftig zurückgewiesen worden ist[184]. 133

Der Grundgedanke der Regelung ist, dass HV-Beschlüsse wegen ihrer großen Bedeutung, die sie insb. auch für Außenstehende haben, in ihrem Bestand möglichst gesichert sein sollen. Anfechtbare HV-Beschlüsse können deshalb auch – anders als nichtige Beschlüsse (Tz. 76) – durch einen neuen HV-Beschluss in derselben Sache bestätigt und damit **als gültig anerkannt** werden. Eine zeitliche Grenze hierfür besteht nicht[185]. Die Bestätigung entfaltet ihre **Wirkung ex nunc**, d.h. die materielle Heilung des Beschlusses wirkt nicht auf den Zeitpunkt des ersten Beschlusses zurück[186]. Voraussetzung für die Bestätigungswirkung ist allein, dass der Bestätigungsbeschluss die behaupteten oder tatsächlichen Mängel beseitigt und seinerseits mängelfrei ist; einer Neuvornahme des ursprünglichen 134

---

180 Näher *Lutter*, AG 1994, S. 429 (440).
181 Vgl. BGH v. 09.11.1992, WM, S. 2098; *Habersack* in: MünchKomm. AktG³, § 221, Rn. 187; *Seiler* in: Spindler/Stilz, AktG², § 221, Rn. 123.
182 BGH v. 23.06.1997, DB, S. 1760; zustimmend *Hüffer*, AktG⁹, § 203, Rn. 27, 29, m.w.N.; *Volhard*, AG 1998, S. 397; *Würthwein* in: Spindler/Stilz, AktG², § 243, Rn. 167; noch mit strengeren Anforderungen BGH v.19.04.1982, DB, S. 1313.
183 BGH v. 10.10.2005, AG 2006, S. 38; *Hüffer*, AktG⁹, § 203, Rn. 39; *Wamser* in: Spindler/Stilz, AktG², § 203, Rn. 110.
184 Vgl. *Hüffer*, AktG⁹, § 244, Rn. 3; *K. Schmidt*: in: Großkomm. AktG⁴, § 244, Rn. 10.
185 So ausdrücklich OLG München v. 08.08.1997, ZIP, S. 1743 (1745).
186 Nunmehr ganz h.M.: BGH v. 15.12.2003, DB, S. 426; BGH v. 08.05.1972, NJW, S. 1320; *Hüffer*, AktG⁹, § 244, Rn. 6, m.w.N.; *Hüffer* in: MünchKomm. AktG³, § 244, Rn. 3; *K. Schmidt*: in: Großkomm. AktG⁴, § 244, Rn. 16.

Beschlusses bedarf es nicht, so dass die materiellen Voraussetzungen für den Erstbeschluss im Zeitpunkt der Bestätigung nicht mehr erfüllt sein müssen[187].

135 Durch § 244 S. 2 AktG wird einem Anfechtungskläger, der daran ein rechtliches Interesse hat, die Möglichkeit gegeben, den ersten Beschluss für die Zeit bis zum Bestätigungsbeschluss für nichtig erklären zu lassen[188].

136 Nach den allgemeinen Grundsätzen besteht die Möglichkeit, auch den Bestätigungsbeschluss als solchen in einem selbständigen Verfahren wiederum anzufechten[189]. Da in einem solchen Fall der erste Anfechtungsprozess häufig so lange ausgesetzt wird, bis über die Anfechtung des Bestätigungsbeschlusses entschieden ist[190], reduziert sich wegen der drohenden weiteren Verfahrensverzögerung die praktische Bedeutung des Bestätigungsbeschlusses[191].

3. Einwand des Rechtsmissbrauchs

137 Die aktienrechtliche Anfechtungsklage unterliegt dem Einwand des individuellen Rechtsmissbrauchs[192]. Dagegen ist im älteren Schrifttum eingewandt worden, ein Missbrauch der Anfechtungsklage sei unmöglich, da sie ausschließlich fremdnützig sei; sie diene ausschließlich der Überprüfung von HV-Beschlüssen auf ihre Gesetzes- und Satzungsmäßigkeit[193]. Demgegenüber erkennt heute auch die ganz h.M. im Schrifttum zu Recht die Möglichkeit eines Missbrauchs von Anfechtungsklagen an[194]. Der mit der Anfechtungsklage verfolgte Kontrollzweck schließt den Einwand des **individuellen** Rechtsmissbrauchs nicht aus, denn das allgemeine öffentliche Interesse an der Kontrolle beseitigt nicht den individuellen Charakter des Anfechtungsrechts.

138 Ein **rechtsmissbräuchliches Verhalten** ist dann gegeben, wenn die Klage mit dem Ziel erhoben wird, die verklagte Gesellschaft in **grob eigennütziger Weise** zu einer Leistung zu veranlassen, auf die der Kläger keinen Anspruch hat und auch billigerweise nicht erheben kann. Motiv des Klägers wird im Allgemeinen sein, die verklagte Gesellschaft werde die verlangte Leistung erbringen, weil sie hoffe, dass der Eintritt anfechtungsbedingter Nachteile dadurch vermieden oder gering gehalten werden könne[195]. Da sich der Nachweis dieser Motivlage als innere Tatsache nur schwer führen lässt, sind alle von den Prozessparteien vorgetragenen Tatsachen umfassend zu würdigen. Maßgeblich ist insb. das Verhalten des Klägers, das dieser in den Verhandlungen über die Beilegung des zur Entscheidung anstehenden Anfechtungsrechtsstreits gezeigt hat, sowie das Verhalten des Klägers in anderen Anfechtungsverfahren[196].

---

187 BGH v. 15.12.2003, DB, S. 426; hierzu *Zöllner*, AG 2004, S. 397.
188 *Würthwein* in: Spindler/Stilz, AktG², § 244, Rn. 54 mit Beispielen; vgl. *Hüffer*, AktG⁹, § 244, Rn. 7.
189 OLG Dresden v. 31.08.1999, AG 2000, S. 44; OLG Stuttgart v. 10.11.2004, AG 2005, S. 125; *Hüffer*, AktG⁹, § 244, Rn. 9; *Würthwein* in: Spindler/Stilz, AktG², § 244, Rn. 14.
190 Zur Aussetzung vgl. OLG Stuttgart v. 06.05.2004, AG, S. 457; *Hüffer* in: MünchKomm. AktG³, § 244, Rn. 22; *K. Schmidt* in: Großkomm. AktG⁴, § 244, Rn. 18.
191 Vgl. *Zöllner*, AG 2004, S. 398; *Bokern*, AG 2005, S. 285.
192 RG v. 22.01.1935, RGZ 146, S. 385; BGH v. 23.11.1961, BGHZ 36, S. 121; BGH v. 22.05.1989, BGHZ 107, S. 296.
193 Vgl. *Schilling* in: Großkomm. AktG³, § 245, Rn. 25, m.w.N.
194 *Dörr* in: Spindler/Stilz, AktG², § 245, Rn. 56; *Hüffer*, AktG⁹, § 245, Rn. 22; *Hüffer* in: MünchKomm. AktG³, § 245, Rn. 52; *K. Schmidt* in: Großkomm. AktG⁴, § 245, Rn. 50; *Schwab* in: Schmidt/Lutter, AktG², § 245 Rn. 50.
195 BGH v. 22.05.1989, AG, S. 399; BGH v. 25.09.1989, ZIP, S. 1388; BGH v. 18.05.1989, ZIP 1990, S. 168; BGH v. 27.10.1990, ZIP, S. 1560; jeweils m.w.N.
196 BGH v. 29.10.1990, ZIP, S. 1560, m.w.N.; BGH v. 14.10.1991, NJW 1992, S. 569; OLG Düsseldorf v. 07.12.1993, DB 1994, S. 974.

Der Einwand des Rechtsmissbrauchs ist ein Institut des nationalen Rechts. Seine Geltung **139**
ist vom EG/EU-Recht unabhängig[197]. Es bestehen auch keine verfassungsrechtlichen
Bedenken gegen dieses Rechtsinstitut[198].

Ist die Klage in diesem Sinne rechtsmissbräuchlich erhoben, entfällt die materielle Be- **140**
rechtigung, den Anfechtungsgrund geltend zu machen, so dass die Klage **unbegründet**
ist[199]. Wenn sich ein Aktionär unter Missbrauch seines Anfechtungsrechts von der Gesellschaft Zahlungen gewähren lässt, liegt eine verbotene Einlagenrückgewähr vor, die nach § 62 AktG zur Rückzahlung verpflichtet[200]. Darüber hinaus kommen bei einer missbräuchlichen Anfechtungsklage deliktische Schadenersatzansprüche gegen den klagenden Aktionär in Betracht[201].

Um das Problem der rechtsmissbräuchlichen Anfechtungsklagen einzudämmen, hat der **141**
Gesetzgeber mehrere Reformen unternommen. Zunächst wurde bezüglich **Verschmelzungen** und anderer Strukturmaßnahmen nach dem UmwG (Spaltung, Formwechsel) in § 16 Abs. 3 UmwG ein besonderes **Freigabeverfahren**[202] vorgesehen, um die aus der Erhebung der Anfechtungsklage folgende Registersperre zu überwinden, die das Wirksamwerden der beschlossenen Maßnahme verhindert und dadurch zu erheblichen Verfahrensverzögerungen zum Nachteil der Gesellschaft führen kann. Zeitgleich ist in § 319 Abs. 6 AktG für den Fall der **Eingliederung** ein entsprechendes Freigabeverfahren vorgesehen worden[203]. Kraft Verweisung in § 327e Abs. 2 AktG gilt diese Regelung auch für das Verfahren über den Ausschluss von Minderheitsaktionären nach § 327a AktG (sog. Squeeze-out). Demselben Zweck dient das durch das UMAG eingeführte **aktienrechtliche Freigabeverfahren** nach § 246a AktG, welches für Kapitalmaßnahmen und den Abschluss von Unternehmensverträgen gilt[204]. Schließlich sind durch das ARUG die genannten verschiedenen Freigabeverfahren umgestaltet und vereinheitlicht worden.

Zur Abkürzung der Verfahrensdauer sieht das Gesetz nunmehr einheitlich die Eingangs- **142**
zuständigkeit des **OLG** vor, in dessen Bezirk die Gesellschaft ihren Sitz hat (§§ 246a Abs. 1 S. 3, 319 Abs. 6 S. 7 AktG, 16 Abs. 3 S. 7 UmwG). In dringenden Fällen kann ohne mündliche Verhandlung entschieden werden (§§ 246a Abs. 3 S. 2 AktG, 16 Abs. 3 S. 4 UmwG). Wird später in der Hauptsache der Klage stattgegeben, kann der Kläger vom Antragsteller **Schadensersatz** verlangen, nicht jedoch Wiederherstellung des Zustandes vor der angegriffenen Maßnahme (§§ 246a Abs. 4 AktG, 16 Abs. 3 S. 10 UmwG).

4. Verfahren zur Anfechtung von Hauptversammlungsbeschlüssen

Anfechtbare, nicht bestätigte HV-Beschlüsse können nur durch Anfechtungsklage be- **143**
seitigt werden.

---

197 BGH v. 29.03.1993, WM, S. 952.
198 BVerfG, Nichtannahmebeschluss v. 28.08.1990, WM, S. 755.
199 H.M.: BGH v. 29.10.1990, ZIP, S. 1560, 1563; KG v. 24.10.2010, ZIP 2011, S. 123 (124); *Dörr* in: Spindler/Stilz, AktG², § 245, Rn. 65; *Hüffer*, AktG⁹, § 245, Rn. 26, m.w.N.; *Volhard*, AG 1998, S. 398; für Unzulässigkeit der Klage *K. Schmidt* in: Großkomm. AktG⁴, § 245, Rn. 75.
200 *Dörr* in: Spindler/Stilz, AktG², § 245, Rn. 66, m.w.N.; *Hüffer*, AktG⁹, § 245, Rn. 26.
201 OLG Frankfurt v. 13.01.2009, AG, S. 200; *Hüffer*, AktG⁹, § 245, Rn. 26; *Martens/Martens*, AG 2009, S. 173; vgl. OLG Hamburg v. 20.10.2010, ZIP 2011, S. 126: keine Haftung wegen missbräuchlicher Anfechtungsklage ggü. Dritten.
202 Vgl. hierzu Tz. 121.
203 Vgl. hierzu *Hüffer*, AktG⁹, § 319, Rn. 17; *Singhof* in: Spindler/Stilz, AktG², § 319, Rn. 21 ff.
204 Vgl. dazu näher unten Tz. 160.

a) Anfechtungsbefugnis

144 Die Anfechtungsklage kann nicht von jedem Interessenten oder von dem Beschluss Betroffenen erhoben werden, auch nicht von jedem Aktionär. Die Anfechtungsbefugnis ergibt sich vielmehr enumerativ aus § 245 AktG. Danach ist zur Anfechtung befugt:

- jeder in der HV erschienene Aktionär, wenn er die Aktien schon vor der Bekanntmachung der Tagesordnung erworben hatte[205] und gegen den Beschluss Widerspruch zur Niederschrift erklärt hat (Nr. 1)[206];
- jeder in der HV nicht erschienene Aktionär, wenn er zu der HV zu Unrecht nicht zugelassen oder des Saales verwiesen worden ist[207] oder die Versammlung nicht ordnungsgemäß einberufen oder der Gegenstand der Beschlussfassung nicht ordnungsgemäß bekannt gemacht worden ist (Nr. 2);
- im Falle des § 243 Abs. 2 AktG (Ausübung des Stimmrechts zur Erlangung von Sondervorteilen zum Schaden der Gesellschaft oder der anderen Aktionäre) jeder Aktionär, wenn er die Aktien schon vor der Bekanntmachung der Tagesordnung erworben hatte (Nr. 3);
- der Vorstand (Nr. 4);
- jedes Mitglied des Vorstandes und des AR, wenn durch die Ausführung des Beschlusses Mitglieder des Vorstandes oder des AR eine strafbare Handlung oder eine Ordnungswidrigkeit begehen oder wenn sie ersatzpflichtig werden würden (Nr. 5).

Im Falle der Auflösung der AG sind die **Abwickler**, die als Organ an die Stelle des Vorstandes treten (§ 268 Abs. 2 S. 1 AktG), anfechtungsbefugt[208]. Im Insolvenzverfahren geht die Anfechtungsbefugnis nach h.M. auf den **Insolvenzverwalter** über, wenn der angefochtene HV-Beschluss wirtschaftliche Auswirkungen auf die Insolvenzmasse hat[209]. Die Mitglieder des **Betriebsrats** sind dagegen nicht anfechtungsbefugt[210].

145 Die Aktionärseigenschaft des anfechtenden **Aktionärs** muss sowohl zum Zeitpunkt der HV als auch schon vor Bekanntmachung der Tagesordnung gegeben sein. Auf den Umfang des Aktienbesitzes kommt es nicht an. Ein Übergang des Anfechtungsrechts findet jedenfalls bei Gesamtrechtsnachfolge[211] statt (z.B. bei Verschmelzung oder Spaltung, aber auch bei Erbfolge). Nach mittlerweile h.M. bleibt die Aktivlegitimation des bisherigen Gesellschafters in analoger Anwendung des § 265 ZPO auch bei einer vollständigen Übertragung seiner Aktien im Wege der Einzelrechtsnachfolge oder auch im Fall eines Squeeze-out bestehen, wenn er nach wie vor ein rechtliches Interesse an der Fortführung der Klage hat[212].

---

205 Mit dieser durch das UMAG eingefügten Mindestbesitzzeit soll Missbräuchen durch gezielten Aktienerwerb nach Bekanntmachung geeigneter Tagesordnungspunkte entgegengewirkt werden; vgl. Begr. RegE, S. 58; hierzu kritisch *Veil*, AG 2005, S. 568; *Jahn*, BB 2005, S. 10.
206 Zu Inhalt und Modalitäten des Widerspruchs *Dörr* in: Spindler/Stilz, AktG², § 245, Rn. 25 f.; *Hüffer*, AktG⁹, § 245, Rn. 14, m.w.N.
207 *Hüffer*, AktG⁹, § 245, Rn. 18; OLG München v. 12.11.1999, BB 2000, S. 582 (583); zur Zulässigkeit von Ordnungsmaßnahmen in der HV LG Stuttgart v. 27.04.1994, WM, S. 1754, m.w.N.
208 *Dörr* in: Spindler/Stilz, AktG², § 245, Rn. 46; *Hüffer*, AktG⁹, § 245, Rn. 29, m.w.N.
209 *Dörr* in: Spindler/Stilz, AktG², § 245, Rn. 47; *Hüffer*, AktG⁹, § 245, Rn. 29; *Hüffer* in: MünchKomm. AktG³, § 245, Rn. 71, m.w.N.; a.A., für parallele Anfechtungsbefugnis von Insolvenzverwalter und Vorstand, *Schwab* in: Schmidt/Lutter, AktG², § 245, Rn. 30.
210 OLG Naumburg v. 06.02.1997, AG 1998, S. 430.
211 Vgl. *Dörr* in: Spindler/Stilz, AktG², § 245, Rn. 19; *Hüffer*, AktG⁹, § 245, Rn. 7, m.w.N.
212 BGH v. 09.10.2006, NZG 2007, S. 26; BGH v. 22.03.2011, DB, S. 1212; *Dörr* in: Spindler/Stilz, AktG², § 245, Rn. 20 f.; *Hüffer*, AktG⁹, § 245, Rn. 8, 8a; *K. Schmidt* in: Großkomm. AktG⁴, § 245, Rn. 17, m.w.N. zur abweichenden älteren Rspr.; vgl. *Heise/Dreier*, BB 2004, S. 1127.

Derjenige, dem das Gesetz eine Anfechtungsbefugnis verliehen hat, braucht nicht geltend zu machen, dass er ein persönliches, vermögensrechtliches oder sonstiges **Rechtsschutzinteresse** an der Aufhebung des angefochtenen Beschlusses hat[213]. Die Verletzung von Gesetz oder Satzung rechtfertigt die Anfechtung, und zwar auch dann, wenn der Beschluss der Gesellschaft keinen Nachteil bringt, sondern für sie sogar vorteilhaft ist. Das Rechtsschutzinteresse kann allerdings ausnahmsweise dann fehlen, wenn die angestrebte Beschlussaufhebung an der Sach- und Rechtslage nichts mehr zu ändern vermag, z.B. im Falle einer zwischenzeitlichen Aufhebung des Beschlusses durch die HV[214]. **146**

b) Klagefrist

Die **Klage** muss gem. § 246 Abs. 1 AktG **innerhalb eines Monats** nach der Beschlussfassung erhoben werden[215]. **147**

Die **Einreichung** der Klageschrift bei Gericht innerhalb der Frist genügt, wenn die Zustellung an die Beklagte demnächst, d.h. ohne durch den Kläger zu vertretende Verzögerung, erfolgen kann (§§ 253 Abs. 1, 167 ZPO). Dabei ist Einreichung der Anfechtungsklage per Fax-Schreiben an das Gericht fristwahrend[216]. **148**

Die fristwahrende Wirkung tritt jedoch bei Klage vor dem örtlich oder sachlich **unzuständigen Gericht** nur ein, wenn der gem. § 281 ZPO notwendige Verweisungsantrag noch innerhalb der ursprünglichen Klagefrist gestellt wird[217], auch wenn der entsprechende Beschluss erst später ergeht. Dazu genügt jedoch die Einreichung der Klage bei einem anderen als dem vom Kläger selbst auf der Adresse der Klageschrift genannten Gericht nicht[218].

c) Klagegegner, Zustellung

Die Klage ist nach § 246 Abs. 2 AktG **gegen die Gesellschaft** zu richten. Klagt ein Aktionär, wird die Gesellschaft abweichend von § 78 AktG vom Vorstand und vom AR gemeinsam vertreten. Klagt der Vorstand oder ein Vorstandsmitglied, wird die Gesellschaft durch den AR, klagt ein AR-Mitglied, wird sie durch den Vorstand vertreten. **149**

Bei der Klage eines Aktionärs muss aus der **Klageschrift** deutlich hervorgehen, dass diese mindestens jeweils einem Mitglied des Vorstandes und des AR zuzustellen ist. Die (Ersatz-)Zustellung an den AR erfolgt nur wirksam an die Privatwohnung eines AR-Mitglieds, deshalb ist diese im Passivrubrum der Klageschrift anzugeben[219]. Anderenfalls läuft der Kläger Gefahr, nach mangelhafter und damit i.d.R. unwirksamer Zustellung durch Fristablauf sein Anfechtungsrecht zu verlieren. **150**

---

213 *Hüffer*, AktG⁹, § 246, Rn. 9, m.w.N.; *K. Schmidt* in: Großkomm. AktG⁴, § 246, Rn. 60.
214 *K. Schmidt* in: Großkomm. AktG⁴, § 246, Rn. 60; *Hüffer* in: MünchKomm. AktG³, § 246, Rn. 17.
215 Bei der GmbH tritt an die Stelle der Monatsfrist zur Klageerhebung eine den Umständen des Einzelfalls angemessene Frist, die jedoch mindestens einen Monat beträgt; vgl. *Raiser* in: Großkomm. GmbHG, Anh. § 47, Rn. 196, m.w.N. Das gilt auch für die KG: BGH v. 14.05.1990, BB, S. 1293; OLG Köln v. 17.02.1995, BB, S. 792, BGH v. 13.02.1995, ZIP, S. 460.
216 OLG Brandenburg v. 06.06.2001, NZG 2002, S. 476.
217 *Dörr* in: Spindler/Stilz, AktG², § 246, Rn. 18; *Hüffer*, AktG⁹, § 246, Rn. 24, m.w.N.; *K. Schmidt* in: Großkomm. AktG⁴, § 246, Rn. 18.
218 LG Hannover v. 29.05.1992, ZIP, S. 1236; zustimmend *Hüffer*, AktG⁹, § 246, Rn. 24.
219 BGH v. 22.05.1989, AG, S. 399 (400); OLG Frankfurt v. 13.12.1983, DB 1984, S. 1518; LG Frankfurt v. 22.02.1984, ZIP, S. 321; *Hüffer* in: MünchKomm. AktG³, § 246 Rn. 61.

d) Verhältnis zu anderen Rechtsbehelfen

151 Da Anfechtungs- und Nichtigkeitsklage auf ein identisches Rechtsschutzziel gerichtet sind[220], nämlich die richterliche Klärung der Nichtigkeit des HV-Beschlusses mit Wirkung für und gegen jedermann, können in einer einheitlichen Klage **Nichtigkeits- und Anfechtungsgründe zusammen** geltend gemacht werden. Die herkömmliche Praxis, die Anfechtungsgründe als Eventualantrag geltend zu machen, ist damit entbehrlich, wenn auch weiterhin zulässig[221].

152 Unter bestimmten Voraussetzungen kann der Kläger mit der Anfechtungsklage einen Antrag auf positive **Feststellung eines zustimmenden Beschlusses** stellen. Dies gilt, wenn der Vorsitzende in der HV zu Unrecht verkündet, ein Antrag sei wegen Fehlens der erforderlichen Stimmenmehrheit abgelehnt worden, ebenso wenn ein Antrag wegen einer rechtsmissbräuchlichen Gegenstimme abgelehnt worden ist[222]. Die Feststellungsklage muss in derselben Frist und im selben Verfahren wie die Anfechtungsklage erhoben werden[223].

e) Zuständigkeit

153 Nach § 246 Abs. 3 S. 1 AktG ist für die Klage ausschließlich das LG zuständig, in dessen Bezirk die Gesellschaft ihren Sitz hat. Nach § 246 Abs. 3 S. 3 i.V.m. § 148 Abs. 2 S. 3 und 4 AktG können die Länder eine **Konzentration** der gerichtlichen Zuständigkeit auf ein LG eines OLG-Bezirks vorsehen. Dies soll dazu dienen, den gesellschaftsrechtlichen Sachverstand bei einem LG zu bündeln, um damit die Qualität der gerichtlichen Entscheidungen zu fördern[224]. Das LG hat mehrere Anfechtungsprozesse zur gleichzeitigen Verhandlung und Entscheidung zu **verbinden** (§ 246 Abs. 3 S. 6 AktG). Ebenso können gem. § 249 Abs. 2 AktG Anfechtungs- und Nichtigkeitsprozesse verbunden werden.

154 Hat die Gesellschaft einen **Doppelsitz** in zwei unterschiedlichen LG-Bezirken, geht die mittlerweile h.M. davon aus, dass allein das LG am tatsächlichen inländischen Verwaltungssitz der Gesellschaft zuständig ist[225]. Für diese Auffassung spricht der Gesetzeszweck, durch Zuständigkeitskonzentration und Verfahrensverbindung divergierende Entscheidungen zu vermeiden und die Prozessökonomie zu fördern. Das Problem einer konkurrierenden örtlichen Zuständigkeit besteht dann nicht, wenn beide Sitze in LG-Bezirken liegen, für die durch Rechtsverordnung die Zuständigkeit bei einem dieser LG konzentriert wurde.

f) Bekanntmachung

155 Der Vorstand hat nach § 246 Abs. 4 AktG die Erhebung der Klage und den Termin zur mündlichen Verhandlung unverzüglich **in den Gesellschaftsblättern bekannt zu**

---

220 BGH v. 17.02.1997, BGHZ 134, S. 364; BGH v. 01.03.1999, NZG, S. 496; ebenso *Casper* in: Spindler/Stilz, AktG[2], Vor § 241, Rn. 10; *Hüffer*, AktG[9], § 246, Rn. 13; *K. Schmidt* in: Großkomm. AktG[4], § 246, Rn. 57, m.w.N.; *Steinmeyer/Seidel*, DStR 1999, S. 2079; anders noch BGH v. 23.05.1960, BGHZ 32, S. 318; kritisch gegenüber der h.M. *Sosnitza*, NZG 1998, S. 336.
221 *Hüffer*, AktG[9], § 246, Rn. 14; *K. Schmidt* in: Großkomm. AktG[4], § 246, Rn. 57; *Steinmeyer/Seidel*, DStR 1999, S. 2079.
222 BGH v. 13.03.1980, BGHZ 76, S. 191/197; BGH v. 26.10.1983, WM, S. 1310.
223 *Hüffer*, AktG[9], § 246, Rn. 43, m.w.N.; *K. Schmidt* in: Großkomm. AktG[4], § 246, Rn. 98.
224 Vgl. *Seibert/Schütz*, ZIP 2004, S. 258; *Tielmann*, WM 2007, S. 1686.
225 *Dörr* in: Spindler/Stilz, AktG[2], § 246, Rn. 40; *Hüffer*, AktG[9], § 246, Rn. 37; *Hüffer* in: MünchKomm. AktG[3], § 246, Rn. 72; *Schwab* in: Schmidt/Lutter, AktG[2], § 246, Rn. 23, m.w.N.; ähnlich *K. Schmidt* in: Großkomm. AktG[4], § 246, Rn. 63; a.A., für Doppelzuständigkeit beider Gerichte KG v. 31.01.1996, AG, S. 421; *Heider* in: MünchKomm. AktG[3], § 5, Rn. 57, m.w.N.; *Tielmann*, WM 2007, S. 1686.

machen. Gleiches gilt, soweit die Klage auf Feststellung eines zustimmenden Beschlusses mit der Anfechtung verbunden wird (vgl. Tz. 152)[226]. Zur Pflicht, auch die Beendigung des Verfahrens bekannt zu machen, vgl. § 248a AktG und Tz. 166.

g) Darlegungs- und Beweislast/Kausalität

Der **Anfechtungskläger** hat die Tatsachen zu behaupten und zu beweisen, aus denen sich seine Klagebefugnis sowie die Verletzung von einzelnen Regelungen des Gesetzes oder der Satzung ergeben. Dabei kommen gewisse **Beweiserleichterungen** in Betracht, wenn sich die Anfechtung auf inhaltliche Mängel eines HV-Beschlusses stützt und dabei z.B. Verstöße gegen den Gleichbehandlungsgrundsatz (§ 53a AktG) oder eine Verletzung von Treupflichten gerügt werden; hier hat nach im Schrifttum h.M. die Gesellschaft darzulegen und zu beweisen, warum eine festgestellte Ungleichbehandlung bzw. eine bestimmte Maßnahme (z.B. Bezugsrechtsausschluss) sachlich gerechtfertigt ist[227]. Soweit die Gesellschaft die Rechtfertigungsgründe für einen HV-Beschluss bereits vor der HV schriftlich darzulegen hat (z.B. gem. § 186 Abs. 4 S. 2 AktG für den Ausschluss des Bezugsrechts), ist sie im Anfechtungsprozess mit weiteren, im Bericht nicht erfassten Gründen ausgeschlossen. 156

Das Gesetz erfordert dagegen nach seinem Wortlaut keine **Kausalität** zwischen der Verletzung des Gesetzes oder der Satzung und dem angefochtenen Beschluss. Dieser ursächliche Zusammenhang ist vom Anfechtenden nicht zu beweisen. 157

Die ältere Rspr. gestattet aber der beklagten Gesellschaft den Gegenbeweis, dass die Gesetzes- oder Satzungsverletzung **ohne Einfluss** auf den HV-Beschluss war. Wenn dies bei Anlegung eines objektiven Maßstabes offensichtlich und nachweisbar ist, wird die Anfechtbarkeit verneint. Verbleiben dagegen Zweifel, gehen diese zu Lasten der beklagten Gesellschaft; das Gericht hat dann von der Kausalität des Verfahrensfehlers auszugehen (sog. potentielle Kausalität)[228]. Demgegenüber wird im Schrifttum überwiegend auf die **Relevanz** des Normverstoßes abgestellt, die anhand einer am Zweck der jeweils verletzten Norm orientierten wertenden Betrachtung zu ermitteln ist[229]. Auf die konkrete Anzahl der Gegenstimmen kann es für die Anfechtbarkeit nicht ankommen, denn anderenfalls wäre das Anfechtungsrecht als wirksamste Waffe des Minderheitsaktionärs wirkungslos. Die Rspr. hat sich in jüngeren Entscheidungen dieser sog. Relevanztheorie angeschlossen[230]. 158

Für den Fall der **Informationspflichtverletzung** hat sich der Gesetzgeber im durch das UMAG neu gefassten § 243 Abs. 4 AktG an der neueren Linie der Rspr. des BGH orientiert, wonach es im Rahmen einer wertenden Betrachtung auf die Relevanz der Informationspflichtverletzung für die Entschließung des Aktionärs ankommen soll[231]. 159

---

226 BGH v. 13.03.1980, BGHZ 76, S. 191 (200). Auch bei der GmbH ist das Recht der Mitgesellschafter auf rechtliches Gehör zu wahren, bei unterschiedlichem Gesellschafterkreis u.U. durch Benachrichtigung von der Klageerhebung durch das Gericht, vgl. BVerfG v. 09.02.1980, WM, S. 325.
227 *Hüffer*, AktG[9], § 243 Rn. 64, m.w.N.; *K. Schmidt* in: Großkomm. AktG[4], § 246, Rn. 82; *Würthwein* in: Spindler/Stilz, AktG[2], § 243, Rn. 264, 273; a.A. für den Fall des Bezugsrechtsausschlusses BGH v. 13.03.1978, WM, S. 401, 403.
228 BGH v. 23.11.1961, BGHZ 36, S. 121 (139); BGH v. 18.12.1989, ZIP 1990, S. 168 (171); BGH v. 29.10.1990, ZIP, S. 1560, m.w.N. auch zur Gegenansicht; OLG Stuttgart v. 15.05.1995, WM, S. 617 (618).
229 *Zöllner* in: Kölner Komm. AktG, § 243, Rn. 81; *Zöllner*, AG 2000, S. 145 (148); zustimmend *Hüffer*, AktG[9], § 243, Rn. 13; *K. Schmidt* in: Großkomm. AktG[4], § 243, Rn. 21; *Würthwein* in: Spindler/Stilz, AktG[2], § 243, Rn. 85.
230 BGH v. 12.11.2001, DB 2002, S. 196; BGH v. 18.10.2004, AG 2005, S. 87; BGH v. 21.09.2009, DB, S. 2422 (2426); BGH v. 21.06.2010, DB, S. 1697 (1699).
231 Näheres zur Neufassung des § 243 Abs. 4 AktG siehe oben Tz. 112.

h) Aktienrechtliches Freigabeverfahren

160 Die durch das UMAG eingeführte und durch das ARUG modifizierte Vorschrift des § 246a AktG sieht ein aktienrechtliches Freigabeverfahren bei Klagen gegen die Eintragung von HV-Beschlüssen vor, die Maßnahmen der Kapitalerhöhung oder der Kapitalherabsetzung (§§ 182–240 AktG) oder Unternehmensverträge (§§ 291–307 AktG) betreffen. Zweck der Vorschrift ist es, die nachteiligen Auswirkungen von missbräuchlichen Anfechtungsklagen zu vermeiden. Auf sonstige Satzungsänderungsbeschlüsse ist das neue Freigabeverfahren nicht anwendbar; es ist gegenüber den speziellen Freigabeverfahren nach § 319 Abs. 6 AktG und § 16 Abs. 3 UmwG subsidiär[232].

161 Auf Antrag der Gesellschaft kann das Gericht durch rechtskräftigen Beschluss feststellen, dass die Erhebung der Klage der HR-Eintragung nicht entgegensteht und etwaige Mängel des HV-Beschlusses die Wirkung der Eintragung unberührt lassen. Um die Verfahrensdauer zu verkürzen, ist durch das ARUG eine **Eingangszuständigkeit des OLG**, in dessen Bezirk die Gesellschaft ihren Sitz hat, vorgesehen worden (§ 246a Abs. 1 S. 3 AktG). Die materiellen Voraussetzungen für eine Freigabe sind durch das ARUG in § 246a Abs. 2 AktG neu geregelt worden.

162 Hiernach ergeht der Freigabebeschluss, wenn die Klage **unzulässig** oder **offensichtlich unbegründet**[233] ist (§ 246a Abs. 2 Nr. 1), wenn der Kläger nicht binnen einer Woche nach Antragszustellung nachgewiesen hat, dass er seit Bekanntmachung der Einberufung einen anteiligen **Betrag von mindestens 1.000 €** (sog. Bagatell- oder Mindestquorum) hält (§ 246a Abs. 2 Nr. 2) oder wenn ein **vorrangiges Vollzugsinteresse** besteht (§ 246a Abs. 2 Nr. 3). Ziel der Regelung zum **Mindestquorum** (§ 246a Abs. 2 Nr. 2) ist es zu verhindern, dass sich Kleinstaktionäre als sog. Trittbrettfahrer den Anfechtungsklagen anderer Aktionäre anschließen[234]. Gegen die Regelung ergeben sich keine verfassungsrechtlichen Bedenken, da sie als eine zulässige Inhalts- und Schrankenbestimmung i.S.v. Art. 14 Abs. 1 S. 2 GG anzusehen ist und die Rechtsschutzgarantie des GG auch ohne Instanzenzug gewährleistet wird[235].

163 Zur Klärung der Frage, ob ein vorrangiges Vollzugsinteresse (§ 246a Abs. 2 Nr. 3) besteht, hat das Gericht nach freier Überzeugung eine **Interessenabwägung** vorzunehmen. Dabei sind auf Ebene der Anfechtungsbeklagten sowohl die der AG selbst als auch die ihren Aktionären drohenden Nachteile in die Abwägung einzubeziehen. Der Abwägungsprozess wird dadurch beschränkt, dass bei einer besonderen **Schwere des Rechtsverstoßes** wirtschaftliche Nachteile der AG und ihrer Aktionäre keine Freigabeentscheidung rechtfertigen können[236]. Unterhalb dieser Schwelle hat auch ein voraussichtlicher Prozesserfolg des Anfechtungsklägers bei der Interessenabwägung unberücksichtigt zu bleiben[237]. Dem Sinn und Zweck des Freigabeverfahrens entsprechend ist der Begriff der besonderen Schwere des Rechtsverstoßes **eng auszulegen**; hiervon ist nur in ganz gravierenden Ausnahmefällen auszugehen, wenn der Verstoß so krass rechtswidrig ist, dass eine Eintragung des HV-Beschlusses ohne eingehendere Prüfung im

---
232 *Schütz*, DB 2004, S. 422; *Veil*, AG 2005, S. 575.
233 Hierzu OLG Frankfurt v. 08.06.2009, AG, S. 549; OLG Frankfurt v. 19.06.2009, AG 2010, S. 212 (213), zur Parallelvorschrift § 319 Abs. 6 AktG.
234 Vgl. *Hüffer*, AktG[9], § 246a, Rn. 20, m.w.N.; *Kläsener/Wasse*, AG 2010, S. 202 (203); *Koch/Wackerbeck*, ZIP 2009, S. 1603 (1606); *Lorenz/Pospiech*, BB 2010, S. 2515 (2518); *Verse*, NZG 2009, 1127 (1129).
235 OLG Stuttgart v. 19.10.2009, ZIP, S. 2237 (2238); KG v. 10.12.2009, AG 2010, S. 166 (168); OLG Hamburg v. 11.12.2009, AG 2010, S. 214 (215); *Grunewald*, NZG 2009, S. 967 (970); *Kläsener/Wasse*, AG 2010, S. 202 (204 f.); *Vetter*, AG 2008, S. 177 (187).
236 Vgl. OLG München v. 28.07.2010, AG, S. 842; *Enders/Ruttmann*, ZIP 2010, S. 2280 (2281); *Hüffer*, AktG[9], § 246a, Rn. 21; *Rubel*, DB 2009, S. 2027 (2029).
237 *Hüffer*, AktG[9], § 246a, Rn. 22.

Hauptsacheverfahren für die Rechtsordnung unerträglich wäre[238]. Zweifelhaft ist, ob die Annahme eines vorrangigen Vollzugsinteresses der Gesellschaft vom Gericht mit der Begründung abgelehnt werden kann, dieses erfordere eine zügige und zeitnahe Antragstellung der Gesellschaft binnen drei Monaten ab Kenntnis von der Erhebung der Anfechtungsklage[239], da die gesetzliche Regelung des § 246a AktG weder eine Antragsfrist bestimmt noch die Glaubhaftmachung eines besonderen Eilinteresses durch den Antragsteller verlangt.

Der Beschluss des OLG im Freigabeverfahren ist unanfechtbar und für das Registergericht bindend (§ 246a Abs. 3 S. 4 und 5). Das Registergericht darf daher die Eintragung nicht aus Gründen ablehnen, die Gegenstand des Freigabeverfahrens waren[240], sondern allenfalls aus anderen Gründen. Die nachfolgende Eintragung ins HR erwächst in **Bestandskraft** für und gegen jedermann (§ 246a Abs. 3 S. 5), so dass auch im Falle eines späteren Obsiegens des Anfechtungsklägers die konstitutiven Wirkungen der HR-Eintragung fortbestehen[241]. Der Anfechtungskläger wird in diesem Fall auf Schadenersatz verwiesen, wobei eine Naturalrestitution in Form der Beseitigung der Wirkung der Eintragung nicht verlangt werden kann (§ 246a Abs. 4 AktG). **164**

i) Sonstige Verfahrensfragen

Für den **Streitwert** einer Anfechtungsklage gilt ebenso wie für eine Klage auf Feststellung der Nichtigkeit die Regelung in § 247 AktG. Auf die Ausführungen zur Nichtigkeitsklage unter Tz. 4 wird verwiesen. **165**

Ebenso wird auf die dortigen Ausführungen zur **Wirkung des Urteils** und der **Einreichungspflicht zum HR** gem. § 248 AktG verwiesen, da sich insoweit keine Abweichungen zum Nichtigkeitsurteil ergeben (vgl. Tz. 73). Nach dem durch das UMAG neu eingefügten § 248a AktG hat der Vorstand einer börsennotierten AG die **Verfahrensbeendigung** unverzüglich in den Gesellschaftsblättern bekannt zu machen. Gegenstand der Bekanntmachung sind insb. die Art der Beendigung und etwaige Leistungen der Gesellschaft in diesem Zusammenhang (§ 248a i.V.m. § 149 Abs. 2 AktG). **166**

Wenn ein anfechtbarer HV-Beschluss von der HV bestätigt wird (dazu oben 2.) und der **Bestätigungsbeschluss** ebenfalls anfechtbar ist, muss dieser mit einer selbständigen Anfechtungsklage angegriffen werden, selbst wenn beide Beschlüsse an gleichem Mangel leiden[242]. Soweit eine Anfechtungsklage gegen den ersten Beschluss rechtshängig ist, kann dies durch Klageerweiterung auf den Bestätigungsbeschluss geschehen. **167**

Wenn der Bestätigungsbeschluss die Mängel des ersten Beschlusses beseitigt, kann der Kläger die Sache für in der Hauptsache erledigt erklären. Dann wird nur noch über die Kosten entschieden (§ 91a ZPO). Der Kläger kann aber auch bei Vorliegen eines rechtlichen Interesses die Anfechtung des ersten Beschlusses weiter geltend machen (§ 244 S. 2 AktG).

---

238 KG v. 12.03.2010, AG, S. 497 (500); KG v. 18.05.2010, AG, S. 494 (495); *Enders/Ruttmann*, ZIP 2010, S. 2280 (2282); *Florstedt*, AG 2009, S. 465 (471); *Verse*, NZG 2009, S. 1127 (1130).
239 So aber OLG München v. 04.11.2009, AG 2010, S. 170 (172); offen lassend KG v. 12.03.2010, AG, S. 497 (498).
240 *Dörr* in: Spindler/Stilz, AktG², § 246a, Rn. 36, m.w.N.
241 Vgl. *Dörr* in: Spindler/Stilz, AktG², § 246a, Rn. 38; *Hüffer*, AktG⁹, § 246a, Rn. 12; *Wilsing*, ZIP 2004, S. 1082; kritisch *Habersack/Stilz*, ZGR 2010, S. 710 (717); vgl. zu prozessualen Fragen *Kort*, BB 2005, S. 1577.
242 H.M.: *Hüffer*, AktG⁹, § 244, Rn. 4, m.w.N.; *Hüffer* in: MünchKomm. AktG³, § 244, Rn. 10, 20.

j) Besonderheiten der Anfechtungsklage hinsichtlich Aufsichtsratswahlen

168 Für die Klage auf Anfechtung der Wahl eines AR-Mitglieds gelten gem. § 251 Abs. 3 AktG weitgehend die **allgemeinen Vorschriften**. Das Freigabeverfahren (§ 246a AktG) ist allerdings nicht anwendbar.

169 Für die **Anfechtungsbefugnis** gilt grundsätzlich das unter Tz. 144 Gesagte. Es wird in § 251 Abs. 2 AktG aber nicht auf § 245 Nr. 3 und 5 AktG verwiesen, da diese der Sache nach hier nicht in Frage kommen. Die Regelung ist insoweit abschließend[243].

Nach § 251 Abs. 2 S. 2 und 3 AktG kann außerdem die Wahl eines AR-Mitglieds, das nach dem Montan-MitbestG auf Vorschlag der Betriebsräte oder einer Spitzenorganisation gewählt worden ist, auch von jedem Betriebsrat eines Betriebes der Gesellschaft, jeder in den Betrieben der Gesellschaft vertretenen Gewerkschaft oder deren Spitzenorganisation angefochten werden. Die Wahl des neutralen Mitglieds, das nach dem Montan-MitbestG oder dem Montan-MErgG auf Vorschlag der übrigen AR-Mitglieder gewählt worden ist, kann neben den Genannten auch von jedem AR-Mitglied angefochten werden[244].

170 Ein der Anfechtungsklage stattgebendes **Urteil wirkt** gegen alle Aktionäre sowie alle Mitglieder des Vorstandes und des AR.

Im Falle der Wahl eines AR-Mitglieds nach dem Montan-MitbestG auf Vorschlag der Betriebsräte oder einer Spitzenorganisation wirkt das Urteil für und gegen die nach dieser Vorschrift anfechtungsberechtigten Betriebsräte, Gewerkschaften und Spitzenorganisationen, auch wenn sie nicht Partei sind (§ 252 Abs. 2 AktG). Das im Nichtigkeitsverfahren ergangene Feststellungsurteil entfaltet in den Fällen des § 252 AktG ebenso wie in denen des § 249 AktG Feststellungswirkung für und gegen jedermann[245]. Das Urteil ist unverzüglich zum HR einzureichen (§ 251 Abs. 3 i.V.m. § 248 Abs. 1 S.2 AktG).

171 Die Wahl sowohl der Delegierten als auch der Arbeitnehmervertreter im AR kann beim **Arbeitsgericht** angefochten werden, wenn gegen wesentliche Vorschriften über das Wahlrecht, die Wählbarkeit oder das Wahlverfahren verstoßen worden und keine Berichtigung erfolgt ist, es sei denn, der Verstoß hat keine Auswirkungen auf das Ergebnis (§§ 21, 22 MitbestG)[246].

k) Besonderheiten der Anfechtungsklage hinsichtlich Gewinnverwendungsbeschlüssen

172 Für die Anfechtung des Beschlusses über die Verwendung des Bilanzgewinns verweist § 254 Abs. 2 S. 1 AktG auf §§ 244–246, 247–248a AktG, so dass auch insoweit die Ausführungen unter Tz. 144 gelten. Das Freigabeverfahren (§ 246a AktG) ist aufgrund fehlender Verweisung allerdings nicht anwendbar.

173 Bei der **Anfechtungsbefugnis** ergibt sich allerdings nach § 254 Abs. 2 S. 3 AktG die Besonderheit, dass zur Anfechtung des Beschlusses über die Verwendung des Bilanzgewinns wegen zu hoher Einstellung in Rücklagen nach § 254 Abs. 1 AktG (dazu Tz. 126) Aktionäre nur dann befugt sind, wenn ihre Anteile zusammen den **zwanzigsten Teil** des

---

243 Vgl. *Hüffer*, AktG[9], § 251, Rn. 1, 8, m.w.N.; *Stilz* in: Spindler/Stilz, AktG[2], § 252, Rn. 1.
244 *Hüffer*, AktG[9], § 251, Rn. 9, m.w.N.; *K. Schmidt* in: Großkomm. AktG[4], § 251, Rn. 18.
245 *Hüffer*, AktG[9], § 252, Rn. 3; *Stilz* in: Spindler/Stilz, AktG[2], § 252, Rn. 4.
246 Vgl. *Oetker* in: Großkomm. AktG[4], § 21 MitbestG, Rn. 8.

Grundkapitals oder den **anteiligen Betrag**[247] **von 500.000 €** erreichen[248]. Die Anfechtungsbefugnis steht damit nicht – wie sonst unter den Voraussetzungen des § 245 AktG – jedem Aktionär unabhängig von der Höhe seiner Beteiligung zu.

Die **Anfechtungsfrist** beginnt auch dann mit der Beschlussfassung, wenn der zugrunde liegende JA gem. § 316 Abs. 3 HGB erneut zu prüfen ist. 174

IV. Nichtigkeit des festgestellten Jahresabschlusses

Die Regelung der Nichtigkeitsgründe in § 241 AktG und der Nichtigkeitsklage in § 249 AktG betrifft ausschließlich die Nichtigkeit von HV-Beschlüssen, nicht aber die Fehlerhaftigkeit von Beschlüssen der Verwaltung. § 256 AktG regelt deshalb außerhalb der §§ 241 ff. AktG, wenn auch z.T. in inhaltlicher Anlehnung an die dort geregelten Nichtigkeitsgründe, abschließend die Fälle, in denen ein festgestellter JA nichtig ist. Genau genommen handelt es sich dabei nicht um die Nichtigkeit des JA, sondern um die Nichtigkeit der Feststellung des JA[249]. Allerdings gilt die Regelung unabhängig davon, ob der JA durch die Verwaltung (Vorstand und AR) oder durch die HV festgestellt worden ist. Im letzteren Fall verdrängt § 256 AktG als **Spezialvorschrift** die Anwendbarkeit des § 241 AktG, im ersteren Fall die sonst gegen Beschlüsse des AR eröffnete allgemeine Feststellungsklage nach § 256 ZPO[250]. 175

Die Nichtigkeit des JA, bestehend aus Bilanz, GuV sowie Anhang (§§ 242 Abs. 3, 264 Abs. 1 HGB), erfasst das gesamte zu seiner Feststellung durch Vorstand und AR nach § 172 AktG führende **korporationsrechtliche Rechtsgeschäft**. Dieses umfasst die Vorlage des JA durch den Vorstand (d.h. die Beschlussfassung des Vorstandes, nicht den Realakt der Vorlage), den Billigungsbeschluss durch den AR sowie seine zu dem JA abgegebene Schlusserklärung nach § 172 Abs. 2 S. 4 AktG[251]. Die daneben bestehenden gesetzlich vorgeschriebenen Instrumente handelsrechtlicher Rechenschaftslegung, wie etwa LB und Abhängigkeitsbericht, sind nicht Bestandteile des JA, sondern rechtlich selbständig[252]. 176

Zweifelhaft ist, ob die Nichtigkeit des JA auch die **Nichtigkeit** des mit ihm in tatsächlichem Zusammenhang stehenden **LB** oder des **Abhängigkeitsberichts** zur Folge hat. Die Rspr. hat dies für den Abhängigkeitsbericht bejaht und angenommen, dass die jeweiligen Beschlüsse des AR entsprechend § 139 BGB als einheitliches Rechtsgeschäft zu beurteilen seien und der Rechtsgedanke des § 139 BGB, der vom Grundsatz der Gesamtnichtigkeit bei nichtigen Teilakten ausgeht, anwendbar sei[253]. Gegen diesen Ansatz spricht jedoch, dass weder der LB noch der Abhängigkeitsbericht Gegenstand einer irgendwie gearteten Feststellung sind und daher kein Raum für die Annahme einer Nichtigkeit dieser 177

---

247 Bei Stückaktien ist eine Berechnung des anteiligen Nennbetrags im Wege der Division des Grundkapitals durch die Aktienzahl erforderlich; vgl. *Hüffer*, AktG[9], § 254, Rn. 9.
248 *Zöllner* in: Kölner Komm. AktG, § 254, Rn. 23; *K. Schmidt* in: Großkomm. AktG[4], § 254, Rn. 12; *Stilz* in: Spindler/Stilz, AktG[2], § 254, Rn. 17; a.A. *Hüffer*, AktG[9], § 254, Rn. 9: Ausreichend, wenn nur Voraussetzung in § 245 Nr. 1 oder 2 AktG nur in einer Person erfüllt ist und Quorum erst bei Klageerhebung erreicht wird.
249 Allgemeine Ansicht; vgl. *Hüffer*, AktG[9], § 256, Rn. 3, m.w.N.; *Kraft/Hoffmann-Becking* in: MünchHdb. AG[3], § 47, Rn. 1, m.w.N.; *Schwab* in: Schmidt/Lutter, AktG[2], § 256, Rn. 2.
250 Vgl. *ADS*[6], § 172 AktG, Tz. 9, m.w.N.
251 BGH v. 15.11.1993, DB 1994, S. 84.
252 *ADS*[6], § 256 AktG, Tz. 13; *Hüffer*, AktG[9], § 256, Rn. 8; *Rölike* in: Spindler/Stilz, AktG[2], § 256, Rn. 13; OLG Köln v. 24.11.1992, WM 1993, S. 644.
253 BGH v. 15.11.1993, DB 1994, S. 84; zustimmend *Hüffer* in: MünchKomm. AktG[3], § 256, Rn. 81; *Greiffenhagen* in: FS Ludewig, S. 316; a.A. *ADS*[6], § 256 AktG, Tz. 75, m.w.N.; *Kalbfleisch* in: HdR[5], § 256 AktG, Rn. 48; *H.-P. Müller*, AG 1994, S. 411; *Schwab* in: Schmidt/Lutter, AktG[2], § 256, Rn. 33.

Unterlagen bleibt. Umgekehrt können Mängel des LB oder des Abhängigkeitsberichts als solche auch nicht zur Nichtigkeit des JA führen, weil die hierfür geltenden Nichtigkeitsgründe in § 256 AktG abschließend geregelt sind. Vielmehr können insoweit nur materielle Mängel, die sich im JA selbst niederschlagen, zu einer Nichtigkeit des JA führen; so kann z.B. die Nichtaktivierung einer konzernrechtlichen Forderung auf Nachteilsausgleich (§§ 311, 317 AktG), obwohl diese unbestritten und werthaltig ist, die Nichtigkeit des JA wegen Unterbewertung zur Folge haben[254].

178 Auf Gesellschaften in der Rechtsform der **GmbH** sind die Regelungen zur Nichtigkeit des JA in § 256 AktG in wesentlichen Teilen analog anzuwenden. Wegen der abweichenden Organisationsstruktur der GmbH sowie mangels entsprechender Beurkundungserfordernisse sind allerdings § 256 Abs. 2 sowie Abs. 3 Nr. 2 AktG für die GmbH gegenstandslos[255].

179 Dagegen kommt eine analoge Anwendung des § 256 AktG auf Personenhandelsgesellschaften (**OHG, KG**) nicht in Betracht, da hierfür die Strukturunterschiede zur AG zu groß sind. Für Personenhandelsgesellschaften, auf die wegen Überschreitens der Größenkriterien das PublG anzuwenden ist, findet sich in § 10 PublG eine spezielle Regelung zur Nichtigkeit von JA bei Verletzung von Prüfungsvorschriften, die jedoch keinen abschließenden Charakter hat[256]; diese Vorschrift ist auf Personenhandelsgesellschaften i.S.v. § 264a HGB (z.B. **GmbH & Co. KG**) entsprechend anzuwenden[257]. Darüber hinaus kommt bei allen Personenhandelsgesellschaften auch eine Nichtigkeit des JA wegen formeller oder materieller Mängel in Betracht. Dabei sind die **allgemeinen Vorschriften** zur Nichtigkeit wegen Nichtbeachtung gesetzlicher Verbote oder Sittenwidrigkeit (§§ 134, 138 BGB) heranzuziehen. Zu den durch § 134 BGB geschützten Vorschriften gehören die handelsrechtlichen Rechnungslegungsvorschriften (z.B. Ansatz- und Bewertungsvorschriften). Eine Nichtigkeit wird insoweit grundsätzlich nur bei einer über einen einzelnen Bilanzposten hinausgehenden, erheblichen Beeinträchtigung anzunehmen sein; von einer erheblichen Beeinträchtigung ist beim Verstoß gegen gläubigerschützende Bestimmungen regelmäßig auszugehen[258].

180 Der **KA** ist durch das Gesellschaftsorgan, das für die Feststellung des JA der Muttergesellschaft zuständig ist, zu „billigen" (§ 171 Abs. 2 S. 5 AktG, § 42a Abs. 4 GmbHG). Eine (analoge) Anwendung der Vorschriften zur Nichtigkeit des JA (§ 256 AktG) auf den KA kam nach alter Rechtslage vor dem TransPuG schon deswegen nicht in Betracht, weil der KA nicht förmlich festgestellt wurde[259]. Fraglich ist, ob sich hieran durch das Erfordernis der **Billigung** des KA etwas geändert hat.

181 Vom Wortlaut des § 256 AktG wird der KA weiterhin nicht erfasst. Da der Gesetzgeber im TransPuG trotz Einführung des Billigungserfordernisses für den KA weder eine Anpassung des § 256 AktG noch eine Verweisung auf diese Vorschrift vorgesehen hat, kann auch nicht von einer planwidrigen Regelungslücke ausgegangen werden, die im Wege der Analogie zu schließen wäre. Der Zweck der Neuregelung besteht allein darin, der zunehmenden Bedeutung des KA als Informationsmedium Rechnung zu tragen sowie auf

---

254 *ADS*[6], § 312 AktG, Tz. 103a; *Förschle/Heinz* in: BeBiKo[7], § 289, Rn. 394; *Vetter* in: Schmidt/Lutter, AktG[2], § 312, Rn. 26.
255 Vgl. *ADS*[6], § 256 AktG, Tz. 100, m.w.N.; *Brete/Thomsen*, GmbHR 2008, S. 176 (178); *Raiser* in: Großkomm. GmbHG, Anh. § 47, Rn. 80.
256 *ADS*[6], § 10 PublG, Tz. 9.
257 *ADS*[6] (ErgBd), § 264a HGB, Tz. 58; *IDW*, FN-IDW 2002, S. 218.
258 Vgl. *ADS*[6], § 10 PublG, Tz. 11, m.w.N.; *Weilep/Weilep*, BB 2006, S. 147 (150).
259 Vgl. *Hüffer* in: MünchKomm. AktG[3], § 256, Rn. 10; OLG Köln v. 17.02.1998, ZIP, S. 994/995, das die auf Feststellung der Nichtigkeit des KA gerichtete Klage als unzulässig abgewiesen hat.

eine intensivere Prüfung durch den AR hinzuwirken[260]. Da der KA jedoch nach wie vor **keine** unmittelbaren rechtlichen **Bindungs- und Folgewirkungen** entfaltet, insb. für den Gewinnverwendungsbeschluss und die Dividendenansprüche der Aktionäre keine Bedeutung hat, ist die Billigung des KA in ihren Rechtswirkungen mit der Verbindlicherklärung des JA durch seine Feststellung nicht gleichzusetzen. Für eine Anwendung der Regelung des § 256 AktG, der auf die Wahrung der Rechtssicherheit im Interesse der Gesellschaft, Aktionäre und Gläubiger gerichtet ist, besteht damit beim KA auch kein Bedarf. Es bleibt daher dabei, dass auf den **KA** die Vorschriften des **§ 256 AktG** über die Nichtigkeit des JA **weder unmittelbar noch analog** anzuwenden sind[261]. Die Feststellung der „Unrichtigkeit" des KA im Wege der allgemeinen Feststellungsklage nach § 256 ZPO kommt ebenfalls nicht in Betracht, da es an einem feststellungsfähigen Rechtsverhältnis fehlt[262].

Allerdings ist durch das Bilanzkontrollgesetz (BilKoG[263]) die Möglichkeit eröffnet worden, neben festgestellten JA auch gebilligte KA kapitalmarktorientierter Unternehmen durch die dafür geschaffene **Deutsche Prüfstelle für Rechnungslegung** (DPR; § 342b HGB) bzw. die BaFin (§§ 37n ff. WpHG) auf ihre inhaltliche Richtigkeit überprüfen zu lassen. Solange eine Klage auf Feststellung der Nichtigkeit des JA anhängig ist, findet eine Prüfung durch die DPR bzw. die BaFin jedoch nicht statt (Sperrwirkung; § 342b Abs. 3 S. 1 HGB; § 37o Abs. 2 S. 1 WpHG). Ob ein festgestellter Fehler des JA zu dessen Nichtigkeit führt, ist nach den allgemeinen Vorschriften zu entscheiden. Das Verfahren vor der DPR bzw. der BaFin ersetzt jedenfalls nicht die gerichtliche Feststellung der Nichtigkeit, auch wenn es mit der Feststellung endet, dass die Rechnungslegung fehlerhaft ist (vgl. § 342b Abs. 5 S. 2 HGB, § 37q WpHG)[264]. Allerdings werden die betroffenen Unternehmen in der Regel von sich aus Abhilfe schaffen und den betroffenen Abschluss ändern, so dass sich die Frage der Nichtigkeit im Zweifel nicht mehr stellt. **182**

Die Einführung dieses ergänzenden Verfahrens zur Überprüfung der inhaltlichen Richtigkeit von JA und KA gibt keinen Anlass, entgegen der in Tz. 181 dargelegten Auffassung davon auszugehen, dass § 256 AktG auch auf KA Anwendung findet[265].

Ein für Offenlegungszwecke nach § 325 Abs. 2a HGB erstellter **Einzelabschluss nach internationalen Rechungslegungsstandards** unterliegt zwar grundsätzlich denselben Vorschriften wie der JA (§ 324a HGB). Da er jedoch anders als der JA nicht festgestellt, sondern – mangels eigenständiger Folgewirkungen – nur wie der KA gebilligt wird (§ 171 Abs. 4 AktG), findet § 256 AktG auf diesen Abschluss keine Anwendung. **183**

1. Nichtigkeitsgründe

Gründe für die Nichtigkeit des festgestellten JA sind teils unabhängig, teils abhängig davon, wer den JA festgestellt hat. Bei der AG sind nach § 172 Abs. 1 AktG grundsätzlich **184**

---

260 Begr. RegE S. 53.
261 BGH v. 14.01.2008, AG, S. 325; OLG Frankfurt v. 21.11.2006, AG 2007, S. 282; *Bezzenberger* in: Großkomm. AktG⁴, § 256, Rn. 35; *Hüffer*, AktG⁹, § 256, Rn. 3; *Hennrichs*, ZHR 2004, S. 383 (397); *Rölike* in: Spindler/Stilz, AktG², § 256, Rn. 4; a.A. *Schwab* in: Schmidt/Lutter, AktG², § 256, Rn. 3; *Kropff* in: MünchKomm. AktG², § 172, Rn. 87, die für eine analoge Anwendung von Teilen des § 256 AktG plädieren.
262 BGH v. 14.01.2008, AG, S. 325; OLG Frankfurt v. 21.11.2006, AG 2007, S. 282 (283).
263 BilKoG, BGBl. I 2004, S. 3408.
264 Zum Verhältnis zwischen Enforcement und Nichtigkeit vgl. *Hennrichs*, ZHR 2004, S. 383 (404); *W. Müller*, ZHR 2004, S. 414 (419); zum Rechtsschutz beim Enforcement vgl. *Mattheus/Schwab*, DB 2004, S. 1975.
265 A.A. wohl *Busse v. Colbe*, BB 2002, S. 1583 (1586); gegen eine analoge Anwendung des § 256 AktG, aber für ein de lege ferenda zu schaffendes gerichtliches Kontrollverfahren für den KA *Hennrichs*, ZHR 2004, S. 383 (397); wie hier *W. Müller*, ZHR 2004, S. 414 (426).

Vorstand und AR (**Verwaltung**) für die Feststellung des JA zuständig. Abweichend von diesem Grundsatz erfolgt die **Feststellung durch die HV** nur in folgenden Fällen:

- § 173 Abs. 1 erste Alternative AktG: Vorstand und AR beschließen, die Feststellung des JA der HV zu überlassen (dies ist z.b. Voraussetzung für rückwirkende Kapitalmaßnahmen, §§ 234 Abs. 2 S. 1, 235 AktG),
- § 173 Abs. 1 zweite Alternative AktG: Der AR hat den JA, den der Vorstand ihm gem. § 171 Abs. 1 AktG vorgelegt hat, nicht gebilligt,
- § 270 Abs. 2 S. 1 AktG: Feststellung bei der Abwicklung.

Bei der **KGaA** erfolgt die Feststellung des JA immer durch die HV (§ 286 Abs. 1 S. 1 AktG).

a) Allgemeine Nichtigkeitsgründe des § 256 Abs. 1 AktG

185 Ein JA ist unabhängig davon, ob er von der Verwaltung (Vorstand und AR) oder von der HV festgestellt worden ist, in den Fällen des § 256 Abs. 1 Nr. 1–4 AktG nichtig.

aa) § 256 Abs. 1 Nr. 1 AktG

186 Der JA ist nichtig, wenn er durch seinen Inhalt Vorschriften verletzt, die ausschließlich oder überwiegend zum **Schutze der Gläubiger** der Gesellschaft gegeben sind.

Gläubigerschützende Vorschriften in diesem Sinne sind nur **Gesetzesvorschriften**; Verstöße gegen die Satzung führen deshalb nicht zur Nichtigkeit des JA nach § 256 Abs. 1 Nr. 1 AktG.

187 Zu den Bestimmungen, die zum Schutz der Gläubiger gegeben sind, gehören grundsätzlich auch die Vorschriften über die Aufstellung des JA. Welche dies im Einzelnen sind, könnte dem **Ordnungswidrigkeitenkatalog** des § 334 HGB entnommen werden, da die Bußgeldbewehrung nicht nur auf das öffentliche Interesse an der Einhaltung dieser Vorschriften zurückzuführen ist, sondern auch dem Gläubigerschutz dient[266]. Auch wenn der Gesetzgeber im Bank-Bilanzrichtliniegesetz den früher in Abs. 1 Nr. 1 enthaltenen Passus „oder sonst im öffentlichen Interesse" gestrichen hat, weil sonst zu befürchten sei, dass der Anwendungsbereich des Abs. 1 Nr. 1 über den Ordnungswidrigkeitenkatalog des § 334 HGB in unverhältnismäßiger Weise ausgedehnt werden könnte[267], wird an dieser Feststellung im Grundsatz festzuhalten sein. Über die indizielle Wirkung des § 334 HGB hinausgehend bedarf es jedoch der zusätzlichen Prüfung, ob die verletzte Vorschrift schwerpunktmäßig dem Gläubigerschutz dient[268].

188 Dabei ist jedoch zu beachten, dass § 256 AktG in Abs. 4 und 5 eigene Regelungen darüber enthält, unter welchen Voraussetzungen der JA wegen Verstößen gegen die **Vorschriften über die Gliederung und Bewertung** nichtig ist. Dabei sind Regelungen über den Ansatz von Vermögens- oder Schuldposten als Unterfall der Bewertungsvorschriften zu verstehen[269]. Die Regelungen in § 256 Abs. 4 und 5 AktG weisen zusätzliche, engere Tat-

---

266 *ADS*⁶, § 256 AktG, Tz. 5.
267 So Begr. RegE, BT-Drs. 11/6275, S. 27.
268 *Hüffer* in: MünchKomm. AktG³, § 256, Rn. 14; *ADS*⁶, § 256 AktG, Rn. 5.
269 Vgl. BGH v. 23.09.1991, AG 1992, S. 58 (59); *ADS*⁶, § 256 AktG, Tz. 9; *Hüffer*, AktG⁹, § 256, Rn. 25, 26; a.A. *Zöllner* in: Kölner Komm. AktG, § 256, Rn. 27.

bestandsmerkmale auf und sind daher als leges speciales vorrangig[270]. Nur wenn auch die zusätzlichen Tatbestandsmerkmale erfüllt sind, kommt eine Nichtigkeit in Betracht.

Hiernach verbleibt für die allgemeine Regelung des Abs. 1 Nr. 1 nur ein sehr **enger Anwendungsbereich**. In Betracht kommen Verstöße gegen allgemeine Buchführungs- und Bilanzierungsgrundsätze unter Einschluss der GoB[271] sowie etwa Mängel im Anhang oder ein völliges Fehlen desselben[272], nicht aber ein Fehlen des LB (vgl. schon oben Tz. 177). **189**

Der Anwendungsbereich des Abs. 1 Nr. 1 wird dadurch noch weiter beschränkt, dass unter dem Gesichtspunkt des Gläubigerschutzes nur **wesentliche** und **schwerwiegende Verstöße** gegen diese Vorschriften zur Nichtigkeit führen können[273]. Ein Verstoß gegen eher technische Ordnungsvorschriften, z.B. das Erfordernis, den JA unter Angabe des Datums zu unterzeichnen (§ 245 HGB), führt daher nicht zur Nichtigkeit. Gleiches gilt für Mängel oder Unvollständigkeiten der Angaben im Anhang, soweit dadurch der Einblick in die Vermögens-, Finanz- oder Ertragslage nicht wesentlich beeinträchtigt wird. **190**

bb) § 256 Abs. 1 Nr. 2 AktG

Der JA ist nichtig, wenn trotz gesetzlicher Prüfungspflicht **keine Abschlussprüfung** nach § 316 Abs. 1 HGB stattgefunden hat oder eine erforderliche **Nachtragsprüfung** gem. § 316 Abs. 3 HGB unterblieben ist. **191**

Die strenge Rechtsfolge der Nichtigkeit ist in den genannten Fällen notwendig, um die Einhaltung der im öffentlichen Interesse gegebenen Vorschriften über die Abschlussprüfung (§§ 316 ff. HGB) zu sichern.

Die Nichtigkeit tritt nicht nur dann ein, wenn überhaupt keine Prüfung stattgefunden hat, sondern auch, wenn eine Prüfung gewisse **Mindestanforderungen**, die an eine Abschlussprüfung zu stellen sind, nicht erfüllt. Der APr. muss daher zureichende Prüfungshandlungen vorgenommen haben, einen PrB erstattet und den BestV erteilt oder versagt haben[274]. Dem Fehlen der notwendigen Mindestanforderungen einer Pflichtprüfung ist der Fall gleichzustellen, dass eine Prüfung durch einen APr. vorgenommen wird, dem von vornherein die erforderliche Berufsqualifikation als WP fehlt. Nach dem Sinn und Zweck der Regelung, eine qualifizierte gesetzliche Abschlussprüfung zu sichern, ist im Konkurrenzverhältnis zu § 256 Abs. 1 Nr. 3 AktG davon auszugehen, dass § 256 Abs. 1 Nr. 2 AktG in diesem Fall parallel anwendbar ist mit der Folge, dass eine Heilung der Nichtigkeit des JA ausgeschlossen ist. Dagegen führen Mängel der Abschlussprüfung als solche nicht zu einer Nichtigkeit des JA. Da sich die Regelung des § 256 AktG auf die Nichtigkeit des JA beschränkt, kommt es auf die Prüfung des LB oder des Abhängigkeitsberichts nicht an. Allerdings umfasst die Abschlussprüfung auch die Prüfung des LB (§ 317 Abs. 2 **192**

---

[270] BGH v. 15.11.1993, DB 1994, S. 84 (85); *ADS*[6], § 256 AktG, Rn. 7; *Hoffmann-Becking* in: MünchHdb. AG[3], § 47, Rn. 5; im Ergebnis ebenso *Hüffer*, AktG[9], § 256, Rn. 6; a.A. *Zöllner* in: Kölner Komm. AktG, § 256, Rn. 14: Abs. 4 und Abs. 5 haben gegenüber Abs. 1 nur klarstellende und einschränkende Funktion.

[271] *ADS*[6], § 256 AktG, Tz. 12; *Hoffmann-Becking* in: MünchHdb. AG[3], § 47, Rn. 5; *Hüffer*, AktG[9], § 256, Rn. 7, m.w.N.

[272] OLG Stuttgart v. 11.02.2004, ZIP, S. 909, zur GmbH; *ADS*[6], § 256 AktG, Tz. 13, m.w.N.; *Hüffer*, AktG[9], § 256, Rn. 8.

[273] BGH v. 15.11.1993, DB 1994, S. 84; *ADS*[6], § 256 AktG, Tz. 7; *Hoffmann-Becking* in: MünchHdb. AG[3], § 47, Rn. 5; *Hüffer*, AktG[9], § 256, Rn. 7, m.w.N.

[274] OLG Hamburg v. 11.01.2002, AG, S. 461; OLG Stuttgart v. 01.07.2009, ZIP 2010, S. 1295; *ADS*[6], § 256 AktG, Tz. 16; *Hüffer*, AktG[9], § 256, Rn. 10, m.w.N.; *Rölike* in: Spindler/Stilz, AktG[2], § 256, Rn. 30; auch bei Versagung des BestV nach § 322 Abs. 2 Nr. 4 HGB (weil der APr. nicht in der Lage ist, ein Prüfungsurteil abzugeben, sog. Disclaimer) ist die Prüfung beendet, so dass der JA nach § 316 Abs. 1 S. 2 HGB festgestellt werden kann und ein Nichtigkeitsgrund nach § 256 Abs. 1 Nr. 2 AktG nicht besteht.

HGB), so dass ein PrB und ein BestV isoliert für den JA grundsätzlich nicht denkbar sind. Wenn aber ein Unternehmen – pflichtwidrig – keinen LB aufstellt und dieser daher auch nicht geprüft werden kann, genügt der dann zu erteilende eingeschränkte BestV oder der Versagungsvermerk, um eine Nichtigkeit nach § 256 Abs. 1 Nr. 2 AktG zu vermeiden.

193 Nichtigkeit wegen **fehlender Nachtragsprüfung** kann nur dann eintreten, wenn der JA, der ursprünglich aufgestellt und geprüft worden war, entweder noch nicht festgestellt worden war oder wenn er selbst z.B. wegen inhaltlicher, nunmehr durch Änderung beseitigter Mängel nichtig war. Handelt es sich dagegen um die zulässige Änderung eines wirksamen, bereits festgestellten JA aus wichtigem Grund[275], bleibt dieser solange wirksam, bis der geänderte JA nach Durchführung der Nachtragsprüfung festgestellt worden ist. Ob der geänderte Abschluss, wenn er ohne Nachtragsprüfung festgestellt wird, als nichtig anzusehen ist oder ob er wegen des vorhandenen, rechtswirksamen früheren Abschlusses als rechtlich nicht existent einzustufen ist, kann dabei dahinstehen.

194 Nichtigkeit wegen fehlender Prüfung kann naturgemäß nicht eintreten, wenn **keine Prüfungspflicht** besteht. Die einschränkende Regelung in § 256 Abs. 1 Nr. 2 AktG ist notwendig, da nach § 316 Abs. 1 S. 1 HGB kleine AG i.S.d. § 267 Abs. 1 HGB nicht prüfungspflichtig sind. Auch wenn die Erleichterung des § 264 Abs. 3 HGB zu Recht in Anspruch genommen wird, entfällt die Prüfungspflicht und damit zugleich die Nichtigkeitsdrohung[276]. Ist bei einer kleinen AG die Prüfungspflicht in der Satzung angeordnet worden, etwa weil § 65 Abs. 1 Nr. 4 BHO dies voraussetzt, findet § 256 Abs. 1 Nr. 2 AktG keine Anwendung.

cc) § 256 Abs. 1 Nr. 3 AktG

195 Der JA ist nichtig, wenn er im Falle einer gesetzlichen Prüfungspflicht von Personen geprüft worden ist, die nach § 319 Abs. 1 HGB oder nach Art. 25 EGHGB **nicht APr.** sind oder aus anderen Gründen als einem Verstoß gegen § 319 Abs. 2, 3 oder 4 HGB oder § 319a Abs. 1 HGB **nicht zum APr. bestellt** sind.

196 Nach der **ersten Alternative** des § 256 Abs. 1 Nr. 3 AktG ist der JA nichtig, wenn er nicht von APr. i.S.d. § 319 Abs. 1 HGB oder Art. 25 EGHGB geprüft worden ist. **APr. einer AG** können nach § 319 Abs. 1 HGB nur WP oder WPG sein. Nach Art. 25 EGHGB dürfen AG, die mehrheitlich Genossenschaften oder gemeinnützigen Wohnungsunternehmen gehören, unter bestimmten Voraussetzungen ihre JA auch von den jeweiligen Prüfungsverbänden, denen sie angehören, prüfen lassen. Andere Personen oder Gesellschaften sind von der Abschlussprüfung generell ausgeschlossen[277.] Die **Qualifikation** des APr. als WP/WPG muss nicht nur bei seiner Bestellung, sondern bis zum Abschluss der Prüfung und der Erteilung des BestV vorhanden sein[278].

197 Die Nichtigkeit nach der ersten Alternative des § 256 Abs. 1 Nr. 3 AktG tritt danach immer dann ein, wenn dem tätig gewordenen APr. die Qualifikation als WP fehlt[279]. Ist eine WPG bestellt, wird den gesetzlichen Erfordernissen hierdurch Genüge getan; welche natürliche Person dann im Einzelnen bei der Prüfungsdurchführung welche Aufgaben übernimmt, spielt keine Rolle. Allerdings muss der BestV immer von natürlichen Personen als Ver-

---

275 Dazu *ADS*[6], § 172 AktG, Tz. 43, m.w.N.
276 So auch *Hüffer* in: MünchKomm. AktG[3], § 256, Rn. 18; *Rölike* in: Spindler/Stilz, AktG[2], § 256, Rn. 27.
277 Das Gesagte gilt entsprechend für die prüfungspflichtigen GmbH, abweichend davon können gem. § 319 Abs. 1 S. 2 HGB APr. von mittelgroßen GmbH i.S.d. § 267 Abs. 2 HGB aber auch vBP und BPG sein.
278 *ADS*[6], § 319 HGB, Tz. 28; *Zöllner* in: Kölner Komm. AktG, § 256, Rn. 7.
279 Dazu *ADS*[6], § 319 HGB, Tz. 28; § 256 AktG, Tz. 31; *Hüffer*, AktG[9], § 256, Rn. 14; *Rölike* in: Spindler/Stilz, AktG[2], § 256, Rn. 34.

treter der bestellten WPG unterzeichnet werden, die selbst WP sind (vgl. § 32 WPO). Ein Verstoß gegen diese berufsrechtliche Vorschrift macht den JA jedoch nicht nach § 256 Abs. 1 Nr. 3 AktG nichtig.

Der fehlenden Qualifikation als WP wird gleichgestellt, wenn der APr. nicht über eine wirksame Bescheinigung über die Teilnahme am Qualitätskontrollverfahren nach § 57a WPO verfügt und somit die Anforderungen des § 319 Abs. 1 S. 3 HGB n.F. nicht erfüllt. **198**

Nach der **zweiten Alternative** des § 256 Abs. 1 Nr. 3 AktG ist der JA nichtig, wenn er durch eine Person geprüft worden ist, die aus anderen Gründen als einem Verstoß gegen § 319 Abs. 2, 3 oder 4 oder § 319a Abs. 1 HGB nicht (wirksam) zum APr. bestellt worden ist. Der APr. wird i.d.R. gem. § 318 Abs. 1 HGB von den Gesellschaftern gewählt, bei der AG also durch einen Beschluss der HV. Dem gewählten APr. ist sodann unverzüglich der schuldrechtliche Prüfungsauftrag zu erteilen. Zuständig hierfür ist nach § 111 Abs. 2 S. 3 AktG der AR. Die **Bestellung**, auf die sich die zweite Alternative des § 256 Abs. 1 Nr. 3 AktG bezieht, ist der zweiaktige Vorgang aus Wahl und Beauftragung; nur wenn beide Teilakte vollzogen sind und der WP den Auftrag auch angenommen hat (vgl. § 51 WPO), erlangt der WP die Stellung als gesetzlicher APr.[280] Im Falle der Bestellung durch das Gericht (§ 318 Abs. 3 oder 4 HGB) wird die Stellung als gesetzlicher APr. bereits durch die Entscheidung des Gerichts und die Annahme durch den WP begründet; ein gesonderter schuldrechtlicher Auftrag ist grundsätzlich entbehrlich, wenn auch nicht unzulässig[281]. **199**

Nicht bestellt i.S.d. zweiten Alternative des § 256 Abs. 1 Nr. 3 AktG ist daher eine Prüfungsperson, die nicht von der HV gewählt, sondern **durch die Verwaltung bestimmt** worden ist. Ebenso ist der Prüfer nicht bestellt, wenn er nicht wirksam beauftragt worden ist. Dabei kann die Erteilung des Auftrags jedenfalls bis zur Erteilung des BestV nachgeholt werden. Gegebenenfalls kann auch in der Entgegennahme des PrB eine konkludente Beauftragung gesehen werden. **200**

Der durch das BilReG ergänzte Gesetzeswortlaut stellt nunmehr klar, dass die Nichtigkeit des **Beschlusses** zur **APr.-Wahl** wegen Verstoßes gegen § 319 Abs. 2, 3 und 4, § 319a Abs. 1 oder § 319b Abs. 1 HGB nicht zur Nichtigkeit des durch einen inhabilen Prüfer geprüften JA führt[282]. **201**

Liegt einer der Ausschlussgründe vor, darf der Prüfer den Prüfungsauftrag nicht annehmen (§ 49 zweite Alt. WPO). Der trotz des Verbotes tätige Prüfer verliert seinen Honoraranspruch[283], und die Erteilung des BestV trotz bestehender Inhabilität ist nach § 334 Abs. 2 HGB eine Ordnungswidrigkeit[284].

Durch das sog. HVB-Urteil des BGH[285] war die Frage aufgekommen, welche Auswirkungen eine mit der Besorgnis der **Befangenheit** begründete und in der Sache erfolgreiche Anfechtungsklage gegen den Wahlbeschluss für den vom hiervon betroffenen APr. geprüften JA hat[286]. Durch den im Rahmen des BilReG neu eingeführten § 243 Abs. 3 **202**

---

280 Vgl. dazu im Einzelnen *ADS*[6], § 318 HGB, Tz. 15, 47, 187; *Förschle/Heinz* in: BeBiKo[7], § 318, Rn. 14.
281 *ADS*[6], § 318 HGB, Tz. 422.
282 Dies entspricht der h.M. zur alten Gesetzeslage, vgl. hierzu *ADS*[6], § 256 AktG, Tz. 31; *Zöllner* in: Kölner Komm. AktG[2], § 319, Rn. 65.
283 Der Entscheidung des BGH v. 03.06.2004, DB, S. 1605, in der eine Nichtigkeit des Prüfungsauftrags bei bloßer Besorgnis der Befangenheit verneint worden ist, dürfte nach Einfügung des allgemeinen Befangenheitstatbestands in § 319 Abs. 2 HGB die Grundlage entzogen worden sein; so auch *Gelhausen/Heinz*, WPg 2005, S. 693 (700).
284 Vgl. BGH v. 30.04.1992, WM, S. 1148; *ADS*[6], § 319 HGB, Tz. 257.
285 BGH v. 25.11.2002, WM 2003, S. 437 = DB 2003, S. 383.
286 Nichtigkeit des JA verneinend *Gelhausen/Kuss*, NZG 2003, S. 427; *Habersack*, NZG 2003, S. 666.

Nr. 3 AktG, der die **Anfechtung** des Wahlbeschlusses **ausschließt** und zur Klärung von Befangenheitsfragen allein auf das Ersetzungsverfahren nach § 318 Abs. 3 HGB verweist, ist diese Diskussion obsolet geworden.

203 Die Bestimmungen des § 256 Abs. 1 Nr. 2 und 3 AktG, die der Sicherung der Abschlussprüfung dienen sollen, beschäftigen sich nicht mit dem Sachgehalt der Abschlussprüfung, sondern ausschließlich damit, ob die **formellen Voraussetzungen** erfüllt sind, einmal, dass die Mindestvoraussetzungen einer Abschlussprüfung erfüllt sind, und zum anderen, dass diese von Personen durchgeführt werden, die wegen ihrer Zulassung zur Prüfung in § 319 Abs.1 HGB die Gewähr für eine ordnungsgemäße Abschlussprüfung bieten. Damit wird allerdings indirekt auch dafür Sorge getragen, dass die Abschlussprüfung sachlich in Ordnung ist[287].

dd) § 256 Abs. 1 Nr. 4 AktG

204 Der JA ist nichtig, wenn bei seiner Feststellung die Bestimmungen des Gesetzes oder der Satzung[288] über die Einstellung von Beträgen in **Kapital- oder Gewinnrücklagen** oder über die Entnahme von Beträgen aus Kapital- oder Gewinnrücklagen verletzt worden sind. Derartige Regelungen sind z.B. in folgenden Gesetzesvorschriften enthalten:

- § 272 Abs. 2 HGB (Einstellung in die Kapitalrücklagen),
- § 272 Abs. 4 HGB (Rücklage für Anteile an einem herrschenden Unternehmen),
- § 58 AktG (Einstellung in andere Gewinnrücklagen),
- § 150 Abs. 1 und 2 AktG (Einstellung in die gesetzlichen Rücklagen),
- § 150 Abs. 3 und 4 AktG (Entnahmen aus den gesetzlichen Rücklagen und Kapitalrücklagen),
- § 173 Abs. 2 S. 2 AktG (Einstellung in Gewinnrücklagen durch die HV),
- § 230 AktG (Verwendung der infolge einer vereinfachten Kapitalherabsetzung aufgelösten Gewinn- und Kapitalrücklagen),
- § 231 AktG (beschränkte Einstellung in die Kapitalrücklage und in die gesetzliche Rücklage),
- § 232 AktG (Einstellung von Beträgen in die Kapitalrücklage bei zu hoch angenommenen Verlusten),
- § 237 Abs. 5 AktG (Einstellung in die Kapitalrücklage bei Kapitalherabsetzung durch Einziehung von Aktien),
- § 300 AktG (gesetzliche Rücklage bei verbundenen Unternehmen),
- § 301 S. 2 AktG (Entnahme aus anderen Gewinnrücklagen).

205 Diese Vorschriften enthalten Elemente des Gläubigerschutzes und bilden einen wesentlichen Bestandteil des aktienrechtlichen Kapitalerhaltungssystems. Diese Vorschriften sind daher auch nicht abdingbar. Bei diesem Ausgangspunkt erscheint fraglich, ob auch Fehler bei der Einstellung in **Kapitalrücklagen nach § 272 Abs. 2 Nr. 4 HGB** zur Nichtigkeit des JA führen können. Dabei geht es um die Abgrenzung, ob Gesellschafterleistungen als Ertragszuschuss erfolgswirksam zu vereinnahmen oder als Zuzahlung der Gesellschafter in das Eigenkapital erfolgsneutral in Kapitalrücklagen einzustellen sind. Die Entscheidung dieser Frage richtet sich nach dem von den Beteiligten Gewollten; fehlt eine ausdrückliche Vereinbarung, muss das tatsächlich Gewollte durch Auslegung ermittelt werden. Ob insoweit eine Priorität für die erfolgswirksame Verein-

---

287 Vgl. *ADS*[6], § 256 AktG, Tz. 16.
288 OLG Stuttgart v. 14.05.2003, AG, S. 528 (Verstoß gegen Satzungsbestimmungen zur Rücklagendotierung bei KGaA).

nahmung besteht²⁸⁹, ist nicht zweifelsfrei²⁹⁰. Im Einzelfall kann die Abgrenzung schwierig sein. Da andererseits die Entnahme aus der nach § 272 Abs. 2 Nr. 4 HGB gebildeten Kapitalrücklage im Rahmen der Auf- und Feststellung des Folgeabschlusses ohne gesetzliche Bindung möglich ist²⁹¹, erschiene die **Nichtigkeitsfolge** für den Fall **nicht angemessen**, dass eine Dotierung der Kapitalrücklage zu Unrecht unterlassen und der Zuzahlungsbetrag erfolgswirksam vereinnahmt worden ist. Dasselbe gilt im umgekehrten Fall, weil bei Einstellung in die Kapitalrücklage eine Auflösung noch in demselben Abschluss möglich wäre. Letztlich kann es nur um die Durchsetzung des individuellen Gesellschafterwillens gehen²⁹²; dies ist aber nicht Zielsetzung der Nichtigkeitsregelung.

Nicht zum Anwendungsbereich des § 256 Abs. 1 Nr. 4 AktG gehören solche Bestimmungen, die lediglich den **formalen Ausweis** in der Bilanz, in der GuV oder im Anhang betreffen, wie z.B. § 158 Abs. 1 AktG. Verstöße gegen diese Gliederungsvorschriften beurteilen sich nach § 256 Abs. 4 AktG. Nicht hierher gehört auch die Bildung stiller Reserven; werden insoweit die Zulässigkeitsgrenzen überschritten und Vermögensgegenstände unter- oder Schulden überbewertet, ist dies nach § 256 Abs. 5 AktG zu beurteilen²⁹³. **206**

Bei § 256 Abs. 1 Nr. 4 AktG handelt es sich um eine abschließende **Spezialregelung** gegenüber § 256 Abs. 1 Nr. 1 AktG²⁹⁴. Damit unterliegen Verstöße gegen § 256 Abs. 1 Nr. 4 AktG, auch wenn sie zugleich gläubigerschützende Vorschriften verletzen, stets der kurzen Heilungsfrist von sechs Monaten. **207**

Die Nichtigkeitsfolge tritt auch dann ein, wenn gegen **Bestimmungen der Satzung** über Einstellung in oder Entnahme aus Kapital- oder Gewinnrücklagen verstoßen worden ist. Solche Satzungsbestimmungen sind nach §§ 58 Abs. 1 und 2, 150 Abs. 3 und 4, 173 Abs. 2 AktG zulässig. **208**

Der wichtigste Anwendungsfall des § 256 Abs. 1 Nr. 4 AktG ist ein Verstoß gegen die Vorschrift des **§ 58 AktG**²⁹⁵. In § 58 AktG ist geregelt, inwieweit der Jahresüberschuss bereits bei der Aufstellung des JA durch die Verwaltung (Vorstand und AR) durch Bildung von anderen Gewinnrücklagen geschmälert werden kann. Die Regelung erfolgt z.T. durch das Gesetz, in einem gewissen Rahmen ist die Bestimmung aber auch der Satzung überlassen. Im Hinblick darauf, dass die HV nicht mehr den gesamten Jahresüberschuss zu verteilen hat, sondern nur über die Verwendung des nach Thesaurierung verbleibenden Bilanzgewinns zu beschließen hat, musste der Gesetzgeber dafür sorgen, dass die Vorschriften des § 58 AktG und ggf. der Satzung eingehalten werden. Aus diesem Grunde wird bestimmt, dass ein festgestellter JA nichtig ist, wenn die Vorschriften über die Einstellung von Beträgen in andere Gewinnrücklagen verletzt worden sind. **209**

---

289 So *St/HFA 2/1996 i.d.F. 2010*, Abschn. 22.
290 A.A. z.B. *ADS⁶*, § 272 HGB, Tz. 137; *Förschle/Hoffmann* in: BeBiKo⁷, § 272, Rn. 195.
291 § 150 AktG enthält nur Bindungen für die Kapitalrücklagen nach § 272 Abs. 2 Nr. 1 bis 3 HGB.
292 Vgl. *Hüffer* in: MünchKomm. AktG³, § 256, Rn. 34; a.E. *ADS⁶*, § 256 AktG, Tz. 33 a.E.; differenzierend *Bezzenberger* in: Großkomm. AktG⁴, § 256, Rn. 120: nichtig, wenn Verstoß Bild wesentlich verfälscht.
293 *Hüffer*, AktG⁹, § 256, Rn. 15; *Rölike* in: Spindler/Stilz, AktG², § 256 Rn. 41; *Schwab* in: Schmidt/Lutter, AktG², § 156, Rn. 22.
294 *ADS⁶*, § 256 AktG, Tz. 34, m.w.N.; *Hüffer*, AktG⁹, § 256, Rn. 15; *Hüffer* in: MünchKomm. AktG³, § 256, Rn. 32; *Rölike* in: Spindler/Stilz, AktG², § 256 Rn. 41; *Schwab* in: Schmidt/Lutter, AktG², § 256, Rn. 22; a.A. *Kropff* in: MünchKomm. AktG², § 150, Rn. 36; *Claussen/Korth* in: Kölner Komm. AktG², § 150, Rn. 26, die nach der Art des Verstoßes differenzieren wollen.
295 Vgl. *ADS⁶*, § 256 AktG, Tz. 33; *Rölike* in: Spindler/Stilz, AktG², § 256 Rn. 42.

b) Besonderer Nichtigkeitsgrund bei Feststellung durch die Verwaltung

210 Außer nach § 256 Abs. 1 AktG ist ein vom Vorstand und AR festgestellter JA nach § 256 Abs. 2 AktG nichtig, wenn der Vorstand oder der AR bei seiner Feststellung nicht ordnungsgemäß mitgewirkt haben.

Bei der Beschlussfassung müssen also die Bestimmungen des Gesetzes und der Satzung über die **Mitwirkung von Vorstand oder AR** beachtet worden sein. Nicht jede geringfügige Verletzung solcher Vorschriften kann aber die Wirkung der Nichtigkeit des JA haben. Die Unterlassung der nach § 107 Abs. 2 AktG zwingend vorgeschriebenen **Protokollierung** des AR-Beschlusses führt schon wegen der ausdrücklichen Vorschrift des § 107 Abs. 2 S. 3 AktG nicht zur Nichtigkeit des JA. Ebenso hat die bloße **Unterbesetzung des AR** bei der Beschlussfassung, wenn die Einladung der Mitglieder ordnungsgemäß war, keine Auswirkung auf die Wirksamkeit des JA[296]. Auch führt es nicht zur Nichtigkeit des JA, wenn der AR bei seiner Beschlussfassung entgegen § 100 Abs. 5 AktG über keinen unabhängigen Finanzexperten verfügte[297].

211 Dagegen ist der Feststellungsbeschluss **nicht ordnungsgemäß** zustande gekommen, wenn der AR nicht gem. § 108 Abs. 2 AktG **beschlussfähig** war. Erforderlich sind nach § 108 Abs. 2 S. 3 AktG jedenfalls mindestens drei anwesende AR-Mitglieder[298]. Gleiches gilt, wenn ein **AR-Ausschuss** anstelle des AR gehandelt hat, weil die Feststellung des JA nach § 107 Abs. 3 S. 3 i.V.m. § 171 AktG nicht einem Ausschuss zur Beschlussfassung überwiesen werden kann[299]. Die Nichtigkeit der Wahl von AR-Mitgliedern führt zur Nichtigkeit des festgestellten JA, wenn alle AR-Mitglieder nicht ordnungsgemäß gewählt wurden. Ist die Wahl einzelner AR-Mitglieder nichtig, dann ist von Bedeutung, ob die Beschlussfassung über die Feststellung gerade auf deren Mitwirkung beruht[300].

212 Die **Mitwirkung des Vorstandes** ist nicht ordnungsgemäß, wenn seine Besetzung nicht der gesetzlichen Mindestzahl gem. § 76 Abs. 2 AktG entspricht[301] oder die Aufstellung des JA nicht durch den Vorstand als Kollegialorgan, sondern lediglich durch einzelne Vorstandsmitglieder erfolgt; erforderlich ist also ein Beschluss des GesamtVorstandes, der mit der erforderlichen Mehrheit gefasst werden kann[302]. Ist die Bestellung von Vorstandsmitgliedern nichtig, so ist die Mitwirkung des Vorstandes bei der Feststellung des JA nicht ordnungsgemäß, wenn aufgrund der nichtigen Bestellung die gesetzliche Mindestzahl des § 76 Abs. 2 AktG nicht mehr erreicht wird[303].

213 Von der nicht ordnungsgemäßen Mitwirkung zu unterscheiden ist der Fall, dass eines der beiden Organe bei der Aufstellung des JA übergangen worden ist. Da es sich dann nicht

---

296 *ADS*[6], § 256 AktG, Tz. 57; *Hüffer* in: MünchKomm. AktG[3], § 256, Rn. 43.
297 *Kropff* in: FS K. Schmidt, S. 1023 (1035); *Widmann*, BB 2009, 2602 (2604); *Wind/Klie*, DStR 2010, S. 1339 (1341).
298 *Hüffer*, AktG[9], § 108, Rn. 11; *Rölike* in: Spindler/Stilz, AktG[2], § 256, Rn. 51; vgl. LG Karlsruhe v. 05.05.1993, BB, S. 1408.
299 *Rölike* in: Spindler/Stilz, AktG[2], § 256, Rn. 45; *Zöllner* in: Kölner Komm. AktG, § 256, Rn. 80; weitergehend *Hüffer* in: MünchKomm. AktG[3], § 256, Rn. 45; *Schwab* in: Schmidt/Lutter, AktG[2], § 256, Rn. 30: Mangels Kompetenz des Ausschusses fehle der rechtsgeschäftliche Tatbestand der Beschlussfassung überhaupt mit der Folge, dass eine Heilung des JA nach § 256 Abs. 6 AktG nicht möglich ist.
300 *Hüffer*, AktG[9], § 256, Rn. 19; *Rölike* in: Spindler/Stilz, AktG[2], § 256, Rn. 51; *Zöllner* in: Kölner Komm. AktG, § 256, Rn. 83.
301 Vgl. KG v. 29.10.2010, ZIP 2011, S. 123 (125); *Hüffer*, AktG[9], § 76, Rn. 23, § 256, Rn. 18; *Schwab* in: Schmidt/Lutter, AktG[2], § 256, Rn. 27; a.A. *Priester* in: FS Kropff, S. 591 (603).
302 Allg. Ansicht; vgl. *Hüffer*, AktG[9], § 256, Rn. 18; *Rölike* in: Spindler/Stilz, AktG[2], § 256, Rn. 46.
303 *ADS*[6], § 256 AktG, Tz. 69; *Rölike* in: Spindler/Stilz, AktG[2], § 256, Rn. 48; *Zöllner* in: Kölner Komm. AktG, § 256, Rn. 82.

einmal um einen nichtigen, sondern um einen **Nicht-Beschluss** handelt, kommt auch eine **Heilung** gem. § 256 Abs. 6 AktG nicht in Betracht[304].

Sind Vorstand und AR für die Feststellung des JA nicht zuständig, weil das Gesetz die Feststellung zwingend der HV zuweist, haben sie aber dennoch anstelle der HV den JA gebilligt, so liegt ebenfalls keine Feststellung des JA vor, auch in diesen Fällen scheidet eine **Heilung** aus[305]. 214

c) **Besondere Nichtigkeitsgründe bei Feststellung des Jahresabschlusses durch die Hauptversammlung**

Ein durch die HV festgestellter JA ist außer nach § 256 Abs. 1 Nr. 1 bis 4 AktG (vgl. oben Tz. 186) auch in den folgenden Fällen nichtig: 215

aa) § 173 Abs. 3 AktG

Bei **Änderung** des aufgestellten und geprüften JA durch die für die Feststellung zuständige HV kann diese den geänderten JA vorbehaltlich der nach § 316 Abs. 3 AktG erforderlichen **Nachtragsprüfung** feststellen. In diesem Fall wird der JA nichtig, wenn nicht binnen zwei Wochen seit der Beschlussfassung ein hinsichtlich der Änderungen uneingeschränkter BestV erteilt wird. Dieser Nichtigkeitsgrund gilt aber nicht für kleine AG i.S.d. § 267 Abs. 1 HGB, bei denen gem. § 316 Abs. 1 HGB keine Prüfungspflicht besteht. 216

bb) § 234 Abs. 3 AktG

Bei einer **Rückwirkung der vereinfachten Kapitalherabsetzung** im JA hat die HV über die Feststellung des JA zu beschließen. Dieser Beschluss soll gleichzeitig mit dem Beschluss über die Kapitalherabsetzung gefasst werden (§ 234 Abs. 2 AktG). Die Beschlüsse sind nichtig, wenn sie nicht binnen drei Monaten in das HR eingetragen sind und eine Fristhemmung nicht vorliegt. 217

cc) § 235 Abs. 2 AktG

Soll bei einer vereinfachten Kapitalherabsetzung auch die gleichzeitig beschlossene **Kapitalerhöhung Rückwirkung** auf den letzten Bilanzstichtag haben und auch im gleichzeitig zu beschließenden JA berücksichtigt werden, sind sämtliche Beschlüsse nichtig, wenn die Kapitalherabsetzung, Kapitalerhöhung und die Durchführung der Erhöhung nicht binnen drei Monaten in das HR eingetragen sind und eine Fristhemmung nicht vorliegt. 218

dd) § 256 Abs. 3 AktG

Nach der allgemeinen Regelung des § 256 Abs. 3 AktG, die immer dann gilt, wenn der JA ausnahmsweise von der HV und nicht von der Verwaltung festgestellt wird, tritt die Nichtigkeit ein, wenn 219

---

304 *Hüffer*, AktG[9], § 256, Rn. 16; *Schwab* in: Schmidt/Lutter, AktG[2], § 256, Rn. 28; *Zöllner* in: Kölner Komm. AktG, § 256 AktG, Rn. 78.
305 *ADS*[6], § 256 AktG, Tz. 56; *Hüffer*, AktG[9], § 256, Rn. 17; *Schwab* in: Schmidt/Lutter, AktG[2], § 256, Rn. 31; a.A. *Bezzenberger* in: Großkomm. AktG[4], § 256, Rn. 205; *Zöllner* in: Kölner Komm. AktG, § 256, Rn. 84; *Rölike* in: Spindler/Stilz, AktG[2], § 256, Rn. 55.

– Nr. 1: die Feststellung in einer HV beschlossen worden ist, die unter Verstoß gegen § 121 Abs. 2 und 3 S. 1 oder Abs. 4 AktG einberufen war, es sei denn, dass alle Aktionäre erschienen oder vertreten waren,
– Nr. 2: die Feststellung nicht nach § 130 Abs. 1 und 2 S. 1 und Abs. 4 AktG beurkundet ist,
– Nr. 3: die Feststellung auf Anfechtungsklage durch rechtskräftiges Urteil für nichtig erklärt worden ist.

Diese Vorschrift entspricht den Tatbestandsmerkmalen, die auch nach der allgemeinen, für alle Beschlüsse der HV geltenden Regelung in § 241 Nr. 1, 2 und 5 AktG zur Nichtigkeit jedes HV-Beschlusses führen. Die Regelungen aus § 241 Nr. 3 und 4 AktG mussten nicht aufgenommen werden, weil Nr. 3 in § 256 Abs. 1 Nr. 1 AktG enthalten ist und Nr. 4 neben § 256 Abs. 1 Nr. 1 AktG keine praktische Bedeutung haben kann. Auf die Ausführungen zur Nichtigkeit von HV-Beschlüssen wird verwiesen (Tz. 9).

d) Verstöße gegen Gliederungsvorschriften und Nichtbeachtung von Formblättern

220 Die Nichtigkeitsgründe des § 256 Abs. 4 AktG gelten unabhängig davon, ob der JA vom Vorstand und AR oder von der HV festgestellt worden ist. Gegenüber der allgemeinen Vorschrift des § 256 Abs. 1 Nr. 1 AktG ist § 256 Abs. 4 AktG eine Spezialnorm, die die Anwendung von § 256 Abs. 1 Nr. 1 AktG ausschließt. Dies ergibt sich bereits aus dem Wortlaut der Bestimmung, nach der der JA nur nichtig ist, wenn wegen eines Verstoßes gegen die Vorschriften über die Gliederung des JA sowie wegen der Nichtbeachtung von Formblättern, nach denen der JA zu gliedern ist, seine **Klarheit** und seine **Übersichtlichkeit** wesentlich beeinträchtigt sind.

221 Allgemein ist ein **Gliederungsverstoß** gegeben, wenn Bilanz und/oder GuV nicht ausreichend tief gegliedert sind, wenn Vermögensgegenstände oder Verbindlichkeiten unzutreffenden Posten zugeordnet worden sind oder wenn Posten an unzutreffender Stelle ausgewiesen worden sind. Maßstab sind die für KapGes. geltenden besonderen Gliederungsvorschriften sowie die rechtsformabhängig für AG geltenden ergänzenden Bestimmungen:

– § 265 HGB (Allgemeine Grundsätze für die Gliederung),
– § 266 HGB (Gliederung der Bilanz),
– § 268 HGB (Vorschriften zu einzelnen Posten der Bilanz),
– § 272 HGB (Eigenkapital),
– § 274 HGB (latente Steuern),
– § 275 HGB (Gliederung der GuV),
– § 277 HGB (Vorschriften zu einzelnen Posten der GuV),
– § 152 AktG (Ergänzende Vorschriften zum Ausweis des Grundkapitals und der Kapitalrücklage),
– § 158 AktG (Ergänzende Vorschriften zur Gliederung der GuV),
– § 240 AktG (Ertrag aus der Kapitalherabsetzung),
– § 261 AktG (Ertrag aus Höherbewertung nach Sonderprüfung),
– § 286 AktG (Kapitalanteil/Verlustanteile des persönlich haftenden Gesellschafters bei der KGaA).

222 Der Verstoß gegen Gliederungsvorschriften führt nur zur Nichtigkeit des JA, wenn dadurch dessen **Klarheit und Übersichtlichkeit wesentlich beeinträchtigt** sind. Wann die Klarheit und die Übersichtlichkeit durch den Verstoß wesentlich beeinträchtigt wird, sagt das Gesetz nicht.

223 Wann ein Verstoß unter Verletzung des Aufstellungsgrundsatzes des § 243 Abs. 2 HGB wesentlich ist, kann nur im Einzelfall beurteilt werden. Insoweit kommt es zunächst auf die Bedeutung der jeweiligen Gliederungsvorschrift an. Der vor dem BiRiLiG in § 256 Abs. 4 S. 2 AktG a.F. enthaltene Katalog kann als Interpretationshilfe nach wie vor herangezogen werden. Anerkannt ist, dass **Bagatellverstöße** nicht zur Nichtigkeit des JA führen[306]. Neben der systematischen Stellung der verletzten Vorschrift ist das quantitative (betragsmäßige) Gewicht des Gliederungsverstoßes in Relation zu den übrigen Bilanzgrößen zu berücksichtigen[307]. Der Leser muss infolge des Verstoßes zu einem wesentlich anderen Bild über die Vermögens-, Ertrags- und Liquiditätsverhältnisse der Gesellschaft kommen[308].

e) Verstöße gegen Bewertungsvorschriften

224 Auch die Nichtigkeitsgründe des § 256 Abs. 5 AktG gelten für alle JA unabhängig davon, welches Feststellungsorgan handelt; § 256 Abs. 5 AktG ist ebenfalls **lex specialis** gegenüber § 256 Abs. 1 Nr. 1 AktG. Die Nichtigkeit des JA wegen Verstoßes gegen Bewertungsvorschriften tritt nur ein, wenn:

– Posten überbewertet sind oder
– Posten unterbewertet sind und dadurch die Vermögens- und Ertragslage der Gesellschaft vorsätzlich unrichtig wiedergegeben oder verschleiert wird.

225 Der Nichtigkeitsgrund des § 256 Abs. 5 AktG hat zur Voraussetzung, dass gegen **Bewertungsvorschriften** verstoßen worden ist. Angesprochen sind dabei alle Vorschriften, die die Bewertung betreffen; § 256 Abs. 5 S. 2 AktG verweist in diesem Zusammenhang auf die Regelungen in §§ 253–256 HGB. Damit sind insb. folgende Vorschriften erfasst:

– § 253 Abs. 1 S. 1 i.V.m. § 255 Abs. 1, 2 und 2a HGB (Ansatz von Vermögensgegenständen zu AHK),
– § 253 Abs. 1 S. 2 HGB (Bewertung von Verbindlichkeiten),
– § 253 Abs. 3 S. 1 und 2 HGB (planmäßige Abschreibung),
– § 253 Abs. 3 S. 3 HGB (außerplanmäßige Abschreibung),
– § 253 Abs. 4 S. 1 und 2 HGB (Abschreibung auf den Börsen- oder Marktpreis oder auf den beizulegenden Wert),
– § 253 Abs. 5 S. 1 HGB (Wertaufholungsgebot).

226 Von der gesetzlichen Verweisung nicht erfasst sind die **allgemeinen Vorschriften** des § 252 HGB, die z.T. ebenfalls Regelungen enthalten, die sich auf die Bewertung auswirken. Außerdem können die Regelungen über den Ansatz in der Bilanz (**Bilanzierungsgebote und -verbote**) auch als Grenzfall von Bewertungsvorschriften verstanden werden. Nach Sinn und Zweck der Regelung werden auch diese Vorschriften von der Nichtigkeitsfolge des § 256 Abs. 5 AktG umfasst[309]. Eine unterbliebene, aber gebotene Aktivierung oder Passivierung steht damit einer Unter- bzw. einer Überbewertung gleich[310].

---

306 *ADS*[6], § 256 AktG, Tz. 37; *Hüffer*, AktG[9], § 256, Rn. 24; *Hüffer* in: MünchKomm. AktG[3], § 256, Rn. 55; *Rölike* in: Spindler/Stilz, AktG[2], § 256, Rn. 59.
307 *Hüffer*, AktG[9], § 256, Rn. 24; *ADS*[6], § 256 AktG, Tz. 37; *Rölike* in: Spindler/Stilz, AktG[2], § 256, Rn. 60.
308 *ADS*[6], § 256 AktG, Tz. 37; *Bezzenberger* in: Großkomm. AktG[4], § 256, Rn. 68; *Zöllner* in: Kölner Komm. AktG, § 256, Rn. 38.
309 *ADS*[6], § 256 AktG, Tz. 39; *Hüffer* in: MünchKomm. AktG[3], § 256, Rn. 59; *Hüffer*, AktG[9], § 256, Rn. 25, 26, m.w.N.; *Rölike* in: Spindler/Stilz, AktG[2], § 256, Rn. 67.
310 BGH v. 12.01.1998, DB, S. 567 (569), unter gleichzeitigem Hinweis auf § 256 Abs. 1 Nr. 2 AktG; BGH v. 15.11.1993, AG 1994, S. 124; OLG Frankfurt v. 07.11.2006, AG 2007, S. 401.

227 Verstöße gegen die genannten oder andere Bewertungsvorschriften führen allerdings nicht ohne weiteres zur Nichtigkeit des JA. Es muss dadurch auch eine **Über- oder Unterbewertung** eines Postens eingetreten sein.

- Überbewertet sind Aktivposten, wenn sie mit einem höheren Wert, Passivposten, wenn sie mit einem niedrigeren Betrag,
- unterbewertet sind Aktivposten, wenn sie mit einem niedrigeren Wert, Passivposten, wenn sie mit einem höheren Betrag

angesetzt sind, als dies nach den gesetzlichen Vorschriften zulässig ist.

228 Eine exakte, mathematisch bestimmbare **Grenze** für den Wertansatz ergibt sich aus den gesetzlichen Bewertungsvorschriften oft nicht. Vielmehr ist auf die Verhältnisse des Einzelfalls abzustellen. Zulässig in diesem Sinne ist häufig nicht bloß ein bestimmter Wert, sondern eine ganze Bandbreite von Werten.

229 Bei der Bewertung eines bestimmten Vermögensgegenstandes kann dem Bilanzierenden in der Bilanzierungsnorm selbst ein Handlungsspielraum i.S. einer Entscheidungsalternative zwischen mehreren zulässigen Methoden (sog. **Bewertungswahlrecht**) eingeräumt sein[311]. Von einer Über- oder Unterbewertung i.S.d. Gesetzes kann nicht gesprochen werden, wenn von Bewertungs- und Bilanzierungswahlrechten in zulässiger Weise Gebrauch gemacht wird. Dies gilt auch dann, wenn eine andere zulässige Bewertungs- oder Bilanzierungsmethode zu niedrigeren oder höheren Wertansätzen geführt hätte[312].

Dieser allgemein geltende, eigentlich selbstverständliche Grundsatz wird in § 256 Abs. 5 S. 4 AktG für **KI**, FDLI und VU noch einmal ausdrücklich klargestellt: Soweit diese nach den für sie geltenden branchenspezifischen Bewertungsvorschriften (§§ 340e–340g HGB sowie §§ 341b–341h HGB) stille Reserven legen oder sonst von den allgemeinen Bewertungsvorschriften abweichen dürfen, ist hierin für die Anwendung des § 256 Abs. 5 AktG kein Verstoß zu sehen. Hauptanwendungsfall für KI und Finanzinstitute ist die Bildung von Vorsorgen für allgemeine Bankrisiken nach § 340f HGB.

230 Daneben führen gerade Bewertungsfragen in vielen Fällen zu einer Bandbreite möglicher (zulässiger) Entscheidungen. Zwar kann insoweit ein gewisser Anhaltspunkt aus dem Grundsatz kaufmännischer Vorsicht gewonnen werden. Gleichwohl kann für den Bilanzierenden ein erheblicher **Beurteilungsspielraum** verbleiben. Dies gilt z.B. in besonderem Maße bei der Bemessung von Rückstellungen[313]. Bleibt die Bilanzierungsentscheidung in diesem durch den Beurteilungsspielraum gesteckten Rahmen, ist der Wert zulässig und eine Nichtigkeit tritt nicht ein[314].

231 Die Nichtigkeit tritt nur ein, wenn ein **Posten** über- oder unterbewertet worden ist. Der Ausdruck „Posten" in § 256 Abs. 5 AktG ist gleichbedeutend mit den im Gliederungsschema vorgesehenen Bilanzposten, bezeichnet also nicht einen einzelnen Vermögensgegenstand. Es kommt daher darauf an, ob der unter einem Bilanzposten ausgewiesene **Gesamtbetrag** im Hinblick auf die Bewertungsvorschriften zu hoch oder zu niedrig ist.

---

311 *ADS*[6], § 284 HGB, Tz. 63; *Ellrott* in: BeBiKo[7], § 284, Rn. 101.

312 *ADS*[6], § 256 AktG, Tz. 40; *Hüffer* in: MünchKomm. AktG[3], § 256, Rn. 57; *Rölike* in: Spindler/Stilz, AktG[2], § 256, Rn. 65.

313 Vgl. OLG Frankfurt v. 24.06.2009, DB, S. 1863; OLG Frankfurt v. 18.03.2008, ZIP, S. 738; jeweils zur Bildung einer Rückstellung für Schadenersatzansprüche gegen die AG; hierzu kritisch *Schulze-Osterloh*, ZIP 2008, S. 2241 (2244).

314 *ADS*[6], § 256 AktG, Tz. 40; *Hüffer* in: MünchKomm. AktG[3], § 256, Rn. 57; *Zöllner* in: Kölner Komm. AktG, § 256, Rn. 41.

Über- und Unterbewertungen in einem und demselben Bilanzposten gleichen sich daher aus, ohne dass eine Nichtigkeit des JA gegeben ist[315].

Bei der Feststellung, ob eine Kompensation vorliegt, müssen alle zulässig bewerteten Vermögensgegenstände und Schulden außer Betracht bleiben. Zulässig ist nur ein Ausgleich unzulässiger Wertansätze; zulässigerweise gelegte stille Reserven dürfen nicht zum Zwecke der Kompensation gedanklich aufgelöst werden, wohl aber dann, wenn der JA zur Beseitigung der Nichtigkeit formal geändert wird. Auch Beurteilungsspielräume dürfen nicht zur gedanklichen Kompensation herangezogen werden. Eine Kompensation zwischen **verschiedenen Bilanzposten** ist ebenfalls ausgeschlossen[316].

232 Nach dem Wortlaut des Gesetzes würde jede, auch noch so geringfügige **Überbewertung** zur Nichtigkeit des JA führen. Im Hinblick auf die weitreichenden Auswirkungen der Nichtigkeit des JA wird man jedoch eine **unwesentliche** Überbewertung als unschädlich ansehen können. Es hat sich deshalb in der Literatur die Auffassung durchgesetzt, dass Bagatellfälle schon tatbestandsmäßig nicht als Überbewertung angesehen werden können, weil sie den Gläubigerschutz praktisch unberührt lassen[317].

233 Die Rspr. hat sich dieser Auffassung angeschlossen[318]. Bei der praktischen Umsetzung dieses Wesentlichkeitsgrundsatzes ergeben sich jedoch in der Rspr. erhebliche Unterschiede. Nicht überzeugend ist dabei der Ansatz, die Höhe der festgestellten Überbewertung in allen Fällen nur in Relation zur Bilanzsumme zu setzen[319]. Da nach Gesetzeswortlaut und -systematik auf die Überbewertung einzelner Bilanzposten abzustellen ist, bestehen gegen eine solche pauschalierende Gesamtbetrachtung Bedenken. Zudem ist die Höhe der Bilanzsumme auch unter Gläubigerschutzaspekten (Ausschüttungsbemessungsfunktion des JA) wenig aussagekräftig. Denn eine Überbewertung kann auch dann wesentlich sein, wenn sie zwar nur einen geringfügigen Teil der Bilanzsumme (z.B. weniger als 1%) ausmacht, sich aber in erheblichem Umfang auf das Jahresergebnis der Gesellschaft auswirkt[320]. Zustimmung verdienen andere Gerichtsentscheidungen, die statt auf die Bilanzsumme als maßgebliche Vergleichsgröße auf das Jahresergebnis oder eine Kombination verschiedener Referenzgrößen abstellen[321].

---

315 ADS[6], § 256 AktG, Tz. 41; *Bezzenberger* in: Großkomm. AktG[4], § 256, Rn. 74; *Rölike* in: Spindler/Stilz, AktG[2], § 256, Rn. 66; *Zöllner* in: Kölner Komm. AktG, § 256, Rn. 42; vgl. OLG Celle v. 07.09.1983, BB, S. 2229 (2233).

316 ADS[6], § 256 AktG, Tz. 45; *Zöllner* in: Kölner Komm. AktG, § 256, Rn. 43; *Hüffer*, AktG[9], § 256, Rn. 25; *Rölike* in: Spindler/Stilz, AktG[2], § 256, Rn. 66.

317 ADS[6], § 256 AktG, Tz. 48; *Bezzenberger* in: Großkomm. AktG[4], § 256, Rn. 85; *Hüffer*, AktG[9], § 256, Rn. 25; *Rölike* in: Spindler/Stilz, AktG[2], § 256, Rn. 64; *Schulze-Osterloh*, ZIP 2008, S. 2241 (2242); *Schwab* in: Schmidt/Lutter, AktG[2], § 256, Rn. 15; *Weilep/Weilep*, BB 2006, S. 147 (148).

318 BGH v. 01.03.1982, ZIP, S. 1077, zur GmbH; so auch OLG Hamm v. 17.04.1991, AG 1992, S. 233; OLG Brandenburg v. 30.04.1997, GmbHR, S. 796 (797), zur GmbH; OLG München v. 07.01.2008, AG, S. 509; OLG Frankfurt v. 18.03.2008, ZIP, S. 738 (740), zur AG.

319 So OLG Frankfurt v. 18.03.2008, ZIP, S. 738 (740); OLG Frankfurt v. 20.10.2010, WM 2011, S. 221, jeweils für den Fall einer unterlassenen Rückstellungsbildung i.H.v. bis zu 2 bzw. 3,6 Mrd. €, die weniger als 0,5% der Bilanzsumme ausmachten; ähnlich bereits LG Frankfurt v. 03.05.2001, DB, S. 1483: bedeutungslose Überbewertung, wenn diese zwar 22% des Bilanzgewinns, aber weniger als 1% der Bilanzsumme ausmacht.

320 *Hüffer*, AktG[9], § 256, Rn. 25; *Rölike* in: Spindler/Stilz, AktG[2], § 256, Rn. 64a; *Schulze-Osterloh*, ZIP 2008, S. 2241 (2244 f.); *Schwab* in: Schmidt/Lutter, AktG[2], § 256, Rn. 16; vgl. *Winkeljohann/Schellhorn* in: BeBiKo[7], § 264, Rn. 57, die einen Katalog relativer Kenngrößen vorschlagen; weiter differenzierend *Weilep/Weilep*, BB 2006, S. 1247 (1249).

321 OLG Frankfurt v. 24.06.2009, DB, S. 1863 (1868): Auswirkungen auf Jahresgewinn und Höhe der Dividendenzahlungen; LG München v. 12.04.2007, DB, S. 2306 (2308): Relation zu Jahresüberschuss, Bilanzsumme und bilanziellem Eigenkapital; vgl. auch OLG Dresden v. 16.02.2006, ZIP, S. 1773: Überbewertung, wenn bei Muttergesellschaft passivierte Verlustübernahmeverpflichtung weniger als die Hälfte des tatsächlichen Betrags i.H.v. rd. 24 Mio. DM ausmacht.

234 Anders als die Überbewertung führt die **Unterbewertung** von Posten des JA allein nicht zur Nichtigkeit. Hinzu kommen muss weiter, dass dadurch die Vermögens- und Ertragslage der Gesellschaft **vorsätzlich** unrichtig wiedergegeben oder verschleiert wird. Es genügt, wenn sich der Darstellungsmangel entweder auf die Vermögens- oder die Ertragslage bezieht. Der missverständliche Gesetzeswortlaut ist als Alternative zu lesen[322]. Die Vermögens- und Ertragslage der Gesellschaft wird nicht verfälscht, wenn Posten nur unwesentlich unterbewertet sind. Der Gesetzgeber wollte mit diesem zusätzlichen Erfordernis ausdrücklich sicherstellen, dass Unterbewertungen den JA nur in schwerwiegenden Fällen nichtig machen[323].

235 Nichtigkeit wegen Unterbewertung tritt anders als bei Überbewertung nur dann ein, wenn die unrichtige Wiedergabe oder Verschleierung **vorsätzlich** erfolgt ist. Fahrlässigkeit reicht für die Anwendung des § 256 Abs. 2 Nr. 2 AktG in keiner Form aus. Es genügt aber **bedingter Vorsatz**, d.h. die zuständigen Organe müssen zwar nicht klar erkannt haben, dass durch einen bestimmten Wertansatz die Vermögens- oder Ertragslage der Gesellschaft unrichtig dargestellt oder verschleiert wird, sie halten dies aber für möglich und nehmen diese Möglichkeit bewusst in Kauf[324]. War die Bewertung durch den bilanzrechtlichen Meinungsstand gedeckt und ändert sich danach die Rspr., wird es regelmäßig am Vorsatz fehlen[325]. Das Vorsatzerfordernis stellt auf die maßgeblich an der Feststellung des JA beteiligten Organmitglieder ab. Keineswegs müssen alle für die Feststellung des JA zuständigen Organmitglieder vorsätzlich gehandelt haben[326]. Eine über den Vorsatz hinausgehende Täuschungsabsicht ist nicht erforderlich.

236 Dagegen braucht für den Nichtigkeitsgrund der **Überbewertung** weder Vorsatz noch Fahrlässigkeit der bilanzfeststellenden Organe hinsichtlich dieser Überbewertung gegeben zu sein[327]; ausreichend ist die Verwirklichung des objektiven Tatbestands. Dabei ist jedoch die **Aufhellungsprinzip** zu beachten: Umstände, die bis zum Ende der Aufhellungsphase nicht bekannt geworden waren und bei Anwendung pflichtgemäßer Sorgfalt nicht hätten erkannt werden müssen, ändern an der Zulässigkeit der Bewertung nichts und schließen damit die Nichtigkeit aus, auch wenn sich später herausstellt, dass der Wert objektiv niedriger war[328].

2. Feststellung der Nichtigkeit des Jahresabschlusses

237 Die Geltendmachung der Nichtigkeit des JA erfolgt durch **Feststellungsklage** gegen die Gesellschaft. Nach § 256 Abs. 7 S. 1 AktG gilt § 249 AktG, der die Klage auf Feststellung der Nichtigkeit eines HV-Beschlusses behandelt, sinngemäß. Auf die Ausführung zur Nichtigkeitsklage gegen HV-Beschlüsse (oben Tz. 59) kann daher verwiesen werden. Handelt es sich um den JA einer börsennotierten AG, so hat das Gericht nach § 256 Abs. 7 S. 2 AktG den Eingang der Klage auf Feststellung der Nichtigkeit sowie jede rechtskräftige Entscheidung hierüber der BaFin mitzuteilen. Dies ist erforderlich, um die

---

[322] *Hüffer*, AktG⁹, § 256, Rn. 26a; *Rölike* in: Spindler/Stilz, AktG², § 256, Rn. 70; *Schwab* in: Schmidt/Lutter, AktG², § 256, Rn. 19.
[323] Vgl. *ADS*⁶, § 256 AktG, Rn. 53; *Rölike* in: Spindler/Stilz, AktG², § 256, Rn. 69.
[324] *ADS*⁶, § 256 AktG, Tz. 52; *Hüffer*, AktG⁹, § 256, Rn. 27; *Hüffer* in: MünchKomm. AktG³, § 256, Rn. 62; *Rölike* in: Spindler/Stilz, AktG², § 256, Rn. 71; *Zöllner* in: Kölner Komm. AktG, § 256, Rn. 49; BGH v. 15.11.1993, AG 1994, S. 124.
[325] Vgl. BGH v. 12.01.1998, ZIP, S. 467 (470); LG Köln v. 20.07.1998, AG 1999, S. 235 (236).
[326] *Hüffer*, AktG⁹, § 256, Rn. 27; *Rölike* in: Spindler/Stilz, AktG², § 256, Rn. 71.
[327] *Schwab* in: Schmidt/Lutter, AktG², § 256, Rn. 20; *Zöllner* in: Kölner Komm. AktG, § 256, Rn. 46.
[328] *ADS*⁶, § 256 AktG, Tz. 49, m.w.N.; *IDW RS HFA 6*, Tz. 14; *Küting/Ranker*, WPg 2005, S. 3; *Rölike* in: Spindler/Stilz, AktG², § 256, Rn. 91; *Schwab* in: Schmidt/Lutter, AktG², § 256, Rn. 20.

Sperrwirkung des § 342b Abs. 3 HGB bzw. § 37c Abs. 2 WpHG für das Enforcementverfahren durch die DPR bzw. die BaFin sicherzustellen[329].

Der Nichtigkeitskläger muss sämtliche Voraussetzungen für die Nichtigkeit **darlegen** und **beweisen**. Bei der Geltendmachung einer Unterbewertung muss der Kläger deshalb auch den Vorsatz der Verwaltung beweisen, die Vermögens- oder Ertragslage der Gesellschaft unrichtig wiederzugeben oder zu verschleiern. Die Beweislastregelung des § 93 Abs. 2 S. 2 AktG mit der Folge, dass es zu Lasten der Gesellschaft ginge, wenn der Vorsatz weder zu bejahen noch auszuschließen ist, kann hier nicht entsprechend angewendet werden. Den Aktionären bleibt für den Fall, dass der Vorsatz nicht nachzuweisen ist, unabhängig von der Nichtigkeitsfeststellungsklage die Möglichkeit der Sonderprüfung wegen unzulässiger Unterbewertung nach den §§ 258–261 AktG[330]. **238**

Die Nichtigkeit des JA kann nach § 249 Abs. 1 S. 2 AktG auch in anderer Weise als durch Erhebung der Klage geltend gemacht werden. Die Geltendmachung kann durch **Einrede** oder Erhebung einer **Widerklage** erfolgen. So kann z.B. die Gesellschaft selbst den Einwand der Nichtigkeit des JA und damit der Nichtigkeit des Gewinnverwendungsbeschlusses erheben, um in einem Prozess Dividendenzahlungsansprüche von Aktionären abzuwehren[331]. **239**

In den Fällen der heilbaren Nichtigkeit ist eine Klageerhebung oder anderweitige Geltendmachung der Nichtigkeit aber nur möglich, solange noch keine **Heilung** eingetreten ist. Die Erhebung der Nichtigkeitsklage nach § 256 Abs. 7 AktG verhindert den Eintritt der Heilung. Auch bei dieser Klage ist § 167 ZPO anwendbar mit der Folge, dass die Fristunterbrechung schon mit Einreichen der Klage bei Gericht eintritt[332]. Solange die Nichtigkeitsklage anhängig ist, findet gem. § 342b Abs. 3 HGB eine Prüfung des JA durch die mit dem BilKoG eingeführte **DPR** nicht statt; diese Sperrwirkung zugunsten des aktienrechtlichen Verfahrens soll die Gefahr divergierender Entscheidungen ausschließen[333]. Wird der **Klage** stattgegeben, dann steht die Nichtigkeit mit **Wirkung** für und gegen alle Aktionäre sowie die Mitglieder des Vorstandes und des AR nach § 248 AktG fest. Hingegen bindet das klagestattgebende Urteil, das aufgrund einfacher Feststellungsklage (§ 256 ZPO) ergeht, nur die Prozessparteien[334]. Wird die Klage hingegen abgewiesen, tritt mit der Rechtskraft des Urteils nach Fristablauf Heilung ein. **240**

Aus der Nichtigkeit des JA ergeben sich verschiedene **Folgewirkungen**. Eindeutig ist, dass der auf einem nichtigen JA beruhende **Gewinnverwendungsbeschluss** ebenfalls nichtig ist (§ 253 Abs. 1 S. 1 AktG); bereits ausgeschüttete Gewinne sind zurückzufordern, es sei denn, sie sind im guten Glauben bezogen worden (§ 62 AktG). Soweit fehlerhafte Angaben im JA für die **Entlastungsbeschlüsse** ausschlaggebend waren, kommt auch die Anfechtbarkeit dieser Beschlüsse nach § 243 Abs. 1 AktG in Betracht[335]. Dagegen wird die mit Ordnungsgeld bewehrte Pflicht zur **Offenlegung** des JA nach § 325 HGB zunächst auch durch die Einreichung eines nichtigen JA erfüllt, zumal sich die Prü- **241**

---

329 Vgl. dazu bereits oben Tz. 182.
330 Vgl. *Hüffer* in: MünchKomm. AktG³, § 256, Rn. 73; *Rölike* in: Spindler/Stilz, AktG², § 256, Rn. 84.
331 *ADS*⁶, § 256 AktG, Tz. 95; *Hüffer* in: MünchKomm. AktG³, § 256, Rn. 73.
332 *Hüffer*, AktG⁹, § 256, Rn. 30; *Rölike* in: Spindler/Stilz, AktG², § 256, Rn. 79; vgl. LG Düsseldorf v. 26.02.1988, AG 1989, S. 140.
333 Begr. RegE S. 27; vgl. auch oben Tz. 182; ausführlich zum Verhältnis zwischen der aktienrechtlichen Nichtigkeitsklage und der Bilanzkontrolle durch die Prüfstelle *Hennrichs*, ZHR 2004, S. 383 (404); *W. Müller*, ZHR 2004, S. 414 (419); *Mattheus/Schwab*, BB 2004, S. 1099 (1104).
334 *ADS*⁶, § 256 AktG, Tz. 99; *Hüffer*, AktG⁹, § 256, Rn. 31, m.w.N.; *Rölike* in: Spindler/Stilz, AktG², § 256, Rn. 81; *Schwab* in: Schmidt/Lutter, AktG², § 256, Rn. 40; a.A. *Zöllner* in: Kölner Komm. AktG, § 256, Rn. 111.
335 *Bezzenberger* in: Großkomm. AktG⁴, § 256, Rn. 214; *Schwab* in: Schmidt/Lutter, AktG², § 256, Rn. 43, m.w.N.

fungspflicht des § 329 Abs. 1 HGB nicht auf das Vorliegen von Nichtigkeitsgründen erstreckt[336]; die Offenlegungspflicht lebt jedoch wieder auf, wenn die Nichtigkeit erkannt worden ist und der Fehler nicht zulässigerweise bei Aufstellung des Folgeabschlusses in laufender Rechnung korrigiert wird oder Heilung eingetreten ist. Wird der nichtige JA korrigiert, muss die geänderte Fassung offengelegt werden.

242 Für fehlerfreie **JA nachfolgender Geschäftsjahre** ergeben sich keine zwingenden Folgewirkungen, da die Nichtigkeit des Vorjahres-JA unter keinen der in § 256 AktG abschließend aufgezählten Nichtigkeitsgründe fällt[337]; auch aus dem Grundsatz der Bilanzidentität (§ 252 Abs. 1 S. 1 HGB) ergeben sich im Regelfall keine Auswirkungen, da in solchen Fällen eine Korrektur (einschließlich bilanzieller Folgewirkungen) in laufender Rechnung vorgenommen wird. Wenn dagegen materielle Bilanzierungsfehler, die zur Nichtigkeit führen, auch im Folge-JA noch enthalten sind, ist auch dieser nichtig[338].

243 Umstritten ist, welche Auswirkungen sich aus der Nichtigkeit des JA für den **BestV des APr.** (§ 322 HGB) ergeben. Teile des Schrifttums nehmen an, dass in diesem Fall ausnahmslos eine Versagung des BestV erforderlich sei[339]. Dieser Auffassung ist nicht zu folgen. Es besteht keine zwangsläufige Verknüpfung zwischen der Nichtigkeit des JA nach § 256 AktG und der Versagung des BestV[340]. Nach § 322 Abs. 4 HGB ist eine Einschränkung des BestV geboten, wenn vom APr. hinsichtlich klar abgrenzbarer Teile der Rechnungslegung Einwendungen zu erheben sind, der JA aber gleichwohl noch ein den tatsächlichen Verhältnissen entsprechendes Bild der Vermögens-, Finanz- oder Ertragslage vermittelt. Eine Versagung des BestV ist nur dann erforderlich, wenn aufgrund der Vielzahl oder Bedeutung der Einwendungen oder mangelnder Quantifizierbarkeit der Fehler ein Positivbefund zum JA nicht mehr möglich ist[341]. Es ist durchaus denkbar, dass ein einzelner quantifizierbarer Bilanzierungsfehler (z.B. massive Überbewertung in einem bestimmten Bilanzposten) zwar zur Nichtigkeit des JA führt, gleichwohl aber eine positive Gesamtaussage zu wesentlichen Teilen der Rechnungslegung abgegeben werden kann. In diesem Fall ist die Einschränkung, nicht aber die Versagung des BestV geboten. Dagegen ist der APr. nicht verpflichtet, auf die Nichtigkeit des JA im BestV **hinzuweisen**, da er zur Beanstandung der Fehlerhaftigkeit des Abschlusses, nicht aber zur Prognose des Ergebnisses einer Nichtigkeitsklage in zweifelhaften Fällen verpflichtet ist[342].

3. Heilung der Nichtigkeit

244 Die Nichtigkeit eines JA löst für die AG ebenso wie die Nichtigkeit eines HV-Beschlusses schwerwiegende Folgen aus. Unter bestimmten Voraussetzungen hat das Gesetz deshalb in § 256 Abs. 6 AktG eine Heilung der Nichtigkeit vorgesehen, d.h. die Feststellung des JA wird **nachträglich rechtswirksam**. Die Heilung führt zu einer Veränderung der ma-

---

336 *Hüffer*, AktG[9], § 256, Rn. 33; *Rölike* in: Spindler/Stilz, AktG[2], § 256, Rn. 96; *Schwab* in: Schmidt/Lutter, AktG[2], § 256, Rn. 41.
337 BGH v. 30.09.1996, AG 1997, S. 125 (126); *ADS*[6], § 256 AktG, Tz. 76; einschränkend *Rölike* in: Spindler/Stilz, AktG[2], § 256, Rn. 95; *Schwab* in: Schmidt/Lutter, AktG[2], § 256, Rn. 42, m.w.N.: schwebende Unwirksamkeit des Folgeabschlusses wegen Verletzung der Bilanzidentität.
338 Vgl. *ADS*[6], § 256 AktG, Tz. 77 f., 80, § 322 HGB, Tz. 325, 327; *Hüffer*, AktG[9], § 256, Rn. 34.
339 *Hüffer*, AktG[9], § 256, Rn. 32; *Schwab* in: Schmidt/Lutter, AktG[2], § 256, Rn. 44.
340 Ausführlich *ADS*[6], § 322 HGB, Tz. 229 f., 328 ff.
341 *ADS*[6], § 322 HGB, Tz. 227; *Förschle/Küster* in: BeBiKo[7], § 322, Rn. 55; *IDW PS 400*, Tz. 65.
342 *ADS*[6], § 322 HGB, Tz. 333, m.w.N.

teriellen Rechtslage, da sie den JA rückwirkend für alle Beteiligten wirksam und endgültig werden lässt [343].

Nach Ablauf von **sechs Monaten** seit der Bekanntgabe des JA im BAnz. kann die Nichtigkeit nicht mehr geltend gemacht werden in den Fällen **245**

- § 256 Abs. 1 Nr. 3 AktG: Prüfung durch Personen, die nicht zum APr. bestellt sind oder nicht APr. sind,
- § 256 Abs. 1 Nr. 4 AktG: Verletzung von Bestimmungen über die Einstellung in oder die Entnahme aus Kapital- oder Gewinnrücklagen,
- § 256 Abs. 2 AktG: keine ordnungsgemäße Mitwirkung von Vorstand oder AR bei der Feststellung,
- § 256 Abs. 3 Nr.1 AktG: Feststellung in einer HV, die nicht ordnungsgemäß einberufen war,
- § 256 Abs. 3 Nr. 2 AktG: Feststellung durch HV-Beschluss, der nicht ordnungsgemäß beurkundet wurde.

Nach Ablauf von **drei Jahren** seit Bekanntgabe im BAnz. kann die Nichtigkeit nicht mehr geltend gemacht werden in den Fällen **246**

- § 256 Abs. 1 Nr. 1 AktG: Verstoß gegen Vorschriften, die zum Schutze der Gläubiger gegeben sind,
- § 256 Abs. 4 AktG: Verstöße gegen Vorschriften über die Gliederung sowie die Nichtbeachtung von Formblättern,
- § 256 Abs. 5 AktG: Verstoß gegen Bewertungsvorschriften.

Die Heilungsfristen **verlängern** sich, wenn bei ihrem Ablauf eine Klage auf Feststellung der Nichtigkeit des JA rechtshängig ist, bis über die Klage rechtskräftig entschieden ist oder sie sich auf andere Weise erledigt hat. **247**

Zweifelhaft ist, ob eine Heilung möglich ist, wenn wegen (ggf. teilweiser) Inanspruchnahme der **Befreiungsvorschrift** des § 264 Abs. 3 HGB der JA zwar geprüft und festgestellt, aber berechtigterweise **nicht offen gelegt** wurde. Nach dem Gesetzeswortlauf des § 256 Abs. 6 AktG fehlt es für die Heilung an der Voraussetzung der Bekanntmachung des JA im BAnz. Zwar wird bei Inanspruchnahme der Befreiung die Information der Gesellschaftsgläubiger und Minderheitsgesellschafter durch die Offenlegung des KA ersetzt, in den auch die Zahlen aus dem JA des TU im Wege der Konsolidierung einbezogen wurden. Allerdings sind die Bilanzierungsfehler, die zur Nichtigkeit des JA geführt haben, aus dem KA nicht zu ersehen. Eine Kundgabe der betroffenen konkreten Bilanzzahlen an Gläubiger und Gesellschafter, die ein schützenswertes Vertrauen in deren Bestand begründen könnten, hat nicht stattgefunden. Die Offenlegung des befreienden KA hat damit nicht den gleichen Informationsgehalt wie die gesetzlich verlangte Bekanntmachung des JA. Es ist daher davon auszugehen, dass bei Inanspruchnahme der Befreiung von der Offenlegung für den betroffenen JA die **Heilung** nach § 256 Abs. 6 AktG **nicht möglich** ist. **248**

Eine **Heilung** der Nichtigkeit von JA ist in folgenden drei Fällen **nicht vorgesehen**: **249**

- § 256 Abs. 1 Nr. 2 AktG: nicht geprüfter JA,
- § 256 Abs. 3 Nr. 3 AktG: Erklärung der Nichtigkeit durch Urteil aufgrund einer Anfechtungsklage,
- § 173 Abs. 3 AktG: Änderung des JA durch die HV und keine Erteilung eines uneingeschränkten BestV hinsichtlich der Änderung binnen zweier Wochen.

---

343 *Bezzenberger* in: Großkomm. AktG[4], § 256, Rn. 265; *Hüffer* in: MünchKomm. AktG[3], § 256, Rn. 64; *Rölike* in: Spindler/Stilz, AktG[2], § 256, Rn. 74; *Schwab* in: Schmidt/Lutter, AktG[2], § 256, Rn. 37.

In diesen Fällen kann die Nichtigkeit jederzeit von klagebefugten Personen geltend gemacht werden. Hier kann nur die Beseitigung des Mangels helfen[344].

4. Beseitigung der Nichtigkeit

250 Von der Frage der Heilung der Nichtigkeit durch Zeitablauf nach § 256 Abs. 6 AktG ist die **Beseitigung** der Nichtigkeit zu unterscheiden. Diese kann nur dadurch erreicht werden, dass der JA für das betreffende GJ unter Vermeidung des Nichtigkeitsgrundes neu auf- und festgestellt wird[345].

251 Bei Nichtigkeit des JA besteht die Berechtigung und grundsätzlich auch die **Verpflichtung der Organe** zur Beseitigung des Mangels durch **Neuvornahme**. Inwieweit es auch zulässig sein kann, die **Heilung** des Mangels gem. § 256 Abs. 6 AktG **abzuwarten**, wird unterschiedlich beurteilt. Die h.M. nimmt zu Recht an, dass ein Abwarten der Heilung als **Ausnahmefall** gerechtfertigt ist, so insb. bei für die Verhältnisse der Gesellschaft weniger bedeutenden Nichtigkeitsgründen, wobei Art und Schwere des Verstoßes und die Folgewirkungen zu berücksichtigen sind, sowie dann, wenn die Nichtigkeit voraussichtlich nicht geltend gemacht wird und die Aktionäre die Dividende in gutem Glauben bezogen haben und somit eine Rückforderung ausgeschlossen ist[346]. Nach abweichender Auffassung sei diese Möglichkeit dahin gehend einzuschränken, dass ein Abwarten der Heilung nur bei solchen Mängeln erlaubt sein soll, die der kurzen Heilungsfrist von sechs Monaten unterliegen[347].

252 Beruht die Nichtigkeit des festgestellten JA auf Verstößen gegen § 256 Abs. 2 oder 3 AktG, kann sie durch **Wiederholung des Feststellungsakts** unter Vermeidung des bisherigen Mangels ausgeräumt werden; beruht die Nichtigkeit auf fehlender Prüfung oder einer Prüfung durch ungeeignete Personen (§ 256 Abs. 1 Nr. 2 und 3 AktG), muss die **Prüfung** durch geeignete Prüfer **nachgeholt** und der JA danach neu festgestellt werden[348].

253 Wenn bei materiellen Bilanzfehlern eine Korrektur in laufender Rechnung nicht ausreicht und daher eine Rückwärtsänderung des JA vorgenommen werden muss, bedarf es zur Beseitigung der Nichtigkeit der Korrektur des vormals aufgestellten JA. Der so geänderte JA ist vom bisherigen APr. erneut zu prüfen und neu festzustellen[349]. Auch wenn bisher kein rechtsgültiger Abschluss vorhanden war, handelt es sich in der Nomenklatur des § 316 Abs. 3 HGB um die Änderung eines Abschlusses nach Ende der Prüfung; es gelten daher die Regeln über die **Nachtragsprüfung** (§ 316 Abs. 3 HGB), so dass sich die Prüfung grundsätzlich nur auf die vorgenommenen Änderungen und etwaige Folgewirkungen erstreckt. Die Prüfung hat sich nur dann auf weitere Posten oder Bereiche des

---

344 Vgl. hierzu *ADS⁶*, § 256 AktG, Tz. 90; *Rölike* in: Spindler/Stilz, AktG², § 256, Rn. 90.
345 *ADS⁶*, § 256 AktG, Tz. 90; *Hüffer* in: MünchKomm. AktG³, § 256, Rn. 83; *Rölike* in: Spindler/Stilz, AktG², § 256, Rn. 90.
346 *IDW RS HFA 6*, Tz. 16, 17; *ADS⁶*, § 172 AktG, Tz. 39; *Bezzenberger* in: Großkomm. AktG⁴, § 256, Rn. 249; *Kropff* in: MünchKomm. AktG², § 172, Rn. 51; *Zöllner* in: Kölner Komm. AktG, § 256, Rn. 118; *Kropff* in: FS Budde, S. 357; *Hense*, WPg 1993, S. 717; *Kowalski*, AG 1993, S. 504; *Mattheus/Schwab*, BB 2004, S. 1101; gegen eine generelle Pflicht zur Neuvornahme auch BayObLG v. 26.05.2000, GmbHR, S. 1103.
347 *Hüffer* in: MünchKomm. AktG², § 256, Rn. 83; *Hennrichs*, ZHR 2004, S. 383 (389); ähnlich *Rölike* in: Spindler/Stilz, AktG², § 256, Rn. 91: Zeitraum bis zur Heilung müsse dem für eine Neuvornahme vergleichbar sein; einschränkend auf Fälle kurz vor Ablauf der Heilungsfrist *Geist*, DStR 1996, S.306 (309); a.A., für ausnahmslose Pflicht zur Neuvornahme *Schwab* in: Schmidt/Lutter, AktG², § 256, Rn. 36.
348 *ADS⁶*, § 256 AktG, Tz. 91.
349 Vgl. *ADS⁶*, § 256 AktG, Tz. 92; *Rölike* in: Spindler/Stilz, AktG², § 256, Rn. 90, 93; *Schwab* in: Schmidt/Lutter, AktG², § 256, Rn. 41.

JA zu erstrecken, wenn sich die Änderungen hierauf auswirken[350]. Ausnahmsweise kann sich im Rahmen der Nachtragsprüfung die Pflicht zur vollständigen Neuprüfung ergeben, wenn ein neuer APr. – z.B. als Folge eines Ersetzungsverfahrens nach § 318 Abs. 3 HGB – bestellt wird, da sich der neue Prüfer nicht unbesehen die Prüfungsergebnisse seines Vorgängers zu eigen machen darf und dessen BestV nicht ergänzen kann (§ 316 Abs. 3 S. 2 HGB), sondern einen neuen, eigenen BestV erteilen muss.

Wenn mehrere **aufeinanderfolgende JA** nichtig sind, kann die Nichtigkeit grundsätzlich nur dadurch beseitigt werden, dass sämtliche nichtigen JA bis zurück zu demjenigen, in dem die Fehlerquelle liegt, berichtigt und nach erneuter Prüfung neu festgestellt werden[351]. Eine Rückwärtsberichtigung bis zur Fehlerquelle wird jedoch dann entbehrlich, wenn inzwischen bereits die Heilung der Nichtigkeit des JA nach § 256 Abs. 6 AktG eingetreten ist[352]; nach Eintritt der Heilung genügt die **Beseitigung** des Mangels in **laufender Rechnung**. Eine Korrektur im nächsten JA ist auch dann sachgerecht, wenn die Heilungsfrist noch nicht abgelaufen ist, um das Abwarten der Heilungsfrist zu rechtfertigen und ggf. die Geltendmachung der Nichtigkeit zu verhindern[353]. Hat das Unternehmen den Fehler in laufender Rechnung korrigiert, **fehlt** es für eine Klage auf Feststellung der Nichtigkeit der Vorjahres-JA am allgemeinen **Rechtsschutzinteresse**, wenn eine Rückwärtsänderung keine materiellen Folgewirkungen (z.B. Rückforderung der Dividende im Rahmen des § 62 AktG oder zusätzliche Ausschüttung; steuerliche Folgen) hätte[354]. Denn wenn der nichtige alte JA nach Auf- und Feststellung eines Folgeabschlusses, in dem der Mangel korrigiert wurde, keine weiteren Rechtsfolgen mehr auslöst, verbleibt als Zweck für den alten JA allein noch seine **Informationsfunktion** für die Bilanzadressaten; diese Funktion wird jedoch durch den korrigierten Folgeabschluss oder auch einen korrigierten Zwischenabschluss im Rahmen des Halbjahresfinanzberichts oder eines Quartalsberichts[355] ausreichend und zeitnah gewahrt. In diesem Fall beeinträchtigt die formale Nichterfüllung der handelsrechtlichen Aufstellungspflicht (§ 264 HGB) im Hinblick auf den mängelbehafteten alten JA nicht die rechtlichen Interessen der Aktionäre und Gläubiger. Voraussetzung für eine Korrektur in laufender Rechnung ist außerdem, dass in dem neuen JA die Abweichungen eingehend und nachvollziehbar dargestellt werden[356].

V. Anfechtung der Feststellung des Jahresabschlusses durch die Hauptversammlung

Ein HV-Beschluss, durch den der JA festgestellt wird, kann gem. § 257 AktG auch nach § 243 AktG wegen **Verletzung des Gesetzes oder der Satzung** angefochten werden. Ein

---

350 *IDW RS HFA 6*, Tz. 8, 31; *Forster* in: FS W. Müller, S. 183 (188); für eine vollständige Neuprüfung noch *ADS*[6], § 256 AktG, Tz. 92.
351 *ADS*[6], § 256 AktG, Tz. 93.
352 *IDW RS HFA 6*, Tz. 15; *ADS*[6], § 172 AktG, Tz. 40, § 256 AktG, Tz. 93; *Bezzenberger* in: Großkomm. AktG[4], § 256, Rn. 266; für Rückwärtsberichtigung bis zum ältesten, noch nicht geheilten JA *Küting/Ranker*, WPg 2005, S. 11.
353 *IDW RS HFA 6*, Tz. 19; *ADS*[6], § 172 AktG, Tz. 40; *Bezzenberger* in: Großkomm. AktG[4], § 256, Rn. 249; *Kropff* in: FS Budde, S. 358; a.A. *Hennrichs*, ZHR 2004, S. 383 (390); *W. Müller*, ZHR 2004, S. 414 (423), für den Fall, dass Prüfstelle oder BaFin vor Ablauf der Heilungsfrist das Vorliegen von Nichtigkeitsgründen konstatiert haben.
354 Vgl. *IDW RS HFA 6*, Tz. 19; OLG Köln v. 17.02.1998, ZIP, S. 994 (996); *Bezzenberger* in: Großkomm. AktG[4], § 256, Rn. 89; a.A. *Hennrichs*, ZHR 2004, S. 383 (390).
355 Vgl. *IDW RS HFA 6*, Tz. 18.
356 OLG Köln v. 17.02.1998, ZIP S. 994 (996); *IDW RS HFA 6*, Tz. 15.

Feststellungsbeschluss, den die HV außerhalb ihrer Zuständigkeit fasst, ist nichtig[357]. Die Anfechtung kann jedoch nicht darauf gestützt werden, dass der **Inhalt des JA** gegen Gesetz oder Satzung verstößt (§ 257 Abs. 1 S. 2 AktG).

256 Als Anfechtungsgründe kommen demnach nur Mängel des **Feststellungsbeschlusses** selbst oder Mängel, die in der Art seines Zustandekommens liegen, in Betracht, soweit nach § 256 Abs. 3 AktG nicht ohnehin Nichtigkeit vorliegt[358].

Auch wenn der Inhalt des JA als solcher nicht zu beanstanden ist, kann gleichwohl der mit dem Feststellungsbeschluss verfolgte Zweck im Einzelfall i.S.v. § 243 Abs. 1 oder 2 AktG normwidrig sein (Mehrheitsmissbrauch, Verletzung der mitgliedschaftlichen Treupflicht, Sondervorteile). In diesen Fällen ist eine Anfechtung zulässig. Der Ausschlusstatbestand des § 257 Abs.1 S. 2 AktG greift nach dem Wortlaut und auch nach Sinn und Zweck nicht ein, weil die genannten Verstöße verfahrensspezifisch sind, also bei Feststellung des JA durch den AR und Vorstand nicht auftreten können[359]. Die Anfechtung nach § 257 AktG ist auch möglich, wenn der **LB**, der selbst nicht Bestandteil des JA ist, unrichtig oder unvollständig ist und dem Aktionär dadurch entscheidungserhebliche Informationen vorenthalten werden[360]. Dagegen ist der **Anhang** als Teil des JA nicht im Verfahren nach § 257 AktG anfechtbar[361].

257 Der Ausschlusstatbestand des § 257 Abs. 1 S. 2 AktG ist nach h.M. auf die Anfechtung des Feststellungsbeschlusses der Gesellschafter einer **GmbH** nicht analog anwendbar[362]; da das Verfahren einer Sonderprüfung wegen unzulässiger Unterbewertung nach §§ 258 ff. AktG den Gesellschaftern einer GmbH nicht zur Verfügung steht, würde eine analoge Anwendung des § 257 Abs.1 S. 2 AktG die Gesellschafter schutzlos stellen. Es können daher bei der GmbH im Wege der Anfechtung auch **inhaltliche Verstöße** des JA gegen Gesetz oder Satzung verfolgt werden.

258 Die **Verbindung von Nichtigkeits- und Anfechtungsklagen** nach § 249 Abs. 2 AktG gilt auch im Rahmen des § 257 Abs. 1 AktG. Der fehlende Hinweis in Abs. 2 auf § 249 Abs. 2 AktG erklärt sich daraus, dass § 249 Abs. 2 AktG sich nicht auf die Anfechtung allein, sondern in erster Linie auf die Nichtigkeitsklage bezieht[363].

259 Für das **Verfahren** der Anfechtung gelten die §§ 244–248 AktG. Nach § 244 AktG kann der wegen seines Zustandekommens anfechtbare HV-Beschluss, mit dem der JA festgestellt worden ist, durch einen neuen Beschluss ebenso **bestätigt** werden wie jeder andere Beschluss der HV.

260 Die **Frist** von einem Monat für die Erhebung der Anfechtungsklage beginnt nach der klarstellenden Regelung in § 257 Abs. 2 S. 2 AktG auch dann mit der Beschlussfassung

---

357 *Hüffer*, AktG⁹, § 257, Rn. 1; *Rölike* in: Spindler/Stilz, AktG², § 256, Rn. 55: nichtig nach § 256 Abs. 1 Nr. 1 AktG; a.A. *Schwab* in: Schmidt/Lutter, AktG², § 256, Rn. 32: Feststellungswirkung fehlt.
358 *Hüffer* in: MünchKomm. AktG³, § 257, Rn. 4.
359 H.M.: z.B. *Hüffer*, AktG⁹, § 257, Rn. 5; *Hüffer* in: MünchKomm. AktG³, § 257, Rn. 10; *Zöllner* in: Kölner Komm. AktG, § 257, Rn. 6; a.A. *Rölike* in: Spindler/Stilz, AktG², § 257, Rn. 14.
360 *Bezzenberger* in: Großkomm. AktG⁴, § 257, Rn. 9; *Hüffer*, AktG⁹, § 257, Rn. 6.
361 *Hüffer* in: MünchKomm. AktG³, § 257, Rn. 11.
362 BGH v. 12.01.1998, DB, S. 567 (569); OLG Brandenburg v. 30.04.1997, GmbHR, S. 796 (797); *ADS*⁶, § 257 AktG, Rn. 11, m.w.N.; *Hüffer* in: MünchKomm. AktG³, § 257, Rn. 15; *K. Schmidt* in: Scholz, GmbHG¹⁰, § 46, Rn. 38, m.w.N.
363 *ADS*⁶, § 257 AktG, Rn. 10; *Rölike* in: Spindler/Stilz, AktG², § 257, Rn. 15; *Hüffer*, AktG⁹, § 257, Rn. 7.

und nicht erst mit der Erteilung des BestV, wenn der nach § 173 Abs. 3 AktG von der HV geänderte JA gem. § 316 Abs. 3 HGB erneut geprüft und bestätigt werden muss[364].

VI. Schrifttumsverzeichnis

1. Verzeichnis der Monographien und Beiträge in Sammelwerken

Forster, Der nach Feststellung der Nichtigkeit neu aufgestellte Jahresabschluss und sein Prüfer, in: Hommelhoff (Hrsg.), Gesellschaftsrecht, Rechnungslegung, Steuerrecht, FS W. Müller, München 2001, S. 183; *Greiffenhagen*, Gefahrenlagen für Wirtschaftsprüfer und Aufsichtsräte, insbesondere aus dem Risikofeld Abhängigkeitsbericht, in: Baetge (Hrsg.), Rechnungslegung, Prüfung und Beratung, FS Ludewig, Düsseldorf 1996, S. 303; *Kropff*, Auswirkungen der Nichtigkeit eines Jahresabschlusses auf die Folgeabschlüsse, in: Förschle (Hrsg.), Rechenschaftslegung im Wandel, FS Budde, München 1995, S. 341; *Kropff*, Der unabhängige Finanzexperte in der Gesellschaftsverfassung, in: Bitter u.a. (Hrsg.), FS K. Schmidt, Köln 2009, S. 1023; *Lutter*, Der Streit um die Gültigkeit des Jahresabschlusses einer Aktiengesellschaft, in: Letzgus (Hrsg.), Für Recht und Staat, FS Helmrich, München 1994, S. 693; *Müller, H.-P.*, Bilanzrecht und Organverantwortung, in: Westermann/Rosner (Hrsg.), Festschrift für Karlheinz Quack zum 65. Geburtstag am 3. Januar 1991, FS Quack, Berlin 1991, S. 345; *Müller, H.-P.*, Rechtsfolgen unzulässiger Änderungen von festgestellten Jahresabschlüssen, in: Förschle (Hrsg.), Rechenschaftslegung im Wandel, FS Budde, München 1995, S. 441; *Priester*, Aufstellung und Feststellung des Jahresabschlusses bei unterbesetztem Vorstand, in: Forster (Hrsg.), Aktien- und Bilanzrecht, FS Kropff, Düsseldorf 1997, S. 591.

2. Verzeichnis der Beiträge in Zeitschriften

Arnold, Aktionärsrechte und Hauptversammlung nach dem ARUG, Der Konzern 2009, S. 88; *Bokern*, Die Anfechtung von Bestätigungsbeschlüssen und deren Einfluss auf gerichtliche Verfahren, AG 2005, S. 285; *Bosse*, Grünes Licht für das ARUG, NZG 2009, S. 807; *Brete/Thomsen*, Nichtigkeit und Heilung von Jahresabschlüssen der GmbH, GmbHR 2008, S. 176; *Busse v. Colbe*, Kleine Reform der Konzernrechnungslegung durch das TransPuG, BB 2002, S. 1583; *Diekmann/Leuering*, Der Referentenentwurf eines Gesetzes zur Unternehmensintegrität und Modernisierung des Anfechtungsrechts (UMAG), NZG 2004, S. 253; *Enders/Ruttmann*, Die Interessenabwägung im aktienrechtlichen Freigabeverfahren nach § 246a Abs. 2 Nr. 3 AktG – ein Leitfaden für die Praxis, ZIP 2010, S. 2280; *v. Falkenhausen/Kocher*, Wie wird der unabhängige Finanzexperte in den Aufsichtsrat gewählt?, ZIP 2009, S. 1601; *Florstedt*, Die Reform des Beschlussmängelrechts durch das ARUG, AG 2009, S. 465; *Geist*, Die Pflicht zur Berichtigung nichtiger Jahresabschlüsse bei Kapitalgesellschaften, DStR 1996, S. 306; *Gelhausen/Heinz*, Der befangene Abschlussprüfer, seine Ersetzung und sein Honoraranspruch, WPg 2005, S. 696; *Gelhausen/Kuss*, Vereinbarkeit von Abschlussprüfung und Beratungsleistungen durch den Abschlussprüfer, NZG 2003, S. 424; *Goslar/von der Linden*, Anfechtbarkeit von Hauptversammlungsbeschlüssen aufgrund fehlerhafter Entsprechenserklärungen zum Deutschen Corporate Governance Kodex, DB 2009, S. 1691; *Goslar/von der Linden*, § 161 AktG und die Anfechtbarkeit von Entlastungsbeschlüssen, NZG 2009, S. 1337; *Grumann/Gillmann*, Aktienrechtliche Hauptversammlungsniederschriften und Auswirkungen von formalen Mängeln, NZG 2004, S. 839; *Grunewald*, Satzungsfreiheit für das Beschlussmängelrecht, NZG 2009, S. 967; *Habersack*, Die Auswirkungen der Nich-

---

[364] Vgl. *Bezzenberger* in: Großkomm. AktG[4], § 257, Rn. 18; *Hüffer*, AktG[9], § 257, Rn. 8; *Schwab* in: Schmidt/Lutter, AktG[2], § 257, Rn. 5.

tigkeit des Beschlusses über die Bestellung des Abschlussprüfers auf den festgestellten Jahresabschluss, NZG 2003, S. 659; *Habersack*, Aufsichtsrat und Prüfungsausschuss nach dem BilMoG, AG 2008, S. 98; *Habersack/Stilz*, Zur Reform des Beschlussmängelrechts, ZGR 2010, S. 710; *Happ/Freitag*, Die Mitternachtsstund als Nichtigkeitsgrund?, AG 1998, S. 493; *Heise/Dreier*, Wegfall der Klagebefugnis bei Verlust der Aktionärseigenschaft im Anfechtungsprozess, BB 2004, S. 1127; *Hennrichs*, Fehlerhafte Bilanzen, Enforcement und Aktienrecht, ZHR 2004, S. 383; *Hense*, Rechtsfolgen nichtiger Jahresabschlüsse und Konsequenzen für Folgeabschlüsse, WPg 1993, S. 716; *Hüffer*, Beschlussmängel im Aktienrecht und im Recht der GmbH, ZGR 2001, S. 833; *Hüffer*, Zur Wahl von Beratern des Großaktionärs in den Aufsichtsrat der Gesellschaft, ZIP 2010, S. 1979; *Jahn*, UMAG: Das Aus für „räuberische Aktionäre" oder neues Erpressungspotenzial?, BB 2005, S. 6; *Kläsener/Wasse*, Erste Freigabebeschlüsse nach dem ARUG, AG 2010, S. 202; *Koch/Wackerbeck*, Der Schutz vor räuberischen Aktionären durch die Neuregelungen des ARUG, ZIP 2009, S. 1603; *Kort*, Die Registereintragung gesellschaftsrechtlicher Strukturänderungen nach dem Umwandlungsgesetz und nach dem Gesetz zur Unternehmensintegrität und Modernisierung des Anfechtungsrechts (UMAG), BB 2005, S. 1577; *Kowalski*, Der nichtige Jahresabschluss – was nun?, AG 1993, S. 502; *Küting/Ranker*, Die buchhalterische Änderung handelsrechtlicher Jahresabschlüsse, WPg 2005, S. 1; *Leuering*, Keine Anfechtung wegen Mängeln der Entsprechenserklärung, DStR 2010, S. 2255; *Lorenz*, Die richterliche Überprüfung unternehmerischer Entscheidungen des Vorstands bei Anfechtungsklagen gegen Entlastungsbeschlüsse, NZG 2009, S. 1138; *Lorenz/Pospiech*, Ein Jahr Freigabeverfahren nach dem ARUG – Zeit für einen Blick auf Entscheidungen, Entwicklungstrends und ungeklärte Rechtsfragen, BB 2010, S. 2515; *Lutter*, Das neue „Gesetz für kleine Aktiengesellschaften und zur Deregulierung des Aktienrechts", AG 1994, S. 429; *Martens/Martens*, Rechtsprechung und Gesetzgebung im Kampf gegen missbräuchliche Aktionärsklagen, AG 2009, S. 173; *Mattheus/Schwab*, Fehlerkorrektur nach dem Rechungslegungs-Enforcement, BB 2004, S. 1099; *Mattheus/Schwab*, Rechtsschutz für Aktionäre beim Rechnungslegungs-Enforcement, DB 2004, S. 1975; *Müller, H.-P.*, Bilanzrecht und materieller Konzernschutz, AG 1994, S. 410; *Müller, W.*, Prüfverfahren und Jahresabschlussnichtigkeit nach dem Bilanzkontrollgesetz, ZHR 2004, S. 414; *Rubel*, Die Interessenabwägungsklausel in Freigabeverfahren nach dem ARUG, DB 2009, S. 2027; *Schulze-Osterloh*, Nichtigkeit des Jahresabschlusses einer AG wegen Überbewertung, ZIP 2008, S. 2241; *Rieder*, Anfechtbarkeit von Aufsichtsratswahlen bei unrichtiger Entsprechenserklärung?, NZG 2010, S. 737; *Schütz*, Neuerungen im Anfechtungsrecht durch den Referentenentwurf des Gesetzes zur Unternehmensintegrität und Modernisierung des Anfechtungsrechts (UMAG), DB 2004, S. 420; *Schwab*, Zum intertemporalen Anwendungsbereich des § 243 IV 2 AktG, NZG 2007, S. 521; *Seibert/Schütz*, Der Referentenentwurf eines Gesetzes zur Unternehmensintegrität und Modernisierung des Anfechtungsrechts – UMAG, ZIP 2004, S. 256; *Sosnitza*, Nichtigkeits- und Anfechtungsklage im Schnittfeld von Aktien- und Zivilprozessrecht, NZG 1998, S. 336; *Tielmann*, Die Anfechtungsklage – ein Gesamtüberblick unter Berücksichtigung des UMAG, WM 2007, S. 1686; *Tröger*, Neues zur Anfechtung bei Informationspflichtverletzungen, NZG 2002, S. 211; *Veil*, Klagemöglichkeiten bei Beschlussmängeln der Hauptversammlung nach dem UMAG, AG 2005, S. 568; *Verse*, Das Beschlussmängelrecht nach dem ARUG, NZG 2009, S. 1127; *Vetter*, Modifikation der aktienrechtlichen Anfechtungsklage, AG 2008, S. 177; *Vetter*, Der Tiger zeigt die Zähne, NZG 2009, S. 561; *Weilep/Weilep*, Nichtigkeit von Jahresabschlüssen, BB 2006, S. 147; *Widmann*, Das Fehlen des Finanzexperten nach dem BilMoG – Worst-Case-Szenario für den Aufsichtsrat?, BB 2009, S. 2602; *Wilsing*, Der Regierungsentwurf des Gesetzes zur Unternehmensintegrität und Modernisierung des Anfechtungsrechts, DB

2005, S. 35; *Wilsing*, Neuerungen des UMAG für die aktienrechtliche Beratungspraxis, ZIP 2004, S. 1082; *Wind/Klie*, Der unabhängige Finanzexperte nach dem BilMoG – Rechtsfolgen eines abweichend von § 100 Abs. 5 AktG besetzten Aufsichtsrats, DStR 2010, S. 1339; *Zöllner*, Zur Problematik der aktienrechtlichen Anfechtungsklage, AG 2000, S. 145; *Zöllner*, Die Bestätigung von Hauptversammlungsbeschlüssen – ein problematisches Rechtsinstitut, AG 2004, S. 397.

Kapitel V
Organpflichten bei hälftigem Kapitalverlust, Zahlungsunfähigkeit und Überschuldung der AG und GmbH

Ergibt sich ein Verlust in Höhe der Hälfte des Grund- bzw. Stammkapitals, wird die Gesellschaft zahlungsunfähig oder sie ist überschuldet, so haben die zur Vertretung einer AG und GmbH zuständigen Organe nach § 92 AktG, § 49 Abs. 3 GmbHG und § 15a InsO besondere Pflichten (die gleichen Pflichten treffen die persönlich haftenden Gesellschafter einer KGaA, § 283 AktG)[1].

I. Verlust in Höhe der Hälfte des Grund- oder Stammkapitals

1. Grundlagen der Organpflichten

Ergibt sich bei Aufstellung der Jahresbilanz oder einer Zwischenbilanz, dass ein Verlust in Höhe der Hälfte des Grund- oder Stammkapitals besteht, so hat der Vorstand oder Geschäftsführer **unverzüglich die HV oder Gesellschafterversammlung einzuberufen** und dieser davon Anzeige zu machen (§ 92 Abs. 1 AktG, § 49 Abs. 3 GmbHG). Die Anzeigepflicht besteht auch unabhängig vom Vorliegen einer Bilanz, sobald der Verlust nach pflichtgemäßem Ermessen anzunehmen ist[2]. 1

2. Feststellung eines Verlusts in Höhe der Hälfte des Grund- oder Stammkapitals

Ein Verlust in Höhe der Hälfte des Grund- oder Stammkapitals liegt dann vor, wenn der Verlust zzgl. eines Verlustvortrags so hoch ist, dass er nach Verrechnung mit den Kapital- und Gewinnrücklagen und einem Gewinnvortrag die Hälfte des Grund- oder Stammkapitals übersteigt oder, mit anderen Worten, das Gesellschaftsvermögen nur noch die Hälfte des Grund- oder Stammkapitals deckt. Dabei brauchen die Rücklagen im JA nicht tatsächlich aufgelöst worden zu sein. 2

a) Berücksichtigung stiller Reserven

Im Hinblick auf vereinzelte Äußerungen in der Rspr.[3] umstritten ist nach wie vor, nach welchen Grundsätzen die **Ansatz-** und **Bewertungsentscheidungen** für die Ermittlung des hälftigen Kapitalverlusts vorzunehmen sind. 3

Nach **überwiegenden Auffassungen in der Literatur** sind für die Feststellung des hälftigen Kapitalverlusts Ansatz- und Bewertungsgrundsätze der Jahresbilanz (§§ 246 ff., §§ 252 ff., §§ 264 ff. HGB) zugrunde zu legen; die für den Vermögensstatus maßgebenden Bewertungsregelungen finden keine Anwendung, so dass stille Rücklagen nicht zu berücksichtigen sind. Stille Reserven dürfen für die Feststellung des hälftigen Kapitalverlusts nur in dem Umfang aufgedeckt werden, wie dies nach handelsrechtlichen Vor- 4

---

1 Für Genossenschaften vgl. §§ 33 Abs. 3, 99 GenG, BGH v. 12.02.2007, DStR, S. 816, und BGH v. 01.02.2010, NZG, S. 547; für die PersGes., bei der kein Gesellschafter eine natürliche Person ist, §§ 130a, 177a HGB; für die Limited vgl. KG v. 24.09.2009, NZG 2010, S. 71; siehe dagegen für Vereine BGH v. 08.02.2010, NZI, S. 582; für Stiftungen *Passarge*, NZG 2008, S. 605.

2 Dies folgt für die AG aus § 92 Abs. 1 AktG und wird für die GmbH über den Wortlaut hinaus vertreten: *Förschle/Winkeljohann* in Budde/Förschle/Winkeljohann, Sonderbilanzen[4], P, Rn. 6; *Veit/Grünberg*, DB 2006, S. 2644/2646; *Zöllner* in Baumbach/Hueck, GmbHG[19], § 49, Rn. 20; zweifelnd indes BGH v. 03.02.1987, BGHZ 100, S. 19/22; weitere Pflichten bestehen bei börsennotierten AG nach § 15 Abs. 1 WpHG (Pflicht zur ad-hoc-Mitteilung), ferner zur Beachtung des Verbots des Insider-Handels, § 14 WpHG.

3 BGH v. 09.10.1958, BB, S. 1181, und OLG Köln v. 05.05.1977, AG 1978, S. 17.

schriften auch im JA zulässig wäre. Dabei gilt das Prinzip, dass die AHK nicht überschritten werden dürfen[4]. Die Absicht, eine Verlustanzeige zu vermeiden, ist kein Sachverhalt, der ein Absehen vom Gebot der Stetigkeit (§ 252 Abs. 1 Nr. 6 HGB) nach § 252 Abs. 2 HGB rechtfertigt[5].

5 Zu begründen ist diese Ansicht damit, dass die Ansatz- und Bewertungsgrundsätze der Jahresbilanz auf Konventionen beruhen, deren Einhaltung der Verkehr des Unternehmens mit seinen Gesellschaftern und mit Dritten ohne Rücksicht auf die subjektive Einschätzung einzelner Beteiligter erfordert[6]. Für die Aktionäre kann schon dann ein Anlass zur Erörterung der Lage und zur Beschlussfassung gegeben sein, wenn nach den für die Jahresbilanz maßgebenden Ansatz- und Bewertungsvorschriften ein Verlust in der halben Höhe des Grundkapitals vorhanden ist, gleichgültig, ob sich ein entsprechender Verlust auch bei Aufstellung einer Vermögensbilanz ergibt. Vor allem ist zu berücksichtigen, dass die Möglichkeit einer Gewinnausschüttung allein vom Bilanzgewinn im JA abhängt und ein hälftiger Kapitalverlust deshalb in aller Regel eine Gewinnausschüttung für absehbare Zeit ausschließt[7].

6 Der **BGH** hatte in einer Entscheidung vom 09.10.1958 in Bestätigung des Berufungsgerichts den Standpunkt vertreten, dass eine Anzeigepflicht nicht besteht, solange der Verlust noch aus gesetzlichen oder freien offenen oder stillen Rücklagen unter Zuhilfenahme von weniger als der Hälfte des Grundkapitals gedeckt werden kann[8]. Die Auffassung des vorinstanzlichen Urteils untermauert der BGH seinerseits durch die Feststellung, ein Verlust in Höhe der Hälfte des Grundkapitals sei nur ein Verlust, „der das Vermögen der Gesellschaft auf einen Betrag mindert, der unter der Hälfte des Grundkapitals liegt". Er fügt hinzu, dass „erst dann der Verlust so erheblich (ist), dass die Aktionäre davon verständigt werden müssen, um zu beraten, was nun geschehen soll"[9]. Damit steht der BGH der in der Literatur herrschenden Lehre entgegen. Auf die Entscheidung des BGH beruft sich auch das OLG Köln in einem Urteil vom 05.05.1977, wobei es allerdings neben den stillen und offenen Rücklagen auch „Bewertungsreserven" anführt und – im Anschluss an Letztere – auf die damals geltenden aktienrechtlichen Bewertungsgrundsätze der §§ 153 ff. AktG hinweist, darüber hinaus einander widersprechende Kommentierungen zitiert[10]; in der hier interessierenden Hinsicht bleibt das Urteil des OLG daher unklar. Bedauerlicherweise hat sich der BGH nicht mit den Argumenten auseinander gesetzt, die für die vorerwähnte herrschende gegenteilige Meinung in der Literatur angeführt werden. Das hat Zweifel aufkommen lassen, ob der BGH tatsächlich die Berücksichtigung sämtlicher stiller Re-

---

4 *Bayer* in Lutter/Hommelhoff, GmbHG[17], § 49, Rn. 15; *Förschle/Hoffmann* in Budde/Förschle/Winkeljohann, Sonderbilanzen[4], P, Rn. 31; *Haas* in Baumbach/Hueck, GmbHG[19], § 84, Rn. 12; *Hüffer* in Ulmer/Habersack/Winter, GmbHG[8], § 49, Rn. 26; *Hüffer*, AktG[9], § 92, Rn. 4; *Krieger/Sailer-Coceani* in K. Schmidt/Lutter, AktG[2], § 92, Rn. 4 ff.

5 *Merkt* in Baumbach/Hopt, HGB[34], § 252, Rn. 24; *Haas* in Baumbach/Hueck, GmbHG[19], § 84, Rn. 12; *Kühnberger*, DB 2000, S. 2077/2082; *K. Schmidt/Seibt* in Scholz, GmbHG[10], § 49, Rn. 24; *Winkeljohann/Büssow* in BeBiKo[7], § 252 HGB, Rn. 62; a.A. *Förschle/Hoffmann* in Budde/Förschle/Winkeljohann, Sonderbilanzen[4], P, Rn. 34; *ADS*[6], § 252 HGB, Rn. 115.

6 Vgl. *W. Müller*, ZGR 1985, S. 191, 204; *Kühnberger*, DB 2000, S. 2077.

7 *W. Müller*, ZGR 1985, S. 191/204; vgl. auch *Spindler* in MünchKomm. AktG[3], § 92, Rn. 9.

8 BB 1958, S. 1181/1182; *Muser*, WPg 1961, S. 29. Im gleichen Sinne auch *Kirk*, S. 35–39.

9 BB 1958, S. 1181/1182.

10 OLG Köln v. 05.05.1977, AG 1978, S. 17/22.

serven bis zu den sog. wahren Werten zulassen wollte oder ob die stillen Rücklagen nur bis zu den Höchstwerten der §§ 246 ff., §§ 252 ff. HGB berücksichtigt werden dürfen[11].

Der **Kritik an der Auffassung des BGH** ist zuzugeben, dass eine Objektivierung der Prüfung gem. § 92 Abs. 1 AktG, § 49 Abs. 3 GmbHG bei Zugrundelegung der Verkehrswerte wegen deren subjektiver Färbung nicht erreicht wird[12]. Zwar könnten im Einzelfall bei Zugrundelegung des Standpunkts des BGH eher Härtefälle vermieden werden, die sich sonst aus der u.U. kreditschädigenden Wirkung einer spektakulären Einberufung der HV im Zusammenhang mit einer Anzeige gem. § 92 Abs. 1 AktG ergeben können. Gleichwohl ist der Rechtsmeinung des BGH nur eingeschränkt zu folgen. Der Wortlaut von § 92 Abs. 1 AktG, § 49 Abs. 3 GmbHG lässt eindeutig die Gleichwertigkeit einer Jahresbilanz mit einer im Laufe des GJ erstellten Bilanz erkennen. Dies gebietet, bei der Aufstellung einer solchen Bilanz für Ansatz- und Bewertungsentscheidungen die sonst für den JA geltenden Vorschriften anzuwenden. 7

b) Fortführungsprinzip

Besondere Aufmerksamkeit ist auch in diesem Zusammenhang – wie beim JA in vergleichbarer Situation – der Anwendung des Fortführungsprinzips (going-concern-Prinzips) zu widmen; § 252 Abs. 1 Nr. 2 HGB findet Anwendung. Daraus folgt allerdings auch, dass die Bilanzierung statt unter Fortführungsgesichtspunkten unter Liquidationsgesichtspunkten zu erfolgen hat, wenn entweder die Absicht oder die Notwendigkeit besteht, die Unternehmenstätigkeit aufzugeben[13]. Als Bezugsgröße ist der tatsächliche Zeitraum zu verwenden, den die gesetzlichen Vertreter für ihre Einschätzung zugrunde haben, jedoch mindestens ein Zeitraum von zwölf Monaten nach dem Bilanzierungsstichtag[14]. Muss die Bilanzierung zu Liquidationswerten erfolgen, so sind nur noch bis zum Zeitpunkt der Beendigung des Geschäftsbetriebs verwertbare Vermögensgegenstände zu aktivieren und neben den bislang zu passivierenden Schulden auch solche Verpflichtungen zu berücksichtigen, die durch die Abkehr von der going-concern-Prämisse verursacht sind (z.B. Rückstellung für Sozialpläne). Die Bewertung hat unter Veräußerungsgesichtspunkten zu erfolgen[15]. 8

c) Ausschüttungssperre nach § 268 Abs. 8 HGB

Noch ungeklärt ist, ob das EK um diejenigen EK-Beträge zu vermindern ist, welche nach dem durch das BilMoG eingeführten § 268 Abs. 8 HGB nicht ausgeschüttet werden dürfen. Dafür würde sprechen, dass die Gesellschafter diese Beträge gerade nicht als Ausschüttung erwarten können und ihr durch § 92 Abs. 1 AktG, § 49 Abs. 3 GmbHG geschütztes Interesse auch dem ausschüttbaren EK gilt. Systematisch verringert § 268 Abs. 8 9

---

11 *Goerdeler* vertrat die Auffassung, dass der BGH eine eingehende Begründung gegeben haben würde, wenn er eine grundsätzliche Abkehr von der bisher überwiegend vertretenen Gegenansicht beabsichtigt hätte (BB 1961, S. 1393). Die Zweifel hinsichtlich der Bedeutung des Urteils hatten dadurch an Gewicht gewonnen, dass der BGH sich auch auf die Ausführungen von *K. Schmidt* in Großkom. 1. Aufl., berufen hat, der – jedenfalls in Abs. 1 und 2 seiner Anm. zu § 83 AktG – die Bewertungsregeln der Jahresbilanz als maßgebend bezeichnet. Allerdings zitiert der BGH nur den 3. Abs. dieser Anm., wo – im Gegensatz hierzu – uneingeschränkte die Berücksichtigung der stillen Rücklagen gefordert wird. Für die uneingeschränkte Berücksichtigung der stillen Rücklagen dagegen *Muser*, WPg 1961, S. 29; *Kirk*, S. 35–39; *Zilias*, WPg 1977, S. 445.

12 *W. Müller*, ZGR 1985, S. 191/205; *Hüffer* in Ulmer/Habersack/Winter, GmbHG[8], § 49, Rn. 23; *Spindler* in MünchKomm. AktG[3], § 92, Rn. 10.

13 *IDW PS 270*, WPg 2003, S. 775 ff. = FN-IDW 2003, S. 315 ff., FN-IDW 2010, S. 423 ff., Tz. 7; *W. Müller*, ZGR 1985, S. 191/206; *Hüffer*, AktG[9], § 92, Rn. 4; *Krieger/Sailer-Coceani* in K. Schmidt/Lutter, AktG[2], § 92, Rn. 5.

14 Vgl. *IDW PS 270*, Tz. 8.

15 *IDW RS HFA 17*, FN-IDW 2011, S. 438 ff., Tz. 4.

HGB jedoch nicht das bilanzielle EK, sondern ist außerhalb der Bilanz zu berücksichtigen. Ebenso wie die Ausschüttungssperren der §§ 269 S. 2, 274 Abs. 2 S. 3 HGB a.f.[16] sollte auch § 268 Abs. 8 HGB damit nicht zu einer Verringerung des EK führen. Im Ergebnis hat das BilMoG dazu geführt, dass § 92 Abs. 1 AktG und § 49 Abs. 3 GmbHG erst zu einem späteren Zeitpunkt eingreifen[17].

d) Einzelne Posten der Bilanz
aa) Latente Steuern

10 Passive latente Steuern sind anzusetzen (§ 274 Abs. 1 S. 1 HGB). Aktive latente Steuern können angesetzt werden; das Wahlrecht nach § 274 Abs. 1 S. 2 HGB kann auch erstmals in der Jahres- oder Zwischenbilanz ausgeübt werden[18]. Allerdings ist genau zu untersuchen, ob eine realistische Aussicht auf Realisation der Steuervorteile besteht, insb. auf die Nutzbarkeit steuerlicher Verlustvorträge (§ 274 Abs. 1 S. 4, Abs. 2 S. 2 HGB).

bb) Ansprüche aus stillen Gesellschaften oder Genussrechten

11 Ansprüche aus stillen Gesellschaften oder Genussrechten sind, auch wenn sie bilanziell EK sind, als FK zu behandeln; denn die Krisenwarnung erfolgt im Interesse der Geber des Nominalkapitals[19].

cc) Sonderposten mit Rücklageanteil

12 Der EK-Anteil eines nach Art. 67 Abs. 3 EGHGB beibehaltenen Sonderpostens mit Rücklageanteil ist als EK zu behandeln[20].

dd) Gesellschafterdarlehen

13 Gesellschafterdarlehen sind zu passivieren[21]. Das gilt auch dann, wenn ein Rangrücktritt vereinbart sein sollte[22], es sei denn, dass die Verpflichtung nur aus zukünftigen Gewinnen zu bedienen ist.

ee) Pensionsverbindlichkeiten

14 Sind Pensionsverpflichtungen **passiviert**, so ist es unzulässig, für die Feststellung des Verlusts des halben Grundkapitals Pensionsrückstellungen aufzulösen, soweit der Grund für die Versorgungsverpflichtung nicht entfallen ist[23]. Ungeklärt ist, ob bei der Feststellung des Verlusts nach Art. 28 Abs. 1 und 2 EGHGB **nicht passivierte** Pensionsverbindlichkeiten (Anwartschaften und laufende Pensionen) zu berücksichtigen sind. Geht man hinsichtlich der stillen Rücklagen von den handelsrechtlichen Bewertungsgrund-

---

16 Dazu *Förschle/Winkeljohann* in Budde/Förschle/Winkeljohann, Sonderbilanzen[4], P, Rn. 41, 48.
17 *Verse*, S. 77.
18 Vgl. *Förschle/Winkeljohann* in Budde/Förschle/Winkeljohann, Sonderbilanzen[4], P, Rn. 48.
19 *Förschle/Winkeljohann* in Budde/Förschle/Winkeljohann, Sonderbilanzen[4], P, Rn. 11, 43; *Kühnberger,* DB 2000, S. 2078/2081; für den Regelfall *Spindler* in MünchKomm. AktG[3], § 92, Rn. 10.
20 *Förschle/Winkeljohann* in Budde/Förschle/Winkeljohann, Sonderbilanzen[4], P, Rn. 44; *W. Müller,* ZGR 1985, S. 191/207/213; a.A. *Haas* in Baumbach/Hueck, GmbHG[19], § 84, Rn. 11.
21 Anderer Ansicht *Mertens/Cahn* in Kölner Komm. AktG[3], § 92, Rn. 6.
22 *Bayer* in Lutter/Hommelhoff, GmbHG[17], § 49, Rn. 15; *Priester*, ZGR 1999, S. 545; *Förschle/Winkeljohann* in Budde/Förschle/Winkeljohann, Sonderbilanzen[4], P, Rn. 47; *Hüffer* in Ulmer/Habersack/Winter, GmbHG[8], § 49, Rn. 24; a.A. *Spindler* in MünchKomm. AktG[3], § 92, Rn. 10; differenzierend *K. Schmidt/Seibt* in Scholz, GmbHG[10], § 49, Rn. 24.
23 *W. Müller,* ZGR 1985, S. 191/209; *Zilias,* WPg 1977, S. 445/447; *ADS*[6], § 249 HGB, Rn. 252.

sätzen aus, so ist es konsequent, auch hinsichtlich der Pensionsverbindlichkeiten den Bilanzierungsvorschriften zu folgen; soweit die Bilanzierung von Pensionsverbindlichkeiten nicht vorgeschrieben ist, sind Pensionsverbindlichkeiten demgemäß auch nur dann zu berücksichtigen, wenn sie tatsächlich passiviert wurden[24]. Nicht passivierte Verbindlichkeiten stehen einer Gewinnausschüttung nicht entgegen. Wenn also der innere Grund für die Anzeige gem. § 92 Abs. 1 AktG v.a. darin liegen soll, den Aktionären Gelegenheit zu geben, durch Einleitung geeigneter Maßnahmen die sonst für absehbare Zeit drohende Dividendenlosigkeit zu verhindern, ist es gerechtfertigt, die zulässigerweise nicht passivierten Verbindlichkeiten außer Betracht zu lassen. Im Rahmen der Prüfung des hälftigen Kapitalverlusts kommt dem going-concern-Prinzip eine besondere Bedeutung zu, sofern davon ausgegangen wird, dass dem geltenden Passivierungswahlrecht der Gedanke zugrunde liegt, dass die Aufwendungen für laufende und zukünftige Pensionsverpflichtungen auch aus künftigen Erträgen getragen werden können[25].

ff) Sozialplan- oder Interessenausgleichsverbindlichkeiten

Bei Feststellung des hälftigen Kapitalverlusts ist eine Passivierung von Sozialplan- oder Interessenausgleichsverbindlichkeiten dann geboten, wenn die zuständigen Unternehmensorgane hierüber bereits beschlossen haben, die Vereinbarungen mit dem Betriebsrat aber noch nicht abgeschlossen sind[26]. Demgegenüber erscheint eine Passivierung nicht schon dann zwingend erforderlich, wenn sich aus wirtschaftlichen Gründen eine notwendige Einschränkung eines Betriebs oder Teilbetriebs ergibt. Eine Passivierungspflicht von Verpflichtungen aus den §§ 112, 113 BetrVerfG richtet sich nach den Passivierungs- und Bewertungsgrundsätzen für den JA.

3. Organpflichten bei einem Verlust in Höhe der Hälfte des Grund- oder Stammkapitals

Der hälftige Kapitalverlust verpflichtet den Vorstand nach § 92 Abs. 1 AktG, den persönlich haftenden Gesellschafter einer KGaA nach § 283 Nr. 6 AktG[27] und den Geschäftsführer nach § 49 Abs. 3 GmbHG zur Einberufung einer HV/Gesellschafterversammlung. Die Verpflichtung beinhaltet unverzügliches Handeln; nach § 121 Abs. 1 BGB bedeutet dies, dass ohne schuldhaftes Zögern die Einberufung zu erfolgen hat. Zudem ist der Termin so zu legen, dass keine unnötige Verzögerung eintritt[28]. Bei einer AG muss die Verlustanzeige zur Tagesordnung klar erkennbar angekündigt werden; § 124 Abs. 4 AktG schließt sonst aus, dass Beschlüsse zu diesem Tagesordnungspunkt gefasst werden können[29]. Die AR-Mitglieder sind verpflichtet, den Vorstand zur Erfüllung seiner Pflichten anzuhalten und u.U. selbst nach § 111 Abs. 3 S. 1 AktG eine HV einzuberufen[30].

Die Einberufungspflicht ist nach dem Gesetzeswortlaut unbedingt, d.h. sie ist im Grundsatz nicht davon abhängig, ob es den Organen gelingt, bis zum möglichen ersten Termin einer HV/Gesellschafterversammlung den hälftigen Kapitalverlust zu beseitigen. Im Hinblick auf die sich durch eine derartige Anzeige jedoch i.d.R. ergebenden nachteiligen Wirkungen für die Gesellschaft (z.B. Imageverlust) werden Vorstand und Geschäfts-

---

[24] *Förschle/Winkeljohann* in Budde/Förschle/Winkeljohann, Sonderbilanzen⁴, P, Rn. 45; a.A. *Kühnberger*, DB 2000, S. 2083.
[25] *W. Müller*, ZGR 1985, S. 191/208.
[26] *W. Müller*, ZGR 1985, S. 191/209.
[27] *Hüffer*, AktG⁹, § 283, Rn. 2.
[28] Vgl. *Hüffer*, AktG⁹, § 92, Rn. 5.
[29] *Krieger/Sailer-Coceani* in K. Schmidt/Lutter, AktG², § 92, Rn. 8.
[30] *Krieger/Sailer-Coceani* in K. Schmidt/Lutter, AktG², § 92, Rn. 13.

führung sorgfältig zu prüfen haben, ob bei bereits eingeleiteten Verhandlungen über Sanierungsmaßnahmen, die kurzfristig nach dem hälftigen Kapitalverlust im hier relevanten Umfange erfolgreich abgeschlossen werden, von der Einberufung abgesehen werden kann.

18 Liegt keine Bilanz vor, besteht jedoch der Verdacht auf einen hälftigen Kapitalverlust, so haben die Mitglieder des Vorstands bzw. der Geschäftsführung eine (zumindest grobe) Zwischenbilanz aufzustellen. Ergibt sich aus der aufgestellten Bilanz noch kein hälftiger Kapitalverlust, ist ein solcher jedoch für die nahe Zukunft nicht auszuschließen, so hat der Vorstand bzw. die Geschäftsführung die wirtschaftliche Lage der Gesellschaft zu beobachten und bei Bedarf erneut eine Zwischenbilanz aufzustellen[31].

4. Folgen einer Pflichtverletzung
a) Strafbarkeit

19 Bei vorsätzlicher oder fahrlässiger Verletzung der Pflichten aus § 92 Abs. 1 AktG machen sich die Mitglieder des Vorstands einer AG nach § 401 AktG strafbar. Die Geschäftsführer einer GmbH machen sich nach § 84 GmbHG nur dann strafbar, wenn sie es vorsätzlich oder fahrlässig unterlassen, den Gesellschaftern den hälftigen Kapitalverlust anzuzeigen; eine Anzeige außerhalb einer Gesellschafterversammlung schließt also die Strafbarkeit aus[32].

b) Schadensersatzpflichten

20 Bei schuldhafter Unterlassung der Anzeige nach § 92 Abs. 1 AktG sind die Mitglieder des Vorstands bzw. die Geschäftsführer der **Gesellschaft** zum Schadensersatz verpflichtet (§ 93 Abs. 2 AktG, § 43 Abs. 2 GmbHG, § 823 Abs. 2 BGB)[33].

21 Die Schadensersatzpflicht besteht zudem ggü. den **Gesellschaftern** auf Grundlage von § 823 Abs. 2 BGB[34].

22 Eine Schadensersatzpflicht ggü. den **Gesellschaftsgläubigern** ist dagegen nicht gegeben. Die Einberufung der HV oder der Gesellschafterversammlung zur Entgegennahme der Anzeige, dass die Hälfte des Grund- oder Stammkapitals verloren ist, hat nicht den Zweck, Gesellschaftsgläubiger gegen Verluste zu schützen[35].

II. Organpflichten bei Zahlungsunfähigkeit und Überschuldung
1. Grundlagen der Organpflichten

23 Wird eine AG oder eine GmbH zahlungsunfähig, haben der Vorstand/die Geschäftsführung ohne schuldhaftes Zögern, spätestens aber drei Wochen nach Eintritt der Zah-

---

31 BGH v. 20.02.1995, ZIP, S. 560/561; *Wellhöfer* in Wellhöfer/Peltzer/Müller, W., § 11, Rn. 167; *Zöllner* in Baumbach/Hueck, GmbHG[19], § 49, Rn. 20.
32 Vgl. *Kleindiek* in Lutter/Hommelhoff, GmbHG[17], § 84, Rn. 2.
33 *Förschle/Winkeljohann* in Budde/Förschle/Winkeljohann, Sonderbilanzen[4], P, Rn. 7; *Haas* in Baumbach/Hueck, GmbHG[19], § 84, Rn. 9; *Hüffer*, AktG[9], § 92, Rn. 15; *Mertens/Cahn* in Kölner Komm. AktG[3], § 92, Rn. 21.
34 *Bayer* in Lutter/Hommelhoff, GmbHG[17], § 49, Rn. 22; *Haas*, DStR 2003, S. 423/426; *Haas* in Baumbach/Hueck, GmbHG[19], § 84, Rn. 9; *Wellhöfer* in Wellhöfer/Peltzer/Müller, W., § 11, Rn. 169; a.A. *Hüffer*, AktG[9], § 92, Rn. 15; *Krieger/Sailer-Coceani* in K. Schmidt/Lutter, AktG[2], § 92, Rn. 12; *Mertens/Cahn* in Kölner Komm. AktG[3], § 92, Rn. 21; zum Umfang der Schadensersatzpflicht der Geschäftsführung einer GmbH ggü. den Gläubigern vgl. BGH v. 16.12.1958, DB 1959, S. 230; BGH v. 07.11.1994, NJW-RR 1995, S. 289.
35 BGH v. 09.07.1979 *(Herstatt)*, DB, S. 1689/1694; vgl. *Bayer* in Lutter/Hommelhoff, GmbHG[17], § 49, Rn. 22; *Hüffer*, AktG[9], § 92, Rn. 15; *Mertens/Cahn* in Kölner Komm. AktG[3], § 92, Rn. 21.

lungsunfähigkeit, die Eröffnung des Insolvenzverfahrens zu beantragen (§ 15a Abs. 1 S. 1 InsO). Das gilt sinngemäß auch, wenn sich eine Überschuldung der Gesellschaft ergibt.

Die Verpflichtungen aus § 15a Abs. 1 S. 1 InsO richten sich aus gesellschaftsrechtlicher Sicht zunächst an das **Gesamtorgan**. Der Vorstand oder die Geschäftsführung als Organ ist verpflichtet, das Vorliegen der Voraussetzungen des gesetzlichen Tatbestands zu prüfen und ggf. Maßnahmen zu ergreifen. Bei objektivem Vorliegen eines Insolvenzgrunds und dessen Erkennbarkeit für das Vertretungsorgan besteht die Verpflichtung zu prüfen, ob Sanierungsmöglichkeiten gegeben sind, und diese zu ergreifen. Anderenfalls besteht die Verpflichtung zur unverzüglichen Stellung des Insolvenzantrags. 24

Die Verpflichtung aus § 15a Abs. 1 S. 1 InsO trifft zudem **jedes Mitglied** des Vorstands und jeden Geschäftsführer persönlich. Bei Eintritt von Zahlungsunfähigkeit oder Überschuldung besteht die Verpflichtung, den Insolvenzantrag zu stellen; das bedeutet, dass jedes Mitglied des Vorstands/der Geschäftsführung eines Unternehmens, welches sich in einer derartigen Krise befindet, stets zu prüfen hat, ob Zahlungsunfähigkeit oder Überschuldung gegeben sind. Die gleichen Pflichten gelten für die Vor-Gesellschaft[36] und die Gesellschaft in Liquidation (§ 268 Abs. 2 AktG; § 71 Abs. 4 GmbHG); nicht jedoch in der Phase der Vorgründungsgesellschaft. 25

2. Vorliegen einer Zahlungsunfähigkeit

Nach der Legaldefinition in § 17 Abs. 2 S. 1 InsO gilt ein Schuldner als **zahlungsunfähig**, wenn er nicht in der Lage ist, seine fälligen Zahlungsverpflichtungen zu erfüllen. 26

Lässt sich die Zahlungsunfähigkeit voraussichtlich in kurzer Zeit beheben, so liegt eine bloße **Zahlungsstockung** vor, die keinen Insolvenzgrund darstellt[37]. Als **maßgeblichen Zeitraum** für die Abgrenzung der Zahlungsunfähigkeit von der Zahlungsstockung hat der BGH den Zeitraum angesehen, den eine kreditwürdige Person benötigt, um sich die benötigten Mittel zu leihen, und dafür einen Zeitraum von längstens drei Wochen angesetzt[38]. In Ausnahmefällen kann ein längerer Zeitraum in Betracht kommen[39], auch wenn noch nicht vom BGH entschieden. 27

Der BGH lässt es zudem zu, dass auch nach Ablauf der Dreiwochenfrist noch eine **geringfügige Liquiditätslücke** verbleibt. Als maßgeblich hat der BGH einen Schwellenwert von 10% der Gesamtsumme der fälligen Verbindlichkeiten angesehen. Nach dem BGH gilt Folgendes[40]: 28

– Ist zum Ende des Dreiwochenzeitraums noch eine Unterdeckung von weniger als 10% zu erwarten, so liegt nur bei besonderen Umständen Zahlungsunfähigkeit vor, etwa bei einem zu erwartenden weiteren Niedergang des Unternehmens. Solche Umstände sind von demjenigen zu beweisen, der die Zahlungsunfähigkeit als Insolvenzgrund geltend macht.

---

36 Zur GmbH BGH v. 09.10.2003, GmbHR 2003, S. 1488; *Kleindiek* in Lutter/Hommelhoff, GmbHG[17], Anh. § 64, Rn. 5; a.A. *Altmeppen* in Roth/Altmeppen, GmbHG[6], Vorb § 64, Rn. 10.
37 BGH v. 24.05.2005, DStR, S. 1616/1617; BGH v. 27.07.2006, NJW, S. 3553, Tz. 16; BGH v. 12.10.2006, NZI 2007, S. 36, Tz. 27; *Kamm/Köchling*, ZInsO 2006, S. 732; *Knolle/Tetzlaff*, ZInsO 2005, S. 897.
38 BGH v. 24.05.2005, DStR, S. 1616/1618; BGH v. 27.07.2006, NJW, S. 3553, Tz. 16; BGH v. 12.10.2006, NZI 2007, S. 36, Tz. 27.
39 *IDW PS 800*, WPg Supplement 2009, S. 42 ff. = FN-IDW 2009, S. 161 ff., Tz. 8; OLG Hamburg v. 25.06.2010, rkr., GmbHR 2011, S. 371.
40 BGH v. 24.05.2005, DStR, S. 1616, 1619 f.; BGH v. 27.07.2006, NJW, S. 3553, Tz. 16; BGH v. 12.10.2006, NZI 2007, S. 36, Tz. 27; dazu auch *IDW PS 800*, Tz. 7 ff.; *Becker/Janssen/Müller*, DStR 2009, S. 1660; *Stahlschmidt*, ZInsO 2005, S. 1086; *Staufenbiel/Hoffmann*, ZInsO 2008, S. 785; kritisch *Kamm/Köchling*, ZInsO 2006, S. 732; *Neumaier*, NJW 2005, S. 3041.

– Ist zum Ende des Dreiwochenzeitraums eine Unterdeckung von 10% oder mehr zu erwarten, so liegt regelmäßig Zahlungsunfähigkeit vor. Zahlungsunfähigkeit ist nur in besonderen Fallkonstellationen ausgeschlossen, deren Vorliegen von den Organen darzulegen und zu beweisen ist. Eine solche Fallkonstellation liegt etwa vor, wenn mit an Sicherheit grenzender Wahrscheinlichkeit zu erwarten ist, dass die Unterdeckung zwar nicht innerhalb von drei Wochen, jedoch immerhin in überschaubarer Zeit beseitigt werden wird.

29 Fällig im Sinne dieser Vorschriften wird eine Forderung nicht bereits zu dem Zeitpunkt, zu dem der Gläubiger ihre Erfüllung verlangen kann[41], sondern erst mit einer Gläubigerhandlung, aus der sich der Wille, vom Schuldner Erfüllung zu verlangen, im Allgemeinen ergibt[42]. Eine solche Handlung ist bereits in der Übersendung einer Rechnung zu sehen[43]. Die Fälligkeit bleibt auch dann bestehen, wenn der Gläubiger nach der Übersendung der Rechnung weitere Bemühungen eingestellt hat, ohne damit zum Ausdruck zu bringen, dass er mit der vorläufigen Nichterfüllung einverstanden ist[44]. Erst wenn sich der Gläubiger mit einer späteren oder nachrangigen Befriedigung einverstanden erklärt, sind seine Forderungen bei der Prüfung der Zahlungsunfähigkeit des Schuldners nicht zu berücksichtigen[45]. Hierfür genügt ein tatsächliches Einverständnis ohne rechtlichen Bindungswillen oder erkennbare Erklärung; eine Stundung im Rechtssinne ist nicht erforderlich[46]. Bei der Annahme eines solchen Einverständnisses ist jedoch Zurückhaltung geboten; ein Stillhalten der Arbeitnehmer aus Sorge um den Arbeitsplatz stellt etwa kein solches Einverständnis dar[47]. Forderungen sind stets zu berücksichtigen, wenn sie der Schuldner selbst fällig stellt und die alsbaldige Erfüllung zusagt[48].

30 Die Beurteilung der Zahlungsfähigkeit erfolgt auf Basis eines **Finanzstatus** und eines darauf aufbauenden **Finanzplans**. Einzelheiten zu der Erstellung regelt *IDW PS 800*, Tz. 17 ff.[49]

31 Die Zahlungsunfähigkeit wird durch die **Wiederherstellung der Zahlungsfähigkeit** beseitigt. Auf welchem Wege dies geschieht, ist gleichgültig; die Vereinbarung einer Stundung mit den wesentlichen Gläubigern genügt genauso wie die rechtzeitige Bereitstellung von Liquidität, z.B. durch Kreditaufnahme oder durch den Erlös aus der Liquidation bisher gebundenen Kapitals der Gesellschaft.

32 Zahlungsunfähigkeit wird vermutet, wenn der Schuldner seine **Zahlungen eingestellt** hat (§ 17 Abs. 2 S. 2 InsO)[50]. In diesem Fall haben somit die Organmitglieder zu beweisen, dass trotz Zahlungseinstellung keine Zahlungsunfähigkeit vorliegt. Zahlungseinstellung ist dasjenige äußere Verhalten des Schuldners, bei dem sich für die beteiligten Verkehrskreise der Eindruck aufdrängt, der Schuldner sei nicht in der Lage, seine fälligen Zahlungsverpflichtungen zu erfüllen. Dazu reicht die tatsächliche Nichtzahlung eines erheblichen Teils der fälligen Verbindlichkeiten aus. Dies gilt auch dann, wenn die tatsächlich

---

41 So noch *IDW PS 800*, Tz. 30, ohne dass sich in der Praxis nennenswerte Abweichungen ergeben dürften.
42 BGH v. 19.07.2007, NZI, S. 579, Tz. 19; hierzu *Tetzlaff*, ZInsO 2007, S. 1334/1336.
43 BGH v. 19.07.2007, NZI, S. 579, Tz. 19.
44 BGH v. 13.02.2008, NZI, S. 299, Tz. 21.
45 BGH v. 19.07.2007, NZI, S. 579, Tz. 18.
46 BGH v. 20.12.2007, NZI 2008, S. 231, Tz. 25 f.
47 BGH v. 13.02.2008, NZI, S. 299, Tz. 22 f.
48 BGH v. 14.05.2009, NZI, S. 832, Tz. 24.
49 Hierzu *Fachausschuss Sanierung und Insolvenz des IDW*, ZIP 2009, S. 201; vgl. auch *Staufenbiel/Hoffmann*, ZInsO 2008, S. 838 und S. 891.
50 Hierzu und zu den folgenden Ausführungen: BGH v. 21.06.2007, NZI, S. 517, Tz. 27 ff.; *IDW PS 800*, Tz. 13 ff.

geleisteten Zahlungen beträchtlich sind, aber im Verhältnis zu den fälligen Gesamtschulden nicht den wesentlichen Teil ausmachen. Keine Zahlungseinstellung liegt vor, wenn der Schuldner aufgrund rechtserheblicher Einwendungen nicht zahlt. Auch eine Zahlungseinstellung ist von der Zahlungsstockung abzugrenzen, so dass die Liquiditätslücke länger als drei Wochen bestehen muss. Eine einmal eingetretene Zahlungseinstellung kann nur dadurch beseitigt werden, dass der Schuldner seine Zahlungen allgemein wieder aufnimmt.

3. Vorliegen einer Überschuldung

Den Begriff der **Überschuldung** definiert § 19 Abs. 2 InsO. Danach liegt Überschuldung vor, wenn das Vermögen der Gesellschaft die bestehenden Verbindlichkeiten nicht mehr deckt. In der Fassung des § 19 Abs. 2 InsO bis zum 31.12.2013 liegt auch in diesem Fall keine Überschuldung vor, wenn die Fortführung des Unternehmens den Umständen nach überwiegend wahrscheinlich ist. 33

Die Feststellung der Überschuldung erfolgt im **Überschuldungsstatus**. Die Aufstellung des Überschuldungsstatus ist für den Eintritt der Überschuldung und die daran anknüpfenden Handlungspflichten nicht konstitutiv, da hierfür das Vorliegen des Sachverhalts genügt. Ohnedies ist die Aufstellung eines Überschuldungsstatus dadurch erschwert, dass eindeutig anerkannte Methoden fehlen. Es besteht insoweit Einigkeit, dass es sich bei dem Überschuldungsstatus um eine Vermögensbilanz handelt, für welche die Ansatz- und Bewertungsvorschriften der §§ 246 ff., §§ 252 ff., §§ 264 ff. HGB nicht zur Anwendung kommen[51], auch wenn Ausgangspunkt für die Bestimmung des Mengengerüsts die HB ist[52]. Es gelten insb. nicht das AK-Prinzip, das Prinzip der Einzelbewertung, das Imparitätsprinzip und das Realisationsprinzip[53]. 34

a) Feststellung der Überschuldung
aa) Methoden der Feststellung der Überschuldung

Das Fehlen gesetzlicher Vorschriften über Aufstellungs- und Bewertungsregeln hat zu Meinungsverschiedenheiten in grundsätzlichen Fragen der Überschuldungsmessung wie auch bei vielen Einzelfragen der Bewertung geführt. Die in der Vergangenheit vertretenen Auffassungen über die dem Ansatz und der Bewertung im Überschuldungsstatus zugrunde zu legenden Prämissen lassen sich wie folgt zusammenfassen[54]: 35

a. Prüfung unter der Annahme der **Fortführung** der Gesellschaft ggf. mit Veräußerung bestimmter (nicht betriebsnotwendiger) Vermögensteile;
b. Prüfung unter der Annahme der **Liquidation** der Gesellschaft entweder durch Veräußerung als Ganzes oder durch Veräußerung selbständiger Vermögensteile oder durch Zerschlagung;
c. **kumulative Prüfung** unter der Annahme der Fortführung und der Liquidation des Unternehmens;
d. **zweistufige (alternative) Prüfung** unter der jeweils wahrscheinlichen Annahme der Fortführung oder der Liquidation des Unternehmens (erste Stufe: betriebswirtschaftliche Fortbestehensanalyse, zweite Stufe: Erstellung des Status unter der jeweils in der ersten Stufe gefundenen Prämisse);

---

51 Vgl. BGH v. 03.02.1987, BB, S. 1006; BGH v. 27.10.1982, NJW 1983, S. 676.
52 WP Handbuch 2008, Bd. II, L Tz. 253; *Kleindiek* in Lutter/Hommelhoff, GmbHG[17], Anh zu § 64, Rn. 17.
53 *FAR 1/1996*, WPg 1997, S. 22 = FN-IDW 1996, S. 523, Abschn. 4.1.
54 Vgl. *Drukarczyk* in MünchKomm. InsO[2], § 19, Rn. 20 ff.; *Kupsch*, WPg 1982, S. 273/276; *Klar*, DB 1990, S. 2077; *Groß/Amen*, WPg 2002, S. 225 sowie S. 433; *Uhlenbruck* in Uhlenbruck, InsO[13], § 19, Rn. 28 ff.

e. **modifizierte zweistufige Prüfung**[55]: Der Vermögensstatus wird stets unter der Annahme der Liquidation erstellt (rechnerische Überschuldungsprüfung); diesem Status kommt jedoch nur dann rechtliche Bedeutung zu, sofern die Fortbestehensprognose mit überwiegender Wahrscheinlichkeit negativ ausfällt (rechtliche Überschuldung).

bb) Rechtsprechung des BGH vor Inkrafttreten der InsO

36 Eine Überschuldung im Rechtssinne lag nach der Rspr. des BGH vor Inkrafttreten der InsO nur vor, wenn das Vermögen bei Ansatz von Liquidationswerten unter Einbeziehung aller stillen Reserven die bestehenden Verbindlichkeiten nicht deckt (rechnerische Überschuldung) und die Finanzkraft der Gesellschaft nach überwiegender Wahrscheinlichkeit mittelfristig nicht zur Fortführung des Unternehmens ausreicht (Überlebens- oder Fortbestehungsprognose)[56]. Das Gericht hatte sich damit der sog. modifizierten zweistufigen Prüfung angeschlossen. Ist eine positive Fortbestehensprognose jedoch – z.B. wegen fehlender Überzeugungskraft der Prognoserechnung – innerhalb der gesetzlichen Fristen nicht erreichbar, so war das gerichtliche Konkurs- oder Vergleichsverfahren zu beantragen.

37 Nach der vom BGH angewendeten zweistufigen Prüfungsmethode war wie folgt vorzugehen:

1. In einem Vermögensstatus war unter Ansatz von Liquidationswerten zu prüfen, ob das Vermögen ausreicht, die bestehenden Verbindlichkeiten zu decken. Stille Reserven waren bei Ansatz und Bewertung des Vermögens zu berücksichtigen (**rechnerische Überschuldung**). Lag danach keine Überschuldung vor, entfällt eine weitere Prüfung.

2. Vorstand oder Geschäftsführer hatten sodann bei rechnerischer Überschuldung eine **Fortbestehens- oder Überlebensprognose** anzustellen. Sie ist auf die Feststellung gerichtet, ob die Finanzkraft der Gesellschaft nach überwiegender Wahrscheinlichkeit mittelfristig zur Fortführung des Unternehmens ausreiche oder nicht. Gelangten Vorstand/Geschäftsführung aufgrund sorgfältiger betriebswirtschaftlicher Analyse der Rentabilität und der Finanzierung des Unternehmens sowie fundierter Erwartungen hinsichtlich der künftigen Entwicklung zu der Überzeugung, dass die Überlebens- oder Fortbestehungsfähigkeit nicht gegeben ist, lag eine Überschuldung im Rechtssinne vor. Ergab die Analyse indes nachvollziehbar und beweiskräftig, dass Grund zur Annahme besteht, dass die Gesellschaft lebensfähig ist, und mittelfristig damit zu rechnen ist, dass die Finanzkraft zur Fortführung des Unternehmens ausreicht, brauchten aus der gegebenen rechnerischen Überschuldung keine weiteren Folgerungen gezogen zu werden.

3. Solange die rechnerische Überschuldung der Gesellschaft gegeben war, hatten Vorstand und Geschäftsführung sich wiederholt – und zwar in kurzen zeitlichen Abständen – davon zu überzeugen, dass in ihrer Einschätzung der Höhe der Überschuldung und der Überlebens- oder Fortbestehensprognose keine nachteiligen Veränderungen eingetreten sind. Eine Verschlechterung der Einschätzung mit der Folge, dass die Finanzkraft mittelfristig zur Überschuldungsabwendung nicht mehr ausreicht, verpflichtete zur unverzüglichen Stellung eines Konkurs- oder Vergleichsantrags.

---

55 Vgl. *K. Schmidt*, AG 1978, S. 337; *K. Schmidt/Bitter* in Scholz, GmbHG¹⁰, Vor § 64, Rn. 17; *Ulmer*, KTS 1981, S. 469.
56 BGH v. 13.07.1992, DB, S. 2022/2025; ferner BGH v. 06.06.1994, BGHZ 126, S. 181/199; BGH v. 20.03.1995, AG, S. 368; BGH v. 12.07.1999, BB, S. 1887; BGH v. 12.03.2007, DStR, S. 961, Tz. 14; krit. *Drukarczyk*, WM 1994, S. 1737/1741; *Vollmer/Maurer*, DB 1993, S. 2315/2317; *Schüppen*, DB 1994, S. 197/199.

cc) Regelung des § 19 Abs. 2 InsO

Nach § 19 Abs. 2 InsO liegt Überschuldung vor, wenn das Vermögen des Schuldners die bestehenden Verbindlichkeiten nicht deckt. Bei der Bewertung des Vermögens des Schuldners ist die Fortführung des Unternehmens zugrunde zu legen, wenn dies nach den Umständen überwiegend wahrscheinlich ist. Das Gesetz greift damit die sog. alternative zweistufige Prüfungsmethodik auf[57]. Die Entwicklung des Überschuldungsbegriffs in Rspr. und Literatur hat den Gesetzgeber bei der Beschlussfassung über die InsO nicht beeindruckt[58]. In Kenntnis der Entscheidung des BGH ist der Rechtsausschuss „entschieden" von der Auffassung des Gerichts abgewichen, um zum Schutz der Gläubiger Nachteile zu verhindern, falls sich die Prognose als falsch erweisen sollte und eine Gesellschaft trotz fehlender persönlicher Haftung ihre Tätigkeit fortsetzt, auch wenn ein die Schulden deckendes Vermögen nicht zur Verfügung stünde[59]. Der BGH hat in der Folge entschieden, dass durch § 19 Abs. 2 InsO der bisherigen Rspr. die Grundlage entzogen wurde[60]. 38

Somit bestimmt sich das Vorliegen einer Überschuldung allein nach dem Überschuldungsstatus, für dessen Ansätze und Bewertungen entscheidend ist, ob Fortführungs- oder Liquidationsgesichtspunkte zum Tragen kommen. Nach dieser Auffassung ist es geboten, die Überschuldung durch einen Vergleich des Vermögens des Schuldners mit den bestehenden Verbindlichkeiten zu messen. Das Gesetz geht demzufolge davon aus, dass die Überschuldung nach Art eines Status oder einer Bilanz festgestellt wird. Für die Entscheidung, welche Vermögensgegenstände und Verbindlichkeiten anzusetzen (zu bilanzieren) sind, trifft § 19 Abs. 2 InsO keine Aussage. Hierzu ist auf allgemeine Grundsätze zurückzugreifen; das anzusetzende Mengengerüst kann indes von der anzuwendenden Methode der Bewertung beeinflusst werden. Diese wird in § 19 Abs. 2 S. 2 InsO vorgeschrieben. Sie hat nach den Grundsätzen des Fortbestehens des Unternehmens auszugehen, wenn diese Annahme nach den Umständen überwiegend wahrscheinlich ist. Lässt sich diese Annahme nach den Umständen nicht treffen, ist die Bewertung mit Veräußerungswerten vorzunehmen. 39

Der Unterschied zwischen § 19 Abs. 2 InsO und der vorherigen Rspr. relativiert sich, wenn man bei positiver Fortbestehensprognose einen Geschäfts- oder Firmenwert berücksichtigt[61]. Dies wird jedoch nur restriktiv zugelassen[62]. 40

Nach § 19 Abs. 2 InsO entstand Streit, ob dem Gesetz eine bestimmte Prüfungsreihenfolge zu entnehmen ist. Zur Vermeidung überflüssiger Mehrarbeit bei Erstellung eines Status unter Anwendung unterschiedlicher Methoden ist, als Überlegung der Zweckmäßigkeit, die Überschuldungsprüfung nach § 19 Abs. 2 InsO mit der Prüfung und Feststellung der Fortbestehensfähigkeit des Unternehmens zu beginnen[63]. Auf der Grundlage der Absicht, das Unternehmen fortzuführen, ist es das Ziel der Fortbestehensprognose festzustellen, ob das Unternehmen objektiv überlebensfähig ist. 41

---

57 Dazu auch *FAR 1/1996*; zu Dohna, WPg 1986, S. 349, 351; *K. Schmidt*, ZGR 1986, S. 178/188; *Uhlenbruck*, KTS 1986, S. 27.
58 InsO, BGBl. I 1994, S. 2866; kritisch *K. Schmidt*, ZGR 1998, S. 633/653.
59 Vgl. Begr. Rechtsausschuss, BT-Drs. 12/7302, S. 157.
60 BGH v. 05.02.2007, DStR, S. 728, Tz. 19.
61 *K. Schmidt* in K. Schmidt/Uhlenbruck, Rn. 5.75; *K. Schmidt/Bitter* in Scholz, GmbHG[10], Vor § 64, Rn. 34, m.w.N.
62 Dazu Tz. 51.
63 So etwa OLG Oldenburg v. 24.04.2008, ZInsO 2009, S. 154, Tz. 27; *Förschle/Winkeljohann* in Budde/Förschle/Winkeljohann, Sonderbilanzen[4], P, Rn. 73 ff.; *Kleindiek* in Lutter/Hommelhoff, GmbHG[17], Anh zu § 64, Rn. 26; a.A. *Schmerbach* in FK-InsO[5], § 19, Rn. 7a; *Greil/Herden*, ZInsO 2010, S. 833; kritisch *Uhlenbruck* in Uhlenbruck, InsO[13], § 19, Rn. 35.

42 Für die Beweislast gilt Folgendes:

- Wer sich auf die Überschuldung beruft, hat den objektiven Tatbestand nachzuweisen[64]. Hierzu genügt die Vorlage einer HB, die einen nicht durch EK gedeckten Fehlbetrag ausweist, wenn zugleich Ausführungen zu stillen Reserven und nicht abgebildeten Vermögensgegenständen gemacht werden. In diesem Fall hat die Geschäftsleitung im Einzelnen zu den stillen Reserven und nicht abgebildeten Vermögensgegenständen vorzutragen[65].
- Da die Überschuldungsprüfung nach Liquidationswerten den Regelfall und die Prüfung nach Fortführungswerten den Ausnahmefall darstellt, hat die Geschäftsleitung die Umstände für die günstige Fortbestehensprognose darzulegen und zu beweisen[66].

dd) Regelung des § 19 Abs. 2 InsO bis 31.12.2013

43 Aufgrund der Finanzmarktkrise wurde § 19 Abs. 2 InsO durch das FMStG mit Wirkung zum 18.10.2008 neu gefasst[67]. Nach der Neufassung liegt eine Überschuldung nicht vor, wenn die Fortführung des Unternehmens den Umständen nach überwiegend wahrscheinlich ist. Hiermit ist eine Rückkehr zur modifizierten zweistufigen Prüfung gewollt[68]. Die neue Fassung des § 19 Abs. 2 InsO war zunächst bis zum 31.12.2010 befristet, wurde jedoch durch das Gesetz zur Erleichterung der Sanierung von Unternehmen bis zum 31.12.2013 verlängert.

44 Wer sich auf die Überschuldung beruft, muss eine Überschuldungsbilanz vorlegen, welche die Überschuldung im maßgeblichen Zeitraum des Geschäftsabschlusses belegt; bei entsprechend qualifiziertem Vortrag ist die Ableitung aus der HB möglich[69]. Beruft sich der Vorstand oder Geschäftsführer demgegenüber auf eine positive Fortbestehensprognose, so obliegt ihm die Beweislast hierfür[70].

b) Fortbestehensprognose

45 In beiden zweistufigen Überschuldungsprüfungen kommt der Fortbestehensprognose[71] eine wesentliche Bedeutung zu[72]. Für diese Prognose kommt es nicht darauf an, ob das Unternehmen in der Lage ist, Gewinne zu erzielen oder sonst rentabel zu arbeiten. Stattdessen kommt es einerseits auf den Fortführungswillen der Gesellschaft und andererseits auf die objektive Überlebensfähigkeit an[73]. Für die objektive Überlebensfähigkeit ist entscheidend, ob die Finanzkraft des Unternehmens nach überwiegender Wahrscheinlichkeit

---

64 BGH v. 27.04.2009, DStR, S. 1384, Tz. 9, m.w.N.
65 BGH v. 27.04.2009, DStR, S. 1384, Tz. 9.
66 BGH v. 09.10.2006, DStR, S. 2186; BGH v. 27.04.2009, DStR, S. 1384, Tz. 11; BGH v. 18.10.2010, DStR 2011, S. 130.
67 Hierzu *Böcker/Poertzgen*, GmbHR 2008, S. 1289; *Eckert/Happe*, ZInsO 2008, S. 1098; *Hirte/Knof/Mock*, ZInsO 2008, S. 1217; *Hölzle*, ZIP 2008, S. 2003; *Holzer*, ZIP 2008, S. 2108; *Hoos/Kleinschmidt*, NZG 2009, S. 1172; *Lüer*, S. 603 ff.; *W. Müller*, S. 701 ff.; *Otto*, MDR 2008, S. 1369; *Poertzgen*, ZInsO 2009, S. 401; *K. Schmidt*, DB 2008, S. 2467.
68 Vgl. BT-Drucks. 16/13927, S. 4; kritisch jedoch *Wackerbarth*, NZI 2009, S. 145.
69 Vgl. Anm. 42; *Haas* in Baumbach/Hueck, GmbHG[19], § 64, Rn. 59b; *Römermann*, NZG 2009, 854/855.
70 *Kleindiek* in Lutter/Hommelhoff, GmbHG[17], Anh zu § 64, Rn. 26; *Römermann*, NZG 2009, 854/855; *Schmerbach* in FK-InsO[5], § 19, Rn. 23b.
71 Der Gesetzeswortlaut spricht von einer „Fortführung"; zur Abgrenzung von der Fortführungsprognose i.S.v. § 252 Abs. 1 Nr. 2 HGB wird jedoch der Begriff der Fortbestehensprognose gewählt wie in *IDW S 6*, WPg Supplement 4/2009, S. 145 ff. = FN-IDW 2009, S. 578 ff., Tz. 4, 12 und 78, und WP Handbuch 2008, Bd. II, L Tz. 190; der BGH v. 09.10.2006, DStR, S. 2186, verwendet beide Begriffe synonym.
72 Hierzu *Sikora*, ZInsO 2010, S. 1761.
73 BGH v. 09.10.2006, DStR, S. 2186.

mittelfristig zur Fortführung des Unternehmens ausreicht[74]. Hierbei ist von einem Unternehmenskonzept auszugehen, in dem die Zielvorstellungen, Strategien, der Gestaltungsrahmen und die beabsichtigten Handlungsabläufe dargestellt werden. Das Unternehmenskonzept führt über eine Ertragsplanung zu der Finanzplanung. Die Prognose fällt positiv aus, wenn sich aus der Finanzplanung plausibel und nachvollziehbar ergibt, dass das finanzielle Gleichgewicht mittelfristig gewahrt oder wiedererlangt wird. Als Prognosezeitraum ist ein Zeitraum von mindestens zwölf Monaten zugrunde zu legen[75]; im Schrifttum werden regelmäßig das laufende und das nächste Geschäftsjahr genannt, also ein Zeitraum von zwölf bis 24 Monaten[76]. Verbleibt oder entsteht eine finanzielle Unterdeckung, fällt die Prognose negativ aus.

Da die Fortbestehensprognose einen Zeitraum von mindestens zwölf Monaten umfasst, ist die Rückkehr zur zweistufigen alternativen Prüfung bereits vor dem Jahr 2014 zu beachten[77]. **46**

c) Ansatz und Bewertung von Aktiva im Überschuldungsstatus bei negativer Fortbestehensprognose

Bei negativer Fortbestehensprognose ist der Überschuldungsstatus nach Liquidationsgesichtspunkten aufzustellen. **47**

aa) Ansatz bei negativer Fortbestehensprognose

Ist der **Überschuldungsstatus** nach Liquidationsgesichtspunkten aufzustellen, hat er als Aktiva sämtliche Vermögensgegenstände eines zukünftigen Gemeinschuldners zu enthalten, die in die Soll-Insolvenzmasse fallen. **48**

Anzusetzen sind sämtliche Vermögensgegenstände des AV und des Umlaufvermögens. Hierzu gehören auch Gegenstände, an denen ein Gläubiger ein Absonderungsrecht hat. Der Ansatz im Falle eines Aussonderungsrechts ist zweifelhaft[78]. Bei den **Aktiva** gelten folgende Besonderheiten[79]: **49**

– Bei der Bilanzierung unter Liquidationsgesichtspunkten können die **nicht selbständig verwertbaren immateriellen Vermögenswerte** (insb. der Geschäfts- oder Firmenwert) nur berücksichtigt werden, wenn zu erwarten ist, dass ganze Betriebe oder Teilbetriebe veräußert werden können und der Kaufpreis voraussichtlich über der Summe der Werte der einzelnen Gegenstände des Betriebsvermögens liegt[80]. Dies wird regelmäßig nur bei einer günstigen Fortbestehensprognose anzunehmen sein.

---

74 *FAR 1/1996*, Abschn. 3; *IDW PS 270*, Tz. 7 ff.; WP Handbuch 2008, Bd. II, L Tz. 188 f.; BGH v. 13.07.1992, DB 1993, S. 2022; *Balthasar* in Krieger/Schneider, Uwe H., § 29, Rn. 15; *Früh/Wagner*, WPg 1998, S. 907/909; *K. Schmidt*, ZGR 1998, S. 633/652; *Groß/Amen*, WPg 2002, S. 225; *Drukarczyk/Schüler*, WPg 2003, S. 56, mit Replik *Groß/Amen*, WPg 2003, S. 67; zur Bedeutung der Ertragsfähigkeit: *Wolf*, DStR 2009, S. 2682.

75 *FAR 1/1996*, Abschn. 3.2.

76 Vgl. hierzu *Balthasar* in Krieger/Schneider, Uwe H., § 29, Rn. 15; *Casper* in Ulmer/Habersack/Winter, GmbHG[8], § 64 (MoMiG), Rn. 54; *Haas* in Baumbach/Hueck, GmbHG[19], § 64, Rn. 47.

77 Vgl. hierzu *Balthasar* in Krieger/Schneider, Uwe H., § 29, Rn. 13; *Dahl/Schmitz*, NZG 2009, S. 567/568; *Thonfeld*, NZI 2009, S. 15/18.

78 Vgl. *Uhlenbruck* in Uhlenbruck, InsO[13], § 19, Rn. 62; WP Handbuch 2008, Bd. II, L Tz. 268, 270–272, 278.

79 Vgl. WP Handbuch 2008, Bd. II, L Tz. 258 ff. Zu Ansatz und Bewertung vgl. *Drukarczyk* in MünchKomm. InsO[2], § 19, Rn. 91 ff.; *Uhlenbruck* in Uhlenbruck, InsO[13], § 19, Rn. 57 ff.

80 *Uhlenbruck* in Uhlenbruck, InsO[13], § 19, Rn. 84.

- **Verwertbare immaterielle Vermögensgegenstände** wie Konzessionen, Markenrechte, Patente oder Lizenzen sind anzusetzen[81], bei selbst geschaffenen immateriellen Vermögensgegenständen jedoch nur bei hinreichend sicherer Veräußerbarkeit[82].
- Ein **aktiver RAP** ist nur dann anzusetzen, wenn z.B. im Falle der vorzeitigen Kündigung des zugrunde liegenden Vertragsverhältnisses aktivierbare Ersatzansprüche entstehen oder der zukünftige Nutzen für die Gesellschaft noch verwertbar ist[83].
- Anzusetzen sind bei Vorliegen der rechtlichen Voraussetzungen auch **Ansprüche gegen Gesellschafter**, z.b. aus ausstehenden Einlagen, Nachschüssen, Rückgewährungsansprüchen nach §§ 31 ff. GmbHG oder einer Konzernverflechtung (z.B. Ansprüche auf Verlustausgleich nach § 302 AktG oder auf Schadenersatz im faktischen Konzern) oder aufgrund von anderen Verpflichtungserklärungen[84]. Aufzunehmen sind Ansprüche gegen den Alleingesellschafter, die dieser in eine von ihm festgestellte Bilanz aufgenommen hat, auch wenn er sich später als zahlungsunwillig äußert[85].
- **Harte Patronatserklärungen** eines anderen Unternehmens sind zumindest dann zu aktivieren, wenn sie zugunsten sämtlicher Gläubiger abgegeben wurden[86].

bb) Bewertung bei negativer Fortbestehensprognose

50 Die Ansätze erfolgen unter Liquidationsgesichtspunkten zu ihren Veräußerungswerten. Bei der Ermittlung der Liquidationswerte ist von der jeweils wahrscheinlichsten Verwertungsmöglichkeit auszugehen[87]. Eine Bindung an AHK oder fortgeschriebene Buchwerte besteht nicht. Verwertungskosten sind zu berücksichtigen[88].

d) Ansatz und Bewertung von Aktiva im Überschuldungsstatus bei positiver Fortbestehensprognose
aa) Ansatz bei positiver Fortbestehensprognose

51 Für den Ansatz von Aktiva bei positiver Fortbestehensprognose gilt Folgendes[89]:
- **Immaterielle Vermögensgegenstände**, die selbständig verkehrsfähig sind (Patente, Know-how, Konzessionen), sind anzusetzen, auch wenn es sich um selbst geschaffene Werte handelt[90].
- Inwieweit ein **Geschäfts- oder Firmenwert** angesetzt werden kann, ist umstritten[91]. Die Gläubigerinteressen sind hinreichend gewahrt und ein Ansatz damit zulässig, wenn eine konkrete Veräußerungsmöglichkeit für das Unternehmen als Ganzes oder eines entsprechenden Unternehmensteils nachgewiesen werden kann[92]. Eine Unterschei-

---

81 *Drukarczyk* in MünchKomm. InsO², § 19, Rn. 93.
82 Vgl. WP Handbuch 2008, Bd. II, L Tz. 263.
83 *Drukarczyk* in MünchKomm. InsO², § 19, Rn. 96; *Uhlenbruck* in Uhlenbruck, InsO¹³, § 19, Rn. 86.
84 *Uhlenbruck* in Uhlenbruck, InsO¹³, § 19, Rn. 87.
85 BGH v. 17.07.2006, DStR 2007, S. 1360, Tz. 7.
86 *Balthasar* in Krieger/Schneider, Uwe H., § 29, Rn. 28; vgl. auch *Uhlenbruck* in Uhlenbruck, InsO¹³, § 19, Rn. 86.
87 *FAR 1/1996*, Abschn. 4.3.
88 *FAR 1/1996*, Abschn. 4.1 und 4.3; *Möhlmann-Mahlau/Schmitt*, NZI 2009, S. 19/22.
89 Vgl. zudem die ausführliche Darstellung von *Balthasar* in Krieger/Schneider, Uwe H., § 29, Rn. 27 ff.
90 *FAR 1/1996*, Tz. 4.3.
91 Für zulässig gehalten von den in der folgenden Fußnote genannten Vertretern und von *K. Schmidt/Seibt* in Scholz, GmbH¹⁰, Vor § 64, Rn. 34; grundsätzlich ablehnend *Uhlenbruck* in Uhlenbruck, InsO¹³, § 19, Rn. 67.
92 So *FAR 1/1996*, Tz. 4.3; *Balthasar* in Krieger/Schneider, Uwe H., § 29, Rn. 28; *Bußhardt* in Braun, InsO⁴, § 19, Rn. 18; *Drukarczyk* in MünchKomm. InsO², § 19, Rn. 93; *Förschle/Winkeljohann* in Budde/Förschle/Winkeljohann, Sonderbilanzen⁴, P, Rn. 92; *Krieger/Sailer-Coceani* in K. Schmidt/Lutter, AktG², Anh. § 92, § 15a InsO, Rn. 10; *Schmerbach* in FK-InsO⁵, § 19, Rn. 11; *Spindler* in MünchKomm. AktG³, § 92, Rn. 27.

dung zwischen einem originären und einem derivativen Geschäfts- oder Firmenwert ist nicht zu treffen[93].
- Bei **schwebenden Geschäften** (insb. langfristiger Auftragsfertigung) ist eine Gewinn- oder Verlustrealisierung nach jeweiligem Auftragsfortschritt möglich, wenn die Erfüllung des Vertrags zu erwarten ist[94].
- Für Dritte verwertbare Kostenvorteile (z.B. ein langfristiger günstiger Mietvertrag) können restriktiv angesetzt werden[95].
- **Harte Patronatserklärungen** eines anderen Unternehmens sind zumindest dann zu aktivieren, wenn sie zugunsten sämtlicher Gläubiger abgegeben wurden[96].

bb) Bewertung bei positiver Fortbestehensprognose

Wird in nach § 19 Abs. 2 InsO geeigneten Fällen unter Fortführungsgesichtspunkten bewertet, so werden als Zeitwerte i.d.R. die Wiederbeschaffungskosten in Frage kommen[97]. Nicht betriebsnotwendige Vermögensgegenstände sind mit Veräußerungswerten anzusetzen. 52

e) Ansatz von Verbindlichkeiten

Für Verbindlichkeiten und Sachverhalte, die zur Rückstellungsbildung führen, gelten für den Überschuldungsstatus im Vergleich zum JA keine Besonderheiten. Sie sind unabhängig von ihrer Fälligkeit zu passivieren[98]. Anzusetzen sind alle Verbindlichkeiten, die im Falle einer Verfahrenseröffnung Insolvenzforderungen begründen und aus der Masse zu befriedigen sind. Verbindlichkeiten, die erst durch die Eröffnung des Insolvenzverfahrens begründet werden, dürfen nicht berücksichtigt werden[99]. Nach überwiegender Auffassung sind auch Verbindlichkeiten aus schwebenden Geschäften, also Rechtsverhältnisse, bei denen bis zum Abschlussstichtag noch keine Seite die ihr obliegenden Verpflichtungen erfüllt hat, zu passivieren[100]. In diesen Fällen sind die Ansprüche aus schwebenden Verträgen ebenfalls anzusetzen[101]. Zu passivieren sind auch Verbindlichkeitsrückstellungen i.S.v. § 249 Abs. 1 S. 1 HGB; die Höhe der Rückstellung ist nach dem wahrscheinlichen Grad und Umfang der Inanspruchnahme zu bestimmen. Nach diesen Grundsätzen anzusetzen und zu bewerten sind z.B. Rückstellungen für Verpflichtungen aus Garantien und Gewährleistungen, Umweltschäden und Haftung für sog. ökologische Altlasten, Prozess- oder Steuerrückstellungen. Bei Rückstellungen aus drohenden Verlusten aus schwebenden Geschäften ist zu unterscheiden: Ist infolge der wirtschaftlichen Situation des Unternehmens mit der Erfüllung des Vertrags nicht mehr zu rechnen, ist anstelle einer solchen Rückstellung eine für drohende Schadensersatzansprüche zu berücksichtigen. Diese Umstellung hat zu erfolgen, sobald die Vertragserfüllung auch un- 53

---

[93] *Drukarczyk* in MünchKomm. InsO[2], § 19, Rn. 93; *Uhlenbruck* in Uhlenbruck, InsO[13], § 19, Rn. 67; a.A. *Förschle/Winkeljohann* in Budde/Förschle/Winkeljohann, Sonderbilanzen[4], P, Rn. 112.

[94] Vgl. *Uhlenbruck* in Uhlenbruck, InsO[13], § 19, Rn. 78.

[95] *FAR 1/1996*, Abschn. 4.2.

[96] *Balthasar* in Krieger/Schneider, Uwe H., § 29, Rn. 28; *Uhlenbruck* in Uhlenbruck, InsO[13], § 19, Rn. 79; vgl. auch BGH v. 20.09.2010, DStR 2010, S. 2258.

[97] *Balthasar* in Krieger/Schneider, Uwe H., § 29, Rn. 16; Neubewertung ist erforderlich, vgl. BGH v. 13.07.1992, NJW, S. 2891; BGH v. 20.03.1995, NJW, S. 1739; OLG Celle v. 02.04.2001, NZG, S. 262 (Leitsatz); *Hüffer*, S. 1047/1056; *Uhlenbruck* in Uhlenbruck, InsO[13], § 19, Rn. 57 ff.; zum Ansatz des Verkaufserlöses bei fertigen Erzeugnissen WP Handbuch 2008, Bd. II, L Tz. 280.

[98] *Haas* in Baumbach/Hueck, GmbHG[19], § 64, Rn. 53; *Uhlenbruck* in Uhlenbruck, InsO[13], § 19, Rn. 88.

[99] *Schmerbach* in FK-InsO[5], § 19, Rn. 16; *Uhlenbruck* in Uhlenbruck, InsO[13], § 19, Rn. 89.

[100] *Uhlenbruck* in Uhlenbruck, InsO[13], § 19, Rn. 98.

[101] Vgl. jedoch zu schwebenden Kaufverträgen WP Handbuch 2008, Bd. II, L Tz. 283.

abhängig von einer ggf. drohenden Insolvenz unwahrscheinlich geworden ist[102]. Kann dagegen von der Fortführung der Unternehmenstätigkeit (noch) ausgegangen werden, verbleibt es bei der nach handelsrechtlichen Grundsätzen gebildeten Rückstellung für drohende Verluste aus schwebenden Verträgen; dies jedenfalls solange, als Geschäftsführung/Vorstand zur Vertragserfüllung entschlossen sind und diese nach den Umständen des Einzelfalls noch in Betracht kommt.

aa) Verbindlichkeiten gegenüber Gesellschaftern

54 Verbindlichkeiten ggü. Gesellschaftern, insb. Gesellschafterdarlehen, sind **als Verbindlichkeiten zu qualifizieren**. In Abweichung von der früheren Rspr. zu EK-ersetzenden Darlehen[103] und zu den §§ 32a, 32b GmbHG a.F. gilt seit dem MoMiG Folgendes: Bei Gesellschafterdarlehen ist die Rückzahlung und die Zinszahlung auch dann zulässig, wenn das satzungsmäßige Stammkapital nicht mehr gedeckt ist (§ 57 Abs. 1 S. 4 AktG, § 30 Abs. 1 S. 3 GmbHG). Diese Zahlungen unterliegen jedoch im Falle einer späteren Insolvenz der Anfechtung nach Maßgabe des § 135 Abs. 1 InsO. Ein Auszahlungsverbot besteht, wenn die Rückzahlung zur Zahlungsunfähigkeit führen würde (§ 92 Abs. 1 S. 3 AktG, § 64 S. 3 GmbHG)[104]. Der Gesellschaft steht in diesem Fall ein Leistungsverweigerungsrecht zu[105].

55 Gesellschafterdarlehen sind im Überschuldungsstatus zu passivieren, soweit nicht der **Nachrang im Insolvenzverfahren** hinter den in § 39 Abs. 1 Nr. 1 bis 5 bezeichneten Forderungen vereinbart ist (§ 19 Abs. 2 S. 3 InsO bzw. S. 2 i.d.F. des FMStG)[106]. Diese Vorschrift ist an Stelle der bisherigen Rspr. getreten, die einen sog. qualifizierten Rangrücktritt erforderte[107]. Die Passivierungspflicht gilt auch für Darlehen, die ein Gesellschafter aufgrund eines Versprechens im Gesellschaftsvertrag neben der Einlage gewährt hat (sog. gesplittete Einlage)[108].

bb) Beseitigung der Überschuldung durch Rangrücktritt

56 Verbindlichkeiten ggü. Dritten sind in der Überschuldungsbilanz zu passivieren, solange kein Rangrücktritt vorliegt. Die Vorschrift des § 19 Abs. 2 S. 3 InsO bzw. S. 2 i.d.F. des FMStG findet nach ihrem Wortlaut nur auf Verbindlichkeiten ggü. Gesellschaftern Anwendung, nicht jedoch auf Verbindlichkeiten ggü. Dritten. Damit ist fraglich, welche Anforderungen für einen Rangrücktritt Dritter gelten. Teilweise wird hierfür weiterhin ein sog. qualifizierter Rangrücktritt verlangt[109], den die Rspr. vor dem MoMiG entwickelt hat. Ein qualifizierter Rangrücktritt liegt nach dem BGH vor, wenn der Gläubiger erklärt, „er wolle wegen seiner Forderung erst nach der Befriedigung sämtlicher Gesellschaftsgläubiger und – bis zur Abwendung der Krise – auch nicht vor, sondern nur zugleich mit den Einlagerückgewähransprüchen der (Gesellschafter) berücksichtigt werden, also so

---

102 *Arbeitskreis für Insolvenzwesen Köln e.V.* (Hrsg.), S. 1314, Rn. 46.
103 BGH v. 26.03.1984, DB 1984, S. 1338; zu der Übergangsregelung BGH v. 26.01.2009, DStR, S. 699.
104 Vgl. *Balthasar* in Krieger/Schneider, Uwe H., § 29, Rn. 71.
105 *Balthasar* in Krieger/Schneider, Uwe H., § 29, Rn. 83; *Kahlert/Gehrke*, DStR 2010, S. 227/229; *Seulen/Osterloh*, ZInsO 2010, S. 881/887 f.; a.A. OLG München v. 06.05.2010, BB, S. 1880, Tz. 20, m.w.N.; *Desch* BB 2010, S. 2586; *Haas*, DStR 2010, S. 1991.
106 Vgl. *Habersack*, ZIP 2007, S. 2145; die Frage, ob sich der Rangrücktritt auch auf die Zeit vor Insolvenzeröffnung beziehen muss, bejahend: *Haas* in Baumbach/Hueck, GmbHG[19], § 64, Rn. 55; *Haas*, DStR 2009, S. 326/327; verneinend: *Kahlert/Gehrke*, DStR 2010, S. 227/229.
107 Vgl. BGHZ 146, S. 264; OLG Frankfurt v. 20.03.2003, GmbHR 2004, S. 53/54.
108 BGH v. 01.03.2010, DStR, S. 1245, Tz. 6, m.w.N.; *Römermann*, NZG 2010, S. 895.
109 *Bußhart* in Braun, InsO[4], § 19, Rn. 14.

behandelt werden, als handele es sich bei der (Leistung) um statutarisches Kapital"[110]. Die Gesetzesbegründung macht jedoch deutlich, dass für diese Tatbestandsmerkmale nach dem MoMiG kein Raum mehr ist[111]. Teilweise wird daher eine analoge Anwendung von § 19 Abs. 2 S. 3 InsO bzw. S. 2 i.d.F. des FMStG befürwortet[112].

Gleiches gilt, wenn sich ein Dritter für eine Darlehensschuld der Gesellschaft verbürgt und er im Falle der Inanspruchnahme für seine Forderung gegen die Gesellschaft einen (qualifizierten) Rangrücktritt erklärt und die Gesellschaft von ihrer Darlehensverbindlichkeit freistellt; hier entsteht zugunsten der Gesellschaft ein aktivierungsfähiger Anspruch[113]. 57

f) Berücksichtigung der Pensionsverpflichtungen als Schuldposten

Bei der Feststellung, ob Überschuldung vorliegt, sind auch **Pensionsverpflichtungen** zu berücksichtigen. Das für den JA nach Art. 28 EGHGB bestehende Wahlrecht kann bei der Aufstellung einer Überschuldungsbilanz nicht in Anspruch genommen werden[114]. Nach dem Gesetz zur Verbesserung der betrieblichen Altersversorgung v. 19.12.1974 (BGBl. I, S. 3610) sind folgende Ansprüche aus der Altersversorgung zu beachten: 58

a. Die Verpflichtungen des Arbeitgebers werden nach fünfjährigem Bestehen der Versorgungszusage unverfallbar, sofern der Arbeitnehmer das 25. Lebensjahr vollendet hat (§ 1b Abs. 1 S. 1 BetrAVG). Von welcher Seite und aus welchen Gründen das Arbeitsverhältnis beendet worden ist, spielt dabei keine Rolle. Für die Höhe des im Überschuldungsstatus anzusetzenden Schuldpostens ist daher von erheblicher Bedeutung, in welchem Umfang die Versorgungsanwartschaften bereits unverfallbar geworden sind.

b. Der Ansatz der Pensionsverpflichtungen im Überschuldungsstatus hat sich nicht etwa dadurch erübrigt, dass im Insolvenzfall des Arbeitgebers der Träger der Insolvenzsicherung für den Arbeitgeber einspringt[115], soweit es sich um bereits laufende Pensionen oder unverfallbar gewordene Anwartschaften handelt. Die Ansprüche der Arbeitnehmer gegen den Arbeitgeber aus laufenden Pensionen und aus den nach § 1 BetrAVG unverfallbar gewordenen Pensionsanwartschaften erlöschen im Insolvenzfall nicht, sondern gehen auf den Träger der Insolvenzsicherung über (§ 9 Abs. 2 BetrAVG). Die Berechtigten haben bei Eintritt des Versorgungsfalls Anspruch auf Zahlung ihrer Versorgungsbezüge gegen den Träger der Insolvenzsicherung, der seinerseits die auf ihn übertragenen Ansprüche gegen den Arbeitgeber geltend macht.

Im Übrigen ist hinsichtlich der Höhe des anzusetzenden Schuldpostens zwischen laufenden Pensionen und Pensionsanwartschaften zu unterscheiden:

Rückstellungen im Überschuldungsstatus für **laufende Pensionsleistungen** sind mit dem Barwert zu bilden[116], da für diese Pensionsverpflichtungen eine Gegenleistung nicht mehr zu erwarten ist. Der Barwert beinhaltet das kapitalmarktgerecht abgezinste Kapital, wel- 59

---

110 Vgl. BGHZ 146, S. 264; dem folgend OLG Frankfurt v. 20.03.2003, GmbHR 2004, S. 53/54.
111 BT-Drucks. 16/9737; vgl. auch *Uhlenbruck* in Uhlenbruck, InsO[13], § 19, Rn. 114, 117.
112 *Kahlert/Gehrke*, DStR 2010, S. 227/230.
113 Vgl. BGH v. 09.02.1987, WM, S. 468; *Hans.* OLG v. 18.07.1986, GmbHR 1987, S. 97; so auch *Ahrenkiel/Lork*, DB 1987, S. 823; *K. Schmidt/Bitter* in Scholz, GmbHG[10], Vor § 64, Rn. 40; *K. Schmidt*, ZIP 1999, S. 1821.
114 *Casper* in Ulmer/Habersack/Winter, GmbHG[8], § 64 (MoMiG), Rn. 61; *Drukarczyk* in MünchKomm. InsO[2], § 19, Rn. 102.
115 Vgl. *Uhlenbruck* in Uhlenbruck, InsO[13], § 19, Rn. 105; *Kleindiek* in Lutter/Hommelhoff, GmbHG[17], Anh zu § 64, Rn. 34; *K. Schmidt/Bitter* in Scholz, GmbHG[10], Vor § 64, Rn. 45.
116 Wie hier: *Uhlenbruck* in Uhlenbruck, InsO[13], § 19, Rn. 107; *Kleindiek* in Lutter/Hommelhoff, GmbHG[17], Anh zu § 64, Rn. 34.

ches zur Befriedigung der Rentenansprüche nach versicherungsmathematischen Grundsätzen aufgebracht werden muss. Davon losgelöst bedarf es einer besonderen Prüfung, ob im Einzelfall eine Kürzung oder vorübergehende Einstellung der Pensionszahlungen zulässig ist, wenn dadurch – im Zusammenhang mit anderen Maßnahmen – die Existenzgefährdung für die Gesellschaft beseitigt werden kann[117]. Die Rechtsgrundlage für eine solche Kürzung oder Einstellung der Pensionszahlungen muss sich in den Vereinbarungen über die Pensionszusage finden, die entsprechende Vorbehalte aufweisen können[118]; die frühere Rspr. der ArbG zur Kürzung in einer Notlage des Unternehmens ist mit der Streichung des § 7 Abs. 1 S. 3 Nr. 5 BetrAVG zum 01.01.1999 entfallen[119].

60 Soweit **Pensionsanwartschaften** noch nicht unverfallbar geworden sind, verliert der Arbeitnehmer im Allgemeinen seine Rechte aus der Pensionszusage, wenn das Dienstverhältnis infolge der Insolvenz des Arbeitgebers vor dem Pensionsfall beendet wird; denn die Voraussetzungen, an die der Versorgungsanspruch i.d.R. geknüpft ist, sind dann nicht erfüllt. Wenn die Anwartschaft erlischt, sind die Pensionsansprüche auch bei der Liquidation nicht zu berücksichtigen und infolgedessen in der Überschuldungsbilanz nicht anzusetzen[120]. Anders ist die Rechtslage, wenn die Pensionsvereinbarung dahin geht, dass der Pensionsanspruch bereits mit Vertragsabschluss entstehen und nur seine Fälligkeit von dem Eintritt bestimmter Voraussetzungen abhängen soll; in diesem Fall ist der zu schätzende Kapitalwert der künftigen Pensionszahlungen im Überschuldungsstatus zu berücksichtigen[121].

g) Berücksichtigung der Verbindlichkeiten aus Interessenausgleich, Sozialplan und Nachteilsausgleich (§§ 112, 113 BetrVerfG)

61 Wenn ein Interessenausgleich oder ein Sozialplan i.S.v. § 112 BetrVerfG bereits zustande gekommen ist, sind die darin begründeten Verbindlichkeiten im Überschuldungsstatus anzusetzen. Fraglich kann nur sein, ob auch die Verbindlichkeiten aus einem künftigen Interessenausgleich oder Sozialplan angesetzt werden müssen. Das Gleiche gilt für den Nachteilsausgleich gem. § 113 BetrVerfG, insb. für künftige Abfindungszahlungen bei Betriebsveränderungen ohne Interessenausgleich. Dabei ist zu berücksichtigen, dass die Verpflichtungen aus §§ 112, 113 BetrVerfG auch bei Betriebsstillegungen und -einschränkungen im Insolvenzverfahren bestehen können[122].

62 Bei der Beurteilung der Frage, ob künftige Verbindlichkeiten i.S.v. §§ 112, 113 BetrVerfG im Überschuldungsstatus anzusetzen sind, ist zwischen folgenden Fällen zu unterscheiden[123]:

1. Haben sich die zuständigen Organe der Gesellschaft zur **Stillegung** oder Einschränkung des Betriebs oder Teilbetriebs **entschlossen,** so sind die gem. §§ 112, 113

---

117 Vgl. *Haas* in Baumbach/Hueck, GmbHG[19], § 64, Rn. 53.
118 Der in R 6a Abs. 4 EStR 2008 angeführte allgemeine Vorbehalt, der die Kürzung oder Einstellung der Leistungen erlaubt, wenn „der Firma die Aufrechterhaltung der zugesagten Leistungen auch unter objektiver Betrachtung der Belange des Pensionsberechtigten nicht mehr zugemutet werden kann." soll nach BAG v. 22.04.1988, DB, S. 2311, nicht ausreichen.
119 BAG v. 17.06.2003, DB 2004, S. 324; BAG v. 31.07.2007, DB 2008, S. 1505.
120 *Drukarczyk* in MünchKomm. InsO[2], § 19, Rn. 102.
121 Vgl. hierzu BGH v. 27.02.1961, BGHZ 34, S. 324/329. Vgl. auch *Boest*, DB 1979, S. 2381.
122 Dass auch der Insolvenzverwalter an die Mitwirkungs- und Mitbestimmungsrechte des Betriebsrats gebunden ist und daher bei Betriebsstillegung einen Interessenausgleich oder Sozialplan gem. § 112 Abs. 1 BetrVG anstreben muss, hat das BAG in einem Urt. v. 18.09.1974 festgestellt (DB, S. 2207). Vgl. ferner zu diesem Problemkreis LAG Hamm v. 28.05.1975, BB, S. 1160, sowie ArbG Heilbronn v. 27.09.1974, BB 1975, S. 91. Der GrS des BAG hat diese Auffassung bestätigt (Beschluss vom 13.12.1978, DB 1979, S. 261).
123 Vgl. *Förschle/Hoffmann* in Budde/Förschle/Winkeljohann, Sonderbilanzen[4], N, Tz. 117.

BetrVerfG zu erwartenden Verbindlichkeiten in den Überschuldungsstatus einzustellen, auch wenn die entsprechenden arbeitsrechtlichen Instrumente noch nicht oder noch nicht vollständig mit dem Betriebsrat vereinbart sind. Wirtschaftlich sind diese Verbindlichkeiten durch den Beschluss der Unternehmensorgane bereits verursacht.

2. Auch wenn ein **Beschluss noch nicht gefasst** wurde, die Stilllegung oder Einschränkung des Betriebs oder Teilbetriebs jedoch aus wirtschaftlichen Gründen notwendig ist, sind die künftigen Verbindlichkeiten gem. §§ 112, 113 BetrVerfG im Überschuldungsstatus zu berücksichtigen. Dass Interessenausgleich und Sozialplan u.U. erst im Insolvenzverfahren mit dem Insolvenzverwalter zustandekommen, kann hierbei keine Rolle spielen[124]. Zwar sind Verbindlichkeiten, die erst durch die Eröffnung des Insolvenzverfahrens ausgelöst werden, nicht in den Überschuldungsstatus aufzunehmen[125], doch ergeben sich die Verbindlichkeiten aus dem (künftigen) Interessenausgleich und dem Sozialplan eben nicht erst als Folge der Insolvenzeröffnung, wenn die Stilllegung schon nach den wirtschaftlichen Verhältnissen bei Prüfung des Antragsgrunds unausweichlich ist. Wird infolge einer negativen Fortbestehensprognose die Inanspruchnahme von Leistungen aus einem Sozialplan überwiegend wahrscheinlich, ist bereits in den Überschuldungsstatus ein Passivposten einzustellen[126].

3. Wenn nicht die Stilllegung, sondern die **Veräußerung** eines Betriebs oder Teilbetriebs zu erwarten ist, so ist die Reichweite von § 613a BGB in der Insolvenz eingeschränkt. Auch wenn der Schutz der Arbeitsplätze und die Kontinuität des Betriebsrats gewährleistet werden, gelten für bereits entstandene Ansprüche die Verteilungsgrundsätze des Insolvenzverfahrens[127]. Bei Betriebsübergang nach Eröffnung des Insolvenzverfahrens hat der Erwerber für zuvor entstandene Ansprüche nicht einzustehen, mit Ausnahme der Urlaubsansprüche[128]. Für die mit dem Betrieb oder Teilbetrieb auf den Erwerber übergehenden (§ 613a BGB) Rechte und Pflichten aus den bestehenden Arbeitsverhältnissen besteht häufig kein Anlass für einen Interessenausgleich und Sozialplan; denn nur in den Fällen, die in § 111 S. 2 BetrVerfG im Einzelnen aufgeführt sind, insb. also bei Einschränkung oder Stilllegung des ganzen Betriebs oder wesentlicher Betriebsteile, handelt es sich um „Betriebsänderungen", die zu einem Interessenausgleich oder einem Sozialplan verpflichten, nicht dagegen bei einem Wechsel des Inhabers[129].

4. Bei Betrieben oder Teilbetrieben, die an sich lebensfähig sind, kann u.U. gerade infolge der Insolvenz die Stilllegung notwendig werden, z.B. weil nach Eröffnung des Insolvenzverfahrens die zur Fortführung des Teilbetriebs erforderlichen Mittel wegen Ausbleibens weiterer Lieferantenkredite nicht mehr zur Verfügung stehen oder weil die Kundschaft abwandert. Verbindlichkeiten aus einem Interessenausgleich oder Sozialplan, die aus solchen Gründen zu erwarten sind, brauchen in den Überschuldungsstatus

---

124 Vgl. *Casper* in Ulmer/Habersack/Winter, GmbHG[8], § 64 (MoMiG), Rn. 61; *Drukarczyk* in MünchKomm. InsO[2], § 19, Rn. 101; *K. Schmidt/Bitter* in Scholz, GmbHG[10], Vor § 64, Rn. 45; nur für den Fall der Fortführung: *Uhlenbruck* in Uhlenbruck, InsO[13], § 19, Rn. 111, 127.

125 Siehe Tz. 53.

126 Kritisch *Arbeitskreis für Insolvenzwesen Köln e.V.* (Hrsg.), S. 1316, Rn. 50.

127 BAG v. 20.06.2002, NZA 2003, S. 318; *Müller-Glöge* in MünchKomm. BGB[5], § 613a, Rn. 177.

128 *Müller-Glöge* in MünchKomm. BGB[5], § 613a, Rn. 179; *Weidenkaff* in Palandt[70], § 613a, Rn. 8.

129 Nach einem Urt. des BAG v. 04.12.1979 ist der Übergang eines Betriebs durch Rechtsgeschäfte auf einen anderen „für sich allein" keine Betriebsänderung i.S.v. § 111 BetrVerfG. Schöpft sich jedoch der rechtsgeschäftliche Betriebsübergang nicht in dem bloßen Betriebsinhaberwechsel, sondern ist er mit Maßnahmen verbunden, die als solche einen der Tatbestände des § 111 BetrVerfG erfüllen, so sind die Beteiligungsrechte des Betriebsrates nach §§ 111, 112 BetrVerfG zu wahren (BB 1980, S. 679); vgl. auch BAG v. 21.10.1980, DB 1981, S. 698. Eine erhebliche Personalreduzierung ist nach einem Beschluss des BAG v. 15.10.1979 dann eine Betriebsänderung i.S.v. § 111 BetrVerfG, wenn es sich dabei „um eine außergewöhnliche, vom regelmäßigen Erscheinungsbild des Betriebs abweichende Maßnahme handelt" (BB 1980, S. 524). Insgesamt *Müller-Glöge* in MünchKomm. BGB[5], § 613a, Rn. 74.

nicht eingestellt zu werden; denn sie werden erst durch die Verfahrenseröffnung und dessen Folgen ausgelöst.

63 Die vorstehenden Grundsätze über den **Ansatz** von künftigen **Verbindlichkeiten** gem. §§ 112, 113 BetrVerfG gelten auch dann, wenn im Übrigen bei Erstellung des **Überschuldungsstatus** vom Fortbestand des Unternehmens ausgegangen wird. Dabei ist hauptsächlich an den Fall zu denken, dass nur ein Teilbetrieb stillgelegt werden muss. Im Fall einer positiven Fortbestehensprognose ist ein Ansatz von Sozialplanverbindlichkeiten nur im Rahmen der von der Prognose erfassten Sanierungsmaßnahmen erforderlich.

64 Was die **Höhe** der im Überschuldungsstatus anzusetzenden Sozialplanverpflichtungen angeht, ist zu berücksichtigen, dass im Insolvenzfall die Rücksichtnahme auf **Insolvenzgläubiger** und im Betrieb verbliebene Arbeitnehmer einen niedrigeren Ansatz rechtfertigen kann[130]; dazu sind Obergrenzen für Sozialpläne in § 123 InsO vorgesehen[131].

h) Verpflichtungen aus Vorruhestand und Altersteilzeit und Zusagen auf Jubiläumszuwendungen

65 **Vorruhestandsregelungen oder Altersteilzeitregelungen** werden nicht als Pensionsverpflichtungen betrachtet. Sie werden an Arbeitnehmer erbracht, die das für den Eintritt von Ruhestandsleistungen erforderliche Alter noch nicht erreicht haben. Rechtsgrundlagen sind Einzelvereinbarungen oder Tarifverträge und das Altersteilzeitgesetz. Im **Überschuldungsstatus** sind laufende Vorruhestands- und Altersteilzeitverpflichtungen mit ihrem **Barwert** anzusetzen[132]. Soweit Vorruhestandsleistungen noch nicht in Anspruch genommen werden, sind Rückstellungen in Höhe des nach vernünftiger kaufmännischer Beurteilung erforderlichen Betrags anzusetzen[133].

66 Zusagen auf **Jubiläumszuwendungen** honorieren die in dem fraglichen Zeitraum geleistete Arbeit der Mitarbeiter. Die Leistung ist zu erbringen, wenn sich der Mitarbeiter zum Zeitpunkt des Jubiläums in einem ungekündigten Arbeitsverhältnis befindet. Für die Einstellung dieser Verpflichtungen in den Überschuldungsstatus ist zu unterscheiden:

– Fällt die **Fortbestehensprognose** für das Unternehmen **positiv** aus, so ist in den Überschuldungsstatus die wahrscheinliche Leistungsverpflichtung, bewertet mit dem Barwert der erdienten Anwartschaft anzusetzen.

– Ist die Fortbestehensprognose **negativ,** sind im Überschuldungsstatus einerseits nur die Verpflichtungen anzusetzen, die bis zur Abwicklung des Unternehmens rechtlich entstehen, andererseits diejenigen Ansprüche, die im Falle des Nichterreichens des Jubiläumszeitpunkts vom Arbeitnehmer als nicht verfallbare Anwartschaften gleichwohl geltend gemacht werden können. Letzteres setzt indessen die Einräumung der entsprechenden Rechtsposition voraus.

---

[130] Beschluss des BAG v. 13.12.1978, DB 1979, S. 261/264.
[131] *Uhlenbruck* in Uhlenbruck, InsO[13], § 19, Rn. 125; gegen eine Berücksichtigung dieser Obergrenzen in der Überschuldungsbilanz *Förschle/Hoffmann* in Budde/Förschle/Winkeljohann, Sonderbilanzen[4], N, Rn. 117; vgl. auch WP Handbuch 2008, Bd. II, L Tz. 332 f.
[132] Vgl. zur Bilanzierung bei Altersteilzeit *IDW RS HFA 3*, WPg 1998, S. 1063 ff. = FN-IDW 1998, S. 594 ff.
[133] Vgl. *Uhlenbruck* in Uhlenbruck, InsO[13], § 19, Rn. 109; *ADS*[6], § 249 HGB, Rn. 116.

4. Organpflichten bei Zahlungsunfähigkeit oder Überschuldung
a) Pflicht zur Beantragung des Insolvenzverfahrens

Der Eintritt der Zahlungsunfähigkeit oder der Überschuldung verpflichtet Vorstand und Geschäftsführer, die Eröffnung des Insolvenzverfahrens zu beantragen (§ 15a Abs. 1 S. 1 InsO). Der Antrag ist ohne schuldhaftes Zögern, spätestens aber drei Wochen nach Eintritt der Zahlungsunfähigkeit oder Überschuldung zu stellen. Der Antrag ist auch dann noch zu stellen, wenn bereits ein Gläubiger einen Antrag gestellt hat[134]. Lag zunächst eine Zahlungsstockung vor, so beginnt die Dreiwochenfrist erst ab dem Eintritt der Zahlungsunfähigkeit[135].

67

Die Dreiwochenfrist beginnt in dem Zeitpunkt, in welchem dem Vorstand oder Geschäftsführer die Überschuldung oder Zahlungsunfähigkeit erkennbar war. Streitig ist der erforderliche Grad der Erkennbarkeit. So wird teilweise auf die positive Kenntnis oder böswillige Unkenntnis abgestellt[136], teilweise soll jedoch schon die fahrlässige Nichtkenntnis genügen[137]. Seit der einheitlichen Normierung in § 15a InsO ist bezüglich des Grades der Erkennbarkeit jedenfalls nicht mehr zwischen der AG und der GmbH zu unterscheiden. Nicht erforderlich ist, dass sich die Überschuldung aus einem JA oder einer anderen bilanzartigen Übersicht ergibt; es kommt nach § 19 Abs. 2 InsO auf die Feststellbarkeit an, dass das Vermögen des Schuldners die bestehenden Verbindlichkeiten nicht mehr deckt[138]. Es ist Angelegenheit des Organs, die fehlende Erkennbarkeit darzulegen und ggf. zu beweisen[139].

68

Doch muss der Insolvenzantrag nicht unbedingt sofort nach Erkennen der Überschuldung oder Zahlungsunfähigkeit gestellt werden; das zur Vertretung zuständige Organ ist vielmehr befugt und ggf. sogar verpflichtet zu prüfen, ob die Gesellschaft nicht durch eine **Sanierungsaktion**, die das Ziel haben muss, die Überschuldung zu beseitigen, gerettet werden kann[140]. Kommt es bei sorgfältiger und gewissenhafter Prüfung zu dem Ergebnis, dass ein Sanierungsversuch hinreichende Aussicht auf Erfolg bietet – wobei er auch die Chancen eines Sanierungsversuchs gegen die Nachteile abzuwägen hat, die nicht eingeweihten Gläubigern bei einem Scheitern des Versuchs durch zwischenzeitliche Vermögensbewegungen entstehen können –, so steht ihm die Frist von höchstens drei Wochen ab Erkennen der Insolvenzlage für den Sanierungsversuch zur Verfügung. Misslingt ein in diesem Sinne sorgfältig abgewogener Sanierungsversuch und erleiden Geschäftspartner Schäden, so ist der Vorstand oder Geschäftsführer hierfür nicht haftbar[141]. Die Frist von drei Wochen ist eine nicht verlängerbare Höchstfrist. Wird vor Ablauf dieser Frist erkennbar, dass Sanierungsbemühungen aussichtslos sind, muss unverzüglich und nicht erst zum Ablauf der drei Wochen der Antrag gestellt werden[142].

69

---

134 BGH v. 28.10.2008, NZI 2009, S. 124, Tz. 2; *Balthasar* in Krieger/Schneider, Uwe H., § 29, Rn. 52.
135 *Wellhöfer* in Wellhöfer/Peltzer/Müller, W., § 4, Rn. 342, m.w.N.
136 Vgl. BGH v. 09.07.1979 *(Herstatt)*, DB, S. 1689/1692; *Hüffer*, AktG^9, § 92, Rn. 9, für die AG im Gegensatz zur GmbH; WP Handbuch 2008, Bd. II, L Tz. 135.
137 BGH v. 29.11.1999, DStR 2000, S. 210.
138 BGH v. 02.10.2000, ZIP 2001, S. 235/236; *Goette*, ZInsO 2001, S. 529/534; *Höffner*, BB 1999, S. 198/205; *Schmerbach* in FK-InsO^5, § 19, Rn. 8; *Wellhöfer* in Wellhöfer/Peltzer/Müller, W., § 4, Rn. 338. Zur Rechtslage nach § 64 Abs. 1 GmbHG in der bis zum 01.08.1986 geltenden Fassung; vgl. BGH v. 18.01.1984, BB, S. 2041. Kritisch dazu *W. Müller*, ZGR 1985, S. 191/193; bestätigt durch BGH v. 29.03.1993, DB, S. 825.
139 BGH v. 29.11.2000, NJW, S. 668; BGH v. 11.09.2000, NJW 2001, S. 304. Damit wohl überholt BGH v. 09.07.1979, BGHZ 75, S. 96/110.
140 *Krieger/Sailer-Coceani* in K. Schmidt/Lutter, AktG^2, Anh. § 92, § 15a InsO, Rn. 12; zu Sanierungskonzepten vgl. *IDW S 6*.
141 Urteil des BGH v. 09.07.1979 *(Herstatt)*, DB, S. 1689.
142 BGH v. 02.10.2000, DStR 2001, S. 1537/1538, m. Anm. *Goette*; *Goette*, ZInsO 2001, S. 529/533; *Haas*, DStR 2003, S. 423/426.

70 **Berechtigt, den Antrag auf Eröffnung** eines Insolvenzverfahrens zu stellen, ist jedes einzelne Mitglied des Vorstands oder der Geschäftsführung, auch wenn sonst Gesamtvertretung vorgeschrieben ist (§ 15 Abs. 1 InsO). Prokuristen oder sonstige Bevollmächtigte sind zur Antragstellung nicht befugt. AR-Mitglieder sind verpflichtet, sich ein genaues Bild von der wirtschaftlichen Situation der Gesellschaft zu verschaffen. Stellt ein AR-Mitglied die Insolvenzreife der Gesellschaft fest, so hat es auf den Antrag durch die Vertretungsorgane hinzuwirken; erforderlichenfalls muss es ein ihm unzuverlässig scheinendes Vorstandsmitglied abberufen[143].

71 Im Falle der Führungslosigkeit einer AG ist jedes **AR-Mitglied** zur Stellung des Insolvenzantrags berechtigt und verpflichtet (§§ 15 Abs. 1 S. 2, 15a Abs. 3 InsO); dasselbe gilt bei der GmbH für ihre **Gesellschafter**[144]. Die Verpflichtung besteht nur dann nicht, wenn das AR-Mitglied bzw. der Gesellschafter von der Zahlungsunfähigkeit, Überschuldung oder Führungslosigkeit keine Kenntnis hatte[145]. Der Beweis obliegt dem AR-Mitglied bzw. Gesellschafter.

b) Pflicht zur Unterlassung von Zahlungen

72 § 92 Abs. 2 S. 1, 2 AktG und § 64 S. 1, 2 GmbHG untersagen **Zahlungen nach Eintritt der Zahlungsunfähigkeit oder der Überschuldung**[146]. Erlaubt sind nur Zahlungen, die auch nach diesem Zeitpunkt mit der Sorgfalt eines ordentlichen und gewissenhaften Geschäftsleiters vereinbar sind; hierfür trifft den Geschäftsleiter die Beweislast[147]. Der Zahlungsbegriff ist weit auszulegen; hierunter fallen auch Abbuchungen, es sei denn, das Konto ist bereits debitorisch, so dass nur ein Gläubigerwechsel stattfindet[148]. Zudem muss der Geschäftsleiter dafür sorgen, dass Zahlungen an die Gesellschaft nicht auf einem debitorischen Konto eingehen[149]. Nach h.M. wird über Geldzahlungen hinaus jede Minderung des Aktivvermögens erfasst, also auch die Hingabe von Waren und sonstigen Leistungen[150]. Die Zahlung aufgrund einer Pfändung ist regelmäßig nicht durch den Geschäftsleiter veranlasst[151]. Das Zahlungsverbot gilt ab Eintritt der Insolvenzreife und nicht erst ab dem Ende der Insolvenzantragsfrist; denn das Zahlungsverbot soll das noch vorhandene Gesellschaftsvermögen zur gleichmäßigen und ranggerechten Befriedigung der Gesellschaftsgläubiger erhalten[152].

73 § 92 Abs. 2 S. 3 AktG und § 64 S. 3 GmbHG verlagern das Zahlungsverbot zeitlich noch weiter nach vorne und untersagen **Zahlungen an Gesellschafter**, soweit diese zur Zahlungsunfähigkeit der Gesellschaft führen und dies bei Beachtung der Sorgfalt eines ordentlichen und gewissenhaften Geschäftsleiters erkennbar war[153]. Erforderlich ist ein Ursachenzusammenhang zwischen der Zahlung an den Gesellschafter und der Zahlungs-

---

143 BGH v. 16.03.2009, DStR, S. 1157, Tz. 15.
144 Vgl. *Berger*, ZInsO 2009, S. 1977; *Römermann*, NZI 2010, S. 241; zu verfahrensrechtlichen Aspekten *Horstkotte*, ZInsO 2009, S. 209.
145 Vgl. *Konu/Topoglu/Calcagno*, NZI 2010, S. 244.
146 Hierzu *Bitter*, ZInsO 2010, S. 1505/1511 ff.; *Goette*, ZInsO 2005, S. 1.
147 BGH v. 05.02.2007, DStR, S. 1544, Tz. 4.
148 BGH v. 26.03.2007, DStR, S. 1003, Tz. 8; BGH v. 16.03.2009, DStR, S. 1104, Tz. 12.
149 BGH v. 29.11.1999, DStR 2000, S. 210; BGH v. 26.03.2007, DStR, S. 1003, Tz. 12.
150 *Haas* in Baumbach/Hueck, GmbHG[19], § 64, Rn. 65.
151 BGH v. 16.03.2009, DStR, S. 1104, Tz. 13.
152 BGH v. 16.03.2009, DStR, S. 1157, Tz. 12; *Bork*, NZG 2009, S. 775; *Krieger/Sailer-Coceani* in K. Schmidt/Lutter, AktG[2], § 49, Rn. 15.
153 Hierzu *Altmeppen*, S. 1 ff.; *Bitter*, ZInsO 2010, S. 1505/1518 ff.; *Cahn*, Der Konzern 2009, S. 7; *Kleindiek*, GWR 2010, S. 75; *Niesert/Hohler*, NZI 2009, S. 345; *Seulen/Osterloh*, ZInsO 2010, S. 881.

unfähigkeit. Hierfür genügt es, dass die Zahlung mit überwiegender Wahrscheinlichkeit zur Zahlungsunfähigkeit führt[154].

Stellt ein **AR-Mitglied** die Insolvenzreife der Gesellschaft fest, so hat es auf die Unterlassung unzulässiger Zahlungen durch die Vertretungsorgane hinzuwirken; erforderlichenfalls muss es ein ihm unzuverlässig scheinendes Vorstandsmitglied abberufen[155]. 74

c) Pflichten zur Abführung von Sozialabgaben und Steuern

Nach neuerer Rspr. sind die Arbeitnehmerbeiträge zur **Sozialversicherung** auch in der Unternehmenskrise stets bei Fälligkeit an die zuständige Einzugsstelle abzuführen. Die Beitragspflicht entsteht allein durch die sozialversicherungspflichtige Beschäftigung, unabhängig von der Zahlung des Arbeitsentgelts[156]. Das Zahlungsverbot aus § 92 Abs. 2 AktG, § 64 S. 1 GmbHG ist aufgrund der Strafdrohung des § 266a StGB[157] auf die Arbeitnehmerbeiträge nicht anzuwenden[158], jedoch auf die Arbeitgeberbeiträge[159]. 75

Bezüglich der Verpflichtung zur Zahlung von **Steuern** in der Krise der Gesellschaft ist zu unterscheiden: 76

– Grundsätzlich gilt das Prinzip der anteiligen Tilgung: Wenn die Gesellschaft Zahlungen leistet, so hat sie auf die Steuerschulden ebenfalls Zahlungen in derjenigen Quote zu erbringen, die dem Anteil der Steuerschulden an den gesamten Verbindlichkeiten der Gesellschaft entspricht[160].
– Bei der Lohnsteuer ist dagegen zu beachten, dass die Lohnsteuer nur mit Auszahlung der Löhne entsteht. Die Gesellschaft ist somit stets zur Erfüllung der Lohnsteuer in der Lage; notfalls müssen die Löhne entsprechend gekürzt werden. Daher ist die Lohnsteuer stets vollständig abzuführen[161].

Für die nach diesen Grundsätzen abzuführenden Steuern gilt das Zahlungsverbot aus § 92 Abs. 2 AktG, § 64 S. 1 GmbHG nicht[162].

5. Folgen einer Pflichtverletzung

a) Verletzung der Pflicht zur Beantragung des Insolvenzverfahrens

Bei schuldhafter Verletzung der Pflichten aus § 15a Abs. 1 InsO sind die Mitglieder des Vorstands einer AG und die Geschäftsführer einer GmbH **strafbar** (§ 15a Abs. 4, 5 InsO)[163]. 77

---

154 *Balthasar* in Krieger/Schneider, Uwe H., § 29, Rn. 80; *Knof,* DStR 2007, S. 1536/1540; *Krieger/Sailer-Coceani* in K. Schmidt/Lutter, AktG², § 49, Rn. 24; das OLG Stuttgart v. 14.04.2009, DB 2009, S. 2256, Tz. 31, fordert, dass „die Zahlung ohne Hinzutreten weiterer Kausalbeiträge zur Zahlungsunfähigkeit führen" muss.
155 BGH v. 16.03.2009, DStR, S. 1157, Tz. 15.
156 BGH v. 16.05.2000, DStR, S. 1318.
157 Hierzu BGH v. 09.08.2005, DStR, S. 1867, mit Anm. *Goette.*
158 BGH v. 14.05.2007, DStR, S. 1174, Tz. 12; BGH v. 25.01.2011, BB, S. 781; *Hüffer,* AktG⁹, § 92, Rn. 14b; *Nentwig,* GmbHR 2011, S. 346.
159 BGH v. 08.06.2009, DStR, S. 1710, Tz. 6.
160 BFH v. 12.06.1986, BStBl II, S. 657; *Rüsken* in Klein¹⁰, § 69, Rn. 58 ff.
161 BFH v. 20.04.1982, BStBl II, S. 521; *Rüsken* in Klein¹⁰, § 69, Rn. 71 ff.
162 BGH v. 14.05.2007, DStR, S. 1174, Tz. 12, mit Anm. *Goette*; BGH v. 25.01.2011, BB, S. 781.
163 Zu den Aspekten, die sich aus der Neufassung des Überschuldungsbegriffs ergeben: *Büttner,* ZInsO 2009, S. 841.

| V | Organpflichten bei hälftigem Kapitalverlust, Zahlungsunfähigkeit und Überschuldung |

78 Versäumt das Vorstandsmitglied oder Mitglied der Geschäftsführung schuldhaft seine Pflicht zur Beantragung des Insolvenzverfahrens, so ist es **schadensersatzpflichtig**
- der Gesellschaft ggü. nach § 93 Abs. 2 AktG bzw. § 43 Abs. 2 GmbHG[164];
- den Aktionären und Gesellschaftern aus § 823 Abs. 2 BGB i.V.m. § 15a Abs. 1 InsO[165]; und
- den Gläubigern der Gesellschaft nach § 823 Abs. 2 BGB i.V.m. § 15a Abs. 1 InsO[166].

79 Nicht vom Schutzbereich des § 15a Abs. 1 InsO erfasst sind die Schäden, welche der Bundesagentur für Arbeit durch das **Insolvenzgeld** entstehen; geschützt werden nur Gläubiger, die ihre Forderung vor Eröffnung des Insolvenzverfahrens erworben haben. Hier kommt jedoch eine Haftung von Vorstandsmitgliedern und Geschäftsführern nach § 826 BGB in Betracht[167].

80 Steht die Überschuldung oder Zahlungsunfähigkeit fest, so hat das Vorstandsmitglied oder der Geschäftsführer ein mangelndes **Verschulden** darzulegen und zu beweisen[168]. Kein Verschulden liegt vor, wenn das Vorstandsmitglied oder der Geschäftsführer bei fehlender eigener Sachkunde den Rat eines unabhängigen, fachlich qualifizierten Berufsträgers einholt, diesen über den Sachverhalt vollständig informiert und nach eigener Plausibilitätskontrolle dem Rat des Berufsträgers folgt[169].

81 Hinsichtlich des Schadensersatzes ggü. Gläubigern unterscheidet die Rspr. zwischen Alt- und Neugläubigern. **Altgläubiger** können bei Antragsverschleppung den Schaden geltend machen, der sich als Erlös-Differenz zwischen der tatsächlichen und der bei rechtzeitiger Antragstellung verfügbaren Masse ergibt (Quotenschaden)[170]. **Neugläubiger** genießen demgegenüber vollen Vermögensschutz[171]; ihr Schadensersatzanspruch ist auch nicht um den Anspruch auf die Insolvenzquote zu verringern, sondern es genügt, dass sie diesen Zug um Zug gegen Zahlung der Schadensersatzleistung abtreten[172]. Entgangenen Gewinn können die Neugläubiger geltend machen, wenn ihnen aufgrund des Vertragsschlusses mit der insolventen Gesellschaft ein anderweitiges Geschäft nicht möglich war[173].

82 Auch **AR-Mitglieder** einer AG können den Gläubigern als Anstifter oder Gehilfen einer dem Vorstand zur Last fallenden Verletzung des § 15a Abs. 1 S. 1 InsO haftbar sein. Zu denken ist hier v.a. an den Fall, dass Mitglieder des AR den Vorstand zum Stillhalten ver-

---

164 *Haas* in Baumbach/Hueck, GmbHG[19], § 64, Rn. 160; *Heitsch*, ZInsO 2009, S. 1571; *Hüffer*, AktG[9], § 92, Rn. 16.

165 *Wellhöfer* in Wellhöfer/Peltzer/Müller, W., § 4, Rn. 334; a.A.*Haas* in Baumbach/Hueck, GmbHG[19], § 64, Rn. 111; *Hüffer*, AktG[9], § 92, Rn. 16.

166 BGH v. 16.12.1958, NJW 1959, S. 623; BGH v. 25.07.2005, DStR, S. 1743; *Haas* in Baumbach/Hueck, GmbHG[19], § 64, Rn. 111; *Hüffer*, AktG[9], § 92, Rn. 16; zur Ablehnung einer Haftung aus c.i.c. *Poertzgen*, ZInsO 2010, S. 416 und S. 460.

167 BGH v. 18.12.2007, NZI 2008, S. 242, Tz. 14 f.; BGH v. 13.10.2009, NZG 2010, S. 114, Tz. 7.

168 BGH v. 06.06.1994, DStR, S. 1054/1058; *Wellhöfer* in Wellhöfer/Peltzer/Müller, W., § 4, Rn. 345.

169 BGH v. 14.05.2007, DStR, S. 1174, Tz. 18, mit Anm. *Goette*. Das OLG Schleswig v. 04.02.2010, DStR, S. 564, fordert, dass der Geschäftsführer sich bei Übernahme des Geschäftsführeramtes notwendige steuerrechtliche und handelsrechtliche Kenntnisse verschafft, um den Berufsträger auswählen und überwachen zu können; dies geht sehr weit.

170 BGH v. 30.03.1998, DStR, S. 651; *Hüffer*, AktG[9], § 92, Rn. 17; *Mertens/Cahn* in Kölner Komm. AktG[3], Anh. § 92, Rn. 39 f.

171 Vgl. BGH v. 25.07.2005, DStR, S. 1743/1746; *Hüffer*, AktG[9], § 92, Rn. 18; *Kleindiek* in Lutter/Hommelhoff, GmbHG[17], Anh zu § 64, Rn. 74; *Mertens/Cahn* in Kölner Komm. AktG[3], Anh. § 92, Rn. 41 f.; *Poertzgen*, ZInsO 2009, S. 1833; inklusive der Rechtsverfolgungskosten: BGH v. 27.04.2009, DStR, S. 1384, Tz. 18 f.; zu den Grenzen vgl. *Diekmann*, NZG 2006, S. 255.

172 BGH v. 05.02.2007, DStR, S. 728, Tz. 20.

173 BGH v. 27.04.2009, DStR, S. 1384, Tz. 16.

anlassen, obwohl sie erkennen, dass hierdurch der Insolvenzantrag pflichtwidrig verzögert wird[174].

Versäumt das Vorstandsmitglied oder der Geschäftsführer schuldhaft seine Pflicht zur Beantragung des Insolvenzverfahrens, so kann der **Anstellungsvertrag gekündigt** werden. Ob durch die Kündigung eine Versorgungszusage erlischt, hängt vom Einzelfall ab[175]. **83**

b) Verletzung der Pflicht zur Unterlassung von Zahlungen

Eine **spezielle Ersatzpflicht** ist in § 93 Abs. 3 Nr. 6 AktG, § 64 S. 1 GmbHG für den Fall festgelegt, dass entgegen dem Verbot in § 92 Abs. 2 S. 1 AktG, § 64 S. 1 GmbHG Zahlungen geleistet werden, nachdem die Zahlungsunfähigkeit oder die Überschuldung eingetreten ist[176]. Die Vorstandsmitglieder bzw. Geschäftsführer haben die Zahlungen ungekürzt, Zug um Zug gegen Abtretung etwaiger Erstattungsansprüche der Insolvenzmasse zu erstatten[177]. Ob bei pflichtgemäßem Verhalten ein geringerer Schaden entstanden wäre, ist unerheblich[178]. **84**

Können die AR-Mitglieder einer AG nicht darlegen, dass sie ihre Pflichten nicht oder jedenfalls nicht schuldhaft verletzt haben, so haften auch sie nach §§ 116 S. 1, 93 Abs. 3 Nr. 6 AktG[179]. Anderes gilt für die Mitglieder des fakultativen AR einer GmbH: Sie haften nur auf Grundlage des § 52 Abs. 1 GmbHG i.V.m. §§ 116 S. 1, 93 Abs. 2 S. 1, 2 AktG, wenn der Gesellschaft ein Schaden entsteht, nicht aber im Regelfall, in dem nur die Insolvenzmasse vermindert wird[180]. **85**

c) Verletzung der Pflichten zur Abführung von Sozialversicherungsbeiträgen und Steuern

Nach neuerer Rspr. kommt eine Strafbarkeit nach § 266a StGB in Betracht, wenn die Vorstandsmitglieder oder Geschäftsführer **Arbeitnehmerbeiträge zur Sozialversicherung** nicht abführen, obwohl es ihnen möglich wäre. Auch wenn die Arbeitnehmerbeiträge aufgrund von Zahlungsunfähigkeit nicht mehr geleistet werden können, kommt eine Strafbarkeit in Betracht, wenn die Vorstandsmitglieder oder Geschäftsführer nicht bei Anzeichen einer Liquiditätskrise Sicherungsvorkehrungen für die Zahlung der Arbeitnehmerbeiträge getroffen haben[181]. Im Falle der Strafbarkeit haften die Vorstandsmitglieder oder Geschäftsführer den Sozialversicherungsträgern nach § 823 Abs. 2 BGB i.V.m. § 266a StGB auf Schadensersatz[182]. **86**

Können **Ansprüche aus dem Steuerschuldverhältnis** infolge vorsätzlicher oder grob fahrlässiger Verletzung der steuerlichen Pflichten nicht oder nicht rechtzeitig festgesetzt **87**

---

174 Urteil des BGH v. 09.07.1979 *(Herstatt)*, DB, S. 1689/1691. Vgl. *Mertens/Cahn* in Kölner Komm. AktG³, Anh. § 92, Rn. 35; *Kau/Kukat*, BB 2000, S. 1045/1047.
175 BGH v. 15.10.2007, DStR 2008, S. 310.
176 *K. Schmidt*, ZHR 2004, S. 637; *Schulze-Osterloh*, S. 415; *Utsch/Utsch*, ZInsO 2009, S. 2271; zu einer möglichen Strafbarkeit wegen Untreue vgl. *Weiß*, GmbHR 2011, S. 350.
177 BGH v. 08.01.2001, NZG, S. 361; *Balthasar* in Krieger/Schneider, Uwe H., § 29, Rn. 84; kritisch *Geißler*, NZG 2007, S. 645.
178 *Balthasar* in Krieger/Schneider, Uwe H., § 29, Rn. 84.
179 BGH v. 16.03.2009, DStR, S. 1157, Tz. 15 f.; BGH v. 20.09.2010, DStR, S. 2090, Tz. 14 f.
180 BGH v. 20.09.2010, DStR, S. 2090, Tz. 20 f.
181 BGH v. 28.05.2002, NZG, S. 721; BGH v. 18.01.2007, NJW-RR, S. 991, Tz. 17; ausführlich *Balthasar* in Krieger/Schneider, Uwe H., § 29, Rn. 92.
182 *Bitter*, ZInsO 2010, S. 1561/1570 f.; *Hirte* in Uhlenbruck¹³, § 15a, Rn. 46 ff.

oder erfüllt werden, so haften die Vorstandsmitglieder oder Geschäftsführer hierfür (§§ 34 Abs. 1, 69 AO). Zudem kann eine Steuerstraftat oder -ordnungswidrigkeit in Betracht kommen.

III. Pflichten des Abschlussprüfers

88 Ob die Voraussetzungen für die Anzeige an die HV bzw. Gesellschafterversammlung oder die Stellung des Antrags auf Eröffnung des Insolvenzverfahrens gegeben sind, hat der Vorstand bzw. Geschäftsführer in eigener Verantwortung zu entscheiden. Es ist nicht Aufgabe des APr., seinerseits darauf hinzuwirken, dass der Vorstand oder Geschäftsführer den Verpflichtungen aus § 92 AktG, § 49 Abs. 3 GmbHG und § 15a InsO nachkommt. Der APr. hat jedoch gewisse Hinweispflichten und im PB und im BestV zur Lage des Unternehmens und zu bestandsgefährdenden Tatsachen zu berichten.

1. Hinweispflichten

89 Erkennt der APr. im Rahmen der Prüfung Anhaltspunkte für eine Insolvenzgefahr, so hat er die gesetzlichen Vertreter auf ihre insolvenzrechtlichen Pflichten hinzuweisen[183]. Auf die Einberufungspflichten gem. § 92 Abs. 1 AktG und § 49 Abs. 3 GmbHG wird der APr. im Hinblick auf die Zweifel, die wegen der im Rahmen dieser Vorschrift anzuwendenden Bewertungsregeln möglich sind, schon dann aufmerksam machen, wenn ohne Berücksichtigung stiller Rücklagen ein Verlust in Höhe der Hälfte des Grundkapitals bzw. Stammkapitals vorhanden ist.

2. Prüfungsbericht

90 Im PrB hat der APr. **stets** zur Beurteilung der Lage des Unternehmens durch die gesetzlichen Vertreter Stellung zu nehmen und dabei besonders auf die Beurteilung des Fortbestands und der künftigen Entwicklung des Unternehmens unter Berücksichtigung des LB einzugehen (§ 321 Abs. 1 S. 2 HGB)[184]. Außerdem hat der APr. über bei Durchführung der Prüfung festgestellte Tatsachen zu berichten, die den Bestand des Unternehmens gefährden oder seine Entwicklung wesentlich beeinträchtigen können (§ 321 Abs. 1 S. 3 HGB). Tatsachen sind bereits dann zu nennen, wenn sie eine Bestandsgefährdung ernsthaft zur Folge haben können[185]. Der hälftige Kapitalverlust oder eine bilanzielle Überschuldung können Indizien für eine Bestandsgefährdung sein.

91 Um dem Unternehmen zeitnah Gegenmaßnahmen zu ermöglichen, kann es im Einzelfall notwendig sein, **vorab** einen gesonderten **Teilbericht** zu erstatten[186].

92 Sollte der BestV aufgrund einer Unsicherheit hinsichtlich der Fortführung der Unternehmenstätigkeit eingeschränkt oder versagt werden (dazu sogleich), so ist dies im PrB zu erläutern[187].

---

183 *IDW PS 270*, Tz. 29; zu der Frage, ob der StB eine Hinweispflicht hat, vgl. LG Koblenz v. 22.07.2009, DStRE 2010, 647; *Zugehör*, NZI 2008, S. 652.
184 *IDW PS 270*, Tz. 38; *IDW PS 450*, WPg 2006, S. 113 ff., WPg Supplement 4/2009, S. 1 ff. = FN-IDW 2009, S. 533 ff., Tz. 35 ff.
185 *IDW PS 450*, Tz. 36.
186 *IDW PS 450*, Tz. 41.
187 *IDW PS 270*, Tz. 39, 41, 42.

3. Bestätigungsvermerk

Im BestV ist nach § 322 Abs. 2 S. 3 HGB auf **Risiken, die den Fortbestand des Unternehmens oder eines Konzernunternehmens gefährden**, einzugehen. Der APr hat die Aufgabe, klar, eindeutig und problemorientiert auf Problemsituationen hinzuweisen[188]; die Formulierung stellt keine Einschränkung des BestV dar. 93

In den folgenden Fällen ist der BestV darüber hinaus einzuschränken oder sogar zu versagen: 94

– Enthält der **LB** keine angemessene Berichterstattung über bestehende Unsicherheiten in der Fortführung der Unternehmenstätigkeit, ist der BestV zumindest einzuschränken[189].
– Ist der JA nach der Einschätzung des APr. **zu Unrecht unter der going-concern-Prämisse** aufgestellt worden, so ist der BestV zu versagen (§ 322 Abs. 4 HGB)[190].
– In außergewöhnlichen Fällen kann ein **Prüfungshemmnis** in Bezug auf die Annahme der Fortführung der Unternehmenstätigkeit bestehen, so dass der BestV ebenfalls zu versagen ist (§ 322 Abs. 5 HGB)[191].
– Sind die **gesetzlichen Vertreter nicht bereit, eine Einschätzung** über die Fortführung der Unternehmenstätigkeit abzugeben, so kann auch darin ein Prüfungshemmnis liegen, das zur Versagung des BestV führt (§ 322 Abs. 5 HGB)[192].

IV. Schrifttumsverzeichnis

1. Verzeichnis der Monographien, Kommentare und Beiträge in Sammelwerken

Altmeppen, Die rätselhafte Haftung von Geschäftsleitern für insolvenzbegründende „Zahlungen" an Gesellschafter, in: Kindler (Hrsg.), Festschrift für Uwe Hüffer zum 70. Geburtstag, München 2010, S. 1; *Arbeitskreis für Insolvenzwesen Köln e.V.* (Hrsg.), Kölner Schrift zur Insolvenzordnung, 3. Aufl., Münster 2009; *Bork*, Genussrechte in der Überschuldungsbilanz, in Crezelius/Hirte/Vieweg (Hrsg.), Festschrift für Volker Röhricht zum 65. Geburtstag, Köln 2005, S. 47; *Crezelius*, Überschuldung und Bilanzierung, in: Crezelius/Hirte/Vieweg (Hrsg.), Festschrift für Volker Röhricht zum 65. Geburtstag, Köln 2005, S. 787; *Hüffer*, Bewertungsprobleme in der Überschuldungsbilanz, in: Wank (Hrsg.), Festschrift für Herbert Wiedemann zum 70. Geburtstag, FS Wiedemann, München 2002, S. 1047; *Kirk*, Die Vorstandspflichten bei Verlust, Zahlungsunfähigkeit und Überschuldung einer Aktiengesellschaft, Düsseldorf 1966; *Krieger/Schneider, Uwe H.*, Handbuch Managerhaftung, 2. Aufl., Köln 2010; *Lüer*, Gesetzgeberischer Gestaltungseifer statt Rechtspolitik – Zur Neufassung von § 19 Abs. 2 InsO in: Kindler (Hrsg.), Festschrift für Uwe Hüffer zum 70. Geburtstag, München 2010, S. 603; *Müller, W.*, Der Überschuldungsstatus im Lichte der neueren Gesetzgebung, in: Kindler (Hrsg.), Festschrift für Uwe Hüffer zum 70. Geburtstag, München 2010, S. 701; *Schmidt, K./Uhlenbruck*, Die GmbH in Krise, Sanierung und Insolvenz, 4. Aufl., Köln 2009; *Schulze-Osterloh*, in: Westermann/Mock (Hrsg.), Festschrift für Gerold Bezzenberger zum 70. Geburtstag, Berlin 2000, S. 415; *Verse*, Auswirkungen der Bilanzrechtsmodernisierung auf den Kapitalschutz, in: Gesellschaftsrechtliche Vereinigung (Hrsg.), Gesellschaftsrecht in

---
188 *IDW PS 270*, Tz. 36.
189 *IDW PS 270*, Tz. 37.
190 *IDW PS 270*, Tz. 41.
191 *IDW PS 270*, Tz. 36.
192 *IDW PS 270*, Tz. 42 ff.

der Diskussion 2009, Köln 2010; *Wellhöfer/Peltzer/Müller, W.*, Die Haftung von Vorstand, Aufsichtsrat, Wirtschaftsprüfer, München 2008.

2. Verzeichnis der Beiträge in Zeitschriften

Ahrenkiel/Lork, Überschuldung trotz kapitalersetzender Bürgschaft?, DB 1987, S. 823; *Becker/Janssen/Müller*, Stolpersteine für die Unternehmensführung in der Krise – Zusammenwirken von Finanzmarktkrise und Rechtsprechung auf IDW-Standards und die Haftung des Geschäftsführers und Dritter, DStR 2009, S. 1660; *Berger*, Insolvenzantragspflicht bei Führungslosigkeit der Gesellschaft nach § 15a Abs. 3 InsO, ZInsO 2009, S. 1977; *Bitter*, Haftung von Gesellschaftern und Geschäftsführern in der Insolvenz ihrer GmbH – Teil I und II, ZInsO 2010, S. 1505, 1561; *Böcker/Poertzgen*, Finanzmarkt-Rettungspaket ändert Überschuldungsbegriff (§ 19 InsO), GmbHR 2008, S. 1289; *Boest*, Zur Passivierungspflicht von Pensionsverpflichtungen, insbesondere in Überschuldungsbilanzen, DB 1979, S. 2381; *Bork*, Zum Beginn des Zahlungsverbots gem. § 92 II 1 AktG, NZG 2009, S. 775; *Büttner*, Der neue Überschuldungsbegriff und die Änderung des Insolvenzstrafrechts, ZInsO 2009, S. 841; *Cahn*, Das Zahlungsverbot nach § 92 Abs. 2 Satz 3 AktG – aktien- und konzernrechtliche Aspekte des neuen Liquiditätsschutzes, Der Konzern 2009, S. 7; *Dahl/Schmitz*, Probleme von Überschuldung und Zahlungsunfähigkeit nach FMStG und MoMiG, NZG 2009, S. 567; *Desch*, Haftung des Geschäftsführers einer GmbH nach § 64 S. 3 GmbHG bei Rückzahlung von Gesellschafterdarlehen, BB 2010, S. 2586; *Diekmann*, Reichweite der über den Ersatz des Quotenschadens hinausgehenden Insolvenzverschleppungshaftung, NZG 2006, S. 255; *zu Dohna*, Das zukünftige Insolvenzrecht nach den Vorschlägen der Reformkommission, WPg 1986, S. 349; *Drukarczyk*, Kapitalerhaltungsrecht, Überschuldung und Konsistenz – Besprechung der Überschuldungs-Definition in BGH WM 1992,1650, WM 1994, S. 1737; *Drukarczyk/Schüler*, Insolvenztatbestände, prognostische Elemente und ihre gesetzeskonforme Handhabung, WPg 2003, S. 56; *Eckert/Happe*, Totgesagte leben länger – Die (vorübergehende) Rückkehr des zweistufigen Überschuldungsbegriffs, ZInsO 2008, S. 1098; *Fachausschuss Sanierung und Insolvenz des IDW*, Der neue PS 800 und die Ermittlung der Zahlungsunfähigkeit nach § 17 InsO, ZIP 2009, S. 201; *Früh/Wagner*, Überschuldungsprüfung bei Unternehmen, WPg 1998, S. 907; *Geißler*, Grenzlinien der Ersatzpflicht des Vorstands wegen verbotener Zahlungen in der Krise der AG, NZG 2007, S. 645; *Goette*, Haftung des Geschäftsführers in Krise und Insolvenz der GmbH, ZInsO 2001, S. 529; *Goette*, Zur systematischen Einordnung des § 64 Abs. 2 GmbHG, ZInsO 2005, S. 1; *Greil/Herden*, Die Überschuldung als Grund für die Eröffnung des Insolvenzverfahrens, ZInsO 2010, S. 833; *Groß/Amen*, Die Fortbestehensprognose – Rechtliche Anforderungen und ihre betriebswirtschaftlichen Grundlagen, WPg 2002, S. 225; *Groß/Amen*, Die Erstellung der Fortbestehensprognose, WPg 2002, S. 433; *Groß/Amen*, Das Beweismaß der *„überwiegenden Wahrscheinlichkeit"* im Rahmen der Glaubhaftmachung einer Fortbestehensprognose, WPg 2003, S. 67; *Haas*, Aktuelle Rechtsprechung zur Insolvenzantragspflicht des GmbH-Geschäftsführers nach § 64 Abs. 1 GmbHG, DStR 2003, S. 423; *Haas*, Die Passivierung von Gesellschafterdarlehen in der Überschuldungsbilanz nach MoMiG und FMStG, DStR 2009, S. 326; *Haas*, Gewährt die Haftungsnorm in § 64 S. 3 GmbHG ein Leistungsverweigerungsrecht?, DStR 2010, S. 1991; *Habersack*, Gesellschafterdarlehen nach MoMiG, ZIP 2007, S. 2145; *Heitsch*, Zur Haftung bei Insolvenzverschleppung – § 43 Abs. 2 GmbHG, § 93 Abs. 2 AktG als Anspruchsgrundlagen, ZInsO 2009, S. 1571; *Hirte/Knof/Mock*, Überschuldung und Finanzmarktstabilisierungsgesetz, ZInsO 2010, S. 1217; *Höffner*, Überschuldung: Ein Tatbestandsmerkmal im Schnittpunkt von Bilanz-, Insolvenz- und Strafrecht (Teil I), BB 1999, S. 198; *Hölzle*, Nachruf: Wider die Überschuldungs-Dokmatik in der Krise, ZIP

2008, S. 2003; *Holzer,* Die Änderung des Überschuldungsbegriffs durch das Finanzmarktstabilisierungsgesetz, ZIP 2008, S. 2108; *Hoos/Kleinschmidt,* Verlängerung des durch das Finanzmarktstabilisierungsgesetz geänderten Überschuldungbegriffs – Perpetuierung eines „unerwünschten Rechtszustands"?, NZG 2009, S. 1172; *Horstkotte,* Die führungslose GmbH im Insolvenzantragsverfahren, ZInsO 2009, S. 209; *Kahlert/Gehrke,* Der Rangrücktritt nach MoMiG im GmbH-Recht – Insolvenz- und steuerrechtliche Aspekte, DStR 2010, S. 227; *Kamm/Köchling,* Zur Abgrenzung von Zahlungsstockung und Zahlungsunfähigkeit – Zugleich Besprechung von BGH, Urt. v. 24.5.2005 – IX ZR 123/04, ZInsO 2005, 807, ZInsO 2006, S. 732; *Kau/Kukat,* Haftung von Vorstands- und Aufsichtsratsmitgliedern bei Pflichtverletzungen nach dem Aktiengesetz, BB 2000, S. 1045; *Klar,* Änderungen in der Auslegung des Überschuldungstatbestands, DB 1990, S. 2077; *Kleindiek,* Die Geschäftsführerhaftung nach § 64 Satz 3 GmbHG – eine Zwischenbilanz, GWR 2010, S. 75; *Knof,* Die neue Insolvenzverursachungshaftung nach § 64 Satz 3 RegE-GmbHG (Teil I), DStR 2007, S. 1536; *Knolle/Tetzlaff,* Zahlungsunfähigkeit und Zahlungsstockung – Zugleich Besprechung von BGH, Urt. v. 24.5.2005 – IX ZR 123/04, ZInsO 2005, 807, ZInsO 2005, S. 897; *Konu/Topoglu/Calcagno,* § 15a III InsO – „Positive Kenntnis" oder „Kennenmüssen"?, NZI 2010, S. 244; *Kühnberger,* Verlustanzeigebilanz – zu Recht kaum beachteter Schutz für Eigentümer?, DB 2000, S. 2077; *Kupsch,* Bilanzierungsproblematik und Vorstandspflichten bei Verlust in Höhe der Hälfte des Grundkapitals und bei Überschuldung, WPg 1982, S. 273; *Möhlmann-Mahlau/Schmitt,* Der „vorübergehende Begriff" der Überschuldung NZI 2009, S. 19; *Müller, W.,* Der Verlust der Hälfte des Grund- oder Stammkapitals – Überlegungen zu den §§ 92 Abs. 1 AktG und 49 Abs. 3 GmbHG, ZGR 1985, S. 191; *Muser,* Die aktienrechtliche Meldepflicht nach § 83 Abs. 1 AktG 1937, WPg 1961, S. 29; *Nentwig,* Erstattungspflicht für während der Insolvenzantragspflicht geleistete Sozialversicherungsbeiträge?, GmbHR 2011, S. 346; *Neumaier,* Wann wird eine Zahlungsstockung zur Zahlungsunfähigkeit?, NJW 2005, S. 3041; *Niesert/Hohler,* Die Haftung des Geschäftsführers für die Rückzahlung von Gesellschafterdarlehen und ähnliche Leistungen – Zugleich ein Beitrag zur Auslegung des § 64 S. 3 GmbHG, NZI 2009, S. 345; *Otto,* Änderung des insolvenzrechtlichen Überschuldungsbegriffs durch das Finanzmarktstabilisierungsgesetz, MDR 2008, S. 1369; *Passarge,* Zur Haftung des Stiftungsvorstands für die in der Krise geleisteten Zahlungen gem. §§ 92 III, 93 III Nr.6 AktG analog, NZG 2008, S. 605; *Poertzgen,* Fünf Thesen zum neuen (alten) Überschuldungsbegriff (§ 19 InsO n.F.), ZInsO 2009, S. 401; *Poertzgen,* Die Haftung des Geschäftsführers gegenüber Neugläubigern (§ 15a InsO) – zugleich Anmerkung zu BGH, Urt. V. 27.4.2009 – II ZR 253/07, ZInsO 2009, S. 1833; *Poertzgen,* Insolvenzverschleppungshaftung der Geschäftsführer aus c.i.c.?, ZInsO 2010, S. 416 u. 460; *Priester,* Verlustanzeige und Eigenkapitalersatz – Zur Funktion der §§ 92 Abs. 1 AktG, 49 Abs. 3 GmbHG, ZGR 1999, S. 533; *Römermann,* Aktuelles zur Insolvenzantragspflicht nach § 15a InsO, NZI 2010, S. 241; *Römermann,* Insolvenzverschleppung und die Folgen, NZG 2009, S. 854; *Römermann,* Passivierung gesplitteter Einlagen in der Überschuldungsbilanz, NZG 2010, S. 895; *Schmidt, K.,* Konkursgründe und präventiver Gläubigerschutz – Ein Beitrag zur Diskussion um den Konkursgrund der Überschuldung, AG 1978, S. 334; *Schmidt, K.,* Das Insolvenzverfahren neuer Art – Kernprobleme der Insolvenzrechtsreform – nach dem Kommissionsbericht, ZGR 1986, S. 178; *Schmidt, K.,* Insolvenzordnung und Gesellschaftsrecht, ZGR 1998, S. 633; *Schmidt, K.,* Die Rechtsfolgen der „eigenkapitalersetzenden Sicherheiten", ZIP 1999, S. 1821; *Schmidt, K.,* Verbotene Zahlungen in der Krise von Handelsgesellschaften und die daraus resultierenden Ersatzpflichten, ZHR 2004, S. 637; *Schmidt, K.,* Überschuldung und Insolvenzantragspflicht nach dem Finanzmarktstabilisierungsgesetz, DB 2008, S. 2467; *Schüppen,* Aktuelle Fragen der Konkursverschleppung durch den GmbH-Geschäftsführer, DB 1994,

S. 197; *Seulen/Osterloh*, Die Haftung des Geschäftsführers für Zahlungen an den Gesellschafter – zur Reichweite von § 64 Satz 3 GmbHG, ZInsO 2010, S. 881; *Sikora*, Die Fortbestehensprognose im Rahmen der Überschuldungsprüfung, ZInsO 2010, S. 1761; *Stahlschmidt*, Die Zahlungsunfähigkeit nach § 17 InsO, ZInsO 2005, S. 1086; *Staufenbiel/ Hoffmann*, Die Ermittlung des Eintritts der Zahlungsunfähigkeit – Teil I bis III, ZInsO 2008, S. 784, 838, 891; *Tetzlaff*, Neues zum Insolvenzgrund der Zahlungsunfähigkeit – Anmerkung zu BGH, Beschl. v. 19.7.2007 – IX ZB 36/07, ZInsO 2007, 939, ZInsO 2007, S. 1334; *Thonfeld*, Der „instabile Überschuldungsbegriff" des Finanzmarktstabilisierungsgesetzes, NZI 2009, S. 15; *Uhlenbruck*, Zahlungsunfähigkeit und Überschuldung nach den Vorstellungen der Kommission für Insolvenzrecht, KTS 1986, S. 27; *Ulmer*, Konkursantragspflicht bei Überschuldung der GmbH und Haftungsrisiken bei Konkursverschleppung, KTS 1981, S. 469; *Utsch, G./Utsch, N.*, Die Haftung des Geschäftsführers nach § 64 GmbHG, ZInsO 2009, S. 2271; *Veit/Grünberg*, Wesen und Funktion der obligatorischen Verlustanzeige, DB 2006, S. 2644; *Vollmer/Maurer*, Die Eignung von Sanierungsdarlehen zur Abwehr der Überschuldung, DB 1993, S. 2315; *Wackerbarth*, Überschuldung und Fortführungsprognose, NZI 2009, S. 145; *Weiß*, Strafbarkeit der Geschäftsführer wegen Untreue bei Zahlungen „entgegen" § 64 GmbHG, GmbHR 2011, S. 350; *Wolf*, Mythos Fortführungsprognose – Welche Rolle spielt die Ertragsfähigkeit?, DStR 2009, S. 2682; *Zilias*, Unterbilanz und Überschuldung der Aktiengesellschaft, WPg 1977, S. 445; *Zugehör*, Haftung des Steuerberaters für Insolvenzverschleppungsschäden, NZI 2008, S. 652.

Anhang 1

Zinseszinsrechnung

I. Erläuterung und Anwendungsbeispiele

1. Allgemeines

Die im Nachfolgenden abgedruckten Formeln und Tabellen sollen es ermöglichen, in der Praxis auftretende Aufgaben der Zinseszinsrechnung zu lösen. Eine Vielzahl derartiger Berechnungen lassen sich anhand der abgedruckten Formeln mit Hilfe von Tabellenkalkulationsprogrammen automatisieren, die Bestandteil gängiger Softwarepakete sind und auf Personalcomputern regelmäßig zum Einsatz kommen.

Als **Zinsperiode** bezeichnet man den Zeitabschnitt, für den jeweils eine Zinsabrechnung vorgenommen wird. Zur allgemeinen Bezeichnung der Anzahl der Zinsperioden dient der Buchstabe „n" (bei unterjähriger Verzinsung ist der Zinssatz entsprechend anzupassen[1]).

Werden die Zinsen jeweils am Ende der Zinsperiode abgerechnet, so handelt es sich um **nachschüssige Zinsen**. Dies ist die gebräuchlichste Form der Zinsabrechnung, und sie ist daher auch, wenn nichts Gegenteiliges ausdrücklich vermerkt ist, den Tabellen und der Erläuterung zugrunde gelegt.

Ein am Anfang einer Zinsperiode vorhandenes Kapital K erbringt bei nachschüssiger Verzinsung von p Prozent für die Periode am Ende derselben den Zinsbetrag $\frac{p}{100} \cdot K$. Das Kapital wächst also bis zum Ende der Zinsperiode auf den Betrag

$$K + \frac{p}{100} \cdot K = K \cdot \left(1 + \frac{p}{100}\right) = K \cdot (1 + i) = K \cdot r$$

an, wenn man

$$\frac{p}{100} = i$$

und $1 + i = r$

setzt.

Ist K der Wert eines Kapitals am Ende einer Zinsperiode bei nachschüssiger Verzinsung von p Prozent und bezeichnet man mit B (= Barwert) den Wert des Kapitals am Anfang der Zinsperiode, dann besteht nach den vorangegangenen Ausführungen folgende Gleichung:

$$B \cdot r = K$$

Demnach ist $\quad B = K \cdot \frac{1}{r} = K \cdot v,$

wenn man $\quad \frac{1}{r} = v$

setzt.

---

1 Vgl. Tz. 9.

Anh 1 — Zinseszinsrechnung

Bei einem Zinssatz von z.B. 5 Prozent für die Zinsperiode ist

$i = \dfrac{5}{100} = 0{,}05$ \qquad Zinssatz

$r = 1 + i = 1{,}05$ \qquad Aufzinsungsfaktor

$v = \dfrac{1}{1+i} = \dfrac{1}{1+0{,}05} = \dfrac{1}{1{,}05}$ \qquad Abzinsungsfaktor

Beispiel:

$K = 1.000$ €, $p = 5\%$ jährlich. Gesucht wird der Barwert, also der Kapitalbetrag, der heute anzulegen ist, um nach einem Jahr den Betrag von 1.000 € ausgezahlt zu erhalten. Der gesuchte Barwert ist also

$B = K \cdot v$

$B = 1.000 \cdot \dfrac{1}{1{,}05} = 952{,}38$ €

mit

$i = \dfrac{5}{100} = 0{,}05$

und

$v = \dfrac{1}{1+i} = \dfrac{1}{1+0{,}05} = \dfrac{1}{1{,}05}.$

4. Werden die Zinsen zu Beginn der Zinsperiode abgerechnet, so spricht man von **vorschüssiger** (antizipativer) **Verzinsung**. Diese Rechenmethode geht auf die Handhabung beim An- und Verkauf von Wechseln zurück und soll daher an Hand dieses Beispiels erläutert werden.

Bekannt ist der Wert des Kapitals am Ende der Zinsperiode (das ist hier die Wechselsumme, die mit K bezeichnet sei). Gesucht ist der Barwert B am Anfang der Zinsperiode, wenn ein sofortiger Abzug (Diskont) von p Prozent von K (der Wechselsumme) vorgenommen werden soll. Es ergibt sich, wenn man auch hier $\dfrac{p}{100}$ mit i bezeichnet, folgende Relation:

$B = K - i \cdot K = K \cdot (1 - i)$

Gilt z.B. für den Ankauf von Wechseln mit einer Laufzeit von 3 Monaten (Zinsperiode) ein Diskontsatz von 2%, dann hat ein Wechsel mit einer Wechselsumme von 100 € und einer restlichen Laufzeit von 3 Monaten einen Ankaufswert von $100 \cdot (1 - 0{,}02) = 98$ €. Bei vorschüssiger Zinsabrechnung wird also mit dem Faktor $1 - i$ abgezinst und demgemäß mit dem Faktor $\dfrac{1}{1-i}$ aufgezinst.

Anwendungsbeispiele **Anh 1**

2. Endwert eines Kapitals

Nach den Erläuterungen in Abschnitt 1 wächst ein Kapital K in einer Zinsperiode auf $K \cdot r$ 5 an. Werden die Zinsen zum Kapital geschlagen, so vermehrt sich das Kapital bis zum Ende der 2. Zinsperiode auf

$$(K \cdot r) \cdot r = K \cdot r^2$$

Nach n Zinsperioden erreicht das Kapital also mit Zinseszinsen folgenden Endwert E:

$$E = K \cdot r^n = K \cdot (1 + i)^n$$

Beispiel:

K = 1.000 €, p = 5% jährlich, Zinsabrechnung jährlich. Gesucht wird der Endwert nach 12 Jahren. Der gesuchte Endwert ist also

$$E = K \cdot r^n$$
$$E = 1.000 \cdot (1{,}05)^{12} = 1.000 \cdot 1{,}7959 = 1.795{,}90 \ \text{€}$$

und

$$r^{12} = (1 + i)^{12} = (1{,}05)^{12}$$

sowie

$$i = \frac{5}{100} = 0{,}05.$$

Für die Endwertermittlung bei vorschüssiger Verzinsung gilt:

$$E_v = \frac{K}{(r^n)}$$

mit

$$r^n = (1 - i)^n$$

Für obiges Beispiel errechnet sich der Endwert bei vorschüssiger Verzinsung wie folgt:

$$E_v = \frac{K}{(r^n)}$$
$$E_v = \frac{1.000}{(0{,}95)^{12}} = \frac{1.000}{0{,}54036} = 1.850{,}62 \ \text{€}$$

mit

$$r^{12} = (1 - i)^{12} = (0{,}95)^{12}$$

sowie

$$i = \frac{5}{100} = 0{,}05$$

Für die Ermittlung des Zinssatzes i, der benötigt wird, um bei einer gegebenen Laufzeit und gegebenem Kapital einen bestimmten Endwert zu erzielen, gilt:

$$E = K \cdot r^n \rightarrow r^n = \frac{E}{K} \rightarrow i = \sqrt[n]{\frac{E}{K}} - 1 \rightarrow i = \left(\frac{E}{K}\right)^{\frac{1}{n}} - 1$$

mit

$$r^n = (1 + i)$$

und

$$i = \frac{p}{100}$$

Beispiel:

K = 1.000 €, E = 1.200 €, n = 2, Zinsberechnung jährlich. Wie hoch müsste der Zinssatz sein, wenn nach 2 Jahren bei einem Anlagebetrag von 1.000 € ein Zinsertrag von 200 € erzielt werden soll?

$$i = \left(\frac{E}{K}\right)^{\frac{1}{n}} - 1 = \left(\frac{1.200}{1.000}\right)^{\frac{1}{2}} - 1 = 0{,}09545$$

$$p = i \cdot 100 = 0{,}09545 \cdot 100 = 9{,}545\%$$

Ist die Frage gestellt, bei welchem jährlichen Zinssatz sich ein Kapital in 15 Jahren verdoppelt, so kann der Zinssatz aus der Gleichung

$$r^{15} = 2$$

bestimmt werden.

Der gesuchte Zinssatz lässt sich mit Hilfe von Logarithmen lösen, denn aus $r^{15} = 2$ folgt

$$\log r = \frac{\log 2}{15}.$$

Verwendet man dekadische Logarithmen, dann ist

$$\log r = \frac{0{,}30103}{15} = 0{,}02007$$

und r = 1,0473.

Danach ist p = 4,73%.

Werden keine Zinseszinsen berechnet, sondern die für n Perioden aufgelaufenen Zinsen mit dem n-fachen Betrag der Zinsen für eine Periode bemessen, so spricht man von „einfacher Zinsrechnung".

Ferner kann man mit Hilfe von Logarithmen die Laufzeit n berechnen, also die Anzahl von Zinsperioden, die benötigt werden, um bei einem gegebenen Kapital K und einer gegebenen Verzinsung i einen bestimmten Endwert E zu erzielen. Daher müssen für die Berechnung folgende Werte bekannt sein:

Anwendungsbeispiele

- Kapital K
- Endwert E
- Zinssatz i

Allgemein gilt die Formel

$$n = \frac{\log(E) - \log(K)}{\log(r)}$$

mit

$r = (1 + i)$.

Beispiel:

K = 1.000 €, E = 2.653,30 €, p = 5%, Zinsberechnung jährlich. In welchem Zeitraum wächst ein Kapital von 1.000 € bei einer 5%-igen Verzinsung auf 2.653,30 € an?

$$n = \frac{\log(2.653,30) - \log(1.000)}{\log(1,05)} = \frac{3,42379 - 3}{0,02119} = 20$$

$r = 1 + i = 1,05$

$i = \dfrac{5}{100} = 0,05$.

In 20 Jahren ist das Anfangskapital von 1.000 € auf 2.653,30 € angewachsen.

3. Barwert eines Kapitals

Die Frage nach dem **Barwert** eines Kapitals ist die Umkehrung der in Tz. 5 behandelten Aufgabe. Ist B der Barwert eines Kapitals K, so bedeutet dies, dass B in n Zinsperioden auf K anwächst. Es ist also nach den Ausführungen in Tz. 5 der Endwert von B nach n Zinsperioden = K. Es ist demnach

$B \cdot r^n = K$

oder

$$B = K \cdot \frac{1}{r^n} = K \cdot \left(\frac{1}{r}\right)^n = K \cdot v^n,$$

wenn man $\dfrac{1}{r}$ gemäß Tz. 3 mit v bezeichnet.

Ist z.B. ein Kapital von 1.000 € nach 15 Jahren fällig, dann ergibt sich sein Barwert B bei einer nachschüssigen jährlichen Verzinsung von 5% aus folgender Gleichung:

$$B = 1.000 \cdot \left(\frac{1}{1,05}\right)^{15}$$
$$= 1.000 \cdot 0,4810 = 481 \text{ €}.$$

Anh 1   Zinseszinsrechnung

Bei vorschüssiger Verzinsung ist, wie in in Tz. 3 dargelegt wurde, der Abzinsungsfaktor = $1 - i$. Ist für n Jahre abzuzinsen, so ist also der Barwert

$$B = K \cdot (1 - i)^n.$$

Diese Formel findet praktisch vornehmlich bei der degressiven Abschreibung (Abschreibung vom jeweiligen Buchrestwert bei gleichbleibendem Abschreibungssatz p) Anwendung. Ist z.B. bei einem Anschaffungswert von 1.000 € und einer jährlichen Abschreibung von 10% des jeweiligen Buchrestwertes der Buchrestwert B nach 12 Jahren zu bestimmen, so ist

$$B = 1.000 \cdot (1 - 0,10)^{12}$$
$$= 282,43 \, \text{€}.$$

4. Endwert einer Rente

7   Wird am Anfang einer jeden von n Zinsperioden eine Einlage (Rente) von 1 geleistet, so bezeichnet man den Wert, den die Summe der Einlagen (Renten) einschließlich Zinseszinsen nach n Zinsperioden hat, mit s^n. Es ist aber nach den Darlegungen in Tz. 5

(1) $s^n = r^n + r^{n-1} + \ldots + r^2 + r.$

Also ist

(2) $r \cdot s^n = r^{n+1} + r^n + \ldots + r^3 + r^2.$

Zieht man die Gleichung (1) von der Gleichung (2) ab, so ergibt sich die Gleichung

$$r \cdot s^n - s^n = r^{n+1} - r,$$

da sich auf der rechten Seite alle Glieder mit gleichen Exponenten gegenseitig aufheben. Es ist also weiter

$$s^n \cdot (r - 1) = r \cdot (r^n - 1)$$

und demnach der Endwert einer **nachschüssigen** Rente 1

$$s^n = r \cdot \frac{r^n - 1}{r - 1} = r \cdot \frac{r^n - 1}{i}.$$

Der Endwert einer Rente 1 mit **vorschüssiger** Zahlung ergibt sich aus

$$s_v^n = r \cdot \frac{r^n - 1}{r - 1}.$$

Ist z.B. der nach 6 Jahren erreichte Wert von jährlich im Voraus geleisteten Zahlungen von je 150 € bei einer jährlichen Verzinsung von 5% zu bestimmen und bezeichnet man den gesuchten Wert mit E, dann ist

$$E = 150 \cdot s^n$$

$$E = 150 \cdot (1{,}05) \cdot \left(\frac{(1{,}05)^6 - 1}{0{,}05}\right)$$

$$E = 150 \cdot 7{,}14 = 1.071 \text{ €}.$$

Ist gefragt, welchen Betrag A man zu Beginn eines jeden Halbjahres einlegen muss, um bei einer halbjährigen Verzinsung von 4% nach 7 Jahren ein Guthaben von 20.000 € zu haben, so ergibt sich A aus folgender Gleichung

$$A \cdot s^{14} = 20.000$$

$$A \cdot (1{,}04) \cdot \left(\frac{(1{,}04)^{14} - 1}{0{,}04}\right) = 20.000$$

$$A \cdot (1{,}04) \cdot (18{,}29191) = 20.000$$

$$A = \frac{20.000}{19{,}02} = 1.051{,}53 \text{ €}.$$

5. Barwert einer Rente

Ist am Ende einer jeden von n Zinsperioden eine Einlage (Rente) von 1 zu zahlen, so bezeichnet man den Barwert, den die Summe der Einlagen (Renten) unter Berücksichtigung von Zinseszinsen zu Beginn der ersten Zinsperiode hat, mit a^n. Nach den Darlegungen in Tz. 7 ist aber

(1) $\quad a^n = v + v^2 + \ldots + v^{n-1} + v^n$.

Also ist

(2) $\quad v \cdot a^n = v^2 + v^3 + \ldots + v^n + v^{n+1}$.

Zieht man die Gleichung (2) von der Gleichung (1) ab, so ergibt sich die Gleichung

$$a^n - v \cdot a^n = v - v^{n+1},$$

da sich auf der rechten Seite alle Glieder mit gleichen Exponenten gegenseitig aufheben. Es ist also weiter

$$a^n \cdot (1 - v) = v \cdot (1 - v^n)$$

und demnach der Barwert einer **nachschüssigen** Rente 1

$$a^n = v \cdot \frac{1 - v^n}{1 - v} = \frac{1 - v^n}{i}.$$

Ist z.B. der Barwert B einer 8 Jahre lang halbjährlich nachschüssig zahlbaren Rente von 200 € bei einem halbjährlichen Zinssatz von 3% zu bestimmen, so ist

$$B = 200 \cdot \frac{1 - (\frac{1}{1{,}03})^{16}}{0{,}03}$$
$$= 200 \cdot 12{,}5611 = 2.512{,}22 \text{ €}.$$

Mit wachsendem n strebt v^n nach Null. Der Barwert einer ewigen Rente 1 ist also $= \frac{1}{i}$.

Diese Größe bezeichnet man als Kapitalisierungsfaktor.

Wirft z.B. eine Anlage auf die Dauer jährlich nachschüssig 4.000 € ab, so ist ihr Barwert bei Zugrundelegung eines jährlichen Zinssatzes von 5%

$$= 4.000 \cdot \frac{1}{0{,}05} = 80.000 \text{ €}.$$

Den Barwert einer **vorschüssigen** Rente 1 bezeichnet man mit a_v^n. Es ist also

(1) $a_v^n = 1 + v + v^2 + \ldots + v^{n-1}$.

Also ist

(2) $v \cdot a_v^n = v + v^2 + v^3 \ldots + v^n$.

Zieht man Gleichung (2) von (1) ab, erhält man

$a_v^n \cdot (1 - v) = 1 - v^n$,

und demnach ist der Barwert einer vorschüssigen Rente 1

$$a_v^n = \frac{1 - v^n}{1 - v}.$$

Ist z.B. der Barwert B einer 7 Jahre vorschüssig zahlbaren Rente von 300 € bei einem Jahreszinssatz von 8% zu bestimmen, so ergibt sich folgender Ansatz:

$$B = 300 \cdot \frac{1 - (\frac{1}{1{,}08})^7}{1 - (\frac{1}{1{,}08})}$$

$$= 300 \cdot \frac{1 - 0{,}58349}{1 - 0{,}92593}$$

$$= 300 \cdot (5{,}6229) = 1.686{,}87 \text{ €}.$$

Anwendungsbeispiele **Anh 1**

Handelt es sich um eine aufgeschobene Rente, soll also die erste Rentenzahlung erst nach Ablauf von m Zinsperioden geleistet werden, so ist der Barwert der vorschüssigen Rente noch um m Jahre abzuzinsen. Ist z.B. m = 4 Jahre und verwendet man im Übrigen die Bedingungen des letzten Beispiels, dann ist

$$B = \left(\frac{1}{1{,}08}\right)^4 \cdot 1.686{,}87$$

$$= 0{,}7350 \cdot 1.686{,}87 = 1.239{,}85 \ €.$$

6. Unterjährige Zinsabrechnung

Für Kreditgeschäfte, die weniger als ein Jahr dauern, wird der Zinsbetrag nach kaufmännischer Übung so ermittelt, dass man den vereinbarten Jahreszinssatz mit der Laufzeit (in Tagen) multipliziert und durch 360 dividiert. Das Jahr wird hierbei also mit 360 Tagen angesetzt und dementsprechend der Monat mit 30 Tagen. Ist z.B. ein Kapital K für die Zeit vom 01.01. bis zum 10.05. einschließlich mit einem Jahreszins von 6% zu verzinsen, so ist der Zinsbetrag

$$= K \cdot \frac{t}{360} \cdot i = K \cdot \frac{130}{360} \cdot 0{,}06.$$

Ist z.B. gefragt, in welcher Zeit sich ein Kapital bei einem jährlichen Zinssatz von p% verdreifacht, so erhält man n aus der Gleichung

$$r^n = 3.$$

Löst man die Aufgabe mit Hilfe dekadischer Logarithmen, dann ist

$$n = \frac{\log 3}{\log r} = \frac{\log 3}{\log 1{,}055} = \frac{0{,}47712}{0{,}02325} = 20{,}521 \text{ Jahre.}$$

Das sind 20 Jahre und 188 Tage, wenn man das Jahr mit 360 Tagen ansetzt.

Ein Kapital 1 hat, wenn es sofort fällig ist, den Wert 1, und wenn es nach einem Jahr fällig ist, den Wert

$$v = \frac{1}{1+i}.$$

Die Differenz beträgt

$$1 - \frac{1}{1+i} = \frac{i}{1+i}.$$

Für jeden Monat eines Jahres, um den ein Kapital später als zu Beginn des Jahres fällig ist, mindert sich also sein Wert um

$$\frac{1}{12} = \frac{i}{1+i}$$

und demnach für m Monate um

$$\frac{m}{12} = \frac{i}{1+i}.$$

Z.B. ist der Wert eines Kapitals von 9.000 €, das nach 3 Jahren und 5 Monaten fällig ist,

$$= 9.000 \cdot 3 \cdot v \cdot \left(1 - \frac{5}{12} \cdot \frac{i}{1+i}\right),$$

d.h. bei einem Zinssatz von 5,5%

$$= 9.000 \cdot 0{,}8516 \cdot (1 - 0{,}02172)$$

$$= 7.497{,}93 \; €.$$

Ist vereinbart, dass die Zinsen in kleineren als jährlichen Zeitabständen abgerechnet und zum Kapital geschlagen werden, bspw. ein vierteljährlicher Zinssatz von 3%, dann wächst ein Kapital von 1.000 € in 9 Jahren (= 36 Zinsperioden) auf $1.000 \cdot 1{,}03^{36}$ € an. Der Kapitalendwert ist also

$$= 1.000 \cdot 2{,}8983 = 2.898{,}30 \; €.$$

Man spricht zwar gewöhnlich in diesem Falle von einem Jahreszinssatz von 12%, doch ist das nicht ganz richtig, denn es ist

$$= 1{,}03^4 = 1{,}1255, \text{ also größer als } 1{,}12.$$

12   Für einen Jahreszinssatz von 12% ergibt sich aus der Formel

$$i_k = \sqrt[n]{(1+i)} - 1$$
$$= \sqrt[4]{1{,}12} - 1 = 0{,}028737$$

ein vierteljährlicher konformer Zinssatz von 2,8737%. Geht es z.B. um die Feststellung, auf welchen Endwert E das Kapital K nach ¾ Jahren bei Verzinsung mit einem dem Jahreszinssatz von 12% konformen vierteljährlichen Zinssatz angewachsen ist, dann ergibt sich der Endwert aus folgender Gleichung:

$$E = K \cdot 1{,}028737^3.$$

Ist der Endwert nach 6 ¾ Jahren bei einem Jahreszins von 8%, im Übrigen aber gleichen Bedingungen zu bestimmen, so gilt folgende Gleichung:

$$E = K \cdot 1{,}019427^{27} = K \cdot 1{,}08^6 \cdot 1{,}019427^3$$

mit $(1 + i_k) = \sqrt[4]{1{,}08}$
$\phantom{\text{mit } (1+i_k)} = 1{,}019427.$

Anwendungsbeispiele **Anh 1**

Die unterjährige Zinseszinsrechnung kann vor allem zur Lösung von theoretischen und praktischen Aufgaben im **Raten-Kreditgeschäft** nützliche Dienste leisten. Es handelt sich dabei meist um Kredite mit Laufzeiten von mehr als einem Jahr und monatlichen Raten für Tilgung und Kreditgebühren.

Bezeichnen B den zur Auszahlung kommenden Kreditbetrag, R die gleichbleibende Monatsrate für Tilgung und Kreditgebühr und n die Anzahl der Raten, dann ist nach den Ausführungen unter 5.

$B = a^n \cdot R$.

Für den Kreditnehmer stellt sich – vornehmlich beim Angebotsvergleich – die Frage, welchem Jahreszinssatz (Effektivzinssatz) die von ihm aufzubringenden Kreditgebühren entsprechen. Zur Lösung dieses Aufgabentyps werden Verfahren zur Ermittlung des internen Zinsfußes eingesetzt. Der interne Zinsfuß ist derjenige Zins, bei dem gilt:

$B = -A + R \cdot a^n = 0$

Die Berechnung interner Zinsfüße ist mathematisch aufwendiger als die Ermittlung von End- oder Barwerten und kann am „anwenderfreundlichsten" entweder anhand von Tabellen ermittelt werden oder mit Hilfe von Funktionen berechnet werden, die von Tabellenkalkulationsprogrammen zur Verfügung gestellt werden.

Bei der Ermittlung anhand von Tabellen geht man wie folgt vor:

Durch Umstellung der Gleichung

$B = R \cdot a^n$

erhält man

$a^n = \dfrac{B}{R}$.

Ist zum Beispiel B = 1.000 € und R = 25 €; dann ist

$a^n = 40$.

Beträgt die Laufzeit 48 Monate, dann liegt der Jahreszins gem. Tabelle II Nr. 2 zwischen 9 und 10%. Bei linearer Interpolation ist

$p = 9 + \dfrac{40{,}46 - 40}{40{,}46 - 39{,}75} = 9{,}65$.

Mit Hilfe von Tabellenkalkulationsprogrammen können solche Aufgabenstellungen mittels Funktionen zur Ermittlung des internen Zinsfußes gelöst werden. Excel bietet bspw. die Funktion IVK an, die auf einfache Weise Schätzungen des internen Zinsfußes ermöglicht.

7. Annuität und Tilgungsplan

15 Bei Anleihen und Hypotheken ist oft eine planmäßige Tilgung vorgesehen. Dabei wird zumeist eine Regelung dahingehend getroffen, dass Tilgung und Verzinsung der Schuld in gleichbleibenden Raten erfolgen soll. Eine Jahresrate wird als **Annuität** bezeichnet.

16 Der Barwert der Annuitäten muss gleich dem Anfangsbetrag der Schuld sein. Bezeichnet man den Anfangsbetrag der Schuld mit K_0, die Annuität mit A und die Zahl der Jahre, in denen die Tilgung erfolgen soll, mit n, dann ist also bei der üblichen nachschüssigen Verzinsung und Tilgung gemäß Tz. 8

$$A \cdot a^n = K_0$$

oder

$$A = K_0 \cdot \frac{1}{a^n}.$$

17 Soll z.B. eine Hypothek von 10.000 € bei einer jährlichen Verzinsung von 6% in 11 gleichen Jahresraten nachschüssig verzinst und getilgt werden, so ist

$$A = 10.000 \cdot \frac{1}{a^n} = \frac{10.000}{7{,}8869}$$
$$= 1.268 \; €.$$

18 In der kaufmännischen Praxis werden zur Gewinnung einer Übersicht über die planmäßige Entwicklung der Schuld Tilgungspläne aufgestellt. Diese Pläne sind auch für die Bilanzierung von Interesse. Für das letzte Zahlenbeispiel ergibt sich folgender **Tilgungsplan**:

m	Restschuld nach m Jahren K_m	Annuität A	6% Zinsen für das m. Jahr	Tilgung am Ende des m. Jahres T_m
	€	€	€	€
	(10.000)			
1	9.332	1.268	600	668
2	8.624	1.268	560	708
3	7.874	1.268	518	750
4	7.078	1.268	472	796
5	6.235	1.268	425	843
6	5.341	1.268	374	894
7	4.393	1.268	320	948
8	3.389	1.268	264	1.004
9	2.324	1.268	203	1.065
10	1.196	1.268	140	1.128
11	0	1.268	72	1.196
		13.948	3.948	10.000

19 Jeder Wert von K_m lässt sich aus dem vorangehenden Wert (K_{m-1}) mit Hilfe folgender Gleichung errechnen:

$$K_m = K_{m-1} - T_m$$

Anwendungsbeispiele Anh 1

Dabei ist

$T_m = A - i \cdot K_{m-1}$.

Im vorstehenden Tilgungsplan ist z.B.

$T_8 = 1.268 - 0,06 \cdot 4.393$
$= 1.268 - 264 = 1.004$

und daher

$K_8 = 4.393 - 1.004 = 3.389$.

Da die Restschuld K_m jeweils gleich dem Barwert der noch ausstehenden Annuitäten ist, kann sie auch aus folgender Gleichung – ohne Anknüpfung an den vorangehenden Wert – ermittelt werden:

$K_m = A \cdot a^{n-m}$

Im vorstehenden Tilgungsplan ist z.B.

$K_8 = 1.268 \cdot a^{11-8} = 1.268 \cdot a^3$.

Bei einem Zinssatz von 6% ergibt sich

$K_8 = 1.268 \cdot 2,6730 = 3.389$ €.

Auch jeder Wert von T_m kann selbstständig errechnet werden. Es ist nämlich

$T_m = A - i \cdot A \cdot a^{n-m+1}$
$= A \cdot (1 - i \cdot \dfrac{1 - v^{n-m+1}}{i})$
$= A \cdot v^{n-m+1}$.

Aus dieser und aus der weiter oben für T_m angegebenen Gleichung lässt sich die Resttilgungsdauer $n - m$ bzw. die Gesamttilgungsdauer n (für m = 0) logarithmisch errechnen, denn aus

$A \cdot v^{n-m+1} = A - i \cdot K_{m-1}$

oder

$A \cdot v^{n-m} = A - i \cdot K_m$

ergibt sich

$A = (A - i \cdot K_m) \cdot r^{n-m}$

und

$n - m = \dfrac{\log A - \log(A - i \cdot K)}{\log r}$.

20

Anh 1   Zinseszinsrechnung

21   Geht man z.B. von den Zahlen des vorstehenden Tilgungsplanes aus, dann ist für m = 0
$$A - i \cdot K_0 = 1.268 - 0{,}06 \cdot 10.000$$
$$= 668$$
und
$$n = \frac{\log 1.268 - \log 668}{\log 1{,}06}.$$

Wendet man dekadische Logarithmen an, dann ist also
$$n = \frac{3{,}10312 - 2{,}82478}{0{,}02531} = 11.$$

8. Disagio, Effektivverzinsung

22   Sehen die Darlehnsbedingungen vor, dass die Verzinsung und Tilgung des Darlehns zwar in (gleichbleibenden) halb- oder vierteljährlichen Raten zu erfolgen hat, dass die Raten aber mit der Hälfte bzw. einem Viertel der Annuität bemessen werden, die sich aus dem Tilgungsplan ergibt, der nach Maßgabe einer jährlichen Tilgung und Verzinsung zum vereinbarten Jahreszinssatz aufgestellt ist, so ergibt sich ein vom vereinbarten Jahreszinssatz abweichender effektiver Jahreszinssatz. Das Gleiche gilt für die Fälle, in denen die Schuldsumme um ein **Disagio** oder **Damnum** gekürzt, also nicht voll ausgezahlt wird. In diesem Zusammenhang ist insbesondere die Frage der Bilanzierung von Interesse; sie soll deshalb nachfolgend durch ein Beispiel erläutert werden, in dem sowohl eine – wie eben beschrieben – ratierliche Zahlung der Annuität als auch ein Disagio zu berücksichtigen ist.

23   Soll jede Annuität in gleichen Teilbeträgen jährlich nachträglich zu entrichten sein und bezeichnet man den Anfangsbetrag der Schuld mit K_0, das Disagio mit D_0, die Annuität mit A, die Laufzeit (in Jahren) mit n und den auf Basis des effektiven jährlichen Zinssatzes anzusetzenden Barwert der n mal zahlbaren Rente 1 mit a_I^n, dann ist, da der Barwert der künftigen Leistungen des Schuldners gleich dem Auszahlungsbetrag ($K_0 - D_0$) sein muss,
$$A \cdot a_I^n = K_0 - D_0$$
oder
$$a_I^n = (K_0 - D_0) \cdot \frac{1}{A}.$$

24   Übernimmt man das Zahlenbeispiel aus Tz. 17 ff. und setzt man D_0 gleich 400 €, dann ist
$$a_I^{11} = (10.000 - 400) \cdot \frac{1}{1.268}$$
$$= 7{,}571.$$

25   Durch Interpolation der Rentenwerte gem. Tabelle II Nr. 1 für die Zinssätze 6,5 und 7% erhält man den effektiven jährlichen Zinssatz
$$p = 6{,}5 + 0{,}5 \cdot \frac{7{,}689 - 7{,}571}{7{,}689 - 7{,}4987} = 6{,}81.$$

Anwendungsbeispiele **Anh 1**

Mit Hilfe von Tabellenkalkulationsprogrammen können solche Aufgabenstellungen mittels Funktionen zur Ermittlung des internen Zinsfußes gelöst werden. Excel bietet bspw. die Funktion IVK an, die auf einfache Weise Schätzungen des internen Zinsfußes ermöglicht.

26 Der Schuldner muss in seiner Jahresbilanz die jeweilige Restschuld ansetzen. Das ist die Größe K_m (vgl. Tz. 18 f.), wenn der Zeitraum, für den die Annuität A entrichtet wird, sich mit dem Geschäftsjahr deckt. Das Disagio kann der Schuldner unter die Aktiven aufnehmen. Sein jeweiliger Restwert D_m (der Index m soll wie bei K_m die Anzahl der bereits abgelaufenen Jahre bedeuten) ergibt sich, wenn die Effektivverzinsung für die ganze Laufzeit unverändert bleiben soll, aus der Gleichung

$$K_m - D_m = \frac{A}{2} \cdot a_{I'}^{2n-2m}.$$

27 Die rechte Seite der Gleichung stellt den mit dem effektiven jährlichen Zinssatz ermittelten Barwert der restlichen künftigen Leistungen des Schuldners dar. Es ist also der Wertansatz für das Disagio nach m Jahren

$$\begin{aligned} D_m &= K_m - A \cdot a_{I'}^{n-m} \\ &= A \cdot a^{n-m} - A \cdot a_{I'}^{n-m} \\ &= A \cdot (a^{n-m} - a_{I'}^{n-m}). \end{aligned}$$

Übernimmt man das Zahlenbeispiel aus Tz. 17 ff. und ist m = 3, so ergibt sich bei einem effektiven jährlichen Zinssatz von 6,81%

$$\begin{aligned} D_m &= 1.268 \cdot \left(\frac{1 - (\frac{1}{1,06})^8}{0,06} - \frac{1 - (\frac{1}{1,0681})^8}{0,0681} \right) \\ &= 1.268 \cdot (6{,}2098 - 6{,}0155) \\ &= 246{,}37 \text{ €}. \end{aligned}$$

28 In der Praxis finden sich vielfach Kreditvereinbarungen, die unterjährige Zins- und Tilgungsleistungen in gleichbleibenden Beträgen vorsehen, ohne auf eine (jährliche) Annuität Bezug zu nehmen. Meist wird hierbei ein Disagio und eine Frist vereinbart, während der der Zinssatz (Festzinsen) unverändert bleibt. Bei der Berechnung der **Effektivverzinsung** darf in diesen Fällen das Disagio nur auf die Zeit der Zinsbildung verteilt werden. Würde es auf die Gesamtlaufzeit verteilt, bliebe außer Betracht, dass nach der Zinsbindungsfrist für eine Anschlussfinanzierung eventuell ein neues Disagio fällig wird. Eine Effektivzinsberechnung über die Zinsbindungsfrist hinaus ist nur unter zusätzlichen Annahmen über die künftige Zinsentwicklung möglich.

9. Anleihenkurs

29 Abschließend soll noch erläutert werden, wie man den Kurs einer Anleihe bestimmt, die in gleichbleibenden Raten verzinst und getilgt wird.

Der restliche Gesamtnennwert einer Anleihe ist gleich dem restlichen Barwert laut Tilgungsplan. Bezeichnet man diesen Barwert nach Ablauf von m Zinsperioden mit K_m und den Barwert, der sich für den gleichen Zeitpunkt unter Zugrundelegung des marktüblichen Zinssatzes errechnet, mit K'_m, dann ist der Kurs der Anleihe

$$= 100 \cdot \frac{K'_m}{K_m}.$$

Wird die Anleihe am Ende einer jeden der restlichen Zinsperioden mit einem gleichbleibenden Betrag verzinst und getilgt, dann ist der Kurs der Anleihe

$$= 100 \cdot \frac{a_{\overline{n-m}|}'}{a_{\overline{n-m}|}}.$$

Hierbei bedeutet n die Gesamtlaufzeit in Zinsperioden.

30 Ist z.B. n = 30 Halbjahre, m = 12 Halbjahre, der planmäßige halbjährliche Zinssatz 3% und der marktübliche halbjährliche Zinssatz 4%, dann ist

$$100 \cdot \frac{a_{\overline{n-m}|}'}{a_{\overline{n-m}|}} = 100 \cdot \frac{a_{\overline{18}|}'}{a_{\overline{18}|}} = 100 \cdot \frac{\frac{1-(\frac{1}{1,04})^{18}}{0,04}}{\frac{1-(\frac{1}{1,03})^{18}}{0,03}} = 100 \cdot \frac{12,6593}{13,7535} = 92,04.$$

31 Eine Anleihe von 10.000 € mit einer Nominalverzinsung von 12% soll in 4 gleichen Jahresraten nachschüssig verzinst und getilgt werden. Bei einem marktüblichen Zinssatz von 14% ist der Kurs der Anleihe bei Ausgabe

$$100 \cdot \frac{a_{\overline{n-m}|}'}{a_{\overline{n-m}|}} = 100 \cdot \frac{a_{\overline{4}|}'}{a_{\overline{4}|}} = 100 \cdot \frac{\frac{1-(\frac{1}{1,14})^4}{0,14}}{\frac{1-(\frac{1}{1,12})^4}{0,12}} = 100 \cdot \frac{2,9137}{3,0373} = 95,93.$$

II. Tabellen
1. Barwert einer nachschüssigen Rente

Barwert einer Summe von n Einlagen von je 1, wenn am Ende einer jeden von n Zinsperioden eine Einlage (Rente) geleistet wird, bei nachschüssiger Verzinsung.

$$a^n = \frac{1 - v^n}{i}$$

n	\multicolumn{8}{c}{Zinsfuß (%)}
	$1\,^1/_2$	2	$2\,^1/_2$	3	$3\,^1/_2$	4	$4\,^1/_2$	5
1	0,9852	0,9804	0,9756	0,9709	0,9662	0,9615	0,9569	0,9524
2	1,9559	1,9416	1,9274	1,9135	1,8997	1,8861	1,8727	1,8594
3	2,9122	2,8839	2,8560	2,8286	2,8016	2,7751	2,7490	2,7232
4	3,8544	3,8077	3,7620	3,7171	3,6731	3,6299	3,5875	3,5460
5	4,7826	4,7135	4,6458	4,5797	4,5151	4,4518	4,3900	4,3295
6	5,6972	5,6014	5,5081	5,4172	5,3286	5,2421	5,1579	5,0757
7	6,5982	6,4720	6,3494	6,2303	6,1145	6,0021	5,8927	5,7864
8	7,4859	7,3255	7,1701	7,0197	6,8740	6,7327	6,5959	6,4632
9	8,3605	8,1622	7,9709	7,7861	7,6077	7,4353	7,2688	7,1078
10	9,2222	8,9826	8,7521	8,5302	8,3166	8,1109	7,9127	7,7217
11	10,0711	9,7868	9,5142	9,2526	9,0016	8,7605	8,5289	8,3064
12	10,9075	10,5753	10,2578	9,9540	9,6633	9,3851	9,1186	8,8633
13	11,7315	11,3484	10,9832	10,6350	10,3027	9,9856	9,6829	9,3936
14	12,5434	12,1062	11,6909	11,2961	10,9205	10,5631	10,2228	9,8986
15	13,3432	12,8493	12,3814	11,9379	11,5174	11,1184	10,7395	10,3797
16	14,1313	13,5777	13,0550	12,5611	12,0941	11,6523	11,2340	10,8378
17	14,9076	14,2919	13,7122	13,1661	12,6513	12,1657	11,7072	11,2741
18	15,6726	14,9920	14,3534	13,7535	13,1897	12,6593	12,1600	11,6896
19	16,4262	15,6785	14,9789	14,3238	13,7098	13,1339	12,5933	12,0853
20	17,1686	16,3514	15,5892	14,8775	14,2124	13,5903	13,0079	12,4622
21	17,9001	17,0112	16,1845	15,4150	14,6980	14,0292	13,4047	12,8212
22	18,6208	17,6580	16,7654	15,9369	15,1671	14,4511	13,7844	13,1630
23	19,3309	18,2922	17,3321	16,4436	15,6204	14,8568	14,1478	13,4886
24	20,0304	18,9139	17,8850	16,9355	16,0584	15,2470	14,4955	13,7986
36	27,6607	25,4888	23,5563	21,8323	20,2905	18,9083	17,6660	16,5469
48	34,0426	30,6731	27,7732	25,2667	23,0912	21,1951	19,5356	18,0772
60	39,3803	34,7609	30,9087	27,6756	24,9447	22,6235	20,6380	18,9293
72	43,8447	37,9841	33,2401	29,3651	26,1713	23,5156	21,2881	19,4038
84	47,5786	40,5255	34,9736	30,5501	26,9831	24,0729	21,6714	19,6680
96	50,7017	42,5294	36,2626	31,3812	27,5203	24,4209	21,8974	19,8151

Fortsetzung der Tabelle Nr. 1

$$a^n = \frac{1-v^n}{i}$$

n	\multicolumn{8}{c}{Zinsfuß (%)}
	$5\,^1/_2$	6	$6\,^1/_2$	7	$7\,^1/_2$	8	9	10
1	0,9479	0,9434	0,9390	0,9346	0,9302	0,9259	0,9174	0,9091
2	1,8463	1,8334	1,8206	1,8080	1,7956	1,7833	1,7591	1,7355
3	2,6979	2,6730	2,6485	2,6243	2,6005	2,5771	2,5313	2,4869
4	3,5052	3,4651	3,4258	3,3872	3,3493	3,3121	3,2397	3,1699
5	4,2703	4,2124	4,1557	4,1002	4,0459	3,9927	3,8897	3,7908
6	4,9955	4,9173	4,8410	4,7665	4,6938	4,6229	4,4859	4,3553
7	5,6830	5,5824	5,4845	5,3893	5,2966	5,2064	5,0330	4,8684
8	6,3346	6,2098	6,0888	5,9713	5,8573	5,7466	5,5348	5,3349
9	6,9522	6,8017	6,6561	6,5152	6,3789	6,2469	5,9952	5,7590
10	7,5376	7,3601	7,1888	7,0236	6,8641	6,7101	6,4177	6,1446
11	8,0925	7,8869	7,6890	7,4987	7,3154	7,1390	6,8052	6,4951
12	8,6185	8,3838	8,1587	7,9427	7,7353	7,5361	7,1607	6,8137
13	9,1171	8,8527	8,5997	8,3577	8,1258	7,9038	7,4869	7,1034
14	9,5896	9,2950	9,0138	8,7455	8,4892	8,2442	7,7862	7,3667
15	10,0376	9,7122	9,4027	9,1079	8,8271	8,5595	8,0607	7,6061
16	10,4622	10,1059	9,7678	9,4466	9,1415	8,8514	8,3126	7,8237
17	10,8646	10,4773	10,1106	9,7632	9,4340	9,1216	8,5436	8,0216
18	11,2461	10,8276	10,4325	10,0591	9,7060	9,3719	8,7556	8,2014
19	11,6077	11,1581	10,7347	10,3356	9,9591	9,6036	8,9501	8,3649
20	11,9504	11,4699	11,0185	10,5940	10,1945	9,8181	9,1285	8,5136
21	12,2752	11,7641	11,2850	10,8355	10,4135	10,0168	9,2922	8,6487
22	12,5832	12,0416	11,5352	11,0612	10,6172	10,2007	9,4424	8,7715
23	12,8750	12,3034	11,7701	11,2722	10,8067	10,3711	9,5802	8,8832
24	13,1517	12,5504	11,9907	11,4693	10,9830	10,5288	9,7066	8,9847
25	13,4139	12,7834	12,1979	11,6536	11,1469	10,6748	9,8226	9,0770
30	14,5337	13,7648	13,0587	12,4090	11,8104	11,2578	10,2737	9,4269
35	15,3906	14,4982	13,6870	12,9477	12,2725	11,6546	10,5668	9,6442
40	16,0461	15,0463	14,1455	13,3317	12,5944	11,9246	10,7574	9,7791
45	16,5477	15,4558	14,4802	13,6055	12,8186	12,1084	10,8812	9,8628
50	16,9315	15,7619	14,7245	13,8007	12,9748	12,2335	10,9617	9,9148

Fortsetzung der Tabelle Nr. 1

$$a^n = \frac{1-v^n}{i}$$

n	\multicolumn{8}{c}{Zinsfuß (%)}							
	11	11 $\frac{1}{2}$	12	12 $\frac{1}{2}$	13	13 $\frac{1}{2}$	14	15
1	0,9009	0,8969	0,8929	0,8889	0,8850	0,8811	0,8772	0,8696
2	1,7125	1,7012	1,6901	1,6790	1,6681	1,6573	1,6467	1,6257
3	2,4437	2,4226	2,4018	2,3813	2,3612	2,3413	2,3216	2,2832
4	3,1024	3,0696	3,0373	3,0056	2,9745	2,9438	2,9137	2,8550
5	3,6959	3,6499	3,6048	3,5606	3,5172	3,4747	3,4331	3,3522
6	4,2305	4,1703	4,1114	4,0538	3,9975	3,9425	3,8887	3,7845
7	4,7122	4,6370	4,5638	4,4923	4,4226	4,3546	4,2883	4,1604
8	5,1461	5,0556	4,9676	4,8820	4,7988	4,7177	4,6389	4,4873
9	5,5370	5,4311	5,3282	5,2285	5,1317	5,0377	4,9464	4,7716
10	5,8892	5,7678	5,6502	5,5364	5,4262	5,3195	5,2161	5,0188
11	6,2065	6,0697	5,9377	5,8102	5,6869	5,5679	5,4527	5,2337
12	6,4924	6,3406	6,1944	6,0535	5,9176	5,7867	5,6603	5,4206
13	6,7499	6,5835	6,4235	6,2698	6,1218	5,9794	5,8424	5,5831
14	6,9819	6,8013	6,6282	6,4620	6,3025	6,1493	6,0021	5,7245
15	7,1909	6,9967	6,8109	6,6329	6,4624	6,2989	6,1422	5,8474
16	7,3792	7,1719	6,9740	6,7848	6,6039	6,4308	6,2651	5,9542
17	7,5488	7,3291	7,1196	6,9198	6,7291	6,5469	6,3729	6,0472
18	7,7016	7,4700	7,2497	7,0398	6,8399	6,6493	6,4674	6,1280
19	7,8393	7,5964	7,3658	7,1465	6,9380	6,7395	6,5504	6,1982
20	7,9634	7,7098	7,4694	7,2414	7,0248	6,8189	6,6231	6,2593
21	8,0751	7,8115	7,5620	7,3256	7,1016	6,8889	6,6870	6,3125
22	8,1757	7,9027	7,6446	7,4006	7,1695	6,9506	6,7429	6,3587
23	8,2664	7,9845	7,7184	7,4672	7,2297	7,0049	6,7921	6,3988
24	8,3481	8,0578	7,7843	7,5264	7,2829	7,0528	6,8351	6,4338
25	8,4217	8,1236	7,8431	7,5790	7,3300	7,0950	6,8729	6,4641
30	8,6938	8,3637	8,0552	7,7664	7,4957	7,2415	7,0027	6,5660
35	8,8552	8,5030	8,1755	7,8704	7,5856	7,3193	7,0700	6,6166
40	8,9511	8,5839	8,2438	7,9281	7,6344	7,3607	7,1050	6,6418
45	9,0079	8,6308	8,2825	7,9601	7,6609	7,3826	7,1232	6,6543
50	9,0417	8,6580	8,3045	7,9778	7,6752	7,3942	7,1327	6,6605

Anh 1 — Zinseszinsrechnung

2. Barwert einer nachschüssigen monatlichen Rente 1 bei monatlicher Zinsabrechnung

33 Barwert einer Summe von n Einlagen von je 1, wenn am Ende einer jeden von n Zinsperioden eine Einlage (Rente) geleistet wird, bei nachschüssiger Verzinsung.

$$a^n = \frac{1 - v^n}{i}$$

	Zinsfuß (%)							
	jährlich							
	7	8	9	10	12	14	16	18
Monate			monatlich					
n	0,565	0,643	0,721	0,797	0,949	1,098	1,245	1,389
1	0,99	0,99	0,99	0,99	0,99	0,99	0,99	0,99
2	1,98	1,98	1,98	1,98	1,97	1,97	1,96	1,96
3	2,97	2,96	2,96	2,95	2,94	2,94	2,93	2,92
4	3,94	3,94	3,93	3,92	3,91	3,89	3,88	3,86
5	4,92	4,90	4,89	4,88	4,86	4,84	4,82	4,80
6	5,88	5,87	5,85	5,84	5,81	5,78	5,75	5,72
7	6,84	6,82	6,80	6,78	6,74	6,70	6,66	6,63
8	7,80	7,77	7,75	7,72	7,67	7,62	7,57	7,52
9	8,75	8,72	8,68	8,65	8,59	8,53	8,64	8,41
10	9,70	9,66	9,62	9,58	9,50	9,42	9,35	9,28
11	10,64	10,59	10,54	10,49	10,40	10,31	10,22	10,14
12	11,57	11,51	11,46	11,40	11,29	11,19	11,08	10,98
13	12,50	12,43	12,37	12,30	12,18	12,05	11,93	11,82
14	13,42	13,35	13,27	13,20	13,05	12,91	12,78	12,64
15	14,34	14,26	14,17	14,08	13,92	13,76	13,61	13,46
16	15,26	15,16	15,06	14,97	14,78	14,60	14,43	14,26
17	16,17	16,05	15,95	15,84	15,63	15,43	15,24	15,05
18	17,07	16,95	16,82	16,71	16,48	16,25	16,04	15,83
19	17,97	17,83	17,70	17,57	17,31	17,07	16,83	16,60
20	18,86	18,71	18,56	18,42	18,14	17,87	17,61	17,36
21	19,75	19,58	19,42	19,27	18,96	18,66	18,38	18,11
22	20,63	20,45	20,28	20,11	19,77	19,45	19,14	18,85
23	21,51	21,32	21,12	20,94	20,58	20,23	19,89	19,57
24	22,38	22,17	21,97	21,76	21,37	21,00	20,64	20,29
25	23,25	23,02	22,80	22,58	22,16	21,76	21,37	21,00

Fortsetzung der Tabelle Nr. 2

$$a^n = \frac{1-v^n}{i}$$

	\multicolumn{8}{c}{Zinsfuß (%)}							
				jährlich				
	7	8	9	10	12	14	16	18
Mo-nate					monatlich			
n	0,565	0,643	0,721	0,797	0,949	1,098	1,245	1,389
26	24,12	23,87	23,63	23,40	22,95	22,51	22,10	21,70
27	24,97	24,71	24,46	24,20	23,72	23,26	22,81	22,39
28	25,83	25,55	25,27	25,01	24,49	23,99	23,52	23,07
29	26,68	26,38	26,09	25,80	25,25	24,72	24,22	23,74
30	27,52	27,20	26,89	26,59	26,00	25,44	24,91	24,40
31	28,36	28,02	27,69	27,37	26,75	26,16	25,59	25,05
32	29,20	28,84	28,49	28,15	27,49	26,86	26,26	25,69
33	30,03	29,65	29,28	28,91	28,22	27,56	26,93	26,33
34	30,85	30,45	30,06	29,68	28,94	28,25	27,58	26,95
35	31,67	31,25	30,84	30,44	29,66	28,93	28,23	27,58
36	32,49	32,04	31,61	31,19	30,37	29,60	28,87	28,18
37	33,30	32,83	32,38	31,93	31,08	30,27	29,51	28,78
38	34,11	33,62	33,14	32,67	31,78	30,93	30,13	29,37
39	34,91	34,40	33,89	33,40	32,47	31,59	30,75	29,96
40	35,71	35,17	34,64	34,13	33,16	32,23	31,36	30,53
41	36,50	35,94	35,39	34,85	33,83	32,87	31,96	31,10
42	37,29	36,70	36,13	35,57	34,51	33,50	32,56	31,66
43	38,08	37,46	36,86	36,28	35,17	34,13	33,14	32,21
44	38,86	38,21	37,59	36,99	35,83	34,75	33,72	32,76
45	39,63	38,96	38,31	37,69	36,49	35,36	34,30	33,30
46	40,40	39,71	39,03	38,38	37,13	35,96	34,86	33,83
47	41,17	40,45	39,75	39,07	37,78	36,56	35,42	34,35
48	41,93	41,18	40,46	39,75	38,41	37,16	35,97	34,86
49	42,69	41,92	41,16	40,43	39,04	37,74	36,52	35,37
50	43,45	42,64	41,86	41,10	39,67	38,32	37,06	35,87

Anh 1   Zinseszinsrechnung

Fortsetzung der Tabelle Nr. 2

$$a^n = \frac{1 - v^n}{i}$$

				Zinsfuß (%)				
				jährlich				
	7	8	9	10	12	14	16	18
Monate				monatlich				
n	0,565	0,643	0,721	0,797	0,949	1,098	1,245	1,389
51	44,20	43,36	42,55	41,77	40,28	38,89	37,59	36,37
52	44,94	44,08	43,24	42,43	40,89	39,46	38,12	36,86
53	45,69	44,79	43,92	43,09	41,50	40,02	38,64	37,34
54	46,42	45,50	44,60	43,74	42,10	40,57	39,15	37,81
55	47,16	46,20	45,27	44,38	42,70	41,12	39,66	38,28
56	47,89	46,90	45,94	45,02	43,29	41,67	40,16	38,74
57	48,61	47,59	46,61	45,66	43,87	42,20	40,65	39,20
58	49,33	48,28	47,27	46,29	44,45	42,73	41,14	39,65
59	50,05	48,96	47,92	46,92	45,02	43,26	41,62	40,09
60	50,76	49,64	48,57	47,54	45,59	43,78	42,10	40,53
61	51,47	50,32	49,22	48,15	46,15	44,29	42,57	40,96
62	52,18	50,99	49,86	48,77	46,71	44,80	43,03	41,39
63	52,88	51,66	50,49	49,37	47,26	45,30	43,49	41,81
64	53,57	52,32	51,12	49,97	47,80	45,80	43,94	42,22
65	54,27	52,98	51,75	50,57	48,35	46,29	44,39	42,63
66	54,96	53,64	52,37	51,16	48,88	46,78	44,83	43,03
67	55,64	54,29	52,99	51,75	49,41	47,26	45,27	43,43
68	56,32	54,94	53,61	52,33	49,94	47,73	45,70	43,82
69	57,01	55,58	54,22	52,91	50,46	48,21	46,13	44,20
70	57,67	56,22	54,82	53,48	50,98	48,67	56,55	44,58
71	58,34	56,85	55,42	54,05	51,49	49,13	46,96	44,96
72	59,01	57,48	56,02	54,62	51,99	49,59	47,37	45,33
73	59,67	58,11	56,61	55,18	52,50	50,04	47,78	45,70
74	60,33	58,73	57,20	55,73	52,99	50,48	48,18	46,06
75	60,99	59,35	57,78	56,28	53,49	50,92	48,57	46,41

Tabellen **Anh 1**

Fortsetzung der Tabelle Nr. 2

$$a^n = \frac{1-v^n}{i}$$

	Zinsfuß (%)							
	jährlich							
	7	8	9	10	12	14	16	18
Mo-nate				monatlich				
n	0,565	0,643	0,721	0,797	0,949	1,098	1,245	1,389
76	61,64	59,96	58,36	56,83	53,97	51,36	48,96	46,76
77	62,29	60,57	58,93	57,37	54,46	51,79	49,35	47,11
78	62,93	61,18	59,51	57,91	54,94	52,22	49,73	47,45
79	63,57	61,78	60,07	58,45	55,41	52,64	50,11	47,79
80	64,21	62,38	60,64	58,98	55,88	53,06	50,48	48,12
81	64,84	62,97	61,20	59,50	56,35	53,47	50,85	48,44
82	65,47	63,56	61,75	60,02	56,81	53,88	51,21	48,77
83	66,10	64,15	62,30	60,54	57,26	54,28	51,57	49,09
84	66,72	64,74	62,85	61,05	57,72	54,68	51,92	49,40
85	67,34	65,32	63,39	61,56	58,16	55,08	52,27	49,71
86	67,96	65,89	63,93	62,07	58,61	55,47	52,62	50,01
87	68,57	66,46	64,47	62,57	59,05	66,86	52,96	50,32
88	69,18	67,03	65,00	63,06	59,48	56,24	53,29	50,61
89	69,78	67,60	65,52	63,56	59,91	56,62	53,63	50,91
90	70,38	68,16	66,05	64,05	60,34	56,99	53,95	51,19
91	70,98	68,72	66,57	64,53	60,77	57,36	54,28	51,48
92	71,58	69,27	67,09	65,01	61,18	57,73	54,60	51,76
93	72,17	69,82	67,60	65,49	61,60	58,09	54,92	52,04
94	72,76	70,37	68,11	65,97	62,01	58,45	55,23	52,31
95	73,34	70,91	68,61	66,44	62,42	58,80	55,54	52,58
96	73,93	71,45	69,11	66,90	62,82	59,15	55,84	52,85
102	77,35	74,62	72,05	69,63	65,17	61,18	57,60	54,37
108	80,66	77,67	74,86	72,22	67,38	63,08	59,22	55,77
114	83,86	80,61	77,56	74,70	69,48	64,85	60,73	57,06
120	86,95	83,43	80,14	77,06	71,46	66,51	62,14	58,25

Anhang 2
Grundformeln für die Renten- und Todesfallversicherung

Versicherungsmathematische Berechnungen im Zusammenhang mit Versorgungsverpflichtungen für die Handelsbilanz, Steuerbilanz oder bei Unternehmensbewertungen werden im Allgemeinen von entsprechend vorgebildeten Spezialisten vorgenommen. Der Prüfer sollte jedoch in der Lage sein, die Grundzusammenhänge dieser Berechnungen zu erkennen. Das Kapitel wurde daher so konzipiert, dass auch Nichtmathematiker einen Einblick in den gedanklichen Aufbau der versicherungsmathematischen Grundbegriffe Barwert, Jahresprämie und Deckungskapital erhalten. Damit soll der Prüfer in die Lage versetzt werden, die zutreffende Umsetzung betriebswirtschaftlicher Notwendigkeiten in versicherungsmathematische Berechnungen besser beurteilen zu können.

I. Rechnungsgrundlagen, Bezeichnungen und Kommutationswerte

Grundlagen der versicherungsmathematischen Berechnungen[1] sind die **Zinseszinsrechnung** und die **Wahrscheinlichkeitsrechnung**. Durch die Zinseszinsrechnung wird berücksichtigt, dass Versicherungsbeiträge und/oder Versicherungsleistungen zu späteren Zeitpunkten fällig werden und demgemäß Beiträge dem Versicherer erst künftig zur zinsbringenden Anlage zur Verfügung stehen bzw. Leistungen erst künftig erbracht werden müssen.

Der für die versicherungsmathematischen Berechnungen verwendete Zinssatz wird als **Rechnungszins** bezeichnet. Er ist ein so genannter nomineller Zinsfuß, da er nur eine kalkulatorische Größe darstellt. Davon zu unterscheiden ist der effektive Zinsfuß, der den aus einem Kapital realisierten Zins angibt. Die Höhe des Rechnungszinses ist für die versicherungsmathematischen Berechnungen von erheblicher Bedeutung. Es ist auch ohne mathematische Beweisführung leicht einzusehen, dass z.B. Rentenbarwerte umso niedriger sind, je höher der Rechnungszins ist. Dies ergibt sich schon daraus, dass bei höherem Rechnungszins eine bessere Verzinsung des noch nicht verbrauchten Kapitals möglich ist, so dass für gleiche Rentenzahlungen bei höherem Zins ein niedrigeres Ausgangskapital (Rentenbarwert) benötigt wird.

Der Rechnungszins wird für regulierte Pensionskassen nach aufsichtsbehördlicher Genehmigung jeweils gemäß den geltenden Geschäftsplänen festgelegt. Weit verbreitet ist ein Rechnungszins von 3,5 v.H., wobei in der Praxis auch niedrigere Werte bzw. höhere Werte bis maximal 4,0 v.H. vorkommen. Für Lebensversicherungen, deregulierte Pensionskassen sowie Pensionsfonds, insoweit diese ihre Leistungen versicherungsförmig garantieren, ist dagegen ein kapitalmarktabhängiger Höchstrechnungszins bestimmt, der zu Beginn der Vertragslaufzeit nach Maßgabe der entsprechenden, jeweils aktuellen Deckungsrückstellungsverordnungen festgelegt wird. Derzeit ist ein Rechnungszins von 2,25 v.H. anzuwenden (Stand 2011), wobei dieser Höchstrechnungszinssatz für Neuverträge, die auf Euro lauten, mit Wirkung zum 01.01.2012 auf 1,75 v.H. abgesenkt wird. Aus der Differenz zwischen diesem kalkulatorischen Zins und dem effektiven Zinsfuß, der in den letzten Jahrzehnten im Regelfall wesentlich höher lag, entstehen so genannte Zinsgewinne, die zum größten Teil an den Versicherungsnehmer weitergeleitet werden. Für die Bewertung von Pensionsrückstellungen ist steuerlich gem. § 6a Abs. 3 EStG der Rechnungszins von 6,0 v.H. vorgeschrieben (vgl. E, Tz. 251). Vor Einführung des **Bilanzrechtsmodernisierungsgesetzes** (BilMoG) kamen in der Handelsbilanz auch niedrigere

---
[1] Vgl. hierzu mit umfassenden Darstellungen *Boehm; Saxer; Neuburger.*

Zinssätze von grundsätzlich bis zu ca. 3,0 v.H. in Betracht. Gemäß BilMoG ist in der Handelsbilanz der Rechnungszins gemäß § 253 Abs. 2 S. 1 HGB zu bestimmen und ist dementsprechend zum einen von der Restlaufzeit der zu bewertenden Verpflichtung und zum anderen vom Bewertungsstichtag abhängig (vgl. E, Tz. 139 u. 231). Die jeweiligen Zinssätze werden von der Bundesbank ermittelt und veröffentlicht. Vereinfachend dürfen abweichend von § 253 Abs. 2 S. 1 HGB Altersversorgungsverpflichtungen oder vergleichbare langfristig fällige Verpflichtungen pauschal mit dem durchschnittlichen Marktzinssatz abgezinst werden, der sich auf der Grundlage einer unterstellten einheitlichen Restlaufzeit von 15 Jahren ergibt (§ 253 Abs. 2 S. 2 HGB; vgl. E, Tz. 231)[2].

4   Die wichtigsten **Formeln zur Zinseszinsrechnung** sind in Anh. 1 angegeben. Von Bedeutung für die versicherungsmathematischen Berechnungen sind insbesondere folgende Bezeichnungen und Formeln:

p v.H.-Satz bei nachschüssiger Verzinsung für die Zinsperiode von einem Jahr

$i = \dfrac{p}{100}$ Rechnungszins

$r = 1 + i$ Aufzinsungfaktor

$v = \dfrac{1}{1+i} = \dfrac{1}{r}$ Abzinsungsfaktor, Diskontierungsfaktor.

Ist z.B. $p = 6$, so gilt $i = \dfrac{6}{100} = 0{,}06$, $r = 1{,}06$ und $v = \dfrac{1}{1{,}06} = 0{,}9434$.

5   Elemente der Wahrscheinlichkeitsrechnung werden bei versicherungsmathematischen Berechnungen über so genannte **Ausscheideordnungen** wirksam. Die einfachste Form der Ausscheideordnung ist die Absterbeordnung, bei der nur das Risikoelement „Ausscheiden durch Tod" berücksichtigt wird. Komplizierter ist z.B. die Ausscheideordnung der „Heubeck-Richttafeln 2005 G" („RT 2005 G")[3], bei der zusätzlich das „Ausscheiden durch Invalidität" eine Rolle spielt.

6   Infolge des BilMoG ist als weitere Ausscheidewahrscheinlichkeit für aktive Arbeitnehmer bei der Bewertung von Altersversorgungsverpflichtungen und vergleichbaren langfristig fälligen Leistungen an Arbeitnehmer die Fluktuation zu berücksichtigen, d.h. die vorzeitige Beendigung des Beschäftigungsverhältnisses (aus anderen Gründen als Invalidität, Tod oder Erreichen der Altersgrenze). Die pauschale Berücksichtigung von Fluktuation durch festgelegte Finanzierungsbeginnalter i.s.v. § 6a EStG ist handelsrechtlich nicht zulässig[4]. Fluktuationswahrscheinlichkeiten werden üblicherweise in Abhängigkeit vom Alter und ggf. Geschlecht angegeben; denkbar ist auch eine zusätzliche Abhängigkeit von der Dauer der Betriebszugehörigkeit, der Branche sowie der wirtschaftlichen Lage. Im Folgenden wird aus Gründen der Übersichtlichkeit im dargestellten Formelwerk auf eine Einbeziehung von Fluktuationswahrscheinlichkeiten verzichtet.

7   Aus den Ergebnissen von nationalen Volkszählungen und dem Todesfallregister wurden für die Absterbeordnung Erkenntnisse darüber gewonnen, wie viel Personen des gleichen Alters in einem Jahr sterben. Diese Feststellungen werden für Männer und Frauen getrennt getroffen. Aus dem Vergleich von Gestorbenen eines Alters zu der vorhandenen Wohnbevölkerung ergeben sich die „rohen" Sterbenswahrscheinlichkeiten, die dann mit Hilfe

---

2   Vgl. *IDW RS HFA 30*, Tz. 55 ff.
3   Vgl. *Heubeck*; dieses Gesamtwerk umfasst neben einem Textband (Generationentafeln mit Formeln für Kommutations- und Barwerten etc.) auch eine Software („HEURIKA"), mit deren Hilfe u.a. Teilwerte für bestimmte einfache Leistungssysteme sowie Generationentafelwerte ermittelt werden können.
4   Vgl. *IDW RS HFA 30*, Tz. 62.

Grundformeln für die Renten- und Todesfallversicherung — Anh 2

mathematischer Ausgleichsverfahren zu den **Sterbewahrscheinlichkeiten** verarbeitet werden. Bei den Allgemeinen Sterbetafeln für die Bundesrepublik Deutschland (ADSt) geht man von einem normierten Ausgangsbestand von 100 000 männlichen oder weiblichen Geborenen aus und verändert von Jahr zu Jahr diesen Ausgangsbestand mit Hilfe der Sterbewahrscheinlichkeiten bis zum so genannten Schlussalter, das im Allgemeinen mit ω bezeichnet wird.

Dabei bedeuten in der Formelsprache:

l_x — Anzahl der lebenden Männer des Alters x

$d_x = l_x - l_{x+1}$ — Anzahl der gestorbenen Männer zwischen den Altern x und x+1

$_np_x = \dfrac{l_{x+n}}{l_x}$ — Bruchteil der Männer, die nach n Jahren noch leben.

Da alle lebenden Männer des Alters x bis zum Schlussalter sterben, gilt:

$$l_x = d_x + d_{x+1} + d_{x+2} + \ldots + d_\omega$$

Entsprechend bemisst sich der Teil der Männer, der in n Jahren stirbt mit:

$$\frac{l_x - l_{x+n}}{l_x} = \frac{d_x + d_{x+1} + d_{x+2} + \ldots + d_{x+n-1}}{l_x} = 1 - \frac{l_{x+n}}{l_x}$$

Der Ausdruck $\dfrac{l_{x+n}}{l_x}$ wird mit $_np_x$ bezeichnet und bedeutet die Wahrscheinlichkeit eines x-jährigen Mannes, noch mindestens n Jahre zu leben (Erlebenswahrscheinlichkeit). Aus der vorgehenden Ableitung gilt:

$$\frac{l_x - l_{x+n}}{l_x} = 1 - \frac{l_{x+n}}{l_x} = 1 - {_np_x}$$

Man bezeichnet $1 - {_np_x} = {_nq_x}$ als die Wahrscheinlichkeit eines x-jährigen Mannes, im Laufe der nächsten n Jahre zu sterben (Sterbenswahrscheinlichkeit).

Es gilt offensichtlich

$$_np_x + {_nq_x} = 1,$$

was nach der elementaren Wahrscheinlichkeitsrechnung nicht mehr aussagt, als dass ein x-jähriger Mann mit Wahrscheinlichkeit 1 die nächsten n Jahre durchlebt oder stirbt.

Sonderfälle sind

$_1p_x = \dfrac{l_{x+1}}{l_x}$ — die einjährige Erlebenswahrscheinlichkeit eines Mannes

und

$_1q_x = \dfrac{l_x - l_{x+1}}{l_x} = \dfrac{d_x}{l_x}$ — die einjährige Sterbenswahrscheinlichkeit eines Mannes.

In diesem Sonderfall wird meist auf den vorderen Index 1 verzichtet, also p_x und q_x verwendet.

Die sinngemäß gleichen Bezeichnungen und Beziehungen gelten für Frauen, wenn man den Index x durch y ersetzt.

8   Als Maß für die Sterblichkeit wird im internationalen Vergleich oft die so genannte **mittlere Lebenserwartung** e_x benutzt:

$$e_x = \frac{l_x + l_{x+1} + l_{x+2} + \ldots + l_\omega}{l_x} - \frac{1}{2}$$

Dieser Ausdruck gibt die mittlere Anzahl von Jahren an, die ein x-jähriger Mann nach der angewendeten Sterbetafel noch leben wird. Da das Alter x beliebig wählbar ist, kann auf diese Weise nicht nur die mittlere Lebenserwartung eines Neugeborenen, sondern jedes x-Jährigen errechnet werden. Die Korrektur um –½ ist deshalb erforderlich, weil sich die Todesfälle im Allgemeinen gleichmäßig über das ganze Jahr verteilen.

9   Die letzte auf einer Volkszählung beruhende vollständige **Sterbetafel** ist die Allgemeine Sterbetafel 1986/88[5]. Im Zeitraum zwischen der Herausgabe der Allgemeinen Sterbetafeln werden Sterbetafeln jährlich veröffentlicht, die auf Fortschreibungen beruhen. Diese Sterbetafeln wurden bis 1999/01 als abgekürzte Sterbetafeln bezeichnet.

10 Für die versicherungsmathematischen Berechnungen zur **Rentenversicherung**, bei denen auch das Risiko Invalidität zu berücksichtigen ist, reichen die Sterbetafeln nicht aus, da sie nur auf das Todesfallrisiko abstellen. Dies gilt insbesondere für die Bewertung betrieblicher Versorgungsleistungen. Hier wird im Allgemeinen auf die „Heubeck-Richttafeln 2005 G" („RT 2005 G"; vgl. Tz. 5) zurückgegriffen. Sie enthalten jeweils für Männer und Frauen getrennt Ausscheideordnungen für Aktive, Invalide sowie den Gesamtbestand aus Aktiven und Invaliden[6]. Zur Bewertung von Hinterbliebenenrenten ist außerdem die Wahrscheinlichkeit, beim Tode in einem bestimmten Alter verheiratet zu sein, angegeben sowie das Alter des hinterbliebenen Ehegatten beim Tode eines x-jährigen Mannes bzw. einer y-jährigen Frau. Die in 2005 neu erschienenen „RT 2005 G" sind erstmals als so genannte **Generationentafeln** konzipiert, um dem Phänomen der beständig steigenden Lebenserwartung Rechnung zu tragen. Anders als Periodensterbetafeln, in denen die Sterbewahrscheinlichkeiten ausschließlich nach Geschlecht und Alter differenziert werden, unterscheiden Generationentafeln zusätzlich nach dem Geburtsjahr, so dass für jeden Geburtsjahrgang eine eigene Ausscheideordnung ermittelt wird. Hierdurch lässt sich die steigende Lebenserwartung für später geborene Personen berücksichtigen. Es spielt für die Bewertung der Versorgungsleistungen also nicht nur eine Rolle, mit welcher Wahrscheinlichkeit ein x-Jähriger oder eine y-Jährige stirbt, sondern auch, in welchem Jahr dieses Ereignis eintritt.

11 Zum Verständnis und zur Ableitung der noch folgenden Berechnungsformeln ist es erforderlich, die wichtigsten Bezeichnungen der **biometrischen Grundwerte und Relationen** der Ausscheideordnungen der „RT 2005 G" in der dort verwendeten Symbolik bei Männern des Geburtsganges G anzugeben[7]. Für Frauen ist der Index x jeweils durch y zu ersetzen:

---

5   Vgl. *Statistisches Bundesamt*, Wirtschaft und Statistik 1991, S. 371.
6   Im November 2011 hat die Heubeck Richttafeln GmbH in Ergänzung zu den „RT 2005 G" Fluktuationswahrscheinlichkeiten veröffentlicht. Diese sind abhängig vom Geschlecht, Alter am Bewertungsstichtag und Alter zu Dienstbeginn. Auch wurde das Ausscheidemodell (und folglich das Formelwerk) um Fluktuation ergänzt. Die im Folgenden dargestellten Formeln beruhen i.W. auf den „RT 2005 G" und berücksichtigen die Fluktuation nicht.
7   Vgl. *Heubeck*, S. 20.

Grundformeln für die Renten- und Todesfallversicherung Anh 2

$^G q_x^{aa}$ einjährige Sterbenswahrscheinlichkeit eines x-jährigen Aktiven mit Geburtsjahr G

$^G q_x^{i}$ einjährige Sterbenswahrscheinlichkeit eines x-jährigen Invaliden mit Geburtsjahr G

$^G q_x^{g}$ einjährige Sterbenswahrscheinlichkeit eines x-jährigen Angehörigen des Gesamtbestandes mit Geburtsjahr G

$^G q_x^{r}$ einjährige Sterbenswahrscheinlichkeit eines x-jährigen Altersrentners mit Geburtsjahr G

$^G q_x^{w}$ einjährige Sterbenswahrscheinlichkeit eines x-jährigen Witwers mit Geburtsjahr G

$^G i_x$ einjährige Invalidierungswahrscheinlichkeit eines x-jährigen Aktiven mit Geburtsjahr G

h_x Wahrscheinlichkeit, beim Tode im Alter x verheiratet zu sein

$y(x)$ Alter der Hinterbliebenen beim Tode eines x-Jährigen

Es gelten dann für die Ausscheideordnungen folgende Relationen:

$l_{x+1}^a = l_x^a \cdot (1 - q_x^{aa} - i_x)$ mit l_x^a Aktive des Alters x

$l_{x+1}^i = l_x^i \cdot (1 - q_x^i)$ mit l_x^i Invalide des Alters x

$l_{x+1}^g = l_x^g \cdot (1 - q_x^g)$ mit l_x^g Lebende des Alters x

$l_{x+1}^r = l_x^r \cdot (1 - q_x^r)$ mit l_x^r Altersrentner des Alters x

$l_{x+1}^w = l_x^w \cdot (1 - q_x^w)$ mit l_x^w Witwer des Alters x

Durch einfache Division können diese Gleichungen in die aus Tz. 7 bekannte Form der einjährigen Überlebenswahrscheinlichkeiten umgeformt werden, z.B.:

$$\frac{l_{x+1}^a}{l_x^a} = (1 - q_x^{aa} - i_x) = p_x^{aa}$$

bzw.

$$p_x^{aa} + q_x^{aa} + i_x = 1,$$

was bedeutet, dass ein x-jähriger Mann das Alter x + 1 mit Wahrscheinlichkeit 1 als noch Aktiver erreicht oder wegen Tod ausscheidet oder Invalide wird.

Die Indizierung mit dem Geburtsjahr wird in den allgemeinen formelmäßigen Darstellungen in der Regel weggelassen. Gleiches gilt, wenn aus dem Zusammenhang klar hervorgeht, in welchem Jahr die zu bewertende anspruchsberechtigte Person geboren wurde. Diese Konvention wird auch im Folgenden beibehalten.

Festzuhalten bleibt noch, dass die fünf genannten Bestände der „RT 2005 G" jeweils im Alter 20 $l_{20}^a = l_{20}^i = l_{20}^g = l_{20}^w = 100.000$ bzw.

im Alter z $l_z^r = l_z^g$

beginnen, wobei z das Altersrentenbeginnalter ist. Die Ausscheideordnung für Aktive, Invalide und Gesamtbestand endet beim Alter 75, für Altersrentner und Witwer bei 115.

13 Bisher wurden die für versicherungsmathematische Berechnungen erforderlichen biometrischen und zinsmäßigen Einflussgrößen getrennt betrachtet. Für die Praxis der Berechnungen mit Hilfe von Tabellenwerten, z.B. aus den ADSt oder den „RT 2005 G", hat es sich als sinnvoll herausgestellt, Hilfsgrößen, die so genannten **Kommutationswerte**, zu definieren. Sie sind sowohl für die Renten- als auch für die Todesfallversicherung in ähnlicher Weise definiert.

14 Für die **Rentenversicherung** gilt in der Symbolik der „RT 2005 G":

$$D_x^a = l_x^a \cdot v^x$$
$$D_x^i = l_x^i \cdot v^x$$
$$D_x^g = l_x^g \cdot v^x$$
$$D_x^r = l_x^r \cdot v^x$$
$$D_x^w = l_x^w \cdot v^x$$

Dabei ist v der Diskontierungsfaktor $\dfrac{1}{1+i}$ (vgl. Tz. 4).

Weiter gilt:

$$\begin{aligned}N_x^a &= l_x^a \cdot v^x + l_{x+1} \cdot v^{x+1} + \ldots + l_{z-1} \cdot v^{z-1}\\ &= D_x^a + D_{x+1}^a + \ldots + D_{z-1}^a\\ &= \sum_{x}^{z-1} D_x^a\end{aligned}$$

Die Summation der D_x^a erfolgt also vom Alter x bis einschließlich dem Alter z-1, wobei z das Schlussalter der Aktivenausscheideordnung (erwarteter Rentenbeginn) ist, z.B. 65 oder 60 Jahre.

Für N_x^i und N_x^g gelten die gleichen Formeln unter Ersatz des oberen Index durch i bzw. g. Bei den für den Rentner- und Witwerbestand geltenden Kommutationswerten wird bis zum Endalter ω, d. h. bei den Richttafeln 115, summiert. Für Frauen ist bei allen Ausscheideordnungen der männliche Altersindex x durch den weiblichen Altersindex y zu ersetzen.

Die Werte D_x^a, D_x^i, D_x^g, D_x^r, D_x^w, N_x^a, N_x^i und N_x^g, N_x^r, N_x^w sowie weitere Kommutations- und Barwerte, können mit dem Programm „HEURIKA", das zu den „RT 2005 G" gehört (vgl. Tz. 5), für verschiedene Zinssätze erzeugt werden und ermöglichen so eine erhebliche Vereinfachung der Formeldarstellung und Rechenoperationen.

15 Für die **Todesfallversicherung** gelten entsprechende Definitionen. Hier lauten die Kommutationswerte:

$$C_x = d_x \cdot v^{x+1}$$
$$\begin{aligned}M_x &= d_x \cdot v^{x+1} + d_{x+1} \cdot v^{x+2} + \ldots + d_\omega \cdot v^{\omega+1}\\ &= C_x + C_{x+1} + \ldots + C_\omega\\ &= \sum_{x}^{\omega} C_x\end{aligned}$$

Grundformeln für die Renten- und Todesfallversicherung **Anh 2**

Zwischen den Größen C, D, N und M bestehen aufgrund der Definitionen (vgl. Tz. 7, 14 und 15) die folgenden Beziehungen: **16**

$$C_x = d_x \cdot v^{x+1} = (l_x - l_{x+1}) \cdot v^{x+1}$$
$$= l_x \cdot v \cdot v^x - l_{x+1} \cdot v^{x+1}$$
$$= v \cdot D_x - D_{x+1}$$

$$M_x = \sum_x^\omega C_x = \sum_x^\omega (v \cdot D_x - D_{x+1})$$
$$= v \sum_x^\omega D_x - \sum_{x+1}^\omega D_x$$
$$= v \cdot N_x - N_{x+1}$$

Damit lassen sich z.B. auch Berechnungen für die Todesfallversicherung unter Benutzung der Richttafelwerte D_x und N_x durchführen.

II. Barwerte und Einmalprämien

Der Begriff des Barwertes ist bereits aus der Zinseszinsrechnung bekannt (vgl. Anh. 1 Tz. 6). Er ist dort definitionsgemäß der abgezinste Wert der künftigen Leistungen. In der Versicherungsmathematik, die auch Elemente der Wahrscheinlichkeitsrechnung enthält, ist der **Barwert** der auf einen bestimmten Stichtag abgezinste Wert der voraussichtlichen künftigen Leistungen. Der Barwert wird auch als versicherungstechnische Einmalprämie bezeichnet, da er der Wert ist, der einmalig zu entrichten wäre, um eine Anwartschaft auf bestimmte Leistungen zu erwerben. Werden zusätzlich noch Abschlusskosten und Verwaltungskosten berücksichtigt, so handelt es sich um Bruttoeinmalprämien[8]. Im hier vorliegenden Zusammenhang werden nur die Nettowerte, also ohne Abschluss- und Verwaltungskosten, betrachtet. **17**

1. Erlebensfallversicherung

Bei einer Erlebensfallversicherung erhält der Berechtigte nach Ablauf von n Jahren, wenn er noch lebt, den Betrag 1. Der Barwert für einen am Stichtag x-jährigen Berechtigten errechnet sich entsprechend Tz. 4 in Verbindung mit Tz. 7 nach der Formel **18**

$$_nE_x = v^n \cdot {_np_x}$$

wobei

v^n die Abzinsung (Diskontierung) bewirkt und

$$_np_x = \frac{l_{x+n}}{l_x}$$

die Tatsache berücksichtigt, dass von l_x x-jährigen Berechtigten nach n Jahren nur noch l_{x+n}

---
8 Vgl. *Saxer*, S. 47 ff.

2987

Berechtigte vorhanden sind. Die Gleichung lässt sich weiter umformen und führt dann zu den Kommutationswerten (vgl. Tz. 14).

$$_nE_x = v^n \frac{l_{x+n}}{l_x} = \frac{v^x \cdot v^n \cdot l_{x+n}}{v^x \cdot l_x}$$
$$= \frac{v^{x+n} \cdot l_{x+n}}{v^x \cdot l_x} = \frac{D_{x+n}}{D_x}$$

Zahlenbeispiel mit „RT 2005 G", Zinsfuß 6 v.H., Gesamtbestand, Geburtsjahrgang 1985, Alter am Stichtag 35 Jahre, Zahlung der Leistung nach 25 Jahren, also im Alter 60:

$$_{25}^{1985}E_{35} = \frac{2.809,53}{12.889,71} = 0,21797$$

Ist der Betrag der Erlebensfallleistung z.B. 10.000 €, dann wäre der gesuchte Barwert 2.179,70 €.

Das gleiche Zahlenbeispiel, jedoch mit Geburtsjahrgang 1955, liefert:

$$_{25}^{1955}E_{35} = \frac{2.699,81}{12.752,53} = 0,21171$$

Der gesuchte Barwert ist nun 2.117,10 €. Er ist geringer als der Barwert für den 35-Jährigen des Geburtsjahrgangs 1985, da dieser eine höhere Überlebenswahrscheinlichkeit bis Alter 60 hat, als der 35-Jährige des Geburtsjahrganges 1955.

19 Ein praktisch bedeutsamer Sonderfall einer Erlebensfallversicherung liegt vor, wenn einem Mitarbeiter vom Unternehmen zugesagt wird, dass er nach einer bestimmten Betriebszugehörigkeit einen Einmalbetrag erhält **(Treueprämie, Jubiläumsgeld)**. In diesem Fall ist die Aktivenausscheideordnung der „RT 2005 G" anzuwenden, die berücksichtigt, dass ein aktiver Mitarbeiter zwischen den Zeitpunkten x und x + n wegen Tod oder Invalidität ausscheiden[9] und damit den Anspruch nicht realisieren kann (vgl. Tz. 11). Die Formel lautet dann:

$$_nE_x^a = \frac{D_{x+n}^a}{D_x^a}$$

Zahlenbeispiel mit „RT 2005 G", Zinsfuß 6 v.H., Aktivenbestand, Geburtsjahrgang 1985, Alter am Stichtag 35 Jahre, Zahlung im Alter 60 nach 25 Jahren Betriebszugehörigkeit:

$$_{25}E_{35}^a = \frac{2.431,47}{12.788,77} = 0,19013$$

Beläuft sich das Jubiläumsgeld z.B. auf 10.000 €, dann wäre der Barwert 1.901,30 €.

2. Lebenslängliche und abgekürzte Leibrenten

20 Der Begriff der Rente stammt aus der Zinseszinsrechnung (vgl. Anh. 1 Tz. 7). Auch bei der Leibrente wird periodisch über einen gewissen Zeitraum eine Leistung erbracht, aber die Auszahlung ist davon abhängig, dass der Berechtigte die jeweiligen Zeitpunkte **erlebt**.

---

9 Fluktuation hier nicht berücksichtigt.

Grundformeln für die Renten- und Todesfallversicherung **Anh 2**

a) Sofort beginnende lebenslängliche Leibrente

Im Folgenden wird davon ausgegangen, dass der Abstand zwischen den Zahlungszeitpunkten jeweils ein Jahr beträgt **(Jahresrente)** und die Leistung 1 jeweils am Anfang der Periode erfolgt (vorschüssige Leibrente). Es ist dann sofort einleuchtend, dass sich der Barwert der sofort beginnenden Leibrente vom Betrag 1 als Barwert einer Folge von Erlebensfallversicherungen mit der Leistung 1 darstellen lässt:

$$a_x = {}_0E_x + {}_1E_x + {}_2E_x + \ldots + {}_{\omega-x}E_x$$

$$= \frac{D_x}{D_x} + \frac{D_{x+1}}{D_x} + \frac{D_{x+2}}{D_x} + \ldots + \frac{D_\omega}{D_x}$$

$$= \frac{D_x + D_{x+1} + D_{x+2} + \ldots + D_\omega}{D_x}$$

$$= \frac{N_x}{D_x}$$

Abhängig vom zu Grunde gelegten Bestand müssen die entsprechenden Kommutationswerte verwendet werden, z. B. für eine Altersrente (a_x^r) N_x^r und D_x^r.

Zahlenbeispiel mit „RT 2005 G", Zinsfuß 6 v.H., Altersrentnerbestand, Geburtsjahrgang 1955, Alter am Stichtag 65 Jahre:

$$a_{65}^r = \frac{21.801{,}84}{1.915{,}67} = 11{,}3808$$

Beträgt die Jahresrente z.B. 1.000 €, so beläuft sich der gesuchte Barwert auf 11.380,80 €.

b) Aufgeschobene lebenslängliche Leibrente

Soll die lebenslängliche Leibrente nicht sofort, sondern erst nach dem Ablauf von t Jahren beginnen, so handelt es sich um eine aufgeschobene Leibrente. Auch hier ist für die Ableitung der Formel für den Barwert der Rückgriff auf die Erlebensfallversicherung möglich:

$$_t a_x = \frac{D_{x+t} + D_{x+t+1} + D_{x+t+2} + \ldots + D_\omega}{D_x}$$

Mit Hilfe der Kommutationswerte (vgl. Tz. 14) gilt:

$$_t a_x = \frac{N_{x+t}}{D_x}$$

Zahlenbeispiel mit „RT 2005 G", Zinsfuß 6 v.H., Gesamtbestand, Geburtsjahrgang 1955, Alter am Stichtag 50 Jahre, Aufschubzeit 10 Jahre:

$$_{10}a_{50} = \frac{33.642{,}33}{5.134{,}794} = 6{,}55196$$

Bei einer Jahresrente von 1.000 € ergibt sich dann ein Barwert von 6.551,96 €.

23 Durch eine einfache Umformung (erweitern des Bruches mit D_{x+t}) lässt sich die letzte Formel wie folgt darstellen:

$$_t a_x = \frac{N_{x+t} \cdot D_{x+t}}{D_x \cdot D_{x+t}} = \frac{D_{x+t}}{D_x} \cdot a_{x+t}$$

Diese Darstellungsform ist insbesondere dann von Bedeutung, wenn sich die Aufschubzeit in einer anderen Ausscheideordnung vollzieht als die Rentenzahlungszeit. Ein praktisches Beispiel ist z.B. dann gegeben, wenn eine betriebliche Versorgungszusage dahingehend lautet, dass eine lebenslängliche Leibrente nur dann gewährt wird, wenn der aktive Berechtigte **als Aktiver** das Pensionierungsalter z erreicht, also x + t = z ist:

$$_{z-x} a_x^{aA} = \frac{D_z^a}{D_x^a} \cdot a_z^r$$

Zahlenbeispiel mit „RT 2005 G", Zinsfuß 6 v.H., Aktivenbestand für die Aufschubzeit, Rentnerbestand für die Zahlungszeit, Geburtsjahrgang 1955, Pensionierungsalter z = 65 Jahre, Alter am Stichtag 50 Jahre:

$$_{15} a_{50}^{aA} = \frac{1.392{,}34}{4.927{,}64} \cdot 11{,}3808 = 3{,}2157$$

Bei einer Jahresrente von 1.000 € ergibt sich ein Barwert von 3.215,70 €.

c) Abgekürzte Leibrente

24 Wird die sofort beginnende Leibrente nicht lebenslänglich, sondern längstens t mal bis zu einem Zeitpunkt t − 1 gezahlt, so handelt es sich um eine abgekürzte Leibrente. Unter Rückgriff auf die Erlebensfallversicherung (vgl. Tz. 18) lautet dann die Barwertformel (vgl. Tz. 14):

$$\begin{aligned}
a_{x\,\overline{t|}} &= {}_0E_x^a + {}_1E_x^a + {}_2E_x^a + \ldots + {}_{t-1}E_x^a \\
&= \frac{D_x}{D_x} + \frac{D_{x+1}}{D_x} + \frac{D_{x+2}}{D_x} + \ldots + \frac{D_{x+t-1}}{D_x} \\
&= \frac{N_x - N_{x+t}}{D_x} \\
&= \frac{N_x}{D_x} - \frac{N_{x+1}}{D_x} \\
&= a_x - {}_t a_x
\end{aligned}$$

Diese Relation ist unmittelbar evident, denn sie besagt, dass der Barwert einer abgekürzten Leibrente gleich dem Barwert einer lebenslänglichen abzüglich des Barwertes einer aufgeschobenen Leibrente ist.

25 Eine für die Bewertung betrieblicher Versorgungsverpflichtungen wichtige abgekürzte Leibrente ist die so genannte **Aktivenrente**. Durch sie wird bei der Teilwertbewertung (vgl. Tz. 56) die Rückstellungsbildung gesteuert. Eine Aktivenrente wird solange gezahlt, wie ein Mitarbeiter aktiv bleibt, längstens bis zum Pensionierungsalter (Schlussalter) z.

Grundformeln für die Renten- und Todesfallversicherung **Anh 2**

Die Barwertformel lässt sich wiederum über eine Erlebensfallversicherung nur für Aktive ableiten (vgl. Tz. 24):

$$a^a_{x\,\overline{z-x|}} = {}_0E^a_x + {}_1E^a_x + {}_2E^a_x + \ldots + {}_{z-x-1}E^a_x$$

$$= \frac{D^a_x}{D^a_x} + \frac{D^a_{x+1}}{D^a_x} + \frac{D^a_{x+2}}{D^a_x} + \ldots + \frac{D^a_{z-1}}{D^a_x}$$

Nach der Definition in Tz. 14 ist der Zählersummand

$D^a_x + \ldots D^a_{z-1} = N^a_x$, so dass die Formel lautet:

$$a^a_{x\,\overline{z-x|}} = \frac{N^a_x}{D^a_x}$$

d) Unterjährige Leibrenten

Bisher wurden nur Barwerte für die jährliche vorschüssige Zahlung von Leibrenten betrachtet (vgl. Tz. 20). In der Praxis werden Renten jedoch meist monatlich gezahlt. Der Barwert einer unterjährig vorschüssig zu zahlenden Rente ist, auch ohne mathematischen Beweis, sicherlich geringer als der Barwert der jährlich vorschüssig zu zahlenden. Mit relativ komplizierten mathematischen Berechnungen lässt sich ein Abzugsglied ermitteln, das der Unterjährigkeit der Rentenzahlung Rechnung trägt. Es ist vom Maß der Unterjährigkeit und vom Zins abhängig. Für die **lebenslänglichen Leibrenten** lautet das Abzugsglied (mit t = Anzahl der unterjährigen Zahlungen und i = Rechnungszins): **26**

$$k^{(t)} = 1 - \frac{1}{t} \cdot \sum_{\lambda=0}^{t-1} \frac{t-\lambda}{t+\lambda \cdot i} = \frac{1+i}{t} \cdot \sum_{\lambda=0}^{t-1} \frac{\lambda}{t+\lambda \cdot i}$$

Es ist dann:

$${}^{(12)}a^r_x = a^r_x - k^{(12)}$$

Zahlenbeispiel mit monatlicher Zahlung (t = 12) und Rechnungszins i = 0,06 für $k^{(12)}$:

$$k^{(12)} = 1 - \frac{1}{12} \cdot \sum_{\lambda=0}^{11} \frac{12-\lambda}{12+\lambda \cdot 0{,}06} = 0{,}467976$$

Handelt es sich um eine **abgekürzte Leibrente** (vgl. Tz. 24), so ist die Unterjährigkeit durch ein weiteres Korrekturglied zu berücksichtigen: **27**

$$k^{(12)}_{\overline{t|}} = k^{(12)} \cdot \left(1 - \frac{D_t}{D_x}\right)$$

Dabei ist t − 1 das Alter zum Zeitpunkt des letzten Zahlungstermins.

Für die **aufgeschobene Leibrente** lässt sich auf die Formel in Tz. 23 zurückgreifen. Es ist: **28**

$${}^{(12)}_{t}a_x = \frac{D_{x+t}}{D_x} \cdot {}^{(12)}a_{x+t}$$

3. Anwartschaftsbarwerte für Rentenzahlungen

a) Anwartschaft auf Altersrente

29 Bisher wurden grundsätzlich nur Barwerte von sofort beginnenden Leibrenten, lebenslänglich und abgekürzt, betrachtet. Eine Ausnahme bildete die aufgeschobene lebenslängliche Leibrente (vgl. Tz. 22 f.). Dabei handelt es sich eigentlich bereits um einen so genannten Anwartschaftsbarwert. Am Berechnungsstichtag (Alter x) haben die Leistungen noch nicht eingesetzt, es besteht eine Anwartschaft. Für betriebliche Versorgungsverpflichtungen ist dabei die Anwartschaft eines x-jährigen Aktiven auf eine vom Pensionierungsalter z an zu zahlende lebenslängliche Leibrente von Bedeutung. Die **Barwertformel bei monatlicher Rentenzahlung** lautet:

$$_{z-x}^{(12)}a_x^{aA} = \frac{D_z^a}{D_x^a} \cdot {}^{(12)}a_z^r$$

b) Anwartschaft auf Invalidenrente

30 Es besteht bei einem x-jährigen Aktiven die Anwartschaft auf eine lebenslängliche Leibrente vom Betrag 1 ab Eintritt der Invalidität, die monatlich gezahlt wird. Betrachtet man die möglichen Schadensfälligkeiten eines Jahres t bis t + 1, so gilt:

$$\frac{l_{x+t}^a}{l_x^a} \cdot i_{x+t} \cdot a_{x+t+1/2}^i \cdot v^{t+1/2} \quad \text{mit}$$

$$a_{x+t+1/2}^i = \frac{1 - q_{x+t}^i}{1 - \frac{1}{2}q_{x+t}^i} \cdot v^{\frac{1}{2}} \cdot a_{x+t+1}^i$$

Verbal ist dieser Ansatz wie folgt zu interpretieren: Ein x-jähriger Aktiver bleibt mit der Wahrscheinlichkeit $l_{x+t}^a : l_x^a$ bis zum Jahr x + t im Aktivenbestand. Im folgenden Jahr x + t bis x + t + 1 wird er mit der Wahrscheinlichkeit i_{x+t} invalidisiert. Dadurch wird eine lebenslängliche monatliche Invalidenrente vom Jahresbetrag 1 ausgelöst, deren Barwert $a_{x+t+1/2}^i$ ist.

Der Zeitpunkt der Invalidisierung und damit des Rentenbeginns wird wegen der Gleichverteilung der Invalidisierung im Zeitraum x + t bis x + t + 1 auf x + t + 1/2 gesetzt. Da die Betrachtung vom Zeitpunkt x aus erfolgt, ist der ganze Wert mit $v^{t+1/2}$ zu diskontieren. Zur technisch einfacheren Bewältigung dieses relativ komplizierten Ausdrucks werden auch hier Kommutationswerte eingeführt. Es ist:

$$D_x^{ai} = D_x^a \cdot i_x \cdot a_{x+1/2}^i \cdot v^{1/2}$$

$$N_x^{ai} = \sum_{x}^{z-1} D_x^{ai}$$

Daraufhin lässt sich der Barwert einer Anwartschaft eines x-jährigen Aktiven auf eine lebenslänglich vorschüssig zahlbare Invalidenrente wie folgt darstellen:

Grundformeln für die Renten- und Todesfallversicherung **Anh 2**

$$a_x^{ai} = \frac{1}{D_x^a} \sum_x^{z-1} l_x^a \cdot i_x \cdot a_{x+1/2}^i \cdot v^{1/2}$$

$$= \frac{1}{D_x^a} \sum_x^{z-1} D_x^{ai} = \frac{N_x^{ai}}{D_x^a}$$

Zahlenbeispiel mit „RT 2005 G", Zinsfuß 6 v.H., Geburtsjahr 1955, Alter am Stichtag 50 Jahre, Pensionierungsalter für Altersrente z = 65 Jahre:

$$a_{50}^{ai} = \frac{8.3780,46}{4.927,64} = 1,700$$

Beläuft sich die Monatsrente auf 100 €, also die Jahresrente auf 1.200 €, so beträgt der gesuchte Barwert 2.040 €.

Die Abhängigkeit vom Schlussalter (Beginn einer Altersrente) ist evident, da Invalidität nur im Zeitraum vor dem Beginn einer Altersrente eintreten kann.

In der Praxis der betrieblichen Versorgungszahlungen werden oft so genannte **Wartezei-** 31
ten vorgesehen. Sie bedeuten, dass Rentenzahlungen nur dann gewährt werden, wenn eine Mindestbetriebszugehörigkeit t, z.B. 10 Jahre, bei Eintritt des Versorgungsfalles vorliegt. Versicherungsmathematisch sind dann bei der Berechnung des Barwertes die möglichen Schadensfälligkeiten der ersten t Jahre auszuschließen. Dies wird dadurch realisiert, dass die Summation der D_x^{ai} erst im Alter t beginnt, also:

$$_t a_x^{ai} = \frac{1}{D_x^a} \sum_{x+t}^{z-1} D_x^{ai} = \frac{N_{x+t}^{ai}}{D_x^a}$$

Soll die Invalidenrente nicht lebenslänglich, sondern nur **abgekürzt** bis zur Vollendung 32
des Alters z (z.B. Beginn einer Altersrente) gezahlt werden, so ist in der ersten Formel in Tz. 30 für die möglichen Schadensfälligkeiten eines Jahres der lebenslängliche Rentenbarwert in einen abgekürzten Leibrentenbarwert abzuändern. Es gilt dann:

$$\frac{l_{x+t}^a}{l_x^a} \cdot i_{x+t} \cdot {}^{(12)}a_{x+t+1/2\ \overline{z-x-t-1/2|}}^i \cdot v^{t+1/2} \quad \text{mit}$$

$${}^{(12)}a_{x+t+1/2\ \overline{z-x-t-1/2|}}^i = \frac{1-q_{x+t}^i}{1-\frac{1}{2}q_{x+t}^i} \cdot v^{\frac{1}{2}} \cdot \left[a_{x+t+1\ \overline{z-x-t-1|}}^i + \frac{D_z^i \cdot k^{(12)}}{D_{x+t+1}^i} \right]$$

Über die Kommutationswerte (vgl. Tz. 30)

$$D_x^{ai(z)} = D_x^a \cdot i_x \cdot {}^{(12)}a_{x+1/2\ \overline{z-x-1/2|}}^i \cdot v^{\frac{1}{2}} \quad \text{und}$$

$$N_x^{ai(z)} = \sum_x^{z-1} D_x^{ai(z)}$$

ergibt sich die Barwertformel

$$(12) a_x^{ai(z)} = \frac{N_x^{ai(z)}}{D_x^a}.$$

Zahlenbeispiel mit „RT 2005 G", Zinsfuß 6 v.H., Aktivenbestand, Geburtsjahr 1955, Alter am Stichtag 50 Jahre, Schlussalter für die Zahlung z = 65 Jahre:

$$(12) a_{50}^{ai(65)} = \frac{3.219{,}92}{4.927{,}64} = 0{,}6534$$

Beläuft sich die Monatsrente auf 100 €, also die Jahresrente auf 1.200 €, so ergibt sich ein Barwert von 748,08 €.

c) Anwartschaft auf Invaliden- und Altersrente

33 Bei betrieblichen Versorgungsverpflichtungen wird meistens eine Rente im Falle der Invalidität und bei Erreichen des Pensionierungsalters zugesagt. Der Barwert einer Anwartschaft eines x-jährigen Aktiven auf eine lebenslänglich monatlich zahlbare Invaliden- und Altersrente lässt sich aus den Barwerten für die lebenslängliche Invalidenrente und die lebenslängliche Altersrente zusammensetzen (vgl. Tz. 29 f.).

$$(12) a_x^{aiA} = a_x^{ai} + {}_{z-x}^{(12)} a_x^{aA}$$

Auch hier werden Hilfswerte eingeführt (vgl. Tz. 30 f.):

$$N_x^{aiA} = N_x^{ai} + D_z^a \cdot {}^{(12)} a_z^r$$

Dann lautet die Formel für den **Anwartschaftsbarwert**:

$$(12) a_x^{aiA} = \frac{N_x^{aiA}}{D_x^a}$$

d) Anwartschaften auf Hinterbliebenenrente

34 Für die Berechnung des Barwertes einer Hinterbliebenenrente können grundsätzlich zwei unterschiedliche Verfahren angewendet werden, die individuelle und die kollektive Methode. Die **individuelle Methode** berücksichtigt den exakten Altersunterschied der Ehegatten und die Tatsache, dass die Ehe zum Zeitpunkt der Bewertung besteht. Versicherungstechnisch handelt es sich um eine so genannte Versicherung für verbundene Leben. Der Anwendungsbereich liegt hauptsächlich bei den individuellen Verträgen mit Versicherungsgesellschaften. Für ein Unternehmen kommt die individuelle Methode für eine Bewertung nur dann in Frage, wenn der versorgungsberechtigte Ehepartner namentlich genannt wird, und bei Kaufpreisrenten. Auf die Ableitung und Erläuterung der versicherungsmathematischen Formeln[10] für die individuelle Methode wird an dieser Stelle verzichtet. Zur Anwendung wird auf die Erläuterungen in den „RT 2005 G" hingewiesen.

35 Bei der Bewertung betrieblicher Versorgungsverpflichtungen wird im Allgemeinen die **kollektive Methode** angewendet. Dabei werden statistisch begründete Annahmen über

---
10 Vgl. hierzu *Saxer*, S. 59 ff.

Grundformeln für die Renten- und Todesfallversicherung — Anh 2

die Wahrscheinlichkeit, zum Zeitpunkt des Todes verheiratet zu sein (h_x), und das Alter des Ehegatten in diesem Zeitpunkt ($y(x)$) gemacht. Der tatsächliche familiäre Status des Berechtigten und der individuelle Altersunterschied der Ehegatten bleiben unberücksichtigt.

Für die Anwartschaft eines Altersrentners lässt sich dann bei der möglichen Schadensfälligkeit eines Jahres t bis t + 1 folgender Ansatz machen (vgl. Tz. 30):

$$\frac{l^r_{x+t}}{l^r_x} \cdot q^r_{x+t} \cdot h_{x+t} \cdot a^w_{y(x+t)+1/2} \cdot v^{t+1/2} \quad \text{mit}$$

$$a^w_{y+1/2} = \frac{1 - q^w_y}{1 - \frac{1}{2} \cdot q^w_y} \cdot v^{1/2} \cdot a^w_{y+1}$$

Verbal lässt sich dieser Ansatz wie folgt interpretieren: Ein x-jähriger Angehöriger des Altersrentnerbestandes bleibt mit der Wahrscheinlichkeit $l^r_{x+t} : l^r_x$ bis zum Zeitpunkt x + t im Altersrentnerbestand. Im Zeitraum x + t bis x + t + 1. d.h. im Alter x + t, stirbt er mit der Wahrscheinlichkeit q^r_{x+t} und ist mit der Wahrscheinlichkeit h_{x+t} verheiratet, hinterlässt also mit dieser Wahrscheinlichkeit eine Witwe. Diese im Zeitpunkt des Ablebens des Mannes $y(x + t)$-jährige Witwe erhält eine lebenslängliche monatliche Witwenrente, die mit dem Barwert $a^w_{y(x+t)+1/2}$ angesetzt wird.

Die Betrachtung erfolgt vom Alter x aus, also ist der ganze Wert mit $v^{t+1/2}$ zu diskontieren. Um das rechnerische Verfahren zu vereinfachen, werden in den Richttafeln folgende Hilfswerte eingeführt:

$$D^{rw}_x = D^r_x \cdot q^r_x \cdot h_x \cdot a^w_{y(x)+1/2} \cdot v^{1/2}$$

und

$$N^{rw}_x = \sum_x^\omega D^{rw}_x$$

Der Barwert einer Anwartschaft eines x-jährigen **Angehörigen des Altersrentnerbestandes** auf eine monatlich zahlbare lebenslängliche **Witwenrente** lautet dann:

$$a^{rw}_x = \frac{1}{D^r_x} \sum_x^\omega D^r_x \cdot q^r_x \cdot h_x \cdot a^w_{y(x)+1/2} \cdot v^{1/2}$$

$$= \frac{1}{D^r_x} \sum_x^\omega D^{rw}_x = \frac{N^{rw}_x}{D^r_x}$$

Zahlenbeispiel mit „RT 2005 G", Zinsfuß 6 v.H., Gesamtbestand, Geburtsjahr 1955, Alter am Stichtag 65 Jahre:

$$a^{rw}_{65} = \frac{4.771{,}43}{1.915{,}67} = 2{,}491$$

Beläuft sich die Monatsrente für den Berechtigten auf 100 € und die Monatsrente für die hinterbliebene Ehefrau auf 60 v.H. davon, also 60 €, so ergibt sich für die Jahresrente von 720 € der gesuchte Barwert von 1.793,52 €.

37 In ähnlicher Weise wird der Barwert einer Anwartschaft eines x-jährigen **Invaliden** auf lebenslängliche **Witwenrente** abgeleitet. Über die Hilfswerte

$$D_x^{iw} = D_x^i \cdot q_x^i \cdot h_x \cdot a_{y(x)+1/2}^w \cdot v^{1/2} \quad \text{für } x \leq z-1$$

$$D_x^{iw} = \frac{D_z^i}{D_z^r} \cdot D_x^{rw} \qquad\qquad \text{für } x \geq z$$

und

$$N_x^{iw} = \sum_x^\omega D_x^{iw}$$

ergibt sich dann die Barwertformel

$$a_x^{iw} = \frac{\sum_x^\omega D_x^{iw}}{D_x^i} = \frac{N_x^{iw}}{D_x^i}.$$

38 Im Barwert der Anwartschaft eines x-jährigen **Aktiven** auf lebenslängliche **Witwenrente** a_x^{aw} ist zu berücksichtigen, dass der Aktive als Aktiver, als Altersrentner oder als Invalider versterben kann. Demgemäß werden zwei Hilfswerte definiert:

$$D_x^{aaw} = D_x^a \cdot q_x^{aa} \cdot h_x \cdot a_{y(x)+1/2}^w \cdot v^{1/2}$$
$$D_x^{aiw} = D_x^a \cdot i_x \cdot a_{x+1/2}^{iw} \cdot v^{1/2}$$

Weiter gilt:

$$N_x^{aaw} = \sum_x^{z-1} D_x^{aaw} + D_z^a \cdot a_z^{rw}$$

$$N_x^{aiw} = \sum_x^{z-1} D_x^{aiw}$$

Die **Barwertformel** lautet dann:

$$a_x^{aw} = \frac{N_x^{aiw} + N_x^{aaw}}{D_x^a} = a_x^{aaw} + a_x^{aiw}$$

4. Todesfallversicherung

39 Besteht ein Anspruch auf die **Versicherungsleistung 1 im Todesfall,** so spricht man von einer reinen Todesfallversicherung. Unter Zugrundelegung der Bezeichnungen und Kommutationswerte in Tz. 7 und Tz. 15 ergibt sich der Barwert (Einmalprämie) für den Anspruch eines x-Jährigen auf Zahlung der Summe 1 im Todesfall nach folgender Formel:

$$A_x = \frac{l_x - l_{x+1}}{l_x} \cdot v + \frac{l_{x+1} - l_{x+2}}{l_x} \cdot v^2 + \ldots + \frac{l_\omega}{l_x} \cdot v^{\omega+1}$$
$$= \frac{d_x}{l_x} \cdot v + \frac{d_{x+1}}{l_x} \cdot v^2 + \ldots + \frac{d_\omega}{l_x} \cdot v^{\omega+1}$$

Grundformeln für die Renten- und Todesfallversicherung   **Anh 2**

Nach Erweiterung des Ausdrucks mit v^x gilt:

$$A_x = \frac{1}{D_x}(C_x + C_{x+1} + \ldots + C_\omega)$$
$$= \frac{M_x}{D_x}$$

oder entsprechend Tz. 16:

$$A_x = \frac{v \cdot N_x - N_{x+1}}{D_x}$$

Durch die Umformung der Kommutationswerte M_x in N_x können die Barwerte für die reine Todesfallversicherung für den Gesamtbestand relativ einfach auf Basis der Richttafeln ermittelt werden.

Zahlenbeispiel mit „RT 2005 G", Zinsfuß 6 v.H., Gesamtbestand, Geburtsjahr 1955, Alter x = 50 (v = 0,9434 lt. Tz. 4):

$$A_{50} = \frac{0,9434 \cdot 51.087,38 - 45.952,68}{5.134,69} = 0,43686$$

Der Barwert für einen Anspruch auf eine Todesfallleistung von 1.000 € beträgt im Alter 50 demnach 436,86 €.

Soll die Todesfallleistung nur dann gewährt werden, wenn der x-jährige Versicherte innerhalb der nächsten t Jahre stirbt, eine so genannte **temporäre Todesfallversicherung**, dann gilt: **40**

$$_tA_x = \frac{M_x - M_{x+t}}{D_x}$$

Besteht ein Anspruch auf die Todesfallleistung erst nach einer Wartezeit von n Jahren, eine so genannte **aufgeschobene Todesfallversicherung**, so ergibt sich als Barwert: **41**

$$_nA_x = \frac{M_{x+n}}{D_x}$$

Zur Berechnung mit Hilfe der „RT 2005 G" (Gesamtbestand) gelten die genannten Relationen zwischen den Kommutationswerten M_x und N_x (vgl. Tz. 16).

Die am stärksten verbreitete Versicherungsform in der Todesfallversicherung ist die so genannte **gemischte Versicherung**. Dabei wird die Todesfallsumme 1 fällig, wenn der x-jährige Versicherte während der ersten n Jahre stirbt, spätestens jedoch nach Erleben der n Jahre. Die gemischte Versicherung besteht also aus einer temporären Todesfallversicherung (vgl. Tz. 40) und einer Erlebensfallversicherung (vgl. Tz. 18). Der Barwert einer **42** gemischten Versicherung lautet demgemäß:

$$A_{x\,\overline{n|}} = {}_nA_x + {}_nE_x$$
$$= \frac{M_x - M_{x+n}}{D_x} + \frac{D_{x+n}}{D_x}$$
$$= \frac{M_x - M_{x+n} + D_{x+n}}{D_x}$$

43 Die für die Todesfallversicherung angegebenen Formeln gelten für Männer des Gesamtbestandes der „RT 2005 G" (vgl. Tz. 16), für Frauen ist der Index x durch y zu ersetzen. Entsprechendes gilt für die Verwendung der ADSt. Die Formeln können bei entsprechender Leistungsausgestaltung selbstverständlich auch für andere Ausscheideordnungen, z.B. den Aktivenbestand der „RT 2005 G", unter Verwendung der dazugehörigen Kommutationswerte benutzt werden.

III. Jahresprämien

44 Die beschriebenen Leistungsbarwerte sind mit den versicherungstechnischen Einmalprämien identisch (vgl. Tz. 17). Sie definieren den Leistungsumfang einer Verpflichtung und sind deshalb genauso vielfältig wie die möglichen Leistungsdefinitionen, z.B. in der betrieblichen Altersversorgung. Im vorhergegangenen Abschnitt (Tz. 17 bis Tz. 43) konnte nur ein Teil der denkbaren Leistungsbarwerte, nämlich für so genannte gleichbleibende Renten und Todesfallleistungen behandelt werden. Daneben gibt es noch Leistungsordnungen, die z.B. mit der Versicherungsdauer oder der Betriebszugehörigkeit steigende Leistungen vorsehen, wobei die Steigerung teilweise erst nach einer gewissen Zeit einsetzt und/oder nach einem bestimmten Zeitraum wieder abbricht. Typisches Beispiel sind die Grund- und Steigerungssysteme in der betrieblichen Altersversorgung. Im vorliegenden Zusammenhang kann auf die einschlägige Literatur verwiesen werden[11].

45 Die versicherungstechnische Einmalprämie (Leistungsbarwert) reicht aus, um eine bestimmte Verpflichtung durch eine Einmaleinlage zu finanzieren. In der Praxis der Lebensversicherungen, aber auch bei der Bewertung betrieblicher Versorgungsverpflichtungen, erfolgt jedoch keine Einmaleinlage, sondern es werden **mehrere Zahlungen** geleistet, die Prämien oder Beiträge. In der betrieblichen Altersversorgung spricht man bei Anwendung des versicherungsmathematischen Teilwertverfahrens von auf die Aktivitätszeit verteilten Jahresbeträgen, die versicherungstechnisch mit einer Jahresnettoprämie identisch sind. Sie regeln die Verteilung des Aufwandes des Unternehmens für die Versorgungszusage. Die Berechnung einer Jahresprämie erfolgt grundsätzlich für alle Versicherungsleistungen nach der gleichen Methode, dem versicherungsmathematischen **Äquivalenzprinzip**. Es besagt, dass zu einem bestimmten Stichtag (Versicherungsbeginn bzw. Finanzierungsbeginn in der betrieblichen Altersversorgung) der Barwert aller Beiträge vom Betrag P_x gleich dem Leistungsbarwert (Einmalprämie) sein muss. Bezeichnet man ganz allgemein den Beitragsbarwert für den Jahresbetrag 1 mit a_x und den Leistungsbarwert mit B_x, so gilt:

$$P_x \cdot a_x = B_x$$
$$\text{oder } P_x = \frac{B_x}{a_x}$$

---

11 Vgl. *Saxer*, S. 40 ff.; vgl. *Heubeck*, S. 27 ff. u. S. 34.

Grundformeln für die Renten- und Todesfallversicherung — Anh 2

1. Lebenslängliche Prämienzahlung

Mit dieser Grundformel lassen sich nun Jahresprämien für die verschiedensten Leistungsgestaltungen errechnen. Wird die **vorschüssige Jahresprämie** lebenslänglich gezahlt, was z.B. für die lebenslängliche Todesfallversicherung mit der Leistung 1 in Frage kommt, so ergibt sich aus der allgemeinen Prämienformel folgender Ansatz (vgl. Tz. 39 und Tz. 20):

$$P_x = \frac{A_x}{a_x} = \frac{M_x : D_x}{N_x : D_x} = \frac{M_x}{N_x}$$

Will man diese Jahresprämie aus den Richttafeln (Gesamtbestand) errechnen, so ist noch die Relation zwischen M_x und N_x zu berücksichtigen (vgl. Tz. 16):

$$P_x = \frac{v \cdot N_x - N_{x+1}}{N_x} = v - \frac{N_{x+1}}{N_x}$$

Zahlenbeispiel mit „RT 2005 G", Zinsfuß 6 v.H., Gesamtbestand, Geburtsjahr 1955, Alter bei Versicherungsbeginn x = 50 (v = 0,9434 lt. Tz. 4):

$$P_{50} = 0{,}9434 - \frac{45.952{,}68}{51.087{,}38} = 0{,}04391$$

Die vorschüssige Jahresprämie für einen Anspruch auf eine Todesfallleistung von 1.000 € beträgt ab Alter 50 bis zum Ableben 43,91 €.

Soll die Jahresprämie nicht jährlich vorschüssig, sondern monatlich vorschüssig gezahlt werden, so ist in der Prämienformel der Barwert a_x durch $^{(12)}a_x$ zu ersetzen.

2. Abgekürzte Prämienzahlung

Von wesentlich größerer Bedeutung als die lebenslängliche Prämienzahlung ist in der Praxis die abgekürzte Prämienzahlung, die also bei einem bestimmten Höchstalter endet. Für die **lebenslängliche Todesfallversicherung** mit der Leistung 1 ergibt sich dann die vorschüssige Jahresprämie wie folgt (vgl. Tz. 24):

$$P_{x\,\overline{t|}} = \frac{A_x}{a_{x\,\overline{t|}}} = \frac{M_x : D_x}{(N_x - N_{x+t}) : D_x}$$
$$= \frac{M_x}{N_x - N_{x+t}} = \frac{v \cdot N_x - N_{x+1}}{N_x - N_{x+t}}$$

Für die weit verbreitete gemischte Versicherung auf den **Todes- und Erlebensfall** ist die Beitragsdauer t meist identisch mit der Versicherungsdauer t. Es gilt dann für die vorschüssige Jahresprämie (vgl. Tz. 42):

$$P_{x\,\overline{t|}} = \frac{A_{x\,\overline{t|}}}{a_{x\,\overline{t|}}} = \frac{(M_x - M_{x+t} + D_{x+t}) : D_x}{(N_x - N_{x+t}) : D_x}$$
$$= \frac{M_x - M_{x+t} + D_{x+t}}{N_x - N_{x+t}}$$

Unter Anwendung der Relationen zwischen M_x und N_x können auch hier die benötigten Kommutationswerte aus dem Gesamtbestand der „RT 2005 G" ermittelt werden.

49 Die abgekürzte Prämienzahlungsdauer ist von besonderer Bedeutung für die **Bewertung von Anwartschaftsverpflichtungen** in der betrieblichen Altersversorgung mit dem versicherungsmathematischen Teilwertverfahren. Die Nettoprämien („Jahresbeträge") sind während der Aktivitätszeit des Berechtigten aufzubringen. Dies erfordert eine Kalkulation der Finanzierung im Rahmen der Ausscheideordnung für Aktive (vgl. Tz. 25). Danach ergibt sich für den Jahresbetrag P_x im Zeitpunkt des Eintritts in das Unternehmen grundsätzlich die Formel (vgl. Tz. 45):

$$P_x = \frac{B_x}{a^a_{x\ \overline{z-x|}}}$$

Dabei ist z das Schlussalter der Ausscheideordnung für Aktive, also der Beginn der normalen Altersrente.

IV. Prämienreserven, Teilwert und Anwartschaftsbarwertverfahren

1. Prämienreserven

50 Neben den Barwerten und den Prämien ist die Prämienreserve, auch Deckungskapital genannt, der dritte zentrale Begriff der Versicherungsmathematik. Dabei wird im Folgenden nur die Nettoprämienreserve (Nettodeckungskapital) betrachtet, also ohne Abschluss- und Verwaltungskosten (vgl. Tz. 17).

Die **Notwendigkeit** einer Prämienreserve wird an einem einfachen Beispiel ersichtlich. Das Todesfallrisiko, im Gesamtbestand der Richttafeln beschrieben durch die einjährige Sterbenswahrscheinlichkeit $_1q_x$ (vgl. Tz. 7), nimmt ab Alter 27 zu. Will man nun, was üblich ist, dieses steigende Risiko der Todesfallversicherung nach dem versicherungsmathematischen Äquivalenzprinzip (vgl. Tz. 45) mit einer gleichbleibenden Prämie abdecken, so ist diese Prämie im Vergleich zu dem jeweiligen Leistungsbedarf am Anfang sicher zu hoch, am Ende der Prämienzahlungszeit zu niedrig. Aus den am Anfang zu hohen Prämien wird dann ein Deckungskapital gebildet, mit dem die zu niedrigen Beiträge am Ende ausgeglichen werden. Noch deutlicher wird die Notwendigkeit einer Prämienreserve bei der gemischten Versicherung auf den Todes- und Erlebensfall und den Rentenversicherungen.

51 Für die **Berechnung** von Prämienreserven gibt es verschiedene Möglichkeiten[12]. An dieser Stelle soll das so genannte **prospektive Verfahren** beschrieben werden. Nach der Definition muss die Prämienreserve (Deckungskapital) für eine im Alter x begonnene Versicherung nach t Jahren ($_tV_x$) zusammen mit dem Barwert der künftigen Prämien ($P_x \cdot a_{x+t}$) ausreichen, um alle Leistungsansprüche nach diesem Zeitpunkt x + t zu erfüllen. Der Barwert (versicherungstechnische Einmalprämie) der künftigen Leistungen ist B_{x+t}.

Damit ergibt sich die **Grundformel**

$$_tV_x + P_x \cdot a_{x+t} = B_{x+t}$$

---

12 Vgl. hierzu *Saxer*, S. 95 ff.

Grundformeln für die Renten- und Todesfallversicherung **Anh 2**

oder als Bestimmungsgleichung für das Deckungskapital

$$_tV_x = B_{x+t} - P_x \cdot a_{x+t}$$

Verbal lässt sich die Gleichung wie folgt deuten: Das Deckungskapital am Ende des t-ten Jahres nach Versicherungsbeginn ist gleich der versicherungstechnischen Einmalprämie zu diesem Zeitpunkt abzüglich dem Barwert der noch ausstehenden Prämien. Man sieht sofort, dass bei Abschluss des Versicherungsvertrages im Zeitpunkt x (t = 0) gilt (vgl. Tz. 45):

$$_0V_x = B_x - P_x \cdot a_x$$
$$= P_x \cdot a_x - P_x \cdot a_x = 0$$

Weiter ist aus der allgemeinen Bestimmungsgleichung ersichtlich, dass nach Abschluss der Beitragszahlungszeit, wenn also $a_x = 0$ ist, die Prämienreserve (Deckungskapital) mit dem Barwert der künftigen Leistungen identisch ist. Diese Aussage hat Bedeutung z.B. bei der Bewertung betrieblicher Versorgungsverpflichtungen gegenüber mit einer unverfallbaren Anwartschaft ausgeschiedenen Mitarbeitern.

Für die **Erlebensfallversicherung** bis zum Alter x + n lässt sich das Deckungskapital **52** nach t Jahren aus der Grundformel (vgl. Tz. 51) mit Hilfe der Formeln aus Tz. 18, 24 und 45 wie folgt ableiten:

$$_tV_x = {_nE_{x+t}} - {_nE_x} \cdot \frac{1}{a_{x\,\overline{n|}}} \cdot a_{x+t\,\overline{n-x-t|}}$$

$$= \frac{D_{x+n}}{D_{x+t}} - \frac{D_{x+n}}{D_x} \cdot \frac{D_x}{N_x - N_{x+n}} \cdot \frac{N_{x+t} - N_{x+n}}{D_{x+t}}$$

$$= \frac{D_{x+n}}{D_{x+t}} \cdot \left(1 - \frac{N_{x+t} - N_{x+n}}{N_x - N_{x+n}}\right)$$

$$= \frac{D_{x+n}}{D_{x+t}} \cdot \frac{N_x - N_{x+n} - N_{x+t} - N_{x+n}}{N_x - N_{x+n}}$$

$$= \frac{D_{x+n}}{D_{x+t}} \cdot \frac{N_x - N_{x+t}}{N_x - N_{x+n}}$$

Entsprechend lassen sich unter Verwendung bisher angegebener Formeln weitere Prä- **53** mienreserven t Jahre nach Versicherungsbeginn ableiten, z.B. für

– eine um n Jahre **aufgeschobene, lebenslängliche** vorschüssige Leibrente (vgl. Tz. 22):

$$_tV_x = \frac{N_{x+n}}{N_x - N_{x+n}} \cdot \frac{N_x - N_{x+t}}{D_{x+t}}$$

– eine um m Jahre **aufgeschobene, höchstens n Jahre dauernde** vorschüssige Leibrente:

$$_tV_x = \frac{N_{x+m} - N_{x+m+n}}{N_x - N_{x+m}} \cdot \frac{N_x - N_{x+t}}{D_{x+t}}$$

54 Für die meisten Versicherungen, insbesondere die Rentenversicherungen, lässt sich die Prämienreserve technisch am günstigsten auf der Basis der Grundformel ermitteln (vgl. Tz. 51).

2. Teilwertverfahren

55 Ein bestimmtes versicherungsmathematisches Bewertungsverfahren ist für die Ermittlung der Rückstellungen für Altersversorgungsverpflichtungen nach § 253 Abs. 1 S. 2 HGB nicht vorgeschrieben, solange dessen Anwendung zur Ermittlung des nach vernünftiger kaufmännischer Beurteilung notwendigen (abgezinsten) Erfüllungsbetrags führt. Für die Bewertung von Verpflichtungen aus zeitratierlich erdienten Pensionsanwartschaften kommen grundsätzlich sowohl das versicherungsmathematische **Teilwertverfahren** (ein Gleichverteilungsverfahren) als auch das **Anwartschaftsbarwertverfahren** *(projected unit credit method* i.S.d. IAS 19; ein Ansammlungsverfahren, vgl. Tz. 68) in Betracht (vgl. E, Tz. 233 f.). Schließen vertragliche Besonderheiten der Pensionszusage eine gleichmäßige Verteilung des Altersversorgungsaufwands über die gesamte aktive Dienstzeit eines Mitarbeiters aus, so kann wohl das Anwartschaftsbarwertverfahren, nicht jedoch das Teilwertverfahren zu handelsrechtlich zulässigen Wertansätzen führen[13].

56 Bei der Bewertung von Pensionsverpflichtungen für die **Steuerbilanz** ist zwingend das Teilwertverfahren gemäß § 6a EStG mit seinen speziellen Anforderungen (beispielsweise darf die Finanzierung frühestens im Alter 27 (bzw. 28 oder 30) erfolgen, auch wenn die Dienstzeit des Versorgungsanwärters in einem früheren Alter begonnen hat) anzuwenden.

57 Der **Teilwert** einer Pensionsanwartschaft ist gleich dem Barwert der künftigen Pensionsleistungen abzüglich des sich auf denselben Zeitpunkt ergebenden Barwertes betragsmäßig gleichbleibender Jahresbeträge bis zum voraussichtlichen Eintritt des Versorgungsfalles; die Jahresbeträge sind so zu ermitteln, dass ihr Barwert bei Beginn des Dienstverhältnisses gleich dem Barwert der Pensionsverpflichtungen zum gleichen Zeitpunkt ist. Der erste Teil der Definition ist identisch mit der Definition einer prospektiven Prämienreserve (vgl. Tz. 51), der zweite Teil entspricht der Definition der gleichbleibenden Jahresprämie, die während der Aktivitätszeit des Berechtigten aufzubringen ist (vgl. Tz. 49), wenn man Versicherungsbeginn gleich Beginn des Dienstverhältnisses setzt.

58 Aus den Erörterungen in Tz. 50 f. und 56 f. lässt sich entnehmen, dass nach Ende der Aktivitätszeit

$(a^a_{x\,\overline{z-x|}} = 0)$ gilt:

$_tV_x = B_{x+t}$

Das heißt, der Teilwert ist identisch mit der versicherungstechnischen Einmalprämie bzw. dem Anwartschaftsbarwert. Diese Relation gilt auch für den Fall, dass ein Berechtigter mit einer unverfallbaren Anwartschaft ausgeschieden ist, da dann keine künftige Aktivitätszeit für das Unternehmen gegeben ist.

59 Wird die zugesagte Versorgungsleistung **erhöht** oder auch **gemindert**, z.B. bei gehaltsabhängigen Zusagen durch Erhöhung des maßgeblichen Gehalts, so ist für die Rück-

---

[13] Vgl. *IDW RS HFA 30*, Tz. 61. Zu beachten ist, dass die vollumfänglich gem. § 6a EStG nach der steuerlichen Teilwertmethode bzw. gem. IAS 19 ermittelten Rückstellungswerte im Regelfall aufgrund der verpflichtenden Anwendung bestimmter Bewertungsparameter nicht zu handelsrechtlich zulässigen Wertansätzen führen, auch wenn hierbei vom Grundsatz her ein Teilwertverfahren bzw. ein Anwartschaftsbarwertverfahren zur Anwendung gelangte (vgl. E, Tz. 235 m.w.N.).

stellungsbildung (Berechnung der Prämienreserve) rechnerisch die Erhöhung auf den Beginn des Dienstverhältnisses **zurückzubeziehen**. Hier zeigt sich, dass das Teilwertverfahren unmittelbar auf Veränderungen von Versorgungszusagen reagiert, und zwar im gleichen Verhältnis, wie sich die zugesagte Versorgung ändert.

Nach der allgemeinen Formel für die Rückstellungsbildung (vgl. Tz. 51) können nun die **Teilwerte** für verschiedene Typen von Versorgungszusagen ermittelt werden. **60**

Beispiel: Ein bei Dienstbeginn x-jähriger Aktiver erhält eine Zusage auf Invaliden- und Altersrente vom Jahresbetrag R, zahlbar in monatlichen Beträgen von R/12. Es ist die Rückstellung (Teilwert) im Alter x+t des Berechtigten zu berechnen. Das Alter bei Beginn der Altersrente (Pensionierungsalter) sei z, dann lautet die Formel:

$$_tV_x^{aiA} = R \cdot \left({}^{(12)}a_{x+t}^{aiA} - P_x \cdot a_{x+t\ \overline{z-x-t|}}^a \right)$$

Dabei ist $P_x = \dfrac{{}^{(12)}a_x^{aiA}}{a_{x\ \overline{z-x|}}^a}$.

Umgeformt gilt:

$$_tV_x^{aiA} = R \cdot \left({}^{(12)}a_{x+t}^{aiA} - {}^{(12)}a_x^{aiA} \cdot \dfrac{a_{x+t\ \overline{z-x-t|}}^a}{a_{x\ \overline{z-x|}}^a} \right)$$

Zahlenbeispiel mit „RT 2005 G", Zinsfuß 6 v.H., Pensionierungsalter z = 65, Geburtsjahr 1985, Dienstbeginn Alter x = 28, Alter am Berechnungsstichtag x + t = 50, Jahresrente R = 1.000:

$$_{22}V_{28}^{aiA} = 1.000 \cdot \left({}^{(12)}a_{50}^{aiA} - {}^{(12)}a_{28}^{aiA} \cdot \dfrac{a_{50\ \overline{15|}}^a}{a_{28\ \overline{37|}}^a} \right)$$

Mit Hilfe der in den Richttafeln tabellierten Werte ergibt sich:

$$_{22}V_{28}^{aiA} = 1.000 \cdot \left(5{,}432 - 1{,}649 \cdot \dfrac{9{,}493}{15{,}037} \right) = 4.381{,}97$$

Die gesuchte Rückstellung beträgt also 4.381,97 €.

Aus dem umgeformten Ansatz für die Grundformel zur Rückstellungsberechnung **61**

$$_tV_x = B_{x+t} - B_x \cdot \dfrac{a_{x+t\ \overline{z-x-t|}}^a}{a_{x\ \overline{z-x|}}^a}$$

ist sofort ersichtlich, dass für die **unterschiedlichen Leistungsinhalte** von Versorgungszusagen die Rückstellungsberechnung allein von B_{x+t} und B_x abhängt, den Anwartschaftsbarwerten. So sind z.B. beim **Einschluss einer Witwenrente** von 60 v.H. der Mannesrente die Barwerte für die Jahresrente R = 1 im Beispiel in Tz. 60 wie folgt zu verändern:

$$B_x = {}^{(12)}a_x^{aiA} \text{ in } B_x = {}^{(12)}a_x^{aiA} + 0{,}6 \cdot a_x^{aw}$$
$$B_{x+t} = {}^{(12)}a_{x+t}^{aiA} \text{ in } B_{x+t} = {}^{(12)}a_{x+t}^{aiA} + 0{,}6 \cdot a_{x+t}^{aw}$$

Soll z.B. eine **n-jährige Wartezeit** berücksichtigt werden, so gilt (ohne Einschluss der Witwenrente) während der Wartezeit (t < n) nach Tz. 31:

$$B_x = \frac{D_{x+n}^a}{D_x^a} \cdot {}^{(12)}a_{x+n}^{aiA}$$

$$B_{x+t} = \frac{D_{x+n}^a}{D_{x+t}^a} \cdot {}^{(12)}a_{x+n}^{aiA}$$

Nach dem Ende der Wartezeit (t = n) gilt

B_x = unverändert

$$B_{x+t} = {}^{(12)}a_{x+t}^{aiA}.$$

Auch in diesem Wartezeitbeispiel ist bei Einschluss einer Witwenrente von z.B. 60 v.H. der Mannesrente der Barwert ${}^{(12)}a_x^{aiA}$ durch die Barwerte ${}^{(12)}a_x^{aiA} + 0{,}6 \cdot a_x^{aw}$ zu ersetzen.

62 Mit dem Programm „HEURIKA" können **Teilwerte für bestimmte einfache Leistungssysteme** berechnet werden.

63 Die in der Praxis vorkommenden Versorgungszusagen sind von einer solchen Vielfalt, dass ein Tabellieren der Teilwerte für alle Leistungssysteme nicht möglich ist. Aus den bisherigen Formeln hat sich erwiesen, dass sich die daraus resultierenden rechnerischen Probleme auf die Ermittlung der Anwartschaftsbarwerte, die vom Leistungsinhalt abhängig sind, reduzieren (vgl. Tz. 61). Bei der **Entwicklung von Rechenprogrammen** zur Ermittlung der Teilwerte sind daher die Barwerte das entscheidende Element. Da die Barwerte nur für einfache Leistungsinhalte tabelliert sind, wird auf die Grundkommutationswerte (D_x-Werte, vgl. Tz. 29 bis 39) zurückgegriffen und der Anwartschaftsbarwert jahresweise durch Summation zusammengefasst.

Ein einfaches **Beispiel** soll dieses Verfahren verdeutlichen:

Entsprechend der Versorgungszusage beträgt die Grundrente (Alters- und Invalidenrente) nach einer Wartezeit von 10 Dienstjahren 10 v.H. des jeweiligen Gehalts, die Anwartschaft steigt ab dem 11. Dienstjahr um 0,5 v.H. des jeweiligen Gehalts pro Dienstjahr bis zum Höchstbetrag von 17,5 v.H. nach 25 Dienstjahren. Auf diese Versorgungszusage wird eine Pensionskassenleistung angerechnet, die wie folgt definiert ist: Nach einer Wartezeit von 5 Dienstjahren beträgt die Anwartschaft 5 v.H. des Gehalts, ab dem 6. Dienstjahr steigt die Anwartschaft um jährlich 1/3 v.H. des Gehalts. Das pensionsfähige Gehalt bei der Pensionskasse ist auf 30.000 € jährlich begrenzt. Der Berechtigte ist im Jahr 1955 geboren worden und im Alter x = 35 eingetreten, am Berechnungsstichtag x + t = 50 Jahre alt und hat am Berechnungsstichtag ein Gehalt von 50.000 € jährlich. Das Pensionierungsalter ist z = 65. Zinsfuß für die Bewertung ist 6 v.H.

Es wird dann zuerst der so genannte Leistungsvektor ermittelt[14], der aufgrund der Leistungszusage und der maßgeblichen Bezüge am Stichtag für jedes Alter zwischen x = 35 und z = 65 den Umfang der Verpflichtung des Unternehmens beschreibt. In der Tabelle (Tz. 65) dienen die Spalten (3) bis (5) der Errechnung des jeweiligen Netto-Jahresrentenanspruchs R_{x+t} aus der Differenz der Brutto-Firmenzusage R^F_{x+t} zur anrechnungsfähigen Pensionskassenleistung R^{PK}_{x+t}. Dabei sind negative Werte = 0 zu setzen. Wegen der Wartezeit bei der Firmenzusage können in den ersten 10 Dienstjahren keine Leistungen fällig werden. In Spalte (6) sind die D^{ai}_{x+t} aus den Richttafeln angegeben, in Spalte (7) das Produkt $R_{x+t} \cdot D^{ai}_{x+t}$. Dieses Produkt wird in Spalte (8) von z − 1 = 64 her addiert. Damit sind alle möglichen Fälligkeiten durch Invalidisierung erfasst.

Es fehlt noch die Altersrente, die sich aus dem Ansatz

$$R_z \cdot D^a_z \cdot {}^{(12)}a^z_r = 4.750 \cdot 1.392{,}344 \cdot 10{,}913 = 72.174.587{,}84$$

ergibt. Damit können die für die Teilwertermittlung erforderlichen **Barwerte** wie folgt ermittelt werden:

$$B_x = B_{35} = \frac{1}{D^a_{35}} \cdot (44.164.800 + 72.174.588)$$

$$= \frac{1}{12.652{,}33} = (44.164.800 + 72.174.588) = 9.195{,}10$$

$$B_{x+t} = B_{50} = \frac{1}{D^a_{50}} \cdot (40.009.557 + 72.174.588)$$

$$= \frac{1}{4.927{,}64} = (40.009.557 + 72.174.588) = 22.766{,}30$$

Damit ergibt sich der **Teilwert** (vgl. Tz. 61) wie folgt:

$$_tV_x = {}_{15}V_{35} = B_{50} - B_{35} \cdot \frac{a^a_{50,\overline{15|}}}{a^a_{35,\overline{30|}}}$$

$$= 22.767 - 9.195 \cdot \frac{9{,}412}{13{,}747} = 16.472$$

Der gesuchte Teilwert für den 50-jährigen Berechtigten beträgt also 16.472 €.

Will man das am Beispiel geschilderte Verfahren abstrakt darstellen, so lautet die **Formel 64 für den Anwartschaftsbarwert** im Zeitpunkt x

$$B_x = \frac{1}{D^a_x} \cdot \left(\sum_{j=0}^{z-x-1} R_j \cdot D^{ai}_{x+j} + R_z \cdot D^a_z \cdot {}^{(12)}a^r_z \right).$$

Ist gleichzeitig eine Witwenrente vorgesehen, die in einer bestimmten Relation (z.B. 60 v.H.) zur Mannesrente steht, so sind die Summanden

---

[14] Vereinfachend werden hier die erwartete Gehalts- und Rentendynamik, die für die Ermittlung des handelsbilanziellen Wertansatzes nach Inkrafttreten des BilMoG grundsätzlich zu berücksichtigen sind, außer Acht gelassen.

Anh 2   Prämienreserven, Teilwert und Anwartschaftsbarwertverfahren

D_{x+j}^{ai} durch $D_{x+j}^{ai} + 0{,}6 \cdot D_{x+j}^{aw}$ und $^{(12)}a_z^r$ durch $^{(12)}a_z^r + 0{,}6 \cdot a_z^{rw}$ zu ersetzen.

Ist die Witwenrentenanwartschaft der Mannesrente nicht direkt proportional, dann sind getrennte Leistungsvektoren für Mannes- und Witwenrenten gegeben und eine getrennte Barwertermittlung erforderlich.

65   Beispiel für ein rechnerangepasstes Verfahren zur Teilwertberechnung auf Basis von Kommutationswerten (zu Tz. 63, Zinssatz 6 v.H.)

T	x+t	R_{x+t}^F	R_{x+t}^{PK}	R_{x+t}	D_{x+t}^{ai}	$P_{x+t} = (5) \cdot (6)$	$\sum_{i=t}^{z-1} P_{x-i}$
(1)	(2)	(3)	(4)	(5)	(6)	(7)	(8)
0	35	0,00	0,00	0,00			
1	36	0,00	0,00	0,00			
2	37	0,00	0,00	0,00			
3	38	0,00	0,00	0,00			
4	39	0,00	0,00	0,00			
5	40	0,00	1.500,00	0,00			
6	41	0,00	1.600,00	0,00			
7	42	0,00	1.700,00	0,00			
8	43	0,00	1.800,00	0,00			
9	44	0,00	1.900,00	0,00			
10	45	5.000,00	2.000,00	3.000,00	232,18	696.540,00	44.164.797,00
11	46	5.250,00	2.100,00	3.150,00	238,99	752.818,50	43.468.257,00
12	47	5.500,00	2.200,00	3.300,00	248,24	819.192,00	42.715.438,50
13	48	5.750,00	2.300,00	3.450,00	260,16	897.552,00	41.896.246,50
14	49	6.000,00	2.400,00	3.600,00	274,76	989.136,00	40.998.694,50
15	50	6.250,00	2.500,00	3.750,00	292,28	1.096.050,00	40.009.558,50
16	51	6.500,00	2.600,00	3.900,00	313,26	1.221.714,00	38.913.508,50
17	52	6.750,00	2.700,00	4.050,00	338,44	1.370.682,00	37.691.794,50
18	53	7.000,00	2.800,00	4.200,00	368,64	1.548.288,00	36.321.112,50
19	54	7.250,00	2.900,00	4.350,00	404,85	1.761.097,50	34.772.824,50
20	55	7.500,00	3.000,00	4.500,00	447,69	2.014.605,00	33.011.727,00
21	56	7.750,00	3.100,00	4.650,00	496,93	2.310.724,50	30.997.122,00
22	57	8.000,00	3.200,00	4.800,00	551,45	2.646.960,00	28.686.397,50
23	58	8.250,00	3.300,00	4.950,00	613,23	3.035.488,50	26.039.437,50
24	59	8.500,00	3.400,00	5.100,00	672,95	3.432.045,00	23.003.949,00
25	60	8.750,00	3.500,00	5.250,00	726,20	3.812.550,00	19.571.904,00
26	61	8.750,00	3.600,00	5.150,00	768,15	3.955.972,50	15.759.354,00
27	62	8.750,00	3.700,00	5.050,00	794,54	4.012.427,00	11.803.381,50
28	63	8.750,00	3.800,00	4.950,00	801,82	3.969.009,00	7.790.954,50
29	64	8.750,00	3.900,00	4.850,00	788,03	3.821.945,50	3.821.945,50
30	65	8.750,00	4.000,00	4.750,00			

Besonderes Bedeutung haben die Rechnerprogramme, wie sie in Tz. 63 und in der zugehörigen obigen Tabelle beispielhaft angedeutet wurden, bei den komplizierten Berechnungen für so genannte Gesamtversorgungssysteme, die eine Berücksichtigung der gesetzlichen Rentenversicherung vorsehen. Zu weiteren Einzelheiten muss auf die Fachliteratur verwiesen werden[15]. **66**

Bei geeigneten Rechenanlagen kann statt auf die Grundkommutationswerte (D_x-Werte) auf die Grundwerte $l_x^g, l_x^a, l_x^i, l_x^r, i_x, h_x$ und y(x) (vgl. Tz. 11) zurückgegangen werden. Zwar steigt dadurch der Rechenaufwand, im Programm kann aber leicht der Rechnungszins (oder andere Parameter wie Finanzierungsendalter und ggf. Rentendynamik) geändert werden; außerdem kann vergleichsweise einfach anstelle eines festen Zinssatzes eine Zinsstrukturkurve implementiert werden. Auch ist die Verwendung von verschiedenen Sterbetafeln (z.B. ADSt und „RT 2005 G") und die Variation der biometrischen Wahrscheinlichkeiten möglich. **67**

3. Anwartschaftsbarwertverfahren

Ein alternatives Bewertungsverfahren für die Handelsbilanz ist das **Anwartschaftsbarwertverfahren** (sog. *„projected unit credit method"*), die bei der Bewertung von Pensionsverpflichtungen gemäß FASB ASC – 715 und IFRS (IAS 19) zwingend vorgeschrieben ist. Bewertet wird dabei der Teil der Anwartschaft, der am Bewertungsstichtag bereits arbeitsrechtlich erdient ist. Richtet sich der arbeitsrechtlich Anspruch nach dem ratierlichen Barwert i.S.v. § 2 Abs. 1 BetrAVG, so gilt als „erdienter" Teil der Anwartschaft der Teil, der dem Verhältnis von am Stichtag erbrachter Dienstzeit zu bis zum Versorgungsfall insgesamt zu erbringender Dienstzeit entspricht[16]. **68**

Ein **Beispiel** soll die Bewertung mit dem ratierlichen Barwert verdeutlichen: Einem Mitarbeiter sei eine Alters- bzw. Invalidenrente zugesagt. Am Bewertungsstichtag sei das Alter des Mitarbeiters x+m, die erbrachte Dienstzeit (vom Diensteintritt bis zum Bewertungsstichtag) sei m. Zugesagt sei Alters- und Invalidenrente in Höhe vom Jahresbetrag Rt im Alter x+t, das Pensionierungsalter sei z. Dann ist am Bewertungsstichtag der erdiente Anteil an der im Alter x+t beginnende Invalidenrente m/t; entsprechend beträgt der an der Altersrente erdiente Anteil m/(z-x). Der ratierliche Anwartschaftsbarwert ergibt sich dann (vgl. Tz. 64):

$$B_{x+m} = \frac{1}{D_{x+m}^a} \cdot \left(\sum_{j=0}^{z-x-m-1} \frac{m}{m+j} \cdot R_j \cdot D_{x+m+j}^{ai} + \frac{m}{z+x} \cdot R_z \cdot D_z^a \cdot {}^{(12)}a_z^r \right).$$

---

15 Vgl. z.B. *Ahrend/Förster/Rößler; aba.*
16 Je nach Zusage kann sich der arbeitsrechtlich erdiente Teil der Anwartschaft auch anders berechnen (z.B. bei beitragsorientieren Zusagen, vgl. § 2 Abs. 5 BetrAVG); diesbezüglich wird auf das Schrifttum verwiesen.

Für das Beispiel aus Tz. 63 ergibt sich für den 50jährigen Aktiven folgende Tabelle:

T	x+t	$\frac{15}{t}$	R_{x+t}	D^{ai}_{x+t}	$P_{x+t} = (3) \cdot (4) \cdot (5)$	$\sum_{i=t}^{z-1} P_{x-i}$
(1)	(2)	(3)	(4)	(5)	(6)	(7)
15	50	1,0000	3.750,00	292,28	1.096.050,00	26.168.704,75
16	51	0,9375	3.900,00	313,26	1.145.356,88	25.072.654,75
17	52	0,8824	4.050,00	338,44	1.209.489,80	23.927.297,87
18	53	0,8333	4.200,00	368,64	1.290.188,39	22.717.808,07
19	54	0,7895	4.350,00	404,85	1.390.386,48	21.427.619,68
20	55	0,7500	4.500,00	447,69	1.510.953,75	20.037.233,20
21	56	0,7143	4.650,00	496,93	1.650.550,51	18.526.279,45
22	57	0,6818	4.800,00	551,45	1.804.697,33	16.875.728,94
23	58	0,6522	4.950,00	613,23	1.979.745,60	15.071.031,61
24	59	0,6250	5.100,00	672,95	2.145.028,13	13.091.286,01
25	60	0,6000	5.250,00	726,2	2.287.530,00	10.946.257,88
26	61	0,5769	5.250,00	768,15	2.326.515,11	8.658.727,88
27	62	0,5556	5.050,00	794,54	2.229.304,44	6.332.212,77
28	63	0,5357	4.950,00	801,82	2.126.198,12	4.102.908,33
29	64	0,5172	4.850,00	788,03	1.976.710,21	1.976.710,21
30	65	0,5000	4.750,00			

Für die Altersrente gilt entsprechend Tz. 63:

$$R_z \cdot D^a_z \cdot {}^{(12)}a^z_r \cdot \frac{m}{(z-x)} = 4.750 \cdot 1.392{,}344 \cdot 10{,}913 \cdot \frac{15}{30} = 36.087.293{,}92$$

Damit ergibt sich der ratierliche Anwartschaftsbarwert im Alter x=50:

$$B_{x=50} = \frac{1}{D^a_{50}} \cdot (36.087.293 + 26.168.711)$$
$$= \frac{1}{4.927{,}64} = (36.087.293 + 26.168.711) = 12.634$$

V. Schrifttumsverzeichnis

1. Verzeichnis der Monographien

aba (Hrsg.), Handbuch der betrieblichen Altersversorgung, Wiesbaden 2009 (Loseblattausgabe); *Ahrend/Förster/Rößler*, Steuerrecht der betrieblichen Altersversorgung, Köln 2009- (Loseblattausgabe); *Boehm*, Versicherungsmathematik, Berlin 1953; *Heubeck*, Richttafeln, 2005 G, Textband und Software, Köln 2005; *Neuburger* (Hrsg.), Mathematik und Technik betrieblicher Pensionszusagen, Karlsruhe 1997; *Saxer*, Versicherungsmathematik, Berlin 1979; *Wolfsdorf*, Versicherungsmathematik, Teil 1, Stuttgart 1997.

2. Verzeichnis der Beiträge in Zeitschriften

Statistisches Bundesamt, Wirtschaft und Statistik 1991, S. 371.

Anhang 3
Die fachlichen Verlautbarungen des IDW
I. Entstehung

Die erste fachliche Verlautbarung des IDW stammt aus dem Jahr 1933. Es handelt sich dabei um das *Fachgutachten 1/33*, das sich mit dem Umfang der Berichterstattungspflicht des Wirtschaftsprüfers befasst. Bis 1998 sind etwa 500 fachliche Verlautbarungen des IDW als Fachgutachten, Stellungnahmen oder Verlautbarungen entwickelt, beraten, überarbeitet und veröffentlicht worden.

Die Notwendigkeit, fachliche Verlautbarungen durch die Berufsorganisation der Wirtschaftsprüfer herauszugeben, wird in der Einleitung zur 1. Auflage der Sammlung von Fachgutachten und Stellungnahmen des IDW wie folgt begründet: „Die Einführung der Pflichtprüfung von Jahresabschlüssen stellte den zur Durchführung dieser Aufgabe geschaffenen Berufsstand der Wirtschaftsprüfer vor zahlreiche schwierige fachliche Fragen. Da die literarischen Äußerungen einzelner Sachverständiger zur Auslegung der Vorschriften auf dem Gebiete der Rechnungslegung und Prüfung sowie zur Entwicklung der Grundsätze ordnungsmäßiger Bilanzierung und Abschlussprüfung nicht die notwendige Autorität erlangen können, um eine einheitliche Berufsausübung zu sichern, wurde bereits im Jahre 1933 beim Institut der Wirtschaftsprüfer ein Fachausschuss mit der Aufgabe gebildet, zu wichtigen fachlichen Fragen Stellung zu nehmen. Diesem allgemeinen Fachausschuss, der heute als Hauptfachausschuss bezeichnet wird, wurden alsbald nach seiner Gründung mehrere Unterausschüsse angegliedert, und zwar [...] der Bankenfachausschuss, der Versicherungsfachausschuss und der Fachausschuss für kommunales Prüfungswesen[1]. [...] Im Laufe der Jahre wurden von den Fachausschüssen zahlreiche Stellungnahmen erarbeitet, die nicht nur die Berufsausübung maßgeblich beeinflusst, sondern sich auch auf die Gesetzgebung ausgewirkt haben. Während früher die fachlichen Äußerungen des Instituts der Wirtschaftsprüfer unter der Bezeichnung „Fachgutachten" herausgegeben wurden, ist nach dem Kriege zumeist die Bezeichnung „Stellungnahme" verwendet worden. Der Grund für diese Entwicklung ist vor allem darin zu sehen, dass man den zahlreichen fachlichen Äußerungen, die infolge der Währungsumstellung und der Gesetzgebung über die DM-Eröffnungsbilanzen notwendig wurden, nur vorübergehende Bedeutung zumessen konnte."[2]

Seither wurden bis 1998 die Diskussionsergebnisse der nationalen Facharbeit in Verlautbarungen, Stellungnahmen und Fachgutachten veröffentlicht. Dazu hatte der IDW Vorstand 1977 folgende Abgrenzung vorgenommen:

1. „Die nachfolgende Unterscheidung bezieht sich auf die gegenwärtige Handhabung; insbesondere vor dem Krieg war es gebräuchlich, nahezu alle Verlautbarungen als „Fachgutachten" zu bezeichnen.
2. Der Begriff „Verlautbarungen" ist ein Oberbegriff für alle fachlichen Äußerungen unseres Instituts. Verlautbarungen, die sich nicht als „Fachgutachten" oder „Stellungnahmen" qualifizieren, werden nur mit „Verlautbarung"[3] bezeichnet.

---

1 Grundsätze für die Neu- und Wiederberufung in Ausschüsse und permanente Arbeitskreise des IDW wurden vom IDW Vorstand 1977, 1993 und 2008 verabschiedet. Vgl. FN-IDW 2008, S. 234.
2 *IDW*, Fachgutachten und Stellungnahmen 1956, Einleitung S. 5.
3 Diese Verlautbarungen sind als Übersicht letztmalig im WP Handbuch 2006 Bd. I, Anh. 3, unter dem jeweiligen Fachausschuss abgedruckt. Sämtliche Verlautbarungen der Ausschüsse des IDW einschließlich der gemeinsamen Verlautbarungen mit der Treuhandanstalt der Jahre 1990-1993 sind enthalten in der Publikation: „Rechnungslegung und Prüfung in den neuen Bundesländern", *IDW* (Hrsg.), Düsseldorf 1993.

3. „Fachgutachten" werden zu grundsätzlichen Bilanzierungs- und Prüfungsfragen erstattet. Sie werden in einem besonderen Verfahren verabschiedet.
4. „Stellungnahmen" sind Verlautbarungen zu einzelnen Fachfragen, die mehr als Tagesbedeutung haben."[4]

4 Aus Anlass der erforderlichen grundlegenden Änderungen der Fachgutachten und Stellungnahmen des IDW infolge der Neuregelung der Abschlussprüfung durch das am 01.05.1998 in Kraft getretenen Gesetzes zur Kontrolle und Transparenz im Unternehmensbereich (KonTraG) hatten Vorstand und Hauptfachausschuss des IDW entschieden, das gesamte System der Verlautbarungen, Fachgutachten und Stellungnahmen des IDW einer Neuordnung und weiteren formellen Anpassung an die ISA zu unterziehen. Dabei wurden sowohl die gesetzlichen Neuregelungen als auch die ISA in ihrer Struktur und Ausführlichkeit der Darstellung – soweit nationale Besonderheiten dem nicht entgegenstanden – und die deutsche Berufsübung auf sinnvolle Weise miteinander verbunden. Im Dezember 2003 waren alle die Abschlussprüfung betreffenden und seinerzeit geltenden ISA in *IDW Prüfungsstandards* umgesetzt.

Um die Neuordnung auch formal zu unterstreichen, wurden die damaligen Bezeichnungen weitgehend aufgegeben. Die Verlautbarungen zur Prüfung werden seit 1998 als *IDW Prüfungsstandards (IDW PS)* und zur Rechnungslegung als *IDW Stellungnahmen zur Rechnungslegung (IDW RS)* bezeichnet. Daneben werden *IDW Standards (IDW S)* herausgegeben, die Regelungen zu den anderen Tätigkeitsgebieten der Wirtschaftsprüfer beinhalten. *IDW Prüfungshinweise (IDW PH)* bzw. *IDW Rechnungslegungshinweise (IDW RH)*, die die Auffassung der Fachgremien des IDW zu einzelnen Fragen – meist ergänzend zu den *IDW PS* und *IDW RS* – erläutern, gehören ebenso zu den fachlichen Verlautbarungen des IDW.

5 *IDW PS, IDW RS und IDW S* werden – wie zuvor bereits die Fachgutachten und Stellungnahmen – vom Hauptfachausschuss oder anderen Fachausschüssen des IDW in einem Verfahren *(due process)* verabschiedet, in dem den Berufsangehörigen und insbesondere der interessierten Öffentlichkeit durch die Veröffentlichung von Entwürfen die Möglichkeit eingeräumt wird, Anregungen in die abschließenden Beratungen einfließen zu lassen. Auf der Basis einer konstruktiven kritischen Diskussion zu diesen Entwürfen soll deren Qualität kontinuierlich verbessert werden. Dazu werden Anhörungen der interessierten Öffentlichkeit, aber auch Fachgespräche im Rahmen der Fortbildungsveranstaltungen des IDW genutzt[5].

6 Am 17.05.2006 wurde die Richtlinie 2006/43/EG des Europäischen Parlaments und des Rates – die Abschlussprüferrichtlinie – verabschiedet. Diese Richtlinie sieht die unmittelbare Anwendung der ISA durch die Berufsangehörigen vor, wobei diejenigen ISA, deren Anwendung in der EU verbindlich sein soll, zuvor in einem besonderen Verfahren anzunehmen *(adoption)* sind. Für die ISA mit *adoption* ist die Veröffentlichung einer verbindlichen deutschen Fassung im Amtsblatt der EU vorgesehen. Mit der *adoption* werden die ISA – nach Umsetzung der Richtlinie durch die Mitgliedstaaten – künftig Gesetzescharakter erhalten und sind für den Abschlussprüfer unmittelbar verbindlich. Ergänzungen der ISA durch die Mitgliedstaaten werden nur in engem Rahmen zulässig sein. In Deutschland bestehen Regelungsgebiete, die durch die ISA nicht erfasst sind (z.B. Regelungen zur Prüfung des Risikofrüherkennungssystems), und Bereiche, bei denen ergänzend zu den ISA eingehendere Prüfungsvorschriften bestehen (z.B. Prüfung der Ord-

---

4 Vgl. FN-IDW 1977, S. 145.
5 Vgl. im Einzelnen *IDW Prüfungsstandard: Rechnungslegungs- und Prüfungsgrundsätze für die Abschlussprüfung (IDW PS 201)*, Tz. 13, 28.

nungsmäßigkeit der Buchführung und detaillierte Regelungen zum Prüfungsbericht). Die durch die ISA nicht erfassten Regelungsgebiete werden weiterhin durch *IDW Prüfungsstandards* abgedeckt. Das in der Abschlussprüferrichtlinie vorgesehene europäische Verfahren zur Annahme der ISA wurde bisher nicht eingeführt.

Am 30.11.2011 hat die EU-Kommission im Nachgang zum Grünbuch zur Abschlussprüfung vom 13.10.2010 ihre Vorschläge zur Neuregelung der Abschlussprüfung in Europa veröffentlicht. Danach soll die bestehende Abschlussprüferrichtlinie auf allgemeine Anforderungen reduziert werden, die für alle Abschlussprüfungen zu berücksichtigen sind. Neben diese allgemeine Richtlinie soll eine Verordnung treten, die Sondervorschriften für Unternehmen von öffentlichem Interesse (Public Interest Entity – PIE) enthält. Für die Anwendung der ISA soll nunmehr gelten, dass diese künftig bei allen Abschlussprüfungen zu beachten sind. Die Mitgliedstaaten sollen regeln, dass die ISA bei der Prüfung mittelgroßer Gesellschaften verhältnismäßig anzuwenden sind. Da die EU-Kommission eine Mitgliedstaatenregelung zur verhältnismäßigen Anwendung der ISA vorsieht, ist anzunehmen, dass das in der bisherigen Abschlussprüferrichtlinie vorgeschriebene europäische Verfahren zur Annahme der ISA entfällt. 7

II. Bedeutung

Die Bedeutung der fachlichen Verlautbarungen des IDW beschreibt der *IDW Prüfungsstandard: Rechnungslegungs- und Prüfungsgrundsätze für die Abschlussprüfung (IDW PS 201)*[6]. In Tz. 13 heißt es dazu, dass „die von den Fachausschüssen des Instituts der Wirtschaftsprüfer abgegebenen *IDW Stellungnahmen zur Rechnungslegung* [...] die Berufsauffassung zu Rechnungslegungsfragen dar(legen). [...] Der Abschlussprüfer hat sorgfältig zu prüfen, ob die *IDW Stellungnahmen zur Rechnungslegung* in der von ihm durchzuführenden Prüfung zu beachten sind. Eine Abweichung von den *IDW Stellungnahmen zur Rechnungslegung* im Einzelfall ist schriftlich und an geeigneter Stelle (z.B. im Prüfungsbericht) darzustellen und ausführlich zu begründen, und zwar auch dann, wenn als Grund für die Abweichung eine höchstrichterliche Rechtsprechung angegeben wird. Werden die *IDW RS* vom Abschlussprüfer nicht beachtet, ohne dass dafür gewichtige Gründe vorliegen, so ist damit zu rechnen, dass eine solche Abweichung von der Berufsauffassung ggf. in Regressfällen, in einem Verfahren der Berufsaufsicht oder in einem Strafverfahren zum Nachteil des Abschlussprüfers ausgelegt werden kann." 8

Analog dazu wird in *IDW PS 201*, Tz. 28 und 29 die Bedeutung der *IDW PS* behandelt: „(28) Die *IDW Prüfungsstandards* enthalten die vom IDW festgestellten deutschen Grundsätze ordnungsmäßiger Abschlussprüfung (GoA). Dabei handelt es sich um die Grundsätze zur Durchführung von Abschlussprüfungen sowie Festlegungen zu den dabei vorzunehmenden Prüfungshandlungen. Die *IDW Prüfungsstandards* legen damit in Übereinstimmung mit den International Standards on Auditing (ISA) die Berufsauffassung der Wirtschaftsprüfer zu fachlichen Fragen der Prüfung dar und tragen zu ihrer Entwicklung bei. [...] (29) [...] Eine Abweichung von den *IDW Prüfungsstandards* kann im Rahmen der Eigenverantwortlichkeit des Wirtschaftsprüfers nur in Ausnahmefällen erfolgen, die im Prüfungsbericht hervorzuheben und angemessen zu begründen sind. Werden die *IDW Prüfungsstandards* vom Abschlussprüfer nicht beachtet, ohne dass dafür gewichtige Gründe vorliegen, so ist damit zu rechnen, dass eine solche Abweichung von der Berufsauffassung ggf. in Regressfällen, in einem Verfahren der Berufsaufsicht oder in einem Strafverfahren zum Nachteil des Abschlussprüfers ausgelegt werden kann." 9

---
6 FN-IDW 2008, S. 172; FN-IDW 2009, S. 533.

10 Die Beachtung der *IDW Fachgutachten, IDW PS, IDW RS* und *IDW S* im Rahmen der beruflichen Eigenverantwortlichkeit ist zugleich Satzungsverpflichtung für alle Mitglieder des IDW und ist in § 4 Abs. 9 der IDW Satzung geregelt.

III. Zeitliche Übersicht

11 Bedeutung der Abkürzungen der Zeitschriften:

WPr.   =   „Der Wirtschaftsprüfer"
WT   =   „Der Wirtschaftstreuhänder"
WPg   =   „Die Wirtschaftsprüfung"
FN-IDW =   „IDW Fachnachrichten"

Die mit dem Zeichen * versehenen Verlautbarungen sind aufgehoben und ggf. durch neue oder überarbeitete fachliche Verlautbarungen ersetzt. Die Darstellung auch der nicht mehr gültigen Verlautbarungen soll insbesondere historische Recherchen erleichtern.

(Stand der Angaben: Dezember 2011)

1. IDW Fachgutachten

(zitiert: *IDW FG*)

Jahr Nr.	Betreff	Abgedruckt in
1933		WPr.
1*	Ausführlichkeit des Prüfungsberichtes[7]	1933 S. 61
2*	Abschreibungen auf Debitoren[7]	1933 S. 62
3*	Bestimmung des Bilanzprüfers durch den Aufsichtsrat[7]	1933 S. 62
4*	Bewertung von Beteiligungseffekten[7]	1933 S. 62
5*	Berücksichtigung der Vergütung des Aufsichtsrats bei der Berechnung der Vorstandstantiemen[7]	1933 S. 62
6*	Getrennter Ausweis der Gesamtbezüge der Mitglieder des Vorstandes und des Aufsichtsrats im Geschäftsbericht[7]	1933 S. 40
7*	Beachtung steuerrechtlicher Vorschriften bei der Pflichtprüfung[7]	1933 S. 129
8*	Berichterstattung über Vorgänge von besonderer Bedeutung im Geschäftsbericht[7]	1933 S. 147
9*	Umfang der angabepflichtigen Gesamtbezüge des Vorstandes und der des Aufsichtsrats im Geschäftsbericht[7]	1933 S. 172
10*	Veröffentlichung der geprüften Jahresabschlüsse und Geschäftsberichte[8]	1933 S. 191
11*	Ausweis von Löhnen und Gehältern in der Gewinn- und Verlustrechnung[7]	1933 S. 191
12*	Ausweis der Aufwendungen für elektrischen Strom in der Gewinn- und Verlustrechnung[7]	1933 S. 192
13*	Bilanzierung von Pensionsverpflichtungen (Neufassung 1939)[9]	1933 S. 97
14*	Finanzzuschläge bei kommunalen Versorgungsunternehmungen und Verkehrsunternehmungen[10]	1933 S. 358
15*	Bestätigungsvermerk vor und nach Einführung der Pflichtprüfung[10]	1933 S. 358
16*	Fassung des Bestätigungsvermerks[7]	1933 S. 358
17*	Berichterstattung über Zwischenprüfungen[7]	1933 S. 358
18*	Belastung der Prüfungskosten[7]	1933 S. 359
1934		WT
1*	Fassung des Ausweises der Gesamtbezüge des Vorstandes und der des Aufsichtsrats im Geschäftsbericht[7]	1934 S. 64

---

[7] Zur Begründung der Aufhebung bzw. Änderung oder Ergänzung s. WPg 1982, S. 92; FN-IDW 1982, S. 52.
[8] Ersetzt durch *IDW FG 1/1953*.
[9] Ersetzt durch *IDW FG 1/1951*.
[10] Als Aufhebung gekennzeichnet in *IDW*, Fachgutachten und Stellungnahmen 1956, S. 37.

Jahr	Nr.	Betreff	Abgedruckt in
	2*	Bilanzierung von Terminengagements[11]	WT 1934 S. 113
	3*	Einschränkung des Bestätigungsvermerks[7]	1934 S. 113
	4*	Ausweis der Forderungen an abhängige Gesellschaften und Konzerngesellschaften in der Bilanz und im Geschäftsbericht[10]	1934 S. 157
	5*	Wesentliche Verstöße gegen die gesetzlichen Vorschriften in früheren Jahren und Bestätigungsvermerk[7]	1934 S. 333
	6*	Heranziehung vorhandener Prüfungseinrichtungen des geprüften Unternehmens durch den Wirtschaftsprüfer (Ergänzung 1982[7])[11]	1934 S. 432
	7*	Ausweis der Arbeitsbeschaffungswechsel im Geschäftsbericht[10]	1934 S. 528
	8*	Maßnahmen gegen unzulässige Veröffentlichungen des Jahresabschlusses und Geschäftsberichts[8]	1934 S. 529
	9*	Der Bestätigungsvermerk außerhalb der Pflichtprüfung[7]	1935 S. 14
	10*	Die Behandlung der Fremddepots der Kreditinstitute bei der Pflichtprüfung[7]	1935 S. 14
1935	1*	Inhalt der Einschränkung des Bestätigungsvermerks[7]	1935 S. 61
	2*	Ausschließung vom Prüfungsamt[7]	1935 S. 83
	3*	Ausweis von Verpflichtungen, die lediglich aus dem Reingewinn zu tilgen sind (Ergänzung 1982[12])[11]	1935 S. 156
	4*	Angaben über die gegebenen dinglichen Sicherheiten aus dem Umlaufvermögen im Geschäftsbericht[7]	1935 S. 179
	5*	Bilanzierung der Reichszuschüsse zu Instandsetzungsarbeiten[10]	1935 S. 253
	6*	Abgabe einer Vollständigkeitserklärung durch den Vorstand der geprüften Unternehmung[13]	1935 S. 254
	7*	Bestätigungsvermerk bei Nichtangabe der Gesamtbezüge der Mitglieder des Vorstandes und der Mitglieder des Aufsichtsrats im Geschäftsbericht[7]	1935 S. 397
	8*	Wortlaut der Einschränkung des Bestätigungsvermerks[7]	1935 S. 397
	9*	Bilanzierung der Umlage in der gewerblichen Wirtschaft[10]	1935 S. 397
	10*	Einschränkung des Prüfungsvermerks für öffentliche und private Versicherungsunternehmen durch Zusätze[10]	1935 S. 540
	11*	Prüfung von Konzernbeziehungen im Rahmen einer Pflichtprüfung[7]	1936 S. 19
1936	1*	Bewertung ersteigerter Grundstücke in der Bilanz[7]	1937 S. 10

---

11 Zur Begründung der Aufhebung bzw. Änderung oder Ergänzung s. FN-IDW 1990, S. 66.
12 Zur Begründung der Aufhebung bzw. Änderung oder Ergänzung s. WPg 1982, S. 406; FN-IDW 1982, S. 212.
13 Ersetzt durch *IDW FG 1/1942*.

IDW Fachgutachten Anh 3

Jahr Nr.	Betreff	Abgedruckt in	
		WT	
2*	Welchen Einfluss haben verlustbringende Ereignisse, die erst nach dem Bilanzstichtag, aber vor Aufstellung der Bilanz bekannt geworden sind, auf die Bewertung der Bilanzpositionen? (Ergänzung 1982[12])	1937 S. 10	
3*	Die Anleiheablösungsschulden der Gemeinden und Gemeindeverbände in den Jahresabschlüssen gemeindlicher Eigenbetriebe[10]	1937 S. 11	
4*	Bewertung von Auslosungsrechten i.S.d. Reichsgesetzes vom 16.07.1925 und Aktivierung der Stückzinsen[10]	1937 S. 11	
5*	Zusammenarbeit zwischen örtlichem Rechnungsprüfungsamt gemäß §§ 100 und 102 der Deutschen Gemeindeordnung und Wirtschaftsprüfer[7]	1937 S. 76	
6*	Bestätigungsvermerk bei Aktiengesellschaften im Eigentum der öffentlichen Hand[7]	1937 S. 76	
1937			
1	Pflichtprüfung und Unterschlagungsprüfung (Ergänzung 1982[11]) i.d.F. 1990[14]	1937 S. 97	
2*	„Zuschreibungen" auf Anlagewerte und Beteiligungen[11]	1937 S. 97	
3*	Zulässigkeit der Bildung von stillen Reserven in dem Bilanzposten „Rückstellungen" und ihre Auflösung[7]	1937 S. 362	
1939			
1*	Grundsätze ordnungsmäßiger Bilanzierung des Anlagevermögens im Falle der Stilllegung der Anlagen eines Erzeugerbetriebes bei Übergang zum Fremdbezug[7]	1939 S. 78	
2*	Ausweis der Zuweisungen zu den Rücklagen in der aktienrechtlichen Gewinn- und Verlustrechnung[7]	1939 S. 162	
1940			
1*	Das mengenmäßige Inventar für Vorräte, Halb- und Fertigerzeugnisse nach § 39 HGB (Ergänzung 1982[7])[11]	1941 S. 59	
2*	Der Ausweis von Organschaftsabrechnungen in den Abschlüssen der Ober- und Untergesellschaften[7]	1941 S. 39	
1942			
1*	Abgabe einer Vollständigkeitserklärung durch den Vorstand der geprüften Unternehmung[7]	1942 S. 40	
2*	Bilanzierung von bedingt rückzahlbaren Darlehen zur Schaffung bestimmter Aktivwerte[7]	1942 S. 216	
1948		WPg	FN-IDW
1*	Bilanzierung der „steuerfreien Rücklage für Ersatzbeschaffungen" in der Handelsbilanz[10]		1/1948 S. 30
1949			
1*	Wortlaut des Bestätigungsvermerks für die Eröffnungsbilanz in Deutscher Mark[10]	1950 S. 38	12/1949 Beilage
2*	Rücklagen für Ersatzbeschaffung und Eröffnungsbilanz in Deutscher Mark[10]	1950 S. 38	12/1949 Beilage

---

14 Auf die Veröffentlichung der Neufassung bzw. Änderungen oder Ergänzungen in der WPg und den FN-IDW wurde verzichtet; auf die Loseblattsammlung „IDW Prüfungsstandards IDW Stellungnahmen zur Rechnungslegung", erschienen im IDW Verlag, Düsseldorf, wird verwiesen.

Jahr Nr.	Betreff	Abgedruckt in	
		WPg	FN-IDW
1951			
1*	Die Bilanzierung von Pensionsverbindlichkeiten (Neufassung 1953)[7]	1951 S. 460 1953 S. 356	1951 S. 62 1953 S. 47
2*	Angabe der Bezüge der Mitglieder des Vorstandes, des Aufsichtsrates und eines Beirates im Geschäftsbericht[7]	1951 S. 461	1951 S. 63
1953			
1*	Veröffentlichung der geprüften Jahresabschlüsse und Geschäftsberichte (Neufassung 1982) i.d.F. 1990[12])[15]	1953 S. 333 1982 S. 407	1953 S. 49 1982 S. 212
1954			
1*	Wertberichtigungen zu Posten des Umlaufvermögens[7]	1954 S. 500	1954 S. 113
1958			
zu 1/42*	Neue Muster für Vollständigkeitserklärungen[7]	1958 S. 76, 162	1958 S. 3, 36
1967			
1*	Grundsätze ordnungsmäßiger Durchführung von Abschlussprüfungen[16]	1967 S. 158	1967 S. 22
1968			
zu 1/42*	Neue Vollständigkeitserklärungen[7]		1968 S. 23
1970			
1*	Grundsätze ordnungsmäßiger Berichterstattung über Abschlussprüfungen[17]	1970 S. 614	1970 S. 138
1977			
1*	Grundsätze ordnungsmäßiger Durchführung von Abschlussprüfungen[18]	1977 S. 210	1977 Beilage 1 zu Nr. 4
2*	Grundsätze ordnungsmäßiger Berichterstattung bei Abschlussprüfungen[19]	1977 S. 214	1977 Beilage 1 zu Nr. 4
3*	Grundsätze für die Erteilung von Bestätigungsvermerken bei Abschlussprüfungen (Ergänzung 1982[6])[20]	1977 S. 217	1977 Beilage 1 zu Nr. 4 S. 145
1988			
1*	Grundsätze ordnungsmäßiger Durchführung von Abschlussprüfungen[21]	1989 S. 9	1989 S. 1

---

15 Ersetzt durch *IDW PS 400*.
16 Ersetzt durch *IDW FG 1/1977*.
17 Ersetzt durch *IDW FG 2/1977*.
18 Ersetzt durch *IDW FG 1/1988*.
19 Ersetzt durch *IDW FG 2/1988*.
20 Ersetzt durch *IDW FG 3/1988*.
21 Ersetzt durch mehrere *IDW Prüfungsstandards*. Ausführliche Zuordnung vgl. Loseblattsammlung „IDW Prüfungsstandards, IDW Stellungnahmen zur Rechnungslegung".

Jahr Nr.	Betreff	Abgedruckt in	
		WPg	FN-IDW
2*	Grundsätze ordnungsmäßiger Berichterstattung bei Abschlussprüfungen[22]	1989 S. 20	1989 S. 9
3*	Grundsätze für die Erteilung von Bestätigungsvermerken bei Abschlussprüfungen[15]	1989 S. 27	1989 S. 14

2. Stellungnahmen des Vorstands des Instituts der Wirtschaftsprüfer in Deutschland e.V.   13

(zitiert: *IDW VO*)

Jahr Nr.	Betreff	Abgedruckt in	
1982		WPg	FN-IDW
1*	Zur Gewährleistung der Prüfungsqualität[23/24]	1982 S. 38	1981 S. 306
1993			
1	Zur beruflichen Fortbildung der Wirtschaftsprüfer im IDW	1994 S. 361	1994 S. 242
1995			
1*	Zur Qualitätssicherung in der Wirtschaftsprüferpraxis[23/25]	1995 S. 824	1995 S. 530a
2006			
1	Anforderungen an die Qualitätssicherung in der Wirtschaftsprüferpraxis[23]	2006 S. 629	2006 S. 317

3. Stellungnahmen des Hauptfachausschusses   14

(zitiert: *IDW St/HFA*)

Jahr Nr.	Betreff	Abgedruckt in	
1947		WPg	FN-IDW
1*	Richtlinien für die Prüfung des Jahresabschlusses 1946[10]	1/1948 S. 28	
1948			
1*	Notwendigkeit einer Umstellungsbilanz anlässlich der Geldneuordnung[10]	2-3/1948 S. 14	
2*	Bestätigungsvermerk für Unternehmen, die dem Rückerstattungsgesetz (Gesetz Nr. 59 der Militärregierung) unterliegen[10]	2-3/1948 S. 56	

---

22 Ersetzt durch *IDW PS 450*.
23 Gemeinsam mit der WPK.
24 Ersetzt durch *IDW VO 1/1995*.
25 Ersetzt durch *IDW VO 1/2006*.

Jahr Nr.	Betreff	Abgedruckt in	
		WPg	FN-IDW
3*	Zur Erteilung des Bestätigungsvermerks bei zeitbedingten Mängeln der Buchführung[10]	2-3/1948 S. 56 1949 S. 436	
4*	Grundsätze für die DM-Eröffnungsbilanz (DMEB) – Vorschläge des IDW – (Wachenheimer Grundsätze)[10]	7/1948 S. 1	
5*	Bilanzierung der Löhne und Gehälter in der RM-Schlussbilanz zum 20.06.1948[10]		5/1948 S. 5
6*	Zur Frage der Umstellung der Einlage des stillen Gesellschafters sowie der Gesellschafter-Sonderkonten und Gesellschafter-Darlehnskonten[10]	8/1948 S. 25	
1949			
1*	Die Anwendung der Grundsätze ordnungsmäßiger Buchführung und Bilanzierung auf die DMEB im Zusammenhang mit der Frage des Verhältnisses des allgemeinen Bewertungsgrundsatzes in § 5 und den Sonderbewertungsvorschriften in den §§ 6 bis 34 DMBG[10]	1950 S. 38, 88	12/1949 S. 1 1/1950 S. 1
2*	Berichtigung von Wertansätzen bei Verbindlichkeiten[10]	1950 S. 39	12/1949 S. 1
3*	Bewertung von Anlagegütern, die ganz oder teilweise unentgeltlich erworben worden sind, in der DMEB[10]	1950 S. 39	12/1949 S. 1
4*	Indexbewertung und summarische Bewertung in der DMEB[10]	1950 S. 39	12/1949 S. 2
5*	Aktive Anzahlungen in der DMEB[10]	1950 S. 39	12/1949 S. 2
6*	DMEB und Währungsabwertungen im Herbst 1949[10]	1950 S. 39	12/1949 S. 2
7*	Bilanzbereinigung zum 20.06.1948 und § 35 Abs. 3 DMBG[10]	1950 S. 39	12/1949 S. 2
1950			
1*	Zum Fachgutachten Nr. 1/1949 (Wortlaut des Bestätigungsvermerks für die Eröffnungsbilanz in Deutscher Mark)[10]	1950 S. 88	1/1950 S. 1
2*	Die Fortführung von freien Rücklagen in der DMEB[10]	1950 S. 88	1/1950 S. 2
3*	Die Bedeutung der Reaktivierungsmöglichkeiten in der DMEB für die Bemessung der Lebensdauer der Gegenstände des Anlagevermögens[10]	1950 S. 89	1/1950 S. 2
4*	Grundsätzliche Bemerkungen zur DMEB[10]	1950 S. 89	1/1950 S. 2
5*	Wertberichtigungsposten in der DMEB[7]	1950 S. 89	1/1950 S. 3
6*	Zur Behandlung von Zuschüssen und unverzinslichen Darlehen, die zur Förderung des Wohnungsbaues (§ 7c EStG) an Vorstandsmitglieder und leitende Angestellte von Aktiengesellschaften gegeben werden[10]	1950 S. 89	1/1950 S. 3
7*	Der Bestätigungsvermerk für verkürzte oder verlängerte Geschäftsjahre, die nach dem 20.06.1948 enden[10]	1950 S. 234	4/1950 S. 2
8*	Berichtigung von Wertansätzen für Verbindlichkeiten in der DMEB[10]	1950 S. 282	5/1950 S. 1

Jahr Nr.	Betreff	Abgedruckt in	
		WPg	FN-IDW
9*	Berücksichtigung der Stellungnahme des Hauptfachausschusses durch den Abschlussprüfer bei abweichender Kommentarmeinung[7]	1950 S. 328	7/1950 S. 1
10*	Bewertung von Aktien der herrschenden Gesellschaft in der DMEB der abhängigen Gesellschaft[10]	1950 S. 328	7/1950 S. 1
11*	Aufrechnung von Reichsforderungen mit Reichsverbindlichkeiten[10]	1950 S. 328	7/1950 S. 1
12*	Ist die wiederholte Berichtigung eines Wertansatzes i.S.d. § 47 DMBG möglich?[10]	1950 S. 328	7/1950 S. 1
13*	Die Tilgung eines Kapitalentwertungskontos ist bereits in der Jahresbilanz vorzunehmen[7]	1950 S. 521	10/1950 S. 1
14*	Gesamtbezüge des Aufsichtsrats – Behandlung der von der Gesellschaft übernommenen Steuern auf Aufsichtsratsvergütungen[7]	1950 S. 522	10/1950 S. 1
15*	Die Angabe des Wechselobligos im Geschäftsbericht[7]	1951 S. 19	12/1950 S. 1
16*	Die Stellung des Wirtschaftsprüfers im Rahmen von Kreditverhandlungen[12]	1950 S. 566	11/1950 S. 1
1951			
1*	Die Bedeutung eines Gewinn- oder Verlustvortrags in der RM-Schlussbilanz für die Fortführung freier Rücklagen in der DM-Eröffnungsbilanz[10]	1951 S. 39	1951 S. 1
2*	Die Berücksichtigung der Zuweisungen zu den Rücklagen in der Jahresbilanz[7]	1951 S. 39	1951 S. 1
3*	Die Behandlung von Valutaschuldverhältnissen, die bereits am 21.06.1948 bestanden, in der Handelsbilanz[10]	1951 S. 39	1951 S. 1
4*	Die Behandlung alter Auslandsanzahlungen auf Werklieferungsverträge in der DMEB[10]	1951 S. 66	
5*	Der Einfluss der Tilgung eines Kapitalentwertungskontos auf die Gewinnbeteiligung von Vorstand und Aufsichtsrat[7]	1951 S. 141	1951 S. 15
6*	Zur Frage der mengenmäßigen Kontinuität zwischen RM-Schlussbilanz und DMEB[10]	1951 S. 141	1951 S. 15
7*	Der Ausweis von Anzahlungen und der diese betreffenden Sonderabschreibungen i.S.d. §§ 7a, 7b, 7d und 7e EStG[7]	1951 S. 213	1951 S. 27
8*	Die Behandlung der Lastenausgleichsabgaben bei der Rechnungslegung der Unternehmen (Stellungnahme des Großen Fachrates)[10]	1951 S. 259	
9*	Die bilanzmäßige Behandlung der nach dem 20.06.1948 aufgelaufenen Zinsen aus Valutaschuldverhältnissen[10]	1951 S. 331	1951 S. 43
10*	Wortlaut des Bestätigungsvermerks für einen Jahresabschluss, in dem durch Ausgleich des Kapitalentwertungskontos die endgültige Neufestsetzung der Kapitalverhältnisse erfolgt[7]	1951 S. 354	1951 S. 51
1952			
1*	Angabe der Bezüge eines geschäftsführenden Treuhänders im Geschäftsbericht[7]	1952 S. 23	1952 S. 1
2*	Inwieweit sind die Berichtigungsposten zu Darlehen i.S.d. §§ 7c und 7d EStG als Eigenkapital anzusehen?[7]	1952 S. 23	1952 S. 1
3*	Fassung des Bestätigungsvermerks für die DMEB von Unternehmen, die unter das KRG Nr. 9 und das Gesetz Nr. 75 der MRG fallen[10]	1952 S. 23	1952 S. 1

Jahr Nr.	Betreff	Abgedruckt in	
		WPg	FN-IDW
4*	Bestätigungsvermerk bei Sonderprüfungen, insbesondere bei Prüfung eines Vermögensstatus[7]	1952 S. 93	1952 S. 17
5*	Risiken aus der Beteiligung an Arbeitsgemeinschaften und Bestätigungsvermerk[26]	1952 S. 217	1952 S. 35
6*	Bilanzmäßige Behandlung von Zwischenkreditzinsen nach bezugsfertiger Herstellung von Neubauten[11]	1952 S. 217	1952 S. 35
7*	Zur Frage der Inventur des Sachanlagevermögens[11]	1952 S. 365	1952 S. 49
8*	Die bilanzmäßige Behandlung der nach dem 20.06.1948 aufgelaufenen Zinsen aus vor dem 21.06.1948 entstandenen Valutaschuldverhältnissen[10]	1952 S. 572	1952 S. 81
1953			
1*	Der Bestätigungsvermerk in Bezug auf die Berichtspflicht über „Vorgänge von besonderer Bedeutung, die nach dem Schluss des Geschäftsjahres eingetreten sind"[12]	1953 S. 16	1953 S. 1
2*	Die Berücksichtigung der Lastenausgleichsabgaben im Jahresabschluss der Aktiengesellschaft[7]	1953 S. 169, 333, 565	
1954			
1*	Grundsatzfragen zur Konsolidierung von handelsrechtlichen Jahresabschlüssen[10]	1954 S. 211	
2*	Die Auswirkung der Darlehen nach §§ 7c, 7d und 7f EStG auf die Gewinnbeteiligung von Vorstand und Aufsichtsrat der AG[7]	1954 S. 263	1954 S. 51
3*	Ausweis von Forderungen aus 7c-Darlehen an dem Aufsichtsrat angehörende Belegschaftsmitglieder[7]	1954 S. 263	1954 S. 51
1955			
1*	Fassung des Bestätigungsvermerks, wenn bei Wohnungsunternehmen die Abschreibungen auf Wohngebäude für die Dauer der Tilgung eines Lastenausgleichsgegenpostens ausgesetzt werden[7]	1955 S. 380	1955 S. 103
1956			
1*	Änderung von Wertansätzen der DMEB[10]	1956 S. 91	1956 S. 23
1957			
1*	Die Bilanzierung von Annuitätenbeihilfen bei Wohnungsunternehmen[7]	1957 S. 152	1957 S. 35
1958			
1*	Bankbestätigungen bei Abschlussprüfungen[7]	1958 S. 194, 328 1959 S. 21	1958 S. 48, 82 1959 S. 3
1960			
1*	Zur Auslegung der Prüfungsvorschriften der §§ 3 und 4 des handelsrechtlichen Kapitalerhöhungsgesetzes (Ergänzung 1982[7]) i.d.F. 1990[11/27]	1960 S. 163	1960 S. 20
2*	Wortlaut des Bestätigungsvermerks für die Eröffnungsbilanz in Deutscher Mark nach dem DMBG für das Saarland	1960 S. 427	1960 S. 107

---

26 Zur Begründung der Aufhebung s. FN-IDW 2007, S. 81.
27 Ersetzt durch *IDW St/HFA 3/1996*.

Jahr Nr.	Betreff	Abgedruckt in	
		WPg	FN-IDW
1961			
1*	Zur Bilanzierung der Pensionsverpflichtungen[7]	1961 S. 439 1975 S. 174 1976 S. 86	1961 S. 80 1975 S. 37 1976 S. 8
1962			
1*	Zur Bilanzierung langfristiger Verbindlichkeiten in ausländischer Währung[11]	1962 S. 356 1969 S. 206 1972 S. 46	1962 S. 54 1969 S. 36 1972 S. 14
2*	Zur Neugliederung der gesetzlichen Gewinn- und Verlustrechnung gemäß § 132 AktG 1937 i.d.F. des Gesetzes vom 23.12.1959[7]	1962 S. 131	1962 S. 15
1965			
1*	Gehören Erfindervergütungen zu den angabepflichtigen Vorstandsbezügen?[11]	1965 S. 240	1965 S. 60
2*	Ausweis von nach § 6b EStG behandelten Vorgängen im Jahresabschluss der Aktiengesellschaft (Ergänzung 1982[7])[11]	1965 S. 611	1965 S. 100
3*	Vermerke bei freiwilligen Abschlussprüfungen sowie Bescheinigungen von Wirtschaftsprüfern und vereidigten Buchprüfern (Neufassung 1967)[20]	1967 S. 161 1969 S. 206	1967 S. 26 1969 S. 36
1966			
1*	Bewertung von Wertpapieren in den Jahresbilanzen der Versicherungsunternehmen und damit zusammenhängende Fragen[28]	1966 S. 159	1966 S. 16
2*	Gemeinsame „Erläuterung der Grundsätze für die Zusammenarbeit der Wirtschaftsprüfer mit der internen Revision" durch das Institut der Wirtschaftsprüfer und das Institut für Interne Revision[29]	1966 S. 646	1966 S. 122
1967			
1*	Die Behandlung der steuerfreien Rücklage gemäß Gesetz zur Förderung der Verwendung von Steinkohle in Kraftwerken bei der handelsrechtlichen Bilanzierung[7]	1967 S. 214	1967 S. 42
1968			
1*	Zur Behandlung der Lastenausgleichsabgaben im Jahresabschluss der Aktiengesellschaft[7]	1968 S. 262	1968 S. 42
2*	Zur Frage der Bildung von Rückstellungen für die alte Rentenlast der Bergbau-Berufsgenossenschaft – Bergbau-Altlast[7]	1968 S. 583	1968 S. 100
3*	Die Behandlung der Mehrwertsteuer im Jahresabschluss der AG (Ergänzung 1982[12])[30]	1969 S. 15 1972 S. 46	1969 S. 2 1972 S. 15 1973 S. 118

---

28 Ersetzt durch *IDW St/VFA 1/1983*.
29 Ersetzt durch *IDW PS 321*.
30 Ersetzt durch *IDW St/HFA 1/1985*.

Jahr Nr.	Betreff	Abgedruckt in	
		WPg	FN-IDW
4*	Zum Ausweis von Sonderposten mit Rücklageanteil (Ergänzung 1982[7])[11]	1969 S. 17 1970 S. 343	1969 S. 3 1970 S. 67
1969			
1	Die Behandlung der gesetzlichen Arbeitgeberbeiträge zur Sozialversicherung bei der Angabe der Gesamtbezüge der Vorstandsmitglieder (Anpassung 1990[11])[14]	1969 S. 180	1969 S. 36
2*	Zur Frage der Zulässigkeit einer „abweichenden" und einer „weiteren" Gliederung im Jahresabschluss der AG[11]	1970 S. 20	1970 S. 16
1970			
1*	Zur Kennzeichnung des Ausweiswechsels in der GuV gemäß § 157 Abs. 3 AktG[11]		1970 S. 119
1971			
1*	Auswirkungen der Zweiten VO über steuerliche Konjunkturmaßnahmen auf den Jahresabschluss und den Geschäftsbericht[7]		1971 S. 35
1972			
1	Zur Prüfung der Rechnungslegung von Personenhandelsgesellschaften und Einzelkaufleuten nach dem Publizitätsgesetz i.d.F. 1990[11/14]	1972 S. 75	1972 S. 15
2*	Zur Bilanzierung von festverzinslichen Wertpapieren[11]		1972 S. 117 1974 S. 2
3*	Gewinn- und Verlustrechnung von Personenhandelsgesellschaften und Einzelkaufleuten nach dem Publizitätsgesetz[11]	1973 S. 102	1973 S. 16
1973			
1*	Zur Berücksichtigung von Finanzierungs-Leasing-Verträgen im Jahresabschluss des Leasing-Nehmers (Ergänzung 1981)[10]	1973 S. 101 1974 S. 562	1973 S. 26 1974 S. 119 1981 S. 225
2*	Rückstellungen für Jahresabschluss- und Prüfungskosten nach § 249 Abs. 1 HGB (Ergänzung 1982[12]) i.d.F. 1990[11/14/31]	1973 S. 503 1975 S. 147	1973 S. 117 1975 S. 18
1975			
1*	Zur Behandlung der Ausgleichsabgabe nach dem Dritten Verstromungsgesetz im Jahresabschluss (Ergänzung 1982[7]) i.d.F. 1990[11/14/32]	1975 S. 555	1975 S. 135
2	Zur Berücksichtigung der Substanzerhaltung bei der Ermittlung des Jahresergebnisses (Anpassung 1990[11])[14]	1975 S. 614	1975 S. 173
3*	Ausweis der Beiträge zur Insolvenzsicherung von betrieblichen Versorgungszusagen an den Pensions-Sicherungs-Verein VVaG im Jahresabschluss[33]	1975 S. 583	1975 S. 135

---

31 Ersetzt durch *IDW RH HFA 1.009*.
32 Zur Begründung der Aufhebung s. FN-IDW 2007, S. 140 f.
33 Ersetzt durch *IDW St/HFA 2/1988*.

Jahr Nr.	Betreff	Abgedruckt in	
		WPg	FN-IDW
4*	Bilanzielle Behandlung der Investitionszulagen gemäß § 4b InvZulG[7]	1975 S. 583	1975 S. 136
5*	Aktivierung der Biersteuer und anderer Verbrauchssteuern im Rahmen der Herstellungskosten (Ergänzung 1982[7])[11]	1976 S. 59	1976 S. 7
1976			
1*	Zur Bilanzierung bei Personenhandelsgesellschaften[34]	1976 S. 114	1976 S. 41
2*	Zur handelsrechtlichen Vermerk- und Berichterstattungspflicht bei Patronatserklärungen gegenüber dem Kreditgeber eines Dritten i.d.F. 1990[11/14/35]	1976 S. 528	1976 S. 215
3*	Zur Bilanzierung von Beteiligungen an Personenhandelsgesellschaften nach aktienrechtlichen Grundsätzen[36]	1976 S. 591	1977 S. 253
1977			
1*	Zur körperlichen Bestandsaufnahme bei automatisch gesteuerten Lagersystemen[11]	1977 S. 462	1977 S. 264
2*	Zu den Auswirkungen der Körperschaftsteuerreform auf die Rechnungslegung i.d.F. 1990[11/14/32]	1977 S. 463 1980 S. 80	1977 S. 265 1980 S. 4
3*	Zur Frage der Auflösung von Pensionsrückstellungen[33]	1977 S. 464	1977 S. 256
1978			
1*	Die Kapitalflussrechnung als Ergänzung des Jahresabschlusses (Anpassung 1990[11/14])[37]	1978 S. 207	1978 S. 99
1979			
1*	Zur bilanziellen Behandlung der Umsatzsteuer auf erhaltene Anzahlungen[7]	1980 S. 80	1980 S. 4
1981			
1	Stichprobenverfahren für die Vorratsinventur zum Jahresabschluss i.d.F. 1990[38]	1981 S. 479 1990 S. 649	1981 S. 262 1990 S. 329
2*	Arbeitspapiere des Abschlussprüfers[39]	1982 S. 44	1982 S. 4
1983			
1*	Zur Widerlegung der Abhängigkeitsvermutung nach § 17 Absatz 2 AktG[40]	1983 S. 429	1983 S. 218
2*	Grundsätze zur Durchführung von Unternehmensbewertungen[41]	1983 S. 468	1983 S. 218

---

34 Ersetzt durch *IDW St/HFA 2/1993*.
35 Ersetzt durch *IDW RH HFA 1.013*.
36 Ersetzt durch *IDW St/HFA 1/1991*.
37 Ersetzt durch *IDW St/HFA 1/1995*.
38 Abschnitt V. ersetzt durch *IDW PS 301*.
39 Ersetzt durch *IDW PS 460*.
40 Ersetzt durch *IDW St/HFA 3/1991*.
41 Ersetzt durch *IDW S 1*.

Jahr Nr.	Betreff	Abgedruckt in	
		WPg	FN-IDW
1984			
1	Bilanzierungsfragen bei Zuwendungen, dargestellt am Beispiel finanzieller Zuwendungen der öffentlichen Hand (redaktionelle Anpassungen 1990[11])[14]	1984 S. 612	1984 S. 362
1985			
1*	Zur Behandlung der Umsatzsteuer im Jahresabschluss i.d.F. 1990[11/14/42]	1985 S. 257	1985 S. 161
1986			
1	Zur Bilanzierung von Zero-Bonds	1986 S. 248	1986 S. 140
1988			
1	Zur Anwendung stichprobengestützter Prüfungsmethoden bei der Jahresabschlussprüfung	1988 S. 240	1988 S. 105
2*	Pensionsverpflichtungen im Jahresabschluss[43]	1988 S. 403	1988 S. 219
3	Einheitliche Bewertung im Konzernabschluss	1988 S. 483	1988 S. 258
4	Konzernrechnungslegung bei unterschiedlichen Abschlussstichtagen	1988 S. 682	1988 S. 337
5*	Vergleichszahlen im Jahresabschluss und im Konzernabschluss sowie ihre Prüfung i.d.F. 1998[44]	1989 S. 42 1998 S. 738	1989 S. 21 1998 S. 364
6	Zur Verschmelzungsprüfung nach § 340b Abs. 4 AktG	1989 S. 42	1989 S. 22
1989			
1	Zur Bilanzierung beim Leasinggeber	1989 S. 625	1989 S. 333
1990			
1	Zur körperlichen Bestandsaufnahme im Rahmen von Inventurverfahren	1990 S. 143	1990 S. 61
2*	Anwendung der Grundsätze zur Durchführung von Unternehmensbewertungen bei Bewertungen in der DDR[45]	1990 S. 403	1990 S. 216a
3*	Der Bestätigungsvermerk zur DM-Eröffnungsbilanz in der DDR[45]	1990 S. 574	1990 S. 286a
1991			
1*	Zur Bilanzierung von Anteilen an Personenhandelsgesellschaften im Jahresabschluss der Kapitalgesellschaft[46]	1991 S. 334	1991 S. 181
2*	Änderung von Jahresabschlüssen und Anpassung der Handelsbilanz an die Steuerbilanz[47]	1992 S. 89	1992 S. 1

---

42 Ersetzt durch *IDW RH HFA 1.017*.
43 Ersetzt durch *IDW RS HFA 30*.
44 Ersetzt durch *IDW RS HFA 39*; Abschnitt II. ersetzt durch *IDW PS 318* und *IDW PS 205*.
45 Zur Begründung der Aufhebung s. FN-IDW 2004, S. 584.
46 Ersetzt durch *IDW RS HFA 18*.
47 Ersetzt durch *IDW RS HFA 6*.

Stellungnahmen des Hauptfachausschusses **Anh 3**

Jahr Nr.	Betreff	Abgedruckt in WPg	FN-IDW
3	Zur Aufstellung und Prüfung des Berichts über Beziehungen zu verbundenen Unternehmen (Abhängigkeitsbericht nach § 312 AktG) – (Anmerkung 1998)	1992 S. 91 1998 S. 927	1992 S. 3 1998 S. 524
4*	Zur Person des Nachtragsprüfers bei der Nachtragsprüfung von DM-Eröffnungsbilanzen von Treuhandunternehmen[45]	1992 S. 94	1992 S. 5
5*	Zur Aktivierung von Herstellungskosten[48]	1992 S. 94	1992 S. 6
1992			
1	Zur bilanziellen Behandlung von Güterfernverkehrskonzessionen (Ergänzung 1999[49])	1992 S. 609 1999 S. 713	1992 S. 377 1999 S. 365
1993			
1	Zur Bilanzierung von Joint Ventures	1993 S. 441	1993 S. 277
2*	Zur Bilanzierung bei Personenhandelsgesellschaften (Ergänzung 1995)[50]	1994 S. 22 1995 S. 706	1994 S. 1 1995 S. 425
3	Zur Bilanzierung und Prüfung der Anpassungspflicht von Betriebsrenten	1994 S. 24	1994 S. 4
1994			
1	Zur Behandlung von Genussrechten im Jahresabschluss von Kapitalgesellschaften (Ergänzung 1998)	1994 S. 419 1998 S. 891	1994 S. 269 1998 S. 523
1995			
1*	Die Kapitalflussrechnung als Ergänzung des Jahres- und Konzernabschlusses[51]	1995 S. 210	1995 S. 72
2	Zur Unternehmensbewertung im Familien- und Erbrecht	1995 S. 522	1995 S. 309
3*	Konzernrechnungslegung bei Änderungen des Konsolidierungskreises[52]	1995 S. 697	1995 S. 413
4*	Zur Rechnungslegung und Prüfung spendensammelnder Organisationen[53]	1995 S. 698	1995 S. 415
1996			
1	Zweifelsfragen beim Formwechsel	1996 S. 507	1996 S. 317
2	Zur Bilanzierung privater Zuschüsse i.d.F. 2010	1996 S. 709	1996 S. 453 2010 S. 410

48 Ersetzt durch *IDW RS HFA 31*.
49 Zur Begründung der Ergänzung s. FN-IDW 1999, S. 365.
50 Ersetzt durch *IDW RS HFA 7*.
51 Zur Begründung der Aufhebung s. FN-IDW 2000, S. 230.
52 Ersetzt durch *IDW RS HFA 44*.
53 Ersetzt durch *IDW RS HFA 21*.

Jahr Nr.	Betreff	Abgedruckt in	
		WPg	FN-IDW
3*	Zur Auslegung der Prüfungsvorschriften der §§ 57e und 57f GmbHG[54]	1996 S. 769	1996 S. 485
4*	Grundsätze für die Erstellung von Jahresabschlüssen durch Wirtschaftsprüfer[55]	1997 S. 67	1997 S. 12
1997			
1*	Bilanzierung und Bewertung von Pensionsverpflichtungen gegenüber Beamten und deren Hinterbliebenen[56]	1997 S. 233	1997 S. 173
2	Zweifelsfragen der Rechnungslegung bei Verschmelzungen (Änderung 2000[57])	1997 S. 235 2000 S. 439	1997 S. 175 2000 S. 156
3*	Zum Grundsatz der Bewertungsstetigkeit[58]	1997 S. 540	1997 S. 417
4*	Projektbegleitende Prüfung EDV-gestützter Systeme[59]	1997 S. 680	1997 S. 522
5*	Einzelfragen zur Anwendung von IAS (Ergänzung 1997)[60]	1997 S. 682 1998 S. 24	1997 S. 525 1998 S. 1
6*	Besonderheiten der Bewertung kleiner und mittlerer Unternehmen[36]	1998 S. 26	1998 S. 5
7*	Zur Aufdeckung von Unregelmäßigkeiten im Rahmen der Abschlussprüfung[61]	1998 S. 29	1998 S. 7
1998			
1	Zweifelsfragen bei Spaltungen	1998 S. 508	1998 S. 235

15 4. Stellungnahmen zu Fragen des neuen Aktienrechts (Hauptfachausschuss bzw. Sonderausschuss Neues Aktienrecht)

(zitiert: *IDW St/NA*)

Jahr Nr.	Betreff	Abgedruckt in	
1965		WPg	FN-IDW
1*	Inkrafttreten der neuen Prüfungsvorschriften[7]	1965 S. 611	1965 S. 102

---

54 Ersetzt durch *IDW PH 9.400.6*.
55 Ersetzt durch *IDW S 7*.
56 Ersetzt durch *IDW RS HFA 23*.
57 Zur Änderung s. FN-IDW 2000, S. 156.
58 Ersetzt durch *IDW RS HFA 38*.
59 Ersetzt durch *IDW PS 850*.
60 Ersetzt durch *IDW RS HFA 2*.
61 Ersetzt durch *IDW PS 210*.

Stellungnahmen zu Fragen des neuen Aktienrechts **Anh 3**

Jahr Nr.	Betreff	Abgedruckt in	
		WPg	FN-IDW
1966			
1*	Freiwillige frühere Anwendung von Rechnungslegungsvorschriften des Aktiengesetzes 1965[7]	1966 S. 131	1966 S. 2
2*	Geringwertige und kurzlebige Anlagegüter[11]	1966 S. 328	1966 S. 57
3*	Festwerte[11]	1966 S. 328	1966 S. 58
4*	Untergrenze der Herstellungskosten[11]	1966 S. 329	1966 S. 58
5*	Zur Bewertung der Vorräte[11]	1966 S. 677 1970 S. 343	1966 S. 122 1970 S. 67
6*	Zum Bericht des Vorstandes über Beziehungen zu verbundenen Unternehmen (Abhängigkeitsbericht nach § 312 AktG 1965) – (Ergänzung 1982[7])[11/40]	1966 S. 678	1966 S. 123
1967			
1*	Zum Inhalt des Geschäftsberichts nach § 160 Abs. 2 AktG 1965[11]	1967 S. 129	1967 S. 56
2*	Zur Rechnungslegung im Konzern (Änderung 1983)[11]	1967 S. 488	1967 S. 84 1984 S. 7
1968			
1*	Zum Ausweis und zur Bewertung von Gegenständen des Anlagevermögens[11]	1968 S. 72 1969 S. 206	1968 S. 3 1969 S. 37
2*	Zum Inhalt des Geschäftsberichts nach § 160 Abs. 3 und 4 AktG (Ergänzung 1982[7])[11]	1968 S. 132	1968 S. 21
3*	Zur Rechnungslegung im Konzern (Ergänzung 1969)[11]	1968 S. 133 1969 S. 206	1968 S. 22 1969 S. 37
4*	Zur Widerlegung der Abhängigkeitsvermutung nach § 17 Abs. 2 AktG[7]	1968 S. 262	1968 S. 42
5*	Zur Einbeziehung von Unternehmen in Mehrheitsbesitz ohne einheitliche Leitung in den Konzernabschluss[11]	1968 S. 584	1968 S. 100
1969			
1*	Zur Konsolidierung von Unternehmen, die erstmals in einen Konzernabschluss einzubeziehen sind oder während des Geschäftsjahres aus dem Konsolidierungskreis ausscheiden[11]	1969 S. 636	1969 S. 131

3027

5. Stellungnahme des Arbeitskreises Weltbilanz

(zitiert: *IDW St/AKW*)

Jahr Nr.	Betreff	Abgedruckt in
1977		
1*	Die Einbeziehung ausländischer Unternehmen in den Konzernabschluss (Weltabschluss)[62]	Sonderdruck IDW Verlag, Düsseldorf 1977

6. Stellungnahmen des Bankenfachausschusses

(zitiert: *IDW St/BFA*)

Jahr Nr.	Betreff	Abgedruckt in	
1949		FN-IDW	FN-IDW
1*	RM-Schlussbilanz – Währungskurse[10]	1949 S. 571	6/1949 Beilage
2*	RM-Schlussbilanz und Umstellungsrechnung – Behandlung der Zinsen bei Valutakrediten[10]	1949 S. 571	6/1949 Beilage
3*	RM-Abschluss und Umstellungsrechnung – Behandlung der nach dem 20.06.1948 in neuer Rechnung auf der Basis eines Umrechnungsverhältnisses von 10:1 verbuchten Sollzinsen und Spesen für die Zeit vor dem 21.06.1948[10]		6/1949 Beilage 12/1949 Beilage
4*	Umstellungsrechnung – Umfang der Prüfung der Kundenkonten mit Ausnahme des Realkreditgeschäfts[10]		6/1949 Beilage
5*	Umstellungsrechnung – Aufrechnung debitorischer gegen kreditorische Konten desselben Kunden[10]		6/1949 Beilage 9/1949 Beilage
6*	Umstellungsrechnung – Zusammenrechnung von Privat- und Geschäftskonten[10]	1949 S. 571	6/1949 Beilage
7*	Umstellungsrechnung – Geschäftsbeträge bei Filialbetrieben[10]	1949 S. 571	6/1949 Beilage
8*	Umstellungsrechnung – Formelle Mängel[10]		6/1949 Beilage
9*	Umstellungsrechnung – Unbedenklichkeits- oder Genehmigungsbescheid der Finanzämter[10]	1949 S. 571	6/1949 Beilage
10*	RM-Schlussbilanz – Verfügung von Gebietskörperschaften[10]		8/1949 Beilage
11*	RM-Schlussbilanz und Umstellungsrechnung – Neukredite am 19. und 20.06.1948[10]	1949 S. 571	8/1949 Beilage 9/1949 Beilage
12*	RM-Schlussbilanz und Umstellungsrechnung – Depotgebühren[10]	1949 S. 571	8/1949 Beilage
13*	Umstellungsrechnung – Pensionsrückstellungen[10]	1949 S. 571	8/1949 Beilage
14*	Umstellungsrechnung – Umstellung von RM-Forderungen an Kunden in Deutschland außerhalb des Währungsgebietes (ohne Westsektoren von Berlin)[10]	1949 S. 571	8/1949 Beilage

---

62 Zur Begründung der Aufhebung s. FN-IDW 1992, S. 237.

Stellungnahmen des Bankenfachausschusses   Anh 3

Jahr Nr.	Betreff	Abgedruckt in WPg	FN-IDW
15*	Umstellungsrechnung – Richtlinien für die Bewertung von sogenannten Ruinen-Hypotheken[10]	1949 S. 571	9/1949 Beilage 12/1949 Beilage
16*	RM-Schlussbilanz und Umstellungsrechnung – Kreditbeanspruchung am 19. und 20.06.1948 für Geschäftsbeträge[10]	1949 S. 572	9/1949 Beilage
17*	Umstellungsrechnung – Die Bedeutung des Gesetzes über Abwertungsgewinne für die DMEB[10]	1949 S. 572	9/1949 Beilage
18*	Umstellungsrechnung – Konten von Ehefrauen[10]	1949 S. 572	9/1949 Beilage
19*	Umstellungsrechnung – Behandlung der für die Einlösung von Kupons bei Banken bereitgestellten Beträge[10]		12/1949 Beilage
20*	Umstellungsrechnung – Behandlung von Anderkonten[10]		12/1949 Beilage
1950			
1*	RM-Kapitaleinlagen bei Kreditinstituten in der Zeit zwischen dem 31.12.1947 und dem 20.06.1948[10]	1950 S. 283	5/1950 S. 2
2*	Rückgabe des Prüfungsberichtes nur bei zahlenmäßig ins Gewicht fallenden Änderungen der Ausgleichsforderungen[10]	1950 S. 283	5/1950 S. 2
3*	Bewertung von Ruinen-Hypotheken[10]	1950 S. 283	5/1950 S. 2 7/1950 S. 3
4*	Berücksichtigung der Gliederungs- und Ausweisvorschriften des Aktiengesetzes in den Bilanzen der Kreditinstitute[7]	1950 S. 283	
5*	Auflösung stiller Reserven im RM-Abschluss[10]	1950 S. 330	6/1950 S. 1
6*	45. DVO/UG – Frist für die Mitteilung des Betrages der Rückstellung für Umstellungskosten[10]	1950 S. 567 1951 S. 19	11/1950 S. 3 12/1950 S. 2
7*	Rückstellungen für Prüfungskosten von vor dem 20.06.1948 liegenden RM-Abschlüssen in der Umstellungsrechnung[10]	1950 S. 567	11/1950 S. 3
1951			
1*	Wortlaut der Bestätigungsvermerke für den Erläuterungsbericht (Überleitungsbogen) und die Umstellungsrechnung sowie für die Berichtigung zu diesen[7]	1951 S. 39	1951 S. 1
2*	Zur Abgrenzung der Depotprüfung[10]	1951 S. 67, 331	1951 S. 7
3*	Der Ausweis von eigenen Emissionen, die an die Wiederaufbaubank oder an andere Zentralinstitute verpfändet sind[10]	1951 S. 67	1951 S. 7
4*	Berücksichtigung von Berichtigungen der Umstellungsrechnung in den Handelsbilanzen der Banken, Versicherungsunternehmen und Bausparkassen[7]	1951 S. 142	1951 S. 15
5*	Zur Errechnung der 4½%igen Ausgleichsforderung der Grundkreditanstalten, kommunalen Kreditanstalten, Schiffsbeleihungsbanken und Ablösungsanstalten[10]	1951 S. 331	1951 S. 43
6*	Der Ausweis von eigenen Emissionen, die an die Wiederaufbaubank oder an andere Zentralinstitute verpfändet sind[10]	1951 S. 331	1951 S. 43

Jahr	Nr.	Betreff	Abgedruckt in	
			WPg	FN-IDW
	7*	Zur Anwendung des § 29 DMBG auf die Geldinstitute[7]	1951 S. 331	1951 S. 44
	8*	Behandlung der Verbindlichkeiten aus RM-Zinsscheinen gegenüber Personen, die unter die Bestimmungen des Gesetzes Nr. 52 fallen[10]	1951 S. 332	1951 S. 44
	9*	Die Behandlung der Währungspassiva in der RM-Schlussbilanz und Umstellungsrechnung der Geldinstitute[10]	1951 S. 332	1951 S. 44
1952				
	1*	Ist die Einhaltung der Vorschriften des Gesetzes über das Kreditwesen und der Satzungsbestimmungen Gegenstand der Pflichtprüfung?[7]	1952 S. 360	1952 S. 51
	2*	Ausweis der bereits verkauften, aber noch nicht gedruckten Stücke eigener Emissionen[7]	1952 S. 360	1952 S. 51
	3*	Abgrenzung der Position „Langfristige Ausleihungen gegen Grundpfandrechte" in den Formblättern für Jahresbilanzen der Kreditinstitute[7]	1952 S. 360	1952 S. 51
	4*	Ausweis und Bewertung der Baby-Bonds[7]	1952 S. 360	1952 S. 51
1953				
	1*	Der Vermerk von Darlehen an Vorstandsmitglieder, die aufgrund eines mit der Bank abgeschlossenen Bausparvertrages gewährt wurden[7]	1953 S. 505	1953 S. 65
1954				
	1*	Ausweis von Sammelwertberichtigungen auf Indossaments und Bürgschaftsverpflichtungen[7]	1954 S. 61	1954 S. 1
	2*	Zur Frage der Angabe der nach § 3 Abs. 2 KfW-Gesetz an die Kreditanstalt für Wiederaufbau abgetretenen Forderungen und Sicherheiten im Geschäftsbericht[63]	1954 S. 190	1954 S. 33
1955				
	1*	Pauschalwertberichtigungen für langfristige Ausleihungen[7]	1955 S. 242	1955 S. 53
	2*	Zur Frage der Erteilung eines Bestätigungsvermerks bei Prüfungen nach § 21 Altsparergesetz (AspG)[7]		
	3*	Prüfungen der Deckungsverhältnisse[7]	1955 S. 406	1955 S. 103
	4*	Prüfung von Großkrediten[7]	1955 S. 406	1955 S. 103
	5*	Vermerk der Forderungen an Mitglieder der Geschäftsleitung usw. in der Jahresbilanz von Kreditinstituten[63]	1955 S. 455	1955 S. 104
1956				
	1*	Berichtigung von Wertansätzen für veräußerte Wertpapiere nach dem 3. DMBG[7]	1956 S. 142	1956 S. 39
	2*	Maßgebendes haftendes Eigenkapital i.S.d. KWG[64]	1956 S. 388	1956 S. 111

---

63 Zur Begründung der Aufhebung s. FN-IDW 1989, S. 224.
64 Aufhebung s. FN-IDW 1995, S. 269.

Stellungnahmen des Bankenfachausschusses Anh 3

Jahr Nr.	Betreff	Abgedruckt in	
1957		WPg	FN-IDW
1*	Prüfung des gesamten Geschäftsberichtes und Inhalt des Bestätigungsvermerks bei öffentlich-rechtlichen Kreditinstituten und solchen, an denen die öffentliche Hand unmittelbar oder mittelbar beteiligt ist[65]	1957 S. 76	1957 S. 19
2*	Prüfung der Deckungshypotheken bei Hypothekenbanken und öffentlich-rechtlichen Grundkreditinstituten durch den Abschlussprüfer[7]	1957 S. 77	1957 S. 20
3*	Die Beurteilung der wirtschaftlichen Verhältnisse im Bestätigungsvermerk bei Wirtschaftsbetrieben der öffentlichen Hand[66]	1957 S. 103	1957 S. 21
1959			
1*	Wortlaut der Bestätigungsvermerke für die berichtigte Umstellungsrechnung und den Berichtigungsbogen zum Erläuterungsbericht (Überleitungsbogen)[65]	1959 S. 158	1959 S. 21
2*	Die Abgrenzung der Gebühren aus Teilzahlungsfinanzierungsgeschäften in den Jahresabschlüssen der Kreditinstitute[7/67]	1960 S. 19 1968 S. 18 1975 S. 175	1959 S. 160 1960 S. 2 1968 S. 4 1975 S. 37
1960			
1*	Voraussetzungen für den Verzicht auf schriftliche Anerkenntnisse von Kontokorrent- und Depotauszügen[7]	1960 S. 140	1960 S. 21
2*	Bewertung von Sortenbeständen[68]	1960 S. 141	1960 S. 22
1961			
1*	Erklärung zur Depotprüfung[7]	1961 S. 50 1963 S. 456	1961 S. 2 1963 S. 70
2*	Ausweis der gewinnabhängigen Steuern in der Gewinn- und Verlustrechnung von Kreditinstituten, für die kein GuV-Schema vorgeschrieben ist[7]	1961 S. 221	1961 S. 30
1963			
1*	Abschlussprüfung bei Kreditinstituten – Prüfung des Kreditgeschäfts und Darstellung der Prüfungsergebnisse im Prüfungsbericht[7/69]	1963 S. 211	1963 S. 28
1966			
1*	Pensionsgeschäfte mit eigenen Emissionen[70]	1966 S. 159	1966 S. 17

---

65 Als Aufhebung gekennzeichnet in der Publikation: *IDW*, Fachgutachten und Stellungnahmen 1967.
66 Als Aufhebung gekennzeichnet in: WP Handbuch 1981.
67 Verlautbarung des BFA zur Aufhebung von *IDW St/BFA 2/1959*. Vgl. WPg 1979, S. 441; FN-IDW 1979, S. 199.
68 Zur Begründung der Aufhebung bzw. Änderung oder Ergänzung s. FN-IDW 1996, S. 530.
69 Ersetzt durch *IDW St/BFA 1/1978*.
70 Aufgehoben durch den BFA s. FN-IDW 2000, S. 481.

Jahr Nr.	Betreff	Abgedruckt in	
		WPg	FN-IDW
1967			
1*	Wortlaut des Bestätigungsvermerks für Abschlussprüfungen von privaten Kreditinstituten (Ergänzung 1982[7])[63]	1967 S. 187	1967 S. 28
2*	Anwendung der Gliederungsvorschriften des Aktiengesetzes 1965 auf die Jahresabschlüsse von Kreditinstituten zum 31.12.1967[7]	1968 S. 18	1968 S. 4
1969			
1*	Fragen zu den Bilanzierungsrichtlinien und den Richtlinien für den Inhalt der Prüfungsberichte zu den Jahresabschlüssen der Kreditinstitute[70]	1969 S. 206	1969 S. 37
1971			
1*	Bilanzmäßige Behandlung der Differenz aus der Aufrechnung zurückgekaufter und dem Treuhänder zur Verwahrung übergebener eigener Schuldverschreibungen[68]	1972 S. 18	1972 S. 2
2*	Bewertung von Wertpapieren bei Kreditinstituten in Sonderfällen[70]	1972 S. 46	1972 S. 15
3*	Erklärung zur Depotprüfung (Neufassung 1979[71])	1972 S. 62	1976 S. 151
1972			
1*	Voraussetzungen für den Verzicht auf schriftliche Anerkenntnisse von Kontokorrentauszügen[72]	1972 S. 534	1972 S. 117
1974			
1*	Bewertung von zweifelhaften Forderungen aus der Finanzierung von zum Verkauf bestimmten Bauten (Baukrediten) in den Jahresabschlüssen der Kreditinstitute[73]	1975 S. 147 1976 S. 89	1975 S. 19 1976 S. 9
1975			
1*	Bilanzierung und Prüfung der Devisengeschäfte der Kreditinstitute[68/74]	1975 S. 664	1975 S. 157
1976			
1*	Zur Abgrenzung nach § 25 HBG und § 23 SchBG bei Kurzläufern[63]	1976 S. 338	1976 S. 121
2*	Bilanzierung von Vergütungen an Vermittler oder Händler im Ratenkreditgeschäft[68]	1976 S. 393	1976 S. 151
1977			
1*	Zu den Kriterien für das Vorliegen einer Beteiligung im Jahresabschluss von Kreditinstituten[70]	1977 S. 298	1977 S. 175
2*	Form und Inhalt des zu veröffentlichenden Jahresabschlusses inländischer Zweigstellen ausländischer Kreditinstitute (Anpassung 1996[14/68])[73]	1977 S. 355	1977 S. 206
3*	Zum Ausweis von Zinsen auf notleidende Forderungen in der Gewinn- und Verlustrechnung (Anpassung 1996[14/68])[73]	1977 S. 464	1977 S. 267

---

71 Zur Neufassung vgl. FN-IDW 1979, S. 282.
72 Ersetzt durch *IDW St/BFA 1/1981*.
73 Aufgehoben durch den BFA s. FN-IDW 2006, S. 278.
74 Ersetzt durch *IDW St/BFA 3/1995*.

Stellungnahmen des Bankenfachausschusses — Anh 3

Jahr Nr.	Betreff	Abgedruckt in	
1978		WPg	FN-IDW
1*	Zur Abschlussprüfung bei Kreditinstituten – Einzelfragen zur Prüfung des Kreditgeschäftes und Darstellung der Prüfungsergebnisse im Prüfungsbericht (Ergänzung 1988)[75]	1978 S. 486	1978 S. 256 1988 S. 411
1979			
1*	Vollständigkeitserklärung zur Depotprüfung[63]	Sonderdruck IDW Verlag, Düsseldorf 1979	
1981			
1*	Anforderungen an den Nachweis von Forderungen und Verbindlichkeiten bei Kreditinstituten durch externe Abstimmung[76]	1982 S. 130	1981 S. 183
1982			
1*	Zu der schriftlich fixierten Ordnung des gesamten Betriebs als Voraussetzung der Funktionsfähigkeit der Innenrevision[73]	1982 S. 316	1982 S. 179
2*	Auflösung stiller Reserven durch Veräußerungsgeschäfte[70]	1982 S. 548	1982 S. 291
1987			
1*	Zur Prüfung von Fazilitäten[70]	1987 S. 301	1987 S. 181
2*	Zur bilanziellen Behandlung von Optionsgeschäften[77]	1987 S. 682	1987 S. 375
1990			
1	Zur Bildung von Pauschalwertberichtigungen für das latente Kreditrisiko im Jahresabschluss von Kreditinstituten	1990 S. 321	1990 S. 169
1993			
1*	Zur Börsenmaklerprüfung nach § 8a BörsG[70]	1993 S. 212, 328	1993 S. 4, 209
2*	Bilanzierung und Prüfung von Financial Futures und Forward Rate Agreements[78]	1993 S. 517	1993 S. 337
1995			
1	Bilanzierung des Fonds zur bauspartechnischen Absicherung	1995 S. 374	1995 S. 185
2*	Bilanzierung von Optionsgeschäften[79]	1995 S. 421	1995 S. 221
3*	Währungsumrechnung bei Kreditinstituten[80]	1995 S. 735	1995 S. 426

---

75 Ersetzt durch *IDW PS 522*.
76 Ersetzt durch *IDW PH 9.302.1*.
77 Ersetzt durch *IDW St/BFA 2/1995*.
78 Ersetzt durch *IDW RS BFA 5*.
79 Ersetzt durch *IDW RS BFA 6*.
80 Ersetzt durch *IDW RS BFA 4*.

18   7. Stellungnahmen des Fachausschusses für kommunales Prüfungswesen

(zitiert: *IDW St/KFA*)

(seit 1997: Fachausschuss für öffentliche Unternehmen und Verwaltungen (ÖFA)[81])

Jahr Nr.		Betreff	Abgedruckt in	
1949			WPg	FN-IDW
	1*	Rückstellungen von Bauzuschüssen bei Eigenbetrieben (§ 19 Abs. 6a EigVO)[82]		10/1949 S. 1
	2*	Bahnerhaltungsrücklage[10]		10/1949 S. 1
1950				
	1*	Bestätigungsvermerk zur DM-Eröffnungsbilanz von Wirtschaftsbetrieben der öffentlichen Hand[10]	1950 S. 183	3/1950 S. 1
	2*	Auswirkung der Soforthilfeabgabe auf die Mindestverzinsung bei Errechnung der Konzessionsabgabe[10]	1950 S. 522	10/1950 S. 1
1951				
	1*	Zweifelsfragen zum Gesetz über Reichsmarkverbindlichkeiten zwischen Gebietskörperschaften vom 15.08.1950[10]	1951 S. 165	1951 S. 21
	2*	Behandlung der Altgeldforderungen zwischen Gebietskörperschaften in der RM-Schlussbilanz der Eigenbetriebe[10]	1951 S. 165	1951 S. 21
	3*	Der Ausweis der Soforthilfeabgabe in Jahresabschlüssen von Wasserwerken und Schienenbahnen[10]	1951 S. 407	1951 S. 63
	4*	Ausweis der Anlageabschreibungen in den Bilanzen der Straßenbahnen[82]	1951 S. 407	1951 S. 63
1952				
	1*	Anlagennachweis ab 21.06.1948 bei den der EigVO unterliegenden gemeindlichen Eigenbetrieben[82]	1952 S. 118	1952 S. 17
	2*	Kann bei Wirtschaftsbetrieben der öffentlichen Hand die Pflichtprüfung des Jahresabschlusses vor dessen Feststellung durchgeführt werden?[82]	1952 S. 118	1952 S. 17
	3*	Gliederung des Prüfungsberichtes i.d.F. 1956[82]	1952 S. 81	1956 S. 51
1953				
	1*	Die Bilanzierung der Lastenausgleichsabgaben bei gemeindlichen Eigenbetrieben[82]	1953 S. 190	1953 S. 25
	2*	Entspricht es den Grundsätzen ordnungsmäßiger Buchführung, wenn Anlageerneuerungen zu Lasten der Anlagewertberichtigung (indirekte Abschreibung) gebucht werden?[82]	1953 S. 566	1953 S. 81
1954				
	1*	Der Bestätigungsvermerk bei offen gehaltener Kasse eines Eigenbetriebes[82]	1954 S. 190	1954 S. 33
1956				
	1	Wer gehört zu den „leitenden Personen" im Sinne des Postens II/11 auf der Vermögensseite der Bilanz des Eigenbetriebes? (Ergänzung 1982[82])	1956 S. 143	1956 S. 39 1982 S. 337

---

81 Zur Umbenennung s. FN-IDW 1998, S. 72.
82 Zur Begründung der Aufhebung, Ergänzung bzw. Änderung s. FN-IDW 1982, S. 334.

Stellungnahmen des Fachausschusses für kommunales Prüfungswesen **Anh 3**

Jahr Nr.		Betreff	Abgedruckt in	
			WPg	FN-IDW
	2*	Form der Veröffentlichung des Jahresabschlusses gemäß § 22 Abs. 2 EigVO NW[82]	1956 S. 143	1956 S. 39
	3*	Tarifbeurteilung bei Versorgungs- und Verkehrsbetrieben[82]	1956 S. 211	1956 S. 51
1957				
	1*	Die Beurteilung der wirtschaftlichen Verhältnisse im Bestätigungsvermerk bei Wirtschaftsbetrieben der öffentlichen Hand i.d.F. 1982[83]	1957 S. 103	1957 S. 21 1982 S. 337
1958				
	1*	Ist es erforderlich, die Erneuerungsrücklage i.S.v. § 19 Abs. 6 EigVO a.F. (§ 20 Abs. 6 EigVO NW, § 22 EigBG Hessen) auch dann zu bilden, wenn der Jahresabschuss einen Verlust ausweist? (Anmerkung 1982[82])[83]	1958 S. 194	1958 S. 49
	2*	Wem obliegt die Kassenaufsicht bei Eigenbetrieben?[82]	1958 S. 298	1958 S. 63
1976				
	1*	Angemessenheit der Eigenkapitalausstattung und Bestätigungsvermerk bei Wirtschaftsbetrieben der öffentlichen Hand i.d.F. 1982[82/84]	1979 S. 238	1979 S. 92 1982 S. 337
1978				
	1*	Fragenkatalog zur Prüfung der Ordnungsmäßigkeit der Geschäftsführung und wirtschaftlich bedeutsamer Sachverhalte im Rahmen der Jahresabschlussprüfung bei kommunalen Wirtschaftsbetrieben (i.d.F. 1982[82])[85]	1978 S. 173	1978 S. 64 1982 S. 338
1979				
	1*	Richtlinien für den Bericht über die Jahresabschlussprüfung bei kommunalen Wirtschaftsbetrieben[86]	1980 S. 52	1979 S. 344
1981				
	1	Die Jahresabschlussprüfung im Verhältnis zur örtlichen und überörtlichen Prüfung bei kommunalen Wirtschaftsbetrieben ohne eigene Rechtspersönlichkeit	1981 S. 276	1981 S. 57
1982				
	1	Zur Anwendung des Gemeindekassenrechts auf Sonderkassen mit kaufmännischer Buchführung oder einer entsprechenden Verwaltungsbuchführung		1982 S. 156
1983				
	1*	Zur Prüfung der Jahresverbrauchsabgrenzung bei rollierender Jahresverbrauchsablesung im Rahmen der Jahresabschlussprüfung von Versorgungsbetrieben[87]	1984 S. 18	1983 S. 346

---

83 Zur Begründung der Aufhebung s. FN-IDW 2005, S. 71.
84 Ersetzt durch *IDW PH 9.720.1*.
85 Ersetzt durch *IDW St/KFA 1/1989*.
86 Ersetzt durch *IDW St/KFA 1/1990*.
87 Ersetzt durch *IDW PH 9.314.1*.

Jahr Nr.		Betreff	Abgedruckt in	
1984			WPg	FN-IDW
	1	Entscheidungshilfen im Rahmen der Jahresabschlussprüfung bei kommunalen Wirtschaftsbetrieben	1984 S. 554	1984 S. 320
1989				
	1*	Fragenkatalog zur Prüfung der Ordnungsmäßigkeit der Geschäftsführung und wirtschaftlich bedeutsamer Sachverhalte im Rahmen der Jahresabschlussprüfung bei kommunalen Wirtschaftsbetrieben[88]	1989 S. 702	1989 S. 368
1990				
	1*	Richtlinien für den Bericht über die Jahresabschlussprüfung bei kommunalen Wirtschaftsbetrieben[89]	1990 S. 297	1990 S. 172
1996				
	1	Gegenstand und Prüfung der Berichterstattung gem. § 108 Abs. 2 Nr. 2 GO NW	1996 S. 878	1996 S. 522

8. Stellungnahmen des Krankenhausfachausschusses

(zitiert: *IDW St/KHFA*)

Jahr Nr.		Betreff	Abgedruckt in	
1980			WPg	FN-IDW
	1*	Zu den Prüfungskriterien für Wirtschaftlichkeitsprüfungen von Krankenhäusern[90]	1980 S. 453	1980 S. 136
1984				
	1*	Zum erweiterten Umfang der Jahresabschlussprüfung von Krankenhäusern nach § 15 Absatz 3 KHG NW[91]	1985 S. 87	1985 S. 46
1990				
	1*	Einzelfragen zur Krankenhaus- Buchführungsverordnung (KHBV)[92]	1990 S. 111	1990 S. 1
	2*	Zum erweiterten Umfang der Jahresabschlussprüfung von Krankenhäusern nach Landeskrankenhausrecht[93]	1990 S. 207	1990 S. 101
1994				
	1*	Zur Bilanzierung eines Ausgleichsanspruchs nach § 17 Absatz 1a Satz 2 KHG i.V.m. § 4a Satz 1 BPflV i.d.F. des GSG[73]	1994 S. 92	1994 S. 9

---

[88] Ersetzt durch *IDW PS 720*.
[89] Ersetzt durch *IDW PH 9.450.1*.
[90] Zur Begründung der Aufhebung bzw. Änderung oder Ergänzung s. FN-IDW 2005, S. 330.
[91] Ersetzt durch *IDW St/KHFA 2/1990*.
[92] Ersetzt durch *IDW RS KHFA 1*.
[93] Ersetzt durch *IDW PS 650*.

Stellungnahmen des Versicherungsfachausschusses   Anh 3

9. Stellungnahmen des Versicherungsfachausschusses   20
(zitiert: *IDW St/VFA*)

Jahr Nr.	Betreff	Abgedruckt in	
1948		WPg	FN-IDW
1*	Leitsätze für die Umstellungsrechnung bzw. DM-Eröffnungsbilanz der Versicherungsunternehmen mit Sitz oder Hauptverwaltung in den Westzonen – Vorschläge des IDW vom 18.10.1948[10]		6a/1948
1950			
1*	Umstellungsrechnungen – Rückstellungen für Umstellungskosten, Wiederherstellungskosten und Schadenbearbeitungskosten[10]	1950 S. 183	2/1950 S. 1
2*	Bemerkungen zu den Leitsätzen der Versicherungsaufsichtsbehörden des Währungsgebiets für die Prüfung von RM-Abschluss, Erläuterungsbericht und Umstellungsrechnung der Versicherungsunternehmen[10]	1950 S. 183	2/1950 S. 1
3*	Behandlung von Verbindlichkeiten aus selbständigen ausländischen Versicherungsbeständen in der Umstellungsrechnung[10]	1950 S. 329, 522	6/1950 S. 1
4*	Behandlung der in die Form von Versicherungsverträgen gekleideten Pensionszusagen[10]	1950 S. 329	6/1950 S. 1
5*	Behandlung der Rückstellung für Beitragsrückerstattungen an Versicherte in der Umstellungsrechnung[10]	1950 S. 329, 375	
6*	Auflösung stiller Reserven im RM-Abschluss[10]	1950 S. 330	6/1950 S. 1
7*	Der Nachweis der Umstellungskosten[10]	1950 S. 330	6/1950 S. 2
8*	45. DVO/UG – Frist für die Mitteilung des Betrages der Rückstellung für Umstellungskosten[10]	1950 S. 567 1951 S. 19	11/1950 S. 3 12/1950 S. 2
9*	Rückstellung für Prüfungskosten von vor dem 20.06.1948 liegenden RM-Abschlüssen in der Umstellungsrechnung[10]	1950 S. 567	11/1950 S. 3
10*	Auflösung stiller Reserven in RM-Abschlüssen von Versicherungsunternehmen[10]	1950 S. 567	11/1950 S. 3
11*	Darstellung der Liquidität und kurz zusammengefasstes Urteil über die allgemeine Geschäftslage im Rahmen der Prüfungsleitsätze[10]	1950 S. 567 1951 S. 67	11/1950 S. 4 1951 S. 7
1951			
1*	Wortlaut der Bestätigungsvermerke für RM-Abschluss, Erläuterungsbericht (Überleitungsbogen) und Umstellungsrechnung der Versicherungsunternehmen[10]	1951 S. 67, 332	1951 S. 7, 45
2*	Rückstellung für Umstellungskosten; Nachweis der eigentlichen Umstellungskosten und Spezifikation der Liquidation des Prüfers[10]	1951 S. 94, 142, 213	
3*	Berücksichtigung von Berichtigungen der Umstellungsrechnung in den Handelsbilanzen der Banken, Versicherungsunternehmen und Bausparkassen[94]	1951 S. 142	1951 S. 15

---

94 Als Aufhebung gekennzeichnet in: WP Handbuch 1985/86 Bd. I.

Jahr Nr.	Betreff	Abgedruckt in	
		WPg	FN-IDW
4*	Entwurf für eine 4. Änderung der Richtlinien zur Erstellung des Reichsmarkabschlusses und der Umstellungsrechnung der Versicherungsunternehmen (RV)[10]	1951 S. 355, 484	1951 S. 52, 72
5*	Zur Ermittlung der Position „Zinsausfall" in der RM-Schlussbilanz der Versicherungsunternehmen[10]	1951 S. 509	1951 S. 71
6*	Rückstellung für Umstellungskosten gem. 45. DVO/UG[10]	1951 S. 509	1951 S. 71
1952			
1*	Festlegung von Versicherten-Dividenden aus den Ende 1944 noch vorhandenen Gewinnreserven[10]	1952 S. 191, 265	1952 S. 25, 41
2*	Gestaltung des Prüfungsberichtes einschließlich des Bestätigungsvermerks des Bilanzprüfers im Hinblick auf den Widerrufsvorbehalt der Aufsichtsbehörden im Rahmen der sogenannten Bruttobestätigung der vorläufigen Umstellungsrechnung[10]	1952 S. 191	1952 S. 25
3*	Behandlung des Ostzonenbestandes in der RM-Schlussbilanz der Versicherungsunternehmen[10]	1952 S. 192	1952 S. 26
4*	Internationale Bilanzprobleme der Versicherungsunternehmen[10]	1952 S. 312, 336, 360, 384	
1953			
1*	Bilanzierung von Restitutionsverpflichtungen in der RM-Schlussbilanz[10]	1953 S. 164	1953 S. 17
2*	Veröffentlichung der Umstellungsrechnung West bzw. der Umstellungsrechnung Berlin als Teil der Gesamtumstellungsrechnung West oder Berlin[10]	1953 S. 140	1953 S. 18
3*	Bewertung der Hauszinssteuerabgeltungsbeträge in der RM-Schlussbilanz[10]	1953 S. 140	1953 S. 18
4*	Rückstellung für Kosten der Aufstellung von RM-Bilanzen (mit Ausnahme der RM-Schlussbilanz) in der RM-Schlussbilanz und der Umstellungsrechnung[10]	1953 S. 140	1953 S. 19
1955			
1*	Zur Frage der Erteilung eines Bestätigungsvermerks bei Prüfungen nach § 21 Altsparergesetz[95]	1955 S. 242	
2*	Zusammenfassung der Prüfungsberichte für mehrere Geschäftsjahre[95]	1955 S. 265	1955 S. 67
3*	Berichtigung der Rentenrückstellung für Haftpflichtversicherungsschäden[95]	1955 S. 314	1955 S. 81
4*	Verzinsung des abzuführenden Eigenkapitalüberschusses[95]	1955 S. 314	1955 S. 81
5*	Abführungsverpflichtung nach § 22 der 43. DVO/UG[95]	1955 S. 555 1956 S. 142 1962 S. 414	1955 S. 141 1956 S. 24 1962 S. 72

---

95 Zur Begründung der Aufhebung, Ergänzung oder Änderung s. WPg 1982, S. 593, FN-IDW 1982, S. 255.

Stellungnahmen des Versicherungsfachausschusses — Anh 3

Jahr Nr.	Betreff	Abgedruckt in WPg	FN-IDW
6*	Die Behandlung des Hypotheken-Damnums bei Versicherungsunternehmen[94]	1955 S. 555	1955 S. 141
7*	Behandlung des Gewinns aus der Ablösung der Hypothekengewinnabgabe[94]	1955 S. 555	1955 S. 141
1956			
1*	Prüfungsvermerk bei Versicherungsunternehmen des öffentlichen Rechts[96]	1956 S. 561	1956 S. 153
1957			
1*	Die Beurteilung der wirtschaftlichen Verhältnisse im Bestätigungsvermerk bei Wirtschaftsbetrieben der öffentlichen Hand[95]	1957 S. 233	1957 S. 51
2*	Berechnung der Höchstgrenzen für die Anteile der einzelnen Vermögensanlagearten bei Lebensversicherungsunternehmen[95]	1957 S. 535	1957 S. 136
1958			
1*	Gehören die an Vorversicherer gezahlten Provisionen zu dem im Geschäftsbericht der Versicherungsunternehmen anzuführenden Posten „Provisionen und sonstige Bezüge der Vertreter"?[95]	1958 S. 420	1958 S. 92
1959			
1*	Inhalt des Bilanzpostens „Rückstellung für noch nicht abgewickelte Versicherungsfälle" bei Lebensversicherungsunternehmen[95]	1959 S. 288	1959 S. 44
1960			
1*	Muss nach den Rechnungslegungsvorschriften für jede Sparte der Kraftfahrversicherung eine Gewinn- und Verlustrechnung veröffentlicht werden?[95]	1960 S. 141	1960 S. 22
1965			
1*	Umfang der Abschlussprüfung bei Versicherungsunternehmen[95]	1965 S. 159	1965 S. 28
2*	Ausweis von Krediten an Arbeitnehmer, die dem Aufsichtsrat angehören[96]	1965 S. 159	1965 S. 29
3*	Aufteilung der nach Abzug der Schadenbearbeitungs-, der inneren Schadenermittlungs- und der Vermögensverwaltungskosten verbleibenden Verwaltungskosten auf das versicherungstechnische und nicht-versicherungstechnische Geschäft[95]	1965 S. 159	1965 S. 28
1967			
1*	Wortlaut des Bestätigungsvermerks für Abschlussprüfungen von privaten Versicherungsunternehmen[97]	1967 S. 188	1967 S. 29
1977			
1	Bestätigungsvermerk des Abschlussprüfers zu Rechnungsabschlüssen von Versorgungswerken, die die Deckungsrückstellung nur in mehrjährigem Turnus versicherungsmathematisch berechnen lassen	1977 S. 221	1977 S. 115
1978			
1*	Ausweis festverzinslicher Wertpapiere, deren Anschaffungskosten über pari liegen, im Rechnungsabschluss der Versicherungsunternehmen[95]	1979 S. 77	1978 S. 344

---

96 Als Aufhebung gekennzeichnet in: WP Handbuch 1977.
97 Aufgehoben durch den VFA s. FN-IDW 2005, S. 581.

Jahr Nr.	Betreff	Abgedruckt in	
		WPg	FN-IDW
2*	Zur Prüfung der Rückstellung für noch nicht abgewickelte Versicherungsfälle in der Kraftfahrzeug-Haftpflichtversicherung und die Berichterstattung hierüber[95]	1979 S. 77	1978 S. 344
1983			
1*	Zur Bewertung und zum Ausweis von Wertpapieren und Namensschuldverschreibungen in den Jahresbilanzen der Versicherungsunternehmen i.d.F. 1992[98]	1992 S. 669	1983 S. 151 1992 S. 475
1990			
1*	Zur Einholung von Saldenbestätigungen bei Versicherungsunternehmen[99]	1990 S. 344	1990 S. 170

21 10. Stellungnahmen des Fachausschusses für moderne Abrechnungssysteme

(zitiert: *IDW St/FAMA*)[100]

Jahr Nr.	Betreff	Abgedruckt in	
1961		WPg	FN-IDW
1*	Mindestanforderungen zur Sicherung der Ordnungsmäßigkeit kaufmännischer Rechnungslegung beim Einsatz selbsttätig arbeitender Geräte[101]	1961 S. 308	1961 S. 56
1972			
1*	Ordnungsmäßigkeit und Prüfung einer EDV-Buchführung außer Haus (Änderung 1982[6])[102]	1972 S. 534	1972 S. 118
1974			
1*	Prüfung von EDV-Buchführungen (Ergänzung 1982[7])[102]	1974 S. 83 1977 S. 443 1979 S. 16	1977 S. 232 1979 S. 4
1975			
1*	Zur Auslegung der Grundsätze ordnungsmäßiger Buchführung beim Einsatz von EDV-Anlagen im Rechnungswesen (Änderung 1982[7])[102]	1975 S. 555	
1978			
1*	Die Datenverarbeitung als Prüfungshilfsmittel (Verlautbarung)[102]	1978 S. 208	

---

98 Ersetzt durch *IDW RS VFA 1*.
99 Ersetzt durch *IDW PH 9.302.2*.
100 Zur Auflösung des FAMA und Gründung des Fachausschusses für Informationstechnologie (FAIT) s. *IDW*, Tätigkeitsbericht 1996/1997, S. 27.
101 Ersetzt durch *IDW St/FAMA 1/1975*.
102 Ersetzt durch *IDW St/FAMA 1/1987*.

Stellungnahmen des Wohnungswirtschaftlichen Fachausschusses **Anh 3**

Jahr Nr.	Betreff	Abgedruckt in	
1979		WPg	FN-IDW
1	Bundesdatenschutzgesetz und Jahresabschlussprüfung	1979 S. 440	1979 S. 200
1987			
1*	Grundsätze ordnungsmäßiger Buchführung bei computergestützten Verfahren und deren Prüfung i.d.F. 1993[103]	1988 S. 1	1988 S. 23 1993 S. 462
1995			
1*	Aufbewahrungspflichten beim Einsatz von EDI[104]	1995 S. 168	1995 S. 12

11. Stellungnahmen des Wohnungswirtschaftlichen Fachausschusses 22

(zitiert: *IDW St/WFA*)

(seit 2005: Immobilienwirtschaftlicher Fachausschuss – IFA)

Jahr Nr.	Betreff	Abgedruckt in	
1967		WPg	FN-IDW
1*	Der Ausweis des Hypotheken-Disagios in Jahresabschlüssen von gemeinnützigen Wohnungsunternehmen in der Rechtsform der AG[7]	1968 S. 104	1968 S. 4
1969			
1*	Abschreibungen auf Wohngebäude in der Handelsbilanz von Wohnungsunternehmen[7/105]	1969 S. 699	1969 S. 142
1972			
1	Bilanzierung von Verbindlichkeiten aus Bauverträgen i.d.F. 1994	1994 S. 481	1994 S. 335, 395
1975			
1	Zur Bewertung von nicht verkauften Eigentumswohnungen und Eigenheimen sowie von unbebauten Grundstücken in den Jahresabschlüssen von Wohnungsunternehmen (Ergänzung 1982[7])	1975 S. 249	1975 S. 61
1978			
1*	Zur Prüfung Gewerbetreibender i.S.d. § 34c Abs. 1 GewO gemäß § 16 Makler- und Bauträgerverordnung (MaBV) i.d.F. 1998[106]	1992 S. 471 1998 S. 114	1992 S. 281 1998 S. 61
1981			
1*	Abschreibungen auf Wohngebäude in der Handelsbilanz von Wohnungsunternehmen[107]	1982 S. 45	1982 S. 7

---

103 Ersetzt durch *IDW RS FAIT 1* und *IDW PS 330*.
104 Ersetzt durch *IDW RS FAIT 2*.
105 Ersetzt durch *IDW St/WFA 2/1981*.
106 Ersetzt durch *IDW PS 830*.
107 Ersetzt durch *IDW St/WFA 1/1993*.

Jahr Nr.	Betreff	Abgedruckt in	
		WPg	FN-IDW
1982			
1*	Zum Bericht über die Prüfung nach § 16 MaBV i.d.F. 1998[106]	1991 S. 682 1998 S. 117	1991 S. 404 1998 S. 66
2*	Zu Zweifelsfragen bei der Anwendung der Makler und Bauträgerverordnung (Ergänzung 1984[108])[109]	1982 S. 667	1982 S. 369
1983			
1*	Grundsätze ordnungsmäßiger Durchführung von Prospektprüfungen[110]	1983 S. 124	1983 S. 39
2*	Zur Aktivierung von Modernisierungskosten bei Wohngebäuden[111]	1984 S. 81	1984 S. 9
1984			
1	Zur bilanziellen Behandlung von Gebühren bei Modellen zur Kapitalanlage in Immobilien	1985 S. 59	1985 S. 5
1987			
1*	Grundsätze ordnungsmäßiger Durchführung von Prospektprüfungen[112]	1987 S. 325	1987 S. 182
1990			
1	Rückstellung für Bauinstandhaltung von Wohngebäuden	1990 S. 149	1990 S. 68
1992			
1*	Zur Bilanzierung latenter Steuern bei ehemals gemeinnützigen Wohnungsunternehmen[113]	1992 S. 294	1992 S. 160
2*	Zur Berücksichtigung von Verlusten aus der Vermietung durch Wohnungsunternehmen in den neuen Bundesländern[114]	1992 S. 702	1992 S. 443
1993			
1	Abschreibungen auf Wohngebäude des Anlagevermögens in der Handelsbilanz von Wohnungsunternehmen	1993 S. 450	1993 S. 289
1994			
1	Zur Bilanzierung und Prüfung bei Inanspruchnahme von Altschuldenhilfen	1994 S. 666	1994 S. 443
1995			
1*	Gliederungsanleitung für den Bericht über die Prüfung von Betreuungsunternehmen im Sinne des § 37 Abs. 1 II. WoBauG[115]	1995 S. 839	1995 S. 506
1996			
1	Zur Abgrenzung von Erhaltungsaufwand und Herstellungsaufwand bei Gebäuden	1997 S. 103	1997 S. 31

---

108 Vgl. FN-IDW 1984, S. 368.
109 Ersetzt durch *IDW St/WFA 1/1978 i.d.F. 1998*.
110 Ersetzt durch *IDW St/WFA 1/1987*.
111 Ersetzt durch *IDW St/WFA 1/1996*.
112 Ersetzt durch *IDW S 4*.
113 Ersetzt durch *IDW RH HFA 1.001*.
114 Zur Begründung der Aufhebung s. FN-IDW 2001, S. 532. Ersetzt durch *IDW RS WFA 1*.
115 Zur Begründung der Aufhebung s. FN-IDW 2003, S. 285.

12. Stellungnahmen des Sonderausschusses Bilanzrichtlinien-Gesetz 23

(zitiert: *IDW St/SABI*)

Jahr Nr.	Betreff	Abgedruckt in	
1986		WPg	FN-IDW
1*	Zur erstmaligen Anwendung der Vorschriften über die Pflichtprüfung nach dem Bilanzrichtlinien-Gesetz und zum Wortlaut des Bestätigungsvermerks bei freiwilligen Abschlussprüfungen (Änderung 1990[11])[116]	1986 S. 166	1986 S. 54
2*	Zum Übergang der Rechnungslegung auf das neue Recht[116]	1986 S. 667	1986 S. 404
3	Zur Darstellung der Finanzlage i.S.v. § 264 Abs. 2 HGB	1986 S. 670	1986 S. 407
1987			
1	Probleme des Umsatzkostenverfahrens	1987 S. 141	1987 S. 70
2*	Zum Grundsatz der Bewertungsstetigkeit (§ 252 Abs. 1 Nr. 6 HGB) und zu den Angaben bei Abweichungen von Bilanzierungs- und Bewertungsmethoden (§ 284 Abs. 2 Nr. 3 HGB)[117]	1988 S. 48	1988 S. 14
3*	Übergangsvorschriften zur Konzernrechnungslegung nach neuem Recht[116]	1988 S. 50	1988 S. 16
1988			
1*	Zur Aufstellungspflicht für einen Konzernabschluss und zur Abgrenzung des Konsolidierungskreises[116]	1988 S. 340	1988 S. 182
2*	Behandlung des Unterschiedsbetrags aus der Kapitalkonsolidierung[116]	1988 S. 662	1988 S. 376
3*	Zur Steuerabgrenzung im Einzelabschluss[118]	1988 S. 683	1988 S. 380

13. Stellungnahmen des Fachausschusses Recht 24

(zitiert: *IDW St/FAR*)

Jahr Nr.	Betreff	Abgedruckt in	
1991		WPg	FN-IDW
1*	Anforderungen an Sanierungskonzepte[119]		1991 S. 319 1992 S. 75
1996			
1	Empfehlungen zur Überschuldungsprüfung bei Unternehmen	1997 S. 22	1996 S. 523

---

116 Zur Begründung der Aufhebung s. FN-IDW 2011, S. 338.
117 Ersetzt durch *IDW St/HFA 3/1997*.
118 Zur Begründung der Aufhebung s. FN-IDW 2010, S. 573.
119 Ersetzt durch *IDW S 6*.

14. IDW Prüfungsstandards[120]

(zitiert: *IDW PS*)

Seit 2008 werden die Neufassungen von *IDW PS* mit Erstanwendungszeitpunkten versehen. Für Prüfungen von Abschlüssen mit Geschäftsjahren, die vor dem Erstanwendungszeitpunkt liegen, können die Regelungen freiwillig angewandt werden, es sei denn der *IDW PS* regelt anderes ausdrücklich.

Nr.	Betreff	Abgedruckt in[121]	
		WPg	FN-IDW
IDW PS 140	Die Durchführung von Qualitätskontrollen in der Wirtschaftsprüferpraxis (Stand: 22.02.2008)	2008 Supp. 2	2008 S. 152
IDW PS 200	Ziele und allgemeine Grundsätze der Durchführung von Abschlussprüfungen (Stand: 28.06.2000)	2000 S. 706	2000 S. 280
IDW PS 201	Rechnungslegungs- und Prüfungsgrundsätze für die Abschlussprüfung (Stand: 09.09.2009)	2008 S. 710 2009 Supp. 4	2008 S. 172 2009 S. 533
IDW PS 202	Die Beurteilung von zusätzlichen Informationen, die von Unternehmen zusammen mit dem Jahresabschluss veröffentlicht werden (Stand: 09.09.2010)	2001 S. 121 2010 Supp. 4	2000 S. 634 2010 S. 423
IDW PS 203 n.F.	Ereignisse nach dem Abschlussstichtag (Stand: 09.09.2010)[122]	2010 Supp. 4	2010 S. 423
IDW PS 205	Prüfung von Eröffnungsbilanzwerten im Rahmen von Erstprüfungen (Stand: 09.09.2010)	2001 S. 150 2010 Supp. 4	2001 S. 1 2010 S. 423
IDW PS 208	Zur Durchführung von Gemeinschaftsprüfungen (Joint Audit) (Stand: 24.11.2010)	1999 S. 707 2011 Supp. 1	1999 S. 357 2011 S. 113
IDW PS 210	Zur Aufdeckung von Unregelmäßigkeiten im Rahmen der Abschlussprüfung (Stand: 09.09.2010)	2003 S. 655 2010 Supp. 4	2003 S. 258 2010 S. 423
IDW PS 220	Beauftragung des Abschlussprüfers (Stand: 09.09.2009)	2001 S. 895 2009 Supp. 4	2001 S. 316 2009 S. 533
IDW PS 230	Kenntnisse über die Geschäftstätigkeit sowie das wirtschaftliche und rechtliche Umfeld des zu prüfenden Unternehmens im Rahmen der Abschlussprüfung (Stand: 08.12.2005)	2000 S. 842 2006 S. 218	2000 S. 460 2006 S. 1

---

120 Eine jeweils aktuelle Übersicht über die vorliegenden Entwürfe und verabschiedeten *IDW Verlautbarungen* kann im Internet unter www.idw.de Rubrik Verlautbarungen eingesehen werden.

121 Seit 2007 werden die Volltexte der IDW Verlautbarungen nur noch im Supplement (Supp.) – einem gesonderten quartalsweise erscheinenden Beiheft – der Zeitschrift „Die Wirtschaftsprüfung" veröffentlicht.

122 Ist anzuwenden bei Prüfungen von Abschlüssen für Berichtszeiträume, die am oder nach dem 15.12.2009 beginnen, vgl. *IDW PS 203 n.F.*, Tz. 7.

IDW Prüfungsstandards Anh 3

Nr.	Betreff	Abgedruckt in	
		WPg	FN-IDW
IDW PS 240	Grundsätze der Planung von Abschlussprüfungen (Stand: 09.09.2010)	2000 S. 846 2006 S. 218 2011 Supp. 1	2000 S. 464 2006 S. 1 2011 S. 113
IDW PS 250	Wesentlichkeit im Rahmen der Abschlussprüfung (Stand: 09.09.2010)[123]	2003 S. 944 2010 Supp. 4	2003 S. 441 2010 S. 423
IDW PS 255	Beziehungen zu nahe stehenden Personen im Rahmen der Abschlussprüfung (Stand: 24.11.2010)	2003 S. 1069 2010 Supp. 4	2003 S. 476 2010 S. 423
IDW PS 260*	Das interne Kontrollsystem im Rahmen der Abschlussprüfung (Stand: 02.07.2001)[124]	2001 S. 821	2001 S. 321
IDW PS 261	Feststellung und Beurteilung von Fehlerrisiken und Reaktionen des Abschlussprüfers auf die beurteilten Fehlerrisiken (Stand: 09.09.2009)[125]	2006 S. 1433 2009 Supp. 4	2006 S. 710 2009 S. 533
IDW PS 270	Die Beurteilung der Fortführung der Unternehmenstätigkeit im Rahmen der Abschlussprüfung (Stand: 09.09.2010)	2003 S. 775 2010 Supp. 4	2003 S. 315 2010 S. 423
IDW PS 300	Prüfungsnachweise im Rahmen der Abschlussprüfung (Stand: 06.09.2006)	2006 S. 1445	2006 S. 727
IDW PS 301	Prüfung der Vorratsinventur (Stand: 24.11.2010)	2003 S. 715 2011 Supp. 1	2003 S. 323 2011 S. 113
IDW PS 302	Bestätigungen Dritter (Stand: 01.07.2003)	2003 S. 872	2003 S. 353
IDW PS 303 n.F.	Erklärungen der gesetzlichen Vertreter gegenüber dem Abschlussprüfer (Stand: 09.09.2009)[126]	2009 Supp. 4	2009 S. 445
IDW PS 312	Analytische Prüfungshandlungen (Stand: 02.07.2001)	2001 S. 903	2001 S. 343
IDW PS 314 n.F.	Die Prüfung von geschätzten Werten in der Rechnungslegung (Stand: 09.09.2009)[127]	2009 Supp. 4	2009 S. 121

---

[123] Es liegt der *Entwurf einer Neufassung des IDW Prüfungsstandards: Wesentlichkeit im Rahmen der Abschlussprüfung (IDW EPS 250 n.F.)* vor. Nach seiner endgültigen Verabschiedung wird die Neufassung den *IDW PS 250* ersetzen und für Prüfungen von Abschlüssen von Geschäftsjahren gelten, die am oder nach dem 15.12.2011 beginnen. Vgl. *IDW EPS 250 n.F.*, Tz. 3a.

[124] Ersetzt durch *IDW PS 261*.

[125] Es liegt der *Entwurf einer Neufassung des IDW Prüfungsstandards: Feststellung und Beurteilung von Fehlerrisiken und Reaktionen des Abschlussprüfers auf die beurteilten Fehlerrisiken (IDW EPS 261 n.F.)* vor. Nach seiner endgültigen Verabschiedung wird die Neufassung den *IDW PS 261* ersetzen und für Prüfungen von Abschlüssen von Geschäftsjahren gelten, die am oder nach dem 15.12.2011 beginnen. Vgl. *IDW EPS 261 n.F.*, Tz. 4.

[126] Ist anzuwenden bei Prüfungen von Abschlüssen für Berichtszeiträume, die am oder nach dem 15.12.2009 beginnen, vgl. *IDW PS 303 n.F.*, Tz. 7.

[127] Ist anzuwenden bei Prüfungen von Abschlüssen für Berichtszeiträume, die am oder nach dem 15.12.2009 beginnen, vgl. *IDW PS 314 n.F.*, Tz. 9.

Nr.	Betreff	Abgedruckt in	
		WPg	FN-IDW
IDW PS 315*	Die Prüfung von Zeitwerten (Stand: 08.12.2005)[128]	2006 S. 309	2006 S. 121
IDW PS 318	Prüfung von Vergleichsangaben über Vorjahre (Stand: 24.11.2010)	2001 S. 909 2011 Supp. 1	2001 S. 351 2011 S. 113
IDW PS 320	Verwendung der Arbeit eines anderen externen Prüfers (Stand: 09.09.2009)[129]	2004 S. 593	2004 S. 382
IDW PS 321	Interne Revision und Abschlussprüfung (Stand: 09.09.2010)	2002 S. 686 2010 Supp. 4	2002 S. 333 2010 S. 423
IDW PS 322	Verwertung der Arbeit von Sachverständigen (Stand: 24.11.2010)	2002 S. 689 2011 Supp. 1	2002 S. 337 2011 S. 113
IDW PS 330	Abschlussprüfung bei Einsatz von Informationstechnologie (Stand: 24.09.2002)	2002 S. 1167	2002 S. 604
IDW PS 331	Abschlussprüfung bei teilweiser Auslagerung der Rechnungslegung auf Dienstleistungsunternehmen (Stand: 09.09.2010)	2003 S. 999 2010 Supp. 4	2003 S. 481 2010 S. 423
IDW PS 340	Die Prüfung des Risikofrüherkennungssystems nach § 317 Abs. 4 HGB (Stand: 11.09.2000)	1999 S. 658	1999 S. 350
IDW PS 345	Auswirkungen des Deutschen Corporate Governance Kodex auf die Abschlussprüfung (Stand: 09.09.2010)	2006 S. 314 2007 Supp. 1 Supp. 4 2009 Supp. 4 2010 Supp. 4	2006 S. 129 2007 S. 11 S. 550 2009 S. 546 2010 S. 527
IDW PS 350	Prüfung des Lageberichts (Stand: 09.09.2009)	2006 S. 1293 2009 Supp. 4	2006 S. 610 2009 S. 533
IDW PS 380*	Prüfung der EDV-Anpassung an den Jahrtausendwechsel (Stand: 26.06.1998)[130]	1998 S. 666	1998 S. 337
IDW PS 400	Grundsätze für die ordnungsmäßige Erteilung von Bestätigungsvermerken bei Abschlussprüfungen (Stand: 24.11.2010)	2005 S. 1382 2009 Supp. 4 2010 Supp. 4	2005 S. 784 2009 S. 533 2010 S. 537

---

128 Ersetzt durch *IDW PS 314 n.F.*

129 Es liegt der *Entwurf eines IDW Prüfungsstandards: Grundsätze für die Durchführung von Konzernabschlussprüfungen (einschließlich der Tätigkeit von Teilbereichsprüfern) (IDW EPS 320 n.F.)* vor. Nach seiner endgültigen Verabschiedung wird der *IDW Prüfungsstandard* den *IDW PS 320* ersetzen und für Prüfungen von Abschlüssen von Geschäftsjahren gelten, die am oder nach dem 15.12.2011 beginnen. Vgl. *IDW EPS 320 n.F.*, Tz. 6, 7.

130 Zu den Gründen für die Aufhebung s. FN-IDW 2006, S. 96.

IDW Prüfungsstandards Anh 3

Nr.	Betreff	Abgedruckt in	
		WPg	FN-IDW
IDW PS 450	Grundsätze ordnungsmäßiger Berichterstattung bei Abschlussprüfungen (Stand: 09.09.2009)	2006 S. 113 2009 Supp. 4	2006 S. 44 2009 S. 533
IDW PS 460 n.F.	Arbeitspapiere des Abschlussprüfers (Stand: 09.09.2009)[131]	2008 Supp. 2 2009 Supp. 4	2008 S. 178 2009 S. 533
IDW PS 470	Grundsätze für die mündliche Berichterstattung des Abschlussprüfers an den Aufsichtsrat (Stand: 09.09.2010)	2003 S. 608 2010 Supp. 4	2003 S. 270 2010 S. 423
IDW PS 520	Besonderheiten und Problembereiche bei der Abschlussprüfung von Finanzdienstleistungsinstituten (Stand: 02.07.2001)	2001 S. 982	2001 S. 426
IDW PS 521	Die Prüfung des Wertpapierdienstleistungsgeschäftes nach § 36 WpHG bei Finanzdienstleistungsinstituten (Stand: 06.03.2009)	2009 Supp. 2	2009 S. 140
IDW PS 522	Prüfung der Adressenausfallrisiken und des Kreditgeschäfts von Kreditinstituten (Stand: 01.10.2002)	2002 S. 1254	2002 S. 623
IDW PS 525	Die Beurteilung des Risikomanagements von Kreditinstituten im Rahmen der Abschlussprüfung (Stand: 26.06.2010)	2010 Supp. 3	2010 S. 331
IDW PS 560	Die Prüfung der Schadenrückstellung im Rahmen der Jahresabschlussprüfung von Schaden-/ Unfallversicherungsunternehmen (Stand: 09.12.2004)	2005 S. 104	2005 S. 53
IDW PS 570	Beurteilung von Embedded Value Berichten von Versicherungsunternehmen nach Art des marktkonsistenten Embedded Value (MCEV) entsprechend den Prinzipien des CFO Forums (Stand: 11.03.2011)	2011 Supp. 2	2011 S. 290
IDW PS 610	Prüfung von Energieversorgungsunternehmen (Stand: 01.03.2006)[132]	2006 S. 533	2006 S. 200
IDW PS 650	Zum erweiterten Umfang der Jahresabschlussprüfung von Krankenhäusern nach Landeskrankenhausrecht (Stand: 27.11.2009)	2010 Supp. 1	2009 S. 635
IDW PS 700	Prüfung von Beihilfen nach Artikel 107 AEUV insbesondere zugunsten öffentlicher Unternehmen (Stand: 07.09.2011)	2011 Supp. 4	2001 S. 634
IDW PS 710	Prüfung des Rechenschaftsberichts einer politischen Partei (Stand: 12.05.2005)	2005 S. 724	2005 S. 368
IDW PS 720	Berichterstattung über die Erweiterung der Abschlussprüfung nach § 53 HGrG (Stand: 09.09.2010)	2006 S. 1452 2011 Supp. 1	2006 S. 749 2011 S. 113
IDW PS 721	Berichterstattung über die Erweiterung der Abschlussprüfung nach § 16d Abs. 1 Satz 2 Rundfunkstaatsvertrag (Stand: 11.03.2010)	2010 Supp. 2	2010 S. 121
IDW PS 740	Prüfung von Stiftungen (Stand: 25.02.2000)	2000 S. 385	2000 S. 142

---

[131] Ist anzuwenden bei Prüfungen von Abschlüssen für Berichtszeiträume, die am oder nach dem 15.12.2008 beginnen, vgl. *IDW PS 460 n.F.*, Tz. 6.

[132] Es liegt der *Entwurf einer Neufassung des IDW Prüfungsstandards: Prüfung von Energieversorgungsunternehmen (IDW EPS 610 n.F.)* vor. Nach seiner endgültigen Verabschiedung wird die Neufassung den *IDW PS 610* ersetzen. Vgl. *IDW EPS 610 n.F.*, Tz. 3.

Nr.	Betreff	Abgedruckt in	
		WPg	FN-IDW
IDW PS 750	Prüfung von Vereinen (Stand: 09.09.2010)	2006 S. 646 2011 Supp. 1	2006 S. 351 2011 S. 113
IDW PS 800	Empfehlungen zur Prüfung eingetretener oder drohender Zahlungsunfähigkeit bei Unternehmen (Stand: 06.03.2009)	2009 Supp. 2	2009 S. 161
IDW PS 820*	Grundsätze ordnungsmäßiger Durchführung von Umweltberichtsprüfungen (Stand: 30.09.1999)[133]	1999 S. 884	1999 S. 490
IDW PS 821	Grundsätze ordnungsmäßiger Prüfung oder prüferischer Durchsicht von Berichten im Bereich der Nachhaltigkeit (Stand: 06.09.2006)	2006 S. 854 2006 S. 1518	2006 S. 475 2006 S. 755
IDW PS 830	Zur Prüfung Gewerbetreibender i.S.d. § 34c Abs. 1 GewO gemäß § 16 Makler- und Bauträgerverordnung (MaBV) (Stand: 10.06.2011)	2011 Supp. 3	2011 S. 530
IDW PS 850	Projektbegleitende Prüfung bei Einsatz von Informationstechnologie (Stand: 02.09.2008)	2008 Supp. 4	2008 S. 427
IDW PS 880	Die Prüfung von Softwareprodukten (Stand: 11.03.2010)	2010 Supp. 2	2010 S. 186
IDW PS 890	Die Durchführung von WebTrust[SM/TH]-Prüfungen (Stand: 08.03.2001)	2001 S. 458	2001 S. 133
IDW PS 900	Grundsätze für die prüferische Durchsicht von Abschlüssen (Stand: 01.10.2002)	2001 S. 1078 2001 S. 1492 2002 S. 474, 1249	2001 S. 512 2002 S. 61 2002 S. 210, 597
IDW PS 910	Grundsätze für die Erteilung eines Comfort Letter (Stand: 04.03.2004)	2004 S. 342	2004 S. 208
IDW PS 951	Die Prüfung des internen Kontrollsystems beim Dienstleistungsunternehmen für auf das Dienstleistungsunternehmen ausgelagerte Funktionen (Stand: 09.09.2010)	2007 Supp. 4 2010 Supp. 4	2007 S. 588 2010 S. 423
IDW PS 970	Prüfungen nach dem Erneuerbare-Energien-Gesetz (Stand: 11.03.2011)[134]	2011 Supp. 2	2011 S. 177
IDW PS 971	Prüfungen nach dem Kraft-Wärme-Kopplungsgesetz (Stand: 24.11.2010)	2009 Supp. 4 2011 Supp. 1	2009 S. 488 2011 S. 52
IDW PS 980	Grundsätze ordnungsmäßiger Prüfung von Compliance Management Systemen (Stand: 11.03.2011)	2011 Supp. 1	2011 S. 203

---

133 Ersetzt durch *IDW PS 821*.

134 Es liegt der *Entwurf einer Neufassung des IDW Prüfungsstandards: Prüfungen nach dem Erneuerbare-Energien-Gesetz (IDW EPS 970 n.F.)* vor. Nach seiner endgültigen Verabschiedung wird die Neufassung den *IDW PS 970* ersetzen. Vgl. *IDW EPS 970 n.F.*, Tz. 1.

15. IDW Prüfungshinweise[120]

(zitiert: *IDW PH*)

Nr.	Betreff	Abgedruckt in WPg	FN-IDW
IDW PH 9.100.1	Besonderheiten der Abschlussprüfung kleiner und mittelgroßer Unternehmen (Stand: 29.11.2006)	2007 Supp. 1	2007 S. 63
IDW PH 9.140	Checklisten zur Durchführung der Qualitätskontrolle (Stand: 12.04.2007)	2007 Supp. 2	2007 S. 234
IDW PH 9.200.1	Pflichten des Abschlussprüfers des Tochterunternehmens und des Konzernabschlussprüfers im Zusammenhang mit § 264 AbS. 3 HGB (Stand: 11.03.2010)	2010 Supp. 2	2010 S. 239
IDW PH 9.200.2	Pflichten des Abschlussprüfers eines Tochter- oder Gemeinschaftsunternehmens und des Konzernabschlussprüfers im Zusammenhang mit § 285 Nr. 17 HGB (Stand: 27.11.2009)	2010 Supp. 1	2009 S. 638
IDW PH 9.302.1	Bestätigungen Dritter bei Kredit- und Finanzdienstleistungsinstituten (Stand: 28.02.2006)	2006 S. 484	2006 S. 212
IDW PH 9.302.2	Bestätigungen Dritter bei Versicherungsunternehmen (Stand: 12.05.2006)	2006 S. 1316	2006 S. 642
IDW PH 9.314.1	Prüfung der Jahresverbrauchsabgrenzung bei rollierender Jahresverbrauchsablesung bei Versorgungsunternehmen (Stand: 13.09.2005)	2006 S. 135	2006 S. 75
IDW PH 9.330.1	Checkliste zur Abschlussprüfung bei Einsatz von Informationstechnologie (Stand: 01.07.2002)	Sonderdruck IDW Verlag, Düsseldorf 2002	
IDW PH 9.330.2	Prüfung von IT-gestützten Geschäftsprozessen im Rahmen der Abschlussprüfung (Stand: 24.08.2010)	2009 Supp. 1 2011 Supp. 1	2009 S. 39 2011 S. 113
IDW PH 9.330.3	Einsatz von Datenanalysen im Rahmen der Abschlussprüfung (Stand: 15.10.2010)	2011 Supp. 1	2011 S. 59
IDW PH 9.380*	Prüfungscheckliste zur EDV-Anpassung an den Jahrtausendwechsel (Stand: 10.07.1998)[130]	1998 S. 670	1998 S. 365
IDW PH 9.400.1	Erteilung des Bestätigungsvermerks bei Krankenhäusern (Stand: 01.04.2008)	2008 Supp. 2	2008 S. 214
IDW PH 9.400.2	Vermerk des Abschlussprüfers zum Jahresbericht eines Sondervermögens gemäß § 44 Abs. 5 Investmentgesetz (Stand: 11.03.2011)	2011 Supp. 2	2011 S. 235
IDW PH 9.400.3	Zur Erteilung des Bestätigungsvermerks bei kommunalen Wirtschaftsbetrieben (Stand: 29.09.2007)	2008 Supp. 1	2008 S. 108
IDW PH 9.400.4*	Bestätigungsvermerke und Bescheinigungen zu Konzernabschlüssen bei Börsengängen an den Neuen Markt (Stand: 05.03.2002)[135]	2000 S. 1073 2001 S. 1492 2002 S. 474	2000 S. 591 2002 S. 61 2002 S. 210
IDW PH 9.400.5	Bestätigungsvermerk bei Prüfungen von Liquidationseröffnungsbilanzen (Stand: 01.03.2006)	2001 S. 913 –	2001 S. 357 2006 S. 199

---

135 Zur Begründung der Aufhebung s. FN-IDW 2002, S. 597, 666.

Nr.	Betreff	Abgedruckt in	
		WPg	FN-IDW
IDW PH 9.400.6	Prüfung von Jahres- und Zwischenbilanzen bei Kapitalerhöhungen aus Gesellschaftsmitteln (Stand: 09.09.2010)	2004 S. 535 – 2011 Supp. 1	2004 S. 289 2006 S. 199 2011 S. 113
IDW PH 9.400.7	Vermerk des Abschlussprüfers zum Auflösungsbericht eines Sondervermögens gemäß § 44 Abs. 6 Investmentgesetz (Stand: 11.03.2011)	2011 Supp. 2	2011 S. 236
IDW PH 9.400.8	Prüfung einer vorläufigen IFRS-Konzerneröffnungsbilanz (Stand: 01.03.2006)	2005 S. 433 –	2005 S. 206 2006 S. 199
IDW PH 9.400.10*	Vermerk des Abschlussprüfers zur Nichtberücksichtigung von Stimmrechten nach § 23 Abs. 1 Wertpapierhandelsgesetz (Stand: 01.03.2006)[136]	2006 S. 1314	2006 S. 616
IDW PH 9.400.11	Auswirkungen von Fehlerfeststellungen durch die DPR bzw. die BaFin auf den Bestätigungsvermerk (Stand: 06.09.2006)	2006 S. 1314	2006 S. 616
IDW PH 9.400.12	Vermerk des Abschlussprüfers zum Zwischenbericht eines Sondervermögens gemäß § 44 Abs. 6 Investmentgesetz (Stand: 11.03.2011)	2011 Supp. 2	2011 S. 232
IDW PH 9.400.13	Bestätigungsvermerk des Abschlussprüfers zum Jahresabschluss und Lagebericht einer Investmentaktiengesellschaft gemäß § 110a Abs. 2 Investmentgesetz (Stand: 11.03.2011)	2011 Supp. 2	2011 S. 233
IDW PH 9.420.1	Berichterstattung über die Prüfung der Verwendung pauschaler Fördermittel nach Landeskrankenhausrecht (Stand: 04.09.2008)	2009 Supp. 1	2009 S. 50
IDW PH 9.420.2	Bescheinigung des Abschlussprüfers über die Ermittlung des Arbeitsergebnisses und seine Verwendung gemäß § 12 Werkstättenverordnung (WVO) (Stand: 16.09.2003)	–	2003 S. 657
IDW PH 9.420.3*	Prüfungen nach dem Kraft-Wärme-Kopplungsgesetz und dem Erneuerbare-Energien-Gesetz (Stand: 30.03.2007)[137]	2007 Supp. 2	2007 S. 303
IDW PH 9.420.4	Vermerk des Abschlussprüfers nach § 17a Abs. 7 Satz 2 KHG (Stand: 22.11.2006)	2007 Supp. 1	2007 S. 76
IDW PH 9.450.1	Berichterstattung über die Prüfung öffentlicher Unternehmen (Stand: 10.04.2000)	2000 S. 525	2000 S. 197
IDW PH 9.450.2	Zur Wiedergabe des Vermerks über die Abschlussprüfung im Prüfungsbericht (Stand: 08.03.2006)	2000 S. 439	2000 S. 155
IDW PH 9.520.1	Jahresabschlussprüfung bei Finanzdienstleistungsinstituten unter besonderer Berücksichtigung der aufsichtsrechtlichen Anforderungen (Stand: 08.11.2011)	2012 Supp. 1	2012 S. 6
IDW PH 9.522.1	Berücksichtigung von Immobiliensicherheiten bei der Prüfung der Werthaltigkeit von ausfallgefährdeten Forderungen bei Kreditinstituten (Stand: 07.07.2005)	2005 S. 850	2005 S. 543
IDW PH 9.720.1	Beurteilung der Angemessenheit der Eigenkapitalausstattung öffentlicher Unternehmen (Stand: 09.09.2010)	2007 Supp. 3 2011 Supp. 1	2007 S. 469 2011 S. 113

---

136 Zu den Gründen der Aufhebung vgl. FN-IDW 2007, S. 262.
137 Ersetzt durch *IDW PS 970* und *IDW PS 971*.

IDW Stellungnahmen zur Rechnungslegung **Anh 3**

Nr.	Betreff	Abgedruckt in	
		WPg	FN-IDW
IDW PH 9.900.1*	Prüferische Durchsicht von Pro-Forma-Angaben (Stand: 01.10.2002)[138]	2002 S. 1337	2002 S. 757
IDW PH 9.950.1	Prüfung der Meldungen der Arten und Mengen von Elektro- und Elektronikgeräten an die Stiftung EAR (Stand: 11.04.2007)	2007 Supp. 4	2007 S. 500
IDW PH 9.950.2	Besonderheiten bei der Prüfung einer REIT-Aktiengesellschaft nach § 1 Abs. 4 REIT-Gesetz, einer Vor-REIT-Aktiengesellschaft nach § 2 Satz 3 REIT-Gesetz und der Prüfung nach § 21 Abs. 3 Satz 3 REIT-Gesetz (Stand: 25.10.2010)	2010 Supp. 3 2011 Supp. 1	2010 S. 378 2011 S. 85
IDW PH 9.950.3	Prüfung der „Vollständigkeitserklärung" für in den Verkehr gebrachte Verkaufsverpackungen (Stand: 29.01.2010)	2010 Supp. 1	2010 S. 75
IDW PH 9.960.1	Prüfung von Pro-Forma-Finanzinformationen (Stand: 29.11.2005)	2006 S. 133	2006 S. 77
IDW PH 9.960.2	Prüfung von zusätzlichen Abschlusselementen (Stand: 30.01.2006)	2006 S. 333	2006 S. 166
IDW PH 9.960.3	Prüfung von Gewinnprognosen und -schätzungen i.S.v. IDW RH HFA 2.003 (Stand: 22.02.2008)	2008 Supp. 1	2008 S. 111

16. IDW Stellungnahmen zur Rechnungslegung[120] 27

(zitiert: *IDW RS*)

Nr.	Betreff	Abgedruckt in	
		WPg	FN-IDW
IDW RS BFA 1	Bilanzierung von Kreditderivaten[139] (Stand: 04.12.2001)	2002 S. 195	
IDW RS BFA 2	Bilanzierung von Finanzinstrumenten des Handelsbestands bei Kreditinstituten (Stand: 03.03.2010)	2010 Supp. 2	2010 S. 154
IDW RS BFA 4	Besonderheiten der handelsrechtlichen Fremdwährungsumrechnung bei Instituten (Stand: 18.08.2011)	2010 Supp. 4	2011 S. 649
IDW RS BFA 5	Handelsrechtliche Bilanzierung von Financial Futures und Forward Rate Agreements bei Instituten (Stand: 18.08.2011)	2011 Supp. 4	2011 S. 653
IDW RS BFA 6	Handelsrechtliche Bilanzierung von Optionsgeschäften bei Instituten (Stand: 18.08.2011)	2011 Supp. 4	2011 S. 656
IDW RS FAIT 1	Grundsätze ordnungsmäßiger Buchführung bei Einsatz von Informationstechnologie (Stand: 24.09.2002)	2002 S. 1157	2002 S. 649
IDW RS FAIT 2	Grundsätze ordnungsmäßiger Buchführung bei Einsatz von Electronic Commerce (Stand: 29.09.2003)	2003 S. 1258	2003 S. 559
IDW RS FAIT 3	Grundsätze ordnungsmäßiger Buchführung beim Einsatz elektronischer Archivierungsverfahren (Stand: 11.07.2006)	2006 S. 1465	2006 S. 768
IDW RS HFA 1*	Aufstellung des Lageberichts (Stand: 04.12.2001)[140]	1998 S. 653 2002 S. 146	1998 S. 318 2002 S. 61

---

138 Ersetzt durch *IDW PH 9.960.1*.
139 Berichtigung des *IDW RS BFA 1* s. FN-IDW 2004, S. 556.
140 Zur Begründung der Aufhebung s. WPg 2005, S. 902, FN-IDW 2005, S. 530.

Nr.	Betreff	Abgedruckt in	
		WPg	FN-IDW
IDW RS HFA 2	Einzelfragen zur Anwendung von IAS (Stand: 02.09.2008)[141]	2005 S. 1402 2008 Supp. 4	2005 S. 815 2008 S. 483
IDW RS HFA 3	Bilanzierung von Verpflichtungen aus Altersteilzeitregelungen nach IAS und nach handelsrechtlichen Vorschriften (Stand: 18.11.1998)	1998 S. 1063	1998 S. 594
IDW RS HFA 4	Zweifelsfragen zum Ansatz und zur Bewertung von Drohverlustrückstellungen (Stand: 23.06.2010)	2010 Supp. 3	2010 S. 298
IDW RS HFA 5	Rechnungslegung von Stiftungen (Stand: 25.02.2000)	2000 S. 391	2000 S. 129
IDW RS HFA 6	Änderung von Jahresabschlüssen und Anpassung der Handelsbilanz an die Steuerbilanz (Stand: 12.04.2007)	2007 Supp. 2	2007 S. 265
IDW RS HFA 7	Zur Rechnungslegung bei Personenhandelsgesellschaften (Stand: 27.06.2008)[142]	2002 S. 1259 2008 Supp. 3	2002 S. 631 2008 S. 370
IDW RS HFA 8	Zweifelsfragen der Bilanzierung von *asset backed securities*-Gestaltungen und ähnlichen Transaktionen (Stand: 09.12.2003)	2002 S. 1151 2004 S. 138	2002 S. 640 2004 S. 28
IDW RS HFA 9	Einzelfragen zur Anwendung von IAS 39 (Stand: 11.03.2011)	2007 Supp. 2 2011 Supp. 2	2007 S. 326 2011 S. 326
IDW RS HFA 10	Anwendung der Grundsätze des IDW S 1 bei der Bewertung von Beteiligungen und sonstigen Unternehmensanteilen für die Zwecke eines handelsrechtlichen Jahresabschlusses (Stand: 19.12.2011)	2003 S. 1257 2004 S. 434 2005 S. 1322 2012 Supp. 1	2003 S. 557 2004 S. 296 2005 S. 718 2012 S. 24
IDW RS HFA 11	Bilanzierung von Software beim Anwender (Stand: 23.06.2010)	2010 Supp. 3	2010 S. 304
IDW RS HFA 12	Rechnungslegung von politischen Parteien (Stand: 12.05.2005)	2005 S.56 ff.	2005 S. 522
IDW RS HFA 14	Rechnungslegung von Vereinen (Stand: 11.03.2011)	2006 S. 692 2011 Supp. 2	2006 S. 358 2011 S. 365
IDW RS HFA 15	Bilanzierung von Emissionsberechtigungen nach HGB (Stand: 01.03.2006)	2006 S. 574	2006 S. 273
IDW RS HFA 16	Bewertungen bei der Abbildung von Unternehmenserwerben und bei Werthaltigkeitsprüfungen nach IFRS (Stand: 18.10.2005)	2005 S. 1415	2005 S. 721

---

141 Es liegt der *Entwurf einer Neufassung der IDW Stellungnahme zur Rechnungslegung: Einzelfragen zur Anwendung von IFRS (IDW ERS HFA 2 n.F.)* vor. Nach ihrer endgültigen Verabschiedung wird die Neufassung des *IDW RS HFA 2* den bisherigen *IDW RS HFA 2* (Stand: 02.09.2008) ersetzen.

142 Es liegt der *Entwurf einer Neufassung der IDW Stellungnahme zur Rechnungslegung: Zur Rechnungslegung bei Personenhandelsgesellschaften (IDW ERS HFA 7 n.F.)* vor. Nach ihrer endgültigen Verabschiedung wird die Neufassung des *IDW RS HFA 7* den bisherigen *IDW RS HFA 7* (Stand: 27.06.2008) ersetzen.

IDW Stellungnahmen zur Rechnungslegung Anh 3

Nr.	Betreff	Abgedruckt in	
		WPg	FN-IDW
IDW RS HFA 17	Auswirkungen einer Abkehr von der Going Concern-Prämisse auf den handelsrechtlichen Jahresabschluss (Stand: 10.06.2011)	2011 Supp. 3	2011 S. 438
IDW RS HFA 18	Bilanzierung von Anteilen an Personenhandelsgesellschaften im handelsrechtlichen Jahresabschluss (Stand: 25.11.2011)	2012 Supp. 1	2012 S. 24
IDW RS HFA 19	Einzelfragen zur erstmaligen Anwendung der International Financial Reporting Standards nach IFRS 1 (Stand: 06.09.2006)	2006 S. 1376	2006 S. 763
IDW RS HFA 21	Besonderheiten der Rechnungslegung Spenden sammelnder Organisationen (Stand: 11.03.2010)	2010 Supp. 2	2010 S. 201
IDW RS HFA 22	Zur einheitlichen oder getrennten handelsrechtlichen Bilanzierung strukturierter Finanzinstrumente (Stand: 02.09.2008)	2008 Supp. 4	2008 S. 455
IDW RS HFA 23	Bilanzierung und Bewertung von Pensionsverpflichtungen gegenüber Beamten und deren Hinterbliebenen (Stand: 24.04.2009)	2009 Supp. 2	2009 S. 316
IDW RS HFA 24	Einzelfragen zu den Angabepflichten des IFRS 7 zu Finanzinstrumenten (Stand: 27.11.2009)	2010 Supp. 1	2010 S. 7
IDW RS HFA 25	Einzelfragen zur Bilanzierung von Verträgen über den Kauf oder Verkauf von nicht-finanziellen Posten nach IAS 39 (Stand: 06.03.2009)	2009 Supp. 2	2009 S. 255
IDW RS HFA 26	Einzelfragen zur Umkategorisierung finanzieller Vermögenswerte gemäß den Änderungen von IAS 39 und IFRIC 9 – Amendments von Oktober/November 2008 und März 2009 – (Stand: 09.09.2009)	2009 Supp. 4	2009 S. 570
IDW RS HFA 28	Übergangsregelungen des Bilanzrechtsmodernisierungsgesetzes (Stand: 09.09.2010)	2010 Supp. 1 2010 Supp. 4	2009 S. 642 2010 S. 451
IDW RS HFA 30	Handelsrechtliche Bilanzierung von Altersversorgungsverpflichtungen (Stand: 10.06.2011)	2011 Supp. 3	2011 S. 545
IDW RS HFA 31	Aktivierung von Herstellungskosten (Stand: 23.06.2010)	2010 Supp. 3	2010 S. 310
IDW RS HFA 32	Anhangangaben nach §§ 285 Nr. 3, 314 Abs. 1 Nr. 2 HGB zu nicht in der Bilanz enthaltenen Geschäften (Stand: 09.09.2010)	2010 Supp. 4	2010 S. 478
IDW RS HFA 33	Anhangangaben nach §§ 285 Nr. 21, 314 Abs. 1 Nr. 13 HGB zu Geschäften mit nahe stehenden Unternehmen und Personen (Stand: 09.09.2010)	2010 Supp. 4	2010 S. 482
IDW RS HFA 35	Handelsrechtliche Bilanzierung von Bewertungseinheiten (Stand: 10.06.2011)	2011 Supp. 3	2011 S. 445
IDW RS HFA 36	Anhangangaben nach §§ 285 Nr. 17, 314 Abs. 1 Nr. 9 HGB über das Abschlussprüferhonorar (Stand: 11.03.2010)	2010 Supp. 2	2010 S. 245
IDW RS HFA 37	Einzelfragen zur Bilanzierung von Fremdkapitalkosten nach IAS 23 (Stand: 09.09.2010)	2010 Supp. 4	2010 S. 490
IDW RS HFA 38	Ansatz- und Bewertungsstetigkeit im handelsrechtlichen Jahresabschluss (Stand: 10.06.2011)	2011 Supp. 3	2011 S. 560
IDW RS HFA 39	Vorjahreszahlen im handelsrechtlichen Jahresabschluss (Stand: 25.11.2011)	2012 Supp. 1	2012 S. 31
IDW RS HFA 44	Vorjahreszahlen im handelsrechtlichen Konzernabschluss und Konzernrechnungslegung bei Änderungen des Konsolidierungskreises (Stand: 25.11.2011)	2012 Supp. 1	2012 S. 32
IDW RS HFA 45	Einzelfragen zur Darstellung von Finanzinstrumenten nach IAS 32 (Stand: 11.03.2011)	2011 Supp. 2	2011 S. 326

Nr.	Betreff	Abgedruckt in	
		WPg	FN-IDW
IDW RS KHFA 1	Rechnungslegung von Krankenhäusern (Stand: 03.02.2011)	2011 Supp. 2	2011 S. 237
IDW RS KHFA 2	Ermittlung und Verwendung des Arbeitsergebnisses durch Werkstätten für behinderte Menschen gemäß § 12 Abs. 4 und 5 WVO (Stand: 02.05.2006)	2006 S. 1230	2006 S. 645
IDW RS ÖFA 2	Rechnungslegung von Energieversorgungsunternehmen nach dem Energiewirtschaftsgesetz (Stand: 14.02.2006)[143]	2006 S. 465	2006 S. 278
IDW RS VFA 1	Bewertung und Ausweis von Wertpapieren und Namensschuldverschreibungen im Jahresabschluss der Versicherungsunternehmen (Stand: 17.12.1999)	2000 S. 380	2000 S. 6
IDW RS VFA 2	Auslegung des § 341b HGB (neu) (Stand: 08.04.2002)	2002 S. 475	2002 S. 210
IDW RS VFA 3	Die Bewertung der Schadenrückstellung von Schaden-/Unfallversicherungsunternehmen (Stand: 01.03.2010)	2010 Supp. 3	2010 S. 313
IDW RS WFA 1	Berücksichtigung von strukturellem Leerstand bei zur Vermietung vorgesehenen Wohngebäuden (Stand: 24.04.2002)	2002 S. 633	2002 S. 268

17. IDW Rechnungslegungshinweise[120]

(zitiert: *IDW RH*)

Nr.	Betreff	Abgedruckt in	
		WPg	FN-IDW
IDW RH BFA 1.001	Bilanzielle Behandlung des Bond-Stripping (Stand: 08.11.2011)	2012 Supp. 1	2012 S. 56
IDW RH BFA 1.003*	Zur Bilanzierung strukturierter Produkte (Stand: 02.07.2001)[144]	2001 S. 916	2001 S. 375
IDW RH HFA 1.001*	Ende des Wertaufhellungszeitraums bei der Aufstellung und Prüfung eines erstmaligen IAS-Abschlusses (Stand: 25.02.2000)[45]	2000 S. 380	2000 S. 51
IDW RH HFA 1.002*	Auswirkungen des gespaltenen Körperschaftsteuersatzes auf die Bilanzierung latenter Steuern nach IAS 12 (Stand: 01.09.2000)[45]	2000 S. 937	2000 S. 536
IDW RH HFA 1.003*	Erstmalige IAS-Anwendung im Quartalsabschluss (Stand: 18.01.2002)[45]	2002 S. 198	2002 S. 127
IDW RH HFA 1.004	Erstellung von Pro-Forma-Finanzinformationen (Stand: 29.11.2005)	2006 S. 141	2002 S. 86
IDW RH HFA 1.005	Anhangangaben nach § 285 Satz 1 Nr. 18 und 19 HGB sowie Lageberichterstattung nach § 289 Abs. 2 Nr. 2 HGB in der Fassung des Bilanzrechtsreformgesetzes (Stand: 24.11.2010)	2010 Supp. 4	2010 S. 567
IDW RH HFA 1.006*	Anhangangaben nach § 285 Satz 1 Nr. 17 HGB bzw. § 314 Abs. 1 Nr. 9 HGB über das Abschlussprüferhonorar (Stand: 18.10.2005)[145]	2005 S. 1232	2005 S. 744

---

143 Es liegt der *Entwurf einer Neufassung der IDW Stellungnahme zur Rechnungslegung: Rechnungslegung von Energieversorgungsunternehmen nach dem Energiewirtschaftsgesetz (IDW ERS ÖFA 2 n.F.)* vor. Nach ihrer endgültigen Verabschiedung wird die Neufassung den bisherigen *IDW RS ÖFA 2* (Stand: 14.02.2006) ersetzen.

144 Ersetzt durch *IDW RS HFA 22*.

145 Ersetzt durch *IDW RS HFA 36*.

Nr.	Betreff	Abgedruckt in WPg	FN-IDW
IDW RH HFA 1.007	Lageberichterstattung nach § 289 Abs. 1 und 3 HGB bzw. § 315 Abs. 1 HGB in der Fassung des Bilanzrechtsreformgesetzes (Stand: 18.10.2005)	2005 S. 1234	2005 S. 746
IDW RH HFA 1.008*	Berichterstattung nach § 289 Abs. 4 HGB bzw. § 315 Abs. 4 HGB i.d.F. des Übernahmerichtlinie-Umsetzungsgesetzes (Stand: 29.11.2006)[146]	2007 Supp. 1	2007 S. 103
IDW RH HFA 1.009	Rückstellungen für die Aufbewahrung von Geschäftsunterlagen sowie für die Aufstellung, Prüfung und Offenlegung von Abschlüssen und Lageberichten nach § 249 Abs. 1 HGB (Stand: 23.06.2010)	2010 Supp. 3	2010 S. 354
IDW RH HFA 1.010	Bestandsaufnahme im Insolvenzverfahren (Stand: 13.06.2008)	2008 Supp. 3	2008 S. 309
IDW RH HFA 1.011	Insolvenzspezifische Rechnungslegung im Insolvenzverfahren (Stand: 13.06.2008)	2008 Supp. 3	2008 S. 321
IDW RH HFA 1.012	Externe (handelsrechtliche) Rechnungslegung im Insolvenzverfahren (Stand: 10.06.2011)	2011 Supp. 3	2011 S. 460
IDW RH HFA 1.013	Handelsrechtliche Vermerk- und Berichterstattungspflichten bei Patronatserklärungen (Stand: 22.02.2008)	2008 Supp. 1	2008 S. 116
IDW RH HFA 1.014	Umwidmung und Bewertung von Forderungen und Wertpapieren nach HGB (Stand: 09.01.2009)	2009 Supp. 1	2009 S. 58
IDW RH HFA 1.015	Zulässigkeit degressiver Abschreibungen in der Handelsbilanz vor dem Hintergrund der jüngsten Rechtsänderungen (Stand: 27.11.2009)	2010 Supp. 1	2009 S. 690
IDW RH HFA 1.016	Handelsrechtliche Zulässigkeit einer komponentenweisen planmäßigen Abschreibung von Sachanlagen (Stand: 29.05.2009)	2009 Supp. 3	2009 S. 362
IDW RH HFA 1.017	Einzelfragen zur Behandlung der Umsatzsteuer im handelsrechtlichen Jahresabschluss (Stand: 10.06.2011)	2011 Supp. 3	2011 S. 564
IDW RH HFA 2.001	Ausweis- und Angabepflichten für Zinsswaps in IFRS-Abschlüssen (Stand: 19.09.2007)	2007 Supp. 4	2007 S. 606
IDW RH HFA 2.002	Einzelfragen bei der Erstellung von Finanzinformationen nach der Prospektverordnung (Stand: 21.04.2008)	2008 Supp. 3	2008 S. 378
IDW RH HFA 2.003	Erstellung von Gewinnprognosen und -schätzungen nach den besonderen Anforderungen der Prospektverordnung (Stand: 22.02.2008)	2008 Supp. 1	2008 S. 120
IDW RH IFA 1.001	Besonderheiten der handelsrechtlichen Bilanzierung latenter Steuern bei Wohnungsunternehmen (Stand: 25.10.2010)	2010 Supp. 4	2010 S. 571
IDW RH KHFA 1.001*	Zur Bilanzierung der Instandhaltungspauschale nach § 17 Abs. 4b KHG (Stand: 08.03.2001)[146]	–	2001 S. 140
IDW RH KHFA 1.002	Bilanzielle Konsequenzen von im Landesbasisfallwert enthaltenen Ausgleichsbeträgen (Stand: 23.05.2011)	2011 Supp. 3	2011 S. 566
IDW RH VFA 1.001	Angabe von Zeitwerten gemäß §§ 54 ff. RechVersV bei sogenannten „Zero-Schuldscheindarlehen" oder „Zero-Namensschuldverschreibungen" (Stand: 24.03.2000)	2000 S. 440	2000 S. 157

---

146 Zur Begründung der Aufhebung s. FN-IDW 2008, S. 459.

18. IDW Standards[120]

(zitiert: *IDW S*)

Nr.	Betreff	Abgedruckt in	
		WPg	FN-IDW
IDW S 1 i.d.F. 2008	Grundsätze zur Durchführung von Unternehmensbewertungen (Stand: 02.04.2008)	2008 Supp. 3	2008 S. 271
IDW S 2	Anforderungen an Insolvenzpläne (Stand: 10.02.2000)	2000 S. 285	2000 S. 81
IDW S 4	Grundsätze ordnungsmäßiger Beurteilung von Verkaufsprospekten über öffentlich angebotene Vermögensanlagen (Stand: 18.05.2006)	2006 S. 919	2006 S. 489
IDW S 5	Grundsätze zur Bewertung immaterieller Vermögenswerte (Stand: 23.05.2011)	2011 Supp. 3	2011 S. 467
IDW S 6	Anforderungen an die Erstellung von Sanierungskonzepten (Stand: 20.08.2009)[147]	2008 Supp. 4	2009 S. 578
IDW S 7	Grundsätze für die Erstellung von Jahresabschlüssen (Stand: 27.11.2009)	2010 Supp. 1	2009 S. 623
IDW S 8	Grundsätze für die Erstellung von Fairness Opinions (Stand: 17.01.2011)	2011 Supp. 1	2011 S. 151

IV. Schrifttumsverzeichnis

IDW (Hrsg.), Die Fachgutachten und Stellungnahmen des Instituts der Wirtschaftsprüfer auf dem Gebiete der Rechnungslegung und Prüfung, Düsseldorf 1956; *IDW* (Hrsg.), Die Fachgutachten und Stellungnahmen des Instituts der Wirtschaftsprüfer auf dem Gebiete der Rechnungslegung und Prüfung, Düsseldorf 1967; *IDW* (Hrsg.), Sammlung von Verlautbarungen der Treuhandanstalt und des IDW, Düsseldorf 1993; *IDW* (Hrsg.), Tätigkeitsbericht 1996/1997, Düsseldorf 1997.

---

147 Es liegt der *Entwurf einer Neufassung des IDW Standards: Anforderungen an die Erstellung von Sanierungskonzepten (IDW ES 6 n.F.)* vor. Nach ihrer endgültigen Verabschiedung wird die Neufassung den bisherigen *IDW S 6* (Stand: 20.08.2009) ersetzen.

Anhang 4
Dauerkalender für die Jahre 1901-2099

Jahre							Monate											
1901-2000			2001-2099				J	F	M	A	M	J	J	A	S	O	N	D
	25	53	81		09	37	65	93	4	0	0	3	5	1	3	6	2	4	0	2
	26	54	82		10	38	66	94	5	1	1	4	6	2	4	0	3	5	1	3
	27	55	83		11	39	67	95	6	2	2	5	0	3	5	1	4	6	2	4
	28	56	84		12	40	68	96	0	3	4	0	2	5	0	3	6	1	4	6
01	29	57	85		13	41	69	97	2	5	5	1	3	6	1	4	0	2	5	0
02	30	58	86		14	42	70	98	3	6	6	2	4	0	2	5	1	3	6	1
03	31	59	87		15	43	71	99	4	0	0	3	5	1	3	6	2	4	0	2
04	32	60	88		16	44	72		5	1	2	5	0	3	5	1	4	6	2	4
05	33	61	89		17	45	73		0	3	3	6	1	4	6	2	5	0	3	5
06	34	62	90		18	46	74		1	4	4	0	2	5	0	3	6	1	4	6
07	35	63	91		19	47	75		2	5	5	1	3	6	1	4	0	2	5	0
08	36	64	92		20	48	76		3	6	0	3	5	1	3	6	2	4	0	2
09	37	65	93		21	49	77		5	1	1	4	6	2	4	0	3	5	1	3
10	38	66	94		22	50	78		6	2	2	5	0	3	5	1	4	6	2	4
11	39	67	95		23	51	79		0	3	3	6	1	4	6	2	5	0	3	5
12	40	68	96		24	52	80		1	4	5	1	3	6	1	4	0	2	5	0
13	41	69	97		25	53	81		3	6	6	2	4	0	2	5	1	3	6	1
14	42	70	98		26	54	82		4	0	0	3	5	1	3	6	2	4	0	2
15	43	71	99		27	55	83		5	1	1	4	6	2	4	0	3	5	1	3
16	44	72	00		28	56	84		6	2	3	6	1	4	6	2	5	0	3	5
17	45	73		01	29	57	85		1	4	4	0	2	5	0	3	6	1	4	6
18	46	74		02	30	58	86		2	5	5	1	3	6	1	4	0	2	5	0
19	47	75		03	31	59	87		3	6	6	2	4	0	2	5	1	3	6	1
20	48	76		04	32	60	88		4	0	1	4	6	2	4	0	3	5	1	3
21	49	77		05	33	61	89		6	2	2	5	0	3	5	1	4	6	2	4
22	50	78		06	34	62	90		0	3	3	6	1	4	6	2	5	0	3	5
23	51	79		07	35	63	91		1	4	4	0	2	5	0	3	6	1	4	6
24	52	80		08	36	64	92		2	5	6	2	4	0	2	5	1	3	6	1

Wochentage

S	1	8	15	22	29	36
M	2	9	16	23	30	37
D	3	10	17	24	31	
M	4	11	18	25	32	
D	5	12	19	26	33	
F	6	13	20	27	34	
S	7	14	21	28	35	

Beispiel: Auf welchen Wochentag fällt der 24.10.2014?

Auf Freitag.

Lösung: Man gehe von der Jahrestafel aus und suche für das Jahr 2014 in der Monatstafel unter Oktober die zugehörige Monatskennzahl (3); zuzüglich der Zahl der Tage ergibt sich die Schlüsselzahl (3 + 24 = 27), für die man in der letzten Tafel als Wochentag den Freitag findet.

# Abkürzungsverzeichnis

A

a.A.	anderer Ansicht/anderer Auffassung
AAB	Allgemeine Auftragsbedingungen (für Wirtschaftsprüfer und Wirtschaftsprüfungsgesellschaften)
AAF	Ausschuss für Aus- und Fortbildung des IDW
a.a.O.	am angegebenen Ort
abl.	ablehnend
Abl.	Amtsblatt
Abl.EG	Amtsblatt der Europäischen Gemeinschaften
Abl.EU	Amtsblatt der Europäischen Union
ABS	Asset Backed Securities
Abs.	Absatz
Abschn.	Abschnitt
Abt.	Abteilung
abw.	abweichend
abzgl.	abzüglich
a.D.	außer Dienst
ADSt	Allgemeine Sterbetafeln für die Bundesrepublik Deutschland
a.E.	am Ende
ÄndG	Änderungsgesetz
a.F.	alte(r) Fassung
AfA	Absetzung für Abnutzung
AfaA	Absetzung für außergewöhnliche technische und wirtschaftliche Abnutzung
AFG	Arbeitsförderungsgesetz
AFIZ	Ausschuss für internationale Zusammenarbeit des IDW
AfS	Absetzung für Substanzverringerung
afs	available for sale
afv	assets at fair value through profit and loss
AG	Aktiengesellschaft, auch Die Aktiengesellschaft (Zeitschrift), auch Amtsgericht, auch Ausführungsgesetz
aG	auf Gegenseitigkeit
AGB	Allgemeine Geschäftsbedingungen
AGBG	Gesetz zur Regelung des Rechts der Allgemeinen Geschäftsbedingungen
AG-Report	Sonderteil Die Aktiengesellschaft (Zeitschrift)
AHK	Anschaffungs- und Herstellungskosten
AICPA	American Institute of Certified Public Accountants
AIU	Audit Inspection Unit
AK	Arbeitskreis, auch Anschaffungskosten
AktG	Aktiengesetz
AktuarV	Aktuarverordnung
Alt.	Alternative
AltSchG	Altschuldenhilfe-Gesetz
AltTZG	Altersteilzeitgesetz
AltZertG	Altersvorsorgeverträge-Zertifizierungsgesetz
amtl.	amtlich
Anh.	Anhang
AnlV	Anlageverordnung
Anm.	Anmerkung
AnwBl.	Anwaltsblatt (Zeitschrift)

3059

AnzV	Anzeigenverordnung
AO	Abgabenordnung
a.o.	außerordentlich
APAG	Abschlussprüferaufsichtsgesetz
APAK	Abschlussprüferaufsichtskommission
APB	Accounting Principles Board (Opinions)
APr.	Abschlussprüfer
APG	Abschlussprüfungsgesellschaft/Abschlussprüfungsgesellschaften
AR	Aufsichtsrat
ArbG	Arbeitsgericht
ARC	Audit Regulation Committee
Art.	Artikel
AS	Auditing Standard
AStG	Außensteuergesetz
AÜG	Arbeitnehmerüberlassungsgesetz
Aufl.	Auflage
AuS	s. IDW AuS
AuslInvestmG	Auslandsinvestmentgesetz
AV	Anlagevermögen
AVB	Allgemeine Versicherungsbedingungen
AVmG	Altersvermögensgesetz
AWV	Arbeitsgemeinschaft für wirtschaftliche Verwaltung e.V.
Az.	Aktenzeichen

B

Ba.	Baden
BaFin	Bundesanstalt für Finanzdienstleistungsaufsicht
BAG	Bundesarbeitsgericht, auch Bundesaufsichtsgesetz
BAJ	Bundesamt für Justiz
BAK	Bundesaufsichtsamt für das Kreditwesen
BAnz.	Bundesanzeiger
BARefG	Berufsaufsichtsreformgesetz
BauGB	Baugesetzbuch
BAV	Bundesaufsichtsamt für das Versicherungswesen
BAWe	Bundesaufsichtsamt für den Wertpapierhandel
BaWü.	Baden-Württemberg
Bay.	Bayern
BayHO	Bayerische Haushaltsordnung
BayObLG	Bayerisches Oberstes Landesgericht
BayVGH	Bayerischer Verwaltungsgerichtshof
BB	Betriebs-Berater (Zeitschrift)
BBankG	Gesetz über die Deutsche Bundesbank
BBergG	Bundesberggesetz
BBiG	Berufsbildungsgesetz
BBK	Betrieb und Rechnungswesen: Buchführung, Bilanz, Kostenrechnung (Loseblattsammlung)
Bd.	Band
BdB	Bundesverband deutscher Banken
BDVB	Bundesverband Deutscher Volks- und Betriebswirte e.V.
Begr.	Begründung
Beil.	Beilage

3060

Abkürzungsverzeichnis

Bek.	Bekanntmachung
ber.	berichtigt
BerlBG	Berliner Betriebe-Gesetz
BerPensV	Pensionsfondsberichterstattungsverordnung
BerVersV	Versicherungsberichterstattungsverordnung
Beschl.	Beschluss
Beschlussempf.	Beschlussempfehlung
BestV	Bestätigungsvermerk
betr.	betreffend
BetrAV	Betriebliche Altersversorgung (Zeitschrift)
BetrAVG	Betriebsrentengesetz
BetrVerfG	Betriebsverfassungsgesetz
BewG	Bewertungsgesetz
BFA	Bankenfachausschuss des IDW
BFH	Bundesfinanzhof
BFHE	Sammlung der Entscheidungen des Bundesfinanzhofs (Zeitschrift)
BFH/NV	Sammlung aller nicht amtlich veröffentlichter Entscheidungen des Bundesfinanzhofs (Zeitschrift)
BFuP	Betriebswirtschaftliche Forschung und Praxis (Zeitschrift)
BGB	Bürgerliches Gesetzbuch
BGBl.	Bundesgesetzblatt
BGH	Bundesgerichtshof
BGHSt	Entscheidungen des Bundesgerichtshofs in Strafsachen (Zeitschrift)
BGHZ	Sammlung der Entscheidungen des Bundesgerichtshofs in Zivilsachen (Zeitschrift)
BHO	Bundeshaushaltsordnung
BilKoG	Bilanzkontrollgesetz
BilMoG	Bilanzrechtsmodernisierungsgesetz
BilReG	Bilanzrechtsreformgesetz
BiRiLiG	Bilanzrichtliniengesetz
bkVReV	Verordnung über die Rechnungslegung bestimmter kleinerer Versicherungsvereine auf Gegenseitigkeit i.S.d. § 53 des Versicherungsaufsichtsgesetzes
Bln.	Berlin
BMF	Bundesminister/Bundesministerium der Finanzen
BMJ	Bundesminister/Bundesministerium der Justiz
BMWA	Bundesminister/Bundesministerium für Wirtschaft und Arbeit
BMWi	Bundesminister/Bundesministerium für Wirtschaft
BörsG	Börsengesetz
BörsO	Börsenordnung
BörsZulV	Börsenzulassungs-Verordnung
BORA	Berufsordnung Rechtsanwalt
BPflV	Bundespflegesatzverordnung
BPG	Buchprüfungsgesellschaft
Br.	Bremen/Breisgau
BR	Bundesrat, auch Bundesrepublik
BRAGO	Bundesgebührenordnung für Rechtsanwälte
BRAK	Bundesrechtsanwaltskammer
BRAK-Mitt.	BRAK-Mitteilungen (Zeitschrift)
Bran.	Brandenburg
BRAO	Bundesrechtsanwaltsordnung
BR-Drs.	Bundesratsdrucksache
Breg.	Bundesregierung
BremEBG	Bremisches Gesetz für Eigenbetriebe des Landes und der Stadtgemeinden

BRH	Bundesrechnungshof
BSG	Bundessozialgericht
Bsp.	Beispiel
BSpkG	Gesetz über Bausparkassen
BSpkV	Bausparkassen-Verordnung
bspw.	beispielsweise
BStBl.	Bundessteuerblatt
BStBK	Bundessteuerberaterkammer
BS WP/vBP	Berufssatzung für Wirtschaftsprüfer/vereidigte Buchprüfer
BT	Bundestag
BT-Drs.	Bundestagsdrucksache
BTR	Besonderer Teil „Risiken"
Buchst.	Buchstabe
BvB	Bundesverband der vereidigten Buchprüfer e.V.
BVerfG	Bundesverfassungsgericht
BVerfGE	Entscheidungen des Bundesverfassungsgerichts (Zeitschrift)
BVG	Bundesverwaltungsgericht
BVI	Bundesverband Investment- und Asset Management e.V.
BVI-WVR	Wohlverhaltensregeln des BVI
BvS	Bundesanstalt für Vereinigungsbedingtes Sondervermögen
BWA	Bund der Wirtschaftsakademiker
bzgl.	bezüglich
bzw.	beziehungsweise

C

ca.	circa
CA	Chartered Accountant
CAG	Consultative Advisory Groups
CCZ	Corporate Compliance (Zeitschrift)
CEO	Chief Executive Officer
CESR	The Committee of European Securities Regulators
CF	Conceptual framework
CFB	Corporate Finance biz
CFO	Chief Financial Officer
c.i.c.	Culpa in contrahendo
CM	Controller Magazin (Zeitschrift)
CMBS	Commercial mortgage-backed securities
COSO	Committee of Sponsoring Organizations of the Treadway Commission
CR	Control Risk
CSSF	Commission de Surveillance du Secteur Financier
CTA	Contractual Trust Arrangements

D

DAT	Deutsche Automobil Treuhand GmbH, Stuttgart
DB	Der Betrieb (Zeitschrift)
DBA	Doppelbesteuerungsabkommen
DBB	Deutsche Bundesbank
DBV	Deutscher Buchprüferverband e.V.
DBW	Die Betriebswirtschaft (Zeitschrift)

Abkürzungsverzeichnis

DCF	Discounted Cash Flow
DCGK	Deutscher Corporate Governance Kodex
DDR	Deutsche Demokratische Republik
DeckRV	Deckungsrückstellungsverordnung
DepG	Depotgesetz
DerivateV	Derivateverordnung
ders.	derselbe
DG-Bank	Deutsche Genossenschaftsbank
dgl.	dergleichen, desgleichen
d.h.	das heißt
DIHT	Deutscher Industrie- und Handelskammertag
Diss.	Dissertation
div.	diverse
DM	Deutsche Mark
DMBG	DM-Bilanzgesetz 1948
DMBilG	D-Markbilanzgesetz 1990
DPR	Deutsche Prüfstelle für Rechnungslegung
DR	Detection Risk
DRÄS	Deutscher Rechnungslegungs Änderungsstandard
DrittelbG	Drittelbeteiligungsgesetz
DRS	Deutscher Rechnungslegungs Standard
Drs.	Drucksache
DRSC	Deutsches Rechnungslegungs Standards Committee e.V.
DRZ	Deutsche Rechtszeitschrift
d.s.	das sind
DSOP	Draft Statement on Principles
DSR	Deutscher Standardisierungsrat
DStR	Deutsche Steuerrundschau (Zeitschrift), auch Deutsches Steuerrecht (Zeitschrift)
DStZ	Deutsche Steuerzeitung
DV	Datenverarbeitung
DVFA/SG	Deutsche Vereinigung für Finanzanalyse und und Asset Management e.V./ Schmalenbach-Gesellschaft für Betriebswirtschaft e.V.
DVLStHV	Verordnung zur Durchführung der Vorschriften über die Lohnsteuerhilfevereine
DVO	Durchführungsverordnung
DVStB	Verordnung zur Durchführung der Vorschriften über Steuerberater, Steuerbevollmächtigte und Steuerberatungsgesellschaften
DZ-Bank	Deutsche Zentral-Genossenschaftsbank
DZWiR/DZWIR	Deutsche Zeitschrift für Wirtschaftsrecht/Deutsche Zeitschrift für Wirtschafts- und Insolvenzrecht

E

EA	Einzelabschluss, Einzelabschlüsse
EAEG	Einlagensicherungs- und Anlegerentschädigungsgesetz
EAV	Ergebnisabführungsvertrag
eBanz	Elektronischer Bundesanzeiger
ebd.	ebendort, ebenda
EBIT	Earnings before interest and taxes
EBITDA	Earnings before interests, taxes, depreciation and amortisation
ED	Exposure Draft
E-DRS	Entwurf Deutscher Rechnungslegungs Standard
EDV	Elektronische Datenverarbeitung

EEG	Erneuerbare-Energien-Gesetz
EFG	Entscheidungen der Finanzgerichte (Zeitschrift)
EFRAG	European Financial Reporting Advisory Group
EG	Einführungsgesetz, auch Europäische Gemeinschaften
eG	eingetragene Genossenschaft
EGAktG	Einführungsgesetz zum Aktiengesetz
EGH	Ehrengerichtshof
EGHGB	Einführungsgesetz zum Handelsgesetzbuch
EGInsO	Einführungsgesetz zur Insolvenzordnung
EG-RL	Richtlinie der Europäischen Gemeinschaft
ehem.	ehemalig(e)
EHUG	Gesetz über elektronische Handelsregister und Genossenschaftsregister sowie das Unternehmensregister
EigBG	Eigenbetriebsgesetz
EigVO	Eigenbetriebsverordnung
Einl.	Einleitung
einschl.	einschließlich
EITF	Emerging Issues Task Force (des FASB)
EK	Eigenkapital
entspr.	entsprechend
EnwG	Energiewirtschaftsgesetz
EPS	s. IDW EPS, auch Earnings per Share
ErbbauVO/ErbbauRG	Erbbaurechtsverordnung/Erbbaurechtsgesetz
Erg.	Ergänzung
ErgBd.	Ergänzungsband
Erl.	Erlass, auch Erläuterung
ERS	s. IDW ERS
ES	s. IDW ES
ESt	Einkommensteuer
EStB	Ertrag-Steuer-Berater (Zeitschrift)
EStDV	Einkommensteuer-Durchführungsverordnung
EStG	Einkommensteuergesetz
EStK	Einkommensteuerkartei
EStR	Einkommensteuer-Richtlinien
Et al.	Et alii
Etc.	et cetara
EU	Europäische Union
EUGEN	Europäische Genossenschaft
EuGH	Europäischer Gerichtshof
EuGH Slg.	Sammlung der Rechtsprechung des Gerichtshofs der Europäischen Gemeinschaften (Zeitschrift)
EuGVÜ	Europäische Gerichtsstands- und Vollstreckungsübereinkommen
EUR	Euro
EU-RatingV	EU-Ratingsverordnung
EUREX	European Exchange
EURIBOR	Euro Interbank Offered Rate
EuroEG	Euro-Einführungsgesetz
EuZW	Europäische Zeitschrift für Wirtschaftsrecht
EV	Eigentumsvorbehalt
e.V.	eingetragener Verein
EVA	Economic Value Added
evtl.	eventuell

Abkürzungsverzeichnis

EVU	Energieversorgungsunternehmen
EWG	Europäische Wirtschaftsgemeinschaft
EWGV	Vertrag zur Gründung der Europäischen Wirtschaftsgemeinschaft
EWiR	Entscheidungen zum Wirtschaftsrecht (Zeitschrift)
EWIV	Europäische wirtschaftliche Interessenvereinigung
EWR	Europäischer Wirtschaftsraum
EWS	Europäisches Wirtschafts- & Steuerrecht (Zeitschrift)
EWWU	Europäische Wirtschafts- und Währungsunion
EZB	Europäische Zentralbank

F

f.	folgende
FA	Finanzamt
FAIT	Fachausschuss für Informationstechnologie des IDW
FAMA	Fachausschuss für moderne Abrechnungssysteme des IDW
FamG	Gesetz über das Verfahren in Familiensachen und die Angelegenheiten der freiwilligen Gerichtsbarkeit
FAR	Fachausschuss Recht des IDW
FAS	Statement(s) of Financial Accounting Standards
FASB	Financial Accounting Standards Board
FAUB	Fachausschuss für Unternehmensbewertung und Betriebswirtschaft des IDW
FAZ	Frankfurter Allgemeine Zeitung
FB	Finanzbetrieb (Zeitschrift)
FDLI	Finanzdienstleistungsinstitute
f.e.R.	für eigene Rechnung
ff.	folgende
FG	Finanzgericht, auch Fachgutachten
FGG	Gesetz über die Angelegenheiten der freiwilligen Gerichtsbarkeit
FGO	Finanzgerichtsordnung
FI	Finanzinstrument, auch Finanzdienstleistungsinstitute
Fibor	Frankfurt Interbank Offered Rate
Fifo	First in – first out
FinAnV	Finanzanalyseverordnung
FinDAG	Finanzdienstleistungsaufsichtsgesetz
FinMin.	Finanzminister/Finanzministerium
FK	Fremdkapital
FKRLUmsG	Finanzkonglomerate-Richtlinie-Umsetzungsgesetz
FLF	Finanzierung, Leasing, Factoring (Zeitschrift)
FM	Finanzminister, Finanzministerium
FMFG	Finanzmarktförderungsgesetz
FMStG	Finanzmarktstabilisierungsgesetz
Fn.	Fußnote
FN-IDW	Fachnachrichten des IDW
FoF	Forum of Firms
FR	Finanz-Rundschau (Zeitschrift)
FRUG	Finanzmarktrichtlinie-Umsetzungsgesetz
FS	Festschrift

G

GAAP	Generally Accepted Accounting Principles
GAAS	Generally Accepted Auditing Standards
GATS	General Agreement on Trade in Services
GAV	Gewinnabführungsvertrag
GB	Geschäftsbericht
GBl.	Gesetzblatt
GbR	Gesellschaft bürgerlichen Rechts
GDV	Gesamtverband der Deutschen Versicherungswirtschaft e.V.
GE	Gesetzentwurf
GebO	Gebührenordnung
GEFIU	Gesellschaft für Finanzwirtschaft in der Unternehmensführung e.V.
gem.	gemäß
GemHVO	Gemeindehaushaltsverordnung
GemKHBVO	Gemeindekrankenhausbetriebsverordnung
GemO	Gemeindeordnung
GemPrO	Gemeindeprüfungsordnung
GenG	Genossenschaftsgesetz
Ges.	Gesetz
GewESt	Gewerbeertragsteuer
GewO	Gewerbeordnung
GewSt	Gewerbesteuer
GewStG	Gewerbesteuergesetz
GewStR	Gewerbesteuer-Richtlinien
GG	Grundgesetz für die Bundesrepublik Deutschland
ggf.	gegebenenfalls
ggü.	gegenüber
GI	Gerling Informationen (Zeitschrift)
GJ	Geschäftsjahr(e)
GKV	Gesamtkostenverfahren
gl.A.	gleicher Ansicht
GmbH	Gesellschaft mit beschränkter Haftung
GmbHG	Gesetz betreffend die Gesellschaften mit beschränkter Haftung
GmbHR	GmbH-Rundschau (Zeitschrift)
GO	Gemeindeordnung
GoA	Grundsätze ordnungsmäßiger Abschlussprüfung
GoB	Grundsätze ordnungsmäßiger Buchführung
GPA	Gemeindeprüfungsanstalt
grds.	grundsätzlich
GrESt	Grunderwerbsteuer
GrS	Großer Senat
GRUR	Gewerblicher Rechtsschutz und Urheberrecht (Zeitschrift)
GStB	Gestaltende Steuerberatung (Zeitschrift)
GU	Gemeinschaftsunternehmen
GuG	Grundstücksmarkt und Grundstückswert (Zeitschrift)
GuV	Gewinn- und Verlustrechnung
GV	Generalversammlung, auch Gemeindeverband
GVBl.	Gesetz- und Verordnungsblatt
GWB	Gesetz gegen Wettbewerbsbeschränkungen
GwBekErgG	Geldwäschebekämpfungsergänzungsgesetz
GwG	Geldwäschegesetz

Abkürzungsverzeichnis

H

h.A.	herrschende Auffassung
HB	Handelsbilanz
HBG	Hypothekenbankgesetz
Hes.	Hessen
HFA	Hauptfachausschuss des IDW
HFR	Höchstrichterliche Finanzrechtsprechung (Zeitschrift)
HGB	Handelsgesetzbuch
HGrG	Haushaltsgrundsätzegesetz
Hifo	Highest in - first out
HJB	Halbjahresbericht
h.M.	herrschende Meinung
HR	Handelsregister
HRefG	Handelsrechtsreformgesetz
Hrsg./hrsg.	Herausgeber/herausgegeben
Hs.	Halbsatz
HV	Hauptversammlung

I

IAASB	International Auditing and Assurance Standards Board
IAS	International Accounting Standard
IASB	International Accounting Standards Board
IASC	International Accounting Standards Committee
ICAEW	Institute of Chartered Accountants in England and Wales
ICOFR	Internal Control Over Financial Reporting
i.d.F.	in der Fassung
i.d.R.	in der Regel
i.d.S.	in diesem Sinne
IDW	Institut der Wirtschaftsprüfer in Deutschland e.V.
IDW-AAB	Allgemeine Auftragsbedingungen (für Wirtschaftsprüfer und Wirtschaftsprüfungsgesellschaften)
IDW AuS	IDW Auditing Standard
IDW EPS	Entwurf IDW Prüfungsstandard
IDW ERS	Entwurf IDW Stellungnahme zur Rechnungslegung
IDW ES	Entwurf IDW Standard
IDW IPS	IDW Internationaler Prüfungsstandard
IDW PH	IDW Prüfungshinweis
IDW PS	IDW Prüfungsstandard
IDW RH	IDW Rechnungslegungshinweis
IDW RS	IDW Stellungnahme zur Rechnungslegung
IDW S	IDW Standard
i.e.S.	im engeren Sinne
IFAC	International Federation of Accountants
IFRIC	International Financial Reporting Interpretations Committee
IFRS	International Financial Reporting Standards
IG	Implementation Guidance
IHK	Industrie- und Handelskammer
IKS	Internes Kontrollsystem
ILG	IFAC Leadership Group
IM	Innenminister/Innenministerium

IMK	Innenministerkonferenz
ImmoWertV	Immobilienwertermittlungsverordnung
Inf.	Die Information über Steuer und Wirtschaft (Zeitschrift)
insb.	insbesondere
InsO	Insolvenzordnung
InvÄndG	Investmentänderungsgesetz
InvAG	Investmentaktiengesellschaft
InvG	Investmentgesetz
InvMaRisk	Mindestanforderungen an das Risikomanagement für Investmentgesellschaften
InvModG	Investmentmodernisierungsgesetz
InvPrüfbV	Investmentprüfberichtsverordnung
InvR	Investmentrecht
InvRBV	Investmentrechnungslegung- und Bewertungsverordnung
InvStG	Investmentsteuergesetz
InvZulG	Investitionszulagengesetz
IOSCO	International Organisation of Securities Commissions
IPSAS	International Public Sector Accounting Standards
i.R.	im Rahmen
IR	Inherent Risk
i.R.d.	im Rahmen der/des
IRZ	Zeitschrift für internationale Rechnungslegung
ISA	International Standard on Auditing
i.S.d.	im Sinne der, des, dieser
ISIN	International Securities Identification Number
IStR	Internationales Steuerrecht (Zeitschrift)
i.S.v.	im Sinne von
IT	Informationstechnologie/Information Technology
i.V.m.	in Verbindung mit
IWB	Internationale Wirtschafts-Briefe (Zeitschrift)
i.w.S.	im weiteren Sinne

J

JA	Jahresabschluss/Jahresabschlüsse
JB	Jahresbericht
Jg.	Jahrgang
JoA	Journal of Accountancy (Zeitschrift)
JVEG	Justizvergütungs- und Entschädigungsgesetz
JZ	Juristenzeitung

K

KA	Konzernabschluss/Konzernabschlüsse
KAG	Kapitalanlagegesellschaft
KAGG	Gesetz über Kapitalanlagegesellschaften
KalV	Kalkulationsverordnung
KAnh.	Konzern-Anhang
Kap.	Kapitel
KAP	Konzernabschlussprüfung/Konzernabschlussprüfungen
KapAEG	Kapitalaufnahmeerleichterungsgesetz
KapCoGes.	Kapitalgesellschaft und Co.

Abkürzungsverzeichnis

KapCoRiLiG	Kapitalgesellschaften- und Co-Richtlinie-Gesetz
KapErhStG	Kapitalerhöhungs-Steuergesetz
KapErtrSt	Kapitalertragsteuer
KapGes.	Kapitalgesellschaft
KAPr.	Konzernabschlussprüfer
KFA	Fachausschuss für kommunales Prüfungswesen des IDW
KFR	Kapitalflussrechnung
KfW	Kreditanstalt für Wiederaufbau
Kfz	Kraftfahrzeug
KG	Kommanditgesellschaft
KGaA	Kommanditgesellschaft auf Aktien
KGSt	Kommunale Gemeinschaftsstelle für Verwaltungsmanagement
KHFA	Krankenhausfachausschuss des IDW
KHG	Krankenhausgesetz
KI	Kreditinstitut
KiSt	Kirchensteuer
KJ	Kalenderjahr
KLB	Konzernlagebericht
KLR	Kosten- und Leistungsrechnung
klVVaG	Kleiner(e) Versicherungsverein(e) auf Gegenseitigkeit i.S.v. § 53 VAG
KO	Konkursordnung
KÖSDI	Kölner Steuerdialog (Zeitschrift)
Kom.	Kommentar
KommPrV	Kommunalwirtschaftliche Prüfungsverordnung
KonBefrV	Konzernabschlussbefreiungsverordnung
KonTraG	Gesetz zur Kontrolle und Transparenz im Unternehmensbereich
KonÜV	Konzernabschlussüberleitungsverordnung
KoR	Kapitalmarktorientierte Rechnungslegung (Zeitschrift)
KPG	Kommunalprüfungsgesetz (Schleswig-Holstein)
KPrB	Konzernprüfungsbericht
krit.	kritisch
KSt	Körperschaftsteuer
KStG	Körperschaftsteuergesetz
KStR	Körperschaftsteuer-Richtlinien
KStZ	Kommunale Steuer-Zeitschrift
KSVG	Kommunalselbstverwaltungsgesetz (des Saarlandes)
KTS	Konkurs-, Treuhand- und Schiedsgerichtswesen (Zeitschrift)
KV	Kommunalverfassung
KVSt	Kapitalverkehrsteuern
KVU	Krankenversicherungsunternehmen
KWG	Kreditwesengesetz
KWK-G	Kraft-Wärme-Kopplungs-Gesetz

L

LAG	Landesarbeitsgericht
LB	Lagebericht
Lfg.	Lieferung
LG	Landgericht
LHO	Landeshaushaltsordnung
Libor	London Interbank Offered Rate

LIFO	Last in, first out
LiqV	Liquiditätsverordnung
lit.	Littera
LO	Lizensierungsordnung
LöschG	Gesetz über die Auflösung und Löschung von Gesellschaften und Genossenschaften
Lofo	Lowest in - first out
Losebl.	Loseblattsammlung
LRH	Landesrechnungshof
LSt	Lohnsteuer
LStDV	Lohnsteuerdurchführungsverordnung
LStHV	Lohnsteuerhilfevereine
LStR	Lohnsteuer-Richtlinien
lt.	laut
LVU	Lebensversicherungsunternehmen
LZB	Landeszentralbank

M

MABl. Bay.	Ministerialamtsblatt der inneren Verwaltung Bayern
MaBV	Makler- und Bauträgerverordnung
MaComp	Mindestanforderungen an Compliance
MaH	Verlautbarung über Mindestanforderungen an das Betreiben von Handelsgeschäften der Kreditinstitute
MaIR	Mindestanforderungen an die Ausgestaltung der Internen Revision
MaK	Mindestanforderungen an das Kreditgeschäft der Kreditinstitute
MAPI	Machinery and Allied Products Institute
MaRisk	Mindestanforderungen an das Risikomanagement
m.a.W.	mit anderen Worten
MBl.	Ministerialblatt
MBl. BMF	Ministerialblatt des Bundesministers der Finanzen
MBl. BMWF	Ministerialblatt des Bundesministers für Wirtschaft und Finanzen sowie Ministerialblatt des Bundesministers der Finanzen und des Bundesministers für Wirtschaft
MbliV	Ministerialblatt für die preußische innere Verwaltung
MBl. WiA	Ministerialblatt für Wirtschaft und Arbeit
MBO	Management-Buy-Out
MdF	Minister/Ministerium der Finanzen
MdI	Minister/Ministerium des Inneren
MdIfSp.	Ministerium des Innern und für Sport (Rheinland-Pfalz)
MDR	Monatsschrift für Deutsches Recht (Zeitschrift)
MD&A	Management's Discussion and Analysis of Results of Operations and Financial Condition
MErgGBE	Mitbestimmungs-Ergänzungsgesetz
MfInWi.	Minister für Inneres und Wirtschaft
MfWA	Minister für Wirtschaft und Arbeit
MGR	Monitoring Group of the Regulators
MiFID	Europäische Finanzmarktrichtlinie
MindZV	Verordnung über die Mindestbeitragsrückerstattung in der Lebensversicherung
Mio.	Million(en)
MiStra.	Anordnung über die Mitteilung in Strafsachen
MitbestG	Mitbestimmungsgesetz
Mitt.	Mitteilung

Abkürzungsverzeichnis

MittBl.	Mitteilungsblatt
MittBl.VfF	Mitteilungsblatt der Verwaltung für Finanzen
MittBl.VfW	Mitteilungsblatt der Verwaltung für Wirtschaft
MittBl.WPK	Mitteilungsblatt der Wirtschaftsprüferkammer
m.N.	mit Nachweisen
Montan-MitbestG	Montan-Mitbestimmungsgesetz
Mrd.	Milliarden
MU	Mutterunternehmen
MV	Mecklenburg-Vorpommern
MVA	Marked Value Added
m.w.H.	mit weiteren Hinweisen
m.w.N.	mit weiteren Nachweisen
MwSt	Mehrwertsteuer

N

NA	Sonderausschuss Neues Aktienrecht des IDW
NB	Neue Betriebswirtschaft (Zeitschrift)
Nds.	Niedersachsen
NE-Metalle	Nichteisen-Metalle
n.F.	neue Fassung
NIV	Nettoinventarwert
NJW	Neue Juristische Wochenschrift (Zeitschrift)
NJWE-VHR	NJW Entscheidungsdienst Versicherungs-/Haftungrecht (Zeitschrift)
NJW-RR	NJW-Rechtsprechungs-Report – Zivilrecht (Zeitschrift)
NL	Niederlassung
Nr.	Nummer
nrkr.	nicht rechtskräftig
NRW	Nordrhein-Westfalen
n.v.	nicht veröffentlicht
NW	Nordrhein-Westfalen
NWB	Neue Wirtschafts-Briefe (Zeitschrift)
NZA	Neue Zeitschrift für Arbeits- und Sozialrecht
NZG	Neue Zeitschrift für Gesellschaftsrecht

O

o.ä.	oder ähnlich
OECD	Organization for Economic Co-Operation and Development
ÖFA	Fachausschuss für öffentliche Unternehmen und Verwaltungen des IDW
öR	öffentliches Recht
ö.-r.	öffentlich-rechtlich
ÖPP	Öffentlich-private Partnerschaft
OFD	Oberfinanzdirektion
o.g.	oben genannte(n)
OGA	Organismen für gemeinsame Anlagen
OGAW	Organismen für gemeinsame Anlagen in Wertpapieren
OGH	Oberster Gerichtshof
OHG	Offene Handelsgesellschaft
OLG	Oberlandesgericht
OLGZ	Entscheidungen der Oberlandesgerichte in Zivilsachen (Zeitschrift)

OTC	Over the Counter
o.V.	ohne Verfasser
OVG	Oberverwaltungsgericht

P

p.a.	per anno
PartG	Partnerschaftsgesellschaft
PartGG	Partnerschaftsgesellschaftsgesetz
PBV	Pflege-Buchführungsverordnung
PCAOB	Public Company Accounting Oversight Board
PersGes.	Personengesellschaft
PF-AktuarV	Pensionsfondsaktuarverordnung
PfandBG	Pfandbriefgesetz
PF-DeckV	Pensionsfondsdeckungsrückstellungsverordnung
PF-MindestzuführungsV	Verordnung über die Mindestbeitragsrückerstattung bei Pensionsfonds
PH	s. IDW PH
PIOB	Public Interest Oversight Board
PiR	Praxis der internationalen Rechnungslegung (Zeitschrift)
PR	Preisrecht, auch Public Relations
PrB	Prüfungsbericht
ProdHaftG	Produkthaftungsgesetz
PrüfbV	Prüfungsberichtsverordnung
PrüfO	Prüfungsordnung
PrüfV	Prüfungsberichteverordnung
PS	s. IDW PS
P/StK	Pensions- und Sterbekasse(n)
PSV	Pensions-Sicherungs-Verein
PublG	Publizitätsgesetz

R

RA	Rechtsanwalt
Ranz.	Deutscher Reichsanzeiger und preußischer Staatsanzeiger (Zeitschrift)
RAO	Reichsabgabenordnung
RAP	Rechnungsabgrenzungsposten
RB	Rechenschaftsbericht, auch Rechtsbeistand
RberG	Rechtsberatungsgesetz
RberNG	Gesetz zur Neuregelung des Rechtsberatungsgesetzes
RBW	Restbuchwert
rd.	rund
RdErl.	Runderlass
RdF	Reichsminister der Finanzen
RDG	Rechtsdienstleistungsgesetz
RdSchr.	Rundschreiben
RdVfg.	Rundverfügung
RechInvV	Rechnungslegung von Investmentvermögen
RechKredV	Verordnung über die Rechnungslegung der Kreditinstitute und Finanzdienstleistungsinstitute
RechPensV	Pensionsfonds-Rechnungslegungsverordnung
RechVersV	Verordnung über die Rechnungslegung von Versicherungsunternehmen

Abkürzungsverzeichnis

RechZahlV	Verordnung über die Rechnungslegung der Zahlungsinstitute
RegBegr.	Regierungsbegründung
RegE	Regierungsentwurf
RfA	Rücklage für eigene Anteile
RfB	Rückstellung für Beitragsrückerstattung
RFH	Reichsfinanzhof
RG	Reichsgericht
RGBl.	Reichsgesetzblatt
RGewV	Reichsgewerbeverordnung
RGJ	Rumpfgeschäftsjahr
RGZ	Entscheidung(en) des Reichsgerichts in Zivilsachen (Zeitschrift)
RH	s. IDW RH
RhldPf.	Rheinland-Pfalz
RIC	Rechnungslegung Interpretations Committee
RiskMan KAG	Risikomanagement bei Kapitalanlagegesellschaften
RIW	Recht der Internationalen Wirtschaft (Zeitschrift)
rkr.	rechtskräftig
RL	Richtlinie
RM	Reichsmark
Rn.	Randnummer(n)
RPA	Rechnungsprüfungsamt
RPT	Regresse, Provenues, Teilungsabkommen
RS	s. IDW RS
Rspr.	Rechtsprechung
RStBl.	Reichssteuerblatt
RStV	Rundfunkstaatsvertrag
RT 2005 G	Heubeck-Richttafeln 2005 G
RuPrMdI.	Reichs- und Preußischer Minister des Innern
RVG	Rechtsanwaltsvergütungsgesetz
RVO	Rechtsverordnung
RVU	Rückversicherungsunternehmen
RWM	Reichswirtschaftsminister Reichswirtschaftsministerium
RWMBl.	Ministerialblatt des Reichswirtschaftsministers

S

S.	Seite, auch Satz/Sätze
s.	siehe
Saar	Saarland
SAB	Staff Accounting Bulletin(s)
SABI	Sonderausschuss Bilanzrichtlinien-Gesetz des IDW
Sachs.	Sachsen
Sachs.Anh.	Sachsen-Anhalt
SächsEigBVO	Sächsische Eigenbetriebsverordnung
SächsGemO	Gemeindeordnung für den Freistaat Sachsen
SaQK	Satzung für Qualitätskontrolle
SAR	Stock Appreciation Rights, auch Share Appreciation Rights
SAS	Statement(s) on Auditing Standards
SchBG	Schiffsbankgesetz
SchlH	Schleswig-Holstein
Schr.	Schreiben

Abkürzungsverzeichnis

SchVU	Schadenversicherungsunternehmen
s.d.	siehe dort
SE	Societas Europaea
SEC	Securities and Exchange Commission
SegBE	Segmentberichterstattung
Sen.	Senat(or)
SFAS	Statement of Financial Accounting Standard
SG	Schmalenbach Gesellschaft für Betriebswirtschaft e.V.
sG	selbst abgeschlossenes (Versicherungs-)Geschäft
SGB	Sozialgesetzbuch
SH	Sonderheft
SIC	Standing Interpretation Committee
SICAV	Société d'Investissement à Capital Variable
SichLVFinV	Sicherungsfondsfinanzierungsverordnung
Slg.	Sammlung
SME	Small and Medium-sized Entities
SMG	Schuldrechtsmodernisierungsgesetz
s.o.	siehe oben
SOA	Sarbaney Oxley-Act
sog.	sogenannt(e)/(en)
SolBerV	Solvabilitätsbereinigungsverordnung
SolvV	Solvabilitätsverordnung
SolZ	Solidaritätszuschlag
Sonderbeil.	Sonderbeilage
sonst.	sonstige
SOP	Statement(s) of Position
Sp.	Spalte
SPE	Special Purpose Entities
SpkG	Sparkassengesetz
St	Stellungnahme
StÄndG	Steueränderungsgesetz
StB	Steuerberater, auch Steuerberatung, auch Steuerbilanz, auch Der Steuerberater (Zeitschrift)
StBerG	Steuerberatungsgesetz
StBG	Steuerberatungsgesellschaft
Stbg.	Die Steuerberatung (Zeitschrift)
StBGebV	Steuerberatergebührenverordnung
StBK	Steuerberaterkammer
StBp.	Die steuerliche Betriebsprüfung (Zeitschrift)
StBv.	Steuerbevollmächtigter
StED	Steuer-Eildienst (Zeitschrift)
StEK	Steuererlasskartei (Loseblattsammlung)
SteuerStud	Steuer und Studium (Zeitschrift)
StFA	Steuerfachausschuss des IDW
StGB	Strafgesetzbuch
StiftG	Stiftungsgesetz
StPO	Strafprozessordnung
StR	Steuerrecht
st. Rspr.	ständige Rechtsprechung
StuW	Steuer und Wirtschaft (Zeitschrift)
StWa	Steuerwarte (Zeitschrift)
s.u.	siehe unter

Abkürzungsverzeichnis

Supp.	Suppletment
SV	Sondervermögen

T

TAC	Transnational Auditors Committee
TEHG	Treibhausgas-Emissionshandelsgesetz
teilw.	teilweise
TER	Total Expense Ratio
TEUR	Tausend Euro
TGV	Teilgesellschaftsvermögen
THG	Treuhandgesetz
Thür.	Thüringen
ThürEBV	Thüringer Eigenbetriebsverordnung
ThürKO	Thüringer Kommunalordnung
TranspRLG	Transparenzrichtliniegesetz
TransPuG	Transparenz- und Publizitätsgesetz
Trh.	Treuhänder
TU	Tochterunternehmen
TUG	Transparenzrichtlinieumsetzungsgesetz
TV	Tarifvertrag
Tz.	Textziffer

U

u.a.	unter anderem, auch und andere
u.ä.	und ähnliche(s)
u.a.m.	und andere(s) mehr
UBGG	Gesetz über Unternehmensbeteiligungsgesellschaften
UCITS	Undertaking for Collective Investment in Transferable Securities
u.dgl.	und dergleichen
u.E.	unseres Erachtens
ÜbschV	Überschussverordnung
UEC	Union Européenne des Experts Comptables Economiques et Financiers
üG	in Rückdeckung übernommenes (Versicherungs-)Geschäft
ÜPKKG	Gesetz zur Regelung der überörtlichen Prüfung kommunaler Körperschaften (Hessen)
UK GAAP	United Kingdom Generally Accepted Accounting Principles
UKV	Umsatzkostenverfahren
UMAG	Gesetz zur Unternehmensintegrität und Modernisierung des Anfechtungsrechts
UmwG	Umwandlungsgesetz
UmwStG	Umwandlungssteuergesetz
UNEP	United Nations Environment Programme
UNICE	Union of Industrial and Employers' Confederation of Europe
UrhG	Urheberrechtsgesetz
UrhWahrnG	Urheberrechtswahrnehmungsgesetz
Urt.	Urteil
US	United States
USD	US Dollar
US-GAAP	United States – Generally Accepted Accounting Principles
USt	Umsatzsteuer

usw.	und so weiter
u.U.	unter Umständen
UV	Umlaufvermögen
UVU	Unfallversicherungsunternehmen
UWG	Gesetz gegen den unlauteren Wettbewerb

V

v.	von, vom
v.a.	vor allem
VAG	Versicherungsaufsichtsgesetz
VaR	Value at Risk
vBP	vereidigte(r) Buchprüfer
VDB	Verband Deutscher Bücherrevisoren
VerBAV	Veröffentlichungen des Bundesaufsichtsamtes für das Versicherungswesen (Zeitschrift)
VersBiRiLi	Versicherungsbilanzrichtlinie
VersR	Versicherungsrecht (Zeitschrift)
VersRiLiG	Versicherungsbilanzrichtlinie-Gesetz
VFA	Versicherungsfachausschuss des IDW
Vfg.	Verfügung
VG	Verwaltungsgericht
vGA	verdeckte Gewinnausschüttung
VGH	Verwaltungsgerichtshof
vgl.	vergleiche
v.H.	vom Hundert
Vj.	Vorjahr
VN	Versicherungsnehmer
VO	Verordnung, auch Vorstand
VOB	Verdingungsordnung für Bauleistungen
VollstE	Vollständigkeitserklärung
Voraufl.	Vorauflage
Vorbem.	Vorbemerkung
VorstOG	Vorstandsvergütungs-Offenlegungsgesetz
VU	Versicherungsunternehmen
VUBR	Bilanzierungsrichtlinien für VU des Bundesaufsichtsamtes für das Versicherungswesen
VVaG	Versicherungsverein auf Gegenseitigkeit
VVG	Versicherungsvertragsgesetz
VW	Versicherungswirtschaft (Zeitschrift)
VZ	Veranlagungszeitraum
Vz.	Versicherungszweig

W

WA	Wertpapieraufsicht
WDU	Wertpapierdienstleistungsunternehmen
WertR	Wertermittlungs-Richtlinien
WertV	Wertermittlungsverordnung
WFA	Wohnungswirtschaftlicher Fachausschuss des IDW
WG	Wechselgesetz

Abkürzungsverzeichnis

wg.	wegen
WGG	Wohnungsgemeinnützigkeitsgesetz
WiB	Wirtschaftsrechtliche Beratung (Zeitschrift)
WiPrPrüfV	Wirtschaftsprüferprüfungsverordnung
WiSt	Wirtschaftswissenschaftliches Studium (Zeitschrift)
wistra	Zeitschrift für Wirtschaft, Steuer, Strafrecht
WISU	Das Wirtschaftsstudium (Zeitschrift)
WJ	Wirtschaftsjahr
WM	Wertpapier-Mitteilungen (Zeitschrift)
WoBauG	Wohnungsbaugesetz
WP	Wirtschaftsprüfer
WPAnrV	Wirtschaftsprüfungsexamens-Anrechnungsverordnung
WPBHB	Wirtschaftsprüfer-Berufshaftpflichtversicherungsverordnung
WpDPV	Wertpapierdienstleistungs-Prüfungsverordnung
WpDPVerOV	Wertpapierdienstleistungs-Verhaltens- und Organisationsverordnung
WPG	Wirtschaftsprüfungsgesellschaft(en)
WPg	Die Wirtschaftsprüfung (Zeitschrift)
WPH	WP Handbuch
WpHG	Wertpapierhandelsgesetz
WpHMV	Wertpapierhandel-Meldeverordnung
WPK	Wirtschaftsprüferkammer
WPK-Magazin	Mitteilungen der WPK (Zeitschrift)
WPK-Mitt.	Wirtschaftsprüferkammer-Mitteilungen (Zeitschrift)
WPO	Wirtschaftsprüferordnung
WPOÄG	Wirtschaftsprüferordnungs-Änderungsgesetz
WPr.	Der Wirtschaftsprüfer (Zeitschrift)
WPRefG	Wirtschaftsprüferexamens-Reformgesetz
WT	Wirtschaftstreuhänder, auch Der Wirtschaftstreuhänder (Zeitschrift)
WTO	World Trade Organization
WuB	Wirtschafts- und Bankrecht (Zeitschrift)
WVR	Wohlverhaltensregeln
www.	world wide web

X

XBRL	Extensible Business Reporting Language

Z

z.	zu, zum, zur
z.B.	zum Beispiel
ZAG	Zahlungsdiensteaufsichtsgesetz
ZahlPrüfbV	Zahlungsinstituts-Prüfungsberichtsverordnung
ZBB	Zeitschrift für Bankrecht und Bankwirtschaft
ZCG	Zeitschrift für Corporate Governance
ZfB	Zeitschrift für Betriebswirtschaft
ZfbF	Zeitschrift für betriebswirtschaftliche Forschung
ZfgK	Zeitschrift für das gesamte Kreditwesen
ZfhF	Zeitschrift für handelswissenschaftliche Forschung
ZfV	Zeitschrift für Versicherungswesen
ZGE	Zahlungsmittelgenerierende Einheit

Abkürzungsverzeichnis

ZGR	Zeitschrift für Unternehmens- und Gesellschaftsrecht
ZHR	Zeitschrift für das gesamte Handelsrecht und Wirtschaftsrecht
ZI	Zahlungsinstitut
ZIP	Zeitschrift für Wirtschaftsrecht
ZIR	Zeitschrift Interne Revision
ZKW	Zeitschrift für das gesamte Kreditwesen
ZNL	Zweigniederlassung/en
ZPO	Zivilprozessordnung
ZRP	Zeitschrift für Rechtspolitik
ZRQuotenV	Verordnung über die Mindestbeitragsrückerstattung in der Lebensversicherung
z.T.	zum Teil
ZuSEG	Gesetz über die Entschädigung von Zeugen und Sachverständigen
zust.	zustimmend
ZVersWiss	Zeitschrift für die gesamte Versicherungswissenschaft
z.Z.	zur Zeit
zzgl.	zuzüglich

Zentrales Schrifttumsverzeichnis

Um die Benutzerfreundlichkeit zu steigern, wird ein **Zentrales Schrifttumsverzeichnis** für das gesamte Handbuch abgedruckt. Darin erfasst sind die in den einzelnen Kapiteln mehrfach zitierten Kommentare sowie die betriebswirtschaftliche Standardliteratur in der jeweils aktuellen Auflage. Soweit Vorauflagen in den Kapiteln zitiert werden, erfolgt keine Erwähnung im Zentralen Schrifttumsverzeichnis.

ADS[6]	Adler/Düring/Schmaltz, Rechnungslegung und Prüfung der Unternehmen, 6. Aufl., Stuttgart 1995–2000
ADS[6] ErgBd.	Adler/Düring/Schmaltz, Rechnungslegung und Prüfung der Unternehmen, 6. Aufl., Ergänzungsband, Stuttgart 2001
ADS International	Adler/Düring/Schmaltz, Rechnungslegung nach internationalen Standards, Stuttgart 2002 ff. (Loseblattausgabe)
Assmann/Schneider, WpHG[5]	Assmann/Schneider (Hrsg.), WpHG, 5. Aufl., Köln 2009
Baetge u.a., IFRS[2]	Baetge u.a. (Hrsg.), Rechnungslegung nach IFRS, 2. Aufl., Stuttgart 2002 ff. (Loseblattausgabe)
Baetge/Kirsch/Thiele, Bilanzanalyse[2]	Baetge/Kirsch/Thiele, Bilanzanalyse, 2. Aufl., Düsseldorf 2004
Baetge/Kirsch/Thiele, Bilanzen[11]	Baetge/Kirsch/Thiele, Bilanzen, 11. Aufl., Düsseldorf 2011
Baetge/Kirsch/Thiele, Bilanzrecht	Baetge/Kirsch/Thiele (Hrsg.), Bilanzrecht: Handelsrecht mit Steuerrecht und den Regelungen des IASB, Kommentar, Bonn 2002 ff. (Loseblattausgabe)
Baetge/Kirsch/Thiele, Konzernbilanzen[9]	Baetge/Kirsch/Thiele, Konzernbilanzen, 9. Aufl., Düsseldorf 2011
Bähre/Schneider, KWG[3]	Bähre/Schneider, KWG-Kommentar, 3. Aufl., München 1986
Bauer, Genossenschafts-Handbuch	Bauer, Genossenschafts-Handbuch, Berlin 1991 ff. (Loseblattausgabe)
Baumbach/Hopt, HGB[35]	Baumbach/Hopt, Handelsgesetzbuch, 35. Aufl., München 2011
Baumbach/Hueck, GmbHG[19]	Baumbach/Hueck, GmbH-Gesetz, 19. Aufl., München 2009
Baur, InvG[2]	Baur, Investmentgesetze – Gesetze über Kapitalanlagegesellschaften (KAGG) und Gesetz über den Vertrieb ausländischer Investmentanteile (AuslInvestmG): Kommentar nebst Länderübersicht EG/EWR-Staaten, Japan, Schweiz, USA, 2. Aufl., Berlin, New York 1997
BeBiKo[8]	Ellrott u.a. (Hrsg.), Beck'scher Bilanz-Kommentar, Handels- und Steuerbilanz, 8. Aufl., München 2011
Beck AG-HB[2]	W. Müller/Rödder (Hrsg.), Beck'sches Handbuch der AG, 2. Aufl., München 2009
Beck-IFRS[3]	Bohl/Riese/Schlüter (Hrsg.), Beck'sches IFRS-Handbuch, 3. Aufl., München 2009
Beck RA-HB[10]	Büchting/Heussen (Hrsg.), Beck'sches Rechtsanwalts-Handbuch, 10. Aufl., München 2011
Beck StB-HB	Pelka/Niemann (Hrsg.), Beck'sches Steuerberater-Handbuch 2010/2011, München 2010
Beck Vers-Komm.	Budde (Hrsg.), Beck'scher Versicherungsbilanzkommentar, München 1998
Beckmann/Scholz/Vollmer, Investment	Beckmann/Scholz/Vollmer, Investment, Berlin (Loseblattausgabe)
Beuthien, GenG[15]	Beuthien, Genossenschaftsgesetz, 15. Aufl., München 2011
BHdR	Castan u.a. (Hrsg.), Beck'sches Handbuch der Rechnungslegung, HGB und IFRS, München 1987 ff. (Loseblattausgabe)
Bieg, Bankbilanzierung[2]	Bieg, Bankbilanzierung nach HGB und IFRS, 2. Aufl., München 2010
Bieg, Rechnungslegung KI	Bieg, Die externe Rechnungslegung der Kreditinstitute und Finanzdienstleistungsinstitute, München 1998
Biener, Rechnungslegung KI	Biener, Die Rechnungslegung der Kreditinstitute, Köln 1989
Biener/Bernecke, BiRiLiG	Biener/Berneke, Bilanzrichtlinien-Gesetz, Düsseldorf 1986
Biener/Schatzmann, Konzernrechnungslegung	Biener/Schatzmann, Konzernrechnungslegung, Düsseldorf 1983

Birck/Meyer, Bankbilanz[3]	Birck/Meyer, Die Bankbilanz, 3. Aufl., Wiesbaden 1976/1989
Blümich, EStG	Heuermann (Hrsg.), Blümich, Einkommensteuergesetz, München 1969 ff. (Loseblattausgabe)
BoHdR[2]	Hofbauer u.a. (Hrsg.), Bonner Handbuch der Rechnungslegung, 2. Aufl., Bonn 1994 ff. (Loseblattausgabe)
Boos/Fischer/Schulte-Mattler, KWG[4]	Boos/Fischer/Schulte-Mattler (Hrsg.), Kreditwesengesetz, 4. Aufl., München 2011
Bordewin/Brandt, EStG	Bordewin/Brandt (Hrsg.), Kommentar zum Einkommensteuergesetz, Heidelberg 1975 ff. (Loseblattausgabe)
Bork/Schäfer, GmbHG	Bork/Schäfer (Hrsg.), Kommentar zum GmbH-Gesetz, Köln 2010
Braun, InsO[4]	Braun (Hrsg.), Insolvenzordnung (InsO), 4. Aufl., München 2010
Budde/Förschle/Winkeljohann, Sonderbilanzen[4]	Budde/Förschle/Winkeljohann (Hrsg.), Sonderbilanzen, 4. Aufl., München 2008
Bullinger/Radke, Zinsabschlag	Bullinger/Radke, Handkommentar zum Zinsabschlag, Düsseldorf 1994
Busse v. Colbe u.a., Konzernabschlüsse[9]	Busse v. Colbe u.a., Konzernabschlüsse, 9. Aufl., Wiesbaden 2010
CMBS, KWG	Consbruch/Möller/Bähre/Schneider, Kreditwesengesetz, 3. Aufl., München 1986 ff. (Loseblattausgabe)
Consbruch/Fischer, KWG	Consbruch/Fischer, Kreditwesengesetz, München 2010 ff. (Loseblattausgabe)
Coenenberg, Jahresabschluss[21]	Coenenberg, Jahresabschluss und Jahresabschlussanalyse, 21. Aufl., Stuttgart 2009
Dauner-Lieb/Simon, UmwG	Dauner-Lieb/Simon (Hrsg.), Kölner Kommentar zum Umwandlungsgesetz, Köln 2009
DJPW, KSt	Dötsch/Jost/Pung/Witt, Die Körperschaftsteuer, Stuttgart 1983 ff. (Loseblattausgabe)
Dreier/Schulze, UrhG[3]	Dreier/Schulze, Urheberrechtsgesetz, 3. Aufl., München 2008
Ebenroth/Boujong/Joost/Strohn, HGB[2]	Ebenroth/Boujong/Joost/Strohn (Hrsg.), Handelsgesetzbuch, 2. Aufl., München 2008-2009
Emmerich/Habersack, Aktien- und GmbH-Konzernrecht[6]	Emmerich/Habersack, Aktien- und GmbH-Konzernrecht, 6. Aufl., München 2010
Emmerich/Sonnenschein/Habersack, Konzernrecht[9]	Emmerich/Sonnenschein/Habersack, Konzernrecht, 9. Aufl., München 2008
Ensthaler/Füller/Schmidt, GmbHG[2]	Ensthaler/Füller/Schmidt, Kommentar zum GmbH-Gesetz, 2. Aufl., Neuwied 2009
Ensthaler, HGB[7]	Ensthaler (Hrsg.), Gemeinschaftskommentar zum Handelsgesetzbuch mit UN-Kaufrecht, 7. Aufl., Neuwied 2007
Fahr/Kaulbach, VAG[4]	Fahr/Kaulbach,Versicherungsaufsichtsgesetz, 4. Aufl., München 2007
FK-InsO[6]	Wimmer (Hrsg.), Frankfurter Kommentar zur Insolvenzordnung, 6. Aufl., Neuwied 2011
Flick/Wassermeyer/Baumhoff, Außensteuerrecht[5]	Flick/Wassermeyer/Baumhoff, Außensteuerrecht, 5. Aufl., Köln 1990 ff. (Loseblattausgabe)
Fock, UBGG	Fock, UBGG, Kommentar, München 2005
Fuchs, WpHG	Fuchs (Hrsg.), Wertpapierhandelsgesetz (WpHG) : Kommentar, München 2009
Geibel/Süßmann, WpÜG[2]	Geibel/Süßmann (Hrsg.), Wertpapiererwerbs- und Übernahmegesetz, 2. Aufl., München 2008
Gelhausen/Fey/Kämpfer, BilMoG	Gelhausen/Fey/Kämpfer, Bilanzrechtsmodernisierungsgesetz, Düsseldorf 2009
Geßler u.a., AktG	Geßler/Hefermehl/Eckardt/Kropff, Aktiengesetz, Kommentar, München 1973–1994
Gitter/Schmitt, PBV	Gitter/Schmitt, Buchführungsverordnung für Pflegeeinrichtungen (PBV), Kommentar, Starnberg 1999
Glade, Praxishandbuch[2]	Glade, Praxishandbuch der Rechnungslegung und Prüfung, 2. Aufl., Herne/Berlin 1995
Godin/Wilhelmi, AktG[4]	Godin/Wilhelmi, Aktiengesetz, 4. Aufl., Berlin 1971

Goldberg/Müller, VAG ...	Goldberg/Müller, H., Versicherungsaufsichtsgesetz, Berlin/New York 1980
Gross/Schruff, Jahresabschluss	Gross/Schruff, Der Jahresabschluss nach neuem Recht, Düsseldorf 1986
Gross/Schruff/v. Wysocki, Jahresabschluss[2]	Gross/Schruff/v. Wysocki, Der Jahresabschluss nach neuem Recht, 2. Aufl., Düsseldorf 1987
Großkomm. AktG[4]	Hopt/Wiedemann (Hrsg.), Aktiengesetz, Großkommentar, 4. Aufl., Berlin 1992–2004
Großkomm. InsO	Henckel/Gerhardt (Hrsg.), Insolvenzordnung, Großkommentar, begr. von Jaeger, Berlin 2004
Hachenburg, GmbHG[8] ...	Hachenburg, Großkommentar GmbHG, 8. Aufl., Berlin 1992–1997
Happ, Aktienrecht[3]	Happ, Aktienrecht, 3. Aufl., Köln 2007
Hartmann u.a., EStG	Hartmann/Böttcher/Nissen/Bordewin (Hrsg.), Kommentar zum Einkommensteuergesetz, Heidelberg 1955-1966 (Loseblattausgabe)
Haufe HGB Kommentar[2] ..	Bertram/Brinkmann/Kessler/Müller (Hrsg.), Haufe HGB BilanzKommentar, 2. Aufl., Freiburg 2010
HdJ	v. Wysocki/Schulze-Osterloh/Hennrichs/Kuhner (Hrsg.), Handbuch des Jahresabschlusses in Einzeldarstellungen, Rechnungslegung nach HGB und internationalen Standards, Köln 1984 ff. (Loseblattausgabe)
HdKonzernR[2]	Küting/Weber (Hrsg.), Handbuch der Konzernrechnungslegung, Kommentar zur Bilanzierung und Prüfung, 2. Aufl., Stuttgart 1998
HdR[5]	Küting/Weber (Hrsg.), Handbuch der Rechnungslegung: Einzelabschluss, Kommentar zur Bilanzierung und Prüfung, 5. Aufl., Stuttgart 2005 ff. (Loseblattausgabe)
Hense/Ulrich, WPO	Hense/Ulrich (Hrsg.), WPO Kommentar, Düsseldorf 2008
Herzog, GwG	Herzog, GwG – Geldwäschegesetz, Kommentar, München 2010
Heubeck, Betriebsrentengesetz	Heubeck u.a., Kommentar zum Betriebsrentengesetz, Bd. II, Heidelberg 1977
Heuer, Haushaltsrecht ...	Heuer (Hrsg.), Kommentar zum Haushaltsrecht, Neuwied 1990 ff. (Loseblattausgabe)
Heuser/Theile, IFRS[4]	Heuser/Theile, IFRS-Handbuch, 4. Aufl., Köln 2009
Heymann, HGB[2]	Heymann, Handelsgesetzbuch / hrsg. v. Horn, 2. Aufl., Berlin 1995
HHR, EStG/KStG	Hermann/Heuer/Raupach, Einkommensteuer- und Körperschaftsteuergesetz, Kommentar, Köln 1972 ff. (Loseblattausgabe)
HK-HGB[7]	Glanegger u.a. (Hrsg.), Heidelberger Kommentar zum Handelsgesetzbuch, 7. Aufl., Heidelberg 2007
Höfer, BetrAV[3]	Höfer, Gesetz zur Verbesserung der betrieblichen Altersversorgung, Kommentar, 3. Aufl., München 1997 ff. (Loseblattausgabe)
Hopt/Merkt, Bilanzrecht ..	Hopt/Merkt (Bearb.), Bilanzrecht – §§ 238-342e HGB mit Bezügen zu den IFRS, München 2010
Hüffer, AktG[9]	Hüffer, Aktiengesetz, 9. Aufl., München 2010
HWF[3]	Gerke/Steiner (Hrsg.), Handwörterbuch des Bank- und Finanzwesens (HWF), 3. Aufl., Stuttgart 2001
HWÖ	Chmielewicz/Eichhorn (Hrsg.), Handwörterbuch der öffentlichen Betriebswirtschaft, Stuttgart 1989
HWR[3]	Chmielewicz (Hrsg.), Handwörterbuch des Rechnungswesens (HWR), 3. Aufl., Stuttgart 1992
HWRev[2]	v. Wysocki/Coenenberg (Hrsg.), Handwörterbuch der Revision (HWRev), 2. Aufl., Stuttgart 1992
HWRP[3]	Ballwieser/Coenenberg/v.Wysocki (Hrsg.), Handwörterbuch der Rechnungslegung und Prüfung (HWRP), 3. Aufl., Stuttgart 2002
IDW, Arbeitshilfen	IDW (Hrsg.), IDW Arbeitshilfen zur Qualitätssicherung, Düsseldorf 2005
IDW, ISA	IDW (Hrsg.), Abschlußprüfung nach International Standards on Auditing (ISA) – Vergleichende Darstellung deutscher und internationaler Prüfungsgrundsätze, Düsseldorf 1998
IDW, Praxishandbuch[6] ...	IDW (Hrsg.), Praxishandbuch zur Qualitätssicherung 2011/2012, 6. Aufl., Düsseldorf 2011

IDW, Unternehmensfortführung	IDW/AK Unternehmensfortführung (Hrsg.), Gestaltungen zur Unternehmensfortführung: Einrichtung von Beratungs-, Überwachungs- und Entscheidungsgremie, Düsseldorf 1991
IDW, Versicherungsunternehmen[5]	IDW (Hrsg.), Rechnungslegung und Prüfung von Versicherungsunternehmen, 5. Aufl., Düsseldorf 2011
Kallmeyer, UmwG[4]	Kallmeyer, Umwandlungsgesetz, 4. Aufl., Köln 2009
Keidel, FamFG[16]	Keidel, FamFG, Kommentar zum Gesetz über das Verfahren in Familiensachen und die Angelegenheiten der freiwilligen Gerichtsbarkeit, 16. Aufl., München 2009
Kessler/Leinen/Strickmann, Handbuch BilMoG[2]	Kessler/Leinen/Strickmann (Hrsg.), Handbuch BilMoG, 2. Aufl., Freiburg 2010
Kirchhof/Söhn/Melllinghoff, EStG	Kirchhof/Söhn/Melllinghoff (Hrsg.), Einkommensteuergesetz, Kommentar, Heidelberg 1986 ff. (Loseblattausgabe)
Koller/Roth/Morck, HGB[7]	Koller/Roth/Morck, Handelsgesetzbuch, 7. Aufl., München 2011
Kölner Komm. AktG[3]	Zöllner/Noack (Hrsg.), Kölner Kommentar zum Aktiengesetz, 3. Aufl., Köln 2004
Kölner Komm. Rechnungslegungsrecht	Claussen/Scherrrer (Hrsg.), Kölner Kommentar zum Rechnungslegungsrecht, Köln 2010
Koslowski/Gehre, StBerG[6]	Koslowski/Gehre, Steuerberatungsgesetz, 6. Aufl., München 2009
Kropff, AktG	Kropff, Aktiengesetz, Düsseldorf 1965
Krumnow, KI[2]	Krumnow (Hrsg.), Rechnungslegung von Kreditinstituten, 2. Aufl., Stuttgart 2004
Kuhls/Meurers/Maxl, StBG[3]	Kuhls/Meurers/Maxl, Steuerberatungsgesetz, 3. Aufl., Herne 2008
Kunz/Butz/Wiedenmann, HeimG[10]	Kunz/Butz/Wiedenmann, Kommentar zum Heimgesetz, 10. Aufl., München 2005
Küting/Pfitzer/Weber, Bilanzrecht[2]	Küting/Pfitzer/Weber, Das neue deutsche Bilanzrecht, 2. Aufl., Stuttgart 2009
Küting/Weber, Bilanzanalyse[9]	Küting/Weber, Die Bilanzanalyse, 9. Aufl., Stuttgart 2009
Küting/Weber, Konzernabschluss[12]	Küting/Weber, Der Konzernabschluss, 12. Aufl., Stuttgart 2010
Lademann, EStG[4]	Lademann, Kommentar zum Einkommensteuergesetz, 4. Aufl., Stuttgart 1997 ff. (Loseblattausgabe)
Lang/Weidmüller, GenG[37]	Lang/Weidmüller, Genossenschaftsgesetz, 37. Aufl., Berlin 2011
Leffson, GoB[7]	Leffson, Die Grundsätze ordnungsmäßiger Buchführung, 7. Aufl., Düsseldorf 1987
Leffson, HURB	Leffson (Hrsg.), Handwörterbuch unbestimmter Rechtsbegriffe im Bilanzrecht des HGB, Köln 1986
Leffson, Wirtschaftsprüfung[4]	Leffson, Wirtschaftsprüfung, 4. Aufl., Wiesbaden 1988
Littmann, EStG	Littmann, Einkommensteuerrecht / hrsg. von Bitz/Pust, Stuttgart 1988 ff. (Loseblattausgabe)
Lüdenbach/Hoffmann, IFRS[9]	Lüdenbach/Hoffmann (Hrsg.), Haufe-IFRS-Kommentar, 9. Aufl., Freiburg 2011
Lutter, UmwG[4]	Lutter, Umwandlungsgesetz, 4. Aufl., Köln 2009
Lutter/Hommelhoff, GmbHG[17]	Lutter/Hommelhoff, GmbH-Gesetz, Kommentar, 17. Aufl., Köln 2009
Luz u.a., KWG	Luz u.a. (Hrsg.), Kreditwesengesetz (KWG), Kommentar zum KWG inklusive SolvV, LiqV, GroMiKV, MaRisk, Stuttgart 2009
Marten/Quick/Ruhnke, Wirtschaftsprüfung[4]	Marten/Quick/Ruhnke, Wirtschaftsprüfung, 4. Aufl., Stuttgart 2011
Meyer-Landrut/Miller/Niehus, GmbHG	Meyer-Landrut/Miller/Niehus, Gesetz betreffend die Gesellschaften mit beschränkter Haftung (GmbHG) einschließlich Rechnungslegung zum Einzel- sowie zum Konzernabschluß, Berlin 1987
Michalski, GmbHG[2]	Michalski (Hrsg.), Kommentar zum Gesetz betreffend die Gesellschaften mit beschränkter Haftung (GmbH-Gesetz), 2. Aufl., München 2010
Michalski/Römermann, PartGG[3]	Michalski/Römermann, PartGG: Kommentar zum Partnerschaftsgesellschaftsgesetz, 3. Aufl., Köln 2005
Müller, K., GenG[2]	Müller, K., Kommentar zum Genossenschaftsgesetz, 2. Aufl., Bielefeld 1991

Zentrales Schrifttumsverzeichnis

MünchHdb. AG[3]	Hoffmann-Becking (Hrsg), Münchener Handbuch des Gesellschaftsrechts, Bd. 4, Aktiengesellschaft, 3. Aufl., München 2007
MünchKomm. AktG[3]	Goette/Habersack (Hrsg.), Münchener Kommentar zum Aktiengesetz, 3. Aufl., München 2008 ff.
MünchKomm. BGB[4]	Rebmann/Säcker/Rixecker (Hrsg.), Münchener Kommentar zum BGB, 4. Aufl., München 2001–2006
MünchKomm. HGB[2]	K. Schmidt (Hrsg.), Münchener Kommentar zum HGB, 2. Aufl., München 2005–2008
MünchKomm. InsO[2]	Kirchhof (Hrsg.), Münchener Kommentar zur Insolvenzordnung, 2. Aufl., München 2007
Palandt, BGB[70]	Palandt, Bürgerliches Gesetzbuch, 70. Aufl., München 2011
Pellens/Fülbier/Gassen, Internationale Rechnungslegung[8]	Pellens/Fülbier/Gassen (Hrsg.), Internationale Rechnungslegung, 8. Aufl., Stuttgart 2011
Pöhlmann/Fandrich/Bloehs, GenG[3]	Pöhlmann/Fandrich/Bloehs, Genossenschaftsgesetz: GenG, Kommentar, 3. Aufl., München 2007
Prölss, VAG[12]	Prölss, Versicherungsaufsichtsgesetz, 12. Aufl., München 2005
Prölss/Martin, VVG[28]	Prölss/Martin, VVG-Kommentar, 28. Aufl., München 2010
Reischauer/Kleinhans, KWG	Reischauer/Kleinhans, Kreditwesengesetz, Berlin (Loseblattausgabe)
Röhricht/Graf von Westphalen, HGB[3]	Röhricht/Graf von Westphalen (Hrsg.), Handelsgesetzbuch, 3. Aufl., Köln 2008
Roth/Altmeppen, GmbHG[6]	Roth/Altmeppen, Gesetz betreffend die Gesellschaften mit beschränkter Haftung (GmbHG), 6. Aufl., München 2009
Rowedder/Schmidt-Leithoff, GmbHG[4]	Rowedder/Schmidt-Leithoff (Hrsg.), Gesetz betreffend die Gesellschaften mit beschränkter Haftung (GmbHG), 4. Aufl., München 2002
Sagasser/Bula/Brünger, Umwandlungen[4]	Sagasser/Bula/Brünger, Umwandlungen, 4. Aufl., München 2011
Salje, EEG[5]	Salje, EEG – Gesetz für den Vorrang erneuerbarer Energien, Kommentar, 5. Aufl., Köln 2009
Salje, KWK-G[2]	Salje, Kraft-Wärme-Kopplungsgesetz 2002, Kommentar, 2. Aufl., Köln 2004
Samm/Kokemoor, KWG	Samm/Kokemoor (Hrsg.), Gesetz über das Kreditwesen, Kommentar mit Materialien und ergänzenden Vorschriften, Heidelberg 1961 ff. (Loseblattausgabe)
Schedlbauer, Sonderprüfungen	Schedlbauer, Sonderprüfungen, Stuttgart 1984
Schmidt, L., EStG[30]	Schmidt, L. (Hrsg.), Einkommensteuergesetz, 30. Aufl., München 2011
Schmitt/Hörtnagl/Stratz, UmwG[5]	Schmitt/Hörtnagl/Stratz (Hrsg.), Umwandlungsgesetz, Umwandlungssteuergesetz, 5. Aufl., München 2009
Schmidt/Lutter, AktG[2]	Schmidt, K./Lutter (Hrsg.), Aktiengesetz, 2. Aufl., Köln 2010
Scholz, GmbHG[10]	Scholz, Kommentar zum GmbH-Gesetz: mit Anhang Konzernrecht, 10. Aufl., Köln 2006
Schricker, UrhG[4]	Loewenheim (Hrsg.), Schricker, Urheberrecht – Kommentar, 4. Aufl., München 2010
Schwark, Kapitalmarktrecht[4]	Schwark/Zimmer, Kapitalmarktrechts-Kommentar, 4. Aufl., München 2010
Semler/Stengel, UmwG[2]	Semler/Stengel, Umwandlungsgesetz, 2. Aufl., München 2007
Spindler/Stilz, AktG[2]	Spindler/Stilz (Hrsg.), Kommentar zum Aktiengesetz, 2. Aufl., München 2010
Staub, HGB[5]	Staub, Großkommentar HGB / hrsg. v. Canaris, Schilling, Ulmer, 5. Aufl., Berlin 2008 ff.
Staudinger, BGB	Staudinger, Kommentar zum Bürgerlichen Gesetzbuch mit Einführungsgesetz und Nebengesetzen, Berlin 2005
Streck, KStG[7]	Streck, Körperschaftsteuergesetz mit Nebengesetzen, 7. Aufl., München 2008
Thiele/v. Keitz/Brücks, Internat. Bilanzrecht	Thiele/v. Keitz/Brücks (Hrsg.), Internationales Bilanzrecht: Rechnungslegung nach IFRS, Bonn 2008
Tipke/Lang, Steuerrecht[19]	Tipke/Lang, Steuerrecht, 19. Aufl., Köln 2008

Uhlenbruck, InsO[13]	Uhlenbruck (Hrsg.), Insolvenzordnung, 13. Aufl., München 2010
Ulmer, HGB	Ulmer (Hrsg.), HGB-Bilanzrecht, Großkommentar, Berlin 2002
Ulmer/Habersack/Winter, GmbHG	Ulmer/Habersack/Winter (Hrsg.), Gesetz betreffend die Gesellschaften mit beschränkter Haftung (GmbHG), Großkommentar, Tübingen 2005
Vater, IFRS-Änderungskommentar[2]	Vater (Hrsg.), IFRS-Änderungskommentar, 2. Aufl., Weinheim 2009
v. Wysocki/Wohlgemuth, Konzernrechnungslegung[4] .	v. Wysocki/Wohlgemuth, Konzernrechnungslegung, 4. Aufl., Düsseldorf 1996
Widmann/Mayer, UmwRecht[3]	Widmann/Mayer, Umwandlungsrecht, 3. Aufl., Bonn 1995 ff. (Loseblattausgabe)
Wiedmann, Bilanzrecht[2] . .	Wiedmann, Bilanzrecht, 2. Aufl., München 2003
Wiley-Handb.-IFRS[7]	Wiley Handbuch International Financial Reporting Standards 2011 / hrsg. v. Ballwieser u.a., 7. Aufl., Weinheim 2011
Winnefeld, Bilanz-Handbuch[5]	Winnefeld, Bilanz-Handbuch, 5. Aufl., München 2010
WP Handbuch 2006 Bd. I = Voraufl.	IDW (Hrsg.), WP Handbuch 2006 Wirtschaftsprüfung, Rechnungslegung, Beratung, Band I, 13. Aufl., Düsseldorf 2006
WP Handbuch 2008 Bd. II	IDW (Hrsg.), WP Handbuch 2008 Wirtschaftsprüfung, Rechnungslegung, Beratung, Band II, 13. Aufl., Düsseldorf 2008
WP-HdU[3]	IDW (Hrsg.), WP-Handbuch der Unternehmensbesteuerung, 3. Aufl., Düsseldorf 2001
Zülch/Hoffmann, BilMoG .	Zülch/Hoffmann, Praxiskommentar BilMoG, Weinheim 2009

Stichwortverzeichnis

Die Buchstaben verweisen auf das Kapitel, die Zahlen auf die jeweiligen Textziffern.

A

Abbruchabsicht
- bei Ermittlung der Herstellungskosten **E** 521

Abbruchkosten
- von Gebäuden **E** 520 ff.
- bei der Grundstücksbewertung **E** 509
- in der Handelsbilanz **E** 265, 322
- in der Steuerbilanz **E** 521 ff.
- Rückstellungen **E** 159

Abfälle
- Erlöse aus **F** 506
- bei Ermittlung der Herstellungskosten **E** 350
- Rückstellungen für Beseitigung **E** 160

Abfindungen
- an Arbeitnehmer **F** 535
- bei Ermittlung der Anschaffungskosten **E** 322
- an Organmitglieder **F** 535
- – an frühere im Anhang **F** 955
- Rückstellungen **E** 161
- an Vorstände von börsennotierte Aktiengesellschaften **F** 939
- Verpflichtungen aus **F** 460, 785

Abfindungsanspruch
- außenstehende Aktionäre **T** 310, 326 ff.
- – Angemessenheit **T** 327
- – Arten **T** 326
- – Begriff **T** 326
- – Erhöhung **T** 328
- – Ermittlung **T** 328
- – gerichtliche Überprüfung **T** 331

Abfindungszahlung
- Vorstand **S** 7, 74 ff.

Abgaben
- bei Ermittlung der Herstellungskosten in der Steuerbilanz **E** 367 f.

Abgang
- im Anlagespiegel **F** 124 ff.
- Bilanzierung **E** 392, **F** 129
- Kapitalanlagen **K** 124, 234
- konsolidierungspflichtige Anteile **M** 419 ff.
- Kreditinstitute
- – Besonderheiten **J** 490
- Prüfung **R** 415 ff.

Abgangsgruppen
- nach IFRS 5 **N** 62, 963, 997 ff.

Abgeordnetentätigkeit
- Wirtschaftsprüfer **A** 55

Abgrenzungsposten
- antizipative im Anhang **F** 748, 771

Abhängigkeit
- *Abhängigkeitsbericht s. dort*
- Aktienübernahme bei **F** 1027
- Begriff **F** 1289, **T** 99 ff.
- bei je 50%-Beteiligung **T** 118
- beherrschender Einfluss **T** 104 ff.
- geltende Vorschriften **T** 26
- bei Gemeinschaftsunternehmen **T** 175 ff.
- mehrstufige **F** 1312
- mittelbare **T** 116 ff.
- Sonderprüfung bei **F** 1394 f.
- *der Steuerbilanz von der Handelsbilanz s. Maßgeblichkeitsprinzip*
- bei Treuhandverhältnis **T** 127 ff.
- wirtschaftliche **A** 282

Abhängigkeitsbericht F 1279 ff.
- bei Änderung der rechtlichen Verhältnisse **F** 1301 ff.
- berichtpflichtige Maßnahmen **F** 1300
- berichtpflichtige Rechtsgeschäfte **F** 1300 ff., 1327 ff.
- berichtpflichtige Rechtsgeschäfte und Maßnahmen
- – passive Konzernierungseffekte **F** 1338
- Bestätigungsvermerk **F** 1385 ff.
- – Negativerklärung **F** 1385
- Beziehung zur früheren Treuhandanstalt **F** 1294
- Erklärung des Vorstands **F** 1177, 1344 ff.
- Feststellungen **Q** 1147
- Form **F** 1325 f., 1340 ff.
- einzubeziehende Unternehmen **F** 1308 ff.
- Inhalt **F** 1308 ff.
- Maßstab für die Beurteilung von Leistung und Gegenleistung **F** 1349 ff.
- bei mehrstufig abhängigen Unternehmen **F** 1297 ff.
- nachträgliche Aufstellung **F** 1288
- Negativerklärung **F** 1296, 1385, 1344

– Negativbericht **Q** 1153
– Nichtigkeit **U** 177
– Personalangelegenheiten **F** 1329
– Pflicht zur Aufstellung **F** 1286 ff.
– Prüfung gem. § 313 AktG **Q** 1141
– – durch den Abschlussprüfer **F** 1290, 1365 ff., **R** 429, 691 ff.
– – durch den Aufsichtsrat **F** 1391 ff.
– – Durchführung **F** 1376 ff.
– – Gegenstand **F** 1365 ff.
– – Schlusserklärung im Lagebericht **R** 691
– Prüfungsbericht **F** 1383 ff., **Q** 58, 158, 198, 1142
– Prüfungsumfang **Q** 1146
– Prüfungsvermerk **Q** 1150
– – Einschränkung **Q** 1159
– – Versagung **Q** 1160
– Prüfungsvorschriften **D** 3
– bei Rumpfgeschäftsjahren **F** 1286
– Schlussbemerkung **Q** 1133
– Schlusserklärung
– – Bestätigungsvermerk bei fehlender Wiedergabe im Lagebericht **Q** 519, 1142
– – des Vorstands **Q** 1143
– Sonderprüfung **F** 1394 f.
– Sonderprüfung gem. § 315 AktG **Q** 1198
– *s. auch Prüfungsbericht*

Abhängigkeitsvermutung
– nach AktG **T** 18, 99, 111, 130 ff.
– Widerlegung **T** 131

Abladekosten
– bei Ermittlung der Anschaffungskosten **E** 322

Ablaufstatistik
– Prüfung der Schadenrückstellungen **K** 766, 804

Abnahmekosten
– Bilanzierung **E** 322, 519, **F** 247

Abonnementsverträge
– Bilanzierung **E** 92

Abraumbeseitigungsrückstellung
– in der Bilanz **E** 136, 262, 265, **F** 442
– in der Steuerbilanz **E** 143, 262
– Voraussetzungen **E** 262

Abraumvorrat
– in der Steuerbilanz **E** 365, 513

Abrechnungsforderungen
– aus dem Rückversicherungsgeschäft **K** 267 ff.

– – Bewertung **K** 271
– – Charakter **K** 268
– – Pauschalwertberichtigungen **K** 271
– – Verrechnungen **K** 269

Abrechnungsverbindlichkeiten
– aus dem Rückversicherungsgeschäft **K** 267 ff.
– – Bewertung **K** 271
– – Pauschalwertberichtigung **K** 271

Abrechnungsverpflichtungen
– Rückstellung **E** 162

Absatzförderung
– Aufwendungen beim Umsatzkostenverfahren **F** 645

Absatzgeschäfte
– Rückstellung **E** 155

Absatzmarkt
– bei Ermittlung der Anschaffungs- bzw. Herstellungskosten **E** 430 ff.
– geographische Aufgliederung im Anhang **F** 890 ff.
– Teilwert bei behördlicher Regelung **E** 566

Absatzpreismethode
– für Beurteilung von Leistung und Gegenleistung **F** 1356

Abschließende Feststellung
– *s. Schlussbemerkung und Prüfungsvermerk*

Abschlussaufwendungen
– Bilanzierung **E** 280
– Versicherungsunternehmen
– – Abzug von Beitragsüberträgen **K** 358
– – Aktivierungsverbot **K** 29, 257, 289, 359
– – Bilanzierung **K** 590
– – gezillmerte **K** 257
– – in der Gewinn- und Verlustrechnung **K** 529, 536 ff.
– – im Konzern **K** 704
– – rechnungsmäßig gedeckte **K** 256, 262, 531, 590
– – Vorschriften **K** 289

Abschlussaussagen R 72

Abschlusserläuterungen F 683 ff.
– *s. auch Anhang*

Abschlusskosten
– Aktivierungsverbot **K** 29, 257, 289, 359
– *s. auch Abschlussaufwendungen*

Abschlussprovisionen
- Versicherungsunternehmen **K** 29, 261, 366, 500, 529
- – in der Gewinn- und Verlustrechnung **K** 529
- – Rückstellungen **K** 500

Abschlussprüfer
- Abberufung **A** 626
- abweichende Auffassung **Q** 62
- Auftragsbestätigung **R** 16
- Auskunftspflichten **Q** 883
- Auskunftsrecht **F** 1380 f.
- Ausschlussgründe **A** 273 ff.
- *Auswahl s. dort*
- *Bestellung s. dort*
- Bestimmung von Art und Umfang der Prüfungsdurchführung **R** 17
- Eigenbetriebe **L** 55 ff.
- Eigenverantwortlichkeit **R** 891
- Ermessen **Q** 476
- Fortbestandsprognose **Q** 97 ff.
- Gemeinschaftsprüfungen **R** 889 ff.
- Haftung **A** 629 ff.
- – bei gemeinsamer Berufsausübung **A** 686 ff.
- – bei Mitverschulden des Auftraggebers **A** 707
- Inventurteilnahme **R** 437, 448
- Investmentaktiengesellschaft **J** 1018 ff.
- Kapitalanlagegesellschaften **J** 756 f.
- Kernverwaltungen der öffentlichen Hand **L** 106 f.
- Kreditinstitute
- – Anzeige des **J** 609
- – besondere Pflichten **J** 615, 1098
- Kündigung des Prüfungsauftrags **A** 605, 622 ff., **Q** 322 ff., 498
- Mitwirkung bei der Rechnungslegung **Q** 1353
- öffentlich-rechtliche Prüfungseinrichtungen **L** 63 f.
- Prüfung des Abhängigkeitsberichts **F** 1290, 1365 ff.
- Prüfung des Risikofrüherkennungssystems **P** 70 ff.
- Prüfungsauftrag **Q** 81
- *Redepflicht. s. dort*
- Siegelführung **A** 225 ff.
- Sozietät als **A** 608 ff.
- Sondervermögen **J** 757 f.
- Stellvertretung **A** 606 f.
- Teilnahme an Bilanzsitzung des Aufsichtsrats **Q** 36, 661, 784
- Unterzeichnung
- – – des Bestätigungsvermerks **Q** 338 ff., 566
- – – des Prüfungsberichts **Q** 270 ff., 850
- Verantwortung
- – – Bestätigungsvermerk **Q** 370, 509, 644
- Vergütung **A** 718
- Verhinderung **A** 606
- Versicherungsunternehmen
- – – Anzeige **K** 734
- – – Auswahl **K** 725 ff.
- Vertragspflichten **Q** 9
- Verwertung der Prüfungsergebnisse Dritter
- – – Bestätigungsvermerk **Q** 397, 745
- Wahl
- – – mehrerer **R** 889
- – – Nichtigkeit **U** 30, 195 f.
- – – unter einer aufschiebenden Bedingung **R** 890
- Wirtschaftsbetriebe der öffentlichen Hand **L** 50 ff.
- Zulassung nach der 8. EG-RL **F** 64
- Zusammenarbeit
- – – mit anderen Prüfern/Teilbereichsprüfern **Q** 163, 397, 692
- – – mit interner Revision **Q** 46, 163, 397
- – – mit Sachverständigen **Q** 46, 163, 397

Abschlussprüferaufsichtskommission B 58 ff.
- Aufgaben **B** 58 ff.
- Organisation **B** 61
- Zusammensetzung **B** 61

Abschlussprüferrichtlinie R 19
- und International Standards on Auditing **Anh3** 6 f.

Abschlussprüfung
- Aufgabe **A** 17
- Einführung der gesetzlichen **A** 6
- Entwicklung **A** 5 ff., **R** 30 ff.
- fehlende oder nicht ausreichende **U** 191 f.
- *freiwillige s. dort*
- Gegenstand **R** 6 ff.
- *Jahresabschluss s. dort*
- *Konzernabschluss s. dort*
- Phasen **R** 36 ff.

– Planung **R** 38 ff.
– Projektmanagement bei der **R** 40
– Prüfungseffizienz **R** 357
– Prüfungsqualität **R** 357
– Rechtsgrundlagen **D** 1 ff.
– Rückstellung **E** 189
– bei Überschuldung **V** 91 ff.
– Umfang **R** 6 ff.
– Vereinbarkeit
– – mit Beratung **A** 286
– – mit sonstigen Aufgaben **A** 291 ff.
– Vorbereitung durch das zu prüfende Unternehmen **R** 161 ff.
– Ziele **R** 72
– Zielsetzung **R** 1 ff.
– *s. auch Jahresabschlussprüfung, Konzernabschlussprüfung, Prüfungsvorschriften*
Abschlussstichtag
– Wert am **E** 296, 433
– Wahl beim Konzernabschluss **M** 155 f.
Abschreibungen E 382 ff., 428 ff.
– im Anhang
– – außerplanmäßige auf das Anlagevermögen **F** 692, 707
– – Berücksichtigung zukünftiger Wertschwankungen **F** 692, 710, 908
– – bei Ermittlung der Herstellungskosten **F** 705
– – Geschäftswert **F** 709
– – Korrektur zu hoher **F** 906
– – steuerrechtliche **F** 706, 901, 908, **H** 18
– – Ergebnisbeeinflussung **F** 902 ff.
– – Übersicht **F** 692
– im Anlagenspiegel
– – Ausweis **F** 124, 132 ff.
– außerplanmäßige **E** 307, 382, 395 f., 494, 505, 541
– – Anlagevermögen **E** 382, 395
– – bei überhöhten Anschaffungskosten **E** 337
– – Prüfung **R** 422, 577
– bei begrenzter zeitlicher Nutzung **E** 382 ff., 395 f.
– Beteiligungen **E** 546 ff.
– – an assoziierten Unternehmen **M** 586
– – bei Bilanzierung nach PublG
– – nach vernünftiger kaufmännischer Beurteilung **H** 47
– – Probebilanz **H** 15

– direkt **E** 400
– Disagio **E** 275, 279
– Einstellung in Sonderposten mit Rücklageanteil **F** 120, 133
– bei Ermittlung der Herstellungskosten **E** 346, 349, 357 f.
– Gebäude **E** 384
– – auf fremden Grundstücken **E** 512
– bei Genossenschaften **Q** 1002
– – außerplanmäßige **G** 16
– Geschäfts- oder Firmenwert **E** 384, 503 f., **F** 235
– Grundstücke **E** 395
– nach IFRS **N** 170 ff.
– indirekte **E** 395, 400
– bei Kapitalgesellschaften
– – Kenntlichmachung **F** 546, 906, **G** 16
– – Ausweis steuerrechtlicher **F** 433
– – Ausweiswahlrecht des Geschäftsjahrs **F** 134
– – in der Gewinn- und Verlustrechnung
– – Beteiligungen **F** 556
– – immaterielle Vermögensgegenstände **F** 544 ff.
– – nicht voll genutzte Anlagen beim Umsatzkostenverfahren **F** 637
– – Sachanlagen **F** 544 ff.
– – Umlaufvermögen **F** 548 ff., 576 f.
– – unübliche **F** 515, 529, 548 ff., 576, 653
– Komponentenansatz **E** 390, 396
– auf konsolidierungspflichtige Anteile **M** 419 ff.
– bei Kreditinstituten
– – Ausweis in der Gewinn- und Verlustrechnung **J** 294, 296, 297
– – außerplanmäßige **J** 294
– – zur Bildung von Vorsorgereserven **J** 338 ff., 471
– – auf Forderungen **J** 321, 467
– – Impairment **J** 467, 497
– – in den Notes **J** 532
– – Portfoliowertberichtigungen **J** 322, 467
– – Verrechnung mit Erträgen **J** 129
– – auf Wertpapiere **J** 325
– Leasinggegenstände **E** 389
– planmäßige **E** 382 ff.
– – Prüfung **R** 419
– Prüfung **R** 419 ff., 425 f., 586
– – auf Finanzanlagen **R** 427

- auf immaterielle Vermögensgegenstände **R** 401
- nach Steuerrecht **E** 401 ff., 611, **F** 119, 126, 515, 544 f., 792, 877
- – im Anhang **F** 544 ff., 691, 704 ff., 901, 906, 908
- – Ergebnisbeeinflussung **F** 897 ff.
- – Arten **E** 401
- – erhöhte **E** 422 ff.
- – bei Kapitalgesellschaften **F** 119 ff., 704 ff.
- – Bestimmung der Üblichkeit **F** 515
- – in der Gewinn- und Verlustrechnung **F** 544 ff.
- – unübliche **F** 515, 529, 548 ff.
- – Sonderabschreibungen **M** 355
- – und Stetigkeitsgebot **E** 307
- – Übersicht **E** 401, 421 ff.
- – Umlaufvermögen **E** 401 ff., 563 ff.
- stille Reserven durch **E** 302
- Umlaufvermögen **E** 428 ff., 438
- unbebaute Grundstücke **E** 511
- bei Versicherungsunternehmen
- – –Agio **K** 288
- – – Beteiligungen **K** 146
- – – Beitragsforderungen **K** 524, 540, 615
- – – Ingangsetzungs- und Erweiterungsaufwendungen **K** 99, 304, 524
- – – Kapitalanlagen **K** 146, 161, 524, 603, 609, 617
- – – Software **K** 104, 524
- – – nach Steuerrecht **K** 157, 206
- – – Zins- und Mietforderungen **K** 608
- Wertpapiere **E** 575
- Wohngebäude **E** 511
- *s. auch Absetzung für Abnutzung, Absetzungen*

Abschreibungsmethoden
- im Anhang **F** 695, 704, 706, 881
- – Prüfung **R** 586 ff.
- in der Anlage nach PublG **H** 75, 79
- Arten **E** 385 ff.
- Begriff **E** 307
- degressive **E** 387, 401, 407, **F** 703 f.
- – in der Steuerbilanz **E** 407
- digitale **E** 387
- – bei immateriellen Wirtschaftsgütern **E** 389, 408, 494, 499 f.
- – – in der Steuerbilanz **E** 495, 501

- nach Inanspruchnahme **E** 385, 406, **F** 703 f.
- lineare **E** 385, 401, 406, 410, **F** 706
- progressive **E** 385, **F** 706
- Übersicht der steuerlichen **E** 401
- Wahl **E** 388
- Wechsel **E** 307, 393, 407, 414

Abschreibungsplan
- Prüfung **R** 419 ff.

Abschreibungsspiegel F 134

Abschreibungsvereinfachungen
- im Veräußerungsjahr beim Anlagevermögen **E** 392

Abschreibungswahlrechte
- bei Probebilanzen nach PublG **H** 15

Absetzung für Abnutzung E 401
- bei abschnittsweisem Aufbau **E** 529
- Beginn **E** 411
- Bemessung **E** 412
- degressive **E** 407
- – Aufzeichnungspflichten **E** 407
- digitale **E** 387
- – in der Steuerbilanz **E** 407
- Gebäude **E** 409, 422, 514 ff.
- – auf fremdem Grund und Boden **E** 517
- Geschäfts- bzw. Firmenwert **E** 507
- immaterielle Wirtschaftsgüter **E** 495, 501, 507
- Tabellen
- – erhöhte **E** 422
- – mögliche **E** 401
- unterbliebene **E** 413
- *s. auch Abschreibungen, Absetzungen*

Absetzungen
- für außergewöhnliche Abnutzung **E** 401, 406
- erhöhte **E** 364, 401, 418, 422 f.
- – Planmäßigkeit **E** 393
- bei Ermittlung der Herstellungskosten **E** 364
- Fortführung nach außergewöhnlicher Abnutzung **E** 401
- *s. auch Abschreibung, Absetzung für Abnutzung*

Absicherung künftiger Transaktionen E 71

Abspaltung
- *s.* Spaltung

Abstandszahlungen
- bei Grundstückserwerb **E** 513, 519

3089

Abstimmprüfung
– bei Versicherungsunternehmen **K** 742
Abwasseranlagen
– Sonderabschreibungen **E** 421
Abwertungspflicht
– für Anlagevermögen **E** 382 f., 395 f.
– für Umlaufvermögen **E** 428
Abwertungswahlrecht E 382, 395, 414, 435
Abwicklung
– Begriff **H** 8
– Bewertung **E** 293
– Geltung des PublG **H** 8 f.
– Konzernrechnungslegung eines Mutterunternehmens in **M** 34
– Prüfungsvorschriften **D** 2, 11
Abwicklungsergebnis
– Erläuterung
– – im Anhang **K** 401 ff.
– – im Konzernanhang **K** 687
– Prüfung der Ermittlung **K** 770, 784
Abwicklungs-Eröffnungsbilanz
– Bestätigungsvermerk **Q** 1241 ff.
Abwicklungskosten
– Rückstellungen **E** 293
– bei Unternehmensfortführung **E** 292
Abzinsung
– bei Ermittlung der Umsatzerlöse **F** 512
– Finanzverpflichtungen **F** 795
– Forderungen **E** 571
– bei der Konsolidierung **M** 672 f.
– bei langfristigen Ausleihungen **F** 577
– Rückstellungen **E** 139, 144
– Schadenrückstellung **K** 291, 324, 417
– Verbindlichkeiten **E** 585, 586
Accountants-Weltkongress B 68
Adressaten
– Bestätigungsvermerk **Q** 331, 368
– Gründungsprüfungsbericht **Q** 1120
– Prüfungsbericht **Q** 12 ff.
– Konzernprüfungsbericht **Q** 696 ff.
Adressatenorientierung
– Berichterstattung **Q** 65, 124, 177, 190, 331, 368, 1171
Adressenausfallrisiko
– Angaben in den Notes **J** 532, 536 ff.
– Angaben im Prüfungsbericht **J** 650, 666 ff., 1098 ff.
– Bewertung von Forderungen **J** 321, 467
– Währungsumrechnung **J** 367

Adressierung
– Bescheinigung **Q** 1352 ff.
– Bestätigungsvermerk **Q** 368, 641
– Prüfungsbericht **Q** 842
Änderungen
– nach IFRS
– – Bilanzierungs- und Bewertungsmethoden **N** 875 ff., 1141
– – Fehler **N** 879 f.
– – Schätzungen **N** 875 ff.
– Jahresabschluss
– – Bestätigungsvermerk **Q** 595 ff.
– – Gesellschafterversammlung **Q** 309, 601
– – Hauptversammlung **Q** 309, 359, 600
– – Nachtragsprüfung **Q** 309, 359, 600
– Konzernabschluss
– – Bestätigungsvermerk **Q** 767
– – Gesellschafterversammlung **Q** 767
– – Nachtragsprüfung **Q** 767
– Lagebericht
– – Nachtragsprüfung **Q** 595 ff.
– *s. auch Bilanzänderung*
AfA-Tabellen E 404
Agio
– Abgrenzung **E** 274
– Abschreibung **F** 580
– – bei Versicherungsunternehmen **K** 288
– Ausweis **F** 302, 330, 357, 362 f.
– Berechnung **F** 364
– Bewertung von Forderungen der Kreditinstitute **J** 316, 465, 497
– Erträge aus **F** 575
– Konsolidierung **M** 465
– bei Sacheinlagen **F** 364
– bei Verschmelzungen **F** 364
– bei Vorratsaktien **F** 364
Agreed-upon Procedures Q 1587 ff.
Akademische Grade
– Führung durch den Wirtschaftsprüfer **A** 225, 235
Akten
– Beschlagnahme **A** 358
– Vernichtung **A** 257
– Zurückbehaltungsrecht **A** 617 ff.
Akteneinsicht A 587
Aktien
– Angabe der Gesamtnennbeträge **F** 1033
– Ausweis **F** 254, 258, 263

– – der herrschenden oder mit Mehrheit
  beteiligten Gesellschaft **F** 255
– Abfindung durch **T** 310, 326
– Befristung **T** 330
– Bewertung **E** 575
– Einziehung **F** 363
– *Gattungen s. Aktiengattungen*
– Herabsetzung des Nennbetrags **F** 339
– Kreditinstitute
– – Ausweis **J** 176, 502
– Versicherungsunternehmen **K** 118, 153, 166 ff.
– Zukauf **E** 553
– Zusammenlegung **F** 339
Aktienausgabe
– im Anhang **F** 1028
Aktienerwerb
– *s. Anteilserwerb*
Aktiengattungen F 312 f., 692, 878, 1033 f.
Aktiengesellschaft
– *Aufsichtsrat s. dort*
– *Aufsichtsratsmitglieder s. dort*
– börsennotierte
– – zusätzliche Angaben im Anhang **F** 1056
– Darstellung der Entwicklung im Lagebericht **F** 1126 ff.
– Prüfungsvorschriften **D** 1 ff.
– – Abschlussprüfungen **D** 2
– – Prüfung besonderer Vorgänge **D** 3
– *Vorstand s. dort*
– *Vorstandsmitglieder s. dort*
– zusätzliche Angaben im Anhang **F** 1025 ff.
Aktiengesetz
– Vorschriften
– – Versicherungsunternehmen **K** 10, 52, 64, 70
Aktiennennbetrag
– in der Bilanz der Aktiengesellschaft **F** 1033
– über pari (übersteigender) Aktienkaufpreis **F** 325
Aktienoptionen F 293
– an Arbeitnehmer und Geschäftsführungsmitglieder **F** 366
– als Bestandteil der Aufsichtsratsvergütung **S** 118 ff.
– Vorstandsbezüge **S** 52 f.

– Stock Appreciation Rights **F** 145, 153
Aktienoptionsprogramme F 143
– in der Bilanz **F** 144
Aktientausch
– Besteuerung **E** 556
Aktienübernahme
– im Anhang **F** 1027
Aktionäre
– Ausschluss der Haftung **U** 23
– Gleichbehandlungsgrundsatz **U** 25
– bei Unternehmensvertrag **T** 270 f.
Aktionärsrechte
– Anfechtung **U** 172 ff.
– auf Auskunft **F** 486, **T** 271
– bei Nichtigkeit von Hauptversammlungsbeschlüssen **U** 59
– Registerangelegenheiten **U** 36 ff.
– Sonderprüfung **U** 5
– Zustimmung bei Unternehmensvertrag **T** 271
Aktionärsschutz
– bei Abhängigkeit **F** 1279, 1284
– *bei Unternehmensvertrag s. dort*
Aktiva F 228 ff.
– Prüfung **R** 397 ff.
– *s. auch Aktivposten*
Aktiver Markt J 466
Aktivierung
– Abschlusskosten **K** 257, 289, 358
– – Verbot **K** 29
Aktivierungspflicht
– bei Ermittlung der Herstellungskosten **E** 342, 349 ff.
– Geschäfts- oder Firmenwert **E** 502, 505, **F** 235, 744 ff.
– für immaterielle Vermögensgegenstände **E** 95, 492
– für Rechnungsabgrenzungsposten **E** 266
Aktivierungsrecht
– bei entgeltlichem Erwerb, derivativer Geschäfts- oder Firmenwert **E** 502
Aktivierungsverbot
– für Abschlusskosten bei Versicherungsunternehmen **E** 280
– bei Ermittlung der Herstellungskosten **E** 349, 361 f.
– für immaterielle Vermögensgegenstände **E** 496
– in der Steuerbilanz **E** 613

Aktivierungswahlrecht E 300, 701 **F** 701
– im Anhang **F** 701, 726
– Disagio **E** 274
– bei Ermittlung der Herstellungskosten **E** 349 ff.
– immaterielle Vermögensgegenstände **E** 496, **F** 229 f.
– Ingangsetzungsaufwendungen **F** 228
– Rückzahlungsagio **E** 274
– in der Steuerbilanz **E** 613
Aktivposten
– Verrechnung mit Passivposten **E** 73 ff., 594
Aktuarverordnung
– Versicherungsunternehmen **K** 329, 378
Akzepte
– an verbundene Unternehmen weitergegebene **F** 455
– öffentlicher Auftraggeber **E** 113
Alleinfunktionen
– Wirtschaftsprüfer **A** 190
Allfinanzkonzern K 674, 697
Allgemeine Auftragsbedingungen
– Wirtschaftsprüfer und Wirtschaftsprüfungsgesellschaften **A** 598
– – Haftungsbeschränkung durch **A** 694 ff.
– – Vereinbarung **A** 598
Allgemeine Sonderprüfung gem. §§ 142 ff. AktG Q 1168
Allgemeine Verwaltungskosten
– Ausweis **F** 499, 646 f.
– bei Ermittlung der Herstellungskosten **E** 349, 359
Altenheime
– Prüfungsvorschriften **D** 31, **Q** *1087*
– *s. auch Pflegeeinrichtungen*
Altenwohnheime
– Prüfungsvorschriften **D** 31, **Q** 1087
– *s. auch Pflegeeinrichtungen*
Alternativausweis
– *s. Ausweiswahlrecht*
Altersfreizeit
– Rückstellung für bezahlte **E** 215
Altersfreizeit und -mehrurlaub
– Rückstellungen **E** 163
Altersteilzeit
– Aufstockungsbeträge **E** 164 f.
– Blockmodell **E** 164
– Rückstellungen **E** 164, 164, 215
– Verpflichtungen **F** 460

Altersversorgungsaufwand
– bei Ermittlung der Herstellungskosten **E** 349, 359, **F** 847 ff.
– in der Gewinn- und Verlustrechnung **F** 540 ff., 896, **J** 290
– – nach PublG **H** 59
– im Lagebericht **F** 1145
– Verrechnung **E** 78
– – im Anhang **F** 847 f.
Altersvorsorgeverpflichtungen E 79
– im Anhang **F** 843
– Verrechnung **F** 479
Alterungsrückstellung
– Krankenversicherungsunternehmen **K** 9, 63
– – Bilanzierung **K** 329, 379 ff., 438
– – in der Gewinn- und Verlustrechnung **K** 581
Altfirmierung
– Wirtschaftsprüfungsgesellschaft **A** 156
Altgesellschaften
– Änderung der Beteiligungsverhältnisse **A** 180 ff.
– Begriff **A** 178
– Erbfall **A** 179, 183
– Firma **A** 156
– gesetzliche Vertretung **A** 185
– Kapitalbeteiligung Berufsfremder **A** 179 ff.
– Rücklagen **F** 408
– Verlust der Gesellschafterfähigkeit **A** 189
– Wegfall der Anerkennungsvoraussetzungen **A** 184
– Widerruf der Anerkennung **A** 178
Altrücklagen
– bei Kapitalerhöhung aus Gesellschaftsmitteln **F** 336
Altzusagen
– *bei Pensionsverpflichtungen s. dort*
Amtslöschungsverfahren
– Eintragungen im Berufsregister der Wirtschaftsprüfer **A** 261
– Hauptversammlungsbeschlüsse **U** 36 ff., 85, 95
Amtsverhältnis
– öffentlich-rechtliches des Wirtschaftsprüfers **A** 53
Analytische Prüfungshandlungen R 357 ff.
– abschließende Durchsicht **R** 384

– Anforderungen **R** 360
– Anwendungsbereich **R** 376 ff.
– – abschließende Gesamtdurchsicht **R** 384
– – Berücksichtigung von Verstößen **R** 385
– – Prüfungsdurchführung **R** 378 ff.
– – Prüfungsplanung **R** 377
– Arten **R** 365 ff.
– – Kennzahlenanalysen **R** 366 ff.
– – Plausibilitätsprüfungen **R** 372 ff.
– – Trendanalysen **R** 366
– Aufdeckung betrügerischer Handlungen **R** 376, 384 f.
– Aussagefähigkeit **R** 386 ff.
– Begriff **R** 103, 114 f., 357 ff.
– Grenzen **R** 386 ff.
– Identifizierung kritischer Prüfungsgebiete **R** 377
– Informationstechnologie, Einsatz der **R** 776 ff.
– Komponenten **R** 357 ff.
– – Beurteilung **R** 364
– – Prognose **R** 359 ff.
– – Vergleich **R** 363
– Prognosegenauigkeit **R** 361 f.
– Prüfung der Bilanz **R** 380
– Prüfung der GuV **R** 380
– Prüfung des Lageberichts **R** 381
– Prüfungsdurchführung **R** 378 ff.
– Prüfungsplanung **R** 377
– Prüfungsschwerpunkte **R** 376

Andere Anlagen
– s. Anlagen

Andere Ergebnisrücklagen
– in der Bilanz der Genossenschaft **G** 13

Andere Erträge und Verluste
– Konsolidierung nach HGB **M** 632 ff., 648, 653

Andere Gewinnrücklagen
– Auflösung **F** 406, 621
– Ausweis **F** 397 f.
– Einstellungen **F** 402 ff., 629
– Entnahmen **F** 621
– bei Genossenschaften **G** 13
– Nichtigkeit des Jahresabschlusses bei Verstoß gegen Vorschriften **U** 209
– Prüfung **R** 525
– bei REIT-AG **F** 401
– bei Wertaufholungen **F** 398
– zweckgebundene **F** 403

Anerkennung
– ausländischer Berufsqualifikationen **A** 12
– als Wirtschaftsprüfungsgesellschaft **A** 3, 118 ff.
– – Erlöschen **A** 157 ff.
– – Rücknahme und Widerruf **A** 170 ff.
– – Vertragsmuster **A** 118

Anerkennungszahlungen
– Vorstand **S** 7, 51 f., 74 ff.

Anfechtung
– Hauptversammlungsbeschluss **U** 1 ff.
– – allgemeine Gründe **U** 98 ff.
– – Aufsichtsratswahl **U** 49, 122 ff.
– – Ausschluss der Anfechtung **U** 102 f.
– – Bestätigung anfechtbarer Beschlüsse **U** 137 f.
– – Einräumung von Sondervorteilen **U** 107 ff., 127, 130
– – Geltendmachung **U** 1, 59, 81
– – Gewinnverwendung **U** 125
– – Kapitalerhöhung gegen Einlagen **U** 110, 127 ff.
– – Machtmissbrauch **U** 34, 107 ff.
– – Mängel des Verschmelzungsberichts **U** 118 ff.
– – bei Unternehmensvertrag **T** 270
– – Verletzung der Informationspflicht **U** 112 ff., 159
– – Verletzung des Gleichbehandlungsgrundsatzes **U** 25
– – Verstoß gegen Gesetz oder Satzung **U** 98 ff.
– Jahresabschluss
– – durch die Hauptversammlung **U** 255 ff.

Anfechtungsklage
– Hauptversammlungsbeschlüsse
– – Ausschluss der Anfechtung **U** 102 f.
– – Befugnis **U** 144 ff., 169, 173
– – Begriff **U** 2
– – Bekanntmachung **U** 155
– – Beweislast **U** 156 ff.
– – Erhebung **U** 143 ff.
– – Freigabeverfahren **U** 160
– – Gewinnverwendungsbeschluss **U** 172 ff.
– – Grundlage **U** 156 ff.
– – Klagegegner **U** 149
– – Missbrauch **U** 137 ff.
– – Streitwert **U** 165

3093

– – Verbindung mit Nichtigkeitsklage **U** 151 f.
– – Wahl des Aufsichtsrates **U** 168 ff.
– – Wirkung **U** 35, 219
– bei Unternehmensvertrag **T** 270
Anfechtungsurteil
– Einreichung **U** 148
– Wirkung **U** 35, 166, 169
Anfechtungsverfahren U 166 f.
Anfuhrkosten
– bei Ermittlung der Anschaffungskosten **E** 322
Angabeformen
– im Anhang **F** 681
Angabepflichten
– im Anhang **F** 654 ff.
– im Jahresabschluss **R** 394
– im Lagebericht **F** 1080 ff.
– Kreditinstitute
– – im Anhang **J** 396 ff., 1087 ff.
– – im Konzernanhang **J** 569 f.
– – in den Notes **J** 530 ff.
Angehörige
– Kredite an
– – von Organmitgliedern **F** 961
– – von persönlich haftenden Gesellschaftern der KGaA **F** 226, 281
Angemessenheit
– Aufsichtsratsbezüge **S** 104
– Vorstandsbezüge **S** 8 ff., 21, 33, 67 f.
Angemessenheitstest
– für Rückstellungen nach IFRS **K** 842, 857
Anhang zum Jahresabschluss
– Adressatenkreis **F** 665
– bei Änderung der Gliederung **F** 92 ff., 692, 732 ff., 885
– Anforderungen **F** 666 ff.
– Derivate
– – Bilanzierungs- und Bewertungsmethoden **F** 712
– – Bewertungseinheiten **F** 712
– Eigenbetriebe **L** 12, 24 f.
– Erleichterungen **F** 77, 654, 739, 748, 756, 765, 771, 783, 730, 905, 917, 950 ff.
– Finanzinstrumente
– – Lagebericht **F** 1132, 1133
– Formen der Angaben **F** 681
– Genossenschaften

– – Anwendung von Vorschriften des HGB **G** 17 f.
– – ergänzende Vorschriften **G** 19 f.
– Gliederung **F** 674 f.
– bei Gliederung nach verschiedenen Vorschriften **F** 732, 887
– Inhalt **F** 683 f.
– Kreditinstitute
– – Angaben zu Forderungen und Verbindlichkeiten **J** 402
– – Fristengliederung **J** 402, 1087
– – Jahresabschluss **J** 402
– – Konzernabschluss **J** 530 ff., 569 f.
– – nachrangige Vermögensgegenstände **J** 402
– und Lagebericht **F** 669
– latente Steuern **F** 751 ff.
– – Prüfung **R** 510
– Methode der Aufstellung des Jahresabschlusses **F** 699 ff.
– Pflicht zur Aufstellung **F** 2, 654, **G** 2, **H** 1
– Prüfung **R** 396, 578 ff.
– – Fremdkapitalzinsen **R** 468
– Prüfungsbericht **Q** 194 ff.
– nach PublG **H** 1, 64
– Sonderposten mit Rücklageanteil **F** 120, 692, 715, 877, 900
– Sonderprüfung bei Unvollständigkeit
– – Rechtsgrundlagen **D** 3
– steuerliche Abschreibungen **F** 706, 901, 908
– Stock Options **S** 81
– tabellarische Übersicht
– – Ansatzwahlrechte
– – – Bilanz **F** 877 ff.
– – – Gewinn- und Verlustrechnung **F** 908 f.
– – Pflichtangaben **F** 692
– Verkehrsunternehmen **L** 35 f.
– Versicherungsunternehmen **K** 79 ff., 391 ff.
– – andere Vermögensgegenstände **K** 283
– – Anteile an verbundenen Unternehmen **K** 126
– – Aufwendungen
– – – für Versicherungsfälle **K** 400 ff.
– – – für den Versicherungsbetrieb **K** 567
– – Ausleihungen **K** 230
– – Beiträge **K** 567 ff., 575 ff.
– – Beitragsüberträge **K** 347, 362

– – Beitragsrückerstattung **K** 452, 556, 671, 798
– – Bewertungsmethoden **K** 126 f., 222, 249
– – Deckungsrückstellung **K** 391, 494
– – Depotforderungen und -verbindlichkeiten **K** 244, 504
– – Disagio **K** 218, 511
– – fondsgebundener Lebensversicherung **K** 248 f.
– – Forderungen gegenüber verbundenen Unternehmen **K** 265
– – Genussrechte **K** 313
– – Gewinnrücklagen **K** 307
– – Gewinnvortrag **K** 309
– – Grundstücke **K** 129 f., 145
– – immaterielle Vermögensgegenstände **K** 98
– – Jahresergebnisse **K** 309 f.
– – Kapitalanlagen **K** 111 f., 123 ff., 160, 188 ff., 202
– – Kapitalrücklage **K** 302
– – Lebensversicherungsunternehmen **K** 575
– – Mischkonzern **K** 698
– – Pensionsrückstellung **K** 496
– – Rechnungsabgrenzungsposten **K** 287 ff., 511
– – Rückstellung für Beitragsrückerstattung **K** 466 ff.
– – Rückversicherungsbeiträge **K** 575
– – Rückversicherungsgeschäfte **K** 228, 336
– – Schadenrückstellungen **K** 396, 400 f.
– – Schwankungsrückstellung **K** 462, 466 f.
– – – ähnliche **K** 477
– – Sicherungsfonds **K** 139
– – selbst abgeschlossenes Versicherungsgeschäft **K** 265 f., 400, 506
– – sonstige Rückstellungen **K** 504
– – sonstige Verbindlichkeiten **K** 508
– – Spargutbaben **K** 234
– – Steuerrückstellung **K** 499
– – Termingelder **K** 234
– – Verlustvortrag **K** 309
– – versicherungstechnische Rückstellungen **K** 331, 345, 487 f., 494
– – Versicherungsverträge **K** 561
– – Währungsumrechnung **K** 124

– – Zeitwerte der Kapitalanlagen **K** 85, 126 ff., 218
– Versicherungsverträge **K** 860 ff.
– Verstoß gegen Angabepflichten
– – Bestätigungsvermerk **Q** 423, 463, 515
– – Wahlpflichtangaben **F** 678, **H** 63
– – bei Wegfall von Posten **F** 99, 671, 692, 738, 888
– – Zielsetzung nach der 4. EG-RL **F** 665
– – Zusammenfassung mit dem Konzernanhang **F** 662
– – bei Zusammenfassung von Posten **F** 97 ff., 473 ff., 738, 888
– – zusätzliche Angaben
– – – bei Aktiengesellschaft und KGaA **F** 1025 ff.
– – – bei Bausparkassen **J** 1087
– – – bei befreiendem Konzernabschluss **M** 102
– – – bei börsennotierten Gesellschaften **F** 1055
– – – bei Genossenschaften **G** 19 f.
– – – bei Investmentaktiengesellschaften **J** 1012 ff.
– – – bei kapitalmarktorientierten Gesellschaften **F** 1055
– – – bei Personenhandelsgesellschaften **F** 1048
Anlage nach PublG
– zur Bilanz **H** 75 ff.
– Personalaufwand **H** 59, 78
Anlage zur Konzernbilanz
– gem. PublG **O** 94
– erforderliche Angaben **O** 96 ff.
– – bei Nichteinbeziehung des Mutterunternehmens **O** 113 ff.
Anlageberatung J 740
Anlagebuch J 651
Anlagegitter
– *s. Anlagenspiegel*
Anlageimmobilien
– nach IFRS **N** 191 ff.
– – Abgänge **N** 203 f.
– – Anhangangaben **N** 205 ff.
– – Ansatz **N** 194 f.
– – Ausweis **N** 209
– – Definition und Abgrenzung **N** 191 ff.
– – Folgebewertung **N** 199 ff.
– – Übertragungen **N** 202
– – Zugangsbewertung **N** 196 ff.

3095

Anlagen
- abnutzbare
- – Zwischenergebniseliminierung **M** 343
- Abschreibungen bei Ermittlung der Herstellungskosten **E** 349, 357 f., 390
- Ausweis der technischen **F** 244 ff.
- im Bau
- – Abschreibungen **E** 395
- – Bilanzierung **E** 395, **F** 130, 248 f.
- Bilanzierung anderer **F** 244 ff.
- geschlossene bei der Inventur **E** 23
- Konzernprüfungsbericht **Q** 723 ff.
- Prüfungsbericht **Q** 70 ff., 284 ff.
- Rückstellungen für Instandhaltung und Reparaturen **E** 136, 260 f., 265
- selbsterstellte **E** 341, **F** 518
- – Bewertung **E** 341
- Veräußerungsgewinne **E** 425

Anlagenabgänge
- in der Bilanz **E** 302
- – der Kapitalgesellschaft **F** 129
- Erträge **F** 493, 521, 906
- – Prüfung **R** 416, 427
- Prüfung **R** 415 ff.
- Verluste **F** 493, 551, 906
- – Prüfung **R** 416, 428

Anlagenband
- Prüfungsbericht **Q** 77, 227, 300, 673

Anlagenbau
- im Lagebericht **F** 1134

Anlagenbetreiber
- Prüfungsvorschriften **D** 31

Anlagen-Contracting E 32

Anlagengegenstand
- Buchrestwert bei degressiver Abschreibung **Anh1** 37

Anlagenkartei
- Prüfung **R** 404

Anlagennachweis
- Eigenbetriebe **L** 25

Anlagenspiegel E 600
- Abschreibungen **F** 124, 133 f.
- bei Kapitalgesellschaften **F** 77, 123 ff., 692, 877
- im Konzernabschluss nach HGB **M** 228 ff.
- Darstellung der Equity-Methode **M** 235
- Konzernbilanz nach PublG **O** 83
- Kreditinstitute **J** 394

- Währungsumrechnungsdifferenzen **M** 728

Anlagenstock
- fondsgebundene Lebensversicherung **K** 246, 250, 490, 583

Anlagenzugänge
- Abschreibung **E** 392
- in der Bilanz **E** 299
- – der Kapitalgesellschaft **F** 126
- bei Festwerten **E** 480
- Prüfung **R** 407 ff.

Anlagevermittler
- Prüfungsvorschriften **D** 19

Anlagevermögen
- Abschreibungen **E** 382 ff., **F** 692, 877, 901
- – außerplanmäßige
- – – im Anhang **F** 692
- – – bei Genossenschaften **G** 16
- – bewegliches **E** 401
- – steuerrechtliche im Anhang **F** 901, 908
- im Anhang **F** 692, 704, 877, 901, 908
- Begriff **E** 594, 600
- Bewertung des selbsterstellten **E** 341
- in der Bilanz
- – Abschreibung **E** 382
- – bei Kapitalgesellschaft **F** 234 ff.
- – – aktivierte Löhne und Gehälter **F** 533
- immaterielle Vermögensgegenstände **E** 343
- in der Konzernbilanz **M** 224
- Kreditinstitute
- – Bewertung **J** 313
- – Zuordnung **J** 311
- – im Überschuldungsstatus **V** 49
- Versicherungsunternehmen **K** 116 ff., 144, 154, 158
- zugegangenes und Bewertungsstetigkeit **E** 308
- Zuschreibungen **F** 906

Anlaufverluste
- bei Teilwertermittlung **E** 558

Anleihen
- Bewertung **F** 450, **J** 311 ff.
- Bilanzierung **F** 264, 449, **J** 314, 323, 499, 500, 503
- konvertible **F** 449
- Prüfung **R** 542
- Rückkauf **F** 450

– Versicherungsunternehmen **K** 197 ff., 211, 505
Anleihenkurs
– Bestimmung **Anh1** 32 f.
Anliegerbeiträge
– bei Ermittlung der Anschaffungskosten **E** 322
Annuität
– Berechnung **Anh1** 15 ff.
Anpassungsfrist
– Anerkennungsvoraussetzungen **A** 171
– – Altgesellschaften **A** 185
– – Wirtschaftsprüfungsgesellschaft **A** 174
– Erbfall **A** 174, 183
Anpassungsverpflichtung
– aus Umweltschutzauflagen **E** 212
Ansatz-, Bewertungs- und Ausweisvorschriften
– Bestätigungsvermerk bei Verstoß **Q** 463
Ansatzgrundsätze
– nach IFRS **N** 81 ff.
– – Änderung **N** 875 ff.
– – im Konzernabschluss **N** 928 ff.
Ansatzpflicht
– immaterielle Vermögensgegenstände **E** 492 ff.
Ansatzstetigkeit
– aktive latente Steuern **E** 109
– Durchbrechung **E** 107
– Methoden **E** 107, 110
Ansatzvorschriften
– bei Bilanzierung nach PublG **H** 44 ff.
– bei eingetragenen Genossenschaften **G** 5 ff.
– Kreditinstitute **J** 89, 330, 444 ff.
Ansatzwahlrecht
– im Anhang **F** 701, 723
– Ausübung **Q** 209
– und Bewertungsstetigkeit **E** 311
– latente Steuern **F** 303
– Neuausübung für die Konzernbilanz **M** 261 ff.
– Prüfung der Ausübung **R** 397
– Prüfungsbericht **Q** 209 ff.
– *s. auch Aktivierungswahlrecht, Passivierungswahlrecht*
Anschaffungskosten E 321 ff.
– Abschreibung des Anlagevermögens **E** 321, 382 ff.

– bei Abzug von Veräußerungsgewinnen **E** 424 ff.
– anderer Anlagen, Betriebs- und Geschäftsausstattung **F** 247
– im Anlagenspiegel **F** 124 f.
– Anlagevermögen
– – im Anhang **F** 704
– Aufteilung **E** 333
– Beteiligungen **E** 532, 551
– Betriebs- und Geschäftsausstattung **E** 530 f.
– Definition **E** 321
– Ermittlung **E** 319, 321 ff., **F** 704
– – Provisionen **E** 322, 532
– – Prozesskosten **E** 322
– – Rabatt **E** 325, 419
– – Rollgeld **E** 322
– – Skonti **E** 325, 419
– Forderungen **E** 570 ff.
– fortgeführte **J** 316, 465
– in Fremdwährung **E** 332, **F** 720
– Grundstücke **E** 508, 514 ff.
– nach IFRS **N** 109 ff.
– – Abbruchkosten **N** 112
– – Definition **N** 109 f.
– – Fremdkapitalkosten **N** 123 ff.
– – Gemeinkosten **N** 113
– – nachträgliche Anschaffungskosten **N** 121
– – Stundung des Kaufpreises **N** 115
– – beim Tausch **N** 116, 168
– Kreditinstitute
– – Forderungen **J** 316, 497 f.
– – Wertpapiere **J** 314, 323
– Maschinen und maschinelle Anlagen **E** 530 f.
– Maschinen und technische Anlagen **F** 247
– nachträgliche **E** 329, 418, 521, 536, 551, **F** 131
– Prüfung **R** 406
– Roh- Hilfs- und Betriebsstoffe **E** 341
– bei Rücklage nach § 6b EStG **E** 424 ff.
– Sacheinlagen **E** 335, 532, 551
– bei Sachübernahmen **E** 336
– Sammelposten **E** 419
– bei Spaltung **E** 340, **F** 128
– bei Tauschgeschäften **E** 338
– bei unentgeltlichem Erwerb **E** 334
– überhöhte **E** 337

3097

– – übernommener Schulden **E** 331
– Umlaufvermögens **E** 428
– bei Umwandlung **E** 340
– Verpflichtungen, (Sachleistung-) **E** 331
– bei Verschmelzung **E** 340, **F** 128
– Versicherungsunternehmen
– – Beteiligungen **K** 155 f.
– – Hypotheken-, Grundschuld- und Rentenschuldforderungen **K** 2122
– – Namensschuldverschreibungen, Schuldscheinforderungen und Darlehen
– Vorräte **E** 341, 562 ff.
– Waren **E** 341
– bei Zwangsversteigerungen **E** 334
Anschaffungskostenmethode
– Übergang von der Equity-Methode **M** 602 f.
Anschaffungskostenminderung
– bei Bewertung des Umlaufvermögens **E** 431
– nachträgliche **E** 329
Anschaffungsnebenkosten
– bei der Betriebs- und Geschäftsausstattung **E** 530
– Darlehen
– – Versicherungsunternehmen **K** 155
– Forderungen **J** 318, 465, 498
– Fremdkapitalzinsen **E** 324
– bei Maschinen und maschinellen Anlagen **E** 530
– bei Roh-, Hilfs- und Betriebsstoffen **E** 341
– Steuern **F** 601
– des Umlaufvermögens **E** 431
– – Wertpapiere **E** 575
Anschaffungspreisminderungen E 325
Anschaffungswertprinzip E 298, 320
– Auswirkung **F** 79
– Versicherungsunternehmen
– – Durchbrechung **K** 28
Anschlusskosten E 513, 364
Ansprüche
– Bilanzierung **F** 259, 293
Anstalt des öffentlichen Rechts
– Geltung des PublG **H** 5
– Unternehmenseigenschaft **T** 49 ff.
Anstellungsverhältnis
– Wirtschaftsprüfer **A** 44 f., 162 ff., 175 ff., 217 ff., 230
– – Abgrenzung **A** 220

– – berufsfremdes **A** 51 f.
– – Berufssitz **A** 188 ff.
– – Siegelführung **A** 230
– – unzulässiges **A** 51 ff.
– – – bei sozietätsfähigen Personen **A** 52
– – Verschwiegenheitspflicht **A** 345
– – Wettbewerbsbeschränkungen **A** 222
– – Zeichnungsberechtigung **A** 218
– – zulässiges **A** 44 f.
Anteile
– anderer Gesellschafter
– – am Gewinn/Verlust **M** 660 ff.
– – am Kapital **M** 241, 414 ff.
– – am Konzernergebnis **M** 677
– – Ausgleichsposten für **M** 241, 414 ff., 422 f.
– – Zwischenergebniseliminierung **M** 324
– bei Beteiligung **E** 535
– an offenen Immobilienfonds **F** 264
– an verbundenen Unternehmen **F** 250 ff., 295
– – – Ausweis **F** 253
– – – Erträge **F** 567 ff.
– Bewertung nicht voll eingezahlter **E** 549
– von Dritten gehaltene bei wechselseitiger Beteiligung **T** 204
– Einzahlungsverpflichtungen **E** 549
– an GmbH **F** 258, 270, 293
– an herrschender oder mit Mehrheit beteiligter Gesellschaft **E** 535, **F** 255, 258, 456
– an Investmentfonds **F** 264, 802, 855
– an Komplementärgesellschaften **E** 603, **F** 255, **H** 56
– konsolidierungspflichtige **M** 351 ff.
– – Abschreibungen auf **M** 419 ff.
– – Veränderungen des Buchwerts **M** 421 ff.
– nicht beherrschender Gesellschafter
– – bei der Kapitalkonsolidierung nach IFRS **N** 966 f.
– an verbundenen Unternehmen
– – Prüfung **R** 423 ff., 497
– – Versicherungsunternehmen
– – – anderer Gesellschafter **K** 714
– – an gemeinschaftlichen Kapitalanlagen **K** 237
– – an Kapitalgesellschaften **K** 637 ff., 714
– – an verbundenen Unternehmen **K** 147
– Wirtschaftsprüfungsgesellschaften **A** 117
– Übertragung **A** 168

– – Vinkulierung **A** 145
– *s. auch Beteiligungen*
Anteilige Zinsen J 87 ff., 516
Anteilsbasierte Vergütung
– nach IFRS **N** 796 ff.
– – Anhangangaben **N** 818 ff.
– – Bewertung **N** 802 ff.
– – – Ausgleich durch Eigenkapitalinstrumente **N** 802 ff.
– – – Barausgleich **N** 807 f.
– – – Kombinationsmodelle **N** 809 ff.
– – Definition und Abgrenzung **N** 796 f.
– – Erfassung **N** 798 ff.
– – zwischen Unternehmen einer Gruppe **N** 814 ff.
Anteilsbesitz
– im Anhang **F** 692, 970 ff.
– – Schutzklausel **F** 977
– im Konzernanhang **M** 702 ff.
– *gesonderte Aufstellung s. Beteiligungsliste*
Anteilscheine
– Investmentvermögen **J** 751
Anteilserwerb
– bei Kapitalerhöhung aus Gesellschaftsmitteln **F** 336
Anteilsinhaber
– bei Mehrheitsbeteiligung **T** 74 ff.
Anteilsquote
– bei Investmentvermögen **F** 857
Anteilwert
– Definition **J** 850
– Ermittlung **J** 798, 849 ff.
Antizipative Posten
– im Anhang **F** 748, 771
– anteilige Zinsen bei Kreditinstituten **J** 87, 514, 516
– in der Bilanz **E** 267, **F** 294, 458
– Versicherungsunternehmen **K** 274
Antragspflicht
– bei Überschuldung **V** 23 ff., 70 ff.
– bei Zahlungsunfähigkeit **V** 23 ff., 70 ff.
Anwaltsnotar
– Tätigkeit von Wirtschaftsprüfern als **A** 39
Anwartschaftsbarwertverfahren E 233, 235
– versicherungsmathematische Berechnungen **Anh2** 68 ff.

Anzahlungen
– Absetzung von den Vorräten **E** 59, 600, **F** 277 ff.
– – Generalnorm **F** 278
– – bei Ermittlung der Bilanzsumme nach PublG **H** 17
– auf Anlagen
– – Abschreibung **E** 569
– Bewertung **E** 569 f., **F** 276, **R** 468
– Bilanzierung **E** 395, 418, 569 f.
– erhaltene **E** 328, **F** 353
– – auf Bestellungen **F** 277 ff.
– – Prüfung **R** 545 f.
– bei Ermittlung der Herstellungskosten **E** 518
– geleistete **F** 236, 248 f., 270, 275
– – Abschreibungen **E** 569
– – in der Bilanz **E** 270, 569, **F** 130, 249
– – Prüfung **R** 414, 468
– – in der Steuerbilanz **E** 569
– – an verbundene Unternehmen **F** 285
– Konsolidierung **M** 457
– auf Roh-, Hilfs- und Betriebsstoffe **F** 276
– Umsatzsteuer **E** 569, **F** 600
Anzeigepflicht
– Abschlussprüfer
– – Versicherungsunternehmen **K** 734 ff.
– Aufsichtsbehörden **Q** 875, 901, 933, 1311
– bestandsgefährdende Tatsachen **Q** 875
– entwicklungsbeeinträchtigende Tatsachen **Q** 875
– gegenüber Berufsregister **A** 261
– Gesetzesverstöße **Q** 875
– bei hälftigem Kapitalverlust **V** 1
– Kreditinstitute
– – Prüfung der Einhaltung **J** 657, 1110
– Verdachtsfälle **Q** 1311
– *s. auch Redepflicht*
Arbeitgeberanteile
– in der Bilanz **F** 460
– in der Gewinn- und Verlustrechnung **F** 538
– für Organmitglieder im Anhang **F** 925
Arbeitnehmer
– Abfindungen **F** 535
– Angaben zu
– – im Anhang **F** 692
– – im Konzernanhang **M** 771 ff.
– – im Lagebericht **F** 1145

3099

– im Aufsichtsrat
– – Wahl **U** 124
– – bei Widerlegung der Abhängigkeitsvermutung **T** 134 ff.
– Gesetzesverstöße **Q** 134 f.
– Verdienstsicherung für ältere Arbeitnehmer
– – Rückstellung **E** 215
Arbeitnehmerüberlassung
– unzulässige geschäftsmäßige durch Wirtschaftsprüfer **A** 49
Arbeitnehmerzahl
– assoziierte Unternehmen
– – Angaben im Konzernanhang **M** 773
– als Größenmerkmal i.S.d. PublG **O** 24 ff.
– – Ermittlung **O** 39
– als Kriterium für die Rechnungslegungspflicht
– – nach HGB **F** 70 ff.
– – nach PublG **H** 10, 27 f.
– als Kriterium für die Konzernrechnungslegungspflicht
– – nach HGB **M** 30, 148
Arbeitsbühnen
– Ausweis **F** 244
Arbeitsgemeinschaft
– Konzernzugehörigkeit **T** 189
– Unternehmenseigenschaft **T** 48, 189
– *s. auch Joint Venture*
Arbeitsgemeinschaft für das wirtschaftliche Prüfungswesen B 63
Arbeitsgeräte
– Bilanzierung **F** 244
Arbeitskreis Weltbilanz
– Stellungnahmen **Anh3** 16
Arbeitslosenversicherung
– Arbeitgeberanteil **F** 538
Arbeitspapiere R 895 ff.
– Aufbau **R** 898 ff.
– Aufbewahrungsfrist **A** 255, **R** 909
– Begriff **R** 895 ff.
– Dauerakte **R** 901
– Einsatz elektronischer Medien **R** 900, 908
– Handakten **A** 254
– Herausgabepflicht **A** 259, 616
– Inhalt **R** 419, 481, 542, 582, 619, 903 ff.
– laufende Arbeitspapiere **R** 901 f.
– Ordnungsmäßigkeit **R** 899
– Prüfungsbericht **Q** 151, **R** 899

– Prüfungszeichen **R** 898
– Standardisierung **R** 900
– Zweck **R** 895 ff.
Arbeitstagung
– *s. IDW Arbeitstagung*
Arbeitszeit
– im Lagebericht **F** 1145
Arbeitszeitguthaben
– Rückstellungen **E** 214
Architekt
– Tätigkeit eines Wirtschaftsprüfers als freiberuflicher **A** 40
Art und Umfang der Prüfung Q 161 ff.
– Beschreibung im Bestätigungsvermerk **Q** 390
– *s. auch Prüfungsgegenstand, Prüfungsumfang*
Asset Backed Securities E 58 f., **J** 503, **K** 196
Assoziierte Unternehmen
– abweichender Bilanzstichtag **M** 587 ff.
– Begriff **M** 544 ff.
– erstmalige Anwendung der Equity-Methode auf **M** 596 ff.
– nach IFRS **N** 977 ff.
– – Anhangangaben **N** 1016 ff.
– – Equity-Methode **N** 977 ff.
– – maßgeblicher Einfluss **N** 978
– – Schuldenkonsolidierung **N** 986
– – Wertminderung **N** 983
– – Zwischenergebniseliminierung **N** 985
– im Konzernanhang **M** 698 f.
– – Arbeitnehmerzahl **M** 773
– Kreditinstitute **J** 555
– Übernahme des Ergebnisses von **M** 655 ff., 676
– als verbundene Unternehmen **T** 377
– im Zwischenabschluss **M** 160
Assoziierungsvermutung M 549 ff.
Atomanlagenrückstellung E 175, **K** 474 f.
Aufbau
– Bescheinigung **Q** 1352 ff.
– Bestätigungsvermerk **Q** 363
– Konzernprüfungsbericht **Q** 670 ff.
– Prüfungsbericht **Q** 70 ff.
Aufbewahrungsfrist
– Arbeitspapiere **A** 256
– Dokumentation des Risikofrüherkennungssystems **P** 32

– Handakten **A** 255 ff.
– Unterlagen und Belege des Mandanten **A** 256 f.
Aufbewahrungspflicht
– Handakten **A** 255 ff.
– Rückstellungen für **E** 166
Aufgegebene Geschäftsbereiche
– nach IFRS **N** 994 ff.
– – Änderungen eines Veräußerungsplans **N** 1007
– – Ausweis und Anhangangaben **N** 1001 ff.
– – Bewertung **N** 1000
– – Definition und Abgrenzung **N** 994 f.
– – Klassifizierung **N** 996 ff.
– – im Konzernabschluss **N** 994 ff.
Aufhellungstheorie E 574
Aufklärungspflichten der gesetzlichen Vertreter
– *s. Auskunftserteilung, Auskunftspflicht*
Auflösung
– Bewertung bei der Gesellschaft **E** 293
– Wirtschaftsprüfungsgesellschaft **A** 160 f.
Auflösungsbericht
– Prüfungsvorschriften **D** 10
– Sondervermögen **J** 846 ff.
– Vermerk des Abschlussprüfers **Q** 927
Aufrechnung
– Honorarforderungen **A** 620 f.
Aufsichtsfunktionen
– Wirtschaftsprüfer **A** 47
Aufsichtsorgan
– *s. Aufsichtsrat*
Aufsichtsrat
– Audit Committee **R** 26
– Aufgaben **Q** 30 ff.
– – Prüfung des Abhängigkeitsberichts **F** 1368, 1391 ff.
– Berichtspflichten **Q** 30 ff., 125, 651, 773, 1162 ff.
– Bilanzausschuss **Q** 36, 654
– Bilanzsitzung **Q** 36, 654, 661, 773
– Empfänger des Prüfungsberichts **Q** 12, 13
– Erweiterungen des Prüfungsauftrags **R** 13
– Mitgliedschaft von Wirtschaftsprüfern **A** 47
– mündliche Berichterstattung durch den Abschlussprüfer **Q** 653

– Prüfungsausschuss **Q** 36, 652, 773
– Prüfungsbericht **Q** 290
– Prüfungspflicht **Q** 32, 1141
– Prüfungsschwerpunkte **Q** 163
– Überwachungsaufgabe **Q** 171, 204
– – Geschäftsführungsorgane **R** 26
– Veranlassungen **F** 1336
– Vorabberichterstattung **Q** 147
– Vorstandsvergütung **Q** 1569 ff.
– Zusammenarbeit mit dem Wirtschaftsprüfer **P** 1, 3, 111
– Zweckmäßigkeitsprüfung **Q** 35
Aufsichtsratsbeschlüsse
– keine Nichtigkeit oder Anfechtbarkeit **U** 100
Aufsichtsratsbezüge
– im Anhang **F** 676, 692, 917 ff.
– – früherer Mitglieder **F** 954 ff.
– – bei Genossenschaften **G** 20
– – Kreditinstitute **J** 402
– Aktienoptionen **S** 118
– Angemessenheit **S** 104
– Anspruch auf **S** 99
– *als Anteil am Jahresgewinn s. Gewinnbeteiligung*
– Bemessungsgrundlage **S** 106 ff.
– – Aufsichtsratstantieme **S** 106 ff.
– – Bilanzgewinn **S** 106 f.
– – Vordividende **S** 115 ff.
– – Vorstandstantieme **S** 111 f.
– Berechnung **S** 106 ff..
– Gewährung durch verbundenes Unternehmen **F** 930
– in der Gewinn- und Verlustrechnung **F** 537, 551
– Phantom Stocks **S** 120
– Stock Appreciation Rights **S** 120
– variable Bestandteile **S** 105 ff.
– *s. auch Organbezüge*
Aufsichtsratsmandate
– Höchstzahl **T** 187
Aufsichtsratsmitglieder
– im Anhang **F** 676, 692, 966 ff.
– – Genossenschaften **G** 20
– Kredite an **F** 692, 959 ff.
– – Prüfung **R** 488
– persönliche Voraussetzungen für die Wahl **U** 52
– Reisespesen **F** 926
– Überschreiten der Höchstzahl **U** 52

– *Vergütung s. Aufsichtsratsbezüge*
– *s. auch Organkredite*
Aufsichtsratsprotokolle
– bei der Abschlussprüfung **Q** 102, **R** 518
Aufsichtsratssitzungen
– Teilnahme des Abschlussprüfers **F** 1391, **R** 919 ff.
Aufsichtsratswahlen
– Anfechtung **U** 122 ff.
– Anfechtungsklage **U** 168 ff.
– Nichtigkeit **U** 10, 48 ff., 96, 211
– Verstoß gegen bindenden Vorschlag **U** 50, 124
Aufspaltung
– *s. Spaltung*
Aufstellung
– Abhängigkeitsbericht **F** 1279 ff.
– Jahresabschluss und Lagebericht
– – Eigenbetriebe **L** 28
– – Energieversorgungsunternehmen **L** 37
– – *Fristen s. Aufstellungsfristen*
– – Genossenschaften **G** 2, 4, 20
– – Kaufleute **E** 1 ff.
– – Kapitalgesellschaften **F** 1 ff., 654 ff., 1080 ff.
– – – Erleichterungen **F** 77, 654
– – – Verstoß gegen die Pflicht **F** 5
– – – Personenhandelsgesellschaft
– – – mit natürlichen Personen als Vollhafter **E** 2 ff., **H** 5 f., 44 ff.
– – – ohne natürliche Personen als Vollhafter **F** 20 ff.
– – nach PublG **H** 1, 44 ff.
– – – erstmalige/letztmalige **H** 10 ff.
– – Versicherungsunternehmen **K** 26 ff., 52, 75
– Konzernabschluss
– – nach HGB **M** 11, 21 ff.
– – Unterlassung bei nur nicht einbezogenen Tochterunternehmen **M** 22 ff.
– – Versicherungsunternehmen **K** 30, 643 ff.
Aufstellungsfrist
– Bestätigungsvermerk **Q** 523
– Jahresabschluss und Lagebericht
– – Genossenschaften **G** 3, 4
– – Kapitalgesellschaften **F** 5
– – Kreditinstitute **J** 33
– – nach PublG **H** 44, 81

– – Versicherungsunternehmen **K** 30, 643 ff.
– Konzernabschluss **F** 51
– – nach HGB **M** 180 ff.
– – Kreditinstitute **J** 435
– – Versicherungsunternehmen **K** 28, 30, 648, 653, 657, 662
– – – Prüfung der Einhaltung **K** 813
– Prüfungsbericht **Q** 188
– Zwischenabschluss
– – Versicherungsunternehmen **K** 654, 662
Aufstellungsgrundsätze
– Jahresabschluss
– – Genossenschaften **G** 5
– – Prüfung der Beachtung **R** 393 ff.
– – nach PublG **H** 44
Aufstellungspflicht
– Jahresabschluss **T** 337 ff.
– – Genossenschaft **G** 2
– – Kapitalgesellschaft **F** 1
– – Kaufleute **E** 3
– – Kreditinstitute **J** 6, 33, 420 ff.
– – Versicherungsunternehmen **K** 28
– Konzernabschluss
– – nach PublG **O** 1 ff., 65 ff.
– – Kreditinstitute **J** 420 ff.
– Prüfungsbericht bei Verletzung **Q** 135, 188, 293
– Teilkonzernabschluss nach PublG **O** 45 ff.
– – Befreiung **O** 48 ff.
– Verantwortlichkeit **Q** 155
Aufstockung
– Absetzungen **E** 528
– bei Altersteilzeit **E** 164 f.
Auftrag
– in Arbeit befindlicher **E** 186, **F** 517
– Bewertung des langfristigen **E** 317
– Übernahme durch Wirtschaftsprüfer **A** 597 ff.
– – rechtliche Einordnung **A** 597
Auftraggeber
– Wirtschaftsprüfer
– – Ansprechen möglicher **A** 461
– – Haftung gegenüber dem **A** 632 ff.
Auftragsannahme
– berufswürdiges Verhalten **A** 401
Auftragsbedingungen
– Allgemeine für Wirtschaftsprüfer und Wirtschaftsprüfungsgesellschaften **A** 598

– Bescheinigungen **Q** 1352 ff.
– Konzernprüfungsbericht **Q** 676
– Prüfungsbericht **Q** 85, 284
Auftragsbeendigung
– Wirtschaftsprüfer **A** 622 ff.
Auftragsbestätigung
– bei sonstigen Prüfungen **R** 16
Auftragsdurchführung
– persönliche des Wirtschaftsprüfers **A** 606 f.
– *s. auch Gegenstand, Art und Umfang der Prüfung*
Auftragserteilung
– Wirtschaftsprüfer **A** 599 ff.
– – Abschlussprüfung **A** 604
Auftragsfinanzierung F 749
Auftragslage
– im Lagebericht **F** 1102
Auftragsvermittlung
– Wirtschaftsprüfer **A** 430
Aufwands- und Ertragskonsolidierung M 615 ff.
– nach IFRS **N** 970
– Versicherungsunternehmen
– – Prüfung **K** 813
Aufwandsentschädigungen
– an Organmitglieder
– – im Anhang **F** 692, 918
– – in der Gewinn- und Verlustrechnung **F** 533
Aufwandsrückstellungen E 132 ff., 265
Aufwendungen
– für Abschluss von Versicherungsverträgen **E** 105
– anschaffungsnahe **E** 525
– außerhalb der gewöhnlichen Geschäftstätigkeit **F** 492 ff.
– außerordentliche im Anhang **F** 692, 905, 907
– für Euro-Umstellung **F** 551, 692
– aufgrund Gewinnabführung **F** 487, 490, 604
– in der Gewinn- und Verlustrechnung **F** 492 ff., 587
– nachträgliche **E** 329, 521 ff.
– pagatorische **E** 344
– periodenfremde im Anhang **F** 698, 906 f.
– private
– – in der Gewinn- und Verlustrechnung nach PublG **H** 68 ff.

– Prüfung **R** 571 ff.
– nach PublG
– – bei Einzelkaufleuten **H** 59
– – bei Personengesellschaften **H** 59
– unterlassene
– – für Instandhaltung **E** 260 f., 525
– – für Abraumbeseitigung **E** 136, 262
– – aus Verlustübernahme **F** 487, 489, 578 f.
– *zinsähnliche s. dort*
Aufwuchs
– Veräußerungsgewinne **E** 425
Aufzeichnungspflichten
– WpHG **J** 743
Aufzinsung
– abgezinster Ausleihungen **F** 567
– Forderungen **F** 571
Aufzinsungsfaktor
– Kapitalendwert **Anh1** 5
Ausbeuten
– Ausweis **F** 243
Ausbietungsgarantien
– Vermerk **E** 117
Ausbildung
– im Lagebericht **F** 1142 f.
– Wirtschaftsprüfer
– – Programm des IDW **B** 28 f.
– – berufsbegleitende **B** 28
– – Studienlehrgänge **B** 28
– Wirtschaftsprüfernachwuchs **A** 742 ff.
Aus- und Fortbildung
– Angebot des IDW **B** 12, 27 ff.
Ausbildungskosten
– Ausweis **F** 543, 551
Ausbildungsverpflichtungen
– Rückstellungen **E** 172
Ausfallbürgschaften E 114
Ausfallhaftung
– im faktischen Konzern **T** 231
Ausfallrisiko
– *s. Adressenausfallrisiko*
Ausgabe und Rückkauf von Aktien
– übernahmerelevante Zusatzangaben
– – Lagebericht **F** 1159 f.
Ausgabekosten
– in der Bilanz **F** 364 f.
Ausgabepreis
– Definition **J** 850
Ausgangsfrachten
– Ausweis **F** 551

3103

- bei Bewertung des Umlaufvermögens **E** 433
- bei Ermittlung der Umsatzerlöse **F** 513

Ausgleich
- *für außenstehende Aktionäre s. Ausgleichsanspruch*

Ausgleichsabgabe
- nach dem Verstromungsgesetz **F** 551, 598

Ausgleichsanspruch
- außenstehende Aktionäre **T** 311 ff.
- – Arten **T** 314
- – Ausgestaltung **T** 315 ff.
- – Begriff **T** 310
- – bei Beherrschungsvertrag **T** 312
- – bei Gewinnabführungsvertrag **T** 313
- – Höhe **T** 318, 320
- – Schuldner **T** 314
- – unangemessener **T** 322
- im faktischen Konzern **T** 228
- Handelsvertreter **E** 167
- Versicherungsvertreter
- – Aufwendungen **K** 534
- *s. auch Abfindungsanspruch, Ausgleichszahlung, Barausgleich*

Ausgleichsbetrag
- Versicherungsunternehmen **K** 286, 296, 510, 512
- – im Konzern **K** 667
- *s. auch Ausländische Versicherungsunternehmen*

Ausgleichsforderungen
- Kreditinstitute **J** 184 f.
- Versicherungsunternehmen **K** 236

Ausgleichspflicht
- des herrschenden Unternehmens **T** 100, 228

Ausgleichsposten
- für Anteile anderer Gesellschafter **M** 422
- – Ausweis **M** 220, 241
- – Berechnung **M** 414 ff.
- – Zwischenergebniseliminierung **M** 324
- für eigene Anteile bei Personenhandelsgesellschaften i.S.d. § 264a HGB **F** 426 f., 619, 627, **H** 55

Ausgleichszahlungen für außenstehende Gesellschafter F 491, 564, 578
- Angemessenheit **T** 316
- – Antrag auf Feststellung **T** 322
- – gerichtliche Entscheidung **T** 323

- – Prüfung **T** 320, 323
- feste **T** 315 f.
- Form **T** 315
- in der Gewinn- und Verlustrechnung **F** 491, 564 ff., 578
- Höhe **T** 316, 318
- in der Konzern-Gewinn- und Verlustrechnung **M** 644 ff.
- variable **T** 315, 325

Ausgliederung
- Prüfungsvorschriften **D** 3
- *s. auch Spaltung*

Aushandeln
- Haftungsbeschränkungen **A** 694

Auskunftspflicht
- Abschlussprüfer
- – von Tochterunternehmen **M** 929
- Bestätigungsvermerk bei Verstoß **Q** 464, 525
- gesetzliche Vertreter
- – Konzernprüfungsbericht **Q** 694 ff.
- – Prüfungsbericht **Q** 168 ff.
- bei Unternehmensvertrag **T** 271

Auskunftsrecht
- Abschlussprüfer **F** 1380 f., **M** 928 ff., **Q** 168 ff.
- – bei Prüfung des Abhängigkeitsberichts **F** 1380 f.
- Aktionär
- – bei Gebrauch von Erleichterungen **F** 486
- – zu Bilanzierungs- und Bewertungsmethoden **F** 697
- Konzernabschlussprüfer **A** 361, **M** 928 ff., **Q** 694 ff.
- Genossenschaftsmitglied **Q** 1002

Auskunftsvertrag
- Wirtschaftsprüfer **A** 675 ff.
- – Haftung **A** 676

Auskunftsverweigerung
- Anfechtung **U** 112 ff., 159

Ausländische Berufsangehörige
- Sozietät mit **A** 202

Ausländische Prüferberufe
- als gesetzliche Vertreter von Wirtschaftsprüfungsgesellschaften **A** 129

Ausländische Unternehmen
- als Mutterunternehmen **T** 243, 347, 428 ff.

– – Konzernrechnungslegungspflicht
T 358, 385, 428
– als verbundene Unternehmen T 60
Ausländische Versicherungsunternehmen K 17 f.
– Niederlassungen K 7, 67 ff.
– – Aufsicht K 630
– – Aufwendungen K 615
– – Ausgleichsbetrag K 286, 296, 509, 512, 668
– – gewidmetes Eigenkapital K 303
– – Kautionen K 301
– – Prüfungspflicht K 68, 726
– – Rechnungslegungspflicht K 18, 24, 26, 33
– – Rechnungslegungsvorschriften K 67 ff., 72
Auslagenersatz
– beim Prüfungshonorar A 723
Auslagerungen
– im Prüfungsbericht der Kreditinstitute J 649
Auslandsbeteiligungen
– Bewertung E 550
– in der Steuerbilanz E 551
Auslastungsgrad
– bei Ermittlung der Herstellungskosten E 358
Ausleihungen
– Abschreibungen E 395
– Ausweis
– – an GmbH-Gesellschafter F 267, 692, 879
– – an Gesellschafter einer Personenhandelsgesellschaft i.S.d. § 264a HGB F 1048
– – an Organmitglieder F 267, 1048
– – an verbundene Unternehmen F 256
– bei Beteiligungsverhältnis F 260
– Bewertung F 271
– Prüfung R 431 ff.
– – an verbundene Unternehmen R 433
– – bei Beteiligungsverhältnis R 433
– – Erträge aus R 427
– sonstige bei der Kapitalgesellschaft F 265 ff.
– an verbundene Unternehmen F 250 ff.
– Versicherungsunternehmen
– – Begriff K 161 ff.
– – sonstige K 208 ff.

– – übrige K 227 ff.
Auslosungen
– von Genussrechten/Besserungsscheinen F 1037 f.
Aussagebezogene Prüfungshandlungen R 114 ff.
– analytische Prüfungshandlungen R 114 f.
– Einzelfallprüfungen R 116 ff.
Aussagefähigkeit
– Bescheinigung Q 1352 ff.
– Bestätigungsvermerk Q 446
Ausscheideordnung
– Versicherungsunternehmen K 391, 455
– Wahrscheinlichkeitsrechnung Anh2 5
Ausschließung
– aus dem Wirtschaftsprüferberuf A 103, 87, 56, 107, 114, 421 f., 591 f.
– – Wiederbestellung A 114 f.
Ausschlussgründe
– Abschlussprüfung A 273 ff.
Ausschüttender Fonds E 538 ff., F 861
Ausschüttungssperre E 89, 301
– Abführungssperre F 105, 113
– bei aktiver Steuerabgrenzung
– – Prüfung R 510
– im Anhang F 118, 869 ff.
– Ausweis F 112, 117, 178, 872
– bei Befreiung nach § 264 Abs. 3 HGB F 31
– Begriff F 102 ff.
– für Einzelkaufleute F 104
– Ermittlung F 108 f., 114 f.
– für Kapitalgesellschaften F 102
– für Personenhandelsgesellschaften F 103, 869
– Versicherungsunternehmen K 101
Außendienstorganisation
– Versicherungsunternehmen
– – Aufwendungen K 29
Außenlager
– Prüfung der Inventur R 439
Außenprüfung
– Prüfungsbericht Q 290
Außenstehende Aktionäre
– Eintritt bei Unternehmensvertrag T 280
– Rechte bei Unternehmensvertrag T 310, 331
– – bei Änderung T 276, 325
– – bei Kündigung T 283

3105

– – bei Verzicht auf oder Vergleich über Ausgleichsanspruch **T** 302
– *s. auch Ausgleichszahlungen, Abfindungsanspruch, Barabfindung*

Außenumsatzerlöse
– Ausweis **M** 626
– bei Befreiung von der Konzernrechnungslegungspflicht **M** 137, 145 ff.
– Konzernabschluss
– – nach PublG **O** 36 ff., 96

Außerbilanzielle Geschäfte F 772 ff.
– im Anhang **F** 780 f.

Außerbuchhalterische Bereiche
– bei der Jahresabschlussprüfung **R** 7
– Prüfung **R** 230 ff.

Außergewöhnliche Buchungen
– bei der Prüfungsplanung **R** 150

Außerordentliche Aufwendungen
– im Anhang **F** 692, 905, 907
– bei Ermittlung der Herstellungskosten **E** 347
– in der Gewinn- und Verlustrechnung
– – Kapitalgesellschaften **F** 492 ff., 587
– – Kreditinstitute **J** 300
– – Personengesellschaften nach PublG **H** 59
– nach IFRS **N** 66, 870 ff.

Außerordentliche Erträge
– im Anhang **F** 692, 890, 905, 907
– in der Gewinn- und Verlustrechnung **F** 522
– – Einzelkaufleute nach PublG **H** 59
– – Kapitalgesellschaften **F** 492 ff., 585 f.
– – Kreditinstitute **J** 278
– – Nicht-Kapitalgesellschaften **E** 606
– – Personengesellschaften nach PublG **H** 59
– nach IFRS **N** 66, 870 ff.

Außerordentliche Posten
– bei Kapitalgesellschaften
– – im Anhang **F** 496
– – in der Gewinn- und Verlustrechnung **F** 492 ff., 585 f.

Außerordentliches Ergebnis
– Ertragsteuerbelastung **F** 692, 900 ff.
– *in der Gewinn- und Verlustrechnung*
– – Kapitalgesellschaften **F** 588 f.
– – Personengesellschaften und Einzelkaufleute nach PublG **H** 59

Außerplanmäßige Abschreibung
– auf eine Beteiligung
– – im Rahmen der Equity-Methode **M** 586

Ausstehende Einlagen
– Eigenbetriebe **L** 15
– bei Ermittlung der Bilanzsumme nach PublG **H** 19
– bei Kapitalgesellschaften **F** 287, 311
– Konsolidierung **M** 430
– bei Kreditinstituten **J** 190
– des Mutterunternehmens **M** 431 ff.
– bei Personenhandelsgesellschaften i.S.d. § 264a HGB
– – ausstehende Hafteinlagen **F** 351, 692, 1049 ff.
– – ausstehende Pflichteinlagen **F** 289 ff., 350
– der Tochterunternehmen **M** 433 ff.
– Versicherungsunternehmen **K** 28, 96, 298

Ausstehende Rechnungen
– Rückstellungen **E** 168

Austrittsvergütungen
– Versicherungsverträge
– – Aufwendungen **K** 398, 548
– – Rückstellungen **K** 397, 430

Auswahl
– Abschlussprüfer
– – Eigenbetriebe **L** 58 f.
– Prüfer für Qualitätskontrolle **A** 510 ff.

Ausweiswahlrecht
– Anlagenspiegel **F** 123
– Bilanz oder Anhang **F** 877 ff.
– Entwicklung des Anlagevermögens **F** 123
– erhaltene Anzahlungen auf Bestellungen **F** 277 f.
– Gewinn- und Verlustrechnung oder Anhang **F** 908 f.
– bei Personengesellschaften und Einzelkaufleuten nach PublG **H** 64

Automobilindustrie
– Forschung und Entwicklung im Lagebericht **F** 1134 ff.
– Umsatzerlöse im Anhang **F** 891

Aval Gemeinschaftskredite
– bei Kreditinstituten **J** 106

B

Balanced Scorecard R 246
Bankbestätigungen
– Einholung von **R** 502

Bankbilanzrichtlinie M 275
Bankenfachausschuss
– Entstehung **Anh3** 2
– IDW Rechnungslegungshinweise **Anh3** 28
– IDW Stellungnahmen zur Rechnungslegung **Anh3** 27
– Stellungnahmen **Anh3** 17
Bankguthaben
– Bilanzierung **E** 577
– – Kapitalgesellschaften **F** 299
– Prüfung **R** 500 ff.
– bei verbundenen Unternehmen **F** 300
– Versicherungsunternehmen **K** 231 f., 276, 279 ff.
– Zinsen **F** 299
Bankspesen
– in der Gewinn- und Verlustrechnung **F** 551, 580
Barabfindung
– Erhöhung **T** 332
– Ermittlung **T** 329
– Prüfungsvorschriften **D** 3
Bardepot K 240 ff.
Barreserve
– Kreditinstitute **J** 139, 496
Barwert
– Kapital
– – nachschüssige Verzinsung **Anh1** 6
– – vorschüssige Verzinsung **Anh1** 6
– Pensionsrückstellungen **E** 233, 250, **F** 574
– Ratenkauf **E** 590
– Rente
– – monatliche Zinsabrechnung **Anh1** 8, 33
– – nachschüssige Verzinsung **Anh1** 8, 32
– Rentenverpflichtungen **E** 589
– versicherungsmathematische Berechnungen **Anh2** 17 ff.
Bauaufträge
– Bewertung langfristiger **E** 328
Baubetreuer
– Prüfungsvorschriften **D** 19
Bauforderungen
– bei Bauunternehmen **F** 282
Baukostenzuschüsse
– Bilanzierung **E** 328
– Rückstellungen **E** 219
Bauleistungen
– Ausweis **F** 274

Baumaterial
– in der Gewinn- und Verlustrechnung **F** 527
Bauspardarlehen J 1040 ff., 1045 ff.
Bauspareinlagen J 1052 ff., 1054 f.
Bausparguthaben J 1052 f., 1054 f.
– Ausweis **F** 293, 299
Bausparkassen
– Anhangangaben **J** 1087 ff.
– Bauspardarlehen **J** 1040 ff., 1045 ff.
– Bauspareinlagen **J** 1052 ff., 1054 f.
– Erläuterungen zu Posten der Bilanz **J** 1038 ff.
– Erläuterungen zu Posten der GuV **J** 1070 ff.
– Fonds zur bauspartechnischen Absicherung **J** 1061 ff., 1090
– Formblätter **J** 1036 f.
– Gliederungsvorschriften **J** 1036 f.
– Haftungsverhältnisse **J** 1067 ff.
– Kollektivgeschäft **J** 1111 ff.
– Kreditzusagen **J** 1068 f.
– Lagebericht **J** 1092 ff.
– Prüfungsbericht **J** 1099 ff.
– Prüfungsvorschriften **J** 1096
– Risikobericht **J** 1095
– Rückstellungen **J** 1057 ff.
– Schwankungsreserve **J** 1063
– Sofortdarlehen **J** 1042
– Unternehmenseigenschaft der öffentlich-rechtlichen **T** 49
– Verbindlichkeiten gegenüber **F** 451
– Vor- und Zwischenfinanzierungskredite **J** 1040, 1042, 1045 ff., 1070, 1074
Bauten K 126 ff., 129, 143 ff., 521, 527, 559, 596, 598, 608, 690
– auf fremden Grundstücken **E** 30, 517, **F** 239, 243
– Versicherungsunternehmen
– – Abschreibung **K** 129
– *s. auch Gebäude*
Bauträger
– Prüfungsvorschriften **D** 19
Bauzinsen
– Bilanzierung **E** 324
Bauzuschüsse
– Bilanzierung
– – bei Versorgungsunternehmen **L** 19, 40
Beamtenverhältnis
– Wirtschaftsprüfer im **A** 54

Beanstandungen
– Bescheinigung **Q** 1361
– – Nichterteilung aufgrund wesentlicher **Q** 1361
– Bestätigungsvermerk
– – Beispiele für **Q** 511
– – Versagung aufgrund wesentlicher **Q** 504

Beaufsichtigung
– Wirtschaftsprüferkammer **B** 58 ff.

Beauftragung
– Prüfer für Qualitätskontrolle **A** 521

Bedingte Kapitalerhöhung
– im Anhang **F** 1034
– in der Bilanz **F** 312
– Prüfung **R** 518
– bei Zuführung zur gesetzlichen Rücklage **F** 380

Bedingtes Kapital
– in der Bilanz **F** 312
– Prüfung **R** 518
– bei der Zuführung zur gesetzlichen Rücklage **F** 379

Bedingung
– Erteilung des Bestätigungsvermerks unter aufschiebender **Q** 579

Befangenheit
– Wirtschaftsprüfer **A** 274, 278 ff.
– – Anfechtungsausschluss **U** 78, 103
– – Ausschlussgründe **A** 278
– – bei der Abschlussprüfung **A** 278 ff.
– – bei Beratungstätigkeit **A** 320 ff.
– – bei Eigeninteresse **A** 281 ff.
– – Feststellung des Jahresabschlusses **U** 201
– – bei gemeinsamer Berufsausübung **A** 327 f.
– – bei Interessenkollision **A** 321 ff.
– – bei Interessenvertretung **A** 305 ff.
– – bei sonstigen Prüfungen **A** 326
– – bei Vertrautheit **A** 312
– – Rechtsfolgen **A** 335 ff.
– – Schutzmaßnahmen **A** 319 ff.
– – Selbstprüfung **A** 286 ff.
– – Tätigkeitsverbot **A** 274
– – Vereinbarkeit von Prüfung und Beratung **A** 289 ff., 299 f.
– *s. auch Unbefangenheit*

Befragungen
– als Prüfungstechnik **R** 117

Befreiender Konzernabschluss
– Befreiung nach § 264 Abs. 3 HGB **F** 40
– Mitteilungspflicht **F** 55, 56, 69
– nach HGB **M** 83 ff., **T** 348, 407 ff., 431 ff.
– – im Anhang des Tochterunternehmens **F** 692, 986 ff., **M** 102
– – ausländischer Unternehmen **M** 83, 85 ff., 115 ff., **T** 428 ff., 467
– – Befugnis zur Aufstellung **M** 85 ff., 115 ff., **T** 418 ff., 444
– – aufgrund gesetzlicher Verpflichtung **T** 353, 414 ff., 443
– – freiwilliger, der aufgestellt werden könnte **T** 337, 421 ff., 444
– – bei größenbedingter Befreiung **T** 357, 419 f., 421 ff., 442 ff., 458 f.
– – Inhalt **M** 93 ff.
– – von inländischen Kapitalgesellschaften **T** 414
– – Konsolidierungskreis **M** 88
– – Minderheitsvotum gegen den **M** 108
– – von Nicht-Kapitalgesellschaften **T** 337, 419, 422
– – Organbezüge **O** 104
– – Prüfung **M** 101, 913 f.
– – Unternehmensverbindungen **T** 407 ff., 431 f., 464
– – – freiwillige **T** 374
– – – mögliche **T** 420
– – Voraussetzungen **M** 83 ff.
– Mitteilungspflicht **F** 55, 56, 69
– Offenlegung **F** 29, 65 ff.
– Prüfung **F** 29, 57
– nach PublG **O** 48 ff.
– – Organbezüge **O** 104
– für die Rechnungslegungspflicht
– – Einbeziehung bestimmter Unternehmen **F** 34, 35
– – nach PublG **H** 32 ff.
– – nach den Vorschriften für Kapitalgesellschaften **F** 28 ff.
– – zusätzliche Gestaltungsspielräume
– Versicherungsunternehmen **K** 817

Befreiung
– Offenlegungspflicht
– – Personenhandelsgesellschaften i.S.d. § 264a HGB **F** 58 ff.
– – nach PublG **H** 29 ff.
– – nach den Vorschriften für Kapitalgesellschaften **F** 29, 30 f.

– – Voraussetzungen **F** 38 ff., **H** 32 ff., 38 ff.
– Prüfungspflicht
– – Personenhandelsgesellschaften i.S.d. § 264a HGB **F** 58 ff.
– – nach PublG **H** 29 ff.
– – nach den Vorschriften für Kapitalgesellschaften **F** 31, 37
– – Voraussetzungen **F** 38 ff., **H** 32 ff., 38 ff.
– von der Rechnungslegungspflicht
– – Personenhandelsgesellschaften i.S.d. § 264a HGB **F** 58 ff.
– – nach PublG **H** 29 ff.
– – nach den Vorschriften für Kapitalgesellschaften **F** 29 ff., 58 ff.
– – Voraussetzungen **F** 38 ff., 43 ff., **H** 32 ff., 38 ff.
– Steuerberaterprüfung **C** 51
Befreiung nach § 264 Abs. 3 HGB
– Aufstellung, Prüfung und Offenlegung
– – Hinweis im Bestätigungsvermerk auf § 264 Abs. 3 bzw. § 264b HGB **Q** 154, 167, 386, 549
– Ausschüttungssperre bzw. Abführungssperre **F** 31
– Einschränkung **F** 32, 33
– Verlustübernahme **F** 47
Begebene Schuldverschreibungen
– Kreditinstitute **J** 215 ff., 508
Beglaubigungsbefugnis
– Wirtschaftsprüfer **A** 228
Beglaubigungsfunktion
– der Jahresabschlussprüfung **R** 1
Begründung
– Einschränkung des Bescheinigung **Q** 1361
– Einschränkung des Bestätigungsvermerks **Q** 478
– Nichterteilung der Bescheinigung **Q** 1361
– Versagung des Bestätigungsvermerks **Q** 499
Beherrschender Einfluss T 99 ff., 107 ff.
– Abhängigkeit **T** 102 f.
– Ausgleichspflicht **T** 100
– durch ausländische Unternehmen **T** 60, 243
– bei Bezugsrechtsausübung **T** 106
– Konzept **M** 21 ff.
– Konzernrechnungslegungspflicht bei **M** 53 ff.
– Konzernvermutung bei **T** 99, 169
– bei Mehrheitsbeteiligung **T** 63, 107
– bei mehrstufiger Beteiligung **T** 118 ff.
– Mittel **T** 107 f.
– mittelbarer **T** 116
– nachteilige Geschäfte bei **T** 228, 230
– i.S.d. PublG **O** 6
– Rechtsnatur **T** 104, 238
– Sicherheitsleistung bei **T** 303
– bei Treuhandverhältnis **T** 116, 127 ff.
– Verantwortlichkeit bei **T** 228, 230 ff., 252
– Verlustausgleich bei **T** 230, 297
– Vorschriften des AktG **T** 26
– bei wechselseitiger Beteiligung **T** 196, 208
– Weisungsbefugnis **T** 246
– bei Zweckgesellschaften **J** 441
Beherrschungsmittel T 107 f.
– Präsenzmehrheit in der Hauptversammlung **T** 115
– Verbotsrechte als **T** 113
– Verwaltungsverflechtung als **T** 114
Beherrschungsmöglichkeit
– Abhängigkeit bei **T** 104
– bei Minderheitsbeteiligung **T** 109
Beherrschungsvertrag
– Abgrenzung **T** 243
– Abhängigkeit **T** 246, 149
– Abhängigkeitsbericht **F** 1292, 1295, 1298 f., 1305 f.
– Abfindungsanspruch **T** 326
– Anfechtung **T** 270
– Ausgleichsanspruch **T** 310, 312
– mit ausländischen Unternehmen **T** 60
– einheitliche Leitung **T** 170, 246 f.
– Einrichtung eines Risikofrüherkennungssystems **P** 23
– Erträge **F** 554, 562
– Folgen **T** 243 ff.
– Gewinnabführung **T** 249, 290
– gesetzliche Rücklage **F** 381 f., **T** 291
– Inhalt **T** 243 ff.
– Konzernrechnungslegungspflicht bei **M** 53 ff.
– Konzernvermutung **T** 31, 170
– Nichtigkeit **T** 250, 286, 326, 331
– Rechtsform **T** 243, 268
– Rückwirkung **T** 274

3109

- Verantwortlichkeit der Organe **T** 253
- verdeckter **T** 253, 256
- Verlustausgleich **T** 297
- Verpflichtungen **F** 602
- – drohende **E** 216
- bei Widerlegung der Abhängigkeitsvermutung **T** 131 ff., 147, 169
- zwischen Wirtschaftsprüfungsgesellschaften **A** 117
- *s. auch Unternehmensvertrag*

Beibehaltungspflicht
- bei der Bewertung **E** 306 ff.

Beibehaltungswahlrecht
- bei Bewertung
- – Wertpapiere **E** 575
- bei Nicht-Kapitalgesellschaften **E** 400
- und Wertaufholungsgebot **F** 900, **G** 8
- Versicherungsunternehmen **K** 28, 120, 190

Beirat
- Mitgliedschaft von Wirtschaftsprüfern **A** 47
- Wirtschaftsprüferkammer **B** 54
- – Wahlrecht **B** 54
- *s. auch Aufsichtsrat*

Beiratsbezüge
- im Anhang **F** 667, 676, 933
- – frühere Mitglieder **F** 933
- *s. auch Organbezüge*

Beiratsmitglieder
- im Anhang **F** 967

Beiträge
- Ausweis **F** 551
- Versicherungsunternehmen
- – im Anhang **K** 575
- – in der Gewinn- und Verlustrechnung **K** 538 ff., 573 ff.
- – im Konzernanhang **K** 664

Beitragsbescheid
- Wirtschaftsprüferkammer **B** 56

Beitragsdeckungsrückstellungen
- Rückversicherungsunternehmen **K** 387
- Schaden- und Unfallversicherungsunternehmen **K** 386

Beitragsforderungen
- Versicherungsunternehmen **K** 254, 263
- – Abschreibung **K** 540
- – Erträge aus stornierten oder abgeschriebenen **K** 540, 612
- – Stornorückstellung **K** 480

Beitragsmarken
- Ausweis **F** 298

Beitragsnachverrechnungen
- Rückstellung **K** 478, 554

Beitragsordnung
- Wirtschaftsprüferkammer **B** 56

Beitragsrückerstattung
- Aufwendungen für
- – in der Konzern-Gewinn- und Verlustrechnung **K** 721, 788
- – Krankenversicherungsunternehmen **K** 329, 452, 588
- – Lebensversicherungsunternehmen **K** 452, 588
- – Rückversicherungsunternehmen **K** 530
- – Schaden- und Unfallversicherungsunternehmen **K** 433 f., 453 f.
- Rückstellung für
- – im Anhang **K** 436, 558
- – Ausweis **K** 436 ff., 478, 553, 581
- – Charakter **K** 59 f., 436 ff.
- – bei der Konsolidierung **K** 671, 715
- – im Konzernabschluss **K** 671, 715, 721
- – im Konzernanhang **K** 671
- – Krankenversicherungsunternehmen **K** 329, 379, 449, 579, 581
- – Lebensversicherungsunternehmen **K** 436 ff.
- – Prüfung **K** 788, 797 f., 803
- – Rückversicherungsunternehmen **K** 479, 557
- – Schaden- und Unfallversicherungsunternehmen **K** 442, 556
- verjährte **K** 546

Beitragsteile
- nicht übertragsfähige **K** 358, 360, 530, 764
- übertragsfähige **K** 358

Beitragsüberträge
- im Anhang **K** 362
- Ausweis **K** 330, 346 ff., 538
- Ermittlung **K** 333 f., 349 f., 355 ff.
- Prüfung **K** 751, 763, 803
- – bei Lebensversicherungsunternehmen **K** 765
- – für das Rückversicherungsgeschäft **K** 334, 350, 803
- in der Rückversicherung **K** 334 ff.
- in der Transportversicherung **K** 355
- Veränderung **K** 573, 627

Beitrittsgelder
- Kapitalrücklage bei Genossenschaften **G** 13

Beizulegender Wert E 428
- Ermittlung **E** 396, 433

Beizulegender Zeitwert
- aktiver Markt **E** 375
- Bewertungsmethoden **E** 378, 380
- Ermittlung **E** 372, 373
- fiktive Anschaffungs- oder Herstellungskosten **E** 379
- nach IFRS **N** 108
- – abzüglich Verkaufskosten **N** 227 ff.
- – Anlageimmobilien **N** 200
- – Ausblick (IFRS 13) **N** 131 ff.
- – im Rahmen der Kaufpreisallokation **N** 939 ff.
- organisierter Markt **E** 376
- Preisnotierung **E** 377
- im Steuerrecht **E** 381
- Verfahren, zweistufiges **E** 374
- Wertmaßstab **E** 371
- *s. auch Zeitwert*

Bekanntmachung
- Abhängigkeitsberichts **F** 1345 f.
- Anfechtungsklage **U** 155
- Aufsichtsratsmitglieder **U** 49
- Hauptversammlung **U** 12 ff.
- Jahresabschluss
- – nach PublG **H** 1, 75
- Konzernabschluss **F** 55, 69
- Nichtigkeitsklage **U** 64 ff.
- Nichtigkeitsurteil **U** 74
- Verfahrensbeendigung **U** 166
- *s. auch Offenlegung*

Belegschaftsaktien
- aus Jahresüberschuss
- – Bestätigungsvermerk **Q** 359
- – im Lagebericht **F** 1145

Belehrung
- des Wirtschaftsprüfers bei Pflichtverletzungen **B** 43

Beleuchtungsanlagen
- AfA **E** 531
- Ausweis **F** 239, 245

Belüftungsanlagen
- Bilanzierung **E** 513

Bemerkenswerte Kredite J 671 ff.

Benchmarking R 370

Beobachtung
- als Prüfungstechnik **R** 117

Beratender Ingenieur
- Wirtschaftsprüfer als **A** 40

Beratendes Forum für Rechnungslegung B 79

Beratung
- durch Wirtschaftsprüfer **A** 25 ff.
- – Unbefangenheitsgebot **A** 320 ff.
- – – Interessenkollisionen **A** 321 f.
- – – Vereinbarkeit mit Prüfung **A** 289 ff., 299 f.
- – – Verschwiegenheitspflicht **A** 335

Beratungskosten
- in der Gewinn- und Verlustrechnung **F** 532
- bei Ermittlung von Leistung und Gegenleistung **F** 1363
- Versicherungsunternehmen
- – Anschaffungskosten **K** 155

Beratungsstellen
- Steuerberater **C** 30, 61, 63

Bereichskosten
- in der Gewinn- und Verlustrechnung der Kapitalgesellschaften **F** 500

Bereitstellungszinsen
- Versicherungsunternehmen
- – Erträge **K** 599

Bergbau-, eisen- und stahlerzeugende Industrie
- Prüfungsvorschriften **D** 20

Bergbauunternehmen
- Abschreibungen **E** 410
- Rückstellungen
- – Bergschäden **E** 169
- – Gruben- und Schachtversatz **E** 184
- selbst beseitigte Bergschäden **F** 519

Bergschäden
- Rückstellungen **E** 169
- selbst beseitigte **F** 519

Bergwerkseigentum
- Bilanzierung **F** 243

Bergwerksschächte
- Ausweis **F** 93

Bericht über die Prüfung des Abhängigkeitsberichts
- *s. Abhängigkeitsbericht*

Berichterstattung R 895 ff.
- Adressatenorientierung **Q** 65, 124, 177, 190, 1171

3111

- Arbeitspapiere **R** 895 ff.
- Aufsichtsratssitzung **R** 919 ff.
- Bestätigungsvermerk **R** 914
- Erweiterungen **Q** 872 ff.
- externe Qualitätskontrolle **A** 539
- formales Risikoreporting **P** 62 ff.
- gesellschaftsbezogene **F** 1145
- Grundsätze **Q** 44 ff.
- Management Letter **R** 915 ff.
- mündliche Berichterstattung **P** 3, **Q** 653
- Organisationseinheiten **P** 63
- Problemorientierung **Q** 63, 164
- Prüfung des Risikofrüherkennungssystems **P** 146 ff.
- Prüfungsbericht **R** 914
- Risiken der künftigen Entwicklung **F** 1107 ff., 1115
- Schlussbesprechung **R** 910 ff.
- Schriftform **Q** 9
- Schutzklausel **F** 1061 f.
- Zeitraum **Q** 166
- zusätzliche
– – bei Aktiengesellschaft und KGaA **F** 1025 ff.
– – bei börsennotierten Gesellschaften **F** 1056
– – bei kapitalmarktorientierten Gesellschaften **F** 1055
– – bei Personenhandelsgesellschaften i.S.d. § 264a HGB **F** 1048 ff.

Berichtskritik Q 302

Berichtspflicht
- Prüfung von Wirtschaftsbetrieben der öffentlichen Hand
– – erweiterte **L** 50 ff.
– – gem. § 53 HGrG **L** 51

Berlin
- erhöhte Absetzung auf Anlagevermögen **E** 422

Berufliche Vereinigungen
- Wirtschaftsprüfer als Angestellter bei **A** 44 f.

Berufsaufsicht
- Wirtschaftsprüfer und Wirtschaftsprüfungsgesellschaften **A** 561 ff., **B** 43
– – Beendigung **A** 107, 560
– – bei Beurlaubung **A** 264

Berufsausbildung
- Rückstellung für betriebliche **E** 171

Berufsausschluss
- Wirtschaftsprüfer **A** 103, 107, 114, 591 f.

Berufsausübung
- Wirtschaftsprüfer **A** 187 ff.
– – Angestelltenverhältnis **A** 217 ff.
– – Einzelpraxis **A** 200
– – freie Mitarbeit **A** 223 f.
– – gemeinschaftliche Berufsausübung **A** 201 ff.
– – selbständige Tätigkeit **A** 197 ff.
– – – Abgrenzung **A** 220 f.

Berufsbegleitende Ausbildung
- Programm des IDW **B** 28

Berufsbezeichnung
- Bescheinigung **Q** 1355
- Bestätigungsvermerk **Q** 576
- Führung durch Wirtschaftsprüfer **A** 233 ff.
– – andere **A** 234
– – Befugnis **A** 233
– – im Berufssiegel **A** 225
– – während der Beurlaubung **A** 266
– – Sozietäten **A** 236

Berufsbild
- Wirtschaftsprüfer **A** 21 ff.

Berufseid
- Wirtschaftsprüfer **A** 105

Berufsexamen
- vereidigte Buchprüfer **C** 6 f.
– – *s. auch Steuerberaterexamen, Wirtschaftsprüferexamen*

Berufsfußball
- Bestätigungsvermerk
– – Wortlaut **Q** 1109
- Lizenzierungsordnung **Q** 1105
- Vereine und Kapitalgesellschaften
– – Rechnungslegung und Prüfung **Q** 1105 ff.

Berufsgenossenschaftsbeiträge
- in der Gewinn- und Verlustrechnung **F** 538
- Rückstellungen **E** 170

Berufsgericht A 585
- Akteneinsicht **A** 587
- Berufung **A** 592
- ehrenamtliche Beisitzer **A** 585
– – Vorschlagsrecht der Wirtschaftsprüferkammer **B** 47
- Hauptverhandlung **A** 587

Berufsgerichtliches Verfahren
– Beweissicherung **A** 595
– Selbstanzeige zur Einleitung **A** 578
– s. auch Berufsgerichtsbarkeit
Berufsgerichtsbarkeit A 585 ff.
– berufsgerichtliches Verfahren s. dort
– freiwillige WPK-Mitglieder **B** 52
– Gerichtsaufbau **A** 585
– Wirtschaftsprüfer
– – bei Ausscheiden aus dem Beruf **A** 560
– – Ermittlungsbehörde **A** 585
– – Einrichtung **A** 8
– – Charakter **A** 586
– – Instanzen **A** 585
– – Maßnahmen **A** 591
– – Rechtsmittel gegen Urteile **A** 592
– – Verfahren **A** 586 ff.
– – während der Beurlaubung **A** 268
– – Zuständigkeit **A** 585
Berufsgrundsätze
– Bestätigungsvermerk **Q** 338, 609
– Wirtschaftsprüfer **A** 8
– s. auch Berufspflichten
Berufshaftpflichtversicherung A 243
– bei Beurlaubung **A** 268
– bei gemeinschaftlicher Berufsausübung **A** 249
– Deckungsbereich **A** 243, 251
– Fehlen **A** 246
– freiwillige Höherversicherung **A** 247
– keine bei Tätigkeit in Kontrollorganen **A** 47
– Mindestversicherungssumme **A** 247 ff.
– – bei Haftungsbeschränkung durch AAB/AGB **A** 248, 694 ff.
– – Pflicht zur Erhöhung **A** 248
– Nachweispflicht **A** 103, 112, 189
– – bei freier Mitarbeit **A** 224
– – bei gemeinschaftlicher Berufsausübung **A** 249
– – bei gemischter Sozietät **A** 250
– – bei Kooperation **A** 216
– – bei selbständiger Tätigkeit **A** 243 ff.
– – bei Tätigkeit als Angestellter **A** 199, 221
– – bei Tätigkeit als gesetzlicher Vertreter einer Nur-StBG/BPG **A** 199
– Selbstbehalt **A** 244
– Serienschadenklausel **A** 245
– Treuhandtätigkeit **A** 29 ff.

– Versicherungslücke **A** 246
Berufsorganisationen B 1 ff.
– Institut der Wirtschaftsprüfer in Deutschland e.V. **B** 1 ff.
– internationale **B** 67 ff.
– – Fédération des Experts Comptables Européens **B** 90 ff.
– – International Accounting Standards Board **B** 80 ff.
– – International Federation of Accountants **B** 68 ff.
– – International Financial Reporting Standards Foundation **B** 80 ff.
– Tätigkeit von Wirtschaftsprüfer als Angestellter in **A** 44
– Wirtschaftsprüferkammer **B** 38 ff.
Berufspflichten
– IDW Mitglieder **B** 11 f.
– Steuerberater **C** 62
– – gewerbliche Tätigkeit **C** 67
– – Syndikus- **C** 66
– – vereinbare Tätigkeiten **C** 65
– Wirtschaftsprüfer und Wirtschaftsprüfungsgesellschaften **A** 269 ff.
– – Einhaltung **A** 269, 558
– – – Überwachung **A** 561 ff., **B** 43
– – Folgen der Verletzung **A** 572 ff., 585 ff.
Berufspflichtverletzungen
– Ahndung durch die Wirtschaftsprüferkammer **A** 572 ff.
Berufsrecht
– Wirtschaftsprüfer **A** 5 ff.
– – Änderungen **A** 10 ff., **B** 1 ff.
– – Entwicklung **A** 5 ff.
– – geltendes **A** 10 ff.
– – Geschichte **A** 5 ff., **B** 1 ff.
Berufsrechtliches Ermittlungsverfahren A 563
Berufsregister
– Führung durch die Wirtschaftsprüferkammer **A** 260 ff., **B** 58
– – Bescheinigung der Teilnahme an der externen Qualitätskontrolle **A** 549
– – Datenschutz **A** 260
– – Eintragungen und Löschungen **A** 261
– – Inhalt **A** 260
– – Meldungen zum **A** 261
– – Öffentlichkeit **A** 261
– – Veränderungen in gesetzlicher Vertretung **A** 262

3113

– – Veränderungen im Gesellschafterbereich **A** 262
Berufsrichtlinien
– Wirtschaftsprüfer **A** 13, 269
– – Rechtsqualität **A** 269
Berufssachverständige
– Wirtschaftsprüfer **A** 28
Berufssatzung
– Wirtschaftsprüfer **A** 13, 269 ff.
– – Ermächtigung zum Erlass **A** 269, **B** 50
Berufssiegel
– Bescheinigung **Q** 1365
– Bestätigungsvermerk **Q** 575
– Wirtschaftsprüfer/Wirtschaftsprüfungsgesellschaften **A** 225 ff.
– – bei Anstellungsverhältnis **A** 230
– – gemeinschaftliches **A** 226
– – Inhalt **A** 225
– – Verwendung **A** 227 ff.
– – – bei Bescheinigungen **A** 228
– – – beim Bestätigungsvermerk **A** 227
– – – für Zweigniederlassungen **A** 231
Berufssitz
– bei Mehrfachfunktionen **A** 188, 190
– Niederlassungsleiter **A** 188
– überörtliche Sozietät **A** 201
– Wirtschaftsprüfer **A** 188 ff.
– Wirtschaftsprüfungsgesellschaft **A** 191
Berufsunfähigkeits-Zusatzversicherung
– Prüfung der Schadenrückstellung **K** 780 f.
Berufsurkunde
– Steuerberater **C** 55
– Wirtschaftsprüfer **A** 105
Berufsverbände
– Beiträge **F** 551
– Tätigkeit von Wirtschaftsprüfern in **A** 44
– Verbindlichkeiten aus Beiträgen **F** 460
Berufsverbot A 591, 595
– vorläufiges **A** 596
Berufswürdiges Verhalten
– als Berufspflicht des Wirtschaftsprüfers **A** 400 ff.
– – Aufstellung eines Transparenzberichts **A** 429 ff.
– – *Ausbildung des Berufsnachwuchses* **A** 428
– – Mandatsschutzklausel **A** 411 ff.
– – Sachlichkeitsgebot **A** 401

– – Unterrichtung des Auftraggebers über Gesetzesverstöße **A** 402
– – Verbot des Erfolgshonorars **A** 404
– – – Kerntätigkeiten des WP **A** 405
– – – steuerberatende Tätigkeiten **A** 406
– – Verbote bei der Honorargestaltung für gesetzliche AP **A** 408 f.
– – Verbot der Provisionszahlung **A** 410
– – Vermeidung pflichtwidrigen Verhaltens **A** 403
Berufszugang
– für Steuerberater **C** 44 ff.
– für Teilzeitbeschäftigte **C** 29
– für vereidigte Buchprüfer **C** 8 ff.
– für Wirtschaftsprüfer **A** 56 ff.
Berufung
– gegen Urteile der Kammer für WP-Sachen **A** 513
Beschäftigtenzahl
– im Anhang **F** 913 ff.
– in der Anlage nach PublG **H** 80
– für die Konzernrechnungslegungspflicht
– – nach HGB **M** 137, 148
– für die Rechnungslegungspflicht
– – nach HGB **F** 70 f.
– – nach PublG **H** 10, 27 f.
Beschäftigungsgrad
– Bewertungsstetigkeit bei Änderung **E** 314
– bei Ermittlung der Herstellungskosten **E** 353 f.
– im Lagebericht **F** 1102
Beschaffungsgeschäfte
– Rückstellungen **E** 153 f.
Beschaffungsmarkt
– bei der Bewertung **E** 430 ff.
Bescheinigung
– Ausschlussgründe **Q** 1353
– Adressierung **Q** 1354 ff.
– Aufbau **Q** 1360 ff.
– Auftragsbedingungen **Q** 1359 ff.
– Aussagefähigkeit **Q** 1359 ff.
– Beanstandungen **Q** 1361
– Berufsbezeichnung **Q** 1365
– Bescheinigungsbericht **Q** 1362
– Compliance-Konzepte **Q** 1542
– Duale Systeme **Q** 1452
– Einnahmen-/Ausgabenrechnung **Q** 1015, 1032, 1043
– Einschränkung **Q** 1356

– Einwendungen **Q** 1361
– Erfolgsrechnung **Q** 1353
– Erneuerbare Energien und Energieeffizienz **Q** 1465
– Erstellung von Jahresabschlüssen durch Wirtschaftsprüfer **Q** 1376
– freiwillige Abschlussprüfung **Q** 840, 1352
– Genossenschaften **Q** 996
– Grundsätze der Erteilung **Q** 1354
– Haftung **Q** 1355
– Heimrechtliche Vorschriften **Q** 1489
– IFRS-Eröffnungsbilanz, vorläufige **Q** 1373
– Internes Kontrollsystem **Q** 1421
– Investmentsteuergesetz **Q** 1524
– IT-Projekt Prüfungen **Q** 1413
– Krankenhausrechtliche Vorschriften **Q** 1497
– konsolidierte Abschlüsse **Q** 1393
– MaBV-Prüfung **Q** 1318
– Mindestbestandteile **Q** 853, 1359
– Mitwirkung des Prüfers bei der Rechnungslegung **Q** 1353, 1382, 1385
– Nachhaltigkeitsprüfung **Q** 1434, 1440
– Offenlegungserleichterungen **Q** 629, 826
– prüferische Durchsicht **Q** 1366
– Prüfungsbericht **Q** 1362
– Redepflicht **Q** 1363
– Reichweite **Q** 1355 ff., 1362
– Review **Q** 1366
– Richtigkeit **Q** 1398
– Sanierungsprüfung **Q** 1562
– Selbstauskunft zur Kautionsversicherung für Reiseveranstalter **Q** 1542
– Siegel **Q** 1364, 1386
– Softwareprüfung **Q** 1406
– Sonstige **Q** 1542
– Stiftungen **Q** 1030
– *Umweltberichterstattungsprüfung s. Nachhaltigkeitsprüfung*
– Verkaufsverpackungen **Q** 1452
– Vermögensübersicht **Q** 1396
– Verpackungsverordnung (VerpackV) **Q** 1461
– Werkstätten für behinderte Menschen **Q** 1480
– Zwischenabschlüsse **Q** 1352
Bescheinigungsbericht Q 1362
Beschlagnahmeverbot A 346 f.

Beschlüsse
– Gesellschaftsorgane
– – Bestätigungsvermerk für Wirksamkeit **Q** 359
Beschwerde
– im Berufsgerichtsverfahren **A** 592
Beschwerdeverfahren
– vor der Wirtschaftsprüferkammer
– – Vorlage von Unterlagen **A** 564
Besetzungsrecht für Leitungsorgane
– Konzernrechnungslegungspflicht des Mutterunternehmens **M** 49 ff.
Besonderer Vermerk
– Investmentaktiengesellschaft **J** 1031
– Sondervermögen **J** 776
Besserungsschein
– im Anhang **F** 446, 692, 786, 1037 f.
– Begriff **F** 1037
– bei Berechnung der Rücklagenzuführung **F** 380
– Bilanzierung **F** 343, 446
– in der Gewinn- und Verlustrechnung **F** 606
Besserungsverpflichtungen E 171, **F** 343, 446
Bestätigung
– anfechtbarer Beschlüsse **U** 133 f.
Bestätigungen durch Dritte
– als Prüfungstechnik **R** 117
– Bankbestätigungen **R** 117
– Saldenbestätigung **R** 117
Bestätigungsvermerk Q 330 ff., 739 ff., **R** 1, 13, 914
– zum Abhängigkeitsbericht **F** 1385 ff., **Q** 1142
– – Einschränkung **F** 1386
– – bei Fehlen der Schlusserklärung **F** 1177, **Q** 465
– – Unterzeichnung **F** 1389
– – Versagung **F** 1386
– – Zusatz **F** 1387
– Abwicklungs-Eröffnungsbilanz **Q** 1245
– Adressaten **Q** 331
– Adressierung **Q** 368
– Änderung des Jahresabschlusses durch die Hauptversammlung **Q** 359, 600
– Änderungen durch BilReG **Q** 332
– Änderungen durch KonTraG **Q** 332
– Anspruch auf Erteilung **Q** 344
– Aufgabenstellung **Q** 345, 383, 644

3115

– Aufnahme in Prüfungsbericht **Q** 566
– Aussagefähigkeit **Q** 345
– Auswirkungen der Prüfung des Risikofrüherkennungssystems **P** 159 ff.
– Bedeutung, tatsächliche **Q** 359
– Bedingung **Q** 579
– – Anwendungsbeispiele **Q** 587
– – fehlende Feststellung des Vorjahresabschlusses **Q** 588
– – Maßnahmen zur Sicherung des Fortbestands **Q** 591
– – Sanierungen **Q** 586
– – Voraussetzung und Auswirkung **Q** 579
– Berufsbezeichnung **Q** 576
– Berufsfußball
– – Vereine/Kapitalgesellschaften **Q** 1009
– Berufsgrundsätze (GoA) **Q** 338, 609
– Berufssiegel **Q** 575
– Bestandsgefährdung **Q** 552
– Bestandteile **Q** 363, 739
– – beschreibender Abschnitt **Q** 390
– – einleitender Abschnitt **Q** 370, 742
– – Ergänzende Hinweise zum Bestätigungsvermerk **Q** 530 ff.
– – Hinweis auf Bestandsgefährdung **Q** 552
– – Prüfungsurteil **Q** 402, 863
– – Überschrift **Q** 365 ff., 640
– – Unterzeichnung **Q** 341, 568
– Beurteilung des Prüfungsergebnisses **Q** 402, 765
– – Konzernabschluss von Kapitalgesellschaften **Q** 863
– Bilanzpolitik **Q** 352
– Datum/Doppeldatum **Q** 602, **R** 674
– – Nachtragsprüfung **Q** 595
– Disclaimer of Opinion („Nichterteilungsvermerk") **Q** 333, 353, 406, 496
– duale Konzernabschlüsse **Q** 762 ff.
– Eigenbetriebe **L** 60 f.
– einleitender Abschnitt **Q** 370, 742
– – Abgrenzung der Verantwortung für Aufstellung und Prüfung **Q** 382
– – Bezeichnung der Rechnungslegungsvorschriften **Q** 385
– – Formulierungsempfehlung **Q** 389
– – Konzernabschluss von Kapitalgesellschaften **Q** 742
– – Nennung des geprüften Unternehmens **Q** 380, 742

– – Prüfungsgegenstand **Q** 370, 742
– – Einschränkung **E** 617, **F** 1386, **Q** 457
– – Begründung und Darstellung der Tragweite **Q** 478 ff.
– – Einzelvorschriften von besonderer Bedeutung **Q** 463
– – Ermessen des Abschlussprüfers **Q** 476
– – Formulierungsempfehlungen **Q** 482 ff.
– – Gegenstand von Einwendungen **Q** 462 ff.
– – Gesetzmäßigkeit **Q** 463
– – Prüfungshemmnisse **Q** 465
– – Prüfungsvermerk zum Abhängigkeitsbericht **Q** 1144
– – Voraussetzungen und Abgrenzung zur Versagung **Q** 457
– – Wesentlichkeit der Einwendungsgründe **Q** 470 ff.
– Einschränkung/Versagung **Q** 457, 492
– – Entlastung der gesetzlichen Vertreter **Q** 357
– – Feststellung des Jahresabschlusses **Q** 354
– – Konzernabschluss von Kapitalgesellschaften **Q** 752
– Einschränkungs-/Versagungsgründe im Einzelnen **Q** 509 ff.
– – Einwendungen gegen das Risikofrüherkennungssystem **Q** 524
– – fehlender, unvollständiger, fehlerhafter Lagebericht **Q** 520 ff.
– – fehlender Konzernabschluss **Q** 522
– – Mängel der Buchführung **Q** 510
– – Überschreiten der Aufstellungsfristen **Q** 523
– – unzulässige Berücksichtigung zukünftiger Ereignisse **Q** 521
– – Verletzung von Aufklärungs- und Nachweispflichten **Q** 525
– – Verstoß gegen Generalnorm **Q** 517
– – Verstöße gegen
– – – Anhangangabevorschriften **Q** 515
– – – Bewertungsvorschriften **Q** 513
– – – gesetzliche oder gesellschaftsvertragliche/satzungsmäßige Einzelnormen von besonderer Bedeutung **Q** 522
– – – Gliederungsvorschriften **Q** 511
– – – Vorschriften zum Eigenkapital **Q** 514

3116

– – wesentliche Unstimmigkeiten von In-
  formationen im Geschäftsbericht mit
  der Rechnungslegung **Q** 526
– Einwendungen **Q** 459
– – Prüfungshemmnisse **Q** 459
– Ergänzung bei Nachtragsprüfung
  Q 595 ff.
– Erleichterungen zur Aufstellung, Prü-
  fung, Offenlegung
– – Inanspruchnahme von § 264 Abs. 3
  bzw. § 264b HGB **Q** 154, 167, 386, 549
– Eröffnungsbilanz **Q** 464
– Erstprüfung **Q** 464
– Erteilung **Q** 566 ff.
– – allgemeinen Voraussetzungen **Q** 338
– – Berechtigung **Q** 576
– – Ort und Tag **Q** 568, 569
– – Rechtsanspruch **Q** 344
– – rechtswidrige **Q** 358
– – unter Bedingung **Q** 579 ff.
– – Versagungsvermerk **Q** 492 ff.
– – Zeitpunkt **Q** 339
– – zwischenzeitliche Ereignisse vor Aus-
  lieferung **Q** 570
– Erwartungslücke **Q** 349
– Erweiterungen
– – Prüfungsgegenstand **Q** 371 ff., 530 ff.
– Feststellung des Jahresabschlusses **Q** 354
– Firma **Q** 380, 742
– Formulierungsempfehlungen **Q** 1599 ff.
– – eingeschränkter **Q** 484 ff.
– – – bei fehlendem Lagebericht **Q** 1611
– – – bei Prüfungshemmnissen **Q** 1612
– – – bei wesentlichen Beanstandungen mit
  Auswirkungen auf Aussage zur Ge-
  neralnorm/zum Lagebericht **Q** 1609
– – – bei wesentlichen Beanstandungen
  ohne Auswirkungen auf Aussage zur
  Generalnorm **Q** 1608
– – – bei wesentlichen Beanstandungen des
  Lageberichts **Q** 1610
– – uneingeschränkter
– – – bei freiwilliger Prüfung des Jahresabschlusses (ohne Lagebericht) **Q** 1607
– – – bei freiwillig aufgestelltem Konzernabschluss **Q** 1606
– – – bei Jahresabschlussprüfung **Q** 1600
– – – bei Konzernabschlussprüfung **Q** 1601
– – – bei Konzernabschlussprüfung nach
  § 315a HGB **Q** 1603

– – – bei Konzernabschlussprüfung nach
  § 315 HGB mit Beachtung der ISA
  Q 1604
– – – bei Konzernabschlussprüfung nach
  § 315, der den IFRS entspricht
  Q 1605
– – – zusammengefasster **Q** 1602
– – Versagungsvermerk **Q** 501 ff.
– – – bei Einwendungen **Q** 1613
– – – bei Prüfungshemmnissen **Q** 1614
– freiwillige Abschlussprüfung **Q** 837 ff.
– Gemeinschaftsprüfung (Joint Audit)
  Q 316 ff. , **R** 893
– genehmigtes Kapital und Belegschafts-
  aktien aus Jahresüberschuss **Q** 359
– Generalnorm **Q** 463
– – Nichtkapitalgesellschaften **Q** 778
– – Genossenschaften **Q** 1010
– – Gesamturteil **Q** 335
– Geschäftsführung
– – Ordnungsmäßigkeit **Q** 352
– Geschäftsführungsprüfung **Q** 375
– Gesellschaftsvertrag/Satzung **Q** 373
– – Konzernabschluss von Kapitalgesell-
  schaften **Q** 741 ff.
– – Hinweis **Q** 535
– Gesetzesentsprechung **Q** 411
– GmbH
– – Kapitalerhöhung aus Gesellschafts-
  mitteln **Q** 359
– Grundsätze für die Erteilung **Q** 330 ff.,
  739 ff.
– Gründungsprüfung **Q** 11131
– Haushaltsgrundsätzegesetz **Q** 378
– Hinweis auf § 264 Abs. 3 HGB bzw.
  § 264b HGB **Q** 154, 167, 386, 550
– Hinweis auf Bestandsgefährdung **Q** 552
– – fehlender Lagebericht **Q** 519
– – Formulierungsempfehlung **Q** 489
– Hinweise auf bei der Prüfung festgestellte
  Besonderheiten **Q** 537 ff.
– – abweichende Prüfungsergebnisse bei
  Gemeinschaftsprüfung **Q** 548
– – bilanzielle Überschuldung **Q** 551
– – Einhaltung der Generalnorm **Q** 544
– – Gesellschaftsvertrag/Satzung **Q** 545
– – Gesetzesentsprechung der Rechnungs-
  legung **Q** 411
– – prognostische Aussagen im Lagebe-
  richt **Q** 547

3117

– – Unsicherheiten der Unternehmensfortführung **Q** 556
– – verbleibende wesentliche Unsicherheiten **Q** 540 ff.
– – zulässige Inanspruchnahme von § 264 Abs. 3 HGB **Q** 550
– im Prüfungsbericht **Q** 566
– Inhalt und Bestandteile **Q** 363, 739 ff.
– International Standards on Auditing (ISA) **Q** 633 ff., 769 ff.
– Joint Audit **Q** 320
– Kapitalerhöhung aus Gesellschaftsmitteln **Q** 359
– Kapitalerhöhung mit Sacheinlagen **Q** 1135
– Kapitalflussrechnung **Q** 371
– Klage auf Erteilung **Q** 344
– kleine Kapitalgesellschaften **Q** 372
– Konzernabschluss von Kapitalgesellschaften **Q** 739
– – Aufgabe **Q** 739
– – beschreibender Abschnitt **Q** 744
– – Besonderheiten **Q** 741 ff.
– – Bestandsgefährdung **Q** 552
– – Beurteilung durch den Abschlussprüfer **Q** 746 ff.
– – einleitender Abschnitt **Q** 742
– – Einwendungen gegen einbezogene Jahresabschlüsse **Q** 754
– – Einwendungsgründe **Q** 747
– – bei fehlendem Zwischenabschluss **M** 177
– – Formulierung Einschränkung/Versagung **Q** 482 ff., 752
– – Formulierungsempfehlung **Q** 755
– – Gesellschaftsvertrag/Satzung **Q** 743
– – Hinweis auf § 264 Abs. 3 bzw. § 264b HGB **Q** 386, 550, 775
– – Hinweise **Q** 548
– – Kapitalflussrechnung **Q** 742
– – Prüfungsergebnisse anderer Prüfer/Teilbereichsprüfer **Q** 745
– – Segmentberichterstattung **Q** 742
– – zusammengefasst mit dem Jahresabschluss des Mutterunternehmens **Q** 756
– – Zwischenabschluss **Q** 751
– *Konzernabschluss von Nichtkapitalgesellschaften* **Q** 801
– Konzernprüfungsbericht **Q** 663 ff.
– Krankenhäuser **Q** 1069

– Kreditinstitute **J** 643, **Q** 875
– Lagebericht **Q** 334, 372, 414, 438, 488, 547
– – zulässige Nichtaufstellung **Q** 446
– Meinungsverschiedenheiten **Q** 630
– Nachgründungsprüfung **Q** 1135
– Nachtragsprüfung **E** 616, **Q** 595 ff.
– – Änderung des Jahresabschlusses durch die Gesellschafterversammlung **Q** 592
– – Änderung des Jahresabschlusses durch die Hauptversammlung **Q** 600
– – Aussage zum Ergebnis **Q** 597
– – Datum/Doppeldatum **Q** 602
– – Ergänzung **Q** 596
– Nichterteilungsvermerk („Disclaimer of Opinion") **Q** 333, 353, 406, 496
– Nichtigkeit des Jahresabschlusses **Q** 527 ff.
– Nichtkapitalgesellschaften **Q** 434
– öffentliche Unternehmen **Q** 1056
– Offenlegung **Q** 628
– Offenlegungserleichterungen
– – Bescheinigung **Q** 629, 826
– Ordnungsfunktion **Q** 360
– Ort der Erteilung **Q** 568
– Ort und Datum **Q** 568, 569
– Positivbefund **Q** 337
– Prognosen **Q** 547 444
– Prüfungsbericht **Q** 276 ff., 566, 570
– Prüfungsergebnisse Dritter **Q** 476, 745, **R** 854
– Prüfungsgegenstand
– – Erweiterungen **Q** 373 ff., 531 ff.
– Prüfungshandlungen, alternative **Q** 465
– Prüfungshemmnisse **Q** 464
– Prüfungsstandard
– – IDW **Q** 361
– – IFAC (ISA) **Q** 362, 634
– Prüfungsumfang **Q** 392
– Prüfungsurteil
– – Darstellung der Chancen und Risiken der zukünftigen Entwicklung im Lagebericht **Q** 449 ff.
– – Darstellung der Unternehmenslage im Lagebericht **Q** 438 ff.
– – Einklang des Lageberichts mit dem Jahresabschluss **Q** 194, 334, 409
– – Einklang des Konzernlageberichts mit dem Konzernabschluss **Q** 746
– – Einwendungsfreiheit **Q** 410 ff.

– – Ergänzungen **Q** 530 ff.
– – Generalnorm **Q** 463
– – Gesetzmäßigkeit **Q** 410 ff.
– – Inhalt und Formen **Q** 402, 860
– Prüfungsurteil **Q** 402, 860
– rechtliche Folgewirkungen **Q** 353 ff.
– Rechnungslegungsvorschriften **Q** 385 ff.
– Risikofrüherkennungssystem **Q** 375, 524, **R** 672
– Rumpfgeschäftsjahr **Q** 381
– Sanierung **Q** 587, 591
– Sanierungskonzepte **Q** 1562
– Schutzfunktion **Q** 609
– Segmentberichterstattung **Q** 371
– Siegel **Q** 575
– Stiftung **Q** 1026
– Tatsachen nach Erteilung **Q** 592 ff.
– – erforderliche Maßnahmen **Q** 592 ff.
– – Nachtragsprüfung **Q** 595 ff.
– – Widerruf **Q** 593 ff.
– bei Überschuldung (bilanzielle) **Q** 551, **V** 96
– Übersetzungen **Q** 631
– Umstände, außergewöhnliche
– – Hinweis **Q** 396
– uneingeschränkter
– – Gesamtaussage **Q** 409
– Unterzeichnung **Q** 341, 568
– – Einzelwirtschaftsprüfer **Q** 571
– – Gemeinschaftsprüfer **Q** 572
– – gesetzliche Jahresabschlussprüfungen **Q** 566 ff.
– – Mitunterzeichner **Q** 572
– – Nicht-Wirtschaftsprüfer **A** 132
– – Ort und Datum **Q** 568, 569
– – Sozietäten **Q** 573
– – vereidigte Buchprüfer/Buchprüfungsgesellschaften **Q** 576
– – Wirtschaftsprüfungsgesellschaft **Q** 571
– Vereine/Kapitalgesellschaften im Berufsfußball **Q** 1009
– vereinfachte Kapitalherabsetzung **Q** 588 ff.
– Veröffentlichung **Q** 627
– Versagung **E** 617, **F** 1386, **Q** 492 ff.
– – Abgrenzung zur Einschränkung **Q** 458
– – Begründung **Q** 499
– – Formulierungsempfehlungen **Q** 501 ff.
– – Nichterteilungsvermerk **Q** 496 ff.
– – Prüfungshemmnisse **Q** 506

– – Tragweite **Q** 500
– – Voraussetzungen **Q** 492 ff.
– – wesentliche Beanstandungen **Q** 499
– Verschmelzungsschlussbilanz **Q** 1235 ff.
– Versicherungsunternehmen **Q** 947 ff.
– – Jahresabschluss **K** 46, 799, 813
– – Konzernabschluss **K** 658, 695
– Verstöße gegen Gesetz, Satzung oder Gesellschaftsvertrag **Q** 462
– Verstoß gegen
– – Verbot der Einlagenrückgewähr **Q** 467
– – Verbot der Einlagenverzinsung **Q** 467
– – Vorschriften außerhalb der Rechnungslegung **Q** 468
– – Vorschriften zur Rechnungslegung **Q** 174, 385
– Verweigerung **Q** 498
– Verwertungsgesellschaft **Q** 1094 ff.
– Vorjahresabschluss
– – fehlende Feststellung **Q** 588 ff.
– – ungeprüfter **Q** 623 ff.
– Widerruf **Q** 608 ff., 767
– – Form **Q** 620
– – Gründe **Q** 611
– – Grundsätze **Q** 609 ff.
– – Verpflichtung **Q** 610 ff.
– – Wirkung **Q** 622
– Wiedergabe
– – bei Offenlegung **Q** 631
– – bei Offenlegungserleichterungen **Q** 629, 917
– Wirksamkeit von Beschlüssen der Gesellschaftsorgane **Q** 359
– Wirtschaftliche Lage, Aussage **Q** 348 ff.
– Wirtschaftliche Verhältnisse **Q** 374
– Zusätze **F** 1387
– Zusammenfassung des zum Konzernabschluss und zum Jahresabschluss des Mutterunternehmens **Q** 756 ff.
– *s. auch Prüfungsvermerk*
Bestandsaufnahme
– Verzicht auf körperliche **E** 21, 24
– *s. auch Inventur*
Bestandsgefährdende Risiken
– *s. Risiken*
Bestandsgefährdende Tatsachen **Q** 110 ff.
– Anzeigepflicht **J** 630
– *s. auch Entwicklungsbeeinträchtigende Tatsachen*

Bestandspflege
– Versicherungsverträge
– – Aufwendungen **K** 530
Bestandsveränderungen
– eigene Aktien **F** 1031
– Erzeugnisse **F** 514
– in der Gewinn- und Verlustrechnung der Kapitalgesellschaft **F** 497, 514 ff.
– Handelswaren **F** 517
– in der Konzern-Gewinn- und Verlustrechnung nach HGB **M** 627
– mengenmäßig erhebliche und Bewertungsänderung **E** 314
– selbsterzeugte Hilfsstoffe **F** 516
– unübliche Abschreibungen **F** 515
Bestandsverwaltung
– Versicherungsunternehmen
– – Aufwendungen **K** 99, 527, 530 ff., 559
Bestandsverzeichnis
– Anlagevermögen **E** 23
– *s. auch Inventar*
Bestellobligo
– im Anhang **F** 785
Bestellung
– Abschlussprüfer **A** 604, **Q** 676
– – Eigenbetriebe **L** 58 f.
– – nicht ordnungsgemäße **U** 195
– Konzernabschlussprüfer **M** 916 ff.
– – nach PublG **O** 122
– als Mittel der Beherrschung **T** 107 ff.
– Sonderprüfer
– – bei Abhängigkeit **F** 1394
– Steuerberater **C** 46
– Wirtschaftsprüfer **A** 1, 102 ff.
– – Antrag **A** 102
– – Erlöschen **A** 107 ff.
– – Gebühren **A** 116
– – Nichtübertragbarkeit **A** 106
– – prüfungsbefreite **A** 1
– – Rücknahme **A** 111
– – Versagung **A** 103
– – Verzicht **A** 107 f., 114
– – Widerruf **A** 112 f.
– – Wiederbestellung **A** 114 f.
Bestellungen
– erhaltene Anzahlungen **F** 277 ff.
Beteiligung
– Abhängigkeit bei - von je 50% **T** 118 ff.
– Abhängigkeitsbericht bei 100% **F** 1291
– Abschreibung **E** 546

– im Anhang **F** 970 ff.
– – wechselseitige **F** 1039 f.
– an assoziierten Unternehmen **M** 539 ff., 555 ff.
– – Abschreibung **M** 582 ff.
– – Ausweis **M** 245
– – negativer Wert **M** 583 ff.
– Begriff **F** 258 f.
– Bilanzierung **E** 534 ff.
– – bei Genossenschaften **G** 6
– – bei Kapitalgesellschaften **F** 258 ff.
– – Kreditinstitute **J** 180, 502
– – nach PublG **H** 46
– – bei Spaltung **E** 545
– von Gebietskörperschaften **F** 76
– gegenseitige **M** 441 ff.
– als Gesellschafter
– – an Steuerberatungsgesellschaft **C** 70
– – an Wirtschaftsprüfungsgesellschaft **A** 136 f.
– Gewinnanteile bei
– – an Kapitalanlagegesellschaften **E** 538 f.
– – an Kapitalgesellschaften **E** 535 f., 580, **F** 573 ff.
– – an Personengesellschaften **E** 536
– innerer Wert **E** 546
– Kapitalbeteiligung **A** 50
– an Kapitalgesellschaften **E** 535 f., 551 ff., **F** 258
– – Vereinnahmung von Erträgen **F** 557 ff.
– Mitteilungspflicht **T** 60
– an Personengesellschaften **E** 536, 560 f., **F** 259
– Prüfung **R** 430
– Satzung bei Erwerb **T** 218
– in der Steuerbilanz **E** 551 ff.
– Unternehmenseigenschaft bei mehrfacher **T** 47
– Veräußerung
– – Erträge **F** 494, 556
– – im Lagebericht **F** 1109, 1124
– – Verluste **F** 494, 556
– Versicherungsunternehmen **K** 109 f., 126, 131, 146 ff., 150 ff.
– *wechselseitige s. dort*
Beteiligungsabsicht F 258
– Versicherungsunternehmen **K** 152 f.
Beteiligungsbesitz
– im Konzernanhang nach PublG **O** 106

Beteiligungserträge F 554 ff.
- im Anhang nach PublG H 59
- in der Anlage zur Konzernbilanz nach PublG O 97
- in der Anlage nach PublG H 77
- von assoziierten Unternehmen in der Konzernbilanz M 572 ff.
- in der Gewinn- und Verlustrechnung
-- der Kapitalgesellschaften F 554 ff.
-- Kreditinstitute J 261, 518
- Konzern M 641 f.
- Prüfung R 428
- Versicherungsunternehmen
-- in der Gewinn- und Verlustrechnung K 596

Beteiligungsfonds
- bei Genossenschaften G 14

Beteiligungsgeschäft
- Versicherungsunternehmen K 252, 529, 539

Beteiligungsliste
- zum Anhang F 1027
-- nach PublG H 63
-- bei Genossenschaften G 17
- zum Konzernanhang M 691 ff.
- einheitliche im Konzernabschluss M 281 f.

Beteiligungs-Sondervermögen
- Ausweis K 171

Beteiligungsveränderung
- bei Wirtschaftsprüfungsgesellschaften A 171, 173
- Meldung bei Erbfall A 174

Beteiligungsverbot
- für Berufsgesellschaften an Steuerberatungsgesellschaften C 21, 32
- *s. auch unter Kapitalbindung*

Beteiligungsverhältnis
- aktives Beteiligungsverhältnis K 161 ff.
- passives Beteiligungsverhältnis K 161 ff.

Beteiligungsvermutung
- Widerlegung F 258

Betreuungsunternehmen
- *s. Wohnungsunternehmen*

Betriebliche Berufsausbildung
- Rückstellungen E 172

Betriebsabrechnung
- bei Ermittlung der Herstellungskosten E 344
- Prüfung R 465

- Prüfungsbericht Q 175, 1484

Betriebsänderungen
- im Lagebericht F 1102

Betriebsausstattung
- Abschreibung E 384
- Bilanzierung E 478, 530 f., F 244 ff.
- Versicherungsunternehmen
-- Abschreibung K 524
-- Bilanzierung K 277
-- Veräußerung K 614, 620

Betriebsergebnis
- in der Gewinn- und Verlustrechnung der Personengesellschaften und der Einzelkaufleute nach PublG H 59
- Prüfungsbericht Q 34, 251 ff.

Betriebsführungsvertrag
- Abhängigkeit T 112
- Begriff T 266
- Charakter T 266
- als Unternehmensvertrag T 266
- zwischen Wirtschaftsprüfungsgesellschaften A 117

Betriebsgebäude
- Sonderabschreibungen auf landwirtschaftliche E 421

Betriebsgemeinschaft
- Ansprüche F 259

Betriebskosten
- Aktivierung E 341

Betriebspachtvertrag T 264 f.
- Ansprüche F 259, T 301
- Begriff T 265
- Verpflichtungen aus F 602, T 265
- *s. auch Unternehmensvertrag*

Betriebsschulden
- im Jahresabschluss nach PublG H 71

Betriebssportverein
- Zuweisungen F 543

Betriebsstilllegung
- Abschreibung F 494, 515
- im Lagebericht F 1124
- im Prüfungsbericht Q 296
- Rückstellungen E 204
- Übertragung stiller Reserven E 427

Betriebsstoffe
- Abschreibung in der Gewinn- und Verlustrechnung F 528, 548
- Anschaffungskosten E 341
- Aufwendungen in der Gewinn- und Verlustrechnung

3121

– – der Kapitalgesellschaft **F** 526 ff.
– – nach Umsatzkostenverfahren **F** 896 ff.
– Begriff **F** 273
– Bewertung **E** 428 ff., 478, 565, **F** 275, 710
– Erlöse für nicht mehr benötigte **F** 506
– bei Ermittlung der Herstellungskosten **E** 518
– Prüfung **R** 435 ff.
– selbsterzeugte
– – Aufwendungen **F** 516, 518
– – Bestandsveränderung **F** 516
Betriebsüberlassungsvertrag T 264 f.
– Ansprüche aus **F** 259, **T** 301
– Begriff **T** 264 f.
– Nichtigkeit und Anfechtbarkeit **T** 265
– Verpflichtungen aus **F** 602, **T** 265, 301
– *s. auch Unternehmensvertrag*
Betriebsunfälle
– im Lagebericht **F** 1102
Betriebsverfassungsgesetz
– Verpflichtungen aus
– – bei Ermittlung der Unterbilanz **V** 15
– – im Überschuldungsstatus **V** 61
Betriebsverpachtung
– Bilanzierung **E** 30
Betriebsvorrichtungen
– Abschreibung **E** 405, 514, 516
– Ausweis **F** 239, 244
Betrügerische Handlungen
– Vorkehrungen zur Verhinderung von - bei Kreditinstituten **J** 658 ff.
Beurkundung
– GmbH-Unternehmensvertrag **T** 308
Beurkundungsmängel
– Feststellung des Jahresabschlusses **U** 219
– Hauptversammlungsbeschlüsse **U** 17 ff., 48, 88
Beurlaubung
– Wirtschaftsprüfer **A** 264 ff.
– – Berufsbezeichnung **A** 266
– – Berufsgerichtsbarkeit **A** 268
– – Berufshaftpflichtversicherung **A** 268
– – Dauer **A** 267
– – keine Wirtschaftsprüfertätigkeit **A** 266
– – Steuerberatung **A** 266
– – WPK-Mitgliedschaft **A** 268
Beurteilung
– Prüfungsergebnis
– – Bestätigungsvermerk **Q** 402, 863

Beurteilung der Geschäftstätigkeit
– Ergebnisse **R** 246
– Techniken **R** 246
– – Balanced Scorecard **R** 246
– – PEST-Analyse **R** 246
– – Porter's Five Forces-Modell **R** 246
– – SWOT-Analyse **R** 246
– – Wettbewerbsanalyse **R** 246
Beweissicherung
– im berufsgerichtlichen Verfahren **A** 595
Bewertung
– Anhangangaben **Q** 206, 222, 469, 812, 833
– Anleihen **F** 449 f.
– Anteile an Investmentfonds **F** 859 f.
– Anteile an verbundenen Unternehmen **F** 253
– Anzahlungen auf **E** 569 f.
– Ausleihungen an verbundene Unternehmen **F** 256 f.
– Bankguthaben **E** 577
– Beteiligungen **E** 532 ff.
– Betriebs- und Geschäftsausstattung **E** 530 f., **F** 247
– Drohverlustrückstellung **E** 152
– einheitliche Bewertung im Konzernabschluss **J** 461, 559
– Einzelaussage des Jahresabschlusses **R** 72
– zur Ermittlung der Überschuldung **V** 3 ff., 33 ff., 58
– – zweistufige Methodik **V** 36 ff.
– Forderungen **E** 570 ff.
– Fremdwährungsverbindlichkeiten **E** 587
– Gebäude **E** 508 ff., 514 ff.
– bei Genossenschaften **G** 5
– Geschäftswert **E** 502 ff.
– Grundstücke **E** 508 ff., 513
– immaterielle Wirtschaftsgüter **E** 491 ff.
– langfristige Ausleihungen **F** 257, 260, 271
– latente Steuern **F** 196 ff.
– Kassenbestände **E** 577
– in der Konzernbilanz nach PublG **O** 86 f.
– – bei Nichteinbeziehung des Mutterunternehmens **O** 113 ff.
– Kreditinstitute
– – Forderungen **J** 316 ff.
– – verlustfreie Bewertung von Zinsrisiken **J** 135, 336 ff.

3122

– – Wertpapiere **J** 323 ff.
– Kundenforderungen **E** 570 ff.
– Maschinen und maschinelle Anlagen **E** 530 ff., **F** 247
– Materialverbrauchs im Anhang **F** 881
– Pensionsverpflichtungen **E** 229 f., 250, **F** 439 f.
– – handelsrechtlich **E** 230
– – Prüfung **R** 532 ff.
– Rentenverpflichtungen **E** 589, 593
– retrograde **E** 433
– Risiken **P** 51 ff.
– – Prüfung **P** 134 f.
– Rückstellungen **E** 137
– – im Anhang **F** 716 f.
– Sachdividende **F** 412 f.
– sonstige Vermögensgegenstände **E** 578 f.
– bei Stilllegung **E** 293
– bei stiller Abwicklung **E** 293
– im Überschuldungsstatus **V** 47 ff.
– Unterbilanz **V** 1
– Verbindlichkeiten **E** 582 ff.
– verlustfreie **E** 431, 433
– Versicherungsunternehmen
– – einheitliche im Konzernabschluss **K** 705 ff.
– Verstöße gegen Vorschriften
– – Bestätigungsvermerk **Q** 515
– Vorräte **E** 662 ff., **F** 276, 710
– Währungsforderungen **E** 573
– – Prüfung **R** 480
– Wechselforderungen **E** 576
– Wechselverbindlichkeiten **F** 456
– Wertpapiere **E** 575 f., **F** 263 f.
– – Prüfung **R** 495
Bewertungsanpassung
– bei der Equity-Methode **M** 561, 576
– im Konzernabschluss **M** 273 ff.
– – freiwillige **M** 281 f.
– – Notwendigkeit **M** 273 f.
– – Verzicht **M** 275 ff.
Bewertungseinheit E 443 ff., 463 f. 470, **F** 826 ff.
– Absicherung finanzieller Risiken **E** 447
– im Anhang **E** 446, **F** 713, 721, 809, 826 ff.
– – Grundgeschäft und Sicherungsinstrument **F** 828
– – Wirksamkeit **F** 833 f.
– Anschlusssicherungsinstrument **E** 472

– antizipative **F** 836
– Bildung **E** 196, 208, 295, 444, 448 f., 573, 588
– Bewertung, Wahlrecht **E** 445, 446
– *s. auch Kompensationsverbot*
– Durchbuchungsmethode **E** 465, 467, 471
– Einfrierungsmethode **E** 465, 471
– Kreditinstitute **J** 309, 337
– im Lagebericht **E** 445, **F** 837
– Mehrkomponentengeschäfte **E** 299
– Mindestwirksamkeit **E** 458
– prospektive Beurteilung **E** 459
– retrospektive Wirksamkeit **E** 460
– Sicherungsabsicht **E** 455
– steuerlich **E** 473
– Wirksamkeit der Sicherungsbeziehung **E** 456
Bewertungsfreiheit
– für geringwertige Anlagegüter **E** 419
Bewertungsgrundsätze E 290 ff., **F** 703 ff.
– Abweichung **E** 316 f.
– nach IFRS **N** 81 ff., 105 ff.
– – Änderung **N** 875 ff.
– – allgemeine Bewertungsgrundsätze **N** 105 ff.
– – im Konzernabschluss **N** 901 f.
– – Wertbegriffe und Wertkonzeption **N** 108
– für die Konzernbilanz nach HGB **M** 269 ff.
Bewertungsgutachten
– Versicherungsunternehmen **K** 155
Bewertungsmaßnahmen
– Einfluss steuerrechtlicher auf das Jahresergebnis **F** 795 ff.
Bewertungsmethoden
– Änderung **E** 312, **F** 695 ff., 884
– im Anhang **F** 692, 695 ff., 703 ff., 719, 750, 881 f.
– – Abweichungen **F** 692, 703, 722 ff., 884
– – Prüfung **R** 495, 583, 586 ff.
– in der Anlage zur Konzernbilanz nach PublG **O** 100
– in der Anlage nach PublG **H** 75, 79
– Begriff **E** 307
– Beibehaltung **E** 306
– im Konzernanhang
– – Abweichungen **M** 729 ff.
– – Angabe zu den **M** 716 ff.

3123

– im Konzernanhang nach PublG **O** 107 ff.
– in der Konzernbilanz
– – Abweichungen **M** 272 ff.
– – anwendbare **M** 269 ff.
– – Stetigkeit **M** 272
– Kreditinstitute
– – Anhang **J** 402, 534
– – Vorschriften **J** 308 ff.
– Risikobewertung **P** 57 ff.
– für Rückstellungen **E** 137, **F** 716 f.
– Versicherungsunternehmen
– – im Anhang **K** 249, 414, 809
Bewertungsstetigkeit
– Grundsatz **E** 306 ff., 393
– – Anwendungsbereich **E** 318 f.
– – Ausnahmen **E** 312 ff., 393
– – Durchbrechung **E** 313, **F** 525
– – – im Anhang **E** 314, 315, **F** 657, 677, 692, 698, 703, 722, 725, 726
– – – Buchwertfortführung bei Verschmelzung oder Spaltung **E** 310, **F** 128
– in der Konzernbilanz **M** 272
– *s. auch Bewertungskontinuität*
Bewertungsuntergrenze
– bei Ermittlung der Herstellungskosten **E** 349
Bewertungsvereinfachungsverfahren **E** 21, 319, 474 ff., **F** 739 f.
– Änderung und Stetigkeitsgebot **E** 314
– nach IFRS **N** 344 ff.
– und Niederstwertprinzip **E** 475
– Unterschiedsbeträge bei Anwendung **F** 692, 739 f.
– – Angabe **F** 692, 739 f.
– – Prüfung **R** 460
– Versicherungsunternehmen **K** 189
Bewertungsverfahren E 298, 319
Bewertungsvorschriften
– für Genossenschaften **G** 5, 8
– des HGB **E** 289 ff., **F** 119 ff.
– – für Kapitalgesellschaften **F** 119 ff.
– – – Ausnahmen **F** 119
– – – zusätzliche **F** 120
– Immobilien-Sondervermögen **J** 905 ff.
– Investmentvermögen **J** 798 ff., 849 ff.
– Kreditinstitute **J** 308 ff., 464 f.
– nach PublG **H** 44, 47
– des Steuerrechts **E** 612 ff.

Bewertungswahlrecht E 307 ff., 612, **F** 726
– und Bilanzänderung **E** 615 f.
– Neuausübung im Konzernabschluss
– – nach HGB **M** 269 ff.
– – nach PublG **O** 86
– in Probebilanzen nach PublG **H** 15
– Steuerbilanz **E** 612
Bewirtungskosten
– Ausweis **F** 551
Beziehungen zu verbundenen Unternehmen
– *Bericht über s. Abhängigkeitsbericht*
– Bericht des Vorstands gem. § 312 AktG **Q** 194, 463, 1141
– Prüfung des Berichts des Vorstands über gem. § 313 AktG **Q** 58, 697, 1142
– Sonderprüfungen gem. § 315 AktG **Q** 1198
– Sonderprüfungsbericht **Q** 1200
– Wiedergabe der Schlusserklärung im Lagebericht **Q** 198, 519, 1142
– *s. auch Abhängigkeitsbericht, Verbundene Unternehmen*
Beziehungszahlen R 368
Bezüge F 533
– *Aufsichtsratsmitglieder s. Aufsichtsratsbezüge*
– *Vorstandsmitglieder s. Vorstandsbezüge*
– *Organmitglieder s. Organbezüge*
– *s. auch Vergütung*
Bezugsaktien
– bei bedingter Kapitalerhöhung **F** 309, 333
Bezugsberechtigung
– Stock Options **S** 57 ff., 118 f.
Bezugsrechte
– Bewertung **E** 561, 571
– Erträge aus dem Verkauf **F** 521, 568, 575
– Klage bei Ausschluss **U** 128, 131 f.
BGB-Gesellschaft
– Abhängigkeit bei **T** 122
– Gewinngemeinschaft als **T** 258
– im Konzern **T** 180 ff.
– als Konzernobergesellschaft **T** 180 ff.
– Unternehmenseigenschaft **T** 48
Biersteuer
– bei Ermittlung
– – der Bilanzsumme nach PublG **H** 16

– in der Gewinn- und Verlustrechnung
  F 598
Bilanz
– nach HGB **E** 1, 13 ff., 599 ff., **F** 119 ff.
– Übersicht über die Alternativangaben zur
  – im Anhang **F** 877 ff.
– Erläuterungen
– – im Anhang **F** 675, 693 ff.
– Formblätter **J** 41, 52 ff., 1036
– Genossenschaften **G** 9
– – fällige Einzahlungen auf Geschäftsanteile **G** 11
– – Geschäftsguthaben **G** 10
– – Rücklagen **G** 13
– Gliederung **E** 599 ff.
– – Eigenbetriebe **L** 12 ff., 36
– – Genossenschaften **G** 6 ff.
– – Kapitalgesellschaften **F** 661 f.
– – Kreditinstitute **J** 50, 137, 492 f.
– – Mindestgliederung nach IFRS **N** 56 ff.
– – Verkehrsunternehmen **L** 35 f.
– Pflicht zur Aufstellung **E** 3, **F** 1 f., **G** 2
– Prüfung **R** 396 ff.
– Prüfungsbericht **Q** 184
– Prüfungsvorschriften **D** 2 ff.
– – bei Kapitalerhöhung aus Gesellschaftsmitteln **D** 2, 4
– – bei Verschmelzung **D** 3 f.
– Versicherungsunternehmen **K** 95 ff.
– s. auch *Jahresabschluss*
Bilanzänderung E 615 ff.
– im engeren Sinne **E** 620
– Maßgeblichkeitsgrundsatz **E** 608, 621
– s. auch *Änderung*
Bilanzansatz
– im Konzernabschluss **M** 251 ff.
– in der Konzernbilanz nach PublG **O** 86 f.
– – bei Nichteinbeziehung des Mutterunternehmens **O** 113 ff.
Bilanzberichtigung E 615, 622
Bilanzeid F 81
– Lagebericht **F** 1237 ff.
Bilanzgewinn
– als Bemessungsgrundlage der Aufsichtsratsbezüge **S** 63 f.
– in der Bilanz
– – der Kapitalgesellschaften **F** 909
– – nach PublG **H** 50
– in der Gewinn- und Verlustrechnung der Kapitalgesellschaften **F** 532

– – Angaben bei Aktiengesellschaften
  F 692
– Kreditinstitute **J** 305
– Versicherungsunternehmen **K** 309 ff.
Bilanzidentität
– bei Bilanzberichtigung **E** 616
– Grundsatz **E** 291
Bilanzierbarkeit
– Kriterium **E** 27 ff.
– Periodenabgrenzung **E** 305
Bilanzierungsgrundsätze E 13 ff.,
  F 78 ff., 692 ff., 881 f.
– Abweichungen im Anhang **F** 692, 722 ff.,
  881
– in der Anlage nach PublG **H** 75, 79
Bilanzierungshilfen
– aktive Steuerabgrenzung **F** 708 f.
– – Prüfung **R** 507 ff.
– Ingangsetzungs- und Erweiterungsaufwendungen **F** 228, 743
– passiver Sonderposten für **H** 56
Bilanzierungsmethoden
– Abweichungen **F** 699, 722 ff.
– im Anhang
– – Prüfung **R** 583, 586
– nach IFRS **N** 99 ff., 1083 ff.
– – Änderung **N** 875 ff.
– – Anhangangaben **N** 1083 ff.
– – Ermessensausübung **N** 1087
– – im Konzernabschluss **N** 901 ff.
– – im Zwischenbericht **N** 1135 ff.
– – Schätzunsicherheiten **N** 1088
– im Konzernanhang **M** 716 ff.
– – nach PublG **O** 107 ff.
– im Konzernprüfungsbericht
– – Abweichungen **M** 729 ff.
– Kreditinstitute **J** 39 ff., 89 ff.
– Versicherungsverträge **K** 840
– – Änderung **K** 844
– – Anhangangabe **K** 860 ff.
Bilanzierungs- und Bewertungsmethoden
– Prüfungsbericht **Q** 106 ff.
Bilanzierungspflicht
– Rückstellungen **E** 136
Bilanzierungsrichtlinien
– für Versicherungsunternehmen **K** 22
Bilanzierungsverbote E 102 ff.
Bilanzierungswahlrecht
– Bewertung des Umlaufvermögens **E** 435

3125

– in Probebilanzen nach PublG **H** 15
– Rückstellungen **E** 136
Bilanzklarheit
– *Grundsatz s. dort*
Bilanzkontinuität
– Prüfung der Einhaltung **R** 394
– *s. auch Grundsatz der Stetigkeit*
Bilanzpolitik
– Prüfungsbericht **Q** 352
Bilanzrechtsmodernisierungsgesetz
– Gesetzeshintergrund **P** 1
– Umstellung
– – Aufwandsrückstellungen **E** 133 f.
– – Fortführung niedriger Wertansätze **E** 128
– – Rückstellungsbewertung **E** 138, 147
– – Sonderposten der Aktiva **F** 227
– – Sonderposten mit Rücklageanteil **E** 127
Bilanzrechtsreformgesetz
– Bestätigungsvermerk **Q** 333
Bilanzrichtliniengesetz
– Transformation der Prüferrichtlinie **A** 11
– Versicherungsunternehmen **K** 19 ff.
– Wiedereinführung des vBP **B** 5
Bilanzsitzung
– Teilnahme des Abschlussprüfers **Q** 36, 661, 773
Bilanzsumme
– Ermittlung
– – Einordnung in Größenklassen **F** 70 ff.
– – Rechnungslegungspflicht nach PublG **H** 10, 14 ff.
– als Größenmerkmal
– – für die Konzernrechnungslegungspflicht nach HGB **M** 135, 137, 141ff.
– – i.S.d. PublG **O** 24 ff.
– – – Ermittlung **O** 31 ff.
Bilanzverlust
– in der Bilanz
– – der Kapitalgesellschaft **F** 410 f., 692, 909
– – der Personenhandelsgesellschaft i.S.d. § 264a HGB **F** 423
– – nach PublG **H** 50
– in der Gewinn- und Verlustrechnung der Kapitalgesellschaft **F** 632, 692, 909
– Kreditinstitute **J** 305
– Versicherungsunternehmen **K** 309 f.
Bilanzvermerke
– bei Genossenschaften **G** 6

– im Jahresabschluss nach PublG **H** 46
– bei Kapitalgesellschaften **F** 463 ff.
– bei Kaufleuten **E** 111
– – Haftungsrisiken aus Factoringgeschäften **E** 55 f.
– – Rückgriffsforderungen **E** 121
– – Sicherungstreuhandschaften **E** 49
– im Konzernabschluss
– – nach HGB **M** 466 ff.
– in der Konzernbilanz nach PublG **O** 83
– bei Kreditinstituten **J** 243 ff.
– bei Personenhandelsgesellschaften i.S.d. § 264a HGB **F** 463
– *s. auch Vermerke*
Bilder
– im Lagebericht **F** 1084
Billigung
– Konzernabschluss **M** 3
– *s. auch Feststellung*
Blockmodell
– bei Altersteilzeit **E** 164
Börseneinführung
– Durchbrechung der Darstellungsstetigkeit **F** 481
Börsenkurs
– bei Bewertung
– – Beteiligungen **E** 546, 558
– – Wertpapieren **E** 575
Börsennotierte Unternehmen
– Prüfungsvorschriften **D** 2
Börsenpreis
– Begriff **E** 432
– bei Bewertung des Umlaufvermögens **E** 428, 432, 565 f.
Bohranteile
– bei der Kapitalgesellschaft **F** 254, 258
Bondstripping E 575
Boni
– bei Ermittlung der Anschaffungskosten **E** 325
Bonitätsprüfung
– als Berufsaufgabe des Wirtschaftsprüfers **A** 24
– Forderungen
– – aus Lieferungen und Leistungen **R** 474, 478
– – gegen verbundene Unternehmen **R** 483
– – in ausländischer Währung **R** 480
– Haftung bei negativem Ausgang **A** 497, 658, 669

– Versicherungsunternehmen
– – im Prüfungsbericht **K** 809
Branchenangaben
– Firma einer Wirtschaftsprüfungsgesellschaft **A** 152
Branchenentwicklung
– im Lagebericht **F** 1098 f.
Branntweinsteuer
– bei Ermittlung der Bilanzsumme nach PublG **H** 16
– in der Gewinn- und Verlustrechnung **F** 598
Brauereien
– Miet- und Pachteinnahmen **F** 507
Brennstoffe
– bei Ermittlung der Herstellungskosten **E** 357
– in der Gewinn- und Verlustrechnung **F** 527
Briefbogen
– s. Geschäftsbriefbogen
Briefmarken
– Ausweis **F** 298
Bruchteilmethode
– Berechnung der Beitragsüberträge **K** 355 f.
– Ermittlung der Beitragseinnahmen **K** 355
Bruchteilsgemeinschaft F 259
Brücken
– Ausweis **F** 241
Bruttobeiträge
– im Anhang
– – des übernommenen Geschäfts **K** 564, 567 ff.
– gebuchte im Konzernanhang **K** 664, 685
Brutto-Beitragsüberträge
– für das selbst abgeschlossene Geschäft **K** 347 ff., 360
– für das übernommene Geschäft **K** 356 ff.
Bruttodarstellung
– im Anlagenspiegel **F** 124
Bruttoergebnis vom Umsatz
– beim Umsatzkostenverfahren **F** 643
Bruttomethode
– Risikobewertung **P** 57 f.
Bruttoprinzip
– Lebens- und Krankenversicherungsunternehmen **K** 518, 587

Bruttoverfahren
– bei Befreiung von der Konzernrechnungslegung **M** 133 ff.
Bucheinsicht A 24
Buchführung
– Bestätigungsvermerk bei Einwendungen **Q** 462
– Energieversorgungsunternehmen **L** 37
– Gegenstand der Abschlussprüfung **R** 6
– Konzernprüfungsbericht **Q** 689 ff.
– Mängel
– – Bestätigungsvermerk **Q** 510
– Prüfungsbericht **Q** 174 ff.
– s. auch Finanzbuchführung
Buchführungspflicht
– des Vorstands der Genossenschaft **G** 1
Buchführungsprivileg
– steuerberatende Berufe **C** 20
Buchgewinn
– Ausweis **F** 521
– – aus Anlagenabgang **F** 493, 521, 906
– aus Beteiligungsveräußerung **F** 494, 521, 556
– aus Betriebsveräußerung **F** 494
– bei Sanierung **F** 340
Buchprüfungsgesellschaft
– Anerkennung **C** 12
– Bestätigungsvermerk
– – Unterzeichnung **Q** 578
– gesetzlicher Vertreter
– Wirtschaftsprüfer **A** 38, 53
– Mitgliedschaft in der Wirtschaftsprüferkammer **B** 52 f.
– Rechte und Pflichten **C** 13
– Tätigkeit von Wirtschaftsprüfern in **A** 38
Buchungsunterschiede
– zeitliche bei der Schuldenkonsolidierung **M** 678
Buchverlust
– aus Abgang von Umlaufvermögen **F** 551, 577
– aus Anlagenabgang **F** 493, 547, 551, 577, 906
– aus Beteiligungsveräußerung **F** 494, 551
– aus Betriebsveräußerung **F** 494
Buchwert
– abgebrochene Gebäude **E** 520
– Veränderungen konsolidierungspflichtiger Anteile **M** 421 ff.
Buchwertabschreibung E 407

Buchwertfortführung
- Stetigkeit bei Verschmelzung oder Spaltung **E** 310, **F** 128
- bei Tauschgeschäften **E** 338

Buchwertmethode
- bei der Equity-Methode **M** 541 ff.

Bürgschaften
- bei der Konsolidierung **M** 469 f.
- Kreditinstitute **J** 247, 1067

Bürgschaftsentgelt
- Ausweis **F** 551

Bürgschaftsprovision
- in der Gewinn- und Verlustrechnung **F** 580
- Kreditinstitute **J** 265

Bürgschaftsübernahmen
- Forderungen **E** 578, **F** 293

Bürgschaftsverpflichtungen
- im Haftungsvermerk **E** 111, 114 f., 601
- – Kapitalgesellschaft **F** 463 ff.
- – Personenhandelsgesellschaft i.S.d. § 264a HGB **F** 463
- – Kreditinstitute **J** 247, 1067
- Rückstellungen **E** 185

Büroeinrichtung
- Bilanzierung **F** 244

Bürogemeinschaft A 214

Büromaterial
- in der Gewinn- und Verlustrechnung
- – Gesamtkostenverfahren **F** 527, 551
- – Umsatzkostenverfahren **F** 647

Büromaterial
- Versicherungsunternehmen **K** 277

Bundesanstalt für Finanzdienstleistungsaufsicht
- Anzeigepflichten des Abschlussprüfers **J** 610, **K** 742, **Q** 875, 901, 941, 1311
- Berichterstattung über die Abschlussprüfung **J** 637 ff., **K** 628 ff.
- Bestellung des Prüfers für die Prüfung nach § 36 WpHG **J** 737
- Bilanzierungsrichtlinien **K** 22
- Depot- und Depotbankprüfung **J** 721 ff., **Q** 1290
- Finanzierungsleasing- und Factoringinstitute **Q** 909
- Kapitalanlage-/ Investmentaktiengesellschaften **J** 750 ff., **Q** 915
- Kreditinstitute und Finanzdienstleistungsinstitute **Q** 872
- Merkblätter **J** 725 ff.
- Prüfung des Jahresabschlusses **K** 746 f., 787
- Prüfung nach § 36 Abs.1 WpHG **Q** 1273
- Prüfung nach dem Geldwäschegesetz **Q** 1307
- Prüfungsbericht **Q** 882, 887, 898, 942, 949, 1102, 1275, 1306
- Verlautbarungen
- – Externe und Interne Rechnungslegung von Schaden- und Unfallversicherungsunternehmen für kombinierte Versicherungsprodukte **K** 565
- Versicherungsunternehmen **Q** 949
- Vorlage des Prüfungsberichts an die **K** 732, 741 ff.
- Zahlungsinstitute und E-Geldinstitute **Q** 896
- *s. auch Anzeigepflichten und Versicherungsunternehmen*

Bundesanzeiger
- einzureichende Unterlagen bei Versicherungsunternehmen **K** 44, 658, 695
- Veröffentlichung des Konzernlageberichts **M** 881

Bundesaufsichtsamt für das Kreditwesen
- *s. Bundesanstalt für Finanzdienstleistungsaufsicht*

Bundesaufsichtsamt für das Versicherungswesen
- *s. Bundesanstalt für Finanzdienstleistungsaufsicht*

Bundesaufsichtsamt für den Wertpapierhandel
- *s. Bundesanstalt für Finanzdienstleistungsaufsicht*

Bundesbank
- Prüfung der Guthaben bei der **R** 500

Bundesrechnungshof
- Doppik **L** 98

Bundesrepublik Deutschland
- Unternehmenseigenschaft **T** 50 f.

Bundessteuerberaterkammer
- Satzungsermächtigung **C** 28, 35
- Satzungsversammlung **C** 35, 63

Bundesverband der vereidigten Buchprüfer B 4, 6
- Zusammenarbeit mit dem IDW **B** 6
- – Beendigung **B** 6

Bundeswehraufträge F 1061
Bußgelder
– Rückstellungen **E** 173

C

Call-Option
– auf den Erwerb eigener Anteile **F** 153
– Mehrheitsbeteiligung **T** 78
Caps
– s. Zinsbegrenzungsverträge
Cash Flow-Analyse
– Prüfungsbericht **Q** 245
Cash Flow-Hedge
– Kreditinstitute **J** 488
Cash Flow-Rechnung
– s. Kapitalflussrechnung
Cash Flow-Überschüsse F 1071
– Angabe bei größeren Finanzierungen **F** 789
Cash Settlement E 66
Chancen der künftigen Entwicklung
– im Lagebericht **R** 664
Change of Control-Klauseln S 77
Checkliste
– Prüfung des Risikofrüherkennungssystems **P** 70
Chemieunternehmen
– Aufgliederung der Umsatzerlöse bei **F** 891
– Aufwandsrückstellungen **E** 265
– Lagebericht **F** 1134
Chemikalien
– Abschreibung bei Einwirkung **E** 404
Clarity Projekt
– der IFAC **B** 62
– – Transformation von IDW Prüfungsstandards **B** 71
Clean-cut-Verfahren K 270
Code of Ethics A 277
Collars
– s. Zinsbegrenzungsverträge
Comfort Letter A 635
Compliance
– Organisation **J** 740
– Mindestanforderungen an **J** 743
Compliance-Konzept
– Bescheinigung **Q** 1542
– Konzernrechnungslegungspflicht nach dem **M** 23 ff.
– Versicherungsunternehmen **K** 649

Compliance-Management-System R 636 ff.
– Angemessenheitsprüfung **R** 642
– Grundelemente **R** 638
– IDW PS 980 **R** 637
– Wirksamkeitsprüfung **R** 641
– Konzeptionsprüfung **R** 642
– Prüfungshandlungen **R** 643 ff.
Consultative Advisory Group
– der IFAC **B** 79
Contractual Trust Arrangements E 244
Corporate Governance Kodex
– bei Prüfungen gem. § 53 HGrG **L** 85
Corporate Identity A 446
Courtage
– bei Ermittlung der Anschaffungskosten **E** 322
Credit Default Swap E 70
Credit Linked Note E 70
Cut-off-Prüfung R 442

D

D&O-Versicherungen
– als Teil der Vorstandsvergütung **S** 7, 87 ff.
Damnum
– Abgrenzung **E** 274, 279
– Abschreibung **F** 580
– Effektivverzinsung **Anh1** 22
– Erträge aus **F** 575
– Versicherungsunternehmen **K** 511
Darlehen
– in der Bilanz
– – Kapitalgesellschaften **F** 258, 284, 293
– – Kreditinstitute **J** 150 ff., 156 ff., 497, 498, 1040 ff., 1045 ff.
– – Versicherungsunternehmen **K** 164, 203 ff., 208 ff., 223 ff.
– Darlehensgewährung nach MoMiG **E** 551
– langfristige **F** 256
– s. auch Namensschuldverschreibungen, Schuldscheinforderungen und Darlehen, Eigenkapitalersetzende Gesellschafterdarlehen, Rangrücktritt im Jahresabschluss
Darlehensvermittler
– Prüfungsvorschriften **D** 19
Darlehenszinsen
– in der Gewinn- und Verlustrechnung **F** 554, 571, 580

3129

Darstellung
- Einzelaussage des Jahresabschlusses **R** 72
- des Geschäftsergebnisses
- – im Lagebericht **F** 1100

Darstellungsstetigkeit
- bei Gliederung von Bilanz und Gewinn- und Verlustrechnung **E** 596, **F** 85, 480 f., 657, 732, 885
- Unterbrechung im Anhang **F** 657, 675, 692, 732 f., 885
- zusätzliche Abschlussbestandteile **F** 1066
- *s. auch Grundsatz der Stetigkeit*

Datenbereinigung
- Rückstellung **E** 174

Datenschutz
- Berufsregister bei der Wirtschaftsprüferkammer **A** 240

Datenschutzbeauftragter
- Wirtschaftsprüfer als **A** 47, 298

Datum
- Auftragserteilung **Q** 83
- Bescheinigung **Q** 1365
- Bestätigungsvermerk **Q** 569, **R** 674
- Nachtragsprüfung **Q** 602, 1342, 1472
- Prüfungsbericht **Q** 282

Dauerakte R 901
Dauerkalender Anh4
Dauerschuldverhältnisse
- im Anhang der Kapitalgesellschaft **F** 774, 785, 795
- Verlustrückstellungen **E** 156

Davon-Vermerk
- Altersversorgungsaufwand **F** 479, 542
- Agio-Beträge **F** 302
- Aufwendungen aus der Abzinsung **F** 580
- Aufwendungen an bzw. Erträge von Gesellschaftern **F** 503
- Aufwendungen aus der Währungsumrechnung **F** 552
- außerplanmäßige Abschreibungen **F** 546
- ausstehende Kapitaleinlagen **F** 287
- Erträge aus der Abzinsung **F** 574
- Forderungen an Organmitglieder **F** 281
- konvertible Anleihen **F** 449
- Restlaufzeit bei Verbindlichkeiten **F** 447 f.
- sonstige Erträge **F** 523
- Sozialverbindlichkeiten **F** 459
- Steuerverbindlichkeiten **F** 459
- Vorjahreszahlen **F** 86
- Zinserträge **F** 479

Deckblatt
- Prüfungsbericht **Q** 69, 78, 160

Deckblattlösung Q 86, 160

Deckungsgeschäfte
- bei Prüfung der Währungsforderungen **R** 480

Deckungskapital
- versicherungsmathematische Berechnungen **Anh**2 50 ff.

Deckungsrückstellung
- für das abgegebene Geschäft **K** 388
- im Anhang **K** 391
- Bedeutung **K** 362 ff.
- Begriff **K** 365
- Berechnung **K** 363, 370 ff.
- fondsgebundene Lebensversicherung **K** 493
- in der Krankenversicherung **K** 379 ff.
- in der Lebensversicherung **K** 365 ff., 391
- – gezillmerte **K** 256 ff., 373 f.
- Prüfung **K** 731, 787 ff.
- im Prüfungsbericht **K** 809
- Rückversicherungsunternehmen **K** 387
- Schaden- und Unfallversicherungsunternehmen **K** 385 ff.
- für das übernommene Geschäft **K** 387
- Unfallversicherung mit Beitragsrückgewähr **K** 386
- Veränderung **K** 518

Deckungsrückstellungsverordnung
K 63, 259, 329, 363, 385, 422

Deckungsstock
- Prüfung **K** 779
- im Prüfungsbericht **K** 809
- Vergütung für den Treuhänder **K** 608
- *s. auch Sicherungsvermögen*

Deckungsvermögen E 81 ff., 123
- Absonderungsrecht **E** 85
- Aussonderungsrecht **E** 85
- Ausweis **F** 479, 540
- Einzelbewertung **E** 86
- Insolvenzsicherheit **E** 84 f.
- Vermögenstrennung **E** 84
- Zeitwert, beizulegender **E** 87
- Zweckexklusivität **E** 82 f.

Deferred compensation E 221

Dekontaminierungskosten
– Rückstellungen **E** 175
Delkredereversicherung
– bei der Forderungsbewertung **E** 571, 574
Demographiefonds
– Rückstellungen **E** 176
Depotbank J 732 ff.
– Anteilwertermittlung **J** 855 ff.
– Depotbankprüfung **J** 732
– Depotbankrundschreiben **J** 732
Depotforderungen K 240 ff.
– Versicherungsunternehmen
– – im Anhang **K** 244 f.
– – Bewertung **K** 226
– – im Kapitalanlagespiegel **K** 244
Depotgebühren
– Versicherungsunternehmen **K** 608
Depotgeschäft J 726
– Prüfungsvorschriften **D** 10
Depotprüfung J 721
– Befreiung von der **J** 722
– Prüfungsbericht **Q** 1290
Depotstimmrecht
– Verstoß **U** 102
Depotverbindlichkeiten
– Versicherungsunternehmen **K** 493, 502 ff.
Depotverwahrung
– Prüfung bei **R** 492 f.
Depotzinsen
– Versicherungsunternehmen
– – Aufwendungen **K** 544, 593
– – Erträge **K** 599
Deputate
– in der Gewinn- und Verlustrechnung **F** 533, 540
– Rückstellungen **E** 177, 228, **F** 436, 540
Derivate
– Absicherung künftiger Tranksaktionen **E** 71
– im Anhang **F** 712, 785, 806 ff., 882
– Arten **F** 811
– Aufwendungen aus dem Einsatz **F** 551
– Begriff **F** 807 f.
– beizulegender Zeitwert **F** 812 ff.
– Bilanzierungs- und Bewertungsmethoden, Angabe der **F** 712, 814
– Bundesanstalt für Finanzdienstleistungsaufsicht **Q** 921
– Caps, Floors, Collars **E** 70

– Credit Linked Note **E** 70
– Cash Settlement **E** 66
– DerivateV **Q** 920
– eingebettete **K** 838 ff.
– Erträge aus dem Einsatz **F** 521
– Finanzderivate **E** 63
– Forwards **E** 68
– Futures **E** 68
– Hedging
– – Anhangangabe **F** 712
– – Macro-Hedges **E** 71, 446, 462
– – Micro-Hedges **E** 71, 446
– – Portfolio-Hedges **E** 71, 446
– Initial Margin **E** 68
– Kategorien **F** 810
– Kreditderivate **E** 70
– Optionsgeschäfte **E** 66 f.
– Prüfungsbericht **Q** 893, 1288
– Sicherungszusammenhänge **E** 71
– Swapgeschäfte
– – Credit Default Swap **E** 71
– – Cross-Currency-Swap **F** 810
– – Total Return Swap **E** 70
– – Währungsswaps **E** 69
– – Zinsswaps **E** 69
– Umfang **F** 811
– Variation Margin **E** 68
– *s. auch Futures, Optionsgeschäfte, Termingeschäfte, Zinsbegrenzungsverträge*
Derivative Finanzinstrumente
– nach IFRS **N** 568 ff.
– – Begriff **N** 568 f.
– – eingebettete Derivate **N** 637 ff.
– Kreditinstitute **J** 179, 224, 446, 452, 499, 1104
Deutsche Bundesbank
– Anzeigepflichten des Abschlussprüfers **Q** 875, 901, 941, 1311
– Guthaben bei der **J** 142
Deutsche Rechnungslegungs Standards
– Anwendung im HGB-Konzernabschluss **M** 16 ff., 720
– Anwendung im Konzernabschluss nach PublG **O** 5
Deutscher Buchprüferverband B 6
– Kooperation mit dem IDW **B** 6
Deutsches Rechnungslegungs Standards Committee
– Standards **A** 384
– Tätigkeit beim **A** 44

3131

– Versicherungsunternehmen **K** 692
Devisengeschäfte
– Kreditinstitute **J** 356 ff.
– Rückstellungen **E** 150
Devisenkassamittelkurs
– bei Währungsumrechnung **E** 483, 485
Die Unternehmensbesteuerung
– Zeitschrift **B** 34
Die Wirtschaftsprüfung
– Zeitschrift **B** 33
Dienstaufsicht
– öffentlich-rechtliche Versicherungsunternehmen **K** 16
Dienstleistungen
– bei Ermittlung der Herstellungskosten **E** 341, 356
– Erträge **F** 506
– Kreditinstitute **J** 265, 287, 402
– Prüfung **R** 548
– Umsatzerlöse **F** 504, 507, 890
– Versicherungsunternehmen
– – Aufwendungen **K** 616
– – Erträge **K** 613, 809
Dienstleistungsfreiheit
– Wirtschaftsprüfer **A** 188
Dienstleistungsmarken
– Verwendung durch Wirtschaftsprüfer und Wirtschaftsprüfungsgesellschaften **A** 446 ff.
Dienstleistungsunternehmen
– Prüfung bei Auslagerung der Rechnungslegung auf **R** 838 ff.
– IDW PS 951 **R** 845 ff.
Dienstleistungsverträge
– Versicherungsunternehmen
– – Forderungen **K** 274
Dienstverhältnis
– Wirtschaftsprüfer
– – öffentlich-rechtliches **A** 54
– *s. auch unter Anstellungsverhältnis*
Dienstvertrag
– Abhängigkeit bei **T** 112
– *Verjährung s. dort*
– Wirtschaftsprüfer **A** 598, 720
Dienstwohnung
– mietfreie in der Gewinn- und Verlustrechnung **F** 533
Dingliche Sicherheiten
– Prüfung **R** 554

Direktes Versicherungsgeschäft
– *s. selbst abgeschlossenes Versicherungsgeschäft*
Direktgutschrift
– Überschussanteile **K** 593
Direktionsmöglichkeit
– Abhängigkeit **T** 112
– beim faktischen Konzern **T** 225
Direktversicherung
– Versicherungsunternehmen
– – in der Gewinn- und Verlustrechnung **K** 629
Disagio
– Abgrenzung **E** 274, 584, **F** 456, 701
– Abschreibung **E** 275, **F** 580
– Ausweis **F** 302, 692, 701, 714, 877
– Effektivverzinsung **Anh1** 24 ff.
– Erträge **F** 575
– nach IFRS **N** 854
– Konsolidierung **M** 463 f., 476
– Kreditinstitute
– – Angabe im Anhang **J** 402
– – Ausweis in der Bilanz **J** 316
– – Ausweis in der GuV **J** 285
– Prüfung **R** 505 f.
– in der Steuerbilanz **E** 279
– bei Umschuldung **E** 279
– Versicherungsunternehmen
– – Ausweis **K** 511
– – Erträge **K** 599
Disclaimer of Opinion („Nichterteilungsvermerk") **Q** 333, 353, 406, 496
Discretionary Participation Feature
– *s. ermessensabhängige Überschussbeteiligung*
Diskontabzug **J** 147
Diskontaufwand **J** 285
– in der Gewinn- und Verlustrechnung **F** 573, 580
Diskontertrag **J** 259
– in der Gewinn- und Verlustrechnung **F** 571 f.
Diskontzinsen
– in der Gewinn- und Verlustrechnung **F** 580
Diskriminierungsverbot **M** 98
Dividende
– in der Gewinn- und Verlustrechnung **F** 554

– Prüfung nicht abgehobener **R** 552
Dividendenabhängige Gewinnbeteiligung
– Aufsichtsrat **S** 106 f.
– Vorstandsmitglieder **S** 20 ff., 44 ff.
– – Bemessungsgrundlage **S** 44
– – Berechnung **S** 45
– *s. auch Gewinnbeteiligung, Tantiemen*
Dividendenergänzungsrücklage F 403
Dividendengarantie T 310, 312, 319
– in der Konzern-Gewinn- und Verlustrechnung **M** 645 ff.
– Rückstellung **E** 185
– vorvertragliche Gewinnrücklagen bei **T** 296
– vorvertraglicher Gewinnvortrag bei **T** 296
– Zahlungen aufgrund **F** 564
Dividendenscheine
– Bilanzierung **F** 296, 458
Dividend-protection-Klausel
– Stock Options **S** 63
DM-Bilanzgesetz F 389
Dokumentation
– Risikofrüherkennungssystem **P** 32 f.
– – fehlende oder unzureichende **P** 127
Dokumentationspflicht
– für Qualitätssicherungssystem **A** 253
Doppeldatum
– Nachtragsprüfung **Q** 602, 1342, 1472
Doppelgesellschaften
– Kapitalbindung **C** 21
Doppik
– Bundesrechnungshof **L** 98
– Haushaltsgrundsätzemodernisierungsgesetz **L** 99
– im öffentlichen Rechnungswesen **L** 30, 86 ff.
– Rechtsgrundlagen **L** 92 ff.
– Prüfung **L** 106 f.
Drittbeteiligung
– bei Berechnung der Mehrheitsbeteiligung **T** 84
Drittelungsmethode
– bei den Rückstellungen **E** 254
Dritthaftung
– Wirtschaftsprüfer **A** 632 ff.
– – Begrenzung **A** 705 ff.
– – bei Pflichtprüfung **A** 664 f.
Drittschadensliquidation A 674

Drittschuldverhältnisse
– Konsolidierung **M** 473 f.
Drittverwahrung
– Prüfung bei **R** 440
Drohende Verluste
– in der Handelsbilanz **E** 28, 137, 150 ff.
– in der Steuerbilanz **E** 145, 157 f., 214
Drohverlustrückstellungen E 132, 145, 151 ff., 157 f.
– Bewertung **E** 152
– in der Bilanz **E** 28, 150 ff.
– Kreditinstitute **J** 135, 337
– Prüfung **R** 604
– in der Steuerbilanz **E** 146, 157 f.
– aus Verlustübernahme **E** 216, **F** 579
– Versicherungsunternehmen
– – Ausweis **K** 481 ff.
– – Prüfung **K** 802 ff.
– – Veränderung **K** 553
– Vollkosten **E** 155 f.
– *s. auch Rückstellungen*
Druckbericht
– *s. Geschäftsbericht*
Duale Konzernabschlüsse
– Bestätigungsvermerk **Q** 766
Duale Systeme Q 1445
Duales System Deutschland GmbH Q 1437
– Entgelte
– – Prüfungsvorschriften **D** 32
Due Diligence A 296, 371
Durchschnittsbewertung
– bei den Vorräten **E** 21, 482, **F** 710
– Wertpapiere bei Versicherungsunternehmen **K** 189
Durchschnittsmethode
– bei der Bewertung **E** 319
– bei der Gruppenbewertung **E** 482
DVFA/SG
– Cash Flow nach **Q** 245
– Ergebnis nach
– – Ergebnisanalyse **Q** 252
– – Prüfungsbericht **Q** 252
Dynamische Interpretation
– Eigenbetriebe **L** 8, 18, 62.
– Kernverwaltungen der öffentlichen Hand **L** 105

E

EDV-Programme
– Bilanzierung **E** 92, 101
Effektivitätstest J 485
Effektivverzinsung Anh1 13
– Berechnung **Anh1** 22 ff.
– Gebühren **J** 515
– Verteilung von Agien und Disagien **J** 316, 465
Effektivzinsmethode
– nach IFRS **N** 607
E-Geld-Institute
– *s. Zahlungsinstitute*
EG-Versicherungsbilanzrichtlinie K 19
Ehrenamtliche Tätigkeit
– der Wirtschaftsprüfer **A** 52, 54
Ehrenmitglieder
– IDW **B** 14
Eigenbetriebe
– Abschlussprüfer **L** 55 ff.
– anzuwendende Gesetze und Verordnungen **L** 3 f., 30
– Begriff **L** 1
– branchenspezifische Besonderheiten **L** 32 ff.
– – Entsorgungsbereich **L** 41
– – Krankenhäuser **L** 42 ff.
– – Pflegeeinrichtungen **L** 42 ff.
– – Verkehrsbereich **L** 34
– – Versorgungsbereich **L** 37 ff.
– Buchführung **L** 3 ff., 30
– Erfolgsübersicht **L** 9, 23, 28, 30
– Gebühren für die Pflichtprüfung **A** 727 ff.
– Geltung des PublG für **H** 7
– Jahresabschluss **L** 5 ff., 30
– – Anhang **L** 24 f.
– – Aufstellung **L** 28
– – Bilanz **L** 12 ff.
– – Bestätigungsvermerk **L** 60 f.
– – Feststellung **L** 29
– – Formblätter **L** 12 ff., 34 f.
– – Gewinn- und Verlustrechnung **L** 12, 30
– – größenabhängige Erleichterungen **L** 27
– – Prüfung **Q** 1048 ff.
– Kaufmannseigenschaft **L** 8
– Lagebericht **L** 4 ff., 27
– Prüfung **L** 50 ff.
– – Ordnungsmäßigkeit der Geschäftsführung **L** 51
– – nach § 53 HGrG **L** 51 ff., 57, 66 ff.

– – wirtschaftliche Verhältnisse **L** 51, 80
– Prüfungsbericht **L** 60 ff.
– Prüfungsumfang **L** 50 ff., 55 ff.
– Prüfungsvorschriften **D** 30, **L** 3 ff., 50 ff.
– Rechnungslegungsvorschriften **L** 3 ff., 86 ff.
– – Wahlrecht hinsichtlich der Anwendung des Haushalts- bzw. Handelsrechts **L** 30
– Wirtschaftsplan **L** 6, 9
– *s. auch Verkehrsunternehmen, Energieversorgungsunternehmen, Versorgungsunternehmen, Wirtschaftsbetriebe der öffentlichen Hand*
Eigenbetriebsrecht
– Rechtsgrundlagen **D** 30, **L** 3 f., 8
Eigene Aktien
– zur Abfindung **T** 326
– im Anhang **F** 394, 692, 1029 ff.
– in der Bilanz **J** 499
– Einziehung **F** 323, 338
– Stock Options **S** 65, 118
– *s. auch Eigene Anteile*
Eigene Akzepte J 222
Eigene Anteile
– bei Berechnung
– – Kapitalmehrheit **T** 67, 69 ff., 72
– – Stimmrechtsmehrheit **T** 93
– in der Bilanz
– – Kapitalgesellschaft **F** 90, 98, 320 ff.
– – Kreditinstitut **J** 499
– Erwerb **F** 320 ff., 631
– in der Gewinn- und Verlustrechnung **F** 631
– bei der Konsolidierung **M** 435 ff.
– im Konzernanhang **M** 748 f.
– in der Konzernbilanz **M** 244
– Prüfung **R** 519
– *Rücklage s. dort*
– Veräußerung **F** 327 ff.
– Versicherungsunternehmen **K** 276 ff., 282 ff.
– bei wechselseitiger Beteiligung **T** 196, 202, 210 f.
– Wirtschaftsprüfungsgesellschaften **A** 143
– *s. auch Eigene Aktien*
Eigene Schuldverschreibungen
– in der Bilanz **J** 499
Eigengesellschaft
– Begriff **L** 1

Eigenkapital
- anteiliges
- – bei der Equity-Methode **M** 558 ff., 570 ff.
- – bei der Kapitalkonsolidierung
- – – nach der Neubewertungsmethode **M** 356 ff.
- Aufwand für die Beschaffung **E** 104
- Bestätigungsvermerk bei nicht durch-gedecktem Fehlbetrag **Q** 551
- Bestätigungsvermerk bei Verstößen gegen Vorschriften **Q** 514
- in der Bilanz
- – Eigenbetriebe **L** 15
- – – Stammkapital **L** 15
- – Genossenschaften **G** 6, 10 ff.
- – Kapitalgesellschaften **F** 120, 309 ff.
- – Kommanditgesellschaften i.S.d. § 264a HGB **F** 348 f.
- – Kreditinstitute **J** 239, 513
- – Personenhandelsgesellschaften **E** 602, **F** 135 ff., 348
- – nach PublG **H** 46, 51 ff.
- – Versicherungsunternehmen **K** 297 ff., 307, 801
- – im Prüfungsbericht **K** 297 ff.
- nach IFRS **N** 91, 403 ff.
- – Abgrenzung zu Fremdkapital **N** 403 ff., 572
- – Anhangangaben **N** 436 ff.
- – Ansatz, Bewertung und Ausweis **N** 431 ff.
- – – Transaktionskosten **N** 434
- – – Eigene Anteile **N** 432
- – – Zinsen, Dividenden, Verluste und Gewinne **N** 435
- – – Definition und Klassifizierung **N** 405 ff.
- – – bei Liquidation entstehende Verpflichtungen **N** 425 ff.
- – – Gesellschafterdarlehen **N** 424
- – – gesellschaftsrechtliche Abfindungsklauseln **N** 423
- – – kündbare Instrumente **N** 406 ff., 419 ff.
- – Eigenkapitalveränderungsrechnung **N** 441, 1043 ff.
- – Tilgung finanzieller Verbindlichkeiten durch Eigenkapitalinstrumente (IFRIC 19) **N** 412, 440, 1211
- – Umgliederung **N** 429 f.

- Prüfung **R** 513 ff.
- – der Personengesellschaft **R** 520
- Verzinsung bei der Personengesellschaft nach PublG **H** 59
- Wirtschaftsprüfungsgesellschaften **A** 146

Eigenkapitalanteil
- von Wertaufholungen **F** 397

Eigenkapitalausstattung
- Angemessenheitsprüfung **L** 82
- – Eigenbetriebe **L** 82

Eigenkapitalersetzende Gesellschafterdarlehen
- Bilanzierung **F** 444, 1051

Eigenkapitalfehlbetrag
- in der Bilanz **F** 424 f.
- – Einzelkaufleute und Personengesellschaften **H** 52
- – Kapitalgesellschaften **F** 306, 424 f.
- – Kreditinstitute **J** 239, 513
- – Versicherungsunternehmen **K** 295

Eigenkapitalinstrumente J 474, 505, 513

Eigenkapitalspiegel
- Aufstellungspflicht **F** 3, 84, 1063 f.
- Darstellung **F** 1074
- HGB-Konzernabschluss **M** 838 ff.
- nach IFRS **N** 441, 1043 ff.
- Inhalt **F** 1072 f.
- gem. PublG **O** 60

Eigenkapitalzinsen
- bei Ermittlung der Herstellungskosten **E** 361
- bei Personengesellschaften **H** 59

Eigenleistungen
- andere aktivierte
- – selbst erstellte immaterielle Vermögensgegenstände des AV **F** 518
- – in der Gewinn- und Verlustrechnung
- – – nach Gesamtkostenverfahren **F** 497, 518 f.
- – – nach Umsatzkostenverfahren **F** 648
- – in der Konzern-Gewinn- und Verlustrechnung **M** 629, 639

Eigenmiete
- Versicherungsunternehmen **K** 521, 598

Eigenmittelausstattung
- im Prüfungsbericht
- – der aufsichtlichen Gruppe **J** 685
- – der Kreditinstitute **J** 652 f.

Eigentumsvorbehalt
- im Anhang **F** 768

– Bilanzierung **E** 51, **F** 274
Eigentumswohnung
– Bewertung nicht verkaufter **E** 511
– erhöhte Absetzung **E** 422
Eigenverantwortlichkeit
– Gemeinschaftsprüfungen **R** 889 ff.
– Prüfungsergebnisse Dritter **R** 854 ff.
– Wirtschaftsprüfer **A** 392 ff., **B** 12
– – als Angestellter **A** 188, 393, 397
– – bei gemeinsamer Berufsausübung **A** 398
– – – mit Nicht-Wirtschaftsprüfern **A** 398
– – bei Mehrfachfunktionen **A** 399
– – bei Prüfungsdurchführung **A** 393
Eignungsprüfung
– nach dem 8. Teil der WPO **A** 92
– nach § 134a Abs. 3 WPO **A** 95
– Steuerberater **C** 53
Eilbedürftigkeit
– Prüfungsbericht **Q** 147
– *s. auch Vorabberichterstattung*
Einbauten
– Abschreibung **E** 512, 515
– in fremden Grundstücken **F** 243, 244 f.
Einberufung
– Hauptversammlung
– – Nichtigkeit bei Mängeln **U** 12 ff., 48, 219
– – Versicherungsunternehmen **K** 10, 36
Einfamilienhaus
– erhöhte Absetzungen **E** 422
Eingangszölle
– als Anschaffungsnebenkosten **E** 322, **F** 601
Eingeforderte Einlagen
– bei Kapitalgesellschaften **F** 287, 311
– bei Kreditinstituten **J** 190
– bei Versicherungsunternehmen **K** 96
Eingliederung
– Abhängigkeitsbericht **F** 1295, 1305
– einheitliche Leitung bei **T** 170
– gesetzliche Rücklage **F** 382
– Konzernverhältnis bei **T** 3, 170
– Konzernvermutung bei **T** 31
– Nachteilsausgleich bei fehlender **F** 1280 ff.
Einheitliche Bewertung und Bilanzierung
– Durchbrechung im Konzernanhang **M** 736

– im Konzernabschluss **M** 251 ff.
– – nach IFRS **N** 902
– – Kreditinstitute **J** 559 ff.
– – Versicherungsunternehmen **K** 699 ff.
Einheitliche Leitung T 361
– bei ausländischer Konzernspitze **T** 60
– durch ausländisches Unternehmen **T** 60
– Begriff **T** 157, 173
– bei Beherrschungsvertrag **T** 170
– Dauerhaftigkeit **T** 167
– bei Eingliederung **T** 170
– Gegenstand **T** 60
– bei Gemeinschaftsunternehmen **T** 180
– Gleichordnung **T** 173
– bei Holdinggesellschaften **T** 166, 190
– Konzernvermutung bei fehlender **T** 100
– als Kriterium für den Konzern **T** 156 ff.
– Mittel der **T** 162 ff.
– durch die Obergesellschaft **T** 164
– durch Personenidentität der Organmitglieder **T** 114
– bei Unabhängigkeit **T** 246
– beim Unterordnungskonzern **T** 157 ff.
– bei unterschiedlichem Geschäftsgegenstand **T** 166
– durch das Treuhandunternehmen **T** 192
– Versicherungsunternehmen **K** 649
Einheitlichkeit
– Grundsatz bei der Berichterstattung **Q** 44 ff.
Einheitstheorie T 56
– für den Konzernabschluss **M** 6 ff.
– – i.S.d. PublG **O** 60
– in der Konzern-Gewinn- und Verlustrechnung **M** 615
Einkaufskommission F 274
– Erwerb eigener Aktien **F** 1032
Einkaufskontrakte
– Rückstellung für drohende Verluste **E** 178
Einkommensteuer
– bei Ermittlung der Herstellungskosten in der Steuerbilanz **E** 367
– der Gesellschafter einer Personenhandelsgesellschaft i.S.d. § 264a HGB **F** 591
Einkunftsabgrenzung
– bei international verbundenen Unternehmen **F** 1349

Einlagen
– des Einzelkaufmanns aufgrund privater Kredite **H** 71
– immaterielle Wirtschaftsgüter **E** 101
– Konsolidierungspflicht **M** 359
– verdeckte **E** 551, **F** 370
– *eingeforderte s. dort*
Einlagen bei Kreditinstituten K 231 ff.
Einlagenrückgewähr
– Hauptversammlungsbeschlüsse
– – Nichtigkeit **U** 27
– Verbot **F** 319
– Verstoß gegen Verbot
– – Bestätigungsvermerk **Q** 467
– bei wechselseitiger Beteiligung **T** 193
Einlagenverzinsung
– Verstoß gegen Verbot
– – Bestätigungsvermerk **Q** 467
Einmalbeiträge
– Versicherungsunternehmen
– – in der Gewinn- und Verlustrechnung **K** 574 ff.
Einnahmen-/Ausgabenrechnung
– Bescheinigung **Q** 1016, 1033, 1043
Einproduktunternehmen
– Anwendung des Umsatzkostenverfahrens **F** 500
Einschränkung
– *Bescheinigung s. dort*
– *Bestätigungsvermerk s. dort*
– Prüfungsumfang **R** 13
Einsichtnahme
– als Prüfungstechnik **R** 117
Einwendungen
– Bescheinigung **Q** 1361
– Bestätigungsvermerk **Q** 462 ff.
– Jahresabschlussprüfung
– – Versagungsvermerk **Q** 1613
Einwendungsfreiheit
– Bestätigungsvermerk
– – Aussage **Q** 411 ff.
Einzahlungsverpflichtungen
– Bilanzierung **E** 549
– bei der Konsolidierung **M** 431 ff.
– persönlich haftender Gesellschafter einer KGaA **F** 288, 307
Einzelabschluss
– befreiende Offenlegung eines IFRS-Einzelabschlusses **N** 16 ff.
– – Anhangangaben **N** 18 f.

– nach IFRS **H** 1, **F** 9 ff.
– – zu beachtende handelsrechtliche Vorschriften **F** 13
– – Corporate Governance Kodex **F** 12 f.
– – Ergebnisverwendungsvorschlag bzw. -beschluss **F** 12 f.
– – Lagebericht **F** 12 f., 1087 f.
– – zusätzliche Anhangangaben **F** 15
– Befreiung von der Offenlegung **F** 10
– Nichtigkeit **U** 183
– Prüfung der einbezogenen Unternehmen **M** 922 ff.
Einzelbewertung
– Deckungsvermögen **E** 86
– Grundsatz **E** 294 ff., 608
– Stetigkeitsgrundsatz **E** 294
– Versicherungsunternehmen
– – Schadenrückstellungen **K** 337, 412
– – – Prüfung **K** 776, 785
Einzelfallprüfung
– ausstehende Einlagen auf das gezeichnete Kapital **R** 514 ff.
– Begriff **R** 103, 116 ff.
– der aktiven Rechnungsabgrenzung **R** 505 f.
– Eigenkapital **R** 530 ff.
– Finanzanlagen **R** 423 ff.
– flüssige Mittel **R** 498 ff.
– Forderungen **R** 469 ff.
– immaterielle Vermögensgegenstände **R** 397 ff.
– latente Steuern **R** 507 ff.
– passive Rechnungsabgrenzung **R** 558
– bei Prüfung des Risikofrüherkennungssystems **P** 143, 145
– Rücklagen **R** 521 ff.
– Rückstellungen **R** 526 ff.
– Sachanlagen **R** 404 ff.
– Soll-Ist-Vergleich **R** 116
– Verbindlichkeiten **R** 542 ff.
– vermerkpflichtige Haftungsverhältnisse **R** 560
– Versicherungsunternehmen
– – Deckungsrückstellung **K** 750 f.
– – Schadenrückstellung **K** 771
– Vorräte **R** 435 ff.
– Wertpapiere **R** 491 ff.
Einzelfertigung
– Prüfung **R** 465 f.

Einzelhandel
– AfA bei Gebäuden **E** 529
Einzelkaufmann
– Anwendung des PublG **H** 5
– – Anlage zur Bilanz **H** 75 ff.
– – Gewinn- und Verlustrechnung **H** 46, 57 ff.
– – Jahresabschluss **H** 44 ff.
– – Rechnungslegungspflicht **H** 10 ff.
– befreiender Konzernabschluss **T** 419 f.
– Kleinbetriebe **E** 4
– Privatvermögen **E** 17, **H** 68 ff., **Q** 790
– Prüfungsbericht **Q** 789, 797
– Rechnungslegungspflicht i.S.d. PublG **O** 11
– – Erleichterungen **O** 62
Einzelkosten
– bei Ermittlung der Herstellungskosten **E** 349 ff.
– *des Vertriebs s. Vertriebseinzelkosten*
Einzelpraxis
– Wirtschaftsprüfer **A** 197, 200
Einzelrückstellungen
– Bildung **E** 141
Einzelveräußerungspreis
– bei Teilwertermittlung **E** 414
Einzelwertberichtigungen
– Versicherungsunternehmen
– – auf Kapitalanlagen **K** 225
Einzugspapiere J 191
Eisenbahnanlagen
– Ausweis **F** 93, 244
Elektrizitätsversorgungsunternehmen
– Prüfungsvorschriften **D** 14, 31
– *s. auch Versorgungsunternehmen*
Elektronische Datenverarbeitung
– Führen der Handakten **A** 253
Elektronischer Bundesanzeiger
– Einreichung zum **Q** 24, 342
– *s. auch Handelsregister, Offenlegung*
Elektroschrott
– Rückstellungen **E** 179
Elektrotechnische Industrie
– Lagebericht **F** 1134
Emissionen
– eigene **J** 175, 219, 499
Emissionsrechte
– Gewinne aus Verkauf **F** 521
– Rückstellungen **E** 180

Empfänger
– Prüfungsbericht **Q** 13 ff.
Endfassung
– Prüfungsbericht **Q** 304
Endwert
– Berechnung bei nachschüssiger Verzinsung
– – Kapital **Anh1** 5
– – Rente **Anh1** 7
Energieaufwand
– bei Ermittlung
– – der Herstellungskosten **E** 357
– – der Vertriebskosten **F** 645
– in der Gewinn- und Verlustrechnung **F** 527, 531
Energieversorgungsunternehmen
– Ausschluss von Erleichterungsvorschriften **F** 35
– Ausweis **F** 93
– Bilanzierung **L** 37 ff.
– Buchführung **L** 37
– erneuerbare Energien und Energieeffizienz **Q** 1465
– Forderungen aus Lieferungen und Leistungen
– – Jahresverbrauchsabgrenzung **L** 39
– Jahresabschluss
– – Aufstellung **L** 37 f.
– – Bestätigungsvermerk **Q** 1065 ff.
– – Prüfung **L** 37, 38
– passivierte Ertragszuschüsse **F** 506
– Prüfungsbericht **Q** 1064
– Unbundling **L** 38
– vertikal integrierte **L** 38
– *s. auch Versorgungsunternehmen*
Entdeckungsrisiko
– Begriff **R** 32, 85
– Bestätigungsvermerk **Q** 464
– bei der Prüfungsplanung **R** 85
– Ermittlung des maximalen **R** 88
– mathematische Abhängigkeit **R** 87
Enteignung
– Abschreibungen **F** 550
– Rücklage für Ersatzbeschaffung bei drohender **E** 427
Entflechtung
– interne Rechnungslegung bei Energieversorgungsunternehmen **L** 38
Entgelt- bzw. Gebührenabsenkung
– Rückstellungen **E** 181

Entgelte
– zurückgewährte bei Ermittlung der Umsatzerlöse **F** 512
Entherrschungsvertrag
– verbundene Unternehmen **T** 141, 371 f.
Entkonsolidierung M 807
– nach IFRS **N** 963 ff.
Entkontaminierung
– Grundstücksbewertung **E** 508
Entlastung
– Aufsichtsrat **Q** 357
– gesetzliche Vertreter
– – Einschränkung/Versagung des Bestätigungsvermerks **Q** 357
Entnahmen
– immaterieller Wirtschaftsgüter **E** 101
– Prüfung **R** 520
Entscheidungshilfen
– Abschlussprüfung
– – kommunale Wirtschaftsbetriebe **L** 84
Entsorgungskosten
– Rückstellungen **E** 175, 265
Entsorgungsunternehmen
– Rechnungslegung **L** 41
– *s. auch Versorgungsunternehmen*
Entsprechenserklärung
– Prüfung der Anhangangabe **R** 593 ff.
Entwässerungskosten
– bei der Grundstücksbewertung **E** 508
Entwicklungsaufträge
– Anwendung der Schutzklausel **F** 1061
Entwicklungsbeeinträchtigende Tatsachen Q 108 ff.
– *s. auch Bestandsgefährdende Tatsachen*
Entwicklungskosten
– bei Ermittlung der Herstellungskosten **E** 349, 357
– – in der Steuerbilanz **E** 365
– beim Umsatzkostenverfahren **F** 636
Entwicklungsrechnung
– Sondervermögen **J** 822 ff.
Entwurf
– Prüfungsbericht **Q** 303 ff.
Entwurfskosten
– bei Ermittlung der Herstellungskosten in der Steuerbilanz **E** 365
Equity-Methode F 52, **M** 539 ff.
– Abschreibungen auf Beteiligungen **M** 582

– abweichender Bilanzstichtag des assoziierten Unternehmens **M** 587 ff.
– Anlagenspiegel zum Konzernabschluss **M** 230 ff.
– Bedeutung im Konzernabschluss **M** 540
– Bereich **M** 539 ff., 555
– Eliminierung von Zwischenergebnissen **M** 575, 577 ff.
– nach IFRS **N** 977 ff.
– bei Konsolidierungswahlrecht **M** 213 ff.
– Kapitalaufrechnung **M** 541, 559 f.
– Konsolidierungstechnik **M** 557 ff.
– Konzept **M** 539 ff.
– Konzernabschluss des assoziierten Unternehmens **M** 591 ff.
– Konzernanhang **M** 713 ff.
– negativer Beteiligungswert **M** 583 ff.
– Schuldenkonsolidierung **M** 458
– Stichtag der Kapitalaufrechnung **M** 597 f.
– unterschiedlicher Beteiligungswert im Einzel- und Konzernabschluss **M** 593 f.
– Übergang auf die **M** 596 ff.
– Übernahme anteiliger Ergebnisse **M** 572 ff.
– verbundene Unternehmen bei **T** 377
ERA-Anpassungsfonds E 182
Erbbaurechte
– Bilanzierung **E** 508, 513, **F** 240, 242
– in der Steuerbilanz **F** 240
Erbbauzinsen
– Ausweis **E** 508, **F** 551
Erbschaftsteuer
– in der Gewinn- und Verlustrechnung **F** 598
Erdbebenschaden
– bei der Grundstücksbewertung **E** 511
Erdölbevorratungsverband
– Prüfungsvorschriften **D** 31
Ereignisse nach dem Abschlussstichtag
– Berücksichtigung durch den Abschlussprüfer **R** 700 ff.
– Prüfung der Angaben im Lagebericht **R** 674 ff., 700, 705
– Prüfungshandlungen **R** 675 ff.
Erfassung
– nach IFRS **N** 98 ff.
– – Aufwendungen und Erträgen **N** 103 f.
– – Begriff **N** 98
– – Bilanzposten **N** 100 ff.
– – generelle Kriterien **N** 99

3139

– im Jahresabschluss
– – Einzelaussage des Jahresabschlusses **R** 72
Erfindervergütung
– an Arbeitnehmer **E** 95, **F** 533
– für Organmitglieder **F** 692, 918
Erfolgsbeteiligungen
– in der Gewinn- und Verlustrechnung **F** 533
Erfolgshonorar
– Wirtschaftsprüfer
– – Verbot **A** 404
Erfolgsrechnung
– Bescheinigung **Q** 1353
Erfolgsübersicht
– Eigenbetriebe **L** 9, 23, 28, 30
Erfüllungsbetrag
– Rückstellungen **E** 138, 230, 303, **F** 574
– Verbindlichkeitsbewertung **E** 582, 583, 593
– Verbindlichkeiten, Bewertung von
– – im Anhang **F** 851
Erfüllungsgeschäfte
– im Abhängigkeitsbericht **F** 1323
Ergänzung
– Bestätigungsvermerk bei Nachtragsprüfung **Q** 595
– Prüfungsurteil
– – Bescheinigung **Q** 1359
– – Bestätigungsvermerk **Q** 530 ff.
Ergänzungsabgaben
– in der Gewinn- und Verlustrechnung **F** 590
Ergänzungsprüfung
– im WP-Examen **A** 81, 86
Ergebnis
– *außerordentliches s. dort*
– Beeinflussung durch Sonderposten mit Rücklageanteil **F** 120, 900
– der gewöhnlichen Geschäftstätigkeit
– – Aufwendungen und Erträge aus Unternehmensverträgen **F** 489
– – Ausweis **F** 583 f.
– – Ertragsteuerbelastung **F** 692, 902 ff.
– – Gliederung bei der Personenhandelsgesellschaft und dem Einzelkaufmann **H** 59
Ergebnis der prüferischen Durchsicht
– Begriff **Q** 1366
– *s. auch Prüfungsbericht, Bescheinigung*

Ergebnis der Prüfung
– Begriff **Q** 1
– *s. auch Prüfungsbericht, Bestätigungsvermerk, Bescheinigung*
Ergebnis je Aktie
– nach IFRS **N** 1095 ff.
– – Ausweis und Anhangangaben **N** 1106 f.
– – unverwässertes Ergebnis **N** 1100 ff.
– – verwässertes Ergebnis **N** 1103 ff.
Ergebnisabführungsvertrag
– in der Anlage nach PublG **H** 77
– Beteiligungsbewertung **E** 557
– zwischen Wirtschaftsprüfungsgesellschaften **A** 117
Ergebnisanalyse
– im Prüfungsbericht **J** 678
Ergebnisrücklagen
– Genossenschaften **G** 13 f.
– – Gliederung **G** 13
– – Veränderungen **G** 14
– – Vermerkpflichten **G** 14
– Entwicklung **G** 15
Ergebnisübernahmen
– aus Beteiligungen **M** 675
– bei der Equity-Methode **M** 655 ff.
– innerhalb des Konsolidierungskreises **M** 641 ff., 654
– – latente Steuern aus **M** 518
– Konsolidierung **M** 643 ff.
– phasenverschobene Konsolidierung **M** 517
Ergebnisübernahmevertrag
– *s. Gewinnabführungsvertrag, Verlustübernahme*
Ergebnisverwendung
– im Anhang **F** 692, 700, 909
– Aufstellung des Jahresabschlusses nach **F** 377, 408, 424, 608, 700
– in der Bilanz
– – nach PublG **H** 50
– – der Kapitalgesellschaften **F** 608
– – der Personenhandelsgesellschaft i.S.d. § 264a HGB **F** 138 f.
– Eigenbetriebe **L** 17, 22, 29
– Kreditinstitute **J** 305
– Prüfungsbericht **Q** 290, 292
– Sondervermögen **J** 810 ff.
– Versicherungsunternehmen
– – in der Bilanz **K** 10, 44, 64, 309 ff.
– – in der Konzernbilanz **K** 672, 680

– s. auch Jahresergebnis
Ergebnisvortrag
– im Anhang **F** 692, 877, 897
– in der Bilanz
– – der Personenhandelsgesellschaft i.S.d.
§ 264a HGB **F** 138
– – nach PublG **H** 50
– in der Konzernbilanz **M** 475
– in der Konzern-Gewinn- und Verlustrechnung **M** 675, 678 ff.
– Versicherungsunternehmen **K** 309 ff.
Erhaltene Anzahlungen
– s. Anzahlungen
Erhaltungsaufwand
– bei Gebäuden **E** 510
– bei Mieterein- und -umbauten **E** 516
Erholungsanlagen
– im Lagebericht **F** 1145
– Zuschüsse **F** 543, 551
Erholungsbeihilfen
– Ausweis **F** 538
Erklärung zur Unternehmensführung
– Lagebericht **F** 1178 ff.
Erläuterungen
– zur Bilanz und Gewinn- und Verlust-
rechnung **F** 664 ff.
Erläuterungsbericht
– Prüfungsvorschriften
– – bei Abwicklung **D** 2, 11
– – bei Liquidation **D** 4
Erläuterungspflicht
– im Anhang **F** 683
Erläuterungsteil
– Prüfungsbericht **Q** 73
Erleichterungen
– Angabe von Organbezügen **F** 917 ff.
– Aufstellung, Prüfung und Offenlegung
– – Hinweis im Bestätigungsvermerk auf
§ 264 Abs. 3 HGB **Q** 386, 549
– Inventur **E** 21
– Jahresabschluss und Lagebericht
– – Genossenschaften **H** 5, 7, 15
– – kleine und mittelgroße Kapitalgesell-
schaften **E** 74, **F** 4 ff., 77, 121, 123, 471,
483 ff., 496, 585, 654, 683, 692, 739,
748, 756, 765, 771 f., 889, 899, 902,
905, 913, 917, 954, 1005, 1080
– – nach PublG **H** 2, 47, 51, 60, /79
– Prüfung **Q** 157, 843
– Prüfungsbericht **Q** 157

Erlöschen
– Anerkennung einer Wirtschaftsprüfungs-
gesellschaft **A** 157 ff.
Erlösschmälerungen
– bei Bewertung des Umlaufvermögens
E 433
– bei Ermittlung der Umsatzerlöse **F** 504,
512
– Rückstellung für künftige **E** 183
Ermächtigung
– zum Erlass von Rechnungslegungsvorschriften
– – für Versicherungsunternehmen **K** 24 f.,
629, 665, 732, 741
– – – Niederlassungen ausländischer **K** 24
– – – Versicherungsvereine **K** 71, 89
Ermächtigungstreuhand J 110
Ermessen
– Abschlussprüfer **Q** 43, 49, 79, 168, 245,
644, 731
– – bei Einschränkung des Bestätigungs-
vermerk **Q** 402, 476
– – bei Widerruf des Bestätigungsvermerk
Q 608
– Aufsichtsrat **Q** 36
– Ermessensentscheidung **Q** 35
– Ermessensspielraum **Q** 173, 204, 212,
513, 715
– gesetzliche Vertreter **Q** 35, 212, 427
Ermessensabschreibungen
– Versicherungsunternehmen **K** 28
Ermessenstantieme
–Vorstandsbezüge **S** 49 ff.
Ermittlungsverfahren
– berufsgerichtliches **A** 580, 586 ff.
– berufsrechtliches **A** 563 ff.
**Erneuerbare Energien und Energie-
effizienz**
– Bescheinigung **Q** 1465
– Prüfung **Q** 1466
Erneuerbare Energien-Gesetz
– Prüfungsvorschriften **D** 31
Erneuerungsrücklage
– in der Bilanz **F** 403
Erneuerungsverpflichtungen E 30
Eröffnungsbilanz
– Abwicklung
– – Bestätigungsvermerk **Q** 1245
– – Bestätigungsvermerk **Q** 624 ff.
– Prüfungsvorschriften

3141

– – bei Abwicklung **D** 2, 11
– – bei Liquidation **D** 4
– *s. auch Bilanz, Jahresabschluss*
Eröffnungsbilanzwerte
– Prüfungsbericht **Q** 163
ERP-Software
– Ansatz **E** 492
Errichtung
– Wirtschaftsprüfungsgesellschaften **A** 118 ff.
Ersatzkassenbeiträge
– Ausweis einbehaltener **F** 460
Ersatzprüfer A 612
Ersatzteile E 531, **F** 244, 246
Ersatzwirtschaftsgüter
– Übertragung stiller Reserven **E** 427
Erschließungsbeiträge
– Vertretung im Verfahren über **A** 25
Erschließungskosten
– bei der Grundstücksbewertung **E** 322, 513
Erstattungsansprüche
– Bilanzierung **F** 748
Erstellung
– Erstellungsbericht **Q** 1377
– Jahresabschluss durch Wirtschaftsprüfer **Q** 1376 ff.
– Redepflicht **Q** 1376
Erstellungsbericht Q 1368 ff.
Erstkonsolidierung
– bei der Equity-Methode **M** 557 ff.
– – nach der Buchwertmethode **M** 557 ff.
– bei der Kapitalkonsolidierung **M** 356 ff.
– – nach der Neubewertungsmethode **M** 356 ff.
– latente Steuern **M** 4 ff.
– Stichtag **M** 389 ff.
– vorläufige Erstkonsolidierung **M** 394 ff.
Erstmalige Anwendung der IFRS
– Ausnahmen **N** 1155 ff.
– – anteilsbasierte Vergütungen **N** 1200 ff.
– – Bilanzierung von Sicherungsbeziehungen **N** 1217 ff.
– – Ersatz für Anschaffungs- und Herstellungskosten **N** 1176 ff.
– – kurzzeitige Befreiungen **N** 1225 f.
– – Leistungen an Arbeitnehmer **N** 1185 ff.
– – nicht beherrschende Anteile **N** 1223 ff.
– – Schätzungen **N** 1220 ff.

– – Unternehmenszusammenschlüsse **N** 1159 ff.
– – – bereits in den Konzernabschluss einbezogene Tochterunternehmen **N** 1163 ff.
– – – erstmals zu konsolidierende Tochterunternehmen **N** 1172 f.
– – – Währungsumrechnung **N** 1174 f.
– – Vermögenswerte und Schulden von Tochterunternehmen, assoziierten Unternehmen und Joint Ventures **N** 1192 ff.
– Darstellung und Angaben **N** 1227 ff.
– – Überleitungsrechnungen **N** 1230 ff.
– – Vergleichsinformationen **N** 1228 f.
– – Zwischenberichterstattung **N** 1234 ff.
– Grundsätze **N** 1149 ff.
– Zielsetzung und Anwendungsbereich **N** 1144 ff.
Erstprüfung
– Bestätigungsvermerk **Q** 464 ff.
– Eröffnungsbilanzwerte **R** 138
– Prüfungsbericht **Q** 163, 289
– Prüfungsplanung **R** 136 ff.
Erteilung
– Bescheinigung **Q** 1352 ff.
– Bestätigungsvermerk **Q** 338, 566 ff.
– – allgemeine Voraussetzungen **Q** 338
– – Klage auf **Q** 344, 630
– – Rechtsanspruch **Q** 344, 497
Erträge
– aus Anlageabgängen **F** 493, 521, 890
– aus Auflösung
– – von Rückstellungen **F** 493, 521, 906
– – von Sonderposten mit Rücklageanteil **F** 120, 523 f.
– aus Ausleihungen **F** 567 ff.
– außerhalb der gewöhnlichen Geschäftstätigkeit **F** 494
– außerordentliche
– – im Anhang **F** 692, 890, 905, 907
– – in der Gewinn- und Verlustrechnung **F** 522
– – – der Kapitalgesellschaft **F** 492, 585 f.
– – – der Nicht-Kapitalgesellschaften **E** 606
– – – der Personengesellschaften nach PublG **H** 59
– aus Beherrschungsvertrag **F** 554, 562
– aus Beteiligungen **F** 554 ff.

3142

– – in der Anlage nach PublG **H** 77
– des Einzelkaufmanns nach PublG **H** 59
– aus Gewinnabführungsvertrag **F** 487, 556, 561
– – in der Anlage nach PublG **H** 77
– aus Gewinngemeinschaft **F** 487, 556, 561
– nach IFRS **N** 92 ff., 822 ff.
– – Abgrenzung des Geschäftsvorfalles **N** 825 f.
– – andere Erträge **N** 93 f.
– – Anhangangaben **N** 863 ff.
– – aufschiebende und auflösende Bedingungen **N** 832 ff.
– – Ausblick (ED/2011/6) **N** 864 ff.
– – Beteiligung von Zwischenhändlern **N** 840 ff.
– – Entgelte mit Investitionsbezug (IFRIC 18) **N** 162, 856 ff.. 1210
– – Errichtung von Immobilien (IFRIC 15) **N** 356, 849 ff.
– – Franchise-Verträge **N** 847
– – Höhe des zu erfassenden Ertrages **N** 823 f.
– – Mehrkomponentenverträge (IFRIC 13) **N** 842 ff.
– – Percentage-of-Completion-Methode **N** 852 f.
– – Risiko-/Chancenübergang **N** 828 f.
– – Sukzessivlieferverträge **N** 848
– – Verkäufe mit späterer Lieferung **N** 838 f.
– – Zinsen, Lizenzgebühren und Dividenden **N** 854 f.
– in der Konzern-Gewinn- und Verlustrechnung **M** 641 f.
– – bei der Equity-Methode **M** 655 ff.
– periodenfremde im Anhang **F** 495 f., 692, 905 ff.
– private in der Gewinn- und Verlustrechnung nach PublG **H** 68
– Prüfung **R** 416, 428, 571 ff.
– aufgrund von Sonderprüfungen **F** 425, 633
– sonstige betriebliche **F** 521 ff.
– aus Teilgewinnabführungsvertrag **F** 487, 602 f.
– aus Verlustübernahme **F** 487, 602
– verrechnete im Anhang **F** 852
– bei Wertaufholungen **F** 521
– aus Wertpapieren **F** 567 f.

– zinsähnliche **F** 575
– aus Zuschreibungen **F** 493, 521
Ertrags- und Aufwandsrechnung
– Definition **J** 800
– Gliederung **J** 800
Ertragsausgleich J 937 ff.
Ertragsentwicklung
– im Lagebericht **F** 1102, 1105, 1115 ff.
Ertragslage
– im Jahresabschluss der Kapitalgesellschaft **F** 78, 80, 685, 688, 692, 694, 698, 703, 730, 884, 1057 ff.
– im Konzernabschluss nach PublG **O** 60
– im Konzernanhang
– – Versicherungsunternehmen **K** 697 f.
– nachteilige Veränderungen **Q** 104, 203, 259
– Prüfung **R** 385, 579
– – gem. § 53 HGrG **L** 80 ff.
– im Prüfungsbericht **Q** 248
– – Kreditinstitute **J** 678, 1109
– – Versicherungsunternehmen **K** 345, 746, 807, 809
Ertragsteuerbelastung
– im Anhang von Kreditinstituten **J** 402
– Aufteilung **F** 692, 902 ff.
Ertragsteuern
– bei Auflösung von Sonderposten mit Rücklageanteil **F** 523 f.
– in der Gewinn- und Verlustrechnung **F** 590
Ertragswert
– zur Beteiligungsbewertung **E** 546
Ertragszuschüsse
– bei Verlustübernahme **F** 603
– bei Wirtschaftsbetrieben der öffentlichen Hand **E** 219, **F** 506, **L** 19, 40
Erwartungslücke
– Bestätigungsvermerk **Q** 349, 360, 420
Erweiterung
– Berichterstattung **Q** 1023
– Jahresabschlussprüfung **Q** 56, 274
– – Prüfungsbericht **Q** 898
– Prüfungsauftrag **Q** 81 ff., 156, 274
– Prüfungsgegenstand
– – Bestätigungsvermerk **Q** 373, 763
– Prüfungsumfang **R** 13, 697 ff.
Erwerb
– eigener Anteile **F** 320 ff.
– entgeltlicher **E** 64, 492, 502

– unentgeltlicher **E** 334
Erzbergbau
– Sonderabschreibungen auf Anlagegüter **E** 421
Erzeugnisse
– Abschreibungen auf unfertige **F** 548
– Aufstellung des Jahresabschlusses **F** 6
– Ausweis **F** 272
– Bewertung **E** 341, 428 ff., **F** 515 ff., 707
– *Erlöse aus dem Verkauf s. Umsatzerlöse*
– fertige **F** 273
– Herstellungskosten beim Umsatzkostenverfahren **F** 635 ff.
– Inventur **R** 464
– Prüfung **R** 464 ff.
– unübliche Abschreibungen **F** 515, 548
– *Veränderung des Bestandes s. Bestandsveränderungen*
– *s. auch Fertigerzeugnisse*
Erzielbarer Betrag
– nach IFRS **N** 108
– – Ermittlung **N** 222 ff.
Euro-Flachpaletten
– selbstständige Nutzungsfähigkeit **E** 420
Europäische Aktiengesellschaft F 1080
Europäische Genossenschaften G 1
Europäische Wirtschaftliche Interessenvereinigung E 1
– Mitgliedschaft von Wirtschaftsprüfern **A** 45
– Wirtschaftsprüfer als Geschäftsführer **A** 45
– Wirtschaftsprüfungsgesellschaften **A** 123
– Zweck **A** 45, 123
Europäischer Wirtschaftsraum
– Mitglieder **M** 83
– Versicherungsunternehmen
– – Abkommen **K** 7, 18, 569
European Financial Reporting Advisory Group B 95
Euro-Umstellung F 720
– Aufwendungen für **F** 692
– gezeichnetes Kapitals **F** 692
– Kapitaländerungen **F** 318
– Neugründungen **F** 318
– Rückstellung **E** 182
– Umrechnungsgewinne aus der Euro-Einführung **F** 521
Eventualforderungen
– nach IFRS **N** 495, 524 f.

Eventualschulden
– nach IFRS **N** 493 f., 522 f.
Eventualverbindlichkeiten
– im Anhang **J** 402
– in der Bilanz **J** 243 ff., 1067 ff.
– Forderungen **F** 293
– Konsolidierung **M** 466 ff.
– unter der Bilanz **E** 111 ff., 601, **F** 463 ff., 767
EWR-Abkommen A 12, 56
Exportbeschränkungen
– im Lagebericht **F** 1124
Exporte
– Gliederung der Umsatzerlöse **F** 892
Externe Gründungsprüfung
– *s. Gründungsprüfung*
Externe Qualitätskontrolle
– Verfahren gem. WPOÄG **A** 496 ff.
– – Auflagen zur Beseitigung von Mängeln **A** 552 f.
– – Auswahl der Prüfer **A** 516 f.
– – Berichterstattung über die Prüfung **A** 540 f.
– – Einrichtung durch die Wirtschaftsprüferkammer **A** 478 ff., **B** 55
– – gesetzliche Grundlage **A** 467
– – Prüfungsdurchführung **A** 525 ff.
– – Teilnahmebescheinigung **A** 550
– – Überwachung **A** 555 f.
– – Verwaltung **A** 505 f.
– Verlautbarungen des IDW **A** 469
– Ziel **A** 467
– *s. auch Qualitätssicherung*
Externe Rechnungslegungsverordnung
– Versicherungsunternehmen
– – zum Anhang **K** 79 ff.
– – zur Bilanz und Gewinn- und Verlustrechnung **K** 75 ff.
– – Geltungsbereich **K** 64
– – Grundlagen **K** 72 ff.
– – zum Lagebericht **K** 86 ff.
Externes Qualitätssicherungssystem
– Einrichtung durch die Wirtschaftsprüferkammer **A** 478 ff., **B** 55
– – Prüfungsdurchführung **A** 525 ff.
– – *Verfahren s. Externe Qualitätskontrolle*
– *s. auch Externe Qualitätskontrolle, Qualitätssicherung*

3144

F

Fabrikationsverfahren E 101
Fabrikgebäude
– Ausweis **F** 243
– Herstellungskosten **E** 517
– Sonderabschreibung **E** 421
Facharbeit
– des IDW **B** 20 ff.
– – Fachausschüsse **B** 25
– – fachliche Verlautbarungen **B** 12, 21 ff., **Anh3** 1 ff.
– – Hauptfachausschuss **B** 24
– – Ziele **B** 23
Fachausschüsse
– des IDW **B** 25, **Anh3** 2, 5
– *fachliche Verlautbarungen s. IDW Verlautbarungen und unter den jeweiligen Ausschüssen*
Fachausschuss für Informationstechnologie
– Entstehung **Anh3** 21
– IDW Stellungnahmen zur Rechnungslegung **Anh3** 27
– *s. auch Fachausschuss für moderne Abrechnungssysteme*
Fachausschuss für kommunales Prüfungswesen
– Entstehung **Anh3** 2
– Stellungnahmen **Anh3** 18
– Umbenennung **Anh3** 18
– *s. auch Fachausschuss für öffentliche Unternehmen und Verwaltungen*
Fachausschuss für moderne Abrechnungssysteme
– Auflösung **Anh3** 21
– Stellungnahmen **Anh3** 21
– *s. auch Fachausschuss für Informationstechnologie*
Fachausschuss für öffentliche Unternehmen und Verwaltungen
– Entstehung **Anh3** 18
– IDW Stellungnahmen zur Rechnungslegung **Anh3** 27
– IDW Prüfungshinweise **L** 53 ff., 60 ff.
– *s. auch Fachausschuss für kommunales Prüfungswesen*
Fachausschuss Recht
– Stellungnahmen **Anh3** 24

Fachgebietsbezeichnungen
– Wirtschaftsprüfer und Wirtschaftsprüfungsgesellschaften **A** 451
Fachgehilfe in steuer- und wirtschaftsberatenden Berufen
– Ausbildung **A** 747, **B** 46
Fachgutachten des IDW
– *s. IDW Fachgutachten*
Fachhochschulstudium *s. Hochschulstudium*
Fachliche Verlautbarungen
– des IASB **B** 80 ff.
– *des IDW siehe IDW Verlautbarungen*
– der IFAC **B** 70 ff.
– – Bedeutung **A** 364 f., **B** 70
Fachmesse
– Teilnahme des Wirtschaftsprüfers als Werbung **A** 450
Fachorgan
– des IDW **B** 33
Fachveranstaltungen
– Durchführung durch Wirtschaftsprüfer **A** 43, 49
– Mitwirkung des Wirtschaftsprüfers **A** 42, 450
Factoring Q 909 ff.
Factoring- und ABS-Transaktionen
– Geschäfte, außerbilanzielle **F** 775
Factoringgeschäfte
– Asset Backed Securities **E** 58 f.
– Bilanzierung **E** 55 f.
– Kreditinstitute **J** 259
Factoring-Institute
– Prüfungsbericht **Q** 910
Fahrlässigkeit
– Haftung **A** 643 ff.
Fahrstuhlanlagen
– AfA **E** 514
– Ausweis **F** 245
Fahrtkostenzuschüsse
– Ausweis **F** 543
Fahrzeuge
– Bilanzierung **F** 244
Fahrzeug-Rechtsschutzversicherung
– Rückstellung für ruhende **K** 478
Fair Value-Ermittlung J 466
Fair Value-Hedge
– Kreditinstitute **J** 477 f.
Fair Value-Option J 447, 453, 500, 510

3145

Faktischer Konzern T 216 ff.
– Anwendung der Vorschriften über den **T** 39, 216
– Begriff **T** 170, 216, 223
– Berichterstattungspflicht bei **T** 227
– einfacher **T** 222
– Eingangskontrolle **T** 222
– Existenzvernichtungshaftung **T** 234
– bei Gewinnabführungsvertrag **T** 254
– GmbH im **T** 216, 228
– Haftung **T** 234
– Kennzeichen **T** 223, 224
– Konzerninnenfinanzierung **T** 227
– Nachteilsausgleich **T** 228
– qualifizierter **T** 223
– Rechtsfolgen **T** 228 ff.
– Schadensersatz **T** 230 ff.
– Treuepflicht **T** 229
– Verlustübernahme **T** 231 ff.
– Weisungsrecht **T** 224

Fakultative Berichtsanlagen
– Konzernprüfungsbericht **Q** 724
– Prüfungsbericht **Q** 285

Familienbeihilfen
– in der Gewinn- und Verlustrechnung **F** 543

Fédération des Experts Comptables Européens B 80 ff.
– Aufgabe **B** 94
– Mitglieder **B** 90
– Organe **B** 91 ff
– – Council **B** 92
– – Executive Committee **B** 93
– – Mitgliederversammlung **B** 91
– Zusammenarbeit mit anderen Organisationen **B** 95

Fehlanzeigen
– im Anhang **F** 671
– im Lagebericht **F** 1095
– *Leerposten s. dort*

Fehlbetrag
– Ausweis in der Bilanz
– – Kreditinstitute **J** 197
– bei Ermittlung der Bilanzsumme **F** 71
– bei Pensionsverpflichtungen **E** 120, 224, **F** 759 ff., 764
– – Angabe **E** 120, 224, **F** 692, 759 ff., 764, 791
– – – gegenüber Organmitgliedern **F** 958
– – Ermittlung **F** 760 f.

– *nicht durch Eigenkapital gedeckter s. Eigenkapitalfehlbetrag*

Fehler
– in IFRS-Abschlüssen **N** 875 ff.

Fehlerberichtigung
– Konzernabschluss **M** 11, 20

Fehlerrisiko R 32, 80 ff.
– auf Abschlussebene **R** 80f., 102
– auf Aussageebene **R** 80, 82, 102
– Klassifizierung **R** 83

Fehlmaßnahmen
– außerplanmäßige Abschreibungen **F** 546
– Teilwertabschreibung auf den Geschäftswert **E** 507

Feiertagsarbeit
– Lohn **F** 533

Feldesräumung
– Aufwand **E** 218

Fernschreibkosten F 551
Fernsehwerbung A 458

Fertigerzeugnisse
– Begriff **F** 273
– Bestandsveränderung **F** 514 ff.
– Herstellungskosten beim Umsatzkostenverfahren **F** 635 ff.
– Prüfung **R** 464 ff.

Fertigung
– Bewertung bei langfristiger **E** 317

Fertigungsanlagen
– geschlossene **E** 405

Fertigungsaufträge
– nach IFRS **N** 355 ff.
– – Anwendungsbereich des IAS 11 **N** 355 ff.
– – Arten **N** 358
– – Auftragserlöse **N** 362 ff.
– – Auftragskosten **N** 367 ff.
– – Ausweis und Anhangangaben **N** 382 ff.
– – Erfassung in Bilanz und im Periodenergebnis **N** 379 f.
– – erwartete Verluste **N** 381
– – Messung des Fertigstellungsgrads **N** 377 ff.
– – Percentage-of-completion-Methode **N** 372 ff.
– – Zusammenfassung und Segmentierung **N** 359 ff.

Fertigungsgemeinkosten
– Begriff **E** 356

– bei Ermittlung der Herstellungskosten **E** 346, 349, 353 ff., 357 f., **F** 705
– – für die Steuerbilanz **E** 364
Fertigungskosten
– bei Ermittlung der Herstellungskosten **E** 346, 349, 351 ff., **F** 705 f.
Fertigungslöhne
– Begriff **E** 351
– bei Ermittlung der Herstellungskosten **E** 349, 351, 356, **F** 705 f.
– – für die Steuerbilanz **E** 364
Fertigungsmaterial
– bei Ermittlung der Herstellungskosten **E** 346, 349, 350, **F** 705 f.
Fertigungsstoffe
– in der Gewinn- und Verlustrechnung **F** 526 f.
Feste Kaution
– Niederlassungen von Versicherungsunternehmen **K** 301
Festgelder
– bei Kapitalgesellschaften **F** 299
Feststellung
– Jahresabschluss
– – Befugnis **Q** 17
– – Bestätigungsvermerk **Q** 354
– – Genossenschaften **G** 4
– – Kapitalgesellschaften **F** 5
– – Kreditinstitute **J** 32
– – nicht ordnungsmäßige **U** 210 ff., 219
– – Prüfungsbericht **Q** 290
– – Sperre **Q** 353
– – Versicherungsunternehmen **K** 44, 52, 65, 743, 798
– Konzernabschluss **M** 3
– – Bestätigungsvermerk **Q** 828
– – Prüfungsbericht **Q** 708
– – Rechnungslegungspflicht nach PublG **H** 5 ff.
– Überschuldung **V** 34 f.
– *s. auch Billigung*
Feststellungsklage U 2, 6
– gegen Hauptversammlungsbeschlüsse **U** 83 ff., 151 f.
– wegen Nichtigkeit des Jahresabschlusses **U** 237 ff.
Festverzinsliche Wertpapiere
– Kreditinstitute
– – Bilanz **J** 165 ff.
– – GuV **J** 255 ff.

Festwerte E 478 ff.
– im Anhang **F** 710
– in der Bilanz **E** 480
– Herabsetzung **F** 528
– im Inventar **E** 21 478
– Inventur **E** 21 478 ff.
– Prüfung **R** 335, 422, 459
– Überprüfung **E** 481
– Veränderung **E** 479, **F** 528
– Voraussetzungen **E** 479
– Zugänge
– – im Anlagenspiegel **F** 127
– – in der Bilanz **E** 512
– – in der Gewinn- und Verlustrechnung **F** 551
Fifo
– *s. First-in-first-out-Prinzip*
Filialgründung
– im Lagebericht **F** 1102
Filmförderungsanstalt
– Prüfungsvorschriften **D** 31
Filmrechte E 94
Financial Accounting Standards Board B 80 ff.
– *s. auch International Reporting Standards Foundation*
Finanzabteilung
– Kosten beim Umsatzkostenverfahren **F** 646
Finanzanalyse J 743
Finanzanlagen
– Abschreibungen **E** 395, **F** 576 ff., 797 ff., 853
– – Gründe für eine Unterlassung **F** 797, 804, 853, 863
– im Anhang **F** 711, 797 ff.
– Begriff **J** 126
– Bewertungseinheiten **F** 805
– in der Bilanz **F** 93, 250 ff.
– Erträge **F** 567 ff.
– Gruppierung **F** 803
– Prüfung **R** 423 ff.
– Verrechnung **J** 126
Finanzbuchführung
– Prüfungsbericht **Q** 174
Finanzderivate E 63
– im Anhang **F** 781, 806 ff.
– Arten **F** 811
– Begriff **F** 807
– Bewertungsmodell **F** 681

3147

Finanzdienstleistungsinstitute J 22, 404 ff.
– Jahresabschlussprüfung **Q** 871
– Prüfungsbericht **Q** 874
– Prüfungsvorschriften **D** 10
Finanzergebnis
– in der Gewinn- und Verlustrechnung
– – der Kapitalgesellschaften **F** 471
– – der Personengesellschaften und der Einzelkaufleute nach PublG **H** 59
– Prüfungsbericht **Q** 251 ff.
Finanzerträge
– Zusammenfassung der Posten **F** 471, 475
Finanzgarantie J 444, 472
Finanzgerichtsverfahren
– Vertretungsbefugnis im **A** 25 f.
Finanzielle Verpflichtungen J 243
Finanzierung
– Maßnahmen im Abhängigkeitsbericht **F** 1329
– Prüfungsbericht **Q** 244, 296
Finanzierungskosten
– Bilanzierung **E** 270, 274 f., 324, 347, 361
– bei Ermittlung der Herstellungskosten **E** 347, 361
Finanzierungsleasing Q 909
– Begriff **E** 35
– bei unbeweglichen Wirtschaftsgütern **E** 39
Finanzierungssituation
– im Lagebericht **F** 1102
Finanzinnovationen
– *s. auch Derivate*
Finanzinstrumente
– im Anhang **F** 801
– – bei Kredit- und Finanzdienstleistungsinstituten **F** 819 ff.
– Begriff **F** 798
– Deckungsvermögen **F** 821
– derivative **F** 807 f., **K** 137
– – Bewertungseinheit **F** 809
– nach IFRS **N** 563 ff.
– – Abgrenzung von Eigen- und Fremdkapital **N** 403 ff., 572
– – Ausweis **N** 677 ff.
– – Anhangangaben **N** 688 ff.
– – – beizulegende Zeitwerte **N** 721 ff.
– – – – Fair Value-Hierarchie **N** 723 ff.
– – – Bewertungskategorien **N** 692

– – – bilanzielle Sicherungsbeziehungen **N** 717 ff.
– – – Bilanzierungs- und Bewertungsmethoden **N** 712 ff.
– – – Risiken **N** 730 ff.
– – – – Ausfallrisiken **N** 734 ff.
– – – – Liquiditätsrisiken **N** 738 f.
– – – – Marktrisiken **N** 740 ff.
– – – Übertragung finanzieller Vermögenswerte **N** 699, 743 ff.
– – – Umgliederungen **N** 697 ff.
– – – Zahlungsverzug und Vertragsbrüche **N** 704 ff.
– – Anwendungsbereich des IAS 39 **N** 570 f.
– – Ausbuchung **N** 576 ff.
– – Begriff **N** 563 ff.
– – – derivative Finanzinstrumente **N** 568 ff.
– – Bewertung **N** 579 ff.
– – – Folgebewertung **N** 599 f.
– – – Kategorisierung **N** 579 ff.
– – – – finanzielle Verbindlichkeiten **N** 593 f.
– – – – tainting rule **N** 583 f.
– – – Umgliederung **N** 623 ff.
– – – Wertmaßstäbe **N** 601 ff.
– – – – Effektivzinsmethode **N** 607
– – – Wertminderung **N** 608 ff.
– – – Zugangsbewertung **N** 595 ff.
– – eingebettete Derivate **N** 637 ff.
– – – Neubeurteilung der Trennungspflicht (IFRIC 9) **N** 645 f.
– – Erfassung **N** 573 ff.
– – Forderungen und sonstige Vermögensgegenstände **N** 388 ff.
– – IAS 39 Replacement Project **N** 748 ff.
– – – Anhangangaben **N** 777
– – – Bewertung **N** 774 ff.
– – – Erstanwendung **N** 778 ff.
– – – finanzielle Verbindlichkeiten **N** 770 ff.
– – – finanzielle Vermögenswerte **N** 754 ff.
– – – Sicherungsbeziehungen **N** 786 ff.
– – – Übergangsvorschriften **N** 781
– – – Wertminderung **N** 783 ff.
– – Macro Hedge Accounting **N** 675 ff.
– – Micro Hedge Accounting **N** 649 ff.
– – Saldierungsvorschriften **N** 684 ff.

Stichwortverzeichnis

– Kreditinstitute
– – Abgang **J** 489 ff.
– – Anhang **J** 530 ff.
– – Begriff **J** 442
– – Bewertung **J** 464 ff.
– – Kategorisierung **J** 445 ff.
– – Sicherungszusammenhänge **J** 476 ff.
– – Zugang **J** 444
– in der Vermögensaufstellung von Investmentvermögen **J** 786
– Prüfungsbericht **Q** 890
– Risikoberichterstattung **P** 93
– Versicherungsunternehmen **K** 137
– – Anhangangaben zu derivativen **K** 135, 688
– – Anhangangaben zu zu Finanzanlagen gehörenden **K** 132 ff., 688
– – Gruppierung zu Finanzanlagen gehörender **K** 134
– – Prüfung derivativer **K** 756, 809
Finanzinvestitionen
– bis zur Endfälligkeit gehaltene **J** 448, 503
Finanzkonglomerate
– Beaufsichtigung **K** 642
– Prüfung **K** 734 f.
Finanzlage
– im Anhang
– – Prüfung **R** 579
– im Jahresabschluss
– – der Kapitalgesellschaften **F** 78, 80, 656, 686 f., 689, 693, 698, 703, 776, 783 f., 1057 f., 1069 f.
– – Prüfung **R** 138, 385, 579
– im Konzernabschluss **M** 1, 680, 786
– – nach PublG **O** 60
– im Konzernanhang
– – Versicherungsunternehmen **K** 685
– – nachteilige Veränderungen **Q** 104, 203, 247
– bei Prüfung gem. § 53 HGrG **L** 81
– Prüfungsbericht **Q** 244
Finanzplan
– Eigenbetriebe **L** 9
– Prüfungsbericht **Q** 246
Finanzrisiko K 825, 862
– Anhangangabe **K** 862
– Sensitivitätsanalyse **K** 862
Finanzverpflichtungen
– im Anhang **F** 692, 781, 783 ff.
– *s. auch Sonstige Finanzverpflichtungen*

Firewall A 319
Firma
– Bestätigungsvermerk
– – Konzernabschluss von Kapitalgesellschaften **Q** 741
– – Nennung **Q** 380, 742
– Sozietät **A** 237
– Wirtschaftsprüfungsgesellschaft **A** 147 ff., 196
– – Altfirmierung **A** 156
– – Branchenbezeichnung **A** 152
– – Orts-, Regional- und Sachbezeichnungen **A** 150 f.
– – Personennamen **A** 153 f.
– – Veränderung **A** 175
– – Verwendung der Firma einer **A** 155
– – bei Verzicht auf Anerkennung **A** 158
– – Wirtschaftsgruppe **A** 152
– – Zweigniederlassung **A** 196
Firmenwert
– Abschreibung **E** 384, 502 ff.
– – im Anhang **E** 504, **F** 692, 709, 744 ff.
– – in der Steuerbilanz **E** 507
– Bewertung **E** 502 ff., **F** 709, 745 f.
– nach IFRS **N** 143 f.
– – Ermittlung **N** 945 f.
– – negativer Unterschiedsbetrag **N** 954
– – Wertminderungstest **N** 948, 952
– in der Bilanz **E** 340, 502 ff.
– Prüfung **R** 397
– *s. auch Geschäftswert*
Firmenzeichen
– Verwendung durch Wirtschaftsprüfer/ Wirtschaftsprüfungsgesellschaften **A** 445
First-in-first-out-Prinzip E 474, **F** 710, 739
Fixkosten
– bei Ermittlung
– – der Herstellungskosten **E** 364
– – von Leistung und Gegenleistung **F** 1359
Flachpaletten
– selbstständige Nutzungsfähigkeit **E** 420
Floors
– *s. Zinsbegrenzungsverträge*
Flüssige Mittel
– nach IFRS **N** 565 f.
Flugzeuge
– Aufwandsrückstellungen **E** 265
– Ausweis **F** 93

3149

– Sonderabschreibungen **E** 421
Flussregulierung
– Ausweis **F** 241
Fördermittel
– Prüfungsbericht **Q** 1073
Förderung
– Klein- und Mittelbetriebe **E** 421
Folgebeitragsrechnungen
– Forderungen **K** 262 f., 478
– – den Vertretern belastete **K** 254
Folgekonsolidierung
– bei der Equity-Methode **M** 569 f.
– bei der Kapitalkonsolidierung **M** 397 ff.
Folgeprovisionen
– Versicherungsunternehmen **K** 534
Folgeprüfung
– Erfahrungen aus der Vergangenheit **R** 136
Fonds
– ausschüttender **E** 540
– ERA-Anpassungsfonds **E** 182
– Thesaurierende **E** 538
Fonds für allgemeine Bankrisiken J 237 f., 343 ff.
Fonds zur bausparttechnischen Absicherung J 1061 ff., 1090
Fondsgebundene Lebensversicherung
– im Anhang **K** 248 f.
– Deckungsrückstellung **K** 493
– Kapitalanlagen des Anlagestocks **K** 121, 246 ff.
– versicherungstechnische Rückstellungen **K** 493
– Vorschriften **K** 26, 583, 592
Fondspreisermittlung
– *s. auch Anteilwert, Ausgabepreis, Rücknahmepreis*
Forderungen E 570 ff., **F** 231 ff.
– Abschreibung in der Gewinn- und Verlustrechnung **F** 548, 551
– im Anhang **F** 713
– ausgebuchte
– – Prüfung **R** 473
– Eigenbetriebe **L** 14
– – Verbrauchsabgrenzung **L** 14
– Eingang ausgebuchter **F** 521, 906
– Erlass **F** 339 ff.
– an Gesellschafter
– – GmbH **F** 281, 692, 879

– – persönlich haftende einer KGaA **F** 281, 288, 294
– – Personenhandelsgesellschaft i.S.d. § 264a HGB **F** 1048
– aus Gewinnanteilen **E** 535 ff.
– nach IFRS **N** 388 ff.
– – Ausweis **N** 401 f.
– – als Finanzinstrumente **N** 388 ff.
– – *aus Lieferungen und Leistungen s. Forderungen aus Lieferungen und Leistungen*
– Konsolidierung **M** 456 ff.
– Kreditinstitute
– – Bewertung **J** 316 ff.
– – Bilanz **J** 150 ff., 156 ff., 497, 498, 1040 ff., 1045 ff.
– – GuV **J** 255 ff.,269 ff.
– – Kategorie **J** 449
– *aus Lieferungen und Leistungen s. Forderungen aus Lieferungen und Leistungen*
– – Prüfung **R** 469 ff.
– niedrig verzinsliche **E** 571, 578, **F** 512, 571
– an Organmitglieder bei der Genossenschaft **G** 20
– bei Rückgaberecht **E** 572
– in der Steuerbilanz **E** 574
– uneinbringliche **E** 571
– an Unternehmen mit denen ein Beteiligungsverhältnis besteht **F** 284 ff.
– – Prüfung **R** 484
– unverzinsliche **E** 571, 578, **F** 512, 571
– an verbundene Unternehmen **F** 284 ff.
– – Prüfung **R** 481 ff.
– Verrechnung **E** 73, 75
– Versicherungsunternehmen
– – aus Dienstleistungsverträgen **K** 272
– – aus Führungsfremdgeschäft **K** 255, 261 ff., 272
– – an die Generaldirektion **K** 285, 296
– – an Mitglieds- und Trägerunternehmen **K** 262, 266 f., 272
– – aus Provenues **K** 395
– – aus dem Rückversicherungsgeschäft **K** 267 ff.
– – aus dem selbst abgeschlossenen Geschäft **K** 165, 252 ff., 374, 478, 584
– – – Bewertung **K** 263
– – – im Prüfungsbericht **K** 809

– – sonstige **K** 96, 224, 227, 272 ff.
– – aus Teilungsabkommen **K** 395
– – gegenüber verbundenen Unternehmen **K** 146, 267, 282
– – aus der Versicherungsvermittlung **K** 254 ff., 260 ff., 266, 272
– zweifelhafte **E** 571
Forderungen aus Lieferungen und Leistungen E 570 ff., **F** 231 ff.
– Prüfung **R** 469 ff.
– nach IFRS **N** 392 ff.
– – Angabepflichten **N** 400
– – Ausbuchung **N** 394
– – Ausweis **N** 401 f.
– – erstmaliger Ansatz **N** 393
– – Bewertung **N** 395 f.
– – Wertminderungstest **N** 397 f.
– – Rechnungsabgrenzungsposten **N** 402
Forderungsverkauf
– *durch Abtretung s. Factoringgeschäft*
Forderungsverzicht
– gegen Kapitalgesellschaft
– – Besteuerung **F** 342
Forfaitierung
– Leasingraten **E** 33, 45 f.
– – Sicherungsübereignung **E** 119
Formblätter E 12, **F** 83, 91
– Erfolgsübersicht
– – Eigenbetriebe **L** 23, 30
– Gewinn- und Verlustrechnung
– – Eigenbetriebe **L** 12, 30
– Jahresabschluss
– – Eigenbetriebe **L** 12 ff., 30, 36
– – Genossenschaften **G** 7, 15
– – Kreditinstitute **J** 41 ff., 492 ff., 1036 f., **M** 225
– – nach PublG **H** 49, 57
– – Versicherungsunternehmen **K** 75 ff.
– Konzernabschluss
– – Kreditinstitute **M** 225
– – Versicherungsunternehmen **K** 623, 666
Formblattunternehmen
– Konzernbilanz nach PublG **O** 79
Formen
– Bilanzierung **E** 478
Formulierungsempfehlungen
– Bestätigungsvermerk **Q** 1599 ff.
– – eingeschränkter
– – – bei fehlendem Lagebericht **Q** 1611
– – – bei Prüfungshemmnissen **Q** 1612

– – – bei wesentlichen Beanstandungen mit Auswirkungen auf Aussage zur Generalnorm/zum Lagebericht **Q** 1609
– – – bei wesentlichen Beanstandungen ohne Auswirkungen auf Aussage zur Generalnorm **Q** 1608
– – – bei wesentlichen Beanstandungen des Lageberichts **Q** 1610
– – uneingeschränkter
– – – bei freiwilliger Prüfung des Jahresabschlusses (ohne Lagebericht) **Q** 1607
– – – bei freiwillig aufgestelltem Konzernabschluss **Q** 1606
– – – bei Jahresabschlussprüfung **Q** 1600
– – – bei Konzernabschlussprüfung **Q** 1601
– – – bei Konzernabschlussprüfung nach § 315a HGB **Q** 1603
– – – bei Konzernabschlussprüfung nach § 315 HGB mit Beachtung der ISA **Q** 1604
– – – bei Konzernabschlussprüfung nach § 315, der den IFRS entspricht **Q** 1605
– – – zusammengefasster **Q** 1602
– – Versagungsvermerk
– – – bei Einwendungen **Q** 1613
– – – bei Prüfungshemmnissen **Q** 1614
Formwechsel Q 1205
– Prüfungsvorschriften **D** 3 f., 6 f., 11
– Wirtschaftsprüfungsgesellschaft **A** 169
Forschung und Entwicklung
– im Anhang **F** 823 f.
– – Gesamtbetrag **F** 824
– Bilanzierung **E** 348, 349, 362
– bei Ermittlung der Herstellungskosten **E** 343, 348, 362, 498
– – in der Steuerbilanz **E** 365
– nach IFRS **N** 144
– im Konzernlagebericht **M** 901
– Kosten beim Umsatzkostenverfahren **F** 636
– im Lagebericht **F** 1134 ff.
– – Art und Umfang **F** 1135
– – Geschäfts- und Betriebsgeheimnisse **F** 1137
– Sonderabschreibung auf Anlagen **E** 421
Forschungsaufträge
– Schutzklausel **F** 1061

Forstwirtschaft
– Unternehmenseigenschaft von Betrieben **T** 47
Fortbestandsprognose Q 97
– Bestätigungsvermerk **Q** 384, 450, 551, 591
– bei Überschuldung **V** 45 ff.
– *s. auch Going Concern, Unternehmensfortführung*
Fortbildung
– Ausweis der Kosten **F** 551
– im Lagebericht **F** 1145
– Wirtschaftsprüfer
– – als Berufspflicht des Wirtschaftsprüfers **A** 382, **B** 9, 12, 27 ff., 36, 48
– – Programm des IDW **B** 27 ff.
– – Angebot der IDW Akademie **B** 36
Fortführung der Unternehmenstätigkeit
– Abgemessenheit **R** 68 f.
– Annahme der **R** 51 f.
– Beurteilung im Rahmen der Prüfungsplanung **R** 51 ff., 61
– erhebliche Zweifel an der **R** 57
– fehlende oder unzureichende Einschätzung **R** 70
– gesetzliche Vertreter **R** 53, 63
– insolvenzrechtliche Folgen **R** 59, 65
– Prüfungshandlungen **R** 65
– Verantwortung des Abschlussprüfers **R** 60
– verzögerte Aufstellung **R** 71
– *s. auch Bestandsgefährdende Tatsachen, Going Concern, Unternehmensfortführung*
Forum of Firms
– der IFAC **B** 79
Forwards E 68, **F** 811 ff.
Fracht
– Ausweis **F** 551
– bei Ermittlung
– – der Anschaffungskosten **E** 322
– – der Umsatzerlöse **F** 512
Fragenkatalog zur Prüfung
– Ordnungsmäßigkeit der Geschäftsführung **L** 51 ff., 66 ff.
– Schadenrückstellungen **K** 766 ff.
– wirtschaftliche Verhältnisse **L** 51 ff., 66 ff., 84
Francotypwerte
– Ausweis **F** 298

Freie Mitarbeit
– im Wirtschaftsprüferberuf **A** 233 f.
– – Mandatsschutzklauseln **A** 418
Freier Beruf
– Wirtschaftsprüfer als **A** 2, 4
– – Ausübung eines anderen **A** 38 ff.
Freigabeverfahren
– aktienrechtliches **U** 160 ff.
– Bagatellquorum **U** 162
– Gerichtszuständigkeit **U** 161
– Interessenabwägung **U** 163
– umwandlungsrechtliches **U** 121, 141
– Unanfechtbarkeit **U** 164
– Unbegründetheit der Klage **U** 162
– Unzulässigkeit der Klage **U** 162
– vorrangiges Vollzugsinteresse **U** 161
Freistellungsverpflichtung
– Vermerk **E** 117
Freiwillige Abschlussprüfung
– Anlässe **R** 14
– als Aufgabe des Wirtschaftsprüfers **A** 23
– Aufgabe und Inhalt **R** 14 f.
– Bescheinigung **Q** 851, 1352
– Bestätigungsvermerk **Q** 842 ff., 855 ff.
– – Formulierungsempfehlungen **Q** 1606 f.
– Prüfungsbericht **Q** 837
– Rückstellungen **E** 189
– Siegelführung **A** 228
– Umfang **R** 15
– zugrundezulegende Prüfungsstandards **R** 20
Fremdbezug
– bei Ermittlung der Herstellungskosten **E** 350
Fremdenverkehrsabgabe
– Heranziehung von Freiberuflern **A** 2
Fremdkapitalzinsen
– aktivierte beim Umsatzkostenverfahren **F** 648, 692
– Ausweis **F** 572, 582, 691, 749 f.
– Bilanzierung **E** 324, 347
– bei Ermittlung
– – der Anschaffungskosten **E** 324
– – der Herstellungskosten **E** 347, 349, 361, **F** 692, 705, 749 f.
– Prüfung **R** 465
– in der Steuerbilanz **E** 324, 369
Fremdleistungen
– bei Ermittlung der Herstellungskosten **E** 341, 350

- in der Gewinn- und Verlustrechnung
  F 530
Fremdreparaturen
- in der Gewinn- und Verlustrechnung
  F 532, 551
Fremdwährung
- Anschaffungskosten **E** 332
- Forderungen **E** 573
- – bei Kapitalgesellschaften **F** 720 f.
- Grundkapital **F** 973
- Verbindlichkeiten **E** 587
- Versicherungsunternehmen
- – Aufwendungen **K** 620
- – Erträge **K** 614
- – Forderungen **K** 205
Fremdwährungsgeschäfte
- Anhang **J** 402
- Umrechnung **J** 349 ff.
Fristen
- Aktienübernahmeverpflichtung **T** 330
- Anfechtungsklage **U** 147, 174, 260
- Antrag auf Bestellung zum Wirtschaftsprüfer **A** 102
- Anpassung
- – Kapitalbeteiligung der Wirtschaftsprüfungsgesellschaft **A** 174, 183
- – Organe der Wirtschaftsprüfungsgesellschaft **A** 118, 171
- Aufstellung des Jahresabschlusses
- – Kreditinstitute **J** 33 ff., 435
- Aufstellung des Konzernabschluss
- – nach PublG **O** 65 ff.
- Doppik **L** 103
- Einreichung des Jahresabschlusses und Lageberichts
- – Kreditinstitute **J** 32
- – Versicherungsunternehmen **K** 36
- Einreichung des Prüfungsberichts
- – – Versicherungsunternehmen **K** 745
- Erstellung des Jahresabschlusses
- – Eigenbetriebe **L** 28
- – Versicherungsunternehmen **K** 36
- Erstellung des Konzernabschluss von Versicherungsunternehmen **K** 653 ff.
- Geltendmachung der Nichtigkeit
- – Hauptversammlungsbeschlüsse **U** 44 ff., 47
- gesetzliche Rücklage bei Unternehmensvertrag **T** 290 f.

- Heilung der Nichtigkeit
- – Feststellung des Jahresabschlusses **U** 244 ff.
- – Hauptversammlungsbeschlüsse **U** 89 ff.
- – Jahresabschluss **U** 244 ff.
- Insolvenzantrag **V** 72
- Sicherheitsanspruch bei Unternehmensvertrag **T** 303
- Veräußerung eigener Aktien **T** 196
- vereinfachte Kapitalherabsetzung **U** 217
- *Verjährung s. dort*
- Verzicht oder Vergleich über den Ausgleichsanspruch **T** 301
- *s. auch Aufbewahrungsfristen, Aufstellungsfristen, Einberufungsfristen, Offenlegungsfristen, Vorlagefristen*
Fristengliederung
- Bausparkassen **J** 1088 ff.
- Kreditinstitute **J** 59, 402, 543
Fristenhemmung
- bei Anfechtung und Nichtigkeit **U** 47
Frühwarnindikatoren
- zur Risikofrüherkennung **P** 46 f.
Führungsfremdgeschäft
- Aufwendungen **K** 616
- Erträge aus Dienstleistungen für **K** 613
- Forderungen **K** 255, 261 f., 272
- Verbindlichkeiten **K** 262
Fuhrparkkosten
- Ausweis beim Umsatzkostenverfahren **F** 645
Fundamente
- Bilanzierung **F** 244
Fundamentierungskosten
- Bilanzierung **E** 322 f., 530, **F** 247
Funktionsausgliederung
- Versicherungsunternehmen
- – Beteiligungen **K** 152
- – Konzernabschluss **K** 647
Funktionsbereiche
- Versicherungsunternehmen
- – Aufwandsverteilung **K** 83, 520 ff., 535, 559, 615 f.
- – – im Prüfungsbericht **K** 809
Funktionstests R 329 ff.
- Prüfung der Wirksamkeit des internen Kontrollsystems **R** 31, 105 ff., 329 ff.
- Techniken **R** 329
- Vorgehensweise **R** 334

3153

Funktionstrennung
– bei der Systemprüfung **R** 263 ff., 344 f., 347 f., 628, 715, 775, 807 ff.
Fusion
– im Lagebericht **F** 1102, 1124 f.
– Wirtschaftsprüfungsgesellschaften **A** 164 ff.
Fußnoten zum Jahresabschluss E 598, **F** 673, 679, 886, **H** 70
– *s. auch Vermerk*
Futures E 68, **F** 811
– im Anhang **F** 811 ff.
– Marginleistung **E** 210, 579
– *s. auch Derivate, Termingeschäfte*

G

Gängigkeitsabschreibungen
– im Umlaufvermögen **E** 433
Garantiedividenden
– in der Konzern-Gewinn- und Verlustrechnung **M** 645 ff.
Garantieleistungen
– zukünftiger Lohnaufwand **F** 534
Garantierückstellungen
– Prüfung **R** 539
– Zuführungen **F** 551
Garantieversprechen
– bei Bewertung von Forderungen **E** 571
– als Bilanzvermerk **E** 116 f.
Gasometer
– Ausweis **F** 244
Gasversorgungsunternehmen
– Prüfungsvorschriften **D** 14
– *s. auch Versorgungsunternehmen*
Gebäude
– Abbruch **E** 520 ff.
– Abschreibung **E** 384, 409, 508, 511
– in der Bilanz **E** 508, **F** 237 ff.
– auf fremdem Grund und Boden **E** 512, **F** 243
– – AfA bei **E** 512, 517
– erhöhte Absetzungen **E** 422
– Nutzungsdauer **E** 404
– in der Steuerbilanz **E** 39 ff., 514 ff.
– Veräußerungsgewinne **E** 424 ff.
– *s. auch Bauten*
Gebäudeanlagen
– erhöhte Absetzungen auf bestimmte **E** 422

Gebäudeteile
– Abschreibung in der Steuerbilanz **E** 405, 408, 515
Gebietskörperschaften
– Abhängigkeitsbericht **T** 51
– Bestätigungsvermerk **Q** 1349
– Erweiterung des Prüfungsumfanges bei Beteiligung von **L** 51
– Jahresabschluss bei Beteiligung von
– – Aufstellung **L** 5 ff.
– – Prüfung **L** 50 ff.
– Gesamtabschluss **L** 90
– Prüfung von handelsrechtlichen Abschlüssen **Q** 1344 ff.
– Prüfungsbericht **Q** 1347
– Prüfungsvorschriften **D** 22 ff.
– Rechnungslegungspflicht bei Beteiligung **F** 76
– Unternehmenseigenschaft **T** 50
– – i.S.d. PublG **O** 11
Gebühren
– Abgrenzung **E** 270
– Ausweis **F** 551
– Jahresabschlussprüfung **A** 720 ff.
– – gemeindlicher Betriebe **A** 727 ff.
– Kreditinstitute **J** 259, 265, 1074 ff., 1084 ff.
– sonstige Tätigkeiten **A** 737
– Steuerberatung **C** 69
– Versicherungsunternehmen **K** 254, 262 f.
– nach der Wirtschaftsprüferordnung
– – Anerkennung als Wirtschaftsprüfungsgesellschaft **A** 186
– – Bestellung als Wirtschaftsprüfer **A** 116
– – Erteilung von Ausnahmegenehmigungen **A** 186
– – sonstige Verwaltungsakte **A** 186
– – Wiederbestellung als Wirtschaftsprüfer **A** 116
– – WP-Examen **A** 116
– – – Zulassung **A** 116
– *s. auch Vergütung*
Gebührenordnung
– Steuerberater **A** 732, **C** 69
– Wirtschaftsprüfer **A** 733
– – Pflichtprüfung gemeindlicher Betriebe **A** 727 ff.
– Wirtschaftsprüferkammer **B** 57
Gebundenes Vermögen
– Versicherungsunternehmen

– – Prüfungsvorschriften **D** 11
Geburtsbeihilfen
– Ausweis **F** 543
Gedenkmünzen J 191
Gefährdungshaftung
– Rückstellung **E** 185
Gefälligkeitsakzepte F 454
Gegenseitige Beteiligungen
– Konsolidierung **M** 441 ff.
Gegenseitigkeit
– bei ausländischen Sozien **A** 202
– Fortfall beim Berufszugang **A** 13
– nach § 28 Abs. 3 WPO **A** 129
Gegenstand, Art und Umfang der Prüfung
– Prüfungsbericht **Q** 150 ff.
– *s. auch Prüfungsgegenstand*
Gehälter
– bei Ermittlung der Herstellungskosten **E** 382, 387 f.
– in der Gewinn- und Verlustrechnung **F** 533 ff., 896
– – Kreditinstitute **J** 289 ff.
– individualisierte Angabe **F** 934 ff.
– noch nicht ausgezahlte **F** 458
– von Organmitgliedern **F** 667, 692, 917 ff., 935
– persönlich haftender Gesellschafter **F** 533
– *s. auch Personalaufwand*
Gehaltsbuchführung A 294
Gehaltsvorschüsse
– in der Bilanz **F** 293
– in der Gewinn- und Verlustrechnung **F** 534, 961
– Versicherungsunternehmen **K** 210, 221, 227, 272
Geldbuße
– bei Verstoß gegen HGB-Vorschriften **F** 5, 478, 663, 1090
– Rückstellungen **E** 173
Geldkurs
– bei der Währungsumrechnung **E** 485
Geldmarktpapiere J 170 ff.
Geldwäsche
– Vorkehrungen zur Verhinderung von - bei Kreditinstituten **J** 658 ff.
Geldwäschegesetz
– Prüfungsbericht **Q** 1313
– Prüfungsgegenstand **Q** 1311

– Prüfungsvorschriften **D** 10
– Verpflichtungen für Versicherungsunternehmen **K** 734 ff.
– Zuständigkeit der Wirtschaftsprüferkammer **B** 51
Geldwertänderungen F 79, 1057 f.
Geldwertschulden E 592
Gelegenheitsgesellschaft
– Abgrenzung von der Gewinngemeinschaft **T** 259
Geleistete Anzahlungen
– *s. Anzahlungen*
Gemeinden
– Prüfungsvorschriften **D** 33
– Unternehmenseigenschaft **T** 52
Gemeindeverbände
– Prüfungsvorschriften **D** 33
Gemeindliche Betriebe
– Prüfung des Jahresabschlusses
– – Gebühren **A** 727 ff.
Gemeinkosten
– bei Ermittlung der Herstellungskosten **E** 353 f.
– nicht aktivierbare beim Umsatzkostenverfahren **F** 637
– *des Vertriebs s. Vertriebsgemeinkosten*
Gemeinkostenzuschläge
– Prüfung **R** 465
Gemeinschaftliche Berufsausübung
– Wirtschaftsprüfer **A** 201 ff., 608 ff., 686 ff.
– – Berufshaftpflichtversicherung **A** 249 ff.
– – Besorgnis der Befangenheit **A** 313 ff.
– – Eigenverantwortlichkeit **A** 398
– – gemeinschaftliche Auftragsübernahme **A** 608 ff.
– – Sozietätsfähigkeit **A** 202 ff.
– *s. auch Sozietät*
Gemeinschaftsgeschäfte J 103 ff.
Gemeinschaftsprüfungen R 889 ff.
– Bestätigungsvermerk **R** 893
– – Hinweis auf abweichende Prüfungsergebnisse **Q** 548
– – Unterzeichnung **Q** 573
– Prüfungsbericht **Q** 316, **R** 892
– Prüfungsergebnisse Dritter **R** 890
– und Eigenverantwortlichkeit **R** 889, 891
– unterschiedliches Gesamturteil **R** 892
– Wahl mehrerer Abschlussprüfer **R** 889

3155

Stichwortverzeichnis

Gemeinschaftsunternehmen
- Abhängigkeitsverhältnis **T** 118, 123, 175 ff.
- Begriff **M** 606 ff.
- im Konzernanhang **M** 700 f.
- – Arbeitnehmer von **M** 773
- Konzernverhältnis **T** 175
- rechtliche Qualifikation **M** 604, **T** 119 ff.
- Quotenkonsolidierung **M** 604, **T** 179, 377
- als verbundenes Unternehmen **T** 119 ff., 400
- im Zwischenabschluss **M** 160

Gemischte Sozietät
- Haftung **A** 692 f.

Genehmigtes Kapital
- Anfechtung des Beschlusses **U** 132
- im Anhang **F** 312, 692, 1035
- Belegschaftsaktien aus Jahresüberschuss
- – Bestätigungsvermerk **Q** 359
- Prüfung **R** 518

Generaldirektion
- Versicherungsunternehmen
- – Forderungen **K** 285, 296
- – Verbindlichkeiten gegenüber **K** 509, 615

Generalnorm E 6, **F** 78 ff., 656 f., 664, 692, 876, 1057 ff.
- und außerordentliche Posten **F** 493
- Bestätigungsvermerk
- – Aussage **Q** 463 ff.
- – Einschränkung **Q** 517
- – Hinweis bei Zweifeln an Einhaltung **Q** 544
- – Nichtkapitalgesellschaften **Q** 434
- – Verstoß **Q** 517
- Genossenschaften **Q** 988
- im Jahresabschluss
- – nach PublG **H** 44, 47
- Konzernprüfungsbericht **Q** 675
- Kreditinstitute **Q** 869
- Prüfungsbericht **Q** 163, 201, 419, 791, 846
- Verstoß **F** 278
- zusätzliche Angaben im Anhang **F** 692, 1057 ff.

Generalüberholung
- in der Steuerbilanz **E** 524

Generalversammlung
- Aufgaben **G** 4

Generationentafeln
- Ausscheideordnungen **Anh2** 10

Genossenanzahl
- im Anhang **G** 19

Genossenschaften Q 996 ff.
- Anhang **G** 17 ff.
- – Anwendung von Vorschriften des HGB **G** 17 f.
- – – ergänzende Vorschriften **G** 19 f.
- Anwendung von Vorschriften des
- – – HGB **E** 1, **F** 18 ff.
- – – PublG **H** 7
- Berichterstattung **Q** 1001 ff.
- Bescheinigung **Q** 1009
- Bestätigungsvermerk **Q** 1010
- Generalnorm **Q** 988
- Jahresabschluss **G** 1 ff.
- – Anwendung von Vorschriften des HGB **G** 5 ff.
- – – ergänzende Vorschriften **G** 6 ff.
- – – Aufstellungspflicht **G** 2
- – – Bilanz **G** 9
- – – – Geschäftsguthaben **G** 10
- – – – fällige Einzahlungen auf Geschäftsanteile **G** 11
- – – – Rücklagen **G** 13 f.
- – – Entwicklung Ergebnisrücklagen **G** 15
- – – Feststellung **G** 4
- – – Formblätter **G** 7, 15
- – – Gewinn- und Verlustrechnung **G** 16
- – – größenabhängige Erleichterungen **G** 8
- – – Offenlegung **G** 4
- – – Prüfung **G** 4, **Q** 997, 999
- Lagebericht **G** 2, 21
- Konzernabschluss nach PublG
- – Gliederung **O** 79
- Prüfungsbericht **Q** 1001
- Prüfungsgegenstand **Q** 998
- Prüfungsvorschriften **D** 6
- rückständige fällige Einzahlung **G** 12

Genossenschaftsanteile
- in der Bilanz
- – Kapitalgesellschaften **F** 93, 254, 259, 271, 293
- – Kreditinstitute **J** 180
- – Versicherungsunternehmen **K** 175 f., 237
- Verpflichtungen im Anhang **F** 787

Gen-Technik
- im Lagebericht **F** 1134

Genussrechte
– im Anhang **F** 692, 1037 f., 1059
– Begriff **F** 1037
– in der Bilanz **E** 575
– – Kapitalgesellschaften **F** 259, 261, 293, 296, 356, 449
– – Kreditinstitute **J** 235, 512
– – Versicherungsunternehmen **K** 44, 65, 172 ff., 200, 229, 311 ff.
– in der Gewinn- und Verlustrechnung **F** 567, 571, 576, 580
– – Kreditinstitute **J** 259
– Versicherungsunternehmen
– – Bilanzierung **K** 44, 65, 172 ff., 200, 229, 311 ff.
– – bei Ermittlung der Solvabilität **K** 311
– – Zinsen auf **K** 318
Genussrechtskapital
– im Anhang **F** 358
– in der Bilanz **F** 93, 254, 258, 356 f.
– mit Eigenkapitalcharakter **F** 355
– erfolgswirksame Vereinnahmung **F** 356, 494
– in der Gewinn- und Verlustrechnung **F** 580, 603, 605
– Kreditinstitute **J** 235, 512
– Verlustübernahme **F** 603, 622
– Versicherungsunternehmen
– – im Anhang **K** 313
– – Entnahmen aus **K** 315
– – gegenüber verbundenen Unternehmen **K** 314
– – Wiederauffüllung **K** 315
– – Zinsen auf **K** 318
– Wiederauffüllung **F** 603, 631
Genussscheine F 449
Geographische Märkte
– Aufgliederung im Anhang der Kreditinstitute **J** 402
Geprüfte Unterlagen
– Konzernprüfungsbericht **Q** 663 ff.
– Prüfungsbericht **Q** 174
– Stellungnahme zur Lagebeurteilung der gesetzlichen Vertreter **Q** 678
Gerichtliche Entscheidung
– höhere Bewertung **F** 425, 633
Gerichtlicher Sachverständiger
– Entschädigung **A** 734 ff.
– Haftung **A** 692
– Wirtschaftsprüfer **A** 28, 606

Gerichtskosten
– bei Bewertung von Forderungen **E** 574
– bei Ermittlung der Anschaffungskosten **E** 322
– in der Gewinn- und Verlustrechnung **F** 551
Gerichtsstand
– Honorarklagen des Wirtschaftsprüfers **A** 739 ff.
Geringwertige Wirtschaftsgüter
– Abschreibung **E** 386, 419, **F** 706
– in der Bilanz der Kapitalgesellschaften **F** 126
– im Inventar **E** 23
Gerüstteile E 478
Gesamtabschluss
– Begriff **L** 90
Gesamtaussage
– Bestätigungsvermerk **Q** 348
– Konzernprüfungsbericht **Q** 714
– Prüfungsbericht **Q** 202
Gesamtbezüge
– s. Vorstandsbezüge
Gesamtergebnisrechnung J 466, 492 ff.
– nach IFRS
– – allgemeine Anforderungen **N** 63 ff.
– – Mindestgliederung **N** 72 ff., 76
– – Periodenergebnis **N** 70 ff.
– – sonstiges Ergebnis **N** 75 ff.
– – – zukünftige Änderungen **N** 80
Gesamthandsgemeinschaft F 259
Gesamtkaufpreis
– Anschaffungskosten **E** 333
– negativer **E** 533
Gesamtkonzernabschluss M 83
Gesamtkostenverfahren F 466 ff., 497 ff., 504 ff.
– in der Gewinn- und Verlustrechnung **E** 597, 605, **F** 466 ff., 497 ff., 885, **G** 16
– in der Konzern-Gewinn- und Verlustrechnung **M** 626 ff.
– Wechsel zum Umsatzkostenverfahren **F** 481, 885
Gesamtleistung
– in der Gewinn- und Verlustrechnung **F** 497
Gesamtschulden
– Verrechnung **E** 76
Gesamturteil
– Bestätigungsvermerk **Q** 335

Gesamtwertmethode E 543, 555
Geschäft
– mit nahe stehenden Unternehmen und Personen
– – Angabepflicht **F** 1011 ff., 1024
Geschäftsanteile
– Angabe unterschiedlicher Gattungen **F** 312
– Genossenschaften
– – fällige Einzahlungen **G** 11
Geschäftsausstattung
– Abschreibung **E** 384
– Bilanzierung **E** 478, 530 ff., **F** 247
– Kreditinstitute
– – Anhang **J** 402
– – Bilanz **J** 188
– Versicherungsunternehmen
– – Abschreibung **K** 524
– – Bilanzierung **K** 277
– – Veräußerung **K** 614, 620
– *s. auch Betriebs- und Geschäftsausstattung*
Geschäftsbericht F 658 f., 1084
– Kosten **E** 189
– Gliederung **F** 659
– wesentliche Unstimmigkeiten von Informationen im mit der Rechnungslegung
– – Bestätigungsvermerk **Q** 526
Geschäftsbesorgungsvertrag A 597
– Begriff **T** 255
Geschäftsbeziehungen
– Abhängigkeit durch **T** 112
Geschäftsbriefbögen
– Wirtschaftsprüfer **A** 455
– – bei Anstellungsverhältnis **A** 221
– – bei Bürogemeinschaften **A** 214
– – bei gemeinschaftlicher Berufsausübung **A** 209, 237 ff.
– – bei Kooperation **A** 216
– – bei Partnerschaftsgesellschaft **A** 210
– Wirtschaftsprüfungsgesellschaft **A** 241
Geschäftsergebnis
– im Lagebericht **F** 1105
Geschäftsführerbezüge
– im Anhang **F** 667, 692, 917 ff., 935
– – individualisierte Angabe bei börsennotierten Aktiegesellschaften **F** 934
– – früherer Organmitglieder **F** 954 ff.
– in der Gewinn- und Verlustrechnung **E** 607

Geschäftsführung
– Bestätigungsvermerk
– – Aussage **Q** 352
– – Genossenschaften **Q** 997 1004
– – Prüfungsvorschriften **D** 6
– *Haushaltsgrundsätzegesetz s. dort*
– Kosten beim Umsatzkostenverfahren **F** 646
– Ordnungsmäßigkeit
– – Bestätigungsvermerk **Q** 375
– – Ordnungsmäßigkeitsprüfung gem. § 53 HGrG **L** 51 ff., 66 ff., **Q** 990, 996
– – Corporate Governance Kodex **L** 85
– – einheitlicher Prüfungsstandard **L** 66 ff.
– – Fragenkatalog **L** 75 ff.
– – – Instrumentarium **L** 77
– – – Organisation **L** 76
– – – Risikofrüherkennungssystem **L** 78
– – – Tätigkeit **L** 79
– – Prüfungsbericht **Q** 56
– Prüfung der Ordnungsmäßigkeit **Q** 998, 1004
– – Prüfungsbericht **Q** 56
– Sonderprüfung **Q** 1168 ff.
– – Rechtsgrundlagen **D** 3
– Sorgfaltspflichten **P** 14
Geschäftsführungsinstrumentarium
– Prüfung der Ordnungsmäßigkeit gem. § 53 HGrG **L** 77
Geschäftsführungsmitglieder
– im Anhang **F** 660, 676, 934
– – Prüfung **R** 591
– Gehalt **F** 533, 667, 917 ff.
– – individualisierte Angabe bei börsennotierten Aktiengesellschaft **F** 934
Geschäftsführungsorganisation
– Prüfung der Ordnungsmäßigkeit gem. § 53 HGrG **L** 76
Geschäftsführungsprüfung L 66 ff.
– gem. § 53 HGrG **L** 51 ff., 66 ff., **Q** 990, 996
– – Corporate Governance Kodex **L** 85
– – einheitlicher Prüfungsstandard **L** 66 ff.
– – Fragenkatalog **L** 75 ff.
– – – Instrumentarium **L** 77
– – – Organisation **L** 76
– – – Risikofrüherkennungssystem **L** 78
– – – Tätigkeit **L** 79
– – Prüfungsbericht **Q** 56

Geschäftsführungstätigkeit
- Prüfung der Ordnungsmäßigkeit gem. § 53 HGrG **L** 79

Geschäftsführungsvertrag F 381

Geschäftsgebäude
- Ausweis **F** 243

Geschäftsgrundstücke
- Ausweis **F** 237 f.

Geschäftsguthaben
- Kreditinstitute
- – Anhang **J** 402
- – Bilanz **J** 180
- Genossenschaften
- – Anhang **G** 19
- – Bilanz **G** 10 f.

Geschäftsjahr
- abweichendes **E** 214
- der einbezogenen Unternehmen **M** 155 ff.
- des Konzerns **M** 155 ff.
- Konzernabschluss nach PublG **O** 65 ff.
- *Vorgänge nach Schluss s. Vorgänge von besonderer Bedeutung*

Geschäftsmodell
- gem. IFRS 9 **J** 462

Geschäftsrisiken
- und risikoorientierte Abschlussprüfung **R** 243

Geschäftstätigkeit
- außerhalb der gewöhnlichen **F** 492 ff., 588 f.
- gewöhnliche **F** 492 ff., 504 f., 890
- – Ergebnis **F** 583 f.
- bei der Prüfungsplanung **R** 37, 45
- Versicherungsunternehmen
- – im Konzernanhang **K** 768

Geschäftsverlauf
- im Lagebericht **F** 1082, 1094, 1098 ff.
- – Versicherungsunternehmen **K** 84, 693
- im Konzernlagebericht **M** 875, 884 ff.
- im Prüfungsbericht
- – Versicherungsunternehmen **K** 809

Geschäftswert
- Abschreibung **E** 384, 441, 503 f., **F** 235
- – im Anhang **E** 504, **F** 235, 692, 709, 744 ff.
- – in der Steuerbilanz **E** 506, 507, **F** 746
- Bewertung **E** 40 f., **F** 709
- Bilanzierung **E** 502
- – bei Kapitalgesellschaften **F** 235, 709, 744 ff.
- – nach IFRS **N** 143 f.
- – Ermittlung **N** 945 ff.
- – negativer Unterschiedsbetrag **N** 954
- – Wertminderungstest **N** 948, 952
- aus der Konsolidierung **M** 419 ff.
- bei der Equity-Methode **M** 559 ff.
- – Abschreibung **M** 402 f., 422
- – Ausweis **M** 240, 352 ff.
- Kreditinstitute **J** 186
- latente Steuern **F** 182 ff.
- Prüfung **R** 397
- in der Steuerbilanz **E** 506 f.
- Versicherungsunternehmen **K** 97, 105 f.
- *s. auch Firmenwert, negativer Geschäftswert*

Geschäftszweige
- bei Ermittlung der Umsatzerlöse **F** 505
- Genossenschaften
- – besondere Gliederungsvorschriften **G** 7
- Konzern-Gewinn- und Verlustrechnung bei abweichenden **M** 625

Geschätzte Werte
- Beurteilung von Fehlerrisiken **R** 607 ff.
- Reaktion auf beurteilte Fehlerrisiken **R** 611 ff.
- Beurteilung und Berichterstattung **R** 617 ff.
- Prüfung **R** 604 ff.

Geschmacks- und Gebrauchsmuster
- Bilanzierung **E** 64, 491 ff.

Gesellschaft bürgerlichen Rechts
- Tätigkeit von Wirtschaftsprüfern **A** 201 ff.
- Unternehmenseigenschaft i.S.d. PublG **O** 11

Gesellschaft mit beschränkter Haftung
- Bilanzierung der Anteile an einer **F** 93, 254, 259, 270, 239
- Entwicklung im Lagebericht **F** 1124
- Ermittlung der Kapitalmehrheit **T** 72
- im faktischen Konzern **T** 216, 224, 229
- Gewinnrücklagen **F** 408 f.
- Gesellschafter
- – *Darlehen s. Gesellschafterdarlehen*
- – Forderungen an **F** 281, 294, 879
- – Kredite an **F** 267, 879
- – Verbindlichkeiten gegenüber **F** 448, 879

– Kapitalerhöhung aus Gesellschaftsmitteln
– – Bestätigungsvermerk **Q** 359
– Nachschüsse **F** 292, 371
– Prüfungsvorschriften **D** 4
– Risikofrüherkennungssystem **P** 14, 19
– Unternehmensverbindungen **T** 32
– Unternehmensvertrag mit **T** 304 ff.
– – Anwendung aktienrechtlicher Vorschriften **T** 229, 304 ff.
– – Beurkundung **T** 308
– – Eintragung **T** 308
– – Inhalt **T** 307
– – Nichtigkeit **T** 307
– – Satzung **T** 306
– – Zulässigkeit **T** 305

Gesellschaft mit beschränkter Haftung & Co. KG
– Anwendung der Vorschriften für Kapitalgesellschaften **F** 20 ff.
– Konzernrechnungslegungspflicht **M** 30
– Prüfungsvorschriften **D** 5
– *s. auch Personenhandelsgesellschaft, Kapitalgesellschaft*

Gesellschafter
– außenstehende
– – Ausgleichszahlungen in der Gewinn- und Verlustrechnung **F** 564 ff.
– – Versicherungsunternehmen **K** 714
– – vertraglich zu leistender Ausgleich **F** 578
– *der Gesellschaft mit beschränkter Haftung s. dort*
– Haftungsverhältnisse zugunsten im Anhang **F** 465
– Kredite an **E** 602
– persönlich haftende der KGaA
– – Anteile **F** 344
– – Einzahlungsverpflichtungen **F** 288, 307
– – Forderungen **F** 281, 288, 294
– – Gewinn/Verlust **F** 446
– – Pflicht zur Aufstellung des Abhängigkeitsberichts **F** 1293
– Privatvermögen nach PublG **H** 68 ff.
– Steuerberatungsgesellschaften **C** 70
– Wirtschaftsprüfungsgesellschaften **A** 136 ff.
– – Mehrheitserfordernisse **A** 138 ff.

Gesellschafterbeziehungen
– bei Personenhandelsgesellschaften nach PublG **H** 59

Gesellschafterdarlehen
– bei Ermittlung des haftenden Eigenkapitals **E** 559
– bei Gesellschaften mbH **R** 489
– als verdecktes Stammkapital **E** 559
– Zinsen nach PublG **H** 59
– *s. auch Eigenkapitalersetzende Darlehen*

Gesellschafterfähigkeit
– Wirtschaftsprüfungsgesellschaft **A** 137

Gesellschafter-Geschäftsführer
– Pensionsrückstellungen bei Kapitalgesellschaften **E** 257
– Tätigkeitsvergütung bei Personengesellschaften nach PublG **H** 59

Gesellschafterkonten
– in der Bilanz der Personenhandelsgesellschaften **E** 602

Gesellschafterrechte
– Auskunft **F** 486

Gesellschafterstruktur
– Bewertungsstetigkeit bei Änderung **E** 314

Gesellschafterversammlung
– Aufwendungen **F** 551
– Einberufung bei hälftigem Kapitalverlust **V** 1, 16 f.

Gesellschaftstreue
– Anfechtung bei Verletzung **U** 105 f.

Gesellschaftsvermögen
– im Jahresabschluss von Personengesellschaften **E** 18, **H** 68
– Partnerschaftsgesellschaft **A** 211

Gesellschaftsvertrag
– Aufstellung des Jahresabschlusses **R** 11
– Bestätigungsvermerk
– – Hinweis auf ergänzende Normen **Q** 376, 532, 545
– – im Konzernabschluss von Kapitalgesellschaften **Q** 743
– – bei Nichtbeachtung von Bestimmungen **Q** 463
– – Verstöße gegen Bestimmungen von besonderer Bedeutung **Q** 133, 520
– bei Bilanzierung nach PublG **H** 59
– bei Gesellschaften mbH **F** 395, 408
– bei Personengesellschaften **E** 536
– Prüfung **R** 233 f.

– Wirtschaftsprüfungsgesellschaft
– – Änderung **A** 175 f.
Gesellschaftszweck
– Anfechtung bei Verletzung **U** 105
Gesetz zur Kontrolle und Transparenz im Unternehmensbereich
– Auswirkungen
– – System der Corporate Governance **P** 1, 4
– Bestätigungsvermerk **Q** 332
– Prüfungsbericht **Q** 150
– Regelungen zur Risikofrüherkennung **P** 2 f.
– Versicherungsunternehmen **K** 747, 807
– Ziele **P** 1
Gesetzesänderungen
– Bewertungsstetigkeit **E** 314
– Rückstellungsbildung **E** 157
Gesetzesentsprechung
– Hinweis im Bestätigungsvermerk zur - der Rechnungslegung **Q** 410
Gesetzesverstöße
– Anzeigepflicht **J** 628 ff., 1101, **Q** 875
– Beherrschungsvertrag **T** 250
– Erstellungsbericht **Q** 1389
– Konzernprüfungsbericht **Q** 682
– Pflicht zur Unterrichtung des Auftraggebers **A** 402
– Prüfungsbericht **Q** 118, 682
– Sonderprüfungsbericht **Q** 1184
Gesetzliche Rücklage
– Aktiengesellschaft **F** 379 ff.
– Einstellungen **F** 625 f.
– Entnahmen **F** 384, 617
– Genossenschaften **G** 13 f.
– Gesellschaften mbH **F** 386
– Kapitalerhöhung aus Gesellschaftsmitteln **F** 335
– Kreditinstitute **J** 240
– Personenhandelsgesellschaften i.S.d. § 264a HGB **F** 386
– Prüfung **R** 523
– Unternehmensvertrag **F** 381 f., 407, **T** 288, 290 ff., 298
– Unternehmergesellschaften **F** 387 f.
– Versicherungsunternehmen **K** 306 f.
Gesetzliche Vertreter
– abweichende Auffassung **Q** 62
– Aufklärungs- und Nachweispflichten **Q** 168, 694

– Aushändigung des Prüfungsberichts **Q** 14
– Bedeutung des Prüfungsbericht **Q** 30 ff.
– Bestätigungsvermerk bei Verstößen gegen Gesetz oder Satzung/Gesellschaftsvertrag **Q** 520
– Entlastung
– – Einschränkung oder Versagung des Bestätigungsvermerks **Q** 357
– Gesetzesverstöße **Q** 118 ff.
– Sorgfaltspflicht **Q** 126, 179
– Stellungnahme zur Lagebeurteilung
– – Konzernprüfungsbericht **Q** 678 ff.
– – Prüfungsbericht **Q** 91
– Verantwortung für die Rechnungslegung
– – Bestätigungsvermerk **Q** 382
– Verletzung von Aufklärungs- und Nachweispflichten
– – Bestätigungsvermerk **Q** 464
Gesetzliche Vertretung
– Wirtschaftsprüfungsgesellschaften **A** 125 ff.
– – Altgesellschaften **A** 185
– – Angehörige ausländischer Prüferberufe **A** 129
– – besonders befähige Personen **A** 128, 130
– – Nicht-Wirtschaftsprüfer
– – – Befugnisse **A** 132 ff.
– – – zahlenmäßige Beschränkung **A** 130
– – Steuerberater und vereidigte Buchprüfer **A** 127
Gesetzmäßigkeit
– Bestätigungsvermerk **Q** 463
– – Aussage zur **Q** 411 ff.
Gesonderte Berichterstattung
– s. Sonderberichte
Gesonderter Teilbericht
– bei Vorprüfungen **R** 151
Gestionsgebühren
– in der Gewinn- und Verlustrechnung **F** 521
Gesundheitsfürsorge
– im Lagebericht **F** 1145
– Versicherungsunternehmen **K** 530
Getränkesteuer
– in der Gewinn- und Verlustrechnung **F** 598
Gewährleistungskosten
– beim Umsatzkostenverfahren **F** 636

Gewährleistungsrückstellungen
- in der Bilanz
- – der Kapitalgesellschaften **F** 442
- – der Kaufleute **E** 136, 185, 263
- bei der Konsolidierung **M** 461
- in der Steuerbilanz **E** 143, 264

Gewährleistungsverpflichtungen
- eigene Leistung **E** 118
- für fremde Leistungen **E** 117
- Kreditinstitute **J** 247, 1067
- Vermerk **E** 111, 601
- – Personenhandelsgesellschaften i.S.d. § 264a HGB **F** 463
- – Kapitalgesellschaften **F** 463 ff.

Gewährleistungsvertrag E 116
- bei der Konsolidierung
- – konzerninterner **M** 469 f.

Gewerbeertragsteuer
- im Anhang **F** 903 f.
- bei Ermittlung der Herstellungskosten **E** 360
- – in der Steuerbilanz **E** 368
- in der Gewinn- und Verlustrechnung **F** 590

Gewerbekapitalsteuer
- bei Ermittlung der Herstellungskosten **E** 360
- – in der Steuerbilanz **E** 368
- in der Gewinn- und Verlustrechnung **E** 360

Gewerbesteuerpflicht
- Wirtschaftsprüfer **A** 2
- Wirtschaftsprüfungsgesellschaft **A** 4, 120

Gewerbesteuerrückstellung E 207

Gewerbesteuerschulden
- im Jahresabschluss nach PublG **H** 70

Gewerbliche Tätigkeiten
- Wirtschaftsprüfer
- – Verbot **A** 49
- – – Ausnahme **A** 53

Gewerkschaftsbeiträge
- Verbindlichkeiten **F** 460

Gewinn
- Ausweis
- – Eigenbetriebe **L** 17
- Konsolidierung **M** 641 ff.
- *Thesaurierung bei faktischem Konzern* **T** 226
- Tilgungen **F** 446
- unrealisierter **E** 28, 298, 433

Gewinnabführung
- Ende **T** 300, 303
- in der Gewinn- und Verlustrechnung **F** 604
- – Kapitalgesellschaften **F** 487 ff.
- – Kreditinstitute **J** 264
- Höchstbetrag **T** 293
- Konsolidierung **M** 643 ff.

Gewinnabführungsvertrag T 254 ff.
- Abgrenzung **T** 254
- Abhängigkeitsbericht **F** 1292, 1295
- Abfindungsanspruch **T** 326
- Abhängigkeit **T** 257
- Anfechtung **T** 270
- in der Anlage nach PublG **H** 77
- Aufwendungen **F** 604
- Ausgleichsanspruch **T** 310, 313
- Begriff **T** 254
- Charakter **T** 254
- Einrichtung eines Risikofrüherkennungssystems **P** 23
- Erträge aus **F** 487, 602 ff.
- – Prüfung **R** 427, 577
- gesetzliche Rücklage **F** 381 f., **T** 288
- Gewinnbeteiligungsansprüche **S** 46
- Inhalt **T** 254, 310, 326
- Konzernverhältnis **T** 170
- Leitungsmacht **T** 256
- Nichtigkeit **T** 286, 326
- Prüfung **R** 577, **T** 271
- Sicherheitsleistung **T** 303
- Verlustausgleich **T** 294, 297
- Verpflichtungen **E** 216, **F** 446, 578, 602
- Versicherungsunternehmen
- – Erträge **K** 596
- vorvertragliche Gewinnvortrag **T** 296
- *s. auch Unternehmensvertrag*

Gewinnabschlag
- bei Bewertung des Umlaufvermögens **E** 433

Gewinnanspruch
- Ausweis **F** 284
- bei Bewertung von Beteiligungen **E** 535 ff., 553
- bei Personengesellschaften **E** 536

Gewinnanteile F 554
- bei Ermittlung der Herstellungskosten **E** 361
- des Kommanditisten **F** 349
- bei Beteiligung **E** 535

– Personenhandelsgesellschaften **E** 536, **F** 137 f., 561
Gewinnanteilschein J 176
Gewinnausschüttung
– aus Kapitalrücklagen **F** 372
– konzerninterne **M** 641 ff.
Gewinnbeteiligung
– im Anhang **F** 918
– Aufsichtsratsmitglieder **S** 106 ff., **T** 262
– – Berechnung **S** 107 f.
– – Bemessungsgrundlage **S** 106 ff.
– – – Aufsichtsratstantieme **S** 113 f.
– – – Bilanzgewinn **S** 109 f.
– – – Vordividende **S** 115 ff.
– – – Vorstandstantieme **S** 111 f.
– im Lagebericht **F** 1104
– der Organmitglieder **F** 607, 667, 692, 917 ff.
– – individualisierte Angabe bei börsennotierten Aktiengesellschaft **F** 934
– Versicherungsunternehmen
– – Aufwendungen **K** 532, 537, 560, 575, 590
– – Erträge in der Gewinn- und Verlustrechnung **K** 596
– – Konsolidierung **K** 716
– Vorstandsmitglieder **S** 5, 20 ff., **T** 262
– – Angemessenheit **S** 8 ff., 21, 33, 67 f.
– – Berechnung **S** 19 ff.
– – Bemessungsgrundlage **S** 20 ff.
– – – Einstellungen in Gewinnrücklagen **S** 45
– – – bei Gewinnabführungsvertrag **S** 46
– – – Jahresüberschuss **S** 24 ff.
– – – Minderung durch Tantiemen **S** 35 ff.
– – dividendenabhängige **S** 44 ff.
– – – Bemessungsgrundlage **S** 45
– – – Berechnung **S** 45 ff.
– *s. auch Bezüge, Tantiemen*
Gewinngemeinschaftsvertrag
– Ansprüche **F** 259
– Begriff **T** 258 ff.
– Erträge in der Gewinn- und Verlustrechnung
– – der Kapitalgesellschaft **F** 487, 561 ff.
– – Prüfung **R** 427, 577
– – nach PublG **H** 46
– Gewinnabführung **F** 604
– Gewinnpoolung **T** 259
– Gleichordnungskonzern **T** 261

– Leitungsmacht **T** 261
– Nichtigkeit **T** 261
– Prüfung bei **R** 577
– Versicherungsunternehmen **K** 596
– Zahlungsverpflichtungen **F** 446
– *s. auch Unternehmensvertrag*
Gewinnrealisierung
– bei Beteiligungen **E** 535 ff.
– Eintritt **E** 22, 299, 317, 572
– Prüfungsbericht **Q** 106 ff.
– bei Rückgaberecht **E** 571
– bei Tauschgeschäften **E** 338
Gewinnrücklagen
– *andere s. dort*
– im Anhang **F** 378, 909
– Bemessungsgrundlage der Vorstandsbezüge **S** 9 ff., 27 ff., 44 ff.
– – Entnahmen **S** 42, 45
– in der Bilanz **F** 98, 376 ff., 750
– – der Personengesellschaft und der Einzelkaufleute
– – nach PublG **H** 51
– Bildung **F** 376 ff., 692
– Einstellungen in **F** 376 ff., 402 ff., 625 ff., 692, 750, 909
– – von Wertaufholungen **F** 396 f., 692, 879
– Entnahmen aus den **E** 541, **F** 334 f., 377, 384 f., 617 ff., 692, 750, 909
– ergänzende Vorschriften über die - der Aktiengesellschaft **F** 378, 609, 909
– bei Ermittlung der Ausgleichszahlung **T** 317
– bei faktischem Konzern **T** 226
– bei GmbH **F** 386, 395, 408 f., 609
– im Konzernabschluss **M** 413, 412 f., 479, 481, 642, 675, 678
– – bei Anwendung der Equity-Methode **M** 594
– Kreditinstitute **J** 242
– Nichtigkeit bei Verstoß gegen Vorschriften **U** 204
– bei Personenhandelsgesellschaften i.S.d. § 264a HGB **F** 386
– Prüfung **R** 522 ff.
– Versicherungsunternehmen **K** 44, 65, 305 ff., 714
– *vorvertragliche s. Vorvertragliche Rücklagen*
Gewinnschuldverschreibungen
– im Anhang **F** 825

– in der Bilanz **F** 263, 446, 449
– in der Gewinn- und Verlustrechnung
– – Kreditinstitute **J** 259, 285
– Zuzahlung **F** 366
Gewinnübernahmevertrag
– Ergebnisse nach PublG **H** 59
Gewinnvereinnahmung
– phasengleiche **F** 558
Gewinnverteilung
– bei der GmbH **F** 408, 607 ff.
– bei Personenhandelsgesellschaften i.S.d. § 264a HGB **F** 610
Gewinnverwendung
– bei Aufstellung der Bilanz **F** 377, 404
– Grundlage **F** 607
– Personengesellschaften nach PublG **H** 59
– Versicherungsunternehmen **K** 44, 65
– im Zwischenabschluss **M** 169
Gewinnverwendungsbeschluss
– Anfechtung **U** 125 f., 172 ff.
– Auswirkung **F** 557, 559, 615
– bei Ermittlung der Steueraufwands **F** 592
– bei Joint Ventures **E** 537
– bei Kapitalerhöhung aus Gesellschaftsmitteln **F** 334
– Nichtigkeit **U** 10, 54 ff.
– – Heilung **U** 94
– Rücklagenzuführung aufgrund
– – der Gesellschafterversammlung **F** 408
– – der Hauptversammlung **F** 380
– bei Vorgängen von besonderer Bedeutung nach Schluss des Geschäftsjahres **F** 1124
Gewinnverwendungsrechnung
– für Aktiengesellschaft **F** 614 ff.
– in der Konzern-Gewinn- und Verlustrechnung **M** 621
– für Personenhandelsgesellschaften i.S.d. § 264a HGB **F** 142
Gewinnvortrag
– in der Bilanz **F** 139, 410 ff., 692, 877
– in der Gewinn- und Verlustrechnung **F** 615
– Kreditinstitute **J** 305
– bei der Konsolidierung **M** 675, 678
– in der Konzern-Gewinn- und Verlustrechnung **M** 675, 678
– bei der Rücklagenzuweisung **F** 380
– Versicherungsunternehmen
– – im Anhang **K** 309

– – in der Bilanz **K** 309 f.
Gewinn- und Verlustrechnung
– im Anhang **F** 672 ff., 8126 ff.
– Alternativangaben **F** 904
– Eigenbetriebe
– – Gliederungsvorschriften **L** 12, 21 f.
– Erleichterungen
– – kleine und mittelgroße Genossenschaften **G** 16
– – kleine und mittelgroße Kapitalgesellschaften **F** 77, 483 ff.
– – nach PublG **H** 2, 75 ff.
– Form **E** 597, 605 ff., **F** 466 ff., 882, 885
– Genossenschaften **G** 16
– Gesamtkostenverfahren
– – Aufwand aus dem Erwerb eigener Anteile **F** 631
– Gliederungsvorschriften **E** 597, 605 ff.
– – Genossenschaften **G** 6, 16
– – Kapitalgesellschaften **F** 466 ff.
– – Personenhandelsgesellschaft i.S.d. § 264a HGB **F** 466 ff.
– Holdinggesellschaften **F** 94
– Kapitalgesellschaften **F** 466 ff., 675 ff.
– – außerordentliche und periodenfremde Erträge **F** 492 ff.
– – Darstellungsstetigkeit **F** 480 f.
– – Erleichterungen für kleine und mittelgroße Gesellschaften **F** 484 ff.
– – Erträge und Aufwendungen aus Gewinngemeinschaften, (Teil-) Gewinnabführungsverträgen und aus Verlustübernahmen **F** 487 ff.
– – Gesamtkostenverfahren **F** 497 ff., 504 ff.
– – – Abschreibungen auf Finanzanlagen und Wertpapiere des Anlagevermögens **F** 576 f.
– – – Abschreibungen auf immaterielle Vermögensgegenstände **F** 544 ff.
– – – Abschreibungen auf Vermögensgegenstände des Umlaufvermögens **F** 548 ff.
– – – andere aktivierte Eigenleistungen **F** 518 f.
– – – Aufwendungen für Altersversorgung und für Unterstützung **F** 538
– – – Aufwendungen für bezogene Leistungen **F** 530

– – – Aufwendungen aus Verlustübernahme **F** 578 f.
– – – außerordentliche Aufwendungen **F** 587
– – – außerordentliche Erträge **F** 585 f.
– – – außerordentliches Ergebnis **F** 588
– – – Bedienung eines Besserungsscheins **F** 606
– – – Bestandsveränderungen bei fertigen/ unfertigen Erzeugnissen **F** 514 ff.
– – – Bilanzgewinn/Bilanzverlust **F** 632
– – – Einfügung neuer Posten **F** 468
– – – Einstellungen in andere Gewinnrücklagen **F** 629
– – – Einstellungen in die gesetzliche Rücklage **F** 625
– – – Einstellungen in die Kapitalrücklage **F** 624
– – – Einstellungen in die Rücklage für Anteile an einem herrschenden oder mehrheitlich beteiligten Unternehmen **F** 626 f.
– – – Einstellungen in satzungsmäßige Rücklagen **F** 628
– – – Entnahmen aus Genussrechtskapital **F** 622
– – – Entnahmen aus anderen Gewinnrücklagen **F** 621 f.
– – – Entnahmen aus der gesetzlichen Rücklage **F** 617
– – – Entnahmen aus der Kapitalrücklage **F** 616
– – – Entnahmen aus der Rücklage für Anteile an einem herrschenden oder mehrheitlich beteiligten Unternehmen **F** 618
– – – Entnahmen aus satzungsmäßigen Rücklagen **F** 620
– – – Ergebnis der gewöhnlichen Geschäftstätigkeit **F** 583 f.
– – – Erträge aus Gewinngemeinschaften, Gewinnabführungs- und Teilgewinnabführungsverträgen **F** 561 ff.
– – – Erträge aus anderen Wertpapieren und Ausleihungen des Finanzanlagevermögens **F** 567 ff.
– – – Erträge aus Beteiligungen **F** 554 ff.
– – – – phasengleiche Gewinnvereinnahmung **F** 558
– – – Erträge aus Verlustübernahmen **F** 602 f.
– – – Ertrag aufgrund höherer Bewertung nach Sonderprüfung/gerichtlicher Entscheidung **F** 633
– – – Ertrag aus der Kapitalherabsetzung **F** 623
– – – fiktive Steuerbelastung der Gesellschafter **F** 611 f.
– – – aufgrund Gewinngemeinschaft/ (Teil-)Gewinnabführungsvertrags abgeführte Gewinne **F** 604
– – – Gewinn-/Verlustvortrag **F** 614
– – – Jahresüberschuss/Jahresfehlbetrag **F** 607 ff.
– – – Materialaufwand **F** 526 ff.
– – – Personalaufwand **F** 533 ff.
– – – sonstige betriebliche Aufwendungen **F** 551 ff.
– – – sonstige betriebliche Erträge **F** 521 ff.
– – – sonstige Steuern **F** 598 ff.
– – – sonstige Zinsen und ähnliche Erträge **F** 571 ff.
– – – soziale Abgaben **F** 538 ff.
– – – Steuern vom Einkommen und Ertrag **F** 590 ff.
– – – Umsatzerlöse **F** 504 ff.
– – – Vergütung für Genussrechtskapital **F** 605
– – – Vermögensminderung aufgrund von Abspaltungen **F** 613
– – – Wiederauffüllung des Genussrechtskapitals **F** 631
– – – Zinsen und ähnliche Aufwendungen **F** 580 ff.
– – Gliederungsschema **F** 467 ff.
– – – Kurzbezeichnung **F** 477
– – – Leerposten **F** 476
– – – bei mehreren Geschäftszweigen **F** 468
– – – Reihenfolge der Posten **F** 472
– – – Rohergebnis **F** 471
– – – Zusammenfassung von Posten **F** 473 ff.
– – – Zwischensummen **F** 471
– – Umsatzkostenverfahren **F** 497 ff., 634 ff., 652 f.
– – – allgemeine Verwaltungskosten **F** 646 f.
– – – Bruttoergebnis vom Umsatz **F** 643
– – – Herstellungskosten **F** 635 ff.

– – – sonstige betriebliche Aufwendungen **F** 649 ff.
– – – sonstige betriebliche Erträge **F** 648
– – – Umsatzerlöse **F** 634
– – – Vertriebskosten **F** 644 f.
– Kaufleute **E** 605
– Kreditinstitute
– – Erläuterungen zu den Posten **J** 255 ff., 514 ff., 1070 ff.
– – Formblätter für die Gliederung **J** 41 f., 492 ff., 1036
– Personenhandelsgesellschaften i.S.d. § 264a HGB **F** 466 ff., 501 ff.
– Pflicht zur Aufstellung **E** 2, **F** 2, **G** 2
– Prüfung **R** 569 ff.
– – analytische Prüfungshandlungen **R** 380
– Prüfungsbericht **Q** 183
– nach PublG **H** 46, 48, 57 ff.
– – Publizitätserleichterung **H** 61
– Versicherungsunternehmen
– – Angaben im Anhang **K** 401 ff., 454, 487
– – Gliederung **K** 516 ff.
– – Lebensversicherungsunternehmen **K** 571 ff.
– – Rückversicherungsgeschäft in **K** 538 ff.
– – Schaden- und Unfallversicherungsunternehmen **K** 538 ff.
– – s. auch *Versicherungstechnische und nichtversicherungstechnische Gewinn- und Verlustrechnung*
Gewissenhaftigkeit
– Wirtschaftsprüfer **A** 381 ff.
– – Beachtung fachlicher Regeln **A** 383
– – Beachtung fachlicher Verlautbarungen des IDW **A** 383
– – Fortbildungsverpflichtung **A** 382 f.
– – bei Konkurs der Wirtschaftsprüfungsgesellschaft **A** 162
– – bei Prüfungsdurchführung **A** 383 ff.
– – Qualitätssicherung **A** 389
– – Verletzung der Pflicht zur **A** 391
Gezeichnetes Kapital
– Bewertung **F** 309 f.
– Bilanzierung **F** 309 f.
– Kreditinstitute **J** 241
– übernahmerelevante Zusatzangaben
– – Lagebericht **F** 1151
Gießereien
– Ausweis **F** 244

Girozentralen
– Angaben im Anhang **J** 402
Gläubigerschutz E 5
– Verstoß gegen Vorschriften **U** 21 ff., 26, 186 ff.
Glasindustrie
– Aufwandsrückstellungen **E** 265
Gleichbehandlungsgrundsatz
– Verstoß
– – Anfechtung **U** 105
– – Nichtigkeit **U** 25
Gleichordnungskonzern
– Abgrenzung **T** 168, 172
– Abhängigkeit **T** 114, 129
– Arbeitsgemeinschaft im **T** 189
– Begriff **T** 168 ff., 245
– einheitliche Leitung **T** 168, 246
– bei Gewinngemeinschaftsvertrag **T** 172, 261
– Hauptversammlung zum Vertrag über den **T** 174
– Rechnungslegungspflicht **M** 82 ff.
– – nach PublG **O** 21
– bei wechselseitiger Beteiligung **T** 172
– verbundene Unternehmen **T** 56, 129, 168, 465
– Verbindung zum Unterordnungskonzern **T** 168, 185
Gleisanlagen E 478
Gliederung E 594 ff., **F** 83 ff.
– Anhang **F** 674 ff.
– Anlagevermögen **E** 600, **F** 234 ff.
– Anpassung der Postenbezeichnung **F** 95, 288, 477, **G** 6, **H** 46
– bei Besonderheiten **E** 605, **F** 94, 472
– Bilanz **E** 599 ff.
– – Eigenbetriebe **L** 12 ff., 35
– – Genossenschaften **G** 6 f., 9 ff.
– – nach IFRS **N** 56 ff.
– – Kapitalgesellschaften **F** 121 ff., 226 ff.
– – Kreditinstitute **J** 41 ff., 494, 1036
– – Personenhandelsgesellschaften **E** 602
– – nach PublG **E** 600, **H** 44, 49 ff.
– – Verkehrsunternehmen **L** 34 f.
– – Versicherungsunternehmen **K** 28, 39, 75, 77, 520
– Druckbericht **F** 659
– Einfügung neuer Posten **F** 93, 470 f.
– Gesamtergebnisrechnung
– – nach IFRS **N** 63 ff.

– Gewinn- und Verlustrechnung **E** 597, 605 ff.
– – Eigenbetriebe **L** 12, 21 f.
– – Genossenschaften **G** 16
– – Gesamtkostenverfahren **E** 605, **F** 466, 497 ff., 504 ff., 882
– – Kapitalgesellschaften **F** 466 ff.
– – Mindestgliederung **E** 606
– – nach PublG **H** 57 ff.
– – Umsatzkostenverfahren **E** 605, **F** 466, 497 ff., 634 ff., 882
– – Versicherungsunternehmen **K** 28, 39, 65, 75
– nach IFRS **N** 56 ff.
– – Bilanz **N** 56 ff.
– – Periodenergebnis **N** 70 ff.
– – Gesamtergebnisrechnung **N** 63 ff.
– – sonstiges Ergebnis **N** 75 ff.
– bei Investmentvermögen **F** 854, 858
– Konzernbilanz nach HGB **M** 222 ff.
– Konzernbilanz nach PublG **O** 73 ff.
– – Anwendung von Vorschriften des HGB **O** 73 ff.
– – bei Nichteinbeziehung des Mutterunternehmens **O** 113 ff.
– – vorgeschriebene Abweichungen **O** 79 ff.
– – zulässige Abweichungen **O** 81 ff.
– Konzernbilanz
– – Versicherungsunternehmen **K** 669 f., 674 f.
– Konzern-Gewinn- und Verlustrechnung nach HGB **M** 616, 619 f., 625
– Konzern-Gewinn- und Verlustrechnung nach PublG **O** 88 ff.
– – Anwendung von Vorschriften des HGB **O** 88 f.
– – vorgeschriebene Abweichungen **O** 91 ff.
– Konzernprüfungsbericht **Q** 670 ff.
– Konzernprüfungsbericht **J** 688
– Lagebericht **F** 1094
– bei Leasinggesellschaften **F** 93
– bei mehreren Geschäftszweigen **F** 91, 468, 692
– – im Anhang **F** 91, 692, 737, 887
– Prospektgutachten **Q** 1536
– Prüfungsbericht **Q** 68 ff.
– – Eigenbetriebe **L** 55, 60
– – Kreditinstitute **J** 645

– Prospektgutachten **Q** 1553
– Reihenfolge **F** 94, 472, 675
– Sonderprüfungsbericht **Q** 1177, 1200
– Untergliederung von Posten **F** 92, 469
– Verschmelzungsprüfungsbericht **Q** 1217
– Wegfall von Posten **F** 99, 101, 476, 671, 692, 738, 888
– Zusammenfassung von Posten **F** 97 ff., 473 ff., 692, 738, 888
– *s. auch Formblätter*
Gliederungsgrundsätze
– allgemeine **E** 594 ff., **F** 83 ff., 227
– Genossenschaften **G** 6
– Kreditinstitute **J** 41 ff., 494, 1036 f.
– Personenhandelsgesellschaften **E** 602
– Prüfung der Einhaltung **R** 393 ff.
– – der Kapitalgesellschaften **R** 394
– – der Nichtkapitalgesellschaften **R** 393
– nach PublG **H** 48 ff.
Gliederungsschemata
– Anhang bei verschiedenen **F** 737, 887
– Bilanz der Kapitalgesellschaften **F** 121 f., 226 f.
– Jahresabschluss **E** 594 ff.
– Gewinn- und Verlustrechnung **E** 605 ff., **F** 466 ff., 504 ff., 634 ff.
– – der Kapitalgesellschaften **F** 466 ff.
– *s. auch Formblätter*
Gliederungszahlen R 368
GmbH
– *s. Gesellschaft mit beschränkter Haftung*
GmbH & Co. KG
– *s. Gesellschaft mit beschränkter Haftung & Co. KG, Kapitalgesellschaft & Co.*
GmbH-Anteile
– in der Bilanz der Kapitalgesellschaft **F** 254, 259, 293
Going Concern
– Bestätigungsvermerk bei Bestandsgefährdung **Q** 553
– bei Bewertung **E** 292 f.
– – des Anlagevermögens **E** 292
– bei Ermittlung
– – hälftiger Kapitalverlust **V** 14
– – Überschuldung **V** 14, 39
– bei Prüfung des Jahresabschlusses **R** 51, 68, 669
– bei Prüfung des Risikofrüherkennungssystems **P** 89 ff.
– im Lagebericht **F** 1116

- Prüfungsbericht **Q** 104
- bei der Rückstellungsbildung **E** 137, 92, 292, 293
- s. auch *Fortbestehensprognose, Fortführung der Unternehmenstätigkeit, Unternehmensfortführung, Unternehmensgefährdung*

Goldmünzen J 141

Graphiken
- im Anhang **F** 690
- im Lagebericht **F** 1084

Gratifikationen
- in der Gewinn- und Verlustrechnung **F** 533
- im Lagebericht **F** 1145
- Rückstellungen **E** 209

Gratisaktien
- Bewertung **E** 544, 554

Größenabhängige Erleichterungen
- bei Genossenschaften **G** 4, 5, 7
- Jahresabschluss
- – Eigenbetriebe **L** 27
- *bei der Offenlegung s. dort*

Größenmerkmale
- Änderung
- – nach HGB **M** 131 ff.
- Beteiligungen von Gebietskörperschaften **F** 76
- Konzernrechnungslegungspflicht
- – Kreditinstitute **J** 420
- – Versicherungsunternehmen **K** 645
- Konzernrechnungslegungspflicht gem. PublG **O** 24 ff.
- – einbezogene Unternehmen **O** 28 ff.
- – – Wahlrecht **O** 30
- – – bei IFRS-Konzernabschluss **O** 30, 34
- – – Stichtag **O** 26
- Rechnungslegungspflicht nach HGB
- – Genossenschaften **G** 6
- – Kapitalgesellschaften **F** 70 ff., 277, 485
- – kleine und mittlere Kapitalgesellschaften und Personenhandelsgesellschaften i.S.d. § 264a HGB **F** 70 ff.
- – Kreditinstitute **J** 5, 420
- – an einem organisierten Markt zugelassenen Gesellschaften **F** 75
- – Versicherungsunternehmen **K** 28, 32, 38
- Rechnungslegungspflicht nach PublG **H** 10 ff.

- – Versicherungsunternehmen **K** 644

Großgeschäfte
- im Lagebericht **F** 1102, 1124

Großkredite
- Darstellung im Prüfungsbericht der Kreditinstitute **J** 671 ff.

Großreparaturen
- im Anhang **F** 788
- Bilanzierung **E** 524
- in der Gewinn- und Verlustrechnung **F** 518
- Rückstellungen **E** 265

Großrisiken
- Begriff **K** 470

Großrisikenrückstellungen
- nach IFRS **K** 841
- Prüfung **K** 469, 471 ff., 801

Grubenbaue
- Bilanzierung **F** 93

Grubenversatz
- Rückstellungen **E** 184

Grünanlagen
- Bilanzierung **E** 513

Gründung
- Anschaffungskosten einer Beteiligung **E** 532
- Prüfungsbericht **Q** 1129
- Rechnungslegungspflicht **F** 74

Gründungsaufwand E 103

Gründungskosten
- Ausweis **F** 551

Gründungsprüfung Q 1129, 1179
- Bestätigungsvermerk **Q** 1131
- Gründungsprüfungsbericht **Q** 1120 ff.
- – Adressaten **Q** 1120
- – Inhalt
- – – Auftrag, Auftragsdurchführung **Q** 1123
- – – Gründungshergang **Q** 1124
- – – Sacheinlagen **Q** 1120
- – – Sachübernahmen **Q** 1127
- – – Satzung/Gesellschaftsvertrag **Q** 1126
- – Publizität **Q** 1137
- Schlussbemerkung **Q** 1131
- Rechtsgrundlagen **D** 3 f., 6, 11

Gründungsprüfungsbericht Q 1111 f.
- Adressaten **Q** 1113
- Inhalt
- – Auftrag, Auftragsdurchführung **Q** 1116
- – Gründungshergang **Q** 1118

Stichwortverzeichnis

– – Sacheinlagen **Q** 1120
– – Sachübernahmen **Q** 1120
– – Satzung **Q** 1119
– Publizität **Q** 1111
Gründungsstock
– Ausweis **K** 272, 301
– Wechsel der Zeichner **K** 96
Gründungsurkunde
– Bestellung des Abschlussprüfers **A** 605
Grüner Punkt
– Bescheinigung **Q** 1438
– Prüfungsvorschriften **D** 32
Grund und Boden
– in der Steuerbilanz **E** 39, 513
– Veräußerungsgewinn **E** 424 f.
Grundbesitz
– im Anhang **F** 242
– Bilanzierung **E** 508 f., 513, **F** 237 f.
– im Lagebericht **F** 1124
Grundbuch
– bei Prüfung der Grundstücke **R** 407 ff.
Grunddienstbarkeiten
– Anschaffungskosten **E** 513
Grunderwerbsteuer
– bei Ermittlung der Anschaffungskosten **E** 322, **F** 601
Grundgeschäfte
– bei Bewertungseinheiten **E** 449 f.
– Kreditinstitute **J** 481
Grundkapital
– Ausweis **F** 309 ff.
– in Fremdwährung **F** 793
– Mindestnennbetrag **F** 314, 315
– Prüfung **R** 513
Grundpfandrechte
– Besicherung **F** 268, 768
– Kreditinstitute **J** 159 f.
– für eigene Verbindlichkeiten **F** 768
– für fremde Verbindlichkeiten **E** 111, 75, **F** 463 f.
Grundsätze ordnungsmäßiger Abschlussprüfung Q 161
Grundsätze ordnungsmäßiger öffentlicher Buchführung
– Begriff **L** 102
Grundsätzliche Feststellungen
– Prüfungsbericht **Q** 87
Grundsatz
– Abschreibungen
– – Planmäßigkeit **E** 383, 393

– allgemeiner der Bilanzierung **E** 6 f., **F** 78 ff.
– Berichterstattung **F** 664 ff., **Q** 43 ff., 839 ff.
– – im Abhängigkeitsbericht **F** 1342
– – im Anhang **F** 664 ff., **R** 579
– – Einheitlichkeit **Q** 53 ff.
– – Klarheit **Q** 63
– – im Lagebericht **F** 1092 ff.
– – Stetigkeit **Q** 64, 625
– – Unparteilichkeit **Q** 61 ff.
– – Vollständigkeit **Q** 48 ff.
– – Wahrheit **Q** 446
– Bilanzidentität **E** 291
– Bilanzierung und Bewertung
– – Stetigkeit **Q** 64
– Einzelbewertung **E** 294 ff., 598
– gewissenhafte und getreue Rechenschaftslegung **F** 1092, 1342
– Gliederung **E** 594 ff.
– Klarheit **F** 447, 472
– – Jahresabschluss **E** 6, 56, 393, **F** 89, 94, 99
– – Prüfung der Einhaltung **R** 394
– Methodenbestimmtheit **E** 318
– Methodenfreiheit **E** 318, 338
– Nichtaufnahme von Privatvermögen **F** 82
– ordnungsmäßiger Abschlussprüfung **Q** 161
– ordnungsmäßiger Bilanzierung **E** 13 ff.
– – Ermittlung **E** 7 ff.
– – IFRS **E** 10
– ordnungsmäßiger Buchführung **E** 6, **R** 11
– – Ermittlung **E** 6 ff.
– – Internationale Rechnungslegungsgrundsätze, Bedeutung **E** 10
– – Generalnorm **F** 79
– – nach PublG **H** 58
– – bei Wahl der Abschreibungsmethode **E** 388
– Stetigkeit **E** 294, 306 ff., **F** 85, 480 f., 698, 1095, 1094
– Übersichtlichkeit **E** 6, 8, 73, 318, 594 f., 605, **F** 82, 85, 99, 374, 348, 373, 698, 1095, 1094
– Unternehmensfortführung **E** 292 f.
– verlustfreie Bewertung **E** 431, 433
– Verständlichkeit **F** 667, 1095
– Vollständigkeit **E** 13 ff., **F** 82, 666, 1094
– Wahrheit **F** 666, 1094

– Wertzusammenhang **E** 608 f.
– Wesentlichkeit **F** 97 f., 473, 702, 728
– – für den Lagebericht **P** 95 ff.
Grundschulden
– Versicherungsunternehmen **K** 505
Grundsteuer
– bei Ermittlung der Herstellungskosten **E** 360
– in der Gewinn- und Verlustrechnung **F** 598
Grundstücke
– Abschreibung **E** 395, 511
– Anschaffungskosten ersteigerter **E** 508
– ausgebeutete **E** 511, **F** 243
– in der Bilanz **E** 53, 508 f., **F** 237 f.
– mit fremden Bauten **F** 243
– Prüfung **R** 407 ff.
– unbebaute **E** 511, **F** 238
– Versicherungsunternehmen
– – Abschreibung **K** 129
– – Bewertung **K** 144
– – im Anhang **K** 125 f., 145
– – in der Bilanz **K** 125 ff., 143 ff., 500, 521, 559, 689 f.
– *s. auch Grundbesitz, Grund und Boden, Gebäude*
Grundstücke und Gebäude
– Anhang **J** 402
– Bilanz **J** 188
Grundstückserträge
– Versicherungsunternehmen **K** 596 ff.
Grundstücksgesellschaften
– Anteile an
– – Versicherungsunternehmen **K** 143, 150
– Miet- und Pachteinnahmen **F** 507
Grundstücksgleiche Rechte
– bei Kapitalgesellschaften **F** 240
– Versicherungsunternehmen
– – Abschreibung **K** 129
– – Bilanzierung **K** 126 f., 143 f., 689 f.
– – Erträge **K** 596, 598 f.
Grundstückslasten
– Verrechnung mit Grundstücksrechten **E** 73
Grundwehrdienst A 72
Gruppenangehörige Unternehmen
– Ausnahmen **J** 662 ff.
Gruppenbewertung E 474
– im Anhang **F** 710, 739 ff.
– bei Inventur **E** 21

– Prüfung **R** 458
– bei Schulden **E** 21, 482
– in der Steuerbilanz **E** 482
– beim Umlaufvermögen **E** 21, 474, 482, **F** 710
– Versicherungsunternehmen **K** 28, 189, 337, 354, 355, 376
– – Prüfung bei der Schadenrückstellung **K** 418, 419 f., 425, 776
– – Unterschiedsbeträge aus **K** 189 f., 419
– Voraussetzungen **E** 482
– Zulässigkeit **E** 474
Güterfernverkehrsgenehmigungen
– Bilanzierung **E** 64, 491 ff.
Güterverbrauch
– bei Ermittlung der Herstellungskosten **E** 341
Gutachten
– Prüfungsbericht **Q** 163
Gutachtergebühren
– bei Ermittlung der Anschaffungskosten **E** 322
– in der Gewinn- und Verlustrechnung **F** 551
Gutachtertätigkeit
– als Aufgabe des Wirtschaftsprüfers **A** 28
– Siegelverwendung **A** 228
– Unparteilichkeit **A** 341
– Vergütung **A** 734
– Wirtschaftsprüferkammer **B** 45
Guthaben bei Kreditinstituten
– *s. Bankguthaben*
Gutschriften
– bei Ermittlung der Umsatzerlöse **F** 512
– für frühere Jahre **F** 635, 906
– Prüfung **R** 475

H

Hafenanlagen
– Ausweis **F** 244
Hafteinlagen F 692, 1051 f.
Haftendes Eigenkapital
– Gesellschafterdarlehen **E** 559
– Kreditinstitute **J** 652 ff.
– *s. auch Eigenkapitalersetzende Gesellschafterdarlehen*
Haftsummen
– im Anhang der Genossenschaften **G** 19
Haftung
– Abschlussprüfer **A** 635 ff., 664 ff.

– allgemeine Grundsätze **A** 629 ff.
– bei Beherrschungsvertrag **T** 253
– aus Beteiligungen im Anhang **F** 787
– Konzernverhältnis bei **T** 228 ff.
– aus Prospektprüfung **A** 678 ff.
– Rückstellung **E** 185
– Sachverständiger **A** 685
– Sozietäten **A** 686 ff.
– Verpflichtungen im Anhang **F** 791
– Versicherungsschutz **A** 629, 658
– Wirtschaftsprüfer **A** 629 ff.
– – Begrenzung **A** 650 f., 635 f., 694 ff.
– – Darlegungs- und Beweisfragen **A** 647
– – deliktische **A** 654 ff.
– – gegenüber dem Auftraggeber **A** 632 ff.
– – – Darlegungs- und Beweisfragen **A** 647
– – – Ersatzberechtigte **A** 648
– – – Ersatzverpflichtete **A** 649
– – – Haftungsbegrenzung **A** 670 f.
– – – Pflichtverletzung **A** 635 ff.
– – – Schaden und Kausalität **A** 640 ff.
– – – aus unerlaubter Handlung **A** 654 ff.
– – – Verschulden **A** 643 ff.
– – – verspätete Auftragsablehnung **A** 652 f.
– – gegenüber Dritten **A** 656, 661 ff., 675
– – – Auskunftsvertrag **A** 675 f.
– – – Dritthaftung aus unerlaubter Handlung **A** 661
– – – Drittschadensliquidation **A** 674
– – – Prospekthaftung **A** 678 ff.
– – – Vertrag mit Schutzwirkung gegenüber Dritten **A** 663 ff.
– – bei Mitverschulden des Auftraggebers **A** 673, 707
– – bei Praxisveräußerung **A** 660
– – für Steuerschulden des Mandanten **A** 631
– – Umfang **A** 630, 670, 707
– – Verjährung **A** 708 ff.
– Wirtschaftsprüfungsgesellschaften **A** 646
Haftungsausschluss A 703
Haftungsbegrenzung
– in Pensionszusagen **E** 248
Haftungsbeschränkung
– Prüfung des Risikofrüherkennungssystems **P** 77, 85
– Steuerberater **C** 34
– Wirtschaftsprüfer **A** 650 f., 671, 694 ff.

– – durch Allgemeine Auftragsbedingungen **A** 694
– – bei Fahrlässigkeit **A** 643, 699
– – bei der Pflichtprüfung **A** 650 f.
– – bei Vorsatz **A** 643, 694
Haftungsverhältnisse
– im Anhang **F** 718, 785, 790, 864
– – zugunsten von Organmitgliedern **F** 465, 667, 692
– Aufwendungen **F** 551
– Begriff **E** 111 ff.
– für fremde Verbindlichkeiten **E** 111, 119, **F** 463, 784
– für Gesellschafter **F** 465
– Gliederung bei Kapitalgesellschaften **F** 463 ff.
– Konsolidierung **M** 466 ff.
– im Konzernanhang **M** 768 ff.
– Kreditinstitute **J** 132, 243 ff., 1067 ff.
– Prüfung **R** 560
– Rückstellung **E** 185
– sonstige **F** 465
– Vermerk **E** 111 ff., 601, **F** 463 ff.
– – in der Konzernbilanz **M** 224
– Versicherungsunternehmen **K** 28, 81, 691
Halbjahresbericht
– Sondervermögen **J** 844
Haltefristen
– Stock Options **S** 63
Handakten A 252 ff.
– Aufbewahrungsfrist **A** 255 ff.
– Aufbewahrungspflicht **A** 255 ff.
– Begriff **A** 254
– Herausgabepflicht **A** 616
– Vernichtung **A** 267
– Zurückbehaltungsrecht **A** 617 ff.
Handelsaktiva J 446, 499
Handelsbestand
– Kreditinstitute **J** 84, 177 ff., 327 ff.
Handelsbetriebe
– Gewinn- und Verlustrechnung nach dem Umsatzkostenverfahren **F** 642
– Aufgliederung der Umsatzerlöse **F** 891
Handelsbilanz II
– bei assoziierten Unternehmen **M** 561
– Bewertungsanpassungen in **M** 561
– Ergebnisauswirkung in **M** 254 ff.
– Form und Inhalt **M** 311 ff.
– Fortschreibung **M** 317 ff.
– latente Steuern in **M** 526 ff., 537

– Notwendigkeit **M** 255
– Ergebnisanteil **M** 660
Handelsbuch J 651
Handelsergebnis J 522
Handelsgesetzbuch
– Geltung des für den Jahresabschluss **E** 1, **F** 1
– – kleinere Versicherungsvereine aG **K** 26 ff.
– – öffentlich-rechtliche Versicherungsunternehmen **K** 26 ff.
– – Versicherungsunternehmen **K** 26 ff.
– Vorschriften für verbundene Unternehmen **T** 33
Handelspassiva J 452, 509
Handelsrecht
– Anwendung durch Eigenbetriebe **L** 30
Handelsregister
– Anmeldung
– – Unternehmensvertrag zur Eintragung **T** 241, 273
– Einreichung zum **Q** 586, 1233
– – Anfechtungsurteil **U** 166
– Eintragung
– – Aufhebung des Unternehmensvertrags **T** 282, 285
– – Nichtigkeitsurteil **U** 74
– Löschung
– – Hauptversammlungsbeschlüsse **U** 36 ff., 85, 95
– s. auch Elektronischer Bundesanzeiger
– s. auch Offenlegung
Handelsschiffe
– Sonderabschreibungen **E** 421
Handelsvertreter
– Rückstellung
– – Ausgleichsanspruch **E** 167 f.
– – Pension **E** 258
Handelswaren
– Bestandsveränderung **F** 517
– Bewertung **E** 429 ff.
– Erlöse aus dem Verkauf **F** 505
Hard close
– bei der Prüfungsplanung **R** 149
Hauptfachausschuss
– Aufgaben und Entstehung **B** 24, **Anh3** 2
– IDW Prüfungshinweise **Anh3** 26
– IDW Prüfungsstandards **Anh3** 25
– IDW Rechnungslegungshinweise **Anh3** 28

– IDW Standards **Anh3** 29
– IDW Stellungnahmen zur Rechnungslegung **Anh3** 27
– Neuordnung des Systems der Fachgutachten und Stellungnahmen **Anh3** 4
– Stellungnahmen **Anh3** 14
Hauptverhandlung A 587
Hauptversammlung
– Abhängigkeit bei Präsenzmehrheit **T** 115
– Änderung des Jahresabschlusses
– – Bestätigungsvermerk **Q** 600
– Auskunftsrecht **F** 486
– Ausweis der Kosten **F** 551
– Einberufungsmängel **U** 12 ff.
– Rückstellung für Kosten **E** 189
– bei Überschuldung **V** 1, 15
– bei Unternehmensverbindung **T** 219
– bei Unternehmensvertrag **T** 252, 268, 276, 282, 284
– Veranlassungen **F** 1336
– Versicherungsunternehmen **K** 659, 695
– – Einberufung **K** 10, 36
– – Vorlage des Konzernabschlusses an die **K** 657
– Wahl des Konzernabschlussprüfers **M** 917 f.
Hauptversammlungsbeschlüsse
– *Anfechtung s. dort*
– Bestätigung anfechtbarer **U** 133, 167
– mangelhafte **U** 2
– Nichtigkeit
– – Stock Options **S** 62
– – *s. auch Nichtigkeit*
– über Unternehmensvertrag **T** 268
Hauptversammlungsprotokoll
– Inhalt **U** 18 f.
– als Prüfungsunterlage **R** 518
Haushaltsgrundsätzegesetz
– Doppik **L** 99
– Prüfung nach § 53 **L** 51, 55 ff., 66 ff., **Q** 56, 1049
– – Bestätigungsvermerk **Q** 378
– – Corporate Governance Kodex **L** 85
– – einheitlicher Prüfungsstandard **L** 656
– – Fragenkatalog **L** 75 ff.
– – Prüfung des Risikofrüherkennungssystems **P** 74 f.
Haushaltsrecht
– Anwendung durch Eigenbetriebe **L** 3 ff., 30

– *Doppik s. dort*
– Reform **L** 30, 86 ff.
Hausverwaltungskosten
– in der Gewinn- und Verlustrechnung **F** 551
Hedge
– Macro-Hedges **E** 71
– Micro-Hedges **E** 71/
– – im Anhang **F** 712
– Portfolio-Hedges **E** 71
Hedge Accounting
– nach IFRS **N** 649 ff.
– – Macro-Hedge Accounting **N** 675 f.
– – – IAS 39 Replacement Project **N** 789
– – Micro-Hedge Accounting **N** 649 ff.
– – – Anhangangaben **N** 617 ff.
– – – Ausweis **N** 681
– – – Cash Flow-Hedge **N** 654 ff., 671, 673
– – – – erwartete Transaktionen **N** 658 ff., 674
– – – Dokumentation **N** 664
– – – Effektivität **N** 665 ff.
– – – Fair Value-Hedge **N** 653 ff., 670, 672
– – – IAS 39 Replacement Project **N** 786 ff.
– Kreditinstitute **J** 476 ff.
Hedgefonds
– *s. Sondervermögen mit besonderen Risiken*
Hedgegeschäfte
– Stock Options **S** 64
Heimfallverpflichtungen
– Bilanzierung **E** 187, **F** 242
Heimsicherungsverordnung
– Prüfung nach heimrechtlichen Vorschriften **Q** 1489
– Prüfungsvorschriften **D** 31
Heiratsbeihilfen
– Ausweis **F** 543
Heizungsanlagen
– Ausweis **F** 239, 245
Heizungsstoffe
– in der Gewinn- und Verlustrechnung **F** 527
Helfer in Steuersachen C 17
Herabsetzung
– Aufsichtsratsvergütung **S** 122
– Vorstandsvergütung **S** 90 ff.
Herausgabepflicht
– Handakten **A** 616

Hermeneutische Methode E 9
Herstellungsaufwand
– Begriff **E** 524
– bei Gebäuden **E** 510, 524, 527 f.
Herstellungskosten
– Abgrenzung in der Steuerbilanz **E** 364 ff.
– AfA bei nachträglichen **E** 401, 422, 528
– im Anlagenspiegel **F** 125, 131 f.
– Anlagevermögen
– – Abschreibung **E** 382 ff.
– – im Anhang **F** 704
– – Bilanzierung **E** 319 ff., 341 ff., **F** 692
– – Definition **E** 341, 349, **F** 635 ff.
– – Ermittlung **E** 319, 341 ff., **F** 705
– bei Ermittlung des hälftigen Kapitalverlusts **V** 4
– Gebäude **E** 513 ff., 524 ff.
– Grundstücke **E** 508 ff.
– nach IFRS **N** 109 ff.
– – bei Dienstleistungsunternehmen **N** 119
– – Fremdkapitalkosten **N** 123 ff.
– – nachträgliche **N** 121
– – für selbst erstellte Sachanlagen **N** 118
– – für selbst erstellte immaterielle Vermögenswerte **N** 120
– – bei Vorratsvermögenswerten **N** 117
– – Wartungskosten **N** 122
– immaterielle Vermögensgegenstände **E** 497
– in der Konzern-Gewinn- und Verlustrechnung **M** 650, 652
– bei Leistungen zur Erzielung der Umsatzerlöse **F** 498 f., 635 ff.
– Mieterein- und -umbauten **E** 516
– Prüfung **R** 165, 401, 406, 411 ff., 465 f.
– bei Rücklage nach § 6 EStG **E** 424 f.
– Umlaufvermögen **E** 428 ff.
– beim Umsatzkostenverfahren **F** 498 f., 635 ff., 705
– Vorräte **E** 341 ff., 562 ff.
– – in der Steuerbilanz **E** 364 ff.
– Zusammensetzung **E** 341 ff., **F** 692, 749 f.
Herstellungszeitraum E 354
Heubeck-Richttafeln („RT 2005 G")
– *s. Richttafeln 2005 G*
Highest in-first out-Prinzip E 474
Hilfeleistung in Steuersachen C 39 ff., 59
– Befugnis **C** 39

– – Steuerberater/Steuerberatungsgesellschaften **C** 39
– – vereidigte Buchprüfer/Buchprüfungsgesellschaften **C** 39
– – Wirtschaftsprüfer/Wirtschaftsprüfungsgesellschaften **A** 25, **C** 39
– beschränkte Befugnis **C** 40, 42 f.
– Verbot der unbefugten **C** 41
Hilfsberufe A 744 ff.
Hilfskasse
– des IDW **B** 37
Hilfslöhne
– bei Ermittlung der Herstellungskosten **E** 351, 356, 357
Hilfsstoffe
– Anschaffungskosten **E** 341
– Begriff **E** 357, **F** 273
– Bewertung **E** 428 ff., 478, 565, **F** 276, 710
– in der Gewinn- und Verlustrechnung
– – Abschreibungen **F** 548
– – Aufwendungen bei Kapitalgesellschaften **F** 526 ff.
– – beim Umsatzkostenverfahren **F** 896 ff.
– Erlöse für nicht mehr benötigte **F** 506
– bei Ermittlung der Herstellungskosten **E** 357
– Prüfung **R** 435 ff.
– selbsterzeugte
– – Aufwendungen **F** 516, 518
– – Bestandsveränderung **F** 516
Hinterbliebenenbezüge
– früherer Organmitglieder **F** 955
Hochinflationsländer
– Umrechnung von Jahresabschlüssen aus **M** 284, 307 ff.
Hochöfen
– Ausweis **F** 244
Hochschul-Diplomrichtlinie
– Transformation **A** 12, 92
Hochschullehrer
– Wirtschaftsprüfer als beamteter **A** 42
Hochschulstudium
– als Voraussetzung für das WP-Examen **A** 72 ff.
Hochwasser
– Grundstücksabschreibung **E** 511
Höchstbetrag
– Stock Options **S** 67 f., 69
Höhere Gewalt E 427

Holdinggesellschaften
– Begriff **T** 190 f.
– Gewinn- und Verlustrechnung **F** 94, 472, 505
– Konzernabschluss
– – Kreditinstitute **J** 421
– – in der Versicherungswirtschaft **K** 35, 647, 655, 660 ff., 666, 669, 685
– als Konzernobergesellschaft **T** 191
– Unternehmenseigenschaft **T** 44
Holz
– Anschaffungskosten **E** 341
Honorar
– Abschlussprüfer bei kapitalmarktorientierten Gesellschaften **F** 992 ff.
– in der Gewinn- und Verlustrechnung **F** 532
– Wirtschaftsprüfer **A** 718 ff.
– – Abtretung von -forderungen **A** 376 f.
– – Aufrechnen mit -forderungen **A** 620 f.
– – fehlende Prüfungsbefugnis **U** 201
– – -streit **A** 601, 741
– – – Beweisfragen **A** 523
– – – Gerichtsstand **A** 741 ff.
– – Jahresabschlussprüfung **A** 720 ff.
– – – gemeindlicher Betrieb **A** 727 ff.
– – – Verstoß gegen Ausschlussgründe **A** 335
– – Pauschal- **A** 725
– – Pfändung von -forderungen **A** 379
– – bei Praxisverkauf **A** 380
– – für Rechtsbesorgung/-beratung **A** 34
– – Sicherung der -forderung **A** 543
– – Verjährung **A** 740
– – Zurückbehaltungsrecht bei ausstehendem **A** 539 ff.
– *s. auch Honoraranspruch, Gebühren, Vergütung*
Honoraranspruch
– Wirtschaftsprüfer/Wirtschaftsprüfungsgesellschaft
– – Abtretung **A** 376 f.
– – Aufrechnung **A** 620 f.
– – Nichtigkeit **C** 62
– – Pfändung **A** 379
– – Verjährung **A** 739
Honorarklagen
– Gerichtsstand **A** 740 f.

Honorarklausel
– Ausnahmegenehmigung **B** 42
Honorarsicherung A 621
Hotelbettwäsche
– Bilanzierung **E** 478
Hotelgeschirr
– Bilanzierung **E** 478
Hundesteuer
– in der Gewinn- und Verlustrechnung **F** 598
Hypotheken
– Versicherungsunternehmen **K** 505, 599, 606, 608
Hypotheken-, Grundschuld- und Rentenschuldforderungen
– Versicherungsunternehmen **K** 203 ff.
– – Pauschalwertberichtigung **K** 207
Hypothekenbanken
– s. *Pfandbriefbanken*
Hypothekendarlehen
– Bewertung **J** 317
– Bilanz **J** 155, 163
Hypothekenzinsen
– in der Gewinn- und Verlustrechnung **F** 580

I

IASB
– s. *International Accounting Standards Board*
IAS/IFRS-/US-GAAP-Abschlüsse
– Konzernprüfungsbericht **Q** 735 ff.
– Rechnungslegungsvorschriften **Q** 385 ff
IAS-Verordnung
– Anwendung **N** 1 ff.
– – von der EU übernommene IFRS **N** 9 ff.
– – § 315a HGB **N** 12 ff.
IBNR-Rückstellung K 775
– s. auch *Spätschadenrückstellung*
Identitätsverlust
– bei Verschmelzung von Wirtschaftsprüfungsgesellschaften **A** 164 ff.
IDW Akademie B 29, 36
IDW Arbeitstagung B 29
IDW Fachgutachten
– Beachtung **Anh3** 10
– Entstehung und Bedeutung **A** 387, **B** 21 ff., **Anh3** 1 ff.
– Neuordnung des Systems der IDW Verlautbarungen **Anh3** 4

– Übersicht **Anh3** 12
IDW Fachnachrichten B 30
IDW Grundsätze zur Qualitätssicherung B 12
IDW Medien B 30 ff.
IDW Prüfungshinweise
– Anwendung und Definition **A** 383 f., **Anh3** 4
– Übersicht **Anh3** 26
IDW Prüfungsstandards
– Abweichung von **Anh3** 9
– Bedeutung **A** 383 f., **B** 12, 21 ff., **Anh3** 9
– Entstehung **Anh3** 5
– und International Standards on Auditing **Anh3** 6 f.
– Transformation im Rahmen des Clarity Projekts **B** 71
– Übersicht **Anh3** 25
– für Wirtschaftsbetriebe der öffentlichen Hand **L** 60 ff.
IDW Rechnungslegungshinweise
– Anwendung **A** 383 f.
– Definition **Anh3** 4
– Übersicht **Anh3** 28
IDW Standards
– Definition und Bedeutung **B** 12, 21 ff., **Anh3** 4
– Entstehung **Anh3** 5
– Übersicht **Anh3** 29
IDW Stellungnahmen zur Rechnungslegung
– Abweichung von **Anh3** 8
– Bedeutung **A** 387, **B** 12, 21 ff., **Anh3** 8
– Entstehung **Anh3** 5
– Übersicht **Anh3** 27
IDW Studienlehrgänge
– zur Vorbereitung auf das WP-Examen **B** 28
IDW Verlag GmbH B 35 ff.
IDW Verlautbarungen B 12, 21 ff., **Anh3** 1 ff.
– Bedeutung **Anh3** 8 ff.
– Entstehung **Anh3** 1 ff.
– IDW Fachgutachten.**Anh3** 1 ff., 12
– IDW Prüfungsstandards **Anh3** 4 ff., 25
– – Entwürfe **Anh3** 5
– IDW Prüfungshinweise **Anh3** 4, 26
– IDW Rechnungslegungshinweise **Anh3** 4, 28
– IDW Standards **Anh3** 4 f., 29

– – Entwürfe **Anh3** 5
– Stellungnahmen **Anh3** 1 ff., 13 ff.
– IDW Stellungnahmen zur Rechnungslegung **Anh3** 4 ff., 27
– – Entwürfe **Anh3** 5
– zeitliche Übersicht **Anh3** 11
IFRS Advisory Council B 86
IFRS Interpretations Committee B 86
IFRS Verordnung B 87
IFRS-Einzelabschluss
– Offenlegung **H** 1
IFRS-Umstellung E 188
IHK-Pflichtmitgliedschaft
– Wirtschaftsprüfungsgesellschaft **A** 4
Immaterielle Anlagewerte
– Kreditinstitute **J** 186 ff.
Immaterielle Vermögensgegenstände E 491 ff.
– Abschreibungen **E** 384, 389, 408, 491 ff., **F** 545 ff.
– Ansatz **E** 94
– Begriff **E** 491
– Bilanzierung **E** 491 ff.
– – Kapitalgesellschaften **F** 234 ff.
– Bewertung **E** 343, 491 ff.
– entgeltlicher Erwerb **E** 95
– – REACH-Verordnung **E** 492
– entgeltlich erworbene **E** 492
– Geschäfts- oder Firmenwert **E** 93
– nach IFRS **N** 138 ff.
– – Abschreibungsmethode **N** 155
– – Anhangangaben **N** 158 f.
– – Ansatz **N** 138 ff.
– – begrenzte Nutzungsdauer **N** 154
– – bei der Kapitalkonsolidierung **N** 932 ff.
– – Bewertung **N** 148 ff.
– – Folgebewertung **N** 150 ff.
– – unbestimmbare Nutzungsdauer **N** 156 f.
– Prüfung **R** 397 ff.
– selbstgeschaffene **E** 496 ff., **F** 229 f.
– – Anhang **F** 232
– – Verbot **E** 98 f.
– – Wahlrecht **E** 96 f.
– *sonstige s. dort*
– in der Steuerbilanz **E** 101, 495, 501, 506 f., 513
– unentgeltlich erworbene **E** 95, 100, 491, **F** 230
– Versicherungsunternehmen
– – Abschreibungen **K** 108, 524

– – Bilanzierung **K** 97 ff., 108, 689
– Zuschreibungen **E** 494, 500
Immobilien, als Finanzinvestition gehaltene
– nach IFRS
– – Abgänge **N** 203 f.
– – Anhangangaben **N** 205 ff.
– – Ansatz **N** 194 f.
– – Definition und Abgrenzung **N** 191 ff.
– – Folgebewertung **N** 199 ff.
– – im Rahmen eines Operating-Leasingverhältnisses gehaltene **N** 268 f.
– – Übertragungen **N** 202
– – Zugangsbewertung **N** 196 ff.
Immobilien-Sondervermögen
– Bewertung **J** 905 ff.
– Entwicklung des Fondsvermögens **J** 824
– Ertrags- und Aufwandsrechnung **J** 802
– Jahresbericht **J** 781 ff., 832
Immobilienwirtschaftlicher Fachausschuss
– IDW Rechnungslegungshinweise **Anh3** 28
– *s. auch Wohnungswirtschaftlicher Fachausschuss*
Impairment-Test J 467
Imparitätsprinzip E 28, 151 ff., 300, **F** 79
– bei langfristiger Fertigung **E** 317
Importbeschränkung
– im Lagebericht **F** 1124
Inaugenscheinnahme
– als Prüfungstechnik **R** 117
Indexverfahren E 475
Indexzahlen R 368
Indirekte Prüfungsmethode R 358
Indirektes Versicherungsgeschäft
– Deckungsrückstellung für das **K** 387
– in der Gewinn- und Verlustrechnung **K** 356, 517, 531
– im Lagebericht **K** 87
– *s. auch übernommenes Versicherungsgeschäft*
Individualabrede
– als Haftungsbeschränkung **A** 630, 694, 706
Individualisierte Offenlegung der Vorstandsbezüge bei börsennotierten AG
– Lagebericht **F** 1140

Industrie- und Handelskammer
– Pflichtmitgliedschaft von Wirtschaftsprüfungsgesellschaften **A** 4
Inflationsrechnung
– nach IFRS **N** 915 ff.
InfoCenter
– des IDW **B** 32
Informationsinteressen
– Dritter bei Erläuterung des Jahresabschlusses **F** 665
– der Jahresabschlussprüfung **R** 1
Ingangsetzungsaufwendungen, F 228
– Abschreibung **F** 120, 743, 877
– im Anhang **F** 743
– im Anlagenspiegel **F** 123 ff.
– Versicherungsunternehmen **K** 304, 524
Ingenieur
– Tätigkeit des Wirtschaftsprüfers als beratender **A** 40
Inhaber bedeutender Beteiligungen
– Prüfungsvorschriften **D** 10
Inhaberschuldverschreibungen
– Kreditinstitute **J** 76 ff.
– Versicherungsunternehmen **K** 191 ff.
– – Umwandlung in Namensschuldverschreibungen **K** 219
Inhärentes Risiko
– Begriff **R** 32, 76
– Einschätzung **R** 91
– mathematische Abhängigkeit **R** 87
Initial Margin E 68
Inkassobestand
– Versicherungsunternehmen
– – Prüfung **K** 790
Innenrevision
– im Prüfungsbericht
– – Kreditinstitute **J** 650
Innenumsatzerlöse
– Begriff **M** 626
– Konsolidierung
– – beim Gesamtkostenverfahren **M** 626 ff.
– – beim Umsatzkostenverfahren **M** 648 ff.
Innerer Wert
– Beteiligungen **E** 546, 550
Innovationen
– Bewertungsstetigkeit bei technischen **E** 314
Inpfandnahme
– eigene Aktien **F** 1030

Insidergeschäfte
– Stock Options **S** 63
Insiderkenntnisse
– Verwertungsverbot **A** 351
Insolvenz
– Bestätigungsvermerk **Q** 1245
– Prüfungsbericht **Q** 1244
– Prüfungspflicht **Q** 1242
– Verschwiegenheitpflicht bei des Mandanten **A** 368 f.
– der Wirtschaftsprüfungsgesellschaft **A** 144, 162, 176
– des Wirtschaftsprüfers **A** 112
– *s. auch Vermögensverfall*
Insolvenzantrag
– Frist **V** 72
Insolvenzantragspflicht
– des Mandanten **A** 631
Insolvenzverwalter
– Tätigkeit von Wirtschaftsprüfern **A** 30
– – Vergütung **A** 738
Inspektionskosten
– bei Ermittlung der Anschaffungskosten **E** 322
Installationen
– Ausweis **F** 239
Instandhaltungen
– Bewertung **E** 341
Instandhaltungsaufwendungen
– bei Ermittlung der Herstellungskosten **E** 357
– Versicherungsunternehmen **K** 500, 608
Instandhaltungsrückstellungen
– in der Bilanz **E** 136, 260 f., 265
– – Kapitalgesellschaften **F** 442
– in der Steuerbilanz **E** 143, 260
– Voraussetzungen **E** 261
Instanzen
– Berufsgerichtsbarkeit der Wirtschaftsprüfer **A** 585
Institut der Wirtschaftsprüfer in Deutschland e.V. B 1 ff.
– *Akademie s. IDW Akademie*
– Anforderungen an die Berufsausübung der Mitglieder **B** 11 f.
– Anfragenbeantwortung **B** 22
– *Arbeitstagung s. IDW Arbeitstagung*
– Aufgaben **B** 9 ff.
– Aus- und Fortbildung **B** 27 ff.
– Ehrenmitglieder **B** 14

3177

- Entwicklung **B** 1 ff.
- Facharbeit **B** 20 ff.
- Fachausschüsse **B** 25, **Anh3** 2, 5
- Fachgremien **B** 26
- *Fachgutachten s. IDW Fachgutachten*
- *fachliche Verlautbarungen s. IDW Verlautbarungen*
- Fachnachrichten **B** 30
- Fachorgan **B** 33
- Hilfskasse **B** 37
- InfoCenter **B** 32
- Landesgeschäftsstellen **B** 19
- Landesgruppen **B** 19, 29
- *Medien s. IDW Medien*
- Mitglieder **B** 13 ff.
- Mitgliederversammlung **B** 15 f.
- Mitgliedschaft in internationalen Berufsorganisationen **B** 67
- Organe **B** 15 ff.
- Rechte und Pflichten der Mitglieder **B** 9 ff., **Anh3** 10
- Satzung **B** 11 f., **Anh3** 10
- *Stellungnahmen/Standards s. IDW Verlautbarungen*
- *Studienlehrgänge s. IDW Studienlehrgänge*
- Verwaltungsrat **B** 15, 17
- Vorstand **B** 15 f.
- Website **B** 31
- Wirtschaftsprüfertag **B** 15
- Zusammenarbeit
- – mit ausländischen Berufsorganisationen **B** 67 ff.
- – mit dem DBV **B** 6

Institut für Revision und Treuhandwesen B 1

Insurance Contracts
- *s. Versicherungsverträge*

Integrationskonzept
- Risikofrüherkennung **P** 115, 120 f., 132, 137, 141

Integriertes öffentliches Rechnungswesen
- Begriff **L** 87, 95 f., 103 f.
- Termine **L** 103
- Unterschiede zum HGB **L** 104
- *s. auch Doppik*

Interesse
- eines anderen Unternehmens **F** 1333 f., 1337

Interessenausgleich
- bei Überschuldung **V** 61 ff.

Interessengemeinschaft
- Ansprüche **F** 259
- Erträge **F** 556, 561

Interessenkollision
- Wirtschaftsprüfer **A** 322 f.

Interessenkonflikte J 740

Interessenschwerpunkte
- Kundgabe durch Wirtschaftsprüfer und Wirtschaftsprüfungsgesellschaften **A** 452 f.

Interessenvertretung
- Wirtschaftsprüfer
- – – Befangenheit **A** 305 ff.
- – – IDW **B** 8 ff.
- – – Wirtschaftsprüferkammer **B** 39 ff.

International Accounting Standards
- IAS 2 **N** 339 ff.
- IAS 7 **N** 1031 ff.
- IAS 10 **N** 130
- IAS 11 **N** 355 ff.
- IAS 12 **N** 545 ff.
- IAS 16 **N** 160 ff.
- IAS 17 **N** 262 ff., 295 ff.
- IAS 18 **N** 822 ff.
- IAS 19 **N** 442 ff.
- IAS 20 **N** 128
- IAS 21 **N** 129, 903 ff.
- IAS 23 **N** 123 ff.
- IAS 24 **N** 1109 ff.
- IAS 27 **N** 1008 ff.
- IAS 28 **N** 977 ff.
- IAS 29 **N** 915 ff.
- IAS 31 **N** 988 ff.
- IAS 32 **N** 388 ff., 403 ff., 528 ff., 563 ff.
- IAS 33 **N** 1095 ff.
- IAS 34 **N** 1123 ff.
- IAS 36 **N** 210 ff.
- IAS 37 **N** 493 ff.
- IAS 38 **N** 138 ff.
- IAS 39 **N** 388 ff., 528 ff., 563 ff.
- IAS 40 **N** 191 ff.
- Annahmen und Anforderungen **N** 34 ff.
- Definition der einzelnen Abschlussposten **N** 82 ff.
- – Erfassung von Abschlussposten **N** 98 ff.
- normative Grundlagen, Grundprinzipien **N** 21 ff., 33 ff.

– – grundlegende qualitative Anforderungen **N** 35 ff.
– – unterstützende qualitative Anforderungen **N** 39 ff.
– Periodenabgrenzung **N** 49
– Rahmenkonzept für die Aufstellung und Darstellung von Abschlüssen **N** 22
– rechtliche Grundlagen in Deutschland **N** 1 ff.
– Saldierung von Posten **N** 50 f.
– Zwecke der Rechnungslegung **N** 31 f.
– *s. auch International Financial Reporting Standards*
International Accounting Standards Board B 80 ff., 85
International Accounting Standards Committee B 80 ff.
– Entstehung **B** 80 f.
– Gründungsmitglieder **B** 81
– Neuorganisation **B** 72 ff.
– *Standards s. International Financial Reporting Standards*
– Umbenennung **B** 83
– *s. auch International Financial Reporting Standards Foundation*
International Auditing and Assurance Standards Board B 78
International Federation of Accountants B 68 ff.
– Clarity Projekt **B** 62
– International Standards on Auditing **B** 70 ff.
– Mitgliedsorganisationen **B** 69
– Prüfungsstandards
– – Bestätigungsbericht/Vermerk **Q** 361, 636
– Statements of Membership Obligations **B** 70
– Struktur und Gremien **B** 71 ff.
– – Board **B** 75
– – Council **B** 74
– – Consultative Advisory Groups **B** 79
– – Forum of Firms **B** 79
– – International Auditing and Assurance Standards Board **B** 78
– – Leadership Group **B** 79
– – Monitoring Group of Regulators **B** 79
– – Nominating Committee **B** 77
– – Officers **B** 76
– – Public Interest Oversight Board **B** 79

– – Transnational Auditors Committee **B** 79
– Ziele **B** 64
International Financial Reporting Interpretations Committee
– *s. IFRS Interpretations Committee*
International Financial Reporting Standards B 80 ff.
– Anwendungspflicht **B** 87 ff.
– IFRS 1 **N** 1144 ff.
– IFRS 2 **N** 796 ff.
– IFRS 3 **N** 919 ff., 1009 ff.
– IFRS 4 **N** 790 ff.
– IFRS 5 **N** 304 ff., 316 ff.
– IFRS 7 **N** 281 ff., 392 ff., 400 ff., 536 ff., 688 ff.
– IFRS 8 **N** 1050
– IFRS 9 **N** 748 ff.
– IFRS 10 **N** 1023 ff.
– IFRS 11 **N** 1027 ff.
– IFRS 12 **N** 1030
– IFRS 13 **N** 131 ff.
– Annahmen und Anforderungen **N** 34 ff.
– Anwendung **M** 13 ff., **N** 1 ff.
– Bestätigungsvermerk **Q** 385, 420, 757, 1606
– Bestandteile IFRS Abschluss **N** 53 ff.
– Definition der einzelnen Abschlussposten **N** 82 ff.
– Einzelabschluss **Q** 385
– Konzernabschluss **Q** 730, 776
– – Kreditinstitute **J** 437 ff.
– – Personengesellschaft **O** 2, 30, 34, 54, 56
– – Versicherungsunternehmen **K** 818 ff.
– normative Grundlagen, Grundprinzipien **N** 21 ff., 33 ff.
– – grundlegende qualitative Anforderungen **N** 35 ff.
– – unterstützende qualitative Anforderungen **N** 39 ff.
– Periodenabgrenzung **N** 49
– Prüfungsbericht **Q** 161, 735
– Rahmenkonzept für die Aufstellung und Darstellung von Abschlüssen **N** 22
– rechtliche Grundlagen in Deutschland **N** 1 ff.
– Saldierung von Posten **N** 50 f.
– Zwecke der Rechnungslegung **N** 31 f.
– *s. auch International Accounting Standards*

International Financial Reporting Standards for SME
– nach IFRS **N** 1238 ff.
– – Abweichungen zu bestehenden IFRS **N** 1247 ff.
– – – als Finanzinvestition gehaltene Immobilien **N** 1253
– – – Angabe zu Beziehungen zu nahe stehenden Personen **N** 1263
– – – Anteile an assoziierten Unternehmen **N** 1252
– – – Anteile an Gemeinschaftsunternehmen **N** 1252
– – – anteilsbasierte Vergütung **N** 1258
– – – besondere Unternehmensaktivitäten **N** 1264
– – – erstmalige Anwendung **N** 1265
– – – Ertragssteuern **N** 1261
– – – Finanzinstrumente **N** 1250
– – – Fremdkapitalkosten **N** 1257
– – – Fremdwährungsumrechnung **N** 1262
– – – Geschäfts- und Firmenwerte **N** 1255
– – – immaterielle Vermögenswerte **N** 1254
– – – Konzernabschlüsse **N** 1249
– – – Leistungen an Arbeitnehmer **N** 1260
– – – Sachanlagen **N** 1254
– – – Unternehmenszusammenschlüsse **N** 1255
– – – Vorräte **N** 1251
– – – Wertminderung von Vermögenswerten **N** 1259
– – – Zuwendungen der öffentlichen Hand **N** 1256
– – Anwendungsbereich **N** 1244 ff.
International Financial Reporting Standards Foundation B 80 ff.
– Gremien **B** 83 ff.
– IFRS Interpretations Committee **B** 86
– International Accounting Standards Board **B** 83, 85
– Monitoring Board **B** 84
– (Neu-)Organisation **B** 82 ff.
– Trustees **B** 83
– Ziele **B** 88
International Public Sector Accounting Standards L 100 f.
International Standards on Auditing B 68 ff.
– Anerkennung durch die EU (adoption) **B** 72, **Anh3** 6 f.

– Anwendung **Anh3** 6 f.
– Berücksichtigung bei Prüfungen **R** 18
– Bestätigungsvermerk **Q** 633, 769, 1604
– Clarity Projekt **B** 71
– Prüfung nach **Q** 161, 394
– Prüfungsbericht **Q** 4, 161
– Transformationsverpflichtung **B** 68 ff.
– und IDW Prüfungsstandards **Anh3** 4 ff.
Internationale Berufsorganisationen B 67 ff.
– Mitgliedschaft des IDW **B** 67, 81, 90
– Verlautbarungen **A** 368, **B** 57, 80 ff., 89
Internationale Grundsätze zur Rechnungslegung im öffentlichen Bereich L 100 f.
Internationale Prüfungsstandards
– Berücksichtigung als freiwillige Ergänzung **R** 21
– *International Standards on Auditing s. dort*
Internationale Rechnungslegungsgrundsätze
– *s. International Financial Reporting Standards*
Internationale Standards
– *International Accounting Standards s. dort*
– *International Financial Reporting Standards s. dort*
– *International Standards on Auditing s. dort*
– Risikosteuerung **P** 2
– Risikoüberwachung **P** 2
Interne Kontrollen
– Funktionsprüfung **R** 37
– im Rahmen des Prüfungsprozesses **R** 37
– Wirksamkeit **R** 106
Interne Rechnungslegung
– Versicherungsunternehmen **K** 25, 628 ff.
– – Prüfung **K** 753
Interne Revision
– Prüfungsbericht **Q** 163, 920
– Rolle im Risikofrüherkennungssystem **P** 67, 111, 115, 138
– Verwertung der Arbeit **Q** 46, **R** 870 ff.
– durch Wirtschaftsprüfer
– – Vereinbarkeit mit Abschlussprüfung **A** 298
Interner Zinsfuß
– Ermittlung **Anh1** 13 f.

– – Tabellenkalkulationsprogramme **Anh1** 14
Internes Kontrollsystem
– bei Abschlussprüfungen **R** 30
– Bescheinigung **Q** 1429
– COSO-Modell **R** 48
– Ebenen
– – Bestandteile **R** 50
– – Ziele **R** 49
– Komponenten **R** 50
– Prüfung **R** 105 ff.
– – Beurteilung der Angemessenheit **R** 317 ff.
– – Dokumentation **R** 312 ff.
– – Erfassen der relevanten Kontrollen **R** 249 ff.
– – Funktionstests **R** 329 ff.
– – Funktionstrennung **R** 286
– – im kleinen Unternehmen **R** 303 ff.
– – Prüfung der Wirksamkeit **R** 330 ff.
– – im Verhältnis zur Prüfung des Risikofrüherkennungssystems **P** 112
– wesentliche Änderungen **R** 107
– Prüfungsbericht **Q** 163, 180, 1281
– – Kreditinstitute **J** 650
– Wirksamkeit **P** 5, **R** 106
Internes Kontroll- und Risikomanagementsystem
– Lagebericht **F** 1083, 1168 ff., 1171 f.
Internes Qualitätssicherungssystem A 467 ff.
– Anforderungen gem. VO 1/2006 **A** 468 ff.
– – externe Prüfung **A** 473 ff.
– – interne Nachschau **A** 469 f.
– *s. auch Qualitätssicherung*
Internet
– Werbung von Wirtschaftsprüfern und Wirtschaftsprüfungsgesellschaften **A** 456
Interviews
– Wirtschaftsprüfer **A** 458
Inventar E 20, 23
– Festwerte **E** 21, 23
– Waren im **R** 439
– *s. auch Bestandsverzeichnis*
Inventur E 20 ff.
– Anwesenheit des Abschlussprüfers **R** 437, 448
– bei automatisch gesteuerten Lagersystemen **E** 2

– bewegliches Anlagevermögen **E** 23
– Differenzen in der Gewinn- und Verlustrechnung **F** 528
– körperliche **E** 20 f.
– – bei Festwertansatz **E** 481
– Nichtteilnahme
– – alternative Prüfungshandlungen **Q** 396, 490
– – Bestätigungsvermerk **Q** 490
– – Prüfungsbericht **Q** 396
– permanente **E** 26, **R** 449
– Prüfung **R** 436 ff.
– Risiken **P** 46, 50
– Sachanlagevermögen **E** 21
– steuerliche **E** 23
– Vorräte **E** 25, 474 ff.
Inventurbeobachtung
– Prüfungsbericht **Q** 163
Inventurverfahren
– Kombination **E** 22
Investitionen
– im Abhängigkeitsbericht **F** 1329
– im Anhang **F** 784
– im Lagebericht **F** 1124
Investitionszulagen
– Bilanzierung **E** 327, **F** 293
– Vertretung im Verfahren auf Gewährung **A** 25
Investmentaktiengesellschaft J 984 ff.
– Prüfung **Q** 915
– Prüfungsbericht **Q** 942
– Vermerk **Q** 946
– *s. auch Kapitalanlagegesellschaften*
Investmentanteil
– *s. Anteilscheine*
Investmentfonds
– Anlageziele **F** 858
– Finanzanlagen **F** 802, 855 f.
– latente Steuern **F** 220 ff.
Investmentgesellschaften
– Prüfungsvorschriften **D** 10
Investmentsteuergesetz
– Bescheinigung **Q** 1524
Investmentvermögen
– Abschreibungen **F** 853, 863
– im Anhang **F** 853 ff.
– ausländische **F** 856
– Bewertung **F** 859 f.
– Darstellung **F** 854, 858
– inländische **F** 855

Investmentvertrag J 753, 771
IT-Anwendungen R 790, 828 ff.
IT-Benutzerberechtigungskonzept
  R 259, 819
IT-Dokumentation
– Versicherungsunternehmen
– – Prüfung **K** 742 ff.
IT-Fehlerrisiken
– Identifikation durch den Abschlussprüfer
  R 262 f.
IT-gestützte Geschäftsprozesse R 791,
  834 f.
– Anforderungen an die Ordnungsmäßigkeit **R** 798 ff.
– – Belegfunktion **R** 800
– – Journalfunktion **R** 801
– – Kontenfunktion **R** 802
– – Nachvollziehbarkeit **R** 803
– Anwendungen **R** 790
– Infrastruktur **R** 789
– IT-Sicherheitsanforderungen **R** 794
– IT-Sicherheitskonzept **R** 796
– Organisation **R** 787
– Umfeld **R** 788
– Verfahrensdokumentation **R** 803 ff.
IT-Infrastruktur R 789, 807 ff.
IT-Projekte
– Bescheinigung **Q** 1418
– Prüfungsbericht **Q** 1416
IT-Qualitätssicherungsverfahren R 259
IT-Risikoindikatoren
– Abhängigkeit **R** 255
– Änderungen **R** 256
– geschäftliche Ausrichtung **R** 258
– Know-how und Ressourcen **R** 257
– Konkretisierung **R** 259
– – Entwicklungsstand **R** 259
– – Infrastruktur-/Ressourcensicherung
  R 259
– – Qualität **R** 259
– – Schutz **R** 259
IT-Systemprüfung R 807 ff.
– Planung **R** 808 f.
– Prüfungsdurchführung **R** 810 ff.
– – anwendungsbezogene Kontrollen
  R 836
– – Informationserhebung **R** 810
– – Infrastruktur **R** 815 ff.
– – IT-Anwendungen **R** 828 ff.
– – IT-gestützte Geschäftsprozesse **R** 834 f.

– – IT-projektbegleitende Prüfung **R** 832
– – IT-Umfeld und -Organisation **R** 810 ff.
– – Softwarebescheinigungen **R** 831
– – Ziele und Umfang **R** 807
– Versicherungsunternehmen
– – Gebiete **K** 742 ff., 790
– – im Prüfungsbericht **K** 808 f.

J

Jagdsteuer
– in der Gewinn- und Verlustrechnung
  F 598
Jahresabschluss E 1 ff.
– *Änderung s. dort*
– Anfechtung **U** 1 ff., 255 ff.
– *Anhang s. dort*
– *Anlage s. dort*
– Aufstellung **R** 11
– *Aufstellungsfristen s. dort*
– Bausparkassen **J** 1032 ff.
– Befreiung von
– – Vorschriften für Kapitalgesellschaften
  F 15 ff.
– – Vorschriften für Personenhandelsgesellschaften **F** 58 ff.
– – Vorschriften des PublG **H** 29 ff.
– – Voraussetzungen **F** 38 ff., 58 ff.,
  H 32 ff., 38 ff.
– Bestätigungsvermerk
– – Erteilung **Q** 566 ff.
– – – *s. auch Bestätigungsvermerk*
– Einzelaussagen
– – Abgrenzung **R** 72
– – Bewertung **R** 72
– – Darstellung **R** 72
– – Erfassung **R** 72
– – Vollständigkeit **R** 72
– – Vorhandensein **R** 72
– – Zuordnung des wirtschaftlichen Eigentums **R** 72
– Energieversorgungsunternehmen **L** 37 f.
– Entsorgungsunternehmen **L** 41
– erweiterter **F** 3, 84, 654
– fehlerhafter **E** 616
– – Einschränkung des Bestätigungsvermerks **Q** 457
– – Versagung des Bestätigungsvermerks
  Q 492
– – Widerruf des Bestätigungsvermerks
  Q 608 ff.

– Feststellung
– – Bestätigungsvermerk **Q** 354 ff.
– Finanzdienstleistungsinstitute **J** 404 ff.
– Gegenstand der Abschlussprüfung **R** 6 ff.
– Genossenschaften **E** 1 ff., **G** 1 ff.
– – Übersicht über die ergänzenden Vorschriften **G** 6, 16
– Investmentaktiengesellschaften **J** 984 ff.
– Kapitalgesellschaften **F** 1 ff.
– Kernverwaltungen der öffentlichen Hand **L** 103 ff.
– Krankenhäuser **L** 42 ff.
– Kreditinstitute **J** 5 ff.
– Nichtigkeit **E** 617, **U** 1, 4, 57, 175 ff.
– – Beseitigung **U** 250 ff.
– – Bestätigungsvermerk **Q** 527 ff.
– – Feststellung **U** 86 ff., 237 ff.
– – Folgewirkungen **U** 241 ff.
– – Geltendmachung **U** 2, 175 ff.
– – bei GmbH **U** 178
– – Gründe **U** 184 ff.
– – Heilung **U** 213 f., 244 ff.
– – Kapitalherabsetzung **U** 217
– – bei Personenhandelsgesellschaften **U** 179
– – unrichtige Tantiemenberechnung **S** 26
– – Verstoß gegen
– – – Beurkundungsvorschriften **U** 210
– – – Bewertungsvorschriften **U** 224 ff.
– – – Gläubigerschutzvorschriften **U** 186 ff.
– – – Gliederungsvorschriften **U** 220 ff.
– – – Prüfungspflicht **U** 191 ff.
– *Offenlegung s. dort*
– Personengesellschaften **E** 1 ff.
– – Ansatz von Vermögen und Schulden **E** 13 ff.
– Pflegeeinrichtungen **L** 45 f.
– *Prüfung s. Jahresabschlussprüfung*
– Prüfungsbericht **Q** 183
– nach PublG **H** 1 ff.
– – Übersicht über die ergänzenden Vorschriften **H** 46, 63
– Sprache und Währung **E** 5, **F** 6, 68, 82, 692
– Versicherungsunternehmen **K** 5, 9 f., 24, 30, 46, 52
– Versorgungsunternehmen **L** 39 f.
– Wirtschaftsbetriebe der öffentlichen Hand
– – in privater Rechtsform **L** 5 ff.

– – in der Rechtsform des Eigenbetriebs **L** 8 ff.
– zusätzliche Bestandteile **F** 1063 ff.
Jahresabschlussinformation
– Verlässlichkeit **R** 1
Jahresabschlusskosten
– in der Gewinn- und Verlustrechnung **F** 551
– Rückstellungen **E** 189
Jahresabschlussprüfung R 404 ff.
– Bestätigungsvermerk **Q** 330 ff., 855 ff.
– – *Formulierungsempfehlungen s. dort*
– Eigenbetriebe **L** 55 ff., **Q** 1048
– – durch (über)örtliche Prüfungseinrichtungen **L** 63 f.
– Energieversorgungsunternehmen **L** 37 f.
– Erweiterungen **Q** 56, 274
– Finanzdienstleistungsinstitute **Q** 871
– freiwillige
– – Bestätigungsvermerk **Q** 855 ff.
– – Prüfungsbericht **Q** 839 ff.
– Funktionen **R** 1
– Gebietskörperschaften **Q** 1344
– Gegenstand **R** 6 ff.
– – außerbuchhalterische Bereiche **R** 7
– Genossenschaften **G** 4, **Q** 996
– Kapitalgesellschaften
– – Bestätigungsvermerk **Q** 361 ff.
– Kernverwaltungen der öffentlichen Hand **L** 106 ff.
– Kommunalunternehmen **L** 65
– *Konzernabschlussprüfung s. dort*
– Krankenhäuser **Q** 1069
– Kreditinstitute **J** 594 ff., 1096 ff., **Q** 871
– Öffentliche Unternehmen **Q** 1048
– Projektmanagement bei der **R** 40 f.
– Prüfungsbericht **Q** 9, 326, 570, 651, 663, 839 ff.
– Rechtsgrundlagen **D** 1 ff.
– Rückstellung für Kosten **E** 189
– Stiftungen **Q** 1015
– Umfang **R** 11
– Vereine/Kapitalgesellschaften im Berufsfußball **Q** 1105 ff.
– Versagungsvermerk
– – *Formulierungsempfehlungen s. dort*
– Versicherungsunternehmen **K** 725 ff.
– Wirtschaftsbetriebe der öffentlichen Hand **L** 3 ff., 50

– – durch öffentliche Prüfungs-
  einrichtungen **L** 54
– – in privater Rechtsform **L** 50 ff.
– – in der Rechtsform des Eigenbetriebs
  L 55 ff.
– Wohnungsunternehmen **Q** 1111
– Ziel **R** 1 ff.
– Zweckverbände **Q** 1062
– *s. auch Abschlussprüfung*
Jahresbericht
– Gliederung **J** 775 ff.
– sonstige Angaben **J** 835 ff.
– Veröffentlichungspflicht **J** 944
– *s. auch Entwicklungsrechnung, Verwendungsrechnung, Ertrags- und Aufwandsrechnung, Tätigkeitsbericht, Vermögensaufstellung, Vergleichende Übersicht der letzten drei Jahre*
Jahresergebnis
– Einfluss steuerlicher Maßnahmen im Anhang **F** 877 ff.
– Zustandekommen in der Gewinn- und Verlustrechnung nach PublG **H** 59
– *s. auch Ergebnisverwendung*
Jahresfehlbetrag
– Ausgleich **F** 372 f., 384, 616 f.
– Kapitalgesellschaft
– – in der Bilanz **F** 410
– – in der Gewinn- und Verlustrechnung **F** 607
– – in der Konzern-Gewinn- und Verlustrechnung **M** 622 f.
– Personenhandelsgesellschaft i.S.d. § 264a HGB
– – in der Bilanz **F** 141
– – in der Gewinn- und Verlustrechnung **F** 610 ff.
– Kreditinstitute **J** 305
– Versicherungsunternehmen **K** 309 f.
Jahresgewinn/-verlust
– Ausweis
– – Eigenbetriebe **L** 22
Jahresprämien
– versicherungsmathematische Berechnungen **Anh2** 44 ff.
Jahresschlussmeldung
– an die DSD
– – Prüfungsvorschriften **D** 32

Jahresüberschuss
– als Bemessungsgrundlage für Gewinnbeteiligung der Vorstandsmitglieder **S** 27 ff.
– – abzusetzende Beträge **S** 31 ff.
– – ertragsabhängige Steuern **S** 43
– – bei Gewinnabführungsvertrag **S** 46
– in der Bilanz **F** 139, 410
– Einstellung
– – in Gewinnrücklagen **F** 139, 402 ff., 629 ff.
– – in gesetzliche Rücklage **F** 629 f.
– bei Gewinnabführungsverpflichtung **F** 446
– in der Gewinn- und Verlustrechnung **F** 607 ff.
– in der Konzern-Gewinn- und Verlustrechnung **M** 622 f.
– bei Kreditinstituten **J** 305
Jahresverbrauchsabgrenzung
– bei Versorgungsunternehmen **F** 511, **L** 39
Jahresverlust
– *s. Jahresgewinn/-verlust*
Joint Audit
– Bestätigungsvermerk **Q** 548
– Prüfungsbericht **Q** 316
– *s. auch Gemeinschaftsprüfungen*
Joint Ventures
– im Anhang **F** 970
– Ansprüche aus **F** 259
– Bilanzierung von Anteilen an **E** 534, 537, **F** 254, 259, 270, 293
– Gewinnvereinnahmung **E** 537
– Gewinnverwendung **E** 537
– in der Gewinn- und Verlustrechnung **F** 506, 521, 551, 554, 567
– nach IFRS **N** 988 ff.
– – Anhangangaben **N** 1020 f.
– – Ausblick (IFRS 11) **N** 1027 f.
– – gemeinsame Führung **N** 989
– – Quotenkonsolidierung **N** 990
Jubiläumszuwendungen
– in der Gewinn- und Verlustrechnung **F** 536
– im Lagebericht **F** 1145
– Rückstellung **E** 190 f.
– bei Überschuldung **V** 68 f.
– für Vorstandsmitglieder und Geschäftsführer **F** 926

Juristische Personen des öffentlichen Rechts
– Prüfungsvorschriften **D** 25 ff.
– Unternehmenseigenschaft **T** 44

K

Kaffeesteuer
– in der Gewinn- und Verlustrechnung **F** 598
Kalkulationsmethoden
– bei Ermittlung der Herstellungskosten **E** 345
Kalkulationsverordnung
– Versicherungsunternehmen **K** 63, 329, 363, 381, 384
Kalkulatorische Kosten
– bei Ermittlung der Herstellungskosten **E** 344
Kameralistik L 10, 86
– erweiterte **L** 89, 95 f.
– *s. auch Doppik*
Kammer für WP-Sachen A 585
– Anrufung in Rügesachen **A** 577
Kanalanschlusskosten
– Bilanzierung **E** 513
Kanalbauten
– Ausweis **F** 241
Kantinen
– Aufwendungen beim Umsatzkostenverfahren **F** 650
– Erlöse aus - in der Gewinn- und Verlustrechnung **F** 505
– Zuschüsse **F** 551
Kapazität
– bei Ermittlung der Herstellungskosten in der Steuerbilanz **E** 364
Kapital
– Barwert **Anh1** 6
– bedingtes **F** 312, 333
– Endwert **Anh1** 5
– genehmigtes **F** 312, 327, 1035
– konsolidierungspflichtiges **M** 357 ff., 440 ff.
– – Veränderungen **M** 424 ff.
– stilles **F** 359
Kapitalanlagegesellschaft
– Anlagevorschriften **Q** 932 ff.
– Definition **J** 751
– Prüfung **J** 756 ff.
– Prüfungsbericht **Q** 916, 1524

– Prüfungsvorschriften **D** 10
– Rechnungslegung **J** 755
– *s. auch Investmentaktiengesellschaften*
Kapitalanlagen
– Prospektbeurteilung **Q** 1544
– Versicherungsunternehmen
– – Abgang **K** 602
– – Abschreibungen **K** 157, 524, 609
– – andere **K** 235 ff.
– – im Anhang **K** 123, 165, 218, 226, 239
– – Anteile an gemeinschaftlichen **K** 237 f.
– – Aufgreifkriterien **K** 181 f.
– – Aufwendungen **K** 113, 572, 582 f., 591 f., 603 ff., 681 f.
– – Ausweis **K** 109 f., 175 f., 210 f., 236 ff., 243
– – Bewertung **K** 28, 116 ff., 158, 165, 247
– – Charakter **K** 166, 237, 755
– – Einzelwertberichtigungen **K** 225
– – Erträge **K** 544, 572, 582 f., 596 ff., 605
– – in Fremdwährung **K** 98
– – im Konzernanhang **K** 687 ff.
– – Pauschalwertberichtigung für **K** 601, 609
– – Prüfung **K** 756, 809
– – im Prüfungsbericht **K** 755 ff., 809
– – für Rechnung und Risiko von Inhabern von Lebensversicherungspolicen **K** 247 ff.
– – sonstige **K** 166 ff.
– – Zeitwerte **K** 85, 121, 125 ff., 247, 687 f.
Kapitalanlagespiegel
– Versicherungsunternehmen
– – Depotforderungen **K** 244
– – Festgelder, Termingelder und Sparguthaben **K** 234
– – Währungskursdifferenzen **K** 124
Kapitalanteile
– in der Bilanz nach PublG **H** 51
– Gesellschafter von Personenhandelsgesellschaften i.S.d. § 264a HGB **F** 137, 345, 348, 375
– Kommanditisten von Kommanditgesellschaften i.S.d. § 264a HGB **F** 348
– negative **F** 353
– persönlich haftender Gesellschafter der KGaA **F** 307 f., 344 f.
Kapitalausstattungsvorschriften
– Versicherungsunternehmen
– – Prüfung **K** 758

Kapitalbarwert
– Berechnung **Anh1** 6
Kapitalbeschaffung
– Sonderprüfung **Q** 1166
Kapitalbeschaffungsaufwendungen
– Bilanzierungsverbot **E** 347
Kapitalbeschaffungsmaßnahmen
– Prüfungsvorschriften **D** 2 ff.
Kapitalbeteiligung
– Wirtschaftsprüfungsgesellschaften **A** 136 ff.
– – Altgesellschaften **A** 178 ff.
– Steuerberatungsgesellschaft **C** 40, 70
Kapitalbeteiligungsgesellschaften
– Bestätigungsvermerk **Q** 1103 ff.
– Prüfungsbericht **Q** 1102
Kapitalbindung
– Steuerberatungsgesellschaften **C** 25, 36, 40
– Wirtschaftsprüfungsgesellschaften **A** 136 ff.
Kapitaldienstkosten
– bei Bewertung des Umlaufvermögens **E** 433
Kapitaleinzahlung
– Wirtschaftsprüfungsgesellschaften **A** 146
Kapitalendwert
– Berechnung **Anh1** 5
Kapitalerhaltung
– Grundsatz bei Unternehmensverbindung **T** 193
Kapitalerhöhung
– Ausgleichszahlung **T** 325
– bei Gewinnabführungsvertrag **T** 325
– Prüfung **R** 514, 518
– Prüfungsbericht **Q** 290
– Versicherungsunternehmen **K** 154, 734
Kapitalerhöhung aus Gesellschaftsmitteln
– Ausgleichszahlung **T** 325
– Bestätigungsvermerk **Q** 359, 1203
– Besteuerung **F** 336
– Bezugsrecht bei wechselseitiger Beteiligung **T** 214
– Bilanzierung **F** 334 ff.
– Entnahmen **F** 616, 1073
– gesetzliche Rücklage **F** 334, 384
– Hauptversammlungsbeschluss
– – Nichtigkeit **U** 42, 47, 95
– aus Kapitalrücklagen **F** 372

– bei der Konsolidierung **M** 425
– Prüfungsbericht **Q** 291
– Prüfungsvorschriften **D** 2 ff.
– zugrunde zu legende Bilanz **F** 335
Kapitalerhöhung gegen Einlagen
– Bilanzierung **F** 328, 333
– Hauptversammlungsbeschluss
– – Anfechtung **U** 110 f., 127 ff.
– *s. auch verdeckte Sacheinlagen*
Kapitalerhöhung mit Sacheinlagen
– Bestätigungsvermerk **Q** 1138
– Prüfungsbericht **Q** 1139
– Schlussbemerkung **Q** 1140
Kapitalerhöhungsbeschluss
– Hauptversammlungsbeschluss
– – Anfechtung **U** 47, 110 f., 127 ff.
– – Nichtigkeit **U** 41 ff., 46
Kapitalersetzende Gesellschafterdarlehen
– bei Überschuldung **V** 54 f.
– *s. auch Eigenkapitalersetzende Gesellschafterdarlehen, Gesellschafterdarlehen und Stammkapital, verdecktes*
Kapitalertragsteuer
– im Anhang **F** 902 ff.
– einbehaltene **F** 458, 555, 570 f., 590
– in der Gewinn- und Verlustrechnung **F** 555, 570 f., 590, 595
Kapitalflussrechnung F 1069 f., **M** 790 ff.
– Abgrenzung des Finanzmittelfonds **M** 808 ff.
– Aktivitätsformat **M** 818 ff.
– im Anhang **F** 685 ff.
– Aufstellungspflicht **F** 3, 84, 1063 f.
– Aufstellungstechniken **M** 813 ff.
– Bestätigungsvermerk **Q** 371
– einzubeziehende Unternehmen **M** 804 ff.
– Finanzlage **F** 80, 1069, **Q** 244
– nach IFRS **N** 1031 ff.
– Inhalt **F** 685, 1069
– im Konzernabschluss nach PublG **O** 59
– Konzernprüfungsbericht **Q** 712, 718
– Kreditinstitute **J** 545, 571 ff.
– Prüfungsbericht **Q** 245
– Versicherungsunternehmen **K** 692
Kapitalgesellschaft
– Ausschüttungs- und Abführungssperre **E** 89
– Beteiligung an **E** 532 ff., 551 ff.
– Bewertungsvorschriften **F** 119 ff.

– – nachgeltende allgemeine des HGB
E 320 f., F 119
– – zusätzliche nach HGB F 120
– eigene Anteile F 631
– ergänzende Vorschriften F 1 ff.
– Erleichterungen und Alternativen für
kleine und mittelgroße E 74, F 77, 121,
471, 474, 483 ff., 496, 585, 654, 683,
692, 739, 748, 756, 765, 771 f., 889, 902,
905, 913, 917, 954, 1005, 1080
– – bei Gliederung der Gewinn- und Verlustrechnung F 467, 483 ff.
– Gliederungsvorschriften F 121 f., 226 ff., 466 ff.
– Größenmerkmale für die Rechnungslegungspflicht F 70 ff.
– große F 70 ff.
– Jahresabschluss F 1 ff.
– Kapitalmarktorientierung F 1, 24 ff., 75
– kleine F 70
– Pensionszusagen an beherrschende Gesellschafter-Geschäftsführer E 257
– phasengleiche Gewinnvereinnahmung F 558
– Prüfungsvorschriften D 1 ff.
– – Abschlussprüfungen D 2
– – Prüfung besonderer Vorgänge D 3
– Rechnungslegungspflicht nach PublG O 1 ff.
– – Befreiung O 54 ff.
– als unbeschränkt haftender Gesellschafter F 692
– als Wirtschaftsprüfungsgesellschaft
– – berufsrechtliche Sondervorschriften A 144 ff.

Kapitalgesellschaft & Co.
– Angabe der persönlich haftenden Gesellschafter in Rechtsform einer Kapitalgesellschaft F 692
– Anwendungsbereich der Vorschriften für F 19 ff.
– Ausleihungen an Gesellschafter einer F 267
– Bestätigungsvermerk Q 330, 739
– freiwillige Abschlussprüfung Q 782
– Generalnorm Q 419, 791, 846
– Prüfungsbericht Q 844
– Prüfungsvorschriften D 5
– Rechnungslegung E 1, F 1

– – ohne natürliche Personen als Vollhafter F 20 f.
– – mit natürlichen Personen als Vollhafter E 603, F 22 f., H 5 f.

Kapitalgesellschaften & Co.-Richtlinie-Gesetz
– Anwendung O 2
– Befreiung nach § 264b HGB F 28, 58
– Erleichterungen bei Einbeziehung in einen Konzernabschluss F 28 ff., 77
– – Einschränkung bei bestimmten Unternehmen F 34, 35

Kapitalherabsetzung
– Ausweis F 309, 323, 337, 363, 616, 692, 911
– Bestätigungsvermerk Q 586 ff.
– durch Einziehung von Aktien F 309
– Ertrag F 623
– Hauptversammlungsbeschluss
– – Nichtigkeit U 44 ff.
– Kapitalrücklage F 363, 692
– ordentliche Q 1168
– Prüfung bei R 518
– Prüfungsvorschriften D 3
– Sanierung der Aktiengesellschaft F 339
– Sonderprüfung Q 1168
– *vereinfachte s. dort*
– Versicherungsunternehmen K 713, 814

Kapitalkonsolidierung
– angelsächsische Methode M 347 ff.
– Begriff M 346 ff.
– erfolgswirksame im Konzernergebnis M 674
– Erwerbsmethode M 348
– nach IFRS N 918 ff.
– – Ansatz N 928 ff.
– – – Eventualschuld N 938, 1009
– – Ausscheiden eines Tochterunternehmens N 963 ff.
– – Beherrschung N 885 ff.
– – Bewertung N 939 ff.
– – Bewertung nach dem Bewertungszeitraum (subsequent measurement) N 961 f.
– – Erwerbszeitpunkt N 925 ff.
– – – Erstkonsolidierungszeitpunkt N 926 f.
– – Geschäftsbetrieb (business) N 920
– – Geschäfts- oder Firmenwert N 945 ff.
– – Identifizierung des Erwerbers N 923

3187

– – – umgekehrter Unternehmenserwerb (reverse acquisition) **N** 924
– – konzerninterne Unternehmenserwerbe (common control) **N** 921
– – negativer Unterschiedsbetrag **N** 954
– – nicht beherrschende Anteile **N** 966
– – sukzessive Unternehmenszusammenschlüsse **N** 955, 1009
– – übertragene Gegenleistung (consideration transferred) **N** 942
– – – Anschaffungsnebenkosten **N** 944
– – – bedingte Gegenleistung **N** 943, 1009
– – Unternehmenszusammenschlüsse ohne Übertragung einer Gegenleistung **N** 956
– – vorläufige Bilanzierung (provisional accounting) **N** 957 ff.
– bei Interessenzusammenführung **M** 348, 711
– konsolidierungspflichtige Anteile **M** 351 ff.
– im Konzernanhang **M** 710 ff.
– Konzernprüfungsbericht **Q** 696, 723
– latente Steuern aus **M** 482
– Neubewertungsmethode **M** 348, 356 ff.
– in mehrstufigen Konzernen **M** 444 ff.
– Methoden nach HGB **M** 346 ff.
– Versicherungsunternehmen **K** 713 ff.
– – Rückstellung für Beitragsrückerstattung **K** 715
– – – latente **K** 715
Kapitalkonten
– Einzelkaufmann nach PublG **H** 51
– Gesellschafter **E** 602
– Kommanditisten **F** 308, 346 f.
– persönlich haftenden Gesellschafters einer KGaA **F** 307
– *negative s. dort*
– Prüfung **R** 529
Kapitalmarkt
– Inanspruchnahme **F** 27
Kapitalmarktorientiertes Unternehmen J 433
Kapitalmehrheit
– Ermittlung **T** 66
– – eigene Anteile bei **T** 69, 72
– – bei Gesellschaften mbH **T** 72
– – bei Personengesellschaften **T** 67, 73
– – bei stiller Beteiligung **T** 68
– mittelbare **T** 79 ff.

– unmittelbare **T** 74
– Wirtschaftsprüfungsgesellschaft **A** 138
Kapitalrücklage F 360 ff.
– im Anhang **F** 692, 878, 909, 911
– in der Bilanz
– – GmbH **F** 361 ff., 609
– – Kapitalgesellschaften **F** 330, 360 ff.
– Entnahmen **F** 372 ff., 692
– – in der Gewinn- und Verlustrechnung **F** 616
– Hauptversammlungsbeschluss
– – Nichtigkeit **U** 204 f.
– bei Kapitalherabsetzung **F** 363, 372, 624, 911
– Kreditinstitute **J** 240
– für Nachschüsse **F** 292, 361, 371
– Prüfung **R** 522
– Umwandlung in Gewinnrücklagen **F** 372, 692
– Versicherungsunternehmen
– – im Anhang **K** 65, 302
– – in der Bilanz **K** 302 ff., 714
– Verwendung **F** 372 ff., 692, 878, 909
– Zuführungen **F** 162, 165 f., 363, 365, 366, 369, 373 f.
– – in der Gewinn- und Verlustrechnung **F** 623 f.
Kapitalrückzahlungen E 541, **F** 319
– Personengesellschaft **E** 542
Kapitalverlust, hälftiger V 1 ff.
– Anzeigepflicht **V** 1
– Ausschüttungssperre **V** 9
– Begriff **V** 2
– Bestätigungsvermerk **V** 96
– Einberufung der Gesellschafterversammlung **V** 1, 16 f.
– Einberufung der Hauptversammlung **V** 1, 16 f.
– Ermittlung
– – Bewertung **V** 3 f., 4
– – Sozialplanverpflichtungen **V** 15
– Vorstandspflichten **V** 1 ff., 16
Kapitalzuschüsse
– Ausweis
– – Eigenbetriebe **L** 16
Karenzentschädigung A 413 ff.
– Bemessung **A** 415
– Mindesthöhe **A** 413

Kasinobetrieb
– Aufwendungen beim Umsatzkostenverfahren **F** 650
Kassenbestand
– Bilanzierung **E** 577
– – bei Kapitalgesellschaften **F** 298
– Kreditinstitute **J** 141, 496
– Prüfung **R** 499
– Versicherungsunternehmen **K** 232, 276
Kassenobligationen
– Kreditinstitute **J** 165
Kataloge
– in der Bilanz, Vorauszahlungen auf **E** 270
Katastrophenschäden
– Abschreibungen **F** 494, 515
Kategorien
– Finanzinstrumente **J** 445 ff.
Kaufmannseigenschaft
– Wirtschaftsprüfungsgesellschaft **A** 4
Kaufoptionsrecht
– Aufwendungen als Anschaffungsnebenkosten **E** 323
– Leasingverträge **E** 37, 40
Kaufpreisaufteilung
– zur Ermittlung der Anschaffungskosten **E** 333
Kaufpreisrenten
– Anschaffungskosten **E** 330
Kautionen
– Kapitalgesellschaften **F** 248, 293
– Versicherungsunternehmen
– – geleistete **K** 231, 27 f.
– – Niederlassungen ausländischer **K** 301
Kautionswechsel
– Kapitalgesellschaften **F** 454
Kennzahlen R 367
– Beziehungszahlen **R** 368
– Gliederungszahlen **R** 368
– Indexzahlen **R** 368
– Prüfungsbericht **Q** 93, 243, 245, 258
– zur Risikofrüherkennung **P** 47
Kennzahlenanalyse
– Prüfung mit Hilfe von **R** 114, 366 ff.
– Versicherungsunternehmen
– – Prüfung mit Hilfe von **K** 750
Kernkraftwerke
– Aufwandsrückstellungen **E** 265
– Stilllegungskosten **E** 175

Kernverwaltung der öffentlichen Hand L 86 ff.
– Prüfungsvorschriften **D** 33
Kettenkonsolidierung M 444 ff.
Kiesgruben
– Abschreibung **E** 511
– Wiederauffüllungsverpflichtung **E** 218
Kinderzulagen
– in der Gewinn- und Verlustrechnung **F** 533
Kirchensteuer
– übernommene **F** 533
Kläranlage
– Zuschuss **E** 513
Klarheit
– Grundsatz
– – Berichterstattung **Q** 63
– – Gewinn- und Verlustrechnung **E** 605, **F** 472, 494
– – Jahresabschluss **E** 6, 8, 73, 318, 594 f., 605, **F** 85, 94 ff., 374, 348, 373, 475, 666, 672, **J** 43
– – Konzernprüfungsbericht **Q** 668
– – Lagebericht **F** 1094
– – Prospektgutachten **Q** 1544
– – Prüfungsbericht **Q** 63
– Prüfung der Einhaltung **R** 394
– – im Anhang **R** 579
– und Verrechnungsverbot **E** 73
Kleinbetriebe E 4
Kleine Kapitalgesellschaften
– Bestätigungsvermerk **Q** 373
– Prüfungsbericht **Q** 846
Kleine und mittelgroße Unternehmen
– Prüfung **R** 706 ff.
Know-how
– Bilanzierung **E** 92, 491 ff.
– in der Steuerbilanz **E** 101
Körperschaft des öffentlichen Rechts
– Geltung des PublG **H** 5
– Unternehmenseigenschaft **T** 49, 345
Körperschaftsteuer
– im Anhang **F** 902 ff.
– Ansprüche auf anrechenbare **E** 580, **F** 555
– Erhöhungen **F** 555, 570
– bei Ermittlung der Ausgleichszahlung **T** 318
– bei Ermittlung der Herstellungskosten **E** 360

3189

– in der Gewinn- und Verlustrechnung
  F 590 ff.
– Rückstellung E 207, F 438
– s. auch Ertragsteuern
Körperschaftsteuerguthaben E 57
Kohlenbergbau
– Sonderabschreibung der Anlagegüter
  E 421
Kohlenfelder
– Bilanzierung E 511, F 243
Kokereien
– Ausweis F 244
Komitologieverfahren
– Übernahme IFRS N 9 f.
Kommanditeinlage
– in der Bilanz F 254, 258
Kommanditgesellschaft auf Aktien
– Abhängigkeitsbericht F 1293
– persönlich haftender Gesellschafter
– – Forderungen an F 266, 281, 288, 294
– – Gewinnanteil F 446
– – Kapitaleinlage F 344
– – nicht gedeckter Verlustanteil F 288, 307
– Prüfungsvorschriften D 1 ff.
– – Abschlussprüfungen D 2
– – Prüfung besonderer Vorgänge D 3
– Unternehmensvertrag bei T 268
– Zusatzangaben im Anhang F 1025 ff.,
  1055 f.
Kommanditist
– ausstehende Einlage F 289
Kommanditkapital
– Wirtschaftsprüfungsgesellschaft A 4, 138
Kommission für Qualitätskontrolle
  A 504 ff.
Kommissionsgeschäfte
– bei Ermittlung der Umsatzerlöse F 506
Kommissionskosten
– bei Ermittlung der Anschaffungskosten
  E 322
Kommissionswaren
– Bilanzierung F 274
– bei der Inventur R 439
Kommunales Haushaltsrecht
– integriertes öffentliches Rechnungswesen L 87
– Reform L 32, 86 ff.
– s. auch Doppik
Kommunalkredite
– Kreditinstitute J 155, 161

Kommunalunternehmen
– Prüfung L 65
– Rechnungslegung L 31
Kommutationswerte
– versicherungsmathematische Berechnungen Anh2 13
Kompensationsverbot
– bei Bewertung E 294
– bei Kursverlusten und -gewinnen E 588
– s. auch Verrechnung, Bewertungseinheit
Komplementärgesellschaften
– Kapitalanteile F 426 ff.
– von Personenhandelsgesellschaft gehaltene Anteile an F 255, 429
– bei Personenhandelsgesellschaften i.S.d.
  264a HGB E 603
Konjunktureinschätzung
– Bewertungsstetigkeit bei Änderung
  E 314
– im Lagebericht F 1102 f.
Konkursausfallgeld
– Umlage in der Gewinn- und Verlustrechnung F 538
Konsignationslager
– Prüfung R 439
Konsignationslagervereinbarungen
– Geschäfte, außerbilanzielle F 775
Konsolidierte Abschlüsse
– Bescheinigung Q 1393
Konsolidierung
– bei abweichendem Stichtag M 389 ff.
– der Innenumsatzerlöse M 648 ff.
– bei Anwendung der Equity-Methode
  M 539 ff.
– bei Rentengarantie M 646
– stufenweise M 421 ff.
– Simultankonsolidierungsverfahren
  M 447
– Sprungkonsolidierung M 448
– Rückbeteiligung M 435 ff.
– Versicherungsunternehmen K 671,
  697 ff., 814 f.
– – Vorschriften K 23, 643
Konsolidierungsgrundsätze M 6 ff.
– Gewinn- und Verlustrechnung nach
  PublG O 87, 102
– nach IFRS N 881 ff.
– – Aufwands- und Ertragskonsolidierung
  N 970
– – Kapitalkonsolidierung N 918 ff.

– – latente Steuern **N** 971 ff.
– – Schuldenkonsolidierung **N** 968
– – Zwischenergebniseliminierung **N** 969
– *s. auch Konsolidierungsmethoden, Konsolidierungskreis*
Konsolidierungskreis
– nach HGB **M** 184 ff.
– – Abgrenzung **T** 349
– – Änderung
– – – im Konzernabschluss **M** 217
– – – im Konzernanhang **M** 217
– – Anhangangaben **M** 697
– – bei befreiendem Konzernabschluss **M** 88 f., **T** 424 f.
– – bei Ermittlung der Bilanzsumme **M** 135, 138 ff.
– – bei treuhänderisch gehaltener Mehrheitsbeteiligung **T** 366, 369
– – Stetigkeit **M** 215 ff.
– – Verzicht auf Aufstellung eines Konzernabschlusses **M** 22 ff., 697
– Kreditinstitute
– – nach Aufsichtsrecht **J** 683
– – nach HGB **J** 551 ff., **M** 187
– – nach IFRS **J** 440 ff.
– – nach PublG **M** 187
– nach IFRS **N** 885 ff.
– Ausblick (IFRS 10) **N** 1023 ff.
– – Beherrschung (control) **N** 885 ff.
– – Einbeziehungswahlrechte und -verbote **N** 895 ff.
– – Zweckgesellschaften (SIC-12) **N** 894
– Konzernprüfungsbericht **Q** 697 ff.
– nach PublG **O** 28 ff.
– – Abgrenzung **O** 69 ff.
– – bei Nichteinbeziehung des Mutterunternehmens **O** 113 ff.
– Versicherungsunternehmen
– – nach HGB **M** 187
– – Prüfung **K** 697 ff., 813
– – nach PublG **M** 187
Konsolidierungsmaßnahmen
– im Konzernabschluss **M** 10
– bei Ausscheiden aus dem Konsolidierungskreis **M** 449 ff.
– erfolgswirksame
– – im Konzernergebnis **M** 664
– – latente Steuern aus **M** 535 ff.
– Kreditinstitute **J** 556, 559 ff.

Konsolidierungsmethoden
– Abweichungen von den **M** 716 ff.
– Angaben im Konzernanhang **M** 710 ff.
– – nach PublG **O** 107
– im Konzernprüfungsbericht **Q** 697
– Wechsel **M** 453 ff.
– *s. auch Konsolidierungsgrundsätze*
Konsolidierungspflicht
– nach HGB **M** 190 , **T** 360
– Kreditinstitute **J** 420 ff.
Konsolidierungsverbot
– nach HGB **M** 191
Konsolidierungswahlrecht M 192 ff.
– bei Anwendung der Equity-Methode **M** 213 ff.
– bei beabsichtigter Weiterveräußerung **J** 552, **M** 205 f.
– bei befreiendem Konzernabschluss **M** 89 ff.
– bei Beschränkungen in der Ausübung der Rechte **M** 192
– bei geringer Bedeutung **M** 207 ff.
– im Konzernanhang **M** 212
– nach PublG **O** 69 ff.
– – Feststellung der Größenmerkmale **O** 30
– bei unverhältnismäßig hohen Kosten oder Verzögerungen **M** 202 ff.
Konsortialbeteiligungen
– von Vorstandsmitgliedern und Geschäftsführern **F** 692, 922
Konsortialgeschäfte
– Ansprüche aus **F** 299
Konsortialvertrag
– Abhängigkeit bei **T** 107, 125
– Beherrschung durch **T** 124 ff.
– bei Gemeinschaftsunternehmen **T** 178
– bei Konzernunternehmen **T** 177
– Unternehmenseigenschaft **T** 48
Konstruktionskosten
– bei Ermittlung der Herstellungskosten **E** 349, 352, 357
Konto pro diverse
– Prüfung **R** 476
Kontoform
– Bilanz **E** 597
– – Kapitalgesellschaften **F** 121
– Gewinn- und Verlustrechnung **E** 597
– – Einzelkaufleute **E** 597, **H** 57 ff.
– – Kreditinstitute **J** 50
– – Personengesellschaften **E** 597, **H** 57 ff.

3191

Kontrollen
- fehleraufdeckende **R** 287
- manuelle **R** 299, 342
- maschinelle **R** 300, 343
- übergeordnete **R** 337
- vorbeugende **R** 287

Kontrollfunktion
- der Abschlussprüfung **R** 1
- Wahrnehmung bei einheitlicher Leitung **T** 164

Kontrollliste
- Angaben im Anhang **F** 692

Kontrollrisiko
- Begriff **R** 77
- Einschätzung **R** 77, 91
- mathematische Abhängigkeit **R** 87
- bei Auslagerung auf Dienstleistungsunternehmen **R** 841 ff.

Kontrollstruktur
- Bedeutung **R** 77
- bei der Prüfungsplanung **R** 77

Kontrollsystem
- Lagebericht **F** 1171

Kontrollwechsel infolge eines Übernahmeangebots
- Lagebericht **F** 1161 ff.

Konzern T 153 ff., 216 ff.
- i.S.d. AktG **T** 153 ff.
- Begriff **T** 156 ff.
- Bildung **T** 217
- *einheitliche Leitung s. dort*
- *faktischer s. dort*
- Grundsätze für die Innenfinanzierung **T** 227
- im Konzern **T** 186 ff., 361
- multinationaler **P** 126
- Rechnungslegungspflicht nach PublG **O** 1 ff.
- Risikobewertung **P** 134
- Risikofrüherkennung **P** 21 ff., 135
- -weite Prüfung **P** 116
- *s. auch Konzernunternehmen, Konzernverhältnis, Unterordnungskonzern*

Konzernabschluss
- befreiender **K** 665, **Q** 693
- Bestätigungsvermerk
- – Einschränkung/Versagung **Q** 492
- – Zusammenfassung **Q** 756 ff.
- – *s. auch Bestätigungsvermerk*
- einbezogene Jahresabschlüsse
- – Bestätigungsvermerk **Q** 745, 754
- – fehlender **Q** 522
- Gesamtabschluss **L** 90
- Kapitalgesellschaften
- – Bestätigungsvermerk **Q** 739 ff.
- – Konzernprüfungsbericht **Q** 670
- Kreditinstitute
- – Anhang **J** 569 f.
- – Aufstellung **J** 420 ff.
- – Bewertungsanpassungen **J** 559
- – Bilanzposten **J** 495 ff.
- – Gesamtergebnisrechnung **J** 492
- – Gliederung **J** 492 ff., 557
- – GuV-Posten **J** 514 ff.
- – Kapitalflussrechnung **J** 545 ff., 571 f.
- – Konsolidierungskreis **J** 440 ff., 551 f.
- – Konsolidierungsmaßnahmen **J** 556
- – Konzernlagebericht **J** 576
- – Notes **J** 530 ff.
- – Währungsumrechnung **J** 561 f.
- nach HGB **M** 1 ff., 680 ff.
- – des assoziierten Unternehmens **M** 591 ff.
- – Aufgaben **M** 1 ff.
- – Aufstellung
- – – Befreiung **M** 131 ff.
- – – Frist **M** 180 ff.
- – – Pflicht **M** 21 ff., 23 f.
- – – Mutterunternehmen **T** 379 ff.
- – – bei treuhänderischer Mehrheitsbeteiligung **T** 369
- – – Wegfall mangels Masse **M** 22 ff., 697
- – außerhalb des EWR **M** 115 ff.
- – Control-Konzept **M** 23 ff.
- – Inhalt **M** 93 ff.
- – innerhalb des EWR **M** 85 ff.
- – Konsolidierungskreis **M** 88 ff.
- – nicht geprüfter **T** 387
- – des obersten Mutterunternehmens **T** 378 ff.
- – Offenlegung **M** 104 ff.
- – Prüfung **M** 101, 908 ff.
- – rechtsformspezifische Vorschriften im **M** 226 ff.
- – auf unterster Stufe **T** 396
- – weitestgehender **T** 352, 378, 386, 390, 394, 400
- nach IFRS **N** 881 ff.
- – Anhangangaben **N** 1008 ff.
- – – Ausblick (IFRS 12) **N** 1030

– – – bei Unternehmenszusammenschlüssen **N** 1009 ff.
– – – – bei Berichtigungen **N** 1012
– – – – für Erwerbe nach dem Abschlussstichtag **N** 1011
– – – – für Geschäfts- oder Firmenwerte
N 1013
– – – nach § 315a HGB **N** 13
– – – nach IAS 27 **N** 1008
– – Ansatz und Bewertung **N** 901 f.
– – aufgegebene Geschäftsbereiche
N 994 ff., *s. auch dort*
– – Ausblick (IFRS 10-12) **N** 1022 ff.
– – assoziierte Unternehmen **N** 977 ff.
1016 ff., *s. auch dort*
– – Aufstellungspflicht **N** 883 f.
– – – geregelter Markt **N** 3
– – – kapitalmarktorientierte Unternehmen
N 1 ff.
– – – nicht kapitalmarktorientierte Unter-
nehmen **N** 15
– – – Konsolidierungskreis **N** 885 ff.
– – – organisierter Markt **N** 4
– – Aufwands- und Ertragskonsolidierung
N 970
– – Ausblick (IFRS 10-12) **N** 1022 ff.
– – Inflationsrechnung **N** 915 ff.
– – Joint Ventures **N** 988 ff. 1020 f., *s. auch
dort*
– – Kapitalkonsolidierung **N** 918 ff.,
s. auch dort
– – Konzeption **N** 881 f.
– – latente Steuern **N** 971 ff., *s. auch dort*
– – Schuldenkonsolidierung **N** 968
– – Währungsumrechnung **N** 903 ff.
– – Zwischengewinneliminierung **N** 969
– nach § 315a HGB **Q** 762
– Nichtigkeit **U** 180 f.
– nach PublG **O** 1 ff.
– – Anwendung der Deutschen Rech-
nungslegungs Standards **O** 3
– – Anwendung der IFRS **O** 4, 30, 34, 54,
56
– – Anwendung von Vorschriften des HGB
O 2, 61
– – – Ausnahmen **O** 61 ff.
– – – Erleichterungen **O** 62
– – Aufstellung **O** 56 ff.
– – Aufstellungspflicht **O** 13, 65 ff.
– – – Stiftungen **O** 13

– – – Vereine **O** 16
– – Bewertung **O** 86 f.
– – Bilanzansatz **O** 86 f.
– – Eigenkapitalspiegel **O** 59
– – erstmalige **O** 40 ff.
– – Frist **O** 65 ff.
– – Größenmerkmale **O** 24 ff.
– – – bei Anwendung der IFRS **O** 30, 34
– – Grundsätze **O** 56 ff.
– – bei Nichteinbeziehung des Mutter-
unternehmens **O** 113 ff.
– – Organbezüge **O** 111
– – Prüfung **O** 120 ff.
– – Stichtag **O** 65 ff.
– – Zwischenabschluss **O** 65 ff.
– Prüfung
– – nach PublG **O** 120 ff.
– Versicherungsholdinggesellschaften
K 660 f., 666
– – Pflicht zur Aufstellung **K** 643 ff.
– – Prüfungspflicht **K** 725
– – Rechtsgrundlagen **K** 21, 660 f., 665
– – Rückstellung für Beitragsrücker-
stattung **K** 721 f.
– – Rückversicherungsgeschäft **K** 682
– – Schwankungsrückstellung **K** 703 f.
– – *Richtlinien für den s. Konzernrech-
nungslegungsrichtlinien*
– – versicherungstechnische Rück-
stellungen **K** 671, 715, 722
– Versicherungsunternehmen **K** 637 ff.
– – Bewertung **K** 127, 701 f., 705 ff.
**Konzernabschlussbefreiungsver-
ordnung M** 115 ff.
Konzernabschlussprüfer
– Bestellung **M** 916 ff., **Q** 676
– – nach HGB **M** 908 ff.
– – nach PublG **O** 122
– Fortbestandsprognose **Q** 678
– Prüfungs- und Auskunftsrechte **A** 361
– *Redepflicht s. dort*
– Versicherungsunternehmen **K** 653
Konzernabschlussprüfung
– Bestätigungsvermerk
– – *Formulierungsempfehlungen s. dort*
– – nach HGB **M** 908 ff.
– – nach PublG **O** 120 ff.
– – Rechtsgrundlagen **D** 2, 4 f., 9 ff.
– Versagungsvermerk
– – *Formulierungsempfehlungen s. dort*

– Versicherungsunternehmen **K** 814 ff.
– *s. auch Abschlussprüfung*
Konzernabschlussstichtag
– Konzernprüfungsbericht **Q** 699 ff.
Konzernanhang
– nach HGB **M** 680 ff.
– – Abweichungen vom Stetigkeitsgebot **M** 19
– – Anteilsbesitz von mindestens 20% im **M** 702 ff.
– – assoziierte Unternehmen **M** 698 f.
– – Aufgliederung der Umsatzerlöse **M** 740 ff.
– – Besicherung von Verbindlichkeiten **M** 737 ff.
– – Bewertungsmethoden **M** 716 ff., 729 ff.
– – Bilanzierungsmethoden **M** 716 ff., 729 ff.
– – Corporate Governance Erklärung **M** 783
– – eigene Anteile **M** 748 f.
– – einbezogene Unternehmen **M** 692 ff.
– – Equity-Methode **M** 713 ff.
– – Finanzinstrumente **M** 750
– – Gemeinschaftsunternehmen **M** 700 f.
– – Haftungsverhältnisse **M** 768 ff.
– – Honorar des Abschlussprüfers **M** 784 f.
– – bei Interessenzusammenführung **M** 711
– – Kapitalkonsolidierung **M** 710
– – Konsolidierungsbereich und Beteiligungsbesitz **M** 691 ff.
– – Konsolidierungskreis **M** 217
– – Konsolidierungsmethoden **M** 710 ff., 729 ff.
– – nahestehende Personen **M** 787 ff.
– Inanspruchnahme von Erleichterungen **F** 29 f., 54
– Konzernprüfungsbericht **Q** 729
– Kreditinstitute **J** 569 f.
– nach PublG **M** 686, **O** 103 ff.
– – Beteiligungsbesitz **O** 106
– – Bewertungsmethoden **O** 108 ff.
– – Konsolidierungsbereich **O** 106
– – Konsolidierungsmethoden **O** 107
– – nicht einbezogene Unternehmen **M** 212, 696
– – bei Nichteinbeziehung des Mutterunternehmens **O** 113 ff.
– – Offenlegung **M** 688
– – Organbezüge **M** 775 ff.

– – Personalaufwand **M** 746 f.
– – Restlaufzeit von Verbindlichkeiten **M** 737 ff.
– – Schutzklausel **O** 106
– – sonstige Angaben **O** 111
– – sonstige finanzielle Verpflichtungen **M** 766 f.
– – Stetigkeit **M** 730 ff.
– – Übersicht über die Pflichtangaben **M** 690
– – Verhältnissen entsprechenden Bildes im **M** 126 f., 786
– – Währungsumrechnung **M** 725 ff.
– – zusätzliche Angaben zur Vermittlung eines den tatsächlichen Verhältnissen entsprechenden Bildes **M** 126 f., 786
– – Zusammenfassung mit dem Anhang des Mutterunternehmens **M** 687
– – Zwischenabschlüsse im **M** 178 f.
– Stock Options **S** 81
– Versicherungsunternehmen **K** 685 ff.
– – Abwicklungsergebnisse **K** 687
– – Beiträge **K** 664, 685
– – Besonderheiten des Geschäftszweigs **K** 700, 703, 708
– – Finanzlage **K** 698
– – Geldwäschegesetz **K** 734 ff.
– – Geschäftstätigkeit **K** 638
– – immaterielle Vermögensgegenstände **K** 689
– – Kapitalanlagen **K** 687 ff.
– – Offenlegung **K** 695 f.
– – Prüfung **K** 725, 732
– – Schadenrückstellungen **K** 687
– – Vermögenslage **K** 698, 809
– – Versicherungszweige **K** 687
– – versicherungstechnische Rückstellungen **K** 703 f., 809
– – Wertansätze **K** 709, 711
– – Zeitwerte **K** 127, 687, 690
Konzernanschaffungskosten M 325 ff.
Konzernbilanz
– nach HGB **M** 218 ff.
– – Ansatz **M** 251 ff.
– – Bewertung **M** 269 ff.
– – Kreditinstitute **J** 495 ff.
– gem. PublG
– – *Anlage s. Anlage zur Konzernbilanz*
– – Ansatzvorschriften **O** 86 f.
– – Aufstellung **O** 73 ff.

3194

– – Bewertung **O** 86 f.
– – Bilanzvermerke **O** 83
– – Erläuterung von Posten im Konzernanhang **O** 109
– – Gliederung **O** 73 ff.
– – – bei Nichteinbeziehung des Mutterunternehmens **O** 113 ff.
– – Nichtaufnahme von Privatvermögen **O** 84 f.
– – Publizität **O** 76
– Versicherungsunternehmen **K** 669 ff.
– – Muster **K** 669
Konzernbuchführung M 218 ff., 318
– Konzernprüfungsbericht **Q** 706 ff.
– s. auch Konsolidierungsbuchführung
Konzernergebnis M 663 ff.
Konzern-Gesamtergebnisrechnung
– nach IFRS **N** 63
Konzerngeschäftsjahr M 155
– i.S.d. PublG **O** 65 ff.
Konzerngewinn M 663 ff.
Konzerngewinn- und Verlustrechnung
– nach HGB **M** 615 ff.
– – beim Gesamtkostenverfahren **M** 626 ff.
– – Gliederung **M** 619 ff.
– – beim Umsatzkostenverfahren **M** 648 ff.
– – Vorschriften **M** 619 ff.
– Kreditinstitute **J** 514 ff.
– nach PublG **O** 87 ff.
– – Erläuterung von Posten im Konzernanhang **O** 109
– – Gliederung **O** 88 ff.
– – Konsolidierungsgrundsätze **O** 87, 102
– – – latente Steuern **O** 87
– – Verzicht auf Offenlegung **O** 94
– Versicherungsunternehmen **K** 676 ff.
– – Muster **K** 676, 680
Konzerngewinnrücklagen
– Versicherungsunternehmen
– – Organisationsfonds **K** 714
Konzernherstellungskosten
– Abwertung auf die niedrigeren **M** 328 ff.
– Aufwertung auf die höheren **M** 335 ff.
– Begriff **M** 325 ff.
– Ermittlung **M** 327 ff.
– Obergrenze **M** 334
– Untergrenze **M** 335
Konzerninnenfinanzierung
– Grundsatz **T** 227

Konzernlagebericht M 875 ff.
– Aufgabe **M** 875 f.
– Aufstellung nach PublG **O** 56 ff.
– – Anwendung von Vorschriften des HGB **O** 112
– – bei Nichteinbeziehung des Mutterunternehmens **O** 113 ff.
– Bestätigungsvermerk zum **Q** 1603 f.
– Forschung und Entwicklung im **M** 901
– Geschäftsverlauf und Lage **M** 884 ff.
– Konzernprüfungsbericht **Q** 713
– Kreditinstitute **J** 576
– Risiken bei Finanzinstrumenten **M** 899 f.
– Prüfung **M** 908 f.
– Prüfungsvorschriften **D** 2 ff.
– Risiken und Chancen der künftigen Entwicklung **P** 93 ff.
– Versicherungsunternehmen **K** 24, 53, 73, 655 ff., 660 f., 668, 693 f.
– – Offenlegung **K** 695 f.
– – Prüfung **K** 725 ff.
– voraussichtliche Entwicklung im **M** 890 ff.
– Vorgänge von besonderer Bedeutung im **M** 898
– Zusammenfassung mit dem Lagebericht des Mutterunternehmens **F** 1086, **M** 881
– Zusammenhang mit der Prüfung des Risikofrüherkennungssystems **P** 93 ff.
Konzernprüfungsbericht Q 663
– abweichender Konsolidierungskreis **Q** 865
– Adressatenorientierung **Q** 669
– allgemeine Anforderungen **Q** 665
– Anlagen **Q** 670
– – Auftragsbedingungen **Q** 670
– – fakultative **Q** 724
– – obligatorische **Q** 64
– Aufbau **Q** 670 ff.
– Aufgaben **Q** 667
– Fortbestandsprognose **Q** 678
– Gliederung **Q** 670 ff.
– IAS/US-GAAP-Abschlüsse **Q** 735
– Inhalt
– – Aufklärungs- und Nachweispflichten der gesetzlichen Vertreter **Q** 694 ff.
– – Auftragsbedingungen **Q** 723
– – bestandsgefährdende Tatsachen **Q** 682
– – Bestätigungsvermerk **Q** 660 ff.
– – einbezogene Jahresabschlüsse **Q** 699 ff.

Stichwortverzeichnis

– – Gegenstand, Art und Umfang der Prüfung **Q** 688
– – Generalnorm **Q** 714
– – Gesamtaussage zum Konzernabschluss **Q** 714
– – Gesetzesverstöße **Q** 686
– – Handelsbilanz II **Q** 702
– – Kapitalflussrechnung **Q** 712 ff.
– – Konsolidierungskreis **Q** 697 ff.
– – Konsolidierungsmethoden **Q** 697
– – Konzernabschluss **Q** 663
– – Konzernabschlussstichtag **Q** 699 ff.
– – Konzernanhang **Q** 742
– – Konzernbuchführung **Q** 706 ff.
– – Konzernlagebericht **Q** 713
– – Konzernrechnungslegung **Q** 696
– – Postenaufgliederungen und -erläuterungen **Q** 716
– – Prüfungsauftrag **Q** 676
– – Prüfungsgegenstand **Q** 689
– – Prüfungsumfang **Q** 691
– – Rechtsverhältnisse **Q** 727
– – Redepflicht **Q** 678
– – Risikofrüherkennungssystem **P** 151 ff., **Q** 719
– – Satzung **Q** 682
– – Schuldenkonsolidierung **Q** 715
– – Segmentberichterstattung **Q** 708 ff.
– – Stellungnahme zur Lagebeurteilung der gesetzlichen Vertreter **Q** 678 ff.
– – Stetigkeitsgrundsatz **Q** 64, 218, 625
– – Vermögens-, Finanz- und Ertragslage **Q** 714 ff.
– – Währungsumrechnung **Q** 707
– – Wirtschaftliche Grundlagen **Q** 728
– – Zwischenabschluss **Q** 676
– – Zwischenergebniseliminierung **Q** 715
– Klarheit **Q** 668
– Kreditinstitute **J** 688
– Publizität **Q** 666
– Publizitätsgesetz **Q** 781 ff.
– Versicherungsunternehmen **K** 809 f.
– Vollständigkeitserklärung **Q** 724
– Zusammenfassung mit Bericht über Jahresabschlussprüfung **Q** 730 ff.

Konzernrechnungslegung
– Abgrenzung HGB/PublG/KWG **O** 55
– nach HGB **M** 1 ff.
– – ausländischer Mutterunternehmen **T** 347

– – bei doppelter Konzernzugehörigkeit **T** 405 f.
– – Größenmerkmale **M** 131 ff., **T** 423, 444, 459 f.
– – bei Kapitalgesellschaften **M** 11
– – im Vertragskonzern **M** 53
– – Prüfung **M** 919 ff.
– – Pflicht **M** 1 ff., **T** 343, 357 f., 385, 406, 409, 418, 423, 443, 452 f., 464, 468
– – – Befreiung **M** 131 ff.
– – – bei Treuhandverhältnis **T** 369
– – nach IFRS **N** 881 ff.
– – – Aufstellungspflicht **N** 883 ff.
– – – Ausblick (IFRS 10) **N** 1023 ff.
– – – Beherrschung (control) **N** 885 ff.
– – – Konsolidierungswahlrechte und -verbote **N** 895 ff.
– – – Zweckgesellschaften (SIC-12) **N** 894
– Konzernprüfungsbericht **Q** 695 ff.
– Kreditinstitute **J** 420 ff.
– nach PublG **O** 1 ff.
– – Abgrenzung zum HGB/zum KWG **O** 55 ff.
– – Beginn und Dauer **O** 40 ff.
– – Voraussetzungen **O** 6 ff.
– – Überwachung **O** 44
– Versicherungsunternehmen
– – Pflicht **K** 645 f.
– – Rechtsgrundlagen **K** 643 ff., 725, 814
– *s. auch Konzernabschluss, Konzernbilanz usw.*

Konzernrechnungslegungs-Richtlinien
– Versicherungsunternehmen **K** 660 ff.

Konzernunternehmen
– ausstehende Einlagen bei der Konsolidierung **M** 433 f.
– Begriff **T** 153
– Gemeinschaftsunternehmen als **M** 604 ff., **T** 118 ff.
– im Gleichordnungskonzern **T** 172 ff., 185
– i.S.d. PublG **O** 1 ff., 70
– Risikofrüherkennung **P** 21
– bei Treuhandverhältnis **T** 192
– im Unterordnungskonzern **T** 118 ff., 167 ff.
– *s. auch Konzern*

Konzernverbund
– Bewertung bei Einbeziehung oder Entlassung **E** 314

Konzernverhältnis
– bei Abhängigkeit **T** 153, 169
– i.S.d. AktG **T** 153 ff.
– bei Arbeitsgemeinschaften **T** 189
– bei Gemeinschaftsunternehmen **T** 175 ff., 189
– bei Gewinnabführungsvertrag **T** 254
– bei Mehrheitsbesitz **T** 56
– i.S.d. PublG **O** 6
– bei treuhänderisch gehaltener Beteiligung **T** 192
– Unternehmensverbindung **T** 19 ff., 56
– Vorschriften des AktG **T** 27 f.
Konzernvermutung T 153
– bei Abhängigkeit **T** 56, 65, 168
– i.S.d. AktG **T** 14 ff., 99
– bei Holdinggesellschaften **T** 190
– im HGB **T** 14 ff.
– unwiderlegbare **T** 31, 170
– widerlegbare **T** 31, 169
– Widerlegung **T** 56, 169
Konzernzugehörigkeit
– doppelte **T** 184, 405
Konzernzwischenabschluss J 578 ff.
Konzessionen
– Abschreibung **E** 384
– Bilanzierung **E** 492 f.
Konzessionsabgaben
– Ausweis **F** 551
Kooperation A 215
Korrekturbilanzen
– nach PublG **H** 15
Korrekturen
– fehlerhafter Jahresabschlüsse **E** 615 ff.
Kostenartengliederung
– Versicherungsunternehmen **K** 521 ff.
Kostenaufschlagsmethode
– für Beurteilung von Leistung und Gegenleistung **F** 1357 ff.
Kostenentwicklung
– im Lagebericht **F** 1103
Kostenerstattung
– für frühere Jahre **F** 521, 906
Kostenquote K 463
Kostenrechnung
– Durchbrechung der Darstellungsstetigkeit bei Änderung **F** 481
– Eigenbetriebe **L** 9
– bei Prüfung des Abhängigkeitsberichts **F** 1358 ff., 1377

– beim Umsatzkostenverfahren **F** 500, 644, 646
Kosten- und Leistungsrechnung
– Krankenhäuser gem. KHBV **L** 44
Kostenverteilung
– Versicherungsunternehmen **K** 102, 108, 520 ff., 565, 617
– – im Prüfungsbericht **K** 809
Kostenvorschuss
– in der Bilanz der Kapitalgesellschaften **F** 293
Kraftanlagen
– Ausweis **F** 244
Kraftfahrtversicherung K 564 f.
– Rückstellung für ruhende **K** 478, 554
Kraftfahrzeugsteuer
– Abgrenzung unwesentlicher Beträge **E** 271
– in der Gewinn- und Verlustrechnung **F** 598
– vorausgezahlte bei Versicherungsunternehmen **K** 288
Kraftwagen
– Bilanzierung **F** 244
Krane
– Ausweis **F** 244
Krankenhäuser
– als Eigenbetriebe **L** 43
– Jahresabschlussprüfung **Q** 1062
– – Bestätigungsvermerk **Q** 1082
– – Prüfungsbericht **Q** 1077
– Krankenhaus-Buchführungsverordnung **L** 42
– – Ausweis von Sonder- und Ausgleichsposten **L** 44
– – Kosten- und Leistungsrechnung **L** 44
– Prüfungsvorschriften **D** 13
– Rechnungslegung
– – anzuwendende Vorschriften **L** 42 ff.
– sonstige Prüfungen **Q** 1073
Krankenhausfachausschuss
– IDW Stellungnahmen zur Rechnungslegung **Anh3** 27
– IDW Rechnungslegungshinweise **Anh3** 28
– Stellungnahmen **Anh3** 19
Krankenhausgesetz
– Bestätigungsvermerk bei erweiterter Prüfung nach Landesrecht **Q** 530, 1076

3197

Krankenversicherung
– Arbeitgeberanteil **F** 538
Krankenversicherungsunternehmen
– Alterungsrückstellung **K** 64, 329 ff., 379 ff.
– Aufwendungen für Versicherungsfälle **K** 586
– Beitragsrückerstattung **K** 438
– – Aufwendungen für **K** 588
– – Rückstellung für **K** 438 ff., 671, 817
– – – Zuführung zu **K** 447
– Deckungsrückstellung **K** 379 ff.
– Gewinn- und Verlustrechnung **K** 571, 581
– – versicherungstechnische Posten in **K** 571
– Schadenrückstellung **K** 435, 785
– – Prüfung **K** 785
– verdiente Beiträge **K** 573 ff.
Krankheit
– Lohn und Gehalt **F** 539
– Unterstützung **F** 543
Kreditanstalt für Wiederaufbau
– Prüfungsvorschriften **D** 31
Kreditauftrag
– Vermerk **E** 114, **F** 463
– – Kreditinstitute **J** 247
Kreditderivate E 70
– *s. auch Derivate*
Kredite
– Einzelkaufleute für Einlagen **E** 17, **H** 71
– Genossenschaften **G** 20
– nicht in Anspruch genommene **F** 300
– an Organmitglieder **F** 667, 692, 959 ff.
– an persönlich haftende Gesellschafter einer KGaA **F** 266, 281
Kreditgarantie
– Erträge **F** 575
Kreditgebühren
– Effektivverzinsung **Anh1** 13
– in der Gewinn- und Verlustrechnung **F** 575
– bei Teilzahlungsgeschäften **E** 277
Kreditgenossenschaften
– Anhang **J** 402
– Aufstellungsfrist **G** 3
Kreditgeschäft
– Darstellung im Prüfungsbericht der Kreditinstitute **J** 666 ff., 1105 ff.

Kreditinstitute
– Anhangangaben **J** 396 ff., 569 ff., 1087 ff.
– anzuwendende Vorschriften **J** 5 ff.
– besondere Bilanzierungsgrundsätze **J** 89 ff.
– Bestätigungsvermerk **Q** 875 ff.
– Bewertungsvorschriften **J** 308 ff., 464 ff.
– Einbeziehung in Konzernabschlüsse **F** 34
– ergänzende Vorschriften **E** 2, **J** 19 ff.
– Erläuterungen zu den Posten der Bilanz **J** 137 ff., 495 ff., 1038
– Erläuterungen zu den Posten der GuV **J** 255 ff., 514 ff., 1070
– Formblätter für den Jahresabschluss **J** 41, 50 ff., 493, 1036
– Generalnorm **Q** 875 ff.
– Gliederungsvorschriften für den Jahresabschluss **J** 41 ff., 492
– *Guthaben bei s. Bankguthaben*
– Konzernabschluss **J** 420 ff.
– Konzernrechnungslegungspflicht
– – nach HGB **M** 11 ff., 31
– Offenlegung, IFRS-Einzelabschluss **F** 10
– Prüfungsbericht zum Jahresabschluss **J** 637 ff., 1099 ff., **Q** 872 ff.
– Prüfungsvorschriften **D** 10
– Rechnungslegungspflicht
– – nach HGB **F** 19, **M** 31
– – nach PublG **H** 4
– Währungsumrechnung **J** 349 ff., 561 ff.
– *s. auch Bundesanstalt für Finanzdienstleistungsaufsicht*
Kreditlinien
– Angabe **F** 789
– Prüfungsbericht **Q** 93, 246 ff.
Kreditoren
– debitorische **F** 293
Kreditprovisionen
– Aufwendungen **F** 580
– Erträge **F** 575
– Kreditinstitute **J** 259
Kreditprüfung
– Bausparkassen **J** 1105 ff.
– Kreditinstitute **J** 666 ff.
Kreditrisiko
– Prüfung
– – bei Forderungen aus Lieferungen und Leistungen **R** 477
– *s. auch Adressenausfallrisiko*

Kreditsicherheiten
– Prüfung **R** 557
Kreditunterlagen
– bei der Prüfung **R** 544
Kreditverhandlungen
– Teilnahme als Auskunftsvertrag **A** 668, 676
Kreditvermittlungsprovisionen
– in der Gewinn- und Verlustrechnung **F** 581
Kreditwesengesetz
– Prüfung Jahresabschluss **J** 617 ff.
– Prüfungsbericht **J** 637
Kreditwürdigkeitsgutachten
– Haftung des Wirtschaftsprüfers **A** 668
Kreditzinsen
– in der Gewinn- und Verlustrechnung **F** 580
Kreditzusagen
– Angabe **F** 789
– Kreditinstitute **J** 249, 444, 472, 1068 f.
Kühltürme
– Ausweis **F** 244
Kündigung
– Auftrag durch den Abschlussprüfer
– – Berichterstattung **Q** 322 ff.
– Auftrag des Wirtschaftsprüfers **A** 604, 622 ff.
– Entherrschungsvertrag **T** 143
– Prüfungsauftrag **Q** 498
– Unternehmensvertrag **T** 300
Künstlerische Tätigkeit
– Wirtschaftsprüfer **A** 46
Kulanzleistungen
– Rückstellungen **E** 136, 263 f.
Kunden
– i.S.d. § 31a WpHG **J** 740
– Kundenbeschwerden **J** 740
– Kundeninformationen **J** 740
Kundenschulungskosten
– beim Umsatzkostenverfahren **F** 645
Kundmachung A 440 ff.
– *s. auch Werbung*
Kunsthändler
– Prüfungsvorschriften **D** 16
Kuppelprodukte
– Erlöse **F** 506
Kuppelproduktion
– Herstellungskosten **E** 353, 364

Kurs
– *s. Umrechnungskurs*
Kurserfolg
– als Maßstab für Vorstandsbezüge **S** 14, 61
Kurssicherung E 573
Kurzarbeit
– im Lagebericht **F** 1145, 1124
Kurzbezeichnungen
– Posten des Jahresabschlusses **F** 95, 477
KWK-Strommenge
– Prüfung **D** 31

L

Laboratoriumseinrichtungen E 478
Labormaterial
– Aufwendungen **F** 527
Ladenhüter
– Bewertung **E** 433, 567
Länderrisiken
– Kreditinstitute **J** 675
Ländervereinbarung
– über öffentlich bestellte Wirtschaftsprüfer **A** 6
Lage der Gesellschaft
– Vorstandsbezüge **S** 14
Lagebericht F 1080 ff.
– Adressatenkreis **F** 1092
– Aufnahme der Schlusserklärung des Abhängigkeitsberichts **F** 1345
– – Prüfung **F** 1372
– Bestätigungsvermerk
– – Aussage
– – – zum Einklang des Lageberichts mit dem Jahresabschluss **Q** 334, 409
– – – zum Einklang des Lageberichts mit dem Konzernabschluss **Q** 746
– – – zur Darstellung der Chancen und Risiken der zukünftigen Entwicklung **Q** 449 ff.
– – – zur Darstellung der Unternehmenslage **Q** 438 ff.
– – Einschränkung
– – – wegen pflichtwidrig fehlendem **Q** 489
– – – bei fehlendem, unvollständigem oder fehlerhaftem **Q** 518 ff.
– – ergänzender Hinweis auf Bestandsgefährdungen bei fehlendem **Q** 565
– – ergänzender Hinweis zu prognostischen Aussagen **Q** 549
– – bei Mängeln des Lageberichts **Q** 464

– – bei prognostischen Angaben **Q** 547
– – bei zulässiger Nichtaufstellung **Q** 446
– Bilanzeid **F** 1237 ff.
– – Anwendungsbereich **F** 1241 ff.
– – betroffene Unternehmen **F** 1241 ff.
– – Erklärungsinhalt **F** 1249 ff.
– – Form **F** 1252
– – Form, Ort und Zeitpunkt der Erklärungsabgabe **F** 1252 ff.
– – formale Fehler **F** 1271
– – Grundlagen **F** 1237 ff.
– – Offenlegung **F** 1261 ff.
– – Ort **F** 1253
– – Pflichtenumfang **F** 1246 ff.
– – Prüfung und Offenlegung **F** 1260 ff.
– – Sanktion **F** 1269 ff.
– – unrichtige Abgabe **F** 1269 ff.
– – Unterzeichnung **F** 1255
– – Verbindung mit anderen Versicherungen **F** 1264 ff.
– – verpflichteter Personenkreis **F** 1244 ff.
– – Wortlaut **F** 1250
– – Zeitpunkt der Erklärung **F** 1257 ff.
– – Zusammenfassung **F** 1264 ff.
– Darstellung des Geschäftsergebnisses **F** 1100
– Eigenbetriebe **L** 26 f.
– bei Einzelabschluss nach IFRS **F** 1087
– Erklärung zur Unternehmensführung **F** 1178 ff.
– – Aktualisierung **F** 1204
– – Angaben zur Person **F** 1227
– – Anwendungsbereich **F** 1179 ff.
– – Arbeitsweise von Vorstand und Aufsichtsrat **F** 1223 ff.
– – Beschreibung der Arbeitsweise von Vorstand/Aufsichtsrat und ihrer Ausschüsse **F** 1194
– – Corporate Governance-Bericht **F** 1197
– – Datum **F** 1198 f.
– – Einbeziehung in die Abschlussprüfung **F** 1207 ff.
– – Entsprechenserklärung **F** 1215 f.
– – Erklärungsinhalt **F** 1214 ff.
– – fehlerhafte Erklärungsabgabe **F** 1233 ff.
– – Insolvenz **F** 1183
– – Konzernlagebericht **F** 1191
– – Offenlegung **F** 1190, 1192
– – Ort und Form der Erklärung **F** 1190 ff.
– – Prüfungspflicht **F** 1207 ff.

– – Prüfungsumfang **F** 1212
– – rechtliche Bedeutung und Sanktion **F** 1228 ff.
– – Sanktionen **F** 1228 ff.
– – unterlassene Erklärungsabgabe **F** 1233 ff.
– – Unternehmensführungspraktiken **F** 1218 f.
– – Unterzeichnung **F** 1198
– – Veröffentlichung auf der Internetseite der Gesellschaft **F** 1192 f.
– – verpflichteter Personenkreis **F** 1184 ff.
– – Verweisung auf andere Angaben **F** 1194 ff.
– – Verzicht auf Lagebericht **F** 1182
– – Zeitpunkt der Erklärung **F** 1200 ff.
– – Zuständigkeit **F** 1186 ff.
– Finanzinstrumente
– – Anhangangaben **F** 1132, 1133
– – Risikomanagementmethoden **F** 1129
– Gegenstand der Abschlussprüfung **R** 6
– Genossenschaften **G** 2, 20
– Geschäftsergebnis **F** 1105
– Gliederung **F** 1094
– Grundsätze der Berichterstattung **F** 1091
– IFRS-Einzelabschluss **N** 20
– individualisierte Offenlegung der Vorstandsbezüge bei börsennotierter Aktiengesellschaft **F** 1140
– Inhalt **F** 1081 ff., 1098 ff.
– – Arbeitnehmerbelange **F** 1145
– – Chancen und Risiken der künftigen Entwicklung **F** 1115 ff.
– – Erklärung zum Inhalt **F** 1122
– – finanzielle und nichtfinanzielle Leistungsindikatoren **F** 1104 ff., 1142 ff.
– – Finanzinstrumente **F** 1126 ff.
– – Forschung und Entwicklung **F** 1134 f.
– – Geschäftsergebnis **F** 1105
– – Geschäftsverlauf **F** 1098 ff.
– – Lage der Gesellschaft **F** 1098 ff.
– – nichtfinanzielle Leistungsindikatoren **F** 1142
– – Patentanmeldungen **F** 1135
– – Prognosen **F** 1102, 1108, 1126
– – Prozessentscheidung **F** 1102
– – Rationalisierung **F** 1102 f.
– – Raumfahrzeugbau **F** 1134
– – Rentabilität **F** 1103 f.
– – Risiken **F** 1116 ff., 1126

– – Rohstoffbeschaffung **F** 1124
– – Schlusserklärung aus dem Abhängigkeitsbericht **F** 1177
– – schwebende Geschäfte **F** 1102
– – Sozialbericht **F** 1145
– – Sonderzuwendungen **F** 1145
– – Umweltbelange **F** 1146
– – Unfallschutzmaßnahmen **F** 1145
– – Unglücksfälle **F** 1102
– – Unternehmensentwicklung **F** 1126 ff.
– – Vergütungssystem **F** 1139 f.
– – voraussichtliche Entwicklung der Gesellschaft **F** 1107 ff.
– – Vorgänge nach Schluss des Geschäftsjahres **F** 1124 f.
– – zusätzlicher bei Aktiengesellschaft und KGaA **F** 1177
– – Zweigniederlassungen **F** 1138
– internes Kontroll- und Risikomanagementsystem **F** 1083, 1168 ff.
– – Angaben zu Finanzinstrumenten **F** 1175
– – rechnungslegungsbezogenes IKS **F** 1171
– – rechnungslegungsbezogenes RMS **F** 1172
– – Rechnungslegungsprozess **F** 1168 ff.
– – Risikofrüherkennungs- und Überwachungssystem **F** 1174
– – Umfang der Angaben **F** 1176
– – Wirksamkeit **F** 1169
– Kreditinstitute **J** 403, 576, 1092 ff.
– Nachhaltigkeitsbericht **F** 1147
– Nichtigkeit **U** 177
– Pflicht zur Aufstellung **F** 4
– – Befreiung **F** 5, 77, 1080, **G** 1, 20, **H** 2, 81
– Prognoseberichterstattung **F** 1107 ff.
– Prüfung **R** 649 ff.
– – Abhängigkeitsbericht **R** 691
– – analytische Prüfungshandlungen bei der **R** 381
– – Angabe nichtfinanzieller Leistungsindikatoren **R** 686 ff.
– – Berichterstattung über Finanzrisiken **R** 679 ff.
– – Bestätigungsvermerk (eingeschränkter)
– – – bei Beanstandungen **Q** 1609 f.
– – – bei fehlendem **Q** 1611

– – Chancen und Risiken der künftigen Entwicklung **R** 664 ff.
– – Einklang mit dem Jahresabschluss **R** 653
– – Entwicklung, voraussichtliche **R** 664 ff.
– – Forschung und Entwicklung **R** 682 ff.
– – freiwillige Angaben **R** 652
– – Geschäftsverlauf **R** 658 ff.
– – kleine und mitttelgroße Unternehmen **R** 727
– – Lage der Gesellschaft **R** 658 ff.
– – Risikomanagementsystem **R** 693 ff.
– – übernahmerechtliche Angaben **R** 692
– – Vorgänge nach Schluss des Geschäftsjahres **R** 674 ff.
– – zutreffende Vorstellung **R** 649 ff.
– – Zweigniederlassungen **R** 685
– Prüfungsbericht **Q** 194
– Prüfungsvorschriften **D** 2 ff.
– nach PublG **H** 1, 81
– Stichtagsprinzip (kein) **F** 1121
– übernahmerelevante Zusatzangaben **F** 1083, 1148 ff.
– – Änderung der Satzung **F** 1185
– – Aktien mit Sonderrechten **F** 1156
– – Ausgabe und Rückkauf von Aktien **F** 1159 f.
– – Beteiligungen am Kapital **F** 1154 f.
– – Entschädigungsvereinbarungen **F** 1164 ff.
– – Ernennung und Abberufung von Vorstandsmitgliedern **F** 1158
– – gezeichnetes Kapital **F** 1151
– – Kontrollwechsel infolge eines Übernahmeangebots **F** 1161 ff.
– – Schutzvorschrift **F** 1163
– – Stimmrechts- und Übertragungsbeschränkungen **F** 1152 f.
– – Stimmrechtskontrolle bei Arbeitnehmerbeteiligung **F** 1157
– Versicherungsunternehmen **K** 3, 24, 46 f., 51 ff., 86 ff., 655 ff., 693 ff., 807 ff.
– Wirtschaftsbetriebe der öffentlichen Hand **L** 5, 6, 26 f.
– Zusammenfassung mit dem Konzernlagebericht **F** 1086
– Zusammenhang mit der Prüfung des Risikofrüherkennungssystems **P** 93 ff.

3201

Lageberichterstattung
– zusammengefasste
– – Bestätigungsvermerk **Q** 1602
Lagebeurteilung durch die gesetzlichen Vertreter
– Stellungnahme des Abschlussprüfers **Q** 91 ff., 102 ff., 678
– *s. auch Prüfungsbericht, Konzernprüfungsbericht*
Lager
– automatisch gesteuertes **E** 22
Lagerbehälter
– Ausweis **F** 244
Lagerungskosten
– Abgrenzung **E** 270
– bei Ermittlung der Anschaffungskosten **E** 322
– in der Gewinn- und Verlustrechnung
– – nach Gesamtkostenverfahren **F** 551
– – nach Umsatzkostenverfahren **F** 645
Landesgeschäftsstellen
– des IDW **B** 19
Landesgruppen
– des IDW **B** 19, 29
– – Veranstaltungen **B** 29
Landeshaushaltsordnungen
– Übersicht **L** 4
Landwirtschaft
– Unternehmenseigenschaft von Betrieben **T** 47
Langfristige Fertigung E 28, 299, 317
– Eigenkapitalzinsen bei Ermittlung der Herstellungskosten **E** 361
– Fremdkapitalzinsen **E** 347, 349, 369
– nach IFRS **N** 355 ff.
– *s. auch Fertigungsaufträge*
Last-in-first-out-Prinzip E 474 ff., 564, **F** 710, 739 ff.
– im Steuerrecht **E** 476
Latente Steuern F 170 ff.
– Abgrenzung im Konzernanhang **M** 761 f.
– Aktiengewinn **F** 225
– Ansatz **F** 172 ff.
– – in der Bilanz **E** 282 ff., **F** 180 f., 200, 303 f., 441 ff.
– – in der Gewinn- und Verlustrechnung **E** 287 f., **F** 185 f., 201
– – Ermittlung **E** 282 ff., 285, **F** 172, 175 ff.
– – bei Geschäfts- oder Firmenwert **F** 182 ff.

– – temporäre Differenzen **F** 172 f., 181, 193, 208
– – bei Geschäfts- oder Firmenwert **F** 182 f.
– – Verlust- und Zinsvorträge **F** 186 ff.
– Ansatzstetigkeit **E** 109
– aktive
– – Anhang **F** 726, 751 ff., 875
– – Ansatzstetigkeit **E** 109
– – Ansatzwahlrecht **F** 78, 200, 303
– – Ausschüttungssperre **F** 178, 875
– – im Anhang **F** 726, 751 ff.
– – Kreditinstitute aktive **J** 194
– bei ausländischen Betriebsstätten **F** 211 ff.
– Bewertung **E** 285, **F** 196 ff., 755
– Ausweis **E** 75, **F** 199 ff., 304, 441, 462
– bei ausländischen Betriebsstätten **F** 211 ff.
– bei ertragsteuerlicher Organschaft **F** 214 ff.
– nach IFRS **N** 545 ff.
– – Anhangangaben **N** 560 ff.
– – Ausweis **N** 554 ff.
– – Bewertung **N** 552 f.
– – Erfassung **N** 547 ff.
– – bei der Kapitalkonsolidierung **N** 938, 946, 971 ff.
– – – auf Geschäfts- oder Firmenwerte **N** 946
– – – auf steuerliche Verlustvorträge **N** 975
– – Konzeption **N** 545 f.
– – latente Steueransprüche **N** 549 ff.
– – latente Steuern auf Verlustvorträge **N** 551
– – latente Steuerschulden **N** 548
– Inside Basis Differences **M** 514
– bei Investmentfondsanteilen **F** 220 ff.
– aus der Konsolidierung **M** 482 ff.
– – Abgrenzung **M** 482 ff.
– – Ausweis **M** 535 ff.
– – Berechnung **M** 523 ff.
– – Fortschreibung **M** 529 ff.
– – Saldierung **M** 537
– in der Konzern-Gewinn- und Verlustrechnung gem. PublG **O** 87
– Outside Basis Differences **M** 515 ff.
– passive
– – Ausweis **F** 441, 462, 871
– – im Anhang **F** 751 ff., 871
– Personengesellschaften **E** 604

– bei Personenhandelsgesellschaften i.S.d.
§ 264a HGB **F** 171, 202 ff.
– Prüfung **R** 507 ff., 553, 559
– Rückstellungen **E** 192, 281, 287
– – bei der Kapitalgesellschaften **F** 441
– – Ansatz **E** 282 f., 284
– – Ausweis **E** 286
– – Steuersatz **E** 285
– – temporary-Konzept **E** 288
– – Versicherungsunternehmen **K** 499
– bei Versicherungsunternehmen **K** 290, 499, 814
– – Prüfung **K** 814
– Währungsumrechnung **E** 484
– im Zwischenabschluss **M** 167 ff.
Laufende Guthaben bei Kreditinstituten
– Versicherungsunternehmen
– – Schecks und Kassenbestand **K** 232, 279 ff.
Laufzeit
– Ausleihungen **F** 256, 265
– – Anhang **J** 402
– – Fristengliederung Bilanz **J** 59
– – Notes **J** 530
Leadership Group der IFAC B 79
Leasing
– Anlagen-Contracting **E** 32
– nach IFRS **N** 262 ff.
– – aktuelle Entwicklung **N** 296 ff.
– – Leasingverhältnisse **N** 262 ff.
– – – beinhaltende Vereinbarungen (IFRIC 4) **N** 264 ff., 1208
– – – Grundstücke und Gebäude **N** 266 ff.
– – – über gem. IAS 40 bilanzierte Immobilien **N** 268 f.
– – – verbundene Transaktionen (SIC-27) **N** 265
– – Klassifizierung von Leasingverhältnissen **N** 270 ff.
– – Leasingverhältnisse im Abschluss des Leasinggebers **N** 284 ff.
– – Leasingverhältnisse im Abschluss des Leasingnehmers **N** 275 ff.
– – – Anreize bei Operating-Leasingverhältnissen (SIC-15) **N** 282
– – Mindestleasingzahlung **N** 276 ff.
– – Sale-and-lease-back-Transaktionen **N** 291 ff.
– – Zweckgesellschaften (SIC-12) **N** 295, 894

– *s. auch Finanzierungsleasing*
Leasinggeber
– Grundsätze für die Bilanzierung **E** 33
Leasinggeschäfte
– Kreditinstitute **J** 402
Leasinggesellschaften
– Abgang von Leasinggegenständen in der Gewinn- und Verlustrechnung **F** 527
– Einstandskosten von Mietkaufgegenständen bei **F** 527
– Gliederung
– – der Bilanz **F** 93 f.
– – der Gewinn- und Verlustrechnung **F** 94, 472
– Umsatzerlöse **F** 507
– – Aufgliederung **F** 891
Leasing-Institute
– Prüfungsbericht **Q** 892
Leasingraten
– degressive **E** 47
– in der Gewinn- und Verlustrechnung **F** 551
Leasingvermögen
– Abschreibungen **F** 544
Leasingverträge E 31 ff.
– Abgrenzung **E** 270
– Angabe der finanziellen Verpflichtungen **F** 768
– im Anhang **F** 1059
– Bilanzierung
– – beim Leasinggeber **E** 33
– – beim Leasingnehmer **E** 31
– mit Mietverlängerungsoption **E** 37, 40
– Rückstellung für drohende Verluste **E** 193
– in der Steuerbilanz **E** 31 ff.
– Teilamortisationsverträge **E** 42
– Vollamortisationsverträge **E** 35
Lebensversicherungsbeiträge
– befreiende **F** 536, 538
– – für Vorstandsmitglieder und Geschäftsführer **F** 922 f.
Lebensversicherungsunternehmen
– Abschlussprovisionen **K** 500, 529
– Anhang **K** 391, 455 f., 506, 575 ff.
– Aufwendungen für Beitragsrückerstattungen **K** 451 f., 588 f., 721
– Aufwendungen für den Versicherungsbetrieb **K** 590

3203

– Deckungsrückstellung **K** 9, 63, 256, 258 f., 329, 362 ff., 422, 455, 491, 753, 765, 787 ff.
– Rückstellung für Beitragsrückerstattung **K** 9, 63, 436 ff., 581, 671, 797 f.
– Schadenrückstellung **K** 422, 430 ff.
– – Prüfung **K** 780 f.
– Schwankungsrückstellung **K** 460
– verdiente Beiträge **K** 573 ff.
– versicherungstechnische Posten in der Gewinn- und Verlustrechnung **K** 571 f., 582 ff., 586 f., 591 ff., 597, 605, 618, 622, 681 f.
– Vorschriften **K** 75, 87 f., 223, 583, 605, 622, 736
Lebens- und Krankenversicherungsunternehmen
– *s. Versicherungsunternehmen*
Lebensversicherungsvertrag
– fondsgebundener **K** 246, 490
– indexgebundener **K** 246, 490
– Rückdeckungsanspruch **E** 580, **F** 271, 293, 748
– – Versicherungsunternehmen **K** 434
Leerkosten
– im Anhang **F** 705
– bei Ermittlung der Herstellungskosten in der Steuerbilanz **E** 364
Leerposten
– in der Bilanz **F** 101, 476
– in der Gewinn- und Verlustrechnung **F** 101, 476
– Kreditinstitute **J** 43
Leerverkäufe J 509
Lehrtätigkeit
– Wirtschaftsprüfer **A** 42 f.
Leiharbeiter
– Lohn und Gehalt **F** 534
Leihemballagen F 275
– Rückstellung für Rückzahlungsverpflichtungen **E** 194, **F** 275
Leistungen
– i.S.d. Abhängigkeitsberichts **F** 1320, 1325
– – Angemessenheit **F** 1349 ff.
– – Prüfung **F** 1370
– Aufwendungen für bezogene
– – im Anhang **F** 896
– – beim Gesamtkostenverfahren **F** 530 ff.
– – beim Umsatzkostenverfahren **F** 636 f.

– immerwährende **E** 278
– nicht abgerechnete **F** 282, 517
– unfertige **F** 273
Leistungen an Arbeitnehmer
– nach IFRS **N** 442 ff.
– – andere langfristige **N** 477 ff.
– – aus Anlass der Beendigung des Arbeitsverhältnisses **N** 480 f.
– – Ausblick (IAS 19R) **N** 482 ff.
– – Definition und Abgrenzung **N** 442
– – kurzfristige **N** 443 ff.
– – *nach Beendigung des Arbeitsverhältnisses s. Pensionsverpflichtungen*
Leistungsforderungen
– Umwandlung **F** 268
Leistungsindikatoren, nichtfinanzielle
– Lagebericht **F** 1142
Leitfaden
– Prüfung der Schadenrückstellungen **K** 766 ff.
Leitungsmacht
– bei Beherrschungsvertrag **T** 245, 247 ff.
– bei Betriebspacht- und Betriebsüberlassungsvertrag **T** 265
– im faktischen Konzern **T** 223 f.
– bei Gewinnabführungsvertrag **T** 257
– bei Gewinngemeinschaftsvertrag **T** 261
Leitungsorgane
– Konzernrechnungslegungspflicht bei Recht zur Besetzung **M** 49 ff.
Letter of Comfort A 634
Liability Adequacy Test
– *s. Angemessenheitstest*
Lieferungen und Leistungen
– *Forderungen aus s. dort*
– Konsolidierung zwischen einbezogenen Unternehmen
– – beim Gesamtkostenverfahren **M** 626 ff.
– – beim Umsatzkostenverfahren **M** 650 ff.
Lifo
– *s. Last-in-first-out-Prinzip*
Liquidation
– Prüfungsbericht **Q** 110, 1241
– Prüfungsvorschriften **D** 4
– *s. auch Abwicklung*
Liquidationsraten
– bei Beteiligungen **E** 541
Liquidationsüberschuss
– Tilgungen **F** 446

Liquidator
– Wirtschaftsprüfer als **A** 30
Liquidität F 80
– im Anhang **F** 685 f., 789
– im Lagebericht **F** 1104
– im Prüfungsbericht **Q** 110, 244
– – bei Versicherungsunternehmen **K** 755, 809
Liquiditätsausschüttungen
– Personengesellschaft **E** 542
Liquiditätskennziffer
– im Prüfungsbericht der Kreditinstitute **J** 655
Liquiditätslage
– im Prüfungsbericht der Kreditinstitute **J** 655, 1110
Liquiditätsreserven
– Angabe bei größeren Finanzierungen **F** 789
– Wertpapiere der **J** 85, 340
Liquiditätsrisiko J 543
Lizenzeinnahmen
– in der Gewinn- und Verlustrechnung **F** 507
Lizenzen
– Abschreibung **E** 384
– Bilanzierung **E** 92, 491 ff.
– bei Ermittlung der Herstellungskosten **E** 352
Lizenzentgelte
– Grüner Punkt
– – Prüfungsvorschriften **D** 32
Lizenzgebühren
– bei Beurteilung von Leistung und Gegenleistung **F** 1361
– in der Gewinn- und Verlustrechnung **F** 532, 551
– bei Herstellungskosten in der Steuerbilanz **E** 365
Lizenzspielerstatut
– Anforderungen an die Rechnungslegung und Prüfung **Q** 1098 ff.
Löhne
– bei Ermittlung der Herstellungskosten **E** 351, 356, 382, 387
– in der Gewinn- und Verlustrechnung **F** 533 ff., 896
– Kreditinstitute **J** 289
– im Lagebericht **F** 1145
– Nachzahlungen **F** 906

– noch nicht ausbezahlte **F** 458
– Rückstellungen für zukünftige **F** 534
– *s. auch Personalaufwand*
Lohnarbeiten
– Aufwendungen **F** 531
Lohnbuchführung A 288
Lohnfortzahlung
– im Krankheitsfall **F** 533, 539
Lohnsteuer
– einbehaltene **F** 458 f.
– übernommene **F** 533, 601
Lohnsteuerhilfevereine C 23, 45
Lüftungsanlagen
– AfA **E** 514
– Ausweis **F** 239
Luftfahrzeugbau
– Gliederung der Umsatzerlöse **F** 891
– im Lagebericht **F** 1134

M

Machtmissbrauch
– Hauptversammlungsbeschluss
– – Anfechtbarkeit **U** 34, 107
MaComp J 740
Macro-Hedges E 71
Magazinverkäufe
– Aufwendungen beim Umsatzkostenverfahren **F** 650
– Erträge **F** 407
Mahngebühren
– bei Bewertung von Forderungen **E** 574
– Versicherungsunternehmen **K** 546, 584
Makler
– Prüfungsvorschriften **D** 19
Makler- und Bauträgerverordnung
– Jahresabschlussprüfung **Q** 1319
– Negativerklärung **Q** 1322
– Prüfung nach der **A** 24, **Q** 1318
– – Besorgnis der Befangenheit **A** 296
– – Honorar **A** 731
– Prüfungsbericht **Q** 1321
– Verstoß **Q** 1326, 1329
Maklergebühren
– bei Ermittlung der Anschaffungskosten **E** 322
Management Approach
– bei der Segmentberichterstattung **M** 851 ff.
Management Letter Q 29, 178, **R** 915 ff.
– Risikofrüherkennungssystem **Q** 266

3205

Management
– Bewertungsstetigkeit bei Wechsel **E** 314
Management Override R 174, 214 f.
Mandatsschutzklauseln A 222, 411 ff.
– mit Angestellten **A** 222, 411 ff.
– Begriff **A** 222
– Dauer **A** 416
– bei Eintritt in den Ruhestand **A** 414
– mit freien Mitarbeitern **A** 418
– geltungserhaltende Reduktion **A** 424
– mit Geschäftsführern einer Wirtschaftsprüfungsgesellschaft **A** 420
– Karenzentschädigung bei **A** 413 f.
– bei Praxisveräußerung **A** 413
– Schriftform **A** 413
– mit Sozien **A** 420
Mangel
– Bestätigungsvermerk **Q** 469
– Prüfung nach § 36 WpHG **J** 746
– Prüfungsbericht **Q** 327
Markenrechte
– Bilanzierung **E** 92, 491 ff.
– Rückstellung für die Verletzung **E** 198
Marketingabteilung
– Aufwendungen beim Umsatzkostenverfahren **F** 644 f.
Marktabsprachen
– bei Beurteilung von Leistung und Gegenleistung **F** 1361
Marktforschungsaufwand
– beim Umsatzkostenverfahren **F** 645
Marktpreisänderungsrisiko
– Kreditinstitute **J** 402, 540
Marktpreise
– Begriff **E** 432, **F** 813
– bei Bewertung des Umlaufvermögens **E** 428, 432, 565 f.
– bei Prüfung von Leistung und Gegenleistung **F** 1351 ff., 1356, 1358, 1377
Marktstellung
– im Lagebericht **F** 1102 ff.
Maschinelle Anlagen
– Bilanzierung **E** 478, 530 f., **F** 244 ff.
Maschinen
– Abschreibung **E** 384
– Aufwandsrückstellungen **E** 265
– Bilanzierung **E** 530 f., **F** 244 ff.
– in fremdem Grund und Boden eingebaute im Anhang **F** 245

Maßgeblicher Einfluss
– Begriff **M** 546 ff.
Maßgeblichkeit
– doppelte **E** 430, 433
Maßgeblichkeitsprinzip
– Aufhebung der Einzelbilanz für die Konzernbilanz **M** 269 ff., 310 ff.
– Handelsbilanz für die Steuerbilanz **E** 489, 608 ff., **F** 119
– – Abschreibungen **E** 403, 610, 611
– – Bilanzänderung **E** 365, 608, 619, 621
– – Organträger **E** 216
– – Pensionsrückstellungen **E** 143
– – Rückstellungen **E** 143, 246, 621
– – Sonderposten mit Rücklageanteil **E** 125, 609, **F** 433
– – Umkehrung **E** 364, 427, 476, 608 f., **F** 119
– Versicherungsunternehmen **K** 328, 341, 481
Maßnahmen
– i.S.d. Abhängigkeitsberichts
– – berichtpflichtige **F** 1318, 1327 ff.
– – Beurteilung **F** 1340
– – Erfassung **F** 1330
– – organisatorische **F** 1330
– – Prüfung **F** 1367 ff.
Materialaufwand
– im Anhang bei Anwendung des Umsatzkostenverfahrens **F** 500, 692, 896 ff.
– in der Gewinn- und Verlustrechnung **F** 526 ff., 636, 650
Materialgemeinkosten
– Bilanzierung **E** 341, 349, **F** 705
– bei Ermittlung der Herstellungskosten **E** 353 f., 355
Materiality
– *s. Wesentlichkeit*
Materialkosten
– bei Ermittlung der Herstellungskosten **E** 346, 349, 350, **F** 705
Materialverbrauch
– Bewertung im Anhang **F** 881
– bei Ermittlung der Herstellungskosten **E** 346, 349, 350
– – in der Steuerbilanz **E** 364
– in der Gewinn- und Verlustrechnung **F** 526 ff.
Medien
– Werbung in **A** 456

Mehrexemplare
– Prüfungsbericht **A** 670
Mehrfachqualifikation
– Verjährung **A** 717
Mehrheitsbesitz
– Abhängigkeitsvermutung **T** 18, 56
– Aktienübernahme **F** 1027
– Anwendung des AktG **T** 24, 63 ff.
– Berechnung der Anteile **T** 66 ff.
– Widerlegung der Abhängigkeitsvermutung **T** 141
Mehrheitsbeteiligung T 63 ff.
– Abhängigkeit bei **T** 81, 107
– Abhängigkeitsvermutung **T** 31, 56, 64, 130, 195
– im Anhang **F** 1040
– Begriff **T** 63 ff., 130
– beherrschender Einfluss **T** 63 f.
– Berechnung **T** 66 ff., 93 ff.
– Bilanzierung
– – Gewinnansprüche **E** 535, **F** 559
– Ermittlung **T** 66 ff., 92 ff., 210
– – Anteile im Fremdbesitz **T** 83
– – Anteile Dritter **T** 69, 84, 90
– – eigene Anteile **T** 69 ff., 72
– – bei der GmbH **T** 72
– – bei Nießbrauch **T** 95
– – bei Personengesellschaften **T** 67, 91, 94
– – stille Beteiligung **T** 68
– – Zurechnung bei **T** 70 ff., 80 ff.
– „Gehört"-Begriff bei **T** 74 ff., 79 ff., 96
– Konzernvermutung **T** 31
– mittelbare **T** 79 ff., 98
– bei Treuhandverhältnis **T** 75, 84, 369
– unmittelbare **T** 74 ff., 95
– Vorschriften des AktG **T** 24
– bei wechselseitiger Beteiligung **T** 195, 201, 208, 210
– *s. auch Kapitalmehrheit und Stimmrechtsmehrheit*
Mehrheitserfordernisse
– Gesellschafter von Wirtschaftsprüfungsgesellschaften **A** 138 ff.
Mehrjahresübersichten
– im Prüfungsbericht
– – Ertragslage **Q** 248
– – Mehrjahresvergleich **Q** 243
– – Vermögenslage **Q** 238
– – wirtschaftliche Entwicklung **Q** 230

Mehrschichtarbeit
– Abschreibung bei Übergang **E** 404
– bei Ermittlung der Herstellungskosten **E** 358
Mehrsteuern
– in der Gewinn- und Verlustrechnung nach steuerlicher Außenprüfung **F** 593, 599
Mehrstimmrechtsaktien
– in der Bilanz der Aktiengesellschaft **F** 312
Mehrstufige Abhängigkeit
– Abhängigkeitsbericht **F** 1297 ff., **T** 116 f.
– – Begriff **T** 116 f.
Mehrstufige Beteiligung
– Beherrschung **T** 116 f.
Mehrstufige Konzernverhältnisse
– Voraussetzungen für die Inanspruchnahme der Erleichterungen nach § 264 Abs. 3 HGB **F** 50
Mehrstufiger Konzern
– Kapitalkonsolidierung **M** 444 ff.
Mehrwertsteuer
– bei Ermittlung der Umsatzerlöse nach PublG **H** 23
– im Jahresabschluss nach PublG **H** 70
– *s. auch Umsatzsteuer*
Meinungsverschiedenheiten
– Bestätigungsvermerk **Q** 630
– Kündigung des Prüfungsauftrags **Q** 321
– zwischen Gesellschaft und Abschlussprüfer **A** 627
– – über die Erstellung des Abhängigkeitsberichts **F** 1373
Meldepflichten
– zum Berufsregister **A** 261
– nach § 9 WpHG **J** 742, 745
– Prüfungsvorschriften i.S.d. WpHG **D** 10
Meliorationskosten
– bei Grundstücksbewertung **E** 508
Merkblätter
– BaFin **J** 725 ff.
Merkposten
– Ansatz **E** 16
Messe- und Ausstellungskosten
– Ausweis beim Umsatzkostenverfahren **F** 645
Messgeräte
– Festwert **E** 478
Methoden
– Ansatzstetigkeit **E** 107

3207

Methodenbestimmtheit
– Grundsatz **E** 318, 338
Methodenfreiheit
– Grundsatz **E** 318
Methodenwahlrecht E 6, 300
– bei Abschreibungen **E** 385 ff.
– bei Bewertung **E** 307, 393, 401
Micro-Hedges E 71
Mieten
– in der Gewinn- und Verlustrechnung **F** 507, 521, 532, 551
– – beim Umsatzkostenverfahren **F** 645
– Prüfung **R** 572
Mieteraufwendungen
– Bilanzierung **E** 516
Mietereinbauten
– Abschreibung **E** 512, 515 f.
– in der Steuerbilanz **E** 516
Mieterzuschüsse E 328
Mietforderungen
– Versicherungsunternehmen **K** 255, 272, 289, 608
Mietkauf-Verträge
– Bilanzierung **E** 31
Mietverhältnisse
– Rückstellungen für drohende Verluste **E** 195
Mietverlängerungsoption
– Leasingverträge **E** 37, 40
Mietverträge E 29
– Angabe der finanziellen Verpflichtungen **F** 784
Mietvorauszahlungen E 29, 270, **F** 248, 302, 458
MiFID J 740
Minderheitsbeteiligung
– Abhängigkeit bei **T** 107 ff.
Minderheitsvotum
– gegen befreienden Konzernabschluss **M** 108 ff.
Mindestanforderungen
– Berufsausübung von Wirtschaftsprüfern **A** 187
Mindestbestandteile
– Bescheinigung **Q** 1359
– Prüfungsbericht **Q** 11, 1321
Mindestdividende
– Ausschüttung
– – Verhinderung **U** 126
– Versicherungsunternehmen **K** 10, 59

Mindestgliederung
– Bilanz
– – Genossenschaften **G** 6 ff.
– – große Kapitalgesellschaften **F** 121 f., 226 ff.
– – nach PublG **H** 49 ff.
– Gewinn- und Verlustrechnung **E** 605 ff., **F** 467, **H** 57 ff.
Mindestkapital
– Wirtschaftsprüfungsgesellschaft **A** 146
Mindestversicherungssumme
– Berufshaftpflichtversicherung der Wirtschaftsprüfer/Wirtschaftsprüfungsgesellschaften **A** 247, 694
Mineralölsteuer (Energiesteuer)
– bei Ermittlung
– – Bilanzsumme nach PublG **H** 16
– – Umsatzerlöse **F** 510
– in der Gewinn- und Verlustrechnung **F** 598
Minister
– Wirtschaftsprüfer als **A** 54
Miquelsche Steuerreform C 14
Mischkonzept
– Risikofrüherkennung **P** 121
Mischkonzern
– Versicherungsunternehmen
– – Anhang **K** 698
– – Anwendung des VAG **K** 698
– – Konsolidierungskreis **K** 697
Mitarbeiter
– Darlehen an
– – Prüfung **R** 487 f.
– Mandatsangabe im Anhang **J** 402
– Mitarbeitergeschäfte **J** 740
– Verkäufe an
– – Prüfung **R** 417
– Versicherungsunternehmen
– – Darlehen an **K** 210, 221, 227, 274
– – Schulung **K** 29
– Wirtschaftsprüfer
– – Anzahl **A** 396
– – Aus- und Fortbildung **A** 382, **B** 12, 27 ff., 48
– – Einsatz fachlich vorgebildeter Mitarbeiter **A** 394 ff.
– – Haftung für Verschulden **A** 646, 649
– – Hilfsberufe **A** 743 ff.
– – Honorarberechnung **A** 720 ff., 727
– – Pflichten **B** 12

– – Verschwiegenheitspflicht **A** 347
– – Zeugnisverweigerungsrecht **A** 357
– s. auch Anstellungsverhältnis
Mitbestimmungsgesetz
– Beherrschung bei Aufsichtsrat nach dem **T** 140
– Verstoß
– – Anfechtbarkeit der Aufsichtsratswahl **U** 171
– – Nichtigkeit von Beschlüssen **U** 29, 40
Mitgliederversammlung
– IDW **B** 15 f.
– Wirtschaftsprüferkammer **B** 54
Mitgliederverzeichnis
– Wirtschaftsprüferkammer **B** 40
Mitglieds- und Trägerunternehmen
– Forderungen an
– – aus dem Versicherungsgeschäft **K** 252, 262 ff.
– – bei Versicherungsunternehmen **K** 252, 374
– – sonstige **K** 252, 272
– Verbindlichkeiten gegenüber **K** 506
Mitteilungspflichten
– Abschlussprüfer
– – Kreditinstitute **J** 625 ff.
– – Versicherungsunternehmen **K** 5, 729, 746, 758
– bei Beteiligung **T** 60
– bei hälftigem Kapitalverlust **V** 1
– bei wechselseitiger Beteiligung **T** 214
– Wirtschaftsprüfungsgesellschaft
– – bei Änderung von Satzung/Gesellschaftsvertrag **A** 175, 261
Mittelbetriebe
– Sonderabschreibungen **E** 421
Mitunternehmerschaft
– Beteiligung an Personengesellschaften **E** 560
Mitverschulden
– Auftraggeber **A** 707
Mitversicherung K 252, 539 ff.
– Schadenrückstellung **K** 396, 421
Mitzugehörigkeit zu anderen Posten
– im Jahresabschluss **F** 89 f., 300, 464
– – Kreditinstitute **J** 43
– in der Konzernbilanz **M** 224
Mobilien-Leasing
– Bilanzierung **E** 34 ff.

Modelle
– Aufwendungen bei Ermittlung der Herstellungskosten **E** 352
– Bilanzierung **E** 478, **F** 244
Monopolabgaben
– bei Ermittlung
– – Bilanzsumme nach HGB **F** 71
– – Bilanzsumme nach PublG **H** 16
– – Umsatzerlöse **F** 519
– – – nach PublG **H** 23
– beim Umsatzkostenverfahren **F** 645
Montagekosten
– Bilanzierung **E** 322, 530, **F** 247
Montagelieferungen
– Bilanzierung **F** 274
Montan-Mitbestimmungsgesetz
– Aufsichtsrat
– – Beherrschungsmöglichkeit **T** 140
– – Wirkung des Anfechtungsurteils bei **U** 170
– Verstoß
– – Anfechtung der Aufsichtsratswahl **U** 124, 169
– – Nichtigkeit von Beschlüssen **U** 50
Multilaterales Handelssystem
– Betrieb eines **J** 742 f.
Muster
– Versicherungsunternehmen **M** 225
– – im Anhang **K** 79 ff., 88, 123 ff., 191, 234, 244
– – Lagebericht **K** 88
– s. auch Formblätter
Musterverträge
– Wirtschaftsprüfungsgesellschaft **A** 118
Mutterunternehmen
– in Abwicklung **M** 34
– nach HGB
– – abhängiges Unternehmen **T** 186
– – ausländische Unternehmen **T** 347, 436
– – Begriff **M** 21 ff., **T** 337 ff., 344 ff., 351, 356
– – BGB-Gesellschaft **T** 180 ff.
– – Ermittlung der Rechte **M** 69 ff.
– – für mehrere Konzerne **T** 184
– – oberstes **T** 384, 400
– – – Konzernabschluss **T** 379 ff.
– – – nebeneinander stehende **T** 400 ff.
– – – Nichteinbeziehung **T** 394, 410
– – Rechnungslegungspflicht **T** 464
– – Rechtsform **M** 30 ff.

– – Sitz **M** 39
– – Unternehmen der öffentlichen Hand **T** 346
– – als verbundenes Unternehmen **T** 348, 442
– – – bei Konzernabschluss nach § 315a HGB **T** 348, 380, 414, 426
– – – bei befreiendem Konzernabschluss des ausländischen **T** 430
– – – bei freiwilligem befreiendem Konzernabschluss **T** 337, 418, 458
– – – bei Nicht-Kapitalgesellschaften als **T** 420 ff.
– Pflicht zur Einrichtung eines konzernweiten Risikofrüherkennungssystems **P** 21 ff., 116
– i.S.d. PublG
– – Begriff **O** 6 ff., 45 f.
– – Nichteinbeziehung in den Konzernabschluss **O** 113 ff.
– – Sitz **O** 23 f.

N

Nachgründungsprüfung Q 1135, 1233
– Bestätigungsvermerk **Q** 1137
– Prüfungsbericht **Q** 1135
– Rechtsgrundlagen **D** 3
– Schlussbemerkung **Q** 1137
Nachhaltigkeit
– Prüfung **Q** 1434 ff.
– Prüfungsbericht **Q** 1436
Nachhaltigkeitsbericht F 1147
Nachhandelstransparenz J 740
Nachlassverwalter
– Honorar **A** 738
– Wirtschaftsprüfer als **A** 30
Nachrangige Verbindlichkeiten
– im Anhang **K** 319 ff.
– Ausweis **K** 321
– – Kreditinstitute **J** 73, 234, 512
Nachrangige Vermögensgegenstände
– Kreditinstitute **J** 73
Nachschüsse
– bei Beteiligung **E** 534
– von GmbH-Gesellschaftern **F** 371
– – eingeforderte **F** 292
Nachschüssige Rente
– Barwert **Anh1** 8, 32 f.
Nachschüssige Verzinsung Anh1 3
– Kapitalbarwert **Anh1** 6

– Kapitalendwert **Anh1** 5
– Rentenbarwert **Anh1** 832
– Rentenendwert **Anh1** 7
Nachschusspflicht
– Ausschluss **U** 23
Nachteilsausgleich
– im Abhängigkeitsbericht **F** 1280 f., 1344, 1349 ff.
– – Prüfung **F** 1372
– nach Betriebsverfassungsgesetz im Überschuldungsstatus **V** 61
– im faktischen Konzern **T** 227 ff.
– bei Gewinnabführungsvertrag **T** 257
Nachträge
– Beitragsforderungen aus **K** 254, 262 ff., 478
– – den Vertretern belastete **K** 264
– – den Versicherungsnehmern belastete **K** 254, 262, 376
Nachtragsberichterstattung
– s. Lagebericht
Nachtragsprüfung
– Bestätigungsvermerk **Q** 595 ff.
– Datum/Doppeldatum **Q** 602
– Prüfungsbericht **Q** 311
– Prüfungsumfang **Q** 315, 595
– Rechtsgrundlagen **D** 2, 4, 9
Nachverrechnungsbeiträge K 339
Nachzahlungen
– Löhne und Gehälter **F** 906
Näherungsverfahren
– Berechnung der Beitragsüberträge **K** 759
– Bewertung versicherungstechnischer Rückstellungen **K** 337, 354, 376
– Deckungsrückstellung **K** 376
– Ermittlung der Schadenrückstellung **K** 354, 785
Nässe
– Abschreibung bei Einwirkung **E** 404
Nahe Beziehungen
– Wirtschaftsprüfer **A** 313
Nahestehende Personen und Unternehmen
– Anhangangabe **M** 787 ff.
– Berücksichtigung durch den Abschlussprüfer **R** 596 ff.
– nach IFRS **N** 1109 ff.
– – Angaben zu Geschäftsvorfällen **N** 1120 ff.
– – Angabepflichten **N** 1116

– – Definition **N** 1110
– – nahe Familienangehörige **N** 1113
– – Schlüsselpositionen **N** 1112
Namensaktien
– Nichtigkeitsklage **U** 61
– Prüfung **R** 513
– Wirtschaftsprüfungsgesellschaft **A** 145
Namens-Landesbodenbriefe
– Bilanz der Versicherungsunternehmen **K** 208
Namensobligationen
– Versicherungsunternehmen **K** 208
Namenspfandbriefe
– Versicherungsunternehmen **K** 208
Namensschuldverschreibungen
– Kreditinstitute **J** 77
– Versicherungsunternehmen **K** 117, 164, 192, 205, 208 ff., 211 ff., 511
– – Umwandlung von Inhaberschuldverschreibungen **K** 219
Naturalbezüge
– Organmitglieder **F** 926
Nebengeschäfte
– Erträge **F** 505, 521
Nebenkosten
– *bei den Anschaffungskosten s. Anschaffungsnebenkosten*
Negativer Geschäftswert E 502, 506, **F** 235
Negativer Unterschiedsbetrag
– bei der Kapitalkonsolidierung nach IFRS **N** 954
Negativerklärung
– Abhängigkeitsbericht **F** 1296, 1344, 1385
– Begriff **Q** 117
– Prüfungsbericht **Q** 117, 119
– *s. Risiken der künftigen Entwicklung*
Negatives Kapitalkonto
– Personenhandelsgesellschaft **E** 602
– nach PublG **H** 52
NE-Metallbestände
– Bewertung **E** 568
– Prüfung **R** 456
Nennwertbilanzierung
– Versicherungsunternehmen **K** 117, 211 ff.
Nettoaufwand des Handelsbestands J 288

Nettobeiträge
– Lebensversicherungsunternehmen **K** 573 ff.
– Rückversicherungsunternehmen **K** 538 ff.
– Schaden- und Unfallversicherungsunternehmen **K** 538 ff.
Nettoertrag des Handelsbestands J 266 ff.
Nettomethode
– bei Ermittlung der Konzernrechnungslegungspflicht **M** 132
– Risikobewertung **P** 57 ff.
– Versicherungsunternehmen
– – in der Gewinn- und Verlustrechnung **K** 518, 587, 627
Nettoveräußerungswert
– nach IFRS **N** 108
Netzbetreiber
– Prüfungsvorschriften **D** 31
Netzwerk A 273, 328 ff.
– -definition **A** 328
– – -abgrenzung **A** 329
– – – Bürogemeinschaft zulässig **A** 329
– – – Mitgliedschaft in Berufsverbänden **A** 329
– – Verfolgung gemeinsamer wirtschaftlicher Interessen **A** 330
– Rechtsfolgen **A** 333
Neubewertungsmethode
– bei der Kapitalkonsolidierung **M** 348 ff.
Neubewertungsrücklage J 466
Neue Bundesländer
– Abhängigkeitsbericht **F** 1294
– Altschuldenhilfe **F** 494, 521
– Bewertung von Beteiligungen in den **E** 534
– Sonderrücklagen **F** 334
– Steuerberater
– – Bestellung **C** 27
– – WP-Eignungsprüfung für Bewerber **A** 92
– Zulassungserleichterungen
– – vBP-Bewerber **C** 48
– – WP-Bewerber **A** 92, **C** 48
Neugründung
– bei Euro-Umstellung **F** 317
– Rechnungslegungspflicht von Kapitalgesellschaften **F** 74
Neutrales Ergebnis
– Prüfungsbericht **Q** 251 ff.

3211

Neutralitätspflicht
– Wirtschaftsprüfer **A** 341 f.
– – in Gutachten **A** 342
– – im Prüfungsbericht **A** 342
– Wirtschaftsprüferkammer **B** 39, 41
Neuvornahme
– nichtiger Beschlüsse **U** 76
Nicht beherrschende Anteile
– nach IFRS **N** 966 f.
Nicht realisierte Gewinne aus Kapitalanlagen K 583
Nicht realisierte Verluste aus Kapitalanlagen K 592
Nichterteilungsvermerk („Disclaimer of Opinion") Q 497 ff.
Nichtigkeit
– Abhängigkeitsbericht **U** 177
– Abtretung von Honoraransprüchen des Wirtschaftsprüfers **A** 376
– Beherrschungsvertrag **T** 250, 285 f., 321, 333
– Betriebsüberlassungsvertrag **T** 265
– Einzelabschluss **U** 183
– Gewinnabführungsvertrag **T** 285 f., 321
– Gewinngemeinschaftsvertrag **T** 261
– Hauptversammlungsbeschlüsse
– – Begriff **U** 58
– – Entfallen **U** 16
– – Feststellung **U** 58 ff., 73
– – Folgen für Aufsichtsratswahl **U** 211
– – Geltendmachung **U** 2, 59 ff., 83 ff.
– – Gründe **U** 9 ff., 41 ff.
– – Heilung **U** 86 ff.
– – Neuvornahme **U** 76
– – Stock Options **S** 62
– – Unheilbarkeit über die Aufsichtsratswahlen **U** 96
– Jahresabschluss **Q** 11, **U** 237 ff.
– – Beseitigung **U** 250 ff.
– – – in laufender Rechnung **U** 254
– – – Nachtragsprüfung **U** 253
– – – Rückwärtsberichtigung **U** 253 f.
– – Bestätigungsvermerk **Q** 529 ff.
– – Bilanzänderung **E** 616
– – Ersetzung **E** 617
– – bei faktischem Konzern **T** 226
– – fehlende Drohverlustrückstellung **E** 151
– – Feststellung **U** 86 ff., 237 ff.
– – Folgewirkungen **U** 241 ff.

– – Geltendmachung **U** 2, 175 ff.
– – bei GmbH **U** 178
– – Gründe **U** 184 ff., 224 ff.
– – – allgemeine **U** 185 ff.
– – – bei Feststellung
– – – – durch Hauptversammlung **U** 215 ff.
– – – – durch Verwaltung **U** 210 ff.
– – Heilung **U** 213 f., 244 ff.
– – bei Kapitalherabsetzung **U** 217
– – nichtaktivierte Schadenersatzansprüche wegen fehlendem Nachteilsausgleich **F** 1346, 1393
– – bei Personenhandelsgesellschaften **U** 179
– – bei unrichtiger Tantiemeberechnung **S** 26
– – Unterzeichnung durch Nicht-Wirtschaftsprüfer **A** 132
– – bei Verstoß gegen
– – – Beurkundungsvorschriften **U** 210
– – – Bewertungsvorschriften **U** 224 ff.
– – – Gläubigerschutzvorschriften **U** 186 ff.
– – – Gliederungsvorschriften **F** 478, **U** 220 ff.
– – – Prüfungspflicht **U** 191 ff.
– Konzernabschluss **U** 180 f.
– Lagebericht **U** 177
– Prüfungsauftrag **A** 335 f.
– Prüfungsbericht **Q** 136
– Sonderprüfungsbericht **Q** 1178
– bei Verstoß gegen RDG **A** 35
Nichtigkeitsklage
– Freigabeverfahren **U** 77
– Hauptversammlungsbeschlüsse
– – Befugnis **U** 60, 80
– – Bekanntmachung **U** 64
– – Erhebung **U** 59 ff., 80 f.
– – Erweiterung **U** 76
– – Klagegegner **U** 62
– – Prozesskostenhilfe **U** 68, 71
– – Streitwert **U** 65 ff.
– – Verbindung mehrerer **U** 63
– – Verbindung mit Anfechtungsklage **U** 151, 258
– – Wirkung **U** 73
– – zuständiges Gericht **U** 63
– Jahresabschluss **U** 237 ff.
Nichtigkeitsurteil
– Einreichung **U** 82
– Wirkung **U** 81

Nicht-Kapitalgesellschaften
– Bestätigungsvermerk **Q** 434
Nichtmitgliedergeschäft
– kleinste Versicherungsvereine aG **K** 14
Nichtversicherungstechnische Gewinn- und Verlustrechnung K 595 ff.
Nichtversicherungstechnische Posten K 595 ff.
Nichtwirtschaftliche Einrichtungen
– i.S.d. Kommunalrechts **L** 2
Niederlassung
– berufliche
– – bei Mehrfachfunktionen **A** 188, 190
– – Wirtschaftsprüfer **A** 188 ff.
– – Wirtschaftsprüfungsgesellschaft **A** 191
– Versicherungsunternehmen **K** 734, 809
– s. auch Ausländische Versicherungsunternehmen, Zweigniederlassung
Niederlassungsfreiheit
– Wirtschaftsprüfer **A** 188
Niederlassungsländer J 142
Niederstwertprinzip
– Ausweis der Abschreibungen **F** 515
– Bewertung **E** 415 f., 429, ff.
– – Umlaufvermögen **E** 428 ff., **F** 710
– – Wertpapiere **E** 575, **R** 495
– Bewertungsstetigkeit **E** 307
– Bewertungsvereinfachungsverfahren **E** 475
– gemildertes **E** 575, **F** 119
– – Anhangangabe bei Anwendung **F** 797 ff.
– Kreditinstitute **J** 314, 320
– Prüfung der Einhaltung **R** 466, 495
– Versicherungsunternehmen
– – Bewertung der Wertpapiere **K** 178
– – – im Konzernabschluss **K** 711
– – Wertminderungen **K** 134, 157 ff., 179 ff., 206
– Währungsumrechnung **F** 713
– – Prüfung **R** 480
Niedrigverzinslichkeit
– Versicherungsunternehmen
– – Bewertung **K** 119, 206
Nießbrauch
– im Anhang **F** 768
– Anschaffungskosten **E** 513
Nominalwertbilanzierung
– Versicherungsunternehmen
– – Kapitalanlagen **K** 125, 218

Normalbeschäftigung
– bei Ermittlung der Herstellungskosten **E** 353, 358
Notar
– Bestellung des Wirtschaftsprüfers als **A** 39
– Sozietät des Wirtschaftsprüfers mit **A** 39, 203
Notariatskosten
– bei Ermittlung der Anschaffungskosten **E** 322, 532
– – Versicherungsunternehmen **K** 155
– in der Gewinn- und Verlustrechnung **F** 551
Notes J 530 ff.
Notstandsbeihilfen
– Ausweis **F** 543
Novation F 264, 283, 293
Null-Kupon-Anleihen
– Kreditinstitute **J** 166, 259
– Versicherungsunternehmen **K** 196
Nullsalden
– Prüfung **R** 473
Nullstellungsmethode
– Bewertung versicherungstechnischer Rückstellungen **K** 338 ff.
Nutzungsdauer
– bei Abbruchabsicht **E** 529
– Änderung **E** 393, 529
– Bemessung **E** 389, 393, 404 f.
– betriebsgewöhnliche **E** 404 f.
– fiktive **E** 404
– beim Geschäftswert **F** 744 ff.
– – in der Steuerbilanz **E** 507, **F** 746
– bei immateriellen Wirtschaftsgütern **E** 389, 494, 499
– Korrektur **E** 394
– tatsächliche **E** 404
– verkürzte **E** 521, 529
– zeitlich begrenzte **E** 395
Nutzungsfähigkeit
– selbstständige **E** 420
Nutzungsrechte
– Bilanzierung **E** 491 ff.
– an Grundstücken **E** 508
– in der Steuerbilanz **E** 513
Nutzungswert
– Definition **N** 108, 232 ff.

3213

O

Obergrenze
– Vorstandsbezüge **S** 8
Obligationen
– Bilanzierung **F** 263
Obligatorische Berichtsanlagen
– Prüfungsbericht **Q** 284
Öffentliche Emittenten J 171
Öffentliche Prüfungseinrichtungen
– als Abschlussprüfer **L** 54, 63 f.
– Zusammenarbeit mit dem Abschlussprüfer **L** 54, 64
Öffentliche Stellen J 144
Öffentliche Unternehmen
– Bestätigungsvermerk **Q** 1048
– Jahresabschlussprüfung **Q** 1048
Öffentliches Interesse
– Widerruf Bestätigungsvermerk **Q** 608 ff.
Öffentlich-rechtliche Dienstverhältnisse
– Wirtschaftsprüfer **A** 54
Öffentlich-rechtliche Versicherungsunternehmen K 12, 16 ff.
– Anwendung von Vorschriften
– – des AktG **K** 64
– – des HGB **K** 16, 26 ff., 660
– – des PublG **K** 46, 644
– – des VAG **K** 16
– Aufsichtspflicht **K** 8
– Konzernabschlüsse **K** 649, 656
– Sicherheitsrücklage **K** 306
– Wertaufholungsrücklage **K** 307
Öko-Audit A 24
Ökobilanz F 1146
Off-balance sheet-Geschäfte
– Prüfung **R** 561 ff.
Offenlegung
– befreiender Konzernabschluss **M** 104 ff.
– Befreiung für Jahresabschluss **F** 10
– Bestätigungsvermerk **Q** 628
– im Bundesanzeiger **F** 660, 1084, **H** 1
– Erleichterungen
– – Genossenschaften **G** 4
– – kleine und mittelgroße Kapitalgesellschaften **F** 5, 77, 654, 756, 765, 899
– – Konzernabschlüsse **F** 29
– – nach PublG **H** 2, 51, 61
– in Euro **F** 6
– – Angabe des Umrechnungskurses **F** 692
– Genossenschaften **G** 4
– – Erleichterungen **G** 4

– Jahresabschluss
– – Mehrausfertigung des Testatsexemplars **Q** 277
– Konzernabschlüsse **F** 65, 67
– – nach PublG **O** 5, 62, 94
– Prüfung von Erleichterungen
– – Bestätigungsvermerk **Q** 628, 824
– – Prüfungsbericht **Q** 135, 292
– nach PublG **H** 1 f.
– Unternehmensvertrag **T** 272, 274, 285
– Versicherungsunternehmen **K** 46 ff., 145, 189, 695
– – Anhang **K** 145
– – ausländischer Niederlassungen **K** 18, 68
– – Konzernabschluss **K** 695
– – Konzernanhang **K** 695
– – Konzernlagebericht **K** 695
– – Lagebericht **K** 51
– – Rückversicherung **K** 2
– – Verwertungsgesellschaft **Q** 1097
– s. auch Bekanntmachung, Elektronischer Bundesanzeiger, Handelsregister
Offenlegungserleichterungen
– Bestätigungsvermerk **Q** 628, 824
– Prüfung
– – Bescheinigung **Q** 533, 826, 835
Offenlegungsfristen
– für den Konzernabschluss
– – Versicherungsunternehmen **K** 695 f.
Offenlegungskosten
– Ausweis **F** 551
Offenlegungspflicht
– Prüfungsbericht bei Verletzung **M** 688, **Q** 135, 292
Online-Verzeichnis
– Werbung **A** 456
Operating-Leasing
– Geschäfte, außerbilanzielle **F** 775
Optionsanleihen
– im Anhang **F** 1036
– Ausweis **F** 449
– Bewertung **E** 575
– Kreditinstitute **J** 454
– Zuzahlungen **F** 361, 366
Optionsgeschäfte
– Angaben im Anhang **F** 806 ff., 817
– Bilanzierung **E** 70, 196, 579, **F** 153, 293, 458
– BFA zu **E** 70, 196, 579, **F** 293, 458

– Rückstellungen **E** 196
– s. auch *Derivate*
Optionsprämien
– Bilanzierung **J** 464
Optionsrecht
– Anschaffungskosten bei Ausübung **E** 323
– Bewertung **E** 579
– Bilanzierung bei Kapitalgesellschaften **F** 155 f., 161 f., 293, 458
– Ermittlung des verdeckten Aufgelds **F** 366
– auf Erwerb ausgegebener Aktien **F** 155 ff.
– – Bilanzierung **F** 156 f.
– auf Erwerb junger Aktien **F** 158 ff.
– – Bilanzierung **F** 161, 169
– Mehrheitsbeteiligung bei **T** 78
– von Organmitgliedern **F** 692, 922
– Rücklage für Aufgeld bei Ausgabe **F** 366
– Verpflichtungen **F** 807
Optionsscheine
– Kreditinstitute **J** 176
Orderpapiere
– Kreditinstitute **J** 76, 165
Orderschuldverschreibungen
– Kreditinstitute **J** 76, 165
Ordnungsfunktion
– Bestätigungsvermerk **Q** 360
Ordnungsgeld A 594
Ordnungsmäßigkeit der Geschäftsführung
– Prüfung **Q** 56, 998, 1004, 1049
Ordnungsmäßigkeitsprüfung
– Geschäftsführung **Q** 990, 996, **R** 5
– – öffentlich-rechtliche Versicherungsunternehmen **K** 16
– – Wirtschaftsbetriebe der öffentlichen Hand **L** 51 ff., 66 ff.
– – – IDW Prüfungsstandard **L** 66 ff.
– s. auch *Geschäftsführungsprüfung*
Ordnungswidrigkeit
– Abschlussprüfer **A** 335
– Jahresabschluss
– – Nichtigkeit **U** 187 f.
– Nichtbeachtung der Vorschriften über den
– – Anhang **F** 663
– – Jahresabschluss **F** 5, 478
– – Lagebericht **F** 1090

Organbezüge
– im Anhang **F** 667, 692, 917 ff.
– – individualisiert für Vorstände börsennotierter Aktiengesellschaften **F** 934 ff.
– im befreienden Konzernabschluss nach PublG **O** 104
– früherer Mitglieder **F** 954 ff.
– im Konzernanhang einer Personengesellschaft **O** 111
– Kreditinstitute **J** 402
– Nichtangabe im Anhang
– – Bestätigungsvermerk **Q** 474, 480, 515
– Umsetzung des § 87 AktG i.d.F. des VorstAG **Q** 1569
– s. auch *Aufsichtsratsbezüge, Vorstandsbezüge*
Organisation
– Maßnahmen im Abhängigkeitsbericht **F** 1301
Organisationsfonds
– Versicherungsunternehmen
– – Bilanzierung **K** 156, 304, 714
– – bei Gründung **K** 714
– – im Konzernabschluss **K** 714
– – Zahlungen für den **K** 156
Organisationssatzung
– Wirtschaftsprüferkammer **B** 55
Organisierter Markt
– Begriff **F** 25
Organkredite
– im Anhang **F** 960
– – Kreditinstitute **J** 402
– – Versicherungsunternehmen **K** 226
– in der Bilanz **F** 266, 267, 281, 294
– – Versicherungsunternehmen **K** 226
– Prüfung **R** 487 ff.
– im Prüfungsbericht
– – Kreditinstitute **J** 671
Organmitglieder
– Abfindungen **F** 535, 692, 955
– Anhangangaben
– – Bezüge **F** 667, 692, 917 ff.
– – bei Genossenschaften **G** 20
– – Haftungsverhältnisse zugunsten **F** 465, 692, 963
– – Kredite **F** 692, 922, 960
– – bei Kreditinstituten
– – – Bezüge **J** 402
– – – Kredite **J** 402
– – – Namen **J** 402

– – Namen **F** 692, 966
– – Reisespesen **F** 750
– Aufwendungen für Altersversorgung und Unterstützung **F** 540 ff., 692, 922
– Beherrschung durch Personenidentität **T** 114
– bei Ermittlung der Beschäftigtenzahl nach PublG **H** 27
– Forderungen **F** 266, 267, 692
– Versicherungsunternehmen
– – Policendarlehen an **K** 226
– *s. auch Aufsichtsratsmitglieder, Vorstandsmitglieder*

Organschaft
– Gewinnabführungsvertrag bei **T** 254
– Steuerausweis **F** 596
– Prüfungsbericht **Q** 290
– bei Unternehmensvertrag mit GmbH **T** 307

Ortsangabe
– Bescheinigung **Q** 1365
– Bestätigungsvermerk **Q** 570 ff.
– in Firma der Wirtschaftsprüfungsgesellschaft **A** 150 f.

Other Comprehensive Income
– nach IFRS
– – sonstiges Ergebnis **N** 75 ff.

P

Pachtaufwand
– in der Gewinn- und Verlustrechnung **F** 551
– vorausgezahlter **E** 270

Pachteinnahmen
– Bilanzierung **E** 29, **F** 507, 521

Pachtverträge
– Bilanzierung **E** 29, 218, **F** 771
– Wiederherstellungsverpflichtungen u.ä. aus **E** 218
– Rückstellung für Pachterneuerung **E** 197

Pachtvorauszahlungen E 29, 270

Paketbesitz
– beherrschender Einfluss **T** 115

Parkplätze
– Ausweis **F** 241

Parteien
– *s. Politische Parteien*

Partnerschaftsgesellschaft
– als Rechtsform

– Beteiligung von Wirtschaftsprüfern **A** 209 ff.
– einfache Partnerschaftsgesellschaft **A** 212 ff., **C** 41
– – Steuerberatungsgesellschaft **C** 35, 41
– – Wirtschaftsprüfungsgesellschaft **A** 4, 120 f.
– Schutz der Bezeichnung **A** 238

Parzellierung
– bei der Grundstücksbewertung **E** 508

Passiva F 309 ff.
– Prüfung **R** 513 ff.

Passivierungsgebote
– in der Steuerbilanz **E** 614

Passivierungspflicht
– Pensionsverpflichtungen **E** 221
– Rechnungsabgrenzungsposten **E** 266
– Rückstellungen **E** 136, 149 ff., 260, 262 f.
– – in der Steuerbilanz **E** 143, 157
– Verbindlichkeiten **F** 443

Passivierungsverbot E 300
– bei der Besteuerung **E** 614
– Rückstellungen
– – Aufwandsrückstellungen **E** 265

Passivierungswahlrecht
– Anhang **F** 698, 701
– bei der Besteuerung **E** 614
– Pensionsverpflichtungen **E** 136, 221 ff.
– Rückstellungen **E** 136, 221
– *s. auch Ansatzwahlrecht*

Passivposten
– Verrechnung mit Aktivposten **E** 73 ff., **J** 119 ff.

Patentanmeldungen
– im Lagebericht **F** 1135

Patentanwalt
– Tätigkeit des Wirtschaftsprüfers als **A** 38
– Sozietäten von Wirtschaftsprüfern mit **A** 203

Patente
– Abschreibung **E** 384
– Bilanzierung **E** 92, 491 ff.
– Rückstellung für Verletzung **E** 198

Patenteinnahmen
– in der Gewinn- und Verlustrechnung **F** 507

Patentgebühren
– in der Gewinn- und Verlustrechnung **F** 521

Patentverwertungsgemeinschaft
– Ansprüche **F** 259
Patronatserklärung
– im Anhang **F** 963
– in der Konzernbilanz **M** 470
– Vermerk **E** 117
Pauschalbewertung
– bei der Schadenrückstellung **K** 416
Pauschalhonorar A 725
Pauschalierung
– Anschaffungsnebenkosten **E** 322
Pauschalmethode
– Beitragsüberträge **K** 354, 356
– – Prüfung **K** 762
– Schadenrückstellung **K** 416, 420, 425
– – Prüfung **K** 776, 809
Pauschalrückstellungen E 141, 183, 185 f.
Pauschalwertberichtigungen
– Anzahlungen **E** 569
– Forderungen **E** 571
– Kreditinstitute **J** 322, 467
– Versicherungsunternehmen **K** 197
– – Abrechnungsforderungen **K** 271
– – Abrechnungsverbindlichkeiten **K** 271
– – Aufwendungen für **K** 593, 609
– – Beitragsforderungen **K** 480, 524, 540
– – Ermittlung **K** 207
– – Erträge aus **K** 540, 584, 601, 612
– – Forderungen an Versicherungsnehmer **K** 264, 524
– – zu Hypotheken-, Grundschuld- und Rentenschuldforderungen **K** 207
– – zu Kapitalanlagen **K** 601, 609
PCAOB-Standards
– Abschlussprüfung nach **R** 21
Peer Review
– in WP-Praxen **A** 495 ff.
– *s. auch Qualitätskontrolle*
Pensionsanwartschaften
– Bilanzierung **E** 221, 233, 249, 589
– bei Überschuldung **V** 58 ff.
Pensionsgeschäfte
– im Anhang **F** 785
– Bilanzierung **E** 60 ff., 589
– Gewinnrealisierung **E** 300
– Kreditinstitute
– – Abgang **J** 490
– – Anhang **J** 402
– – Begriff und Arten **J** 91 ff.

– – Bilanzierung **J** 96, 98, 402
– – Bilanzvermerk **J** 250
– unechte **F** 775
Pensionskassen
– Beitragsrückerstattung **K** 448, 456
– Gliederung der Bilanz **K** 76
– Gliederung der Gewinn- und Verlustrechnung **K** 76, 571 f.
– Vorschriften für bestimmte **K** 575 ff.
– Zuweisungen **F** 540
– – im Lagebericht **F** 1145
– *s. auch Unterstützungskasse*
Pensionsrückstellungen
– Altzusagen **E** 136, 221 ff., **F** 759 ff.
– Ansatzstetigkeit **E** 223
– Auflösung **E** 239 f.
– – Betriebsübergang **E** 240
– – Durchführungsweg, Wechsel **E** 243
– – in der Gewinn- und Verlustrechnung bei Versicherungsunternehmen **K** 614
– – Schuldbeitritt **E** 241
– Ausweis **F** 436
– – Kreditinstitute **J** 230
– Bewertung **E** 224, 229 f., **F** 716, 760 f.
– – Deckungsvermögen **E** 238
– – Erfüllungsbetrag **E** 230
– – Mindestbetrag, Mindestgarantie **E** 237
– – Stichtagsprinzip **E** 232
– Bilanzierung **E** 136, 221 ff.
– – Versicherungsunternehmen **K** 496
– Contractual Trust Arrangement **E** 244
– Deputatverpflichtungen **E** 177, **F** 436, 540
– bei Einschaltung einer Unterstützungskasse **E** 225
– im Anhang **F** 716, 838 ff.
– – Verrechnung **F** 839
– Fehlbeträge **G** 18
– – im Anhang **F** 120, 224 f., **F** 692, 701, 759 ff., 764, 840
– Vermerk **E** 120, **F** 958
– – frühere Organmitglieder **F** 667, 692, 958
– – mittelbare Pensionsverpflichtungen **E** 136, 221, 225 f.
– Neuzusagen **E** 136, 221 ff.
– Organmitglieder **E** 257, **F** 923
– Prüfung **R** 532 ff.
– bei Rückdeckungsversicherung **E** 259
– in der Steuerbilanz **E** 245 ff.
– – Bewertung **E** 250

3217

– unterlassene **F** 701
– Versorgungszusagen, wertpapiergebundene **E** 236
– Versorgungszusagen, mittelbare
– – Garantie **E** 226
– Zinszuführung
– – Versicherungsunternehmen **K** 523, 615, 618
– Zuführungen **E** 254, **F** 540, 764
– – Zinsanteil **F** 540, 580
Pensionssicherungsverein
– Umlagen
– – Ausweis **F** 460, 538, 540
– – Rückstellungen **E** 199, **F** 442
Pensionsverpflichtungen
– ähnliche Verpflichtungen **E** 136, 221, 228, **F** 692, 759
– Altzusagen-Begriff **E** 222
– Angabe von Fehlbeträgen
– – im Anhang **E** 120, 224, **F** 692, 701, 759 ff., 764, 840, 958
– – im Haftungsvermerk **E** 120
– – bei Kreditinstituten **J** 402
– Ausweis
– – bei Kapitalgesellschaften **F** 436
– Bewertung **E** 229 f., **F** 436
– Bilanzierung **E** 136, 221 ff.
– – Anpassungen **E** 230
– – Eigenbetriebe **L** 20
– Deckungsvermögen **F** 437
– gegenüber früheren Organmitgliedern **F** 667, 692, 958
– – Angabe des Fehlbetrags **F** 768
– gegenüber Organmitgliedern **E** 257, **F** 923, 943
– nach IFRS **N** 442 ff.
– – Ausblick (IAS 19R) **N** 482 ff.
– – Anhangangaben **N** 473
– – Bewertung **N** 454 ff.
– – Diskontierungszinssatz **N** 460
– – gemeinschaftlich verwaltete Pläne **N** 474 ff.
– – Klassifizierung leistungsorientierter und beitragsorientierter Pläne **N** 449
– – Korridormethode **N** 467 ff.
– – leistungsorientierte Verpflichtungen **N** 452 ff.
– – nachzuverrechnender Dienstzeitaufwand **N** 472
– – Saldierung mit Planvermögen **N** 462 ff.

– – versicherungsmathematische Gewinne und Verluste **N** 461
– mittelbare **E** 136, 221, 225 f.
– bei Überschuldung **V** 58
– Versicherungsunternehmen **K** 496
Pensionszahlungen
– in der Gewinn- und Verlustrechnung **F** 540
– in der Steuerbilanz **E** 256
Pensionszusage
– alte **E** 222
– arbeitnehmerfinanzierte **E** 221
– Form
– – in der Handelsbilanz **E** 222
– – in der Steuerbilanz **E** 248
– des Mandanten an den Wirtschaftsprüfer **A** 281
Periodenabgrenzung
– Grundsatz **E** 305
– Prüfung **R** 441 ff., 475, 548
Periodenfremde Posten
– im Anhang **F** 496, 692, 905 ff.
– – Kreditinstitute **J** 402
– in der Gewinn- und Verlustrechnung
– – Kapitalgesellschaften **F** 495, 520, 522, 533, 535, 553, 593, 651
– Prüfung **R** 577
Permanente Inventur E 21, 26
Personalangelegenheiten
– im Abhängigkeitsbericht **F** 1329
Personalaufwand
– in der Anlage nach PublG **H** 59, 78
– bei Anwendung des Umsatzkostenverfahrens im Anhang **F** 500, 692, 896 ff.
– – Herstellungskosten **E** 349, 351, 356
– – Vertriebsgemeinkosten **F** 645
– Bezüge des Vorstands börsennotierter Aktiengesellschaften **F** 943 f.
– in der Gewinn- und Verlustrechnung
– – Kreditinstitute **J** 289 ff.
– im Konzernanhang **M** 746
– bei Optionsausübung **F** 156 f., 161 f.
– Prüfung **R** 577
– *s. auch Gehälter und Löhne*
Personalberatung
– als Aufgabe des Wirtschaftsprüfers **A** 27
Personalkosten
– *s. Personalaufwand*

Personalleasing
– Aufwendungen in der Gewinn- und Verlustrechnung **F** 534
Personalverwaltung
– Kosten beim Umsatzkostenverfahren **F** 646
Personengesellschaft
– Beteiligung an
– – Versicherungsunternehmen **K** 150, 608
– Kapitalmehrheit **T** 67, 73
– mittelgroße haftungsbeschränkte
– – Prüfung durch vereidigte Buchprüfer **B** 5
– Stimmrechtsmehrheit **T** 94
– Unternehmenseigenschaft **T** 41
Personenhandelsgesellschaft
– alternative Angabeverpflichtungen **F** 880
– Anlage zur Bilanz nach PublG **H** 75 ff.
– Ansatz von Vermögen und Schulden **E** 13 ff., 604, **H** 73 f.
– Anwendungsbereich der Vorschriften für Kapitalgesellschaften **F** 18 ff.
– Ausleihungen gegenüber Gesellschaftern einer – i.S.d. § 264a HGB **F** 267, 1048
– Beteiligung an **E** 534, 536, 547, 560, **F** 259
– – vermögensverwaltender **E** 561
– Befreiung nach § 264b HGB **F** 58 ff.
– Forderungen gegenüber Gesellschaftern einer – i.S.d. § 264a HGB **F** 1048
– Gliederungsgrundsätze **E** 594 ff., **H** 46, 48 ff.
– Geltung des PublG **H** 4, 5 f.
– Gesellschafter
– – Verbindlichkeiten **F** 448
– – – gegenüber der Gesellschaft i.S.d. § 264a HGB **F** 1048
– Gewinnanteile **E** 536, **F** 137 f., 555, 560
– – von einer Kapitalgesellschaft **E** 580
– Gewinnverteilung **F** 610 ff.
– Gewinn- und Verlustrechnung nach PublG **H** 46, 57 ff.
– Jahresabschluss nach PublG **H** 44 ff., 73
– – Anhang **H** 63 ff.
– – Bekanntmachung **H** 1, 51
– – Eigenkapital im **H** 51 f.
– – Erleichterungen **H** 51
– – Gliederung **H** 48 ff.
– – Privatvermögen **H** 21, 68 ff., 73
– – Steuern **H** 70, 74

– Prüfung des Kapitals **R** 520
– Prüfungsbericht **Q** 785
– Rechnungslegungspflicht
– – gem. § 264a HGB **O** 2
– – ohne natürliche Personen als Vollhafter **F** 20 f.
– – mit natürlichen Personen als Vollhafter **E** 603, **F** 22 f., **H** 5 f.
– – gem. PublG **O** 8 f.
– – – Befreiung **O** 49 ff.
– – – Erleichterungen **O** 49 ff., 62
– Rechtsbeziehungen zu Gesellschaftern **F** 503
– Versicherungsunternehmen **K** 157
Personenidentität
– Beherrschung bei - der Organmitglieder **T** 114
– einheitliche Leitung bei - der Anteilsinhaber **T** 164
Personennamen
– in Firma der Wirtschaftsprüfungsgesellschaft **A** 153
Persönlich haftender Gesellschafter
– Angabe bei Personenhandelsgesellschaft i.S.d. § 264a HGB im Anhang **F** 1054
– Einlage in der Bilanz der Kapitalgesellschaften **F** 254, 258
– Vergütungen **F** 537
Persönliche Aufwendungen
– Versicherungsunternehmen
– – in der Kostenverteilung **K** 522 ff.
– – Muster für **K** 83
PEST-Analyse R 246
Pfändung
– Honoraransprüche des Wirtschaftsprüfers **A** 379
Pfandbriefbanken
– Angaben im Anhang **J** 397 ff., 402
Pfandbriefe
– Bilanzierung **F** 263
Pfandbriefinstitute
– Prüfungsbericht **Q** 892
Pfandgeld
– Rückstellung **E** 194, **F** 275
Pfandleihunternehmen
– Rechnungslegungsvorschriften **J** 26
Pfandrechte
– an Grundstücken und Schiffen bei Versicherungsunternehmen **K** 203 ff., 221
– bei Haftungsverhältnissen **F** 464

3219

– Prüfung **R** 554
Pflegebuchführungsverordnung
– Formblätter **L** 45
Pflegeeinrichtungen
– Prüfung **Q** 1087
– Rechnungslegung **L** 45
Pflegeheime
– Prüfungsvorschriften **D** 31
Pfleger
– Tätigkeit des Wirtschaftsprüfers als **A** 30
Pflegeversicherung
– Arbeitgeberanteil in der Gewinn- und Verlustrechnung **F** 538
Pflichtangaben
– im Anhang der Kreditinstitute
– – Bausparkassen **J** 1087 ff.
– – Jahresabschluss **J** 402 ff.
– – Konzernabschluss **J** 569 f.
Pflichtprüfung
– Risikofrüherkennungssystem **P** 72 ff.
Pflichtverletzung
– Organpflichten **V** 1, 16
– Wirtschaftsprüfer
– – Ahndung durch Berufsaufsicht **A** 562 ff.
– – Pflicht zur Vermeidung **A** 403
– – Schadensersatz **A** 632 ff.
Phantom Stocks F 154
– als Vergütungsinstrument **S** 72 f., 120
Planierungskosten
– bei der Grundstücksbewertung **E** 508
Planmäßigkeit
– Grundsatz bei Abschreibungen **E** 383, 390, 393
Planungskosten
– Anzahlungen auf
– – bei Versicherungsunternehmen **K** 143
– – bei Ermittlung der Herstellungskosten **E** 352, 365
Planungsrechnung
– Prüfungsbericht **Q** 175
Platzbefestigungen
– in der Steuerbilanz **E** 513
Platzierungsverpflichtungen J 251
Plausibilitätsbeurteilung R 358, 381
– bei der Abschlussprüfung **R** 99 ff.
– – von Versicherungsunternehmen **K** 750
– – – Beitragsüberträge **K** 765
– – – Deckungsrückstellung **K** 790
– – – Schadenrückstellung **K** 769

– bei Prüfung des Risikoberichts **P** 97, 103, 131
Plausibilitätsprüfungen R 114, 372 ff.
Policendarlehen
– Ausweis **K** 223 ff.
– Bewertung **K** 225
– Charakter **K** 223
– an Organmitglieder **K** 226
Politische Parteien
– Prüfung des Rechenschaftsberichts **Q** 1333
– Prüfungsvermerk **Q** 1339
– Prüfungsvorschriften **D** 18
Poolvertrag
– Abhängigkeit **T** 107
– Unternehmenseigenschaft bei **T** 48
Portefeuille-Austrittsbeiträge K 270, 419
Portefeuille-Eintrittsbeiträge K 541 f., 270, 419
Portefeuille-Stornosatz K 335
Porter's Five Forces-Modell R 246
Portfolio-Hedges E 71
Portokosten F 532
– Ausweis beim Umsatzkostenverfahren **F** 645
Positivbefund
– Abhängigkeitsbericht **Q** 1137
– Bestätigungsvermerk **Q** 337, 458
– vorangestellte Berichterstattung **Q** 90
Postenaufgliederungen und -erläuterungen
– Konzernprüfungsbericht **Q** 673
– Prüfungsbericht **Q** 226, 796
– Kreditinstitute **J** 43 ff.
Postenbezeichnung
– Anpassung **F** 95, 39, **J** 44
– – in der Bilanz
– – – Genossenschaften **G** 6
– – – PublG **H** 46
– Kreditinstitute **J** 43 ff.
Postenerläuterung
– im Prüfungsbericht **J** 681
Postenhinzufügung F 93, 470 f.
– Kreditinstitute **J** 44, 53
Postenuntergliederung
– im Jahresabschluss
– – Kapitalgesellschaft **F** 92, 94
– – Kreditinstitute **J** 55

3220

Postenzusammenfassung F 97 ff., 734
– in der Bilanz
– – Kapitalgesellschaft **F** 97 ff.
– – Kreditinstitute **J** 46, 55
– – Versicherungsunternehmen **K** 75 ff.
– in der Gewinn- und Verlustrechnung
– – Kapitalgesellschaft **F** 97 f., 100, 473 ff., 480
– – Versicherungsunternehmen **K** 110 ff.
Postgebühren
– Ausweis **F** 532, 551
– bei Ermittlung der Herstellungskosten **E** 356
Prämienreserven
– *s. Deckungskapital*
Präsentationskosten
– Ausweis beim Umsatzkostenverfahren **F** 645
Präsenzmehrheit
– beherrschender Einfluss **T** 107, 115
Praktische Tätigkeit
– Nachweis für WP-Examen **A** 56, 62, 63 ff., 70, 77
Praxisbroschüren A 448
Praxisschild
– Sozietäten **A** 239
– Werbung **A** 455
– Wirtschaftsprüfer **A** 200
Praxisveräußerung
– Wirtschaftsprüfer
– – Fortbestand der Haftung **A** 660
– – Mandatsschutzklausel **A** 421 f.
– – Verschwiegenheitspflicht **A** 380
Preisnachlass
– bei Ermittlung
– – Anschaffungskosten **E** 325
– – Umsatzerlöse **F** 512
– beim Ansatz der Kundenforderungen **F** 231
Preisrückgang
– bei Bewertung des Umlaufvermögens **E** 435
Preisschwankungen
– Prüfung bei **R** 456
Preissteigerungen
– im Anhang **F** 684, 1058
– Generalnorm **F** 79, 1058
Preissteigerungsrücklage F 397

Preisvergleichsmethode
– für Beurteilung von Leistung und Gegenleistung **F** 1351 ff.
Presseveröffentlichungen
– Verschwiegenheitpflicht des Wirtschaftsprüfers **A** 375
Primäranspruch A 713
Primärprinzip
– Versicherungsunternehmen
– – in der Gewinn- und Verlustrechnung **K** 520
Primärverjährung A 714
Private Schulden
– Grundsatz der Nichtaufnahme nach PublG
– – in der Bilanz **H** 70 ff.
– – in der Konzernbilanz **O** 84 f.
– – Konzern-Gewinn- und Verlustrechnung **O** 102
– im Prüfungsbericht **Q** 789
Privatvermögen
– Anteile im - bei Ermittlung der Kapitalmehrheit **T** 91
– Einzelkaufleute **E** 17
– nach PublG
– – Grundsatz der Nichtaufnahme **F** 82
– – – Konzernbilanz **O** 84 f.
– – – Konzern-Gewinn- und Verlustrechnung **O** 102
– – bei Ermittlung der Bilanzsumme **H** 21
– – im Jahresabschluss **H** 68 ff.
– Prüfungsbericht **Q** 790
Probebilanz
– zur Ermittlung der Bilanzsumme nach PublG **H** 15 f.. **O** 31 ff.
Problemorientierung
– Berichterstattung **Q** 63, 164
Produkthaftung
– Kosten beim Umsatzkostenverfahren **F** 636
– Rückstellung **E** 185
Produktionskosten
– bei Bewertung des Umlaufvermögens **E** 433
Produktionskostenrechnung/-verfahren F 497
Produktionsumstellung
– Bewertung **E** 314
Produktpalette
– Aufgliederung der Umsatzerlöse **F** 891

3221

– Bewertung bei Änderung **E** 314
Prognosen
– Bestätigungsvermerk **Q** 452, 547
– im Lagebericht **F** 1102, 1126
Prognoseprüfung
– Risikofrüherkennungssystem **P** 134
– Schadenrückstellung **K** 769
Prognoserechnung
– im Anhang **F** 688
Programmvermögen
– Ausweis **F** 93
Projected Unit Credit Method E 233, 235
– versicherungsmathematische Berechnungen **Anh2** 68 ff.
Prokura
– angestellter Wirtschaftsprüfer **A** 393, 397
Prolongationsabreden
– bei Ermittlung der Restlaufzeit **F** 766
Prospektbeurteilung Q 1544 ff.
Prospektgutachten Q 1544 ff.
– Aufbau **Q** 1549
– Datum **Q** 1561
– Unterzeichnung **Q** 1561
– *s. auch Prüfungsbericht*
Prospekthaftung A 678 ff.
Provisionen
– Abgrenzung **E** 270
– im Anhang **J** 402
– bei Ermittlung
– – Anschaffungskosten **E** 322, 532
– – Herstellungskosten **E** 363
– – Leistung und Gegenleistung **F** 1358
– beim Erwerb eigener Anteile **F** 326
– bei Forderungsbewertung **F** 231
– in der Gewinn- und Verlustrechnung
– – Gesamtkostenverfahren **F** 512, 533, 551, 580
– – Kreditinstitute **J** 265, 287, 1074 ff., 1084 ff.
– – Umsatzkostenverfahren **F** 645
– für Organmitglieder **F** 667, 692, 918
– an Rückversicherer **K** 268, 522, 531
– an Vertreter
– – Versicherungsunternehmen **K** 83, 360, 522, 534, 540
– an Vorversicherer **K** 268, 537
– – *s. auch Abschlussprovisionen, Rückversicherungsprovisionen*
– bei Wiederveräußerung der eigenen Anteile **F** 331

Provisionsgeschäfte
– Wirtschaftsprüfer
– – Befangenheit **A** 320
– – Verbot **A** 49, 320, 410
Provisionsverpflichtungen
– Ausweis **F** 458
– – Versicherungsunternehmen **K** 500
– Rückstellung **E** 201
– – Versicherungsunternehmen **K** 500
Prozessbevollmächtigte A 26, 310
Prozessentscheidungen
– im Lagebericht **F** 1102
Prozesskosten
– bei Ermittlung der Anschaffungskosten **E** 322
– Rückstellung **E** 202
Prozesskostenhilfe
– Nichtigkeitsklage **U** 68
Prüfberichtsverordnung
– Versicherungsunternehmen **Q** 947
– *s. Prüfungsberichtsverordnung*
Prüfer für Qualitätskontrolle
– Auswahl **A** 510 ff.
– Beauftragung **A** 521
– Registrierung **A** 511
– Unabhängigkeit **A** 517
Prüferische Durchsicht Q 1366
– Berichterstattung **Q** 1369
– Kreditinstitute **J** 588 ff.
– *s. auch Reviewbericht*
Prüferrichtlinie A 11, 118, 276 ff., **B** 72
Prüferwechsel
– Verhalten **A** 400
Prüffelder
– Versicherungsunternehmen **K** 750
Prüfgeräte
– Bilanzierung **E** 478
Prüfung
– Abhängigkeitsbericht **F** 1365 ff.
– – von Leistung und Gegenleistung für Zwecke **F** 1349 ff.
– befreiender Konzernabschluss **M** 101
– Bausparkassen **J** 1096 ff.
– Depotgeschäft **J** 721 ff.
– einbezogene Einzelabschlüsse **M** 922 ff.
– gewissenhafte Berufsausübung **R** 2
– Investmentaktiengesellschaft **J** 1018 ff.
– *Jahresabschlussprüfung s. dort*
– Jahresabschlussmeldung an die DSD **D** 32

3222

– Kapitalanlagegesellschaften **J** 755 ff.
– Kernverwaltungen der öffentlichen Hand **D** 33, **L** 106 ff.
– Kommunalunternehmen **L** 65
– Kreditinstitute **J** 594 ff.
– Ordnungsmäßigkeit der Geschäftsführung **L** 51 ff., 66 ff.
– – öffentlich-rechtliche Versicherungsunternehmen **K** 16
– Qualitätssicherungssystem **A** 466 ff.
– Rechtsgrundlagen **D** 1 ff.
– – bestimmte Einrichtungen **D** 31
– – bei Beteiligung einer Gebietskörperschaft **D** 21 ff.
– – Betriebe bestimmter Wirtschaftszweige **D** 10 ff.
– – Gemeinden/Gemeindeverwaltungen **D** 33
– – juristische Personen d.ö.R. **D** 24 ff.
– – Kernverwaltungen der öffentlichen Hand **D** 33
– – nach Publizitätsgesetz **D** 9
– – Unternehmen bestimmter Rechts-/Gestaltungsformen **D** 2 ff.
– – Wirtschaftsbetriebe ohne eigene Rechtspersönlichkeit **D** 29
– Risikofrüherkennungssystem **P** 70 ff.
– – Auftrag **P** 76 f., 82 f.
– – als Bestandteil der Jahresabschlussprüfung **P** 73, 77
– – Durchführung **P** 123 ff.
– – freiwillige **P** 76 ff.
– – Gegenstand **P** 103 ff.
– – gesetzliche Pflicht **P** 73 ff.
– – mittelbare **P** 86 ff.
– – Planung **P** 115 ff.
– – i.Z.m. der Prüfung des Lageberichts **P** 93 ff.
– – Sonderauftrag **P** 82 ff.
– – Systemprüfung **P** 105
– – Umfang **P** 103 ff.
– – unmittelbare **P** 73 ff.
– – Ziele **P** 113 f.
– Sondervermögen **J** 949 ff.
– sonstige Prüfungen **R** 16
– Unrichtigkeiten und Verstöße
– – Erkennung **R** 2
– Unternehmensvertrag **T** 241
– Versicherungsunternehmen **K** 725 ff.
– – Erstversicherungsunternehmen **K** 730

– wirtschaftliche Verhältnisse **L** 51 ff., 66 ff., 84
– Wirtschaftsbetriebe der öffentlichen Hand
– – als Eigenbetriebe **L** 55 ff.
– – in privater Rechtsform **L** 50 ff.
– – nach § 36 WpHG **J** 736 ff.
– *s. auch Abschlussprüfung, Jahresabschlussprüfung*
Prüfungsansatz
– Prüfungsbericht **Q** 164
Prüfungsassistenten
– Ausbildung **A** 746
Prüfungsaufgaben
– Wirtschaftsprüfer **A** 22 ff.
Prüfungsauftrag
– Erweiterungen **Q** 56 ff., 156, 274
– Kündigung **A** 622 f., **Q** 498
– nicht rechtzeitige Ablehnung **A** 652 f.
– Nichtigkeit **A** 335
– Prüfungsbericht **Q** 81 ff., 676
– Prüfungshemmnisse **Q** 464, 497
– Risikofrüherkennungssystem **P** 73 ff.
– Widerruf **A** 626
– Wirksamkeit **A** 606
– Wirtschaftsbetriebe der öffentlichen Hand
– – Eigenbetriebe **L** 58, 61
– – in privater Rechtsform **L** 51 f.
– Versicherungsunternehmen
– – Anzeige **K** 742
– – Erteilung **K** 728, 742
– – Gegenstand **K** 734 ff., 746
– Zusatzauftrag **Q** 59, 158
Prüfungsbereitschaft
– Prüfung des Abhängigkeitsberichts **F** 1290, 1365 ff.
– Prüfungsbericht **Q** 166
Prüfungsbericht
– Abhängigkeitsbericht **F** 1383
– Adressaten **Q** 12 ff.
– Adressierung **Q** 842
– aktienrechtliche Sonderprüfungen **Q** 1166
– Änderungen durch das KonTraG **Q** 14
– Anlagen **Q** 70 ff., 284 ff.
– – Analyse der wirtschaftlichen Lage **Q** 294
– – Auftragsbedingungen **Q** 284
– – fakultative **Q** 285

3223

– – obligatorische Anlagen **Q** 284
– – Postenerläuterungen **Q** 225, 795
– – Rechtsverhältnisse **Q** 288
– Anlagenband **Q** 77, 227, 300, 673, 1348
– Arbeitspapiere **Q** 151
– Aufbau **Q** 67 ff.
– Aufgaben **Q** 30 ff.
– – Informationsfunktion **Q** 31 ff.
– – Nachweisfunktion **Q** 42
– – Unterstützungsfunktion **Q** 32
– Aufnahme des Bestätigungsvermerks **Q** 570
– Aufsichtsrat
– – Bedeutung **Q** 30 ff.
– – Bilanzausschuss **Q** 36, 654
– – Empfänger **Q** 13
– – mündliche Berichterstattung an den **Q** 653
– – Prüfungsausschuss **Q** 36, 654
– Aushändigung **Q** 13
– Bausparkassen **J** 1099, **Q** 892
– Berichtskritik **Q** 302
– Bescheinigung **Q** 1352
– Bestätigungsvermerk **F** 1385, **Q** 566
– Bilanzierungs- und Bewertungsmethoden **Q** 106
– Deckblatt **Q** 69, 78, 160
– Deckblattlösung **Q** 86, 160
– Depotprüfung/Depotbankprüfung **J** 733 f., **Q** 1295
– Detaillierungsgrad **Q** 150
– Eilbedürftigkeit **Q** 147
– Einzelkaufmann **Q** 789, 800
– Empfänger **Q** 13
– Endfassung **Q** 304
– Entwurf **Q** 303 ff.
– Erläuterungsteil **Q** 72
– Erstprüfungen **Q** 163, 289
– Factoring-Institute **Q** 894
– Finanzdienstleistungsinstitute **Q** 871
– Fortbestandsprognose **Q** 96 ff., 105
– freiwillige Abschlussprüfung **Q** 837 ff.
– Gemeinschaftsprüfung **Q** 316, **R** 892
– Genossenschaften **Q** 996
– Gesetzesverstöße **Q** 463
– Gliederung **Q** 68
– Grundsätze der Berichterstattung **Q** 43 ff.
– *Gründungsprüfung s. Gründungsprüfungsbericht*
– Heimsicherungsverordnung **Q** 1490

– Inhalt **Q** 80 ff.
– – Abgrenzung der Verantwortlichkeit **Q** 155
– – Abhängigkeitsbericht **Q** 158
– – Abhängigkeitsverhältnisse **Q** 290
– – abweichende Auffassung **Q** 62
– – Altersversorgung **Q** 290
– – Anhang **Q** 186 ff.
– – Ansatzwahlrechte **Q** 209 ff.
– – *Aufgliederung von Posten s. Postenaufgliederungen*
– – Aufklärungs- und Nachweispflichten gesetzliche Vertreter **Q** 168 ff.
– – Aufstellungsfrist **Q** 188
– – Auftrag **Q** 81 ff.
– – Auftragsbedingungen **Q** 85, 284
– – *Auftragsdurchführung s. Gegenstand, Art und Umfang der Prüfung*
– – Außenprüfung **Q** 290
– – bestandsgefährdende Tatsachen **Q** 108 ff., 137 ff.
– – Bestandsnachweis **Q** 174
– – Bestätigungsvermerk **Q** 361, 742
– – Betriebsergebnis **Q** 34, 251 ff.
– – Betriebsstilllegung **Q** 296
– – Bilanz **Q** 183
– – Bilanzierungs- und Bewertungsmethoden **Q** 106 ff.
– – Buchführung **Q** 174 ff.
– – Cash-Flow-Analyse **Q** 245
– – Derivate **Q** 920
– – Entwicklungsbeeinträchtigende Tatsachen **Q** 108
– – Ergebnisverwendung **Q** 292
– – Erklärung des Vorstands zum Abhängigkeitsbericht **Q** 198
– – Eröffnungsbilanzwerte **Q** 163
– – Ertragslage **Q** 248
– – Erweiterungen des Prüfungsauftrags **Q** 56, 156, 163, 274, 949
– – fakultative Anlagen **Q** 285
– – Feststellung Vorjahresabschluss **Q** 292
– – Finanzbuchführung **Q** 174
– – Finanzergebnis **Q** 251 ff.
– – Finanzierung **Q** 245 ff., 296
– – Finanzinstrumente **Q** 887, 926
– – Fördermittel **Q** 1073 ff.
– – freiwillige Abschlussprüfung **Q** 837
– – Gegenstand, Art und Umfang der Prüfung **Q** 150

3224

– – Geldwäschegesetz **Q** 1307
– – Generalnorm **Q** 201, 791, 846
– – geprüfte Unterlagen **Q** 174
– – Gesamtaussage Jahresabschluss **Q** 201, 843
– – Gesetzesverstöße **Q** 118, 269
– – Gewinn- und Verlustrechnung **Q** 184
– – Gewinnrealisierung **Q** 106
– – Going Concern-Prinzip **Q** 104
– – größenabhängige Erleichterungen **Q** 157
– – grundsätzliche Feststellungen **Q** 87 ff.
– – interne Revision **Q** 163, 920
– – internes Kontrollsystem **Q** 163, 180, 1281
– – Jahresabschluss **Q** 183
– – Kapitalflussrechnung **Q** 245
– – Kapitalherabsetzung **Q** 290
– – Kennzahlen **Q** 93, 243, 258
– – Kreditlinien **Q** 246 ff.
– – Kreditsicherungen **R** 554
– – Lagebericht **Q** 194
– – Liquidität **Q** 109, 244
– – nachteilige Veränderungen
– – – Ertragslage **Q** 259
– – – Finanzlage **Q** 247
– – – Vermögenslage **Q** 242
– – Negativerklärung **Q** 117
– – neutrales Ergebnis **Q** 251 ff.
– – Nichtigkeit **Q** 136
– – obligatorische Anlagen **Q** 284
– – Ordnungsmäßigkeit der Geschäftsführung **Q** 997
– – Organkredite **R** 486
– – Organschaft **Q** 290
– – Postenaufgliederungen und -erläuterungen **Q** 226, 716, 795
– – Privatschulden **Q** 789
– – Privatvermögen **Q** 790
– – Prüfungsansatz **Q** 164
– – Prüfungsauftrag **Q** 81 ff.
– – Prüfungsergebnis **Q** 534
– – Prüfungserleichterung **Q** 846
– – Prüfungsgegenstand **Q** 150
– – Prüfungshandlungen **Q** 163
– – Prüfungshemmnis **Q** 165
– – Prüfungsschwerpunkte **Q** 163
– – Prüfungsumfang **Q** 161
– – Prüfungszeitraum **Q** 166
– – Rechnungslegung **Q** 171

– – Rechtsverhältnisse **Q** 288
– – Redepflicht **Q** 113
– – Risikofrüherkennungssystem **P** 146 ff., **Q** 261
– – Rückversicherungsbeziehungen **Q** 955
– – Sachverhaltsgestaltung **Q** 106
– – Sale and lease back **Q** 106
– – Satzung **Q** 290
– – Schutzklausel **Q** 51, 187, 198
– – schwerwiegende Verstöße **Q** 118, 134
– – Siegel **Q** 276, 279, 283
– – Sorgfaltspflicht der gesetzlichen Vertreter **Q** 180
– – Stellungnahme zur Lagebeurteilung der gesetzlichen Vertreter **Q** 91 ff., 102 ff.
– – Stetigkeitsgrundsatz **Q** 64
– – Substanzerhaltung **Q** 244
– – Treuhandverhältnisse **Q** 290
– – Umstrukturierungsmaßnahmen **Q** 296
– – Unregelmäßigkeiten **Q** 118
– – Unrichtigkeiten **Q** 118 ff.
– – Unternehmensfortführung **Q** 104
– – Unternehmensverträge **Q** 290, 656
– – Verletzung der Aufstellungspflicht **Q** 135
– – Verletzung der Offenlegungspflicht **Q** 135
– – Verluste **Q** 260
– – Vermögens-, Finanz- und Ertragslage **Q** 93 ff., 228 ff.
– – Vermögenslage **Q** 238
– – Vermögensschädigung **Q** 163
– – Versicherungsschutz **Q** 299
– – Verstöße gegen gesetzliche Vorschriften **Q** 118 ff.
– – Verträge **Q** 290, 656
– – Verwendbares Eigenkapital **Q** 290
– – Vollständigkeitserklärung **Q** 169
– – Vorjahresvergleichszahlen **Q** 249
– – Vorwegberichterstattung **Q** 87, 147
– – wirtschaftliche Grundlagen **Q** 294
– – wirtschaftliche Lage **Q** 33, 90, 286, 294
– – zusätzliche Informationen **Q** 140
– – Zweigniederlassungen **Q** 166
– – Zwischenprüfung **Q** 166
– Insolvenz **Q** 27
– International Financial Reporting Standards **Q** 730 ff.
– International Standards on Auditing **Q** 161

– Internes Kontrollsystem **Q** 163, 180, 1281
– Joint Audit **Q** 316
– Kapitalanlagegesellschaften **Q** 915
– Kapitalerhöhung mit Sacheinlagen **Q** 1138
– Kapitalgesellschaft & Co. **Q** 846
– Klarheit **Q** 63 ff.
– kleine Kapitalgesellschaft **Q** 846
– *Konzernabschluss s. Konzernprüfungsbericht*
– Krankenhäuser **Q** 1069
– Kreditinstitute **J** 637 ff., **Q** 871
– – Konzernabschlussprüfung **J** 682 ff.
– Kündigung des Prüfungsauftrags **Q** 322 ff.
– Leasing-Institute **Q** 909
– Mängel **Q** 327
– Makler- und Bauträgerverordnung **Q** 1321
– Management Letter **Q** 29, 178
– Mindestbestandteile **Q** 11, 1321
– Nachgründungsprüfung **Q** 1135
– Nachhaltigkeitsprüfung **Q** 1434
– Nachtragsprüfung **Q** 309
– Nachweisfunktion **Q** 42
– Personenhandelsgesellschaft **Q** 785
– Pfandbriefinstitute **Q** 892
– Pflegeeinrichtungen **Q** 1090
– *Pflichtbestandteile s. Mindestbestandteile*
– Prospektbeurteilung **Q** 1544
– Prüfungsauftrag **Q** 81 ff.
– Prüfungsergebnisse Dritter **R** 868, 882
– Prüfungserleichterung **Q** 843
– Prüfungszeitraum **Q** 166
– Publizität **Q** 135
– Publizitätsgesetz **Q** 777
– Rechtsverhältnisse **Q** 288
– Risikofrüherkennungssystem **R** 631
– Sacheinlagenprüfung **Q** 1235
– Sanierung **Q** 551, 586, 877
– Sanierungs- und Entwicklungsträger **Q** 1116
– Sanierungskonzepte
– – Prüfung von **Q** 1562
– – zusammenfassende Schlussbemerkung **Q** 1564
– Sanierungsmaßnahmen **Q** 877
– Schlussbemerkung **Q** 1131

– Siegel **Q** 276, 279, 283
– Softwareprüfung **Q** 1405
– Sonderprüfungen, aktienrechtliche **Q** 1170 ff.
– Sondervermögen **J** 954 ff.
– spendensammelnde Organisation **Q** 1045
– Spezialkreditinstitute **Q** 892
– Stiftungen **Q** 1020
– Täuschung, Täuschungsabsicht **Q** 126
– Teilbericht **Q** 54, 147, 159, 263
– Testatsexemplar **Q** 277
– bei Überschuldung **V** 91 ff.
– *Umweltberichterstattungsprüfung s. Nachhaltigkeitsprüfung*
– Unparteilichkeit bei Abfassung **A** 342
– Unterzeichnung **Q** 279 ff., 850
– – Sozietät **A** 611
– – Wirtschaftsprüfungsgesellschaft **A** 615
– Vereine **Q** 1035
– Verschmelzungsprüfung **Q** 1215
– Verschwiegenheitspflicht **Q** 26
– Versicherungsunternehmen **K** 732, 746 ff., 808 ff., **Q** 947
– – allgemeine Vorschriften **K** 808 ff.
– – Aufwandsverteilung **K** 809
– – EDV-Systemprüfung **K** 752
– – Ertragslage **K** 345, 746, 807, 809
– – Forderungen aus dem Rückversicherungsgeschäft **K** 809
– – Gliederung **K** 7807
– – Inhalt **K** 732 f., 746 ff., 808 f., 815
– – Kapitalanlagen **K** 809
– – Liquidität **K** 809
– – Rückstellung **K** 809
– – Rückversicherungsbeziehungen **K** 809
– – Solvabilität **K** 747, 758
– – Überwachungssystem **K** 809
– – Unternehmensverträge **K** 809
– – Verfahrensdokumentation **K** 746
– – Vermögensanlagevorschriften **K** 757, 809
– – versicherungstechnische Rückstellungen **K** 809
– – Vollständigkeitserklärung **K** 807
– – Vorlage **K** 656 ff., 743
– Verständlichkeit **Q** 63
– Vertragspflicht des Abschlussprüfers **Q** 9
– Vertraulichkeit **Q** 21, 52
– Verwertungsgesellschaft **Q** 1092
– Vorabbericht **Q** 54, 147

– Vorabexemplar **Q** 54, 147
– Vorlage **Q** 14, 301 ff.
– Vorlage- und Einsichtsrecht **Q** 21
– Vorwegberichterstattung **Q** 87, 147
– Vorwegexemplar **Q** 303
– Warnpflicht des Abschlussprüfers **Q** 845
– Weitergabe an Dritte **Q** 20, 41
– *Weitergaberecht s. Weitergabe an Dritte*
– Werkstätten für behinderte Menschen **Q** 1486
– Wertpapierdienstleistungsunternehmen **Q** 1275
– gem. Wertpapierhandelsgesetz **J** 748, **Q** 1273
– Wirtschaftsbetriebe der öffentlichen Hand **L** 51, 53, 60 ff., 66 ff.
– – Richtlinien **L** 60
– Zahlungsinstitute **Q** 898
– Zusammenfassung mit Prüfungsbericht über Konzernabschlussprüfung **Q** 730
– Zwischenprüfung **Q** 53, 166

Prüfungsberichteverordnung
– Versicherungsunternehmen **K** 5, 732, 746 ff., 809, **Q** 949

Prüfungsberichtsverordnung Q 872 ff.
– Bausparkassen **Q** 893
– Finanzierungsleasing- und Factoringinstitute **Q** 910
– Finanzdienstleistungsinstitute **Q** 872
– Kapitalanlagegesellschaften **Q** 915
– Kreditinstitute **J** 637, 723, **Q** 885
– Realkreditinstitute **Q** 892

Prüfungsdurchführung
– Abhängigkeitsbericht **F** 1376 ff.
– analytische Prüfungshandlungen **R** 378 ff.
– Art und erweiterter Umfang der **R** 17
– externe Qualitätskontrolle **A** 467 ff., 492, 528
– kritische Grundhaltung **R** 2
– nach Prüfungsgrundsätzen **R** 18
– Nachweis **R** 894 ff.
– Risikofrüherkennungssystem **P** 123 ff.
– Wesentlichkeitsgrundsatz **R** 92

Prüfungseinrichtungen
– öffentlich-rechtliche **L** 54 , 63 f.

Prüfungsergebnis
– Begriff **Q** 1
– Bestätigungsvermerk zum Konzernabschluss von Kapitalgesellschaften **Q** 739

– Beurteilung im Bestätigungsvermerk **Q** 403, 863
– Darstellung im Prüfungsbericht **Q** 2 ff.
– Prüfungsbericht **Q** 537
– Spezialgesetze **Q** 1273 ff.
– *s. auch Bestätigungsvermerk, Prüfungsbericht*

Prüfungsergebnisse Dritter
– Abgrenzung Gemeinschaftsprüfungen **R** 855
– ausländischer Abschlussprüfer **R** 861
– Bestätigungsvermerk **Q** 397, 745
– deutscher Abschlussprüfer **R** 857 ff.
– Eigenverantwortlichkeit **R** 854
– interne Revision **R** 870 ff.
– Prüfungsbericht **R** 868
– Verwertung **Q** 163, 476

Prüfungserleichterung
– Prüfungsbericht **Q** 157, 843

Prüfungsgegenstand
– Bausparkassen **J** 1096 ff.
– Bedeutung **R** 92
– Bestätigungsvermerk bei Erweiterungen des **Q** 373 ff., 378 ff., 530 ff.
– Bezeichnung
– – im Bestätigungsvermerk **Q** 370 ff.
– Depotprüfung und Depotbankprüfung **J** 721 ff.
– Erleichterungen **Q** 157, 187
– Erweiterungen **Q** 56, 275, 939, 1290
– externe Qualitätskontrolle **A** 529
– gesetzliche Jahresabschlussprüfung **R** 6,9,10
– Konzernabschluss von Kapitalgesellschaften
– – Bestätigungsvermerk **Q** 739
– Konzernprüfungsbericht **Q** 675
– Kreditinstitute **J** 594 ff.
– Prüfungsbericht **Q** 150
– qualitative Merkmale **R** 92
– quantitative Merkmale **R** 92
– Risikofrüherkennungssystem **P** 103 ff.
– Sondervermögen **J** 949 ff.
– Wertpapierhandelsgesetz **J** 742 ff.

Prüfungsgesamtnote A 84

Prüfungsgrundsätze
– bei der Durchführung von Abschlussprüfungen **R** 18 ff.
– Grundsatz der Wesentlichkeit **R** 23
– Grundsatz der Wirtschaftlichkeit **R** 23

– nach § 53 HGrG **L** 66 ff.
– Versicherungsunternehmen **K** 747
Prüfungshandlungen
– Abhängigkeit von Größe und Komplexität des Unternehmens **R** 44
– alternative
– – Bestätigungsvermerk **Q** 465
– analytische **R** 103, 114 f.
– Auswahl **R** 17 ff.
– Einzelfallprüfungen **R** 103, 116 ff.
– ergebnisorientierte **R** 101 f., 114 f.
– Erweiterung des Prüfungsumfangs **R** 699
– geringstmöglicher Aufwand **R** 98
– Nachweis **Q** 151
– Prüfungsbericht **Q** 163
– Prüfungsplanung **R** 44, 101 ff.
– Sorgfaltspflicht **R** 23
– Versicherungsunternehmen
– – analytische **K** 750, 770
– – Aufbauprüfung **K** 750, 753, 769
– – aussagebezogene **K** 750, 770
– – Einzelfallprüfung **K** 750, 771 f.
– – Funktionsprüfung **K** 750, 769
– – mathematisch-statistische Verfahren **K** 773, 785
Prüfungshemmnisse
– Bescheinigung **Q** 1361
– – Einschränkung **Q** 1361
– – Einwendungen wegen **Q** 1361
– – Nichterteilung **Q** 1361
– Bestätigungsvermerk **Q** 464
– – Einschränkung **Q** 457, 464
– – Einwendungen wegen **Q** 464
– – Versagung **Q** 492 ff.
– Jahresabschlussprüfung
– – eingeschränkter Bestätigungsvermerk **Q** 1612
– – Versagungsvermerk **Q** 1614
– Prüfungsbericht **Q** 165
Prüfungshinweise
– *des IDW s. IDW Prüfungshinweise*
Prüfungskosten
– Ausweis **F** 551
– Rückstellung **E** 189
Prüfungsmethoden
– indirekte **R** 358
– geschäftsrisikoorientierter Prüfungsansatz **R** 35
– kritische Grundhaltung **R** 2
– retrograde

– – bei Prüfung des Abhängigkeitsberichts **F** 1376
– Versicherungsunternehmen **K** 750 f.
Prüfungsnachweise R 894 ff.
– ausreichende und angemessene **R** 101
Prüfungspflicht
– Abhängigkeitsbericht **F** 1284, 1290, 1365 f.
– Befreiung
– – nach PublG **H** 29 ff.
– – Voraussetzungen **F** 38 ff., **H** 32 ff., 38 ff.
– – nach den Vorschriften für Kapitalgesellschaften **F** 29 ff.
– Jahresabschluss
– – Befreiung von **K** 727
– – Finanzkonglomerate **K** 735
– – Kapitalgesellschaften **F** 8
– – kleine Versicherungsvereine **K** 725, 727, 748
– – nach PublG **H** 3
– – Nichtigkeit bei Verstoß **U** 191 ff.
– – Niederlassungen ausländischer Versicherungsunternehmen **K** 726
– – öffentlich-rechtliche Versicherungsunternehmen **K** 725
– – Versicherungsunternehmen **K** 725, 727
– Konzernabschluss
– – nach HGB **M** 919 ff.
– – Versicherungsunternehmen **K** 725
– Risikofrüherkennungssystem **P** 73 ff.
– Wirtschaftsbetriebe der öffentlichen Hand
– – Eigenbetriebe **L** 55 ff.
– – in privater Rechtsform **L** 50 ff.
– Zwischenabschluss **M** 169, 922
Prüfungsplan
– Erstellung und Dokumentation **R** 156 ff.
– Gesamtheit aller Festlegungen **R** 156
– mehrjähriger
– – Prüfung nach § 53 HGrG **L** 70
– Nachweisfunktion **R** 156
– Planungsmemorandum **R** 159
– Prüfungsanweisungen **R** 158
– sachlogischer Zusammenhang **R** 157
Prüfungsplanung
– analytische Prüfungshandlungen **R** 377
– Änderungen **R** 42
– Anpassung **R** 37

3228

- Bestimmung der Prüfungshandlungen R 38
- durch den Abschlussprüfer
-- außergewöhnliche Buchungen R 150
-- bei Erstprüfungen R 136
-- Berücksichtigung von Unrichtigkeiten und Verstößen R 2
-- gesonderter Teilbericht R 151
-- Hard close R 149
-- Informationsbeschaffung R 38
-- Informationsbeschaffungs- und Analyseprozess R 45
-- personelle R 39, 153 ff., 162
--- Aufteilung R 153
--- Betriebsblindheit R 154
--- interne Rotation R 154
--- Unabhängigkeit R 153
-- Phasen R 36 ff.
-- Prüfungsstrategie R 38
-- sachliche R 39, 44 ff., 163
--- Abhängigkeit von Größe und Komplexität des Unternehmens R 44
--- Erfahrungen der Abschlussprüfer R 44
--- Planungsschritte R 45
-- Vor- und Zwischenprüfungen R 146
-- wesentliche Beanstandungen R 151
-- zeitliche R 39, 143 ff.
- Einteilung des Prüfungsstoffs R 38
- Erstellung eines Zeit- und Kostenbudgets R 41
- Informationsquellen R 46
- Informationsumfang R 46
- kritische Grundhaltung R 2
- Projektmanagement R 40
- Risikofrüherkennungssystem P 115 ff.
- Wesentlichkeitsgrundsatz R 92 ff.
- Wirtschaftsbetriebe der öffentlichen Hand L 7
- Zeitplanung R 143

Prüfungsprozess
- Phasen R 36 ff.

Prüfungsrecht
- Konzernabschlussprüfer bei einbezogenen Unternehmen M 928 ff.

Prüfungsrisiko
- Begriff R 32
- Beurteilung R 75
- Einschätzung R 75, 91
- Entdeckungsrisiko R 32, 85, 88
- Fehlerrisiko R 32, 75
- innewohnendes (inhärentes) R 32, 76
- Kontrollrisiko R 32, 77
- mathematische Abhängigkeit R 87
- Risikofaktoren R 76
- Verstehen des Unternehmens R 239

Prüfungsschwerpunkte
- bestandsgefährdende Tatsachen Q 108 ff., 137 ff.
- Prüfung nach § 53 HGrG L 70
- Prüfungsbericht Q 163
- Versicherungsunternehmen
-- Festsetzung K 753
-- Schadenrückstellung der Lebensversicherungsunternehmen K 780
- s. auch Gegenstand, Art und Umfang der Prüfung

Prüfungsstandard
- des IDW s. IDW Prüfungsstandard

Prüfungsstrategie
- Entwicklung R 72 ff.
- Plausibilitätsbeurteilung R 99

Prüfungstätigkeit A 22 ff., 64
- als Zulassungsvoraussetzungen für das WP-Examen A 64
-- im Ausland A 67
-- Befreiung vom Nachweis A 76
-- Begriff A 64
-- Mindest- A 50
-- Nachweis A 70

Prüfungstechnik
- bei ergebnisorientierten Prüfungshandlungen R 117
- Versicherungsunternehmen K 749

Prüfungsumfang
- Abhängigkeitsbericht Q 1144
- Bestätigungsvermerk, Beschreibung Q 390
- einbezogene Unternehmen M 922 f.
- Erweiterungen Q 1001, 1049
- Intensivierung Q 56, 139
- Jahresabschluss
-- Bestimmungskriterien R 11, 73
-- Einschränkung R 13
-- Erweiterung R 13, 697 ff.
-- Konzernabschluss von Kapitalgesellschaften
--- Bestätigungsvermerk Q 744, 762 ff.
--- Konzernprüfungsbericht Q 688 ff.
-- Krankenhäuser Q 1071

- Nachtragsprüfung **Q** 313, 596
- Prüfungsbericht **Q** 150, 161
- Risikofrüherkennungssystem **P** 103 ff., **Q** 264
- Sonderprüfung **Q** 1200
- Stiftungen **Q** 1018
- Vereine **Q** 1036
- Verschmelzungsprüfung **Q** 1219
- Versicherungsunternehmen **K** 725 ff., 815
- Wirtschaftsbetriebe der öffentlichen Hand **L** 50 ff.
- zusätzliche Informationen **Q** 140

Prüfungsunterlagen
- bei Einzelfertigung **R** 465
- bei Massenfertigung **R** 465
- bei Prüfung der Vorräte **R** 456

Prüfungsurteil
- Bescheinigung **Q** 1429
- Bestätigungsvermerk **Q** 402, 863

Prüfungsvermerk
- Abhängigkeitsbericht **Q** 1152 ff.
- *Altenheime s. Pflegeeinrichtungen*
- *Altenwohnheime s. Pflegeeinrichtungen*
- Krankenhäuser **Q** 1503 ff.
- Makler- und Bauträgerverordnung **Q** 1321 ff.
- Pflegeeinrichtungen **Q** 1087
- Politische Parteien **Q** 1334 ff.
- Sondervermögen **Q** 926 ff.
- Spendensammelnde Organisationen **Q** 1042 ff.
- Stiftungen **Q** 1019, 1026
- Vereine **Q** 1038
- Verwertungsgesellschaften **Q** 1092
- *s. auch Bescheinigung, Bestätigungsvermerk*

Prüfungsvorschriften D 1 ff.
- im Bereich der öffentlichen Wirtschaft **D** 21 ff.
- – bei Beteiligung des Bundes **D** 21
- – bei Beteiligung einer Gemeinde/eines Gemeindeverbandes **D** 23
- – bei Beteiligung eines Landes **D** 22
- – Kernverwaltungen der öffentlichen Hand **D** 33, **L** 106 ff.
- – in privater Rechtsform **D** 22 ff., **L** 3 f., 50 ff.
- – in der Rechtsform einer juristische Personen d.ö.R. **D** 24 ff.

- – ohne eigene Rechtspersönlichkeit **D** 29 f., **L** 3 f., 55 ff.
- bestimmte Einrichtungen **D** 31
- Betriebe bestimmter Rechtsformen **D** 2 ff.
- – – Aktiengesellschaften **D** 2 f.
- – – Genossenschaften **D** 6
- – – Gesellschaften mit beschränkter Haftung **D** 4
- – – Kapitalgesellschaften & Co. **D** 5
- – – Kommanditgesellschaften auf Aktien **D** 2 f.
- – – rechtsfähige Vereine **D** 7
- – – Stiftungen **D** 8
- Betriebe bestimmter Wirtschaftszweige **D** 10 ff.
- – – Anlagenbetreiber **D** 31
- – – Anlagevermittler **D** 19
- – – Baubetreuer **D** 19
- – – Bauträger **D** 19
- – – Bergbau-, eisen- und stahlerzeugende Industrie **D** 20
- – – bestimmte kleinere Versicherungsvereine **K** 748
- – – Darlehensvermittler **D** 19
- – – Elektrizitäts-/Gasversorgungsunternehmen **D** 13
- – – Finanzdienstleistungsinstitute **D** 10
- – – Investmentgesellschaften **D** 10
- – – Kapitalanlagegesellschaften **D** 10
- – – Krankenhäuser **D** 13
- – – Kreditinstitute **D** 10
- – – Kunsthändler **D** 16
- – – Makler **D** 19
- – – Parteien **D** 18
- – – Sondervermögen **D** 10
- – – stromintensive Unternehmen **D** 10
- – – Versicherungsunternehmen **D** 11, **K** 725 ff.
- – – Versteigerer **D** 16
- – – Verwertungsgesellschaften **D** 15
- – – Wärmenetzbetreiber **D** 31
- – – Werkstätten für behinderte Menschen **D** 17
- – Wohnungsunternehmen **D** 12
- Jahresabschlussmeldung an die DSD **D** 32
- nach Publizitätsgesetz **D** 9

Prüfungszeitraum
- Prüfungsbericht **Q** 166, 293

– Rumpfgeschäftsjahr **Q** 82, 86, 1250
Prüfungsziele
– Risikofrüherkennungssystem **P** 113 f.
Public Interest Oversight Board
– der IFAC **B** 79
Publizität
– Gründungsprüfungsbericht **Q** 1120
– Konzernprüfungsbericht **Q** 666
– Nachgründungsprüfungsbericht **Q** 1137
– Prüfungsbericht **Q** 135 ff.
– Sonderprüfungen **Q** 1170, 1196
– *s. auch Offenlegung*
Publizitätsgesetz
– Anhang **H** 63 ff.
– Anlage zur Bilanz **H** 75 ff.
– Bestätigungsvermerk **Q** 781
– Bilanz **H** 49 ff.
– Geltung **H** 5 ff.
– – Versicherungsunternehmen **K** 20, 46
– Generalnorm **Q** 778
– Gewinn- und Verlustrechnung **H** 57 ff.
– Konzernabschluss **O** 56 ff.
– – Anlage zur Konzernbilanz **O** 94 ff.
– – Konsolidierungskreis **O** 69 ff.
– – Konzernanhang **O** 103 ff.
– – Konzernbilanz **O** 73 ff.
– – Konzern- Gewinn- und Verlustrechnung **O** 87 ff.
– – bei Nichteinbeziehung des Mutterunternehmens **O** 113 ff.
– Konzernlagebericht **O** 112
– Konzernprüfungsbericht **Q** 781
– Lagebericht **H** 81
– Prüfungsbericht **Q** 781ff.
– Prüfungsvorschriften **D** 9
– Rechnungslegungspflicht **H** 1
– – Größenmerkmale **H** 10 ff.
– – Rechtsformen **H** 5 f.
– Rechnungslegungspflicht im Konzern **O** 1 ff.
– – Abgrenzung gegenüber dem HGB/dem KWG **O** 55 ff.
– – Befreiung **O** 48 ff.
– – Beginn und Dauer **O** 40 ff.
– – Größenmerkmale **O** 24
– – Konsolidierungsvorschriften **O** 64, 69 ff.
Put-Option
– Mehrheitsbeteiligung **T** 77

Q
Qualifizierter faktischer Konzern T 223
Qualifizierter Rangrücktritt
– Überschuldungsstatus **V** 55 ff.
Qualitätskontrollbeirat
– Aufgaben **A** 501
– Zusammensetzung **A** 501
Qualitätskontrollbericht
– externe Qualitätskontrolle **A** 537
Qualitätskontrolle A
– interne **A** 470
– – externe Prüfung **A** 466 ff.
– Monitoring-Verfahren **A** 494
– Peer Review **A** 466 ff.
– Verfahren gem. WPOÄG **A** 511 ff.
– – Auflagen zur Beseitigung von Mängeln **A** 551 ff.
– – Auswahl der Prüfer **A** 510 f.
– – Berichterstattung über die Prüfung **A** 538 f.
– – gesetzliche Grundlage **A** 467
– – Prüfungsdurchführung **A** 528 ff.
– – Überwachung **A** 539 f.
– Verwaltung **A** 569 f.
– Vorschläge des IDW **A** 469
– Ziel **A** 467
– *s. auch Externe Qualitätssicherung*
Qualitätsmängel
– externe Qualitätskontrolle
– – Auflagen zur Beseitigung **A** 551 ff.
Qualitätssicherung A 466 ff.
– Grundsätze des IDW **A** 469, **B** 12
– interne **A** 470
– – Anforderungen gem. VO 1/2006, **A** 468 ff.
– – – externe Prüfung **A** 467 ff.
– – – interne Nachschau **A** 482 f.
– *s. auch Externes Qualitätssicherungssystem, Qualitätskontrolle*
Qualitätssicherungssystem
– *s. Externes Qualitätssicherungssystem*
Qualitätsverluste
– in der Gewinn- und Verlustrechnung **F** 529
Quotenkonsolidierung
– Begriff **M** 604 ff.
– – Konsolidierungstechnik **M** 611
– bei Gemeinschaftsunternehmen **T** 377, 400

R

Rabatte
- beim Ansatz der Kundenforderungen F 231
- bei Ermittlung
- – Anschaffungskosten E 325, 419
- – Angemessenheit von Leistung und Gegenleistung F 1352
- – Umsatzerlöse F 512
- – Rückstellungen E 211

Rahmenvereinbarung A 604

Rangrücktritt
- zur Beseitigung der Überschuldung V 56 f.
- bei Ermittlung des hälftigen Kapitalverlusts V 55 ff., 13
- im Jahresabschluss F 444, V 55 ff., 13
- qualifizierter V 55

Ratenkauf E 590

Ratenkredite
- Effektivverzinsung **Anh1** 13, 22 ff.

Ratenzahlungen
- bei Ermittlung der Restlaufzeit F 283

Rationalisierungserfolge
- im Lagebericht F 1102, 1105

Raumfahrzeugbau
- Aufgliederung der Umsatzerlöse F 891
- im Lagebericht F 1134

Realisationsprinzip E 300
- im Konzernabschluss M 319
- bei Überschuldung V 34

Realkreditinstitut
- Prüfungsbericht Q 890

Rechenmaschinen
- Bilanzierung E 478

Rechenschaftsbericht
- Prüfungsvorschriften
- – Investmentgesellschaften D 10
- – Kapitalanlagegesellschaften D 10
- – Parteien D 18

Rechenschaftslegung
- im Anhang F 665 ff.
- Grundsatz der gewissenhaften und getreuen F 1092
- im Lagebericht F 1092 ff.

Rechenzentrum
- Kosten beim Umsatzkostenverfahren F 646

RechKredV J 1

Rechnerische Prüfung
- als Prüfungstechnik R 117

Rechnungen
- Prüfung
- – um die Jahreswende R 475

Rechnungsabgrenzungsposten
- im Anhang F 692, 701, 714, 771, 877
- antizipative F 294, 458, 692, 748, 771
- in der Bilanz E 266 ff., 585
- – Kapitalgesellschaften F 302, 461
- – Kreditinstitute J 193, 228
- – Versicherungsunternehmen K 255, 272, 286 ff., 511
- passive F 461, 692, 771
- Prüfung
- – aktive R 505 f.
- – passive R 558
- bei der Schuldenkonsolidierung M 463 ff.
- in der Steuerbilanz E 276 ff.
- transitorische E 270
- Währungsumrechnung E 484
- Wesentlichkeit E 271

Rechnungslegung
- Bausparkassen J 1032 ff.
- bestimmte kleinere Versicherungsvereine aG K 26, 70 f.
- Feststellungen
- – Erläuterungen bei Kreditinstituten J 681
- Finanzdienstleistungsinstitute J 404 ff.
- Genossenschaft G 1 ff.
- Investmentaktiengesellschaften J 984 ff.
- Kapitalanlagegesellschaften J 755 ff.
- Kapitalgesellschaften F 1 ff.
- Kaufleute E 1 ff.
- Kernverwaltungen der öffentlichen Hand L 103 ff.
- im Konzern nach PublG O 1 ff.
- – Abgrenzung zum HGB/zum KWG O 55 ff.
- – Beginn und Dauer O 40 ff.
- – Voraussetzungen O 6 ff.
- – Überwachung O 44
- Kreditinstitute J 5 ff.
- Niederlassungen ausländischer Versicherungsunternehmen K 18
- nach PublG H 1 ff.
- – Pflicht H 10 ff.
- – Befreiung H 29 ff.

– Prüfungsbericht **Q** 171
– Sondervermögen **J** 771 ff.
– *Stellungnahmen des IDW s. IDW Stellungnahmen zur Rechnungslegung*
– Unternehmensbegriff für **T** 340 ff.
– Versicherungsunternehmen **K** 2, 9, 19 ff., 26, 51, 70
– – Ermächtigung zum Erlass von Vorschriften **K** 25 f., 55
– – Harmonisierung von Vorschriften **K** 3
– – Rechtsgrundlagen **K** 3, 6 ff., 19 ff., 26 ff., 37 f., 43, 64 ff., 72 ff.
– Wirtschaftsbetriebe der öffentlichen Hand
– – Eigenbetriebe **L** 8 ff.
– – in privater Rechtsform **L** 5 ff.

Rechnungslegungsbezogenes IKS
– Lagebericht **F** 1171

Rechnungslegungsbezogenes RMS
– Lagebericht **F** 1172

Rechnungslegungsgrundsätze
– Verstöße im Prüfungsbericht **Q** 122

Rechnungslegungshinweise
– *des IDW s. IDW Rechnungslegungshinweise*

Rechnungslegungsstandards
– *des IDW s. IDW Stellungnahmen zur Rechnungslegung*

Rechnungslegungsvorschriften
– GoB **R** 11
– Bestätigungsvermerk
– – Bezeichnung **Q** 385 ff.

Rechnungswesen
– Eigenbetriebe **L** 8 f.
– Kosten beim Umsatzkostenverfahren **F** 646

Rechnungszins
– versicherungsmathematische Berechnungen **Anh2** 3

Rechnungszinssatz
– Deckungsrückstellung **K** 363, 370 ff., 382, 391, 809
– Pensionsrückstellungen **E** 231, 251

Rechtliche Verhältnisse
– Darstellung im Prüfungsbericht der Kreditinstitute **J** 648

Rechtliches und wirtschaftliches Umfeld
– bei der Prüfungsplanung **R** 45

Rechtsabteilung
– Kosten beim Umsatzkostenverfahren **F** 646

Rechtsanspruch
– Erteilung des Bestätigungsvermerk **Q** 344

Rechtsanwalt
– als Gesellschafter von Wirtschaftsprüfungsgesellschaften **A** 136
– als gesetzlicher Vertreter von Wirtschaftsprüfungsgesellschaften **A** 127
– Sozietät mit **A** 203
– vereinbare Tätigkeit des Wirtschaftsprüfers als **A** 38
– Zugang zum Beruf des vereidigten Buchprüfers **B** 5

Rechtsanwaltsbestätigungen
– Einholung von bei der Prüfung **R** 538

Rechtsanwaltsgesellschaft
– gesetzlicher Vertreter
– – Wirtschaftsprüfer **A** 38, 53

Rechtsberatungsbefugnis
– Steuerberater **C** 59 f.
– Wirtschaftsprüfer **A** 32 ff.

Rechtsfähige Anstalt des öffentlichen Rechts
– Rechnungslegung **L** 31
– *s. auch Öffentliche Unternehmen*

Rechtsfolgen
– Einschränkung des Bestätigungsvermerks
– – Hinweis auf **Q** 358, 481
– – Kündigung des Prüfungsauftrags **Q** 322, 498
– Versagungsvermerk **Q** 497, 529

Rechtsform
– bei Aufstellung eines befreienden Konzernabschlusses **T** 337, 357, 407, 419 ff., 455, 467
– Gesellschaften bei Unternehmensvertrag **T** 238, 304
– Mutterunternehmen **T** 243 f.
– unter das PublG fallende **H** 5 ff.
– Steuerberatungsgesellschaft **C** 70 f.
– bei verbundenen Unternehmen **T** 38 f.
– Versicherungsunternehmen **K** 6 ff., 10 ff., 14, 16
– bei wechselseitiger Beteiligung **T** 198
– Wirtschaftsprüfungsgesellschaft **A** 120 ff.

– – Umwandlung **A** 163 ff.
Rechtsgeschäfte
– im Abhängigkeitsbericht
– – berichtspflichtige **F** 1318 ff.
– – Beurteilung **F** 1340, 1349 ff.
– – Erfassung **F** 1330
– – im Interesse eines anderen Unternehmens **F** 1333, 1337
– – Prüfung **F** 1367 ff.
– – Zusammenfassung **F** 1326
Rechtsgrundlagen
– Prüfung **R** 230 ff.
Rechtsmissbrauch
– Anfechtungsklage **U** 137 ff.
Rechtsmittel
– gegen berufsgerichtliche Entscheidungen **A** 592 ff.
Rechtsprechungsänderung
– Bewertung **E** 314
– Rückstellungsbildung **E** 157
Rechtsschutzkosten
– Ausweis
– – Gesamtkostenverfahren **F** 551
– – Umsatzkostenverfahren **F** 647
Rechtsstreit
– Prüfungsbericht **Q** 290
– *s. auch Prozesskosten, Prozessrisiken, Prozessentscheidungen*
Rechtsverhältnisse
– Bilanzierung dinglicher **E** 513
– Konzernprüfungsbericht **Q** 727
– Prüfungsbericht **Q** 288
Rechtsvorschriften
– Verstoß
– – Anfechtung von Hauptversammlungsbeschlüssen **U** 98 ff., 104, 122
– – Nichtigkeit von Hauptversammlungsbeschlüssen **U** 101
RechZahlV J 1
Redepflicht
– Abschlussprüfer **Q** 113
– – Kreditinstitute **J** 625
– – Versicherungsunternehmen **K** 808 f.
– Bescheinigung **Q** 1371
– Erstellung von Jahresabschlüssen durch Wirtschaftsprüfer **Q** 1389
– Form der Berichterstattung **Q** 143
– Konzernabschlussprüfer **Q** 682
– MaBV-Prüfer **Q** 1326

– Stellungnahme zur Lagebeurteilung der gesetzlichen Vertreter **Q** 91 ff., 104 ff., 678 ff.
– Verschmelzungsprüfer **Q** 1227
Regelkreislauf
– Risikofrüherkennungssystem **P** 29 ff.
Regelmäßigkeit
– Grundsatz bei planmäßigen Abschreibungen **E** 383, 393
Regionalangaben
– in Firma der Wirtschaftsprüfungsgesellschaft **A** 150 f.
Registergericht
– Bestätigungsvermerk
– – Prüfungspflicht **Q** 356
Registerkosten
– bei Ermittlung der Anschaffungskosten **E** 322
Reichskammer der Wirtschaftstreuhänder B 2
Reinigungsmaterial
– in der Gewinn- und Verlustrechnung **F** 527
Reisespesen
– beim Gesamtkostenverfahren **F** 532, 534, 551
– für Organmitglieder **F** 926
– bei Prüfung gemeindlicher Betriebe **A** 723
– beim Umsatzkostenverfahren **F** 645, 647
– bei der Vorratsbewertung **E** 563
Reklameaufwand
– Abgrenzung **E** 267
– in der Gewinn- und Verlustrechnung **F** 551
Rekultivierungsverpflichtungen
– Rückstellungen **E** 218
Rennwett- und Lotteriesteuer
– in der Gewinn- und Verlustrechnung **F** 598
Renovierung
– Rückstellung **E** 265
Rentabilität
– im Lagebericht **F** 1103 f.
Rentabilitätsgarantie
– Konsolidierung **M** 645
– Zahlungen aufgrund einer **F** 565
Rente
– Anschaffungskosten beim Kauf gegen **E** 330

– Barwert **Anh1** 8
– – monatliche Zinsabrechnung **Anh1** 33
– – nachschüssige Verzinsung **Anh1** 32
– Endwert **Anh1** 7
– *s. auch Renten- und Todesfallversicherung*

Rentengarantie
– Konsolidierung **M** 646
– Zahlungen aufgrund **F** 564

Rentenrechnung Anh1 1 ff.
– Spitzer-Tabellen **Anh1** 32 f.
– – Barwert **Anh1** 8, 32 f.
– – – monatliche Zinsabrechnung **Anh1** 33
– – – nachschüssige Verzinsung **Anh1** 32

Rentenschuldforderungen
– Versicherungsunternehmen **K** 165, 203 ff., 221 f., 227, 262, 274

Rentenschuldverbindlichkeiten
– Versicherungsunternehmen **K** 505

Rentenverpflichtungen
– Anschaffungskosten bei Erwerb gegen **E** 330
– Bilanzierung **E** 221 ff., 582, 589, 593

Rentenversicherung
– *Arbeitgeberanteile s. dort*

Rentenversicherungsfälle
– Rückstellung **K** 391

Reparaturen
– Bewertung **E** 341
– nicht aktivierbare eigene in der Gewinn- und Verlustrechnung **F** 518
– Prüfung **R** 420

Reparaturkosten
– bei Ermittlung
– – Anschaffungskosten **E** 322
– – Herstellungskosten **E** 357, 524, 531
– bei der Grundstücksbewertung **E** 509

Reparaturmaterial
– in der Bilanz **F** 246
– in der Gewinn- und Verlustrechnung **F** 527

Repricing
– Stock Options **S** 70

Reproduktionskosten
– bei Bewertung
– – Umlaufvermögen **E** 433, 434
– – Vorräte **E** 565

Reserven J 339 ff., 343 ff., 471, 560

Reserveteile
– in der Gewinn- und Verlustrechnung **F** 527

Residenzpflicht
– Wirtschaftsprüfer/Wirtschaftsprüfungsgesellschaft **A** 196

Restbuchwert
– Ermittlung **E** 37
– Verteilung **E** 413

Restlaufzeit
– bei Ausleihungen an verbundene Unternehmen **F** 256
– Ausweis **F** 283, 447, 766
– Begriff **F** 283, 766, **J** 61
– Forderungen **F** 99, **J** 154
– – aus Lieferungen und Leistungen im Anhang **F** 283
– – gegen Unternehmen, mit denen ein Beteiligungsverhältnis besteht **F** 286
– – gegen verbundene Unternehmen **F** 286
– – Verbindlichkeiten **F** 447, **J** 202, 211, 212
– – im Anhang **F** 99, 692, 766
– – Prüfung **R** 554
– sonstige Vermögensgegenstände **F** 294

Restwert
– Anlagen bei der Abschreibung **E** 391

Retouren
– Prüfung bei **R** 475

Retrozession
– Aufwendungen für die Bearbeitung **K** 530, 542

Retrozessionäre
– Anteile
– – Deckungsrückstellung **K** 388
– – Prüfung **K** 806
– – Schadenrückstellung **K** 405

Review Q 1366
– *s. auch Prüferische Durchsicht*

Revision
– als Firmenbestandteil von Nicht-Wirtschaftsprüfungsgesellschaften **A** 159
– gegen berufsgerichtliche Urteile **A** 593
– – Form **A** 593
– – Frist **A** 593

Revisionsabteilung
– Kosten beim Umsatzkostenverfahren **F** 646

Rezepte
– Bilanzierung **E** 92, 491 ff.

Richtlinien
- *Prüfungs- s. Prüfungsrichtlinien*
- Prüfungsbericht
- – Wirtschaftsbetriebe der öffentlichen Hand **L** 60 ff.

Richttafeln 2005 G
- Ausscheideordnung **Anh2** 5

Ringbeteiligung
- wechselseitige Beteiligung **T** 205, 207

Risiken
- ad-hoc-Berichterstattung der **P** 64
- Analyse **P** 46 ff.
- Begriff **P** 9
- bestandsgefährdende **P** 11 ff., 41, 50, 53, 56, 63, 71
- Bewältigung **P** 30
- Bewertung **P** 51 ff.
- – Brutto- **P** 57 f.
- – Netto- **P** 57 ff.
- Erwartungswert **P** 51
- externe **P** 43
- Identifikation **P** 41 ff., 125
- – Methoden **P** 50
- – Voraussetzung für die **P** 46 ff.
- interne **P** 43
- Inventur **P** 50
- Kommunikation **P** 62 ff.
- – Schwellenwerte **P** 65
- künftige Entwicklung **P** 12, 93 f.
- – im Lagebericht **F** 1350 ff., **R** 664
- – – Aussage im Bestätigungsvermerk **Q** 449 ff.
- – – Krankenhäuser **Q** 1071
- operative **P** 43
- strategische **P** 43
- verbleibende
- – Hinweis im Bestätigungsvermerk **Q** 540 ff.
- bei Versicherungsunternehmen
- – – Anlagerisiko **K** 166, 246, 489 ff., 575, 583, 809
- – – aus Versicherungsverträgen **K** 352, 373, 375, 415, 469 f., 491, 493, 565
- – – Großrisiko **K** 469 ff., 801
- – – Pharmarisiko **K** 472
- – – Terrorrisiko **K** 473 ff., 801
- – – Risikoarten **K** 134, 565, 802
- – – Risikoausgleich **K** 185, 416, 458
- – – Risikoprämie **K** 183, 413, 482
- – – Risikosumme **K** 433

- – versicherungstechnisches **K** 413, 469, 478, 480, 809
- – – Änderungsrisiko **K** 375
- – – Währungsrisiko **K** 206, 805, 809
- – – wirtschaftliches **K** 150, 393
- – – Zahlungsausfallrisiko **K** 206 f., 263 f., 271, 480, 608
- wesentliche **P** 12, 56, 95
- Wesentlichkeitsgrenzen zur Priorisierung **P** 56

Risikoabschlag J 332

Risikobericht
- als Bestandteil des Lageberichts **P** 93 ff.
- zur Verwendung von Finanzinstrumenten **P** 93

Risikoberichterstattung F 1108

Risikobeurteilung
- der einzelnen Prüfungsgebiete **R** 75 ff.
- Prüfungshandlungen **R** 79, 102
- Quantifizierung **R** 89

Risikoeinschätzung
- Darstellung **F** 867
- aus Eventualverbindlichkeiten
- – im Anhang **F** 864 ff.
- Haftungsverhältnisse **F** 864

Risikofaktoren
- auf Ebene des Jahresabschlusses **R** 81

Risikofrüherkennung
- als Bestandteil ordnungsmäßiger Geschäftsführung **P** 15
- als Bestandteil des Steuerungsinstrumentariums **P** 46
- Frühwarnindikatoren **P** 47 f.
- als konzernweite Aufgabe **P** 21 ff.
- bei mittelständischen Unternehmen **P** 47
- *s. auch Risiken und Risikofrüherkennungssystem*

Risikofrüherkennungssystem F 1118, **P** 2 ff.
- Abgrenzung zum Risikomanagementsystem **R** 623 f.
- Aktiengesellschaft
- – – börsennotierte **Q** 261
- – – nicht börsennotierte **Q** 271
- Ausgestaltung **P** 6 ff.
- Begriffsinhalt **P** 6, 9 ff.
- Bestandsaufnahme **P** 125 ff.
- Bestätigungsvermerk **Q** 375, 524, **R** 633, 635
- Beurteilung der Eignung **P** 129 ff.

Stichwortverzeichnis

– Dokumentation **P** 32 ff.
– Einwendungen gegen
– – Bestätigungsvermerk **Q** 524
– Elemente **R** 626
– als Gegenstand der Abschlussprüfung **R** 9
– GmbH **Q** 272
– Integration in das Steuerungsinstrumentarium **P** 45
– Integrationskonzept **P** 26, 120
– Konzernprüfungsbericht **Q** 719
– Lagebericht **F** 1174, **R** 672 ff.
– Management Letter **Q** 270
– Mischkonzept **P** 27, 121
– Organisation **P** 28
– Prüfung **P** 70 ff., **R** 633 ff.
– – bei anderen Gesellschaften **R** 634 ff.
– – bei börsennotierten Aktiengesellschaften **R** 672 ff.
– – Dokumentation **R** 628
– – Konzernunternehmen **R** 630
– – Systemprüfung **R** 624
– Prüfung gem. § 53 HGrG **L** 78, **R** 631 f.
– Prüfungsbericht **Q** 155, 261 ff.
– Prüfungsvorschriften **D** 2
– Rechtsformunabhängigkeit **P** 18 ff.
– Regelkreislauf **P** 29 ff.
– Separationskonzept **P** 25, 119
– Teilbericht **Q** 263
– Überwachung als Element **P** 8, 67ff.
– Verantwortlichkeit **Q** 155
– Verbesserungsbedarf **Q** 261
– Wirksamkeitsprüfung **P** 142 ff.
– *s. auch Risiken und Risikofrüherkennung*
Risikokommunikation
– Eskalationsprozeduren **P** 65
Risikomanagement
– im Prüfungsbericht
– – aufsichtliche Gruppe **J** 683
– – Kreditinstitute **J** 650
– – Sondervermögen **J** 964
Risikomanagementmethoden
– Finanzinstrumente
– – Lagebericht **F** 1129
Risikomanagementsystem P 6
– Lagebericht **F** 1172
– *s. auch Risikofrüherkennungssystem*
Risikoorientierter Prüfungsansatz
– Prüfungsbericht **Q** 164

Risikoorientierung
– bei Abschlussprüfungen **R** 31
Risikorückstellungen E 213
Risikoüberwachungssystem K 641, 734, 747, 808
Risikovorsorge
– nach HGB **J** 321
– nach IFRS **J** 467
– im Prüfungsbericht **J** 680
– Schwankungsrückstellung **K** 801
Rohergebnis
– in der Gewinn- und Verlustrechnung der Kapitalgesellschaften **F** 471, 483
– Zusammenfassung zum **E** 74, **F** 483
Rohrbrücken
– Ausweis **F** 244
Rohrleitungen
– Ausweis **F** 244
Rohrpostanlage
– Ausweis **F** 244
Rohstoffbeschaffung
– Störungen bei - im Lagebericht **F** 1124
Rohstoffe
– Abschreibung in der Gewinn- und Verlustrechnung **F** 548, 710
– Anschaffungskosten **E** 341, **F** 710
– Aufwendungen
– – im Anhang beim Umsatzkostenverfahren **F** 896
– – in der Gewinn- und Verlustrechnung **F** 506 ff.
– Begriff **F** 273
– Bewertung **E** 428 ff., 478, 565, **F** 276
– – im Anhang **F** 710
– Erlöse für nicht mehr benötigte **F** 506
– Prüfung **R** 435 ff.
– selbsterzeugte
– – Aufwendungen **F** 516, 519
– – Bestandsveränderung **F** 516
Rohstoffvorkommen
– Ausweis **F** 93
Rollgeld
– bei Ermittlung der Anschaffungskosten **E** 322
Rolltreppen
– Ausweis **F** 239
RPT-Forderungen
– Bilanzierung **K** 395
– erhaltene Zahlungen aus **K** 548

– Ermittlung der Schadenrückstellung
K 41, 255, 395
RPT-Zahlungen K 548
Rückbeteiligung
– bei der Konsolidierung M 435 ff.
Rückbürgschaft
– Vermerk E 114, F 463
Rückdeckungsansprüche
– aus Lebensversicherungsverträgen
E 580, F 271, 293, 748, K 274
Rückdeckungsversicherung
– Pensionsrückstellung E 259
– Prämien F 540
Rückgaberecht
– Lieferungen mit E 572
Rückgabeverpflichtungen
– Bilanzierung E 30, 62
Rückgewährbeträge
– Versicherungsunternehmen
– – Aufwendungen K 527 f., 548
– – Rückstellung K 397 f., 430
Rückgriffsforderungen
– Bilanzierung F 293
– Bilanzvermerk E 121, 601, F 463 f.,
J 245
Rückgriffsrechte
– Rückstellungen E 132
Rückkäufe
– Anleihen F 450
– Versicherungsunternehmen
– – Aufwendungen K 527 f., 548
– – Rückstellung für noch nicht abgewickelte K 397 f., 430
Rücklage bei Stilllegung
– Steinkohlebergwerke
Rücklage für Anteile am herrschenden/ mehrheitlich beteiligten Unternehmen
F 294, 390
– im Anhang einer Aktiengesellschaft
F 394
– Auflösung F 393
– Einstellung F 391
– Entnahme F 391 f.
– Kreditinstitute J 240
Rücklage für eigene Anteile
– im Anhang der Aktiengesellschaft
F 1030 ff.
– Auflösung F 334, 619
– Ausweis F 321, 325
– Entnahmen F 334, 618

– bei der Kapitalerhöhung aus Gesellschaftsmitteln F 334
– Versicherungsunternehmen K 305
Rücklage für Ersatzbeschaffung E 427
Rücklage nach § 6b EStG E 424 ff.
Rücklagen F 360 ff., **H** 50
– Auflösung zweckgebundener F 621
– Ausweis bei Personenhandelsgesellschaften i.S.d. § 264a HGB F 375
– Bilanzierung
– – Eigenbetriebe L 16
– – – Kapitalzuschüsse L 16
– – Kreditinstitute J 242
– Entnahmen aus F 334, 616 ff., 692, 909
– frei verfügbare F 329, 332
– bei Genossenschaften G 13 f.
– *gesetzliche s. dort*
– *Gewinnrücklagen s. dort*
– *Kapitalrücklage s. dort*
– Prüfung R 521 ff.
– *Satzungsmäßige Rücklagen s. dort*
– steuerfreie bzw. unversteuerte
– – Auflösung E 131
– – Ausweis E 125
– – Bildung E 125, 609
– – Übertragung E 424 ff.
– Veränderungen bei Genossenschaften
G 14
– Versicherungsunternehmen
– – gemäß § 58 Abs. 2a AktG K 307
– Verstoß gegen Vorschriften
– – Nichtigkeit des Jahresabschlusses
U 204 ff.
– *Vorvertragliche Rücklagen s. dort*
– Zuführungen zu F 624 ff., 692, 909
Rücknahme
– Anerkennung als Wirtschaftsprüfungsgesellschaft A 171 ff.
– Bestellung als Wirtschaftsprüfer A 110 ff.
Rücknahmepreis J 850
Rückstellung
– Abbruchkosten E 159
– Abfallbeseitigung E 160
– Abfindungen E 161
– Altersfreizeit und -mehrurlaub E 163
– Altersteilzeit E 164, 164
– – Aufstockungsbeträge E 164
– – Blockmodell E 164
– Ansatz E 136, 143
– Aufbewahrungspflichten E 166

Stichwortverzeichnis

– Auflösung **E** 142, 148
– – Contractual Trust Arrangements **E** 244
– – Erträge **F** 521, 906
– – Patent- und Markenzeichenverletzungen **E** 198
– – Pensionen **E** 239 f.
– Ausgleichsanspruch des Handelsvertreters **E** 167
– aus schwebenden Beschaffungsgeschäften **E** 153 f.
– Begriff **E** 132
– Bergschäden **E** 169
– bestimmte Aufwendungen **E** 255 ff., **F** 442
– Bewertung **E** 137 ff., 614, **F** 716 f.
– in der Bilanz **E** 132 ff.
– – Kapitalgesellschaften **F** 93, 436 ff.
– Datenbereinigung **E** 174
– Demographiefonds **E** 176
– drohende Verluste **E** 132 ff., 145, 150 ff., 157 f., 178, 139
– in der Bilanz **E** 28, 150 ff.
– – Prüfung **R** 538
– – in der Steuerbilanz **E** 146, 157 f.
– – aus Verlustübernahme **E** 216, **F** 579
– – Vollkosten **E** 155 f.
– Elektroschrott **E** 179
– Emissionsrechte **E** 180
– Entgelt- bzw. Gebührenabsenkung **E** 181
– ERA-Anpassungsfonds **E** 182
– Erfüllungsbetrag **E** 138, **F** 574
– Euro-Umstellung **E** 182
– Gewährleistungen ohne rechtliche Verpflichtung **E** 263 f., **F** 442
– Haftung aus unerlaubter Handlung **E** 185
– nach IFRS **N** 442 ff.
– – abgegrenzte Schulden **N** 496
– – *Leistungen an Arbeitnehmer s. dort*
– – *Pensionsverpflichtungen s. dort*
– – sonstige Rückstellungen **N** 493 ff.
– – – Anhangangaben **N** 520 ff.
– – – Ansatz **N** 497 ff.
– – – Begriff **N** 493 ff.
– – – belastende Verträge **N** 514
– – – Bewertung **N** 504 ff.
– – – Entsorgungs-, Wiederherstellungs- und ähnliche Verpflichtungen (IFRIC 1) **N** 112, 519, 1205 f.
– – – Erstattungen **N** 510
– – – künftige betriebliche Verluste **N** 513

– – – Restrukturierungsmaßnahmen **N** 515 ff.
– – Steuerrückstellungen **N** 486 ff.
– IFRS-Umstellung **E** 188
– konzerninterne - bei der Schuldenkonsolidierung **M** 460 ff., 477
– Kreditinstitute **J** 230 ff., 1058 ff.
– latente Steuern **E** 281 f., **F** 441
– Leistungspflichten aus Beteiligungen **E** 547
– öffentlich-rechtliche Verpflichtungen **E** 149
– Optionsgeschäfte **E** 196
– Pachterneuerung **E** 197
– Pensionen **E** 221 ff.
– im Personalbereich **E** 165 f., 171, 177, 190 f., 199, 202, 209, 214 f., 218, 220, 229 f., 254
– Provisionsverpflichtungen **E** 201
– Prozesskosten/-risiken **E** 202, **R** 539
– Prüfung **R** 526 ff.
– Rabatte **E** 211
– Rekultivierungsverpflichtungen **E** 218
– Renovierung **E** 265
– Rückgriffsrechte **E** 135
– Schadensersatz **E** 183, 185 f., 218
– sonstige **F** 442 f., 710
– Sozialplanverpflichtungen **E** 204, **F** 442
– in der Steuerbilanz **E** 143, 157, 245 ff.
– – Auflösung **E** 148
– – Passivposten der Kapitalgesellschaften
– *Steuern s. Steuerrückstellungen*
– Swapgeschäfte **E** 208
– Termingeschäfte **E** 210
– Umweltschutz **E** 212
– ungewisse Risiken **E** 213
– ungewisse Verbindlichkeiten **E** 132, 135, 149 f., 242
– – Saldierungsverbot **E** 149
– – virtuelle Optionen **S** 84
– unterlassene Instandhaltung und Abraumbeseitigung **E** 260
– Verbindlichkeiten
– – im Überschuldungsstatus **V** 59, 68
– Verletzung von Schutzrechten **E** 198
– Versicherungsunternehmen
– – Beitragsrückerstattung **K** 436 ff.
– – drohende Verluste
– – – Ausweis **K** 478, 481 ff.
– – – Prüfung **K** 802 ff.

3239

– – – Veränderung **K** 553 ff., 614
– – latente Steuern **K** 499
– – noch nicht abgewickelte Rückkäufe **K** 397 f., 430
– – noch nicht abgewickelte Versicherungsfälle **K** 255, 281, 324, 340 ff., 392 ff., 411, 519, 547 ff., 586, 621, 766 ff., 809
– – Provisionsverpflichtungen **K** 496, 523, 614 ff.
– – Rückgewährbeträge **K** 397 f., 430
– – ruhende Kraftfahrtversicherung **K** 554
– – Schadenregulierungsaufwendungen **K** 392, 428 f., 704, 770, 778, 786
– – Verkehrsopferhilfe **K** 485 f., 554
– Zuführungen zu **F** 512, 551
– Zuschüsse **E** 219
Rückstellung für Beitragsrückerstattung K 855
– latente **K** 859
Rücktritt
– Wirtschaftsprüfer-Examen **A** 85
Rückvergütungen
– für frühere Jahre **F** 521, 894
Rückversicherer
– Anteile **K** 332, 334, 518
– – Aufwendungen für den Versicherungsbetrieb **K** 518
– – Beitragsüberträge **K** 335, 347 ff., 357, 360, 361
– – Deckungsrückstellung **K** 377, 388 f.
– – nicht übertragsfähige Beitragsteile **K** 358, 360, 530
– – Schadenrückstellungen **K** 392, 399, 405, 493
– – technische Zinsen **K** 544, 610, 619
Rückversicherung K 820
– Bruttobilanzierung nach IFRS **K** 843
– Prüfungsbericht **Q** 955
Rückversicherungsbeiträge
– im Anhang **K** 570
– in der Gewinn- und Verlustrechnung
– – Lebensversicherungs- und Krankenversicherungsunternehmen **K** 570
– – Schaden- und Unfallversicherungsunternehmen **K** 541 ff., 570
– – Rückversicherungsunternehmen **K** 541 ff., 570
Rückversicherungsbeziehungen
– im Prüfungsbericht **K** 152, 809

Rückversicherungsgeschäft
– Abrechnungsforderungen **K** 165, 267 ff.
– Abrechnungsverbindlichkeiten aus dem **K** 268 ff., 505 ff.
– im Anhang **K** 570
– Aufwendungen
– – Versicherungsfälle **K** 518, 547
– Ausweis
– – bei den Beitragsüberträgen **K** 350
– – in der Gewinn- und Verlustrechnung **K** 560
– – bei den versicherungstechnischen Rückstellungen **K** 270, 332 ff.
– Depotforderungen **K** 177, 201, 240 ff.
– Erträge **K** 537, 551, 560
– Niederlassungen ausländischer Versicherungsunternehmen **K** 296
– Prüfung **K** 754, 803 ff.
– im Prüfungsbericht **K** 809
– Schadenrückstellungen **K** 804
– sonstige versicherungstechnische Aufwendungen **K** 561
Rückversicherungsprovision
– Aufwendungen **K** 360, 522, 531
Rückversicherungssaldo K 567, 576, 578, 580
Rückversicherungsunternehmen
– Deckungsrückstellung **K** 387
– erfolgsabhängige Beitragsrückerstattung **K** 479
– – Aufwendungen für **K** 556
– Fristen für **K** 36
– Geltung des VAG **K** 8
– Gewinn- und Verlustrechnung **K** 76
– – Aufwendungen für Beitragsrückerstattung **K** 451
– – Aufwendungen für den Versicherungsbetrieb **K** 537
– – Veränderung versicherungstechnischer Rückstellungen **K** 551
– sonstige versicherungstechnische Rückstellungen **K** 478 ff.
– Schadenrückstellung **K** 405
– – Prüfung **K** 804
Rückversicherungsverträge K 820
Rückzahlungsagio
– Abgrenzung **E** 274, 584
– Ausweis **F** 692, 877
Rückzahlungsklausel
– Stock Options **S** 63

Rückzahlungspflicht
– des Leasinggebers **E** 193
Rüge A 572 ff.
Rügebescheid A 576
Rügerecht
– Wirtschaftsprüferkammer **A** 567, **B** 43
Rügeverfahren A 573 ff.
Ruhegehälter
– *s. Organbezüge*
Ruhestand
– Mandatsschutzvereinbarungen **A** 413
Rumpfgeschäftsjahr
– Bestätigungsvermerk **Q** 381
Rumpfwirtschaftsjahr
– Abschreibung **E** 411, 529
– Beschäftigtenzahlen nach PublG **H** 28
– Umsatzerlöse nach PublG **H** 25
Rundfunkanstalten
– Prüfungsvorschriften **D** 28
Rundfunkwerbung A 458
Rundschreiben
– von Wirtschaftsprüfern und Wirtschaftsprüfungsgesellschaften **A** 489
Rundstempel
– Verbot siegelimitierender **A** 232
Rundungen
– im Jahresabschluss **E** 5, **F** 6
– – bei Vorjahreszahlen, **F** 86
– im Anhang **F** 742, 894

S

Sachanlagen
– Abschreibung **E** 384, 390, **F** 544 ff.
– Anlagenspiegel **F** 123
– Festwert **E** 478, **F** 528, 544
– Einzelkaufleuten **E** 600
– nach IFRS **N** 160 ff.
– – Anhangangaben **N** 186 ff.
– – Anlagenspiegel **N** 158, 188
– – Ansatz **N** 161 ff.
– – Ausbuchung **N** 183 ff.
– – Bestandteile (parts) **N** 163, 171
– – Definition **N** 160
– – Folgebewertung **N** 169 ff.
– – Komponentenansatz **N** 122
– – Neubewertung **N** 176 ff.
– – Zugangsbewertung **N** 165 ff.
– Inventur **E** 23
– Kreditinstitute **J** 188, 294, 394, 402
– Personenhandelsgesellschaften **E** 602

– Prüfung **R** 404 ff.
– Versicherungsunternehmen **K** 104, 277 f.
Sachanlagevermögen
– Eigenbetriebe **L** 13
– Verkehrsunternehmen **L** 34
Sachbezeichnungen
– in Firma der Wirtschaftsprüfungsgesellschaft **A** 147 ff.
Sachdividende F 412 ff.
– Abspaltung **F** 415
– Bewertung
– – Erfassungszeitpunkt **F** 420
– – beizulegender Zeitwert **F** 414, 416
– – steuerliche Wirkungen **F** 417
– Gegenstand **F** 413
– Gewinnrealisierung **F** 418 f.
– Vorabausschüttungsbeschluss **F** 419
Sacheinlage
– Agio **F** 364
– Anschaffungskosten **E** 335, 532, 551
– Gründungsprüfungsbericht **Q** 1118
– Prüfungsvorschriften **D** 3
– Prüfung **R** 514
– *s. auch verdeckte Sacheinlagen*
Sacheinlagenprüfung Q 1127
– Prüfungsbericht **Q** 1131
– Schlussbemerkung **Q** 1131
Sachgründung
– Wirtschaftsprüfungsgesellschaft **A** 146
Sachleistungen
– Verpflichtungen zu **E** 592
Sachlichkeitsgebot
– als Berufspflicht des Wirtschaftsprüfers **A** 401
Sachübernahme E 336
– Gründungsprüfungsbericht **Q** 1118
– Prüfung nach **R** 514
Sachverhaltsgestaltung
– Prüfungsbericht **Q** 106, 224 ff.
Sachverständigenprüfverordnung K 71, 748, 812
Sachverständigentätigkeit
– Wirtschaftsprüfer **A** 28, 41
– – Vergütung **A** 733 f.
Sachzuschüsse E 336
Sachzuzahlungen E 336
Säumnisgelder
– in der Gewinn- und Verlustrechnung **F** 580

Säumniszuschläge
– Ausweis der Rückstellung **E** 205
– in der Gewinn- und Verlustrechnung **F** 594
Saldenbestätigung A 636
– Einholung
– – für Forderungen **R** 469 ff.
– – für Verbindlichkeiten **R** 543, 546 ff.
– Prüfungsbericht **Q** 161
Saldenlisten
– als Prüfungsunterlage **R** 431, 468, 473 f., 482, 546
– der Forderungen **R** 473
– – an verbundene Unternehmen **R** 482
– der Verbindlichkeiten **R** 546
Saldierungsverbot
– bei der Bewertung **E** 73 ff., 294, 594
– Rückstellungen **E** 149 f.
– *s. auch Verrechnungsgebot*
Sale-and-lease-back
– im Anhang **F** 785, 1059
– Gewinnrealisierung bei **E** 300
– nach IFRS **N** 291 ff.
– im Prüfungsbericht **Q** 106, 224 ff.
Sammelabschreibung
– Zulässigkeit **E** 405
Sammelposten
– im Anlagenspiegel **F** 126, 244
Sammelrückstellungen E 141
Sanierung V 24, 43, 66, 72
– Abschreibungen bei **F** 515, 550
– Bestätigungsvermerk **Q** 586, 591
– Bewertungsstetigkeit **E** 314
– Maßnahmen **F** 339
– – im Anhang **F** 343
– – im Lagebericht **F** 1124
– Zuschreibungen **F** 131
Sanierungs- und Entwicklungsträger
– *s. Wohnungsunternehmen*
Sanierungsberatung A 32
Sanierungsbilanz F 339
Sanierungsgewinn F 340 f., 494
Sanierungskonzepte
– Bescheinigung **Q** 1562
– Prüfungsbericht **Q** 1566
Sanierungszuschüsse
– in der Gewinn- und Verlustrechnung **F** 340

Satzung
– Aktiengesellschaft **F** 379 f., 384, 395, 402 f.
– Aufstellung des Jahresabschlusses **R** 11
– bei Ausgliederung **T** 219
– Berufs-
– – Steuerberater **C** 28, 25, 63
– – Wirtschaftsprüfer **A** 13, 269, 438, **B** 50, 63
– Bestätigungsvermerk
– – ergänzende Bestimmungen zum Konzernabschluss **Q** 387, 743
– – Hinweis auf ergänzende Bestimmungen **Q** 377, 532, 545
– – Nichtbeachtung von Bestimmungen **Q** 463
– – Verstöße gegen Bestimmungen von besonderer Bedeutung **Q** 520
– bei Beteiligungserwerb **T** 218
– bei Bilanzierung nach PublG **H** 59
– Gründungsprüfungsbericht **Q** 1125
– Konzernprüfungsbericht **Q** 682, 689
– Konzernrechnungslegungspflicht aufgrund **M** 48, 54 f.
– Prüfung **R** 232 ff.
– Prüfungsbericht **Q** 290
– IDW **B** 11 f., **Anh3** 10
– Versicherungsunternehmen **K** 9, 13, 262, 306 f., 443, 729, 734, 798
– Verstöße gegen
– – Anfechtung von Hauptversammlungsbeschlüssen **U** 104, 122
– – im Prüfungsbericht der Kreditinstitute **J** 629
Satzung für Qualitätskontrolle A 506
Satzungsermächtigung
– Bundessteuerberaterkammer **C** 35
– Wirtschaftsprüferkammer **A** 269
Satzungsmäßige Rücklagen
– Ausweis **F** 395
– Einstellungen **F** 628
– Entnahmen **F** 620
– Prüfung **R** 525
– Versicherungsunternehmen **K** 305 ff.
Schablonen
– bei Ermittlung der Herstellungskosten **E** 352
Schachtanlagen
– Ausweis **F** 241

3242

Schachtversatz
- Rückstellungen **E** 184

Schaden- und Unfallversicherungsunternehmen
- Gewinn- und Verlustrechnung **K** 538 ff.
- – Aufwendungen für Beitragsrückerstattung **K** 556 ff.
- – Aufwendungen für den Versicherungsbetrieb **K** 559 ff.
- – verdiente Beiträge **K** 538 ff.
- Rückstellung für Beitragsrückerstattung
- – Zuführungen **K** 556 ff.
- Schadenrückstellungen **K** 394 ff.
- – Prüfung **K** 766 ff.
- sonstige versicherungstechnische Rückstellungen **K** 478 ff.
- Vorschriften für bestimmte kleinere **K** 89

Schadenakten
- Prüfung **K** 771 f.

Schadenbearbeitungskosten
- bei den Schadenregulierungsaufwendungen **K** 429

Schadenbekämpfungsaufwand K 530

Schadenexzedenten-Rückversicherung
- Beitragsüberträge bei **K** 350

Schadenquote
- Versicherungsunternehmen
- – bei der Prüfung **K** 770
- – Schwankungsrückstellung **K** 463

Schadenregulierungsaufwendungen
- in der Gewinn- und Verlustrechnung **K** 548
- Rückstellung **K** 394, 411
- – Lebensversicherungsunternehmen **K** 430 ff.
- – Prüfung **K** 770, 778, 786
- – Schaden- und Unfallversicherungsunternehmen **K** 394 ff., 428 f.
- im Prüfungsbericht **K** 767

Schadenrückstellungen K 330, 392 ff.
- Abwicklung **K** 401 ff., 409, 687, 768, 770, 774, 784, 809
- Abzinsung **K** 291, 417
- im Anhang **K** 396, 400 f.
- Anteile der Retrozessionäre **K** 405
- Bewertung **K** 395 f., 412 f., 418, 420
- im Konzernanhang **K** 687
- Krankenversicherungsunternehmen **K** 435

- – Lebensversicherungsunternehmen **K** 430 ff.
- Mitversicherung **K** 396, 421
- Prüfung **K** 766 ff.
- – Bewertung **K** 768 f.
- – Krankenversicherungsunternehmen **K** 784
- – Lebensversicherungsunternehmen **K** 780 f.
- – Prüfungsstandard **K** 767
- – Rückversicherungsgeschäft **K** 804
- – Rückversicherungsunternehmen **K** 786
- – Schaden- und Unfallversicherungsunternehmen **K** 766 ff.
- – Selektions-Software bei **K** 777
- im Prüfungsbericht **K** 809
- RPT-Forderungen **K** 395 f.
- Rückversicherungsunternehmen **K** 405 ff.
- Schaden- und Unfallversicherungsunternehmen **K** 394 ff.

Schadenrückstellungs-Austrittsbeträge K 270, 397 f., 548

Schadenschecks
- Ausweis **K** 281

Schadensersatzansprüche
- bei Abweichungen vom Unternehmensvertrag **T** 278
- Bilanzierung **E** 578 f., **F** 293
- im faktischen Konzern **T** 228, 230 f.
- bei fehlendem Nachteilsausgleich **F** 1282
- – Nichtigkeit des Jahresabschlusses bei nicht aktivierten **F** 1346, 1393
- Organe
- – unterlassener Insolvenzantrag **V** 11 f.
- – Verletzung der Anzeigepflicht **V** 2

Schadensersatzpflicht
- Rückstellungen **E** 183, 185 f.
- bei Überschuldung **V** 19 ff.

Schadensersatzzahlungen
- in der Gewinn- und Verlustrechnung **F** 494, 521

Schadenverhütungsaufwand K 530

Schätzungen
- Änderung nach IFRS **N** 875 ff.

Schätzverfahren
- bei Bewertung **E** 307
- – Bezugsrechte **E** 543, 555
- – Pensionsverpflichtungen **E** 233

3243

– – Rückstellungen für drohende Verluste
E 28, 135, 146, 151 ff.
– – Vorräte E 474 ff., 564 ff.
– statistische bei der Stichprobenprüfung
R 133 f.
Schalungsteile E 478
Schattenbilanzierung K 846
Schatzanweisungen K 195
Schatzwechsel
– in der Bilanz F 297
– – Kreditinstitute J 165
Schaufensteranlagen
– Abschreibung E 515
Scheckbestand
– in der Bilanz F 301
– – Versicherungsunternehmen K 232, 279 ff.
– Prüfung R 498
Scheckbürgschaften
– in der Bilanz E 111, 114, 601
– – Kapitalgesellschaften F 463
– – Kreditinstitute J 247
– – Personenhandelsgesellschaften i.S.d. § 264a HGB F 463
Scheckobligo
– Aufwendungen in der Gewinn- und Verlustrechnung F 551
– Rückstellungen E 185
– Vermerk E 111
Schecks J 191
Scheinbestandteile
– Gebäude E 516
Scheinpartnerschaft A 209
Scheinsozietät
– Haftung A 687
Schenkungsteuer
– in der Gewinn- und Verlustrechnung F 598
Schichtbetrieb
– Abschreibung in der Steuerbilanz E 404
Schienenbahnen
– Prüfungsvorschriften D 31
Schiffe
– Ausweis F 93
– Sonderabschreibungen E 421
– Veräußerungsgewinn E 424 ff.
Schlussbemerkung
– Abhängigkeitsbericht Q 1201
– Allgemeine Sonderprüfung §§ 142 ff. AktG Q 1173

– Gründungsprüfung Q 1131
– Kapitalerhöhung mit Sacheinlagen Q 1138
– im Prüfungsbericht
– – Depotprüfung und Depotbankprüfung J 733
– – Kreditinstitute J 713
– – Prüfung nach § 36 WpHG J 7484
– Sacheinlagenprüfung Q 1131
– Sonderprüfung nach § 315 AktG Q 1201
– unzulässige Unterbewertung §§ 258 ff. AktG Q 1235 ff.
Schlussbesprechung R 910 ff.
Schlussbilanz
– Prüfungsvorschriften
– – bei Verschmelzung D 4
– *s. auch Bilanz, Jahresabschluss*
Schlusserklärung
– zum Abhängigkeitsbericht F 1177, 1344 f., 1374
– – Bekanntmachung F 1345 f.
– – im Lagebericht F 1177, 1345
– zum Verschmelzungsprüfungsbericht Q 1230
Schlussüberschussanteile
– Rückstellung für Beitragsrückerstattung K 445, 455
Schreibmaschinen
– Bilanzierung E 478
Schriftstellerische Tätigkeit
– Wirtschaftsprüfer A 46
Schrottverkäufe
– Erlöse F 506
– Prüfung R 415
Schrottwert
– Abschreibung E 412
– bei Bemessung der AfA E 412
Schütt-aus-hol-zurück-Verfahren
– und Beteiligungsbilanzierung F 260
Schuldbeitritt E 77
– *s. auch Schuldübernahme*
Schuldbuchforderungen
– Ausweis
– – Kapitalgesellschaften F 264
– – Kreditinstitute J 165, 257
– – Versicherungsunternehmen K 197, 208 ff.
Schulden E 13, 15, F 443
– Bilanzierungspflicht E 13, 16 f., F 443
– – Einzelkaufleute E 17

– – Personengesellschaften **E** 18
– nach IFRS **N** 88 ff.
– übernommene als Teil der Anschaffungskosten **E** 331
– *s. auch Verbindlichkeiten*
Schuldenkonsolidierung M 456 ff.
– ausstehende Einlagen **M** 433
– Begriff **M** 456 f.
– erfolgswirksame **M** 475 ff.
– – im Konzernergebnis **M** 671 ff.
– erstmalige **M** 481
– nach IFRS **N** 968
– Konzernprüfungsbericht **Q** 697
– Restbeträge aus **M** 479
– Versicherungsunternehmen **K** 721, 724 ff.
Schulderlass
– Erträge **F** 521
Schuldscheindarlehen
– Ausweis **F** 449
– – Kreditinstitute **J** 499
– Einlösungsprovisionen **F** 581
– Zinsen **F** 571
Schuldscheinforderungen und Darlehen K 220 ff.
Schuldtitel öffentlicher Stellen J 143 ff.
Schuldübernahme
– Gesamtschulden **E** 77
– kumulative **E** 111
Schuldverschreibungen
– Ausweis **F** 263, 449
– Kreditinstitute
– – in der Bilanz **J** 165 ff., 215 ff.
– – in der Gewinn- und Verlustrechnung **J** 255, 283
– Zuzahlungen **F** 361, 366
Schuldwechsel
– *s. Wechselverbindlichkeiten*
Schuldzinsen
– Versicherungsunternehmen
– – Hypotheken für eigenen Grundbesitz **K** 606, 608
Schutzklausel
– Anhang **F** 895, 954 f., 977 f., 1026, 1061 ff.
– – Genossenschaften **G** 17
– – PublG **H** 63
– – Prüfung der Anwendung **R** 590
– Angaben zum Anteilsbesitz **F** 977

– Beziehungen zu verbundenen Unternehmen **F** 1062
– Entwicklungsaufträge **F** 1061
– für den Konzernanhang **M** 709
– – nach PublG **O** 106
– Lagebericht **F** 1061, 1137
– Prüfungsbericht **Q** 51, 187, 198
– Sonderprüfungen **Q** 1170, 1182, 1200
– Unterlassen von Angaben **F** 954 f.
– Verschmelzungsprüfungsbericht **Q** 1228
Schutzkleidung
– Aufwendungen **F** 551
Schutzrechte
– Abschreibung **E** 384
– Bilanzierung **E** 92, 492
– Rückstellung für die Verletzung **E** 198
Schwankungsrückstellung K 458 ff.
– ähnliche Rückstellungen **K** 469 ff.
– – Terrorrisikenrückstellung **K** 473 f.
– im Anhang **K** 477
– Ausweis **K** 330 ff.
– Ermittlung **K** 333, 459 ff.
– nach IFRS **K** 841
– im Konzernabschluss **K** 703 f.
– Prüfung **K** 801
– im Prüfungsbericht **K** 809
– Überschaden **K** 458
– Unterschaden **K** 458
– Veränderung **K** 476, 563
Schwebende Beschaffungsgegenstände
– Rückstellungen **E** 153 f.
Schwebende Geschäfte
– Bilanzierung **E** 28, 135, 150, **F** 774, 785, 817
– im Lagebericht **F** 1102
– Prüfung **R** 466, 604
Schwerbehindertenausgleichsabgabe
– Ausweis **F** 539, 551
Schwund
– in der Gewinn- und Verlustrechnung **F** 529
SE
– *s. Societas Europaea*
Seeschiffe
– Sonderabschreibungen **E** 421
Segmentberichterstattung Q 831
– Aufstellungspflicht **F** 3, 84, 1063 f.
– Bestätigungsvermerk **Q** 371
– Darstellung **F** 1077
– nach IFRS **N** 1050 ff.

3245

– – Angaben **N** 1071 ff.
– – Angaben auf Unternehmensebene **N** 1080 ff.
– – Anwendungsbereich **N** 1050 f.
– – Bilanzierungs- und Bewertungsmethoden **N** 1068 ff.
– – berichtspflichtige Geschäftssegmente **N** 1059 ff.
– – Geschäftssegmente **N** 1054 ff.
– – Management Approach **N** 1052 ff.
– – Mindestangaben **N** 1070
– – Überleitungsrechnung **N** 1078 f.
– Kongruenz **M** 867 ff.
– Konzernprüfungsbericht **Q** 712
– Segmentierungsgrundsätze **M** 856 ff.
– Versicherungsunternehmen **K** 692
– Zielsetzung und Geltungsbereich **M** 848 ff.
Segmentierung
– *Umsatzerlöse s. Umsatzerlöse, Aufgliederung*
Sektsteuer (Schaumweinsteuer)
– bei Ermittlung
– – Bilanzsumme nach PublG **H** 16
– in der Gewinn- und Verlustrechnung **F** 598
Sekundärhaftung A 712 ff.
Sekundärprinzip
– in der Gewinn- und Verlustrechnung der Versicherungsunternehmen **K** 520
Selbst abgeschlossenes Versicherungsgeschäft
– im Anhang **K** 400, 456, 569, 575
– Beiträge für das
– – Krankenversicherungsunternehmen **K** 573 ff.
– – Lebensversicherungsunternehmen **K** 573 ff.
– – Schaden- und Unfallversicherungsunternehmen **K** 564 ff.
– Forderungen aus dem **K** 165, 252 ff., 478
– im Konzernlagebericht **K** 693
– Verbindlichkeiten aus dem **K** 441, 505
Selbstanzeige A 578
Selbstkosten
– in der Gewinn- und Verlustrechnung nach dem *Umsatzkostenverfahren* **F** 636
Selbstkostenpreis
– bei Ermittlung von Leistung und Gegenleistung **F** 1357

Selbstkostenrechnung
– bei Beurteilung von Leistung und Gegenleistung **F** 1357 ff.
Selbstprüfungsverbot
– Wirtschaftsprüfer **A** 286 ff.
– *s. auch Befangenheit*
Selbstverwaltung
– Steuerberater **C** 18
– vereidigte Buchprüfer **C** 5
– Wirtschaftsprüfer
– – berufliche **B** 1 ff.
Selektions-Software
– bei Prüfung der Schadenrückstellung **K** 777
Seminarveranstaltung A 43, 49
Separationskonzept
– Risikofrüherkennung **P** 25, 119
Sequentialtest
– für die Inventur **E** 24
Serienschadenklausel A 245
Shadow Accounting
– *s. Schattenbilanzierung*
Sicherheiten
– bei Bewertung der Forderungen **E** 571
– für eigene Verbindlichkeiten **F** 692, 767 ff., 791
– – im Anhang **F** 692, 767 ff., 791
– für fremde Verbindlichkeiten **E** 50, 68 ff., 75, **F** 463, 790, **J** 248
– in der Konzernbilanz **M** 471
– für Kredite im Prüfungsbericht der Kreditinstitute **J** 673
– Prüfung **R** 431, 554 ff.
Sicherheitsleistung
– im faktischen Konzern **T** 230 ff.
– bei Unternehmensvertrag **T** 303
Sicherheitsrücklage K 306
Sicherungsabtretung
– im Anhang **F** 768
– in der Bilanz **E** 49
Sicherungsfonds
– für Krankenversicherer **K** 138 ff.
– für Lebensversicherer **K** 138
Sicherungsgut
– Bilanzierung **E** 49, **F** 768
Sicherungsinstrumente J 479
– bei Bewertungseinheiten **E** 452 f., 457
Sicherungstreuhandschaft
– Bilanzierung **E** 49

Sicherungsübereignung
– im Anhang **F** 768
– in der Bilanz **E** 49
– für fremde Verbindlichkeiten **E** 119
– bei der Inventur **R** 439
– Prüfung bei **R** 492
Sicherungsvermögen
– Zuordnung **K** 756
– *s. auch Deckungsstock*
Sicherungszusammenhänge E 71, **J** 477 ff.
Siedlungen
– im Lagebericht **F** 1145
Siegel
– Bescheinigung **Q** 1364, 1386
– Bestätigungsvermerk **Q** 575
– Prüfungsbericht **Q** 276, 279, 283
Signalanlagen E 478
Signature Fee F 919
Silos
– Ausweis **F** 244
Sittenwidrigkeit A 656, 684
– Hauptversammlungsbeschlüsse **U** 33
– Mandatsschutz-/Wettbewerbsabreden **A** 422
Sitz
– als Voraussetzung für Anwendung des PublG **O** 23 f.
Skonti
– bei Bewertung der Forderungen **E** 211
– bei Ermittlung
– – Anschaffungskosten **E** 325, 419
– – Umsatzerlöse **F** 512
– von Kunden abgesetzte - in der Gewinn- und Verlustrechnung **F** 581
Societas Europaea
– Mehrheitsbesitz **T** 67
– Unternehmensverträge **T** 238
– verbundene Unternehmen **T** 40
– *s. auch Europäische Aktiengesellschaft*
Software
– Abschreibung **K** 119, 524
– Bilanzierung **E** 92, 101
– ERP **E** 492
– erworbene **K** 108
Softwareprüfung
– Bescheinigung **Q** 1406, 1409
– Prüfungsbericht **Q** 1410
Solawechsel J 144, 222

Soll-Ist-Vergleich R 116, 358, 364
– bei Einzelfallprüfungen **R** 116
Solvabilität
– Versicherungsunternehmen
– – bereinigte **K** 642
– – bei Finanzkonglomerate **K** 642
– – Prüfung **K** 735, 747, 758
– – im Prüfungsbericht **K** 747, 758
Solvabilitätskennzahl
– Darstellung im Prüfungsbericht der Kreditinstitute **J** 654
Sonderabschreibungen E 401, 412, 418, 421
– Auflösung des Sonderpostens mit Rücklagenanteil **F** 524
– bei Ermittlung der Herstellungskosten **E** 358
– – in der Steuerbilanz **E** 364
– neben linearer AfA **E** 401, 418
– Übersicht **E** 421
Sonderausschuss Bilanzrichtlinien-Gesetz
– Stellungnahmen **Anh3** 23
Sonderausschuss Neues Aktienrecht
– Stellungnahmen **Anh3** 15
Sondergeschäfte
– Darstellung im Prüfungsbericht der Kreditinstitute
– – Bausparkassen **J** 692 ff.
– – Depotprüfung **J** 712
– – Factoring **J** 709
– – Finanzdienstleistungsinstitute **J** 703 ff.
– – Leasing **J** 710 f.
– – Pfandbriefgeschäft **J** 691
Sonderkosten der Fertigung
– bei Ermittlung der Herstellungskosten **E** 346, 350, 352
Sonderkosten des Vertriebs E 348, 363
Sonderposten
– Ausgleich für aktivierte eigene Anteile **F** 426
– Ertrag aufgrund höherer Bewertung **F** 425
– in der Konzernbilanz **M** 224, 252, 355
– unentgeltlich ausgegebene Emissionsberechtigungen **F** 435
– Vermögensverrechnung **E** 88
– zur Durchführung der Gründung gezeichnetes Kapital **F** 309

Sonderposten für Bilanzierungshilfen
F 120, 430, H 56
Sonderposten mit Rücklageanteil E 125, F 120, 431 ff.
– im Anhang F 431 ff., 715, 900
– Auflösung F 433, 524, 692, 908
– in der Bilanz E 125, 594, F 432
– – Kapitalgesellschaften E 125
– Eigenbetriebe L 18
– Einstellungen F 692
– Kreditinstitute J 233
– Maßgeblichkeitsprinzip F 433
– bei Kapitalerhöhung aus Gesellschaftsmitteln F 334
– steuerrechtliche Abschreibungen E 125, F 133, 433, 877
– Versicherungsunternehmen
– – Auflösung K 322, 596, 612
– – Einstellungen K 322, 603, 615
– – in der Bilanz K 322 ff.
Sonderprüfer
– Bestellung
– – nach § 315 AktG F 1394
Sonderprüfungen
– Abhängigkeitsbericht F 1394 f.
– aktienrechtliche
– – allgemeine Sonderprüfung gem. §§ 142 ff. AktG Q 1166 ff.
– – Beziehungen zu herrschenden Unternehmen gem. § 315 AktG Q 1198 ff.
– – unzulässige Unterbewertung gem. §§ 258 ff. AktG Q 1175 ff.
– als Berufsaufgabe des Wirtschaftsprüfers A 24
– Rechtsgrundlagen D 3
– unzulässige Unterbewertung
– – im Anhang F 692, 1044 f.
– – Ertrag F 425, 633, 692
– Vereinbarkeit mit Abschlussprüfung A 296
Sonderrücklagen
– nach AktG F 363
– nach DMBilG F 389
Sondervergütung
– Organmitglieder F 922
– Vorstandsmitglieder S 7, 51 f.
Sondervermögen
– Kreditinstitute J 750 ff.
– Prüfungsbericht Q 929
– Prüfungsvermerk Q 936

– Prüfungsvorschriften D 10
– *s. auch Eigenbetriebe, Kapitalanlagegesellschaft*
Sondervorteile
– Anfechtung von Hauptversammlungsbeschlüssen bei Einräumung U 107 ff., 127, 130
Sonderzuwendungen
– im Lagebericht F 1145
Sonstige Aufwendungen
– Versicherungsunternehmen K 535, 544, 610, 615 ff.
Sonstige Ausleihungen
– in der Bilanz der Kapitalgesellschaften F 265 f.
Sonstige betriebliche Aufwendungen
– Gesamtkostenverfahren F 551 ff.
– Kreditinstitute J 295 f.
– Prüfung R 416, 428, 576
– Umsatzkostenverfahren F 647, 649
Sonstige betriebliche Erträge
– Gesamtkostenverfahren F 521 ff.
– Kreditinstitute J 274 f.
– Prüfung R 416, 428, 480, 576
– Umsatzkostenverfahren F 648
Sonstige Erträge
– Versicherungsunternehmen K 612 ff.
Sonstige Finanzverpflichtungen
– im Anhang F 692, 783 ff.
– – Kreditinstitute J 402
– im Konzernanhang M 766 f.
– aus Leasingverträgen E 31 ff., F 785
– aus Mietverträgen F 785
– Versicherungsunternehmen K 42, 136 ff., 665, 685, 809
Sonstige Forderungen und Vermögensgegenstände
– Versicherungsunternehmen K 96, 224, 227, 272 ff.
Sonstige Haftungsverhältnisse
– im Anhang der Kapitalgesellschaften E 112, F 465, 785, 790
Sonstige immaterielle Vermögensgegenstände
– Versicherungsunternehmen K 97, 108 ff.
Sonstige Rückstellungen
– im Anhang F 717, 756 ff.
– bei Kapitalgesellschaften F 442, 692
– Kreditinstitute J 232

– Versicherungsunternehmen **K** 495, 500 ff.
Sonstige Steuern
– in der Gewinn- und Verlustrechnung
– – Kapitalgesellschaften **F** 551, 598 ff.
– – Kreditinstitute **J** 302
Sonstige Verbindlichkeiten
– Kapitalgesellschaften **F** 458 ff.
– Kreditinstitute **J** 226
– Prüfung **R** 552 f.
– Versicherungsunternehmen **K** 284, 505, 508
Sonstige Vermögensgegenstände
– Abschreibung in der Gewinn- und Verlustrechnung **F** 548
– in der Bilanz **E** 578
– – Kapitalgesellschaften **F** 293 ff., 748
– – Kreditinstitute **J** 191
– nach IFRS **N** 388 ff., 401
– Körperschaftsteuerguthaben **E** 57
– Prüfung **R** 485 ff.
– in der Steuerbilanz **E** 580
Sonstige versicherungstechnische Aufwendungen K 554
– Krankenversicherungsunternehmen **K** 593
– Lebensversicherungsunternehmen **K** 593, 619
– Rückversicherungsunternehmen **K** 561
– Schaden- und Unfallversicherungsunternehmen **K** 561
Sonstige versicherungstechnische Erträge K 546, 554
– Krankenversicherungsunternehmen **K** 584
– Lebensversicherungsunternehmen **K** 584
– Schaden- und Unfallversicherungsunternehmen **K** 546
Sonstige versicherungstechnische Rückstellungen K 330, 718
– im Anhang **K** 488
– Krankenversicherungsunternehmen **K** 478 ff.
– Lebensversicherungsunternehmen **K** 478 ff., 489 ff.
– Rückversicherungsunternehmen **K** 478 ff.
– Schaden- und Unfallversicherungsunternehmen **K** 478 ff.
– Veränderung **K** 553 ff.

Sonstige Zinsen
– in der Gewinn- und Verlustrechnung **F** 571
Sorten
– Bilanzierung **F** 298
– – Kreditinstitut **J** 141
– Prüfung **R** 499
Sozialabgaben
– freiwillig übernommene **F** 539
– in der Gewinn- und Verlustrechnung **F** 538, 896, 898
– – Kreditinstitut **J** 292
– noch nicht weitergeleitete **F** 458
Sozialbericht F 689, 1145
Soziale Aufwendungen
– bei Ermittlung der Herstellungskosten **E** 346, 349, 359, **F** 705
Sozialeinrichtungen
– Aufwendungen **F** 543
– Erträge **F** 521
Sozialleistungen
– bei Ermittlung der Herstellungskosten **E** 349, 359, 364
Sozialplanaufwand
– in der Gewinn- und Verlustrechnung **F** 494
– bei Unternehmensfortführung **E** 292
Sozialplanverpflichtungen
– Ausweis **F** 460
– bei Betriebsveräußerung **V** 49
– bei Ermittlung des hälftigen Kapitalverlusts **V** 15
– Rückstellung **E** 204
– im Überschuldungsstatus **V** 67
Sozialversicherungsbeiträge
– einbehaltene **F** 460
– in der Gewinn- und Verlustrechnung **F** 538
– – freiwillig übernommene **F** 539
– für Organmitglieder im Anhang **F** 925
Sozialversicherungsrente
– Pensionsrückstellung bei Anrechnung **E** 253
Sozietät
– Bestätigungsvermerk **Q** 573
– Wirtschaftsprüfer **A** 201 ff.
– – mit anderen Freiberuflern **A** 202
– – Auftragsdurchführung **A** 608 ff.
– – mit ausländischen Berufsangehörigen **A** 202

– – Berufsbezeichnung **A** 236 ff.
– – Berufshaftpflichtversicherung **A** 250
– – gemeinschaftliche Auftragsübernahme **A** 201
– – Eigenverantwortlichkeit bei - und Nicht-Wirtschaftsprüfer **A** 398
– – Firma **A** 237
– – Haftung **A** 686 ff.
– – intraurbane **A** 240
– – Mandatsschutzklauseln **A** 420
– – örtliche/überörtliche **A** 201, 204, 240
– – Praxisschilder **A** 194
– – Siegelführung **A** 228
– – sozietätsfähiger Personenkreis **A** 202 ff.
– – Unterzeichnung des Bestätigungsvermerks **A** 610 ff.
– – Unterzeichnung des Prüfungsberichts **A** 610 ff.
– *s. auch gemeinschaftliche Berufsausübung*
Spätschadenrückstellung K 394, 411, 423 ff., 427, 432
– Prüfung **K** 775, 780, 804, 809
Spaltung
– Anschaffungskosten **E** 340
– Beteiligungsansatz **E** 545
– Bewertungsstetigkeit **E** 310
– Buchwertfortführung **E** 310
– Prüfung **Q** 1205
– Prüfungsvorschriften **D** 3 f., 6 f.
– Vermögensminderung **F** 613 f.
– Wirtschaftsprüfungsgesellschaft **A** 167
Sparbriefe
– Versicherungsunternehmen **K** 199
Spareinlagen
– in der Bilanz
– – Kreditinstitute **J** 208 ff.
Sparguthaben
– Versicherungsunternehmen **K** 231
Sparkassen
– Prüfungsvorschriften **D** 26
Sparobligationen
– Versicherungsunternehmen **K** 199
Spartenerfolgsrechnung
– Schaden- und Unfallversicherungsunternehmen **K** 517
Spartentrennung
– Auswirkung auf den Konzernabschluss **K** 637, 671

Speditionskosten
– bei Ermittlung der Anschaffungskosten **E** 322
Speditionsunternehmen
– Gliederungsschema **F** 472
– Umsatzerlöse **F** 511
Spenden
– Ausweis **F** 543, 551
Spendensammelnde Organisationen
– Prüfungsbericht **Q** 1045
– Prüfungsvermerk **Q** 1046
Sperrguthaben
– Ausweis **F** 299
– bei Versicherungsunternehmen **K** 280
Spesen
– Bewertung der Wertpapiere **E** 575
– Ermittlung der Anschaffungskosten **E** 532
– – Kreditinstitute **J** 324, 464
– Prüfung **R** 501
Spezialisierungshinweise A 451 ff.
– in Firma der Wirtschaftsprüfungsgesellschaft **A** 120, 451 ff.
Spezialkreditinstitute
– Prüfungsbericht **Q** 892
Spezialleasing E 38, 41
Spitzer-Tabellen Anh1 32 f.
– Erläuterungen zur Anwendung **Anh1** 1 ff.
– Rentenbarwert **Anh1** 8, 32 f.
– – nachschüssige Rente bei monatlicher Zinsabrechnung **Anh1** 33
– – nachschüssige Rente bei nachschüssiger Verzinsung **Anh1** 32
Sponsoring A 447
Sportanlagen
– Zuschüsse **F** 551
Spotmarktpreise E 432
Spruchstelle
– Abschlussprüfer
– – Erstellung des Abhängigkeitsberichts **F** 1373
Staatsangehörigkeit A 13
Staatsaufsicht
– Wirtschaftsprüferkammer **B** 62
Staffelform
– Gewinn- und Verlustrechnung
– – Einzelkaufmann **E** 597, 605
– – Kapitalgesellschaften **E** 597, **F** 466
– – Kreditinstitute **J** 50

– – Personengesellschaften **E** 597, 605
– – nach PublG **H** 46, 59
– – Versicherungsunternehmen **K** 516
Stahlpreisprüfung
– Rechtsgrundlagen **D** 20
Stammkapital
– Ausweis **F** 316
– – Eigenbetriebe **L** 15
Standards
– des IDW s. IDW Standards
Standards Advisory Council
– s. IFRS Advisory Council
Standardsoftware E 493
– s. auch immaterielle Vermögensgegenstände
Standardsystem
– Bewertung versicherungstechnischer Rückstellungen **K** 338 ff.
Standing Interpretations Committee
– s. IFRS Interpretations Committee
Stanzen
– Bilanzierung **E** 478
Statements of Membership Obligations B 70
Statistiken
– im Anhang **F** 690
Statistische Verfahren
– Auswahl **R** 120 ff.
– statistische Schätzverfahren **R** 133 f.
– statistische Testverfahren **R** 135
– zu Grunde zu legender Sicherheitsgrad **R** 132
Steinbrüche
– Ausweis **F** 243
– in der Steuerbilanz
– – Abschreibung **E** 410, 511
Steinkohlenbergbau
– Übertragung stiller Reserven **E** 427
Stellenanzeigen
– Wirtschaftsprüfer und Wirtschaftsprüfungsgesellschaften
– – werbende Angaben **A** 446
Stellungnahme zur Lagebeurteilung der gesetzlichen Vertreter
– Konzernprüfungsbericht **Q** 678
– Prüfungsbericht **Q** 91 f., 102 ff.
Stellungnahmen des IDW
– Aufhebung **Anh3** 11
– Entstehung und Bedeutung **A** 384 f., **B** 12, 18, **Anh3** 2 ff.

– Neuordnung des Systems der Fachgutachten und Stellungnahmen **Anh3** 4
– Übersicht **Anh3** 13 ff.
– Unterscheidung **Anh3** 3 f.
– s. auch IDW Prüfungsstandards, IDW Stellungnahmen zur Rechnungslegung, IDW Verlautbarungen
Stetigkeit
– Abgrenzung des Konsolidierungskreises **M** 215 ff.
– Ansatzstetigkeit im Konzernabschluss **M** 263
– Grundsatz
– – Berichterstattung **Q** 43
– – Bilanzierung und Bewertung **Q** 63
– HGB-Konzernabschluss **M** 18 ff.
– Konzernanhang bei Durchbrechung **M** 730 ff.
– Konzernprüfungsbericht **Q** 625
– Prüfungsbericht **Q** 64
– sachliche **E** 223
– zeitliche **E** 223, 306
– s. auch Stetigkeitsgrundsatz
Stetigkeitsgrundsatz F 80, 480 f., 677
– Bewertung **E** 306 ff.
– – Abweichungen **E** 312 ff., 316, **F** 722 ff., 884
– Gliederung **E** 596, **F** 83
– – Anhang **F** 677, 722, 725
– – Bilanz **F** 677
– – Gewinn- und Verlustrechnung **F** 480 f., 677, 722
– – Umsatzerlöse **F** 894
– s. auch Stetigkeit
Steuerabgrenzung
– s. Latente Steuern
Steuerbelastung F 172 ff., 399
– fiktive **F** 611 f.
Steuerberatende Tätigkeit
– Wirtschaftsprüfer **A** 25 f.
– – Vergütung **A** 732 f.
Steuerberater C 14 ff.
– Abgrenzung nicht berufstypischer Tätigkeiten **C** 58
– – Testamentsvollstreckung **C** 58
– Aufgaben **C** 39 f., 57 ff.
– allgemeine Berufspflichten **C** 62 ff.
– – nicht vereinbare Tätigkeiten **C** 67
– – vereinbare Tätigkeiten **C** 65

3251

– auswärtige Beratungsstellen **C** 29, 30, 61, 71
– berufliche Tätigkeit **C** 39, f., 58 ff.
– Berufspflichten **C** 62 ff.
– Berufsrecht **C** 18 ff.
– Buchführungsprivileg **C** 20
– Examen *s. Steuerberaterexamen*
– geschäftsmäßige Hilfeleistung in Steuersachen **C** 39, 57
– als gesetzliche Vertreter von Wirtschaftsprüfungsgesellschaften **A** 110
– Haftungsbegrenzung **C** 34
– Haftungskonzentration **C** 34
– in den neuen Ländern **C** 25, 27
– Rechtsberatungsbefugnis **C** 59 f.
– Sozietät mit **A** 175 f.
– Tätigkeit von Wirtschaftsprüfern als **A** 29
– vereinbare Tätigkeiten **C** 65 f.
– verkürztes WP-Examen **A** 78
– weitere Beratungsstelle **C** 30, 61, 71
– Werbung **C** 33
– Zugang zum Beruf **C** 44 f.
– Zulassungsvoraussetzungen **C** 16, 44 ff.
– – Examen **C** 46 ff.
– – i.S.d. der Hochschuldiplom-RL **C** 23
– – Teilzeitbeschäftigte **C** 29
– – Vorbildung **C** 26, 36, 44 ff.
– – Zugang zum Beruf des vereidigten Buchprüfers **B** 5, **C** 8 ff.
– Zusammenschluss
– – zulässige Rechtsformen **C** 31
Steuerberaterexamen C 46 ff.
– Angehörige der EU-Mitgliedstaaten **C** 23, 49
– Befreiung von der Prüfung **C** 51
– Eignungsprüfung **C** 49
– Gebühr **C** 53
– Normalexamen **C** 46
– Prüfung in Sonderfällen **C** 48 ff.
– – Bewerber aus Schweiz, EU, EWR **C** 49
– – vereidigte Buchprüfer **C** 48 f.
– – Wirtschaftsprüfer **C** 48 f.
– Prüfungsgebiete **C** 47
– Zulassungsvoraussetzungen **C** 44 ff.
– – verbindliche Auskunft über Erfüllung **C** 52
– – Vorbildung **C** 44
– Verfahren **C** 52
Steuerberatergebührenverordnung C 68

– Maßgeblichkeit
– – für Wirtschaftsprüfer/Steuerberater **A** 644
– – für Nur-Wirtschaftsprüfer **A** 645
Steuerberatung
– Auftragsinhalt **A** 600
– durch Wirtschaftsprüfer/Wirtschaftsprüfungsgesellschaften **A** 25
– – Befugnis **A** 25
– – Verjährung von Schadensersatzansprüchen **A** 717
Steuerberatungsgesellschaft C 70 f.
– Anerkennung **C** 70
– Beteiligung an **C** 21, 32, 36
– Firma **C** 71
– gesetzliche Vertreter **C** 70 f.
– – Wirtschaftsprüfer als **A** 29, 43
– Kapitalbindung **C** 21, 32, 36
– Rechtsform **C** 70
– Schutz der Bezeichnung **C** 14
– Veränderung des Gesellschafterbestandes **C** 21, 32
– Wirtschaftsprüfer in **A** 38, 53
Steuererklärung
– Rückstellung für Kosten **E** 189
Steuererstattungen
– Ansprüche **E** 580, **F** 293
– in der Gewinn- und Verlustrechnung **F** 593, 599
– Verlustrücktrag **F** 593, 906
Steuerhinterziehung
– als Berufspflichtverletzung **A** 403
– bei Kaufpreisaufteilung **E** 333
Steuerliche Wahlrechte
– Voraussetzung **E** 130
Steuermarken
– Ausweis **F** 298
Steuern
– Ausweis beim Umsatzkostenverfahren **F** 641, 652 f.
– – aktivierte **F** 648
– – ausländische **F** 595, 598
– Bilanzierung privater **E** 17 f.
– bei Ermittlung
– – Anschaffungskosten **E** 322
– – Herstellungskosten **E** 360
– – – in der Steuerbilanz **E** 367 f.
– einbehaltene **F** 458 f.
– – im Anhang **F** 459

3252

– auf das gewöhnliche und das außerordentliche Ergebnis **J** 402
– – im Anhang **F** 583, 589, 902 ff.
– in der Gewinn- und Verlustrechnung
– – Einzelkaufleute nach PublG **H** 60, 70
– – Genossenschaften **G** 6
– – Kapitalgesellschaften **F** 521, 590 ff., 653
– – Kreditinstitute **J** 301 f.
– – Personengesellschaft und der Personenhandelsgesellschaft i.S.d. § 264a HGB **F** 401, 717 f.
– – nach PublG **H** 46
– persönliche der Gesellschafter von Personenhandelsgesellschaft i.S.d. § 264a HGB **F** 501
– Prüfung **R** 577
– weiterbelastete **F** 566, 596, 600
– im Zwischenabschluss **M** 165 ff.
Steuernachzahlungen
– im Anhang **F** 593, 906
– Aufwand **F** 593 f., 599
– Ausweis für Vorjahre **F** 593, 599, 906
Steuerrecht
– Versicherungsunternehmen **K** 30, 120, 157, 206, 294, 322, 396
Steuerrückstellungen E 205 ff., 281 ff., **F** 717
– Ausweis **F** 438
– Bemessung **F** 439 f.
– nach IFRS **N** 486 ff.
– in der Konzernbilanz
– Kreditinstitute **J** 230
– für latente Steuern **E** 281 f.
– Prüfung **R** 531
– für Sonderposten mit Rücklageanteil **F** 433
– Versicherungsunternehmen **K** 498 f.
– Zuführungen **F** 593
Steuersatz
– latente Steuer **E** 285
Steuerschulden
– Ausweis **F** 458
– persönliche **H** 70
Steuerstrafen
– in der Gewinn- und Verlustrechnung **F** 594, 601
Steuervergünstigungen
– Prüfung **R** 458

Stichprobenauswahl
– bei Prüfung **R** 119 ff.
– – Prüfung des Abhängigkeitsberichts **F** 1378
– – der Kontokorrentkonten **R** 473
– – der Vorräte **R** 452, 455
– bewusste **R** 120 ff.
– Einbeziehung typischer Fälle **R** 125
– Kriterien **R** 124
– Verfahren **R** 120 ff.
– zufallsgesteuerte **R** 120, 129 ff.
Stichprobenelemente
– Auswahl
– – nach absoluter Bedeutung **R** 126
– – nach der Risikoeinschätzung des Abschlussprüfers **R** 127
– – nach relativer Bedeutung **R** 126
– Einbeziehung typischer Fälle **R** 125
Stichprobeninventur E 21
Stichprobentest
– s. Einzelfallprüfung
Stichprobenumfang
– bei Prüfung des Abhängigkeitsberichts **F** 1378
Stichprobenverfahren
– Auswahl aufs Geratewohl **R** 9122
– Auswahlkriterien **R** 124
– mit bewusster Auswahl **R** 120 ff.
– – persönliche Erkenntnisse und Erfahrungen des Abschlussprüfers **R** 121
– MaBV-Prüfung **Q** 1318
– Prüfungsbericht **Q** 163
– mit zufallsgesteuerter Auswahl **R** 120, 129 ff.
– – berechenbare Wahrscheinlichkeit **R** 129
– – mathematisch-statistische Regeln **R** 129
Stichtag
– abweichender des Jahresabschlusses
– – einbezogene Unternehmen **M** 157 ff., 596 ff.
– – Versicherungsunternehmen **K** 653, 805
– (kein) abweichender bei Partnerschaftsgesellschaften **A** 210
– Konzernabschluss **M** 155 ff.
– – nach PublG **O** 65 ff.
Stichtagsinventur
– Pensionsverpflichtungen **E** 252
– Prüfung **R** 446 ff.

3253

– vor- oder nachverlegte **E** 21, 26, **R** 447
Stichtagskursmethode
– bei der Währungsumrechnung **M** 283 ff.
Stichtagsprinzip
– Aufstellung
– – des Abhängigkeitsberichts **F** 1301 f.
– Beurteilung von Leistung und Gegenleistung **F** 1361 ff.
– Bewertung **E** 303
– Pensionsrückstellungen **E** 232, 252
Stiftungen Q 1015
– im Anhang **F** 971
– Bestätigungsvermerk **Q** 1026
– Geltung des PublG **H** 5
– als Gesellschafter von Wirtschaftsprüfungsgesellschaften **A** 141
– Konzernabschluss
– – Aufstellungspflicht **O** 11
– Prüfungsvorschriften **D** 8
Stille Beteiligung
– im Anhang **F** 971
– bei Berechnung des Mehrheitsbesitzes **T** 68
– in der Bilanz
– – Einzelkaufmann nach PublG **H** 72
– – Kapitalgesellschaften **F** 254, 258, 359
– Erträge **F** 562
– als Teilgewinnabführung **T** 262
Stille Einlage J 241, 512
Stille Reserven
– Bildung **E** 302
– bei der Erstkonsolidierung **M** 376 f.
– bei der Folgekonsolidierung **M** 399 f.
– bei Gewinnabführung **T** 295
– in der Handelsbilanz **E** 302, 438 ff.
– Kreditinstitute
– – Fonds für allgemeine Bankrisiken **J** 343 ff.
– – Hinweis im Prüfungsbericht **J** 677
– – Konzernabschluss **J** 471
– – Vorsorgereserven für allgemeine Bankrisiken **J** 338 ff.
– in der Steuerbilanz **E** 129 f.
– Übertragung **E** 424 ff.
– – im Steinkohlenbergbau **E** 427
– Versicherungsunternehmen
– – Konsolidierung **K** 715
– – Prüfung **K** 809
– Wirtschaftsbetriebe der öffentlichen Hand **L** 81

– – im Prüfungsbericht
Stilles Gesellschaftsverhältnis
– als Teilgewinnabführungsvertrag **T** 262
– *s. auch Stille Beteiligung*
Stilllegung
– Abschreibungen **F** 512, 534
– im Anhang **F** 768
– außerordentliche Posten **F** 494
– Bewertung **E** 293
– im Lagebericht **F** 1124
– *s. auch Betriebsstilllegung*
Stimmrechtsausübung
– Beherrschung durch einheitliche **T** 123
– bei Ermittlung der Stimmrechtsmehrheit **T** 93, 96 ff.
– bei Unternehmensvertrag **T** 269
Stimmrechtsbindung
– beherrschender Einfluss bei **T** 63
– bei Berechnung der Stimmrechtsmehrheit **T** 93
– Unternehmensverbindung bei **T** 371 f.
– Widerlegung der Abhängigkeitsvermutung durch **T** 139 ff.
Stimmrechtsmehrheit
– Ermittlung **T** 93 ff.
– – eigene Anteile bei **T** 93, 96
– – bei Nießbrauch **T** 95
– – Personengesellschaften **T** 94
– Mehrheitsbeteiligung bei **M** 46 ff., **T** 92 ff.
– bei Widerlegung der Abhängigkeitsvermutung **T** 144
– bei Wirtschaftsprüfungsgesellschaften **A** 138
Stimmrechts- und Übertragungsbeschränkungen
– übernahmerelevante Zusatzangaben
– – Lagebericht **F** 1152 f.
Stock Appreciation Rights F 145
– als Vergütungsinstrument **S** 72 f., 120
Stock Options
– als Vergütungsinstrument **S** 52 ff.
– – Angemessenheit **S** 8 ff., 21, 33, 67 f., 104
– – Anhangangaben **S** 81
– – Ausgabevoraussetzungen **S** 54 ff.
– – Ausgestaltung **S** 57 ff.
– – Besteuerung **S** 85 ff.
– – Bezugsberechtigte **S** 54 ff.
– – Bilanzierung **S** 78 ff.

– – dividend-protection-Klausel S 63
– – eigene Aktien S 65, 118
– – Erfolgsziele S 61 f.
– – Erwerbs- und Ausübungszeit S 62
– – Haltefristen S 63
– – Hedgegeschäfte S 64
– – Höchstbetrag S 69
– – Insidergeschäfte S 63
– – Nichtigkeit des Hauptversammlungsbeschlusses S 62
– – Rückzahlungsklausel S 63
– – Verwässerungsschutzklausel S 63
– – Wandelschuldverschreibungen S 54
– – Wartezeit S 62
Stoffkosten
– in der Gewinn- und Verlustrechnung F 526 ff.
Stop-loss-Versicherung K 350
Stornorückstellung
– Bilanzierung **K** 478
– – zu den Beitragsforderungen **K** 480
– – zu den Forderungen an Versicherungsvertreter **K** 478
– Veränderung **K** 553
Strafverfahren
– Berufsverbot **A** 596
– Vorrang **A** 490, 577
Strafvorschriften
– bei Nichtaufstellung des Abhängigkeitsberichts **F** 1375
– bei Verletzung der Verschwiegenheitspflicht **A** 344
Straßen
– Ausweis **F** 241
– in der Steuerbilanz **E** 513
Straßenbaubeiträge
– in der Steuerbilanz **E** 513
Straßenfahrzeugbau
– Aufgliederung der Umsatzerlöse **F** 891
Strategie
– als Informationsgrundlage der Prüfungsplanung **R** 45
Streik
– im Lagebericht **F** 1102, 1124
Streitwert
– Anfechtungsklage **U** 165
– Nichtigkeitsklage **U** 65 ff.
Streubesitz
– beherrschender Einfluss **T** 107, 115

Stromintensive Unternehmen
– Prüfungsvorschriften **D** 31
Strommenge
– Prüfung nach KWK-G **D** 31
Stromsteuer
– in der Gewinn- und Verlustrechnung **F** 598
Strukturierte Finanzinstrumente E 64
Strukturierte Produkte J 454, 463
Studentenwerke
– Prüfungsvorschriften **D** 27
Studienlehrgänge
– s. IDW Studienlehrgänge
Stückzinsen
– Bilanzierung **F** 293, 748
Stützen
– Ausweis **F** 244
Stufenkonzept
– Konzernrechnungslegung **M** 75 ff., 83
Stundenbuchhalter C 42
Substanzerhaltung
– im Anhang **F** 684, 1058
– Anspruch **E** 580
– bei Pachtverträgen **E** 30
– im Prüfungsbericht **Q** 163
Substanzerhaltungsrücklage
– in der Bilanz der Aktiengesellschaft **F** 403
Substanzerhaltungsrückstellung
– des Pächters **E** 580
Substanzverringerung
– Absetzungen **E** 401, 410, 511
– – unterbliebene **E** 413
Substanzwertrechnung Q 913
Subventionen
– Bilanzierung **E** 326, **F** 505
– Erträge **F** 521
Sukzessivlieferverträge
– im Abhängigkeitsbericht **F** 1324, 1361
Swaparbitrage
– Währungsumrechnung bei Kreditinstituten **J** 351
Swapdepot-Geschäft
– Währungsumrechnung bei Kreditinstituten **J** 352, 372
Swapgeschäfte
– Bilanzierung **E** 70
– Rückstellung **E** 208
Swaps
– im Anhang **F** 811 ff.

– Credit Default Swap **E** 70
– Total Return Swap **E** 70
– Währungsswaps **E** 69
– Zinsswaps **E** 69
Swapsatz
– Währungsumrechnung bei Kreditinstituten **J** 372
SWOT-Analyse R 246
Syndikatsabrechnung
– Verlust **F** 551
Systematische Internalisierung J 740
Systemdokumentation
– Risikofrüherkennungssystem **P** 32 f.
Systemprüfung R 264 ff.
– bei der Abschlussprüfung **R** 101
– bei Dienstleistungsunternehmen **R** 849 ff.
– bei Prüfung des Risikofrüherkennungssystems **P** 105

T

Tabaksteuer
– bei Ermittlung
– – Bilanzsumme nach PublG **H** 16
– in der Gewinn- und Verlustrechnung **F** 598
Tabellen
– im Anhang **F** 690
– im Lagebericht **F** 1084
Tabellenkalkulationsprogramme
– Ermittlung des internen Zinsfußes **Anh1** 14
Täglich fällige Forderungen/Verbindlichkeiten J 65
Tätigkeitsbereich
– Aufgliederung der Umsatzerlöse **F** 890 ff.
Tätigkeitsbericht J 777
Tätigkeitsschwerpunkte
– Kundgabe durch Wirtschaftsprüfer und Wirtschaftsprüfungsgesellschaften **A** 451 f.
Tagesgelder
– Ausweis **F** 299
– Versicherungsunternehmen
– – Bilanzierung **K** 231
– – im Kapitalanlagespiegel **K** 234
Tanks
– Ausweis **F** 244
Tantiemen
– Ermittlung der Herstellungskosten **E** 360

– in der Gewinn- und Verlustrechnung **F** 533, 551
– Rücklagenzuführung bei Berechnung **F** 380
– Rückstellung **E** 209
– Organmitglieder **F** 667, 692, 919, 922, 929, 961
– – Vorschuss auf - im Anhang **F** 961
– Vorstand **S** 18 ff.
– – Bemessungsgrundlage **S** 20 ff.
– – – Dividende **S** 44 ff.
– – – Jahresüberschuss **S** 27 ff.
– – Einfluss auf den Jahresüberschuss **S** 31 ff.
– *s. auch Gewinnbeteiligung, Umsatztantieme, Vorstandsvergütung*
Tarifverträge
– im Lagebericht **F** 1102, 1145
Tauschgeschäfte
– Beteiligungsbewertung **E** 551, 556
– in der Bilanz **E** 338
– nach IFRS
– – Anschaffungskosten **N** 168
– – Ertragserfassung **N** 824
– in der Steuerbilanz **E** 339
Technische Anlagen
– Ausweis **F** 244 ff.
Technischer Zinsertrag K 544 f., 610 f., 619
Teilamortisations-Leasing E 42
Teilbeherrschungsvertrag
– Charakter **T** 246
– Nichtigkeit **T** 250
Teilbericht
– Prüfungsbericht **Q** 54, 147, 159, 263
– Vorabbericht **Q** 147
– *s. auch Unternehmensvertrag*
Teilgewinnabführungsvertrag T 262 f.
– Aufwand **F** 604
– Begriff **T** 262
– Erträge **F** 487, 556, 561 ff.
– – Prüfung **R** 427, 577
– Gegenleistung **T** 263
– gesetzliche Rücklage **F** 381 f., **T** 288, 292
– Verpflichtungen **F** 446
– Versicherungsunternehmen
– – Erträge aus **K** 596, 599
– *s. auch Unternehmensvertrag*
Teilgewinnrealisierung
– bei langfristiger Fertigung **E** 317

Teilkonzernabschluss M 75 ff.
– Aufstellung **M** 75 ff.
– – Befreiung von der Pflicht zur **M** 76 ff., 83 ff.
– – Grundsätze **M** 75 ff.
– auf höherer Ebene **M** 83
– nach PublG **O** 27
– – Aufstellungspflicht **O** 45 ff., 65 ff.
– – – Befreiung **O** 48 f.
– – Prüfung **O** 113 ff.
Teilschadenrückstellung
– Begriff **K** 394 ff.
– noch nicht abgewickelte bekannte Versicherungsfälle **K** 394 ff.
– Rentenversicherungsfälle **K** 422
Teilungsabkommen
– Erträge aus **K** 41, 547
– Forderungen aus **K** 255, 395 f.
– – *s. auch RPT-Forderungen*
Teilwert
– Anlagenbewertung **E** 414
– Begriff **E** 414
– Beteiligungsbewertung **E** 552, 558, 560
– Bewertung, steuerlich **E** 304
– Grenzen **E** 414
– Pensionsanwartschaften
– – in der Handelsbilanz **E** 233, 234, 589
– – in der Steuerbilanz **E** 250, 593, **F** 439
– Vorräte **E** 565 ff.
Teilwertabschreibungen E 401
– AfA nach **E** 401
– bei Ergebnisabführungsvertrag **E** 557, 558
– bei Ermittlung der Herstellungskosten in der Steuerbilanz **E** 364
– bei Kundenforderungen **E** 574
– bei überhöhten Anschaffungskosten **E** 337
– bei Vorräten **E** 565 ff.
Teilwertverfahren
– versicherungsmathematische Berechnungen **Anh2** 55 ff.
Teilzahlungsfinanzierung
– Gebühren aus **E** 277
Teilzahlungsgeschäfte
– Anschaffungskosten **E** 325
– Kreditinstitute **J** 228
Teilzahlungszuschläge
– in der Gewinn- und Verlustrechnung **F** 580

Teilzeitbeschäftigte F 915
– im Anhang **F** 915
– bei Ermittlung der Beschäftigtenzahl nach PublG **H** 28
Telefaxkosten
– Ausweis **F** 551
Telefaxwerbung A 460
Telefonanlage
– Ausweis **F** 244
Telefonkosten
– bei Ermittlung der Herstellungskosten **E** 357
– in der Gewinn- und Verlustrechnung **F** 532, 551
– – beim Umsatzkostenverfahren **F** 645
Telefonwerbung A 460
Termingeschäfte
– im Anhang **F** 785
– Bilanzierung **E** 70, 323, 573
– Devisen **E** 573
– Rückstellungen **E** 210
– Währungsumrechnung bei Kreditinstituten **J** 370 ff.
– *s. auch Derivate, Futures*
Terminkurs
– Währungsumrechnung bei Kreditinstituten **J** 370 ff.
Terrorismusfinanzierung
– Vorkehrungen zur Verhinderung von - bei Kreditinstituten **J** 658 ff.
Tertiäranspruch A 715
Testamentsvollstrecker
– Tätigkeit von Wirtschaftsprüfern **A** 32
– – Vergütung **A** 738
Testat
– *s. Bestätigungsvermerk*
Testatsexemplar
– Prüfungsbericht **Q** 277
Testverfahren
– bei der Stichprobenprüfung **R** 135
Thesaurierende Fonds
– Aktivierung **E** 538, 539
Tilgung
– Disagio **E** 275, 279
– Genussrechte und Besserungsscheine **F** 1037
– Prüfung **R** 432
Tilgungsplan
– Berechnung **Anh1** 17 ff.

3257

Tilgungsstreckungsdarlehen
– Versicherungsunternehmen **K** 203, 221, 227 f.
Titelführung
– s. Berufsbezeichnung
Tochterunternehmen
– von geringer Bedeutung **M** 207
– nach HGB **M** 184 f., **T** 340 f.
– – Begriff **T** 350
– – Konsolidierung ausländischer **M** 256 ff.
– – mittelbare **M** 69 ff.
– – Rechtsform **M** 30
– – im Konzernanhang **M** 717 ff.
– i.S.d. PublG **O** 69 ff.
– als verbundenes Unternehmen **T** 341, 345
– Prüfungsbericht **Q** 19
Tontinenversicherung K 246
Tonträger
– Bilanzierung **E** 101
Total Return Swap E 70
Transaction cycles
– bei Abschlussprüfungen **R** 31, 348
Transitorische Posten
– in der Bilanz **E** 270
Transnational Auditors Committee
– der IFAC **B** 79
Transparenzbericht A 429 ff.
– Frist **A** 429
– Mindestangaben **A** 429
– – Vergütungen von Organmitgliedern **A** 433
– Pflichtverletzung **A** 431
– Überprüfung durch WPK **A** 431
– Veröffentlichung **A** 435
– zusätzliche Angaben von WPG **A** 430
Transportanlagen
– Ausweis **F** 244
Transportbehälter
– Bilanzierung **F** 244
Transportkosten
– bei Ermittlung der Anschaffungskosten **E** 322
– in der Gewinn- und Verlustrechnung **F** 551
– – beim Umsatzkostenverfahren **F** 645
Transportunternehmen
– Umsatzerlöse **F** 511
Transportversicherung
– Beitragsüberträge in **K** 339, 355

– bei Ermittlung der Anschaffungskosten **E** 322
– Schadenrückstellung **K** 420
Trendanalyse
– Prüfung mittels **R** 114, 366 ff.
Trennungsentschädigung
– in der Gewinn- und Verlustrechnung **F** 533
Treu und Glauben
– bei Bilanzänderung **E** 618
Treuegelder
– Rückstellung **E** 190 f.
Treuepflicht
– im faktischen Konzern **T** 229
– Wirtschaftsprüfer **Q** 1336
– s. auch Redepflicht
Treueprämie
– im Anhang **F** 919
– bei Ermittlung der Umsatzerlöse **F** 512
Treuhandanstalt
– Unternehmenseigenschaft **T** 53
Treuhandgeschäfte
– Anhang **J** 402
– Ausweis **J** 108 ff., 183, 225
– Begriff **J** 108
Treuhandgesellschaften
– Entstehung **A** 5
– unzulässiges Anstellungsverhältnis von Wirtschaftsprüfern **A** 51 ff.
Treuhandkredite J 108 ff., 183
Treuhandtätigkeit
– Ausnahmegenehmigung für geschäftsführende **A** 30
– als Berufsaufgabe des Wirtschaftsprüfers **A** 28 ff.
– Unparteilichkeit **A** 341
– Verjährung von Schadensersatzansprüchen aus **A** 708 ff.
Treuhandunternehmen
– als verbundene Unternehmen **T** 53
Treuhandverbindlichkeiten J 108 ff., 225
Treuhandverhältnisse
– Abhängigkeit bei **T** 116, 127
– im Anhang **E** 49 f., **F** 790
– bei Berechnung der Mehrheitsbeteiligung **T** 76, 84
– Bilanzierung **E** 48 f., 578, **F** 293
– Konzernverhältnis bei **T** 192
– Prüfungsbericht **Q** 290

– Unternehmensverbindung bei **T** 363 ff., 378
Treuhandvermögen J 108 ff.
True and fair view F 78

U

Überalterung
– Bewertung bei **R** 457
Überbestände
– Bewertung **E** 475
Überbewertung
– Jahresabschluss
– – Nichtigkeit **U** 224, 227 ff.
– – unrichtige Tantiemenberechnung **S** 26
– – Wesentlichkeit **U** 232
– Sonderprüfung gem. § 258 ff. AktG **Q** 1177
– *s. auch Nichtigkeit*
Überdenkungsverfahren C 52
Übergangsprüfung
– zum Wirtschaftsprüfer **A** 90, **B** 4
Überholungen
– Bewertung **E** 341
Überkreuzkompensation J 129 ff.
Überlassungsverträge
– drohende Verpflichtungen aus **E** 216
Übernachtungsgeld
– an Arbeitnehmer **F** 534
Übernahmen
– Prüfungsbericht **Q** 113
Übernahmerelevante Zusatzangaben
– Lagebericht **F** 1083, 1148 ff.
Übernahmeverpflichtungen J 251
Überschrift
– Bescheinigung **Q** 1360, 1409
– Bestätigungsvermerk **Q** 365 ff., 640
Überschuldung
– Abschlussprüfung **V** 91 ff.
– Antragspflicht **V** 23 ff., 70 ff.
– Aufsichtsratspflichten **V** 74, 77, 85
– Begriff **V** 33 f.
– Beseitigung **V** 56 f.
– Bestätigungsvermerk **Q** 553, **V** 96
– – ergänzender Hinweis **Q** 551
– Bewertung zur Ermittlung **V** 3 ff., 33 ff., 58
– – zweistufige Methodik **V** 36 ff.
– buchmäßige und insolvenzrechtliche **F** 306, 424, **V** 33
– Feststellung **V** 34 f.

– Fortbestehensprognose **V** 45 ff.
– Interessenausgleich und Sozialplan **V** 61 ff.
– kapitalersetzende Darlehen **V** 54 f.
– Pensionsverpflichtungen **V** 58
– Pflicht zur Unterlassung von Zahlungen **V** 75 ff., 87
– Prüfungsbericht **V** 91 ff.
– Realisationsprinzip **V** 34
– rechnerische **V** 3, 37
– Schadensersatzpflicht **V** 19 ff.
– Steuern **V** 79, 90
– Sozialversicherung **V** 78, 89
– Vorruhestands- und Jubiläumszuwendungen **V** 68 f.
Überschuldungsstatus
– Bewertung **V** 34
– Charakter **V** 34
– laufende Pensionsverpflichtungen **V** 59
– Nachteilsausgleichverpflichtungen **V** 61
– Pensionsanwartschaften **V** 60
– Rückstellung aufgrund von Verbindlichkeiten **V** 59, 68
– Sozialplanverpflichtungen **V** 67
– Verbindlichkeiten **V** 53
– – aus Interessenausgleich **V** 61 ff.
– Vorruhestandsverpflichtungen **V** 68
Überschussanteile
– angesammelte **K** 365, 368, 506
– gutgeschriebene **K** 441, 715
– Prüfung **K** 797 ff.
– im Prüfungsbericht **K** 809
– bei Versicherungs-AG **K** 10, 59 f., 179, 419 ff., 456, 797 f.
– Zinsen auf **K** 593
– zugeteilte **K** 365, 368
Überschussbeteiligung
– ermesssensabhängige
– – Finanzinstrumente **K** 820, 822, 840, 856 ff.
– – Versicherungsverträge **K** 822, 852 ff.
Überschussverordnung
– Versicherungsunternehmen **K** 329
Übersetzung
– Bestätigungsvermerk **Q** 631
Übersichtlichkeit
– Grundsatz
– – Anhang **F** 666, 672, **R** 579
– – Bilanzierung **E** 75, 595, **F** 94, 99, 374, 447

3259

– – Gewinn- und Verlustrechnung **F** 472
– – Jahresabschluss **E** 6, 8, 318, 595, **F** 85, 94, 447
– – Lagebericht **F** 1094
Überstundenvergütung
– Ausweis **F** 533
Überwachung
– als Element des Risikofrüherkennungssystems **P** 8, 67ff.
– der Prüfungsdurchführung **R** 41
Überwachungssystem P 8
– *s. auch Risikofrüherkennungssystem*
Überziehungsprovision
– in der Gewinn- und Verlustrechnung **F** 580
– Kreditinstitute **J** 259
Üblichkeit
– Vorstandsvergütung **S** 16
Umbauten
– Aufwendungen **E** 524
Umbuchungen
– in der Bilanz der Kapitalgesellschaften **F** 124, 132
– – Anlagen im Bau **F** 249
– – Anzahlungen auf Anlagen **F** 249
Umfang der Prüfung
– *s. Prüfungsumfang*
Umgekehrte Maßgeblichkeit
– Aufhebung **E** 126, 129, 144
– *s. Maßgeblichkeit*
Umkategorisierung J 456
Umlagen
– von Obergesellschaften in der Gewinn- und Verlustrechnung **F** 551
Umlaufvermögen F 272 ff.
– Abschreibung **E** 428 ff., **F** 887
– – steuerrechtliche im Anhang **F** 906, 908
– – zur Vermeidung von Wertschwankungen **E** 435 f.
– – – im Anhang **F** 692, 908
– – bei Genossenschaften **G** 16
– Bewertung **E** 428 ff.
– Bewertungsstetigkeit bei zugegangenem **E** 308
– in der Bilanz **F** 272 ff.
– Gruppenbewertung **E** 21, 474, 482, 564, **F** 710
– Kreditinstitute
– – Bewertung der Vermögensgegenstände **J** 315 ff.

– – Wertpapiere des **J** 323 ff.
– Versicherungsunternehmen **K** 108, 116 ff., 148 f., 178 f., 187
– Zuschreibungen im Anhang **F** 906
Umrechnung E 573, **F** 692, 713, 718, 720 f., 883
– *s. auch Währungsumrechnung*
Umrechnungsdifferenzen
– bei der Konzernrechnungslegung **M** 289 ff.
Umrechnungskurs
– Angabe bei Offenlegung in Europäischer Währungseinheit **F** 692
– bei Ermittlung der Umsatzerlöse nach PublG **H** 24
– bei Konsolidierung ausländischer Tochterunternehmen **M** 280 ff.
Umsatz
– Gliederung bei großen Kapitalgesellschaften **F** 889 ff.
– im Lagebericht **F** 1103 f.
– *s. auch Umsatzerlöse*
Umsatzboni
– Ansprüche **E** 580
– Rückstellung **E** 211
Umsatzerlöse F 504 ff.
– im Anhang **F** 692, 889 ff.
– – Schutzklausel **F** 895
– – Versicherungsunternehmen **K** 40, 82, 575, 664
– in der Anlage nach PublG **H** 76
– Aufgliederung **F** 692, 889 ff., 1079
– – Schutzklausel **F** 895
– Ausweis aus Nebenumsätzen **F** 521
– Begriff **F** 504 f.
– Ermittlung **F** 64, 504 ff.
– – Erlösschmälerungen **F** 512
– – für die Rechnungslegungspflicht
– – – nach HGB **F** 70 ff., 485
– – – nach PublG **H** 10, 22 ff.
– – bei Versorgungsunternehmen **F** 511
– Gesamtkostenverfahren **F** 504 ff.
– – Konsolidierung **M** 626 ff.
– von Gesellschaften **F** 521
– in der Gewinn- und Verlustrechnung nach PublG **H** 61
– als Größenmerkmal i.S.d. PublG **O** 24 ff.
– – Außenumsatzerlöse **O** 36 ff.
– – in fremder Währung **O** 38

– Herstellungskosten der Leistungen zur Erzielung **F** 498, 635 ff.
– im Konzernanhang **M** 740 ff.
– in der Konzern-Gewinn- und Verlustrechnung
– – nach HGB **M** 626 ff.
– – nach PublG **O** 96
– im Lagebericht **F** 1103 f.
– Prüfung **R** 165, 368 ff.
– Umsatzkostenverfahren **F** 634
– Versicherungsunternehmen **K** 40, 82, 575, 664
– Versorgungsunternehmen **L** 40
Umsatzkostenverfahren F 634 ff.
– in der Gewinn- und Verlustrechnung **E** 597, 605, **F** 466, 497 ff., 882, 885, **G** 16
– bei Handelsbetrieben **F** 642
– in der Konzern-Gewinn- und Verlustrechnung nach HGB **M** 648 ff.
– Materialaufwand im Anhang **F** 896
– Personalaufwand
– – im Anhang **F** 896 ff.
– – im Konzernanhang beim **M** 746 f.
– unübliche Abschreibungen auf das Umlaufvermögen beim **F** 550
– Voraussetzungen **F** 500
– Wechsel zum Gesamtkostenverfahren **F** 85, 481, 885
Umsatzprämien
– beim Ansatz der Kundenforderungen **F** 231
Umsatzprinzip
– in der Gewinn- und Verlustrechnung der Versicherungsunternehmen **K** 519
Umsatzprovision
– in der Gewinn- und Verlustrechnung **F** 562
Umsatzsaldoprinzip
– in der Gewinn- und Verlustrechnung der Versicherungsunternehmen **K** 519
– – bei Veränderung der Beitragsüberträge für **K** 543
– – bei Veränderung der Rückstellung für noch nicht abgewickelte Versicherungsfälle **K** 519, 554
Umsatzsteuer
– Abgrenzung **E** 273, **F** 701
– Ausweis **E** 273, **F** 600
– – beim Umsatzkostenverfahren **F** 645
– auf erhaltene Anzahlungen

– – bei Ermittlung der Herstellungskosten **E** 360, **F** 279
– bei Ermittlung
– – Materialaufwand **F** 529
– – Umsatzerlöse **F** 508, 511
– für geleistete Anzahlungen **E** 569 f.
Umsatztantieme
– Bemessungsgrundlage **S** 19
– s. auch Gewinnbeteiligung, Tantieme
Umsatzvergütungen
– bei Ermittlung der Umsatzerlöse **F** 512
Umschuldung
– Disagio **E** 279
Umspannwerke
– Ausweis **F** 244
Umstrukturierungsmaßnahmen
– Prüfungsbericht **Q** 296
Umwandlung
– Anschaffungskosten **E** 340
– Prüfungsvorschriften **D** 3 f., 6 f.
– Rechnungslegungspflicht
– – nach HGB für Kapitalgesellschaften **F** 74, 369
– – nach PublG **H** 12
– Wirtschaftsprüfungsgesellschaft **A** 163 ff.
– s. auch Formwechsel, Spaltung, Vermögensübertragung, Verschmelzung
Umwandlungsprüfung Q 1205
Umweltabgaben
– Passivierung **E** 212
Umwelt-Audit A 24
Umweltberichterstattung
– s. Nachhaltigkeitsprüfung
Umwelterklärung im JA F 1146
Umweltschutz
– erhöhte Absetzungen **E** 422
– Rückstellungen **E** 212
Umwidmung J 329, 456
Umzäunung
– in der Steuerbilanz **E** 513
Unabhängigkeit
– als Berufspflicht des Wirtschaftsprüfers **A** 276 ff.
– – Ausschlussgründe gem. § 319 Abs. 2 HGB **A** 278 ff.
– – – wirtschaftliche Abhängigkeit **A** 281 ff.
– äußere **A** 277
– innere **A** 277

3261

– EU-Empfehlung zur **A** 277
– Prüfer für Qualitätskontrolle **A** 506
– im Rahmen der Prüfungsplanung **R** 153
Unbebaute Grundstücke
– in der Bilanz **F** 238
Unbefangenheit
– als Berufspflicht des Wirtschaftsprüfers **A** 278 ff. ff.
– – Besorgnis der Befangenheit **A** 278 ff.
– – betroffener Personenkreis **A** 313 ff.
– – bei Gutachten **A** 277 f.
– – Rechtsfolgen bei Verstoß **A** 335 ff.
– – Schutzmaßnahmen **A** 319 ff.
– – Vereinbarkeit von Prüfung und Beratung **A** 320 ff.
– *s. auch Befangenheit*
Unbundling
– Energieversorgungsunternehmen **L** 38
Uneinbringliche Forderungen
– Kreditinstitute **J** 321
Unentgeltlicher Erwerb
– Begriff **E** 95
– Bilanzierung **E** 334
Unerlaubte Handlung
– Rückstellungen für Haftung **E** 185
Unfallunterstützungen
– Ausweis **F** 543
Unfallversicherung
– mit Beitragsrückgewähr **K** 9, 223, 385, 386, 455, 456, 544, 734
– Organmitglieder **F** 925
Unfallversicherungsgeschäft
– selbst abgeschlossenes
– – Lebensversicherungsunternehmen **K** 76, 571, 597, 605, 622
– – Schaden-Unfallversicherungsunternehmen **K** 385 ff., 389, 394 ff., 632 ff., 693
Ungewisse Risiken
– Rückstellung **E** 213
Unglücksfälle
– im Lagebericht **F** 1102
Unparteilichkeit
– als Berufspflicht des Wirtschaftsprüfers **A** 341 f.
– *Grundsatz bei der Berichterstattung* **Q** 61 ff.
Unregelmäßigkeiten
– Aufdeckung von **R** 34

– Konsequenzen für Bestätigungsvermerk **Q** 121
– Prüfungsbericht **Q** 118 ff.
– *s. auch Gesetzesverstöße*
Unrichtigkeiten und Verstöße
– Erkennung bei Prüfungen **R** 2
– Prüfungsbericht **Q** 118 ff.
– *s. auch Gesetzesverstöße*
Unsicherheiten
– der Unternehmensfortführung **Q** 558 ff.
Unterbeschäftigung
– bei Ermittlung der Herstellungskosten **E** 353 f., **F** 705
– – in der Steuerbilanz **E** 364
Unterbewertung
– Auswirkungen auf den Bestätigungsvermerk **Q** 357, 513
– Nichtigkeit des Jahresabschlusses **U** 224, 227 ff.
– – Geltendmachung **U** 237
– Sonderprüfung
– – gem. § 258 ff. AktG **Q** 1175
– – Rechtsgrundlagen **D** 3
– unzulässige im Anhang der Aktiengesellschaft **F** 692
– *s. auch Nichtigkeit*
Untergliederungen
– in den Gliederungsschemata **F** 92, 469, 481, 733
Unterlagen
– vom Abschlussprüfer benötigte **R** 164 ff.
Unternehmen
– in den Abhängigkeitsbericht einzubeziehende **F** 1308 ff.
– nahe stehende
– – Begriff **F** 1006 ff.
Unternehmensbegriff
– einheitlicher **T** 41 ff., 54 ff.
– i.S.d. AktG **T** 41 ff., 338 ff.
– – Abgrenzung **T** 54 ff.
– – Kriterien für den **T** 44 ff.
– – Körperschaften und Anstalten **T** 49 ff.
– – Treuhandunternehmen **T** 53
– einheitlicher **T** 340
– i.S.d.. HGB **T** 337 ff.
– – Geltung **T** 339 ff.
– i.S.d. PublG **O** 10
Unternehmensberatung
– als Berufsaufgabe des Wirtschaftsprüfers **A** 27

Unternehmensberatungsgesellschaft
– unzulässiges Anstellungsverhältnis von Wirtschaftsprüfern **A** 51
Unternehmensbeteiligungsgesellschaften
– Prüfungsvorschriften **D** 2
– *s. auch Kapitalbeteiligungsgesellschaften*
Unternehmensbewertung
– als Berufsaufgabe des Wirtschaftsprüfers **A** 28
Unternehmenseigenschaft T 50 f.
– i.S.d. AktG
– – Aktionär **T** 46
– – Arbeitsgemeinschaft **T** 48, 189
– – Einzelkaufmann **T** 46
– – bei gewerblicher Tätigkeit **T** 45
– – Holdinggesellschaften **T** 44, 190
– – juristische Personen **T** 44
– – Personenvereinigungen **T** 48
– – in der Rechtsprechung **T** 46 ff., 51 f.
– – bei Teilgewinnabführungsvertrag **T** 262
– – Treuhandanstalt **T** 53
– BGB-Gesellschaft **T** 48
– Gebietskörperschaften **T** 49 ff.
– i.S.d. HGB **T** 344 ff.
– – der Kapitalgesellschaften **T** 344 f.
– – ausländischer Unternehmen **T** 347
– i.S.d. PublG **O** 10 ff.
Unternehmensentwicklung
– im Anhang **F** 690
– Bewertungsstetigkeit bei veränderter Einschätzung **E** 314
– im Lagebericht **F** 1102, 1126 ff.
Unternehmensfortführung
– Bestätigungsvermerk bei Gefährdung **Q** 558
– Bestätigungsvermerk bei Unsicherheit **Q** 558
– Going Concern **N** 34
– *Grundsatz s. Going Concern*
– Prüfungsbericht **Q** 137 ff.
– *s. auch Bestandsgefährdende Tatsachen, Fortführung der Unternehmenstätigkeit*
Unternehmensorgane
– Bilanzeid **R** 29
– Verantwortlichkeit für die Rechnungslegung **R** 25

Unternehmensverbindungen T 1 ff.
– nach AktG **T** 2, 5, 38 ff.
– im Anhang **F** 970 ff., 1039, 1041
– bei Gleichordnungskonzern **T** 118 ff., 465
– nach HGB **T** 7, 32 ff.
– bei Konzernabschluss nach PublG **T** 381 f., 463 f.
– mehrfache **T** 55, 118
– Prüfung **R** 429
– Überlagerung **T** 57 ff., 118
– Voraussetzungen **T** 11
– *s. auch Verbundene Unternehmen*
Unternehmensvertrag T 235 ff.
– Abhängigkeitsbericht **F** 1292, 1295, 1298 f., 1305 f.
– Abschluss **T** 268 ff., 304
– Änderung **T** 276
– andere Gewinnrücklagen **F** 407
– Anfechtung **T** 270
– Anmeldung **T** 273, 285
– Arten **T** 235
– Ausgestaltung **T** 241
– mit ausländischen Unternehmen **T** 60 f.
– Ausweis der Aufwendungen und Erträge **F** 489 ff.
– Beendigung **T** 279 ff., 285
– – durch Aufhebung **T** 282
– – durch Kündigung **T** 279, 283 f., 325
– Beitritt **T** 277
– Charakter **T** 239
– gesetzliche Rücklage **F** 381, **T** 287 ff.
– mit GmbH **T** 304 ff.
– bei Hinzukommen außenstehender Aktionäre **T** 280
– Offenlegung **T** 271 f.
– Prüfung **T** 242, 271
– Prüfungsvorschriften **D** 3
– Rechtsform der Gesellschaften **T** 268, 304 ff.
– Rücktritt **T** 279
– Rückwirkung **T** 274
– Verlängerung **T** 278
– Verlustübernahme aufgrund **F** 489, 578 f., 602 f., **T** 297
– Versicherungsunternehmen
– – im Prüfungsbericht **K** 809
– Vorschriften des AktG **T** 2, 30, 235 ff.
– Vorschriften für die Prüfung **T** 271
– Zulässigkeit **T** 237, 305

3263

– Zustimmungserfordernis **T** 268, 305
– *s. auch unter den einzelnen Arten*
Unterordnungskonzern
– beherrschender Einfluss **T** 114, 168
– bei Beherrschungsvertrag **T** 170
– bei Eingliederung **T** 170
– einheitliche Leitung **T** 157, 168 ff.
– Konzernverhältnis **T** 168 ff., 186
– Konzernrechnungslegungspflicht **T** 174
– Rechnungslegungspflicht nach PublG **O** 21
– Verbindung zum Gleichordnungskonzern **T** 171, 185
– verbundene Unternehmen **T** 56
Unter-pari-Aktienkaufpreis F 321
Untersagungsverfügung A 583
Unterschiedsbetrag
– aus Bewertungsänderungen im Anhang **F** 731
– bei Bewertungsvereinfachungsverfahren im Anhang **F** 692, 739 ff.
– bei der Equity-Methode
– – aktiver **M** 559
– – – Abschreibung des **M** 564 ff.
– – passiver **M** 560
– – – Auflösung des **M** 570, 582
– – Ausweis **M** 559 f.
– aus der Kapitalkonsolidierung
– – aktiver **M** 376 ff.
– – Auflösung eines passiven **M** 376 ff.
– – Ausweis **M** 240
– – nach der Neubewertungsmethode **M** 376 ff.
– – passiver **M** 378 ff.
– – verbleibender **M** 384 ff.
– aufgrund einer Sonderprüfung **F** 633
– aus der Vermögensverrechnung **F** 305, **J** 196
– – im Anhang **F** 849
Unterschlagungsprüfung
– bei der Jahresabschlussprüfung **A** 638
Unterstützungsaufwand
– im Anhang **F** 896 ff.
– – nach PublG **H** 59
– in der Gewinn- und Verlustrechnung **F** 539, 543, 896 ff. , **K** 522, 617
– im Lagebericht **F** 1145
Unterstützungseinrichtung
– Zusagen **F** 460
– Zuweisungen **F** 543

Unterstützungskasse
– Angabe des Fehlbetrags im Anhang des Trägers **F** 759 ff.
– – Prüfung **R** 534
– Anteile **E** 559
– Verpflichtungen des Trägers **E** 225, **F** 761 f.
– Widerruf von Zusagen an eine **E** 225
– Zuweisungen **E** 220, **F** 540
– – im Lagebericht **F** 1145
– *s. auch Versorgungseinrichtungen*
Untersuchungen
– Aufwand für ärztliche
– – Versicherungsunternehmen **K** 29, 529
Untersuchungsergebnisse Dritter
– Verwertung von **R** 854
– – bei Prüfung der Pensionsverpflichtungen **R** 875
Untertagebauten
– Ausweis **F** 241
Unterzeichnung
– Anhang **F** 661
– Bestätigungsvermerk **Q** 341, 571
– – zum Abhängigkeitsbericht **F** 1389
– – bei Sozietät **A** 611
– – bei Verhinderung des Abschlussprüfers **A** 606
– – durch Wirtschaftsprüfungsgesellschaft **A** 615
– Jahresabschluss **E** 5, **F** 7, 661
– Lagebericht **F** 1085
– Prüfungsbericht **Q** 279 ff., 850
– – Buchprüfungsgesellschaft **Q** 279
– – Gemeinschaftsprüfer **Q** 279
– – Wirtschaftsprüfungsgesellschaft **Q** 279
– Sonderprüfungen **Q** 1174 ff.
Unvereinbare Tätigkeiten
– des Wirtschaftsprüfers **A** 48 ff.
– – Beurlaubung bei **A** 265
Unvollständigkeit
– Lagebericht **F** 1137
Unwinding J 469, 517
Urheberrecht
– Bilanzierung **E** 92, 491 ff.
– Rückstellung für die Verletzung **E** 198
– *s. auch Verwertungsgesellschaft*
Urlaub
– Lohn **F** 533
– Regelung im Lagebericht **F** 1145
– Rückstellung **E** 214

US Generally Accepted Auditing Standards
– Abschlussprüfung nach **R** 21

V

Value Audit R 33
Valutaforderungen
– *s. Währungsforderungen*
Valutarisiko E 573
Valutaschulden
– *s. Währungsverbindlichkeiten*
Variable Bezüge
– Aufsichtsrat **S** 105 ff.
– Vorstand **S** 18 ff.
Variable Kosten
– bei Ermittlung
– – Herstellungskosten **E** 349
– – Rückstellung für drohende Verluste **E** 150 ff.
Variation Margin E 68
Veräußerung
– eigene Anteile **F** 327 ff., 364
Veräußerungsgewinn
– Steuerbegünstigung **E** 424 ff.
Veräußerungsrente
– Anschaffungskosten bei Kauf gegen **E** 330
Verantwortlicher Aktuar K 329, 378, 384, 422, 731, 787, 809
Verantwortlichkeit
– Abgrenzung für Aufstellung und Prüfung im Bestätigungsvermerk **Q** 38
– Abschlussprüfer **Q** 155, 313, 383, 384
– gesetzliche Vertreter **Q** 155, 313, 345, 382, 384
– Organe
– – bei Beherrschungsvertrag **T** 253
– Vorstand
– – bei Unternehmensvertrag **T** 247 ff., 253, 268, 272
Verbandsabrechnungen
– Verluste **F** 551
Verbandstätigkeit
– Wirtschaftsprüfer **A** 44, 52
Verbindliche Auskunft A 68, **C** 56
Verbindlichkeiten
– im Anhang
– – abgegrenzte **F** 771
– Angabe
– – Restlaufzeiten **F** 447, 692, 765 ff.

– – Sicherheiten **F** 692, 765 ff.
– aus Annahme gezogener Wechsel **F** 454
– *in ausländischer Währung s. Währungsverbindlichkeiten*
– Ausweis **F** 443 ff.
– aus Begebung und Übertragung von Wechseln **E** 111 f.
– Begriff **E** 149, 582
– bei Beteiligungsverhältnis **F** 457
– Bewertung **E** 582 ff.
– Bilanzierung **E** 582 ff., **F** 443 ff.
– – Eigenbetriebe **L** 14
– – gegenüber Kreditinstituten **F** 451
– – langfristige **E** 592
– – aus Lieferungen und Leistungen **F** 453
– – im Rahmen der sozialen Sicherheit **F** 458 ff.
– – sonstige **F** 458 ff.
– – aus Steuern **F** 458 f.
– Erfüllungsbetrag **E** 582, 583
– gegenüber Gesellschaftern einer Personenhandelsgesellschaft i.S.d. § 264a HGB **F** 1048
– Geldleistungsverpflichtungen **E** 584
– Gliederung **E** 600
– – Kapitalgesellschaften **F** 449 ff.
– gegenüber GmbH-Gesellschaftern **F** 692
– nach IFRS **N** 528 ff.
– – Anhangangaben **N** 536
– – Ausbuchung **N** 533
– – Ausweis **N** 537 ff.
– – – Fristigkeit **N** 538 f.
– – – Rechnungsabgrenzungsposten **N** 544
– – Bewertung **N** 534 f.
– – erstmaliger Ansatz **N** 532
– – als Finanzinstrument **N** 528 ff.
– Konsolidierung **M** 456 ff.
– in der Konzernbilanz **M** 457
– Kreditinstitute
– – aus abgerechneten Wechseln **J** 246
– – Bewertung der **J** 334 ff.
– – aus Bürgschaften und Gewährleistungsverträgen **J** 247
– – gegenüber Kreditinstituten **J** 198, 506, 1052 ff.
– – gegenüber Kunden **J** 205, 507, 1055 ff.
– – nachrangige **J** 234
– – sonstige **J** 226
– – verbriefte **J** 215, 508
– Prüfung **R** 542 ff.

3265

– – aus Lieferungen und Leistungen R 546 ff.
– – der Sicherheiten für R 556 f.
– – gegenüber Kreditinstituten R 543 ff.
– – gegenüber Unternehmen, mit denen ein Beteiligungsverhältnis besteht R 551
– – gegenüber verbundenen Unternehmen R 551
– – Restlaufzeit R 554 f.
– – sonstige R 552 f.
– Ratenkauf E 590
– Rückstellung für ungewisse E 132, 135, 149
– Sicherheiten für eigene F 692, 765 ff., 896
– *sonstige s. dort, s. auch Schulden*
– in der Steuerbilanz E 593
– im Überschuldungsstatus V 53
– – aus Interessenausgleich V 61 ff.
– Übertragung F 443
– überverzinsliche E 586
– *ungewisse s. Rückstellungen*
– unverzinsliche oder niedrig verzinsliche E 585
– gegenüber verbundenen Unternehmen F 457
– Verrechnung mit Forderungen E 116
– Versicherungsunternehmen
– – andere K 505 ff.
– – aus dem Führungsfremdgeschäft K 262
– – aus Hypotheken, Grund- und Rentenschulden K 50
– – gegenüber Kreditinstituten K 282, 505
– – nachrangige K 319 ff.
– – gegenüber Niederlassungen ausländischer Versicherungsunternehmen K 509
– – aus dem selbst abgeschlossenen Versicherungsgeschäft K 252, 441, 505 f.
– – gegenüber verbundenen Unternehmen K 282, 510
– – aus Versicherungsvermittlung K 262, 505 f.
– Verzinsung E 607
Verbindlichkeitenspiegel F 447, 770
Verbraucherkreditinstitute
– *Prüfungsbericht* Q 892
Verbrauchsabgrenzung
– Versorgungsunternehmen L 40
– *s. auch Jahresverbrauchsabgrenzung*

Verbrauchsfolgeverfahren
– bei der Bewertung E 319, 474 ff., 564, F 692, 739 ff.
– Voraussetzungen E 474 ff.
Verbrauchsteuern E 272, F 598
– Abgrenzung E 272, F 701
– im Anhang F 701
– bei Ermittlung
– – Bilanzsumme
– – – nach HGB F 71
– – – nach PublG H 16
– – Herstellungskosten E 360
– – in der Steuerbilanz E 368
– – Umsatzerlöse
– – – nach HGB F 71, 509
– – – nach PublG H 23
– beim Umsatzkostenverfahren F 641, 645
Verbriefungen J 441
Verbundene Unternehmen
– bei der Abschlussprüfung T 33
– Anteile an - bei Kapitalgesellschaften F 250 ff.
– – im Anhang F 970 ff.
– – Bilanzierung F 253
– – Erträge F 567 ff.
– – Prüfung R 491 ff., 497
– Anwendung der Schutzklausel auf F 977 f.
– assoziierte Unternehmen als T 377
– Auskunftsrecht des Prüfers F 1380 f.
– ausländische Unternehmen als T 60, 354
– Ausleihungen an F 256
– bedeutsame Vorgänge im Lagebericht F 1102
– Begriff T 8
– – i.S.d. Abhängigkeitsberichts F 1309
– – i.S.d. AktG T 2, 38 ff. 54 ff.
– – i.S.d. HGB F 250 f., T 4, 7, 32, 332, 333 ff., 348 ff., 373 ff., 398 ff.
– – – erweiterte Auslegung T 466
– – – Geltung T 332 ff.
– – – bei Genossenschaften G 6
– – – Struktur T 348 ff.
– Beteiligungserträge F 554, 568
– Beziehungen zu
– – Rechtsgrundlage für die Sonderprüfung D 3
– bei einheitlicher Konzernleitung T 157 ff., 361

Stichwortverzeichnis

- bei Einspruch der Minderheitsaktionäre **T** 341
- Erstattung von Organbezügen **F** 930
- finanzielle Verpflichtungen gegenüber - im Anhang **F** 796
- Forderungen an
- – Ausweis **F** 231, 284 ff.
- – Prüfung **R** 481 ff.
- Gemeinschaftsunternehmen als **T** 400
- bei Gleichordnungskonzern **T** 129, 168, 465
- im Jahresabschluss nach PublG **H** 46
- Konzernabschluss **T** 391 ff.
- – auf unterster Stufe **T** 396 ff.
- – bei ausländischem befreiendem **T** 428 ff.
- – bei befreiendem **T** 407 ff., 427 ff., 439 ff.
- – – von Nicht-Kapitalgesellschaften **T** 419 ff.
- – bei freiwillig befreiendem **T** 374 ff., 415
- – bei größenabhängiger Befreiung von der Aufstellung **T** 388, 423
- – bei möglichem befreiendem **T** 409 ff., 428, 441 ff.
- – bei Nichtaufstellung **T** 386
- – bei nicht geprüftem **T** 387
- – nach PublG **T** 381 f., 463 f.
- - bei Konzernunternehmen **T** 153 ff.
- Kreditinstitute
- – Anteile an **J** 68
- – Erträge aus Anteilen an **J** 272
- – Forderungen gegen **J** 69
- – Verbindlichkeiten gegenüber **J** 70
- Liste
- – als Bilanzierungsunterlage **F** 252
- – als Prüfungsunterlage **R** 423
- – bei mehrfacher Konzernzugehörigkeit **T** 405 f.
- – bei Mehrheitsbesitz **T** 63 ff.
- Tochterunternehmen als **T** 53, 348 ff., 373, 390
- bei Treuhandverhältnis **T** 74 ff., 127, 363 ff., 378
- Vermerk über Beziehungen **F** 90
- Versicherungsunternehmen
- – Anteile an **K** 126, 131, 147 ff.
- – Ausleihungen an **K** 161 ff.
- – Begriff **K** 147

- – Erträge aus Dienstleistungen **K** 613
- – Erträge aus Kapitalanlagen **K** 596
- – Forderungen gegenüber **K** 265, 282
- – Kapitalanlagen in **K** 109 f., 146 ff., 158, 689
- – Prüfung **K** 809
- – Verbindlichkeiten gegenüber **K** 282, 510
- – Verpflichtungen gegenüber **K** 81
- Vorschriften
- – AktG **T** 22 ff., 35
- – HGB **T** 34, 36
- an weitergegebene Wechsel **F** 455
- Zinsaufwendungen **F** 580
- Zinserträge **F** 571
- durch Zurechnung **T** 66 ff., 363 ff.

Verdeckte Einlagen E 559, **F** 370

Verdeckte Gewinnausschüttung
- Hauptversammlungsbeschluss
- – Nichtigkeit **U** 27
- bei Nachteilermittlung **F** 1349

Verdeckte Sacheinlagen
- Bilanzierung bei **F** 333

Verdeckungsrisiko A 285

Verdienstsicherung
- Rückstellung **E** 215

Verdiente Beiträge
- Anhangangaben **K** 567
- Krankenversicherungsunternehmen **K** 575 ff., 627
- Lebensversicherungsunternehmen **K** 575 ff., 627
- Schaden- und Unfallversicherungsunternehmen **K** 538

Veredelungsarbeiten
- Ausweis **F** 274

Vereidigte Buchprüfer C 1 ff.
- berufliche Tätigkeit **C** 9 ff.
- Berufsbezeichnung **C** 3
- Berufsorganisationen **B** 4 ff., **C** 1 ff.
- Berufsrecht **B** 4, **C** 1 ff.
- – Entwicklung **B** 4 f., **C** 1 ff.
- – geltendes Recht **C** 5
- als gesetzliche Vertreter von Wirtschaftsprüfungsgesellschaften **A** 102
- Mitgliedschaft in der Wirtschaftsprüferkammer **B** 52
- Prüfungsbefugnis **B** 5, **C** 6, 8 ff.
- Qualitätskontrolle **A** 510
- Rechte und Pflichten **C** 13

3267

– Rechtsberatungsbefugnis **C** 11
– Sozietät mit **A** 167 f.
– Übergangsprüfung zum Wirtschaftsprüfer **C** 7
– Unterzeichnung
– – Bestätigungsvermerk **C** 10, **Q** 576
– – Prüfungsbericht **Q** 279
– verkürztes WP-Examen **A** 90
– Versorgungswerk **B** 64 ff.
– Zahl der bestellten **C** 5
– Zugang zum Beruf **C** 8 ff.
Vereinbare Tätigkeit
– Steuerberater **C** 65 f.
– Wirtschaftsprüfer **A** 36 ff.
Vereinbarte Untersuchungshandlungen („Agreed-upon Procedures") **Q** 1587 ff.
Vereine
– Geltung des PublG **H** 5
– als Gesellschafter von Wirtschaftsprüfungsgesellschaften **A** 141
– Konzernabschluss
– – Pflicht zur Aufstellung **O** 11
– Prüfung **Q** 1032
– Prüfungsbericht **Q** 1035
– Prüfungsvorschriften **D** 7
– *s. auch Berufsfußball*
Vereinfachte Kapitalherabsetzung bzw. -einziehung
– Einstellung in die Kapitalrücklage **F** 624, 692
– Hauptversammlungsbeschluss
– – Nichtigkeit **U** 45, 47, 217
– Verlustausgleich bei **T** 299
– Verwendungsbeschränkung für Kapitalrücklagen nach **F** 372
Verfahrensdokumentation
– Prüfung
– – Versicherungsunternehmen **K** 768
Verfüllungskosten
– Rückstellung **E** 218
Vergleich
– als Prüfungstechnik **R** 117
Vergleichbarkeit
– Angaben im Anhang **F** 722 ff., 732 f., 735 f., 884, 885, 886
– Jahresabschlüsse **E** 306, **F** 88, 94, 469
– – bei Bewertungsänderung **E** 312
Vergleichende Übersicht der letzten drei Geschäftsjahre **J** 832

Vergleichsbewertung
– bei Bewertungsvereinfachungsverfahren **F** 740
Vergleichszahlen
– im Jahresabschluss **E** 598
– – der Kapitalgesellschaften **F** 86 ff., 692, 735 ff., 886
– *Vorjahreszahlen s. dort*
Vergütung
– *Aufsichtsratsmitglieder s. Aufsichtsratsbezüge*
– an persönlich haftende Gesellschafter **F** 537
– *Vorstandsmitglieder s. Vorstandsbezüge*
– Wirtschaftsprüfer **A** 718 ff.
– – Pflichtprüfung des Jahresabschlusses gemeinlicher Betriebe **A** 727 ff.
– – – Gebührenerlasse der Länder **A** 730 ff.
– – Prüfung des Jahresabschlusses privatwirtschaftlicher Unternehmen **A** 720 ff.
– – Sachverständigentätigkeit **A** 733 ff.
– – Sonderprüfungen **A** 731
– – sonstige Tätigkeiten **A** 738
– – steuerberatende Tätigkeit **A** 732 f.
– – Verjährung **A** 739
– *s. auch Honorar*
Vergütungsbericht F 1141
Vergütungsstruktur
– Vorstandsbezüge **S** 5, 17
Vergütungssysteme
– Anforderungen an - bei Kreditinstituten
– – im Prüfungsbericht **J** 650
Verhältnismäßigkeit
– *s. Wesentlichkeit*
Verhältniszahlen R 367
Verhaftung A 587
Verhaltensregeln
– Kreditinstitute
– – Prüfungsvorschriften **D** 10
Verhandlungen
– Bedeutung für Verjährung **A** 711
Verjährung
– Honoraranspruch **A** 739 f.
– Pflichtverletzungen des Wirtschaftsprüfers nach Berufsrecht **A** 590
– Schadensersatzansprüche gegen den Wirtschaftsprüfer **A** 708 ff.
– – Beginn **A** 708
– – Frist **A** 708
– – Neubeginn **A** 711

– – Primärverjährung **A** 712 f.
– – Sekundärhaftung **A** 712 ff.
– – Tertiäranspruch **A** 715
– – Unterbrechung **A** 711
– – Vollendung **A** 711
Verkaufsabteilungen
– Aufwendungen beim Umsatzkostenverfahren **F** 644 f.
Verkaufserlöse
– Prüfung bei Verkauf an Mitarbeiter **R** 417
– *Umsatzerlöse s. dort*
Verkaufsorganisation
– als Maßstab für Umsatzaufgliederung **F** 890 f.
Verkaufsverpackungen
– Bescheinigung **Q** 1452
– Vollständigkeitserklärung **Q** 1455
Verkehrsbetriebe
– Jahresabschluss
– – Gliederung **L** 34 f.
Verkehrsopferhilfe
– Aufwendungen **K** 554, 561
– Rückstellung **K** 478, 485 ff.
Verkehrswert
– bei der Grundstücksbewertung **E** 508
Verkürztes WP-Examen
– Steuerberater **A** 89
– vereidigte Buchprüfer **A** 90 f.
Verlagsrechte
– Bilanzierung **E** 92, 491 ff.
Verlautbarungen des IDW
– *s. IDW Verlautbarungen*
Verleger
– Wirtschaftsprüfer als **A** 46
Verlustabdeckung
– aus Kapitalrücklagen **F** 372
– Verpflichtungen
– – im Anhang **F** 785
– – Rückstellung **E** 216
Verlustanteil
– anderer Gesellschafter in der Konzern-Gewinn- und Verlustrechnung **M** 660 f., 677
– nicht gedeckter
– – Kommanditisten **F** 137, 307
– – persönlich haftender Gesellschafter einer KGaA **F** 307
– an Personengesellschaften bei der Kapitalgesellschaften **E** 125
– des Personengesellschafters **E** 547, **F** 137

Verlustanzeige
– Bewertungsstetigkeit **E** 314
Verlustausgleich
– bei Beherrschungsvertrag **T** 247, 286, 298
– bei Gewinnabführungsvertrag **T** 298 f.
– bei Verlust der Hälfte des Grund- oder Stammkapitals **V** 1 ff.
– *s. auch Verlustübernahme*
Verlustbringende Ereignisse
– nach dem Abschlussstichtag bekannt gewordene **E** 304
– im Lagebericht **F** 1124
– *s. auch Vorgänge von besonderer Bedeutung*
Verluste
– Ausweis bei Eigenbetrieben **L** 17
– Bilanzänderung **E** 618
– bei Ermittlung des Nachteilsausgleichs **F** 1353
– im Lagebericht **F** 1102, 1124
– im Prüfungsbericht **Q** 260
– bei Sanierungsmaßnahmen **F** 340
– aus Schadensfällen **F** 551
– aus schwebenden Geschäften **E** 28, 135 f., 151
– aus Syndikats- oder Verbandsabrechnung **F** 551
– unrealisierte **E** 297 f., 429
– Vorstandspflichten der Genossenschaften **G** 1
Verlustermittlung
– bei Verlust der Hälfte des Grund- oder Stammkapitals **V** 1 ff.
Verlustfreie Bewertung J 336
Verlustrücklage
– Versicherungsvereine aG **K** 306
Verlustrückstellung
– bei Dauerschuldverhältnissen **E** 156
Verlustrücktrag
– Steuererstattung **F** 593, 906
Verlustübernahme
– Aufwendungen **F** 487, 556, 562, 578 f.
– – Kreditinstitute **J** 298
– – Versicherungsunternehmen **K** 603
– als Befreiungsvoraussetzung für die Rechnungslegung
– – Kapitalgesellschaften **F** 46 ff.
– – Personenhandelsgesellschaften i.S.d. § 264a HGB **F** 59

3269

– – nach PublG **H** 38, 41 f.
– Erträge **F** 487, 562, 602
– – Kreditinstitute **J** 280
– im faktischen Konzern **T** 223, 228 ff.
– Prüfung **R** 427, 577
– Rückstellungen für drohende **E** 216, **F** 579
– bei Unternehmensvertrag **T** 297 ff.
– – Dauer **T** 300
Verlustvortrag
– Ausgleich **F** 384
– in der Bilanz **F** 692, 877
– bei Gewinnabführung **T** 294
– in der Gewinn- und Verlustrechnung **F** 595
– bei der Kapitalerhöhung aus Gesellschaftsmitteln **F** 334
– in der Konzern-Gewinn- und Verlustrechnung **M** 677
– Kreditinstitute **J** 305
– latente Steuern **F** 186 ff.
– bei Sanierung **F** 340
– Versicherungsunternehmen **K** 309
Verlustzurechnung
– steuerliche aus Beteiligungen an Personengesellschaften **E** 547
Vermerk
– Ausleihungen an persönlich haftende Gesellschafter der KGaA **F** 266
– außerordentliche Aufwendungen **F** 692, 905
– außerordentliche Erträge **F** 692, 905
– bedingtes Kapital **F** 312
– dingliche Sicherheiten
– – bei langfristigen Ausleihungen **F** 268
– – für fremde Verbindlichkeiten **E** 119
– – bei Verbindlichkeiten **F** 692, 767, 896
– – zu einzelnen Posten des Jahresabschlusses **E** 619
– Erträge aus Arbeitsgemeinschaften **F** 506
– bei Forderungen **F** 294
– – aus Lieferungen mit Rückgaberecht **E** 572
– Geschäftsguthaben ausscheidender Genossen **G** 19
– Haftungsverhältnisse **E** 111 ff., 601, **F** 463 ff., 692, 785, 790, 896
– Leerposten **F** 476
– Mitzugehörigkeit zu anderen Posten **F** 89 f., 692, 896

– Restlaufzeit von Verbindlichkeiten **F** 99, 447, 692, 765 ff.
– Rückgriffsforderungen **E** 121, 601, **F** 464
– Sicherheiten für Verbindlichkeiten **F** 692, 765 ff.
– Stimmrechte **F** 299
– Verpflichtungen gegen verbundene Unternehmen **F** 796
– *s. auch Fußnoten*
Vermietung
– Aufwand beim Umsatzkostenverfahren **F** 650
– Erlöse beim Gesamtkostenverfahren **F** 504, 507
Vermietvermögen
– Ausweis bei Leasinggesellschaften **F** 93
Vermittlungsgebühren
– bei Ermittlung der Anschaffungskosten **E** 322
Vermittlungsprovision
– in der Gewinn- und Verlustrechnung **F** 551, 581
– Herausgabe **A** 320
– für Wirtschaftsprüfer **A** 49, 320
Vermögensanlagevorschriften
– Versicherungsunternehmen
– – Prüfung **K** 809
Vermögensaufstellung
– Sondervermögen **J** 781 ff.
Vermögensbildungsgesetz
– Ergebnisbeteiligung in der Gewinn- und Verlustrechnung **F** 533
Vermögensgegenstände E 13 f., 27
– Abschreibung
– – Anlagevermögen **E** 382 ff.
– – Umlaufvermögen **E** 428 ff.
– Bewertung zugegangener **E** 308
– Deckungsvermögen **E** 91
– Finanzinstrumente, strukturierte **E** 64
– *geringwertige s. dort*
– *immaterielle s. dort*
– Kreditinstitute
– – Bewertung **J** 311 ff.
– – Währungsumrechnung **J** 349 ff.
– *kurzlebige s. dort*
– im Sondervermögen
– – Bewertung **J** 849
– – Darstellung **J** 781
– *sonstige s. dort*
– Verkauf

3270

– – an Mitarbeiter **R** 417
– – an Organmitglieder **F** 667, 692, 922
– Versicherungsunternehmen
– – andere **K** 283 ff.
– – Bewertung **K** 30
– – sonstige **K** 276 ff.
Vermögenslage
– im Jahresabschluss
– – Kapitalgesellschaften **F** 78, 80, 692 f., 703, 1057 ff.
– – Prüfung **R** 385, 579
– im Konzernabschluss **M** 1, 680 ff.
– – nach PublG **O** 59 f.
– im Konzernanhang
– – Versicherungsunternehmen **K** 698
– nachteilige Veränderungen **Q** 242
– Prüfung gem. § 53 HGrG **L** 81
– im Prüfungsbericht **Q** 238
– – Kreditinstitute **J** 677
– – Versicherungsunternehmen **K** 809
– – Wirtschaftsbetriebe der öffentlichen Hand **L** 51, 60 ff., 66 ff.
Vermögens-, Finanz- und Ertragslage
– im Konzernabschluss nach PublG **O** 59 f.
– Konzernprüfungsbericht **Q** 716 ff.
– Prüfungsbericht **Q** 91 ff., 228 ff.
– Verzicht auf Darstellung **Q** 234
– *s. auch Ertragslage, Finanzlage, Mehrjahresübersicht, Vermögenslage*
Vermögensminderung
– wegen Abspaltung **F** 613
Vermögensrechnung
– Bescheinigung **Q** 1016, 1033, 1043
Vermögensschädigung
– Berücksichtigung bei der Prüfungsplanung **R** 174 f.
– Prüfungsbericht **Q** 163
Vermögensteuer
– bei Ermittlung der Herstellungskosten **E** 360
– – in der Steuerbilanz **E** 367
Vermögensübersicht
– Bescheinigung **Q** 1396
Vermögensübertragung Q 1205
– Aktiengesellschaft auf einen VVaG
– – Anschaffungskosten **E** 340
– unter Versicherungsunternehmen
– – Prüfungsvorschriften **D** 11
– – Wirtschaftsprüfungsgesellschaft **A** 163 f., 166

Vermögensverfall
– Wirtschaftsprüfer
– – Versagung der Bestellung **A** 103, 114
– – Widerruf der Bestellung **A** 112
– – Wirtschaftsprüfungsgesellschaft **A** 176
– – Widerruf der Anerkennung **A** 176
Vermögensverwalter
– Tätigkeit von Wirtschaftsprüfern
– – Vergütung **A** 738
Vermögensverwaltung
– i.S.d. PublG
– – Konzernrechnungslegungspflicht **O** 15 ff., 55
Vermögensverwaltungsgesellschaft
– Beteiligung an **A** 50
– Konzernrechnungslegungspflicht **M** 42
– Verbot der Tätigkeit des Wirtschaftsprüfers in **A** 51
Vermögenswerte
– nach IFRS **N** 82 ff.
– – *Anlageimmobilien s. dort*
– – *Finanzinstrumente s. dort*
– – *Leasing s. dort*
– – qualifizierte **N** 123
– – *Sachanlagen s. dort*
– – *Vorräte s. dort*
– – *zur Veräußerung gehaltene Vermögenswerte s. dort*
Vermögenswirksame Leistungen
– Verbindlichkeiten aufgrund **F** 460
Vernünftige kaufmännische Beurteilung
– bei Bewertung **E** 297
– – Rückstellungen **E** 137, **F** 442
– Ermittlung **E** 10
– Grundsatz **E** 6, 11, 137
Veröffentlichung
– Bestätigungsvermerk **Q** 627
– *s. auch Bekanntmachung, Offenlegung*
Veröffentlichungspflicht
– Sondervermögen
– – Ausgabe- und Rücknahmepreis **J** 947
– – Halbjahresbericht **J** 945
– – Jahresbericht **J** 944
Verpackungskosten
– Ausweis beim Umsatzkostenverfahren **F** 645
– bei Bewertung des Umlaufvermögens **E** 433
– bei Ermittlung
– – Anschaffungskosten **E** 322

– – Herstellungskosten in der Steuerbilanz
  E 366
– – Umsatzerlöse F 508, 512
Verpackungsmaterial
– in der Gewinn- und Verlustrechnung
  F 527, 551
Verpfändung
– bewegliche Sachen und Rechte
– – Haftungsvermerk E 119, F 455, 768
– – bei Kreditinstituten J 248
– Prüfung R 492
Verpflegungsgeld
– an Arbeitnehmer F 534
Verpflichtung
– Widerruf des Bestätigungsvermerks
  Q 593 ff.
Verpflichtungsgeschäfte
– im Abhängigkeitsbericht F 1323
Verpflichtungsrückstellungen
– Bilanzierung E 132, 149
Verprobungsmethoden
– Prüfung der Schadenrückstellung K 770
Verrechnung
– Aktivposten mit Passivposten E 73, 594
– Auswirkung von Methodenänderungen
  F 730
– Auswirkung steuerlicher Maßnahmen
  F 1057
– in der Bilanz E 73 ff.
– – des Einzelkaufmanns nach PublG H 51
– Depotforderungen und -verbindlichkeiten
– – Versicherungsunternehmen K 269, 503
– Diskonterträge und -aufwendungen
  F 573 f.
– bei Ermittlung
– – der Bilanzsumme nach PublG H 16 ff.
– – drohender Verluste E 155
– Erträge und Aufwendungen E 73, 605
– – Kreditinstitute J 123 ff.
– Forderungen und Verbindlichkeiten E 75
– – Kreditinstitute J 120
– in der Gewinn- und Verlustrechnung
  E 73 ff.
– – der Kapitalgesellschaften F 474, 483,
  555, 562, 569
– Gesamtschulden E 76
– Grundstücksrechte und -lasten E 73
– Guthaben und Verbindlichkeiten bei
  Kreditinstituten F 300

– Kursverluste und -gewinnen E 588
– Sonderposten mit Rücklageanteil F 523
– Steuererstattungen und -nachzahlungen
  F 593
– Verbot E 73 ff., 580, F 474
– – Ausnahmen bei Kreditinstituten
  J 119 ff.
– – bei Bewertung E 294
– – Einschränkungen E 74 ff.
– Zinserträge und -aufwendungen F 573,
  581
Verrechnungsgebot E 78 ff.
– Aufwendungen und Erträge E 124
– Deckungsvermögen E 81 ff., F 479, 540,
  569
– steuerrechtliches E 91
Verrechnungspreise
– im Konzern
– – beim Nachteilsausgleich F 1363
– in multinationalen Unternehmen F 1349
Versagung
– Bestellung zum Wirtschaftsprüfer A 103
– Bestätigungsvermerk Q 492 ff.
– – Abgrenzung zur Einschränkung Q 457
– – Gründe Q 499 ff.
– – Konzernabschluss von Kapitalgesellschaften Q 752
– s. auch Nichterteilungsvermerk
  („Disclaimer of Opinion")
– Zulassung zum WP-Examen A 78 ff.
Versagungsvermerk
– Erteilung Q 492 ff.
– Formulierungsempfehlungen
– – bei Einwendungen Q 1613
– – bei Prüfungshemmnissen Q 1614
Versandhandel
– Forderungsbewertung E 572
Versandkosten
– Ausweis F 534
– bei Ermittlung der Umsatzerlöse F 508,
  512
Verschmelzung
– Agio F 364
– Anschaffungskosten E 340
– Bewertungsstetigkeit E 310
– Buchwertfortführung E 310, F 128
– Prüfung Q 1205
– Prüfungsvorschriften D 3 f., 6 f.
– Tausch von Anteilsrechten E 339
– Wirtschaftsprüfungsgesellschaft A 164 f.

– *s. auch Umwandlung*
Verschmelzungsbericht Q 1215
– mangelhafter
– – Anfechtung **U** 118
Verschmelzungsprüfung Q 1205 ff.
– *Prüfungsbericht s. Verschmelzungsprüfungsbericht*
Verschmelzungsprüfungsbericht
– Gliederung **Q** 1217
– Inhalt **Q** 1215
– Redepflicht **Q** 1227
– Schlusserklärung **Q** 1230
– Schutzklausel **Q** 1228
Verschmelzungsschlussbilanz
– Bestätigungsvermerk **Q** 1207
Verschmelzungsvertrag
– Prüfungsvorschriften **D** 3 f., 6 f.
Verschwiegenheitspflicht
– externe Qualitätskontrolle **A** 364
– Wirtschaftsprüfer **A** 344 ff.
– – Ausnahmen **A** 360 ff.
– – bei Beratung **A** 353
– – bei berechtigtem eigenen Interesse **A** 373 f.
– – bei Due Diligence-Aufträgen **A** 371
– – Beschlagnahme **A** 358 f.
– – Durchbrechung **A** 361 ff.
– – Entbindung von der **A** 366 f.
– – gegenüber Aufsichtsbehörde **A** 352
– – gegenüber Finanzverwaltung **A** 352, 374
– – Geldwäschegesetz **A** 365 f.
– – bei Honorarabtretung **A** 359
– – Inhalt und Umfang **A** 373 ff.
– – bei Insolvenz des Mandanten **A** 368
– – Mitarbeiter **A** 345, 347 f.
– – Personenkreis **A** 345 ff.
– – bei Pfändung **A** 379
– – bei Praxisveräußerung **A** 380
– – bei Presseveröffentlichungen **A** 375
– – in Sozietät **A** 346
– – Strafe bei Verstoß **A** 344
– – Umfang **A** 350 ff.
– – Verdachtsanzeige **A** 365
– – bei widerstreitenden Interessen von Mandanten **A** 354
– – Zeugnisverweigerungsrecht **A** 357 f.
– im Berufsaufsichtsverfahren **A** 563 ff.
Versicherungen
– Prüfungsbericht **Q** 299

Versicherungsaktiengesellschaft
– Rechtsgrundlagen **K** 10, 31 ff., 51 ff., 64 ff., 72 ff.
– – Konzernabschluss **K** 643
Versicherungsarten
– im Anhang **K** 566
– im Lagebericht **K** 87
– im Prüfungsbericht **K** 747
Versicherungsaufsicht K 2, 8
Versicherungsaufsichtsbehörde
– Anzeige des Abschlussprüfers **K** 742
– Berichterstattung gegenüber **K** 25, 566, 628 ff.
– einzureichende Unterlagen **K** 9, 52 f., 628, 655, 696
– für kleinere Versicherungsvereine aG **K** 70
– für öffentlich-rechtliche Versicherungsunternehmen **K** 16
– Prüfungsrichtlinien **K** 745, 746 ff.
– Rechte **K** 9, 745
– *s. auch Bundesanstalt für Finanzdienstleistungsaufsicht*
Versicherungsaufsichtsgesetz
– Geltung
– – für Versicherungsvereine aG **K** 11 ff., 748
– – beim Mischkonzern **K** 698
– Vorschriften
– – zum Jahresabschluss **K** 51 ff.
– – zum Konzernabschluss **K** 53
Versicherungsbeiträge
– bei Ermittlung
– – Anschaffungskosten **E** 322
– – Herstellungskosten **E** 357
– – Umsatzerlöse **F** 513
– in der Gewinn- und Verlustrechnung **F** 532, 551, 645
– – für Mitarbeiter **F** 536, 538
– – für Organmitglieder **F** 667, 692, 918, 922 f.
– Prüfung **R** 571
– Versicherungsunternehmen **K** 288
– vorausgezahlte **E** 270
Versicherungsbestand
– Bilanzierung
– – gegen Entgelt erworbener **K** 105, 108 f., 524
– – selbst erstellt **K** 108
– im Lagebericht **K** 88

– Prüfung
– – Lebensversicherungsunternehmen **K** 760, 790
Versicherungsbetrieb
– Aufwendungen für den **K** 559 f.
– – im Anhang **K** 567
– – Anteil des Rückversicherers **K** 518, 576
– – Krankenversicherungsunternehmen **K** 590 f.
– – Lebensversicherungsunternehmen **K** 590 f.
– – Rückversicherungsunternehmen **K** 560
– – Schaden- und Unfallversicherungsunternehmen **K** 559 f.
– – Verteilung **K** 521 ff.
Versicherungsbilanzrichtlinie M 131, 275
Versicherungsbilanzrichtlinie-Gesetz K 3, 19
Versicherungsentschädigungen
– Bilanzierung **F** 506
Versicherungsfachausschuss
– Entstehung **Anh3** 2
– IDW Rechnungslegungshinweise **Anh3** 28
– IDW Stellungnahmen zur Rechnungslegung **Anh3** 27
– Stellungnahmen **Anh3** 20
Versicherungsfälle
– Aufwendungen **K** 399, 402, 518, 548 ff.
– – im Anhang **K** 567
– – im Konzernanhang **K** 687
– – Lebensversicherungs- und Krankenversicherungsunternehmen **K** 586
– – Prüfung **K** 786
– – im übernommenen Versicherungsgeschäft
– – – im Anhang **K** 400
– Bruttoaufwendungen **K** 567, 576
Versicherungsfremde Geschäfte K 136, 638, 640
Versicherungsgeschäft
– Begriff **K** 1
– Internationalisierung **K** 638 f.
Versicherungsholdinggesellschaft K 35, 640, 647 ff., 660 ff., 669, 734
Versicherungskapitalgesellschaft K 24
Versicherungskonzern K 637 ff.
– Prüfung **K** 814
– im Prüfungsbericht **K** 815

– *s. Konzernabschluss, Konsolidierungskreis*
Versicherungsleistungen
– Aufwendungen für **K** 547 ff., 586
– garantierte **K** 365
– Prüfung **K** 766, 780 ff.
– Rückstellung **K** 385, 417
– vorausgezahlte **K** 275
Versicherungslücke
– Berufshaftpflichtversicherung **A** 246
Versicherungsmathematik
– bei Pensionsverpflichtungen **E** 234
Versicherungsnehmer
– Anlagerisiko **K** 246 ff., 489 ff.
– Forderungen an
– – aus dem selbst abgeschlossenen Versicherungsgeschäft **K** 252 ff.
– – – fällige **K** 254 f.
– – – noch nicht fällige **K** 256 ff.
– – – Versicherungsvertretern belastete **K** 260
– – Prüfung **K** 788, 809
– – Wertberichtigung **K** 264, 540, 612, 615
– Gewinnbeteiligungen bei der Konsolidierung **K** 715 f.
– Rechtsansprüche **K** 701, 721 f.
– Verbindlichkeiten gegenüber **K** 505 f.
– – Prüfung **K** 797
Versicherungsrisiko
– Definition **K** 824 ff.
– Sensitivitätsanalyse **K** 863
– Signifikanz **K** 827 ff.
– Transfer **K** 828
Versicherungsscheine
– Darlehen und Vorauszahlungen auf **K** 164, 223 ff.
– uneingelöste **K** 254, 262 f., 264, 481
Versicherungsschutz
– Prüfung der Ordnungsmäßigkeit **R** 10
– Prüfungsbericht **Q** 299
– Steuerberater **C** 62
– Wirtschaftsprüfer **A** 243 ff.
Versicherungstechnische Gewinn- und Verlustrechnung
– Lebens- und Krankenversicherungsunternehmen **K** 571 ff.
– Schaden- und Unfallversicherungsunternehmen **K** 538 ff.

Versicherungstechnische Rückstellungen K 2, 9, 110, 323 ff., 413, 481
– Abzinsung **K** 417
– im Anhang
– – Abwicklungsergebnis **K** 401 ff.
– – Bestandsbewegung **K** 455
– – Ermittlungsmethoden **K** 336, 345, 362, 391, 400 ff., 453, 467, 477, 488, 494
– Aufwendungen aus der Veränderung **K** 392, 547, 553 ff., 563, 587
– Ausweis **K** 110, 322, 330 f., 490 ff.
– Bedeutung **K** 322 ff.
– Begriff **K** 322 ff.
– im Bereich der Lebensversicherung, soweit das Anlagerisiko von den Versicherungsnehmern getragen wird **K** 489 ff.
– Bewertungsvorschriften **K** 24, 30
– Clean-cut-Verfahren **K** 270
– Ergebnis der Veränderung **K** 553 ff., 587
– fondsgebundenen Lebensversicherung **K** 489
– im Konzernabschluss **K** 671, 703, 718
– im Konzernanhang **K** 687
– Prüfung **K** 759 ff.
– im Prüfungsbericht **K** 809
– Veränderung **K** 553 ff., 563, 587
– Vorsichtsprinzip bei den **K** 2, 63, 362, 375, 403, 414 f.
Versicherungsteuer
– in der Gewinn- und Verlustrechnung **F** 598
Versicherungsunternehmen K 1 ff.
– Abstimmprüfung **K** 742
– Anwendung der Vorschriften für Kapitalgesellschaften **F** 19
– Begriff **K** 1
– Bilanzierungsrichtlinien **K** 22, 154
– Einbeziehung in Konzernabschlüsse **F** 34
– Jahresabschluss **K** 94 ff.
– – Anhang **F** 654, **K** 79 ff.
– – Bestätigungsvermerk **K** 813, **Q** 947 ff.
– – Prüfungspflicht **K** 5, 725 ff.
– Konzernabschluss **K** 637 ff.
– – Prüfungspflicht **K** 725, 814
– Konzernprüfungsbericht **K** 815
– Konzernrechnungslegungspflicht **K** 643 ff., **M** 11 ff., 32
– – Fristen **M** 180
– – Lagebericht **K** 86 ff.
– Offenlegung
– – IFRS-Einzelabschlusses **F** 10
– Prüfung **K** 725 ff.
– Prüfungsbericht **K** 807 ff., 814 f., **Q** 949
– – Liquiditätsvorsorge **Q** 952
– Prüfungspflicht
– – des Jahresabschlusses **K** 5, 725 ff.
– – des Konzernabschlusses **K** 725, 814
– Prüfungsvorschriften **D** 11
– Rechnungslegung **K** 19 ff.
– – ergänzende Vorschriften **E** 2
– Rechtsformen **M** 32
– Schadenrückstellungen **E** 203
Versicherungsverein aG K 11 ff.
– Anwendung von Vorschriften
– – AktG **K** 65
– – HGB **K** 26
– – PublG **K** 644
– Arten **K** 11
– Begriff **K** 11
– bestimmte kleinere **K** 14
– – interner Bericht **K** 632
– – Rechnungslegungsvorschriften **K** 70 f.
– gemischte **K** 13
– große **K** 11 ff.
– kleinere unter Landesaufsicht
– – interne Berichterstattung **K** 633
– – Rechnungslegungsvorschriften **K** 89
– kleinste **K** 14
– Prüfungsvorschriften **D** 11
– Rechnungsgrundlagen **K** 11 ff.
– reine **K** 13
Versicherungsvermittler
– Forderungen an
– – Ausweis **K** 210, 221, 227, 260 ff.
– – Stornorückstellung **K** 478
– – Wertberichtigung **K** 264
– Verbindlichkeiten aus dem selbst abgeschlossenen Geschäft **K** 506 ff.
Versicherungsverträge K 818 ff.
– Anhangangaben **K** 847, 860 ff.
– im Anhang **K** 567
– Aufwendungen **E** 105
– Definition **K** 824 ff.
– mit ermessensabhängiger Überschussbeteiligung **K** 822, 854 ff.
– IFRS 4 **K** 818 ff., **N** 790 ff.
– – Anwendungsbereich **K** 820 ff.
– Prüfung **K** 809
– Zeitwertbilanzierung **K** 818, 855

- Zerlegung **K** 833 ff.
-- Versicherungskomponente **K** 833 ff.
-- Einlagenkomponente **K** 833 ff.
-- eingebettete Derivate **K** 838 ff.
Versicherungsvertreter
- Gewinnbeteiligungen **K** 500
- Provisionen an **K** 261
- Vorauszahlungen an **K** 261
Versicherungszweige
- im Anhang **K** 400, 403, 564 ff.
- im Konzernlagebericht **K** 693
- im Lagebericht **K** 87
- Schadenrückstellungen **K** 416
- Schwankungsrückstellungen **K** 459 ff.
Versorgungsbetriebe
- Forderungsermittlung **F** 282
- Umsatzerlöse **F** 506, 511
- Zuschüsse **E** 219
Versorgungseinrichtung
- als Gesellschafter einer Wirtschaftsprüfungsgesellschaft **A** 141
Versorgungsunternehmen
- Buchführung **L** 37
- Jahresabschluss
-- Aufstellung **L** 37 f.
-- Ertragszuschüsse **L** 40
-- Jahresverbrauchsabgrenzung **L** 39
-- Prüfung **L** 37
- *s. auch Energieversorgungsunternehmen*
Versorgungswerk
- für Wirtschaftsprüfer und vereidigte Buchprüfer **B** 64 ff.
Versorgungszusage
- mittelbare **E** 226
- Pensionsverpflichtungen
-- Zusatzversorgung **E** 227
- wertpapiergebundene **E** 236
- an Wirtschaftsprüfer **A** 281, 284
Verspätungszuschläge
- in der Gewinn- und Verlustrechnung **F** 580
Verständlichkeit
- Grundsatz **F** 667, 1094
- Prüfungsbericht **Q** 63
Versteigerer
- Prüfungsvorschriften **D** 16
Verstöße R 167 ff.
- Arten
-- Manipulationen der Rechnungslegung **R** 174

-- Vermögensschädigungen **R** 174 f.
- Aufdeckung **R** 180
- Berichterstattung im Prüfungsbericht **R** 223 ff.
- Bestätigungsvermerk **Q** 462, 875, **R** 223 ff.
- Berücksichtigung bei der Prüfung **R** 167 ff.
- Einzelfallprüfungen zur Aufdeckung **R** 417, 452, 441, 443, 454, 472, 477, 526, 719
- Fraud Triangle **R** 177
- Korruption **R** 176
- kritische Grundhaltung des Abschlussprüfers **R** 184
- Merkmale **R** 170 ff.
- Management Override **R** 174, 214 f.
- Manipulationen der Rechnungslegung **R** 174
- Mitteilungspflichten **R** 216 ff.
- Prüfungsbericht **Q** 118
- Reaktionen des Abschlussprüfers **R** 209 ff.
- Risiken auf Abschlussebene **R** 209
- Risiken auf Aussageebene **R** 209
- Risiken bei der Umsatzrealisierung **R** 207
- Verantwortung der gesetzlichen Vertreter **R** 180
- Verantwortung des Abschlussprüfers **R** 183
- Verantwortung des Aufsichtsorgans **R** 180, 182
- Vorgehensweise des Abschlussprüfers **R** 187 ff.
-- Befragungen der gesetzlichen Vertreter und anderer Führungskräfte **R** 195 ff.
-- Befragungen des Aufsichtsorgans **R** 200 f.
-- Befragungen weiterer Personen **R** 195 ff.
-- Einschätzung von Risikofaktoren **R** 202
-- Erörterungen im Prüfungsteam **R** 187 ff.
-- zur Erkennung und Beurteilung von Risiken **R** 192 ff.
- *s. auch Gesetzesverstöße*
Verstromungsgesetz
- Ausgleichsabgabe **F** 551, 601

Versuchskosten
– bei Ermittlung der Herstellungskosten
  E 382, 387
Verteidiger
– Wirtschaftsprüfer im berufsgerichtlichen
  Verfahren **A** 587
Verteileranlagen
– Bilanzierung **F** 244
Verträge
– bedeutsame - im Lagebericht **F** 1102,
  1124
– Prüfungsbericht **Q** 290, 656
Vertragskonzern
– Anwendung der Vorschriften **T** 39
– – bei Gebietskörperschaften **T** 51
– Begriff **T** 170, 243
Vertragsstrafen
– im Anhang **F** 790
Vertraulichkeit
– Gründungsprüfungsbericht **Q** 1120
– Prüfungsbericht **Q** 20 ff., 52
– Sonderprüfungen **Q** 1170, 1182, 1200
– Verschmelzungsprüfungsbericht **Q** 1211
Vertreterprovision
– in der Gewinn- und Verlustrechnung
  F 513
– – Versicherungsunternehmen **K** 529 f.,
  5559 f., 590
Vertretungsbefugnis
– vor den Finanzgerichten
– – Wirtschaftsprüfer **A** 25
– – Wirtschaftsprüfungsgesellschaft **A** 26
Vertrieb
– Maßnahmen im Abhängigkeitsbericht
  F 1329
Vertriebseinzelkosten
– beim Umsatzkostenverfahren **F** 645
Vertriebsgemeinkosten
– beim Umsatzkostenverfahren **F** 645
Vertriebsgemeinschaft
– Ansprüche aus **F** 259
Vertriebsgesellschaft
– Ausweis der Entgelte beim Umsatz-
  kostenverfahren **F** 645
Vertriebskosten
– bei Bewertung des Umlaufvermögens
  E 433
– bei Ermittlung
– – Herstellungskosten **E** 348 f., 363
– – in der Steuerbilanz **E** 366

– – der Umsatzerlöse **F** 513
– in der Gewinn- und Verlustrechnung
  F 499
– – Gesamtkostenverfahren **F** 551
– – Umsatzkostenverfahren **F** 644 f.
Verwässerungsschutzklausel
– Stock Options **S** 63
**Verwahrung und Verwaltung von Wert-
papieren J** 728
Verwahrungsbuch J 728
Verwaltungsaufwendungen
– Kreditinstitute **J** 293
– Versicherungsunternehmen
– – Bilanzierung **K** 366, 536 f.
– – in der Gewinn- und Verlustrechnung
  K 530, 536 f., 559 f., 590
Verwaltungskosten
– Aktivierung **E** 341, 349
– *allgemeine s. dort*
– bei Bewertung des Umlaufvermögens
  E 433
– bei Ermittlung der Herstellungskosten
  E 349, 359, **F** 705
– – in der Steuerbilanz **E** 364
– beim Umsatzkostenverfahren **F** 635,
  646 f.
– *s. auch Verwaltungsaufwand*
Verwaltungskredite J 110
Verwaltungsrat
– des IDW **B** 15, 17
– *s. auch Aufsichtsrat*
Verweisungen
– auf Ausführungen in Vorjahren
– – im Anhang **F** 668
– – im Lagebericht **F** 1093
Verwendbares Eigenkapital
– Prüfungsbericht **Q** 290
Verwendungsrechnung
– Sondervermögen **J** 815 ff.
**Verwertung der Prüfungsergebnisse
Dritter**
– Bestätigungsvermerk **Q** 397, 745
– Prüfungsbericht **Q** 163, 692
Verwertungsgesellschaften
– Bestätigungsvermerk **Q** 1094 ff.
– Nichtgeltung des PublG **H** 7
– Offenlegung **Q** 1097
– Prüfungsbericht **Q** 1093
– Prüfungspflicht **Q** 1093
– Prüfungsvorschriften **D** 15

Verzicht
- Anerkennung als Wirtschaftsprüfungsgesellschaft **A** 158 f.
- Bestellung als Wirtschaftsprüfer **A** 108
- – Wiederbestellung **A** 114

Verzugszinsen
- in der Gewinn- und Verlustrechnung **F** 571
- – Versicherungsunternehmen **K** 546, 584

Vinkulierung
- Anteile an Wirtschaftsprüfungsgesellschaften **A** 145

Virtuelle Eigenkapitalinstrumente **S** 72 f.
- Bilanzierung **S** 84
- Phantom Stocks **S** 72
- Stock Appreciation Rights **S** 72

Vollamortisationsverträge **E** 35

Vollkonsolidierung
- als Befreiungsvoraussetzung
- – nach § 264 Abs. 3 HGB **F** 52
- – nach § 264b HGB **F** 62
- bei Gemeinschaftsunternehmen **M** 606 ff.
- nach IFRS **N** 885 ff.

Vollkosten
- bei der Bestandsbewertung **E** 341 ff.
- bei Ermittlung von Leistung und Gegenleistung **F** 1359
- bei Rückstellungen für drohende Verluste **E** 155
- beim Umsatzkostenverfahren **F** 639 ff.

Vollprüfung **R** 30

Vollständigkeit
- Grundsatz **R** 72
- – Abhängigkeitsbericht **F** 1368, 1392
- – Berichterstattung **Q** 48 ff.
- – Konzernbilanz **M** 252, 257 ff.
- – Rechnungslegung **E** 13 ff., 605, **F** 656, 666, 1094

Vollständigkeitserklärung **R** 883 ff.
- Abhängigkeitsbericht **F** 1382, **Q** 1146
- Einholung am Ende der Prüfung **R** 884
- bei der Jahresabschlussprüfung **R** 560
- Konzernprüfungsbericht **Q** 724
- Muster **R** 888
- Prospektgutachten **Q** 1548
- Prüfungsbericht **Q** 169, 724, 1279
- Zeitnähe der Einholung **Q** 282, 569, 724

Vorabberichterstattung
- Empfänger **Q** 148
- Prüfungsbericht **Q** 54, 147
- Zwischenprüfung **Q** 306 ff.

Vorabexemplar
- Prüfungsbericht **Q** 14

Voraussichtliche Entwicklung
- im Konzernlagebericht **M** 899

Vorauszahlungen
- Versicherungsunternehmen
- – auf Grundstücke **K** 143
- – auf Kraftfahrzeugsteuer **K** 287
- – auf Versicherungsbeiträge **K** 287
- – auf Versicherungsleistungen **K** 275
- – auf Versicherungsscheine **K** 164, 223 ff.
- – an Versicherungsvertreter **K** 261
- *s. auch Anzahlungen*

Vorbehaltsaufgaben
- Wirtschaftsprüfer **A** 22 ff.

Vordividende
- bei Berechnung der Aufsichtsratsbezüge **S** 115 ff.

Vorfaktorierung
- bei der Prüfung der Forderungen **R** 475

Vorfrachten
- Ausweis **F** 551

Vorgänge von besonderer Bedeutung
- nach dem Abschlussstichtag
- – Gewinnverwendungsbeschluss **F** 1124
- – im Konzernlagebericht **M** 898
- – im Lagebericht **F** 1124
- Prüfung der Angaben im Lagebericht **R** 674 ff.
- Prüfungshandlungen **R** 675
- bei Verzicht auf Zwischenabschluss **M** 170 ff.

Vorhandelstransparenz **J** 740

Vorjahresabschluss
- Bestätigungsvermerk
- – bei ungeprüftem **Q** 623 ff.
- – bei fehlender Feststellung **Q** 588 ff.
- Prüfungsbericht **Q** 163

Vorjahresgewinn
- in der Bilanz des Einzelkaufmanns **H** 51

Vorjahreszahlen
- im Anhang **F** 87, 482, 692, 735 f., 886
- – nach PublG **H** 48
- – Versicherungsunternehmen **K** 80, 123, 456

– Anpassung **F** 87, 482, 735 f., 886, **H** 48
– im Jahresabschluss
– – nach HGB **E** 598, **F** 670, 692, 735 f., 886
– – Kreditinstitute **J** 43
– – nach PublG **H** 48
– – Versicherungsunternehmen **K** 80, 402
– im Lagebericht **F** 1095
– Prüfung **K** 762, 765, 809
Vorlage
– Konzernprüfungsbericht **Q** 665
– Prüfungsbericht **Q** 14, 301 ff., 784, 986
Vorlagefristen
– Jahresabschluss
– – Versicherungsunternehmen **K** 36
– Konzernabschluss
– – Versicherungsunternehmen **K** 653, 656 f., 662
Vorlagepflicht
– Prüfungsbericht **Q** 14, 301 ff
Vorlagepflichten
– Abschlussprüfer **F** 1383
– Vorstand
– – gegenüber dem Abschlussprüfer **F** 1365
– Versicherungsunternehmen
– – gegenüber dem Abschlussprüfer **K** 36, 52, 653
– – gegenüber der Aufsichtsbehörde **K** 52 f., 629, 655, 743 ff.
– – Jahresabschluss **K** 36, 52
– – Konzernabschluss **K** 53, 66, 653, 656 f.
– – Prüfungsbericht **K** 656, 743 ff.
Vormund
– Wirtschaftsprüfer **A** 30
Vorprüfungen
– Festlegung bei der Prüfungsplanung **R** 146
– gesonderter Teilbericht **R** 151
– Rechtsgrundlage **R** 147
– wesentliche Beanstandungen **R** 151
Vorräte
– Absetzung erhaltener Anzahlungen **E** 73
– Angabe branchenüblicher Sicherheiten **F** 768
– Bewertung
– – im Anhang **F** 707
– – in der Bilanz **E** 317, 428 ff., 474 ff., 562 ff., **F** 276, 710, 739 ff.
– – in der Steuerbilanz **E** 563 ff.

– – zu Vollkosten beim Umsatzkostenverfahren **F** 637 ff.
– Ermittlung des Verbrauchs **R** 462
– Gliederung **E** 600
– – bei Kapitalgesellschaften **F** 272 ff.
– Herstellungskosten **F** 705
– nach IFRS **N** 339 ff.
– – Erfassung von Wertminderungen **N** 353
– – Anhangangaben **N** 354
– – Anwendungsbereich des IAS 2 **N** 339 ff.
– – Bewertung **N** 342 f.
– – – Anschaffungs- und Herstellungskosten **N** 342 f.
– – – Bewertungsvereinfachungsverfahren **N** 344 ff.
– – – Wertminderung **N** 348 ff.
– – – – Folgebewertung **N** 352
– in der Konzernbilanz **M** 239
– Prüfung **R** 435 ff.
Vorratsaktien
– Agio **F** 364
– im Anhang **F** 692, 1027 ff.
Vorratsgesellschaft
– unzulässiges Anstellungsverhältnis von Wirtschaftsprüfern **A** 51
Vorruhestandsleistungen
– bei Versicherungsunternehmen **K** 500
Vorruhestandsverpflichtungen
– Aufwendungen **F** 535, 541
– Rückstellungen **E** 161, 217, **F** 442
– Vermerk **F** 460
– Zahlungen aufgrund **F** 535, 541
Vorruhestandszuwendungen
– bei Überschuldung **V** 68 f.
Vorsatz
– Haftung **A** 643
Vorschriften
– außerhalb der Rechnungslegung
– – Bestätigungsvermerk bei Verstoß gegen **Q** 467
– *s. auch Gesetzesverstöße*
Vorschüsse
– in der Bilanz **F** 293, 550
– *Gehaltsvorschüsse s. dort*
– an Mitarbeiter **K** 210, 221, 227, 274
– an Organmitglieder **F** 692, 960
– – Genossenschaften **G** 20
– – Kreditinstitute **J** 402

– an Versicherungsvertreter **K** 261, 264, 500, 809
Vorschüssige Rente
– Endwert bei nachschüssiger Verzinsung **Anh1** 8
Vorschüssige Verzinsung
– Kapitalbarwert **Anh1** 4
Vorsichtsprinzip
– Ausfluss **E** 300
– Bewertung **E** 297 f., 300, 307
– bei Ermittlung
– – Rückstellungen **E** 137
– und Generalnorm **F** 79
– Versicherungsunternehmen
– – Bewertung **K** 2, 63, 130, 186, 247
– – Schadenrückstellungen **K** 404, 414 f.
– – versicherungstechnischen Rückstellungen **K** 2, 63, 335, 363, 376, 404, 414 f.
Vorsorgereserven J 338 ff.
Vorstand
– Aktiengesellschaft
– – *Mitglieder s. Vorstandsmitglieder*
– Angemessenheit der Vorstandsvergütung **Q** 1569 ff.
– *Bericht über Beziehungen zu verbundenen Unternehmen s. Abhängigkeitsbericht*
– *Bezüge s. Vorstandsbezüge*
– des IDW **B** 15 f.
– – Stellungnahmen **Anh3** 13
– *Mitglieder s. Vorstandsmitglieder*
– Pflichten
– – bei Überschuldung **V** 1, 37, 70
– – bei Zahlungsunfähigkeit **V** 1, 23, 70
– Stellungnahme zum Prüfungsbericht **Q** 14
– Verantwortlichkeit
– – bei Unternehmensvertrag **T** 242, 247 ff., 268, 272
– *Vergütung s. Vorstandsbezüge*
– der WPK **A** 562, 570 f., 572, 577, **B** 54
– *s. auch Vorstandsbezüge, Gesetzliche Vertreter*
Vorstandsbeschlüsse
– keine Nichtigkeit oder Anfechtbarkeit **U** 99
Vorstandsbezüge
– Abfindungs- und Anerkennungszahlungen **S** 7, 74 ff.

– Angemessenheit **Q** 1560 ff., **S** 8 ff., 21, 33, 67 f.
– – in Abhängigkeit von Aufgaben **S** 11
– – in Abhängigkeit von Lage der Gesellschaft **S** 14
– – in Abhängigkeit von Leistung **S** 12
– im Anhang **F** 667, 692, 917 ff., 919 f.
– – frühere Mitglieder **F** 954 ff.
– – Genossenschaften **G** 20
– – Kreditinstitute **J** 402
– bei Berechnung der Aufsichtsratstantieme **S** 111 f.
– börsennotierte Aktiengesellschaft **F** 935 ff.
– Change of Control-Klauseln **S** 77
– D&O-Versicherungen **S** 7, 87 ff.
– Erstattung durch
– – Dritte **F** 930
– – verbundene Unternehmen **F** 922 f.
– Gesamtbezüge **S** 4 f.
Gewinnbeteiligung **S** 5, 20 ff.
– – Angemessenheit **S** 8 ff., 21, 33
– – Bemessungsgrundlage **S** 22 ff., 27 ff., 44 ff.
– – Berechung **S** 27 ff., 44 ff.
– – dividendenabhängige **S** 44 ff.
– Herabsetzung **S** 90 ff.
– Kurserfolg als Maßstab **S** 14, 61
– Marktvergleich **S** 9, 16
– Sondervergütung **S** 7, 51 f.
– Stock Options **S** 52 ff.
– – Angemessenheit **S** 8 ff., 67 ff.
– – Ausgabevoraussetzungen **S** 54
– – Ausgestaltung **S** 57 ff.
– – Besteuerung **S** 85
– – Bilanzierung **S** 78 ff.
– – Höchstbetrag **S** 69
– – Umsatztantieme **S** 19
– variable Vergütung **S** 18 ff.
– Vergütungsstrukturen **S** 5, 17 ff.
– virtuelle Optionen **S** 72 ff.
Vorstandsmitglieder
– Abfindungen **F** 535
– Aktiengesellschaft
– – *Bezüge s. Vorstandsbezüge*
– im Anhang **F** 660 f., 676, 966 f.
– – Genossenschaften **G** 20
– – Gewinnbeteiligung **F** 918
– – Prüfung der Angaben über **R** 591
– Gehalt **F** 533, 667, 918

– *Gewinnbeteiligung s. dort*
– Kredite an **F** 667, 960 ff.
– Reisespesen **F** 926
– Sozialabgaben **F** 925
– Unterstützungs- und Versorgungsaufwand **F** 922
– *s. auch Organkredite*
Vorstandspflichten
– gegenüber dem Konzernabschlussprüfer **M** 928 ff.
Vorstandstantieme
– *s. Vorstandsbezüge*
Vorsteuer
– bei Ermittlung der Anschaffungskosten **E** 324
– in der Gewinn- und Verlustrechnung **F** 529, 600
– nicht abziehbare **E** 324, 569, **F** 529, 600
Vortragstätigkeit
– Wirtschaftsprüfer **A** 42
Vorvertragliche Rücklagen F 407
– bei Dividendengarantie **T** 296
– bei Verlustübernahme **T** 298
Vorvertraglicher Gewinnvortrag
– bei Gewinnabführung **T** 295
– bei Verlustausgleich **T** 300
Vorvertraglicher Verlustvortrag
– bei Verlustausgleich **T** 298
Vorwegberichterstattung
– Prüfungsbericht **Q** 87, 147
Vorwegexemplar
– Prüfungsbericht **Q** 303
Vorzugsanteile
– Zuzahlungen **F** 361, 367

W

Währungen
– Wertänderungen im Lagebericht **F** 1124
Währungsforderungen
– Bilanzierung **E** 571, 573, **F** 713, 720
– im Anhang **F** 692, 713, 720
Währungsgewinne
– in der Gewinn- und Verlustrechnung **E** 489, **F** 521
– – Versicherungsunternehmen **K** 614, 620
– Zeitpunkt der Vereinnahmung **E** 298, 573
Währungsklauseln E 30
Währungskursdifferenzen
– Versicherungsunternehmen
– – im Kapitalanlagespiegel **K** 124

Währungskursgewinne
– in der Gewinn- und Verlustrechnung
– – Versicherungsunternehmen **K** 614, 620
Währungsswaps E 69
Währungsumrechnung E 483 ff., 573, 577, 587 f., **F** 552, 692, 720 f., 883, 860
– Anhang **E** 488
– Bilanzierung **E** 486, 487
– Folgebewertung
– – Devisenkassamittelkurs **E** 483, 485
– geschlossene Positionen bei **E** 573
– in der Gewinn- und Verlustrechnung **E** 488, **M** 288
– nach IFRS **N** 903 ff.
– – im Einzelabschluss **N** 129
– – funktionale Währung **N** 904 ff.
– – im Konzernabschluss **N** 903 ff.
– – modifizierte Stichtagskursmethode **N** 911 f.
– Konsolidierungsmaßnahmen **M** 292 ff.
– im Konzernabschluss **M** 280 ff.
– im Konzernanhang **M** 725 ff.
– im Konzernprüfungsbericht **Q** 707
– Kreditinstitute
– – Anhang **J** 402
– – Aufwendungen aus **J** 378
– – Deckung **J** 364 ff.
– – Devisenoptionen **J** 376
– – Erträge aus **J** 379 ff.
– – Konzernabschluss **J** 561 ff.
– – nicht abgewickelte Termingeschäfte **J** 370 ff.
– – offene Position **J** 366
– – Schulden **J** 357
– Kurs **M** 286 ff.
– latente Steuern **M** 304
– bei Offenlegung in Europäischer Währungseinheit **F** 692
– im Prüfungsbericht
– – Wechselkurse **Q** 211
– Steuerbilanz **E** 489 f.
– Versicherungsunternehmen
– – im Kapitalanlagespiegel **K** 124
– – Prüfung **K** 805
– Wechsel der Umrechnungsmethode **M** 285
Währungsverbindlichkeiten
– Bilanzierung **E** 587, **F** 718, 720

3281

Währungsverluste
– in der Gewinn- und Verlustrechnung **E** 490, **F** 551
– im Konzernabschluss **M** 289
Wärmenetzbetreiber
– Prüfungsvorschriften **D** 31
Wagniskapitalbeteiligungsgesellschaft
– *s. Kapitalbeteiligungsgesellschaft*
Wahl
– Abschlussprüfer **A** 604, 610
– – bei Gemeinschaftsprüfungen **R** 889
– – mehrere **R** 889
– – Nichtigkeit **U** 197
– – Personengesellschaften **A** 610
– – Versicherungsunternehmen **K** 728
Wahlpflichtangaben J 402
Wahlrechte
– Versicherungsunternehmen
– – Anwendung des HGB **K** 21, 28, 96, 98, 99, 111, 120, 134, 157, 206, 298, 692, 699, 719
– – Rechtsform **K** 7
Wahrheit
– Grundsatz
– – Berichterstattung **Q** 46
Waisenrente
– Anwartschaft **E** 221
Wandelschuldverschreibungen
– im Anhang der Aktiengesellschaft **F** 692, 1036
– in der Bilanz der Kapitalgesellschaften **F** 449
– Stock Options **S** 54
– Zuzahlungen **F** 361, 366
Wandlungsrecht
– Ermittlung des verdeckten Aufgelds **F** 366
Waren
– Anschaffungskosten **E** 341
– Aufwendungen für bezogene
– – im Anhang **F** 896
– – in der Gewinn- und Verlustrechnung der Kapitalgesellschaften **F** 527, 529
– Begriff **F** 273
– Bewertung **F** 276
– Bilanzierung **E** 562 ff., **F** 272 ff.
– Teilwert **E** 565, 567
– unterwegs befindliche **F** 273
Warenforderungen
– eingefrorene **F** 268

– Umwandlung **F** 268
Warenproben
– Kosten beim Umsatzkostenverfahren **F** 645
Warenzeichen
– Bilanzierung **E** 92, 491 ff.
Wartezeit
– Stock Options **S** 62
Wartungskosten
– in der Gewinn- und Verlustrechnung **F** 551
Wasserbauten
– Ausweis **F** 241
Wechsel
– in der Bilanz **E** 576
– – Kapitalgesellschaften **F** 297
– – Kreditinstitute **J** 143 ff.
– Diskonterträge aus **J** 255
– Indossamentsverbindlichkeiten **J** 246
– weitergegebene
– – Diskontaufwand **F** 573
– – an verbundene Unternehmen **F** 455
Wechselbürgschaften
– Bilanzvermerk **E** 111, 114
– – Kapitalgesellschaften **F** 463
– – Kreditinstitute **J** 246
– – Personenhandelsgesellschaften i.S.d. § 264a HGB **F** 463
Wechseldiskont
– Bilanzierung **E** 576, **F** 456
Wechselforderungen
– in der Bilanz der Kapitalgesellschaften **F** 297
– in der Steuerbilanz **E** 576
Wechselkopierbuch
– Pflicht zur Führung **R** 550
Wechselkursänderungsrisiko
– Kreditinstitute **J** 402
Wechselkursschwankungen
– im Anhang **F** 721
– in der Kapitalflussrechnung **M** 834 ff.
Wechselobligo
– Ausweis **E** 111, 113, **F** 454, 463
– Rückstellung **E** 185, **F** 551
Wechselseitige Beteiligung T 193 ff.
– Abbau **T** 196, 209
– Abhängigkeitsbericht **F** 1310
– Abhängigkeitsvermutung bei **T** 31, 208 ff.
– im Anhang **F** 692, 1039, **T** 194, 214

- mit ausländischen Unternehmen T 60
- Begriff T 193
- Beschränkung der Rechte T 194, 214
- Ermittlung T 200 ff.
- eigene Aktien T 196
- Einlagenrückgewähr T 193
- Gleichordnungskonzern T 172
- Mehrheitsbeteiligung T 195, 201, 210
- Mitteilungspflicht T 214
- Rechtsfolgen T 213 ff.
- Rechtsform T 38 ff., 198
- Sitz T 198
- Voraussetzungen T 38 ff., 193 ff., 200 ff.
- Vorschriften des AktG T 29

Wechselspesen
- Bilanzierung E 576

Wechselverbindlichkeiten
- in der Bilanz E 111, 113, F 454 ff., 463
- – Versicherungsunternehmen K 505
- Prüfung R 550

Wechselzinsen F 573

Wegeausbaukosten
- Bilanzierung E 513

Wegerecht
- in der Steuerbilanz E 513

Weihnachtsgratifikation
- Ausweis F 533
- Rückstellung E 209

Wein
- Anschaffungskosten E 341

Weisungsbefugnis
- gegenüber Wirtschaftsprüfer
- – Verbot A 393

Weltabschluss M 190
Weltkongress der Accountants B 68
Werbeabteilung
- Aufwendungen beim Umsatzkostenverfahren F 644 f.

Werbeaufwand
- Abgrenzung E 270
- Aktivierungswahlrecht für
- – Versicherungsunternehmen K 99
- in der Gewinn- und Verlustrechnung F 532
- – Versicherungsunternehmen K 522, 529

Werbedrucksachen
- Versicherungsunternehmen K 29

Werbekosten
- beim Umsatzkostenverfahren F 645

Werbung
- Wirtschaftsprüfer A 436 ff.
- – belästigende A 442
- – Drittwerbung A 462 ff.
- – Einzelfälle A 445 ff.
- – Grenzen A 440
- – irreführende A 443
- – Methoden A 444
- – Tätigkeit im Ausland A 465
- – unlautere A 442
- – vergleichende A 459
- Steuerberater C 33

Werkstätten
- Bilanzierung der Einrichtung F 244

Werkstätten für behinderte Menschen
- Bestätigungsvermerk Q 1487
- Prüfungsbericht Q 1486
- Prüfungsvorschriften D 17, 31

Werkstattinventur
- systemgestützte E 22

Werkstoffe
- Begriff E 350
- Ermittlung des Verbrauchs E 350

Werksverpflegung
- im Lagebericht F 1145

Werkswohnungen
- Erlöse F 507
- im Lagebericht F 1145
- Zuschüsse F 543

Werkvertrag
- Wirtschaftsprüfer A 597
- – Kündigung A 624 ff.
- – Verjährung von Schadensersatzansprüchen aus A 708 ff.

Werkzeuge
- Bilanzierung E 478, F 244
- bei Ermittlung der Herstellungskosten E 352

Wertansatz
- in der Probebilanz nach PublG H 15
- Wahlrechte E 300, 435, F 703 ff.

Wertaufhellende Tatsachen
- Abgrenzung zu wertbeeinflussenden E 303
- bei der Bewertung E 303 f., 574
- im Lagebericht F 1124 f.

Wertaufholung E 439 ff., 505
- Auswirkungen auf die Steuerbilanz E 442, 612

- Einstellung in Gewinnrücklagen **F** 396 f., 692, 879
- Eliminierung von Zwischengewinnen nach **M** 341
- nach IFRS
-- Aufhebung des Wertminderungsaufwandes **N** 252 f.

Wertaufholungsgebot E 399, 438 ff.
- und andere Gewinnrücklagen **F** 396 f.
- im Anhang **F** 708, 727
- bei Genossenschaften **G** 6
- Geschäfts- oder Firmenwert **E** 441
- Kreditinstitute **J** 325
- nach PublG **H** 47
- Versicherungsunternehmen **K** 28, 120, 159, 190 f.

Wertaufholungsrücklage
- Versicherungsunternehmen **K** 307

Wertberichtigungen
- bei Ermittlung der Bilanzsumme nach PublG **H** 18
- bei Forderungsbewertung in der Steuerbilanz **E** 574
- Kreditinstitute **J** 321
- im Sonderposten mit Rücklageanteil **F** 120, 435, 692, 877
- für steuerliche Mehrabschreibungen bei Kapitalgesellschaften, **F** 877
- Versicherungsunternehmen
-- Beitragsforderungen **K** 480, 593, 612, 615
-- Forderungen an Versicherungsnehmer **K** 264, 584, 593, 612, 615
-- Kapitalanlagen **K** 129, 207, 225, 524, 540, 601, 609
-- Vorschüsse an Versicherungsvertreter **K** 264
-- Prüfung **K** 809
-- Sonderposten mit Rücklageanteil **K** 322

Wertgebühr A 720

Wertminderungen
- Anlagevermögen
-- dauernde **E** 382, 395, 398, **K** 157, 180 ff., 206
-- vorübergehende **E** 382, 395 f., 397, 546, **F** 119, **K** 132, 157, 179, 206
- Ausgleich durch Kapitalherabsetzung im Anhang **F** 692, 911
- Ermittlung bei Bezugsrechten **E** 543

- nach IFRS **N** 210 ff.
-- Angabepflichten **N** 254 ff.
-- Begriff und Anwendung **N** 210 ff.
-- Erfassung **N** 222 ff.
-- Ermittlung des erzielbaren Betrags **N** 222 ff.
--- beizulegender Zeitwert zzgl. Verlaufskosten **N** 227 ff.
---- Verkaufskosten **N** 230
--- Nutzungswert **N** 232 ff.
-- Wertminderungstest **N** 219 ff.
-- Wertminderungsindikatoren **N** 214 ff.
-- Zahlungsmittelgenerierende Einheit **N** 241 ff., *s. auch dort*

Wertpapierdepot
- Versicherungsunternehmen **K** 241, 377

Wertpapierdienstleistungsunternehmen J 736
- Prüfungsbericht **Q** 1273

Wertpapiere
- Abschreibung **E** 395, 575
- im Anhang **F** 692, 1036
- Anlagevermögen **E** 575 f., **F** 262 ff.
-- Abschreibung **E** 575
-- Prüfung **R** 434
- Ausweis **F** 254, 258, 262 ff., 295 ff.
- Begriff **R** 491
-- nach WpHG **F** 26
- Bewertung **E** 575, **F** 264
- Bilanzierung **E** 575
-- Zeitpunkt **E** 54
- *Erträge s. Wertpapiererträge*
- festverzinsliche **E** 575 f.
- Kreditinstitute
-- Aufwendungen **J** 283
-- Begriff **J** 75 ff.
-- Bewertung
--- des Anlagevermögens **J** 313 f.
--- des Umlaufvermögens **J** 315 ff.
-- in der Bilanz **J** 79
-- börsenfähige **J** 78
-- börsennotierte **J** 78
-- Erträge aus **J** 255, 261
- Prüfung **R** 424 ff., 434, 491
- nach Richtlinie 2004/39/EG **N** 875
- schwer veräußerbare **F** 296
- in der Steuerbilanz **E** 575
- Umlaufvermögen **E** 575, **F** 295 ff.
-- Abschreibung **E** 575, **F** 576 f.
-- Prüfung **R** 491 ff.

Stichwortverzeichnis

– – sonstige **F** 296
– Versicherungsunternehmen
– – Aktien, Investmentanteile und andere nicht festverzinsliche **K** 166 ff.
– – im Anhang **K** 202
– – Begriff **K** 166 ff., 191 ff.
– – Bewertung **K** 117 ff., 166 ff., 191 ff., 222, 707
– – Bilanzierung **K** 153, 164, 166 ff., 191 ff., 241, 377
– – Inhaberschuldverschreibungen und andere festverzinsliche **K** 191 ff.
– – im Konzernabschluss **K** 707, 711
– nach WpHG **N** 6 f.
Wertpapiererträge
– Kapitalgesellschaft **F** 567 ff.
– – aus verbundenen Unternehmen **F** 568
– Prüfung **R** 427, 496
Wertpapierhandelsgesetz J 736, 742
– Prüfungsbericht **Q** 1273
Wertpapierkategorien
– Kreditinstitute **J** 445 ff.
Wertpapierleihe
– Kreditinstitute **J** ff., 490, 497
Wertpapierleihegeschäft K 191
Wertpapierpensionsgeschäft K 191
Wertpapiersondervermögen
– Anteile
– – Versicherungsunternehmen **K** 171
Wertschöpfung
– im Lagebericht **F** 1103
Wertschwankungen
– Abschreibungen **F** 515, 549, 692, 710, 908
– künftige - bei der Bewertung **E** 436, 571, 575
Wertsicherungsklauseln
– Anschaffungskosten **E** 330
– beim Ansatz von Verbindlichkeiten **E** 591
Wertsteigerung
– durch Lagerung **E** 341
Wertverzehr
– *s. Abschreibungen*
Wertzusammenhang
– Grundsatz **E** 612
Wesentliche Beanstandungen
– bei der Vorprüfung **R** 151
Wesentliche Risiken
– *s. Risiken*

Wesentlichkeit
– außerordentliche Posten **F** 475
– Einwendungen
– – Bestätigungsvermerk **Q** 471 ff.
– Grundsatz **F** 473, 682, 702, 728, 792, **R** 92
– – im Lagebericht **F** 1081, **P** 95
– – bei der Prüfung **R** 92 ff.
– Überbewertung
– – Nichtigkeit des Jahresabschlusses **U** 232
Wesentlichkeitsgrenzen R 94 ff.
– Bezugsgrößen **R** 96
– Festlegung **R** 92 ff.
– Toleranzwesentlichkeit **R** 95
Wettbewerbsanalyse R 246
Wettbewerbsverbot
– Wirtschaftsprüfer **A** 412 ff.
Wettbewerbs-Versicherungsunternehmen K 16
Widerruf
– Anerkennung als Wirtschaftsprüfungsgesellschaft **A** 170 ff.
– Bestätigungsvermerk **Q** 608 ff.
– Bestellung als Wirtschaftsprüfer **A** 112 ff.
– Zulassung zum WP-Examen **A** 71 ff.
Wiederbeschaffungskosten
– bei der Bewertung **F** 331
– – Beteiligungen **E** 558
– – Umlaufvermögen **E** 431, 433, 565
Wiederbeschaffungswert
– bei Teilwertermittlung **E** 414
Wiederbestellung
– Wirtschaftsprüfer **A** 114 ff.
– – Gebühren **A** 116
Wiederherstellungsverpflichtungen
– Rückstellung **E** 184, 218, 512
Wiederholungsprüfung
– Anteile an verbundenen Unternehmen bei der **R** 423
– Geschäfts- bzw. Firmenwert bei der **R** 397
Wiederverkaufspreismethode
– bei Ermittlung von Leistung und Gegenleistung **F** 1356
Wiegegelder
– bei Ermittlung der Anschaffungskosten **E** 322
Wirtschaftliche Abhängigkeit
– des Wirtschaftsprüfers **A** 281 f.

3285

Wirtschaftliche Betrachtung E 149
Wirtschaftliche Grundlagen
– im Konzernprüfungsbericht **Q** 728
– Prüfungsbericht **Q** 294 ff.
– – Bausparkasse **J** 677, 701, 1101
– – Kreditinstitute **J** 648
Wirtschaftliche Lage
– Bestätigungsvermerk **Q** 348 ff.
– Information des Aufsichtsrats **Q** 31
– Prüfungsbericht **Q** 33, 91, 236, 294
– *s. auch Bestandsgefährdende Tatsachen, Entwicklungsbeeinträchtigende Tatsachen*
Wirtschaftliche Verhältnisse
– Prüfung **R** 5
– – Bausparkasse **J** 1101
– – Kreditinstitute **D** 10, **J** 648
– – gem. § 53 HGrG **L** 80, 84
– – Wirtschaftsbetriebe der öffentlichen Hand **L** 44, 50, 56
– *s. auch Ertrags-, Finanz- oder Vermögenslage*
Wirtschaftliche Zugehörigkeit E 27, 48, **H** 73
Wirtschaftliches Eigentum
– bei Asset Backed Securities-Gestaltungen **E** 59
– bei Leasingverträgen **E** 31 ff.
Wirtschaftliches Umfeld
– bei der Prüfungsplanung **R** 45
Wirtschaftlichkeit
– Grundsatz bei der Prüfung **R** 23, 40, 98
– – Wirtschaftsbetriebe der öffentlichen Hand **L** 63, 84
Wirtschaftsberatung
– als Berufaufgabe des Wirtschaftsprüfers **A** 27
– Verjährung von Schadensersatzansprüchen aus **A** 708 ff.
Wirtschaftsbetriebe der öffentlichen Hand
– Begriff **L** 1
– Branchen **L** 1
– als Eigenbetrieb **L** 1
– Eigentümer **L** 1
– als Mutterunternehmen **T** 344
– Prüfung **L** 3 f., 50 ff.
– – gem. § 53 HGrG **L** 66 ff.
– – Rechtsgrundlagen **L** 3 ff.
– – Umfang **L** 50 ff.

– Prüfungsvorschriften
– – in privater Rechtsform **D** 22 ff., **L** 3 ff., 50 ff.
– – ohne eigene Rechtspersönlichkeit **D** 30, **L** 3 ff., 51 ff.
– Rechnungslegung **L** 3 ff.
– – Rechtsgrundlagen **L** 3 ff.
– Rechtsformen **L** 1
– Träger **L** 1
– Unternehmensgegenstand **L** 1
– Wirtschaftsplan **L** 6, 9
– *s. auch Eigenbetriebe, Entsorgungsunternehmen, Versorgungsunternehmen, Verkehrsunternehmen*
Wirtschaftsgüter
– Abschreibung abnutzbarer **E** 401
– *geringwertige*
– *s. auch Vermögensgegenstände*
Wirtschaftsplan
– Wirtschaftsbetriebe der öffentlichen Hand **L** 6, 9
Wirtschaftsprüfer A 1 ff.
– Abgeordnetentätigkeit **A** 55
– abweichende Auffassung **Q** 62
– Berufsbild **A** 21 ff.
– – Gutachter-/Sachverständigentätigkeit **A** 28
– – Prüfungstätigkeit **A** 22 ff.
– – Rechtsberatungs-/-besorgungsbefugnis **A** 32 ff.
– – Steuerberatung **A** 25
– – Treuhandtätigkeit **A** 29 ff.
– – vorbehaltene **A** 22 ff.
– – Wirtschafts-/Unternehmensberatung **A** 27
– Auftragsübernahme **A** 597 ff.
– Beruf **A** 1 ff.
– – historischer Überblick **A** 5 ff.
– Berufsaufsicht **A** 558
– Berufsausübung **A** 187 ff.
– – Abgrenzung **A** 220
– – im Anstellungsverhältnis **A** 217 ff.
– – – als leitender Angestellter **A** 393
– – – kein Syndikus **A** 217
– – Bürogemeinschaften **A** 214
– – Dienstleistungsfreiheit **A** 188
– – Einzelpraxis **A** 200
– – freie Mitarbeit **A** 223 f.
– – gemeinschaftliche **A** 201 ff.
– – Kooperation **A** 215

– – Mindestanforderungen **A** 188
– – Niederlassungsfreiheit **A** 188
– – Partnerschaftsgesellschaft **A** 209 ff.
– – Sozietät **A** 201 ff.
– Berufsbezeichnung **A** 233 ff.
– Berufshaftpflichtversicherung **A** 243 ff.
– Berufsorganisationen **B** 1 ff.
– – Institut der Wirtschaftsprüfer in Deutschland e.V. **B** 1 ff.
– – Wirtschaftsprüferkammer **B** 38 ff.
– Berufspflichten **A** 269 ff.
– – berufswürdiges Verhalten **A** 400 ff.
– – Eigenverantwortlichkeit **A** 392 ff.
– – Fortbildung **A** 382, **B** 12, 27 ff., 36, 48
– – Gewissenhaftigkeit **A** 381 ff.
– – Qualitätssicherung **A** 467 ff.
– – Überwachung durch die Wirtschaftsprüferkammer **B** 43
– – Unabhängigkeit **A** 276 ff.
– – Unbefangenheit **A** 278 ff.
– – Unparteilichkeit **A** 278 f.
– – Verschwiegenheit **A** 344 ff.
– – Verzicht auf berufswidrige Werbung **A** 440 ff.
– Berufsrecht
– – Entwicklung **A** 5 ff., **B** 1 ff.
– Berufssatzung **A** 13, 277 ff., **B** 50, 63
– Berufssiegel **A** 225 ff.
– Berufssitz **A** 188 ff.
– Berufszugang **A** 51 ff., **C** 7, 33, 46 ff.
– Bestellung **A** 1, 55, 102 ff.
– Beurlaubung **A** 264 ff.
– Examen s. *Wirtschaftsprüferexamen*
– Fortbildung **A** 382, **B** 12, 27 ff., 36, 48
– freier Beruf **A** 2, 4, 38 ff.
– Führung anderer Berufsbezeichnungen **A** 234
– im Genossenschaftswesen **A** 1
– Gewerbesteuerpflicht **A** 2
– Haftung **A** 632 ff., 661 ff.
– – gegenüber dem Auftraggeber **A** 552 ff.
– – gegenüber Dritten **A** 661 ff., 684
– – bei gemeinsamer Berufsausübung **A** 686 ff.
– – -sbeschränkung **A** 650 f., 694 ff.
– – -skonzentration **A** 697
– – Mitverschulden **A** 707
– – Verjährung **A** 708 ff.
– Handakten **A** 252 ff.
– Hilfsberufe **A** 743 ff.

– – Fachgehilfen in steuer- und wirtschaftsberatenden Berufen **A** 745, **B** 46
– – Prüfer und Prüfungsgehilfen **A** 744
– Interessenvertretung **A** 305 ff., **B** 8 ff., 39 ff.
– als Konzernabschlussprüfer **M** 909
– Mitgliedschaft
– – im IDW **B** 13 f.
– – – besondere Berufspflichten **B** 11 f.
– – in der Wirtschaftsprüferkammer **B** 30, 52
– Rechtsberatungsbefugnis **A** 32 ff.
– Treuepflicht **Q** 141
– unvereinbare Tätigkeiten **A** 48 ff.
– Verantwortung **Q** 155, 313, 383, 384
– Verbot der gewerblichen Tätigkeit **A** 49
– vereinbare Tätigkeiten **A** 36 ff.
– Vergütung **A** 718 ff.
– – Gerichtsstand für Honorarklagen **A** 740 f.
– – Prüfung privatwirtschaftlicher Unternehmen **A** 720
– – Pflichtprüfung gemeindlicher Betriebe **A** 727 ff.
– – – Festpreisvereinbarung **A** 729 ff.
– – – Gebührenerlasse **A** 730 ff.
– – – Sonderprüfungen **A** 731
– – – sonstige Tätigkeiten **A** 738
– – – steuerberatende Tätigkeit **A** 732 f.
– – Tätigkeit als Sachverständiger **A** 733 ff.
– – Verjährung von Ansprüchen **A** 739
– Versorgungswerk **B** 64
– Verschwiegenheitspflicht **A** 344 ff.
– Vorbehaltsaufgaben **A** 22 ff.
– Vorschlagsrecht
– – Beisitzer der Berufsgerichte **B** 47
– Wiederbestellung **A** 114 ff.
– Zugang zum Beruf für vereidigte Buchprüfer **B** 5
– Zusammenarbeit
– – mit öffentlichen Prüfungseinrichtungen **L** 54, 64
– Zweigniederlassungen **A** 192 ff.
Wirtschaftsprüfer-Examen A 56 ff.
– besondere Prüfungsverfahren **A** 91 ff.
– – Angehörige vergleichbarer Berufe aus anderen EG-Staaten **A** 93
– – Bewerber aus den neuen Bundesländern **A** 95
– – verkürztes für Steuerberater **A** 89

– – verkürztes für vereidigte Buchprüfer **A** 90
– Prüfungsverfahren **A** 56 ff., 79 ff.
– – Ergänzungsprüfung **A** 86
– – Gebühren **A** 116
– – gerichtliche Überprüfung **A** 87
– – Gesamtnote **A** 84
– – Rücktritt **A** 85
– – Verkürzung **A** 88 ff.
– bei Wiederbestellung **A** 115
– Zulassung **A** 59 ff.
– – Gebühren **A** 116 f.
– – Verfahren **A** 59
– – Voraussetzungen **A** 60 ff.
– – – Erleichterungen **A** 76
– – – praktische Tätigkeiten **A** 63 ff.
– – – Staatsangehörigkeit **A** 13
– – Vorbildung **A** 61 ff.
Wirtschaftsprüferkammer B 38 ff.
– Aufgaben **B** 39 ff.
– – Belehrungsrecht **B** 43
– – Beratungsrecht **B** 43
– – Berufsaufsicht **A** 373 ff., **B** 43
– – gem. Geldwäschegesetz **B** 51
– – Gutachtertätigkeit **B** 45
– – Rügerecht **A** 373, **B** 43
– – Vermittlungstätigkeit **B** 44
– Aufsicht **A** 558 ff., **B** 58 ff.
– Beirat **B** 54
– Beitragordnung **B** 56
– Berufsregister **B** 47, 58
– Berufssatzung **A** 13, **B** 50, 63
– externe Qualitätskontrolle
– – Einrichtung des Systems **A** 356 ff., **B** 49
– interne Organisation **B** 52 ff.
– Konstituierung **B** 38
– Mitglieder **B** 52 ff.
– – Anzahl **B** 53
– – freiwillige **B** 52
– – kraft Gesetzes **B** 52
– – Zusammensetzung **B** 53
– Mitgliedsbeitrag **B** 56
– Mitgliedschaft bei Beurlaubung **A** 226
– Mitgliederverzeichnis **B** 40
– Neutralitätspflicht **B** 32
– Organe **B** 54
– Organisationssatzung **B** 55
– Satzungsermächtigung **B** 50
– Staatsaufsicht **B** 62
– Versorgungswerk **B** 49, 64 ff.

– Vorschlagsrecht
– – Beisitzer der Berufsgerichte **B** 47
Wirtschaftsprüferordnung A 10 ff., **B** 3
– Abschlussprüferaufsichtsgesetz **A** 17
– Berufsaufsichtsreformgesetz **A** 18
– Drittes Gesetz zur Änderung **A** 13
– Grünbuch zur Abschlussprüfung **A** 20
– Viertes Gesetz zur Änderung **A** 15
– Zweites Gesetz zur Änderung **A** 12
– Transformation der 8. EG-RL **A** 11
– Transformation der Hochschuldiplom-RL **A** 12, 83
– Wirtschaftsprüferexamens-Reformgesetz **A** 15
Wirtschaftsprüferpraxis
– *Qualitätssicherung s. dort*
Wirtschaftsprüfertag des IDW B 15, 18
Wirtschaftsprüfer-Versammlung B 54
Wirtschaftsprüfungsgesellschaft A 3 ff., 117 ff.
– Altgesellschaften **A** 178 ff.
– Anerkennung **A** 118 ff.
– – Anpassungsfrist **A** 182, 191
– – Auflösung **A** 174, 183 f.
– – bei Änderung der Firma **A** 175
– – Erbfall **A** 174 f.
– – Erlöschen **A** 157
– – Gebühren **A** 186
– – Musterverträge **A** 118
– – Rücknahme und Widerruf **A** 157 ff.
– – bei Umwandlung **A** 163
– – bei Vermögensverfall **A** 176
– – bei Verschmelzung **A** 164 f.
– – Verzicht **A** 158 f.
– – Voraussetzungen **A** 118 ff.
– Beauftragung **A** 615 ff.
– berufsrechtliche Sondervorschriften für Kapitalgesellschaften **A** 144 ff.
– Berufssiegel **A** 125 ff.
– Berufssitz **A** 191
– Errichtung **A** 118 f.
– Firma **A** 147 ff., 196 f., 241 f.
– Gesellschafter **A** 136 ff.
– gesetzliche Vertretung **A** 125 ff.
– Gewerbesteuerpflicht **A** 4
– Kaufmannseigenschaft **A** 4
– Mindestkapital **A** 146
– Mitgliedschaft
– – IDW **B** 13
– – Industrie- und Handelskammer **A** 4

– – Wirtschaftsprüferkammer **B** 52 ff.
– als Partnerschaftsgesellschaft **A** 4, 120
– Publizitätspflichten **A** 177
– Rechtsformen **A** 120 ff.
– Sozietät mit **A** 206
– Unterzeichnung
– – Bescheinigung **Q** 1364
– – Bestätigungsvermerk **A** 3, 132 f., 615, **Q** 572, 604
– – Prüfungsbericht **A** 3, 132 f., 615, **Q** 279 ff., 850
– verantwortliche Führung **A** 3
– Zweigniederlassungen **A** 192 ff.
– *s. auch Altgesellschaften*
Wirtschaftsverbände
– unzulässiges Anstellungsverhältnis von Wirtschaftsprüfern **A** 51
Witwerrente
– Anwartschaft **E** 249
Wohlfahrtskassen
– Zuweisungen im Lagebericht **F** 1145
Wohlverhaltensregeln J 765
Wohnbauten
– Bilanzierung **F** 243
– erhöhte Absetzungen **E** 422
Wohnort
– Wirtschaftsprüfer **A** 125, 196
Wohnungen
– Aufwandsrückstellungen **E** 265
– Aufwendungen für vermietete **F** 650
Wohnungsbaugenossenschaften
– Aufstellungsfrist **G** 3
Wohnungseigentum
– Bewertung bei Wohnungsunternehmen **E** 511
Wohnungsentschädigung
– Ausweis **F** 533
Wohnungsunternehmen
– Bestätigungsvermerk **Q** 1114
– Gebäudeabschreibung **E** 511
– künftige Instandhaltungsaufwendungen **F** 788
– Prüfungsbericht **Q** 1114
– Prüfungsvorschriften **D** 12
– Rechnungslegung **L** 47
Wohnungswirtschaftlicher Fachausschuss
– IDW Stellungnahmen zur Rechnungslegung **Anh3** 27
– Stellungnahmen **Anh3** 22

Z

Zahlungen
– für Versicherungsfälle **K** 268, 339, 417, 435, 519, 547 ff., 586, 770
Zahlungsbereitschaft
– *s. Liquidität*
Zahlungsinstitute J 23, 52
– Anzeigepflichten **Q** 901
– Bestätigungsvermerk **Q** 907
– Schlussbemerkung **Q** 906
Zahlungsmittelgenerierende Einheit
– nach IFRS
– – Angabepflichten **N** 257 ff.
– – Definition **N** 223 ff.
– – Erfassung von Wertminderungsaufwand **N** 250 f.
– – Ermittlung des erzielbaren Betrags und des Buchwerts **N** 241 ff.
– – gemeinschaftliche Vermögenswerte **N** 247 ff.
– – Wertaufholungen **N** 252 f.
Zahlungsunfähigkeit
– Ausgleichsanspruch **T** 302
– Begriff **V** 26
– Prüfungsbericht **Q** 110
– Vorstandspflichten **V** 1, 23, 70
– *s. auch Bestandsgefährdende Tatsachen, Entwicklungsbeeinträchtigende Tatsachen*
Zahlungsverkehr
– Kosten **F** 551
Zahlungsvorgang
– i.S.d. Rechnungsabgrenzung **E** 268
Zeichnungsberechtigung
– Wirtschaftsprüfer **A** 118
Zeichnungsjahrsystem K 339 ff., 355
Zeitgebühr
– gerichtlicher Sachverständiger **A** 733 f.
– bei Prüfung des Jahresabschlusses
– – gemeindlicher Betriebe **A** 727
– – privatrechtlicher Unternehmen **A** 720
– bei sonstiger Prüfung **A** 731
Zeitraum
– bestimmter Rechnungsabgrenzungsposten **E** 269
– der Herstellung **E** 354
Zeitungsanzeigen
– von Wirtschaftsprüfern und Wirtschaftsprüfungsgesellschaften **A** 447

Zeitvergleich
- Prüfungsbericht **Q** 237
- *s. auch Mehrjahresübersicht*

Zeitversetzte Bilanzierung K 338, 343 ff.

Zeitwert (beizulegender) E 87, **F** 800, 812 f.
- Bilanzierung **E** 334, 338, 340, **F** 79, 799
- bei Gruppierung **F** 803
- Kapitalanlagen von Versicherungsunternehmen
- – im Einzelabschluss **K** 85, 121, 125 ff., 247
- – im Konzernabschluss **K** 687 f.
- – im Prüfungsbericht **K** 809
- positiv bzw. negativ **F** 816
- Prüfung **R** 623 ff.
- Sacheinlagen, Sachzuzahlungen **E** 335, 336
- Tausch **E** 338
- *s. auch Beizulegender Zeitwert, Zeitwertbilanzierung*

Zeitwertbilanzierung
- Kapitalanlagen **K** 849 ff.
- Versicherungsverträge **K** 818, 862
- *s. auch Beizulegender Zeitwert, Zeitwert*

Zero-Bonds
- Ausweis der Zuschreibungen **F** 567, 571
- Bilanzierung **E** 274, 575, 586, **F** 263

Zeugnisverweigerungsrecht
- ausländische Berufsträger **A** 202
- Mitarbeiter **A** 347
- Wirtschaftsprüfer **A** 202, 357 f.

Ziegeleiöfen
- Ausweis **F** 244

Zieltantieme
- Vorstandsbezüge **S** 49 ff.

Zillmersatz K 373, 391, 455

Zillmerverfahren K 257 ff., 373

Zinsabrechnung
- unterjährliche **Anh1** 9 f.

Zinsabschlagsteuer
- einbehaltene **F** 459, 573

Zinsähnliche Aufwendungen
- in der Gewinn- und Verlustrechnung **F** 580 ff.
- Kreditinstitute **J** 283, 1081

Zinsähnliche Erträge
- Kreditinstitute **J** 259, 1072

Zinsänderungsrisiken
- Kreditinstitute

- – Anhang **J** 402
- – Bewertung **J** 336
- – Prüfungsbericht **J** 678
- – verlustfreie Bewertung **J** 336

Zinsanteil
- Pensionsrückstellungen in der Gewinn- und Verlustrechnung **F** 540

Zinsaufwendungen
- Kapitalgesellschaften **F** 580 ff.
- – Gesamtkostenverfahren **F** 580 ff.
- – Umsatzkostenverfahren **F** 641, 645, 653
- Kreditinstitute **J** 283, 1080 ff.
- Versicherungsunternehmen **K** 603 ff., 614

Zinsbegrenzungsverträge
- Bilanzierung **E** 70
- *s. auch Derivate*

Zinsen
- anteilige bei Kreditinstituten **J** 87
- kalkulatorische **F** 1363
- Konsolidierung **M** 638
- nachschüssige **Anh1** 3 ff.
- bei Personengesellschaften nach PublG **H** 59
- private von Gesellschaftern einer Personenhandelsgesellschaft i.S.d. § 264a HGB **F** 501
- Prüfung **R** 501, 542
- Versicherungsunternehmen
- – auf Genussrechtskapital **K** 318
- – auf angesammelte Überschussanteile **K** 593
- vorausgezahlte **F** 456
- vorschüssige **Anh1** 4
- *s. auch Zinsabrechnung, Zinseszinsrechnung, Zinssatz*

Zinsen und Mieten
- Versicherungsunternehmen
- – abgegrenzte **K** 286 ff.

Zinsersparnis
- bei Ermittlung der Anschaffungskosten **E** 325
- bei Krediten an Organmitglieder **F** 667, 692, 962

Zinserträge
- in der Gewinn- und Verlustrechnung **F** 571 ff.
- in der Konzern-Gewinn- und Verlustrechnung **M** 638

– Kreditinstitute **J** 255, 1071 ff.
– Versicherungsunternehmen
– – in der Gewinn- und Verlustrechnung **K** 544
Zinseszinsrechnung Anh1 1 ff.
– Tabellen **Anh1** 32 f.
– – Barwert
– – – nachschüssige Rente bei monatlicher Zinsabrechnung **Anh1** 33
– – – nachschüssige Rente bei nachschüssiger Verzinsung **Anh1** 32
Zinsforderungen
– Versicherungsunternehmen **K** 255, 272, 286, 289
– – gegenüber Versicherungsnehmern
– – – aus Darlehen und Vorauszahlungen auf Versicherungsscheine **K** 224
– – – den Vertretern belastete **K** 262
Zinsperiode Anh1 2
Zinssatz
– Ausgabe von Schuldverschreibungen und Optionsrechten **F** 366
– Ertragsermittlung **E** 546
– Forderungsbewertung **E** 571
– Kauf und Rentenbasis **E** 330
– Pensionsrückstellungen **E** 231
– Rentenbewertung **E** 589, 593
Zinsscheine
– Bilanzierung **F** 296, 298, 458
– Kreditinstitute **J** 168
Zinsswaps
– im Anhang **F** 806 ff.
– in der Gewinn- und Verlustrechnung **F** 575, 580
– *Rückstellungen s. dort*
Zinszuschüsse
– der öffentlichen Hand in der Gewinn- und Verlustrechnung **F** 575, 581
Zölle E 272
– Abgrenzung **E** 272
– bei Ermittlung der Herstellungskosten in der Steuerbilanz **E** 368
– in der Gewinn- und Verlustrechnung **F** 598
Zollgeld
– bei Ermittlung der Anschaffungskosten **E** 322
Zufallskurs
– bei der Bewertung **E** 432, 565

Zugänge
– bei Anlagen im Bau **F** 248 f.
– bei Anzahlungen auf Anlagen **F** 249
– bei Beteiligungen **F** 258
– Bilanzierung **E** 392, 411, **F** 124, 126
– zu konsolidierungspflichtigen Anteilen **M** 419
– Prüfung **R** 407 ff.
Zukunft
– nächste **E** 571
Zukunftsaussichten
– im Lagebericht **F** 1126 ff.
– *s. auch Prognosen*
Zulassung zum Steuerberaterexamen C 38 f., 44 ff.
– i.S.d. der Hochschuldiplom-RL **C** 27
– Teilzeitbeschäftigte **C** 29
– Vorbildungsvoraussetzungen **C** 26
Zulassung zum WP-Examen
– Antrag **A** 58 ff.
– – Unterlagen **A** 70, 82
– Prüfungsstelle **A** 58
– Voraussetzungen **A** 60 ff.
– – bestimmte Vorbildung **A** 61 ff.
– – Bewerber aus neuen Bundesländern **A** 95
– – praktische Tätigkeiten **A** 63 ff.
– – Prüfungstätigkeit **A** 64 ff.
– – – Verzicht auf Nachweis **A** 76
Zuordnung im Jahresabschluss
– Einzelaussage des Jahresabschlusses **R** 72
Zur Veräußerung gehaltene Vermögenswerte
– nach IFRS **N** 304 ff.
– – Ausweis und Anhangangaben **N** 334 ff.
– – Definition und Abgrenzung **N** 304 f.
– – erstmalige Bewertung nach IFRS 5 **N** 316 ff.
– – Folgebewertung **N** 325 ff.
– – Klassifizierung **N** 306 ff.
– – Planänderung **N** 332 f.
Zur Veräußerung verfügbare finanzielle Vermögenswerte J 450, 502
Zurechnung
– bei Abhängigkeit **T** 81
– bei Ermittlung der Mehrheitsbeteiligung **T** 71, 79 ff.
– – aufgrund von Stimmrechten **T** 98
– – bei mittelbarem Besitz **T** 83

3291

– bei Leasingverträgen **E** 31 ff.
– verbundene Unternehmen durch **T** 363 ff.
– Vermögensgegenstände **E** 19, 27
– bei wechselseitiger Beteiligung **T** 199, 204 ff., 211, 214

Zurückbehaltungsrecht
– Wirtschaftsprüfer **A** 617 ff.

Zurückgewährte Entgelte
– bei Ermittlung
– – Anschaffungskosten **E** 325
– – Umsatzerlöse **F** 512

Zusätze
– Bestätigungsvermerk **F** 1387
– zum Abhängigkeitsbericht **F** 1387

Zusätzliche Informationen
– Prüfungsbericht **Q** 140

Zusammenfassung
– *von Posten im Jahresabschluss*
  s. Postenzusammenfassungen

Zusammenfassung bzw. Zusammenfassende Schlussbemerkung
– des Prüfungsergebnisses im Prüfungsbericht der Kreditinstitute **J** 713

Zusammengefasster Prüfungsbericht Q 730 ff.

Zusatzangaben
– zur Erreichung der Generalnorm **F** 656, 876, 1057 ff.
– freiwillige
– – im Anhang **F** 658, 683 ff.
– Preisschwankungen und Geldwertänderungen **F** 79

Zusatzauftrag
– Prüfungsauftrag **Q** 59
– Prüfungsbericht **Q** 59

Zusatzversorgung
– Arbeitnehmer des öffentlichen Dienstes **F** 763

Zusatzversorgungseinrichtungen
– Verbindlichkeiten aus Beiträgen **F** 460, 763

Zuschreibungen
– im Anhang **F** 727, 906
– nach Betriebsprüfung **F** 521
– in der Gewinn- und Verlustrechnung **F** 493, 521, 570
– – Versicherungsunternehmen **K** 98, 119, 124, 596, 601
– in der Bilanz
– – Kapitalgesellschaften **F** 131 f., 906

– – Kreditinstitute **J** 269, 272
– – zu immateriellen Wirtschaftsgütern **E** 500
– zu Beteiligungen **E** 548, **F** 556
– zu konsolidierungspflichtigen Anteilen **M** 423
– Prüfung **R** 418
– aufgrund von Wertaufholungen **F** 131, 692, 708

Zuschüsse
– Abgrenzung **E** 270
– – zu Vorabentgelten des Kunden (IFRIC 18) **N** 162, 856 ff., 1210
– im Anhang **F** 1059
– Behandlung nach IFRS **N** 128
– Bilanzierung, 219, 326 ff.
– bei der Energieversorgung **F** 506
– bei Ermittlung der Anschaffungskosten **E** 326 ff.
– Erträge **F** 521
– des Gesellschafters bei der Beteiligungsbewertung **E** 534, 551
– bei der Grundstücksbewertung **E** 513
– für Sportanlagen **F** 551
– in der Steuerbilanz **E** 219, 327 f.
– bei Umstrukturierung **F** 494
– verlorene **F** 368

Zustellungsadresse A 30

Zustimmungsbeschluss
– Befreiung von der Pflicht zur Aufstellung eines Konzernabschlusses **F** 44, 45

Zuwendungen J 743

Zuzahlungen F 360
– Aktionäre **F** 361, 368
– Beteiligungserwerb **E** 533
– Gesellschafter **F** 361, 368, 521

Zwangsgeld
– Aufstellungspflicht von Jahresabschluss und Lagebericht **F** 5, 663, 1090

Zwangsversteigerung
– Anschaffungskosten bei Erwerb **E** 334, 508

Zwangsvollstreckung
– Kosten bei der Forderungsbewertung **E** 574

Zweckgebundenes Vermögen
– *s. Deckungsvermögen*

Zweckgesellschaften J 441, 553, **M** 56 ff.

Zweckverbände
– Jahresabschlussprüfung **Q** 1062

Zweigniederlassungen
– Angaben im Lagebericht **F** 1138, **Q** 196
– Kreditinstitute **J** 19
– Prüfung der Angabe im Lagebericht **R** 685
– im Prüfungsbericht **Q** 166
– Wirtschaftsprüfer und Wirtschaftsprüfungsgesellschaften **A** 192 ff.
– – Anzahl **A** 192
– – Firma **A** 27, 196, 147 ff., 231
– – Leitung **A** 194 ff.
– – räumliche Einheit mit sonstiger Praxis **A** 190
– – Siegel **A** 230
Zwischenabschluss
– Aufstellung **M** 157 ff.
– – nach PublG **O** 65 ff.
– Bestätigungsvermerk **M** 177
– – Auswirkung bei fehlendem **M** 177
– – Konzernabschluss von Kapitalgesellschaften **Q** 751
– Konzernprüfungsbericht **Q** 676
– Kreditinstitute **D** 10, **J** 578 ff.
– Prüfungspflicht **M** 169
– Prüfungsvorschriften **D** 10
– Steuern im **M** 164 ff.
– Versicherungsunternehmen
– – Frist für die Aufstellung **K** 662
– Verzicht auf **M** 158, 170 ff.
– – im Konzernanhang **M** 178 f.
– Vorschriften **M** 161
Zwischenbericht
– Sondervermögen **J** 771
Zwischenberichterstattung
– nach IFRS **N** 1123 ff.
– – Anwendungsbereiche **N** 1123 ff.
– – Berichtsperioden **N** 1134
– – Bestandteile **N** 1127 ff.
– – Bilanzierungs- und Bewertungsmethoden **N** 1135 ff.
– – Umfang der Anhangangaben **N** 1130 ff.
Zwischenbilanz Q 1203, 1239
Zwischenergebnis
– Begriff **M** 319
– in der Konzern-Gewinn- und Verlustrechnung **M** 648 ff.

– Verrechnung der eliminierten **M** 678
– Versicherungsunternehmen **K** 719
Zwischenergebniseliminierung
– im abnutzbaren Anlagevermögen **M** 339, 343
– bei abweichendem Stichtag **M** 176
– erstmalige **M** 344 ff.
– nach IFRS **N** 985, 969, 991, 1173
– im Jahresabschluss des Einzelkaufmanns nach PublG **M** 319 ff.
– im Konzernergebnis **M** 665ff.
– im Konzernprüfungsbericht **Q** 715
– latente Steuern **M** 507 f.
– Pflicht zur **M** 319 ff.
– – Ausnahmen von **M** 338 ff.
– im Rahmen der Equity-Methode **M** 577 ff.
– Versicherungsunternehmen **K** 665, 719 ff.
– – Frist für die Aufstellung **K** 654, 662
– Voraussetzungen **M** 337 ff.
– *s. auch Konsolidierungsmethoden*
Zwischenerzeugnisse
– Erlöse **F** 506
Zwischengewinne
– Rücklage **F** 403
Zwischengewinneliminierung
– im Jahresabschluss des Einzelkaufmanns nach PublG **H** 45
Zwischenposten F 96
– in der Gewinn- und Verlustrechnung **F** 471, 583 f.
Zwischenprüfung
– Berichterstattung **Q** 306 ff.
– Festlegung bei der Prüfungsplanung **R** 146
– Prüfungsobjekte **F** 1379
– – Risikofrüherkennungssystem **P** 122
– Rechtsgrundlage **R** 147
Zwischenscheine
– Kreditinstitute **J** 176
Zwischenverlusteliminierung M 319 ff.
Zwischenzeitliche Ereignisse
– Auslieferung des Prüfungsberichts **Q** 570
– Bestätigungsvermerk **Q** 570

Notizen

Notizen

Notizen

Notizen

Notizen

Notizen

Notizen

Notizen